1 9 9 0

全国总书目

QUANGUO ZONGSHUMU

新闻出版署信息中心
中国版本图书馆 编

中 华 书 局

一九九六年·北京

全国总书目 1990
主 编 李泡光
副主编 金玉玲
编辑人员（按姓氏笔画为序） 王玉良、王红燕、王素英、张 军、张润秋、金玉玲、赵华春、徐继鑫

图书在版编目（CIP）数据

全国总书目 1990/李泡光主编；新闻出版署信息中心，中国版本图书馆编.—北京：中华书局，1996
ISBN 7-101-01424-0

Ⅰ.全…
Ⅱ.①李…②新…③中…
Ⅲ.国家书目-中国-1990
Ⅳ.Z812.1

中国版本图书馆CIP数据核字（96）D13040号

1990
全国总书目
新闻出版署信息中心
中国版本图书馆 编

中华书局出版
（北京市王府井大街36号）
新华书店北京发行所发行
河北省南宫市印刷厂印装

开本：787×1092毫米 1/16 印张：136
1996年8月第1版 字数，5222千字
1996年8月第1版第1次印刷 印数：1200册

ISBN 7-101-01424-0/Z·132 定价：150.00元

编辑说明

一、本书目是一本图书年鉴性质的综合性、系列性图书目录。自建国以来，逐年编纂。它依据全国（未含台湾）各正式出版单位每一年度向中国版本图书馆缴送的出版物样本编纂而成。比较全面、系统地反映了每一年度我国图书出版的概貌。

二、本书目（1990年本）收录了1990年（以图书版权页记载的出版时间为准）出版的初版和改版图书（不包括重印书）共计50，284种，其中初版图书48，293种，改版图书1，991种。另外，还收录了1990年度创刊（包括复刊、改刊、改版）的报纸43种，杂志163种。图书分类统计详见附表。

三、本书目由“分类目录”、“专门目录”和“附录”三部分组成。“分类目录”所收录的均为汉文图书（包括我国译成汉文出版的外文图书），除一般书籍外，还包括画册、画辑、图片、画页、年历、挂历、歌谱、碑帖、地图、旅游图、技术标准、线装古籍、影印书刊等。“专门目录”包括“少数民族文字图书目录”、“盲文书籍目录”和“外国文字图书目录”。“附录”部分包括“1990年报纸、杂志目录”、“出版者名录”和“书名索引”。为了便于读者检索我国翻译出版的外国图书，在“书名索引”中，另在翻译图书的书名款目前标有※号。

四、本书目依据《中国图书馆图书分类法》（第3版）的分类体系进行编排，对个别不适应的类目作了订正或扩充（如“艺术”类的“图片、画页”等类目）。所有类目均列出类目标题，并标示类号。同一类目所收图书，则按书名款目的汉字笔画、笔形顺序排列。

五、本书目依据国家标准《普通图书著录规则》（GB3792.2—85）著录。著录项目包括：书名与责任者项、版本项、出版项、载体形态项、丛书项、附注项、装订形式和价格项、提要及版本说明项。基本著录格式如下：

书名＝并列书名：副书名及说明文字／第一责任者；其他责任者.—版次及其他版本形式／与本版有关的责任者.—出版地：出版者，出版年.月.—页数或卷（册）数：图；开本＋附件.—（丛书名；丛书编号／编者）.—附注.—装订：价格

提要及版本说明项

六、凡译成汉文出版的外国文字图书，应在原作者的中译名之后著录作者姓名原文，并在版本说明项中著录书名原文。但有的翻译图书对著者姓名原文和书名原文均未作记录，给图书著录带来困难，造成著录项目不完整，给广大读者查阅图书带来不便，深致歉意。

1990年《全国总书目》收书分类统计

单位：种

类别	总计			汉文图书		少数民族文字图书		盲文书籍		外国文字图书	
	合计	初版	改版	初版	改版	初版	改版	初版	改版	初版	改版
马克思主义、列宁主义、毛泽东思想	258	234	24	223	24	10		1			
其中：原著	(36)	(23)	(13)	(23)	(13)						
哲学	1246	1229	17	1174	16	46	1	6		3	
社会科学总论	1032	1022	10	1003	10	12		5		2	
政治、法律	3247	3202	45	3071	42	113	2	6		12	1
军事	321	317	4	315	4	2					
经济	4543	4475	68	4438	67	23		1		13	1
文化、科学、教育、体育	9808	8509	1299	8018	1155	427	135	24	8	40	1
语言、文字	2002	1957	45	1887	40	53	5	9		8	
文学	7053	6969	84	6496	80	312		24		137	4
艺术	5353	5339	14	5300	14	32				7	
其中：图片、画页	(1912)	(1912)		(1912)							
连环画	(353)	(352)	(1)	(352)	(1)						
历史、地理	2380	2353	27	2213	26	106	1			34	
自然科学	2452	2387	65	2274	65	77		4		32	
医药、卫生	2384	2323	61	2205	61	64		38		16	
农业科学	1245	1204	41	1124	41	74		1		5	
工业技术	5896	5738	158	5682	158	18		5		33	
交通运输	360	340	20	338	20					2	
航空、航天	71	67	4	67	4						
环境科学、劳动保护科学（安全科学）	207	206	1	205	1					1	
综合性图书	426	422	4	387	4	24		9		2	
总计	50284	48293	1991	46420	1832	1393	144	133	8	347	7

上列统计数字，是1990年《全国总书目》收录的图书种数（同一种书有不同版次、开本、装帧的各作一种计算），与实际出书的种数不尽相同，仅供参考。

分类目录目次

A 马克思主义、列宁主义、毛泽东思想

B 哲 学

C 社会科学总论

D 政治、法律

E 军 事

F 经　济

G 文化、科学、教育、体育

H 语言、文字

I 文　学

J 艺　术

K 历史、地理

N 自然科学总论

O 数理科学和化学

P 天文学、地球科学

Q　生物科学

R 医药、卫生

S　农业科学

T　工业技术

U　交通运输

V 航空、航天

X 环境科学、劳动保护科学(安全科学)

Z 综合性图书

专门目录目次

少数民族文字图书目录

盲文书籍目录

外国文字图书目录

附　录

一九九〇年报纸、杂志目录

A　马克思主义、列宁主义、毛泽东思想

A1　马克思、恩格斯著作

马克思恩格斯论人的全面发展/杜眼旺等选编.—北京：北京教育出版社，1990.11.—170页；大32开.ISBN 7-5303-0181-0：2.25元

马克思恩格斯论重商主义以前的经济思想/李守庸编.—北京：文物出版社，1990.6.—355页；大32开.ISBN 7-5010-0287-8：7.00元

资本论：节选本/马克思著；全国高等财经院校《资本论》研究会选编.—成都：西南财经大学出版社，1990.8.—637页；大32开.—ISBN 7-81017-238-7：4.47元

A2　列宁著作

列宁文稿　第十五卷/列宁著；杨祝华编.—北京：人民出版社，1990.6.—952页；大32开.—ISBN 7-01-000242-8（精装）：17.30元

本卷收集了《列宁文集》俄文版第18、21、24、34、36—39卷中1918年10月至1919年期间从未发表过的书信、便条、电报、批注和写作提纲等。

列宁文稿　第十六卷/列宁著；刘彦章编.—北京：人民出版社，1990.6.—954页，大32开.—ISBN 7-01-000243-6（精装）：17.30元

列宁文稿　第十七卷/列宁著；广州外语学院等译.北京：人民出版社，1990.12.—930页；大32开.ISBN 7-01-000244-4（精装）：17.00元

本卷收集了列宁在1921～1922年间发表的书信、便条、电报、札记等。

列宁全集　第二十一卷：1911年12月～1912年7月/列宁著；中共中央马克思 恩格斯 列宁 斯大林著作编译局编译.—2版.—北京：人民出版社，1990.2.—678页；大32开.—ISBN 7-01-000392-0（精装）：10.50元

列宁全集　第二十二卷：1912年7月～1913年2月/列宁著；中共中央马克思 恩格斯 列宁 斯大林著作编译局编译.—2版.—北京：人民出版社，1990.2.626页；大32开.—ISBN 7-01-000434-X（精装）：10.00元

列宁全集　第二十三卷：1913年3～9月/列宁著；中共中央马克思 恩格斯 列宁 斯大林著作编译局编译.—2版.—北京：人民出版社，1990.4.—642页；大32开.—ISBN 7-01-000477-3（精装）：10.15元

列宁全集　第二十四卷：1913年9月～1914年3月/列宁著；中共中央马克思 恩格斯 列宁 斯大林著作编译局编译.—2版.—北京：人民出版社，1990.10.588页；大32开.—ISBN 7-01-000510-9（精装）：9.65元

列宁全集　第二十七卷：1915年8月～1916年6月/列宁著；中共中央马克思 恩格斯 列宁 斯大林著作编译局编译.—2版.—北京：人民出版社，1990.1.663页；大32开.—ISBN 7-01-000419-6（精装）：10.30元

列宁全集　第二十八卷：1916年7月～1917年2月/列宁著；中共中央马克思 恩格斯 列宁 斯大林著作编译局编译.—2版.—北京：人民出版社，1990.10.576页；大32开.—ISBN 7-01-000459-5（精装）：9.50元

列宁全集　第四十四卷：1893～1904年/列宁著；中共中央马克思 恩格斯 列宁 斯大林著作编译局编译.—2版.—北京：人民出版社，1990.10.—772页：照片；大32开.—ISBN 7-01-000519-2（精装）：11.50元

列宁全集　第四十五卷：1905年1月～1910年11月/列宁著；中共中央马克思 恩格斯 列宁 斯大林著作编译局编译.—2版.—北京：人民出版社，1990.10.558页；大32开.—ISBN 7-01-000561-3（精装）：9.35元

列宁全集　第四十六卷：1910年11月～1914年7月/列宁著；中共中央马克思 恩格斯 列宁 斯大林著作编译局编译.—2版.—北京：人民出版社，1990.10.745页：照片；大32开.—ISBN 7-01-000576-1（精装）：11.20元

列宁全集　第四十七卷：1914年8月～1917年10月/列宁著；中共中央马克思 恩格斯 列宁 斯大林著作编译局编译.—2版.—北京：人民出版社，1990.10.881页；大32开.—ISBN 7-01-000618-0（精装）：12.00元

列宁全集　第五十四卷：关于帝国主义的笔记：1912～1916年/列宁著；中共中央马克思 恩格斯 列宁 斯大林著作编译局编译.—2版.—北京：人民出版社，1990.12.—1000页；大32开.—ISBN 7-01-000501-X（精装）：13.65元

列宁全集　第五十五卷：哲学笔记：1895～1916年/列宁著；中共中央马克思 恩格斯 列宁 斯大林著作编译局编译.—2版.—北京：人民出版社，1990.12.790页；大32开.—ISBN 7-01-000663-6（精装）：11.60元

列宁全集　第五十六卷：土地问题笔记：1901～1915年/列宁著；中共中央马克思 恩格斯 列宁 斯大林著作编译局编译.—2版.—北京：人民出版社，1990.12.—730页；大32开.—ISBN 7-01-000546-X（精装）：11.00元

列宁全集　第五十七卷：《俄国资本主义的发展》一书准备材料：1888～1913年/列宁著；中共中央马克思 恩格斯 列宁 斯大林著作编译局编译.—2版.北京：人民出版社，1990.12.—756页；大32开.ISBN 7-01-000629-6（精装）：11.30元

列宁全集　第五十八卷：《马克思和恩格斯通信集（1844～1883年）》提要：1913年10～12月/列宁著；中共中央马克思 恩格斯 列宁 斯大林著作编译局编译.—2版.—北京：人民出版社，1990.10.—623页；大32开.—ISBN 7-01-000386-6（精装）：10.00元

列宁全集　第五十九卷：批注集（上）：1888～1914年/列宁著；中共中央马克思 恩格斯 列宁 斯大林著作编译局编译.—2版.—北京：人民出版社，1990.12.—651页；大32开.—ISBN 7-01-000661-X（精装）：10.30元

列宁全集　第六十卷：批注集（下）：1915～1922年/列宁著；中共中央马克思 恩格斯 列宁 斯大林著作编译局编译.—2版.—北京：人民出版社，1990.12.—527页；大32开.—ISBN 7-01-000665-2（精装）：9.00元

列宁论马克思主义哲学/中共中央党校经典著作选编组编.—北京：中共中央党校出版社，1990.8.238页；大32开.—ISBN 7-5035-0283-5：4.00元

列宁论报刊与新闻写作/杨春华，星华编译.—2版.北京：新华出版社，1990.3.—684页；大32开.—ISBN 7-5011-0693-2：8.75元

哲学笔记/列宁著；林利等译校.—北京：中共中央党校出版社，1990.4.—909页；32开.—ISBN 7-5035-0004-2：16.00元

哲学笔记/列宁著；林利等译校.—北京：中共中央党校出版社，1990.4.—909页；大32开.—ISBN 7-5035-0005-0（精装）：17.50元

A3　斯大林著作

斯大林论民族问题/中国社会科学院民族研究所编.北京：民族出版社，1990.4.—479页；大32开.—ISBN 7-105-00335-9：3.45元

A4　毛泽东著作

毛泽东名言精粹/万方辑.—大连：大连出版社，1990.9.—172页；32开.—ISBN 7-80555-262-2：2.00元

毛泽东诗词注释/毛泽东著；石森注释.—桂林：漓江出版社，1990.7.—159页；32开.—ISBN 7-5407-0553-1：2.50元

A5　马克思、恩格斯、列宁、斯大林、毛泽东著作汇编

马克思主义原著选读/李克文主编.—西安：陕西师范大学出版社，1990.11.—330页；大32开.—全国高等师范专科学校教材.—ISBN 7-5613-0325-4：2.35元

马克思主义原著选编/湖南省教育委员会职教处编.长沙：湖南教育出版社，1990.3.—293页；32开.中等专业学校学生必读.—ISBN 7-5355-1078-7：2.55元

马克思主义著作选读.—南昌：江西高校出版社，1990.3.—307页；大32开.—ISBN 7-81033-009-8：3.40元

共青团干部马克思主义读本/共青团中央编.—北京：中国青年出版社，1990.2.—448页；32开.—ISBN 7-5006-0708-3：4.90元

本书选收了马、恩、列、斯、毛基础理论和青年工作方面的著作25篇。

《共青团干部马克思主义读本》释要/中共辽宁省委讲师团著.—沈阳：辽宁人民出版社，1990.6.311页；32开.—ISBN 7-205-01396-8：3.65元

A56　专题汇编

干部学习哲学必读/伍杰主编.—北京：中国展望出版社，1990.7.—2册（800页）；大32开.—干部学习马克思主义理论教材之一.—ISBN 7-5050-0786-6：13.50元

马列著作选读：马克思主义是发展的理论/《马列著作选读·马克思主义是发展的理论》编辑组编.

北京：人民出版社，1990.1.—247页；大32开.—ISBN 7-01-000711-X（精装）：5.80元

马列著作选读：政治经济学/《马列著作选读·政治经济学》编辑组编.—北京：人民出版社，1990.5.584页；大32开.—ISBN 7-01-000713-6（精装）：9.70元

马列著作选读：科学社会主义/《马列著作选读·科学社会主义》编辑组编.—北京：人民出版社，1990.2.—524页；大32开.—ISBN 7-01-000714-4（精装）：8.90元

马列著作选读：哲学/《马列著作选读·哲学》编辑组编.—北京：人民出版社，1990.2.—560页；大32开.—ISBN 7-01-000712-8（精装）：9.40元

马克思主义文艺理论著作选读/中国艺术研究院等编.—北京：文化艺术出版社，1990.1.—609页；大32开.—ISBN 7-5039-0563-8：7.90元

本书收录了马克思、恩格斯、列宁、斯大林论述文艺问题的最主要部分和我国党和国家领导人有关文艺问题的论述。

马克思主义论群众观点和群众路线/中共陕西省委宣传部编.—西安：陕西人民出版社，1990.5.—110页；32开.—ISBN 7-224-01277-7：1.25元

马克思主义哲学原著选读/中共广西壮族自治区委员会宣传部编.—南宁：广西人民出版社，1990.3.464页；大32开.—ISBN 7-219-01512-7：5.40元

马克思主义哲学原著选读/中共沈阳市委宣传部编.沈阳：辽宁人民出版社，1990.6.—324页；32开.ISBN 7-705-01437-9：3.70元

本书辑录了马克思、恩格斯、列宁、毛泽东以及邓小平、陈云的著作和著作中的有关章节，共35篇。

马克思主义哲学著作选读/中共山西省委宣传部，中共山西省委讲师团编.—太原：山西人民出版社，1990.3.—534页；大32开.—ISBN 7-203-01675-1：6.00元

马克思主义哲学著作选读/中共辽宁省委宣传部，中共辽宁省委讲师团编.—沈阳：辽宁人民出版社，1990.6.—676页；32开.—ISBN 7-205-01431-X：7.60元

马克思主义哲学著作选读/中共湖北省委宣传部编.武汉：湖北人民出版社，1990.1.—542页；大32开.湖北省县(处)级以上干部学习教材.—ISBN 7-216-00528-7：6.50元

马克思主义哲学著作选读/中共湖南省委宣传部编.长沙：湖南出版社，1990.6.—541页；大32开.—ISBN 7-5438-0001-2：7.00元

马克思主义党的学说著作选读/《马克思主义党的学说著作选读》编辑组编著.—2版（修订本）.—北京：中共中央党校出版社，1990.8.—695页；大32开.—ISBN 7-5035-0062-X：8.50元

马克思主义新闻工作文献选读/中共中央宣传部新闻局编.—北京：人民出版社，1990.9.—335页；大32开.—ISBN 7-01-000784-5：4.35元

马克思 恩格斯 列宁 毛泽东 周恩来 邓小平 论科学技术/国家科委政策法规司编.—北京：科学技术文献出版社，1990.5.—195页；大32开.—ISBN 7-5023-1292-7：2.50元

马克思 恩格斯 列宁 斯大林文艺论著选读/江苏五院校编写.—增订本.—南昌：百花洲文艺出版社，1990.6.—513页；大32开.—ISBN 7-80579-044-2：6.80元

马克思恩格斯列宁斯大林论民族文学/段宝林选编.北京：中国民间文艺出版社，1990.4.—354页；大32开.—ISBN 7-5040-0066-3：4.80元

马克思恩格斯列宁斯大林论妇女/中华人民共和国全国妇女联合会编.—2版.—北京：中国妇女出版社，1990.8.—427页；大32开.—ISBN 7-80016-004-1：5.00元

马克思 恩格斯 列宁 斯大林论政治工作/汪安恕等编.—上海：同济大学出版社，1990.4.—257页；大32开.—ISBN 7-5608-0527-2：3.40元

马克思 恩格斯 列宁 斯大林论资产阶级庸俗政治经济学/纪明山主编.—天津：南开大学出版社，1990.6.—526页；大32开.—ISBN 7-310-00204-0：3.85元

马、恩、列、斯及老一辈革命家论党群关系/宋贵仑，丁一主编.—北京：学苑出版社，1990.5.—209页；32开.—ISBN 7-5077-0211-1：3.00元

无产阶级革命家论群众观点和群众路线/谷淑英等主编.—长春：吉林大学出版社，1990.9.—261页；32开.—ISBN 7-5601-0585-8：3.50元

毛泽东周恩来刘少奇朱德邓小平陈云思想方法工作方法文选/中共中央文献研究室编.—北京：中央文献出版社，1990.5.—492页；大32开.—ISBN 7-5073-0051-X（精装）：8.70元

毛泽东、周恩来、刘少奇、朱德、邓小平、陈云哲学思想概要/龙平平，张宁主编.—北京：高等教育出版社，1990.7.—241页；大32开.—ISBN 7-04-003112-4：2.70元

经典作家论马克思主义哲学/向熙扬编.—北京：中共中央党校出版社，1990.10.—225页；32开.—ISBN 7-5053-0280-0：2.70元

本书编辑了马、恩、列和毛泽东、邓小平有关马克思主义哲学的基本观点、理论、方法的部分论述。

党建文献选/中共上海市委组织部选编.—上海：百家出版社，1990.6.—382页；大32开.—ISBN 7-80576-144-2：2.75元

本书精选了马克思、恩格斯、列宁、毛泽东、周恩来、刘少奇、邓小平、陈云等无产阶级革命家著作中的有关篇目集结而成。

领袖论党的建设/陈学锋，马延红编.—延吉：延边人民出版社，1990.12.—267页；32开.—ISBN 7-

80508-580-8：3.30元

本书摘录了马克思、恩格斯、列宁、斯大林、毛泽东、周恩来、刘少奇、邓小平8位革命领袖关于党的建设的论述。

群众观点和群众路线：革命领袖人物论述选编/中共甘肃省委宣传部理论教育处编.—兰州：甘肃人民出版社，1990.10.—150页；32开.—ISBN 7-226-00666-9：1.60元

A7　马克思、恩格斯、列宁、斯大林、毛泽东的生平和传记

马克思的自白/(苏)瓦连京·奇金著；彭卓吾译.北京：华龄出版社，1990.9.—221页；32开.—ISBN 7-80082-096-3：3.95元

恩格斯的足迹/徐党哉编著.—上海：上海人民出版社，1990.12.—189页；32开.—ISBN 7-208-00224-X：3.15元

凝望大地：恩格斯的青少年时代/(民主德国)瓦尔特·鲍默尔特著；周厚基，李良健译.—北京：今日中国出版社，1990.—692页；32开.—ISBN 7-5072-0101-5：6.95元

弗·伊·列宁画传：1870～1924/中共中央马克思、恩格斯、列宁、斯大林著作编译局编.—北京：人民美术出版社，1990.4.—203页；12开.—ISBN 7-102-00766-3(精装)：125.00元

列宁与体育/许仲槐，王国辉编译.—广州：广东高等教育出版社，1990.9.—163页；32开.—ISBN 7-5361-0516-9：2.80元

本书除向读者展示列宁多姿多彩的体育生活外，还介绍了列宁有关体育的论述和对列宁体育思想的探讨。

列宁亲属通信集：1883～1917/上海外国语学院俄语系编.—北京：人民出版社，1990.11.—621页；大32开.—ISBN 7-01-000092-1：8.00元

书名原文：Переписка семьи Ульяновых

列宁家的大学生/(苏)埃垃·马通妮娜著；杨宗建，张俊山译.—北京：群众出版社，1990.8.—197页；32开.—ISBN 7-5014-0483-6：2.95元

毛泽东的艰辛开拓/石仲泉著.—北京：中共党史资料出版社，1990.11.—337页；大32开.—ISBN 7-80023-157-7：5.60元

用兵如神的毛泽东/镠钟磬著.—北京：中国青年出版社，1990.10.—210页；32开.—ISBN 7-5006-0815-2

在历史的漩涡中：与毛泽东有关的往事/董保存著.北京：中外文化出版公司，1990.1.—314页；32开.—ISBN 7-80042-169-0：3.95元

走近毛泽东：一个外国人与新中国元首的交往/蒋建农，曹志为著.—北京：团结出版社，1990.1.120页；32开.—ISBN 7-80061-235-X：2.00元

我眼中的毛泽东/郭思敏编.—石家庄：河北人民出版社，1990.1.—225页；大32开.—ISBN 7-202-00580-8：4.65元

本书披露了毛泽东同志自建国后到逝世前的活动，再现了他的思想和生活的各个侧面。

青年毛泽东/高菊村等著.—北京：中共党史资料出版社，1990.3.—317页；大32开.—ISBN 7-80023-133-X：5.00元

A8　马克思主义、列宁主义、毛泽东思想的学习和研究

1990年全国硕士研究生入学考试马克思主义理论课考试大纲：试用本/中华人民共和国国家教育委员会制订.—北京：高等教育出版社，1990.1.—56页；32开.—ISBN 7-04-003000-4：0.60元

1991年全国硕士研究生入学考试马克思主义理论课考试大纲/中华人民共和国国家教育委员会制订.—修订本.—北京：高等教育出版社，1990.10.—58页；32开.—ISBN 7-04-002638-4：0.48元

马列主义研究资料：1989年第4辑(总第58辑)/中共中央马克思恩格斯列宁斯大林著作编译局《马列主义研究资料》编辑部编.—北京：人民出版社，1990.3.—251页；大32开.—ISBN 7-01-000636-9：3.00元

《马列著作选读·马克思主义是发展的理论》释义/胡瑾，陈陆达主编.—济南：山东人民出版社，1990.9.—204页；大32开.—ISBN 7-209-00719-9：2.75元

《马列著作选读·科学社会主义》释义/赵明义等主编.—济南：山东人民出版社，1990.9.—438页；大32开.—ISBN 7-209-00718-0：5.40元

马克思主义百科辞典　下卷/于俊文等主编.—长春：东北师范大学出版社，1990.12.—647页；大32开.—ISBN 7-5602-0425-2(精装)：15.00元

马克思主义经典著作纲要/王先民，杨光主编.—哈尔滨：黑龙江人民出版社，1990.11.—784页；32开.领导干部必读.—ISBN 7-207-01761-8(精装)：14.00元

马克思主义经典著作概论/孙典祥等主编.—长春：吉林大学出版社，1990.12.—424页；32开.—ISBN 7-5601-0755-9：5.35元

马克思主义思想宝库/邢贲思主编.—海口：南海出版公司，1990.10.—1923页；16开.—ISBN 7-80570-

208-X(精装)：80.00元

本书精录马克思主义者有关马克思主义哲学、政治经济学、社会主义的论述，每个学科前有10万字的概说，对该学科的历史、形成、特点及其发展作了简要阐述。

马克思主义著作选读自学考试大纲/全国高等教育自学考试指导委员会编.—北京：高等教育出版社，1990.9.—114页；32开.—高等教育自学考试政治管理专业.—ISBN 7-04-003218-X：0.81元

马克思主义著作选读学习辅导/《学习辅导》编写组编.—合肥：中国科学技术大学出版社，1990.3. 254页；32开.—ISBN 7-312-00187-4：2.70元

简明马克思主义词典/巢峰主编.—上海：上海辞书出版社，1990.1.—836页；32开.—ISBN 7-5326-0123-4(精装)：10.00元

新编马克思主义理论课学习指南/聂德林主编.—北京：中国财政经济出版社，1990.11.—354页；大32开.—ISBN 7-5005-1105-1：5.00元

新编马克思主义理论课程概要/李炤曾等编.—武汉：华中理工大学出版社，1990.3.—329页；32开. ISBN 7-5609-0457-2：3.40元

A81　马克思、恩格斯著作的学习和研究

马克思主义与现代西方思潮/全国宣传干部培训中心等编.—北京：新华出版社，1990.5.—264页；32开.—ISBN 7-5011-0647-9：3.30元

马克思主义来源研究论丛　第十二辑/高崧等编. 北京：商务印书馆，1990.6.—585页；大32开. ISBN 7-100-00870-0：6.45元

马克思主义的世界观社会观人生观战争观/张国林等主编.—沈阳：白山出版社，1990.8.—341页；大32开.—ISBN 7-80566-122-7：4.80元

马克思主义原理/万斌等编著.—杭州：浙江大学出版社，1990.8.—594页；大32开.—ISBN 7-308-00400-7：7.50元

马克思主义原理/王育倩等主编.—贵阳：贵州教育出版社，1990.7.—408页；32开.—ISBN 7-80583-018-5：4.20元

马克思主义原理/冯敬阳主编.—2版.—广州：广东高等教育出版社，1990.5.—433页；32开.—ISBN 7-5361-0163-5：4.25元

马克思主义原理/李维贵，王展飞主编.—昆明：云南教育出版社，1990.8.—370页；大32开.—ISBN 7-5415-0381-9：4.75元

马克思主义原理/肖华等主编.—厦门：厦门大学出版社，1990.5—382页；32开.—ISBN 7-5615-0299-0：4.35元

马克思主义原理/国家机械电子工业部高等院校《马克思主义原理》编写组编.—北京：中国经济出版社，1990.7.—398页；大32开.—ISBN 7-5017-0828-2：5.90元

马克思主义原理/柳耀福，高兆林主编.—北京：中国广播电视出版社，1990.1.—371页；32开.—ISBN 7-5043-0524-3：4.10元

马克思主义原理/曹奎主编.—太原：山西人民出版社，1990.8.—381页；大32开.—ISBN 7-203-01712-5：4.85元

马克思主义原理/管敏政主编.—修订本.—杭州：浙江人民出版社，1990.7.—481页；大32开.—ISBN 7-213-00548-0：5.40元

马克思主义原理学习指导/魏积温主编.—成都：四川大学出版社，1990.1.—161页；32开.—ISBN 7-5614-0285-6：1.70元

马克思主义原理复习要点与多类题解/瞿仁信，孙福汇主编.—成都：电子科技大学出版社，1990.9. 301页；32开.—ISBN 7-81016-270-5：3.10元

马克思主义原理教学参考/南同茂主编.—南京：河海大学出版社，1990.4.—222页；32开.—ISBN 7-5630-0286-3：2.60元

马克思主义原理教学指南/全国八所院校《马克思主义原理教学指南》编写组编.—南昌：江西教育出版社，1990.6.—231页；32开.—ISBN 7-5292-0857-0：2.40元

马克思主义原理教程/《马克思主义原理教程》编写组编.—南昌：江西教育出版社，1990.8.—408页；32开.—ISBN 7-5392-0870-8：3.70元

马克思主义原理教程/张佐友主编.—北京：北京出版社，1990.8.—380页；32开.—ISBN 7-200-01215-7：4.10元

马克思主义原理辅导教材/李广璞等主编.—长春：吉林人民出版社，1990.9.—1册；大32开.—吉林省高等专科学校马克思主义理论课统编教材.—ISBN 7-206-00870-4：3.20元

马克思主义原理概论/于良春，杨秉勇主编.—济南：山东大学出版社，1990.4.—320页；大32开. ISBN 7-5607-0340-2：4.30元

马克思主义原理简明教程/程喜田等主编.—长春：吉林人民出版社，1990.9.—294页；大32开.—吉林省高等专科学校马克思主义理论课统编教材.—ISBN 7-206-00816-0：4.20元

《马克思主义原理》疑难问题探析/戴先军主编. 北京：蓝天出版社，1990.3.—322页；32开.—ISBN 7-80081-086-0：4.30元

马克思主义原著选读学习提要/孙典祥，张士卿主编.—长春：吉林大学出版社，1990.12.—283页；32开.—ISBN 7-5601-0749-4：4.25元

马克思主义理论研究：当代科学社会主义理论探讨/翟泰丰，李连仲著.—北京：中共中央党校出版社，

1990.12.—222页；大32开.—ISBN 7-5035-0333-5：3.80元

马克思主义理论教育学/赵文禄等主编.—青岛：青岛出版社，1990.3.—205页；32开.—（党风科学研究系列书/赵文禄主编）.—ISBN 7-5436-0451-5：2.55元

马克思主义理论探讨论文集/金正浩等主编.—延吉：延边大学出版社，1990.6.—238页；32开.ISBN 7-5634-0214-4：7.70元

马克思主义基本原理/《马克思主义基本原理》编写组编.—长春：吉林教育出版社，1990.7.—376页；大32开.—吉林省高等院校马克思主义理论课通用教材.—ISBN 7-5383-1068-1：3.75元

马克思主义基本原理/中共甘肃省委讲师团编.—兰州：甘肃人民出版社，1990.5.—430页；32开.—ISBN 7-226-00623-5：4.50元

马克思主义基本原理/邓贤科主编.—长沙：国防科技大学出版社，1990.12.—260页；32开.—ISBN 7-81024-138-9：3.20元

马克思主义基本原理/宁效兰，龚廷泰主编.—北京：中国广播电视出版社，1990.9.—303页；32开.ISBN 7-5043-0598-7：3.90元

马克思主义基本原理/刘贤奇等编.—长春：吉林教育出版社，1990.7.—376页；大32开.—吉林省高等院校马克思主义理论课通用教材.—ISBN 7-5383-1068-1：3.75元

马克思主义基本原理/农业部乡镇企业司组织编写；贾高建主编.—北京：中共中央党校出版社，1990.6.—198页；32开.—全国乡镇企业系统领导干部岗位培训教材.—ISBN 7-5035-0178-2：2.30元

马克思主义基本原理/李建志，廖建军主编.—武汉：武汉出版社，1990.10.—283页；32开.—ISBN 7-5430-0318-6：3.30元

马克思主义基本原理/邹积贵，郑可圃主编.—青岛：青岛海洋大学出版社，1990.6.—330页；大32开.—ISBN 7-81026-051-0：3.95元

马克思主义基本原理/纵肇旭等主编.—武汉：武汉测绘科技大学出版社，1990.8.—349页；32开.ISBN 7-81030-048-2：4.50元

马克思主义基本原理/周育成等主编.—成都：西南财经大学出版社，1990.9.—387页；32开.—ISBN 7-81017-266-2：4.20元

马克思主义基本原理/贾高建主编.—北京：中共中央党校出版社，1990.6.—198页；32开.—全国乡镇企业系统领导干部岗位培训教材.—ISBN 7-5035-0178-2：2.30元

马克思主义基本原理/教材编写组编.—海口：南海出版公司，1990.11.—347页；32开.—ISBN 7-80570-398-1：5.00元

马克思主义基本原理读本/姜凌主编.—成都：成都科技大学出版社，1990.8.—323页；32开.—ISBN 7-5616-0657-5：3.00元

马克思主义基本原理职工通俗读本/《马克思主义基本原理职工通俗读本》编写组编.—北京：中国国际广播出版社，1990.12.—366页；32开.—ISBN 7-80035-636-1：5.20元

马克思主义基本原理简明教程/王元璋主编.—西安：陕西人民出版社，1990.4.—376页；32开.—ISBN 7-224-01199-1：4.50元

马克思主义基本原理简明教程/田益仁等主编.—石家庄：河北人民出版社，1990.9.—595页；大32开.ISBN 7-202-00762-2：7.20元

《马克思主义基本原理简明教程》学习指导/王元璋主编.—西安：陕西人民出版社，1990.3.—283页；32开.—ISBN 7-224-01200-9：3.50元

马克思主义基本理论/王护国，程曙主编.—太原：山西人民出版社，1990.12.—289页；32开.—（基层党员"三基"教育读本）.—ISBN 7-203-01804-0：3.80元

马克思主义基本理论/中共江苏省委宣传部编.—南京：江苏人民出版社，1990.4.—154页；32开.—基层党校教材.—ISBN 7-214-00427-5：2.00元

马克思主义基本理论/刘有明主编.—南宁：广西教育出版社，1990.12.—247页；32开.—（党员三基教育丛书）.—ISBN 7-5435-1117-7：2.55元

马克思主义基本理论/林代柱主编.—天津：天津人民出版社，1990.2.—184页；32开.—（新时期党的教育丛书；3）.—ISBN 7-201-00528-6：1.85元

马克思主义基本理论教育读本/郭德奎主编.—北京：海洋出版社，1990.6.—209页；32开.—（四基教育系列丛书；3/赵振亮主编）.—ISBN 7-5027-1251-8：2.50元

马克思主义基本理论教学纲要/姜凌，康电主编.成都：成都科技大学出版社，1990.3.—246页；32开.—ISBN 7-5616-0567-6：2.60元

马克思主义基本常识/中共贵州省委宣传部党员教育处编.—贵阳：贵州人民出版社，1990.9.—183页；32开.—（贵州省基层党员教育读本）.—ISBN 7-221-01950-9：2.00元

马克思主义基础/信德初等主编.—武汉：湖北人民出版社，1990.12.—303页；大32开.—ISBN 7-216-00664-X：4.30元

《马克思主义基础》习题集/吴铎主编.—北京：经济科学出版社，1990.6.—193页；32开.—（中等专业学校政治教材习题丛书/方铁政，高昉主编）.ISBN 7-5058-0342-5：2.00元

马克思主义基础学习纲要/鲁德隆，王国荣主编.大连：大连理工大学出版社，1990.9.—362页；32

开.—ISBN 7-5611-0291-7：3.70元

本书内容分为方法篇、经济篇、政治篇、社会篇4部分。

马克思主义基础学习指导/马飞等编.—北京：中国商业出版社，1990.9.—217页；32开.—ISBN 7-5044-0708-9：2.80元

马克思主义基础理论问答350例/张六琥等主编.北京：中国商业出版社，1990.12.—331页；32开.ISBN 7-5044-0619-8：4.90元

《马克思主义基础》（上册）教学参考/吴铎主编.—北京：经济科学出版社，1990.7.—349页；32开.—ISBN 7-5058-0303-4：3.70元

《马克思主义基础》（下册）教学参考/吴铎主编.—北京：经济科学出版社，1990.6.—300页；32开.—ISBN 7-5058-0304-2：3.10元

马克思主义常识/王重农主编.—武汉：湖北人民出版社，1990.9.—246页；32开.—企业党员教育系列教材.—ISBN 7-216-00595-3：2.65元

马克思主义常识/延涛等主编.—兰州：甘肃人民出版社，1990.1.—218页；32开.—（党员系统教育读物）.—ISBN 7-226-00581-6：2.25元

马克思主义概论/金定銮主编.—南京：江苏人民出版社，1990.12.—371页；32开.—ISBN 7-214-00611-1：4.10元

《马克思主义概论》习题集/张竹，笪远钰主编.北京：经济科学出版社，1990.7.—81页；32开.（中等专业学校政治教材习题丛书/方铁政，高昉主编）.—ISBN 7-5058-0352-2：1.10元

马克思主义ABC/中共浙江省委宣传部理论处党员教育处编著.—杭州：浙江大学出版社，1990.6.290页；32开.—ISBN 7-308-00547-X：3.50元

论学习与研究马克思主义/杨德聚，王明新主编.青岛：青岛海洋大学出版社，1990.12.—314页；大32开.—ISBN 7-81026-074-X：3.50元

被肢解的马克思/陈先达等著.—上海：上海人民出版社，1990.8.—298页；大32开.—ISBN 7-208-00953-8：5.35元

本书是对马克思主义的研究专著。

A811.2　单行著作

《反杜林论》研究/罗郁聪，苏振富著.—济南：山东人民出版社，1990.11.—509页；大32开.—ISBN 7-209-00724-5：6.50元

《反杜林论》"哲学编"简论/刘贤奇著.—长春：吉林大学出版社，1990.6.—238页；大32开.—ISBN 7-5601-0624-2：3.80元

对《资本论》若干理论问题争论的看法（下）/陈征等著.—福州：福建人民出版社，1990.9.—335页；大32开.—（资本论研究丛书；三）.—ISBN 7-211-01300-1：3.90元

《共产党宣言》学习辅导/周亚贤，连俊沛编写.北京：海洋出版社，1990.6.—94页；32开.—ISBN 7-5027-1082-5：1.30元

《论马克思》解说/刘翠兰著.—北京：海洋出版社，1990.7.—71页；32开.—ISBN 7-5027-1202-1：1.45元

青年时代的探索和世界观的转变：从《博士论文》到《导言》的学习与研究/高光著.—北京：中共中央党校出版社，1990.11.—175页；大32开.—（马恩早期著作研究系列专著）.—ISBN 7-5035-0166-9：2.60元

《费尔巴哈论》自学纲要/薛书田，杨洪杰主编.太原：山西人民出版社，1990.9.—195页；32开.（马列哲学原著系列辅导读物/赵文斌主编）.—ISBN 7-203-01769-9：3.00元

《资本论》与现代经济问题：全国第四次《资本论》学术讨论会论文选/宋涛主编.—上海：上海人民出版社，1990.7.—315页；32开.—ISBN 7-208-00816-7：4.80元

《资本论》专题研究及其应用/王惟中，洪大璘著.上海：上海社会科学院出版社，1990.12.—302页；大32开.—ISBN 7-80515-602-6：4.75元

《资本论》体系与社会主义经济：扩大商品经济论/卓炯著.—北京：中国财政经济出版社，1990.7.498页；大32开.—ISBN 7-5005-1063-2：7.20元

《资本论》和我国社会主义经济问题/何炼成主编.西安：西北大学出版社，1990.6.—577页；大32开.ISBN 7-5604-0184-8：6.50元

《资本论》的基本理论与现实意义/梁坚等编著.海口：南海出版公司，1990.10.—164页；32开.ISBN 7-80570-342-6：2.30元

《资本论》学习纲要：《资本论》基本问题简编/胡中魁编著.—大连：大连海运学院出版社，1990.7.—341页；32开.—（大学生良友丛书）.—ISBN 7-5632-0185-8：4.80元

《〈资本论〉第一卷》纲要/巫继学，朱玲著.—西安：陕西人民出版社，1990.11.—328页；32开.ISBN 7-224-01390-0：4.60元

《路德维希·费尔巴哈和德国古典哲学的终结》浅释/佟德富，任中夏编著.—北京：中央民族学院出版社，1990.11.—239页；32开.—ISBN 7-81001-075-1：1.60元

新视野：《资本论》哲学新探/冯景源主编.—北京：中国人民大学出版社，1990.11.—392页；大32开.—ISBN 7-300-00932-8：5.10元

A811.6　专题汇编

马克思主义教育思想史初编/车树实著.—南宁：广西教育出版社，1990.12.—413页；大32开.—ISBN

7-5435-0764-1：5.25元

马克思的经济学：价值和增长的双重理论/（日）森岛通夫著；袁镇岳等译.—上海：上海人民出版社，1990.4.—225页；大32开.—ISBN 7-208-00657-1：4.10元

马克思的经济学说/施正一，鲁筱玲著.—北京：时事出版社，1990.8.—194页；大32开.—ISBN 7-80009-105-8：3.30元

马克思恩格斯关于历史唯物主义的八封信（节选）自学纲要/段淑贞等主编.—太原：山西人民出版社，1990.11.—186页；32开.—（马列哲学原著系列辅导读物/赵文斌主编）.—ISBN 7-203-01764 8-6：2.90元

马克思恩格斯财政思想研究/邓子基著.—北京：中国财政经济出版社，1990.1.—233页；大32开.—ISBN 7-5005-0891-3：3.70元

A82　列宁著作的学习和研究

从家书看列宁/（苏）捷依奇（Дейч，Г.М.）著；张坚等译.—北京：人民出版社，1990.11.406页；32开.—ISBN 7-01-000256-8：4.30元

书名原文：Твой в улbянов

列宁的金融理论与实践/杨双奇，何相汉著.—西安：陕西科学技术出版社，1990.8.—265页；32开.ISBN 7-5369-0740-0：3.60元

《列宁选集》历史词典/魏琦等编.—北京：商务印书馆，1990.4.—382页；大32开.—ISBN 7-100-00153-6：4.90元

列宁哲学思想研究综述/杨焕章主编.—天津：天津教育出版社，1990.10.—401页；大32开.—（学术研究指南丛书）.—ISBN 7-5309-0684-4（精装）：7.05元

列宁晚年思想研究/余泽清等编著.—福州：福建教育出版社，1990.10.—346页；32开.—（福建省社科联丛书）.—ISBN 7-5334-0613-3：3.75元

本书研究和阐述列宁在十月革命后，特别是1921年由战时共产主义向新经济政策转变后，关于不发达国家如何建设社会主义的思想。同时阐明它对我们建设有中国特色社会主义的现实意义。

改革之路的真正源头/王东著.—北京：北京大学出版社，1990.5.—379页；大32开.—（北京大学青年学者文库）.—ISBN 7-301-00791-4：5.25元

本书探讨了马克思主义思想史上“列宁最后构想”产生的背景、列宁晚年为哪些问题焦虑沉思、列宁构想包涵着什么样的理论深蕴等重大问题。

《哲学笔记》（节选）自学纲要/韩贵斌，王水成主编.—太原：山西人民出版社，1990.9.—132页；32开.—（马列哲学原著系列辅导读物/赵文斌主编）.ISBN 7-203-01770-2：2.15元

《唯物主义和经验批判主义》（节选）自学纲要/陈敏强等主编.—太原：山西人民出版社，1990.9.127页；32开.—（马列哲学原著系列辅导读物/赵文斌主编）.—ISBN 7-203-01772-9：2.10元

《唯物主义和经验批判主义》讲解/王蝉编著.—济南：山东大学出版社，1990.5.—662页；32开.—ISBN 7-5607-0316-X：3.70元

A84　毛泽东著作的学习和研究

毛泽东思想史稿/郑德荣，黄景芳撰写.—修订本.兰州：甘肃人民出版社，1990.12.—488页；大32开.ISBN 7-226-00744-4（精装）：7.90元

毛泽东思想研究答问/张广信编著.—修订本.—西安：陕西人民出版社，1990.4.—449页；大32开.ISBN 7-224-01096-0：6.60元

毛泽东思想原理/卢国英主编.—北京：中国青年出版社，1990.8.—558页；32开.—（青年文库：新编本；1）.—ISBN 7-5006-07344-2

毛泽东思想概论/毛世信编著.—西安：陕西人民教育出版社，1990.2.—338页；大32开.—ISBN 7-5419-1379-0：4.35元

毛泽东思想简明教程/纪万春等主编.—沈阳：辽宁人民出版社，1990.9.—429页；32开.—ISBN 7-205-01586-3：4.95元

智慧的曙光：毛泽东早期、建党和大革命时期著作研究/陈建中，金邦秋著.—西安：陕西人民出版社，1990.1.—200页；大32开.—ISBN 7-224-01038-3：3.45元

A841.2　单行著作

中国革命与《矛盾论》/蒋照义，李君如编著.—福州：福建人民出版社，1990.1.—505页；32开.—ISBN 7-211-01061-4：4.20元

学习《论持久战》哲学笔记/邓力群著.—北京：人民出版社，1990.11.—262页；大32开.—ISBN 7-01-000815-9（精装）：5.70元

《实践论》《矛盾论》《关于正确处理人民内部矛盾的问题》浅说/王润富等主编.—石家庄：河北人民出版社，1990.7.—197页；32开.—ISBN 7-202-00725-8：2.55元

A841.4　诗　词

毛主席诗词精讲/李彦福，杨瑞莲编著.—南宁：广西人民出版社，1990.10.—166页；32开.—ISBN 7-219-01695-6：2.00元

毛泽东诗词鉴赏/王臻中，钟振振主编.—南京：江苏古籍出版社，1990.10.—238页；32开.—ISBN 7-80519-185-9：5.30元

毛泽东诗词鉴赏/张晶等选编.—大连：大连出版社，1990.3.—225页；32开.—ISBN 7-80555-261-4：2.85元

毛泽东诗词鉴赏/臧克家主编.—石家庄：河北人民出版社，1990.8.—378页：彩照；大32开.—ISBN 7-202-00735-5（精装）：7.95元

A841.6　专题汇编

毛泽东十篇哲学著作学习指南/宋茂盛等主编.—济南：山东大学出版社，1990.7.—439页；32开.—ISBN 7-5607-0359-3：4.50元

毛泽东与中国哲学传统/毕剑横著.—成都：四川人民出版社，1990.5.—224页；大32开.—ISBN 7-220-00933-X：3.05元

毛泽东认识论思想的产生和发展/潘宝卿著.—桂林：广西师范大学出版社，1990.5.—359页；32开.ISBN 7-5633-0804-0：4.50元

毛泽东邓小平哲学著作辅导/阎永华主编.—哈尔滨：哈尔滨出版社，1990.9.—210页；32开.—ISBN 7-80557-266-6：2.20元

毛泽东邓小平著作哲学思想学习辅导/潘宝卿主编.北京：中国国际广播出版社，1990.8.—500页；32开.—ISBN 7-80035-645-0：5.25元

毛泽东的统战理论与实践/王功安，官本滔主编.武汉：华中理工大学出版社，1990.6.—312页；大32开.—ISBN 7-5609-0465-3：3.70元

毛泽东哲学思想与建设有中国特色的社会主义/陈述等主编.—沈阳：辽宁教育出版社，1990.10.287页；32开.—ISBN 7-5382-1267-1：3.50元

毛泽东哲学思想史　第一卷/庄福龄主编.—南昌：江西人民出版社，1990.5.—349页；大32开.—ISBN 7-210-00681-8（精装）：7.90元

毛泽东哲学思想史　第二卷/庄福龄主编；余品华等编.—南昌：江西人民出版社，1990.9.—688页；大32开.—ISBN 7-210-00866-7（精装）：7.90元

毛泽东哲学思想的基本观点和方法/冉昌光等主编.—成都：成都出版社，1990.5.—350页；32开.ISBN 7-80575-036-X：3.90元

毛泽东哲学著作讲解/张永庆主编.—石家庄：河北人民出版社，1990.9.—255页；32开.—ISBN 7-202-00763-0：2.80元

毛泽东哲学著作选讲/王毓，王志学主编.—长春：长春出版社，1990.5.—292页；32开.—ISBN 7-80573-202-7：3.70元

毛泽东教育思想初论/叶庆科著.—南宁：广西教育出版社，1990.12.—196页；大32开.—ISBN 7-5435-1222-X：2.90元

毛泽东著作哲学思想提要/张瑞生主编.—西安：陕西人民出版社，1990.6.—243页；32开.—ISBN 7-224-01340-4：2.90元

回顾毛泽东关于防止和平演变的论述/逄先知著.北京：中央文献出版社，1990.12.—23页；大32开.ISBN 7-5073-0064-1：0.45元

A85　著作汇编的学习和研究

马列哲学原著教学疑难问题研讨集/方永祥等主编.石家庄：河北人民出版社，1990.9.—484页；大32开.—ISBN 7-202-00831-9：6.20元

马列哲学著作选讲/孙仲管，王振刚主编.—北京：红旗出版社，1990.7.—306页；32开.—ISBN 7-80068-142-4：3.30元

马列哲学著作选读解说/王任等主编.—沈阳：辽宁人民出版社，1990.12.—420页；大32开.—ISBN 7-205-01706-8：7.00元

马克思主义哲学十篇原著导读/钱根树，张文煜编著.—南京：江苏人民出版社，1990.5.—412页；32开.—ISBN 7-214-00445-3：4.50元

马克思主义哲学经典论述集注/张宝琪，陈冲主编.—北京：中国国际广播出版社，1990.11.—361页；大32开.—ISBN 7-80035-676-0：4.70元

马克思主义哲学经典著作学习辅导/马守良主编.杭州：浙江人民出版社，1990.5.—234页；32开.ISBN 7-213-00524-3：2.30元

马克思主义哲学经典著作选读提要/高惠清主编.长春：长春出版社，1990.7.—368页；大32开.—ISBN 7-80573-218-3（精装）：4.50元

马克思主义哲学原著讲解/郦文举主编.—延吉：延边人民出版社，1990.2.—2册（630页）；32开.—（干部学哲学丛书/王泽旭主编）.—ISBN 7-80508-481-5：7.50元

马克思主义哲学原著词典/高玉春等主编.—石家庄：河北人民出版社，1990.7.—504页；32开.—ISBN 7-202-00719-3：5.90元

马克思主义哲学原著学习辅导/黎守法主编.—南宁：广西人民出版社，1990.5.—249页；大32开.ISBN 7-219-01544-5：3.60元

马克思主义哲学原著要点难点解析/齐戎主编.—沈阳：辽宁大学出版社，1990.4.—466页；32开.—ISBN 7-5610-0891-0：5.10元

马克思主义哲学原著选读讲解/曹善元，叶广文主编.—北京：学苑出版社，1990.4.—308页；32开.

ISBN 7-80060-452-7：4.00元

马克思主义哲学原著选读辅导/庞长富主编.—北京：中国社会出版社，1990.4.—443页；32开.—ISBN 7-80088-041-9：5.50元

马克思主义哲学原著选读提要/中共吉林省委讲师团编写组编.—长春：吉林人民出版社，1990.3.572页；大32开.—ISBN 7-206-00701-5：5.70元

马克思主义哲学原著教程/康祥生，黄文松主编.南昌：江西高校出版社，1990.4.—383页；32开.ISBN 7-81033-012-8：4.95元

马克思主义哲学原著辅导/周荫祖主编.—南京：南京出版社，1990.11.—289页；32开.—ISBN 7-8056-293-X：3.70元

马克思主义哲学原著简释/中共山东省委干部理论学习委员会办公室编.—济南：山东人民出版社，1990.2.—494页；大32开.—ISBN 7-209-00642-7：5.80元

马克思主义哲学部分原著辅导教材/刘正一，冯雁逢主编.—北京：中国城市经济社会出版社，1990.8.—466页；32开.—ISBN 7-5074-0440-4：5.20元

马克思主义哲学通义：基本观点和发展/龚希光等编.—北京：中国广播电视出版社，1990.5.—194页；大32开.—ISBN7-5043-0457-3：2.80元

本书是一部文献摘录，包括3部分：一是马、恩、列的经典著作；二是毛泽东的著作；三是十一届三中全会以来邓小平的著作和中共中央的重要文献。

马克思主义哲学著作学习纲要/中共江西省委宣传部理论处编写.—南昌：江西人民出版社，1990.5.285页；32开.—ISBN 7-210-00861-6：3.30元

马克思主义哲学著作学习指导/谢龙，冷溶主编.北京：中国华侨出版公司，1990.10.—372页；32开.—ISBN 7-80074-243-1：4.45元

马克思主义哲学著作选讲/杨春贵，陈柏灵主编.北京：中共中央党校出版社，1990.10.—301页；大32开.—ISBN 7-5035-0279-7：3.80元

马克思主义哲学著作选讲/蒋申华等主编.—上海：三联书店上海分店，1990.9.—273页；32开.—ISBN 7-5426-0344-2：3.50元

《马克思主义哲学著作选读》名词解释/云南省社会科学院哲学研究所编.—昆明：云南民族出版社，1990.12.—168页；32开.—ISBN 7-5367-0377-5：1.78元

马克思主义哲学著作选读讲解/中共山西省委宣传部等编.—太原：山西人民出版社，1990.6.—396页；大32开.—ISBN 7-203-01706-0：5.00元

马克思主义哲学著作选读和简释/中共福建省委宣传部编.—福州：福建人民出版社，1990.9.—493页；32开.—ISBN 7-211-01393-1：4.35元

马克思主义哲学著作选读学习指导/唐得生，朱德芳主编.—北京：蓝天出版社，1990.3.—259页；大32开.—ISBN 7-80081-122-0：3.80元

本书对马克思、恩格斯、列宁的24篇哲学原著进行学习指导。

《马克思主义哲学著作选读》学习提要/孙忠同等主编.—沈阳：白山出版社，1990.2.—280页；32开.ISBN 7-80566-092-1：3.00元

马克思主义哲学著作辅导材料/中共湖北省委宣传部编.—武汉：湖北人民出版社，1990.1.—234页；32开.—ISBN 7-216-00530-9：2.50元

马克思主义哲学著作释疑/铁宣主编.—长沙：湖南师范大学出版社，1990.10.—256页；32开.—ISBN 7-81031-058-5：3.10元

马克思主义著作选读介绍/图拉古尔主编.—呼和浩特：内蒙古大学出版社，1989.12.—613页；大32开.ISBN 7-81015-062-6：5.50元

社会主义若干重要文献导读/翟泰丰主编.—哈尔滨：黑龙江人民出版社，1990.11.—678页；32开.ISBN 7-207-01694-8：9.80元

科学社会主义名著概说/王元璋主编.—桂林：广西师范大学出版社，1990.12.—304页；32开.—ISBN 7-5633-1015-0：3.40元

本书对马、恩、列、斯、毛泽东关于科学社会主义的著作作了概述。

科学社会主义原著浅释/郑希文主编.—长春：吉林人民出版社，1990.11.—319页；32开.—ISBN 7-206-00910-7：4.30元

科学社会主义原著选读教程/赵佐良主编.—沈阳：辽宁大学出版社，1990.7.—385页；32开.—ISBN 7-5610-1026-5：5.00元

B 哲 学

B-42 哲学学习参考资料

干部学哲学问答/赵东立等编写.—石家庄：河北人民出版社，1990.3.—201页；32开.—ISBN 7-202-00616-2：2.30元

干部学哲学辅导材料/丁一，肖松主编.—北京：学苑出版社，1990.5.—319页；32开.—ISBN 7-80060-443-8：4.00元

干部学哲学100题/解放日报理论部编.—上海：三联书店上海分店，1990.8.—155页；32开.—ISBN 7-5426-0342-6：1.55元

全国高等教育自学考试哲学要点辅导及题型练习/朱同丹，张津编著.—重庆：重庆大学出版社，1990.12.—178页；32开.—ISBN 7-5624-0368-6：1.85元

学哲学百题释疑/尹明新等主编.—南京：江苏人民出版社，1990.?.—260页；32开.—ISBN 7-214-00415-1：3.10元

哲学与实际500题/张开城，于洪卫主编.—济南：山东大学出版社，1990.2.—309页；32开.—ISBN 7-5607-0320-8：3.50元

哲学与哲学史论文集/贺麟著.—北京：商务印书馆，1990.11.—719页；大32开.—ISBN 7-100-00340-7（精装）：10.00元

本书收集了我国著名哲学家贺麟先生从1926年至80年代近60年间撰写的有关哲学和哲学史论文57篇。

哲学自学考试指导/陈和生主编.—西安：陕西人民出版社，1990.6.—362页；32开.—ISBN 7-224-01380-7：3.65元

哲学应试指导/姚伯茂编著.—上海：上海人民出版社，1990.2.—295页；32开.—ISBN 7-208-00462-5：4.25元

哲学试题及参考答案：哲学复习指导/魏凡，毛明义编著.—2版.—西安：西北大学出版社，1990.9.1册（204，12页）；32开.—ISBN 7-5604-0168-5：2.55元

哲学热点难点疑点问题解答/马孝定，张良主编.北京：蓝天出版社，1990.4.—257页；32开.—ISBN 7-80081-090-9：3.60元

哲学疑难问题探讨/康耀华，张立明主编.—长春：吉林大学出版社，1990.6.—204页；32开.—ISBN 7-5601-0504-1：2.90元

哲学题选/时昀昭主编.—长春：吉林大学出版社，1990.10.—307页；32开.—高等教育自学考试参考资料.—ISBN 7-5601-0629-3：4.10元

党员学哲学问答/张新润主编.—北京：光明日报出版社，1990.2.—160页；32开.—（湖北省青年心理研究所教育文库）.—ISBN 7-80014-732-8：2.50元

新编哲学读本教与学指导书/王一宗等编.—济南：济南出版社，1990.6.—224页；32开.—职工中等专业学校教材.—ISBN 7-80572-215-3：2.30元

B-49 哲学普及读物

干部哲学读本/中共上海市委宣传部编.—上海：上海人民出版社，1990.4.—525页；大32开.—ISBN 7-208-00826-4：6.00元

干部哲学教育新编/胡圣礼，邓小何主编.—北京：中国展望出版社，1990.4.—364页；32开.—ISBN 7-5050-0789-0：4.10元

工农党员哲学读本/绥化地委宣传部党员教育科组织编写.—哈尔滨：黑龙江人民出版社，1990.7.227页；32开.—基层党校教学用书.—ISBN 7-207-01616-6：3.10元

大众哲学新编/周鼎安，陈光科主编.—桂林：广西师范大学出版社，1990.5.—174页；32开.—ISBN 7-5633-0800-8：2.10元

大家都来学哲学：广播对话/山西人民广播电台政治理论部编.—北京：中国广播电视出版社，1990.10.175页；32开.—ISBN 7-5043-0709-2：2.60元

本书内容荣获1989年度全国优秀广播节目一等奖。

巨大的精神与物质力量/陈灼主编.—广州：华南理工大学出版社，1990.12.—274页；大32开.—ISBN 7-5623-0263-4：5.50元

让哲学在时代的洪流中闪光/魏淑琴著.—哈尔滨：哈尔滨出版社，1990.9.—161页；32开.—ISBN 7-80557-267-4：2.20元

农民学哲学/陈长禄主编.—北京：中国社会出版社，1990.11.—186页；32开.—ISBN 7-80088-123-7：2.50元

如何思考世界：干部学哲学问答/袁贵仁主编.—北

京：学苑出版社，1990.12.—286页；32开.—ISBN 7-5077-0057-7：3.90元

我们身边的哲学/徐心贻等编.—北京：中国经济出版社，1990.11.—198页；32开.—ISBN 7-5017-1045-7：1.86元

学哲学 用哲学/黄德润主编.—峨嵋山：西南交通大学出版社，1990.6.—196页；32开.—ISBN 7-81022-179-5：2.00元

哲学与时代/柳长铉主编.—延吉：延边大学出版社，1990.5.—260页；32开.—ISBN 7-5634-0205-5：3.60元

哲学与社会实践/曹善元，王道庆主编.—长春：吉林大学出版社，1990.5.—146页；32开.—ISBN 7-5601-0497-5：2.30元

哲学与现实/綦骥等主编.—长春：吉林人民出版社，1990.6.—380页；32开.—ISBN 7-206-00806-2：4.00元

哲学与实践/李永年，杜建平主编.—哈尔滨：黑龙江人民出版社，1990.10.—157页；32开.—ISBN 7-207-01718-9：2.30元

哲学与政策/杨生博，李健权著.—西安：陕西人民出版社，1990.8.—138页；32开.—ISBN 7-224-01357-9：1.95元

哲学与探索/金光俊等主编.—长春：吉林人民出版社，1990.6.—364页；32开.—ISBN 7-206-00790-2：3.90元

哲学知识要览/李锦昌，杨明刚主编.—北京：中国广播电视出版社，1990.4.—275页；32开.—ISBN 7-5043-0494-8：4.00元

哲学学习和应用方法/刘兴章等主编.—济南：山东大学出版社，1990.6.—271页；32开.—ISBN 7-5607-0335-6：2.95元

哲学通俗读本/全载植等主编.—延吉：延边大学出版社，1990.4.—157页；32开.—乡镇业余党校教材.—ISBN 7-5634-0202-0：2.20元

哲学趣谈/徐大贵等编.—北京：改革出版社，1990.10.—198页；32开.—ISBN 7-80072-099-3：2.70元

通俗哲学/韩树英主编；沈冲等编写.—北京：中国青年出版社，1990.8.—526页；32开.—（青年文库：新编本；2）.—ISBN 7-5006-0734-2

通俗哲学面面观/刘立民主编.—北京：电子工业出版社，1990.12.—171页；32开.—ISBN 7-5053-1316-9：2.80元

职工哲学读本/阎永华，孙洪涛主编.—哈尔滨：哈尔滨出版社，1990.6.—174页；32开.—（系统思想政治教育丛书）.—ISBN 7-80557-262-3：2.20元

基层干部学哲学/李炳武主编.—西安：陕西师范大学出版社，1990.7.—236页；32开.—ISBN 7-5613-0344-0：2.60元

智慧的太阳/天津人民广播电台经济台《天津早晨》节目组编.—天津：天津社会科学院出版社，1990.8.—211页；32开.—ISBN 7-80563-064-X：2.70元

新大众哲学/林青山著.—北京：华龄出版社，1990.6.—318页；32开.—ISBN 7-80082-030-0：4.50元

新编哲学读本/陈金星主编.—长沙：中南工业大学出版社，1990.12.—320页；32开.—ISBN 7-81020-334-7：3.50元

新编哲学读物/许继华，黄魁五主编.—开封：河南大学出版社，1990.6.—366页；大32开.—干部用.ISBN 7-81018-466-0：4.80元

漫话哲学丛书/苗增瑞主编.—天津：天津社会科学院出版社，1990.4.—5册；32开.—ISBN 7-80563-031-3：7.90元

本套丛书各分册为：中国历史故事中的哲理/李超元著；中国寓言故事中的哲理/苗增瑞著；中国古典文学故事中的哲理/刘锡钧著；中国古今笑话中的哲理/黄泽新著；中外影视作品中的哲理/张春生著。

B-6　哲学参考工具书

干部哲学辞典/陈先达主编.—上海：上海人民出版社，1990.12.—499页；32开.—ISBN 7-208-00868-X（精装）：11.30元

哲学大辞典：马克思主义哲学卷/《哲学大辞典·中国哲学史卷》编辑委员会编.—上海：上海辞书出版社，1990.2.—1108页；32开.—ISBN 7-5326-0089-0（精装）：12.25元

哲学小百科/张维璞等主编.—延吉：延边人民出版社，1990.1.—2册（685页）；32开.—（干部学哲学丛书/王泽旭主编）.—ISBN 7-80508-461-0：7.80元

哲学小辞典/马全民等编.—北京：人民出版社，1990.6.—547页；32开.—ISBN 7-01-000726-8：6.00元

简明哲学百科辞典/《简明哲学百科辞典》编写组编.—北京：现代出版社，1990.12.—607页；32开.ISBN 7-80028-104-3（精装）：14.80元

新编简明哲学百科辞典/张腾霄等主编.—北京：中国卓越出版公司，1990.8.—1册（652，43，25页）；32开.—ISBN 7-80071-250-8（精装）：15.80元

B0　哲学理论

大学哲学原理新编/郭唤义等主编.—长春：东北师范大学出版社，1990.3.—459页；大32开.—ISBN 7-

5602-0342-6（精装）：3.20元

大学哲学教程/吴惠之，荆自立主编.—上海：复旦大学出版社，1989.6.—325页；32开.—高等学校财经类专业教材.—ISBN 7-309-00311-X：3.50元

当代大学生哲学思潮/田心铭，郭宝平著.—西安：陕西人民出版社，1990.5.—306页；大32开.—ISBN 7-224-01078-2：4.95元

近年来哲学原理新论述评/于洪卫，张开城主编.北京：中国商业出版社，1990.5.—360页；大32开.ISBN 7-5044-0633-3：4.20元

本书对近年来哲学原理研究中提出的各种有代表性的新观点、新理论作了介绍和评价。

现代哲学观念/谢龙主编.—北京：北京大学出版社，1990.5.—471页；大32开.—ISBN 7-301-01157-1：6.55元

现代哲学探索/郭国勋等主编.—沈阳：辽宁人民出版社，1990.8.—342页；大32开.—ISBN 7-205-01540-5：5.20元

哲学原理/（苏）斯比尔金（Спиркин, А.Г.）著；徐小英等译.—北京：求实出版社，1990.5.566页；大32开.—ISBN 7-80033-194-6：8.40元

书名原文：Основы Философии

哲学原理问答/康祥生等主编.—北京：中国妇女出版社，1990.4.—202页；32开.—ISBN 7-80016-196-X：2.90元

哲学教学法文集/王泽旭编.—延吉：延边人民出版社，1990.8.—388页；32开.—（改革开放时期干部教育丛书/王泽旭主编）.—ISBN 7-80508-564-0：4.60元

哲学教程/刘德福等编著.—济南：济南出版社，1990.4.—349页；32开.—干部必读.—ISBN 7-80572-212-9：4.60元

哲学基本原理和基本方法/蔡奕明，张其盛主编.广州：广东人民出版社，1990.5.—233页；32开.ISBN 7-218-00501-2：2.60元

哲学简明教程/卢昌健等编著.—北京：中国人事出版社，1990.9.—274页；大32开.—行政管理人员培训系列教材.—ISBN 7-80076-044-8：4.50元

哲理与信念/何畏主编.—北京：开明出版社，1990.11.—344页；大32开.—ISBN 7-80077-057-5：5.50元

本书是湖南省1990年哲学年会暨社会主义问题的哲学思考研讨会文集。

简明哲学十二论/杨春贵等编著.—北京：中国工人出版社，1990.9.—296页；32开.—ISBN 7-5008-0716-3：3.60元

本书将马克思主义哲学关于唯物论、辩证法、认识论、历史观、人生观等十二个观点作了论述。

新编哲学教程/雷永生主编.—石家庄：河北人民出版社，1990.9.—471页；大32开.—ISBN 7-202-00765-7：6.40元

B0-0　马克思主义哲学
（总论）

马克思主义世界观和方法论/梁木主编.—广州：广东人民出版社，1990.9.—294页；32开.—党政干部培训教材.—ISBN 7-218-00521-7：3.50元

马克思主义哲学/吴鸿奎，杜连君主编.—天津：天津人民出版社，1990.3.—238页；32开.—基层干部读本.—ISBN 7-201-00531-6：3.20元

马克思主义哲学/王革等主编.—北京：高等教育出版社，1990.5.—485页；大32开.—全国高等师范专科学校教材师专二年制哲学专业用.—ISBN 7-04-002996-0：2.90元

马克思主义哲学/中共浙江省委宣传部党员教育处组织编写.—杭州：浙江大学出版社，1990.8.—109页；32开.—基层党校教材.—ISBN 7-308-00584-4：1.35元

马克思主义哲学/白文兰等著.—太原：山西教育出版社，1990.12.—278页；32开.—山西省自学考试用书　中等专业教育自学考试公安专业.—ISBN 7-80578-371-3：4.25元

马克思主义哲学/毕光华主编.—哈尔滨：哈尔滨工业大学出版社，1990.10.—381页；大32开.—ISBN 7-5603-0297-1：4.90元

马克思主义哲学/刘博威等主编.—哈尔滨：哈尔滨船舶工程学院出版社，1990.9.—391页；32开.—ISBN 7-81007-111-4：4.20元

马克思主义哲学/江苏省高校《马克思主义哲学》编写组编.—3版.—南京：江苏人民出版社，1990.9.—413页；32开.—ISBN 7-214-00286-8：4.70元

本书1981年7月第1版。

马克思主义哲学/杨建培，王力编著.—青岛：青岛出版社，1990.7.—343页；32开.—ISBN 7-5436-0472-8：3.90元

马克思主义哲学/庞元正主编.—北京：农村读物出版社，1990.8.—333页；32开.—（农村精神文明建设丛书）.—农村干部读本.—ISBN 7-5048-1122-X：4.30元

马克思主义哲学/舒金城等著.—成都：四川人民出版社，1990.6.—410页；32开.—新时期干部理论教育读本.—ISBN 7-220-00946-1：4.15元

马克思主义哲学：辩证唯物主义、历史唯物主义/王中惠主编.—长春：吉林人民出版社，1990.6.401页；32开.—ISBN 7-206-00797-X：4.45元

马克思主义哲学十讲/严家栋主编.—上海：上海人

民出版社，1990.3.—326页；大32开.—ISBN 7-208-00858-2：4.00元

马克思主义哲学与当代/柳文超，李佛生主编.—重庆：西南师范大学出版社，1990.3.—337页；32开.ISBN 7-5621-0373-9：3.25元

马克思主义哲学与改革开放/贺惠邦主编.—北京：中国商业出版社，1990.10.—326页；32开.—ISBN 7-5044-0780-1：4.20元

马克思主义哲学小百科/刘雪松等主编.—长春：吉林大学出版社，1990.3.—349页；32开.—(干部学哲学通俗读本).—ISBN 7-5601-0438-X：4.20元

马克思主义哲学小百科/陈章龙，方仪主编.—南京：江苏人民出版社，1990.4.—285页；32开.(行政管理者丛书/王国祥，刘国伦主编).—ISBN 7-214-00429-1：3.80元

马克思主义哲学专题讲座/全载植等主编.—延吉：东北朝鲜民族教育出版社，1990.12.—259页；32开.—ISBN 7-5437-0823-X：3.00元

马克思主义哲学史/鲁修文著.—兰州：兰州大学出版社，1990.8.—371页；32开.—ISBN 7-311-00329-6：2.75元

马克思主义哲学史新编/王建铨等编著.—延吉：延边人民出版社，1990.1.—327页；32开.—(干部学哲学丛书/王泽旭主编).—ISBN 7-80508-477-7：3.80元

马克思主义哲学史新编/李恒瑞等编.—北京：中共中央党校出版社，1990.9.—513页；大32开.—ISBN 7-5035-0291-6：7.50元

马克思主义哲学百题问答/梁维玲，李学丽主编.哈尔滨：哈尔滨出版社，1990.4.—202页；32开.ISBN 7-80557-246-1：2.50元

马克思主义哲学自学指导/鲁万民，李春芳主编.长春：吉林大学出版社，1990.11.—357页；32开.ISBN 7-5601-0648-X：4.40元

马克思主义哲学企业干部读本/周迁正，窦照月主编.—西安：陕西人民教育出版社，1990.4.—310页；大32开.—ISBN 7-5419-1677-3：3.50元

马克思主义哲学导论/周穗明，翁寒松著.—北京：华夏出版社，1990.11.—297页；大32开.—ISBN 7-80053-804-4：5.90元

马克思主义哲学导读/王革等主编.—北京：高等教育出版社，1990.9.—294页；大32开.—全国高等师范专科学校教材　二年制师专政教专业用.—ISBN 7-04-003152-3：1.85元

马克思主义哲学导读/中外名人研究中心编.—上海：上海人民出版社，1990.5.—695页；16开.(导读书系).—ISBN 7-208-00808-6：28.00元

马克思主义哲学体系的由来和发展/张国祺著.—成都：四川大学出版社，1990.6.—277页；32开.—ISBN 7-5614-0292-9：2.95元

马克思主义哲学体系的原生、次生、再生形态：论马克思主义哲学体系的形成和发展/高齐云主编.—广州：中山大学出版社，1990.6.—268页；32开.—ISBN 7-306-00289-9：5.50元

马克思主义哲学应用与探索/曹善元，叶广文主编.长春：吉林大学出版社，1990.12.—293页；32开.ISBN 7-5601-0695-1：4.00元

马克思主义哲学纲要学习讲解/曹善元，叶广文主编.—北京：学苑出版社，1990.6.—321页；32开.ISBN 7-80060-449-7：4.00元

马克思主义哲学的理论与历史/余源培，虞伟人主编.—上海：复旦大学出版社，1990.12.—645页；大32开.—ISBN 7-309-00520-1：4.55元

马克思主义哲学的新探索/武绍春，吕衍玉主编.长春：吉林人民出版社，1990.8.—350页；大32开.ISBN 7-206-00841-0：5.50元

马克思主义哲学学习问答/王纯好，于行立主编.长春：吉林人民出版社，1990.9.—121页；32开.ISBN 7-206-00878-X：2.10元

马克思主义哲学学习问答/牛国栋等主编.—青岛：青岛海洋大学出版社，1990.9.—363页；32开.—ISBN 7-81026-099-5：3.95元

马克思主义哲学学习问答/张家成等主编.—长春：吉林大学出版社，1990.3.—224页；32开.—ISBN 7-5601-0453-3：2.95元

《马克思主义哲学学习纲要》专题讲座/徐果承主编.—北京：中国社会科学出版社，1990.5.—237页；32开.—ISBN 7-5004-0808-0：2.80元

《马克思主义哲学学习纲要》百题问答/于利中，孙永珀主编.—南京：江苏人民出版社，1990.3.180页；32开.—ISBN 7-214-00418-6：2.20元

《马克思主义哲学学习纲要》百题解/韩茂华主编.—呼和浩特：内蒙古人民出版社，1990.6.—147页；32开.—ISBN 7-204-01029-9：1.90元

《马克思主义哲学学习纲要》百题解/裴增寿等主编.太原：山西人民出版社，1990.8.—153页；32开.ISBN 7-203-01732-X：1.80元

《马克思主义哲学学习纲要》名词解释和难点注释/孟庆林主编.—哈尔滨：黑龙江人民出版社，1990.5.—161页；32开.—ISBN 7-207-01510-0：1.80元

《马克思主义哲学学习纲要》问答/刘荣光主编.北京：中国社会出版社，1990.3.—258页；32开.ISBN 7-80088-033-8：3.60元

《马克思主义哲学学习纲要》问答/李永年，刘东向主编.—牡丹江：黑龙江朝鲜民族出版社，1990.2.—157页；32开.—ISBN 7-5389-0245-7：1.90元

《马克思主义哲学学习纲要》问题解析/周杰主编.大连：大连理工大学出版社，1990.3.—327页；32

开.—ISBN 7-5611-0277-1：3.80元

《马克思主义哲学学习纲要》问题解答/吴廷勇，庞元正主编.—北京：中共中央党校出版社，1990.7.268页；大32开.—ISBN 7-5035-0278-9：3.80元

马克思主义哲学学习纲要问题解答/张维璞等主编.延吉：延边人民出版社，1990.2.—262页；32开.（干部学哲学丛书/王泽旭主编）.—ISBN 7-80508-480-7：3.20元

《马克思主义哲学学习纲要》问题解答/曾玉书，黎影材主编；李海荣等撰写.—南宁：广西人民出版社，1990.2.—162页；32开.—ISBN 7-219-01492-9：2.40元

《马克思主义哲学学习纲要》问题解答100题/杨春贵，张绪文主编.—上海：上海交通大学出版社，1990.7.—275页；32开.—ISBN 7-313-00701-8：2.40元

《马克思主义哲学学习纲要》《关于社会主义若干问题学习纲要》导读/孙昶晨主编.—北京：中国人事出版社，1990.10.—246页；大32开.—ISBN 7-80076-003-2：3.80元

《马克思主义哲学学习纲要》讲座/《马克思主义哲学学习纲要》讲座编写组编.—北京：中国广播电视出版社，1990.4.—250页；大32开.—中央电视台电视教育节目用书.—ISBN 7-5043-0459-X：3.70元

《马克思主义哲学学习纲要》讲座/周立富主编.哈尔滨：黑龙江人民出版社，1990.7.—261页；32开.—ISBN 7-207-01587-9：3.00元

《马克思主义哲学学习纲要》讲解/邢贲思等编著.—北京：中共中央党校出版社，1990.4.—284页；大32开.—ISBN7-5035-0276-2：3.80元

马克思主义哲学学习纲要导引/周雪心，钟文先主编.—北京：光明日报出版社，1990.6.—305页；大32开.—ISBN 7-80014-909-9：3.90元

马克思主义哲学学习纲要导读/李德先主编.—北京：兵器工业出版社，1990.11.—184页；32开.ISBN 7-80038-287-7：2.50元

马克思主义哲学学习纲要导读/郭丰才主编.—北京：新华出版社，1990.5.—328页；32开.—ISBN 7-5011-0773-4：3.45元

《马克思主义哲学学习纲要》助读/刘欣，姜保志主编.—海拉尔：内蒙古文化出版社，1990.9.—337页；大32开.—ISBN 7-80506-101-8：4.80元

《马克思主义哲学学习纲要》学习辅导/赵文斌，陈永信主编.—北京：社会科学文献出版社，1990.6.—239页；32开.—ISBN 7-80050-173-6：3.10元

《马克思主义哲学学习纲要》思考题及疑点、难点解答/黄文虎，陈俊宏主编.—南京：江苏人民出版社，1990.3.—227页；32开.—ISBN 7-214-00410-0：2.95元

《马克思主义哲学学习纲要》思考题和难点解答/《〈马克思主义哲学学习纲要〉思考题和难点解答》编写组编著.—北京：法律出版社，1990.2.—230页；32开.—ISBN 7-5036-0653-3：3.00元

《马克思主义哲学学习纲要》阅读文献/中共中央党校出版社编.—北京：中共中央党校出版社，1990.6.—621页；大32开.—ISBN 7-5035-0286-X：8.50元

马克思主义哲学学习纲要通俗讲座/王世凯等主编.长春：长春出版社，1990.6.—404页；32开.—ISBN 7-80573-259-0：5.70元

马克思主义哲学学习纲要通俗读本/林志主编.—沈阳：辽宁人民出版社，1990.5.—296页；32开.—ISBN 7-205-01474-3：3.70元

《马克思主义哲学学习纲要》辅导/中共山东省委讲师团编写.—济南：山东人民出版社，1990.4.384页；32开.—ISBN 7-209-00667-2：3.95元

《马克思主义哲学学习纲要》辅导/苏厚重主编.北京：中国社会出版社，〔1990〕.—305页；32开.ISBN 7-80088-032-X：3.90元

《马克思主义哲学学习纲要》辅导/赵家祥等主编.哈尔滨：黑龙江人民出版社，1990.10.—174页；32开.—ISBN 7-207-01731-6：2.70元

马克思主义哲学学习纲要辅导/姜海恩，白丽芬主编.—北京：中国城市经济社会出版社，1990.5.357页；32开.—ISBN 7-5074-0396-3：4.90元

《马克思主义哲学学习纲要》辅导/唐峻，汪寿祥主编.—南昌：江西高校出版社，1990.4.—214页；32开.—ISBN 7-81033-014-4：2.95元

《马克思主义哲学学习纲要》辅导与参考/汤宝一主编.—南京：南京大学出版社，1990.9.—234页；32开.—ISBN 7-305-00825-7：2.50元

《马克思主义哲学学习纲要》辅导讲话/蒋琪，周德新主编.—哈尔滨：哈尔滨出版社，1990.4.—235页；32开.—（理论学习丛书）.—ISBN 7-80557-231-8：2.40元

《马克思主义哲学学习纲要》辅导读本/钟世德等主编.—南昌：江西人民出版社，1990.6.—273页；32开.—ISBN 7-210-00876-4：2.90元

《马克思主义哲学学习纲要》简明问答/余品华主编.—海口：南海出版公司，1990.5.—293页；32开.—ISBN 7-80570-238-1：3.90元

马克思主义哲学学习纲要题解/庄元有等主编.—长春：吉林大学出版社，1990.11.—319页；32开.ISBN 7-5061-0667-6：4.50元

马克思主义哲学学习指导/钟邦秀等主编.—济南：山东大学出版社，1990.4.—310页；32开.—ISBN 7-5607-0333-X：2.95元

马克思主义哲学学习读本/刘正一，冯雁逢主编.

石家庄：河北人民出版社，1990.5.—405页；32开.ISBN 7-202-00671-5：4.65元

马克思主义哲学学习教程/张一兵等主编.—南京：南京出版社，1990.3.—350页；32开.—ISBN 7-80560-188-7：3.70元

马克思主义哲学学习提示与探析/庞永元等主编.北京：人民交通出版社，1990.7.—201页；32开.ISBN 7-114-01027-3：2.90元

马克思主义哲学重要问题分析/孙广深，王志学主编.—长春：吉林人民出版社，1990.5.—196页；32开.—ISBN 7-206-00757-0：2.30元

马克思主义哲学原理/山东省乡镇企业职工中等专业学校组编.—济南：山东大学出版社，1990.8.214页；32开.—乡镇企业职工中专教材.—ISBN 7-5607-0371-2：2.40元

马克思主义哲学原理/王吉明，丁原儒主编.—北京：北京出版社，1990.7.—330页；32开.—ISBN 7-200-01180-0：4.10元

马克思主义哲学原理/吕国欣编著.—北京：学苑出版社，1990.5.—429页；32开.—ISBN 7-5077-0016-X：5.60元

马克思主义哲学原理/孙金年主编.—南京：南京出版社，1990.9.—388页；32开.—ISBN 7-80560-234-4：4.90元

马克思主义哲学原理/李光耀等主编.—北京：中国人事出版社，1990.9.—309页；32开.—ISBN 7-80076-028-6：4.80元

马克思主义哲学原理/张瑞文，刘彤主编.—西安：陕西人民出版社，1990.11.—331页；大32开.—ISBN 7-224-01448-6：5.10元

马克思主义哲学原理/陆逸等主编；王月辉等编写.—哈尔滨：黑龙江人民出版社，1990.9.—344页；32开.—ISBN 7-207-01656-5：4.90元

马克思主义哲学原理/耿希海等编.—济南：山东大学出版社，1990.8.—214页；32开.—乡镇企业职工中专教材.—ISBN 7-5607-0371-2：2.40元

马克思主义哲学原理/福建十五所院校哲学组汪受铭等主编.—福州：福建人民出版社，1990.11.—248页；32开.—ISBN 7-211-01468-7：2.80元

马克思主义哲学原理：新编本/曹广胜主编.—沈阳：辽宁大学出版社，1990.10.—431页；32开.ISBN 7-5610-1061-3：5.00元

马克思主义哲学原理自学与考试/祁永霖，王震宇主编.—济南：山东人民出版社，1990.9.—443页；32开.—（高等教育自学考试辅导丛书）.—ISBN 7-209-00651-6：4.50元

马克思主义哲学原理学习指导/杨静光编.—成都：成都科技大学出版社，1990.4.—383页；32开.（四川函授大学自学辅导丛书）.—ISBN 7-5616-0573-0：3.80元

马克思主义哲学原理辅导/李铁民等主编.—长春：吉林人民出版社，1990.12.—285页；32开.—ISBN 7-206-01048-2：4.30元

马克思主义哲学党员读本/《马克思主义哲学党员读本》编写组编.—沈阳：白山出版社，1990.8.237页；32开.—ISBN 7-80566-135-9：2.90元

马克思主义哲学党员读本/齐景卫主编.—长春：吉林大学出版社，1990.6.—218页；32开.—ISBN 7-5601-0530-0：3.00元

马克思主义哲学读本/李世膺，何春祥主编.—沈阳：辽宁大学出版社，1990.12.—301页；32开.ISBN 7-5610-1151-2：3.20元

马克思主义哲学通俗读本/于峰主编.—北京：中共中央党校出版社，1990.4.—211页；大32开.—ISBN 7-5035-0298-3：3.20元

马克思主义哲学通俗读本/中共云南省委宣传部编.昆明：云南人民出版社，1990.12.—120页；32开.（党员教育教材丛书）.—ISBN 7-222-00744-X：1.25元

马克思主义哲学通俗读本/中国人民解放军总政治部编.—北京：蓝天出版社，1990.11.—350页；32开.—ISBN 7-80081-167-0：4.10元

马克思主义哲学通俗读本/张以让，卓天诏主编.广州：广东高等教育出版社，1990.11.—186页；32开.—ISBN 7-5361-0559-2：2.80元

马克思主义哲学理论与实践/曹善元，叶广文主编.长春：吉林大学出版社，1990.11.—287页；32开.ISBN 7-5601-0660-9：4.00元

马克思主义哲学教程/甘成忠等主编.—哈尔滨：黑龙江人民出版社，1990.7.—260页；32开.—ISBN 7-207-01551-8：3.50元

马克思主义哲学教程/朱铁生，钟国辉主编.—长春：吉林大学出版社，1990.5.—345页；32开.ISBN 7-5601-0500-9：3.95元

马克思主义哲学教程/姚伯茂主编.—北京：中国广播电视出版社，1990.4.—334页；32开.—ISBN 7-5043-0460-3：4.25元

马克思主义哲学教程/崔矗等主编.—长沙：湖南教育出版社，1990.9.—339页；32开.—ISBN 7-5335-1175-9：3.10元

马克思主义哲学教程新编/刘根报主编.—北京：知识出版社，1990.8.—333页；大32开.—ISBN 7-5015-0465-2：4.45元

《马克思主义哲学教程新编》复习考试指南/李有忠主编.—西安：西北大学出版社，1990.5.—175页；32开.—ISBN 7-5604-0112-7：2.00元

马克思主义哲学基本观点/孙仲管，刘楷如主编.北京：红旗出版社，1990.5.—288页；32开.—ISBN

7-80068-131-X：3.00元

马克思主义哲学基本观点干部读本/王佩瑄主编.—延吉：延边人民出版社，1990.1.—309页；32开.（干部学哲学丛书/王泽旭主编）.—ISBN 7-80508-468-8：3.60元

马克思主义哲学基本观点与应用/穆青春等主编.—沈阳：辽宁人民出版社，1990.2.—296页；32开.—ISBN 7-205-01333-X：3.80元

马克思主义哲学基本观点和方法/康电，张锋主编.—成都：四川人民出版社，1990.3.—302页；32开.（干部哲学读本）.—ISBN 7-220-00969-0：3.30元

马克思主义哲学基本观点和方法教与学/卢志清，郑国玺主编.—成都：成都科学技术大学出版社，1990.4.—148页；32开.—ISBN 7-5616-0586-2：2.00元

马克思主义哲学基本观点学习对话/邴文举等主编.—延吉：延边人民出版社，1990.1.—269页；32开.（干部学哲学丛书/王泽旭主编）.—ISBN 7-80508-462-9：3.20元

马克思主义哲学基本观点读本/王明新，孔繁友主编.—济南：济南出版社，1990.4.—352页；大32开.—ISBN 7-80572-175-0：4.50元

马克思主义哲学基本观点教与学/魏继让主编.—杭州：浙江大学出版社，1990.6.—284页；大32开.—ISBN 7-308-00543-7：3.65元

马克思主义哲学基本观点新析/吴士英主编.—开封：河南大学出版社，1990.6.—218页；32开.—ISBN 7-81018-512-8：2.70元

马克思主义哲学基本原理/王志义，罗万隆主编.—北京：大地出版社，1990.1.—379页；32开.—干部读本.—ISBN 7-80068-119-X：3.90元

马克思主义哲学基本原理/王锐生，冯卓然主编.—北京：高等教育出版社，1990.5.—524页；大32开.—ISBN 7-04-002934-0：2.75元

马克思主义哲学基本原理/辽宁省财政厅教育中心编.—沈阳：辽宁大学出版社，1990.6.—231页；32开.—ISBN 7-5610-0997-6：2.80元

马克思主义哲学基本原理/林志，齐戎编.—沈阳：辽宁教育出版社，1990.8.—388页；32开.—经济管理专业函授大专教材 干部教材.—ISBN 7-5382-1252-3：4.08元

马克思主义哲学基本原理/胡福明主编.—南京：江苏人民出版社，1990.8.—324页；大32开.—ISBN 7-214-00541-7：4.50元

马克思主义哲学基本原理简明教程/石训等编著.—北京：中共中央党校出版社，1990.8.—325页；大32开.—ISBN 7-5035-0307-6：4.70元

马克思主义哲学基层干部读本/黄为民等主编.—南宁：广西人民出版社，1990.5.—292页；32开.—ISBN 7-219-01550-X：3.20元

马克思主义哲学基础/向在仁，阳正太主编.—成都：成都出版社，1990.3.—297页；32开.—ISBN 7-80575-035-1：3.90元

马克思主义哲学基础/李冠英主编.—北京：中国人民大学出版社，1990.7.—275页；32开.—中专教材.—ISBN 7-300-00945-X：3.20元

马克思主义哲学基础/谢峰主编.—广州：中山大学出版社，1990.9.—238页；32开.—ISBN 7-306-00378-X：3.45元

马克思主义哲学基础知识/张祥生等编著.—北京：经济科学出版社，1990.3.—183页；32开.—乡镇领导干部岗位培训教材.—ISBN 7-5058-0350-6：2.10元

马克思主义哲学基础教程/孙显元主编.—合肥：中国科学技术大学出版社，1990.8.—355页；大32开.—ISBN 7-312-00192-0：4.00元

马克思主义哲学基础教程/杨大钧等主编.—上海：文汇出版社，1990.7.—464页；大32开.—ISBN 7-80531-126-9：4.80元

马克思主义哲学辅导/杨光等主编.—长春：吉林大学出版社，1990.10.—229页；32开.—ISBN 7-5601-0642-0：3.20元

马克思主义哲学辅导与研究/张宝琪主编.—北京：中国国际广播出版社，1990.10.—340页；大32开.—ISBN 7-80035-695-2：4.60元

马克思主义哲学辅导读本/郭一奇等主编.—北京：中国商业出版社，1990.2.—153页；32开.—ISBN 7-5044-0548-5：1.95元

马克思主义哲学概论/冯世昌主编.—北京：中国广播电视出版社，1990.9.—338页；32开.—ISBN 7-5043-0599-5：4.10元

马克思主义哲学概述/于明松主编.—济南：山东人民出版社，1990.6.—256页；32开.—ISBN 7-209-00681-8：2.75元

马克思主义哲学概要/戚若文等主编.—上海：三联书店上海分店，1990.8.—295页；大32开.—干部学哲学用书.—ISBN 7-5426-0345-0：4.00元

马克思主义哲学辞典/李士坤主编.—北京：中国广播电视出版社，1990.8.—521页；32开.—ISBN 7-5043-0468-9（精装）：13.80元

本辞典以中宣部理论局最近编辑出版的《马克思主义哲学学习纲要》为主线，选收了马克思主义哲学的概念、原理、术语和有关知识以及学说、学派、人物、著作等方面的条目1000余条。

马克思主义哲学简明读本/戴维新等编著.—银川：宁夏人民出版社，1990.6.—122页；32开.—青年职工政治培训教材.—ISBN 7-227-00580-1：1.50元

马克思主义哲学简明教程/刘贤奇主编.—长春：吉

林大学出版社，1990.1.—464页；32开.—ISBN 7-5601-0768-0：8.50元

马克思主义哲学简明教程/陈仲成等主编.—修订版.—成都：西南财经大学出版社，1990.1.—285页；32开.—ISBN 7-81017-209-8：2.85元

马克思主义哲学简明教程/范为启，李宗兴主编.开封：河南大学出版社，1990.4.—307页；32开.ISBN 7-81018-460-1：3.60元

马克思主义哲学简明教程/胡有恒主编.—长沙：湖南出版社，1990.10.—323页；32开.—ISBN 7-5438-0025-X：3.80元

马克思主义哲学新编：哲学与商业/潘忠贵编著.北京：中国商业出版社，1990.6.—273页；32开.ISBN 7-5044-0589-2：3.60元

马克思主义哲学新编教程/张美彩，赖荫来主编.武汉：武汉工业大学出版社，1990.8.—463页；32开.—ISBN 7-5629-0396-4：4.20元

马克思主义哲学题解/李惠臣等主编.—北京：中国经济出版社，1990.8.—355页；32开.—ISBN 7-5017-0727-8：4.95元

马克思主义哲学200题解答/王中惠主编.—北京：中国商业出版社，1990.8.—256页；32开.—（马克思主义原理问题解答：哲学分册）.—ISBN 7-5044-0723-2：3.40元

学习马克思主义哲学/杨建华，王林桐编.—武汉：武汉出版社，1990.5.—256页；32开.—参考资料.ISBN 7-5430-0322-8：2.90元

学习马克思主义哲学200题/陈柏灵主编.—北京：新华出版社，1990.5.—278页；32开.—ISBN 7-5011-0721-1：3.80元

重点·难点·针对性：《马克思主义哲学学习纲要》教学参考/中央党校哲学研讨班《重点·难点·针对性：马克思主义哲学学习纲要教学参考》编写组编.—北京：中共中央党校出版社，1990.4.—132页；32开.—ISBN 7-5035-0288-6：1.95元

理论与现实：马克思主义哲学学习提要/龚明金主编.—长沙：湖南师范大学出版社，1990.10.—231页；32开.—ISBN 7-81031-044-5：2.95元

简明马克思主义哲学教程/杜国钧主编.—哈尔滨：东北林业大学出版社，1990.6.—322页；32开.ISBN 7-81008-135-7：4.00元

新编马克思主义哲学原理/宫凤鸣等主编.—长春：吉林人民出版社，1990.7.—382页；32开.—ISBN 7-206-00826-7：4.60元

《辩证唯物主义与历史唯物主义》习题集/张竹，笪远钰主编.—北京：经济科学出版社，1990.6.133页；32开.—（中等专业学校政治教材习题丛书/方铁政，高晧主编）.—ISBN 7-5058-0349-2：1.50元

辩证唯物主义与历史唯物主义教学参考书/张竹主编.—上海：上海教育出版社，1990.11.—373页；32开.—中等专业学校教材.—ISBN 7-5320-2071-1：2.15元

辩证唯物主义与历史唯物主义综合练习/丁铨玉，杨家樑编.—青岛：青岛海洋大学出版社，1990.8.167页；16开.—成人中等专业学校教材.—ISBN 7-81026-069-3：2.35元

辩证唯物主义历史唯物主义自学指要/蔡灿津等编.乌鲁木齐：新疆大学出版社，1990.4.—296页；32开.—高等教育自学考试参考书.—ISBN 7-5631-0130-6：3.50元

辩证唯物主义和历史唯物主义原理/李秀林等主编.3版.—北京：中国人民大学出版社，1990.3.—509页；大32开.—高等学校文科教材.—ISBN 7-300-00842-9：5.90元

本书1982年第1版。

B01　哲学基本问题

价值观念十论/钟克钊主编.—南京：南京出版社，1990.9.—270页；32开.—江苏省哲学社会科学“七五”规划项目.—ISBN 7-80560-242-5：3.60元

本书共分10章，即导言、真、善、美、功利、平等、民主、公正、人道、自由和信仰。

哲学方法论/于丁春主编.—北京：北京出版社，1990.5.—358页；32开.—ISBN 7-200-01123-1：4.10元

本书较系统地探讨了马克思主义哲学方法论的对象、体系、原则、方法及其意义。

哲学范畴系统论/柳长铉著.—延吉：延边大学出版社，1990.6.—252页；32开.—ISBN 7-5634-0147-5：5.00元

哲学通论/朱立言等编著.—北京：中国人民大学出版社，1990.8.—483页；大32开.—ISBN 7-300-00890-9：6.25元

B02　辩证唯物主义

启蒙辩证法：哲学片断/（联邦德国）霍克海默（Horkheimer，M.），（联邦德国）阿多尔诺（Adorno，T.W.）著；洪佩郁，蔺月峰译.—重庆：重庆出版社，1990.7.—245页；大32开.—（国外马克思主义和社会主义研究丛书/徐崇温主编）.ISBN 7-5366-1376-8：3.95元

书名原文：DialeKtiK der Aufklärung

科学的世界观和方法论/中共北京市国家机关工作委员会组织编写.—沈阳：辽宁人民出版社，1990.11.—333页；大32开.—ISBN 7-205-01542-1：4.95元

科学的世界观和方法论/麻秉华，李尧主编.—济

南：济南出版社，1990.8.—264页；大32开.—ISBN 7-80572-294-3：4.40元

辩证法新探/平措汪杰著.—拉萨：西藏人民出版社，1990.3.—948页；大32开.—ISBN 7-223-00317-0（精装）：13.50元

辩证唯物主义及其应用/王成义，李燕龙编著.—成都：西南财经大学出版社，1990.12.—248页；32开.—ISBN 7-81017-290-5：1.62元

辩证唯物主义问答/《辩证唯物主义问答》编写组编.—2版.—上海：上海教育出版社，1990.9.—121页；32开.—ISBN 7-5320-2085-1：1.10元

本书1979年8月第1版。

B022　意识论

人活动的效率/郭湛著.—北京：人民出版社，1990.12.—225页；大32开.—ISBN 7-01-000734-9：3.10元

本书作者把人的活动效率作为一个哲学问题进行了研究。

睿智学发轫/何畏著.—北京：华夏出版社，1990.10.—369页；大32开.—ISBN 7-80053-873-7：5.00元

本书作者从马克思主义人学的高度，对人类意识的结构和功能、运行规律，以及对现存旧哲学意识论及其弊端进行了犀利剖析，提出了独到的见解。

B023　认识论、反映论

马克思主义认识论：哲学体系初探/王幼殊主编.昆明：云南人民出版社，1990.7.—476页；32开.ISBN 7-222-00455-6：4.95元

认识主体的结构和功能/（苏）拉皮茨基（Лапицкий，В.В.）著；唐健，卢冀宁译.—北京：中国人民大学出版社，1990.8.—208页；32开.—ISBN 7-300-00792-9：2.85元

书名原文：Структура и функции субъекта познания

认识论新探/宋立军著.—桂林：广西师范大学出版社，1990.7.—246页；32开.—ISBN 7-5633-0883-0：2.80元

认识系统运行论/王霁著.—北京：中国人民大学出版社，1990.7.—357页；大32开.—（中国人民大学博士文库）.—ISBN 7-300-00876-3：5.60元

本书对人的认识活动的内在机制作了多方位、多视角的探讨。

认知的两极性及其张力/王宏维，汪信砚著.—杭州：浙江科学技术出版社，1990.9.—312页；32开.（认知与方法丛书/张巨青，刘文君主编）.—ISBN 7-5341-0281-2：4.15元

主体与客体/中共中央党校马克思主义哲学教研室，中共湖北省委党校哲学教研室编.—北京：中共中央党校出版社，1990.11.—350页；大32开.—ISBN 7-5035-0320-3：4.40元

主体与客体/（苏）帕尔纽克（Парнюк，М.А.）著；安启念，林娅译.—沈阳：辽宁大学出版社，1990.10.—307页；大32开.—ISBN 7-5610-1040-0：4.50元

当代认识论导论/（美）丹西（Qancy，J.）著；周文彰，何包钢译.—北京：中国人民大学出版社，1990.4.—290页；大32开.—ISBN 7-300-00762-7：3.45元

书名原文：An Introduction to Contemporary Epistemology

社会认识论引论/陶远华著.—昆明：云南人民出版社，1990.10.—196页；大32开.—（哲学现代化丛书/黎克明主编）.—ISBN 7-222-00502-1：2.65元

社会认识的结构和悖论/景天魁著.—北京：中国社会科学出版社，1990.6.—360页；大32开.—（中国社会科学博士论文文库/胡绳主编）.—ISBN 7-5004-0684-3（精装）：6.30元

本书是社会认识方法论的导论，着重对社会认识系统进行了结构分析，提出了社会认识系统的悖论，探讨了社会认识系统的性质、趋势和思维基础，并提出了创造整合性思维的问题。

实践哲学/（意）葛兰西著；徐崇温译.—重庆：重庆出版社，1990.9.—172页；大32开.—（国外马克思主义和社会主义研究丛书/徐崇温主编）.—ISBN 7-5366-1375-X：3.35元

实践唯物主义研究概述/于洪卫主编.—东营：石油大学出版社，1990.12.—251页；大32开.—ISBN 7-5636-0182-1：5.60元

科学认识论　第一卷：导论/舒炜光主编.—长春：吉林人民出版社，1990.6.—386页；大32开.—ISBN 7-206-00785-6（精装）：8.50元

科学认识论　第二卷：科学认识发生论/舒炜光主编.—长春：吉林人民出版社，1990.6.—467页；大32开.—ISBN 7-206-00786-4（精装）：9.50元

科学认识论　第三卷：科学认识形成论/舒炜光主编.—长春：吉林人民出版社，1990.6.—510页；大32开.—ISBN 7-206-00787-2（精装）：10.00元

掌握科学的认识工具/隋文彬等主编.—青岛：青岛海洋大学出版社，1990.9.—417页；大32开.—ISBN 7-81026-095-2：5.20元

B024　唯物辩证法

否定与徘徊：现代批评精神/吴炫著.—上海：学林出版社，1990.4—256页；32开.—（人文丛书；11）.ISBN 7-80510-291-0：4.10元

社会主义辩证法的理论与应用/张江明编著.—北京：人民出版社，1990.12.—478页；32开.—ISBN

7-01-000733-0：5.30元

社会主义辩证法新探/张江明主编.—广州：广东人民出版社，1990.1.—304页；大32开.—（社会主义辩证法丛书/张江明主编）.—ISBN 7-218-00350-8：3.90元

唯物主义辩证法 第三卷：自然的辩证法/（苏）彼特连科（Петленко，В.П.）主编；赵璧如等译.—北京：东方出版社，1990.5.—306页；大32开.—ISBN 7-5060-0092-X：4.70元

书名原文：Материалистическая диалектика

本卷专门研究现代自然科学中的辩证法问题。

辩证法的语言和语言的辩证法/（瑞典）伊斯雷尔（Israel，J.）著；王路，叶翔译.—北京：商务印书馆，1990.12.—269页；大32开.—ISBN 7-100-00451-9：3.15元

书名原文：The language of dialectics and the dialatics of language

本书结合马克思主义，从本体论、认识论和多法论诸方面，讨论了辩证法意谓什么，分析了辩证推理的四条预先假设，探讨了掌握语言意谓什么，及其哲学、特别是认识论的涵义。

B026　思想方法与工作方法

成功妙法：助你事业成功生活美满的36种方法/吕书平，王敦婵著.—沈阳：辽宁人民出版社，1990.5.—301页；32开.—ISBN 7-205-01389-5：4.10元

实事求是方法论/刘源海，张金根主编.—北京：蓝天出版社，1990.11.—368页；32开.—ISBN 7-80081-145-X：4.00元

科学的思想方法和工作方法/魏益华主编.—杭州：浙江大学出版社，1990.6.—323页；32开.ISBN 7-308-00545-3：3.90元

B03　历史唯物主义

历史唯物主义问答/桑志达编著.—上海：上海教育出版社，1990.6.—219页；32开.—ISBN 7-5320-1796-6：1.85元

历史唯物主义新探/陈先达主编.—北京：中国人民大学出版社，1990.5.—322页；大32开.—ISBN 7-300-00807-0：3.75元

历史唯物主义新编/王毓主编.—长春：吉林大学出版社，1990.3.—378页；32开.—ISBN 7-5601-0449-5：4.60元

唯物史观史纲要/艾福成，周宝余主编.—长春：吉林大学出版社，1990.8.—340页；大32开.—ISBN 7-5601-0577-7：2.50元

唯物史观的新使命/史振东，冯卓然主编；蒋申华等编撰.—北京：北京师范学院出版社，1990.8.393页；大32开.—ISBN 7-81014-431-6：6.85元

B036　社会存在与社会意识

改革与观念/肖永庆等主编；河北省社科联组织撰写.—石家庄：河北人民出版社，1990.4.—159页；32开.—ISBN 7-202-00650-2：2.65元

改革中的民族精神/娄礼生等主编.—徐州：中国矿业大学出版社，1990.6.—440页；大32开.—国家社会科学基金研究项目.—ISBN 7-81021-367-9：6.60元

本书系统阐述了民族精神与中华崛起之路、观念精神的功能结构、改革中观念变革的内在机制、动力系统、方法论原则及其对社会进步的促进作用等。

B08　哲学流派及其研究

人类文化及生命形式：恩·卡西勒、苏珊·朗格研究/刘大基著.—北京：中国社会科学出版社，1990.7.—303页；32开.—ISBN 7-5004-0687-8：4.60元

本书是国内第一部研究卡西勒符号形式哲学的专著，详细论述了他的语言哲学、神话——宗教哲学、科学哲学以及由苏珊·朗格按照卡西勒体系发展的艺术哲学。

从现象学到存在主义的演变：现象学纵向研究/罗克汀著.—广州：广州文化出版社，1990.1.—318页；32开.—（现代西方哲学探究丛书/罗克汀，张磊主编）.—ISBN 7-5431-0214-5：4.00元

尼采与形而上学/周国平著.—长沙：湖南教育出版社，1990.5.—247页；大32开.—（博士论丛/叶秀山主编）.—ISBN 7-5355-1178-3：4.10元

本书论述了尼采如何以透视主义认识论为武器，对西方传统形而上学展开了全面批判，并在此基础上提出了对世界的新解释，集中体现了尼采在西方哲学由近代向现代转折中所起的关键作用。

自我意识论：《精神现象学》主体思想研究/高全喜著.—上海：学林出版社，1990.9.—304页：照片；大32开.—（青年学者丛书）.—ISBN 7-80510-554-5：6.70元

存在与存在者/（法）马里坦（Maritain，J.）著；龚同铮译.—贵阳：贵州人民出版社，1990.1.129页；大32开.—（现代社会与人名著译丛/陈维正主编）.—ISBN 7-221-01224-5：1.95元

书名原文：Existence and the Existent

本书记述了托马斯主义的形而上学，并从纯粹的存在与现有的存在的区分出发，论述存在和本质并寻求存在的根源。

当代影响最大的西方马克思主义流派：法兰克福学派的起源和意义/（　）菲尔·斯莱特著；袁义江等译.—兰州：兰州大学出版社，1990.5.—236页；32

开.—ISBN 7-311-00330-X：2.98元

早期实证主义哲学概观：孔德、穆勒与斯宾塞/邱觉心著.—成都：四川人民出版社，1990.6.—209页；16开.—ISBN 7-220-00976-3：2.70元

折断的理性翅膀："西方马克思主义"哲学批判/张一兵著.—南京：南京出版社，1990.6.—326页；36开.—ISBN 7-80560-260-3：2.95元

本书从西方马克思主义哲学产生的特定历史背景入手，较深刻地透析了这一哲学理论的一般理论特点和方法论原则的错误本质。

拉丁美洲的马克思主义思潮/（美）利斯（Liss，S.B.）著；林爱丽译.—北京：东方出版社，1990.12.—377页；32开.—（当代世界与社会主义丛书）.—ISBN 7-5060-0017-2：2.70元

书名原文：Marxist Thought in Latin America

国外马克思主义哲学流派：西方马克思主义东欧"新马克思主义"/俞吾金，陈学明著.—上海：复旦大学出版社，1990.10.—680页；大32开.—ISBN 7-309-00436-1：4.75元

法兰克福学派研究/欧力同，张伟著.—重庆：重庆出版社，1990.8.—446页；大32开.—（国外马克思主义和社会主义研究丛书/徐崇温主编）.—ISBN 7-5366-1380-6：6.10元

法兰克福学派是"西方马克思主义"的主要学派之一。本书根据该学派的大量原著，对其哲学、社会学、政治学社会心理学以及文化等领域的主要理论，作了系统的论述与中肯的分析。

实用主义新论/杨文极主编.—西安：陕西人民教育出版社，1990.7.—592页；大32开.—ISBN 7-5419-1591-2（精装）：8.85元

哲学逻辑引论/（英）格雷林（Grayling,A.C.）著；牟博译.—北京：中国社会科学出版社，1990.10.—452页；32开.—ISBN 7-5004-0719-X：6.15元

书名原文：An Introduction to Philosophical Logic

本书介绍了当代西方英语国家分析哲学一些最重要的基本概念，及时反映了分析哲学、英美语言哲学的新进展。

"新马克思主义"传记辞典/（美）戈尔曼（Gorman，R.A.）著；赵培杰等译.—重庆：重庆出版社，1990.9.—870页；大32开.—（国外马克思主义和社会主义研究丛书/徐崇温主编）.—ISBN 7-5366-1339-2：11.25元

书名原文：Biographical dictionary of Neo-Marxism

本书对27个国家的205个"新马克思主义"代表人物的生平、著作和思想进行了系统的评述，另外还考察了10个流派、运动或杂志的演变和发展。

B2　中国哲学

中国古代学术思想史论/蔡尚思著.—广州：广东人民出版社，1990.8.—520页；大32开.—ISBN 7-218-00255-2：5.30元

中国古代哲学问题发展史/方立天著.—北京：中华书局，1990.3.—2册（795页）；大32开.—ISBN 7-101-00230-7：15.30元

中国传统哲学/周桂钿编著.—北京：北京师范大学出版社，1990.7.—347页；大32开.—ISBN 7-303-00951-5：4.45元

中国思想史略/刘兴华等著.—哈尔滨：黑龙江人民出版社，1990.1.—504页；大32开.—ISBN 7-207-01492-9：6.90元

中国思想发展史/何兆武等著.—北京：中国青年出版社，1990.8.—610页；32开.—（青年文库：新编本；17）.—ISBN 7-5006-0734-2

中国哲学史纲/李延良，李廷贵编著.—北京：中央民族学院出版社，1990.2.—141页；32开.—ISBN 7-81001-178-2：0.90元

中国哲学史资料选辑：魏晋隋唐之部/中国社会科学院哲学研究所中国哲学史研究室编.—北京：中华书局，1990.5.—3册（1058页）；大32开.—ISBN 7-101-00210-2：19.20元

中国哲学年鉴：1990/中国社会科学院哲学研究所编.—上海：中国大百科全书出版社上海分社，1990.8.—359页；大32开.—ISBN 7-5000-0295-5（精装）：5.70元

中国哲学通史　第三卷/杨宪邦主编.—北京：中国人民大学出版社，1990.4.—466页；大32开.—（中国人民大学丛书）.—ISBN 7-300-00895-X：6.50元

纳西族哲学思想史论集/伍雄武编.—北京：民族出版社，1990.12.—194页；大32开.—ISBN 7-105-00964-0：1.50元

简明中国哲学史教程/李寿章等主编.—开封：河南大学出版社，1990.5.—394页；大32开.—中南地区高等师范院校政治教育专业系列教材.—ISBN 7-81018-419-9：2.70元

彝族哲学思想史论集/伍雄武编.—北京：民族出版社，1990.5.—291页；大32开.—ISBN 7-105-00671-4：2.90元

"天"与"人"：中国历史上的天人关系/冯禹著.—重庆：重庆出版社，1990.1.—264页；32开.（哲学前沿系列书/刘大椿主编）.—ISBN 7-5366-1115-3：3.10元

中国气论探源与发微/李存山著.—北京：中国社会

科学出版社，1990.12.—406页；32开.—ISBN 7-5004-0679-7：5.35元

本书从探讨中国气论出发，揭示了"气论从属仁学、道德压倒认识"的中国传统哲学特征，考察了这一哲学特征的形成原因。

气/蔡方鹿等著.—北京：中国人民大学出版社，1990.12.—307页；大32开.—（中国哲学范畴精粹丛书/张立文主编）.—ISBN 7-300-00941-7：5.00元

本书对中国哲学气范畴作了专门而全面系统的探讨。

气论与传统思维方式/李志林著.—上海：学林出版社，1990.9.—360页：照片；大32开.—ISBN 7-80510-527-8：6.70元

本书全面地考论了自先秦至明、清间中国气论发展的三个阶段。

气的思想：中国自然观和人的观念的发展/（日）小野泽精一等编著；李庆译.—上海：上海人民出版社，1990.7.—544页；大32开.—ISBN 7-208-00733-0（精装）：13.10元；（平装）：8.70元

儒·佛·道与传统文化/《文史知识》编辑部编.北京：中华书局，1990.3.—1册；大32开.—《文史知识》合刊.—ISBN 7-101-00690-6：7.35元

B22　先秦哲学

三余札记/刘文典撰；管锡华点校.—合肥：黄山书社，1990.11.—173页；大32开.—ISBN 7-80535-159-7：3.50元

子略/（宋）高似孙撰.—影印本.—扬州：江苏广陵古籍刻印社，1988.11.—1册；20开.—（线装）：11.50元

孔子·老子·释迦牟尼"三圣会谈"/（日）诸桥辙次著；蔡麟，翟新译.—北京：中国广播电视出版社，1990.9.—219页；32开.—（中国学名著译丛/陈熙中主编）.—ISBN 7-5043-0533-2：3.50元

先秦思想史概要及资料选注/丘陶常编著.—武汉：湖北人民出版社，1990.9.—412页；大32开.—ISBN 7-216-00623-2：5.60元

诸子百家名论选译/张家瑞编著.—保定：河北大学出版社，1990.10.—605页；大32开.—ISBN 7-81028-015-5：9.60元

诸子百家格言今译/周雅农主编.—北京：中国商业出版社，1990.5.—279页；32开.—ISBN 7-5044-0608-2：3.45元

B221　诸子前哲学

大众白话易经/秦磊编著.—西安：三秦出版社，1990.10.—390页；32开.—（中国传统文化丛书；第1辑）.—ISBN 7-80546-341-7：5.50元

大易论集摘要/毕群圣主编.—济南：山东友谊书社，1990.12.—274页；32开.—ISBN 7-80551-344-9：4.90元

大易缉说/（元）王申子撰.—影印本.—上海：上海古籍出版社，1990.1.—287页；32开.—（四库易学丛刊）.—ISBN 7-5325-0718-1：3.60元

大迷惑：人类神秘现象的权威破解/朱信华著.—北京：中国城市经济社会出版社，1990.6.—267页；32开.—ISBN 7-5074-2381-5：4.50元

太极思维与预测/蓝允恭著.—石家庄：花山文艺出版社，1990.11.—339页；32开.—（预测学丛书；2）.—ISBN 7-80505-236-0：4.85元

本书是作者多年来研究《周易》的成果。

中国文化之本源/应鼎成著.—武汉：湖北人民出版社，1990.5.—141页；大32开.—ISBN 7-216-00562-7：2.20元

本书是研究《易经》的文集。

文明的生命力：河洛八卦开创新时代的新智慧/陈子斌著.—北京：科学普及出版社，1990.11.—299页：照片及图；32开.—ISBN 7-110-01733-8：5.50元

本书解出了"河书""洛书"与八卦同时运作和程式，并以多幅八卦、河洛与五行契合逻辑美术图象，微示天理、地理与人文之理乃殊途同归。揭示了易理三精要在数理逻辑、国画构图、先天疾病与生态平衡等方面的反映。

白话易林/（汉）焦延寿原著；申必华等译.—西安：三秦出版社，1990.6.—519页；32开.—ISBN 7-80546-262-3：6.70元

仲氏易/（清）毛奇龄撰.—影印本.—上海：上海古籍出版社，1990.1.—296页；32开.—（四库易学丛刊）.—ISBN 7-5325-0724-6：3.65元

宇宙沉思录（一）：易学是破译宇宙奥秘的天书/林清泉著.—兰州：甘肃民族出版社，1990.9.113页：彩照；32开.—ISBN 7-5421-0063-7：1.60元

阴符经/旧题黄帝撰；（周）吕望等注.—影印本.上海：上海古籍出版社，1990.10.—1册；大32开.（诸子百家丛书）.—ISBN 7-5325-0808-0：3.45元

本书与"关尹子/（周）尹喜撰·亢仓子/（周）庚桑楚撰；（宋）何粲注"合订。

杨氏易传/（宋）杨简撰.—影印本.—上海：上海古籍出版社，1990.1.—214页；32开.—（四库易学丛刊）.—ISNN 7-5325-0711-4：2.85元

巫术：《周易》的文化智慧/王振复著.—杭州：浙江古籍出版社，1990.6.—273页；大32开.—ISBN 7-80518-120-9：3.80元

易汉学；易例/（清）惠栋撰.—影印本.—上海：上海古籍出版社，1990.1.—1册；32开.—（四库易学丛刊）.—ISBN 7-5325-0727-0：1.90元

易卦通解/刘洪泽著.—北京：学苑出版社，1990.5.—300页；32开.—ISBN 7-80060-896-4：4.80元

易的占筮与义理/（日）金谷治著；于时化译.—济

南：齐鲁书社，1990.11.—173页；32开.—ISBN 7-5333-0174-9：3.40元

易学精华/（唐）李鼎祚等著.—影印本.—济南：齐鲁书社，1990.1.—2册（3007页）；16开.—ISBN 7-5333-0148-X（精装）：98.00元

本书选编了15种唐、宋、元、明、清研究《周易》的著作。

易经门窥：《易经》与中国文化/周止礼著.—北京：学苑出版社，1990.12.—253页；32开.—ISBN 7-5077-0225-1：4.10元

易经白话新解/孔日昌编著.—西安：华岳文艺出版社，1989.12.—356页；32开.—ISBN 7-80549-238-7：4.20元

易经求正解/郭扬著.—南宁：广西人民出版社，1990.8.—677页；大32开.—ISBN 7-219-01587-9：8.35元

易经注译/王骧编著.—北京：中国社会科学出版社，1990.8.—279页；32开.—ISBN 7-5004-0420-4：3.95元

易经答问/陈襄民，张文学编著.—郑州：中州古籍出版社，1990.9.—261页；32开.—ISBN 7-5348-0436-1：4.45元

本书以问答方式，对易学基础知识及易占基本方法两方面的一百多个问题，作了简要解说。

《易经》释疑/沈子复著.—北京：学苑出版社，1990.12.—333页；32开.—ISBN 7-80060-826-X：4.30元

易原/（宋）程大昌撰·**复斋易说**/（宋）赵彦肃撰.—影印本.—上海：上海古籍出版社，1990.1.1册；32开.—（四库易学丛刊）.—ISBN 7-5325-0710-6：2.25元

易纂言；易纂言外翼/（元）关澄撰.—影印本.—上海：上海古籍出版社，1990.1.—1册；32开.（四库易学丛刊）.—ISBN 7-5325-0717-3：3.75元

周易与气功教程/李邦正著.—南宁：广西教育出版社，1990.2.—239页；32开.—（易经应用研究丛书）.—ISBN 7-5435-0770-6：2.30元

周易与现代自然科学/李树菁等主编.—北京：中国社会科学出版社，1990.10.—379页；大32开.（殷都系列丛书/段长山主编）.—ISBN 7-5004-0862-X：5.00元

周易与卦象/李兰芝编著.—天津：南开大学出版社，1990.1.-204页；32开.—ISBN 7-310-00273-3：2.95元

周易气功/天南逸叟著.—长春：长春出版社，1990.6.—238页；32开.—ISBN 7-80573-106-3：4.60元

周易爻变易缊/（元）陈应润撰.—影印本.—上海：上海古籍出版社，1990.1.—193页；32开.（四库易学丛刊）.—ISBN 7-5325-0720-3：2.60元

周易正义/（魏）王弼，魏康伯注；（唐）孔颖达等正义.—上海：上海古籍出版社，1990.12.—218页；大32开.—（十三经注疏；—/黄侃经文句读）.—附校勘记.—ISBN 7-5325-0948-6：3.25元

周易占筮学：读筮占技术研究/章秋农著.—杭州：浙江古籍出版社，1990.8.—305页；大32开.—ISBN 7-80518-126-8：5.60元

本书从科学角度对占筮行为的本质作了理论上的探讨，阐述了古代的筮占技术。

周易传义附录/（宋）董楷撰.—影印本.—上海：上海古籍出版社，1990.1.—651页；32开.—（四库易学丛刊）.—ISBN 7-5325-0715-7：7.35元

周易会通/（元）董真卿撰.—影印本.—上海：上海古籍出版社，1990.1.—547页；32开.—（四库易学丛刊）.—ISBN 7-5325-0719-X：6.25元

周易杂卦证解/周善培著.—影印本.—上海：上海书店，1990.3.—380页；32开.—（民国丛书选印）.—ISBN 7-80569-337-4：4.80元

本书据交通书局1948年版影印。

周易导读/黎子耀著.—成都：巴蜀书社，1990.1.—328页；大32开.—（中华文化要籍导读丛书/蔡尚思主编）.—ISBN 7-80523-211-3：3.60元

周易玩辞/（宋）项安世撰.—影印本.—上海：上海古籍出版社，1990.1.—234页；32开.—（四库易学丛刊）.—ISBN 7-5325-0712-2：3.05元

周易述/（清）惠栋撰.—影印本.—上海：上海古籍出版社，1990.1.—300页；32开.—（四库易学丛刊）.—ISBN 7-5325-0762-2：3.70元

周易的智慧/邓球柏著.—石家庄：河北人民出版社，1990.11.—243页；32开.—ISBN 7-202-00792-4：2.90元

周易经传异同/宋祚胤著.—长沙：湖南师范大学出版社，1990.10.—2册（406页）；大32开.—ISBN 7-81031-066-6：7.20元

《周易》分为《易经》和《易传》两个部分，《易经》是经文，《易传》是解释《易经》的。本书对《易经》和《易传》的同与不同作了比较分析，叙说了《易传》到底是怎样利用《易经》进行算命与卦筍。

周易研究论文集　第三辑/黄寿祺，张善文编.—北京：北京师范大学出版社，1990.5.—541页；大32开.—ISBN 7-303-00588-9：12.65元

周易研究论文集　第四辑/黄寿祺，张善文编.—北京：北京师范大学出版社，1990.5.—531页；大32开.—ISBN 7-303-00622-2：12.45元

周易原理与古代科技：八卦的剖析及其实际应用/江国樑著.—厦门：鹭江出版社，1990.2.—513页；大32开.—ISBN 7-80533-166-9：8.50元

周易探源/韩永贤编著.—北京：中国华侨出版公司，1990.11.—489页；大32开.—ISBN 7-80074-122-2：8.50元

周易象数图说/顾明著.—北京：中国社会科学出版

社，1990.10.—291页；大32开.—(殷都系列丛书/段长山主编).—ISBN 7-5004-0879-X：6.00元

周易阐真/(清)素朴散人著；张玉良点校.—西安：三秦出版社，1990.10.—221页；大32开.—ISBN 7-80546-329-8：3.80元

素朴散人，清兰州刘一明。

周易阐微/吕绍纲著.—长春：吉林大学出版社，1990.8.—435页；大32开.—ISBN 7-5601-0561-0：7.20元

周易集注/(明)来知德撰.—影印本.—上海：上海古籍出版社，1990.1.—426页；32开.—(四库易学丛刊).—ISBN 7-5325-0721-1：5.05元

周易集说；读易举要/(宋)俞琰撰.—影印本.上海：上海古籍出版社，1990.1.—1册；32开.(四库易学丛刊).—ISBN 7-5325-0716-5：5.55元

周易稗疏/(清)王夫之撰·**易图明辨**/(清)胡渭撰.—影印本.—上海：上海古籍出版社，1990.1.1册(31，185页)；32开.—(四库易学丛刊).ISBN 7-5325 0723-8：2.95元

周易新解/欧阳维诚著.—长沙：岳麓书社，1990.9.—359页；大32开.—ISBN 7-80520-221-4：4.90元

河图洛书解析/孙国中主编.—北京：学苑出版社，1990.5.—661页；大32开.—ISBN 7-80060-723-2：8.30元

本书收集宋以来研究《河图》、《洛书》的代表作7种，其中有宋代朱熹的《易学启蒙》、清代李光地的《启蒙附论》、民国杭辛斋的《易学藏书》摘录等。

诚斋易传/(宋)杨万里撰.—上海：上海古籍出版社，1990.1.—257页；32开.—(四库易学丛刊).ISBN 7-5325-0713 0：3.25元

神秘的八卦/王玉德等编著.—南宁：广西人民出版社，1990.2.—288页；32开.—ISBN 7-219-01490-2：3.50元

袖珍易学入门图解/孙外主，于伯海编著.—石家庄：河北科学技术出版社，1990.11.—19张；32开.—ISBN 7-5375-0519-5：3.30元

推易始末/(清)毛奇龄撰.—影印本.—上海：上海古籍出版社，1990.1.—1册；32开.—(四库易学丛刊).—ISBN 7-5325-0725-4：2.05元

本书与"春秋占筮书；易小帖"合订。

御纂周易折中/(清)李光地等撰.—影印本.—上海：上海古籍出版社，1990.1.—564页；32开.(四库易学丛刊).—ISBN 7-5325-07722-X：6.45元

焦氏易林注/(唐)尚秉和注.—影印本.—北京：中国书店，1990.7.—2册；32开.—ISBN 7-80568-053-1：17.00元

童溪易传/(宋)王宗传撰.—影印本.—上海：上海古籍出版社，1990.1.—378页；32开.—(四库易学丛刊).—ISBN 7-5325-0714-9：4.50元

鬻子/(周)鬻熊撰；逢行珪注.—上海：上海古籍出版社，1990.9.—1册；大32开.—(诸子百家丛书).—ISBN 7-5325-0810-2：2.20元

本书与"公孙龙子/(战国)公孙龙撰；谢希深注·鬼谷子/(战国)鬼谷子撰；陶弘景注·子华子/( )程本撰"合订。

B222　儒　家

中国儒学思想史/张岂之主编.—西安：陕西人民出版社，1990.4.—476页；大32开.—ISBN 7-224-01095-2(精装)：8.90元

东方理性之河——儒学精华/何隽，朱法贞著.—上海：上海文化出版社，1990.12.—211页；32开.(金字塔文库；4/余式厚主编).—ISBN 7-80511-314-9：2.90元

圣门志/(明)吕元善纂辑.—影印本.—济南：山东友谊书社，1990.9.—942页；16开.—(孔子文化大全：史志类/苗枫林主编).—ISBN 7-80551-264-7(精装)

先圣大训/(宋)杨简辑注；(明)郑光弼，俞汝楫订.—影印本.—济南：山东友谊书社，1990.9·1066页；16开.—(孔子文化大全：述闻类/苗枫林主编).—ISBN 7-80551-271-X(精装)

先秦儒家哲学新探/邹化政著.—哈尔滨：黑龙江人民出版社，1990.5.—562页；大32开.—ISBN 7-207-01320-5：7.75元

学统/(清)熊赐履修编.—影印本.—济南：山东友谊书社，1990.9.—2册(2474页)；16开.—(孔子文化大全：史志类/苗枫林主编).—ISBN 7-80551-266-3(精装)

摆脱困境：新儒学与中国政治文化的演进/(美)墨子刻著；颜世安等译.—南京：江苏人民出版社，1990.5.—284页；大32开.—(海外中国研究丛书).—ISBN 7-214-00407-0：3.50元

本书作者托马斯·梅茨格，系美国加州大学圣地亚哥分校历史系教授，汉名墨子刻。该书从"政治文化"的角度，揭示了宋代以后新儒学的发展与政治发展之间的深刻联系。

儒家与现代中国/韦政通著.—上海：上海人民出版社，1990.4.—275页；大32开.—ISBN 7-208-00581-8：5.05元

古训粹编/周馥，周学熙节录.—郑州：中州古籍出版社，1990.12.—626页；大32开.—ISBN 7-5348-0399-3(精装)：14.00元

四书译注/乌恩溥译注.—长春：吉林文史出版社，1990.8.—448页；大32开.—(中国古代名著今译丛书).—ISBN 7-80528-253-0：6.80元

白话四书/黄朴民等注译.—西安：三秦出版社，1990.11.—464页；32开.—(中国传统文化丛书；

第1辑).—ISBN 7-80546-287-9：6.00元

袖珍本四书集注/(宋)朱熹注.—郑州：中州古籍出版社，1990.10.—118页；50开.—ISBN 7-5348-0199-0：4.20元

本书据世界书局本缩印。

孔子：周秦汉晋文献集/姜义华等编.—上海：复旦大学出版社，1990.7.—738页；大32开.—ISBN 7-309-00408-6：19.00元

本书搜集了周秦两汉魏晋南北朝现存文献中有关孔子言行的各种资料。

孔子：周秦汉晋文献集/姜义华等编.—上海：复旦大学出版社，1990.7.—738页；大32开.—ISBN 7-309-00409-4(精装)：21.90元

孔子及其"仁"的思想/赵德梅，柴清科编著.—济南：山东友谊书社，1990.8.—54页；32开.—ISBN 7-80551-189-6：4.00元

孔子论人生/李愚编译.—北京：新华出版社，1990.8.—131页；32开.—ISBN 7-5011-0690-8：1.80元

本书是从《论语》中精选出关于学习、修养、交友等方面的论述，加以归类而成，并对原文作了浅译和说明。

孔子评传/匡亚明著.—南京：南京大学出版社，1990.12.—496页；大32开.—(中国思想家评传丛书；1/匡亚明主编).—ISBN 7-305-00740-4(精装)：12.50元

孔子的政治学——《论语》：汉英对照/日知主编.—长春：东北师范大学出版社，1990.7.—439页；大32开.—(世界古典文明丛书).—ISBN 7-5602-0341-8(精装)：15.00元

孔子研究/钟肇鹏著.—2版(增订版).—北京：中国社会科学出版社，1990.2.—367页；大32开.ISBN 7-5004-0517-0：5.05元

本书1983年第1版。

孔子研究四十年/徐志祥，李金山主编.—成都：巴蜀书社，1990.11.—360页；大32开.—ISBN 7-80523-386-1：4.80元

孔子思想与现代文明/山东省人民政府台湾事务办公室，金陵之声广播电台编.—北京：中国广播电视出版社，1990.8.—172页；32开.—ISBN 7-5013-0607-X：2.65元

本文集围绕"孔子思想和现代文明"这个题目展开，多视角多方面的探讨了儒家思想对现代社会的意义。

孔子哲学与楚哲学/李林粽著.—武汉：武汉出版社，1990.11.—1册(133，24页)；大32开.—ISBN 7-5430-0368-6：2.60元

孔子哲学新论/汪国栋著.—桂林：广西师范大学出版社，1990.10.—219页；大32开.—ISBN 7-5633-0941-1：4.50元

孔子家语/王肃注.—上海：上海古籍出版社，1990.9.—123页；大32开.—(诸子百家丛书).ISBN 7-5325-0824-2：1.90元

孔丛子/(秦)孔鲋撰·**曾子全书**/(　)汪晫编·**子思子全书**/(　)汪晫编.—影印本.—上海：上海古籍出版社，1990.11.—1册；大32开.—(诸子百家丛书).—ISBN 7-5325-0814-5：2.20元

孔学知识词典/董乃强主编.—北京：中国国际广播出版社，1990.7.—383页；32开.—ISBN 7-80035-350-8：6.30元

孔诋/(清)龚景瀚编.—影印本.—济南：山东友谊书社，1990.9.—1238页；16开.—(孔子文化大全：史志类/苗枫林主编).—ISBN 7-80551-261-2(精装)

本书与"洙泗考信录/(清)崔述撰·洙泗考信余录/(清)崔述撰·孔门实记/(清)邱庆善，黎定攀编辑"合订。

白话论语.—影印本.—天津：天津市古籍书店，1990.3.—150页；32开.—1.70元

论语今译/毛子水译.—北京：中国文史出版社，1990.2.—204页；32开.—ISBN 7-5034-150-8：4.00元

论语正义/刘宝楠撰；高流水点校.—北京：中华书局，1990.3.—2册(800页)；大32开.—ISBN 7-101-00223-4：14.55元

论语别裁/南怀瑾著.—上海：复旦大学出版社，1990.9.—2册(933页)；大32开.—ISBN 7-309-00544-9(精装)：26.80元

论语注译/孙钦善译注.—成都：巴蜀书社，1990.345页；32开.—(古代文史名著选译丛书：先秦两汉/章培恒等主编).—国家教委古籍整理"七·五"规划重点项目.—ISBN 7-80523-357-8

论语注疏/(魏)何晏等注；(宋)邢昺疏；黄侃经文句读·**孝经注疏**/(唐)唐玄宗注；(宋)邢昺疏.—影印本.—上海：上海古籍出版社，1990.12.1册(177，58页)；32开.—(十三经注疏；10-11).—附校勘记.—ISBN 7-5325-0957-5：3.80元

本书据清同治六年(1867年)江西书局重校宋版《十三经注疏》本影印。

论语话解.—影印本.—天津：天津市古籍书店，1990.7.—231页；32开.—2.90元

《论语》《孟子》研究/谭承耕著.—长沙：湖南教育出版社，1990.3.—218页；大32开.—ISBN 7-5355-1089-2(精装)：4.80元

论语赏析：论语四十八说/董连祥著.—北京：中央广播电视大学出版社，1990.9.—290页；大32开.ISBN 7-304-00465-7：4.50元

论语集释/程树德撰；程俊英，蒋见元点校.—北京：中华书局，1990.8.—4册(1430页)；大32开.—(新编诸子集成；第一辑).—ISBN 7-101-00369-9：25.90元

孝经大全/(明)江元祚订.—影印本.—济南:山东友谊书社,1990.9.—1050页;16开.—(孔子文化大全:经典类/苗枫林主编).—ISBN 7-80551-260-4(精装)

孟子注疏/(汉)赵岐注;(宋)孙奭疏;黄侃经文句读.—影印本.—上海:上海古籍出版社,1990.12.—270页;32开.—(十三经注疏;13).附校勘记.—ISBN 7-5325-0959-1:4.20元

本书据清同治六年(1867年)江西书局重校宋版《十三经注疏本》影印。

孟子选讲/刘鄂培编著.—北京:北京古籍出版社,1990.8.—292页;32开.—(中国古代文化要览小丛书).—ISBN 7-5300-0034-9:4.70元

孟子选译/(战国)孟轲著;刘聿鑫,刘晓东译注.—成都:巴蜀书社,1990.—287页:插图;32开.—(古代文史名著选译丛书:先秦两汉/章培恒等主编).—国家教委古籍整理"七·五"规划重点项目.—ISBN 7-80523-357-8

傅山《荀子》《淮南子》评注手稿/(明)傅山评注;吴连城释文.—上海:上海古籍出版社,1990.10.—390页;大32开.—ISBN 7-5325-0621-5:7.00元

B223 道 家

白话老子/(春秋)李耳著;邓潭洲译.—长沙:岳麓书社,1990.4.—362页;32开.—(古典名著今译读本).—ISBN 7-80520-205-2(精装):5.50元

本书与"白话庄子/李申译·白话列子/杨伯峻译"合订。

白话老子/(春秋)李耳著;周生春注译.—西安:三秦出版社,1990.12.—133页;32开.—(中国传统文化丛书;第1辑).—ISBN 7-80546-288-7:2.20元

白话庄子/张玉良主编.—西安:三秦出版社,1990.10.—469页:插图;32开.—(中国传统文化丛书;第1辑).—ISBN 7-80546-318-2:6.50元

白话译解老子道德经.—影印本.—天津:天津市古籍书店,1990.3.—65页;32开.—0.90元

老子新编校释/王婞编释.—沈阳:辽沈书社,1990.6.—477页;大32开.—ISBN 7-80507-040-7:8.00元

老子演义/王德有著.—济南:齐鲁书社,1990.3.—256页;大32开.—ISBN 7-5333-0157-9:4.80元

本书包括老子神话、老子史话、老子智慧3篇。神话篇讲老子开天辟地、教授三皇五帝、驾牛过关渡化众生的故事;史话篇讲述老子家世、生平及教授孔丘、传授玄理的历史传说;智慧篇阐发老子有关宇宙、人生、人性、养生、治国、用兵的睿智洞见。

庄子学案/郎擎霄著.—影印本.—天津:天津市古籍书店,1990.7.—396页;32开.—4.80元

李聃道德经更正/孙亨林编.—武汉:华中师范大学出版社,1990.10.—81页;32开.—ISBN 7-5622-0581-7:2.50元

道与中国文化/(美)刘达著;刘泰山,成项译.南宁:广西人民出版社,1990.1.—132页;大32开.(国外汉学名著译丛).—ISBN 7-219-01431-7:2.10元

道德经百喻经俗译/刘彦灯,范又琪译著.—武汉:华中理工大学出版社,1990.7.—288页;32开.ISBN 7-5609-0499-8:3.95元

道德经探玄/培真著.—北京:北京体育学院出版社,1990.8.—399页;大32开.—ISBN 7-81003-419-7:5.50元

道德经释义/任法融注.—2版.—西安:三秦出版社,1990.10.—189页;大32开.—ISBN 7-80546-282-8:3.00元

B224 墨 家

墨子选译/(战国)墨翟著;刘继华译注.—成都:巴蜀书社,1990.—187页;32开.—(古代文史名著选译丛书:先秦两汉/章培恒等主编).—国家教委古籍整理"七·五"规划重点项目.—ISBN 7-80523-357-8

墨子选译/(战国)墨翟著;谭家健,郑君华选译.—上海:上海古籍出版社,1990.6.—182页;大32开.—ISBN 7-5325-0622-3:2.55元

本书共收《墨子》文章25篇,着重选译能够反映墨子主要思想的代表作品。

B225 名 家

公孙龙子求真/陈宪猷著.—北京:中华书局,1990.6.—73页;大32开.—ISBN 7-101-00624-8:1.80元

《公孙龙子》译注和辨析/宋祚胤著.—长沙:湖南教育出版社,1990.9.—73页;大32开.—ISBN 7-5355-1169-4:1.70元

邓析子/(周)邓析撰.—影印本.—上海:上海古籍出版社,1990.9.—1册;大32开.—(诸子百家丛书).—ISBN 7-5325-0811-0:1.75元

本书与"慎子/(周)慎到撰·尹文子/(周)尹文撰;(魏)仲长统校定·鶡冠子/(宋)陆佃解"合订。

惠施思想及先秦名学/古棣,周英著.—北京:海洋出版社,1990.1.—471页;大32开.—ISBN 7-5027-0622-3:8.50元

B226 法 家

商君书/(战国)商鞅著;张觉点校·**韩非子**/

(战国)韩非著；张觉点校.—长沙：岳麓书社，1990.5.—367页；32开.—(古典名著普及文库).ISBN 7-80520-208-7(精装)：5.60元

韩非子导读/陈奇猷，张觉著.—成都：巴蜀书社，1990.1.—501页；大32开.—(中华文化要籍导读丛书/蔡尚思主编).—ISBN 7-80523-247-4：6.20元

韩非子选译/(战国)韩非著；高振译，刘乾先译注.—成都：巴蜀书社，1990.—263页：插图；32开.—(古代文史名著选译丛书：先秦两汉/章培恒等主编).—国家教委古籍整理“七·五”规划重点项目.—ISBN 7-80523-357-8

韩非思想新探/孙实明著.—武汉：湖北人民出版社，1990.7.—230页；大32开.—(中国哲学史丛书/陈克明主编).—ISBN 7-216-00588-0：3.90元

管子与齐文化：管子与齐文化国际学术讨论会论文集/《管子学刊》编辑部编.—北京：北京经济学院出版社，1990.11.—509页；大32开.—ISBN 7-5638-0163-4：9.00元

B234　汉代哲学

太玄经/(西汉)扬雄撰；范望注.—影印本.—上海：上海古籍出版社，1990.11.—120页；大32开.(诸子百家丛书).—ISBN 7-5325-0818-8：1.85元

古本周易参同契集注/(汉)魏伯阳著；(清)仇沧柱集注.—北京：中医古籍出版社，1990.6.—1册；16开.—(古本气功经典丛书/甫景华主编).ISBN 7-80013-290-0(精装)：75.00元

据北京大学图书馆藏清同治12年合成斋刊本影印.

《周易参同契》是一部讲述圣贤服食飞升、金丹之道的气功经典著作，传世已久，历代评注者不下几十家。本集注分上下两卷，上卷为四言经文，下卷为五言传文，是清代仇沧柱在参阅诸家的基础上增辑补注，考订章句而成。

申鉴/(汉)荀悦撰；(明)黄省曾注.—影印本.上海：上海古籍出版社，1990.9.—1册；大32开.(诸子百家丛书).—ISBN 7-5325-0823-4：1.80元

本书与“中论/(汉)徐干撰·傅子/(晋)傅玄撰”合订。

白虎通德论/(东汉)班固撰.—影印本.—上海：上海古籍出版社，1990.11.—83页；大32开.—(诸子百家丛书).—ISBN 7-5325-0817-X：1.40元

列仙传/(西汉)刘向撰·**神仙传**/(东晋)葛洪撰.—影印本.—上海：上海古籍出版社，1990.9.1册；大32开.—(诸子百家丛书).—ISBN 7-5325-0820-X：1.55元

论衡/(东汉)王充撰.—上海：上海古籍出版社，1990.11.—285页；大32开.—(诸子百家丛书).ISBN 7-5325-0821-8：4.00元

论衡选译/(东汉)王充著；黄中业，陈恩林译注.—成都：巴蜀书社，1990.—315页：插图；32开.—(古代文史名著选译丛书：先秦两汉/章培恒主编).—国家教委古籍整理“七·五”规划重点项目.—ISBN 7-80523-357-8

论衡举正/孙人和撰.—上海：上海古籍出版社，1990.6.—148页；32开.—ISBN 7-5325-0301-1：2.10元

论衡校释/黄晖撰.—北京：中华书局，1990.2.4册(1366页)；大32开.—(新编诸子集成；第一辑).—附录：刘盼遂集解.—ISBN 7-101-00418-0：25.20元

两汉经学史/章权才著.—广州：广东人民出版社，1990.12.—286页；大32开.—ISBN 7-218-00316-8：3.35元

周易参同契古注集成/(后蜀)彭晓等撰.—影印本.—上海：上海古籍出版社，1990.6.—434页；32开.—ISBN 7-5325-0802-1(精装)：7.10元

本书以文渊阁《四库全书》作底本影印。

《周易参同契》是东汉魏伯阳撰写的一部论述炼丹修仙术的道教经典。本书汇集《周易参同契通真义》(后蜀彭晓撰)、《周易参同契考异》(宋朱熹撰)、《周易参同契解》(宋陈显微撰)、《周易参同契发挥》(宋俞琰撰)、《周易参同契分章注》(元陈致虚撰)、《古参同契集解》(明蒋一彪撰)6种。

《周易参同契》通析/潘启明著.—上海：上海翻译出版公司，1990.7.—220页；大32开.—ISBN 7-80514-551-2：3.25元

淮南子译注/(汉)刘安等著；陈广忠译注.—长春：吉林文史出版社，1990.6.—1037页；大32开.(中国古代名著今译丛书).—ISBN 7-80528-268-9(精装)：15.50元

新语/(汉)陆贾撰·**潜夫论**/(汉)王符撰.—影印本.—上海：上海古籍出版社，1990.9.—1册；大32开.—(诸子百家丛书).—ISSN 7-5325-0815-3：1.55元

B235　三国、晋、南北朝哲学

人物志译注/(三国·魏)刘劭著；柏原译注.—长沙：湖南科学技术出版社，1990.4.—176页；大32开.—ISBN 7-5357-0631-2：2.50元

抱朴子/(东晋)葛洪撰.—影印本.—上海：上海古籍出版社，1990.10.—338页；大32开.—(诸子百家丛书).—ISBN 7-5325-0825-0：4.70元

B244　宋、元哲学

太极图之谜/胡昌善编著.—北京：知识出版社，1990.11.—194页；32开.—ISSN 7-5015-0496-1：3.20元

《太极图说》是北宋周敦颐所著。该书提出一个以"太极"为中心的世界创成说。为中国文化史、哲学史上的瑰宝之一。本书就它与五行、炼丹、太极拳以及人体特异功能等方面的关系进行了探索。

太极图详解/（清）张伯行辑.—北京：学苑出版社，1990.5.—1册；32开.—ISBN 7-80060-721-6：8.70元

本书原名《周濂溪集》或《周子全书》。

正蒙注译/喻博文编著.—兰州：兰州大学出版社，1990.4.—379页；大32开.—ISBN 7-311-00310-5：5.95元

《正蒙》是北宋思想家张载所著；书中记录了他的哲学、政治、经济、伦理和文艺等方面的思想。本书除对《正蒙》作了注译外，还附录了有关张载的生平资料，及后人对《正蒙》的评述。

司马光学述/陈克明著.—武汉：湖北人民出版社，1990.4.—454页；大32开.—（中国哲学史丛书）.ISBN 7-216-00546-5：6.80元

朱子学刊：一九九〇年第一辑（总第二辑）/朱子学刊编辑部编.—福州：福建人民出版社，1990.10.—238页；大32开.—ISBN 7-211-01391-5：5.40元

朱熹与闽学渊源/武夷山朱熹研究中心编.—上海：三联书店上海分店，1990.9.—429页；大32开.（闽学研究丛书/杨青主编）.—ISBN 7-5426-0354-X：7.20元

朱熹及宋元明理学/吴以宁编.—北京：国际文化出版公司，1990.6.—453页；大32开.—（白鹿洞书院研究丛书；1）.—附：古代书院研究资料.—ISBN 7-80049-604-X：6.30元

伊洛渊源录/（宋）朱熹编纂.—影印本.—济南：山东友谊书社，1990.9.—742页；16开.—（孔子文化大全：史志类/苗枫林主编）.—ISBN 7-80551-269-8（精装）

本书与"国朝汉学师承记/（清）江藩纂·国朝宋学渊源记/（清）江藩纂"合订。

宋元学案/（明）黄宗羲等撰.—影印本.—北京：中国书店，1990.12.—2册（779，773页）；大32开.—（海王邨古籍丛刊）.—ISBN 7-80568-170-8（精装）：40.00元

周敦颐集/（宋）周敦颐著；陈克明点校.—北京：中华书局，1990.5.—154页；大32开.—（理学丛书）.—ISBN 7-101-00463-6：3.20元

B248　明代哲学

王廷相和明代气学/葛荣晋著.—北京：中华书局，1990.2.—358页；大32开.—ISBN 7-101-00458-X：6.55元

王学通论：从王阳明到熊十力/杨国荣著.—上海：三联书店上海分店，1990.12.—247页；大32开.ISBN 7-5426-0135-0：5.50元

吴廷翰哲学思想探索/姜国柱著.—合肥：安徽人民出版社，1990.5.—193页；大32开.—（皖人学术论丛）.—ISBN 7-212-00350-6：2.70元

本书论述了明代哲学家吴廷翰的生平著作、学术渊源、自然观、人性论和形神论等哲学思想。

困知记/（明）罗钦顺著；阎韬点校.—北京：中华书局，1990.8—228页；大32开.—（理学丛书）.ISBN 7-101-00658-2：4.45元

本书作者对"理"、"气"关系作了阐述，尤其发前人之未发，把唯物主义思想向前推进了一步。书中对宋明以来四大唯心主义学派—程、朱、陆、王，以及佛教禅宗思想，都有批判。

被历史遗忘的一代哲人：论杨升庵及其思想/陆复初著.—昆明：云南人民出版社，1990.7.—338页；大32开.—ISBN 7-222-00204-9（精装）：6.50元

焚书·续焚书/（明）李贽著；夏剑钦校点.—长沙：岳麓书社，1990.8.—416页；32开.—（古典名著普及文库）.—ISBN 7-80520-218-4（精装）：6.40元

薛瑄全集/（明）薛瑄撰；孙玄常等点校.—太原：山西人民出版社，1990.8.—2册（1973页）：彩照；大32开.—ISBN 7-203-00934-3：38.00元

B249　清代哲学

日知录集释/（清）顾炎武著；（清）黄汝成集释；栾保群，吕宗力校点.—石家庄：花山文艺出版社，1990.8.—2册（1581页）；大32开.—ISBN 7-80505-237-9（精装）：40.00元

日知录集释/（清）顾炎武著；（清）黄汝成集释.—影印本.—郑州：中州古籍出版社，1990.12.908页；32开.—ISBN 7-5346-0246-6（精装）：21.45元

本书据世界书局1936年仿古字版影印。

明儒学案/（清）黄宗羲著.—影印本.—北京：中国书店，1990.10.—752页；大32开.—（海王邨古籍丛刊）.—ISBN 7-80568-135-X（精装）：19.00元

国朝学案小识/（清）唐鉴撰辑.—影印本.—济南：山东友谊书社，1990.9.—2册（1558页）；16开.—（孔子文化大全：史志类/苗枫林主编）.—ISBN 7-80551-270-1（精装）

本书据光绪十年孟春月重镌四砭斋原本影印。

船山全书　第七册：四书训义（上）/（明）王夫之著；船山全书编辑委员会编校.—长沙：岳麓书社，1990.8.—1000页：照片及书影；大32开.—ISBN 7-80520-216-8（精装）：16.00元

船山全书　第八册：四书训义（下）/（明）王夫之著；船山全书编辑委员会编校.—长沙：岳麓书

社，1990.8.—987页：照片及书影；大32开.—ISBN 7-80520-216-8（精装）：16.00元

清儒学案/（清）徐世昌著.—影印本.—北京：中国书店，1990.9.—4册（961，898，916，891页）；大32开.—（海王邨古籍丛刊）.—ISBN 7-80568-134-1（精装）：95.00元

B25 近代哲学

王国维与近代东西方学人/陈鸿祥著.—天津：天津古籍出版社，1990.9.—470页；大32开.—ISBN 7-80504-128-8：6.30元

王国维学术研究论集 （三）/袁英光选编.—上海：华东师范大学出版社，1990.2.—518页；大32开.—（中国史学研究集刊/吴泽主编）.—ISBN 7-5617-0360-0（精装）：9.50元；（平装）：7.00元

论王国维/陈元晖著.—长春：东北师范大学出版社，1990.3.—326页：肖像；大32开.—ISBN 7-5602-0158-X（精装）：4.00元

严复与西方/（美）施沃茨（Schwartz, B.）著；滕复等译.—北京：职工教育出版社，1990.3.267页；32开.—ISBN 7-80059-317-7：4.60元

本书对严复的思想进行了探讨。

严复研究资料/牛仰山，孙鸿霓编.—福州：海峡文艺出版社，1990.1.—517页：照片；大32开.—（中国近代文学研究资料丛书）.—ISBN 7-80534-158-3：6.15元

春秋董氏学/（清）康有为著；楼宇烈整理.—北京：中华书局，1990.7.—255页；大32开.—（康有为学术著作选）.—ISBN 7-101-00516-0：4.90元

诸天讲/（清）康有为著；楼宇烈整理.—北京：中华书局，1990.4.—257页；大32开.—（康有为学术著作选）.—ISBN 7-101-00539-X：4.70元

康有为在西安/单演义著；单元庄整理.—西安：陕西人民出版社，1990.4.—257页；大32开.—ISBN 7-224-01208-3：3.50元

本书记述了在中国近代史上炳赫一时的维新派领袖康有为晚年生活的一个重要片断—1923年到西安游览讲学的情况。

康有为全集 第二集/康有为撰；姜义华，吴根梁编校.—上海：上海古籍出版社，1990.4.—949页；大32开.—ISBN 7-5325-0728-9（精装）：17.90元

B26 现代哲学

人生成功的道路：中国现代启蒙思想家精神探索的艰难历程/韩钟文著.—北京：职工教育出版社，1989.8.—221页；32开.—（传统人与现代人丛书/张立文主编）.—ISBN 7-80059-226-X：3.30元

五四运动和马克思主义的早期传播在陕西/中共陕西省委党史研究室编.—西安：陕西人民出版社，1990.8.—348页；大32开.—（陕西党史资料丛书；16）.—ISBN 7-224-01405-2：5.83元

五四时期思想史论/李龙牧著.—上海：复旦大学出版社，1990.9.—420页；大32开.—ISBN 7-309-00489-2：5.30元

中国现代资产阶级哲学：1919～1949/张儒义编著.—成都：四川大学出版社，1990.7.—282页；32开.—ISBN 7-5614-0293-7：3.60元

文化选择的冲突："五·四"时期东西文化论战中的思想家/张利民著.—北京：中国人民大学出版社，1990.5.—132页；大32开.—（中国人民大学博士文库）.—ISBN 7-300-00809-7：1.70元

冯友兰新理学研究/田文军著.—武汉：武汉出版社，1990.8.—330页；大32开.—ISBN 7-5430-0374-0：4.80元

玄圃论学集：熊十力生产与学术/蔡元培等著.—北京：三联书店，1990.2.—413页：照片；大32开.ISBN 7-108-00034-2：6.75元

1985年，北大、武大两校发起纪念熊十力百年诞辰的大会，并编了这本《玄圃论学集》。书中收有今昔、中外著名学者的文章40多篇。

张岱年文集 第二卷/张岱年著.—北京：清华大学出版社，1990.12.—663页；大32开.—ISBN 7-302-00714-4：9.50元

张岱年文集 第二卷/张岱年著.—北京：清华大学出版社，1990.12.—663页；大32开.—ISBN 7-302-00715-2（精装）：12.00元

现代新儒学概论/郑家栋著.—南宁：广西人民出版社，1990.4.—350页；大32开.—ISBN 7-219-01539-9：4.90元

本书是我国第一部研究海内外新儒家思想的论著。

金岳霖学术论文选/金岳霖著；金岳霖学术基金会学术委员会编.—北京：中国社会科学出版社，1990.12.—696页：照片；大32开.—ISBN 7-5004-0849-8（精装）：12.80元

B27 当代哲学

马恩主义哲学在中国四十年/上海市哲学学会编.上海：上海人民出版社，1990.12.—274页；大32开.—ISBN 7-208-01060-9：4.30元

中国当代哲学：1949～1990/樊瑞平等著.—东营：石油大学出版社，1990.12.—408页；大32开.—ISBN 7-5636-0121-X：6.20元

中国第二代领导人的哲学思维方式/陈志良等著.沈阳：辽宁人民出版社，1990.10.—275页；大32开.—（邓小平生平、思想研究丛书/舍羽主著）.ISBN 7-205-01506-5：4.80元

邓小平同志论哲学/《邓小平同志论哲学》编写组

编.一北京：学苑出版社，1990.5.—197页；32开.ISBN 7-80060-951-0：2.70元

邓小平哲学思想/孙仲管，陆仁权主编.一石家庄：河北人民出版社，1990.12.—217页；32开.—ISBN 7-202-00857-2：2.50元

刘少奇的思想论稿/柏福临，王作坤著.一长春：吉林大学出版社，1990.9.—328页；大32开.—ISBN 7-5601-0605-6：5.00元

改革的哲学/姚传旺主编.一北京：人民出版社，1990.1.—430页；大32开.—ISBN 7-01-000642-3：5.80元

学习邓小平同志的哲学思想：《邓小平同志论哲学》学习辅导/《学习邓小平同志的哲学思想》编写组编.一北京：学苑出版社，1990.5.—208页；32开.ISBN 7-80060-952-9：2.70元

B3 亚洲哲学

三醉人经纶问答/（日）中江兆民著；滕颖译.一北京：商务印书馆，1990.3.—66页；大32开.—ISBN 7-100-00937-5：1.15元

本书是日本思想史上的名著，也是明治文学中的杰作。作者以三人问答的形式，试图看清明治时期日本政治上的基本问题。

卡布斯教诲录/（波斯）昂苏尔·玛阿里（Qābūs-nāmeh）著；张晖译.一北京：商务印书馆，1990.7.—200页；大32开.—ISBN 7-100-00450-0：2.45元

本书是波斯中世纪时的一部脍炙人口的散文名著。书中论述了波斯中世纪的宗教、哲教、政治、经济、教育、伦理等问题，并提出了作者自己的真知灼见。

福泽谕吉/（日）远山茂树著；翟新译.一北京：中国社会科学出版社，1990.6.—322页；32开.—（外国著名思想家译丛/张晓明主编）.—ISBN 7-5004-0701-7：3.50元

B5 欧洲哲学

西方文化精神史论/孙月才著.一沈阳：辽宁教育出版社，1990.8.—508页；大32开.—ISBN 7-5382-0795-3：6.50元

西方名哲名言析/冒从虎，李旭炎编.一重庆：重庆出版社，1990.4.—249页；32开.—ISBN 7-5366-1167-6：3.00元

西方社会历史观/陈耀彬，杜志清著.一石家庄：河北教育出版社，1990.6.—418页；大32开.—ISBN 7-5434-0662-4：5.00元

西方哲学 上册/蒋永福等主编.一北京：中共中央党校出版社，1990.5.—584页；大32开.—ISBN 7-5035-0224-X：6.90元

本书论述了从古希腊罗马到19世纪中叶德国哲学以来西方哲学的发展历史。

西方哲学 下册/蒋永福等主编.一北京：中共中央党校出版社，1990.5.—424页；大32开.—ISBN 7-5035-0225-8：5.20元

西方哲学史新编/苗力田，李毓章主编.一北京：人民出版社，1990.12.—704页；大32开.—ISBN 7-01-000697-0：10.60元

西方辩证法思想概观/林日葵著.一杭州：杭州大学出版社，1990.10.—154页；大32开.—ISBN 7-81035-065-X：3.50元

欧洲哲学史纲新编/高清海主编.一长春：吉林人民出版社，1990.12.—680页；大32开.—ISBN 7-206-00952-2：12.00元

"哲人之石"探踪：西方哲学命题史/谢应瑞主编.一厦门：厦门大学出版社，1990.6.—324页；32开.—（福建省社科联丛书）.—ISBN 7-5615-0315-6：4.60元

B502/507 欧洲各时代哲学

亚里士多德全集 第一卷/（古希腊）亚里士多德（Aristoteles）著；苗力田主编.一北京：中国人民大学出版社，1990.9.—624页；大32开.—ISBN 7-300-00850-X（精装）：18.00元

本书据《洛布古典丛书》的古希腊语文本编译成10卷。本卷包括：范畴篇、解释篇、前分析篇、后分析篇、论题篇、辩谬篇6种。

陈康：论希腊哲学/汪子嵩，王太庆编.一北京：商务印书馆，1990.9.—579页；大32开.—ISBN 7-100-00449-7：6.65元

本书收辑陈康先生用中外文发表的主要学术论文40篇，其中包括研究希腊哲学的论文和研究一般哲学问题的论文两部分。

用马克思主义评析西方思潮/徐崇温著.一重庆：重庆出版社，1990.8.—484页；大32开.—（国外马克思和社会主义研究丛书/徐崇温主编）.—ISBN 7-5366-1382-2：6.50元

本书具体评述了实用主义、存在主义、结构主义与后结构主义、青年卢卡奇和葛兰西的思想、法兰克福学派，以及围绕新技术革命出现的当代西方思潮。

当代西方哲学思潮评介/程宜山主编.一北京：蓝天出版社，1990.6.—187页；大32开.—空军飞行人员思想政治教育系列教材.—ISBN 7-80081-103-4：3.00元

当代西方资产阶级哲学批判/滕云起等编著.一济南：黄河出版社，1990.2.—195页；大32开.—ISBN 7-80558-112-6：3.40元

现代西方哲学/刘放桐等编著.—2版（修订本）.北京：人民出版社，1990.2.—2册（862页）；大32开.—ISBN 7-01-000523-0：14.50元

本书1981年6月第1版。

现代西方哲学思潮/王元明，赵超凡主编.—天津：天津教育出版社，1990.2.—264页；大32开.—ISBN 7-5309-0917-7：4.40元

现代西方哲学思潮述评/黄美来主编.—北京：清华大学出版社，1990.9.—279页；大32开.—ISBN 7-302-00680-6：3.50元

现代西方哲学辞典/葛力主编.—北京：求实出版社，1990.7.—662页；大32开.—ISBN 7-80033-047-8（精装）：11.50元

本辞典共收入词目957条。包括19世纪以来在欧美各国产生和流传的约26个哲学流派的主要代表人物、著作、范畴和术语。

思潮与思考：现代西方思潮资料辑/顾建华，严耕主编.—北京：新华出版社，1990.4.—381页；32开.ISBN 7-5011-0646-0：4.60元

B51/56　欧洲各国哲学

一个悲观者的创造性背叛：叔本华的《作为意志和表象的世界》/陶黎铭著.—昆明：云南人民出版社，1990.6.—118页；32开.—（名著导读丛书/王华良主编）.—ISBN 7-222-00569-2：1.85元

历史理性批判文集/（德）康德著；何兆武译.—北京：商务印书馆，1990.11.—214页；大32开.—ISBN 7-100-00113-7：2.60元

从康德到叔本华/刘景泉等著.—广州：广州文化出版社，1990.1.—312页；32开.—（现代西方哲学探究丛书/罗克汀，张磊主编）.—ISBN 7-5431-0227-7：3.90元

本书阐明康德哲学体系的基本内容以及黑格尔和叔本华如何用不同的观点和方法去继承、改造康德的哲学思想，从而探索他们的思想演变规律。

对美感和崇高感的观察/（德）康德著；曹俊峰，韩明安译.—哈尔滨：黑龙江人民出版社，1990.4.114页；32开.—ISBN 7-207-01067-2：1.90元

叔本华箴言录/陈国庆，范立辉编.—长春：吉林教育出版社，1990.5.—200页；32开.—（世界贤哲箴言集萃/石非主编）.—ISBN 7-5383-1016-9：2.25元

国外康德哲学新论/周贵莲等编译.—北京：求实出版社，1990.1.—372页；大32开.—ISBN 7-80033-117-2：5.10元

施莱尔马赫/（联邦德国）卡岑巴赫（Kantzenbach，F.W.）著；任立译.—北京：中国社会科学出版社，1990.2.—184页；32开.—（外国著名思想家译丛/张晓明主编）.—ISBN 7-5004-0702-5：2.15元

书名原文：Schleiermacher

费希特著作选集　卷一/（德）费希特（Fichte，J.G.）著；梁志学主编.—北京：商务印书馆，1990.11.—780页；大32开.—ISBN 7-100-00686-4（精装）：11.00元

本书包括费希特在其哲学体系形成、建立和演变时期公开发表过的重要著作。本卷为1792～1794年期间的著作。

绝对主体的建构：费希特的哲学/程志民著.—长沙：湖南教育出版社，1990.3.—205页；大32开.（博士论丛）.—ISBN 7-5355-1082-5：3.75元

本书围绕人的主体性这一中心思想，探讨了费希特哲学体系的形成过程、基本原理和各个组成部分。

海德格尔论尼采：作为艺术的强力意志/（德）海德格尔（Heidegger，M.）著；秦伟，余虹译.石家庄：河北人民出版社，1990.1.—215页；大32开.—ISBN 7-202-00582-4：3.00元

黑格尔哲学新研究/（美）施泰因克劳斯（Steinkraus，E.）编；王树人等译.—北京：商务印书馆，1990.4.—310页；大32开.—ISBN 7-100-00452-7：3.65元

书名原文：New Studies in Hlegel's Philosopgy

本书是一部国外现代哲学名家论述黑格尔哲学的重要文集，内容涉及黑格尔体系的总评价及其各部分的关系，黑格尔思想与古今大哲学家思想的关系等。

德国哲学　第八辑/湖北大学哲学研究所《德国哲学》编委会编.—北京：北京大学出版社，1990.9.292页；大32开.—ISBN 7-301-01057-5：4.30元

权威与个人/（英）罗素（Russell，B.）著；肖巍译.—北京：中国社会科学出版社，1990.12.108页；32开.—ISBN 7-5004-0770-X：1.80元

书名原文：Authority and the Individual

本书收集了著名思想家罗素1943年在英国BBC广播电台所作的6篇重要讲演，中心论题为考察社会控制与个人创造性。

休谟/（英）艾耶尔（Ayer，A.J.）著；曾扶星，郑莹译.—北京：中国社会科学出版社，1990.6.—163页；32开.—（外国著名思想家译丛/张晓明主编）.—ISBN 7-5004-0689-4：2.00元

书名原文：Hume

我们关于外间世界的知识：哲学上科学方法应用的一个领域/（英）罗素（Russell，B.）著；陈启伟译.—上海：上海译文出版社，1990.11.—182页；肖像；大32开.—（二十世纪西方哲学译丛）.—ISBN 7-5327-0951-7：3.85元

书名原文：Our Knowledge of The External World

本书是作者的一部名著，也是早期分析哲学运动的一部经典之作。书中试图通过一些例子来说明"哲学上逻辑分析方法的性质、能力和限度"。

培根哲言录/郭建淮编.—长春：吉林教育出版社，1990.1.—157页；32开.—（世界贤哲箴言集萃/石非主编）.—ISBN 7-5383-0912-8：1.90元

生活·境遇：萨特言谈随笔集/秦裕，潘旭镭编译.—上海：三联书店上海分店，1990.12.—297页；32开.—(世界贤哲名著选译·猫头鹰文库；第4辑/姚鹏主编).—ISBN 7-5426-0425-2：3.30元

走向澄明之境：卢梭随笔与书信集/何祚康等编译.—上海：三联书店上海分店，1990.11.—275页；32开.—(世界贤哲名著选译·猫头鹰文库；第4辑/姚鹏主编).—ISBN 7-5426-0353-1：3.90元

萨特哲言录/张炳清编.—长春：吉林教育出版社，1990.1.—202页；32开.—(世界贤哲箴言集萃/石非主编).—ISBN 7-5383-0910-1：2.35元

探求真理的指导原则/(法)笛卡尔(Descartes，R.)；管震湖译.—北京：商务印书馆，1990.1.—168页；大32开.—ISBN 7-100-00606-6：2.05元

书名原文：Règles utiles et claires pour la direction de L'esprit en la recherche dela vérité

睿智与偏见：伏尔泰随笔集/余兴立，吴萍选译.—上海：三联书店上海分店，1990.12.—282页；32开.—(世界贤哲名著选译·猫头鹰文库；第4辑/姚鹏主编).—ISBN 7-5426-0422-3：3.25元

B7　美洲哲学

现代美国哲学/王守昌，(美)苏玉昆著.—北京：人民出版社，1990.12.—371页；大32开.—ISBN 7-01-000778-0：5.20元

实用主义大师杜威/邹铁军编著.—长春：吉林教育出版社，1990.10.—326页；大32开.—ISBN 7-5383-1127-0(精装)：6.20元

理由与求知：科学哲学研究文集/(美)夏佩尔(Shapere，D.)著；褚平，周文彰译.—上海：上海译文出版社，1990.3.—453页：照片；大32开•(二十世纪西方哲学译丛).—ISBN 7-5327-0479-3：7.90元

书名原文：Reason and the Search for Knowledge

本书共分3部分：第1部分是对语言哲学、逻辑实证主义，特别是对库恩和法伊尔阿本德哲学的批判性分析；第2部分是对一些重要哲学问题的探索；第3部分是作者近年来的新作。

B80　思维科学(总论)

创造思维学/于永萱等主编.—北京：海洋出版社，1990.5.—263页；32开.—ISBN 7-5027-1193-7：3.90元

异想天开：创造性思维的艺术/(美)罗伯特·沃尔森著；朱士群，袁玉立编译.—北京：中国城市经济社会出版社，1990.5.—198页；32开.—(人生哲理丛书；第2辑).—ISBN7-5074-0349-1：2.70元

思维方式/田运著.—福州：福建教育出版社，1990.6.—167页；36开.—(思维科学丛书/田运主编).—ISBN 7-5334-0670-2：1.80元

本书论述了什么是思维方式，它与思维方法的联系与区别，思维方式的类型，思维方式在思维过程中的形态以及思维方式的变换等。

思维方法大全/张永声主编.—南京：江苏科学技术出版社，1990.6.—658页；大32开.—ISBN 7-5345-0970-X：8.90元

思维研究剖析/(英)伯顿(Burton，A.)，雷德福(Radford，J.)主编；杨尔衢等译.—重庆：重庆出版社等，1990.11.—280页；32开.—(当代教育译丛).—ISBN 7-5366-1367-9：3.40元

书名原文：Thinking in Perspective

B81　逻辑学

今日逻辑科学/崔清田主编.—天津：天津教育出版社，1990.6.—597页；大32开.—(学术研究指南丛书).—ISBN 7-5309-0573-2(精装)：9.30元

现代实用逻辑学/田龙九著.—武汉：武汉出版社，1990.5.—387页；32开.—ISBN 7-5430-0339-2：4.50元

现代逻辑与传统逻辑/程仲棠著.—广州：暨南大学出版社，1990.12.—403页；大32开.—ISBN 7-81029-044-4：5.80元

现代普通逻辑学/赵文林，谢淑君著.—北京：中国社会科学出版社，1990.5.—520页；大32开.—ISBN 7-5004-0536-7：7.10元

实用逻辑/蒋贵珍主编.—上海：上海翻译出版公司，1990.7.—269页；32开.—ISBN 7-80514-579-2：4.25元

实用逻辑学词典/汪馥郁，郎好成主编.—北京：冶金工业出版社，1990.7.—385页；32开.—ISBN 7-5024-0636-0：6.20元

党政工作与逻辑/叶广文，赵凡夫主编.—长春：吉林大学出版社，1990.8.—270页；32开.—ISBN 7-5601-0566-1：3.50元

职工逻辑学读本/周洪仁主编.—郑州：河南人民出版社，1990.9.—320页；32开.—ISBN 7-215-01235-2：2.95元

逻辑纵横论丛/何邦泰，刘新华主编.—桂林：广西师范大学出版社，1990.4.—267页；32开.—ISBN 7-5633-0853-3：3.50元

逻辑教程/全国党校逻辑学会编.—北京：中共中央党校出版社，1990.8.—400页；大32开.—ISBN 7-5035-0171-5：4.80元

逻辑基本原理/金建国主编.—昆明：云南教育出版社，1990.2.—231页；32开.—ISBN 7-5415-0363-0：3.00元

逻辑新教程/陈孟麟，郑功伦主编.—西安：陕西人民出版社，1990.12.—442页；大32开.—ISBN 7-224-01309-9：7.05元

普通逻辑/陈模，邓生庆著.—成都：四川人民出版社，1990.9.—306页；32开.—ISBN 7-220-01129-6：3.60元

普通逻辑导论/周钺编.—成都：成都科技大学出版社，1990.5.—304页；32开.—高等教育自学考试汉语、行管、政管、文秘等专业及大专院校逻辑课程辅导用书.—ISBN 7-5616-0595-1：3.20元

普通逻辑纲要和试题类型分析/张燕梅，王国武编著.—沈阳：辽宁大学出版社，1990.11.—285页；32开.—ISBN 7-5610-1110-5：3.50元

普通逻辑述评/吴家国著.—上海：上海人民出版社，1990.2.—311页；大32开.—ISBN 7-208-00598-2：5.70元

普通逻辑学 下册/王树茂主编.—哈尔滨：哈尔滨出版社，1990.7.—259页；32开.—ISBN 7-80557-270-4：6.40元

新编逻辑学/何名亚等主编.—东营：石油大学出版社，1990.1.—262页；大32开.—ISBN 7-5636-0082-5：3.20元

B811 辩证逻辑

黑格尔《逻辑学》及其范畴辨析/彭燕韩，王克孝著.—太原：山西人民出版社，1990.8.—342页；大32开.—ISBN 7-203-01733-8：6.40元

辩证思维方式论：狭义辩证逻辑原理/苗启明编著.—北京：高等教育出版社，1990.4.—367页；大32开.—ISBN 7-04-002586-8：3.30元

辩证逻辑：认识史的总结/封毓昌著.—北京：中国社会科学出版社，1990.4.—337页；大32开.—ISBN 7-5004-0522-7：4.70元

辩证逻辑理论与实践/任启文主编.—郑州：河南人民出版社，1990.12.—311页；大32开.—ISBN 7-215-01316-9：5.00元

B812 形式逻辑

形式逻辑/郑民宽等主编.—南宁：广西教育出版社，1990.6.—318页；32开.—公安武警劳警中专学校适用教材.—ISBN 7-5435-0958-X：3.10元

形式逻辑/蔡贤浩主编.—武汉：华中师范大学出版社，1990.2.—270页；大32开.—全国高等师范专科学校教材.—ISBN 7-5622-0551-5：1.95元

形式逻辑导论/袁野主编.—哈尔滨：哈尔滨工业大学出版社，1990.6.—357页；32开.—ISBN 7-5603-0294-7：3.90元

形式逻辑导论思考练习题/陈珮瑜主编.—哈尔滨：哈尔滨工业大学出版社，1990.6.—148页；32开.ISBN 7-5603-0293-9：1.60元

形式逻辑应试册/舵夫等编.—西安：陕西人民出版社，1990.4.—192页；32开.—高等教育自学考试辅导.—ISBN 7-224-01231-9：2.60元

形式逻辑教程/王宝铎，张士乾主编.—昆明：云南人民出版社，1990.8.—279页；32开.—ISBN 7-222-00602-8：3.30元

形式逻辑基础/薛锡岑主编；王素珍等撰.—北京：群众出版社，1990.11.—279页；32开.—ISBN 7-5014-0604-2：3.30元

形式逻辑基础教程/刘云楷等主编.—成都：成都出版社，1990.1.—310页；32开.—ISBN 7-80575-038-6：3.50元

形式逻辑新编/农名颖，陈汉杰主编.—南宁：广西教育出版社，1990.9.—298页；32开.—高等院校适用教材.—ISBN 7-5435-1025-1：3.10元

逻辑使你机敏/刘锦方编著.—广州：广东高等教育出版社，1990.3.—208页；32开.—ISBN 7-5361-0462-6：2.40元

本书介绍形式逻辑的基本知识。

智慧的火花：逻辑应用范例/尹鑫，蒙应主编.桂林：广西师范大学出版社，1990.3.—231页；32开.—ISBN 7-5633-0753-2：2.50元

本书是关于形式逻辑的通俗读物。

简明逻辑基础/尹显泓主编.—成都：成都出版社，1990.6.—177页；32开.—ISBN 7-80575-087-4：2.00元

趣味逻辑学/彭漪涟，余式厚著.—北京：中国青年出版社，1990.8.—305页；32开.—（青年文库：新编本；7）.—ISBN 7-5006-0734-2

趣味逻辑智力题100例/陈有礼，徐兴旺编.—成都：成都科技大学出版社，1990.12.—103页；32开.ISBN 7-5616-0579-X：1.80元

B812.2 思维形式和方法

判断力：运筹帷幄法则/（ ）谦田胜，高桥磐著；树人编译.—海口：南海出版公司，1990.4.—202页；32开.—ISBN 7-80570-041-9：3.50元

现代逻辑推理技法/韦泽民主编.—北京：北京师范大学出版社，1990.6.—400页；32开.—（逻辑应用多视角丛书/苏越主编）.—ISBN 7-303-00888-7：5.10元

复合推理与真值表/戴月仙著.—上海：上海教育出版社，1990.1.—147页；32开.—(中学生文库).—ISBN 7-5320-1661-7：1.45元

逻辑思维技巧训练/秦豪，管莉莉著.—太原：希望出版社，1990.3.—208页；32开.—ISBN 7-5379-0518-5：2.70元

B812.5　谬误与诡辩

中外著名诡辩集/王仁法，董业明编著.—上海：上海文化出版社，1990.6.—136页；32开.—(五角丛书；第十辑).—ISBN 7-80511-384-X：1.30元

雾区的寻觅——谬误学精华/黄华新，汤军著.—上海：上海文化出版社，1990.12.—245页；32开.(金字塔文库；3/余式厚主编).—ISBN 7-80511-319-X：3.15元

B815　哲理逻辑

广义模态逻辑/冯棉著.—上海：华东师范大学出版社，1990.6.—355页；大32开.—ISBN 7-5617-0515-8：5.30元

哲学逻辑/陈波著.—重庆：重庆出版社，1990.6.276页；32开.—ISBN 7-5366-1144-7：3.20元

逻辑哲学引论/陈波著.—北京：人民出版社，1990.11.—303页；大32开.—ISBN 7-01-000709-8：4.50元

B819　应用逻辑

医疗文体与逻辑思维/苏越，金锡谟主编.—北京：北京师范大学出版社，1990.6.—286页；32开.(逻辑应用多视角丛书/苏越主编).—ISBN 7-303-00882-9：3.85元

本书阐述了医疗诊断、文娱活动以及体育锻炼与逻辑思维之间的关系。

谈判中的逻辑斗智/瞿麦生，王笑主编.—北京：北京师范大学出版社，1990.5.—218页；32开.(逻辑应用多视角丛书/苏越主编).—ISBN 7-303-00876-4：3.10元

B82　伦理学(道德哲学)

人学词典/黄楠森等主编.—北京：中国国际广播出版社，1990.8.—856页；32开.—ISBN 7-80035-484-9(精装)：16.50元

人道主义哲学/(美)拉蒙特(Lamont, C.)著；贾高建等译.—北京：华夏出版社，1990.7.285页；大32开.—(二十世纪文库).—ISBN 7-80053-583-5：5.50元

书名原文：The Philosophy of Humanism

干部实用伦理学/向延光，李永洲主编.—武汉：中国地质大学出版社，1990.1.—295页；大32开.ISBN 7-5625-0364-8：3.40元

马克思主义伦理学概论/纪扶堂编著.—延吉：延边大学出版社，1990.3.—395页；32开.—ISBN 7-5634-0197-0：5.00元

中国人生哲学：先秦诸子的价值观念和处事美德　乔长路著.—北京：中国人民大学出版社，1990.4.274页；大32开.—ISBN 7-300-00766-X：3.80元

中国西南少数民族道德研究/高发元主编.—昆明：云南民族出版社，1990.12.—237页；32开.—ISBN 7-5367-0340-6：3.20元

世界伦理道德辞典/李水海主编.—西安：陕西人民出版社，1990.2.—1450页；32开.—ISBN 7-224-00887-7：25.00元

本辞典共收相关学科辞目2097条。

尼各马科伦理学/(古希腊)亚里士多德著；苗力田译.—北京：中国社会科学出版社，1990.11.237页；大32开.—ISBN 7-5004-0821-8：4.50元

民族伦理研究/张哲敏主编.—昆明：云南民族出版社，1990.6.—272页；32开.—ISBN 7-5367-0235-3：5.00元

伦理学通论/陈延斌，任越著.—北京：中国经济出版社，1990.8.—428页；32开.—ISBN 7-5017-0955-6：4.40元

伦理学基础/马光福主编.—北京：蓝天出版社，1990.6.—253页；大32开.—空军飞行人员思想政治教育系列教材：试行本.—ISBN 7-80081-104-2：4.02元

伦理学概论/(日)小仓志祥编；吴汇涛译.—北京：中国社会科学出版社，1990.5.—211页；大32开.—(外国伦理学名著译丛/罗国杰，郑文林主编).—ISBN 7-5004-0482-4：3.60元

伦理学概要/张善城主编.—厦门：厦门大学出版社，1990.10.—301页；32开.—(福建省社科联丛书).—ISBN 7-5615-0328-8：4.30元

伦理、道德问题再认识/魏英敏著.—北京：北京大学出版社，1990.3.—250页；大32开.—ISBN 7-301-01107-5：3.70元

安乐生安乐死/(南非)克里斯坦·巴纳德著；陈彪，阳京译.—北京：中国工人出版社，1990.4.156页；32开.—ISBN 7-5008-0531-4：2.35元

如何选择最佳行为方式：行为哲学/吴洪芹，肖明著.—北京：农村读物出版社，1990.9.—253页；32开.—ISBN 7-5048-1298-6：3.20元

应用伦理学/周纪兰著.—天津：天津人民出版社，

1990.3.—495页；大32开.—ISBN 7-201-00440-9：6.40元

社会公正论/汤玉奇等编著.—北京：中共中央党校出版社，1990.6.—189页；32开.—ISBN 7-5035-0177-4：2.70元

现代世界伦理学新趋向/（美）德马科（Demarco，J.P.），（美）福克斯（Fox，R.M.）编；石毓彬等译.—北京：中国青年出版社，1990.8.430页；大32开.—ISBN 7-5006-0488-2：7.50元

书名原文：New Directions in Ethics

现代西方伦理学史　上卷/万俊人著.—北京：北京大学出版社，1990.5.—526页；大32开.—ISBN 7-301-00719-1：6.85元

现代伦理学/陈瑛，廖申白主编.—重庆：重庆出版社，1990.8.—310页；大32开.—（现代社会科学丛书）.—ISBN 7-5366-1289-3：4.30元

卑贱与我无缘——伦理学精华/郭夏娟，应杭著.上海：上海文化出版社，1990.12.—207页；32开.（金字塔文库；2/余式厚主编）.—ISBN 7-80511-318-1：2.90元

哲学的伦理学：道德哲学引论/（美）彼彻姆（Beauchamp，T.L.）著；雷克勤等译.—北京：中国社会科学出版社，1990.5.—596页；大32开.—（外国伦理学名著译丛/罗国杰，郑文林主编）.—ISBN 7-5004-0596-0：8.40元

书名原文：Philosophical Ethics

道德活动论/姚新中著.—北京：中国人民大学出版社，1990.9.—302页；大32开.—（中国人民大学博士文库/罗国杰主编）.—ISBN 7-300-00871-2：.95元

道德概论/甘葆露主编.—北京：高等教育出版社，1990.8.—321页；大32开.—ISBN 7-04-003091-8：2.00元

道德概论/李凤芝主编.—武汉：华中师范大学出版社，1990.6.—292页；大32开.—全国高等师范专科学校教材.—ISBN 7-5622-0549-3：2.10元

飘向天国的驼铃——死亡学精华/何显明，余芹著.—上海：上海文化出版社，1990.12.—185页；32开.—（金字塔文库；5/余式厚主编）.—ISBN 7-80511-315-7：2.70元

中国近代道德启蒙/吴熙钊著.—长春：吉林文史出版社，1990.6.—284页；大32开.—（历史反思丛书）.—ISBN 7-80528-195-5：3.90元

中国特色的道德文明：传统伦理精神的结构形态与现代转化/樊浩著.—南京：河海大学出版社，1990.12.—246页；大32开.—ISBN 7-5630-0296-0：4.30元

中国道德名言选粹/张锡勤，柴文华编著.—哈尔滨：黑龙江人民出版社，1990.12.—306页；32开.ISBN 7-207-01533-X：4.55元

邓小平伦理思想研究/陈玉金著.—南京：南京出版社，1990.3.—418页；32开.—ISBN 7-80560-127-5：5.90元

新编中华民族道德经/姜耀中编著.—沈阳：沈阳出版社，1989.7.—50页；32开.—ISBN 7-80556-328-4：0.80元

B821　人生观、人生哲学

人生一千句/邢万生，刘淑梅编著.—长春：东北师大学出版社，1990.12.—268页；32开.—ISBN 7-5602-0447-5：3.80元

《人生与道德》习题集/陈劳志，范冰主编.—北京：经济科学出版社，1990.6.—100页；32开.（中等专业学校政治教材习题丛书/方铁政，高晧主编）.—ISBN 7-5058-0343-3：1.20元

人生与道德学习指导/赵新民等主编.—北京：中国商业出版社，1990.12.—232页；32开.—ISBN 7-5044-0814-X：2.70元

《人生与道德》教与学/孙俎英，孙巧玲主编.—济南：山东教育出版社，1990.2.—264页；32开.—全国中等专业学校统编教材.—ISBN 7-5328-0935-8：2.60元

人生小语：心智与情丝/冯远征编.—沈阳：白山出版社，1990.5.—205页；32开.—（人生沉思录丛书；1/白泉主编）.—ISBN 7-80566-116-2：2.60元

人生百味/《读者文摘》编辑部编.—兰州：甘肃人民出版社，1990.7.—254页；48开.—（读者文摘丛书）.—ISBN 7-226-00619-7（精装）：2.90元

人生观与职业道德：试用本/李喜平主编.—沈阳：辽宁人民出版社，1990.7.—242页；32开.—辽宁省职业高级中学教材　供职业高中一年级用.—ISBN 7-205-01522-7：3.10元

人生观理论与教育研究/张孝宜主编.—广州：广东高等教育出版社，1990.8.—365页；大32开.—ISBN 7-5361-0529-0：5.50元

人生的哲学欢愉/蒋德海著.—杭州：浙江人民出版社，1990.12.—244页；32开.—（人生地平线）.ISBN 7-213-00559-6：2.85元

人生的理论与实践/广西区教育委员会政治思想教育处编.—南宁：广西人民出版社，1990.2.—96页；32开.—ISBN 7-219-01429-9：1.20元

人生的理论与实践/罗启荣，谭汉凡主编.—南宁：广西人民出版社，1990.2.—124页；32开.—ISBN 7-219-01437-2：1.20元

人生学导论/宋锦添著.—北京：中国人民大学出版社，1990.7.—364页；大32开.—ISBN 7-300-

00897-6：5.35元

人生珍言录/潘琦编.—南宁：广西人民出版社，1990.12.—394页；32开.—ISBN 7-219-01749-9：4.30元

人生格言大全/刘忠信等编.—长春：吉林人民出版社，1990.2.—999页；32开.—ISBN 7-206-00686-8（精装）：14.50元

人生哲学/吴灿华，詹万生主编.—2版（修订本）.—北京：北京师范学院出版社，1990.2.—374页；大32开.—ISBN 7-81014-439-1：4.30元

人生哲学/贾兆海等主编.—石家庄：河北人民出版社，1990.1.—220页；32开.—思想政治教育课程教学用书.—ISBN 7-202-00573-5：2.45元

人生哲学教程/高进珊主编.—北京：华夏出版社，1990.8.—210页；32开.—ISBN 7-80053-845-1：3.30元

人生哲学概论/张文彦主编.—北京：科学技术文献出版社，1990.3.—328页；32开.—ISBN 7-5023-0984-8：4.00元

人生哲学概论/钱焕琦等编.—南京：江苏人民出版社，1990.6.—315页；32开.—ISBN 7-214-00452-6：3.30元

人生哲理/丁士堃主编.—北京：时事出版社，1990.11.—227页；大32开.—高等理工科院校试用教材.—ISBN 7-80009-117-1：3.60元

人生哲理/《人生哲理》编写组编.—北京：人民体育出版社，1990.12.—222页；32开.—体育学院试用教材.—ISBN 7-5009-0665-X：3.50元

人生哲理/王万吉主编.—南昌：江西高校出版社，1990.6.—231页；大32开.—电大思想教育系列教材.—ISBN 7-81033-020-9：3.60元

人生哲理/王志杰主编.—哈尔滨：黑龙江人民出版社，1990.4.—274页；32开.—ISBN 7-207-01530-5：3.75元

人生哲理/吴树明，纪树青主编.—北京：中国经济出版社，1990.9.—202页；大32开.—（思想政治教育丛书）.—ISBN 7-5017-0919-X：3.20元

人生哲理/陈世佐，高顺安主编.—石家庄：河北人民出版社，1990.2.—247页；32开.—高等师范思想政治教育课程系列教材.—ISBN 7-202-00611-1：2.90元

人生哲理简明教程/四川省教委《人生哲理简明教程》编写组编；贺德群等主编.—重庆：重庆出版社，1990.8.—226页；32开.—大学中专德育教材.ISBN 7-5366-1404-7：2.30元

人生理想二十讲/中华全国总工会宣教部，中共中央宣传部宣传局编.—北京：中国工人出版社，1990.11.—280页；32开.—ISBN 7-5008-0130-0：3.20元

人生最优化原理：开发、设计、规划人生的艺术/张瑞甫著.—济南：山东人民出版社，1990.6.—244页；32开.—ISBN 7-209-00678-8：2.80元

外国人生妙语大全/余英杰等编.—武汉：湖北人民出版社，1990.9.—757页；大32开.—ISBN 7-216-00624-0：10.95元

生命的雷电火/景克宁编著.—沈阳：白山出版社，1990.8.—151页；32开.—（人生沉思录丛书；2/白泉主编）.—ISBN 7-80566-133-3：2.30元

岁序赠言：人生0～100岁/蔡昌卓，莫雅平译.—桂林：漓江出版社，1990.2.—192页；32开.—ISBN 7-5407-0532-9：2.35元

自然·格言·人生/刘跃发等编著.—沈阳：辽宁人民出版社，1990.3.—201页；32开.—ISBN 7-2058-1194-9：2.80元

关于“自我”的是非论/唐全贤著.—天津：天津人民出版社，1990.6.—332页；32开.—ISBN 7-201-00418-2：3.70元

本书汇集了东西方哲学关于“自我”的种种观点。

论个人与社会：兼论人生价值导向/夏伟东著.—上海：上海人民出版社，1990.3.—176页；32开.（学习与思考丛书/罗国杰主编）.—ISBN 7-208-00730-6：2.05元

我的人学/（日）池田大作著；铭九等译.—北京：北京大学出版社，1990.3.—2册（318，289页）；大32开.—ISBN 7-301-00120-7：20.00元

我的人学/（日）池田大作著；铭九等译.—北京：北京大学出版社，1990.3.—2册（318，289页）；大32开.—ISBN 7-301-00121-5（精装）：28.00元

社会主义人生实践/中共广东省委高等学校工作委员会，广东省高等教育局组织编写.—广州：广东高等教育出版社，1990.2.—288页；32开.—ISBN 7-5361-0439-1：2.50元

改变一生的决策：下出人生棋盘上的步步妙着/思源编译.—厦门：鹭江出版社，1990.6.—167页；32开.—（大众生活丛书）.—ISBN 7-80533-355-6：2.20元

青年人生论/夏永翔，何建林著.—长沙：湖南出版社，1990.12.—262页；大32开.—（青年学研究丛书）.—ISBN 7-5438-0047-0：4.20元

青年人生观向导/上海人民出版社编.—上海：上海人民出版社，1990.5.—359页；大32开.—ISBN 7-208-00877-9：4.75元

青年人生观教育概论/李英等主编.—长春：吉林人民出版社，1990.2.—266页；32开.—ISBN 7-206-00699-X：3.50元

青年人生哲学/何华珍主编.—武汉：武汉工业大学出版社，1990.10.—221页；32开.—ISBN 7-5629-0422-7：2.80元

青春的私语/林公翔编著.—福州：福建人民出版社，1990.7.—221页；36开.—(人生三味系列).ISBN 7-221-01210-2：2.05元

青春絮语：人生19论/欧阳斌著.—北京：中国卓越出版公司，1990.9.—166页；32开.—ISBN 7-80071-359-8：2.95元

罗曼·罗兰箴言录/孙介夫，宋默编.—长春：吉林教育出版社，1990.5.—310页；32开.—(世界贤哲箴言集萃/石非主编).—ISBN 7-5383-1015-0：3.15元

治学/赵凤山编.—北京：职工教育出版社，1990.1.—229页；64开.—(人生格言丛书).—ISBN 7-80059-273-1：2.20元

学习马克思主义树立共产主义世界观人生观/李政主编.—北京：海潮出版社，1990.6.—164页；32开.ISBN 7-80054-134-7：2.50元

树立科学人生观/浦以安，冯拾松主编.—杭州：浙江大学出版社，1990.1.—156页；32开.—ISBN 7-308-00425-2：1.55元

省悟的ABC/公方彬著.—沈阳：白山出版社，1990.12—126页；32开.—(人生沉思录丛书；3/白泉主编).—ISBN 7-80566-164-2：2.00元

科学人生观学习指南/边德义等编.—修订版.—郑州：河南教育出版社，1990.8.—169页；32开.—ISBN 7-5347-0688-2：1.40元

《科学人生观》学法与训练指导　(下)/冯涛主编.—桂林：广西师范大学出版社，1990.4.—92页；32开.—ISBN 7-5633-0741-7：1.00元

穿越黑洞——人生哲学精华/张应杭，黄寅著.—上海：上海文化出版社，1990.12.—234页；32开.(金字塔文库；1/余式厚主编).—ISBN 7-80511-316-5：3.10元

莎士比亚箴言录/李道海编.—长春：吉林教育出版社，1990.1.—232页；32开.—(世界贤哲箴言集萃/石非主编).—ISBN 7-5383-0909-8：2.60元

爱因斯坦哲言录/李申伍编.—长春：吉林教育出版社，1990.1.—227页；32开.—(世界贤哲箴言集萃/石非主编).—ISBN 7-5383-0911-X：2.45元

理想/马光复编.—北京：职工教育出版社，1990.1.—137页；64开.—(人生格言丛书).—ISBN 7-80059-256-0：2.00元

第三条虹桥/(日)池田大作，(苏)A.A.罗古诺夫著；卞立强译.—北京：中国国际广播出版社，1990.3.—241页；大32开.—ISBN 7-80035-467-9：3.60元

续人生秘诀/于长亮，陈正云编著.—济南：黄河出版社，1990.1.—265页；32开.—ISBN 7-80558-084-7：2.90元

潇洒人生/王桂华等编著.—武汉：湖北人民出版社，1990.12.—374页；大32开.—ISBN 7-216-00669-0：5.70元

100位哲学家谈人生/孟庆鹏，王立柱编写.—北京：中国青年出版社，1990.12.—181页；32开.ISBN 7-5006-0696-6：2.35元

B822　国家道德

共产主义思想品德修养/景晔主编.—长春：吉林人民出版社，1990.4.—344页；32开.—ISBN 7-206-00721-X：3.60元

共产主义思想品德教程/关英民主编.—大连：大连理工大学出版社，1990.7.—176页；32开.—供高等专科院校使用.—ISBN 7-5611-0312-3：2.70元

共产主义思想道德概论/王铨民等主编.—成都：四川大学出版社，1990.7.—233页；大32开.—ISBN 7-5614-0325-9：3.20元

共产主义道德概论/刘启林著.—北京：中国青年出版社，1990.8.—223页；32开.—(青年文库：新编本；4).—ISBN 7-5006-0734-2

共产主义道德概论/高小平主编.—太原：山西人民出版社，1990.8.—257页；32开.—ISBN 7-203-01764-8：3.40元

社会主义道德纲要/晏德贤等主编.—天津：天津人民出版社，1990.3.—399页；32开.—ISBN 7-201-00521-9：4.00元

社会道德简明教程/张润身，韩忠主编.—北京：中国商业出版社，1990.12.—310页；32开.—ISBN 7-5044-0948-0：4.55元

思想品德修养教程/张沛波，褚福礼主编.—哈尔滨：黑龙江人民出版社，1990.9.—320页；32开.ISBN 7-207-01665-4：3.95元

思想品德教育导论/翟树刚，刘保良主编.—东营：石油大学出版社，1990.8.—307页；大32开.—ISBN 7-5636-0112-0：3.90元

思想品德教程/吕文硕主编.—2版.—哈尔滨：哈尔滨工业大学出版社，1990.8.—297页；32开.ISBN 7-5603-0306-4：3.40元

思想品德教程/刘子卿等主编.—沈阳：辽宁大学出版社，1990.10.—311页；大32开.—辽宁省成人高等教育思想品德课统一教材.—ISBN 7-5610-1049-4：3.95元

思想品德概论/张同生主编.—贵阳：贵州教育出版社，1990.9.—363页；大32开.—ISBN 7-8583-056-8：4.50元

新编思想品德教程/胡金山等主编.—武汉：武汉工业大学出版社，1990.8.—268页；32开.—ISBN 7-629-0403-0：3.60元

B822.9　职业道德

社会主义职业道德/江苏省劳动服务公司组织编

写.—南京：江苏人民出版社，1990.10.—95页；32开.—江苏省就业培训统编教材：试用.—ISBN 7-214-00561-1：1.20元

社会主义职业道德教程/陈国英主编.—武汉：湖北人民出版社，1990.6.—363页；大32开.—ISBN 7-216-00590-2：4.75元

社会主义职业道德教程/唐庶宜等主编.—武汉：武汉大学出版社，1990.12.—334页；32开.—ISBN 7-307-00872-6：3.80元

社会主义职业道德常识/中共江西省委宣传部教育处，江西省教委职业教育处编.—南昌：江西科学技术出版社，1990.6.—222页；32开.—中等职业技术学校教材：试用本.—ISBN 7-5390-0322-7：2.05元

思想品德教育/陈颖光，徐贤哉主编.—杭州：浙江教育出版社，1990.11.—229页；32开.—金融职工岗位培训试用教材.—ISBN 7-5338-0719-7：2.30元

职业伦理学/郑际平主编.—长沙：湖南教育出版社，1990.6.—242页；32开.—中等职业技术学校教材.—ISBN 7-5355-1140-6：2.10元

职业选择与职业道德/苑立强等著.—北京：解放军出版社，1990.5.—202页；32开.—(青年学丛书/李燕杰等编).—ISBN 7-5065-1254-8：3.15元

职业道德/王文韬编著.—西安：陕西人民出版社，〔1990〕.—196页；32开.—ISBN 7-224-01320-X：2.95元

职业道德/杜如水主编.—北京：东方出版社，1990.8.—286页；32开.—ISBN 7-5060-0168-3：3.40元

职业道德建设/刘江主编.—哈尔滨：黑龙江教育出版社，1990.2.—289页；32开.—ISBN 7-5316-1056-6：3.30元

职业道德常识/刘戈彤，周延富主编.—北京：电子工业出版社，1990.7.—160页；32开.—ISBN 7-5053-1110-7：2.00元

职业道德概论/孙凡德主编.—沈阳：辽宁大学出版社，1990.6.—342页；大32开.—ISBN 7-5610-0819-8：4.10元

职业道德概论/居占杰，何长青主编.—武汉：华中理工大学出版社，1990.12.—197页；32开.—ISBN 7-5609-0539-0：2.40元

B823　家庭、婚姻道德

中外情海珍言/魏现兰编.—济南：山东文艺出版社，1990.6.—243页；32开.—(爱情文学丛书/杜贵晨主编).—ISBN 7-5329-0437-7：2.75元

世界爱情名言/忻佩贞，司徒惠编.—济南：齐鲁书社，1990.3.—564页；32开.—ISBN 7-5333-0160-9：7.90元

结婚与道德/(英)罗素(Russell, B.)著；程希亮译.—影印本.—北京：商务印书馆，1990.1.197页；32开.—ISBN 7-100-00722-4：2.40元

本书据商务印书馆1940年11月第1版影印。

爱情赠言集/玲飞，美芳编.—2版.—福州：海峡文艺出版社，1990.4.—185页；48开.—ISBN 7-80534-186-9：1.95元

恋爱·婚姻·家庭·社交谚语选/丁海椒，张培基编.—北京：蓝天出版社，1990.2.—197页；32开.ISBN 7-80081-047-X：3.00元

B824　社会公德

友谊论/(苏)伊·科恩著；陈训明译.—南宁：广西人民出版社，1990.11.—275页；36开.—ISBN 7-219-01716-2：3.90元

社会公共道德规范/汪精文主编；西安市精神文明建设指导委员会编.—北京：中国广播电视出版社，1990.6.—231页；32开.—(文明市民读本；2).ISBN 7-5043-0472-7：3.20元

社会公德基础知识讲话/上海市精神文明建设活动委员会办公室编.—上海：上海人民出版社，1990.5.119页；32开.—ISBN 7-208-00903-1：1.15元

情理美的升华：哲理格言1000条/陈锡忠编.—桂林：漓江出版社，1990.1.—273页；32开.—ISBN 7-5407-0526-4：3.60元

B825　个人修养

人生修养/王新全主编.—重庆：重庆出版社，1990.7.—234页；32开.—中等专业学校思想品德课教材：试用本.—ISBN 7-5366-1410-1：2.40元

三色人生/单荷等编.—杭州：浙江少年儿童出版社，1990.3.—176页；32开.—(学会在21世纪生存丛书/夏国应主编).—ISBN 7-5342-0500-X：1.65元

个体劳动者修养/黄理彪等主编.—桂林：广西师范大学出版社，1990.4.—138页；32开.—ISBN 7-5633-0841-5：1.65元

女人巧解女人愁/陶春芳等著.—北京：农村读物出版社，1990.4.—41页；32开.—(解忧消愁小丛书).—ISBN 7-5048-1284-6：1.40元

天堂在你手中/(美)利奥·巴斯卡里亚著；郭茂生，吴爱珍译.—杭州：浙江人民出版社，1990.5.282页；36开.—(迷你书系).—ISBN 7-213-00482-4：2.95元

少年壮志不言愁：怎样解除少年儿童的烦恼/周宗奎著.—北京：农村读物出版社，1990.4.—30页；32开.—(解忧消愁小丛书).—ISBN 7-5048-1262-2：1.40元

中年排忧小顾问/石秀印著.—北京：农村读物出版社，1990.4.—64页；32开.—(解忧消愁小丛书).ISBN 7-5048-1279-X：2.25元

文艺、审美消愁新方/杨坤绪等著.—北京:农村读物出版社，1990.4.—32页；32开.—(解忧消愁小丛书).—ISBN 7-5048-1279-6：1.40元

为人处世贤文/梁广伟编写.—贵阳：贵州教育出版社，1990.9.—57页；64开.—ISBN 7-80583-055-X：0.47元

为人处事大全/(明)洪应明著.—北京：中国卓越出版公司，1990.7.—639页；32开.—ISBN 7-80071-028-9：11.97元

书名原文《菜根谭》，又名《处世修养篇》。

古人消愁小宝典/张奇伟等著.—北京：农村读物出版社，1990.4.—48页；32开.—(解忧消愁小丛书).—ISBN 7-5048-1282-X：1.80元

卡耐基妙语/赵燕芸等编.—北京：中国友谊出版公司，1990.2.—250页；32开.—ISBN 7-5057-0317-X：3.60元

本书涉及人生、处世、生活、工作、说话、读书、金钱、经商等内容。

外国人怎样解忧愁/秦烨等著.—北京：农村读物出版社，1990.4.—49页；32开.—(解忧消愁小丛书).—ISBN 7-5048-1287-0：1.80元

处世禅言七十一/(日)赤根祥一著；叶坦等译.—桂林：漓江出版社，1990.9.—243页；32开.—ISBN 7-5407-0552-3：2.80元

生活小语/王广亚著.—郑州：河南教育出版社，1990.8.—293页；36开.—ISBN 7-5347-0905-9：5.25元

自我设计奥秘/钱志群，程志宏著.—北京：中国展望出版社，1990.1.—144页；32开.—ISBN 7-5050-0532-4：2.00元

自我·我之命/马国军编.—北京：学苑出版社，1990.2.—165页；32开.—(现代生活丛书/李琼，叶小玲主编).—ISBN 7-80060-591-4：2.35元

如何开拓美满快乐的人生/陆明编著.—厦门：鹭江出版社，1990.6.—165页；32开.—(开拓者丛书).ISBN 7-80533-291-6：2.30元

时间·现代人/夏船等编.—杭州：浙江少年儿童出版社，1990.3.—152页；32开.—(学会在21世纪生存丛书/夏国应主编).—ISBN 7-5342-0500-X：1.50元

男子汉解忧小秘诀/石秀印编.—北京：农村读物出版社，1990.4.—29页；32开.—(解忧消愁小丛书).—ISBN 7-5048-1285-4：1.40元

告别梦境/楼志豪著.—北京：中国少年儿童出版社，1990.1.—118页；32开.—(当代中学生心态实录丛书/何志云，庄之明主编).—ISBN 7-5007-0771-1：1.75元

我们都是强人/(美)马尔登著；王杰文译.—长春：长春出版社，1990.3.—135页；32开.—ISBN 7-80573-085-7：1.98元

你了解自己吗?：自我人生测试/秦梦编译.—北京：中国工人出版社，1990.4.—372页；32开.(朋友译丛).—ISBN 7-5008-0556-X：3.65元

现代自我身心修养/王仁欣，陈礼贤编著.—厦门：鹭江出版社，1990.12.—315页；32开.—ISBN 7-85033-367-X：3.70元

青年烦恼小调适/李庆善著.—北京：农村读物出版社，1990.4.—34页；32开.—(解忧消愁小丛书).ISBN 7-5048-1280-3：1.40元

怎样少碰钉子：成才与烦恼/王通讯等著.—北京：农村读物出版社.1990.4.—27页；32开.—(解忧消愁小丛书).—ISBN 7-5048-1274-9：1.40元

修身学/许岩主编.—南京：江苏人民出版社，1990.10.—303页；32开.—ISBN 7-214-00579-4：3.70元

修养学简明教程/栾蕾，陈百君主编.—北京：职工教育出版社.1990.1.—212页；32开.—ISBN 7-80059-310-X：2.80元

语言、逻辑、数学解忧法/孙建军等著.—北京：农村读物出版社，1990.4.—32页；32开.—(解忧消愁小丛书).—ISBN 7-5048-1272-2：1.40元

哲学解愁小医生/梁中义等著.—北京：农村读物出版社，1990.4.—68页；32开.—(解忧消愁小丛书).—ISBN 7-5048-1286-2：2.25元

悄悄话百题/杨洁著.—合肥：安徽文艺出版社，1990.6.—240页；32开.—(旅途良友丛书).—ISBN 7-5936-0350-X：2.70元

烦恼的6个"咎不留"/张岱年等著.—北京：农村读物出版社，1990.4.—166页；32开.—(解忧消愁小丛书).—ISBN 7-5048-1275-7：2.50元

消除人际烦恼小妙方/陈媞，陶功定著.—北京：农村读物出版社.1990.4.—31页；32开.—(解忧消愁小丛书).—ISBN 7-5048-1277-3：1.40元

消除病态心理小妙方/钟友彬等著.—北京：农村读物出版社，1990.4.—60页；32开.—(解忧消愁小丛书).—ISBN 7-5048-1268-4：2.25元

教你足智多谋：现代生活中的韬略与计巧/(美)威廉姆·T.雷利著；李浩，徐颖果编译.—北京：民族出版社，1990.1.—182页；32开.—ISBN 7-105-00921-7：2.60元

菜根谭，又名，处世修养篇/(明)洪应明著；汪乾初校.—南昌：江西教育出版社.1990.4.—83页；32开.—ISBN 7-5392-0816-3：0.83元

痛苦——快乐之门/孙云晓著.—杭州：浙江少年儿童出版社，1990.3.—143页；32开.—(校园文化书系；第1辑).—ISBN 7-5342-0499-2：1.75元

蒙养书集成（二）/(汉)班昭等撰；梁汝成，章维标注.—西安：三秦出版社，1990.10.—242页；32开.—ISBN 7-80546-290-9：3.30元

想入非非者解忧小锦囊/王士俊等著.—北京：农村读物出版社，1990.4.—30页；32开.—（解忧消愁小丛书）.—ISBN 7-5048-1283-8：1.40元

解除职业烦恼小妙方/陈开国等著.—北京：农村读物出版社，1990.4.—74页；32开.—（解忧消愁小丛书）.—ISBN 7-5048-1276-5：2.25元

新少年道德修养与行为规范/许祖馨，高近霞编.福州：福建少年儿童出版社，1990.7.—116页；32开.—ISBN 7-5395-0413-7：1.25元

新编增广贤文：处事锦言大观/汪云，初新编.大连：大连出版社，1990.4.—152页；32开.—（新时代文库）.—ISBN 7-80555-188-X：2.20元

B83 美 学

十九世纪西方美学名著选：英法美卷/蒋孔阳主编.上海：复旦大学出版社，1990.3.—727页；大32开.ISBN 7-309-00248-2：9.00元

十九世纪西方美学名著选：德国卷/李醒尘主编.上海：复旦大学出版社，1990.5.—718页；大32开.—ISBN 7-309-00375-6：8.90元

大学实用美学教程/林立主编.—上海：华东化工学院出版社，1990.12.—244页；大32开.—ISBN 7-5628-0122-3：1.70元

风格美学/王志强著.—青岛：青岛海洋大学出版社，1990.12.—286页；32开.—ISBN 7-81026-112-6：4.00元

当代世界美学艺术学辞典/董学文，江溶主编.—南京：江苏文艺出版社，1990.6.—916页；32开.—ISBN 7-5399-0206-X（精装）：14.80元

当代青年实用美学手册/周忠厚主编.—北京：北京出版社，1990.8.—497页；大32开.—ISBN 7-200-00931-8：8.25元

自然美的特征与欣赏/张道葵著.—北京：文津出版社，1990.4.—324页；32开.—ISBN 7-80554-043-8：3.15元

青少年与美/何永华等编著.—成都：成都科技大学出版社，1990.8.—153页；32开.—ISBN 7-5616-0664-8：1.80元

青年审美向导/蒯大申等著.—北京：中国青年出版社，1990.8.—471页：彩图；32开.—（青年文库：新编本；12）.—ISBN 7-5006-0734-2

青年美学向导/陆一帆主编；朱兆翰等著.—杭州：浙江科学技术出版社，1990.4.—538页；大32开.ISBN 7-5341-0239-1：7.00元

和中学生谈美/王飞旺编著.—南昌：江西教育出版社，1990.6.—168页；32开.—（中学生知识丛书/黄定元，张希仁主编）.—ISBN 7-5392-0847-3：1.40元

审美学通论/何迈主编.—合肥：安徽人民出版社，1990.9.—348页；大32开.—ISBN 7-212-00386-7：5.20元

审美经验论/彭立勋著.—武汉：长江文艺出版社，1989.12.—291页：照片；大32开.—（文艺美学书系）.—ISBN 7-5354-0336-0：4.20元

本书从多方面揭示了审美主体活动的特殊规律。

信息论、控制论、系统论与美学/涂途编著.—北京：世界知识出版社，1990.3.—250页；32开.（当代外国人文科学思潮评介丛书/沈恒炎，霍明主编）.—ISBN 7-5012-0278-8：2.50元

美/何楚熊，贺纪元著.—南宁：广西民族出版社，1990.11.—184页；36开.—（当代青年文化娱乐丛书；第一辑；10/杜云，陈远祐主编）.—ISBN 7-5363-1000-5：2.20元

美·艺术·审美：实践美学原理/杜东枝主编.—昆明：云南大学出版社，1990.7.—515页；32开.ISBN 7-81025-048-5：6.20元

美学引论/李昭新主编.—石家庄：河北人民出版社，1990.12.—346页；大32开.—ISBN 7-202-00876-9：4.90元

美学百科全书/李泽厚，汝信主编.—北京：社会科学文献出版社，1990.12.—752页；16开.—ISBN 7-80050-137-X（精装）：32.00元

美学范畴论：系统研究和历史研究尝试/（苏）舍斯塔科夫著；理然译.—长沙：湖南文艺出版社，1990.4.—415页；大32开.—（文艺新学科建设丛书）.—ISBN 7-5404-0521-X：6.00元

美学知识精华/杜寒风编.—北京：北京航空航天大学出版社，1990.11.—155页；32开.—ISBN 7-81012-218-5：2.60元

美学和文化学：记苏联著名的16位美学家/凌继尧著.—上海：上海人民出版社，1990.2.—334页；大32开.—ISBN 7-208-00653-9：6.05元

美学和未来美学：批评与展望/赵汀阳著.—北京：中国社会科学出版社，1990.7.—184页；大32开.（美学丛书/李泽厚主编）.—ISBN 7-5004-0605-3：2.70元

美学要义/张玉能著.—武汉：华中师范大学出版社，1990.11.—245页；大32开.—ISBN 7-5622-0577-9：3.60元

美学原理学习指导书/中央广播电视大学文学教研室编.—北京：中央广播电视大学出版社，1990.2.268页；32开.—ISBN 7-304-00411-8：1.55元

美学基础教程/沈超主编.—上海：同济大学出版社，1990.6.—295页；32开.—ISBN 7-5608-0562-0：4.00元

美学新学科手册/周忠厚主编.—北京：中国城市经济社会出版社，1990.2.—237页；32开.—ISBN 7-5074-0274-6：3.50元

美学新编/王向峰，洪凤桐主编.—沈阳：辽宁大学

出版社，1990.2.—310页；大32开.—ISBN 7-5610-0862-7：4.10元

崇高与美：伯克美学论文选/（英）伯克（Burke，E.）著；李善庆译.—上海：上海三联书店，1990.11.—210页；32开.—（世界贤哲名著选译·猫头鹰文库；第四辑/姚鹏主编）.—ISBN 7-5426-0358-2：2.60元

悲剧精神与民族意识/邱紫华著.—武汉：华中师范大学出版社，1990.10.—296页；大32开.—ISBN 7-5622-0596-5：4.20元

简明审美学/袁鼎生著.—桂林：广西师范大学出版社，1990.12.—318页；32开.—ISBN 7-5633-0998-5：3.80元

缪灵珠美学译文集　第三卷/缪灵珠著；章安琪编订.—北京：中国人民大学出版社，1990.6.—409页；大32开.—ISBN 7-300-00819-4：4.70元

趣味批判/（意）沃尔佩（Uclpe，G.D.）著；王柯平，田时纲译.—北京：光明日报出版社，1990.9.279页；大32开.—（美学译文丛书）.—ISBN 7-80014-516-6：4.75元

书名原文：Critique of Taste

B83-06　美学流派及其研究

艺术：认识的曙光：克罗齐《美学原理》导引/徐平著.—南京：江苏教育出版社，1990.6.—232页；32开.—（世界学术名著导引丛书；第1辑/包忠文主编）.—ISBN 7-5343-1092-X：2.40元

分析美学评析/（苏）古辛娜（Тушина，В.А.）著；李昭时译.—北京：东方出版社，1990.1.—183页；32开.—（现代思想文化译丛）.—ISBN 7-5060-0128-4：2.40元

卡冈美学教程/（苏）卡冈（Каган，М.С.）著；凌继尧等译.—北京：北京大学出版社，1990.2.—718页；大32开.—ISBN 7-301-00972-0：9.80元

书名原文：Лекции по марксистско-ленинской Эстетике

列维-斯特劳斯的美学观/（法）梅吉奥（Merquior，J.G.）著；怀宇译.—北京：中国社会科学出版社，1990.7.—136页；大32开.—（美学译文丛书/李泽厚主编）.—ISBN 7-5004-0507-3：2.70元

走向表现主义的美学/（英）卡里特（Carritt，E.F.）著；苏晓离等译.—北京：光明日报出版社，1990.9.—275页；大32开.—（美学译文丛书）.—ISBN 7-80014-518-2：4.35元

书名原文：The Theory of Beauty

怀疑论美学/（德）曼纽什（Mainusch，H.）著；古城里译.—沈阳：辽宁人民出版社，1990.7.241页；肖象；大32开.—ISBN 7-205-01397-6：5.50元

本书是作者以怀疑论为其哲学基础的一部美学专著。

现代审美哲学新探索：法兰克福学派美学述评/王才勇著.—北京：中国人民大学出版社，1990.6.259页；大32开.—（美学教学与研究丛书/马奇主编）.—ISBN 7-300-00759-7：3.40元

现代美学新维度："西方马克思主义"美学论文精选/董学文，荣伟编.—北京：北京大学出版社，1990.3.—513页；大32开.—（文艺美学丛书/文艺美学丛书编辑委员会编）.—ISBN 7-301-00176-2：6.95元

法西斯主义群众心理学/（奥）赖希（Reich，W.）著；张峰译.—重庆：重庆出版社，1990.8.359页；大32开.—（国外马克思主义和社会主义研究丛书/徐崇温主编）.—ISBN 7-5366-1378-4：5.55元

书名原文：The Mass Psychology of Fasscism

美学的方法/（日）今道友信主编；李心峰等译.北京：文化艺术出版社，1990.6.—342页；大32开.（外国文艺理论研究资料丛书/陆梅林，程代熙主编）.—ISBN 7-5039-0355-4：4.95元

接受之维/丁宁著.—天津：百花文艺出版社，1990.10.—243页；大32开.—（心理美学丛书/童庆炳主编）.—ISBN 7-5306-0612-3：3.80元

普列汉诺夫美学思想研究/楼昔勇著.—上海：上海人民出版社，1990.12.—366页；大32开.—ISBN 7-208-00959-7：6.55元

B83-09　美学史

中国美学史资料类编：文学美学卷/吴调公主编；江苏省美学学会编.—南京：江苏美术出版社，1990.6.—692页；大32开.—ISBN 7-5344-0157-7：8.60元

古代美学/（波）塔塔科维兹（Tatarkiewicz，W.）著；杨力等译.—北京：中国社会科学出版社，1990.7.—470页；大32开.—（美学译文丛书/李泽厚主编）.—ISBN 7-5004-0610-X：7.95元

东方美学/（美）芒罗（Munro，T.）著；欧建平译.—北京：中国人民大学出版社，1990.7.131页：图；32开.—（东方美学译丛/牛枝惠，张潇华主编）.—ISBN 7-300-00836-4：2.15元

书名原文：Oriental Aesthetics

西方美学史　（1）：古代美学/（波）塔塔尔凯维奇著；理然译.—南宁：广西人民出版社，1990.1.—327页；大32开.—ISBN 7-219-01408-2：4.60元

西方美学概念史/（波）塔达基维奇（Tatarkiewicz，W.）著；褚朔维译.—北京：学苑出版社，

1990.8.—479页；32开.—ISBN 7-80060-814-X：7.00元

书名原文：A history of six ideas：an essay in Aesthetice

俄罗斯美学思想史/（苏）奥夫相尼科夫（Овсянников，М.Ф.）著；张凡琪，陆齐华译.—北京：中国人民大学出版社，1990.12.—465页；32开.（东方美学译丛/牛枝惠，张潇华主编）.—ISBN 7-300-00915-8：6.20元

书名原文：История эсгеическо й мысли

碧海掣鲸录：钱钟书美学思想的历史演进/何开四著.—成都：成都出版社，1990.3.—261页；大32开.—ISBN 7-80575-024-6：3.95元

20世纪西方美学史/张法著.—北京：中国人民大学出版社，1990.3.—277页；大32开.—（美学教学与研究丛书/马奇主编）.—ISBN 7-300-00860-7：3.60元

B832 美学与社会生产

当代美学新葩：技术美学与技术艺术/张帆著.—北京：中国人民大学出版社，1990.3.—197页；大32开.—ISBN7-300-00740-6：3.20元

本书是一部研究技术时代物质生活领域造美与审美活动及如何将美引入技术领域的实用美学专著。

B834 美学与现实社会生活

人生的美学意境/张应杭等著.—杭州：浙江人民出版社，1990.9.—222页；32开.—ISBN 7-213-00560-X：2.70元

如何进入美的世界：艺术欣赏漫谈/杨铁原著.—武汉：湖北人民出版社，1990.9.—164页；32开.（如何使你成功丛书）.—ISBN 7-216-00610-0：1.95元

应用美学/俞正山，王绪朗主编.—武汉：华中师范大学出版社，1990.4.—327页；32开.—ISBN 7-5622-0506-X：3.80元

青春与美/张成淦主编.—广州：新世纪出版社，1990.3.—170页；32开.—（少男少女丛书）.—ISBN 7-5405-0436-6：2.30元

实用逗笑技巧/张源侠著.—上海：上海人民出版社，1990.3.—213页；32开.—ISBN 7-208-00758-6：2.45元

幽默·我之乐/李琼，叶小玲主编；勒劲编.—北京：学苑出版社，1990.2.—184页；32开.—（现代生活丛书）.—ISBN 7-80060-587-6：2.50元

美与爱河中的青年/王小松等编著.—北京：海洋出版社，1990.8.—263页；32开.—ISBN 7-5027-0988-6：3.90元

旅游美学/乔修业主编；王柯平等撰文.—天津：南开大学出版社，1990.4.—376页；大32开.—ISBN 7-310-00225-3：2.85元

消费美学/国世平，匡国建著.—福州：福建人民出版社，1990.6.—268页；32开.—ISBN 7-211-01145-9：3.30元

B834.2 城市美学

城市呼唤美：城市美学漫笔/沈慕文著.—北京：学苑出版社，1990.10.—175页；32开.—ISBN 7-80060-846-8：2.50元

B834.3 生活美学

女性美学/任平安，赵凤英编著.—沈阳：辽宁大学出版社，1990.9.—160页；32开.—ISBN 7-5610-1039-7：2.20元

本书介绍了女性形体美、服饰美、仪表美、心理美、个性美等内容。

生活美学指导/高晔主编.—呼和浩特：内蒙古人民出版社，1990.6.—406页；32开.—ISBN 7-204-00574-0：4.85元

男子美的艺术/《男子美的艺术》编写组编写.—南宁：广西科学技术出版社，〔1990〕.—274页；32开

你想苗条就苗条：潜意识健美法/（美）爱尔斯·伯金肖著；牛辉，祝晓阳译.—北京：中国经济出版社，1990.6.—157页；32开.—ISBN 7-5017-0678-6：2.70元

现代男士的魅力/丁国联，王有布编著.—上海：学林出版社，1990.5.—80页；24开.—ISBN 7-80510-485-9：5.50元

明天你穿什么/周以恒编著.—北京：旅游教育出版社，1990.1.—84页；32开.—（枕边丛书）.—ISBN 7-5637-0114-1：1.40元

怎样穿着才漂亮/崔宁编.—北京：中国友谊出版公司，1990.7.—222页；32开.—ISBN 7-5057-0336-6：3.80元

美哉！少男少女/王东霞编著.—北京：中国文史出版社，1990.10.—115页；32开.—（智慧之星丛书/赵恒启主编）.—ISBN 7-5034-0090-0：2.20元

本书向中学生介绍了生活中美的常识和趣闻。

家庭生活的美化/李范，张京平著.—北京：中央广播电视大学出版社，1990.12.—266页：插图；32开.—《现代家政教育讲座》教材.—ISBN 7-304-00512-2：3.75元

本书把理论美学和家庭美育结合起来，着重在一般美学原理的基础上，分析了家庭生活中审美因素，并对室内装

饰、人体锻炼、美容方法等作了具体的阐述。

魅力可添：三周创造崭新的自我风格/子叶，黄矜编著.—北京：北京体育学院出版社，1990.5.—134页；32开.—（健康万花筒丛书）.—ISBN 7-81003-263-1：2.10元

B84　心理学

干部实用心理学/向延光主编.—武汉：中国地质大学出版社，1989.12.—389页；大32开.—ISBN 7-5625-0365-6：3.80元

心理学/山东省教育学院系统《心理学》编写组编.青岛：青岛出版社，1990.3.—368页；32开.—ISBN 7-5436-0468-X：3.60元

心理学/叶奕乾主编.—北京：中央广播电视大学出版社，1990.4.—424页；大32开.—全国高等教育自学考试教材　公共课用.—ISBN 7-304-00524-6：5.80元

心理学/李蔚霞主编.—乌鲁木齐：新疆大学出版社，1990.9.—216页；32开.—教育学院公共课教材.—ISBN 7-5631-0160-8：2.50元

心理学/高峰主编.—上海：华东师范大学出版社，1990.6.—325页；大32开.—中等师范学校教材.ISBN 7-5617-0590-5：2.28元

心理学/韩永昌主编；王顺兴等编写.—上海：华东师范大学出版社，1990.2.—368页；大32开.—全国高等师范专科学校教材.—ISBN 7-5617-0489-5：2.72元

心理学/戴昭，郭长燊主编.—2版（修订本）.南京：江苏科学技术出版社，1990.5.—300页；32开.—ISBN 7-5345-0923-8：3.10元

心理学自学指要/叶奕乾，梁宁建主编.—上海：华东师范大学出版社，1990.11.—326页；大32开.高等教育自学考试参考书·高等师范院校教学参考书.—ISBN 7-5617-0546-8：3.65元

心理学自学指南/白先同，邓健主编.—桂林：广西师范大学出版社，1990.3.—375页；32开.—ISBN 7-5633-0844-X：3.70元

心理学原理与应用/朱敬苏等编著.—北京：农业出版社，1990.3.—431页；32开.—（农业教育科学丛书）.—ISBN 7-109-01546-7：6.45元

心理学原理与应用/杨瑞莉，高鸿鸣编著.—上海：华东化工学院出版社，1990.6.—295页；大32开.ISBN 7-5628-0103-7：2.30元

心理学教程/顾飞凤，徐洪范主编.—长春：吉林大学出版社，1990.11.—343页；大32开.—ISBN 7-5601-0664-3：3.60元

《心理学教程》学习辅导书/李新主编.—广州：广东高等教育出版社，1990.9.—297页；32开.—ISBN 7-5361-0508-8：3.30元

心理学综论/王方银，杜渲编著.—乌鲁木齐：新疆大学出版社，1990.4.—380页；大32开.—ISBN 7-5631-0114-4：4.50元

心理学新编/周和岭主编.—北京：东方出版社，1990.6.—346页；32开.—ISBN 7-5060-0186-1：3.90元

当代心理学手册/马文驹主编.—上海：上海科学技术出版社，1990.8.—608页；大32开.—（交叉学科手册丛书）.—ISBN 7-5323-1473-1：8.80元

朱智贤心理学文选：理论心理学、发展心理学、心理学小品集/朱智贤著.—北京：人民教育出版社，1989.12.—519页：彩照；大32开.—ISBN 7-107-10445-4：7.40元

现代心理学发展趋势/荆其诚著.—北京：人民出版社，1990.7.—525页；大32开.—ISBN 7-01-000641-5：3.80元

实验心理学/杨治良主编.—上海：华东师范大学出版社，1990.6.—569页；大32开.—ISBN 7-5617-0527-1：3.86元

高等教育自学考试心理学自学考试大纲/全国高等教育自学考试指导委员会编.—北京：中央广播电视大学出版社，1990.6.—50页；32开.—ISBN 7-304-00525-4：0.71元

普通心理学/北京师范大学等编.—2版.—西安：陕西人民教育出版社，1990.8.—584页；大32开.ISBN 7-5419-0366-3：7.00元

本书1988年2月第1版。

B84-06　心理学派别及其研究

人本主义心理学导论/（美）布勒（Buhler，C.）埃伦，（Allen，M.）著；陈宝铠译.—北京：华夏出版社，1990.7.—110页；大32开.—（二十世纪文库）.—ISBN 7-80053-579-7：3.15元

书名原文：Introduction to Humanistic Psychology

发生认识论/（瑞士）皮亚杰（Piaget，J.）著；范祖珠译.—北京：商务印书馆，1990.12.—62页；32开.—ISBN 7-100-00810-7：1.05元

书名原文：Genitic Epiatemology

本书共收4篇讲稿，作者针对当时的反对意见，特别是逻辑实证论的观点而发，强调了心理学对认识论研究的重要性，详尽地讲述了思想结构之基本动作协调发展过程以及如何发展为操作和运算，发展为认识能力的各级结构等问题。

论皮亚杰的心理逻辑学/李其维著.—上海：师华东范大学出版社，1990.5.—241页；大32开.—ISBN 7-5617-0490-9：3.70元

现代西方心理学十大学派/黄珉珉主编.—合肥：安徽人民出版社，1990.10.—257页；32开.—ISBN 7-

212-00452-9：3.70元

现代技术培训心理学：心理模拟教学·原理·方法/时勘著.—昆明：云南教育出版社；成都：四川教育出版社，1990.3.—397页；大32开.—(应用教育科学书系/张燮，王伟廉主编).—ISBN 7-5415-0296-0：5.75元

健康人格：人本主义心理学观/(美)乔拉德(Jourard，S.M.)，兰兹曼(Landsman，T.)著；刘劲等译.—北京：华夏出版社，1990.8.—372页；大32开.—(二十世纪文库).—ISBN 7-80053-582-7：6.95元

书名原文：Healthy Personality：An Approach from the Viewpoint of Humanistic Psychology

爱/杨峻编著.—南宁：广西民族出版社，1990.11.—208页；36开.—(当代青年文化娱乐丛书；第一辑；9/杜云，陈运祐主编).—ISBN 7-5363-1006-4：2.50元

B84-09　心理学史

中国心理学史研究/杨鑫辉著.—南昌：江西高校出版社，1990.10.—238页；大32开.—ISBN7-81003-034-9：4.20元

中国心理学史资料选编　第二卷/燕国材主编；许其端等编选.—北京：人民教育出版社，1990.1.77页；大32开.—ISBN 7-107-07076-2：3.80元

本卷编选了汉至唐时期重要思想家和重要著作关于心理学思想的言论，由18篇材料组成。

中国古代心理美学六论/陶东风著.—天津：百花文艺出版社，1990.9.—221页；大32开.—(心理美学丛书/童庆炳主编).—ISBN 7-5306-0567-4：3.55元

心理学史：心理学思想的主要趋势/(美)黎黑(Leahey，T.H.)著；刘恩久等译.—上海：上海译文出版社，1990.8.—515页；大32开.—大学参考用书.—ISBN 7-5327-0794-6：7.55元

书名原文：A history of phycho logy

本书包括心理学的历史背景、开创的心理学和现代心理学3编，详细介绍了近、现代的心理学流派，讨论了科学哲学与心理学的关系等。

西方心理学史简编/沈德灿等编著.—北京：光明日报出版社，1990.3.—317页；32开.—ISBN 7-80014-712-6：4.00元

B84-49　心理学通俗读物

东方处世韬略：现代人心理实战700题/战立克主编.—北京：农村读物出版社，1990.2.—1207页；32开.—ISBN　7-5048-0985-3：17.00元

东方处世韬略：现代人心理实战700题：走向卓越/战立克主编.—北京：农村读物出版社，1990.4.279页；32开.—ISBN 7-5048-1134-3：3.85元

书脊题名为：走向卓越

东方处世韬略：现代人心理实战700题：点石成金/战立克主编.—北京：农村读物出版社，1990.4.188页；32开.—ISBN 7-5048-1130-0：2.80元

书脊题名为：点石成金

东方处世韬略：现代人心理实战700题：洞悉人伦/战立克主编.—北京：农村读物出版社，1990.4.179页；32开.—ISBN 7-5048-1131-9：2.60元

书脊题为名：洞悉人伦

东方处世韬略：现代人心理实战700题：砥砺人生/战立克主编.—北京：农村读物出版社，1990.4.255页；32开.—ISBN 7-5048-1133-5：3.60元

书脊题名为：砥砺人生

东方处世韬略：现代人心理实战700题：畅游情海/战立克主编.—北京：农村读物出版社，1990.4.294页；32开.—ISBN 7-5048-1132-7：4.00元

书脊题名为：畅游情海

生活中的心理学/李镜流，李树珍著.—北京：中国青年出版社，1990.8.—248页；32开.—(青年文库：新编本；13).—ISBN 7-5006-0734-2

本书从心理学的角度回答了生活中遇到的各种问题。

成语典故中的心理学/张锦萌主编.—郑州：河南教育出版社，1990.8.—322页；32开.—ISBN 7-5347-0540-1：3.25元

百条成语心理趣谈/王广才主编.—西宁：青海人民出版社，1990.8.—317页；大32开.—ISBN 7-225-00393-3：4.00元

趣味心理　第二集/杨楚民编著.—广州：广东科技出版社，1990.2.—216页；32开.—ISBN 7-5359-0376-2：2.60元

趣味心理大全/阮承发，许智权主编.—兰州：甘肃人民出版社，1990.2.—704页；32开.—ISBN 7-226-00492-5：7.55元

B841　心理学研究方法

心理现象基本实验与测量/沈庆华编著.—兰州：甘肃教育出版社，1990.1.—191页；32开.—ISBN 7-542-0132-2：2.00元

心理学研究方法/王重鸣著.—北京：人民教育出版社，1990.2.—319页；大32开.—ISBN 7-107-07081-9：2.80元

本书内容分为：绪论、研究的设计和评价、测量理论和方法、研究数据的分析和结果的报告4篇。

心理测试集锦/刘苇编著.—南宁：广西民族出版社，1990.10.—248页；32开.—ISBN 7-5363-1030-

7：2.80元

心理咨询/（美）麦克尔·E.卡万纳格著；黎明等译.—哈尔滨：黑龙江教育出版社，1990.10.—495页；32开.—ISBN 7-5316-1045-0：5.35元

心理调节术/未艾编著.—延吉：延边大学出版社，1990.10.—215页；32开.—ISBN 7-5634-0240-3：3.00元

自我测试700题/齐丽编著.—长春：长春出版社，1990.9.—280页；32开.—ISBN 7-80573-318-X：3.50元

项目反映理论：在心理测量中的应用/（美）赫林（Hulin，C.L.）等著；华东师范大学教育咨询中心译.—武汉：湖北教育出版社，1990.1.—344页；32开.—ISBN 7-5351-0440-1：5.10元

书名原文：Item Response Theory：Application to Psychological Measurement

颜色心理测验：让颜色揭示你的内心秘密/（瑞士）马克斯·吕西尔原著；（英）伊恩·斯科特编译；徐康，武水英译.—武汉：湖北人民出版社，1990.12.—195页；32开.—ISBN 7-216-00672-0：2.40元

B842 心理过程与心理状态

认知心理学/彭聃龄等著.—哈尔滨：黑龙江教育出版社，1990.1.—423页；大32开.—（现代教育科学丛书/滕纯主编）.—ISBN 7-5316-0900-2：5.80元

认知心理学/（美）索尔索（Solso，R.L.）著；黄希庭等译.—北京：教育科学出版社，1990.6.475页；大32开.—ISBN 7-5041-0315-2：7.70元

书名原文：Cognitive Psychology

认知心理学与人格教育/方俊明著.—西安：陕西师范大学出版社，1990.6.—420页；大32开.—ISBN 7-5613-0319-X：3.00元

本书阐述了人的生存系统、心理结构、心理的信息本质和调节控制个体活动的机能，评介了近10年来在西方盛行的认知心理学的理论模式和实验材料。

认知科学和计算机/史忠植，余志华编著.—北京：科学普及出版社，1990.3.—387页；大32开.—ISBN 7-110-01231-X：8.50元

本书介绍了认知科学的概念和方法，探讨了人类智能和机器智能的性质和规律。

映象心理学：心理反映的能动性问题/（苏）C.Д.斯米尔诺夫著；周新，张耳译.—北京：中国人民大学出版社，1990.7.—307页；大32开.—（外国文艺理论研究资料丛书/陆梅林，程代熙主编）.—ISBN 7-300-00700-7：4.30元

洞察人心的魔方/箫笙编译.—北京：国际文化出版公司，1990.7.—140页；32开.—ISBN 7-80049-550-7：1.95元

B842.3 学习与记忆

大脑与思维/刘觐龙，韩湘文著.—福州：福建教育出版社，1990.7.—142页；36开.—（思维科学丛书/田运主编）.—ISBN 7-5334-0682-6：1.60元

本书详细介绍了大脑的进化及解剖生理特点、脑是怎样进行学习和记忆的、大脑的语言机能、大脑两半球的分工和合作、奇妙的大脑前额叶以及大脑机能发展的先天和后天。

开发你的记忆潜能/（美）布拉德·乔伊斯著；跃进，新刚译.—北京：中国工人出版社，1990.2.178页；32开.—（朋友译丛）.—ISBN 7-5008-0528-4：2.45元

本书原名《成功记忆的十天》，作者在书中设计了十天的学习内容，认为只要读书认真学习，十天就可获得超常的记忆力。

用脑之术/（日）铃木健二著；赵修建译.—北京：中国工人出版社，1990.9.—172页；32开.—（星星丛书）.—ISBN 7-5008-0601-9：2.40元

记忆新法/（美）托尼·布赞编著；杨砾，晓地编译.—北京：北京经济学院出版社，1990.3.—132页：插图；32开.—ISBN 7-5638-0191-X：1.95元

本书综合了经作者多年研究实验被证明行之有效的记忆术，提出了一整套使普通人能够大大加强记忆本领，甚至做到过目不忘的方法、技巧和练习。

使大脑敏捷的速读法/（日）佐藤泰正著；王洪泰编译.—北京：三联书店，1990.4.—289页；32开.（大众文库）.—ISBN 7-108-00250-7：4.15元

实用记忆方法手册/周范林编著.—北京：兵器工业出版社，1990.11.—233页；32开.—ISBN 7-80038-242-7：3.70元

速成记忆术/张国忠编著.—延吉：延边大学出版社，1990.10.—267页；32开.—ISBN 7-5634-0245-4：4.20元

B842.5 言语与思维

环境、交往与思维/林学滴著.—福州：福建教育出版社，1990.6.—166页；32开.—（思维科学丛书/田运主编）.—ISBN 7-5334-0563-3：1.80元

本书介绍了思维的环境机理、思维与环境的相互关系与相互作用、交往对思维的影响等问题。

知识与思维/黄浩森，张昌义著.—福州：福建教育出版社，1990.6.—145页；36开.—（思维科学丛书/田运主编）.—ISBN 7-5334-0566-8：1.65元

本书重点讲述知识与思维的关系，具体地论述了抽象思维、形象思维、灵感思维在获取新知识中的作用，同时还介绍了创造思维与知识的关系，以及优化知识结构和训练思维等问题。

帮你提高思维能力/邓进深著.—长春：吉林教育出社版，1990.11.—288页；32开.—（走向21世纪中

学生丛书）.—ISBN 7-5383-1155-6：4.35元

信息与思维/田运著.—福州：福建教育出版社，1990.6.—163页；36开.—（思维科学丛书/田运主编）.—ISBN 7-5334-0571-4：1.80元

本书着重探讨思维机理。

突破思维的障碍/（美）亚当斯（Adams，J.L.）著；陈新等译.—北京：中国社会科学出版社，1990.3.—202页；32开.—ISBN 7-5004-0692-4：3.00元

书名原文：Conceptual Blockbusting

语言与思维/王维镛著.—福州：福建教育出版社，1990.7.—186页；36开.—（思维科学丛书/田运主编）.—ISBN 7-5334-0604-4：1.95元

本书分两部分：第1部分介绍从古希腊到当代，国内外具有代表性的人物对思维与语言关系的不同看法；第2部分探讨思维和语言的起源、历史演变及其发展，并阐述两者间的关系和影响。

语言与思维关系新探/伍铁平编.—2版（增订本）.—上海：上海教育出版社，1990.5.—144页；32开.—ISBN 7-5320-1666-8：1.30元

本书1986年7月第1版。

透视生活的艺术：从现实生活看思维方式/黄新原编著.—北京：航空工业出版社，1990.6.—138页；32开.—ISBN 7-80046-259-5：2.20元

新思维的艺术/钟法著.—南昌：江西人民出版社，1990.2.—251页；32开.—（现代青年生活丛书）.—ISBN 7-210-00693-1：3.20元

B842.6　情绪与情感

生活在快乐中：应考、婚恋、事业成功与情绪控制/吴中任著.—南宁：广西民族出版社，1990.10.—192页；32开.—ISBN 7-5363-0932-5：2.50元

本书是本介绍情绪控制的方法及自我疗法的实用性心理学读物。

自我暗示/（日）多湖辉著；澄子译.—北京：中国卓越出版公司，1990.5.—142页：图；32开.—ISBN 7-80071-226-5：2.45元

本书介绍了利用语言、环境、动作、顺序、态度、意识转换等进行自我暗示的方法。

走出抑郁/（英）特罗茜·罗尔著；蔡云梦等译.—北京：中国工人出版社，1990.12.—248页；32开.—ISBN 7-5008-0690-6：3.40元

本书从心理学角度，生动地阐述了抑郁症的危害、表现形式、产生的原因及治疗的方法。

快乐之谜/田小戈著.—天津：天津人民出版社，1990.3.—163页；32开.—（心理之谜丛书/黄京尧主编）.—ISBN 7-201-00401-8：2.45元

委屈与烦恼/（日）加藤谛三著；房纯刚，陈育新译.—上海：上海人民出版社，1990.2.—180页；32开.—（青年译丛）.—ISBN 7-208-00768-3：2.20元

本书着重分析了敏感型性格的人的心理、特征和行为模式，透彻地剖析了这类人性格形成的背景，并针对他们的致命弱点，提出了一系列从委屈烦恼中解脱出来的生活秘诀。

欣赏表情论/刘法民著.—南昌：江西高校出版社，1990.12.—191页；32开.—ISBN 7-81033-046-2：2.85元

幽默术/元大非等编著.—延吉：延边大学出版社，1990.5.—205页；32开.—ISBN 7-5634-0222-5：2.90元

怎样解除焦虑与烦恼：心理咨询手册/（美）卡拉斯（karas，C.C.）著；侯胜田译.—北京：科学技术文献出版社，1990.1.—104页；32开.—ISBN 7-5023-0938-1：1.90元

书名原文：The Thought a Week Guides

笑与解放：幽默心理分析/（美）闵德斯（Mindess，H.）著；王玮等译.—北京：科学技术文献出版社，1990.6.—180页：图；32开.—（乐在其中系列书）.—ISBN 7-5023-1204-8：2.95元

书名原文：Laughter and Liberation：Devetoping your Sense of Humor

本书包罗了形形色色的幽默，并以其诙谐自如的语言，分析了笑与幽默感的产生、发展和培养过程。

消除紧张心理的秘诀：通向宁静灵智的境界/（美）尤金·华克著；陈建仁译.—厦门：鹭江出版社，1990.5.—170页；32开.—ISBN 7-80533-206-1：2.20元

解除内心压力的秘诀：消除压力，享受愉悦/林美羽编著.—厦门：鹭江出版社，1990.5.—180页；32开.—（大众生活丛书）.—ISBN 7-80533-207-X：2.40元

B844　发展心理学

人生心理发展与培育/杨健身主编.—哈尔滨：黑龙江科学技术出版社，1990.5.—139页；32开.—ISBN 7-5388-1177-X：1.95元

人生心理指导大全：你的过去、现在与将来/高鸿鸣，刘金华主编.—上海：上海文艺出版社，1990.6.—704页；大32开.—ISBN 7-5321-0439-3：8.95元

中国儿童青少年心理发展与教育/朱智贤主编.—北京：中国卓越出版公司，1990.3.—618页；16开.—ISBN 7-80071-074-2：15.50元

心理发展的近期研究/刘范主编.—北京：北京师范学院出版社，1990.7.—342页；大32开.—ISBN 7-81014-360-3：7.00元

发展心理专题讲演集/中国心理学会发展心理专业委员会编译.—北京：北京师范学院出版社，1990.12.—136页；大32开.—ISBN 7-81014-475-8；

2.00元

B844.1　儿童心理学

儿童认知发展的跨文化研究/卢濬等著.—昆明：云南教育出版社，1990.2.—263页；大32开.—ISBN 7-5415-0328-2：3.05元

本书从信息加工的观点研究儿童认知的发展。

儿童心理与教育/王生竹，郑成贵著.—南宁：广西教育出版社，1990.5.—169页；32开.—(青少年心理教育丛书).—ISBN 7-5435-0816-8：1.75元

儿童心理卫生/高志方著.—上海：上海科学技术出版社，1990.1.—133页；32开.—(幼儿教育系列读物).—ISBN 7-5323-1722-6：1.45元

儿童心理会诊：为上一代分忧，为下一代解愁/关欣著.—厦门：鹭江出版社，1990.5.—213页；32开.—(大众生活丛书).—ISBN 7-80533-199-5：2.70元

儿童发展和个性/(美)墨森(Mussen，P.H.)等著；缪小春等译.—上海：上海教育出版社，1990.10.—592页；大32开.—ISBN 7-5320-1860-1：7.00元

书名原文：Child Development and Personality

儿童自我意识的测试/朱家雄，陆建身编.—上海：上海科技教育出版社，1990.3.—71页；32开.(了解你的孩子).—ISBN 7-5428-0345-X：0.85元

儿童科学思维方法的培养/(日)波多野完治，滝沢武久著；塞苏军译.—北京：科学技术文献出版社，1990.12.—132页；32开.—ISBN 7-5023-1312-5：2.65元

儿童智力的起源/(瑞士)皮亚杰(Piaget，J.)著；高如峰，陈丽霞译.—北京：教育科学出版社，1990.7.—478页；32开.—ISBN 7-5041-0276-8：6.00元

少年儿童心理卫生咨询手册/陶国泰等主编.—南昌：21世纪出版社，1990.10.—318页；32开.—ISBN 7-5391-0315-9：3.15元

学龄前儿童的心理发展/(苏)季亚琴科(Дьяченко，О.М.)，拉夫连季耶娃(Лаврентьева，Т.В.)著；曲人家等译.—北京：文化艺术出版社，1990.2.—178页；32开.—(做父母的艺术丛书).—ISBN 7-5039-0441-0：2.20元

书名原文：Психическое развитие Дошкольников

难忘的儿童智能追踪研究/茅于燕著.—长春：北方妇女儿童出版社，1990.7.—227页；32开.—ISBN 7-5385-0630-6：3.00元

游戏治疗/(美)V.M.阿克斯莱因著；方观容，廖高励译.—南京：江苏教育出版社，1990.1.—343页；32开.—ISBN 7-5343-0772-4：3.00元

新生儿奇妙的行为/鲍秀兰等编著.—北京：人民卫生出版社，1990.7.—64页；32开.—ISBN 7-117-01323-0：1.25元

意识的把握：年幼儿童的动作和概念/(瑞士)皮亚杰(Piaget，J.)著；陆有铨，李松梅译.—济南：山东教育出版社，1990.4.—395页；32开.—ISBN 7-5328-0897-1：4.40元

敞开记忆之窗：谈谈儿童记忆力的训练与培养/张晨著.—合肥：安徽科学技术出版社，1990.1.—81页；32开.—(家庭育儿顾问；第一辑).—ISBN 7-5337-0452-6：1.15元

B844.2　青少年心理学

女中学生心理/(日)加藤隆胜编；李连鹏译.—太原：山西教育出版社，1990.8.—93页；32开.—(学生心理丛书).—ISBN 7-80578-184-2：1.30元

少男少女的情绪世界/(美)凯思琳·伦敦，(美)弗兰克·卡帕鲁罗著；丁煌译.—北京：中国妇女出版社，1990.5.—212页；32开.—(三三丛书).—ISBN 7-80016-072-6：2.25元

中小学生怎样开发创造智慧/刘文明著.—北京：新华出版社，1990.12.—291页；32开.—ISBN 7-5011-0840-4：4.00元

中学生心理咨询/闵乐夫编.—北京：中国人民大学出版社，1990.1.—118页；32开.—(中学生人生之路丛书).—ISBN 7-300-00795-3：1.75元

中学生心理新世界/程甫，陈传锋编著.—广州：广东高等教育出版社，1990.1.—196页；32开.—ISBN 7-5361-0459-6：3.20元

中学生心理漫话/赵恒启等编著.—北京：中国文史出版社，1990.10.—139页；32开.—(智慧之星丛书/赵恒星主编).—ISBN 7-5034-0077-3：2.70元

出走的少女：青少年心理断乳期探索/张飙著.—北京：中国少年儿童出版社，1990.1.—156页；32开.(当代中学生心态实录丛书/何志云，庄之明主编).ISBN 7-5007-0770-3：2.15元

迈入青春的第一步：与父母谈青少年的身心健康问题/(苏)彼·维·彼特卢涅克，列·尼·塔兰著；思静，一平译.—昆明：云南人民出版社，1990.8.152页；32开.—ISBN 7-222-00457-2：1.75元

成功在于选择：当代职业高中生心态录/孙云晓著.—北京：中国少年儿童出版社，1990.1.—137页；32开.—(当代中学生心态实录丛书/何志云，庄之明主编).—ISBN 7-5007-0769-X：1.90元

当代少年心理学/(苏)费尔德施坦(Фельдштейн，Д.И.)主编；巽芷译.—北京：教育科学

出版社，1990.2.—231页；32开.—ISBN 7-5041-0182-6：3.00元

当代青年心理学/蔡超著.—南昌：江西人民出版社，〔1990〕.—212页；32开.—ISBN 7-210-00781-4：2.40元

多梦年华：当代青年心理探幽/（日）武田彻等编；王国栋译.—北京：知识出版社，1990.7.—262页；32开.—ISBN 7-5015-0313-3：3.50元

本书内容包括：青年期的意义、青年期发育过程、青年的价值观和人生观、青年与人际关系、青年与社会等7个部分。

告别自卑/（美）多布森（Dobson，J.）著；刘宁荣译.—北京：中国广播电视出版社，1990.12.196页；32开.—ISBN 7-5043-0596-0：3.05元

书名原文：Hide or Seek

这是一本探讨如何对青少年儿童进行心理性格培养教育的著作。作者分析了当前社会上存在的不正确的人材价值观，有针对性地提出了帮助青少年儿童克服自卑、树立自尊心的12种策略。

告别梦境/楼志豪著.—北京：中国少年儿童出版社，1990.1.—118页；32开.—（当代中学生心态实录丛书/何志云，庄之明主编）.—ISBN 7-5007-0771-1：1.75元

青少年儿童身心健康成长之路/朱来潮等编著.—北京：北京体育学院出版社，1990.4.—378页；大32开.—ISBN 7-81000-394-8：4.70元

青少年心理/吴凤岗编著.—北京：科学出版社，1990.9.—262页；32开.—（现代心理学普及丛书/潘菽主编）.—ISBN 7-03-001828-1：4.35元

青少年潜能的开发/（美）布鲁姆（Bloom，B.S.）主编；方展画等译；厦门大学高等教育科学研究所编.—昆明：云南教育出版社等，1990.5.604页；32开.—（当代教育译丛/潘懋元，张燮主编）.—ISBN 7-5415-0177-8：6.55元

书名原文：Developing Talont in Young People

青年心理咨询手册/杨伟宗主编.—上海：上海科学技术出版社，1990.5—216页；32开.—ISBN 7-5323-2176-2：2.30元

青春论/（日）右远俊郎著；张龙妹译.—北京：中国工人出版社，1990.6.—203页；32开.—ISBN 7-5008-0599-3：3.25元

青春论：青春期的特性/（加）米切尔（Mitchell，J.J.）著；张进辅译.—南宁：广西人民出版社，1990 11—281页；32开.—ISBN 7-219-01722-7：3.60元

青春期的烦恼/（日）诧摩武俊等著；所凯等译.长春：北方妇女儿童出版社，1990.6.—145页；32开.—ISBN 7-5385-0320-X：2.00元

B844.4 老年人心理学

老年心理和生理卫生/王化远等著.—成都：四川科学技术出版社，1990.1.—136页；32开.—（老年生活丛书）.—ISBN 7-5364-1570-2：2.15元

老年心理学/李国榕，苏富忠著.—长春：吉林教育出版社，1990.5.—165页；32开.—（应用心理学丛书/车文博主编）.—ISBN 7-5383-1037-1：2.70元

延缓衰老的奥秘：老年心理学漫谈/姜德珍等著.北京：中国经济出版社，1990.7.—255页；32开.中央电视台电视讲座教材.—ISBN 7-5017-0729-4：3.85元

B844.5 妇女心理学

女人的心理与健康/刘道时编著.—天津：天津科学技术出版社，1990.6.—193页；32开—ISBN 7-5308-0675-0：2.60元

本书以讲座的方式论述了妇女怎样保持健康、怎样调适不良情绪、怎样对待逆境中的心理活动和自身心理健康，并从不同气质性格女性的行为特点，讲述了她们的工作、学习、家庭和爱情生活。

女性心理学/李美格，陈平俊著.—北京：知识出版社，1990.10.—308页；32开.—（现代心理学丛书/张人骏主编）.—ISBN 7-5015-0453-9：4.60元

女性秘谈/宁阳主编.—北京：中国医药科技出版社，1990.11.—249页；32开.—ISBN 7-5067-0273-8：3.95元

青春期女性的心理困扰与心理调节/陈沛霖，陈立华编著.—南昌：江西教育出版社，1990.4.—196页；32开.—ISBN 7-5392-0827-9：1.75元

B845 生理心理学

冯小青性心理变态揭秘/潘光旦著；祯祥，柏石诠注.—北京：文化艺术出版社，1990.2.—164页；大32开.—ISBN 7-5039-0360-0：3.05元

冯小青是明末一不幸女子，她因遭遇不幸，形单影只，把影子作为自己的恋爱对象。本书据冯小青遗作和有关冯小青的文学描写，对这一“影恋”现象进行了心理分析。本书1927年由新月书店出版，本版增“参考资料”，收“潘光旦传略”和有关冯小青的文学资料。

如何“暗示”自己/（日）多湖辉著；郭连友等译.南宁：广西民族出版社，1990.8.—163页；32开.ISBN7-5363-0809-4：2.20元

灵与肉的默契/张曦明，许其潮编译.—广州：广东人民出版社，1990.6.—248页；32开.—ISBN 7-218-00438-5：2.70元

性角色心理学/（英）哈格里夫斯（Hargreaves，D.J.），柯莱（Colley，A.M.）编著；赖辉亮等译.—福州：福建人民出版社，1990.1.—280页；

32开.—ISBN 7-211-00977-2：2.40元

梦之谜探索/周冠生编著.—北京：科学出版社，1990.5.—291页；32开.—ISBN 7-03-001717-X：5.50元

本书论述了梦的实质和研究梦的意义，以及梦科学的历史，介绍并评价了著名学者弗洛伊德、荣格、弗罗姆等关于梦的理论和实例。

精神柔软体操/（美）斯蒂文·威斯特著；李志平译.—上海：同济大学出版社，1990.3.—186页；32开.—（自我完善丛书/黄国新，李志平主编）.ISBN 7-5608-0457-8：3.10元

B846　变态心理学

人对抗自己：自杀心理研究/（美）门林格尔（Menninger，K.）著；冯川译.—贵阳：贵州人民出版社，1990.1.—403页；大32开.—（现代社会与人名著译丛/陈维正主编）.—ISBN 7-221-01223-7：4.60元

书名原文：Man Against Himself

死亡与垂死/（　）威克科克斯（Wilcox，S.G.），（　）苏顿（Sutton，M.）著.—北京：光明日报出版社，1990.10.—335页；大32开.—（国际文化思潮丛书/范进主编）.—ISBN 7-80014-791-6：5.45元

自我控制及其临床应用/阎克乐编著.—北京：科学出版社，1990.8.—136页；32开.—ISBN 7-03-001788-9：3.90元

我们内心的冲突/（美）霍妮（Horney，K.）著；王作虹译.—贵阳：贵州人民出版社，1990.1.162页；大32开.—（现代社会与人名著译丛/陈维正主编）.—ISBN 7-221-01225-3：2.30元

书名原文：Our inner conflicts

本书是本关于精神分析的书。作者认为，人的内心冲突发自于困扰人的内心的相互矛盾的神经症倾向，这些倾向的产生不仅可归因于偶然的个体经验，更主要应归咎于我们生活于其中的特定的文化环境。

灵肉探微神秘的东方身心观/（日）汤浅泰雄著；马超等编译.—北京：中国友谊出版公司，1990.4.—202页；32开.—（人体特异功能译丛/张震寰主编）.—ISBN 7-5057-0245-9：3.00元

什么是肉身？什么是灵魂？两者之间到底是什么关系？本书从东方传统哲学、宗教和文化角度探索了这神秘的课题。

B848　个性心理学、人格心理学

人的魅力/张晓光等编.—长春：吉林文史出版社，1990.5—143页；36开.—（现代家庭小书架）.ISBN 7-80528-227-7：2.00元

人格心理学/叶奕乾编著.—西宁：青海人民出版社，1990.3.—334页；大32开.—（西部教育文库）.—ISBN 7-225-00338-0：5.00元

心理自我调节：做你想做的人/（美）杰里·格林伍德著；刘建军等译.—上海：同济大学出版社，〔1990〕.—284页；32开.—（自我完善丛书/黄国新，李志平主编）.—ISBN 7-5608-0404-7：2.70元

本书列举了当代社会中人们在家庭、学校、机关、企业等社会环境中所产生的形形色色的心理病，并运用当代哲学、心理学、社会学等学科的理论知识进行科学的分析。

自我暗示学：走出阴暗的低谷/（日）多湖秋著；刘秋岳译.—厦门：鹭江出版社，1990.6.—155页；32开.（大众生活丛书）.—ISBN 7-80533-224-X：2.10元

本书介绍了利用语言、环境、动作、顺序、态度、对方观点和意识转换的自我暗示方法。

形体、性格与职业选择/（法）巴尔肯原著；石仁编译.—北京：科学普及出版社，1990.6.—250页；32开.—ISBN 7-110-01663-3：3.30元

本书包括人类形体观察秘法、个性分析应用和成功之路3篇。

妙手回春：日常心理障碍的自我排除/（美）史考托·佩克著；孙玉明，辰辰译.—北京：中国城市经济社会出版社，1990.5.—252页；32开.—（人生哲理丛书；第二辑）.—ISBN 7-5074-0331-9：3.25元

哲学——个性及其形成/郭外郭著.—西安：陕西人民出版社，1990.2.—281页；大32开.—ISBN 7-224-01075-8（精装）：6.00元

常见不良心理调控/季强，邓小民著.—西安：陕西人民出版社，1990.4.—202页；32开.—ISBN 7-224-01319-6：2.95元

暗示术/朴吉春编著.—延吉：延边大学出版社，1990.5.—176页；32开.—ISBN 7-5634-0212-8：2.50元

魅力之谜/宇文秋野著.—天津：天津人民出版社，1990.2.—143页；32开.—（心理之谜丛书/黄京尧主编）.—ISBN 7-201-00402-6：2.20元

B848.2　能力与才能（技能）

个性与成才/沈洪著.—天津：新蕾出版社，1990.6.—133页；32开.—（非智力因素与成才丛书/沈德立主编）.—ISBN 7-5307-0501-6：1.60元

他们何以出类拔萃/（美）小盖洛普（Gallup，G.Jr.）等著；魏钧译.—北京：北京大学出版社，1990.2.—223页；32开.—ISBN 7-301-00119-3：2.80元

书名原文：The Great American Suceesstory

本书展示了美国一些出类拔萃的人是如何获得成功的。

当代成功智慧录/汪仲华，汪耀华编著.—上海：上海人民出版社，1990.8.—215页；32开.—ISBN 7-208-00891-4：2.45元

如何活用你的能力：助你涉入如沐春风的人生境界/卓凡编著.—厦门：鹭江出版社，1990.6.—146页；32开.—（开拓者丛书）.—ISBN 7-80533-310-6：2.00元

本书以实例说明如何开阔心灵视野，了解自己，发掘潜在能力和优势。

如何培养分析能力：使你更聪明、更成熟、更有自信/孙英陆编著.—厦门：鹭江出版社，1990.3.160页；32开.—（开拓者丛书）.—ISBN 7-80533-288-6：2.10元

本书运用实例，条分缕析分析力的本质及其重要性，介绍各种分析方法。

如何培养创造力/精英，财鑫编译.—厦门：鹭江出版社，1990.6.—179页；32开.—（创业灵方丛书）.—ISBN 7-80533-218-5：2.40元

本书引用了许多实例，介绍磨练创造力的要诀，追求新构想的方法，以及很多实用创造力的要领。

如何激发潜能/精英，财鑫编译.—厦门：鹭江出版社，1990.6.—164页；32开.—（创业灵方丛书）.ISBN 7-80533-217-7：2.30元

本书引导人们如何了解自己的能力，掌握发挥潜在能力的技巧。

卓越的人生艺术/（苏）B.别克里斯著；刘须钦，尤艳琴译.—天津：天津人民出版社，1990.4.—328页；32开.—ISBN 7-201-00436-0：3.80元

缺欠论：成功者的新思维/文显堂著.—太原：书海出版社，1990.10.—175页：图；32开.—ISBN 7-80550-069-X：2.85元

B848.4　信念、意志、行为

人生的危机/（美）布洛尼克（Blotnick，S，Dr）著；黄静洁，顾虹译.—上海：上海翻译出版公司，1990.10.—258页；32开.—（海浪丛书）.ISBN 7-80514-590-3：3.95元

书名原文：The Corporate Steepiechasepredictable crisis in a Bussiness Career

失败未必不英雄/（　）海厄特等著；章汉孙译.北京：三联书店，1990.3.—215页；32开.—（大众文库）.—ISBN 7-108-00253-1：3.10元

处世奇术：四十岁前成功/（美）达姆洛斯著；张澄编译.—北京：中国友谊出版公司，1990.3.—192页；32开.—ISBN 7-5057-0269-6：2.70元

本书包括3章：如何支配自己的命运、计划生育朝向成功和如何推销自己。

乐在工作/（美）魏特利（Waitley，D.），薇特（Witt，R.L.）著；尹萍译.—北京：三联书店，1990.5.—206页；32开.—（大众文库）.—ISBN 7-108-00109-8：4.20元

书名原文：The Joy of Working

动机与成才/王惠，翁宇清著.—天津：新蕾出版社，1990.6.—125页；32开.—（非智力因素与成才丛书/沈德立主编）.—ISBN 7-5307-0500-8：1.50元

动机心理学/（美）霍斯顿（Houston，J.P.）著；孟继群，侯积良等译.—沈阳：辽宁人民出版社，1990.11.—321页；32开.—ISBN 7-205-01618-5：4.90元

书名原文：Motivation

成功的100法则/（日）青柳宏著；李文庚译.—北京：国际文化出版公司，1990.9.—167页；32开.（实用心理学丛书）.—ISBN 7-80049-537-6：2.40元

成功宝典/林国灿，江万秀主编.—北京：北京工业大学出版社，1990.7.—314页；32开.—ISBN 7-5639-0066-7：3.95元

本书收集了使人成功的思想、哲理、语言、行为准则、具体的技巧、方法等。

当机立断致胜术/（美）赫伯特·芬斯特海姆著；刘文荣，今夫译.—南宁：广西民族出版社，1990.3.—218页；32开.—ISBN 7-5363-0678-4：2.40元

自信心是如何培养的/（日）水井正明著；王玉荣，张松林译.—北京：地震出版社，1990.11.—79页；32开.—ISBN 7-5028-0382-3：1.20元

本书介绍了培养自信心的方法，产生自信心的主客观条件以及战胜各种不安心理的事例。

自信的技巧：自信心理训练/（美）曼纽尔·史密斯著；吕明，王悦译.—上海：同济大学出版社，1990.6.—246页；32开.—（自我完善丛书/黄国新，李志平主编）.—ISBN 7-5608-0405-5：2.40元

本书是一部实用的心理调节技术著作。作者通过咨询、对话形式，阐述了自信在人类行为过程，特别是社会行为过程中的作用和地位。

兴趣与成才/高玉祥等著.—天津：新蕾出版社，1990.6.—133页；32开.—（非智力因素与成才丛书/沈德立主编）.—ISBN 7-5307-0539-3：1.60元

如何在40岁以前成功：助你迈进成功之门/戴路著.—厦门：鹭江出版社，1990.6.—182页；32开.（开拓者丛书）.—ISBN 7-80533-360-1：2.30元

如何提高自信心/（美）布兰登（Branden，N.）著；王志强，马新琳译.—北京：中国对外翻译出版公司，1990.6.—161页；32开.—ISBN 7-5001-0121-X：1.95元

书名原文：How to Raise Your Self-esteem

走出误区：祝你成才/奚椿年，黄铭华编著.—福州：福建人民出版社，1990.2.—176页；32开. ISBN 7-211-01089-4：1.90元

走出惰性/张殿国著.—上海：上海人民出版社，1990.7.—186页；照片；32开.—ISBN 7-208-00843-4：2.25元

劲在工作：热情工作九步骤/（美）安德逊著；洪秀芳译.—北京：三联书店，1990.5.—222页；32开.—（大众文库）.—ISBN 7-108-00310-4：4.50元

本书作者提出九个激发工作热情的秘诀，从彻底认识自己、充分发挥潜能，到制定目标、自我推荐、征询访谈等具体步骤，都有具体的指点，且辅之各类真人真事为借镜，教以善用每个契机，通权达变，一步步将成功的意念变为现实。

现代人成功术：潜能开发200题/李光伟著.—兰州：甘肃人民出版社，1990.6.—318页；32开.—ISBN 7-226-00620-0：3.50元

本书从自我认识、自我评价、自我分析、自我测量、自我管理等诸多方面详述了达到自我最佳位置的途径。

现代人成功的秘诀/连平编.—北京：中国人事出版社，1990.10.—194页；32开.—ISBN 7-80076-008-1：3.30元

抓住取胜良机/（日）坦桦纯著；李文庚译.—北京：国际文化出版公司，1990.10.—188页；32开.（实用心理学丛书）.—ISBN 7-80049-616-3：2.20元

实用竞争术/邵守义著.—长春：东北师范大学出版社，1990.5.—163页；32开.—ISBN 7-5602-0380-9：2.00元

要什么有什么/（美）勃勒泽斯（Brothors，J.）著；刘文荣等译.—南宁：广西民族出版社，1990.12.—209页；32开.—ISBN 7-5363-0907-4：2.30元

书名原文：How to Get Whatever You Want Out of Life

本书旨在对一些有关人类行为和动机的心理学基本原理加以通俗解释。

保你成功的十大秘诀/（美）丹尼斯·韦特莱著；庄轮译.—海口：南海出版公司，1990.3.—208页；32开.—ISBN 7-80570-016-8：3.20元

本书从自尊、自信、适应力、创造力、智慧、毅力等10大方面提供成功的秘诀。

高人一等/（ ）大卫·史华兹著；赵一峰编译.海口：南海出版公司，1990.4.—251页；32开.ISBN 7-80570-039-7：3.90元

本书介绍了如何使自己走上成功之路门捷径。

竞争技巧/刘红松著.—北京：知识出版社，1990.11.—185页；32开.—（日常生活心理学丛书/乐国安，谢曙光主编）.—ISBN 7-5015-0440-7：2.50元

本书阐明了竞争的起源与发展，着重刻画了当代中国人的竞争心态，具体阐述了竞争的策略与有关经营、军事、人才诸方面的竞争技巧与训练方法。

情绪与成才/金玉章著.—天津：新蕾出版社，1990.6.—112页；32开.—（非智力因素与成才丛书/沈德立主编）.—ISBN 7-5307-0538-5：1.55元

强人与品质：幸福与美德/（美）坦普尔顿叙；（美）艾力森记；徐月胜等译.—北京：北京航空航天大学出版社，1990.4.—122页；32开.—（强人丛书）.—ISBN 7-81012-134-0：2.00元

本书原名：坦普尔顿计划——通向成功与幸福的21步

强人与素质：成功与心理锻炼/（美）安罗尔·R.凯恩等著；李容，华曼译.—北京：北京航空航天大学出版社，1990.4.—136页；32开.—（强人丛书）.—ISBN 7-81012-173-0：2.25元

意志与成才/郑致光，郑祺著.—天津：新蕾出版社，1990.6.—125页；32开.—（非智力因素与成才丛书/沈德立主编）.—ISBN 7-5307-0499-0：1.50元

塑造成功者形象/（美）罗伯特·L.舒克著；杜建等译.—北京：中国工人出版社，1990.8.—189页；32开.—ISBN 7-5008-0587-X：2.65元

本书是一本论述你为什么和如何创造一个"适合"你的形象的书。

潜能灵力启发术/洪瑞乙编译.—北京：中国友谊出版公司，1990.8.—206页；32开.—ISBN 7-5057-0298-X：2.70元

B848.5/.6 智力、性格

机智与应变500例/殷铭编.—延吉：延边大学出版社，1990.12.—341页；32开.—ISBN 7-5634-0267-5：3.95元

如何突破内向：重建一个充满信心的自我/姜倩怡编译.—厦门：鹭江出版社，1990.6.—135页；32开.—（开拓者丛书）.—ISBN 7-80533-290-8：1.80元

如何提高智力/（日）多湖辉著；张本华，翟军译.—郑州：河南科学技术出版社，1990.10.—382页；36开.—ISBN 7-5349-0369-6：5.00元

本书从心理学角度由浅入深地详细论述了提高智力的种种方法，并列举有450则生动活泼的智力测验题。

观人小佳术：种种有趣的推测和假说/劳马编.北京：农村读物出版社，1990.5.—86页；32开.（最佳生活技巧丛书）.—ISBN 7-5048-1308-7：1.40元

性格之谜/黄京尧著.—天津：天津人民出版社，1990.3.—171页；32开.—（心理之谜丛书/黄京尧主编）.—ISBN 7-201-00404-2：2.50元

实用性格学/（日）白石浩一著；陈晓光，高飞译.—北京：中国卓越出版公司，1990.2.—179页；32开.—ISBN 7-80071-187-0：2.65元

孤独体验/陈少华著.—广州：花城出版社，1990.8.—273页；32开.—(八方丛书).—ISBN 7-5360-0622-5：3.90元

智能的结构/(美)加登纳(Gardner，H.)著；兰金仁译.—北京：光明日报出版社，1990.9.—456页；大32开.—(美学译文丛书).—ISBN 7-80014-517-4：6.50元

书名原文：Frames of mind

B9　无神论、宗教

宗教与中国传统文化/刘国梁著.—北京：教育科学出版社，1990.5.—162页；32开.—ISBN 7-5041-0279-2：2.50元

宗教与中国传统文化/刘锋著.—济南：山东教育出版社，1990.12.—152页；32开.—(中国文化史知识丛书/王绍曾，罗青主编).—ISBN 7-5328-1086-0：1.45元

B91　无神论

文明的困惑：迷信心理透析/(英)古斯塔夫·雅霍达著；文成峰，应中元译.—北京：知识出版社，1990.11.—180页；32开.—(日常生活心理学丛书/乐国安，谢曙光主编).—ISBN 7-5015-0439-3：2.65元

红白喜事/游上，黄英编著.—成都：成都出版社，1990.11.—144页；32开.—(智慧农民丛书；第1辑/李守凡主编).—ISBN 7-80575-092-0：1.65元

鬼现象/张晶著.—大连：大连出版社，1990.1.210页；32开.—(社会与文化漫谈；1).—ISBN 7-80555-320-3：2.95元

B92　宗　教

民间宗教常识答问/李尚英编著.—南京：江苏古籍出版社，1990.10.—306页；32开.—ISBN 7-80519-189-1：5.00元

青年宗教知识手册/张国福主编.—北京：学苑出版社，1990.4.—348页；32开.—ISBN 7-80060-705-4：4.90元

B920　宗教理论、宗教思想

文化与宗教/(罗)泰纳谢(Тэнасе，A.)著；张伟达等译.—北京：中国社会科学出版社，1990.11.—90页；大32开.—ISBN 7-5004-0780-6：1.10元

书名原文：Кулbтура и религия

本书作者以马克思主义者的身份，从历史和理论两方面，探讨了文化发展过程中的各种问题，并且始终联系到罗马尼亚文化发展中的具体情况。

西方宗教学研究导引/卓新平编著.—北京：中国社会科学出版社，1990.7.—258页；32开.—ISBN 7-5004-0714-8：3.50元

宗教：精神还乡的信仰系统/卢红等著.—天津：南开大学出版社，1990.6.—313页；32开.—(大学生知识丛书).—ISBN 7-310-00317-9：3.35元

宗教心理学/黄德义著.—影印本.—上海：上海书店，1990.10.—428页；32开.—(民国丛书选印).ISBN 7-80569-280-7：5.50元

宗教心理学：个人生活中的宗教/(　)梅多(Meadow，M.J.)，(　)卡霍(Kahoe，R.D.)著；陈麟书等译.—成都：四川人民出版社，1990.11.—810页；大32开.—(宗教与世界丛书/何光沪主编).ISBN 7-220-00882-1：10.00元

书名原文：Psychology of Religion：Religion in Indivual Lives

宗教社会学/(美)奥戴(O'Dea，T.F.)，(美)阿维德(Aviad，J.O'Dea)著；刘润忠等译.—北京：中国社会科学出版社，1990.7.—219页；32开.—(现代西方社会学名著译丛).—ISBN 7-5004-0696-7：3.05元

书名原文：The Sociology of Veligion

宗教学/赵锡琪主编.—南京：江苏人民出版社，1990.9.—313页；大32开.—ISBN 7-214-00549-2：4.40元

宗教学教程/(苏)诺维科夫(Новиков，M.Л.)主编；龚学增等译.—北京：中国人民大学出版社，1990.12.—442页；大32开.—ISBN 7-300-00920-4：6.30元

书名原文：История и теория атеизма

B921　宗教神学

当代美洲神学/(　)弗姆(Ferm，D.W.)著；赵月瑟译.—成都：四川人民出版社，1990.7.239页；大32开.—(宗教与世界丛书/何光沪主编).—ISBN 7-220-00950-X：3.60元

书名原文：Contemporary American Theologies

神的由来/(　)薛曼尔著；郑绍文译.—影印本.上海：上海文艺出版社，1990.11.—169页；32开.(民俗、民间文学影印资料；48).—ISBN 7-5321-0692-6：2.80元

本书据文化生活出版社1936年版影印。

本书从自然现象入手，探索了宗教的神、宗教仪式的产生及宗教本身的演化和阶段，并对图腾崇拜、灵魂观念、祖先崇拜、禁忌等问题进行了研究和探讨。

神学与形而上学/(英)利奇蒙德(Richmond，J.)著；朱代强，孙善玲译.—成都：四川人民出版社，1990.4.—188页；大32开.—(宗教与世界丛书

/何光沪主编）.—ISBN 7-220-00825-2：3.00元

书名原文：Theology and Metaphysics

本书探究了人类的宗教经验，人生体验、历史及自然这五大经验领域，探讨了对世界进行神学思考与进行形而上学思辨之间的关系。

神秘主义、巫术与文化风尚/（　）米尔希·埃利亚德著；宋立道，鲁奇译.—北京：光明日报出版社，1990.11.—174页；大32开.—（国际文化思潮丛书/范进主编）.—ISBN 7-80014-794—0：2.05元

B928　世界各国宗教概况

中国民间信仰/金泽著.—杭州：浙江教育出版社，1990.11.—257页；32开.—（中国民间文化丛书/刘魁立主编）.—ISBN 7-5330-0702-3：2.65元

中国各民族宗教与神话大词典/《中国各民族宗教与神话大词典》编审委员会编.—北京：学苑出版社，1990.10.—900页；16开.—ISBN 7-80060-858-1（精装）：75.00元

现代华北秘密宗教/李世瑜著.—影印本.—上海：上海文艺出版社，1990.7.—175页：照片；32开.（民俗、民间文学影印资料；59）.—ISBN 7-5321-0522-9：3.70元

宗教与日本现代化/（日）村上重良著；张大柘译.—北京：今日中国出版社，1990.11.—158页；32开.—（宗教文化丛书/王志远主编）.—ISBN 7-5072-0223-2：2.55元

B929　宗教史

十大名僧/洪修平，孙亦平著.—上海：上海古籍出版社，1990.8.—216页；32开.—（十大系列丛刊）.ISBN 7-5325-0888-9：2.75元

本书介绍了道安、支遁、慧远、僧肇、道生、僧佑、智𫖮、玄奘、法藏、惠能等10位名僧。

中国宗教与基督教/秦家懿，孔汉思著；吴华译.北京：三联书店，1990.12.—267页；大32开.（海外学人丛书）.—ISBN 7-108-00342-2：5.40元

宗教通史简编/罗竹风主编；米寿江等著.—上海：华东师范大学出版社，1990.11.—555页；大32开.ISBN 7-5617-0600-6（精装）：6.35元；（平装）：3.87元

追求天国的人们：世界宗教人物传/知识出版社编.—上海：知识出版社，1989.11.—351页；大32开.（宗教知识丛书）.—ISBN 7-5015—5383-1：4.90元

鬼神奇境：中国传统文化中的鬼神世界/龚斌著.—沈阳：辽宁教育出版社，1990.7.—281页：彩图；32开.—（人间透视大型书系：中国古代五大奇观/贾非贤主编）.—ISBN 7-5382-1114-4（精装）：5.00元

B93　神话与原始宗教

《山海经》中的鬼神世界/（日）伊藤清司著；刘晔原译.—北京：中国民间文艺出版社，1990.3.163页；大32开.—ISBN 7-5040-0231-3：3.00元

萨满教与东北民族/刘小萌，定宜庄著.—长春：吉林教育出版社，1990.3.—197页；32开.—（中国少数民族文库/史筠主编）.—ISBN 7-5383-0929-2（精装）：3.70元

萨满教与神话/富育光著.—沈阳：辽宁大学出版社，1990.10.—341页；大32开.—（满学与清史研究书系：专著类）.—ISBN 7-5610-1048-6：5.00元

B932　神　话

中国志怪世界研究/（日）竹田晃著；孙中家译.哈尔滨：黑龙江人民出版社，1990.5.—141页；32开.—ISBN 7-207-01514-3：2.40元

本书选取中国人的"生死观念"作为核心，以"志怪故事"为基本素材，对它们进行考察、分析，同时将中国人的"生死观念"如何表现于故事和诗歌这类文学作品，结合各个代表性作品加以论述。

中国神仙大全/冷立，范力编著.—沈阳：辽宁人民出版社，1990.2.—508页；32开.—ISBN 7-205-01135-3（精装）：10.20元

中国神话研究ABC/玄珠著.—影印本.—上海：上海书店，1990.12.—106页；32开.—ISBN 7-80569-290-4：2.00元

玄珠即茅盾，原名沈雁冰。据世界书局1929年版影印。

列仙传/（汉）刘向撰·**神仙传**/（晋）葛洪撰.影印本.—上海：上海古籍出版社，1990.9.—1册；大32开.—（诸子百家丛书）.—ISBN 7-5325-0820-X：1.55元

华夏诸神/马书田著.—北京：北京燕山出版社，1990.2.—569页；大32开.—ISBN 7-5402-0180-0：7.20元

妈祖文献资料/蒋维锬编校.—福州：福建人民出版社，1990.4.—388页；大32开.—ISBN 7-211-01171-8：7.00元

本书收编自宋迄清末有关海神妈祖的各种文献资料。

活态神话：中国少数民族神话研究/孟慧英著.—天津：南开大学出版社，1990.4.—300页；32开.—ISBN 7-310-00272-5：3.45元

神话的诗学/（苏）梅列金斯基（Мелеминский，Е.М）著；魏庆征译.—北京：商务印书馆，1990.10—534页；大32开.—ISBN 7-100-00359-3：5.85元

书名原文：Поэтика мифа

本书是一部探讨神话与文学艺术的关系的理论著作。全书

共分三编：第一编概括介绍人类学和心理学各重要流派有关神话的种种理论和观点；第二编论述神话的形态特征以及在民间创作中的反映；第三编则集中分析二十世纪以来文学中的神话复兴现象。

神话学/（美）利明（Leeming, D.），（美）贝尔德（Belda, E.）著；李培荣等译.一上海：上海人民出版社，1990.6.—253页：图；大32开.（西方学术译丛）.—ISBN 7-208-00703-9：12.90元

书名原文：Mythology

神话学ABC/谢六逸著.一影印本.一上海：上海书店，1990.12.—127页；32开.—ISBN 7-80569-292-0：2.30元

本书据世界书局1928年版影印。

漫话神鬼世界/蓟午子著.一哈尔滨：北方文艺出版社，1990.7.—301页；32开.—ISBN 7-5317-0384-X：3.80元

藏族神灵论/丹珠昂奔著.一北京：中国社会科学出版社，1990.8.—166页；32开.—ISBN 7-5004-0678-9：2.60元

B933　原始宗教及其残余

中国生殖崇拜文化论/傅道彬著.一武汉：湖北人民出版社，1990.7.—345页；大32开.—（中国人文库）.—ISBN 7-216-00586-4：5.20元

中国行业神崇拜/李乔著.一北京：中国华侨出版公司，1990.6.—494页：照片；32开.—（中华本土文化丛书）.—ISBN 7-80074-193-1：7.40元

史前宗教/（法）安德烈·勒鲁瓦-古昂著；俞灏敏译.一上海：上海文艺出版社，1990.6.—191页；32开.—ISBN 7-5321-0545-8：2.80元

书名原文：Les Religions de la Préhistoire

生育神与性巫术研究/宋兆麟著.一北京：文物出版社，1990.11.—186页；大32开.—ISBN 7-5010-0433-1：7.00元

本书对中国历史上有关生育神的起源和性质作了分析，并结合民族学、民俗学和考古学材料对性巫术的产生与类别进行了考证。

生殖崇拜文化论/赵国华著.一北京：中国社会科学出版社，1990.8.—404页：彩图；大32开.—ISBN 7-5004-0629-0：7.85元

图腾主义/（法）倍松著；胡愈之译.一影印本.上海：上海文艺出版社，1990.11.—92页；32开.（民俗、民间文学影印资料；57）.—ISBN 7-5321-0697-7：2.00元

本书据上海开明书店1932年11月版影印。

B94　佛　教

大佛顶首楞严经浅释/（美）释宣化讲述.一影印本.一上海：复旦大学出版社，1990.4.—1册；大32开.—ISBN 7-309-00497-3（精装）：15.00元

心：日本佛教文化丛谈/（日）高田好胤著；张琳，成同社译.一北京：三联书店，1990.3.—143页；32开.—（日本文化丛书）.—ISBN 7-108-00312-0：2.60元

本书是日本佛教大师高田好胤的通俗论著，为日本的畅销书。

玉佛丈室集（二）/（释）真禅著.一上海：华东师范大学出版社，1990.6.—433页：彩照；大32开.ISBN 7-5617-0653-7（精装）

佛学入门/太虚著；慕容真选辑.一杭州：浙江古籍出版社，1990.9.—207页；32开.—ISBN 7-80518-121-7：2.40元

佛学文集/雷应行主编.一南京：江苏人民出版社，1990.12.—270页；大32开.—ISBN 7-214-00603-0：4.90元

佛学典故汇释/李明权著.一杭州：浙江古籍出版社，1990.1.—392页；32开.—ISBN 7-80518-104-7：4.40元

佛海拾趣/楼培敏，徐觉哉著.一上海：上海社会科学院出版社，1990.8.—177页；32开.—ISBN 7-80515-551-8：1.95元

本书内容涉及佛教掌故、文物史迹、名山古刹、艺术奇葩、法苑常识和寺院楹联等方面。

佛教.一北京：中国大百科全书出版社，1990.8.379页；大32开.—（《中国大百科全书》选编）.ISBN 7-5000-5003-8：7.00元

本书系统介绍了佛教的起源、演变、教义、各种教派、重要人物以及经籍、著述和佛事仪式、制度等。

佛教知识一百题/罗伟国著.一杭州：浙江古籍出版社，1990.8.—240页；32开.—ISBN 7-80518-128-4：2.80元

释氏六帖/（五代释）义楚撰.一影印本.一杭州：浙江古籍出版社，1990.10.—515页；大32开.—ISBN 7-80518-135-7（精装）：13.00元

本书又名：释氏纂要六帖，义楚六帖。本书仿白居易《六帖》六例，广采大藏经律论、旁蒐儒道诸书，将佛教典章制度、旧例传说、人事掌故分部别门，以类相从，逐条讲解。

B941　大藏经

中华大藏经：汉文部分　第四〇册/《中华大藏经》编辑局编.一影印本.一北京：中华书局，1990.3.—976页；16开.—ISBN 7-101-00599-3（精装）：150.00元

中华大藏经：汉文部分　第四一册/《中华大藏经》编辑局编.一影印本.一北京：中华书局，1990.5.—968页；16开.—ISBN 7-101-00604-3（精装）：150.00元

中华大藏经：汉文部分　第四二册/《中华大藏经》编辑局编.—影印本.—北京：中华书局，1990.8.—961页；16开.—ISBN 7-101-00678-7（精装）：150.00元

中华大藏经：汉文部分　第四三册/《中华大藏经》编辑局编.—影印本.—北京：中华书局，1990.10.—956页；16开.—ISBN 7-101-00679-5（精装）：150.00元

中华大藏经：汉文部分　第四四册/《中华大藏经》编辑局编.—影印本.—北京：中华书局，1990.11.—1021页；16开.—ISBN 7-101-00680-9（精装）：150.00元

中华大藏经：汉文部分　第四五册/《中华大藏经》编辑局编.—影印本.—北京：中华书局，1990.12.—978页；16开.—ISBN 7-101-00681-7（精装）：150.00元

B942　经及经疏

无量寿经/（隋）吉藏撰.—上海：上海古籍出版社，1990.10.—350页；16开.—ISBN 7-5325-0839-0（精装）：14.65元

本书与"观无量寿佛经/（隋）慧远撰·阿弥陀经/（隋）智𫖮撰"合订。

无量寿经/（隋）吉藏撰.—上海：上海古籍出版社，1990.10.—350页；16开.—ISBN 7-5325-0840-4：9.25元

本书与"观无量寿佛经/（隋）慧远撰·阿弥陀经/（隋）智𫖮撰"合订。

华严金师子章今译/方立天译注.—成都：巴蜀书社，1990.6.—83页；32开.—（中国古代哲学名著今译丛书/任继愈主编）.—ISBN 7-80523-324-1：1.45元

阿弥陀经白话解释/（后秦）鸠摩罗什译；印光法师鉴定；黄智海演述.—影印本.—郑州：中州古籍出版社，1990.8.—1册；大32开.—ISBN 7-5348-0258-X（精装）：6.95元

妙法莲华经/（隋）智𫖮疏；（唐）湛然记；（宋）道威入疏.—上海：上海古籍出版社，1990.10.—468页；16开.—ISBN 7-5325-0841-2（精装）：17.10元

妙法莲华经/（隋）智𫖮疏；（唐）湛然记；（宋）道威入疏.—上海：上海古籍出版社，1990.10.—468页；16开.—ISBN 7-5325-0842-0：11.70元

注维摩诘所说经/（后秦）僧肇等注.—上海：上海古籍出版社，1990.10.—198页；16开.—ISBN 7-5325-0767-X（精装）：11.40元

注维摩诘所说经/（后秦）僧肇等注.—上海：上海古籍出版社，1990.10.—198页；16开.—ISBN 7-5325-0768-8：6.00元

经集：巴利语佛教经典/郭良鋆译.—北京：中国社会科学出版社，1990.1.—217页；32开.—ISBN 7-5004-0633-9：3.00元

本书属于巴利语经藏中的小部，是一部佛教早期经文汇编。

《赵城金藏》与《中华大藏经》/童玮著.—北京：中华书局，1989.12.—30页；大32开.—ISBN 7-101-00695-7：0.60元

B946　宗　派

中国禅宗史：从印度禅到中华禅/印顺著.—南昌：江西人民出版社，1990.12.—365页；大32开.（东方文化丛书/季羡林等主编）—ISBN 7-210-00970-1（精装）：8.80元

西藏佛教密宗/（英）约翰·布洛菲尔德著；耿升译.—拉萨：西藏人民出版社，1990.5.—249页；大32开.—ISBN7-223-00322-7：3.45元

本书原名：法与力·西藏密宗奥义修持指南

安祥集/耕云主讲.—北京：三联书店，〔1990〕.139页；大64开.—ISBN 7-108-00334-1

密宗秘法/邱陵编撰.—北京：北京工业大学出版社，1990.5.—152页；32开.—ISBN 7-5639-0089-6：2.60元

本书编者整理出西藏密法15种、特音静坐法1种、东密法1种、印度古瑜珈法4种。

禅宗：文化交融与历史选择/顾伟康著.—上海：知识出版社，1990.6.—228页；大32开.—ISBN 7-5015-5401-3：3.45元

禅宗著作词语汇释/袁宾编著.—南京：江苏古籍出版社，1990.11.—299页；32开.—ISBN 7-80519-188-3：4.50元

禅定指南/徐兆仁主编.—2版（修订本）.—北京：中国人民大学出版社，1990.6.—236页；大32开.（东方修道文库；4）.—ISBN 7-300-00629-9：3.75元

B947　佛教组织及寺院

中国寺庙与菩萨/陈顺宣等编.—南宁：广西人民出版社，1990.3.—417页；32开.—ISBN 7-219-01545-3：4.60元

甘青藏传佛教寺院/蒲文成主编.—西宁：青海人民出版社，1990.7.—566页；彩照；大32开.—ISBN 7-225-00389-5：8.80元

本书分别介绍了甘肃、青海近300座藏传佛教寺院的名称、位置、沿革、派属、规模、组织、经济、文物、现状等。

汉化佛教与寺院生活/白化文著.—天津：天津人民出版社，1989.12.—191页；大32开.—ISBN 7-201-

00348-8：3.20元

佑宁寺志：三种/尕藏，蒲文成等译注.一西宁：青海人民出版社，1990.12.—235页；大32开.一(青海少数民族古籍丛书).—ISBN 7-225-00387-9：3.00元

灵谷禅林志/(　)谢元福修.一影印本.一扬州：江苏广陵古籍刻印社，1988.11.—4册(1函)；12开.一(线装)：44.00元

法门寺瞻礼纪念/秦川，珂研主编；法门寺瞻礼纪念编委会编.一北京：北京旅游出版社，〔1990〕.1册；32开.—ISBN 7-80500-046-8

南华寺/广东省博物馆编.一北京：文物出版社，1990.4.—129页：图；16开.一ISBN 7-5010-0275-4：23.00元

B949　佛教史

中国佛教史/黄忏华著.一影印本.一上海：上海文艺出版社，1990.11.—257页；32开.一(中外文化要籍影印丛书).—ISBN 7-5321-0638-1：6.40元

中国佛教思想资料选编　第三卷　第四册/石峻等编.一北京：中华书局，1990.2.—603页；大32开.ISBN 7-101-00376-1：10.65元

中国佛教简史/郭朋著.一福州：福建人民出版社，1990.4.—374页；大32开.一(大学历史丛书/周一良主编).—ISBN 7-211-01002-9：4.70元

中国佛教漫谈/中国佛教协会编.一南京：江苏古籍出版社，1990.2.—291页；32开.—ISBN 7-80519-160-3：3.80元

本书汇集了26篇文章，简明扼要地介绍了中国佛教的形成和发展，以及佛教对中国文化的影响。

北京佛教：〔画册〕/北京佛教编委会编.一北京：中国民族摄影艺术出版社，1990.7.—57页；16开.ISBN 7-80069-013-X：12.00元

西藏佛教史考/(日)矢崎正见著；石硕，张建世译.一拉萨：西藏人民出版社，1990.6.—146页；32开.—ISBN 7-223-00343-X：1.30元

佛教与中印文化交流/季羡林著.一南昌：江西人民出版社，1990.6.—268页；大32开.一(东方文化丛书/季羡林等主编).—ISBN 7-210-00648-6(精装)：5.80元

佛教的起源/杨曾文著.一北京：今日中国出版社，1990.1.—123页；32开.一(宗教文化丛书/王志远主编).—ISBN 7-5072-0145-7：1.75元

佛道诗禅：中国佛教文化论/赖永海著.一北京：中国青年出版社，1990.10.—202页；大32开.一(传统文化与现代生活丛书/龚书铎，刘志琴主编).ISBN 7-5006-0654-0：3.75元

阿坝藏族羌族自治州藏传佛教史略/《史略》编辑委员会编.一成都：四川民族出版社，1990.12.223页；彩照；32开.—ISBN 7-5409-0583-2：4.20元

景德传灯录/(宋)释道原撰.一影印本.一扬州：江苏广陵古籍刻印社，1990.9.—10册(1函)；20开.一(线装)：155.00元

据景元延祐湖州本影印。

B949.9　传　记

一行居集/(清)彭绍升撰.一影印本.一扬州：江苏广陵古籍刻印社，1990.4.—4册(1函)；20开.(线装)：60.00元

据清道光本影印。

大慈恩寺三藏法师传选译/(唐)慧立，彦悰著；贾二强译注.一成都：巴蜀书社，1990.—265页：插图；32开.一(古代文史名著选译丛书：隋唐五代/章培恒等主编).一国家教委古籍整理"七·五"规划重点项目.—ISBN 7-80523-357-8

中国近现代高僧与佛学名人小传/高振农，刘新美著.一上海：华东师范大学出版社，1990.5.—320页；32开.—ISBN 7-5617-0626-X：2.80元

本书收列晚清至现代的著名僧人、居士和佛学研究上卓有成就的学者共188人，每人均着重介绍其生平中与佛教或佛学研究有关的事迹。

六世班禅洛桑巴丹益希传/嘉木央·久麦旺波著；许得存，卓永强译.一拉萨：西藏人民出版社，1990.8.—658页；大32开.一(西藏历史文库).—ISBN 7-223-00365-0(精装)：10.00元；(平装)：6.80元

弘一法师书信/(释)弘一著；林子青编.一北京：三联书店，1990.6.—474页；大32开.—ISBN 7-108-00248-5：7.95元

应慈法师年谱/沈去疾著.一上海：华东师范大学出版社，1990.6.—254页；大32开.—ISBN 7-5617-0656-1(精装)：8.50元；(平装)：6.50元

释迦如来应化事迹/(清)比丘开慧撰.一影印本.扬州：江苏广陵古籍刻印社，〔1990〕.—4册(1函)；20开.一(线装)：80.00元

据清光绪刊本影印。

缅怀第十世班禅大师/荣增·嘉雅活佛等著.一北京：民族出版社，1990.7.—135页：照片；32开.ISBN 7-105-01112-2：1.25元

B95　道　教

中国道教文化透视/刘仲宇著.一上海：学林出版社，1990.3.—413页；32开.一(人文丛书；10).ISBN7-80510-351-8：4.95元

涵虚秘旨/(清)李涵虚著.一北京：中国人民大学出版社，1990.11.—287页；大32开.一(东方修道文库/徐兆仁主编).—ISBN 7-300-01021-0：5.90元

道书全集.一影印本.一北京：中国书店，1990

10.—958页；大32开.—（海王邨古籍丛刊）.—ISBN 7-80568-171-6（精装）：26.00元

本书收集道家著作56种，原书刊于360多年前的明崇祯年间，包括《金丹正理大全》、《诸真玄奥集成》、《玄宗内典》等书。

道教.—北京：中国大百科全书出版社，1990.5.108页；大32开.—（《中国大百科全书》选编）.ISBN 7-5000-5004-6：2.50元

本书较系统地介绍了道教的产生、发展、各种教派、人物、经籍、诸神、道教名山、宫观等。

道教 第一卷/（日）福井康顺等监修；朱越利译.—上海：上海古籍出版社，1990.6.—309页；大32开.—（海外汉学丛书/王元化主编）.—ISBN 7-5325-0013-6：4.30元

道教与女性/詹石窗著.—上海：上海古籍出版社，1990.5.—137页；32开.—（文化春秋丛书）.—ISBN 7-5325-0026-8：1.95元

本书内容大致包括两个方面：第一方面，研究女性崇拜的起源及其在道教中的沿袭和发展；第二个方面，研究道教与女性修行的关系。

道教与中国传统文化/卿希泰主编.—福州：福建人民出版社，1990.9.—507页；大32开.—ISBN 7-211-01249-8（精装）：8.15元

道教文化面面观/中国社会科学院世界宗教所道教研究室编.—济南：齐鲁书社，1990.5.—204页；大32开.—（宗教文化通俗丛书）.—ISBN 7-5333-0163-3：4.10元

本书介绍了道教的历史、神话传说、斋醮仪式、修炼方术、名山宫观以及道教与中国民间秘密宗教的关系等等。

B956　宗　派

天仙金丹心法/八仙合著；松飞破译.—北京：中华书局，1990.8.—233页；大32开.—（道教典籍选刊）.—附气功秘文破译.—ISBN 7-101-00434-2：5.20元

本书托名吕洞宾等八仙撰就，实为清代嘉庆年间全真道士柳守元等所作。书中对道家气功（内丹功）的理论、方法、步骤作了系统而详尽的论述。

天师道/郭树森主编.—上海：上海社会科学院出版社，1990.2.—208页；大32开.—ISBN 7-80515-423-5：3.40元

本书研究了天师道的历史以及它在道教史上的地位和作用。

天师道史略/张继禹著.—北京：华文出版社，1990.11.—248页；32开.—ISBN 7-5075-0067-5：3.50元

本书介绍了天师道的起源、形成以及天师道在历史的发展、演变和兴盛的过程。

吕祖全书/（唐）吕岩撰.—影印本.—扬州：江苏广陵古籍刻印社，1990.12.—14册（2函）；12开.（线装）：230.00元

据同治刊本影印。

吕洞宾（798～？），名岩，号纯阳子，俗传八仙之一。元代封他为"纯阳演政警化孚佑帝君"，通称吕祖。道教全真道尊他为北五祖之一。

悟真篇浅解/（宋）张伯端撰；王沐浅解.—北京：中华书局，1990.10.—379页；大32开.—（道教典籍选刊）.—本书原题：悟真篇浅解（外三种）.ISBN 7-101-00676-0：7.65元

本书与"悟真性宗直指；金丹四百字解；玉清金笥青华秘文金宝内炼丹诀"合订。

B959　道教史

中国道教史/任继愈主编.—上海：上海人民出版社，1990.6.—811页；大32开.—ISBN 7-208-00704-7（精装）：16.65元；（平装）：12.10元

中国道教史/傅勤家著.—影印本.—上海：上海书店，1990.10.—242页；32开.—（民国丛书选印）.ISBN 7-80569-281-5：3.30元

本书据商务印书馆版影印。

张三丰全集/（明）张三丰著；方春阳点校.—杭州：浙江古籍出版社，1990.12.—464页；大32开.ISBN 7-80518-134-9：6.35元

张三丰，明道士，曾在武当山幽栖，英宗时封为"通微显化真人"。

B96　伊斯兰教（回教）

天方典礼译注/（清）刘智原著；纳文波译注.—昆明：云南民族出版社，1990.4.—578页；32开.（云南省少数民族古籍译丛；第27辑）.—ISBN 7-5367-0267-1：8.00元

本书是《天方典礼择要解》一书的简称，是一部阐述伊斯兰教的著作。

伊斯兰教与穆斯林生活/夏瑰琦等编著.—郑州：河南人民出版社，1990.11.—368页；32开.—ISBN 7-215-00615-8：3.90元

B969　伊斯兰教史

北京伊斯兰教:〔画册〕/《北京伊斯兰教》画册编辑组编.—北京:中国民族摄影艺术出版社，1990.8.47页；16开.—ISBN 7-80069-012-1：12.00元

回族和中国伊斯兰教古籍资料汇编/张秀峰，马塞北选辑整理；宁夏少数民族古籍出版规划小组办公室编.—影印本.—天津：天津古籍出版社，〔1990〕.56册（9函）；20开.—ISBN 7-80504-084-2（线装）：460.00元

伊斯兰教史/金宜久主编.—北京：中国社会科学出版社，1990.8.—381页；32开.—ISBN 7-5004-0724-6：9.00元

穆罕默德/（英）库克（Cook，M.）著；周燮藩

译.—北京：中国社会科学出版社，1990.6.—132页；32开.—(外国著名思想家译丛/张晓明主编).—ISBN 7-5004-0653-3：1.80元

书名原文：Muhammad

B97　基督教

圣经人物词典/(英)卡沃科雷西(Calvocoressi, P.)著；仲掌生，晓晖编译.—上海：上海人民出版社，1990.9.—168页：图版；32开.—ISBN 7-208-00944-9：4.00元

书名原文：Who is Who in the Bible

圣经旧约人名词典/白云晓编译.—天津：天津人民出版社，1990.12.—192页；32开.—ISBN 7-201-00679-7：2.40元

圣经百科辞典/梁工主编.—沈阳：辽宁人民出版社，1990.12.—1425页；32开.—ISBN 7-205-01444-1(精装)：28.00元

圣经诗歌全集/田志康等选编.—北京：学苑出版社，1990.1.—469页；32开.—ISBN 7-80060-804-2：5.30元

基督教.—北京：中国大百科全书出版社，1990.5.—261页；大32开.—(《中国大百科全书》选编).ISBN 7-5000-5005-4：5.00元

本书介绍了基督教的产生和发展、各种教派、经籍书文、制度法规、重大事件等知识。

基督教与美学/孙津著.—重庆：重庆出版社，1990.6.—447页；大32开.—ISBN 7-5366-1189-7：6.00元

B978　对基督教的分析与研究

托马斯·阿奎那基督教哲学/傅乐安著.—上海：上海人民出版社，1990.12.—260页；大32开.—ISBN 7-208-00925-2：5.30元

基督教文化评论　第一辑/刘小枫主编；《基督教文化评论》编委会编.—贵阳：贵州人民出版社，1990.4.—309页；大32开.—ISBN 7-221-01066-8：3.40元

基督教文化评论　第二辑/刘小枫主编；《基督教文化评论》编委会编.—贵阳：贵州人民出版社，1990.8.—259页；大32开.—ISBN 7-221-01794-8：3.10元

B979　基督教史

十字架与龙/孙江著.—杭州：浙江人民出版社，1990.6.—246页；大32开.—(中国社会史丛书/蔡少卿主编).—ISBN 7-213-00470-0：3.35元

中国天主教传教史概论/徐宗泽著.—影印本.—上海：上海书店，1990.10.—368页；32开.—(民国丛书选印).—ISBN 7-80569-279-3：4.50元

本书据土山湾印书馆1938年版影印。

北京天主教会：〔画册〕/《北京天主教会》编委会编.—北京：中国民族摄影艺术出版社，1990.7.60页；16开.—ISBN 7-80069-014-3：12.00元

耶稣会士秘史/(法)帕里斯(Paris,E.)著；张茄萍，勾永东译.—北京：中国社会科学出版社，1990.7.—288页；32开.—ISBN 7-5004-0625-8：3.95元

书名原文：L'histoire Secréte des Jésuites.

本书揭露和叙述了耶稣会士在传教、政治、教育、军事等方面所进行的秘密活动，重点则放在本世纪，尤其是教廷和耶稣会士在两次世界大战中的鲜为人知的活动。

B98　其他宗教

犹太教与中国开封犹太人/张绥著.—上海：三联书店上海分店，1990.3.—187页；大32开.—(希伯莱文化与中国犹太人；2).—ISBN 7-5426-0314-0：3.50元

国家神道/(日)村上重良著；聂长振译.—北京：商务印书馆，1990.9.—184页；大32开.—ISBN 7-100-00766-6：2.25元

本书除扼要叙述了神道的形成、发展和演变及各种流派外，着重对国家神道在近代的出现、它的思想结构作了深入的阐述，并对统治阶级利用国家神道为侵略战争服务作了分析和批判。

B99　迷信术数

叩开命运之门/范箭鸣著.—北京：海洋出版社，1990.2.—154页；32开.—ISBN 7-5027-0887-1：2.40元

本书以"命运之谜"——对命运的内涵与外延的正确理解；"命运交响曲"——对影响、决定人之命运的诸因素的分析；"祝君好命运"——如何把握自己的命运等题目展开论述。

命运学入门/曹宪文编著.—天津：天津人民出版社，1990.2.—211页；32开.—ISBN 7-201-00384-4：2.40元

B992　中国旧时代迷信

中国古代的梦书/刘文英编.—北京：中华书局，1990.10.—38页；32开.—ISBN 7-101-00581-0：1.65元

本书对中国古代梦书的性质、形式、来历、占断方法及文化价值等作了全面论述，对唐宋类书中征引的梦书和敦煌卷子中发现的梦书进行了校勘和注释。

中国古代算命术/洪丕谟，姜玉珍著.—2版(修订本).—上海：上海人民出版社，1990.12.—277页；

32开.—（古今世俗研究；1）.—ISBN 7-208-00531-1：3.25元

本书1989年3月第1版。

中国巫术/张紫晨著.—上海：三联书店上海分店，1990.7.—309页；大32开.—（中华本土文化丛书）.—ISBN 7-5426-0316-7：7.40元

风水探源/何晓昕编著.—南京：东南大学出版社，1990.6.—158页；大32开.—（古建筑文化丛书/潘谷西，郭湖生主编）.—ISBN 7-81023-334-0：2.95元

四库术数类丛书　（一）/（汉）扬雄等撰.—影印本.—上海：上海古籍出版社，1990.10.—1088页；32开.—ISBN 7-5325-0879-X（精装）：16.05元

本丛书是将文渊阁本《四库全书》术数类所收50种著作全部汇编而成的，其中有的是从《永乐大典》中辑录出来的珍本。本册包括：太玄经/（汉）扬雄撰；太玄本旨/（明）叶子奇撰；元包经传/（北周）卫元嵩撰；元包数总义/（宋）张行成撰；潜虚/（宋）司马光撰；潜虚发微论/（宋）张敦实撰；皇极经世书/（宋）邵雍撰。

四库术数类丛书　（二）/（宋）张行成撰.—影印本.—上海：上海古籍出版社，1990.10.—717页；32开.—ISBN 7-5325-0880-3（精装）：11.50元

本册包括：皇极经世索隐/（宋）张行成撰；皇极经世观物外篇衍义/（宋）张行成撰；易通变/（宋）张行成撰。

四库术数类丛书　（三）/（宋）祝泌等撰.—影印本.—上海：上海古籍出版社，1990.10.—752页；32开.—ISBN 7-5325-0881-1（精装）：11.90元

本册包括：观物篇解/（宋）祝泌撰；皇极经世书解/（清）王植撰；易学/（宋）王湜撰；洪范皇极内篇/（宋）沈撰。

四库术数类丛书　（四）/（宋）鲍云龙等撰.—影印本.—上海：上海古籍出版社，1990.10.—687页；32开.—ISBN 7-5321-0882-X（精装）：11.15元

本册包括：天原发微/（宋）鲍云龙撰；大衍索隐/（宋）丁易东撰；易象图说/（元）张理撰；三易洞玑/（明）黄道周撰。

四库术数类丛书　（五）/（北周）庾季才，（唐）瞿昙悉达撰.—影印本.—上海：上海古籍出版社，1990.10.—1044页；32开.—ISBN 7-5325-0883-8（精装）：15.50元

本册包括：灵台秘苑/（北周）庾季才撰；唐开元占经/（唐）瞿昙悉达撰。

在科学和迷信之间：看相和算命的心理学透视/王宇中等著.—沈阳：辽宁人民出版社，1990.10.—226页；32开.—ISBN 7-205-01537-5：3.20元

巫与民间信仰/宋兆麟著.—北京：中国华侨出版公司，1990.11.—208页；32开.—（中华本土文化丛书）.—ISBN 7-80074-261-X：3.60元

易林通说　（一）/钱世明著.—北京：华夏出版社，1990.6.—321页：彩照；大32开.—ISBN 7-80053-537-1：6.05元

本书全面介绍了《易林》这部古典名著，并以意译方法全部译为白话文，同时作了考稽、注释。

科学算命之谜/（美）加德纳（Gardner，M.）著；谈祥柏译.—上海：上海科学普及出版社，1990.6.—202页；32开.—ISBN 7-5427-0192-4：2.50元

书名原文：Theincredible Dr.matrix

黄道吉日析/刘冬泉编著.—北京：中国工人出版社，1990.5.—207页；32开.—ISBN 7-5008-0622-1：2.95元

本书介绍了中国传统文化中的“神秘主义”哲学，并对此作了探讨。

傩戏、傩文化：原始文化的“活化石”/庹修明著.北京：中国华侨出版公司，1990.6.—108页；32开.（中华本土文化丛书）.—ISBN 7-80074-001-3：3.20元

B993/997　各国迷信

日本的幽灵/（日）諏访春雄著；黄强译.—北京：中国大百科全书出版社，1990.9.—153页；32开.ISBN 7—5000-5021-6

本书探讨了“幽灵”与“妖怪”的区别，日本人的“他界观”与中国人“他界观”交流情况等问题。

神秘的狐狸：阴阳五行与狐崇拜/（日）吉野裕子著；井上聪等译.—沈阳：辽宁教育出版社，1990.1.—165页；32开.—ISBN 7-5382-0971-9：2.20元

C 社会科学总论

C0 社会科学理论与方法论

从泛系观看世界/吴学谋著.—北京：中国人民大学出版社，1990.5.—316页；大32开.—ISBN 7-300-00745-7：3.80元

本书阐述多学科研究的一种新理论——泛系理论及其应用，从泛系观的独特角度，开拓观察分析世界万物的一种新视野。

行为学导论/（联邦德国）克劳斯·伊梅尔曼著；马祖礼等译.—天津：南开大学出版社，1990.6.256页；大32开.—ISBN 7-310-00337-3：2.25元

行为控制论/丁醒民，程晗著.—开封：河南大学出版社，1990.2.—292页；32开.—ISBN 7-81018-420-2：3.20元

社会认识论导论/欧阳康著.—北京：中国社会科学出版社，1990.11.—398页；大32开.—（中国社会科学博士论文文库/胡绳主编）.—ISBN 7-5004-0524-3（精装）：7.90元

社会科学的系统分析方法/（智）科尔戴（Cortes, F.）等著；孙永红等译.—北京：中国社会科学出版社，1990.12.—321页；32开.—ISBN 7-5004-0634-7：4.40元

书名原文：Systems Analysis for Social Scientists

组织行为学/（加）阿诺德（Arnold, H.J.），（美）菲尔德曼（Feldman, D.C.）著；邓荣霖等译.—北京：中国人民大学出版社，1990.7.—529页；大32开.—ISBN 7-300-00826-7：7.60元

书名原文：Organizational Beharior

C1 社会科学现状、概况

安徽社会科学概览：1949～1987/安徽省社会科学院情报研究所编；唐锡强等编著.—合肥：黄山书社，1990.10.—673页；大32开.—ISBN 7-80535-197-X：12.00元

社会科学评奖探索/四川省哲学社会科学学会联合会编.—成都：西南财经大学出版社，1990.3.—153页；大32开.—ISBN 7-81017-214-X：1.90元

本书对社会科学科研成果的评价和奖励方法、理论等问题作了论述。

改革十年社会科学重要理论观点综述：1978～1988/张新京主编.—北京：学苑出版社，1990.4.489页；16开.—ISBN 7-80060-326-1：15.80元

国际社会科学大事记：1980～1988/中国社会科学院文献情报中心基础资料研究室编.—北京：社会科学文献出版社，1990.4.—493页；32开.—ISBN 7-80050-151-5：6.50元

本书主要介绍1980～1988年期间国际社会科学界发生的重大事件，包括国际性、地区性和全国性重要学术会议；著名学者的诞辰和逝世；新成立的机构；重要学术奖励以及新出版的报刊和部分有影响的书籍。

湖南社会科学年鉴：1987～1989年/卢本立主编.北京：中国商业出版社，1990.9.—487页；大32开.ISBN 7-5044-0657-0：7.50元

C2 机关、团体、会议

中国社会科学学术会议总览：1988/吴育群主编；朱宁等编.—石家庄：河北人民出版社，1990.2.276页；32开.—ISBN 7-202-00586-7：3.25元

会议学/华琪著.—沈阳：辽宁人民出版社，1990.2.—255页；32开.—ISBN 7-205-01027-6：3.50元

本书论述了会议学的产生、研究对象、属性、作用、会议规则、类型、组织、公文、效率、生活管理和保密保卫及主持会议的原则与艺术等。

社会科学团体工作概论/刘芳圣主编.—海口：南海出版公司，1990.3.—208页；32开.—ISBN 7-80570-219-5：3.50元

河北社会科学学术会议年鉴：1988/张天禄主编.石家庄：河北教育出版社，1990.5.—387页；大32开.—ISBN 7-5434-0781-7：4.90元

学会学概论/张江垠主编.—南宁：广西教育出版社，1990.9.—247页；32开.—ISBN 7-5435-1048-0：2.35元

C3 社会科学研究方法

社会科学方法辞典/陈建远主编.—沈阳：辽宁人民出版社，1990.12.—563页；32开.—ISBN 7-205-

01610-X(精装)：9.80元

社会科学方法辞典/陈建远主编.—沈阳：辽宁人民出版社，1990.12.—563页；32开.—ISBN 7-205-01611-8：6.80元

社会科学研究大思路/徐舸等主编.—北京：蓝天出版社，1990.6.—313页；32开.—ISBN 7-80081-119-0：4.00元

本书着重论述了社会科学研究的基本思路即基本方法问题。

社会科学研究方法导论/李传忠著.—南宁：广西人民出版社，1990.8.—315页；大32开.—(当代哲学丛书).—ISBN 7-219-01727-8：4.90元

社会科学研究方法要论/王崇德编著.—上海：学林出版社，1990.5.—311页；32开.—天津市哲学社会科学"七五"规划重点项目之一.—ISBN 7-80510-468-9：4.00元

本书主要论述了社会科学研究的社会调查法、社会实验法、事例研究法、引文分析法、内容分析法、历史方法、比较方法、归纳与演绎方法等。

怎样做研究：教育与社会研究入门/(英)贝尔(Bell, J.)著；高凌飚，庄兆声译.—广州：广东教育出版社，1990.12.—144页；大32开.—ISBN 7-5406-1323-8：1.70元

本书主要介绍进行社会科学研究的技巧，从确定选题，制定目标，选择方法，收集资料，分析证据，到最后写出文章，都有细致扼要的阐述。

C31　调查方法、工作方法

问卷调查法/蒋萍，宋瑛著.—大连：东北财经大学出版社，1990.6.—327页；32开.—ISBN 7-81005-394-9：3.50元

社会调查的理论基础与实用方法/陈胜利等编写.—北京：中国商业出版社，1990.12.—644页；大32开.—ISBN 7-5044-0873-5：10.00元

本书介绍了社会调查的基础理论和定性调查与定量调查等方法。

社会调查研究方法/沈关宝，仇立平编著.—天津：天津人民出版社，1990.4.—424页；大32开.—(社会学丛书).—ISBN 7-201-00139-6：6.00元

社会调查研究方法/宋林飞著.—上海：上海人民出版社，1990.11.—438页；大32开.—ISBN 7-208-01065-X：5.00元

社会调查研究方法学习指导/邵文超等主编.—长春：吉林人民出版社，1990.5.—508页；32开.—ISBN 7-206-00742-2：5.50元

社会调查原理与方法/袁方主编.—北京：高等教育出版社，1990.7.—453页；大32开.—全国高等教育自学考试教材　政治管理专业、行政管理专业.—ISBN 7-04-003283-X：3.30元

社会调查原理与方法自学考试大纲.—北京：高等教育出版社，1990.8.—55页；32开.—全国高等教育自学考试指导委员会高等教育自学考试政治管理专业行政管理专业.—ISBN 7-04-003260-0：0.48元

社会调查原理与方法300题/万灵等编写.—南京：江苏人民出版社，1990.12.—224页；32开.—ISBN 7-214-00608-1：2.80元

社会调查理论与方法/苏家坡编著.—长沙：湖南师范大学出版社，1990.3.—388页；大32开.—ISBN 7-81031-011-9：4.60元

社会调查理论与方法/奚从清，沈赓方主编.—杭州：浙江大学出版社，1990.2.—264页；大32开.—ISBN 7-308-00299-3：3.65元

社会调查理论与实务/杨干忠主编.—北京：学苑出版社，1990.8.—339页；32开.—ISBN 7-5077-0097-6：4.20元

社会调查简明教程/宋丹主编.—兰州：兰州大学出版社，1990.8.—378页；大32开.—ISBN 7-311-00327-X：2.80元

调查研究方法论/陈开国，安明瑜编著.—长沙：湖南师范大学出版社，1990.11.—144页；32开.—ISBN 7-81031-046-1：1.95元

调查研究实用指南/(美)伯克斯朵姆(Backstrom, C.)，赫亚塞舍(Burch-cesar, G.)著；周运清等译.—武汉：武汉测绘科技大学出版社，1990.11.—340页；大32开.—ISBN 7-81030-032-6：4.70元

调查研究理论与方法/史方，李和仁主编.—沈阳：辽宁人民出版社，1990.6.—307页；32开.—(行政管理学丛书/郝怀礼，孟继群主编).—ISBN 7-205-01471-9：3.90元

调查研究概述/李大钧等编著.—长春：吉林大学出版社，1990.10.—211页；32开.—ISBN 7-5601-0632-3：3.25元

调查研究100题/陈洪玉编著.—徐州：中国矿业大学出版社，1990.10.—216页；32开.—ISBN 7-81021-439-X：2.80元

C32　统计方法、计算方法

社会统计/吴军主编.—北京：中国统计出版社，1990.6.—132页；32开.—统计人员岗位专业知识培训系列教材　供统计员培训用.—ISBN 7-5037-0432-2：1.80元

社会统计学导论/常健主编.—北京：中国统计出版社，1990.12.—340页；32开.—民政部试用教材.—ISBN 7-5037-0538-8：5.00元

统计推断思想/袁卫著.—北京：中国统计出版社，1990.4.—177页；32开.—ISBN 7-5037-0418-7：3.50元

C4　社会科学教育与普及

文化园：大型文化系列讲座专集/许峰等编著.北京：蓝天出版社，1990.6.—608页；32开.—ISBN 7-80081-114-X：5.50元

本书介绍了人类的意识修养、政治取向、价值观念、道德风范、思维方法、信仰崇拜、人体健美等多方面知识。

文科十万个为什么（1）：文明足迹/魏同贤主编；夏云川，杨向阳编著.—上海：上海古籍出版社，1990.12.—302页：图；32开.—ISBN 7-5325-0931-1：3.40元

文科十万个为什么（3）：哲人之思/魏同贤主编；展望之编著.—上海：上海古籍出版社，1990.12.—254页；32开.—ISBN 7-5325-0933-8：3.00元

文科十万个为什么（4）：想象世界/魏同贤主编；方宗智，王勉编著.—上海：上海古籍出版社，1990.12.—291页；32开.—ISBN 7-5325-0934-6：3.30元

文科十万个为什么（5）：山河远游/魏同贤主编；齐涤昔，鲁永兴编著.—上海：上海古籍出版社，1990.12.—325页；32开.—ISBN 7-5325-0935-4：3.85元

文科十万个为什么（6）：民俗风情/魏同贤主编；仲富兰编著.—上海：上海古籍出版社，1990.12.—273页；32开.—ISBN 7-5325-0936-2：3.20元

文科十万个为什么（7）：社交艺术/魏同贤主编；吴春荣编著.—上海：上海古籍出版社，1990.12.—292页；32开.—ISBN 7-5325-0937-0：3.30元

文科十万个为什么（8）：说话技巧/魏同贤主编；过信忠编著.—上海：上海古籍出版社，1990.12.—247页；32开.—ISBN 7-5325-0938-9：2.95元

文科十万个为什么（9）：人神之间/魏同贤主编；赵昌伟，胡知凡编著.—上海：上海古籍出版社，1990.12.—317页；32开.—ISBN 7-5325-0890-0：3.50元

文科十万个为什么（10）：英语探胜/魏同贤主编；陈根海，庞德增编著.—上海：上海古籍出版社，1990.12.—301页；32开.—ISBN 7-5325-0900-1：3.40元

文科知识百万个为什么：中国历史（上）/杨牧之主编.—桂林：漓江出版社，1990.12.—226页；32开.—ISBN 7-5407-0629-5：2.95元

文科知识百万个为什么：中国历史（下）/杨牧之主编.—桂林：漓江出版社，1990.12.—263页；32开.—ISBN 7-5407-0630-9：3.45元

文科知识百万个为什么：中国文学/袁行霈主编.桂林：漓江出版社，1990.12.—320页；32开.ISBN 7-5407-0610-4：4.25元

文科知识百万个为什么：文学知识与习作/叶至善主编.—桂林：漓江出版社，1990.12.—364页；32开.—ISBN 7-5407-0611-2：4.70元

文科知识百万个为什么：心理学/宋维真，郑日昌主编.—桂林：漓江出版社，1990.12.—373页；32开.—ISBN 7-5407-0621-8：5.00元

文科知识百万个为什么：世界历史/张宏毅主编.桂林：桂林漓江出版社，1990.12.—449页；32开.ISBN 7-5407-0623-6：5.20元

文科知识百万个为什么：电影·电视剧（上）/王云缦主编.—桂林：漓江出版社，1990.12.—221页；32开.—ISBN 7-5407-0627-9：3.00元

文科知识百万个为什么：电影·电视剧（下）/王云缦主编.—桂林：漓江出版社，1990.12.—244页；32开.—ISBN 7-5407-0628-7：3.30元

文科知识百万个为什么：外国文学（上）/叶水夫主编.—桂林：漓江出版社，1990.12.—413页；32开.ISBN 7-5407-0633-3：5.35元

文科知识百万个为什么：外国文学（下）/叶水夫主编.—桂林：漓江出版社，1990.12.—355页；32开.—ISBN 7-5407-0634-1：4.65元

文科知识百万个为什么：外语/陈琳主编.—桂林：漓江出版社，1990.12.—433页；32开.—ISBN 7 5407-0621-X：5.75元

文科知识百万个为什么：生活知识/张大本主编.桂林：漓江出版社，1990.12.—268页；32开.—ISBN 7-5407-0615-5：3.50元

文科知识百万个为什么：汉语/张寿康主编.—桂林：漓江出版社，1990.12.—408页；32开.—ISBN 7-5407-0625-2：5.35元

文科知识百万个为什么：民族/马学良主编.—桂林：漓江出版社，1990.12.—384页；32开.—ISBN 7-5407-0619-8：5.15元

文科知识百万个为什么：伦理道德/萧学文主编.桂林：漓江出版社，1990.12.—204页；32开.—ISBN 7-5407-0620-1：2.75元

文科知识百万个为什么：戏剧/黄宗江主编.—桂林：漓江出版社，1990.12.—382页；32开.—ISBN 7-5407-0614-7：4.90元

文科知识百万个为什么：体育/宋世雄主编.—桂林：漓江出版社，1990.12.—344页；32开.—ISBN 7-5407-0609-0：4.60元

文科知识百万个为什么：法律/沈宗灵主编.—桂林：漓江出版社，1990.12.—392页；32开.—ISBN

7-5407-0617-1：5.10元

文科知识百万个为什么：学习方法/龚正行编著.一桂林：漓江出版社，1990.12.一215页；32开.一ISBN 7-5407-0613-9：2.90元

文科知识百万个为什么：战争与国防（上）/姜思毅主编.一桂林：漓江出版社，1990.12.一280页；32开.一ISBN 7-5407-0631-7：3.65元

文科知识百万个为什么：战争与国防（下）/姜思毅主编.一桂林：漓江出版社，1990.12.一301页；32开.一ISBN 7-5407-0632-5：3.95元

文科知识百万个为什么：音乐/李凌主编.一桂林：漓江出版社，1990.12.一273页；32开.一ISBN 7-5407-0616-3：3.85元

文科知识百万个为什么：美术/王琦主编.一桂林：漓江出版社，1990.12.一343页；32开.一ISBN 7-5407-0618-X：4.60元

文科知识百万个为什么：哲学·经济·政治/陈海燕主编.一桂林：漓江出版社，1990.12.一301页；32开.一ISBN 7-5407-0626-0：3.95元

文科知识百万个为什么：新闻出版/萧乾主编.一桂林：漓江出版社，1990.12.一318页；32开.一ISBN 7-5407-0624-4：4.25元

文科知识百万个为什么：舞蹈/吕艺生主编.一桂林：漓江出版社，1990.12.一277页；32开.一ISBN 7-5407-0612-0：3.75元

社会科学十万个为什么：外国文学分册/陈必祥，雨亭主编.一西安：陕西人民教育出版社，1990.10·186页；32开.一ISBN 7-5419-1145-3：2.60元

社会科学十万个为什么：国际知识分册/陈必祥，雨亭主编；沈维益等编.一西安：陕西人民教育出版社，1990.10.一169页；32开.一ISBN 7-5419-1144-5：2.95元

C5 社会科学丛书、文集、连续性出版物

中国古代文史名著选译丛书/章培恒等主编.一成都：巴蜀书社，1990.2.一50册；32开.一ISBN 7-80523-357-8：130.00元

社会科学争鸣大系：1949～1989：哲学卷/冯契主编.一上海：上海人民出版社，1990.5.一758页；大32开.一ISBN 7-208-00792-6：12.95元

本书通过对建国40年来哲学学术讨论演进的回顾，介绍各个时期学术讨论中提出的重要学术观点。

C52 全集、选集

钱钟书论学文选　第一卷/钱钟书著；舒展选编.广州：花城出版社，1990.1.一296页；大32开.一ISBN 7-5360-0545-8：6.90元

钱钟书论学文选　第二卷/钱钟书著；舒展选编.广州：花城出版社，1990.1.一389页；大32开.一ISBN 7-5360-0548-2（精装）：11.20元

钱钟书论学文选　第二卷/钱钟书著；舒展选编.广州：花城出版社，1990.1.一389页；大32开.一ISBN 7-5360-0547-4：8.20元

钱钟书论学文选　第三卷/钱钟书著；舒展选编.广州：花城出版社，1990.2.一426页；大32开.一ISBN 7-5360-0550-4（精装）：11.85元

本卷为第三编创作论（上编）。

钱钟书论学文选　第四卷/钱钟书著；舒展选编.广州：花城出版社，1990.5.一400页；大32开.一ISBN 7-5360-0600-4（精装）：11.50元

钱钟书论学文选　第四卷/钱钟书著；舒展选编.广州：花城出版社，1990.5.一400页；大32开.一ISBN 7-5360-0599-7：8.50元

本卷为第三编创作论（下编）。

钱钟书论学文选　第五卷/钱钟书著；舒展选编.广州：花城出版社，1990.5.一421页；大32开.一ISBN 7-5360-0602-0（精装）：11.70元

钱钟书论学文选　第五卷/钱钟书著；舒展选编.广州：花城出版社，1990.5.一421页；大32开.一ISBN 7-5360-0601-2：8.70元

本卷为全书的第四编赏析论。

钱钟书论学文选　第六卷/钱钟书著；舒展选编.广州：花城出版社，1990.6.一300页；大32开.一ISBN 7-5360-0604-7（精装）：9.50元

钱钟书论学文选　第六卷/钱钟书著；舒展选编.广州：花城出版社，1990.6.一300页；大32开.一ISBN 7-5360-0603-9：6.50元

本卷为第五编文论选。

梁漱溟全集　第二卷/梁漱溟著；中国文化书院学术委员会编.一济南：山东人民出版社，1990.3·699页：肖像；大32开.一（中国文化书院文库：论著类）.一ISBN 7-209-00592-7（精装）：12.00元

梁漱溟全集　第三卷/梁漱溟著；中国文化书院学术委员会编.一济南：山东人民出版社，1990.5.760页：照片；大32开.一（中国文化书院文库：论著类）.一ISBN 7-209-00600-1（精装）：12.80元

C53 文集、会议录

了却集/齐子义著.一北京：兵器工业出版社，1990.

2.—296页；32开.—ISBN 7-80038-139-0：2.87元

本书是著者多年来所写的论文和中学语文教材分析的结集。

云南高校青年研究者社会科学探索　第二辑/骆小阶主编.—昆明：云南大学出版社，1990.4.—262页；32开.—ISBN 7-81025-029-9：3.00元

方方文集/方方著；中共广东省委党史研究室，广东省档案馆编.—广州：广东人民出版社，1990.12.677页；大32开.—ISBN 7-218-00589-6（精装）：15.00元

东方研究论文集：1987.—北京：北京大学出版社，1990.9.—290页；大32开.—ISBN 7-301-00326-9：4.50元

四川大学哲学社会科学论文选　第2辑/《四川大学哲学社会科学论文选》编辑委员会编.—成都：四川大学出版社，1990.6.—463页；大32开.—ISBN 7-5614-0248-1：6.20元

四川大学哲学社会科学论文选　第3辑/《四川大学哲学社会科学论文选》编辑委员会编.—成都：四川大学出版社，1990.10.—430页；大32开.—ISBN 7-5614-0331-3：5.40元

四川大学哲学社会科学论文选　第4辑/《四川大学哲学社会科学论文选》编辑委员会编.—成都：四川大学出版社，1990.8.—385页；大32开.—ISBN 7-5614-0332-1：5.00元

民族·历史·文化/云南民族学院历史系编.—昆明：云南大学出版社，1990.12.—357页；32开.ISBN 7-81025-106-6：4.50元

在理论战线上坚持马克思主义：中国社会科学院论文集/中国社会科学院科研局编.—北京：中国社会科学出版社，1990.12.—722页；大32开.—ISBN 7-5004-0873-0：11.20元

本书选收论文46篇，内容涉及哲学、经济、政治、法学、社会学、文学及历史等学科领域的许多基本理论问题。

传统与反传统/王元化编著.—上海：上海文艺出版社，1990.4.—239页；大32开.—ISBN 7-5321-0471-0：4.30元

刘师培论学论政/李妙根编.—上海：复旦大学出版社，1990.8.—554页；大32开.—（中国近现代思想文化史史料丛书）.—ISBN 7-309-00170-2：13.65元

决策参考/陈素编.—北京：中国广播电视出版社，1990.9.—667页；大32开.—ISBN 7-5043-0713-0（精装）：13.00元

论苑集萃/浙江省社联编著.—杭州：杭州大学出版社，1990.12.—340页；大32开.—ISBN 7-81035-058-7：4.50元

纪念中华人民共和国建国四十周年·大庆油田发现三十周年论文选编/大庆市社会科学联合会编.—哈尔滨：黑龙江人民出版社，1990.2.—412页；32开.ISBN 7-207-01434-1：6.00元

纪念陈垣校长诞生110周年学术论文集：1880～1990/纪念陈垣校长诞生110周年筹委会编.—北京：北京师范大学出版社，1990.10.—530页；大32开.ISBN 7-303-01122-6：10.70元

吴真人学术研究文集/漳州吴真人研究会编；张国举主编.—厦门：厦门大学出版社，1990.10.—329页；32开.—（漳州地方历史丛书）.—ISBN 7-5615-0339-3：4.50元

何炳松论文集/刘寅生等编.—北京：商务印书馆，1990.2.—585页；大32开.—ISBN 7-100-00699-6：7.35元

本书所收文章包括历史、中国学术和文化、教育以及时事论述及杂著等方面的内容。

社会科学论文选/廉宝福等著.—延吉：延边人民出版社，〔1990〕.—631页；32开.—ISBN 7-80508-385-1：6.20元

张闻天东北文选/陈伯村主编；刘银雪，李占忠编.哈尔滨：黑龙江人民出版社，1990.7—303页；大32开.—ISBN 7-207-01507-0：6.20元

本书收入张闻天同志自1945年11月至1950年2月在东北工作时期的重要著作、讲话、电报等共50篇。

陈望道文集　第四卷/陈望道著；复旦大学语言研究室编.—上海：上海人民出版社，1990.12.—528页；大32开.—ISBN 7-208-00774-8：10.40元

周谷城文选/周谷城著.—沈阳：辽宁教育出版社，1990.8.—637页：彩照；大32开.—ISBN 7-5382-1129-2（精装）：11.00元

学习与创见：刊授党校优秀论文选/邹本仁主编.沈阳：辽宁人民出版社，1990.10.—434页；32开.ISBN 7-205-01621-5：4.60元

本书分政治篇、经济篇、思想篇、社会篇和干部篇。

学术论丛：文学·语言·新闻　第二辑/云南大学中文系编.—昆明：云南大学出版社，1990.10.—406页；32开.—ISBN 7-81025-082-5：5.50元

学苑采英/曹策问主编.—郑州：中州古籍出版社，1990.4.—327页；大32开.—ISBN 7-5348-0338-1：4.80元

这本论文集共收集有关政治学、经济学、文学、文字学、考古学、历史学、人类学、宗教学等方面的论文31篇。

探讨与争鸣/徐殿玖著.—哈尔滨：黑龙江教育出版社，1990.12—276页；32开.—ISBN 7-5316-1282-8：2.90元

探索之声/许川著.—成都：四川大学出版社，1990.12.—362页；大32开.—ISBN 7-5614-0351-8：4.50元

唯实：广东省委党校89届函大学员毕业论文选/黄守登主编.—广州：中山大学出版社，1990.9.—267

页；大32开.—ISBN 7-306-00350-X：3.60元

嵇文甫文集 （中）/嵇文甫著.—郑州：河南人民出版社，1990.11.—602页；大32开.—ISBN 7-215-00351-5（精装）：13.80元

黍离集/王垂芳著.—上海：三联书店上海分店，1990.11.—220页；32开.—ISBN 7-5426-0359-5：3.00元

廖承志文集/廖承志著；廖承志文集、传记编辑办公室编.—北京：人民出版社，1990.8.—2册（835页）：照片；大32开.—ISBN 7-01-000737-3（精装）：18.80元

潘梓年文集/《潘梓年文集》编辑组编.—南京：江苏人民出版社，1990.10.—375页；大32开.—ISBN 7-214-00552-?：6.10元

C539 杂著、杂文集

二毋室论学杂著/张汝舟著.—贵阳：贵州人民出版社，1990.3.—328页；大32开.—ISBN 7-221-01785-9：3.50元

门林集/（美）薛君度著.—北京：中国友谊出版公司，1990.1.—290页；32开.—ISBN 7-5057-0159-2：5.00元

本书收录薛君度教授近作20余篇，其中有回忆录、历史论文、游记、政论等。

王利器论学杂著/王利器著.—北京：北京师范学院出版社，1990.1.—547页；大32开.—ISBN 7-81014-204-6：9.00元

午间半小时：社会启示录/中央人民广播电台《午间半小时》节目组编.—兰州：甘肃人民出版社，1990.6.—296页；32开.—ISBN 7-226-00609-X：3.35元

《午间半小时》是中央人民广播电台1987年开办的融新闻性、知识性、服务性为一体的综合性节目。本书摘选了部分较为精彩的广播和少量报刊杂志上知识性、文艺性较强的文章，分编成《社会启示录》、《知识启示录》和《婚恋启示录》3册出版。

午间半小时：知识启示录/中央人民广播电台《午间半小时》节目组编.—兰州：甘肃人民出版社，1990.6.—264页；32开.—ISBN 7-226-00607-3：3.05元

午间半小时：婚恋启示录/中央人民广播电台《午间半小时》节目组编.—兰州：甘肃人民出版社，1990.6.234页；32开.—ISBN 7-226-00608-1：2.75元

C55 连续性出版物

中华文史论丛 第四十六辑/钱伯城主编.—上海：上海古籍出版社，1990.12.—278页；大32开.—3.00元

文史 第三十二辑/中华书局编辑部编.—北京：中华书局，1990.3.—344页；16开.—ISBN 7-101-00584-5：10.30元

文史 第三十三辑/中华书局编辑部编.—北京：中华书局，1990.10.—396页；16开.—ISBN 7-101-00616-7：11.75元

伴侣选译 （四）/王荣久主编.—北京：世界知识出版社，1990.10.—160页：图及照片；32开.—ISBN 7-5012-0321-0：2.00元

本书选译自苏联新闻社出版的《伴侣》杂志。

活页文史丛刊：1990年卷/周本淳主编.—郑州：中州古籍出版社，1990.6.—293页；大32开.—ISBN 7-5348-0343-8：4.00元

晋察冀画报：影印集/晋察冀文艺研究会等编.—影印本.—沈阳：辽宁美术出版社，1990.12.—2册（1534页）；16开.—包括华北解放区出版的画报画刊.—ISBN 7-5314-0874-0（精装）：245.00元

本影印集将1942年创刊的《晋察冀画报》到建国前夕出版的《天津画报》，编印成册。

博览文摘 （1）：婚恋大观/郭鸿等编.—桂林：漓江出版社，1990.8—261页；32开.—ISBN 7-5407-0567-1：3.35元

博览文摘 （2）：世情百态/文乾义等编.—桂林：漓江出版社，1990.1.—189页；32开.—ISBN 7-5407-0568-X：2.45元

博览文摘 （3）：商界风云/郭鸿等编.—桂林：漓江出版社，1990.8.—285页；32开.—ISBN 7-5407-0565-5：3.65元

博览文摘 （5）：海外世界/郭鸿等编.—桂林：漓江出版社，1990.8.—293页；32开.—ISBN 7-5407-0569-8：3.75元

C6 社会科学参考工具书

人文新词典/商戈令主编.—南昌：江西人民出版社，1990.8.—834页；大32开.—ISBN 7-210-00306-1（精装）：15.00元

本书收20世纪以来新创和新用的人文科学语词1720余条，分涉13个学科领域。

少年儿童文化知识词典/（美）E.D.布尔什主编；文平，海燕编译.—北京：社会科学文献出版社，1990.11.—331页；32开.—ISBN 7-80050-175-2：4.50元

中国思想宝库：五千年中国思想的第一部指南/姚鹏等主编；中国思想宝库编委会编.—北京：中国广播电视出版社，1990.9.—1368页；16开.—ISBN 7-5043-0400-X（精装）：54.00元

本书分16类100余目，涵括了中国历史上著名政治家、思想家、文学家、哲学家、军事家等名人有关哲学、道德、修养、政治、历史、经济等方面的重要论述。

文史哲学习辞典/蒋锡金主编.—长春：吉林文史出版社，1990.5.—1118页；16开.—ISBN 7-80528-

216-1(精装)：31.00元

世界新学科总览续编/金哲等主编.—重庆：重庆出版社，1990.8.—1364页；大32开.—ISBN 7-5366-116-2(精装)：20.90元

本书包括学科学、大系统论、空间学、微科学、逆仿生学、文化战略学、企业文化学、科学心理学等300余门新学科。

东方思想宝库/《东方思想宝库》编委会编.—北京：中国广播电视出版社，1990.8.—1345页；16开.—ISBN 7-5043-0401-8(精装)：54.00元

本书收集整理东方诸国古往今来的各类思想精华，着重概观了日本、印度、波斯、埃及、阿拉伯等文明古国的人文思想资料。

社会主义初级阶段党政干部工作手册/孟宪鹏主编.北京：中国社会出版社，1990.8.—637页；大32开.ISBN 7-80088-035-4：9.80元

社会科学学科辞典/张光忠主编.—北京：中国青年出版社，1990.10.—1167页；大32开.—ISBN 7-5006-0653-2(精装)：28.00元

青年文史知识手册/文皎主编.—兰州：甘肃教育出版社，1990.9.—392页；大32开.—ISBN 7-5423-0163-2：6.00元

经济社会管理知识全书/马洪，孙尚清主编.—2版.北京：中国发展出版社，1990.1.—4册；16开.—ISBN 7-80087-004-9(精装)：150.00元

政工师手册/赵文禄等主编.—北京：人民出版社，1990.12.—668页；32开.—ISBN 7-01-000869-8(精装)：10.00元

简明文史知识词典/李秉忠等主编.—西安：陕西人民出版社，1990.7.—797页；大32开.—ISBN 7-224 00686-6(精装)：16.50元

新编文史地辞典/蒋风主编.—杭州：浙江人民出版社，1990.12.—788页；大32开.—ISBN 7-213-00595-2(精装)：16.00元

C8　统计学

中国统计史略/刘叔鹤编著.—武汉：湖北人民出版社，1990.1.—387页；大32开.—ISBN 7-216-00523-6：5.50元

中国统计职能的理论与实践/国家统计局政策法规司编.—北京：中国统计出版社，1990.12.—277页；32开.—ISBN 7-5037-0510-8：5.30元

全国青年统计科学讨论会论文选集/郭毅，罗建国主编.—北京：中国统计出版社，1990.5.—220页；16开.—ISBN 7-5037-0413-6：7.00元

社会经济统计学原理/刁恒昌，李巨鹏主编.—哈尔滨：黑龙江人民出版社，1990.1.—320页；32开.ISBN 7-207-01477-5：3.90元

社会经济统计学原理/吴德义，郭毅主编.—北京：电子工业出版社，1990.10.—337页；32开.—ISBN 7-5053-1212-X：4.50元

社会经济统计学原理/陈继信主编.—北京：中国统计出版社，1990.5.—161页；32开.—统计人员岗位专业知识培训系列教材　供统计员培训用.—ISBN 7-5037-0409-8：1.85元

社会经济统计学原理/徐桂英，张文余主编.—沈阳：辽宁大学出版社，1990.3.—489页；大32开.ISBN 7-5610-0889-9：5.90元

社会经济统计学原理/倪永祥，萧传桂主编.—昆明：云南人民出版社，1990.2.—460页；32开.—ISBN 7-222-00607-9：6.00元

社会经济统计学原理自考必读/李朝鲜，李英民编著.—北京：中国统计出版社，1990.3.—294页；32开.—ISBN 7-5037-0397-0：3.60元

社会经济统计学原理应试指南/宋力编著.—大连：东北财经大学出版社，1990.10.—322页；32开.(会计学专业课应试指南丛书).—ISBN 7-81005-451-1：4.50元

社会经济统计学原理学习手册/胡健颖编著.—北京：北京大学出版社，1990.5.—235页；32开.—经济管理成人教育.—ISBN 7-301-01197-0：3.10元

社会经济统计学原理选择题500例/晏露蓉，黄序和编.—北京：中国统计出版社，1990.2.—163页；32开.—ISBN 7-5037-0334-9：3.00元

社会经济统计学原理疑难问题解析/任栋等编.—成都：西南财经大学出版社，1990.7.—288页；32开.ISBN 7-81017-255-7：2.95元

社会经济统计学基本理论和方法/马家善等主编.上海：复旦大学出版社，1990.7.—339页；大32开.ISBN 7-309-00518-X：4.50元

社会科学统计学/(美)夏普(Sharp，V.F.)著；王崇德译.—北京：科学技术文献出版社，1990.2.—462页；32开.—ISBN 7-5023-0955-1：8.30元

书名原文：Statisties for the Scocial Sciences

实用统计学原理/北京财会学校编；严宝山主编.哈尔滨：黑龙江科学技术出版社，1990.9.—380页；32开.—ISBN 7-5388-1254-7：4.40元

实验统计学/(美)玛·吉·纳特雷拉著；毛镇道，蒋子刚译.—上海：上海翻译出版公司，1990.12.—448页；16开.—(现代概率统计丛书).—ISBN 7-80514-334-X：15.50元

统计工作理论与实践/赖家棋，曹光四主编.—海口：海南出版公司，1990.12.—369页；大32开.—ISBN 7-80570-458-4：4.30元

统计文章摘编：1989年/《统计研究》编辑部等编.

北京：中国统计出版社，1990.5.—275页；大32开. ISBN 7-5037-0416-0：4.50元

统计学/李协和主编.—南昌：江西科学技术出版社.1990.7.—484页；大32开.—ISBN 7-5390-0333-2：8.00元

统计学/钱伯海，黄良文主编.—成都：四川人民出版社，1990.7.—148页；32开.—高等学校财经类专业核心课程教学大纲.—ISBN 7-220-00982-8：1.67元

统计学应用指南/美国统计协会，美国数学教师理事会联合委员会主编；陈湛匀译.—上海：上海人民出版社，1990.2.—558页；大32开.—ISBN 7-208-00641-5：9.75元

统计学原理/王连香主编.—天津：天津社会科学院出版社，1990.8.—424页；32开.—ISBN 7-80563-062-3：5.60元

统计学原理/全国二十所高等院校编；孙文生主编.—北京：学苑出版社，1990.8.—480页；32开. ISBN 7-5077-0098-4：4.80元

统计学原理/杨宏义主编.—长春：吉林大学出版社，1990.7.—447页；32开.—ISBN 7-5601-0545-9：5.50元

统计学原理/肖缀新等主编.—南昌：江西科学技术出版社，1990.9.—388页；32开.—成人高校教材. ISBN 7-5390-0361-8：4.50元

统计学原理/何明海，梁登惠编.—北京：兵器工业出版社，1990.2.—487页；32开.—ISBN 7-80038-100-5：3.00元

统计学原理/周爱民编著.—北京：中国建筑工业出版社，1990.12.—249页；16开.—ISBN 7-112-01244-9：6.00元

统计学原理/贺昌祯主编.—北京：机械工业出版社，1990.6.—449页；32开.—机械电子工业部机电行业专业管理人员岗位培训教材.—ISBN 7-111-02167-3：8.30元

统计学原理/徐永锦等编著.—北京：中国农业科技出版社，1990.7.—351页；32开.—ISBN 7-80026-198-0：5.20元

统计学原理教程/陈汉章主编.—成都：西南财经大学出版社，1990.3.—531页；32开.—ISBN 7-81017-198-9：4.95元

统计学原理解题方法/游玲杰编著.—西安：陕西人民教育出版社，1990.7.—303页；32开.—ISBN 7-5419-1682-X：3.65元

统计学基础/《统计学基础》编写组编.—北京：中国财政经济出版社，1990.8.—251页；大32开.—高等财经专科学校试用教材.—ISBN 7-5005-1068-3：1.80元

统计学基础知识/阎洪泉主编.—北京：中国商业出版社,1990.6.—381页；32开.—ISBN 7-5044-0591-4：3.25元

统计学概论/钟伯烈，于洪彦主编.—长春：吉林人民出版社，1990.3.—350页；32开.—ISBN 7-206-00705-8：4.10元

统计学解题分析/蒋琳主编.—南京：江苏科学技术出版社，1990.12.—370页；32开.—ISBN 7-5345-1081-3：4.50元

统计原理/《统计原理》编写组编著.—大连：东北财经大学出版社，1990.9.—274页；32开.—全国财政系统职工中等专业学校试用教材.—ISBN 7-81005-221-7：2.80元

统计原理与工业统计/张宗震编著.—西安：西安电子科技大学出版社，1990.6.—304页；16开.—中等专业学校教材.—ISBN 7-5606-0122-7：3.50元

统计原理习题案例集/《统计原理习题案例集》编写组编.—北京：中国金融出版社，1990.7.—160页；32开.—中等银行学校辅助教材.—ISBN 7-5049-0577-1：2.00元

统计博览/彭军主编.—武汉：武汉工业大学出版社，1990.9.—434页；16开.—ISBN 7-5629-0405-7：14.50元

本书介绍了统计的起源与发展；统计的学派及其演变；统计的理论与实践；统计的计算手段及分析手段；统计的学术研究成果及重大的统计事件；统计机构及统计知名人物。

新编社会经济统计学原理/刘厚甫等主编.—北京：北京经济学院出版社，1990.9.—442页；大32开. ISBN 7-5638-0171-5：6.10元

《新编社会经济统计学原理》习题集/刘厚甫，黄书田主编.—北京：北京经济学院出版社，1990.11. 231页；大32开.—ISBN 7-5638-0206-1：3.30元

C81 统计方法

成分数据的统计分析/（英）J.艾奇逊著；周蒂等译.—武汉：中国地质大学出版社，1990.6.—252页；16开.—ISBN 7-5625-0391-5：3.35元

怎能利用统计撒谎/（美）哈夫（Huff, D.）著；（美）盖斯（Geis, I.）插图；沈恩杰，马世宽译.—北京：中国统计出版社，1989.11.—121页；32开.—ISBN 7-5037-0304-0：1.90元

书名原文：How to Lie With Statistics

统计决策原理/杨曾武编著.—上海：上海人民出版社，1990.8.—251页；32开.—（现代统计知识丛书/李成瑞主编）.—ISBN 7-208-00281-9：3.95元

统计预测/王庆田，陈元俊主编.—沈阳：东北工学院出版社，1990.5.—315页；32开.—高等学校教材.—ISBN 7-81006-223-9：2.25元

统计预测/涂德服编著.—成都：西南财经大学出版社，1990.10.—546页；32开.—ISBN 7-81017-239-5：3.55元

统计预测：方法与应用/易丹辉编著.—北京：中国人民大学出版社，1990.11.—318页；大32开.—ISBN 7-300-00870-4：4.60元

统计预测原理/杨曾武编著.—北京：中国财政经济出版社，1990.3.—528页；32开.—ISBN 7-5005-0690-2：6.00元

基本统计方法手册/（美）考克斯（Cox，C.P.）著；吕乃刚，林举午译.—上海：上海科学技术出版社；美国：约翰·威利父子出版公司.1990.11.270页；大32开.—ISBN 7-5323-1647-5：5.25元

C811　统计调查

论统计监督/国家统计局政策法规司编.—北京：中国统计出版社，1990.2.—376页；32开.—ISBN 7-5037-0370-9：5.30元

抽样理论与实践/龚鉴尧编著.—北京：中国统计出版社，1990.1.—221页；大32开.—ISBN 7-5037-0394-6：4.00元

本书收入作者有关抽样调查方面的文章17篇。

试验统计手册/刘醒亚编译.—北京：机械工业出版社，1990.2.—144页；32开.—ISBN 7-111-01880-X：4.20元

C812　统计分析

统计分析/孙传忠等编.—北京：海洋出版社，1990.9.—174页；32开.—粮农统计培训教材.—ISBN 7-5027-1247-X：3.50元

统计分析与写作/章钟基编著.—北京：中国统计出版社，1990.4.—172页；32开.—ISBN 7-5037-0381-4：2.25元

统计分析方法/李凤科等编.—北京：机械工业出版社，1990.1.—207页；32开.—ISBN 7-111-02214-9：3.50元

统计分析导论/何平编著.—北京：中国统计出版社，1990.4.—401页；32开.—ISBN 7-5037-0371-7：4.50元

统计分析报告的写作技巧/张绍慎编著.—北京：中国统计出版社，1990.12.—203页；大32开.—ISBN 7-5037-0526-4：6.00元

统计分析的基本理论、方法与实例/吴汉炎主编.北京：经济科学出版社，1990.7.—314页；32开.ISBN 7-5058-0279-8：3.80元

基层统计分析写作理论与实践/张本勃主编.—北京：中国财政经济出版社，1990.11.—378页；32开.—ISBN 7-5005-1289-3：4.20元

基层统计分析征文选/九省市统计杂志编辑部编.南京：江苏人民出版社，1990.4.—241页；32开.ISBN 7-214-00422-4：3.50元

C83　世界各国统计资料

国际经济和社会统计提要：1989/国家统计局国际统计信息中心编.—北京：中国统计出版社，1990.3.—336页；大32开.—ISBN 7-5037-0351-2：5.80元

C832　中国统计资料

中国社会统计资料：1990/国家统计局社会统计司编.—北京：中国统计出版社，1990.5.—340页；大32开.—ISBN 7-5037-0378-4：6.00元

中国城市统计年鉴：1990/国家统计局城市社会经济调查总队编.—北京：中国统计出版社，1990.8.760页；16开.—ISBN 7-5037-0483-7（精装）：36.00元

中国统计年鉴：1990/国家统计局编.—北京：中国统计出版社，1990.8.—871页；16开.—ISBN 7-5037-0448-9（精装）：34.00元

全国各省、自治区、直辖市历史统计资料汇编：1949～1989/国家统计局综合司编.—北京：中国统计出版社，1990.8.—948页；16开.—ISBN 7-5037-0480-2（精装）：40.00元

C832.1/.7　各地区统计资料

上海统计年鉴：1990/上海市统计局编.—北京：中国统计出版社，1990.7.—441页；16开.—ISBN 7-5037-0452-7（精装）：28.00元

山东统计年鉴：1990/山东省统计局编.—北京：中国统计出版社，1990.6.—628页；16开.—ISBN 7-5037-0453-5（精装）：40.00元

山西小城镇概览/山西省统计局，山西省财政厅编.—北京：中国统计出版社，1990.2.—840页；大32开.—ISBN 7-5037-0386-5：18.00元

本书编辑范围为398个农村集镇和工矿区集镇，内容包括人口、土地面积、工业、农业、商业和文教卫生、财政等方面的基本数字，及人文地理概况、经济发展现状等文字介绍。

山西统计年鉴：1990/山西省统计局编.—北京：中国统计出版社，1990.8.—850页；16开.—ISBN 7-5037-0502-7（精装）：43.00元

广东省统计年鉴：1990/广东省统计局编.—北京：中国统计出版社，1990.8.—574页；大32开.—ISBN 7-5037-0458-6（精装）

广西统计年鉴：1990/广西壮族自治区统计局编.

北京：中国统计出版社，1990.8.—540页；16开.ISBN 7-5037-0468-3（精装）：29.50元

广州统计年鉴：1990/广州市统计局编.—北京：中国统计出版社，1990.6.—595页；大32开.—ISBN 7-5037-0425-X（精装）：22.00元

天津统计年鉴：1990/天津市统计局编.—北京：中国统计出版社，1990.8.—491页；16开.—ISBN 7-5037-0470-5（精装）：49.50元

云南统计年鉴：1990/云南省统计局编.—北京：中国统计出版社，1990.5.—646页；16开.—ISBN 7-5037-0435-7（精装）：37.00元

内蒙古统计年鉴：1990/内蒙古自治区统计局编.北京：中国统计出版社，1990.8.—638页；16开.ISBN 7-5037-0471-3（精装）：41.00元

玉溪地区统计志/云南省玉溪地区行政公署统计处编纂.—昆明：云南民族出版社，1990.12.—320页；32开.—（玉溪地区方志丛书）.—ISBN 7-5367-0360-0：5.50元

甘肃统计年鉴：1990/甘肃省统计局编.—北京：中国统计出版社，1990.9.—859页；大32开.—ISBN 7-5037-0498-5（精装）：20.00元

北京四十年：1949～1989：社会经济统计资料/北京市统计局编.—北京：中国统计出版社，1990.4.633页；16开.—ISBN 7-5037-0395-4（精装）

北京社会经济统计年鉴：1990/北京市统计局编.北京：中国统计出版社，1990.8.—814页；16开.ISBN 7-5037-0445-4（精装）：48.00元

四川统计年鉴：1990/四川省统计局编.—北京：中国统计出版社，1990.9.—614页；16开.—ISBN 7-5037-0487-X（精装）：38.00元

宁夏统计年鉴：1990/宁夏回族自治区统计局编.北京：中国统计出版社，1990.8.—607页；16开.ISBN 7-5037-0477-2（精装）：39.00元

吉林社会经济统计年鉴：1990/吉林省统计局编.北京：中国统计出版社，1990.7.—635页；16开.ISBN 7-5037-0465-9（精装）：42.00元

吉林城市统计年鉴：1990/吉林省统计局编.—北京：中国统计出版社，1990.8.—378页；16开.—ISBN 7-5037-0482-9（精装）：32.00元

西藏社会经济统计年鉴：1990/西藏自治区统计局编.—北京：中国统计出版社，1990.10.—510页；16开.—ISBN 7-5037-0507-8（精装）：35.00元

华东地区统计年鉴：1990/华东地区统计信息网络编.—北京：中国统计出版社，1990.8.—424页；16开.—ISBN7-5037-0440-3：21.00元

江西统计年鉴：1990/江西省统计局编.—北京：中国统计出版社，1990.8.—622页；16开.—ISBN 7-5037-0441-1（精装）：31.50元

江苏统计年鉴：1990/江苏省统计局编.—北京：中国统计出版社，1990.7.—411页；大32开.—ISBN 7-5037-0421-7：13.00元

安徽统计年鉴：1990/安徽省统计局编.—北京：中国统计出版社，1990.6.—693页；16开.—ISBN 7-5037-0443-8（精装）：48.00元

苏州统计年鉴：1990/苏州市统计局编.—北京：中国统计出版社，1990.6.—329页；大32开.—ISBN 7-5037-0422-5：17.00元

吴忠统计年鉴：1990/吴忠市统计局编.—银川：宁夏人民出版社，1990.6.—499页；16开.—ISBN 7-227-00593-3（精装）：15.00元

青海省社会经济统计年鉴：1990/青海省统计局编.北京：中国统计出版社，1990.8.—557页；16开.ISBN 7-5037-0469-1（精装）：38.00元

河南城市统计年鉴：1990/河南省城市社会经济调查队编.—北京：中国统计出版社，1990.9.—460页；16开.—ISBN 7-5037-0493-4（精装）：28.00元

陕西统计年鉴：1990/陕西省统计局编.—北京：中国统计出版社，1990.8.—503页；16开.—ISBN 7-5037-0494-2（精装）：37.00元

贵州统计年鉴：1990/贵州省统计局编.—北京：中国统计出版社，1990.7.—340页；16开.—ISBN 7-5037-0463-2（精装）：27.00元

重庆统计年鉴：1990/重庆市统计局编.—北京：中国统计出版社，1990.7.—246页；16开.—ISBN 7-5037-0447-0：15.00元

济南统计年鉴：1990/济南市统计局编.—北京：中国统计出版社，1990.9.—537页；大32开.—ISBN 7-5037-0496-9：22.00元

统计资料手册：1990/《福建统计年鉴》编辑部编.北京：中国统计出版社，1990.4.—101页；48开.ISBN 7-5037-0404-7：4.00元

本手册是《福建统计年鉴》的提要本。

桂林统计年鉴：1990/桂林市统计局编.—北京：中国统计出版社，1990.7.—699页；大32开.—ISBN 7-5037-0450-0（精装）：28.50元

浙江统计年鉴：1990/浙江省统计局编.—北京：中国统计出版社，1990.6.—547页；16开.—ISBN 7-5037-0434-9（精装）：38.00元

海南统计年鉴：1990/海南省统计局编.—北京：中国统计出版社，1990.9.—760页；大32开.—ISBN 7-5037-0484-5（精装）：38.50元

湖北统计年鉴：1990/湖北省统计局编.—北京：中国统计出版社，1990.7.—491页；16开.—ISBN 7-5037-0430-6（精装）：32.00元

湖南统计年鉴：1990/湖南省统计局编.—北京：中

国统计出版社，1990.8.—444页；16开.—ISBN 7-5037-0464-0（精装）：29.50元

新疆生产建设兵团统计年鉴：1990/《新疆生产建设兵团统计年鉴》编辑委员会编.—北京：中国统计出版社，1990.7.—591页；16开.—ISBN 7-5037-0462-4（精装）：50.00元

新疆统计年鉴：1990/新疆维吾尔自治区统计局编.—北京：中国统计出版社，1990.7.—669页；16开.—ISBN 7-5037-0472-1（精装）：40.00元

福建统计年鉴：1990/福建省统计局编.—北京：中国统计出版社，1990.6.—532页；大32开.—ISBN 7 5037-0433-0（精装）：19.00元

C91 社会学

工业社会学/符祥青主编.—广州：中山大学出版社，1990.3.—347页；32开.—ISBN 7-306-00290-2：5.90元

中国宏观社会学/程继隆著.—长春：长春出版社，1990.11.—470页；32开.—ISBN 7-80573-337-6：7.50元

论理论社会学/（美）默顿（Merton，R.K.）著；何凡兴等译.—北京：华夏出版社，1990.12.223页；大32开.—（二十世纪文库）.—ISBN 7-80053-210-0：5.20元

书名原文：On Theoretical Sociology

社会学/董驹翔主编.—哈尔滨：黑龙江人民出版社，1990.12.—370页；大32开.—ISBN 7-207-01911-4：6.20元

社会学/（苏）沙赫纳札罗夫主编；张秉衡译.—北京：人民教育出版社，1990.9.—342页；大32开.ISBN 7-107-10422-5：4.50元

书名原文：Обществоведение

社会学 上册/（美）罗伯逊（Robertson，I.）著；黄育馥译.—北京：商务印书馆，1990.6.—452页；大32开.—ISBN 7-100-00695-3：5.30元

书名原文：Sociology

社会学百科辞典/袁方主编.—北京：中国广播电视出版社，1990.11.—965页；大32开.—ISBN 7-5043-0443-3（精装）：17.50元

社会学导论/（美）科塞（Coser，L.A.）等著；杨心恒等译.—天津：南开大学出版社，1990.6.687页；大32开.—ISBN 7-310-00246-6：4.90元

书名原文：Introduction to Sociology

社会学原理/巩存忠主编.—太原：山西人民出版社，1990.6.—285页；32开.—ISBN 7-203-01683-8：2.95元

社会学原理/刘长兴等主编.—长春：吉林人民出版社，1990.5.—281页；大32开.—ISBN 7-206-00761-9：3.60元

社会学原理/奚从清，沈赓方主编.—2版.—杭州：浙江大学出版社，1990.6.—388页；32开.—ISBN 7-308-00139-4：4.40元

本书1989年4月第1版。

社会学原理百题问答/顾涧清等编著.—北京：中国社会出版社，1989.12.—120页；32开.—ISBN 7-80088-084-2：1.20元

社会学基础教程/张世文，韦克难主编.—成都：四川人民出版社，1990.2.—349页；大32开.—ISBN 7-220-00666-7：4.10元

社会学概论/王青山主编.—济南：黄河出版社，1990.8.—405页；大32开.—ISBN 7-80558-195-9：3.85元

社会学概论/夏海勇主编.—南京：南京大学出版社，1990.3.—301页；32开.—全国计划生育中等专业学校试用教材.—ISBN 7-305-00679-3：3.60元

社会学概论/雷安平主编.—长沙：湖南师范大学出版社，1990.3.—374页；大32开.—ISBN7-81031-004-6：4.35元

青年社会学/邢国海，张福生主编.—徐州：中国矿业大学出版社，1990.9.—268页；32开.—（青年教育丛书/罗承选，陈勇主编）.—ISBN 7-81021-441-1：3.20元

城乡和边区发展的思考/费孝通著.—天津：天津人民出版社，1990.3.—264页；大32开.—（社会学丛书）.—ISBN 7-201-00255-4：3.50元

科学社会学/刘珺珺著.—上海：上海人民出版社，1990.1.—293页；大32开.—（新学科丛书）.—ISBN 7-208-00650-4：5.45元

科学社会学教程：理论与方法/何亚平主编.—杭州：浙江大学出版社，1990.1.—295页；大32开.高等学校教学用书.—ISBN 7-308-00265-9：2.30元

理论社会学/王继编著.—西安：陕西师范大学出版社，1990.8.—288页；32开.—ISBN 7-5613-033 7-8：4.00元

本书以社会要素、社会形式、社会运行、社会治理4大部分为结构，组合排列了传统研究的12章内容。

普通社会学/章人英主编.—上海：上海教育出版社，1990.4.—512页；32开.—ISBN 7-5320-1767-2：4.35元

新编社会学/王福海等主编.—石家庄：河北人民出版社，1990.10.—505页；大32开.—ISBN 7-202-00799-1：6.50元

新编社会学教程/孙立人等主编.—北京：北京邮电学院出版社，1990.6.—335页；32开.—ISBN 7-5635-0030-8：4.00元

新编简明社会学/孙鼎重，沈东生主编.—哈尔滨：哈尔滨工业大学出版社，1990.3.—243页；32开.

ISBN 7-5603-0254-8：3.00元

C91-06　学派及其研究

人生各阶段分析/(美)伯杰(Berger，P.)，伯杰(Berger，B.)著；李中泽译.—北京：光明日报出版社，1990.11.—226页；32开.—ISBN 7-80014-788-6：2.80元

日常接触/(美)欧文·戈夫曼著；徐江敏，丁晖译.—北京：华夏出版社，1990.7.—144页；大32开.—(二十世纪文库).—ISBN 7-80053-585-1：3.25元

本书是运用符号互动理论对以往的社会学理论以及当前的纷杂的社会现象所进行的考察验证和补充。

社会学思想名家：历史背景和社会背景下的思想/(美)科瑟(Coser，L.A.)著；石人译.—北京：中国社会科学出版社，1990.7.—664页；大32开.—ISBN 7-5004-0613-4：10.75元

书名原文：Masters of Sociological Thought

C912　社会结构和社会关系

人性因素·生存环境：组织社会学/方向新等编著.—上海：知识出版社，1990.5.—264页；大32开·(现代化知识文库；4/倪海曙主编).—ISBN 7-5015-5420-X：3.89元

社会主义人际交往道德要论/张宏轩等主编.—济南：山东人民出版社，1990.10.—372页；32开.—ISBN 7-209-00753-9：4.60元

社会交往论/吴建庄等主编.—开封：河南大学出版社，1990.4.—284页；大32开.—ISBN 7-81018-457-1：3.60元

C912.1　人际关系、角色理论

人生交际术/李岩龄著.—天津：天津人民出版社，1990.2.—289页；32开.—ISBN 7-201-00447-6：3.70元

人际、公共关系成功的逻辑艺术/冯景国著.—北京：北京师范大学出版社，1990.6.—264页；32开.(逻辑应用多视角丛书/苏越主编).—ISBN 7-303-00875-6：3.55元

人际心理与社交技巧/(美)史蒂夫·达克著；冯增俊等译.—广州：科学普及出版社广州分社，1990.2.—182页；32开.—ISBN 7-110-01348-0：2.80元

人际交往的艺术与技巧/(美)吉布林著；张晓，韩虹译.—南宁：广西人民出版社，1990.6.—179页；32开.—ISBN 7-219-01590-9：2.20元

人际关系方程式：用公式开拓你的人生/(日)中松义郎著；李相哲，郭美兰译.—桂林：漓江出版社，1990.1.—200页；32开.—ISBN 7-5407-0527-2：2.50元

本书根据具体的问题，列出了企业、公司、夫妇、父母与子女、朋友、邻里以及男女间的人际关系方程式，以有利于协调和改善人际关系。

人际关系学/郑永廷主编.—2版.—北京：中国青年出版社，1990.10.—280开；32开.—(青年文库：新编本；8).—ISBN 7-5006-0104-2：3.10元

本书1988年1月第1版。

人际制胜策略/(美)卡纳奈著；甘子译.—深圳：海天出版社，1990.12.—197页；32开.—ISBN 7-80542-259-1：2.90元

本书收集了世界名人的有趣轶事，从中引出了处世方法与策略，使人们知道世界成功人士如何处理人事的种种问题。

人格、交际与成功/陈确编译.—大连：大连出版社，1989.11.—169页；32开.—(人生社会与人际关系丛书).—ISBN 7-80555-052-2：2.50元

本书介绍了人际关系中的竞争原则及人际关系与人生成功的秘诀。

了解和理解他人：洞察妙术百图解/白路之编著.北京：中国经济出版社，1990.4.—155页；32开.ISBN 7-5017-0567-4：2.50元

与人合作的秘诀/(美)康克琳(Conklin，R.)著；王新华译.—北京：新华出版社，1990.6.186页；32开.—(青年新知丛书).—ISBN 7-5011-0630-4：2.30元

书名原文：How to get People to do Things

上下之间：人际关系的金钥匙/(英)帕金森(Parkinson，C.N.)，(印)拉斯托姆吉(Rustomji，M.K.)著；刘桂琴，许德法译.—太原：山西人民出版社，1990.12.—98页；32开.—(人与管理丛书).—ISBN 7-203-01723-0：2.00元

开心秘方/陈萍，晓杭编.—北京：轻工业出版社，1990.12.—280页；32开.—ISBN 7-5019-0914-8：4.20元

为人处世/陈秀虹编.—广州：广东高等教育出版社，1990.12.—176页；32开.—ISBN 7-5361-0598-3：2.80元

心领神会：迅速理解他人传递的信息/戴文编著.—北京：中国城市经济社会出版社，1990.5.152页；32开.—ISBN 7-5074-0309-2：2.15元

巧妙结识新朋友——如何打动对方并使其无疑地崇拜你/乐群编译.—北京：旅游教育出版社，1990.7.—144页；32开.—ISBN 7-5637-0206-7：2.10元

古人言谈交际的艺术/侯占虎，何大中著.—长春：吉林文史出版社，1990.9.—216页；32开.—ISBN 7-80528-298-0：3.40元

处世小学问/金峰编著.—北京：农村读物出版社，1990.3.—95页；32开.—（最佳生活技巧丛书/韩振峰主编）.—ISBN 7-5048-1228-5：1.50元

本书从90多个方面介绍了待人处世的艺术和经验。

处世奇术：使你更具魅力/（美）罗伯特·葛林著；台湾人间制作群编译.—北京：中国友谊出版社，1990.3.—222页；32开.—ISBN 7-5057-0268-8：2.90元

处世奇术：赢得友谊和影响力/（美）卡耐基著；李文英译.—北京：中国友谊出版公司，1990.3.—193页；32开.—ISBN 7-5057-0267-X：2.80元

处世ABC/信真著.—石家庄：河北少年儿童出版社，1990.3.—125页；32开.—（当代少男少女丛书）.—ISBN 7-5376-0506-8：1.40元

生活口才学/李言午编译.—深圳：海天出版社，1990.12.—211页；32开.—ISBN 7-80542-236-2：2.95元

白领关系学/（英）玛容·泰索著；刘俊岐译.—广州：广东旅游出版社，1990.12.—151页；32开.（现代生活丛书）.—ISBN 7-80521-158-2：2.40元

交友之道/（美）卡内基著；孔岩，张丹郎译.—北京：三联书店，1990.6.—333页；32开.—（大众文库）.—ISBN 7-108-00255-8：5.00元

交际语言技巧/冯歌阳编著.—广州：暨南大学出版社，1990.10.—166页；32开.—ISBN 7-81029-051-7：2.80元

交谈的艺术：美国《读者文摘》专集/欧阳俊林等译.—合肥：安徽科学技术出版社，1990.9.—192页；36开.—ISBN 7-5337-0568-8：3.05元

尽诉衷情：充分表达七情六欲/郑燕平，大陆编著.—北京：中国城市经济社会出版社，1990.5.154页；32开.—（人生哲理丛书；第2辑）.—ISBN 7-5074-0273-8：2.15元

本书用社会心理学的方法指出人们表达情感与思想的契机与良策。

如何化阻力为助力：化难为易十五法则/（日）桑名一央著；尚砚译.—厦门：鹭江出版社，1990.6.142页；32开.—（开拓者丛书）.—ISBN 7-80533-308-4：2.00元

如何建立人际关系/蔡德明编著.—2版.—郑州：中州古籍出版社，1990.12.—350页；32开.—ISBN 7-5348-0066-8：3.25元

如何"推销"自己/（日）多湖辉著；史夫，宾仁译.—南宁：广西民族出版社，1990.3.—177页；32开.—ISBN 7-5363-0526-5：2.20元

男子汉的社交/林国灿著.—北京：农村读物出版社，1990.6.—36页；大32开.—（男子汉丛书）·ISBN 7-5048-1161-0：1.10元

伸出你的手：做一个成功的交际家/（　）布莱恩·戈斯著；邢少红译.—北京：中国国际广播出版社，1990.12.—229页；32开.—ISBN 7-80035-690-6：3.00元

社交/高曼媛编著.—南宁：广西民族出版社，1990.11.—172页；36开.—（当代青年文化娱乐丛书；第二辑；7/杜云，陈运祐主编）.—ISBN 7-5363-1019-6：2.10元

现代人际心理学/曹立安等编著.—北京：中国广播电视出版社，1990.7.—197页；32开.—（公共关系丛书/李慰怡，徐军齐主编）.—ISBN 7-5043-0414-X：3.10元

现代人际交往学/朱晓平，周峰著.—厦门：鹭江出版社，1990.7.—374页；32开.—ISBN 7-80533-272-X：4.50元

现代人的绝招/卢仕严著.—桂林：漓江出版社，1990.11.—206页；32开.—ISBN 7-5407-0595-7：2.50元

本书分：你将拥有绝招、一眼看穿别人的诡计、教你识破骗术、巧妙的致胜语言、叫绝的广告术、神奇的推销术、高超的致富之道、无声的竞争8章。

青年人社交礼仪/汤启贤著.—北京：中国友谊出版社，1990.2.—214页；32开.—ISBN 7-5057-0263-7：3.20元

学会处理人际关系/蔡峰，李祥杰著.—上海：少年儿童出版社，1990.2.—94页；32开.—（少年信箱；4）.—ISBN 7-5324-0448-X：1.00元

话说私人秘密/（美）薄拉克著；高峰强，王本法编译.—上海：上海文化出版社，1990.6.—158页；32开.—（五角丛书；第十辑）.—ISBN 7-80511-327-0：1.50元

本书针对有的人不懂如何保护私人秘密，有的则过于掩饰内心世界等心理现象，从"适当掩饰你的内心"、"适当渲泄你的内心"、"处理秘密的基本方式"等方面介绍了有趣而实用的知识。

降人术：如何与难以交道的人打交道/于秀臣等译.—大连：大连出版社，1990.1.—171页；32开.ISBN 7-80555-177-4：2.55元

怎样与人交往/蒋有慧，胡定南编著.—南昌：江西教育出版社，1990.3.—113页；32开.—（中学生知识丛书/黄定元，张希仁主编）.—ISBN 7-5392-0843-0：1.03元

怎样与难以相处的人打交道/（美）布拉姆斯（Bramson，R.M.）著；王波译.—北京：新华出版社，1990.6.—244页；32开.—（青年新知丛书）.—ISBN 7-5011-0631-2：3.15元

书名原文：Coping With Difficult People

怎样做一个讨人喜欢的人/（日）诧磨武俊著；林秋硕等编译.—北京：学苑出版社，1990.9.—128

页；32开.—ISBN 7-80060-509-4：1.90元

待人的艺术/小燕编著.—广州：广东旅游出版社，1990.6.—210页；32开.—（现代生活丛书）.—ISBN 7-80521-176-0：2.90元

说干就干：如何改正你的拖拉毛病/（美）布利斯（Bliss，E.C.）著；聂建军译.—北京：新华出版社，1990.6.—104页；32开.—（青年新知丛书）.ISBN 7-5011-0629-0：1.40元

书名原文：Doing It Nowpublished by Arrangemnetwith

祝你成功：社交中的语言艺术及技巧/（美）尤金纳·欧尔里克，吉纳·阿·霍斯著；姚文振编译.兰州：兰州大学出版社，1990.3.—138页；32开.ISBN 7-311-00296-6：1.58元

能说会道：心灵沟通36法/伟毅著.—北京：农村读物出版社，1990.9.—77页；32开.—ISBN 7-5048-1438-5：1.50元

本书选择了一些具体事例，从心理学的角度，探讨了如何成功地处理人际关系。

通情达理：上司与下级的人际关系/刘国彬，王志宏著.—北京：光明日报出版社，1990.5.—339页；32开.—（一把金钥匙丛书）.—ISBN 7-80014-733-9：4.00元

第一次交友、择偶、热吻……：微观交往艺术/李超元著.—天津：天津科学技术出版社，1990.6.208页；32开.—ISBN 7-5308-0765-X：2.80元

本书内容涉及一般朋友交往、恋爱交往、夫妻交往、家庭人际交往几个方面。

随机应变/维嘉等编著.—石家庄：河北科学技术出版社，1990.8.—237页；32开.—ISBN 7-5375-0468-5：3.20元

本书举出大量随机应变的事例，其中多是充满机智的正面事例，也列举了一些诸如权术之类的反面事例。

最初5分钟：洽谈业务、推销商品、求职面试走向成功之道/（美）金（King，N.）著；万明玉译.上海：上海译文出版社，1990.8—222页；32开.（广角译丛）.—ISBN 7-5327-0975-2：2.65元

简明人际关系学/王滨有，赵宗英主编.—北京：人民邮电出版社，1990.12.—231页；32开.—ISBN 7-115-04436-8：3.75元

微妙的人际关系/（日）桥口寿人，麻生琉璃著；钱志新等译.—南京：江苏美术出版社，〔1990〕.—135页：图；32开.—（图解日本企业管理丛书；1）.—ISBN 7-5344-0131-3：2.50元

本书对人们社会日常生活的交往、人际关系的相处中的言论、举止、礼仪、风度等各个方面做了阐述。

愿你喜欢我：处世艺术与婚恋心理/曹正文著.—上海：上海科学普及出版社，1990.11.—206页；32开.—ISBN 7-5427-0344-7：2.80元

稳操胜券：破译人际关系的密码/任容君著.—北京：中国城市经济社会出版社，1990.5.—196页；32开.—（人生哲理丛书；第二辑）.—ISBN 7-5074-0341-6：2.70元

C912.3 社会关系、社会制约

人生大学问：一位著名公关大师对成功与失败的回顾/（美）伍德（Wood，R.J.）著；马殿君，张光译.—北京：学苑出版社，1990.10.—287页；32开.ISBN 7-5077-0202-2：3.90元

人事交谈艺术/耿彭年，赵路保编著.—南京：江苏教育出版社，1990.4.—348页；32开.—ISBN 7-5343-1018-0：3.15元

口语交际艺术与技巧/李仲师著.—长春：长春出版社，1990.12.—319页；大32开.—ISBN 7-80573-414-3：5.40元

中国民间社交通用全书/杨帆，林啸主编.—南宁：广西人民出版社，1990.8.—522页；32开.—ISBN 7-219-01640-9：5.50元

中国实用公关咨询大全/郑崇田主编.—长春：吉林大学出版社，1990.9.—523页；大32开.—ISBN 7-5601-0604-8：8.70元

公共关系入门/李振芬等编著.—呼和浩特：内蒙古人民出版社，1990.2.—331页；大32开.—ISBN 7-204-00909-6：4.50元

公共关系与人体语言/柯廉等编著.—北京：中国广播电视出版社，1990.7.—240页；32开.—（公共关系丛书/李慰怡，徐军齐主编）.—ISBN 7-5043-0415-8：3.65元

公共关系手册/王洪宝，张格元主编.—北京：中国财政经济出版社，1990.12.—394页；大32开.—ISBN 7-5005-1093-4：6.00元

公共关系心理学/杨志芳著.—长沙：湖南文艺出版社，1990.8.—516页；32开.—（当代公共关系学丛书/钟文，熊源伟主编）.—ISBN 7-5404-0551-1：6.00元

公共关系百题释疑/吴勤堂等编著.—北京：中国经济出版社，1990.1.—110页；32开.—ISBN 7-5017-0482-1：2.10元

公共关系设计学纲要/严兴福等编著.—上海：上海科学普及出版社，1990.9.—175页；32开.—ISBN 7-5427-0347-1：2.90元

公共关系的基本理论与实用技巧/张钦主编；王春等编著.—北京：中国国际广播出版社，1990.8.151页；32开.—ISBN 7-80035-631-0：3.45元

公共关系实务与公共关系人员/亢淑芬等编著.—上海：上海科学技术文献出版社，1990.7.—122页；32开.—ISBN 7-80513-588-6：2.20元

本书以公共工作为中心，介绍国内外挑选公关人员的标

准、考核办法以及公关人员应该具备的个人素质、工作能力和职业道德。

公共关系实用大全/居延安，冯志坚主编.—上海：上海文艺出版社，1990.6.—472页；大32开.—ISBN 7-5321-0567-9：6.10元

公共关系学/丛茨等编著.—哈尔滨：黑龙江教育出版社，1990.1.—233页；32开.—ISBN 7-5316-0673-9：3.00元

公共关系学/朱在宪等主编.—长春：吉林人民出版社，1990.6.—255页；32开.—行政管理系列教材.ISBN 7-206-00767-8：3.30元

公共关系学/余家驹等主编.—沈阳：辽宁科学技术出版社，1990.8.—271页；32开.—中小企业领导干部岗位职务培训教材.—ISBN 7-5381-0999-4：3.95元

公共关系学/赵岩松主编.—哈尔滨：黑龙江人民出版社，1990.4.—312页；32开.—ISBN 7-207-01601-8：4.80元

公共关系学/董继美，田里著.—昆明：云南大学出版社，1990.10.—149页；32开.—行政管理学系列教材.—ISBN 7-81025-075-2：2.50元

公共关系学/黎祖交主编.—杭州：浙江人民出版社，1990.5.—237页；32开.—浙江省干部中专教材.ISBN 7-213-00539-1：2.40元

公共关系学/（英）杰弗金斯（Jefkins，F.）著；朱东海等译.—北京：商务印书馆，1990.4.239页；大32开.—ISBN 7-100-00663-5：2.85元

公共关系学/（美）弗雷泽（Frazier，H.），卡鲁帕（Kalupa，F.B.）著；彭和平编译.—北京：中国人民大学出版社，1990.10.—331页；大32开.—ISBN 7-300-01014-8：5.00元

书名原文：Public Relations

公共关系学问答/张蕴武等编著.—哈尔滨：黑龙江人民出版社，1990.2.—348页；32开.—ISBN 7-207-01309-4：4.40元

公共关系学原理与应用/林惠春主编.—长沙：湖南师范大学出版社，1990.12.—326页；大32开.—ISBN 7-81031-062-3：4.70元

公共关系学通论/宋连生主编.—石家庄：河北人民出版社，1990.5.—370页；32开.—ISBN 7-202-00668-5：4.40元

公共关系学教程/夏赞君主编.—长沙：中南工业大学出版社，1990.12.—368页；大32开.—ISBN 7-81020-325-8：5.20元

公共关系学概论/张勤等编著.—北京：中国广播电视出版社，1990.7.—225页；32开.—（公共关系丛书/李慰怡，徐军齐主编）.—ISBN 7-5043-0413-1：3.40元

本书介绍了公共关系的概念、基本特征、研究对象、历史沿革、组织机构、主要职能、工作程序等方面的内容。

公共关系学新论/姚平编著.—西安：陕西人民出版社，1990.10.—350页；大32开.—ISBN 7-224-01306-4：5.55元

公共关系学新论：组织形象管理/袁传荣，宋林飞主编.—南京：南京大学出版社，1990.10.—376页；32开.—ISBN 7-305-00904-0：4.80元

公共关系语言艺术/姚亚平编著.—广州：科学普及出版社广州分社，1990.2.—272页；大32开.—ISBN 7-110-01162-3：4.80元

公共关系原理与实务/丁乐飞主编；康建中等编写.—合肥：中国科学技术大学出版社，1990.8.324页；大32开.—ISBN 7-312-00188-2：4.20元

公共关系原理与实务/苏铮主编.—武汉：武汉工业大学出版社，1990.1.—372页；32开.—ISBN 7-5629-0322-0：4.00元

公共关系原理及应用/张起朴主编.—郑州：河南人民出版社，1990.8.—338页；大32开.—ISBN 7-215-01071-6：5.30元

公共关系案例与训练/（美）爱罗·逊特，英克·福尔斯著；郑红丹，郑燕燕译.—北京：中国广播电视出版社，1990.7.—192页；32开.—（公共关系丛书/李慰怡，徐军齐主编）.—ISBN 7-5043-0421-2：3.00元

公共关系案例分析/刘颖编著.—北京：中国广播电视出版社，1990.8.—191页；32开.—ISBN 7-5043-0470-0：2.90元

公共关系基本技术/王晓进等编著.—北京：中国广播电视出版社，1990.7.—144页；32开.—（公共关系丛书/李慰怡，徐军齐主编）.—ISBN 7-5043-0417-4：2.40元

公众关系学/北京大学社会学系编.—北京：北京大学出版社，1990.9.—308页；大32开.—ISBN 7-301-00124-X：4.35元

公关小姐必读/田宏，淑云编著.—长春：吉林大学出版社，1990.4.—183页；32开.—ISBN 7-5601-0441-X：2.95元

公关知识与技巧/林厚泰，黄建国著.—北京：中国国际广播出版社，1990.10.—274页；32开.—ISBN 7-80035-595-0：3.50元

公关语言学/黎运汉主编.—广州：暨南大学出版社，1990.12.—444页；大32开.—ISBN 7-81029-039-8：6.40元

公关素质论/余明阳著.—长沙：湖南文艺出版社，1990.8—304页；32开.—（当代公共关系学丛书/钟文，熊源伟主编）.—ISBN 7-5404-0532-X：3.65元

风度世界/任天舒等著.—沈阳：辽宁人民出版社，1990.5.—192页；32开.—ISBN 7-205-01272-4；2.50元

东方谈判谋略/周敏，王笑天著.—北京：解放军出版社，1990.6.—112页；32开.—ISBN 7-5065-1415-X：1.90元

本书阐述了谈判的谋略理论和运用原则、方法。

成功的交涉：如何成为谈判高手/（美）柯汉（Cohen, H.）原著；曾孟译.—北京：学苑出版社，1990.6.—203页；32开.—ISBN 7-5077-0002-X：2.98元

交际言谈技巧/（美）多萝西·萨尔诺夫著；傅祥，陈茜译.—南宁：广西人民出版社，1990.5.—235页；32开.—ISBN 7-219-01566-6：2.90元

交往启示录/覃祚胜等编著.—桂林：广西师范大学出版社，1990.4.—211页，32开.—ISBN 7-5633-0762-1：2.30元

如何与日本人谈判/（澳）马奇（March, R. M.）著；王华译.—南京：江苏人民出版社，1990.5.—227页；32开.—ISBN 7-214-00440-2：3.50元

如何展开全方位推销：强者的推销术/精英，财鑫编译.—厦门：鹭江出版社，1990.6.—148页；32开.—（创业灵方丛书）.—ISBN 7-80533-233-1：2.00元

本书共6章：如何激发勇气；如何自我培育；如何受人欢迎；笑脸迎人；创造美好的音色；培养行动力的方法。

听话技巧/韩进水编译.—北京：知识出版社，1990.9.—161页；32开.—（日常生活心理学丛书/乐国安，谢曙光主编）.—ISBN 7-5015-0437-7：2.40元

本书以日常生活中人们的交谈现象为例，形象地阐述了听话的各种技巧并提供了相应的练习方法。

迎送往来小应酬/李兴春等编写.—北京：农村读物出版社，1990.10.—108页；32开.—（实惠小丛书）.—ISBN 7-5048-1421-0：1.90元

本书包括交际概述、交际技巧、交际语言、家庭邻里关系、迎送礼仪等内容。

社交用语手册/管金夏，管俊林编.—郑州：河南人民出版社，1990.12.—165页；32开.—ISBN 7-215-01150-X：2.90元

社交行为礼仪全书/（美）利蒂希娅·鲍德里吉著；吴希平译.—长春：北方妇女儿童出版社，1990.9.—241页；大32开.—ISBN 7-5385-0632-2：3.40元

现代女性公关艺术论/陈华主编；王晓玲等编写.桂林：广西师范大学出版社，1990.10.—248页；32开.—ISBN 7-5633-0695-1：2.70元

现代公共关系的技巧：国内外企业120例剖析/林汉川主编.—北京：机械工业出版社，1990.8.—211页；32开.—ISBN 7-111-02190-8：4.60元

现代公共关系学/胡继春等主编.—武汉：武汉测绘科技大学出版社，1990.1.—280页；32开.—ISBN 7-81030-024-5：3.00元

现代公共关系学：实例集粹/李平等编著.—成都：成都科技大学出版社，1990.11.—300页；32开.ISBN 7-5616-0701-6：3.40元

现代公共关系学教程/毛恒才主编.—南京：东南大学出版社，1990.3.—390页；32开.—ISBN 7-81023-299-1：3.45元

现代公共关系学教程（下）/亢淑芬等编著.—北京：人民教育出版社，1990.3.—269页；32开.PR专业教材之二.—ISBN 7-107-10627-9：3.50元

现代谈判艺术/路文，张尚明编著.—北京：中国广播电视出版社，1990.9.—154页；32开.—ISBN 7-5043-0536-7：2.80元

本书内容包括谈判的基本常识、主要技巧、常用策略、实例分析和能力测试等几部分。

现代谈判学/李明新主编.—北京：中国社会科学出版社，1990.7.—279页；大32开.—ISBN 7-5004-0813-7：4.50元

现代谈判学：成功谈判的技巧与奥秘/章瑞华等著.—杭州：浙江大学出版社，1990.9.—279页；32开.—ISBN 7-308-00603-9：3.50元

英汉公共关系词典/马龙海，关兴华主编.—北京：中国商业出版社，1990.8.—527页；大32开.—ISBN 7-5044-0558-2（精装）：22.00元

实用公共关系学/何明智等编.—成都：西南交通大学出版社，1990.7.—247页；32开.—ISBN 7-81022-184-1：2.90元

实用公共关系辞典/张新胜，李昕主编.—北京：兵器工业出版社，1990.4.—441页；32开.—ISBN 7-80038-213-6（精装）：13.00元

实用公关人际礼仪/郭树柽，孙明春主编.—延吉：延边大学出版社，1990.4.—319页；32开.—ISBN 7-5634-0210-1：4.20元

怎样当好公关小姐/陆文璧，杨立武主编.—成都：四川大学出版社，1990.4.—292页；32开.—ISBN 7-5614-0287-2：2.96元

说话的策略/田乃吉，吴蓝星编著.—福州：福建科学技术出版社，1990.9.—150页；32开.—ISBN 7-5335-0399-6：1.75元

本书将心理与口才结合起来，阐述了讲话的技巧及策略。

校园交际ABC/余功建著.—南昌：江西高校出版社，1990.5.—140页；32开.—ISBN 7-81033-013-6：2.00元

秘书公关实用技能/周冀荅，孙清民编著.—济南：济南出版社，1990.2.—457页；32开.—ISBN 7-80572-146-7：6.50元

谈判中的逻辑斗智/瞿麦生，王笑主编.—北京：北京师范大学出版社，1990.5.—218页；32开.（逻辑应用多视角丛书/苏越主编）.—ISBN 7

-203-00876-4：3.10元

最新谈判竞争术：实用公关谈判技巧/苏永青编著.—北京：农村读物出版社，1990.6.—331页；32开.—ISBN 7-5048-1346-X：4.40元

C912.4　文化人类学、社会人类学

人类大沟通/徐斌编著.—长春：长春出版社，1990.1.—344页；32开.—ISBN 7-80573-117-9：4.50元

人类文化的空间组合/王星等编著.—上海：上海人民出版社，1990.3.—290页；大32开.—（文化新视野丛书）.—ISBN 7-208-00558-3：5.35元

本书描述了地理空间对人类文化生成、发展的影响，及生成后的人类文化对地理景观的改变和再造等。

人类学示意图：人究竟是什么样的物种？/（　）奥斯瓦尔多·伊·马尔蒂内茨著；周艺译.—北京：三联书店，1990.9.—27页；16开.—ISBN 7-108-00366-X：6.00元

比较文化分析：文化人类学概论/（美）奥特拜因（Otteberin，K.F.）著；章智源，张敦安译.—郑州：河南人民出版社，1990.8.—264页；32开.（文化学与人类研究译丛/王峙军主编）.—ISBN 7-215-00465-1：3.40元

书名原文：Comparative Cultural Analysis—Anlentroduction to Anthropology

文化人类学与南方少数民族/容观琼著.—南宁：广西人民出版社，1990.6.—233页；大32开.—ISBN 7-219-01575-5：3.40元

文化人类学论集/陈启新著.—南宁：广西人民出版社，1990.3.—347页；32开.—ISBN 7-219-01502-X：3.70元

文化与交流/（英）利奇（Leach，E.）著；郭凡，邹和译.—广州：中山大学出版社，1990.6.106页；32开.—ISBN 7-306-00313-6：2.50元

书名原文，Culture and Communication

文明/（英）贝尔（Bell，C.）著；张静清，姚晓玲译.—北京：商务印书馆，1990.8.—157页；大32开.—ISBN 7-100-00752-6：2.00元

本书考察了“文明”的起源，作者从反面论述了什么是不文明的社会，又从正面论述了人类历史上的四个典型文明的社会，分析了文明的两个主要特征，即：价值观和理性至上，最后对“怎样创造一个文明社会”提出了看法。

未开化人的恋爱与婚姻/（英）B.马林诺夫斯基著；孙云利译.—上海：上海文艺出版社，1990.9.335页；32开.—ISBN 7-5321-0566-0：3.75元

本书是著名英国人类学家马林诺夫斯基的人类学研究专著。著者从种族、社会、民俗、礼仪、道德、游艺、巫术等方面，叙介了土著人自孩童至青年时期的两性生活，包括恋爱、结婚、生育、性爱也涉及到性生理的交合等风俗习惯。

母牛·猪·战争·妖巫：人类文化之谜/（美）马文·哈里斯著；王艺，李红雨译.—上海：上海文艺出版社，1990.8.—198页；32开.—ISBN 7-5321-0590-3：2.90元

在传统与现代的十字架前/陆人著.—西安：西安交通大学出版社，1988.10.—243页；32开.—ISBN 7-5605-0020-X：3.00元

多样性的世界：文化人类学概论/（美）科达克（Kottak，C.P.）著；格勒等译.—成都：四川民族出版社，1990.5.—94页；32开.—ISBN 7-5409-0409-7：1.30元

吴文藻人类学社会学研究文集/吴文藻著.—北京：民族出版社，1990.12.—352页；大32开.—ISBN 7-105-01081-9：3.00元

宏观文化人类学/武文著.—兰州：兰州大学出版社，1990.4.—300页；大32开.—ISBN 7-311-00276-1：2.10元

本书运用唯物史观对人类文化、人类自身和人类社会三大主题进行综合研究、宏观研究和比较研究。

社会的组织/（英）W.H.R.里弗斯著；胡贻谷译.—影印本.—北京：商务印书馆，1990.10.—191页；大32开.—ISBN 7-100-00801-8：3.10元

忌讳/赵慧平著.—沈阳：辽宁人民出版社，1990.6.—277页；32开.—（子不语文化丛书/马清福，华玉洪主编）.—ISBN 7-205-01288-0：3.40元

现代人类学/周大鸣，乔晓勤编著.—重庆：重庆出版社，1990.4.—342页：肖像；大32开.—（现代社会科学丛书/蒋际华主编）.—ISBN 7-5366-1119-6：4.70元

青年文化人类学/姜丽萍等著.—长春：吉林人民出版社，1990.12.—332页；大32开.—ISBN 7-206-01050-4：6.50元

宗族·种姓·俱乐部/（美）许烺光（Hsu，L.K.）著；薛刚译.—北京：华夏出版社，1990.12.281页；大32开.—ISBN 7-80053-790-0：5.10元

书名原文：Clan，Caste and Club

本书在对中国、印度、美国三个民族的圣典、传说和民俗故事对比与辨析中，揭开了情境中心的中国人、超自然中心的印度人以及个人中心的美国人各自的处世观，展示了三种社会文化完整而清晰的图像。

诡论/华玉洪，王道君著.—沈阳：辽宁人民出版社，1990.6.—292页；32开.—（子不语文化丛书/马清福，华玉洪主编）.—ISBN 7-205-01293-7：3.50元

美洲印第安人与伊女伊人探密/杨国章著.—北京：中国国际广播出版社，1990.3.—298页；32开.—ISBN 7-80035-387-7：4.90元

本书主要从文化和社会习俗方面着眼，研究美洲的印第安人和伊女伊人的历史和文化的特点。

突破：建立新思维：苏联学者和西方学者号召建

立一个没有战争的世界/(苏)葛罗米柯,(美)赫布曼主编;齐春子,宋献澎等译.—北京:求实出版社,1990.1.—295页;大32开.—ISBN 7-80033-165-2:4.00元

本书是苏美两国著名学者以建立新思维,走向没有战争的世界为指导,经数年共同研究完成的一部考察人类生存和发展的权威性著作。它以整个人类为基点,从政治学、经济、军事学、社会学、心理学、生态学等多方面、多层次地论述了人类面临的挑战与抉择。

哲学:个性及其形成/郭外郭著.—西安:陕西人民出版社,1990.2.—281页;大32开.—ISBN 7-224-01075-8(精装):6.00元

本书是一本专门探讨人生问题特别是人的个性问题的著作。

理论与实践:当代应用人类学简介/谢剑编著.—成都:四川人民出版社,1990.10.—360页:照片;32开.—(二十世纪西方新学科评介).—ISBN 7-220-00679-9:4.20元

本书系统地介绍了应用人类学的理论构架方法特点,详尽地列出了行动人类学、发展人类学、农业人类学等等。

崇武人类学调查/陈国强,蔡永哲主编.—福州:福建教育出版社,1990.12.—231页;大32开.—ISBN 7-5334-0582-X:4.00元

圈套/张振忠等著.—沈阳:辽宁人民出版社,1990.6.—289页;32开.—(子不语文化丛书/马清福,华玉洪主编).—ISBN 7-205-01309-7:3.50元

谎言/华玉洪,王静著.—沈阳:辽宁人民出版社,1990.6.—289页;32开.—(子不语文化丛书/马清福,华玉洪主编).—ISBN 7-205-01267-8:3.50元

绰号/晓章著.—沈阳:辽宁人民出版社,1990.6.304页;32开.—(子不语文化丛书/马清福,华玉洪主编).—ISBN 7-205-01257-0:3.60元

超越文化之网/顾晓鸣著.—南昌:江西人民出版社,1990.9.—301页;36开.—ISBN 7-210-00870-5:3.30元

本书共分4部分:我和"我"在文化之网中的选择;在文化象征符号中的自我;我在他人之中;文化表现为关系;从"肉体的存在"走向"文化的存在"。

简明文化人类学词典/陈国强主编.—杭州:浙江人民出版社,1990.8.—612页;32开.—ISBN 7-213-00531-6(精装):13.20元

本书收录文化人类学常用词目与相关学科词目共1870多条。

C912.5 民族学

中国人的人情与面子/张老师月刊编辑部编.—北京:中国友谊出版公司,1990.4.—147页;32开.ISBN 7-5057-0287-4:2.80元

中国人的心理/(英)迈克·彭等著;邹海燕等译.北京:新华出版社,1990.6.—254页;32开.—ISBN 7-5011-0659-2:3.30元

本书从文化、社会、语言、地理环境、风俗习惯等方面对中国人与西方人的心理活动的差异进行了比较,展示了中国人的心理活动及其特点。

中国民族性 (二)/沙莲香著.—北京:中国人民大学出版社,1990.7.—362页;大32开.—ISBN 7-300-00913-1:5.35元

民族心理学/孙玉兰,徐玉良著.—北京:知识出版社,1990.7.—246页;32开.—(现代心理学丛书/张人骏主编).—ISBN 7-5015-0396-6:3.00元

本书是国内第一本从心理学角度阐述民族问题的著作。作者对民族心理学的研究对象、研究方法、民族团体心理、民族认知、民族团体的动机与需求、民族的社会化、民族的情绪情感、民族性格等方面的问题作了较系统的论述。

民族问题学说史略/李廷贵,范荣春著.—贵阳:贵州民族出版社,1990.9.—294页;32开.—ISBN 7-5412-0128-6:4.50元

民族学译文集 (二)/中国社会科学院民族研究所,中央民族学院民族研究所编.—北京:中央民族学院出版社,1990.2.—395页;32开.—ISBN 7-81001-161-8:4.70元

民族学研究 第九辑/中国民族学会编.—北京:民族出版社,1990.3.—257页;大32开.—ISBN 7-105-00681-1(精装):3.85元;(平装):2.20元

民族学通论/林耀华主编.—北京:中央民族学院出版社,1990.2.—536页;大32开.—ISBN 7-81001-180-4:4.10元

简明民族词典/黄鸣主编.—南宁:广西人民出版社,1990.5.—748页;32开.—(精装):11.60元

C912.6 社会心理、社会行为

社会心理学/朱及群编著.—北京:新华出版社,〔1990〕.—276页;32开.—PR专业教材之四.—ISBN 7-5011-0924-9:3.60元

社会心理学/全国十三所高等院校《社会心理学》编写组编.—天津:南开大学出版社,1990.6.—344页;大32开.—ISBN 7-310-00325-X:2.65元

社会心理学/杨麟主编.—西安:陕西科学技术出版社,1990.8.—293页;32开.—ISBN 7-5369-0741-9:3.90元

社会心理学/沈祖樾主编.—南京:南京大学出版社,1990.7.—314页;32开.—全国计划生育中等专业学校试用教材.—ISBN 7-305-00722-6:3.55元

社会心理学/张德著.—北京:劳动人事出版社,

1990.6.—465页；32开.—ISBN 7-5045-0527-7：5.80元

社会心理学/（加）兰伯斯著；魏明庠等译.—北京：地质出版社，1990.3.—537页；32开.—ISBN 7-116-00376-2：7.30元

社会心理学的生理基础/周信铭著.—广州：中山大学出版社，1990.5.—117页；32开.—ISBN 7-306-00286-4：1.95元

社会心理学原理与应用/赵国祥，赵俊峰主编.—开封：河南大学出版社，1990.9.—433页；大32开.ISBN 7-81018-527-6：3.20元

社会心理学简编/沈德灿，何立婴编著.—北京：光明日报出版社，1990.1.—291页；32开.—ISBN 7-80014-711-8：4.00元

社会改革与心理障碍/潘允康，关颖编著.—天津：天津社会科学院出版社，1990.6.—294页；32开.ISBN 7-80563-056-9：3.90元

改革与社会心理探微/袁新平，姜秀振主编.—北京：中国展望出版社，1990.5.—221页；32开.—ISBN 7-5050-0699-1：3.50元

现代西方社会心理学流派/周晓虹主编.—南京：南京大学出版社，1990.12.—364页；大32开.—（九十年代社会心理学丛书/孔令智，沈德灿主编）.—ISBN 7-305-00893-1：5.00元

流行的社会心理/（日）川本胜著；郭玉锦译.—昆明：云南人民出版社，1990.10.—171页；32开.（当代应用心理学丛书）.—ISBN 7-222-00487-4：2.45元

基础社会心理学/李翼鹏主编.—石家庄：河北人民出版社，1990.8.—395页；32开.—ISBN 7-202-00723-1：4.20元

了解女性=UNDERSTANDING WOMEN/（英）爱森堡（Eichenbaum，L.），奥巴赫（Orbach，S.）著.—北京：光明日报出版社，1990.10.—174页；大32开.—（国际文化思潮丛书/范进主编）.—ISBN 7-80014-790-8：3.25元

本书从妇女心理症及其治疗角度探讨妇女心理发展的规律。

工作中的社会心理因素和健康/（　）Kalimo，R.等编著；缐引林等译.—北京：人民卫生出版社，1990.4.—189页；大32开.—ISBN 7-117-01349-4：4.65元

丈夫永远是个谜：夫妻白头偕老的秘诀/（日）斋藤茂太著；曹嘉晶，曹泰和编译.—北京：中国妇女出版社，1990.9.—134页；32开.—ISBN 7-80016-324-5：1.80元

女人的恨与爱：婚姻关系中的心理障碍及治疗/（美）弗沃德(Forward，S.)，托丽斯(Tores，J.)著；薛嘉译.—南昌：百花洲文艺出版社，1990.12.—267页；32开.—ISBN 7-80579-056-6：3.70元

书名原文：Men Who Hate Women and the Women Who Love Them

女人需要什么/（美）路易丝·艾奇鲍姆等著；苏格，金宵译.—北京：中国妇女出版社，1990.5.187页；32开.—（女性的世界译丛）.—ISBN 7-80016-255-9：3.00元

女性人际伦理与心理/钱焕琦主编.—南京：江苏教育出版社，1990.6.—223页；32开.—ISBN 7-5343-1061-X：2.30元

心理/曹均伟等编著.—北京：中国和平出版社，1990.6.—226页；32开.—（现代家政百科/黄建伟主编）.—ISBN 7-80037-311-8：3.70元

本书从家庭的角度对家庭心理现象进行了透视。

打入男人的领地/（美）福克斯沃思(Foxworth，J.)著；卢佩文，隋丽君译.—北京：中国青年出版社，1990.4.—178页；32开.—ISBN 7-5006-0639-7：2.90元

用钱的心理/梁晓松等编著.—上海：上海教育出版社，1990.7.—79页；32开.—ISBN 7-5320-1810-5：0.79元

母亲与儿子：男人为什么是男人/（美）奥尔森(Olsen，P.)著；王小章，贺立平等译.—北京：知识出版社，1990.11.—189页；32开.—（日常生活心理学丛书/乐国安，谢曙光主编）.—ISBN 7-5015-0468-7：2.70元

本书从心理学的角度阐述了人类最为重要而又错综复杂的关系之一，即母子关系，揭示了男子从出生到长大成人以至一生中母亲的巨大影响，阐明了为母之道与男子的阳刚之气，有助于人们更深刻地理解人类崇高的母子之情。

当代社会的病态心理：分析与对策/邵道生主编.北京：社会科学文献出版社，1990.12.—359页；32开.—ISBN 7-80050-184-1：4.50元

交际障碍·冲突·压力/（苏）卢毕杨（Луньян，Я.А.）著；平凡，肖章译.—北京：北京大学出版社，1990.1.—166页；32开.—ISBN 7-301-00940-2：2.95元

书名原文：Барьеры общения，конфликты，Стресс

本书是社会心理学方面的通俗读物。书中对各种交际障碍作了详尽的分析，提出了一些有效的恢复心理平衡的方法。

男人·我之恋/李琼，叶小玲主编；张洁编.—北京：学苑出版社，1990.2.—202页；32开.—（现代生活丛书）.—ISBN 7-80060-588-4：2.85元

男女职业相处指南/（美）斯德彻特（Stechert，

K.）著；妙龄译.—北京：中国青年出版社，1990.2.—139页；32开.—ISBN 7-5006-0638-9：2.65元

本书第一部分是了解男人，它剖析了男人的心理、习惯和行为；第二部分是职业妇女如何与男人共事。

男子汉的秘密/曹坚等著.—北京：农村读物出版社，1990.6.—88页；大32开.—（男子汉丛书）.—ISBN 7-5048-1158-0：1.85元

男性心理学/李伟民等著.—北京：知识出版社，1990.7.—242页；32开.—（现代心理学丛书/张人骏主编）.—ISBN 7-5015-0397-4：3.00元

本书深入地探讨了男性在社会、家庭以及各个领域中的角色问题，全面地分析了男性的各种心理特征，详细地介绍了有关男性心理卫生方面的知识，并论述了男性犯罪的心理原因及不同年龄男性的犯罪心理。

男性社会女性时代/（日）菅原真理子著；叶淑惠译.—北京：中国国际广播出版社，1990.11.146页；32开.—ISBN 7-80035-685-2：2.60元

社交心理与社交技巧/徐正言等编著.—福州：福建科学技术出版社，1990.6.—273页；32开.—ISBN 7-5335-0356-2：3.30元

性角色心理学/（英）哈格里夫斯（Hargreaves，D.J.），柯莱（Colley，A.M.）编著；赖辉亮等译.—福州：福建人民出版社，1990.1.—208页；32开.—ISBN 7-211-00977-2：2.40元

书名原文：The Psychology of Sex Roles

法西斯主义群众心理学/（奥）赖希（Reich，W.）著；张峰译.—重庆：重庆出版社，1990.8.359页；大32开.—（国外马克思主义和社会主义研究丛书/徐崇温主编）.—ISBN 7-5366-1378-4：5.55元

书名原文：The Mass Psychology of Fascism

说谎心理学/（日）相场均著；张建平等译.—上海：复旦大学出版社，1990.12.—195页；32开.（复旦小丛书·人生智慧之辑）.—ISBN 7-309-00565-1：2.70元

情感的歧路/（美）诺伍德（Norwood，R.）著；孙昌淑等译.—北京：学苑出版社，1990.12.—277页；32开.—（女性世界译丛）.—ISBN 7-5077-0288-X：4.30元

谎言的心理分析/（日）相场均著；王军，李茹译.—北京：学苑出版社，1990.7.—96页；32开.ISBN 7-5077-0279-0：1.50元

E型女性：内外兼顾的现代女性/（美）布莉克著；陈怡蓁，张定绮译.—北京：三联书店，1990.9.—270页；32开.—（大众文库）.—ISBN 7-108-00291-4：5.00元

OK！**单身汉，照样快活**：单身男子必读/（日）植田健嗣著；高士平译.—北京：中国和平出版社，1990.3.—112页；32开.—ISBN 7-80037-322-3：2.60元

C912.68　社会行为

人类人性的一面：再评价咨询理论/（美）哈威·杰肯斯著；李美格，陈平俊译.—北京：文津出版社，1990.2.—94页；32开.—ISBN 7-80554-025-X：1.60元

本书所阐述的再评价咨询理论认为：人类天生具有一种自愈过程来治疗生活中受到的各种精神上的甚至肉体上的创伤。该理论不但解释了人们各种非理性行为的原因，还为希望避免及摆脱这些行为的人们指出了途径，即相互咨询。

礼物选赠指南/江中舟编译.—兰州：甘肃民族出版社，1990.7.—194页；32开.—ISBN 7-5421-0061-0：2.80元

愤怒之舞：女性表达愤怒的技巧/（美）哈里特·拉纳著；徐晓蔚，郭可译.—上海：上海人民出版社，1990.7.—200页；32开.—ISBN 7-208-00851-5：2.30元

C912.69　其　他

东方少女的修养/蓝星编著.—南京：江苏人民出版社，1990.9.—320页；36开.—ISBN 7-214-00548-4：3.90元

失爱/（日）加藤谛三著；倪雄健，刘宁华译.—北京：国际文化出版公司，1990.6.—139页；32开.（人生ABC丛书）.—ISBN 7-80049-524-6：1.95元

男子风度/李炳生，陈菲菲编.—兰州：甘肃少年儿童出版社，1990.8.—233页；32开.—（现代家庭丛书）.—ISBN 7-5422-0300-2：2.65元

爱的故事/《读者文摘》编辑部编.—兰州：甘肃人民出版社，1990.8.—327页；大32开.—（读者文摘丛书）.—ISBN 7-226-00652-9：3.80元

流言/（美）R.L.罗斯诺，G.A.费恩著；唐晖等译.—北京：国际文化出版公司，1990.6.—114页；32开.—（人生ABC丛书）.—ISBN 7-80049-524-8：1.65元

书名原文：Rumor and Gossip：The Social Psychology of Hearsay

隐私/（日）小此木启吾著；周顺连等译.—北京：国际文化出版公司，1990.6.—137页；32开.—（人生ABC丛书）.—ISBN 7-80049-527-2：1.95元

错乱/（日）东勇幸著；姜范镕，黄玉今译.—北

京：国际文化出版公司，1990.6.—162页；32开.（人生ABC丛书）.—ISBN 7-80049-526-4：2.20元

C912.8 地区社会学

乡村社会学/袁亚愚著.—成都：四川大学出版社，1990.5.—374页；大32开.—ISBN 7-5614-0295-3：4.60元

城市学/刘歧等著.—北京：北京燕山出版社，1990.9.—384页；大32开.—ISBN 7-5402-0260-2：4.90元

本书介绍了城市的产生、发展、特征、结构和作用等。

城市学概论/黄继忠，夏任凡著.—沈阳：沈阳出版社，1990.7.—327页；大32开.—ISBN 7-80556-439-6：5.00元

城市统计工作实用手册/张一耿主编.—北京：中国统计出版社，1990.1.—241页；32开.—ISBN 7-5037-0334-2：3.65元

城市笔记/吴亮著.—杭州：浙江文艺出版社，1990.10.—283页；32开.—ISBN 7-5339-0239-4：2.80元

本书内容包括：城市生活、城市心态、城市文化3部分。

珠江口水上居民（疍家）的研究/黄新美编著.—广州：中山大学出版社，1990.1.—132页；32开.—ISBN 7-306-00256-2：3.50元

C913 社会生活与社会问题

生活方式研究：大众交往与爱情生活/何畏等著.兰州：甘肃人民出版社，1990.9.—498页；大32开.ISBN 7-226-00695-2：7.80元

男性生活宝典/赵宏主编；刘竑等编写.—北京：海洋出版社，1990.8.—430页；32开.—ISBN 7-5027-0659-5：5.00元

C913.1 恋爱、家庭、婚姻

不是冤家不聚头：怎样消除爱情、婚姻、家庭中的苦恼/王行娟著.—北京：农村读物出版社，1990.4.39页；32开.—（解忧消愁小丛书）.—ISBN 7-5048-1273-0：1.40元

爱·性与整体的人/（美）艾格尼斯·斯图特等著；雒方，阿吾译.—哈尔滨：北方文艺出版社，1990.5.—138页；32开.—（红手帕译丛）.—ISBN 7-5317-0289-4：2.00元

恋爱、婚姻、家庭、社交谚语选/丁海椒，张培基编著.—北京：蓝天出版社，1990.2.—197页；32开.ISBN 7-80081-047-X：3.00元

恋爱·婚姻·家庭100个怎么办/黄国平著.—广州：中山大学出版社，1990.6.—236页；32开.ISBN 7-306-00312-7：3.20元

家庭婚育导引/甘富勇编著.—成都：四川人民出版社，1990.12.—325页；32开.—ISBN 7-220-01172-5：3.80元

情与爱：成功婚姻和牢固家庭的秘诀/宜君，志宏编译.—济南：济南出版社，1990.4.—205页；32开.ISBN 7-80572-193-9：2.15元

婚姻与家庭：精华本　第一辑/段永强主编.—北京：中国妇女出版社，1990.7.—112页；16开.ISBN 7-80016-305-9：2.80元

婚姻与家庭模式的选择/兰明春等编译.—成都：四川大学出版社，1990.12.—403页；大32开.—ISBN 7-5614-0384-4：5.30元

婚姻家庭社会学/文献良主编.—南宁：广西民族出版社，1990.4.—232页；32开.—ISBN 7-5363-0762-4：3.20元

C913.11 家庭、家族

九十年代家庭生活关键手册/张淑贤等编著.—北京：学苑出版社，1990.8.—211页；32开.—（中国世俗文化丛书/刘小灿，吴宝良主编）.—ISBN 7-5077-0323-1：3.30元

世界第一家庭/陈勇为等编著.—长春：吉林文史出版社，1990.6.—310页；32开.—ISBN 7-80528-241-2：3.70元

成功的家庭：增进你和孩子们的自尊心/（美）哈特（Hart，L.）著；李京明，杨松岩译.—北京：学苑出版社，1990.12.—158页；32开.—（女性世界译丛）.—ISBN 7-5077-0322-3：4.30元

书名原文：She Minning Family

当家实用手册：巧珍当家集锦/蒋梦丹主编.—上海：百家出版社，1990.4.—391页；32开.—ISBN 7-80576-106-X：3.90元

初为人父/钟星编.—北京：农村读物出版社，1990.6.—220页；32开.—（情屋夜话·家之初丛书；4/郭良原主编）.—ISBN 7-5048-1367-2：2.80元

初为人母/王志荣，钟星编.—北京：农村读物出版社，1990.6.—220页；32开.—（情屋夜话·家之初丛书；3/郭良原主编）.—ISBN 7-5048-1368-0：2.80元

现代家政百科：心理/曹均伟等编著.—北京：中国

和平出版社，1990.6.—226页；32开.—(中国家政教程丛书/黄建伟主编).—ISBN 7-80037-311-8：3.70元

本书从家庭的角度对家庭心理现象进行透视，联系家庭中所出现的一般心理现象，概述了心理过程和个性心理等普通心理学原理。

现代家政百科：自修/朱采获，徐葆薇编著.—北京：中国和平出版社，1990.6.—234页；32开.—(中国家政教程丛书/黄建伟主编).—ISBN 7-80037-310-X：3.70元

本书着重介绍了自修的目的、意义和自修的基本内容。

现代家政百科：育幼/汪式羲，林幽蓁编著.—北京：中国和平出版社，1990.6.—212页；32开.(中国家政教程丛书/黄建伟主编).—ISBN 7-80037-304-5：3.30元

本书从年轻父母的角度出发，以家庭为教育环境，从德、智、体、美等方面阐述了如何进行幼儿家庭教育的方式方法。

现代家政百科：商务/丽英，耿夫编著.—北京：中国和平出版社，1990.6.—168页；32开.—(中国家政教程丛书/黄建伟主编).—ISBN 7-80037-305-3：3.90元

本书阐述了家庭商务活动的性质、特点、作用、范围、方式。

现代家庭学概论/夏剑豸等著.—北京：北京大学出版社，1990.5.—231页；32开.—(现代家庭学丛书/施德福，徐明主编).—ISBN 7-301-01141-5：2.90元

非婚姻家庭/(南)波萨纳茨(Bosanac，M.)著；张大本等译.—北京：中国社会科学出版社，1990.5.—199页；32开.—ISBN 7-5004-0723-8：3.10元

书名原文：Vanbracna Porodica

单亲家庭/(英)凯施莫(Cashmore，E.E.)著；姚洵等译.—北京：世界知识出版社，1990.5.280页；32开.—(今日西方社会).—ISBN 7-5012-0282-6：3.00元

书名原文：The World of One Parent Families

本书叙述了几十个单亲家庭(只有母亲或父亲的家庭)的悲欢故事。

怎样优化您的家庭生活/陈雪良编著.—上海：上海教育出版社，1990.1.—260页；32开.—(中学生文库).—ISBN 7-5320-1606-4：2.15元

美满生活之径：家庭生活的行为指导/(德)诺斯拉特·佩泽施基安著；安士桐等译.—兰州：甘肃科学技术出版社，1989.11.—244页；32开.—ISBN 7-5424-0302-8：3.20元

家庭与工作：填补空白/(美)西尔维娅·安·休莱特等编；廖槐芬译.—广州：广东人民出版社，1990.4.—279页；32开.—ISBN 7-218-00417-2：2.70元

家庭与社会/(　)吉来德著；刘鸣九译.—影印本.—上海：上海文艺出版社，1990.5.—138页；32开.—(世界婚姻文化丛书).—ISBN 7-5321-0523-7：3.10元

本书据上海商务印书馆1923年11月初版影印。

家庭内幕/新家庭报社编.—沈阳：辽宁人民出版社，1990.5.—284页；32开.—(《新家庭报》精选本；2).—ISBN 7-205-01365-8：2.85元

家庭心理学趣谈/(苏)阿·弗·彼得洛夫斯基著；赵天等译.—沈阳：辽宁教育出版社，1990.2.—220页；大32开.—ISBN 7-5382-1041-5：2.85元

家庭生活伦理与心理：青年的婚前教育/(苏)格列比翁尼科夫(Гребёнников，И.В)编；关益，杨甦译.—北京：教育科学出版社，1990.6.281页；大32开.—ISBN 7-5041-0404-3：4.25元

书名原文：Этика и психология семейной жизни

本书内容包括"个人与家庭、社会的关系"、"青年期人际关系"、"婚前准备"、"家庭关系"、"家庭子女"等问题。

家庭矛盾88个怎么办？/刘东杰，王中君编著.—沈阳：沈阳出版社，1990.2.—184页；32开.—ISBN 7-80556-253-9：2.00元

本书就家庭的情、财、理、性等方面的问题，展示了家庭矛盾的方方面面，并一一提出了解决办法。

家庭关系的心理透视/(日)久世敏雄，长田雅喜著；李艳，苗登明译.—长春：吉林人民出版社，1990.4.—165页；32开.—ISBN 7-206-00735-X：2.20元

家庭·我之根/李琼，叶小玲主编；昌嘉编.—北京：学苑出版社，1990.2.—171页；32开.—(现代生活丛书).—ISBN 7-80060-590-6：2.50元

家庭建设学/郎毅怀等著.—长春：吉林大学出版社，1990.12.—272页；32开.—ISBN 7-5601-0743-5：4.00元

家庭战争/纪一，梁可著.—北京：华龄出版社，1990.4.—155页；32开.—ISBN 7-80082-014-9：2.20元

家庭情感的奥秘/(苏)斯皮瓦科夫斯卡娅(Спиваковская，А.С.)著；王峰连等译.—北京：文化艺术出版社，1990.2.—177页；32开.—(做父母的艺术丛书).—ISBN 7-5039-0498-4：2.25元

书名原文：Как бытъ родителями

家族论/(德)缪勒利尔著；王礼锡，胡冬野译.北京：商务印书馆，1990.10.—603页；32开.ISBN 7-100-00800-X：7.00元

本书对人类婚姻家庭制度作了全面探讨。

家族进化论/(　)沙尔·费勒克著；许楚生译.影印本.—上海：上海文艺出版社，1990.2.—322页；大32开.—(民俗、民间文学影印资料；43).ISBN 7-5321-0307-2：5.50元

本书据上海大东书局1930年版影印。

潇洒的母亲：李恕信女士"千字文"精选/（美）李恕信著；游夏茵选编.—北京：中国华侨出版公司，1990.8.—297页；32开.—（海外华侨华人文库）.—ISBN 7-80074-531-7：4.10元

C913.13 恋爱、婚姻

女士风采/李炳生，陈菲菲编.—兰州：甘肃少年儿童出版社，1990.6.—364页；32开.—（现代家庭丛书）.—ISBN 7-5422-0348-7：4.10元

女性的天空/筱敏编著.—广州：花城出版社，1990.5.—278页；32开.—（八方丛书；第2辑）.ISBN 7-5360-0624-1：3.75元

夫妻生活知识/高飞主编.—北京：中国工人出版社，1990.3.—445页；32开.—（职工业余生活丛书）.—ISBN 7-5008-0527-6：6.50元

夫妻生活备忘录/（美）海尔莫琳（Helmering，D.W.）；李继宁，罗宗惠译.—长沙：湖南文艺出版社，1990.1.—171页；32开.—ISBN 7-5404-0500-7：2.40元

本书原名：从此永远幸福(Happily ever after)
本书介绍了搞好夫妻关系的方法。

夫妻间的悄悄话/李炳生，陈菲菲编译.—兰州：甘肃少年儿童出版社，1990.6.—254页；32开.（现代家庭丛书）.—ISBN 7-5422-0349-5：2.90元

夫妻幸福88/冬人编著.—哈尔滨：北方文艺出版社，1990.5.—329页；32开.—ISBN 7-5317-0378-5：4.30元

夫妻情爱艺术/周达生主编.—南京：江苏科学技术出版社，1990.8.—353页；32开.—ISBN 7-5345-0992-0：4.10元

夫妻婚爱法：获得婚爱的五十种方法/柏子著.北京：学苑出版社，1990.11.—216页：图；32开.ISBN 7-5077-0239-1：2.90元

夫妻感情的需求/（美）纳撒尼尔·布伦顿，德沃斯·布伦顿著；陈申生编译.—南昌：江西科学技术出版社，1990.9.—132页；36开.—ISBN 7-5390-0342-1：1.90元

少妇必读/施铁如等著.—广州：新世纪出版社，1990.1.—245页；32开.—ISBN 7-5405-0430-7：2.70元

本书从生理学、心理学、社会学、伦理学、美学等多个角度分析阐述少妇所面对的各种家庭、人生问题。

当断则断——女性怎样摆脱痴情/（美）罗宾·诺伍德著；周蒲芳译.—上海：上海人民出版社，1990.7.—363页；32开.—（青年译丛）.—ISBN 7-208-00871-X：3.70元

伉俪疗法/（美）G.W.史密斯等著；谭大为译.上海：上海文化出版社，1990.6.—87页；32开.（五角丛书；第十辑）.—ISBN 7-80511-385-8：1.00元

本书介绍了47种和谐伉俪关系、增进夫妻感情的方法。

寻爱之道：为子女而写/（美）勃勒泽斯（Brothers，J.）著；今夫等译.—南宁：广西民族出版社，1990.1.—346页；32开.—ISBN 7-5363-0577-X：3.60元

书名原文：What Every Woman Ought to Know About Love and Marriage

两性沟通：献给爱情十字路口的男女/剑云，晓平编译.—北京：中国城市经济社会出版社，1990.5.—147页；32开.—（人生哲理丛书；第二辑）.ISBN 7-5074-0340-8：2.15元

扭曲的婚恋/杨湘岚主编.—长春：吉林人民出版社，1990.12.—154页；32开.—ISBN 7-206-00948-4：2.30元

男人只是另一半/（美）桑亚·弗里德曼著；唐煜等译.—北京：中国妇女出版社，1990.6.—178页；32开.—（女性的世界译丛）.—ISBN 7-80016-254-0：2.90元

男儿女儿正热恋/奂君，川青编著.—哈尔滨：黑龙江人民出版社，1990.7.—290页；32开.—ISBN 7-207-01279-9：4.45元

男子汉的恋爱/石秀印著.—北京：农村读物出版社，1990.6.—37页；大32开.—（男子汉丛书）.ISBN 7-5048-1162-9：1.10元

本书介绍了男子汉择偶标准和谈恋爱方式。

我之爱情观/左森著.—天津：天津人民出版社，1990.3.—128页；32开.—（八小时以外小丛书）.ISBN 7-201-00453-0：2.20元

初为人夫/熊红编.—北京：农村读物出版社，1990.6.—196页；32开.—（情屋夜话·家之初丛书；2/郭良原主编）.—ISBN 7-5048-1366-4：2.80元

初为人妻/郭良原，万小丽编.—北京：农村读物出版社，1990.6.—195页；32开.—（情屋夜话·家之初丛书；1/郭良原主编）.—ISBN 7-5048-1370-2：2.80元

现代青年婚恋心理/家庭杂志社编.—广州：中山大学出版社，1990.7.—188页；32开.—ISBN 7-306-00298-8：3.00元

和睦的保障/（美）苏珊·福沃德，（　）琼·托里斯著；张荣华，刘翠芳编译.—北京：学苑出版社，1990.11.—247页；32开.—（女性世界译丛）.ISBN 7-5077-0214-6：4.30元

书名原文：Men Who Hate Women

话说第三者/李明启著.—上海：上海文化出版社，1990.6.—92页；36开.—（五角丛书；第十辑）.

ISBN 7-80511-399-8：1.00元

怎样恢复婚姻的活力/（美）摩根（Morgan, M.）著；王友琴等译.—北京：中国青年出版社，1990.2.—123页；32开.—ISBN 7-5006-0644-3：2.30元

本书是美国十大畅销书之一。作者提出的对待丈夫的四张"王牌"：接受他、赞美他、适应他和感谢他，成为夫妻生活的至理名言。

爱与罗曼蒂克/王幼玲等著.—北京：中国友谊出版公司，1990.3.—265页；32开.—ISBN 7-5057-0276-9：3.50元

爱的生物学/（美）佩珀（Perper, T.）著；高岚，申荷永译.—贵阳：贵州人民出版社，1990.3.—373页；32开.—ISBN 7-221-01226-1：4.10元

书名原文：Sex Signals: The Biology of Love

爱情与忠告/（苏）尤·留里科夫著；宋成明等译.—北京：工人出版社，1990.10.—259页；32开.ISBN 7-5008-0611-6：3.85元

爱情之谜/裴华著.—天津：天津人民出版社，1990.2.—178页；32开.—（心理之谜丛书/黄京尧主编）.—ISBN 7-201-00403-4：2.60元

爱情·夫妻生活指导/野青，一村编.—南宁：广西民族出版社，1990.5.—299页；32开.—ISBN 7-5363-0764-0：3.40元

爱情的学问/杨浩文主编.—济南：山东大学出版社，1990.6.—242页；32开.—ISBN 7-5607-0372-2：2.95元

恋人透视99/今夫，忻昀编著.—南宁：广西民族出版社，1990.12.—206页；32开.—ISBN 7-5363-0838-4：2.80元

恋爱百科/刘忠信著.—长春：吉林人民出版社，1990.6.—560页；32开.—ISBN 7-206-00768-6：6.50元

恋爱的艺术/奚元福，杨海枫著.—昆明：云南人民出版社，1990.1.—194页；32开.—ISBN 7-222-00458-0：2.50元

第三者情书：婚姻问题纪实/辛汝忠著.—哈尔滨：北方文艺出版社，1990.8.—238页；32开.—ISBN 7-5317-0345-9：3.30元

情爱悄悄话/胡艺已，慈童编.—北京：群众出版社，〔1990〕.—183页；32开.—ISBN 7-5014-0684-7：2.80元

婚外恋剖析/项光荣，江海波著.—北京：中国妇女出版社，1990.8.—245页；32开.—ISBN 7-80016-326-1：2.90元

婚变历程：婚姻破裂的心理分析/郜启扬，谭湘兰著.—北京：知识出版社，1990.11.—158页；32开.（日常生活心理学丛书/乐国安，谢曙光主编）.ISBN 7-5015-0436-9：2.30元

婚姻协调/（美）查克·盖拉赫著；晓村等译.—哈尔滨：北方文艺出版社，1990.5.—150页；32开.（红手帕译丛）.—ISBN 7-5317-0288-6：2.30元

婚姻的优点/傅荣，郑华编著.—南昌：江西科学技术出版社，1990.12.—287页；32开.—ISBN 7-5390-0391-1：4.05元

婚恋禁忌99/今夫，傅致妮著.—南宁：广西民族出版社，1990.10.—199页；32开.—ISBN 7-5363-0848-5：2.30元

婚恋悲剧的反思：献给大龄女青年/白世明，吕伟见编著.—乌鲁木齐：新疆青少年出版社，1990.9.288页；36开.—ISBN 7-5371-0851-10：3.50元

献给未婚男女/日本PHP研究所编；胡赀慧，赵敏如译.—北京：国际文化出版公司，1990.1.—168页；32开.—ISBN 7-80049-338-5：2.80元

新婚之友/吴敌主编.—杭州：浙江人民出版社，1990.3.—124页；32开.—ISBN 7-213-00489-X：2.00元

新婚献您一束花/民政部婚姻管理司编著.—北京：中国社会出版社，1990.5.—142页；32开.—ISBN 7-80088-009-5：2.00元

新婚130问/王晓航主编.—北京：中国青年出版社，1990.5.—320页；32开.—ISBN 7-5006-0618-4：4.25元

愿您新婚幸福/李婕主编.—北京：中国国际广播出版社，1990.5.—459页；32开.—新婚实用手册.ISBN 7-80035-403-2：6.00元

C913.14　两性问题

人与性/（美）哈斯（Haas, K.），哈斯（Haas, A.）著；王炳强，赵西苑译.—北京：中国工人出版社，1990.2.—412页；32开.—ISBN 7-5008-0408-3：4.90元

本书是1987年美国高等院校教科书，选用最新研究资料，采用生动、优美、科学的语言对人的性活动进行了全面的介绍。

异性相吸？：怎样克服两性间的不协调/（美）朱利叶斯·法斯特著；宋光丽，孟苏苏译.—上海：上海人民出版社，1990.7.—178页；32开.—（青年译丛）.—ISBN 7-208-00872-8：2.15元

本书探讨了男女双方如何科学地理解异性、认识自身，怎样在科学理解的基础上解决两性矛盾、协调两性关系的方法。

两性间的交流/（美）诺尔曼·赖特著；雁方，阿

吾译.—哈尔滨：北方文艺出版社，1990.5.—207页；32开.—(红手帕译丛).—ISBN 7-5317-0290-8：2.80元

性沟分析/张树栋著.—南京：江苏人民出版社，1990.6.—240页；32开.—ISBN 7-214-00493-3：3.10元

性学/(苏)科恩(Кон, И.С.)著；陈训明译.贵阳：贵州人民出版社，1990.6.—343页；32开.ISBN 7-221-01201-6：3.85元

书名原文：Ведение сексологии

本书内容为：从神话到科学；性学的自然科学基础；性与文化；性心理；性意向与同性恋行为。

性·爱/(日)田中敏明编著；王昭，高安译.北京：国际文化出版公司，1990.7.—156页；32开.(人生ABC丛书).—ISBN 7-80049-369-5：2.20元

爱史/(英)卡本忒著；郭昭熙译.—影印本.—上海：上海文艺出版社，1990.5.—140页；32开.(世界婚姻文化丛书).—ISBN 7-5321-0524-5：2.30元

本书原名：爱的成年，据上海开明书店1929年版影印。

C913.2 职　业

开拓前程的技巧：人生的战略决策/(美)克拉克·G.卡尼著；李宗骥，陈解放译.—上海：上海文艺出版社，1990.10.—201页；大32开.—ISBN 7-5321-0542-3：3.65元

本书分析了各种职业类型与人的性格类型的关系，探讨了选择和改变职业必须考虑的问题等。

求职指南/王建伦主编；孙学义等编写.—北京：水利电力出版社，1990.4.—148页；32开.—ISBN 7-120-01129-4：3.30元

青年职业指导/缪克成主编.—上海：华东师范大学出版社，1990.6.—230页；大32开.—ISBN 7-5617-0658-8：3.00元

就业指导/张新纪，王吉山主编.—长春：长春出版社，1990.3.—149页；32开.—就业训练统编教材辅导与练习.—ISBN 7-80573-193-4：2.10元

C913.3 生活与消费

五彩闲暇/吴国群，袁媛编.—杭州：浙江少年儿童出版社，1990.3.—155页；32开.—(学会在21世纪生存丛书/夏国应主编).—ISBN 7-5342-0500-X：1.60元

生活文化的社会学/(日)松田义幸，中田裕久著；陈晖，程建林译.—北京：东方出版社，1990..—144页；32开.—(现代思想文化译丛).—ISBN 7-5060-0095-4：2.25元

生活方式小百科/贾稚岩主编.—天津：天津人民出版社，1990.11.—376页；32开.—ISBN 7-201-00501-4：4.40元

生活有序：4周使生活条理化/子叶，黄矜编著.北京：北京体育学院出版社，1990.7.—73页；32开.—(健康万花筒丛书).—ISBN 7-81003-293-3：1.30元

闲暇·我之趣/程志发编.—北京：学苑出版社，1990.2.—171页；32开.—(现代生活丛书/李琼，叶小玲主编).—ISBN 7-80060-589-2：2.40元

家庭生活酬事必备/阿程等编著.—北京：中国广播电视出版社，1990.11.—262页；32开.—ISBN 7-5043-0781-5：3.80元

窈窕/倩霞著.—杭州：浙江文艺出版社，1990.12.—261页；32开.—ISBN 7-5339-0308-0：2.70元

本书内容涉及衣着、饰物、美感、美容、居室、生活、风度等方面。

C913.5 青少年问题

亚文化与青少年犯罪：比较青年文化/(加拿大)迈克尔·布雷克编著；刘亚林，胡克红译.—太原：山西人民出版社，1990.11.—262页；32开.—(当代西方青年问题研究丛书/金银焕主编).—ISBN 7-203-01740-0：3.35元

你能出类拔萃/何应欢，王荣武著.—广州：新世纪出版社，1990.2.—260页；32开.—(现代青年智力与能力丛书).—ISBN 7-5405-0407-2：2.70元

本书从个人权威的树立与应用，如何认识自己所在的群体，怎样培养自己的预见力、谋略与决策等方面，介绍人们在生活中应有的组织与指挥才能。

青少年犯罪与治理机制/康树华著.—济南：明天出版社，1990.12.—452页；大32开.—ISBN 7-5332-1119-7：5.45元

青少年犯罪心理学/王国新，戚立夫著.—长春：吉林教育出版社，1990.10.—275页；32开.—(应用心理学丛书/车文博主编).—ISBN 7-5383-1141-6：4.00元

青年怎样适应社会/马焕友著.—长春：吉林大学出版社，1990.5.—302页；32开.—ISBN 7-5601-0474-6：4.00元

青春·心理·误区/杨向曦，高国栋著.—西安：陕西人民教育出版社，1990.6.—131页；32开.—ISBN 7-5419-1058-9：2.15元

青春期的烦恼/(日)诧摩武俊等著；所凯等译.长春：北方妇女儿童出版社，1990.6.—145页；32开.—ISBN 7-5385-0320-X：2.00元

C913.6 老年人问题

开创人生的第二个春天/王兴华著.—哈尔滨：哈尔滨出版社，1990.8.—207页；32开.—ISBN 7-80557-292-5：3.60元

本书是老年学文集，内容为有关老年问题的社会对策及老年自身如何度过晚年等两部分。

老年生活方式探秘/王辉，王来华编著.—天津：天津人民出版社，1990.2.—215页；32开.—ISBN 7-201-00359-3：2.60元

老年经济学/（美）舒尔茨（Schulz，J.H.）著；熊必俊等译.—北京：华夏出版社，1990.7.—252页；大32开.—（二十世纪文库）.—ISBN 7-80053-599-1：5.15元

书名原文：The Economics of Aging

老年政策顾问/程连昌主编.—北京：科学出版社，1990.12.—376页；32开.—（老年生活丛书/钱信忠，王照华主编）.—ISBN 7-03-002410-9(精装)：6.00元

迎接金色的晚年：献给四十岁以上的中老年人/（日）荒井保男著；庄庆德译.—南京：东南大学出版社，1990.7.—143页；32开.—ISBN 7-81023-236-3：2.20元

本书作者从医学、心理学两个方面说明老化与老人所面临的各种问题。

怎样做老龄工作/贾岩主编.—北京：档案出版社，1990.8.—531页；大32开.—ISBN 7-80019-229-6：9.50元

退休前后：人生的黄金阶段/（英）帕金森（Parkinson，C.N.）等著；刘丹译.—太原：山西人民出版社，1990.12.—176页；32开.—（人与管理丛书）.—ISBN 7-203-01721-4：2.25元

书名原文：Retirement

银色世界：长命百岁的人们/郭远发，胡国华著.北京：学苑出版社，1990.12.—214页；32开.ISBN 7-5077-0230-8：4.90元

本书是反映我国和世界一些国家尊老敬老、老人长寿、人口老龄化的新书。

简明老年学辞典/贾岩主编.—北京：中国商业出版社，1990.10.—846页；32开.—ISBN 7-5044-0616-3（精装）：19.50元

C913.69 残疾人问题

残疾人工作概论/奚从清，沈赓方主编.—杭州：杭州大学出版社，1990.6.—293页；大32开.—ISBN 7-81035-028-5：3.85元

残疾人社会工作/（英）奥利弗（OLiver，M.）著；谢子林，谢泽宪译.—北京：华夏出版社，1990.10.—53页；32开.—ISBN 7-80053-782-X：2.50元

书名原文：Social Work with Disabled People

这是一部专门研究残疾人社会工作模式的学术著作，书中对残疾人的法律、社会保障、社会工作者的职业道德和业务训练等作了探讨。

C913.7 社会福利、社会保障

社会保障初论/徐放鸣等编著.—北京：中国财政经济出版社，1990.4.—194页；32开.—ISBN 7-5005-0691-0：2.70元

社会保障学/侯文若主编.—北京：北京出版社，1990.5.—459页；32开.—中国逻辑与语言函授大学教材.—ISBN 7-200-01110-X：4.60元

社会保障教程/陈良谨主编.—北京：知识出版社，1990.8.—312页；大32开.—"社会工作与管理"专业高校试用教材之一.—ISBN 7-5015-0430-X：4.50元

社会福利观念的变迁/（美）约翰（John，R.M.）著；辛炳尧译.—厦门：厦门大学出版社，1990.8.—64页；32开.—ISBN 7-5615-0316-4：1.00元

书名原文：Chomging Concepts of Social Welfare

本书对美国福利观念的发展变化及有关社会福利的一些重要社会问题进行了研究。

国际基金会指南/（美）霍德森（Hodson，H.V.）著；过启渊等译.—上海：复旦大学出版社，1990.5.—528页；32开.—ISBN 7-309-00294-6：6.10元

书名原文：The Internationdl Foundation Directory

C913.8 社会病态

打不赢的战争/任国富著.—北京：北京燕山出版社，1990.7.—229页；32开.—（世界窗口丛书；5）.—ISBN 7-5402-0216-5：2.80元

本书共收集10篇纪实趣文，通过西方社会一些贩毒、绑杀、凶杀等犯罪事实，揭示出西方资本主义社会文明、繁荣、发达的另一面污泥浊水成恐成灾，对我们全面地了解西方社会极有益处。

黑色的雾：世界重大贿赂事件揭秘/（民主德国）彼得·M.弗里奇著；孙圣聚等译.—北京：经济日报出版社，1990.6.—267页；32开.—ISBN 7-80036-250-7：3.10元

黑色瘟疫/陈小东著.—北京：群众出版社，1990.2.—156页；32开.—ISBN 7-5014-0440-3：2.40元

骗术古今/苍崖室主人著；周保中点校.—石家庄：河北人民出版社，1990.6.—112页；32开.—（魍魉世界丛书；一）.—ISBN 7-202-00707-X：1.65元

C915 社会调查和社会分析

云南三村/费孝通，张之毅著.—天津：天津人民出版社，1990.11.—563页；大32开.—（社会学丛书·旧著丛刊）.—ISBN 7-201-00460-3：7.90元

本书包括作者在云南内地农村调查的三本报告：《禄村农田》、《易村手工业》和《玉村农业和商业》。

从沿海到边区的考察/费孝通著.—上海：上海人民出版社，1990.11.—221页；大32开.—ISBN 7-208-01036-6：5.50元

社会调查与研究：广西社会学会首次学术研讨会论文集/韦钦，何邦泰主编.—桂林：广西师范大学出版社，1990.5.—261页；32开.—ISBN 7-5633-0855-5：3.70元

透视社会的艺术：社会调查中的问卷设计/风笑天著.—天津：天津人民出版社，1990.2.—320页；大32开.—（社会学丛书）.—ISBN 7-201-00353-4：4.25元

本书记述了社会调查问卷的类型、结构、设计原则、标准、步骤、常见错误分析等。

C916 社会工作、社会管理

中国社区服务研究/王刚义等著.—长春：吉林大学出版社，1990.12.—320页；32开.—ISBN 7-5601-0712-5：4.60元

社会工作学/王刚义著.—长春：吉林大学出版社，1990.10.—275页；大32开.—ISBN 7-5601-0633-1：4.60元

本书对社会工作原理、社会工作方法、社会工作实务等作了阐述。

C92 人口学

人力投资：人口质量经济学/（美）舒尔茨（Schultz，T.W.）著；贾湛等译.—北京：华夏出版社，1990.12.—125页；大32开.—（二十世纪文库）.—ISBN 7-80050-217-8：3.55元

本书作者详尽阐述了经济发展主要取决于人的质量而不是自然资源的丰瘠或资本存量的多寡这一有创见的观点。

人口知识竞赛荟萃/金殿来等编.—大连：东北财经大学出版社，1990.7.—241页；32开.—ISBN 7-81005-416-3：2.80元

人口学概论/宋杰主编.—哈尔滨：黑龙江人民出版社，1990.12.—267页；大32开.—ISBN 7-207-01927-0：4.60元

人口原理概论/王振岳等主编.—哈尔滨：黑龙江人民出版社，1990.10.—307页；32开.—ISBN 7-207-01717-0：4.50元

人口理论概要/吕荣侃主编.—南京：江苏科学技术出版社，1990.6.—333页；大32开.—ISBN 7-5345-0959-9：4.55元

人口新篇/钱信忠著.—成都：四川人民出版社，1990.3.—329页；大32开.—ISBN 7-220-00812-0：4.45元

民族人口学散论/邓志贤编.—贵阳：贵州民族出版社，1990.3.—442页；32开.—ISBN 7-5412-0103-0：4.00元

多重谐和与发展：社会主义人口经济学析探/干维新等编著.—昆明：云南大学出版社，1990.12.231页；32开.—ISBN 7-81025-089-2：3.98元

C921 人口统计学

人口统计学/陈先淮主编.—南京：江苏科学技术出版社，1990.7.—380页；大32开.—ISBN 7-5345-0984-X：4.85元

人口统计培训国际讨论会论文集/国家统计局统计干部培训中心，国家统计局外事司编.—北京：中国城市经济社会出版社，1990.7.—271页；32开.ISBN 7-5074-0318-1：12.00元

人口统计基本方法/黄昌宙等译.—长沙：湖南科学技术出版社，1990.4.—284页；32开.—ISBN 7-5357-0698-3：3.40元

户口登记与人口普查/陈郁等编著.—银川：宁夏人民出版社，1990.2.—382页；32开.—ISBN 7-227-00545-1：3.50元

C922 人口地理学

人口生态学/朱宝树主编.—南京：江苏科学技术出版社，1990.1.—234页；大32开.—ISBN 7-5345-0832-0：3.45元

人口地理概论/林成策主编.—济南：黄河出版社，1990.4.—353页；32开.—ISBN 7-80558-128-2：4.90元

人口环境论/曹占泉著.—重庆：重庆出版社，1990.12.—326页；32开.—（现代化探索丛书/钱伟长主编）.—ISBN 7-5366-1394-6：4.00元

胡焕庸人口地理选集/胡焕庸著；胡崇庆编.—北京：中国财政经济出版社，1990.4.—677页；大32开.—ISBN 7-5005-0844-1：11.50元

C923 人口与计划生育

人口与计划生育/阳国亮主编.—桂林：广西师范大学出版社，1990.3.—91页；32开.—基础知识教育读本.—ISBN 7-5633-0765-6：1.00元

人口与计划生育咨询/中国人口情报研究中心编；徐毅主编.—北京：科学出版社，1990.7.—316页；32开.—ISBN 7-03-001814-1：4.50元

人口与计划生育基础知识四十讲/刘捷主编.—哈尔滨：黑龙江科学技术出版社，1990.5.—134页；32开.—ISBN 7-5388-1142-7：1.60元

人口与计划生育基础知识读本/张志逊等编著.—石家庄：河北教育出版社，1990.5.—262页；32开.ISBN 7-5434-0797-3：2.85元

人口与计划生育基础知识读本/聂观石主编.—南宁：广西教育出版社，1990.12.—198页；32开.ISBN 7-5435-1105-3：2.60元

人口与计划生育简明教程/张克勤主编.—武汉：湖北人民出版社，1990.8.—286页；32开.—ISBN 7-216-00609-7：3.00元

人口与生育知识简明读本/刘兴达编著.—沈阳：辽宁大学出版社，1990.10.—144页；32开.—ISBN 7-5610-1044-3：2.20元

人口生育管理方法论/高向南编著.—上海：上海交通大学出版社，1990.1.—325页.大32开.—ISBN 7-313-00606-3：3.60元

人类自身的呼唤：人口与计划生育讲座/康争发编.—石家庄：河北人民出版社，1990.11.—176页；32开.—ISBN 7-702-00822-X：2.10元

计划生育管理学概论/倪毓嘉著.—南京：江苏人民出版社，1990.8.—309页；大32开.—ISBN 7-214-00536-0：4.20元

再敲一次警钟：来自计划生育战线的报告/黄辉亮，薛青峰编.—西安：陕西人民出版社，1990.8.—256页：插图；32开.—ISBN 7-224-01344-7：3.65元

实用计划生育管理/梁济民主编.—哈尔滨：黑龙江科学技术出版社，1990.7.—385页；32开.—ISBN 7-5388-1216-4：4.50元

基层计划生育工作手册/甘富勇编著.—成都：四川科学技术出版社，1990.4.—313页；32开.—ISBN 7-5364-1667-9：3.60元

C924 世界各国人口调查及其研究

世界人口经济概论/洪英芳著.—长春：吉林大学出版社，1990.5.—310页；32开.—ISBN 7-5601-0450-9：1.95元

本书对世界人口发展、年龄结构、人口转变及规律、劳动人口就业、人口增长等作了论述。

现代人口普查概述/翟焕波主编.—济南：山东人民出版社，1990.2.—170页；32开.—ISBN 7-209-00644-3：2.00元

C924.2 中国人口

人口好新闻集锦/殷苏等主编.—石家庄：河北人民出版社，1990.5.—207页；大32开.—ISBN 7-202-00675-8：3.00元

本书包括有关人口问题的消息50则、通讯42篇、评论25篇。

中国人口迁移史稿/石方著.—哈尔滨：黑龙江人民出版社，1990.7.—534页；大32开.—ISBN 7-207-01409-0：9.40元

中国人口年鉴：1989/中国社会科学院人口研究所《中国人口年鉴》编辑部编.—北京：经济管理出版社，1990.11.—487页；16开.—ISBN 7-80025-366-X（精装）：45.00元

本书包括重要文献、概况与综述、人口普查、人口统计、计划生育、调查报告、中国人口与世界人口对比、人口活动大事记等内容。

中国人口问题概要/孙栋康编著.—南京：江苏科学技术出版社，1990.3.—378页；大32开.—ISBN 7-5345-0864-9：5.10元

唐初政区与人口/翁俊雄著.—北京：北京师范学院出版社，1990.8.—291页；大32开.—ISBN 7-81014-457-X：8.50元

C924.21 人口政策与制度

人口国情教育/黄汉宗等编著.—桂林：广西师范大学出版社，1990.10.—67页；32开.—ISBN 7-5633-0955-1：0.80元

中国人口国情/周光复，党小青主编.—北京：中国人口出版社，1990.9.—248页；32开.—ISBN 7-80079-026-6：4.00元

中国计划生育道路/曹景椿著.—沈阳：辽宁大学出版社，1990.10.—348页；大32开.—ISBN 7-5610-0986-0（精装）：7.50元

吉林省计划生育基层工作实践/董殿华等主编.—长春：东北师范大学出版社，1990.11.—333页；32开.—ISBN 7-5602-0504-6：4.50元

江西省计划生育条例画册/江西省计划生育宣传教育分中心编.—南昌：江西科学技术出版社，1990.11.—94页；48开.—ISBN 7-5390-0374-X：1.60元

C924.23 人口规划

人口控制探索集/黎明泉著.—重庆：西南师范大

学出版社，1990.9.—251页；32开.—ISBN 7-5621-0497-2：2.68元

本书从社会发展的不同侧面，阐述了人口发展与经济发展的联系以及作好人口工作等问题。

中国人口控制：实践与对策/马宾主编.—北京：中国国际广播出版社，1990.3.—441页；大32开.ISBN 7-80035-503-9：6.10元

家庭人口控制通义/陈效琨主编.—西安：陕西科学技术出版社，1990.11.—270页；32开.—ISBN 7-5369-0842-3：3.75元

C924.24　人口问题研究

十一亿人/游允中著.—北京：中国统计出版社，1990.10.—60页；大32开.—ISBN 7-5307-0442-X：3.40元

人口与经济发展/张秀娟，王海燕编著.—济南：山东人民出版社，1990.10.—234页；32开.—ISBN 7-209-00756-3：2.50元

人口形势与未来/周彦杰等主编.—北京：海洋出版社，1990.3.—331页；32开.—ISBN 7-5027-0686-0：3.40元

中国人口老龄化问题研究/曲海波著.—长春：吉林大学出版社，1990.12.—202页；32开.—ISBN 7-5601-0753-2：1.35元

中国人口研究/陈胜利著.—长春：吉林人民出版社，1990.11.—412页；大32开.—ISBN 7-206-00926-3：7.80元

中国大城市人口与社会发展/八大城市政府调研机构联合课题组编.—北京：中国城市经济社会出版社，1990.7.—479页；大32开.—ISBN 7-5074-0268-1：8.80元

中国老年人口文选/中国社会科学院人口研究所编.—北京：经济管理出版社，1990.3.—543页；大32开.—ISBN 7-80025-230-2：7.60元

本书收入了1988.11在京召开的"中国老年人口调查数据分析科学讨论会"的50余篇论文。

北京老年人口论文集/北京市老龄问题委员会编.北京：北京燕山出版社，1990.4.—312页；大32开.ISBN 7-5402-0227-0：5.80元

本书汇集了有关首都老年人口和人口老龄化问题的研究论文和调查报告。

改革开放与人口发展/邬沧萍主编.—沈阳：辽宁大学出版社，1990.11.—318页；大32开.—ISBN 7-5601-1089-3：4.80元

贫困地区人口与经济/熊小江等著.—海口：南海出版公司，1990.10.—266页；32开.—ISBN 7-80570-332-9：3.60元

黄土高原地区人口问题/中国科学院黄土高原综合科学考察队编.—北京：中国经济出版社，1990.12.122页；16开.—(黄土高原地区综合治理开发考察系列研究).—ISBN 7-5017-1060-0：5.85元

解开经济与人口之感/翟泰丰著.—青岛：青岛出版社，1990.9.—197页；32开.—(国情意识丛书/伍杰主编).—ISBN 7-5436-0500-7：2.35元

C924.25　人口调查

人口普查人人有责：第四次全国人口普查宣传讲话/罗启蒙主编.—成都：四川人民出版社，1990.2.48页；32开.—ISBN 7-220-00962-3：0.60元

人口普查工作手册：第四次人口普查/陕西省人口普查办公室编.—西安：陕西人民出版社，1990.3.269页；32开.—ISBN 7-224-01239-4：3.65元

本书包括3个部分：文件、材料，实施细则，人口普查基本知识。

人口普查与人口意识/国务院人口普查办公室编.北京：中国城市经济社会出版社，1990.4.—130页；32开.—ISBN 7-5074-0317-3：2.50元

人口普查基础知识/吉林省人口普查办公室编；王兆环主编.—长春：吉林文史出版社，1990.5.—203页；32开.—ISBN 7-80528-231-5：2.65元

第四次全国人口普查宣传手册/国务院人口普查办公室编.—北京：中国统计出版社，1990.2.—120页；32开.—ISBN 7-5037-0387-3：1.20元

第四次全国人口普查宣传教育材料：供学校用/国家教育委员会基础教育司，国务院人口普查办公室编.北京：人民教育出版社，1990.1.—29页；32开.ISBN 7-107-10603-2：0.20元

第四次全国人口普查普查员百题问答/陕西省人口普查办公室，宝鸡市人口普查办公室编.—西安：陕西科学技术出版社，1990.3.—79页；32开.—ISBN 7-5369-0743-5：0.70元

中华人民共和国全国与县市人口统计资料：1989年度/中华人民共和国公安部编.—北京：群众出版社，1990.7.—169页；16开.—ISBN 7-5014-0523-9：4.50元

本书包括全国人口概况、全国市人口、全国县人口分组、各省、自治区、直辖市分市县人口等。

中国人口：台湾分册/陈永山，陈碧笙主编.—北京：中国财政经济出版社，1990.9.—450页；大32开.—ISBN 7-5005-0965-0：7.30元

中国人口：新疆分册/周崇经主编.—北京：中国财政经济出版社，1990.1.—383页；大32开.—ISBN 7-5005-0803-4：7.50元

中国人口：福建分册/傅祖德，陈佳源主编.—北京：中国财政经济出版社，1990.5.—386页；大32开.—ISBN 7-5005-0882-4：7.50元

老年人口统计资料汇编/肖振禹主编.—北京：华龄出版社，1990.2.—307页；16开.—ISBN 7-80082-052-1：13.00元

全国生育节育抽样调查全国数据卷：合计/国家计划生育委员会编.—北京：中国人口出版社，1990.1.—348页；16开.—ISBN 7-80079-013-4(精装)：50.00元

全国生育节育抽样调查全国数据卷：合计/国家计划生育委员会编.—北京：中国人口出版社，1990.1.348页；16开.—ISBN 7-80079-014-2：26.70元

全国生育节育抽样调查全国数据卷：农村/国家计划生育委员会编.—北京：中国人口出版社，1990.1.—348页；16开.—ISBN 7-80079-017-7：26.70元

全国生育节育抽样调查全国数据卷：农林场/国家计划生育委员会编.—北京：中国人口出版社，1990.1.—348页；16开.—ISBN 7-80079-016-9：26.70元

全国生育节育抽样调查全国数据卷：城市市区/国家计划生育委员会编.—北京：中国人口出版社，1990.1.—348页；16开.—ISBN 7-80079-015-0：26.70元

全国生育节育抽样调查全国数据卷：城市郊区/国家计划生育委员会编.—北京：中国人口出版社，1990.1.—348页；16开.—ISBN 7-80079-019-3：26.70元

全国生育节育抽样调查全国数据卷：镇/国家计划生育委员会编.—北京：中国人口出版社，1990.1.348页；16开.—ISBN 7-80079-018-5：26.70元

上海人口前景展望/张开敏等编.—上海：百家出版社，1990.2.—270页；32开.—ISBN 7-80576-110-8：6.00元

山东儿童概况/山东省统计局，山东省儿童情况抽样调查办公室编.—北京：中国统计出版社，1990.2.—205页；32开.—ISBN 7-5037-0396-2：12.00元

山西人口挂图/山西省计划生育委员会编.—北京：中国人口出版社，1990.1.—10张；2开.—ISBN 7-80079-033-9

天津人口史/李竞能主编.—天津：南开大学出版社，1990.6.—464页；大32开.—ISBN 7-310-00268-7：9.50元

本书研究的是，1949年1月天津解放以前本地区人口发展的历史。

云南少数民族人口概论/陈旭光，李光灿主编.昆明：云南人民出版社，1990.12.—386页；大32开.ISBN 7-222-00754-7：4.90元

云南省人口统计资料汇编：1949～1988/云南省人口普查办公室编.—昆明：云南人民出版社，1990.5.—807页；16开.—IBSN 7-222-00566-8(精装)：45.20元

西藏自治区第四次人口普查手工汇总资料/西藏自治区人口普查办公室编.—北京：中国统计出版社，1990.12.—348页；16开.—ISBN 7-5037-0532-9(精装)：30.00元

成都流动人口/郭付人主编；冯定川等编.—成都：成都出版社，1990.12.—540页；大32开.—ISBN 7-80575-123-4：7.50元

延边人口统计资料汇编/崔昌来主编.—延吉：延边大学出版社，1990.12.—381页；16开.—ISBN 7-5634-0253-5(精装)：40.00元

江苏省第四次人口普查手工汇总资料/江苏省人口普查办公室编.—南京：江苏人民出版社，1990.12.—399页；16开.—ISBN 7-214-00700-2(精装)：25.00元

佛山市人口志/佛山市地方志办公室，佛山市计划生育办公室编写.—广州：广东科技出版社，1990.7.—89页；16开.—ISBN 7-5359-0662-1

陕西老年人口/林皓，洪援朝主编.—西安：三秦出版社，1990.12.—194页；大32开.—ISBN 7-80546-337-9：3.00元

浙江人口发展战略/王瑞梓等著.—杭州：杭州大学出版社，1990.11.—352页；大32开.—(浙江经济与社会发展丛书).—ISBN 7-81035-085-4：5.00元

黑龙江人口四十年/张向凌主编.—哈尔滨：黑龙江人民出版社，1990.8.—302页；大32开.—ISBN 7-207-1693-X：4.90元

湖北人口年鉴：1989/湖北省统计局等编.—北京：中国统计出版社，1989.12.—410页；大32开.ISBN 7-5037-0356-3(精装)：25.00元

福建省第四次人口普查手工汇总资料/福建省人口普查办公室编.—北京：中国统计出版社，1990.12.48页；16开.—ISBN 7-5037-0528-0：4.00元

C93　管理学

当代西方管理学/杨硃编著.—北京：世界知识出版社，1990.3.—361页；32开.—(当代外国人文科学思潮评介丛书/沈恒炎，霍明主编).—ISBN 7-5012-0277-X：3.45元

现代管理论文集/李廉水，吴兆桂主编.—南京：江苏科学技术出版社，1990.6.—270页；32开.—ISBN 7-5345-0950-5：3.40元

现代管理学/马郑刚著.—昆明：云南大学出版社，1990.7.—128页；32开.—行政管理学系列教材.ISBN 7-81025-056-6：2.50元

现代管理学/刘和平，郭志文编.—武汉：武汉工业大学出版社，1990.8.—299页；32开.—经济管理大专系列教材.—ISBN 7-5629-0392-1：4.50元

现代管理学导论/王征，高闯编著.—沈阳：辽宁大学出版社，1990.7.—300页；大32开.—企业领导干部培训系列教材.—ISBN 7-5610-1015-X：4.00元

现代管理学原理/肖海鹏等编著.—北京：海潮出版社，1990.12.—317页；大32开.—ISBN 7-80054-213-0：3.20元

现代管理学基础/刘朝章主编.—南京：江苏教育出版社　1990.8.—296页；32开.—江苏省中小学校长培训用书.—ISBN 7-5343-1129-2：3.30元

现代管理学概论/夏日云，范跃进主编.—北京：北京出版社，1990.6.—295页；32开.—ISBN 7-200-01153-3：3.40元

现代管理学概论/翟立林编著.—上海：上海社会科学院出版社，1990.10.—256页；32开.—ISBN 7-80515-436-8：3.85元

现代管理科学/郑铁山编著.—长春：吉林大学出版社，1990.10.—286页；32开.—ISBN 7-5601-0630-7：4.00元

现代管理科学基础新编/王国岷等主编.—沈阳：白山出版社，1990.9.—245页；32开.—ISBN 7-80566-144-8：3.40元

现代管理简明教程/张耀源著.—北京：北京师范大学出版社，1990.9.—216页；32开.—ISBN 7-81014-493-6：2.70元

英汉现代管理小词典/万一等编.—北京：宇航出版社，1990.2.—749页；40开.—ISBN 7-80034-256-5(精装)：14.50元

振兴于混乱之上：管理革命手册/(美)彼得斯(Peters, T.)著；周瑶明等译.—上海：上海人民出版社，1990.7.—700页；大32开.—ISBN 7-208-00756-X：11.90元

书名原文：Thriving on Chaos

简明管理学/方群主编.—北京：中国青年出版社，1990.8.—334页；32开.—(青年文库：新编本；5).—ISBN 7-5006-0734-2

管理学/云冠平等著.—广州：暨南大学出版社，1990.8.—368页；大32开.—高等学校文科教材.ISBN 7-81029-026-6：5.50元

管理学/(美)孔茨(Koontz, H.)等著；黄洁纲等译.—上海：上海人民出版社，1990.12.—825页；大32开.—管理学经典教科书.—ISBN 7-208-00544-3：11.75元

书名原文：Management

管理学基础/刘洪涛，秦郁芬主编.—长春：吉林大学出版社，1990.7.—242页；32开.—ISBN 7-5601-0543-2：3.60元

管理学概论/朱敖荣，李劲风主编；计国平等编.南京：南京大学出版社，1990.4.—335页；32开.ISBN 7-305-00693-9：3.50元

管理学概论/吴贤忠主编.—上海：上海科学普及出版社，1990.8.—254页；32开.—ISBN 7-5427-0329-3：3.80元

管理学概论/张杰威主编.—大连：大连理工大学出版社，1990.11.—300页；16开.—ISBN 7-5611-0375-1：6.95元

管理科学与行为科学：组织行为学实践与理论上/(美)阿尔特曼(Altman, S.)等著；魏楚千等译.—北京：北京航空航天大学出版社，1990.10.367页；大32开.—ISBN 7-81012-197-9：5.80元

书名原文：Organizational Behavior

本书介绍了西方组织行为学在各个方面的最新进展。作者通过引入五个精选的案例，简明扼要地介绍了组织行为学的概貌。

管理科学与领导科学：知识讲座/陈秉良编著.—长春：吉林大学出版社，1990.9.—157页；32开.ISBN 7-5601-0590-4：2.20元

C93-02　管理学的哲学基础

现代管理哲学纲要/崔绪治，徐厚德著.—北京：经济管理出版社，1990.6.—281页；32开.—ISBN 7-80025-261-9：3.60元

管理伦理导论/高兆明著.—上海：复旦大学出版社，1989.12.—231页；32开.—ISBN 7-309-00448-5：4.00元

管理伦理学/严缘华等主编.—上海：上海交通大学出版社，1990.10.—316页；32开.—ISBN 7-315-00727-2：3.00元

管理哲学/石良柏编著.—合肥：安徽人民出版社，1990.2.—256页；大32开.—ISBN 7-212-00332-8：3.60元

管理哲学/乔凤山主编.—呼和浩特：内蒙古人民出版社，1990.9.—329页；大32开.—ISBN 7-204-01218-6：5.50元

管理哲学/周维耀等主编.—长春：吉林人民出版社，1990.10.—265页；大32开.—ISBN 7-206-0902-6：4.00元

管理哲学/赵秀臣，刘新立著.—北京：中国经济出版社，1990.6.—231页；32开.—(经济管理丛书/赵秀臣，徐子毅主编).—ISBN 7-5017-0383-3：4.30元

管理哲学概述/冯淑文主编.—广州：广东高等教育出版社，1990.8.—301页；32开.—ISBN 7-5361-0511-8：3.50元

C93-03　管理学方法论

比较管理学/乔远生等主编.—北京：经济管理出版社，1990.5.—372页；32开.—现代商业企业管理系列教材.—ISBN 7-80025-306-6：4.95元

比较管理学概论/李永春等编著.—青岛：青岛海洋大学出版社，1990.5.—246页；32开.—ISBN 7-81026-054-5：3.60元

以乱取胜与新的思考/（美）彼得斯（Peters，T.）著；高明等译.—北京：新华出版社，1990.4.574页；大32开.—（世界畅销书丛书）.—ISBN 7-5011-0559-6：6.95元

有效的女管理者/（美）纳撒尼尔·斯图尔特著；谢其助译.—北京：华夏出版社，1990.1.—275页；32开.—ISBN 7-80053-634-3：3.90元

书名原文：The Effective Woman Manager

现代科学管理方法选编/大庆石油管理局企业管理处编.—哈尔滨：黑龙江人民出版社，1990.9.—463页；32开.—ISBN 7-207-01663-8：6.00元

管理行为学/杨鸿声主编.—2版（修订本）.—福州：福建人民出版社，1990.2.—385页；32开.ISBN 7-211-01126-2：3.70元

本书1985年11月第1版。

管理秘诀101例/（日）村上元彦著；车平译.—南宁：广西科学技术出版社，1990.11.—222页；32开.—ISBN 7-80565-366-6：2.45元

C93-05 与其他学科的关系

现代管理心理学/利兴民主编.—广州：科学普及出版社广州分社，1990.1.—263页；大32开.—ISBN 7-110-01226-3：4.70元

实用管理心理学/徐泽民等著.—哈尔滨：黑龙江人民出版社，1990.9.—335页；32开.—ISBN 7-207-01646-8：4.50元

新编管理心理学/高玉祥等主编.—北京：中国青年出版社，1990.11.—451页；32开.—ISBN 7-5006-0878-0：5.50元

管理公共关系学：理论与实践/李景泰主编.—天津：南开大学出版社，1990.6.—558页；大32开.ISBN 7-310-00344-6：2.75元

管理心理学/王信琳主编.—贵阳：贵州教育出版社，1990.8.—430页；32开.—ISBN 7-80583-073-8：4.30元

管理心理学/乐国安主编.—北京：中国物资出版社，1990.12.—373页；32开.—ISBN 7-5047-0241-2：5.70元

管理心理学/刘大文主编；鲍荫华等编写.—济南：山东教育出版社，1990.2.—240页；32开.—ISBN 7-5328-0663-7：2.05元

管理心理学/孙宇晖，毛民治主编.—长春：吉林大学出版社，1990.1.—352页；32开.—ISBN 7-5601-0405-3：4.40元

管理心理学/张昱编著.—北京：中国经济出版社1990.9.—491页；大32开.—ISBN 7-5017-0887-8：5.35元

管理心理学/陈路，晓根主编.—昆明：云南人民出版社，1990.4.—277页；32开.—（行政管理科学教学丛书/普同金等主编）.—ISBN 7-222-00627-3：3.90元

管理心理学/林秉贤著.—2版.—北京：群众出版社，1990.7.—349页：彩照；大32开.—ISBN 7-5014-0522-0：4.55元

管理心理学/周妙群编著.—厦门：厦门大学出版社，1990.2.—278页；32开.—ISBN 7-5615-0254-0：1.65元

管理心理学/董文海主编.—天津：天津教育出版社，1990.8.—310页；32开.—ISBN 7-5309-0989-4：3.95元

管理心理学/（苏）舍佩尔（Щепель，В.М.）著；史民德等译.—北京：东方出版社，1990.1.290页；32开.—（现代思想文化译丛）.—ISBN 7-5060-0096-2：3.10元

书名原文：Управленческая психология

管理心理学自学指导/李明德编.—成都：成都科技大学出版社，1990.11.—260页；32开.—高等教育自学考试公共课辅导用书.—ISBN 7-5616-0707-5：2.65元

管理心理学导论/朱永新主编.—南京：江苏人民出版社，1990.6.—352页；32开.—ISBN 7-214-00471-2：4.60元

管理心理学词典/党乐群主编.—昆明：云南科技出版社，1990.5.—444页；32开.—ISBN 7-5416-0270-1：6.90元

管理心理学原理/汪新建，李磊主编.—北京：中国科学技术出版社，1990.9.—334页；大32开.—ISBN 7-5046-0254-X：4.95元

管理心理学辞典/于子明主编.—北京：解放军出版社，1990.2.—636页；32开.—ISBN 7-5065-1221-1（精装）：19.50元

管理心理学简明教程/叶忠根等编著.—广州：华南理工大学出版社，1990.4.—310页；32开.—ISBN 7-5623-0190-5：4.20元

C93-09 管理学史

历代用人的奥秘：名君、名相、名将、名家用人术/楚刃等编著.—郑州：中州古籍出版社，1990.3.449页；32开.—ISBN 7-5348-0262-8：5.50元

本书上溯自远古黄帝的用人传说，下至清末的用人改革，列举了周文王、唐太宗、元太祖、清太祖等一代名君，

姜子牙、管仲、诸葛亮等一代名相，吴起、李靖、郭子仪、岳飞等一代名将，孙武、韩非、顾炎武、龚自珍、魏源等一代名家的用人方法和思想观点。

中国古代领导思想概论/裴传永等著.—北京：中国人事出版社，1990.12.—261页；大32开.—（领导学研究丛书/吴玉黎，邢志第总编）.—山东省哲学社会科学七五规划重点研究项目.—ISBN 7-80076-041-3：4.00元

中国管理思想概要/葛贤慧等主编.—北京：经济管理出版社，1990.2.—306页；32开.—现代商业企业管理系列教材.—ISBN 7-80025-304-X：4.20元

中国儒家管理思想/刘云柏著.—上海：上海人民出版社，1990.11.—260页；大32开.—ISBN 7-208-00907-4：4.85元

管理思想探源：中国传统文化与现代企业文化建设/虞祖尧等主编；中国企协古代管理思想研究会编.北京：新华出版社，1990.9.—541页；32开.—（企业文化丛书/杨宗兰，荣德邻主编）.—ISBN 7-5011-0916-8：8.30元

C931　管理技术与方法

层次分析/侯定丕编著.—合肥：安徽科学技术出版社，1990.5.—199页；大32开.—ISBN 7-5337-0504-8：3.20元

神奇的管理——奖励：世界上最伟大的管理原则/（美）勒波夫（Leboeuf，M.）著；孙爱民等译.北京：军事科学出版社，1990.8.—118页；大32开.（成功之路丛书）.—ISBN 7-80021-249-1：1.80元

书名原文：How to Motivate People

本书作者是美国著名的现代管理艺术大师。从不同侧面论述了最有效的管理原则——奖励：为什么要奖励，奖励什么，怎样奖励，有说理，也有实例。

C931.1　管理数学

管理运筹学/肖德辉，张训诰主编.—北京：兵器工业出版社，1990.9.—340页；16开.—高等学校教材.ISBN 7-80038-227-3：4.30元

管理系统工程基础/柳春敏主编.—兰州：甘肃教育出版社，1990.6.—432页；32开.—ISBN 7-5423-0181-0：4.70元

管理参谋原理与参谋艺术/方国雄等主编.—成都：电子科技大学出版社，1990.12.—202页；32开.ISBN 7-81016-253-5：2.60元

管理数学/王龙德主编.—北京：机械工业出版社，1990.7.—499页；32开.—机械电子工业部机电行业专业管理人员岗位培训教材.—ISBN 7-111-02083-9：8.30元

管理数学/陈洪昭主编.—北京：航空工业出版社，1990.8.—447页；16开.—ISBN 7-80046-266-8：5.70元

管理数学/曾繁芳等编著.—成都：电子科技大学出版社，1990.4.—493页；大32开.—中等专业学校教材.—ISBN 7-81016-225-X：6.05元

管理数学/戴进华编.—西安：西安电子科技大学出版社，1990.6.—482页；16开.—中等专业学校教材.—ISBN 7-5606-0120-0：5.40元

管理数学　上册/吴德涛主编.—上海：上海科学普及出版社，1990.8.—227页；16开.—ISBN 7-5427-0325-0：5.80元

管理数学基础/张文杰等编.—北京：中国铁道出版社，1990.7.—526页；32开.—（物资管理职工教育丛书）.—ISBN 7-113-00717-1：8.05元

C931.2　管理的方式方法

目标管理/宫本欣等编著.—济南：山东人民出版社，1990.3.—347页；32开.—ISBN 7-209-00619-2：3.70元

协商管理：一个新的管理时代/陈世红，许晨编.上海：上海科学技术文献出版社，1990.7.—76页；32开.—（企业经营新潮丛书/苏东水主编）.—ISBN 7-80513-584-3：1.50元

机关目标管理指南/梅祥富等主编.—北京：北京科学技术出版社，1990.12.—411页；32开.—ISBN 7-5304-0871-2：5.60元

追求变革：迎接管理的挑战/（英）斯图尔特著；刘建生等译.—北京：中国财政经济出版社，1990.8.—275页；32开.—（管理新思维丛书/李铁锤，陈重主编）.—ISBN 7-5005-1062-4：3.60元

领导与管理案例选/吕文阁等主编.—长春：吉林人民出版社，1990.12.—129页；32开.—ISBN 7-206-00965-4：2.00元

C931.3　管理工作、管理员

这种干部请你辞职/（日）二见道夫著；徐信文译.北京：中国友谊出版公司，1990.2.—204页；32开.ISBN 7-5057-0264-5：2.90元

C931.4　办公室工作

办公自动化/陈一凡，宋利强编著.—北京：国防工业出版社，1990.10.—186页；16开.—高等学校教材.—ISBN 7-118-00706-4：2.50元

办公自动化：一种管理方法/（美）瓦戈纳（Wagoner，K.P.），鲁普雷希特（Ruprech-t，M.M.）著；夏川江等译.—北京：科学出版社，1990.9.—446页；16开.—ISBN 7-03-001599-1：27.10元

书名原文：Office Automation

办公自动化设备实用手册/叶柏，于涓编著.北京：中国广播电视出版社，1990.6.—275页；32开.—ISBN 7-5043-0354-2：3.85元

本书对微机、复印机、电传机、文字处理机等我国常见的办公设备逐一讲述了其基本原则、操作使用和保养维修。

办公自动化基础/史振声，贾程隆编.—大连：大连理工大学出版社，1990.6.—220页；32开.—ISBN 7-5611-0289-5：1.46元

办公室工作理论与实践/王修智主编.—济南：山东人民出版社，1990.12.—434页；大32开.—ISBN 7-209-00760-1（精装）：8.25元

办公室工作新探索/姜善堂主编.—沈阳：辽宁人民出版社，1990.7.—404页；大32开.—ISBN 7-205-01521-9：3.80元

本书分为参谋篇、助手篇、信息篇、协调篇、内部建设篇等5篇。

办公室自动化/王玉英，姚友雷编著.—北京：北京航空航天大学出版社，1990.10.—278页：32开.ISBN 7-81012-193-6：4.40元

办公室自动化基础/杨德元编著.—北京：机械工业出版社，1990.6.—268页；大32开.—（计算机基础自学丛书）.—ISBN 7-111-01722-6：8.90元

办公室和间接管理部门的全面质量管理：可使一切问题迎刃而解/（日）小林忠嗣著；王存恩，谭作成译.—北京：机械工业出版社，1990.12.—212页；32开.—ISBN 7-111-02679-9：3.70元

办公室管理概论/张金山主编.—杭州：杭州大学出版社，1990.8.—244页；大32开.—ISBN 7-81035-036-6：3.60元

灵通的信息网：计算机与办公室自动化/（日）富士通OA著；沈吉译；任昌龙，任远制图.—南京：江苏美术出版社，〔1990〕.—147页；32开.—（图解日本企业管理丛书；4）.—ISBN 7-5344-0131-3：2.60元

信息管理与办公自动化/邓良弟主编.—北京：兵器工业出版社，1990.6.—875页；16开.—ISBN 7-80038-080-7：37.50元

微机办公自动化汉字信息处理/国务院军队转业干部安置工作小组办公室组织编写；孟英婕主编.—北京：中国劳动出版社，1990.9.—332页；32开.ISBN 7-5045-0590-0：4.70元

C931.46 文书工作

万象文书大全/玉溪生选注.—石家庄：花山文艺出版社，1990.11.—289页；32开.—ISBN 7-80505-355-3：3.80元

乡镇秘书工作/贵州省民族事务委员会编.—贵阳：贵州人民出版社，1990.6.—376页；32开.—贵州省民族行政管理学校教材.—ISBN 7-221-01640-2：3.60元

历代秘书人物及文书选注/黄纪华主编.—北京：学苑出版社，1990.4.—437页；32开.—ISBN 7-80060-900-6：6.80元

公文工作规范化指导/韩振起编著.—北京：经济管理出版社，1990.7.—240页；32开.—ISBN 7-80025-319-8：4.20元

本书介绍了从公文的形成、处理，直至立卷、归档等全过程。

公文处理手册/王凤云主编；机电部办公厅编.北京：电子工业出版社，1990.7.—252页；大32开.ISBN 7-5053-0842-4：3.50元

公文撰写与核稿/王占德等编著.—北京：档案出版社，1990.10.—169页；32开.—（党政机关秘书工作丛书；2）.—ISBN 7-80019-172-9：2.80元

公务文书学/宋斌等著.—武汉：武汉工业大学出版社，〔1990〕.—195页；32开.—ISBN 7-5629-0284-4：2.30元

文书之简化与管理/陈国琛著.—北京：档案出版社，1990.4.—315页；大32开.—（档案学研究资料丛书）.—ISBN 7-80019-220-2：5.60元

文书立卷与归档/王今胜等编著.—北京：档案出版社，1990.10.—170页；32开.—（党政机关秘书工作丛书；4）.—ISBN 7-80019-174-5：2.55元

文书学/松世勤编著.—2版.—北京：北京师范学院出版社，1990.2.—333页；32开.—ISBN 7-81014-289-9：3.00元

本书1987年4月第1版。

文书学教程/萧凤舞主编.—北京：中国商业出版社，1990.11.—376页；大32开.—ISBN 7-5044-0776-3：6.90元

文件收发与处理/王方之等编著.—北京：档案出版社，1990.10.—149页；32开.—（党政机关秘书工作丛书；3）.—ISBN 7-80019-249-0：2.60元

文件学概要/曾润芳编.—北京：中国劳动出版社，1990.8.—353页；32开.—ISBN 7-5045-0582-X：5.10元

外贸文书与档案 上册：文书分册/《外贸文书与档案》编写组编写.—北京：对外贸易教育出版社，1990.12.—282页；32开.—ISBN 7-81000-265-1：3.85元

当代秘书的观念与实务手册/林鸿荣等著.—上海：学林出版社，1990.3.—360页；32开.—ISBN 7-80510-345-3：4.55元

会议组织与服务/侯磊主编.—北京：档案出版社，1990.10.—119页；32开.—（党政机关秘书工作丛书；9）.—ISBN 7-80019-257-1：2.20元

企业必备文书/林士明主编.—上海：复旦大学出版社，1990.5.—427页；大32开.—ISBN 7-309-00403-5：6.00元

现代秘书实用手册/蔡翔，李保华编译.—北京：中国卓越出版公司，1990.10.—255页；32开.—ISBN 7-80071-21-09：3.95元

现代秘书学概论/钟辉著.—贵阳：贵州人民出版社，1990.7.—446页；大32开.—ISBN 7-221-01626-7：6.00元

政务接洽与领导活动安排/尹成杰等编著.—北京：档案出版社，1990.10.—98页；32开.—（党政机关秘书工作丛书；10）.—ISBN 7-80019-241-5：1.90元

查办工作/宋士忠主编；刘全旺，苏鸣放编著.—北京：档案出版社，1990.10.—112页；32开.—（党政机关秘书工作丛书；8）.—ISBN 7-80019-258-X：2.15元

怎样当办公室主任/侯磊主编.—北京：档案出版社，1990.10.—148页；32开.—（党政机关秘书工作丛书；13）.—ISBN 7-80019-184-2：2.55元

怎样当好领导人的秘书/祁培文等编著.—北京：档案出版社，1990.10.—229页；32开.—（党政机关秘书工作丛书；14）.—ISBN 7-80019-242-3：3.50元

信息工作/宋士忠主编；张凤华，王群编著.—北京：档案出版社，1990.10.—166页；32开.—（党政机关秘书工作丛书；5）.—ISBN 7-80019-239-3：2.80元

本书主要讨论党政机关工作中的信息收集、处理、传递、反馈和信息工作的基础建设。

食品卫生监督机构实用文书大全/杨明亮主编.—武汉：湖北科学技术出版社，1990.4.—348页；32开.—ISBN 7-5352-0579-8：4.35元

党政机关秘书工作概述/郑兴汉等编著.—北京：档案出版社，1990.10.—175页；32开.—（党政机关秘书工作丛书；1）.—ISBN 7-80019-240-7：2.95元

秘书人员修养与队伍建设/温祥主编；李旺明等编著.—北京：档案出版社，1990.10.—110页；32开.（党政机关秘书工作丛书；12）.—ISBN 7-80019-259-8：1.90元

秘书工作艺术/陈子典主编.—广州：华南理工大学出版社，1990.5.—305页；32开.—ISBN 7-5623-0209-X：5.00元

秘书工作和文书写作/井维增编著.—北京：中国妇女出版社，1990.11.—253页；大32开.—ISBN 7-80016-362-8：4.00元

秘书工作指要/何维庭主编.—北京：中共中央党校出版社，1990.1.—379页；32开.—文秘岗位职务培训系列教材.—ISBN 7-5035-0262-0：4.20元

秘书工作基础/朱正伦编著.—南京：江苏人民出版社，1990.12.—291页；32开.—ISBN 7-214-00587-5：3.80元

秘书工作趣谈/王增藩著.—上海：复旦大学出版社，1990.3.—207页；32开.—（秘书学丛书；1）.ISBN 7-309-00419-1：2.90元

本书包括文字写作、事务办理以及思想修养3篇。

秘书与管理/竺乾威著.—上海：复旦大学出版社，1990.3.—101页；32开.—（秘书学丛书；2）.ISBN 7-309-00452-3：1.45元

秘书心理学/张钦平著.—合肥：安徽文艺出版社，1990.6.—295页；32开.—ISBN 7-5396-0280-5：3.60元

秘书心理学/周恩珍等编著.—北京：中国城市经济社会出版社，1990.8.—338页；32开.—ISBN 7-5074-0303-3：4.90元

秘书实务/侯玉珍主编.—北京：中国国际广播出版社，1990.12.—375页；32开.—ISBN 7-80035-653-1：5.40元

秘书学/袁维国主编.—北京：高等教育出版社，1990.9.—323页；大32开.—高等学校试用教材.ISBN 7-04-003167-1：2.75元

秘书学导论/张岫莹，王之勤主编.—郑州：河南人民出版社，1990.10.—424页；大32开.—河南省高等教育自学考试教材.—ISBN 7-215-01188-7：6.00元

涉外秘书学/詹银才著.—杭州：杭州大学出版社，1990.11.—343页；大32开.—ISBN 7-81035-053-6：5.60元

调研与综合/王鸿江主编.—北京：档案出版社，1990.10.—226页；32开.—（党政机关秘书工作丛书；6）.—ISBN 7-80019-250-4：3.50元

清代文书纲要/雷荣广，姚乐野著.—成都：四川大学出版社，1990.12.—261页；32开.—ISBN 7-5614-0359-3：1.50元

催办检查/王立成等编著.—北京：档案出版社，1990.10.—111页；32开.—（党政机关秘书工作丛书；7）.—ISBN 7-80019-255-5：2.00元

本书主要阐述了催办检查工作的性质、特点、地位、作用、任务、要求、方式、方法等内容，研究了党政机关催办检查工作的规律性问题。

C931.5　咨询理论与组织

实用咨询基础/侯青云编著.—北京：气象出版社，1990.7.—261页；32开.—ISBN 7-5029-0471-9：6.20元

本书阐述了咨询业的性质、特点、职能，介绍了国外发展概况和可供借鉴的经验，重点对我国10年来咨询工作的实践进行了总结。

实用智谋术：锦囊妙计运筹法/董秋枫编著.—福州：福建科学技术出版社，1990.5.—269页；32开.ISBN 7-5335-0350-3：3.05元

咨询学原理/卢绍君编著.—北京：科学技术文献出版社，1990.7.—324页；32开.—ISBN 7-5023-1216-1：7.00元

智谋：平常和非常时刻的巧计/（瑞士）胜律（Senger, H.V.）著；刘晓东，朱圣妤译.—上海：上海人民出版社，1990.12.—438页；大32开.ISBN 7-208-01011-0：5.45元

书名原文：Strajegeme

本书介绍了中国三十六计中的十八个计，并从军事著作、文学作品、历代史以及新近出版的有关书籍中，精选出250多个例子加以说明。

智囊论/白枢著.—呼和浩特：内蒙古人民出版社，1990.4.—272页；大32开.—ISBN 7-204-00989-4：3.95元

新智囊论/李忠尚主编.—北京：人民出版社，1990.10.—225页；大32开.—ISBN 7-01-000835-3：3.95元

C931.6 管理信息系统

控制论、信息论、系统论与现代管理/张文焕等编著.—北京：北京出版社，1990.9.—291页；32开.ISBN 7-200-01036-7：4.20元

本书详细介绍了“三论”与现代管理中的基本概念、原理和方法，并为把这些概念、原理和方法应用于管理实践中从理论和实践上作了深入探讨。

管理信息系统实用指南/俞金康，关亚骥编著.—北京：机械工业出版社，1990.5.—158页；16开.ISBN 7-111-00671-2：7.50元

管理信息系统原理与实践/李晔等编.—北京：电子工业出版社，1990.11.—315页；16开.—ISBN 7-5053-1036-4：9.50元

管理信息系统教程/王亚芬，程秋木编著.—西安：西安电子科技大学出版社，1990.12.—267页；16开.高等学校教材.—ISBN 7-5606-0104-9：3.50元

C931.9 管理工作自动化

决策支持系统导论/刘晶珠主编.—哈尔滨：哈尔滨工业大学出版社，1990.12.—232页；32开.—ISBN 7-5603-0315-3：3.70元

微型计算机在管理现代化中的应用/关治丁编.—广州：广东科技出版社，1990.6.—308页；32开.ISBN 7-5359-0498-X：2.80元

微管理科学：管理科学的微机应用/（ ）Sang, M Lee，朱儒楷编.—徐州：中国矿业大学出版社，1990.12.—347页；16开.—高等学校教学用书.—ISBN 7-81021-405-5：4.45元

C933 领导学

中国社会主义领导学/那仁敖其尔主编.—呼和浩特：内蒙古人民出版社，1990.6.—363页；大32开.ISBN 7-204-00973-8：5.30元

现代领导心理学/刘颂主编.—南京：南京出版社，1990.3.—343页；32开.—ISBN 7-80560-162-3：4.00元

现代领导心理学/宿富连主编.—桂林：广西师范大学出版社，1990.3.—440页；32开.—ISBN 7-5633-0748-6：4.50元

现代领导实用知识与技巧问答/苏新民主编.—青岛：青岛出版社，1990.7.—425页；大32开.—ISBN 7-5436-0462-0：5.85元

现代领导学/王乐夫，蒋月臣编著.—广州：中山大学出版社，1990.5.—261页；大32开.—ISBN 7-306-00296-1：4.80元

现代领导学/利兴民主编.—广州：广东高等教育出版社，1990.11.—335页；大32开.—ISBN 7-5361-0537-1：4.50元

实用领导科学/黎克明等编著.—广州：广东高等教育出版社，1990.4.—153页；大32开.—ISBN 7-5361-0445-6：2.20元

实用领导科学大辞典/孙钱章主编.—济南：山东人民出版社，1990.10.—892页；大32开.—ISBN 7-209-00713-X（精装）：17.50元

基层领导学/吴培玉，张壬芳编著.—哈尔滨：黑龙江人民出版社，1990.3.—221页；32开.—国营农场基层干部岗位职务培训教材.—ISBN 7-207-01466-X：2.50元

基层领导学通论/赵德水，陈方根主编.—南京：江苏人民出版社，1990.11.—284页；32开.—ISBN 7-214-00592-1：3.80元

基层领导科学/刘洪礼主编.—上海：百家出版社，1990.12.—149页；32开.—农村基层干部培训系列教材.—ISBN 7-80576-132-9：1.80元

领导心理学/马振凤主编.—哈尔滨：哈尔滨工业大学出版社，1990.11.—190页；32开.—ISBN 7-5603-0310-2：2.95元

领导行为心理分析/陈铁民编著.—厦门：厦门大学出版社，1990.6.—290页；32开.—ISBN 7-5615-0293-1：1.70元

领导的哲学/赵国强等主编.—北京：中国商业出版社，1990.8.—228页；32开.—ISBN 7-5044-0729-1：3.20元

领导学纲要/徐梅芬，李学明主编.—上海：华东师范大学出版社，1990.8.—278页；32开.—ISBN 7-5617-0666-9：3.00元

领导学原理与案例/张政，范以茂主编.—南京：江苏人民出版社，1990.9.—328页；32开.—ISBN 7-214-00557-3：4.80元

领导学基础/农业部乡镇企业司组织编写；张铎，李固培编著.—北京：中共中央党校出版社，1990.7.—154页；32开.—全国乡镇企业系统领导干部岗位培训教材.—ISBN 7-5035-0310-6：2.00元

领导学基础/张政主编.—修订本.—南京：江苏人民出版社，1990.8.—385页；32开.—ISBN 7-214-00291-4：4.35元

本书1989年5月第1版。

领导学概论/《领导学概论》编写组编写；蒋应铨，杨文斌主编.—贵阳：贵州人民出版社，1990.2.—257页；32开.—ISBN 7-221-01564-3：2.95元

领导科学/车延杰，项贵和主编.—长春：吉林大学出版社，1990.9.—277页；32开.—ISBN 7-5601-0592-0：4.05元

领导科学/刘勇等著.—2版(修订本).—北京：红旗出版社，1990.8.—266页；大32开.—ISBN 7-80068-148-3：3.60元

领导科学/普同金主编.—昆明：云南人民出版社，1990.4.—243页；32开.—(行政管理科学教学丛书).—ISBN 7-222-00626-5：3.45元

领导科学/窦胜功，戈学忠编著.—沈阳：辽宁科学技术出版社，1990.8.—423页；32开.—中小企业领导干部岗位职务培训教材.—ISBN 7-5381-0976-5：5.90元

领导科学纲要/魏尚安著.—北京：中国经济出版社，1990.1.—216页；32开.—ISBN 7-5017-0683-2：3.20元

领导科学纵横谈/宋劭明等著.—郑州：河南人民出版社，1990.12.—288页；大32开.—ISBN 7-215-01249-2：4.80元

领导科学纵横谈/翁世盛主编.—福州：福建教育出版社，1990.7.—281页；大32开.—ISBN 7-5334-0626-5：3.05元

领导科学通俗读本/王现贵主编.—济南：济南出版社，1990.3.—344页；32开.—ISBN 7-80572-202-1：4.20元

领导科学理论与实践/胡彬等主编.—北京：求实出版社，1990.5.—180页；大32开.—ISBN 7-80033-149-0：2.90元

领导科学教程/赵先甲等编著.—上海：上海人民出版社，1990.4.—361页；大32开.—ISBN 7-208-00897-3：6.50元

领导科学概论/李文义，石开贵编著.—成都：成都科技大学出版社，1990.1.—267页；32开.—ISBN 7-5616-0534-X：3.00元

领导科学概论/何发成等主编.—长春：吉林大学出版社，1990.12.—257页；32开.—ISBN 7-5601-0696-X：3.75元

领导科学简明读本/张瑞甫主编.—济南：黄河出版社，1990.9.—328页；32开.—ISBN 7-80558-114-2：3.60元

领导科学简明教程/许寿明，李述敏主编.—2版.石家庄：河北人民出版社，1990.8.—312页；32开.ISBN 7-202-00416-X：3.40元

本书1983年5月第1版。

领导科学简明教程/迟国连等主编.—沈阳：白山出版社，1990.2.—267页；32开.—ISBN 7-80566-090-5：3.40元

新编领导学/徐祖舜主编.—北京：北京出版社，1990.12.—516页；大32开.—ISBN 7-200-01324-2：7.55元

C933.2　领导方法

邓小平的领导艺术/卜晓业，林建公主编.—北京：国防大学出版社，1990.12.—292页；32开.—(邓小平的思想研究丛书/钱抵千主编).—ISBN 7-5626-0157-7：3.70元

协调论：一门新的领导哲学/陈士光等编著.—成都：西南财经大学出版社，1990.9.—175页；32开.ISBN 7-81017-274-3：2.50元

决策·处事·用人/王秋来主编.—桂林：广西师范大学出版社，1990.11.—263页；32开.—ISBN 7-5633-0981-0：4.50元

现代基层领导艺术/秦兴洪主编.—广州：广东高等教育出版社，1989.12.—240页；32开.—ISBN 7-5361-0446-4：2.80元

现代领导艺术/聂德虎，余仰涛编著.—北京：测绘出版社，1990.10.—262页；32开.—ISBN 7-5030-0361-8：3.90元

现代领导成功之路/胡维林主编.—石家庄：河北人民出版社，1990.8.—332页；大32开.—ISBN 7-202-00731-2：4.80元

说服的技巧/李江编著.—沈阳：辽宁人民出版社，1990.9.—227页；32开.—ISBN 7-205-01582-0：3.00元

基层领导艺术/吕宜明主编.—北京：中国经济出版社，1990.11.—303页；32开.—ISBN 7-5017-1111-9：3.50元

做创造型的领导者：领导创造学/尧奎，贞鹏著.北京：海洋出版社，1990.4.—213页；32开.—ISBN 7-5027-0857-X：3.60元

本书运用生动事例说明了创造意识是领导者和管理者必备的主要素质，没有创造意识的领导者是不称职的。结合大量事例论述了创造性思维、创造性技法、创造性实践、创造力

开发等及其应用，从而指明应该如何做一个创造型的领导者和管理者。

领导人际关系学/沙献玉等主编.—北京：中国国际广播出版社，1990.3.—326页；32开.—ISBN 7-80035-451-2：4.95元

本书论述了中国领导者所面临的各个方面的人际关系及处理领导人际关系的方法和艺术。

领导工作的科学性和艺术性/郭晓君等主编.—北京：中国经济出版社，1990.12.—285页；32开.（领导者之友丛书）.—ISBN 7-5017-1234-4：4.35元

本书介绍了领导科学的基本知识；研究了领导者的素质、心理、理论思维、作风和领导班子结构；介绍了12种领导方法和8种领导艺术；探讨了如何用好权力，搞好廉政，提高领导工作效率等问题。

领导艺术探微/黄德玉等主编.—北京：蓝天出版社，1990.8.—290页；32开.—ISBN 7-80081-121-2：4.00元

领导协调论/孙占奎等著.—北京：煤炭工业出版社，1990.6.—204页；32开.—ISBN 7-5020-0406-8：2.75元

领导者行使权力方法与艺术/杨育光，周振林主编.—北京：中国经济出版社，1990.12.—311页；大32开.—（领导方法与艺术丛书/周振林主编）.ISBN 7-5017-0977-6：6.00元

本书对领导者行使职权的方法与艺术、控制权力的方法与艺术、防止和纠正"越权"的方法与艺术、调节权力欲望的方法与艺术、权力转移的方法与艺术进行了论述。

领导科学思维概论/刘奎林等主编.—哈尔滨：哈尔滨工业大学出版社，1989.12.—272页；32开.ISBN 7-5603-0223-7：3.20元

领导活动的哲学思考/李光炎主编.—南宁：广西人民出版社，1990.9.—293页；32开.—ISBN 7-219-01683-2：3.30元

领导模式与艺术/尤振民主编.—徐州：中国矿业大学出版社，1990.10.—355页；大32开.—ISBN 7-81021-457-8：4.60元

摆脱忙乱之道/骆炳亚，白威凉主编.—北京：求实出版社，1990.1.—292页；大32开.—ISBN 7-80033-203-9：4.00元

督促检查工作研究/李厚安主编.—昆明：云南人民出版社，1990.10.—192页；32开.—ISBN 7-222-00733-4：2.50元

新的领导方法探索：河北省沙河市政务公开的实践与理论探索/焦天立主编.—北京：经济科学出版社，1990.10.—154页；32开.—ISBN 7-5058-0369-7：2.80元

C933.4　领导组织建设

论领导班子建设/孙贵芳主编.—哈尔滨：黑龙江人民出版社，1990.1.—276页；32开.—ISBN 7-207-01438-4：3.20元

现代领导者的科学技术素养/吴义生主编.—北京：中共中央党校出版社，1990.1.—464页；大32开.ISBN 7-5035-0235-5：6.80元

现代领导者要览/卢景泰等编著.—哈尔滨：黑龙江教育出版社，1990.3.—773页；32开.—ISBN 7-5316-1014-0：8.20元

领导者的测试与评价：自我与环境研究问卷技法/鲁军主编.—北京：三联书店，1990.5.—573页；大32开.—（领导行为与领导学丛书；第一辑）.ISBN 7-108-40270-1：8.35元

本书介绍修养、气质性格、知识、激励、管理绩效、竞争、人际关系和健康等方面的自我与环境研究问卷技法。

领导者的阅读写作与演讲/于文杰著.—哈尔滨：黑龙江教育出版社，1990.10.—288页；大32开.—ISBN 7-5316-1182-1：4.50元

领导者语言艺术/周振林，王项东主编.—北京：中国经济出版社，1990.2.—349页；大32开.—（领导方法与艺术丛书/周振林主编）.—ISBN 7-5017-0594-4：5.50元

领导职责与素养/孙莱欣，方磊主编.—北京：中国金融出版社，1990.7.—191页；大32开.—中国人民银行岗位培训系列教材.—ISBN 7-5049-0575-5：3.25元

C934　决策学

多目标决策理论方法与应用/冯尚友著.—武汉：华中理工大学出版社，1990.11.—372页；32开.ISBN 7-5609-0484-X：2.56元

本书分为3篇共11章，第1篇为多目标决策基本理论；第2篇为多目标决策技术；第3篇为多目标决策方法的应用实例。

决策与哲学/李文煌等主编.—武汉：武汉测绘科技大学出版社，1990.7.—255页；32开.—ISBN 7-81030-049-0：3.00元

决策纵横谈/郝武璋编著.—北京：中国经济出版社，1990.8.—211页；32开.—ISBN 7-5017-0709-X：3.30元

本书简述了科学决策的概念、特征、要素，以及决策的类型、作用和发展，并以故事形式介绍了"三十六计"。

决策学教程/邓云卿编.—武汉：武汉工业大学出版社，1990.8.—338页；32开.—经济管理大专系列教材.—ISBN 7-5629-0428-6：4.80元

决策管理现代设计法/中国现代设计法研究会编·北京：中国建筑工业出版社，1990.2.—222页；32开.—（现代设计法丛书）.—ISBN 7-112-00755-0：2.50元

如何果断下决策：决策的心理因素与技巧/倩英，财鑫编译.—厦门：鹭江出版社，1990.6.—110页；

32开.—(创业灵方丛书).—ISBN 7-80533-222-3：1.70元

走向决策科学化/吴志辉主编.—广州：广东高等教育出版社，1990.3.—283页；大32开.—ISBN 7-5361-0469-3：3.70元

条件分析引论/陈建国著.—上海：上海社会科学院出版社，1990.—191页；32开.—ISBN 7-80515-555-0：2.95元

现代效用理论/姜青舫著.—贵阳：贵州人民出版社，1990.3.—387页；32开.—(决策科学丛书/徐采栋主编).—ISBN 7-221-01585-6：4.80元

实用决策手册/张碧晖，王平编著.—南宁：广西人民出版社，1990.5.—565页；大32开.—ISBN 7-219-01549-6：6.80元

实用快速决策分析方法/华宏鸣编著.—上海：复旦大学出版社，1990.12.—232页；32开.—ISBN 7-309-00605-4：4.25元

战略决策论/刘东辉著.—哈尔滨：黑龙江教育出版社，1990.12.—226页；32开.—ISBN 7-5316-1178-3：2.80元

选择与判断——AHP(层次分析法)决策/刘新宪，朱道立编著.—上海：上海科学普及出版社，1990.2.—228页；32开.—ISBN 7-5427-0207-6：3.00元

预测人员入门：通过数据分析的预测过程/(美)利文巴赫(Levenbach，H.)，克利里(Cleary，J.P.)著；汤为民，李坤喜译.—北京：人民邮电出版社，1990.6.—375页；大32开.—ISBN 7-115-04197-0：5.60元

书名原文：The Beginning Forecaster：The Forecasting Process Through Data Analysis

预测术/王斌著.—延吉：延边大学出版社，1990.11.—200页；32开.—ISBN 7-5634-0247-0：2.80元

基于协商对策的多人多目标决策/曲晓飞著.—大连：大连理工大学出版社，1990.6.—245页；32开.ISBN 7-5611-0316-6：1.77元

模糊决策分析/陈世权编著.—贵阳：贵州科技出版社，1990.12.—379页；32开.—(决策科学丛书).ISBN 7-80584-024-5：4.60元

管理决策分析实用方法/顾昌耀主编.—北京：航空工业出版社，1990.1.—156页；32开.—现代管理教育与培训系列教材.—ISBN 7-80046-201-3：1.55元

管理决策的逻辑方略/傅殿英主编.—北京：北京师范大学出版社，1990.6.—253页；32开.—(逻辑应用多视角丛书/苏越主编).—ISBN 7-303-00869-1：3.50元

管理决策定量分析/秦永炎等编著.—上海：华东化工学院出版社，1990.10.—307页；大32开.—ISBN 7-5628-0101-0：5.50元

管理定量分析/(美)伦德尔(Render，B.)，(美)斯泰尔(Stair，R.M.)著；辛镜敏，孙国成译.—北京：煤炭工业出版社，1990.2.—419页；16开.—ISBN 7-5020-0282-0：9.85元

书名原文：Quantitative Analysis for Management

本书介绍的是管理决策中的一系列实用的定量分析技术，包括计划评审技术、模拟技术、线性规划、排队论、决策术等。

C935　管理计划和控制

强人与时间：成功与效率/(英)约翰·亚当著；王学军等译.—北京：北京航空航天大学出版社，1990.4.—150页；32开.—(强人丛书).—ISBN 7-81012-135-9：2.25元

摆脱碌碌无为/(美)艾伦·莱肯著；饶量等译.—北京：中国工人出版社，1990.9.—154页；32开.ISBN 7-5008-0604-3：2.50元

本书导引你更好地安排个人时间和工作时间，告诉你如何确定长期目标和短期目标，充分利用你有限的时间。

C936　管理组织学

行为管理学/邵景峰编著.—北京：中国铁道出版社，1990.12.—376页；32开.—职工教育培训系列试用教材.—ISBN 7-113-01008-3：5.70元

社会组织管理/于显洋编著.—北京：蓝天出版社，1990.1.—192页；32开.—中国军地两用人才大学教材.—ISBN 7-80081-083-6：2.20元

现代组织学概论/林瑞基，林宁编著.—北京：科学出版社，1990.3.—332页；大32开.—ISBN 7-03-001950-4：5.50元

组织心理学：现代管理的概念及方法/周振明，郭建庆主编.—上海：复旦大学出版社，1990.10.325页；大32开.—ISBN 7-309-00611-9：4.50元

本书分别研究了组织中客观存在的个体与群体的心理，组织中的管理心理现象，还有组织发展、组织中的领导、决策科学化等组织管理方面的心理技术。

组织传播学/林瑞基著.—长沙：湖南文艺出版社，1990.4.—276页；32开.—(当代公共关系学丛书).—ISBN 7-5404-0528-7：3.40元

组织行为学/周铁焕等编写.—西安：陕西科学技术出版社，1990.11.—319页；32开.—ISBN 7-5369-0925-X：4.50元

组织行为学自学考试大纲/全国高等教育自学考试

指导委员会编.—北京：高等教育出版社，1990.1.53页；32开.—高等教育自学考试政治管理类专业.ISBN 7-04-002974-X：0.51元

组织行为学学习指导书/孙彤编.—2版（修订本）.—北京：中央广播电视大学出版社，1990.4.205页；32开.—ISBN 7-304-00521-1：1.25元

组织行为学教程/孙彤主编.—北京：高等教育出版社，1990.2.—427页；大32开.—全国高等教育自学考试教材 政治管理类专业用.—ISBN 7-04-002995-2：3.65元

组织行为学概论/孔祥勇等编著.—广州：广东高等教育出版社，1990.5.—331页；32开.—（企业文化丛书）.—ISBN 7-5361-0468-5：4.50元

组织行为管理学/彭剑锋，许玉林主编.—天津：南开大学出版社，1990.7.—385页；32开.—中国逻辑与语言函授大学教材.—ISBN 7-310-00347-0：4.25元

组织理论精萃/（英）皮尤（Pugh，D.S.）编；彭和平，杨小工译.—北京：中国人民大学出版社，1990.4.—437页；大32开.—ISBN 7-300-00767-8：6.20元

书名原文：Organization Theory

组织管理学/张广信主编.—长春：吉林人民出版社，1990.1.—239页；大32开.—ISBN 7-206-00860-7：3.80元

本书系统地阐述了组织管理学的基本原理和基本知识。

组织管理学概论/张龙柱编著.—广州：广东高等教育出版社，1990.12.—252页；32开.—ISBN 7-5361-0594-0：3.50元

组织管理指南/罗军编著.—北京：轻工业出版社，1990.3.—379页；32开.—ISBN 7-5019-0715-3：5.85元

激励人的十二大诀窍/（美）詹姆斯·K.范佛里特著；谢学良等编译.—上海：同济大学出版社，1990.9.—230页；32开.—ISBN 7-5608-0620-1：2.35元

C939　应用管理学

应用管理学/敬源崚编著.—重庆：重庆大学出版社，1990.6.—279页；32开.—ISBN 7-5624-0332-5：2.55元

现代应用管理学/朱铁生主编.—长春：吉林大学出版社，1990.7.—281页；大32开.—ISBN 7-5601-0548-3：4.50元

管理现代化理论与应用/黄金枝编著.—上海：上海交通大学出版社，1990.6.—187页；32开.—（土木工程系统分析与经营决策丛书）.—ISBN 7-313-00656-X：1.25元

本书包括管理现代化的概念、基础、方法、手段和量化等内容。

C96　人才学

人才例话/姜成文编著.—长春：吉林文史出版社，1990.3.—110页；32开.—ISBN 7-80528-217-X：1.70元

中国人才史鉴/李大生等著.—哈尔滨：黑龙江人民出版社，1990.7.—460页；32开.—ISBN 7-207-01385-X：5.35元

古今人才漫话/孙宝义，邹桂兰著.—沈阳：辽宁人民出版社，1990.6.—125页；32开.—（求知·求实·求美·求乐文库）.—ISBN 7-205-00692-9：2.10元

青年成才指南/王文江主编.—沈阳：辽宁人民出版社，1990.8.—367页；32开.—（求知·求实·求美·求乐文库）.—ISBN 7-205-00691-0：4.80元

C960　人才学理论

人才成长的奥秘/熊水清，夏泽寅编著.—武汉：湖北少年儿童出版社，1990.1.—178页；32开.—ISBN 7-5353-0621-7：1.75元

人才学/孙密文著.—长春：吉林教育出版社，1990.5.—549页；大32开.—ISBN 7-5383-1023-1（精装）：7.40元

人才学基本原理/常校珍编著.—兰州：兰州大学出版社，1990.5.—211页；32开.—ISBN 7-311-00333-4：2.60元

人生的高起点：成功术/予矛著.—开封：河南大学出版社，1990.10.—212页；36开.—ISBN 7-81018-470-9：2.20元

人员素质测评/彭剑锋等编著.—北京：蓝天出版社，1990.1.—240页；32开.—中国军地两用人才大学教材.—ISBN 7-80081-075-5：2.40元

人物志译注/柏原译注.—长沙：湖南科学技术出版社，1990.4.—176页；32开.—ISBN 7-5357-0631-2：2.50元

女性人才论稿：夏娃探索的探索/张翀著.—南京：江苏人民出版社，1990.4.—509页；大32开.—ISBN 7-214-00431-3：6.00元

马克思主义人才观的新发展：学习邓小平同志关于人才问题的论述/尹世洪等编著.—北京：北京出版社，1990.3.—247页；32开.—ISBN 7-200-00934-2：3.20元

王安石人才思想论稿/王凤岭著.—沈阳：辽宁大学出版社，1990.4.—299页；大32开.—ISBN 7-5610-0855-4（精装）：3.95元

成才与用才/罗谦恕等主编.—武汉：中国地质大学

出版社，1990.1.—353页；32开.—领导者修养读物.—ISBN 7-5625-0397-4：3.80元

成才导论/姜洪超，高庆荣主编.—北京：中国经济出版社，1990.9.—257页；大32开.—（思想政治教育丛书/吴树明，石文林主编）.—ISBN 7-5017-0923-8：4.00元

妇女人才学论稿/刘翠兰，侯秀娟著.—北京：中国妇女出版社，1990.9.—181页；32开.—（新女性论丛/朱明媚主编）.—ISBN 7-80016-329-6：3.20元

社会主义初级阶段的人才理论与实践/黑龙江省人才研究会编.—哈尔滨：哈尔滨工业大学出版社，1990.5.—349页；32开.—ISBN 7-5603-0266-1：3.60元

现代人成才技能优化/郑布英，俞国良著.—北京：中国国际广播出版社，1990.8.—192页；32开.ISBN 7-80035-542-X：2.20元

青年成才学/陆绍闵，陈华东著.—济南：山东人民出版社，1990.12.—200页；32开.—ISBN 7-209-00776-8：2.00元

本书论述了青年成才的主客观因素、成才条件及克服成才障碍的方法等。

浅谈非智力因素/阴国恩著.—天津：新蕾出版社，1990.6.—168页；32开.—（非智力因素与成才丛书/沈德立主编）.—ISBN 7-5307-0626-8：1.90元

城市人才开发与智力投资/张龙治著.—沈阳：辽宁人民出版社，1990.5.—360页；32开.—ISBN 7-205-01262-7：3.90元

本书在人才开发与城市的科技振兴、劳动力再生产、经济发展、现代化建设和社会进步等多方面进行了论述。

祝你成才/张毓文编著.—贵阳：贵州民族出版社，1990.6.—365页；32开.—ISBN 7-5412-0101-4：4.80元

C961/962　人才培养与管理

三国用人艺术/莫啸编著.—北京：新华出版社，1990.10.—325页；32开.—ISBN 7-5011-0771-8：4.15元

才能在于培养：名人童年纪实/（日）伊藤隆二著；宋韵声，沈迪中译.—北京：科学出版社，1990.2.—120页；32开.—ISBN 7-03-001131-7：2.50元

成功者的诀与戒/吴铁铸，顾鸿翔编.—北京：解放军文艺出版社，1990.6.—687页；32开.—ISBN 7-5033-0120-1：9.00元

创造型人才的培养与学校教育/李金松著.—武汉：武汉工业大学出版社，1990.12.—351页；大32开.ISBN 7-5629-0438-3：5.40元

益智编/（明）孙能传撰.—影印本.—扬州：江苏广陵古籍刻印社，1990.12.—13册（1函）；20开.（线装）：175.00元

本书据清光绪刊本影印。

智力开发工程学的应用/刘茂才主编；刘茂才等著.—成都：成都出版社，1990.10.—196页；32开.ISBN 7-80575-088-2：2.90元

D 政治、法律

中国革命史马克思主义原理·中国社会主义建设学习辅导/王广达，丁宏起主编.—武汉：武汉工业大学出版社，1990.5.—378页；32开.—ISBN 7-5629-0358-1：4.20元

汉法政治经济外交词典/里景化等编.—北京：中国对外翻译出版公司，1990.5.—1371页；大32开.ISBN 7-5001-0090-6（精装）：20.95元

青年政治常识手册/李尚松，鲁延年主编.—南京：江苏人民出版社，1990.2.—170页；32开.—（青年政治学习之友丛书；第一分册）.—ISBN 7-214-00395-3：1.90元

政治/王永斌等编著.—哈尔滨：黑龙江教育出版社，1990.9.—424页；32开.—黑龙江省成人中等专业学校教材.—ISBN 7-5316-1147-3：3.95元

政治/江苏省成人高中政治教材编写组编.—南京：江苏人民出版社，1990.7.—314页；32开.—江苏省成人高中教材.—ISBN 7-214-00501-8：3.70元

政治教育专业三年制本科函授教学大纲/华中师大政治教育系编.—桂林：广西师范大学出版社，1990.4.—2册（259，615页）；32开.—ISBN 7-5633-0858-X：5.50元

政治常识：试用本/李喜平主编；朱兴武等编.沈阳：辽宁人民出版社，1990.8.—121页；32开.辽宁省职业高级中学教材　供职业高中二年级用.ISBN 7-205-01528-6：1.70元

政治常识题型研究/刘仁忠主编.—桂林：广西师范大学出版社，1990.5.—98页；32开.—ISBN 7-5633-0745-1：1.10元

研究生入学考试政治理论课复习指南/何伟主编.修订本.—北京：中国人民大学出版社，1990.10.465页；大32开.—ISBN 7-300-00991-3：5.85元

怎样讲好政治理论课/郭晓君，项盛发主编.—北京：中国经济出版社，1990.12.—194页；32开.（马克思主义理论教育丛书）.—ISBN 7-5017-1233-6：3.25元

选择与分析/吴松年编著.—北京：学苑出版社，1990.1.—124页；32开.—ISBN 7-80060-821-2：1.40元

本书通过选择与分析的形式，从理论联系实际的方法，对马克思主义政治学理论进行学习。

D0　政治理论

马克思主义政治学/白铁民等主编.—长春：吉林人民出版社，1990.9.—306页；大32开.—ISBN 7-206-00811-9：4.20元

马克思主义政治学：科学社会主义/王中惠主编.北京：中国商业出版社，1990.11.—350页；32开.ISBN 7-5044-0852-2：4.20元

世界系统/（日）田中明彦著；杨晶译.—北京：经济日报出版社，1990.4.—1册（140，39页）；大32开.—（现代政治学丛书；19/（日）猪口孝主编）.ISBN 7-80036-238-8：4.50元

本书是现代政治学丛书的第19卷，系统地分析了其不变的特征和随时间推移而变化的模式。

当代政治理论/（联邦德国）柏伊姆（Beyme，K.V.）著；李黎译.—北京：商务印书馆，1990.8.—259页；大32开.—ISBN 7-100-00821-2：3.10元

书名原文：Die Politischen Theorien Der gegenwart

本书系统回顾了20世纪的政治理论，从方法的多元论观点出发，引导出政治理论教育的多方面情况和动力，科学理论的先决条件和政治科学研究的许多重要观点。

政治文化论/高洪涛著.—北京：中国广播电视出版社，1990.6.—182页；大32开.—ISBN 7-5043-0589-8：3.65元

政治心理学/朱永新，袁振国著.—北京：知识出版社，1990.10.—303页；32开.—（现代心理学丛书/张人俊主编）.—ISBN 7-5015-0431-8：4.50元

政治现实与政治意识：评当代西方政治学/（苏）姆什韦尼耶拉泽（Мшвениерадзз，B.B.）著；王浦劬等译.—北京：中国社会科学出版社，1990.11.—421页；32开.—ISBN 7-5004-0705-X：5.65元

政治学问答/王松，施鹏飞主编.—上海：上海教育出版社，1990.6.—198页；32开.—ISBN 7-5320-1722-2：1.65元

政治学纲要/赵凯农主编.—北京：中国华侨出版公司，1990.10.—300页；32开.—中国逻辑与语言函授大学教材.—ISBN 7-80074-336-5：3.60元

政治学原理/王惠岩著.—修订本.—长春：吉林大学出版社，1990.4.—415页；大32开.—ISBN 7-5601-0347-2：5.10元

政治学原理/刘跃光主编.—武汉：湖北人民出版社，1990.9.—339页；32开.—ISBN 7-216-00621-6：5.45元

政治学原理/吴少荣主编.—广州：广东高等教育出版社，1990.9.—341页；32开.—ISBN 7-5361-0498-1：3.60元

政治学原理自学考试大纲/全国高等教育自学考试指导委员会编.—北京：高等教育出版社，1990.2.81页；32开.—高等教育自学考试政治管理、行政管理专业用.—ISBN 7-04-003010-1：0.73元

政治学概论/张开城主编.—青岛：青岛海洋大学出版社，1990.9.—286页；大32开.—ISBN 7-81026-090-1：4.30元

政治学概论导要/徐正明等编.—成都：成都科技大学出版社，1990.7.—183页；32开.—（高等教育自学考试行政、政治管理专业辅导丛书）.—ISBN 7-5616-0629-0：1.95元

政治学概论新编/杨真元编著.—昆明：云南教育出版社，1990.8.—287页；32开.—ISBN 7-5215-0406-8：3.50元

政治学200题/吴勋荣等主编.—南京：南京出版社，1990.11.—331页；32开.—ISBN 7-80560-288-8：3.60元

政治理论课问题解答/哈尔滨工业大学社会科学部编.—哈尔滨：黑龙江教育出版社，1990.11.—440页；32开.—硕士学位研究生入学考试辅导材料.ISBN 7-5316-1223-2：4.90元

新编政治学/王元俊主编.—南京：江苏人民出版社，1990.7.—415页；32开.—ISBN 7-214-00504-2：4.20元

本书分3篇，即"政治制度论"，"政治权力论"和"政治观念论"。

新编政治学/宋定国主编.—北京：中国人民公安大学出版社，1990.9.—397页；32开.—ISBN 7-81011-270-8：5.05元

公共决策/（美）安德森（Anderson，J.E.）著；唐亮译.—北京：华夏出版社，1990.12.—226页；大32开.—（二十世纪文库）.—ISBN 7-80053-208-9：5.20元

书名原文：Public Policy-Making

本书研究政策形式的过程，提出了一种分析政策形成的研究范式。

政策的制定与实施/卢玉珂主编.—石家庄：河北人民出版社，1990.8.—247页；32开.—ISBN 7-202-00830-0：3.55元

本书着重研究了政策的起源、本质特点和作用，政策制定的基本程序和原则，政策的完善、发展、终止和转化，以及政策与法律、纪律的关系等。

政策学简明教程/徐昶嫔主编.—哈尔滨：黑龙江教育出版社，1990.2.—331页；32开.—ISBN 7-5316-1023-X：3.40元

政策研究百科全书/（美）那格尔（Nagel，S.S.）编著；林明等译.—北京：科学技术文献出版社，1990.7.—661页；16开.—ISBN 7-5023-1230-7（精装）：29.50元

书名原文：Encyclopecha of Policy Studies

简明社会主义政策学/冯炌峰主编.—广州：广东高等教育出版社，1990.8.—224页；大32开.—ISBN 7-5361-0524-X：3.00元

D0-0　科学社会主义理论（总论）

当代大趋势与新发展：科学社会主义纲要/刘国华，袁秉达主编.—上海：上海人民出版社，1990.7.—291页；大32开.—ISBN 7-208-00992-9：3.60元

社会主义若干问题十五讲/中国历史唯物主义研究会，光明日报理论部编.—北京：新华出版社，1990.10.—344页；32开.—ISBN 7-5011-0950-8：4.60元

社会主义知识新编/房忠贤，唐平岳主编.—北京：中国华侨出版公司，1990.10.—194页；32开.—（社会主义教育通俗系列丛书）.—ISBN 7-80074-267-9：2.30元

社会主义理论百题/胡国庆主编.—沈阳：辽宁大学出版社，1990.12.—171页；32开.—ISBN 7-5610-1245-4：2.50元

科学社会主义/赵双全，邢志明主编.—保定：河北大学出版社，1990.5.—268页；32开.—ISBN 7-81028-021-X：3.40元

科学社会主义/耿伟，孙伟主编.—哈尔滨：黑龙江人民出版社，1990.6.—304页；32开.—ISBN 7-207-01597-6：3.90元

科学社会主义/郭明，梁韦弦主编.—长春：吉林大学出版社，1990.6.—294页；32开.—ISBN 7-5601-0505-X：3.45元

科学社会主义/高金海，王洪福著.—成都：四川人民出版社，1990.6.—362页；32开.—新时期干部理论教育读本.—ISBN 7-220-01048-6：3.75元

科学社会主义十讲/严家栋主编；于双庆等编写.上海：上海人民出版社，1990.9.—282页；大32开.ISBN 7-208-01010-2：3.60元

科学社会主义小百科/赵有田等主编.—延吉：延边人民出版社，1990.7.—2册（548页）；32开.—（社会主义教育丛书/王泽旭主编）.—ISBN 7-80508-552-8：6.70元

科学社会主义若干理论问题/杨康民主编.—天津：

天津社会科学院出版社，1990.9.—310页；32开.ISBN 7-80563-070-4：3.70元

科学社会主义的理论与实践/高放主编.—北京：中国人民大学出版社，1990.7.—410页；大32开.ISBN 7-300-00823-2：5.15元

科学社会主义研究述略：科学社会导引/高放主编.—天津：天津教育出版社，1990.12.—354页；大32开.—（学术研究指南丛书）.—ISBN 7-5309-0685-2（精装）：6.70元

科学社会主义理论与实践/李兴东主编.—北京：北京航空航天大学出版社，1990.9.—302页；32开.ISBN 7-81012-210-X：4.30元

科学社会主义理论与实践/崔正起主编.—上海：上海社会科学院出版社，〔1990〕.—308页；32开.ISBN 7-85015-409-0：3.50元

科学社会主义教程/汪庆文，张植本主编.—哈尔滨：黑龙江人民出版社，1990.3.—380页；大32开.ISBN 7-207-01524-0：5.20元

科学社会主义基础/李铁镇主编.—开封：河南大学出版社，1990.2.—245页；32开.—ISBN 7-81018-426-1：2.60元

科学社会主义概论/魏鸿彬等主编.—哈尔滨：哈尔滨工业大学出版社，1990.5.—300页；32开.—ISBN 7-5603-0265-3：3.70元

科学社会主义简明教程/余光主编.—昆明：云南人民出版社，1990.2.—367页；32开.—ISBN 7-222-00555-2：4.50元

科学社会主义新探/上海市科学社会主义学会编.上海：百家出版社，〔1990〕.—285页；32开.—ISBN 7-80576-011-6：3.50元

科学社会主义新编/李济惠，张广凤主编.—哈尔滨：黑龙江人民出版社，1990.3.—402页；32开.ISBN 7-207-01484-8：4.15元

新编科学社会主义/蔡金发主编.—厦门：厦门大学出版社，1990.8.—386页；32开.—ISBN 7-5615-0305-9：4.80元

新编科学社会主义教程/张建民，陈洪江主编.—桂林：广西师范大学出版社，1990.2.—414页；32开.ISBN 7-5633-0697-8：4.20元

D03　国家理论

马克思主义国家学说概论/邹永贤编著.—厦门：厦门大学出版社，1990.5.—269页；大32开.—（南强丛书）.—ISBN 7-5615-0287-7：4.00元

国家的神话/（德）卡西尔（Cassirer，E.）著；范进，杨君游译.—北京：华夏出版社，1990.4.350页；大32开.—（二十世纪文库）.—ISBN 7-80053-222-4：7.15元

书名原文：The Myth of The State

本书把研究焦点集中在历史上关于国家的理论上，揭示了国家的神话如何从远古时代开始，经过柏拉图、但丁、马基雅维里、戈比留、卡莱尔和黑格尔等人一步步形成，为当代法西斯集权国家的兴起开辟了道路，勾划了政治思想发展历史的基本轮廓。

D033　国家政治制度

社会主义资本主义对比谈/济南军区政治部宣传部编.—济南：黄河出版社，1990.4.—161页；32开.ISBN 7-80558-122-3：2.00元

官僚制/（英）马丁·阿尔布罗著；阎步克译.—北京：知识出版社，1990.3.—150页；32开.—ISBN 7-5015-0358-3：2.10元

本书是一本关于官僚制度的专著。书中对官僚制的有关理论的源流，作了简明清晰的分析和介绍，还分析了不同情况下的官僚制的表现形式。

D033.3　资本主义国家

分权与制衡论评/刘富起编著.—长春：吉林大学出版社，1990.8.—113页；32开.—ISBN 7-5601-0578-5：0.90元

“西方马克思主义”的当代资本主义理论/李青宜著.—重庆：重庆出版社，1990.8.—312页；大32开.（国外马克思主义和社会主义研究丛书/徐崇温主编）.—ISBN 7-5366-1381-4：4.55元

当代资本主义经济与社会发展选论/张蕴岭主编.北京：社会科学文献出版社，1990.6.—228页；32开.—ISBN 7-80050-152-3：3.20元

两种人：官僚与政客/（美）阿伯巴奇（Aberbach，J.D.）等著；陶远华等译.—北京：求实出版社，1990.7.—305页；大32开.—ISBN 7-80033-199-7：4.80元

书名原文：Bureaucrats and Politicians in Western Democracies

本书是一部颇具影响的研究西方官场结构及其运行机制的力作。

怎样认识当代资本主义/许征帆等主编.—北京：中国人民大学出版社，1990.1.—216页；大32开.ISBN 7-300-01029-6：3.65元

D033.4　社会主义国家

当代世界社会主义文献选编/高放等主编.—北京：中国人民大学出版社，1990.6.—899页；大32开.ISBN 7-300-00922-0：9.55元

当代世界社会主义概论/高放主编.—北京：中国人民大学出版社，1990.2.—527页；大32开.—ISBN 7-300-00722-8：5.85元

当代社会主义问题与党的建设/梁敬生，洪成得主

编.—厦门：厦门大学出版社，1990.9.—296页；大32开.—ISBN 7-5615-0449-7：3.85元

伟大的艰巨历程：社会主义从理论到实践的飞跃/杨尔烈主编.—长春：长春出版社，1990.2.—213页；32开.—（社会主义在当代丛书/赵曜等主编）.ISBN 7-80573-124-1：3.20元

本书从历史与现实、理论与实践的结合上，突出了社会主义70年实践的科学反思，论证了社会主义从理论到实践的飞跃。

论社会主义的优越性/亓子杰主编.—济南：山东大学出版社，1990.10.—339页；大32开.—ISBN 7-5607-0391-7：4.80元

社会主义与宗教/张振东等著.—长春：长春出版社，1990.2.—182页；32开.—（社会主义在当代丛书/赵曜等主编）.—ISBN 7-80573-122-5：2.90元

社会主义问题通俗讲话/马句主编.—北京：北京工业大学出版社，1990.7.—139页；32开.—ISBN 7-5639-0113-2：2.00元

社会主义问题答疑/王宗云，唐平岳主编.—北京：中国华侨出版公司，1990.10.—160页；32开.—（社会主义教育通俗系列丛书）.—ISBN 7-80074-270-9：2.30元

社会主义国家管理/张胜祖著.—长春：长春出版社，1990.2.—211页；32开.—（社会主义在当代丛书/赵曜等主编）.—ISBN 7-80573-123-3：3.10元

社会主义学习手册/史远芹主编.—北京：中国卓越出版公司，1990.9.—561页；大32开.—ISBN 7-80071-382-2：11.00元

本书包括社会主义篇、爱国主义篇、国情篇、未来篇4部分。

社会主义政治文明/冯举，王文承主编.—成都：西南财经大学出版社，1990.11.—321页；32开.ISBN 7-81017-241-7：2.03元

社会主义热点问题答疑/阎光田主编.—北京：海洋出版社，1990.7.—183页；32开.—ISBN 7-5027-1203-8：2.50元

社会主义监督学概论/孙逸民主编.—北京：中共中央党校出版社，1990.1.—309页；大32开.—ISBN 7-5035-0262-2：4.75元

社会主义教育百题解/凌空主编.—北京：海潮出版社，1990.9.—401页；32开.—ISBN 7-80054-179-7：5.90元

社会主义基本问题简论/张维璞编著.—长春：吉林大学出版社，1990.10.—266页；32开.—ISBN 7-5601-0645-5：3.70元

怎样认识实践中的社会主义/《教学与研究》编辑部组编；许征帆，任大奎主编.—北京：中国人民大学出版社，1990.7.—237页；大32开.—ISBN 7-300-00852-2：4.00元

D035　国家行政管理

机关行政研究/张龙等主编.—北京：中国广播电视出版社，1990.6.—340页；大32开.—ISBN 7-5043-0448-4：4.40元

行政学/巩伟，王庆霖主编.—太原：山西人民出版社，1990.8.—351页；32开.—ISBN 7-203-01728-1：4.10元

行政学/国务院军队转业干部安置工作小组办公室组织编写；黄达强，徐理明编.—北京：中国劳动出版社，1990.7.—211页；32开.—ISBN 7-5045-0576-5：3.10元

行政学/赵明义，刘善金主编.—济南：山东大学出版社，1990.8.—324页；32开.—ISBN 7-5607-0390-9：3.70元

行政学自学指导/王国伟，邵晓光编著.—沈阳：辽宁大学出版社，1990.7.—335页；大32开.—ISBN 7-5610-0939-9：3.95元

行政学概论/周海乐等编.—南京：江苏人民出版社，1990.7.—307页；32开.—（行政管理系列丛书/薛守贤主编）.—ISBN 7-214-00510-7：4.00元

行政学概要/孙荣编著.—上海：复旦大学出版社，1989.9.—382页；32开.—ISBN 7-309-00383-7：4.50元

行政能力开发/谢燮正主编.—沈阳：辽宁人民出版社，1990.9.—407页，32开.—（行政管理学丛书）.—ISBN 7-205-01604-5：5.50元

行政管理与改革/书云等编著.—北京：中国城市经济社会出版社，1990.8.—235页；32开.—ISBN 7-5074-0242-8：3.50元

行政管理小百科/艾绍扬等主编.—北京：中共党史出版社，1990.11.—1015页；32开.—ISBN 7-80023-188-7（精装）：19.50元

本书收集了古今中外有关行政管理学方面的名词、人物、著作、学说和学术团体等，共3000余个条目。

行政管理行为概论/王清云，迟玉收编著.—长春：东北师范大学出版社，1990.8.—271页；大32开.ISBN 7-5602-0433-3（精装）：3.50元

行政管理学/王国祥，盛宇华主编.—南京：江苏人民出版社，1990.8.—360页；32开.—（行政管理者丛书/王国祥，刘玉伦主编）.—ISBN 7-214-00540-9：4.70元

行政管理学/杨逢春，孙云主编.—昆明：云南人民出版社，1990.4.—309页；32开.—（行政管理科学教学丛书/普同金等主编）.—ISBN 7-222-00628-1：4.30元

行政管理学/陈统渭，曾庆钟主编.—乌鲁木齐：新疆人民出版社，1990.8.—312页；32开.—ISBN 7-

228-01517-7：3.40元

行政管理学/林平国等编.—厦门：鹭江出版社，1990.2.—310页；32开.—ISBN 7-80533-263-0：3.50元

行政管理学/黄达强，刘怡昌主编.—北京：高等教育出版社，1990.2.—297页；大32开.—全国高等教育自学考试教材　政治管理类专业用.—ISBN 7-04-003103-5：2.45元

行政管理学/黎永泰，任厚奎主编；冉昌光等编写.—成都：成都科技大学出版社，1990.8.—485页；32开.—（高等教育自学考试丛书）.—成人教育管理类专业用书.—ISBN 7-5616-0668-0：4.90元

行政管理学自学考试大纲/全国高等教育自学考试指导委员会编写.—北京：高等教育出版社，1990.1.—73页；32开.—高等教育自学考试政治管理类专业.—ISBN 7-04-002825-5：0.62元

行政管理学自学考试自测训练题解/马志会等编写.—北京：中国商业出版社，1990.9.—195页；32开.—（高等教育行政管理专业自学考试自测训练题解丛书/周清润等主编）.—ISBN 7-5044-0760-7：2.25元

行政管理学自学考试指南/黄达强主编.—北京：中国人民大学出版社，1990.7.—179页；32开.—全国高等教育自学考试辅导材料.—ISBN 7-300-00901-8：2.30元

行政管理学导论/王怀阳主编.—北京：经济科学出版社，1990.12.—282页；大32开.—ISBN 7-5058-373-5：4.60元

行政管理学纲要/王贵臣主编.—长春：吉林大学出版社，1990.5.—180页；32开.—ISBN 7-5601-0475-4：2.30元

行政管理学学习指南/任从辉等主编.—延吉：延边人民出版社，1990.5.—333页；32开.—ISBN 7-80508-512-9：3.90元

行政管理学学习指南/庄元有，林青春主编.—长春：吉林大学出版社，1990.11.—293页；32开.ISBN 7-5601-0649-8：4.20元

行政管理学指导与实践/盛宇华，王秀萍主编.—南京：江苏人民出版社，1990.10.—128页；32开.（行政管理者丛书/王国祥，刘玉伦主编）.—ISBN 7-214-00580-8：1.90元

行政管理学概论/张国庆主编.—北京：北京大学出版社，1990.11.—482页；大32开.—ISBN 7-301-01330-2：6.70元

行政管理学概要/黄亮宜主编.—郑州：河南人民出版社，1990.12.—237页；32开.—ISBN 7-215-01322-7：3.20元

应用行政学/李善阶主编.—北京：中国广播电视出版社，1990.4.—332页；大32开.—ISBN 7-5043-0449-2：4.50元

现代行政学/肖金明主编.—长春：吉林大学出版社，1990.3.—350页；大32开.—ISBN 7-5601-0440-1：5.00元

现代行政管理学/杨章明，张志孚主编.—上海：上海人民出版社，1990.2.—313页；32开.—ISBN 7-208-00823-X：4.50元

现代行政管理学/迟耀春主编.—长春：吉林大学出版社，1990.7.—354页；大32开.—ISBN 7-5601-0547-5：4.80元

国家行政管理与机关公务/南昌明，张慧编著.—长沙：湖南教育出版社，1990.10.—263页；大32开.国家公务管理学系列教材.—ISBN 7-5355-1191-0：3.40元

实用行政管理学/李广东，董泉增主编.—北京：北京出版社，1990.7.—279页；大32开.—ISBN 7-200-01179-7：3.55元

实用行政管理学/林永和等编著.—北京：中国广播电视出版社，1990.9.—404页；32开.—ISBN 7-5043-0567-7：6.20元

政务信息工作导论/赵命柱主编.—太原：山西经济出版社，1990.8.—369页；大32开.—ISBN 7-80577-035-2：7.50元

政府公共关系概论/张观发，佳玉编著.—北京：北京邮电学院出版社，1990.12.—285页；32开.—ISBN 7-5635-0048-0：4.00元

政府机关行政管理知识/杨秉文，曹家才主编.—济南：山东人民出版社，1989.7.—380页；32开.ISBN 7-209-00338-X：4.50元

本书较系统地介绍了政府机关行政管理的基本理论、原则、机构、职能和任务等。

D035.2　人事管理

人事心理学简明教程/易曙光主编；安徽省人事局组织编著.—合肥：安徽人民出版社，1990.2.—人事干部岗位培训专业课教材.—ISBN 7-212-00358-1：3.60元

人事管理学/白东明，吕文阁主编.—长春：吉林人民出版社，1990.9.—291页；32开.—行政管理系列教材.—ISBN 7-206-00880-1：3.90元

干部群体评价的原理及应用/陆沪根主编.—上海：华东师范大学出版社，1990.3.—295页；32开.ISBN 7-5617-0611-1：3.35元

本书阐述了干部群体评价的原理与方法，探讨了态度与态度测量法、群体及群体行为的社会心理分析和计算机技术在人事评价中的应用等内容。

不称职的干部/郑万兴等编.—延吉：延边大学出版社，1990.8.—179页；32开.—ISBN 7-5634-0236-5：4.20元

本书别开生面地介绍了一些不称职干部的事例。通过反面事例的介绍和分析，帮助人们认识不称职干部给革命事业造成的严重损失。

公务员制度基础/应松年，武树帜主编.—北京：高等教育出版社，1990.11.—207页；大32开.—ISBN 7-04-002600-7：1.70元

行政组织学/彭国甫著.—长沙：湖南师范大学出版社，1990.12.—397页；大32开.—ISBN 7-81031-024-0：5.60元

行政管理中的组织、人事与决策/张国庆编著.—北京：北京大学出版社，1990.7.—462页；大32开.—ISBN 7-301-01289-6：6.15元

各国公务员制度比较研究/黄达强主编.—北京：中国人民大学出版社，1990.11.—512页；大32开.—ISBN 7-300-00910-7：7.40元

现代人事管理学教程/唐代望等主编；尹继卫等编.—北京：中国人事出版社，1990.5.—376页；大32开.—行政管理人员培训系列教材.—ISBN 7-80076-005-7：6.00元

国家公务员入门必读/徐颂陶主编.—北京：北京出版社，1990.8.—424页；32开.—ISBN 7-200-01086-3：5.40元

本书分总论、权利义务、职位分类、考试录用、工资福利5篇。

国家公务员必读/《国家公务员必读》编写组编.—北京：气象出版社，1990.1.—268页；32开.—ISBN 7-5029-0318-6：4.50元

国家公务员制度知识讲座/杨志忠主编.—西安：陕西人民出版社，1990.1.—249页；大32开.—ISBN 7-224-01153-3：3.80元

国家公务员制度教程/徐颂陶主编.—北京：中国人事出版社，1990.12.—469页；32开.—ISBN 7-80075-046-4：5.50元

国家公务员制度概论/王兆信，杨茂云编著.—北京：学苑出版社，1990.10.—327页；大32开.—ISBN 7-5077-0273-1：5.50元

组织人事工作辞典/孙庆祥主编.—济南：山东人民出版社，1990.3.—656页；32开.—ISBN 7-209-00549-8（精装）：11.70元

面试考官技术指南/吴强编著.—北京：中国人事出版社，1990.9.—215页；32开.—ISBN 7-80076-018-9：3.00元

本书对录用考试中的面试，特别是面试考官如何有效地实施面试和评价、识别考生，进行了有益的探讨和总结。

职位分类原理及实施/丁建权主编.—北京：中国人事出版社，1990.10.—232页；32开.—ISBN 7-80076-020-0：3.90元

D035.3　公安学、保卫学

英汉公安词汇/刘建超主编.—济南：明天出版社，1990.11.—284页；32开.—ISBN 7-5332-1109-X：3.90元

保卫工作实用教程/北京市第二人民警察学校编.—北京：警官教育出版社，1990.4.—296页；32开.—ISBN 7-81027-008-7：4.80元

保密学：基础与应用/王育民，何大可编著.—西安：西安电子科技大学出版社，1990.12.—375页；16开.—高等学校教材.—ISBN 7-5606-0147-1：5.15元

D035.4　监　察

世界行政监督大辞典/杨五湖，刘明波主编.—北京：法律出版社，1990.12.—1134页；大32开.—ISBN 7-5036-0770-X（精装）：29.50元

行政监察办案知识/张月明，李长青主编.—北京：华龄出版社，1990.12.—260页；大32开.—（廉政·监察丛书；10/王永银主编）.—ISBN 7-80082-031-9：4.30元

行政监察名词解释/张月明编著.—北京：华龄出版社，1990.12.—200页；大32开.—（廉政·监察丛书；12/王永银主编）.—ISBN 7-80082-075-0：4.60元

行政监察学概要/魏天祺，樊增富编著.—昆明：云南人民出版社，1990.1.—876页；大32开.—ISBN 7-222-00549-8：13.00元

国外行政监察理论与实践/刘明波主编.—济南：山东人民出版社，1990.4.—568页；大32开.—ISBN 7-209-00540-4：7.80元

政治监督学/赵浦根等著.—北京：中国广播电视出版社，1990.3.—300页；大32开.—山东省哲学社会科学七五规划重点研究项目.—ISBN 7-5043-0432-8：4.30元

监督工作手册/戴钦祥，蔡雨龙主编.—北京：中共中央党校出版社，1990.2.—413页；大32开.—ISBN 7-5035-0217-7：6.00元

监督工作词典/杨五湖主编.—北京：人民日报出版社，1990.8.—387页；大32开.—ISBN 7-80002-290-0（精装）：13.50元

本书内容涉及古今中外，包括政党、行政、人大（议会）、司法、审计、财政、技术、统计、新闻与社会诸方面监督工作的立法与执行等问题。

监督学概论/马怀平等主编.—北京：中国财政经济出版社，1990.8.—488页；大32开.—高等财经院校试用教材.—ISBN 7-5005-1007-1：6.70元

监察干部业务学习指南/吴才仁等编著.—北京：文

化艺术出版社，1990.3.—346页；大32开.—ISBN 7-5039-0639-1：5.50元

监察实用手册/黄忠初主编；广西壮族自治区监察厅调研室编.—南宁：广西人民出版社，1990.7.580页；32开.—ISBN 7-219-01617-4：7.00元

监察辞典/《监察辞典》编写组编.—北京：中国政法大学出版社，1990.2.—745页；32开.—ISBN 7-5620-0468-9（精装）：17.00元

领导监督学/张向群等主编.—北京：经济科学出版社，1990.8.—278页；32开.—ISBN 7-5085-0357-3：4.40元

D035.5　市政学

市政学/李佑新，李炎著.—长沙：湖南出版社，1990.12.—460页；大32开.—ISBN 7-5438-0038-3：6.30元

市政学自学考试大纲/全国高等教育自学考试指导委员会制定.—北京：高等教育出版社，1990.9.90页；32开.—高等教育自学考试行政管理专业.ISBN 7-04-003001-2：0.72元

市政管理学/张国祺主编.—成都：成都科技大学出版社，1990.8.—369页；32开.—高等教育自学考试行政管理专业教材.—ISBN 7-5616-0669-9：3.80元

城市行政管理/李耀省，李和仁主编.—沈阳：辽宁人民出版社，1990.12.—367页；32开.—（行政管理学丛书/郝怀礼，孟继群主编）.—ISBN 7-205-01691-6：4.50元

D04　无产阶级革命与无产阶级专政理论

当代社会主义基本问题/姜连兴等主编.—长春：吉林大学出版社，1990.12.—247页；32开.—ISBN 7-5601-0708-7：3.50元

D046　无产阶级专政

邓小平同志论民主与法制/中共中央文献研究室编.—北京：法律出版社，1990.4.—88页；大32开.ISBN 7-5036-0687-8：1.50元

民主·自由·人权/张坚等著.—北京：解放军出版社，1990.8.—188页；32开.—（坚持四项基本原则纵横谈丛书/吕英，谭恩晋主编）.—ISBN 7-5065-1508-3：2.45元

本书阐述了马克思主义的民主、自由、人权观，回击了资产阶级自由化的鼓吹者在这一问题上的挑战。

民主·自由·人权/郑杭生著.—上海：上海人民出版社，1990.3.—221页；32开.—（学习与思考丛书/罗国杰主编）.—ISBN 7-208-00727-6：2.35元

民主自由人权问题答问/杨尔烈等编著.—南京：江苏人民出版社，1990.11.—186页；32开.—ISBN 7-214-00586-7：2.45元

当代社会主义民主研究/丁维陵主编.—长春：吉林大学出版社，1990.5.—164页；32开.—ISBN 7-5601-0481-9：2.50元

D046.1　民主和专政

民主与法制建设常识/中共湖北省委组织部、宣传部编写组编.—武汉：湖北人民出版社，1990.9.261页；32开.—企业党员教育系列教材.—ISBN 7-216-00602-X：2.70元

民主与法制基本问题/浙江省法学会编；牛太升主编.—杭州：浙江人民出版社，1990.8.—194页；32开.—高等学校法制教育辅导教材.—ISBN 7-213-00535-3：2.10元

民主论/王子杰著.—南宁：广西人民出版社，1990.6.—342页；32开.—ISBN 7-219-01598-4：3.80元

本书阐明了马克思主义的民主观，批评资产阶级自由化，探讨如何加强我国社会主义民主建设问题。

坚持人民民主专政大力加强民主与法制建设/王伯惠著.—西安：陕西人民教育出版社，1990.3.—46页；32开.—ISBN 7-5419-1521-1：0.56元

社会主义民主政治建设论纲/汪耀进等主编.—天津：天津社会科学院出版社，1990.7.—322页；32开.—ISBN 7-80563-059-3：4.90元

和青年朋友谈谈民主问题/王悦南，张守华著.—沈阳：东北工学院出版社，1990.4.—137页；32开.ISBN 7-81006-228-X：1.86元

本书论述了社会主义民主的产生、发展和建设的一系列理论和实践问题。

学习邓小平的民主与法制思想：《邓小平同志论民主与法制》辅导/冷溶，姜爱东编.—北京：法律出版社，1990.6.—222页；32开.—ISBN 7-5036-0688-6：3.10元

D05　政党理论

马克思主义建党学说/卢先福，魏泽焕著.—成都：四川人民出版社，1990.8.—309页；32开.—新时期干部理论教育读本.—ISBN 7-220-01053-2：3.25元

马克思主义建党理论学习纲要/蔡长水等主编；中共中央宣传部宣传局，中共中央党校党建教研室编.—北京：中共中央党校出版社，1990.12.—202页；32开.—ISBN 7-5035-0314-9：3.10元

马克思主义领导思想史纲/周琳等主编.—北京：求实出版社，1990.6.—296页；大32开.—ISBN 7-80033-195-4：4.80元

外国共产党建设的理论与实践/陈纪常主编.—兰州：兰州大学出版社，1990.8.—513页；32开.ISBN 7-311-00326-1：5.00元

党的学说新编/陶新民等主编.—哈尔滨：黑龙江人民出版社，1990.6.—398页；32开.—ISBN 7-207-01614-X：4.90元

D08　其他政治理论问题

世界人权约法总览/董云虎，刘武萍编著.—成都：四川人民出版社，1990.10.—1529页；大32开.—ISBN 7-220-00924-0（精装）：20.15元

本书共5编：人权概观；英、美、法等资本主义国家的人权约法；苏联、东欧及朝鲜等国宪法中有关人权的章节；中国的人权状况及有关法规和约法；国际社会的人权约法。

北欧式民主/（丹麦）福尔默·威斯蒂主编；赵振强等译.—北京：中国社会科学出版社，1990.12.692页；大32开.—（西欧丛书）.—ISBN 7-5004-0704-1：11.10元

书名原文：Nordic Democracy

本书阐述了资本主义民主制度在北欧（瑞典、挪威、芬兰、丹麦、冰岛）的形成与发展，并指出了目前它遇到的愈来愈难以解决的问题。

西方自由民主研究/柳文超，李培湘主编.—重庆：重庆出版社，1990.3.—386页；32开.—ISBN 7-5366-1116-1：3.50元

当代社会民主主义：民主社会主义评介/黄万啸等主编.—北京：中国经济出版社，1990.10.—181页；32开.—ISBN 7-5017-0913-0：2.95元

自由：追求与迷误/张华金，鲍宗豪著.—上海：上海社会科学院出版社，1990.11.—237页；32开.（挑战与回答丛书/刘吉主编）.—ISBN 7-80515-594-1：3.20元

本书阐述了科学的自由观，对资产阶级自由观也进行剖析。

自由论：一个热门话题的反思/张华金主编.—上海：上海人民出版社，1990.11.—279页；大32开.ISBN 7-208-00775-6：4.65元

本书从社会和哲学的角度，对"自由"这个人们关心的问题作了双重的思考和阐述。

欧洲民主史：从孟德斯鸠到凯尔森/（意）马斯泰罗内（Mastellone，S.）著；黄华光译.—北京：社会科学文献出版社，1990.9.—444页；大32开.ISBN 7-80050-179-5：6.20元

书名原文：Storia Della Democxazia in Europa

本书以欧洲、美国近代、现代史的广阔舞台为背景，上起孟德斯鸠，下到二战结束，对现代民主发展的曲折历程进行了较详尽的介绍，对众多政治力量在不同时期对民主问题的不同主张及彼此之间的激烈争论、斗争进行了历史的探讨。

国内外民主理论要览/黄文扬主编.—北京：中国人民大学出版社，1990.9.—536页；大32开.—ISBN 7-300-00916-6：7.50元

D09　政治学史、政治思想史

马克思主义政治学说史纲/李振海著.—天津：天津教育出版社，1990.8.—344页；大32开.—ISBN 7-5308-1041-8：6.00元

从《理想国》到《代议制政府》：西方政治学名著释评/浦兴祖等编著.—成都：四川人民出版社，1990.6.—399页；大32开.—ISBN 7-220-00888-0：5.30元

本书对柏拉图等人的15本西方政治思想史经典著作的作者生平、时代背景、内容提要、难点等作了释评。

乌托邦思想史/（美）赫茨勒（Hertziler，J.O.）著；张兆麟等译.—北京：商务印书馆，1990.11.303页；大32开.—ISBN 7-100-00782-8：3.50元

书名原文：The History of Utopian Thought.

外国政治思想史教程/吴晋生，刘贝金编著.—济南：山东大学出版社，1990.11.—456页；大32开.ISBN 7-5607-0434-4：3.50元

西方现代思潮评介/刘继南主编.—北京：北京广播学院出版社，1989.10.—393页；32开.—ISBN 7-81004-196-7：5.35元

当代西方政治思潮评介/何平主编.—北京：蓝天出版社，1990.12.—144页；大32开.—空军飞行人员思想政治教育系列教材.—ISBN 7-80081-169-7：2.82元

社会主义思想史　第四卷　上册：共产主义与社会民主主义：1914～1931/（英）柯尔（Cole，G.D.H.）著；宋宁等译.—北京：商务印书馆，1990.11.—440页；大32开.—ISBN 7-100-00768-2：4.95元

书名原文：A History of Socialist Thought：Vol.Ⅳ.Part Ⅰ：Communism and Social Democracy 1914～1931

社会主义思想史纲/（苏）扎斯田克尔（Застенкер，H.E.）著；南致善等译.—北京：商务印书馆，1990.11.—276页；大32开.—ISBN 7-100-00880-8：3.15元

书名原文：Очерки Истории Социалистической Мысли

现代西方主要社会思潮述评/刘大洪等主编.—沈阳：辽宁教育出版社，1990.6.—305页；大32开.ISBN 7-5382-1143-8：3.98元

D092　中国政治思想史

中国无政府主义史稿/路哲著.—福州：福建人民出

版社，1990.5.—335页；大32开.—(大学历史丛书/周一良主编).—ISBN 7-211-01003-7：4.30元

中国社会思想史/陈定闳著.—北京：北京大学出版社，1990.10.—682页；大32开.—高等学校教材·北京大学社会学系列组编教材.—ISBN 7-301-00127-4：4.95元

中国近代政治思想史/朱日耀主编；宝成关等著.—长春：吉林大学出版社，1990.5.—377页；大32开.ISBN 7-5601-0491-6(精装)：2.90元

中国近现代政治思想史/田子渝等主编.—北京：档案出版社，1990.12.—413页；32开.—ISBN 7-80019-254-7：5.30元

中国现代政治思想评要/高军等主编.—北京：华夏出版社，1990.3.—892页；大32开.—ISBN 7-80053-698-X：13.55元

牧令书/(清)徐栋辑.—扬州：江苏广陵古籍刻印社，〔1990〕.—20册(2函)；20开.—(线装)：293.00元

本书据清刊本影印。

清末社会思潮/吴雁南等主编；王劲等著.—福州：福建人民出版社，1990.8.—547页；大32开.—ISBN 7-211-01136-X：7.05元

梁启超政治法律思想研究/宋仁编著.—北京：学苑出版社，1990.6.—203页；32开.—ISBN 7-80060-911-1：3.90元

简明中国政治思想史/丁原明编著.—济南：山东大学出版社，1990.11.—428页；大32开.—ISBN 7-5607-0433-6：3.20元

D093/097　各国政治思想史

俄国社会思想史　第三卷/(俄)普列汉诺夫(Плеханов, Г.В.)著；孙静工译.—北京：商务印书馆，1990.11.—371页；大32开.—ISBN 7-5609-0484-X：4.20元

书名原文：История Русской Общественной Мысли

俄国空想社会主义简史/(苏)马里宁(Малинин, В.А.)著；丁覆桂，郭镛森译.—北京：商务印书馆，1990.8.—235页；大32开.—ISBN 7-100-00767-4：2.75元

D1/3　共产主义运动、共产党

D1　国际共产主义运动

发达资本主义国家共产党的历史与现状/帅能应主编.—北京：中国人民大学出版社，1990.11.—313页；大32开.—ISBN 7-300-00937-9：4.20元

本书全面论述12个资本主义国家共产党的历史与现状，主要叙述各党的历史发展过程，分析了各党对马克思主义的态度，向社会主义过渡的理论政策、党的建设等问题。

共产主义者同盟文件和资料　Ⅱ/《国际共产主义运动史文献》编辑委员会编译.—北京：中国人民大学出版社，1990.3.—717页；大32开.—(国际共产主义运动史文献).—ISBN 7-300-00597-7(精装)：11.10元

本卷编选了从1849年8月到1851年5月，即从共产主义者同盟改组、分裂到结束这一历史阶段的资料。

共产国际与日本革命/金正浩编著.—延吉：延边大学出版社，1990.6.—219页；32开.—ISBN 7-5634-0206-3：5.00元

本书集中反映了共产国际历次会议上作出的有关日本革命的决议，共产国际对日本共产党的指示以及日本共产党派驻共产国际的代表和出席共产国际历次会议的情况，还反映了与日本革命有关的各国共产党的情况和重大历史事件。

共产国际与中国革命关系史/周域，李申文著.—昆明：云南人民出版社，1990.3.—307页；32开.ISBN 7-222-00585-4：3.60元

共产国际有关中国革命的文献资料　第三辑：1936～1943；1921～1936补编/中国社会科学院近代史研究所翻译室编译.—北京：中国社会科学出版社，1990.4.—364页；大32开.—ISBN 7-5004-0533-2：4.95元

共产国际第四次代表大会文件：1922年11～12月(Ⅰ)/《国际共产主义运动史文献》编辑委员会编译.—北京：中国人民大学出版社，1990.7.—707页；大32开.—(国际共产主义运动史文献).—ISBN 7-310-00864-X(精装)：13.75元

共产国际第四次代表大会文件：1922年11～12月(Ⅱ)/《国际共产主义运动史文献》编辑委员会编译.—北京：中国人民大学出版社，1990.7.—707～1348页；大32开.—(国际共产主义运动史文献).ISBN 7-300-00867-4(精装)：12.80元

列宁·第二国际·社会民主主义/中共中央党校国际工人运动史教研室编.—北京：中共中央党校出版社，1990.12.—155页；32开.—ISBN 7-5035-0332-7：2.15元

社会党国际局文件：1900～1907/周克明等译.—北京：中国人民大学出版社，1990.10.—589页；大32开.—(国际共产主义运动史文献).—ISBN 7-300-00861-5(精装)：12.00元

社会党国际局是第二国际的执行和情报机构。它的文件印数很少，许多未公开发表过，有的毁于第一次世界大战。本卷编译了1900—1907年的文件，外附有1914年7月国际局最后一次会议记录。

科学社会主义思想史/马啸原主编.—昆明：云南大

学出版社，1990.12.—306页；32开.—ISBN 7-81025-047-7：4.50元

新编国际共产主义运动史读本/周尚文，匡萃坚主编.—上海：华东师范大学出版社，1990.6.—285页；大32开.—全国高等师范专科学校教材.—ISBN 7-5617-0493-3：2.08元

D2　中国共产党

共产党员学习辞典/万福义等主编.—北京：光明日报出版社，1990.6.—1008页；32开.—ISBN 7-80014-529-8（精装）：18.00元

考考你自己——党的基本知识800题/王仁琴，方锐主编.—广州：广东高等教育出版社，1990.5.—144页；32开.—ISBN 7-5361-0473-1：2.30元

党的知识竞赛大全/汤光伍等编.—沈阳：辽宁人民出版社，1990.4.—674页；32开.—ISBN 7-205-1311-9：7.70元

党的知识读本/陈兴道等主编.—南宁：广西教育出版社，1990.11.—157页；32开.—ISBN 7-5435-1056-1：1.60元

党的基本知识/中共贵州省委宣传部党员教育处组编.—贵阳：贵州人民出版社，1990.10.—174页；32开.—（贵州省基层党员教育读本）.—ISBN 7-221-02122-6：2.00元

党的基本知识/中共湖北省组织部、宣传部编写组编.—武汉：湖北人民出版社，1990.9.—189页；32开.—企业党员教育系列教材.—ISBN 7-216-00618-6：2.10元

党的基本知识/刘郁采主编.—2版（修订本）.—兰州：甘肃人民出版社，1990.5.—201页；32开.（党员系统教育读物）.—ISBN 7-226-00228-0：2.15元

本书1988年5月第1版。

党的基本知识/农立进主编.—南宁：广西教育出版社，1990.12.—232页；32开.—（党员三基教育丛书/潘琦主编）.—ISBN 7-5435-1116-9：2.45元

党的基本知识手册/肖一平，张平主编.—北京：中国展望出版社，1990.9.—351页；32开.—ISBN 7-5050-0821-8：6.40元

本书分政党基础知识、无产阶级政党基础知识、无产阶级政党历史知识、无产阶级政党建设知识、无产阶级政党党务知识、中央领导关于党的建设的最新论述等六篇300个专题。

党的基本知识文献选读/中共云南省委党校编.—昆明：云南人民出版社，1990.7.—331页；32开.—ISBN 7-222-00662-1：3.90元

党的基本知识电教系列片解说词/中国人民解放军总政治部组织部编.—北京：长征出版社，1990.7.175页；大32开.—ISBN 7-80015-125-5：2.95元

党的基本知识问答300题/扶元友，李忠武编著.北京：蓝天出版社，1990.3.—194页；32开.—ISBN 7-80081-095-X：2.60元

党的基本知识讲话/陈学琳主编.—广州：中山大学出版社，1990.3.—177页；32开.—ISBN 7-306-00308-9：2.70元

党的基本知识讲座/《党的基本知识讲座》编委会编.—沈阳：白山出版社，1990.5.—289页；32开.ISBN 7-80566-107-3：3.10元

党的基本知识读本/中共云南省委组织部组织处编著.—昆明：云南人民出版社，1990.9.—214页；32开.—ISBN 7-222-00683-4：2.55元

党的基本知识通俗读本/中共云南省委宣传部编.昆明：云南人民出版社，1990.8.—119页；32开.（党员教育教材丛书）.—ISBN 7-222-00689-3：1.25元

党的基本知识简明教程/谭兆珂主编.—成都：成都科技大学出版社，1990.3.—148页；32开.—地质矿产部系统院校党课参考教材.—ISBN 7-5616-0562-5：1.70元

D2-0　党的领导人著作

张闻天文集　第一卷/张闻天选集编辑组编.—北京：中共党史资料出版社，1990.8.—572页；大32开.—ISBN 7-80023-187-9：8.50元

张闻天东北文选/张闻天著；陈伯村主编.—哈尔滨：黑龙江人民出版社，1990.7.—303页；照片；大32开.—ISBN 7-207-01507-0：6.20元

陈独秀选集/陈独秀著；胡明编选.—天津：天津人民出版社，1990.6.—297页；大32开.—（中国现代社会科学家选集丛书）.—ISBN 7-201-00450-6（精装）：7.10元

邓小平的思想理论研究/郑兰荪，刘鹏主编.—2版（增订本）.—北京：中国书籍出版社，1989.12.421页；大32开.—ISBN 7-5068-0040-3：4.20元

D21　党章及党章学习资料

入党指南/张铁民主编.—长春：吉林人民出版社，1990.11.—217页；32开.—ISBN 7-206-00922-0：3.10元

入党须知/丁德法，高辉编.—南京：江苏人民出版社，1990.6.—171页；32开.—ISBN 7-214-00476-3：2.20元

入党须知/鲁石行著.—2版.—上海：上海人民出版社，1990.3.—249页；32开.—ISBN 7-208-00257-6：2.20元

本书1986年3月第1版。

中国共产党章程.—2版.—北京：人民出版社，

1990.12.—90页；128开.—ISBN 7-01-000266-5：0.80元

本书1982年9月第1版。

D22　党的组织、会议及其文献

中共中央文件选集　第五册：1929／中央档案馆编.—北京：中共中央党校出版社，1990.4.—835页；大32开.—ISBN 7-5035-0154-5（精装）：14.00元

中共中央关于加强党同人民群众联系的决定.—北京：人民出版社，1990.4.—25页；32开.—ISBN 7-01-00771-3：0.35元

中共中央关于进一步治理整顿和深化改革的决定：摘要.—北京：人民出版社，1990.1.—31页；大32开.—ISBN 7-01-000699-7：0.70元

中共中央关于进一步治理整顿和深化改革的决定：摘要.—北京：人民出版社，1990.1.—31页；32开.ISBN 7-01-000700-4：0.38元

中国共产党第七次全国代表大会／郭德宏编写.—北京：新华出版社，1990.9.—43页；32开.—（中国革命史小丛书／苏双碧主编）.—ISBN 7-5011-0794-7：1.00元

党的代表大会工作必读／杜立哲主编；姜勇等编写.长春：长春出版社，1990.2.—183页；32开.—ISBN 7-80573-129-2：2.50元

本书对党的各级代表大会的筹备、会间会后的工作及会议期间的报告单、表册、主持稿等式样等业务工作作了介绍。

党的会议知识手册／陈文清主编.—沈阳：白山出版社，1990.9.—346页；大32开.—（党务工作知识丛书）.—ISBN 7-80566-161-8：5.30元

本书介绍了中国共产党有关会议的综述，党的会议选举、文书、组织管理等各方面知识。

D229　会议文献的学习参考资料

人民群众是党的力量源泉和胜利之本：学习十三届六中全会《决定》的体会／郑科扬等编著.—北京：中共中央党校出版社，1990.4.—210页；32开.—ISBN 7-5053-0281-9：2.80元

加强党同人民群众的联系／中共辽宁省委办公厅编.—沈阳：白山出版社，1990.4.—273页；32开.学习十三届六中全会决定读本.—ISBN 7-80566-111-1：3.00元

进一步治理整顿和深化改革问答：学习中共中央十三届五中全会决定／国务院办公厅综合司编.—北京：中央文献出版社，1990.2.—233页；大32开.—ISBN 7-5073-0047-1：2.80元

学习十三届六中全会精神讲座／钟灏，冯佳丰主编.北京：中国工人出版社，1990.5.—178页；32开.ISBN 7-5008-0629-9：2.40元

学习《中共中央关于进一步治理整顿和深化改革的决定》辅导讲话／中共陕西省委理论讲师团编.—西安：陕西人民出版社，1990.1.—152页；32开.—ISBN 7-224-01138-X：1.85元

重新学习马克思主义的群众观点和群众路线：学习党的十三届六中全会《决定》辅导讲座／中共浙江省委宣传部，中共浙江省委党校编著.—杭州：浙江人民出版社，1990.7.—178页；32开.—ISBN 7-213-00550-2：1.80元

D23　党史

中共党史／何沁主编；梁柱等编写.—北京：高等教育出版社，1990.2.—475页；大32开.—全国高等教育自学考试教材.—ISBN 7-04-002979-0：4.30元

中共党史专题论纲／范沛然，阎保印主编.—石家庄：河北人民出版社，1990.9.—434页；32开.ISBN 7-202-00782-7：4.80元

中共党史专题新论／胥佩兰，梁振江主编.—北京：北京出版社，1990.11.—360页；32开.—ISBN 7-200-01264-5：4.10元

中共党史自学考试大纲／全国高等教育自学考试指导委员会编.—北京：高等教育出版社，1990.1.47页；32开.—高等教育自学考试政治管理专业.ISBN 7-04-002975-8：0.49元

中共党史纲要／郭维仪等主编.—兰州：甘肃人民出版社，1990.9.—390页；32开.—ISBN 7-226-00646-4：4.40元

中共党史知识问答／戴向青，施凤堂主编.—北京：中国文史出版社，1990.12.—226页；32开.—ISBN 7-5034-0310-1：3.50元

中共党史学史／张静如，唐曼珍主编.—北京：中国人民大学出版社，1990.3.—412页；大32开.—ISBN 7-300-00825-9：4.80元

中共党史教程／谭纪，胡隆镁主编.—南宁：广西教育出版社，1990.2.—366页；32开.—ISBN 7-5435-0759-5：4.00元

中国共产党历史　第一册：1919年5月～1937年7月／李践为主编.—北京：人民出版社，1990.6.545页；大32开.—ISBN 7-01-000214-2：8.00元

中国共产党历史　第二册：1937年7月～1949年9月／李践为主编.—北京：人民出版社，1990.6.445页；大32开.—ISBN 7-01-000215-0：7.10元

中国共产党历史　第三册：1949年10月～1956年12月／李践为主编.—北京：人民出版社，1990.6.274页；大32开.—ISBN 7-01-000579-6：5.00元

中国共产党历史讲义／刘宪章，王淑增主编.—济

南：济南出版社，1990.4.—355页；大32开.—ISBN 7-80572-224-2：4.50元

中国共产党历史讲话/徐元冬等著.—北京：中国青年出版社，1990.8.—408页；32开.—（青年文库：新编本；18）.—ISBN 7-5006-0734-2

中国共产党的诞生/黄峥编写.—北京：新华出版社，1990.6.—35页；32开.—（中国革命史小丛书/苏双碧主编）.—ISBN 7-5011-0709-2：0.70元

中共中央南京局/中共江苏省委党史工作委员会等编.—北京：中共党史出版社，1990.6.—655页：照片；大32开.—（中国共产党历史资料丛书）.—ISBN 7-80023-191-7：11.00元

白区斗争纪实/陈绍畴等编著.—北京：北京师范学院出版社，1990.8.—330页；大32开.—ISBN 7-81014-456-1：5.80元

南方局党史资料　（二）：党的建设/南方局党史资料编辑小组编.—重庆：重庆出版社，1990.6.359页：照片；大32开.—（中国共产党历史资料丛书）.—ISBN 7-5366-1362-8：5.85元

南方局党史资料　（三）：统一战线工作/南方局党史资料编辑小组编.—重庆：重庆出版社，1990.6.—492页：照片；大32开.—（中国共产党历史资料丛书）.—ISBN 7-5366-1364-4：7.75元

南方局党史资料　（四）：军事工作/南方局党史资料编辑小组编.—重庆：重庆出版社，1990.6.556页：照片；大32开.—（中国共产党历史资料丛书）.—ISBN 7-5366-1393-8：8.20元

南方局党史资料　（五）：群众工作/南方局党史资料编辑小组编.—重庆：重庆出版社，1990.6.614页：照片；大32开.—（中国共产党历史资料丛书）.—ISBN 7-5366-1363-6：8.75元

南方局党史资料　（六）：文化工作/南方局党史资料编辑小组编.—重庆：重庆出版社，1990.6.517页：照片；大32开.—（中国共产党历史资料丛书）.—ISBN 7-5366-1392-X：7.80元

新中国四十年与党的历史发展/刘金江，初维真主编.—济南：山东人民出版社，1990.4.—377页；大32开.—ISBN 7-209-00643-5：5.15元

D235　党的地方组织史料

一代风流/中共常州市委党史资料征集研究委员会编著.—南京：江苏人民出版社，990.5.—275页；大32开.—（党的建设丛书/颜诚主编）.—ISBN 7-214-00446-1：3.80元

寸土必争/中共朝阳市委党史工作办公室编.—沈阳：白山出版社，1990.12.—438页；32开.—（朝阳地方党史革命史丛书；9）.—ISBN 7-80066-037-9：5.10元

中共五莲党史大事记：1921.7～1949.9/中共五莲县委党史资料征集研究委员会编.—济南：山东人民出版社，1990.4.—132页；大32开.—ISBN 7-209-00673-7：3.85元

中共甘肃党史大事记：1919.5～1949.12/中共甘肃省委党史资料征集研究委员会编.—兰州：甘肃人民出版社，1990.6.—213页；大32开.—ISBN 7-226-00584-0：3.50元

中共齐河县党史大事记：1921～1949/中共齐河县委党史资料征集研究委员会编.—济南：山东人民出版社，1990.12.—110页；大32开.—ISBN 7-209-00791-1：2.50元

中共江苏党史大事记：1919～1949/中共江苏省党史工作委员会，江苏省档案馆编.—北京：中共党史资料出版社，1990.6.—402页；大32开.—ISBN 7-80023-185-2：5.80元

中共鸡西市历史纪实/都兴方等主编.—北京：中共党史出版社，1990.9.—305页；大32开.—ISBN 7-80023-215-8：4.50元

本书记述了从1927年到1939年前后63年中国共产党鸡西党组织的活动中的重要事件。

中共青岛党史大事记：1921～1949/中共青岛市委党史资料征委会办公室编.—北京：中共党史资料出版社，1990.7.—203页；大32开.—ISBN 7-80023-096-1：3.70元

中共青岛党史讲座/中共青岛市委党史资料征委会办公室编；李尹，龚彧藻主编.—青岛：青岛出版社，1990.5.—310页；大32开.—ISBN 7-5436-0494-9：4.80元

中共单县党史大事记：1929～1949/中共单县县委党史资料征集研究委员会编.—济南：山东大学出版社，1990.7.—208页；大32开.—ISBN 7-5607-0380-1：4.10元

中共临沭党史大事记：1931年夏至1949年9月/中共临沭县委党史资料征集委员会编.—济南：山东人民出版社，1990.12.—241页；大32开.—ISBN 7-209-00765-2：4.40元

中共洪雅地方党史：1940～1949/杨国忠主编.峨眉山：西南交通大学出版社，1990.6.—191页：照片；32开.—ISBN 7-81022-181-7：2.20元

中共浙江党史大事记：1919～1949/中共浙江省委党史资料征集研究委员会编.—杭州：浙江人民出版社，1990.8.—296页；大32开.—ISBN 7-213-00544-8：4.55元

中共绥化地区历史大事记：1926～1987/李长山，任希贵主编.—哈尔滨：黑龙江人民出版社，1990.6.—395页；大32开.—ISBN 7-207-01593-3：5.50

元

中共商洛工委和陕南游击队/中共陕西省委党史资料征集研究委员会，中共商洛地委党史办公室编.西安：陕西人民出版社，1990.2.—329页：照片；大32开.—（陕西党史资料丛书：14）.—ISBN 7-224-01575-X：6.00元

中共雅安地方党史研究新编：新民主主义革命时期/周英哲编著.—成都：成都出版社，1990.8.—90页；32开.—ISBN 7-80575-039-4：1.25元

中共鲁中区鲁中南区党史大事记：1921～1950/中共泰安市委党史资料征集研究委员会编.—济南：山东人民出版社，1990.3.—366页；大32开.—ISBN 7-209-00578-1：4.90元

中共湖西地区党史文稿/《中共湖西地区党史文稿》编写组编.—济南：山东大学出版社，1990.4.310页；大32开.—（中共冀鲁豫边区党史资料丛书）.—ISBN 7-5607-0344-5：4.50元

中共德州地区党史大事记：1921年7月至1949年9月/中共德州地委党史资料征集研究委员会编.—济南：山东人民出版社，1990.9.—253页；大32开.ISBN 7-209-00754-7（精装）：6.40元

中共德阳地方组织的摇篮：国立六中二·四分校/周映璧主编.—成都：四川大学出版社，1990.6.—260页；32开.—（德阳市中区中共党史资料；1）.—ISBN 7-5614-0336-4：3.50元

中共冀鲁豫边区党史资料选编　第二辑：专题部分/中共冀鲁豫边区党史工作组办公室编.—济南：山东大学出版社，1990.6.—652页；大32开.—（中共冀鲁豫边区党史资料丛书）.—ISBN 7-5607-0358-5：7.60元

中共繁峙县党史纪实/毕福堂编写.—太原：山西人民出版社，1990.4.—243页；32开.—ISBN 7-203-01567-X：3.80元

中国共产党江西省安义县组织史资料：1926.10～1987.10/中共安义县委组织部等编.—海口：南海出版公司，1990.12.—247页；16开.—ISBN 7-80570-420-1（精装）：23.00元

中国共产党江西省波阳县组织史资料：1926～1987/中共波阳县委组织部等编.—北京：中共党史资料出版社，1990.10.—573页：地图；16开.—ISBN 7-80023-224-7（精装）：37.00元

中国共产党江西省南昌县组织史资料：1927～1987/中共南昌县委组织部等编.—海口：南海出版公司，1990.11.—425页；16开.—ISBN 7-80570-265-9（精装）：35.00元

中国共产党江西省黎川县组织史资料：1929～1987/中共黎川县委组织部等编.—海口：南海出版公司，1990.12.—214页；16开.—ISBN 7-80570-402-3（精装）：18.50元

中国共产党江苏省吴江县组织史资料：1925～1987/中共吴江县委组织部等编.—北京：中共党史出版社，1990.11.—395页；16开.—ISBN 7-80023-225-5（精装）：29.00元

中国共产党昌吉市历史大事记/中共昌吉市委员会党史工作委员会编.—乌鲁木齐：新疆人民出版社，1990.7.—212页；大32开.—ISBN 7-228-01516-9：3.00元

中国共产党河北历史宣讲提纲/中共河北省委党史研究室编.—石家庄：河北人民出版社，1990.6.28页；16开.—ISBN 7-202-00701-0：0.70元

中国共产党河南省宝丰县组织史资料：1947～1987/中共宝丰县委组织部等编.—郑州：河南人民出版社，1990.12.—222页；16开.—ISBN 7-215-01321-9：20.00元

中国共产党河南省封丘县组织史资料：1926～1987/中共河南省封丘县委组织部等编.—郑州：河南人民出版社，1990.11.—238页；16开.—ISBN 7-215-01207-7：25.00元

中国共产党河南省南召县组织史资料：1930～1987/中共南召县委组织部等编.—郑州：河南人民出版社，1990.9.—243页；16开.—ISBN 7-215-01115-1：22.00元

中国共产党河南省息县组织史资料：1926～1987/中共河南省息县县委组织部等编.—郑州：河南人民出版社，1990.8.—238页；16开.—ISBN 7-215-01113-5：15.00元

中国共产党河南省密县组织史资料：1926～1987/中共河南省密县县委组织部等编.—郑州：河南人民出版社，1990.12.—219页；16开.—ISBN 7-215-01318-9：15.00元

中国共产党河南省鲁山县组织史资料：1928～1987/中共河南省鲁山县委组织部等编.—郑州：河南人民出版社，1990.11.—249页；16开.—ISBN 7-215-01221-2：20.00元

中国共产党河南省温县组织史资料：1928～1987/中共河南省温县县委组织部等编.—郑州：河南人民出版社，1990.12.—262页；16开.—ISBN 7-215-01326-X（精装）：20.00元

中国共产党河南省潢川县组织史资料：1926～1987/中共河南省潢川县委组织部等编.—郑州：河南人民出版社，1990.10.—212页；16开.—ISBN 7-215-01220-4：18.00元

中国共产党黑龙江省呼兰县组织史资料：1929.10～1987.10/中共呼兰县组织史资料编辑组编.—北京：中共党史资料出版社，1990.3.—466页；大32开.—ISBN 7-80023-129-1：8.00元

中国共产党福建省同安县组织史资料：1927年1月～1987年12月/岳喜平，陈锦星主编.—福州：福建

人民出版社，1990.12.—257页；16开.—ISBN 7-211-01410-5：7.10元

中国共产党福建省武平县组织史资料：1926年冬～1987年12月/中共武平县委组织部等编.—厦门：厦门大学出版社，1990.11.—200页；16开.—ISBN 7-5615-0350-4：9.00元

中国共产党福建省政和县组织史资料：1928.12～1987.12/中共政和县委组织部等主编.—福州：福建人民出版社，1990.10.—239页；16开.—ISBN 7-211-01143-2：6.30元

中国共产党福建省顺昌县组织史资料：1933.8～1987.12/中共顺昌县委组织部等编.—福州：福建人民出版社，1990.12.—227页；16开.—附中国共产党福建省建西组织史资料.—ISBN 7-211-01219-6：6.30元

中国共产党福建省泉州市组织史资料：1926.12～1987.12/黄夏莹主编.—福州：福建人民出版社，1990.1.—348页；16开.—ISBN 7-211-00958-6：8.00元

内蒙古党史资料　第二辑/内蒙古党委党史资料征集研究委员会办公室编.—呼和浩特：内蒙古人民出版社，1990.9.—275页；大32开.—ISBN 7-204-0863-4：4.50元

风雨十三年：闽西南白区共产党革命回忆录专辑/张连等著.—福州：福建人民出版社，1990.3—192页；大32开.—ISBN 7-211-01129-7：2.20元

吉林省浑江市政军统群系统组织史资料：1949～1987/中共浑江市委组织部等编.—北京：中共党史出版社，1990.7.—365页；16开.—ISBN 7-80023-214-X（精装）：29.00元

华东局五莲实验县资料选辑/中共五莲县委党史资料征集研究委员会编.—济南：山东人民出版社，1990.7.—272页；大32开.—ISBN 7-209-00698-8：4.30元

抚顺党史人物录：1928～1966/王渤光主编.—沈阳：辽宁人民出版社，1990.10.—337页；32开. ISBN 7-205-01636-3：5.50元

沙颍河怒涛/应时雨，张志功主编.—郑州：河南人民出版社，1990.11.—306页；大32开.—（中共河南党史专题资料丛书）.—ISBN 7-215-01224-7：5.00元

沂蒙星火/朱孟明，庄传璋主编.—济南：山东大学出版社，1990.1.—367页；大32开.—ISBN 7-5607-0321-6：4.20元

没有枪声的战斗/郭晓平等选编.—郑州：河南人民出版社，1990.12.—443页；照片；大32开.—（中共河南党史资料丛书）.—ISBN 7-215-01311-1：5.00元

灵璧县革命斗争史/中共灵璧县委党史办公室编.合肥：安徽人民出版社，1990.2.—184页；大32开. ISBN 7-212-00343-3：2.50元

直南一个革命策源地——大名七师/中共七师党史资料征编组编.—北京：中共党史出版社，1990.12. 430页；大32开.—ISBN 7-80023-289-X：9.50元

春风七年金陵路：1949年至1956年南京党史专题研究/中共南京市委党史办公室编.—南京：东南大学出版社，1990.6.—350页；32开.—ISBN 7-81023-376-9：5.00元

政权建设的创举/中共临沂地委党史资料征集委员会编.—济南：山东人民出版社，1990.7.—619页；大32开.—ISBN 7-209-00708-3（精装）：11.10元

南洲风云：纪念南县解放专辑/中共湖南省南县县委党史办公室编.—北京：中国文史出版社，1990.4. 294页；32开.—ISBN 7-5034-0178-3：3.90元

峥嵘岁月：赣榆人民革命斗争史/中共赣榆县委党史工作委员会编.—南京：江苏人民出版社，1990.12. 318页；大32开.—ISBN 7-214-00621-9：5.00元

重返淮北/饶子健等著.—北京：中共党史资料出版社，1990.7.—147页；大32开.—（安徽省中共党史资料丛书）.—ISBN 7-80023-197-6：2.40元

闽南武装斗争史稿/福建省漳州军分区编.—福州：福建人民出版社，1990.12.—280页；大32开.—ISBN 7-211-01458-X：4.80元

砥柱中流/中共河南省委党史工作委员会编.—郑州：河南人民出版社，1990.11.—329页；大32开.（中共河南党史专题资料丛书）.—ISBN 7-215-01209-3：4.70元

监利人民革命史/杨明松主编；中共监利县委党史办公室编.—武汉：湖北人民出版社，1990.11.—285页；照片；大32开.—ISBN 7-216-00655-0：5.50元

党在桂林师范/中共桂林地区教育学院委员会党史资料征集组编著.—南宁：广西人民出版社，1990.5. 362页；大32开.—（广西党史资料丛书）.—ISBN 7-219-01576-3：5.30元

党组织恢复重建和抗日救亡运动/中共云南省委党史研究室编.—昆明：云南民族出版社，1990.12. 507页；大32开.—（中共云南党史资料丛书；3）. ISBN 7-5367-0400-3：9.00元

盘江烽火/中共红河州委党史办等编.—昆明：云南民族出版社，1990.11.—891页；大32开.—ISBN 7-5367-0333-3：13.00元

浙江剿匪纪实/金延峰主编.—杭州：浙江人民出版社，1990.12.—370页；大32开.—ISBN 7-213-00611-8：5.10元

厦门党史论文集/中共厦门市委党史资料征集委员会办公室编.—北京：中国计划出版社，1990.6.289页；大32开.—IBSN 7-80058-114-4：4.00元

渤海星火：惠民地区战前党史资料集/中共惠民地委党史资料征集研究委员会编.—北京：华龄出版社，1990.2.—192页；大32开.—ISBN 7-80082-050-5：3.15元

解放商洛/中共陕西省委党史资料征集研究委员会，中共商洛地委党史办公室编.—西安：陕西人民出版社，1990.2—491页；大32开.—（陕西党史资料丛书；15）.—ISBN 7-224-01441-9：7.00元

樟树党史大事记：1919～1989/杨富林主编；中共樟树市委党史办公室编.—北京：中国文史出版社，1990.12.—312页；大32开.—ISBN 7-5034-0256-1：7.00元

樟树党史资料/中共樟树市委党史办编.—海口：南海出版社，1989.12.—188页：照片；大32开.ISBN 7-80570-088-5：5.00元

黎明的石家庄：1947.11～1949.12/中共石家庄市委党史研究室，石家庄市中共党史研究会编著.—石家庄：河北人民出版社，1990.6.—350页：照片；大32开.—（石家庄党史资料；第12辑）.—ISBN 7-202-00698-7：4.95元

螳螂川畔的曙光：中共富民县党史资料/中共富民县委党史办公室编.—昆明：云南人民出版社，1990.12.—212页；32开.—ISBN 7-222-00717-2：5.50元

巍巍桐柏/中共桐柏县委党史工作委员会编.—北京：华龄出版社，1990.11.—303页；32开.—ISBN 7-80082-129-3：3.90元

D239 党史参考资料

土地革命战争初期若干问题/颜广林编著.—上海：复旦大学出版社，1990.1.—397页；32开.—ISBN 7-309-00351-9：7.00元

中共党史风云录/中共中央文献研究室，中央档案馆《党的文献》编辑部编.—北京：人民出版社，1990.5.—442页；大32开.—（党的文献丛书/刘武生主编）.—ISBN 7-01-000685-7：6.10元

中共党史文摘年刊：1987/廖盖隆主编；中共中央党史研究室编.—北京：中共党史资料出版社，1990.6.—754页；大32开.—ISBN 7-80023-178-X：9.90元

中共党史学习指导/辛凤仁，张淑梅主编.—保定：河北大学出版社，1990.10.—233页；32开.ISBN 7-81028-027-9：2.90元

中共党史资料 第三十三辑/中共中央党史研究室编.—北京：中共党史资料出版社，1990.2.—24页；大32开.—ISBN 7-80023-136-4：2.95元

中共党史资料 第三十四辑/中共中央党史研究室编.—北京：中共党史资料出版社，1990.4.—259页；大32开.—ISBN 7-80023-137-2：2.95元

中共党史资料 第三十五辑/中共中央党史研究室编.—北京：中共党史资料出版社，1990.9.—260页；大32开.—ISBN 7-80023-138-0：3.20元

中共党史资料 第三十六辑/中共中央党史研究室编.—北京：中共党史资料出版社，1990.11.—258页；大32开.—ISBN 7-80023-139-9：3.20元

中国共产党国情认识史/刘继增，张葆华主编.—武汉：湖北人民出版社，1990.3.—417页；大32开.ISBN 7-216-00544-9：5.75元

中国共产党的历史地位是怎样形成的/共青团中央宣传部编；王仲田主编.—北京：学苑出版社，1990.2.—206页；32开.—（中国国情教育丛书/柳斌杰，李维国主编）.—ISBN 7-80060-683-X：2.80元

丹心素裹 （3）/十七路军中共党史资料征编领导小组主编；吴长翼等编.—北京：中国文史出版社，1990.10.—377页；大32开.—ISBN 7-5034-0196-6：5.70元

国外中共党史中国革命史研究论点摘编：新民主主义革命时期/中共中央党史研究室科研局编译处编.北京：中共党史资料出版社，1990.8.—368页；大32开.—（国外中共党史中国革命史研究丛书）.—ISBN 7-80023-186-0：6.00元

国共合作历史与展望/李良志，王顺生著.—福州：福建人民出版社，1990.8.—406页；大32开.—ISBN 7-211-01159-9：4.80元

国共关系研究/张广信等主编.—西安：陕西人民教育出版社，1990.3.—512页；大32开.—ISBN 7-5419-1236-0：7.40元

国共两党关系史/苏仲波，杨振亚主编.—南京：江苏人民出版社，1990.7.-402页；大32开.—ISBN 7-214-00499-2：5.70元

党史研究资料 （11）/中国革命博物馆党史研究室编.—北京：法律出版社，1990.10.—741页；32开.—ISBN 7-5036-0769-6：11.80元

新疆冤狱始末/《新疆冤狱始末》编写组编.—北京：中国青年出版社，1990.4.—387页；大32开.ISBN 7-5006-0485-8：7.10元

D24 党的总路线和总政策

坚持党的基本路线/中共湖北省委组织部、宣传部编写组编.—武汉：湖北人民出版社，1990.9.—187页；32开.—企业党员教育系列教材.—ISBN 7-216-00615-1：2.00元

坚持党的基本路线丛谈/钱云洲主编.—贵阳：贵州民族出版社，1990.7.—285页；32开.—ISBN 7-

5412-0133-2：1.80元

社会主义初级阶段党的基本路线/崔在莹，陈延政著.—哈尔滨：黑龙江人民出版社，1990.5.—322页；32开.—ISBN 7-207-01503-8：3.55元

党在社会主义初级阶段的基本路线/贵州省企业党委书记工作研究会编.—贵阳：贵州教育出版社，1990.3.—134页；32开.—(职工政治学习辅导丛书/吕茂廷，刘柯主编).—ISBN 7-80583-034-7：1.50元

党的基本路线/何成宗主编.—南宁：广西教育出版社，1990.12.—184页；32开.—(党员三基教育丛书/潘琦主编).—ISBN 7-5435-1115-0：2.00元

党的基本路线与党的建设/徐晓春等主编.—武汉：湖北人民出版社，1990.2.—248页；32开.—ISBN 7-216-00540-6：3.30元

党的基本路线与党的基本知识概要/中共临沂地委组织部，中共临沂地委党校编写.—济南：山东人民出版社，1990.7.—123页；32开.—ISBN 7-209-00717-2：1.40元

党的基本路线文献选读/中共云南省委党校编.—昆明：云南人民出版社，1990.7.—339页；72开.ISBN 7-222-00661-3：3.90元

党的基本路线系统教育读本/徐正才，陈德本主编；中共湖北省江陵县委宣传部编.—武汉：湖北人民出版社，1990.7.—264页；大32开.—ISBN 7-216-00608-9：3.60元

党的基本路线述要/何竹康著.—长春：吉林人民出版社，1990.11.—216页；32开.—ISBN 7-206-00915-8：3.50元

党的基本路线通俗读本/中共云南省委宣传部编.昆明：云南人民出版社，1990.10.—123页；32开.(党员教育教材丛书).—ISBN 7-222-00713-X：1.25元

党的基本路线教育讲座/《瞭望》周刊编辑部编.北京：新华出版社，1990.5.—153页；32开.—ISBN 7-5011-0699-1：2.00元

党的基本路线教育读本/刘连岐主编.—北京：海洋出版社，1990.6.—179页；32开.—(四基教育系列丛书；1/赵振亮主编).—ISBN 7-5027-1253-4：2.50元

党的基本路线教程/朱煜善，林树根主编.—上海：上海人民出版社，1990.12.—338页；32开.—ISBN 7-208-01084-6：4.80元

D25 党的领导

必须坚持共产党的领导/董继昌著.—西安：陕西人民教育出版社，1990.3.—77页；32开.—ISBN 7-5419-1520-3：0.83元

执政党领导问题概要/高瑞兰主编.—天津：天津社会科学院出版社，1990.6.—217页；32开.—ISBN 7-80563-039-9：3.00元

党委书记大全/薛启亮主编.—石家庄：河北人民出版社，1990.8.—590页；16开.—ISBN 7-202-00749-5(精装)：17.30元

党委书记必备/王振川，李忠诚编著.—北京：华龄出版社，1990.2.—561页；32开.—ISBN 7-80082-010-6：2.40元

党委(支部)书记实用知识手册/李志经主编.—北京：学苑出版社，1990.10.—703页；32开.—ISBN 7-5077-0309-6：9.60元

D251 领导原则与方法

地方党委决策/何孝瑛主编.—北京：中共中央党校出版社，1990.10.—259页；32开.—ISBN 7-5035-0188-X：3.60元

党制之争/顾肖荣著.—上海：上海人民出版社，1990.11.—204页；32开.—(挑战与回答丛书/刘吉主编).—ISBN 7-208-00970-8：3.10元

新时期党委领导艺术浅谈/赵承风著.—北京：国防大学出版社，1990.6.—445页；32开.—ISBN 7-5626-0226-3：5.40元

D252 群众路线

毛泽东 周恩来 刘少奇 朱德 邓小平 陈云论党的群众工作/中共中央办公厅调研室编.—北京：人民出版社，1990.11.—508页；大32开.—ISBN 7-01-000808-6：6.25元

邓小平同志论加强党同人民群众的联系/中共中央文献研究室编.—北京：中国工人出版社，1990.5.—148页；32开.—ISBN 7-5008-0638-8：1.95元

加强党同群众联系专题讲座/李宝印等主编.—长春：长春出版社，1990.5.—276页；32开.—ISBN 7-80573-226-4：3.60元

论党的群众路线/中共中央政策研究室编.—北京：大地出版社，1990.5.—415页；大32开.—ISBN 7-80068-130-0：5.60元

论党群关系：毛泽东、邓小平等同志的重要论述.北京：中共中央党校出版社，1990.5.—277页；32开.—ISBN 7-5035-0290-8：3.10元

努力恢复和发展党和人民群众血肉关系：论群众路线/中共中华全国总工会机关委员会编.—北京：人民出版社，1990.3.—103页；32开.—ISBN 7-01-000716-0：1.00元

学习党的十三届六中全会决定精神—党的群众路线讲稿/陈光林主编.—济南：山东人民出版社，1990.5.—237页；32开.—ISBN 7-209-00666-4：2.65元

重新学习马克思主义的群众观点和群众路线：学习党的十三届六中全会《决定》辅导讲座/中共浙江省委宣传部，中共浙江省委党校编.—杭州：浙江人民出版社，1990.7.—178页；32开.—ISBN 7-213-00550-2：1.80元

党的群众路线教育读本/刘新华，区向明主编.—南宁：广西教育出版社，1990.8.—197页；32开.ISBN 7-5435-0998-2：2.50元

密切党群关系百题问答：学习党的十三届六中全会精神辅导材料/张智慧等主编.—长春：吉林大学出版社，1990.5.—156页；32开.—ISBN 7-5601-0496-7：2.50元

群众工作概要/何秋良主编.—成都：成都科技大学出版社，1990.8.—214页；32开.—ISBN 7-5616-0636-2：2.50元

群众观点和群众路线/林代柱主编.—天津：天津人民出版社，1990.10.—137页；32开.—ISBN 7-201-00682-7：1.50元

群众路线与群众工作新论/蔺欣荣主编.—大连：大连理工大学出版社，1990.9.—247页；32开.SBN 7-5611-0323-9：3.22元

D26　党的建设

中共党建教程/《中共党建教程》编写组编.—沈阳：辽宁人民出版社，1990.8.—494页；32开.ISBN 7-205-01548-0：5.90元

中国共产党的建设理论与实践/侯中山，麻玉林主编.—长春：长春出版社，1990.8.—174页；32开.ISBN 7-80573-287-6：3.50元

中国共产党建设史/范荣祥，张继良主编.—哈尔滨：黑龙江人民出版社，1990.10.—356页；大32开.ISBN 7-207-01677-8：5.50元

风波后论党的建设/彭贵康主编.—南宁：广西教育出版社，1990.3.—280页；32开.—ISBN 7-5435-0799-4：2.80元

为把党建设成更加坚强的工人阶级先锋队而斗争：在党建理论研究班上的讲话：1989年12月29日/江泽民报告.—北京：人民出版社，1990.7.—24页；大32开.—ISBN 7-01-000813-2：0.70元

为把党建设成更加坚强的工人阶级先锋队而斗争：在党建理论研究班上的讲话：1989年12月29日/江泽民报告.—北京：人民出版社，1990.7.—24页；32开.—ISBN 7-01-000814-0：0.35元

邓小平论党的建设/中共中央办公厅秘书局资料室编.—北京：人民出版社，1990.1.—266页；大32开.ISBN 7-01—000650-4：3.30元

邓小平论党的建设/中共中央办公厅秘书局资料室编.—北京：人民出版社，1990.1.—266页；32开.ISBN 7-01-000651-3：2.60元

加强党的建设讲话/王作成等主编.—延吉：延边人民出版社，1990.3.—258页；32开.—（改革开放时期党务工作丛书/张庆祝，李忠祥主编）.—ISBN 7-80508-511-0：3.00元

加强党的建设若干基本问题：党建知识专题讲座/王永锡主编.—成都：西南财经大学出版社，1990.2.—197页；32开.—ISBN 7-811017-225-5：2.10元

加强党的建设的几个重要问题/张传庆等主编.—沈阳：辽宁人民出版社，1990.9.—296页；32开.—党员干部读本.—ISBN 7-205-01403-4：4.30元

执政党建设的理论与实践/曹子镳，李纯仁主编.广州：广东人民出版社，1990.10.—215页；32开.党政干部培训教材.—ISBN 7-218-00566-7：2.60元

当前党的建设若干问题：学习十三届四中全会以来中央关于加强党的建设精神答问/邓纯东等编著.—北京：中共中央党校出版社，1990.5.—249页；32开.—ISBN 7-5035-0265-7：3.25元

坚持马克思主义党的建设原理/《坚持马克思主义党的建设原理》编写组编.—武汉：华中师范大学出版社，1990.3.—244页；32开.—ISBN 7-5622-0511-6：2.30元

社会主义初级阶段党的建设与党员修养/董胜贤，刘景禄主编.—长春：长春出版社，1990.2.—277页；32开.—ISBN 7-80573-177-2：3.50元

改革开放中的党务工作/蒙民宏等主编.—南宁：广西教育出版社，1990.6.—287页；32开.—ISBN 7-5435-0859-1：2.75元

国情与党的建设：现阶段党建理论与实践若干问题探讨/叶笃初主编.—北京：群众出版社，1990.6.—356页；32开.—ISBN 7-5014-0495-X：4.80元

学习党建理论通俗讲话/周大仁主编.—武汉：湖北人民出版社，1990.6.—156页；32开.—ISBN 7-216-00575-9：1.80元

建设一个什么样的党：党建理论研究班发言摘要/中共中央组织部党建研究所编.—北京：中共中央党校出版社，1990.6.—150页；大32开.—ISBN 7-5035-0289-4：2.60元

建设有中国特色的社会主义政党制度/中共中央统战部政策理论研究室，《团结报》编辑部编.—北京：团结出版社，1990.4.—195页；32开.—ISBN 7-80061-345-3：2.50元

党务工作方法与艺术/王虹，储霞著.—延吉：延边人民出版社，1990.3.—371页；32开.—（改革

开放时期党务工作丛书/张庆祝，王泽旭主编）.ISBN 7-80508-505-6：4.20元

党务工作技术指导/王建中编著.—沈阳：白山出版社，1990.8.—566页；大32开.—（党务工作知识丛书/燕鹏远主编）.—ISBN 7-80566-139-1：7.20元

党务工作实用手册/万福义主编.—北京：经济管理出版社，1990.6.—738页；16开.—ISBN 7-80025-284-1（精装）：27.00元

本书共收条目2000余个，内容包括马克思主义建党学说和新时期党的建设的任务、党的组织、纪检、宣传、军队等各个系统的党务工作等。

党务工作实用手册/马守良主编.—杭州：浙江人民出版社，1990.9.—596页；大32开.—ISBN 7-213-00553-7：7.90元

党务工作原理/唐晓清著.—沈阳：辽宁人民出版社，1990.5.—345页；32开.—ISBN 7-205-01472-7：4.40元

党务工作程序/劳文浩等主编.—广州：广东高等教育出版社，1990.1.—142页；32开.—ISBN 7-5361-0428-6：2.00元

党务工作概论/毕凤祥等主编.—哈尔滨：黑龙江教育出版社，1990.12.—259页；大32开.—（党的建设丛书/赵洁新主编）.—ISBN 7-5316-1248-8：2.80元

党务工作概论/蔡汉明，卢敦华主编.—武汉：武汉测绘科技大学出版社，1990.6.—275页；大32开.ISBN 7-81030-034-2：3.20元

党务工作辞典/李天，孙敬勋主编.—北京：中国展望出版社，1990.9.—410页；32开.—ISBN 7-5050-0754-8（精装）：13.50元

本辞典收录党务工作方面的辞目共1700多条，分党的组织工作、宣传工作、纪检工作、统战工作、办公室工作等类。

党务管理学/曹子镳，李纯仁主编.—广州：广东高等教育出版社，1990.2.—275页；32开.—ISBN 7-5361-0422-7：3.50元

党员队伍建设300问/中共江苏省委组织部党员管理处编.—南京：南京出版社，1990.9.—188页；32开.ISBN 7-80560-272-7：1.90元

党的建设/何沁主编；张万里等编写.—北京：高等教育出版社，1990.11.—306页；大32开.—全国高等教育自学考试教材　政治管理专业.—ISBN 7-04-003348-8：2.35元

党的建设三百题/柴智民，陶锐主编；王国权等编.长春：吉林人民出版社，1990.6.—312页；32开.ISBN 7-206-00743-0：3.60元

党的建设初探/南通市党建研究会编；徐锡林主编.上海：上海人民出版社，1990.5.—309页；32开.ISBN 7-00968-6：3.25元

党的建设知识手册/吴世泰，黄本根主编.—2版.成都：四川辞书出版社，1990.6.—356页；32开.ISBN 7-80543-108-6：3.80元

本书1989年9月第1版。

党的建设理论与实践/李洁思主编.—延吉：延边人民出版社，1990.7.—213页；32开.—ISBN 7-80508-532-3：2.50元

党的建设理论与实践/黄存林主编.—石家庄：河北人民出版社，1990.2.—426页；大32开.—ISBN 7-202-00596-4：5.30元

党的建设理论初探/湖北省委高校党校组编.—北京：中国人事出版社，1990.8.—289页；大32开.ISBN 7-80076-025-1：4.90元

党的建设理论研究/《党的建设理论研究》编辑组编.—北京：人民日报出版社，1990.12.—544页；大32开.—ISBN 7-80002-299-4：7.70元

党的建设教程/蔡长水主编.—北京：中国经济出版社，1990.1.—344页；大32开.—全国大中型企业领导干部培训教材.—ISBN 7-5017-0360-4：4.70元

《党的建设教程》自学指导/王铣主编.—太原：山西人民出版社，1990.4.—139页；32开.—ISBN 7-203-01682-X：1.55元

党的建设基础/刘工力，田雪峰著.—沈阳：辽宁大学出版社，1990.12.—164页；32开.—ISBN 7-5610-1197-0：2.30元

党的建设概论/杨守珠等主编.—北京：新华出版社，1990.7.—234页；大32开.—ISBN 7-5011-0831-5：3.80元

党建广议：评资产阶级自由化对党建的影响/中共中央组织部党建研究所编.—北京：中共中央党校出版社，1990.11.—322页；大32开.—ISBN 7-5035-0160-X：4.95元

党建目标管理概要/戴宏映等编著.—北京：新华出版社，1990.10.—150页；32开.—ISBN 7-5011-0939-7：3.80元

党建问题讲话/李新泰主编.—北京：经济日报出版社，1990.10.—157页；32开.—ISBN 7-80036-315-5：2.10元

党建现实疑难问题解答/李忠诚主编.—北京：中国国际广播出版社，1990.5.—252页；32开.—ISBN 7-80035-454-7：3.50元

党建概述/周祖元，毛启信著.—北京：中国城市经济社会出版社，1990.7.—243页；32开.—ISBN 7-5074-0276-2：3.00元

高等教育自学考试政治管理专业党的建设自学考试大纲/全国高等教育自学考试指导委员会编.—北

京：高等教育出版社，1990.11.—73页；32开.—ISBN 7-04-002661-9：0.60元

基层党建/唐振景等主编.—石家庄：河北人民出版社，1990.8.—403页；大32开.—ISBN 7-202-00743-6：5.00元

新形势下怎样加强党的建设：北京市1990年党建理论研讨会论文选/北京市党的建设研究会秘书处编.北京：北京出版社，1990.12.—491页；大32开.ISBN 7-200-01307-2：4.60元

新时期农村党员教育读本/韦廷柒等编写.—桂林：广西师范大学出版社，1990.11.—153页；32开.ISBN 7-5633-0990-X：1.70元

新时期党务工作/王天德主编.—南昌：江西人民出版社，1990.6.—486页；32开.—ISBN 7-210-00817-9：6.30元

新时期党的建设/田中玕主编.—乌鲁木齐：新疆人民出版社，1990.5.—216页；32开.—ISBN 7-228-01447-2：2.20元

新时期党的建设/高玉章主编.—北京：中共中央党校出版社，1990.1.—284页；大32开.—ISBN 7-5035-0268-1：4.98元

新时期党的建设问题/关继廉主编.—乌鲁木齐：新疆大学出版社，1990.3.—214页；32开.—ISBN 7-5631-0113-6：2.60元

新时期党的建设和党员教育/张宝林等主编.—合肥：安徽人民出版社，1990.9.—339页；32开.ISBN 7-212-00428-6：4.30元

新时期党的建设的纲领性文件：学习《中共中央关于加强党同人民群众联系的决定》辅导讲话/中共陕西省委研究室编.—西安：陕西人民出版社，1990.4.—187页.—ISBN 7-224-01257-2：2.05元

新时期党的建设的基本问题/李焕忠，何明锐主编.—上海：上海人民出版社，1990.3.—276页；32开.—ISBN 7-208-00832-9：3.80元

新时期党的建设原理/《新时期党的建设原理》编写组编.—上海：上海人民出版社，1990.10.—339页；32开.—ISBN 7-208-00998-8：3.55元

新时期党的建设教程/范平主编.—修订本.—北京：中共中央党校出版社，1990.2.—207页；大32开.—ISBN 7-5035-0067-0：3.50元

新时期党的建设基本问题/张士珊主编.—天津：天津社会科学院出版社，1990.4.—240页；32开.—ISBN 7-80563-039-9：3.20元

新时期党的建设概论/杨勤为等编著.—北京：中共党史出版社，1990.12.—245页；大32元.—ISBN 7-80023-203-4：4.00元

新时期基层党员教育读本/张建阁，许传荣主编.郑州：中原农民出版社，1990.8.—314页；32开.ISBN 7-80538-218-2：3.40元

新编农村党课教材/《新编农村党课教材》编写组编.—北京：农村读物出版社，1990.8.—235页；32开.—ISBN 7-5048-1121-1：3.60元

聚精会神抓好党的建设/中共浙江省委宣传部理论处，中共浙江省委组织部调研室编.—杭州：浙江大学出版社，1990.7.—211页；32开.—ISBN 7-308-00562-3：2.70元

凝聚力·吸引力·战斗力：北方四省区农垦企业党委书记党建论文集/曾子师主编.—哈尔滨：黑龙江人民出版社，1990.1.—462页；32开.—ISBN 7-207-01418-X：6.00元

D261 思想建设

中国共产党思想政治工作史/徐昶暌主编.—哈尔滨：黑龙江教育出版社，1990.12.—315页；大32开.—ISBN 7-5316-0890-1：3.25元

反对资产阶级自由化 加强党的建设/周逸，张连月编.—北京：北京出版社，1990.12.—72页；32开.ISBN 7-200-01162-2：0.96元

为了党旗更鲜艳/中央纪律检查委员会办公厅编.北京：法律出版社，1990.7.—289页；大32开.—ISBN 7-5036-0684-3：4.25元

全国县委书记的心声/郑华主编；中国乡镇丛书编辑部编.—北京：北京出版社，1990.4.—ISBN 7-200-01010-3：11.60元

党政工作与逻辑/叶广文，赵凡夫主编.—长春：吉林大学出版社，1990.8.—270页；32开.—ISBN 7-5601-0566-1：3.50元

清源集/南京军区政治部组织部编著.—南京：南京出版社，1990.1.—131页；32开.—ISBN 7-80560-152-7：1.95元

D261.3 党的作风

在艰苦奋斗中求富强/成志伟，武在平编著.—青岛：青岛出版社，1990.9.—172页；32开.—（国情意识丛书/伍杰主编.）.—ISBN 7-5436-0504-X：2.20元

执政党的党风与反对资产阶级自由化/田夫等主编.北京：中共中央党校出版社，1990.7.—178页；大32开.—ISBN 7-5035-0248-7：2.80元

论党和人民群众的血肉联系/《论党和人民群众的血肉联系》编辑组编.—北京：人民日报出版社，1990.5.—266页；32开.—ISBN 7-80002-287-0：2.85元

批评与自我批评的艺术/冯连旗，董玉娥著.—沈阳：白山出版社，1990.12.—186页；32开.—ISBN 7-80566-163-4：2.70元

时代的精神支柱：延安精神概论/延安精神研究会编.—西安：陕西人民美术出版社，1990.8.—326页；大32开.—ISBN 7-5368-0264-3：4.20元

革命风范录/中共无锡市委党史工作委员会编.—北京：中共党史出版社，1990.12.—225页；大32开.—ISBN 7-80023-237-9：4.00元

党风知识手册/《党风知识手册》编写组编.—沈阳：辽宁人民出版社，1990.1.—772页；大32开.ISBN 7-205-01111-6：10.20元

党风知识手册/《党风知识手册》编写组编.—沈阳：辽宁人民出版社，1990.1.—772页；大32开.ISBN 7-205-011108(精装)：13.40元

党风实践与思考/余耀中著.—北京：光明日报出版社，1990.6.—260页；32开.—(党风科学研究系列丛书；第2批/赵文禄主编).—ISBN 7-80014-922-6：3.80元

党风建设概论/赵福瑞，马守训主编.—武汉：湖北人民出版社，1990.10.—大32开；368页.—ISBN 7-216-00635-6：5.50元

党风党纪建设探讨/张中等主编.—哈尔滨：黑龙江人民出版社，1990.5.—306页；大32开.—ISBN 7-207-01540-2：4.00元

党的力量在人民群众之中/中共山东省委宣传部编.济南：山东人民出版社，1990.7.—110页；大32开.ISBN 7-209-00712-1：1.55元

密切联系群众浅谈/赵伟主编.—济南：黄河出版社，1990.10.—271页；大32开.—(党委书记丛书；1).—ISBN 7-80558-192-4(精装)：6.85元

D261.4 党内教育

入党积极分子培训教材/中共吉林省人民政府直属机关工委党校编.—长春：吉林人民出版社，1990.5.—155页；32开.—ISBN 7-206-00754-6：1.80元

大学生党课读本/刘雨霖主编.—沈阳：辽宁人民出版社，1990.10.—282页；32开.—ISBN 7-205-01578-2：4.10元

反思后的党员教育十五讲/陈仕其，时希平著.—北京：中国政法大学出版社，1990.10.—210页；32开.ISBN 7-5620-0483-8：3.25元

加强马克思主义理论和党的基本路线教育：党课学习专题讲座/中共中央党校教务办公室编.—北京：中共中央党校出版社，1990.3.—390页；大32开.ISBN 7-5035-0271-1：5.60元

企业党员培训教材/周冠五主编.—北京：经济管理出版社，1990.6.—220页；32开.—(党员培训系列教材/张中主编).—ISBN 7-80025-285-X：3.20元

论党员教育/王延忠，徐根义主编.—北京：光明日报出版社，1990.11.—232页；32开.—(党风科学研究系列丛书).—ISBN 7-80091-024-5：3.50元

农村党员理论学习通俗讲话/中共福建省委宣传部，中共福建省委党建工作小组办公室编写；何少川主编.—福州：福建人民出版社，1990.8.—247页；32开.—党课教材.—ISBN 7-211-01394-X：2.00元

坚持四项基本原则党课参考材料/中共沈阳市委宣传部等编.—沈阳：沈阳出版社，1990.1.—160页；32开.—ISBN 7-80556-389-6：1.70元

改革开放中党员教育读本/康士建，谢俊主编.—北京：中共党史资料出版社，1990.7.—229页；32开.ISBN 7-80023-140-2：2.95元

党干校学员思想政治工作研究/杨育光，钟景林主编.—哈尔滨：黑龙江人民出版社，1990.3.—339页；32开.—ISBN 7-207-01501-1：4.50元

党员"三基本"教育20讲/黄戌坤主编.—北京：中共中央党史出版社，1990.9.—265页；32开.—ISBN 7-80023-200-X：4.00元

党员干部政治思想教育讲座/韩颂善等主编.—青岛：青岛海洋大学出版社，1990.6.—337页；32开.ISBN 7-81026-026-X：3.95元

党员电化教育基础/张铁民主编.—长春：吉林大学出版社，1990.10.—300页；大32开.—ISBN 7-5601-0644-7：4.00元

党员教育读本/山文主编.—西安：陕西人民教育出版社，1990.6.—274页；32开.—ISBN 7-5419-1669-2：3.00元

党员教育读本/中共上海市委宣传部，中共上海市委组织部编.—上海：上海人民出版社，1990.3.190页；32开.—ISBN 7-208-00834-5：2.00元

党员教育读本/任振泰主编.—杭州：浙江大学出版社，1990.10.—224页；32开.—ISBN 7-308-00617-4：2.20元

党员教育教程/凌有江，胡传健主编.—合肥：中国科学技术大学出版社，1990.11.—272页；大32开.ISBN 7-312-00232-3：4.15元

党员教育概论/李思贤等编著.—长沙：中南工业大学出版社，1990.9.—282页；32开.—ISBN 7-81020-319-3：3.50元

党性教育十五讲/刘国贵，杜兴运主编.—成都：西南交通大学出版社，1990.7.—209页；32开.—党课教材　(一).—ISBN 7-81022-207-4：2.45元

党政机关党员培训教材/于风政主编.—北京：经济管理出版社，1990.6.—220页；32开.—(党员培训系列教材/张中主编).—ISBN 7-80025-288-4：3.20元

党校函授毕业论文指导/林月春，姜作培主编.—南京：东南大学出版社，1990.2.—258页；32开.ISBN 7-81023-263-0：2.80元

党校教育论文集/刘家骐等主编.—沈阳：辽宁人

民出版社，1990.6.—285页；32开.—ISBN 7-205-01446-8：3.80元

党校教学改革与管理：纪念中共青岛市委党校建校四十周年文集/刘琦主编.—青岛：青岛出版社，1990.9.—228页；大32开.—ISBN 7-5436-0522-8：4.80元

党校教学管理与学员管理概论/徐振国，田春阳主编.—北京：中国展望出版社，1990.8.—352页；32开.—ISBN 7-5050-1000-X：4.50元

陶乡魂：福建党员电教片解说词选编/陈世谦主编.—福州：福建人民出版社，1990.3.—134页；36开.—ISBN 7-211-01140-8：1.50元

基层党员党建教育读本/吴勖荣，周广松主编.—南京：江苏人民出版社，1990.7.—162页；32开.—ISBN 7-214-00506-9：2.00元

基层党员教育讲话新编/南京军区空军政治部组织处编.—南京：江苏人民出版社，1990.6.—219页；32开.—ISBN 7-214-00468-2：2.50元

基层党员教育读本/王彪主编.—杭州：浙江大学出版社，1990.4.—174页；32开.—ISBN 7-308-00506-2：1.90元

基层党校教材：党的基本理论、基本路线、基本知识/许锦华，张根基主编.—上海：上海人民出版社，1990.7.—294页；32开.—ISBN 7-208-00937-6：2.75元

基层党课十二题/钟立功编著.—广州：广东高等教育出版社，1990.6.—149页；32开.—(学术论丛).—ISBN 7-5361-0480-4：2.00元

基层党课教材/袁宗杰主编.—银川：宁夏人民出版社，1990.11.—166页；32开.—ISBN 7-227-00609-3：1.80元

新时期党员学习手册/《新时期党员学习手册》编辑小组编.—长沙：湖南人民出版社，1990.1.—198页；32开.—ISBN 7-217-00708-9：2.50元

新时期党员教育/李军等主编.—长春：吉林人民出版社，1990.4.—318页；32开.—ISBN 7-206-00700-7：3.30元

新时期党员教育十讲/崔岩等编著.—北京：中国社会出版社，1990.6.—210页；32开.—ISBN 7-80088-048-6：2.80元

本书分析了党的现状、路线、党的领导、理想等问题。

新时期党员教育手册/许景山等主编.—长春：吉林大学出版社，1990.9.—350页；32开.—(党员教育读本).—ISBN 7-5601-0603-X：4.50元

新时期党课教程/严子琪主编.—北京：水利电力出版社，1990.1.—367页；32开.—ISBN 7-120-00827-7：4.95元

新时期党课10讲/中共万县地委组织部编.—成都：四川人民出版社，1990.3.—150页；32开.—ISBN 7-220-00989-5：2.15元

新编党员读本/杭州市委党校党建教研室编.—杭州：浙江大学出版社，1990.3.—142页；32开.—ISBN 7-308-00476-7：1.80元

新编党课教材/王振川，李忠诚编.—北京：华龄出版社，1990.7.—310页；32开.—ISBN 7-80082-044-0：4.50元

D261.5　党的宣传工作

中国共产党宣传史/林之达主编.—成都：四川人民出版社，1990.6.—308页；32开.—(宣传学小丛书/宋锡仁主编).—ISBN 7-220-00940-2：3.20元

坚持宣传舆论的正确方向/中共中央宣传部新闻局编.—北京：中国工人出版社，1990.5.—251页；32开.—ISBN 7-5008-0544-6：3.00元

党的宣传舆论工作概论/刘静霞，李善塘主编.—延吉：延边人民出版社，1990.3.—381页；32开.—(改革开放时期党务工作丛书/张庆祝，王泽旭主编).—ISBN 7-80508-506-4：4.30元

D262　组织建设

毛泽东邓小平论党的民主集中制/中共中央办公厅调研室编.—北京：人民出版社，1990.10.—115页；大32开.—ISBN 7-01-000791-8：1.45元

处理违纪违法干部党员政策手册/《处理违纪违法干部党员政策手册》编委会编.—沈阳：白山出版社，1990.9.—349页；32开.—ISBN 7-80566-140-5：4.30元

共产党员与民主纪律/曹宪镛著.—2版.—上海：上海人民出版社，1990.4.—114页；32开.—(党员教育丛书/邵有民主编).—ISBN 7-208-00456-0：1.15元

本书1989年8月第1版。

党内民主和党的纪律/沈永社著.—北京：法律出版社，1990.6.—125页；32开.—ISBN 7-5036-0655-X：2.20元

党纪原理/丁萤主编.—昆明：云南人民出版社，1990.8.—188页；32开.—ISBN 7-222-00691-5：2.50元

D262.2　党的组织工作

组工信息概论/顾长耕主编.—南京：江苏人民出版社，1990.10.—242页；32开.—ISBN 7-214-00578-6：3.20元

组织工作研究文选：1989/中共中央组织部研究室编.—北京：北京大学出版社，1990.2.—326页；大32开.—ISBN 7-301-01199-7：4.80元

党员组织处理工作指导/中共辽宁省委党员登记工作办公室编.—沈阳：白山出版社，1990.7.—225页；32开.—ISBN 7-80566-134-0：2.70元

党的组织工作程序和制度/范德官，施南昌主编.—北京：光明日报出版社，1990.6.—234页；32开.—ISBN 7-80014-911-0：2.95元

党的组织工作管理学/赵毓明主编.—北京：中国广播电视出版社，1990.6.—456页；大32开.—ISBN 7-5043-0473-5：6.10元

D262.6 党的纪律检查工作

中国共产党纪律检查工作现行条规汇编：1978～1989/中共中央纪律检查委员会办公厅编.—北京：法律出版社，1990.10.—804页；大32开.—ISBN 7-5036-0730-0：11.80元

中国共产党保定市纪律检查志：1950年1月～1988年12月/李桂均，郭志才主编.—石家庄：河北人民出版社，1990.5.—281页：照片；32开.—ISBN 7-202-00656-1：3.65元

论党内监督/中央纪律检查委员会研究室编.—北京：中共中央党校出版社，1990.10.—182页；32开.—ISBN 7-5035-0165-0：2.25元

纪律检查心理学/程达刚，党振家著.—西安：西安交通大学出版社，1990.4.—205页；32开.—ISBN 7-5605-0349-7：2.30元

纪检办案知识与技能/薛忠振执笔.—武汉：湖北人民出版社，1990.9.—263页；32开.—ISBN 7-216-00628-3：3.00元

本书对案件检查、案件审理工作技术，进行了论述，并对结构和内容、程序和方法、案例和表格等，作了阐述。

怎样做党的纪检工作/张胤本编著.—重庆：重庆出版社，1990.3.—356页；32开.—ISBN 7-5366-1396-2：3.55元

本书从党纪检查工作、党纪处分、党性、党风、党纪教育、纪检机关的文秘工作等10个方面，介绍了党的纪检工作的政策规定、工作程序以及方法技巧。

党纪政纪案件定性处理指南/《党纪政纪案件定性处理指南》编辑组编.—北京：中国政法大学出版社，1990.7.—774页；32开.—ISBN 7-5620-0484-6：9.50元

党纪教育通俗讲话/王天智，陈学勤主编.—北京：红旗出版社，1990.10.—207页；32开.—ISBN 7-80068-159-9：2.75元

党的纪律检查工作实用问题解答/杨文博，王积孝编著.—西安：陕西人民出版社，1990.9.—261页；大32开.—ISBN 7-224-01284-X：3.90元

高等学校党的纪检工作理论与实践/中共吉林省纪律检查委员会研究室编.—长春：东北师范大学出版社，1990.8.—244页；大32开.—ISBN 7-5602-0479-1：3.50元

督促检查工作研究/李厚安主编.—昆明：云南人民出版社，1990.10.—192页；32开.—ISBN 7-222-00733-4：2.50元

新形势下党纪教育实践与创新/王善伦，督正主编.—长春：东北师范大学出版社，1990.4.—178页；大32开.—ISBN 7-5602-0437-6：2.50元

D263 党 员

人民公仆——焦裕禄/汤光伍，韩伟编.—沈阳：沈阳出版社，1990.6.—127页；32开.—ISBN 7-80556-161-8：1.80元

人民的公仆焦裕禄/张家祥，俞培玲主编.—南京：江苏人民出版社，1990.5.—166页：照片；32开.—（榜样丛书）.—ISBN 7-214-00447-X：2.20元

人民的好干部焦裕禄/山东文艺出版社编.—济南：山东文艺出版社，1990.4.—75页：照片；36开.—ISBN 7-5329-0394-X：1.35元

干部的好榜样——焦裕禄/湖南美术出版社编写.长沙：湖南美术出版社，1990.8.—48页；16开.—ISBN 7-5356-0407-2：1.45元

风采录：常州市新时期优秀共产党员事迹选/越德本主编.—南京：江苏人民出版社，1990.12.—303页；大32开.—ISBN 7-214-00602-0：3.95元

为理想奋斗的人们/中共江西省委组织部调研室编.南昌：百花洲文艺出版社，1990.2.—376页；32开.ISBN 7-80579-014-0：3.30元

心焊中华：学习曾乐材料汇编/中共上海市委宣传部编.—上海：上海人民出版社，1990.12.—120页；32开.—ISBN 7-208-01114-1：1.20元

包钢共产党人的足迹/《包钢共产党人的足迹》编委会编.—北京：人民出版社，1990.10.—179页：照片；大32开.—ISBN 7-01-000810-8：5.20元

共产党员在改革大潮中/《光明日报》群工部编.—北京：中国国际广播出版社，1990.1.—155页；32开.—ISBN 7-80035-421-0：2.30元

共产党员形象录/阳德华等主编.—北京：蓝天出版社，1990.6.—330页；32开.—ISBN 7-80081-056-9：4.00元

共产党员的生活方式/德润，左华著.—上海：上海人民出版社，1990.5.—154页；32开.—（党员教育丛书/邵有民主编）.—ISBN 7-208-00870-1：1.45元

共产党员的审美情趣/章智明著.—上海：上海人民出版社，1990.4.—132页；32开.—（党员教育丛书/邵有民主编）.—ISBN 7-208-00576-1：1.40元

共产党员的榜样——史来贺/王继兴，崔同编.—郑州：中原农民出版社，1990.6.—156页；32开.—ISBN

7-80538-176-3：2.00元

当代干部学习焦裕禄读本/关志立主编；薛云亭等编.—西安：陕西人民出版社，1990.8.—129页；32开.—ISBN 7-224-01355-2：1.80元

当代共产党人　第4卷/《当代共产党人》丛书编委会编.—太原：北岳文艺出版社，1990.1.—550页；32开.—ISBN 7-5378-0296-3：6.00元

光辉的榜样：共和国杰出的共产党员/《光辉的榜样》编写组编写.—北京：中国文史出版社，1990.6.323页；32开.—ISBN 7-5034-0199-0：3.50元

本书选编王进喜、向秀丽等24位优秀共产党员的先进事迹。

先锋的足迹/中共江西省宜春地委组织部编.—海口：南海出版公司，1990.10.—323页；32开.ISBN 7-80570-331-0：3.40元

全党干部学习焦裕禄/柯云，林李编.—北京：华龄出版社，1990.8.—191页；32开.—ISBN 7-80082-095-5：2.70元

两个考验中的共产党员/南京军区政治部组织部编.—南京：江苏人民出版社，1990.1.—330页；32开.—ISBN 7-214-00389-9：3.60元

我们身边的好党员/夏国珞等编.—北京：长征出版社，1990.3.—281页；32开.—ISBN 7-80015-107-7：3.90元

我是共产党员/国家教委基础教育司编.—北京：中国少年儿童出版社，1990.9.—146页：照片及插图；32开.—ISBN 7-5007-1063-1：1.95元

沃土丹心：绥化地区模范共产党员事迹选/林剑非主编；马国钧等编写.—哈尔滨：黑龙江人民出版社，1990.7.—326页；32开.—ISBN 7-207-01603-4：4.50元

沃野风采/田云武著.—长春：吉林人民出版社，1990.12.—213页；32开.—ISBN 7-206-00939-5：3.00元

奉献：科技战线10名优秀共产党员的事迹/中国科学技术协会宣传部编.—北京：中国科学技术出版社，1990.10.—169页：照片；32开.—ISBN 7-5046-0242-6：4.65元

学习焦裕禄/中共广东省委宣传部研究室党员教育处编.—广州：广东高等教育出版社，1990.7.—94页；32开.—ISBN 7-5361-0483-9：1.60元

学习焦裕禄/《学习焦裕禄》编辑组编.—北京：中国社会出版社，1990.5.—137页：照片；32开.ISBN 7-80088-088-5：2.20元

怎样做一个合格的共产党员/农立进主编.—南宁：广西民族出版社，1990.10.—160页；32开.ISBN 7-5363-0929-5：2.00元

神圣的追求：他们在入党的道路上/中共淮安市委组织部编.—南京：南京出版社，1990.11.—255页；32开.—ISBN 7-80560-273-5：2.30元

真正的共产党员——傅显忠/中共唐山市委、玉田县委《真正的共产党员——傅显忠》编写组编.—北京：人民日报出版社，1990.1.—96页：照片及插图；32开.—ISBN 7-80002-320-6：1.90元

党员工作概论/杨成武等主编.—延吉：延边人民出版社，1990.4.—340页；32开.—(改革开放时期党务工作丛书/张庆祝，王泽旭主编).—ISBN 7-80508-517-X：3.90元

党员之歌/杨作诗主编.—沈阳：辽宁人民出版社，1990.7.—327页；32开.—ISBN 7-205-01535-9：4.20元

本书介绍了锦州地区52名优秀共产党员的事迹。

党员生活断想录/郭庆晨著.—上海：上海人民出版社，1990.6.—216页；32开.—ISBN 7-208-00884-1：2.35元

党员素质修养纵论/王锡孝等主编.—海口：南海出版公司，1990.12.—272页；大32开.—ISBN 7-80570-433-3：4.30元

党员辞典/张竞争等主编.—北京：中国国际广播出版社，1990.3.—306页；32开.—ISBN 7-80035-219-6：4.60元

党的优秀宣传员——傅显忠/中共河北省委宣传部编.—石家庄：河北人民出版社，1990.12.—81页；32开.—ISBN 7-202-00847-5：1.05元

党的好干部焦裕禄/中共上海市委组织部组织编写.—上海：上海人民出版社，1990.6.—146页：照片；32开.—ISBN 7-208-00878-7：2.05元

党的好干部——焦裕禄.—石家庄：河北人民出版社，1990.5.—100页；32开.—ISBN 7-202-00673-1：1.50元

脊梁：中国二十世纪90年间平凡人物优秀事迹选萃/储瑞耕主编.—保定：河北大学出版社，1990.10.835页；大32开.—ISBN 7-81028-000-7：11.00元

流向：黑土地上与民同富的共产党员/李万起主编.沈阳：辽宁人民出版社，1990.9.—183页；32开.ISBN 7-205-01607-X：2.60元

做一个合格的共产党员/中共苏州市委宣传部，中共苏州市委组织部编.—上海：文汇出版社，1990.6.—100页；32开.—基层党校党的基本知识教材.—ISBN 7-80531-130-7：1.00元

做一个合格的共产党员/范平主编.—呼和浩特：内蒙古人民出版社，1990.12.—151页；32开.—(党的建设丛书/张丁华主编).—ISBN 7-204-01299-2：2.90元

做一个清廉守法的共产党员/袁青等编著.—北京：中国经济出版社，1990.2.—273页；32开.—ISBN

7-5017-0443-0：4.30元

做共产主义事业接班人/杨树祥等主编.—开封：河南大学出版社，1990.5.—235页；32开.—党课教材.—ISBN 7-81018-502-0：3.20元

做焦裕禄式的好干部/朱登峻主编.—北京：中共中央党校出版社，1990.10.—221页；32开.—ISBN 7-5035-0315-7：2.90元

韩芸娜/中共辽宁省委共产党员杂志社，中共辽阳市委员会编.—沈阳：春风文艺出版社，1990.1.—312页；32开.—ISBN 7-5313-0353-1：3.20元

落实六中全会决定学习焦裕禄精神/辛一选编.—北京：新华出版社，1990.6.—96页；32开.—ISBN 7-5011-0813-7：1.30元

提高党员素质，增强党的战斗力：河北省党员教育经验交流会文件汇编/中共河北省委宣传部等编.—石家庄：河北人民出版社，1990.5.—338页；32开.ISBN 7-202-00670-7：3.50元

焦裕禄/中共兰考县委宣传部等编.—北京：经济日报出版社，1990.7.—225页；32开.—ISBN 7-80036-281-7：2.90元

焦裕禄/屈春山等著.—北京：华夏出版社，1990.6.—205页；大32开.—ISBN 7-80053-810-9：3.95元

焦裕禄/《焦裕禄》编写小组编写.—2版.—郑州：河南人民出版社，1990.3.—107页：照片；32开.—ISBN 7-215-00799-5：1.50元

焦裕禄——干部的楷模/《焦裕禄——干部的楷模》编辑组编.—北京：中国经济出版社，1990.9.—258页；32开.—ISBN 7-5017-0871-1：3.75元

焦裕禄和焦裕禄式的干部们/中共中央宣传部宣传局编.—沈阳：白山出版社，1990.10.—65页；32开.—ISBN 7-80566-153-3：1.00元

堡垒先锋赞/中共邢台地委组织部编.—石家庄：河北人民出版社，1990.1.—262页；32开.—ISBN 7-202-00583-2：2.70元

雷锋式的优秀共产党员蒙托那义/中共青海省委宣传部，青海省军区政治部编.—西宁：青海人民出版社，1990.3.—64页；32开.—ISBN 7-225-00359-3：0.90元

新时期入党必读/中共沈阳市委组织部编.—修订本.—沈阳：辽宁人民出版社，1990.9.—278页；32开.—ISBN 7-205-01572-3：3.40元

D263.1　党员标准

大学生入党指南/孙庆祥，郭兆信主编.—济南：山东大学出版社，1990.7.—165页；32开.—ISBN 7-5607-0350-X：1.75元

民主评议党员工作手册/中共山西省委组织部编.—太原：山西人民出版社，1990.7.—398页；32开.—ISBN 7-203-01681-1：4.65元

坚持党员标准，做合格的共产党员/郭耀武等主编.—沈阳：辽宁人民出版社，1990.1.—204页；32开.—ISBN 7-205-01312-7：2.60元

党员行为与管理/郑昌华主编.—北京：中国展望出版社，1990.10.—346页；32开.—（党风科学研究系列丛书）.—ISBN 7-5050-0965-6：3.95元

D263.3　党性锻炼

共产党员修养手册/四川人民出版社编.—成都：四川人民出版社，1990.5.—232页；32开.—ISBN 7-220-01021-4：2.45元

共产党员修养读本/陈墨等编.—北京：中国青年出版社，1990.5.—290页；32开.—ISBN 7-5006-0799-7：3.70元

共产党员修养新篇/吕祖荫著.—北京：北京出版社，1990.10.—103页；32开.—ISBN 7-200-01103-7：1.30元

《共产党员修养漫谈》丛书：纪律篇/邢景文等主编.—济南：山东人民出版社，1990.2.—ISBN 7-209-00826-8：2.60元

论当代共产党员的党员意识/张滨泽等著.—北京：经济日报出版社，1990.6.—345页；32开.—新时期党员思想修养读本.—ISBN 7-80036-261-2：3.40元

论党性和党性修养锻炼/毕凤祥编.—哈尔滨：黑龙江教育出版社，1990.12.—188页；大32开.—（党的建设丛书/赵洁新等主编）.—ISBN 7-5316-1288-7：3.30元

论新时期的党性修养/弘超，洛木著.—沈阳：白山出版社，1990.6.—218页；32开.—ISBN 7-80566-142-1：2.60元

新时期共产党员修养讲座/张勉，邓仁虎主编.—广州：广东高等教育出版社，1990.6.—235页；32开.ISBN 7-5361-0478-2：3.20元

新时期共产党员修养概论/唐存标主编.—上海：复旦大学出版社，1990.3.—277页；32开.—ISBN 7-309-00519-8：2.98元

D267　党的基层工作

中国共产党支部工作手册/马世忠编著.—济南：山东人民出版社，1990.12.—681页；32开.—ISBN 7-209-00639-77：7.60元

论加强基层党组织建设/北京市党的建设研究会秘书处编.—北京：北京出版社，1990.5.—214页；32开.—ISBN 7-200-01129-0：2.25元

县级组织工作规范探索/王彦增主编；中共原平县委组织部编.—太原：山西人民出版社，1990.12.220页；32开.—ISBN 7-203-01813-X：3.60元

县委书记工作研究/陈鸿儒等主编.一北京：中国人事出版社，1990.10.一310页；大32开.一ISBN 7-80076-036-7：4.80元

怎样办好基层党校/中共中央宣传部宣传局党员教育处编.一上海：上海人民出版社，1990.1.一253页；32开.一ISBN 7-208-00776-4：2.70元

怎样当好党小组长/《怎样当好党小组长》编写组编.一上海：上海人民出版社，1990.3.一165页；32开.一ISBN 7-208-00810-8：2.05元

怎样当好基层党的书记/宋禾等编著.一长春：吉林大学出版社，1990.6.一262页；32开.一ISBN 7-5601-0477-0：4.00元

党小组工作手册/《党小组工作手册》编写组编.沈阳：白山出版社，1990.10.一161页；32开.（基层党的建设丛书）.一ISBN 7-80566-151-0：2.10元

党支部工作手册/《党支部工作手册》编写组编.一2版（修订本）.一上海：上海人民出版社，1990.4.一282页；32开.一ISBN 7-208-00813-2：3.05元

本书1984年12月第1版。

党支部工作指导　第二辑/共产党员读物编辑部编.一北京：中共中央党校出版社，1990.7.一177页；32开.一ISBN 7-5035-0339-4：2.30元

党支部工作指导　第三辑/共产党员读物编辑部编.一北京：中共中央党校出版社，1990.11.一106页；32开.一ISBN 7-5035-0365-3：1.55元

党支部工作指导　第四辑/共产党员读物编辑部编.一北京：中共中央党校出版社，1990.12.一100页；32开.一ISBN 7-5035-0377-7：1.55元

党支部工作指导　第五辑/共产党员读物编辑部编.一北京：中共中央党校出版社，1990.12.一92页；32开.一ISBN 7-5035-0387-4：1.40元

党支部工作基本业务/曹景文，闻铁征主编.一北京：知识出版社，1990.2.一141页；32开.一ISBN 7-5015-0421-0：1.80元

党支部工作常识/黄云福主编.一哈尔滨：黑龙江人民出版社，1990.9.一184页；32开.一ISBN 7-207-01670-0：2.80元

党支部书记实用大全/蔡量主编.一成都：四川人民出版社，1990.6.一819页；32开.一ISBN 7-220-01060-5：8.75元

党支部实用手册/韩旭初主编.一合肥：安徽人民出版社，1990.4.一192页；32开.一ISBN 7-212-00351-4：2.60元

党支部实用手册/韩旭初主编.一2版.一合肥：安徽人民出版社，1990.10.一193页；32开.一ISBN 7-212-00351-4：2.60元

本书1990年4月第1版。

党支部活动实用手册/廖维满等编著.一沈阳：白山出版社，1990.11.一236页；32开.一ISBN 7-80566-159-6：3.00元

党委建设探要/总参政治部组织部编.一北京：长征出版社，1990.4.一222页；大32开.一ISBN 7-80015-109-3：3.90元

党的基层组织工作讲话/王佩瑄主编.一延吉：延边人民出版社，1990.4.一269页；32开.一（改革开放时期党务工作丛书/张庆祝，王泽旭主编）.一ISBN 7-80508-521-8：3.20元

党的基层组织制度建设手册/《党的基层组织制度建设手册》编写组编.一上海：上海人民出版社，1990.5.一256页；32开.一ISBN 7-208-00841-8：2.90元

党的基层组织的经常工作/丰国东主编.一武汉：湖北人民出版社，1990.4.一298页；32开.一ISBN 7-216-00549-X：3.30元

党的基层组织建设目标管理/中共锦州市委组织部编.一沈阳：辽宁人民出版社，1990.12.一204页；32开.一ISBN 7-205-01670-3：3.50元

党的基层组织建设论文集/中组部党建研究所编.沈阳：辽宁人民出版社，1990.3.一326页；32开.ISBN 7-205-01337-2：4.00元

党的基层组织党课教程/庄元有，林青春主编.长春：吉林大学出版社，1990.8.一231页；32开.一ISBN 7-5601-0573-4：3.20元

离退休党员党支部工作/张传庆，王永年主编.沈阳：白山出版社，1990.12.一277页；32开.ISBN 7-80566-175-8：3.50元

基层党支部工作细则/中国人民解放军海军政治部组织部编.一北京：知识出版社，1990.4.一169页；32开.一ISBN 7-5015-0428-8：2.45元

基层党支部工作指导/文新主编.一北京：蓝天出版社，1990.6.一333页；32开.一ISBN 7-80081-120-4：4.00元

基层党建工作研究/中共湖北省宜昌地委组织部编写组编.一武汉：湖北人民出版社，1990.10.一288页；大32开.一ISBN 7-216-00636-4：3.75元

基层党建读本/尹明等主编.一南京：河海大学出版社，1990.8.一169页；32开.一ISBN 7-5630-0320-7：2.00元

基层党组织实用手册/中共浙江省委组织部组织一处，中共浙江省委党校党建教研室编著.一杭州：浙江人民出版社，1990.2.一493页；32开.一ISBN 7-213-00491-3：4.90元

D267.1　厂矿企业

中共茂名石油工业公司党校教育文集/陈志仁，张

仁主编.—广州：中山大学出版社，1990.12.—531页；32开.—ISBN 7-306-00370-4：6.95元

外商投资企业党的工作/蔡恒安，张传庆主编.沈阳：白山出版社，1990.11.—406页；32开.ISBN 7-80566-156-1：4.90元

企业党委工作札记/王水官等编.—上海：上海人民出版社，1990.12.—200页；32开.—ISBN 7-208-01075-7：2.60元

企业党的工作问答/虞云耀，蔡恒安主编.—沈阳：白山出版社，1990.5.—274页；32开.—ISBN 7-80566-115-4：3.00元

企业党的建设/中共湖北省委组织部、宣传部编写组编.—武汉：湖北人民出版社，1990.9.—176页；32开.—企业党员教育系列教材.—ISBN 7-216-00604-6：1.90元

企业党的建设/吴云俊，胡敬豪编著.—南昌：江西人民出版社，1990.3.—152页；32开.—工业企业干部岗位职务培训系列教材.—ISBN 7-210-00822-5：2.20元

企业党组织工作三十题/中共四川省委组织部，中共四川省委《学习与建设》杂志社编.—成都：四川辞书出版社，1990.5.—110页；32开.—(党的基层组织建设丛书/苏青阳主编).—ISBN 7-80543-150-7：1.35元

企业党组织建设概论/刘殿文主编.—上海：上海人民出版社，1990.6.—306页；大32开.—ISBN 7-208-00955-4：4.20元

新时期企业党的建设10题/周其若主编.—上海：上海人民出版社，1990.11.—362页；32开.—ISBN 7-208-01116-8：3.80元

煤炭职工党的基本路线教材/李怀柱等主编.—北京：中国广播电视出版社，1990.3.—265页；大32开.—ISBN 7-5043-0404-2：2.40元

D267.2 农村

乡镇党务工作/俞启义等编著.—北京：经济科学出版社，1990.2.—189页；32开.—乡镇领导干部岗位培训教材.—ISBN 7-5058-0332-8：2.10元

"五基"教育读本/中共台州地委宣传部编著.杭州：浙江大学出版社，1990.10.—263页；32开.—(农村基层干部实用丛书).—ISBN 7-308-00624-7：3.00元

加强以党支部为核心的村级组织配套建设/中共中央组织部组织局等主编.—北京：改革出版社，1990.9.—506页；大32开.—ISBN 7-80072-097-7：7.00元

农村党支部书记手册/张殿忠主编.—北京：农业出版社，1990.10.—226页；32开.—ISBN 7-109-02014-2：2.80元

农村党支部的整顿与建设：全省整顿农村后进党支部工作经验交流会议材料汇编/中共山西省委组织部编.—太原：山西高校联合出版社，1990.12.—435页；大32开.—ISBN 7-81032-018-1：6.00元

农村党支部建设手册/王金山主编.—北京：中国展望出版社，1990.10.—368页；32开.—ISBN 7-5050-0755-6：6.50元

农村党员培训教材/王正典主编.—北京：经济管理出版社，1990.6.—218页；32开.—(党员培训系列教材/张中主编).—ISBN 7-80025-286-8：3.20元

农村党的建设工作实践/王煜等主编.—哈尔滨：黑龙江人民出版社，1990.12.—321页；32开.ISBN 7-207-01779-0：3.95元

农村党的基本路线教育讲话/中共荆州地委宣传部，中共荆州地委组织部编.—武汉：湖北人民出版社，1990.11.—91页；32开.—ISBN 7-216-00658-5：1.10元

农村党的基层组织建设/傅伯言主编.—南昌：江西人民出版社，1990.11.—170页；32开.—ISBN 7-210-00889-6：2.30元

农村党建工作的实践与探索/谭福德主编.—济南：山东人民出版社，1990.4—277页；32开.ISBN 7-209-00663-X：2.95元

怎样当好村支书/孙以美，若木编著.—北京：人民出版社，1990.5.—177页；32开.—ISBN 7-01-000715-2：2.10元

湖北农村十面红旗/中共湖北省委组织部编.—武汉：湖北人民出版社，1990.6.—140页；32开.ISBN 7-216-00577-5：2.00元

本书介绍湖北省农村10个先进党支部的事迹和经验。

增强农村党支部战斗力/党建信息研究中心编.沈阳：辽宁人民出版社，1990.5.—312页；32开.(党建信息研究丛书/汤光伍，叶笃初主编).ISBN 7-205-01475-1：3.50元

D267.3/.4 机关、文教

机关党的工作手册/王振川主编.—北京：档案出版社，1990.7.—604页；大32开.—ISBN 7-80019-237-7(精装)：11.50元

机关党的工作手册/冷绍哲等主编.—沈阳：白山出版社，1990.4.—512页；大32开.—ISBN 7-80566-104-9：7.00元

科教文单位党员培训教材/于风政主编.—北京：经济管理出版社，1990.6.—220页；32开.—(党员培训系列教材/张中主编).—ISBN 7-80025-287-6：3.20元

D29 中国共产主义青年团

共青团工作政策手册/共青团青岛市委员会，青岛市青运史工作委员会编.—青岛：青岛海洋大学出版社，1990.8.—306页；32开.—ISBN 7-81026-060-X：4.50元

团员及入团积极分子学习手册/颜安等编著.—成都：四川大学出版社，1990.7.—162页；32开.—ISBN 7-5614-0314-3：1.95元

团员学习手册/共青团中央宣传部编.—北京：改革出版社，1990.1.—543页；大32开.—ISBN 7-80072-021-7：10.70元

本书共收词目1500余条，内容包括团员学习的基本名词术语、著作文献、人物事件、组织机构、政策法规等。

D296 团的建设

少年团校教材/傅忠道等编.—杭州：浙江少年儿童出版社，1990.4.—85页；32开.—ISBN 7-5342-0627-8：0.95元

共青团思想政治工作的理论及应用/林伯承著.北京：学苑出版社，1990.2.—156页；32开.ISBN 7-80060-688-0：2.20元

团支部组织委员手册/丁元伟著.—北京：中国青年出版社，1990.7.—117页；32开.—（共青团基层工作丛书）.—ISBN 7-5006-0655-9：1.50元

团员手册/《团员手册》编写组编.—增订版.—北京：华夏出版社，1990.12.—366页；32开.—ISBN 7-80053-848-6：5.00元

团员证管理手册/共青团中央组织部编.—上海：上海人民出版社，1990.2.—131页；64开.—ISBN 7-208-00778-0：0.85元

团员教育评议必读/共青团中央组织部编.—上海：上海人民出版社，1990.7.—167页；32开.ISBN 7-208-00946-5：1.60元

团员教育12篇/覃耀武主编.—4版.—南宁：广西人民出版社，1990.11.—173页；32开.—学生业余团校教材.—ISBN 7-219-07103-1：1.60元

团的组织工作问答/共青团上海市委组织部编.3版（增订本）.—上海：上海人民出版社，1990.4.—201页；32开.—ISBN 7-208-00798-5：2.10元

本书1980年11月第1版。

团课实用教程/共青团南京市委员会编.—南京：南京出版社，1990.10.—268页；32开.—ISBN 7-80560-253-0：2.95元

走向未来的新一代：现代化与青年的发展/王仲伟著.—上海：上海科学技术文献出版社，1990.5.—83页；32开.—（团员教育丛书）.—ISBN 7-80513-659-9：1.10元

我们的旗帜是共产主义/赵树丛，张心骥主编.济南：山东人民出版社，1990.2.—241页；32开.新编团课教材.—ISBN 7-209-00632-X：2.50元

学校团课教程/共青团浙江省委编.—杭州：杭州大学出版社，1990.11.—185页；32开.—ISBN 7-81035-055-2：2.50元

高校业余团校教程/刘鹏主编.—成都：电子科技大学出版社，1990.1.—203页；32开.—ISBN 7-81016-282-9：2.50元

做一名合格的共青团员：团员教育评议读本/共青团沈阳市委组织部编.—沈阳：沈阳出版社，1990.10.—270页；32开.—ISBN 7-80556-466-3：2.80元

新编合格团员教育教材/赵宇靖主编.—大连：大连理工大学出版社，1990.12.—153页；32开.—ISBN 7-5611-0400-6：2.80元

腾飞的基点/乔林著.—上海：上海科学技术文献出版社，1990.10.—92页；32开.—（团员教育丛书）.—ISBN 7-80513-756-0：1.00元

D297 团的工作

中学共青团的工作问答/共青团中央学校部编.北京：中国青年出版社，1990.11.—256页；32开.—ISBN 7-5006-0809-8：3.10元

共青团工作方法/黄厚模主编.—贵阳：贵州人民出版社，1990.8.—242页；32开.—ISBN 7-221-01849-9：3.00元

共青团支部工作概论/杨穗芳主编.—南京：南京大学出版社，1990.7.—139页；32开.—团支部干部岗位培训读本.—ISBN 7-305-00862-1：1.80元

团支部书记手册/李晓亮著.—北京：中国青年出版社，1990.7.—120页；32开.—（共青团基层工作丛书）.—ISBN 7-5006-0740-7：1.50元

团支部宣传委员手册/冯军著.—北京：中国青年出版社，1990.7.—141页；32开.—（共青团基层工作丛书）.—ISBN 7-5006-0707-5：1.75元

企业共青团工作实用手册/刘国超主编.—哈尔滨：哈尔滨工业大学出版社，1989.6.—497页；32开.—ISBN 7-5603-0180-0：6.00元

本书包括青年、青年工作、共青团工作的基本理论，企业、企业管理，企业共青团工作的必备知识等。

改革与农村共青团工作/韩长赋著.—北京：中国青年出版社，1990.11.—170页；32开.—ISBN 7-5006-0802-0：2.40元

面对历史的抉择：十年共青团工作回顾/中央团校共青团学教研室编.—哈尔滨：哈尔滨出版社，1990.3.—413页；32开.—ISBN 7-80557-091-4：5.50元

高校共青团工作/柯文进主编.—徐州：中国矿业大学出版社，1990.3.—260页；32开.—大专院校团课教材.—ISBN 7-81021-320-2：2.60元

高等学校共青团工作概览表/孟东方编.—成都：四川人民出版社，1990.9.—92页；16开.—ISBN 7-220-01049-4：2.95元

基层共青团工作实用教程/雷晋达等主编.—长沙：湖南师范大学出版社，1990.7.—352页；32开.—ISBN 7-81031-029-1：4.20元

基层团干部岗位工作实用手册/袁承为等编.—大连：大连出版社，1990.4.—196页；32开.—基础级团干部岗位培训教材.—ISBN 7-80555-192-8：3.20元

基层团委书记工作十二讲/张鸣著.—北京：中国青年出版社，1990.7.—123页；32开.—(共青团基层工作丛书).—ISBN 7-5006-0706-7：1.50元

新时期团的工作/于新恒，李悦主编.—长春：吉林大学出版社，1990.5.—336页；32开.—ISBN 7-5601-0486-X：3.95元

D33/37　各国共产党

卢森堡文选　下卷/中共中央马克思恩格斯列宁斯大林著作编译局国际共运史研究所编.—北京：人民出版社，1990.11.—591页；大32开.—ISBN 7-01-000206-1：7.30元

希腊共产党历史/(意)索拉罗(Σovapo,A.)著；张维尧等译.—北京：人民出版社，1990.10.138页；大32开.—ISBN 7-01-000307-6：2.20元

书名原文：Kommoyni Σtikoy Kommatoɛ EavavaΣ

波兰共产党历史概要/(美)杰万诺夫斯基(Dziewanowski，M.K.)著；杨绿洲译.—北京：人民出版社，1990.11.—504页；大32开.—ISBN 7-01-000319-X：6.50元

书名原文：The Communist Party of Poland

菲德尔·卡斯特罗在古巴共产党第一、二、三次全国代表大会上的中心报告/(古巴)卡斯特罗(Castro，F.)报告；王玫等译.—北京：人民出版社，1990.2.—459页；大32开.—ISBN 7-01-000608-5(精装)：9.30元

蒙古人民革命党简史/(蒙)巴·勒哈木苏伦等编；翟文亮，朱安琪译.—北京：人民出版社，1990.12.—286页；大32开.—ISBN 7-01-000492-7：4.90元

意大利共产党人对社会主义道路的探索/倪力亚，李景治著.—北京：学林出版社，1990.10.—301页；大32开.—ISBN 7-80510-419-0：6.00元

意大利共产党第十六和第十七次代表大会主要文件集/黄文捷等译.—北京：人民出版社，1990.1.—366页；大32开.—ISBN 7-01-000493-5：6.10元

D4　工人、农民、青年、妇女运动与组织

工青妇大辞典/王虹生等主编.—北京：中国经济出版社，1990.6.—1333页；32开.—ISBN 7-5017-0215-2(精装)：27.00元

本书内容涉及工会、青年团、妇女工作的各个方面，以学说、思潮、组织、流派、人物、事件、文献、著作、会议、节日等为主要内容。

学习《贯彻执行〈中共中央关于加强和改善党对工会、共青团、妇联工作领导的通知〉的意见》问答/陈骥主编.—北京：中国工人出版社，1990.7.—152页；32开.—ISBN 7-5008-0641-8：2.25元

D41　工人运动与组织

D410　工人运动理论

工人阶级现状与职工代表大会制度研究/桉苗等著.—沈阳：辽宁人民出版社，1990.12.—238页；32开.—(工会理论与实践研究丛书/桉苗，冯同庆主编).—ISBN 7-205-01656-8：3.75元

工会地位与职能研究/方丹，林云高著.—沈阳：辽宁人民出版社，1990.12.—226页；32开.—(工会理论与实践研究丛书/桉苗，冯同庆主编).—ISBN 7-205-01654-1：3.35元

工会运动基础理论/陈伊平等著.—长春：吉林人民出版社，1990.12.—185页；32开.—ISBN 7-206-00941-7：3.00元

本书主要阐述中国工会在社会主义条件下的基本职能。

工会社会活动与改革研究/许晓军，李德齐著.—沈阳：辽宁人民出版社，1990.12.—238页；32开.—(工会理论与实践研究丛书/桉苗，冯同庆主编).—ISBN 7-205-01676-2：3.55元

工会的起源与性质研究/冯同庆，许小军著.—沈阳：辽宁人民出版社，1990.12.—247页；32开.—(工会理论与实践研究丛书/桉苗，冯同庆主编).—ISBN 7-205-01655-X：3.65元

工会学/李培荣编.—北京：北京航空航天大学出版社，1990.11.—326页；32开.—基层工会干部培训教材.—ISBN 7-81012-219-3：3.80元

D411　世界工人运动

当代世界工人和工会运动/周克明等主编.—沈阳：辽宁大学出版社，1990.10.—662页；大32开.—ISBN

7-5610-0578-4：10.00元

D412 中国工人运动与组织

中国工人阶级/孙洪涛主编.—哈尔滨：哈尔滨出版社，1990.6.—137页；32开.—（系统思想政治教育丛书）.—ISBN 7-80557-265-8：2.00元

中国工会重要文件选编/《中国工会重要文件选编》编辑组编.—北京：机械工业出版社，1990.11.745页；32开.—ISBN 7-111-02506-7：15.00元

全心全意依靠工人阶级/李淳，孙祥炎主编.—太原：山西人民出版社，1990.12.—335页；大32开.—ISBN 7-203-01811-3：4.35元

全国工会基层工作会议文件和经验汇编/中华全国总工会基层工作部编.—北京：中国工人出版社，1990.6.—336页；32开.—ISBN 7-5008-0643-4：3.95元

新时期工会工作的纲领性文献：学习《中共中央关于加强和改善党对工会、共青团、妇联工作领导的通知》百题/王持栋等主编.—北京：经济管理出版社，1990.12.—261页；32开.—ISBN 7-80025-382-1：3.30元

D412.4 产业工会组织与会议

中国教育工会成立四十周年纪念文集/中国教育工会全国委员会编.—北京：北京语言学院出版社，1990.12.—272页；大32开.—ISBN 7-5619-0116-X：5.85元

北京市中外合资经营企业工会条例：〔汉英对照〕.—北京：北京出版社，1990.12.—17页；32开.—1990年11月3日北京市第九届人民代表大会常务委员会第23次会议通过.—ISBN 7-5303-0206-X：0.80元

林业工运理论研究论文选/迟成主编.—哈尔滨：黑龙江人民出版社，1990.12.—179页；32开.ISBN7-207-01811-8：3.00元

D412.6 工会工作

工会工作论文选/卫星光主编.—哈尔滨：黑龙江人民出版社，1990.10.—257页；32开.—ISBN 7-207-01696-4：3.50元

工会工作的现代科学管理/段德顺编著.—北京：学苑出版社，1990.1.—231页；32开.—ISBN 7-80060-610-4：3.00元

工会工作概论/李盛华等主编.—东营：石油大学出版社，1990.7.—284页；大32开.—ISBN 7-5636-0109-0：3.70元

工会会员知识手册/田凯荣等编.—北京：中国建筑工业出版社，1990.10.—210页；60开.—ISBN 7-112-01218-X（精装）：2.80元

工会会员教育手册/夏明主编.—北京：中共中央党校出版社，1990.7.—415页；32开.—ISBN 7-5035-0274-6：5.70元

发展和繁荣少数民族地区工会工作：全国少数民族地区工会工作研讨文集/尤仁主编.—呼和浩特：内蒙古人民出版社，1990.12.—192页；32开.ISBN 7-204-01363-8：2.85元

全国工会法律工作经验选编/中华全国总工会法律工作部编.—北京：中国劳动出版社，1990.5.—252页；32开.—ISBN 7-5045-0561-7：3.00元

党的领导和工会工作：学习《中共中央关于加强和改善党对工会、共青团、妇联工作领导的通知》的系列讲话/上海市总工会工运研究所，上海市总工会组织部编.—上海：上海社会科学院出版社，1990.4.117页；大32开.—（工运理论研究丛书/张良志，钱治培主编）.—ISBN 7-80515-577-1：1.30元

职工必读/孙登文主编；山东省临沂地区出版办公室编辑.—北京：中国广播电视出版社，1990.12.292页；32开.—ISBN 7-5043-0833-1：3.60元

基层工会工作实用手册/杜家毫，徐凡主编.—上海：百家出版社，1990.11.—229页；32开.—ISBN 7-80576-0269-1：3.00元

D412.61 组织工作

工会干部修养/张惠平主编.—长春：吉林文史出版社，1990.5.—241页；32开.—ISBN 7-80528-293-8：3.50元

工会小组工作手册/迟成编著.—哈尔滨：黑龙江人民出版社，1990.5.—126页；32开.—ISBN 7-207-01548-8：1.70元

工会组长简明读本/张策编著.—北京：电子工业出版社，1990.9.—183页；32开.—ISBN 7-5053-1121-1：2.50元

工会领导学纲要/周雪心等著.—北京：中国经济出版社，1990.9.—129页；32开.—ISBN 7-5017-1038-4：2.10元

全国劳动模范和先进工作者表彰大会纪念册：1989年/中华全国总工会宣教部编.—北京：中国工人出版社，1990.6.—204页；大16开.—ISBN 7-5008-0619-1（精装）：30.00元

怎样当好工会主席：角色·方法·艺术/朱维龙等编著.—杭州：浙江大学出版社，1990.7.—215页；32开.—ISBN 7-308-00575-5：2.95元

怎样当好基层工会主席/陈桥编著.—北京：学苑出版社，1990.3.—419页；32开.—ISBN 7-80060-811-5：5.10元

D412.62 思想政治教育工作

工人职业道德/李志政主编.—北京：机械工业出版社，1990.10.—126页；32开.—工人岗位培训教材.—ISBN 7-111-02696-9：1.85元

工业群英：上海市工业系统标兵企业和标兵个人/中共上海市工业工作委员会，上海市经济委员会编.上海：上海人民出版社，1990.7.—250页；大32开.—ISBN 7-208-00967-8：3.50元

大庆人之声/中共大庆市委宣传部编.—哈尔滨：黑龙江人民出版社，1990.9.—258页；大32开.ISBN 7-207-01678-6：3.70元

大庆油田思想政治工作探讨/范铁荣主编.—哈尔滨：黑龙江人民出版社，1990.12.—476页；32开.ISBN 7-207-01691-3：5.40元

大庆精神概述/范铁荣主编.—哈尔滨：黑龙江人民出版社，1990.11.—259页；32开.—ISBN 7-207-01714-6：4.60元

乡镇企业思想政治工作/范廷枢，季建业主编.—南京：南京出版社，1990.3.—148页；大32开.—(江苏社科文丛).—ISBN 7-80560-159-3：2.90元

中国企业之光：1989年全国思想政治工作优秀企业优秀个人事迹/李传华主编.—沈阳：白山出版社，1990.12.—482页；32开.—ISBN 7-80566-165-0：5.80元

化工企业思想政治工作概论/周万祥，郑兴国主编.—北京：群众出版社，1990.7.—364页；32开.化工职工思想政治教育培训教材.—ISBN 7-5014-0547-4：4.50元

石化职工道德概论/李人朴，乔景文主编.—沈阳：辽宁人民出版社，1990.10.—283页；大32开.—ISBN 7-205-01620-7：4.55元

石圪节精神永放光芒：学习石圪节文件资料选编/中共中国统配煤矿总公司党组，中共山西省委员会编.—北京：煤炭工业出版社，1990.8.—253页；32开.—ISBN 7-5020-0488-2：3.85元

石油工业企业思想政治工作/中国石油天然气总公司人事教育部组织编写.—北京：石油工业出版社，1990.12.—187页；32开.—石油工业企业基层干部岗位培训试用教材.—ISBN 7-5021-0551-4：2.00元

生命线之歌/辽宁省职工思想政治工作研究会编.沈阳：辽宁人民出版社，1990.7.—381页；32开.ISBN 7-205-01432-8：5.60元

加强与改进企业思想政治工作/李光耀等主编.—北京：求实出版社，1990.3.—188页；大32开.ISBN 7-80033-202-0：3.20元

辽宁省企业思想政治工作人员专业职务评定复习考试专用教材/辽宁省企业思想政治工作人员专业职务评定工作领导小组办公室编.—沈阳：辽宁人民出版社，1990.9.—499页；32开.—ISBN 7-205-01567-7：5.90元

民族脊梁王进喜/上海市总工会编.—上海：上海交通大学出版社，1990.12.—142页；32开.—ISBN 7-313-00715-9：2.80元

当代工人学习铁人王进喜读本/关志立主编；李新利等编.—西安：陕西人民出版社，1990.8.—140页；32开.—ISBN 7-224-01382-X：1.90元

当代中国产业工人的楷模/北京市机械局党校科研资料室编.—北京：机械工业出版社，1990.7.—265页；32开.—ISBN 7-111-02530-X：3.20元

本书选编了建国以来100位产业工人劳动模范的事迹。

伟大的凝聚力/朱尔沛等主编.—太原：山西教育出版社，1990.8.—345页；大32开.—ISBN 7-80578-212-1：6.00元

本书收入全国22家大型骨干企业思想政治工作经验。

行为科学与企业职工思想工作/王海柱等著.—天津：天津社会科学院出版社，1990.10.—281页；32开.—ISBN 7-80563-063-1：3.90元

全国化工群英谱/李士忠，郑兴国主编.—北京：群众出版社，1990.5.—437页；大32开.—ISBN 7-5014-0524-7：6.20元

全国思想政治工作优秀企业及个人事迹选编/《全国思想政治工作优秀企业及个人事迹选编》编委会编.—北京：人民出版社，1990.12.—508页；彩照；大32开.—ISBN 7-01-000896-5：7.50元

企业思想工作规律研究/赵东主编.—北京：学苑出版社，1990.10.—418页；大32开.—ISBN 7-5077-0308-8：6.00元

企业思想政治工作问题解说/王爱多主编.—石家庄：河北人民出版社，1990.9.—339页；32开.ISBN 7-202-00767-3：3.70元

企业思想政治工作讲座/中国职工思想政治工作研究会组织编写.—北京：中国城市经济社会出版社，1990.7.—248页；32开.—ISBN 7-5074-0427-7：4.00元

企业思想政治工作讲座考试复习指导/全国企业思想政治工作函授班办公室编.—北京：中国城市出版社，1990.12.—71页；32开.—ISBN 7-5074-0525-7：1.20元

企业思想政治工作论集/全国人大常委会办公厅研究室编.—北京：中国民主法制出版社，1990.9.315页；32开.—ISBN 7-80078-013-9：4.00元

企业思想政治工作指南/孙秀芝等著.—石家庄：河北人民出版社，1990.7.—285页；32开.—ISBN 7-202-00732-0：3.65元

企业思想政治工作指南/曾光亮编著.—成都：西南财经大学出版社，1990.12.—226页；32开.—ISBN

7-81017-286-7：2.40元

企业思想政治工作理论与实践/杨勤为等主编.—东营：石油大学出版社，1990.6.—248页；大32开. ISBN 7-5636-0093-0：3.95元

企业思想政治工作探讨/工人日报思想政治部编.北京：北京出版社，1990.2.—206页；大32开. ISBN 7-200-01017-0：2.80元

企业思想政治工作概论/周用榜主编.—北京：中国经济出版社，1990.9.—254页；大32开.—工交系统岗位职务培训和《专业证书》教育系列教材. ISBN 7-5017-0994-7：4.00元

企业思想政治工作概论/曾宪章，郭兰秀编著.—济南：山东人民出版社，1990.1.—362页；32开. ISBN 7-209-00620-6：3.70元

企业思想政治工作新论/李祝尧著.—石家庄：河北人民出版社，1990.4.—132页；32开.—ISBN 7-202-00648-0：2.10元

企业思想政治工作新论/肖走，张建成主编.—北京：中国经济出版社，1990.7.—267页；大32开. ISBN 7-5017-0898-3：5.20元

企业思想政治工作新论/郭正秉，郭文卿主编.—昆明：云南人民出版社，1990.5.—337页；32开. ISBN 7-222-00453-X：3.70元

企业思想政治工作新探/张秦汉等主编.—南京：江苏人民出版社，1990.1.—154页；32开.—ISBN 7-214-00382-1：2.00元

企业思想政治工作100例/曹彦杰主编.—北京：中国城市出版社，1990.11.—320页；32开.—ISBN 7-5074-0509-5：4.50元

企业思想政治工作200问/王树茂主编.—沈阳：辽宁人民出版社，1990.8.—441页；32开.—ISBN 7-205-01416-6：5.40元

企业思想教育通论/郭民良等主编.—上海：华东师范大学出版社，1990.6.—373页；32开.—(思想教育丛书).—ISBN 7-5617-0592-1：4.40元

企业职工心理探讨/荣滋白，薛健著.—济南：山东大学出版社，1990.7.—225页；32开.—(企业家参考丛书/张瑞凤主编).—ISBN 7-5607-0343-7：2.75元

企业职工必读/孙云，罗盛希主编.—哈尔滨：黑龙江人民出版社，1990.7.—283页；32开.—ISBN 7-207-01618-2：4.30元

企业职工政治读本/中共浙江省委企业工作委员会《企业职工政治读本》编写组编.—杭州：杭州大学出版社，1990.1.—242页；32开.—ISBN 7-81035-006-4：1.95元

企业职工政治教育读本/《企业职工政治教育读本》编写组编著.—北京：北京出版社，1990.4.—139页；32开.—ISBN 7-200-01084-7：1.65元

企业领导干部谈思想政治工作 第一集/王立泉等主编.—北京：中国广播电视出版社，1990.7.—368页；32开.—ISBN 7-5043-0523-5：4.20元

论企业思想政治工作/李广东，王宜韧主编.—北京：光明日报出版社，1990.6.—408页；32开. ISBN 7-80014-989-7：4.80元

坚定的共产主义战士严力宾/中华人民共和国交通部编.—北京：人民交通出版社，1990.10.—107页；32开.—ISBN 7-114-01100-8：1.40元

怀念杨拯陆/新疆石油管理局党委宣传部编.—乌鲁木齐：新疆人民出版社，1990.7.—188页；32开. ISBN 7-228-01422-7：3.00元

社会主义初级阶段企业思想政治工作/王琴等著.合肥：安徽人民出版社，1990.1.—239页；32开.(社会主义初级阶段探索丛书).—ISBN 7-212-00332-8：3.20元

社会主义初级阶段职工教育读本/王国田等主编.长春：吉林大学出版社，1990.8.—260页；32开. ISBN 7-5601-0560-2：3.20元

青年职工政治理论教育读本/尹明等主编.—南京：河海大学出版社，1990.5.—243页；32开.—ISBN 7-5630-0297-9：2.45元

奉献者之歌/中共无锡市委宣传部，无锡市总工会编.—南京：南京出版社，1990.6.—116页；32开. ISBN 7-80560-209-3：1.40元

物资企业思想政治工作问答/马书珂主编.—北京：中国物资出版社，1990.12.—291页；32开.—ISBN 7-5047-0251-X：4.60元

知我中华　爱我中华　兴我中华：班组学习读本/上海市总工会宣传教育部编.—上海：上海人民出版社，1990.5.—229页；32开.—ISBN 7-208-00920-1：2.10元

面对人生的抉择/吕宜明，孙永泉主编.—北京：光明日报出版社，1990.1.—235页；32开.—(青年思想教育丛书).—ISBN 7-80014-765-7：2.95元

挑战、改进与创新：企业思想政治工作纵论/孟庆俊，于喜廷主编.—海口：南海出版公司，1990.6. 257页；大32开.—ISBN 7-80570-241-1：3.70元

轻工思想政治工作探苑/张建政等主编.—北京：轻工业出版社，1990.3.—534页；大32开.—ISBN 7-5019-0816-1：8.00元

思路·出路·新路：企业思想政治工作的新探索/林鸿荣主编.—广州：广东高等教育出版社，1990.12.—238页；大32开.—ISBN 7-5361-0606-8：3.90元

铁人王进喜/河北省总工会，河北人民出版社编.石家庄：河北人民出版社，1990.5.—118页；32开. ISBN 7-202-00672-3：1.50元

铁人王进喜的故事/吴晓平，速泰春编写.—南京：

江苏人民出版社，1990.5.—63页：照片；32开.(榜样丛书).—ISBN 7-214-00449-6：1.20元

铁人精神代代传/山东省总工会编.—济南：山东大学出版社，1990.4.—183页；32开.—ISBN 7-5607-0338-0：1.95元

铁人精神赞：王进喜的故事/中共黑龙江省委党的生活杂志社编.—上海：上海人民出版社，1990.5.153页；32开.—ISBN 7-208-00880-9：2.35元

铁路思想政治工作新编/北京铁路局党委宣传部，北京铁路局北京党校著.—北京：北京师范学院出版社，1990.10.—238页；32开.—ISBN 7-81014-488-X：2.70元

铁路职工政治教育读本/齐晓敏主编.—北京：中国广播电视出版社，1990.7.—214页；32开.—ISBN 7-5043-0592-8：1.80元

铁路职工基本国情与基本路线教育读本/铁道部等编.—北京：中国经济出版社，1990.7.—291页；32开.—ISBN 7-5017-0912-2：2.90元

铁路职工基本国情与基本路线教育概要/马增清主编.—沈阳：辽宁人民出版社，1990.6.—243页；32开.—ISBN 7-205-01453-0：2.70元

继承中的创新：企业思想政治工作经验荟萃/中国冶金职工思想政治工作研究会编.—上海：上海交通大学出版社，1990.12.—301页；32开.—ISBN 7-313-00814-7：3.00元

职工系统政治教育简明读本/杜式谨等编著.—海口：南海出版公司，1990.7.—155页；32开.—ISBN 7-80570-269-1：1.45元

职工社会主义简明教程/中共吉林省委宣传部，吉林省总工会编.—长春：吉林人民出版社，1990.5.257页；32开.—ISBN 7-206-00750-3：2.85元

职工政治教育教材/中共福建省委宣传部编；何少川主编.—福州：福建人民出版社，1990.5.—185页；32开.—ISBN 7-311-01329-X：2.00元

职工思想工作指南：职工思想工作中的社会心理问题/吴庆安主编.—长春：长春出版社，1990.5.207页；32开.—ISBN 7-80573-244-2：2.80元

职工思想政治教育讲座/刘知炳等主编.—南宁：广西民族出版社，1990.8.—248页；32开.—ISBN 7-5363-0874-4：3.20元

职工思想政治教育读本/李志民主编.—长沙：中南工业大学出版社，1990.1.—285页；32开.—ISBN 7-81020-281-2：2.95元

职工思想政治教育读本/郑庆生等主编.—徐州：中国矿业大学出版社，1990.6.—148页；32开.—ISBN 7-81021-410-1：1.50元

职工思想政治教育读本/高世瀛主编.—北京：经济科学出版社，1990.1.—175页；32开.—ISBN 7-5058-0320-4：2.30元

职工思想政治教育简明教程/周世中主编；桂林市职工教育办公室编.—桂林：广西师范大学出版社，1990.6.—238页；32开.—ISBN 7-5633-0799-0：2.50元

职工思想修养/王景龙，田宝坤主编.—哈尔滨：黑龙江教育出版社，1990.6.—260页；32开.—ISBN 7-5310-1100-7：2.90元

职工思想道德教育/《职工思想道德教育》编审委员会编；王庆森等编著.—济南：济南出版社，1990.7.—207页；大32开.—ISBN 7-80572-231-5：2.70元

职工基本国情与基本路线教育简明教程/王建懋，关心主编.—西安：陕西人民出版社，1990.8.—134页；32开.—ISBN 7-224-01436-2：1.85元

职工基本国情基本路线教育讲座/部长清，郁永山主编.—长春：吉林大学出版社，1990.10.—350页；32开.—ISBN 7-5601-0625-0：4.50元

教育者的素质：企业政工干部专论/刘占东主编.太原：山西教育出版社，1990.6.—241页；32开.ISBN 7-80578-0161-3：3.30元

新一代继承了老传统：刘庄煤矿经验汇编/河北省委宣传部编.—保定：河北大学出版社，1990.4.132页；32开.—ISBN 7-81028-016-3：2.10元

新时期企业思想政治工作讲座/顾大椿等编著.—北京：机械工业出版社，1990.6.—221页；32开.ISBN 7-111-02290-4：4.00元

新时期企业职工修养/王勤等编著.—上海：上海人民出版社，1990.5.—220页；32开.—ISBN 7-208-00934-1：3.18元

新时期的企业思想政治工作/胡木春，张学主编.北京：中国劳动出版社，1990.11.—270页；32开.(企业职工、干部思想教育丛书).—ISBN 7-5045-0526-9：3.20元

新编企业思想政治工作学/张庆然，李根星主编.合肥：安徽人民出版社，1990.7.—344页；大32开.ISBN 7-212-00407-3：4.80元

群英风采录/中国统配煤矿总公司办公厅编.—北京：煤炭工业出版社，1990.6.—194页；32开.ISBN 7-5020-0410-6：2.70元

本书辑录了中国统配煤矿总公司系统的25名劳动模范的事迹。

D412.63　职工培训工作

1990～1993企业职工脱产政治轮训实用教材/《1990～1993企业职工脱产政治轮训实用教材》编写组编写.—北京：中国政法大学出版社，1990.1.347页；32开.—ISBN 7-5620-0480-3：4.80元

上海宝钢总厂政治学校职工轮训读本/江永洛，朱煜善主编.—上海：上海人民出版社，1990.3.—145

页；32开.—ISBN 7-208-00831-0：2.00元

中国工会干部培训综合教程/王永玺主编.—北京：北京师范学院出版社，1990.9.—475页；大32开.ISBN 7-81014-490-1：6.40元

论职工教育与经济效益/孙一华等主编.—青岛：青岛出版社，1990.12.—599页；大32开.—ISBN 7-5436-0557-0：4.90元

建设职工双基教育讲座/中国建设职工思想政治工作研究会编著.—北京：华夏出版社，1990.11.263页；32开.—ISBN 7-80053-860-5：3.40元

职工代表演示培训法/张凤学主编.—沈阳：辽宁人民出版社，1990.8.—199页；32开.—ISBN 7-205-01526-X：2.65元

职工民主管理概论/李培荣编著.—北京：北京航空航天大学出版社，1990.11.—164页；32开.—职工代表培训读本.—ISBN 7-81012-220-7：2.20元

D412.66 生活福利工作

工会劳动保护工作讲话/张宝刚著.—北京：中国工人出版社，1990.6.—124页；32开.—(工会业务工作讲话丛书).—ISBN 7-5008-0627-2：1.95元

职工劳保福利1000题问答/《职工劳保福利1000题问答》编写组编写.—北京：北京科学技术出版社，1990.11.—407页；32开.—ISBN 7-5304-0777-5：5.60元

D412.67 财务工作

工会财务工作讲话/全总财务部著.—北京：中国工人出版社，1990.7.—176页；32开.—(工会业务工作讲话丛书).—ISBN 7-5008-0626-4：2.55元

工会财务会计教程/张益文主编.—沈阳：辽宁人民出版社，1990.9.—739页；32开.—工会干部岗位培训教材.—ISBN 7-205-01637-1：8.10元

工会财会理论与实践/杜宪礼主编.—海口：南海出版公司，1990.12.—237页；32开.—ISBN 7-80570-338-8：3.50元

工会财会理论与实践/《武汉财会》杂志编辑部编；刘伯翔主编.—武汉：华中理工大学出版社，1990.5.—517页；大32开.—ISBN 7-5609-0493-9：5.80元

D412.8 地方工人运动与组织

内蒙古自治区劳动模范名录：1989/王玉田，陈必政主编；内蒙古自治区劳动模范表彰工作委员会办公室编.—呼和浩特：内蒙古人民出版社，1990.1.604页；大32开.—ISBN 7-204-00899-5(精装)：10.50元

西南地区工会运动：1949～1954/西南地区工运史征编协作组编.—成都：四川人民出版社，1990.12.454页；32开.—ISBN 7-220-01187-3：4.90元

齐鲁劳模风采 第二集/山东省总工会《齐鲁劳模风采》编委会编.—济南：济南出版社，1990.7.486页；大32开.—ISBN 7-80572-241-2：5.30元

郑州工会志/王宝善主编.—郑州：中州古籍出版社，1990.12.—530页；大32开.—ISBN 7-5348-0386-1(精装)：18.00元

D42 农民运动与组织

D422 中国农民运动与组织

D422.62 思想政治教育工作

人民公仆常金芳/李涛，郭寅祥编.—太原：山西人民出版社，1990.5.—83页；32开.—ISBN 7-203-01634-X：1.15元

田野书简/沙白，华阳著.—成都：成都出版社，1990.10.—167页；32开.—(智慧农民丛书/李宇凡主编).—ISBN 7-80575-089-0：1.90元

问题与对策. 新时期农村思想政治工作研究/黎影材，李海荣主编.—桂林：广西师范大学出版社，1990.9.—200页；32开.—ISBN 7-5633-0933-0：2.40元

农民道德漫谈/赵福天主编.—北京：新华出版社，1990.5.—163页；32开.—(农民思想政治教育丛书).—ISBN 7-5011-0628-2：1.95元

农村社会主义思想教育讲话/中共山东省宣传部编.—济南：山东人民出版社，1990.10.—119页；32开.—ISBN 7-209-00755-5：1.40元

农村社会主义教育百题解答/戴舟主编.—北京：中共党史出版社，1990.9.—217页；大32开.—ISBN 7-80023-201-8：3.70元

农村社会主义教育通俗读本/山西省委宣传部编.太原：山西人民出版社，1990.11.—153页；32开.ISBN 7-203-01807-5：1.80元

农村社会主义精神文明建设/陶承德，张三平主编.—北京：经济日报出版社，1990.12.—326页；大32开.—ISBN 7-80036-344-9：5.00元

农村思想政治工作100个怎么办？/徐绍震主编.北京：红旗出版社，1990.11.—157页；32开.(新时期思想政治工作怎么办丛书；2/牛欣芳主编).—ISBN 7-80068-153-X：2.00元

农村基层思想政治工作讲话/马瑞增等主编.—石家庄：河北人民出版社，1990.3.—143页；32开.ISBN 7-202-00625-1：2.35元

农村精神文明建设问答/范英主编.—北京：中共中央党校出版社，1990.5.—333页；32开.—ISBN 7-5035-0241-X 4.10元

农村精神文明建设讲话/尹明等主编.—南京：江苏人民出版社，1990.12.—193页；32开.—江苏省哲学社会科学"七五"规划项目.—ISBN 7-214-00620-0：2.30元

坚持社会主义道路全面发展农村经济：农村社会主义思想教育通俗讲话/孙乃民，刘刃克主编.—长春：吉林文史出版社，1990.11.—207页；32开.—ISBN 7-80528-315-X：2.90元

现阶段农民道德问题研究/张素梅等著.—长春：吉林大学出版社，1990.1.—204页；32开.—ISBN 7-5601-0429-0：2.90元

建设社会主义新农村与农村青年的历史使命/张伟主编.—济南：山东人民出版社，1990.10.—98页；32开.—农村青年社会主义思想教育教材.—ISBN 7-209-00774-1：1.20元

说国事，讲认识/陈秀主编.—北京：新华出版社，1990.2.—120页；32开.—（农民思想政治教育丛书）.—ISBN 7-5011-0606-1：1.80元

新时期农村思想政治工作概览/中央宣传部宣传局农村宣传处编.—北京：改革出版社，1990.8.—242页；大32开.—ISBN 7-80072-055-X：4.95元

D43　青年、学生运动与组织

D430　青年、学生运动理论

天生我才：世界如此广袤，足以大有作为/（南朝鲜）金宇中著；李泰俊等译.—延吉：延边大学出版社，1990.7.—143页；大32开.—ISBN 7-5634-0227-6：2.10元

青年学辞典/陆建华主编.—合肥：安徽人民出版社，1990.8.—225页；32开.—ISBN 7-212-00353-0：3.60元

D432　中国青年、学生运动与组织

十年的寻索："改革开放十年青运新篇"征文选萃/李长江主编.—长春：吉林人民出版社，1990.1.—235页；32开.—ISBN 7-206-00679-5：3.00元

中国当代青年名人大辞典：体育卷/褚德新等主编.—哈尔滨：黑龙江人民出版社，1990.9.—286页；16开.—ISBN 7-207-01638-7（精装）：31.40元

蔡畅、邓颖超、康克清论儿童少年与儿童少年工作/蔡畅等著；中华全国妇女联合会儿童工作部编.—成都：四川少年儿童出版社，1990.7.—318页：照片；大32开.—ISBN 7-5365-0594-9（精装）：6.30元

D432.5　少年儿童组织与活动

中国1987年儿童情况抽样调查资料：山东分册/山东省统计局，山东省儿童情况抽样调查领导小组办公室编.—北京：中国统计出版社，1989.8.—315页；16开.—ISBN 7-5037-0299-0（精装）：26.00元

中国1987年儿童情况抽样调查资料：浙江分册/浙江省儿童情况抽样调查办公室，浙江省统计局编.—北京：中国统计出版社，1989.12.—430页：照片及附表；16开.—ISBN 7-5037-0379-2（精装）

中国儿童状况的调查与研究/中国儿童情况抽样调查办公室编.—北京：中国统计出版社，1990.12.—699页；大32开.—ISBN 7-5037-0419-5（精装）

中国儿童统计资料：汉英对照/国家统计局社会统计司编.—北京：中国统计出版社，1990.5.—194页；16开.—ISBN 7-5037-0317-2（精装）：18.00元

宁夏儿童状况研究/潘纪民主编；宁夏回族自治区儿童情况抽样调查办公室编.—北京：中国统计出版社，1990.5.—268页；大32开.—ISBN 7-5037-0410-1：7.20元

学赖宁队日活动例选/中国少年先锋队重庆市工作委员会选编.—重庆：重庆出版社，1990.9.—107页；32开.—ISBN 7-5366-1418-7：1.25元

热爱祖国　放眼世界：少先队系列主题队会/石季如编著.—西安：陕西人民教育出版社，1990.4.—222页；32开.—ISBN 7-5419-1644-7：2.35元

黑龙江省儿童问题研究/黑龙江省儿童情况抽样调查办公室编.—北京：中国统计出版社，1990.3.242页；32开.—ISBN 7-5037-0308-9

D432.51　少先队

山东省少先队辅导员群芳谱/山东省少工委编.—青岛：青岛出版社，1990.12.—254页；32开.—ISBN 7-5436-0534-1：3.50元

小主人的小目标活动集萃/山西省少工委选编.—太原：希望出版社，1990.9.—302页；32开.—ISBN 7-5379-0648-3：3.40元

少先队工作辅导艺术/陈凌云，陈建强编著.—长春：北方妇女儿童出版社，1990.6.—193页；32开.—ISBN 7-5385-0613-6：2.50元

少先队中队主题游戏集/王征东，刘瑞芳编.—广州：新世纪出版社，1990.3.—179页：图；32开.ISBN 7-5405-0427-7：2.10元

少先队队长方法手册/施荣春等编著.—南京：江苏人民出版社，1990.8.—102页；60开.—（少先队队长学校丛书/许建平主编）.—ISBN 7-214-00544-1：0.80元

少先队队长技能手册/施荣春，刘志强编.—南京：江苏人民出版社，1990.8.—149页；60开.（少先队队长学校丛书/许建平主编）.—ISBN 7-214-00545-X：1.10元

少先队队长管理手册/顾岫荫等编著.—南京：江苏人民出版社，1990.8.—93页；60开.—（少先队队长

学校丛书/许建平主编).—ISBN 7-214-00539-5：0.75元

少先队主题活动集锦/中国福利会少年宫编著.—哈尔滨：黑龙江教育出版社，1990.8.—254页；32开.—ISBN 7-5316-1086-8：2.65元

少先队员须知/陆士桢主编.—北京：中国国际广播出版社，1990.11.—213页；64开.—ISBN 7-80035-674-4：1.50元

少先队员100个知道/傅忠道等编著.—杭州：浙江教育出版社，1990.8.—76页；32开.—(少先队知识读物).—ISBN 7-5338-0696-0：0.70元

少先队宣传教育图片/蒋昌一等画.—上海：上海教育出版社，1990.9.—5张；2开.—ISBN 7-5320-2127-0(袋装)：2.70元

少先队教育活动实验大纲/浙江省少先队工作委员会编.—杭州：浙江少年儿童出版社，1990.6.—15页；32开.—ISBN 7-5342-0663-4：0.25元

少先队辅导员岗位培训教程/黄利群主编.—沈阳：辽宁大学出版社，1990.6.—289页；32开.—ISBN 7-5610-0965-8：3.60元

少先队鼓乐队的组织与训练/徐乐编著.—北京：中国少年儿童出版社，1990.10.—108页：插图；32开.—(少先队工作丛书/全国少工委编).—ISBN 7-5007-1007-0：1.20元

少年英雄/中国儿童少年基金会编.—北京：农村读物出版社，1990.4.—5册；24开.—(革命传统教育丛书).—ISBN 7-5048-1267-6：6.50元

本套书包括：《赖宁：不熄的小火炬》、《刘胡兰：英勇不屈的小英雄》、《谢荣策：视死如归的小团长》、《张锦辉：红色小歌仙》、《龙梅玉荣：草原英雄小姐妹》共5册。

少年信箱 (五)：少女要学会自我保护/薛洪钧著.—上海：少年儿童出版社，1990.3.—92页；32开.—ISBN 7-5324-0672-5：1.00元

中国少年先锋队全国代表大会文件学习辅导材料/中国少年先锋队全国工作委员会办公室编.—天津：天津人民出版社，1990.12.—101页；32开.—ISBN 7-201-00742-4：1.20元

中国少年先锋队教育纲要实施教材/徐佑云主编.—南昌：21世纪出版社，1990.2.—300页；32开.—ISBN 7-5391-0311-6：2.75元

中国少年先锋队教育纲要辅导教材/少先队福建省工作委员会编.—福州：福建教育出版社，1990.11.—227页；32开.—ISBN 7-5334-0656-7：2.00元

中国少年先锋队章程.—北京：中国少年儿童出版社，1990.12.—25页；64开.—ISBN 7-5007-1295-2：0.30元

中国少年先锋队新队章讲话/少先队福建省工作委员会编.—福州：福建少年儿童出版社，1990.11.—56页；64开.—ISBN 7-5395-0492-7：0.35元

忆赖宁/《忆赖宁》编写组编.—北京：学苑出版社，1990.5.—151页；32开.—ISBN 7-80060-914-6：2.00元

队长随身带/儿童时代社编.—上海：百家出版社，1990.6.—92页；32开.—(红领巾绿领巾丛书).—ISBN 7-80576-139-6：1.05元

队课讲话/共青团天津市委员会编.—天津：新蕾出版社，1989.3.—239页；32开.—《中国少年先锋队教育纲要》辅导教材.—ISBN 7-5307-0412-5：2.50元

队旗飘飘：队日活动集锦/方兴选编.—福州：福建教育出版社，1990.5.—114页；32开.—(小学图书角丛书).—ISBN 7-5334-0721-0：1.10元

闪烁的群星：赖宁等全国十佳少先队员.—沈阳：辽宁美术出版社，1990.3.—140页；32开.—ISBN 7-5314-0760-4：1.85元

成长者的足迹：上海市三好学生、优秀学生干部、先进集体事迹选编/陆申等主编.—北京：中国卓越出版公司，1990.8.—89页；32开.—ISBN 7-80071-281-8：1.00元

先锋少年颂/少先队湖北省委员会编.—武汉：湖北少年儿童出版社，1990.2.—124页；32开.—ISBN 7-5353-0631-4：1.30元

全国十佳少先队员/刘民超等编绘.—成都：四川少年儿童出版社，1990.7.—10张；50开.—1.90元

论赖宁/中国少年先锋队全国工作委员会编.—北京：北京少年儿童出版社，1990.10.—145页；32开.—ISBN 7-5301-0264-8：2.50元

纪美焕的故事/王立男执笔；李兰英，苏开著.—沈阳：辽宁人民出版社，1990.7.—148页；32开.—ISBN 7-205-01495-6：1.80元

青少年英雄列传/孙永春等编写.—济南：山东人民出版社，1990.2.—248页；32开.—ISBN 7-209-00627-3：2.65元

英雄少年赖宁/中国少年先锋队全国工作委员会主编.—北京：中国少年儿童出版社，1990.5.—130页；32开.—ISBN 7-5007-1018-6：1.30元

金星的轨迹：忆赖宁/袁幼鸣主编.—北京：中国卓越出版公司，1990.2.—123页；32开.—ISBN 7-80071-240-0：1.50元

学赖宁活动100例/傅忠道编.—杭州：浙江文艺出版社，1990.3.—59页；32开.—ISBN 7-5339-0349-8：0.80元

怎样出队报/儿童时代社编.—上海：百家出版社，1990.6.—62页；32开.—(红领巾绿领巾丛书).—ISBN 7-80576-138-8：1.10元

活动例选/共青团天津市委员会编.—天津：新蕾出版社，1989.4.—226页；32开.—《中国少年先锋队教育纲要》辅导教材.—ISBN 7-5307-0422-2：2.25元

接力书信集：少年与家长/艾玲等编.—南宁：接力出版社，1990.5.—137页；32开.—ISBN 7-80581-067-2：1.20元

接力书信集：少年与普通劳动者/艾玲等编.—南宁：接力出版社，1990.5.—141页；32开.—ISBN 7-80581-066-4：1.20元

做有纪律的少年：一个"自由大王"的转变/于大卫等著.—2版.—济南：山东教育出版社，1990.3.—102页；32开.—(四有小丛书).—ISBN 7-5328-0617-0：0.94元

本书1989年3月第1版。

做有道德的少年：与道德交朋友/孟庆立，关右著.—2版.—济南：山东教育出版社，1990.3.—86页；32开.—(四有小丛书).—ISBN 7-5328-0615-4：0.85元

本书1989年3月第1版。

赖宁成长道路谈：写给全国少年儿童工作者/光明日报教育部等主编.—郑州：河南教育出版社，1990.2.—194页；32开.—ISBN 7-5347-0809-5：1.65元

赖宁作文日记选/赖宁著；袁幼鸣主编.—上海：百家出版社，1990.3.—210页；32开.—ISBN 7-80576-098-5：2.10元

赖宁作文日记精选/全国少工委等主编.—北京：中国少年儿童出版社，1990.3.—148页；32开.—ISBN 7-5007-1169-7：1.70元

赖宁的故事/宋玲等著.—成都：四川少年儿童出版社，1990.8.—123页；32开.—ISBN 7-5365-0626-0：1.45元

赖宁精神与九十年代少年儿童：学赖宁活动优秀论文集/山西省少工委编.—太原：山西人民出版社，1990.10.—241页；32开.—ISBN 7-203-01784-2：4.25元

楚天好少年/李亚华编.—武汉：湖北教育出版社，1990.5.—139页；32开.—ISBN 7-5351-0537-8：1.30元

路，在脚下延伸：记全国十佳少先队员成洁/符泽民主编；王玺，王鸣强编写.—北京：华夏出版社，1990.3.—160页；32开.—ISBN 7-80053-769-2：1.40元

D432.6　青年工作

大众文化与青少年教育/张卫昌主编.—石家庄：河北教育出版社，1990.7.—267页；大32开.—(百年大计丛书).—ISBN 7-5434-0838-4：3.75元

中国青年工作大百科/穆宪，张潘仕主编.—北京：光明日报出版社，1990.1.—794页；16开.—ISBN 7-80014-456-9(精装)：32.50元

丑小鸭，扬起翅膀/刘晓伟著.—南昌：江西高校出版社，1990.12.—122页；32开.—ISBN 7-81033-060-8：2.00元

当代青年实用手册/中国共产主义青年团上海市委员会，上海市青年联合会编.—上海：上海科学技术出版社，1990.2.—515页；大32开.—ISBN 7-5323-2031-6：7.25元

多梦的年华/张之著.—南京：江苏人民出版社，1990.7.—204页；32开.—(华年丛书).—ISBN 7-214-00494-1：2.60元

青年工作方法指导：团课精选三十例/陈坤荣主编.—上海：上海人民出版社，1990.5.—151页；32开.—ISBN 7-208-00898-1：1.50元

青年工作沉思录/姚秋杰，綦骥主编.—长春：吉林教育出版社，1990.6.—232页；32开.—ISBN 7-5383-1044-4：3.20元

青年工作研究文集/周晓方主编.—青岛：青岛海洋大学出版社，1990.6.—164页；32开.—ISBN 7-81026-058-8：3.80元

青年问题与青年工作的新思路/张成诗主编.—哈尔滨：黑龙江人民出版社，1990.12.—188页；32开.—ISBN 7-207-01803-7：2.95元

简明军队青年工作学/卢金桂等编著.—北京：中国华侨出版公司，1990.9.—348页；32开.—ISBN 7-80074-247-4：4.70元

D432.61　组织工作

青年组织学：一门研究青年组织发展和发展规律的科学/黄志坚主编.—北京：中国青年出版社，1990.6.—322页；32开.—ISBN 7-5006-0698-2：5.00元

学生干部工作指南/广东省学校青年工作研究会组织编写；袁富善主编.—广州：华南理工大学出版社，1990.11.—215页；32开.—ISBN 7-5623-0228-6：2.50元

D432.62　思想政治教育工作

人生沉思录/朱成勉著.—南京：江苏人民出版社，1990.2.—114页；32开.—(青年沙龙系列书；1).—ISBN 7-214-00365-1：1.50元

人生的求索/丁兴旺等著.—北京：中国青年出版社，1990.8.—247页；32开.—(青年文库：新编本；10).—ISBN 7-5006-0734-2

少男少女风情录：作家肖复兴和当代中学生的通信/肖复兴著.—沈阳：辽宁少年儿童出版社，1990.12.—153页；32开.—ISBN 7-5315-0807-9：1.85元

中国当代杰出青年/石中元主编.—石家庄：河北人民出版社，1990.10.—264页；32开.—(中国英才

与华夏文化丛书）.—ISBN 7-202-00791-6：3.30元

从雷锋到赖宁：雷锋、赖宁言论作文选/张学周，王磊编.—兰州：甘肃少年儿童出版社，1990.7.120页；32开.—ISBN 7-5422-0374-6：1.60元

处世ABC/信真编著.—石家庄：河北少年儿童出版社，1990.3.—125页；32开.—（当代少男少女丛书）.—ISBN 7-5376-0506-8：1.40元

生活·道德/张鹤楼主编.—合肥：安徽人民出版社，1990.10.—148页；32开.—（青少年德育知识丛书/张鹤楼主编）.—ISBN 7-212-00426-X：1.95元

共和国历史上的英雄青少年（一）/本丛书编委会编.—北京：中国经济出版社，1990.8.—220页；32开.—（共和国历史上的英雄青少年丛书）.—ISBN 7-5017-0757-X：3.50元

共和国历史上的英雄青少年（二）/本丛书编委会编.—北京：中国经济出版社，1990.8.—176页；32开.—（共和国历史上的英雄青少年丛书）.—ISBN 7-5017-0758-8：3.00元

老共青团员/张林著.—北京：中国工人出版社，1990.4.—185页；32开.—（革命理想革命传统教育丛书）.—ISBN 7-5008-0562-4：2.20元

在时代大潮面前：献给正在思考的青年一代/吴星杰等主编.—沈阳：东北工学院出版社，1990.11.—249页；32开.—ISBN 7-81006-262-X：3.40元

当代大学生的骄傲：记舍身救人的优秀大学生欧阳泉平/罗龙炎等著.—南昌：江西高校出版社，1990.4.—47页；32开.—ISBN 7-81033-081-0：0.90元

当代青少年学习雷锋读本/关志立主编；李新利等编.—西安：陕西人民出版社，1990.4.—127页；32开.—ISBN 7-224-01273-4：1.80元

危险的年龄/程维廉编著.—石家庄：河北少年儿童出版社，1990.3.—114页；32开.—（当代少男少女丛书）.—ISBN 7-5376-0502-5：1.40元

关于若干现实理论问题的思考：同青年学生的对话/杨瑞森等主编.—天津：南开大学出版社，1990.7.377页；大32开.—ISBN 7-310-00315-2：4.95元

妈妈不要生气/曹朝阳编著.—石家庄：河北少年儿童出版社，1990.3.—116页；32开.—（当代少男少女丛书）.—ISBN 7-5376-0505-X：1.40元

护林英雄任长生的故事/松滋县委宣传部编写.—武汉：华中师范大学出版社，1990.10.—174页；32开.—ISBN 7-5622-0573-6：2.50元

但求身后有灵魂：革命书信、日记选/全小锄编.杭州：浙江少年儿童出版社，1990.2.—204页；32开.—ISBN 7-5342-0595-6：1.45元

你了解自己吗/姜莹主编.—北京：中国少年儿童出版社，1990.3.—176页；32开.—ISBN 7-5007-0947-1：1.85元

你也能做到：现代青年与雷锋精神/廖胜辉主编.北京：军事译文出版社，1990.1.—120页；36开.ISBN 7-80027-106-4：1.80元

改革与青少年/石生泰著.—兰州：甘肃少年儿童出版社，1990.11.—182页；36开.—ISBN 7-5422-0449-1：3.00元

现代青年自我教育艺术/何启明，张逸成主编.杭州：浙江大学出版社，1990.11.—206页；32开.ISBN 7-308-00637-9：2.60元

青少年英雄群星谱/曹光哲等编著.—桂林：广西师范大学出版社，1990.9.—220页；32开.—ISBN 7-5633-0919-5：1.98元

青年人生观教育概论/李英等主编.—长春：吉林人民出版社，1990.2.—266页；32开.—ISBN 7-206-00699-X：3.50元

青年人生哲学/金志华等主编.—北京：中国青年出版社，1990.8.—428页；32开.—（青年文库：新编本；9）.—ISBN 7-5006-0734-2

青年思想品德教育讲话/邓寒威主编.—长沙：湖南出版社，1990.12.—296页；32开.—ISBN 7-5438-0045-4：3.50元

青年思想教育讲座/中共中央宣传部教育局编.—北京：人民出版社，1990.2.—268页；32开.—ISBN 7-01-000655-5：2.90元

青年思想教育学/安国启主编.—北京：中国青年出版社，1990.7.—300页；32开.—ISBN 7-5006-0667-2：4.10元

青春的风采/甄质等主编.—沈阳：辽宁少年儿童出版社，1990.10.—221页；32开.—ISBN 7-5315-0723-4：2.95元

青春的理想/中共湖北省委宣传部理论处，湖北省社会科学院哲学研究所组编.—武汉：湖北人民出版社，1990.5.—225页；32开.—ISBN 7-216-00567-8：2.50元

奉献者之歌：全国技工学校毕业生先进事迹选编/劳动部培训司编.—北京：中国劳动出版社，1990.7.—81页；32开.—ISBN 7-5045-0571-4：0.95元

幸福/孙瑞坤，孙岩编.—北京：职工教育出版社，1990.1.—109页；64开.—（人生格言丛书/成志伟主编）.—ISBN 7-80059-275-8：1.20元

英雄集体故事/石丽侠编著.—长春：长春出版社，1990.6.—196页；32开.—（青少年思想品德教育丛书/王儒林主编）.—ISBN 7-80573-219-1：2.40元

国情·区情·爱国主义：青少年思想教育读本/陈仕金主编；李灼荣等编写.—南宁：广西教育出版社，1990.6.—111页；32开.—ISBN 7-5435-0876-

1：1.05元

学习·理想/李琦等编.—合肥：安徽人民出版社，1990.10.—144页；32开.—（青少年德育知识丛书/张鹤楼主编）.—ISBN 7-212-00427-8：1.95元

艰苦奋斗变奏曲/王培夫编.—北京：海洋出版社，1990.2.—86页；32开.—ISBN 7-5027-1206-2：1.00元

思想品德修养故事选/张泽人编译.—长春：吉林大学出版社，1990.11.—372页；32开.—ISBN 7-5601-0675-7：4.80元

怎样做人：同青少年谈品德修养/蓝瑞平编写.—成都：四川民族出版社，1990.8.—215页；32开.ISBN 7-5409-0530-1：2.00元

热血铸青春：当代巴蜀青少年英烈/共青团四川省委青运史研究室编.—成都：四川人民出版社，1990.8.—363页；32开.—ISBN 7-220-01070-2：4.50元

爱的力量/赵丹涯著.—杭州：浙江少年儿童出版社，1990.3.—126页；32开.—（校园文化书系）.ISBN 7-5342-0499-2：1.50元

理想·追求·心声/八路军西安办事处纪念馆编；李翔主编.—西安：陕西人民出版社，1990.4.—128页；32开.—ISBN 7-224-01259-9：1.55元

第一名只有一个/钱铭怡编著.—石家庄：河北少年儿童出版社，1990.3.—115页；32开.—（当代少男少女丛书）.—ISBN 7-5376-0503-3：1.40元

象雷锋那样活着/杨少平著.—南京：江苏人民出版社，1990.5.—108页；32开.—（榜样丛书）.ISBN 7-214-00448-8：1.55元

绿化人生/王燕生著.—2版.—西安：陕西人民出版社，1990.12.—230页；32开.—（青少年德育文库/何其昌主编）.—ISBN 7-224-00658-0：3.45元

新时期青年思想政治工作/魏汉鑫等主编.—北京：学苑出版社，1990.1.—280页；32开.—ISBN 7-80060-855-7：3.80元

新时期青年修养十五讲/陈秉公，温德才编著.—北京：中国友谊出版公司，1990.8.—273页；32开.ISBN 7-5057-0359-5：3.60元

90年代中国青年的抉择：当代青年基础教育必读/左志主编.—天津：天津人民出版社，1990.8.—239页；32开.—ISBN 7-201-00626-6：2.90元

D432.63　学习问题

从货郎到专家：青年理论家赵文禄自学成才之路/《从货郎到专家》编辑组编.—北京：科学技术文献出版社，1990.2.—372页；32开.—（当代英模丛书）.—ISBN 7-5023-0881-4：4.95元

米舒博士谈读书/曹正文编.—南昌：21世纪出版社，1990.3.—187页；32开.—ISBN 7-5391-0234-9：1.75元

现代青年修养十二讲/共青团中央宣传部编.—北京：中国青年出版社，1990.10.—206页；32开.（青春年华丛书）.—ISBN 7-5006-0820-9：2.80元

现代青年修养漫谈/许隆嘉著.—北京：航空工业出版社，1990.6.—154页；32开.—ISBN 7-80046-258-7：2.50元

青少年品德修养千字文/丁远坤等主编.—武汉：湖北人民出版社，1990.8.—246页；32开.—ISBN 7-216-00612-7：2.65元

青年成才技能手册/俞国良主编.—杭州：浙江科学技术出版社，1990.2.—414页；大32开.—ISBN 7-5341-0236-7：5.20元

路标：青年学生学马列指南/熊仁民主编.—徐州：中国矿业大学出版社，1990.7.—243页；32开.ISBN 7-81021-414-4：2.50元

D432.64　生活问题

寻找友情：人类共同生活的基石/（美）罗宾（Rubin，L.B.）著；王小章等译.—北京：知识出版社，1990.11.—238页；32开.—（日常生活心理学丛书/乐国安，谢曙光主编）.—ISBN 7-5015-0467-9：3.25元

青年文化浪潮的理性观照/共青团湖北省委宣传部编.—武汉：湖北人民出版社，1990.9.—170页；32开.—ISBN 7-216-00617-8：1.85元

青年婚姻与家庭/（苏）B.A.瑟先科著；山虎涛等译.—北京：新华出版社，1990.4.—166页；32开.—ISBN 7-5011-0615-0：1.80元

青春知识词典/王一秀，潘辉主编.—北京：中国工人出版社，1990.4.—572页；32开.—ISBN 7-5008-0538-1：9.00元

恩爱之路/（美）哈威尔·亨德里克斯著；金士泓等译.—北京：学苑出版社，1990.12.—281页；32开.—（女性世界译丛）.—ISBN 7-5077-0342-8：4.30元

D432.8　地方青年、学生运动与组织

北京青年运动史料：1919～1927/中共北京市委党史研究室编.—北京：北京出版社，1990.10.—543页；大32开.—（北京地区革命史资料丛书）.—ISBN 7-200-01106-1：6.85元

北京青年运动70年大事记：1919年5月4日～1989年5月4日/共青团北京市委青运史研究室编.—北京：

北京出版社，1990.8.—293页；32开.—ISBN 7-200-01190-8：2.95元

四川青年运动史稿：新民主主义革命时期/邓寿明等著.—成都：四川人民出版社，1990.7.—276页；32开.—ISBN 7-220-01076-1：4.60元

青岛青年运动史大事记：1897～1989/慈智慧主编.—青岛：青岛海洋大学出版社，1990.6.—344页：照片；大32开.—ISBN 7-81026-055-3：4.20元

浙江青年运动史：1919～1956/陈秀萍等编著.—北京：中国文史出版社，1990.7.—206页；32开.—ISBN 7-5304-0194-X：2.95元

黑龙江青年运动史：1919～1949/孙凤云主编.—哈尔滨：黑龙江人民出版社，1990.6.—246页；32开.—ISBN 7-207-01558-5：3.80元

跨世纪的一代：辽宁青年状况的分析与对策/江洪主编.—大连：大连理工大学出版社，1990.12.—329页；32开.—ISBN 7-5611-0353-0：4.00元

D432.9　青年、学生运动史

十年学潮纪实：1979～1989/船夫著.—北京：北京出版社，1990.12.—309页；32开.—ISBN 7-200-01243-2：4.20元

中国青年成长的历史道路/刘云久，王颖主编.—哈尔滨：黑龙江人民出版社，1990.7.—300页；32开.—ISBN 7-207-01605-0：4.55元

中国青年运动六十年：1919～1979/郑洸主编.—北京：中国青年出版社，1990.12.—677页；32开.—ISBN 7-5006-0846-2：9.50元

青年共产国际与中国青年运动关系史/吴广川等主编.—长春：吉林人民出版社，1990.5.—240页；32开.—ISBN 7-206-00815-1：3.70元

青春史赞/张舒勃主编.—北京：解放军出版社，1990.6.—326页；32开.—(青年学丛书/李燕杰等主编).—ISBN 7-5065-1100-2：4.50元

D44　妇女运动与组织

少女·妻子·母亲·女人：如何度过女性的年龄周期/(日)秋山里子著；李军，徐君译.—长春：吉林人民出版社，1990.11.—154页；32开.—ISBN 7-206-00916-6：2.50元

中外妇女辞典/曾庆玉主编；湖北省妇联宣传部编.—北京：中国妇女出版社，1990.5.—356页；32开.—ISBN 7-80016-275-3：7.00元

妇女词典/《妇女词典》编写组编写.—北京：求实出版社，1990.3.—582页；32开.—ISBN 7-80033-123-7(精装)：13.00元

D440　妇女运动理论

女性文化论稿/刘宁著.—北京：中国妇女出版社，1990.9.—158页；32开.—(新女性论丛/朱明媚主编).—ISBN 7-80016-327-X：2.80元

女性论/冯飞著.—影印本.—上海：上海文艺出版社，1990.11.—164页；32开.—(世界婚姻文化丛书).—ISBN 7-5321-0668-3：2.70元

本书据1931年版影印。这是一部我国较早研究妇女问题的专著。作者以翔实的史料，独特的见解，对妇女之能力、女性之地位、女性与男性差异等分别作了论述。

女性的发现：知堂妇女论类抄/舒芜编录.—北京：文化艺术出版社，1990.2.—420页；大32开.—ISBN 7-5039-0526-3：6.80元

本书收集了周作人关于妇女问题的文章178篇。

女性职业角色与发展/李澍卿主编.—北京：中国妇女出版社，1990.8.—271页；大32开.—ISBN 7-80016-285-0：4.40元

女性魅力保持法/(美)玛拉伯尔·摩根著；郝敏等译.—北京：中国妇女出版社，1990.6.—165页；32开.—(女性的世界译丛).—ISBN 7-80016-253-2：2.75元

民族妇女学/彭官章主编.—北京：中国文史出版社，1990.12.—192页；大32开.—ISBN 7-5034-0224-5：3.00元

华夏女性之谜：中国妇女研究论集/李小江主编.—北京：三联书店，1990.12.—402页；大32开.—ISBN 7-108-00335-X：6.65元

这是一本有关中国妇女问题的论文集，共收文16篇。书中从历史和现实的各方面透视和阐述了中国妇女问题。

妇女利益论/朱明媚，黄飞著.—北京：中国妇女出版社，1990.9.—207页；32开.—(新女性论丛/朱明媚主编).—ISBN 7-80016-328-8：3.30元

妇女学/魏嘉娜，李丽婷编著.—广州：广东高等教育出版社，1990.8.—207页；32开.—ISBN 7-5361-0509-6：2.90元

社会与妇女/浙江省妇女问题研究学会编.—杭州：浙江大学出版社，1990.3.—163页；32开.—ISBN 7-308-00536-4：2.00元

怎样成为充满魅力的职业妇女/由子，卡卡编著.—北京：中国华侨出版公司，1990.2.—195页；32开.—ISBN 7-80074-195-8：2.50元

探索集：少数民族妇女问题研究文集/娜仁主编；内蒙妇干校编著.—呼和浩特：内蒙古人民出版社，1990.2.—262页；大32开.—ISBN 7-204-01269-0：3.50元

跷跷板上的女人/(美)希拉里·科斯尔著；扈海鹂，姬红译.—北京：中国妇女出版社，1990.5.—164页；32开.—(女性的世界译丛).—ISBN 7-

80016-252-4：2.70元

E型女性：内外兼顾的现代女性/（美）布莉克著；陈怡蓁，张定琦译.—北京：三联书店，1990.9.—270页；32开.—（大众文库）.—ISBN 7-108-00291-4：5.00元

D441　世界妇女运动与组织

九十年代女性生活必备/蓝柯等编.—南宁：广西民族出版社，1990.7.—231页；32开.—（九十年代女士文库）.—ISBN 7-5363-0866-3：2.95元

女性生活/（日）绫部恒雄编；谢荔译.—西安：陕西旅游出版社，1990.10.—198页；大32开.—（世界风俗丛书）.—ISBN 7-5418-0177-1：4.00元

本书原名：世界诸民族女性的生活

妇女生活方式/罗萍著.—北京：中国妇女出版社，1990.12.—201页；32开.—ISBN 7-80016-309-1：3.80元

妇女运动简史/林苏，李春萍编著.—广州：广东高等教育出版社，1990.8.—237页；32开.—ISBN 7-5361-0510-X：3.30元

D442　中国妇女运动与组织

全党全社会都要树立马克思主义妇女观：妇女干部学习文件选编/中华全国妇女联合会编.—北京：中国妇女出版社，1990.5.—84页；32开.—ISBN 7-80016-265-6：1.00元

基层妇女干部工作手册/倪慧君编.—北京：中国妇女出版社，1990.5.—73页；32开.—ISBN 7-80016-250-8：1.00元

D442.6　妇女工作

少女的修养/罗薇著.—北京：中国友谊出版公司，1990.2.—184页；32开.—ISBN 7-5057-0262-9：2.65元

成功女性自修指南/方军主编.—大连：大连出版社，1990.12.—290页；大32开.—ISBN 7-80555-367-X：3.80元

自尊自信自立自强/上海市妇女联合会宣传部，上海市总工会女职工部编.—上海：学林出版社，1990.8.—142页；32开.—（当代中国妇女必修书）.ISBN 7-80510-566-9：1.45元

妇女“四自”讲话/宋玉珍主编.—武汉：武汉出版社，1990.5.—101页；32开.—ISBN 7-5430-0344-9：1.30元

妇女参政理论与实践/中共河南省委组织部，河南省妇女联合会编.—郑州：河南人民出版社，1990.12.—264页；32开.—ISBN 7-215-01325-1：3.70元

少女生活指南　（1）/范子编著.—杭州：浙江少年儿童出版社，1990.10.—134页；32开.—ISBN 7-5342-0693-6：2.85元

现代少女须知/南海出版公司编.—海口：南海出版公司，〔1990〕.—195页；32开.—ISBN 7-80570-079-6：2.35元

家庭主妇的生活艺术/曹晟等编著.—南昌：江西人民出版社，1990.11.—306页；36开.—ISBN 7-210-00862-4：3.50元

D442.9　妇女运动史

上海妇女运动史：1919～1949/上海市妇女联合会编.—上海：上海人民出版社，1990.7.—298页；大32开.—ISBN 7-208-00916-3：5.70元

中国妇女生活史/陈东原著.—影印本.—上海：上海文艺出版社，1990.6.—440页；32开.—（民俗、民间文学影印资料；40）.—ISBN 7-5321-0292-0（精装）：8.00元

本书据上海商务印书馆1928年1月版影印。

内蒙古包头市女界精英/内蒙古包头市妇女联合会编.—北京：中国妇女出版社，1990.3.—358页；大32开.—ISBN 7-80016-125-0：5.00元

守节、再嫁、缠足及其它：中国古代妇女生活面面观/《守节、再嫁、缠足及其它》编写组编.—西安：陕西人民出版社，1990.9.—436页；32开.—ISBN 7-224-00455-3：5.35元

妇女解放论丛/罗琼著.—北京：中国妇女出版社，1990.7.—263页；32开.—ISBN 7-80016-292-3：4.00元

贵州巾帼：妇女运动史资料选编　第二辑/贵州省妇女联合会编.—贵阳：贵州人民出版社，〔1990〕.—222页；32开.—ISBN 7-221-01462-0：2.50元

鄂东巾帼录/湖北省妇联黄冈地区办事处编；包玉兰等主编.—武汉：长江文艺出版社，1990.1.—301页；32开.—ISBN 7-5354-0293-3：3.50元

烽火巾帼/晋察冀边区北岳区妇女抗日斗争史料编辑组编.—北京：中国妇女出版社，1990.2.—531页；大32开.—ISBN 7-80016-195-1：8.00元

黑龙江妇女的抗日斗争/中共黑龙江省委党史研究室编.—哈尔滨：黑龙江人民出版社，1990.3.—210页；大32开.—ISBN 7-207-01437-0：3.10元

D443/447　各国妇女运动与组织

女性的温柔和聪明/（日）崛寿子著；冯利译.—北京：中国文联出版公司，1990.2.—216页；32开.

ISBN 7-5059-1172-4：3.15元

好妈妈，坏妈妈，亲爱的妈妈……/（美）厄玛·朋别克著；阎卫平，纪卫平译.—上海：上海人民出版社，1990.2.—204页；32开.—（青年译丛）.ISBN 7-208-00760-8：2.30元

铁三角中的现代女性/（美）阿琳·卡多佐著；刘文哲等译.—上海：上海文化出版社，1990.6.—149页；32开.—（五角丛书；第十辑）.—ISBN 7-80511-398-X：1.45元

本书对现代女性如何处理好工作、学习、家庭三者间的关系提出了独到的见解，并记述了美国妇女创造的"事业——家庭——重把事业引入生活"的全新模式。

被阉割的女性/（英）格丽尔（Greer,G.）著；杨正润，江宁康译.—南京：江苏人民出版社，1990.8.—365页；32开.—ISBN 7-214-00511-5：4.20元

书名原文：The Female Eunuch

本书是西方第二次女权主义浪潮中极为重要的一种著作。

D5/7　世界各国政治

D5　世界政治

1989年5月至1990年4月国内外大事/广西考试管理中心编.—南宁：广西科学技术出版社，1990.4.44页；32开.—ISBN 7-80565-279-1：0.50元

风云变幻的世界：1945～1989/孔庆峒，刘名扬编著.—太原：山西人民出版社，1990.10.—220页；16开.—ISBN 7-203-01714-1：33.00元

西欧小国/（苏）尤达诺夫主编；秋枫，佩芳译.北京：中国社会科学出版社，1990.7.—370页；32开.—（发达资本主义国家丛书）.—ISBN 7-5004-0530-8：5.05元

全球预警：1989年世界形势评述/（美）莱斯特·R·布朗等著；贡光禹等译.—北京：科学技术文献出版社，1990.10.—261页；大32开.—ISBN 7-5023-1293-5：5.50元

时事政治：1989.4～1990.3/刘志科等编.—西安：陕西人民出版社，1990.3.—68页；32开.ISBN 7-224-01237-8：0.80元

国际形势年鉴：1990/上海国际问题研究所编.—上海：中国大百科全书出版社上海分社，1990.6.462页；大32开.—ISBN 7-5000-0293-9（精装）：6.65元

国家间政治：寻求权力与和平的斗争/（美）摩根索（Morgenthau,H.J.）著；汤普森（Thompson，K.W.）修订；徐昕等译.—北京：中国人民公安大学出版社，1990.12.—689页；大32开.—（国际政治学汉译名著/周纪荣主编）.—ISBN 7-81011-143-4：12.00元

书名原文：Politics Among Nations：The Struggle for power and peace

本书透辟地分析了权力均衡、世界舆论、国际法等因素对权力冲动的制约作用，并结合二战以来的国际政治现实，对新的权力均衡、世界一体化等重大问题进行了细致考察。

D50　世界政治概况

世界政治经济与国际关系/张月明等编著.—北京：科学出版社，1990.6.—277页；32开.—ISBN 7-03-001797-8：4.10元

世界政治经济与国际关系/张脉强等主编.—合肥：安徽人民出版社，1990.8.—411页；大32开.ISBN 7-212-00383-2：6.80元

世界政治经济与国际关系/曹序等主编.—长春：吉林人民出版社，1990.9.—407页；大32开.—ISBN 7-206-00883-6：5.00元

当代世界政治经济与国际关系/左同武，张万忠主编.—石家庄：河北人民出版社，1990.12.—320页；32开.—ISBN 7-202-00835-1：3.90元

当代世界政治经济与国际关系/肖光武，宗跃主编.—北京：中国展望出版社，1990.10.—380页；32开.—ISBN 7-5050-0929-X：5.80元

当代世界政治经济与国际关系/汪成英等主编.—武汉：武汉测绘科技大学出版社，1990.8.—383页；32开.—ISBN 7-81030-046-6：4.30元

当代世界政治经济和国际关系题解/崔寒韦，陈路主编.—昆明：云南教育出版社，1990.6.—232页；32开.—ISBN 7-5415-0390-8：2.95元

当代国际政治/赵泉钧主编.—杭州：浙江大学出版社，1990.11.—351页；大32开.—ISBN 7-308-00627-0：5.20元

当代国际政治新编/赵培英主编.—北京：海洋出版社，1990.12.—290页；大32开.—ISBN 7-5027-1344-1：5.70元

各国概况：非洲部分/马武业主编；天渺等撰.—北京：世界知识出版社，1990.5.—426页：彩图；32开.—ISBN 7-5012-0289-3：4.95元

各国概况：美洲和大洋洲部分/马武业主编；马文编写.—北京：世界知识出版社，1990.5.—441页：彩图；32开.—ISBN 7-5012-0296-6：4.80元

旋转的世界：当代世界概览/刘笑盈，符文洋著.郑州：河南人民出版社，1990.8.—350页；32开.ISBN 7-215-00863-0：4.00元

中国与第三世界：论文集/中国现代国际关系研究所编.—北京：时事出版社，1990.8.—301页；大32开.—ISBN 7-80009-102-3：4.70元

本书选编了"中国与第三世界"学术讨论会上专家提交的28篇论文。主要探讨了在世界新形势下第三世界国家所处

的国际环境的变化，对其在90年代的走向进行了预测；对我国与第三世界国家关系的历史演变、现状进行了回顾和评价。

亚非问题研究　第10集/北京大学亚非研究所编．北京：北京大学出版社，1990.1.—305页；大32开．—ISBN 7-301-01017-6：3.95元

亚非问题研究　第11集/北京大学亚非研究所编．北京：北京大学出版社，1990.1.—360页；大32开．—ISBN 7-301-00910-0：4.55元

经济落后国家两条不同发展道路之比较/国家教委社会科学研究与艺术教育司组编．—北京：高等教育出版社，1990.6.—95页；32开．—ISBN 7-04-003212-0：0.95元

本书作者运用比较的方法，从纵横两个方面，对政治独立后走上社会主义道路和走上资本主义道路的第三世界国家各自的社会发展历程，作了较为全面的考察。

资本主义世界面面观/唐平岳，段达球主编．—北京：中国华侨出版公司，1990.10.—204页；32开．（社会主义教育通俗系列丛书）．—ISBN 7-80074-272-5：2.50元

第三世界国家发展战略：第三世界国家发展战略国际讨论会论文选/中国国际交流协会编．—北京：人民出版社，1990.1.—392页；大32开．—ISBN 7-01-000626-1：6.50元

新国富论/（法）居伊·索尔芒著；滕宏明，芮建群译．—北京：国际文化出版公司，1990.7.—240页；32开．—ISBN 7-80049-573-6：3.80元

书名原文：La Nouvelle Richesse des Nations Guy Sorman

本书阐述了作者关于第三世界国家不发达的原因及如何摆脱贫困走向富裕的观点和主张。

D518　国际政治矛盾与斗争

反和平演变十四谈/白西民等主编．—北京：海潮出版社，1990.4.—202页；32开．—ISBN 7-80054-024-3：2.95元

和平演变的阴云与社会主义的阳光/叶雨海主编．长春：长春出版社，1990.10.—218页；32开．（社会主义在当代丛书/赵曜等主编）．—ISBN 7-80573-336-3：3.50元

和平演变的梦幻/李振编著．—青岛：青岛出版社，1990.10.—212页；32开．—（国情意识丛书/伍杰主编）．—ISBN 7-5436-0518-2：2.85元

和平演变战略及其对策/屈全绳，刘红松主编．—北京：知识出版社，1990.7.—333页；32开．—ISBN 7-5015-0429-6：4.50元

"和平演变"战略的产生及其发展/戚方编．—北京：东方出版社，1990.2.—221页；32开．—ISBN 7-5060-0152-7：2.60元

D52　世界政治制度与国家机构

西方文官制度/劳动人事部人事教育局，北京市人事局组织编写；倪越编著．—北京：劳动人事出版社，1990.3.—287页；32开．—人事管理干部中等专业试用教材．—ISBN 7-5045-0472-6：3.10元

当代西方政治制度述要/汤玉奇主编．—杭州：浙江教育出版社，1990.7.—389页；32开．—ISBN 7-5388-0692-1：4.35元

环球国鸟拾羽/正鸣，春梅编著．—太原：山西人民出版社，1990.2.—138页；32开．—ISBN 7-203-01452-5：2.45元

国旗·法律·爱国：国旗知识纵横谈/《国旗·法律·爱国》编写组编．—北京：中共中央党校出版社，1990.9.—139页；32开．—ISBN 7-5035-0337-8：2.90元

D523　行政管理

人事监察/刘宋斌等编．—北京：中国劳动出版社，1990.6.—1151页；大32开．—（政治体制研究丛书：人事类资料卷）．—ISBN 7-5045-0240-5：11.60元

本书全面介绍了古今中外在人事监察（主要在监察）方面的历史发展及其现状，汇集了各国人事监察的正式法规和法规性文件，收录了国内外专家、学者在这方面的有代表性的论文。

中外政府行政管理发展趋势/国家机构编制委员会办公室编．—北京：新华出版社，1990.10.—345页；32开．—ISBN 7-5011-0819-6：4.30元

中外监察制度简史/皮纯协等编著．—郑州：中州古籍出版社，1990.11.—387页；大32开．—（廉政·监察丛书/王永银主编）．—ISBN 7-5348-0349-7：5.20元

中外廉政与腐败纪实/施中传等编著．—武汉：长江文艺出版社，1990.7.—243页；32开．—ISBN 7-5354-0351-4：2.90元

本书集录了中外廉政与腐败方面事例200余则，分"风范篇"、"警戒篇"、"古代篇"、"制度篇"4个部分。

名人与廉政/王学良，王天玥编著．—北京：中国卓越出版公司，1990.10.—295页；32开．—ISBN 7-80071-297-4：4.80元

各国公职人员分类制度/曹志主编．—北京：中国劳动出版社，1990.6.—832页；大32开．—（政治体制研究丛书：人事类资料卷）．—ISBN 7-5045-0241-3：9.45元

各国公职人员考核奖惩制度/曹志主编．—北京：中国劳动出版社，1990.6.—715页；大32开．—（政治

体制研究丛书：人事类资料卷）.—ISBN 7-5045-0233-2：8.25元

各国公职人员退休退职制度/曹志主编.—北京：中国劳动出版社，1990.6.—844页；大32开.—（政治体制研究丛书：人事类资料卷）.—ISBN 7-5045-0236-7：9.45元

各国公职人员培训制度/曹志主编.—北京：中国劳动出版社，1990.6.—698页；大32开.—（政治体制研究丛书：人事类资料卷）.—ISBN 7-5045-0243-X：7.75元

各国公职人员管理体制/曹志主编.—北京：中国劳动出版社，1990.6.—670页；大32开.—（政治体制研究丛书：人事类资料卷）.—ISBN 7-5045-0235-9：7.55元

本书分为概况介绍、法规文件、论述选编和资料索引4个部分。

管理社会的杠杆：当代西方公务员制度/刘文瑞等编著.—西安：西北大学出版社，1990.1.—282页；32开.—ISBN 7-5604-0059-0：3.20元

腐败与反腐败：当代国外腐败问题研究/王沪宁编；竺乾威等译.—上海：上海人民出版社，1990.11.—491页；大32开.—ISBN 7-208-00969-4：8.65元

D526　情报机构及其活动

无形的舰队：世界情报与海战/李小鹏编著.—北京：海潮出版社，1990.8.—421页；32开.—ISBN 7-80054-120-7：6.85元

西方工业间谍/（苏）哈桑诺夫（Гасанов，P. M.）著；黄允彬，张玉田译.—北京：时事出版社，1990.6.—183页；32开.—ISBN 7-80009-091-4：2.90元

书名原文：Промышленный шпионаж на службе монополий

间谍王/刘钦锋等编.—长春：时代文艺出版社，1990.10.—280页；32开.—ISBN 7-5387-0262-8：4.15元

本书记述了70年代初震惊世界的以色列间谍机构莫萨德策划的劫艇事件。

美苏谍报战在日本/（日）冈村贡著；王冬蔚等译.—北京：群众出版社，1990.4.—161页；32开.ISBN 7-5014-0476-3：2.35元

神密的间谍世界/达砾，张强编著.—北京：中国国际广播出版社，1990.12.—206页；32开.—（奇妙世界丛书/晓蓓，晓理主编）.—ISBN 7-80035-624-8：2.80元

谍战秘闻：联邦调查局与克格勃之战/（美）罗伯特·J.兰菲尔，(美)汤姆·夏彻特曼著；任宜敏，叶津译.—北京：团结出版社，1990.9.—418页；32开.—ISBN 7-80061-327-5：6.00元

超级间谍/（英）蒙哥马利·海德著；吴伯贤，钟伟云译校.—北京：国防大学出版社，1990.8.—189页；32开.—ISBN 7-5626-0147-X：2.50元

U-2事件之谜：苏美间谍战的惊险一幕/（美）麦克尔·R.贝西罗斯著；刘书林编译.—南昌：江西人民出版社，1990.10.—205页；32开.—ISBN 7-210-00685-0：2.60元

D55　世界政治事件

世界政坛丑闻集/陈伟源，刘水明编著.—北京：中国社会出版社，1990.6.—258页；32开.—ISBN 7-80088-051-6：3.60元

外国政坛丑闻录/朱坚劲，海华编著.—上海：上海人民出版社，1990.4.—224页；32开.—（外国政坛内幕系列）.—ISBN 7-208-00752-7：2.60元

西方政坛丑闻纪实/杉子编.—北京：世界知识出版社，1990.8.—268页；32开.—ISBN 7-5012-0316-4：3.40元

希金斯被害与人质危机/任国富著.—北京：北京燕山出版社，1990.7.—231页；32开.—（世界窗口；6）.—ISBN 7-5402-0215-7：2.80元

黑色的悬念：外国政坛人物死亡之谜/唐燕能，任尔编著.—上海：上海人民出版社，1990.4.—205页；32开.—（外国政坛内幕系列）.—ISBN 7-208-00753-5：2.50元

D58　社会问题

天下丑闻/舒文等编.—北京：中国广播电视出版社，1990.10.—250页；32开.—ISBN 7-5043-0705-X：8.50元

打击犯罪的三十年/（法）皮埃尔·奥塔维奥利著；夏世璋等译.—北京：群众出版社，1990.6.349页；大32开.—（世界警察史；4）.—ISBN 7-5014-0380-5：5.40元

国际走私内幕旋转的金三角/梁择奇等著.—银川：宁夏人民出版社，1990.8.—237页；32开.—ISBN 7-227-00473-2：2.40元

海盗彼得的宝藏：西方社会纪实/唐小峰编译.—上海：上海人民出版社，1990.10.—192页；32开.ISBN 7-208-00940-6：2.83元

D6　中国政治

中华人民共和国知识辞典/侯雄飞，蒋辅义主编.重庆：西南师范大学出版社，1990.6.—1013页；32开.—ISBN 7-5621-0371-2（精装）：12.50元

中国省市自治区资料手册/寿孝鹤等主编.一北京：社会科学文献出版社，1990.2.—1417页；16开.ISBN 7-80050-140-X(精装)：39.50元

圣王理想的幻灭：伦理观念与中国政治/朱汉民著.长春：吉林教育出版社，1990.3.—223页；大32开.—(中国政治文化丛书).—ISBN 7-5383-0933-0：3.85元

共和国秘闻录/王喜民，郝文玮编.一北京：中国国际广播出版社，1990.12.—180页；32开.—(奇妙世界丛书/晓蓓，晓理主编).—ISBN 7-80035-625-6：2.50元

新中国大事典：1949.9～1989.12/何彦才，高玉春主编.一北京：科学技术文献出版社，1990.9.380页；32开.—ISBN 7-5023-1287-0：6.50元

本书选收建国以来重大事件词条共658条，分政治、经济、文化教育、科学技术、军事、对外关系和人物7大部分。

D60　政策、政论

十年历程：1979～1989/陈沂著.一上海：百家出版社，1990.5.—563页；32开.—ISBN 7-80576-088-8：7.20元

本书收入作者在上海工作10年期间的报告、讲话、评论、访问记等52篇。

马克思主义的立场观点方法/王任重著.一北京：中共党史资料出版社，1990.1.—392页；大32开.ISBN 7-80023-121-6：5.80元

本书收集了王任重同志自党的十一届三中全会以来所写的部分文章和讲话。

张际春文选/张际春著.一北京：解放军出版社，1990.10.—398页：照片；大32开.—ISBN 7-5065-1379-X(精装)：9.70元

本书收入张际春同志撰写的加强思想政治工作的经验总结、通讯、回忆文章、日记和一些讲话稿。

D601　方针、政策

方针政策/刘泽勋主编；国家旅游局人教司编.一北京：旅游教育出版社，1990.2.—285页；大32开.全国导游人员资格考试培训系列教材.—ISBN 7-5637-0152-4：4.25元

在新的历史条件下继承和发扬爱国主义传统：十一届三中全会以来有关重要文献摘编/中共中央政策研究室编.一北京：红旗出版社，1990.8.—401页；大32开.—ISBN 7-80068-140-8：5.60元

论决策：党的十一届三中全会以来的中央文献及中央领导同志有关重要论述/刘有芳等编.一北京：中共中央党校出版社，〔1990〕.—145页；大32开.ISBN 7-5035-0252-5：2.40元

国情与国策/刘崑主编.一北京：经济科学出版社，1990.12.—405页；大32开.—ISBN 7-5058-0361-1：5.80元

政策应用研究/柳州市政策应用研究会编；严祖锐主编.一南宁：广西人民出版社，1990.10.—466页；32开.—ISBN 7-219-01674-3：6.00元

本书收入柳州市各单位应用党的方针政策发展各项事业的经验总结。

衰木答问/湖北人民出版社编.一武汉：湖北人民出版社，1990.7.—292页；大32开.—ISBN 7-216-00581-3：3.95元

D602　政　论

历史的选择/杨先材等著.一上海：上海人民出版社，1990.3.—144页；32开.—(学习与思考丛书/罗国杰主编).—ISBN 7-208-00729-2：1.80元

中国的挑战：调整与改革/(英)古德曼(Goodman，D.S.G.)等编著；俞晓秋，尹铁钢译.一北京：中国华侨出版公司，1990.6.—131页；32开.(蓝眼睛一从外部看中国译丛/冷溶，王浦劬主编).—ISBN 7-80074-105-2：2.10元

书名原文：The China Challenge Adjustment and Reform

本书系英国一些著名中国问题学者所撰写的研究中国改革的重要论著之一。

为人民办实事随谈/李瑞环著.一天津：百花文艺出版社，1990.8.—2册(829页)：彩照；大32开.ISBN 7-5306-0573-9：16.00元

本书选编了李瑞环同志在天津工作期间(1981～1989年)的部分讲话、谈话和文章。

当代社会热门话题集/梁天明编著.一南宁：广西人民出版社，1990.6.—246页；32开.—ISBN 7-219-01589-5：3.95元

本书作者以敏锐的目光观察和分析了群众关心的16个热点问题，包括“和平演变”、“资产阶级自由化”、“社会主义优越性”、“现阶段阶级斗争”、“社会主义民主”等。

现状和前景：与领导者谈话录/刘伟主编.一北京：人民出版社，1990.1.—328页；32开.—ISBN 7-01-000640-7：3.80元

视野内的历程/苏双碧著.一北京：光明日报出版社，1990.6.—257页；大32开.—(光明日报丛书).—ISBN 7-80014-708-8：5.00元

本文集共选文章29篇，主要收入作者十一届三中全会之后发表在光明日报上的史学文章。

政治理论学习问答/广西日报理论部编.一南宁：广西人民出版社，1990.2.—59页；32开.—ISBN 7-219-01485-6：0.60元

理论与实践丛谈/杨正南著.一昆明：云南人民出版社，1990.12.—406页；32开.—ISBN 7-222-00720-2：4.45元

理论反思集/金光俊等主编.一长春：吉林人民出版社，1989.12.—440页；32开.—ISBN 7-206-00661-2：3.95元

理论热点研究/宋云霞等主编.—济南：济南出版社，1990.2.—280页；大32开.—ISBN 7-80572-167-X：3.50元

清风集：右江日报言论选/潘国轩主编.—南宁：广西民族出版社，1990.9.—467页；大32开.—ISBN 7-5363-0908-2：5.00元

辨伪·释疑·解惑/中共福建省委《支部生活》编辑部，中共福建省委宣传部企业宣传处编.—厦门：厦门大学出版社，1990.2.—149页；32开.—ISBN 7-5615-0266-4：1.95元

D61 中国革命和建设问题

人民群众的护身法宝：坚持人民民主专政/黄家驹，侯经体主编.—广州：广东人民出版社，1990.12.—198页；32开.—（坚持四项基本原则丛书）.ISBN 7-218-00557-8：2.30元

人类历史的新航道：坚持社会主义道路/张幼峰，刘嵘主编.—广州：广东人民出版社，1990.7.—215页；32开.—（坚持四项基本原则丛书）.—ISBN 7-218-00509-8：2.50元

人类历史新纪元的航灯：坚持马克思列宁主义、毛泽东思想/张江明，梁渭雄主编.—广州：广东人民出版社，1990.11.—197页；32开.—（坚持四项基本原则丛书）.—ISBN 7-218-00545-4：2.25元

马克思主义与当代中国/华中师范大学政治教育系编.—桂林：广西师范大学出版社，1990.4.—427页；32开.—ISBN 7-5633-0859-8：4.90元

马克思主义与建设有中国特色的社会主义：中国共产党党史分册/中共内蒙古自治区委员会党校编著.呼和浩特：内蒙古人民出版社，1990.5.—210页；大32开.—（马克思主义与建设有中国特色的社会主义丛书）.—ISBN 7-204-00982-7：3.15元

马克思主义与建设有中国特色的社会主义：民族理论和民族政策分册/中共内蒙古自治区委员会党校编著.—呼和浩特：内蒙古人民出版社，1990.4.—175页；大32开.—（马克思主义与建设有中国特色的社会主义丛书）.—ISBN 7-204-00958-4：2.75元

马克思主义与建设有中国特色的社会主义：政治经济学分册/中共内蒙古自治区委员会党校编著.—呼和浩特：内蒙古人民出版社，1990.4.—251页；大32开.—（马克思主义与建设有中国特色的社会主义丛书）.—ISBN 7-204-00953-3：3.60元

马克思主义与建设有中国特色的社会主义：科学社会主义分册/中共内蒙古自治区委员会党校编著.—呼和浩特：内蒙古人民出版社，1990 4.—205页；大32开.—（马克思主义与建设有中国特色的社会主义丛书）.—ISBN 7-204-00919-3：3.05元

马克思主义与建设有中国特色的社会主义：哲学分册/中共内蒙古自治区委员会党校编著.—呼和浩特：内蒙古人民出版社，1990.3.—357页；大32开.（马克思主义与建设有中国特色的社会主义丛书）.ISBN 7-204-00914-2：4.90元

马克思主义与建设有中国特色的社会主义：党的建设分册/中共内蒙古自治区委员会党校编著.—呼和浩特：内蒙古人民出版社，1990.3.—200页；大32开.—（马克思主义与建设有中国特色的社会主义丛书）.—ISBN 7-204-00952-5：3.05元

马克思主义哲学与中国社会主义现代化建设/宋德祥等主编.—济南：山东人民出版社，1990.2.—346页；32开.—ISBN 7-209-00614-1：3.50元

马克思主义哲学与中国社会主义实践/丁惠永等编.—长春：长春出版社，1990.7.—344页；32开.ISBN 7-80573-273-6：3.95元

比较·选择·思考：社会主义与资本主义/姚桓等著.—北京：农村读物出版社，1990.8.—199页；大32开.—（农村精神文明建设丛书）.—ISBN 7-5048-1381-8：3.50元

本书从历史、现实、比较、未来四个方面，对中国的发展道路进行了探讨，证明资本主义道路在中国行不通，只有社会主义才能救中国。

历史与人民的选择：坚持中国共产党的领导/梁木主编.—广州：广东人民出版社，1990.11.—177页；32开.—（坚持四项基本原则丛书）.—ISBN 7-218-00546-2：2.10元

历史长河的奔腾/新疆大学党委宣传部编.—乌鲁木齐：新疆大学出版社，1990.2.—170页；32开.坚持社会主义道路专题教育讲座.—ISBN 7-5631-0122-5：2.10元

历史和现实的必然选择：学习社会主义问题解答/《历史和现实的必然选择》编写组编.—北京：中国国际广播出版社，1990.5.—205页；32开.—ISBN 7-80035-593-4：3.60元

历史和现实的选择/北京地区军队院校协作中心办公室编.—沈阳：白山出版社，1990.4.—406页；大32开.—（军队院校马克思主义理论研究文集；第4集）.—ISBN 7-80566-101-4：4.90元

历史的足迹：中国在改革开放中前进（二）/袁木著.—北京：新华出版社，1990.5.—480页；大32开.—ISBN 7-5011-0608-8：6.80元

历史的规律 胜利的道路：中国革命史若干问题研究/马菊英等主编.—广州：广东高等教育出版社，1990.12.—580页；32开.—ISBN 7-5361-0596-7：5.80元

中国一定要走社会主义道路/中共山东省委宣传部编.—济南：山东人民出版社，1990.2.—153页；32开.—ISBN 7-209-00647-8：1.50元

中国一定要走社会主义道路/中共山东省委宣传部编.—济南：山东人民出版社，1990.2.—162页；大

32开.—ISBN 7-209-00648-6：1.80元

中国一定要坚持社会主义道路/中共青岛市委宣传部编.—青岛：青岛出版社，1990.9.—84页；32开.(社会主义教育文丛).—ISBN 7-5436-0533-3：0.90元

中国——走历史必由之路/王锡孝等主编.—济南：山东人民出版社，1990.7.—250页；大32开.—ISBN 7-209-00687-7：3.70元

中国社会主义初级阶段理论研究/李绍庚等主编.长春：吉林大学出版社，1990.12.—265页；大32开.—ISBN 7-5601-0740-0：5.90元

中国社会主义实践的哲学沉思/高哲等主编.—石家庄：河北人民出版社，1990.10.—448页；32开.ISBN 7-202-00785-1：4.75元

中国社会主义建设/万锬等主编.—厦门：厦门大学出版社，1990.7.—362页；32开.—ISBN 7-5615-0300-8：4.25元

中国社会主义建设/王敬村，苗高生主编.—修订本.—兰州：甘肃人民出版社，1990.9.—383页；大32开.—ISBN 7-226-00648-0：4.75元

中国社会主义建设/吉林省《中国社会主义建设》编写组编.—长春：吉林教育出版社，1990.7.—340页；大32开.—吉林省高等院校马克思主义理论课统编试用教材.—ISBN 7-5383-1069-X：3.40元

中国社会主义建设/俞国荣主编.—沈阳：辽宁大学出版社，1990.7.—331页；大32开.—高等院校政治理论课教材.—ISBN 7-5610-0935-6：3.95元

中国社会主义建设/钱天祝等主编.—北京：蓝天出版社，1990.8.—311页；32开.—ISBN 7-80081-138-7：3.40元

中国社会主义建设/黄志国等主编.—长春：吉林人民出版社，1990.5.—307页；32开.—ISBN 7-206-00800-3：4.50元

中国社会主义建设/韩福才，张光永主编.—哈尔滨：哈尔滨工业大学出版社，1990.8.—346页；32开.—ISBN 7-5603-0292-0：4.30元

中国社会主义建设/潘永杰主编.—济南：黄河出版社，1990.5.—318页；大32开.—ISBN 7-80558-160-6：3.90元

中国社会主义建设与改革/陈亮，朱民主编.—兰州：甘肃人民出版社，1990.9.—344页；大32开.ISBN 7-226-00664-2：4.25元

中国社会主义建设史纲/许春章等主编.—哈尔滨：黑龙江人民出版社，1990.3.—398页；32开.—ISBN 7-207-01488-0：3.35元

中国社会主义建设史纲/李静克等主编.—石家庄：河北人民出版社，1990.4.—331页；32开.—ISBN 7-202-00659-6：3.95元

中国社会主义建设问题讲座/王茂瑞主编.—沈阳：辽宁人民出版社，1990.11.—216页；32开.—辽宁省小学教师继续教育试用教材.—ISBN 7-205-01552-9：2.85元

中国社会主义建设的理论与实践/徐克礼主编.—上海：知识出版社，1990.9.—313页；大32开.—ISBN 7-5015-5460-9：5.15元

《中国社会主义建设》学习指导/伍绍志等主编.广州：广东高等教育出版社，1990.7.—166页；32开.—ISBN 7-5361-0475-8：1.85元

中国社会主义建设学习指导/陈胜余等主编.—昆明：云南民族出版社，1990.6.—229页；32开.ISBN 7-5367-0301-5：2.80元

中国社会主义建设学习常识/陈骥平，周凤宝主编.—北京：中国广播电视出版社，1990.8.—98页；32开.—ISBN 7-5043-0571-5：1.10元

中国社会主义建设复习与考试指南/李天堂，张传龄主编.—北京：中国广播电视出版社，1990.1.239页；32开.—ISBN 7-5043-0454-9：3.20元

中国社会主义建设理论100题/刘建兴，韦凤英主编.—海口：南海出版公司，1990.5.—319页；32开.—ISBN 7-80570-097-4：4.20元

中国社会主义建设教程/马同增等主编.—开封：河南大学出版社，1990.8.—322页；大32开.—ISBN 7-81018-529-2：4.00元

中国社会主义建设教程/蒋献光等主编.—武汉：武汉测绘科技大学出版社，1990.2.—380页；32开.ISBN 7-81030-025-3：4.10元

中国社会主义建设常识学习精萃/白永秀等编.—西安：陕西人民出版社，1990.12.—109页；32开.ISBN 7-224-01587-3：1.25元

中国社会主义建设概论/毛钢主编.—武汉：武汉工业大学出版社，1990.4.—346页；32开.—ISBN 7-5629-0359-X：3.70元

中国社会主义建设概论/陈立民等主编.—乌鲁木齐：新疆大学出版社，1990.9.—379页；大32开.ISBN 7-5631-0151-9：5.20元

中国社会主义建设辞典/冯更新主编.—北京：中国财政经济出版社，1990.—796页；16开.—ISBN 7-5005-1112-4(精装)：26.00元

中国社会主义建设简明教程/川东地区部分高校《中国社会主义建设简明教程》编写组编.—成都：四川人民出版社，1990.8.—262页；32开.—ISBN 7-220-01074-5：2.75元

中国社会主义建设简明教程/林中仁等主编.—长春：吉林人民出版社，1990.9.—208页；大32开.吉林省高等专科学校马克思主义理论课统编教材.ISBN 7-206-00861-5：3.30元

中国社会主义建设简明教程/季金华等主编.—大连：大连出版社，1990.3.—270页；32开.—ISBN

7-80555-210-X：3.60元

中国社会主义建设新编/杨守珠主编；申良等编写.—太原：山西经济出版社，1990.3.—300页；大32开.—ISBN 7-80577-012-3：3.80元

中国社会主义建设题集/吕洗主编.—沈阳：辽宁大学出版社，1990.7.—180页；32开.—ISBN 7-5610-1007-9：2.20元

本书包括填空、名词解释、简答与简述、辨析、论述和选择等6个题型，共500题。

中国社会主义简史/余长江等编.—长沙：中南工业大学出版社，1990.3.—187页；32开.—ISBN 7-81020-290-1：2.00元

中国改革之研究/何伟主编.—北京：中国财政经济出版社，1990.12.—437页；大32开.—ISBN 7-5005-0678-3：9.50元

本书对中国的政治、经济、科技、教育等方面的体制和改革的情况作了全面的分析。

中国改革新思路/周知术主编.—长春：吉林大学出版社，1990.9.—185页；32开.—ISBN 7-5601-0607-2：2.75元

中国现代化之哲学探讨/李秀林等主编.—北京：人民出版社，1990.6.—382页；大32开.—ISBN 7-01-000544-3：5.65元

中国的大趋势不可逆转：资产阶级自由化代表人物若干理论观点剖析/李锦坤主编.—天津：天津人民出版社，1990.2.—250页；32开.—ISBN 7-201-00503-0：2.60元

中国革命和建设的历史经验/曾庆榴，钟康模主编.—广州：广东人民出版社，1990.6.—350页；32开.—党政干部培训教材.—ISBN 7-218-00544-6：4.30元

中国革命和建设的基本问题/刘亮如编著.—北京：中国商业出版社，1990.5.—285页；32开.—ISBN 7-5044-0634-1：3.20元

中国革命和建设的基本问题/金培一主编.—太原：山西教育出版社，1990.10.—338页；32开.—ISBN 7-80578-337-3：3.80元

中国革命和建设基本问题/王元璋主编.—北京：高等教育出版社，1990.5.—260页；大32开.—高等专科学校公共政治理论课教材.—ISBN 7-04-003003-9：1.65元

《中国革命和建设基本问题》习题集/方铁政，何可泰主编.—北京：经济科学出版社，1990.6.—157页；32开.—(中等专业学校政治教材习题丛书/方铁政，高昉主编).—ISBN 7-5058-0345-X：1.70元

中国革命和建设基本问题学习指导/赵新民等主编.—北京：中国商业出版社，1990.12.—224页；32开.—ISBN 7-5044-0815-8：2.90元

中国革命和建设基本问题教与学指导书/韩文艺等编写.—济南：济南出版社，1990.6.—167页；32开.—职工中等专业学校教材.—ISBN 7-80572-205-6：1.70元

中国革命和建设基本问题(修订本)教学参考/陈乃宣主编.—北京：经济科学出版社，1990.5.386页；32开.—ISBN 7-5058-0302-6：4.00元

中国特色社会主义的基本理论与实践/杜树强，赵振纶主编.—北京：海洋出版社，1990.1.—257页；32开.—ISBN 7-5027-1243-7：3.50元

中国特色社会主义基本问题/宋柏，俎鸿璧主编.北京：北京出版社，1990.2.—265页；大32开.ISBN 7-200-01088-X：3.10元

中国特色社会主义基本理论的新探索/中共中央党校《理论动态》编辑部编.—上海：上海人民出版社，1990.4.—89页；32开.—ISBN 7-208-00801-9：1.00元

分清思想理论是非坚定社会主义信念/布日诺主编.呼和浩特：内蒙古人民出版社，1990.9.—277页；大32开.—ISBN 7-204-01234-8：4.35元

风波之后的思考/袁训忠等编著.—北京：解放军出版社，1990.9.—192页；32开.—(坚持四项基本原则纵横谈丛书).—ISBN 7-5065-1507-5：2.50元

反对资产阶级自由化论文集/中共吉林省委宣传部理论处编.—长春：吉林人民出版社，1990.12.—300页；32开.—ISBN 7-206-00945-X：6.00元

邓小平与当代中国改革/高智瑜，李燕奇编著.—北京：中国人民大学出版社，1990.10.—282页；大32开.—ISBN 7-300-00939-5：4.50元

邓小平——中国新时期的总设计师/孙连成等著.郑州：河南人民出版社，1990.10.—317页；大32开.—ISBN 7-215-00918-1：7.00元

邓小平社会主义理论研究/崔常发主编.—北京：海潮出版社，1990.6.—494页；32开.—ISBN 7-80054-083-9：6.95元

邓小平改革开放思想研究/蒋一国，李钧泽主编.北京：国防大学出版社，1990.3.—292页；32开.(邓小平的思想研究丛书/钱抵千主编).—ISBN 7-5626-0155-0：3.80元

世纪行：四项基本原则纵横谈：解说词/《世纪行》摄制组编.—北京：中国青年出版社，1990.7.71页；32开.—ISBN 7-5006-0845-4：1.50元

只有社会主义才能发展中国/人民日报理论部编.北京：人民日报出版社，1990.9.—204页；32开.ISBN 7-80002-155-6：2.40元

只有社会主义才能发展中国笔谈　第一集/人民日报理论部编.—北京：人民日报出版社，1990.12.264页；32开.—ISBN 7-80002-317-6：3.30元

四项基本原则和资产阶级自由化的对立/中共中央宣传部编.—北京：人民出版社，1990.2.—378页；

大32开.—ISBN 7-01-000704-7：4.10元

四项基本原则教育导读/孙剑纯，施凤堂主编.—海口：海南出版公司，1990.7.—190页；32开.—ISBN 7-80570-321-3：2.90元

四项基本原则教程/张联瑜等著.—北京：中国人民大学出版社，1990.7.—284页；32开.—ISBN 7-300-00912-3：3.50元

四项基本原则概论/王明隋，李书合主编.—北京：中国广播电视出版社，1990.10.—125页；32开.ISBN 7-5043-0751-3：2.00元

四项基本原则概论/郑建邦主编.—北京：中国人民大学出版社，1990.9.—264页；大32开.—ISBN 7-300-00928-X：4.00元

四项基本原则概论/栗建民主编.—北京：新华出版社，1990.10.—457页；大32开.—ISBN 7-5011-0985-0：6.80元

立国之本 强国之路/王贵文，苏秀岩主编.—沈阳：沈阳出版社，1990.2.—266页；32开.—ISBN 7-80556-380-2：2.95元

立国之本 强国之路/中共厦门市委宣传部《厦门日报》编辑部编.—厦门：厦门大学出版社，1990.2.223页；32开.—ISBN 7-5615-0264-8：2.75元

发展与现代化：社会主义道路研究/徐永祥等编著.上海：华东化工学院出版社，1990.10.—327页；大32开.—(新时代丛书；第1辑/徐永祥主编).—ISBN 7-5628-0123-1：3.80元

在比较中认识社会主义制度/唐平岳，邱桂林主编.—北京：中国华侨出版社，1990.10.—167页；32开.—（社会主义教育通俗系列丛书）.—ISBN 7-80074-271-7：2.20元

当代中国与社会主义/张春雷，张沈立主编.—沈阳：沈阳出版社，1990.12.—237页；32开.—ISBN 7-80556-482-5：3.20元

当代中国历史发展的大趋势：沿着科学社会主义道路前进/王彦峰主编.—北京：中共中央党校出版社，1990.10.—224页；大32开.—ISBN 7-5035-0309-2：3.90元

当代中国社会哲学/陈晏清主编.—天津：天津人民出版社，1990.9.—584页；大32开.—ISBN 7-201-00408-5：8.00元

本书作者试图以"社会哲学"的理论分析中国国情，分析当代中国的社会现状、当代中国社会发展的国际环境，探讨当代中国以经济改革为基础的社会整体运动及其规律。

当代社会主义若干问题/邹震江等主编.—北京：光明日报出版社，1990.7.—250页；32开.—ISBN 7-80014-929-3：3.60元

当代社会主义若干问题/赵曜，吴雄丞主编.—北京：中共中央党校出版社，1990.6.—387页；大32开.—ISBN 7-5035-0293-2：5.30元

当代社会主义若干问题讲话/孙仲管主编.—石家庄：河北人民出版社，1990.10.—237页；32开.ISBN 7-202-00793-2：2.90元

当代社会主义若干问题学习辅导/中共中央党校科学社会主义教研室，光明日报《思想政治工作园地》编辑室编.—太原：山西人民出版社，1990.11.137页；32开.—政工干部读本 中央电视台电视讲座教材.—ISBN 7-203-01803-2：1.70元

当代社会主义若干问题200问/吴应发，王喜录主编.—重庆：重庆大学出版社，1990.12.—280页；32开.—ISBN 7-5624-0381-3：3.00元

回忆与思考/邹洪学，伊胜利主编.—哈尔滨：黑龙江教育出版社，1990.3.—338页；32开.—ISBN 7-5316-1099-X：4.00元

回首强国路：社会主义建设伟大成就知识竞赛题库/武仁主编.—桂林：广西师范大学出版社，1990.11.—228页；32开.—（群众性社会主义精神文明建设丛书；4）.—ISBN 7-5633-1001-0：2.35元

行动的指南：学习和研究江泽民同志《在庆祝中华人民共和国成立四十周年大会上的讲话》的哲学思想/卢克俭等著.—兰州：甘肃人民出版社，1990.10.—161页；32开.—ISBN 7-226-00662-6：2.00元

关于反对资产阶级自由化/人民日报总编室编.北京：人民日报出版社，1990.6.—151页；32开.ISBN 7-80002-286-2：1.70元

关于社会主义若干问题的讲话/焦克明，肖继文主编.—海口：南海出版公司，1990.11.—296页；32开.—ISBN 7-80570-380-9：3.50元

关于社会主义若干问题的思考/卢之超主编.—北京：科学出版社，1990.6.—339页；大32开.—ISBN 7-03-002079-0：5.90元

关于社会主义若干问题学习纲要百题解/《关于社会主义若干问题学习纲要百题解》编委会编.—南京：南京大学出版社，1990.11.—296页；32开.ISBN 7-305-00892-3：3.50元

《关于社会主义若干问题学习纲要》问答/中共青岛市委宣传部，中共青岛市委讲师团编.—青岛：青岛出版社，1990.10.—83页；32开.—（社会主义教育文丛）.—ISBN 7-5436-0555-4：0.90元

《关于社会主义若干问题学习纲要》重点难点辅导/段淑贞主编.—太原：山西人民出版社，1990.8.—153页；32开.—ISBN 7-203-01755-9：2.20元

《关于社会主义若干问题学习纲要》辅导讲话/周大仁等主编.—武汉：湖北人民出版社，1990.9.274页；32开.—ISBN 7-216-00619-4：2.95元

关于社会主义若干问题解析/邢锡麟，杨立庭主编.—北京：中国经济出版社，1990.10.—268页；大32开.—ISBN 7-5017-1074-0：4.30元

论中国的社会主义道路/王凤贤等编著.—杭州：浙江人民出版社，1990.11.—382页；32开.—ISBN 7-213-00604-5：3.55元

论坚持社会主义道路/李开蕊等编著.—武汉：中国地质大学出版社，1990.12.—359页；32开.—ISBN 7-5625-0485-7：4.40元

走出社会主义认识误区/管永忆主编.—长沙：国防科技大学出版社，1990.5.—223页；32开.—ISBN 7-81024-113-2：3.00元

本书就一些人对社会主义的种种片面、甚至错误的认识进行了批评和分析，如"空想论"、"早产论"、"补课论"、"讲不清论"等等。

走出思想的迷谷：科学社会主义正本清源若干题/王挺主编.—太原：山西人民出版社，1990.4.—206页；32开.—ISBN 7-203-01689-7：2.70元

坚定不移地沿着社会主义道路前进/郭安选编.—北京：时事出版社，1990.8.—206页；32开.—ISBN 7-80009-111-2：3.20元

坚定社会主义信念讲话/南京军区政治部宣传部编著.—南京：江苏人民出版社，1990.3.—119页；32开.—ISBN 7-214-00413-5：1.65元

坚定社会主义信念若干问题解答/李明亮，乔云岐主编.—沈阳：白山出版社，1990.6.—149页；32开.—ISBN 7-80566-120-0：2.05元

坚定社会主义信念增强社会主义必胜信心/张春贤等主编.—北京：红旗出版社，1990.12.—371页；大32开.—ISBN 7-80068-171-8：4.90元

坚持四项基本原则反对资产阶级自由化/贵州省企业党委书记工作研究会编.—贵阳：贵州教育出版社，1990.4.—137页；32开.—（职工政治学习辅导丛书/吕茂廷，刘柯主编）.—ISBN 7-80583-035-5：1.50元

坚持四项基本原则反对资产阶级自由化：思想理论问题辅导/云南大学马列主义教学研究部编.—昆明：云南大学出版社，1990.1.—231页；32开.—ISBN 7-81025-034-5：3.00元

坚持四项基本原则反对资产阶级自由化干部读本/中共北京市委宣传部编.—北京：北京出版社，1990.1.—301页；32开.—ISBN 7-200-01018-9：3.20元

坚持四项基本原则反对资产阶级自由化名词解释/云南师范大学政教处编.—昆明：云南大学出版社，1990.3.—252页；32开.—ISBN 7-81025-035-3：3.35元

坚持四项基本原则反对资产阶级自由化论丛/中国邮电职工思想政治工作研究会编.—北京：北京邮电学院出版社，1990.7.—141页；大32开.—ISBN 7-5635-0059-6：2.50元

坚持四项基本原则反对资产阶级自由化理论文章选编/黎守法主编.—南宁：广西人民出版社，1990.5.—269页；32开.—ISBN 7-219-01560-7：3.10元

坚持四项基本原则百题问答/陈永信主编.—西安：陕西人民出版社，1990.3.—232页；32开.—ISBN 7-224-01207-6：2.60元

坚持四项基本原则概论/李祥斌等主编.—北京：中国经济出版社，1990.10.—333页；32开.—ISBN 7-5017-0934-3：4.10元

坚持社会主义方向反对资产阶级自由化/中共青岛市委宣传部编.—青岛：青岛出版社，1990.3.—92页；32开.—（社会主义教育文丛）.—ISBN 7-5436-0453-1：0.95元

坚持社会主义道路/广西区教委政治思想教育处编.—南宁：广西人民出版社，1990.2.—111页；32开.—ISBN 7-219-01482-1：1.20元

坚持社会主义道路/张永通，陈勇主编.—徐州：中国矿业大学出版社，1990.1.—270页；32开.—ISBN 7-81021-359-8：2.70元

坚持社会主义道路/徐方治，顾国楷主编.—南宁：广西人民出版社，1990.2.—119页；32开.—ISBN 7-219-01479-1：1.20元

坚持社会主义道路教育/陕西财经学院《形势与政策教育》编写组编写.—西安：西北大学出版社，1990.3.—108页；32开.—ISBN 7-5604-0163-5：1.00元

时代的真理/梅荣政等著.—福州：福建教育出版社，1990.7.—315页；大32开.—ISBN 7-5334-0710-5：3.45元

我国经济体制改革和政治体制改革基本问题/王政祥，张景海主编.—北京：中国铁道出版社，1990.8.—402页；32开.—ISBN 7-113-00853-4：5.35元

评资产阶级自由化观点/郑可圃主编.—青岛：青岛海洋大学出版社，1990.1.—200页；大32开.—ISBN 7-81026-041-3：1.90元

社会主义——中国人民的正确选择/刘仲良主编.—长沙：中南工业大学出版社，1990.6.—202页；大32开.—ISBN 7-81020-299-5：2.60元

社会主义——中国历史的必由之路/江泽民等著.—沈阳：白山出版社，1990.11.—255页；32开.—ISBN 7-80566-158-8：3.30元

社会主义中国的基本国情/朱煜善主编.—上海：上海人民出版社，1990.11.—338页；32开.—ISBN 7-208-00906-6：4.00元

社会主义在实践中前进/刘玉宽等主编.—长春：长春出版社，1990.2.—259页；大32开.—ISBN 7-80573-179-9：3.90元

社会主义优越性纵横谈/郭枢俭主编.—石家庄：河北人民出版社，1990.4.—235页；32开.—ISBN 7-202-00649-9：2.55元

社会主义——近代中国历史的必然选择/共青团中央宣传部编；张民耕主编.—北京：学苑出版社，1990.2.—243页；32开.—（中国国情教育丛书）.ISBN 7-80060-682-1：2.80元

社会主义社会矛盾动力与改革/阙泽彬主编.—哈尔滨：黑龙江人民出版社，1990.5.—192页；大32开.ISBN 7-207-01654-9：3.70元

社会主义初级阶段的理论和实践/程恩，刘淑珍主编.—北京：中国商业出版社，1990.11.—362页；32开.—ISBN 7-5044-0620-1：5.10元

社会主义改革与建设的哲学思考/何恩钦等主编.桂林：广西师范大学出版社，1990.9.—280页；32开.—ISBN 7-5633-0929-2：3.00元

社会主义纵论：《关于社会主义若干问题学习纲要》专题讲座/中共吉林省委宣传部理论处编.—长春：吉林人民出版社，1990.8.—296页；32开.ISBN 7-206-00845-3：4.00元

社会主义现代化建设和共产主义/张朝尊，胡乃武主编.—2版（修订本）.—北京：中国人民大学出版社，1990.6.—151页；32开.—ISBN 7-300-00770-8：1.75元

本书1984年6月第1版。

社会主义若干问题讲话/佟绍昌等主编.—北京：中国商业出版社，1990.10.—160页；32开.—ISBN 7-5044-0819-0：2.60元

社会主义若干问题讲话/高远，黄亮主编.—北京：经济管理出版社，1990.10.—296页；32开.—（社会主义教育丛书）.—ISBN 7-80025-345-7：3.85元

社会主义若干问题讲话/滕文生等主编.—北京：法律出版社，1990.6.—288页；32开.—ISBN 7-5036-716-5：3.95元

社会主义若干问题讲座/袁木等主讲；当代思潮杂志社编.—北京：红旗出版社，1990.8.—297页；大32开.—ISBN 7-80068-146-7：5.00元

社会主义若干问题纵横谈/郭丰才主编.—北京：新华出版社，1990.11.—277页；32开.—ISBN 7-5011-0900-1：3.98元

社会主义若干问题学习纲要120答/宋公志等主编.北京：中国商业出版社，1990.11.—173页；32开.ISBN 7-5044-0844-1：2.85元

社会主义若干问题读本/王佩瑄主编.—延吉：延边人民出版社，1990.8..—289页；32开—（社会主义教育丛书/王泽旭主编）.—ISBN 7-80508-562-5：3.60元

社会主义若干问题通俗系列讲座/蔡华主编.—保定：河北大学出版社，1990.11.—294页；32开.党员教育培训教材.—ISBN 7-81028-033-3：3.20元

社会主义若干问题职工读本/何振国主编；中共湖南省委讲师团，湖南省总工会编著.—长沙：湖南出版社，1990.7.—142页；32开.—ISBN 7-5438-0011-X：1.95元

社会主义若干问题教育辅导材料/邢贲思，程连昌主编.—北京：中国卓越出版公司，1990.6.—235页；32开.—ISBN 7-80071-246-X：2.95元

社会主义若干问题探析/侯经体编著.—广州：广东人民出版社，1990.12.—254页；32开.—ISBN 7-218-00587-X：3.00元

社会主义若干问题简明问答/赵文斌，陈永信主编.北京：中国卓越出版公司，1990.11.—316页；32开.—ISBN 7-80071-370-9：3.80元

社会主义若干问题简明读本/华孝清，张如兰主编.—成都：西南交通大学出版社，1990.11.—216页；32开.—ISBN 7-81022-223-6：2.50元

社会主义若干问题解答/邱枫主编.—沈阳：辽宁大学出版社，1990.12.—249页；32开.—ISBN 7-5610-1180-6：3.80元

社会主义若干问题解答/张庆黎主编.—北京：中国青年出版社，1990.12.—292页；32开.—ISBN 7-5006-0866-7：3.45元

社会主义若干问题解答/张维璞等主编.—延吉：延边人民出版社，1990.8.—329页；32开.—（社会主义教育丛书/王泽旭主编）.—ISBN 7-80508-563-3：4.10元

社会主义若干问题解答/陈录光主编.—海口：南海出版公司，1990.11.—155页；32开.—ISBN 7-80570-362-0：2.00元

社会主义的理论和现实：坚持四项基本原则专题演讲集/张一著.—天津：天津人民出版社，1990.8.319页；32开.—ISBN 7-201-00602-9：3.30元

社会主义实践在中国/段达球，唐平岳主编.—北京：中国华侨出版公司，1990.10.—182页；32开.（社会主义教育通俗系列丛书）.—ISBN 7-80074-268-7：2.20元

社会主义建设概论/卫鸿初等编著.—杭州：浙江大学出版社，1990.7.—267页；大32开.—ISBN 7-308-00553-4：4.00元

社会主义能够救中国/人民日报出版社等编.—北京：人民日报出版社，1990.1.—74页；32开.—ISBN 7-80002-219-6：0.95元

社会主义能够救中国/闻迪等著.—北京：华艺出版社，1990.2.—136页；32开.—ISBN 7-80039-334-5：3.20元

本书阐述了中国为什么选择了社会主义、中国社会主义40年的光辉成就，为什么社会主义能够救中国，为什么改革开放必须坚持社会主义方向。

社会主义教育大纲/《社会主义教育大纲》编写组编.—北京：北京出版社，1990.4.—231页；32开.

ISBN 7-200-01113-4：2.65元

社会主义教育百题问答/万长青主编.—海口：南海出版公司，1990.12.—158页；32开.—ISBN 7-80570-442-2：3.00元

社会主义教育问答150题/张文田主编.—北京：中国社会出版社，1990.9.—330页；32开.—ISBN 7-80088-085-0：4.20元

社会主义教育讲话/孟繁成主编.—济南：山东人民出版社，1990.12.—243页；32开.—ISBN 7-209-00806-3：2.70元

社会主义教育论纲：关于社会主义若干问题学习辅导/《社会主义教育论纲》编写组编.—北京：中共中央党校出版社，1990.9.—324页；大32开.—ISBN 7-5035-0308-4：4.70元

社会主义教育若干问题/陈泰乾，朱伟仁主编.—海口：南海出版公司，1990.9.—275页；32开.—ISBN 7-80570-323-X：3.50元

社会主义教育重要著作、文献导读/筱文，钟灏编.北京：中共党史出版社，1990.9.—228页；32开.ISBN 7-80023-202-6：3.50元

社会主义教育读本/于世英主编.—北京：北京出版社，1990.5.—264页；32开.—ISBN 7-200-01132-0：2.85元

社会主义教育读本/李泽仁，李善塘编著.—沈阳：辽宁人民出版社，1990.8.—278页；32开.—ISBN 7-205-01584-7：3.85元

社会主义教育读本/陈秀主编；刘晓航等撰稿.北京：气象出版社，1990.9.—139页；32开.—中国农村致富技术函授大学农民技术员培训教材.—ISBN 7-5029-0558-8

社会主义教育简明读本/万长青等主编.—海口：南海出版公司，1990.12.—197页；32开.—ISBN 7-80570-441-4：2.20元

社会主义道路教育简明教程/郭成，荆会文主编.—沈阳：辽宁人民出版社，1990.8.—200页；32开.—ISBN 7-205-01541-3：2.60元

初级阶段·商品经济·民主政治：社会主义初级阶段民主论/黄达强等著.—北京：中国人民大学出版社，1990.3.—182页；大32开.—（社会主义初级阶段理论丛书）.—ISBN 7-300-00784-8：2.45元

改革的哲学思考/黎守法主编.—南宁：广西人民出版社，1990.11.—229页；32开.—ISBN 7-219-01711-1：3.00元

国情与思考/杨文汉主编.—西安：陕西人民出版社，1990.4.—387页；32开.—ISBN 7-224-01180-0：4.30元

学习社会主义理论增强社会主义信念/当代思潮杂志社编.—北京：光明日报出版社，1990.12.—386页；大32开.—ISBN 7-80091-061-4：6.00元

话说立国之本/江苏人民广播电台"社会瞭望"节目编.—南京：江苏人民出版社，1990.3.—179页；32开.—ISBN 7-214-00405-4：2.10元

建设与改革的哲学/樊瑞平等主编.—济南：山东大学出版社，1990.5.—437页；大32开.—ISBN 7-5607-0339-9：5.50元

建设有中国特色社会主义的哲学思考/王敬烈，濮良贤主编.—乌鲁木齐：新疆人民出版社，1990.8.205页；32开.—ISBN 7-228-01497-9：2.10元

建设有中国特色的社会主义/杨守珠等编写.—北京：新华出版社，1990.11.—191页；32开.—（职工思想政治教育丛书/王茂林主编）.—ISBN 7-5011-0983-4：2.40元

建设有中国特色的社会主义理论120题/《建设有中国特色的社会主义的理论120题》编写组编写.—南宁：广西人民出版社，1990.3.—156页；32开.ISBN 7-219-01521-6：2.05元

建设有中国特色的社会主义理论/王恕焕等编著.北京：经济科学出版社，1990.1.—180页；32开.乡镇领导干部岗位培训教材.—ISBN 7-5028-0327-1：2.00元

建设有中国特色的社会主义理论学习辅导/谢剑平主编.—南宁：广西民族出版社，1990.2.—143页；32开.—干部理论教育参考教材—ISBN 7-5363-0748-9：1.60元

建设有中国特色的社会主义理论概述/邱金用主编.—广州：广东人民出版社，1990.10.—299页；32开.—党政干部培训教材.—ISBN 7-218-00567-5：3.55元

始终不渝地坚持人民民主专政/公安部政治部宣传部编.—北京：群众出版社，1990.6.—167页；32开.—ISBN 7-5014-0484-4：2.40元

艰难的历程 时代的旗帜：社会主义理论学习和教育讲义/杜联坚主编.—广州：广东高等教育出版社，1990.11.—215页；32开.—ISBN 7-5361-0564-9：2.00元

政治导学手册：坚持立国之本，走好强国之路/蒋金镛主编.—北京：北京工业大学出版社，1990.5.123页；32开.—ISBN 7-5639-0105-1：1.60元

重大现实问题的哲学思考/宿富连，李恒瑞主编.桂林：广西师范大学出版社，1990.9.—276页；32开.—ISBN 7-5633-0925-X：2.95元

本书运用马克思主义哲学的基本原理，对我国四化建设和改革开放中的一些重大现实问题进行了具体而深入的分析和研究。

保卫马克思列宁主义，反对资产阶级自由化/区济文主编.—南宁：广西人民出版社，1990.7.—343页；大32开.—ISBN 7-219-01609-3：5.50元

总结过去探索未来：贵州省纪念中华人民共和国成立四十周年理论讨论会论文选/常征主编.—贵阳：贵州人民出版社，1990.7.—268页；32开.—ISBN 7-221-01824-3：2.85元

振兴中华的必由之路/姜鲁鸣等著.—北京：解放军出版社，1990.8.—180页；32开.—（坚持四项基本原则纵横谈丛书）.—ISBN 7-5065-1506-7：2.40元

捍卫和发展社会主义/段若非著.—北京：光明日报出版社，1990.12.—381页；大32开.—ISBN 7-80091-017-2：6.00元

捍卫和发展社会主义/段若非编.—北京：光明日报出版社，1990.12.—381页；大32开.—ISBN 7-80091-287-6（精装）：9.00元

疾风中的呐喊：坚持四项基本原则反对资产阶级自由化论文集/熊复著.—哈尔滨：黑龙江人民出版社，1990.11.—420页；大32开.—ISBN 7-207-1512-7：6.50元

本书是作者1982年以来反对资产阶级自由化的言论集，包括讲话、发言和论文，共22篇。

资产阶级自由化谬论面面观/李振著.—青岛：青岛出版社，1990.8.—261页；32开.—（国情意识丛书/伍杰主编）.—ISBN 7-5436-0497-3：3.00元

理想·信念：坚持社会主义道路/蔡高先等主编.南宁：广西教育出版社，1990.2.—112页；32开.ISBN 7-5435-0780-3：1.20元

强国之路/印进宝主编.—济南：黄河出版社，1990.6.—448页；32开.—ISBN 7-80558-134-7：4.60元

强国之路：社会主义论集/广西社会科学院编.南宁：广西人民出版社，1990.5.—188页；大32开.ISBN 7-219-01546-1：3.20元

强国路/刘继生主编.—北京：中国医药科技出版社，1990.6.—245页；32开.—（历史·爱国·社会主义丛书）.—ISBN 7-5067-0219-3：3.30元

新编中国社会主义建设学/田禾主编.—长沙：国防科技大学出版社，1990.7.—415页；32开.—ISBN 7-81024-121-4：4.20元

稳定经济·稳定社会·稳定人心/关殿忠等主编.大连：大连理工大学出版社，1990.9.—1册（235，37页）；32开.—ISBN 7-5611-0317-4：3.55元

D613 革命统一战线

马克思主义统战学说概论/阎志民主编.—北京：中国文史出版社，1990.10.—304页；大32开.—ISBN 7-5034-0262-8：6.00元

中国统一战线大事纪事本末/张铁男等主编.—长春：吉林大学出版社，1990.12.—569页；大32开.ISBN 7-5601-0693-5：9.50元

中国统战论纲/王德华，侯远长主编.—北京：中共中央党校出版社，1990.7.—298页；大32开.—ISBN 7-5035-0161-8：3.95元

中国特色的政党制度：学习《中共中央关于坚持和完善中国共产党领导的多党合作和政治协商制度的意见》问题解答/贾平安，郑宪主编.—北京：中国文史出版社，1990.4.—163页；32开.—ISBN 7-5034-0157-5：2.00元

共存共荣集/奚虎一著.—贵阳：贵州人民出版社，1990.11.—248页；32开.—ISBN 7-221-02066-3：2.70元

企业统战工作新篇/任涛主编：中共中央统战部政策理论研究室编.—北京：北京燕山出版社，1990.10.—297页；32开.—ISBN 7-5402-0287-4：4.00元

多党合作的纲领性文件：学习《中共中央关于坚持和完善中国共产党领导的多党合作和政治协商制度的意见》辅导材料/燕天甲等主编.—北京：中国文史出版社，1990.4.—228页；32开.—ISBN 7-5034-0156-7：3.00元

努力发展最广泛的爱国统一战线：全国统战工作会议文件学习辅导材料/中共中央统战部政策理论研究室编.—北京：北京燕山出版社，1990.7.—226页；32开.—ISBN 7-5402-0252-1：3.00元

统战工作实用手册/王立斌，燕鹏远主编.—沈阳：白山出版社，1990.8.—404页；大32开.—ISBN 7-80566-141-3：6.20元

D618 中国革命的特殊问题

台湾事务咨询手册/黄国良等编撰.—南昌：江西人民出版社，1990.3.—203页：彩照；32开.—ISBN 7-210-00847-0：4.80元

统一祖国人人有责　第三集/华艺出版社编.—北京：华艺出版社，1990.12.—81页；32开.—ISBN 7-80039-262-7：2.50元

海峡两岸交流必读/谭松球等编著.—北京：中国检察出版社，1990.12.—470页；32开.—ISBN 7-80086-024-8：6.50元

D619 社会主义革命和建设成就

中华人民共和国建设与改革史/孙友葵等主编.—长春：吉林人民出版社，1990.11.—400页；32开.ISBN 7-206-00927-1：4.70元

弹指一挥间：献给中华人民共和国成立40周年/中央电视台《弹指一挥间》编辑组编.—北京：中国广

播电视出版社，1990.2.—348页；大32开.—ISBN 7-5043-0368-2：4.95元

大河乡的变革/刘增玉等编.—石家庄：河北人民出版社，1990.6.—256页；32开.—ISBN 7-202-00690-1：3.10元

上海郊区：1949～1989：汉英对照/上海市农业委员会办公室，上海农业展览馆编制.—北京：农业出版社，1990.9.—32页：彩照；大16开.—ISBN 7-109-01993-4：20.00元

山东·邹平/魏红前编著.—北京：中国展望出版社，1990.9.—340页；32开.—（中国县市改革与发展丛书）.—ISBN 7-5050-0837-4：5.80元

广东经济特区十年/《广东经济特区十年》编辑委员会编.—广州：广东科技出版社，1990.8.—303页：彩照；12开.—ISBN 7-5359-0711-3（精装）

广西改革与发展十年回顾和2000年展望/黎守法主编.—南宁：广西人民出版社，1990.7.—421页；大32开.—ISBN 7-219-01677-8：6.75元

广西经济社会纵览/韦家国主编.—南宁：广西人民出版社，1990.4.—698页；32开.—ISBN 7-219-01527-5（精装）：6.50元

开拓集/孙育林主编.—长春：长春出版社，1990.5.—202页；32开.—ISBN 7-80573-238-8：2.40元

元江——自治县成立的十年/元江哈尼族彝族傣族自治县县委宣传部，元江哈尼族彝族傣族自治县县志办公室编.—昆明：云南大学出版社，1990.11.—246页；32开.—ISBN 7-81025-080-9：2.80元

无锡县概览：1978～1988/谈汗人主编.—南京：江苏科学技术出版社，1990.3.—458页；大32开.—ISBN 7-5345-0882-7：10.00元

古郡新篇：泰州市情考察/胡福明，李真主编.—上海：华东师范大学出版社，1990.11.—303页；32开.—ISBN 7-5617-0704-5：3.20元

龙山巨变：献给龙山县解放40周年/苏良才主编.—北京：中国文史出版社，1990.7.—204页；32开.—ISBN 7-5034-0174-5：3.50元

当代中国的四川/杨超主编.—北京：中国社会科学出版社，1990.12.—2册（581，824页）：照片；大32开.—（当代中国丛书/邓力群等主编）.—ISBN 7-5004-0609-6：33.25元

当代中国的宁夏/李恽和主编.—北京：中国社会科学出版社，1990.1.—867页：彩照；大32开.—（当代中国丛书/邓力群等主编）.—ISBN 7-5004-0563-4（精装）：18.10元

当代中国的河北/解峰等主编；《当代中国》丛书编辑部编.—北京：中国社会科学出版社，1990.6.—2册（1357页）：彩照；大32开.—（当代中国丛书/邓力群等主编）.—ISBN 7-5004-0594-4（精装）：34.15元

当代中国的河北/解峰等主编；《当代中国》丛书编辑部编辑.—北京：中国社会科学出版社，1990.6.—2册（754，603页）：彩照；大32开.—（当代中国丛书/邓力群等主编）.—ISBN 7-5004-0595-2：30.75元

当代中国的河南/张树德，侯志英主编.—北京：中国社会科学出版社，1990.11.—2册（639，683页）：彩照；大32开.—（当代中国丛书/邓力群等主编）.—ISBN 7-5004-0666-6（精装）：36.60元

当代中国的河南/张树德，侯志英主编.—北京：中国社会科学出版社，1990.11.—2册（639页，683页）：彩照；大32开.—（当代中国丛书/邓力群等主编）.—ISBN 7-5004-0667-3：33.20元

当代中国的湖南/刘正主编；《当代中国》丛书编辑部编辑.—北京：中国社会科学出版社，1990.10.2册（639，714页）：彩照；大32开.—（当代中国丛书/邓力群等主编）.—ISBN 7-5004-0587-1：25.50元

回望/黄克桓主编.—哈尔滨：黑龙江人民出版社，1990.7.—168页；32开.—ISBN 7-207-01577-1 2.20元

齐鲁春秋四十载/魏建斌等主编.—济南：山东人民出版社，1990.5.—283页；32开.—ISBN 7-209-00056-7：3.35元

江苏改革开放纪事：1979～1988/中共江苏省委党史工作委员会，江苏省经济体制改革委员会编.—北京：中共党史出版社，1990.9.—344页；32开.ISBN 7-80023-242-5：4.50元

安徽·全椒/《求是》杂志社经济部主编.—北京：中国展望出版社，1990.8.—226页；32开.—（中国县市改革与发展丛书）.—ISBN 7-5050-0723-8：4.95元

安徽·来安/欧远方主编.—北京：中国展望出版社，1990.9.—195页；32开.—（中国县市改革与发展丛书）.—ISBN 7-5050-0781-5：4.00元

安徽·怀远/《求是》杂志社经济部主编.—北京：中国展望出版社，1990.4.—257页：彩照；32开.（中国县市改革与发展丛书）.—ISBN 7-5050-0734-3：4.80元

社会主义好/中共北京市委农村工作委员会等编；赵友福主编.—北京：北京出版社，1990.6.—511页；大32开.—ISBN 7-200-01144-4：5.75元

佳木斯回顾与展望：1949～1989/《佳木斯回顾与展望》编辑委员会编.—北京：中国统计出版社，1990.1.—542页：彩照；16开.—ISBN 7-5037-0369-5（精装）：48.00元

河北农村四十年/河北省农村社会经济调查队编写.—石家庄：河北人民出版社，1990.7.—194页；大32开.—ISBN 7-202-00696-0：2.90元

南平建设：汉英对照/南平市建设委员会编；吕文新主编.—北京：华艺出版社，〔1990〕.—61页；16开.—ISBN 7-80039-249-X：20.00元

桂海掠影/邓生才主编.—南宁：广西教育出版社，1990.1.—548页；大32开.—ISBN 7-5435-0729-3：7.00元

晋中四十年：1949～1989/《晋中四十年》编辑委员会编.—北京：中国统计出版社，1990.12.—646页；16开.—ISBN 7-5037-0531-0（精装）：42.00元

海南解放四十周年成就汇编：1950～1990/章锦涛主编.—海口：南海出版公司，1990.4.—172页；大16开.—ISBN 7-80570-000-1：33.00元

海盐四十年/中共海盐县委宣传部，海盐县广播电视局编.—上海：上海人民出版社，1990.9.—239页；32开.—ISBN 7-208-00930-9：4.60元

本书从各个方面，回顾了海盐40年来的发展历程和建设成就。

黄石十年改革大事记：1978～1988/中共黄石市委宣传部编.—武汉：武汉测绘科技大学出版社，1990.6.—209页；32开.—ISBN 7-81030-033-4：3.00元

崛起的石河子/祝谦主编.—乌鲁木齐：新疆人民出版社，1990.7.—311页；大32开.—（当代新疆丛书）.—ISBN 7-228-01329-8：4.15元

深圳的全国之最/深圳市政府计划局编著.—深圳：海天出版社，1990.8.—267页：彩照；32开.—ISBN 7-80542-270-2：6.00元

湖南社会主义道路探索四十年/欧阳楚龙主编.—长沙：湖南师范大学出版社，1990.7.—411页；大32开.—ISBN 7-81031-036-4：4.80元

楚天巨变/湖北党校党史研究会，湖北省社会科学联合会编.—北京：教育科学出版社，1990.2.—308页；32开.—纪念湖北全境解放四十周年.—ISBN 7-5041-0468-X：3.85元

繁花似锦：改革开放中的广东基层/广东省小经济研究会编.—广州：华南理工大学出版社，1990.11.128页；32开.—ISBN 7-5623-0245-6：4.00元

D62　政治制度与国家机构

中国共产党领导的多党合作制度/谢俊，彭晓春主编.—南宁：广西教育出版社，1990.12.—197页；32开.—ISBN 7-5435-1109-6：2.60元

改革、开放与复杂系统/周曼殊著.—长沙：国防科技大学出版社，1990.12.—246页；32开.—ISBN 7-81024-135-4：3.80元

改革开放知识手册/《改革开放知识手册》编委会编.—北京：改革出版社，1990.6.—133页；大32开.—ISBN 7-80072-042-X：9.50元

本书共收词目约1000条，内容包括中国有关改革开放的方针政策、办法措施、名词术语、会议、文献和事件等。

D621　政治制度

中国政治制度辞典/刘国新主编.—北京：中国社会出版社，1990.3.—968页；大32开.—ISBN 7-80088-002-8（精装）：22.00元

当代中国政治制度/张永桃主编.—北京：高等教育出版社，1990.8.—365页；大32开.—全国高等教育自学考试教材　政治管理专业.—ISBN 7-04-002611-2：2.75元

当代中国政治制度/浦兴祖主编.—上海：上海人民出版社，1990.2.—544页；32开.—ISBN 7-208-00698-9：4.55元

当代中国政治制度自学考试大纲/全国高等教育自学考试指导委员会编.—北京：高等教育出版社，1990.8.—62页；32开.—ISBN 7-04-003240-6：0.53元

论我国人民代表大会制度建设/全国人大常委会办公厅研究室编.—北京：中国民主法制出版社，1990.1.—254页；32开.—ISBN 7-80078-010-4：3.10元

国旗和国旗下的哨兵/中国少年报社，天安门武警中队编.—沈阳：辽宁美术出版社，1990.6.—136页；32开.—ISBN 7-5314-0771-X：1.65元

人民代表大会选举制度研究/都淦主编.—成都：四川人民出版社，1990.3.—338页；32开.—ISBN 7-220-00881-3：3.60元

中华人民共和国选举制度/王崇明，袁瑞良著.—北京：中国民主法制出版社，1990.10.—165页；32开.—（人民代表大会制度丛书）.—ISBN 7-80078-020-1：2.50元

县乡换届选举问答/艾其来，焦志军编.—北京：大地出版社，1990.3.—112页；32开.—ISBN 7-80068-129-7：1.50元

县乡换届选举讲话/甘肃省人大常委会办公厅编.兰州：甘肃人民出版社，1990.1.—121页；32开.ISBN 7-226-00569-7：1.25元

选举工作手册/内蒙古自治区选举委员会办公室编著.—2版.—呼和浩特：内蒙古人民出版社，1990.8.—341页；大32开.—ISBN 7-204-01065-5：3.86元

本书1986年12月第1版。

D622 全国人民代表大会会议及其文件

人民代表工作手册/江苏省人大常委会办公厅研究室编.—修订本.—南京：江苏人民出版社，1990.6.265页；32开.—ISBN 7-214-00477-1：2.95元

本书1987年9月第1版。

人民代表丛谈/任俊国主编.—沈阳：辽宁大学出版社，1990.7.—264页；大32开.—ISBN 7-5610-0943-7：4.80元

人民代表视察手册/任重编.—南京：南京出版社，1990.9.—263页；36开.—ISBN 7-80560-268-9：2.25元

人民的权力：七届全国人大三次会议学习宣传辅导材料/《人民的权力》编写组编写.—北京：华龄出版社，1990.4.—314页；32开.—ISBN 7-80082-070-X：3.90元

中华人民共和国第七届全国人民代表大会第三次会议文件汇编/全国人民代表大会常务委员会办公厅编.—北京：人民出版社，1990.6.—309页；大32开.—ISBN 7-01-00768-3：4.60元

学习七届人大三次会议《政府工作报告》辅导/桂世镛等编著.—北京：中共中央党校出版社，1990.4.—279页；32开.—ISBN 7-5035-0282-7：3.30元

D623 国务院

1990政府工作报告要点辅导.—北京：中国卓越出版公司，1990.4.—156页；32开.—ISBN 7-80071-270-2：2.60元

七届人大三次会议《政府工作报告》学习辅导材料/《七届人大三次会议〈政府工作报告〉学习辅导材料》编写组编写.—北京：北京出版社，1990.4.278页；32开.—ISBN 7-200-01062-6：3.20元

七届全国人大三次会议政府工作报告学习辅导/北京：经济管理出版社，1990.4.—279页；32开.ISBN 7-80025-311-2：3.50元

七届全国人大三次会议政府工作报告学习辅导讲话/《七届全国人大三次会议〈政府工作报告〉学习辅导讲话》编写组编.—南京：江苏人民出版社，1990.4.—238页；32开.—ISBN 7-214-00424-0：2.60元

中国政府机构：1990/国家机构编制委员会办公室编.—北京：中国经济出版社，1990.12.—761页；16开.—ISBN 7-5017-1085-6（精装）：45.00元

为我国政治经济和社会的进一步稳定发展而奋斗：1990年3月20日在第七届全国人民代表大会第三次会议上的政府工作报告/李鹏报告.—北京：人民出版社，1990.4.—60页；32开.—ISBN 7-01-000741-1：0.55元

巩固安定团结 健康发展经济：七届人大三次会议《政府工作报告》学习辅导材料.—北京：社会科学文献出版社，1990.4.—312页；32开.—ISBN 7-80050-161-2：3.30元

学习七届人大三次会议《政府工作报告》问答/北京人民广播电台理论组编.—北京：北京师范大学出版社，1990.4.—161页；32开.—ISBN 7-303-00990-6：1.80元

学习七届全国人大三次会议政府工作报告辅导材料/中共上海市委宣传部《宣传通讯》编辑部组织编写.—上海：上海人民出版社，1990.4.—204页；32开.—ISBN 7-208-00882-5：1.75元

D624 地方各级人民代表大会

云南省县级以上的地方各级人民代表大会常务委员会监督条例/云南省人民代表大会法制委员会编.—昆明：云南人民出版社，1990.6.—43页；32开.ISBN 7-222-00652-4：0.95元

中国地方人大换届选举咨询手册：一分册/王振邦，夏福珍编.—长沙：中南工业大学出版社，1990.1.—146页；32开.—ISBN 7-81020-273-1：1.95元

地方人大工作研究论文集/江西省人民代表大会常务委员会办公厅编.—南昌：江西人民出版社，1990.6.—348页；32开.—ISBN 7-210-00858-6：4.70元

地方人大代表工作手册/胡德祖等编著.—南昌：江西人民出版社，1990.11.—315页；36开.—ISBN 7-210-00895-0：3.60元

地方人大的理论与实践/万文周等编著.—武汉：武汉出版社，1990.4.—361页；大32开.—ISBN 7-5430-0324-X：4.40元

奉新县人民代表大会志/奉新县人大志编纂委员会编.—海口：南海出版公司，1990.9.—213页：彩照；16开.—ISBN 7-80570-339-6（精装）：13.10元

积极探索勇于实践：黑龙江省乡镇人大工作经验选编/黑龙江省人大常委会选举办公室编.—北京：中国民主法制出版社，1990.2.—229页；32开.—ISBN 7-80078-009-0：2.85元

做好地方人大工作/张志刚，曹玉海主编.—北京：群众出版社，1990.7.—329页；大32开.—ISBN 7-5014-0436-3：4.50元

D625 地方各级人民政府

乡村工作手册/刘振伟主编.—北京：农村读物出版社，1990.6.—413页；32开.—ISBN 7-5048-1120-3：4.85元

本书阐述了乡村组织体制、乡村两级党政经组织设置、农村社会经济发展的现行政策和基本知识，及农村常碰到的法律知识等。

乡村管理的历史与现实/杨爱民主编.—北京：中国文史出版社，1990.12.—332页；32开.—ISBN 7-5034-0308-X：3.50元

乡镇工作手册/康电，华孝清主编.—成都：四川人民出版社，1990.10.—716页；大32开.—ISBN 7-220-01065-6：9.20元

乡镇行政管理/中共湖北省委组织部组编；张雪年等编著.—北京：经济科学出版社，1990.2.—197页；32开.—乡镇领导干部岗位培训教材.—ISBN 7-5058-0330-1：2.15元

乡镇行政管理/张凤坡，马占林主编.—沈阳：辽宁人民出版社，1990.12.—265页；32开.—（行政管理学丛书/郝怀礼，孟继群主编）.—ISBN 7-205-01675-4：3.80元

乡镇行政管理/张雪年等编著.—北京：经济科学出版社，1990.2.—197页；32开.—乡镇领导干部岗位培训教材.—ISBN 7-5058-0331-1：2.15元

乡镇行政管理/贵州省民族事务委员会编.—贵阳：贵州人民出版社，1990.6.—386页；32开.—贵州省民族行政管理学校教材.—ISBN 7-221-01639-9：3.85元

乡镇政权建设/田穗生等编著.—北京：经济科学出版社，1990.3.—186页；32开.—乡镇领导干部岗位培训教材.—ISBN 7-5058-0348-4：2.10元

乡镇领导工作纵横谈/尚立学主编.—北京：经济日报出版社，1990.6.—285页；32开.—ISBN 7-80036-255-8：3.50元

乡镇领导指南/赵明富主编.—北京：中共党史出版社，1990.12.—241页；32开.—ISBN 7-80023-273-5：3.80元

乡镇管理概论/欧阳锦等编.—兰州：甘肃民族出版社，1990.7.—339页；大32开.—ISBN 7-5421-0055-6：4.10元

中国乡镇改革与发展战略研究/张建军主编.—北京：北京邮电学院出版社，1990.5.—317页；大32开.—附录：山东省部分乡镇党委书记、乡镇长名录.—ISBN 7-5635-0061-0：5.50元

中国县级行政管理学/陈孚慎主编.—北京：中国工人出版社，1990.12.—38?页；大32开.—ISBN 7-5008-0720-1：5.50元

中国县级领导学概要/刘春仁主编.—北京：农业出版社，1990.4.—244页；大32开.—ISBN 7-109-01507-6：5.40元

四川省政府机关日常工作手册/张孝林，梁清海主编.—成都：四川民族出版社，1990.5.—336页；32开.—ISBN 7-5409-0461-5：4.00元

各地政府驻外地机构联络指南/耿严等主编.—杭州：浙江人民出版社，1990.10.—446页；32开.ISBN 7-213-00591-X：6.75元

农村基层政权建设/中共浙江省委宣传部党员教育处组织编写.—杭州：浙江大学出版社，1990.8.126页；32开.—基层党校教材.—ISBN 7-308-00579-8：1.50元

村民委员会建设/马光武主编.—杭州：浙江人民出版社，1990.—151页；32开.—ISBN 7-213-00536-7：2.00元

村民委员会建设/李定坤，肖文焕主编.—长沙：湖南出版社，1990.11.—152页；32开.—ISBN 7-5438-0035-7：1.80元

县行政管理/贺成编著.—成都：西南交通大学出版社，1990.12.—271页；32开.—ISBN 7-81022-192-2：3.00元

县级行政管理/柳纯忠，葛树卿主编.—北京：人民出版社，1990.8.—214页；32开.—（县级现代管理必备丛书）.—ISBN 7-01-000740-3：3.20元

县级决策概论/陈光林，徐余主编.—济南：山东人民出版社，1990.4.—212页；大32开.—（县级决策理论与实践丛书/杜秀明，王国华主编）.—ISBN 7-209-00634-6：3.05元

县级领导学/周琳，魏益华主编.—北京：中共中央党校出版社，1990.11.—298页；32开.—ISBN 7-5035-0317-3：3.90元

县级领导研究/郭涤等主编.—西安：陕西人民出版社，1990.6.—297页；大32开.—ISBN 7-224-01380-3：4.30元

居民委员会工作手册/白益华，马学理主编.—北京：中国社会出版社，1990.5.—209页；32开.ISBN 7-80088-055-9：2.80元

居民委员会工作指南/徐秀义，杜西川主编；徐秀义等著.—北京：新华出版社，1990.2.—390页；32开.—ISBN 7-5011-0625-8：5.30元

居民委员会建设读本/汤晋苏主编.—北京：人民出版社，1990.4.—196页；32开.—ISBN 7-01-000639-3：2.30元

街道管理知识/陈济民主编.—北京：冶金工业出版社，1990.12.—200页；32开.—ISBN 7-5024-0810-8：3.20元

新时期村级组织建设的实践/谭福德主编.—济南：山东人民出版社，1990.12.—258页；32开.—ISBN 7-209-00798-9：2.80元

D63 国家行政管理

干部廉政读本/杨五湖主编.—北京：人民出版社，1990.12.—432页；大32开.—ISBN 7-01-000959-7：7.00元

中国行政管理现状与改革/中国行政管理学会编.北京：北京出版社，1990.6.—370页；大32开.ISBN 7-200-01138-X：5.05元

中国行政管理学教程/陈志平，袁有忠主编.—北京：中国政法大学出版社，1990.7.—247页；32开.ISBN7-5620-0478-1：1.48元

中国名人廉政轶事/李先明主编.—南宁：广西教育出版社，1990.10.—222页；32开.—ISBN 7-5435-1037-5：2.80元

中国社会主义监督学/高国彬主编.—武汉：湖北人民出版社，1990.12.—342页；大32开.—ISBN 7-216-00668-2：5.35元

中国监督制度/张玲元等主编.—北京：华龄出版社，1990.12.—194页；大32开.—(廉政·监察丛书；8/王永银主编).—ISBN 7-80082-074-2：3.50元

当代中国的廉政问题/何荣棣，张敦安主编.—北京：海洋出版社，1990.5.—221页；大32开.ISBN 7-5027-1087-6：3.95元

社会主义廉政管理/何五星编著.—南宁：广西民族出版社，1990.11.—316页；32开.—ISBN 7-5363-0891-4：3.90元

现代中国行政管理学教程/向美清主编.—北京：法律出版社，1990.10.—252页；大32开.—ISBN 7-5036-0763-7：3.85元

建立有中国特色的行政管理学：我国行政管理学学科体系初探/葛孚光主编.—北京：中国经济出版社，1990.9.—171页；32开.—ISBN 7-5017-0853-3：2.90元

保持廉洁 反对腐败：廉政教育讲话/福建省监察厅政策研究室编.—福州：福建人民出版社，1990.8.209页；32开.—ISBN 7-211-01285-4：2.10元

基层行政管理案例选析/罗文编著.—南宁：广西民族出版社，1990.9.—317页；32开.—ISBN 7-5363-0899-X：3.50元

廉政之光/山东省监察厅编.—济南：山东人民出版社，1990.8.—188页；32开.—ISBN 7-209-00737-7：2.15元

廉政之歌/中共中央纪律检查委员会研究室编.—北京：法律出版社，1990.7.—384页；大32开.ISBN 7-5036-0678-9：6.00元

廉政风范/中共山东省纪委教育室编.—济南：山东人民出版社，1990.7.—240页；32开.—ISBN 7-209-00711-3：2.50元

廉政风范/牛黄等主编.—北京：华龄出版社，1990.12.—290页；大32开.—(廉政·监察丛书；9/王永银主编).—ISBN 7-80082-051-3：4.50元

廉政风范/高纪明等编.—青岛：青岛出版社，1990.12.—322页；32开.—ISBN 7-5436-0553-8：4.40元

廉政佳话/中共连云港市纪律检查委员会，中共连云港市委组织部编.—南京：江苏人民出版社，1990.10.—158页；32开.—ISBN 7-214-00571-9：2.00元

廉政建设问题/田杰，周玉主编.—沈阳：白山出版社，1990.3.—217页；32开.—ISBN 7-80566-108-1：2.70元

廉政建设初探/杨建军等主编.—沈阳：辽宁大学出版社，1990.7.—278页；32开.—ISBN 7-5610-0933-X：3.50元

廉政建设的理论和实践/江苏省监察厅等编.—南京：江苏人民出版社，1990.8.—182页；32开.ISBN 7-214-00532-8：2.70元

廉政建设研究/中共安徽省委政策研究室编.—合肥：安徽人民出版社，1990.9.—237页；32开.ISBN 7-212-00440-5：3.00元

廉政建设辞典/罗景一等主编.—北京：学苑出版社，1990.4.—734页；32开.—ISBN 7-80060-842-5(精装)：12.00元

廉政修养与建设/唐得之，邓明东著.—广州：华南理工大学出版社，1990.12.—357页；32开.—ISBN 7-5623-0208-1：4.50元

廉洁与贪婪：当家理财借鉴集/刘国彬，刘胜杰编著.—兰州：兰州大学出版社，1990.9.—117页；32开.—ISBN 7-311-00374-1：1.95元

新时期廉政建设/郑岩主编.—北京：电子工业出版社，1990.6.—344页；32开.—ISBN 7-5053-0807-6：4.90元

D630 国家机关工作与干部工作

中国公务员制度概要/石文林等主编.—北京：中国人民大学出版社，1990.1.—233页；大32开.ISBN 7-300-00848-8：4.35元

机关工作实用手册/龙吾江主编.—北京：蓝天出版社，1990.4.—252页；48开.—ISBN 7-80081-088-7(精装)：3.98元

全国事业单位编制标准总汇 第一辑/中华人民共和国人事部中央国家机关机构编制管理司事业处编.北京：高等教育出版社，1990.4.—480页；大32开.ISBN 7-04-002427-6：5.45元

社会主义初级阶段党政干部工作手册/孟宪鹏主编.—北京：中国社会出版社，1990.8.—637页；大32开.—ISBN 7-80088-035-4：9.80元

D630.1 国家机关工作

机构编制管理教程/钱其智主编.—北京：中国人事出版社，1990.12.—266页；大32开.—ISBN 7-80076-019-7：4.50元

回避制度讲析/刘嘉林，何宪主编.—北京：中国人事出版社，1990.12.—260页；32开.—ISBN 7-80076-015-4：4.90元

事业机构编制管理概论/张静之，王月夫著.—北京：中国和平出版社，1990.4.—186页；大32开.ISBN 7-80037-335-5：3.90元

政务调研指南/雷喻义，蒲永富主编.—成都：四川人民出版社，1990.5.—424页；32开.—ISBN 7-220-01017-6：4.65元

政治机关实务与管理/隋玉梁主编.—北京：蓝天出版社，1990.6.—245页；32开.—(政治机关干部专业训练丛书).—ISBN 7-80081-098-4：4.10元

群众办事指南：工商行政管理分册/哈尔滨市监察局，哈尔滨市人民政府法制办公室编写.—哈尔滨：黑龙江人民出版社，1990.12.—173页；32开.ISBN 7-207-01700-6：2.90元

群众办事指南：公安分册/哈尔滨市监察局，哈尔滨市人民政府法制办公室编写.—哈尔滨：黑龙江人民出版社，1990.12.—145页；32开.—ISBN 7-207-01704-9：2.50元

群众办事指南：民政工作分册/哈尔滨市监察局，哈尔滨市人民政府法制办公室编写.—哈尔滨：黑龙江人民出版社，1990.12.—100页；32开.—ISBN 7-207-01698-0：1.95元

群众办事指南：司法分册/哈尔滨市监察局，哈尔滨市人民政府法制办公室编写.—哈尔滨：黑龙江人民出版社，1990.12.—159页；32开.—ISBN 7-207-01699-9：2.60元

群众办事指南：规划、土地分册/哈尔滨市监察局，哈尔滨市人民政府法制办公室编写.—哈尔滨：黑龙江人民出版社，1990.11.—90页；32开.—ISBN 7-207-01702-2：1.85元

群众办事指南：物价管理分册/哈尔滨市监察局，哈尔滨市人民政府法制办公室编写.—哈尔滨：黑龙江人民出版社，1990.11.—89页；32开.—ISBN 7-207-01705-7：1.80元

D630.3 干部工作

人才流动理论、政策与实践/郭全胜主编.—北京：中国劳动出版社，1990.10.—239页；32开.—ISBN 7-5045-0579-X：4.50元

人事工作文件汇编　(三)/国家税务局编.—北京：经济管理出版社，1990.12.—179页；32开.ISBN 7-80025-385-6：2.40元

干部下基层工作手册/国务院办公厅综合司编.—北京：中国工人出版社，1990.6.—233页；32开.ISBN 7-5008-0625-6：3.10元

本手册介绍干部到基层工作必备的知识，包括党的方针、政策，老一辈无产阶级革命家论调查研究、联系群众，地方、部门情况交流，党风、党纪，常用法规、条例和通知、决定等。

干部考核学/韩锴编著.—杭州：浙江大学出版社，1990.1.—199页；32开.—(组织工作丛书/王加微主编).—ISBN 7-308-00454-6：2.80元

干部考察工作新探/吉林省委组织部综合干部处编.—长春：吉林人民出版社，1990.12.—327页；大32开.—ISBN 7-206-00935-2：4.50元

干部岗位规范及培训规范研究/田淑兰，朱全宝主编.—北京：北京航空航天大学出版社，1990.6.236页；32开.—ISBN 7-81012-201-0：4.00元

干部录用考试理论与方法：中共中央组织部干部工作新方法研究成果汇编/于文远主编.—沈阳：辽宁大学出版社，1990.5.—396页；大32开.—ISBN 7-5610-0882-1：5.00元

干部思想教育通论/郭民良，王世云主编.—上海：华东师范大学出版社，1990.3.—457页；32开.(思想教育丛书).—ISBN 7-5617-0591-3：4.20元

干部理论学习辞典/万福义等主编.—北京：改革出版社，1990.6.—1册(798，36页)；大32开.ISBN 7-80072-026-8(精装)：20.00元

干部教育手册/《干部教育手册》编委会编.—北京：中共中央党校出版社，1990.7.—819页；大32开.—ISBN 7-5035-0189-8(精装)：15.00元

干部教育概论/沈思义，秦世才著.—北京：中国物资出版社，1990.2.—273页；32开.—ISBN 7-5047-0188-2：3.00元

中青年领导干部必读/王淑惠，马继明主编.—保定：河北大学出版社，1990.12.—297页；大32开.ISBN 7-31028-032-5：4.00元

中国人事管理/梁裕楷主编；冯宗桂等编著.—广州：中山大学出版社，1990.6.—279页；大32开.ISBN 7-306-00320-8：4.95元

当代干部学习辞典/申耕，李维国主编.—北京：学苑出版社，1990.5.—1184页；32开.—ISBN 7-80060-986-3(精装)：20.00元

本书分设哲学、经济学、科学社会主义、党史党建、中国国情、改革开放、国防与军事等十四大类，共收词条3600余条。

合肥市人事局志/开先有主编.—合肥：安徽人民出版社，1990.2.—159页：彩照；32开.—ISBN 7-212-00323-0：3.50元

论在职培训/（日）畠山芳雄著；李守贞译.—北京：新华出版社，1990.11.—160页；32开.—ISBN 7-5011-0782-8：2.05元

劳动人事问题解答 （五）/刘兴然主编.—长春：吉林大学出版社，1990.7.—1380页；32开.—ISBN 7-5601-0598-X（精装）：20.50元

劳动人事管理/冶金工业部建设司编.—上海：上海科学技术文献出版社，1990.9.—478页；32开.施工企业中级以上干部岗位培训教材 （八）.ISBN 7-80513-596-7：6.60元

青年干部形象的自我塑造/张修学，赵喜明著.—郑州：河南人民出版社，1990.4.—236页；32开.ISBN 7-215-00617-4：2.60元

郑州人事志：1904～1989/卢书珍主编.—郑州：中州古籍出版社，1990.12.—412页：彩照；大32开.（郑州市志丛书）.—ISBN 7-5348-0539-1：18.00元

组织人事工作实用手册/潘家义主编.—南宁：广西人民出版社，1990.6.—534页；32开.—ISBN 7-219-01623-9：6.35元

政工干部必备基础理论：职称考评指南/朱起铎，戴秀珍主编.—北京：北京出版社，1990.5.—418页；32开.—ISBN 7-200-41120-7：4.50元

政工干部修养/朱在宪，解智祥主编.—长春：吉林人民出版社，1990.5.—306页；32开.—ISBN 7-206-00740-6：3.60元

政治机关干部能力训练纲要/隋玉梁，叶金生主编.—北京：蓝天出版社，1990.6.—231页；32开.（政治机关干部专业训练丛书）.—ISBN 7-80081-100-X：4.00元

选拔干部民意调查方法规范化及相关理论研究/《选拔干部民意调查方法规范化及相关理论研究》课题组编.—成都：四川大学出版社，1990.4.—353页；大32开.—中共中央组织部干部工作新方法研究成果汇编.—ISBN 7-5614-0296-1：4.20元

本书研究了我国在干部工作中开展民意调查的实践和经验，阐述了选拔干部民意调查的理论依据、理论原则，民意调查各种方法的操作程序以及配套使用的规范化模式。

党政干部素质简论/刘金文等主编.—海口：南海出版公司，1990.12.—232页；大32开.—（现代企业管理必备丛书）.—ISBN 7-80570-420-340-X：4.28元

党政干部职业道德/罗景一等著.—北京：法律出版社，1990.7.—236页；32开.—ISBN 7-5036-0673-8：3.30元

党政干部职业道德/雷湘池主编.—南昌：江西人民出版社，1990.9.—195页；32开.—（社会主义职业道德、社会公德教育丛书/张会村，杨小春主编）.ISBN 7-210-00860-8：2.30元

党政机关思想政治工作100个怎么办？/中共河北省直工委宣传部编.—北京：红旗出版社，1990.9.217页；32开.—（新时期思想政治工作怎么办丛书；1）.—ISBN 7-80068-149-1：2.50元

职称的由来及沿革/王天成编著.—西安：陕西人民教育出版社，1990.8.—108页；32开.—ISBN 7-5419-1780-8：1.75元

基层干部必备知识/王积业等主编.—北京：群众出版社，1990.1.—501页；大32开.—ISBN 7-5014-0462-5：7.80元

基层干部理论培训简明教程/费朝奇主编.—济南：山东大学出版社，1990.11.—325页；32开.—ISBN 7-5607-0422-0：4.50元

提高干部选拔任用工作透明度的理论与实践/《提高干部选拔任用工作透明度的理论与实践》研究课题组编.—成都：四川大学出版社，1990.12.—219页；大32开.—ISBN 7-5614-0347-X：3.50元

D631 公安工作

人民公安学概论/张振藩主编.—北京：中国政法大学出版社，1990.9.—288页；32开.—ISBN 7-5620-0453-6：1.67元

公安工作概论/高步云，王力英主编.—沈阳：辽宁人民出版社，1990.4.—132页；32开.—公安派出所民警岗位培训系列教材.—ISBN 7-205-01377-1：1.70元

业务知识选修课本/王力英主编；于子健等撰稿.沈阳：辽宁人民出版社，1990.4.—331页；32开.公安派出所所长岗位培训系列教材.—ISBN 7-205-01385-2：3.30元

理论课本/武托，孙栋修主编.—沈阳：辽宁人民出版社，1990.4.—288页；32开.—公安派出所所长、民警岗位培训系列教材.—ISBN 7-205-01388-7：3.30元

杭州公安春秋/陈福康主编.—杭州：浙江人民出版社，1990.10.—237页；32开.—ISBN 7-213-00597-9：2.50元

D631.1 公安行政工作

公民如何与公安机关打交道：公安便民400问/李健和等编著.—北京：法律出版社，1990.11.—258页；32开.—ISBN 7-5036-0718-1：3.90元

正义与邪恶的较量　第二集/中宣部宣传局，公安部政治部编.—北京：中国人民公安大学出版社，1990.8.—162页；32开.—ISBN 7-81011-275-9：2.40元

热血铸忠诚/吉林省司法厅政治部机关生活报编辑部编.—长春：吉林人民出版社，1990.9.—68页；32开.—ISBN 7-206-00871-2：1.30元

本书记述了吉林省长春市劳改支队干部刘一群烈士的英雄模范事迹。

警官道德/高国庆，李祖辉主编.—厦门：鹭江出版社，1990.6.—261页；32开.—ISBN 7-80533-365-3：2.80元

D631.3　保卫工作

社会治安系统工程/辛明主编.—成都：四川人民出版社，1990.11.—443页；32开.—（新法学丛书/种明钊主编）.—ISBN 7-220-01050-8：5.10元

保卫工作/王凤超主编.—太原，山西教育出版社，1990.6.—113页；32开.—中等专业教育自学考试公安专业用.—ISBN 7-80578-166-4：1.90元

D631.4　治安工作

中国社会治安综合治理研究/马结著.—北京：法律出版社，1990.9.—344页；大32开.—ISBN 7-5036-0697-5：6.00元

出入境须知/邹瑞汉编著.—厦门：鹭江出版社，1990.7.—178页；大32开.—ISBN 7-80533-378-5：5.50元

出国出境指南/黄捷等编著.—南京：江苏人民出版社，1990.8.—639页；32开.—ISBN 7-214-00529-8：7.90元

出国知识大全/景亮编.—北京：世界知识出版社，1990.4.—515页；32开.—ISBN 7-5012-0234-6：5.50元

本书内容包括我国外事（涉外）人员注意事项、护照和签证的有关知识和申办方法、在国外衣食住行的注意事项，并分别介绍了100多个国家的简况及出国留学或探亲申办签证的规定等。

出国须知/郭隆隆等编写.—上海：上海教育出版社，1990.12.—285页；32开.—ISBN 7-5320-1865-2：2.90元

自卫与防范/刘傅海著.—广州：广东高等教育出版社，1990.10.—135页；32开.—ISBN 7-5361-0533-9：1.80元

本书系统地介绍了关系人民生命财产安全的防盗窃、防诈骗、防抢劫、防色狼、防车祸、防意外事故以及火患逃生等方面的知识。

安全防范手册/（美）芬尼黎（Fennelly，L.J.）主编；赵清义等译.—北京：群众出版社，1990.8.—467页；16开.—ISBN 7-5014-0401-1：13.50元

本书包括安全概论、安全方法与设备、安全管理与计划、各方面的安全问题等。

治安管理/孙尧主编.—沈阳：辽宁人民出版社，1990.4.—202页；32开.—公安派出所所长岗位培训系列教材.—ISBN 7-205-01387-9：2.30元

派出所治安管理/孙尧主编.—沈阳：辽宁人民出版社，1990.4.—404页；32开.—公安派出所民警岗位培训系列教材.—ISBN 7-205-01375-5：4.00元

派出所领导工作/陶玉山，张耀儒主编.—沈阳：辽宁人民出版社，1990.4.—170页；32开.—公安派出所所长岗位培训系列教材.—ISBN 7-205-01385-2：2.20元

D631.5/.6　交通管理、消防工作

乡镇企业消防/江苏、浙江、上海公安消防总队联合编写.—上海：上海科学技术出版社，1990.5.249页；32开.—ISBN 7-5323-2200-9：3.00元

防火干部工作指南/金河龙主编.—长春：吉林科学技术出版社，1990.3.—404页；32开.—ISBN 7-5384-0490-2：5.00元

汽车定编与管理/李赐瑞主编.—哈尔滨：黑龙江人民出版社，1990.12.—321页；彩照；32开.—ISBN 7-207-01746-4：10.00元

D632　民政工作

干休所工作与老年保健/赵越等编著.—北京：北京出版社，1990.12.—325页；32开.—ISBN 7-200-01276-9：4.70元

士兵退出现役安置问答/民政部安置司编.—北京：蓝天出版社，1990.11.—16页；32开.—ISBN 7-80081-161-1：0.60元

中国民政词典/崔乃夫主编.—上海：上海辞书出版社，1990.12.—540页；32开.—ISBN 7-5326-0141-2（精装）：10.00元

本词典收词2075条，包括民政总类、基层政权建设、行政区划和地名管理、优抚、安置、救灾救济、社会福利、婚姻管理、殡葬管理、社团管理、计划财务等。

民政理论文选　第二集/广西民政学会编.—南宁：广西人民出版社，1990.5.—216页；大32开.—ISBN 7-219-01691-3：3.00元

保定市民政志：公元前206年～公元1988年/林志忠，黄天宝主编；《保定市民政志》编纂委员会编.—北京：新华出版社，1990.9.—354页；32开.—ISBN 7-5011-0933-8（精装）：12.00元

信访工作/侯磊主编.—北京：档案出版社，1990.10.—142页；32开.—（党政机关秘书工作丛书；11）.—ISBN 7-80019-173-7：2.00元

信访·举报·申诉必备/《信访·举报·申诉必备》编写组编.—北京：中国政法大学出版社，1990.11.—587页；32开.—ISBN 7-5620-0531-1：3.50元

本书内容包括一般信访、纪检信访、监察信访、检查信访、基层信访、企业信访工作、信访工作经验方法、信访公文写作、举报工作申诉须知部分。

信访常识/梁官著.—北京：学苑出版社，1990.10.222页；32开.—ISBN 7-80060-898-0：3.20元

D633　民族工作

土族/郭璟著.—北京：民族出版社，1990.2.—94页；大32开.—(民族知识丛书).—ISBN 7-105-00725-7：1.05元

马克思主义民族理论在中国的实践和发展/郑广智主编.—呼和浩特：内蒙古人民出版社，1990.12.211页；32开.—(党的建设丛书/张丁华主编).ISBN 7-204-01298-4：2.95元

马克思主义民族理论和党的民族政策/徐玉圻主编.—2版.—乌鲁木齐：新疆人民出版社，1990.6.235页；大32开.—ISBN 7-228-00882-0：3.30元

本书1986年5月第1版。

乌孜别克族/罗建生著.—北京：民族出版社，1990.4.—71页；大32开.—(民族知识丛书).—ISBN 7-105-00788-5：0.96元

白族/詹承绪，张旭著.—北京：民族出版社，1990.3.—173页；大32开.—(民族知识丛书).ISBN 7-105-00814-8：1.75元

民族工作统计提要：1949～1989/国家民族事务委员会经济司编.—北京：民族出版社，1990.11.209页；大32开.—ISBN 7-105-01180-7：2.05元

民族问题释疑/刘冠章，郭正礼主编.—乌鲁木齐：新疆人民出版社，1990.5.—276页；32开.—ISBN 7-228-01377-8：2.35元

本书从历史、理论、政策三部分系统解答了学习马克思主义民族理论和党的民族政策中遇到的问题、难点。

民族知识问答/赵精华，蒙玉祝主编.—南宁：广西教育出版社，1990.10.—126页；32开.—ISBN 7-5435-1046-4：1.40元

民族知识简明教程/贵州省民族事务委员会编.—贵阳：贵州人民出版社，1990.6.—331页；32开.—贵州省民族行政管理学校教材.—ISBN 7-221-01793-X：3.30元

民族理论与民族政策/马维良，梁多俊主编.—昆明：云南教育出版社，1990.10.—315页；32开.ISBN 7-5415-0409-2：3.20元

民族理论与民族政策实践：全国首届党校系统民族理论研讨会论文选.—北京：中共中央党校出版社，1990.1.—335页；大32开.—ISBN 7-5035-0257-6：5.00元

社会主义初级阶段与民族问题/赵延年，王天玺著.—北京：民族出版社，1990.7.—87页；32开.ISBN 7-105-01111-4：0.63元

社会主义初级阶段云南民族问题探索/云南省民族理论研究会编.—昆明：云南民族出版社，1990.10.263页；大32开.—ISBN 7-5367-0331-7：2.70元

黑龙江省民族状况与民族工作/舒景祥主编.—牡丹江：黑龙江朝鲜民族出版社，1990.12.—418页；大32开.—ISBN 7-5389-0284-8(精装)：12.50元

新时期民族工作文献选编/国家民族事务委员会，中共中央文献研究室编.—北京：中央文献出版社，1990.9.—449页；大32开.—ISBN 7-5073-0053-6(精装)：9.80元

新时期民族工作文献选编/国家民族事务委员会，中共中央文献研究室编.—北京：中央文献出版社，1990.9.—449页；大32开.—ISBN 7-5073-0052-8：6.50元

瑶族/黄钰，黄方平著.—北京：民族出版社，1990.3.—100页：照片；大32开.—(民族知识丛书).—ISBN 7-105-00979-9：0.97元

瑶族：〔画册〕：汉英对照/广西壮族自治区民族事务委员会编.—北京：人民出版社，1990.5.—224页；大16开.—ISBN 7-01-000761-6(精装)：60.00元

黎族/邢关英著.—北京：民族出版社，1990.4.99页；大32开.—(民族知识丛书).—ISBN 7-105-01032-0：1.10元

D634　侨务工作

广西籍华侨华人资料选编/广西华侨历史学会，广西侨务志编辑室编.—南宁：广西人民出版社，1990.12.—634页；大32开.—ISBN 7-219-01759-6：9.00元

中国侨民在南美/(巴西)朱彭年编.—北京：文化艺术出版社，1990.1.—339页；大32开.—ISBN 7-5039-0512-3：5.00元

东南亚华侨史/朱杰勤著.—北京：高等教育出版社，1990.5.—279页；大32开.—ISBN 7-04-002808-5：3.30元

发挥侨力为经济建设服务/全国侨联经济工作部编.北京：中国华侨出版公司，1990.6.—304页；32开.ISBN 7-80074-432-9：4.20元

华侨华人大观/张兴汉等主编.—广州：暨南大学出版社，1990.6.—532页；32开.—ISBN 7-81029-000-2(精装)：14.80元

佛山市华侨志/佛山市人民政府侨务办公室编.—广州：广东科技出版社，1990.3.—177页：彩照；16开.—ISBN 7-5359-0581-1

战后海外华人变化：国际学术研讨会论文集：中文论文/郭梁主编.—北京：中国华侨出版公司，1990.8—262页；16开.—ISBN 7-80074-113-3：19.00元

战后海外华人变化：国际学术研讨会论文集：中英文论文/郭梁主编.—北京：中国华侨出版公司，1990.8.—487页；16开.—ISBN 7-80074-112-5：28.00元

美洲华侨华人史/李春辉，杨生茂主编.—北京：东方出版社，1990.6.—753页；大32开.—ISBN 7-5060-0086-5：13.80元

第四次全国归国华侨代表大会特刊/中华全国归国华侨联合会编.—北京：中国华侨出版公司，1990.11.—175页：照片；32开.—ISBN 7-80074-327-6：3.40元

福建华侨档案史料/福建省档案馆编.—北京：档案出版社，1990.4—2册(1892页)；大32开.—ISBN 7-80019-278-4：30.00元

D64 思想政治教育

中国思想政治工作全书/李传华等主编.—北京：中国人民大学出版社，1990.6.—2册(1262，1092页)；16开.—ISBN 7-300-00919-0(精装)：80.00元

邓小平思想政治工作理论研究/孙健主编.—北京：国防大学出版社，1990.3.—207页；32开.—(邓小平的思想研究丛书).—ISBN 7-5626-0156-9：2.80元

当代思想教育艺术演讲集/邹本仁等编.—沈阳：辽宁人民出版社，1990.10.—372页；大32开.—ISBN 7-205-01639-8：6.90元

论社会主义思想教育/余心言著.—成都：四川教育出版社，1990.6.—345页；大32开.—ISBN 7-5408-1345-6：4.50元

社会主义初级阶段思想政治工作/王殿卿，冯茂雄编著.—北京：对外贸易教育出版社，1990.1.142页；32开.—ISBN 7-81000-431-X：1.60元

启迪心灵的艺术：思想政治工作方法论/刘廷友著.—北京：工人出版社，1990.4.—259页；32开.ISBN 7-5008-0550-0：3.40元

本书从人格、心理、人际关系等崭新的角度探讨了新的历史条件下思想政治工作的特点、方法和艺术等。

现代思想政治工作辞典/敬永和主编.—上海：上海人民出版社，1990.9.—738页；32开.—ISBN 7-208-00680-6(精装)：11.00元

典型纵横谈/项军著.—北京：蓝天出版社，1990.12.—108页；36开.—ISBN 7-80081-158-1：2.83元

本书包括有关典型的杂谈和论文两部分。

实践中的探索：广东城乡思想政治工作经验/薛克媛等主编.—广州：广东人民出版社，1990.2.—249页；32开.—ISBN 7-218-00457-1：3.00元

思想工作艺术/龚国安等主编；王公仁等编著.—北京：蓝天出版社，1990.11.—321页；32开.—ISBN 7-80081-143-3：4.10元

思想工作方法探/史骏飞主编.—南昌：江西高校出版社，1990.9.—184页；32开.—ISBN 7-81033-026-8：2.70元

思想·心理·行为：思想政治工作学探索/芮明杰，孙远著.—重庆：重庆出版社，1990.8.—264页；大32开.—ISBN 7-5366-1301-6：4.10元

思想建设与文化体制改革/丁世发，刘玉祯主编.沈阳：沈阳出版社，1990.1.—246页；大32开.(中国社会主义体制改革十年丛书/冯玉忠，赵宏毅主编).—ISBN 7-80556-430-2：3.50元

思想政治工作九十例/潘震宙等主编.—南京：江苏人民出版社，1990.6—256页；32开.—ISBN 7-214-00461-5：3.00元

思想政治工作与马克思主义哲学/侯树栋主编.—北京：国防大学出版社，1990.7.—348页；32开.—ISBN 7-5626-0235-2：4.25元

思想政治工作与哲学/《思想政治工作与哲学》编写组编著.—兰州：兰州大学出版社，1990.7.—283页；大32开.—ISBN 7-311-00334-2：4.00元

思想政治工作小百科/赵业龙等主编.—济南：山东大学出版社，1990.10.—777页；大32开.—ISBN 7-5607-0420-4(精装)：15.50元

思想政治工作艺术/宋禄荣主编.—成都：西南交通大学出版社，1990.12.—224页；32开.—ISBN 7-81022-242-2：2.30元

思想政治工作方法手册/李闽榕著.—上海：上海文艺出版社，1990.1.—406页；32开.—ISBN 7-5321-0540-7：3.85元

思想政治工作方法百种/徐兴稳编著.—沈阳：辽宁大学出版社，1990.12.—248页；32开.—ISBN 7-5610-1095-8：3.80元

思想政治工作心理学/王树茂著.—2版(修订本).沈阳：辽宁人民出版社，1990.10.—395页；大32开.—ISBN 7-205-01487-5：6.00元

本书1986年2月第1版。

思想政治工作导向/徐明等主编.—北京：科学出版社，1990.1.—235页；32开.—ISBN 7-03-001681-5：2.95元

思想政治工作知识辞典/张蔚萍主编.—石家庄：河北人民出版社，1990.8.—813页；32开.—ISBN 7-

202-00669-3（精装）：13.80元

思想政治工作的艺术/周平编著.一南京：江苏人民出版社，1990.4.—435页；大32开.—ISBN 7-214-00435-6：5.60元

思想政治工作的方法和艺术/焦宗泽主编.一天津：天津人民出版社，1990.2.—233页；32开.—（思想政治工作丛书/张丁华主编）.—ISBN 7-201-00443-3：2.90元

思想政治工作实用手册/于书今，王朝烈主编.一沈阳：辽宁人民出版社，1990.2.—665页；32开.—ISBN 7-205-01263-5（精装）：9.50元

思想政治工作实例析评/谢德民主编.一北京：新华出版社，1990.12.—410页；大32开.—ISBN 7-5011-1031-X：5.80元

思想政治工作学教程/薛引娥等编著.一西安：陕西人民出版社，1990.11.—287页；大32开.—ISBN 7-224-01561-X：4.90元

思想政治工作学基础/王剑颖主编.一哈尔滨：黑龙江人民出版社，1990.8.—283页；32开.—ISBN 7-207-01544-5：4.70元

思想政治工作学概论/国务院军队转业干部安置工作小组办公室组织编写；张蔚萍，张俊南编.一北京：中国劳动出版社，1990.7.—319页；32开.ISBN 7-5045-0581-1：4.60元

思想政治工作科学与艺术/张盛国等著.一沈阳：辽宁大学出版社，1990.3.—218页；大32开.—ISBN 7-5610-0874-0：2.90元

思想政治工作科学知识基础/陈子亮等主编.一南宁：广西人民出版社，1990.1.—211页；32开.—ISBN 7-219-01463-5：2.70元

思想政治工作笔谈/赵伟主编.一济南：济南出版社，1990.3.—381页；大32开.—ISBN 7-80572-150-5：6.90元

思想政治工作资料摘编　上册（一）/王志田等编.一哈尔滨：黑龙江人民出版社，1990.5.—223页；32开.—ISBN 7-207-01528-3：2.60元

思想政治工作资料摘编　上册（二）/王志田等编.一哈尔滨：黑龙江人民出版社，1990.7.—217页；32开.—ISBN 7-207-01528-3：2.60元

思想政治工作资料摘编　下册/王志田等编.一哈尔滨：黑龙江人民出版社，1990.9.—2册（236，204页）；32开.—ISBN 7-207-01644-1：5.20元

思想政治工作通论/郭振河等主编.一北京：轻工业出版社，1990.6.—295页；大32开.—ISBN 7-5019-0894-X：4.30元

思想政治工作探索/赵玉斌主编.一哈尔滨：哈尔滨工业大学出版社，1990.3.—384页；大32开.—ISBN 7-5603-0252-1：4.50元

思想政治工作概论/陶新民，韩锐主编.一哈尔滨：黑龙江人民出版社，1990.7.—243页；32开.—ISBN 7-207-01653-0：3.70元

思想政治工作简明教程/王双玺主编.一太原：山西人民出版社，1990.7.—204页；32开.—ISBN 7-203-01731-1：2.05元

思想政治工作新论/柳菊兴，杜春贤主编.一武汉：武汉测绘科技大学出版社，1990.6.—317页；32开.ISBN 7-81030-044-X：3.20元

思想政治工作新编/高开甲，袁玉立主编.一合肥：安徽人民出版社，1990.8.—239页；32开.—ISBN 7-212-00403-0：2.50元

思想政治工作100法/原同明，李焕章主编.一郑州：河南人民出版社，1990.10.—243页；32开.ISBN 7-215-01192-5：3.80元

思想政治工作100法/谭祖源主编.一南宁：广西民族出版社，1990.5.—101页；32开.—ISBN 7-5363-0785-3：2.80元

思想政治教育/江苏省劳动服务公司组织编写.一南京：江苏人民出版社，1990.10.—59页；32开.—江苏省就业培训统编教材：试用.—ISBN 7-214-00562-X：0.80元

思想政治教育专题讲座/张桂荣，刘长学主编.一哈尔滨：哈尔滨工业大学出版社，1990.12.—368页；32开.—ISBN 7-5603-0325-0：4.00元

思想政治教育纵横谈/姚秋杰等主编.一长春：吉林大学出版社，1990.4.—280页；32开.—ISBN 7-5601-0461-4：3.60元

思想政治教育学词典/童彭庆等主编.一兰州：兰州大学出版社，1990.5.—480页；32开.—ISBN 7-311-00186-2（精装）：13.50元

本词典共收有关思想政治教育学及其相关学科词目1409条。

思想政治教育教材/李恒春主编.一长春：吉林大学出版社，1990.10.—176页；32开.—ISBN 7-5601-0613-7：1.90元

思想政治教育简明教程/王桂宝主编.一长春：吉林人民出版社，1990.8.—269页；大32开.—ISBN 7-206-00840-2：3.20元

思想政治教育新论/陈秉公主编.一长春：吉林大学出版社，1990.12.—258页；32开.—ISBN 7-5601-0736-2：3.70元

思想政治教育200题/张明，刘大文主编.一济南：山东教育出版社，1990.12.—434页；大32开.—ISBN 7-5328-0912-9：4.85元

思想教育的科学和艺术/张蔚萍等编著.一北京：法律出版社，1990.9.—288页；大32开.—ISBN 7-5036-0738-6：4.70元

思想教育选讲/符坚，邹经汉主编；陈锋等编.—广州：暨南大学出版社，1990.3.—338页；32开.—ISBN 7-81029-024-X：2.95元

思想领域的变革/钟克钊等著.—上海：上海社会科学院出版社，1990.2.—287页；32开.—ISBN 7-80515-568-2：3.90元

怎样做一个好的思想政治工作干部/周根会主编.天津：天津人民出版社，1990.4.—207页；32开.（思想政治工作丛书/张丁华主编）.—ISBN 7-201-00461-1：2.70元

特区思想政治工作研究/李昌邦主编.—海口：三环出版社，1990.6.—225页；大32开.—ISBN 7-80564-090-4：3.80元

润物细无声/刘道森等主编.—成都：四川人民出版社，1990.11.—184页；32开.—ISBN 7-220-01144-X：2.00元

基层领导者与思想政治工作/吕振泽主编.—北京：求实出版社，1990.1.—261页；32开.—（基层干部理论进修丛书/杜玉章主编）.—ISBN 7-80033-210-1：3.65元

深圳军警民共建的理论与实践/深圳市精神文明建设办公室编；吴松营主编.—北京：中国青年出版社，1990.5.—161页；32开.—ISBN 7-5006-0906-X：3.50元

趋势与使命/赵铭忠主编.—沈阳：辽宁人民出版社，1990.11.—156页；32开.—ISBN 7-205-01659-2：2.80元

简明思想政治工作学/钟杰，胡忠仁主编.—哈尔滨：黑龙江人民出版社，1990.6.—329页；32开.ISBN 7-207-01582-8：4.20元

新时期县区思想政治工作荟萃集/姜政臣主编.—大连：大连理工大学出版社，1990.8.—419页；32开.ISBN 7-5611-0309-3：4.60元

新时期思想政治工作纵横谈/谷长春著.—长春：吉林人民出版社，1990.6.—213页；32开.—ISBN 7-206-00779-1：2.40元

新时期思想政治工作研究/索长文，陈筱香主编.长春：吉林大学出版社，1990.12.—224页；32开.ISBN 7-5601-0731-1：3.00元

新时期思想政治工作指南/苏希胜，赵更群主编.北京：学苑出版社，1990.4.—969页；32开.—ISBN 7-80060-843-3：12.50元

新时期思想政治工作读本/原同明主编.—郑州：河南人民出版社，1990.9.—218页；32开.—河南省党校系统中专教材.—ISBN 7-215-01121-6：2.55元

新时期思想政治工作探索/张丁华著.—天津：天津人民出版社，1990.5.—177页；32开.—ISBN 7-201-00451-4：2.55元

新时期思想教育手册/李福麟等主编.—北京：中国法制出版社，1990.8.—479页；32开.—ISBN 7-80083-004-7：10.00元

新时期意识形态问题/顾肇基著.—北京：光明日报出版社，1990.12.—285页；大32开.—ISBN 7-80014-898-X：5.00元

新的探索：思想政治工作实例35篇/吴胜利，陈秉中主编.—北京：北京出版社，1990.10.—132页；32开.—ISBN 7-200-01271-8：3.05元

新编思想政治教育十三讲/罗宗义等主编.—天津：南开大学出版社，1990.9.—228页；大32开.—ISBN 7-310-00356-X：3.95元

群众思想工作五讲/梁华著.—东营：石油大学出版社，1990.12.—158页；32开.—ISBN 7-5636-0123-6：1.95元

警世语论：刘吉对话录/刘吉编著.—长沙：国防科技大学出版社，1990.9.—312页；大32开.—ISBN 7-81024-128-1：4.70元

D64-53　学习文选

学习文选　第三集/中共北京市委宣传部研究室编.—北京：北京出版社，1990.1.—132页；32开.ISBN 7-200-00982-2：1.50元

学习文选　第四集/中共北京市委宣传部研究室编.—北京：北京出版社，1990.1.—130页；32开.ISBN 7-200-00994-6：1.50元

学习文选　第五集/中共北京市委宣传部研究室编.—北京：北京出版社，1990.1.—130页；32开.ISBN 7-200-01003-0：1.50元

学习文选　第六集/中共北京市委宣传部研究室编.—北京：北京出版社，1990.3.—132页；32开.ISBN 7-200-01032-4：1.50元

学习文选　第七集/中共北京市委宣传部研究室编.—北京：北京出版社，1990.3.—147页；32开.ISBN 7-200-01049-9：1.50元

学习文选　第八集/中共北京市委宣传部研究室编.—北京：北京出版社，1990.3.—100页；32开.ISBN 7-200-01045-6：1.50元

学习文选　第九集/中共北京市委宣传部研究室编.—北京：北京出版社，1990.4.—144页；32开.ISBN 7-200-01065-0：1.50元

学习文选　第十集/中共北京市委宣传部研究室编.北京：北京出版社，1990.4.—152页；32开.—ISBN 7-200-01087-1：1.50元

学习文选　第十一集/中共北京市委宣传部研究室编.—北京：北京出版社，1990.5.—115页；32开.ISBN 7-200-01125-8：1.50元

学习文选　第十二集/中共北京市委宣传部研究室编.—北京：北京出版社，1990.6.—127页；32开.ISBN 7-200-01146-0：1.50元

学习文选　第十三集/中共北京市委宣传部研究室编.—北京：北京出版社，1990.7.—141页；32开.ISBN 7-200-01174-6：1.50元

学习文选　第十四集/中共北京市委宣传部研究室编.—北京：北京出版社，1990.8.—110页；32开.ISBN 7-200-01214-9：1.50元

学习文选　第十五集/中共北京市委宣传部研究室编.—北京：北京出版社，1990.9.—133页；32开.ISBN 7-200-01233-5：1.50元

学习文选　第十六集/中共北京市委宣传部研究室编.—北京：北京出版社，1990.11.—154页；32开.ISBN 7-200-01255-6：1.50元

学习文选　第十七集/中共北京市委宣传部研究室编.—北京：北京出版社，1990.11.—138页；32开.ISBN 7-200-01274-2：1.50元

学习文选　第十八集/中共北京市委宣传部研究室编.—北京：北京出版社，1990.12.—157页；32开.ISBN 7-200-01311-0：1.50元

D642　革命传统教育

历史的启示：中国近代史、革命史教育讲话/时连祥主编.—石家庄：河北教育出版社，1990.11.—119页；32开.—ISBN 7-5434-0979-8：1.75元

在江岸这块土地上/韩劲主编.—武汉：武汉出版社，1990.6.—219页；大32开.—ISBN 7-5430-0337-6(精装)：3.95元

在这片红土地上/李国强选编.—南昌：江西高校出版社，1990.6.—236页；32开.—革命传统教育读本.—ISBN 7-81033-015-2：2.50元

延安精神导论/宋觉等著.—西安：陕西人民教育出版社，1990.4.—204页；32开.—ISBN 7-5419-1598-X：2.70元

D643　形势教育

1990年重大时事政治资料精选　(上)/陕西省教育科学研究所编.—西安：陕西人民出版社，1990.2.—23页；32开.—ISBN 7-224-01205-X：0.30元

1990年重大时事政治资料精选　(下)/陕西省教育科学研究所编.—西安：陕西人民出版社，1990.4.—25页；32开.—ISBN 7-224-01205-X：0.25元

形势与国策/王起祯等主编.—北京：农村读物出版社，1990.7.—266页；32开.—ISBN 7-5048-1359-1：3.20元

形势与政策/宋春宏，刁纯志主编.—2版.—成都：四川教育出版社，1990.6.—295页；大32开.—四川省高校思想教育课程教材.—ISBN 7-5408-1113-7：2.10元

形势与政策/徐祖望主编.—北京：中国经济出版社，1990.9.—246页；大32开.—(思想政治教育丛书/吴树明，石文林主编).—ISBN 7-5017-0920-3：3.90元

形势与政策教程/马民生，刘森主编.—石家庄：河北人民出版社，1990.2.—234页；32开.—高等师范思想政治教育课程系列教材.—ISBN 7-202-00610-3：2.80元

形势与政策基础教程/吴金水，童芍素主编.—杭州：浙江大学出版社，1990.9.—413页；32开.—浙江省高等学校思想教育课程系列教材.—ISBN 7-308-00330-2：4.10元

形势政策简论/晏仲富主编.—南京：南京出版社，1990.1.—254页；32开.—ISBN 7-80560-155-0：2.65元

形势教育与政治常识　(下)/叶兰生等编.—桂林：广西师范大学出版社，1990.5.—180页；32开.ISBN 7-5633-0792-3：1.85元

时事政治问答：1989年5月～1990年3月/《河南日报》时事处时事编辑室编.—郑州：河南教育出版社，1990.4.—32页；32开.—ISBN 7-5347-0833-8：0.35元

时事政治学习资料/江西省教委教学教材研究室编.南昌：江西教育出版社，1990.5.—69页；32开.—ISBN 7-5392-0856-2：0.60元

时事政策学习提纲/张玉芳等主编.—石家庄：河北人民出版社，1990.4.—119页；32开.—ISBN 7-202-00662-6：1.40元

时事资料手册：《半月谈》特刊：1990年版/《半月谈》编辑部编.—北京：新华出版社，〔1990〕.231页；32开.—ISBN 7-5011-0642-8：3.00元

D647　国际主义、爱国主义教育

一个半世纪的青春/秦晓鹰著.—青岛：青岛出版社，1990.8.—225页；32开.—(国情意识丛书/伍杰主编).—ISBN 7-5436-0496-5：2.70元

本书记述了中国人民自鸦片战争以来的一个半世纪沧桑变革的艰苦历程。

比比看：社会主义信念教育资料手册/武警学院政治系《比比看》编写组编.—北京：群众出版社，1990.5.—707页；32开.—ISBN 7-5014-0520-4：9.00元

历史与国情/张家连编著.—南宁：广西人民出版社，1990.3.—213页；32开.—ISBN 7-219-01513-5：1.95元

历史的启迪："爱国主义教育"读本/庞卓恒主编.

天津：天津社会科学院出版社，1990.5.—417页；大32开.—ISBN 7-80563-032-1：5.90元

历史的选择/浙江省青年研究学会编.—杭州：浙江大学出版社，1990.9.—160页；32开.—ISBN 7-308-00610-7：2.20元

巨大的精神力量：中国历史上的爱国主义者/崔新桓等编著.—成都：四川人民出版社，1990.6.—301页；32开.—ISBN 7-220-00977-1：3.45元

中华之本·中华之路/过世杰主编.—北京：光明日报出版社，1990.9.—159页；32开.—（思想教育知识读物丛书）.—ISBN 7-80014-978-1：2.00元

中华之光·中华之魂/过世杰主编.—北京：光明日报出版社，1990.3.—179页；32开.—（思想教育知识读物丛书）.—ISBN 7-80014-757-6：2.00元

中华民族之雄风/冯复加著.—青岛：青岛出版社，1990.8.—188页；32开.—（国情意识丛书/伍杰主编）.—ISBN 7-5436-0498-1：2.30元

中华民族自强史/王棣棠主编.—兰州：兰州大学出版社，1990.1.—345页；大32开.—ISBN 7-311-00268-0：3.48元

中华魂/李澍田编著.—长春：吉林文史出版社，1990.5.—208页；32开.—ISBN 7-80528-234-X：2.50元

本书对五千年来一以贯之的中华文明作了全方位的透视。

中华魂：爱国主义纵横谈/张汝涛主编.—北京：中国工人出版社，1990.3.—270页；32开.—ISBN 7-5008-0613-2：3.75元

中国：环境·资源·人口/共青团中央宣传部编；恽鹏举主编.—北京：学苑出版社，1990.2.—222页；32开.—（中国国情教育丛书/柳斌杰，李维国主编）.—ISBN 7-80060-685-6：2.80元

中国，屹立于世界民族之林/王自立，谭虎主编.南昌：江西高校出版社，1990.2.—248页；32开.国情教育读本.—ISBN 7-81033-000-4：2.50元

中国近代爱国主义讲话/文宇主编.—广州：中山大学出版社，1990.6.—242页；32开.—ISBN 7-306-00325-9：2.80元

中国国情/姜泓一，于国龙主编.—长春：吉林教育出版社，1990.9.—443页；32开.—ISBN 7-5383-1099-1：5.00元

中国国情与社会主义/《中国国情与社会主义》编写组编.—南京：江苏人民出版社，1990.1.—223页；32开.—ISBN 7-214-00391-0：2.50元

中国国情报告/中国社会调查所编.—沈阳：辽宁人民出版社，1990.12.—1159页；大32开.—ISBN 7-205-01562-6（精装）：16.40元

中国国情报告/中国社会调查所编.—沈阳：辽宁人民出版社，1990.12.—1159页；大32开.—ISBN 7-205-01563-4：12.90元

中国国情学/吴泽，朱贤枚主编.—北京：中央广播电视大学出版社，1990.10.—483页；大32开.—ISBN 7-304-00574-2：4.75元

中国国情教育概要/王良忱，苏毅然主编.—北京：时事出版社，1990.8.—309页；32开.—ISBN 7-80009-110-4：4.00元

中国国情基础/王行国，周舜武主编；北京科学技术普及创作协会编著.—北京：中国工人出版社，1990.11.—227页；32开.—ISBN 7-5008-0699-X：2.70元

中国国情概论/刘录开，张薪保主编.—北京：中国商业出版社，1990.9.—204页；32开.—ISBN 7-5044-0761-5：3.30元

中国国情简明读本/吴云溥，刘洪林主编；许一春等编.—上海：上海人民出版社，1990.1.—127页；32开.—职工政治轮训教材：试用本.—ISBN 7-208-00759-4：1.35元

中国基本国情读本/孙洪涛主编.—哈尔滨：哈尔滨出版社，1990.6.—188页；32开.—（系统思想政治教育丛书）.—ISBN 7-80557-264-X：2.00元

从爱国主义到共产主义/邵铁真著.—南京：江苏人民出版社，1990.4.—146页；32开.—ISBN 7-214-00425-9：1.85元

心声：我爱社会主义征文集/康健，高连仲主编.沈阳：辽宁人民出版社，1990.12.—266页；大32开.—ISBN 7-205-01759-9：3.80元

可爱的中华/国家教委基础教育司编.—北京：中国少年儿童出版社，1990.9.—124页；32开.—ISBN 7-5007-1071-2：1.70元

可爱的中华伟大的党：三字韵文/姜耀中编著.—沈阳：沈阳出版社，1990.3.—188页；32开.—ISBN 7-80556-394-2：2.10元

弘扬爱国主义与集体主义/李春秋，胡春木主编.北京：职工教育出版社，1990.5.—258页；32开.（企业职工、干部思想教育丛书/胡春木，张学主编）.—ISBN 7-80059-342-8：5.20元

本书揭示了爱国主义的产生、历史发展及思想根源，概述了爱国主义的主要内容和进行爱国主义教育的意义、途径和方法。考察了集体主义的产生和发展，论证了确立集体主义作为社会主义社会道德原则的依据，详细解答了当前社会生活中在个人与社会整体关系上的诸多问题。

民主·国情·改革/桂宁林等著.—青岛：青岛出版社，1990.10.—216页；32开.—（国情意识丛书/伍杰主编）.—ISBN 7—5436-0506-6：2.85元

民族魂.—北京：中国医药科技出版社，1990.6.312页：照片；32开.—（历史·爱国·社会主义丛书）.—ISBN 7-5067-0197-9：3.60元

当代爱国主义浅说/甘葆露，张民耕著.—北京：北京师范大学出版社，1990.6.—271页；32开.—（爱

国主义教育丛书/龚书铎主编).—ISBN 7-303-00973-6：3.00元

回顾·思索·展望/原一祥等主编.—长春：吉林教育出版社，1990.1.—277页；32开.—ISBN 7-5383-0902-0：2.95元

坚定社会主义信念学习问答/张日晶等主编.—北京：解放军出版社，1990.12.—236页；大32开.ISBN 7-5065-1630-6：3.80元

坚持社会主义道路教育/陕西财经学院《形势与政策教育》编写组编.—西安：西北大学出版社，1990.3.—108页；32开.—ISBN 7-5604-0163-5：1.00元

我们的中国：国情教育读本/中共湖南省委宣传部编.—长沙：湖南人民出版社，1990.1.—340页；32开.—ISBN 7-217-00707-0(精装)：3.50元

我国社会主义初级阶段的基本国情/贵州省企业党委书记工作研究会编.—贵阳：贵州教育出版社，1990.4.—131页；32开.—(职工政治学习辅导丛书/吕茂廷，刘柯主编).—ISBN 7-80583-033-9：1.50元

我是中国人/张念宏主编.—北京：学苑出版社，1990.6.—310页；32开.—ISBN 7-5077-0071-2：4.20元

没有共产党就没有新中国/孙繁珠等编写.—北京：新华出版社，1990.10.—171页；32开.—(职工思想政治教育丛书/王茂林主编).—ISBN 7-5011-0983-4：2.60元

社会主义：历史发展的必然趋势/朱楚钦主编.—北京：华夏出版社，1990.8.—236页；32开.—ISBN 7-80053-853-2：2.95元

社会主义：历史的大趋势/李良多著.—上海：上海人民出版社，1990.3.—159页；32开.—(学习与思考丛书/罗国杰主编).—ISBN 7-208-00724-1：1.95元

社会主义好：解疑释难50题/空军政治部宣传部编.北京：蓝天出版社，1990.8.—191页；32开.—ISBN 7-80081-137-9：2.80元

社会主义的中国：国情教育普及读本/王文毅等主编.—沈阳：辽宁大学出版社，1990.2.—338页；32开.—ISBN 7-5610-0809-0：3.90元

社会主义信念教育讲话/李树恩主编.—太原：山西人民出版社，1990.12.—217页；32开.—ISBN 7-203-01819-9：2.60元

社会主义、爱国主义教育读本/陈曦，颜志林主编.南京：江苏人民出版社，1990.5.—228页；32开.ISBN 7-214-00467-4：2.85元

社会主义能够救中国/广东人民出版社编.—广州：广东人民出版社，1990.1.—38页；32开.—ISBN 7-218-00483-0：0.40元

社会主义能够救中国/中共青岛市委宣传部编.—青岛：青岛出版社，1990.1.—58页；32开.—(社会主义教育文丛).—ISBN 7-5436-0443-4：0.70元

社会主义能够救中国：1990年形势教育材料/新疆大学党委宣传部编.—乌鲁木齐：新疆大学出版社，1990.2.—199页；32开.—ISBN 7-5631-0126-8：2.00元

社会主义道路教育简明教程/郭成，荆会文主编.沈阳：辽宁人民出版社，1990.8.—200页；32开.ISBN 7-205-01541-3：2.60元

现代爱国文选/刘勇，常汝吉选编.—北京：北京师范大学出版社，1990.6.—246页；32开.—(爱国主义教育丛书/龚书铎主编).—ISBN 7-303-00975-2：2.75元

昌盛之路/梁振江等著.—青岛：青岛出版社，1990.9.—253页；32开.—(国情意识丛书/伍杰主编).—ISBN 7-5436-0503-1：2.90元

国耻愤/丘德萱等编.—济南：济南出版社，1990.4.—285页；32开.—(历史·爱国·社会主义丛书).ISBN 7-80572-194-7：3.40元

本书通过对鸦片战争以来，近百年历史中，重大的国耻事件的记叙，给人以震撼，以激励，以启示。

国情与人生/金炳华，尹继佐主编.—上海：上海人民出版社，1990.8.—199页；32开.—ISBN 7-208-01002-1：2.25元

国情与时事/骆桂明主编.—北京：职工教育出版社，1990.4.—123页；32开.—ISBN 7-80059-346-0：1.50元

国情与党的基本路线简明读本/李之荣等主编.—南京：江苏人民出版社，1990.7.—145页；32开.—ISBN 7-214-00492-5：1.60元

国情百题/熊焰主编.—哈尔滨：哈尔滨工业大学出版社，1990.12.—223页；32开.—ISBN 7-5603-0316-1：3.10元

国情·形势·邮情：党的基本路线教育简明读本/杨复权，彭映东主编.—海口：三环出版社，1990.8.199页；32开.—ISBN 7-80564-219-2：1.40元

国情知识/中央人民广播电台理论部编.—北京：人民出版社，1990.8.—256页；大32开.—ISBN 7-01-000805-1：3.60元

国情知识手册/北京大学中国国情研究中心编.—北京：北京科学技术出版社，1990.7.—651页；32开.ISBN 7-5304-0775-9：9.20元

国情知识手册/袁文友主编.—北京：海洋出版社，1990.12.—615页；32开.—ISBN 7-5027-1198-8：11.50元

国情和党的基本路线问答/夏明编著.—北京：中国国际广播出版社，1990.6.—208页；32开.—ISBN 7-80035-553-5：2.90元

国情和党的基本路线简明教程/夏明主编.—北京：中共中央党校出版社，1990.8.—253页；32开.—ISBN 7-5035-0285-1：3.35元

国情学/韩振峰著.—北京：中国国际广播出版社，1990.6.—230页；32开.—ISBN 7-80035-469-5：3.40元

本书论述了我国的社会性质、政治、经济、文化、思想、资源、人口、环境等多方面的国情及认识和研究国情的基本原则和方法。

国情研究二十讲/钟康模，邓耀球主编.—广州：华南理工大学出版社，1990.9.—212页；32开.—ISBN 7-5623-0218-9：2.80元

国情教育/甘忠泽，万恒麟主编.—上海：复旦大学出版社，1990.11.—163页；32开.—ISBN 7-309-00598-8：1.70元

国情教育三百题/张志宏等主编.—长春：吉林文史出版社，1990.8.—391页；32开.—ISBN 7-80528-263-8：4.95元

国情教育手册/共青团中央宣传部编；张国福主编.北京：学苑出版社，1990.1.—286页；32开.—(中国国情教育丛书/柳斌杰，李维国主编).—ISBN 7-80060-687-2：3.60元

国情教育手册/伍杰主编.—北京：华夏出版社，1990.3.—615页；32开.—ISBN 7-80053-695-5：8.65元

国情教育手册/达凤全，阳洪兴主编.—成都：四川人民出版社，1990.3.—460页；32开.—ISBN 7-220-00920-8：5.15元

国情教育问答/《国情教育问答》编写组编写.—天津：天津人民出版社，1990.12.—161页；32开.ISBN 7-201-00707-6：1.90元

国情教育讲话/杨志庆主编.—南宁：广西教育出版社，1990.8.—164页；32开.—ISBN 7-5435-0944-X：1.80元

国情教育读本/北京市教育局，北京青年报社编写.—北京：军事译文出版社，1990.9.—119页；32开.—ISBN 7-80027-119-5：1.50元

国情教育读本/陈守林等主编.—长春：吉林大学出版社，1990.6.—268页；32开.—ISBN 7-5601-0494-0：3.60元

国情教育读本/赵如云主编.—北京：中国社会出版社，1990.6.—294页；32开.—ISBN 7-80088-052-4：4.20元

国情教育读本/程路主编.—北京：中国广播电视出版社，1990.7.—270页；32开.—ISBN 7-5043-0461-1：3.90元

国情教育教材/朱德庆主编.—合肥：安徽人民出版社，1990.9.—201页；32开.—ISBN 7-212-00435-9：2.60元

国情教育教材/李昭公，朱新民主编.—北京：光明日报出版社，1990.4.—362页；32开.—ISBN 7-80014-808-4：4.50元

国情教育教程/王握文，孔诤主编.—长沙：国防科技大学出版社，1990.3.—320页；32开.—ISBN 7-81024-104-4：3.20元

国情教育简明读本/杨致禄主编.—太原：山西教育出版社，1990.9.—186页；32开.—ISBN 7-80578-293-8：1.80元

国情教育简明教程/杜寿杰主编.—北京：北京出版社，1990.3.—373页；大32开.—ISBN 7-200-01109-6：4.60元

国情教育300题/张志宏等主编.—长春：吉林文史出版社，1990.8.—391页；32开.—ISBN 7-80528-263-8：4.95元

屈辱/宋建国，白建国主编.—济南：山东人民出版社，1990.5.—221页；大32开.—ISBN 7-209-00691-5：3.40元

本书反映了旧中国主权沦丧、山河破碎、财富遭劫、经济崩溃、民族被辱、国家受耻、百姓蒙难、生灵涂炭的凄惨状况。

信仰·信念·信心：坚持四项基本原则教育百题问答/张景丰等主编.—北京：海洋出版社，1990.5.252页；32开.—ISBN 7-5027-1088-4：3.60元

热爱社会主义祖国/王霞林，虞煜星主编.—南京：江苏人民出版社，1990.6.—117页；32开.—江苏省职工政校轮训读本(1990～1991).—ISBN 7-214-00472-0：1.00元

爱国主义与历史教育：云南省史学会一九九〇年学术年会论文集/云南省史学会等编.—昆明：云南大学出版社，1990.4.—316页；32开.—ISBN 7-81025-051-5：3.20元

爱国主义的理论、源泉、实践/华长慧主编.—北京：北京出版社，1990.10.—221页；32开.—ISBN 7-200-01334-X：3.00元

爱国主义是民族之魂/刘波等编著.—青岛：青岛出版社，1990.10.—249页；32开.—(国情意识丛书/伍杰主编).—ISBN 7-5436-0505-8：2.85元

爱国主义教育讲座/刘平安，郭正新主编.—成都：成都出版社，1990.3.—181页；32开.—ISBN 7-80575-041-6：1.90元

高扬爱国主义旗帜/中共青岛市委宣传部编.—青岛：青岛出版社，1990.6.—92页；32开.—(社会主义教育文丛).—ISBN 7-5436-0495-7：0.95元

谈乡情看国情/中共上海市委宣传部，中共上海市农村工作委员会组织编写.—上海：上海人民出版社，1990.2.—112页；32开.—ISBN 7-208-00824-8：1.20元

基本国情与党的基本路线教育读本/中共丹东市委

宣传部，丹东市总工会编写.—沈阳：辽宁人民出版社，1990.4.—321页；32开.—ISBN 7-205-01451-4：3.95元

基本国情与基本路线/王巨才，高俊良主编.—西安：陕西人民出版社，1990.8.—220页；大32开.—职工系统思想政治教育教材.—ISBN 7-224-01428-1：2.70元

基本国情与基本路线/中共贵州省委宣传部编.—贵阳：贵州人民出版社，1990.7.—295页；32开.—企业职工思想政治教育读本.—ISBN 7-221-01820-0：3.30元

基本国情与基本路线/佟柏芬主编.—成都：四川人民出版社，1990.8.—227页；32开.—职工政治轮训读本.—ISBN 7-220-01108-5：2.45元

基本国情与基本路线/郭军，张文效主编.—北京：中国计划出版社，1990.4.—203页；大32开.—ISBN 7-80058-122-5：3.00元

基本国情与基本路线百题解答/康祥生，刘汉华主编.—海口：南海出版公司，1990.12.—233页；32开.—ISBN 7-80570-437-6：3.50元

基本国情与基本路线教育/卢济金，郑兴国主编.北京：群众出版社，1990.12.—391页；32开.—化工职工思想政治教育培训教材.—ISBN 7-594-0619-9：5.00元

基本国情与基本路线教育/魏汉鑫，李卫星主编.北京：学苑出版社，1990.9.—246页；32开.—企业职工读本.—ISBN 7-5077-0168-9：3.20元

基本国情与基本路线教育必读/王建彪等编.—西安：陕西人民出版社，1990.7.—94页；32开.—ISBN 7-224-01386-2：1.10元

基本国情与基本路线教育学习参考资料/中共山东省委宣传部企业思想政治工作处编写.—济南：山东人民出版社，1990.5.—333页；32开.—ISBN 7-209-00689-3：3.60元

基本国情与基本路线教育读本/中共浙江省委宣传部宣传处编.—杭州：浙江人民出版社，1990.8.250页；32开.—ISBN 7-213-00564-2：2.60元

基本国情与基本路线教育读本/杨云龙等主编.—北京：中国商业出版社，〔1990〕.—196页；32开.ISBN 7-5044-0644-9：2.50元

基本国情与基本路线教育读本/《基本国情与基本路线教育读本》编写组编写.—济南：山东人民出版社，1990.4.—319页；32开.—ISBN 7-209-00669-9：3.50元

基本国情与基本路线教育读本/谭乃彰主编.—北京：新华出版社，1990.10.—229页；32开.—ISBN 7-5011-0968-0：2.90元

基本国情与基本路线教育职工读本/中共河南省委宣传部编.—开封：河南大学出版社，1990.7.—149页；32开.—ISBN 7-81018-482-2：1.25元

基本国情与基本路线教育简明读本/杜义林，茹承亮主编.—北京：中国文史出版社，1990.8.—133页；32开.—ISBN 7-5034-0216-4：1.60元

基本国情与基本路线教程/《基本国情与基本路线教程》编写组编.—北京：新华出版社，1990.7.289页；32开.—ISBN 7-5011-0854-4：3.50元

基本国情与基本路线简明读本/内蒙古党委宣传部，包钢党委宣传部编.—呼和浩特：内蒙古人民出版社，1990.4.—151页；32开.—职工政治轮训教材：试用本.—ISBN 7-204-00985-1：1.80元

基本国情与基本路线简明教程/湖北省职工思想政治工作研究会编.—武汉：华中师范大学出版社，1990.10.—245页；32开.—ISBN 7-5622-0505-1：3.00元

基本国情与基本路线简明教程/谭思哲主编.—广州：中山大学出版社，1990.6.—203页；32开.—ISBN 7-306-00340-2：2.50元

基本国情国策常识读本/中共广西壮族自治区委员会宣传部，广西壮族自治区计划生育委员会主编.南宁：广西民族出版社，1990.5.—136页；32开.ISBN 7-5363-0761-6：1.50元

基本国情和基本路线教育讲话/张泰城等主编.—北京：人民出版社，1990.6.—199页；32开.—ISBN 7-01-000843-4：2.30元

本书分3个部分：一是历史与国情；二是建设与改革；三是传统与使命。

基本国情和基本路线教育教材/中共北京市委宣传部编.—北京：北京出版社，1990.7.—237页；32开.—青工政治轮训读本.—ISBN 7-200-01166-5：2.65元

基本国情教育读本/王--宇主编.—北京：海洋出版社，1990.6—203页；32开.—（四基教育系列丛书；4/赵振亮主编）.—ISBN 7-5027-1252-6：2.50元

基本国情基本路线讲座/赵兴良等编著.—海口：南海出版公司，1990.10.—209页；32开.—ISBN 7-80570-372-8：2.95元

基本国情基本路线读本/仲跻煜，由绍锋主编.—沈阳：辽宁人民出版社，1990.5.—270页；32开.—ISBN 7-205-01414-X：3.00元

基本国情基本路线职工教育读本/刘汉良主编.—南宁：广西人民出版社，1990.8.—230页；32开.—ISBN 7-219-01652-2：2.80元

基本国情基本路线教育/邬观水主编.—杭州：浙江大学出版社，1990.7.—165页；32开.—（职工教育丛书）.—ISBN 7-308-00570-4：1.40元

基本国情基本路线教育：辅导材料/胡亿生，张家乐主编.—郑州：中原农民出版社，1990.10.—179

页；32开.—ISBN 7-80538-216-6：2.30元

基本国情基本路线教育十二讲/王振基，彭益民主编.—沈阳：辽宁大学出版社，1990.8.—147页；32开.—ISBN 7-5610-1018-4：1.90元

基本国情基本路线教育讲话/中国铁道建筑总公司党委宣传部编.—北京：北京经济学院出版社，1990.12.—166页；32开.—ISBN 7-5638-0223-1：1.60元

基本国情基本路线教育读本/王充闾，丁世发主编.—沈阳：沈阳出版社，1990.5.—256页；32开.ISBN 7-80556-414-0：3.00元

基本国情基本路线教育读本/薛泽高主编；中共云南省委宣传部编写.—昆明：云南人民出版社，1990.8.—207页；32开.—ISBN 7-222-00701-6：2.00元

基本国情基路本线教育职工读本/张文元主编.—北京：光明日报出版社，1990.9.—226页；32开.—ISBN 7-80014-943-9：2.80元

新编国情教育读本/丁力主编.—北京：农村读物出版社，1990.9.—281页；32开.—(农村精神文明建设丛书).—ISBN 7-5048-1363-X：3.70元

D648　共产主义教育

三明之路：福建省三明市社会主义精神文明建设的经验/中共中央办公厅调研室宣传组编.—北京：法律出版社，1990.10.—263页：彩照；大32开.—ISBN 7-5036-0777-7：4.80元

三明精神文明建设探讨/王育忠著.—厦门：厦门大学出版社，1990.10.—192页；32开.—ISBN 7-5615-0307-5：2.40元

大连市民文明手册/张家麟主编.—沈阳：辽宁人民出版社，1990.8.—188页；32开.—ISBN 7-205-01531-6：2.40元

义利两全：新编《钱神论》/刘国彬，胡官平著.北京：光明日报出版社，1990.5.—172页；32开.(一把金钥匙丛书).—ISBN 7-80014-735-5：2.80元

广东街区文明建设探索/周圣英，张难生主编.—广州：广东高等教育出版社，1990.9.—273页；大32开.—ISBN 7-5361-0532-0：3.70元

文明之路　(一)：安徽省阜阳地区文明单位建设巡礼/过克家主编.—北京：新华出版社，1990.6.301页；大32开.—ISBN 7-5011-0798-x：5.00元

文明市民读本/中共沈阳市委宣传部，沈阳市精神文明建设城市管理办公室编.—沈阳：沈阳出版社，1990.8.—177页；32开.—ISBN 7-80556-448-5：2.00元

文明单位建设指南/湖南省文明单位建设办公室主编.—长沙：湖南出版社，1990.10.—285页；32开.ISBN 7-5438-0027-6：3.50元

文明单位建设理论与实践/王国平主编.—郑州：河南人民出版社，1990.10.—317页；大32开.—ISBN 7-215-01185-2：5.00元

当代中国精神文明知识手册/阮宏梅等主编.—武汉：武汉工业大学出版社，1990.3.—329页；32开.ISBN 7-5629-0398-0：4.90元

创“十星”讲文明：荥阳县社会主义综合教育经验谈/冯万福，秦树理主编.—郑州：中原农民出版社，1990.6.—157页；32开.—ISBN 7-80538-202-6：1.95元

社会主义理想简明教程/高齐云主编.—广州：广东高等教育出版社，1990.3.—224页；32开.—ISBN 7-5361-0456-1：1.50元

社会主义精神文明读本/张桂荣，张劲松主编.—哈尔滨：哈尔滨工业大学出版社，1990.12.—242页；32开.—ISBN 7-5603-0312-9：2.80元

社会主义精神文明简明辞典/黄剑，滕锡尧主编.北京：中国广播电视出版社，1990.9.—368页；32开.—ISBN 7-5043-0700-9(精装)：9.70元

群众性精神文明建设探索/韦钦，何邦泰主编.—桂林：广西师范大学出版社，1990.5.—267页；32开.(群众性社会主义精神文明建设丛书).—ISBN 7-5633-0835-0：2.65元

精神文明系统论/梁宗常，李海荣主编.—南宁：广西民族出版社，1990.8.—262页；32开.—ISBN 7-5363-0857-4：2.95元

人生的楷模/火华主编.—呼和浩特：内蒙古人民出版社，1990.10.—72页：照片；32开.—ISBN 7-204-01240-2：1.60元

人生的榜样——雷锋/河北人民出版社编.—石家庄：河北人民出版社，1990.2.—98页；32开.—ISBN 7-202-00606-5：1.50元

四有新人的楷模：雷锋精神的真谛与当代青年的抉择/李光伟主编.—兰州：甘肃人民出版社，1990.1.164页；32开.—ISBN 7-226-00618-9：2.00元

让雷锋的生命在我们身上延续：新时期学雷锋讲座/佟希文等主编.—沈阳：白山出版社，1990.3.—214页；32开.—ISBN 7-80566-100-6：2.85元

闪光的人生：学雷锋材料选编/共青团四川省委宣传部编.—成都：四川人民出版社，1990.3.—140页；32开.—ISBN 7-220-00967-4：1.50元

永不褪色的旗帜：雷锋精神与学雷锋活动/济南军区政治部组织部编.—济南：黄河出版社，1990.9.145页；32开.—ISBN 7-80558-197-5：2.20元

弘扬雷锋精神：中央领导及有关方面关于学习雷锋的讲话、文章精选/共青团中央宣传部编.—石家庄：

河北人民出版社，1990.6.—136页；32开.—ISBN 7-202-00691-X：1.80元

弘扬雷锋精神：各族人民学雷锋/庞征等选编.—乌鲁木齐：新疆青少年出版社，1990.4.—177页；32开.—ISBN 7-5371-0738-5：2.90元

弘扬雷锋精神：谈在新的历史时期学雷锋/毕加夫主编.—沈阳：白山出版社，1990.12.—171页；32开.—ISBN 7-80566-179-0：2.50元

弘扬雷锋精神/蜀兴丰等选编.—成都：成都出版社，1990.4.—205页：照片；32开.—ISBN 7-80575-058-0：2.30元

光辉的榜样——雷锋/湖南雷锋纪念馆编.—长沙：湖南少年儿童出版社，1990.2.—195页；32开.—ISBN 7-5358-0521-3：1.78元

向雷锋同志学习/陕西人民出版社编.—西安：陕西人民出版社，1990.2.—175页：照片；32开.—ISBN 7-224-01213-0：1.95元

论雷锋：1963～1990学雷锋回顾与展望理论座谈会论文集/刘书忱等编.—北京：国防大学出版社，1990.1.—439页；32开.—ISBN 7-5626-0221-2：5.00元

论雷锋精神/华珙著.—北京：解放军出版社，1990.8.—238页；大32开.—ISBN 7-5065-1471-0（精装）：5.70元

论雷锋精神/沈阳军区政治部组织部编.—沈阳：白山出版社，1990.9.—189页；32开.—（学雷锋丛书；8/张烈英主编）.—ISBN 7-80566-148-0：2.50元

时代之魂：雷锋、王进喜、焦裕禄事迹选编/柳州市工业城丛书编纂委员会编.—南宁：广西人民出版社，1990.3.—119页；32开.—ISBN 7-219-01510-0：1.40元

时代的灵魂雕塑：雷锋论·雷锋颂/金鎏主编.—徐州：中国矿业大学出版社，1990.2.—256页；大32开.—ISBN 7-81021-364-4：3.20元

时代潮：学雷锋先进典型专辑/中共湖南省委宣传部，湖南省军区政治部编.—长沙：湖南少年儿童出版社，1990.10.—200页；32开.—ISBN 7-5358-0879-5：2.20元

我们需要雷锋.—北京：华龄出版社，1990.4.149页；32开.—ISBN 7-80082-065-3：2.50元

社会主义英雄谱/吴景榕等主编.—沈阳：辽宁人民出版社，1990.9.—275页；32开.—ISBN 7-205-01525-1：3.45元

学习雷锋/丁一，夏红编.—北京：学苑出版社，1990.1.—248页：照片；32开.—ISBN 7-80060-797-6：2.95元

学习雷锋/共青团浙江省委编；茅临生主编.—杭州：浙江人民出版社，1990.3.—165页；32开.—ISBN 7-213-00519-7：1.90元

学习雷锋同志弘扬雷锋精神："全国学雷锋先进代表座谈会"讲话、经验、事迹汇编/袁兵等主编；中共中央宣传部宣传局等编.—沈阳：白山出版社，1990.7.—441页；32开.—ISBN 7-80566-130-8：5.00元

学习雷锋辅导材料：全国学雷锋标兵典型事迹汇编.—北京：农村读物出版社，1990.8.—266页；32开.—ISBN 7-5048-1257-9：3.50元

学习雷锋辅导材料选编/浙江少年儿童出版社编.杭州：浙江少年儿童出版社，1990.4.—140页；32开.ISBN 7-5342-0645-6：1.45元

学先进 讲奉献 树新风：向雷锋、王进喜、焦裕禄、赖宁学习/山东省精神文明建设委员会办公室编.—济南：山东人民出版社，1990.3.—190页；32开.—ISBN 7-209-00653-2：2.50元

学雷锋/共青团贵州省委，贵州师大政教系编.—贵阳：贵州人民出版社，1990.3.—167页；32开.—（青少年修养系列丛书）.—ISBN 7-221-01767-0：1.95元

学雷锋：简编本/共青团贵州省委，贵州师大政教系编.—贵阳：贵州人民出版社，1990.4.—134页；32开.—（青少年修养系列丛书）.—ISBN 7-221-01801-4：1.20元

学雷锋手册/彭匈等编.—桂林：漓江出版社，1990.10.—140页；64开.—ISBN 7-5407-0593-0：1.70元

学雷锋活动手册/黄坚亮主编.—杭州：浙江大学出版社，1990.4.—237页；36开.—（思想教育丛书）.ISBN 7-308-00521-6：2.90元

学雷锋做雷锋/江西省教育委员会普教处、政教处编写.—南昌：21世纪出版社，1990.3.—92页；32开.—ISBN 7-5391-0373-6：1.00元

重唱雷锋之歌：广播作品集/江鸣主编.—南京：南京出版社，1990.4.—189页；32开.—ISBN 7-80560-184-4：1.95元

象雷锋那样……：学雷锋讲义/沈阳军区政治部编.沈阳：白山出版社，1990.6.—189页；32开.—（学雷锋丛书；6/张烈英主编）.—ISBN 7-80566-119-7：2.35元

集合在雷锋的旗帜下/沈阳军区政治部编.—沈阳：白山出版社，1990.7.—271页；32开.—（学雷锋丛书；5/张烈英主编）.—ISBN 7-80566-126-X：2.95元

雷锋/广西区精神文明建设委员会办公室编.—南宁：广西民族出版社，1990.5.—149页；32开.—ISBN 7-5363-0804-3：1.95元

雷锋/总政组织部，沈阳军区政治部编.—北京：解放军出版社，1990.2.—385页：照片；32开.—ISBN 7-5065-1252-1：4.00元

雷锋：一个士兵与一个时代/张之，李玉龙编.—南京：江苏人民出版社，1990.7.—123页；32开.—（榜

样丛书）.—ISBN 7-214-00503-4：1.55元

雷锋：永不熄的青春之火/左志编.—天津：天津人民出版社，1990.2.—275页；32开.—ISBN 7-201-00522-7：3.00元

雷锋：时代的呼唤/长江文艺出版社编.—武汉：长江文艺出版社，1990.4.—156页；32开.—ISBN 7-5354-0311-5：1.95元

雷锋人生观漫谈/齐鸣著.—厦门：鹭江出版社，1990.3.—146页；32开.—ISBN 7-80533-309-2：1.60元

雷锋之光：雷锋及雷锋式英模故事选/黄树森，兰腾飞主编.—南宁：广西人民出版社，1990.6.—124页；32开.—ISBN 7-219-01571-2：1.50元

雷锋之路/中共甘肃省委宣传部编.—兰州：甘肃人民出版社，1990.6.—263页；32开.—ISBN 7-226-10649-9：3.60元

雷锋日记、诗文选编/沈阳军区政治部组织部编.沈阳：白山出版社，1990.3.—120页；32开.—（学雷锋丛书；2/张烈英编）.—ISBN 7-80566-093-X：1.65元

雷锋日记诗文选编/黑龙江人民出版社编.—哈尔滨：黑龙江人民出版社，1990.4—94页；32开.ISBN 7-207-01491-0：1.70元

雷锋日记诗文歌曲集/雷锋著.—海口：三环出版社，1990.3.—124页；32开.—ISBN 7-80564-070-X：1.85元

雷锋日记选/雷锋著.**雷锋的故事**/陈广生，崔家骏著.—昆明：云南人民出版社，1990.4.—209页；32开.—ISBN 7-222-00616-8：2.60元

雷锋日记摘抄：纪念“向雷锋同志学习”27周年/战春光等编.—沈阳：沈阳出版社，1990.1.—117页；32开.—ISBN 7-80566-374-8：2.30元

雷锋日记摘抄/雷锋著.—天津：天津人民美术出版社，1990.5.—189页：肖像；64开.—ISBN 7-5305-3282-0（塑精装）：1.20元

雷锋日记摘选/雷锋著；共青团福建省委员会等编选.—福州：福建教育出版社，1990.1.—114页：照片；32开.—ISBN 7-5334-0599-4：1.50元

雷锋式的优秀人物事迹选编/黑龙江人民出版社编.—哈尔滨：黑龙江人民出版社，1990.6.—205页；32开.—ISBN 7-207-01581-X：2.80元

雷锋式的英模/郑子奇，秘家起编.—北京：解放军出版社，1990.11.—296页；32开.—ISBN 7-5065-1498-2：3.80元

雷锋在人武战线/总政治部群工部，中国民兵杂志社编.—北京：昆仑出版社，1990.5.—340页；32开.ISBN 7-80040-211-8：4.40元

雷锋在我们当中/韩可与主编.—广州：中山大学出版社，1990.3.—124页；32开.—ISBN 7-306-00297-X：1.80元

雷锋同志光辉的一生/黑龙江人民出版社编，1990.5.—146页；32开.—ISBN 7-207-01498-8：1.80元

雷锋传/陈广生著.—沈阳：白山出版社，1990.2.229页；32开.—（学雷锋丛书；1/张烈英主编）.ISBN 7-80566-094-8：2.85元

雷锋画册/雷锋纪念馆供稿.—2版.—大连：大连出版社，1990.3.—67页；24开.—ISBN 7-80555-194-4：3.90元

雷锋事迹小画册/路新安图；李小军编.—西安：陕西人民教育出版社，1990.5.—61页；24开.—ISBN 7-5419-1694-3：1.95元

雷锋叔叔/马瑞麟编著.—3版.—昆明：云南人民出版社，1990.3—87页；32开.—ISBN 7-222-00615-X：1.40元

雷锋故事·日记选/党玉敏等选编.—桂林：广西师范大学出版社，1990.1.—134页；32开.—ISBN 7-5633-0694-3：1.40元

雷锋班书信追踪/沈阳军区政治部编.—沈阳：白山出版社，1990.12.—224页；32开.—（学雷锋丛书/张烈英主编）.—ISBN 7-80566-167-7：2.90元

雷锋新论/杨少平著.—北京：中国卓越出版公司，1990.2.—232页；32开.—ISBN 7-80071-142-0：2.85元

雷锋精神十二讲/周春令主编.—沈阳：白山出版社，1990.2.—246页；32开.—ISBN 7-80566-089-1：3.10元

雷锋精神永放光芒/车广吉等主编.—长春：吉林人民出版社，1990.5.—301页；32开.—ISBN 7-206-00751-1：3.80元

雷锋精神永放光芒：青少年学雷锋典型事迹50例/张志建主编.—沈阳：辽宁人民出版社，1990.5.170页；32开.—ISBN 7-205-01349-6：2.13元

雷锋精神永放光芒：学习雷锋、焦裕禄、王进喜、钱学森、史来贺资料汇编/中共江西省直属机关工作委员会编.—南昌：江西人民出版社，1990.4—219页；32开.—ISBN 7-210-00857-8：2.60元

雷锋精神永恒/中共抚顺市委宣传部，中共长沙市委宣传部编.—长春：吉林教育出版社，1990.4.430页；大32开.—ISBN 7-5383-0979-9：4.80元

新中国英模日记精选/《新中国英模日记精选》编选组编.—北京：光明日报出版社，1990.2—230页；32开.—ISBN 7-80014-784-3：2.50元

新时代的活雷锋——李润虎张子祥/解放军报政工处编.—北京：长征出版社，1990.4.—200页：照片；32开.—ISBN 7-80015-122-0：3.10元

新时代的雷锋/山东文艺出版社编.—济南：山东文艺出版社，1990.6.—96页；32开.—ISBN 7-5329-0427-X：2.15元

本书介绍了张子祥等8位当代英雄模范人物的事迹。

新时代的雷锋：全国学雷锋先进代表事迹汇编/共青团中央宣传部编.—北京：经济日报出版社，1990.4.—433页；32开.—ISBN 7-80036-150-0：4.90元

新时代的新雷锋/中国青年出版社编.—北京：中国青年出版社，1990.4.—224页；32开.—ISBN 7-5006-0759-8：2.70元

新时期学雷锋一百问/国防大学科研部马克思主义研究所，沈阳军区政治部组织部编写.—北京：中国青年出版社，1990.6.—216页；32开.—ISBN 7-5006-0760-1：2.80元

新时期怎样学雷锋/魏汉鑫等编.—北京：学苑出版社，1990.5.—311页；32开.—ISBN 7-80060-950-2：4.00元

D65　政治运动、政治事件

中国土地改革史：1921～1949/赵效民主编.—北京：人民出版社，1990.5.—446页；大32开.—ISBN 7-01-000512-5：7.40元

没枪声的战斗："三反""五反"运动专辑/中共牡丹江市委党史研究室编.—牡丹江：黑龙江朝鲜民族出版社，1990.12.—253页；大32开.—中共牡丹江党史资料.—ISBN 7-5389-0288-0：3.50元

河北土地改革档案史料选编/河北省档案馆著.—石家庄：河北人民出版社，1990.11.—793页；大32开.ISBN 7-202-00808-4：12.90元

本书选用1946～1952年的档案史料144份。以省级文件为主，也收入了部分地、市、县级有代表性的文件。

文化大革命的起源　第二卷：大跃进：1958～1960/（英）罗德里克·麦克法夸尔著；魏海生等译.—北京：求实出版社，1990.2.—381页；大32开.—ISBN 7-80033-170-9：5.85元

政治发展与当代中国/张占斌编著.—长春：吉林文史出版社，1990.6.—270页；大32开.—（历史反思丛书）.—ISBN 7-80528-192-0：3.90元

本书侧重反思文化大革命"左"的失误，目的在于提示人们不要重覆旧辙。

风波以后思教育/金宝生主编.—南宁：广西人民出版社，1990.1.—365页；32开.—ISBN 7-219-01458-9：2.80元

平暴后的反思：坚持改革开放反对资产阶级自由化/唐绍明主编.—北京：世界知识出版社，1990.6.298页；32开.—ISBN 7-5012-0288-5：3.20元

平暴纪实/叶宣编.—太原：北岳文艺出版社，1990.2.—270页；32开.—ISBN 7-5378-0278-5：4.00元

北京风波的前前后后：一个知识分子的观察·思考/车慕奇著.—北京：新星出版社，1990.—221页；32开.—ISBN 7-80085-177-X

动乱真相与"精英"的表演/中共中央宣传部编·北京：人民出版社，1990.2.—226页；大32开.—ISBN 7-01-000705-5：2.55元

回光与晨曦：方励之政治言论批判/吴越主编.—北京：中国文史出版社，1990.5.—302页；32开.—ISBN 7-5034-0149-4：3.50元

戒严一日：精选本/张元发等著.—北京：解放军文艺出版社，1990.11.—477页；大32开.—ISBN 7-5033-0182-1：5.90元

叛逃"精英"海外言行录/国家教委思想政治工作司，中国教育报社编.—北京：教育科学出版社，1990.10.—151页；32开.—ISBN 7-5041-0609-1：1.90元

铁马驰骋卫京华/中国人民解放军总后勤部车船部编.—北京：解放军文艺出版社，1990.11.—367页；大32开.—ISBN 7-5033-0187-2：5.00元

本书系统地介绍了1989年首都戒严和平息反革命暴乱中的车辆保障工作经验，宣传了一些先进典型的英雄模范事迹。

较量：1978～1989/钟世德主编.—南昌：江西人民出版社，1990.6.—123页；32开.—ISBN 7-210-00874-8：1.80元

70天大事记：胡耀邦病逝到赵紫阳解职/共青团北京市委编.—北京：北京出版社，1990.6.—107页；32开.—ISBN 7-200-00991-1：1.85元

'89风波透视/船夫著.—成都：四川人民出版社，1990.3.—195页；32开.—ISBN 7-220-00925-9：3.30元

D66　阶级结构与社会结构

中国社会主义社会阶级结构和阶级斗争/高光等主编.—北京：中共中央党校出版社，1990.10.—356页；大32开.—ISBN 7-5035-0294-0：5.90元

社会主义新时期阶级斗争问题研究/中共北京市委研究室编.—北京：中国人民公安大学出版社，1990.1.—247页；大32开.—ISBN 7-81011-226-0：3.35元

谈谈阶级斗争及生产力标准/蔡仲德著.—上海：同济大学出版社，1990.11.—155页；32开.—ISBN 7-5608-0629-5：1.90元

D663　阶级、阶层

中国知识分子问题研究/林则茂主编.—北京：中国广播电视出版社，1990.1.—295页；大32开.—ISBN 7-5043-0520-0：4.90元

旧中国民族资产阶级/黄逸峰等编著.—南京：江苏

古籍出版社，1990.10.—649页；大32开.—ISBN 7-80519-194-8：12.50元

动荡时代的知识分子/李良玉著.—杭州：浙江人民出版社，1990.7.—253页；大32开.—（中国社会史丛书/蔡少卿主编）.—ISBN 7-213-00445-X：3.35元

当代社会阶级结构和社会分层问题/何建章主编.北京：中国社会科学出版社，1990.8—336页；大32开.—（中国现阶段社会阶级阶层问题研究丛书）.—ISBN 7-5004-0674-6：5.40元

知识分子与中国现代化运动/郑海麟著.—长沙：湖南人民出版社，1990.3.—304页；大32开.—ISBN 7-217-00421-2：5.10元

爱国主义和我国知识分子的使命：在首都青年纪念五四报告会上的讲话：1990年5月3日/江泽民著.—北京：人民出版社，1990.5.—16页；大32开.—ISBN 7-01-000781-0：0.55元

爱国主义和我国知识分子的使命：在首都青年纪念五四报告会上的讲话：1990年5月3日/江泽民著.—北京：人民出版社，1990.5.—16页；32开.—ISBN 7-01-000782-9：0.25元

探索与奋斗：中国知识分子的历史足迹/赵鹏飞，鄢志耀主编.—北京：中国文史出版社，1990.12.402页；大32开.—ISBN 7-5034-0244-X：6.50元

D664　中国人民政治协商会议

人民政协的历史与未来/林经华，汪骏著.—南宁：广西教育出版社，1990.9.—288页；32开.—ISBN 7-5435-1028-6：4.25元

中国人民政协辞典/《中国人民政协辞典》编委会编.—北京：中共中央党校出版社，1990.4.—817页；大32开.—ISBN 7-5035-0191-X（精装）：17.00元

中国人民政治协商会议/李明华编写.—北京：新华出版社，1990.6.—46页；32开.—（中国革命史小丛书/苏双碧主编）.—ISBN 7-5011-0718-1：0.85元

中国人民政治协商会议第七届全国委员会第三次会议文件/中国人民政治协商会议全国委员会办公厅编.北京：人民出版社，1990.4.—52页；大32开.—ISBN 7-01-000757-8：1.20元

中国人民政治协商会议第七届全国委员会第三次会议文件/中国人民政治协商会议全国委员会办公厅编.北京：人民出版社，1990.4.—52页；32开.—ISBN 7-01-000758-6：0.60元

风雨同舟四十年：1949～1989/金瑞英主编；人民政协报编.—北京：中国文史出版社，1990.4.—274页；大32开.—ISBN 7-5034-0148-6：3.60元

实践与探讨/政协潜江市委员会编；程家弼主编.北京：中国文史出版社，1990.12.—179页；32开.ISBN 7-5034-0255-7：2.50元

本书是一部探讨政协工作的通俗文集。

政协委员手册　第一集/杨永峰主编.—上海：上海人民出版社，1990.12.—216页；32开.—ISBN 7-208-01108-7：2.50元

湖南省湘西土家族苗族自治州政协志/自治州政协志编纂委员会编；田荆贵主编.—北京：中国文史出版社，1990.6.—292页；大32开.—ISBN 7-5034-0158-3：4.50元

D665　民主党派及其活动

中国民主促进会四十年/中国民主促进会中央宣传部编.—增订本.—北京：开明出版社，1990.10.479页；大32开.—ISBN 7-80077-042-7（精装）：7.25元；（平装）：4.85元

本书上海人民出版社1985年10月第1版，1986年5月再版。

中国民主党派历史、政纲、人物/秦国生，胡治安主编.—济南：山东人民出版社，1990.11.—910页；大32开.—ISBN 7-209-00722-9（精装）：16.00元

全书分4个部分：（1）摘录了毛泽东、周恩来、刘少奇、邓小平同志关于民主党派的重要论述；（2）概述了各民主党派半个世纪以来的历史发展；（3）选收了各民主党派自成立以来的政纲和章程；（4）介绍了各民主党派中常委以上的领导人和担任全国人大代表、全国政协委员的成员共两千多人。

中国农工民主党六十年/中国农工民主党党史资料研究委员会编.—北京：文物出版社，1990.7.—1册：照片；16开.—ISBN 7-5010-0426-9（精装）：35.00元；（平装）：30.00元

中国农工民主党的奋斗历程：1930～1990/中国农工民主党中央党史资料研究委员会编.—北京：中国文史出版社，1990.6.—174页：照片；大32开.ISBN 7-5034-0147-8：4.30元

风雨同舟：中国共产党同民主党派团结合作的历史道路/中共上海市委统战部研究室，中共上海市委党校党史教研室编.—上海：百家出版社，1990.12.152页；32开.—ISBN 7-80576-180-9：1.80元

我与民革四十年/朱学范著.—北京：团结出版社，1990.7.—1册（417，30页）；大32开.—ISBN 7-80061-361-5：9.60元

维护国家的长治久安是中共和各民主党派的神圣责任/中共云南省委统战部编.—昆明：云南人民出版社，1990.3.—46页；32开.—ISBN 7-222-00603-6：0.80元

D668 社会调查和社会分析

无锡市情综合考察/胡福明，李真主编.—上海：上海人民出版社，1990.12.—264页；32开.—ISBN 7-208-01109-5：3.50元

失衡的中国：城市化的过去、现在与未来 第一部/郭书田等著.—石家庄：河北人民出版社，1990.11.387页；大32开.—（中国工业化城市化与农业现代化研究系列丛书）.—ISBN 7-202-00809-2：5.55元

社会变迁中的中国农民生活：桃源农村社区考察/李慷著.—长沙：湖南教育出版社，1990.9.—249页；大32开.—（博士论丛；第四辑）.—ISBN 7-5355-1181-3：4.10元

改革之光：大学生社会实践调查报告选/邢世满主编.—济南：山东人民出版社，1990.12.—649页：彩照；大32开.—ISBN 7-209-00790-3：12.00元

调查报告选：1985～1988/中共陕西省委研究室编.—西安：陕西人民出版社，1990.11.—425页；大32开.—ISBN 7-224-01504-0

D669 社会生活与问题

中国城乡居民生活方式理论研究/苏驼主编.—沈阳：辽宁大学出版社，1990.12.—270页；大32开.ISBN 7-5610-1104-0（精装）：6.50元

南京生活指南/东南大学哲学科学系编.—北京：中国广播电视出版社，1990.12.—219页；32开.—ISBN 7-5043-0867-6：3.30元

D669.1 恋爱、家庭、婚姻

中国的家与国/岳庆平著.—长春：吉林文史出版社，1990.6.—338页；大32开.—（历史反思丛书）.ISBN 7-80528-194-7：4.90元

中国婚姻的历史与现状/樊静著.—北京：中国国际广播出版社，1990.5.—260页；32开.—ISBN 7-80035-410-5：3.95元

中国婚姻家庭的嬗变/张树栋，李秀领编著.—杭州：浙江人民出版社，1990.5.—254页；大32开.（中国社会史丛书/蔡少卿主编）.—ISBN 7-213-00393-3：3.40元

当代中国军人婚姻透视/高建国著.—北京：作家出版社，1990.6.—245页；32开.—（当代纪实文库）.—ISBN 7-5063-0275-6：3.20元

农民婚姻：四川农村婚姻研究/赵喜顺主编.—成都：四川人民出版社，1990.11.—305页；大32开.四川省哲学社会科学"七五"规划重点课题.—ISBN 7-220-00994-1：3.95元

昆明市婚恋家庭抽样调查/王亚南等执笔.—昆明：云南民族出版社，1990.8.—222页；32开.—ISBN 7-5367-0307-4：3.20元

爱情·灵魂：当代中国爱情婚姻家庭剖析/孔庆亮著.—济南：济南出版社，1990.4.—208页；32开.ISBN 7-80572-174-2：2.80元

嫁洋潮/李琮著.—南昌：江西人民出版社，1990.4.—183页；32开.—ISBN 7-210-00823-3：2.80元

D669.2 职 业

中国民工潮："盲流"真相录/葛象贤，屈维英著.北京：中国国际广播出版社，1990.10.—182页；32开.—ISBN 7-80035-522-5：2.80元

坚决纠正行业不正之风/《坚决纠正行业不正之风》编辑组编.—北京：中国广播电视出版社，1990.12.—280页；32开.—ISBN 7-5043-0901-X：3.90元

社会就业咨询/陕西省劳动服务局组织编写.—西安：陕西人民出版社，1990.4.—159页；32开.ISBN 7-244-00972-5：2.65元

青年就业指南/廖启桂等编著.—长沙：湖南科学技术出版社，1990.6.—300页；32开.—ISBN 7-5357-0730-0：4.80元

择业手册：人才流动、大学生分配、军队干部安置、干部录用聘用、流动人员档案管理、自费留学国家机关设置及职责、部分企事业单位名录/北京市人才交流服务中心编写.—北京：法律出版社，1990.10.427页；32开.—ISBN 7-5036-0760-2：5.50元

盲流·盲流/董杰等著.—沈阳：辽宁人民出版社，1990.7.—221页；32开.—（热门话题丛书）.—ISBN 7-205-01398-4：2.35元

浙江城镇就业/浙江省就业管理服务局编.—杭州：浙江人民出版社，1990.12.—238页；32开.—ISBN 7-213-00602-9：2.65元

职业选择指导手册/胡光耀主编.—成都：四川人民出版社，1990.3.—163页；32开.—ISBN 7-220-00949-6：2.40元

D669.5 青少年

走出诱惑的陷阱：少年犯的故事/上海市少年管教所，浙江省少年管教所编.—杭州：浙江文艺出版社，1990.11.—305页；32开.—（新生之路丛书/朱培贤，朱济民主编）.—ISBN 7-5339-0290-4：3.50元

D669.6 老年人、残疾人

天津市保护老年人合法权益的若干规定：图解/天津市老龄工作委员会制.—天津：天津人民美术出版社，〔1990〕.—1张；全开.—ISBN 7-5305-1030-4：1.20元

中国残疾人/丁启文主编.—北京：华夏出版社，

1990.12.—219页：彩照；大32开.—ISBN 7-80053-802-8：5.40元

中国残疾人事业五年工作纲要：中华人民共和国国务院一九八八年九月三日颁布实施/杨长灵等改编；傅军等绘画.—沈阳：辽宁美术出版社，1990.3.—2张；2开.—ISBN 7-5314-0758-2：1.80元

D669.9　其他社会问题

中国乞丐史/曲彦斌著.—上海：上海文艺出版社，1990.3.—244页；32开.—ISBN 7-5321-0456-7（精装）：5.90元

中国乞丐史/曲彦斌著.—上海：上海文艺出版社，1990.3.—244页；32开.—ISBN 7-5321-0455-9：3.20元

中国妓女生活史/武舟著.—长沙：湖南文艺出版社，1990.8.—422页；32开.—ISBN 7-5404-0571-6：4.50元

月光下的生命：中国夜生活探幽/谷迎春，杨张乔著.—北京：中国国际广播出版社，1990.3.—156页；32开.—ISBN 7-80035-374-5：2.95元

六害六害/艳齐，刚健著.—沈阳：辽宁人民出版社，1990.7.—247页；32开.—（热门话题丛书）.ISBN 7-205-01400-X：3.10元

逃学逃学/张炳升著.—沈阳：辽宁人民出版社，1990.7.—225页；32开.—（热门话题丛书）.—ISBN 7-205-01399-2：2.80元

贿赂贿赂/韩小蕙著.—沈阳：辽宁人民出版社，1990.7.—212页；32开.—（热门话题丛书）.—ISBN 7-205-01406-9：2.70元

D67　地方政治概况

历史·现实·未来：三明市两个文明建设的思考与实践/朱永康主编.—厦门：厦门大学出版社，1990.5.324页；32开.—（福建省社科联丛书）.—ISBN 7-5615-0285-0：3.00元

天津市和平区区情概述/张起瑞主编；中共天津市和平区委员会，天津市和平区人民政府编.—天津：天津社会科学院出版社，〔1990〕.—459页：彩照；大32开.—ISBN 7-80563-046-1：10.00元

台港澳手册/陈国少等主编.—北京：华艺出版社，1990.9.—2册（1199页）；大32开.—ISBN 7-80039-159-0：17.50元

江苏党政机构沿革/夏骥主编.—南京：江苏人民出版社，1990.10.—354页；大32开.—ISBN 7-214-00572-7：6.50元

苏区思想发展历程/段瑞华等著.—南昌：江西高校出版社，1990.12.—384页；大32开.—ISBN 7-81033-055-1：5.60元

改革开放中的深圳人事/聂振光著.—深圳：海天出版社，1990.8.—251页；大32开.—（深圳特区实践与探索丛书：1980～1990）.—ISBN 7-80542-218-4：4.50元

香港公务员：人事政策与实践/（英）斯科特（Scott.E.I.），伯恩斯（Burns，J.P.）主编；陆仁译.—上海：上海翻译出版公司，1990.10.—340页；大32开.—（香港问题丛书）.—ISBN 7-80514-584-9：8.50元

书名原文：The Hong Kong Civil Service

香港公务员制度/万朝领编著.—广州：广东人民出版社，1990.12.—262页；32开.—（今日香港丛书；第1辑）.—ISBN 7-218-00473-3：3.30元

香港公务员制度概述/聂振光著.—北京：中国人事出版社，1990.10.—262页；大32开.—（公务员制度研究参考丛书）.—ISBN 7-80076-039-1：5.50元

香港问题和一国两制/黄裔著.—北京：大地出版社，1990.6.—134页；32开.—ISBN 7-80068-132-7：1.90元

穗港社区工作理论与实践/邓演超，梁祖彬主编.广州：广东高等教育出版社，1990.1.—335页；32开.—ISBN 7-5361-0384-0：4.60元

本书内容包括广州和香港两地社区工作的经验总结和专题论述及两地社区工作的比较研究，对于内地如何借鉴也提出了建议。

历史造就的统一体：西藏地方和历代中央政权关系简介/西藏社会科学院《历史造就的统一体》编写组编.—拉萨：西藏人民出版社，1990.6.—48页；32开.—ISBN 7-223-00356-1：0.65元

西藏实践与理论探索/李维伦著.—拉萨：西藏人民出版社，1990.12.—159页；大32开.—ISBN 7-223-00370-7：1.20元

在拉萨戒严的日子里：难忘的419昼夜/常开明主编.—拉萨：西藏人民出版社，1990.7.—215页：照片；大32开.—ISBN 7-223-00361-8：2.00元

青海简明事典/严正德，王毅武编.—西宁：青海人民出版社，1990.10.—299页；大32开.—ISBN 7-225-00385-5（精装）：6.00元

拉萨：骚乱与戒严/秦光龙著.—北京：解放军文艺出版社，1990.3.—157页：照片；32开.—（西南军事文艺丛书）.—ISBN 7-5033-0128-7：2.50元

所谓“西藏独立”活动的由来/杨公素编著.—北

京：中国藏学出版社，1990.6.—126页：照片；32开.—（西藏知识小丛书/江平主编）.—ISBN 7-80057-036-2：2.50元

台湾政坛秘闻/盛衡枢著.—北京：中国文史出版社，1990.6.—184页；32开.—ISBN 7-5034-0159-1：2.90元

台湾研究十年/陈孔立主编.—厦门：厦门大学出版社，1990.7.—553页；大32开.—ISBN 7-5615-0278-8：6.20元

台湾黑社会内幕/陈龙城，张秀娟编.—北京：中国华侨出版公司，1990.11.—210页；32开.—ISBN 7-80074-279-2：3.30元

当代台湾/沈骏主编.—合肥：安徽人民出版社，1990.7.—423页；大32开.—ISBN 7-212-00396-4（精装）：7.90元

当代台湾政治研究/朱天顺主编.—厦门：厦门大学出版社，1990.7.—469页；大32开.—ISBN 7-5615-0279-6：5.00元

海峡两岸旅行和经贸指南/韦章尧主编.—北京：团结出版社，1990.7.—250页；大32开.—ISBN 7-80061-410-7：3.50元

D69　政治制度史

中国政制史/杨鸿年，欧阳鑫著.—合肥：安徽教育出版社，1989.3.—502页；大32开.—ISBN 7-5336-0391-5：5.45元

通志略/（宋）郑樵著.—上海：上海古籍出版社，1990.10.—810页；大32开.—ISBN 7-5325-0895-1（精装）：18.20元

D691　清、清以前政治

专制主义统治下的臣民心理/谢天佑著.—长春：吉林文史出版社，1990.6.—164页；大32开.—（历史反思丛书）.—ISBN 7-80528-196-3：2.50元

中国近代政治体制的演变/史远芹等著.—北京：中共党史资料出版社，1990.8.—324页；大32开.ISBN 7-80023-178-X：5.50元

北魏前期政治制度/严耀中著.—长春：吉林教育出版社，1990.7.—223页；32开.—（中国少数民族文库/史筠主编）.—ISBN 7-5383-1063-0（精装）：3.60元

权术论：中国古代政治权术批判/余华青著.—西安：陕西人民出版社，1990.7.—373页；大32开.ISBN 7-224-01267-X：6.10元

周代国家形态研究/赵伯雄著.—长沙：湖南教育出版社，1990.3.—336页；大32开.—（博士论丛；第三辑）.—ISBN 7-5355-1097-3：5.40元

D691.4　人事制度（职官）

中国历代官制　（上）/邓德龙编著.—武汉：武汉大学出版社，1990.7.—392页；大32开.—ISBN 7-307-00772-X：4.30元

本书系统地阐明中国自夏至清（上册至唐）各个朝代的官制现状及历史沿革。

中国历代职官辑要/陈立民等编.—兰州：甘肃人民出版社，1990.12.—199页；32开.—ISBN 7-226-00659-6：2.15元

本书主要内容包括：每个王朝建立的时间、概况，中央和地方的主要职官，官员的品秩和俸禄，爵位和服饰等。

中国古代职官大辞典/张政烺主编.—郑州：河南人民出版社，1990.10.—1051页；32开.—ISBN 7-215-00300-0（精装）：30.00元

中国用人史/楚刃，李翔德著.—长春：吉林人民出版社，1990.1.—328页；大32开.—ISBN 7-206-00673-6：4.95元

中国僧官制度史/谢重光，白文固著.—西宁：青海人民出版社，1990.8.—318页；大32开.—ISBN 7-225-00399-2：4.70元

汉官六种/（清）孙星衍等辑；周天游点校.—北京：中华书局，1990.9.—215页；大32开.—ISBN 7-101-00574-8：5.05元

本书为东汉时期陆续产生的记述汉代官制礼仪的6部著作的汇编，即《汉官》、《汉官解诂》、《汉旧仪》、《汉官仪》、《汉官典职仪式选用》和《汉仪》。

军功爵制研究/朱绍侯著.—上海：上海人民出版社，1990.1.—280页；大32开.—ISBN 7-208-00311-4：5.35元

本书共两部分：第一部分是对军功爵制的历史的叙述和考证；第二部分是对军功爵制的一些专题研究。

两汉魏晋南北朝宰相制度研究/祝总斌著.—北京：中国社会科学出版社，1990.10.—386页；32开.ISBN 7-5004-0700-9：5.15元

科举制度与中国文化/金诤著.—上海：上海人民出版社，1990.9.—239页；大32开.—ISBN 7-208-00908-2：5.00元

说故事讲监察/李长青等主编.—北京：华龄出版社，1990.12.—313页；大32开.—（廉政·监察丛书；7/王永银主编）.—ISBN 7-80082-069-6：4.80元

被阉割的守护神：宦官与中国政治/冷东著.—长春：吉林教育出版社，1990.1.—209页；大32开.（中国政治文化丛书）.—ISBN 7-5383-0904-7：3.90元

简明中国历代官制词典/安作璋主编.—济南：齐鲁书社，1990.4.—327页；32开.—ISBN 7-5333-0164-1（精装）：7.75元

本词典收词3500余条，其上限自先秦下迄清末。

D691.5　政　书

贞观政要选译/（唐）吴兢编著；裴汝诚，王义耀译注.—成都：巴蜀书社，1990.—248页：插图；32开.—（古代文史名著选译丛书：隋唐五代/章培恒等主编）.—国家教委古籍整理“七·五”规划重点项目.—ISBN 7-80523-357-8

帝王学：《贞观政要》的领导艺术/（日）山本七平著；周君铨译.—北京：三联书店，1990.9.—134页；32开.—（大众文库）.—ISBN 7-108-00311-2：2.75元

D691.6　警　政

中国古代用间术/孙厚洋编著.—石家庄：河北人民出版社，1990.6.—246页；32开.—ISBN 7-202-00660-X：2.90元

尔虞我诈：谍海风云四千年/赵英著.—北京：中国经济出版社，1990.5.—855页；大32开.—ISBN 7-5017-0611-5：12.00元

D693　民国时代政治

中国近代政党史/朱建华主编.—长春：吉林大学出版社，1990.12.—516页，大32开.—ISBN 7-5601-0751-6（精装）：4.35元；（平装）：3.65元

中国现代政治史：1919～1949/王金铻，陈瑞云主编.—哈尔滨：黑龙江人民出版社，1990.12.—811页；大32开.—ISBN 7-207-01426-0：13.90元

孙中山集外集/陈旭麓，郝盛潮主编；王耿雄等编.上海：上海人民出版社，1990.7.—904页：照片；大32开.—ISBN 7-208-00661-X：16.60元

本书是对《孙中山全集》的补充，全书分为论著、演说、谈话、函札、文电、宣言、文告、规章等10类。

D693.6　国家行政（人事、警察）

人事春秋/宫玉海主编.—长春：吉林大学出版社，1990.10.—313页；大32开.—ISBN 7-5601-0683-8：4.95元

中华民国时期军政职官志/郭卿友主编.—兰州：甘肃人民出版社，1990.12.—2册（2161页）；16开.ISBN 7-226-00582-4（精装）：98.00元

军统在大陆的兴亡/蔡伟等编著.—郑州：中州古籍出版社，1990.8.—257页：照片；32开.—ISBN 7-5348-0283-0：3.20元

特工秘闻：军统活动纪实/陈楚君，俞兴茂编.—北京：中国文史出版社，1990.12.—505页；大32开.ISBN 7-5034-0191-5：8.20元

D693.7　阶级结构、社会结构

中国近代政党史/朱建华主编.—长春：吉林大学出版社，1990.12.—516页；大32开.—ISBN 7-5601-0751-6（精装）：4.35元；（平装）：3.65元

中国国民党史/宋春编著.—长春：吉林文史出版社，1990.4.—669页；大32开.—ISBN 7-80528-222-6：8.90元

中国国民党史纲/季鸿生等著.—上海：百家出版社，1990.10.—336页；大32开.—ISBN 7-80576-173-6：5.50元

三教九流江湖秘密规矩/金老佛编著.—石家庄：河北人民出版社，1990.5.—146页；32开.—（民间秘密结社与宗教丛书）.—ISBN 7-202-00635-9：2.65元

中国秘密社会史/（日）平山周编著.—影印本.石家庄：河北人民出版社，1990.5.—180页；32开.（民间秘密结社与宗教丛书）.—ISBN 7-202-00640-5：3.30元

青红帮之黑幕/生可编.—影印本.—石家庄：河北人民出版社，1990.5.—150页；32开.—（民间秘密结社与宗教丛书）.—ISBN 7-202-00636-7：2.70元

海底/李子峰编.—石家庄：河北人民出版社，1990.5.—370页；32开.—（民间秘密结社与宗教丛书）.—ISBN 7-202-00633-2：6.30元

家理宝鉴/孙悦民编.—影印本.—石家庄：河北人民出版社，1990.5.—122页；32开.—（民间秘密结社与宗教丛书）.—ISBN 7-202-00634-0：4.45元

本书介绍自明末至民国时期民间秘密团体的组织概况、历史源流、帮礼、派系、秘语等。

清门考源/陈国屏编著.—影印本.—石家庄：河北人民出版社，1990.5.—314页；32开.—（民间秘密结社与宗教丛书）.—ISBN 7-202-00641-3：5.65元

黑白人生：江湖内幕/黄俊山著.—北京：华夏出版社，1990.11.—281页；32开.—ISBN 7-80053-841-9：3.98元

D693.9　社会问题

土匪秘录/王希亮著.—广州：广东旅游出版社，1990.11.—313页；32开.—ISBN 7-80521-134-5：3.95元

妓家风月/东郭先生著.—太原：北岳文艺出版社，1990.1.—353页；32开.—ISBN 7-5378-0281-5：4.80元

袍哥与土匪/赵清著.—天津：天津人民出版社，1990.9—241页；大32开.—（社会史丛书）.—ISBN 7-201-00629-0：3.30元

D73　亚洲各国政治

1989：风波迭起的日本政坛/丁海椒，张培基著.南京：江苏人民出版社，1990.8.—212页；36开.ISBN 7-214-00538-7：2.70元

日本国会/董璠舆编著.—北京：中国民主法制出版社，1990.11.—352页；大32开.—ISBN 7-80078-016-3：6.50元

日本战后体制改革/田桓著.—北京：经济科学出版社，1990.3.—543页；大32开.—ISBN 7-5058-0347-6（精装）：12.00元

立法过程/（日）岩井奉信著；李薇译.—北京：经济日报出版社，1990.12.—1册；大32开.—（现代政治学丛书；12/（日）猪口孝主编）.—ISBN 7-80036-308-2：4.50元

现代日本警察/日本警察制度研究会编著；周壮等译.—北京：群众出版社，1990.10.—431页；大32开.—（世界警察史：2）.—ISBN 7-5014-0220-5：7.10元

揭开大秘密：日本在华间谍/万斯白著.—哈尔滨：黑龙江人民出版社，1990.7.—214页；32开.—ISBN 7-207-01227-6：4.05元

靖国神社/（日）大江志乃夫著；沈志平译.—北京：世界知识出版社，1990.12.—179页；32开.ISBN 7-5012-0345-8：2.20元

*　*　*

海湾纵横/世界知识出版社编.—北京：世界知识出版社，1990.12.—289页；大32开.—ISBN 7-5012-0349-0：3.90元

缅甸概览/杨长源等主编.—北京：中国社会科学出版社，1990.7.—409页；大32开.—ISBN 7-5004-0624-X：6.80元

D75　欧洲各国政治

东欧六国纵横/世界知识出版社编.—北京：世界知识出版社，1990.8.—309页；大32开.—ISBN 7-5012-0326-1：4.20元

本书包括六国剧变纪实、六国剧变背景和原因、六国概览、六国主要政党和政治组织及重要人物等内容。

苏联东欧大事记：1985.3～1990.7/王正泉等编.北京：中国人民大学出版社，1990.11.—308页；大32开.—ISBN 7-300-01061-X：4.60元

苏联国策论/王家福著.—哈尔滨：黑龙江人民出版社，1990.12.—431页；大32开.—（战略学丛书）.ISBN 7-207-00345-5：6.15元

苏联政治经济体制七十年/刘克明，金挥主编.—北京：中国社会科学出版社，1990.9.—733页；大32开.—ISBN 7-5004-0663-0：12.00元

俄国各阶层史/（俄）克柳切夫斯基（Ключевский, В.О.）著；徐昌翰译.—北京：商务印书馆，1990.3.—195页；大32开.—ISBN 7-100-00140-4：2.45元

书名原文：История сословий в России

胜利与悲剧：斯大林政治肖像　第二卷/（苏）沃尔科戈诺夫（Волкогонов, Д.А.）著；张祖武等译.—北京：世界知识出版社，1990.8.—699页：照片；大32开.—ISBN 7-5012-0314-8：8.90元

书名原文：Триумф и Трагедия

本书从二次大战前夕写到斯大林逝世，论述了斯大林领导卫国战争、建立国际反法西斯统一战线和领导战后恢复建设工作的历史业绩，并就斯大林的功过是非及其经验教训问题提出了作者自己的看法和评论。

格鲁乌：苏军情报部内幕披露/（法）皮埃尔·德维勒马斯，（美）吉特福·迪哈科夫著；肖连兵等译.—北京：华夏出版社，1990.2.—250页；32开.ISBN 7-80053-693-9：3.25元

"格鲁乌"的全称是苏联军队情报部，它的宗旨是有效地为苏联的对外政策和经济建设，国防工业服务。本书介绍了"格鲁乌"的机构运转、招募方式、安插人员、组织行动和历史沿革的详情等。

斯大林的肃反：人和事/荣植等编著.—北京：世界知识出版社，1990.1.—223页；32开.—ISBN 7-5012-0272-9：2.50元

新编苏联知识手册/宋魁主编；王岩锋等编.—哈尔滨：黑龙江人民出版社，1990.1.—564页；32开.ISBN 7-207-01305-1：6.00元

本书介绍了苏联的自然资源、地理区划、经济和社会发展情况，并着力介绍了苏联的对外经济关系和有关政策法规。

*　*　*

当代英国：政治、外交、社会、文化面面观/冉隆勃等著.—北京：中国社会科学出版社，1990.7.336页；32开.—ISBN 7-5004-0602-9：4.55元

伦敦万花筒/（英）伯尼（Bourse, R.）著；赵颖，李炜译.—北京：中国财政经济出版社，1990.10.301页；32开.—ISBN 7-5005-1090-X：3.80元

书名原文：Londoner

本书通过对生活在伦敦的各阶层人士的采访，再现了伦敦居民的工作、生活情况。

英国宫廷奇案/任国富著.—北京：北京燕山出版社，1990.7.—218页；32开.—（世界窗口；8）.ISBN 7-5402-0217-3：2.75元

本书记述了近年来发生在一些君主立宪国家的奇闻轶事。

英国警察/（英）菲利浦·约翰·斯特德著；何家弘，刘刚译.—北京：群众出版社，1990.10.—183页；大32开.—（世界警察史；3）.—ISBN 7-5014-

0374-0：3.50元

撒切尔夫人的革命/(英)詹金斯(Jenkins，P.)著；李云飞等译.—北京：新华出版社，1990.4.—273页；大32开.—ISBN 7-5011-0587-1：3.35元

书名原文：Mrs.Thatcher's Rerelution

* * *

论特权；第三等级是什么？/(法)西耶斯(Sieyès，E.J.)著；冯棠译.—北京：商务印书馆，1990.3.—87页；大32开.—ISBN 7-100-00728-3：1.35元

本书共收两篇名著，其中《论特权》揭露了特权等级的垄断性和寄生性，以及特权的弊端和对国家社会的危害；《第三等级是什么？》阐述了第三等级的地位和要求。

战后法国政治史：1945～1988/吴国庆著.—北京：社会科学文献出版社，1990.10.—373页；32开.—ISBN 7-80050-170-1：4.80元

爱丽舍宫与总统/刘海如编著.—北京：时事出版社，1990.6.—442页；32开.—ISBN 7-80009-093-0：6.30元

本书系一部关于法国总统制度的百科全书。书中陈述了法国大革命后，总统制度的建立、演变和完善，以及其间王朝复辟的波折，并介绍了法国总统的选举制。

* * *

二十世纪的瑞典政治/(瑞典)哈登纽斯著；戴汉笠，许力译.—北京：求实出版社，1990.6.—178页：照片；32开.—ISBN 7-80033-211-X：3.10元

从佛朗哥到冈萨雷斯：专制独裁—议会民主/(西)萨拉斯克塔(Sarasqueta，A.)著；吴守琳译.—北京：中国社会科学出版社，1990.7.—186页；大32开.—(西欧丛书).—ISBN 7-5004-0760-2：2.90元

书名原文：De Franco a Felipe

两个世界的教父：黑手党头目托马索·巴塞塔自供/(英)蒂姆·肖克罗斯，(英)马丁·扬著；李家云等译.—北京：群众出版社，1990.3.—312页；32开.—ISBN 7-5014-0458-7：3.70元

瑞士的社会结构/(瑞士)勒维(Levy，R.)著；王步涛，钱秀文译.—北京：中国大百科全书出版社，1990.7.—113页；大32开.—ISBN 7-5000-5010-0：4.00元

本书是一本介绍瑞士社会、政治和文化生活概况的专著。

D76　大洋洲各国政治

澳大利亚指南/王惠珍主编.—上海：上海社会科学院出版社，1990.6.—178页；大32开.—(澳大利亚纵横丛书).—ISBN 7-80515-593-3：3.50元

D77　美洲各国政治

加拿大与加拿大人/阮西湖，王丽芝编.—北京：中国社会科学出版社，1990.5.—264页；32开.—ISBN 7-5004-0749-1：3.65元

本书介绍了加拿大从殖民地走向独立的过程和方式、两党制的形成、加拿大区域经济的分析，重点分析了加拿大民族理论的发展和民族政策的调整以及当前各民族关系。

* * *

1999'不战自胜/(美)理查德·尼克松著；夏青等译.—长春：吉林人民出版社，1990.12.—341页；大32开.—ISBN 7-206-00929-8：5.00元

一个寻找自由者的回忆/(联邦德国)弗·迈尔著；陈训明，张伟译.—贵阳：贵州人民出版社，1990.9.—130页；32开.—ISBN 7-221-01939-8：1.60元

本书作者通过自己在美国的亲身经历，深刻地描述了美国社会、美国生活方式的种种情景。

一个美国移民的故事：妇女在美生活实录/(美)李蓝著.—北京：中国卓越出版公司，1990.6.—236页；大32开.—ISBN 7-80071-130-7：4.20元

本书真实的记述了一位台湾女留学生在美国定居后的一段生活经历和思想感受。

中央情报局/(美)约翰·兰尼拉格著；潘世强等译.—北京：中国社会科学出版社，1990.12.—896页；大32开.—(美国译丛).—ISBN 7-5004-0746-7：13.95元

为和平而战：前美国国防部长温伯格回忆录/封长虹译.—北京：新华出版社，1990.10.—343页；大32开.—ISBN 7-5011-0906-0：5.90元

斗篷与匕首：CIA纵横录/晓晗著.—昆明：云南教育出版社，1990.8.—187页；32开.—(世界纵横).—ISBN 7-5415-0378-9：2.30元

本书是一本关于美国中央情报局(CIM)的通俗读物，书中还介绍了中央情报局的诞生、机构、职能、人物等。

打入黑手党六年纪实：一位联邦调查局特工的自述/(美)皮斯托恩(Pistone，J.D.)，(美)伍德利(Woodley，W.R.)著；白已等译.—北京：中国社会科学出版社，1990.1.—472页；32开.—ISBN 7-5004-0693-2：5.65元

书名原文：Donnie Brasco My Undercover Lifein the Mafia

可爱的美国佬/练性乾著.—2版.—北京：国际文化出版公司，1990.6.—270页；32开.—(海外文摘丛书).—ISBN 7-80049-420-9：3.50元

本书1989年9月第1版。

尼克松在白宫——印支退却/张海涛著.—北京：世界知识出版社，1990.2.—459页；大32开.—ISBN 7-5012-0263-X：6.25元

权力游戏：华盛顿是如何工作的　上册/(美)史

密斯（Smith，H.）著；肖峰等译.—北京：中国人民大学出版社，1990.6.—434页；大32开.—ISBN 7-300-00775-9：4.90元

书名原文：The Power Game

多难的旅程：四十年代至八十年代初美国政治生活史/（美）西格尔（Siegel，F.F.）著，刘绪贻等译.—北京：商务印书馆，1990.11.—287页；大32开.—ISBN 7-100-00783-6：3.40元

书名原文：Troubled Journey

本书是研究40年代至80年代初这四十多年的美国政治生活历史的专著。

私人侦探与私人保安/何家弘等编译.—北京：中国人民大学出版社，1990.5.—369页；大32开.—ISBN 7-300-00824-0：4.10元

本书介绍了美国私人侦探和私人保安业的历史发展及现状，私人侦探应掌握的知识和业务技能，以及各种主要案件的调查方法和社会各主要领域内的犯罪特点及防范措施。

罗斯福政言录/黄仁伟，傅勇编.—长春：吉林教育出版社，1990.11.—172页；32开.—（世界贤哲箴言集萃/石非主编）.—ISBN 7-5383-1171-8：2.50元

制定公共政策：美国政府的乐观前景/（美）凯尔曼（Kelman，S.）著；商正译.—北京：商务印书馆，1990.6.—293页；大32开.—ISBN 7-100-00944-8（精装）：5.80元

书名原文：Making Public Policy：A Hopeful View of American Gouernment

金元王国人间世：访美国札记/王伟著.—北京：中国华侨出版公司，1990.4.—159页；32开.—ISBN 7-80074-196-6：1.80元

法官与总统：一部任命最高法院法官的政治史/（美）亚伯拉罕（Abraham，H.J.）著；刘泰星译.—北京：商务印书馆，1990.9.—271页；大32开.ISBN 7-100-00871-9：3.15元

书名原文：Justices and Presidents

叛逃的大间谍/（美）怀斯（Wise，D.）著；晨锋译.—北京：警官教育出版社，1990.3.—251页；32开.—ISBN 7-81027-002-8：4.10元

书名原文：The Spy Who Got Away

美国与移民：历史、现实、未来/邓蜀生著.—重庆：重庆出版社，1990.3.—421页：图；大32开.—ISBN 7-5366-1106-4：5.00元

美国内幕/（美）哈里斯（Harris，L.）著；诗宓等译.—北京：华夏出版社，1990.5.—287页；大32开.—ISBN 7-80053-714-5：4.90元

书名原文：Inside America

美国国会与美国外交决策/汪熙编.—上海：复旦大学出版社，1990.3.—60页；大32开.—（中美关系研究丛书；第6辑/汪熙主编）.—ISBN 7-309-00447-7：2.20元

美国国会专用术语小词典：英汉双解/田友编译.北京：时事出版社，1990.7.—106页；32开.—ISBN 7-80009-089-2：1.60元

书名原文：Glossary of Congressional Terms

美国的三大政治谋杀案/夏伯铭编写.—上海：上海人民出版社，1990.4.—191页；32开.—（外国政坛内幕系列）.—ISBN 7-208-00754-3：2.40元

美国的强权政治/国家教委社会科学研究与艺术教育司组编.—北京：高等教育出版社，1990.6.—85页；32开.—ISBN 7-04-003210-4：0.90元

美国政府的“和平演变”战略/吴健选编.—福州：福建教育出版社，1990.5.—354页；32开.—ISBN 7-5334-0692-3：3.15元

美国亲以色列势力内幕/（美）芬德利（Findley，P.）著；武秉仁，戴克伟译.—北京：中国对外翻译出版公司，1990.6.—426页；大32开.—ISBN 7-5001-0113-9：4.45元

书名原文：They Dare to Speakout

美国神话·美国现实/（美）詹姆士·O.罗伯逊著；贾秀东等译.—北京：中国社会科学出版社，1990.12.—452页；大32开.—美国译丛.—ISBN 7-5004-0754-8：7.50元

美国家庭模式和家庭社会学/魏章玲著.—北京：世界知识出版社，1990.3.—222页；32开.—（当代外国人文科学思潮评介丛书/沈恒炎，霍明主编）.ISBN 7-5012-0279-6：2.30元

美国检察官研究/（美）琼·雅各比著；周叶谦等译.—北京：中国检察出版社，1990.12.—392页；32开.—（外国检察制度丛书/王桂五主编）.—ISBN 7-80086-018-3：7.20元

美国黑社会/忠智等著.—沈阳：春风文艺出版社，1990.1.—311页；32开.—ISBN 7-5313-0308-6：3.50元

神秘的第三只手：中央情报局内幕/（美）拉纳勒夫（Ranelagh，J.）著；郭国和，费惠芳编译.上海：知识出版社，1990.10.—316页；32开.—ISBN 7-5015-5436-6：3.90元

书名原文：The Ageney：The Rise and Decline of the Cia

谍影憧憧：里根时代的中央情报局/（美）鲍勃·伍德沃德著；治平，若洲译.—北京：中国友谊出版公司，1990.2.—604页；32开.—ISBN 7-5057-0230-0：7.50元

黑手遮天：黑手党二十世纪奋忘录/西萌等编.—北京：中国广播电视出版社，1990.5.—159页；32开.（震撼人世的一幕纪实文学丛书/翁杰明主编）.ISBN 7-5043-0289-9：2.60元

D8　外交、国际关系

出国知识概览/杨发金主编.—北京：科学普及出版社，1990.9.—1162页；16开.—ISBN 7-110-02101

-7（精装）：39.50元

本书内容包括赴100多个国家各种方式出国签证的有关规定，还有出国留学、讲学、定居、劳务等有关方面的知识，还介绍了各国概况。

出国指南：留学·探亲·移民之路/毛起雄等编著.北京：中国人民大学出版社，1990.1.—191页；大32开.—ISBN 7-300-00791-0：3.00元

国际社交礼仪/谭敏，唐苓编著.—北京：中信出版社，1990.12.—125页；大36开.—ISBN 7-80073-022-0：3.00元

涉外工作手册/谢木喜，张文主编.—成都：成都科技大学出版社，1990.4.—253页；32开.—ISBN 7-5616-0496-3：2.65元

D80　外交、国际关系理论

对外政策/（日）佐藤英夫著；王晓滨译.—北京：经济日报出版社，1990.3.—1册（126，18页）；大32开.—（现代政治学丛书；20/（日）猪口孝主编）.—ISBN 7-80036-216-7：4.50元

当代国际关系理论/（美）霍夫曼（Hoffmann，S.）著；林伟成等译.—北京：中国社会科学出版社，1990.9.—343页；大32开.—（国际关系理论译丛）.—ISBN 7-5004-0673-8：5.70元

书名原文：Contemporary Theory in International Relations

本书是当代西方国际关系理论方面的重要著作之一。编者挑选了14位英、美、法著名学者的16篇文章，荟萃成篇，比较全面地反映了西方国际关系学界一流学者的观点。

国外外交学/周启朋等编译.—北京：中国人民公安大学出版社，1990.6.—357页；32开.—ISBN 7-81011-230-9：4.20元

本书将当今美、苏、英、法、荷、日和印度等国著名外交学学者中有代表性的论著精选而成。

D81　国际关系

发展中的国际关系/曾国平编著.—重庆：重庆大学出版社，1990.9.—252页；32开.—ISBN 7-5624-0333-3：3.30元

本书论述了当代国际政治关系、国际经济关系、国际双边多边关系的基本理论和发展态势。

百年国际风云/黄鸿钊主编.—南京：南京大学出版社，1990.4.—462页；大32开.—ISBN 7-305-00478-2：3.25元

本书阐述百年国际风云，突出说明震撼人类社会的两次世界大战的前因后果，以及它们对当代世界历史的深远影响。

全球开放论：中国对外开放政策的新抉择/田志立著.—北京：东方出版社，1990.3.—240页；32开.ISBN 7-5060-0094-6：3.15元

本书内容包括：全球体系、全球危机、全球秩序、全球未来、全球共同体。

美国政要论苏联和东欧/现代国际关系研究所选编.—北京：时事出版社，1990.7.—278页；大32开.—（现代译丛）.—ISBN 7-80009-092-2：4.00元

领导者的外脑：当代西方思想库/朱锋，王丹若编著.—杭州：浙江人民出版社，1990.7.—194页；32开.—（当代国际透视丛书/吴中仑主编）.—ISBN 7-213-00440-9：2.75元

D815　国际问题

1990海湾危机：会爆发世界大战吗？/刘志清编著.长春：时代文艺出版社，1990.11.—94页；16开.ISBN 7-5387-0306-3：2.80元

中东——热点地区的秘闻轶事/时延春著.—北京：中国华侨出版公司，1990.10.—246页；32开.—ISBN 7-80074-370-5：4.20元

世界何处去/喻冰，童增编著.—杭州：浙江人民出版社，1990.7.—162页；32开.—（当代国际透视丛书/吴中仑主编）.—ISBN 7-213-00446-8：2.40元

冲突与合作：西方七国首脑会议透视/张向晨，胡兆明编著.—杭州：浙江人民出版社，1990.7.—191页；32开.—（当代国际透视丛书/吴中仑主编）.ISBN 7-213-00510-3：2.60元

环球生态：现实与前景/时事出版社选编.—北京：时事出版社，1990.12.—137页；大32开.—（现代国际关系译丛；19）.—ISBN 7-80009-116-3：2.50元

裁军与国际法/刘海山，李玫著.—成都：四川人民出版社，1990.2.—379页；32开.—（新法学丛书/种明钊主编）.—ISBN 7-220-00805-8：4.45元

D816　国际条约汇编

国际海域划界条约集：续集/国家海洋局政策研究室编.—北京：海洋出版社，1990.11.—279页；32开.—ISBN 7-5027-1085-X：7.00元

D819　世界外交史、国际关系史

大国的兴衰：1500年到2000年的经济变化和军事冲突/（美）肯尼迪（Kennedy，P.）著；梁于华等译.—北京：世界知识出版社，1990.3.—607页；大32开.—ISBN 7-5012-0285-0：7.10元

书名原文：The Rise and Fall of the Great Powers

本书探讨500年来世界各大国兴亡盛衰的原因和规律，展望世界各主要大国的地位和国际关系格局变化的前景。强调当今世界格局已形成美国、苏联、中国、日本和欧洲共同体这五大力量中心，世界的经济发展重心也已朝太平洋

地区转移。

希特勒、尼克松、萨达特令人震惊的外交内幕/(美)汉德尔(Handel, M.I.)著；刘艾莲等译.—北京：商务印书馆，1990.11.—390页；大32开.—ISBN 7-100-00304-0：4.95元

书名原文：The Diplomacy of Surprise: Hitler, Nixon Sadat

近代国际关系史/王鹏飞等编著.—北京：北京师范学院出版社，1990.6.—483页；大32开.—ISBN 7-81014-460-X：8.00元

现代国际关系史：1917～1945/方连庆主编.—北京：北京大学出版社，1990.7.—697页；大32开.ISBN 7-301-01285-3：8.85元

本书阐明了1917～1945年期间国际关系格局的演变和特点，国际政治舞台上各种力量的消长、分化和重新组合，剖析了主要国家的外交政策和重大国际事件。

国际事务概览：1939～1946年：一九三九年三月的世界　上册/(英)托因比(Toynbee, A.)，艾什顿-格沃特金(Ashton-Gwatkin, F.F.)编著；郑玉质，关仪译.—上海：上海译文出版社，1990.12.—ISBN 7-5327-0406-8：7.05元

战后美苏关系的演变/顾关福著.—北京：时事出版社，1990.6.—178页；大32开.—ISBN 7-80009-099-X：2.90元

D82　中国外交

中国外交概览：1990/中华人民共和国外交部外交史编辑室编.—北京：世界知识出版社，1990.8.—496页；大32开.—ISBN 7-5012-0336-9(精装)

D822　对外关系

中日现代化·21世纪展望：中日青年学者论坛/李廷江，(日)国分良成主编.—北京：中国社会科学出版社，1990.6—229页；大32开.—ISBN 7-5004-0783-1：4.25元

中国与亚太地区变化中的政治经济关系/(新加坡)黄朝翰著；张乃坚等译.—广州：暨南大学出版社，1990.9.—243页；大32开.—(亚太研究丛书/陈乔之主编).—ISBN 7-81029-038-X：3.80元

中美关系十年/中国社会科学院美国研究所，中华美国学会编译.—南京：译林出版社，1990.3.—548页；大32开.—ISBN 7-80567-073-0(精装)：10.00元

越中情义深/黄文欢著.—北京：人民出版社，1990.12.—74页：照片；32开.—ISBN 7-01-000861-2：2.50元

D826　条　约

中华人民共和国条约集　第三十集：1983/中华人民共和国外交部编.—北京：世界知识出版社，1990.5.—177页；大32开.—ISBN 7-5012-0275-3(精装)：3.50元

本书收录了中华人民共和国在1983年同国外或国际组织鉴订的45个条约性文件。

D827　地方对外关系

赣南外事志/江西省赣州地区外事办公室编.—北京：书目文献出版社，1990.11.—250页：彩照；大32开.—ISBN 7-5013-0842-X：6.00元

D829　中国外交史、对外关系史

十六世纪中国南部行纪/(英)博克舍(Boxer, C.R.)编注；何高济译.—北京：中华书局，1990.7.—245页；32开.—(中外关系史名著译丛).—ISBN 7-101-00394-X：4.95元

中印边界秘史/(印)古普塔(Gupta, K.)著；王宏纬，王至亭译.—北京：中国藏学出版社，1990.12.—248页；32开.—(西藏学参考丛书；2).ISBN 7-80057-038-X：4.50元

中苏外交关系：1917～1927/林军著.—哈尔滨：黑龙江人民出版社，1990.7.—251页；大32开.—ISBN 7-207-01634-4：4.50元

中国与非洲：中非关系二千年/沈福伟著.—北京：中华书局，1990.10.—599页；大32开.—ISBN 7-101-00590-X：11.05元

中国外交史：中华民国时期：1911～1949/吴东之主编.—郑州：河南人民出版社，1990.2.—795页；大32开.—ISBN 7-215-00555-0(精装)：11.40元

中美关系演化/张其昌，王国钧主编.—沈阳：东北工学院出版社，1990.1.—285页；32开.—ISBN 7-81006-224-7：3.60元

从香港割让到女王访华：中英关系：1840～1986/朱宗玉等著.—福州：福建人民出版社，1990.8.281页：彩照；大32开.—ISBN 7-211-00994-2：3.60元

邓承修勘界资料汇编/萧德浩，吴国强编.—南宁：广西人民出版社，1990.1.—203页；大32开.—(广西史志资料丛书/莫乃群主编).—ISBN 7-219-01460-0：3.85元

本书较为翔实地记载了清朝邓承修等人勘立中越边界的历史资料。

出国华工与清朝官员：晚清时期中国对海外华人的

保护：1851年～1911年/(澳)颜清湟著；粟明鲜，贺跃夫译.—北京：中国友谊出版公司，1990.12.—466页；大32开.—ISBN 7-5057-0314-5：8.30元

抉择与分歧：英美对共产党在中国的胜利的反应/(美)爱得温W·马丁著；姜中才等译.—北京：中共党史资料出版社，1990.—268页；大32开.—ISBN 7-80023-171-2：4.90元

南京国民政府外交部公报/中国第二历史档案馆编.—影印本.—南京：江苏古籍出版社，1990.4.42册；16开.—ISBN 7-80519-146-8（精装）：3700.00元

本书收自1928.5～1949.6间的《公报》。

美国与中国：财政和外交研究：1906～1913/(美)威维尔(Vevier, C.)著；张玮瑛，李丹阳译.—北京：社会科学文献出版社，1990.9.—186页；大32开.—ISBN 7-80050-176-0：2.45元

书名原文：The Unitecl States and China 1906～1913 A Study of finance and Diplomacy

顾维钧回忆录　第十一分册/顾维钧著；中国社会科学院近代史研究所译.—北京：中华书局，1990.8.—615页；大32开.—ISBN 7-101-00651-5（精装）：13.20元

被遗忘的大使：司徒雷登驻华报告：1946～1949/(美)雷(Rea,K.W.)，(美)布鲁尔(Brewer, J.C.)编；尤存，牛军译.—南京：江苏人民出版社，1990.7.—316页；大32开.—ISBN 7-214-00514-X：4.30元

书名原文：The for Gotten Ambassador

新中国外交风云/外交部外交史编辑室编.—北京：世界知识出版社，1990.5.—196页：照片；大32开.—ISBN 7-5012-0292-3：3.20元

D83/87　各国外交

日本可以说"不"：新日美关系的对策/(日)石原慎太郎，盛田昭夫著；军事科学院外国军事研究部译.—北京：军事科学出版社，1990.3.—132页；大32开.—ISBN 7-80021-229-7：2.35元

日本外交轨迹：1945～1989/吴学文等著.—北京：时事出版社，1990.8.—404页；大32开.—ISBN 7-80009-109-0：6.40元

日本应该直言不讳：日美关系的新变化/(日)盛田昭夫，(日)石原慎太郎著；孙晓燕，谢鹏译.北京：中信出版社，1990.4.—117页；32开.—ISBN 7-80073-012-3：2.50元

本书对日美摩擦、日本企业的成功之道、美国社会和企业的弊端提出独到的见解。

*　*　*

走出夹缝：联邦德国外交风云/潘琪昌著.—北京：中国社会科学出版社，1990.9.—318页：彩照；32开.—ISBN 7-5004-0802-1：4.95元

本书全面评述联邦德国外交政策，展现了50年代至80年代国际舞台上围绕德国问题的种种风云。

国际关系和苏联对外政策史：1917～1945/(苏)基林里(Кирилиь, И.А.)主编；刑书纲等译.—北京：中国社会科学出版社，1990.5.—468页；32开.—ISBN 7-5004-0611-8：6.25元

书名原文：История международных отношений и внешней политики СССР

*　*　*

毛泽东的胜利与美国外交官的悲剧：美国对华外交秘录/(美)伊利·雅克·卡恩著，徐隋林，刘润生编译.—北京：群众出版社，1990.9.—282页；32开.—ISBN 7-5014-0554-9：4.00元

本书以极为丰富的、鲜为人知的主动材料，描写了一批40年代因同毛主席、周总理及中国共产党其他领导人接触而遭压制、迫害的美国外交官的坎坷经历。

拉丁美洲国际关系简史/(委内瑞拉)博埃斯内尔(Boersner, D.)著；殷恒民译.—北京：商务印书馆，1990.7.—323页；大32开.—ISBN 7-100-00456-X：3.75元

书名原文：Relaciones Internacionales de America Latina

首脑外交/(美)普利施科(Plischke, E.)著；周启朋等译.—北京：世界知识出版社，1990.8.—496页；大32开.—ISBN 7-5012-0315-4：5.90元

书名原文：Diplomat in Chief

本书对美国总统怎样以头号外交家的身份直接介入外交进行了宏观分析。

美国对华政策文件选编：从鸦片战争到第一次世界大战：1842～1918/阎广耀，方生选译.—北京：人民出版社，1990.9.—528页；大32开.—ISBN 7-01-000657-1：9.00元

U—2事件之谜：苏美间谍战的惊险一幕/(美)麦克尔·R.贝西罗斯著；刘书林编译.—南昌：江西人民出版社，1990.10.—205页；32开.—ISBN 7-210-00685-0：2.60元

D9　法　律

北京世界法律大会纪念集/北京世界法律大会中

国组织委员会秘书处选编.—北京：人民法院出版社，1990.10.—218页：彩照；16开.—ISBN 7-80056-095-2：30.00元

司法咨询手册/牛大平主编.—长春：吉林人民出版社，1990.6.—727页；32开.—ISBN 7-206-00846-1（精装）：13.00元

现代家政百科：法律/严安泰编著.—北京：中国和平出版社，1990.6.—323页；32开.—（中国家政教程丛书/黄建伟主编）.—ISBN 7-80037-307-X：4.50元

本书是"现代家政百科"的法律分册。

法学小百科/刘志正，胡云腾主编.—南京：南京大学出版社，1990.6.—909页；32开.—ISBN 7-305-00663-7（精装）：18.00元

本书共收词5200余条。包括法学各门学科的术语、法规、学说、学派、组织、著作、人物等。

法学指南与法律修养/张韬等主编.—北京：中国经济出版社，1990.6.—366页；32开.—ISBN 7-5017-0835-5：4.50元

法律考试大全/童振华主编.—北京：法律出版社，1990.8.—1040页；大32开.—ISBN 7-5036-0705-X：17.00元

法律考试必备知识速成记忆/王灿发，夏国强著.长春：吉林人民出版社，1990.6.—447页；32开.ISBN 7-206-00775-9：4.70元

法律社会学/苏梅凤等编著.—武汉：武汉出版社，1990.1.—327页；32开.—ISBN 7-5430-0304-X：3.40元

法律奇闻/过世杰，姚龙华著.—武汉：湖北少年儿童出版社，1990.3.—271页；32开.—（小博士丛书）.—ISBN 7-5353-0639-X：2.80元

本书汇集了古今中外的奇法趣闻。

法律法规常用"数"手册/皮纯协，胡建淼主编.北京：中国民主法制出版社，1990.6.—700页；16开.—ISBN 7-80078-006-6（精装）：28.00元

法律逻辑/陈康扬编著.—成都：四川大学出版社，1990.4.—393页；32开.—ISBN 7-5614-0284-8：4.00元

法律逻辑基础/黄厚仁，黄菊丽主编.—北京：中国政法大学出版社，1990.4.—222页；32开.—ISBN 7-5620-0470-6：2.42元

《法律逻辑基础》学习指导书/王宝瑛等编.—北京：中国政法大学出版社，1990.4.—94页；32开.ISBN 7-5620-0471-4：1.22元

法律答问四百题：重写本/冯尔泰主编.—上海：学林出版社，1990.10.—619页；32开.—（学习之友丛书）.—ISBN 7-80510-482-4：5.70元

法逻辑概论/邵春林，陈全林著.—上海：三联书店上海分店，1990.8.—256页；32开.—ISBN 7-5426-0361-2：4.60元

本书论述的是逻辑理论与法律实践紧密结合的应用逻辑。

案件学大辞典，又名，办案大全/杨五湖主编.北京：人民出版社，1990.8.—841页；16开.—ISBN 7-01-000671-7（精装）：28.00元

简明英汉法律词典＝CONCISE ENGLISH CHINESE LAW DICTIONARY/彭金瑞等编译.—北京：商务印书馆，1990.9.—882页；32开.ISBN 7-100-00075-0（精装）：9.60元

D90　法的理论（法学）

大学法学/马玉祥主编.—兰州：甘肃人民出版社，1990.6.—374页；大32开.—ISBN 7-226-00637-2：5.05元

大学法律教程/顾思九，叶俊南主编.—杭州：杭州大学出版社，1990.5.—366页；大32开.—ISBN 7-81035-024-4：5.00元

大学法律基础教程/华中理工大学法律教研室编.武汉：武汉工业大学出版社，1990.7.—305页；32开.—高等理工科院校试用教材.—ISBN 7-5629-0391-3：3.50元

马克思主义法理学/孔庆明主编.—济南：山东大学出版社，1990.5.—392页；大32开.—高等学校法学试用教材.—ISBN 7-5607-0336-4：5.10元

比较法律文化/（美）埃尔曼（Ehrmann，H.W.）著；贺卫方，高鸿钧译.—北京：三联书店，1990.3.—351页；32开.—（"文化：中国与世界"系列丛书·新知文库；35）.—ISBN 7-108-00203-5：4.90元

书名原文：Comparative Legal Cultures

中国高级法官培训中心全国法院干部业余法律大学首届学术讨论会论文选/首届学术讨论会论文评选委员会编选.—北京：人民法院出版社，1990.6.692页；32开.—ISBN 7-80056-079-1：7.90元

立法学教程/孙琬钟主编.—北京：中国法制出版社，1990.7.—286页；大32开.—政府法制干部培训教材.—ISBN 7-80083-014-4：5.00元

全国法院干部业余法律大学首届学员毕业论文选/全国法院干部业余法律大学编选.—北京：人民法院出版社，1990.5.—693页；32开.—ISBN 7-80056-073-2：7.00元

时效法律指南/谈继平，曹进堂编著.—北京：中国商业出版社，1990.9.—38页；32开.—ISBN 7-5044-0584-1：1.80元

本书内容包括时效理论概念、时效的法律规定、时效法律答疑3部分。

应用法学/张佩霖主编.—北京：中国商业出版社，1990.3.—425页；大32开.—（大众文化丛书）.

ISBN 7-5044-0487-X：5.80元

本书对"十法一例一律"进行了论证和介绍，反映了诸如刑事犯罪、治安处罚、民法通则、经济合同、婚姻家庭、财产继承等当前社会存在的现实问题。

现代法学/陈宝林，穆夏华著．—重庆：重庆出版社，1990.3.—320页；大32开.—（现代社会科学丛书/蒋际华主编）.—ISBN 7-5366-1146-3：4.25元

本书对世界法学的最新研究成果和信息加以简介。内容涉及哲学、伦理学、经济学、社会学、医学和电子学等与法律有关的现代法学问题。

"法与经济"演讲稿选粹/江苏省司法厅宣传处，江苏省企业管理协会编.—南京：南京出版社，1990.6.—94页；36开.—ISBN 7-80560-214-X：1.50元

法的一般理论与行政法、经济法/刘惊海主编．呼和浩特：内蒙古人民出版社，1990.7.—271页；大32开.—ISBN 7-204-01064-7：3.90元

法学权利论/魏再龙著．—武汉：湖北教育出版社，1990.8.—305页；大32开．—ISBN 7-5351-0534-3：3.90元

法学论丛：浙江省1989年法学论文选/浙江省法学会编.—杭州：杭州大学出版社，1990.12.—191页；大32开.—ISBN 7-81035-059-5：2.75元

法学应考模拟试卷集　第一分册/隋彭生主编；李巍等撰稿.—北京：法律出版社，1990.9.—464页；32开.—ISBN 7-5036-0682-7：5.65元

法学应考模拟试卷集　第二分册/隋彭生主编．北京：法律出版社，1990.10.—480页；32开.—ISBN 7-5036-0734-3：5.80元

法学知识图解　第三集：经济法部分/王洪才等编.—北京：群众出版社，1990.7.—366页；16开．ISBN 7-5014-0478-X：10.00元

法学知识学习与应用/牛宏，陈名岩主编.—济南：山东大学出版社，1990.7.—384页；32开.—ISBN 7-5607-0355-0：4.05元

法学基础/宋行主编.—北京：中国广播电视出版社，1990.8.—375页；32开.—劳改工作干警岗位职务培训系列教材.—ISBN 7-5043-0797-1：3.80元

法学基础知识/陈启康主编.—上海：华东师范大学出版社，1990.10.—224页；大32开.—高等师专教材.—ISBN 7-5617-0616-2：1.67元

法学基础教程/邹茂仁，高世纲主编．—南宁：广西人民出版社，1990.10.—376页；32开.—ISBN 7-219-01712-X：4.00元

法学基础教程/黄厚甫主编.—西安：陕西师范大学出版社，1990.6.—325页；32开.—ISBN 7-5613-0328-9：3.90元

法律基础/吴礼文主编.—北京：北京师范学院出版社，1990.5.—285页；32开.—体育院校思想教育试用教材.—ISBN 7-81014-454-5：3.20元

法律基础/吴亦仙，詹孝俊主编．—福州：福建教育出版社，1990.9.—205页；大32开.—ISBN 7-5334-0638-9：2.45元

法律基础/张龙光主编．—2版（修订本）.—成都：四川教育出版社，1990.4.—378页；32开.—高等学校法律基础课教材.—ISBN 7-5408-1138-7：2.43元

本书1989年3月第1版。

法律基础/张增栓，杨振海主编．—北京：中国经济出版社，1990.9.—253页；大32开.—（思想政治教育丛书/吴树明，石文林主编）.—ISBN 7-5017-0921-1：4.00元

法律基础/陈世佐，赵福来主编．—石家庄：河北人民出版社，1990.2.—202页；32开.—高等师范思想政治教育课程系列教材.—ISBN 7-202-00609-X：2.55元

法律基础/侯宗源等编著.—郑州：中原农民出版社，1990.3.—314页；大32开.—ISBN 7-80538-100-6：3.90元

法律基础/章琍主编.—杭州：浙江大学出版社，1990.7.—329页；32开.—ISBN 7-308-00551-8：3.85元

法律基础/谢少卿主编．—开封：河南大学出版社，1990.4.—319页；32开.—高等学校法制教育试用教材.—ISBN 7-81018-464-4：3.00元

法律基础系列辅导教材复习题解/李海洲等主编．北京：文津出版社，1990.11.—188页；32开．ISBN 7-80554-064-0：2.55元

法律基础知识/卢爱平，张立明主编.—长春：吉林大学出版社，1990.7.—314页；32开.—ISBN 7-5601-0546-7：3.90元

法律基础知识/严祖堤等编著．—北京：经济科学出版社，1990.2.—229页；32开.—乡镇领导干部岗位培训教材.—ISBN 7-5058-0333-6：2.40元

法律基础知识/陈劳志主编.—长春：吉林人民出版社，1990.10.—263页；大32开.—吉林省大中专试用教材.—ISBN 7-206-00897-6：3.70元

法律基础学习指导/亢永明，竺敏编.—西安：西北大学出版社，1990.9.—187页；32开.—ISBN 7-5604-0202-X：2.35元

法律基础教程/吴宽民，李体煜主编．—北京：光明日报出版社，1990.2.—319页；32开.—ISBN 7-80014-902-1：3.50元

法律基础教程/汪荣修等主编．—2版．—广州：广东高等教育出版社，1990.4.—394页；32开.—高等院校通用教材.—ISBN 7-5361-0129-5：3.95元

本书1988年7月初版。

法律基础教程/张书勤，程延文主编．—大连：大

连理工大学出版社，1990.12.—319页；32开.—供高等师范院校用.—ISBN 7-5611-0343-3：3.80元

法律基础教程/林华主编.—广州：中山大学出版社，1990.2.—420页；大32开.—ISBN 7-306-00255-4：6.90元

法律基础教程/秦德兴，罗建中主编.—北京：蓝天出版社，1990.6.—441页；32开.—ISBN 7-80081-116-6：4.85元

法律基础题解与案例评析/江强安主编.—成都：四川人民出版社，1990.6.—216页；32开.—ISBN 7-220-01003-6：2.30元

法律常识/吴鑫主编.—南京：江苏人民出版社，1990.10.—106页；32开.—江苏省就业培训统编教材：试用.—ISBN 7-214-00563-8：1.30元

法学概论/孙国华主编.—北京：高等教育出版社，1990.5.—460页；大32开.—全国高等师范学校政教专业·卫星电视教育中学师资培训政教专业系列教材之一.—ISBN 7-04-002933-2：2.85元

法学概论/袁凤岐等主编.—北京：蓝天出版社，1990.7.—411页；32开.—ISBN 7-80081-096-3：3.55元

法学概论/翟步高主编.—北京：北京师范大学出版社，1990.4.—340页；大32开.—全国高等学校师范专科教材.—ISBN 7-303-00853-5：2.45元

法学简明教程/张泽元主编.—武汉：武汉工业大学出版社，1990.6.—309页；32开.—ISBN 7-5629-0369-7：3.40元

法理学研究/沈宗灵主编.—上海：上海人民出版社，1990.11.—379页；大32开.—ISBN 7-208-00974-0：7.05元

实用法学纲要/李世义，胡守奋主编.—北京：中国法制出版社，1990.2.—362页；32开.—ISBN 7-80083-002-0：4.80元

实用法学通论/段书臣主编.—北京：北京邮电学院出版社，1990.8.—326页；大32开.—ISBN 7-5635-0060-X：5.00元

实用法学教程/刘云主编.—上海：文汇出版社，1990.8.—259页；32开.—上海市中等卫生专业学校试用教材.—ISBN 7-80531-134-X：3.50元

学法概论与卫生法学/吴祥廉，赵喜臣主编.—桂林：广西师范大学出版社，1990.7.—422页；大32开.—ISBN 7-5633-0751-6：4.50元

简明法学基础教程/刘列钤等主编.—长春：吉林人民出版社，1990.9.—341页；32开.—ISBN 7-206-00862-3：3.80元

新编法学基础/张国全等主编.—上海：上海科学技术文献出版社，1990.8.—379页；32开.—ISBN 7-80513-719-6：4.30元

本书1988年第1版名为《法学基础讲义》，这次在保持原书特色的基础上，对各章节进行了全面修订，增加了若干新的内容，并改为现名。

D904　法的历史类型

罗马法/谢邦宇主编.—北京：北京大学出版社，1990.10.—387页；大32开.—全国高等教育自学考试教材　法律专业.—ISBN 7-301-01294-2：5.30元

罗马法自学考试大纲/谢邦宇著.—北京：北京大学出版社，1990.9.—103页；32开.—全国高等教育自学考试指导委员会高等教育自学考试法律专业.ISBN 7-301-01290-X：1.40元

D909　法学史、法律思想史

世界十大著名法典评介/曲可伸主编.—武汉：湖北人民出版社，1990.10.—326页；大32开.—ISBN 7-216-00646-1：5.60元

外国法制史论文集/林榕年，李启欣主编.—广州：中山大学出版社，1990.7.—415页；大32开.《外国法制史汇刊》第二、三合集.—ISBN 7-306-00315-1：9.30元

西方法律思想史/张宏生，谷春德主编；史彤彪等编撰.—北京：北京大学出版社，1990.9.—491页；大32开.—全国高等教育自学考试教材　法律专业.ISBN 7-301-01220-9：6.55元

西方法律思想史自学考试大纲.—北京：北京大学出版社，1990.8.—130页；32开.—全国高等教育自学考试指导委员会高等教育自学考试法律专业.—ISBN 7-301-01221-7：1.60元

法和法学发生学：法和法学的历史探源/古棣，周英著.—北京：中国人民大学出版社，1990.3.—380页；大32开.—ISBN 7-300-00708-2：4.45元

本书阐明法和法学从非存在到存在的历史过程，以及法和法学产生的历史条件和规律性。

先秦法学思想资料译注/薛和，徐克谦著.—南京：江苏古籍出版社，1990.11.—240页；大32开.ISBN 7-80519-190-5：4.80元

先秦法律思想史/杨鹤皋著.—北京：中国政法大学出版社，1990.9.—412页；32开.—ISBN 7-5620-0450-1：2.50元

D91　法学各部门

D911　国家法、宪法

比较宪法纲要/张光博编著.—沈阳：辽宁大学出版社，1990.6.—481页；大32开.—ISBN 7-5601-0929-1（精装）：8.00元；（平装）：5.80元

西方宪法概论/孙丙珠主编.—北京：中国政法大学

出版社，1990.9.—255页；32开.—ISBN 7-5620-0461-7：1.50元

宪法保障论/杨泉明著.—成都：四川大学出版社，1990.9.—317页；32开.—ISBN 7-5614-0330-5：3.80元

D912.1 行政法

外国行政法概论/张正钊主编.—北京：中国人民大学出版社，1990.5.—250页；大32开.—ISBN 7-300-00803-8：3.10元

民族法学导论/吴宗金等主编.—南宁：广西民族出版社，1990.10.—329页；32开.—ISBN 7-5363-0850-7：3.90元

民族法学概论/朱文成编著.—乌鲁木齐：新疆人民出版社，1990.2.—198页；大32开.—ISBN 7-228-00928-2：2.10元

行政法与行政诉讼/姜明安著.—北京：中国卓越出版公司，1990.6.—512页；大32开.—ISBN 7-80071-263-X：6.80元

行政法与行政诉讼法通论/王界凯，马火如主编.南昌：江西高校出版社，1990.4.—351页；32开.ISBN 7-81033-011-X：4.20元

行政法与行政诉讼法通论/赵奇等编著.—北京：北京科学技术出版社，1990.11.—312页；32开.ISBN 7-5304-0758-9：4.20元

行政法与行政诉讼法概论/宋顺和，陈家球主编.上海：复旦大学出版社，1990.8.—265页；大32开.ISBN 7-309-00581-3：3.60元

行政法讲座/梁书文主编.—北京：中国卓越出版公司，1990.5.—288页；32开.—（行政机关行政诉讼应诉丛书/黄曙海主编）.—ISBN 7-80071-245-1：3.85元

行政法知识手册/张焕光主编.—北京：劳动人事出版社，1990.5.—536页；大32开.—ISBN 7-5045-0477-7（精装）：11.00元

本书由行政法绪论、行政组织法、人事行政法、行政法上的行为、行政责任与行政监督、行政争讼法6篇近600个条目组成。

行政法知识手册/桂自力，洪魁旺主编.—武汉：湖北人民出版社，1990.3.—537页；大32开.—ISBN 7-216-00542-2：6.90元

行政法知识问答/刘绍刚等主编.—长春：吉林大学出版社，1990.9.—412页；32开.—ISBN 7-5601-0599-8：5.90元

行政法和行政管理/杨逢春主编.—北京：经济科学出版社，1990.5.—285页；32开.—ISBN 7-5058-0310-7：3.60元

行政法学/肖沫香，陈万之主编.—武汉：华中理工大学出版社，1990.6.—271页；大32开.—ISBN 7-5609-0489-0：3.40元

行政法学/张尚鷟主编.—北京：北京大学出版社，1990.7.—448页；大32开.—全国高等教育自学考试教材　法律专业、行政管理专业.—ISBN 7-301-01357-4：6.00元

行政法学/温福泽，费宁主编.—昆明：云南人民出版社，1990.4.—254页；32开.—（行政管理科学教学丛书/普同金等主编）.—ISBN 7-222-00625-7：3.50元

行政法学自学考试大纲.—北京：北京大学出版社，1990.7.—107页；32开.—全国高等教育自学考试指导委员会高等教育自学考试法律专业、行政管理专业.—ISBN 7-301-01367-1：1.45元

行政法学导论/冯煜章，吕泰峰主编；王士如等撰.—西安：西北大学出版社，1990.2.—428页；32开.—ISBN 7-5604-0128-7：4.30元

行政法学导论/赵炳寿主编；左卫民，周伟编.—成都：成都科技大学出版社，1990.6.—217页；32开.（高等教育自学考试公共课辅导丛书）.—ISBN 7-5616-0623-0：2.25元

行政法学教程/赵克仁主编.—广州：中山大学出版社，1990.2.—323页；32开.—ISBN 7-306-00287-2：3.90元

行政法总论/方昕等著.—北京：人民出版社，1990.8.—253页；32开.—（行政复议与行政诉讼业务培训丛书）.—ISBN 7-01-000742-X：3.65元

行政法教程/张尚鷟编著.—2版（修订本）.—北京：中央广播电视大学出版社，1990.10.—518页；32开.—ISBN 7-304-00552-1：3.85元

本书1988年7月第1版。

行政法概论/吴仲华，刘善金主编.—青岛：青岛海洋大学出版社，1990.9.—358页；32开.—ISBN 7-81026-077-4：3.90元

行政法概论/罗耀培等著.—成都：四川人民出版社，1990.11.—324页；32开.—（中国法学丛书/王叔文主编）.—ISBN 7-220-00987-9：3.85元

现代行政法概论/（日）西冈等著；康树华译.—兰州：甘肃人民出版社，1990.12.—303页；大32开.ISBN 7-226-00610-3：3.80元

国外廉政法律法规介绍/全国人大常委会办公厅研究室编.—北京：中国民主法制出版社，1990.4.353页；大32开.—ISBN 7-80078-011-2：5.45元

治安管理法学/国务院军队转业干部安置工作小组办公室组织编写；魏平雄主编.—北京：中国劳动出版社，1990.7.—350页；32开.—ISBN 7-5045-0577-3：4.90元

政府法制手册/高帆，应松年主编.—北京：军事科学出版社，1990.12.—539页；大32开.—ISBN 7-80021-295-5：9.00元

本书分中国和外国两部分，既包括国家行政机关的内部

管理，也涉及行政机关、公务员与公民、组织之间的权利义务关系。

专利法概论/(日)吉藤幸朔著；宋永林，魏启学译.—北京：专利文献出版社，1990.6.—766页；32开.—ISBN 7-80011-039-7：8.50元

科技法学导论/倪正茂著.—成都：四川人民出版社，1990.5.—577页；大32开.—ISBN 7-220-00978-X：7.10元

部分国家和地区职业技术教育法规选编/国家教育委员会政策法规司职业技术教育司编.—北京：法律出版社，1990.12.—283页；大32开.—ISBN 7-5036-0800-5：4.75元

高等学校科技法制/蔡礼义，李子和主编.—广州：中山大学出版社，1990.12.—409页；大32开.ISBN 7-306-00360-7：4.90元

简明行政法/周连勇编著.—南京：江苏教育出版社，1990.1.—284页；32开.—ISBN 7-5343-0946-8：2.95元

D912.2　财政法

会计人员犯罪论/王惠荣等著.—南京：江苏科学技术出版社，1990.7.—303页；大32开.—ISBN 7-5345-0983-1：4.40元

会计法教程/于玉林主编；李明珠等编著.—北京：中国财政经济出版社，1990.3.—336页；大32开.—ISBN 7-5005-0902-2：5.05元

金融法概论/杨有振，张辛巳主编.—太原：山西经济出版社，1990.6.—376页；32开.—ISBN 7-80577-002-6：6.00元

保险与保险法/关浣非著.—长春：吉林人民出版社，1990.6.—348页；32开.—ISBN 7-206-00778-3：3.80元

跟单信用证案例研究：汉英对照/(　)德克尔(Dekker，J.C.)编；俞浩明等译.—上海：上海翻译出版公司，1990.3.—298页；大32开.—ISBN 7-80514-575-X：4.60元

D912.29　经济法

十五个国家和地区经济法律制度指南/卢世纲，章群编著.—成都：四川大学出版社，1990.10.—486页；32开.—ISBN 7-5614-0333-X：5.20元

工业经济法教程/阎廷枢，曲修山主编.—2版.北京：高等教育出版社，1990.10.—581页；大32开.—高等学校教材.—ISBN 7-04-003178-7：3.95元

本书1987年2月第1版。

企业破产法论/徐德敏，梁增昌著.—西安：陕西人民出版社，1990.5.—315页；大32开.—ISBN 7-224-01402-8：4.50元

论经济责任/杜飞进著.—北京：人民日报出版社，1990.12.—196页；32开.—ISBN 7-80002-118-1：2.60元

本书以马克思主义法学观为指导，在把经济上责任作为现代法律责任体系中一种崭新的法律责任的意义上，根据我国经济立法、经济执法以及经济生活的实际情况，对经济法责任及经济争议解决的途径与程序等的一系列理论与实践问题作了较为系统的探索。

现代经济法教程/赵怀洲，史丙旺主编.—北京：新华出版社，1990.10.—365页；32开.—ISBN 7-5011-0861-7：5.50元

林业经济法教程/谢家祐主编.—北京：中国林业出版社，1990.8.—199页；16开.—全国高等林业院校试用教材　林业经济、林业财务会计专业用.—ISBN 7-5038-0665-6：2.60元

法及经济法基础/赵三贵编写.—贵阳：贵州教育出版社，1990.9.—248页；32开.—ISBN 7-80583-070-3：2.90元

实用经济法学/宋振北，徐萍主编.—大连：大连出版社，1990.4.—490页；32开.—ISBN 7-80555-219-3：4.80元

实用经济法学/张钢成主编.—北京：蓝天出版社，1990.7.—532页；32开.—ISBN 7-80081-115-8：5.60元

实用经济法学教程/庄春泉主编.—广州：广东高等教育出版社，1990.9.—441页；32开.—ISBN 7-5361-0506-1：5.20元

实用经济法学教程/陈思哲主编；王耀荣等撰稿.成都：成都科技大学出版社，1990.1.—372页；大32开.—ISBN 7-5616-0539-0：4.20元

经济和金融法概要/中国人民银行成人教育教材编审委员会编；杨贵林主编.—北京：中国金融出版社，1990.11.—372页；大32开.—中国人民银行岗位培训系列教材.—ISBN 7-5049-0622-0：7.55元

经济法/李智等主编.—北京：中国统计出版社，1990.9.—240页；32开.—ISBN 7-5037-0491-8：3.95元

经济法/周肇光编著.—合肥：中国科学技术大学出版社，1990.8.—297页；大32开.—ISBN 7-312-00238-2：3.20元

经济法/高程德著.—3版.—上海：上海人民出版社，1990.4.—461页；大32开.—ISBN 7-208-00560-5：3.55元

本书1987年5月第1版。

经济法实用教程/吴琦主编.—大连：大连海运学院出版社，1990.10.—406页；32开.—ISBN 7-5632-0104-1：2.55元

经济法实用教程/周文昌主编；胡祥伦等编写.南京：南京大学出版社，1990.7.—347页；32开.ISBN 7-305-00738-2：3.45元

经济法实用教程学习辅导/王河编.—北京：高等教育出版社，1990.3.—131页；32开.—成人中专教学参考书.—ISBN 7-04-002809-3：0.92元

经济法学/杨紫烜，徐杰主编.—北京：北京大学出版社，1990.1.—616页；大32开.—全国高等教育自学考试教材 法律专业、经济管理专业 —ISBN 7-301-01150-4：7.85元

经济法学/李青蓝主编.—哈尔滨：黑龙江教育出版社，1990.1.—247页；32开.—ISBN 7-5316-1125-2：4.80元

经济法学/吴文，杨继瑞主编.—成都：四川人民出版社，1990.6.—642页；大32开.—ISBN 7-220-01010-9：7.65元

经济法学/张之光主编.—长春：东北师范大学出版社，1990.4.—404页；大32开.—ISBN 7-5602-0376-0（精装）：2.80元

经济法学与案例/杨涌江主编.—哈尔滨：东北林业大学出版社，1990.8.—271页；32开.—ISBN 7-81008-116-0：3.80元

经济法学习指导书/高程德等编.—北京：中央广播电视大学出版社，1990.4.—146页；32开.—ISBN 7-304-00498-3：0.91元

经济法学基础概论/梁建达编著.—北京：北京科学技术出版社，1990.6.—303页；32开.—ISBN 7-5304-0680-9：3.80元

经济法律基础知识/《经济法律基础知识》编写组编.—杭州：浙江人民出版社，1990.12.—255页；32开.—ISBN 7-213-00614-2：2.60元

经济法教程/上海财经大学经济法教研室编著.上海：复旦大学出版社，1990.9.—252页；大32开.—（上海财经大学丛书）.—ISBN 7-309-00579-1：3.40元

经济法教程/刘汉山，巫子彬主编.—乌鲁木齐：新疆大学出版社，1990.8.—328页；32开.—ISBN 7-5631-0156-X：4.00元

经济法教程/罗荣，黄南平主编.—3版（修订本）.广州：华南理工大学出版社，1990.8.—426页；大32开.—高等学校试用教材.—ISBN 7-5623-0003-8：5.60元

本书1987年8月第1版。

经济法教程/ 赵兵主编.—北京：人民教育出版社，1990.6.—285页；32开.—（物资管理丛书）.物资专业用.—ISBN 7-107-10706-2：3.60元

经济法教程/盛杰民主编.—北京：中央广播电视大学出版社，1990.4.—405页；大32开.—ISBN 7-304-00482-7：2.80元

经济法教程学习指导书/盛杰民等编.—北京：中央广播电视大学出版社，1990.4.—238页；32开.ISBN 7-304-00483-5：1.40元

经济法教程参考资料/盛杰民，王晓珉选编.—北京：中央广播电视大学出版社，1990.3.—432页；32开.—ISBN 7-304-00484-3：2.45元

《经济法教程》教学参考文献/罗荣，黄南平编.3版（增订本）.—广州：华南理工大学出版社，1990.4.—505页；32开.—ISBN 7-5623-0094-1：6.40元

本书1988年2月第1版。

经济法基本知识/农业部乡镇企业司组织编写；张鸿飞编著.—北京：中共中央党校出版社，1990.7.186页；32开.—全国乡镇企业系统领导干部岗位培训教材.—ISBN 7-5035-0316-5：2.30元

经济法基础/张火炎主编.—北京：机械工业出版社，1990.7.—220页；32开.—机械电子工业部机电行业专业管理人员岗位培训教材.—ISBN 7-111-02236-X：3.80元

经济法基础知识/吕勇主编.—北京：高等教育出版社，1990.9.—311页；32开.—中等职业技术学校试用教材.—ISBN 7-04-003202-3：1.80元

经济法基础知识/余秉坚，杨世玉主编.—北京：中国财政经济出版社，1990.1.—250页；32开.中华会计函授学校试用教材.—ISBN 7-5005-0974-X：2.90元

经济法基础理论和基本制度/张宇霖等编著.—大连：东北财经大学出版社，1990.6.—283页；32开.ISBN 7-81005-379-5：1.65元

经济法基础教程/周力主编.—济南：山东大学出版社，1990.4.—305页；32开.—ISBN 7-5607-0332-1：1.80元

经济法概论/马绍春主编.—杭州：浙江教育出版社，1990.6.—489页；32开.—ISBN 7-5338-0685-7：5.25元

经济法概论/杨志勇等编写.—沈阳：辽宁科学技术出版社，1990.6.—87页；32开.—（中国农业银行中专自学考试指导丛书）.—ISBN 7-5381-0934-X：1.40元

经济法概论/杨堪主编.—修订本.—北京：中国财政经济出版社，1990.3.—469页；大32开.—高等财经院校教材.—ISBN 7-5005-0936-7：3.20元

本书1984年2月第1版。

经济法概论/李健青主编.—哈尔滨：哈尔滨工业大学出版社，1990.8.—370页；32开.—ISBN 7-5603-299-8：4.70元

经济法概论/黄中明，武尚理主编．—成都：西南财经大学出版社，1990.10.—466页；32开．—ISBN 7-81017-268-9：4.75元

经济法概论与案例分析/朱慈蕴主编．—北京：中国财政经济出版社，1990.9.—358页；大32开．ISBN 7-5005-1176-0：4.30元

经济法概论自考大纲：新编本．—成都：电子科技大学出版社，1990.8.—126页；32开．—（四川省高等教育自学考试法律专业考试大纲丛书；第七册）．ISBN 7-81016-249-7：1.30元

经济法概论学习指导/张晋经，林秀玲编著．—大连：大连出版社，1990.2.—145页；32开．—ISBN 7-80555-280-0：1.80元

经济法新编/范明辛等编著．—北京：中国卓越出版公司，1990.5.—292页；大32开．—北京社会函授大学教科书．—ISBN 7-80071-276-1：4.10元

经营法学/王保树等著．—北京：法律出版社，1990.11.—397页；32开．—ISBN 7-5036-0702-5：7.20元

经营法律问答/朱效亮主编．—北京：冶金工业出版社，1990.5.—426页；大32开．—ISBN 7-5024-0603-4：8.05元

破产法教程/柴发邦主编．—北京：法律出版社，1990.6.—302页；大32开．—高等学校法学试用教材．ISBN 7-5036-0631-2：2.40元

涉外经济法总论/余先予等编写．—北京：法律出版社，1990.6.—274页；大32开．—涉外经济法系列教材．—ISBN 7-5036-0117-5：2.25元

消费者的法律保护问题/王江云等著．—北京：法律出版社，1990.11.—305页；32开．—ISBN 7-5036-0693-2：4.35元

票据法概论/谢怀栻著．—北京：法律出版社，1990.5.—268页；大32开．—涉外经济法系列教材．ISBN 7-5036-0630-4：2.20元

简明经济法/中国金融学院法学教研室编．—北京：中国人民大学出版社，1990.4.—271页；大32开．—ISBN 7-300-00837-2：2.90元

简明经济法词典/王立纲主编．—北京：法律出版社，1990.4.—498页；大32开．—ISBN 7-5036-0594-4：9.60元

D912.3　土地法

土地法全书/王先进主编．—长春：吉林教育出版社，1990.5.—1387页；16开．—ISBN 7-5383-1009-6（精装）：45.00元

本书收入中华人民共和国成立以来大陆土地法320余种，台湾、香港现行有效的土地法及中国共产党于新民主主义革命时期的土地法110余种，外国土地法60余种。

土地法规概论/阎壮志，王香仁主编．—长春：长春出版社，1990.1.—158页；大32开．—ISBN 7-80573-120-9：3.15元

D912.5　劳动法

外国劳动法和劳动行政管理/劳动部培训司组织编写；张伟主编．—北京：中国劳动出版社，1990.12.—298页；32开．—劳动管理人员专业培训教材．ISBN 7-5045-0610-9：4.20元

劳动仲裁概论/刘东升，丁春庭著；劳动部劳动力管理和就业司组织编写．—北京：北京师范学院出版社，1990.4.—325页；32开．—（劳动争议处理系列丛书）．—ISBN 7-81014-449-9：3.80元

本书阐述了劳动仲裁制度的发展梗概、劳动仲裁科学的原则、劳动仲裁的发展趋势等。

劳动争议案例评析/黄春生主编．—成都：四川人民出版社，1990.8.—329页；32开．—ISBN 7-220-01035-4：3.55元

劳动争议调解员必读/邢新民等编．—北京：中国劳动出版社，1990.12.—293页；32开．—ISBN 7-5045-0725-3：4.20元

劳动法/史探径著．—北京：经济科学出版社，1990.6.—380页；大32开．—ISBN 7-5058-0319-0：5.50元

劳动法自学考试大纲/李景森主编．—北京：北京大学出版社，1990.1.—52页；32开．—高等教育自学考试法律专业用．—ISBN 7-301-01019-2：0.85元

劳动法学/张启山主编．—徐州：中国矿业大学出版社，1990.1.—325页；大32开．—ISBN 7-81021-326-1：3.90元

劳动法学教程/贾俊玲，徐迪编著．—北京：中央广播电视大学出版社，1990.5.—298页；大32开．ISBN 7-304-00478-9：2.10元

劳动法学教程学习指导书/贾俊玲等编写．—北京：中央广播电视大学出版社，1990.5.—133页；大32开．—ISBN 7-304-00479-7：1.00元

劳动法学教程参考资料/贾俊玲，王晓珉选编．北京：中央广播电视大学出版社，1990.5.—359页；大32开．—ISBN 7-304-00480-0：2.50元

劳动法基础/章宝崑主编．—北京：机械工业出版社，1990.7.—208页；32开．—机械电子工业部机电行业专业管理人员岗位培训教材．—ISBN 7-111-02231-9：2.90元

国外劳资争议处理概论/刘东升著；劳动部劳动力管理和就业司组织编写．—北京：北京师范学院出版社，1990.4.—380页；32开．—（劳动争议处理系列丛书）．—ISBN 7-81014-451-0：3.80元

D912.6　自然资源与环境保护法

环境法/程正康著.—北京：高等教育出版社，1990.3.—468页；大32开.—高等学校试用教材. ISBN 7-04-002877-8：3.30元

环境法知识大全/韩德培，肖隆安主编.—北京：中国环境科学出版社，1990.7.—274页；32开. ISBN 7-80010-647-0：4.60元

环境法学/金瑞林等撰稿.—北京：北京大学出版社，1990.5.—483页；大32开.—全国高等教育自学考试教材　法律专业用.—ISBN 7-301-01223-3：6.35元

环境法学自学考试大纲/全国高等教育自学考试指导委员会编.—北京：北京大学出版社，1990.5.—111页；32开.—高等教育自学考试法律专业用.—ISBN 7-301-01258-6：1.45元

资源法导论/吴平生，何建邦编著.—北京：中国展望出版社，1990.8.—360页；16开.—ISBN 7-5050-0753-X：16.65元

D912.7　青少年法

青少年卫生的法律和政策/(　)帕克斯曼(Paxman, J.M.)，朱克曼(Zuckerman, R.J.)编著；汪培山等译.—北京：人民卫生出版社，1990.3.—267页；16开.—ISBN 7-117-01313-3：6.45元

本书内容涉及青少年营养问题，就业，嗜酒，嗜烟，吸毒，意外事故，自杀，性行为，精神障碍，智力发育以及残疾等多种方面，着重介绍了世界各国对这类问题的立法措施和政策措施。

青少年立法论/康树华著.—哈尔滨：黑龙江教育出版社，1990.4.—336页；大32开.—ISBN 7-5316-1035-3：4.80元

D913　民　法

专利法/汤宗舜，文希凯著.—北京：人民法院出版社，1990.7.—159页；32开.—(政法袖珍文库；50/张友渔主编).—ISBN 7-80056-084-8：2.40元

劳动合同概论/程晓敏，吕唐勋著；劳动部劳动力管理和就业司组织编写.—北京：北京师范学院出版社，1990.4.—347页；32开.—(劳动争议处理系列丛书).—ISBN 7-81014-450-2：3.80元

实用合同手册/北京市法学会编.—北京：海洋出版社，1990.10.—737页；大32开.—ISBN 7-5027-1075-2：15.00元

本书内容囊括了企业常用的各类合同及企业常用合同的基本法律问题。

经济合同法学/苏惠祥主编.—沈阳：辽宁人民出版社，1990.5.—323页；大32开.—高等院校法学系列教材.—ISBN 7-205-01478-6：4.90元

经济合同管理理论与实践/米德超等著.—成都：成都科技大学出版社，1990.9.—456页；32开. ISBN 7-5616-0659-1：4.70元

俄汉工业产权词汇/中国专利局信息中心编译.北京：专利文献出版社，1990.11.—56页；32开. ISBN 7-80011-044-3：2.00元

侵权特别法通论/杨立新著.—长春：吉林人民出版社，1990.4.—377页；32开.—ISBN 7-206-00731-7：4.00元

涉外经济合同管理/黄运武，刘梅梅编著.—武汉：武汉工业大学出版社，1990.7.—461页；32开. ISBN 7-5629-0400-6：5.00元

德汉工业产权词汇/中国专利局信息中心编译.北京：专利文献出版社，1990.11.—84页；32开. ISBN 7-80011-045-1：2.50元

欧洲七国学者论著作权客体和主体/高凌瀚等译.西安：陕西师范大学出版社，1990.9.—144页；32开.—ISBN 7-5613-0334-3：2.50元

知识产权与技术转让法教学大纲与学习辅导/郑成思编著.—北京：法律出版社，1990.5.—198页；32开.—海南法律函授学院大专班系列辅导材料.—ISBN 7-5036-0679-7：3.80元

知识产权法教程/世界知识产权组织编；高卢麟等译.—北京：专利文献出版社，〔1990〕.—310页；18开.—ISBN 7-80011-054-0：8.50元

知识产权法教程/李振东主编.—北京：机械工业出版社，1990.9.—236页；32开.—ISBN 7-111-02539-3：3.50元

知识产权研究：中国高校知识产权研究会第四届年会(1990.4)论文集/中国高校知识产权研究会学术委员会编.—西安：西安交通大学出版社，1990.10.—178页；16开.—ISBN 7-5605-0333-0：5.60元

知识产权简明词典/朱雅轩主编.—上海：上海交通大学出版社，1990.8.—355页；大32开.—ISBN 7-313-00683-7(精装)：11.00元

版权法/郑成思著.—北京：中国人民大学出版社，1990.3.—392页；大32开.—ISBN 7-300-00828-3：4.50元

实用知识产权基础教程/高燕云等编著.—兰州：兰州大学出版社，1990.4.—289页；32开.—ISBN 7-311-00295-8：3.20元

著作权法知识手册/宋杰，陶春明编著.—北京：法律出版社，1990.7.—164页；32开.—ISBN 7-5036-0643-6：2.65元

著作权法50讲/(日)半田正文，(日)纹谷畅男

编；魏启学译.—北京：法律出版社，1990.7.—407页；32开.—ISBN 7-5036-0477-8：5.90元

简明著作权词典/朱明远主编.—上海：学林出版社，1990.12.—168页；32开.—ISBN 7-80510-500-6：4.60元

实用婚姻法学大全/杨森等主编.—北京：中国妇女出版社，1990.4.—567页；32开.—ISBN 7-80016-199-4：8.50元

婚姻·家庭·法律/刘英等编著.—北京：法律出版社，1990.3.—264页；32开.—ISBN 7-5036-0666-5：3.70元

D914 刑 法

反贪污贿赂法概论/蒙永山著.—南宁：广西人民出版社，1990.7.—164页；32开.—ISBN 7-219-01595-X：2.50元

刑法分则要义/王作富著.—2版(修订本).—北京：中央广播电视大学出版社，1990.4.—418页；32开.—ISBN 7-304-00515-7：2.40元

本书1989年5月第1版。

刑事法学大辞书/杨春洗等主编.—南京：南京大学出版社，1990.12.—810页；16开.—ISBN 7-305-00525-8(精装)：36.00元

现代实用刑事法律词典/王舜华主编.—北京：北京出版社，1990.1.—539页；大32开.—ISBN 7-200-00918-0(精装)：11.70元

现代实用刑事法律词典/王舜华主编.—北京：北京出版社，1990.1.—539页；大32开.—ISBN 7-200-00771-4：7.95元

定罪导论/王勇著.—北京：中国人民大学出版社，1990.6.—300页；大32开.—(中国人民大学博士文库/罗国杰主编).—ISBN 7-300-00859-3：4.10元

实用刑事法律指南/李京铃，丁学军主编.—西安：陕西人民出版社，1990.12.—298页；32开.ISBN 7-224-01539-3：4.30元

救救受害者/(美)特里萨·S.弗利，(美)玛里琳·A.戴维斯著；高琛，黎琳译.—北京：警官教育出版社，1990.10.—217页；32开.—ISBN 7-81027-023-0：3.40元

新编刑法学：罪刑各论/吴安清主编.—北京：中国政法大学出版社，1990.8.—396页；32开.—法律专业系列教材.—ISBN 7-5620-0490-0：4.30元

D915 诉讼法

实用诉讼法/徐进主编.—济南：山东大学出版社，1990.8.—455页；32开.—ISBN 7-5607-0394-1：6.00元

实用诉讼法教程："三诉"合编本/朱平山主编.南京：江苏人民出版社，1990.8.—498页；大32开.ISBN 7-214-00533-6：6.70元

智能诉讼：司法活动中的现代化技术/马进保，刘祁宪著.—北京：群众出版社，1990.3.—250页；32开.—ISBN 7-5014-0494-1：3.50元

D915.1 制度与方法

刑事证据理论研究综述：《刑事证据的理论与实践》课题组研究成果之一/崔敏等编写.—北京：中国人民公安大学出版社，1990.1.—329页；大32开.—ISBN 7-81011-192-2：4.40元

本书集建国以来的国内诸家之言，并依各自的理论体系，就刑事诉讼的核心问题——证据的概念、属性、刑事证明、证据种类、刑事证明分类等内容作了全面、历史的回顾和系统的阐述，对国外相关领域理论的变迁和发展也作了一定的介绍。

各类案件证据的实用/方光成主编.—长春：长春出版社，1990.8.—786页；大32开.—ISBN 7-80573-283-3：12.00元

证据法学/赵炳寿主编.—成都：四川大学出版社，1990.3.—176页；32开.—ISBN 7-5614-0306-2：1.50元

人民调解实用大全/刘志涛主编.—长春：吉林人民出版社，1990.2.—945页；32开.—ISBN 7-206-00693-0：9.60元

人民调解学概论/江伟，杨荣新主编.—北京：法律出版社，1990.6.—221页；大32开.—高等学校法学试用教材.—ISBN 7-5036-0114-0：1.90元

中外法庭论辩选萃/王政挺主编.—北京：东方出版社，1990.1.—289页；大32开.—ISBN 7-5060-0136-5：4.50元

本书精选中外法庭论辩实录90余例，内容包括法庭论辩的原则、条法、方法、技巧等方面。

刑事审判监督程序专论/汪建成主编.—北京：群众出版社，1990.8.—237页；大32开.—ISBN 7-5014-0504-2：3.70元

审讯心理学/金瑞芳编著.—杭州：杭州大学出版社，1990.8.—322页；大32开.—ISBN 7-81035-030-7：3.60元

审判逻辑简论/雍琦著.—成都：四川人民出版社，1990.2.—230页；32开.—ISBN 7-220-00776-0：2.60元

怎样制作刑事问答笔录/王海波著.—上海：知识出版社，1990.5.—141页；32开.—ISBN 7-5015-5449-8：2.10元

D915.2 民事诉讼法

民事诉讼法自考大纲：新编本.—成都：电子科技大学出版社，1990.6.—82页；32开.—（四川省高等教育自学考试法律专业考试大纲丛书；第六册）.ISBN 7-81016-249-7：0.95元

民事诉讼法学教程/黄家顺主编；华东政法学院民事诉讼法教研室编.—上海：华东师范大学出版社，1990.5.—325页；大32开.—ISBN 7-5617-0624-3：3.65元

D915.3 刑事诉讼法

外国刑事诉讼法学/王以真主编.—北京：北京大学出版社，1990.7.—426页；大32开.—高等学校文科教材.—ISBN 7-301-01215-2：2.95元

刑事诉讼法/张子培著.—北京：人民法院出版社，1990.8.—283页；32开.—（政法袖珍文库；59/张友渔主编）.—ISBN 7-80056-081-3：3.70元

刑事诉讼法学/陈光中主编.—北京：中国政法大学出版社，1990.9.—502页；32开.—ISBN 7-5620-0492-7：6.00元

D915.4 行政诉讼法

公安行政行为与公安行政诉讼/李法文，王月明主编.—呼和浩特：内蒙古人民出版社，1990.10.413页；大32开.—ISBN 7-204-01228-3：5.80元

行政机关行政诉讼应诉手册/王萍等撰稿；《行政机关行政诉讼应诉手册》编写组编.—北京：中国卓越出版公司，1990.5.—494页；32开.—（行政机关行政诉讼应诉丛书/黄曙海主编）.—ISBN 7-80071-248-6：8.65元

行政诉讼中的被告/王胜明等撰稿；《行政诉讼中的被告》编写组编.—北京：中国卓越出版公司，1990.5.—214页；32开.—（行政机关行政诉讼应诉丛书/黄曙海主编）.—ISBN 7-80071-247-8：3.25元

行政诉讼法讲座/陈基余主编.—2版.—合肥：安徽人民出版社，1990.7.—269页；32开.—ISBN 7-212-00357-3：3.20元

行政诉讼法实用教材/陈肇国主编.—南宁：广西人民出版社，1990.4.—213页；32开.—ISBN 7-219-01541-0：2.50元

行政诉讼法学/王恒春，刘和海主编.—桂林：广西师范大学出版社，1990.2.—312页；大32开.（行政法制丛书/陈琪，赵喜臣主编）.—ISBN 7-5633-0696-X：3.80元

行政诉讼法学/皮纯协，嵇子明主编.—北京：警官教育出版社，1990.8.—278页；32开.—ISBN 7-81027-016-8：3.90元

行政诉讼法学/朱兴有等主编.—北京：中国人民公安大学出版社，1990.10.—314页；32开.—ISBN 7-81011-174-4：4.20元

行政诉讼法学/杨忠文，孙炜主编.—哈尔滨：黑龙江人民出版社，1990.5.—348页；32开.—ISBN 7-207-01543-7：4.25元

行政诉讼法学/罗豪才，应松年主编.—北京：中国政法大学出版社，1990.10.—308页；大32开.—高等学校法学试用教材.—ISBN 7-5620-0494-3：4.95元

行政诉讼法学概论/吕鹤云主编.—南宁：广西人民出版社，1990.8.—239页；32开.—ISBN 7-219-01634-4：3.25元

行政诉讼法教程/胡建淼主编.—杭州：杭州大学出版社，1990.1.—302页；大32开.—ISBN 7-81035-001-3：3.50元

行政诉讼法教程/柴发邦主编；王铮等撰.—北京：中国人民公安大学出版社，1990.12.—430页；大32开.—ISBN 7-81011-278-3：5.65元

行政诉讼法概论/罗豪才主编.—太原：山西人民出版社，1990.9.—398页；大32开.—ISBN 7-203-01815-6：7.70元

行政诉讼法简论/高存山，张建主编.—北京：中国广播电视出版社，1990.5.—290页；大32开.ISBN 7-5043-0480-8：4.50元

行政诉讼实用知识/许扶首等编著.—南宁：广西民族出版社，1990.5.—321页；32开.—ISBN 7-5363-0786-1：3.50元

行政诉讼概论/金俊银等著.—北京：人民出版社，1990.7.—248页；32开.—（行政复议与行政诉讼业务培训丛书）.—ISBN 7-01-000746-2：3.65元

行政诉讼概论/熊振斌，何品伟著.—上海：上海人民出版社，1990.8.—302页；大32开.—ISBN 7-208-00985-6：3.80元

败诉的启示：行政机关败诉百例述评/王路等撰稿；《败诉的启示》编写组编.—北京：中国卓越出版公司，1990.5.—218页；32开.—（行政机关行政诉讼应诉丛书/黄曙海主编）.—ISBN 7-80071-269-9：3.40元

新编行政诉讼法学/刘定波主编.—北京：中国政法大学出版社，1990.1.—324页；32开.—ISBN 7-5620-0342-4：3.50元

D916 司法制度

司法实践与逻辑应用/张世珊主编.—北京：北京师范大学出版社，1990.3.—200页；32开.—（逻辑应用多视角丛书/苏越主编）.—ISBN 7-303-00881-0：2.85元

实用司法行政词典/《实用司法行政词典》编委会

编.—南京：江苏人民出版社，1990.2.—549页；32开.—ISBN 7-214-00397-X（精装）：15.00元

D916.3 检察制度

检察制度比较研究/张穹，谭世贵编著.—北京：中国检察出版社，1990.1.—143页；大32开.—ISBN 7-80086-007-8：2.50元

检察制度的理论与实践/程荣斌主编.—北京：中国人民大学出版社，1990.5.—232页；大32开.—ISBN 7-300-00796-1：3.40元

D916.5 律师制度

公证律师实务/宋世杰主编.—长沙：湖南师范大学出版社，1990.8.—344页；32开.—ISBN 7-81031-037-2：4.60元

各国律师制度选介/中华人民共和国司法部法规司编.—长春：吉林人民出版社，1990.12.—300页；32开.—ISBN 7-206-00937-9：4.30元

法庭之外：律师与非诉讼事件/李勇极，王纲编著.—西安：西北大学出版社，1990.6.—137页；32开.—ISBN 7-5604-0158-9：1.70元

法庭辩论精选/马万里主编；龙翼飞等撰.—北京：中国人民大学出版社，1990.1.—320页；大32开.—（律师必备丛书）.—ISBN 7-300-00817-8：5.10元

实用律师学教程/周国均主编；付佐等撰稿.—北京：警官教育出版社，1990.5.—553页；32开.ISBN 7-81027-014-1：6.35元

律师工作实践/杜非等编著.—合肥：安徽人民出版社，1990.1.—273页；32开.—ISBN 7-212-00291-7：3.50元

律师公证与调解业务/谭秀菊等主编.—长春：吉林人民出版社，1990.9.—235页；32开.—ISBN 7-206-00859-3：3.60元

律师伦理学/仓道来著.—北京：北京大学出版社，1990.12.—370页；大32开.—ISBN 7-301-01344-2：6.55元

律师制度与实务/彭云业主编.—太原：山西人民出版社，1990.6.—322页；32开.—ISBN 7-203-01699-4：5.10元

律师制度与律师实务/尤韶华主编；肖楠等撰稿.北京：知识出版社，1990.4.—264页；32开.—ISBN 7-5015-0427-8：3.50元

律师学/张林等主编；安徽省第三经济律师事务所，安徽省第四律师事务所编.—合肥：安徽人民出版社，1990.6.—388页；大32开.—ISBN 7-212-00409-X：5.20元

律师学教程/李毅刚等编著.—沈阳：辽宁大学出版社，1990.5.—302页；大32开.—ISBN 7-5610-0918-6：3.60元

律师理论与实务/杨荣新主编.—北京：中国青年出版社，1990.4.—298页；32开.—ISBN 7-5006-0766-0：3.95元

本书包括律师工作的原则、律师体制、律师业务、民事、刑事与行政的诉讼代理、仲裁事务的代理等内容。

律师常见错误/黄京平主编；马万里等撰稿.—北京：中国人民大学出版社，1990.1.—347页；大32开.—（律师必备丛书）.—ISBN 7-300-00846-X：5.40元

律师辩论学/杨智民编著.—西安：陕西人民教育出版社，1990.6.—297页；大32开.—ISBN 7-5419-1643-9：3.75元

D916.6 公证制度

公证学教程/李玉珂等主编.—沈阳：辽宁大学出版社，1990.4.—209页；大32开.—ISBN 7-5610-0917-8：2.50元

外国公证法规选/司法部公证司编.—北京：法律出版社，1990.12.—363页；大32开.—ISBN 7-5036-0765-3：5.90元

D916.7/.8 监狱、劳动改造制度

论监狱教育/（加）鲁辛·摩林主编；李引，徐学Retrieved译.—哈尔滨：黑龙江教育出版社，1660.8.307页；大32开.—（成人教育理论探索丛书/徐学RetrievedNA主编）.—ISBN 7-5316-1074-4：4.35元

劳动改造法学/余叔通主编；法学教材编辑部编审.—北京：法律出版社，1987.11（1990.9重印）.216页；大32开.—高等学校法学试用教材.—ISBN 7-5036-0097-7：1.85元

劳动改造法学概论学习指导/邵名正编.—2版（修订本）.—北京：中央广播电视大学出版社，1990.4.—157页；32开.—ISBN 7-304-00496-7：0.97元

本书1987年1月第1版。

劳动改造学基础理论/杨世光主编.—北京：社会科学文献出版社，1990.6.—280页；大32开.—劳改专业教材.—ISBN 7-80050-171-X：3.80元

劳动改造学基础理论/戴民思主编.—昆明：云南人民出版社，1990.8.—141页；32开.—ISBN 7-222-00660-5：1.95元

劳动法学概论/邵名正主编.—北京：中国政法大学出版社，1990.4.—298页；32开.—中央广播电视大学教材.—ISBN 7-5620-0472-2：3.20元

劳改经济学/曲建国编著.—北京：中国铁道出版

社，1990.4.—432页；32开.—ISBN 7-113-00870-4（精装）：7.50元

D917 犯罪学

犯罪对策学技术概论/（苏）Г.И.格拉莫维奇著；桐甫译.—北京：群众出版社，1990.7.—190页；32开.—ISBN 7-5014-0488-7：2.65元

犯罪行为预测：统计方法/（加）托马斯·加博著；司法部预防犯罪与劳动改造研究所组织译.—北京：中国人民公安大学出版社，1990.12.—92页；32开.—（犯罪与改造研究丛书）.—ISBN 7-81011-286-4：1.40元

犯罪社会学/公丕祥，周锡根主编.—北京：中国广播电视出版社，1990.4.—339页；大32开.—（当代人文科学丛书）.—ISBN 7-5043-0597-9：4.50元

犯罪社会学/（意）恩里科·菲利著；郭建安译.—北京：中国人民公安大学出版社，1990.3.—189页；大32开.—（世界法学汉译名著）.—ISBN 7-81011-207-4：2.80元

犯罪学/（德）施奈德（Schneider，H.J.）著；吴鑫涛，马君玉译.—北京：中国人民公安大学出版社，1990.11.—1002页；大32开.—ISBN 7-81011-276-7：18.00元

书名原文：Kriminologie

本书对犯罪学200余年的发展历史、各主要流派及代表人物、犯罪统计和隐案研究等都有详尽的介绍和精辟的论述。

犯罪学教程/周密主编.—北京：中央广播电视大学出版社，1990.10.—426页；大32开.—ISBN 7-304-00555-6：3.80元

犯罪学教程学习指导与参考/周密主编.—北京：中央广播电视大学出版社，1990.10.—319页；大32开.—ISBN 7-304-00556-4：2.90元

犯罪控制论/纪德尚主编.—西安：陕西人民出版社，1990.10.—282页；大32开.—ISBN 7-224-01492-3：4.50元

D918 刑事侦查学

世界著名大侦探/（日）藤原宰太郎著；夏梓，林雨编译.—长春：北方妇女儿童出版社，1990.3.150页；32开.—ISBN 7-5385-0577-6：2.00元

刑事侦察/刘兆友主编.—沈阳：辽宁人民出版社，1990.4.—327页；32开.—公安派出所所长岗位培训系列教材.—ISBN 7-205-01381-X：3.40元

侦查管理学/贾谦著.—成都：四川人民出版社，1990.2.—468页；32开.—（新法学丛书/钟明钊主编）.—ISBN 7-220-00853-8：5.05元

法纪案件侦查教程/最高人民检察院法纪检察厅编著.—北京：中国检察出版社，1990.2.—237页；大32开.—ISBN 7-80086-002-7：4.60元

请你破案：趣味推理智力自测（2）/（日）藤原宰太郎著；赵经验，吴焕成译.—北京：中国人民公安大学出版社，1990.9.—237页；32开.—ISBN 7-81011-242-2：3.35元

调查研究与侦查工作：侦查员办案手册/宋绍业编著.—厦门：鹭江出版社，1990.8.—379页；32开.ISBN 7-80533-325-4：4.60元

D918.2 侦查技术与方法

文件检验学教程/贾玉文主编.—沈阳：辽宁人民出版社，1990.12.—336页；大32开.—中国刑事警察学院教材.—ISBN 7-205-01677-0：5.20元

现场潜在手印显现技术/吕侠编著.—沈阳：白山出版社，1990.12.—305页；32开.—ISBN 7-80566-168-5：3.50元

物证技术学/徐立根主编.—北京：中国人民大学出版社，1990.5.—640页；大32开.—高等学校文科教材.—ISBN 7-300-00679-5：6.85元

物证技术学教学大纲/徐立根主编；孙言文等编写.—北京：中国人民大学出版社，1990.4.—105页；32开.—高等学校法学教学大纲.—ISBN 7-300-00758-9：1.10元

D919 法医学

刑事诉讼实用解剖图谱/（美）洛切尔（Loechel，W.E.）著；樊延桢，邓乃封译.—北京：中国医药科技出版社，1990.6.—229页；32开.—ISBN 7-5067-0154-5：4.20元

书名原文：Atlas of Anatomy for Attorneys

本书共有解剖图110余幅。作者从诉讼实际需要出发，对人体各部位的形态、结构描绘得形象、清楚，并把复杂的解剖图加以简化、放大，线条流畅，并用简明的文字对人体各部位的形态结构、器官、组织的功能作了说明。

伪病的确认与处理/韩素霞著.—北京：群众出版社，1990.10.—222页；32开.—ISBN 7-5014-0602-9：4.00元

法医学/邓瑞予主编.—沈阳：辽宁人民出版社，1990.6.—389页；大32开.—高等院校法学系列教材.—ISBN 7-205-01493-X：5.10元

法医学/刘革新主编.—北京：蓝天出版社，1990.1.—404页；32开.—中国军地两用人才大学教材.ISBN 7-80081-078-X：3.90元

精神疾病司法鉴定及案例分析/郑瞻培等编著.上海：上海科学技术出版社，1990.2.—258页；32开.—ISBN 7-5323-1477-4：4.40元

D92　中国法律

工会法律基本知识/张安顺，李鹏奇主编.—太原：书海出版社，1990.5.—482页；32开.—ISBN 7-80550-033-9：5.50元

中国大陆法律问答：台胞来大陆须知/林憬慨等编.—北京：华艺出版社，1990.12.—118页；32开.ISBN 7-80039-264-3：2.60元

中国法律年鉴：1989/《中国法律年鉴》编辑部编.—北京：法律出版社，1990.3.—1140页；16开.ISBN 7-5036-0556-1（精装）：37.50元

公民之友/曹爱群，谭永政主编.—广州：广东高等教育出版社，1990.8.—152页；32开.—ISBN 7-5361-0530-4：2.40元

本书把人们日常处理法律和行政事务中遇到的一些问题，如公证律师、婚姻家庭、出国留学、劳保福利、财产继承等，共130多例作了解答。

公民常用法律手册：1990年版/法律出版社第四编辑室编.—北京：法律出版社，1990.3.—554页；64开.—ISBN 7-5036-0660-6：4.60元

生活中的法律常识/吕忠礼主编.—长春：长春出版社，1990.8.—149页；32开.—ISBN 7-80573-212-4：2.20元

死刑犯传记/佟杰主编.—长春：吉林文史出版社，1990.11.—344页；32开.—ISBN 7-80528-304-4：4.90元

这是一部以被处决的死刑犯为题材，介绍死刑犯如何坠入罪恶与死亡之渊的书。

县级管理法律指导/康成杰主编.—北京：人民出版社，1990.9.—227页；32开.—（县级现代管理必备丛书）.—ISBN 7-01-000787-X：3.20元

社会主义法制教程/许统乔主编.—北京：北京师范大学出版社，1990.6.—270页；大32开.—高等学校教学用书.—ISBN 7-303-00987-6：1.95元

法官晋升法律自学律师资格考试题解/郑臣镇，贾献文主编.—北京：北京师范学院出版社，1990.4.470页；32开.—ISBN 7-81014-435-9：4.70元

法律/严安泰编著.—北京：中国和平出版社，〔1990〕.—323页；32开.—（现代家政百科/黄建伟主编）.—ISBN 7-80037-307-X：4.50元

本书从家庭角度出发，系统地对14门法律、法规作了详细的阐述。

法律面前的微笑/龙口市司法局编；高景山，张文卿主编.—济南：山东文艺出版社，1990.1.—263页；32开.—ISBN 7-5329-0305-1：3.00元

本书通过一些案例，总结了龙口市10年来法制建设的业绩。

法律咨询手册/牟延林主编.—哈尔滨：黑龙江人民出版社，1990.12.—189页；32开.—ISBN 7-207-01823-1：3.20元

法律课本/宋占生，暴风主编.—沈阳：辽宁人民出版社，1990.4.—234页；32开.—公安派出所民警岗位培训系列教材.—ISBN 7-205-01380-1：2.80元

实用法律知识/郑魁林主编.—沈阳：辽宁人民出版社，1990.4.—460页；大32开.—ISBN 7-205-01373-9：7.00元

经济工作法律基础/赵玉生，王松华主编.—开封：河南大学出版社，1990.4.—353页；大32开.ISBN 7-81018-458-X：3.65元

城乡基层干部法律知识问答/陶髦主编.—北京：中国社会出版社，1990.10.—316页；32开.—ISBN 7-80088-090-7：4.30元

科技人员实用法律手册/于得胜主编.—北京：科学出版社，1990.12.—750页；大32开.—ISBN 7-03-001863-X：25.90元

怎样用法律保护自己：最新生活实用法律手册/陆昕，刘斌主编.—北京：学苑出版社，1990.10.642页；32开.—ISBN 7-5077-0200-6：13.50元

消防战士法律知识读本/王凤岗主编.—北京：中国广播电视出版社，1990.5.—318页；32开.—ISBN 7-5043-0475-1：4.40元

职工权益法律顾问/周民霖主编.—南宁：广西人民出版社，1990.4.—386页；32开.—ISBN 7-219-01531-3：3.80元

普法五年：第三次全国法制宣传教育工作会议文件集锦/司法部宣传司编.—北京：法律出版社，1990.7.320页；大32开.—ISBN 7-5036-0737-8：4.25元

新编法律基础/张亚雄等主编.—北京：中国广播电视出版社，1990.6.—355页；32开.—ISBN 7-5043-0603-7：4.30元

D920.0　理　论

中国地方法制建设基本理论/杨春堂等著.—北京：中共中央党校出版社，1990.12.—262页；大32开.—ISBN 7-5035-0374-2：4.00元

立法工作概论/谷安梁主编.—北京：蓝天出版社，1990.2.—343页；32开.—ISBN 7-80081-071-2：4.95元

民族与法律/吴大华著.—北京：民族出版社，1990.2.—192页；大32开.—ISBN 7-105-00783-4：1.95元

本书对民族问题、民族政策、民族立法、民族区域自治、民族经济、民族教育、民族风俗习惯、宗教信仰、民族婚姻等进行了分析与阐述。

法律语言：立法与司法的艺术/刘愫贞主编.—西安：陕西人民出版社，1990.10.—276页；32开.ISBN 7-224-01311-0：4.50元

法律调整新论/董成美等著.—北京：中国人民大学出版社，1990.3.—288页；大32开.—（社会主义初级阶段理论丛书）.—ISBN 7-300-00765-1：3.35元

本书对刑法、民法、行政法三大基本法律的调整进行了研究。

D920.1　方针、政策及其阐述

除"六害"及有关法律知识问答/警官教育出版社编.—北京：警官教育出版社，1990.5.—128页；32开.—ISBN 7-81027-004-4：1.90元

除"六害"法律政策问答/江苏省法制宣传教育领导小组办公室等编写.—南京：南京出版社，1990.1.—165页；32开.—ISBN 7-80560-158-5：1.80元

除六害实用法规手册/警官教育出版社编.—北京：警官教育出版社，1990.4.—280页；32开.—ISBN 7-81027-007-9：3.90元

除"六害"普及教育读本/上海市社会治安综合治理办公室编.—上海：上海人民出版社，1990.12.218页；32开.—ISBN 7-208-01051-X：2.45元

D920.5　解释、案例

1987～1989违纪违法典型案件汇辑/齐欣主编.北京：地质出版社，1990.9.—448页；32开.—ISBN 7-116-00750-4：6.30元

邢济民法律信箱/于爱民等编.—哈尔滨：黑龙江人民出版社，1990.3.—88页；32开.—ISBN 7-207-01443-1：1.20元

当代官司精析100例/陈立虎主编.—合肥：安徽人民出版社，1990.6.—328页；32开.—ISBN 7-212-00393-X：4.20元

全国律师资格统考必读：法律法规司法解释汇编/钟百新，朱正远主编.—长春：吉林大学出版社，1990.4.—838页；大32开.—ISBN 7-5601-0448-7：12.00元

侦查员的眼睛/流华，里良编著.—哈尔滨：黑龙江教育出版社，1990.12.—189页；32开.—（法制教育小丛书/刘德仁主编）.—ISBN 7-5316-1253-4：2.45元

法制案例选编/国务院军队转业干部安置工作小组办公室组织编写；于齐生主编.—北京：中国劳动出版社，1990.7.—465页；32开.—ISBN 7-5045-0592-7：6.70元

《法律基础》案例分析与习题解答/章武生主编.开封：河南大学出版社，1990.5.—314页；32开.ISBN 7-81018-491-1：3.20元

法律基础案例选析/史宇澄，郭建明主编.—南京：南京出版社，1990.9.—344页；32开.—ISBN 7-80560-252-2：4.40元

实用案例分析/张诚谦，房国忠主编.—长春：吉林人民出版社，1990.9.—241页；32开.—ISBN 7-206-00877-1：3.00元

实用案例手册/王遂起等编.—北京：中国青年出版社，1990.6.—514页；32开.—ISBN 7-5006-00781-4：6.55元

险些飞走的珠宝：家庭安全实例和防范对策/北京市公安局治保会通讯编辑部编.—北京：改革出版社，1990.8.—203页：插图；32开.—ISBN 7-80072-043-8：2.95元

本书收集了近几年来实际发生过的百余个典型的犯罪案件和灾害故事，涉及到盗窃、诈骗、火灾、爆炸、中毒、触电、子女犯罪等多方面内容。

婚姻、家庭、继承疑案探究/欧阳涛，肖贤富编著.南宁：广西人民出版社，1990.6.—240页；32开.ISBN 7-219-01599-2：2.85元

就事论法/黄志祥，宁郁军编著.—成都：成都出版社，1990.11.—242页；32开.—（智慧农民丛书/李守凡主编）.—ISBN 7-80575-095-5：2.40元

本书通过大量活生生的农村法制案例，既讲述了普法的必要性和迫切性，又宣传了不同方面的法律观点和知识。

管教员的心声/赵清源编著.—哈尔滨：黑龙江教育出版社，1990.12.—176页；32开.—（法制教育小丛书/刘德仁主编）.—ISBN 7-5316-1252-6：2.35元

D920.9　法律、法规汇编

工会工作者法律手册　第二集/中华全国总工会法律工作部编.—北京：中国工人出版社，1990.9.774页；32开.—ISBN 7-5008-0631-0：9.10元

本书内容包括：综合、经营管理、劳动制度、工会、司法制度编共5部分。

中华人民共和国民族法规选编/杨候弟主编；王平等编辑.—北京：中国政法大学出版社，1990.1.448页；32开.—ISBN 7-5620-0474-9：5.70元

中华人民共和国法规汇编：1988年1月～12月/国务院法制局编.—北京：法律出版社，1990.1.1119页；16开.—ISBN 7-5036-0547-2（精装）：43.70元

中华人民共和国法规汇编：1989年1月～12月/国务院法制局编.—北京：中国法制出版社，1990.10.813页；16开.—ISBN 7-80083-010-1（精装）：35.00元

中华人民共和国法律及有关法规汇编：1987年～1989年/全国人民代表大会常务委员会法制工作委员会编.—北京：中国民主法制出版社，1990.10.

698页；大32开.—ISBN 7-80078-022-8（精装）：14.00元

中华人民共和国法律汇编：1989/全国人民代表大会常务委员会法制工作委员会编.—北京：人民出版社，1990.3.—98页；大32开.—ISBN 7-01-000690-3：1.35元

中华人民共和国法律汇编：1989/全国人民代表大会常务委员会法制工作委员会编.—北京：人民出版社，1990.3.—98页；16开.—ISBN 7-01-000691-1：4.50元

中华人民共和国法律全书/王怀安等主编.—增补本.—长春：吉林人民出版社，1990.7.—845页；16开.—ISBN 7-203-00817-8（精装）：38.00元

中华人民共和国法律法规全目：1949～1989/龙希等编.—沈阳：沈阳出版社，1990.11.—732页；32开.—ISBN 7-80556-362-4：12.00元

中华人民共和国新法规汇编：1989　第四辑/国务院法制局编.—北京：新华出版社，〔1990〕.—358页；32开.—ISBN 7-5011-0416-6：4.00元

中华人民共和国新法规汇编：1990　第一辑/国务院法制局编.—北京：中国法制出版社，1990.6.310页；32开.—ISBN 7-80083-006-3：2.00元

中华人民共和国新法规汇编：1990　第二辑/国务院法制局编.—北京：中国法制出版社，1990.9.325页；32开.—ISBN 7-80083-007-1：4.00元

中华人民共和国新法规汇编：1990　第三辑/国务院法制局编.—北京：中国法制出版社，1990.12.326页；32开.—ISBN 7-80083-008-X：4.00元

化学工业部法规性文件汇编：1989/化学工业部政策法规司编著.—北京：化学工业出版社，1990.12.268页；大32开.—ISBN 7-5025-0818-X：6.50元

本书收录编入了1989年化学工业部发布的23件规章。

国家安全标准法规汇编　第三册/大庆石油管理局编.—哈尔滨：黑龙江人民出版社，1990.5.—693页；16开.—ISBN 7-207-01430-9（精装）：20.00元

治理整顿深化改革政策法规选编/中国财政经济出版社编.—北京：中国财政经济出版社，1990.4.456页；16开.—ISBN 7-5005-0941-3：12.50元

政协委员法律手册/全国政协研究室、秘书局编.北京：法律出版社，1990.9.—451页；大32开.ISBN 7-5036-0714-9：6.50元

家庭法律常识问答/徐秉正编著.—成都：四川人民出版社，1990.4.—161页；32开.—ISBN 7-220-00866-X：1.90元

惩治严重刑事犯罪法规选辑/最高人民检察院法律政策研究室编.—北京：中国检察出版社，1990.10.133页；大32开.—ISBN 7-80086-023-X：2.50元

普及法律常识法规选编　（四）/新疆维吾尔自治区司法厅编.—乌鲁木齐：新疆人民出版社，1990.4.—412页；64开.—ISBN 7-228-01355-7(精装)：2.20元

新中国司法解释大全/梁国庆主编.—北京：中国检察出版社，1990.6.—1367页；16开.—ISBN 7-80086-011-6（精装）：50.00元

D921　国家法、宪法

《中华人民共和国国旗法》图解/上海市法制宣传教育办公室编绘.—上海：上海人民出版社，1990.11.—4张；2开.—3.50元

中华人民共和国宪法及有关资料汇编/全国人大常委会办公厅联络局编.—北京：中国民主法制出版社，1990.11.—306页；大32开.—ISBN 7-80078-023-6：4.80元

中华人民共和国宪法释义/高杰民主编.—石家庄：河北人民出版社，1990.7.—180页；32开.（普及法律丛书）.—ISBN 7-202-00713-4：2.50元

中国宪法参考资料选编/许崇德主编.—北京：中国人民大学出版社，1990.4—497页；大32开.高等学校文科教学参考书.—ISBN 7-300-00680-9：5.50元

公民权利解说/李玉山著.—长春：吉林人民出版社，1990.7.—213页；32开.—ISBN 7-206-00822-4：2.90元

宪法学与政权建设理论综述/徐秀义编著.—北京：北京理工大学出版社，1990.7.—222页；32开.ISBN 7-81013-357-5：3.25元

本书汇集了新中国成立以来有关宪法学和政权建设理论与实践中带有争议性的问题百余个，共分5大部分65个专题；详细介绍了各种不同的学术观点，并对各种学术观点的出处作了脚注和说明。

D921.1　国家机构组织法

中华人民共和国城市居民委员会组织法·《中华人民共和国城市居民委员会组织法》讲话/陈延庆主编.—北京：中国民主法制出版社，1990.8.—184页；32开.—ISBN 7-80078-021-X：2.10元

居民委员会干部必读：《中华人民共和国城市居民委员会组织法》讲话/相自成主编；李江等撰稿.北京：中国政法大学出版社，1990.1.—176页；32开.—ISBN 7-5620-0467-6：2.10元

居民委员会组织法讲话/惠铭纹，齐航建主编.北京：中国广播电视出版社，1990.4.—170页；32开.—（村（居）干部学习丛书；3）.—ISBN 7-5043

-0487-5：1.80元

一国两制与香港基本法律制度/肖蔚云主编．—北京：北京大学出版社，1990.5.—484页；大32开．ISBN 7-301-01322-1：6.70元

中华人民共和国香港特别行政区基本法．—北京：法律出版社，1990.5.—73页；大32开．—ISBN 7-5036-0704-1：1.80元

中华人民共和国香港特别行政区基本法：中英对照．—北京：法律出版社，1990.5.—226页；大32开．—ISBN 7-5036-0696-7（精装）：8.90元

关于中华人民共和国香港特别行政区基本法的重要文件/香港特别行政区基本法起草委员会秘书处编．北京：人民出版社，1990.4.—162页；大32开．ISBN 7-01-000759-4：2.20元

香港特别行政区基本法导论/王叔文主编．—北京：中共中央党校出版社，1990.10.—418页；大32开．ISBN 7-5035-0297-5：5.80元

中华人民共和国民族区域自治法/云南省民族事务委员会政法处编．—昆明：云南民族出版社，1990.4.—42页；32开．—ISBN 7-5367-0263-9：0.30元

民族区域自治法学/方立主编．—乌鲁木齐：新疆人民出版社，1990.9.—204页；大32开．—ISBN 7-228-01468-5：3.00元

民族区域自治法概论/史筠著．—沈阳：辽宁人民出版社，1990.2.—187页；32开．—ISBN 7-205-00632-5：2.50元

D922.1　行政法

中国当代行政法教程/国务院军队转业干部安置工作小组办公室组织编写；任志宽，吕景胜主编．—北京：中国劳动出版社，1990.7.—375页；32开．ISBN 7-5045-0593-5：5.20元

中国行政法学教学大纲/陈安明，姜明安主编．北京：北京大学出版社，1990.2.—121页；32开．高等学校法学教学大纲．—ISBN 7-301-01198-9：0.90元

中国行政法概论/朱国禧主编．—南京：江苏人民出版社，1990.5.—298页；32开．—（行政管理系列丛书/芮明春等编）．—ISBN 7-214-00439-9：4.05元

行政机关行政执法与应诉知识大全/罗玉珍主编．北京：中国政法大学出版社，1990.11.—589页；16开．—ISBN 7-5620-0506-0（精装）：25.00元

行政执法必备/许亚非编著．—北京：经济管理出版社，1990.8.—411页；32开．—ISBN 7-80025-321-X：5.70元

行政法律行为概要/王清云，迟玉收著．—北京：对外贸易教育出版社，1990.1.—193页；32开．ISBN 7-81000-416-6：2.70元

行政法律责任概论/任志宽等著．—北京：人民出版社，1990.7.—206页；32开．—（行政复议与行政诉讼业务培训丛书）．—ISBN 7-01-000743-8：3.10元

法学基础与行政法/牛大占等主编．—石家庄：河北人民出版社，1990.8.—452页；32开．—ISBN 7-202-00737-1：5.00元

新编中国行政法原理/廖晃龙主编．—大连：大连海运学院出版社，1990.12.—342页；32开．—ISBN 7-5632-0182-3：3.45元

D922.11　行政管理法令

当代中国廉政法制/上海《法学》编辑部等编．上海：复旦大学出版社，1990.10.—283页；32开．ISBN 7-309-00601-1：3.90元

行政体制机构编制政策法规文件汇编：1988～1989/国家机构编制委员会办公室编．—北京：改革出版社，1990.11.—621页；32开．—ISBN 7-80072-047-0（精装）：12.00元

行政惩处工作手册/《行政惩处工作手册》编辑组编．—北京：知识出版社，1990.9.—634页；大32开．—ISBN 7-5015-0443-1：11.00元

国家公务员法律制度探索/皮纯协，胡建淼著．—北京：中国广播电视出版社，1990.4.—284页；大32开．—ISBN 7-5043-0402-6：4.95元

政纪案件审理工作实用手册/徐文政主编．—北京：中国政法大学出版社，1990.1.—185页；32开．—ISBN 7-5620-0339-4：2.80元

惩治贪污贿赂犯罪论文集/中国检察学会编．—北京：中国检察出版社，〔1990〕．—379页；32开．ISBN 7-80086-020-5：5.20元

D922.12　国防军事管理法令

军事设施保护法简论/张纪孙，张柔桑主编．—北京：法律出版社，1990.7.—199页；32开．—ISBN 7-5036-0692-4：2.65元

依法保护军事设施　维护国家安全利益：《中华人民共和国军事设施保护法》及有关文件选编/中国人民解放军总参谋部军事设施保护法宣传组编．—北京：法律出版社，1990.4.—44页；32开．—ISBN 7-5036-0680-0：0.75元

D922.13　外事管理法令

在华外国人的法律地位/晓理编著．—北京：知识出版社，1990.9.—530页；大32开．—ISBN 7-5015

0361-3：9.00元

D922.14　公安管理法令

中华人民共和国居民身份证使用图解/辽宁省公安厅编文；林祥等绘画.—沈阳：辽宁美术出版社，1990.4.—2张；2开.—3.20元

中华人民共和国集会游行示威法·《中华人民共和国集会游行示威法》讲话/张春生主编.—北京：中国民主法制出版社，1990.5.—132页；32开.—ISBN 7-80078-008-2：2.10元

中华人民共和国集会游行示威法问答/黄曙海，彭恩刚著.—北京：中国法制出版社，1990.3.—189页；32开.—ISBN 7-80083-013-6：2.70元

中华人民共和国集会游行示威法讲话/王景荣，罗铎编著.—北京：法律出版社，1990.5.—109页；32开.—ISBN 7-5036-0691-6：1.50元

中华人民共和国集会游行示威法讲解/刘春和等编写.—北京：群众出版社，1990.2.—153页；32开.ISBN 7-5014-0485-2：1.95元

公安行政管理与行政诉讼法/马文锦主编.—石家庄：河北人民出版社，1990.8.—334页；32开.—ISBN 7-202-00748-7：3.55元

治安管理处罚条例通论/王勤编著.—海口：南海出版公司，1990.10.—293页；32开.—ISBN 7-80570-371-X：4.80元

集会游行示威法讲话/中华人民共和国司法部宣传司编审.—北京：法律出版社，1990.3.—87页；32开.—全国普法统一读本.—ISBN 7-5036-0646-0：1.20元

D922.15　华侨、民族事务管理法令

《中华人民共和国归侨侨眷权益保护法》讲话/全国人民代表大会华侨委员会研究室编写.—北京：中国华侨出版公司，1990.11.—162页；32开.—ISBN 7-80074-373-X：2.80元

D922.16　文教、卫生管理法令

中华人民共和国义务教育法·吉林省义务教育条例知识问答/孙葆森等编.—长春：吉林教育出版社，1990.3.—86页；32开.—ISBN 7-5383-0952-7：0.84元

中华人民共和国卫生法规汇编：1986～1988/卫生部政策法规司编.—北京：法律出版社，1990.6.1195页；大32开.—ISBN 7-5036-0648-7：18.20元

中华人民共和国档案法实施办法.—北京：档案出版社，1990.12.—22页，32开.—ISBN 7-80019-268-7：0.45元

传染病防治法实施手册/陈波等编.—长沙：湖南科学技术出版社，1990.4.—186页；32开.—ISBN 7-5357-0772-6：2.20元

档案法学/李统祜主编；李统祜，徐绍敏撰写.—南京：江苏人民出版社，1990.3.—284页；32开.ISBN 7-214-00403-8：3.60元

教育法律案例与思考/郝庆堂主编.—沈阳：辽宁大学出版社，1990.10.—467页；32开.—ISBN 7-5610-1057-5：5.70元

教育法教程/徐敏主编.—哈尔滨：哈尔滨工业大学出版社，1990.10.—308页；32开.—ISBN 7-5603-0305-6：3.80元

D922.17　科学技术管理法令

专利制度与专利法/郑寿亭主编.—济南：山东科学技术出版社，1990.3.—419页；32开.—ISBN 7-5331-0660-1：4.90元

中华人民共和国标准化法及有关法规汇编/国家技术监督局标准化司、政策法规司编.—北京：中国标准出版社，1990.12.—119页；32开.—ISBN 7-5066-0294-6：1.45元

计量法制管理讲义/国家技术监督局政策法规司法规处修订.—2版(修订版).—北京：中国计量出版社，1990.2.—143页；32开.—ISBN 7-5026-0295-X：1.90元

计量授权/国家技术监督局计量司编.—沈阳：沈阳出版社，1990.5.—137页；32开.—ISBN 7-80556-417-5：2.00元

产品责任法导论/谭玲，夏蔚编.—峨眉山：西南交通大学出版社，1990.11.—241页；32开.—ISBN 7-81022-205-8：1.75元

国家技术监督执法手册/《中国技术监督》编辑部编.—北京：中国计量出版社，1990.9.—175页；32开.—ISBN 7-5026-0381-6：6.00元

科技立法研究文集　(二)/国家科委政策法规司，上海社会科学院法学所编著.—北京：科学技术文献出版社，1990.2.—603页；32开.—ISBN 7-5023-0961-6：11.00元

科技案例评析　(一)/国家科委政策法规司编.北京：中国人民公安大学出版社，1990.4.—275页；32开.—ISBN 7-81011-194-9：3.80元

本书收集了近年来科技战线发生的有关技术合同、知识产权等方面的典型民事、刑事案例、对其进行了剖析。

D922.181　公用事业管理法令

中华人民共和国城市规划法：1989年12月26日第七届全国人民代表大会常务委员会第十一次会议通过.—北京：中国建筑工业出版社，1990.1.—10页；32开.—ISBN 7-112-01110-8：0.35元

中华人民共和国城市规划法解说/建设部城市规划司编.—北京：群众出版社，1990.5.—147页；32开.—ISBN 7-5014-0493-3：2.00元

中国城市规划法通论/汤黎虹著.—长春：东北师范大学出版社，1990.12.—232页；大32开.—(城市建设丛书).—ISBN 7-5602-0563-1：3.70元

房地产实用法律大全/深圳市房产管理局等编.—深圳：海天出版社，1990.5.—654页；大32开.—ISBN 7-80542-174-9：16.00元

城镇住房管理政策法规选编/建设部体改法规司，建设部房地产业司编.—北京：法律出版社，1990.2.—199页；32开.—ISBN 7-5036-0570-7：2.30元

D922.2　财政法

中华人民共和国财政法规汇编：1989年1月～1989年12月/财政部条法司编.—北京：中国财政经济出版社，1990.5.—689页；大32开.—ISBN 7-5005-1079-2：9.70元

中华人民共和国废止、失效财政法规目录/财政部条法司编.—北京：中国财政经济出版社，1990.6.222页；16开.—ISBN 7-5005-0980-4：5.30元

中华人民共和国常用财务会计审计法规大全/《中华人民共和国常用财务会计审计法规大全》编委会编.—北京：法律出版社，1990.11.—1280页；大32开.—ISBN 7-5036-0663-0(精装)：25.00元

本书收录了1949年至1990年间全国人大及其常委会、国务院及各主管部门颁发的现行有效、常用的财务、会计、审计法律、法规、规章制度，分为综合、财政金融、税务、工交、商业、农林水利、基本建设、审计等10类。

财经法律法规手册/刘铁锐等主编.—南昌：江西人民出版社，1990.6.—1499页；大32开.—ISBN 7-210-00892-6(精装)：19.80元

财税金融法制词典/孙膺杰等主编.—延吉：延边大学出版社，1990.6.—1292页；32开.—ISBN 7-5634-0209-8(精装)：26.00元

简明财经法规/哈尔滨市税收、财务、物价大检查办编.—哈尔滨：黑龙江科学技术出版社，1990.6.2册(2842页)；32开.—ISBN 7-5388-1158-3(精装)：39.80元

D922.22　税收法

实用税法全书/国家税务局，最高人民检察院经济检察厅编辑组编.—北京：中国经济出版社，1990.1.—806页；16开.—ISBN 7-5017-0534-8(精装)：32.00元

实用税法咨询手册/徐有毅主编.—北京：北京燕山出版社，1990.6.—477页；32开.—ISBN 7-5402-0174-6(精装)：13.50元

税收法律知识/滕国荣，马国贤主编.—南昌：江西人民出版社，1990.1.—400页；32开.—ISBN 7-210-00728-8：4.80元

税收法律指南/马国贤主编.—北京：中国财政经济出版社，1990.8.—340页；32开.—ISBN 7-5005-1159-0：4.50元

税法与你：个体工商业者税法教育读本/上海市人民检察院，上海税务局编.—上海：上海人民出版社，1990.9.—319页；32开.—ISBN 7-208-00995-3：3.30元

本书包括遵纪守法篇、警钟长鸣篇以及有关税务法规及税种基金附加费等3篇。

税法实用问答/彭扣桃，周军主编.—北京：北京工业大学出版社，1990.10.—629页；大32开.—ISBN 7-5689-0107-8：9.80元

税法教程/严振生主编.—北京：中国政法大学出版社，1989.10.—394页；32开.—ISBN 7-5620-0403-X：4.50元

D922.23　金融、银行法

中华人民共和国外汇管理法规汇编：汉英对照/国家外汇管理局编.—北京：中国商业出版社，1990.11.225页；大32开.—ISBN 7-5044-0707-0：6.50元

证券法概要/阎力编著.—长春：吉林大学出版社，1990.9.—244页；32开.—ISBN 7-5601-0584-X：3.50元

金融改革与法制建设/张明富主编.—杭州：浙江大学出版社，1990.11.—368页；32开.—ISBN 7-308-00641-7：4.60元

金融法律知识指南/杜平等编著.—北京：学苑出版社，1990.1.—308页；32开.—ISBN 7-80060-340-7：3.85元

本书包括银行、货币、金银管理、票据证券、信托融资租赁、贷款、储蓄、票据清算、转账结算、保险、外汇管理等方面的政策法规。

金融法案例/王长安主编.—长春：长春出版社，1990.5.—437页；32开.—ISBN 7-80573-229-9：5.30元

本书通过剖析100个案例，阐述了金融法的原理，宣传与普及金融方面法律、法规常识。

金融涉讼案例/曾绍熙等编.—成都：西南财经大学出版社，1990.7.—213页；32开.—ISBN 7-81017-254-9：2.35元

银行业务中的六十个法律界限/曹翔著.—北京：中国法制出版社，1990.12.—98页；32开.—ISBN 7-80083-020-9：1.60元

银行法规实用手册/夏和平主编.—武汉：武汉工业大学出版社，1990.3.—595页；32开.—ISBN 7-5629-0347-6：6.65元

银行法概论/刘隆亨编著.—北京：北京大学出版社，1990.12.—248页；大32开.—ISBN 7-301-01453-8：3.85元

银行案例法理评鉴/夏和平主编.—北京：中国城市经济社会出版社，1990.6.—542页；32开.—ISBN 7-5074-0387-4：7.20元

D922.24　保险法

中国保险法律手册/李淳，唐斌主编.—海口：南海出版公司，1990.7.—943页；32开.—ISBN 7-80570-132-6：13.60元

D922.26　财务管理和会计法

全国首届经贸会计知识大赛重点法规文件选编/全国首届经贸会计知识大赛组织委员会秘书处编.—北京：中国财政经济出版社，1990.1.—179页；16开.—ISBN 7-5005-0989-9：5.00元

会计法规基础/刘宏毅，李伯年主编.—天津：天津社会科学院出版社，1990.7.—177页；32开.—ISBN 7-80563-043-7：2.85元

财务法规必读/黄宝仁，王贵编.—牡丹江：黑龙江朝鲜民族出版社，1990.6.—62页；32开.—ISBN 7-5389-0260-0：0.90元

D922.27　审计法

常用财经审计法规检索/王振武等编.—北京：中国审计出版社，1990.11.—358页；32开.—ISBN 7-80064-059-0：4.50元

D922.29　经济法

中国经济法学/王河主编.—北京：高等教育出版社，1990.10.—428页；大32开.—ISBN 704-003201-5：3.50元

中国经济法学/孙皓晖，王素英主编.—西安：西北大学出版社，1990.1.—313页；32开.—ISBN 7-5604-0148-1：3.75元

中国经济法学/梁茂邦主编.—哈尔滨：黑龙江人民出版社，1990.9.—540页；32开.—ISBN 7-207-01649-2：5.90元

中国经济法教学案例选编/牛百谦等编写.—北京：人民法院出版社，1990.8.—278页；32开.—ISBN 7-80056-040-6：3.30元

中国经济法教程/费宗祎主编；全国法院干部业余法律大学经济法教研组编写.—北京：人民法院出版社，1990.6.—750页；大32开.—ISBN 7-80056-080-5：9.70元

中国经济法概要/郭鸥一主编.—北京：中国商业出版社，1990.11.—346页；32开.—ISBN 7-5044-0790-9：4.50元

在经济法制的轨道上：重大经济案例纪实/陶国峰等编.—北京：经济日报出版社，1990.4.—236页；32开.—ISBN 7-80036-119-5：3.50元

实用经济法/徐金奎，王宏勇主编.—北京：新华出版社，1990.4.—337页；32开.—ISBN 7-5001-0735-1：3.95元

本书系统阐述了经济法的一般理论，对部门经济法、涉外经济法、经济仲裁和经济审判作了说明。

实用经济法/姜振庄编著.—北京：中国审计出版社，1990.11.—457页；大32开.—ISBN 7-80064-062-0：8.00元

组织与环境的互动：中国经济体制改革法律环境的考察与分析/熊继宁著.—北京：中国经济出版社，1990.10.—133页；32开.—ISBN 7-5017-0774-X：3.50元

经济司法工作手册　十七/云南省高级人民法院编.—昆明：云南民族出版社，1990.2.—522页；32开.—ISBN 7-5367-0224-8：6.30元

本辑收编了有关经济特区、经济技术开发区和部分省市关于鼓励外商投资的规章，以及部分国际公约、条约和协定。

经济司法工作手册　十八/云南省高级人民法院编.—昆明：云南民族出版社，1990.1.—418页；32开.—ISBN 7-5367-0225-6：5.80元

经济司法工作手册　十九/云南省高级人民法院编.—昆明：云南民族出版社，1990.1.—446页；32开.—ISBN 7-5367-0238-8：5.70元

经济司法工作手册　二十/云南省高级人民法院编.—昆明：云南民族出版社，1990.5.—438页；32开.—ISBN 7-5367-0277-9：5.60元

经济法规选学/冶金工业部建设司编.—上海：上海科学技术文献出版社，1990.6.—414页；32开.—施工企业中级以上干部岗位培训教材（十一）.—ISBN 7-80513-599-1：4.80元

经济法参考资料/高程德编.—2版（修订本）.—北京：中央广播电视大学出版社，1990.4.—424页；32开.—ISBN 7-304-00491-6：2.40元

本书1987年1月第1版。

经济法咨询/唐国栋等编著.—杭州：浙江人民出版社，1990.8.—399页；32开.—ISBN 7-213-00517-0：3.85元

本书由经济法概论、部门经济法、经济仲裁和经济司法四个部分构成，共279个条目。

经济法案例选析/单佑主编.—北京：法律出版社，1990.12.—246页；32开.—ISBN 7-5036-0772-6：3.20元

经营管理法律实务/毛信庄主编.—南京：河海大学出版社，1990.10.—468页；大32开.—ISBN 7-5630-0335-5：5.50元

最新经济法规　第十辑：1988年1月至6月/中国经济法研究会研究部编.—北京：机械工业出版社 1990.2.—316页；32开.—ISBN 7-111-01916-4：5.90元

横向经济联合法律实务手册/侯树庭等主编.—上海：上海社会科学院出版社，1990.2.—403页；32开.—ISBN 7-80515-532-1：5.50元

D922.291　国民经济管理法

国有资产法概论/符方照主编.—北京：中国财政经济出版社，1990.10.—247页；大32开.—(国有资产管理丛书).—ISBN 7-5005-1155-3：3.60元

国家赔偿法原理/金立琪等著.—北京：中国广播电视出版社，1990.8.—200页；大32开.—ISBN 7-5043-0361-5：3.10元

物资管理法规汇编：1989/物资部体制法规司编.北京：中国城市经济社会出版社，1990.7.—601页；32开.—ISBN 7-5074-0410-2(精装)：11.90元

统计法基础知识/叶长林，孙怀阳主编.—北京：中国统计出版社，1990.5.—203页；32开.—统计人员岗位专业知识培训系列教材.—ISBN 7-5037-0405-5：2.30元

D922.292　工业企业经济管理法

厂长(经理)法律顾问/国务院办公厅综合司编.北京：法律出版社，1990.10.—1225页；大32开.ISBN 7-5036-0695-9(精装)：23.00元

工业企业法/戴大奎主编.—成都：四川人民出版社，1990.6.—304页；32开.—西南政法学院教材.ISBN 7-220-01034-6：3.10元

工业企业实用法律教程/朱士侠主编.—徐州：中国矿业大学出版社，1990.11.—221页；16开.—高等学校教学用书.—ISBN 7-81021-442-X：2.90元

工业经济法基础/程金聚，郭贤彬主编.—石家庄：河北科学技术出版社，1990.5.—336页；32开.ISBN 7-5375-0520-9：3.95元

工商企业现行法律法规总览/中国法学会研究部编.—北京：机械工业出版社，1990.5.—1574页；16开.—ISBN 7-111-01833-8(精装)：68.00元

本书收入涉及工商企业管理方面的法律法规及重要规章，并收集了1988年底前颁布的最新法律法规。

工商企业经济法/彭启先编著.—成都：电子科技大学出版社，1990.8.—331页；32开.—ISBN 7-81016-256-X：3.50元

乡镇企业经济法概论/李力主编.—南京：江苏教育出版社，1990.1.—353页；32开.—乡镇企业管理系列教材.—ISBN 7-5343-0591-4：3.80元

乡镇企业经济法概论/陈昭铭，任志实主编.—乌鲁木齐：新疆大学出版社，1990.6.—201页；32开.ISBN 7-5631-0149-7：2.90元

中华人民共和国乡村集体所有制企业条例条文释义/中华人民共和国农业部等编.—北京：中国法制出版社，1990.8.—218页；32开.—ISBN 7-80083-017-9：2.50元

中国企业经营管理法律指南/国家计划委员会条法办公室等编.—北京：学术书刊出版社，1990.1.1464页；16开.—ISBN 7-80045-611-0(精装)：50.00元

中国企业监督：国家有关部门对企业的政策文件汇编/陈英茨主编.—北京：中国城市经济社会出版社，1990.7.—1037页；32开.—ISBN 7-5074-0320-3(精装)：19.50元

中国联营企业的法制管理/王河著.—广州：广东高等教育出版社，1990.7.—488页；大32开.—ISBN 7-5361-0486-3：6.90元

全民所有制工业企业法通论/崔勤之，陈世荣著.北京：中国标准出版社，1990.3.—232页；大32开.ISBN 7-5066-0146-X：3.25元

企业与法人登记管理/李振华，宋文凯主编.—长春：吉林大学出版社，1990.11.—269页；32开.(企业法人丛书/李振华主编).—ISBN 7-5601-0684-6：4.20元

企业与涉外企业经济法/张柏林等主编.—哈尔滨：黑龙江人民出版社，1990.8.—514页；32开.—ISBN 7-207-01661-1：7.00元

企业财务会计管理与纳税法律咨询手册/孙树明主编.—北京：法律出版社，1990.11.—423页；32开.ISBN 7-5036-0689-4：5.80元

企业法人登记管理学/史珈，马金成主编.—大连：大连理工大学出版社，1990.7.—335页；32开.ISBN 7-5611-0306-9：4.05元

企业法制　上册/尹良培，杨林瑞编著.—沈阳：辽宁大学出版社，1990.9.—337页；大32开.—企业领导干部培训系列教材.—ISBN 7-5610-1046-X：4.40元

企业法制　下册：国际经济法律部分/高正斌，赵希友主编.—沈阳：辽宁大学出版社，1990.9.—245页；大32开.—企业领导干部培训系列教材.—ISBN 7-5610-1062-1：3.20元

企业法浅论/张德文等主编.—北京：中国商业出版社，1990.2.—294页；32开.—ISBN 7-5044-0486-1：3.70元

企业法学/王雨本编著.—北京：北京科学技术出版社，1990.7.—373页；32开.—ISBN 7-5304-0763-

5：4.80元

企业法律手册/陈风祥，王春山编.—南京：南京出版社，1990.5.—266页；32开.—ISBN 7-80560-202-6：3.40元

企业法律权利与保护/于远河等著.—沈阳：辽宁人民出版社，1990.12.—299页；32开.—ISBN 7-205-01689-4：4.50元

企业法律知识讲座 （一）/费厚清，周葆华主编.—北京：中国经济出版社，1990.7.—108页；32开.—ISBN 7-5017-0953-X：2.50元

企业法律概论/李德华主编.—武汉：湖北人民出版社，1990.6.—362页；32开.—湖北省企业经济法律法规广播培训班教材之一.—ISBN 7-216-00576-7：3.60元

企业法律管理基础/赵林余等主编.—上海：上海社会科学院出版社，1990.3.—580页；32开.—ISBN 7-80515-552-6：6.00元

企业实用经济合同法规答疑/徐天庆等编.—广州：中山大学出版社，1990.10.—217页；32开.—ISBN 7-306-00348-8：3.80元

企业实用经济法/姚诚，王海宽主编.—北京：中国财政经济出版社，1990.1.—323页；大32开.—ISBN 7-5005-1015-2：3.80元

企业经济法律知识大全：厂长经理依法治企2000问/丁焕春，吴汉东主编.—北京：中国政法大学出版社，1990.3.—814页；16开.—ISBN 7-5620-0111-1（精装）：28.00元

企业经济法教程/陈训敬，曹洁泉主编.—厦门：鹭江出版社，1990.2.—579页；大32开.—高等经济管理院校经济法教材.—ISBN 7-80533-265-7：6.00元

企业经营管理案例/易仲开主编.—北京：中国商业出版社，1990.2.—114页；32开.—ISBN 7-5044-0500-0：1.95元

企业破产法讲座/最高人民法院《企业破产法讲座》编写组编.—北京：人民法院出版社，1990.7.264页；32开.—ISBN 7-80056-075-9：3.10元

企业涉外经济活动法律咨询/曹建明等编著.—上海：上海辞书出版社，1990.7.—582页；32开.—ISBN 7-5326-0117-X：9.00元

企业普及经济法规《十法七例》讲座/翟乃铇，欧翎主编.—乌鲁木齐：新疆大学出版社，1990.2.387页；32开.—ISBN 7-5631-0116-0：3.50元

企业管理法律制度/郭明瑞主编.—北京：中国商业出版社，1990.10.—304页；32开.—ISBN 7-5044-0694-5：3.95元

企业管理经济法选讲/戚庆英，王兰进主编.—北京：中国经济出版社，1990.8.—312页；32开.（经济管理丛书/赵秀臣，徐子毅主编）.—ISBN 7-5017-0381-7：4.95元

本书介绍所有权与经营权、工业企业法、经济合同法、会计法、税法、环境保护法、技术合同法、破产法、专利法、商标法、广告法等法律知识。

设备管理应用经济法/韩清云编著.—广州：华南理工大学出版社，1990.6.—443页；32开.—设备管理培训教材.—ISBN 7-5623-0199-9：6.50元

私营企业法规汇编/河北省税务局编.—石家庄：河北人民出版社，1990.8.—254页；32开.—ISBN 7-203-00736-3：3.00元

实用工业企业经济法/刘万庆，孙毅主编.—沈阳：辽宁人民出版社，1990.7.—325页；32开.—ISBN 7-205-01489-1：4.10元

简论两权分离中的企业法律问题/王能春编著.—北京：中国社会出版社，1990.6.—191页；32开.—ISBN 7-80088-057-5：2.90元

新产品开发的政策与法规/王久华编著.—北京：机械工业出版社，1990.10.—280页；大32开.—（新产品开发与科学管理丛书）.—ISBN 7-111-02675-6：4.80元

本书对新产品开发的一些政策、法规的原理、知识、原规、规定、技能和作法进行了较深入的阐述。

D922.294　商业经济管理法

工商行政执法规范及应诉技巧/顾俊主编.—郑州：河南人民出版社，1990.12.—278页；32开.—ISBN 7-215-01319-7：3.90元

工商行政法律知识指南/刘兴昌主编.—济南：山东大学出版社，1990.9.—409页；32开.—ISBN 7-5607-0379-8：4.60元

工商行政管理经济检查文件汇编：1989/国家工商行政管理局经济检查司编.—北京：科学技术文献出版社，1990.6.—2册（334，345页）；32开.—ISBN 7-5023-1239-0：7.50元

个体工商户实用法律手册/韦廷柒主编；刘家现等编.—桂林：广西师范大学出版社，1990.4.—284页；32开.—ISBN 7-5633-0763-X：3.00元

个体工商户须知 工商行政管理法规80题/山东省工商行政管理局编.—济南：山东人民出版社，1990.6.—154页；32开.—ISBN 7-209-00699-0：1.90元

中国供销合作社法规选/中国供销合作社史料丛书编辑室编.—北京：中国财政经济出版社，1990.6.592页；大32开.—（中国供销合作社史料丛书）.ISBN 7-5005-1016-0：8.00元

本书共收入历史法规161件，其中包括各个历史时期有关合作社经济的重要法令，以及各种合作社章程、条例和实施细则、办法等。

当代中国商业法制/薛军等编著.—北京：中国商业出版社，1990.5.—374页；32开.—ISBN 7-5044-0324-5：7.75元

价格行政诉讼实用手册/欧阳锋，张天民主编.—北

京：中国物价出版社，1990.12.—361页；32开.
ISBN 7-80070-038-0：5.40元

企业法人代表须知 工商行政管理法规200题/山东省工商行政管理局编.—济南：山东人民出版社，1990.6.—310页；32开.—ISBN 7-209-00701-6：3.40元

私营企业须知 工商行政管理法规80题/山东省工商行政管理局编.—济南：山东人民出版社，1990.5.192页；32开.—ISBN 7-209-00700-8：2.60元

保护消费者权益理论与实践/徐洪烈，王树林主编.—北京：北京出版社，1990.7.—347页；32开.ISBN 7-200-01164-9：4.00元

商业法律教育读本/张德文等主编.—北京：中国商业出版社，1990.2.—272页；32开.—ISBN 7-5044-0485-3：3.70元

商标管理/中华人民共和国国家工商行政管理局教材编审委员会编.—北京：新华出版社，1990.7.255页；大32开.—工商行政管理干部岗位职务培训教材之八.—ISBN 7-5011-0838-2：3.00元

商品市场法律手册/《商品市场法律手册》编委会编.—北京：机械工业出版社，1990.3.—837页；16开.—ISBN 7-111-02039-6（精装）：27.00元

本书是我国第一部包括商品流通领域各主要环节的法律规范的大型工具书。

D922.295 对外经济管理法

中外合资文件汇编/中国石油化工总公司计划部编.—北京：烃加工出版社，1990.10.—473页；16开.—ISBN 7-80043-169-X：16.00元

本书汇编了国家及政府有关部门关于中外合资经营企业的设立、财务、会计、税务、进出口、外汇、信贷、劳资、土地等方面的法律、法规、条例、制度、规定等资料。

中外合资经营企业法律知识/辛敏盛编著.—北京：人民出版社，1990.2.—140页；32开.—（国际经济知识丛书）.—ISBN 7-01-000511-7：1.75元

中华人民共和国对外经济法规汇编　第七集：汉英对照/中华人民共和国对外经济贸易部条法局编.—北京：中国对外经济贸易出版社，1990.6.—142页；大32开.—ISBN 7-80004-186-7：2.20元

中华人民共和国对外经济法规汇编　第八集：汉英对照/中华人民共和国对外经济贸易部条法局编.—北京：中国对外经济贸易出版社，1990.6.—141页；大32开.—ISBN 7-80004-187-5：2.20元

中国近年涉外涉港澳案件/马守仁编著.—北京：中国城市经济社会出版社，1990.7.—751页；大32开.—ISBN 7-5074-0202-9（精装）

中国涉外经济法/谭志泉编著.—北京：中国卓越出版公司，1990.2.—206页；大32开.—（中国现代经济管理丛书）.—北京经济函授大学选定教科书.ISBN 7-80071-214-1：2.90元

中国涉外经济法律法规汇编/穆成材，王新堂主编.—沈阳：辽宁人民出版社，1990.4.—587页；大32开.—ISBN 7-205-01271-6：7.00元

中国涉外经济法教程/李乾亨主编.—南京：南京大学出版社，1990.2.—428页；大32开.—ISBN 7-305-00471-5：5.05元

中南两国外国人投资法比较研究：法律比较与经济分析/朱崇实著.—厦门：厦门大学出版社，1990.11.—304页；大32开.—（南强丛书）.—ISBN 7-5615-0340-5：5.50元

外向型经济法律参谋/程岗，康振统主编.—南宁：广西科学技术出版社，1990.2.—223页；32开.—ISBN 7-80565-268-6：2.45元

本书系统地介绍了吸收、利用外资的法律基本知识。

外商投资企业法教程/法学教材编辑部编；姚梅镇主编.—北京：法律出版社，1990.6.—316页；大32开.—高等学校教学试用教材.—ISBN 7-5036-0115-9：2.50元

外商投资实务/樊成玮编著.—广州：中山大学出版社，1990.9.—245页；大32开.—ISBN 7-306-00327-5：4.90元

书名原文：A Guide to Foreign Investors in China

本书重点阐述了外国投资者及外商企业关心的如资本构成、法律地位、经营范围、税收优惠、税收抵免、进出口权、外汇平衡以及各种会计核算等问题。

对外开放的法律与实务/张杰林著.—北京：中国对外经济贸易出版社，1990.8.—259页；32开.—ISBN 7-80004-181-6：3.50元

对外经贸法律指南/孙宜然，沈乐平主编.—广州：华南理工大学出版社，1990.4.—305页；32开.ISBN 7-5623-0129-X：4.20元

实用涉外经济法/王树萱，曲修山主编.—北京：高等教育出版社，1990.3.—402页；大32开.—高等学校试用教材.—ISBN 7-04-002900-6：3.80元

涉外企业经济法规汇译：汉英对照/李德玉，董凌彦主编.—武汉：湖北人民出版社，1990.2.—436页；16开.—ISBN 7-216-00531-7：12.50元

涉外经济法/曲更非主编.—北京：中国商业出版社，1990.2.—393页；大32开.—ISBN 7-5044-0510-8：7.50元

涉外经济法/徐孟洲编著.—北京：北京科学技术出版社，1090.2.—279页；32开.—（对外经济贸易知识丛书/北京市机电产品出口办公室主编）.—ISBN 7-5304-0601-9：3.70元

涉外经济法律文书/王贵国主编.—北京：法律出版社，1990.6.—329页；大32开.—高等学校法学试用教材.—ISBN 7-5036-0116-7：2.60元

涉外经济法案例解析/张慧龙等编著.—北京：中国青年出版社，1990.8.—319页；32开.—ISBN 7-

5006-0477-7：4.70元

涉外经济贸易法律实用手册/赵远明主编.—北京：中国金融出版社，1990.2.—570页；32开.—ISBN 7-5049-0450-4：5.90元

涉外经济案例与分析/陈顺余主编.—南京：江苏科学技术出版社，1990.6.—330页；32开.—ISBN 7-5345-0971-8：4.20元

D922.296 交通运输经济和邮电经济管理法

中国交通运输法通论/周静方，陈伟明编著.—上海：上海社会科学院出版社，1989.12.—343页；32开.—(高等教育经济管理专业教材丛书：管理原理类)—ISBN 7-80515-546-1：4.20元

本书阐明了交通运输法的基本原理和知识，并对五种主要运输方式—铁路、公路、水路、民航、管道运输中的法律规定等作了重点阐述。

交通运输审判手册：水路运输分册/最高人民法院交通运输审判庭编选.—北京：人民法院出版社，1990.4.—759页；32开.—ISBN 7-80056-072-4：8.20元

交通法规及安全驾驶知识/吉林省公安厅交通管理局编.—北京：机械工业出版社，1990.1.—211页；16开.—ISBN 7-111-02416-8：6.20元

交通法律顾问：公路篇/交通部《交通法律顾问》编审委员会编.—北京：人民交通出版社，1990.9.275页；大32开.—ISBN 7-114-01022-2：8.30元

交通法律顾问：远洋运输篇/交通部《交通法律顾问》编审委员会编.—北京：人民交通出版社，1990.9.—380页；大32开.—ISBN 7-114-01018-4：11.80元

交通法律顾问：海、河运输篇/交通部《交通法律顾问》编审委员会编.—北京：人民交通出版社，1990.9.—140页；大32开.—ISBN 7-114-01019-2：5.00元

交通法律顾问：航政管理篇、国际海事条约篇/交通部《交通法律顾问》编审委员会编.—北京：人民交通出版社，1990.7.—277页；大32开.—ISBN 7-114-01009-5：7.50元

交通管理法律知识手册/王新民，王家宾主编；黑龙江省公安交通管理局编.—哈尔滨：黑龙江人民出版社，1990.8.—177页；32开.—ISBN 7-207-01660-3：3.00元

红绿灯/海南省公安厅交通警察总队编.—昆明：云南科技出版社，1990.5.—297页；32开.—ISBN 7-5416-0282-5：5.50元

本书分道路交通法规、道路交通法规知识问答、报考机动车驾驶员必读、特大交通事故通报及附图5部分。

邮政法释疑/周臣孚，鹿荫棠编.—北京：人民邮电出版社，1990.9.—169页；32开.—ISBN 7-115-04382-5：2.50元

本书共分3个部分。第1部分是邮政法条文释义，第2部分是邮政法答疑，第三部分为邮政法专题论文。

铁路运输与法/孙林编著.—北京：机械工业出版社，1990.12.—202页；32开.—(经济法系列丛书).—ISBN 7-111-02276-9：2.50元

铁路运输中的法律问题/梁麦秋等编著.—北京：团结出版社，1990.8.—471页；32开.—ISBN 7-80061-372-0：6.40元

铁道法规汇编：1979～1984/铁道部体改法规司法规处编.—北京：中国铁道出版社，1990.7.—520页；大32开.—ISBN 7-113-00888-7：9.80元

铁道法规汇编：1989/铁道部体改法规司法规处编.—北京：中国铁道出版社，1990.8.—276页；大32开.—ISBN 7-113-00889-5：5.40元

旅游法学概论/王健著.—天津：天津科技翻译出版公司，1990.11.—201页；32开.—ISBN 7-5433-0116-4：3.60元

道路交通管理法规问题解答 第一辑/青海省公安交通警察总队编.—西宁：青海人民出版社，1990.5.—303页；64开.—ISBN 7-225-00347-X：1.80元

D922.297 基本建设管理法

建设法规文件选编：1979～1989 (上)/辽宁省建设委员会编.—沈阳：辽宁科学技术出版社，1990.9.—652页；32开.—ISBN 7-5381-0968-4(精装)：12.60元

建设法规文件选编：1979～1989 (下)/辽宁省建设委员会编.—沈阳：辽宁科学技术出版社，1990.9.—638页；32开.—ISBN 7-5381-0969-2(精装)：12.40元

建筑企业法及案例/宋天为编著.—北京：中国建筑工业出版社，1990.10.—292页；32开.—ISBN 7-112-00953-7：5.80元

D922.299 经济特区法令

经济特区法教程/黎学玲，程信和编著.—广州：中山大学出版社，1990.12.—274页；大32开.—ISBN 7-306-00343-7：2.30元

特区经济法教学大纲与学习辅导/章尚锦主编.—北京：法律出版社，1990.5.—187页；32开.—海南法律函授学院大专班系列辅导材料.—ISBN 7-5036-0694-0：3.75元

D922.3 土地法

土地争议案例选析/王洪才等编写.—北京：中国国际广播出版社，1990.12.—158页；32开.—(土地

管理丛书/孙英辉主编).—ISBN 7-80035-457-1：3.95元

本书对近年来土地管理实践中遇到的一些具有典型性、普遍性、生动性和趣味性的案例进行了概括性的分析评议。

土地案例选编/广东省国土厅科教处，广东省国土厅监察处编.—广州：广东省地图出版社，1990.4.197页；32开.—ISBN 7-80522-078-6：3.00元

土地管理行政诉讼指南/王国庆，肖胜喜编著.—北京：中国国际广播出版社，1990.8.—216页；32开.—(土地管理丛书/孙英辉主编).—ISBN 7-80035-460-1：2.95元

土地管理法规知识问答/王寿廷，冯永钦主编；冯永钦等编著.—成都：四川人民出版社，1990.6.157页；32开.—ISBN 7-220-01027-3：1.80元

土地管理法基本知识/葛恒美编著.—北京：北京农业大学出版社，1990.4.—110页；32开.—(实用农村法制丛书/张云福主编).—ISBN 7-81002-131-1：1.25元

中国土地管理法律大全/杜西川，徐秀义编.—北京：中国国际广播出版社，1990.5.—474页；32开.(土地管理丛书/孙英辉主编).—ISBN 7-80035-455-5：6.90元

D922.4　农业经济管理法令

《中华人民共和国乡村集体所有制企业条例》学习指导/中华人民共和国农业部等编.—北京：人民出版社，1990.8.—422页；32开.—ISBN 7-01-000844-2：5.00元

中国农业经济法基础/葛恒美等主编.—北京：北京农业大学出版社，1990.4.—383页；大32开.—ISBN 7-81002-183-4：5.60元

全国农机经营管理政策法规文件选编/农业部农业机械化管理司编.—北京：中国农业科技出版社，1990.8.—394页；32开.—ISBN 7-80026-204-9：6.00元

渔业案例评析/黄明祥主编.—上海：上海人民出版社，1990.11.—228页；大32开.—ISBN 7-208-01001-3：3.15元

D922.5　劳动法

中华人民共和国劳动政策法规全书　第一卷/劳动部政策法规司，吉林省劳动厅编.—长春：吉林科学技术出版社，1990.7.—1271页；16开.—ISBN 7-5384-0559-3(精装)：45.00元

中华人民共和国劳动政策法规全书　第二卷/劳动部政策法规司，吉林省劳动厅编.—长春：吉林科学技术出版社，1990.7.—1675页；16开.—ISBN 7-5384-0560-7(精装)：53.00元

劳动争议处理工作指南/北京市劳动争议仲裁委员会办公室编.—北京：群众出版社，1990.9.—382页；32开.—ISBN 7-5014-0574-8：5.00元

劳动政策法规问答/邢新民，胡喆编.—北京：学苑出版社，1990.1.—256页；32开.—ISBN 7-80060-497-7：4.00元

本书汇编了劳动政策法规方面近700个问题和有关资料。

劳动保护法规浅释/广东省总工会劳动保护监督部编；陈龙贤主编.—广州：广东科技出版社，1990.3.—345页；32开.—ISBN 7-5359-0492-0：4.50元

实用劳动法大全/宋相官主编.—长春：吉林文史出版社，1989.12.—830页；大32开.—ISBN 7-80528-238-2(精装)：15.00元

全书共分3篇：中华人民共和国劳动法规，劳动法基本知识，劳动法案例评析。

职工合法权益600问/谢天铨，吕静编著.—北京：海洋出版社，1990.9.—611页；32开.—ISBN 7-5027-0992-4：9.10元

本书以问答的形式，把职工享有的合法权益分为37类，对600多个问题进行了通俗的解答。

职工维护自身权益手册/据法，悟柯主编；刘涌等编写.—太原：山西科学教育出版社，1990.7.—213页；32开.—ISBN 7-5377-0276-4：3.30元

D922.6　自然资源与环境保护法

自然资源法律保护/沈乐平，陈炜著.—广州：广东省地图出版社，1990.4.—201页；32开.—ISBN 7-80522-070-0：3.20元

D922.62　矿产法

中华人民共和国地质矿产现行法规汇编：1949～1987/地质矿产部政策法规司编.—北京：地质出版社，1990.11.—1137页；大32开.—ISBN 7-116-00675-3(精装)：27.00元

矿产资源法概论/范声华等编著.—北京：地质出版社，1990.4.—215页；大32开.—高等学校试用教材.—ISBN 7-116-00566-8：1.90元

D922.63　森林法

中华人民共和国森林法：中英对照及注释/邵玉铮选注.—北京：中国林业出版社，1990.4.—58页；大32开.—ISBN 7-5038-0528-5：1.20元

处理山林纠纷工作手册/浙江省林业厅，浙江省处理山林纠纷领导小组办公室编.—杭州：浙江人民出版社，1990.4.—337页；32开.—ISBN 7-213-00504-9：3.65元

本书共分3部分：山林权属文件法规汇编、我国山林所有制演变概况及山林纠纷的处理、山林权属问题解答。

D922.68 环境保护法

乡镇企业环境保护法律手册/赵永康，肖伦祥编写.—贵阳：贵州人民出版社，1990.3.—702页；32开.—ISBN 7-221-01806-5：8.00元

中华人民共和国环境保护法知识问答/刘卫邦主编.—沈阳：辽宁科学技术出版社，1990.3.—114页；32开.—ISBN 7-5381-0936-6：2.40元

中国历代环境保护法制/严足仁编.—北京：中国环境科学出版社，1990.2.—74页；32开.—ISBN 7-80010-552-0：1.20元

中国环境法制通论/马骧聪，蔡守秋著.—北京：学苑出版社，1990.9.—408页；32开.—ISBN 7-5077-0122-0：6.40元

环境法知识大全/韩德培，肖隆安主编.—北京：中国环境科学出版社，1990.7.—274页；32开.—ISBN 7-80010-647-0：4.60元

环境保护法讲话/张坤民，金瑞林主编.—北京：清华大学出版社，1990.3.—190页；大32开.—ISBN 7-302-00631-8：3.00元

环境保护法释论/陆雨村主编.—北京：中国环境科学出版社，1990.10.—116页；大32开.—ISBN 7-80010-751-5：2.50元

征收排污费法规释解与实施/张志敏等主编.—北京：经济日报出版社，1990.9.—266页；32开.—ISBN 7-80036-295-7：3.80元

保护和改善环境的法律保证：《环境保护法》学习材料/国家环境保护局政策法规司编.—北京：中国环境科学出版社，1990.10.—72页；32开.—ISBN 7-80010-752-3：1.50元

D923 民法

人身权基本知识/曹康编著.—天津：天津大学出版社，1990.9.—181页；32开.—ISBN 7-5618-0197-1：2.00元

民法与建立商品经济新秩序/林亨元主编.—长春：吉林人民出版社，1990.4.—349页；大32开.—ISBN 7-206-00732-5：4.50元

民法问题新探/刘岐山主编，王洪才等编写.—北京：中国人民公安大学出版社，1990.6.—400页；大32开.—ISBN 7-81011-228-7：5.55元

民法知识讲析/费德平编著.—武汉：武汉工业大学出版社，1990.9.—211页；32开.—ISBN 7-5629-0411-1：3.20元

深圳经济特区涉外涉港澳民事案例评析/王常营主编.—北京：人民法院出版社，1990.9.—358页；大32开.—ISBN 7-80056-092-9：7.60元

新中国民法学研究综述/《法学研究》编辑部编著.—北京：中国社会科学出版社，1990.9.—890页；大32开.—ISBN 7-5004-0806-4：13.90元

D923.1 总则

中国民法/佟柔主编.—北京：法律出版社，1990.11.—620页；大32开.—高等学校法学试用教材.ISBN 7-5036-0632-0：4.50元

中国民法图解/茹作勋编.—兰州：兰州大学出版社，1990.1.—187页；16开.—ISBN 7-311-00283-4：3.94元

中国民法学：民法总则/佟柔主编.—北京：中国人民公安大学出版社，1990.8.—328页；大32开.国家社会科学"七五"规划项目.—ISBN 7-81011-233-3：5.40元

民事法律实用大全/《民事法律实用大全》编辑组编.—北京：中国人民大学出版社，1990.6.—932页；大32开.—ISBN 7-300-00882-8：13.15元

本书汇集了我国现行有效的有关民事方面的法律、法规、司法解释、司法文件以及国际公约。分为民法篇、民事诉讼法篇、附录3部分。

民法十论/林国民著.—济南：山东大学出版社，1990.11.—219页；32开.—ISBN 7-5607-0388-7：2.60元

民法学图解/宋寅庆主编.—北京：群众出版社，1990.2.—300页；16开.—ISBN 7-5014-0433-X：6.50元

本书包括民法通则、经济合同法、专利法、商标法、著作权（版权）、继承法6部分。

民法通则原理与实务/刘克希著.—重庆：重庆出版社，1990.5.—462页；大32开.—ISBN 7-5366-1214-1：5.75元

D923.2 所有权

工业产权基础/叶京生编著.—上海：知识出版社，1990.4.—286页；大32开.—ISBN 7-5015-5424-2：4.20元

农村财产所有权的法律保护/王雨本编著.—北京：北京农业大学出版社，1990.4.—81页；32开.—（实用农村法制丛书/张云福主编）.—ISBN 7-81002-123-0：1.00元

形形色色的私产纠纷/高洪涛等编写.—北京：中国广播电视出版社，1990.3.—253页；32开.—ISBN 7-5043-0266-X：3.50元

房地产权的法律保护/刘天弼等主编.—南京：江苏人民出版社，1990.11.—305页；32开.—ISBN 7-214-00598-0：3.70元

D923.4 著作权、版权

中华人民共和国著作权法讲话/李华文主编.—济南：山东人民出版社，1990.12.—241页；32开.ISBN 7-209-00794-6：2.95元

著名版权案例评析/郑成思编著.—北京：专利文献出版社，1990.9.—206页；32开.—ISBN 7-80011-084-6：3.00元

著作权工作法律常识/北京市人民政府版权处编.北京：北京燕山出版社，1990.12.—345页；32开.ISBN 7-5402-0268-8：5.00元

本书内容包括版权法概论、有关版权工作的法律基本知识、北京地区版权案例及分析3篇。

著作权法释义/胡康生主编.—北京：北京师范学院出版社，1990.11.—142页；32开.—ISBN 7-81014-595-9：1.90元

D923.5 继承权

中国民法学：财产继承/刘春茂主编.—北京：中国人民公安大学出版社，1990.6.—639页；大32开.国家社会科学"七五"规划项目.—ISBN 7-81011-232-5：9.85元

继承法讲解/张宿海编著.—北京：北京农业大学出版社，1990.4.—59页；32开.—(实用农村法制丛书/张云福主编).—ISBN 7-81002-145-1：0.80元

继承法案例详解/崔清兰，康靖编著.—北京：群众出版社，1990.10.—343页；32开.—ISBN 7-5014-0514-X：4.90元

本书是一本用实例阐释《继承法》基本精神和具体规定的法律知识读物。

D923.6 合同法

工业企业经济技术合同知识/梁浩泉，王磊编著.兰州：甘肃人民出版社，1990.4.—299页；大32开.ISBN 7-226-00573-5：4.10元

中国涉外经济合同法律实务/张晓森，乔欣著.北京：法律出版社，1990.12.—347页；大32开.ISBN 7-5036-0675-4：5.80元

对外经贸合同大全：中英对照/刘国柱，吴树君编著.—深圳：海天出版社，1990.11.—685页；大32开.—ISBN 7-80542-136-6(精装)：19.50元

合同法新论/施文正等编著.—呼和浩特：内蒙古大学出版社，1990.12.—310页；大32开.—(法制建设理论与实践丛书).—ISBN 7-81015-144-4：3.70元

合同案例选/詹之盛主编；白迪新等编.—北京：中国商业出版社，1990.2.—265页；32开.—ISBN 7-5044-0537-X：3.90元

企业与经济合同/王庆揆，余联章主编.—武汉：湖北科学技术出版社，1990.3.—535页；32开.—ISBN 7-5352-0563-1：5.95元

企业经济合同规范/马忠勤主编.—北京：海洋出版社，1990.11.—228页；32开.—(企业行为规范丛书；3/袁家方主编).—ISBN 7-5027-0775-1：4.20元

农业承包合同的订立与管理研究/李鸿儒等编著.成都：西南财经大学出版社，1990.12.—179页；32开.—ISBN 7-81017-282-4：2.50元

农村承包合同管理概论/张永甲，姚锡洪主编.—济南：山东人民出版社，1990.6.—296页；大32开.ISBN 7-209-00702-4：3.75元

技术合同法及其实施/潘宇鹏，宋雅莼编著.—西安：陕西科学技术出版社，1990.12.—448页；32开.—ISBN 7-5369-0846-6：5.95元

技术合同法及其实施条例概述/张兴宁等主编.—南京：江苏人民出版社，1990.3.—305页；32开.ISBN 7-214-00408-9：3.80元

技术合同法实务/王耀国编著.—北京：宇航出版社，1990.7.—245页；32开—ISBN 7-80034-307-3：2.80元

技术合同法律手册/程永顺主编；北京市高级人民法院经济庭编.—北京：北京科学技术出版社，1990.11.—527页；32开.—ISBN 7-5304-0761-9：6.50元

技术合同法概论/郭鸥—主编；杨桢等撰稿.—太原：山西科学教育出版社，1990.7.—158页；32开.—ISBN 7-5377-0277-2：2.50元

技术合同诉讼问答/程永顺主编.—北京：北京科学技术出版社，1990.12.—253页；32开.—ISBN 7-5304-0827-5：3.50元

技术合同诉讼案例选编：北京市高级人民法院经济庭案例/傅志人主编.—北京：原子能出版社，1990.10.—307页；32开.—ISBN 7-5022-0376-1：4.80元

本书选编了近几年来人民法院审结的技术合同纠纷案例共80例，并附有6个与诉讼有关的法规。

法律与保险合同/赵东生，魏迎宁编著.—北京：知识出版社，1990.10.—249页；32开.—ISBN 7-5015-0466-0：3.50元

经济合同法/童兆洪，吕雪梅编著.—杭州：浙江人民出版社，1990.12.—184页；32开.—浙江省企业经济法岗位培训系列教材.—ISBN 7-213-00617-7：1.95元

经济合同法实用读本/郝宗珍等编著.—北京：中国

经济出版社，1990.8.—185页；32开.—ISBN 7-5017-0988-2：2.70元

经济合同法律知识/张云福编著.—北京：北京农业大学出版社，1990.4.—98页；32开.—（实用农村法制丛书/张云福主编）.—ISBN 7-81002-125-7：1.15元

经济合同法通论/高恩禄，董延林主编.—哈尔滨：黑龙江人民出版社，1990.5.—339页；大32开.—ISBN 7-207-01513-5：4.50元

经济合同法基础/吴峰编著.—北京：中国商业出版社，1990.5.—334页；32开.—ISBN 7-5044-0559-0：5.50元

经济合同管理/中华人民共和国国家工商行政管理局教材编审委员会编；许道乐主编.—北京：新华出版社，1990.6.—229页；大32开.—工商行政管理干部岗位职务培训教材之六.—ISBN 7-5011-0809-9：2.40元

经济合同管理理论与实践/米德超等编著.—成都：成都科技大学出版社，1990.9.—456页；32开.—ISBN 7-5616-0659-1：4.70元

保险合同通论/李一川著.—北京：人民法院出版社，1990.4.—129页；32开.—ISBN 7-80056-068-6：1.80元

D923.9 婚姻法

中国婚姻法教程/王战平主编.—北京：人民法院出版社，1990.3.—243页；大32开.—ISBN 7-80056-065-1：3.50元

违法婚姻论/宋凯楚著.—北京：人民法院出版社，1990.7.—179页；32开.—ISBN 7-80056-082-1：2.20元

怎样防范和治理违法婚姻/民政部婚姻管理司编.北京：法律出版社，1990.7.—225页；32开.—ISBN 7-5036-0671-1：4.20元

爱海沉舟/赵建邦著.—长春：吉林人民出版社，1990.11.—140页；32开.—ISBN 7-206-00909-3：2.00元

本书记述了10个婚姻悲剧，剖析了这些婚姻关系的互撞、变形、断裂的原因等。

婚姻法自考大纲：新编本.—成都：电子科技大学出版社，1990.5.—49页；32开.—（四川省高等教育自学考试法律专业考试大纲丛书；第八册）.ISBN 7-81016-249-7：0.60元

婚姻法讲话/李忠芳主编；马丽等撰稿.—长春：长春出版社，1990.1.—214页；32开.—ISBN 7-80573-119-5：2.95元

婚姻法规与管理/吴敌，肖振编写.—杭州：浙江人民出版社，1990.10.—117页；32开.—ISBN 7-213-00563-4：1.70元

婚姻法宣传手册/全国妇联宣传部编.—北京：中国妇女出版社，1990.4.—40页；32开.—ISBN 7-80016-251-6：0.75元

婚姻法教学案例选编/吕家琳等编.—北京：人民法院出版社，1990.3.—147页；32开.—ISBN 7-80056-069-4：1.95元

婚姻法教程/巫昌祯主编.—北京：中央广播电视大学出版社，1990.10.—240页；大32开.—ISBN 7-304-00553-X：2.25元

婚姻法基本知识/张宿海编著.—北京：北京农业大学出版社，1990.4.—67页；32开.—（实用农村法律知识丛书）.—ISBN 7-81002-124-9：1.00元

婚姻登记规程/吴敌，肖振编.—杭州：浙江人民出版社，1990.12.—135页；32开.—ISBN 7-213-00622-3：1.70元

婚姻疑案析/谭向北，赵长青主编.—重庆：重庆出版社，1990.8.—227页；32开.—（法律案例丛书）.—ISBN 7-5366-1322-9：3.00元

D924 刑法

刑事案例解析/黄中贵主编.—武汉：武汉工业大学出版社，1990.8.—279页；32开.—ISBN 7-5629-0373-5：3.10元

刑事疑案析解/赵士信主编.—天津：天津人民出版社，1990.8.—275页；32开.—ISBN 7-201-00595-2：3.25元

刑法发展与司法完善：续编/杨敦先等编.—长春：吉林大学出版社，1990.5.—570页；大32开.—ISBN 7-5601-0487-8：8.40元

刑法学案例选编/高铭暄主编.—北京：中国人民大学出版社，1990.4.—223页；大32开.—高等学校文科教学参考书.—ISBN 7-300-00677-9：3.25元

论法析案释疑：续集/最高人民检察院《人民检察》编辑部编.—长春：吉林人民出版社，1990.10.—407页；大32开.—ISBN 7-206-00295-X：5.50元

深圳经济特区涉外涉港澳刑事案例评析/王常营主编.—北京：人民法院出版社，1990.9.—315页；大32开.—ISBN 7-80056-090-2：7.00元

D924.1 总则

中国刑法教学案例选编/于连泽等编.—北京：人民法院出版社，1990.3.—336页；32开.—ISBN 7-80056-071-6：3.90元

中国刑法教程/林准主编.—北京：人民法院出版社，1990.1.—714页；大32开.—ISBN 7-80056-067-8：9.15元

刑事法律实用大全/《刑事法律实用大全》编辑组

编.—北京：中国人民大学出版社，1990.5.—863页；大32开.—ISBN 7-300-00881-X：12.00元

刑法修改研究综述/赵秉志主编；王世民等编写.北京：中国人民公安大学出版社，1990.7.—632页；大32开.—ISBN 7-81011-263-5：9.80元

本书介绍了我国刑法修改研究10年的进展概况及主要内容。

刑法总论/高铭瑄，王作富主编.—北京：中国人民大学出版社，1990.5.—390页；大32开.—ISBN 7-300-00833-X：4.45元

实用刑事法律指南/李京铃，丁学军主编.—西安：陕西人民出版社，1990.12.—298页；32开.—ISBN 7-224-01539-3：4.30元

实用刑法学图解/朱景哲编著.—北京：群众出版社，1990.7.—310页；16开.—ISBN 7-5014-0371-6：8.60元

刑事犯罪案例丛书：流氓罪/王运声主编.—北京：中国检察出版社，1990.11.—381页；32开.—检察业务系列教材参考资料.—ISBN 7-80086-014-0：5.80元

刑事错案研究/张军著.—北京：群众出版社，1990.7.—331页；大32开.—ISBN 7-5014-0472-0：5.60元

本书剖析了大量古今中外的典型刑事错案，对刑事错案发生的社会历史原因和条件、常见的刑事错案的种类和具体表现等作了分析和论述。

怎样识别形形色色的犯罪/杜康安，胡政法编著.合肥：安徽人民出版社，1990.6.—125页；大32开.ISBN 7-212-00380-8：2.40元

罪与非罪之间/巴镇纬，唐国防编.—南京：江苏人民出版社，1990.9.—155页；32开.—ISBN 7-214-00566-2：2.50元

本书选择了几十个青少年犯罪的典型案例，追究其犯罪动机和原因，从不同侧面、不同角度进行了深入的剖析。

D924.3 分 则

反贪污贿赂文辑 第一集/最高人民检察院贪污贿赂检察厅编.—北京：中国检察出版社，1990.—337页；大32开.—ISBN 7-80086-003-5：5.00元

当代中国经济犯罪/夏黎阳等著.—成都：四川人民出版社，1990.8.—337页；32开.—ISBN 7-220-00932-1：3.95元

杀人伤害罪个案研究/李黎等编著.—成都：四川大学出版社，1990.12.—293页；大32开.—(案例研究丛书/伍柳村主编).—ISBN 7-5614-0354-2：3.80元

劫持者的下场/于祖范编著.—北京：警官教育出版社，1990.6.—201页；32开.—ISBN 7-81027-010-6：2.90元

本书以纪实的手法，再现了劫持犯罪与反劫持打击犯罪的斗争，同时也披露了侥幸逃台后的罪犯们的凄凉窘况。

社会主义商品经济与经济犯罪/孙丕志等著.—哈尔滨：黑龙江人民出版社，1990.12.—120页；32开.ISBN 7-207-01782-0：2.20元

国家工作人员职务犯罪研究/孙谦主编.—2版(修订本).—北京：中国检察出版社，1990.12.—312页；大32开.—ISBN 7-80086-019-1：5.50元

本书1988年10月第1版。

金融系统经济犯罪评析与对策/曹士贞主编.—长春：吉林人民出版社，1990.6.—342页；32开.ISBN 7-206-00770-8：3.95元

贪污贿赂案件的侦查/俞大军，杨国经著.—南京：江苏人民出版社，1990.2.—220页；32开.—ISBN 7-214-00394-5：3.00元

经济犯罪心理/李广祥等著.—北京：群众出版社，1990.8.—174页；32开.—(法制心理小丛书).ISBN 7-5014-0473-9：2.70元

本书对经济犯罪的特点、动机、心理特征、不同被告心理特征等作了探讨。

经济犯罪论/苏惠渔等著.—杭州：浙江人民出版社，1990.9.—200页；32开.—ISBN 7-213-00528-6：2.45元

本书在详细阐述我国有关经济犯罪的刑事法律、法规和政策的基础上，对经济犯罪展开了全方位的研究，并介绍了国外有关这方面的理论和规定。

经济犯罪学/陈兴良主编.—北京：中国社会科学出版社，1990.12.—296页；32开.—(经济犯罪与经济刑法系列研究；1).—ISBN 7-5004-0780-7：4.05元

经济犯罪疑案探究/陈兴良主编；曲新久等编写.北京：中国社会科学出版社，1990.8.—404页；32开.—(经济犯罪与经济刑法系列研究；4).—ISBN 7-5004-0720-3：5.45元

经济刑法学：总论/陈兴良主编.—北京：中国社会科学出版社，1990.2.—367页；32开.—(经济犯罪与经济刑法系列研究；2).—ISBN 7-5004-0654-1：4.50元

经济刑法学：各论/陈兴良主编.—北京：中国社会科学出版社，1990.10.—350页；32开.—(经济犯罪与经济刑法系列研究；3).—ISBN 7-5004-0758-0：4.75元

惩治经济领域违法犯罪活动法律法规和司法解释选编/最高人民法院办公厅，国务院法制局政法教科文卫法规司编.—北京：学苑出版社，1990.2.—578页；32开.—附案例.—ISBN 7-80060-707-0：7.30元

强奸罪的认定与防治/王然冀等著.—北京：中国华侨出版公司，1990.1.—149页；32开.—ISBN 7-80074-116-8：3.50元

疑案探究：经济犯罪案件百例选析/阎河川，庞惠静著.—郑州：河南人民出版社，1990.4.—255页；32开.—ISBN 7-215-00708-1：2.90元

D925 诉讼法

公民怎样告状与法官怎样判案：刑事告诉申诉审判百题问答/黄安生编著.—北京：光明日报出版社，1990.5.—268页；32开.—ISBN 7-80014-719-3：3.20元

刑事诉讼行政诉讼附带民事诉讼制度研究/孙洁冰主编.—重庆：重庆大学出版社，1990.8.—198页；32开.—ISBN 7-5624-0348-1：2.50元

法律自卫术/刘傅海著.—广州：新世纪出版社，1990.12.—359页；32开.—ISBN 7-5405-0471-4：3.80元

怎样打官司/李新新编著.—北京：北京农业大学出版社，1990.4.—60页；32开.—(实用农村法制丛书).—ISBN 7-81002-146-X：0.80元

怎样打官司/赵士信主编.—天津：天津社会科学院出版社，1990.5.—192页；32开.—ISBN 7-80563-030-5：2.60元

怎样打赢官司：论诉讼/张允海主编；石金富等撰稿.—长春：吉林大学出版社，1990.4.—497页；32开.—ISBN 7-5601-0464-9：5.50元

怎样打赢官司/丹东市人大常委会政法工作委员会编.—北京：法律出版社，1990.11.—125页；32开.ISBN 7-5036-0799-8：2.25元

胜诉术/贵立义著.—延吉：延边大学出版社，1990.12.—160页；32开.—ISBN 7-5634-0258-6：2.50元

D925.1 民事诉讼法

人民调解工作理论与实践/张云清，张雨山主编.长春：吉林大学出版社，1990.5.—308页；32开.ISBN 7-5601-0483-5：3.80元

人民调解委员会组织条例挂图/刘家齐，李友竹主编；刘嘉琦，刘仁庆绘画.—长春：吉林美术出版社，1990.5.—4张；2开.—4.00元

中国民事诉讼法教程/江伟主编.—北京：中国人民大学出版社，1990.3.—462页；大32开.—ISBN 7-300-00709-0：5.20元

民事案件一百例分析/李兴业，时新章主编.—北京：中国人民公安大学出版社，1990.7.—313页；32开.—ISBN 7-81011-231-7：4.00元

附带民事诉讼的理论与实践/刘金友著.—北京：中国展望出版社，1990.4.—242页；大32开.—ISBN 7-5050-0797-1：4.80元

周璇遗产风波/王学仁著.—北京：法律出版社，1990.12.—353页；32开.—ISBN 7-5036-0806-4：5.50元

D925.2 刑事诉讼法

刑事自诉案件及其审判/江苏省高级人民法院编写组编.—北京：人民法院出版社，1990.7.—236页；32开.—ISBN 7-80056-086-4：3.15元

刑事诉讼法案例/刘玉贞编.—北京：中国城市经济社会出版社，1990.9.—256页；32开.—ISBN 7-5074-0459-5：4.10元

刑事诉讼法教学案例选编/全国法院干部业余法律大学刑事诉讼法教研组选编.—北京：人民法院出版社，1990.8.—86页；32开.—ISBN 7-80056-087-2：1.35元

刑事诉讼案例实用手册/吴磊，李可夫编著.—乌鲁木齐：新疆人民出版社，1990.11.—511页；大32开.—ISBN 7-228-01531-2：6.85元

D925.3 行政诉讼法

工商行政管理行政诉讼手册/赵国兰，雷生云主编.—北京：知识出版社，1990.4.—260页；32开.ISBN 7-5015-0436-1：3.50元

中华人民共和国行政诉讼法讲话/中华人民共和国司法部宣传司编审.—北京：法律出版社，1990.3.111页；32开.—全国普法统一干部读本.—ISBN 7-5036-0645-2：1.85元

《中华人民共和国行政诉讼法》图解/上海市法制宣传教育办公室编绘.—上海：上海人民出版社，1990.5.—7张；2开.—5.50元

《中华人民共和国行政诉讼法》注释/崔宝泉编.西安：陕西人民出版社，1990.6.—154页；32开.ISBN 7-224-01317-X：1.90元

中华人民共和国行政诉讼法咨询手册/刘新主编.2版.—太原：山西人民出版社，1990.12.—327页；32开.—ISBN 7-203-01698-6：4.90元

本书1989年8月第1版。

《中华人民共和国行政诉讼法》教程/曹淑芳主编.—天津：南开大学出版社，1990.10.—239页；大32开.—ISBN 7-810-00365-9：4.00元

中国行政诉讼法讲义/马原主编.—北京：人民法院出版社，1990.7.—286页；大32开.—全国法院干部业余法律大学教材.—ISBN 7-80056-085-6：4.20元

中国行政诉讼法的理论和实用/齐德文主编.—呼和浩特：内蒙古人民出版社，1990.2.—310页；大32

开.—ISBN 7-204-00954-1：3.80元

中国行政诉讼法学/张树义主编.—北京：时事出版社，1990.9.—318页；大32开.—ISBN 7-80009-103-1：4.50元

公安机关行政诉讼指南/刘伯祥等编著.—北京：中国人民公安大学出版社，1990.2.—193页；32开.ISBN 7-81011-218-X：2.40元

可能提起行政诉讼的法规规定汇集/株洲市政府法制办公室编.—北京：法制出版社，1990.4.—108页；32开.—ISBN 7-80083-005-5：2.50元

电力行政诉讼手册/吕振勇，李华民编著.—长春：吉林大学出版社，1990.12.—212页；32开.—ISBN 7-5601-0746-X：3.30元

民与"官"在法律的天平上：行政诉讼案例述评/钟政，余法编.—北京：中国人民公安大学出版社，1990.10.—312页；32开.—ISBN 7-81011-173-6：3.85元

民可告官：行政诉讼法讲话/阚珂主编.—北京：求实出版社，1990.4.—261页；32开.—ISBN 7-80033-201-2：3.40元

行政机关应诉方法与技巧/曹胜龙，任晓翠著.—北京：中国广播电视出版社，1990.12.—317页；32开.—ISBN 7-5043-0706-8：4.60元

行政执法与行政诉讼/张志诚主编.—北京：新华出版社，1990.3.—416页；大32开.—ISBN 7-5011-0704-1：5.50元

行政执法手册/高帆主编.—北京：中国法制出版社，1990.8.—363页；大32开.—ISBN 7-80083-015-2：6.00元

行政诉讼与行政执法指南/孙元华主编.—青岛：青岛海洋大学出版社，1990.8.—512页；32开.—ISBN 7-81026-070-7：5.70元

行政诉讼与实践/中华人民共和国国家工商行政管理局教材编审委员会编.—北京：国际文化出版公司，1990.4.—248页；大32开.—工商行政管理干部岗位职务培训教材之十二.—ISBN 7-80049-558-2：3.00元

行政诉讼问答与案例/常耀有，丘仰东主编.—上海：百家出版社，1990.9.—226页；32开.—ISBN 7-80576-150-7：2.70元

行政诉讼应诉指南/陈肇国主编；李永新等撰稿.南宁：广西人民出版社，1990.9.—224页；32开.ISBN 7-219-01662-X：2.50元

行政诉讼知识简明读本/郝凯，韶晖编著.—昆明：云南大学出版社，1990.5.—205页；32开.—ISBN 7-81025-054-X：3.00元

行政诉讼法专题讲座/最高人民法院《行政诉讼法》培训班编.—北京：人民法院出版社，1990.3.314页；32开.—ISBN 7-80056-064-3：3.60元

行政诉讼法文件选编/南通市司法局编.—南京：江苏人民出版社，1990.2.—43页；32开.—ISBN 7-214-00400-3：0.50元

行政诉讼法问题解/伍孔湘等主编.—成都：四川人民出版社，1990.12.—100页；32开.—ISBN 7-200-11068-7：1.20元

行政诉讼法讲座/范永泉，张祖善主编.—北京：海洋出版社，1990.4.—272页；32开.—ISBN 7-212-00357-3：3.60元

行政诉讼法知识问答/王汝嘉主编.—哈尔滨：哈尔滨出版社，1990.9.—310页；32开.—ISBN 7-80557-295-X：3.30元

行政诉讼法知识问答/乌鲁木齐市司法局编.—乌鲁木齐：新疆人民出版社，1990.4.—93页；32开.ISBN 7-228-01437-5：0.95元

行政诉讼法知识问答/孙谷源，赵峰编著.—北京：光明日报出版社，1990.5.—218页；32开.—ISBN 7-80014-885-8：2.80元

行政诉讼法知识问答/李满昌，赵有田主编.—长春：长春出版社，1990.4.—140页；32开.—ISBN 7-80573-196-9：2.50元

行政诉讼法实用/王卫编著.—北京：机械工业出版社，1990.5.—370页；32开.—ISBN 7-111-02446-X：4.58元

行政诉讼法实用手册/赵琪，王一军编著.—天津：天津社会科学院出版社，1990.9.—86页；32开.ISBN 7-80563-076-3：1.20元

行政诉讼法学习问答/赵有田，霍金祥主编.—延吉：延边人民出版社，1990.8.—224页；32开.（改革开放时期干部教育丛书/王泽旭主编）.—ISBN 7-80508-565-X：2.90元

《行政诉讼法》通释/《〈行政诉讼法〉通释》编写组编.—2版.—北京：大地出版社，1990.2.—184页；32开.—ISBN 7-80063-060-6：2.10元

行政诉讼法基础/涂克明，张韧坚主编.—武汉：湖北教育出版社，1990.4.—196页；32开.—ISBN 7-5351-0505-X：2.30元

行政诉讼法概论/沈惠章主编.—南京：南京出版社，1990.10.—286页；32开.—ISBN 7-80560-305-7：3.50元

行政诉讼法概论/周健，王学成主编.—西安：西北大学出版社，1990.6.—272页；32开.—ISBN 7-5604-0187-2：3.00元

行政诉讼法概要/吴应武主编.—北京：中国法制出版社，1990.3.—190页；大32开.—ISBN 7-80083-012-8：3.50元

行政诉讼法概要/陆德山，李锦斌主编.—长春：吉林大学出版社，1990.3.—257页；32开.—ISBN 7-5601-0433-9：3.30元

行政诉讼法普及知识图表/沈乐平编写、设计.—广州：华南理工大学出版社，1990.10.—79页；16开.ISBN 7-5623-0214-6：2.60元

行政诉讼法简明教程/袁林主编.—哈尔滨：黑龙江人民出版社，1990.4.—243页；32开.—ISBN 7-207-01527-5：3.20元

行政诉讼法简易读本/张晨主编.—北京：北京出版社，1990.4.—94页；32开.—ISBN 7-200-01059-6：1.20元

行政诉讼法新论/朱经纬主编.—南昌：江西高校出版社，1990.4.—292页；32开.—ISBN 7-81033-016-0：3.70元

行政诉讼实用手册/侯炳伟等主编.—长春：吉林大学出版社，1990.5.—269页；32开.—ISBN 7-5601-0555-6：3.85元

行政诉讼实用指南/周欣著.—北京：警官教育出版社，1990.9.—175页；32开.—ISBN 7-81027-015-X：2.70元

行政诉讼指南/方昕主编.—北京：人民出版社，1990.6.—996页；32开.—ISBN 7-01-000763-2：13.50元

行政诉讼案例选编/甘宇生等编.—北京：中国经济出版社，1990.2.—316页；32开.—ISBN 7-5017-0408-2：3.80元

行政诉讼200题/安徽省司法厅，安徽省社会科学院编.—上海：上海人民出版社，1990.2.—206页；32开.—ISBN 7-208-00812-4：2.30元

行政法与行政诉讼法知识问答/马喜军，陈广志编著.—北京：中国社会出版社，1990.9.—290页；32开.—ISBN 7-80088-092-3：3.90元

行政审判手册　第三辑/最高人民法院行政审判庭编.—北京：人民法院出版社，1990.3.—544页；32开.—ISBN 7-80056-059-7：6.38元

行政审判问题研究/罗豪才主编.—北京：北京大学出版社，1990.9.—446页；大32开.—ISBN 7-301-01306-X：5.95元

行政官司指南/张利民主编.—成都：电子科技大学出版社，1990.11.—323页；32开.—ISBN 7-81016-277-2：3.50元

行政复议与行政应诉导论/全玉祥，刘俊杰主编.哈尔滨：黑龙江人民出版社，1990.10.—852页；32开.—ISBN 7-207-01689-1：4.00元

行政复议与行政诉讼案例选析/董皞等编.—北京：人民出版社，1990.7.—285页；32开.—(行政复议与行政诉讼业务培训丛书).—ISBN 7-01-000747-0：4.20元

行政复议办案必备/喻均田，汪永清主编.—延吉：延边大学出版社，1990.12.—583页；32开.—ISBN 7-5634-0220-3：8.50元

行政复议明鉴/焦文生等编著.—沈阳：辽宁大学出版社，1990.12.—272页；32开.—ISBN 7-510-1172-5：4.50元

行政复议概论/李江等著.—北京：人民出版社，1990.7.—218页；32开.—(行政复议与行政诉讼业务培训丛书).—ISBN 7-01-000745-4：3.20元

行政强制执行概论/贾苑生等著.—北京：人民出版社，1990.7.—191页；32开.—(行政复议与行政诉讼业务培训丛书).—ISBN 7-01-000744-6：2.80元

本书对于行政强制执行的概念、条件、法律性质、种类、措施、程序等基本问题，作了较为详尽的分析和阐述。

如何与行政机关打官司/董占东编著.—2版.—北京：机械工业出版社，1990.2.—298页；32开.ISBN 7-111-01996-2：4.50元

技术监督行政执法基本知识及案例/国家技术监督局政策法规司法规处编.—北京：中国计量出版社，1990.8.—235页；32开.—ISBN 7-5026-0361-1：5.70元

环境行政执法与诉讼/田增，旷天化主编.—沈阳：辽宁大学出版社，1990.6.—249页；32开.—ISBN 7-5610-0936-4：3.00元

建筑施工安全行政法规手册/辽宁省劳动保护科学技术学会编.—沈阳：辽宁科学技术出版社，1990.7.—202页；64开.—ISBN 7-5381-0943-9：1.80元

商业行政诉讼与商业法制/王振荣主编.—北京：中国法制出版社，1990.12.—324页；大32开.—ISBN 7-80083-023-3：5.60元

D926　司法制度

办案应用逻辑/张朝锋，黄克礼主编.—南京：南京出版社，1990.10.—377页；32开.—政法系统中专校试用教材.—ISBN 7-80560-257-3：4.50元

D926.1　司法行政

中国实用法律文体大全/乔丛启，李贵连主编.—北京：法律出版社，1990.6.—836页；32开.—ISBN 7-5036-0623-1：11.50元

司法文书写作/程进编.—北京：警官教育出版社，1990.8.—484页；32开.—ISBN 7-81027-021-4：5.85元

司法文书学教程/宁致远主编.—北京：中央广播电视大学出版社，1990.10.—241页；大32开.—ISBN 7-304-00572-6：2.25元

司法会计学/马明章，高进迪主编.—北京：中国文史出版社，1990.7.—254页；32开.—ISBN 7-5034-0212-1：3.90元

司法会计学原理/赵刚等编著.—北京：中国城市出版社，1990.9.—291页；32开.—ISBN 7-5074-0469-2：3.80元

司法会计鉴定学/何联升著.—北京：中国人民公安大学出版社，1990.7.—222页；32开.—ISBN 7-81011-242-4：3.00元

民用法律文书大全/赵景林著.—北京：群众出版社，1990.8.—270页；32开.—ISBN 7-5014-0508-5：3.80元

经济法律文书/王远明编著.—长沙：湖南师范大学出版社，1990.12.—413页；大32开.—ISBN 7-81031-065-8：5.70元

政法机关实用法律文书/张雨山等编著.—长春：东北师范大学出版社，1990.1.—316页；32开.—ISBN 7-5602-0375-2：3.80元

怎样写法律文书/连振华编著.—兰州：兰州大学出版社，1990.12.—544页；大32开.—ISBN 7-311-00369-5：7.40元

预审文书新编/云山城编著.—武汉：湖北人民出版社，1990.5.—302页；大32开.—ISBN 7-216-00572-4：3.95元

D926.2　人民法院

人民法院的楷模/最高人民法院人事厅编.—北京：人民法院出版社，1990.6.—199页；照片；32开.ISBN 7-80056-077-5：3.40元

中华人民共和国人民法院设置简册/最高人民法院司法行政厅编.—北京：人民法院出版社，1990.8.209页；32开.—ISBN 7-80056-088-X：3.70元

书记员工作指南/宋宝林主编.—南京：江苏人民出版社，1990.10.—225页；32开.—ISBN 7-214-00575-1：2.90元

本书的书记员是特指人民法院中担任审判庭的记录工作并办理有关审判业务的司法工作人员。

法官的尊严/李启良编著.—哈尔滨：黑龙江教育出版社，1990.12.—185页；32开.—（法制教育小丛书/刘德仁主编）.—ISBN 7-5316-1254-2：2.40元

深圳经济特区审判实践/王常营主编.—北京：人民法院出版社，1990.4.—240页；大32开.—ISBN 7-80056-076-7：6.00元

绿灯下的魔影：福建地区大要案审判纪实/方忠炳主编.—北京：人民法院出版社，1990.12.—258页；32开.—（审判纪实丛书）.—ISBN 7-80056-091-：4.20元

D926.3　人民检察院

中国行政经济监督执法手册/郭翔等主编.—长春：吉林人民出版社，1990.4.—1186页；16开.—ISBN 7-206-00724-4（精装）：40.00元

内江县检察志/内江县人民检察院编.—成都：巴蜀书社，1990.11.—193页；32开.—ISBN 7-80523-371-3：4.00元

检察手册：1986～1987/最高人民检察院研究室编.—北京：中国检察出版社，1990.6.—953页；大32开.—ISBN 7-80086-001-9（精装）：12.50元

《检察业务概论》学习纲要/雷铣主编.—北京：中国检察出版社，1990.12.—124页；32开.—ISBN 7-80086-026-4：1.80元

检察官的天职/李英，吕艳著.—哈尔滨：黑龙江教育出版社，1990.12.—157页；32开.—（法制教育小丛书/刘德仁主编）.—ISBN 7-5316-1256-9：2.15元

检察理论研究综述：1979～1989/孙谦主编.—北京：中国检察出版社，1990.3.—503页；大32开.ISBN 7-80086-005-1：5.50元

D926.5　律师制度

1990年全国律师资格考试复习大纲/中华人民共和国司法部律师司编.—北京：法律出版社，1990.2.98页；32开.—ISBN 7-5036-0651-7：1.50元

1990年全国律师资格考试综合指南/马红等撰写.北京：学苑出版社，1990.2.—758页；32开.—ISBN 7-80010-873-5：8.70元

1990年全国律师资格统一考试复习要点与模拟试题/李梦福，刘亚平主编.—北京：中国展望出版社，1990.2.—387页；16开.—ISBN 7-5050-0725-4：11.50元

一九九〇年全国律师资格统一考试复习指南/杨春洗主编.—北京：经济管理出版社，1990.5.—464页；16开.—ISBN 7-80025-292-2：15.00元

中国律师学/陈卫东，王福家主编.—北京：中国人民大学出版社，1990.1.—353页；大32开.—（律师必备丛书）.—ISBN 7-300-00815-1：5.25元

全国律师资格统考应试指南/法律出版社编.—北京：法律出版社，1990.2.—496页；16开.—ISBN 7-5036-0591-X：12.50元

全国律师资格统考指南/芮沐主编.—北京：法律出版社，1990.2.—646页；大32开.—ISBN 7-5036-0629-0：8.50元

律师、公证与调解业务/张思之主编.—2版（修订本）.—北京：中央广播电视大学出版社，1990.11.494页；大32开.—ISBN 7-304-00570-X：4.35元

本书1986年12月第1版。

律师的良心/黎瑛，秦奋著.—哈尔滨：黑龙江教育出版社，1990.12.—171页；32开.—（法制教育小丛书/刘德仁主编）.—ISBN 7-5316-1255-0：2.25元

律师实务/王文正主编.—上海：上海人民出版社，1990.8.—456页；大32开.—ISBN 7-208-00874-4：5.55元

律师实用便览/刘希明主编.—北京：中国人民大学出版社，1990.4.—600页；大32开.—（律师必备丛

书）.—ISBN 7-300-00845-3：8.50元

本书主要针对律师办案过程必备的各种法律依据进行编集，包括各种法律的实施细则，最高法院的司法解释及决定，中国人民银行、国家工商局、中国人民保险公司等问题的规定和办法等。

律师新业务/王欣新，薛庆予主编.—北京：中国人民大学出版社，1990.1.—373页；大32开.—（律师必备丛书）.—ISBN 7-300-00846-1：5.70元

本书对律师参与解决劳动争议、破产清算、行政诉讼等业务的工作方法和要求进行了全面的论述。

D926.6/.7　公证制度、监狱制度

公证员实用手册/张雨山等编著.—长春：东北师范大学出版社，1990.9.—441页；32开.—ISBN 7-5602-0400-7：6.20元

旅顺日俄监狱旧址/周祥令主编.—大连：大连出版社，1990.1.—34页；32开.—ISBN 7-80555-265-7：0.95元

D926.8　劳动教养、劳动改造制度

自新向导/钱宏义，刘振宇主编.—长春：长春出版社，1990.4.—257页；32开.—ISBN 7-80573-208-6：3.80元

本书介绍了党的劳教工作性质、任务、方针和有关政策，解答了劳教人员从入所到出所在改造、生产和生活中经常遇到的各种实际问题。

育新手册/白清滨主编.—长春：吉林大学出版社，1990.4.—353页；32开.—ISBN 7-5601-0459-2：4.90元

本书是供劳改劳教人员使用的小型工具书。

帮你走向新生/修景山等主编.—长春：吉林人民出版社，1990.4.—320页；32开.—ISBN 7-206-00723-6：3.95元

本书向人们讲法律、讲政策、讲方法，阐述了正确认识和处理在日常改造生活中经常遇到的问题和难题的方法和途径。

震撼世界的奇迹：改造伪满皇帝溥仪暨日本战犯纪实/抚顺市政协文史委员会编.—北京：中国文史出版社，1990.6.—292页；大32开.—ISBN 7-5034-0170-2：5.50元

D927　地方法制

上海市法规规章汇编：1988～1989/上海市人民政府办公厅，上海市人民政府法制办公室编.—上海：上海人民出版社，1990.7.—713页；32开.—ISBN 7-208-00833-7：6.65元

山东省地方性法规汇编：1980～1989/山东省人民代表大会常务委员会法制工作室编.—济南：山东人民出版社，1990.2.—471页；大32开.—ISBN 7-209-00615-X（精装）：8.50元

山西省法规规章汇编：1989/山西省人民政府法制局编.—北京：中国法制出版社，1990.7.—174页；大32开.—ISBN 7-80083-018-7：3.00元

内蒙古自治区地方性法规汇编：1988～1989/内蒙古自治区人民代表大会常务委员会法制工作委员会编.—呼和浩特：内蒙古人民出版社，1990.3.—235页；大32开.—ISBN 7-204-00967-3：3.20元

北京市地方性法规汇编：1986～1989/北京市人民代表大会常务委员会法制室编.—北京：北京出版社，1990.5.—223页；大32开.—ISBN 7-200-01114-2：3.00元

北京市法规规章汇编：1989/北京市人民政府法制办公室编.—北京：北京出版社，1990.3.—274页；大32开.—ISBN 7-200-01038-3：3.80元

四川水政建设：依法治水、管水、用水/四川省水利电力厅编.—成都：成都科技大学出版社，1990.2.—252页；32开.—ISBN 7-5616-0555-2：2.10元

四川省法规规章汇编：1988～1989/四川省人民政府办公厅，四川省人民政府法制局编.—北京：中国法制出版社，1990.5.—320页；32开.—ISBN 7-80083-022-5：4.00元

台湾现行法律概述/常征主编.—西安：陕西人民出版社，1990.12.—415页；大32开.—ISBN 7-224-01477-X：6.50元

台湾涉外经济法规选要/陈安，刘智中编.—厦门：鹭江出版社，1990.6.—714页；大32开.—（台湾研究丛书）.—ISBN 7-80533-260-6：8.90元

本书包括台湾涉外投资法、对外贸易法、涉外货币金融法、涉外税法及海事法5大部分。

台湾涉外经济法概要/陈安主编.—厦门：鹭江出版社，1990.6.—264页；大32开.—（台湾研究丛书）.—ISBN 7-80533-212-6：3.80元

江西省地方性法规汇编：1980～1989/江西省人民代表大会常务委员会法制工作委员会编.—南昌：江西人民出版社，1990.11.—413页；32开.—ISBN 7-210-00864-0：4.80元

江西省法规规章汇编：1988/江西省人民政府办公厅编.—南昌：江西教育出版社，1990.1.—245页；大32开.—ISBN 7-5392-0696-9：3.15元

本书选编江西省地方性法规、规章及文件，分地方政权、体制改革、工交城建、农林水产、科技文教、劳动人事及其它，共8类。

江西省法规规章汇编：1989/江西省人民政府办公厅编.—南昌：江西教育出版社，1990.10.—198页；大32开.—ISBN 7-5392-0881-3：2.80元

希望的工程：《黑龙江省保护未成年人条例》宣传材料/黑龙江省青少年立法办公室，黑龙江省青少年研究所编.—哈尔滨：黑龙江人民出版社，1990.3.138页；32开.—ISBN 7-207-01487-2：1.60元

沈阳市地方法规规章汇编：1989/沈阳市人民政府办公厅编.—沈阳：沈阳出版社，1990.6.—364页；大32开.—ISBN 7-80556-440-X（精装）：6.70元

青岛市涉外经济法规选编　（一）/青岛市对外开放办公室编.—青岛：青岛出版社，1990.2.—97页；40开

贵州省地方性法规汇编：1980～1989/贵州省人民代表大会常务委员会办公厅编.—贵阳：贵州人民出版社，1990.10.—496页；大32开.—ISBN 7-221-01982-7：8.30元

香港法的理论与实践/董立坤著.—北京：法律出版社，1990.4.—475页；大32开.—ISBN 7-5036-0528-6：9.50元

D929　中国法制史

大明律：点校本/怀效锋点校.—沈阳：辽沈书社，1990.8.—466页；大32开.—附大明令、问刑条例.ISBN 7-80507-039-3（精装）：7.50元

元典章.—影印本.—北京：中国书店，1990.10.1161页；大32开.—（海王邨古籍丛刊）.—ISBN 7-80568-165-1（精装）：30.00元

中华民国教育法规选编：1912～1949/宋恩荣，章咸主编；中央教科所教育史研究室编.—南京：江苏教育出版社，1990.7.—774页；大32开.—ISBN 7-5343-0841-0：8.40元

中国古代行政立法/蒲坚著.—北京：北京大学出版社，1990.10.—519页；大32开.—ISBN 7-301-01295-0：8.90元

本书阐释和分析了中国古代自夏至清，从中央到地方以至基层的行政管理体制。包括行政、司法、监察、户籍、军事各部门的行政管理，各机构的建制、组织与职权，职官的设置、选任、品级、爵秩、考核、升迁、致仕以及官员违纪的惩罚等。

中国法制四十年：1949～1989/赵震江主编.—北京：北京大学出版社，1990.1.—385页；大32开.ISBN 7-301-00981-X：5.75元

中国法制史自学精要/王振安编.—乌鲁木齐：新疆大学出版社，1990.6.—206页；32开.—ISBN 7-5631-0133-0：2.80元

中国法制史研究综述：1949～1989/张晋藩主编.北京：中国人民公安大学出版社，1990.6.—508页；大32开.—ISBN 7-81011-201-5：7.40元

本书综述40年来中国法制史研究状况。

中国法制史稿/薛梅卿，叶峰著.—北京：高等教育出版社，1990.5.—517页；大32开.—ISBN 7-04-002805-0：4.35元

中国法律之最/何海源等编著.—北京：中国旅游出版社，1990.5.—226页；32开.—（中国之最系列丛书/张嘉齐，范云兴主编）.—ISBN 7-5032-0212-2：3.90元

中国法律史国际学术讨论会论文集/《法律史研究》编委会编.—西安：陕西人民出版社，1990.9.544页；大32开.—（法律史研究丛书；第一辑/杨一凡主编）.—ISBN 7-224-01283-1（精装）：17.80元

中国法律发达史/杨鸿烈著.—影印本.—上海：上海书店，1990.10.—2册（1248页）；32页.—（国民丛书选印）.—ISBN 7-80569-162-2：15.50元

本书据商务印书馆1930年版影印。

古今法制表/（清）孙荣辑.—影印本.—扬州：江苏广陵古籍刻印社，1988.10.—10册（1函）；16开.—（线装）：87.00元

本书据清光绪刊本影印。

民国医药卫生法规选编：1912～1948/张在同，咸日金编.—济南：山东大学出版社，1990.11.—356页；大32开.—ISBN 7-5607-0416-6（精装）：7.10元

民国监狱法规选编/山东省劳改局编.—北京：中国书店，1990.7.—556页；大32开.—ISBN 7-80568-122-8（精装）：15.00元

本书收集了民国元年（1912年）至民国三十八年（1949年）期间正式颁布实施的234个监狱法规。

刑台法律.—影印本.—北京：中国书店，1990.2.2册；大32开.—（海王邨古籍丛刊）.—ISBN 7-80568-164-3（精装）：36.00元

沈寄簃先生遗书/（清）沈家本撰.—影印本.—北京：中国书店，1990.12.—2册（989，447页）；大32开.—（海王邨古籍丛刊）.—ISBN 7-80568-175-9（精装）：36.00元

唐明律合编/（清）薛允升等编.—影印本.—北京：中国书店，1990.10.—492页；大32开.—（海王邨古籍丛刊）.—ISBN 7-80568-163-5（精装）：28.00元

本书与“《宋刑统》、《庆元条法事类》”合订。

新中国法制建设四十年要览：1949～1988/周振想，邵景春主编.—北京：群众出版社，1990.8.828页；大32开.—ISBN 7-5014-0474-8（精装）：16.00元

D93/97 各国法律

日本地方税法/吴炳昌译.—北京：经济科学出版社，1990.11.—862页；32开.—ISBN 7-5058-0356-5：10.20元

日本国宪法精解/(日)宫泽俊义著；芦部信喜补订；董璠舆译.—北京：中国民主法制出版社，1990.5.—716页；大32开.—ISBN 7-80078-017-1(精装)：12.00元

日本检察厅法逐条解释/(日)伊藤荣树著；徐益初，林青译.—北京：中国检察出版社，1990.12.158页；32开.—(外国检察制度丛书/王桂五主编).—ISBN 7-80086-012-4：3.30元

日本检察讲义/日本法务省刑事局编；杨磊等译.—北京：中国检察出版社，1990.12.—211页；32开.—(外国检察制度丛书/王桂五主编).—ISBN 7-80086-013-2：4.20元

文化教育法：日本文教法规选译/满达人译.—兰州：兰州大学出版社，1990.11.—216页；32开.ISBN 7-311-00370-9：2.80元

当代英国法律制度/徐尚清主编.—延吉：延边大学出版社，1990.5.—359页；32开.—ISBN 7-5634-0218-7：8.00元

苏联计量管理法规/罗振之等译.—北京：中国计量出版社，1990.1.—363页；大32开.—ISBN 7-5026-0264-X：7.00元

苏联东欧国家环境保护法/马骧聪著.—北京：中国环境科学出版社，1990.12.—357页；32开.—ISBN 7-80010-673-X：4.90元

苏联东欧国家的检察长监督/梁启明译.—北京：中国检察出版社，1990.11.—242页；32开.—(外国检察制度丛书/王桂五主编).—ISBN 7-80086-010-6：5.00元

苏联对外经济贸易法规和决议选编/吴学海，李钢译.—北京：中国对外经济贸易出版社，1990.1.136页；32开.—ISBN 7-80004-155-7：1.80元

苏联检察院组织法诠释/(苏)B.И.巴斯科夫等著；刘家辉等译.—北京：中国检察出版社，1990.11.—236页；32开.—(外国检察制度丛书/王桂五主编).—ISBN 7-80086-009-4：4.40元

美国行政法和行政程序/(美)奥内斯特·吉尔霍恩巴瑞，B.鲍叶著；崔草兰等译.—长春：吉林大学出版社，1990.11.—210页；32开.—ISBN 7-5601-0665-X：2.80元

美国统一商法典/美国法学会，美国统一州法全国委员大会编著；石云山等译.—上海：上海翻译出版公司，1990.5.—233页；大32开.—ISBN 7-80514-497-4：8.90元

流通票据及票据法规入门/(英)理查逊(Richardson, D.)著；李广英，马卫英译.—上海：复旦大学出版社，1990.3.—303页；大32开.—ISBN 7-309-00303-9：4.25元

书名原文：Guide to Negotiable Instruments and the Bills of Exchange Acts

D99 国际法

中国国际法年刊：1989/中国国际法学会主编.北京：法律出版社，1990.11.—734页；大32开.ISBN 7-5036-0743-2(精装)：18.70元

国际司法协助条约集/中华人民共和国司法部司法协助局编译.—北京：法律出版社，1990.7.—440页；大32开.—ISBN 7-5036-0690-8：6.90元

国际法论丛 (1)/外交学院国际法研究所主办.—北京：法律出版社，1990.2.—140页；大32开.—ISBN 7-5036-0475-1：2.80元

国际法论丛 (2)/外交学院国际法研究所主办.—北京：法律出版社，1990.2.—134页；大32开.ISBN 7-5036-0559-6：2.90元

国际法资料 第5辑/中国国际法学会，外交学院国际法研究所编辑.—北京：法律出版社，1990.2.—311页；大32开.—ISBN 7-5036-0552-9：6.00元

国际法资料 第6辑/中国国际法学会，外交学院国际法研究所编.—北京：法律出版社，1990.10.—248页；大32开.—ISBN 7-5036-0683-5：4.10元

D990 国际法理论

国际法走向现代化/董立坤主编.—上海：上海社会科学院出版社，1990.12.—270页；32开.—ISBN 7-80515-608-5：4.50元

国际法指要：新编本/李金荣主编；西南政法学院成人教育教材编委会编.—成都：成都科技大学出版社，1990.10.—230页；32开.—成人高等教育法学辅导书·四川省高等教育自学考试法律专业辅导书.ISBN 7-5616-0708-3：2.35元

国际法基本理论/赵理海著.—北京：北京大学出版社，1990.7.—204页；32开.—ISBN 7-301-01125-3：2.70元

D993 领　土

航空法/(英)杰维斯(Jervis, B.G.)著；徐立达译.—北京：新时代出版社，1989.12.—159页；32开.—(当代保险译丛).—ISBN 7-5042-0103-0：2.00元

书名原文：Book Production Consultants

本书介绍了国际上的一些重要航空法规、国际航空公约与协议的主要内容。

D993.5　公海制度、海上权

中国海军与海洋法/逯真林，赵新主编.—北京：海军出版社，1990.4.—262页；32开.—ISBN 7-5070-0082-6：3.95元

公海/周子亚，范涌著.—北京：海洋出版社，1990.1.—242页；32开.—ISBN 7-5027-0590-2：3.30元

亚太地区的海洋政策/杨金森，高之国编著.—北京：海洋出版社，1990.2.—353页；32开.—ISBN 7-5027-0647-X：7.50元

本书作者研究探讨了亚太地区与海洋有关的政治、经济和法律问题，以及油气资源和渔业资源开发，海域疆界划分与争端等方面的问题。

国际海事业务指南/（英）亨利.德建哈特编著；范红英等译.—北京：海洋出版社，1990.10.—458页；32开.—ISBN 7-5027-0682-8：7.80元

书名原文：Maritime Affairs—A World Handbook

海上保险法规与实务/金祖光著.—上海：上海人民出版社，1990.8.—432页；32开.—ISBN 7-208-00981-3：6.00元

海洋环境保护与国际法/杜大昌编著.—北京：海洋出版社，1990.7.—196页；32开.—ISBN 7-5027-0680-1：3.20元

海洋法律与政策　第一集/国家海洋局海洋发展战略研究所主编.—北京：海洋出版社，1990.7.—220页；大32开.—ISBN 7-5027-1117-1：3.95元

D996　国际经济法

专利合作条约；专利合作条约实施细则/国际知识产权组织编.—北京：专利文献出版社，1990.9.182页；大32开.—ISBN 7-80011-056-7：4.80元

关税及贸易总协定多边贸易体系中的法律及其局限/（瑞士）隆（Long，O.）著；刘星红译.—北京：中国对外翻译出版公司，1990.9.—172页；32开.ISBN 7-5001-0095-7：3.50元

书名原文：Law and Its Limitations in the Gatt Multilateral Trade System

国际投资法/王贵国著.—北京：法律出版社，1990.4.—435页；32开.—附教学大纲.—ISBN 7-5036-0593-6：6.15元

国际投资法/沈四宝编著.—北京：中国对外经济贸易出版社，1990.11.—357页；大32开.—ISBN 7-80004-160-3：5.80元

国际经济法教程/赵秀文等编著.—北京：教育科学出版社，1990.7.—361页；大32开.—ISBN 7 5041-0585-6：5.80元

D997　国际私法

冲突法资料选编/余先予主编；法学教材编辑部编审.—北京：法律出版社，1990.5.—795页；大32开.高等学校教学参考书.—ISBN 7-5036-0465-4：5.50元

关于起草建造工厂国际合同的法律指南/联合国贸易法委员会编.—北京：中国对外经济贸易出版社，1990.2.—370页；大32开.—ISBN 7-80004-153-0：7.00元

国际私法自学指导/赵相林著.—北京：蓝天出版社，1990.2.—220页；32开.—中国政法大学函授部教材.—ISBN 7-80081-016-X：2.95元

国际私法学/董立坤编著.—北京：中央广播电视大学出版社，1990.5.—374页；大32开.—ISBN 7-304-00485-1：2.60元

国际私法学学习指导书/董立坤编著.—北京：中央广播电视大学出版社，1990.4.—174页；大32开.ISBN 7-304-00486-X：1.30元

国际私法学参考资料/董立坤选编.—北京：中央广播电视大学出版社，1990.4.—532页；大32开.ISBN 7-304-00487-8：3.60元

国际私法教程/杨贤坤编著.—广州：中山大学出版社，1990.3.—325页；32开.—ISBN 7-306-00285-6：6.90元

法律冲突法/（英）莫里斯（Morris，J.H.C.）著；李东来等译.—北京：中国对外翻译出版公司，1990.9.—540页；大32开.—（国际法译丛）.ISBN 7-5001-0099-X：6.95元

书名原文：The Conflict of Laws

本书是英国著名国际私法学家莫里斯所著的英国通用的国际私法教科书，阐述了国际私法理论与英国的实践。

D998/999　国籍法、空间法

引渡制度/黄风著.—北京：法律出版社，1990.8.—196页；32开.—ISBN 7-5036-0668-1：3.00元

外层空间法：当代立法的经验/（波）曼弗莱特·拉克斯著；郑衍杓等译.—上海：上海社会科学院出版社，1990.7.—202页；32开.—ISBN 7-80515-559-3：3.00元

E 军　　事

士兵常见问题解答/寿马校等编写.—南昌：江西人民出版社，1990.12.—214页；32开.—ISBN 7-210-00917-5：3.00元

中国军事百科全书：化学、生物武器和防核、化学、生物武器技术分册/中国人民解放军总参谋部防化部主编.—北京：军事科学出版社，1990.10.161页；大32开.—ISBN 7-80021-276-9（精装）：6.20元

中国军事百科全书：装甲兵技术分册/中国人民解放军总参谋部装甲兵部主编.—北京：军事科学出版社，1990.8.—178页：照片；大32开.—ISBN 7-80021-264-5（精装）：6.50元

中国军事辞典/《中国军事辞典》编纂组编.—北京：解放军出版社，1990.12.—1091页：肖像；32开.—ISBN 7-5065-1064-2（精装）：20.00元

本辞典共收集古今中外的军事思想、战略战术、军队建设，著名军事人物、主要战争战役、军事约章等方面的词目600余条，并附图像300余幅。

分类军事成语辞典/巫龙春主编.—济南：黄河出版社，1990.12.—587页；32开.—ISBN 7-80558-218-1（精装）：10.00元

汉蒙军事词汇/（蒙）舍·宝音涛克涛夫等编.—呼和浩特：内蒙古人民出版社，1990.10.—972页；32开.—ISBN 7-204-00099-4（精装）：9.00元

当代军事学科/总参政治部宣传部编.—北京：中国工人出版社，1990.6.—408页；32开.—ISBN 7-5008-0683-3：6.00元

本书着重介绍了32个军事学科，并以辞条形式扼要介绍了其他诸多军事学科。

论战争与军事科学：国外二十二种百科全书军事条目选编/军事科学院计划组织部编译.—北京：军事科学出版社，1990.8.—577页；大32开.—ISBN 7-80021-289-0：9.30元

军人手册/鲍同，施善玉主编.—3版（修订本）.—北京：长征出版社，1990.1.—419页；32开.—ISBN 7-80015-000-3：4.80元

本书1986年9月第1版。

兵家掌故/李海涛，黄悦新编著.—济南：黄河出版社，1990.11.—267页；32开.—ISBN 7-80558-198-3：3.20元

本书讲述了古今中外100多名战略家的故事。

俄汉军事大词典/军事科学院外国军事研究部编.—北京：解放军出版社，1990.7.—1730页；16开.—ISBN 7-5065-0321-2（精装）：107.00元

新兵之友/芦松堂主编.—修订本.—沈阳：白山出版社，1990.9.—502页；大32开.—ISBN 7-80566-145-6：7.15元

本书1989年5月第1版。

新兵之友/施友群，顾华编著.—北京：海军出版社，1990.3.—291页；32开.—ISBN 7-5070-0091-5：3.75元

本书介绍了军人应具备的基础知识，并提供一些小资料。

E0　军事理论

马克思主义军事哲学史/孟庆仁等著.—南宁：广西人民出版社，1990.12.—284页；大32开.—（当代哲学丛书）.—山东省哲学社会科学重点研究项目.—ISBN 7-219-01751-0：4.70元

孔令铜军事随笔/孔令铜著.—北京：国防大学出版社，1990.9.—294页；32开.—ISBN 7-5626-0254-9：4.10元

军事人才学/王日中，瞿定国编著.—北京：国防大学出版社，1990.3.—374页；32开.—ISBN 7-5626-0223-9：4.55元

军事方法学/梁必骎著.—北京：国防大学出版社，1990.11.—569页；32开.—ISBN 7-5626-0261-1：7.80元

军事创造学概论/贾万臣等著.—北京：解放军出版社，1990.6.—322页；32开.—（军事理论读物）.ISBN 7-5065-1359-5：3.80元

军事宣传学/郑旷等编著.—北京：国防大学出版社，1990.5.—296页；32开.—ISBN 7-5626-0222-0：3.70元

军事语言学/刘伶主编.—北京：国防大学出版社，1990.6.—361页；32开.—ISBN 7-5626-0196-8：4.80元

军事哲学原理/王成业等主编.—北京：军事科学出版社，1990.8.—340页；32开.—ISBN 7-80021-237-8：3.40元

现代军事学/王普丰主编.—重庆：重庆出版社，1990.1.—418页；大32开.—（现代社会科学丛书/蒋际华主编）.—ISBN 7-5366-1069-6：5.20元

剑与笔：世界最伟大的军事名著文摘/（英）哈特（Hart，B.L.），（英）哈特（Hart，A.L.）选编；军事科学院外国军事研究部译.—北京：军事科学出版社，1990.5.—435页；大32开.—ISBN 7-80021-241-6：7.00元

书名原文：The Sword and The Pen：Selections Fromthe World is Greatest Military Wrifings

本书是一部世界军事名著文摘。书中汇集了世界不同理论体系关于战争与军队的观点；也收入了圣经、诗歌和小说中有关战场和作战的描写。

E0-051　军事心理学

心理战概论/温金权等著.—北京：解放军出版社，1990.11.—379页；32开.—（军事理论读物）.—ISBN 7-5065-1510-5：5.80元

本书详细介绍了心理战的发展历史、各国对它研究与应用，及其基本理论在各方面的应用。

军事领导心理学/蔡承旺等主编.—济南：黄河出版社，1990.12.—264页；大32开.—ISBN 7-80558-229-7：3.85元

防空心理学/王凤山著.—北京：解放军出版社，1990.2.—495页；大32开.—ISBN 7-5065-1195-9：6.20元

官兵关系心理学/李瑞林著.—北京：群众出版社，1990.5.—269页；32开.—ISBN 7-5014-0518-2：3.70元

实用带兵心理指南/刘兴东著.—济南：山东人民出版社，1990.12.—305页；32开.—ISBN 7-209-00735-0：3.30元

E0-052　军事社会学

军事社会学/季世庆，张信兴主编.—北京：军事科学出版社，1990.2.—386页；大32开.—ISBN 7-80021-230-0：6.50元

军事社会学/嵇建珍主编.—北京：中国华侨出版公司，1990.8.—371页；大32开.—ISBN 7-80074-337-3：4.20元

书名原文：Military Sociology

E07　军事管理学

军队管理学/严芳田等编著.—2版.—上海：学林出版社，1990.10.—467页；32开.—ISBN 7-80510-572-3：4.90元

本书1986年第1版。

军事仓储学/王宗喜著.—北京：海潮出版社，1990.11.—398页；大32开.—ISBN 7-80054-145-2：6.35元

本书是一部系统研究军事仓储规律的理论专著，开辟了军事仓储的十大理论，涉及物资储备、库站建设、安全运营、仓储群网以及仓储人才培养等方面的内容。

军事管理三百例/刘安惠主编.—北京：蓝天出版社，1990.5.—306页；32开.—ISBN 7-80081-118-2：4.50元

军事管理论文集/李沣，罗小兵编.—北京：长征出版社，1989.3.—645页；32开.—ISBN 7-80015-068-2：6.00元

军费管理学/陈维丰主编.—武汉：湖北人民出版社，1990.7.—299页；大32开.—ISBN 7-216-00587-2：4.60元

E09　军事学史、军事思想史

元帅用兵之道/李业平主编.—北京：海潮出版社，1990.10.—327页；32开.—ISBN 7-80054-129-0：4.85元

中国近代军事思想和军队建设：第二届中国近代军事史学术讨论会论文集/吴信忠，张云主编.—北京：军事科学出版社，1990.9.—669页；大32开.—ISBN 7-80021-247-5：9.00元

军事史学理论与方法研究/军事科学院军事历史研究部编.—北京：军事科学出版社，1990.8.—262页；大32开.—ISBN 7-80021-266-1：4.30元

兵家史苑　第二辑/军事历史研究会编.—北京：军事科学出版社，1990.8.—337页；大32开.—（军事历史论丛）.—ISBN 7-80021-242-4：4.90元

E1　世界军事

世界军事年鉴：1989/王振西主编.—北京：解放军出版社，1990.5.—752页：彩照；16开.—ISBN 7-5065-1236-X（精装）：43.50元

当代世界战争风云：现代军事知识博览/曲波编.—广州：华南理工大学出版社，1990.11.—106页；16开.—ISBN 7-5623-0219-7：2.80元

现代战争启示录/王春芳，张晓林主编.—南京：江苏人民出版社，1990.8.—457页；大32开.—ISBN 7-214-00524-7：7.00元

本书以纪实手法再现了现代战争中的50余例奇闻逸事，所选题材上迄第一次世界大战，下至1988年波斯湾战争，内容包括海战、空战、突然袭击作战和谍报战4大部分。

国家的命运：19世纪和20世纪对国家安全的追求/（美）曼德尔鲍姆（Mandelbaum，M.）著；军事

科学院外国军事研究部译.—北京：军事科学出版社，1990.12.—385页；大32开.—ISBN 7-80021-330-7：6.10元

海陆空军事趣闻大观/霍用灵，王义山主编.—北京：海潮出版社，1990.8.—258页；32开.—ISBN 7-80054-159-2：3.35元

本书介绍了20世纪以来世界军事史上的趣闻轶事，还汇集了本世纪中国和世界战争史上的著名战例以及军事科学和技术发展史上的重大事件。

E12/13　军事制度、军事教育

军队教育学/张慧星等编著.—北京：国防大学出版社，1990.4.—397页；32开.—ISBN 7-5626-0209-3：4.85元

军事奖励学/万伟锋著.—北京：国防大学出版社，1990.9.—241页；32开.—ISBN 7-5626-0249-2：3.98元

国防教育概论/张忠义，樊恭嵩主编.—济南：黄河出版社，1990.7.—390页；大32开.—ISBN 7-80558-137-1（精装）：5.10元

E14　军事后方勤务

世界军事后勤史资料选编：古代部分：公元前3500～公元476/崔连仲主编.—北京：金盾出版社，1990.5.—673页；大32开.—（军事后勤历史丛书/刘鲁民主编）.—ISBN 7-80022-114-8：7.70元

世界军事后勤史资料选编：近代部分　下册：1870～1918/霍震，杨惠萍主编.—北京：金盾出版社，1990.6.—883页；大32开.—（军事后勤历史丛书/刘鲁民主编）.—ISBN 7-80022-136-9：14.00元

军事后勤学/孙秀德主编.—北京：国防大学出版社，1990.12.—468页；32开.—ISBN 7-5626-0260-3：6.50元

战略后勤学/孙秀德主编.—北京：国防大学出版社，1990.8.—254页；32开.—ISBN 7-5626-0230-1：3.10元

E15　各种武装力量

天之骄子/孙维韬，温家琦著.—南宁：广西教育出版社，1990.4.—170页；大32开.—（现代国防知识丛书/王前主编）.—ISBN 7-5435-0802-8：5.55元

国外陆军战术C³I手册/胡世功等编.—北京：兵器工业出版社，1990.10.—438页；16开.—ISBN 7-80038-223-0：27.40元

胜利的主宰者/武国禄，徐永汉著.—南宁：广西教育出版社，1990.7.—161页：彩图；大32开.（现代国防知识丛书/王前主编）.—ISBN 7-5435-0903-2：5.65元

本书以具体实例，介绍了中外各军兵种在战争中的作用，及其编制、装备等。

海上实力/（美）E.B.波特主编；马炳忠等译.北京：海洋出版社，1990.8.—389页；大32开.ISBN 7-5027-0218-0：5.80元

本书叙述了从公元前5世纪大桡木船时代的波斯远征希腊，到20世纪舰船时代的美国侵越战争，历经25个世纪中各国海军力量的兴衰和主要海上军事行动。

海洋在召唤/成中著.—南宁：广西教育出版社，1990.4.—171页：彩照；大32开.—（现代国防知识丛书/王前主编）.—ISBN 7-5435-0801-X：5.55元

E19　军事史

八十年代十大战争/筱逸等著.—北京：解放军文艺出版社，1990.11.—279页：彩照；大32开.—ISBN 7-5033-0195-3：4.60元

本书以翔实生动的资料和纪实的手法，披露了80年代英阿马岛之战、美军入侵巴拿马　两伊战争等10大战争鲜为人知内幕，描写了最大的导弹战、壮观的海战、空战、坦克战、电子战和心理战。

王牌战舰的覆灭/王义山编著.—北京：海洋出版社，1990.8.—322页；32开.—ISBN 7-5027-0956-8：3.80元

本书以日本"大和"号等著名战舰为主线，详细描述第二次世界大战期间发生在太平洋、大西洋、地中海和北极水域的一场惊心动魄的海战。

无奇不有的战争诱因/徐兆林著.—北京：国防大学出版社，1990.7.—424页；32开.—ISBN 7-5626-0231-X：4.95元

外国著名战争（二）/张桂枢等编.—北京：商务印书馆，1990.4.—384页；32开.—（外国历史小丛书）.—合订本.—ISBN 7-100-00425-X：3.60元

陆战的故事/常万生等编写.—大连：大连出版社，1990.1.—247页；32开.—（战争故事系列）.—ISBN 7-80555-256-8：3.20元

败战启示录/张部才著.—北京：军事科学出版社，1990.4.—291页；大32开.—ISBN 7-80021-222-X：4.45元

空战的故事/邓忠党，李全德编写.—大连：大连

出版社，1990.1.—228页；32开.—(战争故事系列).—ISBN 7-80555-256-8：3.10元

海战的故事/段曹盛，陶伯年编写.—大连：大连出版社，1990.1.—283页；32开.—(战争故事系列).—ISBN 7-80555-256-8：3.30元

E2 中国军事

伟大的军队，光荣的战士/总政治部宣传部编.—北京：解放军出版社，1990.9.—155页；32开.—ISBN 7-5065-1548-2

E20 建军理论

毛泽东建军思想研究/丁世尤著.—北京：军事科学出版社，1990.8.—150页；32开.—ISBN 7-800021-261-0：2.20元

党的军事战略转变与人民军队建设/国防大学党史党建政工教研室编.—北京：国防大学出版社，1990.12.—372页；32开.—ISBN 7-5626-0237-9：4.55元

E22 政治工作

中国历代军队政治工作资料类编/中国人民解放军总政治部办公厅编研室编.—北京：北京大学出版社，1990.5.—2册(1153页)；大32开.—ISBN 7-301-01160-1：15.00元

加强人民军队的政治建设：全军政治工作会议纪要和有关论文、注释条目/解放军报社评论处编.—北京：长征出版社，1990.8.—136页；32开.—ISBN 7-80015-126-3：2.30元

论新时期军队政治建设/张国仁，邱德定主编.北京：蓝天出版社，1990.11.—217页；32开.ISBN 7-80081-211-1：3.00元

军队政治教育新趋向/段敦平编.—北京：海潮出版社，1990.12.—184页；32开.—ISBN 7-80054-164-9：2.75元

军队基层政治工作/蒋英炉主编；文新等编著.桂林：广西师范大学出版社，1990.5.—397页；32开.—ISBN 7-5633-0798-2：4.50元

军队基层政治工作教程/温守刚等主编.—长春：吉林大学出版社，1990.10.—282页；32开.—ISBN 7-5601-0641-2：3.70元

军队凝聚力原理/赵维克著.—北京：国防大学出版社，1990.6.—310页；32开.—ISBN 7-5626-0150-X：3.85元

连队思想政治工作简论/王藻华编著.—广州：广东人民出版社，1990.12.—296页；32开.—ISBN 7-218-00606-X：3.50元

政工研究的基本理论和方法/赵锡顺主编.—北京：海军出版社，1990.2.—380页；32开.—ISBN 7-5070-0078-8：4.90元

政治工作调查研究方法概要/隋玉梁，陈学来编著.—北京：蓝天出版社，1990.6.—198页；32开.—(政治机关干部专业训练丛书).—ISBN 7-80081-099-2：3.90元

政治工作通讯：一九八九年文选/中国人民解放军总政治部办公厅编.—北京：中国民主法制出版社，1990.7.—387页；大32开.—ISBN 7-80078-025-2：5.00元

政治机关实务与管理/隋玉梁主编.—北京：蓝天出版社，1990.1.—245页；32开.—(政治机关干部专业训练丛书).—ISBN 7-80081-098-4：4.10元

政治指导员工作艺术探索/朱守用主编.—北京：蓝天出版社，1990.2.—168页；32开.—ISBN 7-80081-072-0：2.30元

部队基层思想政治工作150个怎么办？/邓国永主编.—成都：成都出版社，1990.3.—174页；32开.ISBN 7-80575-037-8：1.80元

简明军队青年工作学/卢金桂等编著.—北京：中国华侨出版公司，1990.9.—348页；32开.—ISBN 7-80074-247-4：4.70元

新时期的军队政治工作/李菊文主编.—北京：北京出版社，1990.4.—343页；32开.—ISBN 7-200-01095-2：3.80元

E221 思想教育工作

人生哲理/唐志龙主编.—北京：蓝天出版社，1990.6.—233页；大32开.—全军飞行人员思想政治教育系列教材.—ISBN 7-80081-105-0：3.80元

士兵道德培育初探/胡成均主编.—北京：蓝天出版社，1990.9.—156页；32开.—(培育四有军人丛书).—ISBN 7-80081-142-5：2.40元

千万个雷锋在成长/傅剑仁主编.—北京：解放军文艺出版社，1990.7.—268页；32开.—(战斗在军旗下丛书).—ISBN 7-5033-0138-4：3.70元

子弟兵的奉献：成都军区拥政爱民模范事迹选编/成都军区政治部群众工作部《子弟兵的奉献》编写组编.—成都：成都出版社，1990.3.—393页：照片；32开.—ISBN 7-80575-028-9：5.00元

为了军营这片绿洲/杨德康等主编；空军政治部编.—北京：蓝天出版社，1990.10.—182页：彩照；32开.—ISBN 7-80081-153-0：2.60元

心中的防线/王文宪主编.—北京：长征出版社，1990.10.—182页；32开.—(军人道德法纪读物).ISBN 7-80015-129-8：3.00元

闪光的足迹：西南地区民兵退伍军人名人录 之一/刘代文主编.—成都：成都出版社，1990.1.—312页；32开.—ISBN 7-80575-021-1：3.20元

永不褪色的旗帜：雷锋精神与学雷锋活动/济南军区政治部组织部编.—济南：黄河出版社，1990.9.145页；36开.—ISBN 7-80558-197-5：2.20元

血洒南澎：海军模范青年团员邱安传/李义恩著.北京：解放军出版社，1990.10.—111页：肖像；32开.—ISBN 7-5065-1426-5：3.20元

危险的路标/王文宪主编.—北京：解放军文艺出版社，1990.9.—351页；32开.—（军人道德法纪读物）.—ISBN 7-5033-0169-4：4.40元

军人行为规范教程/邓正明主编；王道平，张爱中编著.—北京：长征出版社，1990.2.—149页；32开.—ISBN 7-80015-113-1：1.70元

现实问题的哲学问答/李俊安，旷召贤主编.—海口：三环出版社，1990.4.—348页；大32开.ISBN 7-80564-107-2：3.90元

学习雷锋好榜样/解放军画报社编.—北京：长城出版社，1990.2.—48页；16开.—ISBN 7-80017-111-6：4.00元

学雷锋优秀志愿兵——丁宝良/王军，石天庆主编.北京：中国青年出版社，1990.5.—161页：彩照；32开.—ISBN 7-5006-0776-8：2.30元

南京路上好八连/南京军区政治部组织部，上海警备区政治部组织处编.—上海：上海人民出版社，1990.4.—78页：照片；32开.—ISBN 7-208-00869-8：2.50元

战士行为指导102个怎么办/王军，石天庆主编.北京：中国青年出版社，1990.5.—248页；32开.ISBN 7-5006-0749-0：2.85元

部队青年优秀演讲辞选/王军主编.—北京：蓝天出版社，1990.1.—104页；32开.—ISBN 7-80081-069-0：1.40元

基层政治教育辅导/李春良主编.—成都：成都科技大学出版社，1990.7.—411页；32开.—ISBN 7-5616-0658-3：3.70元

接过雷锋的枪/沈阳军区司令部直属政治部编.—沈阳：辽宁人民出版社，1990.2.—354页；32开.—ISBN 7-205-1318-6：4.90元

清廉新风：保持廉洁先进事迹选/南京军区后勤部编.—南京：南京出版社，1990.2.—152页；32开.—ISBN 7-80560-157-7：1.70元

雷锋，人生的路标：全军青年学雷锋读书演讲辞选编/总政治部组织部编.—北京：长征出版社，1990.8.—238页；32开.—ISBN 7-80018-128-X：3.20元

新时期老兵新传/刘均孔，卞振编.—沈阳：白山出版社，1990.3.—215页；32开.—ISBN 7-80566-105-7：2.65元

本书记述了几十位军队离休干部多彩的生活，反映了他们内心世界的美好情操和社会主义精神风貌。

新时期的雷锋式战士张子祥/沈阳军区政治部等编.—沈阳：白山出版社，1990.7.—239页；32开.—（学雷锋丛书；2/张烈英主编）.—ISBN 7-80566-118-9：2.90元

塑造灵魂的艺术/修希德著.—沈阳：春风文艺出版社，1990.6.—227页；32开.—ISBN 7-5313-0383-3：2.85元

模范团政委杨崇元/南京军区政治部八三二二六部队政治部编.—南京：南京出版社，1990.10.—114页；32开.—ISBN 7-80560-274-3：1.50元

E223 文化工作

军队基层文化工作/李湘森，许峰主编.—北京：蓝天出版社，1990.2.—344页；32开.—ISBN 7-80081-081-X：3.50元

官兵文体活动大全/卢晨泉主编.—北京：解放军出版社，1990.6.—728页；大32开.—ISBN 7-5065-1265-3：11.00元

本书内容包括音乐、舞蹈、戏剧、曲艺、美术、书法、摄影、田径、器械操、冰上运动、球类、武术、棋牌等门类，基本上包括了部队文体活动的全部内容。

E224 部队基层建设工作

军人生活艺术/王作义等编著.—武汉：湖北人民出版社，1990.11.—261页；32开.—ISBN 7-216-00654-2：3.65元

军人恋爱与家庭/刘凤翥主编.—北京：军事科学出版社，1990.1.—226页；32开.—ISBN 7-80021-221-1：2.50元

军队抓基层知与行/杨全炳等著.—沈阳：辽宁人民出版社，1990.4.—186页；32开.—ISBN 7-205-01326-7：2.55元

军队基层领导艺术/王昌连，罗毅主编.—北京：蓝天出版社，1990.8.—334页；大32开.—ISBN 7-80081-126-3：4.00元

军队基层管理手册/刘全坤等主编.—北京：国防科技大学出版社，1990.9.—303页；32开.—ISBN 7-81024-106-0：4.30元

军队基层管理学概论/庄文彬主编.—北京：解放军出版社，1990.9.—250页；32开.—ISBN 7-5065-1413-3：3.50元

连长带兵之道/张晓光著.—北京：军事科学出版社，1990.3.—163页；32开.—ISBN 7-80021-225-4：2.85元

青年军人婚恋漫谈/王军，文燕生主编.—北京：国防大学出版社，1990.7.—275页；32开.—ISBN 7-5626-0227-7：3.55元

指导员工作艺术/刘志全编著.—北京：解放军出版社，1990.8.—301页；32开.—ISBN 7-5065-1460-5：4.45元

班长带兵指南/周晓东著.—石家庄：河北人民出版社，1990.12.—207页；32开.—ISBN 7-202-00852-1：2.75元

E225　群众工作

戎冠秀/张德良主编.—北京：新华出版社，1990.11.—234页；照片；大32开.—ISBN 7-5011-0930-3：3.50元

江城之光/刘仲文主编.—沈阳：辽宁大学出版社，1990.10.—272页；大32开.—ISBN 7-5610-1073-7：4.00元

本书主要介绍和总结了在抗美援朝战争期间，丹东人民的爱国主义、国际主义和无私奉献的精神。

来自家乡的深情厚望/董发根，宁培丛主编.—沈阳：白山出版社，1990.2.—389页；32开.—ISBN 7-80566-077-8：4.30元

本书汇集了1989年"辽宁省开展为部队基层建设服务活动经验交流会"上的领导讲话和介绍的典型经验材料。

鱼水新篇/朱浩熙主编.—上海：上海人民出版社，1990.7.—291页；大32开.—ISBN 7-208-00954-6：6.50元

本书共收徐州军民拥军优属、拥政爱民，推动社会主义精神文明和物质文明方面的文章40多篇。

E227　保卫工作

防间保密与国家安全/喻中桂主编.—北京：国防大学出版社，1990.5—243页；32开.—(国防教育丛书).—ISBN 7-5626-0143-7：3.20元

E23　军事后勤

军队后勤指南/谢振祥主编.—北京：蓝天出版社，1990.5.—654页；大32开.—ISBN 7-80081-009-7(精装)：21.00元

军队后勤职业道德概论/陈明理，张菊松主编.—北京：国防科技大学出版社，1990.9.—387页；32开.—ISBN 7-81024-058-7：2.87元

E233　军需勤务与国防物质储备

当代中国军队的后勤工作/胥光义主编；《当代中国》丛书编辑部编辑.—北京：中国社会科学出版社，1990.12.—689页：彩照；大32开.—(当代中国丛书/邓力群等主编).—ISBN 7-5004-0823-4(精装)：18.95元

当代中国军队的后勤工作/胥光义主编；《当代中国》丛书编辑部编辑.—北京：中国社会科学出版社，1990.12.—689页：彩照；大32开.—(当代中国丛书/邓力群等主编).—ISBN 7-5004-0822-6：17.25元

军队会计论文选　(一)/孙志强主编.—北京：中国财政经济出版社，1990.4.—333页；大32开.—ISBN 7-5005—1008-X：5.00元

军队会计学/王正主编.—北京：中国财政经济出版社，1990.3.—329页；大32开.—ISBN 7-5005-1010-1：4.80元

军队财务管理难题百解/林孝诚，康元水主编.—北京：中国经济出版社，1990.5.—262页；大32开.—ISBN 7-5017-0789-8：5.20元

军用仓库安全顾问/王玉才，张战云主编.—沈阳：辽宁人民出版社，1990.5.—304页；32开.—(当代军人文库).—ISBN 7-205-01363-1：5.00元

战时财务/俞国钧主编.—北京：长征出版社，1990.1.—279页；32开.—ISBN 7-80015-093-3：3.50元

E237/238　军械勤务、卫生勤务

高等教育自学考试军械管理专业专科考试计划及课程自学考试大纲/中国人民解放军自学考试委员会办公室编.—北京：蓝天出版社，1990.9.—422页；32开.—合订本.—ISBN 7-80081-129-8

E239　各军、兵种后方勤务

海军后勤政治工作/张永刚等主编.—北京：海潮出版社，1990.11.—322页；大32开.—ISBN 7-80054-181-9：4.80元

E25　国防建设与战备

天军在悄悄崛起/宋普选，王龙炳著.—南宁：广西教育出版社，1990.3.—149页：彩图；大32开.—(现代国防知识丛书/王前主编).—ISBN 7-5435-0793-5：5.30元

公民与国防/毛文戎著.—成都：四川人民出版社，1990.9.—140页；32开.—ISBN 7-220-01110-5：1.60元

未来的国防建设　上册/军事科学院计划组织部编.—北京：军事科学出版社，1990.1.—752页；大32开.—ISBN 7-80021-052-9：5.60元

未来的国防建设　下册/军事科学院计划组织部

编.—北京：军事科学出版社，1990.1.—761页；大32开.—ISBN 7-80021-059-6：5.95元

对外开放与国防教育/黄志忠主编.—北京：国防大学出版社，1990.5.—246页；32开.—（国防教育丛书）.—ISBN 7-5626-0146-1：3.15元

论国防后备力量建设/曹云忠著.—北京：兵器工业出版社，1990.9.—221页；32开.—ISBN 7-80038-279-6：3.40元

军事科学与未来国防/刘继贤著.—北京：国防大学出版社，1990.12.—309页；32开.—ISBN 7-5626-0263-3：3.90元

灾场：世纪之交的新课题/齐长明著.—北京：国防大学出版社，1990.3.—246页；32开.—ISBN 7-5626-0206-9：3.15元

本书对一些战争灾害作了探讨分析。

现代国防知识读本/上海市全民国防教育教材编委会编.—上海：上海人民出版社，1990.5.—251页；32开.—（全民国防教育读物·民兵、预备役人员）.ISBN 7-208-00922-8：3.00元

国防与国防观念/周树昌，韩伟主编.—北京：中国华侨出版社，1990.6.—259页；32开.—ISBN 7-80074-217-2：3.40元

国防科普佳作选/林仁华等主编.—北京：解放军出版社，1990.3.—541页；大32开.—（科普佳作选丛书）.—ISBN 7-5065-1127-4：8.00元

本书选入优秀国防科普作品90余篇，分为国防新技术、现代武器装备、现代战争知识、军事史话及人物4大部分。

国防探微/杨志华著.—北京：长征出版社，1990.2.—242页；32开.—ISBN 7-80015-103-4：3.30元

漫话国防/徐州军分区政治部编.—徐州：中国矿业大学出版社，1990.9.—140页；32开.—ISBN 7-81021-417-9：1.50元

E251 军事教育、军事训练

军校生活漫谈/李秀武等编著.—北京：蓝天出版社，1990.11.—322页；32开.—ISBN 7-80081-156-5：4.20元

军校学员手册/马孝定，冯和平主编.—北京：蓝天出版社，1990.4.—298页；32开.—ISBN 7-80081-077-1：7.00元

军校学员必备/军械工程学院政教室编.—石家庄：河北人民出版社，1990.8.—273页；32开.—ISBN 7-202-00746-0：3.40元

军校教育研究/朱如珂主编.—北京：海潮出版社，1990.10.—253页；大32开.—ISBN 7-80054-188-6：3.50元

国防教育总论/周灿西等主编.—成都：四川人民出版社，1990.10.—789页；32开.—ISBN 7-220-01038-9：7.50元

空军院校教学保障系统学术论文汇编/空军司令部军校部编.—北京：蓝天出版社，1990.12.—770页；大32开.—ISBN 7-80081-171-9：15.00元

基层军官在职培训实用手册/沈阳军区政治部干部部编.—沈阳：白山出版社，1990.12.—425页；32开.—ISBN 7-80566-157-X：5.00元

E26 军事制度

中国人民解放军内务条令、纪律条令、队列条令/中华人民共和国中央军事委员会编.—北京：军事科学出版社，1990.8.—354页；32开.—精装

军队组织工作业务实用手册/陈乃昌主编.—北京：国防大学出版社，1990.4.—267页；32开.ISBN 7-5626-0160-7：3.75元

军队组织工作业务常识/新疆军区政治部组织处编.—乌鲁木齐：新疆人民出版社，1990.8.—320页；32开.—ISBN 7-228-01433-2：3.85元

E265 兵役制度、兵役法

入伍须知/总政治部宣传部编.—4版.—北京：长城出版社，1990.9.—41页；64开.—ISBN 7-80017-127-2

应征入伍400问/李广武，堵继学编著.—长春：吉林人民出版社，1990.10.—304页；32开.—ISBN 7-206-00891-7：4.50元

应征公民入伍指南/《应征公民入伍指南》编写组编.—北京：光明日报出版社，1990.1.—244页；32开.—ISBN 7-80014-743-6：2.70元

应征青年读本/吉林省军区政治部编.—长春：吉林人民出版社，1990.10.—136页；32开.—ISBN 7-206-00888-7：1.90元

E266 军法、军纪

军人法律手册/朱阳明主编.—北京：中国人民公安大学出版社，1990.7.—706页；大32开.—ISBN 7-81011-225-2：9.80元

军人法律政策制度知识实用手册/金陆钧等主编.北京：蓝天出版社，1990.5.—515页；大32开.ISBN 7-80081-097-6：6.80元

军队法制学/吕北安主编.—北京：海军出版社，1990.5.—380页；32开.—ISBN 7-5070-0088-5：4.95元

E27　各种武装力量（各军、兵种）

人民军队与人民空军/宣如才主编.—北京：蓝天出版社，1990.6.—232页；大32开.—空军飞行人员思想政治教育系列教材：试行本.—ISBN 7-80081-106-9：3.78元

飞行人员道德概论/费中主编.—北京：蓝天出版社，1990.12.—216页；大32开.—空军飞行人员思想政治教育系列教材.—ISBN 7-80081-152-2：4.18元

武警部队基层政治工作/蔡明华编著.—昆明：云南人民出版社，1990.1.—386页；32开.—试用教材.—ISBN 7-222-00612-5：3.50元

空军政工研究文选/孙俊哲主编.—北京：蓝天出版社，1990.4.—491页；32开.—ISBN 7-80081-093-3：5.50元

雷锋在人武战线/总政治部群工部，中国民兵杂志社编.—北京：昆仑出版社，1990.5.—340页；32开.—ISBN 7-80040-211-8：4.40元

E28　民　兵

当代四川民兵/四川省军区编.—成都：四川科学技术出版社：四川人民出版社，1990.8.—376页；大32开.—ISBN 7-5364-1714-4：6.85元

福建海防史/驻闽海军军事编纂室编.—厦门：厦门大学出版社，1990.4.—480页；大32开.—ISBN 7-5615-0269-9：8.50元

德宏军事史料选编：1950～1986/德宏军分区军志办公室，德宏州史志办公室编.—芒市：德宏民族出版社，1990.4.—323页；照片；32开.—ISBN 7-80525-072-3：3.50元

E29　军事史（战史、建军史）

中国军事史　第五卷：兵家/《中国军事史》编写组编；田昭林等执笔.—北京：解放军出版社，1990.5.—854页；大32开.—ISBN 7-5065-1214-9（精装）：11.00元

中国战争史　（三）/武国卿著.—北京：金城出版社，1990.12.—452页；大32开.—ISBN 7-80084-002-6：6.80元

军事文告选注/兰书臣著.—北京：军事科学出版社，1990.12.—205页；大32开.—ISBN 7-80021-277-7：3.80元

历代兵制/（南宋）陈傅良撰.—影印本.—扬州：江苏广陵古籍刻印社，1990.12.—2册；20开.（线装）：28.00元

本书据清刊本影印。记载周秦到北宋的兵制，议论得失，于北宋较详。

汉唐烽堠制度研究/程喜霖著.—西安：三秦出版社，1990.6.—345页；大32开.—ISBN 7-80546-175-9：5.00元

先秦军事研究/军事科学院战略部，后勤学院学术部历史室编.—北京：金盾出版社，1990.5.—346页；大32开.—ISBN 7-80022-176-8：4.40元

秦汉军事制度史/熊铁基著.—南宁：广西人民出版社，1990.5.—345页；大32开.—ISBN 7-219-01552-6：4.50元

万里海疆/刘佩军编著.—北京：海洋出版社，1990.8.—202页；32开.—ISBN 7-5027-0855-3：2.80元

中国军事经济史/张振龙主编.—北京：蓝天出版社，1990.6.—612页；大32开.—ISBN 7-80081-113-1：7.50元

中国远征军印支征战纪实/杨大镇著.—北京：中国华侨出版公司，1990.6.—234页；32开.—ISBN 7-80074-162-1：3.10元

中国近代边防史：1840～1919年/郑汕，傅元祥主编.—重庆：西南师范大学出版社，1990.4.—473页；大32开.—ISBN 7-5621-0376-3：5.00元

中国近代海军史/胡立人，王振华主编.—大连：大连出版社，1990.2.—543页；照片；大32开.ISBN 7-80555-269-X：7.60元

中国海军之谜/张晞海，王翔编著.—北京：海洋出版社，1990.10.—411页；32开.—ISBN 7-5027-1063-9：4.40元

中国海防的反思：近代帝国主义从海上入侵史/鲍忠行编著.—北京：国防大学出版社，1990.9.—383页；32开.—ISBN 7-5626-0236-0：4.80元

粤军史实纪要/广东省政协文史资料研究委员会编.—广州：广东人民出版社，1990.1.—295页；大32开.—（广东文史丛书）.—ISBN 7-218-00324-9：3.35元

湘军史稿/龙盛运著.—成都：四川人民出版社，1990.10.—525页；大32开.—（中国近代史专题研究丛书）.—ISBN 7-220-00939-9（精装）：8.10元

霆军纪略/（清）陈昌撰.—影印本.—扬州：江苏广陵古籍刻印社，〔1990〕.—8册（1函）；20开.（线装）：110.00元

本书据清光绪刊本影印。

E297 中国人民解放军军事史

中国人民解放军之最/齐培礼编.—北京：海潮出版社，1990.6.—188页；32开.—ISBN 7-80054-124-X：2.95元

中国人民解放军历史辞典/《中国人民解放军历史辞典》编委会编.—北京：军事科学出版社，1990.5.—638页；16开.—ISBN 7-80021-189-4（精装）：32.00元

中国人民解放军组织沿革和各级领导成员名录/军事科学院军事图书馆编著.—2版（修订版）.—北京：军事科学出版社，1990.10.—1099页；16开.ISBN 7-80021-271-8（精装）：45.00元

中国人民解放军战史图集/中国人民革命军事博物馆编辑；中国地图出版社编绘.—北京：中国地图出版社，1990.2.—251页；8开.—ISBN 7-5031-0454-6（精装）：140.00元

中国人民解放军战役战例词典/贾若瑜主编.—北京：国防大学出版社，〔1990〕.—507页；32开.—ISBN 7-5626-0165-8（精装）：9.50元

八路军/武国禄编写.—北京：新华出版社，1990.9.—49页；32开.—（中国革命史小丛书/苏双碧主编）.—ISBN 7-5011-0791-2：1.10元

八路军总部在麻田：纪念八路军总部进驻麻田50周年/中共左权县委员会，左权县人民政府编.—太原：山西人民出版社，1990.10.—456页；大32开.—ISBN 7-203-01746-9（精装）：11.20元

大军西南行：一个记者的随军日记/林田著.—北京：新华出版社，1990.6.—184页，32开.—ISBN 7-5011-0634-7：2.25元

山西女兵连/山西新军史料征集指导组办公室，山西省妇女联合会编著.—太原：山西人民出版社，1990.5.—226页：彩照；大32开.—ISBN 7-203-01417-7：6.30元

中共抗日部队发展史略/张廷贵等著.—北京：解放军出版社，1990.10.—503页；大32开.—ISBN 7-5065-1411-7：9.00元

中国人民解放军滇桂黔边纵队/中共云南省委党史资料征集委员会等编.—昆明：云南民族出版社，1990.3.—2册（1026页）：照片；大32开.—（中共党史资料丛书）.—ISBN 7-5367-0266-3：13.00元

中国工农红军第二十五军战史/《中国工农红军第二十五军战史》编审委员会编.—北京：解放军出版社，1990.2.—284页：照片；大32开.—ISBN 7-5065-1162-2（精装）：18.50元

中国工农红军第十四军历史文献资料/中共南通市委党史工作委员会，南通市档案馆编.—北京：中共党史资料出版社，1990.10.—317页；大32开.ISBN 7-80023-084-8：3.80元

目标，一江山岛：我军首次陆海空联合渡海登陆作战纪实/王彦编著.—北京：海潮出版社，1990.10.231页；32开.—ISBN 7-80054-161-4：3.85元

地方武装斗争/太行革命根据地史总编委会编.太原：山西人民出版社，1990.5.—580页；大32开.—（太行革命根据地史料丛书；3）.—ISBN 7-203-01469-X：10.00元

血战上甘岭：一次举世闻名的战役/童德先著.—北京：军事科学出版社，1990.10.—125页；32开.ISBN 7-80021-262-9：2.20元

刘邓大军征战记 第四卷/陈斐琴等编.—昆明：云南人民出版社，1990.2.—478页；大32开.—ISBN 7-222-00258-8（精装）：8.05元

刘邓大军征战记 第四卷/陈斐琴等编.—昆明：云南人民出版社，1990.2.—478页；大32开.—ISBN 7-222-00259-6：6.25元

许世友的最后一战/周德礼著.—南京：江苏人民出版社，1990.6.—255页；32开.—ISBN 7-214-00464-X：3.60元

红军黔滇驰骋烟尘谱：军事斗争史长编：正本/周朝举编著.—北京：军事科学出版社，1990.1.—784页；大32开.—ISBN 7-80021-220-3：8.50元

走向太平洋：南海舰队征战秘史/郭富文，曹保健著.—北京：昆仑出版社，1990.4.—213页；32开.—ISBN 7-80040-192-8：3.20元

抗美援朝战争/谭旌樵主编；崔醒农等编.—北京：中国社会科学出版社，1990.9.—650页：照片；大32开.—（当代中国丛书：国防军事卷/邓力群等主编）.—ISBN 7-5004-0690-8（精装）：21.45元

抗美援朝战争/谭旌樵主编；崔醒农等编.—北京：中国社会科学出版社，1990.9.—650页：照片；大32开.—（当代中国丛书：国防军事卷/邓力群等主编）.—ISBN 7-5004-0691-6：19.75元

抗美援朝战争回忆/洪学智著.—北京：解放军文艺出版社，1990.10.—275页；大32开.—ISBN 7-5033-0183-X：4.40元

英明的决策辉煌的胜利：纪念海南解放40周年：1950～1990/中共海南省委党史研究室编.—海口：三环出版社，1990.4.—228页；32开.—ISBN 7-80564-117-X：3.20元

奇特的战场：晋察冀抗战史话/冉淮舟，刘绳著.天津：天津人民出版社，1990.12.—443页；大32开.ISBN 7-201-00548-0：6.20元

追寻红七军足迹/河池日报社编.—南宁：广西人民出版社，1990.12.—199页；32开.—ISBN 7-219-01737-5：2.75元

珠江纵队史/《珠江纵队史》编写组编著.—广州：广东人民出版社，1990.10.—294页；大32开.ISBN 7-218-00555-1：5.50元

铁军雄风/王玉发主编.—北京：军事科学出版社，1990.12.—470页；大32开.—ISBN 7-80021-302-1：9.50元

第一次较量：抗美援朝战争的历史回顾与反思/徐焰著.—北京：中国广播电视出版社，1990.9.—357页：照片；32开.—ISBN 7-5043-0542-1：5.95元

淮海战役图册/《淮海战役图册》编辑委员会编.—上海：上海教育出版社：上海人民美术出版社，1990.9.—139页；12开.—ISBN 7-5320-1822-9（精装）：16.00元

韩战内幕：彭德怀和他的志愿军/（美）罗素·斯泊尔；罗圣译.—北京：中国广播电视出版社，1990.10.—318页：照片；大32开.—ISBN 7-5043-0690-8：6.00元

彭德怀率师援朝/张平凯著.—沈阳：辽宁人民出版社，1990.7.—277页；32开.—ISBN 7-205-01327-5：4.00元

解放大西北/黄江海，李玉泰编.—西宁：青海人民出版社，1990.9.—524页：照片；大32开.—ISBN 7-225-00403-5：8.50元

蓝天碧血扬国威：中国空军抗战史料/中国人民政治协商会议南京市委员会文史资料委员会编.—北京：中国文史出版社，1990.9.—288页；大32开.—ISBN 7-5034-0249-0：3.30元

新四军/刘庭华编.—北京：新华出版社，1990.6.—51页；32开.—（中国革命史小丛书/苏双碧主编）.—ISBN 7-5011-0716-5：0.90元

新四军八路军会师纪念专辑：1940.10～1990.10/陈海云主编；中共大丰县委党史工作委员会编.—南京：江苏人民出版社，1990.9.—216页：照片；32开.—ISBN 7-214-00550-6：3.50元

E3/7　各国军事

朝鲜战争/日本陆战史研究普及会编；高培等译.—北京：国防大学出版社，1990.8.—3册（2106页）；32开.—ISBN 7-5626-0123-2：31.00元

朝鲜战争：未透露的内情/（美）约瑟夫·格登著.—北京：解放军出版社，1990.6.—757页；32开.—（局部战争丛书）.—ISBN 7-5065-1303-X：7.00元

越战10000天/（加拿大）迈克尔·麦克利尔著；苏克，阎嘉译.—成都：成都出版社，1990.10.—494页；32开.—ISBN 7-80575-120-X：6.50元

本书记述了从1945年到1975年30年越南战争中的重大事件、真情和内幕。

"Z"字旗—决战对马/（日）户川幸夫著；顾龙保译.—北京：海潮出版社，1990.7.—311页；大32开.—ISBN 7-80054-093-6：4.50元

1904～1905年的日俄战争是日俄两国为争夺东方霸主地位、掠夺中国和朝鲜而进行的一场帝国主义战争，这次战争分为陆地和海洋两个战场，本书主要介绍海战场。

*　　*　　*

战争与当代现实/（苏）丘什克维奇（Тюшкевич，С.А.）主编；军事科学院外国军事研究部译.—北京：军事科学出版社，1990.8.—230页；大32开.—ISBN 7-80021-269-6：4.20元

书名原文：Война и современность

格鲁乌：苏军情报部内幕披露/（法）皮埃尔·德维勒马斯，（美）吉特福·迪哈科夫著；肖连兵等译.—北京：华夏出版社，1990.2.—250页；32开.—ISBN 7-80053-692-9：3.25元

书名原文：G.R.U Le Plus Secret des Seruice Souiètiques

第二次世界大战苏联军事经济后勤史/王波，彭学芳主编.—北京：金盾出版社，1990.8.—599页；32开.—ISBN 7-80022-201-2：6.00元

德国国防军大本营：1939～1945/（联邦德国）瓦利蒙特（Warlimout，W.）著；军事科学院外国军事研究部译.—北京：军事科学出版社，1990.6.521页；大32开.—ISBN 7-80021-252-1：7.50元

书名原文：Im Hauptquartier der Deutschen Wehrmacht 39-45

*　　*　　*

我们沉睡在清晨：有关珍珠港的未告诉过人的故事/（美）高尔登·普朗格著；张金碚等译.—北京：长征出版社，1990.10.—2册（900页）；大32开.ISBN 7-80015-118-2：13.55元

美国海军经济分析手册/美国海军设施工程司令部编；葛铁荣等译.—北京：海洋出版社，1990.10.218页；32开.—ISBN 7-5027-1114-7：4.20元

本书介绍了美国海军经济的分析过程、分析方法、费用分析、灵敏度分析及通货膨胀的处理。并附有具体的分析实例。

朝鲜战争中的美国陆军　第二卷：战争爆发前后/（美）詹姆斯·F.施纳贝尔著；王琪等译.—北京：国防大学出版社，1990.12.—466页；32开.—ISBN 7-5626-0255-7：6.20元

E8　战略、战役、战术

历史的反思：第二次世界大战的战略与政略/张继平著.—北京：时事出版社，1990.7.—407页；大32开.—ISBN 7-80009-098-1：6.50元

战争艺术史/（苏）帕诺夫（Панов，Б.В.）等著；李静，袁亚楠译.—北京：军事科学出版社，1990.

6.—575页；大32开.—ISBN 7-80021-255-6（精装）：11.00元

书名原文：История военного искусства

战争新论/顾德欣著.—北京：世界知识出版社，1990.7.—228页；大32开.—ISBN 7-5012-0304-0：2.90元

谋略库/柴宇球主编.—北京：蓝天出版社，1990.6.—457页；大32开.—（谋略丛书）.—ISBN 7-80081-092-5（精装）：9.50元；（平装）：7.50元

本书内容包括：政治谋略、军事谋略、经济谋略、外交谋略、统御谋略、说辩谋略、奸诈谋略7部分，共400多个条目。

E81　战略学

三十年代世界主要国家的战略与军备/军事科学院军事历史研究部世界军事历史研究室编.—北京：军事科学出版社，1990.10.—447页；大32开.—ISBN 7-80021-287-4：6.70元

未来军队大写意/李士顺，李杰著.—北京：中信出版社，1990.8.—170页；大32开.—（21世纪中国与世界丛书/王建新，常永青主编）.—ISBN 7-80073-017-4：2.95元

本书是一部军事未来学方面的科普读物。

世界战争新形态/张云义著.—北京：解放军出版社，1990.1.—193页；32开.—（国防与未来丛书/吕英主编）.—ISBN 7-5065-1155-X：3.70元

军事预测学/肖显社等著.—北京：国防大学出版社，1990.3.—292页；32开.—ISBN 7-5626-0182-8：3.65元

军事谋略学/陈维仁主编.—北京：国防大学出版社，1990.3.—339页；32开.—ISBN 7-5626-0240-9：3.45元

军事谋略学教程/李文庆著.—北京：军事科学出版社，1990.1.—342页；大32开.—ISBN 7-80021-234-3：6.20元

苏联军事战略概论/王海，李植谷主编.—北京：国防大学出版社，1989.8.—387页；32开.—ISBN 7-5626-0181-X：5.20元

走向成功：战略控制的艺术/林存柱著.—北京：人民出版社，1990.12.—216页；大32开.—ISBN 7-01-000496-X：4.20元

本书研究了战略人才的思维品格、战略目的、战略预测与决策、战略规划与决战、战略修正、战略与策略各大要素。

抗日战争的战略反攻：1944～1945.9/张宏志著.—北京：国防大学出版社，1990.5.—388页；32开.—ISBN 7-5626-0224-7：4.80元

抗日战争的战略相持/张宏志著.—北京：国防大学出版社，1990.4.—766页；32开.—ISBN 7-5626-0178-X：9.00元

威慑论/杨旭华，蔡仁照著.—北京：国防大学出版社，1990.7.—418页；32开.—ISBN 7-5626-0229-8：5.00元

战略——战争与和平的逻辑/（美）爱德华·鲁特瓦克著；军事科学院外国军事研究部译.—北京：中国人民解放军出版社，1990.10.—277页；大32开.ISBN 7-5065-1464-8：7.00元

书名原文：Stratregr：The Logjc of War and Peace

战略家/周永录著.—武汉：长江文艺出版社，1990.8.—312页；32开.—ISBN 7-5354-0366-2：3.50元

信息战/沈伟光著.—杭州：浙江大学出版社，1990.3.—260页；大32开.—ISBN 7-308-00272-1：3.50元

核战略的演变/（英）弗里德曼（Freedman，L.）著；黄钟青译.—北京：中国社会科学出版社，1990.10.—495页；大32开.—（军事学系列书）.ISBN 7-5004-0703-3：7.80元

书名原文：The Evolution of Nuclear Strategy

本书详尽地评述了核武器问世以来美国、苏联、英国、法国和我国核战略思想产生和发展的背景和依据。

海洋世纪的冲击/张召忠著.—北京：中信出版社，1990.8.—211页；大32开.—（21世纪中国与世界丛书/王建新，常永青主编）.—ISBN 7-80073-021-2：3.70元

E82　战役学

空中战役：作战计划的制定/（美）沃登（Wardenll，J.A.）著；陆佑珊等译.—北京：国防大学出版社，1990.8.—252页：照片；32开.—ISBN 7-5626-0238-7：3.30元

空舰战/毛正公，李杰著.—北京：海洋出版社，1990.10.—223页；32开.—ISBN 7-5027-1181-3：3.80元

战役学基础/孙继章编著.—北京：国防大学出版社，1990.9.—430页；32开.—ISBN 7-5626-0247-6：5.25元

略论以劣胜优/尚金锁著.—北京：解放军出版社，1990.4.—238页；32开.—（军事理论读物）.ISBN 7-5065-1258-0：3.20元

E83　战术学

传统战法/河北省军区《传统战法》编写组编.—北

京：军事科学出版社，1990.10.—172页；32开.（国防后备力量建设研究丛书）.—ISBN 7-80021-286-6：2.90元

现代闪击战/郭胜伟编著.—北京：国防大学出版社，1990.2.—301页；32开.—ISBN 7-5626-0184-4：3.80元

E86　非常规战争

太空军事化：美国"星球大战"计划剖析/李仲伯，张国友主编.—长沙：国防科技大学出版社，1990.12.—400页；32开.—ISBN 7-81024-134-6：6.95元

日本的"星球大战"战略/（日）杉山彻宗著；胡立品，柳真译.—北京：解放军出版社，1990.2.167页；32开.—ISBN 7-5065-0889-3：3.15元

火与冰——核冬天/（英）罗文—罗宾森（Rowan Robinson，M.）著；江凌飞等译.—北京：中国人民大学出版社，1990.3.—121页；32开.—ISBN 7-300-00781-8：1.85元

书名原文：Fire and Ice：The Nuclear Winter

E89　古代兵法、战法

中外战争机智奇观/胡清俊编著.—郑州：海燕出版社，1990.12.—293页；32开.—ISBN 7-5350-0532-9：2.65元

E892　中国古代兵法、战法

中国兵书通览/许保林著.—北京：解放军出版社，1990.10.—694页；书影；大32开.—ISBN 7-5065-1438-9（精装）：15.50元

本书分"总论"、"分论"、"现存兵书简目"三编。系统论述了兵书的起源、发展、分类、数量、价值及流传；详细介绍了近100种有影响的兵书。

中国兵书集成　第10～11册：武经七书直解　一、二/《中国兵书集成》编委会编.—影印本.—北京：解放军出版社；沈阳：辽沈书社，1990.4.—2册（1404页）；大32开.—ISBN 7-5065-1242-4（精装）：59.00元

中国兵书集成　第12册：孙子书校解引类、孙子参同/《中国兵书集成》编委会编.—影印本.—北京：解放军出版社；沈阳：辽沈书社，1990.12.1045页；大32开.—ISBN 7-5065-1564-4（精装）：37.00元

中国兵书集成　第15～16册：筹海图编、海防图论/《中国兵书集成》编委会编.—影印本.—北京：解放军出版社；沈阳：辽沈书社，1990.10.—2册（1410页）；大32开.—ISBN 7-80507-066-0（精装）：68.00元

中国兵书集成　第20～24册：登坛必究/《中国兵书集成》编委会编.—影印本.—北京：解放军出版社；沈阳：辽沈书社，1990.2.—5册（5174页）；大32开.—ISBN 7-80507-047-4（精装）：175.00元

本书据明万历刻本影印。

中国兵书集成　第44～45册/《中国兵书集成》编委会编.—影印本.—北京：解放军出版社；沈阳：辽沈书社，1990.12.—2册（1482页）；大32开.ISBN 7-5065-1666-7（精装）：70.00元

古今韬略——三十六计及续编/李铁编著.—北京：气象出版社，1990.4.—186页；32开.—ISBN 7-5029-0356-9：3.20元

本书结合古今中外军事、外交、情报等方面的具体实例，探讨古代兵法三十六计的形成思想和运用，并在原来的基础上，补充了新三十六计。

四库兵家类丛书　（一）/（周）孙武等撰.—影印本.—上海：上海古籍出版社，1990.10.—966页；32开.—ISBN 7-5325-0875-7（精装）：14.90元

本册包括：《握奇经》、《六韬》、《孙子》、《吴子》《司马法》、《尉缭子》、《黄石公三略》、《三略直解》、《黄石公素书》、《李卫公问对》、《太白阴经》和《武经总要》。

四库兵家类丛书　（二）/（宋）许洞等撰.—影印本.—上海：上海古籍出版社，1990.10.—726页；32开.—ISBN 7-5325-0876-5（精装）：11.90元

本册包括：《虎钤经》、《何博士备论》、《守城录》、《武编》和《阵纪》。

四库兵家类丛书　（三）/（明）郑若曾，戚继光撰.—影印本.—上海：上海古籍出版社，1990.10.—384页；32开.—ISBN 7-5325-0877-3（精装）：13.90元

本册包括：江南纪略/郑若曾撰·纪效新书首卷·练兵实纪·练兵杂纪/戚继光撰。

三十六计：以易解计/张小梅编著.—上海：同济大学出版社，1990.6.—229页；大32开.—ISBN 7-5608-0348-2：3.20元

千古奇谋三十六/（日）大桥武夫解说；陶光毅等译编.—西安：三秦出版社，1990.12.—191页；32开.—ISBN 7-80546-291-7：3.00元

白话孙子兵法/（清）孙星衍撰.—影印本.—天津：天津市古籍书店，1990.6.—390页；32开.3.95元

封面、书脊、版权页题名为：白话译解孙子兵法

白话孙子兵法读本/刘伶主编.—沈阳：白山出版社，1990.12.—331页；32开.—ISBN 7-80566-170-7：4.00元

齐孙子兵法解/李京撰.—北京：中国书店，1990.8.—240页；32开.—ISBN 7-80568-176-7：4.00元

本书对近年新出土的，失传两千年之久的古代兵书名著《齐孙子兵法》作了较为全面的补编和注释。

守城录注译/（南宋）陈规，汤璹著；林正才注译.—北京：解放军出版社，1990.11.—185页；大32开.—ISBN 7-5065-1420-6（精装）：6.60元

守城录注释/（南宋）陈规，汤璹著；林正才注释.—北京：解放军出版社，1990.11.—185页；大32开.—ISBN 7-5065-1429-2：4.60元

《守城录》是一本著名的古代兵书。全书共四卷，论述了古代城郭守御的有关问题，并列举了一些著名守城战例。并在每卷之首加了提要，还加附了41幅插图。

孙子校释：汉、英、法、俄、日、意六文对照/吴九龙主编；杨炳安等编.—北京：军事科学出版社，1990.9.—438页；大32开.—（孙子兵法大全系列丛书/谢国良主编）.—ISBN 7-80021-257-2：6.80元

孙子校释：汉、英、法、俄、日、意六文对照/吴九龙主编；杨炳安等编.—北京：军事科学出版社，1990.9.—438页；大32开.—（孙子兵法大全系列丛书/谢国良主编）.—ISBN 7-80021-258-0（精装）：8.90元

孙子新探：中外学者论孙子.—北京：解放军出版社，1990.2.—418页；彩照；32开.—ISBN 7-5065-1223-8：7.00元

本书所收的是《孙子兵法》首届国际学术讨论会的论文集。

李靖兵法辑本注译/邓泽宗编著.—北京：解放军出版社，1990.6.—230页；大32开.—（中国古代兵法译丛）.—ISBN 7-5065-1347-1：4.50元

何博士备论注译/（宋）何去非著；冯东礼注释.—北京：解放军出版社，1990.10.—274页；大32开.—（中国古代兵法译丛）.—ISBN 7-5065-1416-8：5.70元

本书主要采用留香书室刊刻的《浦城遗书》本注释。

兵镜类编/（清）李蕊著.—影印本.—扬州：江苏广陵古籍刻印社，1990.10.—16册（2函）；20开.—（线装）：195.00元

本书据光绪刊本影印。

握奇经/（　）风后撰；（汉）公孙弘解；（周）马隆述赞.—影印本.—上海：上海古籍出版社，1990.9.—1册；大32开.—（诸子百家丛书）.—ISBN 7-5325-0809-9：1.45元

本书与“《六韬》/（周）吕望撰·《司马法》/（周）司马穰苴撰·《吴子》/（周）吴起撰·《尉缭子》/（周）尉缭撰”合订。

蒙古兵学研究：兼论成吉思汗用兵之谜/达林太著.—北京：军事科学出版社，1990.5.—282页；大32开.—ISBN 7-80021-223-8：4.60元

E9　军事技术

军事仿生谈/鲍中行著.—北京：国防大学出版社，1990.4.—308页；32开.—ISBN 7-5626-0218-2：3.90元

军事技术论/刘戟锋著.—北京：兵器工业出版社，1990.1.—219页；32开.—ISBN 7-80038-241-9：5.60元

军事技术论纲要/郭世贞著.—北京：解放军出版社，1990.12.—336页；32开.—（军事理论读物）.—ISBN 7-5065-1466-4：4.30元

本书介绍了军事技术论创立的历史背景和军事技术发展的历史与现状，特别着重论述了军事技术的性质、分类、功能和体系结构，军事技术发展的基本形式、途径、特点和内在规律，军事技术与战争的关系和未来发展的趋势等。

现代军事技术知识手册/许忠敬主编.—北京：军事科学出版社，1990.2.—479页；大32开.—ISBN 7-80021-202-5：3.00元

晋冀豫根据地/吴东才主编.—北京：兵器工业出版社，1990.4.—416页；大32开.—（革命根据地军工史料丛书）.—ISBN 7-80038-176-5：7.00元

本书主要内容是抗日战争时期晋冀豫根据地的兵器工业史料。全书分为：综述、文献、回忆录、主要工厂简史、人物录、大事记和附录等7个部分。

高技术与现代战争/别拓仑主编.—北京：科学普及出版社，1990.12.—275页；32开.—ISBN 7-110-01634-X：7.00元

装备维修质量控制学/李明军等编.—成都：西南财经大学出版社，1990.12.—321页；32开.—ISBN 7-81017-271-9：5.00元

E92　武器、军用器材

少年国防知识画库/樊东杰撰文.—南宁：广西教育出版社，1990.7.—1册；24开.—ISBN 7-5435-0915-6：5.00元

中外兵器大观/朱永来等编写.—北京：蓝天出版社，1990.10.—172页；插图；32开.—ISBN 7-80081-146-3：3.80元

本书介绍了古今中外兵器的研制、发展、构造、性能、特点与趣闻。

世界兵器之最/陈建国编.—北京：解放军出版社，1990.6.—163页；32开.—ISBN 7-5065-1274-2：2.70元

世界兵器博览词典/房立中主编.—北京：学苑出版社，1990.6.—387页；16开.—ISBN 7-80060-377-8（精装）：22.00元

现代兵器：〔图集〕/陈正明绘.—太原：山西人民出版社，1990.10.—128页；大32开.—ISBN 7-203-01741-9：5.50元

本图集为世界各国的飞机、坦克、机枪、火箭炮、舰艇等的图形及简要介绍。

武器世界　上册/王洪，肖智吟编著.—石家庄：

河北教育出版社，1990.12.—137页；32开.—（小博士文库）.—ISBN 7-5434-0843-0：2.05元

武器奇谈/方禹编著.—北京：知识出版社，1990.5.—137页；32开—（金色童年书库/马光复主编）.—ISBN 7-5015-0410-5：1.60元

英汉汉英轻武器术语词典/刘学昌等编.—北京：国防工业出版社，1990.8.—585页；32开.—ISBN 7-118-00709-9（精装）：12.50元

超级武器揭密/焦国力著.—北京：中国国际广播出版社，1990.12.—142页；32开.—（奇妙世界丛书/晓蓓，晓理主编）.—ISBN 7-30035-628-0：2.30元

本书通俗地揭示了诸如隐身飞机、射频武器等40多种超级武器的种种秘密。

E922/939　各种武器

大漠深处：中国原子弹秘闻录/（美）刘易斯（Lewis，J.W），（美）薛里泰（Litai，X.）著；王德裕等译.—北京：国防科技大学出版社，1990.4.—243页；32开.—ISBN 7-81024-109-5：3.45元

书名原文：China Builds and Bomb

自动武器弹药学/高乃同编著.—北京：国防工业出版社，1990.5.—458页；大32开.—ISBN 7-118-00520-7：8.90元

导弹引论/吴文正主编；周慧钟等编著.—北京：国防工业出版社，1990.4.—275页；16开.—航空航天高等院校教材.—ISBN 7-118-00632-7：3.50元

驱逐舰发展史/（英）普雷斯顿（Preston，A.）著；杨璞等译.—北京：国防工业出版社，1990.6.—243页；大32开.—ISBN 7-118-00533-9：4.80元

现代舰载作战系统　下册/戴自立主编.—北京：兵器工业出版社，1990.12.—629页；16开.—ISBN 7-80038-319-9：27.20元

国外冲锋枪/曹鲁烟编译.—北京：国防工业出版社，1990.2.—354页；16开.—ISBN 7-118-00513-4：12.40元

本书收集了国外37个国家200多种冲锋枪和冲锋手枪。每种枪的简介内容包括：武器的研制年代、装备使用情况、结构特点、分解结合和主要战术诸元等，并附有大量的照片。

国外军用飞机性能手册/朱宝鎏主编；尚敬实等编.—北京：国防工业出版社，1990.5.—668页；大32开.—ISBN 7-118-00446-4（精装）：17.00元

本书收录了战斗机、攻击机、轰炸机、教练机、运输机、空中加油机、空中预警机、电子战斗机、侦察机、反潜巡逻机、搜索救援机、观察机、无人机和直升机等14种共518个型别的国外军用飞机的性能。

制导武器/（英）Lee，R.G.等著；周贻奎等译.—北京：兵器工业出版社，1990.2.—220页；32开.—（现代兵器与技术丛书；Ⅶ）.—ISBN 7-80038-160-9：5.00元

监视和目标探测/（英）罗杰斯（Rodgers，A.L.）著；毛江东等译.—北京：兵器工业出版社，1990.3.—212页；32开.—（现代兵器与技术丛书；Ⅶ）.—ISBN 7-30038-172-2：5.00元

本书概述了利用各种光电技术进行监视和目标探测的方法。

海上轻骑兵/屈景富，陈书海编著.—北京：海洋出版社，1990.12.—222页；32开.—ISBN 7-5027-0996-7：3.50元

E95/96　军事工程、军事通信

外军电台手册/赵洪等编.—天津：天津科学技术出版社，1990.12.—281页；16开.—ISBN 7-5308-0928-8：11.35元

野战筑城/张海亭，于守诚编著.—北京：解放军出版社，1990.2.—133页；32开.—（军事科技知识普及丛书）.—ISBN 7-5065-1154-1：1.80元

本书介绍了筑城的悠久历史，及其在战争中的巨大作用，各种野战工事的构筑方法和野战筑城的发展方向。

E99　军事地形学、军事地理学

军事地形学/（苏）贝佐夫（Бызов，Б.Е.）主编；普萨列夫等著；朱润泉译.—北京：解放军出版社，1990.2.—411页；大32开.—ISBN 7-5065-1073-1：7.00元

书名原文：Военная топография

本书内容包括地形及其对部队战斗行动的影响、地形图和航摄像片。

战略地理论/陈力著.—北京：解放军出版社，1990.6.—348页；大32开.—ISBN 7-5065-1429-X：5.90元

战略地理学概论/雷杰著.—北京：解放军出版社，1990.11.—152页；32开.—ISBN 7-5065-1414-1：2.40元

新四军华东军区华东野战军测绘简史/江苏省测绘局编；章牧主编.—武汉：中国地质大学出版社，1990.5.—426页；大32开.—ISBN 7-5625-0431-8：9.50元

本书共分3部分：第1部分为新四军、华东军区与华东野战军测绘史；第2部分为革命回忆录；第3部分为附录，包括记实、照片、图件、日记等史料。

F 经　　济

人间生意通览：经济学趣谈/张载伦，丁家祧主编.—北京：农村读物出版社，1990.3.—360页；32开.—（社会人生书系）.—ISBN 7-5048-0984-5：4.30元

千虑之得：佐牧经济论文集/佐牧著.—北京：中国国际广播出版社，1990.2.—386页；32开.—ISBN 7-80035-360-5：5.30元

本书涉及所有制改革、企业制度改革和城市土地管理制度改革等，对我国改革和发展的实践有过相当的影响。

日常经济生活顾问/盛慕杰主编.—上海：上海辞书出版社，1990.12.—443页；32开.—ISBN 7-5326-0124-2：8.00元

中央电大经济学习丛书/中央电大经济学习丛书编辑室编.—北京：中央广播电视大学出版社，1990.2.—96页；16开.—八八级学生用书（一）.—ISBN 7-304-00526-2：2.20元

中央电大经济学习丛书/中央电大经济学习丛书编辑室编.—北京：中央广播电视大学出版社，1990.3.96页；16开.—八八级学生用书（二）.—ISBN 7-304-00529-7：2.20元

中央电大经济学习丛书/中央电大经济学习丛书编辑室编.—北京：中央广播电视大学出版社，1990.7.—96页；16开.—八八级学生用书（四）.—ISBN 7-304-00563-7：2.20元

中央电大经济学习丛书/中央电大经济学习丛书编辑室编.—北京：中央广播电视大学出版社，1990.9.—96页；16开.—八八级学生用书（五）.—ISBN 7-304-00565-3：2.20元

电大课程习题集/电大习题编写组编.—北京：学苑出版社，1990.10.—333页；32开.—经济类八八级用书.—ISBN 7-5077-0222-7：4.00元

电大课程习题集/电大习题编写组编.—北京：学苑出版社，1990.10.—222页；32开.—经济类九〇级用书.—ISBN 7-5077—0253-7：3.00元

外国财经教育发展状况：世界银行第二期中国大学发展项目/外国专家顾问组，中国专家咨询委员会编.—厦门：厦门大学出版社，1990.1.—269页；大32开.—ISBN 7-5615-0251-6

汉英技术经济分类词汇/仇道仁主编.—北京：中国经济出版社，1990.10.—411页；32开.—ISBN 7-5017-0744-8（精装）：15.00元

汉英经济词典/王国梁主编.—北京：石油工业出版社，1990.3.—1250页；大32开.—ISBN 7-5021-0331-7（精装）：16.00元

本词典收集了工、农、商业经济、金融、保险、财政、税务、会计、计划、外贸等20多个专业近70000条词汇。

当代经济新术语/张素秋，吕宝海主编.—北京：中国财政经济出版社，1990.6.—423页；32开.ISBN 7-5005-1003-9：5.50元

孙孺经济论文选/广东省社会科学院《孙孺经济论文选》编辑部编.—广州：中山大学出版社，1990.6.451页；大32开.—ISBN 7-306-00261-9：7.40元

本书收入作者40多年所写的有关经济学方面的论文51篇。

财经大辞典　上卷/何盛明主编.—北京：中国财政经济出版社，1990.11.—1181页；16开.—ISBN 7-5005-1017-9（精装）：53.00元

财经大辞典　下卷/何盛明主编.—北京：中国财政经济出版社，1990.12.—1184～2316页；16开.ISBN 7-5005-1018-7（精装）：45.00元

现代经济简明辞典/蔺子荣主编.—济南：山东大学出版社，1990.12.—421页；32开.—ISBN 7-5607-0426-3（精装）：8.30元

青年经济常识手册/程家彬等主编.—南京：江苏人民出版社，1990.12.—165页；32开.—（青年政治学习之友丛书；第二分册）.—ISBN 7-214-00614-6：1.95元

英汉经济与管理大词典/刘焕德，周立华主编.北京：电子工业出版社，1990.8.—1460页；32开.—ISBN 7-5053-0436-4（精装）：39.50元

经济工作知识手册/《经济工作知识手册》编委会编.—武汉：武汉工业大学出版社，1990.1.—595页；16开.—ISBN 7-5629-0328-X（精装）：18.50元

经济大辞典：计划卷/刘国光主编.—上海：上海辞书出版社，1990.8.—859页；32开.—ISBN 7-5326-0118-8（精装）：22.00元

经济大辞典：对外经济贸易卷/石林主编.—上海：上海辞书出版社，1990.8.—596页；32开.ISBN 7-5326-0098-X（精装）：16.00元

经济大辞典：数量经济学卷/乌家培主编.—上海：上海辞书出版社，1990.10.—492页；32开.—ISBN 7-5326-0098-8（精装）：16.00元

经济师知识手册/王时杰等主编.—北京：经济管理

出版社，1990.9.—1091页；大32开.—ISBN 7-80025-320-1(精装)：25.00元

经济论丛/杭州大学经济研究室主编.—杭州：杭州大学出版社，1990.11.—282页；大32开.—ISBN 7-81035-054-4：4.20元

本论文集内容涉及宏观经济和经济改革、企业管理与市场营销、数量经济、经济思想史等研究领域。

经济词语辨析与规范/孙绪森著.—哈尔滨：黑龙江科学技术出版社，1990.7.—152页；32开.—ISBN 7-5388-1233-4：3.20元

经济学趣谈/蒋自强主编.—上海：上海人民出版社，1990.6.—322页；32开.—ISBN 7-208-00372-6：5.10元

经济常识纵横读/赵惠锁编著.—石家庄：河北人民出版社，1990.5.—98页；32开.—ISBN 7-202-00666-9：1.25元

南开经济研究所年刊：1989～1990/《南开经济研究所年刊》编委会编.—天津：南开大学出版社，1990.12.—336页；大32开.—ISBN 7-310-00361-6：5.90元

总经济师工作探索/胡介埙主编.—杭州：浙江大学出版社，1990.6.—417页；32开.—(总经济师论文集；2).—ISBN 7-308-00557-7：3.50元

续10新经济学科/张仲礼主编.—重庆：重庆出版社，1990.9.—773页；大32开.—ISBN 7-5366-1179-X：9.80元

最新经济用语词典/周彦文主编.—北京：经济科学出版社，1990.8.—252页；大32开.—ISBN 7-5058-0338-7：4.40元

简明西方经济学辞典/郝万禄，刘智勇主编.—北京：中国国际广播出版社，1990.3.—278页；32开.—ISBN 7-80035-267-6：4.90元

全书收词800余条。

新编简明经济学辞典/吴振坤主编.—天津：天津人民出版社，1990.11.—741页；32开.—ISBN 7-201-00435-2(精装)：14.90元

F0　政治经济学

广义经济学原理：政治经济学改革/韩宗琪编著.—北京：中国展望出版社，1990.3.—249页；32开.—ISBN 7-5050-0611-3：3.50元

马克思主义政治经济学/谭乃彰著.—成都：四川人民出版社，1990.6.—402页；32开.—新时期干部理论教育读本.—ISBN 7-220-01023-0：4.15元

马克思主义政治经济学名著概说/王元璋主编.桂林：广西师范大学出版社，1990.12.—352页；32开.—ISBN 7-5633-1019-3：3.90元

马克思主义政治经济学原理/袁光木，朱达海编著.—武汉：武汉测绘科技大学出版社，1990.9.394页；32开.—ISBN 7-81030-054-7：4.10元

马克思主义政治经济学教程/王怀阳主编.—北京：经济管理出版社，1990.7.—385页；大32开.ISBN 7-80025-349-X：5.20元

西方经济学/范家骧，高天虹著.—长春：吉林人民出版社，1990.8.—3册(612，385，319页)；大32开.—高等院校文科教材.—ISBN 7-206-00843-7：17.70元

西方经济学/高鸿业主编.—成都：四川人民出版社，1990.8.—170页；32开.—高等学校财经类专业核心课程教学大纲.—ISBN 7-220-00985-2：1.92元

西方经济学简明教程/王国乡等编著.—北京：中国人民大学出版社，1990.5.—281页；大32开.ISBN 7-300-00904-2：3.40元

本书系统全面阐述了西方经济学有关价值、价格、生产、交换、分配和消费的理论，以及国民收入均衡需求管理、经济周期与经济增长等基本理论。

当代西方经济学概论/黄志贤等编著.—厦门：厦门大学出版社，1990.1.—396页；32开.—ISBN 7-5615-0255-9：4.60元

现代西方经济学　下册/高鸿业，吴易风编.—北京：经济科学出版社，1990.7.—360页；大32开.国家教委高等院校文科教材.—ISBN 7-5058-0326-3：2.70元

经济社会学/肖永年著.—北京：中国经济出版社，1990.12.—233页；大32开.—ISBN 7-5017-1160-7：4.20元

经济学为什么还不是一门科学/(美)艾克纳(Eichner，A.S.)主编；苏通等译.—北京：北京大学出版社，1990.9.—213页；大32开.—ISBN 7-301-01134-2：3.35元

* 书名原文：Why Economics is Not yet a Sciemce

本书从经济学的科学标准、方法基础、制度等级、工具运用、意识形态、理论兴衰、革命规律等一系列不同角度，阐明了经济学在当前的全面危机。

经济学的三个世界/(美)雷诺兹(Reynolds，L.G.)著；朱泱等译.—北京：商务印书馆，1990.7.—295页；大32开.—ISBN 7-100-00691-0：3.45元

经济学教程/潘振民著.—上海：三联书店上海分店，1990.5.—231页；大32开.—(当代经济学系列丛书·当代经济学教学参考书系).—ISBN 7-5426-0302-7：6.30元

政治经济学/白大海等编写.—沈阳：辽宁科学技术出版社，1990.6.—103页；32开.—(中国农业银行中专自学考试指导丛书/宝贵良主编).—ISBN 7-5381-0935-8：1.60元

政治经济学/刘拖明，崔景俭编著.—北京：中国城市经济社会出版社，1990.5.—433页；32开.—ISBN 7-5074-0411-0：4.90元

政治经济学/孙长山，毛树礼主编.—长春：吉林大学出版社，1990.5.—272页；32开.—ISBN 7-5601-0488-6：3.30元

政治经济学/李万春等主编.—大连：大连海运学院出版社，1990.4.—367页；32开.—ISBN 7-5632-0199-8：3.90元

政治经济学/张俊华，杜东悦主编.—沈阳：辽宁人民出版社，1990.8.—405页；大32开.—ISBN 7-205-01557-X：5.70元

政治经济学/俞鸿伯主编.—西安：陕西人民出版社，1990.7.—346页；大32开.—成人高等教育《专业证书》班系列试用教材.—ISBN 7-224-01393-5：4.80元

政治经济学/贾汝华，李邀主编.—北京：中国财政经济出版社，1990.2.—404页；32开.—ISBN 7-5005-0984-7：4.70元

政治经济学：资本主义部分/王元璋主编.—北京：北京师范大学出版社，1990.3.—267页；大32开.全国高等师范专科学校教材.—ISBN 7-303-00852-7：2.00元

政治经济学：资本主义部分/王吉明，周玉衡主编.—北京：北京出版社，1990.7.—239页；32开.ISBN 7-200-01178-9：2.95元

政治经济学（上）：资本主义部分/北京市财会学校编；旗九定，张振功主编.—哈尔滨：黑龙江科学技术出版社，1990.8.—390页；32开.—ISBN 7-5388-1253-9：5.90元

政治经济学：资本主义部分/田戈，周训太编著.太原：山西经济出版社，1990.8.—325页；32开.ISBN 7-80577-040-9：4.50元

政治经济学：资本主义部分/杨福贵，卢金传主编.—长春：吉林大学出版社，1990.5.—286页；32开.—ISBN 7-5601-0489-4：3.50元

政治经济学：资本主义部分/邱锡洪，李诚春主编.—福州：福建人民出版社，1990.5.—209页；32开.—ISBN 7-211-01250-1：1.90元

政治经济学：资本主义部分/陈征主编.—北京：高等教育出版社，1990.9.—357页；大32开.ISBN 7-04-003077-2：2.45元

政治经济学：资本主义部分/程恩主编.—北京：海洋出版社，1990.8.—321页；32开.—ISBN 7-5027-1230-5：4.60元

政治经济学：资本主义部分/郭清海等主编.—北京：中国商业出版社，1990.3.—233页；32开.ISBN 7-5044-0578-7：2.95元

政治经济学：社会主义部分/王元璋主编.—北京：北京师范大学出版社，1990.12.—280页；大32开.—全国高等师范专科学校教材.—ISBN 7-303-01042-4：2.00元

政治经济学：社会主义部分/王书相，黄思谦主编.—北京：高等教育出版社，1990.9.—333页；大32开.—ISBN 7-04-003120-5：2.65元

政治经济学：社会主义部分/卢金传，杨福贵主编.—长春：吉林大学出版社，1990.7.—304页；32开.—ISBN 7-5601-0542-4：3.50元

政治经济学：社会主义部分/李裕宜主编.—天津：天津教育出版社，1990.11.—312页；大32开.—全国电大经济类.—ISBN 7-5309-1048-5（精装）：4.00元

政治经济学：社会主义部分/张品修主编.—合肥：安徽人民出版社，1990.5.—326页；大32开.ISBN 7-212-00390-5：4.40元

政治经济学：社会主义部分/陈德华主编.—北京：北京大学出版社，1990.9.—315页；大32开.—ISBN 7-301-01254-3：2.60元

政治经济学：社会主义部分/林立凯，林自新主编.—福州：福建人民出版社，1990.11.—238页；32开.—ISBN 7-211-01399-0：2.10元

政治经济学：社会主义部分/郭清海，马振东主编.—北京：中国商业出版社，1990.10.—222页；32开.—ISBN 7-5044-0578-7：2.95元

政治经济学习题指南/吕广厚主编.—2版.—大连：东北财经大学出版社，1990.10.—369页；32开.成人教育系列教材.—ISBN 7-81005-129-6：5.20元
本书1988年6月第1版。

《政治经济学》习题集/王一鸣主编.—北京：经济科学出版社，1990.6.—192页；32开.—（中等专业学校政治教材习题丛书/方铁政，高晧主编）.ISBN 7-5058-0341-7：2.00元

政治经济学自学考试辅导与练习：公共课/覃德平编著.—南宁：广西人民出版社，1990.8.—268页；32开.—ISBN 7-219-01607-7：3.50元

《政治经济学》自学指导/张恩祥主编.—成都：西南财经大学出版社，1990.3.—113页；32开.ISBN 7-81017-229-8：1.30元

政治经济学自学辅导/刘厚福主编.—昆明：云南人民出版社，1990.9.—370页；32开.—ISBN 7-222-00667-2：4.80元

政治经济学名词术语/松迪等主编.—呼和浩特：内蒙古教育出版社，1990.2.—754页；32开.—（汉蒙对照名词术语丛书）.—ISBN 7-5311-1072-5：7.50元

政治经济学应试题解/赵宏毅主编.—沈阳：沈阳出版社，1990.3.—274页；32开.—ISBN 7-80556-393-4：2.85元

政治经济学范畴辨析/江河编著.—杭州：浙江大学出版社，1990.12.—290页；32开.—ISBN 7-308-00649-2：4.75元

政治经济学试题集/刘远，戴尔真主编.—北京：北京经济学院出版社，1990.3.—184页；32开.ISBN 7-5638-0204-5：3.10元

政治经济学复习题解/阮方确，梁坚主编.—海口：南海出版公司，1990.9.—213页；32开.—ISBN 7-80570-343-4：2.40元

政治经济学选择题指导与练习/徐昌等编.—哈尔滨：哈尔滨工业大学出版社，1990.12.—153页；32开.—ISBN 7-5603-0330-7：2.60元

政治经济学原理/王广信主编.—北京：中国人事出版社，1990.9.—402页；32开.—ISBN 7-80076-029-4：5.00元

政治经济学原理/孙诚等编.—西安：陕西人民出版社，1990.10.—395页；32开.—（财会人员培训丛书）.—ISBN 7-224-01318-8：5.90元

政治经济学原理自学考试指导/顾学荣主编；王长富等编写.—北京：经济科学出版社，1990.6.—404页；32开.—全国高等教育自学考试经济管理类专业.—ISBN 7-5058-0354-9：4.80元

政治经济学原理自学考试辅导与练习：财经类/唐友松，朱叙培编.—南宁：广西人民出版社，1990.7.—298页；32开.—ISBN 7-219-01605-0：3.50元

政治经济学教与学指导书/昝淑琴等编写.—济南：济南出版社，1990.6.—193页；32开.—职工中等专业学校教材.—ISBN 7-80572-201-3：2.00元

政治经济学教范/张炳光主编.—福州：福建教育出版社，1990.7.—417页；大32开.—ISBN 7-5334-0736-9：4.80元

政治经济学（上册）教学参考书/王一鸣主编.—上海：上海教育出版社，1990.12.—163页；32开.—中等专业学校教材　供财经政法类专业用.—ISBN 7-5320-2075-4：1.25元

政治经济学教科书/卫兴华主编.—北京：中国人民大学出版社，1990.2.—506页；大32开.—ISBN 7-300-00790-2：5.50元

政治经济学教科书：资本主义部分/蔡钤，李文哲主编.—长春：吉林大学出版社，1990.9.—459页；大32开.—ISBN 7-5601-0601-3：7.60元

政治经济学教程/宋涛主编.—3版.—北京：中国人民大学出版社，1990.7.—495页；大32开.ISBN 7-300-00863-1：5.55元

政治经济学教程/龚士其主编.—修订本.—北京：中共中央党校出版社，1990.9.—569页；大32开.ISBN 7-5035-0327-0：7.15元

政治经济学教程/葛局成等主编.—北京：经济管理出版社，1990.1.—394页；大32开.—ISBN 7-80025-278-7：4.50元

政治经济学教程：社会主义部分/汪继福，刘杰主编.—长春：吉林教育出版社，1990.4.—290页；32开.—ISBN 7-5383-0974-8：3.00元

政治经济学教程：资本主义部分/蒋明克主编.—长春：吉林大学出版社，1990.6.—308页；32开.ISBN 7-5601-0529-7：3.70元

政治经济学教程：社会主义部分/蒋明克主编.—长春：吉林大学出版社，1990.6.—308页；32开.ISBN 7-5601-0550-5：3.70元

政治经济学辅导：社会主义部分/王书相，黄思谦主编.—北京：高等教育出版社，1990.10.—238页；大32开.—ISBN 7-04-003119-1：1.90元

政治经济学辅导：资本主义部分/陈征主编.—北京：高等教育出版社，1990.9.—227页；大32开.卫星电视教育中学教师培训教材　政治教育专业用书.—ISBN 7-04-003118-3：1.85元

政治经济学《辅导与练习》　上集/杨建栋等主编.—北京：中国商业出版社，1990.6.—217页；32开.—ISBN 7-5044-0666-X：2.43元

政治经济学《辅导与练习》　下集/杨建栋等主编.—北京：中国商业出版社，1990.12.—211页；32开.—ISBN 7-5044-0889-1：2.50元

政治经济学综合练习/丁铨玉，尹家仁编.—青岛：青岛海洋大学出版社，1990.8.—167页；16开.—成人中等专业学校教材.—ISBN 7-81026-068-5：2.35元

政治经济学综论/郑继典，李锐编著.—北京：北京工业大学出版社，1990.8.—362页；32开.—ISBN 7-5639-0115-9：4.20元

政治经济学释疑/朱舜，尹才忠主编.—成都：西南交通大学出版社，1990.11.—263页；32开.ISBN 7-81022-213-9：2.95元

政治经济学概论/吴世泰主编.—成都：四川人民出版社，1990.12.—371页；32开.—ISBN 7-220-01162-8：3.80元

政治经济学概论/陈懋功主编.—沈阳：辽宁人民出版社，1990.5.—453页；32开.—ISBN 7-205-1433-6：4.80元

政治经济学简明教材/韩炳耀，周志家主编.—哈尔滨：黑龙江人民出版社，1990.9.—403页；32开.ISBN 7-207-01669-7：5.70元

政治经济学简明教材学习指导书：成人高校版/农烈，吴文远主编.—广州：广东高等教育出版社，1990.3.—195页；32开.—ISBN 7-5361-0454-5：2.80元

政治经济学简明教程/任廷祚等主编.—沈阳：辽宁大学出版社，1990.6.—464页；大32开.—高等学校教材.—ISBN 7-5610-0896-1：5.80元

政治经济学简明教程/李华杰等主编.—2版.—广

州：广东高等教育出版社，1990.3.—471页；32开. ISBN 7-5361-0444-8：5.90元

本书1988年9月第1版。

政治经济学简明教程/郭庠林等主编.—上海：复旦大学出版社，1989.9.—418页；32开.—ISBN 7-309-00369-1：4.50元

政治经济学解疑/李万春，朱维芬主编.—大连：大连理工大学出版社，1990.12.—261页；32开. ISBN 7-5611-0352-2：3.60元

政治经济学新编/刘炳瑛主编.—修订本.—北京：中共中央党校出版社，1990.8.—406页；大32开. ISBN 7-5035-0159-6：5.35元

本书1988年1月求实出版社初版。

政治经济学新编：资本主义部分/曹献荣主编.—海口：三环出版社，1990.7.—310页；大32开.—ISBN 7-80564-141-2：4.20元

政治经济学题库及题解/陈圣安编著.—北京：经济管理出版社，1990.2.—294页；32开.—ISBN 7-80025-283-3：3.20元

政治经济常识学习精萃/王俊栓等编.—西安：陕西人民出版社，1990.12.—101页；32开.—ISBN 7-224-01586-5：1.25元

新编政治经济学/陈铭书，赵中社主编.—郑州：河南人民出版社，1990.6.—575页；大32开.—ISBN 7-215-01015-5：6.95元

新编政治经济学教程/邓海潮，张恒云主编.—北京：海潮出版社，1990.10.—495页；32开.—ISBN 7-80054-186-X：5.45元

新编政治经济学题解/杨井泉主编.—沈阳：辽宁大学出版社，1990.8.—232页；32开.—ISBN 7-5610-1002-8：3.40元

F011　政治经济学方法论

比较经济学：发展·体制·政策/刘伟，杨云龙著.—北京：中国财政经济出版社，1990.12.—454页；大32开.—ISBN 7-5005-1145-0：6.50元

比较经济学/荣敬本，刘吉瑞著.—沈阳：辽宁人民出版社，1990.8.—352页；32开.—（经济学新学科系列著作/于光远主编）.—ISBN 7-205-01391-7：5.00元

动态经济学：方法与模型/龚德恩等编译.—北京：中国人民大学出版社，1990.9.—358页；大32开. ISBN 7-300-00736-8：5.30元

现代三大经济理论体系的比较与综合/樊纲著.—上海：上海三联书店，1990.5.—315页；照片；大32开.—（当代经济学系列丛书·当代经济学文库/陈昕主编）.—ISBN 7-5426-0288-8：9.00元

经济学方法论/（英）布劳格（Blaug，M.）著；黎明星等译.—北京：北京大学出版社，1990.2. 335页；大32开.—ISBN 7-301-01091-5：4.80元

书名原文：The Methodology of Economics or How Economists Explain

本书展示了西方经济学方法论的哲学基础，概述了西方经济学方法论的历史演变与发展，剖析了作为当代西方经济学主体的新古典研究框架的方法论特征。

F014　经济范畴

马克思的生产劳动理论：当代两种国民经济核算体系（MPS和SNA）和我国统计制度改革问题/骆耕漠著.—北京：经济科学出版社，1990.12.—425页；大32开.—ISBN 7-5058-0366-2：6.50元

F014.1　生产力、生产关系

生产力发展之国际比较/王慎之，刘国兴著.—哈尔滨：黑龙江人民出版社，1990.12.—340页；大32开.—ISBN 7-201-01471-6：6.30元

生产力经济学概论/周学曾主编；王晓峰等编写. 太原：山西人民出版社，1990.6—294页；32开. ISBN 7-203-01730-3：2.80元

生产力经济理论研究与应用/罗宗，张文香主编. 北京：中国广播电视出版社，1990.9.—313页；大32开.—ISBN 7-5043-0730-0：6.50元

本书是上海市经济学会生产力经济学研究会成立10周年的论文集。

生产要素流动与优化组合/张浩主编.—哈尔滨：黑龙江人民出版社，1990.7.—242页；大32开. ISBN 7-207-01617-4：5.90元

本书阐述了生产要素流动与优化组合的基本原理、主要经验及基本操作方法和程序问题。

协作生产力论/王道义著.—长沙：湖南出版社，1990.10.—243页；32开.—ISBN 7-5438-0029-2：3.50元

关于生产力标准问题的研究/萧兵等主编.—桂林：广西师范大学出版社，1990.1.—318页；32开. ISBN 7-5633-0687-0：3.30元

劳动关系概论/劳动部劳动力管理和就业司组织编写；刘东升等著.—北京：北京师范学院出版社，1990.4.—339页；32开.—（劳动争议处理系列丛书）.—ISBN 7-81014-453-7：3.80元

科学生产力效应理论导论/钟阳胜著.—广州：科学普及出版社广州分社，1990.4.—176页；大32开. ISBN 7-110-01423-1：3.20元

简明生产力经济学/时保棠编著.—北京：科学技术文献出版社，1990.2.—201页；32开.—ISBN 7-5023-0942-X：2.90元

F014.3　商品生产与交换

广义流通论/黎智主编.—北京：中国展望出版社，1990.6.—402页；32开.—ISBN 7-5050-0684-3：5.50元

马克思价值理论研究：对西方经济学界各种观点的评价/杨玉生著.—沈阳：辽宁大学出版社，1990.10.—365页；32开.—ISBN 7-5610-1067-2：5.00元

东西方价格理论/（南）皮亚尼奇（Pianic，Z.）著；张仁德等译.—天津：南开大学出版社，1990.2.—602页；大32开.—ISBN 7-310-00214-8：4.05元

价格学原理/崔世杰主编.—北京：中国商业出版社，1990.3.—300页；32开.—ISBN 7-5044-0577-9：4.00元

价格学概论/孙文库，吴连箦主编.—沈阳：辽宁大学出版社，1990.9.—343页；大32开.—ISBN 7-5610-1055-9：5.20元

价格学概论/胡昌暖主编.—北京：中国人民大学出版社，1990.10.—373页；大32开.—ISBN 7-300-00844-5：5.45元

价格学概论/徐树龙，马丕智主编.—昆明：云南人民出版社，1990.1.—251页；32开.—ISBN 7-222-00558-7：2.50元

价格理论/（美）斯蒂格勒（Stigler，G.J.）著；施仁译.—北京：北京经济学院出版社，1990.12.—380页；大32开.—（诺贝尔经济学奖获奖者著作丛书/贾湛，梁小民主编）.—ISBN 7-5638-0211-8：5.80元

价格理论/（美）斯蒂格勒（Stigler，G.J.）著；施仁译.—北京：北京经济学院出版社，1990.12.—380页；大32开.—（诺贝尔经济学奖获奖者著/贾湛，梁小民主编作丛书）.—ISBN 7-5638-0212-6（精装）：7.60元

书名原文：The Theory of Price

价值问题的论战/（美）斯蒂德曼（Steedman，I）等著；陈东威译.—北京：商务印书馆，1990.8.—285页；大32开.—ISBN 7-100-00770-4：3.30元

书名原文：The Value Controversy

劳动价值的动态定量研究/吴鸿城著.—重庆：重庆出版社，1990.7.—260页；大32开.—ISBN 7-5766-1274-5（精装）：6.20元

F014.5　消费与积累

中外消费结构和食物结构/丁声俊等著.—北京：中国商业出版社，1990.11.—304页；32开.—ISBN 7-5044-0596-5：5.30元

中国消费经济学/文启湘主编.—西安：西北大学出版社，1990.10.—250页；32开.—ISBN 7-5604-0210-0：3.60元

当代中国的消费之谜：困惑与思考/黄苇町，李凡编著.—北京：中国商业出版社，1990.11.—330页；32开.—ISBN 7-5044-0679-1：4.20元

消费经济学/苏志平，张克昕编著.—北京：中国商业出版社，1990.11.—255页；大32开.—（商业经济系列丛书）.—ISBN 7-5044-0770-4：4.50元

消费经济学/（波兰）Z.克拉辛斯基等主编；张惠军译.—北京：经济日报出版社，1990.2.—303页；32开.—ISBN 7-80036-239-6：3.90元

消费理论古今谈/程恩富编著.—北京：经济科学出版社，1990.7.—175页；32开.—（经济知识丛书）.—ISBN 7-5058-0295-X：1.60元

F014.6　社会再生产

产业经济：结构与组织/邓伟根著.—广州：暨南大学出版社，1990.11.—458页；大32开.—ISBN 7-81029-036-3：6.50元

产业经济管理学/刘志彪，王国刚主编.—南京：江苏人民出版社，1990.6.—467页；32开.—ISBN 7-214-00486-0：5.40元

产业结构产业政策研究/钱建耀主编.—天津：天津社会科学院出版社，1990.6.—350页；大32开.ISBN 7-80563-037-2：6.00元

周期波动与结构变动/马建堂著.—长沙：湖南教育出版社，1990.3.—341页；大32开.—（博士论丛/叶秀山主编）.—ISBN 7-5355-1084-1：5.40元

本书对周期波动和结构变动两者之间的关系作了开拓性的研究。

F015　宏观经济学

开放经济下的宏观经济理论/（英）保尔·D·克劳威著；赫明译.—北京：中国金融出版社，1990.4.—361页；32开.—ISBN 7-5049-0487-2：3.80元

书名原文：Macroeconomic Theory for the Open Econory

中国宏观经济理论/唐宗焜主编.—南昌：江西人民出版社，1990.3.—307页；32开.—ISBN 7-210-00302-9：3.30元

发展中国家宏观经济学/（美）查理（Charle，E.）著；刘伟译.—北京：商务印书馆，1990.11.—258页；大32开.—ISBN 7-100-00714-3：3.05元

书名原文：Macroeconomics of Dereloping Countries

西方宏观经济学简明教程/尹伯成，陈仲常编.—重庆：重庆大学出版社，1990.1.—171页；32开.—ISBN 7-5624-0127-6：1.85元

宏观经济论/钟朋荣，吴同虎著.—北京：经济科学出版社，1990.7.—312页；大32开.—ISBN 7-5058-0363-8：4.80元

宏观经济学/杜富军，冯涛主编.—西安：陕西人民出版社，1990.3.—405页；大32开.—ISBN 7-224-01069-3：5.20元

宏观经济学：非瓦尔拉斯分析方法导论/（　）让—帕斯卡尔·贝纳西著；刘成生等译.—上海：三联书店上海分店，1990.7.—303页；大32开.—（当代经济学系列丛书·当代经济学译库/陈昕主编）.—ISBN 7-5426-0459-7：7.20元

宏观经济学基础/潘群儒编.—合肥：中国科学技术大学出版社，1990.11.—296页；大32开.—ISBN 7-312-00215-3：2.30元

宏观经济政策学通论/魏杰著.—北京：中国金融出版社，1990.10.—323页；大32开.—ISBN 7-5049-0598-4：7.25元

本书介绍宏观经济政策的基本理论和一般性规定，总供给调节政策，总需求调节政策，调节供给结构与需求结构平衡的宏观经济政策。

宏观经济统计理论/岳巍著.—北京：中国统计出版社，1990.6.—302页；32开.—ISBN 7-5037-0344-X：4.40元

宏观经济控制论/乌家培主编.—沈阳：辽宁人民出版社，1990.11.—465页；大32开.—高等学校试用教材.—ISBN 7-205-01480-8：7.40元

宏观经济模型与分析/白暴力编著.—西安：陕西人民出版社，1990.12.—207页；32开.—ISBN 7-224-01684-5：3.35元

社会主义宏观经济学/蒋学模主编.—杭州：浙江人民出版社，1990.7.—592页；大32开.—ISBN 7-213-00530-8：6.70元

结构主义宏观经济学/（美）泰勒（Taylor，L.）著；颜泽龙译.—北京：经济科学出版社，1990.3.—227页；大32开.—（现代经济发展研究丛书）.—ISBN 7-5058-0212-7：3.80元

书名原文：Structuralist Macroeconomics

本书汇总了70年代后期电脑计算技术广泛应用后的成果，用现代西方结构主义的方法论分析宏观经济运行中的各种比率关系，力求找出经济增长中各种经济因素（生产、消费、投资、储蓄、价格、工资、利润、利息、资本、劳动，等等）之间相互形成的某种机制和比例，并在此基础上建立起各种数学模式。

理性预期/（美）谢弗林（Sheffrin，S.M.）著；李振宁译.—北京：商务印书馆，1990.7.—185页；大32开.—ISBN 7-100-00808-5：2.30元

F016　微观经济学

微观与宏观经济学/贾志永等主编.—峨眉山：西南交通大学出版社，1990.2.—361页；大32开.—（管理系列丛书）.—管理专业系列教材.—ISBN 7-81022-145-0：4.50元

微观经济学/刘省平，冯涛主编.—西安：陕西人民出版社，1990.1.—377页；大32开.—ISBN 7-224-01036-7：4.95元

微观经济学/邹东涛，赵永泰主编.—西安：西北大学出版社，1990.6.—438页；32开.—ISBN 7-5604-0153-3：4.70元

微观经济学导论/毛子泗等编著.—峨眉：西南交通大学出版社，1990.3.—509页；32开.—ISBN 7-81022-139-6：3.10元

F03　资本主义社会生产方式

马克思主义与当代资本主义经济新特征/唐思文著.—北京：中国金融出版社，1990.10.—180页；32开.—ISBN 7-5049-0604-2：3.85元

资本主义，价值和剥削：一种激进理论/（英）霍奇森（Hodgeson，G.）著；于树生，陈东威译.—北京：商务印书馆，1990.9.—270页；大32开.—ISBN 7-100-00503-5：3.15元

书名原文：Capitalism Value and Exploitation

本书是一部西方激进经济学派和所谓"新马克思主义"在基础理论方面的代表作。

资本主义经济学/陈恕祥主编.—武汉：武汉大学出版社，1990.9.—432页；32开.—ISBN 7-307-00483-6：2.45元

无通货膨胀的经济增长/（法）莫里斯·阿莱著；何宝玉，姜忠孝译.—北京：北京经济学院出版社，1990.12.—266页；大32开.—（诺贝尔经济学奖获奖者著作丛书/贾湛，梁小民主编）.—ISBN 7-5638-0215-0：4.50元

不平等的发展：论外围资本主义的社会形态/（埃及）阿明（Amin，S.）著；高铦译.—北京：商务印书馆，1990.1.—366页；大32开.—ISBN 7-100-00012-2：4.20元

书名原文：Unequal Development

本书是论述发展中国家同发达的资本主义国家之间关系的理论著作。

今日帝国主义/李乾亨主编.—北京：中国青年出版社，1990.8.—451页；32开.—（青年文库：新编本；6）.—ISBN 7-5006-0734-2

本书较系统地分析和探讨了当代帝国主义的一些理论问题和实际问题。

外围资本主义：危机与改造/(阿根廷)普雷维什(Prebisch, R.)著；苏振兴，袁兴昌译.—北京：商务印书馆，1990.6.—330页；大32开.—ISBN 7-100-00833-6：3.85元

书名原文：Capitalismo Periferico

论人力资本投资/(美)西奥多·W.舒尔茨著；吴珠华等译.—北京：北京经济学院出版社，1990.12.—239页；大32开.—(诺贝尔经济学奖获奖者著作丛书/贾湛，梁小民主编).—ISBN 7-5638-0214-2(精装)：5.90元

论人力资本投资/(美)西奥多·W.舒尔茨著；吴珠华等译.—北京：北京经济学院出版社，1990.12.239页；大32开.—(诺贝尔经济学奖获奖者著作丛书/贾湛，梁小民主编).—ISBN 7-5638-0213-4：3.90元

论影响社会上劳动阶级状况的环境/(英)巴顿(Barton, J.)著；薛蕃康译.—北京：商务印书馆，1990.5.—74页；大32开.—ISBN 7-100-00393-8：1.10元

书名原文：Observations on the Circumstances Which in Fluence the Condition of the Labouring Classes of Society.

经济发展理论：对于利润、资本、信贷、利息和经济周期的考察/(美)熊彼特(Schumpeter, J. A.)著；何畏等译.—北京：商务印书馆，1990.6.—306页；大32开.—ISBN 7-100-00605-8：3.65元

书名原文：The Theory of Economic Development：An Inquiry Into Profits, Capital, Credit, Interest, and the Business Cycle

瑕瑜互见：日美产业比较/(日)并木信义编；唱新，刁永祚译.—北京：中国财政经济出版社，1990.4.—279页；32开.—(管理新思维丛书).ISBN 7-5005-0892-1：4.90元

F04　社会主义社会生产方式

什么是社会主义/卫兴华，马庆泉著.—北京：中国青年出版社，1990.9.—276页；32开.—ISBN 7-5006-0763-6：3.60元

本书运用马克思主义基本原理和方法论述了社会主义制度的优越性和中国走社会主义道路的历史必然性。

公有制宏观经济理论大纲/樊纲等著.—上海：三联书店上海分店，1990.6.—685页；大32开.—(当代经济学系列丛书·当代经济学库/陈昕主编).—ISBN 7-5426-0324-8(精装)：20.00元

双重运行机制论：社会主义政治经济学再探索/雍文远主编.—上海：上海人民出版社，1990.8.—474页；大32开.—ISBN 7-208-00913-9：7.20元

社会主义发展经济学/王时杰等编著.—大连：大连海运学院出版社，1990.11.—280页；32开.—ISBN 7-5632-0224-7：3.70元

社会主义宏观经济论：理论·对策·参照系/杨坚白主编.—大连：东北财经大学出版社，1990.6.622页；32开.—ISBN 7-81005-385-X：7.30元

社会主义宏观经济管理/梁至凤主编.—天津：天津大学出版社，1989.10.—154页；大32开.—ISBN 7-5618-0163-7：3.65元

社会主义初级阶段经济问题/刘守恒，姜超峰主编.—北京：机械工业出版社，1990.7.—194页；32开.—机械电子工业部机电行业专业管理人员岗位培训教材.—ISBN 7-111-02000-6：3.60元

社会主义初级阶段经济理论/农业部乡镇企业司组织编写；臧志风主编.—北京：中共中央党校出版社，1990.5.—191页；32开.—全国乡镇企业系统领导干部岗位培训教材.—ISBN 7-5035-0299-1：2.30元

社会主义初级阶段经济理论和改革实践/李良玉主编.—成都：西南财经大学出版社，1990.3.—267页；32开.—ISBN 7-81017-224-7：2.85元

社会主义经济问题论丛　(上)/上海市经济学会编.北京：中国广播电视出版社，1990.12.—439页；32开.—ISBN 7-5043-0967-2：6.50元

社会主义经济问题论丛　(下)/上海市经济学会编.北京：中国广播电视出版社，1990.12.—330页；32开.—ISBN 7-5043-0967-2：5.00元

社会主义经济运行学概论/侯宏博主编.—西安：陕西人民出版社，1990.11.—264页；大32开.—ISBN 7-224-01558-X：4.50元

社会主义经济体制改革的理论与实践/方文编著.北京：中共中央党校出版社，1990.8.—229页；32开.—ISBN 7-5035-0172-3：3.50元

社会主义经济体制改革概论/程海著.—北京：经济科学出版社，1990.9.—319页；32开.—ISBN 7-5058-0346-8：3.90元

社会主义经济的结构、运行和管理/胡钧等主编.济南：山东人民出版社，1990.8.—442页；大32开.ISBN 7-209-00705-9：5.85元

社会主义经济理论与分析/曾启贤著.—北京：经济科学出版社，1990.6.—233页；大32开.—ISBN 7-5058-0339-5：3.80元

社会主义经济理论与经济政策/王维玲，吴茂藩主编.—成都：西南财经大学出版社，1990.12.—328页；32开.—岗位培训教材.—ISBN 7-81017-277-8：3.65元

社会主义经济概论/宋子和，钟生坦主编.—广州：广东人民出版社，1990.10.—287页；32开.—党政

干部培训教材.—ISBN 7-218-00570-5：3.40元

社会主义经济概论/蔡汉楠编著.—北京：中国人事出版社，1990.9.—252页；大32开.—行政管理人员培训系列教材.—ISBN 7-80076-043-X：4.50元

社会主义政治经济学史纲/袁庆寿主编.—哈尔滨：黑龙江人民出版社，1990.6.—439页；大32开.—ISBN 7-207-01604-2：6.00元

社会主义政治经济学新论/许一经主编.—上海：上海社会科学院出版社，1990.1.—392页；32开.ISBN 7-80515-556-9：4.95元

陈元集：运行·调控·发展/陈元著.—哈尔滨：黑龙江教育出版社，1990.7.—293页；大32开.—（开放丛书·中青年学者文库）.—ISBN 7-5316-0892-8：4.25元

本书内容包括经济运行、金融改革、首都发展战略3个方面。

F045　商品生产与交换

社会主义与商品经济/白冀中主编.—沈阳：辽宁人民出版社，1990.9.—288页；32开.—ISBN 7-205-01599-5：3.90元

社会主义商品经济与精神文明/许川著.—成都：四川人民出版社，1990.10.—178页；32开.—ISBN 7-220-01103-2：2.55元

社会主义商品经济观念纵横谈/陈安吉主编.—南京：南京出版社，1990.12.—188页；32开.—ISBN 7-80560-311-1：1.90元

社会主义商品经济规律体系/董书城等著.—合肥：安徽人民出版社，1990.6.—271页；大32开.—ISBN 7-212-00406-5：3.80元

拜金主义的过去与现在：对"一切向钱看"的历史考察/武文军著.—兰州：甘肃人民出版社，1990.1.225页；32开.—ISBN 7-226-00612-X：2.85元

竞争论/陶珜，谢朝斌著.—沈阳：辽宁人民出版社，1990.9.—414页；大32开.—ISBN 7-205-01259-3：8.00元

商品经济学/许纯桢，徐国仁主编.—长春：吉林人民出版社，1990.8.—360页；32开.—ISBN 7-206-00839-9：4.10元

需要价值理论：富国裕民论/李炳炎著.—昆明：云南人民出版社，1990.11.—804页；大32开.—（社会主义理论经济学新探）.—ISBN 7-222-00707-5：12.90元

新编商品经济知识/李怀信主编.—天津：南开大学出版社，1990.7.—307页；32开.—ISBN 7-310-00333-0：3.90元

F045.3　价值、价格

市场价格学/焦守裕主编.—哈尔滨：黑龙江人民出版社，1990.1.—288页；32开.—ISBN 7-207-01436-8：3.60元

价格决策与管理/林碧芳，李金轩主编.—北京：中国华侨出版公司，1990.11.—312页；32开.—中国逻辑与语言函授大学教材.—ISBN 7-80074-328-4：3.55元

价格补贴/乔荣章著.—北京：中国物价出版社，1990.2.—162页；32开.—ISBN 7-80070-013-5：3.60元

价格原理与应用/陈正刚主编.—徐州：中国矿业大学出版社，1990.5.—406页；大32开.—ISBN 7-81021-407-1：4.10元

价格管理学/沙献玉，程传兴主编.—开封：河南大学出版社，1990.4.—313页；大32开.—ISBN 7-81018-455-5：3.90元

社会主义价格问题研究/詹宏松著.—南宁：广西人民出版社，1990.7.—186页；大32开.—ISBN 7-219-01608-5：2.80元

国与国价值之比较：劳动生产率与外向型经济/李建中著.—西安：西北大学出版社，1990.7.—126页；32开.—ISBN 7-5604-0193-7：1.80元

实用价格学/冯亚凡等编著.—北京：水利电力出版社，1990.6.—427页；大32开.—ISBN 7-120-01070-0：8.90元

指数理论与经济现实/（匈）科夫斯（Köves，P.）著；夏一成等译.—北京：中国统计出版社，1990.5.—271页；大32开.—ISBN 7-5037-0350-4：4.90元

书名原文：Index Theory and Economic Reality

增加价值论/霍德发著.—长春：吉林人民出版社，1990.5.—362页；大32开.—ISBN 7-206-00767-7：4.70元

F045.4　经济效益

经济效益问题研究/郑友敬著.—北京：中国社会科学出版社，1990.8.—387页；大32开.—ISBN 7-5004-0843-9：9.70元

经济效益学/王时杰主编.—大连：大连海运学院出版社，1990.12.—214页；32开.—ISBN 7-5632-0190-4：2.90元

经济效益学/裘宗舜，秦荣生编著.—北京：中国财政经济出版社，1990.2.—164页；大32开.—高等财经院校试用教材.—ISBN 7-5005-0879-4：1.25元

F046/047　分配与消费

利益理论研究/张兴让等主编.—石家庄：河北科学技术出版社，1990.12.—204页；大32开.—ISBN

7-5375-0622-1：3.20元

社会主义消费经济学/黄健，袁培树编著.—广州：华南理工大学出版社，1990.8.—287页；32开.ISBN 7-5623-0212-X：4.50元

F048　社会主义再生产

产业结构·机制·政策/朱明春著.—北京：中国人民大学出版社，1990.6.—270页；大32开.—ISBN 7-300-00773-2：3.30元

产业结构论/李国强，陈明著.—杭州：浙江教育出版社，1990.7.—274页；32开.—（软科学丛书/吴明瑜，何钟秀主编）.—ISBN 7-5338-0582-8：2.95元

社会主义经济增长理论/吴光辉等著.—重庆：重庆出版社，1990.8.—508页；大32开.—ISBN 7-5366-1298-2（精装）：9.00元

膨胀经济论/王琢著.—广州：广东高等教育出版社，1990.1.—208页：照片；大32开.—（当代社会主义丛书/王琢主编）.—ISBN 7-5361-0432-4：2.50元

F06　经济学分支科学

节约经济学/黄铁苗主编.—北京：中国金融出版社，1990.12.—445页；大32开.—ISBN 7-5049-0633-6：8.95元

民族经济学/《鄂西民族经济》编辑部著.—南宁：广西民族出版社，1990.4.—322页；32开.—ISBN 7-5363-0738-1：3.50元

规范经济学与社会选择理论/孙来祥著.—北京：北京大学出版社，1990.2.—220页；大32开.—（北京大学青年学者文库/晏智杰主编）.—ISBN 7-301-00882-1：3.65元

热经济学/杨东华著.—上海：华东化工学院出版社，1990.5.—72页；32开.—ISBN 7-5628-0082-0：0.55元

推销经济学/金世和主编.—长春：吉林大学出版社，1990.8.—273页；32开.—ISBN 7-5601-0676-5：3.80元

F061.2　增长经济学

无通货膨胀的经济增长/（法）莫里斯·阿莱著；何宝玉，姜忠孝译.—北京：北京经济学院出版社，1990.12.—266页；大32开.—（诺贝尔经济学奖获奖者著作丛书/贾湛，梁小民主编）.—ISBN 7-5638-0216-9（精装）：6.50元

国外经济增长理论比较研究/胡乃武，金碚主编.北京：中国人民大学出版社，1990.12.—249页；大32开.—ISBN 7-300-01013-X：3.85元

经济增长理论/（美）刘易斯（Lewis，W.A.）著；梁小民译.—上海：三联书店上海分店，1990.10.—549页；大32开.—（当代经济学系列丛书.当代经济学译库/陈昕主编）.—ISBN 7-5426-0365-5：12.40元

书名原文：The Theory of Economic Growth

F061.3　发展经济学

发展经济学/包明宝，葛崇文主编.—南京：河海大学出版社，1990.11.—380页；32开.—ISBN 7-5630-0337-1：4.90元

发展经济学/陶文达主编.—成都：四川人民出版社，1990.7.—126页；32开.—高等学校财经类专业核心课程教学大纲.—ISBN 7-220-00986-0：1.43元

发展经济学通论/洪银兴，林金锭编著.—南京：江苏人民出版社，1990.7.—278页；大32开.—ISBN 7-214-00523-9：4.50元

西方发展学和拉美的发展理论/肖枫著.—北京：世界知识出版社，1990.3.—346页；32开.—（当代外国人文科学思潮评介丛书/沈恒炎，霍明主编）.ISBN 7-5012-0280-X：3.30元

经济发展决策与实践/方星等主编.—哈尔滨：黑龙江人民出版社，1990.6.—497页；32开.—ISBN 7-207-01673-5：5.90元

经济发展理论的十位大师/（美）吉拉德·M.米耶，都德莱·西尔斯编；刘鹤等译.—北京：中国工人出版社，1990.4.—385页；大32开.—ISBN 7-5008-0554-3：8.50元

F061.5　区域经济学

山区经济开发/《山区经济开发》编委会编.—北京：农业出版社，1990.4.—103页；32开.—ISBN 7-109-01801-6：2.00元

区域经济对策研究/周积智主编.—北京：中国商业出版社，1990.2.—371页；32开.-ISBN 7-5044-0351-2：5.00元

区域经济学导论/（美）胡佛（Hoover，E.M.）著；王翼龙译.—北京：商务印书馆，1990.11.450页；大32开.—ISBN 7-100-00836-0：5.15元

书名原文：An Introduction to Regional Economics

区域经济探索/张树彬著.—太原：山西经济出版社，1990.7.—258页；大32开.—ISBN 7-80577-026-3：6.00元

县域经济研究/刘朝，邓宝权著.—沈阳：辽宁人民出版社，1990.11.—363页；32开.—ISBN 7-205-01583-9：4.80元

国土开发整治与规划/吴传钧，侯锋编著.—南京：江苏教育出版社，1990.7.—485页；大32开.—（人文地理学丛书/吴传钧主编）.—ISBN 7-5343-1102-0：5.45元

F062.2　生态经济学

生态经济理论与方法/迟维韵著.—北京：中国环境科学出版社，1990.7.—202页；大32开.—ISBN 7-80010-646-2：2.80元

网·结构·轨迹：宏观生态经济系统分析/方华国著.—武汉：武汉工业大学出版社，1990.1.—181页；32开.—ISBN 7-5629-0300-X：3.00元

F062.4　技术经济学

发明专利经济学/（日）斋藤优编著；谢燮正等译.北京：专利文献出版社，1990.8.—270页；32开.ISBN 7-80011-037-0：3.60元

技术引进的理论与实践/林光，袁守启编.—济南：山东人民出版社，1990.9.—276页；大32开.—（外向型经济丛书）.—ISBN 7-209-00479-3：4.15元

技术创新管理/许庆瑞主编.—杭州：浙江大学出版社，1990.9.—286页；16开.—ISBN 7-308-00576-3：3.65元

技术进步与经济发展/张金瑞主编.—北京：中国人民大学出版社，1990.5.—160页；32开.—ISBN 7-300-00829-1：2.50元

技术经济分析/周静娴编.—上海：华东化工学院出版社，1990.5.—329页；大32开.—ISBN 7-5628-0099-5：4.60元

技术经济手册：理论方法卷/李京文，郑友敬主编.—北京：中国科学技术出版社，1990.7.—1158页；大32开.—ISBN 7-5046-0195-0（精装）：31.00元

技术经济学/王兰荣，鞠晓峰主编.—2版.—哈尔滨：哈尔滨工业大学出版社，1990.4.—453页；32开.—ISBN 7-5603-0237-8：4.40元

本书1985年11月第1版。

技术经济学/杜学钧，陈明高主编.—武汉：武汉工业大学出版社，1990.4.—383页；32开.—ISBN 7-5629-0342-5：4.50元

技术经济学/李传昭编著.—2版.—重庆：重庆大学出版社，1990.10.—292页；32开.—ISBN 7-5624-0062-8：3.30元

本书1987年12月第1版。

技术经济学/金明律主编.—天津：南开大学出版社，1990.8.—487页；大32开.—ISBN 7-310-00340-3：5.80元

技术经济学/高茂林主编.—兰州：甘肃人民出版社，1990.9.—246页；32开.—ISBN 7-226-00684-7：2.65元

技术经济学教程/董明柏等主编.—上海：上海人民出版社，1990.8.—439页；32开.—ISBN 7-208-001003-X：5.60元

技术经济预测案例选评/陈玉祥，李丰主编.—合肥：中国科学技术大学出版社，1990.10.—268页；大32开.—ISBN 7-312-00196-3：4.20元

科技进步与经济腾飞/朱英培著.—南昌：江西人民出版社，1990.4.—301页；大32开.—ISBN 7-210-00829-2：4.80元

科技经济论/隋映辉，帅相志主编.—青岛：青岛海洋大学出版社，1990.9.—315页；大32开.—ISBN 7-81026-118-5：5.30元

F062.5　信息经济学

经济传播学/邵培仁主编；文祥等著.—南京：江苏人民出版社，1990.8.—295页；大32开.—（当代传播学丛书/黄冰，余耀中主编）.—ISBN 7-214-00522-0：4.40元

信息经济学/刘希印等编著.—大连：大连理工大学出版社，1990.6.—239页；32开.—ISBN 7-5611-0335-2：1.56元

F063.1　非生产领域经济学

娱乐业经济学/（美）哈罗德·沃格尔著；吴瀚飞等译.—西安：陕西人民教育出版社，1990.9.—393页；大32开.—ISBN 7-5419-1628-5：4.10元

第三产业经济学/李江帆著.—广州：广东人民出版社，1990.3.—567页；大32开.—（当代岭南学术论丛）.—ISBN 7-218-00278-1：6.00元

F063.4　家庭经济学

家庭经济通：续集：私房钱探秘/王晓雄，隋明梅著.—南宁：广西人民出版社，1990.9.—262页；32开.—ISBN 7-219-01567-4：3.50元

家庭经营学/羊贵祥著.—成都：西南财经大学出版社，1990.7.—398页；32开.—ISBN 7-81017-242-5：3.85元

F09　经济思想史

F091　世界经济思想史

马克思交通经济思想研究札记/陆玉龙著.—南京：南京出版社，1990.2.—87页；32开.—ISBN 7-80560-171-2：1.00元

古代希腊、罗马经济思想资料选辑/巫宝三主编；厉以平，郭小凌编译.—北京：商务印书馆，1990.11.—396页；大32开.—ISBN 7-100-00807-7：4.50元

世界十五大经济学/日本现代经济学研究会编著；王名，李庆华译.—北京：求实出版社，1990.4.280页；32开.—ISBN 7-80033-191-1：3.80元

外国经济思想史新编　（上）/陶大镛主编.—南京：江苏人民出版社，1990.6.—560页；大32开.—ISBN 7-214-00516-6：7.20元

西方经济学评介/（英）彭南特—雷亚（Pennant-Rea，R.），（　）克鲁克（Crook，C.）著；刘德标，刘翔译.—北京：中国对外经济贸易出版社，1990.1.—194页；32开.—ISBN 7-80004-129-8：2.80元

书名原文：The Economist Economics

西方经济学说史概要/鲁明学，纪明山编著.—天津：南开大学出版社，1990.6.—513页；大32开.ISBN 7-310-00232-6：3.75元

西方经济思想评论　第二辑：西方宏观经济学说评论/商务印书馆编辑部编.—北京：商务印书馆，1990.1.—269页；大32开.—ISBN 7-100-00502-7：3.15元

西方经济思想辞典/于俊文主编.—福州：福建人民出版社，1990.1.—645页；32开.—ISBN 7-211-00770-2（精装）：9.50元

当今西方经济学/王立中编著.—北京：中国对外经济贸易出版社，1990.6.—228页；32开.—ISBN 7-80004-118-2：3.00元

当代西方经济学及金融理论/高荣贵，张晓枫著.长春：吉林大学出版社，1990.3.—315页；大32开.ISBN 7-5601-0436-3：5.00元

当代西方经济学说/刘涤源，谭崇台主编.—修订本.—武汉：武汉大学出版社，1990.7.—2册（512，378页）；大32开.—（武汉大学学术丛书）.—ISBN 7-307-00781-9：6.45元

当代西方经济思潮评价/刘静波主编.—北京：蓝天出版社，1990.10.—136页；大32开.—空军飞行人员思想政治教育系列教材.—ISBN 7-80081-141-7：2.65元

当代资产阶级经济理论评述/（苏）马依鲍劳德（Майборобы，И.Т.）主编；高德文等译.—西宁：青海人民出版社，1990.6.—290页；大32开.ISBN 7-225-00351-8：2.80元

书名原文：Критика буржуазных экономических теорий современного капитализма

企业、市场与法律/（美）科斯（Coase，R.H.）著；盛洪等译校.—上海：三联书店上海分店，1990.10.260页；大32开.—（当代经济学系列丛书·当代经济学译库/陈昕主编）.—ISBN 7-5426-0355-8：6.80元

书名原文：The firm，The Market，and the Law

两个世界的对话：凯恩斯经济学的危机/（英）杰奥费里·裴灵著；王旭琰等译.—长春：吉林人民出版社，1990.6.—176页；32开.—ISBN 7-206-0078[illegible]-3：2.50元

近代西方经济学史/汤在新主编.—上海：上海人民出版社，1990.9.—646页；大32开.—高等学校教材.—ISBN 7-208-00848-5：5.25元

近现代西方经济学简史/李向荣主编.—哈尔滨：黑龙江教育出版社，1990.11.—533页；大32开.—ISBN 7-5316-1350-6：6.90元

现代西方经济学的理论和方法/赵秀臣，刘新立编著.—北京：中国经济出版社，1990.8.—281页；32开.—（经济管理丛书/赵秀臣，徐子毅主编）.—ISBN 7-5017-0384-1：4.95元

现代百名著名经济学家/（英）马克·布劳格著；毕吉耀译.—北京：北京大学出版社，1990.3.—304页；大32开.—ISBN 7-301-01059-1：4.35元

本书概述了自凯恩斯以来的一百位现代著名经济学家的思想渊源、理论体系、分析方法以及政策主张，并扼要地介绍了各个经济学家的学术生涯和主要学术论著。

经济分析基础/（美）萨缪尔逊（Samuelson，P.A.）著；甘华鸣等译.—北京：北京经济学院出版社，1990.12.—441页；大32开.—（诺贝尔经济学奖获奖者著作丛书/贾湛，梁小民主编）.—ISBN 7-5638-0209-6：6.50元

经济体制改革三论：产权论·均衡论·市场论：关于社会主义经济思想史的思考/刘伟，平新乔著.—北京：北京大学出版社，1990.2.—412页：照片；大32开.—（北京大学青年学者文库）.—ISBN 7-301-00820-1：5.00元

本书以社会主义经济改革思想发展的国际比较为基础，考察当代社会主义改革理论热点问题，探讨了中国经济改革所面临的困难及其出路。

经济学与经济政策/（英）凯恩克劳斯（Cairncross，A.）著；李琮译.—北京：商务印书馆，1990.7.—247页；大32开.—ISBN 7-100-00834-4：2.95元

书名原文：Economics and Economic Policy.

本书共收演讲13篇。这些演讲涉及西方经济学和经济政策中广泛理论和实际问题：如何看待经济学理论；如何把理论应用于经济政策的制订等。

经济学家和说教者/（美）施蒂格勒（Stigler，G.J.）著；贝多广等译.—上海：上海三联书店，1990.6.—377页；大32开.—（当代经济学系列丛书.当代经济学译库/陈昕主编）.—ISBN 7-5426-0318-3：7.60元

书名原文：The Economist as Preacher

and other Essays

资产阶级政治经济学史简编/詹君仲编著.—北京：北京师范大学出版社，1990.4.—304页；32开.—ISBN 7-303-00942-6：1.80元

第一位剑桥经济学家——T.R.马尔萨斯思想研究/朱彤书等著.—上海：三联书店上海分店，1990.10.—131页；大32开.—ISBN 7-5426-0350-7：4.00元

20世纪外国经济学名著概览/杨建文主编.—郑州：河南人民出版社，1990.5.—1158页；大32开.—ISBN 7-215-00535-6（精装）：16.20元

本书共介绍了131位著名外国经济学家及其182部著作，包括微观与宏观、发展与增长、管理与决策、建设与改革4方面内容。

20世纪初的西方经济学/李可等著.—上海：复旦大学出版社，1990.6.—224页；大32开.—ISBN 7-309-00450-7：4.50元

F092　中国经济思想史

中国古代经济管理思想/叶世昌主编.—上海：复旦大学出版社，1990.7.—334页；大32开.—ISBN 7-309-00426-4：2.55元

中国社会主义经济思想大事记/李发胜主编.—南昌：江西人民出版社，1990.5.—716页；大32开.ISBN 7-210-00698-2：9.80元

中国经济思想史资料选辑：明清部分/巫宝三主编；李普国本卷主编.—北京：中国社会科学出版社，1990.8.—508页；大32开.—ISBN 7-5004-0086-1：8.05元

中国商业思想史稿/赵靖，张守军主编.—北京：中国商业出版社，1990.12.—303页；大32开.—ISBN 7-5044-0702-X：8.00元

当代中国商品经济理论流派/广东人民出版社编.广州：广东人民出版社，1990.10.—410页；大32开.ISBN 7-218-00448-2：4.70元

传统经济观大论争：司马光与王安石之比较/叶坦著.—北京：北京大学出版社，1990.5.—157页；32开.—ISBN 7-301-01346-9：2.65元

本书系统地考察了司马光的经济观，及其与王安石的大论争。力图揭示中国传统经济观的发展，及其内部不同论点的思想脉系、社会作用与历史影响。

走向世界的历史足迹：中国近代对外开放思想研究/郑学益著.—北京：北京大学出版社，1990.3.—205页；大32开.—（北京大学青年学者文库）.—ISBN 7-301-01122-9：3.35元

陈云经济思想研究/陈光林著.—济南：山东人民出版社，1990.11.—315页；大32开.—ISBN 7-209-00694-X：4.35元

盐铁论/（西汉）桓宽撰；（明）张之象注.—影印本.—上海：上海古籍出版社，1990.10.—187页；大32开.—ISBN 7-5325-0816-1：2.75元

儒家心态与近代追求：张之洞经济思想论析/陈钧著.—武汉：湖北人民出版社，1990.11.—226页；大32开.—ISBN 7-216-00656-9：3.50元

F1　世界各国经济概况、经济史、经济地理

现代经济文化/沈华嵩等主编.—北京：中国经济出版社，1990.10.—351页；大32开.—（现代经济文化丛书）.—ISBN 7-5017-1006-6：4.40元

F11　世界经济、国际经济关系

开放经济和世界经济/（美）威廉森（Williamson，J.）著；马建堂等译.—上海：三联书店上海分店，1990.7.—512页；大32开.—（当代经济学系列丛书·当代经济学教学参考书系）.—ISBN 7-5426-0313-2：11.50元

世界经济/卫仰霞主编.—北京：新华出版社，1990.10.—294页；32开.—ISBN 7-5011-0903-6：4.15元

世界经济　第四册/郭吴新等主编.—2版（修订本）.—北京：高等教育出版社，1990.8.—368页；大32开.—高等学校文科教材.—ISBN 7-04-002961-8：2.55元

世界经济学　下册/仇启华主编.—北京：中共中央党校出版社，1990.3.—294页；大32开.—ISBN 7-5035-0245-2：4.60元

世界经济统计简编：1987/王佩琨等编.—北京：东方出版社，1990.3.—637页；大32开.—ISBN 7-5060-0028-8：11.00元

世界经济展望：国际货币基金组织工作人员的概览：1989年10月.—北京：中国金融出版社，1990.3.—146页；大16开.—（世界经济与金融概览）.ISBN 7-5049-0545-3：7.00元

世界经济展望：国际货币基金组织工作人员概览：1990年5月/中国金融出版社，国际货币基金组织编.北京：中国金融出版社，1990.11.—199页；大16开.—ISBN 7-5049-0636-0：4.90元

世界经济简明教程/韩世隆主编.—修订版.—成都：四川大学出版社，1990.12.—483页；大32开.ISBN 7-5614-0082-9：4.90元

本书1988年5月第1版。

现代西方国际经济学概论/李翀编著.—广州：中山大学出版社，1990.1.—352页；大32开.—ISBN 7-306-00246-5：2.80元

国际经济学导论/(澳)肯普(Kemp, M.C.)著；陈鸿仪译.—上海：复旦大学出版社，1990.2. 1册(45，57页)；大32开.—ISBN 7-309-00446-9：2.85元

书名原文：An Introduction to International Economics

国际政治经济学导论：国家与市场/(英)斯特兰奇(Strange, S.)著；杨宇光等译.—北京：经济科学出版社，1990.12.—285页；大32开.—ISBN 7 5058-0362-X：4.40元

书名原文：State and Market: An Introduction to the International Political Economy

本书反映了国际政治经济学英国学派的观点和特色，分别对世界经济中的基本权力结构和次级权力结构作了深入的阐述。

F110　政策、规划

发展的新战略/(埃)阿卜杜勒—马利克(Abdel Malek, Anouar)等著；杜越等译.—北京：中国对外翻译出版公司，1990.10.—228页；大32开.—ISBN 7-5001-0137-6：4.05元

法文题名：Strategie Nouvelle du Developpement

本书由四位受联合国教科文组织委托的专家从经济学、社会学、历史和哲学等不同角度论述"内源发展"问题，即利用本国资源、走自立更生的发展道路。

国际经济政策理论　第一卷：国际收支/(英)米德(Meade, J.E.)著；石士钧等译.—北京：商务印书馆，1990.1.—469页；大32开.—ISBN 7-100-00644-3：5.30元

经济政策学/(日)野尻武敏等著；魏杰等译.—西安：陕西人民出版社，1990.2.—267页；32开.—ISBN 7-224-01106-1：3.45元

F112　世界经济概况

1990年世界发展报告/世界银行〔报告〕.—北京：中国财政经济出版社，1990.9.—260页；16开.—ISBN 7-5005-1063-9：5.00元

世界经济特区/辽宁社会科学院对外经济关系研究所编著；曲云厚主编.—北京：中国对外经济贸易出版社，1990.1.—289页；32开.—ISBN 7 -80004-114-X：3.80元

世界经济特区与发展战略/曾凡益编著.—广州：中山大学出版社，1990.9.—268页；大32开.—ISBN 7-306-00185-8：6.00元

机会，还是挑战？发展中国家未来工业化/侯若石著.—北京：中信出版社，1990.12.—170页；大32开.—(21世纪中国与世界丛书/王建新，常永青主编).—ISBN 7-80073-023-9：3.00元

本书沿着人类生产对资源的动员和利用的历史轨迹，总结了发展中国家工业化的特有规律。指出了新的产业革命转折向发展中国家工业化提供的机会和提出的挑战。

当代世界经济实用大全/中国社会科学院世界经济与政治研究所《世界经济》编辑部编.—北京：中国经济出版社，1990.3.—1082页；16开.—ISBN 7-5017-0216-0(精装)：49.00元

当代资本主义经济评介/许荫松编著.—北京：北京航空航天大学出版社，1990.9.—276页；32开.—ISBN 7-81012-209-6：4.00元

危机中的福利国家/经济合作与发展组织秘书处编；梁向阳等译.—北京：华夏出版社，1990.12. 384页；大32开.—(二十世纪文库).—ISBN 7-80053-798-6：8.35元

本书通过对西方发达国家的社会政策——主要指福利政策的分析，指出了这些国家在本世纪80年代及其未来的发展方向、政府在经济及福利政策方面的作用，以及分配和再分配的形式、福利政策和方案的执行等问题。

国际技术经济比较：大国的过去、现在和未来/李京文，方汉中主编.—北京：中国社会出版社，1990.9.—1086页；16开.—ISBN 7-80088-006-0(精装)：42.00元

本书包括中、美、苏、日、英、法、西德、印度等10国。它采用横向比较和纵向比较两种方法，比较详细论证了大国的过去和现在的政治经济体制演变、技术经济发展水平、国民经济各部门发展概况、建议与对策，预测了未来发展趋势。

经济落后国家两条不同发展道路之比较/国家教委社会科学研究与艺术教育司编.—北京：高等教育出版社，1990.6.—95页；32开.—ISBN 7-04-003212-0：0.95元

富国与穷国：回顾过去，展望未来/(美)罗斯托(Rostow, W.W.)著；王一谦等译.—北京：北京大学出版社，1990.2.—215页；大32开.—ISBN 7-301-00759-0：3.75元

书名原文：Rich Countries and Poor Countries

作者根据其对经济发展问题的40多年的研究和反思，论述了世界及其经济的未来。

新国富论/(法)居伊·索尔芒著；滕宏明，芮建群译.—北京：国际文化出版公司，1990.7.—240页；32开.—ISBN 7-80049-573-6：3.80元

新模型经济：对本世纪余年的经济构想/(美)埃尔肯(ELkan, P.G.)著；陈昕译.—上海：上海译文出版社，1990.1.—161页；32开.—ISBN 7-5327-0797-0：2.25元

书名原文：The New Model Economy

F113　世界经济问题

比较经济体制/宋源，龚金国著.—上海：学林出版版，1990.5.—350页；大32开.—ISBN 7-80510-418

-2：5.50元

不同类型国家引进外资和技术剖析/张士元等主编.天津：南开大学出版社，1990.5.—239页；32开.ISBN 7-310-00305-5：3.80元

世界经济问题研究概览/刘国平编著.—北京：经济科学出版社，1990.10.—414页；大32开.—ISBN 7-5058-0355-7：6.00元

产业政策与各国经济/李泊溪，钱志琛主编.—上海：上海科学技术文献出版社，1990.12.—491页；大32开.—(中国产业政策丛书).—ISBN 7-80513-730-7：8.00元

本书是关于世界各主要国家产业政策研究报告的汇编。

走向2000年的世界经济：世界经济的比较分析/陈隆深著.—北京：中国对外经济贸易出版社，1990.6.—472页；32开.—ISBN 7-80004-161-1：6.00元

国际技术贸易与经济合作/陈昌柏编著.—南京：东南大学出版社，1990.3.—264页；32开.—ISBN 7-81023-286-X：3.20元

战略选择与资源配置/侯若石著.—北京：时事出版社，1990.10.—363页；大32开.—ISBN 7-80009-106-6：5.80元

新兴产业的摇篮：高技术开发区研究/赵文彦等编著.—北京：科学技术文献出版社，1990.12.—231页；32开.—ISBN 7-5023-1320-6：5.85元

F114　国际经济关系

开放经济：发展中国家政策制订者的工具/(　)鲁迪格·多恩布什，F.莱斯利，C.H.赫尔姆斯编；章晟曼等译.—北京：中国财政经济出版社，1990.8.473页；大32开.—(世界银行经济发展学院经济发展丛书).—ISBN 7-5005-1052-7：6.90元

亚太地区经济环境与中国东部地区经济开发/程极明主编.—南京：江苏人民出版社，1990.8.—440页；大32开.—ISBN 7-214-00497-6：8.20元

当代国际经济关系学/周启元，姜圣复著.—北京：中国财政经济出版社，1990.2.—250页；32开.—ISBN 7-5005-0952-9：4.40元

当代经济发展中的开放度问题：理论分析、国际比较与现实的选择/罗龙著.—北京：中国对外经济贸易出版社，1990.12.—233页；32开.—ISBN 7-80004-188-3：3.50元

国际经济合作/吴亚卿等编著.—北京：中国经济出版社，1990.8.—203页；32开.—(经济管理丛书/赵秀臣，徐子毅主编).—ISBN 7-5017-0379-5：3.70元

国际经济关系：1850年以来的国际经济关系的演变/(英)J.F.佩克著；卢明华等译.—贵阳：贵州人民出版社，1990.12.—406页；大32开.—ISBN 7-221-01850-2：5.68元

沿海开放经济简论/顾涧清著.—北京：海洋出版社，1990.10.—208页；32开.(区域方略与现代化丛书/陈传康主编).—ISBN 7-5027-0979-7：3.80元

F116　国际经济组织

世纪的挑战：建设中的欧洲共同体统一大市场/张蕴岭主编.—北京：中国对外经济贸易出版社，1990.6.—344页；大32开.—ISBN 7-80004-149-2：5.20元

国际经济组织词典/隋启炎主编.—北京：中国财政经济出版社，1990.5.—456页；大32开.—ISBN 7-5005-0875-1：6.90元

F119　世界经济史、经济地理

世界经济地理/陈才主编.—北京：北京师范大学出版社，1990.4.—445页；16开.—高等学校教学用书·参考教材.—ISBN 7-303-00845-4：6.00元

世界资源：1988～1989/美国国际环境与发展研究所，美国世界资源研究所编；中国科学院国家计划委员会自然资源综合考察委员会译.—北京：北京大学出版社，1990.11.—586页；16开.—ISBN 7-301-01343-4：20.00元

本书主要内容包括：有关全球的问题、世界资源评述、退化土地的更新和恢复等。本卷收集了146个国家的最新数据，重点讨论的特定地区是亚洲。

外国经济史：近代现代　第四册/樊亢，宋则行主编.—北京：人民出版社，1990.5.—369页；大32开.—ISBN 7-01-000534-6：5.50元

近代国际经济要览：16世纪以来/(日)宫崎犀一等编；陈小洪等译.—北京：中国财政经济出版社，1990.5.—439页；16开.—ISBN 7-5005-0680-5：14.50元

社会经济地理学概念术语辞典/(苏)阿拉耶夫(Алаев，Э.Б.)著；李德美等译.—北京：测绘出版社，1990.4.—301页；大32开.—ISBN 7-5030-0376-6：7.00元

本辞典共收入800多条术语，其中670条在书后附有俄、英、法、德、西(班牙)文对照，230多条附有俄、汉文对照。

经济地理研究论文集/《经济地理研究论文集》编辑组编.—北京：科学出版社，1990.12.—119页；16开.—ISBN 7-03-001382-4：7.00元

F12　中国经济

中国经贸新辞典/韩明安，李浚源主编.—哈尔滨：哈尔滨出版社，1990.6.—731页；32开.—ISBN 7-80557-236-4(精装)：18.50元

中国经济年鉴：1990：北京版/中国经济年鉴编辑委员会编辑.—北京：经济管理出版社，1990.10.1册：彩照；16开.—ISBN 7-80025-294-9（精装）：50.00元

中国经济科学年鉴：1989/晓亮主编.—北京：经济管理出版社，1990.12.—470页；大32开.—ISBN 7-80025-395-3（精装）：9.30元

中国经济统计实用大全/陈东，牛志礼主编.—北京：中国人民大学出版社，1990.2.—1371页；16开.—ISBN 7-300-00723-6（精装）：38.00元

本书内容按统计体系分24大类，共7000多条。

中国经济新论/戴园晨等著.—北京：中国社会科学出版社，1990.4.—428页；大32开.—（中国现实经济丛书/马洪，刘国光主编）.—ISBN 7-5004-0467-9（精装）：7.50元

中国经济新论/戴园晨等著.—北京：中国社会科学出版社，1990.4.—427页；大32开.—（中国现实经济丛书/马洪，刘国光主编）.—ISBN 7-5004-0648-7：5.90元

中美学者论中国经济热点问题/中华人民共和国劳动部劳动科学研究所编.—北京：人民出版社，1990.9.—474页；大32开.—ISBN 7-01-000648-2：12.80元

邓小平经济改革思想研究/王珏等编著.—济南：山东人民出版社，1990.12.—201页；大32开.—ISBN 7-209-00785-7：3.25元

F120　方针政策及其阐述

当前经济工作问答/李基固等主编.—杭州：杭州大学出版社，1990.5.—355页；32开.—ISBN 7-81035-022-6：3.50元

坚持改革开放的总方针总政策/中国石油天然气总公司人事教育部组织编写.—北京：石油工业出版社，1990.11.—121页；32开.—石油工业企业基层干部岗位培训试用教材.—ISBN 7-5021-0549-2：1.50元

我国经济建设的基本方针政策/孟昭义编著.—哈尔滨：黑龙江人民出版社，1990.1.—227页；32开.国营农场基层干部岗位职务培训教材.—ISBN 7-207-01439-2：2.50元

治理整顿和深化改革/柳纯忠等编.—北京：中国经济出版社，1990.9.—300页；大32开.—全国大中型企业领导干部培训教材.—ISBN 7-5017-0995-5：5.20元

治理整顿的理论与实践/张文杰，赵发胜主编.—济南：山东人民出版社，1990.6.—367页；大32开.ISBN 7-209-00690-7：5.10元

治理整顿深化改革研究文集/张江垠等编.—桂林：广西师范大学出版社，1990.5.—404页；大32开.ISBN 7-5633-0846-6：7.00元

经济周期与预警系统/毕大川，刘树成主编.—北京：科学出版社，1990.6.—230页；16开.—ISBN 7-03-001810-9：9.70元

稳定经济·稳定社会·稳定人心/关殿忠等主编.大连：大连理工大学出版社，1990.9.—272页；32开.—ISBN 7-5611-0317-4：3.55元

F120.2　中国社会主义经济基本理论问题

历史的思考和思考的历史：社会主义再生产和我国经济社会发展战略若干问题/李学曾著.—北京：中国社会科学出版社，1990.8.—229页；32开.—ISBN 7-5004-0046-0：4.20元

中国社会主义初级阶段基本经济特征初探/赵秀臣，刘新立著.—北京：中国经济出版社，1990.8.224页；32开.—（经济管理丛书/赵秀臣，徐子毅主编）.—ISBN 7-5017-0382-5：3.90元

中国社会主义经济建设理论和政策/刘祯等主编.兰州：兰州大学出版社，1990.1.—361页；32开.ISBN 7-311-00285-0：3.25元

中国社会主义经济建设教学指导/王殿林主编.—北京：科学普及出版社，1990.9.—428页；32开.—ISBN 7-110-01746-X：4.80元

中国社会主义经济建设概论/王殿林，左武已主编.—北京：群众出版社，1990.6.—327页；大32开.—ISBN 7-5014-0512-3：4.80元

中国社会主义经济概论/曹益武主编.—南京：东南大学出版社，1990.8.—352页；32开.—ISBN 7-81023-345-5：3.50元

中国经济审判原理/张晋红，朱兴有主编.—西安：陕西人民教育出版社，1990.8.—326页；大32开.ISBN 7-5419-1916-0：4.50元

社会主义初级阶段经济理论与经济政策/姚国瑞等主编.—南京：南京出版社，1990.9.—214页；32开.—（企业管理干部岗位培训丛书；1）.—ISBN 7-80560-247-6：3.30元

社会主义初级阶段基本经济理论和政策/蒋永和编著.—北京：中国对外经济贸易出版社，1990.10.190页；32开.—经贸大中型企业领导干部岗位培训教材.—ISBN 7-80004-198-0：2.80元

经济研究与探索/史殿荣著.—沈阳：辽宁人民出版社，1990.10.—362页；32开.—ISBN 7-205-01671-1：4.70元

科技·经济·社会——2000年中国重大问题研究/国家科委政策法规司编.—北京：地震出版社，1990.6.—486页；大32开.—ISBN 7-5028-0364-5

(精装)：13.00元

科技·经济·社会——2000年中国重大问题研究/国家科委政策法规司编.—北京：地震出版社，1990.6.—486页；大32开.—ISBN 7-5028-0365-3：10.00元

本书是国家科委组织53个部门的上千名专家、管理干部和工程技术人员，就我国科技、经济和社会发展中的重大问题开展研究的成果，内容涉及人口、环境、耕地、能源、交通、材料、新技术、城乡建设等方面。

F121 社会经济结构与体制

开放区体改理论与实践/李克华著.—天津：天津社会科学院出版社，1990.9.—541页；32开.—ISBN 7-80563-066-6：6.80元

中国产业政策研究/周叔莲等主编.—北京：经济管理出版社，1990.12.—527页；大32开.—国家社会科学基金资助项目.—ISBN 7-80025-379-1：9.70元

中国产业结构动态分析/吴仁洪著.—杭州：浙江人民出版社，1990.2.—262页；大32开.—(青年经济学者丛书).—ISBN 7-213-00459-X：3.65元

中国经济走向稳定发展之路：治理整顿深化改革与中国经济展望/翟泰丰，李连仲主编.—昆明：云南人民出版社，1990.4.—264页；32开.—(马克思主义经济理论研究).—ISBN 7-222-00617-6：3.70元

中国经济体制改革年鉴：1990/国家经济体制改革委员会编.—北京：改革出版社，1990.12.—683页；16开.—ISBN 7-80072-087-X(精装)：50.00元

发展与改革：中国当代经济的主旋律/李崧林著.沈阳：辽宁人民出版社，1990.6.—340页；32开.ISBN 7-205-01362-3：4.50元

有中国特色的经济杠杆：价格、税收、信贷、工资的比较研究/王大树著.—北京：改革出版社，1990.10.—196页；32开.—(中国经济体制改革理论与实践丛书).—ISBN 7-80072-024-1：4.00元

伟大的变革　成功的探索/侯树栋主编.—北京：国防大学出版社，1990.9.—115页；大32开.—ISBN 7-5626-0251-4：2.50元

论中国经济体制改革/薛暮桥著.—天津：天津人民出版社，1990.12.—576页；大32开.—ISBN 7-201-00685-1(精装)：10.95元

论我国所有制和企业制度的改革/佐牧著.—北京：改革出版社，1990.8.—126页；大32开.—ISBN 7-80072-032-2：2.30元

论改革与发展/夏振坤著.—武汉：湖北教育出版社，1990.1.—310页；大32开.—ISBN 7-5351-0446-0：4.05元

论经济发展与产业结构优化/郁冠，袁锋编著.—北京：科学技术文献出版社　1990.10.—204页；32开.—ISBN 7-5023-1370-2：4.00元

我国当前的产业政策问题/国家计委产业政策司编.—北京：中国计划出版社，1990.6.—304页；32开.—ISBN 7-80058-111-X：3.80元

改革十年：在治理整顿中走出经济困境/唐明峰主编.—北京：北京出版社，1990.4.—418页；32开.(管理世界丛书/李克穆主编).—ISBN 7-200-01096-0：5.10元

改革开放中的中国社会经济问题/周作仁等主编.长春：吉林大学出版社，1990.4.—390页；32开.ISBN 7-5601-0460-6：4.60元

本书对我国改革开放以来所遇到的一系列重大的理论问题和涉及经济、政治、社会等方面的实际问题，采用问答的形式，从理论与实践的结合上进行了认真地分析研究。

改革文集/白宝玉主编.—哈尔滨：黑龙江人民出版社，1990.2.—255页;大32开.—ISBN 7-207-01473-2：4.00元

改革的目标：计划经济与市场调节相结合/王梦奎，王昭栋主编.—北京：经济日报出版社，1990.8.—275页；大32开.—ISBN 7-80036-274-4：3.60元

改革的现实与展望/胡和立，钟朋荣著.—青岛：青岛出版社，1990.10.—171页；32开.—(国情意识丛书/伍杰主编).—ISBN 7-5436-0507-4：2.35元

组织与环境的互动：中国经济体制改革法律环境的考察与分析/熊继宁著.—北京：中国经济出版社，1990.10.—133页；32开.—ISBN 7-5017-0774-X：3.50元

经济体制改革与建设/赵宏毅等主编.—沈阳：沈阳出版社，1990.1.—343页；大32开.—(中国社会主义体制改革十年丛书/冯玉忠，赵宏毅主编).—ISBN 7-80556-429-9：4.60元

本书阐述我国10年来社会主义经济体制改革的基本理论依据、基本经验和基本成就，指出存在的主要问题、原因和采取的措施，并明确今后我国社会主义经济体制改革的发展方向和目标。

经济体制改革基本理论难题研究/吴振坤主编；中共中央党校经济理论研讨班编著.—北京：中共中央党校出版社，1990.4.—369页；大32开.—ISBN 7-5035-0238-X：4.70元

经济改革十论/宋廷明著.—重庆：重庆出版社，1990.8.—159页；32开.—(中国改革研究丛书/董大林主编).—ISBN 7-5366-1340-7：1.95元

经济改革三大难题深思/冯子标等著.—太原：山西人民出版社，1990.4.—207页；32开.—ISBN 7-203-01525-4：3.55元

经济改革中的争议性问题：来自国外经济学家的论述/周小川编译.—北京：中国对外经济贸易出版社，1990.12.—274页；大32开.—ISBN 7-80004-200-

6；4.50元

经济转轨时期银行与企业弱点初探/傅荣厚等编著.—北京：中国城市经济社会出版社，1990.12.247页；32开.—ISBN 7-5074-0489-7：3.80元

流通领域的变革/顾存伟著.—上海：上海社会科学院出版社，1990.4.—124页；32开.—（经济改革理论丛书/吴绍中，袁恩桢主编）.—ISBN 7-80515-548-8：2.00元

第三次选择/陈定等著.—北京：工人出版社，1990.4.—378页；32开.—ISBN 7-5008-0272-2：4.30元

本书从历史和现实的角度，从中、西方经济发展的分析、比较等方面，探讨了中国经济的第三次选择即建立商品经济体制的必然性和正确性。

F121.1　过渡时期经济成分及其改造

历史性的变革：常州市资本主义工商业社会主义改造资料汇编/李镇瀛，黄元裕主编.—南京：江苏人民出版社，1990.9.—656页；大32开.—ISBN 7-214-00558-1：10.00元

伟大的变革：镇江市资本主义工商业的社会主义改造/中共镇江市委统战部党史办编.—北京：中国文史出版社，1990.12.—229页；32开.—ISBN 7-5034-0306-3：3.00元

牡丹江资本主义工商业的社会主义改造/中共牡丹江市委统战部，中共牡丹江市委党史研究室编.—哈尔滨：黑龙江人民出版社，1990.8.—413页；大32开.—ISBN 7-207-01592-5：5.60元

社会主义三大改造/曹延平编写.—北京：新华出版社，1990.6.—49页；32开.—（中国革命史小丛书/苏双碧主编）.—ISBN 7-5011-0719-X：0.90元

哈尔滨资本主义工商业的社会主义改造/中共哈尔滨市委统战部，中共哈尔滨市委党史研究室编.—哈尔滨：黑龙江人民出版社，1990.12.—497页；大32开.—ISBN 7-207-01745-6（精装）：12.50元

F121.2　社会主义所有制形式

中国城镇集体经济研究/高群主编.—长春：吉林人民出版社，1990.7.—247页；大32开.—国家教委高校博士点基金项目研究成果.—ISBN 7-206-00825-9：4.20元

城镇集体经济问题探索/韩义著.—沈阳：辽宁大学出版社，1990.11.—175页；32开.—ISBN 7-5610-1189-X：2.70元

集体经济理论与实践/谢万霖，周岐主编.—哈尔滨：黑龙江人民出版社，1990.7.—187页；32开.ISBN 7-207-01658-1：2.50元

*　　*　　*

一树春风：当代中国个体私营经济缩影/季康主编.—北京：新华出版社，1990.10.—439页；大32开.—ISBN 7-5011-0945-1：6.00元

工商行政管理与个体经济发展/山东省个体劳动者协会编.—济南：山东人民出版社，1990.5.—372页；32开.—ISBN 7-209-00635-6：3.95元

个体工商业的命运和前途/聂景康等编著.—济南：山东人民出版社，1990.12.—293页；大32开.—山东省哲学社会科学"七五"规划重点项目.—ISBN 7-209-00761-X：3.75元

个体私营经济管理/连相义主编.—长春：吉林大学出版社，1990.2.—361页；32开.—ISBN 7-5601-0430-4：4.60元

个体经济私营经济管理和个体劳动者协会工作讲义/国家工商行政管理局个体私营经济司，中国个体劳动者协会秘书处编.—北京：北京大学出版社，1990.1.—178页；32开.—ISBN 7-301-01060-5：2.40元

个体经济实用手册/秦子敏，李海波主编.—北京：中国财政经济出版社，1990.12.—795页；大32开.ISBN 7-5005-1188-4（精装）：13.50元

个体经济实用手册/秦子敏，李海波主编.—北京：中国财政经济出版社，1990.12.—795页；大32开.ISBN 7-5005-1189-2：11.50元

个体经济管理学/杨克强主编.—成都：四川大学出版社，1990.4.—208页；32开.—ISBN 7-5614-0283-X：2.20元

个体经营指导/《个体经营指导》编委会编.—上海：上海人民出版社，1990.6.—436页；32开.—ISBN 7-208-00983-X：6.00元

个集体经济与管理/李国兴主编.—呼和浩特：内蒙古人民出版社，1990.3.—281页；32开.—ISBN 7-204-00923-1：4.00元

中国个体经济/陈宝荣著.—上海：上海社会科学院出版社，1990.9.—174页；32开.—（经济改革理论丛书/吴绍中，袁恩桢主编）.—ISBN 7-80515-582-8：2.50元

中国现阶段私营经济探索/王克忠主编.—上海：复旦大学出版社，1990.6.—303页；大32开.—ISBN 7-309-00472-3：4.60元

中国的个体和私营经济/国务院研究室个体、私营经济调查组编.—北京：改革出版社，1990.11.—345页；32开.—ISBN 7-80072-022-5：3.60元

私有经济管理/刘裕炎等主编.—大连：大连理工大学出版社，1990.2.—285页；32开.—ISBN 7-5611-0236-0：3.10元

私营经济学/金世和主编.—长春：吉林大学出版社，1990.12.—318页；32开.—ISBN 7-5601-0752

-4：4.30元

私营经济研究/刘恒飞主编.—哈尔滨：黑龙江人民出版社，1990.6.—304页；32开.—ISBN 7-207-01729-4：4.70元

* 　* 　*

中外合资经营项目评估/陈琪等编著.—济南：山东人民出版社，1990.8.—311页；大32开.—ISBN 7-209-00652-4：4.20元

我国国有企业股份制探讨/李国杰主编.—银川：宁夏人民出版社，1990.9.—281页；大32开.—ISBN 7-227-00569-0：4.00元

股份制知识/靳秀珍编.—西安：陕西人民出版社，1990.2.—89页；32开.—ISBN 7-224-01124-X：1.30元

股份制概论/毛作权主编.—东营：石油大学出版社，1990.10.—283页；大32开.—ISBN 7-5636-0126-0：4.50元

股份经济的基本理论与实践/张振环主编.—石家庄：河北人民出版社，1990.8.—369页；大32开.—ISBN 7-202-00734-7：5.45元

股份经济概论/顾焕章，蒋琳编著.—南京：江苏科学技术出版社，1990.5.—268页；大32开.—ISBN 7-5345-0947-5：3.75元

F123　国民经济计划和管理

中国：宏观经济稳定与工业增长/世界银行经济考察团编.—北京：中国财政经济出版社，1990.10.—121页；16开.—(世界银行对中国经济考察研究丛书).—ISBN 7-5005-1113-2：3.70元

本书原名：中国：分权的社会主义下的宏观经济稳定与工业增长

中国地区计划管理研究/钟契夫主编.—北京：中国人民大学出版社，1990.2.—678页；大32开.—(中国人民大学丛书).—ISBN 7-300-00703-1：7.80元

本书研究了我国地区经济和社会发展的计划体制、发展战略、总量和结构的计划平衡和调控、县域经济的计划管理等问题。

中国宏观经济活动分析/毛蕴诗主编.—天津：南开大学出版社，1990.6.—535页；大32开.—全国综合性大学管理学科协作组编选教材.—ISBN 7-310-00305-5：4.40元

中国宏观经济调控模型/吕洪范等著.—大连：东北财经大学出版社，1990.7.—229页；大32开.—ISBN 7-81005-418-X：4.50元

中国改革十年宏观经济调控分析/郝成鸣等著.—北京：中国经济大学出版社，1990.5.—153页；32开.—ISBN 7-5017-0618-2：2.95元

中国微观景气分析/邹刚等著.—北京：中国人民大学出版社，1990.7.—236页；32开.—ISBN 7-300-00838-0：2.85元

计划工作纵横谈/王远让著.—成都：成都出版社，1990.5.—228页；32开.—ISBN 7-80575-043-2：3.20元

计划体制改革若干问题探讨/李振东主编.—沈阳：辽宁人民出版社，1990.4.—185页；32开.—ISBN 7-205-001421-2：1.50元

计划经济工作文件汇编：1989/国家计委办公厅编.—北京：中国计划出版社，1990.5.—356页；16开.—ISBN 7-80058-113-6：7.00元

计划经济基本理论与方法：一百题/周世廉，熊钟霖著；四川干部高教自考辅导站编.—成都：成都科技大学出版社，1990.5.—167页；32开.—ISBN 7-5616-0593-5：1.90元

块块经济学：中国地方政府经济行为分析/关山，姜洪主编.—北京：海洋出版社，1990.5.—351页；大32开.—ISBN 7-5027-0860-X：8.90元

本书从我国社会主义经济"紧运行"的基本态势出发，阐述了地方政府利益主体的生成、演化和运行特征，分析这一利益主体的经济行为，研究其经济行为的运行机制。

宏观经济运行与调控研究/张凤波主编.—上海：上海人民出版社，1990.12.—480页；大32开.—(当代中国经济探索).—ISBN 7-208-00845-0：8.40元

宏观经济调控与统计/郑家亨著.—北京：中国城市经济社会出版社，1990.7.—238页；大32开.—ISBN 7-5074-0311-4：4.20元

国情与决策/中国科学报社编.—北京：北京出版社，1990.9.—249页.大32开.—ISBN 7-200-01069-3(精装)：7.20元

国情与决策/中国科学报社编.—北京：北京出版社，1990.9.—249页；大32开.—ISBN 7-200-01050-2：4.55元

部门经济管理/李秀玲主编.—西安：陕西人民出版社，1990.1.—346页；32开.—ISBN 7-224-01086-3：4.25元

F124　经济建设与发展

中国十年改革的回顾与展望：《1979～1988中国十年经济改革的回顾与展望》国际研讨会文集/国务院发展研究中心等编.—西安：陕西人民出版社，1990.6.—487页；大32开.—ISBN 7-224-00946-6：8.60元

中国现代化的脊梁：国家重点建设项目掠影/新华社《中国记者》杂志社编.—北京：新华出版社，1990.12.—336页；32开.—ISBN 7-5011-1053-0：5.60元

中国国土资源及区域开发/陈永文等编著.—上海：

上海科学技术出版社，1990.1.—340页；大32开.(中国地理丛书).—ISBN 7-5323-1158-9：5.60元

中国国民经济各部门经济效益研究/汪海波主编.北京：经济管理出版社，1990.3.—440页；大32开.ISBN 7-80025-261-2：7.50元

本书包括工业、农业、建筑业、交通运输业，消费品流通、物资流通、对外贸易、金融业和固定资产投资等9个部门关于经济效益的研究报告。

中国经济发展与改革/魏礼群著.—北京：中国财政经济出版社，1990.12.—354页；大32开.—ISBN 7-5005-1164-7：8.55元

中国经济发展概论/刘世义主编.—长春：吉林人民出版社，1990.7.—333页；大32开.—ISBN 7-206-00795-3：4.20元

中国经济改革与发展之研究/于景元等主编.—北京：商务印书馆，1990.1.—394页；大32开.—ISBN 7-100-00806-9：4.95元

中国经济的发展与模型/国务院经济技术社会发展研究中心编.—北京：中国财政经济出版社，1990.5.—543页；16开.—ISBN 7-5005-0380-6：13.00元

协调发展论：社会经济科技协调发展的系统研究/隋映辉著.—青岛：青岛海洋大学出版社，1990.10.—317页；大32开.—ISBN 7-81026-039-8：4.50元

我国经济建设和改革的理论与实践/张学仕等主编.—大连：大连理工大学出版社，1990.11.—241页；大32开.—ISBN 7-5611-0338-7：4.00元

社会主义经济建设与我国改革实践/胡金元编著.哈尔滨：黑龙江教育出版社，1990.9.—321页；32开.—ISBN 7-5316-1127-9：4.00元

建立新的收入分配体制：从分配不公平走向公平分配/魏杰著.—北京：东方出版社，1990.2.—81页；32开.—ISBN 7-5060-0140-3：1.30元

经济发展的回顾/共青团中央宣传部编；马建堂主编.—北京：学苑出版社，1990.2.—222页；32开.(中国国情教育丛书/柳斌杰，李维国主编).—ISBN 7-80060-684-8：2.80元

经济建设与经济改革/李稼蓬著.—合肥：安徽人民出版社，1990.12.—221页；大32开.—ISBN 7-212-00443-X：3.80元

资源综合利用政策和经验文件汇编/国家计委资源节约和综合利用司编.—北京：中国计量出版社，1990.2.—470页；大32开.—ISBN 7-5026-0318-2：7.50元

F125　对外经济关系

中外合作指南/周广仁主编；中外产品报社编.—长春：吉林人民出版社，1990.4.—377页；16开.—ISBN 7-206-00727-8：10.00元

本书包括商务参赞谈双边贸易、海外名人良策、市场特点、国外自由区简介、市场潜力等。

外向经济高效发展探索/周善乔，王军主编.—南京：江苏人民出版社，1990.9.—286页；32开.—ISBN 7-214-00567-0：3.40元

外向经济领导百例评析/孙艺兵等著.—北京：旅游教育出版社，1990.12.—332页；32开.—ISBN 7-5637-0190-7：4.50元

本书从外向经济领导的外部市场环境、自在组织系统、个人思想行为三个层次出发，论述了领导活动的客体、载体和主体三要素之间的基本关系。

外向型经济专题/张惠中等主编.—厦门：鹭江出版社，1990.9.—307页；32开.—ISBN 7-80533-377-7：4.30元

外向型经济发展与管理/蔡秉玺，曲延祜主编.—石家庄：河北人民出版社，1990.2.—305页；32开.ISBN 7-202-00594-8：3.80元

外向型经济发展战略：国际经验与借鉴/黄山河，胡培兆著.—厦门：厦门大学出版社，1990.2.—218页；32开.—ISBN 7-5615-0288-5：3.20元

外向型经济的国际比较/季崇威主编.—济南：山东人民出版社，1990.9.—263页；大32开.—(外向型经济丛书).—ISBN 7-209-00703-2：4.00元

外向型经济理论与实践/陈乔之，黄滋生主编.—广州：暨南大学出版社，1990.2.—446页；大32开.ISBN 7-81029-019-3：5.95元

外向型经济基础知识/叶干青主编.—上海：上海社会科学院出版社，1989.3.—222页；32开.—ISBN 7-80515-339-6：2.45元

外向型经济概论/周咸德等主编.—南京：江苏科学技术出版社，1990.4.—281页；32开.—ISBN 7-5345-0924-6：3.20元

外资利用与管理/张贵乐等编著.—大连：东北财经大学出版社，1990.12.—255页；32开.—ISBN 7-81005-423-6：4.00元

利用外资与发展外向型经济/林树众编著.—北京：中信出版社，1990.7.—243页；大32开.—(利用外资丛书/王明慧主编).—ISBN 7-80073-013-1：4.50元

利用外资指南/梁兆铮著.—上海：同济大学出版社，1990.8.—524页；32开.—ISBN 7-5608-0517-5：9.80元

沿海地区发展外向型经济战略研究/经贸部国际贸易研究所编.—北京：中国对外经济贸易出版社，1990.11.—403页；32开.—ISBN 7-80004-154-9：5.50元

涉外经济概论/汤安中等主编.—济南：山东人民出版社，1990.10.—491页；大32开.—ISBN 7-209-00742-3：7.80元

F126　人民生活状况

1989年中国城镇居民家庭收支调查资料/国家统计局城市社会经济调查总队编.—北京：中国统计出版社，1990.8.—275页；16开.—ISBN 7-5037-0467-5：17.50元

工农业收入差异/刘福垣著.—重庆：重庆出版社，1990.8.—196页；32开.—(中国改革研究丛书/童大林主编).—ISBN 7-5366-1297-4：2.30元

中国消费研究/吴绍中等著.—上海：上海社会科学院出版社，1990.12.—268页；大32开.—ISBN 7-80515-607-7：3.90元

F127　地方经济建设

区域开发信息系统研究/赵锐等主编.—北京：测绘出版社，1990.2.—130页；16开.—(资源与环境信息系统研究系列论文集；9).—ISBN 7-5030-0386-3：4.00元

区域规划与开发对策/山东省惠民地区农业区划办公室编.—北京：农业出版社，1990.2.—268页；32开.—ISBN 7-109-01653-6：3.00元

区域经济发展与价格运动：兼析山西经济后续发展与双重价值流失/吕颖，武静清主编.—北京：中国城市出版社，1990.12.—368页；16开.—ISBN 7-5074-0540-0：19.80元

中国区域经济分析/蒋清海编著.—重庆：重庆出版社，1990.12.—315页；32开.—(现代化探索丛书/钱伟长主编).—ISBN 7-5366-416-0：3.90元

中国地区产业政策研究/周叔莲等主编.—北京：中国经济出版社，1990.6.—429页；大32开.—ISBN 7-5017-0708-1：7.00元

中国地区经济社会发展战略选编/于光远主编.—北京：中国财政经济出版社，1990.7.—558页；16开.—ISBN 7-5005-0997-9：13.50元

中国县经济学/孙学文等著.—北京：中国经济出版社，1990.7.—600页；32开.—ISBN 7-5017-0614-X：7.70元

中国海洋区域经济研究/蒋铁民主编.—北京：海洋出版社，1990.11.—558页；大32开.—ISBN 7-5027-1219-4：8.40元

地区经济发展战略概论/王谦光等著.—上海：上海社会科学院出版社，1990.12.—238页；32开.—ISBN 7-80515-603-4：3.50元

老区经济发展战略措施研究/袁克忠等著.—海口：海南出版公司，1990.4.—179页；大32开.—ISBN 7-80570-220-9：2.60元

全国县委书记的心声/郑华主编；中国县镇丛书编辑部编.—北京：北京出版社，1990.4.—844页；大32开.—(中国县镇丛书).—ISBN 7-200-01061-8(精装)：13.80元

本书所收文章，介绍了改革开放十年来我国广大县、市各条战线取得的巨大成就。

县级计划管理/周用榜主编.—北京：人民出版社，1990.7.—245页；32开.—(县级现代管理必备丛书).—ISBN 7-01-000762-4：3.20元

县级改革的理论与实践/高昌礼主编.—济南：山东人民出版社，1990.5.—306页；大32开.—ISBN 7-209-00679-6：4.40元

县级精神文明建设和外向型经济决策理论与实践/李明启，丁宗山编著.—济南：山东人民出版社，1990.3.—209页；大32开.—(县级决策理论与实践丛书/杜秀明，王国华主编).—ISBN 7-209-00638-9：2.60元

县域经济决策导论/周志纯，徐荣安主编.—武汉：华中理工大学出版社，1990.3.—197页；32开.—ISBN 7-5609-0404-1：2.50元

本书着重研究了我国县域经济的发展战略和发展道路的决策问题。

环渤海经济研究/马野主编.—北京：中国计划出版社，1990.5.—162页；大32开.—(国土综合开发规划研究丛书).—ISBN 7-80058-109-8：2.40元

城乡一体化发展决策理论与实践/张福信编著.—济南：山东人民出版社，1990.3.—206页；大32开.(县级决策理论与实践丛书/杜秀明，王国华主编).ISBN 7-209-00637-0：3.15元

省、市、县区域规划与管理信息系统研究/陈丙咸等主编.—北京：测绘出版社，1990.7.—115页；16开.(资源与环境信息系统研究系列论文集；10).—ISBN 7-5030-0375-8：4.00元

黄土高原三川河流域区域治理与开发信息系统研究/孙亚梅等主编.—北京：测绘出版社，1990.—113页；16开.—(资源与环境信息系统研究系列论文集；3).—ISBN 7-5030-0363-4：4.00元

黄土高原地区乡镇建设及繁荣农村经济的途径/中国科学院黄土高原综合科学考察队编.—北京：中国经济出版社，1990.12.—162页；16开.—(黄土高原地区综合治理开发考察系列研究).—ISBN 7-5017-1061-9：6.10元

黄土高原地区综合治理开发分区研究/中国科学院黄土高原综合科学考察队编.—北京：中国经济出版社，1990.11.—175页；16开.—(黄土高原地区综合治理开发考察系列研究).—ISBN 7-5017-1158-5：7.00元

F127.1　北京市

北京市投入产出表：1985/北京市统计局编.—北京：中国统计出版社，1990.4.—383页；16开.—ISBN 7-5037-0402-0(精装)：65.00元

北京市综合经济管理实践与探索/北京市计划委员

会研究室，北京市计划经济研究所编.—北京：北京科学技术出版社，1990.8.—301页；32开.—ISBN 7-5304-0776-7：4.00元

北京投入产出表：1987（上）：物质产品和劳务/北京市投入产出办公室，北京市统计局编.—北京：中国统计出版社，1990.4.—621页；16开.—ISBN 7-5037-0426-8（精装）：80.00元

北京投入产出表：1987（下）：物质产品/北京市投入产出办公室，北京市统计局编.—北京：中国统计出版社，1990.6.—509页；16开.—ISBN 7-5037-0429-2（精装）：75.00元

探索的足迹：北京市经济体制改革重大事件研究/李宗凌等编.—北京：经济管理出版社，1990.6·394页；大32开.—ISBN 7-80025-310-4：6.00元

F127.2　华北地区

天津经济年鉴：1990/《天津经济年鉴》编辑部编.—天津：天津人民出版社，1990.10.—859页：彩照；16开.—ISBN 7-80562-075-5（精装）：42.00元

协调发展理论与天津的实践/马洪主编.—北京：大地出版社，1990.6.—352页；大32开.—（对策研究丛书/方放，李建国总编）.—ISBN 7-80068-131-9：5.90元

科技兴市战略：理论与实践/关西普主编.—天津：天津科技翻译出版公司，1990.7.—202页；32开.ISBN 7-5433-0082-6：3.80元

渤海明珠：黄骅采风录/林希著.—天津：天津人民出版社，1990.8.—254页；32开.—（中国名城名镇丛书/林非，柳萌主编）.—ISBN 7-201-00635-X：3.50元

县域规划研究与探索：河北省获鹿县县域规划/李恩庆等主编.—北京：中国建筑工业出版社，1990.12.—149页；16开.—ISBN 7-112-01240-6：7.30元

河北经济统计年鉴：1990/河北省统计局，河北省社会科学院经济研究所编.—北京：中国统计出版社，1990.8.—821页；16开.—ISBN 7-5037-0456-X（精装）：38.00元

承德思路/河北工商报社编.—北京：科学普及出版社，1990.5.—138页；大32开.—ISBN 7-110-01576-9：3.20元

大同市经济发展战略研究/岳林主编.—太原：山西人民出版社，1990.3.—452页；大32开.—ISBN 7-203-01442-8：11.20元

山西中阳县综合治理与经济发展战略规划：黄土高原地区综合治理开发研究/李凯明主编.—北京：科学出版社，1990.11.—246页；16开.—ISBN 7-03-002019-7：11.50元

晋城市/《中国城市经济社会丛书》总编委会，《中国城市经济社会丛书晋城市》编委会编.—北京：中国城市经济社会出版社，1990.3.—253页；16开.—（中国城市经济社会丛书/林汉雄，刘国光主编）.—ISBN 7-5074-0228-2（精装）：25.00元

晋城市情与改革发展战略/柏扶疏主编.—太原：山西人民出版社，1990.9.—194页；大32开.—ISBN 7-203-01771-0：3.60元

榆次市/《中国城市经济社会丛书》总编委会，《中国城市经济社会丛书·榆次市》编委会编.—北京：中国城市经济社会出版社，1990.3.—175页；16开.—（中国城市经济社会丛书/林汉雄，刘国光主编）.—ISBN 7-5074-0120-0（精装）：20.00元

新兴工矿城市经济改革探索：古交发展战略研究/霍润德，夏慧玲著.—西安：陕西师范大学出版社，1990.8.—108页；32开.—ISBN 7-5613-0348-3：21.50元

内蒙古自治区经济发展史：1947～1988/林蔚然，郑广智主编.—呼和浩特：内蒙古人民出版社，1990.9.—622页；大32开.—ISBN 7-204-01020-5：8.00元

内蒙古经济发展战略与产业政策研究/内蒙古自治区经济研究中心编.—呼和浩特：内蒙古人民出版社，1990.12.—518页；大32开.—ISBN 7-204-01257-7：7.00元

内蒙古旗县经济研究　上册/内蒙古日报理论部编.—呼和浩特：内蒙古人民出版社，1990.4.—229页；32开.—ISBN 7-204-00908-8：3.50元

乌兰察布盟国土资源/乌兰察布盟计划委员会编·呼和浩特：内蒙古人民出版社，1990.5.—766页；16开.—ISBN 7-204-00810-3（精装）：45.00元

阿拉善盟/周粒公主编.—北京：中国计划出版社，1990.4.—203页；32开.—（地区经济开发信息丛书：内蒙古卷/袁木主编）.—ISBN 7-80058-135-7：4.10元

呼伦贝尔盟/达喜道尔吉主编.—北京：中国计划出版社，1990.4.—277页；32开.—（地区经济开发信息丛书：内蒙古卷/袁木主编）.—ISBN 7-80058-134-9：4.75元

F127.3　东北地区

大连自由港区研究/金宗项主编.—大连：大连海运学院出版社，1990.6.—231页；大32开.—ISBN 7-5632-0213-7：4.50元

中国的黄金海岸——辽东半岛：汉英对照/《中国的黄金海岸—辽东半岛》编辑部编.—沈阳：辽宁人民出版社，1990.4.—430页；16开.—ISBN 7-205

01236-8(精装)

辽东半岛科技经济战略/杨廷郊，王英主编.—沈阳：辽宁大学出版社，1990.10.—250页；大32开. ISBN 7-5610-1011-7：3.80元

辽宁工业交通发展研究/黄宝英主编.—北京：中国计划出版社，1990.7.—617页；大32开.—ISBN 7-80058-137-3：10.00元

辽宁经济统计年鉴：1990/《辽宁经济统计年鉴》编委会编.—北京：中国统计出版社，1990.8. 642页：彩照；16开.—ISBN 7-5037-0475-6(精装)：34.00元

沈阳"七五"发展格局/《沈阳"七五"发展格局》编审组编.—沈阳：沈阳出版社，1990.1.—427页；大32开.—ISBN 7-80056-438-8：7.00元

沈阳经济改革的思路与探索/唐守山，吴承昌主编.—沈阳：沈阳出版社，1990.5.—355页；大32开.—ISBN 7-80556-452-3：5.40元

沈阳经济统计年鉴：1990/《沈阳经济统计年鉴》编委会编.—北京：中国统计出版社，1990.7.—669页：彩照；16开.—ISBN 7-5037-0451-9(精装)：30.00元

股份合作制在辽宁：城镇集体经济深化改革的探索/田稳等主编.—沈阳：辽宁大学出版社，1990.12. 412页；32开.—ISBN 7-5610-1233-0：4.90元

营口市/张恩普主编.—北京：中国计划出版社，1990.2.—258页；32开.—(地区经济开发信息丛书：辽宁卷/袁木主编).—ISBN 7-80058-098-9：4.80元

长白山区资源综合开发研究/崔立兴主编.—北京：学苑出版社，1990.6.—200页；16开.—ISBN 7-5077-0038-0：11.00元

长白山中的探索与开发/中共浑江市委政策研究室，中共吉林省委新长征杂志社编.—长春：吉林人民出版社，1990.7.—352页；大32开.—ISBN 7-206-00819-4：4.00元

吉林省产业结构与产业政策研究/刘希林主编.—长春：东北师范大学出版社，1990.3.—340页；大32开.—ISBN 7-5602-0379-5(精装)：6.50元

敦化朝鲜族经济/金光哲主编.—延吉：延边人民出版社，1990.4.—125页；32开.—ISBN 7-80508-522-6：1.50元

齐齐哈尔经济统计年鉴：1990/齐齐哈尔市统计局编.—北京：中国统计出版社，1990.7.—610页：彩照；16开.—ISBN 7-5037-0437-3(精装)：45.00元

牡丹江市改革与建设理论文集　(一)/李立敏，高志新主编.—牡丹江：黑龙江朝鲜民族出版社，1990.12.—447页；大32开.—ISBN 7-5389-0295-3：5.40元

轨迹·模式·选择：黑龙江省产业结构研究/许明达主编.—北京：中国财政经济出版社，1990.12. 291页；大32开.—ISBN 7-5005-1372-5：7.00元

改革的回顾与探索/王宝秀，鲁春秋主编.—哈尔滨：黑龙江人民出版社，1990.9.—352页；32开. ISBN 7-207-01719-7：4.80元

本书是关于黑龙江省七台河市经济体制改革的论文集。

佳木斯经济统计年鉴：1990/《佳木斯经济统计年鉴》编辑委员会编.—北京：中国统计出版社，1990. 9.—489页：彩照；16开.—ISBN 7-5037-0501-9(精装)：38.00元

黑龙江经济统计年鉴：1990/黑龙江省统计局编. 北京：中国统计出版社，1990.8.—721页：彩照；16开.—ISBN 7-5037-0471-8(精装)：41.00元

黑龙江省边境地区经济社会发展情况/袁庆寿主编. 哈尔滨：黑龙江人民出版社，1990.5.—468页；大32开.—ISBN 7-207-01554-2：11.00元

F127.4　西北地区

区域战略研究：渭南2000年/郝景帆主编.—西安：陕西人民出版社，1990.8.—462页；大32开. ISBN 7-224-01381-1(精装)：10.90元

科技兴陕文集　第二集/林启俭等编.—西安：西北大学出版社，1990.6.—546页；大32开.—ISBN 7-5604-0183-X(精装)：7.50元；(平装)：6.00元

甘肃民族地区经济发展战略研究：1990～2000/滕品文主编.—兰州：甘肃民族出版社，1990 6 —302页；32开.—ISBN 7-5421-0053-X：4.00元

甘肃产业政策研究/魏武峰等编著.—兰州：甘肃人民出版社，1990.10.—497页；大32开.—ISBN 7-226-00718-5：6.25元

甘肃省正宁县综合治理与经济发展战略规划/中国科学院黄土高原综合科学考察队等编.—北京：科学出版社，1990.12.—219页；16开＋附图1袋.(黄土高原地区综合治理开发研究).—ISBN 7-03-002268-8：12.00元

在探索中前进：青海改革对话集/刘忠主编.—西宁：青海人民出版社，1990.8.—251页；大32开. ISBN 7-225-00405-4：3.10元

青海产业结构与产业政策研究/卞耀武等主编.—西宁：青海人民出版社，1990.8.—524页；大32开. ISBN 7-225-00395-X：7.00元

2000年新疆经济发展战略研究/金云辉，刘宗灏主编.—乌鲁木齐：新疆人民出版社，1990.3.—247页；大32开.—(新疆经济研究丛书).—ISBN 7-228-01259-3(精装)：6.75元

克拉玛依市/《中国城市经济社会丛书》总编委会，《中国城市经济社会丛书·克拉玛依市》编委会编.北京：中国城市经济社会出版社，1990.12.—104页；16开.—(中国城市经济社会丛书/林汉雄，刘国光主编).—ISBN 7-5074-0483-8(精装)：18.00元

走向中东：新疆对西亚诸国开放战略研究/张保国主编.—乌鲁木齐：新疆大学出版社，1990.8.—317页；32开.—ISBN 7-5631-0144-6：4.00元

新疆产业结构与产业政策研究/黄宝璋等主编.—乌鲁木齐：新疆人民出版社，1990.9.—465页；大32开.—(新疆经济研究丛书).—ISBN 7-228-01445-6(精装)：10.60元

新疆县级经济研究/中共新疆维吾尔自治区委员会政策研究室编.—乌鲁木齐：新疆人民出版社，1990.2.—382页；大32开.—(新疆经济研究丛书).—ISBN 7-228-01226-7：4.55元

新疆经济改革探索/苏永光主编.—乌鲁木齐：新疆人民出版社，1990.1.—546页；32开.—ISBN 7-228-01159-7：4.35元

F127.5　华东地区

九十年代上海经济展望/上海社会科学院编.—上海：上海社会科学院出版社，1990.5.—61页；大32开.—ISBN 7-80515-583-6：1.50元

上海/上海市人民政府新闻处编辑；丁定等摄影.上海：上海人民美术出版社，1990.5.—1册；大16开.—ISBN 7-5322-0737-4

上海经济年鉴：1990/上海社会科学院《上海经济年鉴》编辑部编.—上海：三联书店上海分店，1990.10.—587页；彩照；16开.—ISBN 7-5426-0363-9(精装)：46.00元

上海香港比较研究/姚锡棠主编.—上海：上海人民出版社，1990.12.—304页；大32开.—ISBN 7-208-01025-0：5.95元

上海浦东开发简介/上海市浦东开发办公室，上海国际信息交流协会编.—上海：上海人民出版社，1990.5.—28页；彩照；16开.—ISBN 7-208-00936-8：2.80元

发展与改革：若干重大经济问题研究/林炳秋等主编.—上海：上海人民出版社，1990.12.—764页；大32开.—上海市哲学社会科学"七五"规划重点科研项目.—ISBN 7-208-01145-1：12.50元

金山/李成章等编写.—北京：中国计划出版社，1990.9.—178页；32开.—(地区经济开发信息丛书：上海卷/袁木主编).—ISBN 7-80058-081-4：4.60元

浦东开发指南/上海社会科学学会联合会，上海市计委经济研究所编.—上海：上海社会科学院出版社，1990.10.—318页；32开.—ISBN 7-80515-598-4：4.00元

探索上海科技与经济优化组合之路　第二卷/林起章，翁征祥主编.—上海：上海科学技术文献出版社，1990.12.—563页；大32开.—ISBN 7-80513-762-5：9.50元

山东地区经济发展战略研究/季星如，郭新璋主编.—济南：济南出版社，1990.12.—294页；16开.ISBN 7-80572-331-1：14.00元

山东经济优势/王凌权等编著.—北京：新华出版社，1990.—278页；大32开.—ISBN 7-5011-0644-4：4.50元

未来的兖州：兖州经济社会发展战略研究/李月珠等主编.—济南：山东省地图出版社，1990.7.—426页；大32开.—ISBN 7-80532-031-4：10.50元

发展山东外向型经济探索/迟树功主编.—北京：求实出版社，1990.1.—274页；32开.—ISBN 7-80033-190-3：3.60元

齐鲁大趋势：水产分册/刘国祥等主编.—济南：山东人民出版社，1990.6.—196页；大32开.—ISBN 7-209-00675-3：3.30元

齐鲁大趋势：外贸分册/牟德华等主编.—济南：山东人民出版社，1990.12.—207页；大32开.—ISBN 7-209-00768-7：3.40元

齐鲁大趋势：民政·橡胶工业分册/马连印等主编.—济南：山东人民出版社，1990.11.—273页；大32开.—ISBN 7-209-00752-0：4.10元

齐鲁大趋势：机械·石油供销分册/陈崇宽等主编.—济南：山东人民出版社，1990.11.—236页；大32开.—ISBN 7-209-00784-9：3.75元

齐鲁大趋势：农业分册/齐可友等主编.—济南：山东人民出版社，1990.9.—182页；大32开.—ISBN 7-209-00732-6：3.10元

齐鲁大趋势：农机供应分册/杜丕竹等主编.—济南：山东人民出版社，1990.4.—281页；大32开.ISBN 7-209-00631-1：4.15元

齐鲁大趋势：劳改劳教分册/赵振锜等主编.—济南：山东人民出版社，1990.12.—251页；照片；大32开.—ISBN 7-209-00783-0：4.10元

齐鲁大趋势：纺织分册/平茅庐主编.—济南：山东人民出版社，1990.12.—274页；大32开.—ISBN 7-209-00781-4：4.30元

齐鲁大趋势：青岛分册/于晓明等主编.—济南：山东人民出版社，1990.9.—221页；大32开.—ISBN 7-209-00715-6：3.50元

齐鲁大趋势：供销社分册/朱本伟等主编.—济南：山东人民出版社，1990.3.—434页：照片；大32开.ISBN 7-209-00623-0：5.90元

齐鲁大趋势：建筑分册/郑树龙，苏文进主编.—济南：山东人民出版社，1990.6.—178页；大32开.ISBN 7-209-00671-0：3.00元

齐鲁大趋势：轻工分册/于晓明等主编.—济南：山东人民出版社，1990.11.—263页；大32开.—ISBN 7-209-00750-4：4.00元

齐鲁大趋势：济南分册/宋焕新等主编.—济南：山东人民出版社，1990.8.—303页；大32开.—ISBN 7-209-00438-6：4.45元

齐鲁大趋势：盐业分册/王忠，张可礼主编.—济南：山东人民出版社，1990.5.—203页；大32开.ISBN 7-209-00192-1：3.30元

齐鲁大趋势：铁路分册/李存业主编.—济南：山东人民出版社，1990.4.—325页；大32开.—ISBN 7-209-00630-3：4.70元

齐鲁大趋势：黄金分册/刘忠怀主编.—济南：山东人民出版社，1990.4.—241页；大32开.—ISBN 7-209-00284-7：3.80元

齐鲁大趋势：鲁北分册/韩壮主编.—济南：山东人民出版社，1990.9.—184页；大32开.—ISBN 7-209-00734-2：3.10元

齐鲁大趋势：鲁南分册/吴开晋等主编.—济南：山东人民出版社，1990.7.—233页；大32开.—ISBN 7-209-00716-4：3.60元

齐鲁大趋势：潍坊分册/刘远顺主编.—济南：山东人民出版社，1990.12.—272页；大32开.—ISBN 7-209-00782-2：4.15元

兴鲁强国路/山东省经济体制改革委员会编.—济南：山东人民出版社，1990.8.—410页；大32开.ISBN 7-209-00727-X：5.50元

本书收入山东省67个经济体制改革先进地区、企事业单位的典型经验。

青岛宏观经济模型研究　(一)/《青岛宏观经济模型》课题组编.—青岛：青岛海洋大学出版社，1990.10.—125页；大32开.—ISBN 7-81026-096-0：1.95元

拓荒的人：来自经济技术开发区的报告/陈万光主编.—北京：中国经济出版社，1990.12.—311页；大32开.—ISBN 7-5017-1023-6：9.50元

振兴沂南之路/中共沂南县委组编；牛泉然，黄宜全主编.—北京：中国广播电视出版社，1990.10.316页；大32开.—(山东区域发展研究丛书/王保生，刘恒敏主编).—ISBN 7-5043-0771-8：4.30元

菏泽经济四十年/毕可文主编.—济南：济南出版社，1990.2.—465页；大32开.—ISBN 7-80572-111-4：6.50元

十年技改巡礼/张皓亮，祝昌荣主编.—南京：江苏人民出版社，1990.4.—680页；大32开.—ISBN 7-214-00436-4：6.70元

本书系统地总结了十年江苏技术改造的经验，分为“行业篇”，“地区篇”和“政策篇”。

中国江苏私营经济大观/《中国江苏私营经济大观》编辑部编.—北京：新华出版社，[1990].421页；16开.—ISBN 7-5011-0703-3(精装)：26.00元

江苏小城镇投资环境综览/吴大声主编.—南京：江苏人民出版社，1990.6.—855页；大32开.—ISBN 7-214-00462-3(精装)：6.00元

江苏经济年鉴：1989/江苏经济年鉴编辑委员会编.—南京：南京大学出版社，1989.9.—1册：彩照；16开.—ISBN 7-305-00521-5(精装)：35.00元

江苏省市县经济：1990/江苏省统计局编.—北京：中国统计出版社，1990.7.—483页；大32开.—ISBN 7-5037-0454-3：15.00元

走在全国前列：无锡县经济起飞之路/农业部政策法规司编.—北京：人民出版社，1990.2.—351页；大32开.—ISBN 7-01-000615-6：5.20元

来自经济发达县的报告：江苏省无锡县艰苦奋斗业绩录/虞国胜主编.—上海：上海人民出版社，1990.12.—291页；32开.—ISBN 7-208-01104-4：3.95元

完善与发展/周葆华主编.—北京：中国经济出版社，1990.5.—275页；32开.—(《淮阴大浪潮》论文集；2).—ISBN 7-5017-0496-X：3.00元

南通经济结构调整思考/顾德山主编.—上海：上海人民出版社，1990.9.—310页；大32开.—ISBN 7-208-01030-7：5.95元

献给苏北的思考：续集/中共江苏省委组织部编.南京：江苏教育出版社，1990.12.—354页；32开.ISBN 7-5343-1201-9：3.20元

瞩目戴南/丁峰等编著.—南京：河海大学出版社，1990.1.—147页；32开.—ISBN 7-5630-0254-5：2.00元

本书反映了兴化市戴南镇近几年来改革和建设的成就。

合肥纵横/方明主编.—合肥：安徽人民出版社，1990.9.—420页；大32开.—ISBN 7-212-01472-3：5.20元

安徽县级经济改革/洪心忠主编.—北京：改革出版社，1990.10.—607页；大32开.—ISBN 7-80072-119-1：7.50元

外向型经济新思考：宁波市整治之年发展外向型经济研讨会文集/宁波市经济研究中心编.—杭州：浙

江大学出版社，1990.1.—274页；大32开.—ISBN 7-308-00284-5：3.50元

宁波发展之研究/朱宁康主编.—杭州：浙江大学出版社，1990.12.—338页；大32开.—（浙江发展之研究丛书/魏桥主编）.—ISBN 7-308-00670-0：5.80元

浙江1979～1988年经济发展报告/浙江十年（1979—1988）经济发展的系统分析课题组编.—杭州：杭州大学出版社，1990.12.—214页；大32开.—（浙江经济与社会发展丛书）.—ISBN 7-81035-075-7：3.20元

浙江外向型经济探索/方根雄主编.—杭州：浙江人民出版社，1990.12.—341页；32开.—ISBN 7-213-00627-4：4.50元

浙江投资环境：英汉对照/高志钧等撰文.—杭州：浙江人民出版社，1990.2.—96页；24开.—ISBN 7-213-00478-6：8.00元

浙江经济年鉴：1990/中国共产党浙江省委员会政策研究室，浙江省人民政府经济技术社会发展研究中心.—杭州：浙江人民出版社，1990.11.—629页；16开.—ISBN 7-213-00586-3（精装）：30.00元

浙江省技术改造先进企业成果汇编：1979～1988/浙江省计划经济委员会编.—杭州：浙江科学技术出版社，1990.3.—280页；大16开.—ISBN 7-5341-0251-0

温州模式研究/张仁寿，李红著.—北京：中国社会科学出版社，1990.1.—326页；大32开.—（中国现实经济丛书/马洪，刘国光主编）.—ISBN 7-5004-0538-3：4.50元

衢州市经济与社会发展战略研究/衢州市经济与社会发展战略研究委员会，杭州大学衢州市经济与社会发展战略研究课题组编著.—杭州：杭州大学出版社，1990.11.—486页；大32开.—（浙江经济与社会发展丛书）.—ISBN 7-81035-061-7：7.00元

后发对策论：江西产业结构塑造探索/熊承忠著.南昌：江西人民出版社，1990.7.—225页；大32开.—ISBN 7-210-00859-4：3.90元

1991～2000年同安县经济社会发展战略/厦门新亚经济技术研究所同安县计划委员会编；王洛林主编.厦门：厦门大学出版社，1990.12.—188页；大32开.—ISBN 7-5615-0352-0：3.20元

闽西经济研究/邱炳皓主编.—北京：中国计划出版社，1990.11.—309页；大32开.—ISBN 7-80058-153-5：3.90元

闽南三角地区社会经济概况：1990/厦门市统计局等编.—北京：中国统计出版社，1990.9.—209页；32开.—ISBN 7-5037-0499-3：9.30元

闽南区域经济发展与空间布局/姚士谋等著.—合肥：中国科学技术大学出版社，1990.2.—238页；16开.—ISBN 7-312-00167-X：8.00元

厦门经济特区年鉴：1990/厦门经济特区年鉴编辑委员会编.—北京：中国统计出版社，1990.9.470页；彩照；16开.—ISBN 7-5037-0490-X（精装）：39.00元

湄洲湾开发研究/金文亨主编.—厦门：厦门大学出版社，1990.5.—199页；32开.—ISBN 7-5615-2703-7：3.20元

福州经济年鉴：1990/《福州经济年鉴》编辑委员会编.—北京：中国统计出版社，1990.8.—613页；16开.—ISBN 7-5037-0492-6（精装）：40.00元

福建经济发展战略研究：1990～2000/福建省计划委员会，福建省经济研究中心课题组编.—福州：福建人民出版社，1990.9.—244页；32开.—ISBN 7-211-01400-8：4.50元

福建经济年鉴：1990/福建经济年鉴编辑委员会编辑.—福州：福建人民出版社，1990.8.—761页：彩照；16开.—ISBN 7-211-01392-3（精装）：40.00元

战后台湾经济分析/（日）刘进庆著；雷慧英译.厦门：厦门大学出版社，1990.5.—476页；大32开.—ISBN 7-5615-0291-5：7.80元

F127.6　中南地区

平顶山地区经济/朱廷灿主编.—郑州：河南人民出版社，1990.12.—353页；32开.—ISBN 7-215-01329-4：4.80元

县级经济社会生态协调发展规划模型及其可行性研究：以豫南山区桐柏县为例/汪秉仁等编著.—开封：河南大学出版社，1990.3.—195页；大32开.（黄淮海地区经济发展研究丛书）.—ISBN 7-81018-447-4：5.50元

河南经济统计年鉴：1990/河南省统计局编.—北京：中国统计出版社，1990.7.—664页；16开.—ISBN 7-5037-0473-X（精装）：39.00元

市带县综合改革面面观/樵林等编著.—武汉：湖北人民出版社，1990.4.—351页；32开.—ISBN 7-216-00556-2：3.70元

武汉经济协作区业务联络大全（1）/颜庆夫主编.—武汉：武汉出版社，1990.2.—261页；16开.ISBN 7-5430-0288-4：18.00元

武昌县科技经济社会协调发展总体规划：1989年～2000年/杨锡麟主编.—武汉：武汉出版社，1990.

3.—436页；16开.—ISBN 7-5430-0312-0(精装)：20.00元

砺口在改革中前进/郭兆庆主编.—武汉：武汉出版社，1990.1.—180页；32开.—ISBN 7-5430-0305-8：3.50元

崛起：湖北发展战略的若干理论探索与实践/彭池，赵永华主编.—武汉：武汉出版社，1990.6.312页；大32开.—ISBN 7-5430-0351-1：4.80元

湖北长江经济带的开放与开发/石尚文主编.—武汉：华中理工大学出版社，1990.12.—270页；大32开.—ISBN 7-5609-0531-5：4.50元

湖北经济大观：1978～1989/王文良，李卓汉主编.—北京：中国统计出版社，1990.9.—433页：彩照；16开.—ISBN 7-5037-0481-0（精装）：39.00元

区域综合发展规划规范化研究：湘潭市2000年经济科技社会发展规划/湘潭市2000年经济科技社会发展规划办公室，湖南省社会科学院社会经济系统工程研究所编.—长沙：湖南科学技术出版社，1990.12.338页；16开.—国家科委软科学研究课题《区域综合发展规划规范化试点研究》文集.—ISBN 7-5357-0930-3（精装）：16.00元；（平装）：12.00元

过渡试验区道路探索/李亚水主编.—长沙：湖南出版社，1990.9.—286页；32开.—ISBN 7-5438-0012-8：3.80元

广东十年经济体制改革研究/吴奕新编著.—广州：中山大学出版社，1990.8.—292页；大32开.—ISBN 7-306-00346-1：4.90元

广东传统产业和新兴产业的现状与发展趋势/黄翊等著.—广州：广东高等教育出版社，1990.10.—107页；大32开.—ISBN 7-5361-0558-4：2.20元

广东经济特区十年/《广东经济特区十年》编辑委员会编纂.—广州：广东科技出版社，1990.8.—303页；16开.—ISBN 7-5359-0711-3（精装）

迎接新的挑战：深圳市科技发展的回顾与展望/邵汉青主编.—深圳：海天出版社，1990.8.—251页；大32开.—（深圳特区实践与探索丛书）.—ISBN 7-80542-283-4：6.40元

深圳十年的理论探索：社会主义初级阶段理论与深圳经济特区/杨广慧著.—深圳：海天出版社，1990.8.—2册（587页）；大32开.—ISBN 7-80542-260-5：9.50元

深圳特区十年/秦文俊主编.—深圳：海天出版社，1990.10.—423页；大32开.—ISBN 7-80542-231-1：6.80元

香港经济统计资料汇编/港澳研究所编.—北京：中国统计出版社，1990.6.—226页；大32开.—ISBN 7-5037-0353-9：3.90元

本书资料来自香港政府及香港有关工商机构公布的统计数字。全书包括生产总值，人口和劳动力，财政与金融，制造业和农、渔、矿业，对外贸易、房地产、建筑业等。

简明当代香港经济/沈元章编著.—北京：科学出版社，1990.10.—350页；32开.—（深圳经济特区建立十周年丛书；6）.—ISBN 7-03-002239-4：6.00元

海南开放改革新思路/张运文，徐林发主编.—广州：广东高等教育出版社，1990.11.—233页；大32开.—ISBN 7-5361-0582-7：3.90元

海南岛建设投资指南：汉英对照/杨永生等编；李喆等译.—北京：中国建筑工业出版社，1990.7.245页；32开.—ISBN 7-112-01060-8：4.60元

海南经济发展及管理问题探讨：北京经济函授大学海口分校第三届学员优秀毕业论文选/高云天等主编.—海口：三环出版社，1990.7.—288页：照片；32开.—ISBN 7-80564-143-9：5.50元

海南经济特区设立外商投资企业指南/海南省投资促进委员会编.—海口：三环出版社，1990.9.—41页；大32开.—ISBN 7-80564-222-2：5.80元

广西产业经济研究/孙可庸编著.—桂林：广西师范大学出版社，1990.5.—396页；32开.—（改革与战略丛书；8）.—ISBN 7-5633-0845-8：3.50元

开放的广西/广西壮族自治区政策研究室编.—南宁：广西教育出版社，1990.3.—204页；16开.—ISBN 7-5435-0798-6（精装）：15.00元

本书介绍了广西的现状、特点、潜力、开发前景，以及各种优惠政策、投资程序、手续等。

发展广西经济纵横谈/覃立勋著.—南宁：广西民族出版社，1990.2.—313页；32开.—ISBN 7-5363-0736-5：4.00元

梧州地区外向型经济发展战略研究/中共梧州地委政策研究室编.—南宁：广西人民出版社，1990.7.366页；大32开.—ISBN 7-219-01588-7：4.50元

F127.7　西南地区

川西北地区资源开发研究/赵佐成主编.—北京：中国科学技术出版社，1990.12.—169页；16开.（西南地区资源开发与发展战略研究）.—ISBN 7-5046-0265-5：11.00元

广元市2000年展望/《广元市2000年展望》编辑委员会编.—成都：四川人民出版社，1990.8.—623页：彩照；16开.—（中国经济发展战略系列丛书）.—ISBN 7-220-01071-0（精装）：29.50元

巴蜀潮涌夔门开：四川改革见闻与思考/王木林，韩南征著.—北京：中国人民大学出版社，1990.8.238页；大32开.—ISBN 7-300-00866-6：3.60元

达县改革之路/邓元杰编.—成都：四川大学出版社，1990.4.—181页；32开.—ISBN 7-5614-0291-0：1.95元

重庆经济对外开放战略研究/陈之惠主编.—北京：中国计划出版社，1990.10.—103页；16开.—（重庆产业发展蓝皮书；第三号）.—ISBN 7-80058-156-X：4.50元

绵阳发展战略/羊重海等主编.—成都：四川人民出版社，1990.9.—642页；大32开.—ISBN 7-220-01087-7：8.05元

贵州个体经济研究/肖英伟主编.—贵阳：贵州人民出版社，1990.12.—188页；32开.—ISBN 7-221-02422-7：3.00元

贵州省地域结构与资源开发/蔡运龙著.—北京：海洋出版社，1990.5.—281页；大32开.—（区域方略与现代化丛书）.—ISBN 7-5027-0898-7：4.80元

云南省41个贫困县脱贫致富战略研究/郭正秉等主编.—昆明：云南人民出版社，1990.4.—388页；大32开.—ISBN 7-222-00578-1：8.50元

云南热区宝地开发：亚热带丘陵山地经济开发研究/李文林，朱平主编.—昆明：云南人民出版社，1990.10.—134页；32开.—ISBN 7-222-00678-8：2.50元

弥勒县经济发展战略/张怀渝主编.—昆明：云南人民出版社，1990.11.—198页：彩照；32开.—ISBN 7-222-00704-0：3.20元

南涧彝族自治县脱贫致富规划：1989～2010/郭正秉主编.—昆明：云南人民出版社，1990.9.—263页；32开.—（云南省41个贫困县脱贫致富战略研究丛书；5/郭正秉主编）.—ISBN 7-222-00599-4：3.50元

剑川县脱贫致富规划纲要：1990～2000年.—昆明：云南人民出版社，1990.9.—64页；32开.—（云南省41个贫困县脱贫致富战略丛书；12/郭正秉主编）.—ISBN 7-222-00703-2：0.95元

通海县经济、社会、生态协调发展战略与规划系统工程研究/何耀华主编.—昆明：云南人民出版社，1990.12.—459页；大32开.—ISBN 7-222-00753-9：7.50元

禄丰县经济发展战略/张怀渝主编.—昆明：云南人民出版社，1990.10.—281页；32开.—ISBN 7-222-00665-6：4.90元

禄劝彝族苗族自治县发展规划系统工程：1988～2000/禄劝发展规划系统工程编写委员会编.—昆明：云南科技出版社，1990.5.—598页；16开.—ISBN 7-5416-0294-9：17.00元

镇雄县脱贫致富总体规划：1989～2000年/陈绍儒等撰写.—昆明：云南人民出版社，1990.9.—61页；32开.—（云南省41个贫困县脱贫致富战略研究丛书；11/郭正秉主编）.—ISBN 7-222-00675-3：0.95元

德宏资源开发与对外开放研究/德宏州经济研究所编；张继涛主编.—芒市：德宏民族出版社，1990.5.—372页；32开.—ISBN 7-80525-073-1：3.00元

西藏经济的发展与对策/李竹青著.—北京：民族出版社，1990.5.—309页；大32开.—ISBN 7-105-00993-4：2.60元

F127.8　少数民族经济

少数民族地区经济发展与改革的理论和实践/王冰等著.—北京：北京出版社，1990.8.—169页；32开.—国家“七五”哲学社会科学科研项目.—ISBN 7-200-01216-5：1.85元

少数民族地区经济发展结构·模式·未来/王文长，孟延燕著.—北京：民族出版社，1990.6.—220页；大32开.—ISBN 7-105-00980-2：2.25元

中国少数民族经济新论/黄万纶，李文潮主编.—北京：中央民族学院出版社，1990.12.—541页；32开.—ISBN 7-81001-200-2：3.20元

民族发展经济学/高言弘主编.—上海：复旦大学出版社，1990.1.—371页；大32开.—ISBN 7-309-00406-X：2.80元

起飞前的战略构想：中国少数民族地区经济长期发展研究/曹征海，马飚著.—北京：民族出版社，1990.4.—273页；大32开.—ISBN 7-105-01008-8：2.50元

起飞前的战略构想：中国少数民族地区经济长期发展研究/曹征海，马飚著.—北京：民族出版社，1990.4.—273页；大32开.—ISBN 7-105-01072-X（精装）：3.80元

峨边民族经济的崛起/中国少数民族经济研究会著.—北京：时事出版社，1990.7.—229页；32开.国家“七五”哲学社会科学规划科研项目·中国少数民族地区经济发展问题研究课题—ISBN 7-80009-097-3：3.50元

F127.9　特区经济

中国的经济特区/许自策，蔡人群编著.—广州：广

东科技出版社，1990.7.—346页：彩照；大32开.（中国地理丛书）.—ISBN 7-5359-0587-0：6.50元

中国经济特区简志/林雨如主编.—广州：广东人民出版社，1990.5.—673页；大32开.—ISBN 7-218-00490-3：7.50元

中国特区外向型经济发展战略/许隆，黄兰淮主编.—大连：东北财经大学出版社，1990.8.—347页；大32开.—ISBN 7-81005-419-8：6.50元

中国特区经济论/廖月晖著.—深圳：海天出版社，1990.12.—311页；大32开.—ISBN 7-80542-289-3：6.50元

F129　中国经济史

中国经济史研究/武建国主编.—昆明：云南人民出版社，1990.11.—366页；大32开.—ISBN 7-222-00736-9：6.30元

中国经济史辞典/赵德馨主编.—武汉：湖北辞书出版社，1990.8.—948页；大32开.—ISBN 7-5403-0031-0（精装）：17.35元

纪念梁方仲教授学术讨论会文集/汤明檖，黄启臣主编.—广州：中山大学出版社，1990.6.—421页；大32开.—（中山大学学术丛书·社会科学系列）.ISBN 7-306-00283-X：9.20元

梁方仲（1908～1970），当代著名中国经济史学家、明清史学家。

梁方仲经济史论文集集遗/梁方仲著.—广州：广东人民出版社，1990.7.—377页；大32开.—ISBN 7-218-00325-7：4.40元

历代食货志今译：宋史食货志/虞祖尧，赵基凯译注.—南昌：江西人民出版社，1990.6.—535页；32开.—ISBN 7-210-00886-1：5.40元

中国古代社会经济史诸问题/中国社会科学院历史研究所经济史研究组编.—福州：福建人民出版社，1990.3.—398页；大32开.—ISBN 7-211-00769-9：4.80元

史前经济与财政起源/吴才麟著.—北京：中国财政经济出版社，1990.12.—598页；大32开.—ISBN 7-5005-0944-8：13.50元

南北朝经济史略/韩国磐著.—厦门：厦门大学出版社，1990.10.—351页；大32开.—（南强丛书）.ISBN 7-5615-0317-2：5.30元

楚国经济史新论/郭仁成著.—长沙：湖南教育出版社，1990.8.—214页；大32开.—ISBN 7-5355-1166-X：3.75元

本书对春秋战国时代南方楚人早期商品经济的发生、发展及其与北方小农经济的差异冲突和相互影响，作了阐述和探讨。

明清徽州社会经济资料丛编　第二集：中国社会科学院历史研究所藏宋元明三代徽州土地买卖文契辑要/中国社会科学院历史研究所徽州文契整理组编.—北京：中国社会科学出版社，1990.5.—610页；大32开.—ISBN 7-5004-0300-3：8.50元

清代边疆开发研究/马汝珩，马大正主编.—北京：中国社会科学出版社，1990.11.—455页；大32开.（中国边疆史地研究丛书/中国边疆史地研究中心主编）.—ISBN 7-5004-0622-3：7.20元

清代西北屯田研究/王希隆著.—兰州：兰州大学出版社，1990.2.—298页；大32开.—ISBN 7-311-00293-1：4.35元

本书对清代西北屯田兴起的背景、发展的条件、屯田的性质等做了全面、系统、深入的考察。

工农产品比价剪刀差：从鸦片战争前后到新中国建国之际历史的考察/黄达著.—北京：中国社会科学出版社，1990.12.—109页；32开.—ISBN 7-5004-0556-1：1.80元

中国近代经济史纲　下卷/魏永理著.—兰州：甘肃人民出版社，1990.12.—676页；大32开.—ISBN 7-226-00674-X（精装）：11.00元

中国近代经济史研究资料　（10）/中国近代经济史丛书编委会编.—上海：上海社会科学院出版社，1990.5.—200页；32开.—ISBN 7-80515-563-1：2.50元

中国资本主义发展史　第二卷：旧民主主义革命时期的中国资本主义/许涤新，吴承明主编.—北京：人民出版社，1990.9.—1083页；大32开.—ISBN 7-01-000513-3（精装）：20.00元

对外经济关系与中国近代化/章元沅，朱英主编.武汉：华中师范大学出版社，1990.12.—617页；大32开.—ISBN 7-5622-0584-1：7.90元

简明中国近代经济史/李清雅主编.—北京：中国统计出版社，1990.11.—274页；32开.—ISBN 7-5037-0520-5：4.20元

中华人民共和国经济简史/陈昌智主编.—成都：四川大学出版社，1990.4.—360页；32开.—ISBN 7-5614-0277-5：2.04元

中国经济发展四十年/谢明干，罗元明主编.—北京：人民出版社，1990.3.—315页；16开.—ISBN 7-01-000594-X（精装）：16.90元

中国经济发展四十年/谢明干，罗元明主编.—北京：人民出版社，1990.3.—316页；16开.—ISBN 7-01-000595-8：14.60元

新中国经济史：1949～1989/曾璧钧，林木西主编.—北京：经济日报出版社，1990.3.—384页；大32开.—ISBN 7-80036-165-9：5.40元

上海：从开发走向开放：1368～1842/张忠民著.昆明：云南人民出版社，1990.10.—547页；大32开.—ISBN 7-222-00688-5：6.85元

上海社会主义经济建设发展简史：1949～1985年/孙怀仁主编.—上海：上海人民出版社，1990.7.891页；大32开.—ISBN 7-208-00779-9：17.00元

山东近代经济史述丛/朱玉湘著.—济南：山东大学出版社，1990.12.—296页；32开.—ISBN 7-5607-0408-5：3.65元

天津近代经济史/孙德常，周祖常主编.—天津：天津社会科学院出版社，1990.5.—327页；32开.—ISBN 7-80563-049-6：5.50元

中国东北地区经济史 第一卷：清代东北地区经济史/孔经伟主编.—哈尔滨：黑龙江人民出版社，1990.7.—735页；大32开.—ISBN 7-207-01198-9：12.30元

连云港市解放四十年经济发展史：1948～1988/张殿臣，顾涧清主编.—北京：海洋出版社，1990.1.349页；32开.—（连云港经济建设丛书）.—ISBN 7-5027-0835-7：3.80元

近代厦门社会经济概况/厦门市志编纂委员会《厦门海关志》编委会编.—厦门：鹭江出版社，1990.6.—503页；大32开.—ISBN 7-80533-370-X：6.50元

南京经济史论文选/南京市人民政府经济研究中心编.—南京：南京出版社，1990.1.—368页；大32开.—ISBN 7-80560-170-4：4.00元

淄博经济史料/李障天，阎象吉主编；淄博市政协文史资料研究委员会，淄博市经济科技委员会编.北京：中国文史出版社，1990.12.—330页；大32开.—ISBN 7-5034-0307-1：4.80元

F129.9　中国经济地理

中国经济地理/王钰筱主编.—北京：中国物资出版社，1990.5.—255页；32开.—全国物资中等专业教育自学考试教材.—ISBN 7-5047-0105-X：3.00元

中国经济地理/全国十一所民族院校编.—北京：中央民族学院出版社，1990.1.—314页；大32开.—ISBN 7-81001-177-4：2.25元

中国经济地理/陆心贤编著.—北京：高等教育出版社，1990.7.—324页；大32开.—ISBN 7-04-002307-5：3.70元

中国经济地理/赵仲海等编著.—太原：山西经济出版社，1990.6.—411页；32开.—ISBN 7-80577-001-8：3.90元

中国经济地理学/俞坤一主编.—2版.—北京：中国商业出版社，1990.8.—423页；大32开.—高等财经院校试用教材.—ISBN 7-5044-0470-5：3.25元

本书1983年第1版。

中国经济地理填充图册/熊小兰编绘.—北京：中国财政经济出版社，1990.2.—57页；16开.—ISBN 7-5005-0864-6：1.70元

中国经济地理概论/叶裕惠主编；丁世华等编著.北京：中国经济出版社，1990.10.—348页；大32开.—ISBN 7-5017-0997-1：5.30元

国土规划文稿/吕克白著.—北京：中国计划出版社，1990.8.—290页；大32开.—ISBN 7-80058-133-0：4.60元

新编中国经济地理/荣学林主编.—北京：中国商业出版社，1990.6.—350页；32开.—ISBN 7-5044-0668-6：2.95元

1988～2020年仪征市国土规划研究/姚士谋，钱锦华主编.—南京：江苏科学技术出版社，1990.1.129页；16开.—ISBN 7-5345-0838-X：3.40元

封面、书脊题名为：仪征市国土规划研究

大渤海地区整体综合开发与治理：辽宁资源开发与工业交通布局研究/陆大道等著.—北京：中国计划出版社，1990.8.—316页；16开.—（国土综合开发规划研究丛书/康荣惠主编）.—ISBN 7-80058-117-9：7.00元

本书是大渤海地区整体综合开发与治理研究的论文集之一。它围绕辽宁资源开发利用、产业发展与产业布局等问题，具体地论述和评价了辽宁省工业发展的资源、交通运输条件，工业与交通运输布局的现状与问题。

山东经济地理/滕荣祥等主编.—北京：中国商业出版社，1990.12.—187页；32开.—ISBN 7-5044-0812-3：2.85元

山西省兴县国土资源/兴县国土规划办公室编.—北京：中国计划出版社，1990.8.—347页；16开.（国土综合开发规划研究丛书/康荣惠主编）.—ISBN 7-80058-140-3（精装）：19.50元

山西省兴县国土综合开发整治规划/兴县国土规划办公室编.—北京：中国计划出版社，1990.8.—117页；16开.—（国土综合开发规划研究丛书/康荣惠主编）.—ISBN 7-80058-141-1（精装）：10.50元

本规划以1988年为基期，近期以2000年为基本规划期，中期展望到2020年或更长一些时间。

山西省国土资源地图集/山西省计划委员会等编制.—北京：测绘出版社，1990.10.—1册；8开.ISBN 7-5030-0433-9（精装）：98.00元

丰城市国土规划/丰城市国土开发整治委员会，丰城市计划委员会编.—北京：中国计划出版社，1990.1.—316页；16开.—（国土综合开发规划研究丛书/康荣惠主编）.—ISBN 7-8005-103-9（精装）：27.50元

北京市国土资源地图集/北京市计划委员会，北京市测绘院编制.—北京：测绘出版社，1990.12.—1册；8开.—ISBN 7-5030-0467-3（精装）：110.00元

兰州市工商企业分布图/《中国·兰州市工商企业分布图》编委会编制.—西安：西安地图出版社，1990.7.—1张；4开.—0.80元

宁夏回族自治区经济地理/蓝玉璞主编.—北京：新华出版社，1990.5.—214页；大32开.—（中国省市区经济地理丛书/孙敬之主编）.—ISBN 7-5011-0564-2：2.70元

辽宁省经济地理/梁喜新主编.—北京：新华出版社，1990.2.—326页；大32开.—（中国省市区经济地理丛书/孙敬之主编）.—ISBN 7-5011-0488-3：4.05元

吉林国土研究/刘桂林主编；吉林省计划经济委员会编.—长春：吉林人民出版社，1990.11.—385页；16开.—ISBN 7-206-00923-9：5.50元

吉林省国土资源地图集/吉林省测绘局主编.—北京：科学出版社，1990.7.—132页；8开.—ISBN 7-03-00142-X（精装）：140.00元

吉林省经济地理/石庆武主编.—北京：新华出版社，1990.9.—381页；大32开.—（中国省市区经济地理丛书/孙敬之主编）.—ISBN 7-5011-0694-0：5.60元

西双版纳国土经济考察报告/刘隆等主编.—昆明：云南人民出版社，1990.7.—601页；大32开.—ISBN 7-222-00481-5：8.00元

江西国土资源/江西省国土开发整治委员会，江西省计划委员会编.—南昌：江西科学技术出版社，1990.4.—624页；地图；16开.—ISBN 7-5390-0293-X（精装）：25.00元

江西省经济地理/易宜曲主编；马巨贤等编著.—北京：新华出版社，1990.5.—276页；大32开.—（中国省市区经济地理丛书/孙敬之主编）.—ISBN 7-5011-0620-7：3.45元

呼和浩特国土资源/云公民主编；呼和浩特市计划委员会、呼和浩特市国土规划办公室编.—呼和浩特：内蒙古人民出版社，1990.6.—699页；16开.ISBN 7-204-00811-1（精装）：28.00元

郑州市自然条件及资源/白宗仁，胡仰迅主编.—北京：气象出版社，1990.5.—200页；32开.—ISBN 7-5029-0423-9：4.50元

香港、澳门地区经济地理/吴郁文主编.—北京：新华出版社，1990.11.—334页；大32开.—（中国省市区经济地理丛书/孙敬之主编）.—ISBN 7-5011-0784-X：4.85元

湖北省国土资源综合评价：综合部分/湖北省计划委员会，湖北省国土办公室编.—武汉：湖北人民出版社，1990.10.—134页；16开.—ISBN 7-216-00634-8：7.80元

新余市国土规划/新余市国土开发整治委员会，新余市计划委员会编.—南昌：江西科学技术出版社，1990.12.—202页；16开.—（江西省国土综合开发规划丛书）.—ISBN 7-5390-0391-X（精装）：11.00元

F13 亚洲各国经济

亚洲"四小"与外向型经济/傅政罗等著.—北京：中国对外经济贸易出版社，1990.5.—203页；32开.ISBN 7-80004-137-9：2.80元

亚洲"四小"崛起的奥秘：其战略和体制的比较/金泓汎主编.—北京：中国财政经济出版社，1990.9.—370页；32开.—ISBN 7-5005-1020-9：4.30元

南亚国家经济发展战略研究/孙培钧，刘创源主编.—北京：北京大学出版社，1990.5.—289页；大32开.—ISBN 7-301-01209-8：4.10元

全书共六章，第一章为南亚国家经济发展情况综述，其余五章是对印度、巴基斯坦、孟加拉国、尼泊尔、斯里兰卡等五个国家的分述。

南朝鲜 台湾 香港 新加坡经济述评/沈祖良，陈继勇著.—武汉：湖北人民出版社，1990.10.—302页；大32开.—（湖北省社会科学联合会社会科学论丛）.—ISBN 7-216-00647-X：4.20元

南朝鲜经济开发战略和展望/张世和著.—牡丹江：黑龙江朝鲜民族出版社，1990.8.—256页；32开.—ISBN 7-5389-0247-3：3.50元

南朝鲜经济论/（南朝鲜）全哲焕著；金正浩等译.延吉：延边人民出版社，1990.6.—453页；大32开.—（世界经济理论丛书）.—ISBN 7-80508-503-X：6.60元

南朝鲜经济的腾飞/安虎森主编.—延吉：延边大学出版社，1990.12.—543页；32开.—ISBN 7-5634-0250-0：14.00元

比较现代化论/（日）武田清子等著；王炜等译.长春：吉林人民出版社，1990.12.—155页；32开.（日本文化与现代化丛书）.—ISBN 7-206-00964-6：2.50元

日本十大产业的近期发展蓝图：世界领导谈本企业存在问题及发展规划/（日）《经济学人》编辑部编；司香馥译.—北京：中国经济出版社，1990.6.169页；32开.—ISBN 7-5017-0732-4：4.40元

日本对外经济关系/赵凤彬等编著.—北京：中国对外经济贸易出版社，1990.4.—375页；32开.—ISBN

7-80004-138-7：4.50元

日本：走向现代化/金明善，徐平著.—沈阳：辽宁大学出版社，1990.1.—614页；大32开.—ISBN 7-5610-0817-1（精装）：14.00元

本书通过对日本现代化过程的历史考察，对日本现代化的经验及其在资本主义制度下所产生的问题进行了探讨。

日本即将来临的经济危机/（ ）伍朗洛夫(Woronoff, J.)著；关国强，赖元华译.—北京：高等教育出版社，1990.7.—248页；32开.—ISBN 7-04-002751-8：1.80元

书名原文：Japan：The Coming Economic Crisis

日本的产业与企业：昭和经济历程/日本经济新闻社编；大连市信息中心译.—大连：大连海运学院出版社，1990.2.—278页；16开.—ISBN 7-5632-0154-8：7.60元

日本经济的结构和演变：战后40年日本经济发展的轨迹/（日）宫崎义一著；孙汉超等译.—北京：中国对外经济贸易出版社，1990.10.—513页；大32开.ISBN 7-80004-116-2（精装）：11.00元

日本经济的结构和演变：战后40年日本经济发展的轨迹/（日）宫崎义一著；孙汉超等译.—北京：中国对外经济贸易出版社，1990.10.—513页；大32开.ISBN 7-80004-165-4：8.50元

日本经济控制论纲：兼论对我国的启示/白成琦著.—长春：吉林大学出版社，1990.8.—267页；大32开.—ISBN 7-5601-0581-5：2.05元

本书分上下两篇，分别研究日本的宏观控制和微观控制。

日本崛起论/宋绍英著.—长春：东北师范大学出版社，1990.6.—408页；大32开.—ISBN 7-5602-0434-1（精装）：6.50元

世界经济当中的日本：后福特制时代/（日）伊藤诚著；陈建等译.—北京：中国人民大学出版社，1990.5.—211页；32开.—ISBN 7-300-00892-5：2.40元

本书作者运用马克思主义观点和方法，从积累、危机、贸易、结构、技术、劳动、工资、生活等各个侧面，对日本和世界资本主义进行了深刻的剖析和批判。

迈向21世纪的国土规划：城乡融合系统设计/（日）岸根卓郎著；高文琛译.—北京：科学出版社，1990.10.—176页；大32开.—ISBN 7-03-001954-7：7.70元

走向世界大国之路：日本经济国际化简论/樊勇明主编.—上海：三联书店上海分店，1990.3.—264页；大32开.—ISBN 7-5426-0295-0：6.00元

现代日本经济的发展与对策/色文编著.—北京：北京大学出版社，1990.11.—318页；大32开.—ISBN 7-301-01273-X：5.70元

政府到底该干什么：有形与无形的手之争/（美）查尔默斯·约翰逊著；安佳，肖遥译.—昆明：云南教育出版社，1989.12.—284页；大32开.—ISBN 7-5415-0273-1：4.50元

本书分析了日本政府如何借助其独特的经济官僚体制，通过产业政策、行政指导等方式对经济进行干预，从而弥补市场机制缺陷。

战后日本经济运行机制/上海社会科学院世界经济研究所日本经济研究室著；王沛芳主编.—上海：上海社会科学院出版社，1990.2.—230页；大32开.ISBN 7-80515-540-2：3.10元

F15　欧洲各国经济

欧洲近代经济史/（ ）约瑟夫·库利舍尔著；石军，周莲译.—北京：北京大学出版社，1990.9.350页；32开.—ISBN 7-301-01093-1：4.20元

生产力布局总体规划的理论与实践/苏联国家计划委员会编；国家计委国土规划研究所译.—北京：中国计划出版社，1990.7.—310页；32开.—ISBN 7-80058-115-2：4.50元

苏联东欧国家经济/周新城，高成兴主编.—北京：中国人民大学出版社，1990.6.—472页；大32开.ISBN 7-300-00757-0：5.95元

苏联阿穆尔州经济社会发展七十年/（苏）С.Г.特伦托娃等著；孙殿卿，丁书文译.—哈尔滨：黑龙江人民出版社，1990.9.—126页；大32开.—ISBN 7-207-01690-5：4.40元

书名原文：Амурская Область за Годы Советской Власти

赴苏联承包基本建设项目业务初探/邢文兆编著.哈尔滨：黑龙江人民出版社，1990.6.—330页；32开.—（黑龙江省边境经济贸易系列丛书）.—ISBN 7-207-01538-0：5.20元

当代英国经济：医治“英国病”的调整与改革/于维霈著.—北京：中国社会科学出版社，1990.8.318页；大32开.—ISBN 7-5004-0591-X：5.30元

纳粹德国经济史/（法）贝特兰（Bettelheim, C.）著；刘法智，杨燕怡译.—北京：商务印书馆，1990.9.—278页；大32开.—ISBN 7-100-00749-6：3.25元

书名原文：L'Economie Allemande Sous Le Nazisme

法国宏观经济管理/黄文杰著.—上海：复旦大学出版社，1990.12.—384页；大32开.—（西欧经济丛书）.—INSB 7-309-00552-X：10.00元

法国经济与社会史：50年代至今/（法）费尔南·布罗德尔，欧内斯特·拉布鲁斯主编；谢荣康等译.

上海：复旦大学出版社，1990.1.—505页；大32开.—ISBN 7-309-00115-X：3.60元

本书专门论述了从第二次世界大战结束至70年代末期这30多年中法国经济与社会的变化。

战后美国经济/吴学成著.—北京：中国对外经济贸易出版社，1990.12.—202页；32开.—ISBN 7-80004-184-0：3.00元

商品经济与荷兰近代化/陈勇著.—武汉：武汉大学出版社，1990.11.—231页；大32开.—（武汉大学十五十六世纪世界史研究室丛刊之二）.—ISBN 7-307-00864-5：3.90元

瑞典经济管理掠影/中国赴瑞典高级经济管理研修团编著.—北京：文津出版社，1990.7.—192页；大32开.—ISBN 7-80554-044-6（精装）：6.65元

瑞典经济管理掠影/中国赴瑞典高级经济管理研修团编著.—北京：文津出版社，1990.7.—192页；大32开.—ISBN 7-80554-036-5：4.65元

F17　美洲各国经济

转变中的美国经济/（美）费尔德斯坦（Feldstein，M.）编；彭家礼等译.—北京：商务印书馆，1990.6.—2册（743页）；大32开.—ISBN 7-100-00445-4：8.50元

书名原文：The American Economy in Transition

本书讨论了美国经济中的九个问题：金融市场、宏观经济学、国际贸易、人口、劳动力市场、福利分配等。

经济发展与通货膨胀：拉丁美洲的理论和实践/陈舜英等编著.—北京：中国财政经济出版社，1990.6.—270页；32开.—ISBN 7-5005-0986-3：3.50元

美国的经济智囊/（美）罗伯特·索贝尔著；尤安山，吴长义译.—上海：上海译文出版社，1989.12.—306页；32开.—ISBN 7-5327-0701-6：5.60元

美国经济/储玉坤，孙宪钧著.—北京：人民出版社，1990.8.—427页；32开.—（外国经济概况丛书）.—ISBN 7-01-000562-1：5.20元

美国经济实力的衰落：技术、竞争、霸权/黄素庵著.—北京：世界知识出版社，1990.2.—415页；32开.—（当代世界知识丛书）.—ISBN 7-5012-0281-8：4.55元

美国经济模型/（美）奥托·埃克斯坦著；蒋怙译.—北京：中国计划出版社，1990.9.—166页；16开.—ISBN 7-80058-095-4：8.00元

本书论述了由800个方程组成的美国经济数据资源模型（DRI模型）。该模型在最近13年中一直用于预测美国经济和分析各种政策建议。

F2　经济计划与管理

外国经济管理体制比较学教程/倪树根编.—北京：航空工业出版社，1990.4.—284页；32开.—ISBN 7-80046-243-9：3.60元

外国管理理论简编/张云龄编著.—北京：中国经济出版社，1990.8.—266页；32开.—（经济管理丛书/赵秀臣，徐子毅主编）.—ISBN 7-5017-0364-7：4.75元

当代经济管理新方法大全/姚锡棠主编.—福州：福建人民出版社，1990.8.—950页；大32开.—ISBN 7-211-01128-9：10.15元

优秀经济管理论文选编/九十年代丛书编委会编.—北京：中国经济出版社，1990.11.—247页；大32开.—（九十年代丛书）.—ISBN 7-5017-0384-1：5.60元

宏观经济管理与数量经济学模型/张守一主编.—北京：中国经济出版社，1990.9.—450页；大32开.—ISBN 7-5017-0456-2：8.50元

宏观经济管理问题/王积业著.—大连：东北财经大学出版社，1990.6.—639页；大32开.—ISBN 7-81005-218-7：8.00元

宏观经济管理概论/王正卫，陈逸编著.—杭州：浙江大学出版社，1990.9.—331页；大32开.—高等学校教学用书.—ISBN 7-308-00416-3：2.50元

现代宏观经济管理新论/何晓明编著.—北京：中国对外经济贸易出版社，1990.4.—310页；32开.—ISBN 7-80004-108-5：4.00元

现代经济管理学/刘通尧主编.—天津：天津社会科学院出版社，1990.12.—377页；32开.—ISBN 7-80563-113-1：5.75元

经济杠杆的法律调控/王韬光编著.—北京：中国卓越出版公司，1990.2.—290页；大32开.—（中国现代经济管理丛书）.—ISBN 7-80071-216-8：3.80元

经济管理论丛/王玉夫，姜忠林主编.—哈尔滨：黑龙江人民出版社，1990.4.—435页；大32开.—ISBN 7-207-01518-6：4.80元

经济管理指导/黄永寿主编.—哈尔滨：黑龙江人民出版社，1990.8.—177页；32开.—ISBN 7-207-01629-8：2.50元

经济管理概论/朱式毅主编.—长春：吉林大学出版社，1990.4.—332页；32开.—ISBN 7-5601-0462-2：4.30元

经济管理概论/范海沧主编.—修订本.—武汉：武汉工业大学出版社，1990.8.—450页；32开.—ISBN 7-3629-0390-5：5.95元

F20　国民经济管理

体制变革中的经济稳定增长/刘国光主编.—北京：中国计划出版社，1990.5.—412页；大32开.—ISBN 7-80058-104-7：6.00元

国民经济管理学/尹缙瑞，娄雪清主编.—哈尔滨：哈尔滨工业大学出版社，1990.3.—334页；32开.ISBN 7-5603-0251-3：4.70元

《国民经济管理概论》学习手册/王永治，林顺宝编.—北京：北京大学出版社，1990.7.—154页；32开.—ISBN 7-301-01117-2：2.10元

外国国有资产管理/任远主编.—北京：中国财政经济出版社，1990.8.—213页；大32开.—（国有资产管理丛书）.—ISBN 7-5005-1129-9：3.10元

加强国有资产管理完善社会主义制度：第一次全国国有资产工作会议材料汇编/第一次全国国有资产工作会议秘书处编.—北京：中国财政经济出版社，1990.6.—301页；大32开.—ISBN 7-5005-1117-5：4.60元

国有资产产权与评估/刘铁城主编.—北京：中国财政经济出版社，1990.9.—177页；大32开.—（国有资产管理丛书）.—ISBN 7-5005-1124-3：2.80元

国有资产核算/刘畅鹏主编.—北京：中国财政经济出版社，1990.8.—294页；大32开.—（国有资产管理丛书）.—ISBN 7-5005-1125-6：4.20元

国有资产管理体制改革研究/张冀湘著.—北京：中国财政经济出版社，1990.8.—316页；大32开.（国有资产管理丛书）.—ISBN 7-5005-1126-4：4.30元

国有资产管理原理/曾昭信主编.—北京：中国财政经济出版社，1990.8.—171页；大32开.—（国有资产管理丛书）.—ISBN 7-5005-1126-4：2.80元

资产评估/屈广金，丛达主编.—大连：大连出版社，1990.2.—302页；32开.—ISBN 7-80555-270-3：3.95元

F201/202　经济预测和决策

社会经济模型体系和决策/王浣尘主编.—贵阳：贵州人民出版社，1990.5.—376页；32开.—（决策科学丛书/徐采栋主编）.—ISBN 7-221-01575-9：4.60元

实用经济预测方法/顾海兵编著.—北京：中国人民大学出版社，1990.1.—246页；大32开.—ISBN 7-300-00717-1：3.10元

经济决策分析/万海川编著.—北京：冶金工业出版社，1990.12.—282页；16开.—ISBN 7-5024-0753-7：9.40元

经济决策分析/吕志良编译.—北京：机械工业出版社，1990.6.—403页；32开.—ISBN 7-111-01610-6：9.00元

经济预测/申玉兰等编著.—兰州：甘肃教育出版社，1990.9.—365页；32开.—ISBN 7-5423-0208-6：4.00元

经济预测与决策/庞晓波等编著.—长春：吉林大学出版社，1990.12.—337页；大32开.—ISBN 7-5601-0763-X：2.60元

经济预测与决策方法/张平，郑中天编著.—长春：吉林大学出版社，1990.9.—356页；32开.—ISBN 7-5601-0591-2：4.00元

经济管理中的决策方法/高鸿桢著.—上海：上海人民出版社，1990.6.—464页；大32开.—ISBN 7-208-00197-9：7.40元

经济管理中的定量决策方法/盛承懋，钱君燕编.上海：上海科学技术文献出版社，1990.9.—226页；32开.—ISBN 7-80513-666-1：3.75元

经济管理决策：决策学、经济数学在经济管理决策中的应用/李同明主编.—北京：中国人民大学出版社，1990.7.—508页；大32开.—ISBN 7-300-00841-0：7.30元

随机经济系统优化决策/卢焕忠著.—昆明：云南教育出版社，1990.12.—206页；大32开.—ISBN 7-5415-0417-3：2.70元

F207　经济布局和区域经济管理

经济布局与区域经济研究/陈栋生主编.—大连：东北财经大学出版社，1990.6.—335页；32开.—ISBN 7-81005-341-8：4.50元

F21　经济计划

计划学原理/李立主编.—北京：中国统计出版社，1990.5.—472页；32开.—ISBN 7-5037-0415-2：5.40元

计划经济学自学考试指南/朱月煌，杜跃平编著.西安：西北大学出版社，1990.6.—363页；32开.ISBN 7-5604-0169-4：4.20元

宏观经济计划概论/赵冬缓主编.—北京：农业出版社，1990.12.—427页；大32开.—ISBN 7-109-01905-5：7.75元

社会总供给与总需求平衡问题研究/何廷试著.—北京：中国计划出版社，1990.12.—186页；32开.—ISBN 7-80058-146-2：3.00元

现代国民经济计划方法与模型/邵汉青，刘起运主编.—北京：中国人民大学出版社，1989.9.—615页；大32开.—ISBN 7-300-00738-4：7.15元

国民经济计划学/杨兴国，刘晓薇主编.—长春：吉

林大学出版社，1990.11.—389页；832开.—ISBN 7-5601-0678-1：4.90元

国民经济计划学/赵贺春主编.—北京：机械工业出版社，1990.7.—398页；32开.—机械电子工业部机电行业专业管理人员岗位培训教材.—ISBN 7-111-02235-1：6.40元

国民经济计划学概论学习辅导/白云升等编著.—北京：高等教育出版社，1990.8.—139页；32开.—成人中专教学参考书.—ISBN 7-04-002570-1：0.97元

国民经济计划概论/瞿业忆，杨小青主编.—南昌：江西科学技术出版社，1990.8.—330页；32开.—ISBN 7-5390-0353-7：3.70元

国民经济计划管理学/方星，郭振主编.—2版（修订版）.—哈尔滨：黑龙江人民出版社，1990.6.422页；32开.—ISBN 7-207-01610-7：5.20元

国民经济计划管理学/胡荣涛，宋荣海主编.—北京：中国劳动出版社，1990.12.—422页；32开.—ISBN 7-5045-0719-9：5.45元

审议国民经济计划·财政预算知识手册/张月明主编.—长沙：湖南出版社，1990.10.—308页；32开.ISBN 7-5438-0024-1：4.50元

本书分为国民经济、工业农业、基本建设、财政银行、商贸市场、经济法规等6个部分，共780条。

F22　经济计算、经济数学方法

现代经济计量管理概论/陈德泉等著.—北京：中国物资出版社，1990.10.—440页；大32开.—ISBN 7-5047-0230-7：6.50元

经济计量方法/李向阳主编.—北京：机械工业出版社，1990.12.—312页；32开.—ISBN 7-111-02673-X：6.50元

经济计量学/庞皓主编.—成都：西南财经大学出版社，1990.12.—302页；32开.—ISBN 7-81017-284-0：2.12元

经济计量学讲义/（美）L.R.克莱因等著；中国数量经济学会编译.—北京：航空工业出版社，1990.1.—437页；16开.—ISBN 7-80046-255-2：9.80元

F221　经济核算

国民经济核算/徐向新主编.—北京：中国统计出版社，1990.4.—423页；大32开.—高等学校统计专业教材.—ISBN 7-5037-0375-X：3.40元

经济活动分析报告写作指导/丁学林等主编.—哈尔滨：黑龙江人民出版社，1990.7.—241页；32开.ISBN 7-207-01659-X：3.40元

新国民经济核算体系（SNA）结构研究/邱东著.北京：中国统计出版社，1990.4.—122页；32开.ISBN 7-5037-0376-8：1.90元

F222　经济统计学

西方应用经济统计/沈学民编著.—长春：吉林大学出版社，1990.8.—262页；32开.—ISBN 7-5601-0570-X：1.70元

国民帐户分析/（英）斯图威尔（Stuvel，G.）著；铁大章，江健桐译.—北京：中国统计出版社，1990.6.—203页；32开.—ISBN 7-5037-0354-7：3.10元

国民经济统计学/曹毓俟主编.—北京：中国统计出版社，1990.6.—349页；大32开.—ISBN 7-5037-0446-2：5.70元

经济统计学/刘修瑜，向蓉美主编.—成都：西南财经大学出版社，1990.5.—482页；32开.—ISBN 7-81017-234-4：4.90元

经济统计学/卓英明，王云编著.—成都：四川大学出版社，1990.9.—186页；32开.—ISBN 7-5614-0327-5：1.10元

统计在现代企业管理中的应用/隗斌贤，赵淑珍编.—北京：中国国际广播出版社，1990.3.—404页；32开.—ISBN 7-80035-497-0：5.50元

统计原理与经济统计学/黄沂木，吴宣陶主编.—厦门：厦门大学出版社，1990.2.—512页；大32开.全国综合性大学管理学科协作组编选教材.—ISBN 7-5615-0260-5：3.70元

简明经济统计学/曹克瑜主编.—西安：陕西人民出版社，1990.2.—284页；32开.—ISBN 7-224-01085-5：3.35元

微观经济统计分析/隗斌贤等编著.—北京：地质出版社，1990.2.—320页；大32开.—ISBN 7-116-00610-9：5.30元

管理统计/周概容主编.—上海：复旦大学出版社，1990.6.—495页；大32开.—高等学校试用教材.ISBN 7-309-00213-X：6.90元

F223　投入产出分析

投入产出分析入门/（日）新饭田宏著；林贤郁，齐舒畅译.—北京：中国统计出版社，1990.9.240页；大32开.—ISBN 7-5037-0401-2：6.70元

投入产出经济学/（美）里昂惕夫（Leontief，W.）著；崔书香等译.—北京：中国统计出版社，1990.7.—478页；大32开.—ISBN 7-5037-0358-X：7.50元

县级投入产出表的编制及应用/朱本裕主编.—昆

明：云南人民出版社，1990.2.—351页；大32开.ISBN 7-222-00593-5：4.50元

经济分析基础/（美）萨缪尔逊（Samuelson，P.A.）著；甘华鸣等译.—北京：北京经济学院出版社，1990.12.—441页；大32开.—（诺贝尔经济学奖获奖者著作丛书/贾湛，梁小民主编）.—ISBN 7-5638-0210-X（精装）：8.30元

F224　经济数学方法

因素分析的理论和方法/陈善林，徐国祥著.—北京：中国统计出版社，1990.6.—289页；32开.—ISBN 7-5037-0366-0：4.00元

本书除论述常用的连锁替代和指数因素分析法外，还提出了因素比较分析、增量因素分析、因素分配分析、微积分因素分析、相关和回归分析、生产函数因素分析等方法。

社会经济系统仿真原理及程序汇编/杨勤，黄洪峰著.—南宁：广西科学技术出版社，1990.—329页；32开.—ISBN 7-80565-263-5：6.80元

层次分析法引论/王莲芬，许树柏编著.—北京：中国人民大学出版社，1990.6.—389页；大32开.—ISBN 7-300-00820-8：6.25元

经济应用数学/刘书田等主编.—北京：学苑出版社，1990.7.—359页；大32开.—ISBN 7-5077-0111-5：5.30元

经济应用数学　（2）：线性代数与线性规划/孙奕嵩，杨亚萍编著.—哈尔滨：黑龙江科学技术出版社，1990.5.—202页；32开.—ISBN 7-5388-1151-6：3.80元

经济应用数学　下册/闵育主编.—杭州：杭州大学出版社，1990.12.—463页；32开.—ISBN 7-81035-063-3：6.30元

经济应用数学基础　（一）：微积分/王吉春主编.—长春：吉林大学出版社，1990.8.—395页；大32开.—ISBN 7-5601-0552-1：6.50元

经济应用数学基础　（二）：线性代数/苟玉玺主编.—长春：吉林大学出版社，1990.9.—223页；大32开.—ISBN 7-5601-0589-0：4.30元

经济应用数学基础　（一）：微积分（修订本）解题指导及高等教育自学考试历届试题分析/裴雪重主编.—北京：中国工人出版社，1990.5.—638页；32开.—ISBN 7-5008-0579-9：7.45元

经济高等数学/姜天岳，范克新编.—南京：江苏人民出版社，1990.5.—580页；32开.—（高教自学考试丛书）.—ISBN 7-214-00438-0：6.20元

经济数学/李树仁主编.—西安：陕西人民出版社，1990.10.—357页；16开.—高等教育自学考试教材.—ISBN 7-224-01414-1：7.20元

经济数学　（上）/关程璠，田重冬编著.—哈尔滨：黑龙江科学技术出版社，1990.2.—344页；32开.—ISBN 7-5388-1046-3：4.00元

经济数学　（下）/田重冬，关程璠编著.—哈尔滨：黑龙江科学技术出版社，1990.2.—263页；32开.—ISBN 7-5388-1048-1：3.50元

经济数学　上册/刘兴权，朱宪章主编.—哈尔滨：黑龙江教育出版社，1990.12.—344页；32开.—ISBN 7-5316-0682-3：3.20元

经济数学　下册/刘兴权，王家兴主编.—哈尔滨：黑龙江教育出版社，1990.12.—272页；32开.—ISBN 7-5316-0683-6：3.00元

经济数学基础/龚德恩主编.—成都：四川人民出版社，1990.6.—32页；32开.—高等学校财经类专业核心课程教学大纲.—ISBN 7-220-00943-7：0.60元

经济数学基础　（一）/陈天佑编.—武汉：武汉工业大学出版社，1990.12.—350页；32开.—经济管理大专系列教材.—ISBN 7-5629-0444-8：5.10元

经济数学基础　（一）：微积分/张学贞等编著.北京：中国人民大学出版社，1990.3.—644页；大32开.—ISBN 7-300-00667-1：7.75元

经济数学基础：微积分与线性代数/林文锋主编.厦门：厦门大学出版社，1990.4.—539页；32开.ISBN 7-5615-0258-3：7.00元

《经济数学简明教程》自学指导/倪训芳等编著.成都：西南财经大学出版社，1990.8.—565页；32开.—ISBN 7-81017-245-X：5.50元

经济管理中的数学模型与方法/张广全，孟宪礼编著.—北京：中国经济出版社，1990.10.—236页；32开.—（经济管理丛书/赵秀臣，徐子毅主编）.ISBN 7-5017-0622-0：3.95元

经济管理应用数学　第一册/刘维汉主编.—哈尔滨：哈尔滨工业大学出版社，1990.8.—273页；32开.—ISBN 7-5603-0256-3：4.00元

经济管理应用数学自学手册/孙克忠，李福龙主编.—沈阳：辽宁科学技术出版社，1990.2.—402页；32开.—辽宁省高等教育自学考试用书.—ISBN 7-5381-0832-7：5.80元

经济管理应用数学基础　上册/蔡常丰编著.—广州：广东高等教育出版社，1990.6.—409页；32开.ISBN 7-5361-0437-5：5.40元

经济管理应用数学基础　下册/蔡常丰编著.—广州：广东高等教育出版社，1990.1.—352页；32开.ISBN 7-5361-0437-5：4.70元

经济管理数学/郑宗成主编.—广州：中山大学出版社，1990.8.—462页；32开.—ISBN 7-306-00419-0：7.15元

经济管理数学　第三册：概率·预测·决策/赵恒普主编.—哈尔滨：黑龙江科学技术出版社，1990.12.—288页；32开.—成人高等院校教材.—ISBN 7-5388-1423-X：3.30元

经济管理数学基础 (2)：线性代数、概率论与数理统计/刘正根，倪训芳主编.—成都：西南财经大学出版社，1990.7.—656页；32开.—ISBN 7-81017-233-6：6.40元

经营数学概论：科学的意思决定的基础/(日)白井功著；何平译.—大连：大连理工大学出版社，1990.12.—240页；大32开.—ISBN 7-5611-0364-6：3.95元

微机及其在经济管理中的应用/程理春主编.—南昌：江西高校出版社，1990.12.—258页；16开.—ISBN 7-81033-038-1：7.50元

数学与经济/史树中著.—长沙：湖南教育出版社，1990.6.—224页；大32开.—(数学·我们·数学丛书).—ISBN 7-5355-1155-4：4.30元

数理经济学 下册/(英)艾伦(Ailen，R.G.D.)著；吴易风，刘天芬译.—北京：商务印书馆，1990.3.—566页；大32开.—ISBN 7-100-00662-7：6.70元

书名原文：Mathematical Economics

数理经济学导论/(英)S.卡塞尔(Cassels，J.W.S.)著；吴碧英，郑沐霖译.—福州：福建科学技术出版社，1990.6.—117页；32开.—ISBN 7-5335-0388-0：1.35元

F224.1　经济控制论、系统论、信息论

广义系统经济控制论/张金水著.—北京：清华大学出版社，1990.4.—328页；16开.—ISBN 7-302-00608-3：4.55元

社会经济系统工程：理论、方法、案例/高洪深编著.—北京：社会科学文献出版社，1990.11.—353页；大32开.—ISBN 7-80050-162-0：4.70元

经济系统工程/赵松山编.—大连：大连理工大学出版社，1990.6.—362页；16开.—ISBN 7-5611-0244-5：8.00元

经济信息学/张南保著.—上海：华东化工学院出版社，1990.4.—157页；32开.—ISBN 7-5628-0061-8：1.10元

经济信息管理概论/杨槊，徐德祥编著.—广州：广东高等教育出版社，1990.12.—256页；32开.(企业管理与决策研究系列丛书).—ISBN 7-5361-0544-4：1.60元

经济信息管理概论/蒋庆南，杨荷君编著.—北京：中国商业出版社，1990.2.—2册(791页)；32开.ISBN 7-5044-0524-8：7.90元

经济控制论/(苏)科布林斯基(Кобринский,Н.Е.)等著；周呈书等译.—上海：上海人民出版社，1990.10.—427页；大32开.—ISBN 7-208-00114-6：7.55元

书名原文：Экономическая кибернетика

项目控制论/王金良著.—天津：天津科技翻译出版公司，1990.8.—215页；32开.—ISBN 7-5433-0133-4：3.80元

F224.3　线性规划、网络技术

动态规划在企业管理中的应用/史瑛编著.—北京：中国经济出版社，1990.8.—231页；32开.—(经济管理丛书/赵秀臣，徐子毅主编).—ISBN 7-5017-0368-X：3.75元

网络计划技术及应用/庞昀，李书源编著.—北京：北京经济学院出版社，1990.6.—268页；32开.—ISBN 7-5638-0195-2：5.00元

网络计划技术及其应用/中国冶金建设管理协会编.北京：冶金工业出版社，1990.3.—411页；大32开.ISBN 7-5024-0567-4：7.90元

网络技术原理及应用/江景波等编著.—上海：同济大学出版社，1990.8.—362页；大32开.—ISBN 7-5608-0595-7：2.90元

线性规划/胡富昌编.—修订本.—北京：中国人民大学出版社，1990.5.—189页；大32开.—(经济应用数学基础；4).—高等学校文科教材.—ISBN 7-300-00902-6：2.95元

线性规划方法及其微机软件/陈松华著.—北京：中国计划出版社，1990.6.—156页；16开.—ISBN 7-80058-087-3：8.00元

F224.5　项目评价

建设项目经济评价/萧晓东编著.—西安：西北大学出版社，1990.4.—278页；32开.—ISBN 7-5604-0152-X：3.70元

本书介绍了投资项目经济分析和评价的原理和具体做法。

项目管理概论/刘荔娟主编.—上海：上海人民出版社，1990.9.—293页；大32开.—ISBN 7-208-01032-3：5.30元

F23　会计

山东省首届会计知识大赛试题选编/姚家辉主编.济南：山东人民出版社，1990.12.—601页；大32开.ISBN 7-209-00772-5：7.90元

中华会计函授学校财会专业毕业作业指南/陶德雄主编.—北京：中国财政经济出版社，1990.5.—165页；32开.—ISBN 7-5005-1108-6：2.05元

中国会计史料选编：中华民国时期/中国会计学会会计史料编辑组，中国第二历史档案馆编.—南京：江苏古籍出版社，1990.4.—4册(3061页)；大32开.—ISBN 7-80519-163-8(精装)：52.00元

出纳工作实用手册/张德新等编著.—哈尔滨：黑龙

江人民出版社，1990.5.—295页；32开.—ISBN 7-207-01505-4：4.65元

出纳必读/陈元海编著.—广州：广东人民出版社，1990.8.—169页；32开.—ISBN 7-218-00491-1：1.80元

出纳借款报销工资核算与管理/黄书礼，李广成主编.—北京：航空工业出版社，1990.5.—262页；32开.—(会计人员岗位培训丛书/冷传生主编).—ISBN 7-80046-276-5：3.30元

全国首届会计知识大赛试题选编/全国首届会计知识大赛专家评审委员会编.—北京：中国财政经济出版社，1990.9.—360页；32开.—ISBN 7-5005-1201-X：5.00元

会计人员上岗必读/朱美璇主编.—杭州：杭州大学出版社，1990.4.—771页；大32开.—(财会基础工作丛书).—ISBN 7-81035-020-X：7.50元

会计大辞库　第一卷/杨树枝主编.—牡丹江：黑龙江朝鲜民族出版社，1990.9.—780页；16开.—ISBN 7-5389-0251-1(精装)：43.00元

会计大辞库　第二卷/杨树枝主编.—牡丹江：黑龙江朝鲜民族出版社，1990.11.—781～1575页；16开.ISBN 7-5389-0286-4(精装)：43.00元

会计发展史/(苏)索科洛夫(Соколов，Я.В.)著；陈亚民等译.—北京：中国商业出版社，1990.7.—378页：照片；32开.—(世界审计会计名著译丛).—ISBN 7-5044-0515-9：6.00元

书名原文：История развития бухгалтерского Учета

会计证考试问答/北京市财政局编.—北京：北京经济学院出版社，1990.1.—175页；32开.—ISBN 7-5638-0173-1：2.50元

会计知识大赛试题选编/赵刚主编.—昆明：云南人民出版社，1990.4.—247页；32开.—ISBN 7-222-00629-X：2.65元

会计知识大赛试题解答选编/乌鲁木齐赛区会计知识大赛组委会编写组编.—乌鲁木齐：新疆人民出版社，1990.10.—269页；32开.—ISBN 7-228-01506-1：2.75元

会计知识试题库/郭连东主编.—武汉：武汉测绘科技大学出版社，1990.5.—246页；大32开.—ISBN 7-81030-036-9：2.90元

会计统计基础知识/周玉璞编著.—哈尔滨：黑龙江人民出版社，1990.3.—155页；32开.—国营农场基层干部岗位职务培训教材.—ISBN 7-207-01474-0：2.10元

会计教学手册/姚梅炎主编.—北京：国防工业出版社，1990.1.—654页；大32开.—ISBN 7-118-00680-7：8.80元

会计辞海/侯文铿主编.—沈阳：辽宁人民出版社，1990.10.—1845页；16开.—ISBN 7-205-01402-6(精装)：63.00元

会计管理新词典/丁平准编著.—北京：经济管理出版社，1990.12.—754页；32开.—ISBN 7-80025-352-X(精装)：14.00元

财会人员基本技能指导/姜长武主编.—长春：吉林人民出版社，1990.12.—338页；32开.—ISBN 7-206-00940-9：5.00元

财会改革与探新：1980～1990/夏康裕主编.—武汉：武汉出版社，1990.12.—1018页；大32开.—ISBN 7-5430-0427-5：14.50元

财会知识题解/青岛粮食局会计学会编.—北京：中国华侨出版公司，1990.10.—439页；32开.—ISBN 7-80074-343-8：5.30元

现代会计实务/阎达五主编.—北京：中国审计出版社，1990.12.—606页；32开.—ISBN 7-80064-077-9：9.50元

武汉会计师文萃/夏康裕主编.—武汉：武汉出版社，1990.7.—294页；32开.—ISBN 7-5430-0365-1：4.00元

实用会计手册/沈云主编.—北京：中国财政经济出版社，1990.3.—736页；16开.—ISBN 7-5005-0998-7(精装)：25.00元

实用财会知识/石全升主编.—北京：中国商业出版社，1990.8.—550页；32开.—ISBN 7-5044-0677-5：6.45元

经济特区会计改革与实务/深圳市财政局编著.—北京：中国财政经济出版社，1990.11.—401页；大32开.—ISBN 7-5005-1194-9：10.00元

经济特区会计改革论文集/深圳市财政局编.—北京：中国财政经济出版社，1990.10.—243页；大32开.—ISBN 7-5005-1193-0：8.00元

首届财会知识竞赛试题集萃/湖南省财政厅，湖南省会计学会编.—北京：中国商业出版社，1990.2.230页；32开.—ISBN 7-5044-0542-6：2.60元

总会计师岗位职务培训专题讲座/任辉主编.—济南：山东人民出版社，1990.7.—544页；32开.—工业企业领导干部岗位职务培训"专业证书"教育教材之十七.—ISBN 7-209-00431-9：5.50元

涉外会计实用大全/于玉林主编.—沈阳：辽宁人民出版社，1990.9.—809页；16开.—ISBN 7-205-01342-9(精装)：36.00元

最新会计师手册/袁晓勇，杨宜勇主编.—北京：科学出版社，1990.3.—425页；16开.—ISBN 7-03-001643-7：13.00元

F230　会计核算理论(会计学)

会计入门/江西财经学院财务会计系编写.—2版.

南昌：江西科学技术出版社，1990.3.—136页；32开.—ISBN 7-5390-0075-9：1.55元

本书1988年1月第1版。

会计学/葛家澍，余绪缨主编.—成都：四川人民出版社，1990.7.—58页；32开.—高等学校财经类专业核心课程教学大纲.—ISBN 7-220-00981-X：0.85元

会计学导论/刘兆丰，王延超编.—济南：济南出版社，1990.2.—399页；32开.—ISBN 7-80572-135-1：3.90元

会计学原理/毛伯林，郭徐咸编著.—成都：西南财经大学出版社，1990.3.—574页；32开.—ISBN 7-81017-221-3：5.64元

会计学原理/史广正主编.—天津：天津社会科学院出版社，1990.2.—247页；大32开.—ISBN 7-80563-017-8：4.50元

会计学原理/师萍主编.—西安：西北大学出版社，1990.8.—282页；32开.—ISBN 7-5604-0170-8：3.95元

会计学原理/宋国昌主编.—沈阳：辽宁人民出版社，1990.12.—402页；32开.—税务干部岗位培训试用教材.—ISBN 7-205-01410-7：5.80元

会计学原理/李海波主编.—上海：立信会计图书用品社，1990.9.—284页；大32开.—ISBN 7-5429-0080-3：4.75元

会计学原理/邹虎辰，朱一平主编.—南京：江苏人民出版社，1990.7.—333页；32开.—ISBN 7-214-00495-X：3.75元

会计学原理/赵瑞梅主编.—北京：北京出版社，1990.8.—282页；大32开.—管理干部学校财会专业系列教材.—ISBN 7-200-01245-9：4.20元

会计学原理/俞机先主编.—沈阳：东北工学院出版社，1990.8.—315页；32开.—ISBN 7-81006-254-9：4.70元

会计学原理/郭新全，金学义主编.—西安：陕西人民出版社，1990.9.—306页；32开.—ISBN 7-224-01457-5：5.00元

会计学原理/嵇忠，尹洪举主编.—长春：吉林大学出版社，1990.8.—302页；大32开.—ISBN 7-5601-0564-5：4.40元

会计学原理/翟广顺主编.—北京：中国商业出版社，1990.9.—380页；32开.—商业财经大专院校试用教材.—ISBN 7-5044-0741-0：5.30元

会计学原理/魏振雄，翟欣主编.—北京：中国财政经济出版社，1990.10.—313页；大32开.—ISBN 7-5005-1153-1：4.50元

会计学原理　（上）/莫国强，丁峙编著.—昆明：云南人民出版社，1990.9.—378页；32开.—ISBN 7-222-00710-5：5.00元

会计学原理　（下）：学习指导书/杨文芝主编.—昆明：云南人民出版社，1990.9.—200页；32开.—ISBN 7-222-00711-3：2.80元

会计学原理与工业会计/赵文学，孙力主编.—长春：吉林大学出版社，1990.11.—496页；大32开.—ISBN 7-5601-0680-3：7.20元

会计学原理习题集/徐文彬主编.—上海：立信会计图书用品社，1990.9.—125页；大32开.—（立信会计丛书）.—ISBN 7-5429-0070-6：1.65元

《会计学原理》自学指导/毛伯林，冯健编.—成都：西南财经大学出版社，1990.7.—402页；32开.—ISBN 7-81017-240-9：3.95元

会计学原理学习指导/梁兴杰，马普龙主编；李魁武等编.—长春：吉林大学出版社，1990.7.—241页；32开.—ISBN 7-5601-0535-1：3.35元

会计学基础/孟繁金主编.—济南：山东人民出版社，1990.2.—291页；大32开.—初级会计人员岗位职务培训试用教材.—ISBN 7-209-00843-8：3.90元

会计学基础/涂龙力，张中柱主编.—大连：大连理工大学出版社，1990.11.—318页；32开.—辽宁税务专科学校会计改革系列试用教材.—ISBN 7-5611-0330-1：3.90元

会计原理/天津市教育教学研究室职业教育教材编写组编.—北京：高等教育出版社，1990.4.—258页；32开.—中等职业技术学校试用教材.—ISBN 7-04-002942-1：1.55元

会计原理/《会计原理》编写组编.—北京：中国财政经济出版社，1990.1.—282页；32开.—财税干部中等专业系列试用教材.—ISBN 7-5005-1233-8：3.60元

会计原理/刘海青等编写.—沈阳：辽宁科学技术出版社，1990.10.—92页；32开.—（中国农业银行中专自学考试指导丛书）.—ISBN 7-5381-1053-4：1.40元

会计原理/李建立主编.—北京：中国商业出版社，1990.12.—251页；32开.—ISBN 7-5044-0794-1：2.95元

会计原理/沙彬，马靖忠主编.—北京：中国商业出版社，1990.8.—366页；32开.—ISBN 7-5044-0721-6：4.50元

会计原理与工业会计/汪家明，张劝礼编著.—西安：西安电子科技大学出版社，1990.6.—391页；16开.—中等专业学校教材.—ISBN 7-5606-0121-9：4.40元

会计原理与工业会计学习指导/梁琦，陈杰编.—大连：东北财经大学出版社，1990.12.—266页；32开.—ISBN7 -81005-467-8：4.00元

会计原理与工商会计/《会计原理与工商会计》编

写组编.一大连：东北财经大学出版社，1990.7.314页；大32开.—ISBN 7-81005-412-0：4.95元

会计原理与工商会计习题集/《会计原理与工商会计习题集》编写组编.一北京：中国金融出版社，1990.7.—125页；16开.一中等银行学校辅助教材.ISBN 7-5049-0566-6：3.00元

会计原理习题集/天津市教育教学研究室职业教育教材编写组编.一北京：高等教育出版社，1990.4·223页；16开.一中等职业技术学校教学参考书.ISBN 7-04-002943-X：2.95元

会计原理实习教材/李多，杨宪吾编.一长沙：湖南出版社，1990.10.—75页；16开.—ISBN 7-5438-0028-4：2.00元

会计原理学习指导与题解/周长义，石艳荣编著.徐州：中国矿业大学出版社，1990.8.—255页；32开.ISBN 7-81021-430-6：2.90元

会计原理教学参考书/天津市教育教学研究室职业教育教材编写组编.一北京：高等教育出版社，1990.3.—54页；32开.一中等职业技术学校教学参考书.ISBN 7-04-002944-8：0.45元

会计基础知识/王国宝，潘泉主编.一西安：陕西人民出版社，1990.11.—229页；32开.—（财会人员培训丛书）.—ISBN 7-224-01483-X：2.90元

会计基础知识/陶志中主编.一济南：山东大学出版社，1990.2.—181页；32开.—ISBN 7-5607-0324-0：2.20元

会计基础知识习题集/莫清芬，蔡惟勤编写.一杭州：浙江人民出版社，1990.10.—99页；32开.—ISBN 7-213-00556-1：1.20元

会计管理/周祖培等编著.一北京：中国商业出版社，1990.12.—420页；32开.—ISBN 7-5044-0797-6：4.80元

会计管理结构：对中国会计理论建设的若干思考/阎达五著.一北京：北京出版社，1990.12.—362页；大32开.—ISBN 7-200-01142-8：6.40元

财会管理理论与方法/郭盛儒等编著.一厦门：厦门大学出版社，1990.3.—291页；32开.—ISBN 7-5615-0272-9：3.55元

现代会计原理学/曾子敬主编.一广州：广东旅游出版社，1990.2.—460页；32开.—ISBN 7-80521-135-8：6.00元

国际会计/李宝震，郝振平著.一沈阳：辽宁人民出版社，1990.7.—202页；32开.—（西方会计丛书；第1辑/余绪缨主编）—ISBN 7-205-01282-1：3.50元

国际会计/常勋主编；葛家澍等编著.一上海：上海人民出版社，1990.7.—303页；大32开.—ISBN 7-208-00770-5：4.40元

实证会计理论/（美）瓦茨（Watts，R.L.），（美）齐默尔曼（Zimmerman，J.L.）著；黄世忠等译.一北京：中国商业出版社，1990.6.—518页；32开.—（实证审计会计名著译丛）.—ISBN 7-5044-0511-6：6.50元

书名原文：Positive Accounting Theory

基础会计学/严岩，张公望主编.一北京：中国经济出版社，1990.9.—294页；大32开.—ISBN 7-5017-0936-X：4.60元

基础会计学/邹裕光主编.一北京：经济学院出版社，1990.8.—360页；大32开.—会计学专业系列教材.—ISBN 7-5638-0178-2：4.90元

基础会计学/谷桂林主编.一北京：中国财政经济出版社，1990.8.—333页；大32开.—ISBN 7-5005-1147-7：5.00元

新编基础会计学/金中泉主编.一北京：中国商业出版社，1990.11.—243页；大32开.—（中国商业会计学会、珠算协会丛书）.—ISBN 7-5044-0838-7：3.30元

F230.9　会计数学

计算技术/刘明福，杨焕章编著.—3版.一成都：四川教育出版社，1990.5.—217页；32开.一职业高级中学课本：财会试用本.—ISBN 7-5408-0109-3：1.37元

会计数理与应用/于岳编著.一济南：山东大学出版社，1990.10.—319页；大32开.—ISBN 7-5607-0412-3：4.90元

财经计算技术/楼南红编.—2版.一北京：高等教育出版社，1990.3.—237页；32开.一成人中专教材.ISBN 7-04-002474-8：1.65元

F231　会计簿记方法

簿记教材/陈乃宽等编.一新1版.一上海：立信会计图书用品社，1990.4.—326页；大32开.—（立信会计丛书）.—ISBN 7-5429-0067-6：3.45元

本书1983年8月第1版。

F231.3　会计凭证和财产清查

发票设计与管理/吴国君，王世昌编写.一北京：中国财政经济出版社，1990.10.—240页；32开.—ISBN 7-5005-1142-6：3.50元

发票管理手册/黎宁磊编著.一南宁：广西人民出版社，1990.7.—56页；32开.—ISBN 7-219-01619-0：1.15元

发票管理基础知识/张树学，朱明建编著.一武汉：

湖北人民出版社，1990.12.—131页；32开.—ISBN 7-216-00670-4：2.00元

凭证帐薄与会计报表/陈国昌等编.—北京：航空工业出版社，1990.5.—160页；32开.—（会计人员岗位培训丛书/冷传生主编）.—ISBN 7-80046-275-7：2.20元

F231.6　会计检查与监督

财务造假稽查：贪污、偷逃税案例与对策/郭大焕编著.—长沙：湖南科学技术出版社，1990.12.—237页；32开.—ISBN 7-5357-0786-6：2.95元

实用抽样审计/（美）达姆·M.根，D.R.卡尼开洛著；郭荣汉等编译.—北京：中国审计出版社，1990.5.—281页；32开.—ISBN 7-80064-050-7：3.50元

本译著介绍了抽样审计方法与应用规范，所介绍的10种抽样审计方法可应用于审计过程中的重要环节中。

经济监督学/宋玉昆，刘国忱主编.—大连：大连理工大学出版社，1990.10.—352页；32开.—ISBN 7-5611-0322-0：4.20元

查帐与取证指导/胡耀廷，马为民主编.—长春：吉林大学出版社，1990.11.—299页；32开.—（纪检监察业务丛书）.—ISBN 7-5601-0673-0：4.20元

怎样查帐和调帐/刘大贤，傅磊编著.—北京：机械工业出版社，1990.2.—320页；32开.—（审计科学丛书/北京审计学会主编）.—ISBN 7-111-02001-4：4.70元

F232　会计设备

计算机在会计工作中的应用/贾大龙，袁树民编.北京：中国经济出版社，1990.2.—384页；大32开.全国大中型企业领导干部培训教材.—ISBN 7-5017-0162-8：5.70元

计算机会计信息系统：结构与技术/袁蓉芳编著.杭州：浙江大学出版社，1990.1.—408页；大32开.ISBN 7-308-00418-X：6.40元

计算机会计原理及其应用/陈宝贤主编.—北京：中国商业出版社，1990.10.—371页；大32开.—ISBN 7-5044-0660-0：5.30元

计算机会计数据处理技术/王景新编著.—南昌：江西科学技术出版社，1990.8.—166页；32开.—ISBN 7-5390-0350-2：2.80元

计算机财会应用基础/范大昭主编.—北京：高等教育出版社，1990.4.—427页；32开.—中等职业技术学校试用教材.—ISBN 7-04-002954-5：3.20元

计算机财会应用基础教学参考书/路克强主编.—北京：高等教育出版社，1990.8.—348页；32开.—中等职业技术学校教学用书.—ISBN 7-04-003200-7：2.30元

会计电算化指南/用友电子财务技术有限公司组织编写.—北京：中国商业出版社，1990.11.—353页；大32开.—ISBN 7-5044-0791-7：6.60元

会计电算化基础/张孟春主编.—北京：机械工业出版社，1990.8.—445页；32开.—机械电子工业部机电行业专业管理人员岗位培训教材.—ISBN 7-111-02267-X：7.40元

会计信息系统/张毅著.—北京：清华大学出版社，1990.9.—165页；32开.—（计算机管理丛书）.ISBN 7-302-00646-6：2.50元

财会电脑化实用教程/汤启陇，张延瑞编著.—杭州：杭州大学出版社，1990.2.—326页；大32开.ISBN 7-81035-000-5：5.00元

实用会计信息系统分析及程序设计/许世旺，陆平编著.—北京：中国财政经济出版社，1990.5.—783页；大32开.—ISBN 7-5005-0681-3：12.70元

微机在会计中的应用/江光宇编著.—北京：中央广播电视大学出版社，1990.10.—2册（925页）；16开.—ISBN 7-304-00104-6：18.00元

微机在会计中的应用/李百龄，朱时钦编著.—厦门：厦门大学出版社，1990.10.—210页；16开.—ISBN 7-5615-0238-9：7.00元

微机操作与会计电算化实践指导书/张平，李乐明编.—北京：机械工业出版社，1990.5.—64页；32开.—机械电子工业部机电行业专业管理人员岗位培训教材.—ISBN 7-111-02205-X：1.60元

微型计算机在会计统计中的应用/毛华扬编著.—重庆：重庆出版社，1990.3.—411页；32开.—ISBN 7-5366-1009-2：4.85元

GW1-2-3在财务管理中的应用/郑永福，张德才编著.—兰州：甘肃人民出版社，1990.10.—258页；32开.—ISBN 7-226-00643-X：3.10元

F233　会计工作组织与制度

中国会计管理模式研究/毛伯林，赵德武著.—成都：西南财经大学出版社，1990.5.—237页；大32开.—（会计理论探索丛书/杨纪琬等主编）.—ISBN 7-81017-180-1：3.60元

会计工作达标升级指南/周金中等主编.—北京：中国商业出版社，1990.6.—390页；32开.—ISBN 7-5044-0678-3：4.85元

会计制度设计/吴乙如主编.—北京：企业管理出版社，1990.4.—250页；大32开.—全国大中型企业领导干部培训教材.—ISBN 7-80001-111-9：3.50元

会计素质概论/李志霖主编.—太原：山西教育出版社，1990.6.—154页；32开.—ISBN 7-80578-295-4：2.50元

论会计改革/余秉坚主编.—北京：中国财政经济出版社，1990.10.—212页；大32开.—ISBN 7-5005-1146-9：3.50元

财经职业道德/张旭新主编.—乌鲁木齐：新疆大学出版社，1990.6.—285页；32开.—ISBN 7-5631-0145-4：3.40元

谈会计技巧：如何做一个合格的会计人员/魏克发等主编.—北京：中国城市出版社，1990.12.—232页；32开.—ISBN 7-5074-0508-7：2.50元

F234　各种会计和簿记

实用各业责任会计/实用各业责任会计编写组编.—昆明：云南科技出版社，1990.2.—646页；32开.—ISBN 7-5416-0267-1：9.80元

F234.2　成本会计

本——量——利分析/曹冈著.—沈阳：辽宁人民出版社，1990.7.—275页；32开.—（西方会计丛书；第1辑/余绪缨主编）.—ISBN 7-205-01277-5：3.00元

本量利分析，是成本、数量、利润相互关系分析的简称。本书内容包括：成本性态分析、成本分解，变动成本计算，本量利关系的表达，本量利分析的基本方法、应用和基本假设，基本假设不成立时的本量利分析等。

成本分析与控制/宋廷明编译.—北京：经济科学出版社，1990.5.—747页；大32开.—ISBN 7-5058-0263-1：10.50元

成本控制的理论与方法/陈元燮编著.—上海：立信会计图书用品社，1990.3.—304页；32开.—（立信会计丛书）.—ISBN 7-5429-0059-5：4.05元

完全历史成本计算的通用模型/李松玉著.—成都：西南财经大学出版社，1990.12.—105页；大32开.—（会计理论探索丛书/杨纪琬等主编）.—ISBN 7-81017-237-9：2.50元

F234.3　管理会计

中国管理会计/王增本，王国会主编.—青岛：青岛海洋大学出版社，1990.1.—393页；32开.—财会专业系列教材之五.—ISBN 7-81026-002-2：4.50元

西方管理会计的产生和发展/费文星著.—沈阳：辽宁人民出版社，1990.7.—143页；32开.—（西方会计丛书；第1辑/余绪缨主编）.—ISBN 7-205-01280-5：2.35元

现代管理会计/丁功民，梁永胜主编.—北京：航空工业出版社，1990.1.—208页；16开.—ISBN 7-80046-254-4：4.90元

现代管理会计学/《现代管理会计学》编写组编.—哈尔滨：东北林业大学出版社，1990.10.—503页；32开.—ISBN 7-81008-161-6：6.65元

责任会计/林钢，孙茂竹著.—北京：中国展望出版社，1990.5.—171页；32开.—（财会改革与发展丛书/田雍，丁振文主编）.—ISBN 7-5050-0635-5：3.10元

实用管理会计/胡书杰编.—哈尔滨：哈尔滨工业大学出版社，1990.8.—255页；32开.—ISBN 7-5603-0287-4：3.60元

实用管理会计/梁声芳编著.—北京：中国对外经济贸易出版社，1990.9.—460页；大32开.—ISBN 7-80004-144-1：7.00元

控制会计学/翟文莹主编.—北京：北京农业大学出版社，1990.5.—254页；大32开.—ISBN 7-81002-122-2：3.50元

管理会计/仲修伟，潘学模编著.—成都：西南财经大学出版社，1990.12.—526页；32开.—ISBN 7-81017-247-6：5.15元

管理会计/李天民主编.—北京：中国华侨出版公司，1990.10.—377页；32开.—中国逻辑与语言函授大学教材.—ISBN 7-80074-253-9：4.65元

管理会计/余绪缨编著.—修订本.—北京：中国财政经济出版社，1990.4.—514页；大32开.—高等财经院校试用教材.—ISBN 7-5005-0926-X：3.55元

本书1983年3月第1版。

管理会计/贾俊荣，赵世范主编.—长春：吉林人民出版社，1990.10.—469页；32开.—ISBN 7-206-00893-3：5.90元

管理会计/蓝汉民，杨修发编著.—北京：中国商业出版社，1990.2.—532页；32开.—ISBN 7-5044-0545-0：5.20元

管理会计习题集/李天民编.—上海：立信会计图书用品社，1990.8.—149页；大32开.—（立信会计丛书）.—ISBN 7-5429-0063-3：1.90元

管理会计例题和习题集/张维然，吴德玲主编.—上海：同济大学出版社，1990.5.—255页；大32开.—ISBN 7-5608-0545-0：5.00元

管理会计学概论/李天民编著.—上海：立信会计图书用品社，1990.3.—444页；大32开.—（立信会计丛书）.—ISBN 7-5429-0056-0：4.55元

管理会计教程/张冬兰编著.—北京：科学出版社，1990.1.—367页；大32开.—ISBN 7-03-001764-1：6.00元

F234.4　财务会计

西方财务会计/林志军等编著.—北京：中国对外经济贸易出版社，1990.8.—273页；大32开.—（工商管理（MBA）系列丛书）.—ISBN 7-80004-180-8：4.50元

西方财务会计/潜龙编著.—上海：上海交通大学出版社，1990.2.—292页；大32开.—ISBN 7-313-00619-5：4.00元

财务报表分析/（美）吉伯逊（Gibson，C.H.），福利斯柯富（Frishkoff，P.A.）著；陈锦

福译.—北京：中国财政经济出版社，1990.10.—542页；大32开.—ISBN 7-5005-1138-8：7.40元

现代西方财务会计理论/葛家澍，林志军著.—厦门：厦门大学出版社，1990.2.—369页；32开.—ISBN 7-5615-0302-4：4.80元

现代财经实用会计：商业会计、工业会计/殷长生编著.—北京：中国展望出版社，1990.9.—156页；32开.—ISBN 7-5050-0868-4：2.80元

实用财务会计手册/顾志坚，张念宏主编；北京市财贸管理干部学院编.—北京：北京日报出版社，1990.2.—621页；32开.—ISBN 7-80502-301-8：8.50元

实用财务会计查帐手册：中外合营企业分册/《实用财务会计查帐手册》编委会编.—北京：北京出版社，1990.12.—208页；32开.—ISBN 7-200-01149-5：3.45元

教学与辅导：财务会计专业　第10辑/中央农业广播电视学校主编.—北京：农业出版社，1990.3.40页；16开.—ISBN 7-109-01793-1：0.70元

教学与辅导：财务会计专业　第11辑/中央农业广播电视学校主编.—北京：农业出版社，1990.8.56页；16开.—ISBN 7-109-01962-4：0.90元

教学与辅导：财务会计专业：1989级　第1辑/中央农业广播电视学校主编.—北京：农业出版社，1990.2.—48页；16开.—ISBN 7-109-01736-2：0.90元

教学与辅导：财务会计专业：1989级　第3辑/中央农业广播电视学校主编.—北京：农业出版社，1990.9.—49页；16开.—ISBN 7-109-02023-1：0.90元

微机财务报表程序设计/姚栋樑，李文祥主编.—武汉：武汉工业大学出版社，1990.4.—266页；16开.ISBN 7-5629-0354-9：5.70元

F239　审　计

中国审计大辞典/张鸿杰，贾丛民主编.—沈阳：辽宁人民出版社，1990.8.—618页；大32开.—ISBN 7-205-01294-4（精装）：11.00元

中国审计大辞典/张鸿杰，贾丛民主编.—沈阳：辽宁人民出版社，1990.8.—618页；大32开.—ISBN 7-205-01294-5：9.00元

审计工作大全/张魁峰主编.—北京：中国城市经济社会出版社，1990.9.—1141页；16开.—ISBN 7-5074-0288-6（精装）：45.00元

审计问答/彭扣桃，周军主编.—北京：北京工业大学出版社，1990.12.—293页；大32开.—ISBN 7-5639-0108-6：4.80元

审计实务知识/杨铁群主编.—北京：中国物资出版社，1990.6.—405页；32开.—ISBN 7-5047-0189-1：5.50元

审计辞典/王文彬等编.—上海：三联书店上海分店，1990.1.—642页；32开.—ISBN 7-5426-228-4（精装）：10.50元

本辞典共收词目1376条。

实用审计大全/王文元主编.—沈阳：辽宁人民出版社，1990.10.—1403页；16开.—ISBN 7-205-01436-0（精装）：45.00元

F239.0　审计理论（审计学）

现代审计学/曾子敬主编.—广州：广东旅游出版社，1990.2.—387页；32开.—ISBN 7-80521-127-2：5.40元

定期审计理论初探/夏仲霖主编.—哈尔滨：黑龙江人民出版社，1990.12.—216页；32开.—ISBN7-207 01811-8：3.50元

审计学/王世俊主编.—哈尔滨：黑龙江人民出版社，1990.6.—362页；32开.—ISBN 7-207-01568-2：5.00元

审计学/王汉雄等编著.—济南：山东人民出版社，1990.4.—468页；32开.—ISBN 7-209-00316-9：4.80元

审计学/尹大谟主编.—北京：机械工业出版社，1990.5.—157页；16开.—中等专业学校试用教材.ISBN 7-111-02063-4：1.90元

审计学/刘正光，何建群编著.—海口：三环出版社，1990.9.—600页；32开.—ISBN 7-80564-260-5：6.50元

审计学/刘高焯主编.—北京：北京出版社，1990.9.361页；大32开.—ISBN 7-200-01244-0：5.20元

审计学/赵淑清，宋淑敏主编.—沈阳：辽宁教育出版社，1990.11.—256页；32开.—ISBN 7-5382-1222-1：3.10元

审计学/钱培钧主编.—武汉：武汉大学出版社，1990.12.—336页；大32开.—全国高等教育自学考试指导委员会高等教育自学考试教材　经济管理类专业用.—ISBN 7-307-00869-6：4.20元

审计学/奚淑琴主编.—北京：中国华侨出版公司，1990.9.—321页；32开.—中国逻辑与语言函授大学教材.—ISBN 7-80074-250-4：4.10元

审计学原理/边泰甫，高子宏主编.—2版.—北京：中国财政经济出版社，1990.7.—374页；大32开.ISBN 7-5005-1111-6：5.10元

本书1988年10月第1版。

审计学原理/姜彦秋等编著.—杭州：浙江大学出版社，1990.8.—235页；32开.—ISBN 7-308-00589-5：3.10元

审计学原理/程能润主编.—北京：中国审计出版

社，1990.10.—373页；大32开.—高等财经院校试用教材.—ISBN 7-80064-070-1：4.50元

审计学原理/管锦康主编.—上海：立信会计图书用品社，1990.1.—203页；大32开.—ISBN 7-5429-0057-9：2.30元

审计学教程/何任远主编.—广州：暨南大学出版社，1990.9.—403页；32开.—ISBN 7-81029-035-5：5.30元

审计学基础/董健生，王尔柏编.—北京：机械工业出版社，1990.3.—200页；32开.—机械电子工业部机电行业专业管理人员岗位培训教材.—ISBN 7-111-02039-1：3.60元

审计理论结构/（美）莫茨（Mauts, R.K.），（埃）夏拉夫（Sharaf, H.A.）著；文硕等译.北京：中国商业出版社，1990.5.—348页；32开.（世界审计会计名著译丛/文硕，李爽主编）.—ISBN 7-5044-0512-4：4.70元

本书被认为是世界上第一部将审计理论作为一门独立的学科加以论述的里程碑式著作。其内容包括：审计理论的探求、审计方法论、审计假设、审计概念、审计证据等等。

审计基础/段金铭等编.—北京：航空工业出版社，1990.4.—277页；32开.—（会计人员岗位培训丛书/冷传生主编）.—ISBN 7-80046-284-6：3.40元

审计基础学习指导书/段金铭，刘国常编.—北京：航空工业出版社，1990.5.—322页；32开.—ISBN 7-80046-285-4：3.60元

实用审计学/陈仲祥编著.—北京：中国审计出版社，1990.10.—233页；32开.—审计干部培训教材.ISBN 7-80064-076-0：3.20元

基本审计学/冯均科，程安林编著.—西安：陕西科学技术出版社，1990.4.—327页；32开.—ISBN 7-5369-0744-3：4.00元

蒙哥马利审计学　(下)/(　)沙利文(Sullivan, J.D.)等著；汤云为等译.—北京：中国商业出版社，1990.8.—481页；32开.—（世界审计会计名著译丛/文硕，李爽主编）.—ISBN 7-5044-0513-2：6.30元

F239.1　审计方法与技术

计算机审计/肖泽忠编著.—北京：中国商业出版社，1990.2.—223页；大32开.—(中国商业会计学会、珠算协会丛书).—ISBN 7-5044-0449-7：3.30元

计算机审计/（美）波特（Porter, W.T.），（美）佩里（Perry, W.E.）著；李大庆等译.北京：中国财政经济出版社，1990.9.—369页；32开.—ISBN 7-5005-0976-6：4.30元

计算机审计入门/李长旭编著.—北京：中国审计出版社，1990.6.—237页；32开.—ISBN 7-80064-043-4：2.90元

抽样审计基本原理与方法/海浪，尹平编著.—北京：中国财政经济出版社，1990.3.—202页；大32开.—ISBN 7-5005-0889-1：2.90元

F239.2　审计工作的组织与制度

审计案例/刘大贤等编.—北京：机械工业出版社，1990.2.—253页；32开.—（审计科学丛书/北京审计学会主编）.—ISBN 7-111-02002-2：4.55元

审计案例评析/项俊波等主编.—北京：中国财政经济出版社，1990.5.—282页；大32开.—ISBN 7-5005-0955-3：3.95元

审计管理/谢志华著.—北京：中国商业出版社，1990.6.—253页；大32开.—（中国商业会计学会、珠算协会丛书）.—ISBN 7-5044-0623-6：3.60元

F239.21　各国审计

发展中国家政府审计手册/联合国公共行政和财政处编；王承祎译.—北京：中国审计出版社，1990.4.—83页；32开.—ISBN 7-80064-047-7：1.20元

西方审计/苏辉主编.—大连：大连出版社，1990.11.—380页；32开.—ISBN 7-80555-341-6：5.26元

国际审计/李宝震，郝振平著.—沈阳：辽宁人民出版社，1990.7.—165页；32开.—（西方会计丛书：第1辑/余绪缨主编）.—ISBN7-205-01278-3：2.65元

F239.22　中国审计

中国审计史纲要/肖清益，谭建立著.—北京：中国审计出版社，1990.4.—239页；大32开.—ISBN 7-80064-008-6：2.90元

中国审计年鉴：1983～1988/中国审计年鉴编辑委员会编.—北京：中国审计出版社，1990.1.—347页；16开.—ISBN 7-80064-011-6（精装）：32.00元

中国革命根据地审计史料汇编/中国审计学会，审计署审计科研所编.—北京：北京工业大学出版社，1990.12.—486页；16开.—ISBN 7-5639-01124-4：19.80元

审计资料汇编：1988年/中华人民共和国审计署审计科研所情报室编.—北京：社会科学文献出版社，1990.1.—423页；大32开.—ISBN 7-80050-143-4：5.20元

F239.4　各类审计

内部审计师手册/（美）希森（Heeschen, P.），（美）索耶（Sawyer, L.B.）著；张大艺等译.

北京：煤炭工业出版社，1990.9.—224页；32开.
ISBN 7-5020-0422-X：3.20元

书名原文：Internal Auditor's Hand book (I)

内部审计实务/王志钧，赵毓臣主编.—杭州：浙江人民出版社，1990.1.—427页；32开.—ISBN 7-213-00458-1：6.00元

内部审计原理与实务/单庆林主编.—哈尔滨：黑龙江科学技术出版社，1990.5.—351页；32开.—ISBN 7-5388-1133-8：4.95元

内部控制系统评价方法/山东省审计科研所，潍坊市审计局编著.—济南：山东人民出版社，1990.4.295页；大32开.—ISBN 7-209-00281-2：4.20元

西方管理审计导论/姜绪门著.—沈阳：辽宁人民出版社，1990.7.—100页；32开.—(西方会计丛书；第1辑/余绪缨主编).—ISBN 7-205-01281-3：1.90元

证券市场与会计：西方财务审计/龙涛等著.—北京：中国审计出版社，1990.12.—416页；32开.(证券业丛书/刘鸿儒主编).—ISBN 7-80064-066-3：5.80元

现代内部审计实务/(美)索耶(Sawyer．L．B.)著；汤云为等译.—北京：中国商业出版社，1990.6.—2册(428，397页)：照片；32开.—(世界审计会计名著译丛/文硕，李爽主编).—ISBN 7-5044-0514-0：11.50元

书名原文：The Practice of Modern Internal Auditing

本书全面介绍了内部审计职业、强调内部审计师是帮助企业管理部门实现其目标的有力助手，突出实务、深入浅出地介绍了许多新的审计技术和方法。

经济效益审计学/段兴民主编.—西安：西安交通大学出版社，1990.6.—424页；32开.—ISBN 7-5605-0329-2：4.50元

绩效审计/(英)格林(Glgn，J.J.)著；徐瑞康，文硕译.—北京：中国商业出版社，1990.3.145页；32开.—(世界审计会计名著译丛/文硕，李爽主编).—ISBN 7-5044-0459-4：2.50元

F239.6　专业审计

工商审计/郑邦杰等主编.—乌鲁木齐：新疆人民出版社，1990.8.—372页；32开.—ISBN 7-228-01523-1：4.50元

卫生审计/武灌心，刘佩珂主编.—北京：中国审计出版社，1990.8.—240页；32开.—ISBN 7-80064-074-4：4.50元

中小企业审计手册/(美)弗兰克·沃克著；李大庆译.—北京：中国审计出版社，1990.8.—189页；32开.—ISBN 7-80064-054-X：2.90元

中外合资经营企业审计/王永庆，程鸿编著.—北京：中国财政经济出版社，1990.12.—546页；大32开.—ISBN 7-5005-1181-7：4.80元

中外合资经营企业审计/谷祺等主编.—大连：东北财经大学出版社，1990.8.—322页；32开.—ISBN 7-81005-411-2：3.80元

企业与审计/安亚仁主编.—长春：吉林大学出版社，1990.11.—256页；32开.—(企业法人丛书/李振华主编).—ISBN 7-5601-0687-0：4.00元

企业承包经营责任审计/《企业承包经营责任审计》编写组编.—北京：中国审计出版社，1990.9.342页；32开.—审计干部培训教材.—ISBN 7-80064-057-4：5.00元

军队基本建设审计/王廷鲁主编.—北京：中国财政经济出版社，1990.11.—447页；大32开.—ISBN 7-5005-1304-0：6.00元

农业银行审计学/张亚山编著.—长春：吉林大学出版社，1990.6.—311页；32开.—ISBN 7-5601-0503-3：4.35元

财政财务审计手册/陈荣法主编.—北京：中国发展出版社，1990.1.—553页；16开.—ISBN 7-80087-001-4(精装)：19.50元

社会审计探索/湖南省审计科研培训所编.—北京：中国商业出版社，1990.10.—240页；32开.—ISBN 7-5044-0699-6：3.50元

物资审计/董凤琴主编.—长春：吉林人民出版社，1990.12.—413页；32开.—ISBN 7-206-00968-9：4.75元

金融审计/黄如之等主编.—南京：南京大学出版社，1990.5.—437页；大32开.—ISBN 7-305-00669-6：5.45元

承包企业的考核与审计/杨华编著.—北京：中国卓越出版公司，1990.8.—187页；32开.—ISBN 7-80071-262-1：4.20元

承包经营责任审计研究/中国审计学会承包经营责任审计课题组编.—天津：天津人民出版社，1990.8.—496页；32开.—ISBN 7-201-00563-4：6.00元

消费基金审计理论与实践/崔建民主编.—北京：北京出版社，1990.4.—368页；32开.—ISBN 7-200-01063-4：4.40元

商业审计/周建元主编.—上海：上海社会科学院出版社，1990.1.—236页；32开.—ISBN 7-80515-278-0：4.00元

商业经济责任审计/李凤鸣，陈东主编.—北京：中国商业出版社，1990.10.—298页；32开.—ISBN 7-5044-0779-8：4.60元

商贸审计学/《商贸审计学》编写组编著.—上海：上海交通大学出版社，1990.11.—379页；大32开.

ISBN 7-313-00792-2：5.50元

粮食商业审计/耿金岭，安广实主编.—合肥：安徽人民出版社，1990.7.—295页；32开.—ISBN 7-212-00417-0：3.40元

粮食商业资金审计/金德海等编著.—北京：中国商业出版社，1990.6.—336页；32开.—ISBN 7-5044-0534-5：3.50元

煤炭工业内部审计案例/李世雄主编.—徐州：中国矿业大学出版社，1990.9.—266页；大32开.—ISBN 7-81027-427-6：3.50元

F24　劳动经济

百业谋生通书/李静等编.—海口：三环出版社，1990.9.—403页：彩图；32开.—(三环出版社民俗系列丛书).—ISBN 7-80654-225-7：5.20元

现代劳动人事工作实用手册/陈澍主编.—上海：上海人民出版社，1990.10.—1319页；大32开.—ISBN 7-208-00978-3(精装)：17.00元

英汉劳动辞典/赵天乐编译.—北京：劳动人事出版社，1990.2.—284页；32开.—ISBN 7-5045-0353-3(精装)：11.50元

F240　劳动经济理论

西方劳动经济学/(美)弗雷雪尔(Fleisher，B. M.)，克尼斯勒(Kniesner，T.J.)著；文跃然等译校.—北京：中国华侨出版公司，1990.10.—469页；32开.—中国逻辑与语言函授大学教材.—ISBN 7-80074-246-6：6.00元

劳动人事统计/杨桂玲，马承悌主编.—北京：中国统计出版社，1990.9.—371页；大32开.—ISBN 7-5037-0486-1：4.90元

劳动心理学/陈森林主编.—北京：石油工业出版社，1990.6.—195页；32开.—中等专业学校教学用书.—ISBN 7-5021-0454-2：1.15元

劳动心理学/静天魁编著.—北京：煤炭工业出版社，1990.3.—282页；32开.—ISBN 7-5020-0057-：3.40元

劳动经济若干题解/王德平编.—沈阳：东北工学院出版社，1990.7.—383页；32开.—ISBN 7-81006-255-7：5.70元

劳动经济学/陆恒钧，潘金云主编.—长春：吉林人民出版社，1990.3.—537页；大32开.—高等学校文科教材.—ISBN 7-206-00706-6：3.60元

劳动经济学/郑麟翔，钱兴培主编.—兰州：甘肃人民出版社，1990.2.—271页；大32开.—ISBN 7-226-00621-9：3.80元

劳动经济学教程/中国人民大学劳动人事学院《劳动经济学教程》编写组编.—北京：中国华侨出版公司，1990.3.—301页；32开.—ISBN 7-80074-056-0：3.30元

劳动统计学/周作光，徐桂英主编.—沈阳：辽宁大学出版社，1990.7.—419页；32开.—劳动经济管理专业、系列教材.—ISBN 7-5610-0967-4：4.80元

社会主义劳动的政治经济学：一种新的商品生产体系的探索/张泽荣著.—北京：中国城市经济社会出版社，1990.8.—631页；大32开.—ISBN 7-5074-0437-4：8.90元

F241　劳动力

人力资源/(美)帕纳斯(Parnes，H.S.)著；张明清等译.—哈尔滨：黑龙江教育出版社，1990.8.321页；32开.—ISBN 7-5316-0891-X：3.70元

劳务输出研究/王德洪主编.—成都：四川科学技术出版社，1989.8.—236页；32开.—ISBN 7-5364-1432-3：2.30元

劳动就业指导/王新建，施佐明主编；江苏省劳动服务公司组织编写.—南京：河海大学出版社，1990.8.—68页；32开.—江苏省就业培训统编教材：试用.—ISBN 7-5630-0319-3：1.00元

城市外来劳动力管理/武汉市劳动局编.—武汉：武汉出版社，1990.1.—320页；32开.—ISBN 7-5430-0274-4：3.80元

就业与保险/李本立主编.—郑州：河南科学技术出版社，1990.8.—322页；大32开.—ISBN 7-5349-0752-7：5.50元

F243　劳动组织和管理

劳动定额标准的制定与管理/王国栋，何来生编著.大连：大连出版社，1990.2.—405页；32开.—劳动管理干部培训教材.—ISBN 7-80555-283-5：4.60元

劳动经济管理/王栋等编著.—大连：大连出版社，1990.2.—447页；32开.—ISBN 7-80555-282-7：5.50元

劳动经济管理计算手册/何来生，王国栋主编.—大连：大连出版社，1990.1.—696页；32开.—经济师必备.—ISBN 7-80555-281-9：9.20元

劳动管理实务/刘建华，杰一编著.—北京：中国商业出版社，1990.8—662页；32开.—ISBN 7-5044-0626-0：7.30元

城市劳动人事管理/王东进主编.—北京：中国城市经济社会出版社，1990.1.—425页；32开.—ISBN 7-

5074-0186-3：6.50元

职业安全卫生管理制度/中国石油化工总公司编.北京：烃加工出版社，1990.1.—200页；32开.—ISBN 7-80043-154-1：3.00元

F244 劳动工资、劳动报酬

工资改革研究文集/曾献国编著.—南宁：广西民族出版社，1990.10.—213页；32开.—ISBN 7-5363-0963-5：2.60元

工资学/金世和，李学衡主编.—长春：吉林大学出版社，1990.7.—298页；32开.—ISBN 7-5601-0533-5：3.75元

工资总额同经济效益挂钩的理论与实践/于凡等编著.—沈阳：东北工学院出版社，1990.4.—184页；32开.—ISBN 7-81006-234-4：3.00元

工资管理导论/侯佩龙等编著.—上海：上海交通大学出版社，1990.7.—437页；32开.—ISBN 7-313-00720-5：5.25元

中国劳动工资统计年鉴：1990/国家统计局社会统计司，劳动部综合计划司编.—北京：中国统计出版社，1990.11.—473页；大32开.—ISBN 7-5037-0423-3：9.50元

本书是一本全面反映中国劳动工资情况的权威性资料年刊。

西方工资理论/张晓枫，孙家砥编著.—长春：吉林大学出版社，1990.7.—203页；大32开.—ISBN 7-5601-0538-6：4.95元

《关于工资总额组成的规定》及有关文件汇编/国家统计局制度方法司编.—北京：中国统计出版社，1990.2.—28页；32开.—ISBN 7-5037-0377-6：0.40元

劳动工资统计问题解答/国家统计局制度方法司，劳动部综合计划司编.—北京：中国劳动出版社，1990.10.—156页；32开.—ISBN 7-5045-0589-7：2.00元

劳动工资管理实践性教学指导书/李维贤主编.—北京：机械工业出版社，1990.5.—316页；32开.—机械电子工业部机电行业专业管理人员岗位培训教材.ISBN 7-111-02225-4：6.50元

劳动报酬学/方亦元主编.—杭州：浙江大学出版社，1990.1.—310页；32开.—劳动经济管理专业教材.—ISBN 7-308-00453-6：3.30元

社会主义工资教程/李开东，于午顺著.—西安：陕西人民出版社，1990.7.—323页；32开.—ISBN 7-224-01210-6：4.15元

现金·工资管理实用手册/李世英，杨有年主编.兰州：甘肃人民出版社，1990.1.—316页；32开.ISBN 7-226-00611-1：4.55元

实用劳动工资干部工作手册/汪钧等主编.—长春：吉林科学技术出版社，1990.11.—768页；32开.ISBN 7-5384-0621-2（精装）：17.00元

职工劳动工资政策问题解答/湖北省总工会生活部编.—武汉：湖北人民出版社，1990.9.—193页；32开.—ISBN 7-216-00622-4：2.65元

F246 劳资关系

国外劳资争议处理概论/劳动部劳动力管理和就业司组织编写；刘东升著.—北京：北京师范学院出版社，1990.4.—380页；32开.—ISBN 7-81014-451-0：3.80元

F249 世界各国劳动经济概况

工资保险福利政策规定实用大全/詹景富主编.—北京：轻工业出版社，1990.4.—706页；16开.—ISBN 7-5019-0794-3：24.50元

中国有计划劳动市场研究/段兴民主编.—西安：陕西人民出版社，1990.12.—288页；大32开.—ISBN 7-224-01592-X：4.20元

中国农民的分化与流动/陈家骥主编.—北京：农村读物出版社，1990.11.—435页；32开.—ISBN 7-5048-0751-6：5.60元

中国劳动经济史/袁伦渠主编.—北京：北京经济学院出版社，1990.11.—395页；大32开.—（劳动人事专业系列丛书）.—ISBN 7-5638-0162-6：5.40元

中国劳动管理概览/唐云岐主编.—北京：中国城市出版社，1990.11.—341页；32开.—ISBN 7-5074-0494-3：5.90元

四平市劳动经济体制改革/郭振忠，李国英主编.长春：吉林人民出版社，1990.10.—368页；大32开.ISBN 7-206-00978-6：5.50元

当代中国的劳动力管理/何光主编；《当代中国》丛书编辑部编辑.—北京：中国社会科学出版社，1990.7.—507页：彩照；大32开.—（当代中国丛书/邓力群主编）.—ISBN 7-5004-0744-0（精装）：13.70元

当代中国的劳动力管理/何光主编；《当代中国》丛书编辑部编辑.—北京：中国社会科学出版社，1990.7.—507页：彩照；大32开.—（当代中国丛书/邓力群主编）.—ISBN 7-5004-0745-9：12.00元

国家机关和事业单位工资制度改革文件编选（五）/辽宁省人事厅编.—沈阳：辽宁科学技术出版社，1990.6.—240页；32开.—ISBN 7-5381-0907-2：2.70元

郑州劳动志：1906～1987/孙玉谦主编.—郑州：中州古籍出版社，1990.6.—378页；大32开.—（郑州志丛书）.—ISBN 7-5348-0357-8（精装）：18.00

元

就业·增长·现代化：中国劳动力转移的历史与未来研究/何道峰等著.—北京：中国华侨出版公司，1990.12.—270页；大32开.—ISBN 7-80074-392-6：4.90元

鞍山市劳动志/王赞君主编.—沈阳：辽宁人民出版社，1990.11.—459页：彩照；16开.—（鞍山市志丛书）.—ISBN 7-205-01628-2（精装）：25.00元

F25　物资经济

物资工作者要览/王耀春，邹乾印主编.—西安：陕西科学技术出版社，1990.9.—433页；32开.—ISBN 7-5369-0725-7：5.80元

本书介绍了物资流转计划编制和物资运货、销售、运输、仓储、统计、价格等知识和技能。

常用物资采购与供销手册/益民主编.—北京：烃加工出版社，1990.6.—2册（1693页）；16开.—ISBN 7-80043-052-9（精装）：38.00元

F250　物资经济理论

物资经济理论研究与探讨/董德信主编.—大连：大连出版社，1990.4.—359页；32开.—ISBN 7-80555-232-0：4.00元

物资经济理论探讨与实践/王伟海主编.—海口：南海出版公司，1990.6.—274页；32开.—ISBN 7-80570-247-0：3.70元

物资商品学/孙德章等主编.—大连：大连出版社，1990.12.—220页；16开.—ISBN 7-80555-235-5：10.00元

统计原理与物资统计习题集/王璧南主编.—北京：中国统计出版社，1990.9.—223页；32开.—ISBN 7-5037-0505-1：3.15元

F251　物资管理

物资行政管理学概论/郑万吉，吴华先编著.—武汉：武汉工业大学出版社，1990.9.—214页；32开.ISBN 7-5629-0413-8：3.50元

物资经济统计/胡贻志主编.—北京：中国物资出版社，1990.11.—445页；大32开.—ISBN 7-5047-0247-1：8.00元

物资经济管理/袁士高主编.—北京：中国铁道出版社，1990.11.—232页；16开.—高等学校教材.—ISBN 7-113-00882-8：3.00元

物资统计/肖为民主编.—北京：中国统计出版社，1990.6.—187页；32开.—统计人员岗位专业知识培训系列教材　供统计员培训用.—ISBN 7-5037-0457-8：2.70元

物资统计工作手册/肖为民主编.—沈阳：辽宁人民出版社，1990.12.—409页；32开.—ISBN 7-205-01686-X：5.00元

物资统计学/常文相等编.—大连：东北财经大学出版社，1990.6.—418页；32开.—ISBN 7-81005-361-2：4.60元

物资统计基础/黄德忻主编.—北京：中国物资出版社，1990.12.—296页；32开.—全国中专教育物资类专业统编教材.—ISBN 7-5047-0252-8：4.00元

物资综合管理知识/《物资综合管理知识》编写组编写.—北京：机械工业出版社，1990.10.—391页；16开.—（电子工业物资技术管理实用丛书）.—ISBN 7-111-02496-6：12.50元

物资管理　（7）/冶金工业部建设司编.—上海：上海科学技术文献出版社，1990.12.—232页；32开.—施工企业中级以上干部岗位培训教材.—ISBN 7-00513-595-9：4.80元

物资管理学/王之泰主编.—北京：经济科学出版社，1990.10.—366页；32开.—（物资管理丛书）.ISBN 7-5058-0379-4：4.90元

物资管理经济学/王之泰主编.—北京：人民教育出版社，1990.1.—280页；32开.—（物资管理丛书）.—ISBN 7-107-10312-1：3.60元

统计原理及物资统计/龚树生主编.—北京：人民教育出版社，1990.6.—318页；32开.—（物资管理丛书）.—ISBN 7-107-10689-9：4.30元

F252　物资流通

物流工程/周其成，史世鹏主编.—济南：山东人民出版社，1990.1.—435页；大32开.—ISBN 7-209-00548-X：5.50元

物流学概论/史世鹏编著.—济南：山东人民出版社，1990.9.—213页；大32开.—ISBN 7-209-00725-3：2.90元

物资计划与市场　上册/刘天新，朱文淇编著.—北京：中国物资出版社，1990.3.—206页；32开.ISBN 7-5047-0181-5：2.50元

物资计划与市场　下册/刘天新，朱文淇编著.—北京：中国物资出版社，1990.8.—241页；32开.—ISBN 7-5047-0234-X：3.00元

物资市场营销概论/王晓非等编著.—济南：山东人民出版社，1990.10.—300页；大32开.—ISBN 7-209-00739-3：3.75元

物资经济活动分析/何元录主编.—北京：中国财政经济出版社，1990.8.—364页；大32开.—ISBN 7-5005-1019-5：5.10元

物资贸易中心完善与发展论文集/杨庆文主编.—北京：中国物资出版社，1990.4.—262页；大32开.ISBN 7-5047-0192-0：3.50元

配送研究/张声书等主编.—北京：经济科学出版社，1990.10.—176页；32开.—(物资管理丛书).ISBN 7-5085-0378-6：2.90元

新兴生产资料市场/杨玉川，张延衡主编.—北京：中国商业出版社，1990.12.—287页；大32开.—天津市"七五"期间社会科学规划重点课题.—ISBN 7-5044-0650-3：6.20元

F253　物资企业经营与管理

现代物资企业会计管理/程馥葆编著.—北京：中国财政经济出版社，1990.5.—482页；32开.—ISBN 7-5005-0914-6：7.90元

物资计划管理学/王瑞钦等编著.—大连：东北财经大学出版社，1990.6.—329页；32开.—ISBN 7-81005-360-4：3.90元

物资企业经营/傅正谋主编；《物资企业经营》编写组编.—北京：中国物资出版社，1990.11.—350页；32开.—全国中等物资学校试用教材.—ISBN 7-5047-0108-4：4.70元

物资企业管理原理与组织/孙会良等主编.—济南：济南出版社，1990.3.—233页；大32开.—ISBN 7-80572-151-3：4.20元

物资财会手册/李亚光，迟旭升主编.—大连：东北财经大学出版社，1990.12.—564页；32开.—ISBN 7-81005-471-6：6.90元

物资管理会计/蒋予廷主编.—北京：中国财政经济出版社，1990.8.—347页；大32开.—ISBN 7-5005-1048-9：5.20元

实用生产资料价格管理/吕颖等主编.—北京：中国国际广播出版社，1990.10.—425页；32开.—(现代企业财会实务丛书/吴少平主编).—ISBN 7-80035-721-X：5.25元

F259　世界各国物资经济

中国物资供销企业大全/中国物资供销企业大全编委会编.—北京：中国物资出版社，1990.10.—978页；彩照；16开.—ISBN 7-5047-0201-3(精装)：45.00元

全国物资统一分类与代码　第四卷：电工产品　第一册：电机/中华人民共和国物资部编.—长春：吉林科学技术出版社，1990.7.—852页；16开.—ISBN 7-5384-0564-X(精装)：27.90元

全国物资统一分类与代码　第四卷：电工产品　第二册：锅炉及原动机/中华人民共和国物资部编.—长春：吉林科学技术出版社，1990.7.—215页；16开.ISBN 7-5384-0603-4(精装)：10.50元

这里闪烁着光彩：外贸仓储企业创"五优"十年征文选编/经贸部企业管理办公室等编.—北京：中国财政经济出版社，1990.7.—298页；大32开.—ISBN 7-5005-1122-1：5.00元

改革中的中国物资企业/《改革中的中国物资企业》编辑组编.—北京：人民出版社，1990.10.437页；彩照；大32开.—(明星企业丛书：物资卷).—ISBN 7-01-000751-9：14.00元

物资战线上的一颗新星：咸阳市渭城区优钢供应公司/秦维英主编.—北京：中国物资出版社，1990.9.31页；大16开.—ISBN 7-5047-0268-4

黑龙江省物资体制改革与发展/刘野等主编.—哈尔滨：黑龙江人民出版社，1990.12.—745页；32开.ISBN 7-207-01716-2：5.00元

温州市物资志/温州市物资志编纂领导小组编.—北京：海洋出版社，1990.10.—201页；大32开.—(温州市地方志丛书；1).—ISBN 7-5027-1184-8(精装)：15.00元

德州地区物资志/《德州地区物资志》编纂委员会编.—天津：南开大学出版社，1990.8.—318页；大32开.—ISBN 7-310-00349-7(精装)：15.00元

F27　企业经济

工商管理人员手册/邬时钟，郭冬乐主编.—北京：中国卓越出版公司，1990.9.—577页；大32开.—ISBN 7-80071-294-X(精装)：10.00元

本书以问答的形式介绍了综合经济、工商行政管理、商业经济、物资经济、价格、财政、金融等方面的知识。

中国企业家知识大全/黄焕春主编.—上海：上海科学技术文献出版社，1990.11.—1298页；大32开.ISBN 7-80513-611-4(精装)：28.00元

全书共分六篇，内容分为：概论篇；素质篇；知识篇；工作篇；方法篇；展望篇。

企业升级必读/涂济民，姚建友主编.—昆明：云南人民出版社，1990.8.—666页；32开.—ISBN 7-222-00694-X：9.25元

企业实用手册/王洪泉等主编.—青岛：青岛海洋大学出版社，1990.11.—1056页；16开.—ISBN 7-81026-182-7：28.50元

企业经济师实用教程/王德中，熊振邦主编.—成都：西南财经大学出版社，1990.1.—763页；大32开.—ISBN 7-81017-197-0：9.00元

企业经济顾问/刘鸿儒主编.—长春：吉林人民出版社，1990.3.—775页；大32开.—ISBN 7-206-00708-2：12.60元

企业经营管理实用手册/张炳宣等主编.—北京：中国经济出版社，1990.5.—465页；32开.—ISBN 7-5017-0857-6：5.20元

企业咨询与案例/胡宝珊编著.—乌鲁木齐：新疆人民出版社，1990.2.—102页；16开.—ISBN 7-228-01176-7：5.10元

企业管理公式辞典/易国庆等主编.—武汉：湖北人民出版社，1990.6.—710页；大32开.—ISBN 7-216-00578-3（精装）：12.40元

本辞典分为经营管理、生产管理、科技管理、劳动工资管理、财务管理、系统管理和不同行业企业管理等7大部分，共选收辞目近1700条。

现代企业家手册/林木生等主编.—沈阳：东北工学院出版社，1990.7.—674页；大32开.—ISBN 7-81006-229-8（精装）：15.00元

本书收词目700余条，内容分7大部分：现代企业家面临的环境，现代企业家应有的素质，现代企业家的工作，现代企业家常用工作方法，现代工业管理，涉外经济知识和中国式现代企业家。

实用企业经营辞典/杨河清，秦勇主编.—北京：兵器工业出版社，1990.4.—547页；32开.—ISBN 7-80038-219-2（精装）：13.00元

经理手册/（英）亚瑟·扬著；崔久明，张明君译.北京：中国工人出版社，1990.9.—374页；32开.ISBN 7-5008-0609-4：5.55元

书名原文：The Manager's Handbook

F270　企业经济理论和方法

人本身就是一种"企业"：成功的管理术/精英，财鑫主编.—厦门：鹭江出版社，1990.6.—150页；32开.—（创业灵方丛书）.—ISBN 7-80533-220-7：2.10元

本书介绍了企业管理人员如何自我经营、如何发挥自己的优点去丰富自己的工作、培育部属及善用部属、赏识部属、善用自己的时间等七大成功要素。

工商企业管理概论/李学智，薄连明编著.—西安：西北工业大学出版社，1990.3.—244页；32开.—ISBN 7-5612-0262-8：3.45元

开拓经营的艺术/余惕君，王伟军编译.—上海：上海翻译出版公司，1990.5.—248页；32开.—ISBN 7-80514-568-7：4.45元

本书集世界各国数十家优秀企业成功经验之大成，分市场开拓、企业经营战略、内部管理3大部分。

从科技人员到经理/（美）大卫·E.多尔蒂著；邓文波，徐康强译.—郑州：河南人民出版社，1990.6.254页；32开.—ISBN 7-215-00548-8：3.20元

本书针对科技人员怎样从技术工作转到管理工作的职业转换问题，介绍了现代美国使用的一些企业管理原则，阐述了成功的管理人员应具备的各项素质。

世界卓越管理荟萃/钟海雷，周磊选编.—北京：中国卓越出版公司，1990.10.—310页；32开.—ISBN 7-80071-141-2：4.80元

本书介绍了世界卓越管理方面的成功经验和经营手法、管理技巧、管理新知。

世界知名企业成功秘诀/杨鼎森等编译.—北京：中国经济出版社，1990.4.—405页；大32开.—ISBN 7-5017-1102-X：7.00元

本书系统地介绍了80年代后期世界各国（地区）知名企业的成功经验和新的管理思想、管理方法。

外国企业管理概论/李海婴，王彦主编.—武汉：武汉工业大学出版社，1990.8.—359页；32开.—高等院校教学用书.—ISBN 7-5629-0393-X：4.92元

生意经背后的生意经/（美）布兰查德（Blanchard，K.）；皮尔（Peale，N.V.）著；吴里，余正译.—昆明：云南人民出版社，1990.6.—115页；32开.—ISBN 7-222-00440-8：1.50元

版权页题名：生意经背后的生意经——道德管理

白手起家/（日）佐藤弘行著；一韦译.—成都：四川人民出版社，1990.2.—204页；32开.—（生意经系列/黄小平主编）.—ISBN 7-220-00809-0：2.30元

本书介绍了靠白手起家的著名企业家的成功经验。

成功的奥秘/（美）乔治·C.巴拉斯，戴维·霍拉斯著；祝彤译.—北京：中国工人出版社，1990.2.297页；32开.—（小企业家丛书）.—ISBN 7-5008-0524-1：6.40元

成果导向：有效的管理思路和分析方法/（美）彼得·德鲁克著；霍心一译.—北京：中国财政经济出版社，1990.9.—199页；32开.—（管理新思维丛书/李铁锤、陈重主编.）—ISBN 7-5005-1085-3：2.80元

回天有术：企业振兴的奥秘/（日）立石一真著；齐东平译.—北京：中国财政经济出版社，1990.4.192页；32开.—（管理新思维丛书/李铁锤，陈重主编）.—ISBN 7-5005-0744-5：2.80元

全方位激励法/吕守信，赵中天编著.—北京：中国经济出版社，1990.10.—236页；32开.—（华夏企业管理丛书/田夫主编）.—ISBN 7-5017-0763-4：4.00元

全方位激励法，是天津大港石油机械厂经过多年实践探索，创造出来的一种具有中国特色的企业管理方法。

全控管理法/刘金堂主编.—北京：经济管理出版社，1990.2.—154页；大32开.—ISBN 7-80025-316-3：2.50元

企业开发研究/张品一等主编.—青岛：青岛海洋大学出版社，1990.6.—308页；大32开.—ISBN 7-81026-091-X：4.20元

企业风险与管理/金润圭著.—南昌：江西人民出版社，1990.12.—299页；大32开.—ISBN 7-210-00883-7：4.60元

企业风险分析/高生文等主编.—沈阳：辽宁大学出版社，1990.7.—289页；大32开.—企业领导干部培训系列教材.—ISBN 7-5610-1016-8：3.90元

企业风险管理/张勋彪等编著.—武汉：华中理工大学出版社，1990.6.—188页；32开.—ISBN 7-5609-0436-6：2.80元

企业发展之路/刘葆金主编.—南京：江苏科学技术出版社，1990.3.—216页；32开.—ISBN 7-5345-0863-0：2.70元

企业发展战略/（美）小阿瑟·A.汤普森著；原梅生等译.—太原：山西经济出版社，1990.7.—356页；32开.—ISBN 7-80577-028-X：6.30元

企业成功的秘诀/庄德钧主编.—青岛：青岛海洋大学出版社，1990.5.—135页；大32开.—ISBN 7-81026-042-1：5.00元

企业成功要诀——赢得信任/（美）J.詹姆斯·格雷著，夏忠华等译.—北京：中国经济出版社，1990.7.—197页；32开.—ISBN 7-5017-0680-8：3.50元

企业行为与企业活力/成金华等编著.—武汉：武汉测绘科技大学出版社，1990.12.—217页；大32开.—ISBN 7-81030-067-9：3.50元

企业创造力开发/卢生芹著.—北京：机械工业出版社，1990.10.—299页；大32开.—ISBN 7-111-02692-6：5.00元

企业利益共同体初探/河南省总工会政策研究室等著.—北京：中国工人出版社，1990.2.—411页；32开.—ISBN 7-5008-0616-7：3.80元

企业利益共同体的理论与实践/马德举主编.—北京：科学普及出版社，1990.8.—128页；32开.—ISBN 7-110-01134-8：3.25元

企业利益共同体概论/杨新科等编著.—兰州：甘肃人民出版社，1990.12.—364页，32开.—ISBN 7-226-00672-3：3.90元

企业诊断学/夏伯忠主编.—沈阳：辽宁大学出版社，1990.7.—517页；大32开.—高等学校文科教材.—ISBN 7-5610-0987-9：5.90元

企业的战略管理：概要与案例/李天和著.—合肥：中国科学技术大学出版社，1990.11.—166页；大32开.—ISBN 7-312-00179-3：2.80元

企业参谋续集：战略性的经营计划/林敏生编译.—北京：世界图书出版公司，1990.7.—177页；32开.—（企业人动脑系列；55）.—ISBN 7-5062-0715-X：3.20元

本书据台北书泉出版社版重印。

企业经济学/（美）汤普森（Thompson，A.A.）著；杨君昌，杨良译.—上海：上海人民出版社，1990.9.—724页；大32开.—ISBN 7-208-00081-6：12.10元

企业经营/陈卫平编著.—武汉：中国地质大学出版社，1990.12.—276页；32开.—ISBN 7-5625-0492-X：3.80元

企业经营艺术/徐鹏航主编.—武汉：武汉工业大学出版社，1990.11.—164页；32开.—（企业文化丛书）.—ISBN 7-5629-0466-9：2.60元

企业经营成功之道/仇耀，郭挺斌著.—北京：机械工业出版社，1990.12.—145页；32开.—ISBN 7-111-02739-6：3.50元

企业经营的艺术：麦克唐纳成功的秘密/（日）山口广太著；蔡大纲译.—南京：江苏美术出版社，〔1990〕.—190页；32开.—（图解日本企业管理丛书；3）.—ISBN 7-5344-0131-3：2.80元

企业经营的诀窍：日本企业家谈用兵法经营/（日）大桥武夫著；肖楠等译.—北京：军事科学出版社，1990.1.—161页；大32开.—ISBN 7-80021-201-7：2.60元

企业经营学/麻彦春著.—长春：吉林大学出版社，1990.6.—339页；32开.—ISBN 7-5601-0525-4：4.50元

企业经营战略/于泰厚主编.—沈阳：辽宁人民出版社，1990.4.—271页；32开.—ISBN 7-205-01251-1：3.40元

企业经营战略/曲中谦等主编.—沈阳：辽宁科学技术出版社，1990.8.—354页；32开.—中小企业领导干部岗位职务培训教材.—ISBN 7-5381-0997-8：5.00元

企业经营战略/吴振寰编著.—上海：上海交通大学出版社，1990.12.—242页；32开.—ISBN 7-313-00738-4：1.55元

企业经营战略方针策略决策/杜彪编著.—西安：陕西人民出版社，1990.7.—172页；32开.—ISBN 7-224-01209-2：2.95元

企业经营战略概论/顾国祥著.—北京：北京出版社，1990.1.—115页；32开.—（现代企业管理人才评价丛书/苏东水，王通讯主编）.—ISBN 7-200-01029-4：1.30元

企业经营管理/刘莉主编.—沈阳：辽宁大学出版社，1990.12.—339页；大32开.—企业管理系列教材.—ISBN 7-5610-1096-6：4.70元

企业经营管理纵横谈/隋敏等主编.—南宁：广西民族出版社，1990.11.—278页；大32开.—ISBN 7-5363-0984-8：4.00元

企业经营管理案例/易仲开主编.—北京：中国商业出版社，1990.2.—114页；32开.—ISBN 7-5044-0500-0：1.95元

企业经营管理探索/李必训等编.—南宁：广西民族出版社，1990.11.—195页；大32开.—ISBN 7-5363-0978-3：3.30元

企业经营管理概论/唐大德，温力虎主编.—长沙：国防科技大学出版社，1990.7.—333页；32开.—ISBN 7-81024-123-0：3.90元

企业战略论/刘大昌，刘小龙著.—济南：山东人民出版社，1990.6.—205页；大32开.—ISBN 7-209-00748-2：3.65元

企业活力论/钱坤龙主编.—北京：中国广播电视出

版社，1990.11.—259页；32开.—ISBN 7-5043-0733-5：3.80元

企业起死回生术/（日）佐藤贞治著；黎志荣译.北京：人民交通出版社，1990.7.—107页；32开.ISBN 7-114-00901-1：2.35元

企业竞争术/钟玉昆编著.—广州：科学普及出版社广州分社，1990.2.—263页；32开.—ISBN 7-110-00887-8：2.98元

企业家之声：厂长经理文章精选/刘新田主编.—石家庄：河北科学技术出版社，1990.9.—299页；32开.—ISBN 7-5375-0565-9：3.85元

企业家箴言/（加拿大）金利·沃德著；孙闰凤，易白公译.—北京：北京经济学院出版社，1990.12.149页；32开.—ISBN 7-5638-0152-9：2.40元

企业常见病诊治/宋绍华主编.—太原：山西人民出版社，1990.4.—226页；32开.—ISBN 7-203-01650-1：3.90元

企业管理艺术：我国著名企业家经营管理经验谈/龙新华等编.—长沙：湖南科学技术出版社，1990.1.—326页；大32开.—ISBN 7-5357-0632-0：5.50元

企业管理机制理论与实践/徐荣堂，李建华主编.武汉：湖北人民出版社，1990.12.—397页；大32开.—ISBN 7-216-00663-1：5.90元

企业管理行为学/甘本佑主编.—成都：西南财经大学出版社，1990.11.—313页；32开.—ISBN 7-81017-249-2：2.00元

企业管理行为学/韩兆麟，刘五州主编.—东营：石油大学出版社，1990.5.—260页；32开.—ISBN 7-5636-0101-5：3.20元

企业管理实务研究/王君实，潘玉琴主编.—长春：吉林人民出版社，1990.5.—332页；32开.—企业管理干部岗位培训教材.—ISBN 7-206-00756-2：4.00元

企业管理学原理/董宜春，罗明义编著.—昆明：云南教育出版社，1990.6.—290页；大32开.—ISBN 7-5415-0336-3：5.45元

企业管理理论与实践/王明贵，顾亚声主编.—南京：东南大学出版社，1990.6.—282页；大32开.ISBN 7-81023-340-5：3.20元

企业管理理论与实践/李业斌，王延超主编.—济南：济南出版社，1990.4.—193页；32开.—ISBN 7-80572-154-8：5.20元

企业管理基础工作/席小乐编著.—北京：中国商业出版社，1990.12.—140页；32开.—ISBN 7-5044-1032-2：2.50元

企业管理概论/白谦德主编.—西安：陕西人民出版社，1990.2.—449页；32开.—ISBN 7-224-01127-4：5.45元

本书分十七章：一、企业管理总论；二、基础管理；三、制度管理；四、组织管理；五、机制管理；六、战略管理；七、决策管理；八、产品开发管理；九、产品销售管理；十、计划管理；十一、生产过程管理；十二、人力资源管理；十三、思想政治教育与行为管理；十四、物力资源管理；十五、财力资源管理；十六、技术与信息管理；十七、质量管理。

企业管理简论/赵英奎，郑金水主编.—北京：中国广播电视出版社，1990.12.—346页；32开.—ISBN 7-5043-0831-5：4.50元

企业辩证管理/曹随等编著.—北京：轻工业出版社，1990.11.—240页；32开.—ISBN 7-5019-0986-5：4.50元

名牌致胜术：世界名牌是怎样创造的/徐德志编著.广州：广东旅游出版社，1990.12.—242页；32开.ISBN 7-80521-183-3：3.70元

寻求胜机：90年代企业热点探析/刘平海，侯炳坤著.—郑州：河南人民出版社，1990.10.—296页；32开.—ISBN 7-215-01324-3：4.30元

如何在竞争中立于不败之地：迅速决断、巧妙地动摇对手/（日）藤田忠著；徐蒨民译.—北京：机械工业出版社，1990.9.—114页；32开.—ISBN 7-111-02232-7：2.90元

如何培养经营能力及把握机会：自我创业的决策与技巧/精英，财鑫编译.—厦门：鹭江出版社，1990.6.—143页；32开.—（创业灵方丛书）.—ISBN 7-80533-221-5：2.00元

走出困境/徐孝纯著.—沈阳：辽宁人民出版社，1990.12.—239页；32开.—ISBN 7-205-01579-0：5.00元

穷汉速富神诀/（美）马克·欧·哈罗德森著；高乐等译.—北京：中国国际广播出版社，1990.6.163页；32开.—ISBN 7-80035-515-2：2.85元

诈骗与对策：如何保护你的企业/美国商务改善协会著；蔡美德译.—北京：中国工人出版社，1990.5.185页；32开.—ISBN 7-5008-0542-X：3.65元

社会主义企业理论研究/吴东明著.—上海：复旦大学出版社，1990.7.—210页；大32开.—ISBN 7-309-00542-2：3.50元

社会主义企业管理学/肖志主编.—北京：中国经济出版社，1990.7.—346页；大32开.—ISBN 7-5017-0897-5：5.20元

现代工商企业管理/李启明等主编.—北京：中国商业出版社，1990.5.—452页；32开.—ISBN 7-5044-0575-2：4.95元

现代企业经营艺术/廖才茂，黄宇村著.—海口：南海出版公司，1990.9.—280页；大32开.—ISBN 7-80570-375-2：3.90元

现代企业经营分析/师萍，傅德良编著.—北京：中国经济出版社，1990.5.—500页；大32开.—ISBN 7-5017-0633-6：6.90元

现代企业经营论/吕有晨主编.—长春：吉林大学出版社，1990.10.—447页；32开.—ISBN 7-5601-0666-8：5.80元

现代企业经营战略/天津企业管理培训中心编.—北京：企业管理出版社，1990.8.—393页；大32开.经营管理系列教材之六.—ISBN 7-80001-078-3：3.95元

现代企业经营管理/上海工程技术大学管理工程系编.—上海：上海科学技术出版社，1990.9.—413页；16开.—ISBN 7-5323-2096-0：8.80元

现代企业经营管理信息、方法、手段/陈景艳主编.—杭州：浙江人民出版社，1990.12.—432页；大32页.—ISBN 7-213-00557-X：5.00元

现代企业素质论/刘太昌等编著.—开封：河南大学出版社，1990.5.—383页；大32开.—ISBN 7-81018-414-8：5.00元

现代企业管理学/朱天锐，黄建英主编.—长沙：湖南科学技术出版社，1990.8.—451页；32开.—ISBN 7-5357-0822-6：5.80元

现代企业管理学/李占祥，杨先举编著.—北京：中国人民大学出版社，1990.12.—224页；大32开.ISBN 7-300-01080-6：3.50元

现代企业管理学/张树臣主编.—青岛：青岛海洋大学出版社，1990.8.—625页；大32开.—成人高等教育《专业证书》班系列试用教材.—ISBN 7-81026-062-6：6.50元

现代企业管理学：经营与生产管理/张玉祥等主编.—开封：河南大学出版社，1990.9.—469页；大32开.—ISBN 7-81018-507-1：3.40元

现代企业管理原理/张新国主编.—北京：中国文史出版社，1990.11.—342页；32开.—ISBN 7-5034-0276-3：4.50元

现代企业管理教程/樊光鼎，陈冀豫主编.—北京：电子工业出版社，1990.6.—351页；32开.—ISBN 7-5053-0840-8：4.50元

现代经营管理意识/李亚梅主编.—北京：文津出版社，1990.9.—365页；32开.—ISBN 7-80554-056-X：4.20元

刺激创新/宋晓非等译.—上海：上海科学技术文献出版社，1990.7.—183页；大32开.—ISBN 7-80513-558-4：3.10元

国外企业家成功秘诀/郭志军主编.—北京：中国工人出版社，1990.8.—162页；32开.—(商品经济与企业家丛书/张仲秋主编).—ISBN 7-5008-0593-4：2.40元

变革时代的企业经营与管理/王荣耀主编.—北京：中国城市经济社会出版社，1990.9.—375页；32开.ISBN 7-5074-0313-0：7.00元

实用企业管理标准/王叔林主编.—北京：学苑出版社，1990.8.—268页；16开.—ISBN 7-5077-0135-2：8.50元

经营与人：写给胸怀大志的人/(英)帕金森(Parkinson，C.N.)，(印度)拉斯托姆吉(Rustomji,M.K.)著；苗兰译.—太原：山西人民出版社，1990.12.—81页；32开.—(人与管理丛书).—ISBN 7-203-01722-2：1.80元

书名原文：Business People

经营艺术丛谈/俞剑明编著.—杭州：浙江人民出版社，1990.2.—173页；32开.—ISBN 7-213-00493-X：3.50元

经营实践论/王礼睨主编.—北京：新华出版社，1990.6.—526页；大32开.—ISBN 7-5011-0779-3(精装)：9.30元

经营战略与工作法/马子富主编；中国生产力经济学研究会中青年分会编.—北京：中国城市经济社会出版社，1990.10.—251页；32开.—(明星企业家丛书；1).—ISBN 7-5074-0404-8：4.40元

经营战略与方法：企业经营管理实践研究/田淑荆主编.—北京：机械工业出版社，1990.9.—277页；32开.—ISBN 7-111-02466-4：5.50元

本书在研究中国国情和企业实践的基础上，阐述了工业企业的经营战略与方法。

经营管理大系：对外经济关系卷/孟宪扬主编.—上海：上海人民出版社，1990.10.—726页；大32开.ISBN 7-208-00589-3：11.20元

经营管理大系：实例卷/谢明千主编.—上海：上海人民出版社，1990.7.—584页；大32开.—ISBN 7-208-00585-0：10.90元

经营管理大系：基础经济知识卷/卫兴华，胡乃武主编.—上海：上海人民出版社，1990.5.—760页；大32页.—ISBN 7-208-00542-7：12.00元

经营管理大系：领导卷/夏禹龙主编.—上海：上海人民出版社，1990.7.—465页；大32开.—ISBN 7-208-00587-7：7.70元

经营管理大系：管理组织卷/刘诗白编.—上海：上海人民出版社，1990.5.—587页；大32开.—ISBN 7-208-00555-9：9.75元

经营管理导向/《经营管理导向》编委会编.—长沙：中南工业大学出版社，1990.1.—482页；大32开.—ISBN 7-81020-276-6：6.00元

经营管理实务　第一集/季文芳主编.—哈尔滨：黑龙江人民出版社，1990.12.—384页；32开.—供销社基层企业管理干部岗位培训模块系列教材.—ISBN 7-207-01801-0：5.70元

经营管理实务　第二集/季文芳主编.—哈尔滨：黑龙江人民出版社，1990.12.—476页；32开.—供销社基层企业管理干部岗位培训模块系列教材.—ISBN

7-207-01844-4：6.30元

经营管理实务　第三集/季文芳主编.—哈尔滨：黑龙江人民出版社，1990.12.—323页；32开.—供销社基层企业管理干部岗位培训模块系列教材.—ISBN 7-207-01849-5：4.50元

怎样启迪你头脑中的金融意识/（美）马克·奥·哈森德著；王耀武，王利民译.—北京：旅游教育出版社，1990.1.—169页：插图；32开.—ISBN 7-5637-0134-6：2.30元

追求卓越的管理系统/孟春等编.—北京：中国经济出版社，1990.9.—215页；32开.—（华夏企业管理丛书/田夫主编）.—ISBN 7-5017-0764-2：3.80元

本书分析了我国企业应用系统化管理的思想、原理和方法，提出了适合于我国企业的系统管理模式。

独辟蹊径——具有开创精神的企业家/（英）明克斯（Minkes，A.L.）著；李兆熙等译.—北京：中国财政经济出版社，1990.6.—249页；32开.—（管理新思维丛书/李铁锤，陈重主编）.—ISBN 7-5005-1006-3：3.30元

本书内容涉及管理所包容的决策、创新、组织、战略和计划等方面。

致未来的总裁们：谈高层管理的十六项基本技能/（美）斯威尼著；李公伟编译.—北京：中国卓越出版公司，1990.5.—184页；32开.—ISBN 7-80071-193-5：3.20元

圆规哲学：企业经营环境学概略/卢东斌，沈炳熙著.—哈尔滨：黑龙江人民出版社，1990.4.—250页；32开.—（企业家与企业发展丛书/王宇，高闯主编）.—ISBN 7-207-01192-X：3.20元

高效益管理法的启示/任天成等编.—北京：中国经济出版社，1990.9.—222页；32开.—（华夏企业管理丛书/田夫主编）.—ISBN 7-5017-0765-0：3.85元

海外企业家致富谋略揭秘/翁全龙，陆福英编著.北京：金盾出版社，1990.11.—136页；32开.—ISBN 7-80022-235-7：2.00元

海外富豪致富秘诀：道德赚钱术/南风编著.—北京：中国经济出版社，1990.1.—258页；32开.—ISBN 7-5017-0615-8：3.70元

黄金准则：美国玛丽凯化妆品公司创始人玛丽凯·艾什谈人的管理技巧/（美）玛丽凯·艾什著；周斌，周勤勤译.—北京：中国广播电视出版社，1990.4.200页；32开.—ISBN 7-5043-0268-6：3.15元

商战突围术/许宁宁等著.—北京：中国城市经济社会出版社，1990.4.—187页；32开.—ISBN 7-5074-0334-3：2.50元

本书分析研究了失败企业原因、危机管理方法和风险经营，尤其论及了困境企业求生存发展问题。

谋略与技巧：古兵法今用：企业竞争必胜200策/杨岗等编著.—北京：中国经济出版社，1990.1.208页；大32开.—ISBN 7-5017-0435-X：3.80元

最新企业管理原理与实务/任洪编著.—北京：北京工业大学出版社，1990.5.—316页；32开.—ISBN 7-5639-0106-X：2.20元

强人与品质：幸福与美德/（美）约翰·马克·坦普尔顿〔叙述〕；詹姆斯·艾力森记；徐月胜等译.北京：北京航空航天大学出版社，1990.4.—122页；32开.—（强人丛书）.—ISBN 7-81012-134-0：2.00元

本书原名《坦普尔顿计划——通向成功与幸福的21步》。书中通过坦普尔顿发家的奇迹，阐述有关事业成功和幸福的21准则，并广引古今中外名人名言来支持他的观点。

跻身商界的阶梯/（英）马尔科姆·伯德著，（英）迈克·莫盖诺著；南振兴等译.—北京：中国经济出版社，1990.7.—237页；大32开.—ISBN 7-5017-0562-3：4.00元

本书就企业开办、管理、发展途中遇到的问题，作出了中肯的分析。

解决管理难题135问答/刘茂俭主编.—北京：科学技术文献出版社，1990.7.—107页；32开.—ISBN 7-5023-1232-3：2.00元

本书收入台湾《经济日报》连载的解决管理难题135问答。

新技术革命与企业管理：国外企业管理发展趋势/叶锡琳，叶仲虎编著.—北京：宇航出版社，1990.2.—410页；大32开.—ISBN 7-80034-245-X：6.50元

新经营战略的理论：无形资产的作用/（日）伊丹敬之著；曾永寿等译.—上海：上海社会科学院出版社，1990.10.—257页；32开.—ISBN 7-80515-579-8：3.00元

新编企业管理学/黄鹏章，刘明主编.—北京：科学普及出版社，1990.1.—512页；32开.—ISBN 7-110-01242-5：7.50元

满负荷工作法理论与应用/张云编著.—上海：上海社会科学院出版社，1990.2.—154页；32开.—ISBN 7-80515-514-3：2.70元

管理者的"圣经"：怎样解决常见的99个管理难题/（美）卡尔·海耶尔著；周鹏编译.—上海：上海科学技术文献出版社，1990.5.—126页；32开.（企业经营新潮丛书/苏东水主编）.—ISBN 7-80513-556-3：2.30元

管理者"圣经"：摆脱经营管理困境的127个妙法/（美）卡尔·赫耶著；周勤勤，周勤斌译.—北京：中国经济出版社，1990.3.—211页；32开.—ISBN 7-5017-0568-2：2.95元

管理经济学/唐守山编著.—沈阳：辽宁科学技术出版社，1990.8.—278页；32开.—中小企业领导干部岗位职务培训教材.—ISBN 7-5381-0985-4：4.10元

管理经济学：概要与习题解/王剑琴等编译.—广州：华南理工大学出版社，1990.10.—383页；32开.—ISBN 7-5623-0198-0：2.40元

管理要旨：企业腾飞的翅膀/（英）帕金森（Parkinson，C.N.）；（印度）拉斯托姆吉（Rustomji，M.K.）著；赵天堂，刘桂琴译.—太原：山西人民出版社，1990.12.—216页：图；32开.—（人与管理丛书）.—ISBN 7-203-01725-7：3.60元

书名原文：Understanding Management

本书介绍了有效管理的基本原则，涉及管理工作的各个方面。

管理思维经营技巧大全（1）：怎样使职工干劲倍增/张辉旺主编；钟锦泉等编著.—北京：科学出版社，1990.12.—939页；16开.—ISBN 7-03-001818-4（精装）：29.50元

管理思维经营技巧大全（2）：怎样出奇制胜/张辉旺主编；颜日初等编著.—北京：科学出版社，1990.9.—940页；16开.—ISBN 7-03-001794-3（精装）：29.50元

管理思维经营技巧大全（3）：怎样使企业起死回生/张辉旺主编；吴兆龙等编著.—北京：科学出版社，1990.10.—944页；16开.—ISBN 7-03-001924-5（精装）：29.50元

管理思维经营技巧大全（4）：怎样使产品沁入人心/张辉旺主编；张建民等编著.—北京：科学出版社，1990.10.—942页；16开.—ISBN 7-03-001925-3（精装）：29.50元

儒家思想与东方型经营管理/杨敏著.—武汉：湖北人民出版社，1990.5.—192页；32开.—ISBN 7-216-00571-6：2.30元

赢得信任：塑造企业良好形象/徐洪烈等著.—北京：中国工人出版社，1990.12.—274页；32开.（企业文化丛书）.—ISBN 7-5008-0676-0：4.50元

F270-052　企业经济与其他科学的关系

人与企业共振：一个大型航空工业公司的企业文化/陶辉武主编.—北京：经济科学出版社，1990.4.211页；32开.—ISBN 7-5058-0337-9：3.20元

无形的链条：论企业中的人际关系/许鹏著.—沈阳：辽宁大学出版社，1990.12.—186页；大32开.（中国企业文化建设丛书；3）.—ISBN 7-5610-1071-0：3.30元

中国企业文化理论/李默之，朱双全著.—北京：新华出版社，1990.11.—231页；32开.—（企业文化丛书）.—ISBN 7-5011-0969-9：4.00元

文化制胜：赢得优势的最佳选择/王缓，张新胜著.—北京：新华出版社，1990.5.—324页；32开.（企业文化丛书）.—ISBN 7-5011-0917-6：6.20元

本书分析了企业文化的基本内容、性质与功能，并着重从市场、战略决策和组织管理活动角度考察了企业文化在企业竞争中的作用。

企业与法/牛属真主编.—济南：黄河出版社，1990.10.—561页；大32开.—ISBN 7-80558-235-1：6.90元

企业之魂：论中国企业精神/张毅，史彤彪著.—沈阳：辽宁大学出版社，1990.12.—176页；大32开.（中国企业文化建设丛书；2/陈传才，杜元明主编2）.—ISBN 7-5610-1069-9：3.30元

企业文化：企业管理新模式/管益忻主编.—北京：气象出版社，1990.6.—192页；32开.—ISBN 7-5029-0406-9：3.30元

企业文化：理论和实践的展望/（联邦德国）E.海能著；张庆洪等译.—上海：知识出版社，1990.6.197页；大32开.—ISBN 7-5015-5426-9：3.10元

企业文化与企业思想政治工作/马俊才主编.—北京：中国广播电视出版社，1990.1.—269页；大32开.—ISBN 7-5043-0893-5：4.20元

企业文化与领导手册/石秀印，张潘仕主编.—北京：光明日报出版社，1990.4.—884页；16开.—ISBN 7-80014-497-6（精装）：34.00元

企业文化论/张文然主编.—徐州：中国矿业大学出版社，1990.4.—208页；大32开.—ISBN 7-81021-366-0：3.10元

企业文化导论：建设具有中国特色的企业文化/张铭远著.—沈阳：辽宁大学出版社，1990.7.195页；大32开.—（中国企业文化建设丛书；1/陈传才，杜元明主编）.—ISBN 7-5610-0948-8：3.30元

企业文化纵横谈/田峻岭主编.—太原：北岳文艺出版社，1990.2.—269页；32开.—ISBN 7-5378-0294-7：3.40元

企业文化学/李官生主编.—长沙：湖南师范大学出版社，1990.10.—153页；32开.—ISBN 7-81031-060-7：2.80元

企业文化理论与实践/沈赓方等主编.—杭州：杭州大学出版社，1990.7.—317页；大32开.—ISBN 7-81035-016-1：4.00元

企业文化理论与实践/陆嘉玉，姚秉彦编.—北京：中国工人出版社，1990.4.—509页；32开.—（企业文化丛书/房以宁主编）.—ISBN 7-5008-0580-2：8.35元

企业文化概论/尹元玄主编.—长春：吉林大学出版社，1990.4.—272页；32开.—ISBN 7-5601-0458-4：3.80元

企业文化概论/徐青民等编著.—长春：吉林大学出版社，1990.5.—213页；32开.—ISBN 7-5601-0482-7：3.00元

企业文化概论/管益忻，郭廷建著.—北京：人民出版社，1990.12.—333页；32开.—ISBN 7-01-000765-9：4.50元

企业伦理学/王载珏，柳纲主编.—武汉：中国地质大学出版社，1990.12.—324页；32开.—ISBN 7-5625-0481-4：4.00元

企业运行的新视野：企业社会学导论/王德蓉等著.南宁：广西人民出版社，1990.7.—254页；大32开.ISBN 7-219-01597-6：3.70元

本书书脊题名：企业社会学导论

企业社会环境/袁澍主编.—北京：海洋出版社，1990.11.—210页；32开.—（企业行为规范丛书；7/袁家方等主编）.—ISBN 7-5027-0778-6：4.00元

企业社会责任/袁家方主编.—北京：海洋出版社，1990.11.—195页；32开.—（企业行为规范丛书；5/袁家方等主编）.—ISBN 7-5027-0776-X：3.70元

企业社会学新论/刘祖云等著.—武汉：武汉工业大学出版社，1990.11.—275页；大32开.—ISBN 7-5629-0437-5：4.20元

企业的良心：论规范功能与职业道德/杨恒达著.沈阳：辽宁大学出版社，1990.12.—162页；大32开.—（中国企业文化建设丛书；4/陈传才，杜元明主编）.—ISBN 7-5610-1082-6：3.30元

企业管理中的心理调控/秦润新等编著.—上海：上海人民出版社，1990.10.—200页；32开.—ISBN 7-208-01063-3：2.95元

企业管理心理学/车延杰主编.—长春：吉林大学出版社，1990.6.—357页；32开.—ISBN 7-5601-0498-3：4.50元

企业管理心理学/李洪俊，赵欣坤主编.—长春：吉林人民出版社，1990.3.—307页；32开.—ISBN 7-206-00704-X：4.20元

企业管理心理学/高玉春主编.—北京：中国经济出版社，1990.2.—167页；大32开.—工交系统岗位职务培训和《专业证书》教育系列教材.—ISBN 7-5017-0726-X：2.90元

冲出困境：走向现代管理的企业文化/黄河涛著.北京：中国工人出版社，1990.8.—269页；32开.（企业文化丛书/厉以宁主编）.—ISBN 7-5008-0665-5：4.20元

现代企业文化导论/徐厚德主编.—沈阳：辽宁人民出版社，1990.12.—383页；32开.—ISBN 7-205-01688-6：4.45元

现代企业管理心理学/古明清，罗明义主编.—昆明：云南教育出版社，1990.6.—297页；大32开.ISBN 7-5415-0337-1：5.45元

奉献之歌/周鸣磐，李浚生主编.—北京：中国卓越出版公司，1990.10.—237页；32开.—（企业文明建设丛书）.—ISBN 7-80071-315-6：3.20元

建设现代企业文化/来耀勤，范鹏主编.—兰州：兰州大学出版社，1990.4.—376页；32开.—ISBN 7-311-00299-0：3.50元

塑造企业文化/（美）狄尔（Deal，T.E.），肯尼迪（Kennedy，A.A.）著；严祥军，丘海雄译.广州：广东人民出版社，1990.3.—175页；32开.ISBN 7-218-00373-8：2.10元

本书通过对IBM、P&G、3M等企业的研究说明企业文化的重要作用。

漫谈企业文化/胡石明编著.—北京：经济科学出版社，1990.11.—301页；32开.—ISBN 7-5058-0368-9：3.80元

凝聚：上海石化总厂企业文化建设实录/周瑞仁，闻莲芳主编.—上海：上海人民出版社，1990.1.178页；32开.—（企业文化丛书）.—ISBN 7-208-00771-3：2.70元

F270.3　企业经济效益

企业经济效益分析与预测/高重生主编.—北京：中国经济出版社，1990.10.—336页；32开.—ISBN 7-5017-0840-1：5.00元

社会主义微观经济效益/温德俊等主编.—长春：吉林大学出版社，1990.4.—196页；32开.—ISBN 7-5601-0479-7：2.50元

怎样提高企业经济效益/贺天元编著.—重庆：科学技术文献出版社重庆分社，1990.4.—298页；32开.ISBN 7-5023-1067-3：3.25元

F270.7　企业现代化管理

计算机在企业管理中的应用/石继敏等编著.—北京：中国铁道出版社，1990.8.—287页；16开.—ISBN 7-113-00892-5：8.65元

电子计算机在企业管理中的应用/路节编著.—北京：中国经济出版社，1990.9.—212页；32开.（经济管理丛书/赵秀臣，徐子毅主编）.—ISBN 7-5017-0370-1：3.80元

生产管理系统工程/陈良猷等编.—北京：北京航空航天大学出版社，1990.6.—414页；16开.—ISBN 7-81012-168-5：5.20元

价值工程/聂希凯等编著.—济南：山东人民出版社，1990.3.—198页；32开.—ISBN 7-209-00624-9：2.15元

价值工程的发展和应用/沈胜白编著.—上海：知识出版社，1990.1.—244页；大32开.—（现代化知识文库；3）.—ISBN 7-5015-5367-X：3.55元

价值工程实用技法/何似龙等编著.—南京：河海大学出版社，1990.8.—261页；32开.—（价值工程系列丛书；2）.—ISBN 7-5630-0332-0：3.20元

价值工程简明实用教材/天津市价值工程应用研究会编.—天津：天津科学技术出版社，1990.3.—135

页；16开.—ISBN 7-5308-0839-7：3.10元

企业目标管理新论/王振泉等主编.—长春：吉林大学出版社，1990.10.—373页；大32开.—ISBN 7-5601-0559-9：5.90元

企业现代管理方法/侯文才主编.—大连：大连出版社，1990.1.—356页；32开.—ISBN 7-80555-296-7：4.20元

企业信息手册（4）/方劲戎，施鹤群主编.—杭州：浙江科学技术出版社，1990.3.—366页；大32开.—ISBN 7-5341-0238-3：4.40元

企业信息管理/路节等编著.—北京：中国经济出版社，1990.8.—224页；32开.—（经济管理丛书/赵秀臣，徐子毅主编）.—ISBN 7-5017-0376-0：3.95元

企业家出国效率手册/王秉林等编.—北京：中国经济出版社，1990.5.—134页；32开.—（企业家外交丛书/杨岗主编）.—ISBN 7-5017-0595-X：2.65元

企业控制管理入门/（联邦德国）曼（Mann，R.），迈尔（Mayer，E.）著；王新民译.—北京：中国对外经济贸易出版社，1990.6.—187页；32开.—ISBN 7-80004-111-5：3.00元

书名原文：Controlling für Einsteiger

企业管理自动化的组织与方法/施礼明等编著.—北京：中国人民大学出版社，1990.6.—350页；大32开.—ISBN 7-300-00779-1：4.65元

企业管理现代化方法浅说及其应用/上海市郊县工业管理局编.—上海：上海社会科学院出版社，1990.12.—326页；大32开.—ISBN 7-80515-5：6.00元

企业管理现代化成果经济效益评价/沈阳市企业管理协会，沈阳市企业家协会编著.—2版.—北京：企业管理出版社，1990.6.—472页；大32开.—ISBN 7-80001-127-5：5.85元

本书1986年12月第1版。

企业管理现代化问题探讨与范例/林碧光主编.—福州：福建科学技术出版社，1990.6.—211页；32开.ISBN 7-5335-0398-3：3.75元

企业管理软件开发技术/方信潮等主编.—北京：经济管理出版社，1990.6.—294页；32开.—现代商业企业管理系列教材.—ISBN 7-80025-315-5：4.20元

企业管理信息技术/杨德礼等编著.—北京：国防工业出版社，1990.4.—436页；16开.—ISBN 7-118-00408-1：14.10元

现代化管理方法应用指南·思路·技法·实践/张福塀等编著.—北京：清华大学出版社，1990.3.373页；大32开.—ISBN 7-302-00685-7：4.20元

现代企业信息资源管理/郑继芳等编译.—武汉：华中理工大学出版社，1990.3.—288页；大32开.—ISBN 7-5609-0441-6：3.85元

现代经营管理方法/廖进球主编.—北京：北京经济学院出版社，1990.9.—359页；大32开.—ISBN 7-5638-0201-0：5.10元

现代管理方法/袁中立主编.—长春：吉林人民出版社，1990.5.—239页；32开.—企业管理干部岗位培训教材.—ISBN 7-206-00755-4：3.20元

现代管理方法荟萃/郑安华编著.—西安：陕西科学技术出版社，1990.10.—558页；32开.—ISBN 7-5369-0801-6：7.70元

现代管理经济学/刘平主编.—北京：中国对外经济贸易出版社，1990.8.—286页；大32开.—（工商管理〈MBA〉系列丛书）.—ISBN 7-80004-185-9：4.80元

信息系统与决策支持系统/王一良主编.—大连：大连理工大学出版社，1990.5.—234页；32开.—ISBN 7-5611-0263-1：1.68元

简明价值工程/李俭编著.—成都：四川科学技术出版社，1990.3.—92页；32开.—ISBN 7-5364-1561-3：1.20元

微机汉字软件与企业财务管理/袁忠良等编著.—北京：机械工业出版社，1990.10.—404页；16开.ISBN 7-111-02456-7：15.00元

新方法、新技术、新途径：企业管理信息系统开发成功之路/国家体改委经济管理研究所编著.—北京：北京经济出版社，1990.4.—420页；大32开.—ISBN 7-5017-0734-0：8.50元

管理系统工程概论/黄克安编著.—北京：中国经济出版社，1990.8.—266页；32开.—（经济管理丛书/赵秀臣，徐子毅主编）.—ISBN 7-5017-0371-X：4.75元

管理现代化应知应会手册/大庆石油管理局企业管理处编.—哈尔滨：黑龙江人民出版社，1990.8.—92页；32开.—ISBN 7-207-01647-6：1.90元

管理者的足迹/董德明主编.—广州：华南理工大学出版社，1990.12.—272页；大32开.—ISBN 7-5623-0235-9：5.50元

F271　企业体制

企业共保合同制的理论与实践/鲁庆胜等主编.—北京：海洋出版社，1990.3.—238页；32开.—ISBN 7-5027-0981-0：2.80元

企业承包合同管理/李嵘盛著.—北京：中国商业出版社，1990.8.—293页；32开.—ISBN 7-5044-0795-X：4.50元

企业承包经营/汪海波，于文林主编.—北京：北京出版社，1990.4.—277页；32开.—ISBN 7-200-00908-3：3.15元

企业承包经营责任制概论/郭元晞等著.—北京：中国财政经济出版社，1990.8.—454页；大32开.—ISBN 7-5005-1115-9：6.60元

坚持完善企业承包制/金绍培等编著.—北京：海洋

出版社，1990.4.—177页；32开.—ISBN 7-5027-0981-9：2.60元

招标投标文件编制指南/张宝印编.—北京：煤炭工业出版社，1990.2.—73页；32开.—ISBN 7-5020-0368-1：1.15元

招标投标通论/余杭主编.—武汉：中国地质大学出版社，1990.7.—600页；大32开.—ISBN 7-5625-0434-2：6.00元

实用租赁手册/丁建平编著.—北京：中国标准出版社，1990.3.—357页；大32开.—ISBN 7-5066-0158-3：4.95元

承包计划制与公营企业经营成绩：世界银行讨论文件/（　）内里斯(Nellis, J.R.)著；杨光辉译.—北京：中国财政经济出版社，1990.6.—84页；32开.ISBN 7-5005-0985-5：1.50元

本书是世界银行讨论文件文集。书中介绍了世界银行与发展中国家企业实行承包计划的经验，并阐述了实行承包计划与公营企业经营成绩的关系。

承包制理论探讨/首钢研究与开发公司编.—北京：中国民主法制出版社，1990.6.—338页；32开.—ISBN 7-80078-019-8：4.40元

承包经营责任制：实践、理论、政策/邓志浩等编著.—北京：中国展望出版社，1990.8.—304页；32开.—ISBN 7-5050-0926-5：4.65元

承包经营效益的预控与评价：招标投标与实施效益分析/吴少平，王家明著.—北京：机械工业出版社，1990.4.—422页；32开.—ISBN 7-111-02184-3：5.70元

承包、租赁经营责任制及其审计/刘文光主编.—西安：陕西人民出版社，1990.2.—192页；32开.—ISBN 7-224-01175-4：3.00元

租赁/（日）宫内羲彦著；刘丽京译.—北京：中国金融出版社，1990.4.—199页；32开.—（国际金融百科丛书）.—ISBN 7-5049-0518-6：2.25元

租赁经营百题问答/丁力，李铁刚主编.—北京：中国工人出版社，1990.3.—302页；32开.—ISBN 7-5008-0525-X：5.20元

集体合同制度/刘继臣著.—北京：中国工人出版社，1990.7.—282页；32开.—ISBN 7-5008-0515-2：3.50元

新编承包租赁股份制手册/丁力主编.—北京：中国建筑工业出版社，1990.11.—490页；32开.—ISBN 7-112-01187-6：10.45元

F272　企业计划与经营决策

工商管理统计学/隗斌贤主编.—北京：电子工业出版社，1990.6.—394页；32开.—ISBN 7-5053-0848-3：5.20元

企业投入产出/刘树，宋辉编著.—北京：中国经济出版社，1990.9.—133页；32开.—（经济管理丛书/赵秀臣，徐子毅主编）.—ISBN 7-5017-0380-9：2.70元

企业经营机制/尹文书主编.—长春：吉林大学出版社，1990.12.—184页；32开.—ISBN 7-5601-07540-1：2.80元

战略研究理论及企业战略/汪应洛，席酉民编著.西安：西安交通大学出版社，1990.6.—266页；大32开.—研究生教材.—ISBN 7-5605-0364-0：3.60元

F272.3　经营决策

经营决策分析方法/范周等编.—沈阳：东北工学院出版社，1990.12.—251页；32开.—（经营谋略丛书/李瑞等主编）.—ISBN 7-81006-268-9：3.80元

企业决策方法论/张思锋编著.—西安：陕西科学技术出版社，1990.7.—145页；折表；32开.—ISBN 7-5369-0822-9：2.60元

企业决策的科学方法：在不确定性下决策：模型和选择/（美）霍褛威（Holloway, C.A.）著；施家珍译.—北京：对外贸易教育出版社，1990.1.—495页；大32开.—ISBN 7-81000-355-0：6.80元

企业经营风险决策/方爱群，孙亮著.—合肥：安徽人民出版社，1990.4.—339页；大32开.—ISBN 7-212-00347-6：4.50元

企业经营决策/许树森，赵振祥主编.—青岛：青岛海洋大学出版社，1990.7.—375页；32开.—ISBN 7-81026-076-6：4.40元

企业最优方案的决策/朱长军主编；王翠娥等编著.北京：中国铁道出版社，1989.12.—200页；16开.ISBN 7-113-00505-5：5.00元

企业最优决策方法：线性规划在企业管理中的应用/孟宪礼，张广全编.—北京：中国经济出版社，1990.8.—224页；32开.—（经济管理丛书/赵秀臣，徐子毅主编）.—ISBN 7-5017-0367-1：3.75元

F272.9　企业行政管理

工商行政管理干部岗位职务培训工作手册/国家工商行政管理局人事教育司编.—北京：国际文化出版公司，1990.3.—199页；32开.—ISBN 7-80049-560-4：2.50元

工商行政管理及税务知识400问/徐天庆等编.—南昌：江西科学技术出版社，1990.6.—194页；32开.ISBN 7-5390-0318-9：2.30元

工商行政管理业务咨询/左大钺主编.—北京：中国商业出版社，1990.4.—404页；32开.—ISBN 7-5044-0594-9：4.00元

工商行政管理知识问答/浙江省工商行政管理局编写.—杭州：浙江人民出版社，1990.12.—267页；32开.—ISBN 7-213-00596-0：3.10元

工商行政管理学概论/董久昌，蔡良才编著.—北京：中国财政经济出版社，1990.7.—238页；大32开.—ISBN 7-5005-1025-X：3.40元

工商行政管理经济检查文件汇编：1989/国家工商行政管理局经济检查司编.—北京：科学技术文献出版社，1990.6.—2册（679页）；32开.—ISBN 7-5023-1239-0：7.50元

工商行政管理基层工作问答/国家工商行政管理局人事教育司编.—北京：学苑出版社，1990.1.—128页；32开.—ISBN 7-80060-832-8：1.60元

企业内部管理规范/曲德森主编.—北京：海洋出版社，1990.11.—193页；32开.—（企业行为规范丛书；6/袁家方等主编）.—ISBN 7-5027-0777-8：3.70元

企业公共关系/朱永红编著.—北京：中国经济出版社，1990.8.—137页；32开.—（经济管理丛书/赵秀巨，徐子毅主编）.—ISSN 7-5017-0366-3：3.40元

企业公共关系学/方富楼等主编.—北京：农村读物出版社，1990.5.—286页；32开.—（企业文明建设丛书）.—ISBN 7-5048-1180-7：4.15元

企业公共关系学/陈志中，冯玉璋主编.—南京：江苏科学技术出版社，1990.5.—234页；32开.—江苏省“星火计划”教材.—ISBN 7-5345-0945-9：2.95元

企业公共关系学/陶玉远，谢承贵编著.—北京：中国商业出版社，1990.4.—245页；32开.—ISBN 7-5044-0496-9：2.40元

企业公共关系学/裴烽等主编.—沈阳：辽宁大学出版社，1990.9.—230页；大32开.—企业领导干部培训系列教材.—ISBN 7-5610-1047-8：3.00元

企业关系剖析/斯晓夫编著.—上海：上海科学技术文献出版社，1990.5.—80页；32开.—（企业经营新潮丛书/苏东水主编）.—ISBN 7-80513-519-3：1.50元

企业法人登记管理学/史珈，马金成主编.—大连：大连理工大学出版社，1990.7.—335页；32开.—ISBN 7-5611-0306-9：4.05元

企业组织规范/梅建功主编.—北京：海洋出版社，1990.11.—208页；32开.—（企业行为规范丛书；2/袁家方等主编）.—ISBN 7-5027-0774-3：3.90元

企业（组织）实用公共关系学/李志民编著.—北京：北京农业大学出版社，1990.9.—130页；32开.ISBN 7-81002-140-0：1.80元

企业监察工作集锦/王伟主编.—北京：华龄出版社，1990.12.—314页；大32开.—（廉政、监察丛书；11/王永银主编）.—ISBN 7-80082-076-9：4.90元

竞争之翼：企业公共关系战略/张新胜编著.—北京：中国人民大学出版社，1990.2.—379页；大32开.—ISBN 7-300-00769-4：4.40元

简明工商行政管理学/刘恒飞，周明书主编.—哈尔滨：黑龙江人民出版社，1990.3.—364页；大32开.—ISBN 7-207-01485-6：5.30元

新编工商行政管理学/雷兴义主编.—西安：陕西科学技术出版社，1990.9.—243页；32开.—ISBN 7-5369-0826-1：4.50元

F272.91　企业领导

女企业家外交艺术/程源等编著.—北京：中国经济出版社，1990.5.—143页；32开.—（企业家外交丛书/杨岗主编）.—ISBN 7-5017-0600-X：2.95元

公有制企业行政领导工作研究/孙德正主编.—济南：山东人民出版社，1990.7.—302页；32开.—ISBN 7-209-00654-0：3.30元

生存与发展：企业家成功指南/周炳来主编.—北京：中国工人出版社，1990.3.—165页；32开.（商品经济与企业家丛书/张仲秋主编）.—ISBN 7-5008-0532-0：2.75元

成就与开拓：事业成功的秘诀/（美）维克托·凯默著；顾志杰等译.—北京：北京航空航天大学出版社，1990.1.—265页；32开.—ISBN 7-81012-130-8：3.35元

成就与领导：经理指南/（美）罗格·弗利兹著；李吉，赵楷译.—北京：北京航空航天大学出版社，1990.1.—229页；32开.—ISBN 7-81012-133-2：3.10元

当代企业家的领导艺术/郑铁山等著.—北京：经济日报出版社，1990.10.—456页；32开.—ISBN 7-80036-164-0：6.50元

创新·开拓·竞争：一个日本企业家的手记/（日）松下幸之助原著；周家骏缩编.—合肥：安徽科学技术出版社，1990.2.—243页；大32开.—ISBN 7-5337-0068-6：3.75元

本书为《松下幸之助经营管理全集》的缩写本。

企业家自主意识/谢克编著.—广州：广东人民出版社，1990.8.—269页；32开.—ISBN 7-218-00479-2：2.70元

企业家角色形象/张鹤鸣等编著.—广州：广东人民出版社，1990.8.—134页；32开.—ISBN 7-218-00480-6：1.60元

企业家新星业萃/赵发胜等著.—济南：山东人民出版社，1990.2.—283页；大32开.—ISBN 7-209-00584-6：6.35元

企业领导干部岗位规范岗位培训教学计划与大纲/中国有色金属工业总公司人事部、教育局、企业管理协会编.—北京：企业管理出版社，1990.6.—353页；大32开.—ISBN 7-80001-122-4：4.70元

企业领导艺术/朱天下等主编.—北京：新华出版

社，1990.11.—498页；大32开.—ISBN 7-5011-0995-8：7.30元

企业领导艺术和方法/吴福驹等主编.—南京：南京出版社，1990.9.—224页；32开.—（企业管理干部岗位培训丛书；3）.—ISBN 7-80560-249-2：3.30元

企业领导学/周用榜主编.—北京：中国经济出版社，1990.2.—169页；大32开.—工交系统岗位职务培训和《专业证书》教育系列教材.—ISBN 7-5017-0725-1：3.00元

企业领导学概论/唐永文等主编.—南宁：广西教育出版社，1990.7.—263页；32开.—ISBN 7-5435-0909-1：2.80元

企业领导学概论/薛绍昌，李裕华主编.—大连：大连理工大学出版社，1990.3.—293页；32开.—ISBN 7-5611-0269-0：3.95元

企业管理干部的领导理论与方法/王兴达主编.—长春：吉林人民出版社，1990.2.—203页；32开.—企业管理干部岗位培训教材.—ISBN 7-206-00696-5：3.00元

如何成为一位优秀管理者：现代管理者的新使命/（日）宫路三郎原著；郑耀本编译.—北京：世界图书出版公司，1990.7.—239页；32开.—（企业人动脑系列；59）.—ISBN 7-5062-0711-7：3.70元

本书据台北书泉出版社版本重印。

现代企业领导学/王向雷等主编.—长春：吉林人民出版社，1990.2.—458页；32开.—ISBN 7-206-00688-4：4.50元

现代企业领导学/石林主编.—北京：中国商业出版社，1990.12.—353页；32开.—（现代商业企业经营与管理知识丛书；7）.—ISBN 7-5044-0507-8：3.95元

现代企业领导学/荆野等主编；《现代企业领导学》编委会编.—哈尔滨：黑龙江人民出版社，1990.12.—391页；大32开.—ISBN 7-207-01784-7：5.75元

现代管理与领导素质/韩华林主编.—上海：上海社会科学院出版社，1990.3.—284页；32开.—ISBN 7-80515-553-4：4.50元

顺应潮流的新管理者/（日）石黑一著；王为清编译.—北京：世界图书出版公司，1990.7.—216页；32开.—（企业人动脑系列；56）.—管理者必备手册.—ISBN 7-5062-0713-3：3.30元

本书据台北市书泉出版社版重印。

F272.92　人事管理

企业人事管理学教程/吴沁编著.—上海：复旦大学出版社，1990.4.—363页；32开.—企业人事干部岗位培训教材.—ISBN 7-309-00509-0：4.20元

企业工资干部培训实用教程/梅轩，万慧麟主编.—成都：四川人民出版社，1990.12.—435页；32开.—ISBN 7-220-01156-3：4.60元

企业工资业务手册/王庆富编著.—南京：江苏科学技术出版社，1990.1.—709页；32开.—ISBN 7-5345-0842-8（精装）：9.50元

企业工资改革方案设计手册/苏海南主编.—北京：中国劳动出版社，1990.6.—511页；32开.—ISBN 7-5045-0418-1：6.90元

企业中层干部管理工作手册/日本职工教育研究会编；丛树松等编译.—青岛：青岛海洋大学出版社，1990.11.—192页；32开.—ISBN 7-81026-065-0：2.50元

企业劳动人事管理/赵黎明编著.—天津：天津科学技术出版社，1990.6.—357页；大32开.—ISBN 7-5308-0849-4：5.90元

企业思想政治工作人员专业职务评定工作指导/全国企业思想政治工作人员专业职务评定工作领导小组办公室编.—沈阳：白山出版社，1990.7.—167页；32开.—ISBN 7-80566-136-7：2.00元

现代企业人才及其管理/张思奇编著.—武汉：武汉出版社，1990.9.—310页；32开.—ISBN 7-5430-0394-5：4.00元

现代企业人才学/余松涛等主编.—北京：学苑出版社，1990.11.—264页；大32开.—ISBN 7-5077-0203-0：3.90元

现代企业人员管理/崔鹏云等编著.—北京：中国广播电视出版社，1990.12.—320页；32开.—ISBN 7-5043-0854-4：4.00元

现代企业劳动人事管理/傅亚和，司徒燕编著.—北京：蓝天出版社，1990.1.—298页；32开.—中国军地两用人才大学教材.—ISBN 7-80081-082-8：3.30元

珠江三角洲企业管理人员人力及培训需求/中山大学管理学院珠江三角洲企业管理人员人力及培训需求调研小组编著.—广州：中山大学出版社，1990.6.—78页；32开.—ISBN 7-306-00330-5：3.00元

F272.93　民主管理

书记、局长、工会主席论企业职工民主管理/潮克主编；东北内蒙古煤矿工会工作委员会编.—长春：东北师范大学出版社，1990.4.—280页；大32开.—ISBN 7-5602-0411-2（精装）：4.40元

企业民主管理问答350题/张良志主编.—上海：上海人民出版社，1990.5.—278页；32开.—ISBN 7-208-00885-X：2.75元

企业民主管理学/高维义主编.—济南：山东人民出版社，1990.8.—261页；大32开.—ISBN 7-209-

-00726-1：3.40元

企业民主管理通论/崔义，崔生祥主编.—北京：企业管理出版社，1990.3.—458页；32开.—ISBN 7-80001-113-5：5.90元

本书总结和概括近几年来企业民主管理的理论成果和实践经验，阐述了我国现阶段企业民主管理的基本理论和基本实践。

企业民主管理概论/江荣主编.—上海：上海人民出版社，1990.3.—237页；大32开.—ISBN 7-208-00725-X：2.95元

简明企业民主管理学/朱家琪编.—石家庄：河北人民出版社，1990.8.—293页；32开.—ISBN 7-202-00752-5：3.50元

F273 企业生产管理

生产组织与管理/(美)阿姆林(Amrine，H.T.)等著；周志诚等编译.—北京：国防工业出版社，1990.9.—300页；16开.—ISBN 7-118-00610-6：11.80元

书名原文：Manufacturing Organization and Management

生产管理工程学/武振业主编.—峨眉山：西南交通大学出版社，1990.3.—454页；大32开.—(管理系列丛书).—管理专业系列教材.—ISBN 7-81022-156-6：5.00元

企业计量工作/广西计量测试学会组编.—南宁：广西科学技术出版社，1990.3.—397页；16开.—ISBN 7-80565-274-0(精装)：10.85元

企业计量工作指南/辽宁省计量局干部培训中心，中国计量出版社组编.—北京：中国计量出版社，1990.2.—224页；32开.—(全国星火计划丛书).ISBN 7-5026-0307-7：3.50元

企业生产管理/张文林主编.—沈阳：辽宁大学出版社，1990.10.—317页；大32开.—企业管理系列教材.—ISBN 7-5610-1074-5：4.40元

现代企业班组管理/华北石油企业管理协会编.—北京：北京出版社，1990.9.—506页；32开.—ISBN 7-200-01229-7：6.75元

高效率/尚海涛主编.—北京：科学技术文献出版社，1990.10.—346页；大32开.—(中国企业科技进步案例丛书/宋必信主编).—ISBN 7-5023-1337-0：6.00元

热门商品开发法：如何生产吸引消费者的商品/(日)平岛廉久著；简鸿业编译.—北京：世界图书出版公司，1990.7.—208页；32开.—(企业人动脑系列；51).—ISBN 7-5062-0708-7：3.30元

本书据台北市书泉出版社版重印。

F273.1 企业技术管理

再创完美：技术开发与经营革新的较量/(日)石井威望编；李铁锤，宋琳译.—北京：中国财政经济出版社，1990.8.—266页；32开.—(管理新思维丛书/李铁锤，陈重主编).—ISBN 7-5005-1034-9：3.45元

企业技术创新的理论与方法/李廉水，杨浩余编著.—南京：东南大学出版社，1990.6.—269页；32开.—ISBN 7-81023-326-X：2.95元

企业标准化问答300题/李正言等编著.—南昌：江西科学技术出版社，1990.10.—187页；32开.—ISBN 7-5390-0366-9：2.70元

企业标准化知识/陈树兰主编.—济南：山东人民出版社，1990.9.—182页；32开.—ISBN 7-209-00741-5：2.50元

企业标准化常用文献选编/殷珍妹主编.—北京：北京大学出版社，1990.1.—405页；32开.—ISBN 7-301-00122-3：6.00元

企业科技进步的探索与实践/杨建章等主编.—沈阳：东北工学院出版社，1990.7.—326页；32开.ISBN 7-81006-248-4：6.66元

企业科技进步新探/雷爱祖主编.—南宁：广西教育出版社，1990.8.—150页；32开.—ISBN 7-5435-0968-7：1.50元

企业管理与技术经济/唐齐千主编.—上海：上海交通大学出版社，1990.10.—380页；32开.—ISBN 7-313-00750-7：3.90元

企业管理标准化/娄成武，李书正主编.—沈阳：东北工学院出版社，1990.12.—470页；32开.—ISBN 7-81006-267-0：6.10元

怎样制定企业产品标准/湖南省标准局编.—长沙：湖南科学技术出版社，1990.4.—127页；32开.—ISBN 7-5357-0767-X：1.70元

F273.2 产品管理

工序控制论/王世芳编著.—武汉：华中理工大学出版社，1990.12.—226页；16开.—ISBN 7-5609-0476-9：3.06元

全面质量管理实用方法/金广林编著.—北京：科学普及出版社，1990.2.—225页；16开.—ISBN 7-110-00917-3：4.90元

全面质量管理经验汇编/王维群等主编.—石家庄：河北人民出版社，1990.5.—340页；大32开.—ISBN 7-202-00664-2：5.10元

全面质量管理总览：理论与应用 (下)/日本新版质量管理便览编辑委员会编；杨启善等译.—北京：中国标准出版社，1990.5.—679页；12开.—ISBN 7-5066-0118-4：21.60元

全面质量管理基本知识/中国质量管理协会编.—修订本.—北京：科学普及出版社，1990.7.—290页；32开.—中央电视台电视讲座教材.—ISBN 7-110-

01649-8：3.25元

本书1986年9月第1版。

《全面质量管理基本知识》全国统考复习册/何森文主编.—北京：中国经济出版社，1990.8.—219页；32开.—ISBN 7-5017-0858-4：2.50元

全面质量管理提要及试题解答/朱玉大主编.—长春：长春出版社，1990.2.—140页；32开.—ISBN 7-80573-160-8：1.80元

企业全面质量管理/张贵恩编著.—北京：中国经济出版社，1990.9.—330页；32开.—（经济管理丛书/赵秀臣，徐子毅主编）.—ISBN 7-5017-0377-9：4.95元

产业与产品结构的优化/王久华编著.—北京：国防工业出版社，1990.5.—191页；大32开.—（新产品开发与科学管理丛书/王久华主编）.—ISBN 7-118-00759-5：3.40元

现代质量管理统计方法/杨维权等编著.—广州：中山大学出版社，1990.8.—269页；32开.—ISBN 7-306-00342-9：5.80元

现场的质量管理方法：初级编/（日）细谷克也著；刘惠文，杨学涵译.—北京：冶金工业出版社，1990.2.—255页；大32开.—（企业管理百问百答丛书；3）.—ISBN 7-5024-0284-5：5.30元

本书以问答的形式讲述了现场质量管理的基本方法，同时也介绍了现场运用各种质量管理方法的大量实例。

质量工程学：全面质量管理基础/陆首群著.—北京：机械工业出版社，1990.9.—318页；大32开.ISBN 7-111-02392-7：5.50元

质量改进过程/（美）H·詹姆斯·哈林顿著；何方汉等译.—福州：福建人民出版社，1990.3.—256页；32开.—ISBN 7-211-01490-3：3.20元

质量检验/刘光庭编著.—北京：北京理工大学出版社，1990.8.—611页；32开.—（质量管理丛书）.ISBN 7-81013-350-0：8.50元

质量管理和质量保证/任志庆等编写.—沈阳：辽宁科学技术出版社，1990.4.—294页；16开.—ISBN 7-5381-0387-4：7.00元

质量管理和质量保证标准实用手册/楼维能编.—杭州：浙江大学出版社，1990.4.—368页；32开.—ISBN 7-308-00399-X：4.85元

质量管理和质量保证标准宣贯材料/中国标准化与信息分类编码研究所编.—北京：中国标准出版社，1990.8.—207页；32开.—ISBN 7-5066-0274-1：2.65元

质量管理和质量保证教材：GB/T10300.1—GB/T10300.5/林修齐，李为柱主编；中国质量管理协会编著.—上海：上海科学技术出版社，1990.8.—374页；32开.—ISBN 7-5323-2265-3：3.80元

质量管理培训教材/中国兵器工业质量管理协会编.北京：兵器工业出版社，1990.8.—354页；32开.ISBN 7-80038-265-6：4.50元

班组长质量管理必备/（日）尾关和夫等著；李蒸，李津涛译.—北京：企业管理出版社，1990.7.259页；32开.—ISBN 7-80001-126-7：3.40元

高手之术：质量心理说解/赵向阳著.—武汉：武汉工业大学出版社，1990.1.—134页；32开.—ISBN 7-5629-0324-7：1.98元

新编质量管理学/孙中一著.—北京：中国经济出版社，1990.9.—288页；大32开.—ISBN 7-5017-0645-X：4.50元

F273.4 固定资产管理

企业物资管理现代化/陈振环主编.—北京：煤炭工业出版社，1990.10.—395页；大32开.—ISBN 7-5020-0461-0：6.35元

企业资产评估/王久华编著.—北京：中国经济出版社，1990.1.—399页；32开.—ISBN 7-5017-0429-5：8.00元

固定资产核算与管理/周永和等编.—北京：航空工业出版社，1990.5.—179页；32开.—（会计人员岗位培训丛书/冷传生主编）.—ISBN 7-80046-277-3：2.40元

F273.7 企业（行业）间联系

外向型企业工作手册/高冰，张德修主编.—济南：山东人民出版社，1990.9.—434页；大32开.—（外向型经济丛书/季崇威主编）.—ISBN 7-209-00597-8：6.00元

企业外向业务教程/龚理民主编.—南京：江苏科学技术出版社，1990.5.—227页；32开.—ISBN 7-5345-0937-8：2.60元

企业外交/周永章等编著.—成都：成都出版社，1990.11.—199页；32开.—（智慧农民丛书/李守凡主编）.—ISBN 7-80575-091-2：2.15元

企业外交心理学/程源等编著.—北京：中国经济出版社，1990.5.—232页；32开.—（90年代企业家外交丛书/杨岗主编）.—ISBN 7-5017-0592-5：4.20元

企业外交概论/王长远编著.—北京：中国经济出版社，1990.6.—252页；32开.—（90年代企业家外交丛书/杨岗主编）.—ISBN 7-5017-0589-5：4.80元

本书阐述了企业外交的意义及研究方法和实践内容，涉及当今企业外交的方方面面。

企业外部关系指南/王长远等编著.—北京：中国经济出版社，1990.6.—222页；32开.—（90年代企业家外交丛书/杨岗主编）.—ISBN 7-5017-0590-9：3.95元

企业对外合作信息指南/中国中小企业对外合作协调中心编.—长春：吉林人民出版社，1990.12.—194

页；32开.—（中小企业对外合作丛书）.—ISBN 7-206-00961-1：2.80元

本书主要介绍我国对外经济贸易机构，资金、信贷、投资和保险机构，以及信息咨询服务机构。

企业经济技术合同咨询手册/吴永安，刘国忱主编.大连：东北财经大学出版社，1990.12.—181页；32开.—ISBN 7-81005-466-X：3.30元

企业经济贸易谈判手册/郭济兴，陈保全主编.—北京：科学出版社，1990.5.—716页；大32开.—ISBN 7-03-001783-8：10.30元

企业涉外经济/阎晓田等编著.—北京：电子工业出版社，1990.1.—298页；32开.—中国电子学会继续教育教材CIE-5.—ISBN 7-5053-0679-0：5.50元

企业涉外经营管理教程/周裕新主编.—广州：华南理工大学出版社，1990.12.—470页；32开.—ISBN 7-5623-0216-2：2.95元

企业家与外商做买卖的程序、策略和技巧/张晨武等编.—北京：中国经济出版社，1990.5.—197页；32开.—（90年代企业家外交丛书/杨岗主编）.—ISBN 7-5017-0594-1：3.60元

企业家外交礼仪/王长远等编.—北京：中国经济出版社，1990.5.—165页；32开.—（90年代企业家外交丛书/杨岗主编）.—ISBN 7-5017-0596-8：3.15元

企业家外交谈判实务/章建人等编.—北京：中国经济出版社，1990.5.—188页；32开.—（90年代企业家外交丛书/杨岗主编）.—ISBN 7-5017-0593-3：3.50元

怎样处理企业外部经济纠纷/马沉勇等编.—北京：中国经济出版社，1990.6.—196页；32开.—（90年代企业家外交丛书/杨岗主编）.—ISBN 7-5017-606-9：3.60元

F274　企业供销管理

企业市场营销学/李怀宜，贾成主编.—北京：中国经济出版社，1990.8.—507页；32开.—ISBN 7-5017-0558-5：5.85元

企业实用营销学/韩庆祥编.—北京：中国工人出版社，1990.7.—245页；32开.—ISBN 7-5008-0673-6：2.60元

企业营销与竞争规范/陈克聪主编.—北京：海洋出版社，1990.11.—225页；32开.—（企业行为规范丛书；4/袁家方等主编）.—ISBN 7-5027-0785-9：4.10元

企业销售管理学/王桂芝主编.—北京：人民教育出版社，1990.2.—295页；32开.—（物资管理丛书）.ISBN 7-107-10564-7：3.60元

本书封面题名为：销售管理学

产品畅销的秘密/徐毅文主编.—南京：江苏科学技术出版社，1990.1.—223页；32开.—（企业发展之路丛书）.—ISBN 7-5345-0830-4：2.50元

供销合同管理/姜寿海编著.—上海：上海科学技术文献出版社，1990.10.—209页；32开.—ISBN 7-80513-586-X：2.55元

F275　企业财务管理

厂内银行会计核算/吴雪奎等著.—长春：吉林大学出版社，1990.6.—229页；16开.—ISBN 7-5601-0518-1：6.20元

厂内银行的建立与完善/尚世安，刘云丽编.—哈尔滨：哈尔滨工业大学出版社，1990.12.—183页；32开.—（深化企业改革丛书/高明才主编）.—ISBN 7-5603-0323-4：2.95元

厂长经理财务管理知识/王绍武主编.—太原：山西经济出版社，1990.9.—270页；32开.—ISBN 7-80577-050-6：3.50元

工商企业财务习题集/《工商企业财务习题集》编写组编.—北京：中国金融出版社，1990.7.—120页；32开.—中等银行学校辅助教材.—ISBN 7-5049-0583-6：1.60元

中外企业财务/陆廷纲编著.—上海：复旦大学出版社，1990.1.—359页；大32开.—ISBN 7-309-00333-0：4.30元

内部银行核算与管理/黄湘舟等编.—北京：航空工业出版社，1990.6.—148页；32开.—（会计人员岗位培训丛书/冷传生主编）.—ISBN 7-80046-279-X：2.70元

西方财务管理/杨正新主编.—北京：北京理工大学出版社，1990.5.—513页；32开.—ISBN 7-81013-363-2：7.00元

本书系统地介绍了西方企业财务管理的目标、作用，以及筹集和运用资金的方法。

企业价格管理/刘建初等编.—北京：航空工业出版社，1990.10.—176页；32开.—（会计人员岗位培训丛书/冷传生主编）.—ISBN 7-80046-305-2：2.50元

企业财务学/朱信诚主编.—北京：中国财政经济出版社，1990.3.—557页；大32开.—高等财经院校试用教材.—ISBN 7-5005-0928-6：3.80元

企业财务管理/田震生，胡振方主编.—上海：上海人民出版社，1990.6.—353页；大32开.—ISBN 7-208-00980-5：6.00元

企业财务管理学/郗修方主编.—哈尔滨：黑龙江人民出版社，1990.9.—431页；32开.—ISBN 7-207-01594-1：5.40元

企业财务管理学/涂龙力，李孝章主编.—大连：大连理工大学出版社，1990.2.—446页；32开.—辽宁税务专科学校会计改革系列试用教材.—ISBN 7-5611-0274-7：4.40元

企业定价学/万俊华主编.—武汉：武汉工业大学出版社，1990.6.—347页；大32开.—ISBN 7-5629-

0430-8：4.80元

企业定价基础知识/《企业定价基础知识》编写组编.—大连：大连出版社，1990.3.—558页；32开.ISBN 7-80555-224-X：6.00元

企业定价探索/冯根福著.—北京：经济科学出版社，1990.7.—250页；32开.—ISBN 7-5058-0317-4：3.40元

企业定价概论/韩德昌，姚林主编；万清林等编写.天津：天津科技翻译出版公司，1990.1.—308页；大32开.—ISBN 7-5433-0104-1：5.00元

本书系统论述了企业定价理论和实际应用。

企业债务与讨债策略/陈良瑞编著.—北京：海洋出版社，1990.6.—248页；32开.—ISBN 7-5027-0974-6：3.40元

财务管理及分析/许庆斌，卢继明主编.—北京：高等教育出版社，1990.4.—388页；大32开.—高等学校试用教材.—ISBN 7-04-002806-9：2.60元

财务管理基本知识/郑申英编.—北京：国防工业出版社，1990.3.—163页；大32开.—管理干部岗位培训教材.—ISBN 7-118-00659-9：3.00元

现代企业财务管理/徐中行等编著.—杭州：浙江人民出版社，1990.8.—411页；大32开.—ISBN 7-213-00346-4：5.00元

现代企业财务管理学/王美涵主编.—沈阳：辽宁人民出版社，1990.5.—756页；大32开.—ISBN 7-205-01339-9：9.90元

现代财务管理学/翟纯生主编；郭廷友等编写.—济南：山东人民出版社，1990.7.—710页；大32开.ISBN 7-209-00757-1：9.00元

现代实用企业财务管理技术/严京威等编著.—南京：江苏人民出版社，1990.5.—159页；32开.—ISBN 7-214-00437-2：2.00元

承包企业的财务与会计/汤谷良编著.—北京：中国商业出版社，1990.6.—231页；大32开.—（中国商业会计学会、珠算协会丛书）.—ISBN 7-5044-0625-2：3.40元

美国中级财务管理/（美）伯格汉姆（Brighman，E.F.），（美）加潘斯基（Gapenski，L.C.）著；天津商学院MBA班编译.—北京：中国展望出版社，1990.10.—581页；16开.—ISBN 7-5050-0666-5：20.00元

书名原文：Intermediate Financial Mamagement

本书阐述了现代企业财务管理的最新理论和实用技术。

精明的理财之道/（日）上原学，横光俊治著；张成学译.—南京：江苏美术出版社，〔1990〕.—143页；32开.—（图解日本企业管理丛书；2）.—ISBN 7-5344-0131-3：2.55元

F275.1　企业资金管理

中国当代企业投资指南/王华主编.—太原：山西人民出版社，1990.7.—697页；大32开.—ISBN 7-203-01673-0：10.00元

企业投资决策/刘莉，戴大双编著.—沈阳：辽宁大学出版社，1990.9.—325页；大32开.—企业领导干部培训系列教材.—ISBN 7-5610-1045-1：4.30元

企业投资决策分析/（美）小伯尔曼（Bierman，H.Jr.），（美）斯迈德（Smidt，S.）著；刘兴云等译.—天津：南开大学出版社，1990.7.—260页；32开.—ISBN 7-310-00348-9：3.90元

书名原文：The Capital Budgeting Decision

企业投资指南/邵以智著.—北京：学术书刊出版社，1990.4.—128页；32开.—ISBN 7-80045-580-7：2.80元

企业经营投资决策指南/吴惠涛著.—上海：中国大百科全书出版社上海分社，1990.11.—291页；大32开.—ISBN 7-5000-0300-5：4.20元

企业资金的运筹/王荣主编.—南京：江苏科学技术出版社，1990.2.—233页；32开.—ISBN 7-5345-0849-5：2.90元

企业资金经营与管理/李洪彩，汤鹰主编.—北京：中国经济出版社，1990.9.—321页；大32开.—ISBN 7-5017-0827-4：4.80元

企业融资指南/柯柏杰主编.—杭州：浙江大学出版社，1990.2.—298页；大32开.—ISBN 7-308-00462-7：4.20元

流动资金核算与管理/刘炜等编.—北京：航空工业出版社，1990.8.—177页；32开.—（会计人员岗位培训丛书/冷传生主编）.—ISBN 7-80046-302-8：2.70元

流动资金管理体制简论/袁琳，刘恒著.—北京：中国展望出版社，1990.5.—152页；32开.—（财会改革与发展丛书/田雍，丁振文主编）.—ISBN 7-5050-0640-1：3.15元

F275.2　企业会计核算

工商企业责任会计核算/于连进等编著.—石家庄：河北科学技术出版社，1990.5.—292页；32开.—ISBN 7-5375-0514-4：3.50元

工商企业责任会计核算/王绪魁等主编.—北京：经济管理出版社，1990.6.—259页；32开.—ISBN 7-80025-339-2：2.95元

企业与会计/于长春主编.—长春：吉林大学出版社，1990.12.—274页；32开.—（企业法人丛书/李振华主编）.—ISBN 7-5601-0730-3：4.15元

企业现代会计管理手册/陈尔淼，邢建华主编.—北

京：轻工业出版社，1990.9.—392页；大32开.—ISBN 7-5019-0843-5：7.80元

企业涉外会计/石人瑾，林宝瓌主编.—上海：立信会计图书用品社，1990.4.—255页；大32开.—（上海财经大学丛书）.—ISBN 7-5429-0060-9：3.10元

经理人会计：适合企业经理人应用的会计学/王义云著.—北京：世界图书出版公司，1990.7.—314页；32开.—（企业人动脑系列；77）.—ISBN 7-5062-0709-5：5.30元

本书据台北书泉出版社版本重印。

租赁实务与会计/徐维uren等著.—北京：中信出版社，1990.2.—407页；大32开.—ISBN 7-80073-007-7（精装）：7.90元

F275.3　企业成本管理

成本核算改革导论/田雍著.—北京：中国展望出版社，1990.5.—153页；32开.—（财会改革与发展丛书/田雍，丁振文主编）.—ISBN 7-5050-0639-8：3.15元

成本管理研究/欧阳清著.—大连：东北财经大学出版社，1990.10.—181页；32开.—ISBN 7-81005-449-X：3.00元

企业成本控制理论与实践/贾树森，菅云生主编.北京：企业管理出版社，1990.11.—336页；32开.ISBN 7-80001-134-8：4.00元

军队企业成本学/萧俊芳主编.—北京：经济管理出版社，1990.8.—480页；大32开.—ISBN 7-80025-364-3：5.10元

如何降低产品成本/（美）加特曼（Gutman，N.）著；陈法明译.—北京：机械工业出版社，1990.3.—174页；32开.—ISBN 7-111-01992-X：3.30元

现代成本管理的数量分析技术/吴少平著.—北京：中国标准出版社，1990.12.—394页；16开.—ISBN 7-5066-0253-9：9.30元

经营保本与利润决策/（美）A.塔克著；张杰译.北京：中国对外经济贸易出版社，1990.2.—270页；32开.—ISBN 7-80004-133-6：3.50元

书名原文：Profit Planning Decisions With the Break-Even System

资产评估指南/刘永泽，刘明辉主编.—大连：东北财经大学出版社，1990.8.—245页；32开.—（现代财务成本管理丛书）.—ISBN 7-81005-415-5：3.30元

F275.4　利润与收入分配

企业内部分配手册/余惕君，施瑾编著.—上海：上海翻译出版公司，1990.2.—157页；32开.—ISBN 7-80514-472-9：2.25元

企业奖金管理/张书祥编著.—北京：宇航出版社，1990.6.—119页；32开.—ISBN 7-80034-304-9：1.70元

F275.5　经济活动分析

企业市场关系分析：产业组织理论及其应用/陈小洪，金忠义编著.—北京：科学技术文献出版社，1990.5.—391页；32开.—ISBN 7-5023-0988-8：6.00元

企业经济活动分析/企业经济活动分析编写组编.大连：东北财经大学出版社，1990.8.—477页；大32开.—ISBN 7-81005-398-1：5.90元

企业经济活动分析案例/《企业经济活动分析案例》编写组编.—大连：东北财经大学出版社，1990.10.—221页；32开.—ISBN 7-81005-424-4：2.50元

企业经济活动分析概论/赵建鄂等编著.—武汉：武汉工业大学出版社，1990.1.—213页；大32开.—ISBN 7-5629-0341-7：3.60元

财务分析技巧/（美）埃里奇·A.赫尔佛特著；原梅生等译.—太原：山西经济出版社，1990.11.338页；32开.—ISBN 7-80577-038-7：8.60元

财务管理与经济活动分析/廖锡纯主编.—重庆：科学技术文献出版社重庆分社，1990.4.—168页；32开.—（乡镇企业经营管理丛书）.—ISBN 7-5023-1113-0：2.15元

现代财务分析与决策/王永平，宋有明主编.—北京：经济管理出版社，1990.6.—320页；32开.—ISBN 7-80025-344-9：4.20元

F276　各种企业经济

外向型企业经营战略/林光，袁守启编著.—济南：山东人民出版社，1990.9.—243页；大32开.—（外向型经济丛书/季崇威主编）.—ISBN 7-209-00282-0：3.80元

外贸企业会计/　大兴主编.—北京：兵器工业出版社，1990.6.—410页；32开.—涉外企业经营管理培训教材.—ISBN 7-80038-111-0：6.10元

外贸企业会计学/刘山在主编.—北京：中国财政经济出版社，1990.4.—485页；大32开.—ISBN 7-5005-1076-4：7.10元

外贸企业管理实务/黄运武，刘梅梅编著.—武汉：武汉工业大学出版社，1990.1.—444页；32开.—ISBN 7-5629-0315-8：4.80元

外贸企业管理通论/陈德维等主编.—北京：中国商业出版社，1990.1.—2册（575页）；32开.—ISBN 7-5044-0502-7：6.40元

对外贸易企业管理概论/李璞成，姚大伟编著.—上海：同济大学出版社，1990.3.—292页；32开.（高等教育经济管理专业教材丛书；涉外经济管理

类）.—ISBN 7-5608-0598-1：3.80元

多种经营企业财务管理答询/傅春满主编.—沈阳：沈阳出版社，1990.9.—437页；32开.—ISBN 7-80556-465-5：5.00元

社会福利企业管理/王安文，常秀贞主编.—济南：山东人民出版社，1990.7.—400页；32开.—ISBN 7-219-00684-2：4.20元

F276.1　国有企业经济

国有企业的经营管理之道：国有资产管理国际研讨会文稿选编/国家国有资产管理局编.—北京：经济科学出版社，1990.12.—326页：彩照；大32开.—ISBN 7-5058-0395-6：5.80元

F276.2　合作经济、合作社

合作经济学概论/杨坚白主编.—北京：中国社会科学出版社，1990.2.—416页；大32开.—ISBN 7-5004-0618-5：5.75元

合作经济理论与实务/严芬芬主编；王金滢等编写.北京：北京出版社，1990.5.—584页；32开.—ISBN 7-200-01136-3：6.40元

农民股份合作企业/中华人民共和国农业部乡镇企业司编.—北京：法律出版社，1990.8.—262页；32开.—ISBN 7-5036-0707-6：3.30元

农村合作经济经营管理实用知识/邹德和等编著.南京：江苏科学技术出版社，1990.5.—228页；32开.—ISBN 7-5345-0918-1：2.95元

集体企业会计培训教材/王晓旭，胡成良主编.—哈尔滨：黑龙江科学技术出版社，1990.1.—624页；32开.—ISBN 7-5388-0994-5：7.95元

集体企业财务会计与税收/刘军主编，宴姓明等编写.—北京：经济管理出版社，1990.7.—505页；32开.—ISBN 7-80025-331-7：6.60元

F276.3　中小型企业、乡镇企业

小型企业巨人化探秘/湖北省机械工业厅编.—武汉：武汉测绘科技大学出版社，1990.10.—169页；32开.—ISBN 7-81030-050-4：2.50元

小型企业初探：世界经济的潮流/（美）盖伦·斯潘塞·赫尔著；汪念郴译.—广州：广东人民出版社，1990.8.—255页；32开.—ISBN 7-218-00540-3：2.50元

乡镇工商企业会计/钟胜复等主编.—天津：天津科学技术出版社，1990.3.—420页；32开.—ISBN 7-5308-0561-4：4.95元

乡镇企业：改革与发展/方承主编.—南宁：广西人民出版社，1990.1.—316页；32开.—ISBN 7-219-01446-5：3.80元

乡镇企业工作指南/胡巨保等编著.—长沙：湖南人民出版社，1990.1.—807页；大32开.—ISBN 7-217-00709-7：11.00元

乡镇企业出口创汇前景预测与发展对策/吴添祖，程惠芳主编.—杭州：浙江大学出版社，1990.12.122页；大32开.—ISBN 7-308-00653-0：3.50元

乡镇企业市场经营策略/陈协仿主编.—北京：海洋出版社，1990.5.—268页；32开.—ISBN 7-5027-1019-1：3.50元

乡镇企业市场营销/周忻，傅德良主编.—武汉：武汉工业大学出版社，1990.11.—208页；32开.—ISBN 7-5629-0439-1：3.00元

乡镇企业发展的大思路/刘琦等主编.—北京：海洋出版社，1990.5.—201页；大32开.—ISBN 7-5027-1072-8：3.95元

乡镇企业发展战略研究/李廷威主编.—太原：山西经济出版社，1990.12.—332页；大32开.—ISBN 7-80577-027-1：8.70元

乡镇企业会计/王大悟，方克安编著.—上海：上海社会科学院出版社，1990.1.—179页；32开.—（乡镇企业管理丛书/王文彬主编）.—ISBN 7-80515-477-5：2.30元

乡镇企业兴隆之路/吕振涛，朱志明主编.—哈尔滨：黑龙江科学技术出版社，1990.12.—306页；32开.—ISBN 7-5388-1200-8：4.00元

乡镇企业安全生产必读/薛兆涌，牟彬晨主编.—济南：济南出版社，1990.9.—292页；32开.—ISBN 7-80572-296-X：3.20元

乡镇企业技术经济学/吴慧君，李宽奇主编.—长春：吉林大学出版社，1990.8.—370页；32开.—ISBN 7-5601-0553-X：5.20元

乡镇企业投资决策指南/成道福编著.—北京：中国财政经济出版社，1990.4.—335页；大32开.—ISBN 7-5005-1035-7：4.60元

乡镇企业财务管理/吴德美等主编.—武汉：武汉工业大学出版社，1990.12.—298页；32开.—ISBN 7-5629-0469-3：4.60元

乡镇企业财务管理/吴慧君等主编.—长春：吉林大学出版社，1990.12.—313页；32开.—ISBN 7-5601-0742-7：4.50元

乡镇企业财会与统计/内蒙古乡镇企业局编.—呼和浩特：内蒙古人民出版社，1990.6.—644页；32开.ISBN 7-204-01005-1：6.45元

乡镇企业改革集锦/湖南省乡镇企业局企业管理处编著.—长沙：湖南科学技术出版社，1990.1.—93页；32开.—ISBN 7-5357-0726-2：1.40元

乡镇企业股份制/周泰来主编.—济南：山东人民出版社，1990.8.—230页；32开.—ISBN 7-209-00738-5：2.60元

乡镇企业实用销售学/天津市乡镇企业管理局组织

编写；郭志实等编.—石家庄：河北科学技术出版社，1990.8.—357页；32开.—乡镇企业销售业务人员岗位培训教材.—ISBN 7-5375-0554-3：4.00元

乡镇企业经济活动分析/于守浩等编著.—长春：吉林人民出版社，1990.6.—282页；32开.—ISBN 7-206-00792-9：3.50元

乡镇企业经营决策与管理/舒子唐主编.—北京：经济科学出版社，1990.4.—418页；大32开.—ISBN 7-5058-0335-2：5.40元

乡镇企业经营与管理专辑/沈超君，冉铎主编.—青岛：青岛海洋大学出版社，1990.12.—267页；32开.ISBN 7-81026-123-1：3.50元

乡镇企业经营管理/任立钧，陈炳书主编.—天津：天津人民出版社，1990.7.—637页；32开.—ISBN 7-201-00573-1：6.50元

乡镇企业经营管理/李景惠，吴慧君主编.—长春：吉林大学出版社，1990.5.—237页；32开.—ISBN 7-5601-0493-2：3.30元

乡镇企业经营管理/贵州省民族事务委员会编.—贵阳：贵州人民出版社，1990.6.—325页；32开.—贵州省民族行政管理学校教材.—ISBN 7-221-01795-6：3.20元

乡镇企业经营管理基础/袁若飞，张在渊编写.—北京：农业出版社，1990.5.—134页；16开.—中央农业广播电视学校试用教材　农产品贮藏与加工专业.ISBN 7-109-01584-X：2.45元

乡镇企业经营管理概论/汤以新主编.—石家庄：河北人民出版社，1990.9.—439页；大32开.—ISBN 7-202-00773-8：5.20元

乡镇企业经营管理概论/许惠渊主编.—北京：群众出版社，1990.2.—324页；大32开.—乡镇干部培训教材.—ISBN 7-5014-0489-5：3.80元

乡镇企业统计/徐云池编著.—北京：高等教育出版社，1990.10.—246页；32开.—ISBN 7-04-003248-1：1.60元

乡镇企业统计手册/官治国等编.—北京：农业出版社，1990.2.—345页；大32开.—ISBN 7-109-01731-1（精装）：11.00元

乡镇企业统计手册/官治国等编.—北京：农业出版社，1990.2.—345页；大32开.—ISBN 7-109-01569-6：8.50元

乡镇企业统计基础/河北省农机化学校主编.—北京：农业出版社，1990.10.—253页；32开.—全国中等农业学校教材　乡镇企业管理专业用.—ISBN 7-109-01783-4：1.50元

乡镇企业营销策略与经营管理/庞传智主编.—上海：上海人民出版社，1990.10.—432页；32开.ISBN 7-208-00927-9：4.95元

乡镇企业领导学/陶学禹，韩振美主编.—北京：煤炭工业出版社，1990.8.—179页；32开.—ISBN 7-5020-0452-1：2.70元

乡镇企业管理/胡步清等主编.—武汉：武汉工业大学出版社，1990.2.—302页；32开.—ISBN 7-5629-0310-7：3.50元

乡镇企业管理学/毛树礼等编著.—长春：长春出版社，1990.5.—257页；32开.—ISBN 7-80573-236-1：3.50元

乡镇企业管理基本知识/杨民韬主编.—天津：天津科学技术出版社，1990.5.—335页；32开.—（乡镇企业管理知识丛书）.—ISBN 7-5308-0734-X：4.30元

乡镇企业管理概论/钱正华，万林志主编.—南京：江苏科学技术出版社，1990.10.—281页；大33开.ISBN 7-5345-1036-8：4.20元

乡镇农业企业会计/袁宏春等主编.—北京：经济管理出版社，1990.11.—366页；32开.—ISBN 7-80025-370-8：4.60元

乡镇实用会计/上海市商业会计学校编.—上海：上海科技教育出版社，1990.6.—200页；32开.—职业技术教育课本.—ISBN 7-5428-0400-6：1.75元

中小企业计算机应用/王成钧，郭立新编著.—北京：人民交通出版社，1990.9.—385页；大32开.ISBN 7-114-00949-6：8.00元

中小企业发展问题研究/孙鸿武等著.—天津：天津社会科学院出版社，1990.10.—268页；大32开.ISBN 7-80563-078-X：4.20元

中小企业的国际技术转让/（　）大卫·迪奇尔等著；中国中小企业对外合作协调中心编译.—长春：吉林人民出版社，1990.12.—215页；32开.—（中小企业对外合作丛书）.—ISBN 7-206-00958-1：3.40元

中小企业管理思考百题/袁勤生著.—上海：上海人民出版社，1990.12.—200页；32开.—ISBN 7-208-00804-3：3.60元

中小型企业质量管理/朱瑶翠编著.—上海：上海科学技术出版社，1990.3.—327页；32开.—（中小型企业管理丛书）.—ISBN 7-5323-1771-4：4.35元

中小型企业管理浅见/庞英著.—北京：企业管理出版社，1990.8.—210页；32开.—ISBN 7-80001-128-3：3.10元

成就与创业：小企业圣经/（美）保尔·瑞斯尼科著；于海滨等译.—北京：北京航空航天大学出版社，1990.1.—243页；32开.—ISBN 7-81012-131-6：3.00元

百舸争流：乡镇企业取胜之道/王东进主编.—北京：中国经济出版社，1990.10.—431页；大32开.ISBN 7-5017-0932-7（精装）：8.40元

别无选择：乡镇企业与国民经济的协调发展/国务院研究室农村经济组，中国社会科学院农村发展研究所编.—北京：改革出版社，1990.10.—226页；32

开.—ISBN 7-80072-046-2：3.50元

改善你的经营/（瑞典）迪克森（Dickson，D.E.N.）著；中国企业管理协会咨询部译.—北京：中国财政经济出版社，1990.8.—212页；大16开.—ISBN 7-5005-1096-9：7.00元

浅谈怎样当好乡镇企业厂长（经理）/隋孟瑞，仇祝道编著.—北京：中国商业出版社，1990.10.—160页；32开.—ISBN 7-5044-0755-0：2.00元

城市区街企业管理/李介之等主编.—北京：中国经济出版社，1990.5.—236页；32开.—ISBN 7-5017-0863-0：3.90元

城镇集体企业财务与税收问题解答/严玉平主编.哈尔滨：黑龙江人民出版社，1990.9.—284页；32开.—ISBN 7-207-01744-8：4.20元

城镇集体企业财务会计业务讲座/郑树模，谷贵纯主编.—沈阳：辽宁大学出版社，1990.12.—724页；大32开.—岗位专业培训教材.—ISBN 7-5610-1259-4：9.50元

城镇集体企业财务制度汇编　(2)/黑龙江省税务局编.—哈尔滨：黑龙江人民出版社，1990.12.—341页；32开.—ISBN 7-207-01675-1：5.20元

城镇集体企业财务管理文件汇编/国家税务局编.北京：经济管理出版社，1990.12.—124页；32开.ISBN 7-80025-388-0：1.70元

怎样创办乡村企业/薛新卓著.—北京：中国商业出版社，1990.12.—462页；32开.—ISBN 7-5044-0646-5：5.80元

莫远人乡镇企业论文选/江苏省社会科学院经济研究所编.—南京：江苏人民出版社，1990.6.—294页；32开.—ISBN 7-214-00527-1：4.00元

教学与辅导：乡镇企业经营管理专业：1988级　第11期/中央农业广播电视学校主编.—北京：农业出版社，1990.10.—48页；16开.—ISBN 7-109-02017-7：0.70元

教学与辅导：乡镇企业经营管理专业：1988级　第12期/中央农业广播电视学校主编.—北京：农业出版社，1990.12.—48页；16开.—ISBN 7-109-02096-7：0.70元

微型机在中小型企业管理中的应用/陆大绚，顾君忠编.—北京：国防工业出版社，1990.3.—365页；大32开.—（微型计算机应用丛书）.—ISBN 7-118-00321-2：7.95元

新编乡镇企业会计/湖南省乡镇企业局企业管理处编著.—长沙：湖南科学技术出版社，1990.5.—375页；32开.—ISBN 7-5357-0729-7：4.75元

*　　*　　*

个体工商业户手册/张静波主编.—天津：天津人民出版社，1990.3.—693页；32开.—ISBN 7-201-00523-5（精装）：10.00元

个体工商业会计/钱圣兴，钱世政编写.—上海：立信会计图书用品社，1990.12.—226页；32开.—（立信会计丛书）.—ISBN 7-5429-0071-4：3.20元

个体户和私营企业家实用手册/林汉川主编.—北京：知识出版社，1990.2.—417页；32开.—ISBN 7-5015-0327-3：6.20元

个体经济会计/王允昌等编著.—北京：中国财政经济出版社，1990.4.—292页；32开.—ISBN 7-5005-1049-7：3.45元

个体经营谋略与技巧/王树进编著.—北京：农业出版社，1990.5.—193页；32开.—ISBN 7-109-01492-4：2.95元

私营企业会计/陈忠明，张丹阳编著.—北京：中国财政经济出版社，1990.7.—202页；32开.—ISBN 7-5005-1033-0：2.80元

私营企业财会税收手册/杨青林等编著.—长春：吉林人民出版社，1990.9.—269页；32开.—ISBN 7-206-00863-1：3.80元

F276.4　联合企业经济

企业集团的组织与发展/国家计划委员会地区经济司，中国企业管理培训中心编.—北京：科学技术文献出版社，1990.4.—397页；32开.—ISBN 7-5023-1286-2：5.50元

本书分三部分：第一部分为企业集团发展的宏观经济环境；第二部分为企业集团的理论与实践；第三部分为附录。

企业集团概论/朱耀明等主编.—北京：中国经济出版社，1990.8.—339页；32开.—ISBN 7-5017-0818-5：4.70元

经济联合·企业集团·企业兼并/戴伯勋等主编.沈阳：辽宁大学出版社，1990.2.—346页；16开.ISBN 7-5610-0825-2：4.60元

ERP联合体：高校与企业共同发展的新模式/张鸣皋主编.—南京：南京出版社，1990.9.—145页；大32开.—(江苏社会科学文丛).—ISBN 7-80560-255-7：2.90元

F276.43　合资经营企业

中外合资合作企业会计/辛晓东主编.—北京：中国审计出版社，1990.6.—477页；大32开.—ISBN 7-80064-056-6：7.00元

中外合资企业会计核算实务/章秉权，熊明钧编著.北京：人民交通出版社，1990.11.—490页；大32开.—ISBN 7-114-01003-6（精装）：19.50元

中外合资经营企业会计/石人瑾，林宝瓌主编.—上海：立信会计图书用品社，1990.6.—442页；大32

开.—(上海财经大学丛书).—ISBN 7-5429-0069-2：5.00元

中外合资经营企业会计教程/郑宝忠主编.—北京：中国财政经济出版社，1990.6.—378页；32开.—ISBN 7-5005-1152-3：4.85元

中外合营企业会计/李金秀主编.—广州：暨南大学出版社，1990.4.—374页；32开.—ISBN 7-81029-032-0：4.80元

中外合营企业会计/张郁波等编著.—北京：企业管理出版社，1990.6.—486页；大32开.—全国大中型企业领导干部培训教材.—ISBN 7-80001-088-0：6.10元

中外合营企业财务会计实务/陈昱然，宋介麟编著.北京：航空工业出版社，1990.3.—376页；32开.(会计人员岗位培训丛书/冷传生主编).—ISBN 7-80046-281-1：4.50元

中外合营企业财务管理/李金秀，彭兆瑞编著.—哈尔滨：黑龙江人民出版社，1990.4.—153页；32开.SBN 7-207-01415-5：2.50元

中国涉外企业财务会计知识手册/张德明等编著.2版(增订本).—广州：广东科技出版社，1990.11.806页；16开.—ISBN 7-5359-0734-2：19.00元

本书1987年初版。

外商投资企业/汪一鹤，姚祖荫著.—上海：上海社会科学院出版社，1990.8.—261页；32开.—ISBN 7-80515-547-X：3.50元

外商投资企业税务和会计实务/杨世泽等主编.—大连：东北财经大学出版社，1990.8.—281页；32开.ISBN 7-81005-414-7：4.00元

如何办好外商投资企业/李得龙编著.—长春：吉林人民出版社，1990.6.—621页；大32开.—ISBN 7-206-00774-0：8.00元

本书收集462个问题，以一问一答的形式，对法律、法令和政策及实践经验等问题予以阐述。

明天会更好/《明天会更好》编写组著.—沈阳：辽宁人民出版社，1990.4.—78页；32开.—(自助者之路丛书).—ISBN 7-205-01247-3：1.90元

国际惯例与合资企业/李金亮著.—广州：暨南大学出版社，1990.4.—289页；大32开.—ISBN 7-81029-017-7：4.50元

F276.6/.7　公司、跨国公司

公司会计/王文元，郭子健著.—沈阳：辽宁人民出版社，1990.7.—278页；32开.—(西方会计丛书；第1辑/余绪缨主编).—ISBN 7-205-01279-1：4.85元

走向跨国公司之路/李安民著.—沈阳：辽宁人民出版社，1990.4.—89页；32开.—(自助者之路丛书).ISBN 7-205-01090-X：1.90元

现代公司实用手册/邓荣霖主编.—沈阳：辽宁大学出版社，1990.12.—621页；大32开.—ISBN 7-5610-0989-6：9.60元

股份公司的运行机制与外部环境/李明义，贾常先著.—北京：中国城市经济社会出版社，1990.4.320页；32开.—ISBN 7-5074-0384-X：4.50元

股份公司的资金筹措/甘华鸣，罗锐韧著.—北京：中国经济出版社，1990.1.—223页；32开.—(股份公司与证券市场知识丛书；3/甘华鸣主编).—ISBN 7-5017-0340-X：3.50元

股份公司概论/丁原儒等主编.—北京：北京出版社，1990.6.—204页；32开.—ISBN 7-200-01165-7：2.70元

本书介绍了股份公司的各种形式、组织方式、管理机构，以及股票、债券、有价证券交易等知识。

股份有限公司原理与实务/郭锋著.—北京：现代出版社，1990.10.—407页；32开.—ISBN 7-80028-091-8：5.50元

股份企业会计/朱忠仪主编.—南京：江苏人民出版社，1990.5.—297页；大32开.—ISBN 7-214-00442-9：3.95元

股份制企业经营管理/杨军，毛树林主编.—哈尔滨：哈尔滨工业大学出版社，1990.1.—320页；32开.—ISBN 7-5603-0230-0：4.00元

跨国公司与中国的开放政策/(美)王念祖，腾维藻主编.—天津：南开大学出版社，1990.7.—293页；大32开.—ISBN 7-310-00295-4：5.95元

跨国企业经济学/(英)尼尔·胡德，斯蒂芬·扬著；叶刚等译.—北京：经济科学出版社，1990.10.464页；大32开.—ISBN 7-5058-0323-9：7.00元

F279　世界各国企业经济

中外企业家成功之路/林明仁编著.—海口：南海出版公司，1990.3.—461页；大32开.—ISBN 7-80570-150-4：8.00元

世界工商企业译名大全：英汉对照/郭国荣主编；新华通讯社译名室编译.—北京：中国科学技术出版社，1990.8.—1330页；16开.—ISBN 7-5046-0166-7：61.10元

世界百家知名企业的兴衰/《企业管理参考丛书》编委会编.—北京：文津出版社，1990.12.—470页；32开.—(企业管理参考丛书/张重庆主编).—ISBN 7-80554-065-9：5.20元

当代世界工商企业名录：中国台湾卷/汪道涵主编；方光明等编.—北京：中国财政经济出版社，1990.3.—1164页：彩照；16开.—ISBN 7-5005-0851-4(精装)：80.00元

国际企业的经济环境/(美)弗农(Vernon，R.)，(美)威尔斯(Wells，L.T.Jr.)著；沈根

荣译.—上海：三联书店上海分店，1990.6.—298页；大32开.—（当代经济学系列丛书·当代经济学教学参考书系）.—ISBN 7-5426-0327-2：8.00元

书名原文：The Economic Enviohment of International Business

本书研究了国际企业的作用、企业所遇到的国际竞争，评估企业经营风险和避免风险的方法等。

国际企业经营面对的挑战与对策/（美）米勒（Miller，J.J.），基尔帕特里克（Kilpatrick，J.A.）著；李实译.—北京：中国对外经济贸易出版社，1990.8.—153页；32开.—ISBN 7-80004-124-7：2.50元

书名原文：Issues for Managers an International Perspective

海外成功企业管理实例精编/方劲戎主编.—上海：上海科学普及出版社，1990.6.—249页；大32开.ISBN 7-5427-0244-0：4.20元

F279.2　中国企业经济

中国工商企业名录：水产专册/《中国工商企业名录水产专册》编辑部编.—北京：新华出版社，1990.1.—336页；彩照；16开.—ISBN 7-5011-0569-3（精装）：20.00元

中国工商企业名录：塑料机械专册/《中国工商企业名录塑料机械专册》编辑部编.—北京：新华出版社，1990.6.—103页；彩照；16开.—ISBN 7-5011-0767-X：10.00元

中国出口创汇企业名录/胡文杰，罗民彪主编.—沈阳：辽宁人民出版社，1990.5.—486页；16开.—ISBN 7-205-01358-5（精装）：30.00元

中国创优群星：1979～1988/《中国创优群星》编辑出版委员会编.—北京：机械工业出版社，1990.10.—423页；彩图；12开.—ISBN 7-111-02401-X（精装）：110.00元

本书刊录了400多个获奖企业单位，介绍了获奖企业及产品的概况和优秀企业家勇于改革、艰苦创业的经验。

中国企业大辞典：河北卷/肖风主编.—石家庄：河北人民出版社；北京：中国人民大学出版社，1990.12.—2册（2389页）；16开.—ISBN 7-202-00844-0（精装）：80.00元

中国企业名录：深圳卷：1990～1991/彭虹云，潘江津主编.—深圳：海天出版社；香港：香港经济出版社，1990.12.—271页；16开.—ISBN 7-80542-286-9：60.00元

中国企业选介：俄汉对照/苏联东欧经济贸易咨询中心编.—北京：经济科学出版社，1990.10.—160页；32开.—ISBN 7-5058-0375-1：4.00元

中国企业集团（公司）　第一卷：汉英对照/《中国企业集团（公司）》编委会主编.—北京：经济科学出版社，1990.3.—360页：彩照；16开.—ISBN 7-5058-0308-5（精装）：40.00元

中国企业集团的兴起/李富阁主编.—南京：江苏人民出版社，1990.12.—455页；大32开.—ISBN 7-214-00604-9：6.90元

中国明星企业词典/丁洪章等主编.—北京：华龄出版社，1990.6.—269页；32开.—ISBN 7-80082-063-7（精装）：6.50元

中国首批国家一级企业（名录）/国家计划委员会企业管理司，国务院企业管理指导委员会办公室编.北京：改革出版社，1990.12.—326页；16开.—ISBN 7-80072-103-5（精装）：40.00元

中国特色的企业集团/王河著.—北京：中国财政经济出版社，1990.1.—374页；大32开.—ISBN 7-5005-0959-6：9.00元

中国最大500家企业/李权时主编.—广州：广东科技出版社，1990.10.—178页；大16开.—ISBN 7-5359-0718-0：6.20元

闪烁的群星：当代企业家和他们的企业/关方，王永主编.—北京：中国工人出版社，1990.2.—238页；32开.—ISBN 7-5008-0603-5：5.30元

当代中国企业家获奖论文集/范广兴主编.—北京：中国经济出版社，1990.9.—200页；32开.—ISBN 7-5017-0979-3：3.95元

F279.21　企业组织与体制

大中型企业机制建设/薛金鳌，张锋主编.—南京：江苏人民出版社，1990.4.—389页；32开.—ISBN 7-214-00426-7：4.50元

中国企业改革十年/国家经济体制改革委员会企业体制司，国务院企业管理指导委员会办公室编.—北京：改革出版社，1990.4.—700页；16开.—ISBN 7-80072-009-8（精装）：49.00元

中国企业改革十年/国家经济体制改革委员会企业体制司，国务院企业管理指导委员会办公室编.—北京：改革出版社，1990.4.—700页；16开.—ISBN 7-80072-010-1：25.00元

先进企业改革经验谈　第一辑/钟雨主编.—北京：新华出版社，1990.12.—650页；大32开.—ISBN 7-5011-1021-2：9.00元

企业制度的改革与创新/吴先满，唐勇主编.—南京：南京大学出版社，1990.3.—241页；32开.—ISBN 7-305-00629-7：3.20元

改革潮：企业领导论企业/《改革潮》写作组编.南京：江苏人民出版社，1990.3.—357页；32开.（当代企业与企业家丛书/郑先，大杰主编）.—ISBN 7-214-00419-4：4.40元

政府行为与企业行为研究/李林樱主编.—成都：

成都出版社，1990.6.—386页；32开.—ISBN 7-80575-059-9：4.90元

重建社会主义企业/周叔莲，张冀湘著.—北京：中国社会科学出版社，1990.1.—489页；大32开.（中国现实经济丛书/马洪，刘国光主编）.—ISBN 7-5004-0569-3：6.60元

本书系研究我国企业理论的专著。它从传统社会主义企业在严格意义上讲不能称之为企业这一命题出发，从宏观和微观的结合上，探讨了重建社会主义企业的现实性和可能性，其观点颇有新意。

深化企业改革 增强企业活力/李平等主编.—长春：吉林大学出版社，1990.12.—252页；32开.ISBN 7-5601-0694-3：3.50元

搞活大中型企业的目标与对策/余惕君著.—上海：上海翻译出版公司，1990.8.—146页；32开.—ISBN 7-80514-582-2：3.40元

F279.23　企业管理

中国企业之活力：大中型企业发展研究/任传俊，杨永林主编.—北京：科学技术文献出版社，1990.3.—224页：彩照；32开.—（中国企业发展研究丛书）.—ISBN 7-5023-0897-0：3.85元

中国企业升级年鉴：1989/陈兰通主编.—长春：吉林人民出版社，1990.7.—230页：彩照；16开.—ISBN 7-206-00674-4（精装）：55.00元

中国企业的困惑与出路：经济效益篇/原兴伟，刘浦泉主编.—北京：新华出版社，1990.11.—379页；32开.—ISBN 7-5011-1251-7：5.40元

中国企业经营方式/刘永成，朱仁学主编.—北京：企业管理出版社，1990.3.—345页；大32开.—ISBN 7-80001-108-9：4.50元

中国企业承包实践：西安/西安市经济体制改革委员会，西安体制改革研究会编.—北京：改革出版社，1990.12.—330页；16开.—ISBN 7-80072-077-2（精装）：18.00元

中国企业承包实践：成都/成都市体制改革委员会，中国经济体制改革杂志社编.—北京：改革出版社，1990.11.—326页；16开.—ISBN 7-80072-078-0：13.50元

中国企业承包实践：青海/青海省经济体制改革办公室，中国经济体制改革杂志社编.—北京：改革出版社，1990.11.—498页；16开.—ISBN 7-80072-068-2（精装）：25.00元

中国企业承包实践：陕西/陕西省经济体制改革委员会，中国经济体制改革杂志社编.—北京：改革出版社，1990.12.—540页；16开.—ISBN 7-80072-067-5（精装）：37.00元

中国企业承包实践：河北/河北省经济体制改革委员会，中国经济体制改革杂志社编.—北京：改革出版社，1990.11.—615页；16开.—ISBN 7-80072-055-1：39.00元

中国企业承包实践：南京/南京市经济体制改革委员会，中国经济体制改革杂志社编.—北京：改革出版社，1990.11.—314页；16开.—ISBN 7-80072-075-6：25.00元

中国企业承包实践：黑龙江/黑龙江省经济体制改革委员会，中国经济体制改革杂志社编.—北京：改革出版社，1990.12.—806页；16开.—ISBN 7-80072-071-3：37.00元

中国企业承包实践：湖南/湖南省经济体制改革委员会，中国经济体制改革杂志社编.—北京：改革出版社，1990.11.—565页；16开.—ISBN 7-80072-064-0：30.00元

中国企业登记年鉴：广东省分册：江门市分卷/中华人民共和国国家工商行政管理局，江门市工商行政管理局编.—广州：广东人民出版社，1990.9.—1020页；16开.—ISBN 7-218-00621-3（精装）

中国企业管理百科全书：合订本/中国企业管理百科全书编辑委员会，中国企业管理百科全书编辑部编.—2版.—北京：企业管理出版社，1990.6.—1110页；16开.—ISBN 7-80001-114-3（精装）：50.00元

本书1984年4月第1版。

中国企业管理百科全书：增补卷/中国企业管理百科全书编辑委员会，中国企业管理百科全书编辑部编.—北京：企业管理出版社，1990.7.—900页；16开.—ISBN 7-80001-112-7（精装）：40.00元

中国企业管理年鉴：1990/中国企业管理年鉴编委会编.—北京：企业管理出版社，1990.12.—857页：彩照；16开.—ISBN 7-80001-136-4（精装）：55.00元

末将风采录　第一集/顾宝骏等主编.—北京：中国人事出版社，1990.10.—277页；32开.—（中国当代企业优秀班组长丛书）.—ISBN 7-80076-030-8：4.80元

企业怎样走出困境/许德范等编著.—北京：中国国际广播出版社，1990.6.—246页；32开.—ISBN 7-80035-589-6：5.50元

本书主要探索中国式企业的发展道路和管理方式。

走向成功：中国企业管理的基本经验/中国企业管理协会研究部编著.—北京：企业管理出版社，1990.1.—460页；32开.—ISBN 7-80001-102-X：5.25元

新星在冉冉升起/刘仁卿，白亦奠编著.—北京：中国卓越出版公司，1990.1.—376页：彩照；32开.ISBN 7-80071-212-5：9.40元

F279.24　各种企业经济

中国乡镇企业历史的必然/张毅著.—北京：法律出版社，1990.9.—343页；大32开.—（中国乡镇企业丛书）.—ISBN 7-5036-0761-0：5.40元

中国乡镇企业区划/《中国乡镇企业区划》编写组编.—北京：农业出版社，1990.3.—147页；16开.ISBN 7-109-01462-2：7.70元

中国乡镇企业年鉴：1989/中国乡镇企业年鉴编辑委员会编.—北京：农业出版社，1990.7.—325页；16开.—ISBN 7-109-01773-7（精装）：36.00元

中国乡镇企业会计：1990.3/《中国乡镇企业会计》编辑部编.—北京：农业出版社，1990.11.—48页；16开.—ISBN 7-109-02071-1：0.95元

中国乡镇企业灵活的机制/张毅著.—北京：法律出版社，1990.12.—489页；大32开.—（中国乡镇企业丛书）.—ISBN 7-5036-0780-7：7.40元

中国乡镇企业实用推销艺术/肖东升主编.—北京：经济日报出版社，1990.8.—231页；32开.—ISBN 7-80036-259-0：3.10元

中国乡镇企业艰辛的历程/张毅著.—北京：法律出版社，1990.12.—419页；大32开.—（中国乡镇企业丛书）.—ISBN 7-5036-0781-5：6.45元

中国乡镇企业信贷/常大任主编.—南京：江苏科学技术出版社，1990.9.—289页；32开.—ISBN 7-5345-1031-7：4.00元

中国乡镇企业管理学/蒋良撰主编.—武汉：武汉工业大学出版社，1990.10.—2册（454，549页）；32开.—大专院校教材.—ISBN 7-5629-0423-5：12.00元

中国外向型企业年鉴：北京卷：汉英对照/于哲林主编.—北京：光明日报出版社，1990.3.—195页：照片；16开.—ISBN 7-80014-703-7(精装)：9.50元

中国外向型企业年鉴：吉林卷：汉英对照.—北京：光明日报出版社，1990.3.—132页：照片；16开.—ISBN 7-80014-704-5（精装）：15.00元

中国私营企业经营管理指南/梁传运主编.—北京：北京大学出版社，1990.3.—291页；大32开.—ISBN 7-301-01051-6：4.25元

中国国际信托投资公司（集团）会计制度/中国国际信托投资公司制定.—北京：中信出版社，1990.11.—85页；32开.—ISBN 7-80073-026-3：1.80元

中国福利企业改革与发展/周长军，吕旭尧主编.南宁：广西人民出版社，1990.2.—216页；大32开.ISBN 7-219-01551-8：3.00元

外资及合资企业在中国的环境影响/刘淑琴著.北京：中国环境科学出版社，1990.4.—173页；32开.—ISBN 7-80010-636-5：2.90元

外商投资企业在中国：1990年版：汉英对照/许邦主编.—北京：新华出版社；香港：香港江源文化企业公司，1990.1.—84页；16开.—ISBN 7-5011-0604-5

对外承包企业会计制度、对外承包企业示范会计科目和会计报表：汉英对照/中华人民共和国财政部制定.—大连：东北财经大学出版社，1990.6.—371页；大32开.—ISBN 7-81005-306-X：7.00元

我国乡镇企业外向发展的道路与选择/林青松，杜海著.—济南：山东人民出版社，1990.9.—178页；大32开.—（外向型经济丛书/季崇成主编）.—ISBN 7-209-00598-6：3.10元

F279.27　地方企业经济

八桂明珠：广西百家文明企业/李涛主编.—南宁：广西科学技术出版社，1990.6.—408页；32开.—ISBN 7-80565-335-6：4.00元

大庆企业文化辞典/傅广诚主编.—上海：上海人民出版社，1990.4.—753页；大32开.—ISBN 7-208-00881-7（精装）：23.00元

上海经济区集体企业名厂名品集萃：上海分册（一）/忻才良主编.—上海：华东师范大学出版社，1990.6.—237页；大32开.—ISBN 7-5617-0664-2：3.30元

广东企业家及其企业/黄为励等主编.—广州：花城出版社，1990.1.—615页；大32开.—ISBN 7-5360-0504-0（精装）：22.80元

广东省企业名录　第二集/广东省企业名录编辑部编辑.—广州：华南理工大学出版社，1989.1.—219页；16开.—ISBN 7-5923-0104-2（精装）：23.00元

广州企业文化/杨钦泉主编.—广州：广东高等教育出版社，1990.10.—725页；大32开.—ISBN 7-5361-0541-X：12.70元

巨人的崛起：广东亿元企业启示录　（一）/张硕城，梁桂全主编.—北京：中国金融出版社，1990.12.—346页；大32开.—ISBN 7-5049-0666-2（精装）：6.83元

古彭新花：徐州市工商企业精汇/王中亚主编；徐州日报社编.—南京：江苏科学技术出版社，1990.2.—3册；16开.—ISBN 7-5345-0347-9

本书收录了徐州市近千家工商、金融企业的图文资料。

甘肃技术改造十年：1978～1988/兰思祖主编.—兰州：甘肃人民出版社，〔1990〕.—1册：彩照；16开.—ISBN 7-226-00638-3

东海新潮：台州乡镇企业十年/中国县镇丛书编辑部编.—北京：文津出版社，1990.5.—285页；大32开.—ISBN 7-80554-047-0：4.10元

四川企业家论文集　第二集/四川日报编辑部编.成都：四川科学技术出版社，1990.12.—210页；大32开.—ISBN 7-5364-1885-X：3.00元

西藏工商企业名录/《西藏工商企业名录》编辑部编.—北京：新华出版社，1990.9.—292页：彩图；16开.—ISBN 7-5011-0572-3（精装）：35.00元

这本名录是用藏、汉、英三种文编写的工具书，也是新华社编辑出版的《中国工商企业名录》省级分册，共收近200家企业。

企业走向世界：宝安县特集/郭清泉主编.—广州：

中山大学出版社，1990.10.—203页；大32开.—ISBN 7-306-00359-3：8.00元

企业春秋：贵州省工商业巡礼　（4）/贵州省写作学会编.—贵阳：贵州人民出版社，1990.5.—320页；大32开.—ISBN 7-221-01822-7：4.40元

企业春秋：贵州省工商业巡礼　（5）/贵州省写作学会编.—贵阳：贵州人民出版社，1990.11.—319页；大32开.—ISBN 7-221-02095-7：4.60元

延边企业大全/许传秀主编.—延吉：延边人民出版社，1990.12.—1113页；16开.—ISBN 7-80508-582-X（精装）：70.00元

延边企业精神荟萃/刘兆发主编.—延吉：延边人民出版社，1990.2.—254页；32开.—ISBN 7-80508-460-2：2.00元

多彩的沧州市乡镇个体经济/沧州市工商行政管理局，新华通讯社河北分社编.—北京：新华出版社，〔1990〕.—105页；大16开.—ISBN 7-5011-0765-3

江苏乡镇企业管理经验千例选/吴祥钧主编.—北京：中共中央党校出版社，1990.8.—912页；16开.—ISBN 7-5035-0273-8（精装）：27.00元

江苏企业集团科技开发活动系统分析/胡士莲主编.—南京：江苏人民出版社，1990.6.—283页；大32开.—ISBN 7-214-00556-5：4.50元

江苏推行TQC十年/张皓亮主编.—南京：江苏科学技术出版社，1990.1.—473页；32开.—ISBN 7-5345-0833-9：5.95元

异军突起：上海市郊优秀企业发展研究/周文玄，姜燮富主编.—上海：科学技术文献出版社，1990.9.—333页；32开.—（中国企业发展研究丛书）.ISBN 7-5023-0901-2：4.55元

异军突起竞风流/任细川主编.—石家庄：河北人民出版社，1990.5.—199页；大32开.—ISBN 7-202-00667-7（精装）：6.60元

本书记录了河北省企业家的事迹，讴歌了他们的开拓精神、管理经验和成功的秘诀。

进档达标之路/丁原编著.—哈尔滨：北方文艺出版社，1990.10.—375页；大32开.—ISBN 7-5317-0409-9：6.50元

本书总结了鸡西推行进档达标承包经营责任制的经验。

走向世界的福建乡镇企业：百户创汇乡镇企业调查/中共福州省委政策研究室编.—福州：福建人民出版社，1990.3.—425页；32开.—ISBN 7-211-01161-0：3.80元

改革道路上的探索："双增双节"提高经济效益专辑/南京市财政局，南京市财政会计学会编.—南京：南京出版社，1990.5.—186页；32开.—ISBN 7-80560-192-5：2.00元

岭南企业群英录/羊城晚报海外版，广东公关俱乐部编.—广州：华南理工大学出版社，1990.4.—76页；照片；32开.—ISBN 7-5623-0187-5：2.00元

岳阳企业大观/李碧炎等主编；岳阳市人民政府经济研究室编.—北京：改革出版社，1990.12.—336页；大32开.—ISBN 7-80072-041-1：10.00元

河南乡镇企业荟萃/李长来，白国印主编.—郑州：河南人民出版社，1990.7.—886页；大32开.—ISBN 7-215-00864-9（精装）：14.50元

郑州集体经济/郑州市集体经济管理委员会，郑州市集体经济联合会编.—北京：中国统计出版社，1990.12.—638页；16开.—ISBN 7-5037-0545-0（精装）：50.00元

本书介绍郑州市集体企业的概况，是郑州集体企业的名录。

陕西经济建设中的新人物/张优民主编.—西安：陕西人民出版社，1990.2.—394页；大32开.—ISBN 7-224-01187-8：6.25元

活力——上海企业文化集锦/许一春，白石主编.上海：上海人民出版社，1990.8.—178页；32开.（企业文化丛书/周瑞仁等编）.—ISBN 7-208-00904-X：3.05元

津门盛开改革花：天津市一批企业在改革中前进/孙家才等著.—北京：文津出版社，1990.11.—149页；32开.—ISBN 7-80554-059-X：2.45元

秦地撷英　（上）/王随学主编.—西安：三秦出版社，1990.11.—223页；32开.—（经济风云系列丛书）.—ISBN 7-80546-334-4：2.95元

浙江乡镇企业概览/《浙江乡镇企业概览》编委会编.—北京：中国经济出版社，1990.2.—535页；16开.—ISBN 7-5017-0672-7（精装）：22.80元

调整上海企业组织结构　提高企业规模经济效益/金志主编.—上海：中国大百科全书出版社上海分社，1990.12.—167页；32开.—ISBN 7-5000-0315-3：2.60元

深圳企业家：中英对照/深圳市宣传事业发展基金会编.—深圳：海天出版社，1990.12.—147页；大16开.—ISBN 7-80542-248-6（精装）：88.00元

深圳特区企业现代化管理/徐淼忠，余荣光主编.昆明：云南教育出版社，1990.5.—390页；32开.（纪念深圳特区建立十周年丛书；4）.—ISBN 7-5415-0374-6：6.00元

确立职工主体地位：吉林省全员资产承包、全员民主测评经验汇编/吉林省工运研究所，吉林省总工会民主管理部编.—北京：中国工人出版社，1990.11.345页；32开.—ISBN 7-5008-0739-2：4.20元

黑龙江省矿区发展试验区鸡西工商企业概览/鸡西工商企业概览编辑部编.—哈尔滨：黑龙江人民出版社，1990.11.—214页；彩图；16开.—ISBN 7-207-01736-7（精装）：27.00元

版权页、书脊题名：鸡西工商企业概览

湖北省省级先进企业：1988年度/刘松勤主编.—武

汉：湖北人民出版社，1990.9.—413页；32开.—ISBN 7-216-00625-9：6.30元

福建三资企业信息图册/王文尤主编.—福州：福建省地图出版社，1990.10.—81页；24开.—ISBN 7-80516-033-0：8.00元

福建企业集团发展战略研究/林共青，王振雄主编.—福州：福建人民出版社，1990.1.—242页；32开.—ISBN 7-211-01160-2：2.50元

潮州工商企业：1939/潮州市人民政府办公室编.—广州：广东科技出版社，1990.3.—304页；16开.—ISBN 7-5359-0583-3（精装）

本书是建国以来的第一本比较全面、系统地介绍全市主要工商企业的分布、设备、生产、经营范围和主要产品、商品等情况的工具书。

F279.29　企业史

上海企业发展史鉴/《上海企业发展史鉴》编辑部编.—北京：科学技术文献出版社，1990.9.—1册；16开.—ISBN 7-5023-0950-0（精装）：50.00元

广西著名企业创业史　第四辑/广西社会科学院历史研究所主编.—南宁：广西人民出版社，1990.12.—476页；大32开.—ISBN 7-219-01486-4：7.00元

广西著名企业创业史　第五辑/广西社会科学院历史研究所主编.—南宁：广西人民出版社，1990.4.—543页；大32开.—ISBN 7-219-01536-4：7.00元

名优特产品企业史：镇江篇　第二卷/蔡仁贵等主编.—南京：江苏人民出版社，1990.11.—213页；大32开.—（名优特产品企业史丛书/马洪武主编）.—ISBN 7-214-00585-9：4.20元

张家港市乡镇工业志/李恺民等主编；张家港市地方志办公室，张家港市乡镇工业局编.—上海：上海人民出版社，1990.3.—312页；大32开.—（太湖流域地区专业志丛书/叶亚廉主编）.—ISBN 7-208-00749-2：10.00元

湖南著名企业发展史　第一辑/湖南省社会科学院历史研究所主编.—北京：中国商业出版社，1990.2.—640页；大32开.—ISBN 7-5044-0495-0：15.00元

廉江县工商行政管理志/《廉江县工商行政管理志》编写组编.—广州：广东科技出版社，1990.8.—120页；16开.—ISBN 7-5359-0597-3

鞍山市工商行政管理志/范炳武主编.—沈阳：辽宁人民出版社，1990.11.—244页：彩照；16开.—（鞍山市志丛书）.—ISBN 7-205-01366-6（精装）：15.00元

*　　*　　*

大连市城区工商企业图：1：15000/中国地图出版社，大连日报社经济科技信息开发中心编制.—北京：中国地图出版社，1990.2.—1幅；2全开.—ISBN 7-5031-0562-3：4.00元

石家庄市工商企业分布图/中国经营报社编制.—北京：测绘出版社，1990.10.—1张；2开.—2.00元

兰州市区企业分布图/兰州信息事务所编制.—兰州：甘肃科学技术出版社，1990.3.—1张；2开.—2.25元

茂名市工商图/茂名市城建局编制.—上海：中华地图学社，〔1990〕.—1张；2开.—ISBN 7-80031-045-0：1.50元

郑州市工商企业分布图/《中国·郑州工商企业分布图》编委会编.—西安：西安地图出版社，1990.10.—1张；4开.—0.80元

哈尔滨工商交通图/黑龙江省测绘学会编绘.—哈尔滨：哈尔滨地图出版社，1990.1.—1张；2开.—ISBN 7-80529-106-3：0.80元

泰安工商企业图/山东省科技咨询中心地质测绘咨询部编绘.—北京：中国地图出版社，1990.3.—1张；全开.—ISBN 7-5031-0635-2：2.50元

淄博市工商企业地图集/淄博市勘察测绘院，淄博市经济体制改革委员会编制.—济南：山东省地图出版社，1990.12.—314页；16开.—ISBN 7-80532-035-7：20.00元

绵阳市工商企业交通图/成都地图出版社编制.—成都：成都地图出版社，1990.9.—1张；4开.—四川省工商企业交通图集之二.—0.70元

潍坊市工商地图册/潍坊日报社，山东省地图出版社编制.—济南：山东省地图出版社，1990.2.—164页；16开.—ISBN 7-80532-023-3：16.00元

F279.3/.7　各国企业经济

日本公司人才培训百法/刘茂俭主编.—北京：中国和平出版社，1990.5.—173页；32开.—ISBN 7-80037-357-6：2.50元

亚洲四国扶持中小企业的政策/中国中小企业对外合作协调中心编译.—长春：吉林人民出版社，1990.12.—95页；32开.—（中小企业对外合作丛书）.—ISBN 7-206-00960-3：1.50元

*　　*　　*

日本企业战略和结构/（日）小野丰广著；吕梦仙，戎积鋆译.—北京：冶金工业出版社，1990.8.—324页；大32开.—ISBN 7-5024-0724-3：6.55元

日本企业领袖/（日）万成博著；袁方译.—北京：中国人民大学出版社，1990.5.—208页；32开.—ISBN 7-300-00887-9：2.45元

日本股份公司内幕/（　）伍朗洛夫（Woronoff, J.）著；韩德平，时宏伟译.—北京：高等教育出版社，1990.7.—232页；32开.—ISBN 7-04-

002752-6：1.70元

书名原文：Inside Japan，Inc

企业经营国际化战略：日本会社如何进入国际市场/（美）阿伯格伦（Abegglen，J.C），斯托克（Stalk，G.）著；林新生等译.—北京：新华出版社，1990.8.—364页；32开.—ISBN 7-5011-0685-1：4.50元

住友经营战略/（日）厚田昌范著；赵兴昌译 一北京：科学技术文献出版社，1990.4.—201页；32开.ISBN 7-5023-1263-4：2.80元

现代日本中小企业经营战略/唱新著.一北京：学苑出版社，1989.4.—291页；32开.—ISBN 7-80060-396-2：3.10元

转变中的日本企业/（日）中谷岩男著；许斌译.北京：企业管理出版社，1990.10.—124页；32开.ISBN 7-80001-124-0：2.45元

质量与竞争：日本经济腾飞的奥秘/（美）W·爱德华·德明著；张兴佳，龚洁译编.—厦门：鹭江出版社，1990.6.—273页；大32开.—ISBN 7-80533-284-3：4.30元

法人资本主义/（日）奥村宏著；李建国等译.—北京：三联书店，1990.5.—194页；32开.—（经济社会体制比较丛书）.—ISBN 7-108-00246-9：3.45元

拼搏·开拓·成功：日本企业巨子精言百句/杨达民编译.—北京：北京航空航天大学出版社，1990.10.—166页；32开.—ISBN 7-81012-199-5：2.60元

* * *

联邦德国企业制度/张仲福著.—北京：中国法制出版社，1990.7.—338页；大32开.—ISBN 7-80083-016-0：6.90元

* * *

企业巨子/（美）詹姆斯·C.艾伯哲伦，乔治·斯陶克著；张延爱译.一北京：北京经济学院出版社，1990.11.—334页；32开.—ISBN 7-5638-0176-6：4.30元

争雄鲨群/（美）哈维·麦凯著；俞德圣等译.北京：新华出版社，1990.2.—155页；大32开.（世界畅销书丛书）.—ISBN 7-5011-0573-1：2.00元

本书通过作者的自身经历和美国许多大企业家和公司的成功史，总结了自己的和别人的成功经验及失败的教训，编制了推销、谈判、管理三套简明教程。

美国工商年鉴/《美国工商年鉴》编辑部编.—北京：国际文化出版公司，〔1990〕.—331页；16开.—ISBN 7-80049-605-8（精装）：80.00元

美国企业竞争六大经典战例/（美）道格拉斯·拉姆齐著；何茂春等译.—北京：中国经济出版社，1990.12.—407页；32开.—ISBN 7-5017-0861-4：4.50元

F28 基本建设经济

建设单位会计/叶伟珍，魏有法编著.—西安：陕西人民出版社，1990.6.—338页；32开.—ISBN 7-224-00209-7：3.50元

建设单位会计/许慕超主编.—2版.—大连：东北财经大学出版社，1990.8.—324页；32开.—东北财经大学投资经济管理专业系列教材.—ISBN 7-81005-017-6：6.70元

建设项目经济评估与决策教程/熊兆翔，李敏新主编.—大连：东北财经大学出版社，1990.9.—492页；32开.—ISBN 7-81005-429-5：6.00元

基本建设经济工作者指南/邢志恒，李世杰主编.大连：大连出版社，1990.12.—229页；16开.—ISBN 7-80555-358-0：8.00元

基本建设经济学概论/李昌清主编.一修订本.一北京：中国财政经济出版社，1990.1.—493页；大32开.—ISBN 7-5005-0921-9：5.80元

本书1987年1月第1版。

基本建设项目档案建档工作实用手册/张振丰等编著.—北京：中国商业出版社，1990.11.—90页；32开.—ISBN 7-5044-0640-6：1.55元

基本建设管理/左河水主编.—南昌：江西科学技术出版社，1990.4.—349页；大32开.—ISBN 7-5390-0299-9：5.80元

F285 基本建设财务

卫生单位基本建设管理与核算/卫生部计划财务司组织编写.—北京：中国财政经济出版社，1990.4.355页；32开.—ISBN 7-5005-1028-4：4.10元

基本建设会计/肖和忠，周前海主编.一南宁：广西人民出版社，1990.11.—378页；32开.—ISBN 7-219-01728-6：4.20元

基本建设会计/吴公正，王天柱编著.—大连：东北财经大学出版社，1990.10.—541页；32开.—ISBN 7-81005-417-1：5.90元

基本建设会计/阎真，匡树勋主编.—长春：吉林人民出版社，1990.11.—418页；32开.—（财政金融丛书）.—ISBN 7-206-00917-4：5.50元

基本建设会计学/陈启中，王天柱主编.一修订本.北京：中国财政经济出版社，1990.4.—668页；大32开.—高等财经院校试用教材.—ISBN 7-5005-0935-9：4.50元

本书1986年4月第1版。

基本建设会计核算计算机应用系统/魏云鹏等编著.—北京：水利电力出版社，1990.5.—224页；16开.—ISBN 7-120-01071-9：7.95元

基本建设财务会计实务/窦诚来等编.—北京：航空工业出版社，1990.9.—304页；32开.—（会计人员岗位培训丛书/冷传生主编）.—ISBN 7-30046-306-0：3.50元

基本建设财务决算的编制与审查/陈金元编著.—北京：中国财政经济出版社，1990.2.—205页；32开.ISBN 7-5005-0992-8：2.80元

基本建设财务学用指南/庄倍欢编著.—贵阳：贵州人民出版社，1990.4.—248页；32开.—ISBN 7-221-01557-0：3.00元

基本建设单位会计/陈力生，朱建生主编.—上海：立信会计图书用品社，1990.3.—299页；大32开.（立信会计丛书）.—ISBN 7-5429-0062-5：3.20元

F29　城市与市政经济

现代城市管理手册/叶孝理主编.—北京：经济科学出版社，1990.12.—373页；大32开.—ISBN 7-5058-0370-0：9.10元

F290　城市经济理论

社会主义城市经济学/蔡孝箴主编.—天津：南开大学出版社，1990.6.—333页；大32开.—ISBN 7-310-00234-2：2.50元

城市生态经济研究方法及实例/周纪纶等编译.—上海：复旦大学出版社，1990.9.—237页；16开.—ISBN 7-309-00482-5：6.80元

本书介绍了香港地区和法兰克福城市生态学的研究方法及实例。

城市发展与系统工程科学研究论文集　第二集/北京城市系统工程研究中心编.—北京：北京科学技术出版社，1990.11.—263页；16开.—ISBN 7-5304-0725-2：7.50元

城市建设经济学/张仲敏主编.—北京：中国财政经济出版社，1990.2.—479页；大32开.—ISBN 7-5005-0802-6：9.50元

城市经济区学/张萍主编.—北京：改革出版社，1990.10.—353页；32开.—（中国经济体制改革理论与实践丛书）.—ISBN 7-80072-023-3：6.50元

城市经济学/（美）赫希（Hirsch，W.Z.）著；刘世庆等译.—北京：中国社会科学出版社，1990.8.503页；大32开.—ISBN 7-5004-0597-9：8.00元

书名原文：Urban Economics

城市街道管理理论与实践/陈光庭主编.—北京：北京科学技术出版社，1990.9.—288页；大32开.（城市科学系列丛书）.—ISBN 7-5304-0711-2：4.50元

城市管理概论/张跃庆等著.—北京：北京经济学院出版社，1990.8.—286页；大32开.—ISBN 7-5638-0203-7：4.20元

F293　城市经济管理

大中城市肉禽蛋供求战略与体制研究/包永江主编.—天津：天津社会科学院出版社，1990.5.—343页；32开.—ISBN 7-80563-052-6：3.90元

乡镇经济管理/文前方，柴森林主编.—长春：吉林大学出版社，1990.3.—274页；32开.—ISBN 7-5601-0443-6：3.60元

乡镇经济管理/徐良忱主编.—大连：大连海运学院出版社，1990.2.—167页；32开.—（乡镇助理、村级干部岗位培训丛书）.—ISBN 7-5632-0173-4：2.50元

乡镇经济管理概论/邹汉清等编著.—北京：经济科学出版社，1990.3.—225页；32开.—乡镇领导干部岗位培训教材.—ISBN 7-5058-0334-4：2.40元

城市经济安全管理/徐凤臣等著.—沈阳：辽宁人民出版社，1990.12.—328页；32开.—ISBN 7-205-1412-3：5.70元

城市涉外经济与管理/杨资元主编.—北京：中国城市经济社会出版社，1990.9.—323页；32开.—ISBN 7-5074-0415-3：5.00元

城市集体经济探讨：广州市第二次城市集体经济理论研讨会文集/黄菘华，龙鸿钧主编.—广州：暨南大学出版社，1990.12.—321页；32开.—（改革开放与现代化丛书）.—ISBN 7-81029-037-1：4.90元

F293.2　城市土地利用

乡镇土地管理干部必读/陈顺增主编.—北京：中国国际广播出版社，1990.8.—375页；32开.—（土地管理丛书/孙英辉主编）.—ISBN 7-80035-461-X：5.00元

城市土地制度改革研究/赵怀顺，黄荣斌主编.—成都：四川人民出版社，1990.9.—366页；大32开.ISBN 7-220-01056-7（精装）：7.00元

城市土地制度改革研究/赵怀顺，黄荣武主编.—成都：四川人民出版社，1990.9.—366页；大32开.ISBN 7-220-01055-9：5.00元

城市土地经济问题/张跃庆，张连城著.—北京：光明日报出版社，1990.6.—278页；大32开.—ISBN 7-80014-769-X：3.60元

城市土地经济运行/周治平，陈章喜著.—广州：广东高等教育出版社，1990.9.—253页；大32开.—ISBN 7-5361-0497-9：3.90元

城市土地经济学/（加）哥德伯戈（Goldberg，M.），（加）钦洛依（Chinloy，P.）著；国家土地管理局科技宣教司译.—北京：中国人民大学出版社，1990.5.—384页；大32开.—ISBN 7-300-00831-3：5.15元

书名原文：Urban Land Economics

F293.3 住宅经济

国内外住宅金融业研究/彭强华著.—桂林：广西师范大学出版社，1990.8.—196页；32开.—ISBN 7-5633-0893-8：2.50元

房地产开发与经营管理/张耀宗主编；中国房地产开发总公司编著.—北京：中国建筑工业出版社，1990.5.—402页；大32开.—ISBN 7-112-01125-6：7.00元

房地产开发经营与管理手册/黄重光等主编.—北京：中国建筑工业出版社，1990.4.—564页；16开.ISBN 7-112-01026-8（精装）：27.95元

房地产业经营管理手册/夏宇主编.—上海：上海人民出版社，1990.1.—638页；大32开.—ISBN 7-208-00450-1：9.80元

房地产金融译丛/齐国相主编.—沈阳：辽宁人民出版社，1990.11.—448页；大32开.—ISBN 7-205-01644-1：6.00元

城市房地产经济学/徐淼忠编著.—昆明：云南教育出版社，1990.4.—397页；32开.—（纪念深圳经济特区建立十周年丛书；3/深圳市经济学会丛书编委会编）.—ISBN 7-5415-0373-8：6.20元

换房艺术趣谈/莒国珍著.—天津：天津社会科学院出版社，1990.10.—146页；32开.—ISBN 7-80563-069-0：2.50元

F294 公用事业建设与管理

《城市公用事业企业成本核算办法》（试行）讲解提纲/建设部综合计划财务司编.—北京：中国建筑工业出版社，1990.2.—48页；32开.—ISBN 7-112-01112-4：0.85元

城市公用事业企业财务会计/钱慧衡编著.—北京：学术书刊出版社，1990.5.—540页；大32开.—ISBN 7-80045-645-5：8.20元

F299.2 中国城市市政经济

无锡目标管理/冯渭兴等主编；无锡目标管理办公室，无锡目标管理研究会编.—南京：江苏科学技术出版社，1990.6.—427页；大32开.—ISBN 7-5345-0957-2：5.80元

中国乡镇经济管理学/苏东水主编.—济南：山东人民出版社，1990.6.—456页；大32开.—ISBN 7-209-00294-4：5.60元

中国城市/国家经济体制改革委员会编；贺光辉主编.—北京：改革出版社，1990.11.—733页；16开.ISBN 7-80072-008-X：25.00元

中国城市管理/夏书章，严家明主编.—北京：知识出版社，1990.7.—298页；大32开.—ISBN 7-5015-0386-9：5.00元

城镇经济掠影/夏全发著.—北京：中国城市经济社会出版社，1990.9.—214页：照片；32开.—ISBN 7-5074-0401-3：3.20元

F299.21 城镇建设与发展

小城市发展的理论与实践/全国小城市发展促进会编.—北京：中国城市经济社会出版社，1990.4.451页；大32开.—ISBN 7-5074-0299-1：7.80元

中心城市综合改革研究/国家"七五"哲学社会科学重点科研项目《中心城市的综合改革研究》课题组编.—北京：中国城市经济社会出版社，1990.4.373页；大32开.—ISBN 7-5074-0279-7：7.00元

中国城市基础设施的建设与发展/郭功佺主编；中国市政工程华北设计院，中国城乡建设经济研究所编.—北京：中国建筑工业出版社，1990.9.—387页；16开.—ISBN 7-112-01164-7（精装）：18.60元

当代山西城市建设/《当代山西城市建设》编辑委员会编.—太原：山西科学教育出版社，1990.12.293页：彩照；16开.—ISBN 7-5377-0343-4（精装）：45.00元

当代中国的城市建设/曹洪涛，储传亨主编.—北京：中国社会科学出版社，1990.3.—650页：彩照；大32开.—（当代中国丛书/邓力群等主编）.—ISBN 7-5004-0616-9（精装）：19.20元

我国城乡关系、工农关系发展趋势研究/《中国城乡关系、工农关系发展趋势研究》课题组编.—成都：西南财经大学出版社，1990.1.—172页；32开.国家社会科学基金会研究项目.—ISBN 7-81017-267-0：1.06元

城乡建设的实践与思考：乡镇长谈小城镇建设/范鉴新，徐武主编.—上海：同济大学出版社，1990.5.—201页；32开.—ISBN 7-5608-0531-0：3.80元

城市发展与系统工程科学研究论文集 第二集/北京城市系统工程研究中心编.—北京：北京科学技术出版社，1990.11.—263页；16开.—ISBN 7-5304-0725-5：7.50元

城市建设综合开发指南/黄重光主编.—北京：中国建筑工业出版社，1990.7.—232页；大32开.—ISBN 7-112-01161-2：5.60元

本书分为两部分：第一部分着重介绍城市建设综合开发企业的经营与管理；第二部分是名词解释。

城市综合开发企业管理实务/刘尚勤，彭俊主编.武汉：武汉出版社，1990.8.—305页；32开.—ISBN 7-5430-0366-X：4.80元

略谈城市经济发展战略/王开炳编著.—武汉：湖北人民出版社，1990.4.—177页；32开.—ISBN 7-216-00558-9：2.05元

F299.23　城市经济管理

1990上海市房地产市场/上海市土地使用制度改革领导小组办公室，上海市统计局编.—上海：上海人民出版社，1990.9.—133页；16开.—ISBN 7-208-01012-9：10.00元

广州房地产志/广州市房地产管理局修志办公室编.—广州：广东科技出版社，1990.12.—170页；16开.—ISBN 7-5359-0705-9

中国住房制度改革/云志平，白伊宏著.—北京：中国经济出版社，1990.1.—276页；32开.—ISBN 7-5017-0423-6：4.80元

住宅经济改革的理论与实践/张秋舫主编.—北京：北京大学出版社，1990.5.—274页；大32开.—ISBN 7-301-01100-8：4.25元

城镇住宅商品化的理论与实践/杨继瑞，吴文著.重庆：科学技术文献出版社重庆分社，1990.8.203页；32开.—ISBN 7-5023-1142-4：2.30元

深圳房地产指南/中华人民共和国建设部房地产业司等编.—北京：中国建筑工业出版社，1990.8.327页：彩照；大16开.—ISBN 7-112-01203-1（精装）：168.00元

深圳房地产指南/中华人民共和国建设部房地产业司等编.—北京：中国建筑工业出版社，1990.8.327页：彩照；大16开.—ISBN 7-112-01204-X：126.00元

深圳经济特区住房买卖300问/彭南松等编.—深圳：海天出版社，1990.12.—170页；32开.—ISBN 7-80542-290-7：5.80元

F299.29　城市经济史

城市史研究　第2辑/胡元明，刘洪奎主编.—天津：天津教育出版社，1990.1.—157页；大32开.ISBN 7-5309-0903-7：3.00元

城市史研究　第3辑/天津社会科学院历史研究所，天津市城市科学研究会编.—天津：天津教育出版社，1990.8.—164页；大32开.—ISBN 7-5309-1047-7：3.20元

F299.313　日本城市市政经济

现代日本城市管理/唱新著.—长春：吉林大学出版社，1990.12.—263页；大32开.—ISBN 7-5601-0722-2：2.05元

F3　农业经济

刘瑞龙农业文选/刘瑞龙著.—北京：农业出版社，1990.9.—291页；大32开.—ISBN 7-109-01821-0：8.00元

农业经济译丛：1988年　第二辑/农业出版社编.北京：农业出版社，1990.3.—330页；大32开.—ISBN 7-109-01244-1：6.50元

农村工作实用全书/王西昆等主编.—北京：中国经济出版社，1990.10.—649页；32开.—ISBN 7-5017-0958-0：9.50元

农村经济技术指导/戴谟安主编.—哈尔滨：黑龙江科学技术出版社，1990.5.—554页；32开.—ISBN 7-5388-1118-4：8.00元

F30　农业经济理论

马克思主义与报酬递减律/许善达著.—北京：农业出版社，1990.3.—240页；大32开.—ISBN 7-109-00762-6：4.45元

农业开发的知与行/谭载阳著.—北京：农业出版社，1090.4.—349页；24开.—ISBN 7-109-01804-0：4.90元

农业发展经济学/（美）梅勒（Mellor，J.W.）著；安希伋等译.—北京：北京农业大学出版社，1990.9.—359页；大32开.—全国高等农业院校参考教材.—ISBN 7-81002-099-4：2.90元

农业宏观经济管理的理论与实践/王叔云主编.—成都：西南财经大学出版社，1990.9.—336页；32开.ISBN 7-81017-226-3：2.10元

农业经济与管理概论/邸文祥，马烈主编.—北京：农业出版社，1990.12.—198页；大32开.—ISBN 7-109-01923-3：3.05元

农业经济学/郭庆海，郭正涛主编.—长春：长春出版社，1990.6.—438页；32开.—ISBN 7-80573-246-9：5.90元

农业经济管理/江西教育委员会职业教育处编.—南昌：江西科学技术出版社，1990.6.—310页；32开.职业高中专业教材：试用本.—ISBN 7-5390-0304-9：2.70元

农业经济管理概论/叶裕惠主编.—北京：中国经济出版社，1990.9.—388页；大32开.—ISBN 7-5017-0959-9：5.80元

农业经营学概论/（德）艾瑞葆（Aereboe，F.）著；刘潇然译.—北京：农业出版社，1990.11.667页；大32开.—ISBN 7-109-01354-5：13.35元

农业政策学/杨学成等主编.—南京：江苏人民出版社，1990.2.—306页；大32开.—ISBN 7-214-00399-6：4.30元

农村经济学/李景惠，吕东升主编.—长春：吉林大学出版社，1990.9.—287页；32开.—ISBN 7-5601-0587-4：4.00元

农村经济管理/贵州省民族事务委员会编.—贵阳：

贵州人民出版社，1990.6.—266页；32开.—贵州省民族行政管理学校教材.—ISBN 7-221-01638-0：2.70元

农村经营学/王得明著.—太原：山西经济出版社，1990.12.—196页；32开.—ISBN 7-80577-079-4：2.80元

社会主义农业经济学/郑景骥等编.—成都：西南财经大学出版社，1990.11.—518页；32开.—ISBN 7-81017-270-0：3.10元

社会主义农村经济学运用/王立中著.—北京：农村读物出版社，1990.10.—351页；32开.—ISBN 7-5048-0675-7：3.55元

F301　土地问题理论、土地经济学、土地资源经济学

土地问题研究/宋珠贵主编.—石家庄：河北科学技术出版社，1990.10.—219页；大32开.—ISBN 7-5375-0577-2：3.50元

土地利用现状调查技术与方法/湖南省国土管理局土地资源调查处编.—长沙：湖南地图出版社，1990.6.—261页；32开.—ISBN 7-80552-045-3：3.00元

土地规划学/西北农业大学，南京农业大学主编.2版.—北京：农业出版社，1990.10.—414页；16开.—全国高等农业院校教材　农业经济专业用.ISBN 7-109-00171-7：5.25元

本书1982年5月第1版。

土地规模经营论/国务院农村发展研究中心联络室，农业部农业机械化管理司编.—北京：农业出版社，1990.2.—255页；大32开.—ISBN 7-109-01592-0：5.95元

土地监察基本知识/《土地监察基本知识》编写组编.—长春：吉林人民出版社，1990.7.—347页；32开.—ISBN 7-206-00834-8：4.00元

土地监察概论/王国印主编.—石家庄：河北人民出版社，1990.4.—193页；32开.—ISBN 7-202-00629-4：2.60元

土地资源调查　上册/李庚主编.—郑州：河南科学技术出版社，1990.6.—228页；16开.—ISBN 7-5349-0652-0：5.90元

土地登记规则/国家土地管理局批准.—北京：农业出版社，1990.5.—68页；32开.—1.20元

土地管理知识百题问答/部凤涛主编.—北京：中国国际广播出版社，1990.5.—207页；32开.—（土地管理丛书/孙英辉主编）.—ISBN 7-80035-456-3：3.00元

土地管理知识讲座/秦智杰，杨晓光编.—南宁：广西人民出版社，1990.7.—136页；32开.—ISBN 7-219-01630-1：1.85元

土地管理概论/林增杰，严星主编.—北京：中国国际广播出版社，1990.6.—155页；32开.—（土地管理丛书/孙英辉主编）.—ISBN 7-80035-459-8：2.20元

寸土寸金：《怎样珍惜每寸土地》征文选粹/黄彩忠等编.—北京：经济管理出版社，1990.9.—256页；32开.—ISBN 7-80025-367-8：3.20元

外国与港台土地管理制度/邹北平主编.—北京：中国国际广播出版社，1990.9.—226页；32开.—（土地管理丛书/孙英辉主编）.—ISBN 7-80095-463-6：3.20元

地价理论与土地估价方法/南京市土地管理局地政研究丛书编辑组编.—南京：江苏人民出版社，1990.11.—272页；大32开.—（地政研究丛书/杭仲明主编）.—ISBN 7-214-00596-5：4.90元

地租理论及在社会主义社会的应用/宗平主编；王安德等编.—北京：经济科学出版社，1990.7.206页；32开.—（经济知识丛书）.—ISBN 7-5058-0293-3：1.90元

地籍管理/林增杰主编.—北京：中国人民大学出版社，1990.9.—525页；大32开.—ISBN 7-300-00982-4：7.35元

农村土地管理/陈克禹主编.—武汉：武汉出版社，1990.8.—275页；32开.—ISBN 7-5430-0373-2：2.30元

收益递减理论研究/杨欢进著.—北京：中国经济出版社，1990.9.—401页；大32开.—ISBN 7-5017-0784-7：6.50元

基层土地管理人员手册/王世纪，张建庆主编.—合肥：安徽科学技术出版社，1990.12.—361页；32开.—ISBN 7-5337-0616-2：4.50元

商品经济下的土地使用制度/马炳全，张小华编著.—北京：中国农业科技出版社，1990.3.—238页；32开.—ISBN 7-80026-190-5：3.20元

本书对我国土地制度的形成历史和新土地制度建设中有关问题进行了探讨。

F302　农业计划与管理

农业科学管理基础/朱新民编著.—合肥：安徽科学技术出版社，1990.1.—199页；32开.—ISBN 7-5337-0398-7：3.30元

农业信息技术/徐元琨，梁代良主编.—北京：学苑出版社，1990.6.—205页；大32开.—ISBN 7-5077-0037-2：3.00元

农业普查/徐志全等编.—北京：海洋出版社，1990.9.—98页；32开.—粮农统计培训教材.—ISBN 7-5027-1248-8：1.80元

农业管理工作指南/陈耀邦主编.—北京：科学出版社，1990.12.—808页；16开.—ISBN 7-03-001487-1(精装)：20.50元

F302.3　农业系统工程

农业系统工程/陈士宾著.—兰州：甘肃民族出版社，1990.12.—449页；32开.—甘肃省高等学校教材.—ISBN 7-5421-0090-4：4.70元

农业系统工程的研究与应用/唐超世主编.—兰州：兰州大学出版社，1990.5.—391页；16开.—ISBN 7-311-00301-6：13.50元

农牧业系统管理/马凤阳，罗庆成主编.—杭州：浙江大学出版社，1990.5.—220页；32开.—ISBN 7-308-00529-1：2.95元

F302.5　农业统计学

农业统计学/周育群主编.—昆明：云南教育出版社，1990.12.—323页；32开.—ISBN 7-5415-0416-5：4.50元

农村社会经济统计/贵州省民族事务委员会编.—贵阳：贵州人民出版社，1990.7.—289页；32开.—贵州省民族行政管理学校教材.—ISBN 7-213-01774-3：2.90元

农村抽样调查基础工作规程/国家统计局农村社会经济调查总队编.—北京：北京科学技术出版社，1990.6.—113页；32开.—ISBN 7-5034-0730-9：2.10元

本书介绍了由国家统计局农调总队制定的农村抽样调查网点基础工作规范化规程等有关规定。

农村实用统计/上海商业会计学校编.—上海：上海科技教育出版社，1990.6.—201页；32开.—职业技术教育课本.—ISBN 7-5428-0337-9：1.75元

农村经济统计学/李富海编著.—广州：华南理工大学出版社，1990.7.—353页；32开.—ISBN 7-5623-0193-X：3.80元

统计学原理与农业统计/李国士，曹树胜编著.—长春：长春出版社，1990.11.—362页；16开.—ISBN 7-80573-364-3：9.80元

BASIC语言农业数理统计计算程序/张贤珍等编著.—北京：农业出版社，1990.5.—588页；16开.ISBN 7-109-00360-4：22.80元

F302.6　农业财务管理

农业会计学/财政部农业财务司组织编写.—北京：中国财政经济出版社，1990.2.—653页；32开.ISBN 7-5005-0898-0：8.00元

农业财务会计实用大全/于建勋主编.—沈阳：辽宁人民出版社，1990.8.—1539页；16开.—ISBN 7-205-01197-3(精装)：44.00元

农业财务管理学/财政部农业财务司组织编写.—北京：中国财政经济出版社，1990.7.—514页；32开.ISBN 7-5005-1041-1：5.85元

农业事业财务与会计/刘永昇，萧绍良编著.—北京：中国财政经济出版社，1990.12.—429页；大32开.—ISBN 7-5005-1272-9：6.30元

农业资金管理/范玉革等编著.—哈尔滨：黑龙江人民出版社，1990.12.—474页；32开.—ISBN 7-207-01750-2：6.75元

农机财务管理/王洪谟主编.—济南：山东人民出版社，1990.9.—364页；大32开.—ISBN 7-209-00729-6：4.95元

农村会计/山西省农牧厅集体经济经营管理局编.北京：农业出版社，1990.5.—347页；32开.—ISBN 7-109-01933-0：3.00元

农村各业经营成本核算/江苏省委农村工作部经营处编.—南京：江苏科学技术出版社，1990.4.—239页；32开.—ISBN 7-5345-0928-9：2.50元

农村财经税务人员实用手册/杨飙编著.—长沙：湖南科学技术出版社，1990.6.—482页；32开.—ISBN 7-5357-0702-5：6.50元

教学与辅导　第二期：农业系统会计人员专修班中册/中央农业广播电视学校主办.—北京：农业出版社，1990.9.—44页；16开.—ISBN 7-109-01982-9：0.90元

F304　农业生产

十国农产品价格与农业生产/杨方勋编著.—北京：中国物资出版社，1990.2.—239页；32开.—ISBN 7-5047-0178-5：2.40元

农业组织与规模：理论实践·比较研究/刘运梓著.—北京：中国计划出版社，1990.9.—168页；32开.—ISBN 7-80058-124-1：2.30元

农业项目投资评估/杨秋林主编.—北京：农业出版社，1990.10.—339页；大32开.—全国高等农业院校教材　农业经济管理和农村金融专业用.—ISBN 7-109-01778-8：2.60元

农产品价格理论与实务/谢孟华，蒋仲达主编.—南京：江苏人民出版社，1990.4.—313页；32开.(当代农村文库).—ISBN 7-214-00430-5：4.50元

农产品系列开发研究/王德洪主编.—成都：四川科学技术出版社，1990.9.—454页；32开.—ISBN 7-5364-1769-1：4.70元

农村商品经济/倪占元主编.—大连：大连海运学院出版社，1990.2.—218页；32开.—(乡镇助理、村级干部岗位培训丛书).—ISBN 7-5632-0167-X：2.80元

实用农产品成本调查/王鸿韬主编.—北京：北京科

学技术出版社，1990.8.—239页；32开.—ISBN 7-5304-0694-9：3.80元

F306 农业企业经营与管理

乡镇"五站"实用会计核算/高世常主编.—沈阳：白山出版社，1990.3.—438页；32开.—ISBN 7-80566-102-2：4.50元

农业推广/（荷）范登班（Van den Ban, A.W.），（澳）霍金斯（Hawkins, H.S.）著；张宏爱译.—北京：北京农业大学出版社，1990.1.333页；32开.—ISBN 7-81002-178-8：4.50元

本书着重讨论推广宗旨，推广策略、推广方法和机构方面的决策。

农业推广学/殷长锁等主编.—郑州：河南科学技术出版社，1990.11.—277页；32开.—ISBN 7-5349-0722-5：4.50元

农业推广学/（荷）凡登邦（Van den Ban, A.W.），（澳）霍金斯（Hawkins, H.S.）著；聂闯等译.—北京：农业出版社，1990.4.—339页；32开.—ISBN 7-109-01716-8：5.00元

书名原文：Agricultural Extension

本书阐述农业推广的概念、基本理论、主要方法、以及推广项目制定、评估、推广工作的道德规范等。

农村企业与银行业务往来/于守浩等编著.—长春：吉林人民出版社，1990.6.—267页；32开.—ISBN 7-206-00796-1：4.20元

农村企业财务会计习题集/中国农业银行教育部编.—大连：东北财经大学出版社，1990.12.—127页；32开.—ISBN 7-81005-364-7：1.40元

农村企业经营管理/汤孝林主编；吴金明，贺新宇编.—长沙：湖南教育出版社，1990.1.—302页；32开.—中等职业技术学校教材.—ISBN 7-5355-1036-1：2.60元

农资企业财务会计/商业部农业生产资料管理办公室等编.—成都：四川大学出版社，1990.8.—241页；大32开.—ISBN 7-5614-0338-0：3.20元

实用农业推广学/唐泽智，罗永藩主编.—北京：科学出版社，1990.6.—473页；大32开.—ISBN 7-03-002041-3：7.00元

种子公司财务与会计/蔡文源主编.—石家庄：河北科学技术出版社，1990.9.—211页；32开.—ISBN 7-5375-0553-5：2.65元

F307 农业部门经济

农区畜牧业生产经营管理/祁兴业等主编.—北京：中国计划出版社，1990.12.—464页；大32开.—ISBN 7-80058-157-8：8.40元

林业工作站基础知识/江西省林业厅编写.—南昌：西江科学技术出版社，1990.7.—410页；32开.—ISBN 7-5390-0340-5：5.20元

林业会计学/黄寿宸，刘国成主编.—哈尔滨：东北林业大学出版社，1990.4.—258页；16开.—ISBN 7-81008-065-2：3.25元

林业多种经营管理入门/林洪硕，尚静敏主编.—长春：东北师范大学出版社，1990.1.—437页；32开.ISBN 7-5602-0378-7：5.60元

林业技术经济手册/何乃惠，孔繁文主编.—哈尔滨：东北林业大学出版社，1990.1.—695页；32开.ISBN 7-81008-036-9：9.50元

林业技术经济学/贾庆文主编.—北京：中国林业出版社，1990.2.—355页；16开.—全国高等林业院校试用教材　林业经济专业用.—ISBN 7-5038-0498-X：4.45元

林业经济学/柴恒忠，甄世武主编.—北京：中国林业出版社，1990.6.—458页；32开.—ISBN 7-5038-0685-0：6.50元

林业职业道德/张忠勤编.—福州：福建科学技术出版社，1990.10.—137页；32开.—ISBN 7-5335-0386-4：1.80元

林业数量经济/徐智等译.—北京：中国林业出版社，1990.1.—271页；32开.—ISBN 7-5038-0428-9：3.50元

林业管理/冯贵宗等编.—呼和浩特：内蒙古教育出版社，1990.6.—91页；32开.—内蒙古自治区职业中学试用教材.—ISBN 7-5311-1036-9：0.69元

养殖技术经济分析/中央农业广播电视学校编.—北京：农业出版社，1990.3.—99页；16开.—中央农业广播电视学校试用教材　淡水养鱼专业.—ISBN 7-109-01605-6：1.65元

养禽场经营管理/赵黎明主编.—北京：科学技术文献出版社，1990.7.—224页；32开.—ISBN 7-5023-1233-1：4.50元

渔业经济学/毕定邦主编.—杭州：浙江人民出版社，1990.7.—323页；大32开.—ISBN 7-213-00503-0：3.85元

渔业经济管理概论/王振月主编.—北京：海洋出版社，1990.7.—584页；32开.—ISBN 7-5027-1166-X：6.50元

粮食经济三百题/赵赞，肖九祥主编.—北京：中国经济出版社，1990.2.—303页；32开.—ISBN 7-5017-0546-1：3.85元

粮食经济学/金自坚等主编.—沈阳：沈阳出版社，1990.8.—318页；32开.—粮食成人教育试用教材.ISBN 7-80556-449-3：4.20元

粮食经济学概论/吴硕，李思恒著.—北京：中国商业出版社，1990.4.—308页；大32开.—ISBN 7-5044-0597-3：5.65元

粮食经济参考：1990/俞寿颐，李全根主编.—南京：南京出版社，1990.9.—312页；32开.—ISBN 7-80560-245-X：3.50元

粮食经济统计手册/孙茂文主编.—北京：中国财政经济出版社，1990.12.—307页；32开.—ISBN 7-5005-0831-X：4.00元

粮食统计分析概论/孙茂文等编著.—北京：中国财政经济出版社，1990.12.—212页；32开.—ISBN 7-5005-1013-6：2.50元

F31　世界农业经济

外国农业经济/华中农业大学，沈阳农业大学主编.—2版.—北京：农业出版社，1990.5.—215页；16开.—全国高等农业院校教材　农业经济管理专业用.—ISBN 7-109-01330-8：2.85元

本书1982年7月第1版。

走向丰衣足食的世界/（美）唐·帕尔伯格著；王应云译.—北京：中国农业科技出版社，1990.9.—294页；大32开.—ISBN 7-80026-201-4：5.00元

国外农业区划与区域开发　第一集/中国科学院地理所全国农业区划办公室编译.—大连：大连出版社，1990.11.—250页；16开.—ISBN 7-80555-247-9：6.00元

国外渔业科研机构手册/中国水产科学研究院科技情报研究所主编.—北京：北京科学技术出版社，1990.4.—246页；32开.—ISBN 7-5304-0724-4：3.40元

F32　中国农业经济

中国分县农村经济统计概要：1988/国家统计局农村社会经济调查总队编.—北京：中国统计出版社，1990.5.—469页；16开.—ISBN 7-5037-0383-0（精装）：27.00元

中国农业之研究/刘志澄主编.—北京：中国农业科技出版社，1990.3.—449页；大32开.—ISBN 7-80026-133-6：7.80元

中国农业年鉴：1990/中国农业年鉴编辑委员会编.—北京：农业出版社，1990.12.—600页：彩照；16开.—ISBN 7-109-01971-3（精装）：40.00元

中国农业年鉴：1990/中国农业年鉴编辑委员会编.—北京：农业出版社，1990.12.—600页；16开.ISBN 7-109-01972-1：25.00元

中国农业问题：一九八九年的思考/夏英，濮健著.—长春：东北师范大学出版社，1990.8.—253页；32开.—ISBN 7-5602-0412-9（精装）：5.00元

中国农业的现状和未来/农业部部长办公室编.—北京：人民出版社，1990.3.—84页；32开.—ISBN 7-01-000706-3：1.45元

中国农业统计资料：1989年/中华人民共和国农业部编.—北京：农业出版社，1990.10.—471页；32开.ISBN 7-109-01980-2：9.80元

中国农民与农业现代化/吴家丕著.—郑州：中原农民出版社，1990.11.—440页；大32开.—ISBN 7-80538-179-8：5.00元

中国农村问题研究/刘同钧，张绍江主编.—北京：中国经济出版社，1990.6.—330页；32开.—ISBN 7-5017-0836-3：4.50元

中国农村经济分析/农业部综合计划司编.—北京：农业出版社，1990.12.—209页；大32开.—ISBN 7-109-01730-3：3.95元

中国农村统计年鉴：1990/国家统计局农村社会经济统计司编.—北京：中国统计出版社，1990.10.393页；大32开.—ISBN 7-5037-0428-4：8.50元

全国农业机构名录/中国农业科学院科技文献信息中心编.—北京：农业出版社，1990.10.—257页；16开.—ISBN 7-109-02048-7：10.00元

本《名录》收录全国农业、林业、畜牧、兽医、农垦、农机、水产系统的行政、科研、教育、推广、学术机构以及农业有关的单位近5000个。

农村，在历史的新挑战面前：民盟中央农业问题研讨会论文选编/民盟中央经济委员会编.—北京：农业出版社，1990.10.—244页；32开.—ISBN 7-109-01613-7：4.65元

农村经济纵横谈/阎纯和著.—沈阳：辽宁人民出版社，1990.10.—195页；32开.—ISBN 7-205-01663-0：2.80元

路在何方：神州农业采访札记/刘子富，王满著.—贵阳：贵州人民出版社，1990.10.—198页；32开.—ISBN 7-221-02104-X：2.70元

F320　方针政策及其阐述

1985～1989农村政策文件选集/国务院农村发展研究中心办公室编著.—北京：中共中央党校出版社，1990.4.—643页；32开.—ISBN 7-5035-0256-8：6.90元

中国农村改革十年/何康，王郁昭主编.—北京：中国人民大学出版社，1990.7.—1011页；16开.ISBN 7-300-00899-2（精装）：29.50元

中国农村改革与发展/陶柱标等主编.—桂林：广西师范大学出版社，1990.12.—510页；16开.—ISBN 7-5633-0997-7：15.50元

中国农村改革与发展十年/郭书田主编.—北京：农业出版社，1990.5.—284页；大32开.—ISBN 7-109-01556-4：5.70元

中国农村经济发展探索/张留征主编.—北京：中国经济出版社，1990.2.—462页；大32开.—ISBN 7-5017-0466-X：6.00元

中国农村经济改革/高翔，毛健著.—长春：吉林人

民出版社，1990.4.—208页；32开.—ISBN 7-206-00720-1：2.60元

中国农村经济改革探索/史维国主编.—南昌：江西人民出版社，1990.4.—286页；大32开.—ISBN 7-210-00353-3：4.00元

中国的二元经济与劳动力转移：理论分析与政策建议/蔡昉著.—北京：中国人民大学出版社，1990.3.222页；32开.—（中青年学者文库）.—ISBN 7-300-00749-X：2.85元

农村工作随感录/张铁夫著.—北京：农村读物出版社，1990.1.—216页；32开.—ISBN 7-5048-0440-1：2.80元

农村改革启示录：十年巨变的实践与思维/姜立贤主编.—北京：农村读物出版社，1990.3.—264页；32开.—ISBN 7-5048-1025-8：3.80元

农村改革调查/连荣德，籍希俭主编.—太原：山西经济出版社，1990.6.—293页；大32开.—ISBN 7-80577-015-8：6.00元

农村经济改革的调查与思考/马鸣棠编著.—济南：山东人民出版社，1990.4.—125页；32开.—ISBN 7-209-00788-1：1.60元

农村政策问答/路俊福，李运亭主编.—郑州：河南人民出版社，1989.10.—375页；大32开.—ISBN 7-215-00787-1：5.00元

农村政策答疑/柳梆主编.—北京：新华出版社，1990.4.—163页；32开.—（农民思想政治教育丛书）.—ISBN 7-5011-0627-4：1.95元

思考与选择：关于中国农村改革和发展问题研究/杜润生等著.—北京：中共中央党校出版社，1990.10.—388页；32开.—ISBN 7-5035-0180-4：5.40元

探索与创新：来自农村改革试验区的报告/陕西省农村改革试验区领导小组办公室编.—西安：陕西人民出版社，1990.9.—433页；大32开.—ISBN 7-224-01342-0：6.90元

F321　农业经济结构与体制

有益的探索　可贵的经验：社区合作组织典型事例/农业部经营管理总站管理处编.—北京：农业出版社，1990.9.—160页；32开.—ISBN 7-109-01913-6：2.55元

完善农村双层经营体制政策讲话/中共江西省委政策研究室《完善农村双层经营体制政策讲话》编写组编.—南昌：江西高校出版社，1990.10.—150页；32开.—ISBN 7-81033-037-3：1.70元

直辖市、计划单列市农业土地资源潜力与开发研究/曹涌主编.—北京：中国农业科技出版社，1990.12.—215页；16开.—ISBN 7-80026-205-7：8.75元

结构变革与农村发展/王广森等著.—北京：中国财政经济出版社，1990.4.—311页；大32开.—ISBN 7-5005-0915-4：8.70元

深化农村改革　加强经营管理：华东地区农村合作经济经营管理处长研讨会文集/张永甲，曲国庆主编.—济南：山东人民出版社，1990.12.—258页；大32开.—ISBN 7-209-00787-3：4.00元

F323　农业经济建设与发展

中国农业生产的前景问题：持久稳步地建设生态农业/李森林著.—北京：中国科学技术出版社，1990.11.—207页；32开.—ISBN 7-5046-0274-4：3.00元

农业中长期发展战略对策研究/傅政德等著.—北京：农业出版社，1990.5.—317页；大32开.—ISBN 7-109-01478-9：7.10元

农业宏观决策/刘志明等主编.—重庆：科学技术文献出版社重庆分社，1990.3.—333页；16开.—ISBN 7-5023-0212-3：8.00元

农村经济发展研究/周雍迪主编.—北京：北京广播学院出版社，1990.4.—273页；32开.—ISBN 7-81004-203-3：3.60元

农村经济发展探索/丁文锋著.—西安：西北大学出版社，1990.7.—288页；32开.—ISBN 7-5604-0207-0：4.70元

寻求均等的发展机会：中国少数民族地区农村经济发展探索/龙远蔚，李欣广著.—北京：中国卓越出版公司，1990.10.—177页；大32开.—ISBN 7-80071-293-1：4.00元

国情与农村发展/韩喜凯，陈光林主编.—北京：新华出版社，1990.4.—151页；32开.—（农民思想政治教育丛书）.—ISBN 7-5011-0626-6：1.95元

F323.1　农业区域规划与生产布局

平原农村经济开发/邯郸地区社科联编著.—北京：科学普及出版社，1990.12.—315页；32开.ISBN 7-110-01712-5：4.25元

农业区划/南京农业大学主编.—2版.—北京：农业出版社，1990.10.—396页；16开.—全国高等农业院校教材　农业经济管理专业用.—ISBN 7-109-01325-1：5.10元

本书1982年5月第1版。

县级土地利用总体规划编制技术方法/河北省土地管理局编著.—北京：农业出版社，1990.12.—242页；大32开.—ISBN 7-109-02092-4：5.00元

县级农业决策理论与实践/王光明等编著.—济南：山东人民出版社，1990.4.—246页；大32开.—（县级决策理论与实践丛书/杜秀明，王国华主编）.ISBN 7-209-00636-2：3.60元

F323.2　农业资源开发与利用

土地资源研究文集/《中国1：100万土地资源图》编辑委员会编著.—北京：科学出版社，1990.6.235页；16开.—ISBN 7-03-001665-3：15.20元

中国乡镇生态经济学/庄翠玲主编.—北京：中国展望出版社，1990.8.—372页；大32开.—ISBN 7-5050-0694-0：8.00元

生态农业模式与效益/山东省农业环境保护监测站编著.—济南：山东大学出版社，1990.6.—212页；32开.—ISBN 7-5607-0383-6：2.20元

农业资源与开发战略/黄福太主编.—太原：山西科学教育出版社，1990.12.—421页；大32开.—ISBN 7-5377-0332-9：9.00元

农业资源开发利用概论/李立等编著.—南昌：江西高校出版社，1990.9.—399页；大32开.—ISBN 7-81033-042-X：5.40元

农业资源经济的理论与实践/陈迭云，黄学平著.北京：农业出版社，1990.8.—296页；大32开.—ISBN 7-109-01488-6：5.90元

河北草地资源/河北省畜牧水产局，河北省农业区划委员会办公室编著.—石家庄：河北科学技术出版社，1990.3.—108页；16开.—ISBN 7-5375-0262-5：6.40元

陕西土地危机与对策/何金铭主编.—西安：陕西人民出版社，1990.12.—206页；大32开.—ISBN 7-224-01581-4：3.95元

南方山区的出路：南方山区综合科学考察总报告/中国科学院南方山区综合科学考察队编.—北京：科学出版社，1990.10.—131页；16开.—ISBN 7-03-002308-0（精装）：9.20元

黄土高原土地资源评价及规划/吴嘉本，梅福生编著.—西安：陕西科学技术出版社，1990.5.—251页；32开.—ISBN 7-5369-0717-6：3.50元

F323.3　农业技术经济

当代农业科学技术进步/信乃诠编著.—北京：中国农业科技出版社，1990.2.—173页；32开.—ISBN 7-80026-172-7：2.60元

本文回顾了我国建国以来农业科技所取得的进步，并与几个发达国家的科学技术及科研管理作了横向比较，对于21世纪我们面临的人口、耕地、能源、气候等问题，探讨了我们应采取的措施。

农村科学技术管理手册/王东来主编；王秀乔等编写.—北京：科学普及出版社，1990.9.—595页；32开.—（当代农村文库）.—ISBN 7-110-01366-9：18.60元

本手册主要包括科学知识、生产技术和经营管理三大部分，共分15个专业、794个条目。

技术经济效益与农业发展/朱希刚，王兴祥主编.银川：宁夏人民出版社，1990.5.—288页；大32开.ISBN 7-227-00567-4：3.20元

"星火计划"实施指南/陕西省科学技术委员会主编.北京：科学技术文献出版社，1990.10.—316页；32开.—（星火计划丛书）.—ISBN 7-5023-1347-8：3.00元

科技兴农决策指导/薄喜如主编.—哈尔滨：黑龙江人民出版社，1990.11.—420页；32开.—ISBN 7-207-01674-3：5.80元

科技兴农理论与实践/李进杰主编.—南宁：广西教育出版社，1990.8.—163页；32开.—ISBN 7-5435-0919-5：1.60元

科技致富百例/贵州省农村经济委员会编；张明新主编.—贵阳：贵州科技出版社，1990.8.—394页；32开.—ISBN 7-80584-028-8：4.80元

F323.9　农业资金、农业投资

中国农业投资研究与对策/陈水文等著.—北京：经济管理出版社，1990.4.—264页；大32开.—ISBN 7-80025-309-0：4.20元

中国农村经济发展中的资金运行机制/李建勇著.西安：陕西人民出版社，1990.12.—226页；大32开.—ISBN 7-224-01617-9：4.85元

优化农业投入的理论与实践/廖文田著.—北京：经济管理出版社，1990.9.—263页；大32开.—ISBN 7-80012-317-6：4.00元

农村合作基金/渭南地区农村改革试验区办公室，大荔县农村改革试验区办公室编.—西安：陕西人民出版社，1990.3.—211页；32开.—ISBN 7-224-01195-9：3.50元

农村合作基金管理概论/郝仙儒主编.—北京：中国经济出版社，1990.2.—222页；32开.—ISBN 7-5017-0462-7：3.20元

F324　农业企业组织与管理

中国农村生产社会化趋势/王复三等著.—济南：山东大学出版社，1990.6.—240页；32开.—ISBN 7-5607-0364-X：2.95元

加工企业经营管理/四川省南充农业学校主编.—北京：农业出版社，1990.5.—264页；32开.—全国中等农业学校教材　农、畜、果蔬加工专业用.—ISBN 7-109-01499-1：1.55元

如何创办农村企业/张建树编著.—北京：农业出版社，1990.7.—363页；32开.—（农村经济经营管理丛书）.—ISBN 7-109-01524-6：4.85元

企业管理手册/农业部企业管理办公室编.—北京：农业出版社，1990.10.—712页；大32开.—ISBN 7-109-01911-X：9.90元

本书收集了国务院以及农业部和有关部委发布的政策、法规等文件，并对农业部系统企业管理工作情况作了介绍。

农业企业经营管理学/邸文祥，王晶炎主编.—保定：河北大学出版社，1990.4.—200页；32开. ISBN 7-81028-009-0：3.00元

国营农业企业财务与会计/《国营农业企业财务与会计》编写组编著.—北京：中国财政经济出版社，1990.8.—463页；32开.—中等财经学校（四年制）试用教材.—ISBN 7-5005-0932-4：2.70元

F324.1 农 场

中国农垦企业大全/陈耀邦，刘江主编.—北京：中国城市经济社会出版社，1990.5.—729页；16开. ISBN 7-5074-0243-6（精装）：48.00元

江西农垦经济的昨天、今天、明天/陈宪主编.—上海：复旦大学出版社，1990.7.—187页；32开. ISBN 7-309-00555-4：3.30元

农垦企业工资改革的实践与探索/农业部农垦司劳动工资处编.—北京：中国劳动出版社，1990.7. 274页；32开.—ISBN 7-5045-0586-2：3.20元

呼伦贝尔农垦志/孟宪满主编.—北京：中国农业科技出版社，1990.10.—1007页；16开.—ISBN 7-80026-196-4（精装）：99.00元

国营农场财务会计/韩基盛，张德元主编.—长春：吉林人民出版社，1990.10.—656页；大32开.—ISBN 7-206-00903-4：7.90元

国营农场财务管理/王平，刘昭蕙主编.—南宁：广西人民出版社，1990.10.—305页；32开.—ISBN 7-219-01723-5：3.90元

国营农场现代经营与管理/王水清主编.—银川：宁夏人民出版社，1990.5.—733页；大32开.—ISBN 7-227-00601-8：9.00元

国营农场经济效果分析/王新利著.—哈尔滨：黑龙江人民出版社，1990.9.—407页；32开.—ISBN 7-207-01687-5：5.00元

国营农场思想政治工作/张奇森编著.—哈尔滨：黑龙江人民出版社，1990.1.—122页；32开.—国营农场基层干部岗位职务培训教材.—ISBN 7-207-01428-7：2.00元

国营农场统计学/李国士，杨秀琴编著.—长春：长春出版社，1990.7.—411页；大32开.—ISBN 7-80573-272-8：6.40元

河北农垦企业管理的理论与实践 第一集/河北农垦经济研究会编著.—石家庄：河北科学技术出版社，1990.3.—610页；大32开.—（河北农垦企业经营管理丛书）.—ISBN 7-5375-1479-2（精装）：9.20元

职工家庭农场问题辨析/魏壮修主编.—哈尔滨：黑龙江人民出版社，1990.12.—238页；32开.—ISBN 7-207-01802-9：3.60元

F324.2 农业机械站

农业机械化技术经济效果指标体系建立和分析方法/王廷发著；农业机械杂志社编辑.—北京：中国科学技术出版社，1990.4.—92页；32开.—ISBN 7-5046-0181-0：21.30元

农业机械化经济管理/王长安主编.—北京：机械工业出版社，1990.7.—314页；32开.—ISBN 7-111-02412-5：3.90元

农业机械化经济管理/吉林省农业机械化学校主编.—北京：农业出版社，1990.5.—288页；32开. 全国中等农业学校教材 农业机械化专业用.—ISBN 7-109-01544-0：1.70元

农机化经济管理/陈道新，冯泉良主编.—南京：江苏科学技术出版社，1990.9.—468页；32开.—ISBN 7-5345-1005-8：6.00元

F324.5 农工、农工商联合体

农商结合之路：论商品基地建设/王以恂，蒲明礼主编.—成都：西南财经大学出版社，1990.8.—242页；32开.—ISBN 7-81017-250-6：2.90元

诸城贸工农一体化/季星如主编.—济南：山东人民出版社，1990.12.—389页；大32开.—ISBN 7-209-00801-2：6.45元

营销农资的成功探索：吴县农资公司支持农业生产的基本经验/石恂如等著.—南京：河海大学出版社，1990.11.—152页；32开.—ISBN 7-5630-0336-3：2.50元

F325 农村生产组织与经营管理

共同富裕之路/中共山东省委研究室《共同富裕之路》编辑组编.—济南：山东人民出版社，1990.7. 359页；大32开.—ISBN 7-209-00704-0：4.60元

农业双向承包必读/牛甲辰等主编.—北京：中国社会出版社，1990.12.—312页；32开.—ISBN 7-80088-127-X：3.50元

农村全程服务体系的建立与发展/杨振超主编.—南宁：广西科学技术出版社，1990.4.—242页；大32开.—ISBN 7-80565-281-3：3.75元

农村脱贫致富实用手册/全国贫困地区干部培训中心，中国农村致富技术函授大学编.—北京：经济科学出版社，1990.5.—413页；32开.—ISBN 7-5058-0305-0：5.00元

村合作经济组织实用会计/樊育象等主编；陕西省财政厅，陕西省农牧厅编.—西安：陕西人民出版社，1990.9.—236页；32开.—ISBN 7-224-01482-6：2.80元

村级经济建设与管理/汪水波等主编.—杭州：杭州大学出版社，1990.8.—307页；大32开.—ISBN 7-81035-041-7：4.00元

村组会计/王德钊，孙志远主编.—郑州：中原农民出版社，1990.11.—168页；32开.—ISBN 7-80538-223-9：2.00元

F325.15　个体农户

山区农村庭院经济/贵州省农村经济委员会编.—贵阳：贵州科技出版社，1990.10.—193页；32开.ISBN 7-80584-038-5：2.40元

中国农村家庭经济学/阮正福著.—上海：上海社会科学院出版社，1990.1.—238页；大32开.—ISBN 7-80515-531-3：3.60元

立体庭院经济开发致富技术大全/高廷伦主编.—济南：山东人民出版社，1990.8.—836页；大32开.ISBN 7-209-00660-5：11.90元

农户记帐簿/李翔华，王少华编写.—南昌：江西科学技术出版社，1990.8.—114页；60开.—ISBN 7-5390-0346-4：1.10元

农家致富金钥匙：开发庭院经济技术妙用/冯杰编著.—北京：农业出版社，1990.3.—357页；32开.ISBN 7-109-01582-3：4.35元

庭院经济/高焕喜，牛家义主编.—北京：农业出版社，1990.5.—298页；32开.—ISBN 7-109-01990-X：4.20元

庭院经济与实用技术/张金明等主编.—北京：新华出版社，1990.12.—567页；大32开.—ISBN 7-5011-1051-4：7.95元

F325.4　农村干部、乡镇干部

乡村干部工作解难/褚之田等主编.—南宁：广西人民出版社，1990.10.—230页；32开.—ISBN 7-219-01697-2：2.60元

乡村工作手册/杨兴民等主编.—沈阳：辽宁人民出版社，1990.9.—406页；32开.—ISBN 7-205-01519-7：5.15元

乡镇干部手册/金澍主编.—昆明：云南人民出版社，1990.1.—429页；32开.—ISBN 7-222-00568-4：4.85元

乡镇干部实用大全/上官书砚，李振华主编.—北京：中国新闻出版社，1990.3.—729页；32开.—ISBN 7-80041-214-8：12.80元

乡镇干部辞书/李维生，王才路主编.—北京：中国广播电视出版社，1990.3.—464页；32开.—ISBN 7-5043-0427-1（精装）：9.00元

乡镇思想政治工作/杨湘海等编著.—北京：经济科学出版社，1990.3.—157页；32开.—乡镇领导干部岗位培训教材.—ISBN 7-5058-0340-9：1.75元

乡镇思想政治工作导论/胡退主编.—上海：上海人民出版社，1990.7.—298页；32开.—ISBN 7-208-00935-X：3.80元

农村村公所干部培训教材/农村教材编委会编.—昆明：云南人民出版社，1990.3.—384页；32开.—ISBN 7-222-00622-2：3.15元

农村牧区基层干部培训教材：试用本/田源主编；中共青海省委宣传部编.—西宁：青海人民出版社，1990.12.—103页；32开.—ISBN 7-225-00446-8：1.20元

农村基层干部工作手册/兰运蜀主编.—成都：西南财经大学出版社，1990.9.—156页；32开.—ISBN 7-81017-264-6：1.65元

村干部工作指南/季进，徐国新主编.—南京：江苏科学技术出版社，1990.8.—690页；大32开.—ISBN 7-5345-1000-7：7.56元

F326　农业部门经济

F326.1　种植业

无锡粮食志/无锡市粮食局编.—长春：吉林科学技术出版社，1990.6.—355页：图；大32开.—ISBN 7-5384-0546-1：11.00元

中国粮食：多角度研究与思考/郭书田著.—北京：农业出版社，1990.5.—197页；大32开.—ISBN 7-109-01500-9：4.10元

中国粮食发展战略对策/何康主编；中华人民共和国农业部编.—北京：农业出版社，1990.9.—655页；16开.—ISBN 7-109-01751-6（精装）：28.00元

长春粮情/孙海廷主编.—长春：吉林大学出版社，1990.11.—392页；大32开.—ISBN 7-5601-0677-3：5.80元

当代中国粮食发展战略研究/丁声俊著.—北京：中国展望出版社，1990.6.—355页；32开.—ISBN 7-5050-0662-2：4.30元

华容县粮油志/华容县粮油志编纂组编纂.—昆明：云南大学出版社，1990.5.—240页；大32开.—ISBN 7-81025-045-0：9.00元

我国粮食发展战略研究/南同茂等主编.—南京：东南大学出版社，1990.1.—228页，大32开.—ISBN 7-81023-303-0：3.10元

昌江县粮食志：1536～1988/陈国仁主编；昌江县粮食志编写组编.—海口：南海出版公司，1990.12.238页；大32开.—ISBN 7-80570-210-7（精装）：23.00元

浙江省粮食生产上新台阶对策/浙江农业大学等

编.—上海：上海科学技术出版社，1990.5.—408页；32开.—ISBN 7-5323-2098-7：6.85元

绥化县粮食志/高万钧主编.—哈尔滨：黑龙江人民出版社，1990.8.—352页；16开.—ISBN 7-207-01631-X（精装）：28.00元

粮食自给问题研究/张钢彦主编.—呼和浩特：内蒙古人民出版社，1990.5.—509页；大32开.—ISBN 7-204-00990-8：7.40元

粮食问题与战略思考/山西省政协编.—北京：农村读物出版社，1990.1.—799页；大32开.—ISBN 7-5048-1139-4（精装）：13.00元

粮食体制改革探索/张伦元著.—北京：中国广播电视出版社，1990.5.—338页；32开.—ISBN 7-5043-0476-X：4.50元

粮食经济工作手册/浙江省粮食局编.—杭州：浙江人民出版社，1990.4.—596页；32开.—ISBN 7-213-00476-X：6.00元

粮食管理与改革论文集/王颖修主编.—长春：吉林大学出版社，1990.10.—352页；32开.—ISBN 7-5601-0617-X：3.80元

粮情·对策：中国粮食问题研究/张留征著.—重庆：重庆出版社，1990.8.—106页；32开.—（中国改革研究丛书/童大林主编）.—ISBN 7-5366-1006-8：1.55元

中国地方志茶叶历史资料选辑/吴觉农编.—北京：农业出版社，1990.12.—749页；大32开.—ISBN 7-109-00174-1：24.30元

农户种植业规模研究/朱希刚，钱伟曾著.—北京：中国人民大学出版社，1990.4.—262页；大32开.ISBN 7-300-00839-9：3.20元

F326.2　林　业

大石头林业局年鉴：1949～1986/大石头林业局志办公室编.—延吉：延边人民出版社，1990.12.401页；16开.—ISBN 7-80508-541-2（精装）：21.00元

中国林业年鉴：1989/高明寿，钱或境主编；《中国林业年鉴》编辑部编辑.—北京：中国林业出版社，1990.12.—603页：彩照；16开.—ISBN 7-5038-0735-0（精装）：28.00元

中国林业经济史/王长富著.—哈尔滨：东北林业大学出版社，1990.12.—546页；大32开.—ISBN 7-81008-166-7：6.95元

内蒙古林业科技成果集/《内蒙古林业科技成果集》编写组编.—呼和浩特：内蒙古人民出版社，1990.6.—198页；大32开.—ISBN 7-204-00992-4：3.50元

乌尔旗汉林业局志/《乌尔旗汉林业局志》编纂办公室编.—海拉尔：内蒙古文化出版社，1990.3.490页；大32开.—ISBN 7-80506-076-2（精装）：14.00元

平原林业发展道路探索/中国林业经济学会编.—北京：中国林业出版社，1990.12.—273页；16开.ISBN 7-5038-0707-5：7.00元

宁夏林业大事记：1949～1985/宁夏回族自治区林业厅编.—银川：宁夏人民出版社，1990.12.—265页；大32开.—ISBN 7-227-00589-5：3.45元

全国林业统计资料汇编：1949～1987/中华人民共和国林业部编.—北京：中国林业出版社，1990.6.985页；大32开.—ISBN 7-5038-0605-2：15.50元

安图森林经营局年鉴：1962～1986/安图森林经营局志办公室编.—延吉：延边人民出版社，1990.8.248页；16开.—ISBN 7-80508-711-3（精装）：15.30元

林业企业发展战略若干问题/仲维波，刘家顺著.哈尔滨：东北林业大学出版社，1990.10.—208页；32开.—ISBN 7-81008-159-4：3.60元

林业企业政工干部读本/邵树云主编.—哈尔滨：东北林业大学出版社，1990.6.—333页；32开.—ISBN 7-81008-120-9：4.50元

林业技术监督工作手册/中华人民共和国林业部科技司编.—北京：中国林业出版社，1990.9.—442页；32开.—ISBN 7-5018-0576-5：5.80元

林业集体企业财务管理与会计核算/张际权，袁庆海主编.—哈尔滨：东北林业大学出版社，1990.6.494页；32开.—ISBN 7-81008-125-X：6.45元

国有森林经营模式的新突破：三岔子林业局改革实践和理论探索/宋文和主编.—北京：中国林业出版社，1990.3.—209页；32开.—ISBN 7-5038-0662-X：3.00元

国营林场与苗圃财务会计制度/中华人民共和国财政部，中华人民共和国林业部制定.—北京：中国林业出版社，1990.12.—146页；32开.—ISBN 7-5038-0779-2：2.60元

贵州省林业区划/《贵州省林业区划》编写组编.贵阳：贵州人民出版社，1990.12.—197页；大32开.—（贵州省农业区划丛书：省级卷/王朝文，张玉环主编）.—ISBN 7-221-01188-5（精装）：5.40元

通江县林业志/张浩良编著.—云南：云南大学出版社，1990.1.—384页；大32开.—（通江县地方志丛书；25）.—ISBN 7-81025-039-6：6.15元

黄泥河林业局年鉴：1985～1988/郎伦友主编.—延吉：延边人民出版社，1990.12.—501页；16开.ISBN 7-80508-588-9：11.80元

绿色兴衰启示录/阎广洪，王成组编著.—北京：中国经济出版社，1990.12.—414页；大32开.—ISBN

7-5017-1009-0：7.20元

绿色宝库——宜昌：汉英对照：〔画册〕/湖北省宜昌地区行署林业局编.—武汉：武汉出版社，1990.4.—64页；大16开.—ISBN 7-5430-0319-8：25.00元

绿海泛舟：广西人民广播电台1989年林业稿件选编/刘万福，李海礼主编.—南宁：广西民族出版社，1990.5.—160页；36开.—ISBN 7-5363-0730-6：2.50元

全书分言论类、消息类、通讯类，反映了广西绿化建设的概况。

森林资源监督管理手册/林业部驻黑龙江省森林资源监督专员办事处编.—哈尔滨：东北林业大学出版社，1990.6.—574页；32开.—ISBN 7-81008-123-3：7.50元

F326.3　畜牧业、饲养业

今日内蒙古畜牧业/布赫主编.—呼和浩特：内蒙古人民出版社，1990.5.—191页；32开.—ISBN 7-204-00993-2：3.10元

今日敦东饲料经济/王福贵主编.—延吉：延边人民出版社，1990.10.—130页；32开.—ISBN 7-80508-574-9：3.95元

乌兰夫论牧区工作/乌兰夫革命史料编研室编.—呼和浩特：内蒙古人民出版社，1990.11.—334页；大32开.—ISBN 7-204-01263-1：5.45元

本书选编了乌兰夫同志有关畜牧业的论文、讲话27篇。

华容县畜牧志/吴师敬主编.—北京：中国文史出版社，1990.1.—141页；大32开.—ISBN 7-5034-0179-6：5.50元

南阳蚕业志/赵魁编纂.—郑州：中州古籍出版社，1990.10.—300页；大32开.—（中国地方志丛书）.ISBN 7-5348-0461-2（精装）：11.50元

食品饲料工作研究/余志新著.—北京：中国商业出版社，1990.7.—266页；32开.—ISBN 7-5044-0530-2：4.50元

畜牧业会计报表手册/王金文主编.—呼和浩特：内蒙古人民出版社，1990.8.—232页；大32开.—ISBN 7-204-01004-3：3.30元

畜牧业宏观经济理论研究：全国畜牧业经济优秀论文集/农业部畜牧兽医司等编.—天津：天津社会科学院出版社，1990.8.—211页；32开.—ISBN 7-80563-065-8：2.50元

菏泽地区畜牧志/山东省菏泽地区农业局编.—北京：中国农业科技出版社，1990.10.—320页；16开.—ISBN 7-80026-158-1（精装）：20.00元

F326.4　渔业、水产业

中国渔业经济研究/高润英主编.—北京：农业出版社，1990.5.—103页；16开.—（中国渔业资源调查和区划；12）.—ISBN 7-109-01222-0：4.50元

贵州省渔业区划/《贵州省渔业区划》编写组编.贵阳：贵州人民出版社，1990.12.—221页；大32开.—（贵州省农业区划丛书：省级卷/王朝文，张玉环主编）.—ISBN 7-220-02085-X（精装）：5.00元

洪泽湖渔业史/《洪泽湖渔业史》编写组编.—南京：江苏科学技术出版社，1990.10.—138页；16开.—（江苏渔业史丛书）.—ISBN 7-5345-1035-X：8.20元

浙江当代渔业史/张立修，毕定邦主编.—杭州：浙江科学技术出版社，1990.2.—685页；32开.—ISBN 7-5341-0231-6（精装）：9.50元

浙江当代渔业史/张立修，毕定邦主编.—杭州：浙江科学技术出版社，1990.1.—685页；32开.—ISBN 7-5341-0230-8：7.00元

渔业基地建设和经营管理/贾俭编著.—北京：农业出版社，1990.8.—154页；32开.—（菜篮子工程丛书）.—ISBN 7-109-01630-7：2.20元

群众渔业管理与技术/谢真主编.—北京：海洋出版社，1990.10.—109页；32开.—ISBN 7-5027-1244-5：2.00元

F326.5　农家副业、农产品加工工业

中国农副产品加工区划/农业部乡镇企业司，中国农业机械化研究院编.—北京：农业出版社，1990.6.—140页；16开.—ISBN 7-109-01796-6：7.50元

中国食用菌企事业名录大全/胡德仁主编.—上海：上海科学技术出版社，1990.10.—397页；16开.ISBN 7-5323-2245-9：14.00元

“菜篮子”经济问题：江苏省城市副食品均衡供应研究/严英龙等著.—南京：南京出版社，1990.1.121页；32开.—ISBN 7-80560-150-X：1.95元

“菜篮子”探索：山东省“菜篮子”征文获奖作品选/山东省“菜篮子”征文办公室编.—北京：中国商业出版社，1990.2.—289页；大32开.—ISBN 7-5044-0536-1：3.85元

本书所收作品分为蔬菜篇、肉食篇、综合篇3部分。

新编农村家庭副业手册/陈平，王锡庚主编.—北京：北京出版社，1990.6.—408页；32开.—ISBN 7-200-00969-5：5.40元

F327　地方农业经济

开发资源生财有道/赵山庆主编.—石家庄：河北科学技术出版社，1990.5.—220页；32开.—ISBN 7-5375-0458-X：3.00元

本书介绍了衡水地区农业改革的经验。

内蒙古农业资金投入研究/宝音图主编.—呼和浩特：内蒙古人民出版社，1990.11.—283页；大32

开.—ISBN 7-204-01254-2：4.65元

有限土地上的新出路：河北邯郸地区实施棉麦一体化"1751"工程/周振国，冯文海主编.—北京：科学普及出版社，1990.6.—120页；32开.—ISBN 7-110-01615-3：2.10元

在改革中崛起：北京农建战线艰苦创业历程/朱起铎主编.—北京：北京出版社，1990.4.—377页；大32开.—ISBN 7-200-01118-5：3.80元

京郊农业适度规模经营研究/《完善合作制，促进京郊专业化、商品化、现代化发展的研究》课题组编.—北京：北京燕山出版社，1990.6.—216页；32开.—ISBN 7-5402-0236-X：3.20元

河北县镇资源概况/河北省人民政府办公厅，河北省统计局编.—北京：中国统计出版社，1990.11.443页：彩照；16开.—ISBN 7-5037-0517-5（精装）：40.00元

战略选择：吕梁科技扶贫专集/顾基发主编.—太原：山西科学教育出版社，1990.11.—527页；大32开.—ISBN 7-5377-0320-5：6.80元

改革与发展中的黑龙江省农村：1988～1989年农村社会经济调查/黑龙江省人民政府农村发展研究中心编.—哈尔滨：黑龙江科学技术出版社，1990.8.339页；32开.—ISBN 7-5388-1272-5：4.60元

黑龙江农村发展研究：1990/黑龙江省人民政府农村发展研究中心编.—哈尔滨：黑龙江人民出版社，1990.12.—338页；32开.—ISBN 7-207-01817-7：4.90元

黑龙江省外向型农业研究/黑龙江省人民政府农村发展研究中心编.—哈尔滨：黑龙江科学技术出版社，1990.3.—318页；32开.—ISBN 7-5388-1032-3：3.95元

黑龙江省农村改革与发展/黑龙江省人民政府农村发展研究中心编.—哈尔滨：黑龙江人民出版社，1990.11.—567页；大32开.—ISBN 7-207-01611-5：9.20元

三秦农业论说集/张国宁主编；陕西省农村发展研究中心编.—西安：陕西人民出版社，1990.10.318页；大32开.—ISBN 7-224-01415-X：5.70元

甘肃农村经济年鉴：1990/顾军主编；《甘肃农村经济年鉴》编辑委员会编.—兰州：甘肃人民出版社，1990.11.—582页；大32开.—ISBN 7-226-00676-6：6.50元

陕西农村发展再探索/陕西省农村发展研究中心编.—西安：陕西人民出版社，1990.8.—269页；大32开.—ISBN 7-224-01449-4：5.25元

陕西农村发展探索：1988年陕西省农村发展研究课题成果/陕西省农村发展研究中心编.—西安：陕西人民出版社，1990.3.—283页；大32开.—ISBN 7-224-01166-5：4.40元

陕西农村改革与发展/中共陕西省委农村政策研究室编.—西安：陕西人民出版社，1990.9.—377页；大32开.—ISBN 7-224-01353-6（精装）：7.50元

陕西省农业发展新突破问题研究 第一集/陕西省科学技术委员会主编；梅福生等编.—西安：陕西科学技术出版社，1990.6.—292页；32开.—ISBN 7-5369-0705-2：3.90元

南疆农业开发与生产布局/冯兆昆主编；《南疆农业开发与生产布局》课题组著.—乌鲁木齐：新疆人民出版社，1990.2.—362页；32开.—ISBN 7-228-01174-0：3.10元

新疆农业与科技开发/冯兆昆著.—乌鲁木齐：新疆人民出版社，1990.4.—342页；32开.—ISBN 7-228-01293-3：3.30元

新疆农牧区改革发展典型调查/中共新疆维吾尔自治区委员会农村工作部编.—乌鲁木齐：新疆人民出版社，1990.9.—429页；大32开.—（新疆经济研究丛书）.—ISBN 7-228-01507-X：5.05元

上海市土地利用/上海市农业区划委员会办公室等编著.—上海：中国大百科全书出版社上海分社，1990.10.—185页；32开.—ISBN 7-5000-0301-3：2.05元

上海农业发展研究/白尔钿等编著.—上海：上海科学技术出版社，1990.3.—321页；大32开.—ISBN 7-5323-1892-3：4.90元

山东农业基地建设/杲宪庆，王长荣主编.—北京：农业出版社，1990.12.—265页；大32开.—ISBN 7-109-02101-7：4.60元

乡村经济的调整之路：江苏省无锡县港下乡崛起历程/卓成主编.—南京：南京出版社，1990.5.282页；32开.—ISBN 7-80560-191-7：4.50元

江苏分乡农村经济统计概要：1980、1985、1989/江苏省农村社会经济调查队编；张泉源主编.—南京：南京大学出版社，1990.10.—593页；16开.ISBN 7-305-00952-0（精装）：28.00元

苏南模式研究/顾松年等著.—南京：南京出版社，1990.6.—179页；32开.—ISBN 7-80560-216-6：2.30元

罗庄腾飞之路/张程震主编.—北京：农业出版社，1990.12.—207页；大32开.—ISBN 7-109-02437-7：3.95元

热土沧桑：一九七八～一九八九：肥西农村纪实/黄松泉，佘林明编著.—合肥：安徽人民出版社，1990.8.—141页；32开.—ISBN 7-212-00388-3：

2.20元

浙江农业四十年：1949～1989/浙江省农业厅编.杭州：浙江科学技术出版社，1990.12.—427页；大32开.—ISBN 7-5341-0330-4（精装）：12.00元

福建食物发展研究："福建省食物发展学术讨论会"论文选编/福建省科学技术协会编.—福州：福建科学技术出版社，1990.7.—395页；32开.—ISBN 7-5335-0401-1：4.00元

广东山区水资源/广东省科学院丘陵山区综合科学考察队主编.—广州：广东科技出版社，1990.12.144页；16开.—（广东山区研究）.—ISBN 7-5359-0647-8：5.50元

广东山区农业/广东省科学院丘陵山区综合科学考察队主编.—广州：广东科技出版社，1990.7.—176页；16开.—（广东山区研究）.—ISBN 7-5359-0570-6：5.20元

广东山区植物区系/广东省科学院丘陵山区综合科学考察队主编.—广州：广东科技出版社，1990.4.150页；16开.—（广东山区研究）.—ISBN 7-5359-0523-4：4.50元

广东山区植物资源/广东省科学院丘陵山区综合科学考察队主编.—广州：广东科技出版社，1990.9.171页；16开.—（广东山区研究）.—ISBN 7-5359-0573-0：5.50元

广东农牧业三十六年：1949～1985/广东省农业厅编.—广州：科学普及出版社广州分社，1990.1.198页；16开.—ISBN 7-110-01415-0：6.00元

广西食物发展战略与食物结构研究/林文伟，李宝硕主编.—南宁：广西科学技术出版社，1990.11.202页；32开.—ISBN 7-80565-379-8：2.90元

沛县农业要览：1949～1988/王亚京，张仁岐主编.—开封：河南大学出版社，1990.2.—354页；16开.—（黄淮海地区经济开发研究丛书）.—ISBN 7-81018-427-X：20.00元

湖北农业综合开发研究/肖传荣，周志纯主编.—武汉：湖北科学技术出版社，1990.6.—423页；大32开.—ISBN 7-5352-0606-9：6.15元

湖北农村经济：1949～1989/李刚等主编.—北京：中国统计出版社，1990.10.—430页；16开.—ISBN 7-5037-0503-5（精装）：40.00元

湖北省农业生产发展后劲研究/田则林等主编.—武汉：湖北人民出版社，1990.6.—182页；32开.—ISBN 7-216-00589-9：2.45元

豫中南地区农业生产效益参数/裘康羽等主编.—郑州：河南科学技术出版社，1990.2.—293页；大32开.—ISBN 7-5349-0648-2：3.50元

本书对河南信阳、郑州、开封三个地市的10个县、1180个农户四年（1986～1989）的生产经营、成本效益进行了全面系统的分析研究，筛选出45000个农业生产效益参数值。

成都农业开发与三三工程/中共成都市委政策研究室编.—成都：成都出版社，1990.9.—662页；大32开.—ISBN 7-80575-104-8：8.40元

改革中的贵州农村经济：贵州省全国10个农村调查固定观察点调查报告/贵州省农村经济委员会，贵州省农村调查领导小组编.—贵阳：贵州人民出版社，1990.5.—182页；32开.—ISBN 7-221-01766-2：2.00元

贵州山区开发农业/贵州农民技术培训教材编委会编.—贵阳：贵州科技出版社，1990.5.—114页；32开.—贵州农民技术培训教材.—ISBN 7-80584-008-3：1.80元

稳定·发展·改革·保证：红河州农村改革发展的理论和实践/红河州委政策研究室编.—昆明：云南民族出版社，1990.12.—279页；大32开.—ISBN 7-5367-0383-X：3.80元

F329　中国农业经济史

中国屯垦史　上册/杨向奎等著.—北京：农业出版社，1990.4.—257页；大32开.—ISBN 7-109-00185-7：5.15元

本书上自中国原始社会、下至秦汉、论述了中国早期的农业史。

中国屯垦史　中册/张泽咸等著.—北京：农业出版社，1990.7.—332页；大32开.—ISBN 7-109-01353-7：10.30元

中国农民负担史　第三卷：中国新民主主义革命时期革命根据地的农民负担：1927～1949年/中华人民共和国财政部《中国农民负担史》编辑委员会编著.北京：中国财政经济出版社，1990.9.—810页；大32开.—ISBN 7-5005-0948-0：11.00元

中国封建土地制度史　第一卷/林甘泉主编.—北京：中国社会科学出版社，1990.8.—533页；大32开.—ISBN 7-5004-0493-X：8.90元

唐代江南农业的发展/李伯重著.—北京：农业出版社，1990.10.—338页；32开.—ISBN 7-109-01589-0：6.80元

清代土地开垦史/彭雨新编著.—北京：农业出版社，1990.5.—285页；大32开.—ISBN 7-109-01219-0：6.85元

F329.1/.7　各地区史

山东省农业合作化史料集　下册/《山东省农业合作化史》编辑委员会编.—济南：山东人民出版社，1990.1.—774页；16开.—ISBN 7-209-00568-4（精装）：24.00元

甘肃省静宁县农牧志/甘肃省静宁县农牧局编.—兰州：甘肃科学技术出版社，1990.4.—380页；大32开.—ISBN 7-5424-0288-9（精装）：7.80元

牟墨林地主庄园/栖霞县政协，文史资料委员会等编.—济南：山东人民出版社，1990.7.—173页；大32开.—ISBN 7-209-00682-6：3.95元

近代山西农业经济/山西省农业区划委员会编；徐松荣主编.—北京：农业出版社，1990.5.—341页；32开.—ISBN 7-109-01595-5：4.80元

河北农村四十年/河北省农村社会经济调查队编写.—石家庄：河北人民出版社，1990.7.—194页；大32开.—ISBN 7-202-00696-0：2.90元

陕西农垦志/陈焕廷等编著.—西安：三秦出版社，1990.4.—178页；大32开.—ISBN 7-80546-241-0：2.70元

泰安地区农业志/施永林，张学常主编.—北京：新华出版社，1990.6.—346页；大32开.—ISBN 7-5011-0706-8：8.10元

黑龙江农业合作史/黑龙江省农业合作史编委会编.—北京：中共党史资料出版社，1990.9.—688页；大32开.—ISBN 7-80023-190-9：10.80元

F329.9　中国农业经济地理

中国农业资源与利用/全国农业区划办公室，全国农业区划学会编.—北京：农业出版社，1990.12.195页；大32开.—ISBN 7-109-01782-6：3.95元

伊克昭盟农业区划/《伊克昭盟农业区划》编辑委员会编；张文彬主编.—呼和浩特：内蒙古人民出版社，1990.11.—13册；16开.—ISBN 7-204-00957-6：34.65元

运城地区综合农业区划/梁汝涛主编.—太原：山西人民出版社，1990.11.—193页；大32开.—ISBN 7-203-01751-6：6.30元

呼和浩特市农业区划/《呼和浩特市农业区划》编辑委员会编.—呼和浩特：内蒙古人民出版社，1990.8.—813页；16开＋附图1册.—ISBN 7-204-00891-X（精装）：35.70元

甘肃农业生产布局/张志良等编著.—兰州：甘肃科学技术出版社，1990.9.—376页；大32开.—ISBN 7-5424-0316-8：5.40元

塔里木河两岸资源与环境遥感研究/梁匡一，刘培君主编.—北京：科学技术文献出版社，1990.6.255页；16开.—ISBN 7-5023-1305-2：10.00元

太湖地区乡村地理/马湘泳等著.—北京：科学出版社，1990.8.—286页；16开.—ISBN 7-03-002112-6：18.30元

江西省综合农业区划/江西省计划委员会，江西省农业区划委员会编.—南昌：江西科学技术出版社，1990.9.—459页；16开.—ISBN 7-5390-0357-X（精装）：25.00元

桐乡农业名优特稀产品资源集/桐乡县农业区划委员会办公室编.—杭州：浙江人民出版社，1990.5.99页：彩照；16开.—ISBN 7-213-00506-5：8.00元

浙江省农业资源和综合农业区划/《浙江省农业资源和综合农业区划》编委会编；徐的主编.—上海：上海科学技术出版社，1990.8.—309页；16开.—ISBN 7-5323-2229-7：7.65元

漳州市农业资源与综合区划/漳州市农业区划办公室编著.—北京：中国统计出版社，1990.12.—416页；32开.—ISBN 7-5037-0524-8：14.00元

河南省农业区划论文选集：纪念河南省农业区划开展十周年/河南省农业区划委员会等编.—北京：气象出版社，1990.12.—216页；16开.—ISBN 7-5029-0607-X：5.50元

河南省农业资源与农业区划地图集/河南省科学院、计经委地理研究所主编.—北京：测绘出版社，1990.8.—1册；8开.—ISBN 7-5030-0416-9（精装）：150.00元

湖南省农业区划　第七分册/湖南省农业区划委员会编著.—长沙：湖南科学技术出版社，1990.3.360页；16开.—ISBN 7-5357-0707-6（精装）：15.00元

湖南省农业区划　第七分册/湖南省农业区划委员会编著.—长沙：湖南科学技术出版社，1990.3.360页；16开.—ISBN 7-5357-0708-4：12.00元

湖南省农业区划文集：纪念开展农业资源调查与农业区划十周年：1979～1989/湖南省农业区划委员会编；邬舜主编.—长沙：湖南科学技术出版社，1990.6.—170页；16开.—ISBN 7-5357-0809-9：3.00元

三都水族自治县综合农业区划/《三都水族自治县综合农业区划》编写组编.—贵阳：贵州人民出版社，1990.12.—261页；大32开.—（贵州省农业区划丛书：黔南自治州卷/王朝文，张玉环主编）.—ISBN 7-221-02089-2（精装）：6.80元

六枝特区综合农业区划/《六枝特区综合农业区划》编写组编.—贵阳：贵州人民出版社，1990.9.299页；大32开.—（贵州省农业区划丛书：六盘水市卷/王朝文，张玉环主编）.—ISBN 7-221-01953

-3（精装）：7.35元

六盘水市综合农业区划/《六盘水市综合农业区划》编写组编.—贵阳：贵州人民出版社，1990.6.357页；大32开.—（贵州省农业区划丛书：六盘水市卷/王朝文，张玉环主编）.—ISBN 7-221-01185-0（精装）：8.70元

正安县综合农业区划/《正安县综合农业区划》编写组编.—贵阳：贵州人民出版社，1990.12.—323页；大32开.—（贵州省农业区划丛书：遵义地区卷/王朝文，张玉环主编）.—ISBN 7-221-02083-3（精装）：7.20元

平塘县综合农业区划/《平塘县综合农业区划》编写组编.—贵阳：贵州人民出版社，1990.6.—342页：地图；大32开.—（贵州省农业区划丛书：黔南自治州卷/王朝文，张玉环主编）.—ISBN 7-221-01765-4（精装）：7.50元

四川省县级农业地貌区划及耕地分布规律研究/刘淑珍，沈镇兴主编.—成都：成都地图出版社，1990.6.—173页；16开.—ISBN 7-30544-098-0：5.20元

印江土家族苗族自治县综合农业区划/《印江土家族苗族自治县综合农业区划》编写组编.—贵阳：贵州人民出版社，1990.10.—316页；大32开.—（贵州省农业区划丛书：铜仁地区卷/王朝文，张玉环主编）.—ISBN 7-221-01987-8（精装）：7.30元

务川仡佬族苗族自治县综合农业区划/《务川仡佬族苗族自治县综合农业区划》编写组编.—贵阳：贵州人民出版社，1990.10.—288页；大32开.—（贵州省农业区划丛书：遵义地区卷/王朝文，张玉环主编）.—ISBN 7-221-01790-5（精装）：7.10元

册亨县综合农业区划/《册亨县综合农业区划》编写组编.—贵阳：贵州人民出版社，1990.10.—235页；大32开.—（贵州省农业区划丛书：黔西南自治州卷/王朝文，张玉环主编）.—ISBN 7-221-01780-8（精装）：6.75元

江口县综合农业区划/《江口县综合农业区划》编写组编.—贵阳：贵州人民出版社，1990.3.—302页；大32开.—（贵州省农业区划丛书：铜仁地区卷/王朝文，张玉环主编）.—ISBN 7-221-01221-0（精装）：7.15元

关岭布依族、苗族自治县综合农业区划/《关岭布依族、苗族自治县综合农业区划》编写组编.—贵阳：贵州人民出版社，1990.7.—227页；大32开.—（贵州省农业区划丛书：安顺地区卷/王朝文，张玉环主编）.—ISBN 7-221-01776-X（精装）：6.55元

安龙县综合农业区划/《安龙县综合农业区划》编写组编.—贵阳：贵州人民出版社，1990.5.—296页；大32开.—（贵州省农业区划丛书：黔西南自治州卷/王朝文，张玉环主编）.—ISBN 7-221-01614-3（精装）：7.60元

安顺市综合农业区划/《安顺市综合农业区划》编写组编.—贵阳：贵州人民出版社，1990.7.—303页：地图；大32开.—（贵州省农业区划丛书：安顺地区卷/王朝文，张玉环主编）.—ISBN 7-221-01865-0（精装）：7.15元

兴义市综合农业区划/《兴义市综合农业区划》编写组编.—贵阳：贵州人民出版社，1990.7.—302页；大32开.—（贵州省农业区划丛书：黔西南自治州卷/王朝文，张玉环主编）.—ISBN 7-221-01781-6（精装）：7.35元

兴仁县综合农业区划/《兴仁县综合农业区划》编写组编.—贵阳：贵州人民出版社，1990.3.—229页；大32开.—（贵州省农业区划丛书：黔西南自治州卷/王朝文，张玉环主编）.—ISBN 7-221-00913-9（精装）：6.55元

岑巩县综合农业区划/《岑巩县综合农业区划》编写组编.—贵阳：贵州人民出版社，1990.2.—245页；大32开.—（贵州省农业区划丛书：黔东南自治州卷/王朝文，张玉环主编）.—ISBN 7-221-01446-9（精装）：7.65元

贵州省水资源利用区划/《贵州省水资源利用区划》编写组编.—贵阳：贵州人民出版社，1990.2.226页；大32开.—（贵州省农业区划丛书：省级卷/王朝文，张玉环主编）.—ISBN 7-221-01189-3（精装）：6.10元

贵州省农村经济区划/《贵州省农村经济区划》编写组编.—贵阳：贵州人民出版社，1989.12.—663页：折图；大32开.—（贵州省农业区划丛书：省级卷/王朝文，张玉环主编）.—ISBN 7-221-01315-2（精装）：10.20元

贵州省村镇区划/《贵州省村镇区划》编写组编.—贵阳：贵州人民出版社，1990.12.—308页；大32开.—（贵州省农业区划丛书：省级卷/王朝文，张玉环主编）.—ISBN 7-221-02084-1（精装）：6.20元

贵州省植被区划/《贵州省植被区划》编写组编.贵阳：贵州人民出版社，1990.2.—148页；大32开.（贵州省农业区划丛书：省级卷/王朝文，张玉环主编）.—ISBN 7-221-00204-5（精装）：5.60元

贵定县综合农业区划/《贵定县综合农业区划》编写组编.—贵阳：贵州人民出版社，1990.12.—313页；大32开.—（贵州省农业区划丛书：黔南自治州卷/王朝文，张玉环主编）.—ISBN 7-221-02087-6（精装）：7.45元

思南县综合农业区划/《思南县综合农业区划》编写组编.—贵阳：贵州人民出版社．1990.3.—384页；大32开.—（贵州省农业区划丛书：铜仁地区卷/王朝文，张玉环主编）.—ISBN 7-221-00705-5（精装）：8 90元

施秉县综合农业区划/《施秉县综合农业区划》编

写组编.—贵阳：贵州人民出版社，1990.7.—327页；大32开.—（贵州省农业区划丛书：黔东南自治州卷/王朝文，张玉环主编）.—ISBN 7-221-01763-8（精装）：8.20元

桐梓县综合农业区划/《桐梓县综合农业区划》编写组编.—贵阳：贵州人民出版社，1990.6.—285页：地图；大32开.—（贵州省农业区划丛书：遵义地区卷/王朝文，张玉环主编）.—ISBN 7-221-00727-6（精装）：7.70元

黄平县综合农业区划/《黄平县综合农业区划》编写组编.—贵阳：贵州人民出版社，1990.5.—262页；大32开.—（贵州省农业区划丛书：黔东南自治州卷/王朝文，张玉环主编）.—ISBN 7-221-01528-7（精装）：6.80元

清镇县综合农业区划/《清镇县综合农业区划》编写组编.—贵阳：贵州人民出版社，1990.4.—333页；大32开.—（贵州省农业区划丛书：安顺地区卷/王朝文，张玉环主编）.—ISBN 7-221-00594-X（精装）：8.20元

晴隆县综合农业区划/《晴隆县综合农业区划》编写组编.—贵阳：贵州人民出版社，1990.3.—195页；大32开.—（贵州省农业区划丛书：黔西南州卷/王朝文，张玉环主编）.—ISBN 7-221-01222-9（精装）：6.00元

紫云苗族布依族自治县综合农业区划/《紫云苗族布依族自治县综合农业区划》编写组编.—贵阳：贵州人民出版社，1990.3.—251页；大32开.—（贵州省农业区划丛书：安顺地区卷/王朝文，张玉环主编）.—ISBN 7-221-01550-3（精装）：6.80元

普定县综合农业区划/《普定县综合农业区划》编写组编.—贵阳：贵州人民出版社，1990.9.—271页；大32开.—（贵州省农业区划丛书：安顺地区卷/王朝文，张玉环主编）.—ISBN 7-221-01804-9（精装）：6.95元

榕江县综合农业区划/《榕江县综合农业区划》编写组编.—贵阳：贵州人民出版社，1990.3.—405页；大32开.—（贵州省农业区划丛书：黔东南自治州卷/王朝文，张玉环主编）.—ISBN 7-221-01426-4（精装）：8.55元

赫章县综合农业区划/《赫章县综合农业区划》编写组编.—贵阳：贵州人民出版社，1990.11.—236页；大32开.—（贵州省农业区划丛书：毕节地区卷/王朝文，张玉环主编）.—ISBN 7-221-01823-5（精装）：6.55元

黎平县综合农业区划/《黎平县综合农业区划》编写组编.—贵阳：贵州人民出版社，1990.12.—430页：地图；大32开.—（贵州省农业区划丛书：黔东南自治州卷/王朝文，张玉环主编）.—ISBN 7-221-02107-4（精装）：8.55元

黔东南苗族侗族自治州综合农业区划/《黔东南苗族侗族自治州综合农业区划》编写组编.—贵阳：贵州人民出版社，1990.5.—447页；大32开.—（贵州省农业区划丛书：黔东南自治州卷/王朝文，张玉环主编）.—ISBN 7-221-00963-5（精装）：9.00元

F33/37　各国农业经济

日本农业/江瑞平编著.—北京：农业出版社，1990.2.—176页；32开.—（国外农业经济丛书）.ISBN 7-109-01117-8：2.40元

日本农协和社会服务体系/辽宁省赴日农业经济考察团编著.—沈阳：辽宁大学出版社，1990.11.—133页；32开.—ISBN 7-5610-1115-6：2.50元

论美国家庭农场/蓝益江著.—厦门：厦门大学出版社，1990.11.—174页；32开.—ISBN 7-5615-0283-4：2.40元

苏联农业经济学词典/（苏）多尔戈舍伊（Долгошей，Г.А.）等编；李仁峰等译.—北京：农业出版社，1990.11.—456页；32开.—ISBN 7-109-00152-0（精装）：14.50元

英国农业地理/曾尊固等编著.—北京：商务印书馆，1990.8.—292页；大32开.—（世界农业地理丛书/李春芳主编）.—ISBN 7-100-00344-X：3.60元

F4　工业经济

F40　工业经济理论

工业社会学/余荣珮编著.—武汉：华中理工大学出版社，1990.12.—301页；大32开.—ISBN 7-5609-0520-X：1.75元

工业社会学/符祥青主编.—广州：中山大学出版社，1990.3.—347页；32开.—ISBN 7-306-00290-2：5.90元

工业经济：宏观调控与管理/冯达志，周永义编.峨眉山：西南交通大学出版社，1990.7.—414页；大32开.—（管理系列丛书）.—管理专业系列教材.ISBN 7-81022-183-3：5.00元

工业经济学/（英）劳杰·克拉克著；原毅军译.—北京：经济管理出版社，1990.7.—318页；大32开.—ISBN 7-80025-296-5：4.80元

工业经济管理：工业发展及其对策/杨瑞丰，天然主编.—北京：北京大学出版社，1990.2.—357页；大32开.—ISBN 7-301-00799-X：4.60元

工业经济管理学/李青蓝主编.—哈尔滨：黑龙江教育出版社，1990.4.—416页；32开.—ISBN 7-5316-1090-6：4.80元

工业经济管理学基础/杜宪仁主编.—长春：吉林大学出版社，1990.7.—393页；32开.—ISBN 7-5601

-0540-8：2.40元

工业经济管理参考资料/塞风等编.—北京：中央广播电视大学出版社，1990.2.—498页；32开.—ISBN 7-304-00218-2：2.80元

工业经济管理教程/塞风等编著.—修订本.—北京：中国经济出版社，1990.5.—424页；大32开.ISBN 7-5017-0559-3：6.50元

本书1986年初版。

工业经济管理概论/钱志新，张慰冰主编.—上海：上海人民出版社，1990.5.—336页；32开.—ISBN 7-208-00924-4：3.90元

现代工业经济管理/詹启智主编.—北京：世界图书出版公司，1990.12.—440页；大32开.—ISBN 7-5062-0869-5：7.50元

F402.4　工业统计学

工业企业生产经营统计分析/邱克惠著.—北京：机械工业出版社，1990.10.—352页；32开.—ISBN 7-111-02701-9：4.50元

工业企业统计/何瑛主编.—北京：机械工业出版社，1990.5.—307页；16开.—中等专业学校试用教材.—ISBN 7-111-02004-9：3.50元

工业企业统计分析理论与方法/刘志荣等编著.—北京：学苑出版社，1990.9.—304页；32开.—ISBN 7-5077-0118-2：3.50元

工业企业统计管理学/田桂棠编著.—上海：上海科技教育出版社，1990.6.—503页；大32开.—ISBN 7-5428-0416-2：5.20元

工业统计/黄学思主编.—北京：中国统计出版社，1990.6.—213页；32开.—统计人员岗位专业知识培训系列教材 供统计员培训用.—ISBN 7-5037-0436-5：2.50元

工业统计习题与答解/王继唐主编.—北京：中国统计出版社，1990.5.—275页；大32开.—ISBN 7-5037-0318-0：2.30元

工业统计学/刘儒主编.—2版.—天津：天津科学技术出版社，1990.3.—503页；大32开.—（统计知识丛书）.—ISBN 7-5308-0620-3：7.50元

本书1980年7月第1版。

工业统计学/杨楷林等编.—大连：大连海运学院出版社，1990.10.—380页；32开.—ISBN 7-5632-0241-2：5.50元

工业统计学/陈志成主编.—北京：中国统计出版社，1990.4.—258页；32开.—中等专业学校和职业高中教材.—ISBN 7-5037-0330-X：1.75元

工业统计学习题与解答集：标准化考试试题型/佟哲晖主编.—北京：中国财政经济出版社，1990.3.472页；32开.—ISBN 7-5005-0966-9：5.35元

工业统计理论与实践/陈石，刘孝新主编.—武汉：武汉工业大学出版社，1990.6.—410页；大32开.ISBN 7-5629-0356-5：6.50元

工业统计基础知识/张道坤执笔；西藏自治区工业电力厅编.—拉萨：西藏人民出版社，1990.5.—463页；32开.—ISBN 7-223-00340-5：3.60元

工业管理统计/田竞和主编.—上海：立信会计图书用品社，1990.5.—366页；大32开.—（上海财经大学丛书）.—ISBN 7-5429-0058-7：3.80元

乡镇工业统计/浙江省乡镇企业局，杭州长征业余学校编写.—杭州：浙江人民出版社，1990.8.—589页；32开.—ISBN 7-213-00549-9：5.50元

标准化考试试题型工业统计学习题与解答集/佟哲晖主编.—北京：中国财政经济出版社，1990.3.472页；32开.—ISBN 7-5005-0966-9：5.35元

书脊题名为：工业统计学习题与解答集

统计原理与工业统计/张宗震著.—西安：西安电子科技大学出版社，1990.6.—306页；16开.—中等专业学校教材.—ISBN 7-5606-0122-7：3.50元

商办工业统计学/《商办工业统计学》编写组编.北京：中国财政经济出版社，1990.5.—572页；32开.—ISBN 7-5005-0983-9：6.50元

F403　工业建设与发展

工业发展学/王志忠，韩旭编著.—北京：中国人民大学出版社，1990.5.—266页；大32开.—工业经济管理系列教材.—ISBN 7-300-00884-4：2.85元

工业部门结构学导论/陈淮著.—北京：中国人民大学出版社，1990.12.—349页；大32开.—（中国人民大学博士文库/罗国杰主编）.—ISBN 7-300-00936-0：6.20元

新工业文明/冯昭奎著.—北京：中信出版社，1990.12.—166页；大32开.—（21世纪中国与世界丛书）.—ISBN 7-80073-020-4：2.90元

F403.7　工业技术经济分析

工业开发技术分析原理/侯克复编著.—北京：兵器工业出版社，1990.10.—276页；16开.—高等学校教材.—ISBN 7-80038-229-X：3.55元

工业企业技术改造项目评估/李继臣主编.—长春：长春出版社，1990.1.—457页；大32开.—ISBN 7-80573-125-X：5.90元

工业企业技术经济/冯承明，张金明主编.—北京：新华出版社，1990.6.—313页；大32开.—ISBN 7-5011-1095-6：5.50元

工业技术经济学/徐明，苑文林主编.—沈阳：辽宁教育出版社，1990.4.—480页；大32开.—高等学校教学用书.—ISBN 7-5382-1177-2：5.50元

工业投资项目可行性研究/贾春霖，王家贵编著.

长沙：中南工业大学出版社，1990.4.—347页；大32开.—（技术经济理论与实践丛书；2）.—ISBN 7-81020-291-X：4.00元

工业建设项目可行性研究/卢本清，张绥宜编著.长沙：湖南科学技术出版社，1990.3.—304页；32开.—ISBN 7-5357-0658-4：6.50元

工业项目可行性研究/中国化工咨询服务公司编.修订版.—北京：化学工业出版社，1990.10.—396页；32开.—ISBN 7-5025-0605-5：7.10元

工业项目可行性研究与评估/李炳生主编.—长春：吉林大学出版社，1990.11.—320页；大32开.—ISBN 7-5601-0871-7：5.90元

工业贷款项目评估手册/中国投资银行编.—北京：中国财政经济出版社，1990.4.—452页；大32开.ISBN 7-5005-0973-1：6.90元

工程技术经济学/刘国政，赵凤山编著.—哈尔滨：东北林业大学出版社，1990.12.—235页；16开.ISBN 7-81008-138-1：3.00元

工程经济学/于春田等编著.—石家庄：河北科学技术出版社，1990.1.—283页；大32开.—ISBN 7-5375-0388-5：4.25元

工程经济学/赵广长等编.—东营：石油大学出版社，1990.5.—330页；大32开.—高等学校教学用书.—ISBN 7-5636-0081-7：2.53元

可行性研究学/刘国恒编著.—北京：学术书刊出版社，1990.4.—397页；大32开.—ISBN 7-80045-584-X：7.00元

技术改造可行性研究/陆兆华等编著.—南宁：广西教育出版社，1990.8.—312页；32开.—ISBN 7-5435-0971-7：3.20元

技术经济与企业管理/李盛昌主编；卫民堂，樊耘编.—西安：西安交通大学出版社，1990.6.—413页；32开.—全国高等教育自学考试学习用书：机械类.—ISBN 7-5605-0225-3：4.80元

技术经济分析与项目评估/左立宙主编.—武汉：武汉工业大学出版社，1990.1.—196页；16开.—ISBN 7-5629-0334-4：4.80元

技术经济手册：水产卷/中国技术经济研究会主编.—北京：学术书刊出版社，1990.5.—1221页；大32开.—ISBN 7-80045-507-6（精装）：28.00元

技术经济手册：水利卷/何孝俅主编.—北京：中国科学技术出版社，1990.12.—1065页；大32开.—ISBN 7-5046-0214-0（精装）：40.00元

技术经济手册：通信卷/中国技术经济研究会主编.—北京：学术书刊出版社，1990.1.—852页：彩照；大32开.—ISBN 7-80045-405-3（精装）：25.00元

经济分析与招投标可行性决策/林少培，周国强著.—上海：上海交通大学出版社，1990.6.—171页；32开.—（土木工程系统分析与经营决策丛书）.—ISBN 7-313-00653-5：1.15元

项目评估与投资决策/张明编著.—北京：中国商业出版社，1990.3.—388页；大32开.—ISBN 7-5044-0573-6：6.00元

科技进步与工业发展/林启俭等编.—西安：西北大学出版社，1990.11.—339页；16开.—ISBN 7-5604-0201-1：7.00元

F403.8 工业经济效益

工业企业经济效益实用分析/周金铎编著.—北京：电子工业出版社，1990.2.—167页；32开.—ISBN 7-5053-0789-4：2.50元

工业经济效益问题探索/汪海波著.—北京：经济管理出版社，1990.12.—514页；大32开.—ISBN 7-80025-360-0：6.70元

F406 工业企业组织与管理

工业工程体系工作研究：现代科学管理技术/范中志主编.—广州：华南理工大学出版社，1990.9.348页；16开.—ISBN 7-5623-0195-6：4.50元

工业企业专业管理/黄德服主编.—北京：中国经济出版社，1990.4.—2册（637页）；32开.—ISBN 7-5017-0716-2：8.00元

工业企业现代管理理论与实践/刘宝珍主编.—北京：经济管理出版社，1990.6.—393页；大32开.ISBN 7-80025-357-0：4.50元

工业企业经营学/王翼民主编.—北京：航空工业出版社，1990.7.—223页；16开.—ISBN 7-80046-274-9：2.90元

工业企业经营学/彭祚策，张世恒主编.—成都：成都科技大学出版社，1990.4.—328页；大32开.—ISBN 7-5616-0563-3：4.05元

工业企业经营管理/何寿主编.—重庆：重庆大学出版社，1990.1.—363页；大32开.—ISBN 7-5624-0269-8：3.75元

工业企业经营管理/梁祖晨主编.—北京：中国商业出版社，1990.12.—219页；大32开.—（高等教育自学指导）.—ISBN 7-50044-0874-3：3.80元

工业企业经营管理/蔡炯，刘淑琼编著.—西安：西安电子科技大学出版社，1990.12.—295页；16开.—中等专业学校教材.—ISBN 7-5606-0129-4：3.45元

工业企业经营管理/魏纳辉主编.—北京：中国经济出版社，1990.2.—331页；大32开.—工交系统岗位

职务培训和《专业证书》教育系列教材.—ISBN 7-5017-0723-5：5.60元

工业企业经营管理学/李俊传主编.—上海：立信会计图书用品社，1990.9.—351页；大32开.—(立信财经丛书).—ISBN 7-5429-0074-9：5.80元

工业企业标准化基础/钟明主编.—北京：北京大学出版社，1990.1.—293页；32开.—ISBN 7-301-01035-4：5.50元

工业企业涉外管理/樊光鼎主编.—西安：陕西人民教育出版社，1990.1.—318页；大32开.—ISBN 7-5419-1464-9：4.20元

工业企业管理/伍爱等编著.—广州：中山大学出版社，1990.12.—402页；大32开.—ISBN 7-306-00257-0：6.50元

工业企业管理/关茂林，邹来斌主编.—北京：中国经济出版社，1990.2.—349页；大32开.—ISBN 7-5017-0502-X：4.60元

工业企业管理/孙以勋主编.—北京：石油工业出版社，1990.7.—326页；32开.—中等专业学校教学用书　管理类专业.—ISBN 7-5021-0430-5：1.80元

工业企业管理/李学良主编.—北京：石油工业出版社，1990.5.—431页；32开.—中等专业学校教学用书　工科各专业用.—ISBN 7-5021-0413-5：2.40元

工业企业管理/吴性觉主编.—北京：机械工业出版社，1990.5.—298页；16开.—中等专业学校试用教材.—ISBN 7-111-02071-5：3.45元

工业企业管理/徐风，王智义主编.—哈尔滨：黑龙江教育出版社，1990.1.—353页；大32开.—ISBN 7-5316-1126-0：5.00元

工业企业管理/郭相忱编著.—西安：西安电子科技大学出版社，1990.6.—340页；大32开.—中等专业学校教材.—ISBN 7-5606-0119-7：2.35元

工业企业管理干部岗位培训通用教材/于震，周士谔主编.—南京：江苏人民出版社，1990.6.—764页；32开.—工业企业中层干部岗位职务培训系列教材.—ISBN 7-214-00473-9：9.00元

工业企业管理工作手册：1990/国家计委企业管理司编.—北京：改革出版社，1990.11.—289页；32开.—ISBN 7-80072-102-7：4.70元

工业企业管理导论/顾国祥主编.—上海：复旦大学出版社，1990.9.—339页；大32开.—ISBN 7-309-00499-X：5.00元

工业企业管理岗位要素设计/刘人怀，斯晓夫编著.—北京：机械工业出版社，1990.12.—256页；大32开.—ISBN 7-111-02566-0：5.90元

工业企业管理实用大全/曹序等主编.—长春：吉林人民出版社，1990.10.—686页；大32开.—ISBN 7-206-00869-0：9.90元

工业企业管理学/张秘机主编.—杭州：浙江大学出版社，1990.8.—386页；大32开.—ISBN 7-308-00552-6：2.85元

工业企业管理学　第二分册：工业企业经营管理/汪茹贤主编.—天津：南开大学出版社，1990.4.367页；大32开.—全国综合性大学管理学科协作组编选教材.—ISBN 7-310-00230-X：4.80元

工业企业管理学　第三分册：工业企业生产管理/蒋俊主编.—天津：南开大学出版社，1990.2.—602页；大32开.—ISBN 7-310-00231-8：7.20元

工业企业管理学学习指导/王文章，林汉川主编.北京：中国建筑工业出版社，1990.3.—454页；32开.—ISBN 7-112-00561-2：10.65元

工业企业管理总论/王琛等主编.—长春：吉林人民出版社，1990.7.—201页；32开.—ISBN 7-206-00823-2：2.50元

工业企业管理原理/尹家声等编著.—西安：西安电子科技大学出版社，1990.6.—310页；大32开.—中等专业学校教材.—ISBN 7-5606-0123-5：2.20元

工业企业管理原理/田崇厚主编.—北京：中国经济出版社，1990.2.—229页；大32开.—工交系统岗位职务培训和《专业证书》教育系列教材.—ISBN 7-5017-0724-3：3.95元

工业企业管理原理与方法/程国良，金光华主编.上海：复旦大学出版社，1990.10.—490页；大32开.—ISBN 7-309-00574-0：4.90元

工业企业管理教程/张廷才主编.—北京：中国经济出版社，1990.6.—481页；大32开.—ISBN 7-5017-0904-1：5.70元

工业企业管理基本常识习题集/技工学校机械类通用教材编审委员会编.—北京：机械工业出版社，1990.7.—53页；32开.—ISBN 7-111-00514-8：0.87元

工业企业管理基础/孔繁众，贺梅生编.—2版.哈尔滨：哈尔滨工业大学出版社，1990.6.—385页；32开.—ISBN 7-5603-0269-6：4.00元

本书1989年2月第1版。

工业企业管理基础/刘振义，刘忠仁主编.—石家庄：河北科学技术出版社，1990.5.—401页；32开.ISBN 7-5375-0522-5：4.70元

工业企业管理基础工作手册/黄焕春主编.—西安：陕西人民出版社，1990.4.—664页；大32开.—ISBN 7-224-00630-0：10.40元

工业企业管理基础知识/工业企业管理基础知识编写组编著.—北京：中国财政经济出版社，1990.3.257页；32开.—中等财经学校(四年制)试用教材.ISBN 7-5005-0929-4：1.55元

工业企业管理概论/《工业企业管理概论》编写组编著.—北京：中国财政经济出版社，1990.3.—353页；大32开.—高等财经专科学校试用教材.—ISBN

7-5005-0876-X：2.50元

工业企业管理概论/李鉴汀主编.—北京：北京出版社，1990.5.—315页，32开.—中国逻辑与语言函授大学教材.—ISBN 7-200-01111-8：3.80元

工作研究：现代科学管理技术/范中志主编.—广州：华南理工大学出版社，1990.9.—348页；16开.ISBN 7-5623-0195-6：4.50元

本书内容包括工业工程概述、工作方法研究、工作衡量及人一机一环境与效率。

小型工业企业管理/熊上昉等主编.—南昌：江西人民出版社，1990.5.—425页；32开.—工业企业干部岗位职务培训系列教材.—ISBN 7-210-00873-X：4.80元

马氏管理法：责任价格控制法/郭宏若等编著.—北京：中国经济出版社，1990.9.—257页；32开.（华夏企业管理丛书/田夫主编）.—ISBN 7-5017-0775-8：3.95元

现代工业企业管理与技术经济分析/丁慰国主编.南京：东南大学出版社，1990.7.—166页；16开.ISBN 7-81023-353-7：3.60元

现代工业企业管理词典/陈伯林，阎达寅主编.—修订本.—北京：北京大学出版社，1990.3.—565页；32开.—ISBN 7-301-00635-7（精装）：11.70元

现代工业企业管理纲要/钱志新，张慰冰主编.—上海：上海人民出版社，1990.3.—485页；32开.—ISBN 7-208-00849-3：4.90元

现代工业企业管理学/吴文斌等编著.—武汉：武汉出版社，1990.10.—337页；大32开.—ISBN 7-5430-0401-1：4.45元

现代工业企业管理原理/张廷才，刘家顺主编.—长春：吉林科学技术出版社，1990.3.—272页；32开.ISBN 7-5384-0495-3：3.30元

现代工业企业管理教程/刘希宋主编.—哈尔滨：哈尔滨船舶工程学院出版社，1990.3.—385页；32开.ISBN 7-81007-107-6：3.80元

集体工业企业管理/朱瑶翠，张学先编著.—上海：上海科学技术出版社，1990.2.—534页；32开.—ISBN 7-5323-1601-7：7.80元

管理工程学基础/顾亚声主编.—西安：西北工业大学出版社，1990.6.—196页；16开.—高等学校教材.—ISBN 7-5612-0238-5：2.21元

F406.1 工业组织领导与行政管理

工业企业厂长办公室主任岗位职务培训教材/夏国柱，夏国梁主编.—南京：江苏人民出版社，1990.6.—374页；32开.—工业企业中层干部岗位职务培训系列教材.—ISBN 7-214-00451-8：3.80元

工业企业工艺科长岗位职务培训教材/李福任主编.—南京：江苏人民出版社，1990.8.—490页；32开.—工业企业中层干部岗位职务培训系列教材.ISBN 7-214-00543-3：5.30元

工业企业中层干部岗位职务培训系列教材复习思考题题解 上集/系列教材总编委组编.—南京：江苏人民出版社，1990.4.—526页；32开.—工业企业中层干部岗位职务培训系列教材.—ISBN 7-214-00432-1：6.50元

工业企业中层干部岗位职务培训系列教材复习思考题题解 下集/系列教材总编委组编.—南京：江苏人民出版社，1990.12.—507页；32开.—ISBN 7-214-00607-3：5.80元

工业企业全质办主任岗位职务培训教材/肖町，过克宏主编.—南京：江苏人民出版社，1990.6.—603页；32开.—工业企业中层干部岗位职务培训系列教材.ISBN 7-214-00480-1：4.90元

工业企业安技环保科长岗位职务培训教材/周士谔主编.—南京：江苏人民出版社，1990.6.—369页；32开.—工业企业中层干部岗位职务培训系列教材.ISBN 7-214-00479-8：5.20元

工业企业企业管理办公室主任岗位职务培训教材/吴昕法主编.—南京：江苏人民出版社，1990.2.—398页；32开.—工业企业中层干部岗位职务培训系列教材.—ISBN 7-214-00393-7：6.30元

工业企业设计（技术）科长岗位职务培训教材/李俊杰主编.—南京：江苏人民出版社，1990.7.—545页；32开.—工业企业中层干部岗位职务培训系列教材.—ISBN 7-214-00498-4：5.30元

工业企业事业单位行政监察理论与实践/王德义编著.—北京：机械工业出版社，1990.12.—282页；32开.—机械电子工业部监察干部培训教材.—ISBN 7-111-02702-7：5.00元

工业企业经营决策/张梦恩，陶丁文编.—太原：山西科学教育出版社，1990.5.—386页；32开.—ISBN 7-5377-0259-4：5.25元

工业企业总务（行政）科长岗位职务培训教材/张庆运，陈玉良主编.—南京：江苏人民出版社，1990.1.—335页；32开.—工业企业中层干部岗位职务培训系列教材.—ISBN 7-214-00390-2：4.20元

工业企业检验科长岗位职务培训教材/姚育新主编.南京：江苏人民出版社，1990.5.—455页；32开.—工业企业中层干部岗位职务培训系列教材.—ISBN 7-214-00458-5：5.30元

甘肃省企业中层干部岗位规范与岗位培训计划/甘肃省计委劳动工资培训处编.—兰州：兰州大学出版社，1990.12.—167页；32开.—ISBN 7-311-00361-X：2.07元

全民所有制工业企业民主管理实用教材：试用/中华全国总工会基层工作部编.—北京：经济管理出版社，1990.8.—222页；32开.—ISBN 7-80025-354-6：2.70元

ISBN 7-308-00412-0：3.00元

F406.2　生产管理、生产过程组织

工业企业计划/王书询主编.—北京：石油工业出版社，1990.2.—244页；16开.—中等专业学校教学用书.—ISBN 7-5021-0387-2：2.90元

工业企业计划管理/杨鸿庚主编.—北京：机械工业出版社，1990.12.—576页；32开.—机械电子工业部机电行业专业管理人员岗位培训教材.—ISBN 7-111-02272-6：8.40元

工业企业生产与科技管理/林桂编著.—南宁：广西科学技术出版社，1990.2.—347页；32开.—中小型工业企业管理干部岗位培训系列教材.—ISBN 7-80565-269-4：3.65元

工业企业生产经营活动分析/郭映庭编著.—济南：山东人民出版社，1990.6.—417页；32开.—ISBN 7-209-00443-2：4.90元

工业企业生产管理/刘正峰，张桂华编著.—南昌：江西人民出版社，1990.5.—291页；32开.—工业企业干部岗位职务培训系列教材.—ISBN 7-210-00879-9：3.80元

工业企业生产管理/刘清泉主编.—西安：西安电子科技大学出版社，1990.12.—368页；16开.—中等专业学校教材.—ISBN 7-5606-0130-8：4.25元

工业企业生产管理/郭景阳主编.—北京：机械工业出版社，1990.8.—434页；32开.—机械电子工业部机电行业专业管理人员岗位培训教材.—ISBN 7-111-02274-2：6.60元

工业企业生产管理/崔援民主编.—北京：中国经济出版社，1990.3.—356页；大32开.—工交系统岗位职务培训和《专业证书》教育系列教材.—ISBN 7-5017-0751-0：6.10元

工业企业生产管理/潘志洪主编.—北京：中国经济出版社，1990.6.—435页；大32开.—全国大中型企业领导干部培训教材.—ISBN 7-5017-0361-2：7.00元

工业企业劳动定额管理/阮福寿等编.—哈尔滨：黑龙江科学技术出版社，1990.12.—412页；32开.管理干部岗位培训教材.—ISBN 7-5388-1433-7：5.00元

工业企业劳动定额管理/侯必轩等编著.—北京：石油工业出版社，1990.8.—228页；32开.—ISBN 7-5021-0465-8：1.95元

工业企业现场管理/杜景新等主编.—北京：中国铁道出版社，1990.6.—301页；32开.—ISBN 7-113-00909-3：4.35元

生产管理学/洪国芳主编.—2版.—哈尔滨：哈尔滨工业大学出版社，1990.3.—354页；16开.—ISBN 7-5603-0227-0：5.95元
本书1987年3月第1版。

全面计划管理/陶树人主编.—徐州：中国矿业大学出版社，1990.2.—261页；32开.—继续工程教育教材.—ISBN 7-81021-355-5：1.70元

现代工业企业生产管理与案例/张廷才，廖胜芳主编.—延吉：延边人民出版社，1990.12.—290页；16开.—ISBN 7-80508-587-0：6.90元

F406.3　技术管理、定额管理

工业企业技术管理/王在编著.—上海：上海科学技术文献出版社，1990.8.—144页；32开.—ISBN 7-80513-612-2：1.85元

工业企业技术管理/王波，李明编著.—西安：西安电子科技大学出版社，1990.12.—309页；16开.—中等专业学校教材.—ISBN 7-5606-0133-2：3.60元

工业企业技术管理/陈志远，吴文彩主编.—南昌：江西人民出版社，1990.3.—367页；32开.—工业企业干部岗位职务培训系列教材.—ISBN 7-210-00853-5：4.20元

工业企业技术管理/姚育新主编.—北京：机械工业出版社，1990.7.—306页；32开.—机械电子工业部机电行业专业管理人员岗位培训教材.—ISBN 7-111-02224-6：4.60元

工业企业质量管理/邓长吉，辜建生主编.—南昌：江西人民出版社，1990.6.—402页；32开.—工业企业干部岗位职务培训系列教材.—ISBN 7-210-00888-8：4.60元

工业产品预想图表现技法/广州机床研究所编.—广州：广东科技出版社，1990.4.—56页：彩照；16开.—ISBN 7-5359-0226-X：5.00元

价值工程在新产品开发中的应用/王久华编著.—北京：国防工业出版社，1990.6.—377页；大32开.（新产品开发与科学管理丛书/王久华主编）.—ISBN 7-118-00747-1：6.40元

企业新产品开发工作手册/王久华主编.—北京：科学出版社，1990.10.—1268页；大32开.—ISBN 7-03-001897-4（精装）：25.00元

产品创新要术/潘开标著.—福州：福建科学技术出版社，1990.7.—431页；32开.—ISBN 7-5335-0379-1：5.70元

产品质量的技术保证与监督知识手册/黄福芸主编.—北京：科学技术文献出版社，1990.1.—482页；16开.—ISBN 7-5023-0936-5（精装）：19.50元

技术评估：理论、方法与实践/黄擎明主编.—杭州：浙江大学出版社，1990.11.—372页；大32开，

技术监督与产品认证工作手册/《技术监督与产品认证工作手册》编委会编著.—北京：学术书刊出版社，1990.8.—921页：照片；16开.—ISBN 7-80045-482-7：39.50元

本书内容包括法律及重要文件、技术监督概况、标准化工作、计量工作、质量管理、技术监督工作的表格及重要的国家标准。

质量认证/陈迺骏著.—北京：中国标准出版社，1990.9.—287页；32开.—ISBN 7-5066-0276-8：3.30元

质量管理/冶金工业部建设司编.—上海：上海科学技术文献出版社，1990.10.—329页；32开.—施工企业中级以上干部岗位培训教材；5.—ISBN 7-80513-593-2：5.50元

质量管理技术咨询教材/刘殿襄等编著.—北京：机械工业出版社，1990.2.—646页；大32开.—ISBN 7-111-02173-8：9.80元

质量管理知识手册/中国石油化工总公司质量管理协会编.—北京：烃加工出版社，1990.8.—403页；16开.—ISBN 7-80043-149-5：9.50元

质量管理的七种工具/武汉钢铁公司教育委员会办公室编.—北京：科学出版社，1990.2.—82页；32开.—ISBN 7-03-001860-5：1.20元

质量管理咨询实用指导手册/李本兴主编.—北京：机械工业出版社，1990.4.—657页；16开.—ISBN 7-111-02168-1：15.00元

线外质量管理技术/于俊年编.—北京：中国铁道出版社，1990.10.—273页；32开.—ISBN 7-113-00782-1：4.00元

本书系统论述了提高产品设计质量的理论和方法。它是一种通用的边缘性技术。

新产品开发/林敏生编译.—北京：世界图书出版公司，1990.7.—238页；32开.—(企业人动脑系列；11).—ISBN 7-5062-0712-5：4.60元

本书据台北市书泉出版社版本重印。

新产品开发工艺与管理技术/王久华编著.—北京：国防工业出版社，1990.9.—226页；大32开.—(新产品开发与科学管理丛书/王久华主编).—ISBN 7-118-00807-9：3.90元

新产品开发与管理/刘丕基，程绍奎主编.—大连：大连理工大学出版社，1990.2.—167页；32开.(企业管理丛书).—ISBN 7-5611-0270-4：1.60元

新产品开发决策技术/王久华编著.—北京：国防工业出版社，1990.5.—213页；大32开.—(新产品开发与科学管理丛书/王久华主编).—ISBN 7-118-00708-0：3.74元

新产品开发的政策与法规/王久华编著.—北京：机械工业出版社，1990.10.—280页；大32开.—(新产品开发与科学管理丛书/王久华主编).—ISBN 7-111-02675-6：4.80元

新产品开发的策略/王久华等编著.—北京：国防工业出版社，1990.5.—338页；大32开.—(新产品开发与科学管理丛书/王久华主编).—ISBN 7-118-00718-8：5.75元

新产品开发实用手册/马家骏主编.—太原：山西人民出版社，1990.1.—308页；大32开.—ISBN 7-203-01534-3：5.50元

新产品开发信息与计划/王久华编著.—北京：国防工业出版社，1990.4.—331页；大32开.—(新产品开发与科学管理丛书/王久华主编).—ISBN 7-118-00679-3：5.65元

新产品开发预测技术/王久华编著.—北京：国防工业出版社，1990.4.—342页；大32开.—(新产品开发与科学管理丛书/王久华主编).—ISBN 7-118-00685-8：5.81元

新产品开发概论与可行性研究/王久华编著.—北京：国防工业出版社，1990.1.—243页；大32开.(新产品开发与科学管理丛书/王久华主编).—ISBN 7-118-00678-5：4.19元

新产品设计与管理技术/王久华编著.—北京：国防工业出版社，1990.7.—299页；大32开.—(新产品开发与科学管理丛书/王久华主编).—ISBN 7-118-00808-7：5.10元

新产品试验与可靠性技术/王久华编著.—北京：国防工业出版社，1990.8.—219页；大32开.—(新产品开发与科学管理丛书/王久华主编).—ISBN 7-118-00785-4：3.80元

新产品鉴定的理论与技法/王久华编著.—北京：国防工业出版社，1990.12.—516页；大32开.—(新产品开发与科学管理丛书/王久华主编).—ISBN 7-118-00833-8：8.64元

F406.4　固定资产管理

工业企业设备管理/司斌兴主编.—石家庄：河北人民出版社，1990.4.—465页；16开.—ISBN 7-202-00632-4：11.00元

机械设备管理/冶金工业部建设司编.—上海：上海科学技术文献出版社，1990.10.—318页；32开.施工企业中级以上干部岗位培训教材　(六).—ISBN 7-80513-594-0：3.75元

设备工程经济学/虞和锡著.—天津：天津科技翻译出版公司，1990.12.—368页；32开.—(天津市设备管理协会培训教育丛书).—ISBN 7-5433-0193-8：6.90元

设备管理工程/朱明道编著.—北京：水利电力出版社，1990.2.—234页；16开.—ISBN 7-120-00999-0：7.15元

本书以设备的寿命周期为线索用系统工程的方法全面研究了设备管理的问题。

设备管理与维修/江苏省轻工业厅组织编写；陈付林主编.—南京：河海大学出版社，1990.12.—594页；16开.—ISBN 7-5630-0355-X：13.30元

设备管理条例讲解/吴根荣编.—广州：华南理工大学出版社，1990.4.—48页；32开.—设备管理培训教材.—ISBN 7-5623-0176-X：1.00元

设备管理300问/秦广洪编写.—合肥：安徽科学技术出版社，1990.1.—297页；32开.—ISBN 7-5337-0268-9：4.10元

F406.5　原料、材料、燃料的管理

工业企业用料管理/方守恭主编.—北京：机械工业出版社，1990.9.—309页；32开.—机械电子工业部机电行业专业管理人员岗位培训教材.—ISBN 7-111-02374-9：4.50元

工业企业物资供应和运输科长岗位职务培训教材/肖晓主编.—南京：江苏人民出版社，1990.1.—561页；32开.—工业企业中层干部岗位职务培训系列教材.—ISBN 7-214-00380-5：5.70元

工业企业物资储运管理/夏华强主编.—北京：机械工业出版社，1990.7.—301页；32开.—机械电子工业部机电行业专业管理人员岗位培训教材.—ISBN 7-111-02243-2：4.50元

工业企业采购管理/程赐胜主编.—北京：机械工业出版社，1990.7.—230页；32开.—机械电子工业部机电行业专业管理人员岗位培训教材.—ISBN 7-111-02346-3：4.20元

工业企业能源管理/王在华主编.—兰州：甘肃科学技术出版社，1990.12.—457页；32开.—ISBN 7-5424-0321-4：5.40元

工业物资管理/钱增泉主编.—南京：江苏科学技术出版社，1990.9.—362页；大32开.—ISBN 7-5345-1011-2：4.90元

仓库物资管理/段志祥，王宗喜编.—天津：天津科技翻译出版公司，1990.1.—367页；32开.—ISBN 7-5433-0098-2：4.80元

仓库管理手册/王宗喜主编.—天津：天津科技翻译出版公司，1990.7.—376页；16开.—ISBN 7-5433-0156-3：16.00元

本书从现代管理角度介绍了许多先进的仓储理论与技术。

材料核算与管理/陈自强等编.—北京：航空工业出版社，1990.5.—158页；32开.—（会计人员岗位培训丛书/冷传生主编）.—ISBN 7-80046-278-1：2.10元

F406.6　车间、班、组管理

工业企业车间主任岗位职务培训教材/陈华蔚主编.—南京：江苏人民出版社，1990.6.—614页；32开.—工业企业中层干部岗位职务培训系列教材.—ISBN 7-214-00469-0：6.30元

工业企业车间管理学/杨振基主编.—上海：复旦大学出版社，1990.10.—430页；32开.—ISBN 7-309-00594-5：5.80元

车间管理/陈平江，张忠斌主编.—西安：西北大学出版社，1990.8.—353页；32开.—ISBN 7-5604-0164-3：4.20元

企业车间管理/刘希宋等编.—北京：国防工业出版社，1990.3.—352页；大32开.—管理干部岗位培训教材.—ISBN 7-118-00692-0：4.50元

企业班组长必读/李亨业主编；中国职工教育研究会秘书处编.—太原：山西科学教育出版社，1990.9.—215页；32开.—ISBN 7-5379-0301-9：2.60元

企业班组安全管理/余关棋编著.—杭州：浙江人民出版社，1990.12.—202页；32开.—ISBN 7-213-00608-8：2.50元

如何当好车间主任/中共张家口市委讲师团编著.—北京：国防工业出版社，1990.3.—358页；32开.—ISBN 7-118-00667-X：4.20元

班组安全管理与建设/戴镇亚等编著.—北京：机械工业出版社，1990.9.—263页；32开.—ISBN 7-111-02628-4：3.85元

新编班组长培训教材/徐贞和编著.—北京：学苑出版社，1990.9.—450页；32开.—班组升级实用教材 班组长必备.—ISBN 7-5077-0150-6：5.50元

F406.7　财务管理与经济核算

工业企业财务分析与预测/庄天锡著.—长春：吉林人民出版社，1990.12.—270页；32开.—ISBN 7-206-00947-6：4.80元

工业企业财务科长岗位职务培训教材/季文章主编.—南京：江苏人民出版社，1990.2.—504页；32开.—工业企业中层干部岗位职务培训系列教材.—ISBN 7-214-00392-9：5.80元

工业企业财务管理/元毓盛等主编.—成都：成都科技大学出版社，1990.2.—389页；32开.—ISBN 7-5616-0535-8：3.85元

工业企业财务管理/吉崇惺主编.—北京：中国经济出版社，1990.2.—385页；大32开.—工交系统岗位职务培训和《专业证书》教育系列教材.—ISBN 7-5017-0722-7：6.40元

工业企业财务管理/朱永良，王以荣主编.—兰州：甘肃教育出版社，1990.8.—399页；大32开.—ISBN 7-5423-0189-6：4.72元

工业企业财务管理/任保桐主编.—北京：中国经济出版社，1990.5.—410页；大32开.—全国大中型企业领导干部培训教材.—ISBN 7-5017-0942-4：7.00

元

工业企业财务管理/邹本祥，李哲主编.—北京：电子工业出版社，1990.11.—316页；32开.—ISBN 7-5053-1132-8：4.30元

工业企业财务管理/赵同起，郭廷友主编.—北京：中国商业出版社，1990.8.—298页；大32开.—ISBN 7-5044-0757-7：4.20元

工业企业财务管理/熊伯毅等主编.—南昌：江西科学技术出版社，1990.9.—309页；32开.—ISBN 7-5390-0358-8：4.00元

工业企业财务管理大型模拟作业/张志凤主编.—北京：机械工业出版社，1990.4.—190页；32开.—机械电子工业部机电行业专业管理人员岗位培训教材.—ISBN 7-111-02079-0：3.30元

工业企业财务管理与分析/工业企业财务管理与分析编写组编著.—北京：中国财政经济出版社，1990.1.—294页；32开.—ISBN 7-5005-0758-5：3.40元

工业企业财务管理自学指导书/王庆成等编著.—北京：中国人民大学出版社，1990.12.—283页；大32开.—ISBN 7-300-01000-3：3.85元

工业企业财务管理辅导教材/朱文山编著.—长春：吉林大学出版社，1990.10.—234页；32开.—ISBN 7-5601-0616-1：3.60元

专项资金核算与管理/李唯等编.—北京：航空工业出版社，1990.3.—137页；32开.—（会计人员岗位培训丛书/冷传生主编）.—ISBN 7-80046-280-3：1.80元

成本核算与管理/段金铭等编.—北京：航空工业出版社，1990.12.—443页；32开.—（会计人员岗位培训丛书/冷传生主编）.—ISBN 7-80046-303-6：5.20元

F406.72 财务管理、成本管理

工业会计/《工业会计》编写组编著.—北京：中国财政经济出版社，1990.4.—433页；大32开.—高等财经专科学校试用教材.—ISBN 7-5005-0927-8：3.00元

工业会计/无锡市工业学校财会教材编写组编.—北京：高等教育出版社，1990.10.—426页；32开.—中等职业技术学校试用教材.—ISBN 7-04-003198-1：2.50元

工业会计/刘宏毅主编.—天津：天津社会科学院出版社，1990.10.—553页；大32开.—管理干部院校财会专业系列教材.—ISBN 7-80563-068-2：5.42元

工业会计/齐霖等编写.—长沙：湖南教育出版社，1990.7.—372页；32开.—中等职业技术学校教材.ISBN 7-5355-1144-9：3.30元

工业会计/江明镜主编；屈友贤等著.—重庆：科学技术文献出版社重庆分社，1990.4.—589页；32开.ISBN 7-5023-1141-6：6.50元

工业会计/许庆斌等编著.—北京：高等教育出版社，1990.4.—398页；大32开.—高等学校试用教材.—ISBN 7-04-007899-9：2.90元

工业会计/余亮主编.—武汉：湖北人民出版社，1990.4.—448页；32开.—ISBN 7-216-00559-7：4.90元

工业会计/祝学曾主编.—北京：轻工业出版社，1990.10.—466页；大32开.—中等专业学校轻工专业试用教材.—ISBN 7-5019-0799-4：3.40元

工业会计/潘禄生等编写.—长沙：湖南教育出版社，1990.7.—372页；32开.—中等职业技术学校教材.—ISBN 7-5355-1144-9：3.30元

工业会计/魏振雄主编.—北京：中国财政经济出版社，1990.7.—359页；32开.—ISBN 7-5005-1165-5：4.00元

工业会计与财务/刘贵忠主编.—沈阳：沈阳出版社，1990.3.—405页；32开.—ISBN 7-80556-388-8：4.80元

工业会计习题集/上海财经大学成本会计教研室编.—2版（修订本）.—上海：上海人民出版社，1990.2.—238页；32开.—ISBN 7-208-00694-6：2.55元

工业会计习题集/无锡市工业学校财会教材编写组编.—北京：高等教育出版社，1990.10.—379页；16开.—中等职业技术学校辅助教材.—ISBN 7-04-003142-6：4.80元

工业会计报表审阅与运用/康念芳等编著.—南宁：广西人民出版社，1990.4.—315页；32开.—ISBN 7-219-01530-5：2.90元

工业会计岗位技能考试复习题及解答/杨润忠等编写.—哈尔滨：黑龙江人民出版社，1990.9.—229页；32开.—ISBN 7-207-01662-X：3.55元

工业会计应试指南/王国正主编.—大连：东北财经大学出版社，1990.10.—293页；32开.—（会计学专业专业课应试指南丛书）.—ISBN 7-81005-450-3：4.10元

工业会计制度设计/时映西编.—北京：机械工业出版社，1990.4.—200页；32开.—机械电子工业部机电行业专业管理人员岗位培训教材.—ISBN 7-111-02051-0：3.60元

工业会计学/王文华主编.—上海：复旦大学出版社，1990.10.—440页；32开.—ISBN 7-309-00582-1：6.50元

工业会计学/王君彩主编.—修订本.—北京：中国财政经济出版社，1990.10.—486页；大32开.—ISBN 7-5005-1166-3：7.00元

本书1988年12月第1版。

工业会计学/王君彩，司福春主编.—北京：中国华侨出版公司，1990.10.—410页；32开.—中国逻辑与语言函授大学教材.—ISBN 7-80074-251-2：5.30元

工业会计学/王盛祥主编.—2版(修订本).—北京：中央广播电视大学出版社，1990.10.—497页；32开.—ISBN 7-304-00544-0：3.70元

本书1986年11月第1版。

工业会计学/王德芳主编.—郑州：河南科学技术出版社，1990.11.—360页；32开.—高等教育自学考试指导书.—ISBN 7-5349-0187-5：4.50元

工业会计学/张崇敏主编.—北京：北京经济学院出版社，1990.10.—672页；大32开.—会计学专业系列教材.—ISBN 7-5638-0205-3：8.85元

工业会计学/易庭源，刘坤盛编著.—北京：中国铁道出版社，1990.6.—426页；大32开.—ISBN 7-113-00709-0：7.70元

工业会计学/贺南轩编著.—沈阳：辽宁科学技术出版社，1990.9.—757页；大32开.—全国高等教育自学考试教材　会计专业和经济管理类其他专业用.ISBN 7-5381-1036-4：8.90元

工业会计学/郭盛儒，陈文军编著.—厦门：厦门大学出版社，1990.5.—495页；32开.—ISBN 7-5615-0274-5：5.90元

工业会计学/蔡柏林主编.—北京：北京经济学院出版社，1990.8.—428页；大32开.—ISBN 7-5638-0177-4：5.70元

工业会计学/濮思湘主编.—北京：机械工业出版社，1990.10.—448页；16开.—中等专业学校试用教材.—ISBN 7-111-02328-5：5.05元

工业会计学/魏振雄主编.—北京：中国经济出版社，1990.7.—458页；32开.—ISBN 7-5017-0743-X：6.70元

工业会计学习指导书/王盛祥编.—2版(修订本).—北京：中央广播电视大学出版社，1990.10.219页；32开.—ISBN 7-304-00545-9：1.70元

工业会计学习辅导/苏郁生，徐泰丰编.—北京：高等教育出版社，1990.9.—285页；32开.—成人中专教学参考书.—ISBN 7-04-003143-4：1.95元

工业会计学概论/刘学颜，钟安石主编.—青岛：青岛海洋大学出版社，1990.12.—413页；大32开.—ISBN 7-81026-105-3：5.80元

工业会计标准习题汇编/王景文等主编.—长春：吉林人民出版社，1990.8.—179页；32开.—ISBN 7-206-00852-6：2.50元

工业会计核算/工业会计核算编写组编著.—修订本.—北京：中国财政经济出版社，1990.8.—415页；大32开.—ISBN 7-5005-1102-7：6.00元

本书1987年9月第1版。

工业会计配套习题集/《工业会计配套习题集》编写组编.—广州：广东科技出版社，1990.2.—172页；16开.—中等财政(财经)学校统编教材　二、四年制中专适用.—ISBN 7-5359-0522-6：3.60元

工业会计教学参考书/无锡市工业学校财会教材编写组编.—北京：高等教育出版社，1990.9.—264页；32开.—中等职业技术学校教学参考.—ISBN 7-04-003199-X：1.70元

工业会计概论/程之奇主编.—北京：机械工业出版社，1990.7.—273页；32开.—机械电子工业部机电行业专业管理人员岗位培训教材.—ISBN 7-111-02222-X：4.40元

工业会计解题指南/屈友贤主编.—成都：成都科技大学出版社，1990.8.—153页；32开.—ISBN 7-5616-0622-2：2.10元

工业企业会计/《工业企业会计》编写组编.—北京：中国金融出版社，1990.2.—319页；大32开.高等财经院校试用教材.—ISBN 7-5049-0511-9：2.45元

工业企业会计/明楚富等主编.—北京：经济管理出版社，1990.1.—509页；大32开.—ISBN 7-80025-279-5：5.80元

工业企业会计学/王贵庭主编；王开芝等编著.北京：中国商业出版社，1990.9.—427页；32开.—ISBN 7-5044-0585-X：5.75元

乡镇工业会计/王存义主编.—长春：吉林科学技术出版社，1990.1.—299页；32开.—ISBN 7-5384-0454-6：3.00元

乡镇工业会计学/陈守文，李登河编著.—厦门：厦门大学出版社，1990.4.—373页；32开.—ISBN 7-5615-0315-6：4.40元

国营工业企业年度会计报表编制规范/石增泉主编.—太原：山西经济出版社，1990.10.—409页；大32开.—ISBN 7-80577-058-1：4.00元

国营工业企业会计制度讲解/财政部会计事务管理司《国营工业企业会计制度讲解》编写组编.—大连：东北财经大学出版社，1990.11.—512页；32开.—ISBN 7-81005-443-0：5.90元

城镇集体工业企业会计核算/丁学林等主编.—哈尔滨：黑龙江人民出版社，1990.7.—514页；32开.ISBN 7-207-01609-3：6.50元

城镇集体工业企业财务会计/郑树模主编.—沈阳：辽宁人民出版社，1990.10.—603页；大32开.—ISBN 7-205-01411-5：8.50元

集体所有制企业工业会计核算/桑洪义主编.—延吉：延边大学出版社，1990.5.—521页；32开.—ISBN 7-5634-0237-3：5.50元

简明·实用工业会计/师萍编著.—北京：机械工业出版社，1990.2.—376页；32开.—ISBN 7-111-01863-X：7.80元

新编工业会计/丁昌钧等主编.—昆明：云南科技出版社，1990.5.—443页；32开.—ISBN 7-5416-0279-5：4.80元

新编工业会计/刘同倜主编.—石家庄：河北人民出版社，1990.8.—557页；大32开.—ISBN 7-202-00758-4：6.90元

新编工业会计/杨政，潘兴旺主编.—南京：河海大学出版社，1990.12.—393页；大32开.—ISBN 7-5630-0328-2：4.90元

新编工业会计习题集/杨远震等编著.—武汉：武汉出版社，1990.9.—209页；32开.—ISBN 7-5430-0381-3：2.20元

新编工业会计核算图解/姚志等编著.—延吉：延边人民出版社，1990.3.—366页；32开.—ISBN 7-80508-409-2：4.40元

新编工业会计核算指南/夏康裕主编.—武汉：武汉出版社，1990.3.—380页；32开.—ISBN 7-5430-0309-0：4.50元

F406.73　经济活动分析

工业企业经济分析/樊行健，卢贤光编著.—长沙：湖南师范大学出版社，1990.5.—460页；32开.—ISBN 7-81031-016-X：5.05元

工业企业经济活动分析/马英麟等编.—修订本.北京：中国人民大学出版社，1990.2.—489页；大32开.—ISBN 7-300-00628-0：5.45元

本书1981年第1版。

工业企业经济活动分析/王又庄编著.—2版(修订本).—上海：立信会计图书用品社，1990.12.422页；大32开.—(立信会计丛书).—ISBN 7-5429-0065-X：5.15元

本书1985年8月第1版。

工业企业经济活动分析/王银祥主编.—北京：石油工业出版社，1990.8.—298页；大32开.—中等专业学校教学用书.—ISBN 7-5021-0474-7：1.70元

工业企业经济活动分析/史玉林，贾俊荣主编.—长春：吉林人民出版社，1990.2.—394页；32开.—ISBN 7-206-00683-3：4.40元

工业企业经济活动分析/任建平主编.—北京：机械工业出版社，1990.8.—317页；32开.—机械电子工业部机电行业专业管理人员岗位培训教材.—ISBN 7-111-02368-4：6.20元

工业企业经济活动分析/李金秀，罗淑贞编著.—修订本.—广州：暨南大学出版社，1990.8.—287页；32开.—ISBN 7-81029-042-8：3.90元

本书1987年第1版。

工业企业经济活动分析/李哲，赵华主编.—北京：电子工业出版社，1990.11.—302页；32开.—ISBN 7-5053-1131-X：4.00元

工业企业经济活动分析/欧阳清主编.—北京：中央广播电视大学出版社，1990.3.—445页；32开.—ISBN 7-304-00474-6：2.55元

工业企业经济活动分析/孟宪民等主编.—哈尔滨：黑龙江人民出版社，1990.4.—276页；32开.—ISBN 7-207-01572-0：3.90元

工业企业经济活动分析/郭盛儒等编著.—厦门：厦门大学出版社，1990.5.—415页；32开.—ISBN 7-5615-0275-3：4.75元

工业企业经济活动分析学习指导书/欧阳清主编.北京：中央广播电视大学出版社，1990.3.—136页；32开.—ISBN 7-304-00475-4：0.87元

工业企业经济活动分析参考资料/刘明辉等编.—北京：中央广播电视大学出版社，1990.5.—202页；32开.—ISBN 7-304-00476-2：1.25元

《工业企业经济活动分析》辅导与习题/马英麟等编著.—北京：中国人民大学出版社，1990.3.—114页；大32开.—ISBN 7-300-00711-2：1.60元

工商企业经济活动分析习题案例集/《工商企业经济活动分析习题案例集》编写组编.—北京：中国金融出版社，1990.7.—186页；32开.—中等银行学校辅助教材.—ISBN 7-5049-0582-8：2.65元

乡镇工业企业经济活动分析/曾智武主编.—成都：西南财经大学出版社，1990.12.—499页；32开.—ISBN 7-81017-256-5：4.20元

经营活动分析/陈一青主编.—北京：机械工业出版社，1990.7.—263页；32开.—机械电子工业部机电行业专业管理人员岗位培训教材.—ISBN 7-111-02271-8：4.20元

F407　工业部门经济

F407.1　地质、矿业

乡镇矿业开发管理/李嘉曾主编.—南京：江苏人民出版社，1990.7.—260页；32开.—(当代农村文库/王郁昭，吴象主编).—ISBN 7-214-00488-7：3.00元

地矿职工岗位道德修养/地质矿产部教育司，山东省地质矿产局编.—济南：山东大学出版社，1990.6.—379页；32开.—地矿系统岗位培训试用教材.ISBN 7-5607-0357-7：4.00元

地质经济学与矿物原料政策：矿物原料的勘探、开发、评价、分布与利用/(联邦德国)高赫特(Gocht，W.)著；朱铁民译.—武汉：中国地质大学出版社，1990.2.—191页；16开.—ISBN 7-5625-0423-7：4.25元

书名原文：Wirtschafsgeologie und Rohstoffpolitik

地质勘查工作劳动定额管理/刘路，靳秉强主编.

北京：地质出版社，1990.11.—263页；大32开.—高等学校试用教材.—ISBN 7-116-00685-0：2.30元

地质勘查单位会计凭证、帐簿格式及使用说明/地质会计学会编写组编.—北京：地质出版社，1990.9.—251页；16开.—ISBN 7-116-00618-4：9.30元

地质勘查单位经营管理学/唐咸正主编.—武汉：中国地质大学出版社，1990.3.—443页；32开.—ISBN 7-5625-0430-X：2.85元

封面题名为：地勘单位经营管理学

矿山机械工业企业管理/高永聚，黄书德编著.—北京：煤炭工业出版社，1990.10.—214页；16开.—高等学校教学用书.—ISBN 7-5020-0441-6：2.75元

矿山企业设计基础/孙凯年主编.—北京：冶金工业出版社，1990.5.—155页；16开.—高等学校教学用书.—ISBN 7-5024-0704-9：2.10元

非金属矿床技术经济评价：矿山投资分析/陶维屏等著.—北京：地质出版社，1990.5.—447页；32开.—ISBN 7-116-00726-1：8.60元

黄金企业管理/张佐卿，马英俊主编.—沈阳：辽宁科学技术出版社，1990.8.—503页；大32开.—ISBN 7-5381-0905-6：7.95元

F407.2　能源工业、动力工业

石油工业成本管理/中国石油天然气总公司财务部组织编写.—北京：石油工业出版社，1990.7.—341页；大32开.—ISBN 7-5021-0440-2：4.20元

石油工业企业物资管理/中国石油天然气总公司人事教育部组织编写.—北京：石油工业出版社，1990.11.—394页；32开.—石油工业企业基层干部岗位培训试用教材.—ISBN 7-5021-0503-4：3.65元

石油工业企业管理论文集（二）/中国石油企业管理协会编.—北京：石油工业出版社，1990.8.335页；32开.—ISBN 7-5021-0445-3：3.35元

石油工业企业管理基本知识/中国石油天然气总公司人事教育部组织编写.—北京：石油工业出版社，1990.9.—423页；32开.—石油工业企业基层干部岗位培训试用教材.—ISBN 7-5021-0519-0：4.00元

石油化工企业生产优化管理/陈丙珍等著.—北京：清华大学出版社，1990.8.—304页；大32开.—ISBN 7-302-00657-1：4.50元

石油企业管理/孙彦彬主编.—哈尔滨：哈尔滨工业大学出版社，1990.4.—274页；大32开.—ISBN 7-5603-0262-9：3.90元

石油库管理手册/中国石油化工总公司销售公司编.—北京：烃加工出版社，1990.7.—386页；16开.—ISBN 7-80043-116-9：10.30元

石油经济学/李长林，郑继芳主编.—北京：中国财政经济出版社，1990.11.—304页；大32开.—ISBN 7-5005-1162-0（精装）：4.95元

论石油价格/张文中著.—北京：世界知识出版社，1990.8.—159页；32开.—ISBN 7-5021-0462-3：2.00元

劳动管理/李勤济编著.—北京：煤炭工业出版社，1990.7.—192页；32开.—（煤炭工业企业劳动工资管理丛书）.—ISBN 7-5020-0408-4：2.45元

"两全三化"管理法/邱超著.—哈尔滨：哈尔滨工业大学出版社，1990.8.—132页；32开.—ISBN 7-5603-0268-8：1.90元

怎样当好煤矿区队长/杨崇阳等编著.—北京：煤炭工业出版社，1990.11.—153页；32开.—ISBN 7-5020-0486-6：2.30元

微型计算机在油料管理中的应用/周庆忠编著.—重庆：重庆大学出版社，1990.4.—303页；16开.—ISBN 7-5624-0291-4：3.87元

煤矿机电管理/张世根编.—北京：煤炭工业出版社，1990.10.—236页；大32开.—（煤矿安全技术培训丛书；11/吴星一主编).—ISBN 7-5020-0473-4：4.75元

煤矿全面质量管理基础知识/中国煤炭工业质量管理协会编.—石家庄：河北科学技术出版社，1990.8.—584页；32开.—ISBN 7-5375-0543-8：7.00元

煤矿企业生产组织与管理/祝侃编著.—北京：煤炭工业出版社，1990.3.—270页；16开.—高等学校教学用书.—ISBN 7-5020-0390-4：3.45元

煤矿企业管理/马克家等编.—徐州：中国矿业大学出版社，1990.5.—189页；16开.—中等专业学校教学用书.—ISBN 7-81021-337-7：3.45元

煤矿基本建设管理/张宝印主编.—北京：煤炭工业出版社，1990.2.—475页；大32开.—ISBN 7-5020-0342-3：6.65元

煤矿基层干部必读/韩英，毋宗礼主编.—长春：吉林人民出版社，1990.12.—788页；大32开.—ISBN 7-206-00936-0：11.80元

煤炭工业企业安全管理/王茂林主编.—太原：山西人民出版社，1990.4.—473页；32开.—ISBN 7-203-01253-0：6.70元

煤炭工业企业物资计划与管理/刘颐源等编.—徐州：中国矿业大学出版社，1990.7.—200页；16开.高等学校教学用书.—ISBN 7-81021-377-6：2.60元

煤炭工业企业物资供应与管理/赵娘等编.—徐州：中国矿业大学出版社，1990.4.—239页；16开.—中等专业学校教学用书.—ISBN 7-81021-278-8：2.80元

煤炭工业企业经营管理/石勇等主编.—沈阳：辽宁大学出版社，1990.12.—339页；16开.—ISBN 7-5610-1114-3：7.90元

煤炭工业企业领导科学/鲍恩荣主编；卢存岳等编

写.—北京：煤炭工业出版社，1990.8.—198页；32开.—ISBN 7-5020-0435-1：2.50元

煤炭工业企业管理咨询/曹溪清主编.—徐州：中国矿业大学出版社，1990.7.—371页；16开.—ISBN 7-81021-398-9：9.30元

煤炭工业国家级企业升级标准：1986年7月～1990年5月/中国煤炭工业企业管理协会编.—北京：煤炭工业出版社，1990.6.—716页；16开.—ISBN 7-5020-0457-2：21.00元

煤炭工业固定资产投资统计/刘耀曾，高宗文编.徐州：中国矿业大学出版社，1990.12.—250页；16开.—高等学校教学用书.—ISBN 7-81021-431-4：3.20元

煤炭工程建设施工机械台班费用定额及编制说明/中华人民共和国能源部制订.—北京：煤炭工业出版社，1990.10.—212页；32开.—ISBN 7-5020-0487-4：3.25元

F407.3　冶金工业

有色金属工业统计/毛鸿宾，吕曙明主编.—长沙：湖南科学技术出版社，1990.7.—436页；32开.—ISBN 7-5357-0815-3：6.50元

冶金工业企业管理/李自如主编.—长沙：中南工业大学出版社，1990.12.—249页；16开.—ISBN 7-81028-311-8：5.00元

冶金工业经济管理学/刘惠文，杨文普主编.—沈阳：东北工学院出版社，1990.8.—266页；16开.—高等学校教材.—ISBN 7-81006-109-7：3.78元

冶金技术经济/毕梦林主编.—北京：科学出版社，1990.6.—301页；32开.—（冶金继续工程教育丛书/中国金属学会主编）.—ISBN 7-03-001747-1：6.20元

F407.4　金属加工、机械工业

机械工业企业管理手册（二）：企业组织与领导/《机械工业企业管理手册》编辑委员会编.—北京：机械工业出版社，1990.6.—51页；16开.—ISBN 7-111-02301-3：1.10元

机械工业企业管理手册（二十三）：思想政治工作/《机械工业企业管理手册》编辑委员会编.—北京：机械工业出版社，1990.2.—52页；16开.—ISBN 7-111-01947-4：1.45元

机械工业企业管理手册（二十八）：非装配型企业管理特点/《机械工业企业管理手册》编辑委员会编.北京：机械工业出版社，1990.2.—175页；16开.ISBN 7-111-01781-1：2.60元

机械电子工业企业车间管理/杨国民主编.—北京：机械工业出版社，1990.4.—261页；16开.—机械电子工业企业车间主任岗位培训教材.—ISBN 7-111-02455-9：6.50元

机械设备成套工程学概论/姚润秋，张莹编著.—杭州：浙江科学技术出版社，1990.3.—607页；大32开.—ISBN 7-5341-0225-1：8.90元

机械制造劳动定额学/孙义敏主编.—北京：机械工业出版社，1990.12.—720页；32开.—机械电子工业部机电行业专业管理人员岗位培训教材.—ISBN 7-111-02352-8：8.90元

远洋船队经营管理/毛俠编著.—北京：中国城市经济社会出版社，1990.8.—394页；大32开.—ISBN 7-5074-0364-5：6.00元

汽车的制造管理/（日）村松林太郎主编；韩德恩等译.—北京：机械工业出版社，1990.4.—160页；16开.—ISBN 7-111-01428-6：8.30元

F407.6　电气、电子工业

电力生产企业现代管理学习指导/宋继成主编.—南京：河海大学出版社，1990.8.—255页；32开.—ISBN 7-5630-0309-6：3.00元

电力生产企业现代管理案例/张纯主编.—南京：河海大学出版社，1990.5.—101页；16开.—水利电力系统领导干部岗位培训教材.—ISBN 7-5630-0248-0：2.20元

电力企业责任会计/黄国玺等编著.—北京：北京科学技术出版社，1990.7.—260页；大32开.—ISBN 7-5304-0789-9：5.30元

电力企业经济活动分析/蒋振忠，刘瑞祥编著.—北京：北京科学技术出版社，1990.10.—230页；16开.—北京广播电视大学电力分校教材.—ISBN 7-5304-0765-1：7.00元

电力企业管理概论/彭安福编.—北京：水利电力出版社，1990.11.—190页；16开.—职工大学教材.ISBN 7-120-01140-5：5.70元

电力财务管理新艺术/万巨志编著.—南宁：广西教育出版社，1990.7.—150页；32开.—ISBN 7-5435-0907-5：2.00元

电力经济与管理/王广庆主编.—北京：水利电力出版社，1990.3.—173页；16开.—函授大学教材.—ISBN 7-120-01049-2：2.95元

电力销售学/包一编著.—北京：北京科学技术出版社，1990.5.—558页；大32开.—ISBN 7-5304-0677-9：7.70元

本书阐述了电力销售和使用过程中应遵循的理论和技术业务知识。

电子工业质量管理小组活动手册/中国电子质量管理协会《电子工业质量管理小组活动手册》编委会编.—北京：电子工业出版社，1990.6.—247页；32开.—ISBN 7-5053-0937-4：5.00元

电业财务管理/张贵然等主编.—南京：河海大学出

版社，1990.7.—311页；大32开.—ISBN 7-5630-0261-8：4.80元

抄表收费与营业管理/《工人技术岗位考工指导丛书》编写组编.—北京：机械工业出版社，1990.6.378页；32开.—（电力企业供电类工人技术岗位考工指导丛书）.—ISBN 7-111-02211-4：5.55元

现代化用电管理方法/曹永和，顾仲圻编著.—郑州：河南科学技术出版社，1990.9.—533页；大32开.—供用电管理培训教材.—ISBN 7-5439-0695-4：9.50元

F407.7　化学工业

中药工业企业管理/蒋培华编.—南京：南京大学出版社，1990.12.—271页；32开.—ISBN 7-305-00903-2：4.00元

化工企业能源管理/曾广安主编.—北京：化学工业出版社，1990.12.—403页；大32开.—化工企业管理干部培训教材.—ISBN 7-5025-0905-4：8.00元

化工技术经济/苏健民主编.—北京：化学工业出版社，1990.11.—252页；16开.—高等学校教材.—ISBN 7-5025-0771-X：3.30元

化学工业管理指南/（美）艾默生（Emerson，W.S.）著；唐士培，张炳慧译.—北京：化学工业出版社，1990.4.—203页；32开.—ISBN 7-5025-0511-3：3.20元

书名原文：Guide to the Chemical Industry

医药工业企业管理/尹协鑫，陈锦新编著.—北京：中国医药科技出版社，1990.12.—290页；16开.—ISBN 7-5067-0344-0：9.00元

塑料加工企业管理/陈嘉行编著.—北京：金盾出版社，1990.10.—106页；32开.—（塑料加工企业丛书/叶蕊主编）.—ISBN 7-80022-128-8：2.00元

F407.8　轻工业、手工业

木材加工企业全面质量管理/丛德福等编著.—哈尔滨：东北林业大学出版社，1990.12.—282页；32开.—ISBN 7-81008-189-6：4.00元

服装企业经营管理要诀/易友生，胡石明编著.—长沙：湖南科学技术出版社，1990.6.—219页；32开.ISBN 7-5357-0659-2：2.90元

城乡印刷行业统计工作指导/汪长卿编著.—北京：农村读物出版社，1990.5.—200页；32开.—ISBN 7-5048-1202-1：2.60元

轻工业企业生产经营管理/邢良嘉，顾有为主编.北京：轻工业出版社，1990.5.—396页；大32开.—中等专业学校轻工专业试用教材.—ISBN 7-5019-0769-2：2.90元

轻工企业责任会计模式/焦崇兴等编著.—北京：科学普及出版社，1990.11.—412页；32开.—ISBN 7-110-01802-4：4.00元

轻工企业质量管理/郑自敏等编著.—广州：中山大学出版社，1990.3.—246页；16开.—ISBN 7-306-00303-8：8.00元

烟草工业现代化探索：玉溪卷烟厂优秀管理，技术论文选/景克明主编.—昆明：云南科技出版社，1990.9.—414页：彩照；32开.—ISBN 7-5461-0311-2（精装）：13.00元

烟草企业经营管理概论/马宗连，刘厚德主编.—长春：吉林大学出版社，1990.3.—237页；32开.—ISBN 7-5601-0444-4：3.15元

F407.9　建筑、水利工业

工程建设招标投标概论/李家凤，李纪明主编.—广州：华南理工大学出版社，1990.12.—280页；32开.ISBN 7-5623-0225-1：3.50元

工程项目管理的计算机方法/周国强，林少培编著.—上海：上海交通大学出版社，1990.6.—278页；32开.—（土木工程系统分析与经营决策丛书）.ISBN 7-313-00655-1：1.80元

工程造价管理/徐大图主编.—北京：机械工业出版社，1990.10.—222页；16开.—高等学校试用教材.ISBN 7-111-02332-3：2.90元

工程预算师业务提高必读/唐连珏编著.—北京：中国建筑工业出版社，1990.7.—161页；32开.—ISBN 7-112-01062-4：2.55元

工程勘察经营管理/王启岫主编.—长沙：中南工业大学出版社，1990.10.—352页；大32开.—ISBN 7-81020-318-5：5.00元

安装企业经营管理/钱德永主编—.成都：四川科学技术出版社，1990.7.—472页；32开.—全国安装企业专业管理人员岗位培训教材.—ISBN 7-5364-1602-4：4.85元

财务管理与审计/冶金工业部建设司编.—上海：上海科学技术文献出版社，1990.10.—354页；32开.施工企业中级以上干部岗位培训教材（十）.—ISBN 7-80513-598-3：4.15元

国际工程承包实务/汤礼智编著.—北京：中国对外经济贸易出版社，1990.8.—533页；大32开.—ISBN 7-80004-179-4：8.00元

本书是我国有关对外工程承包业务方面的专著。全书共25章，阐述了国际工程承包的实际业务，介绍了工程实施中各个方面的管理经验，并引证了大量实例。

固定资产投资与建筑业统计/刘钧主编.—北京：中国统计出版社，1990.7.—234页；32开.—统计人员

岗位专业知识培训系列教材　供统计员培训用.—ISBN 7-5037-0431-4：2.90元

质量·生存·发展：全国先进建筑施工企业全面质量管理实例分析/周惠珍，陆怡生主编.—北京：中国建筑工业出版社，1990.9.—226页；16开.—ISBN 7-112-01118-3：9.75元

建材工业企业物资管理实用手册/周志洪主编.—北京：中国建材工业出版社，1990.12.—314页；32开.ISBN 7-80090-002-9：5.00元

建材工业企业管理/王延生主编.—武汉：武汉工业大学出版社，1990.5.—306页；16开.—中等专业学校试用教材.—ISBN 7-5629-0277-1：3.50元

建筑工程预算师手册/朱志杰主编.—北京：中国建筑工业出版社，1990.9.—712页；16开.—ISBN 7-112-01139-6：19.05元

建筑工程综合预算定额的应用/王世昌等编写.—南昌：江西科学技术出版社，1990.1.—618页；16开.ISBN 7-5390-0270-0：14.90元

建筑及安装工程施工图预算速算手册：土建，暖通、电气/符康利等编著.—长春：吉林科学技术出版社，1990.1.—548页；16开.—ISBN 7-5384-0428-7：14.00元

建筑业统计工作手册/国家统计局固定资产投资统计司编.—北京：中国统计出版社，1990.2.—410页；32开.—ISBN 7-5037-0348-2：5.30元

建筑业统计基础工作实务/姚昭文主编.—北京：中国统计出版社，1990.5.—295页；大32开.—ISBN 7 5037-0417-9：5.50元

建筑会计/李祥辉，姚梅炎编著.—南昌：江西科学技术出版社，1990.6.—436页；大32开.—（自学会计丛书）.—ISBN 7-5390-0326-X：4.80元

建筑会计论文选编/黑龙江省建筑会计研究会编.哈尔滨：黑龙江科学技术出版社，1990.9.—283页；32开.—ISBN 7-5388-1262-8：5.50元

建筑企业升级指导手册/王宝仁编著.—北京：中国建筑工业出版社，1990.12.—431页；32开.—ISBN 7-112-01168-X：9.00元

建筑企业方针目标管理案例/周占龙等编著.—北京：中国建筑工业出版社，1990.6.—79页；16开.（建筑企业全面质量管理案例丛书）.—ISBN 7-112-01201-5：2.90元

建筑企业会计审计工作手册/林见明主编.—北京：中国建筑工业出版社，1990.9.—1082页；16开.—ISBN 7-112-00992-8：42.30元

建筑企业财务管理/屠良萦，蒋伟编.—北京：高等教育出版社，1990.9.—259页；32开.—中等职业技术学校试用教材.—ISBN 7-04-003055-1：1.50元

建筑企业经营管理/林焕田编.—北京：高等教育出版社，1990.9.—232页；32开.—中等职业技术学校试用教材.—ISBN 7-04-002824-7：1.40元

建筑安装工程质量预控法/陈季春编著.—2版.—北京：中国建筑工业出版社，1990.3.—865页；16开.ISBN 7-112-00859-X：25.55元

建筑安装工程质量检验评定标准讲座/吴松勤等编.—北京：中国建筑工业出版社，1990.3.—415页；16开.—ISBN 7-112-01111-6：10.30元

建筑、安装及维修工程统一定额和单价/苏联国家建委编；广益等译.—哈尔滨：黑龙江人民出版社，1990.7.—402页；32开.—（黑龙江省边境经济贸易系列丛书；2）.—ISBN 7-207-01570-4：7.80元

建筑技术经济学/西安冶金建筑学院等编.—北京：中国建筑工业出版社，1990.12.—275页；16开.高等学校试用教材.—ISBN 7-112-01133-7：3.55元

建筑经济/丁士昭编著.—北京：中国建筑工业出版社，1990.6.—123页；32开.—（建筑管理现代化丛书）.—ISBN 7-112-00799-2：2.60元

建筑经济大辞典/黄汉江主编.—上海：上海社会科学院出版社，1990.8.—731页；16开.—ISBN 7-80515-506-2（精装）：37.50元

建筑施工企业劳动工资人事管理实用手册/赵景贤等编著.—北京：中国建筑工业出版社，1990.6.557页；16开.—ISBN 7-112-00979-0：24.50元

建筑施工企业技术管理/谢建民编著.—北京：中国建筑工业出版社，1990.10.—394页；32开.—ISBN 7-112-01045-4：8.35元

建筑施工企业质量管理/《建筑施工企业质量管理》编委会编.—石家庄：河北科学技术出版社，1990.2.—356页；32开.—ISBN 7-5375-0466-0：4.20元

建筑施工企业TQC问答与实例/陈吉，张鑑编.济南：山东科学技术出版社，1990.5.—539页；32开.—ISBN 7-5331-0711-X：7.50元

经营管理概论/冶金工业部建设司编著.—上海：上海科学技术文献出版社，1990.11.—675页；32开.—施工企业中级以上干部岗位培训教材（一）.ISBN 7-80513-589-4：9.70元

怎样编制通风安装工程预算/郭凤臻主编.—北京：中国建筑工业出版社，1990.1.—209页；32开.ISBN 7-112-00994-4：2.70元

怎样编建筑工程概预算/朱维益编著.—西安：陕西科学技术出版社，1990.3.—131页；32开.—ISBN 7-5369-0642-0：1.80元

施工生产管理/冶金工业部建设司编著.—上海：上海科学技术文献出版社，1990.12.—337页；32开.施工企业中级以上干部岗位培训教材（三）.ISBN 7-80513-591-6：5.70元

施工企业升级工作指南/杨起君等编.—上海：上海科学技术文献出版社，1990.7.—475页；16开.

ISBN 7-80513-390-5：15.80元

施工企业会计/郭垣烈，张纪兰编著.—北京：中国经济出版社，1990.4.—524页；32开.—ISBN 7-5017-0660-3：9.00元

施工企业会计/肖德长，姚梅炎主编.—北京：中国财政经济出版社，1990.4.—413页；大32开.—ISBN 7-5005-1039-5：5.70元

施工企业财务管理与分析/姚梅炎等编著.—北京：中国财政经济出版社，1990.10.—494页；大32开.—ISBN 7-5005-1051-9：7.15元

施工企业项目管理与配套改革/北京市第一城市建设工程公司编著.—北京：中国建筑工业出版社，1990.9.—349页；大32开.—ISBN 7-112-01170-1：7.50元

施工企业管理　上册/《施工企业管理》编写组编.—2版.—北京：冶金工业出版社，1990.3.—516页；大32开.—ISBN 7-5024-0404-X：10.40元

本书1983年第1版。

施工企业管理　下册/《施工企业管理》编写组编.—2版.—北京：冶金工业出版社，1990.3.—434页；大32开.—ISBN 7-5024-0405-8：8.80元

施工企业管理学/丛吉增，梁世连主编.—2版.—大连：东北财经大学出版社，1990.6.—533页；大32开.—ISBN 7-81005-405-8：7.80元

本书1986年11月第1版。

施工定额管理与实务/王志儒主编.—北京：中国人民大学出版社，1990.12.—250页；大32开.—ISBN 7-300-00992-1：3.75元

施工经营管理手册　中册：专业篇（一）/中国施工企业管理协会组织编写；张岳东主编.—北京：中国建筑工业出版社，1990.5.—489页；16开.—ISBN 7-112-00904-9（精装）：17.50元

施工经营管理手册　下册：煤炭专业篇/刘泰岳等主编；煤炭工业部基建司，煤炭基建管理协会组织编写.—北京：煤炭工业出版社，1990.4.—660页；16开.—ISBN 7-5020-0251-0（精装）：23.50元

基建管理与施工实践/刘春元主编.—北京：学苑出版社，1990.11.—403页；32开.—ISBN 7-5077-0131-X：5.80元

集体建筑企业经营管理/刘振汉主编.—北京：中国建筑工业出版社，1990.8.—259页；大32开.—ISBN 7-112-01192-2：4.50元

微电脑用于编制预算/王在生编著.—北京：中国建筑工业出版社，1990.1.—186页；大32开.—（微电脑在建筑企业管理中的应用丛书/凌崇光主编）.ISBN 7-112-00941-3：5.30元

管理现代化与企业经营/关柯，王要武主编.—哈尔滨：黑龙江科学技术出版社，1990.1.—227页；32开.—（建筑企业实用现代化管理方法丛书）.—ISBN 7-5388-0602-4：3.15元

小型水电站综合经济评价/蒋水心著.—北京：水利电力出版社，1990.7.—156页；32开.—（小水电技术丛书）.—ISBN 7-120-01214-2：3.90元

水利工程经济/杨俊杰，王有秋编.—北京：水利电力出版社，1990.3.—123页；16开.—职工大学教材.—ISBN 7-120-01034-4：3.50元

水利工程经济管理/张五禄主编.—北京：水利电力出版社，1990.5.—164页；16开.—职工中等专业学校教材.—ISBN 7-120-01024-7：4.50元

水利工程经营管理/方一新主编.—北京：水利电力出版社，1990.10.—210页；16开.—（水利经济丛书）.—ISBN 7-120-01243-6：9.95元

水利工程经营管理/陈明致主编.—长春：吉林大学出版社，1990.12.—452页；32开.—ISBN 7-5601-0721-4：5.65元

水利电力土木建筑工程招标承包经营管理/梁鉴等编著.—北京：水利电力出版社，1990.4.—1册（234，38，38页）；16开.—ISBN 7-120-01209-6：13.15元

水利单位预算会计/叶建松等编著.—北京：中国商业出版社，1990.12.—226页；32开.—（水利会计丛书）.—ISBN 7-5044-0630-9：2.80元

水利经济论文选集/全国水利经济科学技术情报网编.—北京：中国科学技术出版社，1990.11.—272页；16开.—ISBN 7-5046-0354-6：11.80元

F41　世界工业经济

发展中国家的工业发展政策/（　）约翰·科迪等主编；张虹等译.—北京：经济科学出版社，1990.12.—301页；大32开.—（现代经济发展研究丛书）.—ISBN 7-5058-0364-6：4.80元

书名原文：Policies for Industrial Progress in Developing Countries

汽车大亨/（美）哈伯斯塔姆（Halberstam，D.）著；李永新等译.—北京：机械工业出版社，1990.7.—714页；大32开.—ISBN 7-111-02258-0：14.00元

本书原文：《清算》（The Reckoning）

本书是以文学手笔书写的一部当代汽车工业发展的历史。从上世纪末写起，直到1986年，时间跨度将近一个世纪。书中不仅以福特、日产为主线，叙述了美国、日本汽车工业的发展史，而且介绍了南朝鲜汽车工业最近10年发展的情况。

国际建筑工程承包指南/雷胜强，孟祥芝编著.—北京：中国建筑工业出版社，1990.7.—342页；大32开.—ISBN 7-112-00924-3：8.75元

F42　中国工业经济

中国工业现状/国务院工业普查领导小组办公室，

国家计委经济研究所编.—北京：人民出版社，1990.5.—630页：彩照；16开.—ISBN 7-01-000537-0（精装）：23.00元

本书分为中国工业的产出规模、技术装备与科技进步、劳动工资、积累、经济效益、产品价格、进出口、结构、地区布局、组织管理10篇。

中国工业经济统计年鉴：1990/国家统计局工业交通统计司编.—北京：中国统计出版社，1990.12.464页；16开.—ISBN 7-5037-0497-7（精装）：34.00元

中国工业普查：中国1985年工业普查资料分析国际研讨会论文集/中国1985年工业普查资料分析国际研讨会秘书处编.—北京：中国铁道出版社，1990.6.596页；大32开.—ISBN 7-113-00946-8（精装）：20.00元

中国合作工业企业/中华全国手工业合作总社办公室编.—北京：改革出版社，1990.4.—536页；16开.ISBN 7-80072-001-X（精装）：28.00元

F423 工业计划与管理

工业普查和工业统计论文选.—北京：中国统计出版社，1990.6.—336页；32开.—ISBN 7-5037-0364-4：5.00元

乡镇工业经济管理/彭辰等主编.—武汉：武汉工业大学出版社，1990.6.—300页；32开.—ISBN 7-5629-0395-6：3.90元

中国工业经济管理学/韩荣久主编.—北京：中国经济出版社，1990.1.—402页；32开.—ISBN 7-5017-0713-8：4.95元

坚持承包制搞活大企业/首钢研究与开发公司编.北京：中国民主法制出版社，1990.6.—230页；32开.ISBN 7-80078-015-5：3.30元

F424 工业建设与发展

中国工业布局的理论与实践/陆大道等著.—北京：科学出版社，1990.5.—243页；16开.—ISBN 7-03-001753-7（精装）：16.40元

中国工业布局的理论与实践/陆大道等著.—北京：科学出版社，1990.5.—243页；16开.—ISBN 7-03-001713-7：13.90元

中国工业经济效益问题研究/马洪等主编.—北京：中国社会科学出版社，1990.7.—2册（569，645页）；大32开.—ISBN 7-5004-0603-7：23.20元

中国工业部门结构研究/俞恒编著.—太原：山西人民出版社；北京：中国社会科学出版社，1990.4.—397页；大32开.—（中国社会主义经济结构研究丛书/马洪，孙尚清主编）.—ISBN 7-203-00253-6：5.50元

中国亚热带东部地区工业开发研究/中国科学院南方山区综合科学考察队编著.—北京：科学出版社，1990.3.—313页；16开.—（南方山区综合科学考察专辑）.—ISBN 7-03-001861-3：15.00元

中国原材料工业发展与对策/中国原材料工业发展与对策课题组编.—北京：中国科学技术出版社，1990.11.—227页；16开.—ISBN 7-5046-0196-9：10.00元

地区性工业经济研究：一个青年经济师的思考/李效伟编著.—北京：经济科学出版社，1990.5.—160页；32开.—ISBN 7-5058-0321-2：2.20元

技术引进项目可行性研究报告编制方法/郑柏树，韩习颖编著.—北京：中国对外经济贸易出版社，1990.2.—565页；32开.—ISBN 7-80004-094-1：6.50元

技术改造与技术引进项目程序指导/北京市计划委员会工业处，北京市经济委员会技术改造处编著.北京：北京科学技术出版社，1990.3.—199页；32开.—ISBN 7-5304-0612-4：2.50元

利用外资引进技术问题研究/杨爱群编著.—北京：人民出版社，1990.1.—102页；32开.—ISBN 701-000528-1：1.50元

F425 工业企业组织和经营管理

中国工业企业管理学 第一分册：工业企业管理原理与组织/杨先举主编.—3版（修订本）.—北京：中国人民大学出版社，1990.12.—259页；大32开.—ISBN 7-300-00960-3：4.00元

中国工业企业管理学 第二分册：工业企业经营决策与计划/解培才主编.—2版（修订本）.—北京：中国人民大学出版社，1990.12.—254页；大32开.ISBN 7-300-00988-3：3.90元

中国工业企业管理学 第十分册：工业企业经营战略/解培才主编.—北京：中国人民大学出版社，1990.5.—320页；大32开.—ISBN 7-300-00682-5：3.95元

中国工业企业管理学 第十一分册：工业企业技术论/沈亮安编著.—北京：中国人民大学出版社，1990.3.—344页；大32开.—ISBN 7-300-00681-7：3.95元

县级工业决策理论与实践/张殿忠，公丕汉编著.济南：山东人民出版社，1990.4.—165页；大32开.（县级决策理论与实践丛书/杜秀明，王国华主编）.—ISBN 7-209-00633-3：2.60元

县级工业经济管理/林耐伟主编.—上海：上海科学普及出版社，1990.6.—322页；32开.—ISBN 7-5427-0282-3：3.80元

F426　工业部门经济

F426.1　地质、矿业

大雁矿务局志/刘志成主编；大雁矿务局编.—海拉尔：内蒙古文化出版社，1990.2.—490页；16开.ISBN 7-80506-073-8（精装）：25.00元

东川铜矿志/东川矿务局编.—昆明：云南民族出版社，1990.12.—492页；16开.—ISBN 7-5367-0359-7（精装）：36.00元

当代中国的地质事业/夏国治，程裕琪主编；《当代中国》丛书编辑部编辑.—北京：中国社会科学出版社，1990.3.—628页：彩照；大32开.—（当代中国丛书/邓力群等主编）.—ISBN 7-5004-1566-9（精装）：19.55元

创业·改革·奋飞：广西部分厂矿企业史/李炳东，黄可鉴主编.—南宁：广西人民出版社，1990.5.—381页；大32开.—ISBN 7-219-01548-8：3.30元

矾矿春秋/《矾矿春秋》编撰委员会编.—合肥：安徽人民出版社，1990.4.—216页；大32开.—ISBN 7-212-00377-3：3.60元

庐江矾矿开采矿石炼制明矾始于唐朝中宗年间，至今已逾千年。本书讲述了矾矿发展的历史。

南票矿务局志/《南票矿务局志》编纂委员会著.北京：中国计划出版社，1990.4.—490页；16开.—ISBN 7-80058-123-3（精装）：55.00元

F426.2　能源工业、动力工业

大屯煤电志：1970～1987/中国统配煤矿总公司大屯煤电公司史志编纂委员会编.—上海：上海人民出版社，1990.6.—95页；16开.—ISBN 7-208-00917-1：9.90元

大庆石油管理局年鉴：1989/大庆石油管理局年鉴编纂委员会编.—北京：中国文史出版社，〔1990〕.499页；16开.—ISBN 7-5034-0154-0（精装）：65.00元

大庆精神赞/中共黑龙江省委党的生活杂志社编.上海：上海人民出版社，1990.5.—197页；32开.ISBN 7-208-00879-5：2.30元

广西煤炭工业大事记/广西煤炭厅修志办公室编.南宁：广西人民出版社，1990.4.—177页；32开.—ISBN 7-219-01462-7：1.90元

太原煤炭工业研究/杨文清主编.—北京：中国计划出版社，1990.1.—257页；大32开.—ISBN 7-80058-101-2：4.00元

中国石油工业：1949～1989：汉英对照/《中国石油工业》编辑部编.—北京：石油工业出版社，1989.11.—305页；大16开.—ISBN 7-5021-0421-6（精装）

中国石油工业：1949～1989：汉英对照/《中国石油工业》编辑部编.—北京：石油工业出版社，1989.11.—305页；大16开.—ISBN 7-5021-0420-8

中国石油工业艰难创业　第一集/金钟超主编.—北京：石油工业出版社，1990.11.—232页；大32开.ISBN 7-5021-0565-9：2.80元

本书是奋战在石油战线上的老干部、老职工的回忆文集。

中国石油天然气总公司辽河设计院志/辽河油田设计院院志办公室编.—沈阳：沈阳出版社，1990.9.323页；16开.—ISBN 7-80556-453-1（精装）：53.00元

中国地方志煤炭史料选辑/祁守华，钟晓钟编.北京：煤炭工业出版社，1990.8.—639页；大32开.ISBN 7-5020-0059-3：10.00元

中国近代煤矿史/《中国近代煤矿史》编写组编.北京：煤炭工业出版社，1990.3.—345页；大32开.ISBN 7-5020-0254-5：7.95元

中国统配煤矿总公司煤炭科技工作会议文集/煤炭工业技术咨询委员会编.—北京：煤炭工业出版社，1990.10.—413页；16开.—ISBN 7-5020-0464-5：11.30元

中国能源统计年鉴：1989/国家统计局工业交通统计司编.—北京：中国统计出版社，1990.2.—417页；16开.—ISBN 7-5037-0372-5（精装）：27.00元

中国煤矿机械工业四十年：1949～1989/林延中，周蝤先主编；《中国煤矿机械工业四十年》编审委员会编.—北京：煤炭工业出版社，1990.3.—477页：彩照；16开.—ISBN 7-5020-0433-5（精装）：36.55元

中国煤炭工业四十年：庆贺我国原煤产量超过10亿吨/彭世济，冯为民主编.—北京：煤炭工业出版社，1990.4.—181页；16开.—ISBN 7-5020-0427-0：8.00元

中国煤炭工业年鉴：1989/《中国煤炭工业年鉴》编审委员会编.—北京：煤炭工业出版社，1990.5.223页：彩照；16开.—ISBN 7-5020-0301-1（精装）：15.00元

中国煤炭工业年鉴：1990/《中国煤炭工业年鉴》编审委员会编.—北京：煤炭工业出版社，1990.10.201页：彩照；16开.—ISBN 7-5020-0482-3（精装）：17.00元

中国煤炭价格/刘贯文等主编.—北京：中国计划出版社，1990.9.—344页；大32开.—ISBN 7-80058-154-3：5.00元

长岭炼油化工厂——社会主义企业的榜样/湖南日报社主编.—长沙：湖南科学技术出版社，1990.6.190页；32开.—ISBN 7-5357-0816-1：2.40元

石化职工道德概论/李人朴，乔景文主编.—沈阳：辽宁人民出版社，1990.10.—283页；大32开.

ISBN 7-205-01620-7：4.55元

石油企业劳动工资统计/胡玉琼编.—北京：石油工业出版社，1990.5.—200页；32开.—中等专业学校教学用书.—ISBN 7-5021-0442-9：1.20元

石油职业道德/贺安敬等主编.—东营：石油大学出版社，1990.10.—260页；大32开.—ISBN 7-5636-0119-3：3.85元

闪光的乌金：盐城煤炭工业20年侧记/盐城市矿务局，盐城人民广播电台编.—南京：江苏人民出版社，1990.6.—288页；32开.—ISBN 7-214-00457-7：3.50元

辽河油田企业管理论文集：1931～1990/刘沐主编.—东营：石油大学出版社，1990.7.—515页；32开.—ISBN 7-5636-0095-7：2.00元

地方煤炭运销管理/崔先堂等著.—北京：北京出版社，1990.8.—376页；32开.—ISBN 7-200-01212-2：6.00元

企业能源科学管理和节能技术/齐起生主编.—北京：中国铁道出版社，1990.12.—390页；32开.—ISBN 7-113-00994-8：5.15元

江西煤炭工业大全/江西煤炭工业大全编委会编.海口：南海出版公司，1990.12.—289页；16开.—ISBN 7-80570-184-9(精装)：20.00元

并非模式：一个小煤窑步入现代化坦途的系列报告/周培玉，戚兆超主编.—北京：企业管理出版社，1990.10.—251页；大32开.—ISBN 7-80001-138-0：6.25元

学习大庆学习"铁人"/学习大庆学习"铁人"编写组编.—北京：中国国际广播出版社，1990.5.253页：照片；32开.—ISBN 7-80035-561-6：3.25元

临盘指挥部志/刘吉生主编；胜利油田临盘指挥部志编审委员会编.—济南：山东人民出版社，1990.7.—458页：照片；16开.—ISBN 7-209-00731-8：(精装)：23.15元

测井公司志/胜利油田《测井公司志》编辑部编.济南：山东人民出版社，1990.8.—461页；大32开.ISBN 7-209-00668-0(精装)：12.20元

陶庄煤矿志/枣庄矿务局陶庄煤矿史志编纂委员会编.—上海：上海人民出版社，1990.10.—536页：彩照；16开.—ISBN 7-208-01049-8(精装)：30.00元

简明中国石油史/王文杰等编.—东营：石油大学出版社，1990.8.—157页；32开.—ISBN 7-5636-0091-4：2.00元

F426.3　冶金工业

上海冶金：1989/上海市冶金局办公室编.上—海：上海科学技术文献出版社，1990.3.—349页；16开.—ISBN 7-80513-571-1(精装)：30.00元

山东冶金志：1904～1987/《山东冶金志》编纂委员会编.—北京：冶金工业出版社，1990.9.—405页；16开.—ISBN 7-5024-0790-1(精装)：17.00元

中国钢铁工业年鉴：1990/冶金工业部《中国钢铁工业年鉴》编辑委员会编.—北京：冶金工业出版社，1990.11.—316页；16开.—ISBN 7-5024-0803-7(精装)：30.00元

汉冶萍公司志/刘明汉主编；湖北省冶金志编纂委员会编.—武汉：华中理工大学出版社，1990.5.—289页；16开.—ISBN 7-5609-0481-5(精装)：27.00元

当代中国的有色金属工业/刘学新主编；《当代中国》丛书编辑部编辑.—北京：中国社会科学出版社，1990.2.—566页：彩照；大32开.—(当代中国丛书/邓力群等主编).—ISBN 7-5004-547-2：15.25元

江钢之路/陈荣华等主编.—上海：上海社会科学院出版社，1990.5.—302页；大32开.—ISBN 7-80515-564-X：5.90元

冶金工业治理整顿实践与探索/冶金工业部政策法规司编.—北京：中国科学技术出版社，1990.11.—493页；32开.—ISBN 7-5046-0200-0：8.00元

F426.4　金属加工、机械工业

中国机械工业专业化的道路/何效宁编著.—北京：机械工业出版社，1990.2.—152页；32开.—ISBN 7-111-01967-9：4.40元

中国机械工业产业政策研究/《中国机械工业产业政策研究》编委会编.—北京：机械工业出版社，1990.2.—365页；16开.—ISBN 7-111-02089-8：16.00元

中国国防工业军民结合十周年专辑：1979～1989/中国机电报社，军工技术民用报社编辑.—北京：兵器工业出版社，1990.4.—256页；大16开.—ISBN 7-80038-225-7(精装)

中国原子弹的制造/(美)刘易斯(Lewis, J. W.)，(美)薛理泰编著；李丁等译.—北京：原子能出版社，1990.8.—299页；大32开.—ISBN 7-5022-0284-6：6.20元

书名原文：China Builds Atomic Bomb

中国焊管企业概况/《焊管》杂志编辑部编.—北京：机械工业出版社，1990.9.—93页；大16开.ISBN 7-111-02658-6：15.00元

成都标准件一厂志：1966～1986/成都标准件一厂编纂小组编纂.—成都：四川人民出版社，1990.9.176页；大32开.—ISBN 7-220-01122-9(精装)：7.20元

当代中国的机械工业/景晓村主编；《当代中国》

丛书编辑部编辑.—北京：中国社会科学出版社，1990.10.—2册（1170页）：彩照；大32开.—（当代中国丛书/邓力群等主编）.—ISBN 7-5004-0635-5（精装）：34.20元

华容县农业机械志/华容县农业机械志编纂组编.—北京：中国文史出版社，1990.10.—228页；大32开.—ISBN 7-5034-0260-1：7.80元

江苏机械工业四十年/江苏省机械工业厅编.—南京：江苏人民出版社，1990.12.—659页；大32开.—ISBN 7-214-00606-5（精装）：20.00元

常柴之路/雪明主编.—南京：东南大学出版社，1990.9.—132页；32开.—ISBN 7-81023-417-X：2.00元

鞍山市机械工业志/胡盛军主编.—沈阳：辽宁人民出版社，1990.10.—464页：彩照；16开.—（鞍山市志丛书）.—ISBN 7-205-01569-3（精装）：25.00元

F426.47/.5 交通运输及航空工业

大连市肇事车辆修理工时定额/《肇事车辆修理工时定额》编写组编.—沈阳：辽宁人民出版社，1990.8.—54页；16开.—ISBN 7-205-01573-1：14.00元

中国汽车工业企业大全：中、底盘及车身零部件企业/中国汽车技术研究中心编.—长春：吉林科学技术出版社，1990.1.—892页；16开.—ISBN 7-5384-0463-5：42.00元

中国的汽车工业：1989/中国汽车技术研究中心编.—长春：吉林科学技术出版社，1990.1.—48页；16开.—ISBN 7-5384-0476-7：8.00元

牡丹江机车工厂志/《牡丹江机车工厂志》编辑工作委员会编.—牡丹江：黑龙江朝鲜民族出版社，1990.3.—430页；16开.—ISBN 7-5389-0235-X（精装）：55.00元

青山船厂史/杨宏才主编.—武汉：武汉出版社，1990.11.—279页；大32开.—ISBN 7-5430-0391-0（精装）：3.50元

奋进自强，争创一流：铁道部眉山车辆工厂经验集/李吉荣主编.—峨眉山：西南交通大学出版社，1990.10.—144页；大32开.—ISBN 7-81022-212-0：1.90元

宜昌船厂史/何永敬主编.—武汉：武汉出版社，1990.9.—199页；大32开.—ISBN 7-5430-0390-2（精装）：2.60元

船舶工业企业生产管理/周彭寿主编.—北京：国防工业出版社，1990.3.—303页；大32开.—管理干部岗位培训教材.—ISBN 7-118-00660-2：4.30元

F426.6 电气、电子工业

大连电视机厂厂史：1979～1988/《大连电视机厂厂史》编写组编.—大连：大连出版社，1990.1.—220页：彩照；大32开.—ISBN 7-80555-266-5

大理白族自治州电力工业志/大理州电力工业公司编.—昆明：云南民族出版社，1990.9.—348页：彩照；大32开.—（云南地方志丛书）.—ISBN 7-5367-0299-X（精装）：17.00元

万家灯火之歌/《万家灯火之歌》编写组编.—济南：山东人民出版社，1990.1.—280页；32开.—ISBN 7-209-00604-4：5.50元

上海电力建筑工程公司深化改革搞活经营的经验/马致中主编.—上海：复旦大学出版社，1989.12.—208页；32开.—ISBN 7-309-00305-5：10.00元

山西电力发展历史与未来/王龙主编；周玉明等编写.—北京：机械工业出版社，1990.12.—351页；大32开.—ISBN 7-111-02727-2：8.00元

中国水力发电年鉴：1984～1988/中国水力发电年鉴编辑部编辑.—北京：学术书刊出版社，1990.4.—880页；16开.—ISBN 7-80045-639-0（精装）：30.00元

中国电工技术发展四十年/中国电工技术学会编.—北京：机械工业出版社，1990.11.—340页；16开.—ISBN 7-111-02722-1（精装）：38.00元

中国电机制造业厂商名录/机械电子工业部机械科技情报所《中国电机制造业厂商名录》编辑部编.—北京：机械工业出版社，1990.1.—221页；16开.—ISBN 7-111-02058-8（精装）：16.00元

中国电器工业发展史：专业卷一：发电、输变电、配电设备/中国电器工业发展史编委会编.—北京：机械工业出版社，1990.12.—413页；大32开.—ISBN 7-111-02482-6：17.00元

中国电器工业发展史：专业卷二：用电设备/《中国电器工业发展史》编辑委员会.—北京：机械工业出版社，1990.5.—525页：彩照；大32开.—ISBN 7-111-02483-4：16.00元

中国电器工业发展史：专业卷三：电工材料、新技术及其他专业部分/《中国电器工业发展史》编辑委员会编.—北京：机械工业出版社，1990.12.—399页；大32开.—ISBN 7-111-02484-2：15.00元

中国机电企业大全/机电部经济信息中心编.—北京：中国展望出版社，1990.2.—1056页；16开.—ISBN 7-5050-0612-6（精装）：48.00元

中国机械电子工业年鉴：机械卷：1990/中国机械电子工业年鉴（机械卷）编辑委员会编.—北京：机械工业出版社，1990.11.—254页；16开.—ISBN 7-111-02491-5（精装）：38.00元

内蒙古大兴安岭林业电业局志/《内蒙古大兴安岭林业电业局志》编纂办公室编.—海拉尔：内蒙古文

化出版社，1990.7.—391页；16开.—ISBN 7-30506-102-5（精装）：15.00元

长城的崛起/徐永青，戴战军著.—北京：国际文化出版公司，1990.11.—242页；大32开.—ISBN 7-80049-644-9：4.30元

电费管理知识/李秀中编著.—太原：山西科学教育出版社，1990.5.—307页；32开.—ISBN 7-5377-0260-3：3.60元

台湾机电工业/周国栋等编著.—北京：机械工业出版社，1990.2.—397页；大32开.—ISBN 7-111-01893-1：10.50元

发展中国西部工业的成功道路：对云南电视机厂的调查与思考/乐国安，钟元俊主编.—天津：南开大学出版社，1990.5.—197页；大32开.—ISBN 7-310-00323-3：5.00元

机械电子工业企业车间主任岗位培训指导/机械电子工业部教育司编.—北京：机械工业出版社，1990.6.—133页；32开.—ISBN 7-111-02513-X：3.00元

全国电力系统单位名录/能源部办公厅秘书处编.北京：水利电力出版社，1990.8.—330页；32开.—ISBN 7-120-01073-5：5.90元

沂南县电业志/沂南县供电局编.—济南：山东人民出版社，1990.9.—160页；16开.—ISBN 7-209-00730-X（精装）：15.00元

奋进中的华中电业/戚大安主编.—武汉：湖北人民出版社，1990.6.—96页；32开.—ISBN 7-216-00580-5：1.30元

泗洪县电力工业志/泗洪县供电局编.—南京：东南大学出版社，1990.10.—138页；32开.—ISBN 7-1023-410-2：2.40元

凌河发电厂志/奚永平主编.—沈阳：辽宁大学出版社，1990.5.—267页；大32开.—ISBN 7-5610-0921-6（精装）：8.75元

榆林供电局志/榆林供电局史志编纂委员会编.西安：三秦出版社，1990.12.—107页；16开.—ISBN 7-80546-324-7：6.00元

廉江县电力工业志/《廉江县电力工业志》编辑组编.—广州：广东科技出版社，1990.1.—112页；16开.—（湛江市地方志丛书）.—ISBN 7-5359-0548-X

F426.7　化学工业

中西药厂百年史/中西药厂，上海社会科学院经济研究所编.—上海：上海社会科学出版社，1990.4.195页；大32开.—（中华企业史丛书）.—ISBN 7-80515-578-X：5.00元

中国医药工业.—北京：新星出版社，1990.—20页；32开.—ISBN 7-80085-319-5：2.00元

中国兽药械企业名录/杨心瑞主编.—上海：上海科学技术出版社，1990.12.—197页；16开.—ISBN 7-5323-2124-X：14.10元

化学工业发展战略研究：山西煤化工研讨会论文集/政协山西省委员会编.—北京：科学出版社，1990.11.—664页；大32开.—ISBN 7-03-02193-2：10.00元

石油化学工业技术与经济/林华主编.—北京：中国石化出版社，1990.12.—430页；大32开.—ISBN 7-80043-176-2：6.00元

本书概括介绍了石油化学工业发展历程与现状。

吉化经验问答/化学工业部学吉化领导小组办公室编.—北京：化学工业出版社，1990.5.—54页；64开.—ISBN 7-5025-0811-2：0.60元

西北橡胶厂经济效益分析与对策研究/西安交通大学大中型工业企业发展研究课题组编.—西安：陕西科学技术出版社，1990.3.—174页；32开.—大中型工业企业发展研究.—ISBN 7-5369-0739-7：2.20元

全国化工系统通讯录/高大来等编.—北京：化学工业出版社，1990.1.—655页；16开.—ISBN 7-5025-0749-3：25.00元

如何办好社会主义企业：吉林化学工业公司经验总结　上册/李德增等主编；吉林省学吉化领导小组，化学工业部学吉化领导小组组织编写.—北京：化学工业出版社，1990.11.—172页；大32开.—ISBN 7-5025-0856-2：3.20元

如何办好社会主义企业：吉林化学工业公司经验总结　下册/朱永涛等主编；化学工业部学吉化领导小组，吉林省学吉化领导小组组织编写.—北京：化学工业出版社，1990.11.—297页；大32开.—ISBN 7-5025-0857-0：5.20元

丽源公司和她的四朵金花/李平著.—北京：经济日报出版社，1990.9.—182页；32开.—ISBN 7-80036-293-0：2.60元

本书介绍丽源化妆品公司在企业改革、技术进步、产品开发、开拓市场等方面的经验和走向明天的发展战略。

求索之路：吉林化学工业公司改革经验/新华社中国新闻资料社；化学工业部吉化办公室编.北京：新华出版社，1990.2.—271页；大32开.—ISBN 7-5011-0695-9：5.00元

医药经济论文选/郑国辰，余传隆选编.—北京：中国医药科技出版社，1990.12.—380页；大32开.—ISBN 7-5067-0252-5：8.00元

美在这里塑造：上海塑料制品三厂史话/王石著.上海：上海社会科学院出版社，1990.8.—276页；大32开.—ISBN 7-80510-597-6：5.00元

新亚的历程：上海新亚制药厂的过去、现在和将来/陈礼正，袁恩桢主编.—上海：上海社会科学院出版社，1990.5.—153页；大32开.—（中华企业史丛书）.—ISBN 7-80515-588-7：3.20元

F426.8　轻工业、手工业

上海新光内衣染织厂五十五年：1933～1988/葛中平，董宁祥主编.—上海：上海社会科学院出版社，1990.7.—158页；大32开.—(中华企业史丛书).—ISBN 7-80515-592-5：4.00元

广丰糖厂志/袁庆禧主编.—广州：中山大学出版社，1990.7.—155页：彩照；16开.—(湛江地方志丛书).—ISBN 7-306-00329-1：18.00元

无锡市丝绸工业志/钱耀兴主编.—上海：上海人民出版社，1990.7.—575页；大32开.—(太湖流域地区专业志丛书/钱耀兴主编).—ISBN 7-208-00763-2：25.00元

中国包装年鉴：1990/中国包装技术协会编.—北京：中国物资出版社，1990.12.—497页：彩照；16开.—ISBN 7-5047-0223-4(精装)：28.00元

中国近代缫丝工业史/徐新吾主编；上海市丝绸进出口公司，上海社会科学院经济研究所编写.—上海：上海人民出版社，1990.9.—711页；大32开.—ISBN 7-208-00763-2(精装)：20.00元

中国轻工业四十年：1949～1989/陈新，丛国滋主编.—北京：中国轻工业出版社，1990.10.—445页；16开.—(精装)：20.00元

中国轻工业产业发展对策研究/孙德君等主编.—北京：经济科学出版社，1990.12.—2册(1105页)；大32开.—ISBN 7-5058-0400-6：18.00元

中国食品工业年鉴：1989/《中国食品工业年鉴》编辑部编辑.—北京：轻工业出版社，1990.8.—773页；16开.—ISBN 7-5019-0839-7(精装)：42.00元

中国造纸年鉴：1990/中国造纸学会编.—北京：轻工业出版社，1990.6.—866页；彩图；16开.ISBN 7-5019-0831-1(精装)：40.00元

民国盐务史稿/丁长清主编；刘佛丁等编写.—北京：人民出版社，1990.9.—439页；大32开.—ISBN 7-01-000597-4：7.25元

全国纺织行业联系册/纺织工业出版社第二编辑室编.—北京：纺织工业出版社，1990.10.—533页；大32开.—ISBN 7-5064-0562-8(精装)：20.00元

企业管理与经济发展：芜湖东方纸版厂史志：1956～1988/《中华企业发展史》丛书编辑部编.北京：文化教育出版社，1990.3.—458页；大32开.(中华企业发展史丛书).—ISBN 7-5018-0065-0(精装)：9.20元

企业管理与经济发展：芜湖东方纸版厂史志：1956～1988/《中华企业发展史》丛书编辑部编辑.北京：文化教育出版社，1990.3.—453页；大32开.(中华企业发展史丛书).—ISBN 7-5018-0064-2：7.35元

走出困境/徐孝纯著.—沈阳：辽宁人民出版社，1990.12.—239页；32开.—ISBN 7-205-01579-0：5.00元

本书介绍北京印染厂厂长徐孝纯同志及其所创造的"达美"企业集团的事迹和经验。

宋代盐业经济史/郭正忠著.—北京：人民出版社，1990.7.—969页；大32开.—ISBN 7-01-00656-3：14.50元

宋盐管窥/郭正忠著.—太原：山西经济出版社，1990.5.—452页；32开.—ISBN 7-80577-009-3：7.20元

本书考察了宋代的海盐、解盐和井盐的历史。

纺织大国/刘桂复著.—济南：济南出版社，1990.12.—187页；32开.—(产业春秋丛书/戴松成主编).—ISBN 7-80572-330-3：3.65元

本书介绍了我国现代纺织业的历史和现状。

武汉一轻工业/谭立超主编.—北京：中国华侨出版公司，1990.8.—551页；16开.—ISBN 7-80074-375-6：42.00元

国营森工企业承包经营管理/刘国成等主编.—哈尔滨：东北林业大学出版社，1990.10.—390页；32开.—ISBN 7-81008-169-1：4.50元

沱牌奏鸣曲：射洪沱牌曲酒厂/周世界等作.—北京：人民日报出版社，1990.11.—182页：照片；32开.(中国著名企业丛书).—ISBN 7-80002-116-5：3.45元

郑州一轻志/崔新峰主编.—郑州：中州古籍出版社，1990.12.—521页；大32开.—(郑州市地方志丛书).—ISBN 7-5348-0466-3：15.50元

唐代盐政/陈衍德，杨权著.—西安：三秦出版社，1990.12.—168页；大32开.—(隋唐历史文化丛书).—ISBN 7-80546-238-0：2.80元

湖南烟草企业经济管理论文集/湖南省烟草学会经济管理委员会编.—长沙：湖南科学技术出版社，1990.7.—256页；32开.—ISBN 7-5357-0818-8(精装)：3.30元

廉江县二轻工业志/曾方熙主编.—广州：中山大学出版社，1990.11.—121页；16开.—(湛江地方志丛书).—ISBN 7-306-00331-3

粮油工业统计基础理论/邝美瑕主编.—北京：中国商业出版社，1990.11.—444页；32开.—(武汉粮院丛书).—ISBN 7-5044-0769-0：5.25元

福建食品工业四十年/福建省食品工业公司编.北京：新华出版社，1990.2.—134页；大16开.—ISBN 7-5011-0691-6

缪秋杰与民国盐务/李涵等著.—北京：中国科学技术出版社，1990.10.—254页；大32开.—ISBN 7-5046-0237-X：6.00元

F426.9 建筑、水利工业

上海市建筑业现代化管理应用成果选粹：1988～1989/顾祖惠，施佳燕主编.—上海：上海科学普及出版社，1990.12.—296页；32开.—ISBN 7-5427-0351-X：5.20元

上海建筑施工企业概况/上海市建设工程招标投标管理办公室编.—上海：上海科学技术文献出版社，1990.3.—377页；16开.—ISBN 7-80513-570-3(精装)：25.00元

中国建材单位通讯手册/尹青山等主编.—北京：中国建材工业出版社，1990.10.—648页；16开.—ISBN 7-80090-000-2(精装)：39.00元

中国建筑业改革十年/肖桐主编.—北京：中国建筑工业出版社，1990.8.—584页；大32开.—ISBN 7-112-01214-7：5.00元

中国建筑年鉴：1988～1989/《中国建筑年鉴》编委会编.—北京：中国建筑工业出版社，1990.2.644页；16开.—ISBN 7-112-01069-1(精装)：40.00元

中国建筑材料工业技术政策/国家建筑材料工业局政策法规司编.—武汉：武汉工业大学出版社，1990.9.—36页；32开.—ISBN 7-5629-0417-0：1.50元

市政工程预算定额编制说明汇编/建设部标准定额研究所编.—北京：中国计划出版社，1990.3.—340页；32开.—ISBN 7-80058-116-0：4.20元

当代中国的建筑材料工业/王燕谋主编；《当代中国》丛书编辑部编.—北京：中国社会科学出版社，1990.12.—681页；大32开.—(当代中国丛书/邓力群等主编).—ISBN 7-5004-0742-4(精装)：19.20元

全国统一安装工程预算定额补充定额汇编/建设部标准定额研究所编.—北京：中国计划出版社，1990.10.—329页；大32开.—ISBN 7-80058-145-4：6.50元

全国统一安装工程预算定额河南省安装工程单位估价表 第一册：机械设备安装工程/河南省城乡建设环境保护厅编.—郑州：河南科学技术出版社，1990.6.—499页；大32开.—ISBN 7-5349-0606-7(塑精装)：12.30元

全国统一安装工程预算定额河南省安装工程单位估价表 第二册：电气设备安装工程/河南省城乡建设环境保护厅编.—郑州：河南科学技术出版社，1990.6.—512页；大32开.—ISBN 7-5349-0607-5(塑精装)：13.00元

全国统一安装工程预算定额河南省安装工程单位估价表 第六册：工艺管道工程/河南省城乡建设环境保护厅编.—郑州：河南科学技术出版社，1990.6.541页；大32开.—ISBN 7-5349-0605-9(塑精装)，13.30元

全国统一安装工程预算定额河南省安装工程单位估价表 第八册：给排水、采暖、煤气工程/河南省城乡建设环境保护厅编.—郑州：河南科学技术出版社，1990.6.—239页；大32开.—ISBN 7-5349-0608-3(塑精装)：6.20元

全国统一安装工程预算定额河南省安装工程单位估价表 第九册：通风、空调工程/河南省城乡建设环境保护厅编.—郑州：河南科学技术出版社，1990.6.—149页；大32开.—ISBN 7-5349-0609-1(塑精装)：3.50元

全国统一安装工程预算定额河南省安装工程单位估价表 第十册：自动化控制装置及仪表工程/河南省城乡建设环境保护厅编.—郑州：河南科学技术出版社，1990.6.—159页；大32开.—ISBN 7-5349-0610-5(塑精装)：3.80元

全国统一安装工程预算定额河南省安装工程单位估价表 第十一册：工艺金属结构工程/河南省城乡建设环境保护厅编.—郑州：河南科学技术出版社，1990.6.—171页；大32开.—ISBN 7-5346-0611-3(塑精装)：4.00元

全国统一安装工程预算定额河南省安装工程单位估价表 第十二册：炉窑砌筑工程/河南省城乡建设环境保护厅编.—郑州：河南科学技术出版社，1990.6.—214页；大32开.—ISBN 7-5349-0612-1(塑精装)：5.40元

全国统一安装工程预算定额河南省安装工程单位估价表 第十三册：刷油、绝热、防腐蚀工程/河南省城乡建设环境保护厅编.—郑州：河南科学技术出版社，1990.6.—239页；大32开.—ISBN 7-5349-0613-X(塑精装)：6.20元

全国统一安装工程预算定额河南省安装工程单位估价表 第十五册：化学工业设备安装工程/河南省城乡环境保护厅编.—郑州：河南科学技术出版社，1990.6.—704页；大32开.—ISBN 7-5349-0615-6(塑精装)：17.30元

困境中的抉择/邱镜河主编.—北京：中国建筑工业出版社，1990.3.—423页；大32开.—ISBN 7-112-01070-5：4.50元

河南省建设工程费用定额汇编/河南省城乡建设环境保护厅编.—郑州：河南科学技术出版社，1990.6.—76页；32开.—ISBN 7-5349-0693-8(塑精装)：2.50元

河南省建筑工程预算定额 上册/河南省城乡建设环境保护厅编.—修编版.—郑州：河南科学技术出版社，1990.5.—436页；32开.—ISBN 7-5349-0688

-1（塑精装）：11.00元

河南省建筑工程预算定额　下册/河南省城乡建设环境保护厅编.—修编版.—郑州：河南科学技术出版社，1990.5.—365页；32开.—ISBN 7-5349-0689-X（塑精装）：9.00元

河南省建筑工程预算定额安装工程单位估价表建筑安装工程费用定额综合解释　（一）/河南省城乡建设环境保护厅编.—郑州：河南科学技术出版社，1990.12.—81页；32开.—ISBN 7-5349-0320-5：2.30元

河南省建筑工程预算定额（修编版）常用项目手册/河南省城乡建设环境保护厅定额管理站编.—郑州：河南科学技术出版社，1990.5.—209页；16开.ISBN 7-5349-0665-2：9.00元

项目管理与建设监理/宋俊岳，周芹编著.—北京：企业管理出版社，1990.11.—436页；32开.—ISBN 7-80001-131-3：8.10元

修建三十年：1959～1989/张宝粟，高清森主编.沈阳：东北工学院出版社，1990.12.—427页；16开.—ISBN 7-81006-292-1：15.00元

泰兴建筑业振兴之路/建设部建设杂志社，《建筑》杂志驻江苏记者站编.—北京：中国建筑工业出版社，1990.5.—265页；32开.—ISBN 7-112-01152-3：7.50元

浙江省房屋修缮工程预算定额/浙江省城乡建设厅编.—杭州：浙江大学出版社，1990.4.—561页；32开.—ISBN 7-308-00519-4（精装）：10.00元

商丘地区建筑志/杨瑞奇主编.—郑州：河南人民出版社，1990.10.—256页；大32开.—ISBN 7-215-01144-5：6.80元

湖南省建筑工程预算定额/湖南省建设委员会颁发.—长沙：湖南科学技术出版社，1990.3.—2册（816页）；16开.—ISBN 7-5357-0748-3（塑精装）：26.00元

湖南省建筑工程预算定额汇总表/宁艳芳等编制.长沙：湖南科学技术出版社，1990.5.—401页；16开.—ISBN 7-5357-0784-X（塑精装）：14.00元

新中国建筑业四十年/杨慎选编.—北京：中国建筑工业出版社，1990.2.—167页；大32开.—ISBN 7-112-01082-9：3.00元

丰城县水利志/丰城县水利电力局编；皮恒垣主编.—上海：上海人民出版社，1990.6.—243页；16开.—ISBN 7-208-00695-4（精装）：30.00元

丰南县水利志/丰南县水利局编.—石家庄：河北人民出版社，1990.11.—190页；16开.—（河北省水利史志丛书）.—ISBN 7-202-00802-5：5.40元

中国古代的水利和交通/岳麟编.—太原：山西教育出版社，1990.6.—109页；32开.—（可爱的中国丛书；第2辑）.—ISBN 7-80578-089-7：1.45元

长江葛洲坝工程局/陈汉柏主编；李太平等撰稿.北京：知识出版社，1990.1.—185页；32开.—（中国著名企业丛书）.—ISBN 7-5015-0403-2：5.00元

巴蜀春潮：前进中的四川农田水利基本建设/四川省人民政府救灾办公室编著.—成都：四川人民出版社，1990.12.—377页；大32开.—ISBN 7-220-01191-1：7.35元

东雷抽黄志/《东雷抽黄志》编写组编.—西安：三秦出版社，1990.10.—187页；16开.—（陕西地方志水利志丛书）.—ISBN 7-80546-333-6（精装）：17.00元；（平装）：13.50元

迁安县水利志/迁安县水利志编辑办公室编.—石家庄：河北人民出版社，1990.9.—225页；16开.（河北省水利史志丛书）.—ISBN 7-202-00780-0（精装）：15.10元

华容县水利志/《华容县水利志》编写组编纂.—北京：中国文史出版社，1990.5.—362页；大32开.ISBN 7-5034-0204-0：10.00元

齐河县水利志/《齐河县水利志》编纂委员会编.济南：山东人民出版社，1990.3.—299页；16开.ISBN 7-209-00602-8：10.70元

江汉命脉录：荆州地区水利建设40年/湖北省荆州地区行政公署水利局编.—北京：水利电力出版社，1990.9.—218页；大32开.—ISBN 7-120-01264-9：8.00元

江苏农村水利/刘志中主编；江苏省水利厅编.—南京：江苏人民出版社，1990.10.—366页；32开.ISBN 7-214-00569-7：5.00元

安达市水利志/周衍禘，夏远明主编.—哈尔滨：黑龙江人民出版社，1990.10.—229页；32开.ISBN 7-207-01708-1：3.20元

改革中的水利财务工作：1989年全国水利财务工作会议材料汇编/水利部财务司编.—南京：河海大学出版社，1990.4.—351页；32开.—ISBN 7-5630-0259-6：6.50元

神禹新篇：连云港市水利建设40年/彭云，徐静潭主编.—南京：江苏人民出版社，1990.4.—268页；大32开.—ISBN 7-214-00372-4：5.15元

唐山市水利志/刘进举主编；唐山市水利局水利志编辑办公室编.—石家庄：河北人民出版社，1990.12.403页：插图；16开.—（河北省水利史志丛书）.ISBN 7-202-00841-6（精装）：23.35元

常熟水利志/常熟市水利志编纂委员会编.—北京：水利电力出版社，1990.11.—365页；16开.

ISBN 7-120-01251-7（精装）：24.50元

葛洲坝论/陈汉柏主编.—武汉：湖北人民出版社，1990.7.—260页；大32开.—ISBN 7-216-00584-8：4.25元

遂溪县水利志/广东省遂溪县水利志编写组编.广州：广东高等教育出版社，1990.11.—135页；16开.—ISBN 7-5361-0540-1：7.50元

魏县水利志/梁东湖主编.—石家庄：河北人民出版社，1990.12.—272页；16开.—（河北省水利史志丛书）.—ISBN 7-202-00853-X（精装）：17.50元

F427　地方工业经济

邯郸市产业结构研究/王少刚，李鸿旗主编.—北京：中国城市经济社会出版社，1990.6.—380页；16开.—ISBN 7-5074-0265-7：12.00元

河北工业厂家简志　第二辑/河北省社会科学院历史研究所《河北工业厂家简志》编辑组编.—石家庄：河北人民出版社，1990.9.—239页；大32开.ISBN 7-202-00777-0：3.65元

沈阳建材工业四十年发展成就/张万山主编.—沈阳：沈阳出版社，1990.11.—221页；大32开.—ISBN 7-80556-483-3：6.00元

陕西工业结构研究/陕西省经济委员会编；张中鼎主编.—北京：中国经济出版社，1990.2.—238页；大32开.—ISBN 7-5017-0714-6：4.85元

上海工业年鉴：1989/上海市经济委员会，上海市经济学会编.—上海：上海辞书出版社，1990.1.499页：彩照；16开.—ISBN 7-5326-0120-X（精装）

上海工业年鉴：1990/上海市经济委员会，上海市经济学会编.—上海：上海辞书出版社，1990.12.399页：彩照；16开.—ISBN 7-5326-0158-7(精装)

上海工业40年：1949～1989/上海市经济委员会编.—上海：三联书店上海分店，1990.3.—373页；大32开.—ISBN 7-5426-0312-4：10.00元

上海中外合资工业企业经营管理经验选编/陈克俭等编.—上海：三联书店上海分店，1990.2.—251页；大32开.—ISBN 7-5426-0289-6：4.30元

上海市奉贤县乡镇工业志/金伯明等主编.—上海：三联书店上海分店，1990.5.—380页：图；16开.—ISBN 7-5426-0298-5（精装）：17.50元

无锡县工业志/无锡县经济委员会，无锡县乡镇企业管理局编.—上海：上海人民出版社，1990.2.443页：彩照；大32开.—（太湖流域地区专业志丛书）.—ISBN 7-208-00762-4（精装）：20.00元

在改革中奋进/上海市经济学会编.—北京：中国广播电视出版社，1990.4.—204页；32开.—（企业改革丛书/王爱红主编）.—ISBN 7-5043-0482-4：3.00元

优化产业结构：发展外向型经济面临的新抉择/施修霖主编.—福州：福建人民出版社，1990.7.—348页；大32开.—ISBN 7-211-01344-3：3.55元

江宁县县属工业志/江宁县县属工业志编纂小组编.—南京：南京出版社，1990.8.—306页；25开.（江宁县地方志丛书）.—ISBN 7-80560-237-9：9.80元

福建工业经济统计年鉴：1990/福建省统计局编.北京：中国统计出版社，1990.8.—337页；16开.ISBN 7-5037-0478-0（精装）：25.00元

广西工业四十年：1949～1989/广西壮族自治区统计局等编.—南宁：广西人民出版社，1990.4.—990页；16开.—ISBN 7-219-01542-9（精装）：35.00元

广西工业结构与发展战略研究/金一飞主编.—南宁：广西人民出版社，1990.7.—444页：彩照；大32开.—ISBN 7-219-01606-9：5.50元

中山工业之路/谢才俊，陈谷松编著.—广州：华南理工大学出版社，1990.12.—250页；32开.（粤港信息报信息·知识·经验丛书）.—ISBN 7-5623-0242-1：5.00元

河南工业企业对外合作指南/河南省计经委经济研究所主编.—北京：中国商业出版社，1990.8.—166页；16开.—ISBN 7-5044-0733-X：8.70元

琼山县工业志/海南省琼山县经济委员会编.—海口：三环出版社，1990.8.—317页：彩照；大32开.（天涯丛书）.—ISBN 7-80564-206-0：10.00元

湖北省工业经济效益文集/湖北省经济委员会编；苏国安主编.—武汉：武汉测绘科技大学出版社，1990.3.—379页；大32开.—ISBN 7-81030-037-7：3.40元

湖北最大的工业企业200家/刘松勤编.—武汉：湖北人民出版社，1990.3.—387页：彩照；32开.—ISBN 7-216-00541-4：6.40元

云南优势工业发展战略研究/张怀渝主编.—昆明：云南人民出版社，1990.10.—261页；大32开.ISBN 7-222-00673-7：4.00元

云南省重点骨干企业100户/云南省经济委员会编.昆明：云南人民出版社，1990.12.—201页；64开.ISBN 7-222-00748-2（精装）：2.38元

四川工业企业总览　上册/《四川工业企业总览》编辑委员会编.—北京：中国统计出版社，1990.1.1006页；16开.—ISBN 7-5037-0391-X（精装）：

75.00元

四川工业企业总览 中册/《四川工业企业总览》编辑委员会编.—北京：中国统计出版社，1990.1.869页；16开.—ISBN 7-5037-0392-X（精装）：65.00元

四川工业企业总览 下册/四川工业企业总览编辑委员会编.—北京：中国统计出版社，1990.1.—979页；16开.—ISBN 7-5037-0392-X（精装）：70.00元

F429　中国工业经济史

中国工业史：古代卷/刘国良编著.—南京：江苏科学技术出版社，1990.7.—601页；大32开.—ISBN 7-5345-0958-0：8.30元

中国早期工业化：盛宣怀（1844～1916）和官督商办企业/（美）费维恺著；虞和平译.—北京：中国社会科学出版社，1990.10.—363页；32开.—（中国近代史研究译丛/王庆成主编）.—ISBN 7-5004-0721-1：5.40元

中国现代工业史/祝慈寿著.—重庆：重庆出版社，1990.10.—1019页；大32开.—ISBN 7-5366-1395-4（精装）：16.50元

工业企业简志/《工业企业简志》编辑组编.—石家庄：河北科学技术出版社，1990.12.—298页；32开.—ISBN 7-5375-0583-7：3.80元

大生系统企业史/《大生系统企业史》编写组编.南京：江苏古籍出版社，1990.11.—301页；大32开.—ISBN 7-80519-198-0：7.50元

玉溪市工业志/玉溪市经济委员会编.—昆明：云南科技出版社，1990.5.—593页；32开.—ISBN 7-5416-0297-3：8.00元

四川近代工业史/张学君，张莉红著.—成都：四川人民出版社，1990.1.—506页；大32开.—ISBN 7-220-00800-7：6.25元

名优特产品企业史：镇江篇 第一卷/蔡仁贵，吴浩然主编.—南京：江苏人民出版社，1990.3.—200页；大32开.—（名优特产品企业史丛书/马洪武主编）.—ISBN 7-214-00416-X：3.70元

黎城工业志/刘书友编著.—北京：中国人民大学出版社，1990.7.—299页；大32开.—ISBN 7-300-00951-4：10.00元

F429.9　中国工业经济地理

中国工业地理/李文彦主编.—北京：科学出版社，1990.6.—380页；16开.—（中国地理学专著丛书）.ISBN 7-03-001576-2（精装）：24.50元

F43/47　各国工业经济

一代新机器的灵魂/（美）基德尔（Kidder，T.）著；龚益，高宏志译.—北京：机械工业出版社，1990.6.—318页；32开.—ISBN 7-111-01963-6：7.60元

书名原文：The Soul of a New Machine

本书是美国1982年的畅销书之一，作者以美国通用数据公司研制鹰牌电子计算机的全过程为主线，对美国计算机工业的发展和管理中鲜为人知的侧面，作了清晰的描述。

土木工程估算与工程进度管理/（日）佐用泰司，山本安一著；尹隆森译.—北京：人民交通出版社，1990.8.—354页；32开.—ISBN 7-114-00848-1：6.60元

日本机电企业的活力/杨书臣编著.—北京：机械工业出版社，1990.10.—154页；32开.—ISBN 7-111-02323-4：4.50元

“本田”经营之路：一种渗透着文化内涵的生产经营革新/（美）勒里·休克著；（日）崎谷哲夫日译；师震富等译.—沈阳：辽宁大学出版社，1990.12.—182页；32开.—ISBN 7-5610-1137-7：3.00元

苏联地质部门的改革/（苏）科兹洛夫斯基（Козловский，Е.А.）著；汪熊麟译.—北京：地质出版社，1990.9.—212页；32开.—ISBN 7-116-00760-1：6.25元

研究风云轶事：艾姆斯研究中心发展史：1940～1965/（美）哈特曼（Hartman，E.P.）著；中国气动力研究与发展中心译.—北京：国防工业出版社，1990.6.—546页；大32开.—ISBN 7-118-00030-2：11.40元

书名原文：Adventures in Rersearch：A History of Anes Research Center 1940～1965

惊世伟绩：高技术的摇篮硅谷揽胜/（美）迈克尔·S.马龙著；殷元骥等译.—北京：经济科学出版社，1990.9.—496页；大32开.—ISBN 7-5058-0367-0：10.50元

书名原文：The Big Score

本书是一部全面介绍美国硅谷发展的畅销书译本。

联邦德国纺织服装工业/《联邦德国纺织服装工业》编写组编.—北京：纺织工业出版社，1990.6.263页；32开.—ISBN 7-5064-0449-4：3.75元

本书包括联邦德国纺织服装工业概况、管理、贸易及科研教育等，同时介绍了与纺织有关的化纤、染料及纺织机械制造业情况。

F5 交通运输经济

交通大讨论文集/鲁勤智主编.—北京：人民交通出版社，1990.10.—383页；大32开.—ISBN 7-114-0153-2：6.00元

郭洪涛交通文集/郭洪涛著；中国交通运输协会，中国交通年鉴社编辑.—北京：中国铁道出版社，1990.4.—440页；大32开.—ISBN 7-113-00844-5：7.25元

F50 交通运输经济理论

工业运输/郝克智主编.—北京：中国铁道出版社，1990.11.—257页；16开.—高等学校试用教材.ISBN 7-113-00834-8：3.30元

交通史学概论/魏启宇编著.—兰州：兰州大学出版社，1990.2.—210页；32开.—ISBN 7-311-00079-3：3.60元

交通运输实用会计/张维主编.—南京：河海大学出版社，1990.8.—382页；16开.—ISBN 7-5630-0285-5：6.50元

交通运输经济概论/李维斌主编.—北京：机械工业出版社，1990.3.—294页；32开.—ISBN 7-111-02391-9：3.60元

交通运输统计/杨茂桢主编.—北京：中国统计出版社，1990.6.—161页；32开.—统计人员岗位专业知识培训系列教材 供统计员培训用.—ISBN 7-5037-0439-X：2.30元

交通流基础理论/江苏省公安厅交通管理局编著.南京：江苏人民出版社，1990.11.—266页；32开.道路交通管理专业教材.—ISBN 7-214-00590-5：3.90元

F51 世界各国概况

F512 中国交通运输概况

中国外运40年/《中国对外贸易运输总公司发展史》编写组编.—北京：中国工人出版社，1990.10.309页；大32开.—ISBN 7-5008-0731-7

中国交通运输地理/李润田等编著.—广州：广东教育出版社，1990.5.—312页；大32开.—ISBN 7-406-0973-7：4.15元

中国交通改革十年：1978～1988/《中国交通改革十年》编辑委员会编.—北京：人民交通出版社，1990.2.—526页；彩照；16开.—ISBN 7-114-00955-0(精装)：35.00元

全国交通教育工作会议文集/交通部教育司编.大连：大连海运学院出版社，1990.12.—259页；大32开.—ISBN 7-5632-0300-1：5.00元

上海乘车指南/《上海乘车指南》编写组编.—上海：上海科学技术出版社，1990.3.—375页；64开.ISBN 7-5323-1762-5：2.30元

无锡市交通志/《无锡市交通志》编纂委员会编；周祥发主编.—上海：上海人民出版社，1990.4.396页；大32开.—ISBN 7-208-00791-8

云南交通改革十年：1978～1988/陆志伟主编；云南省交通厅编.—昆明：云南人民出版社，1990.3.442页；彩照；32开.—ISBN 7-222-00582-7：6.50元

北京乘车指南/王孚智等编绘.—北京：人民交通出版社，1990.4.—234页；32开.—ISBN 7-114-00931-3：4.10元

四川交通年鉴：1989/四川省交通厅年鉴编委会编.—成都：四川人民出版社，1990.2.—352页；16开.—ISBN 7-220-00952-6(精装)：24.06元

乐清县交通志/乐清县交通委员会编.—北京：海洋出版社，1990.7.—194页；大32开.—(温州市交通邮电志丛书).—ISBN 7-5027-0957-6(精装)：16.00元

江阴市交通志/《江阴市交通志》编纂委员会编.上海：上海人民出版社，1990.4.—240页；大32开.ISBN 7-208-00842-6

安阳市交通志/安阳市交通志编纂委员会编.—北京：人民交通出版社，1990.12.—351页；32开.(河南省交通志丛书).—ISBN 7-114-01102-4(精装)：19.00元

武夷交通志/福建省南平地区交通史志编纂委员会编.—上海：上海社会科学院出版社，1990.5.—355页；大32开.—ISBN 7-80515-566-6：8.00元

建昌县交通志/建昌县交通史志编纂委员会编.沈阳：辽宁大学出版社，1990.10.—273页；照片；大32开.—(朝阳地区交通志丛书).—ISBN 7-5610-1077-X：7.00元

盐城市交通志/葛定山主编；《盐城市交通志》编纂委员会编.—上海：上海人民出版社，1990.11.338页；大32开.—ISBN 7-208-01080-3：12.50元

常熟市交通志/常熟市交通局编.—上海：上海人民出版社，1990.2.—232页；大32开.—(太湖流域地区专业志丛书/叶亚廉主编).—ISBN 7-208-00777-2：7.40元

遵义县交通志/《遵义县交通志》编纂领导小组编.—贵阳：贵州省人民出版社，1990.7.—240页；32开.—(遵义县志丛书).—ISBN 7-221-01837-5：5.00元

F513/517　各国交通运输概况

美国的交通运输/（美）斯蒂芬森（StePhenson, F.J.）著；刘秉镰译.—北京：人民交通出版社，1990.6.—517页；大32开.—教学参考书.—ISBN 7-114-00881-3：3.30元

书名原文：Trans Portation U.S.A

F53　铁路运输经济

铁路工业会计/刘桂馨主编.—北京：中国铁道出版社，1990.6.—282页；16开.—高等学校试用教材.—ISBN 7-113-00721-X：3.65元

铁路企业文化建设/吴秉元等主编.—北京：中国铁道出版社，1990.7.—320页；32开.—（行业·企业文化丛书/孙钱章等主编）.—ISBN 7-113-00967-0：4.00元

铁路企业现代管理初探/王瑞章编著.—哈尔滨：黑龙江人民出版社，1990.10.—196页；32开.—ISBN 7-207-01748-0：3.00元

铁路企业管理/铁路机械类中专学校，企业管理学研究会编.—峨眉山：西南交通大学出版社，1990.11.—213页；16开.—中等专业学校试用教材.—ISBN 7-81022-204-X：4.20元

铁路企业管理心理学/孙文岳，冯绍兴主编.—北京：中国铁道出版社，1990.5.—334页；大32开.ISBN 7-113-00921-2：4.60元

铁路运输会计/徐凤文主编.—北京：中国经济出版社，1990.8.—381页；32开.—ISBN 7-5017-0977-7：5.00元

铁路运输经济/北方交通大学，长沙铁道学院编.北京：中国铁道出版社，1990.3.—251页；16开.高等学校教材.—ISBN 7-113-00665-5：3.20元

铁路运输统计/柴仲华主编.—北京：中国铁道出版社，1990.8.—217页；16开.—中等专业学校试用教材.—ISBN 7-113-00819-4：2.55元

铁路客运部门文明服务礼貌待客/王卿礼著.—沈阳：辽宁人民出版社，1990.3.—192页；32开.—ISBN 7-205-01284-8（精装）：2.80元

铁路职业道德概论/张鉴凡主编.—成都：西南交通大学出版社，1990.6.—409页；32开.—ISBN 7-1022-176-0：3.60元

铁路管理之道/左升平，宋启华主编.—哈尔滨：黑龙江科学技术出版社，1990.4.—739页；大32开.ISBN 7-5388-1134-6：10.00元

F531　世界铁路运输经济

中外铁路知识概览/茅广祯主编.—北京：中国铁道出版社，1990.5.—337页；大32开.—ISBN 7-113-00897-6：4.80元

铁路合作组织国际旅客联运协定和国际铁路货物联运协定：国际客协和国际货协清算规则（适用电子计算机的）.—北京：中国铁道出版社，1990.1.—66页；32开.—ISBN 7-113-00833-X：1.15元

F532　中国铁路运输经济

中华人民共和国铁道部国际铁路联运清算办法/铁道部国际联运清算中心编.—北京：中国铁道出版社，1990.11.—34页；32开.—ISBN 7-113-01012-1：0.77元

中国铁路建设/庄正主编.—北京：中国铁道出版社，1990.1.—547页：彩照；大32开.—ISBN 7-113-00488-1（精装）：15.00元

中国铁路集体企业经营管理/王玉明等主编.—北京：中国铁道出版社，1990.10.—494页；大32开.ISBN 7-113-01005-9：5.80元

当代中国的铁道事业/李际祥等主编；《当代中国》丛书编辑部编辑.—北京：中国社会科学出版社，1990.5.—2册（571，572页）：彩照；大32开.（当代中国丛书/邓力群等主编）.—ISBN 7-5004-0640-1：29.25元

新中国的铁路建设.—北京：新星出版社，1990.23页；32开.—ISBN 7-80085-265-2：2.00元

风雨成昆二十年/刘德枢主编.—成都：四川人民出版社，1990.5.—423页；大32开.—ISBN 7-220-01052-4（精装）：10.55元

风雨成昆二十年/刘德枢主编.—成都：四川人民出版社，1990.5.—423页；大32开.—ISBN 7-220-01012-5：8.75元

北京铁路分局年鉴：1989/北京铁路分局志编委会编.—北京：中国铁道出版社，1990.4.—510页：彩照；16开.—ISBN 7-113-00925-5（精装）：35.80元

北京铁路分局年鉴：1989～1990/北京铁路分局局志编纂委员会编.—北京：中国铁道出版社，1990.1.—537页：照片；16开.—ISBN 7-113-00926-3（精装）：36.00元

北京铁路分局年鉴：1990/北京铁路局路史编辑委员会编.—北京：中国铁道出版社，1990.3.—437页：照片；16开.—ISBN 7-113-00927-1（精装）：30.00元

北疆铁路建设纪实/中国作家协会新疆分会，《中

国西部文学》编辑部编.—乌鲁木齐：新疆人民出版社，1990.8.—254页：彩照；大32开.—ISBN 7-228-01543-6：4.10元

齐齐哈尔铁路分局年鉴：1988/齐齐哈尔铁路分局志编纂委员会编.—北京：中国铁道出版社，1990.6.—470页；16开.—ISBN 7-113-00837-0（精装）：40.00元

齐齐哈尔铁路分局年鉴：1989/齐齐哈尔铁路分局志编纂委员会编.—北京：中国铁道出版社，1990.8.463页；16开.—ISBN 7-113-00991-3（精装）：40.00元

沈阳铁路局：汉英对照/张晓俊主编.—沈阳：辽宁人民出版社，1990.12.—113页；大32开.—ISBN 7-205-01638-X：35.00元

呼和浩特铁路局年鉴：1989/呼和浩特铁路局年鉴编纂委员会编.—呼和浩特：内蒙古人民出版社，1990.11.—561页；16开.—ISBN 7-204-01227-5(精装)：34.00元

京畿铁路中间站/北京铁路分局局志办公室编.北京：中国铁道出版社，1990.9.-204页；32开.（北京铁路之窗）.—ISBN 7-113-01000-8：2.90元

河北省地方铁路史/河北省地方铁路局史志编写委员会编.—石家庄：河北科学技术出版社，1990.9.809页；大32开.—ISBN 7-5375-0482-2：7.00元

哈尔滨铁路局年鉴：1988/《哈尔滨铁路局年鉴》编辑部编.—哈尔滨：黑龙江人民出版社，1990.12.—400页：照片；16开.—ISBN 7-207-01820-0(精装)：34.00元

信息汇评/哈尔滨铁路局秘书处编.—哈尔滨：黑龙江人民出版社，1990.10.—134页；大32开.—ISBN 7-207-01680-8：2.80元

高原窄轨：汉英对照/开远铁路分局，云南新闻图片社编.—昆明：云南民族出版社，〔1990〕.—88页：彩图；大16开.—ISBN 7-5367-0269-3：43.00元

瀚海银桥：乌鲁木齐铁路局/王富恒主编.—北京：人民日报出版社，1990.12.—214页：照片；32开.—(中国著名企业丛书).—ISBN 7-80002-303-6：4.15元

F54　陆路、公路运输经济

公路运输市场学/邓志浩编著.—济南：山东人民出版社，1990.2.—366页；大32开.—ISBN 7-209-00559-5：5.55元

公路养路费稽征管理基础知识/冷宝彦编著.—石家庄：河北人民出版社，1990.1.—312页；32开.ISBN 7-202-00587-5：3.50元

汽车运输会计/王福田等编.—北京：人民交通出版社，1990.12.—484页；大32开.—高等学校试用教材　汽车运输财务会计专业用.—ISBN 7-114-00277-7：3.80元

汽车运输经济/（苏）马雷谢夫(Малышев, А.И.)著；咸同庆，裴壮吾译.—北京：人民交通出版社，1990.7.—299页；32开.—ISBN 7-114-00847-3：6.00元

书名原文：Эономика автомобильного транспорта

汽车运输统计/邢鼎元编.—北京：人民交通出版社，1990.12.—224页；16开.—交通系统中等专业学校试用教材　汽车运输统计与管理专业用.—ISBN 7-114-00753-1：2.60元

就业训练城市公交客运专业教学计划及教学大纲：试用/劳动部培训司制订.—北京：劳动人事出版社，1990.3.—17页；32开.—ISBN 7-5045-0473-4：0.35元

道路工程经济与管理/盛洪飞，王素琴编.—哈尔滨：黑龙江科学技术出版社，1990.4.—293页；16开.—ISBN 7-5388-1110-9：6.10元

简明公路管理学/李同美主编.—南宁：广西教育出版社，1990.5.—457页；大32开.—ISBN 7-5435-0849-4：6.00元

F542　中国陆路、公路运输经济

中国公路史　第一册/中国公路交通史编审委员会编.—北京：人民交通出版社，1990.6.—668页；大32开.—（中国公路交通史丛书）.—ISBN 7-114-00956-9（精装）：14.80元

中国公路运输史　第一册/陆士井主编；魏仁龙等编写.—北京：人民交通出版社，1990.1.—579页；大32开.—（中国公路交通史丛书）.—ISBN 7-114-00896-1（精装）：14.20元

公路通向四面八方.—北京：新星出版社，1990.27页；32开.—ISBN 7-80085-278-4：2.00元

全国汽车客运时刻表/中华人民共和国交通部提供.—北京：人民交通出版社，1990.8.—453页；32开.—ISBN 7-114-00897-X：7.00元

上海市公交路线车站站名一览表：1990年新编/上海市公共交通总公司业务洞度处编.—上海：上海人民出版社，1990.3.—1册；16开.—ISBN 7-208-00815-9：0.30元

广西公路运输史　第一册：近代部分/广西壮族自治区公路运输管理局编.—南宁：广西人民出版社，1990.6.-236页；大32开.—（中国公路交通史丛

书）.—ISBN 7-219-01574-7（精装）：5.70元

天水地区公路交通史：古近代道路交通、现代公路交通/曹进轩主编.—兰州：兰州大学出版社，1990.8.—493页；照片；大32开.—ISBN 7-311-00353-X（精装）：11.90元

生存之路：河北省石家庄市汽车运输二场在改革中开拓前进/刁金生，王保新主编.—北京：人民交通出版社，1990.12.—257页；32开.—ISBN 7-114-01081-8：5.20元

行唐县交通志/行唐县交通局编.—石家庄：河北人民出版社，1990.4.—350页；大32开.—（河北地方史志丛书）.—ISBN 7-202-00633-6：5.45元

怀柔县公路运输史/郑庆瑞主编；怀柔县交通运输局公路运输史编写组编.—北京：文津出版社，1990.8.—177页；大32开.—ISBN 7-80554-053-5：3.15元

青岛公路交通史话/王传铎，李茂贤编著.—青岛：青岛出版社，1990.12.—125页；32开.—ISBN 7-5436-0541-4：1.90元

河北公路运输史　第一册：古代道路运输、近代公路运输/河北省交通厅运输史志编写委员会编.—2版（增订本）.—北京：人民交通出版社，1990.12.334页；大32开.—（中国公路交通史丛书）.—ISBN 7-114-01095-3（精装）：12.50元

本书1988年5月第1版。

南京近代公路史/江苏省南京市公路管理处史志编审委员会编.—南京：江苏科学技术出版社，1990.3.—231页；大32开.—ISBN 7-5345-0899-1：6.55元

湖北公路史　第一册：古代道路、近代公路/湖北公路史志编审委员会编.—北京：人民交通出版社，1990.5.—200页；大32开.—（中国公路交通史丛书）.—ISBN 7-114-00874-7（精装）：7.15元

F543/547　各国陆路、公路运输经济

法国巴黎公共交通研究与借鉴/梁承庭等编著.北京：电子工业出版社，1990.8.—341页；32开.ISBN 7-5053-1042-0：5.50元

F55　水路运输经济

水运企业营运经济活动分析/邓奇予，王群编著.2版.—北京：人民交通出版社，1990.6.—312页；16开.—高等学校教材.—ISBN 7-114-00857-0：3.95元

水运技术经济学/冯蔚然主编.—北京：人民交通出版社，1990.12.—344页；32开.—高等学校试用教材.—ISBN 7-114-00983-6：2.35元

水路运输自动化管理系统/（苏）萨文（Савин В.И.）主编；李路达等译.—北京：人民交通出版社，1990.12.—244页；大32开.—ISBN 7-114-00838-4：8.40元

远洋运输业务/王义源等编著.—北京：人民交通出版社，1990.1.—289页；16开.—高等学校试用教材　远洋运输业务专业用.—ISBN 7-114-00272-6：4.35元

商务管理/叶德曾主编.—北京：人民交通出版社，1990.12.—318页；16开.—交通系统中等专业学校试用教材　水运管理专业用.—ISBN 7-114-00954-2：3.60元

港口企业的全面质量管理/孙本淳等编.—北京：人民交通出版社，1990.9.—220页；32开.—ISBN 7-114-00913-5：4.00元

港口经济学/黄大明，陈福星编著.—重庆：重庆出版社，1990.2.—290页；32开.—ISBN 7-5366-1147-1：3.00元

F552　中国水路运输经济

中华人民共和国交通部直属水运企业轮船客票票价表.—北京：人民交通出版社，1990.6.—52页；32开.ISBN 7-114-00888-0：1.25元

中华人民共和国交通部直属水运企业货物运价规则.—北京：人民交通出版社，1990.6.—144页；32开.—ISBN 7-114-00992-5：2.50元

中国主要外贸港口/交通部运输管理司编.—北京：人民交通出版社，1990.10.—298页：彩照；16开.—ISBN 7-114-00889-9（精装）：18.50元

本书内容包括港口概况、港域和港口设施、港口经营、外国籍船舶来港业务以及港口所在城市的概貌和名胜古迹，各港口都附有港域或码头泊位示意图。

中国的内河航运.—北京：新星出版社，1990.24页；照片；32开.—ISBN 7-80085-285-5：2.00元

航行国内航线船舶及国内进出口货物港口费收规则/交通部制定.—北京：人民交通出版社，1990.6.80页；32开.—ISBN 7-114-00993-3：2.00元

万县港史/徐廉明主编.—武汉：武汉出版社，1990.1.—252页；大32开.—（长江航运史丛书）.ISBN 7-5430-0294-9：3.70元

上海水路交通指南/上海港客运服务总公司生产部编.—上海：上海科学技术出版社，1990.12.—58页；32开.—ISBN 7-5323-2338-2：1.00元

上海港史：古、近代部分/茅伯科主编.—北京：人民交通出版社，1990.8.—488页；大32开.—（中国水运史丛书）.—ISBN 7-114-00963-2（精装）：16.50元

民生公司史/凌耀伦主编；李天元等编写.—北

京：人民交通出版社，1990.10.—447页；大32开.（中国水运史丛书）.—ISBN7-114-00944-5（精装）：14.50元

江苏航运史：近代部分/郭孝义主编.—北京：人民交通出版社，1990.10.—241页；大32开.—（中国水运史丛书）.—ISBN 7-114-01025-7（精装）：9.95元

本册叙述了从1840年到1949年江苏航运发展的历史。

安庆港史/叶勃主编.—武汉：武汉出版社，1990.6.—207页：照片；大32开.—ISBN 7-5430-0342-2：2.00元

连云港港口研究　第一集：江苏经济近代化暨连云港港口发展战略研讨会文选/顾纪瑞等主编.—北京：海洋出版社，1990.7.—162页；大32开.—ISBN 7-5027-1274-7：3.00元

武汉港口志/武汉港史志编纂委员会主编.—武汉：武汉出版社，1990.10.—192页：图；大32开.ISBN 7-5430-0419-4（精装）：5.30元

宜昌港史/乔铎主编.—武汉：武汉出版社，1990.9.—328页：照片；大32开.—ISBN 7-5430-0392-9（精装）：4.00元

温州港史/周厚才编著.—北京：人民交通出版社，1990.2.—325页；大32开.—（中国水运史丛书）.ISBN 7-114-00345-7（精装）：7.20元

漕运则例纂/（清）杨锡绂撰.—影印本.—扬州：江苏广陵古籍刻印社，1990.11.—12册（2函）；20开.—（线装）：225.00元

本书据清刊本影印。

F56　航空运输经济

民航知识漫谈/中国西南航空公司编.—成都：四川大学出版社，1990.12.—207页；32开.—ISBN 7-5614-0357-7：4.50元

民航常用专业名词定义汇编：英、汉、法、西、俄对照/朱民光编.—北京：科学技术文献出版社，1990.5.—553页；大32开.—（民航经济与技术丛书）.ISBN 7-5023-0987-X（精装）：21.00元

封面、书脊题名：民航常用专业技术词汇（定义部分）

英汉航运与国际贸易术语及缩略语辞典/（英）艾伦·E.布兰奇著；李志远译.—北京：经济科学出版社，1990.12.—218页；大32开.—ISBN 7-5058-0322-0：3.30元

国际航运经济/蔡桂英等编.—北京：人民交通出版社，1990.6.—325页；大32开.—高等学校交流用教材.—ISBN 7-114-00853-8：2.10元

国际航空运输协会（IATA）中英文三字地名代号/王尧民，段始黎编译.—北京：农业出版社，1990.2.—653页；16开.—ISBN 7-109-01733-3：25.00元

本书是各航空部门业务通讯联络的工具书，收录了世界各国和地区航空部门及与其有关部门所在地的地名代号1万多个，其中包括国家、地区、首都、城市、军用及民用机场等。

F562　中国航空运输

中国民航职业道德/夏顺义主编.—北京：北京航空航天大学出版社，1990.8.—347页；32开.—ISBN 7-81012-212-6：4.00元

本书遵循党中央关于加强思想政治工作，把德育放在首位的精神，根据民航生产及各部门的不同特点，着重阐述了社会主义、共产主义道德的基本原理，提出和论述了民航职业道德的具体规范和要求。

龙之翼：中国航空公司和中国商业航空的发展/（美）利里（Leary，W.M.Jr.）著；徐克继译.—北京：科学技术文献出版社，1990.6.—229页；大32开.—（民航经济与技术丛书）.—ISBN 7-5023-0986-1：4.20元

书名原文：The Dragon's Wings

发展中的民航事业.—北京：新星出版社，1990.27页；32开.—ISBN 7-80085-252-0：2.00元

银翼处处：中国大陆、台湾省及香港民航史略/陈耀寰编著.—北京：中国华侨出版公司，1990.10.225页；大32开.—（民航经济与技术丛书）.—ISBN 7-80074-256-3：3.80元

F57　城市交通运输经济

中国汽车、摩托车行业通讯录/中国汽车贸易总公司综合部编.—北京：中国商业出版社，1990.1.176页；大32开.—ISBN 7-5044-0518-3：6.50元

出租汽车经营管理/中国城市出租汽车协会编.北京：企业管理出版社，1990.1.—516页；大32开.ISBN 7-80001-107-0：8.00元

本书介绍了我国出租汽车概况，行业管理、计划管理、营运服务管理、技术管理、劳动人事管理，物资供应管理、承包经营责任制及职业道德教育等内容。

乘客心理与优质服务/刘志超等著.—西安：陕西人民出版社，1990.8.—141页；32开.—ISBN 7-224-01272-6：1.95元

乘客心理与最佳服务/曲啸主编；廖英田，马明扬编著.—南京：江苏科学技术出版社，1990.11.208页；32开.—ISBN 7-5345-1056-2：2.60元

F59　旅游经济

汉英旅游分类词汇/《汉英旅游分类词汇》编写组编.—北京：海洋出版社，1990.6.—220页；32开.ISBN 7-5027-0960-6：4.20元

英汉旅游词典/程润玥，程洁编.—上海：上海外语教育出版社，1990.10.—355页；32开.—ISBN 7

-81009-473-4：6.00元

实用旅游手册/卜方明，林迦珊编.—南昌：百花洲文艺出版社，1990.6.—200页；32开.—（家庭必备丛书）.—ISBN 7-80579-010-3：2.60元

旅差之友/李铁钢主编.—北京：地质出版社，1990.5.—208页；32开.—ISBN 7-116-00687-7：3.70元

旅游小向导/雷蕊华编.—北京：农村读物出版社，1990.3.—47页；32开.—（实惠小丛书）.—ISBN 7-5048-1089-4：1.30元

旅游知识千题解：中国导游大赛试题集/李东岗主编；刘浦江等撰稿.—北京：地质出版社，1990.2.—163页；32开.—附1987中国旅游知识大奖赛试题及答案.—ISBN 7-116-00677-X：2.50元

旅游经济工作手册/张玉玑主编.—北京：中国大百科全书出版社，1990.10.—683页；16开.—ISBN 7-500-5013-5（精装）：28.00元

F590　旅游经济理论与方法

民俗学与民俗旅游/刘丽川编著.—上海：同济大学出版社，1990.1.—214页；大32开.—（旅游文化丛书/深圳大学国际文化系主编）.—ISBN 7-5608-0569-8：4.70元

应用旅游地理学：旅游资源与旅游区规划/孙文昌，陈元泰编著.—长春：东北师范大学出版社，1990.5.—190页；大32开.—ISBN 7-5602-0360-4：2.60元

现代旅游市场经营学/于学谦编著.—北京：旅游教育出版社，1989.12.—486页；32开.—ISBN 7-5637-0049-8：2.90元

现代旅游理论与实践/钟明喜，骆静珊主编.—昆明：云南人民出版社，1990.10.—342页；32开.—ISBN 7-222-00586-2：4.95元

建设旅游文化之路/韦钦，何邦泰主编.—桂林：广西师范大学出版社，1990.9.—181页；32开.（群众性社会主义精神文明建设丛书；3）.—ISBN 7-5633-0927-6：2.40元

本书对旅游文化的历史、特征，社会主义的旅游思想建设、道德建设，旅游区域建设及社会主义的旅游环境建设等作了论述。

旅游文化探胜/顾承甫著.—上海：上海古籍出版社，1990.12.—117页；32开.—（文化春秋丛书）.ISBN 7-5325-0789-0：1.70元

旅游市场营销与饭店管理/温力虎等编著.—广州：中山大学出版社，1990.12.—427页；32开.—ISBN 7-306-00361-5：7.50元

旅游市场营销学/（联邦德国）保罗（Paul，H.）著；于连亭译.—天津：南开大学出版社，1990.6.115页；32开.—ISBN 7-310-00226-1：0.71元

旅游价格学/阎锋编著.—北京：旅游教育出版社，1990.6.—282页；32开.—ISBN 7-5637-0139-9：1.70元

旅游会计/浦秀贤编著.—北京：旅游出版社，1990.1.—332页；32开.—ISBN 7-5637-0057-9：2.10元

旅游审美活动论/王柯平著.—北京：旅游教育出版社，1990.10.—248页；32开.—ISBN 7-5637-0151-6：1.70元

本书从应用美学、心理学等角度，对旅游过程中涉及到的价值特征、活动规律、审美心理、观赏艺术、服务艺术作了比较深入的探讨。

旅游经济学/张汝昌主编.—北京：北京广播学院出版社，1990.1.—254页；大32开.—旅游饭店管理专业教材.—ISBN 7-81004-195-9：4.10元

F590.6　旅游企业组织与管理

饭店统一会计制度/美国饭店及汽车旅馆协会编；乐明伟，顾玮译.—北京：旅游教育出版社，1990.2.—610页；大32开.—（旅游专业译丛）.—ISBN 7-5637-0040-4：8.20元

旅游饭店市场营销/施涵蕴著.—北京：中国华侨出版公司，1990.1.—340页；大32开.—ISBN 7-80074-109-5：5.20元

旅游经营启示录/杨仕弼等编著.—北京：旅游教育出版社，1990.1.—230页；32开.—ISBN 7-5637-0105-2：2.90元

旅游经营管理/（英）道格拉斯·福斯特著；余建伟，郭震宇译.—昆明：云南人民出版社，1990.4.331页；32开.—ISBN 7-222-00611-7：3.99元

旅游经营管理初探：上海旅游业总经理研训班论文选/张包镐，梅均主编.—上海：华东化工学院出版社，1990.7.—515页；32开.—ISBN 7-5628-0118-5：10.00元

商贸旅游企业经营管理/朱炳禧，孟克主编.—北京：中国经济出版社，1990.8.—367页；大32开.ISBN 7-5017-0794-4：7.00元

F590.63　旅游服务业务

导游与酒店员工素质训练/谭耀榻编著.—北京：中国铁道出版社，1990.10.—172页；32开.—ISBN 7-113-00878-X：2.65元

导游业务/朱保琛主编；国家旅游局人教司编.北京：旅游教育出版社，1990.2.—210页；大32开.全国导游人员资格考试培训系列教材.—ISBN 7-5637-0153-2：3.10元

导游和导游艺术技巧/陈国成编著.—北京：旅游教育出版社，1990.1.—151页；32开.—ISBN 7-5637-0085-4：2.30元

导游基础知识/徐堃耿主编；国家旅游局人教司编.—北京：旅游教育出版社，1990.8.—337页；大32开.—全国导游人员资格考试培训系列教材.—ISBN 7-5637-0154-0：4.70元

本书系统介绍导游人员实际工作中需知的有关中国历史、地理、人文、风情、旅游景点及世界重要旅游地区和国家的各方面知识。

导游基础知识分册/徐堃耿主编；国家旅游局人教司编.—北京：旅游教育出版社，1990.2.—111页；大32开.—全国导游人员资格考试培训系列教材.ISBN 7-5637-0155-9：1.90元

导游翻译二十讲/王连义著.—北京：旅游教育出版社，1990.2.—307页；32开.—ISBN 7-5637-0147-8：4.10元

旅行社业务手册/蔡经川编著.—成都：成都科技大学出版社，1990.9.—143页；32开.—ISBN 7-5616-0570-6：1.80元

旅行社经营管理/杜江，向萍编著.—上海：同济大学出版社，1990.1.—215页；大32开.—（旅游文化丛书/深圳大学国际文化系主编）.—ISBN 7-5608-0570-1：4.75元

旅游服务管理心理学/张鼎衡编著.—长春：吉林教育出版社，1990.12.—265页；32开.—（应用心理学丛书/车文博主编）.—ISBN 7-5383-1178-5：4.10元

F591　世界旅游事业

国际旅游业公约、协议汇编/罗结珍编.—北京：旅游教育出版社，1990.4.—283页；32开.—ISBN 7-5637-0188-5：3.80元

旅游事业概论/（英）J.C.霍洛威著；奚博铨等译.—北京：中国对外经济贸易出版社，1990.8.220页；32开.—ISBN 7-80004-156-5：3.50元

旅游接待的今天和明天/（瑞士）塞伊杜（Seydoux，J.）著；冯百才，刘振卿编译.—北京：旅游教育出版社，1990.9.—302页；32开.—ISBN 7-5637-0150-8：4.00元

书名原文：Accueil Daujourd.hui et de Demain

F592　中国旅游事业

力的奔放美的热恋：中国古代旅游说薮/陈颖编.北京：旅游教育出版社，1990.3.—170页；32开.ISBN 7-5637-0107-9：2.30元

中国导游知识大全/张包镐主编.—上海：上海文化出版社，1990.6.—675页；32开.—ISBN 7-80511-382-3：6.80元

中国旅游地理/庞规荃编著.—北京：旅游教育出版社，1990.10.—358页；32开.—ISBN 7-5637-0137-0：2.05元

中国旅游年鉴：1990/中国旅游年鉴编辑委员会编.—北京：中国旅游出版社，1990.10.—682页；16开.—ISBN 7-5032-0312-9（精装）：59.50元

中国旅游经济研究/孙尚清主编.—北京：人民出版社，1990.9.—555页；大32开.—ISBN 7-01-000773-X：8.50元

中国旅游通信号码簿/天马旅游开发有限公司编.北京：人民邮电出版社，1990.10.—164页；56开.ISBN 7-115-04435-1：1.75元

如何发展少数民族地区的旅游业/李竹青著.—北京：北京出版社，1990.9.—165页；32开.—ISBN 7-200-01223-8：1.75元

杭州旅游业未来研究/韦章尧主编.—杭州：杭州大学出版社，1990.8.—253页；大32开.—（浙江经济与社会发展丛书）.—ISBN 7-81035-049-8：3.20元

国内旅行社名录/国家旅游局旅行社饭店管理司编.—北京：中国旅游出版社，1990.10.—362页；32开.—ISBN 7-5032-0342-0：6.50元

首届（1989年）全国导游人员资格考试试题及参考答案/张润生主编.—北京：高等教育出版社，1990.3.—359页；32开.—ISBN 7-04-002986-3：3.90元

紧紧把握生命线：牡丹江交际处的致胜之道/王久德主编.—牡丹江：黑龙江朝鲜民族出版社，1990.10.—127页；大32开.—ISBN 7-5389-0269-4：2.70元

旅游开发研究论集/孙仲明主编.—北京：旅游教育出版社，1990.3.—326页；32开.—ISBN 7-5637-0139-7：4.50元

旅游地理/雷明德主编；全国九院校编.—西安：陕西人民出版社，1990.7.—260页；32开.—旅游职业学校试用教材.—ISBN 7-224-01129-0：3.50元

黄土高原地区旅游资源及其开发/中国科学院黄土高原综合科学考察队编.—北京：中国经济出版社，1990.11.—113页；16开.—黄土高原地区综合治理开发考察系列研究.—ISBN 7-5017-1036-8：5.45元

黄果树区域旅游资源研究/俞锦标等著.—上海：上海科技教育出版社，1990.4.—377页；大32开.ISBN 7-5428-0317-4：7.50元

道家与旅游/黄德源著.—上海：上海社会科学院出版社，1990.7.—200页；大32开.—ISBN 7-80515-584-4：3.50元

F593/597　各国旅游事业

泰国投资旅游手册/张学秀编著.—广州：广东旅游出版社，1990.2.—266页；32开.—ISBN 7-80521-584-124-8：3.60元

F6　邮电经济

实用邮电通信指南/梅文彬主编.—哈尔滨：黑龙江科学技术出版社，1990.5.—379页；32开.—ISBN 7-5388-1129-X：4.50元

F60　邮电经济理论

邮电经济与管理概论/程广印，于晓华编.—北京：人民邮电出版社，1990.6.—416页；32开.—邮电中等专业学校试用教材.—ISBN 7-115-04186-5：2.40元

邮电经济学/诸幼侬，李国樑编著.—北京：北京邮电学院出版社，1990.7.—500页；大32开.—ISBN 7-5635-0046-4：3.95元

邮电经济学问题答疑及练习/李首胜编著.—北京：北京邮电学院出版社，1990.12.—322页；32开.—ISBN 7-5635-0056-1：3.90元

邮电通信比较经济学/诸幼侬，钱忠浩著.—上海：文汇出版社，1990.3.—163页；32开.—ISBN 7-80531-038-2：2.50元

城市邮电通信规划/曹永明主编.—北京：中国建筑工业出版社，1990.10—75页；32开.—（城市规划知识小丛书；22）.—ISBN 7-112-00593-0：1.65元

F61　邮　政

邮电统计学教程/郑人权主编.—北京：北京邮电学院出版社，1990.7.—412页；大32开.—ISBN 7-5635-0053-7：3.15元

邮电通信会计　下册/符固修等编.—北京：人民邮电出版社，1990.6.—332页；32开.—邮电中等专业学校试用教材.—ISBN 7-115-04209-8：1.90元

邮电通信统计：原理部分/乐锦鹤编.—北京：人民邮电出版社，1990.6.—355页；32开.—邮电中等专业学校教材.—ISBN 7-115-04217-9：2.00元

邮政通信与国内邮件业务/谭纲敦，关锡义编.—北京：人民邮电出版社，1990.6.—582页；32开.—邮电中等专业学校试用教材.—ISBN 7-115-04207-1：3.25元

邮政通信组织管理/关锡义等编.—北京：人民邮电出版社，1990.6.—232页；32开.—邮电中等专业学校试用教材.—ISBN 7-115-04205-5：1.35元

F614　邮政建设

中国邮政编码：医疗卫生专集/卫生部办公厅编.北京：人民邮电出版社，1990.10.—604页；16开.ISBN 7-115-04373-6：22.00元

中国邮政编码大全　第六卷：科研设计施工卷/邮电部邮政总局主编.—北京：人民邮电出版社，1990.2.—590页；16开.—ISBN 7-115-04056-7：20 00元

中国邮政编码大全　第七卷：商业服务业卷/邮电部邮政总局主编.—北京：人民邮电出版社，1990.1.—846页；16开.—ISBN 7-115-04060-5：24 00元

中国简明邮政编码/邮电部邮政总局主编.—北京：人民邮电出版社，1990.4.—103页；50开.—ISBN 7-115-04230-6：2.00元

全国市县街道邮政编码集/邮政编码编辑部编.—北京：人民邮电出版社，1990.9.—601页；32开.—ISBN 7-115-04423-6：8.00元

全国医药化工单位邮政编码通讯录/余传隆，王治国主编.—北京：中国医药科技出版社，1990.4.370页；16开.—ISBN 7-5067-0136-7：8 40元

科技文教常用邮政编码汇编/《科技文教常用邮政编码汇编》编写组编.—北京：人民邮电出版社，1990.8.—190页；32开.—ISBN 7-115-04438-4：3.00元

广东省邮政编码地图/广东省地图出版社编制.—广州：广东省地图出版社，1990.3.—1张；2开.—ISBN 7-80522-066-2：1.00元

四川省城乡邮政编码地图册/成都地图出版社编制.—成都：成都地图出版社，1990.4.—61页；16开.—ISBN 7-80544-095-6：4.50元

江苏邮政编码图/南京地质学校编制.—福州：福建省地图出版社，1990.4.—1张；4开.—附全国简明邮政编码.—ISBN 7-80516-080-5：0.80元

湖南省邮政编码实用手册/湖南省邮电管理局主编.—北京：人民邮电出版社，1990.12.—460页；16开.—ISBN 7-115-04482-1：15.00元

F618　邮政业务

新中国邮票、封、片价格比较手册：1990/《集邮》编辑部编.—北京：人民邮电出版社，1990.11.113页；32开.—ISBN 7-115-04495-3：1.70元

F62　电　信

电信业务/黄颖等编.—北京：人民邮电出版社，1990.12.—275页；32开.—邮电中等专业学校试用教材.—ISBN 7-115-04350-0：1.80元

F632　中国邮电事业

《辽宁省邮电通信管理条例》宣传手册/乔义等编著.—沈阳：白山出版社，1990.4—143页；32开.ISBN 7-80566-113-8：2.00元

邮电企业财务会计文件选编　（一）/邮电部经营财务司编.—北京：人民邮电出版社，1990.8.—735

页；大32开.—ISBN 7-115-04396-5：10.00元

紧密结合邮电实际深化全面质量管理：全国邮电通信企业全面质量管理工作座谈会文件、材料汇编/邮电部办公厅编.—北京：人民邮电出版社，1990.2.261页；32开.—ISBN 7-115-04260-8：3.40元

中华民国邮票目录：1912～1949/《中华民国邮票目录》编写组编.—北京：人民邮电出版社，1990.8.—302页；32开.—ISBN 7-115-04263-2：21.00元

中国解放区邮票史：苏区卷/中华全国集邮联合会《集邮研究》编辑部编.—北京：人民邮电出版社.1990.3.—165页；大32开.—ISBN 7-115-04383-3：12.00元

天津邮政史料 第三辑/仇润喜主编；赵鸿钧等编辑.—北京：北京航空航天大学出版社，1990.12.509页；照片；大32开.—天津市"八五"哲学社会科学规划重点项目.—ISBN 7-81012-216-9：7.50元

本辑为1912～1928年旧中国邮政鼎盛时期档案史料选集。

北京邮政历史图片选集/北京市邮政局史志办公室编.—北京：北京燕山出版社，1990.3.—61页；16开.—ISBN 7-5402-0209-2：17.00元

华容县邮电志/华容县邮电志编写组编.—北京：中国文史出版社，1990.6.—196页；大32开.—ISBN 7-5034-0261-X：7.80元

黔东南苗族侗族自治州志·邮电志/黔东南苗族侗族自治州地方志编纂委员会编.—贵阳：贵州人民出版社，1990.10.—201页；16开.—ISBN 7-211-01887-1（精装）：12.00元

F7 贸易经济

古今经商谋略与诀窍/马华珩编.—北京：中国财政经济出版社，1990.10.—313页；32开.—ISBN 7-5005-1054-3：3.70元

本书是一本解释古今经商名言、谚语的通俗读物。

汉英外贸财经词汇/潘文雅，傅明伟主编.—南京：河海大学出版社，1990.1.—1027页；32开.—ISBN 7-5630-0189-1（精装）：20.00元

本书收词55000余条，包括对外贸易、运输、国际金融、银行、货币、保险、税收、财政、会计、统计、企业管理及经济法规等方面的专业词汇。

对外开放辞书/黄泽存等主编.—济南：山东友谊书社，1990.12.—220页；大32开.—ISBN 7-80551-335-X（精装）：24.00元

各行各业用气象：财从天来/杜卫国，吴乃元编著.—北京：气象出版社，1990.10.—117页；32开.（应用气象丛书/周琳主编）.—ISBN 7-5029-0435-2：2.10元

本书介绍商品经营过程中应注意的气象因素。

论文选编暨科研成果目录/吉林商业专科学校编.北京：中国商业出版社，1990.9.—440页；32开.ISBN 7-5044-0705-4：5.00元

实用汉英商业手册/石裕晶编.—上海：华东化工学院出版社，1990.1.—555页；32开.—（上海市徐汇区商业职业职工学校商业丛书）.—ISBN 7-5628-0076-6：6.85元

学会十年：1979～1989/蒙鼎铭，苏学生主编.—北京：中国商业出版社，1990.6.—358页；32开.ISBN 7-5044-0604-X：5.30元

本书是根据1989年中国商业经济学会举办的"学会理论与实践研讨班暨第七次全国秘书长会议"上，秘书长介绍的经验汇编而成的，所收文章介绍了发展学会及开展商业经济理论研究和群众性学术活动等方面的经验。

商业大辞典/杨德颖主编.—北京：中国财政经济出版社，1990.1.—1035页；32开.—ISBN 7-5005-0726-7（精装）：16.00元

F71 国内贸易经济

与鲨鱼共泳而不让其吞食：经商的忠告与格言/（美）麦凯（Mackay，H.）著；葛国勇等译.—上海：上海人民出版社，1990.7.—176页；32开.—ISBN 7-208-00800-0：2.30元

书名原文：Swim With the Sharks Without Being Eaten Alive

本书内容包括最新的推销术、管理术、鼓动术和谈判术，是1989年美国畅销书。

今古生意经：商谚浅说/薛景甫著.—西安：陕西人民出版社，1990.11.—291页；32开.—ISBN 7-224-01540-7：3.85元

买卖经：经商哲学/徐霖主编.—北京：中国商业出版社，1990.11.—442页；大32开.—ISBN 7-5044-0484-5：8.25元

经商哲理/陈濯等编著.—天津：天津科技翻译出版公司，1990.5，160页；32开.—（商业文化丛书/李炳威主编）.—ISBN 7-5433-0174-1：2.90元

商业文化漫谈/冬人，佳山编著.—天津：天津科技翻译出版公司，1990.9.—129页；32开.—（商业文化丛书/李炳威主编）.—ISBN 7-5433-0175-X：2.40元

商业经济/方修红主编.—北京：中国商业出版社，1990.12.—249页；32开.—（现代商业企业经营与管理知识丛书/张新华主编）.—ISBN 7-5044-0846-8：3.20元

就业训练商业营业专业教学计划及教学大纲：计算基础，商品知识，商业基础知识，营业员基础知识：试用/劳动部培训司制订.—北京：劳动人事出版社，1990.3.—56页；32开.—ISBN 7-5045-0469-6：1.05元

F710　贸易经济理论与方法

世界推销大王的生意经/(美)乔·甘德尔福，罗伯特·L.肖克著；马誉峰等译.—石家庄：河北科学技术出版社，1990.1.—151页；32开.—ISBN 7-5375-0302-8：2.30元

犹太人生意经/(日)藤田田著；黄小平译.—成都：四川人民出版社，1990.2.—168页；32开.(生意经系列/黄小平主编).—ISBN 7-220-00687-X：2.20元

商业经济学/左宪棠主编.—北京：中国商业出版社，1990.1.—354页；32开.—ISBN 7-5044-0535-3：3.95元

商业经济学教程/饶荣元主编.—北京：中国商业出版社，1990.8.—274页；大32开.—ISBN 7-5044-0709-7：4.40元

商业经济学简明教程/曾益成等编著.—成都：成都科技大学出版社，1990.6.—356页；32开.—ISBN 7-5616-0618-4：3.90元

商业结构和运行原理/孙全著.—长春：东北师范大学出版社，1990.3.—254页；大32开.—ISBN 7-5602-0292-6：4.00元

商场圣约书：从哈佛学不到的血汗经验/(美)马克·麦高梅著；陶宁等译.—北京：中国经济出版社，1990.4.—259页；32开.—ISBN 7-5017-0563-1：4.40元

F712　商业统计学

商业统计学/刘玉玲，马敏娜主编.—长春：吉林大学出版社，1990.10.—349页；32开.—ISBN 7-5601-0615-3：4.80元

商业统计理论与应用/俞礼彬等编.—北京：经济管理出版社，1990.5.—341页；32开.—ISBN 7-80025-340-6：4.90元

商业统计基础知识/罗德明主编.—北京：中国商业出版社，1990.8.—252页；32开.—ISBN 7-5044-0631-7：2.82元

F713　商品流通与市场

陕西采购员手册/雷青训主编.—西安：陕西人民出版社，1990.3.—376页；32开.—ISBN 7-224-01178-9(精装)：7.30元

本书汇集了采购工作的一些基本常识以及陕西地区大、中型工商企业的基本概况。

流通纵横/孙希岳主编.—北京：经济科学出版社，1990.4.—245页；大32开.—ISBN 7-5058-0251-8：3.80元

营销系统工程/万后芬主编.—大连：大连海运学院出版社，1990.8.—284页；32开.—ISBN 7-5632-0246-3：3.95元

商业信息简论/陈学庸，刘雨泽编.—长春：吉林教育出版社，1990.4.—260页；32开.—ISBN 7-5383-0986-1：3.50元

商情预测：方法及其计算程序/(美)塞茨(Seitz，N.)著；黄树颜等编译.—北京：中国统计出版社，1990.1.—192页；大32开.—ISBN 7-5037-0295-8：3.50元

书名原文：Business Forec Asting

F713.3　商品销售

十分钟的推销艺术/(日)井户口健二著；吴江等译.—北京：中国华侨出版公司，1990.9.—146页；32开.—ISBN 7-80074-219-9：2.60元

中外最新市场营销案例/张保林主编.—南京：南京大学出版社，1990.5.—509页；大32开.—ISBN 7-305-00747-1：6.55元

从容应付：5分钟成功推销课程/(美)Young，R.著；徐永胜等译.—上海：复旦大学出版社，1990.11.—227页；32开.—(复旦小丛书·创造实践之辑).—ISBN 7-309-00553-8：3.90元

书名原文：Five-Minute Lessons in Successful Selling

公共关系与市场营销/郑泽延等编著.—北京：中国广播电视出版社，1990.7.—214页；32开.—(公共关系丛书/李慰怡，徐军齐主编).—ISBN 7-5043-0419-0：3.20元

古今中外经销技巧50法/黄焕春编著.—上海：上海科学技术文献出版社，1990.6.—220页；32开.—ISBN 7-80513-581-9：2.80元

当代市场营销/吕亚亮，王真编著.—北京：中国商业出版社，1990.10.—289页；大32开.—北京社会函授大学教科书.—ISBN 7-5044-0891-3：2.70元

如何展开全方位推销：强者的推销术/精英，财鑫编译.—厦门：鹭江出版社，1990.6.—148页；32开.—(创业灵方丛书).—ISBN 7-80533-223-1：2.00元

本书全面介绍了推销人员的外表、观念、举止、谈吐、动作等从而达到全方位推销的目的。

购销工作手册/李永平主编.—北京：中国国际广播出版社，1990.7.—411页；32开.—ISBN 7-80035-311-7：5.20元

购销员手册：上海毛巾被单名、优、特新产品分册/陈荣生编.—上海：上海翻译出版公司，1990.3.—181页；32开.—ISBN 7-80514-423-0：3.35元

国际营销学/乔作田等编著.—大连：东北财经大学出版社，1990.9.—303页；32开.—ISBN 7-81005-430-9：3.50元

实用经营销售大全/宋绍华等主编.—深圳：海天出

版社，1990.9.—1036页；32开.—ISBN 7-80542-266-4（精装）：24.40元

实用销售学/王振泉，付毅主编.—长春：吉林大学出版社，1990.12.—333页；大32开.—ISBN 7-5601-0698-6：5.90元

倍增销售额的妙计98/张雍，章建人编译.—北京：中国经济出版社，1990.5.—216页；32开.—企业人最佳经营实务用书.—ISBN 7-5017-0655-7：3.30元

谈判与推销/雷鸣主编.—北京：机械工业出版社，1990.10.—367页；32开.—ISBN 7-111-02536-9：4.80元

营销与公共关系手册/（　）利斯（Lace，G.）等著；刘宝成译.—北京：宇航出版社，1990.4.107页；32开.—（销售通丛书）.—ISBN 7-80034-263-8：1.50元

书名原文：Marketing and Public Relations Handbook

本书以营销与现代公共关系的发展为主题，对营销公共关系的各个方面作了综合论述。

营销谈判/王金献，刘万安主编.—开封：河南大学出版社，1990.12.—542页；大32开.—ISBN 7-81018-510-1：7.00元

营销管理/赵国良等编著.—北京：中国商业出版社，1990.2.—246页；32开.—摩托车行业营销管理人员培训教材.—ISBN 7-5044-0517-5：5.00元

营销管理：分析、计划和控制/（美）科特勒（Kotler，P.）著；梅汝和等译.—上海：上海人民出版社，1990.5.—1006页；大32开.—ISBN 7-208-00221-5：16.65元

书名原文：Marketing Manangement

推销术/（瑞士）斯瓦尔勃（Schwalbe.u，H.），（德）灿德（Zander，E.）著；何涛译.—北京：农村读物出版社，1990.2.—209页；32开.—ISBN 7-5048-0962-4：3.20元

本书介绍了获取销售成功的各种行之有效的方法。

推销员宝典/日本实业出版社编；侯荔江编译.—成都：四川人民出版社，1990.2.—212页；32开.（生意经系列/黄小平主编）.—ISBN 7-220-00686-1：2.60元

本书介绍了推销活动的基础知识和实战知识，收集了作为社会生活的礼仪和超越困境的智慧，以及使自己才识过人的方法等。

推销胜术101/张雍，见明编译.—北京：中国经济出版社，1990.5.—205页；32开.—企业人最佳经营实务用书.—ISBN 7-5017-0656-5：3.10元

常胜推销术/伊月编译.—北京：学苑出版社，1990.7.—186页；32开.—ISBN 7-80060-994-4：2.50元

销售艺术：观念、服务、产品/（印）维埃拉（Vieira，W.E.）著；刘桂琴，赵天堂译.—太原：山西人民出版社，1990.12.—83页；32开.—（人与管理丛书）.—ISBN 7-203-01719-2：1.80元

书名原文：Success in Selling

销售心理学/黄序生主编.—北京：机械工业出版社，1990.12.—314页；32开.—机械电子工业部机电行业专业管理人员岗位培训教材.—ISBN 7-111-02453-2：4.80元

销售心理学/（美）德格鲁特（Degroot，P.R.）著；罗华平，王业宇译.—北京：中国物资出版社，1990.11.—274页；32开.—ISBN 7-5047-0222-6：4.50元

书名原文：Psychology for Successful Selling

销售诀窍和顾客心理/（美）迪茨伯格（Ditzenberger，R.），（美）基德尼（Kidney，J.）著；孔凡军译.—北京：中国人民大学出版社，1990.12.—180页；32开.—ISBN 7-300-00993-X：2.55元

书名原文：Seling

销售实务问答/韩庆祥主编.—北京：中国财政经济出版社，1990.8.—357页；32开.—ISBN 7-5005-1149-3：4.70元

销售经理：观念、原则、方法/（印）维埃拉（Vieira，W.E.）著；刘舟译.—太原：山西人民出版社，1990.12.—87页；32开.—（人与管理丛书）.—ISBN 7-203-01720-6：1.80元

书名原文：Sales Manager

本书内容涉及销售员的挑选、现场培训、鼓动工作、评估方法和控制能力等。

销售理论与实务/张崇礼，张变枝编著.—北京：中国商业出版社，1990.12.—532页；32开.—ISBN 7-5044-0785-2：6.00元

销售辞典/林文益主编.—北京：经济科学出版社，1990.12.—477页；32开.—ISBN 7-5085-0272-0（精装）：9.80元

销售管理与谋略/于树元等编著.—哈尔滨：黑龙江人民出版社，1990.12.—367页；32开.—ISBN 7-207-01847-9：4.80元

F713.5 市　场

开放型的市场营销/李克华著.—广州：中山大学出版社，1990.6.—227页；大32开.—ISBN 7-306-00264-3：5.50元

市场与价格/王积舒主编.—北京：中国展望出版社，1990.8.—288页；32开.—ISBN 7-5050-0983-5：5.80元

市场学/吉龙祥主编.—济南：山东人民出版社，1990.9.—310页；32开.—山东省中等农业学校试用教材.—ISBN 7-209-00746-6：3.60元

市场学/刘玉宇等编.—成都：西南交通大学出版社，1990.9.—335页；32开.—ISBN 7-81022-199-X：3.50元

市场学/吴健安编著.—2版(修订本).—昆明：云南人民出版社，1990.5.—433页；32开.—ISBN 7-222-00630-3：4.40元

本书1985年6月第1版。

市场学/张忠宽，侯桂风主编.—长春：吉林大学出版社，1990.10.—298页；32开.—ISBN 7-5601-0636-6：4.15元

市场学/郎宝书等编著.—北京：北京出版社，1990.3.—319页；32开.—中国逻辑与语言函授大学教材.—ISBN 7-200-01058-8：3.30元

市场学/洪宝华主编.—北京：机械工业出版社，1990.10.—194页；16开.—高等学校试用教材.ISBN 7-111-02334-X：2.55元

市场学/樊瑞等主编.—北京：中国商业出版社，1990.9.—383页；大32开.—ISBN 7-5044-0719-4：4.97元

市场学教程/兰庭武主编.—成都：成都出版社，1990.2.—315页；32开.—ISBN 7-80575-026-2：3.15元

市场学概论/邝鸿编著.—2版(修订本).—北京：中央广播电视大学出版社，1990.4.—376页；32开.ISBN 7-304-00561-0：2.15元

本书1986年6月第1版。

市场学概论/《市场学概论》编写组编.—2版.—北京：中国商业出版社，1990.7.—263页；32开.—中等商业学校试用教材.—ISBN 7-5044-0030-0：1.55元

本书1985年4月第1版。

市场学概论/肖克荣编著.—上海：上海社会科学院出版社，1990.3.—262页；32开.—ISBN 7-80515-490-2：3.35元

市场学概论/贾汝华，李遨主编.—北京：中国经济出版社，1990.9.—289页；32开.—ISBN 7-5017-1013-9：3.20元

市场学新编/蒋振球，熊志尧主编.—合肥：安徽人民出版社，1990.7.—453页；大32开.—ISBN 7-212-00419-7：5.60元

市场经济信息管理/张卫星著.—北京：中国广播电视出版社，1990.11.—445页；32开.—ISBN 7-5043-0445-X：6.40元

市场经济秩序/袁家方，曲德森主编.—北京：海洋出版社，1990.11.—216页；32开.—(企业行为规范丛书).—ISBN 7-5027-0773-5：4.00元

市场竞争案例集粹/李景泰，陈喆编著.—天津：南开大学出版社，1990.6.—227页；大32开.—ISBN 7-310-00244-X：1.85元

市场调查与市场预测/王春利主编.—北京：北京经济学院出版社，1990.10.—293页；大32开.—ISBN 7-5638-0200-2：4.10元

市场调查与预测/洪宝华，刘会耀主编.—北京：机械工业出版社，1990.12.—188页；32开.—机械电子工业部机电行业专业管理人员岗位培训教材.ISBN 7-111-02409-5：4.50元

市场调查与预测/梅汝和主编.—北京：中国财政经济出版社，1990.4.—296页；大32开.—ISBN 7-5005-0947-2：5.80元

市场调查概论/龚振编著.—北京：中国华侨出版公司，1990.8.—319页；32开.—ISBN 7-80074-241-5：3.65元

市场调研——方法与实务/张云源编著.—上海：上海科学普及出版社，1990.10.—170页；32开.—上海市"星火计划"培训教材.—ISBN 7-5427-0319-6：2.90元

市场预测学/何国栋著.—北京：中国卓越出版公司，1990.9.—288页；大32开.—北京社会函授大学教科书.—ISBN 7-80071-355-5：4.10元

本书介绍了市场购买力、进销货、季节性变化等多种预测方法。

市场营销/方修红，傅俊玉主编.—北京：中国商业出版社，1990.10.—253页；32开.—ISBN 7-5044-0686-4：3.20元

市场营销问答/(英)克里斯托弗(Christopher，M.)等著；郭庆国，过菊根译.—北京：世界图书出版公司，1990.10.—254页；32开.—ISBN 7-5062-0794-X：5.90元

书名原文：Introducing Marketing

市场营销学/王志明，任林书主编.—北京：中国商业出版社，1990.2.—405页；32开.—ISBN 7-5044-0529-9：5.60元

市场营销学/孙杭生等编著.—北京：科学技术文献出版社，1990.1.—258页；32开.—ISBN 7-5023-1229-3：3.20元

市场营销学/杨美镛主编.—北京：电子工业出版社，1990.11.—365页；32开.—ISBN 7-5053-1051-8：5.50元

市场营销学/李明恒主编.—徐州：中国矿业大学出版社，1990.6.—220页；16开.—ISBN 7-81021-399-7：5.30元

市场营销学/吴世经，曾国安主编.—成都：西南财经大学出版社，1990.11.—482页；大32开.—ISBN 7-81017-258-1：5.90元

市场营销学/吴晓云主编.—天津：渤海湾出版公司，1990.2.—366页；大32开.—ISBN 7-80561-058-4：4.90元

市场营销学/汪泓主编.—上海：上海科学普及出版社，1990.8.—420页；大32开.—ISBN 7-5427-0321-8：6.40元

市场营销学/郝明道，阎宝礼主编.—北京：中国经济出版社，1990.10.—283页；大32开.—ISBN 7-5017-0687-5：4.95元

市场营销学/洪质彬主编.—福州：福建教育出版社，1990.5.—343页；大32开.—ISBN 7-5334-0600-1：4.00元

市场营销学/袁步英主编.—天津：天津社会科学院出版社，1990.3.—441页；32开.—ISBN 7-80563-050-X：4.80元

市场营销学/彭星闾主编.—北京：中国财政经济出版社，1990.8.—304页；大32开.—ISBN 7-5005-0991-X：4.25元

市场营销学/傅裕嘉等编.—西安：陕西人民出版社，1990.7.—348页；32开.—ISBN 7-224-01307-2：3.95元

市场营销信息运用学/（日）小岛庸靖著；赵大生等译.—北京：北京理工大学出版社，1990.10.176页；32开.—ISBN 7-81013-371-3：3.50元

市场营销概论/高法贵主编.—北京：中国城市经济社会出版社，1990.3.—294页；32开.—ISBN 7-5074-0373-4：3.55元

市场管理学/马宗连等主编.—长春：吉林大学出版社，1990.10.—230页；32开.—ISBN 7-5601-0623-4：3.20元

市场缝隙战略：开拓市场十二大战术/（日）长岛总一郎著；侯庆轩，赵桂芳译.—长春：长春出版社，1990.2.—258页；32开.—ISBN 7-80573-065-2：3.00元

如何开展商场交涉：商场交涉术/精英，财鑫编译.—厦门：鹭江出版社，1990.6.—144页；32开.（创业灵方丛书）.—ISBN 7-80533-219-3：2.00元

宏观市场学/（美）莫耶（Moyer，R.），（美）赫特（Hutt，M.）著；程东跃等译.—北京：商务印书馆，1990.11.—229页；大32开.—ISBN 7-100-00729-1：2.75元

书名原文：Macro Marketing

社会主义市场运行分析/黄泰岩著.—北京：中国人民大学出版社，1990.12.—257页；大32开.—（中国人民大学博士文库/罗国杰主编）.—ISBN 7-300-00930-1：5.00元

社会主义市场体系的组织与管理/国家工商行政管理局市场管理司编.—北京：经济科学出版社，1990.3.—384页；32开.—ISBN 7-5058-0324-7：4.00元

社会主义市场学/李炳炎主编.—南京：东南大学出版社，1990.5.—486页；大32开.—ISBN 7-81023-301-4：5.50元

社会主义市场理论比较研究/高铁生著.—郑州：河南人民出版社，1990.11.—222页；32开.—ISBN 7-215-00731-6：3.20元

社会主义市场模式：管理均衡论/闻潜著.—北京：中国财政经济出版社，1990.1.—353页；大32开.—ISBN 7-5005-0852-2：5.30元

现代市场学/彭星闾，严学军主编.—大连：大连海运学院出版社，1990.2.—370页；32开.—ISBN 7-5632-0189-0：4.00元

现代市场调查原理与实践/胡旭呈，张一耿编著.北京：中国统计出版社，1990.6.—187页；32开.ISBN 7-5037-0411-X：2.70元

现代市场营销/华光彦主编.—哈尔滨：黑龙江人民出版社，1990.8.—843页；16开.—ISBN 7-207-01340-X（精装）：39.50元

全书共分总论、消费需求、产品策略、渠道策略、价格策略、人员推销策略、广告策略、企业公共关系、竞争及风险、市场调研、市场营销的法律约束、市场营销活动分析及国际市场营销等13篇。

现代市场营销大全/邝鸿主编.—北京：经济管理出版社，1990.12.—935页；16开.—ISBN 7-80025-307-4（精装）：49.50元

现代市场营销艺术/刘嘉良编著.—重庆：重庆出版社，1990.8.—300页；32开.—ISBN 7-5366-1299-0：4.00元

现代市场营销学/杨德道主编.—海口：三环出版社，1990.9.—456页；32开.—ISBN 7-80564-258-3：4.90元

实用市场价格原理/徐肖远编著.—北京：中国对外经济贸易出版社，1990.4.—206页；32开.—ISBN 7-80004-143-3：3.00元

实用市场学/韩冬主编.—哈尔滨：哈尔滨出版社，1990.1.—490页；32开.—ISBN 7-80557-227-4：6.45元

实用商业心理学 下编：广告与销售心理/李小融，钟杨编著.—北京：中国商业出版社，1990.12.232页；32开.—ISBN 7-5044-0683-X：4.85元

消费心理学/刘文莉主编.—大连：大连海运学院出版社，1990.6.—277页；32开.—ISBN 7-5632-0192-0：3.25元

消费者心理学/马义爽等编著.—北京：中国华侨出版公司，1990.2.—239页；32开.—ISBN 7-80074-150-2：2.60元

消费者市场研究/周行，陈阳主编.—沈阳：辽宁大学出版社，1990.4.—209页；大32开.—ISBN 7-5610-0897-X：3.40元

消费品市场研究/郭冬乐等著.—重庆：重庆出版社，1990.3.—[illegible]8页；32开.—（中国改革研究丛书/童大林主编）.—ISBN 7-5366-1007-4：[illegible].45元

商品期货交易手册/（美）卡塔尼亚（Catania，P.J.）主编；（美）芝加哥期货交易所教育及市场服务部编；鹿建光，瞿秀芳译.—北京：中国对外经

济贸易出版社，1990.8.—322页；大32开.—ISBN 7-80004-178-6：5.50元

书名原文：Commodity Trading Manual

F713.8 广告宣传

广告写作艺术/陈培爱著.—北京：中国对外经济贸易出版社，1990.4.—197页；32开.—ISBN 7-80004-170-0：2.80元

广告学原理与应用/宋顺清，刘瑞武编著.—北京：高等教育出版社，1990.7.—287页；大32开.—ISBN 7-04-002940-5：3.05元

广告宣传管理基础知识/张玉俊，叶希葆编写.—济南：山东人民出版社，1990.5.—90页；32开.—（经济法律常识丛书/高昌礼主编）.—ISBN 7-209-00676-1：1.10元

广告原理与方法/陈培爱编著.—修订本.—厦门：厦门大学出版社，1990.11.—339页；32开.—ISBN 7-5615-0343-1：5.20元

本书1987年8月第1版。

广告效果测定/邝铁军，傅汉章编著.—哈尔滨：黑龙江人民出版社，1990.3.—259页；32开.—ISBN 7-207-01416-3：3.50元

成功在于广告：商战中的广告趣闻及妙语/杨晋安编著.—西安：陕西人民出版社，1990.12.—95页；32开.—ISBN 7-224-01425-7：2.15元

实用广告技术/王虎成，林纲编著.—北京：中国广播电视出版社，1990.7.—193页；32开.—（公共关系丛书/李慰怡，徐军齐主编）.—ISBN 7-5043-0416-6：3.00元

商业广告学/王桂德编著.—杭州：浙江人民出版社，1990.6.—270页；大32开.—高等财经院校试用教材.—ISBN 7-213-00505-7：3.15元

商品广告学/张玉友，颜瑾瑜著.—北京：新华出版社，1990.1.—448页；32开.—ISBN 7-5011-0639-8：4.20元

简明广告学教程/康文久等编著.—北京：新华出版社，1990.12.—340页；32开.—PR专业教材（六）.—ISBN 7-5011-1054-9：5.50元

F714 商品价格与流通费用

什么决定粮食价格：发展中国家农产品价格政策/（美）斯瑞丁（Streeten，P.）著；李玉林，季亚宏译.—北京：中国商业出版社，1990.11.—140页；32开.—ISBN 7-5044-0648-1：2.80元

书名原文：What Price Food?

市场价格基础知识/阎新宇主编.—北京：经济日报出版社，1990.12.—301页；32开.—ISBN 7-80036-337-6：4.60元

价格学/赵改书主编.—北京：北京出版社，1990.314页；32开.—中国逻辑与语言函授大学教材.ISBN 7-200-01023-5：3.25元

价格管理知识/杜永哲主编.—哈尔滨：黑龙江科学技术出版社，1990.8.—229页；32开.—ISBN 7-5388-1263-6：3.25元

物价工作手册/内蒙古物价局编.—呼和浩特：内蒙古人民出版社，1990.12.—721页；大32开.—ISBN 7-204-01293-3（精装）：15.00元

物价学概论/徐伟主编.—长春：吉林大学出版社，1990.3.—283页；32开.—ISBN 7-5601-0454-1：3.80元

物价指数知识问答/杨遵庆编.—北京：中国财政经济出版社，1990.12.—134页；32开.—ISBN 7-5005-1139-6：2.25元

商业企业定价与物价管理/谢泉溢主编.—哈尔滨：黑龙江人民出版社，1990.6.—187页；32开.—ISBN 7-207-01550-X：3.00元

简明市场价格学/孙植勋，李润生主编.—北京：中国财政经济出版社，1990.8.—321页；32开.—商业供销系统中等专业学校试用教材.—ISBN 7-5005-1135-3：3.80元

粮食价格学/王焕炜，栾剑洪主编.—南京：江苏科学技术出版社，1990.1.—331页；32开.—ISBN 7-5345-0836-3：3.95元

F715 商业企业组织与管理

从一无所有到巨万：八百伴百货的奇迹/（日）和田一夫著；陶力编译.—北京：中国经济出版社，1990.4.—115页；32开.—ISBN 7-5017-0564-X：2.30元

公共关系与商业经营管理/崔鸿儒等编著.—北京：中国商业出版社，1990.9.—300页；32开.—ISBN 7-5044-0133-1：3.30元

华侨商法的秘密/（日）南康文著；侯荔江译.—成都：四川人民出版社，1990.4.—178页；32开.（生意经系列/黄小平主编）.—ISBN 7-220-00775-2：2.30元

如何与日本人谈判/（澳）马奇（March，R.M.）著；王华译.—南京：江苏人民出版社，1990.5.—227页：彩照及插图；32开.—ISBN 7-214-00440-2：3.50元

书名原文：How to Hegotiat With the Japanese

规范管理/张宪华，麻建雄主编；武汉市汉阳百货商场编.—武汉：湖北人民出版社，1990.4.—362页；32开.—ISBN 7-216-00561-9：4.00元

商办工业管理手册/朱普俊等主编.—北京：中国城市经济社会出版社，1990.5.—383页；32开.—ISBN 7-5074-0416-1：5.30元

商业公共关系/田春苗，申恩威编著.—北京：中国物资出版社，〔1990〕.—242页；32开.—ISBN 7-5047-0027-7：3.70元

商业公共关系学/王洪宝，张格元著.—北京：中国财政经济出版社，1990.5.—243页；32开.—ISBN 7-5005-1057-8：3.20元

商业公共关系学/赵翠珍等主编.—北京：北京经济学院出版社，1990.11.—196页；大32开.—ISBN 7-5638-0116-2：2.85元

商业企业升级指南/李长洲等编著.—南京：江苏科学技术出版社，1990.10.—407页；32开.—ISBN 7-5345-1062-7：5.35元

商业企业业务管理学/苗长瑞等主编.—长春：吉林大学出版社，1990.9.—368页；32开.—ISBN 7-5601-0606-4：4.85元

商业企业规范化管理/毛冬声主编.—武汉：湖北人民出版社，1990.7.—170页；32开.—ISBN 7-216-00592-9：2.55元

商业企业经营与管理/张溶勤主编.—成都：西南财经大学出版社，1990.11.—335页；32开.—商业企业经理岗位培训教材.—ISBN 7-81017-269-7：3.55元

商业企业经营学/郭志军主编.—修订本.—北京：中国社会科学出版社，1990.6.—356页；大32开.商业企业经营管理系列教材.—ISBN 7-5004-0827-7：4.50元

商业企业经营管理实务大全/张广生，戴子贤主编.—上海：上海科学技术文献出版社，1990.12.1150页；16开.—ISBN 7-80513-679-3（精装）：46.00元

商业企业经营管理学/赵翠珍，李永春主编.—北京：中国商业出版社，1990.7.—382页；大32开.ISBN 7-5044-0735-6：5.20元

商业企业管理规范/张建平等编著.—北京：机械工业出版社，1990.9.—143页；32开.—ISBN 7-111-02501-6：3.20元

商业企业管理学/刁君平，潘振良主编.—北京：中国商业出版社，1990.8.—477页；大32开.—ISBN 7-5044-0720-8：5.60元

商业企业管理学/马光璧主编.—昆明：云南人民出版社，1990.8.—394页；32开.—（商业经济系列丛书）.—ISBN 7-222-00690-7：5.00元

商业企业管理学/刘休熙主编.—北京：中国财政经济出版社，1990.9.—393页；大32开.—ISBN 7-5005-1073-X：5.40元

商业企业管理概论/董恕增主编.—北京：中国商业出版社，1990.9.—396页；32开.—ISBN 7-5044-0715-1：3.80元

商业、服务业经营战略：全面质量管理战略篇/（日）山口裕著；王存恩等译.—北京：机械工业出版社，1990.3.—182页；32开.—ISBN 7-111-02207-6：3.60元

商业经营量化管理手册/石海艇等编.—西安：陕西科学技术出版社，1990.1.—304页；32开.—ISBN 7-5369-0647-1：3.75元

商业数量方法应用教程/王晋卿，王树民主编.—北京：经济管理出版社，1990.9.—422页；32开.—现代商业企业管理系列教材.—ISBN 7-80025-372-4：6.20元

商业管理知识读本/曹文斌主编.—北京：中国商业出版社，1990.12.—614页；大32开.—ISBN 7-5044-0658-9：7.80元

签约要诀88/（日）清水荣一著；涂锋，代明普译.—成都：四川人民出版社，1990.2.—168页；32开.—（生意经系列/黄小平主编）.—ISBN 7-220-00845-7：2.20元

嘉氏商谈精诀：无敌金招二百手/（美）G.L.嘉洛斯著；连明珠译.—北京：中国经济出版社，1990.4.—265页；32开.—ISBN 7-5017-0565-8：4.70元

F715.5　财务管理、经济核算

对外经贸会计/经贸部人事教育劳动司《对外经贸会计》编写组编.—北京：中国对外经济贸易出版社，1990.8.—679页；32开.—对外经贸干部、职业中专教育试用教材.—ISBN 7-80004-152-2：8.00元

社会主义商业工资概论/纪良纲等编著.—石家庄：河北人民出版社，1990.11.—417页；32开.—ISBN 7-202-00823-8：4.55元

城镇集体商业企业会计制度/中华人民共和国财政部制定.—北京：中国财政经济出版社，1990.11.213页；32开.—ISBN 7-5005-1267-2：2.60元

贸易会计/杨洁珍，陈天星主编.—广州：暨南大学出版社，1990.11.—480页；32开.—会计学系列教材.—ISBN 7-81029-049-5：6.45元

高等商业会计/黄肇兴主编.—北京：中国财政经济出版社，1990.4.—745页；大32开.—高等财经院校试用教材.—ISBN 7-5005-0896-4：5.00元

商业会计/刘明传主编.—济南：济南出版社，1990.10.—488页；32开.—ISBN 7-80572-300-1：4.75元

商业会计/孙佐军等编著.—2版.—大连：东北财经大学出版社，1990.5.—457页；32开.—ISBN 7-81005-012-5：4.70元

本书1987年7月第1版。

商业会计/李海波，蒋瑛主编.—上海：立信会计图书用品社，1990.6.—436页；大32开.—（立信会计丛书）.—ISBN 7-5429-0072-2：4.95元

商业会计/沈春子主编.—长春：吉林大学出版社，1990.1.—370页；32开.—ISBN 7-5601-0425-8：4.30元

商业会计/张炳锬主编.—开封：河南大学出版社，1990.5.—367页；32开.—ISBN 7-81018-490-3：3.60元

商业会计/翟广顺主编.—北京：中国商业出版社，1990.7.—409页；32开.—商业财经大专院校试用教材.—ISBN 7-5044-0739-9：5.00元

商业会计/赫淑云等编著.—西安：陕西人民出版社，1990.12.—310页；32开.—（财会工作丛书）.ISBN 7-224-01339-0：4.00元

商业会计工作达标升级手册/孙佐军主编.—沈阳：辽宁人民出版社，1990.8.—826页；大32开.—ISBN 7-205-01492-1：13.00元

商业会计习题集/蔡惟勤等编.—杭州：浙江人民出版社，1990.12.—245页；32开.—ISBN 7-213-00566-9：2.50元

商业会计学/向泽生等主编.—北京：经济科学出版社，1990.2.—519页；32开.—ISBN 7-5058-0297-6：5.50元

商业会计学/徐融主编.—昆明：云南教育出版社，1990.7.—407页；32开.—（商业经济系列丛书）.ISBN 7-5415-0396-7：5.20元

商业会计学/翟广顺主编.—北京：中国商业出版社，1990.5.—588页；32开.—商业财经大专院校试用教材.—ISBN 7-5044-0740-2：6.60元

商业会计学/翟欣主编.—北京：中国华侨出版公司，1990.9.—370页；32开.—中国逻辑与语言函授大学教材.—ISBN 7-80074-255-5：4.50元

商业会计学自学指导/田沅，温坤编著.—北京：中国人民大学出版社，1990.12.—292页；大32开.ISBN 7-300-00979-4：4.30元

商业会计学纲要/田超主编.—南京：东南大学出版社，1990.1.—360页；大32开.—附习题及答案.ISBN 7-81023-309-X：4.20元

《商业会计学》学习指导与习题集/向泽生等主编.—北京：经济科学出版社，1990.2.—105页；32开.—ISBN 7-5058-0298-4：1.40元

商业会计学教程/王宗台编著.—北京：中国商业出版社，1990.7.—560页；32开.—ISBN 7-5044-0607-4：5.80元

商业会计练习册/上海市第一商业局教育处，上海市教育局职业技术教育处主编.—上海：上海科技教育出版社，1990.4.—146页；32开.—（商业经营专业系列读本）.—ISBN 7-5428-0394-8：1.35元

商业会计核算/谢云成等主编.—大连：大连理工大学出版社，1990.11.—351页；32开.—ISBN 7-5611-0351-4：4.40元

商业会计教材/施仁夫，丁元霖编著.—2版.—上海：立信会计图书用品社，1990.3.—421页；大32开.—（立信会计丛书）.—ISBN 7-5429-0021-8：4.35元

本书1987年10月第1版。

商业企业会计知识习题集/《商业企业会计知识习题集》编写组编.—北京：中国财政经济出版社，1990.2.—151页；32开.—ISBN 7-5005-0916-2：1.85元

商业企业财务与成本管理/张希尧等编著.—重庆：重庆出版社，1990.10.—217页；32开.—ISBN 7-5366-1494-2：2.05元

商业企业财务会计配套习题集/《商业企业财务会计配套习题集》编写组编.—广州：广东科技出版社，1990.8.—140页；16开.—中等财政（财经）学校统编教材.—ISBN 7-5359-0622-2：3.00元

商业企业财会实用手册/浙江省商业厅财务会计处编.—北京：高等教育出版社，1990.10.—313页；大32开.—ISBN 7-04-003107-8：3.50元

商业企业财务、经济核算、经济效益管理示意图/王金榆编.—北京：中国商业出版社，〔1990〕.1张；4开.—ISBN 7-5044-0369-5：1.20元

商业企业财务管理/朱继玥，王崇哲主编.—哈尔滨：黑龙江人民出版社，1990.11.—337页；32开.ISBN 7-207-01713-8：4.85元

商业企业财务管理/刘恩禄，彭世明主编.—武汉：武汉大学出版社，1990.2.—414页；大32开.—高等教育自学考试教材　经济管理类专业用.—ISBN 7-307-00685-5：4.30元

商业企业财务管理学/刘恩禄主编.—2版.—北京：中国商业出版社，1990.6.—375页；大32开.—（中国商业会计学会珠算协会丛书）.—ISBN 7-5044-0370-8：5.50元

本书1985年1月第1版。

商业企业财务管理学/刘恩禄编著.—2版（修订本）.—北京：中央广播电视大学出版社，1990.10.535页；32开.—ISBN 7-304-00351-3：3.90元

本书1985年1月第1版。

商业企业财务管理学学习指导书/刘恩禄编.—2版（修订本）.—北京：中央广播电视大学出版社，1990.10.—165页；32开.—ISBN 7-304-00550-5：1.35元

本书1987年4月第1版。

商业企业实用财务分析与预测/刘维亮，解越主编.—北京：中国商业出版社，1990.10.—371页；

32开.—ISBN 7-5044-0789-5：3.85元

商业企业经济活动分析/尹佐然编.—2版.—北京：中国商业出版社，1990.7.—348页；大32开.—(中国商业会计学会珠算协会丛书).—ISBN 7-5044-0377-6：4.20元

本书1989年1月第1版。

商业企业经济活动分析/张凌云等编.—武汉：湖北人民出版社，1990.8.—364页；32开.—ISBN 7-216-00605-4：4.10元

商业企业经济活动分析/郑锡类编著.—西安：西北大学出版社，1990.3.—315页；32开.—ISBN 7-5604-0143-0：3.90元

商业企业经济活动分析学习指导书/尹佐然主编.2版.—北京：中国商业出版社，1990.8.—164页；32开.—(中国商业会计学会珠算协会丛书).—ISBN 7-5044-0448-9：2.10元

商业财务会计教程/袁达钧等编著.—海口：三环出版社，1990.9.—588页；32开.—ISBN 7-80564-259-1：6.50元

商业财务管理/陈学庸主编.—北京：中国商业出版社，1990.9.—379页；32开.—ISBN 7-5044-0703-8：5.00元

商业责任会计/郑家荣编著.—北京：中国财政经济出版社，1990.11.—286页；32开.—ISBN 7-5005-1179-5：3.40元

商业实用会计学/冯更新，宋兰亭主编.—北京：中国商业出版社，1990.10.—320页；大32开.—ISBN 7-5044-0722-4：3.90元

商业管理人员与计算机应用/胡林，谢王李编著.北京：中国华侨出版公司，1990.9.—309页；32开.中国逻辑与语言函授大学教材.—ISBN 7-80074-273-3：4.20元

新编商业会计学//丁承厚，穆瑞禄主编.—2版.北京：中国商业出版社，1990.11.—524页；大32开.—(中国商业会计学会珠算协会丛书).—ISBN 7-5044-0244-3：6.40元

本书1938年9月第1版。

新编商业会计学学习指导书/金中泉，丁承厚等编.—2版.—北京：中国商业出版社，1990.11.163页；大32开.—(中国商业会计学会珠算协会丛书).—ISBN 7-5044-0337-7：2.10元

F717　各种商业企业

中国供销合作经济发展战略研究/供销合作社发展战略课题研究组编.—北京：中国商业出版社，1990.2.—127页；32开.—ISBN 7-5044-0271-0：2.25元

当代中国的供销合作事业/《当代中国》丛书编辑部编辑.—北京：中国社会科学出版社，1990.1.605页；大32开.—(当代中国丛书/邓力群等主编).—ISBN 7-5004-0548-0(精装)：15.60元

当代城市供销社研究/赵永华著.—北京：中国商业出版社，1990.11.—238页；大32开.—ISBN 7-5044-0758-5：4.60元

供销合作企业经营管理/易仲开主编.—北京：中国商业出版社，1990.2.—275页；大32开.—ISBN 7-5044-0499-3：4.95元

供销合作社工业会计/欧阳文主编.—北京：中国商业出版社，1990.8.—316页；32开.—ISBN 7-5044-0713-7：3.20元

供销合作社财会手册/许树森等编著.—济南：山东大学出版社，1990.11.—350页；32开.—ISBN 7-5607-0400-X：4.25元

供销合作社会计/张俊瑞等编著.—西安：陕西人民出版社，1990.12.—509页；32开.—ISBN 7-224-01628-4：7.35元

供销合作社会计/邹友松主编.—北京：中国商业出版社，1990.7.—504页；32开.—ISBN 7-5044-0712-9：4.50元

供销合作社会计/郭九岩主编.—北京：中国商业出版社，1990.12.—288页；32开.—ISBN 7-5044-0555-8：2.90元

供销合作社会计与纳税检查/《供销合作社会计与纳税检查》编写组编.—西安：陕西人民出版社，1990.11.—552页；32开.—ISBN 7-224-01271-8：7.10元

供销合作社会计基础工作操作规范/娄智慧，张福强主编.—济南：山东大学出版社，1990.3.—285页；32开.—ISBN 7-5607-0334-8：2.95元

供销合作社实用价格知识/温盛云主编.—北京：中国商业出版社，1990.11.—210页；32开.—ISBN 7-5044-0782-8：2.40元

供销合作社经济/沈瑞林主编.—昆明：云南人民出版社，1990.12.—290页；32开.—(商业经济系列丛书).—ISBN 7-222-00746-6：4.20元

供销合作社经营与管理概论/李文远主编.—南京：江苏人民出版社，1990.11.—264页；32开.—ISBN 7-214-00596-4：3.50元

供销合作社经营管理/向祖庚，张新华主编.—北京：中国商业出版社，1990.12.—418页；32开.(现代商业企业经营与管理知识丛书；4/张新华主编).—ISBN 7-5044-0509-4：3.95元

供销合作社商场经营管理/中华全国供销合作总社理事会办公室等编.—北京：中国商业出版社，1990.9.—295页；32开.—供销合作社商场经理培训教材.—ISBN 7-5044-0691-0：4.20元

供销合作社商品采购知识/王瑾秋，曾焕云主编.昆明：云南民族出版社，1990.12.—182页；32开.

ISBN 7-5367-0345-7：2.40元

供销合作经济习题与参考/李辉耀，周咏才主编．北京：中国商业出版社，1990.7.—145页；32开．ISBN 7-5044-0717-8：2.00元

供销合作经济理论与实践/朱淑兰等主编．—长春：东北师范大学出版社，1990.5.—401页；32开．ISBN 7-5602-0429-5：4.50元

供销企业财务会计实务/王美韵等编．—北京：航空工业出版社，1990.11.—269页；32开．—（会计人员岗位培训丛书/冷传生主编）．—ISBN 7-80046-307-9：3.40元

供销社工业会计分录模式/周书祥著．—北京：中国科学技术出版社，1990.12.—117页；32开．—ISBN 7-5046-0310-4：2.45元

供销社公共关系实务/刘承敏主编．—贵阳：贵州科技出版社，1990.8.—244页；32开．—ISBN 7-80584-033-4：2.90元

供销社企业经营管理/褚福灵主编．—北京：中国商业出版社，1990.12.—371页；32开．—ISBN 7-5044-0851-4：4.00元

供销社企业管理/文祖昭等编．—成都：四川人民出版社，1990.4.—212页；32开．—岗位培训教材．ISBN 7-220-00999-2：2.30元

浙江省供销合作社史料选编/浙江省供销合作社史志编辑室编．—杭州：浙江人民出版社，1990.10.1094页；16开．—ISBN 7-213-00551-0（精装）：40.00元

基层供销社营销价格指导/李润生等主编．—郑州：河南人民出版社，1990.6.—309页，32开．—ISBN 7-215-0078-5：3.50元

基层商业供销企业物价工作实务/《基层商业供销企业物价工作实务》编写组编著．—北京：中国财政经济出版社，1990.6.—404页；32开．—ISBN 7-5005-1055-1：4.70元

商业企业股份制原理与实务/万典武，余厚康等著．—北京：中国商业出版社，1990.2.—320页；32开．—ISBN 7-5044-0433-0：6.50元

商业（供销）运输业全面质量管理/商业部基建储运管理司编．—北京：中国商业出版社，1990.1.196页；32开．—ISBN 7-5044-0468-3：2.80元

商品保本保利期管理通俗办法/武玉轩等编著．—北京：中国商业出版社，1990.5.—39页；32开．—ISBN 7-5044-0618-X：1.00元

中药商业基础知识/中国药材公司中级技术培训教材编写组编．—北京：中国商业出版社，1990.9.234页；大32开．—中级技术培训系列教材．—ISBN 7-5044-0727-5：1.90元

全国粮食企事业单位名录/《全国粮食企事业单位名录》编辑组编．—南京：东南大学出版社，1990.12.—332页；16开．—ISBN 7-81023-430-7（精装）：18.80元

农机供销企业会计/张从贵主编．—济南：山东人民出版社，1990.8.—475页；32开．—ISBN 7-209-00697-4：4.90元

农机供销企业财务/张从贵主编．—济南：山东人民出版社，1990.12.—330页；32开．—ISBN 7-209-00758-X：3.45元

粮食企业财务与会计/赖家元等编．—北京：中国商业出版社，1990.6.—240页；32开．—ISBN 7-5044-0602-3：2.92元

粮食企业财务管理理论与实践/余新平编著．—南京：江苏人民出版社，1990.7.—201页；32开．ISBN 7-214-00382-1：2.90元

粮食企业管理会计/张文富编著．—北京：中国商业出版社，1990.4.—348页；32开．—ISBN 7-5044-0547-7：4.07元

粮食企业管理会计/朱荣妹等主编．—武汉：武汉工业大学出版社，1990.8.—409页；32开．—ISBN 7-5629-0420-0：4.40元

粮食企业管理学/向兴才，张世平主编．—成都：四川大学出版社，1990.2.—393页；32开．—ISBN 7-5614-0310-0：3.00元

F718　商业工作者

个体劳动者职业道德讲话/湖南省个体劳动者协会编．—北京：中国商业出版社，1990.9.—154页；32开．—ISBN 7-5044-0306-7：2.50元

为人民服务的典范：沈阳市北市百货大楼优秀共产党员特级营业员王巧珍的事迹/沈阳市商业管理局编．沈阳：辽宁大学出版社，1990.12.—168页；32开．ISBN 7-5610-1086-9：3.50元

现代营业员实用手册/戴顺芳等编．—南京：东南大学出版社，1990.2.—231页；32开．—ISBN 7-81023-279-7：2.95元

服务明星张会信/山西省商业厅，太原市第一商业局编．—太原：山西经济出版社，1990.7.—97页；32开．—ISBN 7-80577-025-5：2.40元

海阔凭鱼跃：港城财贸之星/刘国华主编．—南京：江苏人民出版社，1990.9.—291页；32开．—ISBN 7-214-00551-4：4.00元

营业员基本知识/万典武主编．—北京：中国商业出版社，1990.4.—241页；32开．—ISBN 7-5044-0466-7：3.40元

营业员常识/何朝宗等著．—武汉：湖北教育出版社，1990.10.—228页；32开．—ISBN 7-5351-0597-

1：2.30元

商业一线采风录/湖北省宜昌市商业局，宜昌市商业经济学会编著.—北京：中国商业出版社，1990.8.140页；大32开.—ISBN 7-5044-0685-6：2.30元

商业工作指导/金宏，江鸣编写.—南昌：江西高校出版社，1990.4.—154页；32开.—ISBN 7-81033-010-1：2.60元

商业伦理学/唐能赋，秦汝恒主编.—贵阳：贵州人民出版社，1990.11.—320页；32开.—ISBN 7-221-02005-1：3.60元

商业政工手册/商业部教育司，商业部社会商业管理司编.—北京：人民出版社，1990.10.—472页；大32开.—ISBN 7-01-000766-7：7.50元

商品经济与职业道德/马娴华主编.—北京：工人出版社，1990.5.—132页；32开.—(商品经济与企业家丛书/张仲秋主编).—ISBN 7-5008-0578-0：2.10元

F719 服务业

中国劳动服务公司/陈刚主编.—北京：农业出版社，1990.6.—576页；32开.—ISBN 7-109-01679-X：10.00元

中国服务经济/周长军著.—南宁：广西人民出版社，1990.2.—339页；大32开.—ISBN 7-219-01504-6：3.60元

成都特种行业辞典/陈大贵主编.—成都：四川辞书出版社，1990.12.—499，74页；32开.—ISBN 7-80543-152-3：10.50元

企业食堂炊事人员岗位培训教材/李彦博，仲华华主编.—上海：上海科学技术文献出版社，1990.8.204页；32开.—ISBN 7-80513-691-2：2.25元

劳动服务公司集体企业主要会计事项分录举例/劳动部劳动力管理和就业司编.—北京：法制出版社，〔1990〕.—151页；32开.—ISBN 7-80083-001-2：1.60元

劳动服务公司集体企业会计核算/王金祥，刘佰军主编.—延吉：延边人民出版社，1990.10.—2册(588页)；32开.—ISBN 7-80508-575-7：6.70元

劳动服务公司集体企业财务会计习题问答/刘桂全主编；万艾真等编著.—北京：中国商业出版社，1990.6.—283页；32开.—ISBN 7-5044-0680-5：2.85元

饭店人力资源管理/张锡良，周力著.—上海：上海人民出版社，1990.5.—263页；大32开.—ISBN 7-208-00846-9：4.70元

饭店服务技艺/梁希，良涓编译.—上海：同济大学出版社，1990.3.—224页；32开.—ISBN 7-5608-0502-7：3.40元

饭店食品和饮料成本控制/汪纯孝编著.—北京：旅游教育出版社，1990.4.—341页；大32开.—ISBN 7-5637-0099-4：4.80元

饮食业服务知识/南昌市烹饪协会编.—南昌：江西人民出版社，1990.5.—238页；32开.—ISBN 7-210-00843-8：3.50元

饮食企业管理学/向家方主编.—北京：中国商业出版社，1990.12.—257页；32开.—商业专科烹饪专业试用教材.—ISBN 7-5044-0505-1：1.70元

饮食企业管理学/张嵩庆编著.—上海：上海科学技术出版社，1990.4.—342页；32开.—高级烹饪系列教材.—ISBN 7-5323-1663-7：3.90元

饮食服务业会计核算与管理/王凤媛主编.—沈阳：辽宁科学技术出版社，1990.8.—526页；32开.ISBN 7-5381-1027-5：6.00元

饮食服务业财务管理/孙云行，关孝元著.—北京：经济日报出版社，1990.3.—226页；32开.—ISBN 7-80036-224-8：2.90元

饮食服务企业管理/郭金善，吕广耀编著.—青岛：青岛海洋大学出版社，1990.6.—237页；32开.—ISBN 7-81026-067-7：4.00元

迎亚运服务知识竞赛问答题/北京市饮食服务总公司编.—北京：中国商业出版社，1990.4.—63页；32开.—供学习参考.—ISBN 7-5044-0615-5：0.90元

迎宾知识手册/湖南省机关行政事务管理局《迎宾知识手册》编写组编.—长沙：湖南科学技术出版社，1990.10.—583页；大32开.—ISBN 7-5357-0853-6(精装)：9.90元

现代酒店(宾馆)管理探索/陈国强，张士泽主编.广州：广东高等教育出版社，1990.5.—318页；大32开.—ISBN 7-5361-0452-9：4.35元

食堂会计核算与管理/宋伸仁主编.—北京：冶金工业出版社，1990.6.—243页；大32开.—ISBN 7-5024-0687-5：4.70元

旅游饭店现代管理心理学/刘纯著.—上海：上海翻译出版公司，1990.10.—390页；32开.—ISBN 7-80514-591-1：4.00元

旅游饭店厨房成本核算/刘总路编.—北京：高等教育出版社，1990.4.—104页；32开.—旅游中等职业技术学校试用教材.—ISBN 7-04-002941-3：1.05元

酒店业的对策/广州虹桥信息管理有限公司，香港虹桥(酒店)发展公司主编.—广州：华南理工大学出版社，1990.7.—91页；16开.—(酒店管理丛书；第一辑).—ISBN 7-5623-0197-2：8.00元

酒店经理论广东酒店经营术/陈政勇等主编.—北京：中国旅游出版社，1990.6.—244页；16开.ISBN 7-5032-0337-4：10.00元

宾馆饭店招待所财务会计/鞠洪恩编.—北京：中国经济出版社，1990.4.—320页；32开.—ISBN 7-

5017-0661-1：4.50元

宾馆饭店服务基础知识/鞠洪恩编著.—北京：中国食品出版社，1990.2.—95页；32开.—ISBN 7-80044-296-9：1.50元

第三产业面面观/张传心编写.—上海：上海教育出版社，1990.2.—130页；32开.—(中学生文库).ISBN 7-5320-1790-7：1.15元

商业服务业QC小组活动/(日)池泽辰夫等著；郭瀛洲译.—北京：中国财政经济出版社，1990.1.212页；32开.—ISBN 7-5005-0729-1：2.60元

黑龙江省第三产业/张弢等著.—哈尔滨：黑龙江科学技术出版社，1990.1.—306页；32开.—ISBN 7-5388-1015-3：5.50元

餐饮企业服务管理/(美)安佐尼·M.雷伊，(美)弗迪南德·韦兰德著；顾维舟等译.—北京：旅游教育出版社，1990.10.—520页；大32开.—(旅游专业译丛).—ISBN 7-5637-0131-1：7.00元

餐旅业人员培训/(美)刘易斯·C.小福雷斯特著；陆汉钟等译.—北京：旅游教育出版社，1990.1.—394页；大32开.—(旅游专业译丛).—ISBN 7-5637-0119-2：5.50元

膳宿服务业通论/(美)杰拉尔德·W.拉亨，杰克·D.尼内米尔著；李书铭，顾群译.—北京：旅游教育出版社，1990.4.—318页；大32开.—(旅游专业译丛).—ISBN 7-5637-0144-3：4.50元

F72　中国国内贸易经济

中国商业/《中国商业》编辑委员会编.—北京：中国商业出版社，1990.8.—287页；16开.—ISBN 7-5044-0503-5(精装)：60.00元

中国商业外经统计资料：1952～1988/国家统计局贸易物资统计司编.—北京：中国统计出版社，1990.4.—648页；大32开.—ISBN 7-5037-0355-5：10.50元

中国商业经济学会大事记：1979～1989/程雨村，蒙鼎铭主编.—北京：中国商业出版社，1990.6.204页；32开.—ISBN 7-5044-0605-8：3.20元

北京市首次评审专业技术职务论文集(1)：商贸系统高级经济师论文选/北京市职称改革办公室，北京市商贸系统高级经济人员评审委员会编.—北京：中国财政经济出版社，1990.11.—280页；大32开.—ISBN 7-5005-1253-2：5.50元

发展两岸经贸交往/今日中国出版社编辑.—北京：新星出版社，1990.—40页；36开.—(今日神州小丛书；48).—ISBN 7-80085-205-9：2.28元

财贸经济创刊十年论文精选/《财贸经济》编辑部编.—北京：中国展望出版社，1990.4.—401页；大32开.—ISBN 7-5050-0683-5：7.80元

F721　商业经济体制和组织

私营工商业会计/曹寿康，曹阳著.—北京：经济管理出版社，1990.5.—337页；32开.—ISBN 7-80025-282-5：4.65元

我国商品流通体制与改革/朱运涛编著.—银川：宁夏人民出版社，1990.6.—208页；32开.—ISBN 7-227-00537-2：2.00元

城市商业改革的理论与实践/马向东著.—沈阳：辽宁人民出版社，1990.9.—356页；大32开.—ISBN 7-205-01413-1：7.50元

商品流通体制改革十年：1979～1988/万典武主编.—北京：中国商业出版社，1990.2.—349页；大32开.—(中国商业经济研究丛书；2).—ISBN 7-5044-044-5：5.80元

F723　市　场

中国市场实用手册/李春明等编著.—南宁：广西人民出版社，1990.5.—704页；32开.—ISBN 7-219-01572-0：8.40元

中国市场学学习手册/杨岳全编著.—北京：北京大学出版社，1990.5.—183页；32开.—经济管理成人教育.—ISBN 7-301-01196-2：2.45元

中国市场概论/赵石宝，杨敏著.—北京：中国经济出版社，1990.10.—386页；大32开.—ISBN 7-5017-0653-0：6.50元

中国国内市场统计年鉴：1990/国家统计局贸易物资统计司编.—北京：中国统计出版社，1990.12.460页；大32开.—ISBN 7-5037-0495-0：11.50元

市场组织与政府干预/马建堂等著.—北京：海洋出版社，1990.—187页；大32开.—ISBN 7-5027-1138-4：3.80元

组织农村市场　发展商品经济：山东省寿光县经济发展研究文集/季星如，王伯祥主编.—济南：山东人民出版社，1990.8.—298页；大32开.—ISBN 7-209-00728-8：4.25元

F724　商品流通

中国四大米市/王涌主编.—桂林：漓江出版社，1990.2.—343页；32开.—ISBN 7-5407-0539-6：4.20元

本书介绍了芜湖、九江、无锡、长沙四大米市的历史和发展概况。

中国医药商业史稿/中国医药公司编.—上海：上海社会科学院出版社，1990.6.—444页；大32开.ISBN 7-80515-562-3(精装)：10.00元

民族贸易大事记：1949～1989/杨德颖等编.—北

京：中国商业出版社，1990.6.—212页；32开.（民族贸易丛书/王兴让主编）.—ISBN 7-5044-0572-8：3.75元

机械配件产品经营手册/《机械配件产品经营手册》编写组编；曾广生，陆剑如主编.—上海：上海科学技术文献出版社，1990.7.—575页；大32开. ISBN 7-80513-485-5（精装）：15.00元

重工交通价格汇编　第一册：煤炭产品：按灰分计价部分/国家物价局重工商品价格司编.—北京：中国物价出版社，1990.12.—637页；16开.—ISBN 7-80070-023-2：20.00元

重工交通价格汇编　第三册：化工、建材及非金属矿、有色金属、黑色金属、民用爆破器材产品/国家物价局重工商品价格司编.—北京：中国物价出版社，1990.12.—766页；16开.—ISBN 7-80070-027-5：22.00元

重工交通价格汇编　第四册：机械、电子产品/国家物价局重工商品价格司编.—北京：中国物价出版社，1990.12.—844页；16开.—ISBN 7-80070-028-3：25.00元

重工交通价格汇编　第五册：铁道、交通、民航、邮电收费/国家物价局重工商品价格司编.—北京：中国物价出版社，1990.12.—456页；16开.—ISBN 7-80070-029-1：14.00元

浙江石油商业志/叶洋春，林中康主编；浙江省石油公司编.—杭州：浙江科学技术出版社，1990.2.429页：彩照；大32开.—（浙江商业丛书）.—ISBN 7-5341-0228-6（精装）：13.00元

销售财务成果核算与管理/陈锡柱，张木山编.—北京：航空工业出版社，1990.11.—189页；32开.（会计人员岗位培训丛书/冷传生主编）.—ISBN 7-80046-304-4：2.60元

零售商业经营小百科：国营、集体、个体经营之道/刘林，孙治明编.—天津：天津科学技术出版社，1990.2.—233页；32开.—ISBN 7-5308-0694-7：3.00元

粮食市场营销学/赖荣主编.—成都：四川大学出版社，1990.3.—301页；32开.—ISBN 7-5614-0313-5：2.80元

粮食商业计划学/卞学镇等主编.—北京：中国财政经济出版社，1990.9.—295页；32开.—ISBN 7-5005-1136-1：3.60元

F726　物　价

山东省物价调查统计年鉴：1990/山东省城市社会经济调查队编.—北京：中国统计出版社，1990.4.400页：彩照；16开.—ISBN 7-5037-0406-3（精装）：30.00元

中国价格模式转换的理论与实践/张卓元主编.—北京：中国社会科学出版社，1990.5.—351页；大32开.—（中国现实经济丛书/马洪，刘国光主编）.ISBN 7-5004-0695-9：4.90元

中国物价统计年鉴：1990/国家统计局城市社会经济调查总队编.—北京：中国统计出版社，1990.8.331页；16开.—ISBN 7-5037-0455-1：18.00元

当代中国价格简史/李子超，卢彦编著.—北京：中国商业出版社，1990.11.—272页；大32开.—（商业经济系列丛书）.—ISBN 7-5044-0765-8：4.50元

本书分为中国物价60年、历史的探讨、历史的记录3部分。

价格工作实用手册/上海市物价局组织编写.—上海：上海人民出版社，1990.1.—709页；大32开. ISBN 7-208-00670-9：8.70元

价格管理实务/刘文章，张致远主编.—长春：吉林大学出版社，1990.8.—881页；大32开.—ISBN 7-5601-0575-3：14.00元

延安地区物价志/周学通等主编；延安地区物价局编.—西安：陕西人民出版社，1990.7.—454页：彩照；16开.—（陕西省地方志丛书）.—ISBN 7-224-01179-7（精装）：35.00元

物价大观/刘慧勇著.—北京：中国人民大学出版社，1990.2.—154页；32开.—ISBN 7-300-00664-7：2.40元

物价文件选编：1989/国家物价局物价研究所编.北京：中国物价出版社，1990.9.—527页；32开. ISBN 7-80070-108-6（精装）：11.80元

治理整顿中的物价政策问题/张宇等著.—北京：中国审计出版社，1990.5.—162页；32开.—ISBN 7-80064-045-0：2.20元

商业物价/《商业物价》修订本编写组编.—修订本.—北京：中国财政经济出版社，1990.8.—494页；32开.—商业部系统中等专业学校教材.—ISBN 7-5005-1075-6：2.80元

本书1980年8月第1版。

F727　地区贸易经济

山西市场/景银强主编；安秉礼等编.—太原：山西人民出版社，1990.6.—560页：彩照；大32开.—ISBN 7-203-01625-0：15.50元

北京新老字号名匾荟萃/杜连成主编.—北京：中国文联出版公司，1990.9.—100页；16开.—ISBN 7-5059-1490-X：35.00元

内蒙古哲里木盟供销合作社志/哲里木盟供销社志编委会编；王会亭主编.—沈阳：辽宁人民出版社，1990.3.—471页；16开.—ISBN 7-80507-067-9（精装）：40.00元

玉田调查：农村商品流通的典型分析/陈文玲，李

卫平编著.—北京：中国社会科学出版社，1990.1.224页；大32开.—ISBN 7-5004-0771-8：4.50元

河北省现行收费标准及政策规定/河北省物价局涉外价格及非商品收费管理处编.—石家庄：河北人民出版社，1990.6.—667页；16开.—ISBN 7-202-00677-4：13.00元

海拉尔市供销合作社志/李炳成主编.—海拉尔：内蒙古文化出版社，1990.12.—400页；大32开.—（海拉尔市专业志丛书；1）.—ISBN 7-80506-110-6（精装）：11.50元

辽宁省城镇集体商业企业财务管理试行办法/辽宁省税务局制定.—大连：东北财经大学出版社，1990.11.—20页；32开.—ISBN 7-81005-457-0：1.00元

商业企业升级导向：长春市百货大楼走上国家二级企业的成功之路/马宗连，张有智主编.—长春：吉林大学出版社，1990.12.—309页；32开.—ISBN 7-5601-0720-6：4.35元

上海市工商业购销系列手册　第一分册：五金机械交电家电/上海社会科学院部门经济研究所组编.—上海：上海社会科学院出版社，1990.6.—255页；32开.—ISBN 7-80515-586-7：5.00元

上海市工商业购销系列手册　第二分册：纺织服装鞋帽及机械器材/上海社会科学院部门经济研究所组编.—上海：上海社会科学院出版社，1990.11.373页；32开.—ISBN 7-80515-628-X：5.00元

上海老店春秋/黄铭兴编著.—上海：上海人民出版社，1990.5.—186页；32开.—ISBN 7-208-00226-6：2.90元

上海近代五金商业史/上海社会科学院经济研究所主编.—上海：上海社会科学院出版社，1990.9.280页；大32开.—ISBN 7-80515-581-X：4.85元

市场变动与国民经济总体运行：上海市场变化研究报告/张继光等主编.—上海：复旦大学出版社，1990.11.—249页；大32开.—ISBN 7-309-00596-1：3.90元

江西名店/江西省商业厅，江西省省志编辑室编.海口：南海出版公司，1990.12.—203页；大32开.ISBN 7-80570-436-8：8.30元

江阴市供销合作总社志/《江阴市供销合作总社志》编纂委员会编.—上海：上海人民出版社，1990.5.—220页；16开.—ISBN 7-208-00822-1

杭州丝绸市场/鲁灿松，叶康先主编.—杭州：浙江人民出版社，1990.7.—75页；32开.—ISBN 7-213-00552-9：4.00元

金字招牌——杭州名店：汉英日对照/夏树国主编.—上海：上海科学技术出版社，1990.5.—360页；大32开.—ISBN 7-5323-1936-9（精装）：14.10元

济南老字号/山东省政协文史资料委员会，济南市政协文史资料委员会编.—济南：济南出版社，1990.8.—264页；大32开.—ISBN 7-80572-268-4：3.80元

本书集中介绍了济南近、现代历史上一些工商界人士的办厂、经商之道和一些老企业的管理经验。

浙江省供销合作社系统企业手册/浙江供销合作报社编.—上海：上海科学技术出版社，1990.9.—228页：16开.—ISBN 7-5323-2230-0：7.45元

诸城商品经济大合唱/刘守璞主编.—济南：山东人民出版社，1990.6.—343页；32开.—ISBN 7-209-00285-5：3.85元

福建省商业统计年鉴：1988～1989/福建省统计局贸易处，福建省经济委员会贸易处编.—北京：中国统计出版社，1990.6.—416页；16开.—ISBN 7-5037-0420-9（精装）：32.00元

福建商业经济/福建省老年人大学经济研究班《福建商业经济》编辑部编.—福州：福建科学技术出版社，1990.5.—513页；32开.—ISBN 7-5335-0397-X：6.25元

潍坊市场大观/李尔强主编.—北京：中国展望出版社，1990.2.—423页：图；大32开.—（中国市场大观丛书）.—ISBN 7-5050-0720-3：9.50元

深圳商贸的发展与探索/章列兵等主编.—深圳：海天出版社，1990.10.—285页；大32开.—（深圳特区实践与探索丛书．经济篇：1980～1990）.—ISBN 7-80542-127-7：6.80元

廉江县供销社志/廉江县供销合作社编著.—广州：中山大学出版社，1990.11.—181页；16开.—（湛江地方志丛书）.—ISBN 7-306-00336-4：18.00元

当代四川商业企业一览　上册/当代四川商业企业一览编辑委员会编.—北京：中国统计出版社，1990.1.—822页；16开.—ISBN 7-5037-0389-X（精装）：60.00元

当代四川商业企业一览　下册/当代四川商业企业一览编辑委员会编.—北京：中国统计出版社，1990.1.—942页；16开.—ISBN 7-5037-0390-3（精装）：60.00元

通江县供销合作志/曾星翔，赵东海主编.—昆明：云南大学出版社，1990.1.—376页；大32开.—（通江县地方志丛书；19）.—ISBN 7-81025-038-8：4.50元

F729　贸易史

十大古都商业史略/刘志宽等主编.—北京：中国财政经济出版社，1990.5.—538页；大32开.—（中国商业经济学会丛书）.—ISBN 7-5005-0598-1：13.00元

中华人民共和国商业大事记：1958～1978/《当代中国商业》编辑部编.—北京：中国商业出版社，1990.1.—919页；大32开.—ISBN 7-5044-0457-8：13.50元

中国古代商业简史/柯育彦编著.—济南：山东人民出版社，1990.4.—432页；32开.—ISBN 7-209-00280-4：4.50元

中国供销合作社史料选编　第二辑/全国供销合作总社主编.—北京：中国财政经济出版社，1990.3.1174页；16开.—（中国供销合作社史料丛书/杨德寿主编）.—ISBN 7-5005-0668-6（精装）：34.00元

中国商业经济思想史/蒋建平等编著.—北京：中国财政经济出版社，1990.7.—496页；大32开.—ISBN 7-5005-1064-0：7.20元

四川近代贸易史料/游时敏著.—成都：四川大学出版社，1990.11.—281页；32开.—ISBN 7-5614-0339-9：2.90元

台湾商业史/黄福才著.—南昌：江西人民出版社，1990.8.—291页；大32开.—（台湾历史研究丛书/孔立，陈在正主编）.—ISBN 7-210-00863-2：4.20元

佛山市商业志/佛山市商业局编.—广州：广东科技出版社，1990.10.—409页；16开.—ISBN 7-5359-0614-1

周村商埠/山东省政协文史资料委员会，淄博市周村区政协文史资料委员会编.—济南：山东人民出版社，1990.3.—324页；大32开.—ISBN 7-209-00437-8：4.95元

通江县商业志/通江县商业局编.—昆明：云南大学出版社，1990.7.—355页；大32开.—（通江县地方志丛书；15）.—ISBN 7-81025-037-X：4.20元

F729.9　商业地理

中国商业地理/向民主编.—南宁：广西教育出版社，1990.1.—232页；32开.—ISBN 7-5435-0742-0：2.50元

枣庄市集贸市场分布示意图/枣庄市电视中心服务部编制.—济南：山东省地图出版社，1990.11.—1张；4开.—ISBN 7-80532-042-X：0.60元

济宁市市中区商用图：征集单位索引/济宁市测绘管理处，济宁水文勘测队编.—济南：山东省地图出版社，〔1990〕.—45页；32开

烟台市工商地图/烟台日报社信息部编制.—济南：山东省地图出版社，〔1990〕.—1张；2全开.—ISBN 7-80532-027-6：6.00元

F73　各国国内贸易经济

日本的"菜篮子"工程：日本国蔬菜果品的流通/濮万瑾编著.—北京：学苑出版社，1990.12.—138页；32开.—ISBN 7-5077-0252-9：2.80元

国外商业研究/张其泮主编.—北京：中国商业出版社，1990.8.—394页；32开.—ISBN 7-5044-0478-0：9.50元

本书介绍了日本、美国、西德、苏联东欧国家、泰国等的商业情况。

美国商业奥秘/威廉·庞德斯通著；邓炘炘，胡明编译.—北京：中国对外经济贸易出版社，1990.12.174页；40开.—ISBN 7-80004-194-8：3.00元

F74　国际贸易

十一种语文国际贸易经济词典：英、世界语、德、西、法、意、荷、葡、瑞典、日、汉、/（荷）F.孟尼克斯马主编.—北京：中国世界语出版社，1990.688页；大32开.—ISBN 7-5052-0025-9（精装）：34.00元

汉俄外贸口语词典/于兴义等编译.—北京：外语教学与研究出版社，1990.10.—484页；32开.—ISBN 7-5600-0617-5：5.50元

对外经贸交往必携/冬轩等编著.—大连：大连理工大学出版社，1990.8.—438页；32开.—ISBN 7-5611-0299-2：4.80元

现代国际商务大辞典/陈琦伟主编.—上海：知识出版社，1990.12.—467页；16开.—ISBN 7-5015-0264-1（精装）：20.00元

英汉国际贸易合同术语词典/王仆等编译.—北京：中国商业出版社，1990.10.—648页；32开.—ISBN 7-5044-0490-X（精装）：22.00元

驻外经济商务人员培训手册/（　）诺斯（Knowls，J.）编著；胡鹤年等译.—北京：中国对外经济贸易出版社，1990.2.—482页；32开.—ISBN 7-80004-132-8：6.00元

本书阐明了驻外经济商务人员各项工作的重要性，提供了各项工作的具体方法和范例。

俄汉英对外经贸词汇会话手册/高贵成等编译.—哈尔滨：黑龙江人民出版社，1990.4.—364页；16开.ISBN 7-207-01370-1：11.90元

F740　国际贸易理论与方法

对外经济贸易道德/《对外经济贸易道德》教材编写组编著.—北京：中国对外经济贸易出版社，

1990.9.—230页；32开.—ISBN 7-80004-159-X：3.00元

对外贸易心理学/谢少安主编.—武汉：武汉工业大学出版社，1990.12.—334页；32开.—ISBN 7-5629-0441-3：4.50元

对外贸易实务/王刚，安景文编.—徐州：中国矿业大学出版社，1990.9.—276页；大32开.—ISBN 7-81021-396-2：4.00元

西方国际贸易理论讲座/王永昆著.—北京：中国对外经济贸易出版社，1990.8.—153页；32开.—（国际贸易知识丛书）.—ISBN 7-80004-117-4：2.50元

西方国际贸易理论基本原理/黄建琛，郭文玲编著.—厦门：厦门大学出版社，1990.4.—186页；32开.—ISBN 7-5615-0280-X：1.30元

现代国际经济贸易问题/韩克信著.—北京：中国对外经济贸易出版社，1990.12.—510页；大32开.ISBN 7-80004-157-3：8.00元

国际经济政策理论　第一卷：国际收支/（英）米德（Meade，J.E.）著；石士钧等译.—北京：商务印书馆，1990.1.—469页；大32开.—ISBN 7-100-00664-3：5.30元

书名原文：The Theory of International Economic Policy

国际经营学/孔伟成，陈水芬著.—杭州：浙江教育出版社，1990.7.—304页；32开.—（软科学丛书/吴明瑜，何钟秀主编）.—ISBN 7-5338-0675-1：3.15元

国际贸易/张锡嘏编著.—北京：中国卓越出版公司，1990.2.—269页；大32开.—（中国现代经济管理丛书）.—北京经济函授大学选定教科书.—ISBN 7-80071-215-X：3.60元

国际贸易/廖至柔编著.—增修订本.—广州：广东高等教育出版社，1990.8.—413页；大32开.—ISBN 7-5361-0539-8：5.50元

本书1986年8月第1版。

国际贸易/薛荣久主编.—成都：四川人民出版社，1990.6.—67页；32开.—高等学校财经类专业核心课程教学大纲.—ISBN 7-220-00944-5：0.95元

国际贸易与国际经济合作概论/汪熙主编.—上海：复旦大学出版社，1990.6.—447页；大32开.—ISBN 7-309-00470-1：5.80元

国际贸易与金融：原理、实务与应用/崔新有等主编.—南京：东南大学出版社，1990.6.—466页；大32开.—ISBN 7-81023-311-1：5.75元

国际贸易实务参考资料　上册/对外经济贸易大学对外贸易系国际商务教研室编.—北京：对外贸易教育出版社，1990.2.—885页；大32开.—ISBN 7-81000-176-0：9.40元

国际贸易实务参考资料　下册/对外经济贸易大学对外贸易系国际商务教研室编.—北京：对外贸易教育出版社，1990.1.—556页；大32开.—ISBN 7-81000-262-7：6.50元

国际贸易学说/姚贤镐，漆长华著.—北京：中国对外经济贸易出版社，1990.12.—432页；32开.—ISBN 7-80004-163-8：6.00元

国际贸易政策问题与发展情况：国际货币基金组织《不定期刊物》选编/（　）玛格丽特·凯利等著；朱忠等译.—北京：中国金融出版社，1990.12.190页；大32开.—ISBN 7-5049-0638-7：4.15元

国际贸易理论与实务教程/姚大伟，石士钧主编.修订本.—上海：同济大学出版社，1990.6.—410页；32开.—（高等教育经济管理专业教材丛书）.—ISBN 7-5608-0678-3：7.00元

国际贸易教程/张二震，陈飞翔编.—南京：南京大学出版社，1990.5.—318页；大32开.—ISBN 7-305-00704-8：4.50元

国际贸易新编/毛礼锌主编.—北京：中国商业出版社，1990.12.—520页；32开.—ISBN 7-5044-0922-7：6.90元

国际商务/（美）克里斯托弗·M.科斯著；汪尧田等译.—北京：中国对外经济贸易出版社，1990.3.571页；大32开.—ISBN 7-80004-097-6：8.50元

国际商务信息的运用/许教鹏，郑如兰著.—北京：中国对外经济贸易出版社，1990.10.—259页；32开.—ISBN 7-80004-197-2：3.50元

国际商务谈判业务与技巧/邹建华编著.—广州：中山大学出版社，1990.6.—245页；大32开.—ISBN 7-306-00326-7：4.90元

经济业务谈判理论与实践/文前方，马旭曈主编.长春：吉林大学出版社，1990.6.—299页；大32开.ISBN 7-5601-0513-0：4.45元

贸易洽商与技巧/谭立本等著.—长春：长春出版社，1990.8.—198页；大32开.—ISBN 7-80573-290-6：4.00元

涉外经济谈判谋略90法与经商素质自测30题/（英）盖文·肯尼迪著；崔军龙编译.—北京：中国经济出版社，1990.5.—241页；32开.—企业人最佳经营实务用书.—ISBN 7-5017-0657-3：3.70元

涉外经济理论与实务/邱长濂，刘成安主编.—北京：中国文史出版社，1990.7.—412页；大32开.ISBN 7-5034-0198-2：6.25元

涉外经营知识/上海市第一商业局教育处，上海市教育局职业技术教育处主编.—上海：上海科技教育出版社，1990.6.—104页；32开.—（商业经营专业系列读本）.—ISBN 7-5428-0391-3：1.15元

F740.2　世界市场

开拓国际市场的实用方法：日本企业打进欧美市场

的成功经验/（美）科特勒（Kotler，P.）等著；戚仁译.—上海：上海翻译出版公司，1990.11.320页；32开.—（对外贸易实务丛书）.—ISBN 7-80514-259-9：3.75元

书名原文：The New Compeeitlon

世界市场与我国营销对策/尹焕三主编.—北京：海洋出版社，1990.2.—336页；大32开.—ISBN 7-5027-0918-5：4.50元

世界市场行情/张小奇编著.—海口：三环出版社，1990.9.—350页；32开.—ISBN 7-80564-257-5：5.90元

世界市场行情调研/钟慧中主编.—北京：中国商业出版社，1990.9.—269页；32开.—ISBN 7-5044-0728-3：4.00元

世界市场预测与管理/张立波，李汉川编著.—太原：山西经济出版社，1990.6.—506页；32开.ISBN 7-80577-014-X：6.50元

企业进入国际市场要略/李文军等编著.—济南：山东人民出版社，1990.9.—301页；大32开.—（外向型经济丛书/季崇威主编）.—ISBN 7-209-00608-7：4.45元

走向成功之路：国际市场营销秘诀44题/（美）里克·康纳利等编；郁亮等译.—北京：轻工业出版社，1990.9.—294页；32开.—ISBN 7-5019-0837-0：4.90元

国际期货市场/李文贤，张春荣编著.—北京：中国对外经济贸易出版社，1990.8.—237页；32开.ISBN 7-80004-174-3：3.50元

实用国际市场营销学/洪宝华，王秀村主编.—北京：北京理工大学出版社，1990.8.—290页；32开.ISBN 7-81013-366-7：4.00元

F740.4 国际贸易实务

外贸业务函电实用手册/邹素我编著.—广州：广东科技出版社，1990.4.—222页；32开.—ISBN 7-5359-0544-7：2.80元

外贸函电/陆汉云，肖广忠编.—北京：兵器工业出版社，1990.1.—423页；32开.—涉外企业经营管理培训教材.—ISBN 7-80038-168-4：6.30元

对外经济贸易实务/吴百福编著.—北京：中国卓越出版公司，1990.2.—291页；大32开.—（中国现代经济管理丛书）.—ISBN 7-80071-238-9：3.85元

对外贸易经济与实务/郑万忠主编.—沈阳：辽宁教育出版社，1990.3.—282页；大32开.—ISBN 7-5382-1121-7：4.00元

论限制性贸易与知识产权保护/周卫民，李萍著.北京：中国展望出版社，1990.9.—161页；32开.ISBN 7-5050-0976-1：3.80元

进出口业务新技术/钱益明编著.—北京：对外贸易教育出版社，1990.1.—165页；32开.—ISBN 7-81000-373-9：2.70元

进出口单证通论/姚大伟主编.—上海：同济大学出版社，1990.10.—274页；32开.—ISBN 7-5608-0738-0：3.85元

国际经济贸易惯例/曹尔奇主编.—南京：东南大学出版社，1990.6.—415页；大32开.—ISBN 7-81023-348-3：5.80元

国际经济活动惯例/唐建宇主编.—北京：北京出版社，1990.12.—508页；大32开.—ISBN 7-200-01040-5：7.00元

F740.6 外贸统计方法

涉外经济统计学/张昌法编著.—北京：中国铁道出版社，1990.6.—424页；大32开.—ISBN 7-113-00809-7：8.75元

跟单信用证、跟单托收、银行担保国际贸易安全结算指南：英汉对照/瑞士信贷银行，中国人民建设银行编.—北京：新华出版社，1990.2.—1册（136，139页）；大32开.—ISBN 7-5011-0687-8：9.50元

F746 世界进出口贸易概况

世界钢材订购检验投保指南/曾华强主编；周宏懿等编辑.—上海：百家出版社，1990.8.—2册（762～1566页）；16开.—ISBN 7-80576-120-2：30.00元

技术进出口贸易实务大全/齐景升著.—上海：三联书店上海分店，1990.4.—463页；大32开.—ISBN 7-5426-0296-9（精装）：16.00元

技术进出口贸易实务大全/齐景升著.—上海：三联书店上海分店，1990.4.—463页；大32开.—ISBN 7-5426-0294-2：12.90元

国际工业制品贸易：实务与法律/曾德明，黄泽安编著.—北京：机械工业出版社，1990.7.—383页；32开.—ISBN 7-111-02131-2：7.00元

国际技术转让的理论与实务/龚维新，蒋德明编著.—上海：上海人民出版社，1990.3.—400页；大32开.—ISBN 7-208-00626-1：7.05元

国际技术贸易教程/严晖，米阿荣著.—北京：宇航出版社，1990.5.—357页；大32开.—ISBN 7-80034-269-7：5.80元

国际纺织品贸易/陈澄宇编著.—北京：纺织工业出版社，1990.3.—268页；32开.—ISBN 7-5064-0426-5：3.30元

国际煤炭市场研究/鲍琳洁编著.—北京：中国经济出版社，1990.4.—682页；大32开.—ISBN 7-5017-

0286-1：10.00元

F75　各国对外贸易

汉英对照常见外贸商品品名及用语手册/陈凯胜主编.—厦门：厦门大学出版社，1990.4.—396页；32开.—ISBN 7-5615-0271-0：10.00元

外贸工作须知/王大林主编；葛书友，陈顺林编写.—海拉尔：内蒙古文化出版社，1990.6.—339页；大32开.—ISBN 7-80506-093-2：4.50元

本书封面题名为：对外贸易须知

对外经济贸易方式及其合同/钱益明编著.—北京：对外贸易教育出版社，1990.1.—234页；32开.ISBN 7-81000-428-X：3.90元

如何与外商做生意/陈宇杰等编.—北京：学术书刊出版社，1990.5.—264页；32开.—ISBN 7-80045-671-4：3.50元

F752　中国对外贸易

开放条件下的比较利益研究/塞风主编.—北京：中国人民大学出版社，1990.6.—315页；大32开.ISBN 7-300-00830-5：3.75元

本书根据比较利益理论，对亚太地区经济合作与发展格局以及中国大陆与东亚“四小龙”和东盟各国的经济合作前景进行了探讨。

中国对外经济贸易年鉴：1990年/对外经济贸易部《中国对外经济贸易年鉴》编辑部编.—北京：中国财政经济出版社，1990.10.—847页：照片；16开.ISBN 7-5005-1265-6（精装）：50.00元

中国对外贸易发展模式研究/袁文祺著.—北京：中国对外经济贸易出版社，1990.1.—278页；32开.ISBN 7-80004-112-3：3.50元

中国对苏联、东欧国家经济贸易洽谈会向导图.哈尔滨：哈尔滨地图出版社，1990.5.—1张；4开.ISBN 7-80529-111-X：1.00元

中国国际贸易促进委员会、中国国际商会企业会员名录/中国国际贸易促进委员会，中国国际商会编.—北京：农业出版社，1990.12.—748页；16开.—ISBN 7-109-02100-9：65.00元

外贸体制改革的探讨/周小川著.—北京：中国展望出版社，1990.4.—553页；32开.—ISBN 7-5050-0616-9：8.20元

本书对我国外贸体制改革的政策取向，改革问题和政策措施运用系统科学的理论和方法进行了评价和讨论。

外贸漫笔/屠祖范著.—上海：复旦大学出版社，1990.12.—250页：彩照；12开.—ISBN 7-309-00633-X（精装）：15.00元

F752.1　对外贸易计划与管理

中国对外贸易企业经营与管理/对外经济贸易部人事教育劳动司编.—北京：北京大学出版社，1990.3.—321页；大32开.—中央广播电视大学继续教育讲座.—ISBN 7-301-01216-0：5.80元

外经财务会计税收外汇金融工作手册/肖瑜，朱学熹主编.—济南：山东人民出版社，1990.1.—1353页；大32开.—ISBN 7-209-00583-3（精装）：19.50元

对外经贸合同大全：中英文对照/刘国柱，吴树君编著.—深圳：海天出版社，1990.11.—685页；大32开.—ISBN 7-80542-136-6（精装）：19.50元

对外经贸统计概论/李天德编著.—成都：四川大学出版社，1990.12.—549页；大32开.—ISBN 7-5614-0337-2：3.69元

涉外经济管理概论/孙浩主编.—西安：陕西人民出版社，1990.2.—358页；32开.—ISBN 7-224-01098-7：4.40元

F752.5　海关及关税

中国对外经济贸易通关指南/邹瑞汉编著.—厦门：鹭江出版社，1990.7.—264页；大32开.—ISBN 7-80533-373-4：7.00元

中国海关实用知识/刘毅主编.—上海：上海教育出版社，1990.7.—255页；大32开.—ISBN 7-5320-1816-4：3.45元

中国海关密档：赫德、金登干函电汇编：1874～1907　第一卷：1874～1877/陈霞飞主编；中国第二历史档案馆，中国社会科学院近代史研究所编.—北京：中华书局，1990.6.—740页：照片；大32开.ISBN 7-101-00611-6（精装）：15.90元

本书收入中国晚清海关总税务司英国人赫德与其驻伦敦办事处主任英国人金登干于1874年办事处成立起，至1907年金去世止，双方通讯的全部信函及电报。

中国海关密档：赫德、金登干函电集：1874～1907　第一卷：英文/中国第二历史档案馆，中国社会科学院近代史研究所编；陈霞飞，韩荣芳主编.—北京：外文出版社，1990.—294页；16开.—ISBN 7-119-01339-4（精装）：95.00元

中国海关密档：赫德、金登干函电汇编：1874～1907　第二卷：1878～1881/陈霞飞主编；中国第二历史档案馆，中国社会科学院近代史研究所编.—北京：中华书局，1990.6.—700页：照片；大32开.ISBN 7-101-00615-9（精装）：14.70元

F752.6　进出口贸易业务

中国制成品的出口及区域合作的探讨/熊性美等著.—上海：三联书店上海分店，1990.12.—93页；大32开.—（南开大学国际经济研究所研究专辑；2）.—ISBN 7-5426-0341-3：2.00元

引进项目的技术经济分析/李志广主编.—北京：中国林业出版社，1990.8.—148页；16开.—涉外经济类专业系列教材.—ISBN 7-5038-0732-6：4.00元

出口货源概论/《出口货源概论》编写组编.—修订本.—北京：中国对外经济贸易出版社，1990.2·293页；32开.—ISBN 7-80004-145-X：3.60元

本书1986年初版。

出口贸易管理/姜寿海编著.—上海：上海科学技术文献出版社，1990.6.—295页；32开.—供销管理系列教材之四.—ISBN 7-80573-583-5：3.35元

出口商品结构研究/金祥荣等主编.—杭州：杭州大学出版社，1990.8.—208页；大32开.—ISBN 7-81035-037-4：3.00元

出口销售实务/陈清渊编写.—南昌：江西高校出版社，1990.6.—177页；32开.—ISBN 7-81033-018-7：2.60元

汉英中国出口商品词汇/陈金洛等编.—北京：中国对外经济贸易出版社，1990.10.—357页；32开.—ISBN 7-80004-123-9：6.50元

汉英中国出口商品词典　（A）/《中国出口商品交易会会刊》编辑部，《汉英中国出口商品词典》编写组编.—哈尔滨：黑龙江人民出版社，1990.3.—928页；大32开.—ISBN 7-207-01175-X（精装）：17.00元

进出口业务/庄英等主编.—北京：中国林业出版社，1990.1.—203页；16开.—涉外经济类专业系列教材.—ISBN 7-5038-0653-2：5.60元

进出口业务指导/陈鸿飞主编.—杭州：杭州大学出版社，1990.6.—165页；32开.—ISBN 7-81035-026-9：1.90元

进出口商品学/胡家庆，王秀琼主编.—上海：上海社会科学院出版社，1990.7.—296页；32开.—ISBN 7-80515-549-6：3.65元

来料加工实务/邵祥林，任晓薇编著.—北京：中国对外经济贸易出版社，1990.8.—227页；32开.ISBN 7-80004-147-6：3.00元

技术进出口实务/赵春华等编.—济南：山东人民出版社，1990.9.—237页；大32开.—（外向型经济丛书/李崇威主编）.—ISBN 7-209-00277-4：3.80元

商品出口实务手册/朱美华编著.—上海：上海翻译出版公司，1990.1.—262页；32开.—ISBN 7-80514-533-4：4.70元

F752.7　与各国的贸易

中苏边贸手册/索久林，倪笑春编著.—哈尔滨：哈尔滨出版社，1990.5.—447页；32开.—ISBN 7-80557-252-6：5.90元

中苏边贸知识/陶忠信主编.—哈尔滨：黑龙江科学技术出版社，1990.4.—235页；32开.—ISBN 7-5388-1111-7：3.30元

中苏经贸指南/李全林，徐景学主编.—哈尔滨：黑龙江人民出版社，1990.4.—594页；大32开.—ISBN 7-207-01935-1：8.50元

中苏贸易特集选编/徐放，卜昭文主编；《中苏贸易特集》编辑部编.—北京：新华出版社，1990.8.—239页；16开.—ISBN 7-5011-0785-8：35.00元

中苏商品信息丛书：中国对苏联、东欧国家经济贸易洽谈会专册：汉俄对照/顾作华主编.—哈尔滨：黑龙江人民出版社，1990.6.—1册；大16开.—ISBN 7-207-01529-1：24.00元

中国——加拿大贸易必读/张崇鼎主编.—成都：四川大学出版社，1990.4.—414页；大32开.—ISBN 7-5614-0305-4：5.00元

对苏经贸手册/吴文学等编著.—北京：中国对外经济贸易出版社，1990.4.—401页：图版；大32开.ISBN 7-80004-173-5：7.50元

封面及书脊题名：对苏经贸手册和企业名录

F752.8　地方对外贸易

东莞对外贸易志/东莞市对外贸易局编.—广州：广东科技出版社，1990.9.—187页：彩照；16开.ISBN 7-5359-0687-7

成功之路：辽宁十年技术引进成果选萃/宋殿会主编.—沈阳：辽宁人民出版社，1990.7.—512页：彩图；大32开.—ISBN 7-205-01445-X：4.50元

怎样打进国际市场：广东出口创汇优秀企业40家/张向阳，官有顺编著.—深圳：海天出版社，1990.6.229页；大32开.—（广东外向型经济实践丛书/李华杰主编）.—ISBN 7-80542-250-8：6.00元

香港对外贸易/甘长求著.—广州：广东人民出版社，1990.8.—295页；32开.—（今日香港丛书；1）.ISBN 7-218-00453-9：3.70元

贸易与投资：汉英对照/王树泉主编.—沈阳：沈阳出版社，1990.9.—79页；大16开.—ISBN 7-80556-446-9

深圳企业外贸实务/余荣光等主编.—北京：科学出版社，1990.7.—346页；32开.—（深圳经济特区建立十周年丛书；5）.—ISBN 7-03-001949-0：6.00元

福建对外经贸年鉴：1990/杜辉泰等主编；福建省对外经济贸易委员会编.—福州：福建人民出版社，1990.5.—82页；30开.—ISBN 7-211-01333-3：1.50元

F752.9　对外贸易史

明代海外贸易史/李金明著.—北京：中国社会科学出版社，1990.4.—225页；大32开.—ISBN 7-5004-0541-3：4.00元

陕西古近代对外经济贸易研究/王一成，韦苇编著.西安：陕西人民出版社，1990.7.—512页；大32开.ISBN 7-224-01192-4（精装）：9.55元

陕西古近代对外经济贸易研究/王一成，韦苇编著.—西安：陕西人民出版社，1990.7.—512页；大32开.—ISBN 7-224-01193-2：8.05元

F753/757　各国对外贸易

与日本人作生意的秘术/（美）马克·奇默尔曼著；王佩玺译.—北京：旅游教育出版社，1990.1.—255页；32开.—（经济与人生丛书）.—ISBN 7-5637-0120-6：3.50元

印度出口商品质量管理和检验法/胡瑞孚译.—北京：中国对外经济贸易出版社，1990.3.—56页；32开.—ISBN 7-80004-107-7：1.50元

英国/薛美琴等编著.—北京：中国对外经济贸易出版社，1990.10.—283页；32开.—（国际贸易丛书·市场系列）.—ISBN 7-80004-167-0：3.80元

F76　商品学

实用商品美学/陈先枢编著.—北京：北京科学技术出版社，1990.10.—312页；32开.—ISBN 7-5304-0673-6：4.10元

商品学总论/杜桂馥，于炳皓编著.—北京：中国财政经济出版社，1990.1.—239页；大32开.—ISBN 7-5005-0968-5：4.00元

商品学基础知识/《商品学基础知识》编写组编.—北京：中国财政经济出版社，1990.2.—257页；32开.—商业部系统中等专业学校试用教材.ISBN 7-5005-0897-2：1.55元

商品学概论/吴广清主编.—长春：吉林大学出版社，1990.3.—165页；32开.—高等财经院校试用教材.—ISBN 7-5601-0447-9：2.00元

商品学概论/郑仙琴等编.—北京：中国商业出版社，1990.8.—268页；32开.—中等商业学校试用教材.—ISBN 7-5044-0702-2：3.40元

商品趣谈/林崇进编著.—北京：中国城市经济社会出版社，1990.8.—316页；32开.—ISBN 7-5074-0375-0：4.50元

F760　一般性问题

中国优质产品年鉴：江苏省分册：1985～1988/江苏省经济委员会，《中国优质产品年鉴》编辑部编.北京：中国经济出版社，1990.6.—389页：插图；12开.—ISBN 7-5017-0327-2

中国名牌产品总汇：汉英对照/吴宏树主编.—广州：广东科技出版社，1990.1.—46页；大16开.ISBN 7-5359-0400-9：18.00元

中国产品信息年鉴：1989/国家信息中心经济信息部，北京市经科信息咨询公司编.—北京：中国计划出版社，1990.2.—7册；16开.—ISBN 7-80058-108-X：128.00元

生产资料商品学/沈少华等主编.—济南：济南出版社，1990.3.—2册（599页）；大32开.—ISBN 7-80572-158-0：10.50元

产品说明书汉译英实用手册/吴文智主编.—南京：南京大学出版社，1990.8.—272页；32开.—ISBN 7-305-00708-0：3.30元

国家级新产品总览（Ⅰ）：1988～1989/孟繁森，吴德璧主编.—北京：宇航出版社，1990.5.—366页；16开.—ISBN 7-80034-340-5：18.00元

消费品与标准化/李玉祥编.—郑州：河南科学技术出版社，1990.7.—274页；32开.—《食品标签通用标准》、《消费品使用说明》、《烤烟》国家标准宣贯教材.—ISBN 7-5349-0700-4：4.55元

商品知识和管理技能/张建波，吴贵堂主编.—北京：纺织工业出版社，1990.9.—345页；32开.ISBN 7-5064-0508-3：4.15元

F760.3/.4　商品包装和保护

包装质量保证体系/张学义，陈静娴主编.—北京：中国标准出版社，1990.11.—184页；32开.—ISBN 7-5066-0332-2：2.20元

生产资料商品养护学/沈少华等主编.—济南：济南出版社，1990.5.—241页；大32开.—ISBN 7-80572-191-2：4.50元

产品包装标准化/乔蕴谋编著.—北京：中国标准出版社，1990.9.—190页；32开.—可供宣贯GB1.7用.—ISBN 7-5066-0295-4：2.90元

进出口商品包装检验实务/涂阳纯等编著.—北京：中国城市经济社会出版社，1990.7.—589页；大32开.—ISBN 7-5074-0438-2：10.20元

商品包装容器设计/毛寿松编著.—上海：上海科学技术出版社，1990.1.—243页；16开.—ISBN 7-5323-1709-9：7.40元

商品保护方法/赵庚瑞主编.—济南：济南出版社，1990.7.—266页；32开.—ISBN 7-80572-267-6：4.00元

F760.5　商　标

企业商标的保护与使用技巧/苏雪丹等编著.—哈尔滨：黑龙江科学技术出版社，1990.6.—160页；32开.—ISBN 7-5388-1219-9：3.30元

国内外塑料商标大全/罗河胜编.—广州：广东科技出版社，1990.6.—236页；32开.—（新型塑料材料丛书）.—ISBN 7-5359-0528-5：6.50元

商标广告管理理论与实务/贾祥章主编.—北京：中国经济出版社，1990.12.—702页；大32开.—ISBN 7-5017-1014-7：8.00元

商标学/涂嘉伦著.—昆明：云南民族出版社，1990.10.—813页；32开.—ISBN 7-5367-0403-8：12.00元

商标管理/中华人民共和国国家工商行政管理局教材编审委员会编.—北京：新华出版社，1990.7.255页；大32开.—工商行政管理干部岗位职务培训教材（八）.—ISBN 7-5011-0838-2：3.00元

F760.6　商品检验

中国商检指南/朱震元，张循柱主编.—沈阳：辽宁人民出版社；天津：天津科技翻译出版公司，1990.9.—1511页；大32开.—ISBN 7-205-01443-3（精装）：30.40元

伪劣商品鉴别指南/国家技术监督局宣传教育司，辽宁省技术监督局组编.—沈阳：辽宁科学技术出版社，1990.6.—488页；32开.—ISBN 7-5381-0937-4：7.50元

全国“鉴别伪劣商品”函授培训班学习参考资料/国家技术监督局沈阳培训中心编.—北京：中国计量出版社，1990.12.—326页；大32开.—ISBN 7-5026-0407-3：5.50元

如何识别假冒商品/李秀林，陈志贤编.—太原：山西人民出版社，1990.6.—150页；32开.—ISBN 7-203-01445-2：1.95元

如何鉴别假冒劣质商品/邓耕生主编；王克洁等编写.—银川：宁夏人民出版社，1990.5.—205页；32开.—ISBN 7-227-00484-8：2.00元

买的艺术/范承志，陈英编著.—郑州：河南科学技术出版社，1990.4.—268页；32开.—ISBN 7-5349-0390-4：3.20元

本书介绍商品鉴别和挑选方法。

国家明令禁停淘汰产品汇编/沈阳市技术监督局情报所编.—沈阳：辽宁人民出版社，1990.12.—151页；16开.—ISBN 7-205-01700-9：5.20元

查处伪劣商品工作手册/国家技术监督局政策法规司法规处编.—北京：中国计量出版社，1990.6.149页；32开.—ISBN 7-5026-0323-9：3.30元

高档日用工业品选购手册/上海市第一商业局科学技术协会主编.—上海：上海科学技术文献出版社，1990.7.—219页；32开.—ISBN 7-80513-573-8：2.60元

商品购销标准与质量检验实用手册/徐明等主编.石家庄：河北科学技术出版社，1990.12.—1347页；16开.—ISBN 7-5375-0527-6（精装）：49.50元

商品质量监督概论/张瀚闻主编.—沈阳：辽宁科学技术出版社，1990.10.—529页；大32开.—ISBN 7-5381-1035-6：7.70元

商品质量鉴别指南/李大法，张秀章主编.—长春：东北师范大学出版社，1990.8.—244页；32开.ISBN 7-5602-0448-1：3.30元

慧眼识真假：假冒劣商品识别手册/林铁森，叶秀岳主编.—厦门：鹭江出版社，1990.11.—364页；32开.—ISBN 7-80533-384-X：4.70元

F762　农产品

云南农村名特产/云南省农业区划委员会办公室编.昆明：云南人民出版社，1990.12.—327页；彩照；大32开.—ISBN 7-222-00716-4(精装)：12.00元；（平装）：10.00元

中小农具耕牛商品知识/广东省供销合作联社教育处，广东省农业生产资料公司编.—广州：华南理工大学出版社，1990.7.—88页；32开.—ISBN 7-5623-0206-5：1.50元

中国名优特产大全/赵杰等编写.—南京：江苏科学技术出版社，1990.3.—485页；32开.—ISBN 7-5345-0862-2：5.70元

中国名特优林产品/李聚桢等编.—北京：中国林业出版社，1990.1.—145页；32开.—ISBN 7-5038-0593-5：2.20元

中国药材商品学/朱圣和主编.—北京：人民卫生出版社，1990.4.—508页；16开.—ISBN 7-117-01222-6（精装）：24.60元

延边林产品选萃/刁金华主编.—延吉：延边人民出版社，1990.2.—67页；32开.—ISBN 7-80508-432-7：3.00元

安阳市农村名优特产/安阳市农村经济委员会，安阳市农业区划委员会编.—郑州：中原农民出版社，1990.3.—95页；彩照；大32开.—ISBN 7-80538-167-4：10.20元

苏州名优土特产/苏州市农业区划办公室编著.—上海：上海科学技术出版社，1990.8.—124页；32开.—ISBN 7-5323-2121-5：1.85元

果品蔬菜贮藏运销学/李效静等编著.—重庆：重庆出版社，1990.3.—226页；16开.—ISBN 7-5366-

1118-8：5.90元

果蔬花卉苗木商业贮藏手册/冯双庆等编译.—北京：北京农业大学出版社，1990.3.—231页；32开.—ISBN 7-81002-160-5：3.75元

京郊名特产/北京市农村经济研究中心，北京市农业区划委员会办公室编.—北京：奥林匹克出版社，1990.12.—115页；32开.—ISBN 7-80067-174-7：3.50元

美国联邦粮谷标准汇编/黑龙江省粮油卫生检验监测站编译.—哈尔滨：黑龙江科学技术出版社，1990.10.—387页；32开.—ISBN 7-5388-1333-0：5.95元

畜禽商品学/杨清安编著.—北京：科学技术文献出版社，1990.12.—341页；32开.—ISBN 7-5023-1263-3：5.00元

新乡市农村名优特产/曹松枝，茹成来主编.—郑州：中原农民出版社，1990.3.—126页：彩照；大32开.—ISBN 7-80538-161-5：4.50元

粮油议价经营与管理/刘汉斌编著.—北京：中国商业出版社，1990.8.—202页；32开.—ISBN 7-5044-0586-8：3.80元

衢州农业名优特产/浙江省衢州市农业区划办公室编著.—北京：农业出版社，1990.10.—194页：彩照；32开.—ISBN 7-109-01958-6：4.50元

F764　工业产品

中国机电工业产品集锦：综合卷：汉英对照/陆燕荪主编；赵丽丽编.—北京：兵器工业出版社，1990.11.—268页：彩照；大16开.—ISBN 7-80038-310-5

中国机电产品注册商标大全/机械电子工业部编.北京：海洋出版社，1990.12.—487页；16开.—ISBN 7-5027-1425-1（精装）

机电产品订货指南大全/臧日午主编；中国机械工业供销总公司编.—北京：兵器工业出版社，1990.4.1册；16开.—ISBN 7-80038-209-5：30.00元

本书介绍了全国800多家生产企业的产品和概况。

全国无线通信产品选编/机械电子工业部无线通信专业情报网编.—天津：天津科学技术出版社，1990.4.—135页；16开.—ISBN 7-5308-0766-8（精装）：21.00元

煤矿机电产品目录　第一册：煤矿机械/中国统配煤矿总公司编.—北京：煤炭工业出版社，1990.8.—520页；16开.—ISBN 7-5020-0456-4：16.85元

煤矿机电产品目录　第二册：煤矿电器电控通讯信号设备/中国统配煤矿总公司编.—北京：煤炭工业出版社，1990.12.—209页；16开.—ISBN 7-5020-0524-2：8.45元

F765　建筑器材

建设部生产许可证产品全集：钢窗及扣件：1989/《建设部生产许可证产品全集》编辑部编.—北京：中国建筑工业出版社，1990.7.—186页；16开.ISBN 7-112-01065-9（精装）：15.85元

新型建筑材料、装饰材料购销手册/张超洞主编.—北京：中国物资出版社，1990.5.—671页；32开.—ISBN 7-5047-0164-5（精装）：12.50元

新型建筑材料、装饰材料购销手册/张超洞主编.北京：中国物资出版社，1990.5.—671页；32开.ISBN 7-5047-0182-3：9.70元

F767　化工产品

农药商品学/张嘉德编.—南京：南京出版社，1990.9.—125页；32开.—ISBN 7-80560-251-4：1.95元

F768　轻工业产品

中国茶与健康/中国茶叶学会，中国茶叶进出口公司主编.—北京：中国对外经济贸易出版社，1990.3.—104页；大32开.—ISBN 7-80004-164-6：2.80元

文化体育用品商品知识/肖膺秀主编.—北京：中国商业出版社，1990.9.—177页；16开.—ISBN 7-5044-0754-2：5.65元

纺织品大全：毛麻分册/上海市纺织工业局编.北京：纺织工业出版社，1990.5.—178页；32开.ISBN 7-5064-0443-5：3.00元

纺织品大全：丝织物分册/上海市纺织工业局编.—北京：纺织工业出版社，1990.12.—339页；32开.—ISBN 7-5064-0484-2：5.10元

纺织品大全：非织造布分册/上海市纺织工业局编.—北京：纺织工业出版社，1990.10.—53页；32开.—ISBN 7-5064-0526-1：1.20元

纺织商品与销售/上海市第一商业局教育处，上海市教育局职业技术教育处编.—上海：上海科技教育出版社，1990.6.—234页；32开.—（商业经营专业系列读本）.—ISBN 7-5428-0390-5：2.00元

轻工产品质量检验/河北省轻工业质量检测中心编著.—石家庄：河北人民出版社，1990.2.—279页；16开.—ISBN 7-202-00595-6：6.80元

食糖商品学/吴小峻，孙晶编著.—北京：学苑出版社，1990.4.—244页；32开.—ISBN 7-80060-990-1：3.80元

卷烟储存养护技术/谭珠妹编著.—长沙：湖南科学

技术出版社，1990.6.—163页；32开.—ISBN 7-5357-0746-7：2.50元

F8 财政、金融

财政与金融/吕亚亮等编著.—北京：中国商业出版社，1990.11.—276页；大32开.—北京社会函授大学教科书.—ISBN 7-5044-0890-5：2.70元

财政与金融/李继斌主编.—昆明：云南人民出版社，1990.8.—371页；32开.—ISBN 7-222-00676-1：4.00元

财政与金融/吴永茂主编.—长春：吉林大学出版社，1990.5.—420页；大32开.—ISBN 7-5601-0490-8：6.00元

财政与金融/郑万忠主编.—沈阳：辽宁教育出版社，1990.4.—390页；32开.—ISBN 7-5382-1153-5：4.50元

财政与金融/曹阳主编.—桂林：广西师范大学出版社，1990.1.—328页；32开.—ISBN 7-5633-0714-1：4.50元

财政与金融/翟丽莉编.—昆明：云南大学出版社，1990.10.—247页；32开.—(乡镇企业会计读本).—ISBN 7-81025-121-X：3.90元

财政与金融概论/钟凯林，李向红编著.—南宁：广西人民出版社，1990.5.—345页；32开.—ISBN 7-219-01563-1：3.20元

财政与金融概论/倪成伟，黄建平主编.—北京：中国经济出版社，1990.8.—309页；32开.—ISBN 7-5017-0762-6：5.50元

财政与金融管理/吴嗣澄主编.—西安：陕西人民出版社，1990.2.—404页；32开.—ISBN 7-224-01082-0：4.75元

财政金融学/杨晓峰主编.—北京：中国经济出版社，1990.3.—296页；大32开.—ISBN 7-5017-0503-8：4.30元

《财政金融教程》标准型习题解答/王雅莉等编.2版.—大连：东北财经大学出版社，1990.10.—157页；32开.—ISBN 7-81005-125-3：2.00元

本书1988年5月第1版。

财政金融概论/赵秋鑫等主编.—长春：吉林人民出版社，1990.7.—389页；32开.—(财政金融丛书/徐世友，景学成主编).—ISBN 7-206-00820-8：4.50元

财政基础知识/郝永达主编.—长春：吉林大学出版社，1990.11.—266页；32开.—中等银行学校试用教材.—ISBN 7-5601-0690-0：3.65元

《财政基础知识》教学参考与习题/《财政基础知识教学参考与习题》编写组编.—北京：中国金融出版社，1990.8.—128页；32开.—中等银行学校辅助教材.—ISBN 7-5049-0603-4：1.25元

简明英汉财经百科词典　第1辑：股票·债券·证券投资/胡式如主编.—北京：中国财政经济出版社，1990.6.—347页；32开.—ISBN 7-5005-0900-6：4.40元

简明英汉财经百科词典　第2辑：票据·凭证·合约/胡式如主编.—北京：中国财政经济出版社，1990.12.—323页；36开.—ISBN 7-5005-0942-1：4.00元

简明英汉财经百科词典　第3辑：市场·商品劳务·供需/胡式如主编.—北京：中国财政经济出版社，1990.12.—467页；32开.—ISBN 7-5005-1058-6：5.70元

F81 财政、国家财政

财政知识问答：工业财务分册/王庆成主编.—北京：中国财政经济出版社，1990.6.—489页；32开.—ISBN 7-5005-1001-2：6.15元

财政综合计划总会计管理信息系统开发与应用：ZHJK/邱家武，涂光驹编.—北京：中国财政经济出版社，1990.8.—149页；大32开.—ISBN 7-5005-1156-6：2.25元

财政管理/王维国，赵娅婷编.—兰州：甘肃人民出版社，1990.6.—304页；大32开.—ISBN 7-226-00591-3：4.25元

F810 财政理论

西方财政学说概论/刘永祯主编.—北京：中国财政经济出版社，1990.9.—316页；大32开.—高等财经院校试用教材.—ISBN 7-5005-1082-9：2.25元

财政与信贷/丁国忠等编.—北京：中国商业出版社，1990.5.—271页；32开.—ISBN 7-5044-0627-9：3.00元

财政与信贷/杨世荣主编.—长春：吉林大学出版社，1990.1.—367页；32开.—全国商业专科学校试用教材.—ISBN 7-5601-0421-5：4.10元

财政与信贷/薛兴利，张澎生主编.—北京：中国经济出版社，1990.9.—319页；32开.—山东省中等专业学校教材.—ISBN 7-5017-1063-5：3.95元

财政与信贷学习指导书/邓子基等编.—2版(修订本).—北京：中央广播电视大学出版社，1990.4.—155页；32开.—ISBN 7-304-00472-X：0.95元

本书1985年5月第1版。

财政与信贷概论/李秀华，单永治主编.—沈阳：辽宁人民出版社，1990.1.—349页；32开.—ISBN 7-205-1276-7：3.90元

财政学/李杰编著.—北京：中国商业出版社，1990.9.—539页；大32开.—ISBN 7-5044-0675-9：8.90元

财政学/陈共主编.—成都：四川人民出版社，1990.6.—67页；32开.—高等学校财经专业核心课程教学大纲.—ISBN 7-220-00983-6：0.95元

财政理论与实践的探索/王国祥，崔正华编著.—北京：中国财政经济出版社，1990.7.—371页；大32开.—ISBN 7-5005-1038-1：6.20元

财税公共关系/王兆高著.—北京：中国财政经济出版社，1990.5.—231页；32开.—ISBN 7-5005-1070-5：2.90元

社会主义财政学/徐日清主编.—上海：立信会计图书用品社，1990.4.—312页；32开.—（立信财经丛书）.—ISBN 7-5429-0061-7：4.10元

《社会主义财政学》自学指导/谭本源等编.—成都：西南财经大学出版社，1990.3.—232页；32开.—ISBN 7-81017-223-9：2.40元

社会主义初级阶段财政学综论/马世俊等主编.—北京：中国财政经济出版社，1990.1.—338页；大32开.ISBN 7-5005-0906-5：5.30元

现代财政管理/张秉臣，李世春主编.—哈尔滨：黑龙江人民出版社，1990.5.—282页；32开.—ISBN 7-207-01565-8：4.50元

综合财政学/李德章主编.—北京：中国财政经济出版社，1990.6.—385页；大32开.—ISBN 7-5005-1089-6：5.60元

综合财政信贷计划/陈英，王永芳编著.—石家庄：河北人民出版社，1990.12.—462页；32开.—ISBN 7-202-00810-6：5.00元

综合财政概论/高坚著.—北京：中国财政经济出版社，1990.12.—166页；大32开.—ISBN 7-5005-1199-X：3.90元

F810.2　国家财政制度与管理

财政管理与监察/冯周杰主编.—太原：山西人民出版社，1990.9.—520页；大32开.—ISBN 7-203-01757-5：7.40元

国际财务管理/夏乐书编著.—北京：中国财政经济出版社，1990.8.—285页；大32开.—ISBN 7-5005-1030-6：5.85元

基层财政领导艺术/汤剑松主编.—武汉：中国地质大学出版社，1990.11.—220页；32开.—ISBN 7-5625-0475-X：3.30元

F810.3　国家预算、决算

财政预算微机管理系统—YSXT/赵树德著.—长沙：湖南科学技术出版社，1990.2.—487页；16开.—ISBN 7-5357-0725-4：13.00元

国家预算与财政管理/（美）瑞宾（Rabin，J.），（美）林奇（Lynch，T.D.）主编；丁学东等译.—北京：中国财政经济出版社，1990.11.704页；大32开.—ISBN 7-5005-1074-8：9.95元

书名原文：Handbook on Pūblic Budgeting and Financial Management

国家预算与税收/王圣恩主编.—长春：吉林人民出版社，1990.3.—439页；32开.—ISBN 7-206-00707-4：4.60元

国家预算习题与解答/张俊萍编.—太原：山西人民出版社，1990.1.—152页；大32开.—ISBN 7-203-01660-9：1.70元

F810.4　财政收入和支出

比较税制/唐腾翔著.—北京：中国财政经济出版社，1990.6.—365页；大32开.—ISBN 7-5005-1066-7：5.40元

电子计算机在财税管理中的应用/谢贤星主编.—北京：中国财政经济出版社，1990.9.—419页；大32开.—高等财经院校试用教材.—ISBN 7-5005-1078-0：2.90元

民族税收研究/金声振，傅继舜主编.—延吉：延边大学出版社，1990.7.—372页；32开.—ISBN 7-5634-0230-6：8.00元

企业与税收/袁宇彤主编.—长春：吉林大学出版社，1990.12.—239页；32开.—（企业法人丛书/李振华主编）.—ISBN 7-5601-0745-1：3.75元

财政分配方法论/韩庆德等编著.—北京：中国财政经济出版社，1990.3.—373页；大32开.—ISBN 7-5005-0964-2：5.15元

财政补贴经济分析/李扬著.—上海：三联书店上海分店，1990.5.—316页；大32开.—（当代经济学系列丛书·当代经济学文库）.—ISBN 7-5426-0325-6（精装）：11.50元

财政税务管理基础/李世春等编著.—北京：中国经济出版社，1990.12.—286页；大32开.—ISBN 7-5017-1161-5：5.45元

纳税知识咨询/熊大信，陈万龙主编.—南昌：江西高校出版社，1990.9.—352页；32开.—ISBN 7-81033-031-4：4.00元

纳税实用知识与计算/李国准编著.—南宁：广西人民出版社，1990.2.—288页；32开.—ISBN 7-219-01503-8：3.80元

纳税检查方法与技巧/陈万龙，熊大信主编；王志青等编写.—南昌：江西科学技术出版社，1990.8.306页；32开.—ISBN 7-5390-0352-9：3.90元

纳税基础知识大全/张新欣主编.—长春：长春出版社，1990.2.—475页；大32开.—ISBN 7-80573-130-

6：9.00元

现代实用税收辞典/张富珍等主编.—沈阳：辽宁大学出版社，1990.8.—510页；16开.—ISBN 7-5610-1020-6（精装）：25.50元

国际税收/杨志清主编.—北京：中国财政经济出版社，1990.12.—247页；32开.—ISBN 7-5005-1185-X：3.30元

国际税收知识手册/高培勇，梁友平编.—成都：四川人民出版社，1990.6.—170页；32开.—ISBN 7-220-00991-7：2.57元

国家税收新编/刘汉屏主编.—北京：中国商业出版社，1990.8.—346页；32开.—ISBN 7-5044-0528-0：4.50元

实用纳税手册：个体经济部分/赵成烈等编.—延吉：延边大学出版社，1990.3.—361页；32开.—ISBN 7-5634-0199-7：5.60元

实用纳税检查/湖南省税务局《实用纳税检查》编写组编.—北京：中国商业出版社，1990.11.—352页；32开.—ISBN 7-5044-0654-4：3.60元

涉外税收理论与实践/张海波主编.—南京：江苏人民出版社，1990.1.—326页；大32开.—ISBN 7-214-00639-1：5.00元

税务会计/涂龙力等主编.—大连：大连理工大学出版社，1990.4.—390页；32开.—辽宁税务专科学校会计改革系列试用教材.—ISBN 7-5611-0268-2：4.20元

税务实用大全/张木铎主编.—济南：山东大学出版社，1990.10.—996页；大32开.—ISBN 7-5607-0596-3（精装）：17.80元

税务咨询三百题/杨惊涛等编.—南京：东南大学出版社，1990.1.—221页；32开.—ISBN 7-81023-289-4：2.90元

税务管理概论/林永涛等编著.—成都：西南财经大学出版社，1990.3.—382页；32开.—ISBN 7-81017-216-6：4.50元

税收与社会/许建国著.—北京：中国财政经济出版社，1990.10.—225页；32开.—ISBN 7-5005-1087-X：3.00元

税收会计/张利源等编著.—大连：大连理工大学出版社，1990.1.—278页；32开.—辽宁税务专科学校会计改革系列试用教材—ISBN 7-5611-0261-5：2.80元

税收知识手册/周善固，董桂生主编.—武汉：湖北人民出版社，1990.12.—181页；48开.—ISBN 7-216-00671-2（精装）：3.00元

税收知识宣传手册（三）/黑龙江省税务局编.哈尔滨：黑龙江人民出版社，1990.12.—375页；64开.—ISBN 7-207-01773-1：2.75元

税收实用大全/郑树樸主编.—沈阳：白山出版社，1990.2.—762页；大32开.—ISBN 7-80566-085-9：10.00元

税收学/袁纯贞主编.—长春：吉林人民出版社，1990.11.—269页；32开.—（财政金融丛书/徐世友，景学成主编）.—ISBN 7-206-00912-3：3.90元

税收经济学/谷志杰著.—北京：学苑出版社，1990.1.—368页；32开.—ISBN 7-80060-752-6：4.50元

税收经济学导论/侯梦蟾著.—北京：中国财政经济出版社，1990.6.—286页；大32开.—ISBN 7-5005-1042-X：4.40元

税收基础知识/徐敏主编.—北京：高等教育出版社，1990.9.—309页；32开.—中等职业技术学校试用教材.—ISBN 7-04-003144-2：1.80元

税收基础知识/《税收基础知识》编写组编.—北京：中国财政经济出版社，1990.2.—247页；32开.—中等财经学校（四年制）试用教材.—ISBN 7-5005-0934-0：1.50元

税收管查实务/宋锡辉，刘继勋主编.—南宁：广西人民出版社，1990.9.—487页；32开.—ISBN 7-219-01708-1：5.60元

避税论：合理避税的方法、途径及其理论依据/谷志杰，许木著.—北京：学苑出版社，1990.1.—256页；32开.—ISBN 7-80060-446-2：3.20元

88国际税收研讨会文集/中国税务学会编.—大连：东北财经大学出版社，1990.9.—260页；大32开.ISBN 7-81005-390-6：4.00元

F810.5　公债、国债

公债经济学：公债历史、现状与理论分析/邓子基等著.—北京：中国财政经济出版社，1990.8.—599页；大32开.—ISBN 7-5005-1047-0：8.50元

国债工作经验选编/中国人民银行国库司编.—北京：中国财政经济出版社，1990.2.—179页；32开.—ISBN 7-5005-1011-X：2.20元

F810.6　国家机关会计、预算会计

卫生事业行政单位预算会计/王善臻等编著.—济南：济南出版社，1990.4.—299页；大32开.—ISBN 7-80572-203-X：4.20元

卫生事业单位预算会计/卫生部计划财务司组织编写.—北京：中国财政经济出版社，1990.4.—394

页；32开.—ISBN 7-5005-1000-4：4.50元

出版印刷发行财务会计实用知识手册/唐加，徐风君主编.—北京：经济管理出版社，1990.4.—426页；大32开.—ISBN 7-80025-269-8：6.60元

事业行政单位预算会计与财务/沈朝选，赵帮宏主编.—修订本.—武汉：武汉工业大学出版社，1990.6.—510页；32开.—ISBN 7-5629-0371-9：5.00元

本书1989年3月第1版。

预算会计学/王世新，李凤阁主编.—沈阳：东北工学院出版社，1990.9.—460页；大32开.—ISBN 7-81006-257-3：5.50元

F810.7　地方财政

地区新国民经济核算指南/辽宁省统计局编.—沈阳：辽宁人民出版社，1990.12.—356页；大32开.ISBN 7-205-1681-9：5.80元

地方财政管理/杨炤明，方荷生主编.—北京：中国财政经济出版社，1990.4.—342页；32开.—ISBN 7-5005-0981-2：4.50元

财政问题探索：地方财政科研系统优秀科研成果集/财政部财政科学研究所编.—北京：中国财政经济出版社，1990.3.—377页；32开.—ISBN 7-5005-0977-4：3.50元

F811　世界财政

发展中国家的外债：情况与经验/黄苏编.—北京：商务印书馆，1990.1.—436页；大32开.—ISBN 7-100-00878-6：5.05元

发展中国家资本形成与财政金融政策/陈克俭，刘平译.—厦门：厦门大学出版社，1990.2.—230页；32开.—ISBN 7-5615-0259-1：2.85元

地下黑经济/（美）李朴·班·维克尔著；黄小平，邱梅译.—成都：四川人民出版社，1990.1.—180页；32开.—（生意经系列/黄小平主编）.—ISBN 7-220-00756-6：2.30元

本书主要研究国外逃税、漏税的状况。

法国 英国 日本公司税/国家税务局税收科学研究所编译.—大连：东北财经大学出版社，1990.9.482页；大32开.—ISBN 7-81005-369-8：6.90元

F812　中国财政

中国财税改革研究/梁尚敏，刘广洋主编.—北京：中国财政经济出版社，1990.1.—308页；大32开.ISBN 7-5005-0963-4：4.30元

关于财政改革的思考/潘心城主编；林品章等编著.—福州：福建人民出版社，1990.9.—323页；32开.—ISBN 7-211-01226-9：3.40元

财政与治理整顿/财政部财政科学研究所编著.—北京：人民出版社，1990.5.—104页；32开.—ISBN 7-01-000729-2：1.20元

财政金融政策与宏观调控：1989中国国际学术会议文选/邓子基主编.—北京：中国财政经济出版社，1990.6.—332页；大32开.—ISBN 7-5005-1026-8：5.00元

财政综合计划工作文件选编　第一辑/浙江省财政厅编.—杭州：浙江人民出版社，1990.5.—2册(749，588页)；32开.—ISBN 7-213-00520-0：12.50元

宏观财政改革的理论与实践/梁尚敏著.—北京：中国财政经济出版社，1990.12.—413页；大32开.ISBN 7-5005-1251-6：6.00元

治理整顿中的财政秩序研究/柴文主编.—武汉：湖北人民出版社，1990.8.—265页；大32开.—ISBN 7-216-00613-5：4.00元

理财探索/朱耀华著.—9版.—南京：江苏科学技术出版社，1990.9.—547页；32开.—ISBN 7-5345-1024-4：7.00元

第九次全国财政理论讨论会文选/中国财政学会编.—北京：中国财政经济出版社，1990.11.—996页；大32开.—ISBN 7-5005-1133-7：13.70元

F812.2　财政制度与管理体制

中央大型企业所在城市财政问题研究/陈秦安主编.—北京：中国财政经济出版社，1990.12.—212页；32开.—ISBN 7-5006-1282-6：3.20元

中国财政补贴问题：面临的挑战与抉择/史炜著.北京：北京科学技术出版社，1990.7.—327页；大32开.—ISBN 7-5304-0709-0：7.10元

文教行政财务概论/财政部文教行政财务司编.长春：长春出版社，1990.10.—254页；32开.—文教行政财务干部岗位培训教材.—ISBN 7-80573-279-5：4.00元

行政事业财务/《行政事业财务》编写组编著.—2版.—北京：中国财政经济出版社，1990.9.—272页；32开.—中等财经学校试用教材.—ISBN 7-5005-0316-4：1.60元

本书1981年10月第1版。

现行财务制度问题解答　上册/夏康裕主编.—武汉：武汉测绘科技大学出版社，1990.6.—658页；32开.—ISBN 7-81030-045-3：11.20元

现行财务制度问题解答　下册/夏康裕主编.—武汉：武汉测绘科技大学出版社，1990.6.—505页；32开.—ISBN 7-81030-045-3：11.50元

税收财务物价大检查文件选编/黑龙江省人民政府税收财务物价大检查办公室编.—牡丹江：黑龙江朝鲜民族出版社，1990.7.—2册（956页）；16开.ISBN 7-5389-0258-7：27.00元

税收、财务、物价大检查指南/湖南省人民政府税收财务物价大检查办公室编.—北京：中国商业出版

社，1990.8.—401页；32开.—ISBN 7-5044-0656-2：4.50元

税收财务物价大检查基础知识/黑龙江省人民政府税收财务物价大检查办公室编.—哈尔滨：黑龙江人民出版社，1990.12.—446页；大32开.—ISBN 7-207-01857-6：8.00元

税收财务物价检查与案例/国务院税收财务物价大检查办公室，吉林省税收财务物价大检查办公室编.长春：吉林人民出版社，1990.7.—738页；大32开.ISBN 7-206-00836-4：8.80元

F812.3　预算、决算

中国预算外资金分析/邓英淘等编.—北京：中国人民大学出版社，1990.6.—312页；大32开.—ISBN 7-300-000851-8：3.60元

总预算会计新编/史绍绂等编著.—杭州：浙江人民出版社，1990.12.—383页；32开.—ISBN 7-213-00558-8：3.80元

预算会计/王庆成主编.—北京：中国人民大学出版社，1990.11.—339页；大32开.—ISBN 7-300-00907-7：5.65元

预算会计培训教材：试用本/肖玉海，王耀胜编.西宁：青海人民出版社，1990.5.—249页；大32开.ISBN 7-225-00360-7：2.00元

新编预算会计/张大龙主编.—长春：吉林人民出版社，1990.3.—407页；32开.—（财政金融丛书/徐世友，景学成主编）.—ISBN 7-206-00717-1：4.25元

F812.4　财政收入、支出

中国公民缴纳个人收入调节税指南/兰州市财税职工中等专业学校编著.—兰州：兰州大学出版社，1990.8.—147页；36开.—ISBN 7-311-00349-0：2.10元

中国现行税制/谭光明，蒋菊香编著.—北京：中国商业出版社，1990.9.—537页；32开.—ISBN 7-5044-0714-3：5.60元

中国税务大全/姜润洲等主编.—沈阳：辽宁人民出版社，1990.9.—1003页；16开.—ISBN 7-203-01439-5（精装）：50.00元

中国税务学/邴志刚等著.—大连：东北财经大学出版社，1990.12.—352页；32开.—ISBN 7-81005-468-6：5.00元

中国税务统计学/关振民主编；国家税务局计划计会司，辽宁税务专科学校合作编著.—大连：东北财经大学出版社，1990.11.—333页；大32开.—ISBN 7-81005-459-7：5.80元

中国税收知识/郑建和编著.—北京：知识出版社，1990.9.—208页；32开.—ISBN 7-5015-0219-6：2.80元

中国税收征管学/魏湜如，赵维金主编.—开封：河南大学出版社，1990.2.—698页；大32开.—ISBN 7-81018-384-2：4.90元

中国税收指南/牛立成主编.—北京：中国人民大学出版社，1990.7.—414页；32开.—ISBN 7-300-00896-8：4.50元

中国税收教程/孙健夫主编.—石家庄：河北人民出版社，1990.1.—426页；大32开.—ISBN 7-202-00584-0：4.20元

现行税收制度/树文海，王伟东主编.—牡丹江：黑龙江朝鲜民族出版社，1990.1.—378页；32开.—黑龙江省税务干部培训教材.—ISBN 7-5389-0231-7：4.00元

城区税务工作探索/王立刚著.—北京：经济管理出版社，1990.2.—206页；32开.—ISBN 7-80025-290-6：2.65元

税务发票应用指南/龚华元主编.—西安：陕西科学技术出版社，1990.12.—245页；32开.—ISBN 7-5369-0855-5：3.60元

税务机关廉政工作经验选编/国家税务局编.—北京：中国财政经济出版社，1990.1—407页；32开.—ISBN 7-5005-0969-3：4.30元

税务思想政治工作/《税务思想政治工作》编写组编.—南京：江苏人民出版社，1990.7.—296页；32开.—ISBN 7-214-00496-8：3.60元

税收征管改革理论与实践/孙云志主编.—长春：吉林人民出版社，1990.5.—263页；32开.—ISBN 7-206-00738-4：3.00元

工业企业纳税检查/袁纯贞等编著.—长春：吉林人民出版社，1990.4.—211页；32开.—（财政金融丛书/徐世友，景学成主编）.—ISBN 7-206-00728-7：2.70元

工商企业纳税检查/葛晓飞等编著.—北京：高等教育出版社，1990.9.—294页；32开.—中等职业技术学校试用教材.—ISBN 7-04-003050-0：1.80元

工商企业纳税检查习题集/葛晓飞等编.—北京：高等教育出版社，1990.9.—76页；16开.—中等职业技术学校试用教材.—ISBN 7-04-003651-9：1.15元

个人收入调节税纳税指导/栾维晋主编.—济南：黄河出版社，1990.1.—135页；32开.—ISBN 7-80558-109-6：1.75元

个人收入调节税征纳须知/朵志红，裴晓梅编.—昆明：云南人民出版社，1990.1.—97页；32开.—ISBN 7-222-00559-5：1.35元

个体户与税收/董晓天等编.—长春：吉林大学出版社，1990.7.—476页；大32开.—ISBN 7-5601-0549-1：8.10元

个体税收检查案例选编/山东省税务局编.—北京：中国商业出版社，1990.11.—176页；32开.—ISBN 7-5044-0783-6：2.30元

中外合资经营企业所得税问答/王洪福等编.—济南：山东人民出版社，1990.5.—177页；32开.ISBN 7-209-00407-6：2.45元

外商投资税收问题解答/李力军主编.—福州：福建人民出版社，1990.6.—92页；32开.—ISBN 7-211-01372-9：5.00元

地方税特别税查征案例选编/周志明主编.—北京：中国商业出版社，1990.6.—323页；32开.—ISBN 7-5044-0659-7：3.90元

地方税特别税调研文集/湖南省税务局编.—北京：中国商业出版社，1990.1.—164页；32开.—ISBN 7-5044-0498-5：2.00元

农业税征收与管理/王家林主编.—北京：中国财政经济出版社，1990.10.—306页；32开.—ISBN 7-5005-1245-1：3.55元

农业税征解会计知识/王德贵，王淑英主编.—长春：吉林人民出版社，1989.12.—199页；32开.ISBN 7-206-00676-0：2.25元

进出口税收/国家税务局编.—北京：经济管理出版社，1990.12.—260页；16开.—培训教材.—ISBN 7-80025-386-4：7.30元

利改税新论/王晓峰等著.—北京：中国展望出版社，1990.5.—192页；32开.—（财会改革与发展丛书/田雍，丁振文主编）.—ISBN 7-5050-0638-X：3.55元

私营企业个体工商业户纳税知识手册/河北省税务局编.—石家庄：河北人民出版社，1990.5.—231页；32开.—ISBN 7-202-00663-4：3.05元

纳税指南/李永贵，苏忠遂主编.—北京：改革出版社，1990.9.—632页；大32开.—ISBN 7-80072-038-1：8.50元

纳税检查/金桂英主编.—大连：东北财经大学出版社，1990.12.—267页；32开.—税收专科系列教材（四）.—ISBN 7-81005-474-0：3.80元

法人纳税手册/刘树林主编.—北京：电子工业出版社，1990.6.—548页；32开.—ISBN 7-5053-0878-5（精装）：12.00元

实用增值税“价税分流购进扣税法”/李育新等主编；李明怀，申银军编写.—西安：陕西人民出版社，1990.3.—158页；32开.—ISBN 7-224-01234-3：2.45元

怎样交纳个人收入调节税/费滨海，邱为编.—上海：上海交通大学出版社，1990.12.—116页；32开.—ISBN 7-313-00805-8：2.00元

怎样管好用好发票/张振清等主编.—石家庄：河北科学技术出版社，1990.4.—218页；32开.—ISBN 7-5375-0451-2：3.50元

奖金税工资调节税业务知识手册/辽宁省税务局编.—沈阳：白山出版社，1990.12.—471页；大32开.—ISBN 7-80556-174-X：7.10元

奖金税工资调节税印花税个人收入调节税问答390题/周宗利，王春甫主编.—沈阳：辽宁人民出版社，1990.12.—280页；32开.—ISBN 7-205-01581-2：3.50元

流转税的计算与运用/杨保秋主编.—北京：中国商业出版社，1990.2.—343页；32开.—ISBN 7-5044-0541-8：3.10元

商业缴税规范/陆振华编写.—上海：复旦大学出版社，1990.5.—414页；32开.—ISBN 7-309-00250-4：4.10元

税收与治理整顿：南京市税务系统中青年论文选/顾惠祥，杨道远主编.—南京：南京出版社，1990.6.268页；32开.—ISBN 7-80560-230-1：2.70元

税收实务：个体、私营、个人分册/石有发主编.南京：东南大学出版社，1990.1.—306页；32开.ISBN 7-81023-283-5：3.60元

税收指南/昆明工学院社会科学部，昆明市税务局编.—昆明：云南科技出版社，1990.8.—411页；32开.—ISBN 7-5416-0303-1：4.45元

税收顾问/刘晓惠等主编.—北京：中国经济出版社，1990.9.—527页；32开.—ISBN 7-5017-0575-5：9.00元

税收缴款书填写方法/李长军编写.—大连：东北财经大学出版社，1990.9.—87页；32开.—ISBN 7-81005-432-5：1.50元

增值税价税分流购进扣税法/陈力等编著.—长沙：国防科技大学出版社，1990.4.—80页；32开.—ISBN 7-81024-108-7：0.70元

增值税应用手册/汪康等著.—合肥：安徽人民出版社，1990.1.—230页；32开.—ISBN 7-212-00325-7：2.80元

F812.7　地方财政

上海城市财政展望/上海市财政科学研究所编著.上海：上海人民出版社，1990.12.—214页；大32开.—ISBN 7-208-01089-7：3.00元

中国少数民族自治州财政理论与实践/韩启方，卿太金主编.—成都：西南财经大学出版社，1990.6.408页；32开.—ISBN 7-81017-246-8：4.30元

内蒙古自治区旗县财政经济问题研究/内蒙古自治区财政厅预算处，内蒙古自治区财政科学研究所编；詹瑛等主编.—呼和浩特：内蒙古人民出版社，1990.2.—290页；32开.—ISBN 7-204-00908-8：3.50元

内蒙古农村牧区财政问题论文集/内蒙古农村牧区

财政研究会，内蒙古自治区财政厅农财处编.—呼和浩特：内蒙古人民出版社，1990.4.—182页；32开.—ISBN 7-204-00964-9：2.55元

内蒙古财政科研优秀论文集：1979～1989/高振源等主编.—呼和浩特：内蒙古人民出版社，1990.7.—332页；大32开.—ISBN 7-204-01036-1：4.85元

甘肃财税改革/刘国权主编.—兰州：甘肃人民出版社，1990.7.—231页；大32开.—ISBN 7-226-00654-5：3.40元

辽宁税务统计十年：1980～1989/辽宁省税务局编.—大连：东北财经大学出版社，1990.9.—559页；32开.—ISBN 7-81005-433-3：8.00元

民族地区财政问题研究论文集 （四）/董霞飞主编.—北京：中国财政经济出版社，1990.2.—433页；大32开.—ISBN 7-5005-0918-9：6.50元

民族地区税收研究/杨立峰主编.—南宁：广西人民出版社，1990.11.—516页；32开.—ISBN 7-219-01734-0：5.00元

县级财贸管理/钟胜复主编.—北京：人民出版社，1990.9.—222页；32开.—(县级现代管理必备丛书).—ISBN 7-01-000795-0：3.20元

南京财政：1989/南京财政编辑委员会编纂.—南京：南京出版社，1990.2.—500页；16开.—ISBN 7-80560-129-1(精装)：28.00元

重庆财政年鉴：1989/胡安纮主编；重庆市财政局编.—重庆：科学技术文献出版社重庆分社，1990.5.—369页；16开.—ISBN 7-5023-1086-X(精装)：20.00元

振兴财政之探索/黑龙江省财政厅，《黑龙江日报》社编.—北京：中国财政经济出版社，1990.10.364页；大32开.—ISBN 7-5005-1249-4：5.40元

探索的足迹：四川省财政科学研究所1980～1990年成果选编/四川省财政科学研究所编.—成都：西南财经大学出版社，1990.7.—437页；大32开.—ISBN 7-81017-263-8：5.10元

深圳财政十年：1980.8～1990.8/深圳市财政局编.—北京：中国财政经济出版社，190.7.—378页；大32开.—ISBN 7-5005-1121-3：5.70元

湖北税务年鉴：1990/《湖北税务年鉴》编纂委员会编.—北京：中国经济出版社，1990.11.—695页；16开.—ISBN 7-5017-0895-9(精装)：40.00元

新实践·新探索：永川县莲花乡财政、信用、供销改革调研报告/孙朝福等编著.—成都：西南财经大学出版社，1990.12.—122页；32开.—ISBN 7-81017-285-9：2.10元

新疆财政年鉴：1987～1988/龚金牛主编；新疆维吾尔自治区财政厅编.—乌鲁木齐：新疆人民出版社，1990.8.—553页；16开.—ISBN 7-228-01672 6(精装)：20.00元

F812.8　农村财政

乡镇财政工作指南/胡乐亭主编.—北京：中国财政经济出版社，1990.12.—481页；32开.—ISBN 7-5005-1202-8：6.10元

乡镇财政与管理：玉溪首次乡镇财政与经济管理协作会材料汇编.—昆明：云南人民出版社，1990.10.—334页；32开.—ISBN 7-222-00670-2：3.95元

乡(镇)财政总预算会计/夏清成主编.—郑州：中原农民出版社，1990.10.—105页；32开.—ISBN 7-80538-217-4：1.50元

乡镇财政管理/邓季达等编著.—昆明：云南人民出版社，1990.7.—398页；32开.—ISBN 7-222-00644-3：5.65元

农村财政优秀论文选集/中国财政学会农村财政研究会编.—北京：中国财政经济出版社，1990.12.561页；16开.—ISBN 7-5005-1191-4：10.00元

农村财政理论研究论文选 第一集/江苏省农村财政研究会主编.—南京：河海大学出版社，1990.12.—263页；大32开.—ISBN 7-5630-0349-5：3.60元

财政支农专项资金史料/财政部农财司编.—北京：中国财政经济出版社，1990.11.—186页；32开.ISBN 7-5005-1140-X：2.25元

耕地占用税征收与管理/刘大宽等编著.—武汉：武汉工业大学出版社，1990.1.—186页；32开.—ISBN 7-5629-0330-1：2.10元

第二次全国农村财政理论研讨会论文选/中国财政学会农村财政研究会编.—北京：中国财政经济出版社，1990.10.—598页；大32开.—ISBN 7-5005-192-2：9.00元

F812.9　财政史

中国工商税收史：夏商周～清/国家税务局编著.北京：中国财政经济出版社，1990.10.—483页；大32开.—ISBN 7-5005-1014-4：7.00元

中国古代财政史研究：夏、商、西周时期/吴才麟，文明主编.—北京：中国财政经济出版社，1990.5.—501页；大32开.—ISBN 7-5005-0717-8：9.95元

中国财政历史资料选编 第二辑：春秋战国部分/王子英，胡厚昌主编.—北京：中国财政经济出版社，1990.11.—335页；32开.—ISBN 7-5005-0503-5：4.90元

中国财政历史资料选编 第五辑：隋唐五代部分/蔡次薛主编.—北京：中国财政经济出版社，1990.

11.—854页；32开.—ISBN 7-5005-0722-4：9.95元

中国财政历史资料选编　第九辑：清代前期部分/宋寿昌主编.—北京：中国财政经济出版社，1990.9.—821页；32开.—ISBN 7-5005-0192-7：9.60元

中国财政历史资料选编　第十二辑：国民党政府时期部分　（上）/陈昭桐主编.—北京：中国财政经济出版社，1990.5.—665页；32开.—ISBN 7-5005-0507-8：7.90元

中国财政历史资料选编　第十二辑：国民党政府时期部分　（下）/陈昭桐主编.—北京：中国财政经济出版社，1990.5.—474页；32开.—ISBN 7-5005-0506-X：5.70元

中国近代财政史/孙文学主编.—大连：东北财经大学出版社，1990.12.—512页；32开.—ISBN 7-81005-402-3：6.00元

中国社会主义财政史参考资料：1949～1985/《当代中国财政》编辑部编.—北京：中国财政经济出版社，1990.6.—896页；16开.—ISBN 7-5005-0713-5（精装）：25.00元

财经古文选/闵庚尧主编.—修订本.—北京：中国财政经济出版社，1990.11.—315页；大32开.—ISBN 7-5005-0650-3：4.40元

本书1983年3月第1版。

明清财经史新探/李三谋著.—太原：山西经济出版社，1990.5.—430页；32开.—ISBN 7-80577-005-0：7.00元

唐代国库制度/葛承雍著.—西安：三秦出版社，1990.6.—212页；大32开.—（隋唐历史文化丛书）.ISBN 7-80546-174-0：2.80元

隋唐五代财政史/蔡次薛著.—北京：中国财政经济出版社，1990.2.—280页；大32开.—ISBN 7-5005-0179-X：5.80元

新中国农业税史料丛编　第二十五册：广西壮族自治区农业税史料：1950年～1983年/广西壮族自治区财政厅编.—南宁：广西人民出版社，1990.12.—859页；大32开.—ISBN 7-219-01739-1：12.00元

川沙县财政志/《川沙县财政志》编写组编；杨杏桃主编.—上海：上海人民出版社，1990.11.—199页；16开.—ISBN 7-208-00883-3：8.55元

云南财政三十年/任希文著.—昆明：云南人民出版社，1990.—250页；32开.—ISBN 7-222-00539-0：3.55元

瓦房店市财政志/车斌元主编.—大连：大连出版社，1990.11.—334页；16开.—ISBN 7-80555-277-0（精装）：20.00元

中原解放区江汉行政区财政志/湖北省襄樊市财政局编纂.—武汉：湖北人民出版社，1990.7.—295页；大32开.—ISBN 7-216-00583-9：4.40元

玉溪财贸学校志/云南省玉溪财贸学校编.—昆明：云南大学出版社，1990.12.—192页；32开.—（玉溪地区方志丛书）.—ISBN 7-81025-059-0：2.50元

华容县税务志/《华容县税务志》编纂组编.—北京：中国文史出版社，1990.7.—377页；大32开.ISBN 7-5034-0205-9：9.00元

抗日战争时期晋冀鲁豫边区财政经济史资料选编　第一辑/晋冀鲁豫边区财政经济史编辑组，山西、河北、山东、河南省档案馆编.—北京：中国财政经济出版社，1990.12.—1511页；16开.—ISBN 7-5005-0873-5（精装）：37.70元

抗日战争时期晋冀鲁豫边区财政经济史资料选编　第二辑/晋冀鲁豫边区财政经济史编辑组，山西、河北、山东、河南省档案馆编.—北京：中国财政经济出版社，1990.7.—1470页；16开.—ISBN 7-5005-0881-6（精装）：37.00元

辛集市财政志/辛集市财政局编.—北京：新华出版社，1990.10.—349页；16开.—ISBN 7-5011-0848-X：28.00元

松江县财政税务志/上海市松江县财政局、税务局编.—上海：上海社会科学院出版社，1990.2.—166页；16开.—ISBN 7-80515-561-5（精装）：12.00元

昌江黎族自治县财政志/王兴全主编；昌江黎族自治县财政局编.—海口：南海出版公司，1990.12.—220页；大32开.—ISBN 7-80570-365-5：7.80元

保定市税务志/李书田主编.—北京：新华出版社，1990.4.—486页；大32开.—ISBN 7-5011-0720-3：5.00元

泰县财政经济史：1940～1949年/泰县财政经济史编审组编.—北京：中国财政经济出版社，1990.9.368页；大32开.—ISBN 7-5005-0794-4：7.00元

荷泽地区财政志/葛新生，徐非主编.—济南：齐鲁书社，1990.10.—230页；大32开.—ISBN 7-5333-0187-0（精装）：6.00元

晋察冀抗日根据地财政经济史稿/魏宏运主编.北京：档案出版社，1990.5.—395页；大32开.ISBN 7-80019-173-7：7.20元

湘潭市税务志：1840～1985/潭湘市税务志编写组编.—北京：经济管理出版社，1990.8.—526页；大32开.—（湘潭市地方志丛书）.—ISBN 7-80025-359-7（精装）：15.00元

福建财政史　（下）/潘心城，余衍溪主编.—厦门：厦门大学出版社，1990.6.—508页；大32开.ISBN 7-5615-0301-6：4.80元

F82 货币

货币万能/（英）范德林特（Vanderlint，J.）

著；王兆基译.—北京：商务印书馆，1990.11.—133页；大32开.—ISBN 7-100-00504-3：1.75元

货币发行与现金出纳业务/金侃夫，胡伟敏主编.杭州：浙江大学出版社，1990.6.—292页；32开.ISBN 7-308-00554-2：3.60元

货币供求均衡论/郑先炳著.—北京：中国金融出版社，1990.5.—431页；大32开.—ISBN 7-5049-0523-2：7.05元

货币供求均衡导论/殷孟波著.—成都：四川人民出版社，1990.3.—252页；32开.—ISBN 7-220-00867-8：2.75元

货币经济学/王佩真著.—北京：中国财政经济出版社，1990.4.—336页；大32开.—ISBN 7-5005-1043-8：4.90元

货币流通系统控制理论/郭明奇著.—北京：中国金融出版社，1990.10.—250页；32开.—ISBN 7-5049-0578-X：3.55元

货币控制论/李松龄，黄深谋著.—长春：吉林大学出版社，1990.10.—263页；32开.—ISBN 7-56001-0620-X：3.95元

货币银行与经济/（美）托马斯.迈耶等著；吴立范等译.—北京：中国金融出版社，1990.3.—717页；大32开.—（国外金融论著译丛/钱荣堃主编）.ISBN 7-5049-0512-7：9.50元

货币稳定化的国际准则/（美）麦金农（Mckinnon，R.I.）著；姜波克译.—北京：中国金融出版社，1990.9.—135页；32开.—ISBN 7-5049-0552-6：2.65元

书名原文：An International Standardfor Monetary Stabilization

通货膨胀概览/吕益民，张宇主编.—北京：经济日报出版社，1990.1.—427页；32开.—ISBN 7-80036-233-7（精装）：8.50元

F821 世界货币

世界货币和各国政策/（美）亨利·C.沃利克等著；胡明理译.—北京：中国金融出版社，1990.3.—77页；大32开.—（国外金融论著译丛/钱荣堃主编）.—ISBN 7-5049-0524-0：1.60元

主要英语国家通货膨胀会计/（英）佩特瑞克·R.A.科克曼著；王海滨，谭劲松译.—北京：经济管理出版社，1990.12.—114页；32开.—ISBN 7-80025-390-2：1.90元

当代世界货币图集/中国人民建设银行海南省分行编.—海口：三环出版社，1990.9.—140页；16开.ISBN 7-80564-254-0（精装）：50.00元

国际货币体系/陈彪如著.—上海：华东师范大学出版社，1990.10.—287页；大32开.—ISBN 7-5617-0606-5：2.45元

通货膨胀的居高不下与稳定政策/（ ）基居尔（Kiguel，M.A.），利维亚坦（Liviatan，N.）著；宋光炜译.—北京：中国财政经济出版社，1990.6.—49页；16开.—（世界银行研究报告丛书）.—ISBN 7-5005-1021-7：2.15元

F822 中国货币

中国的货币需求：理论与实证的考察/邓乐平著.北京：中国人民大学出版社，1990.6.—329页；大32开.—（国家"七五"重点课题研究成果货币供求问题研究系列专著/黄达主编）.—ISBN 7-300-00856-9：4.90元

中国通货膨胀研究/马洪，高尚全主编.—北京：改革出版社，1990.10.—341页；大32开.—ISBN 7-80072-006-3：6.50元

中国通货膨胀研究/钟朋荣著.—南昌：江西人民出版社，1990.1.—291页；大32开.—（中青年学者论著丛书）.—ISBN 7-210-00653-2：4.30元

宏观调控与货币政策研究/中国人民银行金融研究所编.—北京：中国金融出版社，1990.2.—448页；32开.—ISBN 7-5049-0528-3：5.45元

货币流通管理/朱新蓉，熊南京编著.—南宁：广西人民出版社，1990.7.—329页；32开.—ISBN 7-219-01632-8：3.90元

治理通货膨胀大思路/程松彬主编.—长春：吉林大学出版社，1990.10.—305页；32开.—ISBN 7-5601-0622-6：4.10元

治理通货膨胀的思路和政策/田源，王育琨主编.哈尔滨：哈尔滨出版社，1990.1.—316页；32开.ISBN 7-80557-133-3：4.20元

通货膨胀——人民的灾难：对中国当前要不要实行通货膨胀的论战/杨培新著.—北京：中国经济出版社，1990.3.—209页；大32开.—ISBN 7-5017-0911-4：3.20元

晚清货币比价研究/王宏斌著.—开封：河南大学出版社，1990.2.—261页；32开.—ISBN 7-81018-407-5：3.20元

F823/827 各国货币

日元：日本国/续川，廉周编.—北京：新华出版社，1990.1.—1册；96开.—（中外钞票缩影系览）.ISBN 7-5011-0636-3：1.70元

日本通货膨胀的治理与物价政策/徐振等编著.北京：中国计划出版社，1990.5.—275页；32开.ISBN 7-80058-105-5：3.20元

港元：香港/续川，廉周编.—北京：新华出版社，1990.1.—1册；96开.—（中外钞票缩影系览）.ISBN 7-5011-0635-5：3.90元

F83 金融、银行

企业与银行/李新国主编.—长春：吉林大学出版社，1990.12.—319页；32开.—(企业法人丛书/李振华主编).—ISBN 7-5601-0699-4：4.60元

企业与银行交往实用手册/鲁先胡主编.—北京：新华出版社，1990.6.—528页；32开.—ISBN 7-5011-0684-3：5.50元

企事业单位与银行往来手册/王水松，费国忠主编.—杭州：浙江大学出版社，1990.9.—412页；大32开.—ISBN 7-308-00606-9：5.45元

企事业单位与银行往来指南/福建顺等编著.—北京：北京师范学院出版社，1990.2.—319页；32开.ISBN 7-81014-395-6：3.30元

走向富有的贫穷者：詹姆斯·麦基弗谈生财之道/(美)麦基弗著；董成玺译.—北京：中国经济出版社，1990.2.—185页；32开.—ISBN 7-5017-0445-7：3.00元

本书作者是美国著名经济学家，书中提出一整套理财的方法，购物的原则，是否应该在通货膨胀时期储蓄以及如何储蓄，是否要购买债券和股票等。

现代银行与企业工作手册/王景师主编.—北京：中国财政经济出版社，1990.12.—824页；32开.—ISBN 7-5005-1254-0：9.60元

英汉银行实用词典/高润庆编.—哈尔滨：黑龙江人民出版社，1990.7.—298页；32开.—ISBN 7-207-01628-X：5.25元

金融知识大全/喻瑞祥主编；王晓辉等编写.—南宁：广西人民出版社，1990.5.—560页；大32开.ISBN 7-219-01564-X：6.70元

金融知识大全/喻瑞祥主编；王晓辉等编写.—南宁：广西人民出版社，1990.5.—560页；大32开.ISBN 7-219-01565-8(精装)：9.70元

金融知识百科全书/马洪，孙尚清主编.—北京：中国发展出版社，1990.6.—2册(2457页)；16开.ISBN 7-80087-002-2(精装)：95.00元

金融法律知识指南/杜平等编著.—北京：学苑出版社，1990.1.—308页；32开.—ISBN 7-80060-340-7：3.85元

金融实用手册/潘金生主编.—北京：经济科学出版社，1990.4.—459页；32开.—ISBN 7-5058-0285-2(精装)：9.00元

金融统计学/徐大全主编.—成都：西南财经大学出版社，1990.4.—439页；32开.—ISBN 7-81017-167-4：2.76元

怎样同银行打交道/徐邓辉编著.—成都：西南财经大学出版社，1990.8.—146页；32开.—ISBN 7-81017-235-2：1.60元

F830 金融、银行理论

中国金融学/杜金富，谢庆林主编.—北京：中国经济出版社，1990.11.—307页；大32开.—ISBN 7-5017-0434-1：8.00元

当代西方金融理论/王广谦，李健编著.—北京：中央广播电视大学出版社，1990.10.—371页；大32开.ISBN 7-304-00546-7：3.35元

当代西方金融理论学习指导书/李健，周延军编.北京：中央广播电视大学出版社，1990.10.—151页；大32开.—ISBN 7-304-00547-5：1.50元

社会主义货币银行学/王克华主编.—武汉：武汉大学出版社，1990.2.—437页；大32开.—全国高等教育自学考试指导委员会高等教育自学考试教材　经济管理类专用.—ISBN 7-307-00683-9：4.50元

社会主义货币银行学/张铭，张强主编.—昆明：云南科技出版社，1990.4.—346页；32开.—ISBN 7-5416-0275-2：4.20元

现代货币银行学教程/何泽荣主编.—成都：西南财经大学出版社，1990.5.—291页；32开.—ISBN 7-81017-193-3：3.10元

现代货币银行理论与实务/孙宇晖，王玉民主编.海口：南海出版公司，1990.11.—423页；32开.ISBN 7-80570-293-4：5.50元

现代金融信息学/刘传良等编著.—北京：农业出版社，1990.8.—447页；32开.—ISBN 7-109-01805-9：5.00元

现代金融理论与实践/冯淑琴，危存茂主编.—北京：学苑出版社，1990.11.—444页；32开.—ISBN 7-5077-0261-8：5.50元

货币、银行和金融市场原理/(美)里特(Ritter，L.S.)，(美)西尔伯(Silber，W.L.)著；武汉大学管理学院国际金融教研室译.—上海：上海翻译出版公司，1990.7.—509页；大32开.—(国际金融丛书).—ISBN 7-80514-571-7：13.50元

书名原文：Principles of Money, Banking and Financial Markets

货币、银行、金融市场学/(美)米什金(Mishkin，F.S.)著；李杨等译.—北京：中国财政经济出版社，1990.6.—818页；大32开.—ISBN 7-5005-0684-8：11.55元

书名原文：The Economics of Money Banking and Financial Markets

货币银行学/黄启林主编.—北京：中国经济出版社，1990.12.—288页；32开.—职工中专教材.ISBN 7-5017-1088-0：3.30元

货币银行学/黄敏，马颖编著.—武汉：武汉大学出版社，1990.7.—422页；32开.—ISBN 7-307-00485-2：2.40元

货币银行学原理/王学青主编.—上海：复旦大学出版社，1989.12.—273页；大32开.—ISBN 7-309-00459-0：3.50元

金融学导论/王一丁等主编.—开封：河南大学出版社，1990.10.—295页；大32开.—ISBN 7-81018-551-9：4.10元

金融学原理/钟晓鹰等编著.—北京：机械工业出版社，1990.8.—332页；32开.—ISBN 7-111-02627-0：5.90元

金融学概论/朱毅峰编著.—北京：中国人民大学出版社，1990.9.—382页；大32开.—ISBN 7-300-00886-0：5.50元

金融学概论/陈浩泉主编.—乌鲁木齐：新疆人民出版社，1990.9.—363页；32开.—（大学生经济学文库）.—ISBN 7-228-01482-0：4.00元

金融经济学多维透视论/杨友才等主编.—长春：吉林大学出版社，1990.6.—509页；32开.—ISBN 7-5601-0517-3：5.50元

金融结构与金融发展/（美）戈德史密斯（Goldsmith，R.W.）著；周朔等译.—上海：上海三联书店，1990.4.—555页；大32开.—（当代经济学系列丛书·当代经济学译库）.—ISBN 7-5426-0257-8：10.50元

金融基础知识/卓世藩编.—北京：高等教育出版社，1990.2.—241页；32开.—中等职业技术学校试用教材.—ISBN 7-04-002811-5：1.45元

金融基础知识教学参考书/卓世藩编.—北京：高等教育出版社，1990.3.—197页；32开.—中等职业技术学校教学参考书.—ISBN 7-04-002812-3：1.55元

金融概论/陈传新，潘金生主编.—北京：中国华侨出版公司，1990.7.—305页；32开.—中国逻辑与语言函授大学教材.—ISBN 7-80074-252-0：3.30元

标准化题型·货币银行学/宋士卿，卜祥瑞主编.—长春：吉林大学出版社，1990.4.—173页；32开.—ISBN 7-5601-0452-5：2.30元

资本主义货币银行学自学指导/李春等编著.—北京：高等教育出版社，1990.2.—202页；大32开.—ISBN 7-04-002829-8：2.10元

资本主义货币银行学自学阅读材料/李春等编.—北京：高等教育出版社，1990.1.—329页；大32开.—ISBN 7-04-002828-X：3.35元

银行信息工作通论/杨建华，项成主编.—长春：吉林大学出版社，1990.7.—389页；32开.—ISBN 7-501-0531-9：4.50元

银行理论与实务/张兵，李进闯主编.—南京：江苏人民出版社，1990.9.—377页；32开.—ISBN 7-214-00546-8：4.50元

简明货币银行学/崔建军主编.—西安：陕西人民出版社，1990.7.—310页；32开.—ISBN 7-224-01346-3：3.80元

融资理论与实务/范守俊等主编.—西安：陕西人民出版社，1990.9.—338页；大32开.—ISBN 7-5419-1809-1：5.00元

F830.2　银行、金融体制

当代金融干部修养/王步云等主编.—长春：吉林大学出版社，1990.10.—428页；32开.—ISBN 7-5601-0608-0：5.00元

现代金融管理人才概论/史学谦主编.—长春：吉林大学出版社，1990.12.—301页；32开.—ISBN 7-5601-0738-9：3.80元

现代银行领导学/张国杰主编.—济南：济南出版社，1990.5.—340页；32开.—ISBN 7-80572-180-7：3.80元

国有金融资产管理/刘慧勇主编.—北京：中国财政经济出版社，1990.10.—203页；大32开.—（国有资产管理丛书）.—ISBN 7-5005-1161-2：3.00元

金融公共关系艺术/林拾华，汤国辉编著.—北京：中国金融出版社，1990.3.—204页；大32开.—ISBN 7-5049-0657-3：4.35元

金融职工思想政治教育/张发钧主编.—成都：四川辞书出版社，1990.2.—272页；32开.—（金融职工教育丛书）.—ISBN 7-80543-150-7：3.50元

金融管理/康书生，孙健夫编著.—北京：中国经济出版社，1990.8.—173页；32开.—（经济管理丛书/赵秀臣，徐子毅主编）.—ISBN 7-5017-0378-7：3.20元

金融管理概论/郑祚春等编著.—福州：福建人民出版社，1990.7.—350页；32开.—ISBN 7-211-01157-2：3.20元

银行分支行长学/日本金融财政研究会编；赵荣等译.—长春：吉林大学出版社，1990.5.—242页；32开.—ISBN 7-5601-0484-3：3.20元

银行安全保卫工作概论/曹智等编著.—南京：江苏人民出版社，1990.12.—231页；大32开.—ISBN 7-214-00615-4：3.85元

银行制度与管理/高有为等著.—北京：海洋出版社，1990.12.—188页；32开.—ISBN 7-5027-1322-0：3.40元

银行经营管理学/曾康霖等编著.—成都：四川人民出版社，1990.5.—467页；大32开.—ISBN 7-220-00917-8：5.80元

银行保卫/顾道德，孙彬主编.—南京：江苏人民出版社，1990.6.—205页；32开.—ISBN 7-214-00455-0：3.10元

银行保卫系统工程/中国人民银行保卫处编；范方文，杨自亮编著.—北京：群众出版社，1990.12.377页；32开.—ISBN 7-5114-0616-2：5.20元

银行领导学/王秉和主编.—长春：吉林大学出版社

社，1990.8.—384页；32开.—ISBN 7-5601-0572-6：4.85元

银行管理论文集/缪勇主编.—长春：吉林人民出版社，1990.3.—440页；32开.—ISBN 7-206-00716-3：5.00元

银行管理秘诀/（美）史蒂文·I.戴维斯著；王海蒂译.—北京：国际文化出版公司，1990.7.—149页；32开.—ISBN 7-80049-375-X：2.85元

银行管理概论/王宗元编著.—昆明：云南科技出版社，1990.1.—347页；32开.—ISBN 7-5416-0253-2：3.95元

F830.3　银行类型

专业银行管理学/季野主编.—哈尔滨：黑龙江人民出版社，1990.10.—344页；32开.—ISBN 7-207-01755-3：4.20元

中央银行理论与业务/郑祚春主编.—成都：西南财经大学出版社，1990.9.—398页；32开.—ISBN 7-81017-259-X：2.42元

中央银行理论与实务/江其务主编；中国人民银行成人教育教材编审委员会编.—石家庄：河北人民出版社，1990.8.—221页；大32开.—人民银行岗位培训系列教材.—ISBN 7-202-00747-9：4.20元

中央银行概论/郑道平等主编.—长春：吉林人民出版社，1990.7.—335页；32开.—（财政金融丛书/徐世友，景学成主编）.—ISBN 7-206-00833-X：4.00元

中央银行概论/李玉书，吴慎之主编.—北京：中央广播电视大学出版社，1990.9.—302页；32开.ISBN 7-304-00548-3：2.30元

中央银行概论学习指导书/李玉书等编.—北京：中央广播电视大学出版社，1990.9.—146页；32开.ISBN 7-304-00549-1：1.20元

内部责任银行理论与实务系统/呼德明等编.—上海：复旦大学出版社，1989.12.—288页；32开.—ISBN 7-309-00434-5：2.80元

现代中央银行导论/黄芳泉编著.—武汉：华中理工大学出版社，1990.6.—257页；大32开.—研究生用书.—ISBN 7-5609-0428-9：1.88元

F830.4　银行业务

现代银行业务经营与管理/明云成等编著.—武汉：湖北科学技术出版社，1990.3.—360页；32开.ISBN 7-5352-0561-5：3.90元

国库业务工作手册/中国人民银行国库司编.—北京：中国财政经济出版社，1990.9.—382页；32开.—ISBN 7-5005-1195-7：5.00元

金融业务指南/王庆丰等编著.—北京：地质出版社，1990.9.—290页；大32开.—ISBN 7-116-00722-9：6.30元

金融定量分析百题解/孙富等编.—北京：中国金融出版社，1990.3.—201页；32开.—ISBN 7-5049-0536-4：2.60元

金融统计分析/杨凤虎，王顺主编.—石家庄：河北人民出版社，1990.8.—364页；大32开.—ISBN 7-202-00755-X：5.05元

金融统计学/徐大全主编.—成都：西南财经大学出版社，1990.4.—439页；32开.—ISBN 7-81017-167-4：2.76元

银行业务技术操作/马桂林主编.—哈尔滨：黑龙江人民出版社，1990.10.—515页；32开.—ISBN 7-207-01712-X：5.40元

银行业务指南/任伯林，于志龙主编.—哈尔滨：黑龙江人民出版社，1990.8.—319页；大32开.—ISBN 7-207-01552-6：4.70元

银行业务教程/经耀等主编.—南京：南京大学出版社，1990.10.—559页；大32开.—ISBN 7-305-00870-2：6.30元

银行业务程序图解/赵智勇，张才杏著.—昆明：云南科技出版社，1990.5.—143页；32开.—ISBN 7-5416-0290-6：3.40元

银行国际业务英文应用文/陈顺殷编著.—深圳：海天出版社，1990.5.—319页；大32开.—ISBN 7-80542-208-X：15.00元

银行实务与法律/（英）H.P.希尔顿著；中国银行上海国际金融研究所译.—北京：中国金融出版社，1990.5.—686页；大32开.—ISBN 7-5049-0525-9：11.00元

书名原文：Practice and Law of Banking

银行实务散论/高锡生，马兰主编.—西安：陕西人民出版社，1990.6.—298页；32开.—ISBN 7-224-01383-8：3.75元

银行理财/陈新民等编著.—杭州：浙江大学出版社，1990.6.—253页；大32开.—ISBN 7-308-00530-5：3.50元

F830.42　银行会计

中央银行会计/陈世尧，吕濂堃主编.—北京：中国金融出版社，1990.8.—588页；大32开.—ISBN 7-5049-0593-3：9.60元

外汇银行会计学原理/石琨，李汉章编著.—北京：中国金融出版社，1990.6.—618页；大32开.—ISBN 7-5049-0546-1：8.55元

金融计算知识手册/徐殿山编著.—大连：大连出版社，1990.12.—789页；32开.—ISBN 7-80555-306-8：12.00元

实用金融计算方法/傅安智，史明编著.—北京：北京科学技术出版社，1990.9.—314页；32开.—ISBN

7-5304-0672-8：4.50元

实用银行会计手册/盛长福，徐连金主编.—西安：西安电子科技大学出版社，1990.6.—377页；32开.ISBN 7-5606-0148-0：4.20元

银行成本管理概论/黄定龙编著.—北京：中国金融出版社，1990.4.—307页；大32开.—ISBN 7-5049-0526-7：4.50元

银行会计分析/邓学圣主编；吴久中等编.—南昌：江西科学技术出版社，1990.9.—292页；32开.ISBN 7-5390-0354-5：2.90元

银行会计文集/杜苇等主编.—天津：天津人民出版社，1990.3.—396页；32开.—ISBN 7-201-00498-0：4.50元

银行会计岗位培训教材/廖友明等编.—南昌：江西科学技术出版社，1990.6.—453页；32开.—ISBN 7-5390-0319-7：4.50元

银行会计学/程慈培，刘庆平主编.—修订本.—武汉：湖北人民出版社，1990.2.—474页；32开.ISBN 7-216-00534-1：5.00元
本书1989年1月第1版。

银行会计学/熊范五，吕敬文主编.—昆明：云南科技出版社，1990.5.—458页；32开.—ISBN 7-5416-0284-1：5.40元

银行会计学习指南/张功平，常振连主编.—呼和浩特：内蒙古人民出版社，1990.12.—362页；大32开.ISBN 7-204-01284-4：5.80元

银行会计学教程/黄德钊，唐宴春主编.—北京：中国经济出版社，1990.5.—429页；大32开.—ISBN 7-5017-0569-0：6.80元

《银行会计学教程》习题集/唐宴春编.—北京：中国经济出版社，1990.5.—203页；大32开.—ISBN 7-5017-0571-2：3.90元

《银行会计学教程》学习指导/黄德钊等编.—北京：中国经济出版社，1990.5.—240页；大32开.ISBN 7-5017-0570-4：2.90元

银行财务管理学/李光明，高民乐主编.—西安：陕西科学技术出版社，1990.8.—454页；32开.—ISBN 7-5369-0790-7：5.70元

银行实用计算公式/沈一之主编.—杭州：浙江大学出版社，1990.11.—359页；大32开.—ISBN 7-308-00631-X：5.20元

F830.45/.46　资金管理、结算

社会资金的动态分析和控制/刘海虹著.—武汉：武汉工业大学出版社，1990.7.—186页；32开.—ISBN 7-5629-0387-5：3.75元

现金出纳工作手册/赵洪生主编.—沈阳：辽宁人民出版社，1990.11.—310页；32开.—ISBN 7-205-01514-6：6.00元

转帐结算手册/唐英钧主编.—沈阳：辽宁人民出版社，1990.9.—316页；32开.—ISBN 7-205-01507-3：4.80元

结算理论与实务/吴国文等主编.—沈阳：辽宁人民出版社，1990.6.—237页；32开.—ISBN 7-205-01357-7：3.30元

票据与结算/陈伯诚等编著.—上海：立信会计图书用品社，1990.9.—188页；32开.—（立信财经丛书）.—ISBN 7-5429-0073-0：2.10元

银行结算实用手册/杨新丰编著.—南京：南京出版社，1990.4.—433页；32开.—ISBN 7-80560-169-0：5.00元

新编银行出纳工作手册/王耀庭主编.—北京：机械工业出版社，1990.8.—343页；32开.—ISBN 7-111-02379-X：4.80元

F830.48　储蓄、存款业务

社会主义利息问题研究/王华庆，张忠山著.—兰州：兰州大学出版社，1990.8.—237页；32开.ISBN 7-311-00331-8：3.95元

实用储蓄心理学/徐小清著.—上海：上海社会科学院出版社，1990.7.—147页；32开.—ISBN 7-80515-501-1：1.90元

点钞机电路的原理、调试与维修/陈欣编著.—沈阳：辽宁科学技术出版社，1990.12.—482页；32开.—ISBN 7-5381-1023-2：6.90元

速算储蓄利息入门/岳万国等编著.—哈尔滨：黑龙江人民出版社，1990.7.—280页；32开.—ISBN 7-207-01630-1：4.00元

银行储蓄业务/袁国权主编.—北京：中国展望出版社，1990.9.—194页；32开.—ISBN 7-5050-0895-1：2.80元

储蓄人员实用服务指南/栾叶文等著.—哈尔滨：黑龙江人民出版社，1990.10.—165页；32开.—ISBN 7-207-01789-8：2.95元

储蓄工作实用手册/刘燕荪主编.—北京：中国财政经济出版社，1990.6.—1094页；32开.—ISBN 7-5005-1046-2（精装）：14.70元

储蓄心理与吸储艺术/崔海瑞等编著.—太原：山西科学教育出版社，1990.6.—204页；32开.—ISBN 7-5377-0287-X：3.50元

储蓄业务基本知识/曾德生，白雪海编著.—广州：华南理工大学出版社，1990.12.—166页；32开.ISBN 7-5623-0217-0：2.90元

储蓄业务基础知识/罗树森等编.—昆明：云南科技出版社，1990.5.—270页；32开.—（中国工商银行岗位培训系列丛书）.—ISBN 7-5416-0285-X：3.10元

储蓄会计核算与管理/谭清明主编.—2版.—长沙：湖南出版社，1990.12.—160页；32开.—ISBN 7-

5438-0040-3：2.50元

储蓄员必读/王宗元，钟毕广编.—北京：中国经济出版社，1990.10.—114页；32开.—（银行职员实务丛书）.—ISBN 7-5017-1039-2：2.50元

储蓄所管理者必读/栾叶文编著.—哈尔滨：黑龙江科学技术出版社，1990.1.—481页；32开.—ISBN 7-5388-1048-X：3.50元

本书介绍了储蓄所管理的基本常识、技能和作法。

储蓄学概论/项大勇，康书生主编.—保定：河北大学出版社，1990.8.—222页；32开.—ISBN 7-81028-019-8：3.20元

储蓄经营策略/王迎春等主编.—长春：吉林大学出版社，1990.12.—294页；32开.—ISBN 7-5601-0700-1：4.40元

储蓄经营管理/中国工商银行海南省分行编.—海口：三环出版社，1990.4.—201页；32开.—（中国工商银行岗位培训系列丛书）.—ISBN 7-80564-093-9：2.85元

储蓄经营管理/李福林等编著.—哈尔滨：黑龙江科学技术出版社，1990.7.—290页；32开.—（储蓄专业知识系列丛书；3）.—ISBN 7-5388-1213-X：3.90元

储蓄经营管理/龚帜主编.—北京：中国商业出版社，1990.5.—370页；32开.—ISBN 7-5044-0655-4：4.70元

F830.49　现代化管理

电子银行/（美）阿伦·H.利普斯等著；朱田顺译.—北京：中国金融出版社，1990.10.—257页；大32开.—ISBN 7-5049-0555-0：4.25元

书名原文：Electronic Banking

汉字dBASEⅢ汉字COBOL银行业务计算机处理/梁成华主编.—北京：电子工业出版社，1990.1.—300页；16开.—（财金贸现代化管理丛书）.—ISBN 7-5053-0755-X：6.80元

金融系统微机教程/阎虎勤编著.—兰州：兰州大学出版社，1990.9.—346页；16开.—ISBN 7-311-00336-9：7.95元

银行电脑会计/于希文编著.—大连：东北财经大学出版社，1990.9.—331页；32开.—ISBN 7-81005-349-3：1.90元

银行电脑会计/贾荣安编著.—哈尔滨：黑龙江科学技术出版社，1990.5.—351页；16开.—ISBN 7-5388-1126-5：7.10元

银行利息计算机原理、使用与维修/路平主编.—北京：中国金融出版社，1990.12.—338页；32开.—ISBN 7-5049-0551-8：5.25元

银行微型计算机应用指南/赵力耕主编.—长春：东北师范大学出版社，1990.11.—266页；大32开.—ISBN 7-5602-0476-7：4.00元

智能卡最终的个人计算机/（美）斯威格尔兹（Svigals，J.）著；中国工商银行科技部《智能卡》编译组译.—北京：电子工业出版社，1990.11.128页；16开.—ISBN 7-5053-1063-1：6.20元

F830.5　信　贷

工商信贷教学案例与习题选编/《工商信贷教学案例与习题选编》编写组编.—成都：西南财经大学出版社，1990.8.—273页；32开.—中等银行专业学校《工商信贷》辅助配套教材.—ISBN 7-81007-265-4：1.76元

技术改造贷款管理/杜海清等编著.—北京：中国财政经济出版社，1990.3.—250页；32开.—（投资管理丛书）.—ISBN 7-5005-0979-0：3.40元

抵押贷款概要/唐双宁等编著.—北京：中国金融出版社，1990.1.—175页；32开.—（金融新业务丛书；3）.—ISBN 7-5049-0505-4：2.30元

国际租赁知识/邵望予编著.—北京：人民出版社，1990.5.—161页；32开.—（国际经济知识丛书）.ISBN 7-01-000659-8：2.00元

项目贷款/（日）横井士郎著；徐凤江译.—北京：中国展望出版社，1990.3.—181页；32开.—ISBN 7-5050-0634-7：3.25元

科技贷款管理/吴卫雄等编著.—长沙：湖南科学技术出版社，1990.4.—195页；32开.—ISBN 7-5357-0782-3：2.20元

信用心理学论纲/周良林等著.—长春：吉林人民出版社，1990.4.—400页；32开.—ISBN 7-206-00726-0：4.20元

信用评估浅说/张才杏等编著.—昆明：云南科技出版社，1990.8.—132页；32开.—ISBN 7-5416-0323-6：2.50元

信托与投资/张醒初等主编.—哈尔滨：黑龙江人民出版社，1990.10.—358页；32开.—ISBN 7-207-01692-1：5.30元

信贷计划管理/张培连等编著.—开封：河南大学出版社，1990.11.—158页；大32开.—ISBN 7-81018-561-6：2.45元

信贷指南/吴君主编.—哈尔滨：黑龙江科学技术出版社，1990.8.—354页；32开.—ISBN 7-5388-1267-9：4.85元

信贷科处长必读/陆宝元编写.—南昌：江西人民出版社，1990.2.—147页；32开.—ISBN 7-210-00834-9：2.00元

银行信贷·投资·项目管理/许玉龙主编.—北京：中国经济出版社，1990.5.—359页；32开.—ISBN 7-5017-0733-2：4.80元

银行信贷实务研究/刘启明主编.—北京：经济管理

出版社，1990.12.—371页；大32开.—ISBN 7-80025-383-X：4.30元

银行信贷教程/周好文著.—昆明：云南科技出版社，1990.2.—224页；32开.—ISBN 7-5416-0269-8：2.80元

银行信贷管理学/张亦春主编.—厦门：厦门大学出版社，1990.1.—459页；32开.—ISBN 7-5615-0252-4：2.70元

银行信贷管理学/罗金铮，程中忱主编.—沈阳：沈阳出版社，1990.7.—424页；32开.—ISBN 7-80556-444-2：4.70元

银行信贷管理学/祝炳奎，李建浔主编.—昆明：云南科技出版社，1990.10.—493页；32开.—ISBN 7-5416-0315-5：6.20元

银行信贷管理案例/冯大麟主编.—西安：陕西人民出版社，1990.10.—232页；大32开.—ISBN 7-224-01275-0：3.80元

F830.59　投　资

计量投资学/刘慧勇著.—北京：中国财政经济出版社，1990.6.—372页；大32开.—ISBN 7-5005-1044-6：5.60元

投资大辞典/黄汉江主编.—上海：上海社会科学院出版社，1990.8.—1092页；16开.—ISBN 7-80515-507-0（精装）：48.00元

投资可行性研究与项目评估/栾德君等著.—大连：东北财经大学出版社，1990.8.—183页；32开.ISBN 7-81005-426-0：2.00元

投资财务信用学/楼远主编.—杭州：浙江大学出版社，1990.3.—470页；大32开.—ISBN 7-308-00516-8：6.40元

投资金融学/庄俊鸿主编.—南昌：江西高校出版社，1990.8.—257页；32开.—ISBN 7-81033-006-3：3.50元

投资学/（美）杜格尔（Dougall，H.E.），（美）科里根（Corrigan，F.J.）著；任淮秀等译.—北京：中国人民大学出版社，1990.8.—636页；大32开.—投资经济与管理系列教材.—ISBN 7-300-00857-7：9.35元

书名原文：Investments

投资经济学/庄俊鸿主编.—广州：华南理工大学出版社，1990.6.—375页；32开.—ISBN 7-5623-0196-4：5.00元

投资项目评估实务/姚中民主编.—北京：中国财政经济出版社，1990.5.—370页；大32开.—ISBN 7-5005-1040-3：5.50元

投资项目经济评价/李东阳主编.—大连：东北财经大学出版社，1990.11.—369页；大32开.—ISBN 7-81005-444-9：6.10元

投资项目经济学/蒋同初编著.—北京：中国财政经济出版社，1990.4.—574页；大32开.—ISBN 7-5005-0811-5：12.00元

投资战略学/徐文通主编.—北京：中国金融出版社，1990.12.—282页；大32开.—投资经济学系列教材.—ISBN 7-5049-0616-6：6.45元

投资管理学/吴世国，吴斌主编.—北京：东方出版社，1990.3.—330页；32开.—ISBN 7-5060-0169-1：3.50元

宏观投资学/刘慧勇主编.—北京：中国人民大学出版社，1990.5.—330页；大32开.—投资经济学系列教材.—ISBN 7-300-00875-5：4.50元

国有资产投资学/田椿生主编.—北京：中国财政经济出版社，1990.8.—326页；大32开.—（国有资产管理丛书）.—ISBN 7-5005-1134-5：4.65元

国际投资学/吴开祺编著.—北京：中国对外经济贸易出版社，1990.4.—261页；大32开.—ISBN 7-80004-142-5：4.50元

固定资产投资与信贷管理/马玉明等主编.—北京：科学普及出版社，1990.11.—332页；大32开.—ISBN 7-110-01895-4：6.90元

固定资产投资技术经济管理/陈世荣等主编.—北京：中国财政经济出版社，1990.8.—446页；大32开.—ISBN 7-5005-1107-8：6.50元

固定资产投资财务信用学概论/胡彦炜主编.—长春：吉林人民出版社，1990.3.—306页；32开.—（财政金融丛书/徐世友，景学成主编）.—ISBN 7-206-00715-5：3.70元

固定资产投资统计学/杨昌斌主编.—南昌：江西高校出版社，1990.11.—408页；大32开.—ISBN 7-81033-007-1：6.60元

金融投资学/朱万里等著.—北京：中国财政经济出版社，1990.10.—385页；32开.—ISBN 7-5005-1114-0：4.50元

筹资与投资管理/周海栗等主编.—南京：江苏人民出版社，1990.10.—309页；32开.—ISBN 7-214-00576-X：3.60元

F830.6　农村金融

发展中经济的农村金融/（　）冯匹斯克（Vonpischke，J.D.）等编著；汤世生等译.—北京：中国金融出版社，1990.3.—401页；大32开.—ISBN 7-5049-0491-0：5.75元

书名原文：Rural Financial Markets in Developing Countries

农业金融管理/（美）巴里（Barry，P，J.）等著；王志武译.—成都：西南财经大学出版社，1990.12.—486页；大32开.—ISBN 7-81017-253-0：5.75元

书名原文：Financial Managment in Agriculture

农村金融论稿/金言主编.—杭州：杭州大学出版社，1990.9.—545页；32开.—ISBN 7-81035-039-0：8.00元

农村金融学教程/陈德柱主编.—石家庄：河北人民出版社，1990.4.—262页；32开.—ISBN 7-202-00655-3：2.90元

农村金融统计/黄微等编写.—北京：中国经济出版社，1990.12.—231页；32开.—中专教材.—ISBN 7-5017-1149-6：3.80元

F830.61　农村金融组织

农村信用合作论文集/李景惠主编.—长春：吉林大学出版社，1990.6.—577页；32开.—ISBN 7-5601-0519-X：5.50元

农村信用合作研究文选/李景惠，相贵武主编.—长春：吉林大学出版社，1990.12.—364页；32开.ISBN 7-5601-0697-8：4.95元

农村信用社会计原理与实务/成剑平等编著.—长春：吉林大学出版社，1990.12.—302页；32开.ISBN 7-5601-0724-9：4.10元

农村信用社储蓄业务指导/王耀庭编著.—北京：经济管理出版社，1990.7.—201页；32开.—（农村信用社工作指导丛书）.—ISBN 7-80025-271-X：2.80元

农村信贷/于学军等编写.—沈阳：辽宁科学技术出版社，1990.10.—85页；32开.—（中国农业银行中专自学考试指导丛书/宝贵良主编）.—ISBN 7-5381-1054-2：1.35元

储金会工作手册/民政部救灾救济司编写.—北京：群众出版社，1990.8.—295页；32开.—ISBN 7-5014-0588-8：3.40元

F830.7　汇　兑

外汇买卖实务/江启堂著.—深圳：海天出版社，1990.12.—243页；大32开.—ISBN 7-80542-295-8：5.90元

外汇调剂实用问答/陈定之编著.—海口：三环出版社，1990.5.—223页；32开.—ISBN 7-80564-080-7：5.00元

外汇理论与预测方法/宋立刚主编.—北京：中国人民大学出版社，1990.3.—343页；大32开.—ISBN 7-300-00739-2：4.00元

汇率决定论/（美）克鲁埃格（Krueger，A.）著；张志超等译.—北京：中国金融出版社，1990.6.209页；大32开.—（国外金融论著译丛/钱荣堃主编）.—ISBN 7-5049-0539-9：3.20元

企业用汇指导/沙道兹，张勇主编；王军等编写.北京：中国商业出版社，1990.8.—337页；大32开.ISBN 7-5044-0777-1：4.50元

企业家外汇市场指南/（英）凯特尔（Kettel，B.）著；刘沙等译.—上海：三联书店上海分店，1990.12.—207页；大32开.—ISBN 7-5426-0416-3：6.00元

书名原文：A Businessman's Guide to the Foreign Exchange Market

现代西方国际汇兑与宏观控制概论/沈学民著.—长春：吉林大学出版社，1990.6.—264页；32开.ISBN 7-5601-0521-1：4.00元

旅游外汇与信用/夏和坤编著.—北京：中国金融出版社，1990.4.—237页；大32开.—高等院校文科教材.—ISBN 7-5049-0532-1：3.60元

银行外汇实务/李兆永，朱敬尧主编.—北京：中国财政经济出版社，1990.11.—408页；大32开.—ISBN 7-5005-1264-8：6.90元

F830.8　信　托

金融信托与金融市场/汤津姝，超然编著.—天津：天津科学技术出版社，1990.7.—286页；大32开.ISBN 7-5308-0798-6：6.55元

金融信托概论/袁晓琪，张静琦主编.—成都：西南财经大学出版社，1990.12.—338页；32开.—ISBN 7-81017-280-8：2.10元

F830.9　金融市场

企业债券发行与转让/龚方乐，沈思主编.—北京：中国金融出版社，1990.6.—198页；32开.—ISBN 7-5049-0561-5：3.50元

证券业务手册/曹建国主编.—青岛：青岛海洋大学出版社，1990.8.—217页；32开.—ISBN 7-81026-083-9：3.30元

证券市场/甘华鸣等著.—北京：中国经济出版社，1990.3.—242页；32开.—（股份公司与证券市场知识丛书；4/甘华鸣主编）.—ISBN 7-5017-0341-8：3.90元

证券市场与企业/李扬等著.—北京：中国审计出版社，1990.8.—230页；32开.—（证券业丛书/刘鸿儒主编）.—ISBN 7-80064-064-7：3.60元

证券市场与政府/王松奇等著.—北京：中国审计出版社，1990.8.—162页；32开.—（证券业丛书/刘鸿儒主编）.—ISBN 7-80064-063-9：2.70元

证券投资/甘华鸣，罗锐韧著.—北京：中国经济出版社，1990.4.—269页；32开.—（股份公司与证券市场知识丛书；5/甘华鸣主编）.—ISBN 7-5017-0342-6：4.00元

证券投资学/胡启新著.—北京：中国审计出版社，1990.8.—306页；32开.—（证券业丛书/刘鸿儒主

编）.—ISBN 7-80064-067-1：4.65元

本书介绍证券投资的理论、组织和基本方法。

证券知识手册/张学主编.—北京：中国金融出版社，1990.12.—552页；大32开.—ISBN 7-5049-0617-4：12.00元

社会主义金融市场研究/王珏等著.—哈尔滨：黑龙江人民出版社，1990.7.—297页；大32开.—ISBN 7-207-01112-1：4.95元

金融市场入门/（英）盖斯特（Guest，C.R.）著；孙健译.—上海：上海翻译出版公司，1990.10.137页；大32开.—（国际金融丛书）.—ISBN 7-80514-299-8：3.90元

书名原为：A guide to the Financial Markets

金融市场与投资/张亦春主编.—厦门：厦门大学出版社，1990.10.—475页；大32开.—全国高校金融类教材.—ISBN 7-5615-0284-2：3.20元

金融市场原理与实务/中国人民银行成人教育教材编审委员会编；金建栋主编.—北京：中国金融出版社，1990.9.—304页；大32开.—中国人民银行岗位培训系列教材.—ISBN 7-5049-0602-6：6.25元

金融市场理论与实践/叶春明主编.—北京：中国科学技术出版社，1990.12.—295页；32开.—ISBN 7-5046-0264-7：4.50元

金融市场基础知识/汪清法编著.—武汉：湖北科学技术出版社，1990.4.—234页；大32开.—ISBN 7-5352-0568-2：4.00元

金融市场概论/郑道平，李新国主编.—北京：中国金融出版社，1990.8.—334页；大32开.—高等财经院校试用教材.—ISBN 7-5049-0588-7：2.50元

股票与股市交易/杨则冰，刘东星著.—广州：广东高等教育出版社，1990.12.—223页；32开.—ISBN 7-5361-0569-X：3.88元

股票交易ABC：成功投资的最佳指南/（美）罗森伯格（Rosenberg，C.N.Jr.）著；陈传望编译.北京：北京出版社，1990.12.—267页；32开.—ISBN 7-200-01068-5：3.70元

书名原文：Stock Market Primer

本书介绍了股票的基本知识，揭示了股票交易的具体方法和诀窍。

股票·投资·诀窍/吴有根，国经民编.—福州：福建人民出版社，1990.12.—148页；32开.—ISBN 7-211-00971-3：1.75元

股票投资获利技巧大全：海外专家论股票投资/申捷编著.—北京：海洋出版社，1990.9.—440页；32开.—ISBN 7-5027-1053-1：8.60元

本书分为股票投资基础知识、海外专家论股票投资、日本专家论股票投资3篇。

股票·投资·效益：股票应用知识/蒲硕楠著.—海口：南海出版公司，1990.4.—190页；32开.—ISBN 7-80570-096-6：2.60元

本书向人们介绍了股票的发行和流通、证券市场的组织和活动、股票投资的风险和报酬、股市分析和投资策略以及世界主要股票市场的情况。

股票致富/（美）阿诺德·柯里金，菲利斯·C.考夫曼编；陈向东编译.—广州：广东科技出版社，1990.8.—79页；32开.—ISBN 7-5359-0590-0：1.30元

股票操作指南/金建栋等主编.—北京：中国金融出版社，1990.2.—296页；32开.—（金融实务与技术丛书）.—ISBN 7-5049-0520-8：3.30元

债券运行实务/韩文亮，张龙民编著.—上海：上海科学普及出版社，1990.—101页；32开.—（金融知识丛书）.—ISBN 7-5427-0190-8：1.60元

票据融资与结算/林茂德编著.—成都：西南财经大学出版社，1990.12.—246页；32开.—ISBN 7-81017-275-1：1.62元

银行证券投资/白瑞明编著.—北京：中信出版社，1990.3.—192页；大32开.—ISBN 7-80073-001-5：3.24元

F831 世界金融、银行

国际货币和金融/（美）迈克尔·梅尔文著；张志超等译.—上海：华东师范大学出版社，1990.6.203页；大32开.—ISBN 7-5617-0535-2：1.57元

国际金融/王江，张勇主编.—济南：山东人民出版社，1990.6.—290页；大32开.—ISBN 7-209-00680-X：4.15元

国际金融/汪争平编著.—北京：北京科学技术出版社，1990.3.—349页；32开.—ISBN 7-5304-0658-2：4.50元

国际金融/赵国杰，洪振东编著.—北京：中国卓越出版公司，1990.2.—294页；大32开.—（中国现代经济管理丛书）.—北京经济函授大学选定教科书.ISBN 7-80071-235-4：3.80元

国际金融/钱荣堃主编.—成都：四川人民出版社，1990.6.—69页；32开.—高等学校财经类专业核心课程教学大纲.—ISBN 7-220-00980-1：0.95元

国际金融大辞典：汉英对照/解景林主编.—哈尔滨：黑龙江人民出版社，1990.1.—652页；32开.ISBN 7-207-00824-4（精装）：18.00元

本书共选收有关金融辞目2200余条，选辞范围以国际金融为主，包括保险业务、国际贸易等方面的一些常用术语。

国际金融手册/中国银行国际金融研究所编.—北京：人民出版社，1990.2.—600页；32开.—ISBN 7-01-000340-8：8.60元

本书按专业内容分为14类，共418个词条。

国际金融导论/李树侠，王忠涛主编.—武汉：湖北人民出版社，1990.4.—335页；大32开.—ISBN 7-

216-00557-0：4.65元

国际金融学/牛岳尊等编著.—南宁：广西人民出版社，1990.3.—326页；32开.—ISBN 7-219-01533-X：4.00元

国际金融学简明教程/彭洪森编著.—北京：中国人民大学出版社，1990.5.—230页；大32开.—ISBN 7-300-00814-3：3.00元

国际金融教程/安仰东，徐平编著.—北京：学术书刊出版社，1990.6.—237页；32开.—ISBN 7-80045-684-6：6.00元

《国际金融基础知识》参考资料与习题/《国际金融基础知识参考资料与习题》编写组编.—北京：中国金融出版社，1990.7.—140页；32开.—中等银行学校辅助教材.—ISBN 7-5049-0571-2：1.90元

F831.2　金融组织与业务

各国金融制度/黄宝奎编著.—厦门：厦门大学出版社，1990.8.—262页；大32开.—ISBN 7-5615-0317-2：1.90元

住房金融/（英）博立特（Boleat，M.）著；朱田顺编译.—北京：改革出版社，1990.10.—131页；32开.—ISBN 7-80072-035-7：2.00元

书名原文：National Housing Finance Systems

本书内容包括住房金融概论，国际住房金融比较、住房金融研究、若干国家特别是发展中国家的经验。

国际金融业务创新/瑞士十国集团中央银行研究小组编著；汪竹松等译.—上海：上海译文出版社，1990.3.—351页；32开.—ISBN 7-5327-0899-3：4.50元

国际金融实务/朱琦，罗叔儒编著.—上海：上海交通大学出版社，1990.8.—310页；32开.—ISBN 7-313-00680-2：3.30元

国际金融实务/谢成德编著.—北京：中国金融出版社，1990.12.—417页；大32开.—ISBN 7-5049-0629-8：7.55元

国际金融实务/（日）泽木敬郎，石黑一宪主编；三井银行国际部著；许少强译.—上海：上海翻译出版公司，1990.12.—221页；32开.—（国际金融丛书）.—ISBN 7-80514-104-5：3.00元

F831.6　国际金融关系

世界银行贷款会计/徐葆根，徐政旦主编.—北京：中国财政经济出版社，1990.6.—362页；32开.—ISBN 7-5005-0828-X：4.95元

主要国家地区投资环境/高锦海，邵望予主编.—北京：中国对外经济贸易出版社，1990.3.—387页；32开.—ISBN 7-80004-131-X：4.50元

发展中国家吸收外国直接投资的经验/世界银行国际金融公司编；陆鼎文等译.—济南：山东人民出版社，1990.9.—212页；大32开.—（外向型经济丛书/季崇威主编）.—ISBN 7-209-00286-3：3.45元

发展中国家的金融/（英）理查德·L.基钦著；周晓寒等译.—哈尔滨：黑龙江人民出版社，1990.7.469页；大32开.—ISBN 7-207-01161-X：7.75元

国际银团贷款实用手册/邹小燕编著.—北京：学术书刊出版社，1990.6.—300页；32开.—ISBN 7-80045-627-7：4.20元

本书主要阐述了国际银团贷款的起源与发展、特性与用途、法律问题及办理程序，并对银团贷款协议的主要条件进行中英文对照分析、讲解。

国际银行概论/陈铿著.—厦门：厦门大学出版社，1990.6.—312页；大32开.—全国高校金融类教材.ISBN 7-5615-0297-4：2.20元

国际筹资方略/张本正等编著.—济南：山东人民出版社，1990.12.—290页；大32开.—ISBN 7-209-00786-5：4.50元

F831.7　国际资金流通

国外证券市场/李世光编著.—北京：中国财政经济出版社，1990.6.—357页；32开.—ISBN 7-5005-0856-5：4.55元

国际金融与外汇管理/甘培根主编.—北京：中国金融出版社，1990.7.—334页；大32开.—人民银行岗位培训系列教材.—ISBN 7-5049-0580-1：6.60元

信用卡走进我们生活/中国工商银行编著.—北京：海洋出版社，1990.12.—46页；32开.—ISBN 7-5027-1291-7：1.00元

跟单信用证：英汉对照/诸葛霖等编著.—北京：中国对外经济贸易出版社，1990.8.—267页；32开.ISBN 7-80004-136-0：4.00元

F832　中国金融、银行

中国金融百科全书/黄达等主编.—北京：经济管理出版社，1990.11.—2册（1438页）；16开.—ISBN 7-80025-313-9（精装）：68.00元

本书收2394个条目，包括货币、信用、金融机构与金融体制、金融市场、国际金融、投资信托租赁、保险、结算、金融会计财务、金融法规13个部分和3个附录。

社会主义的金融工作：献给地方党政干部/汤国彦等著.—昆明：云南民族出版社，1990.6.—400页；32开.—ISBN 7-5367-0289-2：6.00元

金融荟萃：1990：金融系统思想政治工作文集/李殿君主编.—成都：四川人民出版社，1990.12.—444页；大32开.—ISBN 7-220-01177-6：6.00元

本书是精选全国金融系统50多位银行家成长的经历经编辑而成。

F832.1　金融、银行体制

十年金融改革学术观点概况/王志编著.—北京：中国金融出版社，1990.11.—552页；大32开.—ISBN 7-5049-0537-2：7.70元

中国当代金融运行调控论/江其务等著.—郑州：河南人民出版社，1990.11.—354页；大32开.—ISBN 7-215-00909-2（精装）：7.20元

中国农村金融改革和发展/吴强主编.—北京：中国财政经济出版社，1990.12.—278页；大32开.—ISBN 7-5005-1143-4：6.95元

中国金融改革与发展/江其务著.—福州：福建人民出版社，1990.9.—203页；32开.—ISBN 7-811-01120-X：2.40元

农村金融的治理与发展/海鹏飞主编.—南宁：广西人民出版社，1990.4.—501页；32开.—ISBN 7-219-01507-0：6.00元

本书汇集了农村金融研究方面的论文87篇。

改革中的农村金融问题/曹龙骐主编.—北京：中国财政经济出版社，1990.2.—304页；大32开.—ISBN 7-5005-0982-0：4.30元

金融改革新探索/杨经伟等编.—海口：南海出版公司，1990.10.—445页；大32开.—ISBN 7-80570-333-7：6.00元

金融调节与金融改革/詹武主编.—广州：广东高等教育出版社，1990.3.—291页；大32开.—（当代社会主义丛书/王琢主编）.—ISBN 7-5361-0433-2：5.80元

贯彻治理整顿、深化改革方针做好金融工作/洪允成，许树信主编.—北京：中国金融出版社，1990.1.—246页；32开.—ISBN 7-5049-0515-1：3.40元

城市金融问题探索/张德新主编.—哈尔滨：黑龙江人民出版社，1990.5.—317页；大32开.—ISBN 7-207-01534-8：4.40元

F832.2　银行制度与业务

工资转存储蓄初探/黑龙江省工商银行储蓄处编.哈尔滨：黑龙江人民出版社，1990.12.—165页；32开.—ISBN 7-207-01756-1：2.90元

宏观金融实验/林圣渊主编.—海口：南海出版公司，1990.12.—513页；大32开.—ISBN 7-80570-440-6：6.00元

金融租赁理论与实务/刘锡良，况勋泽主编.—成都：西南财经大学出版社，1990.12.—398页；32开.—国家教委优秀青年教师基金会"七五"研究课题.—ISBN 7-81017-278-6：2.43元

F832.3　银行、金融组织

中国金融机构名录　上册/李建国，王林元主编.大连：大连理工大学出版社，1990.12.—286页；16开.—ISBN 7-5611-0349-2：7.90元

交通银行及其它金融机构业务管理/王家福主编.哈尔滨：黑龙江人民出版社，1990.12.—583页；32开.—（金融业务管理丛书）.—ISBN 7-207-01735：6.65元

F832.31　中国人民银行

中央银行与货币政策/张亦春等编著.—厦门：厦门大学出版社，1990.7.—397页；大32开.—全国高校金融类教材.—ISBN 7-5615-0286-9：2.80元

中央银行业务管理教程/常振连，李厚璋主编.—呼和浩特：内蒙古人民出版社，1990.7.—350页；大32开.—ISBN 7-204-01060-4：5.35元

中央银行宏观经济分析/戴根有著.—北京：中国金融出版社，1990.11.—606页；大32开.—ISBN 7-5049-0623-9：12.85元

中央银行信贷资金宏观管理/中国人民银行资金管理司编著.—兰州：甘肃人民出版社，1990.9.—377页；大32开.—ISBN 7-226-00682-0：6.50元

中国人民银行会计/刘永春等主编.—大连：大连出版社，1990.9.—359页；32开.—（现代金融基础知识丛书）.—ISBN 7-80555-230-4：5.10元

客户与中国银行交往指南/王文彔等主编.—天津：天津社会科学院出版社，1990.10.—329页；大32开.ISBN 7-80563-074-7：4.75元

F832.33　专业银行

工商银行会计理论与实践：优秀论文选/杨国椿等编辑.—西安：陕西人民出版社，1990.1.—474页；32开.—ISBN 7-224-01162-2：5.65元

中国工商银行外汇业务会计实务/续静修等编著.大连：大连出版社，1990.8.—334页；大32开.—ISBN 7-80555-271-1：5.20元

怎样与工商银行打交道/邢德林，郭钢主编.—天津：天津人民出版社，1990.3.—389页；32开.—ISBN 7-201-00497-2：4.50元

中国农业银行业务管理/范瑾主编.—哈尔滨：黑龙江人民出版社，1990.7.—519页；32开.—（金融业务管理丛书）.—ISBN 7-207-01455-4：5.80元

中国农业银行会计习题集/中国农业银行教育部编.大连：东北财经大学出版社，1990.11.—166页；32开.—ISBN 7-81005-321-3：1.80元

中国农业银行会计教学参考、习题答案/中国农业

银行教育部编.—大连：东北财经大学出版社，1990.12.—462页；32开.—ISBN 7-81005-316-7：4.50元

中国农业银行供销合作社贷款管理办法/商业部财会物价司，中国农业银行商业信贷部编.—北京：中国商业出版社，1990.10.—137页；32开.—ISBN 7-5044-0781-X：1.80元

农业银行会计/《农业银行会计》编写组编.—北京：中国金融出版社，1990.11.—530页；32开.—中等银行学校试用教材.—ISBN 7-5049-0341-8：3.20元

农业银行会计业务指导/刘水彬，王振安主编.—长春：吉林大学出版社，1990.4.—486页；32开.—ISBN 7-5601-0478-9：5.95元

农业银行会计学/熊范五，何所宜主编.—昆明：云南科技出版社，1990.4.—374页；32开.—ISBN 7-5416-0274-4：4.50元

农业银行实用财会手册/王翰章主编.—天津：南开大学出版社，1990.11.—377页；大32开.—ISBN 7-310-00373-X：4.95元

农业银行经营管理/王世英等编著.—北京：中国金融出版社，1990.4.—258页；32开.—ISBN 7-5049-0538-0：3.00元

农业银行经营管理学/王景师，杨菜荣主编.—长春：吉林人民出版社，1990.5.—431页；大32开.ISBN 7-206-00759-7：5.60元

农业银行信用社财务会计实用手册/陈金箱主编.南昌：江西人民出版社，1990.6.—461页；32开.ISBN 7-210-00848-9：5.50元

农业银行职业道德/刘景有，李若兰主编.—长春：吉林人民出版社，1990.6.—214页；32开.—ISBN 7-206-00769-4：2.70元

农业银行基层工作论谈/刘玉洪，刘树军著.—长春：长春出版社，1990.5.—180页；32开.—ISBN 7-80573-213-2：3.00元

中国人民建设银行业务管理/尹佛根主编.—哈尔滨：黑龙江人民出版社，1990.7.—586页；32开.（金融业务管理丛书）.—ISBN 7-207-01456-2：5.95元

中国人民建设银行财务管理/陈维中，鲁可贵主编.北京：中国财政经济出版社，1990.11.—312页；32页.—ISBN 7-5005-1270-2：4.00元

我与建行：中华人民共和国成立40周年，中国人民建设银行成立35周年征文选辑.—北京：中国财政经济出版社，1990.3.—226页；32开.—ISBN 7-5005-1004-7：3.20元

实用建设银行财会管理/贾永言，岳向东主编.—海口：南海出版公司，1990.10.—393页；32开.—ISBN 7-80570-322-1：4.40元

建设银行会计与管理/王隆昌等编著.—上海：复旦大学出版社，1990.9.—582页；大32开.—ISBN 7-309-00590-2：8.00元

建设银行会计核算图解/佟国顺编绘.—大连：大连理工大学出版社，1990.1.—217页；16开.—ISBN 7-5611-0258-5：5.60元

建设银行财务管理/周淳主编.—长沙：湖南科学技术出版社，1990.1.—246页；32开.—ISBN 7-5357-0731-9：3.15元

建设银行信贷计划管理工作手册/张挚，李永刚主编.—北京：中国财政经济出版社，1990.10.—223页；32开.—ISBN 7-5005-1167-1：3.40元

建设银行信贷员业务手册/孟君编著.—沈阳：辽宁人民出版社，1990.2.—486页；32开.—ISBN 7-205-01201-5：6.10元

建设银行储蓄业务与管理/郭雄武主编.—长沙：湖南科学技术出版社，1990.3.—316页；32开.—ISBN 7-5357-0755-6：3.80元

建设银行管理学/庄俊鸿主编.—北京：中国财政经济出版社，1990.7.—424页；大32开.—ISBN 7-5005-1061-6：6.20元

F832.35　农村金融组织

中国农村合作金融概论/方庆，尤行超主编.—武汉：湖北人民出版社，1990.6.—296页；大32开，ISBN 7-216-00579-1：4.05元

农村金融系列专业技术职务晋级指南/中国农业银行杭州市分行编写组编.—杭州：浙江大学出版社，1990.9.—220页；32开.—ISBN 7-308-00587-9：3.00元

农村信用站实用指南/罗盛增编著.—北京：中国经济出版社，1990.10.—227页；32开.—ISBN 7-5017-1004-X：3.90元

农村信用站经营管理/周诗华，巴伦一编著.—北京：中国经济出版社，1990.10.—252页；大32开.ISBN 7-5017-0957-2：3.80元

改革探索展望/杨柱才，郑文宣主编.—南宁：广西人民出版社，1990.8.—320页；32开.—ISBN 7-219-01649-2：3.60元

本书选编有关广西农村信用社改革的文章72篇。

F832.4　信贷

农业信贷实用手册/孙涛，杨帆主编.—哈尔滨：黑龙江人民出版社，1990.11.—280页；32开.—ISBN 7-207-01743-X：4.50元

农业信贷管理规范指南/李凤岐主编.—长春：长春出版社，1990.12.—283页；16开.—ISBN 7-80573-369-4：6.50元

农村工商信贷/李松岭等主编.—郑州：河南人民出

版社，1990.10.—217页；32开.—ISBN 7-215-01195-X：3.20元

农村贷款项目评估与决策/黄贵民，王长太编著.长春：吉林人民出版社，1990.1.—407页；大32开.ISBN 7-206-00682-5：5.00元

进出口信贷/崔荫等主编.—北京：中国金融出版社，1990.2.—308页；32开.—中等银行学校试用教材.—ISBN 7-5049-0507-0：2.00元

信贷资金组织与运用/罗宇主编；广西农村金融学会编.—南宁：广西人民出版社，1990.9.—320页；32开.—ISBN 7-219-01670-0：5.00元

F832.48 投 资

1990中国投资报告/国家计划委员会投资研究所，国家统计局投资统计司编.—北京：中国计划出版社，1990.10.—297页；16开.—ISBN 7-80058-155-1：8.00元

中国投资经济/王加春著.—北京：科学普及出版社，1990.12.—237页；32开.—ISBN 7-110-01689-7：4.00元

外商投资实务/樊成玮编著.—广州：中山大学出版社，1990.9.—245页；大32开.—ISBN 7-306-00327-5：4.90元

外商投资项目的经济效益评估/王洛林主编.—厦门：厦门大学出版社，1990.4.—318页；32开.—ISBN 7-5615-0282-6：4.50元

投资体制改革探索/刘溶沧著.—重庆：重庆出版社，1990.7.—166页；32开.—(中国改革研究丛书/童大林主编).—ISBN 7-5366-1296-6：2.00元

投资实用手册：汉英对照/交通银行上海分行编.上海：上海文化出版社，1990.12.—237页；32开.ISBN 7-80511-424-2：10.00元

投资战略与投资决策/张仲启等著.—西宁：青海人民出版社，1990.6.—211页；大32开.—ISBN 7-225-00346-1：2.10元

投资信用改革新探/李永城，张亦春主编.—厦门：厦门大学出版社，1990.8.—286页；大32开.—ISBN 7-5615-0319-9：2.95元

F832.5 金融市场

我国金融市场与投资/张亦春等著.—北京：中国社会科学出版社，1990.11.—274页；32开.—ISBN 7-5004-0706-8：3.80元

证券投资与管理/陈金元编著.—北京：中国财政经济出版社，1990.2.—168页；32开.—ISBN 7-5005-0895-6：2.97元

改革中的金融市场/王立勋等编著.—太原：山西经济出版社，1990.11.—220页；32开.—ISBN 7-80577-068-9：3.30元

债券的发行与转让/金颖，李燕平编著.—北京：中国金融出版社，1990.3.—337页；32开.—(金融实务与技术丛书/金建栋主编).—ISBN 7-5049-0521-6：3.70元

深圳股市/王健，禹国刚著.—深圳：海天出版社，1990.12.—225页；大32开.—ISBN 7-80542-290-7：8.00元

深圳股市100题/崔岩编写.—深圳：海天出版社，1990.11.—126页；32开.—ISBN 7-80542-296-6：2.80元

F832.6 汇兑、对外金融关系

中国外汇管理实务/张本正主编.—济南：山东人民出版社，1990.11.—406页；大32开.—ISBN 7-209-00743-1：5.35元

外汇管理实务/常镇江等主编.—北京：中国财政经济出版社，1990.6.—236页；大32开.—ISBN 7-5005-1110-0：3.95元

外汇管理指南/彭洪辉主编.—广州：广东科技出版社，1990.9.—253页；32开.—ISBN 7-5359-0706-7：3.80元

企业涉外金融实务/徐延春等编著.—济南：山东人民出版社，1990.8.—360页；大32开.—ISBN 7-209-00460-2：5.15元

非贸易外汇管理百问百答/温祟真，洪志华编写.北京：中国金融出版社，1990.7.—162页；32开.ISBN 7-5049-0548-8：2.25元

本书就有关开立外汇帐户、因公出国团（组）申请批汇、用汇，以及个人外汇收入、个人外汇留存、旅行支票使用等问题均以问答形式做了解释。

涉外金融实务指南/刘金章等主编.—沈阳：辽宁人民出版社，1990.8.—968页；32开.—ISBN 7-205-01289-9：11.95元

本书共分四大部分。第一部分为实务问答；第二部分为名词解释；第三部分为政策选编；第四部分为附录。

F832.7 地方金融事业

上海郊区投资手册/周文玄主编.—上海：上海文化出版社，1990.2.—255页；16开.—ISBN 7-80571-337-8：16.45元

广东金融体制改革研究/张元元主编.—广州：广东高等教育出版社，1990.11.—211页；大32开.—ISBN 7-5361-0315-8：3.80元

广西固定资产投资四十年：1950～1989/广西壮族自治区计划委员会，广西壮族自治区统计局编.—南宁：广西人民出版社，1990.6.—702页；16开.—ISBN 7-219-01604-2（精装）：30.00元

内蒙古投资指南：1989：英汉对照/《内蒙古投资指南》编委会编.—呼和浩特：内蒙古人民出版社，〔1990〕.—583页；16开.—ISBN 7-204-00820-0

（精装）

河南农村金融光辉十年：1979～1989/曹永天主编.—郑州：河南人民出版社，1990.7.—513页；大32开.—ISBN 7-215-01047-3：7.45元

香港金融概论/李若生著.—增订本.—广州：广东人民出版社，1990.12.—340页；32开.—（今日香港丛书）.—ISBN 7-218-00073-8：4.10元

特区金融论：海南金融发展与对策/辛荣耀著.—海口：南海出版公司，1990.11.—219页；32开.—ISBN 7-80570-293-4：4.80元

鞍山金融年鉴：1989/《鞍山金融年鉴》编辑部，鞍山市金融志办公室编辑.—沈阳：东北工学院出版社，1990.1.—393页：彩照；16开.—ISBN 7-81006-227-1（精装）

F832.9　金融史、银行史

中国历代金融文献选注/杨兴发主编.—成都：西南财经大学出版社，1990.6.—458页；32开.—ISBN 7-81017-222-1：4.90元

在金融史园地里漫步/洪葭管著.—北京：中国金融出版社，1990.3.—393页；大32开.—ISBN 7-5049-0504-6：5.60元

近代中国金融业管理/中国人民银行总行金融研究所金融历史研究室编.—北京：人民出版社，1990.1.472页；大32开.—ISBN 7-01-000585-0：7.80元

简明中国金融史/卜祥瑞，卜祥信主编；薛茂等编写.—长春：吉林大学出版社，1990.9.—219页；32开.—ISBN 7-5601-0597-1：3.15元

上海商业储蓄银行史料/中国人民银行上海市分行金融研究所编.—上海：上海人民出版社，1990.6.886页；大32开.—ISBN 7-208-00718-7（精装）：16.40元

云南建行志/程愚主编.—昆明：云南人民出版社，1990.8.—282页；大32开.—ISBN 7-222-00680-X（精装）：8.25元

延吉金融志/姜延福编纂.—长春：东北师范大学出版社，1990.9.—380页；16开.—ISBN 7-5602-0459-7（精装）：50.00元

牡丹江市金融志：1928～1985/李殿生主编.—牡丹江：黑龙江朝鲜民族出版社，1990.1.—424页；16开.—ISBN 7-5389-0224-4（精装）：16.80元

库伦旗金融志/阿拉坦忠主编.—呼和浩特：内蒙古人民出版社，1990.10.—196页；16开.—ISBN 7-202-01244-5：16.50元

柳州金融志/柳州金融志编纂委员会编.—南宁：广西人民出版社，1990.9.—289页：彩照；16开.—ISBN 7-219-01671-9（精装）：9.50元

F833/837　各国金融、银行

日本现代财政学/（日）井手文雄著；陈秉良译.北京：中国财政经济出版社，1990.7.—374页；大32开.—ISBN 7-5005-0661-9：5.65元

加拿大金融制度/钱荣堃，马君潞著.—北京：中国金融出版社，1990.6.—321页；大32开.—（资本主义国家金融制度丛书；1）.—“七五”期间国家重点科研项目.—ISBN 7-5049-0711-1：5.90元

利率·市场与新的金融世界/（美）亨利·考夫曼著；李青原译.—北京：中国金融出版社，1990.12.185页；大32开.—ISBN 7-5049-0558-5：3.25元

书名原文：Intermon Rates, The Markets and The New Fiancial World

本书对二次大战后，特别是对七、八十年代以来美国金融业的变化，进行了描述和分析，还对本世纪末美国金融状况进行了预测。

欧洲货币市场：国际金融知识/陈凤书等著.—上海：上海社会科学院出版社，1990.10.—150页；32开.—ISBN 7-80515-600-X：2.50元

美国花旗银行在华史料/中国人民银行金融研究所编.—北京：中国金融出版社，1990.4.—766页；大32开.—ISBN 7-5049-0432-5：13.50元

盘谷之路：泰国盘谷银行四十五年/陆平阳，吴绪彬著.—北京：中国国际广播出版社，1990.10.—208页；大32开.—ISBN 7-80035-619-1（精装）：20.00元

本书介绍了泰国最大的商业银行盘谷银行的创办人陈弼臣先生创业的成功经验和盘谷银行的发展历史。

德意志联邦银行：联邦德国的中央银行制度及货币政策/郑德力译.—北京：中国金融出版社，1990.3.212页；32开.—（国际金融百科丛书）.—ISBN 7-5049-0519-4：2.45元

书名原文：Die Deutsche Bundesbank

F84　保　险

保险与保险法/关浣非编著.—长春：吉林人民出版社，1990.6.—348页；32开.—ISBN 7-206-00778-3：3.80元

保险指南/冯茂升主编.—北京：中国商业出版社，1990.11.—146页；32开.—ISBN 7-5044-0769-0：2.50元

F840　保险理论

再保险理论和实务学习指导书/周庆瑞编.—北京：中国金融出版社，1990.1.—159页；32开.—电大保险专业试用教材.—ISBN 7-5049-0445-7：1.00元

社会保险问题研究/李本立主编.—郑州：河南人民出版社，1990.12.—312页；32开.—ISBN 7-215-01327-8：4.50元

社会保险和职工福利概论/李怀康，刘雄主编.—北京：北京经济学院出版社，1990.10.—208页；大32开.—（劳动人事专业系列丛书）.—ISBN 7-5638-0149-9：3.00元

保险心理学/公丕澍，王光锋编著.—北京：中国城市经济社会出版社，1990.2.—202页；32开.—ISBN 7-5074-0294-0：3.80元

保险知识三百题/赵猛主编.—延吉：延边大学出版社，1990.12.—276页；32开.—ISBN 7-5634-0260-8：4.50元

保险知识题例选/周云鹏编著.—西安：陕西科学技术出版社，1990.2.—364页；32开.—ISBN 7-5369-0622-6：4.20元

保险经济学/（英）戴康（Diacon，S.R.）著；张正德，姚建平译.—北京：新时代出版社，1990.1.228页；32开.—（当代保险译丛）.—ISBN 7-5042-0105-7：3.50元

书名原文：Economics

保险基础知识/韩守论编.—北京：高等教育出版社，1990.9.—180页；32开.—中等职业技术学校试用教材.—ISBN 7-04-003029-2：1.10元

F840.3/.4　保险管理和业务

保险计划管理理论与实践/曹树增主编.—呼和浩特：内蒙古人民出版社，1990.5.—315页；大32开.ISBN 7-204-00889-8：4.50元

保险代理手册/池元杰，任保中编.—沈阳：辽宁人民出版社，1990.7.—168页；32开.—ISBN 7-205-01482-4：2.20元

保险会计学/《保险会计学》编写组编著.—北京：中国金融出版社，1990.2.—274页；大32开.—高等财经院校教材.—ISBN 7-5049-0527-5：2.20元

保险费计算的理论与应用/许仁忠著.—成都：西南财经大学出版社，1990.4.—170页；32开.—ISBN 7-81017-186-0：2.20元

F840.6　各种类型保险

人身保险经济学/陈朝先著.—北京：中国金融出版社，1990.2.—338页；大32开.—ISBN 7-5049-0675-1：4.80元

人身意外伤害保险/魏迎宁编著.—北京：中国金融出版社，1990.9.—245页；32开.—ISBN 7-5049-0574-7：4.30元

中国农业保险探索：中南六省、区农业保险理论研究论文集/《中国农业保险探索》编委会编.—广州：暨南大学出版社，1990.2.—276页；大32开.—ISBN 7-81029-023-1：4.75元

对外贸易运输与保险/沈耀泉等编著.—深圳：海天出版社，1990.2.—397页；32开.—ISBN 7-80542-265-6：4.28元

机动车辆保险百问百答/李世献，朱文编著.—北京：中国金融出版社，1990.6.—110页；32开.—ISBN 7-5049-0542-9：2.00元

企业与保险/邢东霖主编.—长春：吉林大学出版社，1990.12.—280页；32开.—（企业法人丛书/李振华主编）.—ISBN 7-5601-0711-7：4.30元

企业财产保险百问百答/李世献，朱文编著.—北京：中国金融出版社，1990.6.—103页；32开.—ISBN 7-5049-0541-0：1.60元

劳动保险问答/刘廷新主编.—北京：科学技术文献出版社，1990.11.—302页；32开.—ISBN 7-5023-1348-6：4.90元

劳动保险待遇手册：1600条问答/李开东等编.—西安：陕西人民出版社，1990.11.—605页；大32开.ISBN 7-224-01576-8（精装）：9.80元

汽车保险与理赔/蒋黔生编著.—北京：科学出版社，1990.12.—372页；32开.—ISBN 7-03-002307-2：5.20元

灾害后的保险补偿/赵庆祥主编.—哈尔滨：黑龙江科学技术出版社，1990.6.—264页；32开.—ISBN 7-5388-1167-2：3.00元

国际运输保险/魏华林编著.—武汉：武汉大学出版社，1990.11.—519页；32开.—ISBN 7-307-00484-4：2.95元

待业保险问题/赵建臣等编著.—长春：吉林大学出版社，1990.12.—245页；32开.—ISBN 7-5601-0709-5：3.30元

航空保险承保/（英）杰维斯（Jervis，B.G.）著；张维平等译.—北京：新时代出版社，1990.8.—220页；32开.—（当代保险译丛）.—ISBN 7-5042-0120-0：3.50元

书名原文：B0ok Produetion Consultonts

航空保险理赔/（英）杰维斯（Jervis，B.G.）著；王小兵译.—北京：新时代出版社，1990.3.136页；32开.—（当代保险译丛）.—ISBN 7-5042-0114-6：2.00元

书名原文：Aviati0n Claims

F842　中国保险事业

中国保险业的发展/“保险业发展研究”课题组编.北京：中国金融出版社，1990.12.—232页；大32开.—ISBN 7-5049-0630-1：6.30元

抚顺市保险志/刘万吉编.—沈阳：辽宁人民出版社，1990.4.—256页；大32开.—ISBN 7-205-01401-8（精装）：7.50元

河北省保险志/《河北省保险志》编纂委员会编.石家庄：河北科学技术出版社，1990.10.—465页；大32开.—ISBN 7-5375-0517-9：7.70元

前进中的湖北保险事业：1980～1988/中国人民保险公司湖北省分公司编.—武汉：湖北人民出版社，1990.1.—643页；32开.—ISBN 7-216-00525-2(精装)：15.00元

崛起与保险：1989年湖北省保险发展战略研讨会文集/湖北省保险公司，湖北省保险学会编.—武汉：武汉大学出版社，1990.4.—348页；大32开.—ISBN 7-307-00722-3：3.50元

G 文化、科学、教育、体育

文化的传递与嬗变：中国文化与教育/丁钢主编.—上海：上海教育出版社，1990.11.—290页；大32开.（中国文化与教育研究丛书）.—ISBN 7-5320-1724-9：3.95元

文化娱乐与文化修养词典/于中行等主编.—上海：复旦大学出版社，1990.7.—666页；32开.—ISBN 7-309-00432-9（精装）：17.80元

本书共收词目4000余条。分上、下两编：上编为"文化娱乐与文化生活"；下编为"文学艺术与文化修养"。

文秘宣传编辑教学常用资料手册/洪期钧主编；湖南省地方志编纂委员会编.—长沙：湖南出版社，1990.11.—1211页；32开.—ISBN 7-5438-0032-2（精装）：15.50元

文娱活动大全/中国青年出版社编.—北京：中国青年出版社，1990.12.—2册（1515页）；32开.—（青年文化娱乐丛书）.—ISBN 7-5006-0510-2：18.60元

本书分别介绍了音乐、舞蹈、小戏剧、曲艺、游戏活动、棋类、桥牌、图书馆等方面的有关知识和活动方法。

世界文化词典/蒋广学，朱剑主编.—长沙：湖南出版社，1990.12.—1350页；32开.—ISBN 7-5438-0033-0（精装）：18.80元

G0 文化理论

中日比较文化论集/北京大学日本文化研究所编.—长春：吉林教育出版社，1990.7.—314页；大32开.—ISBN 7-5383-1070-3：4.90元

文化：人类的镜子：西方文化理论导引/傅铿编著.—上海：上海人民出版社，1990.5.—362页；大32开.—（文化新视野丛书）.—ISBN 7-208-00573-7：6.55元

文化工作新论集/湖南文艺出版社编.—长沙：湖南文艺出版社，1990.3.—373页；大32开.—ISBN 7-5404-0517-1：5.50元

文化分析/（美）沃斯诺尔（Wuthnow，R.）等著；李卫民，闻则思译.—上海：上海人民出版社，1990.5.—310页；大32开.—（文化新视野丛书）.—ISBN 7-208-00379-3：5.70元

书名原文：Cultural Analysis

文化学概论/郭齐勇著.—武汉：湖北人民出版社，1990.2.—358页；大32开.—ISBN 7-216-00532-5：4.70元

文化类同与文化利用：世界文化总体对话中的中国形象/（美）史景迁（Spence，J.）著；廖世奇，彭小樵译.—北京：北京大学出版社，1990.2.—173页；大32开.—（北京大学比较文学研究丛书）.—ISBN 7-301-00943-7：2.90元

文坛百论/高占祥著.—北京：文化艺术出版社，1990.5.—330页：彩照；大32开.—（文化管理丛书/高占祥主编）.—ISBN 7-5039-0632-4：5.30元

穴居文化/陈伟著.—上海：文汇出版社，1990.5.—188页；32开.—ISBN 7-80531-112-9：2.50元

当代西方文化思潮评介/何善昌主编.—北京：蓝天出版社，1990.10.—186页；大32开.—空军飞行人员思想政治教育系列教材.—ISBN 7-80081-140-9：3.54元

话说民间文化/钟敬文著.—北京：人民日报出版社，1990.2.—166页；32开.—（百家丛书）.—ISBN 7-80002-093-2：2.20元

超越文化/（美）霍尔（Hall，E.T.）著；韩海深译.—重庆：重庆出版社，1990.5.—303页；32开.—（外国文化研究丛书）.—ISBN 7-5366-1148-X：3.90元

书名原文：Beyond Culture

G02 文化哲学

文化价值哲学 （一）：文化价值论：关于文化建构价值意识的学说/司马云杰著.—济南：山东人民出版社，1990.10.—313页；大32开.—ISBN 7-209-00650-8（精装）：6.60元

本书主要是从正面讲文化建构价值意识的基本原理。

文化价值哲学 （二）：文化悖论：关于文化价值悖谬的认识论研究/司马云杰著.—济南：山东人民出版社，1990.4.—328页；大32开.—ISBN 7-209-00618-4（精装）：6.70元

文化的历程 第一卷/韩民青著.—南宁：广西人民出版社，1990.7.—463页；大32开.—ISBN 7-219-01523-2：6.00元

文化的历程 第二卷/韩民青著.—南宁：广西人民出版社，1990.9.—440页；大32开.—ISBN 7-219-01586-0：6.50元

文化的历程 第三卷/韩民青著.—南宁：广西人民出版社，1990.11.—426页；大32开.—ISBN 7-219-01653-0：6.50元

文化哲学/朱谦之著.—北京：商务印书馆，1990.9.—245页；大32开.—ISBN 7-100-00505-1：3.00元

文化哲学/许苏民著.—上海：上海人民出版社，1990.0.—317页；大32开.—ISBN 7-208-00746-2：5.10元

G03　文化的民族性

民族与文化/赵光远主编.—南宁：广西人民出版社，1990.2.—603页；大32开.—ISBN 7-219-01478-3：7.90元

封面题为：民族与文化：中国传统文化诸形态

本书上篇着重从文化诸形态方面对民族文化在宏观上进行把握，展现中国传统文化的全貌；下篇则从点或面的方面透视民族文化的诸特点，展现民族文化发展的矛盾和冲突。

民族文化虚无主义评析/龚书铎等编.—北京：中国人民大学出版社，1990.9.—205页；大32开.—ISBN 7-300-00956-5：3.20元

本书共收集10篇文章，从各个方面论述了传统文化与民族虚无主义，其中有正确对待传统文化和西方文化、传统文化与现代化的契合、关于文化研究中反思的反思等文章。

犹太——充满"悖论"的文化/顾晓鸣著.—杭州：浙江人民出版社，1990.3.—299页；大32开.—（世界文化丛书/周谷城，田汝康主编）.—ISBN 7-213-00367-7：3.85元

本书对犹太民族的发生、犹太文化的形成、犹太文化在宗教信仰、礼代禁忌、生活样式、思想方式、文学艺术、教育等方面的表现及犹太人的现实生活，作了分析与综合。

G04　传统文化与现代文化

中国传统文化漫谈/郑师渠著.—北京：北京师范大学出版社，1990.6.—217页；32开.—（爱国主义教育丛书/龚书铎主编）.—ISBN 7-303-00971-X：2.50元

本书从宏观的角度，漫论中国传统文化的形成特点、精神、特质及其向外传播等一系列重大的问题，简明地勾勒了源远流长的中国文化发展的轮廓与特色。

中国传统政治文化的现代思考/朱日耀等著.—长春：吉林大学出版社，1990.10.—250页；大32开.ISBN 7-5601-0647-1：1.95元

生命之树与知识之树：中西文化专题比较/高旭东编著.—石家庄：河北人民出版社，1990.8.—239页；大32开.—（中外比较文化丛书/乐黛云主编）.ISBN 7-202-00429-1：4.45元

传统文化的综合与创新/中华孔子学会编辑委员会编.—北京：教育科学出版社，1990.3.—389页；32开.—ISBN 7-5041-0325-X：5.00元

本书收《论传统文化结构与儒学精神》、《论孔子的智育思想》、《荀子非儒家辨》等20余篇文章。

时代与思潮　（3）：中西文化交汇/上海中西哲学与文化交流研究中心编.—上海：学林出版社，1990.6.—262页；大32开.—ISBN 7-80510-526-X：4.05元

沈从文与东西方文化/赵学勇著.—兰州：兰州大学出版社，1990.6.—226页；大32开.—ISBN 7-311-00322-9：1.75元

G1　世界各国文化事业概况

中外文化的交流/沈福伟著.—上海：上海教育出版社，1990.2.—324页；32开.—（中学生文库）—ISBN 7-5320-1613-7：2.65元

当代中外文化交流史料　第一辑/滕云主编.—北京：文化艺术出版社，1990.12.—609页：照片；大32开.—（新文化史料丛书）.—ISBN 7-5039-0729-0：9.00元

G12　中国文化

中国文化　（1）/中国艺术研究院《中国文化》编辑部编.—北京：三联书店，1990.5.—206页；16开.ISBN 7-108-00110-1：11.00元

中国文化与文化论争/张岱年，程宜山著.—北京：中国人民大学出版社，1990.7.—406页；32开.（传统文化与现代文化丛书）.—ISBN 7-300-00804-6：5.30元

本书全面评述了中国文化的基本特点，对中国文化的基本精神、核心思想、结构模式、历史成就、缺陷与不足，以及几百年来的文化论争都进行了精到的研究。

中国文化传统对话/张岱年，姜广辉撰稿；王丹彦改编.—北京：中国广播电视出版社，1990.2.—165页；32开.—ISBN 7-5043-0278-3：2.45元

中国文化象征词典/（美）爱伯哈德（Eberhard，W.）著；陈建宪译.—长沙：湖南文艺出版社，1990.6.—370页；大32开.—ISBN 7-5404-0547-3（精装）：10.00元

本书原名为《中国符号词典—隐藏在中国人生活与思想中的象征》，书中收罗了400多个词目，涉及动物、植物、数字、颜色、方位、日常用语、习俗信仰和神话传说形象等等。作者把它们作为中国文化中常用的象征符号而予以解说。

中国饮食史论/赵荣光著.—哈尔滨：黑龙江科学技术出版社，1990.3.—403页；32开.—ISBN 7-5388-1044-7：6.80元

中国系统思维：文化基因透视/刘长林著.—北京：中国社会科学出版社，1990.7.—607页；大32开.ISBN 7-5004-0551-0：10.00元

本书是研究传统文化的一本力作，书中探讨了传统文化并剖析传统文化基因，及系统思维的本质等。

邓小平文化思想研究/戴诗炜主编.—北京：国防大学出版社，1990.1.—293页；32开.—（邓小平的思想研究丛书/钱抵千主编）.—ISBN 7-5626-0154-2：3.50元

对中国传统文化反思的反思/焦国成著.—上海：上海人民出版社，1990.3.—172页；32开.—(学习与思考丛书/罗国杰主编).—ISBN 7-208-00728-4：2.00元

论瑶族传统文化/赵廷光著.—昆明：云南民族出版社，1990.12.—243页；32开.—ISBN 7-5367-0429-1：4.65元

黄色文明：中国文化的功能与模式/张铭远著.—上海：上海文艺出版社，1990.3.—260页；大32开.(中国民俗文化研究丛书).—ISBN 7-5321-0378-1(精装)：7.35元

儒、佛、道与传统文化：文史知识86/10、87/5、88/6合刊/《文史知识》编辑部编.—北京：中华书局，1990.3.—1册(382页)；大32开.—ISBN 7-101-00690-6：7.35元

天津文化概况/刘泽华主编.—天津：天津社会科学院出版社，1990.4.—470页；大32开.—ISBN 7-80563-029-1：6.90元

实践与回顾：北京市文教科卫事业改革经验汇编/北京市财政局文教处编.—北京：北京科学技术出版社，1990.4.—140页；32开.—ISBN 7-5304-0654-X：4.80元

陕西文化发展研究论文集/吕作诚，舒明义主编.西安：三秦出版社，1990.4.—272页；32开.—(新时期陕西文化艺术丛书).—ISBN 7-80546-202-X：3.10元

荆楚文化金三角发展模式/湖北省群众文化学会编；杨奋生主编.—武汉：湖北教育出版社，1990.7.163页；32开.—ISBN 7-5351-0533-6：3.00元

彩色的脚印/李民兴主编.—济南：山东文艺出版社，1990.10.—128页；大32开.—ISBN 7-5329-0533-0：2.95元

本书介绍了山东省淄博市张店区群众文化40年的发展情况。

深圳特区文化初探/深圳市文委主编.—深圳：海天出版社，1990.12.—288页；大32开.—ISBN 7-80542-203-6：4.80元

文化事业/太行革命根据地史总编委会编.—太原：山西人民出版社，1990.1.—706页；大32开.—(太行革命根据地史料丛书；8).—ISBN 7-203-01209-3：13.00元

抗战时期西南的文化事业/中国人民政治协商会议西南地区文史资料协作会议编.—成都：成都出版社，1990.12.—475页；大32开.—(抗战时期的大西南丛书).—ISBN 7-80575-140-4：6.50元

G13/17 各国文化

西方的智慧：伟大书籍中的伟大观念/(美)阿德勒著；周勋男译.—长春：吉林文史出版社，1990.6.236页；大32开.—(历史反思丛书).—ISBN 7-80528-193-9：3.80元

英国简明文化词典/杨志达主编.—昆明：云南教育出版社，1990.12.—696页；36开.—ISBN 7-5415-0365-7：8.20元

绅士道与武士道：日英比较文化论/(英)丽月塔(Leggett，T.P.)著；王晓霞等译.—杭州：浙江人民出版社，1990.3.—239页；大32开.—(世界文化丛书/周谷城,田汝康主编).—ISBN 7-213-00438-7：3.40元

美国文化的经济基础/(美)克拉夫(Clough，S.B.)，(美)马伯格(Marburg，T.F.)著；仲子，叶苍译.—北京：三联书店，1989.5.—393页；32开.—(美国文化丛书).—ISBN 7-108-00314-7(精装)：15.90元

书名原文：The Economic Basis of American Ctvili Zation

美国的公司化：镀金时代的文化与社会/(美)特拉登堡(Trachtenbeng，A.)著；邵重，金莉译.北京：中国对外翻译出版公司，1990.6.—239页；32开.—(美国研究丛书/潘绍中主编).—ISBN 7-5001-0094-9：2.65元

菊与刀：日本文化的类型/(美)本尼迪克特(Benedict，R.)著；吕万和等译.—北京：商务印书馆，1990.6.—218页；大32开.—ISBN 7-100-00116-1：2.60元

书名原文：The Chrysanthemum and She Sword

77把钥匙：开启日本文化的奥秘/(日)梅棹忠夫编；彭前旭，李名宏译.—上海：上海文化出版社，1990.7.—233页；32开.—ISBN 7-80511-367-X：3.25元

G2 信息与知识传播

信息世界奇观/张正育，张正齐编著.—武汉：湖北少年儿童出版社，1990.11.—281页；32开.—(少年科学瞭望台丛书).—ISBN 7-5353-0766-3：2.40元

信息技术发展政策/国家科学技术委员会编.—北京：科学技术文献出版社，1990.10.—242页；16开.(中国科学技术蓝皮书；第4号).—ISBN 7-5023-1300-1(精装)：15.50元

本书公开发布了我国关于信息技术发展政策要点以及计算机技术、微电子技术、软件技术和传感器技术4部分政策要

点，同时还收入了有关软科学研究的主要报告摘要。

信息的海洋/冯秋明编著.—成都：四川教育出版社，〔1990〕.—160页；大32开.—(面向现代化丛书；第3辑).—ISBN 7-5408-1146-3：2.15元

G20　信息与传播理论

人类交流与传播/周晓明编著.—上海：上海文艺出版社，1990.3.—400页；32开.—ISBN 7-5321-0515-6：4.35元

宣传艺术与技巧/任健雄，查克林主编.—成都：西南交通大学出版社，1990.12.—268页；32开.—ISBN 7-81022-210-4：3.05元

G201　信息理论

信息文化导论：IT会带来什么/卢太宏著.—长春：吉林教育出版社，1990.6.—393页；32开.(科技教育与社会进步丛书/杨沛霆主编).—ISBN 7-5383-1056-8(精装)：5.40元

信息科学论纲/周安伯等编著.—南京：江苏教育出版社，1990.9.—340页；32开.—ISBN 7-5343-1117-9：3.10元

信息理论与实践/赵锡德，吴元贞编著.—北京：中国商业出版社，1990.8.—645页；大32开.—ISBN 7-5044-0662-7：8.70元

信息管理导论/王荣泰主编.—上海：上海人民出版社，1990.8.—254页；32开.—ISBN 7-208-00993-7：3.95元

G206　传播理论(传学)

大众传播学/钟文，余明阳著.—长沙：湖南文艺出版社，1990.8.—416页；32开.—(当代公共关系学丛书/钟文，熊源伟主编).—ISBN 7-5404-0550-3：4.95元

大众传播学/徐耀魁著.—沈阳：辽宁教育出版社，1990.12.—298页；大32开.—ISBN 7-5382-1356-2：3.10元

大众传播学诸论/(美)德弗勒(Defleur，L.M.)，鲍尔-洛基奇(Ball-Rokeach，S.)著；杜力平译.—北京：新华出版社，1990.9.—394页；大32开.—ISBN 7-5011-0754-8(精装)：8.80元

大众传播媒介与社会发展/(美)施拉姆(Schramm，W.)著；金燕宁等译.—北京：华夏出版社，1990.7.—273页；大32开.—(二十世纪文库).ISBN 7-80053-577-0：5.50元

书名原文：Mass Media and National Development

传播手段基础/卢仁声等编写.—成都：四川人民出版社，1990.6.—305页；32开.—(宣传学小丛书/宋锡仁主编).—ISBN 7-220-00931-3：3.10元

本书共分绪论、语言宣传技巧、传播技术与操作、直观宣传设施等4编。

传播学：以人为主体的图象世界之谜/沙莲香主编.—北京：中国人民大学出版社，1990.2.—334页；大32开.—ISBN 7-300-00805-4：4.20元

传播学原理/范东生，张雅宾著.—北京：北京出版社，1990.8.—440页；32开.—ISBN 7-200-01225-4：4.70元

宣传工作的理论与实践/中共湖南省委宣传部调查研究室编.—长沙：湖南师范大学出版社，1990.10.214页；32开.—ISBN 7-81031-043-7：2.85元

普通宣传学/王家春著.—开封：河南大学出版社，1990.4.—190页；32开.—ISBN 7-81018-473-3：2.25元

G21　新闻学、新闻事业

新闻知识通俗讲座/张赫玲，田忠祚著.—北京：新华出版社，1990.10.—215页；32开.—ISBN 7-5011-0825-0：2.75元

新闻函授一年/解放军报社新闻函授中心编.—沈阳：白山出版社，1990.5.—351页；32开.—ISBN 7-80566-114-6：4.00元

G210　新闻学

心理学与新闻/段心强著.—北京：北京广播学院出版社，1990.11.—268页；大32开.—(中国青年记者通讯员自学丛书).—ISBN 7-81004-198-3：3.95元

头条新闻捕捉/郑海宁著.—北京：北京出版社，1990.5.—305页；32开.—ISBN 7-200-00853-2：4.05元

本书收入作者近几年采写的几十篇头条新闻和若干篇评论，包括独家新闻、新问题重要新闻以及各种专题系列新闻等六个部分。

关于社会主义新闻观的思考/李世同著.—贵阳：贵州教育出版社，1990.11.—103页；36开.—ISBN 7-80583-110-6：2.00元

社会主义新闻学导论/卢惠民著.—北京：中国广播电视出版社，1990.12.—324页；大32开.—ISBN 7-5043-0807-2：5.70元

现代应用新闻学/何光先主编.—北京：新华出版社，1990.12.—2册(862页)；大32开.—ISBN 7-5011-0910-9：11.80元

新闻工作文献选编/新华社新闻研究所编.—北京：新华出版社，1990.8.—332页；大32开.—ISBN 7-5011-0750-5：4.85元

新闻工作论文集/张锡林主编.—沈阳：辽宁人民出

版社，1990.9.—417页；大32开.—ISBN 7-205-01591-X：6.70元

新闻广播谈艺录/丁文奎著.—北京：中国广播电视出版社，1990.1.—294页；32开.—ISBN 7-5043-0274-0：3.95元

新闻业入门/（美）蒂尔（Teel，L.），（美）泰勒（Taylor，R.）著；赵岑译.—沈阳：辽宁人民出版社，1990.1.—325页；大32开.—ISBN 7-205-01107-8：5.50元

书名原文：Into the Newsroom

新闻自由与新闻真实/傅西路，沈迎选著.—上海：上海人民出版社，1990.3.—168页；32开.—（学习与思考丛书/罗国杰主编）.—ISBN 7-208-00726-8：2.00元

新闻论文选集/孙国桐主编.—大连：大连出版社，1990.4.—246页；大32开.—ISBN 7-80555-329-7：3.60元

新闻论文集/黄传敏主编.—沈阳：辽宁人民出版社，1990.12.—152页；大32开.—ISBN 7-205-01696-7：2.40元

新闻实践与理论探求/李光照著.—郑州：河南人民出版社，1990.10.—395页；大32开.—ISBN 7-215-01154-2：6.50元

新闻学论集/欧阳宏生著.—成都：四川人民出版社，1990.2.—274页；32开.—ISBN 7-220-00905-4：3.45元

新闻学论集　第十四辑/中国人民大学新闻系《新闻学论集》编辑组编.—北京：中国人民大学出版社，1990.1.—202页；大32开.—ISBN 7-300-00706-6：2.55元

新闻学导论/郑保卫著.—北京：新华出版社，1990.12.—263页；大32开.—ISBN 7-5011-0870-6：4.05元

新闻学要略/俞彩智编著.—哈尔滨：黑龙江人民出版社，1990.12.—321页；32开.—ISBN 7-207-01764-2：5.90元

新闻学教程/杨思迅著.—哈尔滨：黑龙江教育出版社，1990.12.—192页；大32开.—ISBN 7-5316-1240-2：3.20元

新闻笔谈/杨殿寿主编.—沈阳：辽宁人民出版社，1990.4.—258页；32开.—ISBN 7-205-01415-8：3.20元

G212　新闻采访和报道

千秋业：天津采访录/建设报社编.—北京：中国建筑工业出版社，1990.11.—76页；32开.—ISBN 7-112-01177-9：1.80元

不要这样写：对百篇新闻写法的商榷/郑兴东，陈仁风主编.—北京：中国人民大学出版社，1990.5.—258页；大32开.—ISBN 7-300-00760-0：3.30元

中外新闻采写借鉴集成/荣进等编.—杭州：浙江教育出版社，1990.7.—839页；大32开.—ISBN 7-5338-0673-5：8.00元

本书收入了近年来中外新闻采访写作中涌现的新观念、新知识、新方法和新经验。

中国新闻评论名篇选析/顾勇华，陈杰编著.—南京：河海大学出版社，1990.6.—411页；大32开.ISBN 7-5630-0206-5：4.75元

记者采访技巧与写作：续集/刘燮阳著.—牡丹江：黑龙江朝鲜民族出版社，1990.5.—299页；大32开.ISBN 7-5389-0274-0：3.80元

优秀统计新闻评析/钟蓝编著.—北京：中国统计出版社，1990.8.—270页；32开.—ISBN 7-5037-0438-1：3.20元

好新闻选析/孙国桐主编.—大连：大连出版社，1990.4.—402页；大32开.—ISBN 7-80555-330-3：5.20元

本书收集了自1930年以来《大连日报》、《大连晚报》、市、省、全国好新闻获奖作品115篇（组），其中全国好新闻6篇，省好新闻23篇；好消息39篇，通讯47篇，言论14篇，连续报道、系列报道、组合报道15组，这些作品从不同侧面记录了大连市10年改革开放的前进足迹，也反映了新闻自身改革的进程。

李尚志新闻艺术风格论/白庆祥著.—哈尔滨：黑龙江人民出版社，1990.6.—195页；32开.—ISBN 7-207-01607-7：2.90元

没有新闻的角落/梁衡著.—太原：书海出版社，1990.7.—321页；32开.—ISBN 7-80550-114-9：5.30元

社会新闻探求/林添泉编著.—北京：中国广播电视出版社，1990.11.—170页；32开.—ISBN 7-5043-0795-5：2.95元

现代新闻写作/康文久，向前编著.—北京：新华出版社，1990.7.—379页；32开.—PR专业教材之三.ISBN 7-5011-0847-1：4.60元

采访与写作/张德宝著.—上海：上海人民出版社，1990.12.—171页；32开.—ISBN 7-208-01007-2：2.10元

实用新闻写作/盛沛林著.—西安：陕西人民出版社，1990.9.—256页；32开.—ISBN 7-224-01341-2：3.40元

怎样敲开编辑部的大门/汪泾洋著.—北京：海潮出版社，1990.5.—115页；大32开.—ISBN 7-80054-101-0：2.30元

获奖广播作品选析/吴正倩，杨旭主编.—北京：中国广播电视出版社，1990.9.—399页；32开.—ISBN 7-5043-0636-9：4.00元

本书遴选了1982年以来南通市广播系统的67篇获奖作品。

通讯员新闻写作/陶艳芬等著.—哈尔滨：黑龙江人

民出版社，1990.12.—341页；32开.—ISBN 7-207-01778-2：4.90元

新闻专访/朱正元等著.—徐州：中国矿业大学出版社，1990.3.—382页；大32开.—ISBN 7-81021-372-5：4.50元

新闻业务论文选/王溪畔主编.—济南：济南出版社，1990.7.—247页；32开.—ISBN 7-80572-245-5：3.00元

新闻写作/刘耀辉著.—成都：四川人民出版社，1990.1.—256页；32开.—ISBN 7-220-00828-7：2.75元

新闻写作及实践/徐明寿编著.—北京：教育科学出版社，1990.—160页；32开.—（中外文化书林·写作入门丛书）.—ISBN 7-5041-0509-0：2.20元

新闻写作创新与技巧/刘炳文，张骏德著.—上海：上海人民出版社，1990.12.—218页；32开.—ISBN 7-208-01090-0：3.00元

新闻写作论/岳同著.—西安：陕西人民教育出版社，1990.7.—310页；大32开.—ISBN 7-5419-1063-5：4.45元

新闻写作阶梯：献给全国农村通讯员/张骏德，石镇国编著.—上海：上海翻译出版公司，1990.6.235页；32开.—ISBN 7-80514-605-5：2.80元

新闻采访与写作/崔素兰著.—青岛：青岛海洋大学出版社，1990.10.—246页；32开.—ISBN 7-81026-018-9：2.95元

新闻采访与写作：兼论对外传播/王崧著.—北京：光明日报出版社，1990.11.—375页；32开.—ISBN 7-80014-807-6：5.00元

新闻采访漫谈/李景亮，杨全玲著.—北京：新华出版社，1990.4.—152页；32开.—（新闻入门丛书）.ISBN 7-5011-0600-2：1.60元

新闻语言学与写作/蒙南生著.—南宁：广西人民出版社，1990.11.—328页；32开.—ISBN 7-219-01764-2：3.55元

新闻起步/蒋安著.—石家庄：花山文艺出版社，1990.12.—213页；32开.—ISBN 7-80505-350-2：3.00元

酿蜜集：兼谈人口新闻采写/孙念久著.—北京：中国人口出版社，1990.12.—365页；大32开.—ISBN 7-80079-053-3：5.50元

漫谈经济报道/张新辰著.—北京：新华出版社，1990.4.—115页；32开.—（新闻入门丛书）.—ISBN 7-5011-0601-0：1.20元

G213　编辑工作

办报晚谈/黄应寿主编；《办报晚谈》编审组编.兰州：甘肃人民出版社，1990.6.—277页；大32开.ISBN 7-226-00661-8：3.00元

报坛拾穗：报纸编辑经验集/包龙巨，杜巨宽著.石家庄：河北人民出版社，1990.12.—175页；32开.ISBN 7-202-00922-6：2.35元

G214　新闻工作者

记者成才之道/杨启著.—大连：大连出版社，1990.2.—282页；32开.—ISBN 7-80555-063-8：3.50元

记者的探索与实践/骞国政著.—西安：西北大学出版社，1990.9.—280页；32开.—ISBN 7-5604-0203-8：3.50元

记者素质与成名/姚文华著.—北京：新华出版社，1990.10.—216页；32开.—ISBN 7-5011-0744-0：2.80元

报纸读者来信的理论与实践/郭永忠著.—北京：光明日报出版社，1990.4.—182页；32开.—ISBN 7-80014-818-1：2.90元

近代中国名记者/夏林根主编.—福州：福建人民出版社，1990.8.—447页；大32开.—（新闻大学丛书）.—ISBN 7-211-01130-0：5.95元

通讯员与通联工作/冉隆安主编.—北京：中国卓越出版公司，1990.7.—348页；大32开.—ISBN 7-80071-362-8：4.35元

新闻生涯四十年/程予著.—北京：新华出版社，1990.2.—125页；32开.—ISBN 7-5011-0532-4：1.35元

新闻记者知与行/王跃中等编著.—哈尔滨：黑龙江人民出版社，1990.10.—207页；32开.—ISBN 7-207-01785-5：3.50元

G216　各类型报纸

企业报概论/金其超著.—兰州：兰州大学出版社，1990.5.—288页；32开.—ISBN 7-311-00318-0：3.00元

产业报论文集/首都产业报研究会编.—北京：中国工人出版社，1990.12.—294页；32开.—ISBN 7-5008-0830-5：6.00元

画报论集/人民画报社编.—北京：中国画报出版公司，1990.6.—334页；大32开.—ISBN 7-80024-067-3：4.50元

怎样办好地市报纸：全国地市报纸总编辑论文大赛获奖论文汇编/于清潍等主编.—兰州：兰州大学出版社，1990.4.—522页；大32开.—ISBN 7-311-00300-8：5.86元

怎样办好县报/包国忱著.—沈阳：辽宁民族出版社，1990.12.—86页；32开.—ISBN 7-80527-165-8：1.80元

耕耘与收获：无锡县报业务论文获奖作品选/荣国英等著.—南京：江苏人民出版社，1990.6.—259页；32开.—ISBN 7-214-00466-6：3.70元

高校学报学/陈正夫主编.—北京：北京工业大学出版社，1990.12.—340页；32开.—（江西高校学报研究会系列丛书；1）.—ISBN 7-5639-0092-6：5.00元

晚报学概论/罗贤梁著.—海口：南海出版公司，1990.11.—230页；32开.—ISBN 7-80570-444-9：2.95元

G219　世界各国新闻事业

G219.2　中国新闻事业

汉英中国报刊新词语2000条/刘士勤等编著.—北京：现代出版社，1990.10.—618页；48开.—ISBN 7-80028-108-6：6.50元

新闻研究资料　总第四十九辑/中国社会科学院新闻研究所《新闻研究资料》编辑部编.—北京：中国社会科学出版社，1990.3.—220页；32开.—ISBN 7-5004-0761-0：2.20元

新闻研究资料　总第五十辑/中国社会科学院新闻研究所《新闻研究资料》编辑部编辑.—北京：中国社会科学出版社，1990.7.—220页；32开.—ISBN 7-5004-0861-7：2.20元

新闻研究资料　总第五十一辑/中国社会科学院新闻研究所《新闻研究资料》编辑部编.—北京：中国社会科学出版社，1990.11.—220页；32开.—ISBN 7-5004-0895-1：2.20元

新闻研究资料　总第五十二辑/中国社会科学院新闻研究所《新闻研究资料》编辑部编.—北京：中国社会科学出版社，1990.12.—220页；32开.—ISBN 7-5004-0955-9：2.20元

G219.20　方针政策及其阐述

邓小平宣传思想研究/刘建明著.—沈阳：辽宁人民出版社，1990.10.—368页；大32开.—（邓小平生平、思想研究丛书/金羽主编）.—ISBN 7-205-01484-0：6.20元

论党的新闻工作/人民日报海外版编.—北京：人民日报出版社，1990.7.—166页；32开.—ISBN 7-80002-146-7：1.85元

坚持新闻工作的党性原则/马振乾主编.—长春：长春出版社，1990.11.—122页；32开.—ISBN 7-80573-361-9：2.20元

新时期党的新闻工作/张丁华主编.—呼和浩特：内蒙古人民出版社，1990.2.—315页；32开.—ISBN 7-204-00928-2：3.80元

G219.25　专业报社

《人民代表报》创刊两周年纪念：1988.10～1990.10/张宋标主编.—太原：山西人民出版社，1990.11.—1册；大16开.—ISBN 7-203-01802-4：50.00元

《当代工人》十年：1980～1990/赵洪顺主编.—沈阳：辽宁人民出版社，1990.6.—208页；12开.（当代工人十年丛书）.—ISBN 7-205-01369-0：22.00元

我在人民日报四十年/李庄著.—北京：人民日报出版社，1990.1.—205页；大32开.—ISBN 7-80002-070-3：2.60元

G219.27　地方新闻事业

山东省新闻出版工作论文集/中共山东省委宣传部编.—济南：山东人民出版社，1990.10.—324页；大32开.—ISBN 7-209-00692-3：4.45元

山东省新闻出版企事业单位便览/姜永璞主编.—济南：山东人民出版社，1990.2.—213页；16开.—ISBN 7-209-00766-X：12.50元

台湾新闻事业概观/方积粮等编著.—北京：新华出版社，1990.5.—179页；32开.—ISBN 7-5011-0616-9：1.85元

新疆新闻弄纪事：1910～1989/兰凌编.—乌鲁木齐：新疆摄影艺术出版社，1990.11.—282页；32开.—ISBN 7-80547-031-6：3.50元

G219.29　新闻事业史

中国近现代妇女报刊通览/田景昆，郑晓燕编.—北京：海洋出版社，1990.12.—295页；32开.—ISBN 7-5027-1259-3：5.00元

中国明代新闻传播史/尹韻公著.—重庆：重庆出版社，1990.8.—284页；大32开.—ISBN 7-5366-1291-5（精装）：5.90元

中国新闻业历史纲要/吴廷俊著.—武汉：华中理工大学出版社，1990.8.—311页；32开.—ISBN 7-5609-0502-1：1.84元

北京妇女报刊考：1905～1949/姜纬堂，刘宁元主编；北京市妇女联合会编.—北京：光明日报出版社，1990.9.—814页；大32开.—ISBN 7-80014-660-X：11.05元

沧州报刊史料：1924～1990.6/李继光编.—石家庄：河北人民出版社，1990.12.—157页；大32开.（河北出版史志资料专辑）.—ISBN 7-202-00860-2：2.70元

G219.3/.7　各国新闻事业

三代报王：《华盛顿邮报》风情录/（美）凯利（Kelly，T.）著；郑国强等译.—上海：上海翻译出版公司，1990.7.—298页；32开.—（上海译报丛书）.—ISBN 7-80514-476-1：3.70元

书名原文：The Imperial Post

G22　广播、电视事业

广播界：论丛　第二辑/上海广播学研究委员会编.—北京：中国广播电视出版社，1990.4.—200页；大32开.—ISBN 7-5304-0376-3：3.00元

广播界：论丛　第四辑/上海广播学研究委员会编.—北京：中国广播电视出版社，1990.12.—195页；大32开.—ISBN 7-5043-0683-5：3.40元

英汉广播、电影、电视技术辞典/马维佳等编译.天津：天津科技翻译出版公司，1990.3.—332页；32开.—ISBN 7-5433-0085-0：8.00元

G220　广播、电视工作理论

广播电视纵横谈/张晶轩著.—武汉：湖北人民出版社，1990.10.—210页；大32开.—ISBN 7-216-00651-8：4.00元

广播电视学术论文选/钱海骅，李崇尧主编.—北京：中国广播电视出版社，1990.6.—547页；大32开.—ISBN 7-5043-0552-9：7.00元

广播电视学研究/邓生才主编.—南宁：广西教育出版社，1990.6.—315页；大32开.—（广西广播电视丛书/邓生才主编）.—ISBN 7-5435-1024-3：4.00元

中国广播电视学/阎玉主编.—北京：中国广播电视出版社，1990.9.—790页；大32开.—ISBN 7-5043-0292-9：10.80元

电视文化学/田本相著.—北京：文化艺术出版社，1990.5.—233页；大32开.—（电视文化丛书）.ISBN 7-5039-0460-7：3.70元

电视论文选/新疆电视台编.—乌鲁木齐：新疆大学出版社，1990.8.—188页；32开.—ISBN 7-5631-0154-3：3.00元

电视你我他/中国电视报社编.—北京：新华出版社，1990.6.—210页；32开.—ISBN 7-5011-0746-7：2.95元

电视新闻学/黄匡宇著.—上海：华东师范大学出版社，1990.3.—342页；大32开.—ISBN 7-5617-0561-1：3.50元

电视新闻学论集/杨伟光著.—太原：书海出版社，1990.8.—288页；32开.—ISBN 7-80550-117-3：2.35元

电视新闻学概论/王永利著.—北京：北京广播学院出版社，1990.1.—312页；32开.—ISBN 7-81004-189-4：4.50元

奋蹄集：关于广播影视的若干思考/何光著.—北京：中国广播电视出版社，1990.12.—320页；32开.—ISBN 7-5043-0602-9：4.60元

实用电视传播学/吴信训著.—成都：四川人民出版社，1990.4.—490页；32开.—ISBN 7-220-00998-4：5.50元

荧屏思维/广西电视台编.—南宁：广西人民出版社，1990.9.—252页；32开.—（广西广播电视丛书/邓生才主编）.—ISBN 7-219-01669-7：2.85元

屏幕探析/张明志著.—济南：山东文艺出版社，1990.6.—267页；32开.—ISBN 7-5329-0436-9：3.90元

本书选收了作者有关电视新闻方面的文章20余篇。

G221　组织与管理

广播电视决策研究文集　第一辑/广播电影电视部政策研究室编.—北京：北京广播学院出版社，〔1990〕.—591页；大32开.—ISBN 7-81004-192-4：7.00元

电视广告论文集/龚学平主编.—上海：上海人民出版社，1990.10.—275页；32开.—（广播电视研究丛书）.—ISBN 7-208-01059-5：4.35元

G222　编辑、写作和播送业务

广播电视语言分析/谭细心编著.—北京：中国物资出版社，1990.10.—155页；32开.—（大众实用语文丛书/王国璋主编）.—ISBN 7-5047-0200-5：3.00元

广播电视新闻教程/辛锂主编.—南宁：广西教育出版社，1990.12.—381页；32开.—ISBN 7-5435-1103-7：3.85元

电视节目大世界/朱景和著.—北京：北京体育学院出版社，1990.3.—208页；32开.—ISBN 7-81003-300-X：3.20元

电视节目制作手册/许作民等编著.—北京：中国广播电视出版社，1990.3.—445页；16开.—ISBN 7-5043-0269-4：13.00元

电视新闻采编技巧/傅桃生编著.—武汉：湖北人民出版社，1990.1.—303页；32开.—ISBN 7-216-00526-0：3.80元

论播音艺术/张颂，乔实著.—北京：北京广播学院出版社，1990.5.—256页；大32开.—ISBN 7-81004-224-6：4.35元

声苑撷英：江西八十年优秀广播作品选评/刘德提，史世海著.—北京：中国广播电视出版社，1990.12.—271页；32开.—ISBN 7-5043-1000-X：3.20元

时代的明星：漫谈电视节目主持人/徐德仁，施天权著.—上海：复旦大学出版社，1990.12.—135页：照片；32开.—（电视业务系列丛书）.—ISBN 7-309-00528-7：2.50元

荧屏杂谈/赵群著.—北京：中国广播电视出版社，1990.6.—223页；32开.—ISBN 7-5043-0391-7：3.20元

屏前点评录　第一集/田亨九，陈炳衡主编.—北京：中国广播电视出版社，1990.1.—165页；32开.ISBN 7-5043-0280-5：2.20元

播音创作基础/张颂著.—北京：北京广播学院出版社，1990.3.—159页；32开.—（中国播音学丛书）.—ISBN 7-81004-181-9：2.80元

G229　世界各国广播、电视事业

世界电视大观/中央电视台电视学会等编.—北京：中国广播电视出版社，1990.2.—262页；32开.ISBN 7-5043-0281-3：3.90元

外国广播电视事业史简编/苑子熙编著.—北京：新华出版社，1990.2.—283页；32开.—ISBN 7-5011-0531-6：2.90元

G229.2　中国广播、电视事业

中国人民广播回忆录　第三集/北京广播学院新闻系编选.—北京：中国广播电视出版社，1990.8.423页；32开.—ISBN 7-5043-0396-8：5.70元

中国广播电视年鉴：1990/《中国广播电视年鉴》编辑委员会编.—北京：北京广播学院出版社，1990.12.—655页：照片；16开.—ISBN 7-81004-222-X（精装）：27.00元

民族广播文集：纪念中央台民族广播创办四十周年/中央人民广播电台民族部编.—北京：民族出版社，1990.5.—330页；大32开.—ISBN 7-105-01082-7：2.95元

我与电视/洪民生著.—北京：中国国际广播出版社，1990.9.—281页；大32开.—ISBN 7-80035-557-8：4.30元

本书作者现任中央电视台副台长兼总编辑。本书集纳了他近10年的工作体验和见解。

国际广播论文集/中国国际广播电台研究室编.—北京：中国国际广播出版社，1990.10.—642页；大32开.—ISBN 7-80035-693-0：8.00元

追忆：中央电视台1983～1989春节联欢晚会/洪民生主编.—北京：中国国际广播出版社，1990.4.359页；大32开.—ISBN 7-80035-428-8：6.50元

G229.27　地方广播、电视事业

内蒙古广播四十年：1950～1990/内蒙古人民广播电台编.—呼和浩特：内蒙古人民出版社，1990.8.426页：照片；大32开.—ISBN 7-204-01200-3：8.00元

江西广播电视年鉴：1989/《江西广播电视年鉴》编辑委员会编纂.—北京：中国广播电视出版社，1990.8.—192页：彩照；16开.—ISBN 7-5043-0456-5（精装）：16.00元

荧屏耕耘录：湖北电视台建台30周年纪念文选/《荧屏耕耘录》编辑组编.—武汉：华中理工大学出版社，1990.11.—317页；大32开.—ISBN 7-5609-0542-0：4.50元

晨钟：长沙人民广播电台重建十周年作品选集/李云锦主编.—长沙：湖南出版社，1990.12.—481页；大32开.—ISBN 7-5438-0043-8：6.60元

湖南电视台20年：1970～1990：〔画册〕/宋竹初主编.—长沙：湖南美术出版社，1990.10.—196页；12开.—ISBN 7-5356-0405-6（精装）

G23　出版事业

图书出版业务基本知识/王鼎吉编著.—北京：中国社会出版社，1990.9.—148页；32开.—ISBN 7-80088-093-1：2.20元

图书报纸期刊编印发业务辞典/杨岗，栾建民主编.—北京：中国经济出版社，1990.2.—674页；32开.—ISBN 7-5017-0249-7（精装）：16.00元

本书包括了图书报纸期刊的编辑、采访、设计、出版、印刷、发行、财务等方面的基本内容。

简明出版百科词典/（日）布川，角左卫门主编；申非，祖秉和译.—北京：中国书籍出版社，1990.4.—595页；大32开.—ISBN 7-5068-0030-6（精装）：12.30元；（平装）：9.80元

简明英汉编辑出版词典/汪之成编.—上海：上海外语教育出版社，1990.6.—636页；32开.—ISBN 7-81009-388-6（精装）：15.00元

本词典内容包括编辑、装帧设计、排版、校对、制版、印刷、装订、发行和版权等方面常用词语2万余条。

G230　出版工作理论

出版科学研究：论文专辑　第一辑/潘国华主编.哈尔滨：黑龙江人民出版社，1990.2.—256页；大32开.—ISBN 7-207-01398-1：3.00元

出版科学探索　第二辑/朱悦主编.—长沙：湖南教育出版社，1990.2.—308页；大32开.—ISBN 7-5355-1057-4（精装）：6.00元

出版探索录/袁亮著.—长春：吉林人民出版社，1990.1.—255页；32开.—ISBN 7-206-00436-9：2.95元

西北地区大学出版社第二届研讨会文选/西北地区大学出版社协会编.—西安：西北大学出版社，1990.10.—328页；大32开.—ISBN 7-5604-0212-7：5.80元

江苏省出版科研论文集　（五）/江苏省出版工作者协会编.—南京：江苏人民出版社，1990.4.—246页；32开.—ISBN 7-214-00411-9：2.30元

江苏省出版科研论文集　（六）/江苏省出版工作者协会编.—南京：江苏人民出版社，1990.4.—504页；32开.—ISBN 7-214-00412-7：4.30元

G232　编辑工作

八十五次喜与忧：一个编辑的思考/（苏）伏尤科娃（Вьюкова，Т.Б.）著；屈洪，宁宝双译.—北京：中国书籍出版社，1990.3.—248页；大32开.—ISBN 7-5068-0033-0：3.80元

古籍整理与研究　第五期/全国高等院校古籍整理研究工作委员会主办；《古籍整理与研究》编辑部编.—北京：中华书局，1990.10.—295页；16开.—ISBN 7-101-00645-0：8.95元

写稿·投稿·出版：编辑答著译者问/杨效杰主编.—兰州：兰州大学出版社，1990.3.—296页；大32开.—ISBN 7-311-00284-2：3.90元

寻觅与审视/戴文葆著.—北京：中国华侨出版公司，1990.10.—650页；大32开.—ISBN 7-80074-120-6：11.30元

社会科学期刊编辑学/李学昆主编.—南昌：江西人民出版社，1990.5.—202页；32开.—ISBN 7-210-00869-1：4.00元

科技写作与科技编辑/李玉兴等编著.—大连：大连理工大学出版社，1990.8.—305页；大32开.—ISBN 7-5611-0313-1：4.75元

科技编辑杂谈/李盈安等编.—北京：原子能出版社，1990.4.—113页；32开.—ISBN 7-5022-0211-0：1.95元

编辑工作基础教程/戴文葆主编.—北京：东方出版社，1990.8.—382页；32开.—ISBN 7-5060-0122-5：5.85元

编辑艺术/杨牧之著.—沈阳：辽宁人民出版社，1990.2.—160页；32开.—ISBN 7-205-01227-9：2.60元

G235　发行工作

图书发行会计学/陈晓，徐春和编著.—哈尔滨：黑龙江教育出版社，1990.7.—307页；大32开.—（图书发行丛书）.—高等院校图书发行专业教材.—ISBN 7-5316-1037-X：4.40元

图书发行经济师手册/周一苇，谢振伟编著.—杭州：浙江大学出版社，1990.7.—430页；32开.—ISBN 7-308-00538-0：4.08元

图书发行探索集/孙效忠主编.—沈阳：辽宁人民出版社，1990.6.—371页；大32开.—ISBN 7-205-01470-0：4.80元

图书营销学/胡典世，练小川编著.—武汉：武汉大学出版社，1990.3.—329页；大32开.—高等学校文科教材.—ISBN 7-307-00559-X：2.20元

图书销售概论/（英）乔伊（Joy，T.）著；李孝枢译.—北京：中国书籍出版社，1990.9.—286页；32开.—（出版知识译丛）.—ISBN 7-5068-0032-2：4.30元

书名原文：The Truth About Bookelling

G236　图书宣传、评介

中国少年儿童出版社图书评论集.—北京：中国少年儿童出版社，1990.1.—516页；大32开.—ISBN 7-5007-0816-5：7.10元

书廊小品/姜德明著.—上海：学林出版社，1990.11.—198页；32开.—ISBN 7-80510-407-7：3.40元

北师大版图书评论：1980～1990/北京师范大学出版社编.—北京：北京师范大学出版社，1990.8.—405页；大32开.—ISBN 7-303-01117-X：5.05元

当代世界畅销书博览/文周编写.—上海：知识出版社，1990.8.—283页；32开.—ISBN 7-5015-5446-3：3.90元

品书集：湖北人民出版社图书评论选：1987～1989/湖北人民出版社编.—武汉：湖北人民出版社，1990.8.—544页：彩照；大32开.—ISBN 7-216-00603-8：7.15元

品书粹集/陕西人民出版社编辑.—西安：陕西人民出版社，1990.12.—899页；大32开.—ISBN 7-224-01416-8（精装）：9.50元

滇版图书评论集/云南人民出版社总编室编.—昆明：云南人民出版社，1990.5.—2册（1000页）；32开.—ISBN 7-222-00613-3：11.05元

影响中国历史的30本书/王余光主编.—武汉：武汉大学出版社，1990.1.—276页；32开.—（珞珈青年丛书：文丛）.—ISBN 7-307-00665-0：3.10元

G239　世界各国出版事业

大学出版的岁月/（日）石井和夫著；许耀明译.—北京：北京大学出版社，1990.8.—226页：照片；大32开.—ISBN 7-301-01208-3：3.50元

海外书林　第二辑/新华书店总店编.—北京：中国书店，1990.9.—369页；大32开.—（图书发行丛书）.—ISBN 7-80568-112-0：4.70元

G239.2　中国出版事业

中国出版年鉴：1988/中国出版工作者协会，中国出版发行科学研究所编.—北京：中国书籍出版社，1989.10.—758页：照片；16开.—ISBN 7-5068-0023-3（精装）：25.00元

中国近代现代出版史学术讨论会文集/中国近代现代出版史编纂组编.—北京：中国书籍出版社，1990.8.—610页；大32开.—ISBN 7-5068-0046-2：7.80元

中国编辑史/姚福申著.—上海：复旦大学出版社，

1990.1.—440页；大32开.—ISBN 7-309-00231-8：3.30元

从类书到百科全书：百科全书文集/姜椿芳著.—北京：中国书籍出版社，1990.12.—149页；大32开.ISBN 7-5068-0042-X：3.00元

书店工作史料　（4）/新华书店总店编.—北京：中国书店，1990.3.—297页；大32开.—ISBN 7-80568-079-5：3.95元

"扫黄"新编：政策·法规·经验·案例/中华人民共和国新闻出版署，中共中央办公厅调研室编.北京：法律出版社，1990.1.—311页；大32开.ISBN 7-5036-0625-8：4.50元

上海出版十年：1978～1988/上海市新闻出版局办公室编.—上海：百家出版社，1990.8.—167页；16开.—ISBN 7-80576-142-6：16.00元

小溪的追求/西南交通大学出版社编.—成都：西南交通大学出版社，1990.10.—99页：照片；32开.ISBN 7-81022-214-7：1.60元

天津出版史料　第二辑/孙五川等主编.—天津：百花文艺出版社，1990.6.—129页：照片；大32开.ISBN 7-5306-0486-4：2.60元

内蒙古出版事业概况/周仲德等编.—海拉尔：内蒙古文化出版社，1990.11.—583页；大32开.—ISBN 7-80506-100-9（精装）：13.50元

北京出版史志资料选辑　第一辑/北京市新闻出版局党史资料征集领导小组编.—北京：北京出版社，1990.12.—97页；大32开.—ISBN 7-200-01205-X：1.90元

北京市新华书店四十历程：1949～1989/《四十历程》编辑组编.—北京：北京科学技术出版社，1990.2.—167页；大32开.—ISBN 7-5304-0679-5：2.90元

战争年代的山东新华书店/王益等著.—济南：山东人民出版社，1990.9.—275页；32开.—ISBN 7-209-00736-9：3.50元

G24　群众文化事业

文化户实用手册/江西省群众文化学会主编.—上海：复旦大学出版社，1989.11.—293页；32开.ISBN 7-309-00370-5：3.80元

文苑撷英：群文十年佳作选/扬州市群众艺术馆编.—南京：南京出版社，1990.5.—288页；32开.ISBN 7-80560-201-8：3.90元

娱乐文化/熊志冲著.—成都：巴蜀书社，1990.4.117页；32开.—ISBN 7-80523-239-3：1.48元

群众文化工作管理简明教程/王仲伟，李海民编著.—上海：上海科学技术文献出版社，1990.9.121页；32开.—ISBN 7-80513-732-3：1.60元

G25　图书馆学、图书馆事业

日汉图书情报工作词汇/纪昭民，徐引篪编.—北京：北京大学出版社，1990.12.—376页；32开.ISBN 7-301-00118-5：5.10元

本书收录图书馆学、情报学有关条目8017条。

日汉图书情报学常用词汇/金凤吉，王进忠主编.北京：书目文献出版社，1990.11.—424页；32开.ISBN 7-5013-0693-1（精装）：10.00元

中国图书情报工作实用大全/武汉大学图书情报学院主编.—北京：科学技术文献出版社，1990.7.—1206页；大32开.—ISBN 7-5023-1250-1（精装）：23.00元

本书共分6篇：文献篇（1、2），管理篇，服务篇，事业篇和人物、组织、机构篇。

文献情报研究：江西省高校图书馆学情报学论文选/彭德经主编.—南昌：江西高校出版社，1990.4.—332页；32开.—ISBN 7-81033-028-4：4.00元

世界图书馆与情报服务百科全书/孙光成主编.—成都：四川民族出版社，1990.12.—518页；16开.ISBN 7-5409-0502-6（精装）：34.50元

图书馆工作手册/上海图书馆主编.—北京：中国国际广播出版社，1990.6.—705页；16开.—ISBN 7-80035-453-9（精装）：29.00元

G250　图书馆学

名人论图书馆/朱立文编.—厦门：厦门大学出版社，1990.6.—151页；32开.—ISBN 7-5615-0298-2：1.90元

本书汇集近百年来我国30多位社会活动家、教育家和科学家有关图书馆的50余篇文章。

图书情报学新学科概要/黄建明编著.—广州：广东高等教育出版社，1990.9.—181页；32开.—ISBN 7-5361-0514-2：2.20元

图书情报管理学概论/王学东编著.—北京：中国商业出版社，1990.12.—458页；32开.—ISBN 7-5044-0811-5：5.50元

图书馆心理学/盛赋霞，陈吉凤编著.—长沙：中南工业大学出版社，1990.11.—278页；32开.—ISBN 7-81020-323-1：2.85元

本书探索图书馆各个年龄阶段的读者心理活动规律，以及针对其特点如何作好图书馆工作。

图书馆改革及展望/铁路高校图书情报协作委员会编.—峨眉山：西南交通大学出版社，1990.2.—136页；16开.—（铁路高校图书情报丛书）.—ISBN 7-81022-153-1：2.75元

本书包括35篇论文，探讨了有关图书馆的改革问题及其发展远景。

著名学者谈利用图书馆/庄焕先主编.—济南：山东大学出版社，1990.9.—304页；大32开.—ISBN 7-5607-0366-6：4.10元

计算机图书情报管理系统/张永宁，高维浦编著.北京：航空工业出版社，1990.7.—205页；32开.ISBN 7-80046-251-X：3.90元

图书馆自动化系统/杨宗英主编；颜莼编.—上海：上海交通大学出版社，1990.6.—243页；16开.ISBN 7-313-00657-8：5.25元

图书馆——微机DEASEⅢ业务教程/宛福成等主编.—北京：机械工业出版社，1990.8.—132页；16开.—ISBN 7-111-02430-3：5.00元

G252　读者工作

西文工具书概论/邵献图等著.—2版（增订本）.北京：北京大学出版社，1990.12.—326页；16开.ISBN 7-301-01269-1：5.40元

本书系统介绍西方国家出版的百科全书、书目索引、词典、传记和地理资料、经济统计、年鉴手册等主要工具书。

好书献给您/湛青主编.—广州：中山大学出版社，1990.7.—276页；32开.—（人生的路标丛书导读）.—ISBN 7-306-00332-1：3.20元

青少年图书情报知识/张建国等编著.—长沙：湖南科学技术出版社，1990.10.—134页；32开.—ISBN 7-5357-0771-8：1.80元

读者心理学/张元璞，厉淑纯著.—北京：学苑出版社，1990.12.—181页；32开.—ISBN 7-5077-0226-X：4.00元

读者学/梁彦斌著.—哈尔滨：黑龙江教育出版社，1990.7.—307页；大32开.—（图书发行丛书）.—ISBN 7-5316-1057-4：4.25元

G253　藏书建设和藏书组织

文献采访理论与实践/刘祯臣主编.—济南：山东大学出版社，1990.5.—315页；32开.—ISBN 7-5607-0347-X：4.80元

藏书建设与情报源/铁路高校图书情报协作委员会编.—峨嵋山：西南交通大学出版社，1990.2.—161页；16开.—（铁路高校图书情报丛书）.—ISBN 7-81022-224-4：3.30元

G254　文献标引与编目

《中国图书馆图书分类法》（第三版）类目复分方法及其疑难解释/俞君立，黄葵编著.—西安：陕西科学技术出版社，1990.6.—264页；32开.—ISBN 7-5369-0747-8：3.50元

本书解释《中图法》第3版通用复分表，专类复分表、类目复分表与冒号组配编号法的使用要点与疑难问题。

文献分类与主题标引/赵燕群执笔.—北京：书目文献出版社，1990.2.—162页；32开.—（图书馆学情报学知识丛书；5/倪波，黄俊贵主编）.—ISBN 7-5013-0773-3：2.10元

文献编目概论/谢宗昭主编.—南京：南京大学出版社，1990.6.—557页；大32开.—ISBN 7-305-00634-3：3.95元

计算机科学技术汉语叙词表/王能琴主编.—北京：清华大学出版社，1990.6.—616页；32开.—ISBN 7-302-00617-2：14.00元

主题检索语言/邱明斤编著.—成都：四川大学出版社，1990.7.—450页；32开.—ISBN 7-5614-0312-7：2.52元

军用主题词表　第一卷：主表·字顺表/《军用主题词表》编制委员会编.—北京：军事科学出版社，1990.12.—1247页；16开.—ISBN 7-80021-305-6（精装）：55.00元

军用主题词表　第二卷：范畴表·附表/《军用主题词表》编制委员会编.—北京：军事科学出版社，1990.12.—522页；16开.—ISBN 7-80021-306-4（精装）：31.00元

军用主题词表　第三卷：汉英—英汉对照索引/《军用主题词表》编制委员会编.—北京：军事科学出版社，1990.12.—510页；16开.—ISBN 7-80021-307-2（精装）：45.50元

《军用主题词表》使用手册/《军用主题词表》编制委员会编.—北京：军事科学出版社，1990.12.223页；大32开.—ISBN 7-80021-308-0：4.00元

图书分类/北京大学图书馆学情报学系《图书分类》编写组编著.—修订本.—北京：书目文献出版社，1990.9.—375页；32开.—高等学校文科教材.ISBN 7-5013-0815-2：4.95元

本书1983年9月第1版。

G255　各种文献工作

报刊管理/赵燕群编著.—北京：书目文献出版社，1990.6.—217页；32开.—中央广播电视大学图书馆学专业用书.—ISBN 7-5013-0799-7：1.65元

报刊管理与利用/白晓文，粟慧编著.—杭州：杭州大学出版社，1990.6.—282页；大32开.—ISBN 7-81035-010-2：3.60元

报刊管理教学指导书/程锦修编.—北京：书目文献出版社，1990.6—55页；32开.—中央广播电视大学图书馆学专业用书.—ISBN 7-5013-0800-4：0.60元

连续出版物工作/吴龙涛，叶奋生编著.—上海：上海科学技术文献出版社，1990.12.—326页；16开.ISBN 7-80513-755-2：9.80元

G256 文献学

历代文献论略/(清)严杏林编.—影印本.—扬州:江苏广陵古籍刻印社,1990.6.—4册;20开.线装:35.00元

本书据光绪排印本影印。

历代刻书考述/李致忠著.—成都:巴蜀书社,1990.4.—408页;图版;大32开.—ISBN 7-80523-251-2:6.70元

中国历史藏书论著读本/徐雁,王燕均主编.—成都:四川大学出版社,1990.7.—751页;大32开.ISBN 7-5614-0246-5:5.10元

本书从古今学者的藏书史论著中,撷取了富有学术性和资料价值的文献汇编而成。

中国书名学概论/张召奎编著.—太原:书海出版社,1990.10.—213页;32开.—(编辑理论丛书).ISBN 7-80550-085-1:3.30元

中国古代的禁书/平夫,黎之编著.—北京:中国青年出版社,1990.12.—112页;32开.—ISBN 7-5006-0693-1:1.45元

中国近代书籍装帧/罗小华编著.—北京:人民美术出版社,1990.10.—200页:书影;32开.—ISBN 7-102-00760-4:4.90元

中国版本目录学书籍解题/(日)长泽规矩也编著;梅宪华,郭宝林译.—北京:书目文献出版社,1990.6.—271页;32开.—ISBN 7-5013-0794-6:4.55元

文献计量学教程/王崇德编著.—天津:南开大学出版社,1990.6.—333页;大32开.—(图书馆学情报学系列教程/来新夏主编).—ISBN 7-310-00192-3:2.85元

本书从文献作者分布、文献分散、词频分布、文献增长、文献老化以及引文分析等方面,论述其数学和统计学规律。

文献学概论/倪波主编;杨晓俊等编写.—南京:江苏教育出版社,1990.11.—405页;大32开.—高等学校文科教材.—ISBN 7-5343-1098-9:4.05元

书的知识手册/汪少林,杭丹编著.—南昌:百花洲文艺出版社,1990.2.—323页;32开.—ISBN 7-80579-013-2:4.50元

书学史/祝嘉著.—影印本.—上海:上海书店,1990.12.—534页;32开.—ISBN 7-80569-307-2:6.50元

本书据教育书店1947年版影印。

书学概论/陈康著.—影印本.—上海:上海书店,1990.12.—293页;32开.—ISBN 7-80569-306-4:3.70元

本书据教育书店1946年版影印。

古文献论丛/张勋燎著.—成都:巴蜀书社,1990.12.—486页;32开.—ISBN 7-80523-149-4:7.38元

古书版本学概论/李致忠著.—北京:书目文献出版社,1990.8.—272页;大32开.—ISBN 7-5013-0810-1:4.95元

汉书艺文志序译注/(汉)班固撰;马晓斌译注.郑州:中州古籍出版社,1990.12.—91页;32开.ISBN 7-5348-0289-X:1.50元

抱经堂文集/(清)卢文弨著;王文锦点校.—北京:中华书局,1990.6.—472页;大32开.—ISBN 7-101-00153-X:8.75元

本书是一部精校古籍的汇刻书。

校雠目录学纂要/蒋伯潜著.—北京:北京大学出版社,1990.5.—181页;大32开.—ISBN 7-301-00265-3:2.55元

简明古籍整理辞典/诸伟奇等编著.—哈尔滨:黑龙江人民出版社,1990.5.—429页;32开.—ISBN 7-207-01343-4(精装):13.50元

本辞典选收古籍版本、目录、校勘及与古籍整理关系密切的文字、音韵、训诂、文学、历史、哲学等方面词目4968条。

简明图书学词典/黄方正编.—北京:知识出版社,1990.9.—307页;32开.—ISBN 7-5015-0389-3(精装):6.50元

本书包括图书的定义、历史、分类、印纸、开本、版式、版本、印刷、装帧、装订、出版、发行等方面的专业词汇。

藏书纪事诗/(清)叶昌炽撰.—影印本.—扬州:江苏广陵古籍刻印社,1990.12.—6册(1函);20开.—线装:88.00元

本书用七言绝句形式记述历代藏书家故事,起北宋讫清末,共1100余人,含藏书、版本、目录、校勘和印刷等方面的史料。

G257 目录学

中医文献学/马继兴著.—上海:上海科学技术出版社,1990.10.—560页;16开.—ISBN 7-5323-0197-4(精装):29.40元

目录学辞典/张治江,王辉主编.—北京:机械工业出版社,1990.8.—1册(223,89页);32开.—ISBN 7-111-02488-5(精装):11.00元

本辞典收录与目录学有关的专业术语、著作、人物、组织、事件、目录、文献、索引等词目。

应用中医文献学/邱纪凤编著.—北京:中医古籍出版社,1990.1.—224页,16开.—ISBN 7-80013-274-9:15.00元

社会科学文献学/郭星寿编著.—武汉:武汉大学出版社,1990.12.—487页;大32开.—高等学校文科教材.—ISBN 7-307-00883-1:3.50元

科技文献概论/(英)格罗根(Grogan, D.)著;彭淮源,徐克敏译.—北京:化学工业出版社,1990.11.—705页;32开.—ISBN 7-5025-0505-9:15.40元

G258　各类型图书馆

大学生学习与图书馆/郑州纺织工学院图书馆等编 郑州：中州古籍出版社，1990.6.—191页；32开.大学图书馆导读教程.—ISBN 7-5348-0371-3：2.50元

大学图书馆使用指南/朱允尧，杨克虎主编.—兰州：兰州大学出版社，1990.7.—220页；32开.ISBN 7-311-00320-2：2.25元

少年儿童图书馆学概论/郑莉莉等著.—长沙：湖南少年儿童出版社，1990.6.—198页；大32开.—ISBN 7-5358-0551-5（精装）：4.00元；（平装）：2.00元

江西省高等学校图书馆馆情汇要/江西省高等学校图书馆情报工作委员会编.—南昌：江西高校出版社，1990.10.—272页；大32开.—ISBN 7-81033-035-7：5.40元

本书记叙了江西46所高等学校图书馆的历史现状，内容包括各图书馆的建馆经过以及机构设置、科学管理、藏书规模、人员构成、用户服务、学术研究等方面的情况。

高校图书馆履行教育职能经验交流会文集/全国高等学校图书情报工作委员会秘书处编.—北京：北京师范大学出版社，1990.12.—219页；大32开.—ISBN 7-303-01054-8：3.35元

G259　世界各国图书馆事业

世界图书馆事业：比较研究/（美）克尔齐斯（K-ryzs，R.），（美）利顿（Litton，G.）著；周俊译.—北京：书目文献出版社，1990.10.—270页；32开.—ISBN 7-5013-0798-9：3.65元

本书探讨了图书馆事业世界研究的理论和总的研究方法，并对世界各地理区域的图书馆事业进行比较研究。

世界图书馆事业资料汇编/文化部图书馆事业管理局科教处编.—北京：书目文献出版社，1990.10.348页；16开.—ISBN 7-5013-0692-3：8.95元

本书收录了有关世界图书馆事业的资料近50篇，内容涉及图书馆国际组织，国外图书馆法规、条例、标准，各国的国立图书馆，以及国际交换、互借和图书馆学教育等方面。

外国图书馆史简编/杨子竞编著.—天津：南开大学出版社，1990.12.—268页；大32开.—（图书馆学情报学系列教程/来新夏主编）.—ISBN 7-310-00364-0：2.20元

中国古代图书事业史/来新夏等著.—上海：上海人民出版社，1990.4.—380页；大32开.—（中国文化史丛书/周谷城主编）.—ISBN 7-208-00745-4（精装）：13.60元；（平装）：9.20元

全国图书情报系统名录大全/《全国图书情报系统名录大全》编辑组编.—北京：经济管理出版社，1990.7.—472页；16开.—ISBN 7-80025-305-3（精装）：18.50元

本书收录全国图书情报机构约1万个。

安徽图书馆改革十年/胡家柱，程世宽主编.—合肥：中国科学技术大学出版社，1990.12.—318页：照片；32开.—ISBN 7-312-00259-4：4.00元

蔡元培李大钊与中国大学图书馆/李树权编著.—长春：吉林大学出版社，1990.3.—154页；32开.ISBN 7-5601-0451-7：1.20元

G26　博物馆学、博物馆事业

上海博物馆集刊　第五期/《上海博物馆集刊》编辑委员会编.—上海：上海古籍出版社，1990.10.—182页；16开.—ISBN 7-5325-0997-4（精装）：8.40元；（平装）：6.20元

中国博物馆学基础/王宏钧主编.—上海：上海古籍出版社，1990.4.—456页：照片；大32开.—文物教材.—ISBN 7-5325-0005-5：5.00元

首都博物馆文集　第5辑/首都博物馆编辑委员会编辑.—北京：北京燕山出版社，1990.10.—170页；16开.—ISBN 7-5402-0297-1：4.00元

展览学概论/中国农业展览协会编.—沈阳：辽宁人民出版社，1990.6.—332页；大32开.—ISBN 7-205-01488-3：5.40元

博物馆学论丛/陕西省博物馆学会，陕西省博物馆编.—西安：陕西人民出版社，1990.8.—292页；16开.—ISBN 7-224-01050-8：6.80元

博物馆基础理论与实用技术/荆三林，李元河主编.—开封：河南大学出版社，1990.2.—475页；32开.—ISBN 7-81018-431-8：4.60元

G27　档案学、档案事业

曾三档案工作文集/国家档案局编.—北京：档案出版社，1990.7.—466页；大32开.—ISBN 7-80019-238-5（精装）：9.50元

本书收入曾三同志自1951年11月至1986年12月有关文书、档案工作的讲话、报告、文章、书信等共71篇。

G270　档案学

九种档案参考资料编写法/李国庆著.—郑州：河南人民出版社，1990.9.—73页；32开.—ISBN 7-215-01065-4：1.15元

全国第三次档案学术讨论会论文选辑/中国档案学会编.—北京：档案出版社，1990.3.—295页；16开.ISBN 7-80019-221-0：7.50元

档案文献编纂学/曹喜琛主编.—北京：中国人民大学出版社，1990.4.—495页；大32开.—高等学校文科教材.—ISBN 7-300-00683-3：5.45元

档案学论丛　第三集/四川大学档案学系编.—成

都：四川大学出版社，1990.7.—253页；32开.—ISBN 7-5614-0314-3：2.80元

档案馆理论与实践/韩伟之等编著.—北京：档案出版社，1990.12.—376页；大32开.—ISBN 7-80019-289-X：6.50元

第十一届国际档案大会报告集/国家档案局外事处译编.—北京：档案出版社，1990.8.—186页；大32开.—ISBN 7-80019-256-3：4.75元

G271　档案管理

《文件与档案管理规划》报告选编/中国档案学会外国档案学术委员会编.—北京：档案出版社，1990.10.—542页；大32开.—ISBN 7-80019-233-4：8.70元

档案管理及数字编码分类编号法/崔晓月编著.—长春：吉林大学出版社，1990.9.—236页；32开.ISBN 7-5601-0583-1：3.15元

档案管理学/邓绍兴，陈智为编著.—2版.—北京：北京师范学院出版社，1990.2.—328页；32开.ISBN 7-81014-288-7：3.00元

本书1986年2月第1版。

档案管理基础/宋化民等编.—武汉：中国地质大学出版社，1990.4.—249页；32开.—ISBN 7-5625-0412-1：3.30元

档案管理概要/冯惠玲主编.—北京：中国劳动出版社，1990.7.—377页；32开.—ISBN 7-5045-0574-9：5.30元

G272　收集和整理

档案分类文集/中国档案分类法编委会编.—北京：档案出版社，1990.10.—388页；32开.—ISBN 7-80019-260-1：6.00元

档案史料编纂学/梁毓阶主编.—上海：复旦大学出版社，1990.6.—344页；32开.—ISBN 7-309-00621-6：4.70元

档案检索的原理与方法/冯惠玲，李宪编著.—北京：中国科学技术出版社，1990.8.—252页；32开.ISBN 7-5046-0171-3：4.50元

G275　各种类型档案

会计档案管理概论/刘伟编著.—沈阳：辽宁教育出版社，1990.12.—114页；32开.—ISBN 7-5382-1257-4：2.00元

纪检档案管理概论/郑三土编著.—杭州：浙江大学出版社，1990.11.—272页；大32开.—ISBN 7-308-00609-3：5.75元

现代科技文件管理/高鹏云编著.—北京：学苑出版社，1990.3.—436页；32开.—高等学校文科教材.ISBN 7-80060-480-2：6.50元

实用文书档案整理指南/韦界儒编著.—南宁：广西民族出版社，1990.2.—177页；32开.—ISBN 7-5363-0726-8：2.30元

建筑安装工程质量技术档案编制概要/熊忠炎编著.—北京：科学普及出版社，1990.12.—324页；32开.—ISBN 7-110-02113-0：5.10元

新编科技档案管理学/赵鸿飞主编.—沈阳：辽宁大学出版社，1990.7.—401页；大32开.—ISBN 7-5610-0966-6：5.80元

G279.2　中国档案事业

中国档案馆名录/国家档案局编.—北京：档案出版社，1990.1.—574页；16开.—ISBN 7-80019-187-7（精装）：60.00元

志贺与希望：纪念吉林省档案馆三十年作品选集/潘景隆主编.—北京：档案出版社，1990.5.—94页；16开.—ISBN 7-80019-321-7：12.00元

社联盟报/上海市档案馆编.—北京：档案出版社，1990.5.—355页；大32开.—（上海档案史料丛编）.—ISBN 7-80019-235-0：5.90元

明清档案概论/倪道善编著.—成都：四川大学出版社，1990.2.—272页；32开.—ISBN 7-5614-0282-1：1.72元

重庆市档案馆简明指南/陆大钺主编.—重庆：科学技术文献出版社重庆分社，1990.3.—352页；32开.ISBN 7-5023-1073-8（精装）：6.50元

济南市档案馆指南/济南市档案馆编.—济南：济南出版社，1990.6.—382页：彩照；大32开.—ISBN 7-80572-289-7：8.80元

前进中的山东档案馆事业/山东省档案局编.—济南：山东人民出版社，1990.10.—466页：彩照；大32开.—ISBN 7-209-00721-0：10.00元

G3　科学、科学研究

实用科学名词术语词典/于德洪，于沛主编.—北京：华夏出版社，1990.4.—699页；16开.—ISBN 7-80053-201-1（精装）：32.50元

本词典共收词目10267条，包括自然科学、社会科学和新学科的名词术语。

新技术革命辞典/叶开源等主编；王建华等编写.石家庄：河北人民出版社，1990.7.—392页；大32开.—ISBN 7-202-00705-3：7.65元

G30　科学研究理论

人与自然的对话：观察与实验/桂起权，张掌然著.—杭州：浙江科学技术出版社，1990.9.—257页；32开.—（认知与方法丛书/张巨青，刘文君主

编）.—ISBN 7-5341-0283-9：3.60元

马克思主义与科技革命/孙彦泉，艾周编著.—青岛：青岛海洋大学出版社，1990.12.—265页；32开. ISBN 7-81026-073-1：4.00元

关于世界的问答：科学说明/陆健体著.—杭州：浙江科学技术出版社，1990.8.—207页；32开.—（认知与方法丛书/张巨青，刘文君主编）.—ISBN 7-5341-0275-8：3.00元

挑战与发展：马克思主义与现代科学技术革命/林可济，陈紫明主编.—福州：福建教育出版社，1990.6.—284页；大32开.—ISBN 7-5334-0581-1：3.45元

科学与文化/冯之浚等著.—北京：中国青年出版社，1990.11.—326页；32开.—ISBN 7-5006-0432-7：4.70元

科学论：对科学多方位的分层研究/黄顺基主编.开封：河南大学出版社，1990.3.—387页；大32开. ISBN 7-81018-257-9：5.00元

科学理论模型的建构/张琼等著.—杭州：浙江科学技术出版社，1990.10.—255页；32开.—（认知与方法丛书/张巨青，刘文君主编）.—ISBN 7-5341-0282-0：5.50元

G301　科学学

大协调学/赵营波著.—杭州：浙江教育出版社，1990.7.—306页；32开.—（软科学丛书/吴明瑜，何钟秀主编）.—ISBN 7-5338-0666-4：3.15元

本书论述了大协调学的原理、方法，揭示了各种大时空协调的规律。

大协调——科学技术社会学/李庆臻等主编.—济南：山东人民出版社，1990.9.—419页；大32开.（大潮系列书/黄顺基，李庆臻主编）.—ISBN 7-209-00442-4：5.70元

北京十年软科学研究精萃：1980～1989/北京市科学技术委员会，北京市科学技术情报研究所编.—北京：北京科学技术出版社，1990.12.—463页；16开. ISBN 7-5304-0696-5（精装）：24.00元

交叉·参与·汇流·硬化：软科学的未来/郭碧坚，张碧晖著.—北京：中信出版社，1990.8.—163页；36开.—（21世纪中国与世界丛书/王建新，常永青主编）.—ISBN 7-80073-015-8：2.90元

交叉科学学科辞典/姜振寰主编.—北京：人民出版社，1990.12.—758页；32开.—ISBN 7-01-000342-4（精装）：12.00元

本书收录哲学类、社会科学类及部分自然科学类相互间及其内部因交叉形成的科学1040余门。

进步及其问题：一种新的科学增长论/（美）劳丹（Laudan，L.）著；刘新民译.—北京：华夏出版社，1990.7.—234页；大32开.—（二十世纪文库）.—ISBN 7-80053-581-9：4.75元

软科学研究报告选编：1987～1988年/王文玲主编.杭州：浙江大学出版社，1990.1.—406页；16开. ISBN 7-308-00461-9：20.00元

软科学概论/李万泰编著.—天津：天津科技翻译出版公司，1990.12.—459页；32开.—ISBN 7-5433-0160-1：7.50元

科技进步与社会发展/郝志功等主编.—北京：经济科学出版社，1990.9.—220页；大32开.—ISBN 7-5058-0365-4：3.50元

科技进步与社会发展导论/张敏等著.—北京：中国科学技术出版社，1990.12.—305页；大32开.—ISBN 7-5046-0292-2：5.60元

科学技术发展的计量研究/谷兴荣著.—长沙：湖南科学技术出版社，1990.12.—466页；32开.—ISBN 7-5357-0894-3：5.10元

科学社会学/刘珺珺著.—上海：上海人民出版社，1990.1.—293页；大32开.—（新学科丛书）.—ISBN 7-208-00650-4：5.45元

科学社会学/张碧晖，王平编著.—北京：人民出版社，1990.1.—418页；32开.—（社会学丛书/王康主编）.—ISBN 7-01-00475-7：5.00元

科学社会学教程：理论与方法/何亚平主编.—杭州：浙江大学出版社，1990.1.—295页；大32开. 高等学校教学用书.—ISBN 7-308-00265-9：2.30元

跨学科学导论/刘仲林主编.—杭州：浙江教育出版社，1990.7.—262页；32开.—（软科学丛书/吴明瑜，何仲秀主编）.—ISBN 7-5338-0661-1：2.80元

本书介绍了国内外跨学科学研究的主要观点及趋势，跨学科与哲学、思维、教育和人才的关系，以及跨学科研究的主要方法。

G303　未来学

2000年大趋势/（美）奈斯比特（Naisbitt，J.），阿伯迪妮（Aburdene，P.）著，军事科学院外国军事研究部译.—北京：中共中央党校出版社，1990.7.—388页；大32开.—ISBN 7-5035-0311-4：5.40元

书名原文：Megaterds 2000：The new directions for the 1990's

2000年大趋势：90年代世界十大发展方向/（美）奈斯比特（Naisbitt，J.），（美）阿伯迪恩（Aburdene，P.）著；王仁良等译.—北京：时事出版社，1990.12.—347页；32开.—ISBN 7-80009-112-0：5.10元

书名原文：Megatrends 2000：The new directions for the 1990's

2000年大趋势：九十年代的十个新趋向/（美）奈斯比特（Naisbitt，J.），阿博顿妮（Aburdene，P.）著；周学恩等译.—北京：东方出版社，

1990.9.—344页；大32开.—ISBN 7-5060-0201-9：5.00元

九十年代前沿科学新视野/王梓坤主编.—北京：北京出版社，1990.9.—234页；32开.—ISBN 7-200-01024-3：3.40元

未来世界早知道/周知，方圆编.—北京：北京科学技术出版社，1990.10.—106页；16开.—ISBN 7-5304-0826-7：2.95元

未来的探测：未来学百题问答/邓如辛编著.—北京：群众出版社，1990.8.—294页；32开.—ISBN 7-5014-0482-8：4.50元

现代化的后来者与幸存者/（美）M.J.列维著；吴荫译.—北京：知识出版社，1990.7.—105页；32开.—ISBN 7-5015-0364-8：1.60元

本书就发达社会和发展中国家实现现代化这门课题进行了论述，指出了现代化给政治、教育、人际关系、家庭等带来的前所未有的深刻变化。

《学会在21世纪生存》丛书/夏国应主编.—杭州：浙江少年儿童出版社，1990.3.—5册；32开.—ISBN 7-5342-0500-X：7.95元

本丛书共包括代表当代新学科的12个专题。全书五册，包括：智慧的星球/徐钢著；时间·现代人/夏船等著；三色人生/单荷等著；创造的魔杖/夏国应著；五彩闲暇/夏国群，袁媛著。

科技预测/马庆国编著.—杭州：浙江大学出版社，1990.6.—221页；16开.—ISBN 7-308-00531-3：8.00元

将来的世界/（英）A.M.洛著；黄沧哉译.—2版.—北京：商务印书馆，1990.11.—218页；32开.—ISBN 7-100-00844-1：2.15元

高技术未来探索/（日）片方善治著；厉仁玉等译.—上海：上海科学技术文献出版社，1990.7.155页；32开.—（同济大学图书馆丛书）.—ISBN 7-80513-609-2：2.80元

高技术冲击波/宋毅，张红著.—长春：吉林教育出版社，1990.8.—258页；32开.—（科技·教育与社会进步丛书/杨沛霆主编）.—ISBN 7-5383-1093-2（精装）：4.50元

高技术社会：漫话信息技术革命/（美）弗列斯特（Forester，T.）著；唐建文等译.—北京：中国社会科学出版社，1990.5.—361页；大32开.—ISBN 7-5004-0713-0（精装）：6.00元；（平装）：4.60元

书名原文：High—Tech Society

90年代大趋势预测/（美）奈斯比特（Naisbitt，J.），（美）阿布尔登（Aburdene，P.）著；陈方明等译.—北京：学苑出版社，1990.7.—350页；32开.—ISBN 7-5077-0090-9：5.30元

书名原文：Megutrends 2000：The new directions for the 1990's

G304　科学研究的方法论

分形与分维：探索复杂性的新方法/李后强，程光钺编.—成都：四川教育出版社，1990.9.—227页；大32开.—（新兴边缘科学）.—ISBN 7-5408-1243-5：3.14元

当代新方法/金哲等主编.—上海：上海人民出版社，1990.7.—573页；大32开.—（新学科大系）.ISBN 7-208-00612-1（精装）：14.30元

伪科学的时髦与荒谬/（美）马丁·加德纳著；乐爱国编译.—上海：上海文化出版社，1990.6.—102页；32开.—（五角丛书；第10辑）.—ISBN 7-80511-389-0：1.05元

本书介绍科技史上比较重大的伪科学学说和事件，介绍它们的出笼、流播和因欺世盗名而破产的过程。

科学的进步与科学目标：科学认识论与方法论之探究/林定夷著.—杭州：浙江人民出版社，1990.11.255页；32开.—ISBN 7-213-00585-5：3.00元

科学的难题——悖论/张建军著.—杭州：浙江科学技术出版社，1990.10.—298页；32开.—（认知与方法丛书/张巨青，刘文君主编）.—ISBN 7-5341-0278-2：4.05元

本书评述了西方学术界为解决集合论—语型悖论和语义悖论问题提出的几种主要方案，研讨了悖论问题和辩证哲学的密切联系，简要探讨了悖论对于经验科学方法论的意义。

科学推理的逻辑导论/（英）特鲁斯蒂德（Trusted，J.）著；卢惠群译.—杭州：浙江科学技术出版社，1990.8.—237页；32开.—（认知与方法丛书/张巨青，刘文君主编）.—ISBN 7-5341-0276-6：3.40元

科学逻辑导论/（英）哈雷（Harre，R.）著；李静译.—杭州：浙江科学技术出版社，1990.8.—268页；32开.—（认知与方法丛书/张巨青，刘文君主编）.—ISBN 7-5341-0274-X：3.75元

逻辑与历史——现代科学方法论的嬗变/张巨青，吴寅华著.—杭州：浙江科学技术出版社，1990.9.223页；32开.—（认知与方法丛书/张巨青，刘文君主编）.—ISBN 7-5341-0277-4：3.15元

简明新方法辞典/陈金桂主编.—福州：福建人民出版社，1990.9.—296页；32开.—ISBN 7-211-01150-5：4.35元

G305　科学发明、发现研究（创造学）

发明创造学/贾玉健，钱承耀编著.—西安：西安交通大学出版社，1990.10.—280页；32开.—ISBN 7-5605-0357-8：3.30元

发明的诀窍/(日)鹭田彰著；吴生绪，刘军译.西安：陕西人民教育出版社，1990.5.—211页；32开.—ISBN 7-5419-1410-X：2.65元

创造与创造技法/袁伯伟著.—武汉：湖北教育出版社，1990.7.—328页；大32开.—ISBN 7-5351-0497-5：4.50元

本书简述了创造学中的一些基本概念，重点是介绍各类实用的创造技法。

创造发明基础/竺豪桢，徐绍祥主编.—杭州：浙江大学出版社，1990.12.—142页；32开.—ISBN 7-308-00751-0：1.65元

创造学基础/庄寿强编著.—徐州：中国矿业大学出版社，1990.10.—264页；大32开.—ISBN 7-81021-429-2：1.95元

创造学概论/韩德田主编.—长春：吉林人民出版社，1990.5.—334页；大32开.—ISBN 7-206-00763-5：4.50元

创造是一门精密的科学/吴光威，刘树兰编译.—北京：北京航空航天大学出版社，1990.1.—217页；32开.—ISBN 7-81012-156-1：3.80元

青少年科学发明创造指南/隋国庆编著.—北京：工人出版社，1990.7.—167页；32开.—ISBN 7-5008-0598-3：2.15元

科学发现中的逻辑方法/刘宗棠等编著.—北京：北京师范大学出版社，1990.6.—305页；32开.—(逻辑应用多视角丛书/苏越主编).—ISBN 7-303-00830-2：4.00元

科学定律的发现/郁慕镛著.—杭州：浙江科学技术出版社，1990.8.—229页；32开.—(认知与方法丛书/张巨青，刘文君主编).—ISBN 7-5341-0279-0：3.20元

G306 专利研究

专利与专利情报教程/张永嘉，魏铁进编.—北京：航空工业出版社，1990.3.—308页；16开.—ISBN 7-80046-246-3：7.50元

专利与技术贸易/曾永珠编著.—北京：中国人民大学出版社，1990.9.—275页；32开.—ISBN 7-300-00898-4：3.55元

本书较详细地论述了专利与专利法、怎样正确撰写专利申请文件、专利代理、技术秘密的公开与保护等内容，并结合实例着重介绍了外国专利申请文件的撰写以及专利许可证贸易。

专利申请文件撰写案例剖析/吴观乐等编.—北京：专利文献出版社，1990.5.—319页；32开.—ISBN 7-80011-031-1：3.80元

专利知识问答/朱伯贤等编.—北京：航空工业出版社，1990.11.—206页；32开.—ISBN 7-80046-309-5：4.00元

日英汉专利技术词典/刘淑敏等编译.—北京：北京理工大学出版社，1990.1.—315页；32开.—ISBN 7-81013-285-7：12.00元

本书收集专利、法律及各类技术词语7000余条。

G31 科学研究工作

技术进步与社会发展：技术史、技术政策、技术哲学国际学术会议论文集/赵祖华，李国光主编.北京：北京理工大学出版社，1990.11.—360页；大32开.—ISBN 7-81013-391-8：9.00元

G311 组织和管理

实用科技统计手册/王宝琛等编写.—上海：上海社会科学院出版社，1990.1.—247页；大32开.—ISBN 7-80515-571-2：4.20元

实用科研管理教程/陈良猷等编.—北京：航空工业出版社，1990.4.—401页；32开.—ISBN 7-80046-291-9：6.80元

城市科技管理/崔爱忠主编.—北京：中国城市经济社会出版社，1990.9.—207页；32开.—ISBN 7-5074-0291-6：3.85元

科技成果请奖指南/张建申等编著.—西安：西北工业大学出版社，1990.12.—221页；32开.—ISBN 7-5612-0315-2：2.98元

科技成果鉴定工作指南/孟英夫等主编.—郑州：河南科学技术出版社，1990.12.—162页；大32开.ISBN 7-5349-0753-5：3.80元

本书介绍了科技成果鉴定的性质、形式、原则、申请程序和各方面的职责等。

科技成果鉴定奖励与管理/杜宝善，褚继善编著.北京：中国农业科技出版社，1990.2.—233页；32开.—ISBN 7-80026-168-9：2.80元

本书分概述、科技成果鉴定、登记、保密、档案、奖励、推广应用专刊、科技成果争议、评价等11章。

科技统计分析与评价：理论·方法·案例/施建军主编；叶明等编著.—北京：科学技术文献出版社，1990.4.—328页；32开.—ISBN 7-5023-1244-7：4.90元

科技管理/江子章等编著.—上海：华东化工学院出版社，1990.5.—400页；大32开.—ISBN 7-5628-0104-5：5.90元

科技管理知识问答/赵兰杰等编.—石家庄：河北科学技术出版社，1990.7.—127页；32开.—ISBN 7-5375-0533-0：2.10元

科学技术统计学/宋化民，肖佑恩主编.—北京：中国石化出版社，1990.11.—244页；32开.—ISBN 7-80043-138-X：3.65元

科学技术统计指南/联合国教科文组织科技统计处编；宋化民，肖佑恩等译.—武汉：中国地质大学出版社，1990.6.—147页；大32开.—ISBN 7-5625-

0433-4：1.90元

科学技术管理实用教材/甘肃省科技人员继续教育中心编.—兰州：甘肃科学技术出版社，1990.8.308页；大32开.—ISBN 7-5424-0317-6：4.80元

科研会计与财务/《科研会计与财务》编写组编.北京：经济科学出版社，1990.8.—538页；32开.ISBN 7-5-58-0353-0：6.40元

科研财务会计实务/张兵等编.—北京：航空工业出版社，1990.9.—296页；32开.—（会计人员岗位培训丛书/冷传生主编）.—ISBN 7-80046-282-X：3.60元

G316　科学工作者

当代科技人才素质/徐耀宗著.—长春：吉林教育出版社，1990.8.—175页；32开.—（科技·教育与社会进步丛书/杨沛霆主编）.—ISBN 7-5383-1092-4（精装）：3.75元

科技人才修养/刁纯志主编.—成都：电子科技大学出版社，1990.10.—249页；32开.—ISBN 7-81016-273-X：2.60元

科学思维圆舞曲：关于科学家的比喻/方劲戎编著.—上海：学林出版社，1990.11.—108页；32开.ISBN 7-80510-403-4：2.30元

本书荟萃了牛顿、华罗庚、李政道等几十个伟大的科学家的精彩比喻。

攀登者的风采/高国富主编.—上海：上海人民出版社，1990.6.—158页；32开.—ISBN 7-208-00947-3：2.00元

本书收录了汪德熙、王方定、曾乐、孙敬良等15位当代优秀知识分子的事迹。

G32　世界各国科学研究事业

当代科学交流与国际关系/冯江源著.—北京：中国科学技术出版社，1990.10.—428页；大32开.—ISBN 7-5046-0226-0：9.00元

本书系统介绍了美、日、西欧及前苏联战后对外政策与战略的形成步骤与背景，说明科学技术是影响当代国际关系最活跃、最能动的因素。

国外科技体制及其变革/刘泽芬，刘明扬主编.—重庆：科学技术文献出版社重庆分社，1990.1.—302页；16开.—ISBN 7-5023-0382-0：8.00元

国际开发与技术创新　第一集/《国际开发与技术创新》编委会编.—北京：中国科学技术出版社，1990.7.—60页；32开.—ISBN 7-5046-0222-1：1.20元

本书介绍了世界各国在国际开发创新组织的援助下，所进行的民间技术交流、国际合作项目的动态，以及适于发展中国家具体情况的小型设备及应用技术和申请国际合作援助资金的渠道。

联合国教科文组织科学技术统计指南/国家科委综合计划司主编；田清雯译.—北京：科学技术文献出版社，1990.5.—103页；16开.—ISBN 7-5023-0990-X：3.50元

G322　中国科学研究事业

中国科技改革：战略选择·实证研究/叶丹等编著.—上海：上海科学技术文献出版社，1990.3.312页；大32开.—ISBN 7-80513-564-9：5.10元

中国科技道路新探/林声编著.—沈阳：东北工学院出版社，1990.12.—321页；大32开.—ISBN 7-81006-253-0：5.00元

中国科学技术四十年：统计资料：1949～1989/国家统计局科技统计司编.—北京：中国统计出版社，1990.6.—516页；大32开.—ISBN 7-5637-0388-1（精装）：16.00元

本书反映了建国40年来我国科技发展的概况、各行业及部分省、自治区、直辖市的科学技术发展情况等。

中国科学技术纪事：1949～1989/郭建荣主编.—北京：人民出版社，1990.7.—591页；大32开.—（高技术与新文化文存；第1号）.—ISBN 7-01-000643-1：9.00元

中国科学技术政策指南/国家科学技术委员会编.北京：科学技术文献出版社，1990.9.—431页；16开.—（科学技术白皮书；第4号）.—ISBN 7-5023-1317-6（精装）：23.00元

厂矿科协干部培训手册/全国厂矿科协协作中心，山东省厂矿科协研究会编.—北京：中国科学技术出版社，1990.10.—776页；大32开.—ISBN 7-5046-0213-2：18.50元

本书介绍了从事厂矿科协工作的干部工作中应知应会的有关知识。

民办科技研究/张烈彩主编.—北京：中国经济出版社，1990.11.—232页；大32开.—ISBN 7-5017-1095-3：3.60元

地方科研管理/雷昌定编著.—太原：山西科学教育出版社，1990.4.—184页；32开.—ISBN 7-5377-0250-0：2.60元

国家科技奖励：国家科学技术奖励大会特辑/国家科学技术奖励工作办公室编.—北京：科学技术文献出版社，1990.10.—82页；大16开.—ISBN 7-5023-1297-8：18.00元

科协系统经费管理的探讨/胡嘉福主编.—上海：上海科学普及出版社，1990.8.—160页；32开.—ISBN 7-5427-0318-8：3.45元

科协的经济管理/胡嘉福主编.—北京：中国科学技术出版社，1990.11.—277页；32开.—（地方科协业务丛书；3）.—ISBN 7-5046-0297-3：4.20元

科技队伍建设与发展/彭涵明，望山主编.—南京：

河海大学出版社，1990.6.—408页；32开.—ISBN 7-5630-0284-7：6.00元

科学昊空的星光：第四届全国青少年科学讨论会论文选/全国青少年科技活动领导小组编.—天津：天津科学技术出版社，1990.6.—235页；32开.—ISBN 7-5308-0864-8：2.10元

G322.7　地方科学研究事业

上海科技统计年鉴：1988/上海市科学技术委员会，上海市统计局编.—北京：中国统计出版社，1990.11.—156页；大32开.—ISBN 7-5037-0521-3：8.10元

上海科技统计年鉴：1989/上海市科学技术委员会，上海市统计局编.—北京：中国统计出版社，1990.3.—177页；大32开.—ISBN 7-5037-0552-3：8.60元

内蒙古科学技术年鉴：1989/内蒙古自治区科学技术委员会编.—呼和浩特：内蒙古人民出版社，1990.9.—311页；16开.—ISBN 7-204-01220-8（精装）：25.00元

北京市首次评审专业技术职务优秀论文集（5）/北京市职称改革办公室，北京市教育局编.—北京：北京教育出版社，1990.11.—403页；大32开.ISBN 7-5303-0197-7：6.20元

四川省青年科技工作者优秀论文集：摘要/四川省科学技术协会编.—成都：四川科学技术出版社，1990.10.—291页；16开.—ISBN 7-5364-1518-4：4.00元

四川科技单位总览/胡世禄主编.—成都：四川科学技术出版社，1990.8.—891页；32开.—ISBN 7-5364-1448-X：10.00元

重庆高技术开发及新兴产业发展研究/庞举等编著.—北京：中国计划出版社，1990.9.—135页；16开.—（重庆产业发展蓝皮书；第2号）.—ISBN 7-80058-164-0：4.50元

襄江科技潮/程国安主编.—武汉：武汉工业大学出版社，1990.10.—315页；32开.—（楚天星火丛书；1）.—ISBN 7-5629-0412-X：3.90元

G323/327　各国科学研究事业

日本的技术：未来30年的预测/日本第4次技术预测调查人员编著；张德春等编译.—北京：学术书刊出版社，1990.8.—615页；16开.—ISBN 7-80045-675-7：84.00元

美国科技布局简论/准鲁编著.—合肥：中国科学技术大学出版社，1990.11.—161页；32开.—ISBN 7-312-00209-9：2.90元

本书通过对美国近百组较新的数据资料的州际对比，将当代美国的科技布局与多项自然和人文因素联系起来加以客观地综合分析，归纳出了3大科技布局支持系统。

G35　情报学、情报工作

英汉情报图书档案词汇/周剑波等编.—北京：科学出版社，1990.12.—535页；32开.—ISBN 7-03-002017-0（精装）：11.90元

图书情报词典/王绍平等编著.—上海：汉语大词典出版社，1990.6.—1册（88，1168，89页）；32开.—ISBN 7-5432-0025-2（精装）：26.00元

本书收录图书情报工作、档案工作、文献出版发行工作等方面的名词术语5200条。

科技情报研究论文摘要　第二集/梁景海编.—北京：北京科学技术出版社，1990.7.—210页；16开.—ISBN 7-5304-0722-8：5.30元

情报与文献工作辞典/李魁彩编.—北京：中国城市经济社会出版社，1990.7.—555页；32开.—ISBN 7-5074-0367-X：15.60元

G350　情报学

科学情报工作经济学/（苏）凯德罗夫斯卡娅（Кедровская，Л.Т.）等著；陈克，关家麟译.—北京：科学技术文献出版社，1990.11.—120页；32开.—ISBN 7-5023-1303-6：2.20元

书名原文：Экономика научной-информационной Деятельности

本书论述了科学情报工作经济学的基本原理，探讨了完善情报机构经营机制的任务和方向；介绍了情报劳动的性质、工作计划等。

情报学原理与方法/张建申著.—西安：西北大学出版社，1990.8.—294页；32开.—ISBN 7-5604-0198-8：3.75元

情报研究方法论/包昌火主编.—北京：科学技术文献出版社，1990.9.—759页；16开.—ISBN 7-5023-1266-8：28.90元

情报科学导论/华勋基主编.—广州：中山大学出版社，1990.6.—455页；32开.—ISBN 7-306-00292-9：2.60元

情报科学的理论与实践/（英）维克利（Vickery，B.C.），维克利（Vickery，A.）著；中国科学技术情报研究所硕士研究生班译.—北京：科学技术文献出版社，1990.7.—457页；32开.—ISBN 7-5023-1223-4：10.00元

书名原文：Information Science in Theory and Practice

本书是一部全面阐述情报学理论研究，以及有关情报过程实验研究和情报提供实际环境的近期著作。

情报商品与情报市场/吴宏亮，关相南编著.—昆明：云南科技出版社，1990.5.—303页；32开.ISBN 7-5416-0286-8：4.20元

G352/353　情报资料的保管和处理

国际农业情报管理新水平研讨会论文集/中国农业科学院科技文献信息中心编.—北京：农业出版社，1990.12.—327页；16开.—ISBN 7-109-02024-X：20.00元

科技文献学概论/(英)格罗根(Grogan，D.)著；彭淮源，徐克敏译.—北京：化学工业出版社，1990.11.—705页；32开.—ISBN 7-5025-0505-9：15.40元

书名原文：Sciecne and Technology

科技文献管理与服务/邱祖斌，张炳芬主编.—北京：航空工业出版社，1990.7.—156页；16开.—ISBN 7-80046-257-9：5.80元

编译报道/王昌亚编著.—北京：科学技术文献出版社，1990.7.—313页；32开.—ISBN 7-5023-1253-6：7.00元

本书阐述了编译报道的基本理论和方法，探讨了编译报道的理论体系的发展、各类情报刊物的特点和编译内容的要求，以及编辑加工的方法和技巧。

G354　情报检索

现代情报检索理论/康耀红著.—北京：科学技术文献出版社，1990.3.—313页；32开.—ISBN 7-5023-0973-X：5.30元

国际联机检索概论/何翠华等编著.—天津：南开大学出版社，1990.5.—635页；大32开.—图书馆学情报学系列教程.—ISBN 7-310-00275-X：4.50元

情报检索与咨询指南/岑石，黎难秋编著.—合肥：中国科学技术大学出版社，1990.8.—469页；大32开.—ISBN 7-312-00059-2：5.60元

情报检索语言论文选/张琪玉等编.—北京：书目文献出版社，1990.10.—375页；大32开.—(中国图书馆学情报学论文选丛；6).—ISBN 7-5013-0790-3：6.00元

G354.2　情报检索方法和工具

土木建筑文献检索与利用/肖友瑟主编.—大连：大连理工大学出版社，1990.2.—331页；大32开.—文献检索与利用课系列教材.—ISBN 7-5611-0078-7：2.72元

化学化工文献检索与利用/余向春等主编.—大连：大连理工大学出版社，1990.10.—339页；大32开.—文献检索与利用课系列教材.—ISBN 7-5611-0265-8：2.80元

计算机检索与国际联机/郑守瑾主编.—峨眉山：西南交通大学出版社，1990.7.—206页；16开.—ISBN 7-81022-127-2：3.05元

文科文献检索/朱建亮编著.—武汉：华中理工大学出版社，1990.12.—302页；大32开.—高等院校文科教材.—ISBN 7-5609-0524-2：2.00元

古今图书文献检读/崔灿主编.—郑州：中州古籍出版社，1990.10.—431页；大32开.—ISBN 7-5348-0453-1：5.80元

石油文献检索与利用/张景河，吴伟主编.—东营：石油大学出版社，1990.9.—385页；大32开.—全国高等学校文献检索与利用课系列教材.—ISBN 7-5636-0117-1：5.75元

生物学文献检索与利用/陆宝树主编；侯汉清等编写.—大连：大连理工大学出版社，1990.6.—458页；大32开.—文献检索与利用课系列教材.—ISBN 7-5611-0320-4：3.62元

交通科技文献检索与利用/龚其福主编.—大连：大连海运学院出版社，1990.2.—365页；大32开.—ISBN 7-5632-0152-1：2.50元

军事文献检索/苏桂亮等编著.—北京：军事科学出版社，1990.8.—317页；大32开.—ISBN 7-80021-245-9：5.30元

农业文献检索与利用/马国庆主编.—武汉：武汉大学出版社，1990.7.—374页；大32开.—文献检索与利用课系列教材.—ISBN 7-307-00493-3：2.75元

农业科技情报检索/陈辅德，宋绍国编著.—昆明：云南科技出版社，1990.6.—415页；32开.—ISBN 7-5416-0297-1：4.90元

技术情报检索与利用/陈乃林，周丕创主编.—南京：江苏科学技术出版社，1990.8.—305页；32开.—ISBN 7-5345-0994-7：3.65元

医学文献检索/叶铭等编著.—上海：上海科学技术出版社，1990.5.—118页；32开.—(上海市住院医师培养指导丛书/上海市住院医师培养指导丛书编辑委员会编).—ISBN 7-5323-1889-3：2.15元

医学文献检索手册/朱允尧主编.—兰州：兰州大学出版社，1990.5.—222页；32开.—ISBN 7-311-00337-7：2.65元

社会科学文献检索与利用/西南师范大学图书馆等教材编写组编.—成都：巴蜀书社，1990.11.—399页；32开.—(高等师范院校图书馆利用丛书；1).—ISBN 7-80523-361-6：4.45元

社会科学文献检索与利用学习参考资料/张家璠，何林夏主编.—桂林：广西师范大学出版社，1990.2.—169页；32开.—ISBN 7-5633-0718-4：1.80元

社会科学文献检索指南/雍桂良主编.—北京：中共中央党校出版社，1990.2.—354页；大32开.—ISBN 7-5035-0204-5：4.90元

社科文献检索/何庆先，殷保宁执笔.—北京：书目文献出版社，1990.7.—139页；32开.—(图书馆学情报学知识丛书；8/倪波，黄俊贵主编).—ISBN 7-5013-0795-4：1.85元

本书概述了社会科学及社会科学文献的基本情况，论述了社会科学文献检索的基本理论和方法。

国内外科技文献检索/邱祖斌，佟春临主编.—北京：航空工业出版社，1990.7.—416页；16开.—ISBN 7-80046-256-0：9.70元

本书系统地叙述了文献检索的基本概念、检索语言、检索工具和检索方法。

物理电子类文献检索与利用/刘元奎等编著.—成都：四川大学出版社，1990.9.—213页；32开.（文献检索理论与实践丛书）.—ISBN 7-5614-0324-0：1.42元

物理学文献检索与利用/杨福征，胡昌平主编.—武汉：武汉大学出版社，1990.1.—333页；大32开.高等学校文献检索与利用课系列教材.—ISBN 7-307-00492-5：2.50元

经济文献检索与利用/惠世荣主编.—大连：大连理工大学出版社，1990.5.—297页；大32开.—文献检索与利用课系列教材.—ISBN 7-5611-0184-8：2.52元

经济文献检索与利用简明教程/李滨主编.—沈阳：辽宁大学出版社，1990.5.—214页；大32开.—ISBN 7-5610-0941-0：3.60元

经济情报与文献检索/杨秀君等主编.—北京：学苑出版社，1990.4.—333页；32开.—ISBN 7-80060-899-9：4.30元

轻工文献检索与利用/胡世炎等编.—大连：大连理工大学出版社，1990.6.—284页；大32开.—文献检索与利用系列教材.—ISBN 7-5611-0267-4：2.38元

科技文献检索与利用/张文德主编.—昆明：云南科技出版社，1990.8.—196页；16开.—ISBN 7-5416-0304-X：5.90元

科技文献检索与利用/张承华主编.—济南：山东大学出版社，1990.11.—292页；大32开.—ISBN 7-5607-0410-7：4.50元

科技文献检索与利用/陈英，曾光仲编著.—成都：成都科技大学出版社，1990.1.—248页；32开.—ISBN 7-5616-0558-7：2.60元

科技文献检索简明直观教材/余向春，黄文林编著.修订本.—杭州：浙江大学出版社，1990.6.—128页；16开.—理工科用.—ISBN 7-308-00481-3：3.10元

本书1985年12月第1版。

科技情报检索/黄子春，孙吉祥主编.—青岛：青岛海洋大学出版社，1990.8.—182页；16开.—ISBN 7-81026-063-4：4.80元

本书较详细地介绍了常用的几种检索语言和与其相适应的中外文主要检索工具的检索方法以及国际联机检索。

档案情报检索实用手册/王金夫编著.—上海：复旦大学出版社，1990.11.—347页；32开.—ISBN 7-309-00615-1：3.60元

哲学文献检索与利用/徐昌明等编著.—成都：四川大学出版社，1990.7.—434页；32开.—（文献检索理论与实践丛书/刘元奎主编）.—ISBN 7-5614-0294-5：2.50元

联机与光盘检索原理与方法/徐晓，王惠芬编著.北京：人民军医出版社，1990.11.—354页；大32开.ISBN 7-80020-205-4：5.60元

G358　情报资料的利用

技术情报服务指南/（菲）克莱门特Ⅱ（Clemente，W.A.）编著；张保明译.—北京：科学技术文献出版社，1990.6.—224页；32开.—ISBN 7-5023-1210-2：4.55元

书名原文：A Gvide to Technology Information Seivice

本书介绍了技术情报服务的概念与意义，技术情报服务各工作步骤的组织方法，以及建立一个技术情报服务机构应开展的各项准备工作。

G359　世界各国情报事业

科学技术情报机构便览：上海卷/《科学技术情报机构便览》编辑委员会编.—北京：科学技术文献出版社，1990.5.—96页；大32开.—ISBN 7-5023-6882-2：1.90元

G4　教　育

陈鹤琴全集　第三卷/北京市教育科学研究所编.南京：江苏教育出版社，1990.2.—774页；大32开.—ISBN 7-5343-0963-8（精装）：10.30元；（平装）：8.80元

耕耘集/武强编著.—大连：大连出版社，1990.8.244页；大32开.—ISBN 7-80555-250-9：3.50元

本书作者曾任长春光学精密机械学院、西安工业学院院长、研究员。本书是一本关于教育工作的文集。

教育大辞典　第1卷：教育学、课程和各科教学、中小学校/教育大辞典编纂委员会编.—上海：上海教育出版社，1990.6.—647页；大32开.—ISBN 7-5320-1852-0（精装）：15.00元

教育大辞典　第2卷：师范教育、幼儿教育、特殊教育/教育大辞典编纂委员会编.—上海：上海教育出版社，1990.9.—384页；大32开.—ISBN 7-5320-1948-9（精装）：11.50元

教育大辞典　第5卷：教育心理学/教育大辞典编纂委员会编.—上海：上海教育出版社，1990.7.—544页；大32开.—ISBN 7-5320-1929-2（精装）：13.50元

教育大辞典　第7卷：教育技术学、教育统计与测量、教育管理学/教育大辞典编纂委员会编.—上

海：上海教育出版社，1990.12.—399页；大32开. ISBN 7-5320-1947-0（精装）：11.50元

教育泛论/韦善美著.—桂林：广西师范大学出版社，1990.1.—227页；32开.—ISBN 7-5633-0716-8：3.00元

教育科研论文选/延边教育学会编.—延吉：东北朝鲜民族教育出版社，1990.10.—682页；大32开. ISBN 7-5437-0767-5：5.00元

G40　教育学

大教育/聂希训主编.—北京：中国广播电视出版社，1990.8.—356页；大32开.—ISBN 7-5043-0623-1：4.50元

本书对社会主义全方位、全范围、全过程教育的本质、结构、功能及工程目标、实施原则等进行了研究和阐述。

现代教育论/马兆掌著.—杭州：浙江教育出版社，1990.7.—218页；32开.—（软科学丛书/吴明瑜，何钟秀主编）.—ISBN 7-5338-0669-7：2.50元

现代教育学/李利民，关鸿英主编.—西安：未来出版社，1990.8.—472页；大32开.—ISBN 7-5417-0375-3：6.00元

现代教育原理/厉以贤主编；柯文澄，傅维利编. 北京：北京师范大学出版社，1990.9.—470页；大32开.—ISBN 7-303-00072-0：3.55元

实用教育学/顾明远主编.—北京：北京师范大学出版社，1990.10.—318页；大32开.—全国高等师范专科学校教材.—ISBN 7-303-00897-7：2.25元

徐特立教育学/吉多智等编.—广州：广东人民出版社，1990.5.—363页；大32开.—ISBN 7-218-00435-0：5.50元

教育对象学/关达编著.—哈尔滨：黑龙江教育出版社，1990.7.—281页；32开.—（黑龙江教育开发丛书·教育大系；1/李诚忠主编）.—ISBN 7-5316-1054-X：4.90元

教育发展战略学概论/颜震华主编.—长春：吉林人民出版社，1990.4.—302页；32开.—ISBN 7-206-00736-8：4.00元

教育过程/夏泳久，苗慧兰著.—哈尔滨：黑龙江教育出版社，1990.5.—199页；32开.—（黑龙江教育开发丛书·教育大系；2/李诚忠主编）.—ISBN 7-5316-1052-3：2.20元

本书探讨了教育过程的内部结构及其矛盾运动，教育过程的功能、教育过程的具体实施，以及在商品经济条件下，教育过程的改革与调整等。

教育论/（英）罗素（Bussell，B. A.）著；靳建国译.—北京：东方出版社，1990.8.—199页；32开.—ISBN 7-5060-0124-1：3.20元

教育学/刘光梅主编.—2版（修订本）.—长沙：中南工业大学出版社，1990.1.—365页；32开.—ISBN 7-81020-065-8：3.20元

本书1987年6月第1版。

教育学/杨劲生主编.—海口：三环出版社，1990.3.—329页；大32开.—（天涯丛书/辛业江主编）. ISBN 7-80564-047-5：4.50元

教育学/宋禄纯，王慧主编.—石家庄：河北人民出版社，1990.8.—347页；32开.—ISBN 7-202-00729-0：4.00元

教育学/邵忠杰主编；方天培等编写.—上海：华东师范大学出版社，1990.5.—281页；大32开.—全国高等师范专科学校教材.—ISBN 7-5617-0495-X：2.07元

教育学/罗正华主编.—北京：中央广播电视大学出版社，1990.2.—457页；大32开.—全国高等教育自学考试教材·公用课〔用〕.—ISBN 7-304-00507-6：4.95元

教育学学习指南/王楠，卢宁主编.—桂林：广西师范大学出版社，1990.8.—210页；32开.—ISBN 7-5633-0891-1：2.10元

教育学复习指南/南京师范大学主编.—南京：江苏科学技术出版社，1990.9.—343页；32开.—全国部分省、市重点师范院校协编辅导书.—ISBN 7-5345-1023-6：4.00元

教育结构/王竹青，孙立群编著.—哈尔滨：黑龙江教育出版社，1990.8.—302页；32开.—（黑龙江教育开发丛书·教育大系；4/李诚忠主编）.—ISBN 7-5316-1079-5：3.75元

本书探讨了教育系统的构成状况、运行机制及其规律。

教育基本原理/郭道明，曾成平主编.—桂林：广西师范大学出版社，1990.8.—380页；32开.—ISBN 7-5633-0901-2：4.10元

教育基本理论/王少湘，戚立夫主编.—长春：吉林大学出版社，1990.11.—377页；32开.—ISBN 7-5601-0685-4：7.10元

教育操缦集/冷冉著.—大连：大连出版社，1990.1.—297页；32开.—ISBN 7-80555-183-9：3.50元

本书所收论文分为教学、德育、办学、杂议4篇。

普通教育学导读/叶上雄等编.—成都：成都科技大学出版社，1990.7.—192页；32开.—高等教育自学考试公共课辅导用书.—ISBN 7-5616-0625-7：2.05元

G40-014　美　育

人体的诗——舞蹈美/方兴惠，杨璇著.—贵阳：贵州人民出版社，1990.11.—96页；32开.—（青少年美育丛书/伍治国主编）.—ISBN 7-221-02079-5：1.50元

山川花鸟的情韵——自然美/刘隆民著.—贵阳：贵

州人民出版社，1990.11.—93页；32开.—（青少年美育丛书/伍治国主编）.—ISBN 7-221-02077-9：1.50元

玄妙的线条和块面——绘画美/申远初著.—贵阳：贵州人民出版社，1990.11.—96页；32开.—（青少年美育丛书/伍治国主编）.—ISBN 7-221-02076-0：1.50元

有意味的线条——书法美/张清河著.—贵阳：贵州人民出版社，1990.11.—121页；32开.—（青少年美育丛书/伍治国主编）.—ISBN 7-221-02075-2：1.50元

自然——人类心灵之母/严昭柱著.—广州：暨南大学出版社，1990.12.—246页；32开.—（美育丛书）.—ISBN 7-81029-065-X：3.50元

青少年审美教育/（苏）库沙耶夫（Кушаев，H.A.）主编；汤侠生译.—北京：东方出版社，1990.2.—253页；32开.—ISBN 7-5060-0141-1：3.30元

书名原文：Основы эстетического воспитания

青少年美育/周涤非，黄若儒编著.—武汉：武汉出版社，1990.2.—218页；32开.—ISBN 7-5430-0306-6：2.50元

美育/李祥荪等主编.—南京：南京大学出版社，1990.7.—227页；32开.—全国铁路技工学校试用教材.—ISBN 7-305-00778-1：2.20元

美育心理/晋劲敏主编.—北京：中国和平出版社，1989.6.—125页；32开.—ISBN 7-80037-247-2：1.90元

美育学导论/蒋冰海著.—上海：上海人民出版社，1990.12.—323页；大32开.—ISBN 7-208-01019-6：5.95元

美育教程/王定金等编.—成都：成都出版社，1990.6.—391页；32开.—ISBN 7-80575-062-9：3.70元

美育基础/辽宁中专《美育基础》协作组编.—沈阳：辽宁大学出版社，1990.12.—299页；32开.ISBN 7-5610-1155-5：3.70元

美育辞典/曾宪文主编；王晖等编.—济南：济南出版社，1990.6.—307页；32开.—ISBN 7-80572-214-5：3.90元

美育概论/余虹，罗金远主编.—武汉：湖北人民出版社，1990.4.—290页；大32开.—ISBN 7-216-00667-4：4.50元

逼近生活的第二自然——影视美/王蔚桦著.—贵阳：贵州人民出版社，1990.11.—108页；32开.（青少年美育丛书/伍治国主编）.—ISBN 7-221-02078-7：1.50元

蔡元培鲁迅的美育思想/孙世哲著.—沈阳：辽宁教育出版社，1990.12.—256页；大32开.—ISBN 7-5382-1364-3（精装）：6.00元

G40-02　教育哲学

现代教育价值论探寻/王坤庆著.—长沙：湖南教育出版社，1990.3.—197页；大32开.—（教育探索者丛书）.—ISBN 7-5355-1081-7：2.95元

教育伦理学/陈旭光主编.—天津：天津教育出版社，1990.10.—333页；大32开.—ISBN 7-5309-1033-7：4.80元

教育哲学/王为农，郑希晨主编.—哈尔滨：黑龙江教育出版社，1990.10.—330页；32开.—（黑龙江教育开发丛书·教育大系；7/李诚忠主编）.—ISBN 7-5316-1173-2：3.95元

本书探讨了教育哲学的范畴、内容、体系。

G40-03　教育学方法论、教育科学研究

与青年教师谈教书育人（一）/高孟元著.—开封：河南大学出版社，1990.8.—289页；32开.—ISBN 7-81018-542-X：3.20元

中外比较教育史/（加）许美德等著；朱维铮等译.—上海：上海人民出版社，1990.7.—456页；大32开.—（中国文化史丛书/周谷城主编）.—ISBN 7-208-00507-9：11.25元

书名原文：China's Education and the Industrialized World：Studies in Cuttural Transfer

从英才教育到创才教育/（日）小林由树子著；岩本宝林译.—上海：上海科学普及出版社，1990.6.253页；32开.—（创造学丛书/许立言主编）.—ISBN 7-5427-0275-0：3.50元

创造教育新论/陈民众著.—武汉：湖北教育出版社，1990.1.—266页；大32开.—ISBN 7-5351-0430-4：3.75元

教师切莫使学生变为废品/（日）松泽光雄著；刘庆桂等译.—长春：东北师范大学出版社，1990 6.130页；32开.—ISBN 7-5602-0414-7：2.00元

本书从正反两方面介绍了战后日本普通中学教育的经验教训，阐述了要想提高中学教育质量所应具备的条件。

教育艺术趣例/于文书，周晓光编著.—北京：兵器工业出版社，1990.3.—178页；32开.—ISBN 7-80038-177-3：2.50元

本书介绍了思想教育的艺术，书中选编了近200例古今中外饶有趣味的教育事例，分成7类，并对每个例子作了评注。

教育方法/林淑端，王红宇编著.—哈尔滨：黑龙江教育出版社，1990.6.—292页；32开.—（黑龙江教育开发丛书.教育大系；5/李诚忠主编）.—ISBN 7-

5316-1042-6：3.55元

本书探讨了对学生综合实施德育、智育、体育、美育和劳动技术教育的方法。

教育研究及其方法/叶澜著.一北京：中国科学技术出版社，1990.11.—276页；大32开.一(大学后教育书系·教师必读丛书).--ISBN 7-5046-0029-X：7.50元

本书分析了教育研究的对象与步骤，介绍不同研究阶段中的各种研究方法，以及教育研究的对象与步骤。

教育科学分支学科研究述略/成有信，靳希斌主编.一天津：天津教育出版社，1990.10.—411页；大32开.一(学术研究指南丛书).—ISBN 7-5309-0736-0(精装)：7.20元

教育科学发展的方法论问题/(苏)阿图托夫(Атутов，П.Р.)等主编；赵维贤，叶玉华译.北京：教育科学出版社，1990.6.—209页；大32开.ISBN 7-5041-0409-4：3.50元

书名原文：Методологические проблемы развития педагогической науки

本书讨论了教育科学方法论中迫切需要解决的问题——个性的全面发展、教育的综合方法、教学与生产劳动结合等。

教育科学研究法/郝德元，周谦编译.一北京：教育科学出版社，1990.3.—468页；大32开.—ISBN 7-5041-0207-5：7.80元

本书着重阐明教育科学研究的变量基本概念和实验研究技术对教育、教学实际问题的应用，介绍了一般教育科学研究应用的新技术和新方法。

G40-05　教育与其他科学的关系

教育与文化/肖川著.一长沙：湖南教育出版社，1990.3.—171页；大32开.一(教育探索者丛书).ISBN 7-5355-1080-9：2.60元

教育生态学/吴鼎福，诸文蔚著.一南京：江苏教育出版社，1990.11.—348页；大32开.一(当代教育新理论丛书/刘佛年主编).—ISBN 7-533-1157-8：3.95元

本书把教育放在自然环境、社会环境、规范环境中，研究述三种生态环境和人的生理、心理环境的各种生态因子与教育的相互关系。

教育思维学/施羽尧著.一哈尔滨：黑龙江教育出版社，1990.9.—462页；大32开.—ISBN 7-5316-1101-5：6.30元

教育科学与系统科学/安文铸著.一长春：吉林教育出版社，1990.12.—290页；大32开.—ISBN 7-5383-1177-7(精装)：5.75元

教育预测学/于清涟主编.一长春：东北师范大学出版社，1990.6.—291页；大32开.—ISBN 7-5602-0432-5：3.95元

STS教育的理论和实践/STS教育研究小组编译.杭州：浙江教育出版社，1990.7.—279页；大32开.(教育改革理论和实践丛书).—ISBN 7-5338-0672-7：2.00元

本书分理论探讨、专家意见和教学实例3篇。从理论和实践两个方面汇集了国内外有关STS教育研究的最新成果，反映了国际科学教育研究领域一种新的改革潮流。

G40-051　教育统计学

实用教育统计/王学兰，孔祥斌主编.一北京：科学普及出版社，1990.6.—295页；32开.—ISBN 7-110-01598-X：3.60元

教育与心理统计简明教程/魏华忠编著.一大连：大连海运学院出版社，1990.3.—266页；32开.—ISBN 7-5632-0145-9：4.50元

教育统计和教学测量/李国岚编著.一北京：北京科学技术出版社，1990.10.—252页；32开.—ISBN 7-5304-0844-5：4.70元

教育统计学/杨宗义主编.一重庆：科学技术文献出版社重庆分社，1990.8.—307页；16开.—ISBN 7-5023-1170-X：6.30元

教育统计学/张慧玲主编.一北京：机械工业出版社，1990.7.—236页；32开.一机械电子工业部机电行业专业管理人员岗位培训教材.—ISBN 7-111-02302-1：4.20元

教育统计、测量与评价/戴忠恒编著.一北京：中国科学技术出版社，1990.9.—334页；大32开.一(大学后教育书系·教师必读丛书).—ISBN 7-5046-0082-2：10.50元

本书论述教育科研的一般方法，内容包括描述统计、推断统计、实验设计原理、抽样方法等。

教育管理统计学/陈东，陈志成主编.一青岛：青岛海洋大学出版社，1990.12.—394页；大32开.—ISBN 7-81026-133-9：5.50元

教育管理统计基础/赵开华主编.一南京：河海大学出版社，1990.3.—302页；32开.—ISBN 7-5630-0275-8：3.50元

G40-052　教育社会学

社会发展与教育：教育的社会功能及战略目标/连瑞庆著.一天津：天津教育出版社，1990.6.—191页；大32开.一(百年大计丛书).—ISBN 7-5309-0930-4：3.80元

本书论述了教育与物质生产、精神生产、人口生产、人类生存环境的关系，教育与政治、教育与人类发展的关系。在此基础上提出了教育发展战略的四项目标和总体目标。

教育社会学/董泽芳编著.一武汉：华中师范大学出版社，1990.9.—320页；大32开.—ISBN 7-5622-0576-0：2.50元

教育社会学/鲁洁主编.一北京：人民教育出版社，1990.10.—656页；大32开.一高等学校文科教材.ISBN 7-107-7088-6：5.95元

G40-054　教育经济学

人力资本投资：教育和研究的作用/（美）舒尔茨（S-chutz，T.W.）著；蒋斌，张蘅译.—北京：商务印书馆，1990.8.—200页；大32开.—ISBN 7-100-00771-2：2.40元

书名原开：Investment in Hwman Eapital

中国教育经济学/左宪棠等著.—北京：中国商业出版社，1990.10.—276页；32开.—ISBN 7-5044-0833-6：4.00元

西方教育经济学流派/曾满超等译.—北京：北京师范大学出版社，1990.9.—428页；大32开.—ISBN 7-303-00367-3：3.10元

教育经济学/贾奉章著.—哈尔滨：黑龙江人民出版社，1990.12.—274页；32开.—ISBN 7-207-01806-1：4.50元

简明教育经济学/岳庭耀编著.—开封：河南大学出版社，1990.6.—269页；大32开.—ISBN 7-81018-456-3：3.50元

G40-057　教育技术学

科学技术教育学引论/曾德聪，雷德森编著.—福州：福建教育出版社，1990.6.—340页；大32开.—ISBN 7-5334-0745-8：4.55元

教育工程学/张家全编著.—哈尔滨：黑龙江教育出版社，1990.2.—380页；大32开.—（现代教育科学丛书/滕纯主编）.—ISBN 7-5316-0648-8：5.40元

G40-09　教育学史、教育思想史

马克思主义教育思想史初编/车树实著.—南宁：广西教育出版社，1990.12.—413页；大32开.—ISBN 7-5435-0764-1：5.25元

古代教育家言论编注/赵运中等主编.—北京：新华出版社，1990.8.—326页；32开.—ISBN 7-5011-0482-2：4.75元

当代世界教育思想发展趋势/张渭城著.—北京：开明出版社，1990.9.—83页；32开.—（教育教学小丛书；1）.—ISBN 7-8077-006-0：1.15元

当代苏联教育家的新思想/毕淑芝等编著.—上海：上海教育出版社，1990.1.—282页；32开.—ISBN 7-5320-1539-4（精装）：8.85元

本书介绍了苏霍姆林斯基（Васирь·Арeксандр·Сухомлинский，1918～1970）等三位教育家的生平及其教育理论。

现代大教育观：中外名家教育思想研究/杨鑫辉等编著.—南昌：江西教育出版社，1990.11.—593页；大32开.—（现代大教育观丛书）.—ISBN 7-5392-0869-4：7.50元

现代外国教育思潮/曹延亭编著.—长春：东北师范大学出版社，1990.6—301页；大32开.—ISBN 7-5602-0366-3：4.50元

明代教育论著选/高时良主编.—北京：人民教育出版社，1990.10.—697页；大32开.—（中国古代教育论著丛书）.—ISBN 7-107-10402-0（精装）：13.40元

本书选编明代50余位教育家、思想家有关教育的论著，约400余篇。

教育与现代西方思潮/赵修义，邵瑞欣著.—北京：中国科学技术出版社，1990.9.—285页；大32开（大学后教育书系·教师必读丛书）.—ISBN 7-5046-0085-7：6.20元

本书对从尼采到西方未来学的有代表性的主要流派进行了介绍。

著名无产阶级教育家教育思想史/李彦福编著.—南宁：广西人民出版社，1990.6.—277页；32开.—ISBN 7-219-01578-X：3.25元

本书系统地介绍了毛泽东、徐特立、刘伯承等10位老一辈无产阶级革命家、教育家的生平和教育活动，论述了他们教育思想发展的历史。

清代前期教育论著选　上册/李国钧主编.—北京：人民教育出版社，1990.2.—492页；大32开.—（中国古代教育论著丛书）.—ISBN 7-107-10410-1（精装）：10.00元

本书选辑从清朝建立（1636）至鸦片战争（1840）这200年间教育家、思想家、政治家、文学家和科学家等人的有关教育论著。

清代前期教育论著选　上册/李国钧主编.—北京：人民教育出版社，1990.2.—492页；大32开.—（中国古代教育论著丛书）.—ISBN 7-107-10409-8：7.75元

清代前期教育论著选　中册/李国钧主编.—北京人民教育出版社，1990.2.—451页；大32开.—（中国古代教育论著丛书）.—ISBN 7-107-10548-5（精装）：9.35元

清代前期教育论著选　中册/李国钧主编.—北京：人民教育出版社，1990.2.—451页；大32开.—（中国古代教育论著丛书）.—ISBN 7-107-10547-7：7.05元

清代前期教育论著选　下册/李国钧主编.—北京：人民教育出版社，1990.2.—571页；大32开.—（中国古代教育论著丛书）.—ISBN 7-107-10412-8（精装）：11.00元

清代前期教育论著选　下册/李国钧主编.—北京：人民教育出版社，1990.2.—571页；大32开.—（中国古代教育论著丛书）—.ISBN7-107-10411-X：8.65元

G40-53　教育学文集

邓小平同志论教育/邓小平著；中共中央文献研究室编.—北京：人民教育出版社，1990.8.—184页；

大32开.—ISBN 7-107-10727-5：2.95元

本书选用邓小平同志自1951年至1989年关于教育问题的讲话、谈话和题词等共38篇。

叶圣陶教育文集/叶圣陶著；杜草甬，商金林编.郑州：河南教育出版社，1990.8.—396页；大32开.—ISBN 7-5347-1239-9（精装）：7.00元

本书编入叶圣陶1919年至1984年间论述教育问题的论文、短评、散文、书信和诗等124篇。

外国教育论著选/赵荣昌，张济正主编.—南京：江苏教育出版社，1990.7.—996页；大32开.—ISBN 7-5343-0941-7：11.00元

本书选收近现代外国著名教育家有代表性的教育论著70多篇。

皮亚杰教育论著选/（瑞士）皮亚杰（Piaget，J.）著；卢濬选译.—北京：人民教育出版社，1990.12.—262页：照片；大32开.—（外国教育名著丛书）.—ISBN 7-107-10704-6（精装）：6.65元；（平装）：4.35元

本书选择了作者的8篇文章，分别论述了儿童认知的发展、教学与发展、心理学与教育学等方面的问题，提出了许多有创造性的教育观点。

杨松轩教育文选/杨松轩著；渭南地区教育局，华县文化教育委员会编.—西安：陕西人民出版社，1990.11.—384页；大32开.—ISBN 7-224-01262-9：6.50元

金海观教育文选/金海观著；浙江省湘湖师范学校编.—杭州：浙江教育出版社，1990.9.—298页；大32开.—ISBN 7-5388-0690-5：2.75元

科学与教育/（英）托·亨·赫胥黎著；单中惠，平波译.—北京：人民教育出版社，1990.5.—298页：照片；大32开.—（外国教育名著丛书）.—ISBN 7-107-10508-6：5.30元

本书选收作者论述教育问题的主要讲演和文章17篇。

闻一多教育文集/闻一多著，刘烜选编.—南京：江苏教育出版社，1990.8.—259页；大32开.—ISBN 7-5343-1121-7：3.80元

教育学文集　第10卷：教学　下册/瞿葆奎等选编.—北京：人民教育出版社，1990.9.—743页；大32开.—ISBN 7-107-10382-2：10.80元

教育学文集　第14卷：教育制度/瞿葆奎主编；黄荣昌等选编.—北京：人民教育出版社，1990.5.664页；大32开.—ISBN 7-107-10438-1：9.75元

教育学文集　第19卷：美国教育改革/瞿葆奎主编；马骥雄选编.—北京：人民教育出版社，1990.8.—703页；大32开.—ISBN 7-107-10431-4：10.25元

傅任敢教育文选/傅任敢著；程禹文编.—北京：教育科学出版社，1990.6.—271页；大32开.—ISBN 7-5041-0402-7：6.00元

本书编选了傅任敢1929～1982年发表的文章、讲话、译著共40余篇。

雷沛鸿文集　下册/雷沛鸿著；韦善美主编.—南宁：广西教育出版社，1990.9.—617页；大32开.ISBN 7-5435-1019-7（精装）：10.55元

雷沛鸿文集　下册/雷沛鸿著；韦善美主编.—南宁：广西教育出版社，1990.9.—617页；大32开.ISBN 7-5435-1018-9：7.55元

G40-61　教育学参考工具书

简明国际教育百科全书：教学　上册/中央教育科学研究所比较教育研究室编译.—北京：教育科学出版社，1990.6.—422页；大32开.—（东西方教育丛书/周南照，杨典求主编）.—ISBN 7-5041-0384-5：10.50元

简明国际教育百科全书：教学　下册/中央教育科学研究所比较教育研究室编译.—北京：教育科学出版社，1990.6.—458页；大32开.—（东西方教育丛书/周南照，杨典求主编）.—ISBN 7-5041-0385-3：11.50元

德汉学校教育学小词典/（联邦德国）哈同等编著.—上海：华东师范大学出版社，1990.4.—122页；大32开.—ISBN 7-5617-0559-X：2.50元

G41　思想政治教育、德育

儿童德育概论/冯华编著.—杭州：浙江少年儿童出版社，1990.6.—265页；32开.—ISBN 7-5342-0618-9：2.40元

广州市学校德育系统设计方案/郭焕之等主编.—2版.—广州：广东高等教育出版社，1990.8.—174页；32开.—ISBN 7-5361-0415-4：2.10元

本书1989年11月第1版。

中外教育家德育思想荟萃/姚文俊，谢励武主编.开封：河南大学出版社，1990.8.—380页；32开.（小学德育丛书）.—ISBN 7-81018-538-1：4.00元

学苑通览/巩庆海等主编.—北京：轻工业出版社，1990.3.—324页；大32开.—ISBN 7-5019-0875-3：3.95元

本书把大中专学生的思想政治工作作为一个系统工程，围绕培育四有新人的中心任务，多侧面、多层次的研究和阐述了学生们如何立志、成才、交际、选择职业等等。

学校青年工作研究/李正慈，植明主编.—广州：中山大学出版社，1990.3.—199页；32开.—ISBN 7-306-00309-7：2.50元

学校德育工作指南/刘锡祥主编.—北京：海洋出版社，1990.3.—256页；32开.—ISBN 7-5027-0954-1：2.00元

学校德育新探/陆冠群，秦国雄主编.—桂林：广西师范大学出版社，1990.3.—234页；32开.—（基础教育研究丛书）.—ISBN 7-5633-0750-8：3.20元

政治导学手册/蒋金镛主编.—北京：北京工业大学

出版社，1990.5.—123页；32开.—ISBN 7-5639-0105-1：1.60元

政治思想教育讲座/徐玉坤主编.—开封：河南大学出版社，1990.3.—417页；大32开.—ISBN 7-81018-424-5：4.60元

政治思想道德修养/王向雷，段洪主编.—长春：吉林大学出版社，1990.6.—432页；32开.—ISBN 7-5601-0527-0：5.00元

爱国主义教育手册/北京师范大学教育系教育史教研室主持编写.—昆明：云南少年儿童出版社，1990.8.—893页；大32开.—ISBN 7-5414-0514-0：13.50元

简明德育读本/温达文等主编.—南宁：广西人民出版社，1990.8.—356页；32开.—ISBN 7-219-01622-0：3.80元

新编德育纲要/李安民主编.—哈尔滨：东北林业大学出版社，1990.8.—263页；32开.—ISBN 7-81008-157-8：3.70元

福建省学生军训论文集：1985～1990/张乐天主编.—厦门：厦门大学出版社，1990.12.—117页；32开.—ISBN 7-5615-0353-9：1.80元

德育工作理论与实践/张茵，邓志远主编.—长春：吉林教育出版社，1990.12.—282页；32开.—ISBN 7-5383-1174-2：3.00元

德育师资培训教材/山东省教委普教处编.—青岛：青岛海洋大学出版社，1990.1.—242页；32开.—ISBN 7-81026-006-5：1.50元

德育实论：学校德育工作的科学化途径/冯忠汉著.—北京：教育科学出版社，1990.9.—274页；32开.—ISBN 7-5041-0686-7：3.60元

德育理论与实践/宋人鳌等主编.—沈阳：白山出版社，1990.10.—255页；32开.—ISBN 7-80566-154-5：3.20元

G42　教学理论

当代国外教学论流派/吴文侃主编.—福州：福建教育出版社，1990.9.—472页；大32开.—ISBN 7-5334-0585-4：5.40元

本书选编了当代国外影响较大的14位教育家的教学理论。

全息教学论原理/刘宗寅，秦荃田著.—济南：山东大学出版社，1990.9.—181页；32开.—ISBN 7-5607-0384-4：3.50元

讲授学/秦朝泰，王德民主编.—南宁：广西人民出版社，1990.7.—356页；32开.—ISBN 7-219-01633-6：4.35元

罗杰斯“学生为中心”教学理论述评/方展画著.—北京：教育科学出版社，1990.7.—189页；32开.—ISBN 7-5041-6324-X：2.60元

教与学中的逻辑艺术/帅宝强，徐方强主编.—北京：北京师范大学出版社，1990.6.—350页；32开.（逻辑应用多视角丛书/苏越主编）.—ISBN 7-303-00878-0：4.50元

教学论/唐文中主编.—哈尔滨：黑龙江教育出版社，1990.9.—417页；大32开.—ISBN 7-5316-1163-5：5.80元

本书包括了教学的目的、内容、过程、模式、原则、方法、手段、组织形式、检查与评价、教学艺术等13章。

教学信息论/张铁明著.—南京：江苏教育出版社，1990.12.—291页；大32开.—（当代教育新理论丛书/刘佛年主编）.—ISBN 7-533-1178-0：3.30元

教学美学/樊德三主编.—徐州：中国矿业大学出版社，1990.7.—194页；32开.—ISBN 7-81021-408-X：2.50元

教学概论/徐名滴编著.—广州：广东教育出版社，1990.3.—210页；大32开.—（学科教育新理论丛书）.—ISBN 7-5406-1147-2：3.30元

G420　教学研究和改革

大面积提高教学质量的探索/陆冠群，秦国雄主编.—桂林：广西师范大学出版社，1990.12.—228页；32开.—（基础教育研究丛书）.—ISBN 7-5633-1016-9：2.80元

学校内部体制改革理论与实践/赵学华，徐凤云著.—北京：北京大学出版社，1990.3.—548页；大32开.—ISBN 7-301-01158-X：6.90元

教育实习实用教程/王锡湖，李铭新主编.—青岛：青岛海洋大学出版社，1990.7.—218页；32开.—ISBN 7-81026-066-9：2.30元

教育研究与教育改革/金一鸣，钱景舫编.—上海：华东师范大学出版社，1990.4.—363页；大32开.—ISBN 7-5617-0619-7：3.80元

教学设计/刘高信编著.—南昌：江西科学技术出版社，1990.3.—328页；大32开.—ISBN 7-5390-0291-3：5.60元

G424　教学法和教学组织

中小学教学管理参考/宋正友编.—长春：吉林教育出版社，1990.10.—211页；32开.—ISBN 7-5383-1167-X：1.80元

中外实用教学方法手册/钟以俊编著.—南宁：广西教育出版社，1990.10.—346页；大32开.—ISBN 7-5435-1041-3：4.60元

本书收入了300种中外实用教学方法，较系统全面地介绍了中外教学方法。

计算机在考试管理中的应用/国家教育委员会考试管理中心主编；杨明福等编.—北京：高等教育出版社，1990.8.—141页；大32开.—ISBN 7-04-003219-8：1.40元

目标教学课例集锦/晁在瑞，贺恩山主编.一开封：河南大学出版社，1990.10.—302页；大32开.—(教学目标管理丛书).—ISBN 7-81018-533-0：4.00元

考试方法/王建新等编著.一哈尔滨：黑龙江科学技术出版社，1990.3.—169页；32开.—(考试对策丛书；3/郑日昌主编).—ISBN 7-5388-1037-4：1.90元

本书深入研究了如何提高考试的自信度，对目前方兴未艾的标准化考试作了较为详尽的介绍和深入的研究。

考试心理·营养指导/任国华，陆瑞芳著.一上海：上海科学技术出版社，1990.2.—160页；32开.—ISBN 7-5323-1553-3：1.80元

本书论述了如何作好考试前的心理准备，如何排除考试中出现的心理障碍，如何增强考生的心理承受能力，及考生考试前后的营养需要。

考试的统计分析方法/国家教育委员会考试管理中心主编；李伟明等编.一北京：高等教育出版社，1990.8.—259页；大32开.—ISBN 7-04-003221-X：2.30元

考试的教育测量学基础/国家教育委员会考试管理中心主编；郑日昌等编.一北京：高等教育出版社，1990.8.—214页；大32开.—ISBN 7-04-003220-1：1.95元

讲课方法艺术论/郭政著.一兰州：甘肃人民出版社，1990.8.—431页；32开.—ISBN 7-226-00647-2：4.90元

听课评点记录/《听课评点记录》编写组编.一上海：上海教育出版社，1990.8.—94页；大32开.ISBN 7-5320-2014-2：1.15元

改革课堂教学结构的理论与实践/崔同沛主编.一西安：陕西人民教育出版社，1990.7.—309页；32开.ISBN 7-5419-1767-2：3.15元

标准化考试/国家教育委员会考试管理中心主编；张敏强，刘昕编.一北京：高等教育出版社，1990.8.—185页；大32开.—ISBN 7-04-003222-3：1.75元

测验等值/( )Holland，P.W，( )Rubin，D.B.编；叶佩华等译.一广州：广东高等教育出版社，1990.7.—346页；32开.—ISBN 7-5361-0496-0：3.58元

本书包括ETS的某些等值程序的分析、题目反应理论等值方法和测验等值的新方法等内容。

课堂教学策略/(美)保罗·D.埃金等著；王维城等译.一北京：教育科学出版社，1990.7.—354页；32开.—ISBN 7-5041-0180-X：4.65元

本书介绍可供教师选用的六种课堂教学模式，分析各种教学模式的特点、结构，以及运用这些模式的要求等。

教育实习学/盛忠兴主编.一长沙：中南工业大学出版社，1990.1.—348页；32开.—ISBN 7-81020-284-7：3.00元

教学方法与人才培养/冯清先著.一北京：解放军出版社，1990.1.—179页；32开.—ISBN 7-5065-1243-3：2.70元

教学方法论导论/汪馥郁主编.一北京：中国经济出版社，1990.1.—273页；大32开.—ISBN 7-5017-0551-8：5.00元

教学法集锦/《教学法集锦》编写组编.一南昌：江西教育出版社，1990.5.—236页；32开.—江西省中等师范学校补充教材.—ISBN 7-5392-0854-6：2.10元

教研组概论/黄明瑞，熊淼如主编.一南宁：广西教育出版社，1990.8.—371页；大32开.—ISBN 7-5435-0987-3：4.55元

G427　各科教学法（分科教学法）

河北省特级教师经验选编/沈金海等编.一石家庄：河北教育出版社，1990.12.—411页；32开.—ISBN 7-5434-0308-0：3.55元

学科教学论概论/彭水渭主编.一大连：大连出版社，1990.12.—295页；32开.—ISBN 7-80555-331-1：3.90元

语文教育板书学/王松泉著.一大连：大连出版社，1990.3.—272页；32开.—ISBN 7-80555-275-4：4.95元

数学教育学概论/余致甫主编.一上海：华东化工学院出版社，1990.7.—311页；大32开.—高等师范院校试用教材.—ISBN 7-5628-0115-0：4.50元

G43　电化教育

电化教育研究与实践：全国工科高校电教文集/全国工科高校电教协作组编.一北京：清华大学出版社，1990.11.—481页；大32开.—ISBN 7-302-00834-5：7.00元

教育传播科学研究方法/李克东编著.一北京：高等教育出版社，1990.3.—475页；大32开.—高等学校教材.—ISBN 7-04-002596-5：3.75元

本书内容包括：教育传播科学研究方法的基本原理与研究设计、资料的收集、专门研究方法、资料的处理与分析、计算机在教育传播研究中的应用等5个部分。

教育技术/王焕武，宫立都编著.一哈尔滨：黑龙江教育出版社，1990.7.—511页；32开.—(黑龙江教育开发丛书/陈龙俊主编).—ISBN 7-5316-1050-7：5.75元

教学媒体与教学设计/中华人民共和国国家教育委员会电化教育司编译.一北京：高等教育出版社，1990.2.—254页；大32开.—ISBN 7-04-003097-7：2.70元

G431　视听教学（电化教学）

中小学电化教育/吴广勋主编.—沈阳：沈阳出版社，1990.9.—441页；32开.—ISBN 7-80556-461-2：5.60元

电化教育实用教程/李元正主编.—北京：气象出版社，1990.7.—167页；16开.—ISBN 7-5029-0477-8：5.90元

电化教育基础/湖北省电化教育基础教材编写组编.—武汉：武汉测绘科技大学出版社，1990.8.255页；32开.—湖北省中师教材.—ISBN 7-81030-041-5：2.70元

电化教育管理概论/孙天正主编.—北京：高等教育出版社，1990.5.—363页；大32开.—高等学校教材.—ISBN 7-04-002921-9：3.10元

电视教材文字稿本的编写/周君达著.—北京：高等教育出版社，1990.7.—173页；32开.—（电化教育丛书/南国农等主编）.—ISBN 7-04-001935-3：1.70元

本书首先介绍电视教材的作用、特点，如何选题、要做哪些准备工作，然后详细讲述了画面、解说词的编写及声音的处理。

实用电教手册/周仲编.—上海：上海科学技术文献出版社，1990.4.—522页；32开.—ISBN 7-80513-505-3：8.60元

实用电教基础/杨永乐等编.—南京：江苏教育出版社，1990.8.—155页；32开.—三年制中等师范学校课本.—ISBN 7-5343-1091-1：1.30元

基础电化教育学/肖恕等编著.—武汉：中国地质大学出版社，1990.1.—389页；32开.—ISBN 7-5625-0394-X：3.80元

G434　电子计算机辅助教学

计算机与教育/傅德荣编著.—武汉：华中师范大学出版社，1990.11.—297页；大32开.—ISBN 7-5622-0598-1：2.50元

计算机辅助教育/万嘉若主编.—北京：中国科学技术出版社，1990.11.—331页；大32开.—（大学后教育书系·教师必读丛书）.—ISBN 7-5046-0081-4：8.95元

本书介绍有关计算机辅助教育方面的基础理论知识和现代应用技术。

实用计算机辅助教学/王淑芬编著.—北京：宇航出版社，1990.3.—261页；32开.—ISBN 7-80034-194-1：3.90元

G44　教育心理学

儿童教育心理学应用指要/李镜流著.—北京：光明日报出版社，1990.6.—193页；32开.—（小学教育科学丛书）.—ISBN 7-80014-573-5：3.10元

大学生心理学/杨鑫辉等编著.—南昌：江西高校出版社，1990.11.—311页；32开.—高等学校教师岗位培训用书.—ISBN 7-81033-039-X：4.40元

大学生心理学/李健荣等主编.—西安：陕西人民出版社，1990.6.—373页；32开.—ISBN 7-224-01291-2：4.40元

中学教育心理学/杨玉棠主编.—沈阳：辽宁大学出版社，1990.11.—328页；32开.—ISBN 7-5610-1109-1：3.90元

心理教育问题引论/陈孝禅编著.—长沙：湖南教育出版社，1990.3.—345页；大32开.—ISBN 7-5355-1088-4：5.70元

创造性思维的发展与教学/张德琇著.—长沙：湖南师范大学出版社，1990.8.—338页；大32开.—ISBN 7-81031-015-1：6.10元

完善你自己：中学生心理百题/沈曙虹主编.—南京：南京出版社，1990.10.—229页；32开.—ISBN 7-80560-275-1：2.50元

青少年儿童心理与教育/陈英和等编著.—北京：中央广播电视大学出版社，1990.11.—267页；32开.《现代家政教育讲座》教材.—ISBN 7-304-00511-4：3.65元

学校心理咨询/朱永新著.—南京：江苏教育出版社，1990.4.—193页；32开.—ISBN 7-5343-0952-2：1.90元

本书重点介绍了学校心理咨询的准备与实施过程，学校心理咨询的主要内容和原则，以及测量学生心理发展水平的主要方法。

教育心理学参考资料选辑/邵瑞珍等编.—上海：上海教育出版社，1990.4.—532页；大32开.—ISBN 7-5320-1614-5：3.85元

G441　教学心理学（课堂教育心理学）

应用教学心理学/廖正峰主编.—上海：华东师范大学出版社，1990.8.—288页；32开.—ISBN 7-5617-0665-0：2.90元

课堂教学管理心理/陈安福，何毓智编著.—成都：四川教育出版社，1990.5.—295页；大32开.—ISBN 7-5408-1286-9：3.60元

教师应用心理学/（英）恰尔德（Child, D.）著；蔡笑岳，胡志译.—重庆：科学技术文献出版社重庆分社，1990.9.—160页；32开.—ISBN 7-5023-1179-3：2.00元

教师教育机智与技巧200例：开启教育智慧的钥匙/中国心理学会教育心理专业委员会教师心理教育机

智课题组编.—成都：电子科技大学出版社，1990.8.—300页；32开.—ISBN 7-81016-255-1：3.50元

G442 学习心理学

了解·理解·引导：青少年学习中的心理学问题/李蔚编著.—北京：新华出版社，1990.4.—303页；32开.—ISBN 7-5011-0565-0：3.10元

考试心理学/陈友新，王建新著.—哈尔滨：黑龙江科学技术出版社，1990.3.—344页；32开.—(考试对策丛书；1/郑日昌主编).—ISBN 7-5388-1035-8：3.50元

考试焦虑的诊断与治疗/郑日昌，陈永胜编著.—哈尔滨：黑龙江科学技术出版社，1990.3.—130页；32开.—(考试对策丛书；2/郑日昌主编).—ISBN 7-5388-1036-6：1.90元

本书综合了心理学、教育学、心理与教育测量学的基本知识。

青年学习心理学/王廷芳编著.—厦门：厦门大学出版社，1990.10.—232页；32开.—ISBN 7-5615-0341-5：3.20元

学与教的心理学/邵瑞珍主编.—上海：华东师范大学出版社，1990.10.—401页；大32开.—高等师范院校教材.—ISBN 7-5617-0621-9：2.84元

学习心理学/万云英著.—长春：吉林教育出版社，1990.5.—267页；32开.—(应用心理学丛书/车文博主编).—ISBN 7-5383-1035-5：3.50元

轻松用功术：学生心理训练技巧/(日)多湖辉著；史途译.—北京：世界图书出版公司，1990.1.—176页；32开.—ISBN 7-5062-0562-9：3.30元

本书作者运用心理学、生理学和辩证法的知识，介绍了175个简明实用的学习窍门。

教与学心理导论/王新如著.—北京：中国商业出版社，1990.12.—278页；32开.—ISBN 7-5044-0773-9：4.00元

G447 学科心理学

小学作文教学心理学/张庆林等著.—昆明：云南教育出版社，1990.5.—255页；大32开.—(应用教育科学书系/张燮，王伟廉主编).—ISBN 7-5415-0297-9：3.90元

本书介绍了国内外关于小学作文教学的心理学研究成果，探讨了构成作文能力的心理因素以及这些因素之间的相互作用和发展规律。

小学数学心理学讲话/翁抗生，陈高编著.—广州：广东科技出版社，1990.6.—195页；32开.—ISBN 7-5359-0507-2：2.05元

小学数学教学心理学/成都市教委师训处编.—成都：四川教育出版社，1990.3.—291页；32开.—ISBN 7-5408-1319-9：2.80元

G449 教育测验与评估

儿童基本概念的测试/朱家雄，陆建身编.—上海：上海科技教育出版社，1990.3.—77页；32开.—(了解你的孩子丛书).—ISBN 7-5428-0344-1：0.92元

成人智商自测/龚康平编译.—上海：上海翻译出版公司，1990.3.—246页；32开.—ISBN 7-80514-228-9：2.60元

向地球冲击/(日)多湖辉编；张禹新编译.—北京：科学普及出版社，1990.3.—112页；32开.—(智育小丛书；9).—ISBN 7-110-01687-0：2.50元

你也能成为智星/五四青年智力竞赛办公室编.—北京：中国青年出版社，1990.5.—233页；32开.—ISBN 7-5006-0627-3：2.80元

本书收入第五届五四青年智力竞赛上使用的试题600多道。

学校教育评价/林昌华编著.—成都：四川大学出版社，1990.5.—341页；32开.—ISBN 7-5614-0302-X：3.50元

测一测你的聪明/蒋星五等编著.—北京：气象出版社，1990.2.—129页；32开.—ISBN 7-5029-0324-0：1.85元

本书选编了具有一定科学性和知识性的200个益智趣味题。

教育评价百问：普通教育评价科学基本理论与方法/宋伏秋等编著.—石家庄：河北教育出版社，1990.9.—241页；32开.—ISBN 7-5434-0884-8：2.30元

梦幻智力测验题/(日)多湖辉著；陈禾译.—北京：科学普及出版社，1990.11.—101页；32开.—(智育小丛书；6).—ISBN 7-110-01581-5：1.55元

智力竞赛知识手册/秋石主编.—长春：吉林人民出版社，1990.4.—562页；32开.—ISBN 7-206-00733-3：6.50元

智商测验200题：续/王家民，王友诊编著.—上海：同济大学出版社，1990.7.—156页；32开.—ISBN 7-5608-0577-9：2.25元

趣味智力乐园/(苏)特鲁涅夫著；傅敏译.—武汉：湖北教育出版社，1990.8.—95页；32开.—ISBN 7-5351-0524-6：1.15元

本书分问与答、动脑筋、填空格、数学游戏及逻辑推理5部分。

G45 教师与学生

中国班主任学/辛旸编著.—长春：吉林教育出版社，1990.3.—544页；大32开.—ISBN 7-5383-0938-1：6.80元

师德/王成学，焦殿军编著.—哈尔滨：黑龙江教育出版社，1990.9.—238页；32开.—ISBN 7-5316-1169-4：2.60元

本书分绪论、我国古今师德说、崇高的职业、师德内容、教师的权威等11章。

园丁颂/河南省中小学幼儿教师奖励基金会编.—郑州：河南教育出版社，1990.8.—313页；大32开.ISBN 7-5347-0908-3：2.85元

本书是河南省一本歌颂优秀教师和教育工作者先进事迹的通讯集。

奉献之歌/吉林省教育委员会编.—长春：吉林教育出版社，1990.8.—299页；32开.—ISBN 7-5383-1089-4：3.20元

本书汇集了吉林省部分优秀教师的先进事迹。

实用班主任工作问答/武兴元著.—大连：大连出版社，1990.2.—203页；32开.—ISBN 7-80555-286-X：2.70元

学生论/邵明德等编著.—北京：教育科学出版社，1990.9.—266页；32开.—ISBN 7-5041-0575-9：2.60元

怎样当教师：教育随笔/魏全瑞，杨志中编.—西安：陕西人民教育出版社，1990.6.—219页；32开.ISBN 7-5419-0992-0：2.80元

班主任大全/张庆远等主编.—成都：四川大学出版社，1990.6.—593页；32开.—ISBN 7-5614-0311-9：6.00元

班主任学/李廷和，徐延庆主编.—大连：大连出版社，1990.2.—444页；32开.—ISBN 7-80555-251-7：5.40元

本书系统而全面地简述了班主任工作的基础理论、基础知识和基本技能。

教师口才修培/吴天锡等编著.—北京：中国城市经济社会出版社，1990.4.—211页；32开.—ISBN 7-5074-0361-0：2.45元

教师必备/符祖钦等主编.—桂林：广西师范大学出版社，1990.8.—202页；32开.—(学生·家长·教师实用知识丛书/云耀林主编).—ISBN 7-5633-0902-0：2.15元

教师师德修养简论/俞建明等编著.—杭州：浙江大学出版社，1990.7.—67页；32开.—教育科学研究.ISBN 7-308-00573-9：1.40元

教师伦理学/吴灿华主编.—武汉：华中师范大学出版社，1990.10.—276页；32开.—ISBN 7-5622-0454-3：2.90元

教师的艺术/刘德贵编著.—成都：四川科学技术出版社，1990.4.—228页；32开.—ISBN 7-5364-1603-2：2.50元

教师修养/刘大文主编.—北京：电子工业出版社，1990.2.—247页；32开.—ISBN 7-5053-0837-8：2.95元

本书阐明了教师修养的意义、教师修养的结构和教师修养的途径及方法。

教师素质学/张承芬主编.—济南：济南出版社，1990.7.—341页；大32开.—ISBN 7-80572-234-X：4.60元

教师道德论/张贵仁主编.—大连：大连海运学院出版社，1990.8.—280页；32开.—ISBN 7-5632-0219-6：3.50元

教师道德学/亓子杰，王庆之主编.—济南：山东人民出版社，1990.2.—312页；大32开.—ISBN 7-209-00622-2：4.40元

教师道德概论/刘森，马民生主编.—石家庄：河北人民出版社，1990.4.—230页；32开.—高等师范思想政治教育课程系列教材.—ISBN 7-202-00631-6：2.95元

教师道德概论/陈兴莲，贾献文编著.—北京：北京师范学院出版社，1990.12.—220页；32开.—ISBN 7-81014-528-2：2.50元

教师ABC/杨述圣主编.—海口：南海出版公司，1990.10.—408页；32开.—ISBN 7-80570-111-3：4.50元

新时期班主任工作/王宝祥著.—呼和浩特：内蒙古教育出版社，1990.5.—261页；大32开.—(百年大计丛书).—ISBN 7-5311-1087-3：4.15元

塑造美好的心灵：续集/中共江西省委宣传部，江西省教育委员会编.—南昌：江西教育出版社，1990.1.—168页；大32开.—ISBN 7-5392-0693-4：1.90元

德国教师培养指南/(德)第斯多惠著；袁一安译.—北京：人民教育出版社，1990.11.—204页：照片；大32开.—(外国教育名著丛书).—ISBN 7-107-10589-2：3.90元

本书是19世纪德国杰出教育家第斯多惠的代表作。本书阐明了作者关于教学的一般任务和原则的进步观点，系统地阐述了教育的基本问题，总结出33条教学的规则与原则，继承和发展了裴斯泰洛齐教学法原理，提出了许多精辟见解。

G459　学校与家庭、学校与社会

学校来信：对学生撒谎、抽烟、烦闷、青春期等问题的讨论/(英)约翰·雷著；王路，文心译.—北京：中国社会科学出版社，1990.2.—210页；32开.ISBN 7-5004-0661-4：3.00元

校长·教师·家长·学生/(美)杰克·格林斯坦著；周若龄，郭尚兴译.—开封：河南大学出版社，1990.12.—220页；大32开.—ISBN 7-81018-416-4：2.90元

G46　教育行政

中小学教育评估/赵承福主编.—济南：山东教育出

版社，1990.7.—1168页；大32开.—ISBN 7-5328-0933-1（精装）：15.10元

中小学教育评价与督导/梁伯奇，张启瑞主编.—开封：河南大学出版社，1990.3.—443页；32开.—ISBN 7-81018-450-4：3.90元

中小学教育评价基础/陕西省教育科学研究所编.西安：陕西人民教育出版社，1990.10.—161页；32开.—ISBN 7-5419-1156-9：1.80元

现代教育行政学概论/江月孙，陈德祥编著.—广州：广东高等教育出版社，1990.7.—255页；32开.ISBN 7-5361-0538-X：3.50元

教育计划管理研究/徐玉坤主编.—开封：河南大学出版社，1990.8.—232页；大32开.—ISBN 7-81081-537-3：2.50元

教育督导手册/杨海榕等主编.—太原：山西教育出版社，1990.9.—554页；32开.—ISBN 7-80578-336-5：4.80元

教育督导概论/黄昌明，王景孟主编.—济南：山东教育出版社，1990.7.—295页；32开.—ISBN 7-5328-0926-9：2.60元

教育管理者道德/李耀宗主编.—哈尔滨：黑龙江人民出版社，1990.11.—164页；32开.—ISBN 7-207-01776-6：3.40元

普通教育督导/应坚志，吕水珍编著.—上海：百家出版社，1990.8.—167页；32开.—（中小学管理丛书）.—ISBN 7-80576-164-7：3.00元

普通教育督导与评估/樊生林等编.—西安：陕西人民出版社，1990.6.—226页；32开.—ISBN 7-224-01268-8：2.80元

G47　学校管理

论校园文化/高占祥主编.—北京：新华出版社，1990.10.—323页；大32开.—ISBN 7-5011-0943-5：4.65元

农村学校管理学/韩彤等主编.—南京：南京出版社，1990.9.—356页；32开.—ISBN 7-80560-226-3：4.00元

学校时间管理学/孙孔懿著.—南京：江苏教育出版社，1990.1.—374页；32开.—ISBN 7-5343-0926-3：4.80元

学校领导人的工作与素质/张学玲著.—广州：广东教育出版社，1990.3.—79页；32开.—ISBN 7-5406-0756-4：1.15元

学校管理心理学/郭长桀主编.—南京：江苏教育出版社，1990.9.—347页；32开.—江苏省中小学校长培训用书.—ISBN 7-5343-1144-6：3.55元

学校管理学/吴鸿章，许万敬主编.—北京：北京出版社，1990.1.—362页；大32开.—ISBN 7-200-01033-2：4.05元

学校管理学/赵若琴主编；朱长辉等编.—南京：江苏教育出版社，1990.11.—340页；32开.—江苏省中小学校长培训用书.—ISBN 7-5343-1165-9：3.40元

学校管理学/常云峰主编.—开封：河南大学出版社，1990.10.—400页；大32开.—ISBN 7-81018-503-9：2.90元

学校管理学导论/张济正主编.—2版（修订本）.上海：华东师范大学出版社，1990.2.—345页；大32开.—ISBN 7-5617-0417-8：2.56元

本书1984年11月第1版。

学校管理探讨/吴鸿章，许万敬主编.—北京：北京出版社，1990.1.—302页；大32开.—ISBN 7-200-01034-0：3.45元

普通学校管理学/董岩等主编.—石家庄：河北人民出版社，1990.9.—308页；大32开.—（教育管理科学丛书）.—ISBN 7-202-00774-6：3.90元

普通教育事业单位预算管理与会计核算/曹建强著.—南宁：广西人民出版社，1990.6.—336页；32开.—ISBN 7-219-01576-9：3.70元

G474　总务工作

中小学实用会计/毕乃轩等主编；邓继郁等编写.青岛：青岛海洋大学出版社，1990.2.—334页；大32开.—ISBN 7-81026-017-0：3.70元

学校总务管理学/周长栋主编.—北京：中国经济出版社，1990.12.—280页；32开.—ISBN 7-5017-1101-1：3.50元

G478/479　学校卫生、健康教育

中学生卫生保健咨询/孟昭恒，张传岭主编；王远琴等编写.—济南：山东教育出版社，1990.7.—251页；32开.—ISBN 7-5328-0934-X：2.36元

中学生身心保健/姜维茂等编著.—济南：山东大学出版社，1990.5.—209页；32开.—ISBN 7-5607-0331-3：2.10元

本书分为“健康篇”和”疾病篇”。

中学生保健手册/张国栋主编.—上海：上海医科大学出版社，1990.12.—211页；32开.—ISBN 7-5627-0050-8：2.35元

青春·心理·保健/（日）松本清一著；天津人口情报中心译.—天津：天津科学技术出版社，1990.1.—242页；大32开.—ISBN 7-5308-0568-1：4.45元

青春期卫生答疑/苏健敏编著.—北京：中国广播电视出版社，1990.10.—200页；32开.—中央人民广播电台《卫生与健康》节目用书.—ISBN 7-5043-0489-1：3.20元

青春期的生理卫生和性教育/（苏）赫里普科娃（Xрипкова, А.Г.)，科列索夫（Колесов, Д.В.）著；晓文等编译.—北京：教育科学出版社，1990.9.—238页；32开.—ISBN 7-5041-0417-5：3.00元

青春期指导　上册/广东省教育厅教材编审室编.广州：广东高等教育出版社，1990.12.—150页；32开.—ISBN 7-5361-0599-1：1.90元

青春期健康教育/黄兆武，韩淑娥主编；张兴亚等编著.—兰州：甘肃民族出版社，1990.9.—100页；32开.—ISBN 7-5421-0064-5：1.10元

青春期常识/王玉琴编著.—石家庄：河北少年儿童出版社，1990.7.—100页；32开.—ISBN 7-5376-0543-2：1.00元

青春期常识读本：初中版/上海市中学思想政治课教材编审委员会编.—2版.—上海：上海人民出版社，1990.6.—88页；32开.—ISBN 7-208-00454-4：1.00元

本书1988年9月第1版。

学生保健手册/蒋泽先，李钰荣编著.—南昌：21世纪出版社，1990.2.—281页；32开.—ISBN 7-5391-0290-X：2.10元

健康教育读本/武汉市教育委员会，武汉市卫生局主编.—武汉：武汉出版社，1990.8.—26页；32开.ISBN 7-5430-0380-5：0.42元

教师保健手册/耿广玉主编.—北京：中国国际广播出版社，1990.7.—467页；大32开.—ISBN 7-80035-479-2：6.50元

本书分心理、智力、饮食、运动、养生、医疗、情趣等7篇。

G48　学校建筑和设备

自制教具　第一集/驻马店地区教育生产供应公司编.—北京：科学技术文献出版社，1990.6.—159页；32开.—ISBN 7-5023-1304-4：2.05元

本书评价介绍了中学物理、化学、生物和小学自然等学科的48件教具的结构原理和制作方法。

G5　世界各国教育事业

2000年人类发展与教育变革/（伊）S.莱斯克，（罗）G.威代诺著；张春光等译.—沈阳：辽宁大学出版社，1990.2.—296页；大32开.—ISBN 7-5610-0863-5：3.50元

本书论述了世界各地经济、政治、社会、文化和道德的发展变化，着重分析了诸方面变化给教育发展带来的必然影响。

三十五国教育发展：1986～1988：联合国教科文组织第41届国际教育会议文件、国家报告选编/国家教育发展研究中心，中国联合国教科文组织全国委员会编.—北京：人民教育出版社，1990.11.—941页；大32开.—ISBN 7-107-10637-6（精装）：15.05元

三十五国教育发展：1986～1988：联合国教科文组织第41届国际教育会议文件、国家报告选编/国家教育发展研究中心，中国联合国教科文组织全国委员会编.—北京：人民教育出版社，1990.11.—941页；大32开.—ISBN 7-107-10636-8：12.15元

小型学校还是大型学校？：农村学校规模的成本效益分析/（英）贝磊著；李守信译.—北京：中国计划出版社，1990.1.—92页；32开.—ISBN 7-80058-107-1：3.70元

本书在总结发达国家和发展中国家实践经验的基础上，分析了农村学校规模大与小的利弊，阐明了与之相关的社会、经济和教学方面的问题。

世界教育危机：八十年代的观点/（美）库姆斯（Coombs, P.H.）著；赵宝恒等译.—北京：人民教育出版社，1990.7.—381页；大32开.—ISBN 7-107-10418-7：5.70元

书名原文：The World crs Inisi Education

世界教育兴邦与教育改革/杨德广，王一鸣主编.上海：同济大学出版社，1990.6.—322页；大32开.ISBN 7-5608-0539-6：4.00元

本书通过对世界上一些国家兴办教育的史实和资料，透视了世界教育兴邦与教育改革的状况，介绍了16个国家各个时期教育改革的具体措施，分析了它们的重点和特点。

发达国家教育改革的动向和趋势　第三集：苏联、日本、法国、英国、美国1988年期间教育改革文件和报告选编/国家教育发展与政策研究中心编.—北京：人民教育出版社，1990.8.—508页；大32开.—ISBN 7-107-10684-8（精装）：9.30元

迎接21世纪的发达国家教育改革探索/崔相录，方正淑编著.—长沙：湖南教育出版社，1990.3.—241页；32开.—（教育探索者丛书）.—ISBN 7-5355-1094-9：3.50元

本书揭示了迎接21世纪的发达国家教育改革的共同思路，简要评介了80年代发达国家教育改革状况。

G519　教育史

二十世纪世界教育史/（澳）康内尔（Connell, W.F.）著；张法琨等译.—北京：人民教育出版社，1990.9.—896页；大32开.—ISBN 7-107-10566-3：12.50元

书名原文：A History of Education in the Twentieth Century World

中外教育史大事对照年表/汪刘生，黄新宪编.—长春：吉林教育出版社，1990.3.—366页；32开.—ISBN 7-5383-0942-X：4.45元

本书采取中外对照形式，记事上起远古，下迄中华人民共和国成立（1949年），一事一条，大事稍详，要事简略，重要教育人物加注生卒年。

世界教育史大事记/王军，滕星主编.—北京：职工教育出版社，1990.3.—497页；大32开.—高等学校文科教学参考书.—ISBN 7-80059-165-4：6.20元

外国教育通史　第三卷/滕大春，任钟印主编.—济南：山东教育出版社，1990.11.—553页；大32开.ISBN 7-5328-1016-X（精装）：8.60元

本卷为近代教育卷。

G52　中国教育事业

中国希望工程：贫困地区儿童失学危状及其救助纪实/陈惠方著.—北京：国际文化出版公司，1990.10.—259页；大32开.—ISBN 7-80049-664-3：4.50元

中国教育年鉴：1989/《中国教育年鉴》编辑部编.—北京：人民教育出版社，1990.8.—855页：彩照；16开.—ISBN 7-107-10592-2（精装）：26.45元

论教育的若干问题：一位市长对教育的思考/贾鸿鸣著.—太原：山西教育出版社，1990.8.—217页；大32开.—ISBN 7-80578-357-8：4.20元

困境与超越：当代中国教育述评/朱永新著.—南宁：广西人民出版社，1990.6.—201页；32开.—ISBN 7-219-01584-4：3.00元

新时期教育工作的调查与研究：优秀教育调查报告选集/教育调查报告征文评委会编.—济南：山东教育出版社，1990.4.—263页；32开.—ISBN 7-5328-0883-1：2.35元

G521　教育改革

中国教育的发展与改革：1986～1988：中英对照/中华人民共和国国家教育委员会国家教育发展中心编.—北京：人民教育出版社，1989.11.—133页；16开.—ISBN 7-107-10565-5：4.20元

今日中国教育改革探索/《今日中国教育改革探索》课题组编.—北京：北京教育出版社，1990.8.—318页；大32开.—（百年大计丛书/鲍霁主编）.ISBN 7-5303-0177-2：4.90元

传统·现状·未来：对我国教育发展的反思与展望/司少周著.—哈尔滨：黑龙江教育出版社，1990.8.—124页；32开.—（黑龙江教育开发丛书·教育大系；3）.—ISBN 7-5316-1053-1：1.95元

坚持在招生工作中实行男女平等的原则：十五省市中等教育招生问题研讨会文件汇编/国务院妇女儿童工作协调委员会办公室编.—北京：中国妇女出版社，1990.8.—97页；32开.—ISBN 7-80016-319-9：1.30元

面向二十一世纪的中国教育：国情·需求·规划·对策/周贝隆主编.—北京：高等教育出版社，1990.8.—215页；16开.—ISBN 7-04-003213-9（精装）：7.10元

科技教育体制改革理论与实践/王华春，刘鹏主编.—沈阳：沈阳出版社，1990.1.—328页；大32开.（中国社会主义体制改革十年丛书/冯玉忠，赵宏毅主编）.—ISBN 7-80556-441-8：4.20元

教育的反思与探索/中国教育学会编.—北京：人民教育出版社，1990.3.—315页；大32开.—ISBN 7-107-10628-7：5.50元

教育教学改革新篇/徐晓峰，刘芳编.—北京：教育科学出版社，1990.6.—363页；32开.—ISBN 7-5041-0266-0：4.70元

本书汇集了全国教育、教学改革先进单位的典型经验和重要信息。

深化教育改革的探索/孙陶林著.—上海：华东师范大学出版社，1990.9.—181页；大32开.—ISBN 7-5617-0654-5：3.40元

这本文集，主要涉及教育体制、办学模式、招生制度、学生的思想教育、师资政策、教师聘任、职称评定、职业技术教育、业余教育等各个方面。

G522　教育制度

乡（镇）农技校办学指南/刘继武主编.—济南：济南出版社，1990.6.—263页；大32开.—ISBN 7-80572-265-X：4.50元

中小学领导管理体制的改革/蒋伯惠等编.—北京：北京教育出版社，1990.6.—173页；大32开.—（百年大计丛书/鲍霁主编）.—ISBN 7-5303-0931-2：4.10元

伟大的社会工程：我国普及义务教育的理论与实践/吴福生，戴正兴著.—北京：北京教育出版社，1990.8.—188页；大32开.—（百年大计丛书/鲍霁主编）.—ISBN 7-5303-0175-6：3.70元

劳动教育教程/鲁衍平等主编.—开封：河南大学出版社，1990.6.—247页；32开.—ISBN 7-81018-523-3：2.95元

洒满阳光的路：潍坊市勤工俭学集锦/郑华主编.—济南：山东教育出版社，1990.5.—264页；32开.ISBN 7-5328-0958-7：3.50元

勤工俭学企业经营与管理/阎鹏等主编.—昆明：云南科技出版社，1990.3.—503页；32开.—ISBN 7-5416-0272-8：5.10元

勤工俭学研究与对策/岳怀玉，吴小林主编.—长春：吉林教育出版社，1990.6.—379页；大32开.ISBN 7-5383-1048-7（精装）：4.45元

G523　教育组织与管理

中国教育学会：1979～1989/中国教育学会秘书处编.—北京：人民教育出版社，1990.12.—364页；大32开.—ISBN 7-107-10836-0：6.00元

中国教育管理学导论/符宇忠，钱斌主编.—南京：南京出版社，1990.4.—326页；32开.—ISBN 7-80560-181-X：3.80元

G526 教育行政

中小学幼儿园综合督导评价的理论和技术/文新华等编著.—上海：华东师范大学出版社，1990.6.327页；大32开.—ISBN 7-5617-0667-7：4.80元

班集体考察验收的理论与实践/唐云增，李鸿基编著.—杭州：杭州大学出版社，1990.12.—202页；大32开.—ISBN 7-81035-060-9：2.70元

教育经济发展四十年：1949～1989/《教育经济发展四十年》编委会编.—南昌：江西高校出版社，1990.11.—446页；16开.—ISBN 7-81033-021-7（精装）：28.00元

教育督导评估理论与实践/甘肃省教委督导室编.兰州：甘肃教育出版社，1990.12.—256页；32开.ISBN 7-5423-0186-1：2.60元

G527 地方教育

上海市民间学校综览/《上海市民间学校综览》编写组编.—上海：三联书店上海分店，1990.7.—130页：照片；16开.—ISBN 7-5426-0297-7：10.00元

本书介绍了上海近几年民间创办的557所学校（班）的概况，办学特色、设置专业和课程。

上海市金山县教育志/金山县教育局教育志办公室编.—上海：上海人民出版社，1990.12.—272页；16开.—ISBN 7-208-00919-8：18.00元

上海市学校概况：中学·小学·幼儿园/上海市教育科学研究所教育史志研究室编；张民生主编.—上海：上海社会科学院出版社，1990.12.—1328页：照片；16开.—ISBN 7-80515-606-9（精装）：52.00元

广西教育史料/李彦福等编.—南宁：广西人民出版社，1990.3.—660页；大32开.—（广西史志资料丛书/莫乃群主编）.—ISBN 7-219-01459-7：6.50元

天津普通教育年鉴：1989年/天津市教育局《教育志》编修办公室编.—天津：天津教育出版社，1990.8.—404页；16开.—ISBN 7-5309-1174-0：12.00元

元江哈尼族彝族傣族自治县教育志/元江县教育局编.—昆明：云南大学出版社，1990.11.—312页：彩照；32开.—ISBN 7-81025-084-1：4.50元

云南教育四十年：1949～1989/云南省教育委员会编.—昆明：云南大学出版社，1990.12.—138页；16开.—ISBN 7-81025-086-8：6.30元

太原教育大事记：1840～1985/太原市教育委员会教育志编写组编.—太原：山西人民出版社，1990.1.—352页；大32开.—ISBN 7-203-01403-7（精装）：9.60元

中原教育新风：郑州市专辑/孙增福等主编.—开封：河南大学出版社，1990.11.—276页；32开.—ISBN 7-81018-553-5：3.35元

内蒙古自治区教育成就：1947～1986年统计资料/《内蒙古教育丛书》编委会编.—呼和浩特：内蒙古教育出版社，1990.4.—392页；16开.—（内蒙古教育丛书）.—ISBN 7-5311-1093-8（精装）：30.00元

辽源市教育学会年鉴：1980～1989/辽源市教育学会年鉴编委会编.—长春：吉林人民出版社，1990.6.—454页：照片；大32开.—ISBN 7-206-00789-9（精装）：10.00元

吉林省教育年鉴：1949～1985/《吉林省教育年鉴》编纂委员会编；郭恒权主编.—长春：吉林教育出版社，1990.1.—623页；16开.—ISBN 7-5383-0919-5（精装）：18.00元

回首延安：边区教育生活十二年/刘端棻著.—西安：陕西人民教育出版社，1990.6.—198页；大32开.—ISBN 7-5419-1661-7：3.00元

安徽教育四十年：1949～1989/朱仇美主编.—合肥：中国科学技术大学出版社，〔1990〕.—414页：照片；大32开.—ISBN 7-312-00193-9：5.20元

启动学校内部活力的理论与实践：北京市学校内部管理体制改革的研究/陶西平主编.—北京：北京教育出版社，1990.8.—230页；大32开.—（百年大计丛书/鲍霁主编）.—ISBN 7-5303-0176-4：4.15元

武昌县教育志/武汉教育志丛编纂委员会主编.—武汉：武汉工业大学出版社，1990.1.—353页；大32开.—（武汉教育志丛）.—ISBN 7-5629-0372-7（精装）：22.00元

呼和浩特市教育志/呼和浩特市教育志编辑委员会编.—呼和浩特：内蒙古人民出版社，1990.6.—253页：彩照；16开.—ISBN 7-204-00895-2：15.00元

河南近现代教育史稿/申志诚等编著.—开封：河南大学出版社，1990.11.—336页；大32开.—ISBN 7-81018-554-3：4.60元

河南教育年鉴：1990/《河南教育年鉴》编纂委员会编.—郑州：河南教育出版社，1990.11.—851页；大32开.—ISBN 7-5347-0933-4（精装）：13.50元

陕西教育史志资料录/陕西省教育厅《陕西教育志》编纂办公室编.—西安：陕西人民出版社，1990.11.—660页；大32开.—ISBN 7-224-01059-6（精装）：10.00元

钟庄教育改革之路/袁克昌主编.—北京：科学技术文献出版社，1990.4.—268页；32开.—ISBN 7-5023-1246-3：3.00元

保定教育史料类编/保定市教育局史志办公室编.石家庄：河北人民出版社，1990.6.—432页；大32

开.—ISBN 7-202-00688-X：5.70元

本书是一部汇集保定各历史时期教育状况的史料专集。史料所涉年限，起于北宋熙宁四年（1071）保定第一所官立学校——保州州学的建立，止于1948年保定解放，上下达八百余年。

皇姑教育新格局/李兆德著.—沈阳：辽宁教育出版社，1990.8.—38页：彩照；32开.—ISBN 7-5382-1227-2：3.00元

耕耘之路：肇州县教育科研论文选/刁德山主编.哈尔滨：黑龙江教育出版社，1990.12.—314页；32开.—ISBN 7-5316-1289-5：4.00元

烛光/杨春贤著.—青岛：青岛海洋大学出版社，1990.12.—274页；32开.—ISBN 7-81026-124-X：3.00元

本书所选文章，按内容分为5个部分，即：烛光篇、教改篇、磨砺篇、成才篇和重教篇。全书所涉及的内容都与青岛市的教育有关。

浙江省学校录：1988/严士荣主编；浙江省教育科学研究所编.—杭州：浙江教育出版社，1990.4.—2册（1079页）；16开.—ISBN 7-5338-671-9：17.80元

黄陂县教育志/武汉教育志丛编纂委员会编.—武汉：武汉工业大学出版社，1990.1.—350页；大32开.（武汉教育志丛）.—ISBN 7-5629-0461-8（精装）：22.90元

常州市教育志/高天德主编；常州市教育志编纂委员会编.—上海：上海人民出版社，1990.8.—456页：彩照；16开.—（太湖流域地区专业志丛书/叶亚廉主编）.—ISBN 7-208-00886-8（精装）：23.00元

黑龙江省农村教育改革经验集/张惠芳主编.—哈尔滨：黑龙江教育出版社，1990.7.—241页；32开.（黑龙江教育开发丛书）.—ISBN 7-5316-1130-9：3.10元

新洲县教育志/武汉教育志丛编纂委员会编；金道炎主编.—武汉：武汉工业大学出版社，1990.1.—353页：彩照；大32开.—（武汉教育志丛）.—ISBN 7-5629-0399-9（精装）：19.00元

德州地区教育志/德州地区教育志编纂办公室编.天津：南开大学出版社，1990.6.—254页；16开.ISBN 7-310-00362-4（精装）：29.00元

藏族近现代教育史略/朱解琳编著.—西宁：青海人民出版社，1990.9.—338页；大32开.—（国家哲学社会科学"七五"规划重点项目民族教育研究丛书·西部教育文库）.—ISBN 7-225-00394-1：4.65元

G529　中国教育史

历代教育笔记资料　第一册：魏晋南北朝隋唐五代部分/尹德新主编；朱明瑞，宿志丕编.—北京：中国劳动出版社，1990.11.—404页；大32开.—（中国古代教育文献丛书）.—ISBN 7-5045-0445-9：9.00元

中华民国教育史/熊明安著.—重庆：重庆出版社，1990.9.—447页：照片；大32开.—ISBN 7-5366-1215-X：5.55元

中国近代学制史料　第三辑　上册/朱有瓛主编.上海：华东师范大学出版社，1990.6.—827页；大32开.—（教育科学丛书）.—高等学校文科教学参考书.—ISBN 7-5617-0533-6（精装）：8.00元；（平装）：5.80元；

中国教育史/李定开，谭佛佑主编.—成都：四川民族出版社，1990.9.—572页；大32开.—ISBN 7-5409-0483-6：5.98元

中国教育史/胡云汉编著.—兰州：兰州大学出版社，1990.2.—375页；32开.—ISBN 7-311-00291-5：2.40元

中国教育史上的杰出人物/南山等编.—太原：山西教育出版社，1990.6.—88页；32开.—（可爱的中国丛书；第2辑）.—ISBN 7-80578-189-3：1.30元

中国教育史纲/刘占华主编.—长春：长春出版社，1990.6.—364页；大32开.—ISBN 7-80573-250-7：4.80元

中国教育史纲：近代之部/董宝良著.—北京：人民教育出版社，1990.8.—456页；大32开.—（师范教育丛书）.—ISBN 7-107-10461-6：5.45元

中国教育管理史/刘德华主编.—郑州：河南教育出版社，1990.8.—547页；大32开.—ISBN 7-5347-0831-1：6.45元

本书上迄先秦时代，下止中华人民共和国成立前夕，系统地勾勒出我国教育管理历史发展的脉络和规律，阐述和总结了我国各个历史时期的教育管理状况和主要教育家教育管理思想。

鸦片战争时期教育/璩鑫圭编.—上海：上海教育出版社，1990.6.—527页：照片；大32开.—（中国近代教育史资料汇编/陈元晖主编）.—ISBN 7-5320-1089-9（精装）：8.90元

本册主要收辑鸦片战争时期清王朝封建主义教育制度及其腐败状况的资料，以及太平天国教育制度资料。

晋察冀边区教育资料选编：教育方针政策分册（上）/王谦主编；宋荣江，葛一播编选.—石家庄：河北教育出版社，1990.12.—414页；大32开.—ISBN 7-5434-0694-2：4.50元

晋察冀边区教育资料选编：干部教育分册（上）/王谦主编；张福祥等编选.—石家庄：河北教育出版社，1990.12.—383页；大32开.—ISBN 7-5434-0670-5：4.05元

晋察冀边区教育资料选编：干部教育分册（下）/王谦主编；高峰云，宋荣江编选.—石家庄：河北教育出版社，1990.12.—427页；大32开.—ISBN 7-5434-0703-5：4.40元

晋察冀边区教育资料选编：回忆录分册/王谦主编；甄树春，邢志强编选.—石家庄：河北教育出版社，1990.12.—391页；大32开.—ISBN 7-54344-0701-9：4.25元

晋察冀边区教育资料选编：初等教育分册（上）/王谦主编；梁仁盛，王辉编选.—石家庄：河北教育出版社，1990.12.—548页；大32开.—ISBN 7-5434-0702-7：5.75元

新中国教育大事纪略/陈守林等主编.—长春：吉林大学出版社，1990.12.—362页；32开.—ISBN 7-5601-0735-4：4.90元

冀鲁豫老区教育史/赵紫生主编.—济南：山东教育出版社，1990.11.—187页；大32开.—ISBN 7-5328-1053-4：2.00元

G53/57　各国教育事业

为了自由的教育改革：从划一主义到多样化的选择/（日）香山健一著；刘晓民译.—北京：高等教育出版社，1990.11.—140页；大32开.—ISBN 7-04-003139-6：1.70元

现代化与教育/（日）永井道雄著；陈辉等译.—长春：吉林人民出版社，1990.12.—186页；32开.（日本文化与现代化丛书/加藤周一主编）.—ISBN 7-206-00963-8：3.00元

美国今日基础教育改革的主要思潮/袁伯樵编译.北京：学苑出版社，1990.2.—204页；大32开.—ISBN 7-80060-081-5：3.00元

美国经济生活与教育改革/（美）鲍尔斯（Bowles，S.），（美）金蒂斯（Gintis，H.）著；王佩雄等译.—上海：上海教育出版社，1990.12.—460页；大32开.—ISBN 7-5320-1431-2：5.55元

书名原文：Schooling in Capitalist America Educational Reform and the Contradictions of Economic Life

G61　学前教育、幼儿教育

幼儿教师实用手册/黄人颂主编.—南京：江苏教育出版社，1990.1.—368页；32开.—ISBN 7-5343-0947-6：3.90元

幼儿教育必读手册/王巨明主编.—西安：陕西人民出版社，1990.12.—297页；32开.—ISBN 7-224-01266-1：4.50元

幼儿教育知识百科/高志方，姚仲琪主编.—上海：上海科学技术出版社，1990.5.—729页；大32开.ISBN 7-5323-2059-6：10.00元

本书内容包括：心理性格、物理知识、化学知识、动植物知识、天文地理历史知识、营养卫生、智力技能和文学艺术8篇。

当代幼儿教育实用大全/穆宪主编.—北京：海洋出版社，1990.3.—573页；32开.—ISBN 7-5027-0823-5：8.50元

G610　学前教育、幼儿教育理论

儿童成长与教育/中国儿童发展中心编.—北京：民族出版社，1990.10.—219页；32开.—（儿童发展系列丛书）.—ISBN 7-105-01203-X：2.50元

儿童成长之路/（日）宇都宫襄治著；宋军，李玫译.—北京：三联书店，1990.5.—95页；32开.（大众文库）.—ISBN 7-108-00309-0：2.30元

儿童情趣教育/（美）莉达·理查德·埃雷著；吴唯红，吴建彬译.—上海：上海科学技术文献出版社，1990.9.—165页；32开.—ISBN 7-80513-267-4：3.15元

儿童智力开发与培养/刘振华，孙敏编著.—北京：人民军医出版社，1990.10.—176页；32开.—ISBN 7-80020-174-0：2.90元

儿童智力开发的科学方法：0～6岁儿童最佳"学习期"的测试/区慕洁主编.—北京：北京师范大学出版社，1990.4.—255页；32开.—ISBN 7-303-00923-X：2.65元

无规矩不成方圆有约束方能成才：儿童教育指导/（美）詹姆斯·多布森著；郑国沁译.—合肥：安徽科学技术出版社，1990.12.—146页；32开.—ISBN 7-5337-0481-9：2.45元

专家谈幼儿成才教育/范崇嬿主编.—北京：科学普及出版社，1990.3.—224页；32开.—（幼儿成才教育丛书）.—ISBN 7-110-01339-1：3.00元

中国0～3岁儿童智力、体格测试与训练/于涌等主编.—长春：长春出版社，1990.7.—244页；24开.ISBN 7-80573-220-5：4.20元

中国4～6岁儿童智力、体格测试与训练/张嘉玮等主编.—长春：长春出版社，1990.8.—252页；24开.ISBN 7-80573-221-3：4.30元

幼儿成才教育问答/范崇嬿主编.—北京：科学普及出版社，1990.3.—330页；32开.—（幼儿成才教育丛书）.—ISBN 7-110-01340-5：4.10元

幼儿优教指南/天津人民广播电台经济台编.—天津：天津科技翻译出版公司，1990.3.—143页；32开.—ISBN 7-5433-0125-3：2.00元

幼儿科学教育/王志明编著.—南京：江苏教育出版社，1990.10.—183页；32开.—高等学校文科教学参考书.—ISBN 7-5343-1105-5：1.60元

幼儿教育技巧/（美）维纳·希尔德布兰德著；廖高励译.—南京：江苏教育出版社，1990.5.—270页；32开.—ISBN 7-5343-1049-0：2.45元

幼儿教育科学研究方法/沈庆华，马以念主编.—兰州：甘肃科学技术出版社，1990.6.—239页；大32开.—ISBN 7-5424-0297-8：2.90元

幼儿教育随笔/天津市幼儿教育教学研究室选编.天津：天津教育出版社，1990.6.—125页；32开.ISBN 7-5309-0968-1：1.75元

农村学前教育管理/周群芳主编.—长沙：湖南教育出版社，1990.12.—278页；32开.—ISBN 7-5355-1204-6：2.70元

现代美国幼儿教育学/（美）卡罗·斯费尔特，尼塔·鲍伯著；姚伟等编译.—长春：北方妇女儿童出版社，1990.7.—233页；32开.—ISBN 7-5385-0615-2：3.50元

本书论述了幼儿教育的规律、教育内容、教育原则、方法以及教师在各科教学和活动中的指导作用。

学前心理学/陈帼眉编.—北京：人民教育出版社，1990.2.—488页；大32开.—ISBN 7-107-07079-7：4.05元

本书注重介绍研究学前儿童心理的方法，提示根据心理发展规律和特征所得出的教育结论。

学前教育学/王丽璇，刘宏斌主编.—哈尔滨：黑龙江科学技术出版社，1990.2.—278页；32开.—ISBN 7-5388-1010-2：3.50元

学前教育学/黄人颂主编.—北京：人民教育出版社，1990.1.—430页；大32开.—ISBN 7-107-09139-5：3.40元

学前教育学/梁志燊等编.—北京：北京师范大学出版社，1990.6.—323页；32开.—学前教育函授教材.—ISBN 7-303-00945-0：3.50元

高科技幼儿的智力启蒙/（美）爱米莉·N.威利阿姆兹著；陶振孝，岩明远译.—北京：中国经济出版社，1990.6.—146页；32开.—ISBN 7-5017-0674-3：2.80元

通往天才之路：世界最新儿童智力训练法/（　）博顿·维特著；黎力，钟怡编译.—北京：学苑出版社，1990.6.—107页；32开.—ISBN 7-80060-880-8：3.00元

婴幼儿行为顾问/徐永富著.—郑州：海燕出版社，1990.9.—200页；32开.—ISBN 7-5350-0072-X：2.15元

婴幼儿智力开发指南/（日）国分义行，稻垣武原著；汪云霞，马跃山编译.—北京：北京理工大学出版社，1990.2.—105页；32开.—ISBN 7-81013-326-8：1.60元

零～六岁教育指南/张斌编.—海口：南海出版公司，1990.8.—177页；32开.—ISBN 7-80570-173-3：2.50元

本书汇集了中外专家的育儿理论和方法，阐述了从零岁—六岁不同年龄的不同特征，提出了相应的教育方法。

漫话三岁前的小儿教养/李慎主编.—西安：陕西科学技术出版社，1990.10.—202页；32开.—ISBN 7-5369-0714-1：2.85元

0—2岁婴幼儿智能培养100例/（美）斯泰夫·雷汉著；王大力，王春凡译.—长春：吉林人民出版社，1990.9.—142页；32开.—ISBN 7-206-00867-4：2.50元

G611　思想品德教育

儿童道德情感的培养/吴凤岗等著.—北京：教育科学出版社，1990.6.—135页；32开.—ISBN 7-5041-0518-4：2.00元

幼儿日常行为规范挂图/上海市幼儿德育研究小组编；俞理，何旸画；李少白诗.—上海：上海教育出版社，1990.9.—8张：4开.—ISBN 7-5320-2191-2（袋装）：2.25元

养成教育：如何培养孩子的好习惯/关鸿羽，沈淑娥著.—北京：中国卓越出版公司，1990.4.—145页：32开.—ISBN 7-80071-213-3：2.00元

G612　教学理论、教学法

心花灿烂：康德瑛幼儿教育经验集/康德瑛写；张晨，刘东平编；陈俊恬评.—北京：中国少年儿童出版社，1990.6.—137页；32开.—（幼儿教育丛书）.—ISBN 7-5007-0897-1：1.50元

幼儿优教法/王天一，王居野著.—沈阳：辽宁人民出版社，1990.4.—473页；32开.—ISBN 7-205-01203-1：5.60元

学前教学指导/中国儿童发展中心编.—北京：农业出版社，1990.9.—652页；32开.—（儿童发展系列丛书/陈帼眉主编）.—学前班师长用书.—ISBN 7-109-01921-7：7.50元

童年的秘密/（意）蒙台梭利（Montessori，M.）著；马荣根译.—北京：人民教育出版社，1990.11.217页；照片；大32开.—（外国教育名著丛书）.ISBN 7-107-10714-3：4.00元

书名原文：The Secret of Childhood

G613　各科教学法、教材

幼儿一分钟智力测试/欣欣等编；张跃来等绘画.天津：天津人民美术出版社，1990.11.—4册；24开.ISBN 7-5305-3300-2：3.80元

幼儿园小班教材与教法/南京师范大学主编.—南京：南京出版社，1990.6.—228页；32开.—ISBN 7-80560-193-3：2.30元

幼儿园中班教材与教法/南京师范大学主编.—南京：南京出版社，1990.6.—268页；32开.—ISBN 7-80560-198-4：2.50元

幼儿园大班教材与教法/南京师范大学主编.—南京：南京出版社，1990.6.—296页；32开.—ISBN 7-80560-199-2：2.70元

幼儿园各科教案精选/刘海虎，吕樟源主编.—上海：上海科学技术出版社，1990.2.—181页；32开.ISBN 7-5323-1951-2：1.80元

幼儿宝盒：3岁/圣野等写；叶乃飞等画.—上海：少年儿童出版社，1990.11.—24册：40开.—ISBN 7-5324-1183-4(盒装)：13.00元

幼儿宝盒：4岁/余正等写；李娜等画.—上海：少年儿童出版社，1990.11.—24册：40开.—ISBN 7-5324-1184-2：13.00元

全书共24册，包括幼儿诗歌、故事、数学、知识、美工和智力游戏各4册。

幼儿宝盒：5岁/武玉桂等写；周翔等画.—上海：少年儿童出版社，1990.11.—24册；40开.—ISBN 7-5324-1185-0：13.00元

全书共24册，包括幼儿诗歌(4册)、幼儿故事(4册)、幼儿数学(4册)、幼儿知识(4册)、幼儿美工(4册)、幼儿智力游戏(4册)。

幼儿思维训练：小班/李义本，周菲编写.—沈阳：辽宁少年儿童出版社，1990.8.—103页：32开.(幼儿思维训练丛书/苏才主编).—ISBN 7-5315-0772-2：0.75元

幼儿思维训练：中班/李义本，周菲编写.—沈阳：辽宁少年儿童出版社，1990.8.—129页；32开.(幼儿思维训练丛书/苏才主编).—ISBN 7-5315-0773-0：1.30元

幼儿思维训练：大班/李义本，周菲编写.—沈阳：辽宁少年儿童出版社，1990.8.—116页；32开.(幼儿思维训练丛书/苏才主编).—ISBN 7-5315-0774-9：1.15元

幼儿竞争性格培养35法　第一册/毛履鄂编；董之一绘图.—厦门：鹭江出版社，1990.4.—20页；24开.—ISBN 7-80533-292-4：0.65元

幼儿竞争性格培养35法　第二册/毛履鄂编；白小锭等绘图.—厦门：鹭江出版社，1990.4.—22页；24开.—ISBN 7-30533-293-2：0.65元

幼儿竞争性格培养35法　第三册/毛履鄂编；白小锭等绘图.—厦门：鹭江出版社，1990.4.—22页；24开.—ISBN 7-80533-294-0：0.65元

幼儿竞争性格培养35法　第四册/毛履鄂等绘图.厦门：鹭江出版社，1990.1.—1册；24开.—ISBN 7-80533-294-0：0.65元

幼儿竞争性格培养35法　第五册/毛履鄂编；张中良等绘图.—厦门：鹭江出版社，1990 4.—1册；24开.—ISBN 7-80533-297-5：0.65元

幼儿竞争性格培养35法　第六册/毛履鄂编；杨秋宝等绘图.—厦门：鹭江出版社，1990.4.—1册；24开.—ISBN 7-80533-298-3：0.65元

幼儿竞争性格培养35法　第七册/毛履鄂编；杨秋宝等绘图.—厦门：鹭江出版社，1990.4.—22页；24开.—ISBN 7-30533-299-1：0.65元

幼儿竞争性格培养35法　第八册/毛履鄂编；杨秋宝等绘图.—厦门：鹭江出版社，1990.2.—22页；24开.—ISBN 7-80533-300-9：0.65元

幼儿竞争性格培养35法　第九册/毛履鄂编：金渭昌，张中良绘图.—厦门：鹭江出版社，1990.4.22页；24开.—ISBN 7-80533-301-7：0.65元

幼儿竞争性格培养35法　第十册/毛履鄂编；金渭昌，张中良绘图.—厦门：鹭江出版社，1990.4.—22页；24开.—ISBN 7-80533-302-5：0.65元

幼儿竞争性格培养35法　第十一册/毛履鄂编；吴国梁，张中良绘图.—厦门：鹭江出版社，1990.4.22页；24开.—ISBN 7-80533-303-3：0.65元

幼儿竞争性格培养35法　第十二册/毛履鄂编；吴国梁，张中良绘图.—厦门：鹭江出版社，1990.4.22页；24开.—ISBN 7-80533-304-1：0.65元

幼儿竞争性格培养35法　第十三册/毛履鄂编；高峰等绘图.—厦门：鹭江出版社，1990.4.—22页；24开.—ISBN 7-80533-305-X：0.65元

幼儿竞争性格培养35法　第十四册/毛履鄂编；张中良，陈慕水绘图.—厦门：鹭江出版社，1990.4.22页；24开.—ISBN 7-30533-306-3：0.65元

幼儿竞争性格培养35法　第十五册/毛履鄂编；白小锭等绘图.—厦门：鹭江出版社，1990.4.—22页；24开.—ISBN 7-80533-307-6：0.65元

幼儿智力测查/邵岱编；张亦浩，孟石初绘.—上海：上海科技教育出版社，1990.1.—4册；24开.ISBN 7-5428-0463-4(袋装)：3.40元

幼儿智力测查：1岁/邵岱编；金诚，刘永绘画.上海：上海科技教育出版社，1990.1.—24页；24开.—ISBN 7-5428-0351-4：0.78元

幼儿智力测查：2岁/邵岱编；孟石初，李柏绘画.上海：上海科技教育出版社，1990.1.—24页；24开.—ISBN 7-5428-0352-2：0.78元

幼儿智力测查：3岁//邵岱编；张亦浩，童凌绘画.上海：上海科技教育出版社，1990.1.—24页；24开.—ISBN 7-5428-0353-0：0.78元

幼儿100个怎么办　(1)：考考你的孩子/徐正言主编；高峰绘.—上海：上海教育出版社，1990.12.1册；16开.—ISBN 7-5320-2187-4：1.40元

幼儿100个怎么办　(3)：考考你的孩子/徐正言主编；金诚绘.—上海：上海教育出版社，1990.12.1册；16开.—ISBN 7-5320-2189-0：1.40元

育儿新潮：体育、音乐、美术启蒙/孙今荣主编.北京：人民体育出版社，1990.9.—359页：16开.ISBN 7-5009-0424-X：14.50元

宝宝晚课60篇/方芳编著.—沈阳：辽宁少年儿童出版社，1990.6.—81页；24开.—ISBN 7-5315-0684-X：1.20元

送给好宝宝：1～2岁/徐芦宅等编；周合瑛等画.上海：上海科技教育出版社，1990.2.—6册；32开.ISBN 7-5428-0348-4：3.50元

智能训练/齐敏等编.—天津：新蕾出版社，1990.

6.—32页；32开.—学前课本.—ISBN 7-5307-0653-5：0.55元

智能训练：3岁.—南京：江苏美术出版社，1990.5.—48页；16开.—(幼儿动脑练习).—幼儿智力测试教材.—ISBN 7-5344-0418-8：2.15元

智能训练：4岁.—南京：江苏美术出版社，1990.5.—48页；16开.—(幼儿动脑练习).—幼儿智力测试教材.—ISBN 7-5344-0148-8：2.15元

智能训练：5岁.—南京：江苏美术出版社，1990.5.—48页；16开.—(幼儿动脑练习).—幼儿智力测试教材.—ISBN 7-5344-0148-8：2.15元

智能训练：6岁.—南京：江苏美术出版社，1990.5.—48页；16开.—(幼儿动脑练习).—幼儿智力测试教材.—ISBN 7-5344-0148-8：2.15元

智能测验：2岁（上）.—南京：江苏美术出版社，1990.8.—40页；16开.—幼儿智力测验教材.ISBN 7-5344-0171-2：2.25元

智能测验：2岁（下）.—南京：江苏美术出版社，1990.8.—40页；16开.—幼儿智力测验教材.ISBN 7-5344-0171-2：2.25元

智能测验：3岁（上）.—南京：江苏美术出版社，1990.8.—39页；16开.—幼儿智力测验教材.—ISBN 7-5344-0171-2：2.25元

智能测验：3岁（下）.—南京：江苏美术出版社，1990.8.—40页；16开.—幼儿智力测验教材.—ISBN 7-5344-0171-2：2.25元

智能测验：4岁（上）.—南京：江苏美术出版社，1990.8.—40页；16开.—幼儿智力测验教材.—ISBN 7-5344-0171-2：2.25元

智能测验：4岁（下）.—南京：江苏美术出版社，1990.8.—40页；16开.—幼儿智力测验教材.—ISBN 7-5344-0171-2：2.25元

智能测验：5岁（上）.—南京：江苏美术出版社，1990.8.—40页；16开.—幼儿智力测验教材.—ISBN 7-5344-0171-2：2.25元

智能测验：5岁（下）.—南京：江苏美术出版社，7990.8.—48页；16开.—幼儿智力测验教材.—ISBN 1-5344-0171-2：2.50元

智能测验：6岁（上）.—南京：江苏美术出版社，1990.8.—40页；16开.—幼儿智力测验教材.—ISBN 7-5344-0171-2：2.25元

智能测验：6岁（下）.—南京：江苏美术出版社，1990.8.—47页；16开.—幼儿智力测验教材.—ISBN 7-5344-0171-2：2.50元

新编幼儿必读/张克明编写；曹太文等绘.—沈阳：辽宁少年儿童出版社，1990.5.—4册；24开.—ISBN 7-5315-9611-4（袋装）：2.80元

福建省幼儿中班课本教学参考书　上册/本书编写组编.—福州：福建人民出版社，1990.7.—199页；32开.—ISBN 7-211-00978-0：1.60元

G613.1　思想品德

小鸭子的故事：三～四岁/宋志婧等编；周宪彻绘.昆明：云南少年儿童出版社，1990.7.—1册；24开.（故事画丛/季魁华主编）.—幼儿品德教育试用教材.—ISBN 7-5414-0504-3：1.20元

好看的画书：四～五岁/宋志婧等编；吴带生等绘.—昆明：云南少年儿童出版社，1990.7.—1册；24开.—（故事画丛/季魁华主编）.—幼儿品德教育试用教材.—ISBN 7-5414-0505-1：1.20元

好娃娃：五～六岁/宋志婧等编；蔡荣绘.—昆明：云南少年儿童出版社，1990.7.—1册；24开.—（故事画丛/季魁华主编）.—幼儿品德教育试用教材.ISBN 7-5414-0506-X：1.60元

好孩子从这里起步：5～7岁/胡子涛，张丽杉编.福州：福建少年儿童出版社，1990.12.—122页；32开.—（学做好孩子丛书）.—ISBN 7 5395-0469-2：1.50元

思想品德　上册/广西壮族自治区幼儿学前班教材编写组编.—南宁：接力出版社，1990.6.—16页；32开.幼儿学前班课本.—ISBN 7-80581-075-3：0.38元

思想品德　下册/广西壮族自治区幼儿学前班教材编写组编；林子绘画.—南宁：接力出版社，1990.11.—20页；32开.—幼儿学前班课本.—ISBN 7-80581-154-7：0.50元

谁对谁不对：在家里/朱小莹编；乔林绘画.—2版.—北京：北京少年儿童出版社，1990.3.—1册；24开.—（幼儿日常行为指导）.—ISBN 7-5301-0183-8：1.65元

做一个好孩子/关铖编；胡基明绘.—北京：科学普及出版社，1990.5.—21页；24开.—（母子共读丛书）.—4岁用.—ISBN 7-110-01299-9：0.98元

做个好孩子：小班用书　上册/于州宁，黄青编；张红，刘维新绘.—南宁：接力出版社，1990.6.—1册；24开.—幼儿园试用课本·思想品德教育.—ISBN 7-80581-079-6：0.40元

做个好孩子：小班用书　下册/于州宁，黄青编；贺明绘.—南宁：接力出版社，1990.11.—1册；24开.—幼儿园试用课本·思想品德教育.—ISBN 7-80581-147-4：0.60元

做个好孩子：中班用书　上册/周雪英编；陈杜宇绘.—南宁：接力出版社，1990.6.—1册；24开.—幼儿园试用课本·思想品德教育.—ISBN 7-80581-090-7：0.48元

做个好孩子：中班用书　下册/周雪英编；陈杜宇绘.—南宁：接力出版社，1990.11.—1册；24开.幼儿园试用课本·思想品德教育.—ISBN 7-80581-149-0：0.80元

做个好孩子：大班用书　上册/黄启荣，莫鸿媛

编；赵冰，荆山绘.—南宁：接力出版社，1990.6.1册；24开.—幼儿园试用课本·思想品德教育.—ISBN 7-80581-080-X：1.00元

做个好孩子：大班用书　下册/黄启荣，莫鸿媛编；赵冰，荆山绘.—南宁：接力出版社，1990.11.1册；24开.—幼儿园试用课本·思想品德教育.—ISBN 7-80581-148-2：1.10元

G613.2　语言、识字

大世界看图识字：世界儿童/刘崇军绘.—成都：四川少年儿童出版社，1990.4.—1册；24开.—ISBN 7-5365-0530-2：1.40元

大世界看图识字：车、船、航空、航天/刘崇军绘.—成都：四川少年儿童出版社，1990.4.—1册；24开.—ISBN 7-5365-0528-0：1.00元

大世界看图识字：动物/刘崇军，唐雯绘.—成都：四川少年儿童出版社，1990.4.—1册；24开.—ISBN 7-5365-0527-2：1.00元

大世界看图识字：食物/张绍芳绘.—成都：四川少年儿童出版社，1990.4.—1册；24开.—ISBN 7-5365-0526-4：1.00元

大世界看图识字：家庭/吕小瑞绘.—成都：四川少年儿童出版社，1990.4.—1册；24开.—ISBN 7-5365-0529-9：1.00元

上海市幼儿园语言补充教材/上海市幼儿园语言补充教材编写组编.—上海：上海教育出版社，1990.2.—124页；32开.—ISBN 7-5320-1908-X：0.90元

口语训练/山东省教学研究室编.—济南：山东教育出版社，1990.10.—254页；32开.—山东省中等师范学校试用课本.—ISBN 7-5328-1064-0：1.36元

口语训练　上册/广西壮族自治区幼儿学前班教材编写组编.—南宁：接力出版社，1990.5.—27页；32开.—幼儿学前班课本.—ISBN 7-80581-055-9：0.65元

口语训练　下册/广西壮族自治区幼儿学前班教材编写组编；陈杜宇绘画.—南宁：接力出版社，1990.11.—28页；32开.—幼儿学前班课本.—ISBN 7-80581-144-X：0.65元

口语训练：小班用书　上册/覃瑞玲，崔桂玲编；黄宗池绘.—南宁：接力出版社，1990.6.—1册；24开.幼儿园试用课本.—ISBN 7-80531-089-3：0.70元

口语训练：小班用书　下册/崔桂玲，覃瑞玲编；陈力，一林绘.—南宁：接力出版社，1990.11.—1册；24开.—幼儿园试用课本.—ISBN 7-80581-1?7-1：0.70元

口语训练：中班用书　上册/崔桂玲，覃瑞玲编；陈杜宇绘.—南宁：接力出版社，1990.6.—1册；24开.—幼儿园试用课本.—ISBN 7-80581-087-7：0.70元

口语训练：中班用书　下册/崔桂玲，覃瑞玲编；陈力，一林绘.—南宁：接力出版社，1990.11.—24页；24开.—幼儿园试用课本.—ISBN 7-80581-156-3：0.80元

口语训练：大班用书　上册/崔桂玲，覃瑞玲编；陈力，一林绘.—南宁：接力出版社，1990.6.—1册；24开.—幼儿园试用课本.—ISBN 7-80581-091-5：1.00元

口语训练：大班用书　下册/崔桂玲，覃瑞玲编；陈杜宇绘.—南宁：接力出版社，1990.11.—23页；24开.—幼儿园试用课本.—ISBN 7-80581-155-5：0.80元

卡通美语辞典/众文图书公司编辑部编译.—影印本.—北京：世界图书出版公司，1990年.12.—250页；插图；32开.—ISBN 7-5062-0851-2：9.80元

汉英对照看图识字　（1）/新世纪出版社编.—广州：新世纪出版社，1990 6.—1册；30开.—ISBN 7-5405-0405-6：1.20元

汉英对照看图识字　（2）/新世纪出版社编.—广州：新世纪出版社，1990.6.—1册；30开.—ISBN 7-5405-0406-4：1.20元

汉语拼音字母　上册/无锡市教育局教研室编.—2版.—南京：江苏教育出版社，1990.1.—26页；32开.—ISBN 7-5343-0651-5：0.60元

本书1989年3月第1版。

幼儿认物识字卡片　（2）：动物/江流等编制.北京：中国连环画出版社，1990.6.—1套；100开·ISBN 7-5061-0200-5（盒装）：1.80元

幼儿认物学词画册/李佳编；秀楣等绘.—沈阳：辽宁美术出版社，1990.3.—232页；48开.—ISBN 7-5314-0757-4：4.80元

幼儿园语言教学法/祝士媛编.—北京：北京师范大学出版社，1990.7.—178页；32开.—学前教育函授教材.—ISBN 7-303-00723-7：2.10元

幼儿识字　（一）：自然·人体·生活用品/谢茜莹绘.—南宁：接力出版社，1990.2.—50张；100开.—ISBN 7-80581-031-1：2.50元

幼儿识字　（二）：植物·动物/黄宗池绘.—南宁：接力出版社，1990.2.—50张；100开.—ISBN 7-80581-032-X：2.50元

幼儿识字　（三）：人物及行动·交通工具等/张红绘.—南宁：接力出版社，1990.2.—50张；100开.—ISBN 7-80581-033-3：2.50元

幼儿识字卡/李名慈，陈殿栋编绘.—上海：百家出版社，1990.4.—16张；32开.—ISBN 7-80567-097-7：2.00元

幼儿识字练习/蒲竹编著.—南宁：广西民族出版社，1990.10.—82页；32开.—（小脚丫系列；2）.ISBN 7-5363-0936-8：1.60元

幼儿学成语幽默古诗歌谣/邓碧兰等编.—南昌：21世纪出版社，1990.4.—202页；32开.—ISBN 7-5391-0320-5：2.00元

幼儿学前班教学参考书：识字/广西壮族自治区幼儿学前班教材编写组编.—南宁：接力出版社，1990.7.—57页；32开.—ISBN 7-80581-061-3：0.45元

幼儿学前班教学参考书：语言/广西壮族自治区幼儿学前班教材编写组编.—南宁：接力出版社，1990.7.—115页；32开.—ISBN 7-80581-060-5：0.85元

幼儿科学识字卡片：5～6岁/小卉编；晓淳画.—沈阳：辽宁美术出版社，1990.5.—1册；32开.—ISBN 7-5314-0759-0：2.50元

幼儿看图学话/新世纪出版社编.—2版.—广州：新世纪出版社，1990.12.—6册；32开.—ISBN 7-5405-0617-7：5.90元

幼儿看图学话　(6)/李青叶编；廖爱霞，陈咏画.—广州：新世纪出版社，1990.6.—1册；32开.ISBN 7-5405-0435-8：0.90元

幼儿猜谜识字　(一)/许道静编绘.—福州：福建少年儿童出版社，1990.12.—1册；32开.—ISBN 7-5395-0428-5：1.00元

幼儿猜谜识字　(二)/许道静编绘.—福州：福建少年儿童出版社，1990.12.—1册；32开.—ISBN 7-5395-0429-3：1.00元

动物看图识字/穆杰编绘.—石家庄：河北少年儿童出版社，1990.1.—1套；40开.—ISBN 7-5376-0472-X：0.50元

全国幼儿师范学校统编教材《阅读和写作》第一册自学备课指南/张永峰主编.—西安：陕西人民出版社，1990.11.—167页；32开.—ISBN 7-224-01358-7：2.10元

全国幼儿师范学校统编教材《阅读和写作》第五册自学备课指南/郑光中主编.—西安：陕西人民出版社，1990.11.—203页；32开.—ISBN 7-224-01384-6：2.50元

听故事认字　(1)/德玺编；王世龙等摄影.—郑州：海燕出版社，1990.8.—44页；24开.—ISBN 7-5350-0594-2：1.10元

听故事认字　(2)/德玺编，王世龙等摄影.—郑州：海燕出版社，1990.8.—44页；24开.—ISBN 7-5305-0595-0：1.10元

听故事认字　(3)/德玺编；刘建中等摄影.—郑州：海燕出版社，1990.8.—44页；24开.—ISBN 7-5350-0596-9：1.10元

识字　上册/广西壮族自治区幼儿学前班教材编写组编.—南宁：接力出版社，1990.5.—36页；32开.幼儿学前班课本.—ISBN 7-80581-049-4：0.75元

识字　下册/广西壮族自治区幼儿学前班教材编写组编；吴烈民等插图.—南宁：接力出版社，1990.11.—32页；32开.—幼儿学前班课本.—ISBN 7-80581-145-8：0.65元

识字学画两用卡片/谢白雄编；庞先健，留意绘画.上海：上海人民美术出版社，1990.1.—1册；128开.—ISBN 7-5322-0610-4(盒装)：2.70元

宝宝学话：二岁/陈逸汝编写；黄祥清等绘画.—昆明：云南少年儿童出版社，1990.4.—6册；48开.—(幼儿语言系列训练).—ISBN 7-5414-0489-6：2.00元

宝宝学话：三岁/陈逸汝编写；王烈等绘画.—昆明：云南少年儿童出版社，1990.8.—6册；48开.—(幼儿语言系列训练).—ISBN 7-5414-0502-7：2.00元

宝宝学话：四岁/陈逸汝编写；谢学康等绘画.—昆明：云南少年儿童出版社，1990.8.—6册；48开.(幼儿语言系列训练).—ISBN 7-5414-0503-5：2.00元

宝宝看图识字　上册/金盾出版社编绘.—北京：金盾出版社，1990.5.—32页；32开.—ISBN 7-80022-193-8：1.00元

宝宝看图识字　下册/金盾出版社编绘.—北京：金盾出版社，1990.5.—32页；32开.—ISBN 7-80022-194-6：1.00元

学前儿童学拼音　(1)/满恒英，李园编写；杨建生绘画.—郑州：海燕出版社，1990.5.—20页；12开.ISBN 7-5350-0557-8：1.10元

学前班拼音课本：上学期使用/湖北省武昌幼儿师范学校，湖北省幼儿教育研究会编.—2版.—武汉：湖北少年儿童出版社，1990.3.—70页；24开.—ISBN 7-5353-0614-4：1.02元

学前班语言练习册　上册/陕西省学前班课本编写组编.—西安：未来出版社，1990.4.—32页；32开.ISBN 7-5417-0364-8：0.41元

学前班语言练习册　下册/陕西省学前班课本编写组编.—西安：未来出版社，1990.10.—32页；32开.ISBN 7-5417-0422-9：0.41元

学前班语言课本：上学期使用/湖北省武昌幼儿师范学校，湖北省幼儿教育研究会编.—2版.—武汉：湖北少年儿童出版社，1990.3.—70页；24开.—ISBN 7-5353-0612-8：1.02元

学前班《语言》(上)教学考参资料/甘肃省教材编审室编.—兰州：甘肃少年儿童出版社，1990.8.26页；32开.—ISBN 7-5422-0386-X：0.30元

学前班读本：拼音/欣欣编；张亦浩等画.—上海：上海科技教育出版社，1990.11.—32页；32开.ISBN 7-5428-0425-1：0.65元

学语言：4岁/沈淑娥编；徐宝信绘.—北京：科学普及出版社，1990.5.—21页；24开.—(母子共读丛书).—ISBN 7-110-01304-9：0.98元

学说话　第三册/全国三项康复工作办公室编.—北京：华夏出版社，1990.9.—81页；24开.—聋幼儿听力语言训练教材：试用本.—ISBN 7-80053-822-2：

4.90元

拼音训练/李德福编；张占甫，张艳画.—天津：新蕾出版社，1990.6.—32页；32开.—学前课本.—ISBN 7-5307-0654-3：0.55元

看图识字/上海人民美术出版社编绘.—上海：上海人民美术出版社，〔1990〕.—1册；40开.—ISBN 7-5322-0423-5：2.00元

看图识字/李春岚等编；廖维章等绘.—南昌：21世纪出版社，1990.7.—36页；40开.—ISBN 7-5391-0377-9：0.80元

看图识字　（一）/滕满静等摄影；李子然编.—南宁：接力出版社，1990.3.—1册；48开.—ISBN 7-80581-019-2：0.40元

看图识字　（二）/滕满静等摄影；李子然编.—南宁：接力出版社，1990.3.—1册；48开.—ISBN 7-80581-020-6：0.40元

看图识字　（三）/滕满静等摄影；李子然编.—南宁：接力出版社，1990.3.—1册；48开.—ISBN 7-80581-021-4：0.40元

看图识字　（四）.—长沙：湖南美术出版社，1990.11.—1盒；128开.—ISBN 7-5356-1520（盒装）：1.80元

看图识字　（五）.—长沙：湖南美术出版社，1990.11.—1盒；128开.—ISBN 7-5356-1521（盒装）：1.80元

看图识字：现代生活类/叶泉编写；赵茵等绘画.福州：福建美术出版社，1990.12.—1册；48开.—ISBN 7-5393-0138-4：0.80元

看图识字卡片/金盾出版社编.—北京：金盾出版社，1990.12.—128张；128开.—ISBN 7-80022-252-7（盒装）：2.50元

看图识字画画　（一）/薛雪，孟西编绘.—南京：江苏教育出版社，1990.4.—21页；24开.—（4～6岁儿童阅读）.—ISBN 7-5343-0961-1：0.60元

看图识字画画　（二）/薛雪，孟西编绘.—南京：江苏教育出版社，1990.5.—21页；24开.—（4～6岁儿童阅读）.—ISBN 7-5343-1053-9：0.60元

看图识字画画　（三）/薛雪，孟西编绘.—南京：江苏教育出版社，1990.10.—21页；24开.—（4～6岁儿童阅读）.—ISBN 7-5343-1166-7：0.60元

看图识字画画　（四）/薛雪，孟西编绘.—南京：江苏教育出版社，1990.12.—21页；24开.—（4～6岁儿童阅读）.—ISBN 7-5343-1198-5：0.60元

看看认认/蔡俊传编；殷永耀等画.—上海：上海教育出版社，1990.12.—4册；40开.—ISBN 7-5320-2285-4：2.75元

语文训练/齐敏等编；兆兵，兆千画.—天津：新蕾出版社，1990.6.—32页；32开.—学前课本.—ISBN 7-5307-0650-0：0.55元

语言/山东省教学研究室编.—济南：山东教育出版社，1990.6.—157页；32开.—幼儿园大班教师用书·山东省幼儿园教材.—ISBN 7-5328-0989-7：0.88元

语言/山东省教学研究室编.—济南：山东教育出版社，1990.6.—125页；32开.—幼儿园中班教师用书·山东省幼儿园教材.—ISBN 7-5328-0995-1：0.72元

语言　上册/陕西省学前班课本编写组编.—西安：未来出版社，1990.4.—48页；24开.—学前班课本.ISBN 7-5417-0360-5：1.60元

语言　下册/西安市学前幼儿班教材编写组编.—西安：未来出版社，1990.1.—64页；32开.—学前班课本.—ISBN 7-5417-0328-1：1.65元

语言　下册/陕西省学前班课本编写组编.—西安：未来出版社，1990.11.—48页；24开.—学前班课本.ISBN 7-5417-0418-0：1.60元

语言　下册/甘肃省教材编审室编.—2版.—兰州：甘肃少年儿童出版社，1990.10.—49页；32开.—学前班课本.—ISBN 7-5422-0186-7：0.88元

语言发展/中国儿童发展中心编.—北京：农业出版社，1990.9.—2册（46页）；24开.—（儿童发展系列丛书/陈帼眉主编）.—学前班儿童用书.—ISBN 7-109-01964-0：2.00元

语言练习册/陈岱编写；孟石初等绘.—上海：上海科技教育出版社，1990.10.—32页；32开.—学前班读本.—ISBN 7-5428-0424-3：0.65元

语言练习册　上册/林羽编.—长沙：湖南少年儿童出版社，1990.3.—32页；32开.—学前班教材.—ISBN 7-5358-0519-1：0.40元

语言练习册　下册/衡英编；郑宝雄，周继平绘.长沙：湖南少年儿童出版社，1990.2.—64页；32开.—学前班教材.—ISBN 7-5358-0512-4：0.52元

说一说　上册/林丽冰，陈玲玉编写；蔡沧洲绘图.—福州：福建人民出版社，1990.7.—24页；24开.—（福建省幼儿小班读物）.—ISBN 7-211-01297-8：0.63元

说一说　下册/林丽冰，陈玲玉编写；蔡沧洲绘图.—福州：福建人民出版社，1990.10.—24页；24开.—（福建省幼儿小班读物）.—ISBN 7-211-01505-5：0.63元

说说写写：大班　上册/河南省教育委员会普教处编.—郑州：海燕出版社，1990.7.—24页；16开.幼儿园辅助教材.—ISBN 7-5350-0602-7：0.98元

娃娃益智识字/杉杉编；张军画.—上海：少年儿童出版社，1990.4.—1册；24开.—ISBN 7-5324-0940-6：1.45元

彩图宝宝字典/陶炼等编；陈年喜等插图.—上海：上海辞书出版社，1990.12.—316页；32开.—（彩图系列）.—ISBN 7-5326-0148-X（精装）：10.00元

猜谜识字　（一）/陈振桂编；兰柏坚等绘.—南宁：接力出版社，1990.3.—36页；40开.—ISBN 7-80581-022-2：0.70元

猜谜识字　（二）/陈振桂编；刘南一等绘.—南宁：接力出版社，1990.3.—36页；40开.—ISBN 7-80581-023-0：0.70元

新编故事与儿歌　（2）：2～4岁/施伦等写；胡基明画.—上海：少年儿童出版社，1990.4.—6册；40开.—托儿所兼幼儿园小班补充教材　第二集.—ISBN 7-5324-0992-9（袋装）：2.40元

新编幼儿汉语拼音读本　下册/西安市语言文字工作委员会编.—西安：未来出版社，1990.1.—40页；24开.—ISBN 7-5417-0284-6：1.60元

新颖识字画册/张煜绘画.—石家庄：河北美术出版社，1990.3.—4册；48开.—ISBN 7-5310-0339-2（袋装）：3.40元

儿童英语入门/（美）R·哈格雷夫斯著；刘静，刘霄编译.—北京：科学普及出版社，1990.6.—44页；16开.—（娃娃学丛书）.—ISBN 7-110-01111-9：1.95元

儿童看图学说英语　（一）/林荣华，季燕编；李槐惠画.—北京：煤炭工业出版社，1990.2.—59页；40开.—ISBN 7-5020-0355-X：1.95元

儿童看图学说英语　（二）/林荣华，季燕编；薄惠明画.—北京：煤炭工业出版社，1990.2.—81页；40开.—ISBN 7-5020-0356-8：2.40元

儿童看图学说英语　（三）/林荣华，季燕编；薄惠明画.—北京：煤炭工业出版社，1990.2.—30页；40开.—ISBN 7-5020-0357-6：2.40元

贝贝学ABC/冯慧妍主编；侍育红，翁雪芳编写.上海：少年儿童出版社，1990.9.—108页；24开.英语广播教材　第三、四册.—ISBN 7-5324-1199-0：3.55元

娃娃英语游戏/赵九龄编写.—上海：上海教育出版社，1990.6.—32页；32开.—ISBN 7-5320-1991-8：0.70元

娃娃英语100句/赵九龄，史济豪编写；张志文绘画.—上海：上海教育出版社，1990.8.—32页；32开.—ISBN 7-5320-1978-0：0.70元

G613.3　常识、故事

儿童大千世界：中英对照/高天平编.—海口：南海出版公司，1990.8.—6册；24开.—ISBN 7-80570-113-X：4.50元

幼儿自然科学教育活动设计：3～4岁/李坤仪编.广州：新世纪出版社，1990.2.—63页；32开.—ISBN 7-5405-0420-X：1.30元

幼儿园看图讲述挂图　（1）/上海市幼儿园语言补充教材编写组编；金雪林等画.—上海：上海教育出版社，1990.5.—20张；4开.—ISBN 7-5320-1985-3（袋装）：5.00元

幼儿园看图讲述挂图　（2）/上海市幼儿园语言补充教材编写组编；俞理，何旸画.—上海：上海教育出版社，1990.5.—17张（12张：4开＋4张：2开＋1张：全开）.—ISBN 7-5320-1986-1（袋装）：6.20元

幼儿园常识补充教材/董明丽编.—西宁：青海人民出版社，1990.7.—110页；32开.—教师用书.—ISBN 7-225-00384-4：1.05元

幼儿知识：2岁/胡莲娟等写；周合等画.—上海：少年儿童出版社，1990.11.—4册；40开.—ISBN 7-5324-1178-8（袋装）：1.65元

幼儿知识：3岁/胡莲娟等写：吴列平等画.—上海：少年儿童出版社，1990.11.—4册.40开.—ISBN 7-5324-1179-6（袋装）：1.65元

幼儿知识：4岁/胡莲娟等写；阿兴等画.—上海：少年儿童出版社，1990.11.—4册；40开.—ISBN 7-5324-1180-X：1.65元

幼儿知识：5岁/胡莲娟等写；郑孟煦等画.—上海：少年儿童出版社，1990.11.—4册；40开.—ISBN 7-5324-1181-8：1.65元

幼儿学前班教学参考书：常识/广西壮族自治区幼儿学前班教材编写组编.—南宁：接力出版社，1990.7.—117页；32开.—0.90元

多彩的世界/金岭等编译.—上海：上海科学技术文献出版社，1990.8.—62页；24开.—（幼儿智力开发万花筒小丛书；2）.—ISBN 7-80513-640-8：1.40元

忙碌的人们/金岭等编译.—上海：上海科学技术文献出版社，1990.8.—62页；24开.—（幼儿智力开发万花筒小丛书；3）.—ISBN 7-80513-641-9：1.40元

这是什么？：2～4岁/子远，艾索编摄.—郑州：河南美术出版社，1990.3.—1册；24开.—（认识世界丛书）.—ISBN 7-5401-0114-8：1.20元

这是什么？：4～6岁/子远，艾索编摄.—郑州：河南美术出版社，1990.3.—1册；24开.—（认识世界丛书）.—ISBN 7-5401-0126-1：1.20元

社会学习/中国儿童发展中心编.—北京：农业出版社，1990.9.—2册（44页）；24开.—（儿童发展系列丛书/陈帼眉主编）.—学前班儿童用书.—ISBN 7-109-01966-7：2.00元

奇妙的人体/金岭等编译.—上海：上海科学技术文献出版社，1990.8.—92页；24开.—（幼儿智力开发万花筒小丛书；1）.—ISBN 7-80513-639-4：2.00元

学科学长智慧　上册/郑慧英等编；舒笑，陶力民

画.—北京：科学出版社，1990.5.—40页；大32开.（幼儿学前准备读物）.—ISBN 7-03-001829-X：1.40元

学科学长智慧　下册/郑慧英等编；舒笑，陶力民画.—北京：科学出版社，1990.5.—40页；大32开.（幼儿学前准备读物）.—ISBN 7-03-001830-3：1.40元

学常识/马瑞孚编；王尔强绘.—北京：科学普及出版社，1990.5.—1册；24开.—（母子共读丛书）.4岁用.—ISBN 7-110-01305-7：0.98元

春夏秋冬/金岭等编译.—上海：上海科学技术文献出版社，1990.8.—74页；24开.—（幼儿智力开发万花筒小丛书；4）.—ISBN 7-80513-642-8：1.60元

科学启蒙/中国儿童发展中心编.—北京：农业出版社，1990.9.—2册（52页）；24开.—（儿童发展系列丛书/陈姻眉主编）.—学前班儿童用书.—ISBN 7-109-01965-9：2.50元

常识/山东省教学研究室编.—济南：山东教育出版社，1990.6.—94页；32开.—幼儿学前班教师用书　山东省学前班教材.—ISBN 7-5328-0937-0：0.60元

常识/武汉市幼儿园补充教材编写组编.—武汉：武汉出版社，1990.7.—257页；32开.—武汉市幼儿园补充教材·教师用书.—ISBN 7-5430-0367-8：3.00元

常识　上册/陕西省学前班课本编写组编.—西安：未来出版社，1990.4.—36页；24开.—学前班课本.SBN 7-5417-0362-1：1.25元

常识　下册/陕西省学前班课本编写组编.—西安：未来出版社，1990.11.—36页；24开.—学前班课本.ISBN 7-5417-0420-2：1.25元

常识　上册/广西壮族自治区幼儿学前班编写组编.—南宁：接力出版社，1990.5.—36页；32开.幼儿学前班课本.—ISBN 7-80581-056-7：0.75元

常识：小班用书　上册/朱曼莉编；韦美萍绘.—南宁：接力出版社，1990.6.—1册；24开.—幼儿园试用课本.—ISBN 7-80581-073-7：0.70元

常识：中班用书　上册/李瑞英编；杨洁绘.—南宁：接力出版社，1990.6.—1册；24开.—幼儿园试用课本.—ISBN 7-80581-072-9：0.70元

常识：大班用书　上册/梁兆基编；蒋晓东绘.—南宁：接力出版社，1990.6.—24页；24开.—幼儿园试用课本.—ISBN 7-80581-068-0：0.70元

常识训练/齐敏等编.—天津：新蕾出版社，1990.6.32页；32开.—学前课本.—ISBN 7-5307-0652-7：0.55元

G613.4　算术、计算

儿童趣味数字描画/朱天玥编.—上海：上海科技教育出版社，1990.2.—24页；24开.—ISBN 7-5428-350-6：0.56元

计算/山东省教学研究室编.—济南：山东教育出版社，1990.6.—111页；32开.—幼儿学前班教师用书.ISBN 7-5328-0988-9：0.64元

计算　上册/广西壮族自治区幼儿学前班教材编写组编.—南宁：接力出版社，1990.6.—59页；32开.幼儿学前班课本.—ISBN 7-80581-050-8：1.10元

计算　下册/广西壮族自治区幼儿学前班教材编写组编；吴烈民等插图.—南宁：接力出版社，1990.11.—63页；32开.—ISBN 7-80581-143-1：1.10元

计算　上册/陕西省学前班课本编写组编.—西安：未来出版社，1990.5.—48页；24开.—ISBN 7-5417-0361-3：1.60元

计算　下册/陕西省学前班课本编写组编.—西安：未来出版社，1990.11.—48页；24开.—学前班课本.—ISBN 7-5417-0419-9：1.60元

计算　下册/甘肃省教材编审室编.—2版.—兰州：甘肃少年儿童出版社，1990.4.—56页；32开.—学前班课本.—ISBN 7-5422-0072-6：0.78元

计算：小班用书　上册/黄杏年，蒙力亚绘.—南宁：接力出版社，1990.6.—1册；24开.—幼儿园试用课本.—ISBN 7-80581-069-9：0.70元

计算：中班用书　上册/兰梅编；滢滢绘.—南宁：接力出版社，1990.6.—1册；24开.—幼儿园试用课本.—ISBN 7-80581-070-2：0.70元

计算：大班用书　上册/王道英编；丽容绘.—南宁：接力出版社，1990.6.—1册；24开.—幼儿园试用课本.—ISBN 7-80581-071-0：1.00元

计算练习册/尹云编写；张亦浩等绘画.—上海：上海科技教育出版社，1990.10.—32页；32开.—学前班读本.—ISBN 7-5428-0423-5：0.67元

计算练习册　上册/晓云编；刘运才等画.—长沙：湖南少年儿童出版社，1990.3.—48页；32开.—学前班教材.—ISBN 7-5358-0520-5：0.55元

计算练习册　下册/李妮，阿萍编；邓锡林，周雄画.—长沙：湖南少年儿童出版社，1990.2.—56页；32开.—学前班教材.—ISBN 7-5358-0508-6：0.46元

幼儿计算　（一）/黄杏年编；张红绘.—南宁：接力出版社，1990.2.—50张；100开.—ISBN 7-80581-0260-5（盒装）：2.50元

幼儿计算　（二）/王道英编；欧阳，黄蓓绘.—南宁：接力出版社，1990.2.—50张；100开.—ISBN 7-80581-027-3（盒装）：2.50元

幼儿计算板.—杭州：浙江少年儿童出版社，〔1990〕.—1块；24开.—ISBN 7-5342-0242-4：2.00元

幼儿计算游戏/河南省实验幼儿园编.—郑州：河南

教育出版社，1990.8.—68页；32开.—ISBN 7-5347-0832-X：0.85元

幼儿园数学教学法/林嘉绥，李丹玲编写.—北京：北京师范大学出版社，1990.6.—368页；32开.—学前教育函授教材.—ISBN 7-303-00950-7：3.85元

幼儿学写数/李鸣编.—南京：江苏教育出版社，1990.4.—1册；32开.—ISBN 7-5343-0970-0：0.40元

幼儿学前班教学参考书：计算/广西壮族自治区幼儿学前班教材编写组编.—南宁：接力出版社，1990.7.—71页；32开.—ISBN 7-80581-062-1：0.55元

幼儿学数　上册/雷玉慈编；陈咏，廖爱霞绘.—广州：新世纪出版社，1990.10.—17页；16开.—ISBN 7-5405-0482-X：0.90元

幼儿学数　下册/雷玉慈编；陈咏，廖爱霞绘.—广州：新世纪出版社，1990.10.—17页；16开.—ISBN 7-5405-0483-8：0.90元

幼儿数学：2岁/龙桂秋编写；何旸画.—上海：少年儿童出版社，1990.11.—4册；40开.—ISBN 7-5324-1170-2：1.65元

幼儿数学：3岁/徐苗朗编写；金诚画.—上海：少年儿童出版社，1990.11.—4册；40开.—ISBN 7-5324-1171-0：1.65元

幼儿数学：4岁/徐苗朗编写；徐勇画.—上海：少年儿童出版社，1990.11.—4册；40开.—ISBN 7-5324-1172-9：1.65元

幼儿数学：5岁/徐苗朗编写；王微画.—上海：少年儿童出版社，1990.11.—4册；40开.—ISBN 7-5324-1173-7：1.65元

幼儿数学启蒙/邹兆芳编著.—上海：上海科学技术出版社，1990.3.—222页；32开.—（幼儿教育系列读物）.—ISBN 7-5323-1792-7：2.20元

学计算：4岁/赵丽丽编；徐宝信绘.—北京：科学普及出版社，1990.5.—21页；24开.—(母子共读丛书).—ISBN 7-110-01306-5：0.98元

学学算算：大班　上册/河南省教育委员会普教处编.—郑州：海燕出版社，1990.7.—24页；16开.幼儿园辅助教材.—ISBN 7-5350-0603-5：0.98元

学前儿童计算读物/俞平等编著.—长春：长春出版社，1990.10.—122页；32开.—家长、教师的辅导教材.—ISBN 7-80573-341-4：1.95元

学前班计算　（上）/辽宁教育学院编.—沈阳：辽宁美术出版社，1990.2.—48页；32开.—ISBN 7-5314-0332-3：0.95元

学前班计算　（下）/辽宁教育学院编.—2版.—沈阳：辽宁美术出版社，1990.10.—48页；32开.—ISBN 7-5314-0472-9：0.95元

学前班计算练习册　上册/陕西省学前班课本编写组编.—西安：未来出版社，1990.5.—32页；32开.ISBN 7-5417-0365-6：0.41元

学前班计算练习册　下册/陕西省学前班课本编写组编.—西安：未来出版社，1990.10.—32页；32开.—ISBN 7-5417-0423-7：0.41元

婴幼儿学认教材画册/冯秀芳主编；孙志远等绘.天津：天津人民美术出版社，1990.11.—2册（92页）；24开.—ISBN 7-5305-3293-6：4.10元

婴幼儿教育画册　第一辑：启蒙数学/齐敏，刘缓之编；吴带生等画.—北京：教育科学出版社，1990.5.—4册；24开.—ISBN 7-5041-0-0445-0(袋装)：2.00元

婴幼儿教育画册　第二辑：启蒙数学/齐敏，刘缓之编；吴带生等画.—北京：教育科学出版社，1990.5.—4册；24开.—ISBN 7-5041-0445-0（袋装）：2.00元

想想算算/金岭等编译.—上海：上海科学技术文献出版社，1990.8.—95页；24开.—（幼儿智力开发万花筒小丛书；6）.—ISBN 7-80513-644-0：2.00元

数一数　上册/叶卫华，陈雪珍编写；杨一鸿绘.—福州：福建人民出版社，1990.7.—20页；24开.—福建省幼儿小班读物.—ISBN 7-211-01288-9：0.72元

数一数　下册/陈雪珍，叶卫华编写；杨一鸿绘.—福州：福建人民出版社，1990.11.—20页；24开.—福建省幼儿小班读物.—ISBN 7-211-01476-8：0.63元

数的世界/中国儿童发展中心编.—北京：农业出版社，1990.9.—2册（44页）；24开.—（儿童发展系列丛书/陈帼眉主编）.—学前班儿童用书.—ISBN 7-109-01967-5：2.00元

数的概念：3岁.—南京：江苏美术出版社，1990.5.—48页；16开.—（幼儿动脑练习）.—幼儿智力测试教材.—ISBN 7-5344-0148-8：2.10元

数的概念：4岁.—南京：江苏美术出版社，1990.5.—48页；16开.—（幼儿动脑练习）.—幼儿智力测试教材.—ISBN 7-5344-0148-8：2.10元

数的概念：5岁.—南京：江苏美术出版社，1990.5.—48页；16开.—（幼儿动脑练习）.—幼儿智力测试教材.—ISBN 7-5344-0148-8：2.10元

数的概念：6岁.—南京：江苏美术出版社，1990.5.—48页；16开.—（幼儿动脑练习）.—幼儿智力测试教材.—ISBN 7-5344-0418-8：2.10元

数学　（上）/江苏省教委幼教初教处教学研究室编.—2版.—南京：江苏教育出版社，1990.3.—32页；32开.—幼儿学前班教材.—ISBN 7-5343-0690-6：0.75元

数学：上学期/湖北省武昌幼儿师范学校，湖北省幼儿教育研究会编.—2版.—武汉：湖北少年儿童出版社，1990.3.—69页；24开.—学前班课本.—ISBN 7-5353-0613-6：1.02元

数学彩虹/任重编译.—北京：科学普及出版社，1990.9.—96页；24开.—学前班一、二年级小学生及家长用书.—ISBN 7-110-01482-7：2.35元

算术训练/齐敏等编；赵新立画.一天津：新蕾出版社，1990.6.一32页；32开.一学前课本.一ISBN 7-5307-0651-9：0.55元

G613.5　音乐、舞蹈

儿童音乐体育游戏/王全仁编著.一呼和浩特：内蒙古人民出版社，1990.6.一127页；32开.一ISBN 7-204-00513-9：1.25元

幼儿艺术素质的培养/高陶编.一北京：文化艺术出版社，1990.8.一197页；32开.一ISBN 7-5039-0582-4：2.60元

幼儿学前班教学参考书：音乐/广西壮族自治区幼儿学前班教材编写组编.一南宁：接力出版社，1990.7.一119页；32开.一ISBN 7-80581-063-X：0.92元

幼儿律动选/蒋维民等编.一上海：上海教育出版社，1990.7.一55页；32开.一ISBN 7-5320-1831-8：0.72元

幼儿舞蹈/北京市西城区教育教学研究中心幼儿教研室编著.一北京：人民体育出版社，1990.9.一79页；32开.一ISBN 7-5009-0010-4：1.60元

幼儿舞蹈教材/顾以庄著.一北京：中国舞蹈出版社，1990.5.一189页；32开.一ISBN 7-80075-008-6：3.00元

幼儿舞蹈教学指导/黄式茂编著.一上海：上海音乐出版社，1990.11.一440页；大32开.一ISBN 7-80553-187-0：7.85元

学音乐：4岁/李立青编；高晓燕绘.一北京：科学普及出版社，1990.5.一21页；24开.一（母子共读丛书）.一ISBN 7-110-01302-2：0.98元

学前班音乐教材　全一册/辽宁教育学院学前班教材编写组编.一沈阳：辽宁少年儿童出版社，1990.8.一171页；16开.一ISBN 7-5315-0786-2：2.60元

教孩子学音乐：音乐知识100题/蔡福华等著.一上海：百家出版社，1990.1.一52页；32开.一ISBN 7-80576-043-3：1.00元

弹弹唱唱：幼儿电子琴弹唱歌曲/李嘉评编.一南昌：21世纪出版社，1990.9.一47页；24开.一ISBN 7-5391-0417-1：0.70元

G613.6　美术、手工

儿童折纸手工/王喜田，金堂祺编绘.一沈阳：辽宁美术出版社，1990.4.一48页；48开.一ISBN 7-5314-0415-X：0.40元

儿童折剪手工/金堂祺，王喜田编绘.一沈阳：辽宁美术出版社，1990.4.一48页；48开.一ISBN 7-5314-0414-1：0.40元

儿童制作大全/雷爱华等编著设计.一武汉：湖北少年儿童出版社，1990.5.一264页；32开.一（动手动脑丛书）.一ISBN 7-5353-0659-4：2.80元

儿童学前准备：美术　（上）/刘乐珍编；旭初绘.合肥：安徽少年儿童出版社，1990.6.一1册；24开.ISBN 7-5397-0513-2：0.70元

儿童绘画入门/光亚编绘.一兰州：甘肃少年儿童出版社，1990.2.一1册；24开.一ISBN 7-5422-0301-0：2.00元

儿童绘画彩色示范图　（上）/郑绪良等绘编.一武汉：湖北美术出版社，1990.10.一70页；24开.一ISBN 7-5394-0211-3：3.50元

儿童绘画彩色示范图　（下）/郑绪良等绘编.一武汉：湖北美术出版社，1990.10.一70页；24开.一ISBN 7-5394-0212-1：3.50元

儿童彩笔画/周超，周岳峰编绘.一哈尔滨：哈尔滨出版社，1990.9.一3册；32开.一ISBN 7-80557-284-4：3.90元

儿童趣味编纸/郭晓霞编著.一北京：金盾出版社，1990.12.一82页；24开.一ISBN 7-80022-271-3：3.10元

大世界小画库：用品篇：1～2岁/李建国绘画.一南京：江苏少年儿童出版社，1990.11.一21页；24开.ISBN 7-5346-0618-7：0.65元

大世界小画库：用品篇：3～4岁/尹路绘画.一南京：江苏少年儿童出版社，1990.11.一21页；24开.ISBN 7-5346-0619-5：0.65元

大世界小画库：用品篇：5～6岁/江媛绘画.一南京：江苏少年儿童出版社，1990.11.一21页；24开.ISBN 7-5346-0620-9：0.65元

大世界小画库：交通工具篇：1～2岁/路路画.一南京：江苏少年儿童出版社，1990.11.一21页；24开.ISBN 7-5346-0622-5：0.65元

大世界小画库：交通工具篇：3～4岁/路路画.一南京：江苏少年儿童出版社，1990.11.一21页；24开.ISBN 7-5346-0623-3：0.65元

大世界小画库：交通工具篇：5～6岁/于友善画.南京：江苏少年儿童出版社，1990.11.一21页；24开.一ISBN 7-5346-0624-1：0.65元

大世界折页丛书　第五辑/刘玉平，于立军编.一北京：北京少年儿童出版社，1990.6.一6册；48开.ISBN 7-5301-0225-7（袋装）：3.10元

小制作集锦：《天地之间》节目精选/中央电视台少儿部编.一北京：中国少年儿童出版社，1990.11.79页；32开.一ISBN 7-5007-0360-0：0.95元

小挂书：幼儿剪贴/众童编；冯贵才，冬雪绘画.天津：天津人民美术出版社，1990.4.一11页；16开.一ISBN 7-5305-3273-1：1.40元

日本剪纸手工游戏　第一辑/（日）公文公主编；刘迅编译.一天津：天津教育出版社，1990.1.一8张；16开.一ISBN 7-5309-0873-1：1.00元

巧手儿：中班/李慰宜等编；郑孟煦，黄辉画.—上海：少年儿童出版社，1990.4.—4册；32开.—ISBN 7-5324-0780-2（袋装）：1.60元

可爱的面具　（1）：儿童益智手工.—北京：北京少年儿童出版社，1990.5.—4张；8开.—ISBN 7-5301-0227-3：1.80元

幼儿手工工艺图集/郑明编绘.—南宁：广西教育出版社，1990.9.—41页；24开.—ISBN 7-5435-1027-8：2.56元

幼儿自编自画故事集/贾秀兰等主编.—北京：科学普及出版社，1990.5.—48页；24开.—ISBN 7-110-01446-0：1.95元

幼儿折叠粘贴教材：小班　上册/何丽庄主编.—北京：北京师范大学出版社，1990.6.—10张；16开.ISBN 7-303-00955-8：4.50元

幼儿折叠粘贴教材：小班　下册/何丽庄主编.—北京：北京师范大学出版社，1990.6.—10张；16开.ISBN 7-303-00956-6：4.50元

幼儿折叠粘贴教材：中班　上册/何丽庄主编.—北京：北京师范大学出版社，1990.6.—1套；大16开.ISBN 7-303-00957-4（盒装）：4.50元

幼儿园美术教学法/庞丽娟编.—北京：北京师范大学出版社，1990.6.—173页；32开.—学前教育函授教材.—ISBN 7-303-00734-2：2.05元

幼儿折叠粘贴教材：中班　下册/何丽庄主编.—北京：北京师范大学出版社，1990.6.—10张；16开.ISBN 7-303-00958-2：4.50元

幼儿折叠粘贴教材：大班　上册/何丽庄主编.—北京：北京师范大学出版社，1990.6.—1套；大16开.ISBN 7-303-00959-0（盒装）：4.50元

幼儿折叠粘贴教材：大班　下册/何丽庄主编.—北京：北京师范大学出版社，1990.6.—1套；大16开.ISBN 7-303-00960-4（盒装）：4.50元

幼儿纸工：叠纸/华之婉，周介眉著；王培元制图.—上海：上海音乐出版社，1990.5.—24张；24开.—ISBN 7-80553-227-3：1.50元

幼儿学画填色　（一）/倪慧琛编.—南昌：21世纪出版社，1990.7.—32页；32开.—ISBN 7-5391-0333-7：0.90元

幼儿学画填色　（二）/王桂明编.—南昌：21世纪出版社，1990.7.—32页；32开.—ISBN 7-5391-0334-5：0.90元

幼儿学画填色　（三）/李敏编.—南昌：21世纪出版社，1990.7.—31页；32开.—ISBN 7-5391-0335-3：0.90元

幼儿美工：2岁/李慰宜编写；周合等画.—上海：少年儿童出版社，1990.11.—4册；40开.—ISBN 7-5324-1174-5（袋装）：1.65元

幼儿美工：3岁/李慰宜编写；王武等画.—上海：少年儿童出版社，1990.11.—4册；40开.—ISBN 7-5324-1175-3（袋装）：1.65元

幼儿美工：4岁/李慰宜编写；章观念等画.—上海：少年儿童出版社，1990.11.—4册；40开.—ISBN 7-5324-1176-1：1.65元

幼儿美工添画　（上）：3～4岁/上海市地区幼班辅导员编.—北京：国际文化出版公司，1990.8.27页；16开.—ISBN 7-80049-549-3（袋装）：1.85元

幼儿美术启蒙：折纸/陆明，之冲编制.—上海：上海人民美术出版社，1990.3.—24页；24开.—ISBN 7-5322-0631 9：0.95元

幼儿美术启蒙：泥塑/傅维安编画.—上海：上海人民美术出版社，1989.9.—1册；24开.—ISBN 7-5322-0494-4：0.95元

幼儿美术启蒙：剪贴/陆明，之冲编制.—上海：上海人民美术出版社，1990.3.—24页；24开.—ISBN 7-5322-0632-7：0.95元

幼儿绘画基础训练/赵跃庆，朱健朴编绘.—上海：上海书画出版社，1990.4.—110页；32开.—（大世界画库：儿童美术编）.—ISBN 7-80512-416-7：1.95元

幼儿铅笔描红字贴　（上）/《现代家庭》、《为了孩子》杂志社编.—上海：百家出版社，1990.5.1册；32开.—ISBN 7-80576-140-X：0.50元

幼儿铅笔描红字贴　（下）/《现代家庭》、《为了孩子》杂志社编.—上海：百家出版社，1990.5.1册；32开.—ISBN 7-80576-141-8：0.50元

幼儿教育画册/王静媛编绘.—沈阳：辽宁美术出版社，1990.4.—92页；16开.—ISBN 7-5314-0761-2：4.25元

幼儿简笔画/姚逸之编绘.—上海：上海书画出版社，1990.4.—61页：图；32开.—（大世界画库：儿童美术编）.—ISBN 7-80512-415-9：0.85元

幼儿简笔画涂色练习　（一）：怎样画动物：4～5岁/菲一等编绘.—西安：陕西人民美术出版社，1990.5.—1册；24开.—（幼儿学画丛书）.—ISBN 7-5368-0218-8：1.50元

幼儿新天地/姚孔嘉，何平生编绘.—广州：新世纪出版社，1990.4.—106页：图；32开.—（育苗丛书）.—ISBN 7-5405-0426-9：1.50元

动物一笔画　（A）/阿明等绘画.—天津：天津杨柳青画社，1990.5.—16张；16开.—ISBN 7-80503-108-8：1.00元

动物一笔画　（B）/阿明等绘画.—天津：天津杨柳青画社，1990.5.—16张；16开.—ISBN 7-80503-109-6：1.00元

动物一笔画　（C）/阿明等绘画.—天津：天津杨柳青画社，1990.5.—16张；16开.—ISBN 7-80503-

110-X：1.00元

动物一笔画　（D）/阿明等绘画.—天津：天津杨柳青画社，1990.5.—16张；16开.—ISBN 7-80503-111-8：1.00元

动物一笔画　（E）/阿明等绘画.—天津：天津杨柳青画社，1990.5.—16张；16开.—ISBN 7-80503-112-6：1.00元

动物折纸/王世宏编绘.—天津：天津人民美术出版社，1990.11.—30页；32开.—ISBN 7-5305-3234-0：0.65元

红蜘蛛：变形金刚活动模型/吴冰，吴鑫华编绘.—天津：天津人民美术出版社，1990.3.—2张；4开.—ISBN 7-5305-3265-01：1.20元

托儿所美工　上册/上海市地区托儿所协会编.—新1版.—北京：国际文化出版公司，1990.8.—20张；16开.—（袋装）：1.50元

托儿所美工　下册/上海市地区托儿所协会编.—新1版.—北京：国际文化出版公司，1990.8.—20张；16开.—（袋装）：1.50元

听听剪剪/任叙写；胡冰画.—上海：上海教育出版社，1990.12.—1册；16开.—ISBN 7-5320-2280-3：1.80元

你来猜：儿童智力画/陈元山编；李绍然编绘.—上海：上海人民美术出版社，1990.3.—34页；24开.—ISBN 7-5322-0604-1：0.65元

陆海空纸模型　第一辑/朱开宁等编.—上海：上海科技教育出版社，1990.1.—16张；16开.—ISBN 7-5428-0173-2（袋装）：1.60元

画画长智力：在美术活动中培养孩子的创造力/（美）维克托·劳伦菲尔德，W·兰博特·布瑞坦著；李强等译.—北京：中国工人出版社，1990.6.—261页；32开.—（长智力丛书；1）.—ISBN 7-5008-0582-9：4.30元

宝宝画　（一）：幼儿趣味着色册/丁纯一画.—上海：上海书画出版社，1990.6.—24页；24开.—ISBN 7-80512-424-8：1.00元

宝宝画　（二）：幼儿趣味着色册/方月画.—上海：上海书画出版社，1990.6.—24页；24开.—ISBN 7-80512-425-6：1.00元

宝宝画　（三）：幼儿趣味着色册/阿路画.—上海：上海书画出版社，1990.6.—24页；24开.—ISBN 7-80512-426-4：1.00元

宝宝画　（四）：幼儿趣味着色册/阿乐画.—上海：上海书画出版社，1990.6.—24页；24开.—ISBN 7-80512-427-2：1.00元

宝宝画　（五）：幼儿趣味着色册/西沙画.—上海：上海书画出版社，1990.6.—1册；24开.—ISBN 7-80512-428-0：1.00元

学画画　（1）：绘画启蒙辅导材料/冯则义，徐培建编绘.—上海：上海科学教育出版社，1990.1.—46页；24开.—ISBN 7-5428-0355-7：0.78元

学前班美工课本/湖北省武昌幼儿师范学校，湖北省幼儿教育研究会编.—2版.—武汉：湖北少年儿童出版社，1990.3.—58页；24开.—上学期使用.—ISBN 7-5353-0616-0：1.00元

学美术：4岁/崔雪雁编；丁午绘.—北京：科学普及出版社，1990.5.—21页；24开.—（母子共读丛书）.—ISBN 7-110-01303-0：0.98元

看看想想：大班　上册/河南省教育委员会普教处编.—郑州：海燕出版社，1990.7.—24页；16开.—幼儿园辅助教材.—ISBN 7-5350-0604-3：0.98元

美工：二岁半～三岁/上海市地区托儿所协会编.—上海：上海音乐出版社，1990.4.—20页；16开.—托儿所教养教材·托儿绘画作业（1）.—ISBN 7-80553-260-5（袋装）：1.60元

美工：三岁～三岁半/上海市地区托儿所协会编.—上海：上海音乐出版社，1990.4.—20张；16开.—托儿所教养教材·托儿绘画作业　（2）.—ISBN 7-80553-259-1（袋装）：1.60元

美工　上册/谢田田编；陈力绘.—南宁：接力出版社，1990.6.—1册；24开.—幼儿园试用课本　中班用书.—ISBN 7-8058-077-X：1.45元

美工　上册/谢佑春，李碧琼编；谢佑春绘.—南宁：接力出版社，1990.6.—1册；24开.—幼儿园试用课本　大班用书.—ISBN 7-80581-076-1：1.80元

美工　上册/广西壮族自治区幼儿学前班教材编写组编；谢佑春绘.—南宁：接力出版社，1990.6.—59页；32开.—幼儿学前班课本.—ISBN 7-80581-051-6：1.10元

美工　下册/广西壮族自治区幼儿学前班教材编写组编；谢佑春绘.—南宁：接力出版社，1990.11.—61页；32开.—幼儿学前班课本.—ISBN 7-80581-130-X：1.15元

美工　上册/卢嘉编；林文涛绘.—南宁：接力出版社，1990.6.—1册；24开.—幼儿园试用课本小班用书.—ISBN 7-80581-078-8：1.45元

美术/山东省教学研究室编.—济南：山东教育出版社，1990.6.—63页；32开.—山东省幼儿园教材·幼儿园小班教师用书.—ISBN 7-5328-1006-2：0.81元

美术/山东省教学研究室编.—济南：山东教育出版社，1990.6.—80页；32开.—山东省幼儿园教材·幼儿园中班教师用书.—ISBN 7-5328-1000-3：1.07元

美术　（上）/江苏省教委幼教初教处教学研究室编.—2版.—南京：江苏教育出版社，1990.2.—2?页；32开.—幼儿学前班教材.—ISBN 7-5343-0699-X：0.60元

美术　上册/陕西省学前班课本编写组编.—西安：未来出版社，1990.5.—36页；24开.—学前班课本.

ISBN 7-5417-0363-X：1.25元

美术 下册/陕西省学前班课本编写组编.—西安：未来出版社，1990.10.—36页；24开.—学前班课本.—ISBN 7-5417-0421-0：1.25元

美术训练/齐敏等编.—天津：新蕾出版社，1990.6.—1册；32开.—学前课本.—ISBN 7-5307-0655-1：0.95元

美术欣赏：中班/王子健等编.—北京：人民教育出版社，1990.2.—17页；16开.—幼儿园教材.—ISBN 7-107-09108-5：0.70元

美术欣赏：大班/王子健等编.—北京：人民教育出版社，1990.2.—25页；16开.—幼儿园教材.—ISBN 7-107-09118-2：0.95元

娃娃美工 （1）/朱锦衣编；金诚画.—上海：上海教育出版社，1990.1.—16页；16开.—ISBN 7-5320-1610-2：2.20元

娃娃美工 （2）/欣美编；金雪林画.—上海：上海教育出版社，1990.1.—16页；16开.—ISBN 7-5320-1611-0：1.45元

涂色：4～6岁.—沈阳：辽宁美术出版社，1990.9.38页；16开.—（幼儿智力丛书）.—ISBN 7-5314-0769-8：4.50元

家庭与儿童绘画：怎样教孩子学会画画/孟庆谷编绘.—武汉：湖北美术出版社，1990.8.—137页；24开.—ISBN 7-5394-0138-9：2.52元

婴幼儿折纸/王冰编著.—长春：北方妇女儿童出版社，1990.6.—184页；32开.—ISBN 7-5385-0595-4：2.30元

剪贴：3～6岁.—沈阳：辽宁美术出版社，1990.9.38页；16开.—（幼儿智力丛书）.—ISBN 7-5314-0770-1：4.50元

剪贴画/栾仁梅，杨建隆编；栾仁海绘.—北京：中国工人出版社，1990.5.—50页；24开.—（儿童活动丛书）.—ISBN 7-5008-0409-1：2.50元

新编幼儿美术课堂：泥工：小班/桂筱云制作编绘.武汉：湖北美术出版社，1990.12.—22页；24开.ISBN 7-5394-0218-0：1.00元

新编幼儿美术课堂：泥工：中班/桂筱云制作编绘.武汉：湖北美术出版社，1990.12.—42页；24开.ISBN 7-5394-0217-2：1.60元

新编幼儿美术课堂：泥工：大班/桂筱云制作编绘.武汉：湖北美术出版社，1990.12.—42页；24开.—ISBN 7-5394-0216-4：1.60元

橡皮泥捏塑起步/张钼，刘淑珍作.—福州：福建少年儿童出版社，1990.1.—33页，24开.—（儿童学画丛书）.—ISBN 7-5395-0447-1：4.80元

趣味手工 （1）/陈寿鹏著.—上海：上海教育出版社，1990.4.—21页；16开.—ISBN 7-5320-1827-X：0.90元

趣味手工 （2）/陈寿鹏著.—上海：上海教育出版社，1990.4.—21页；16开.—ISBN 7-5320-1862-8：0.90元

趣味益智图画/李国田，李一强编.—北京：朝花美术出版社，1990.6.—125页；32开.—ISBN 7-5056-0125-3：2.30元

鞠萍姐姐折纸/鞠萍主编.—北京：中国妇女出版社，1990.4.—60页；16开.—ISBN 7-80016-210-9：2.40元

小红帽/阿纾改编；邓小玲绘画.—广州：新世纪出版社，1990.8.—1册；24开.—（世界童话名著填色画册）.—ISBN 7-5405-0460-9：0.90元

世界童话名著填色画册/新世纪出版社编.—广州：新世纪出版社，1990.8.—5册；24开.—ISBN 7-5405-0450-1：5.00元

白雪公主/阿纾改编；张林婴绘画.—广州：新世纪出版社，1990.8.—1册；24开.—（世界童话名著填色画册）.—ISBN 7-5405-0458-7：0.90元

皇帝的新装/阿纾改编；陈挺通绘画.—广州：新世纪出版社，1990.8.—1册；24开.—（世界童话名著填色画册）.—ISBN 7-5405-0461-7：0.90元

渔夫和金鱼/阿纾改编；邵珊绘画.—广州：新世纪出版社，1990.8.—1册；24开.—（世界童话名著填色画册）.—ISBN 7-5405-0457-9：0.90元

霍勒太太/阿纾改编；刘露薇绘画.—广州：新世纪出版社，1990.8.—1册；24开.—（世界童话名著填色画册）.—ISBN 7-5405-0459-5：0.90元

G613.7 体育、游戏

儿童手影游戏/陈宏胜编著.—北京：中国医药科技出版社，1990.2.—40页；24开.—ISBN 7-5067-0142-1：1.60元

儿童游戏大全/卢先宝，张鸿仙编著.—武汉：湖北少年儿童出版社，1990.1.—348页；32开.—（动手动脑丛书）.—ISBN 7-5353-0585-7：3.20元

儿童游戏大全/宗仁发，张平主编.—海南：三环出版社，1990.12.—411页；32开.—ISBN 7-80564-220-6：5.20元

生日礼品书：我属狗/白梦萍编；凌柯等绘画.—武汉：湖北少年儿童出版社，1990.12.—4册；24开.ISBN 7-5353-0767-1：5.90元

生日礼品书：我属鸡/陈湘编；邵学海等绘画.—武汉：湖北少年儿童出版社，1990.12.—4册；24开.ISBN 7-5353-0768-X：5.90元

幼儿学前班教学参考书：体育/广西壮族自治区幼儿学前班教材编写组编.—南宁：接力出版社，1990.7.—122页；32开.—ISBN 7-80581-064-8：0.92元

幼儿暑假游戏：2岁/林玲写；丁纯一等画.—上海：少年儿童出版社，1990.4.—4册；16开.—ISBN 7-5324-0649-0：3.00元

幼儿暑假游戏：3岁/林玲等编写；伍仲文等画.上海：少年儿童出版社，1990.4.—4册；16开.—ISBN 7-5324-0650-4：3.00元

幼儿暑假游戏：4岁/林玲等编写；吴云初等画.上海：少年儿童出版社，1990.4.—4册；16开.—ISBN 7-5324-0987-2：3.00元

幼儿暑假游戏：5岁/林玲等编写；金雪林等画.上海：少年儿童出版社，1990.4.—4册；16开.—ISBN 7-5324-0988-0：3.00元

幼儿智力游戏：4岁/林玲等编写；吴景等画.—上海：少年儿童出版社，1990.11.—4册；40开.—ISBN 7-5324-1168-0：1.65元

幼儿智力游戏：5岁/林玲等编写；蒋松涛等画.上海：少年儿童出版社，1990.11.—4册；40开.—ISBN 7-5324-1169-9：1.65元

幼儿游艺世界/方岩，王俊编著.—石家庄：河北教育出版社，1990.2.—356页；32开.—ISBN 7-5434-0610-1：3.55元

幼儿游戏集锦/杨尊田主编.—济南：明天出版社，1990.10.—351页；32开.—ISBN 7-5332-1096-4：3.90元

幼儿游戏200种/（日）近藤充夫著；胡学等译.延吉：延边人民出版社，1990.4.—153页；32开.ISBN 7-80508-429-7：2.20元

幼学游戏百玩/良之，秉琴编写.—太原：希望出版社，1990.5.—125页；32开.—（父母必备丛书/荣高棠主编）.—ISBN 7-5379-0584-3：1.50元

母子游戏：两个月～两岁婴儿的乐趣/梅荣，培新编译.—北京：北京体育学院出版社，1990.6.—146页；32开.—（健康万花筒丛书）.—ISBN 7-81003-297-6：2.25元

体育/山东省教学研究室编.—济南：山东教育出版社，1990.6.—69页；32开.—幼儿小班教师用书·山东省幼儿园教材.—ISBN 7-5328-1004-6：0.48元

体育/山东省教学研究室编.—济南：山东教育出版社，1990.6.—127页；32开.—幼儿中班教师用书·山东省幼儿园教材.—ISBN 7-5328-0998-6：0.78元

体育/山东省教学研究室编.—济南：山东教育出版社，1990.6.—128页；32开.—幼儿大班教师用书·山东省幼儿园教材.—ISBN 7-5328-0992-7：0.78元

体育与卫生：4岁/张亦平，王作瑞编；郑岩绘.北京：科学普及出版社，1990.5.—21页；24开.（母子共读丛书）.—ISBN 7-110-01300-6：0.98元

侦探棋/王立忠编绘.—天津：天津人民美术出版社，1990.11.—1盒；80开.—ISBN 7-5305-3309-6：1.35元

学前班游戏课本/湖北省武昌幼儿师范学校，湖北省幼儿教育研究会编.—武汉：湖北少年儿童出版社，1990.3.—上学期使用.—58页；24开.—ISBN 7-5353-0617-9：0.88元

教儿童做游戏：小班　下册/鲍泽惠主编；张源绘画.—济南：山东美术出版社，1990.5.—30页；32开.—ISBN 7-5330-0259-8：1.00元

教儿童做游戏：中班　下册/鲍泽惠主编；米海翔绘画.—济南：山东美术出版社，1990.5.—30页；32开.—ISBN 7-5330-0260-1：1.00元

教儿童做游戏：大班　下册/鲍泽惠主编；米海翔绘画.—济南：山东美术出版社，1990.5.—30页；32开.—ISBN 7-5330-0261-X：1.00元

粘贴色彩游戏/张兵编绘.—长春：长春出版社，1990.5.—16页；16开.—ISBN 7-80573-214-0：1.95元

智力与游戏：4岁/关鸿羽编；孙晓纲绘.—北京：科学普及出版社，1990.5.—21页；24开.—（母子共读丛书）.—ISBN 7-110-01301-4：0.98元

幼儿学前班教学参考书：游戏/江苏省教委幼教初教处教学研究室编.—南京：江苏教育出版社，1990.4.—96页；32开.—ISBN 7-5343-0768-6：0.87元

G614　玩具、教具

幼儿立体教玩具/朱锦福编；孟石初画.—上海：上海教育出版社，1990.4.—12张；16开.—ISBN 7-5320-2059-2：2.75元

幼儿园立体教具/朱锦衣编；孟石初画.—上海：上海教育出版社，1990.4.—12张；8开.—ISBN 7-5320-2065-7：6.00元

幼儿智力拼摆（1）：交通工具/徐文，王萍编绘.—长春：吉林美术出版社，1990.1.—18页；8开.—ISBN 7-5386-0163-5：4.50元

幼儿智力拼摆（2）：动物/徐文，王萍编绘.长春：吉林美术出版社，1990.1.—26页；8开.—ISBN 7-5386-0164-3：5.80元

玩具——孩子们的好伙伴：0～6岁儿童系列玩具指导/北京儿童玩具协会，儿童生理心理教育研究委员会编著.—北京：科学技术文献出版社，1990.2.178页；32开.—ISBN 7-5023-0957-8：2.20元

教你制作小玩具/郭振伟，任左兵编绘.—沈阳：沈阳出版社，1990.4.—108页；16开.—ISBN 7-80556-381-0：2.50元

做做玩玩　（一）/吴健宁，侯共青编.—南京：江苏教育出版社，1990.12.—1册；24开.—ISBN 7-5343-1205-1：0.98元

做做玩玩：大班　上册/河南省教育委员会普教处编.—郑州：海燕出版社，1990.7.—24页；16开.幼儿园辅助教材.—ISBN 7-5350-0605-1：0.98元

做做玩玩　上册/曾秀卿编写；涂丽英绘图.—福州：福建人民出版社，1990.7.—24页；24开.—福建省幼儿小班读物.—ISBN 7-211-01298-6：0.63元

做做玩玩　下册/曾秀卿编写；涂丽英内文绘图.福州：福建人民出版社，1990.10.—24页；24开.福建省幼儿小班读物.—ISBN 7-211-01493-8：0.63元

G617　幼儿园管理

上海市幼儿园半日活动设计集/上海市教育局教研室编.—上海：上海教育出版社，1990.6.—162页：32开.—ISBN 7-5320-2080-0：1.30元

幼儿在园情况报告表：小班.—上海：上海科技教育出版社，〔1990〕.—1册；大32开.—ISBN 7-5428-0426-X：0.30元

幼儿在园情况报告表：中班.—上海：上海科技教育出版社，〔1990〕.—1册；大32开.—ISBN 7-5428-0427-8：0.30元

幼儿在园情况报告表：大班.—上海：上海科技教育出版社，〔1990〕.—1册；大32开.—ISBN 7-5428-0428-6：0.30元

幼儿园组织与管理/周南编写.—北京：北京师范大学出版社，1990.7.—374页；32开.—学前教育函授教材.—ISBN 7-303-00722-9：3.95元

G619　世界各国学前教育、幼儿教育

甘肃幼儿教育简史/宋捷，王桂洁编著.—兰州：甘肃教育出版社，1990.8.—197页；大32开.—（甘肃教育资料丛书）.—ISBN 7-5423-0184-5：2.75元

美国幼儿教育的理论和实践/（美）凯塞琳·里德，琼·帕特森著；卢乐珍等译.—南京：江苏教育出版社，1990.12.—476页；32开.—ISBN 7-5343-1204-3：4.50元

简明中国学前教育史/何晓夏主编.—北京：北京师范大学出版社，1990.10.—398页；大32开.—ISBN 7 303-00980-9：2.95元

G62　初等教育

小学实用教育学/佟勋功，金和德主编.—大连：大连出版社，1990.2.—408页；大32开.—ISBN 7-80555-252-5：4.95元

小学教育科学研究方法/陈静逊编著.—上海：华东师范大学出版社，1990.1.—229页；32开.—ISBN 7-5617 0579-4：2.10元

少年儿童教育漫谈/文选德著.—长沙：湖南少年儿童出版社，1990.12.—107页；大32开.—ISBN 7-5358-0619-8（精装）：3.10元；（平装）：1.10元

中小学教育科研方法指导/范小韵主编.—北京：北京教育出版社，1990.8.—148页；大32开.—（百年大计丛书）.—ISBN 7-5303-0174-8：3.20元

培养小学生的创造能力/（苏）沃尔科夫（Волков，И.П.）著；李丹译.—北京：教育科学出版社，1990.6.—112页；32开.—ISBN 7-5041-0401-9：1.80元

G621　思想政治教育

一切从童年开始/（苏）С.В.米哈尔科夫著；王化国等译.—呼和浩特：内蒙古教育出版社，1990.9.152页；32开.—ISBN 7-5311-1190-X：1.60元

本书主要论述年轻一代的道德伦理问题和情感教育问题。

上海中小学德育工作的探索与实践/国家教委督导司，上海市教育局编.—上海：上海教育出版社，1990.5.—346页；大32开.—ISBN 7-5320-2112-2：3.50元

小学"三热爱"教育工作手册/《小学"三热爱"教育工作手册》编写组编.—福州：福建少年儿童出版社，1990.5.—106页；32开.—ISBN 7-5395-0387-4：1.05元

小学生国情十知道/国家教委基础教育司编.—北京：中国少年儿童出版社，1990.9.—63页；32开.ISBN 7-5007-1191-3：1.50元

小学生德育手册彩色图解/陈伟新等编；陆汝浩画.上海：文汇出版社，1990.6.—144页；32开.—ISBN 7-80531-124-2：3.70元

小学德育教程/李桂华，王敬东主编.—济南：山东教育出版社，1990.11.—335页；大32开.—ISBN 7-5328-1049-6（精装）：5.65元

中小学生国情教育/吉林省教育学院德育教研室编著.—长春：吉林人民出版社，1990.4.—145页；32开.—ISBN 7-206-00725-2：1.30元

中小学国情教育讲话/《人民教育》杂志编辑部，《求是》杂志评论部编.—北京：社会科学文献出版社，1990.6.—221页；32开.—ISBN 7-80050-178-2：3.00元

中小学德育工作手册/吴先正等编.—成都：四川人民出版社，1990.4.—421页；32开.—ISBN 7-220-00923-2：4.80元

中小学德育问答/刘兴福，岳庭耀主编.—开封：河南大学出版社，1990.12.—336页；32开.—（中小学

德育丛书）.—ISBN 7-81018-563-2：3.20元

中小学德育途径研究/李育英等编.—沈阳：辽宁教育出版社，1990.10.—215页；32开.—ISBN 7-5382-1393-7：3.60元

迈好青春第一步/许祖馨著.—新1版（修订本）.福州：福建少年儿童出版社，1990.6.—143页；32开.—（小火炬丛书）.—ISBN 7-5395-0398-X：1.40元

国情教育/唐新兴主编.—南京：南京出版社，1990.9.—108页；32开.—（吴县小学德育系列读物）.—ISBN 7-80560-261-1：1.28元

国旗颂/张学周编.—兰州：甘肃少年儿童出版社，1990.10.—199页；32开.—ISBN 7-5422-0373-8：2.40元

知我中华爱我中华：小学国情教育讲话/王则廷等编写.—福州：福建教育出版社，1990.6.—106页；32开.—ISBN 7-5334-0720-2：0.98元

德育童话/周荣秀，黄林华主编.—南京：江苏人民出版社，1990.4.—274页；32开.—ISBN 7-214-00423-2：3.05元

G622　教学理论、教学法

小学复式班教学/赵岐森，贺德起著.—北京：光明日报出版社，1990.12.—199页；32开.—（北京教育丛书/汪家镠主编）.—ISBN 7-80014-951-X：3.50元

小学复式教学法/叶存铃著.—北京：中国国际广播出版社，1990.3.—180页；32开.—ISBN 7-80035-695-7：3.00元

小学复式教学法讲义/山东省教学研究室编.—济南：山东教育出版社，1990.11.—124页；32开.—山东省中等师范学校选修课教材.—ISBN 7-5328-1089-5：0.72元

小学课堂教学评价手册/蒯超英，刘文元编著.—北京：气象出版社，1990.3.—96页；32开.—ISBN 7-5029-0412-3：1.30元

教育实验与儿童的全面发展：湖南一师附小教育实验的探索/孟湘砥等主编.—长沙：湖南教育出版社，1990.5.—213页；32开.—ISBN 7-5355-1130-9：2.40元

G623　各科教学法、教学参考书

小学生知识小全书/田翔仁等主编.—南京：江苏教育出版社，1990.4.—559页；64开.—ISBN 7-5343-1038-5：2.65元

本书结合教材搜集了思想品德、语文、写作、数学、自然、历史、地理、美术、音乐、体育等方面的知识。

小学生语文数学用表/冯家俊，畦双祥编.—兰州：甘肃少年儿童出版社，1990.9.—114页；32开.—多功能实用工具书.—ISBN 7-5422-0429-7：1.80元

小学生语文数学学习手册/张启华主编.—杭州：浙江教育出版社，1990.12.—425页；32开.—ISBN 7-5338-0641-7：3.40元

小学生家长辅导指南　第一册/王光中等编.—2版（修订本）.—福州：福建科学技术出版社，1990.7.—173页；32开.—一年级上学期用.—ISBN 7-5335-0039-1：1.85元

本书1986年8月第1版。

小学生家长辅导指南　第五册/王光中等编.—2版（修订本）.—福州：福建科学技术出版社，1990.7.—235页；32开.—三年级上学期用.—ISBN 7-5335-0038-5：2.45元

本书1986年8月第1版。

小学生家长辅导指南　第七册/吴秀锟等编.—2版（修订本）.—福州：福建科学技术出版社，1990.7.—180页；32开.—四年级上学期用.—ISBN 7-5335-0040-7：1.90元

小学生家长辅导指南　第十一册/徐少亭等编.—2版（修订本）.—福州：福建科学技术出版社，1990.7.—215页；32开.—六年级上学期用.—ISBN 7-5335-0026-1：2.25元

小学生家庭辅导指南　第1册/《小学生家庭辅导指南》编委会编.—2版（修订版）.—上海：华东师范大学出版社，1990.6.—182页；32开.—配合京、津、沪、浙版六年制新教材使用·一年级第一学期.ISBN 7-5617-0562-X：2.00元

本书1986年6月第1版。

小学生家庭辅导指南　第2册/《小学生家庭辅导指南》编委会编.—修订版.—上海：华东师范大学出版社，1990.12.—196页；32开.—配合京、津、沪、浙版六年制新教材使用·一年级第二学期.—ISBN 7-5617-0682-0：1.80元

本书1986年12月第1版。

小学生家庭辅导指南　第3册/《小学生家庭辅导指南》编委会编.—2版（修订版）.—上海：华东师范大学出版社，1990.6.—173页；32开.—配合京、津、沪、浙版六年制新教材使用·二年级第一学期.—ISBN 7-5617-0563-8：1.90元

本书1986年6月第1版。

小学生家庭辅导指南　第4册/《小学生家庭辅导指南》编委会编.—修订版.—上海：华东师范大学出版社，1990.12.—188页；32开.—配合京、津、沪、浙版六年制新教材使用·二年级第二学期.—ISBN 7-5617-0683-9：1.75元

本书1986年12月第1版。

小学生家庭辅导指南　第5册/《小学生家庭辅导指南》编委会编.—2版（修订版）.—上海：华东师范大学出版社，1990.6.—196页；32开.—配合京、津、沪、浙版六年制新教材使用·二年级第一学期.—ISBN 7-5617-0564-6：2.15元

本书1986年6月第1版。

小学生家庭辅导指南　第6册/《小学生家庭辅导指南》编委会编.—修订版.—上海：华东师范大学出版社，1990.12.—193页；32开.—配合京、津、沪、浙版六年制新教材使用·三年级第二学期.—ISBN 7-5617-0684-7：1.80元

本书1986年12月第1版。

小学生家庭辅导指南　第7册/《小学生家庭辅导指南》编委会编.—2版(修订版).—上海：华东师范大学出版社，1990.6.—196页；32开.—配合京、津、沪、浙版六年制新教材使用·四年级第一学期.—ISBN 7-5617-0565-4：2.15元

本书1986年6月第1版。

小学生家庭辅导指南　第9册/《小学生家庭辅导指南》编委会编.—2版(修订版).—上海：华东师范大学出版社，1990.6.—237页；32开.—配合京、津、沪、浙版六年制新教材使用·五年级第一学期.—ISBN 7-5617-0566-2：2.50元

本书1986年6月第1版。

小学生家庭辅导指南　第10册/《小学生家庭辅导指南》编委会编.—修订版.—上海：华东师范大学出版社，1990.12.—212页；32开.—配合京、津、沪、浙版六年制新教材使用·五年级第二学期.—ISBN 7-5617-0686-3：1.95元

本书1986年12月第1版。

小学生家庭辅导指南　第11册/《小学生家庭辅导指南》编委会编.—2版(修订版).—上海：华东师范大学出版社，1990.6.—228页；32开.—配合京、津、沪、浙版六年制新教材使用·六年级第一学期.—ISBN 7-5617-0567-0：2.45元

本书1986年6月第1版。

小学生智能训练200题　(Ⅰ)/黄伟民编.—上海：上海科技教育出版社，1990.3.—150页；32开.—ISBN 7-5428-0402-2：1.35元

小学各科测试题：一年一期/《小学各科测试题》编写小组编.—长沙：湖南少年儿童出版社，1990.5.—39页；16开.—ISBN 7-5358-0537-X(袋装)：0.68元

小学各科测试题：一年二期/《小学各科测试题》编写小组编.—长沙：湖南少年儿童出版社，1990.11.—43页；16开.—ISBN 7-5358-0580-9(袋装)：0.78元

小学各科测试题：二年一期/《小学各科测试题》编写小组编.—长沙：湖南少年儿童出版社，1990.4.—47页；16开.—ISBN 7-5358-0538-8(袋装)：0.78元

小学各科测试题：二年二期/《小学各科测试题》编写小组编.—长沙：湖南少年儿童出版社，1990.11.—47页；16开.—ISBN 7-5358-0581-7(袋装)：0.83元

小学各科测试题：三年一期/《小学各科测试题》编写小组编.—长沙：湖南少年儿童出版社，1990.5.—46页；16开.—ISBN 7-5358-0539-6(袋装)：0.78元

小学各科测试题：三年二期/《小学各科测试题》编写小组编.—长沙：湖南少年儿童出版社，1990.11.—54页；16开.—ISBN 7-5358-0582-5(袋装)：0.94元

小学各科测试题：四年二期/《小学各科测试题》编写小组编.—长沙：湖南少年儿童出版社，1990.11.—59页；16开.—ISBN 7-5358-0583-3(袋装)：1.00元

小学各科测试题：五年一期/《小学各科测试题》编写小组编.—长沙：湖南少年儿童出版社，1990.5.55页；16开.—ISBN 7-5358-0403-9(袋装)：0.84元

小学各科测试题：五年二期/《小学各科测试题》编写小组编.—长沙：湖南少年儿童出版社，1990.11.—60页；16开.—ISBN 7-5358-0584-1(袋装)：1.00元

小学各科测试题：六年二期/《小学各科测试题》编写小组编.—长沙：湖南少年儿童出版社，1990.11.—70页；16开.—ISBN 7-5358-0585-X：1.16元

小学思品、历史、自然、劳技系列训练/寻志耐主编.—西安：陕西人民教育出版社，1990.2.—92页；32开.—ISBN 7-5419-1584-X：0.90元

小学语文数学复习与训练/江苏省溧阳县教育局教研室编.—西安：陕西人民教育出版社，1990.2.140页；32开.—ISBN 7-5419-1581-5：1.30元

小学语文数学基础知识优化训练/中林等编.—南宁：广西教育出版社，1990.3.—158页；32开.—ISBN 7-5435-0784-6：1.60元

小学教师之友：卫生保健卷/林琬生等编著.—北京：人民教育出版社，1990.3.—390页；32开.—ISBN 7-107-10576-0：4.30元

小学教师之友：历史卷/严志梁，李隆庚主编.—北京：人民教育出版社，1990.4.—506页；32开.—ISBN 7-107-10583-3：4.35元

小学教师之友：地理卷/人民教育出版社地理室编.—北京：人民教育出版社，1990.3.—482页；32开.—ISBN 7-107-10580-9：4.40元

小学教师之友：自然卷/人民教育出版社自然室编.北京：人民教育出版社，1990.3.—620页；32开.ISBN 7-107-10571-X：5.40元

小学教师之友：劳动教育卷/刘世峰主编.—北京：人民教育出版社，1990.4.—445页；32开.—ISBN 7-107-10591-4：3.95元

小学教师之友：体育卷/王占春主编.—北京：人民教育出版社，1990.5.—532页；32开.—ISBN 7-107-

10588-1：4.65元

小学教师之友：学校教育与管理卷/胡寅生等主编.—北京：人民教育出版社，1990.5.—842页；32开.—ISBN 7-107-10618-X：6.80元

小学教师之友：思想品德卷/宋殿宽主编.—北京：人民教育出版社，1990.3.—483页；32开.—ISBN 7-107-10582 5：4.10元

小学教师之友：音乐卷/人民教育出版社音乐组编.北京：人民教育出版社，1990.5.—506页；32开.ISBN 7-107-10606-6：4.35元

小学教师之友：美术卷/武奎英主编.—北京：人民教育出版社，1990.6.—446页；32开.—ISBN 7-107-10616-3：3.95元

小学教师之友：语文卷/陈国雄，刘缙主编.—北京：人民教育出版社，1990.4.—755页；32开.—ISBN 7-107-10549-3：6.15元

小学教师之友：数学卷/李润泉等编.—北京：人民教育出版社，1990.4.—613页；32开.—ISBN 7-107-10615-5：5.15元

六年制小学语文、数学各年级练习册参考答案：上学期/江西省教委教学教材研究室编.—南昌：江西教育出版社，1990.7.—73页；32开.—ISBN 7-5392-0917-3：0.56元

全国小学毕业升学试题选析：语文·数学/李运章，渠开选编著.—济南：山东教育出版社，1990.12.—2册；32开.—ISBN 7-5328-1071-2：3.25元

全国小学语文数学优秀电教教案评析/齐元昌主编.哈尔滨：黑龙江教育出版社，1990.11.—264页；32开.—ISBN 7-5316-1281-X：3.50元

看谁答得快：小学中、高年级语文、数学抢答题/戈文主编.—青岛：青岛出版社，1990.1.—197页；32开.—ISBN 7-5436-0422-1：1.85元

G623.1 政　治

义务教育五年制、六年制小学思想品德第一册（试用本）教师教学用书/人民教育出版社政治室，北京市教育局教学研究部编.—北京：人民教育出版社，1990.3.—120页；32开.—ISBN 7-107-00866-8：0.89元

义务教育五年制、六年制小学思想品德第二册（试用本）教师教学用书/人民教育出版社政治室，北京市教育局教学研究部编.—北京：人民教育出版社，1990.9.—126页；32开.—ISBN 7-107-00898-6：0.92元

广西壮族自治区小学试用课本思想品德第七册教学参考书/广西壮族自治区小学思想品德课教材编写组编.—桂林：广西师范大学出版社，1990.4.—33页；32开.—ISBN 7-5633-0808-3：0.35元

广西壮族自治区小学试用课本思想品德第八册教学参考书/广西壮族自治区小学思想品德课教材编写组编.—桂林：广西师范大学出版社，1990.10.—37页；32开.—ISBN 7-5633-0942-X：0.35元

广西壮族自治区小学试用课本思想品德第九册教学参考书/广西壮族自治区小学思想品德课教材编写组编.—桂林：广西师范大学出版社，1990.4.—34页；32开.—ISBN 7-5633-0809-1：0.35元

广西壮族自治区小学试用课本思想品德第十册教学参考书/广西壮族自治区小学思想品德课教材编写组编.—桂林：广西师范大学出版社，1990.10.—33页；32开.—ISBN 7-5633-0943-8：0.30元

广西壮族自治区小学试用课本思想品德第十一册教学参考书/广西壮族自治区小学思想品德课教材编写组编.—桂林：广西师范大学出版社，1990.5.—40页；32开.—ISBN 7-5633-0810-5：0.41元

广西壮族自治区小学试用课本思想品德第十二册教学参考书/广西壮族自治区小学思想品德课教材编写组编.—桂林：广西师范大学出版社，1990.10.—39页；32开.—ISBN 7-5633-0944-6：0.41元

小学人口教育常识/阳国亮，杨永良主编.—桂林：广西师范大学出版社，1990.12.—28页；32开.（基层宣传教育丛书）.—ISBN 7-5633-1007-X：0.36元

小学生德育辅导/上海市长宁区教育学院德育研究室编著.—上海：少年儿童出版社，1990.12.—139页；32开.—供中、高年级学生使用.—ISBN 7-5324-1108-7：1.35元

小学生德育辅导：低年级行为习惯要求图解/陈少娟编著.—上海：少年儿童出版社，1990.1.—134页；32开.—ISBN 7-5324-0692-X：1.65元

小学思想品德课教材教法/陈春元等编.—哈尔滨：黑龙江教育出版社，1990.8.—121页；32开.—黑龙江省中等师范试用教材：试用本.—ISBN 7-5316-1132-5：1.45元

小学思想品德课教学法/张仁良编著.—桂林：广西师范大学出版社，1990.9.—92页；32开.—ISBN 7-5633-0910-1：1.10元

小学思想品德课教学参考书　第一册/天津市小学"思想品德"教材编写组编.—3版.—天津：天津教育出版社，1990.7.—50页；32开.—ISBN 7-5309-0443-4：0.37元

本书1988年6月第1版。

小学思想品德教学论/李桂芝，边晓利著.—北京：光明日报出版社，1990.6.—214页；32开.—（小学教育科学丛书/李镜流主编）.—ISBN 7-80014-575-1：3.40元

小学思想品德教案设计：低年级/赵秀丽主编.—北京：科学出版社，1990.9.—204页；32开.—ISBN

7-03-002351-X：2.50元

小学思想品德教案设计：中年级/丁怀武主编.北京：科学出版社，1990.9.—208页；32开.—ISBN 7-03-002352-8：2.50元

小学思想品德教案设计：高年级/倪忠魁主编.—北京：科学出版社，1990.9.—188页；32开.—ISBN 7-03-002353-6：2.50元

小学德育教学指导/余福成等编著.—南京：江苏教育出版社，1990.7.—263页；32开.—ISBN 7-5343-1098 3：2.00元

天津市小学思想品德课教学参考书　第二册/天津市小学"思想品德"教材编写组编.—3版.—天津：天津教育出版社，1990.12.—57页；32开.—ISBN 7-5309-0586-4：0.38元

本书1988年12月第1版。

天津市小学思想品德课教学参考书　第六册/天津市小学"思想品德"教材编写组编.—3版.—天津：天津教育出版社，1990.12.—54页；32开.—ISBN 7-5309-0588-0：0.39元

本书1988年12月第1版。

天津市小学思想品德课教学参考书　第八册/天津市小学"思想品德"教材编写组编.—2版.—天津：天津教育出版社，1990.12.—56页；32开.—ISBN 7-5309-0589-9：0.42元

本书1989年1月第1版。

天津市小学思想品德课教学参考书　第九册/天津市小学"思想品德"教材编写组编.—2版.—天津：天津教育出版社，1990.6.—53页；32开.—ISBN 7-5309-0449-3：0.40元

本书1988年7月第1版。

天津市小学思想品德课教学参考书　第十二册/天津市小学"思想品德"教材编写组编.—3版.—天津：天津教育出版社，1990.12.—61页；32开.—ISBN 7-5309-0591-0：0.40元

本书1989年1月第1版。

西安市小学思想品德课教师用书　第一册/西安市教委教研室编.—西安：陕西人民教育出版社，1990.3.—103页；32开.—ISBN 7-5419-1617-X：1.30元

西安市小学思想品德课教师用书　第二册/西安市教委教研室编.—西安：陕西人民教育出版社，1990.11.—104页；32开.—ISBN 7-5419-2142-4：1.35元

西安市小学思想品德课教师用书　第三册/西安市教委教研室编.—西安：陕西人民教育出版社，1990.3.—87页；32开.—ISBN 7-5419-1618-8：1.15元

西安市小学思想品德课教师用书　第四册/西安市教委教研室编.—西安：陕西人民教育出版社，1990.10.—90页；32开.—ISBN 7-5419-2145-9：1.25元

西安市小学思想品德课教师用书　第五册/西安市教委教研室编.—西安：陕西人民教育出版社，1990.3.—69页；32开.—ISBN 7-5419-1619-6：0.94元

西安市小学思想品德课教师用书　第七册/西安市教委教研室编.—西安：陕西人民教育出版社，1990.3.—80页；32开.—ISBN 7-5419-1620-X：1.05元

西安市小学思想品德课教师用书　第八册/西安市教委教研室编.—西安：陕西人民教育出版社，1990.11.—62页；32开.—ISBN 7-5419-2252-1：0.90元

西安市小学思想品德课教师用书　第九册/西安市教委教研室编.—西安：陕西人民教育出版社，1990.3.—65页；32开.—ISBN 7-5419-1621-8：0.85元

西安市小学思想品德课教师用书　第十册/西安市教委教研室编.—西安：陕西人民教育出版社，1990.11.—47页；32开.—ISBN 7-5419-2246-7：0.65元

西安市小学思想品德课教师用书　第十一册/西安市教委教研室编.—西安：陕西人民教育出版社，1990.3.—77页；32开.—ISBN 7-5419-1622 6：1.05元

西安市小学思想品德课教师用书　第十二册/西安市教委教研室编.—西安：陕西人民教育出版社，1990.10.—81页；32开.—ISBN 7-5419-2148-3：1.10元

江西省小学思想品德试用课本教学参考书：一年级上学期/江西省教委教学教材研究室编.—南昌：江西教育出版社，1990.7.—66页；32开.—ISBN 7-5392-0682-9：0.51元

江西省小学思想品德试用课本教学参考书：一年级下学期/江西省教委教学教材研究室编.—南昌：江西教育出版社，1990.12.—67页；32开.—ISBN 7-5392-0937-2：0.51元

江西省小学思想品德试用课本教学参考书：二年级上学期/江西省教委教学教材研究室编.—南昌：江西教育出版社，1990.7.—67页；32开.—ISBN 7-5392-0683 7：0.53元

江西省小学思想品德试用课本教学参考书：二年级下学期/江西省教委教学教材研究室编.—南昌：江西教育出版社，1990.12.—71页；32开.—ISBN 7-5392-0938-0：0.53元

江西省小学思想品德试用课本教学参考书：三年级上学期/江西省教委教学教材研究室编.—南昌：江西教育出版社，1990.7.—72页；32开.—ISBN 7-5392-0684-5：0.53元

江西省小学思想品德试用课本教学参考书：三年级下学期/江西省教委教学教材研究室编.—南昌：江西教育出版社，1990.12.—70页；32开.—ISBN 7-5392-

0939-9：0.53元

江西省小学思想品德试用课本教学参考书：四年级上学期/江西省教委教学教材研究室编.—南昌：江西教育出版社，1990.7.—67页；32开.—ISBN 7-5392-0685-3：0.53元

江西省小学思想品德试用课本教学参考书：四年级下学期/江西省教委教学教材研究室编.—南昌：江西教育出版社，1990.12.—85页；32开.—ISBN 7-5392-0940 2：0.62元

江西省小学思想品德试用课本教学参考书：五年级上学期/江西省教委教学教材研究室编.—南昌：江西教育出版社，1990.7.—95页；32开.—ISBN 7-5392-0686-1：0.67元

江西省小学思想品德试用课本教学参考书：五年级下学期/江西省教委教学教材研究室编.—南昌：江西教育出版社，1990.12.—111页；32开.—ISBN 7-5392-0941-0：0.77元

江苏省全日制小学试用课本思想品德教学参考书 第一册/江苏省教委教研室编.—2版（修订本）.南京：江苏教育出版社，1990.4.—87页；32开.—ISBN 7-5343-0414-8：0.76元

江苏省全日制小学试用课本思想品德教学参考书 第四册/江苏省教委教研室编.—3版（修订本）.—南京：江苏教育出版社，1990.9.—94页；32开.—ISBN 7-5343-0553-2：0.84元

江苏省全日制小学试用课本思想品德教学参考书 第五册/江苏省教委教研室编.—2版（修订本）.—南京：江苏教育出版社，1990.3.—89页；32开.—ISBN 7-5343-0394-X：0.78元

江苏省全日制小学试用课本思想品德教学参考书 第六册/江苏省教委教研室编.—3版（修订本）.—南京：江苏教育出版社，1990.10.—88页；32开.—ISBN 7-5343-0568-3：0.81元

江苏省全日制小学试用课本思想品德教学参考书 第七册/江苏省教委教研室编.—2版（修订本）.—南京：江苏教育出版社，1990.3.—77页；32开.—ISBN 7-5343-0438-5：0.70元

江苏省全日制小学试用课本思想品德教学参考书 第九册/江苏省教委教研室编.—2版（修订本）.—南京：江苏教育出版社，1990.3.—94页；32开.—ISBN 7-5343-0409-1：0.81元

江苏省全日制小学试用课本思想品德教学参考书 第十册/江苏省教委教研室编.—3版.—南京：江苏教育出版社，1990.10.—97页；32开.—ISBN 7-5343-0557-8：0.87元

江苏省全日制小学试用课本思想品德教学参考书 第十一册/江苏省教委教研室编.—2版（修订本）.南京：江苏教育出版社，1990.5.—88页；32开.ISBN 7-5343-0410-5：0.79元

江苏省全日制小学试用课本思想品德教学参考书 第十二册/江苏省教委教研室编.—3版.—南京：江苏教育出版社，1990.10.—62页；32开.—ISBN 7-5343-0567-5：0.61元

贵州省小学思想品德课本第一册教学参考书/贵州省教育委员会教育研究室编.—贵阳：贵州人民出版社，1990.4.—74页；32开.—ISBN 7-221-01768-9：0.57元

贵州省小学思想品德课本第三册教学参考书/贵州省教育委员会教育科学研究所编.—贵阳：贵州人民出版社，1990.4.—71页；32开.—ISBN 7-221-01769-7：0.55元

贵州省小学思想品德课本第五册教学参考书/贵州省教育委员会教育研究室编.—贵阳：贵州人民出版社，1990.3.—67页；32开.—ISBN 7-221-01770-0：0.53元

贵州省小学思想品德课本第七册教学参考书/贵州省教育委员会教育研究室编.—贵阳：贵州人民出版社，1990.4.—81页；32开.—ISBN 7-221-01771-9：0.62元

贵州省小学思想品德课本第九册教学参考书/贵州省教育委员会教育研究室编.—贵阳：贵州人民出版社，1990.4.—105页；32开.—ISBN 7-221-01772-7：0.73元

贵州省小学思想品德课本第十一册教学参考书/贵州省教育委员会教育研究室编.—贵阳：贵州人民出版社，1990.5.—126页；32开.—ISBN 7-221-01773-5：0.84元

贵州省小学思想品德课本第十二册教学参考书/贵州省教委教学研究室编.—贵阳：贵州人民出版社，1990.11.—92页；32开.—ISBN 7-221-02039-6：0.66元

怎样教好小学思想品德课/戴国栋编著.—哈尔滨：黑龙江教育出版社，1990.12.—127页；32开.—ISBN 7-5316-1151-1：1.55元

浙江省小学思想品德课本教学参考资料 第一册/浙江省小学思想品德教材编写委员会编.—3版.—杭州：浙江教育出版社，1990.5.—104页；32开.—ISBN 7-5338-0052-4：0.71元

本书1986年5月第1版。

浙江省小学思想品德课本教学参考资料 第三册/浙江省小学思想品德教材编写委员会编.—3版.—杭州：浙江教育出版社，1990.5.—91页；32开.—ISBN 7-5338-0053-2：0.64元

本书1986年5月第1版。

浙江省小学思想品德课本教学参考资料 第五册/浙江省小学思想品德教材编写委员会编.—3版.—杭州：浙江教育出版社，1990.5.—83页；32开.—ISBN 7-5333-0054-0：0.60元

本书1986年5月第1版。

浙江省小学思想品德课本教学参考资料　第六册/浙江省小学思想品德教材编写委员会编.—2版.—杭州：浙江教育出版社，1990.11.—95页；32开.—ISBN 7-5338-0163-6：0.64元

本书1986年11月第1版。

浙江省小学思想品德课本教学参考资料　第八册/浙江省小学思想品德教材编写委员会编.—3版.—杭州：浙江教育出版社，1990.11.—84页；32开.—ISBN 7-5338-0164-4：0.60元

本书1986年11月第1版。

浙江省小学思想品德课本教学参考资料　第十册/浙江省小学思想品德教材编写委员会编.—2版.—杭州：浙江教育出版社，1990.10.—86页；32开.—ISBN 7-5338-0165-2：0.60元

本书1986年11月第1版。

浙江省小学思想品德课本教学参考资料　第十一册/浙江省小学思想品德教材编写委员会编.—2版.杭州：浙江教育出版社，1990.5.—75页；32开.—ISBN 7-5338-0332-9：0.55元

本书1988年5月第1版。

浙江省小学思想品德课本教学参考资料　第十二册/浙江省小学思想品德教材编写委员会编.—2版.—杭州：浙江教育出版社，1990.11.—87页；32开.—ISBN 7-5338-0403-1：0.60元

本书1986年11月第1版。

G623.2　语文

1989全国小学毕业升学试题与答案：语文/《全国小学毕业升学试题与答案》编辑组编.—北京：中国经济出版社，1990.2.—124页；32开.—ISBN 7-5017-0537-2：1.70元

1990年小学升初中语文标准化试题/齐岳等编.—西安：陕西人民教育出版社，1990.10.—71页；16开.ISBN 7-5419-1934-9：1.50元

1990年全国小学升初中试题精选与解答：语文/任广众编.—长春：吉林教育出版社，1990.9.—178页；32开.—ISBN 7-5383-1107-6：1.75元

1990年全国小学毕业升学试题精选与解答：语文/乃闻昕编.—南宁：接力出版社，1990.9.—132页；32开.—ISBN 7-80581-121-0：1.45元

1990年全国小学毕业会考语文试题分类汇编/《小学教学》编辑部编.—郑州：河南教育出版社，1990.12.—218页；32开.—ISBN 7-5347-0913-X：1.50元

1990年全国小学毕业试题与答案精选：语文/杨鑫和编.—南昌：21世纪出版社，1990.12.—210页；32开.—ISBN 7-5391-0428-7：1.95元

1990年全国小学毕业试题研究：语文/王晓清编著.长春：东北师范大学出版社，1990.9.—142页；32开.—ISBN 7-5602-0463-5：1.60元

1990全国小学毕业升学试题及答案精选：语文/全国中学教育信息研究会编.—延吉：东北朝鲜民族教育出版社，1990.10.—125页；32开.—ISBN 7-5437-0806-X：1.50元

1990全国小学毕业升学试题（含答案）汇编：语文/天津人民出版社编.—天津：天津人民出版社，1990.9.—184页；32开.—ISBN 7-201-00551-0：2.00元

“一点突破法”探索/姚焬强著.—上海：复旦大学出版社，1990.3.—196页；32开.—ISBN 7-309-00523-6：2.20元

九年制义务教育五年制小学实验课本语文第五册使用说明/北京师范大学“五四”学制教材编辑委员会编.—青岛：青岛出版社，1990.10.—38页；32开.ISBN ：0.44元

九年制义务教育全日制小学试验课本语文第一册教师用书.—2版.—成都：四川教育出版社，1990.8.228页；16开.—ISBN 7-5408-0911-6：2.34元

义务教育五年制小学语文第一册（试用本）教师教学用书/人民教育出版社语文一室编.—北京：人民教育出版社，1990.4.—166页；32开.—ISBN 7-107-00859-5：1.25元

义务教育五年制小学语文第二册（试用本）教师教学用书/人民教育出版社语文一室编著.—北京：人民教育出版社，1990.5.—169页；32开.—ISBN 7-107-00949-4：1.25元

义务教育六年制小学语文第一册（试用本）教师教学用书/人民教育出版社语文一室编.—北京：人民教育出版社，1990.4.—166页；32开.—ISBN 7-107-00860-9：1.25元

义务教育六年制小学语文第二册（试用本）教师教学用书/人民教育出版社语文一室编著.—北京：人民教育出版社，1990.10.—154页；32开.—ISBN 7-107-00950-8：1.15元

小学升学试题解题思路指点：语文/田晓等编.—天津：新蕾出版社，1990.2.—240页；32开.—ISBN 7-5307-0541-5：2.50元

小学升学指导：语文/梁少锋主编.—南宁：广西教育出版社，1990.12.—156页；32开.—ISBN 7-5435-1083-9：2.00元

小学古诗导读/温采青编著.—郑州：河南教育出版社，1990.2.—168页；32开.—ISBN 7-5347-0504-5：1.20元

小学生反义词词典/太原师范学校编.—西安：陕西人民出版社，1990.12.—174页；32开.—ISBN 7-224-01315-3：2.35元

小学生正字手册/文浩编写.—上海：少年儿童出版社，1990.4.—231页；64开.—ISBN 7-5324-0778-0：1.15元

小学生成语词典/尹明，亭戈编.—2版.—南昌：21世纪出版社，1990.12.—548页；64开.—ISBN 7-5391-0297-7：2.70元

小学生同义词词典/太原师范学校编.—西安：陕西人民出版社，1990.12.—181页；32开.—ISBN 7-224-01409-5：2.40元

小学生多用词语手册　第二册/毕钦华编.—石家庄：河北少年儿童出版社，1990.11.—107页；64开.ISBN 7-5376-0598-X：0.76元

小学生多用词语手册　第四册/毕钦华编.—石家庄：河北少年儿童出版社，1990.11.—112页；64开.ISBN 7-5376-0598-8：0.76元

小学生多用词语手册　第六册/欧阳先霞编.—石家庄：河北少年儿童出版社，1990.11.—145页；64开.ISBN 7-5376-0600-5：0.95元

小学生多用词语手册　第八册/欧阳先霞编.—石家庄：河北少年儿童出版社，1990.11.—136页；64开.—ISBN 7-5376-0601-3：0.88元

小学生多用词语手册　第十册/崔宝山，张克伦编.—石家庄：河北少年儿童出版社，1990.11.—123页；64开.—ISBN 7-5376-0602-1：0.80元

小学生多用词语手册　第十二册/陈亚玲编.—石家庄：河北少年儿童出版社，1990.11.—117页；64开.ISBN 7-5376-0603-X：0.80元

小学生多用词语手册：六年制：一年级/刘嬿，成与光主编.—长春：吉林大学出版社，1990.2.—130页；32开.—ISBN 7-5601-0358-8：1.80元

小学生多用词语手册：六年制：二年级/刘嬿，成与光主编.—长春：吉林大学出版社，1990.2.—222页；32开.—ISBN 7-5601-0359-6：2.25元

小学生多用词语手册：六年制：三年级/刘嬿，成与光主编.—长春：吉林大学出版社，1990.2.—201页；32开.—ISBN 7-5601-0360-X：2.55元

小学生多用词语手册：六年制：四年级/刘嬿，成与光主编.—长春：吉林大学出版社，1990.2.—138页；32开.—ISBN 7-5601-0361-8：1.85元

小学生多用词语手册：六年制：五年级/刘嬿，成与光主编.—长春：吉林大学出版社，1990.3.—154页；32开.—ISBN 7-5601-0362-6：1.95元

小学生多用词语手册：六年制：六年级/刘嬿，成与光主编.—长春：吉林大学出版社，1990.3.—138页；32开.—ISBN 7-5601-0365-4：1.85元

小学生词语手册/马世一等编著.—长春：吉林文史出版社，1990.2.—745页；64开.—ISBN 7-80528-187-4：4.50元

小学生词语手册/少年儿童出版社修订.—3版.—上海：少年儿童出版社，1990.11.—735页；64开.—五年制小学用.—ISBN 7-5324-0199-5：3.90元

本书1981年7月第1版。

小学生词语手册：通用教材：1～6年级/《小学生词语手册》编写组编.—贵阳：贵州教育出版社，1990.12.—600页；64开.—ISBN 7-80583-074-6：2.80元

小学生词语学习手册　第十一册.—长沙：湖南教育出版社，1990.5.—112页；32开.—供六年制小学六年一期用.—ISBN 7-5355-0151-6：0.89元

小学生词语辨析手册/云石编.—杭州：浙江少年儿童出版社，1990.3.—223页；64开.—ISBN 7-5342-0467-4：1.70元

小学生学标点/彭占清等编写.—大连：大连出版社，1990.4.—132页；32开.—ISBN 7-80555-311-4：2.00元

小学生组词造句手册/《小学生组词造句手册》编写组编.—福州：福建少年儿童出版社，1990.6.748页；64开.—ISBN 7-5395-0402-1：4.10元

小学生怎样学好语文/赵国材等编著.—哈尔滨：黑龙江教育出版社，1990.12.—275页；32开.—ISBN 7-5316-1228-3：2.85元

小学生看图学词：五年制小学第一册/袁晓龙等编.—福州：福建教育出版社，1990.8.—122页；32开.—ISBN 7-5334-0740-7：1.10元

小学生看图学词：五年制小学第三册/袁晓龙，马羡雯编.—福州：福建教育出版社，1990.9.—173页；32开.—ISBN 7-5334-0739-3：1.50元

小学生看图学词：六年制小学第一册/马羡雯等编.—福州：福建教育出版社，1990.8.—116页；32开.—ISBN 7-5334-0734-2：1.10元

小学生看图学词：六年制小学第三册/马羡雯，袁晓龙编.—福州：福建教育出版社，1990.9.—150页；32开.—ISBN 7-5333-0738-5：1.35元

小学生语文词典/胡富强主编.—郑州：文心出版社，1990.12.—1230页；大64开.—ISBN 7-80537-276-4（精装）：5.95元

小学生语文知识手册/辛晨编著.—上海：少年儿童出版社，1990.9.—564页；64开.—ISBN 7-5324-0995-7：2.90元

小学生语文预习手册　（上）/贾宏洲等编著.—呼和浩特：内蒙古人民出版社，1990.2.—362页；32开.—ISBN 7-204-00417-5：3.10元

小学生语文预习手册　（下）/贾宏洲等编著.—呼和浩特：内蒙古人民出版社，1990.1.—362页；32开.—ISBN 7-204-00520-1：3.55元

小学生语文智能训练趣题/吴炳兴著.—武汉：湖北少年儿童出版社，1990.8.—232页；32开.—ISBN 7-5353-0771-5：2.15元

小学生语词手册/李文华，陈平编写.—上海：汉语大词典出版社，1990.2.—384页；64开.—五年制小学适用.—ISBN 7-5432-0034-1：3.25元

小学生造句示范手册/晓晨编著.—上海：少年儿童出版社，1990.7.—817页；64开.—ISBN 7-5324-0986-4：3.80元

小学生造句训练例句/黄大康编著.—南宁：广西民族出版社，1990.1.—203页；32开.—ISBN 7-5363-0713-6：2.50元

小学生造句词典/李育柏主编；贾丽兰等编.—长春：吉林人民出版社，1990.4.—595页；大32开.ISBN 7-206-00718-X（精装）：14.50元

小学生病句辨正手册（上）/冯家俊，潘干编著.—兰州：甘肃少年儿童出版社，1990.9.—341页；64开.—2～6年级上学期用.—ISBN 7-5422-0430-0：2.40元

小学生基本功丛书参考答案：语文：六年制七、八册/张光珞主编；北京市海淀区教育局小学教研室编写.—西安：未来出版社，1990.5.—57页；32开.ISBN 7-5417-0270-6：0.64元

小学生基本功丛书参考答案：语文：六年制第九、十册/张光珞主编；北京市海淀区教育局小学教研室编写.—西安：未来出版社，1990.5.—62页；32开.—ISBN 7-5417-0271-4：0.67元

小学生基本功丛书参考答案：语文：六年制第十一、十二册/张光珞主编；北京市海淀区教育局小学教研室编写.—西安：未来出版社，1990.4.—40页；32开.—ISBN 7-5417-0272 2：0.51元

小学生常用反义词辨析/徐有修，赵培志编著.银川：宁夏人民出版社，1990.12.—238页；64开.ISBN 7-227-00560-7：1.35元

小学生解句析篇手册/涂明主编.—南昌：21世纪出版社，1990.7.—826页；64开.—ISBN 7-5391-0376-0：3.60元

封面题名：小学语文解句析篇手册

小学生辨字字典/宁德琮，莘乃珍主编.—北京：中国和平出版社，1990.8.—467页；64开.—ISBN 7-80037-300-2：3.80元

小学汉语文教学与研究：1990年 第二期/东北朝鲜民族教育出版社汉语文编辑室，辽宁、吉林、黑龙江省教育学院民教部编.—延吉：东北朝鲜民族教育出版社，1990.12.—132页；大32开.—ISBN 7-5437-0317-2：1.00元

小学毕业升学考试题目类型和复习导引：语文/钟石编.—南宁：广西民族出版社，1990.10.—190页；32开.—ISBN 7-5363-0950-3：1.20元

小学毕业生自学指导：语文/吴秀锟等编.—修订本.—福州：福建少年儿童出版社，1990.12.—165页；32开.—ISBN 7-5395-0483-8：1.65元

小学毕业生能力测试与辅导：语文/魏兆巩等编.—福州：福建少年儿童出版社，1990.12.—154页；32开.—附1990年全国各省市初考试卷.—ISBN 7-5395-0475-7：1.55元

小学毕业考试语文训练题库/北京第一实验小学编.—北京：新华出版社，1990.1.—176页；32开.—ISBN 7-5011-0566-9：2.10元

小学毕业语文总复习/凌宝萍编.—2版（修订本）.郑州：河南教育出版社，1990.8.—285页；32开.ISBN 7-5347-0623-8：2.25元

本书1986年2月第1版。

小学形近字手册/陈玉新编著.—福州：福建人民出版社，1990.1.—113页；32开.—ISBN 7-211-00992-6：1.35元

小学语文中的历史人物故事/黄汝迪等编著.—南宁：广西教育出版社，1990.7.—142页；32开.—ISBN 7-5435-0947-4：1.50元

小学语文中的科学/章绍岩，王寿山主编.—北京：科学出版社，1990.10.—121页；32开.—ISBN 7-03-002108-8：1.80元

小学语文分类词典/刘明主编；刘学三等编写.北京：北京出版社，1990.6.—365页；32开.—ISBN 7-200-00860-5：5.85元

小学语文升学试题解题思路指点/章宸颂编.—天津：新蕾出版社，1989.1.—211页；32开.—ISBN 7-5307-0301-3：1.80元

小学语文反义词近义词词典/王素馨主编.—太原：希望出版社，1990.3.—398页；32开.—ISBN 7-5379-0583-5（精装）：7.00元

本词典收入的词语全部出自五年制小学语文课本，并按册数和课文次序排列。

小学语文六年级教学目标及检测/呼和浩特市教育局教研室编.—呼和浩特：内蒙古人民出版社，1990.8.—100页；16开.—ISBN 7-204-01212-7：2.40元

小学语文水平自测/北京景山学校小学部语文组编.—郑州：河南教育出版社，1990.6.—207页；32开.—ISBN 7-5347-0502-9：1.45元

小学语文古诗注译与简析/吉祥，明容编.—福州：福建人民出版社，1990.7.—128页；32开.—ISBN 7-211-01374-5：1.05元

小学语文古诗释译/范三，林心著.—济南：明天出版社，1990.1.—39页；32开.—ISBN 7-5332-0532-4：0.54元

小学语文目标检测：六年制第一册/钟华主编.沈阳：辽宁少年儿童出版社，1990.7.—177页；32开.—ISBN 7-5315-0768-4：1.60元

小学语文目标检测：六年制第三册/钟华主编.沈阳：辽宁少年儿童出版社，1990.7.—143页，32开.—ISBN 7-5315-0767-6：1.30元

小学语文目标检测：六年制第五册/钟华主编.—沈阳：辽宁少年儿童出版社，1990.7.—138页；32开.ISBN 7-5315-0758-7：1.30元

小学语文目标检测：六年制第七册/钟华主编.沈阳：辽宁少年儿童出版社，1990.7.—121页；32开.—ISBN 7-5315-0759-5：1.15元

小学语文目标检测：六年制第九册/钟华主编.沈阳：辽宁少年儿童出版社，1990.7.—109页；32开.—ISBN 7-5315-0760-9：1.10元

小学语文目标检测：六年制第十一册/钟华主编.—沈阳：辽宁少年儿童出版社，1990.7.—136页；32开.—ISBN 7-5315-0761-7：1.30元

小学语文目标教学实施手册：四年级/赵汝彦主编.—南京：江苏少年儿童出版社，1990.7.—130页；32开.—教师用书.—ISBN 7-5346-0531-8：1.50元

小学语文目标教学实施手册：五年级/赵汝彦主编.—南京：江苏少年儿童出版社，1990.7.—114页；32开.—教师用书.—ISBN 7-5346-0532-6：1.50元

小学语文目标教学实施手册：六年级/赵汝彦主编.—南京：江苏少年儿童出版社，1990.7.—108页；32开.—教师用书.—ISBN 7-5346-0533-4：1.50元

小学语文达标训练/刘仪等编.—2版(修订本).南京：江苏少年儿童出版社，1990.11.—181页；32开.—附检测题.—ISBN 7-5346-0377-3：2.30元

小学语文达标指导与检测　第五册/《小学语文达标指导与检测》编写组编.—天津：天津教育出版社，1990.5.—129页；32开.—ISBN 7-5309.0946-0：1.40元

小学语文达标指导与检测　第六册/《小学语文达标指导与检测》编写组编.—天津：天津教育出版社，1990.10.—134页；32开.—ISBN 7-5309-1060-4：1.60元

小学语文达标指导与检测　第七册/《小学语文达标指导与检测》编写组编.—天津：天津教育出版社，1990.5.—113页；32开.—ISBN 7-5309-0947-9：1.35元

小学语文达标指导与检测　第八册/《小学语文达标指导与检测》编写组编.—天津：天津教育出版社，1990.10.—120页；32开.—ISBN 7-5309-1061-2：1.45元

小学语文达标指导与检测　第九册/《小学语文达标指导与检测》编写组编.—天津：天津教育出版社，1990.5.—102页；32开.—ISBN 7-5309-0948-7：1.25元

小学语文达标指导与检测　第十册/《小学语文达标指导与检测》编写组编.—天津：天津教育出版社，1990.10.—106页；32开.—ISBN 7-5309-1062-0：1.30元

小学语文达标指导与检测　第十一册/《小学语文达标指导与检测》编写组编.—天津：天津教育出版社，1990.5.—106页；32开.—ISBN 7-5309-0949-5：1.30元

小学语文达标指导与检测　第十二册/《小学语文达标指导与检测》编写组编.—天津：天津教育出版社，1990.10.—116页；32开.—ISBN 7-5309-1063-9：1.40元

小学语文毕业(升学)考试模拟题/《模拟题》编写组编.—西安：陕西人民教育出版社，1990.10.120页；16开.—ISBN 7-5419-2054-1：2.10元

小学语文毕业应试复习题库/王琦编写.—西安：陕西人民教育出版社，1990.8.—165页；32开.—ISBN 7-5419-1393-6：1.85元

小学语文字词句手册：五年制小学：一年级/春河等编写.—郑州：河南教育出版社，1990.6.—151页；32开.—ISBN 7-5347-0511-8：1.10元

小学语文字词句手册：五年制小学：二年级/陈锋编写.—郑州：河南教育出版社，1990.6.—187页；32开.—ISBN 7-5347-0512-6：1.35元

小学语文系列训练/谢文佑主编.—西安：陕西人民教育出版社，1990.2.—69页；32开.—毕业班用.ISBN 7-5419-1582-3：0.70元

小学语文词语助学手册　上册/《小学语文词语助学手册》编写组编.—成都：四川少年儿童出版社，1990.8.—314页；64开.—现行六年制教材.—ISBN 7-5365-0517-5：1.70元

小学语文词语助学手册　下册/《小学语文词语助学手册》编写组编.—成都：四川少年儿童出版社，1990.8.—425页；64开.—现行六年制教材.—ISBN 7-5365-0591-1，2.18元

小学语文板书全集：单册/钱杭根主编.—大连：大连出版社，1990.1.—204页；32开.—ISBN 7-80555-258-4：2.83元

小学语文板书全集：双册/钱杭根主编.—大连：大连出版社，1990.1.—175页；32开.—ISBN 7-80555-258-4：2.35元

小学语文知识与辅导/陈景松等编写.—福州：福建人民出版社，1990.8.—247页；32开.—ISBN 7-211-01379-6：2.00元

小学语文知识网点分析/刘素纯主编；龙直郎等编写.—南宁：广西教育出版社，1990.3.—97页；32开.—ISBN 7-5435-0788-9：0.97元

本书分基础知识、阅读、作文三个单元，每个单元按知识点分节，每节包括例析、指导和练习设计三部分。

小学语文备课与教学/李凤仪，李晶辉著.—北京：书目文献出版社，1990.4.—103页；32开.—ISBN 7-5013-0772-5：1.45元

小学语文备课卡片集/宁发栋，李人凡主编.—南宁：广西人民出版社，1990.1.—276页；32开.—ISBN 7-219-01399-X：2.80元

小学语文单元自测与辅导：五年制 第一册/掌握学习实验用书小学编写组编.—4版.—福州：福建人民出版社，1990.7.—96页；32开.—掌握学习实验用书.—ISBN 7-211-01286-2：0.83元

本书1987年7月第1版。

小学语文单元自测与辅导：五年制 第二册/掌握学习实验用书小学编写组编.—4版.—福州：福建人民出版社，1990.10.—91页；32开.—掌握学习实验用书.—ISBN 7-211-10488-1：0.83元

本书1987年第1版。

小学语文单元自测与辅导：五年制 第三册/掌握学习实验用书小学编写组编.—4版.—福州：福建人民出版社，1990.3.—92页；32开.—掌握学习实验用书.—ISBN 7-211-01320-6：0.80元

本书1987年7月第1版。

小学语文单元自测与辅导：五年制 第四册/掌握学习实验用书小学编写组编.—4版.—福州：福建人民出版社，1990.10.—102页；32开.—掌握学习实验用书.—ISBN 7-211-01534-9：0.92元

本书1987年第1版。

小学语文单元自测与辅导：五年制 第五册/掌握学习实验用书小学编写组编.—4版.—福州：福建人民出版社，1990.3.—82页；32开.—掌握学习实验用书.—ISBN 7-211-01305-2：0.72元

本书1987年7月第1版。

小学语文单元自测与辅导：五年制 第六册/掌握学习实验用书小学编写组编.—4版.—福州：福建人民出版社，1990.10.—92页；32开.—掌握学习实验用书.—ISBN 7-211-01512-8：0.83元

本书1987年第1版。

小学语文单元自测与辅导：五年制 第七册/掌握学习实验用书小学编写组编.—4版.—福州：福建人民出版社，1990.3.—85页；32开.—掌握学习实验用书.—ISBN 7-211-01279-X：0.75元

本书1987年7月第1版。

小学语文单元自测与辅导：五年制 第八册/掌握学习实验用书小学编写组编.—4版.—福州：福建人民出版社，1990.10.—96页；32开.—掌握学习实验用书.—ISBN 7-211-01525-X：0.89元

本书1987年第1版。

小学语文单元自测与辅导：五年制 第九册/掌握学习实验用书小学编写组编.—4版.—福州：福建人民出版社，1990.3.—94页；32开.—掌握学习实验用书.—ISBN 7-211-01227-7：0.80元

本书1987年7月第1版。

小学语文单元自测与辅导：五年制 第十册/掌握学习实验用书小学编写组编.—4版.—福州：福建人民出版社，1990.11.—107页；32开.—掌握学习实验用书.—ISBN 7-211-01511-X：0.96元

本书1987年第1版。

小学语文单元自测与辅导：六年制 第一册/掌握学习实验用书小学编写组编.—4版.—福州：福建人民出版社，1990.7.—96页；32开.—掌握学习实验用书.—ISBN 7-211-01287-0：0.83元

本书1987年7月第1版。

小学语文单元自测与辅导：六年制 第二册/掌握学习实验用书小学编写组编.—4版.—福州：福建人民出版社，1990.11.—89页；32开.—掌握学习实验用书.—ISBN 7-211-01470-0：0.83元

本书1987年第1版。

小学语文单元自测与辅导：六年制 第三册/掌握学习实验用书小学编写组编.—福州：福建人民出版社，1990.7.—113页；32开.—掌握学习实验用书.—ISBN 7-211-01340-0：0.95元

本书1987年7月第1版。

小学语文单元自测与辅导：六年制 第四册/掌握学习实验用书小学编写组编.—4版.—福州：福建人民出版社，1990.10.—108页；32开.—掌握学习实验用书.—ISBN 7-211-01503-9：0.96元

本书1987年第1版。

小学语文单元自测与辅导：六年制 第五册/掌握学习实验用书小学编写组编.—4版.—福州：福建人民出版社，1990.7.—86页；32开.—掌握学习实验用书.—ISBN 7-211-01304-4：0.75元

本书1987年7月第1版。

小学语文单元自测与辅导：六年制 第六册/掌握学习实验用书小学编写组编.—4版.—福州：福建人民出版社，1990.10.—93页；32开.—掌握学习实验用书.—ISBN 7-211-01513-6：0.86元

本书1987年第1版。

小学语文单元自测与辅导：六年制 第七册/掌握学习实验用书小学编写组编.—4版.—福州：福建人民出版社，1990.7.—81页；32开.—掌握学习实验用书.—ISBN 7-211-01292-7：0.72元

本书1987年7月第1版。

小学语文单元自测与辅导：六年制 第八册/掌握学习实验用书小学编写组编.—4版.—福州：福建人民出版社，1990.10.—87页；32开.—掌握学习实验用书.—ISBN 7-211-01524-1：0.83元

本书1987年第1版。

小学语文单元自测与辅导：六年制 第九册/掌握学习实验用书小学编写组编.—4版.—福州：福建人民出版社，1990.7.—81页；32开.—掌握学习实验用书.—ISBN 7-211-01293-5：0.72元

本书1987年7月第1版。

小学语文单元自测与辅导：六年制 第十册/掌握学习实验用书小学编写组编.—4版.—福州：福建人民出版社，1990.10.—93页；32开.—掌握学习实验用书.—ISBN 7-211-01541-1：0.83元

本书1987年第1版。

小学语文单元自测与辅导：六年制 第十一册/掌握学习实验用书小学编写组编.—4版.—福州：福建

人民出版社，1990.7.—88页；32开.—掌握学习实验用书.—ISBN 7-211-01314-1：0.77元
本书1987年7月第1版。

小学语文单元自测与辅导：六年制　第十二册/掌握学习实验用书小学编写组编.—4版.—福州：福建人民出版社，1990.10.—95页；32开.—掌握学习实验用书.—ISBN 7-211-01498-9：0.89元
本书1987年第1版。

小学语文学习与巩固：五年制　第四册/河南省教委中小学教材教学研究室编写.—2版.—郑州：海燕出版社，1990.10.—116页；32开.—ISBN 7-5350-0489-X：0.74元

小学语文学习与巩固：五年制　第八册/河南省教育委员会中小学教材教学研究室编写.—2版.—郑州：海燕出版社，1990.10.—112页；32开.—ISBN 7-5350-0273-0：0.71元

小学语文学习与巩固：五年制　第十册/河南省教育委员会中小学教材教学研究室编写.—2版.—郑州：海燕出版社，1990.10.—116页；32开.—ISBN 7-5350-0294-3：0.74元

小学语文学习与巩固：六年制　第二册/河南省教育委员会中小学教材教学研究室编写.—2版.—郑州：海燕出版社，1990.10.—116页；32开.—ISBN 7-5350-0459-8：0.74元

小学语文学习与巩固：六年制　第四册/河南省教育委员会中小学教材教学研究室编写.—2版.—郑州：海燕出版社，1990.10.—120页；32开.—ISBN 7-5350-0482-2：0.76元

小学语文学习与巩固：六年制　第六册/河南省教育委员会中小学教材教学研究室编写.—2版.—郑州：海燕出版社，1990.10.—96页；32开.—ISBN 7-5350-0497-0：0.62元

小学语文学习与巩固：六年制　第十册/河南省教育委员会中小学教材教学研究室编.—2版.—郑州：海燕出版社，1990.10.—104页；32开.—ISBN 7-5350-0289-7：0.67元

小学语文学习与巩固：六年制　第十二册/河南省教育委员会中小学教材教学研究室编写.—2版.—郑州：海燕出版社，1990.10.—104页；32开.—ISBN 7-5350-0499-7：0.67元

小学语文学习手册：六年制　第三册/张慧玲编.天津：天津教育出版社，1990.7.—73页；32开.ISBN 7-5309-0920-7：1.00元

小学语文学习手册：六年制　第七册/张淑媛编.天津：天津教育出版社，1990.7.—102页；32开.ISBN 7-5309-0922-3：1.30元

小学语文学习手册：六年制　第九册/唐绍萍编.—天津：天津教育出版社，1990.7.—112页；32开.—ISBN 7-5309-0923-0：1.35元

小学语文学习手册：六年制　第十一册/王诵亭编.—天津：天津教育出版社，1990.7.—108页；32开.—ISBN 7-5309-0924-X：1.30元

小学语文学习方法指导/崖远培等编写.—桂林：广西师范大学出版社，1990.4.—140页；32开.—ISBN 7-5633-0787-7：1.50元

小学语文学习提要/《小学语文学习提要》编写组编.—南昌：江西教育出版社，1990.12.—170页；32开.—ISBN 7-5392-0963-1：1.45元

小学语文思考与练习　第二册/林达峰主编.—南宁：接力出版社，1990.12.—64页；32开.—ISBN 7-80581-162-8：0.61元

小学语文思考与练习　第四册/林达峰主编.—南宁：接力出版社，1990.12.—64页；32开.—ISBN 7-80581-150-4：0.61元

小学语文思考与练习　第六册/林达峰主编.—南宁：接力出版社，1990.12.—64页；32开.—ISBN 7-80581-151-2：0.61元

小学语文思考与练习　第八册/林达峰主编.—南宁：接力出版社，1990.12.—64页；32开.—ISBN 7-80581-152-0：0.61元

小学语文思考与练习　第十册/林达峰主编.—南宁：接力出版社，1990.12.—64页；32开.—ISBN 7-80581-169-5：0.61元

小学语文思考与练习　第十二册/林达峰主编.南宁：接力出版社，1990.12.—63页；32开.—ISBN 7-80581-153-9：0.61元

小学语文思维训练　（3）/宋启昌，郭壁林编.沈阳：辽宁少年儿童出版社，1990.7.—98页；32开.—（思维训练丛书/苏才主编）.—ISBN 7-5315-0788-9：1.00元

小学语文思维训练　（5）/王巨龙编著.—沈阳：辽宁少年儿童出版社，1990.7.—120页；32开.—（思维训练丛书/苏才主编）.—ISBN 7-5315-0789-7：1.20元

小学语文思维训练　（9）/刘锦编.—沈阳：辽宁少年儿童出版社，1990.7.—88页；32开.—（思维训练丛书/苏才主编）.—ISBN 7-5315-0794-3：0.95元

小学语文思维训练　（11）/王立根编.—沈阳：辽宁少年儿童出版社，1990.7.—92页；32开.—（思维训练丛书/苏才主编）.—ISBN 7-5315-0795-1：0.95元

小学语文复习指导/肇凡编.—南宁：接力出版社，1990.12.—166页；32开.—ISBN 7-80581-161-X：1.60元

小学语文怎样教小丛书：合订本　（1）．—上海：上海教育出版社，1990.8.—1册；32开.—ISBN 7-5320-2181-5：3.15元

小学语文怎样教小丛书：合订本　（2）．—上海：上海教育出版社，1990.8.—1册；32开.—ISBN 7-5320-2182-3：3.30元

小学语文怎样教小丛书：合订本　（3）．—上海：上海教育出版社，1990.8.—1册；32开.—ISBN 7-5320-2183-1：3.65元

小学语文重点疑难解析　上册/陈遐龄，汪明福等编.—天津：新蕾出版社，1990.8.—156页；32开.—供三、四年级使用.—ISBN 7-5307-0744-2：1.85元

小学语文重点疑难解析　下册/陈遐龄，汪明福主编.—天津：新蕾出版社，1990.8.—164页；32开.—供五、六年级使用.—ISBN 7-5307-0745-0：1.85元

小学语文重难点/李朝凰编.—北京：科学技术文献出版社，1990.1.—162页；32开.—ISBN 7-5023-0999-3：2.00元

小学语文总复习指导与练习/唐宁华，黄兰胜编.—桂林：广西师范大学出版社，1990.1.—210页；32开.—ISBN 7-5633-0692-9：1.90元

小学语文读写系列训练：三、四年级/金正扬主编.—上海：文汇出版社，1990.9.—152页；32开.—ISBN 7-80531-131-5：1.30元

小学语文读写系列训练：五、六年级/《上海教育》编辑部编.—2版（修订本）.—上海：文汇出版社，1990.1.—278页；32开.—ISBN 7-80531-110-2：2.20元

本书1986年3月第1版。

小学语文课文思路/陈正南，李森林著.—福州：福建教育出版社，1990.10.—217页；32开.—ISBN 7-5334-0579-X：2.00元

小学语文教与学的好伙伴：六年制　第二册/胡广明主编；邓宛如，易庄宁编写.—昆明：云南少年儿童出版社，1990.1.—94页；32开.—ISBN 7-5414-0447-0：1.20元

小学语文教与学的好伙伴：六年制　第四册/陈靖华主编；李炽昌，肖昆编写.—昆明：云南少年儿童出版社，1990.1.—92页；32开.—ISBN 7-5414-0448-9：1.20元

小学语文教与学的好伙伴：六年制　第六册/袁诚主编；彭萍安，陈靖华编写.—昆明：云南少年儿童出版社，1990.1.—94页；32开.—ISBN 7-5414-0449-7：1.20元

小学语文教与学的好伙伴：六年制　第八册/胡广明主编；袁诚编写.—昆明：云南少年儿童出版社，1990.1.—94页；32开.—ISBN 7-5414-0450-0：1.20元

小学语文教与学的好伙伴：六年制　第十册/胡广明主编；陈靖华编写.—昆明：云南少年儿童出版社，1990.1.—94页；32开.—ISBN 7-5414-0451-9：1.20元

小学语文教与学的好伙伴：六年制　第十二册/陈靖华主编；胡广明编写.—昆明：云南少年儿童出版社，1990.1.—94页；32开.—ISBN 7-5414-0452-7：1.20元

小学语文教学心理学/成都市教委师训处编.—成都：四川教育出版社，1990.4.—279页；32开.—ISBN 7-5408-1330-X：2.75元

小学语文教学目标与评价　第一册/潘瑞贞编写.—广州：广东科技出版社，1990.8.—123页；32开.—（小学语文教学目标与评价丛书/周国贤，高海主编）.—一年级上学期用.—ISBN 7-5359-0695-8：1.90元

小学语文教学目标与评价　第三册/张满惠编写.广州：广东科技出版社，1990.8.—138页；32开.（小学语文教学目标与评价丛书/周国贤，高海主编）.—二年级上学期用.—ISBN 7-5359-0696-6：1.95元

小学语文教学目标与评价　第五册/李扬汉，陈婉编写.—广州：广东科技出版社，1990.8.—123页；32开.—（小学语文教学目标与评价丛书/周国贤，高海主编）.—三年级上学期用.—ISBN 7-5359-0697-4：1.90元

小学语文教学目标与评价　第七册/张焯盈编写.广州：广东科技出版社，1990.8.—114页；32开.（小学语文教学目标与评价丛书/周国贤，高海主编）—.四年级上学期用.—ISBN 7-5359-0698-2：1.70元

小学语文教学目标与评价　第九册/江豪，李德燊编写.—广州：广东科技出版社，1990.8.—117页；32开.—（小学语文教学目标与评价丛书/周国贤，高海主编）.—五年级上学期用.—ISBN 7-5359-0699-0：1.75元

小学语文教学目标与评价　第十一册/冯楠基编写.广州：广东科技出版社，1990.8.—113页；32开.（小学语文教学目标与评价丛书/周国贤，高海主编）.六年级上学期用.—ISBN 7-5359-0700-8：1.70元

小学语文教学论/高惠莹，刘秀英编著.—北京：光明日报出版社，1990.6.—289页；32开.—（小学教育科学丛书）.—ISBN 7-80014-496-8：4.50元

小学语文教学研究/《小学语文教学研究》编写组编.—南京：江苏教育出版社，1990.2.—288页；32开.—ISBN 7-5343-0945-X：2.50元

小学语文教学新体系：集中识字、大量阅读、分步习作/《小学语文教学新体系》编写组编.—沈阳：辽

宁人民出版社，1990.9.—163页；32开.—ISBN 7-205-01571-5：4.20元

小学语文教案　第二册/《小学语文教案》编写组编.—石家庄：河北教育出版社，1990.12.—203页；32开.—六年制、五年制通用.—ISBN 7-5434-0927-5：1.75元

小学语文教案　第四册/《小学语文教案》编写组编.—石家庄：河北教育出版社，1990.12.—231页；32开.—五年制、六年制通用.—ISBN 7-5434-0975-5：2.00元

小学语文教案　第六册/《小学语文教案》编写组编.—石家庄：河北教育出版社，1990.12.—289页；32开.—六年制、五年制通用.—ISBN 7-5434-0980-1：2.45元

小学语文教案　第八册/《小学语文教案》编写组编.—石家庄：河北教育出版社，1990.12.—301页；32开.—六年制、五年制通用.—ISBN 7-5434-0981-X：2.55元

小学语文教案　第十册/《小学语文教案》编写组编.—石家庄：河北教育出版社，1990.12.—224页；32开.—六年制、五年制通用.—ISBN 7-5434-0976-3：1.95元

小学语文教案　第十二册/《小学语文教案》编写组编.—石家庄：河北教育出版社，1990.12.—139页；32开.—六年制、五年制通用.—ISBN 7-5434-0928-3：1.25元

小学语文基本功训练：每日一刻钟：四年级（上）/肖木编著.—天津：天津人民出版社，1990.4.—155页；32开.—ISBN 7-201-00488-3：1.70元

小学语文基本功训练：每日一刻钟：四年级（下）/晓宇编著.—天津：天津人民出版社，1990.4.—153页；32开.—ISBN 7-201-00489-1：1.70元

小学语文基本功训练：每日一刻钟：五年级（上）/金松，金珠编著.—天津：天津人民出版社，1990.5.—161页；32开.—ISBN 7-201-00490-5：1.80元

小学语文基本功训练：每日一刻钟：五年级（下）/石丁，何华编著.—天津：天津人民出版社，1990.4.—176页；32开.—ISBN 7-201-00491-3：1.90元

小学语文基本功训练：每日一刻钟：六年级（上）/陈文彰编著.—天津：天津人民出版社，1990.4.—188页；32开.—ISBN 7-201-00492-1：2.00元

小学语文基本功训练：每日一刻钟：六年级（下）/张树林编著.—天津：天津人民出版社，1990.4.—213页；32开.—ISBN 7-201-00493-X：2.25元

小学语文基础训练与形成性测试：五年制　第一册/马兆铭，李昌斌主编.—沈阳：辽宁少年儿童出版社，1990.5.—150页；32开.—ISBN 7-5315-0736-6：1.45元

小学语文基础训练与形成性测试：五年制　第[三]册/马兆铭，李昌斌主编.—沈阳：辽宁少年儿童出版社，1990.5.—124页；32开.—ISBN 7-5315-0736-6：1.15元

小学语文基础训练与形成性测试：五年制　第[五]册/马兆铭，李昌斌主编.—沈阳：辽宁少年儿童出版社，1990.5.—145页；32开.—ISBN 7-5315-0741-7：1.35元

小学语文基础训练与形成性测试：五年制　第[七]册/马兆铭，李昌斌主编.—沈阳：辽宁少年儿童出版社，1990.5.—147页；32开.—ISBN 7-5315-0742-9：1.40元

小学语文基础训练与形成性测试：五年制　第[九]册/马兆铭，李昌斌主编.—沈阳：辽宁少年儿童出版社，1990.5.—129页；32开.—ISBN 7-5315-0743-9：1.25元

小学语文基础知识/陆瑞昌等编著.—南宁：广西民族出版社，1990.11.—115页；32开.—ISBN 7-5363-1021-8：1.20元

小学语文基础知识复习提要/李望声等编.—2版（修订本）.—长沙：湖南教育出版社，1990.11.—120页；32开.—ISBN 7-5355-0753-0：0.92元

本书1988年12月第1版。

小学语文疑难解析辅导与百例分析：中年级/曹文华等编.—北京：冶金工业出版社，1990.12.—297页；32开.—ISBN 7-5024-0599-2：3.70元

小学语文疑难解析辅导与百例分析：高年级/刘润琴等编.—北京：冶金工业出版社，1990.12.—328页；32开.—ISBN 7-5024-0600-X：4.20元

小学语词分类词典/钟欣，艾桦主编；蒲威正等编写.—福州：福建人民出版社，1990.12.—1册（122，599页）；64开.—ISBN 7-211-01165-3：4.65元

小学课程分课训练：语文　第二册/刘文兰编.—乌鲁木齐：新疆青少年出版社，1990.2.—62页；32开.—ISBN 7-5371-0604-5：0.70元

小学课程分课训练：语文　第四册/陈蓬莱，赵兰香编.—乌鲁木齐：新疆青少年出版社，1990.2.—71页；32开.—ISBN 7-5371-0605-3：0.80元

小学课程分课训练：语文　第六册/孙冰青，黄慧中编.—乌鲁木齐：新疆青少年出版社，1990.2.—69页；32开.—ISBN 7-5371-0627-4：0.70元

小学课程分课训练：语文　第八册/方靖编.—乌鲁木齐：新疆青少年出版社，1990.2.—72页；32开.—ISBN 7-5371-0617-7：0.80元

小学课程分课训练：语文　第十册/黄慧中，孙雪贞编.—乌鲁木齐：新疆青少年出版社，1990.2.—56页；32开.—ISBN 7-5371-0615-0：0.75元

小学课程分课训练：语文　第十二册/成守容，刘淑群编.—乌鲁木齐：新疆青少年出版社，1990.2.76页；32开.—ISBN 7-5371-0613-4：0.90元

五年制小学词语手册/《小学词语手册》编写组编.—2版.—南宁：广西科学技术出版社，1990.5.641页；64开.—ISBN 7-80565-122-1（精装）：3.60元

本书1989年8月第1版。

五年制小学词语手册：合订本/冉昌主编.—杭州：浙江少年儿童出版社，1990.6.—953页；64开.—ISBN 7-5342-0668-5（精装）：3.95元

五年制小学语文四年级升级准备/姚烺强编写.—天津：新蕾出版社，1990.12.—184页；32开.—（升级准备丛书/崔峦，陈国雄主编）.—ISBN 7-5307-0752-3：1.95元

五年制小学语文五年级升级准备/吴希有等编写.天津：新蕾出版社，1990.12.—216页；32开.—（升级准备丛书/崔峦，陈国雄主编）.—ISBN 7-5307-0753-1：2.25元

五年制小学语文达纲训练　第一册/韩志远编写.南宁：广西教育出版社，1990.6.—88页；32开.—ISBN 7-5435-0880-X：0.92元

五年制小学语文达纲训练　第三册/刘美娟编写.—南宁：广西教育出版社，1990.6.—90页；32开.—ISBN 7-5435-0873-7：0.96元

五年制小学语文达纲训练　第五册/宋浔坚编写.—南宁：广西教育出版社，1990.5.—101页；32开.—ISBN 7-5435-0852-4：1.06元

五年制小学语文达纲训练　第七册/黄绍东编写.南宁：广西教育出版社，1990.5.—108页；32开.—ISBN 7-5435-0841-9：1.10元

五年制小学语文达纲训练　第九册/杨桂枝，烛光编写.—南宁：广西教育出版社，1990.6.—106页；32开.—ISBN 7-5435-0896-6：1.10元

五年制小学语文过关自测题　第一册/苏志贤编写.南宁：广西科学技术出版社，1990.6.—76页；32开.—ISBN 7-80565-325-9：0.90元

五年制小学语文过关自测题　第三册/雷红编写.南宁：广西科学技术出版社，1990.6.—89页；32开.—ISBN 7-80565-330-5：1.05元

五年制小学语文过关自测题　第五册/谭趣月编写.—南宁：广西科学技术出版社，1990.6.—94页；32开.—ISBN 7-80565-326-7：1.10元

五年制小学语文过关自测题　第七册/邹节华编写.—南宁：广西科学技术出版社，1990.6.—87页；32开.—ISBN 7-80565-220-1：1.05元

五年制小学语文过关自测题　第九册/余耀才编写.南宁：广西科学技术出版社，1990.6.—80页；32开.—ISBN 7-80565-327-5：1.00元

五年制小学语文过关自测题　第十册/余耀才编写.—2版.—南宁：广西科学技术出版社，1990.12.88页；32开.—ISBN 7-80565-202-3：1.10元

本书1989年11月第1版。

五年制小学语文自测题　第一册/张顶彦编写.武汉：湖北教育出版社，1990.4.—60页；32开.—ISBN 7-5351-0515-7：0.60元

五年制小学语文自测题　第三册/王家遂编写.—武汉：湖北教育出版社，1990.5.—110页；32开.—ISBN 7-5351-0518-1：0.96元

五年制小学语文自测题　第五册/杨述武，雷敬尧编写.—武汉：湖北教育出版社，1990.6.—93页；32开.—ISBN 7-5351-0561-0：0.84元

五年制小学语文自测题　第七册/黄林桂编写.—武汉：湖北教育出版社，1990.5.—78页；32开.—ISBN 7-5351-0514-9：0.72元

五年制小学语文自测题　第九册/李祖森编写.—武汉：湖北教育出版社，1990.6.—98页；32开.—ISBN 7-5351-0513-0：0.90元

五年制小学语文词语手册　第一册/兰州市城关区教研室编.—兰州：甘肃少年儿童出版社，1990.5.—45页；32开.—ISBN 7-5422-0335-5：0.55元

五年制小学语文词语手册　第二册/兰州市城关区教研室编.—兰州：甘肃少年儿童出版社，1990.9.58页；32开.—ISBN 7-5422-0392-2：0.70元

五年制小学语文词语手册　第三册/兰州市城关区教研室编.—兰州：甘肃少年儿童出版社，1990.5.84页；32开.—ISBN 7-5422-0336-3：0.93元

五年制小学语文词语手册　第四册/兰州市城关区教研室编.—兰州：甘肃少年儿童出版社，1990.9.90页；32开.—ISBN 7-5422-0394-0：1.00元

五年制小学语文词语手册　第六册/兰州市城关区教研室编.—兰州：甘肃少年儿童出版社，1990.9.65页；32开.—ISBN 7-5422-0395-9：0.78元

五年制小学语文词语手册　第七册/兰州市城关区教研室编.—兰州：甘肃少年儿童出版社，1990.5.62页；32开.—ISBN 7-5422-0338-X：0.89元

五年制小学语文词语手册　第八册/兰州市城关区教研室编.—兰州：甘肃少年儿童出版社，1990.9.76页；32开.—ISBN 7-5422-0396-7：0.85元

五年制小学语文词语手册　第九册/兰州市城关区教研室编.—兰州：甘肃少年儿童出版社，1990.5.80页；32开.—ISBN 7-5422-0339-8：0.89元

五年制小学语文词语手册　第十册/兰州市城关区教研室编.—兰州：甘肃少年儿童出版社，1990.9.74页；32开.—ISBN 7-5422-0397-5：0.85元

五年制小学语文词语手册　第三册/《词语手册》

编写组编.—贵阳：贵州教育出版社，1990.7.—62页；32开.—ISBN 7-80583-019-3：0.60元

五年制小学语文词语手册 第五册/《词语手册》编写组编.—贵阳：贵州教育出版社，1990.7.—62页；32开.—ISBN 7-80583-020-7：0.60元

五年制小学语文词语手册 第六册/《词语手册》编写组编.—贵阳：贵州教育出版社，1990.12.—91页；32开.—ISBN 7-80583-082-7：0.85元

五年制小学语文词语手册 第八册/《词语手册》编写组编.—贵阳：贵州教育出版社，1990.12.—92页；32开.—ISBN 7-80583-5：0.85元

五年制小学语文词语手册 第九册/《词语手册》编写组编.—贵阳：贵州教育出版社，1990.7.—62页；32开.—ISBN 7-80583-022-3：0.60元

五年制小学语文单元学习目标及检测 第二册/潘煦源主编.—南京：江苏教育出版社，1990.10.—58页；32开.—ISBN 7-5343-1134-9：0.56元

五年制小学语文单元学习目标及检测 第四册/潘煦源主编.—南京：江苏教育出版社，1990.11.—65页；32开.—ISBN 7-5343-1135-7：0.62元

五年制小学语文单元学习目标及检测 第八册/潘煦源主编.—南京：江苏教育出版社，1990.10.—78页；32开.—ISBN 7-5343-1137-3：0.70元

五年制小学语文单元学习目标及检测 第十册/潘煦源主编.—南京：江苏教育出版社，1990.10.—78页；32开.—ISBN 7-5343-1138-1：0.70元

五年制小学语文试卷集 第一册：小学语文过关自测题附件/邹节华等主编；苏志贤等编写.—南宁：广西科学技术出版社，1990.6.—52页；16开.—ISBN 7-80565-312-7：1.15元

五年制小学语文试卷集 第二册：小学语文过关自测题附件/《小学语文试卷集》编写组编.—2版.—南宁：广西科学技术出版社，1990.12.—57页；16开.—ISBN 7-80565-237-6：1.20元

本书1990年1月第1版。

五年制小学语文试卷集 第三册：小学语文过关自测题附件/邹节华等主编；雷红编写.—南宁：广西科学技术出版社，1990.6.—56页；16开.—ISBN 7-80565-314-3：1.25元

五年制小学语文试卷集 第四册：小学语文过关自测题附件/《小学语文试卷集》编写组编.—2版.—南宁：广西科学技术出版社，1990.12.—66页；16开.—ISBN 7-80565-240-6：1.35元

本书1990年1月第1版。

五年制小学语文试卷集 第五册：小学语文过关自测题附件/邹节华等主编；谭趣月编写.—南宁：广西科学技术出版社，1990.6.—56页；16开.—ISBN 7-80565-316-X：1.25元

五年制小学语文试卷集 第六册：小学语文过关自测题附件/《小学语文试卷集》编写组编.—2版.—南宁：广西科学技术出版社，1990.12.—66页；16开.—ISBN 7-80565-242-2：1.35元

本书1990年1月第1版。

五年制小学语文试卷集 第七册：小学语文过关自测题附件/邹节华等主编；邹节华编写.—南宁：广西科学技术出版社，1990.6.—48页；16开.—ISBN 7-80565-318-6：1.10元

五年制小学语文试卷集 第八册：小学语文过关自测题附件/《小学语文试卷集》编写组编.—2版.—南宁：广西科学技术出版社，1990.11.—58页；16开.—ISBN 7-80565-230-9：1.20元

本书1990年1月第1版。

五年制小学语文试卷集 第九册：小学语文过关自测题附件/邹节华等主编；余耀华编写.—南宁：广西科学技术出版社，1990.6.—48页；16开.—ISBN 7-80565-320-8：1.10元

五年制小学语文试卷集 第十册：小学语文过关自测题附件/《小学语文试卷集》编写组编.—2版.南宁：广西科学技术出版社，1990.12.—57页；16开.—ISBN 7-80565-247-3：1.20元

本书1990年1月第1版。

五年制小学语文教学目标实施手册 第二册/俞仁健主编；石历山等编写.—南京：江苏教育出版社，1990.1.—56页；32开.—ISBN 7-5343-0911-5：0.53元

五年制小学语文教学目标实施手册 第四册/俞仁健主编；王健民等编写.—南京：江苏教育出版社，1990.1.—101页；32开.—ISBN 7-5343-0912-3：0.75元

五年制小学语文教学目标实施手册 第六册/俞仁健主编；丁子云等编写.—南京：江苏教育出版社，1990.1.—94页；32开.—ISBN 7-5343-0913-1：0.70元

五年制小学语文教学目标实施手册 第八册/俞仁健主编；成树柏等编写.—南京：江苏教育出版社，1990.1.—99页；32开.—ISBN 7-5343-0914-X：0.73元

五年制小学语文教学目标实施手册 第十册/俞仁健主编；朱菊成等编写.—南京：江苏教育出版社，1990.1.—102页；32开.—ISBN 7-5343-0915-8：0.75元

五年制小学语文教学目标检测 第二册/江苏省淮阴市教学研究室编.—南京：江苏教育出版社，1990.1.—24页；16开.—ISBN 7-5343-0906-9：0.35元

五年制小学语文教学目标检测 第四册/江苏省淮阴市教学研究室编.—南京：江苏教育出版社，1990.1.—35页；16开.—ISBN 7-5343-0907-7：

0.50元

五年制小学语文教学目标检测　第六册/江苏省淮阴市教学研究室编.—南京：江苏教育出版社，1990.1.—31页；16开.—ISBN 7-5343-0908-5：0.45元

五年制小学语文教学目标检测　第八册/俞仁健主编；成树柏等编写.—南京：江苏教育出版社，1990.1.—35页；16开.—ISBN 7-5343-0909-3：0.50元

五年制小学语文教学目标检测　第十册/江苏省淮阴市教学研究室编.—南京：江苏教育出版社，1990.1.—39页；16开.—ISBN 7-5343-0910-7：0.50元

五年制小学语文教学辅导　第二册/北京景山学校编.—北京：原子能出版社，1990.1.—116页；32开.—ISBN 7-5022-0259-5：2.20元

五年制小学语文教学辅导　第三册/北京景山学校编.—北京：人民教育出版社，1990.9.—140页；32开.—ISBN 7-107-00989-3：1.90元

五年制小学语文基础训练　第一册/新蕾出版社编辑.—修订版.—天津：新蕾出版社，1990.3.—78页；32开.—ISBN 7-5307-0560-1：0.80元

五年制小学语文基础训练　第二册/新蕾出版社编辑.—修订本.—天津：新蕾出版社，1990.9.—94页；32开.—ISBN 7-5307-0715-9：0.93元

五年制小学语文基础训练　第三册/新蕾出版社编辑.—修订版.—天津：新蕾出版社，1990.3.—78页；32开.—ISBN 7-5307-0561-X：0.80元

五年制小学语文基础训练　第四册/新蕾出版社编辑.—修订本.—天津：新蕾出版社，1990.9.—94页；32开.—ISBN 7-5307-0716-7：0.93元

五年制小学语文基础训练　第五册/新蕾出版社编辑.—修订版.—天津：新蕾出版社，1990.3.—78页；32开.—ISBN 7-5307-0562-8：0.80元

五年制小学语文基础训练　第六册/新蕾出版社编辑.—修订本.—天津：新蕾出版社，1990.9.—94页；32开.—ISBN 7-5307-0717-5：0.93元

五年制小学语文基础训练　第七册/新蕾出版社编辑.—修订1版.—天津：新蕾出版社，1990.3.—94页；32开.—ISBN 7-5307-0563-6：0.93元

五年制小学语文基础训练　第八册/新蕾出版社编辑.—修订本.—天津：新蕾出版社，1990.9.—94页；32开.—ISBN 7-5307-0718-3：0.93元

五年制小学语文基础训练　第九册/新蕾出版社编辑.—修订1版.—天津：新蕾出版社，1990.4.—94页；32开.—ISBN 7-5307-0564-4：0.93元

五年制小学语文基础训练　第十册/新蕾出版社编辑.—修订本.—天津：新蕾出版社，1990.9.—93页；32开.—ISBN 7-5307-0719-1：0.93元

五年制小学语文第一册单元测试题.—太原：山西教育出版社，〔1990〕.—18张；16开.—ISBN 7-80578-123-0：0.55元

五年制小学语文第三册单元测试题.—太原：山西教育出版社，〔1990〕.—20张；16开.—ISBN 7-80578-121-4：0.60元

五年制小学语文第七册单元测试题.—太原：山西教育出版社，〔1990〕.—1册；16开.—ISBN 7-80578-122-2：0.50元

五年制小学语文第九册单元测试题.—太原：山西教育出版社，〔1990〕.—16张；16开.—ISBN 7-80578-071-1：0.48元

五年制小学语文第三册单元自测与验收/宋弘智等编.—海口：南海出版公司，1990.2.—110页；32开.—（帮你学丛书/张玉成，源泉主编）.—ISBN 7-80570-118-0：1.28元

五年制小学语文第七册单元自测与验收/王淑芬等编.—海口：南海出版公司，1990.2.—82页；32开.—（帮你学丛书/张玉成，源泉主编）.—ISBN 7-80570-118-0：0.98元

五年制小学语文第八册单元检测/梁禄魁，贾宏志编.—石家庄：河北教育出版社，1990.12.—42页；16开.—ISBN 7-5434-0933-X：0.93元

五年制小学语文想一想练一练：一年一期/编写小组编.—长沙：湖南少年儿童出版社，1990.5.—64页；32开.—ISBN 7-5358-0371-7：0.56元

本书1990年5月第1版。

六年制小学一、二、三、四、五、六年级第一学期语文练习册参考答案　第一分册：基础知识·阅读训练/广东省教育厅教材编审室编.—广州：广东教育出版社，1990.7.—76页；32开.—ISBN 7-5406-1167-7：0.69元

六年制小学一、二、三、四、五、六年级第二学期语文练习册参考答案　第一分册：基础知识·阅读训练/广东省教育厅教材编审室编.—广州：广东教育出版社，1990.12.—72页；32开.—ISBN 7-5406-1261-4：0.66元

六年制小学生字组词：一年级/冯淑珍编.—哈尔滨：黑龙江教育出版社，1990.2.—133页；32开.ISBN 7-5316-1002-7：1.50元

六年制小学生字组词：二年级/马英编.—哈尔滨：黑龙江教育出版社，1990.2.—161页；32开.—ISBN 7-5316-1003-5：1.80元

六年制小学生字组词：三年级/李景荣编.—哈尔滨：黑龙江教育出版社，1990.2.—108页；32开.ISBN 7-5316-1004-3：1.25元

六年制小学生字组词：四、五、六年级/赵国材等

编.—哈尔滨：黑龙江教育出版社，1990.2.—127页；32开.—ISBN 7-5316-1005-1：1.50元

六年制小学词语手册/张峰德主编.—大连：大连出版社，1990.7.—731页；64开.—ISBN 7-80555-257-6：3.95元

六年制小学词语手册/《小学词语手册》编写组编.—2版.—南宁：广西科学技术出版社，1990.4.755页；64开.—ISBN 7-80565-132-9：3.75元
本书1989年8月第1版。

六年制小学语文四年级升级准备/涂明等编写.天津：新蕾出版社，1990.12.—176页；32开.—（升级准备丛书/陈国雄，崔峦主编）.—ISBN 7-5307-0763-9：1.90元

六年制小学语文五年级升级准备/姚烺强编写.天津：新蕾出版社，1990.12.—175页；32开.—（升级准备丛书/陈国雄，崔峦主编）.—ISBN 7-5307-0764-7：1.90元

六年制小学语文六年级升级准备/刘双奎等编写.—天津：新蕾出版社，1990.12.—184页；32开.—（升级准备丛书/陈国雄，崔峦主编）.—ISBN 7-5307-0765-5：1.95元

六年制小学语文达纲训练　第三册/王淑贤编写.南宁：广西教育出版社，1990.6.—84页；32开.—ISBN 7-5435-0872-9：0.90元

六年制小学语文达纲训练　第五册/张玉玲编写.南宁：广西教育出版社，1990.5.—92页；32开.—ISBN 7-5435-0845-1：0.95元

六年制小学语文达纲训练　第七册/武洛云编写.南宁：广西教育出版社，1990.5.—94页；32开.—ISBN 7-5435-0833-3：1.00元

六年制小学语文达纲训练　第九册/卢坚编写.—南宁：广西教育出版社，1990.6.—98页；32开.—ISBN 7-5435-0858-3：1.03元

六年制小学语文达纲训练　第十一册/苏志贤编写.—南宁：广西教育出版社，1990.5.—96页；32开.—ISBN 7-5435-0840-0：1.00元

六年制小学语文过关自测题　第一册/关丽丽编写.—南宁：广西科学技术出版社，1990.6.—86页；32开.—ISBN 7-80565-291-0：1.05元

六年制小学语文过关自测题　第三册/滕洁贞编写.—南宁：广西科学技术出版社，1990.6.—87页；32开.—ISBN 7-80565-292-9：1.05元

六年制小学语文过关自测题　第五册/黄其武编写.南宁：广西科学技术出版社，1990.6.—93页；32开.ISBN 7-80565-293-7：1.05元

六年制小学语文过关自测题　第七册/石建光编写.—南宁：广西科学技术出版社，1990.6.—92页；32开.—ISBN 7-80565-222-8：1.05元

六年制小学语文过关自测题　第九册/韦世奎编写.南宁：广西科学技术出版社，1990.6.—85页；32开.ISBN 7-80565-295-3：1.05元

六年制小学语文过关自测题　第十一册/凌玉璧编写.—南宁：广西科学技术出版社，1990.6.—103页；32开.—ISBN 7-80565-296-1：1.20元

六年制小学语文词语手册　第一册/兰州市城关区教研室编.—兰州：甘肃少年儿童出版社，1990.5.45页；32开.—ISBN 7-5422-0340-1：0.55元

六年制小学语文词语手册　第二册/兰州市城关区教研室编.—兰州：甘肃少年儿童出版社，1990.9.62页；32开.—ISBN 7-5422-0398-3：0.70元

六年制小学语文词语手册　第三册/兰州市城关区教研室编.—兰州：甘肃少年儿童出版社，1990.5.88页；32开.—ISBN 7-5422-0341-X：0.96元

六年制小学语文词语手册　第四册/兰州市城关区教研室编.—兰州：甘肃少年儿童出版社，1990.9.77页；32开.—ISBN 7-5422-0399-1：0.85元

五年制小学语文词语手册　第五册/兰州市城关区教研室编.—兰州：甘肃少年儿童出版社，1990.5.—70页；32开.—ISBN 7-5422-0337-1：0.78元

六年制小学语文词语手册　第六册/兰州市城关区教研室编.—兰州：甘肃少年儿童出版社，1990.9.72页；32开.—ISBN 7-5422-0400-9：0.81元

六年制小学语文词语手册　第七册/兰州市城关区教研室编.—兰州：甘肃少年儿童出版社，1990.5.58页；32开.—ISBN 7-5422-0343-6：0.70元

六年制小学语文词语手册　第八册/兰州市城关区教研室编.—兰州：甘肃少年儿童出版社，1990.9.—61页；32开.—ISBN 7-5422-0401-7：0.70元

六年制小学语文词语手册　第九册/兰州市城关区教研室编.—兰州：甘肃少年儿童出版社，1990.5.63页；32开.—ISBN 7-5422-0344-4：0.70元

六年制小学语文词语手册　第十册/兰州市城关区教研室编.—兰州：甘肃少年儿童出版社，1990.9.64页；32开.—ISBN 7-5422-1402-5：0.70元

六年制小学语文词语手册　第十一册/兰州市城关区教研室编.—兰州：甘肃少年儿童出版社，1990.5.83页；32开.—ISBN 7-5422-0345-2：0.93元

六年制小学语文词语手册　第十二册/兰州市城关区教研室编.—兰州：甘肃少年儿童出版社，1990.9.67页；32开.—ISBN 7-5422-0403-3：0.78元

六年制小学语文词语手册　第三册/《词语手册》编写组编.—贵阳：贵州教育出版社，1990.9.—62页；32开.—ISBN 7-80583-023-1：0.60元

六年制小学语文词语手册　第七册/《词语手册》编写组编.—贵阳：贵州教育出版社，1990.9.—62页；32开.—ISBN 7-80583-025-3：0.60元

六年制小学语文词语手册 第八册/《词语手册》编写组编.—贵阳：贵州教育出版社，1990.11.—92页；32开.—ISBN 7-30583-078-9：0.85元

六年制小学语文词语手册 第九册/《词语手册》编写组编.—贵阳：贵州教育出版社，1990.9.—62页；32开.—ISBN 7-80583-026-6：0.60元

六年制小学语文备课教案 第一册/陶士荣主编.—贵阳：贵州教育出版社，1990.6.—323页；32开.—ISBN 7-30583-037-1：2.75元

六年制小学语文备课教案 第三册/陶士荣主编.贵阳：贵州教育出版社，1990.7.—219页；32开.ISBN 7-30583-038-X：1.90元

六年制小学语文备课教案 第五册/陶士荣主编.贵阳：贵州教育出版社，1990.7.—160页；32开.—ISBN 7-80583-039-8：1.45元

六年制小学语文备课教案 第七册/陶士荣主编.贵阳：贵州教育出版社，1990.7.—166页；32开.—ISBN 7-30583-040-1：1.50元

六年制小学语文备课教案 第九册/陶士荣主编.贵阳：贵州教育出版社，1990.6.—187页；32开.—ISBN 7-80583-041-X：1.70元

六年制小学语文备课教案 第十一册/陶士荣主编.—贵阳：贵州教育出版社，1990.7.—200页；32开.—ISBN 7-80583-042-8：1.80元

六年制小学语文试卷集 第一册：小学语文过关自测题附件/邹节华等主编；关丽丽编写.—南宁：广西科学技术出版社，1990.6.—48页；16开.—ISBN 7-80565-303-8：1.10元

六年制小学语文试卷集 第二册：小学语文过关自测题附件/《小学语文试卷集》编写组编.—2版.—南宁：广西科学技术出版社，1990.12.—57页；16开.—ISBN 7-80565-228-7：1.20元

本书1990年1月第1版。

六年制小学语文试卷集 第三册：小学语文过关自测题附件/邹节华等主编；滕洁贞编写.—南宁：广西科学技术出版社，1990.6.—56页；16开.—ISBN 7-80565-304-6：1.25元

六年制小学语文试卷集 第四册：小学语文过关自测题附件/《小学语文试卷集》编写组编.—2版.—南宁：广西科学技术出版社，1990.12.—66页；16开.ISBN 7-80565-246-5：1.35元

本书1990年1月第1版。

六年制小学语文试卷集 第五册：小学语文过关自测题附件/邹节华等主编；黄其武编写.—南宁：广西科学技术出版社，1990.6.—56页；16开.—ISBN 7-80565-306-2：1.25元

六年制小学语文试卷集 第六册：小学语文过关自测题附件/《小学语文试卷集》编写组编.—2版.—南宁：广西科学技术出版社，1990.12.—64页；16开.ISBN 7-80565-248-1：1.35元

六年制小学语文试卷集 第七册：小学语文过关自测题附件/邹节华等主编；石建光编写.—南宁：广西科学技术出版社，1990.6.—48页；16开.—ISBN 7-80565-308-9：1.10元

六年制小学语文试卷集 第八册：小学语文过关自测题附件/《小学语文试卷集》编写组编.—2版.—南宁：广西科学技术出版社，1990.12.—58页；16开.ISBN 7-80565-241-4：1.20元

本书1990年1月第1版。

六年制小学语文试卷集 第九册：小学语文过关自测题附件/邹节华等主编；一韦，世奎编写.—南宁：广西科学技术出版社，1990.6.—48页；16开.—ISBN 7-80565-310-0：1.10元

六年制小学语文试卷集 第十册：小学语文过关自测题附件/《小学语文试卷集》编写组编.—2版.—南宁：广西科学技术出版社，1990.12.—57页；16开.—ISBN 7-30565-229-5：1.20元

本书1990年1月第1版。

六年制小学语文试卷集 第十一册：小学语文过关自测题附件/邹节华等主编；凌玉璧编写.—南宁：广西科学技术出版社，1990.6.—48页；16开.—ISBN 7-30565-328-3：1.10元

六年制小学语文试卷集 第十二册：小学语文过关自测题附件/《小学语文试卷集》编写组编.—2版.南宁：广西科学技术出版社，1990.12.—56页；16开.—ISBN 7-80565-251-1：1.20元

本书1990年1月第1版。

六年制小学语文教学设计与疑难解答：三年级/王正海等主编.—武汉：湖北教育出版社，1990.6.—441页；32开.—ISBN 7-5351-0502-5：4.55元

六年制小学语文教学设计与疑难解答：四年级/王正海等主编.—武汉：湖北教育出版社，1990.6.—369页；32开.—ISBN 7-5351-0406-1：3.80元

六年制小学语文教学设计与疑难解答：五年级/王正海等主编.—武汉：湖北教育出版社，1990.6.—258页；32开.—ISBN 7-5351-0530-0：2.60元

六年制小学语文教学设计与疑难解答：六年级/王正海等编.—武汉：湖北教育出版社，1990.6.—351页；32开.—ISBN 7-5351-0500-9：3.70元

六年制小学语文基础训练：一年一期/《小学语文基础训练》编写组编.—长沙：湖南少年儿童出版社，1990.5.—64页；32开.—ISBN 7-5358-0357-1：0.56元

六年制小学语文基础训练 第一册/新蕾出版社编辑.—修订版.—天津：新蕾出版社，1990.3.—78页；32开.—ISBN 7-5307-0570-9：0.80元

六年制小学语文基础训练 第二册/新蕾出版社编辑.—修订本.—天津：新蕾出版社，1990.9.—93页；32开.—ISBN 7-5307-0725-6：0.93元

六年制小学语文基础训练　第四册/新蕾出版社编辑.—修订本.—天津：新蕾出版社，1990.9.—94页；32开.—ISBN 7-5307-0726-4：0.93元

六年制小学语文基础训练　第五册/新蕾出版社编辑.—修订版.—天津：新蕾出版社，1990.2.—78页；32开.—ISBN 7-5307-0572-5：0.80元

六年制小学语文基础训练　第六册/新蕾出版社编辑.—修订本.—天津：新蕾出版社，1990.9.—78页；32开.—ISBN 7-5307-0727-2：0.80元

六年制小学语文基础训练　第七册/新蕾出版社编辑.—修订版.—天津：新蕾出版社，1990.3.—78页；32开.—ISBN 7-5307-0573-3：0.80元

六年制小学语文基础训练　第八册/新蕾出版社编辑.—修订本.—天津：新蕾出版社，1990.9.—93页；32开.—ISBN 7-5307-0728-0：0.93元

六年制小学语文基础训练　第九册/新蕾出版社编辑.—修订版.—天津：新蕾出版社，1990.3.—94页；32开.—ISBN 7-5307-0574-1：0.93元

六年制小学语文基础训练　第十册/新蕾出版社编辑.—修订本.—天津：新蕾出版社，1990.9.—94页；32开.—ISBN 7-5307-0729-9：0.93元

六年制小学语文基础训练　第十一册/新蕾出版社编辑.—修订本.—天津：新蕾出版社，1990.4.—94页；32开.—ISBN 7-5307-0575-X：0.93元

六年制小学语文基础训练　第十二册/新蕾出版社编辑.—修订本.—天津：新蕾出版社，1990.9.—94页；32开.—ISBN 7-5307-0730-2：0.93元

六年制小学语文基础训练　第一册/青岛市教育局编.—3版.—青岛：青岛出版社，1990.3.—98页；32开.—一年级秋季用.—0.90元

本书1987年3月第1版。

六年制小学语文基础训练　第五册/青岛市教育局编.—3版.—青岛：青岛出版社，1990.3.—76页；32开.—三年级秋季用.—ISBN 7-5436-0329-2：0.76元

本书1987年3月第1版。

六年制小学语文基础训练　第七册/青岛市教育局编.—3版.—青岛：青岛出版社，1990.3.—105页；32开.—四年级秋季用.—ISBN 7-5436-0330-6：0.96元

本书1987年3月第1版。

六年制小学语文基础训练　第九册/青岛市教育局编.—3版.—青岛：青岛出版社，1990.3.—106页；32开.—五年级秋季用.—ISBN 7-5436-0331-4：0.96元

本书1987年3月第1版。

六年制小学语文基础训练　第十一册/青岛市教育局编.—3版.—青岛：青岛出版社，1990.3.—114页；32开.—六年级秋季用.—ISBN 7-5436-0332-2：1.00元

本书1987年3月第1版。

六年制小学语文第一册备课教案.—3版.—成都：四川教育出版社，1990.4.—126页；32开.—ISBN 7-5408-0422-X：1.07元

六年制小学语文第七册单元检测与思路点拨/高荣标，李长生编.—石家庄：河北科学技术出版社，1990.4.—133页；32开.—(小学生学习能力训练丛书/金玉章主编).—ISBN 7-5375-0435-0：1.85元

六年制小学语文第九册单元检测与思路点拨/赵四维编.—石家庄：河北科学技术出版社，1990.4.—137页；32开.—(小学生学习能力训练丛书/金玉章主编).—ISBN 7-5375-0431-8：1.80元

六年制小学语文第十一册单元检测与思路点拨/靳家彦编.—石家庄：河北科学技术出版社，1990.4.—130页；32开.—(小学生学习能力训练丛书/金玉章主编).—ISBN 7-5375-0427-X：1.66元

六年制小学语文第八册辅导解难与标准化训练/丛书编写组编.—南宁：广西教育出版社，1990.12.—91页；32开.—(小学课程辅导解难与标准化训练丛书).—ISBN 7-5435-1088-X：1.20元

六年制小学课本语文第一册(上)生字卡片/江苏教育出版社编.—2版.—南京：江苏教育出版社，1990.4.—26张；8开.—配合最新人教版教材　教师用.—ISBN 7-5343-0742-2(袋装)：4.65元

本书1989年4月第1版。

六年制小学课本语文第一册(下)生字卡片/江苏教育出版社编.—2版.—南京：江苏教育出版社，1990.4.—25张；8开.—配合最新人教版教材　教师用.—ISBN 7-5343-1037-7(袋装)：4.45元

本书1989年4月第1版。

六年制小学最新常用词语手册：一年级分册/刘曼华著.—北京：中国少年儿童出版社，1990.9.—80页；32开.—ISBN 7-5007-1091-7：1.00元

六年制小学最新常用词语手册：二年级分册/微妮著.—北京：中国少年儿童出版社，1990.9.—100页；32开.—ISBN 7-5007-1092-5：1.15元

六年制小学最新常用词语手册：三年级分册/周淑溪著.—北京：中国少年儿童出版社，1990.9.—138页；32开.—ISBN 7-5007-1093-3：1.55元

六年制小学最新常用词语手册：六年级分册/朱荣先著.—北京：中国少年儿童出版社，1990.9.—132页；32开.—ISBN 7-5007-1096-8：1.45元

六年制小学新编语文自测题　第二册/尹南编写.武汉：湖北教育出版社，1990.10.—78页；32开.ISBN 7-5351-0626-9：0.67元

六年制小学新编语文自测题　第四册/文川，金名编写.—武汉：湖北教育出版社，1990.11.—82页；32开.—ISBN 7-5351-0615-3：0.73元

六年制小学新编语文自测题　第六册/吕金香编

写.一武汉：湖北教育出版社，1990.11.—88页；32开.—ISBN 7-5351-0627-7：0.73元

六年制小学新编语文自测题 第八册/文龙，贻宇编写.一武汉：湖北教育出版社，1990.10.—104页；32开.—ISBN 7-5351-0629-3：0.84元

六年制小学新编语文自测题 第十册/象征编写.武汉：湖北教育出版社，1990.10.—129页；32开.ISBN 7-5351-0624-2：1.05元

六年制小学新编语文自测题 第十二册/关心编写.一武汉：湖北教育出版社，1990.10.—110页；32开.—ISBN 7-5351-0622-6：0.89元

六年制实用小学句篇手册/邹节华主编.一南宁：广西科学技术出版社，1990.9.—807页；64开.—ISBN 7-80565-353-4：3.85元

全日制小学教学目标：语文一年级/西安市教育科学研究所，西安市教育委员会教研室编.一西安：陕西人民教育出版社，1990.3.—115页；32开.—ISBN 7-5419-1553-X：1.15元

全日制小学教学目标：语文二年级/西安市教育科学研究所，西安市教育委员会教研室编.一西安：陕西人民教育出版社，1990.3.—115页；32开.—ISBN 7-5419-1554-8：1.15元

全日制小学教学目标：语文三年级/西安市教育科学研究所，西安市教委教研室编.一西安：陕西人民教育出版社，1990.3.—109页；32开.—ISBN 7-5419-1547-5：1.05元

全日制小学教学目标：语文四年级/西安市教育科学研究所，西安市教育委员会教研室编.一西安：陕西人民教育出版社，1990.4.—84页；32开.—ISBN 7-5419-1556-4：0.88元

全日制小学教学目标：语文五年级/西安市教育科学研究所，西安市教育委员会教研室编.一西安：陕西人民教育出版社，1990.4.—84页；32开.—ISBN 7-5419-1557-2：0.88元

全日制小学教学目标：语文六年级/西安市教育科学研究所，西安市教育委员会教研室编.一西安：陕西人民教育出版社，1990.4.—77页；32开.—ISBN 7-5419-1558-0：0.82元

全日制小学教学目标测试题：语文　第一册/西安市教育科学研究所，西安市教育委员会教研室编.西安：陕西人民教育出版社，1990.5.—39页；32开.—ISBN 7-5419-1567-8：0.48元

全日制小学教学目标测试题：语文　第三册/西安市教育科学研究所，西安市教育委员会教研室编.西安：陕西人民教育出版社，1990.4.—38页；32开.—ISBN 7-5419-1568-6：0.48元

全日制小学教学目标测试题：语文　第五册/西安市教育科学研究所，西安市教育委员会教研室编.西安：陕西人民教育出版社，1990.3.—40页；32开.ISBN 7-5419-1551-3：0.52元

全日制小学教学目标测试题：语文　第七册/西安市教育科学研究所，西安市教育委员会教研室编.西安：陕西人民教育出版社，1990.4.—44页；32开.—ISBN 7-5419-1548-3：0.51元

全日制小学教学目标测试题：语文　第八册/西安市教育科学研究所，西安市教委教研室编.一西安：陕西人民教育出版社，1990.11.—43页；32开.—ISBN 7-5419-2080-0：0.53元

全日制小学教学目标测试题：语文　第九册/西安市教育科学研究所，西安市教育委员会教研室编.西安：陕西人民教育出版社，1990.3.—52页；32开.—ISBN 7-5419-1550-5：0.58元

全日制小学教学目标测试题：语文　第十一册/西安市教育科学研究所，西安市教育委员会教研室编.一西安：陕西人民教育出版社，1990.3.—44页；32开.—ISBN 7-5419-1549-1：0.52元

全日制六年制小学课本实验本语文第二册单元分组导练教学参考书/丁有宽主编.一广州：广东教育出版社，1990.12.—55页；32开.—ISBN 7-5406-1328-9：0.58元

全国小学升初中语文试题精选/林祥编.一石家庄：河北教育出版社，1990.12.—185页；32开.—ISBN 7-5434-0924-0：1.60元

全国小学生毕业升学语文试题选答/马立春等编.沈阳：辽宁人民出版社，1990.2.—232页；32开.ISBN 7-205-01219-8：2.40元

全国小学生毕业升学语文试题选答：题型归类与辨析/宋立文等编写.一沈阳：辽宁民族出版社，1990.12.—364页；32开.—ISBN 7-80527-172-0：4.25元

全国小学毕业升学语文试题选评/禾群编.一西安：陕西人民教育出版社，1990.10.—174页；32开.—ISBN 7-5419-2043-6：1.60元

全国小学毕业语文试题分类精选：1990/周兰芝等编.一开封：河南大学出版社，1990.11.—183页；32开.—ISBN 7-81018-433-4：1.70元

李吉林情境教学详案精选/李吉林著.一福州：福建教育出版社，1990.8.—404页；大32开.—ISBN 7-5334-0602-8：4.50元

李瑞鸾语文教学实录评点/赵占斌编.一西安：陕西人民教育出版社，1990.9.—283页；32开.—ISBN 7-5419-1515-7：2.55元

实用小学生词语手册：五年制　第二册/《实用小学生词语手册》编写组编.一福州：福建人民出版社，1990.10.—51页；32开.—ISBN 7-211-01401-6：0.61元

实用小学生词语手册：五年制　第四册/《实用小学生词语手册》编写组编.—福州：福建人民出版社，1990.10.—62页；32开.—ISBN 7-211-01402-4：0.68元

实用小学生词语手册：五年制　第六册/《实用小学生词语手册》编写组编.—福州：福建人民出版社，1990.10.—75页；32开.—ISBN 7-211-01403-2：0.82元

实用小学生词语手册：五年制　第八册/《实用小学生词语手册》编写组编.—福州：福建人民出版社，1990.10.—83页；32开.—ISBN 7-211-01404-0：0.85元

实用小学生词语手册：五年制　第十册/《实用小学生词语手册》编写组编.—福州：福建人民出版社，1990.10.—80页；32开.—ISBN 7-211-01405-9：0.85元

实验园地耕耘录/郑之钧，齐文华主编；陕西省教育科学研究所编.—西安：陕西人民出版社，1990.3.—196页；32开.—ISBN 7-224-01194-0：2.75元

本书记录了近10年来陕西省小学语文教改实验者辛勤耕耘的奋进足迹。

学语文：六年制小学一年级　第一册/裘之编.—天津：天津教育出版社，1990.8.—42页；16开.—（求知系列丛书）.—ISBN 7-5309-0996-7：0.75元

学语文：六年制小学一年级　第二册/裘之编.—天津：天津教育出版社，1990.2.—44页；16开.—（求知系列丛书）.—ISBN 7-5309-0896-0：0.75元

学语文：六年制小学二年级　第三册/裘之编.—天津：天津教育出版社，1990.8.—43页；16开.—（求知系列丛书）.—ISBN 7-5309-0997-5：0.75元

学语文：六年制小学二年级　第四册/裘之编.—天津：天津教育出版社，1990.2.—44页；16开.—（求知系列丛书）.—ISBN 7-5309-0897-9：0.75元

学语文：六年制小学三年级　第五册/裘之编.—天津：天津教育出版社，1990.8.—43页；16开.—（求知系列丛书）.—ISBN 7-5309-0998-3：0.75元

学语文：六年制小学三年级　第六册/裘之编.—天津：天津教育出版社，1990.2.—43页；16开.—（求知系列丛书）.—ISBN 7-5309-0898-7：0.75元

学语文：六年制小学四年级　第七册/裘之编.—天津：天津教育出版社，1990.8.—44页；16开.—（求知系列丛书）.—ISBN 7-5309-0999-1：0.75元

学语文：六年制小学四年级　第八册/裘之编.—天津：天津教育出版社，1990.2.—44页；16开.—（求知系列丛书）.—ISBN 7-5309-0899-5：0.75元

学语文：六年制小学五年级　第九册/裘之编.—天津：天津教育出版社，1990.8.—44页；16开.—（求知系列丛书）.—ISBN 7-5309-1000-0：0.75元

学语文：六年制小学五年级　第十册/裘之编.—天津：天津教育出版社，1990.2.—44页；16开.—（求知系列丛书）.—ISBN 7-5309-0900-2：0.75元

学语文：六年制小学六年级　第十一册/裘之编.天津：天津教育出版社，1990.8.—44页；16开.（求知系列丛书）.—ISBN 7-5309-1001-9：0.75元

学语文：六年制小学六年级　第十二册/裘之编.天津：天津教育出版社，1990.2.—44页；16开.（求知系列丛书）.—ISBN 7-5309-0901-0：0.75元

语文：六年制　第一册/北京市海淀区教育局小学教研室编写.—修订版.—西安：未来出版社，1990.2.—94页；32开.—（小学生基本功丛书/赵光珞主编）.—ISBN 7-5417-0093-2：0.93元

本书1986年10月第1版。

语文：六年制　第二册/北京市海淀区教育局小学教研室编写.—修订版.—西安：未来出版社，1990.11.—83页；32开.—（小学生基本功丛书/赵光珞主编）.—ISBN 7-5417-0167-X：0.87元

本书1986年10月第1版。

语文：六年制　第三册/北京市海淀区教育局小学教研室编写.—修订版.—西安：未来出版社，1990.8.—77页；32开.—（小学生基本功丛书/赵光珞主编）.—ISBN 7-5417-0094-0：0.80元

本书1986年10月第1版。

语文：六年制　第四册/北京市海淀区教育局小学教研室编写.—修订版.—西安：未来出版社，1990.10.—74页；32开.—（小学生基本功丛书/赵光珞主编）.—ISBN 7-5417-0168-8：0.80元

本书1986年10月第1版。

语文：六年制　第五册/北京市海淀区教育局小学教研室编写.—修订版.—西安：未来出版社，1990.4.—86页；32开.—（小学生基本功丛书/赵光珞主编）.—ISBN 7-5417-0095-9：0.87元

本书1987年4月第1版。

语文：六年制　第六册/北京市海淀区教育局小学教研室编写.—修订版.—西安：未来出版社，1990.11.—86页；32开.—（小学生基本功丛书/赵光珞主编）.—ISBN 7-5417-0169-6：0.87元

本书1986年10月第1版。

语文：六年制　第七册/北京市海淀区教育局小学教研室编写.—修订版.—西安：未来出版社，1990.3.—94页；32开.—（小学生基本功丛书/赵光珞主编）.—ISBN 7-5417-0096-7：0.93元

本书1987年4月第1版。

语文：六年制　第八册/北京市海淀区教育局小学教研室编写.—修订版—西安：未来出版社，1990.10.—97页；32开.—（小学生基本功丛书/赵光珞主编）.—ISBN 7-5417-0170-X：0.96元

本书1986年10月第1版。

语文：六年制第九册/北京市海淀区教育局小学教研

室编写.—修订版.—西安：未来出版社，1990.3.—93页；32开.—(小学生基本功丛书/赵光珞主编).—ISBN 7-5417-0097-5：0.93元
本书1987年4月第1版。

语文：六年制 第十册/北京市海淀区教育局小学教研室编写.—修订版.—西安：未来出版社，1990.10.—87页；32开.—(小学生基本功丛书/赵光珞主编).—ISBN 7-5417-0171-8：0.90元
本书1986年10月第1版。

语文：六年制 第十一册/北京市海淀区教育局小学教研室编写.—修订版.—西安：未来出版社，1990.3.—94页；32开.—(小学生基本功丛书/赵光珞主编).—ISBN 7-5417-0098-3：0.93元
本书1987年4月第1版。

语文：六年制 第十二册/北京市海淀区教育局小学教研室编写.—修订版.—西安：未来出版社，1990.10.—91页；32开.—(小学生基本功丛书/赵光珞主编).—ISBN 7-5417-0172-6：0.93元
本书1986年10月第1版。

语文：六年制 第二册/北京市海淀区教育局小学教研室编.—北京：北京教育出版社，1990.1.—58页；32开.—(小学生家庭辅导丛书).—ISBN 7-5303-0127-6：0.80元

语文：六年制 第四册/北京市海淀区教育局小学教研室编.—北京：北京教育出版社，1990.1.—59页；32开.—(小学生家庭辅导丛书).—ISBN 7-5303-0128-4：0.84元

语文：六年制 第六册/北京市海淀区教育局小学教研室编.—北京：北京教育出版社，1990.1.—77页；32开.—(小学生家庭辅导丛书).—ISBN 7-5303-0129-2：0.99元

语文：六年制 第八册/北京市海淀区教育局小学教研室编.—北京：北京教育出版社，1990.1.—80页；32开.—(小学生家庭辅导丛书).—ISBN 7-5303-0130-6：1.05元

语文：六年制 第十册/北京市海淀区教育局小学教研室编.—北京：北京教育出版社，1990.1.—90页；32开.—(小学生家庭辅导丛书).—ISBN 7-5303-0131-4：1.10元

语文：六年制 第十二册/北京市海淀区教育局小学教研室编.—北京：北京教育出版社，1990.1.—65页；32开.—(小学生家庭辅导丛书).—ISBN 7-5303-0132-2：0.88元

语文 第一册/刘桂芝编写.—哈尔滨：黑龙江少年儿童出版社，1990.7.—121页；32开.—(小学课程重点辅导丛书).—ISBN 7-5319-0631-7：1.10元

语文 第三册/钱芹书编写.—哈尔滨：黑龙江少年儿童出版社，1990.6.—128页；32开.—(小学课程重点辅导丛书).—ISBN 7-5319-0641-4：1.15元

语文 第五册/秦锡纯编写.—哈尔滨：黑龙江少年儿童出版社，1990.6.—125页；32开.—(小学课程重点辅导丛书).—ISBN 7-5319-0634-1：1.15元

语文 第七册/徐立清编写.—哈尔滨：黑龙江少年儿童出版社，1990.6.—128页；32开.—(小学课程重点辅导丛书).—ISBN 7-5319-0655-4：1.15元

语文 第九册/李玉学编写.—哈尔滨：黑龙江少年儿童出版社，1990.5.—133页；32开.—(小学课程重点辅导丛书).—ISBN 7-5319-0654-6：1.30元

语文 第十一册/詹恒乙编写.—哈尔滨：黑龙江少年儿童出版社，1990.6.—131页；32开.—(小学课程重点辅导丛书).—ISBN 7-5319-0633-3：1.15元

语文导读ABC/朱征难，施承业主编.—上海：上海人民出版社，1990.1.—82页；32开.—五年级下学期用.—ISBN 7-208-00818-3：1.10元

语文导读ABC/朱征难，施承业主编.—上海：上海人民出版社，1990.1.—101页；32开.—六年级下学期用.—ISBN 7-208-00819-1：1.20元

语文导读ABC/陆青萍等主编.—上海：上海人民出版社，1990.1.—222页；32开.—一年级下学期用.ISBN 7-208-00817-5：2.50元

语文教与学中的理科知识：小学部分/许远森等主编；李艾芬等编.—长沙：湖南科学技术出版社，1990.4.—175页；32开.—ISBN 7-5357-0679-7：2.40元

语感训练：甲册/唐新兴，周永沛主编.—南京：南京出版社，1990.3.—179页；32开.—ISBN 7-80560-177-1：1.90元

语感训练：乙册/唐新兴，周永沛主编.—南京：南京出版社，1990.3.—180页；32开.—ISBN 7-80560-178-X：1.90元

语感训练：丙册/唐新兴，周永沛主编.—南京：南京出版社，1990.3.—191页；32开.—ISBN 7-80560-172-0：1.98元

语感训练：丁册/唐新兴，周永沛主编.—南京：北京出版社，1990.3.—185页；32开.—ISBN 7-80560-173-9：1.95元

特级教师杨新华小学语文阅读教学探新/陕西省教育科学研究所编.—西安：陕西人民教育出版社，1990.7.—149页；32开.—ISBN 7-5419-0961-0：1.70元

最新精编小学十用词语手册：五年制 第二册/《最新精编小学十用词语手册》编写组编.—福州：福建教育出版社，1990.11.—42页；32开.—ISBN 7-5334-0665-6：0.48元

最新精编小学十用词语手册：五年制 第四册/《最新精编小学语文词语手册》编写组编.—福州：福建教育出版社，1990.11.—61页；32开.—ISBN

7-5334-0753-9：0.60元

最新精编小学十用词语手册：五年制　第六册/《最新精编小学十用词语手册》编写组编.—福州：福建教育出版社，1990.10.—67页；32开.—ISBN 7-5334-0655-9：0.63元

最新精编小学十用词语手册：五年制　第八册/《最新精编小学十用词语手册》编写组编.—福州：福建教育出版社，1990.10.—74页；32开.—ISBN 7-5334-0654-0：0.69元

最新精编小学十用词语手册：五年制　第十册/《最新精编小学十用词语手册》编写组编.—福州：福建教育出版社，1990.11.—64页；32开.—ISBN 7-5334-0657-5：0.63元

最新精编小学十用词语手册：六年制　第二册/《最新精编小学十用词语手册》编写组编.—福州：福建教育出版社，1990.11.—60页；32开.—ISBN 7-5334-0669-9：0.60元

最新精编小学十用词语手册：六年制　第四册/《最新精编小学十用词语手册》编写组编.—福州：福建教育出版社，1990.10.—93页；32开.—ISBN 7-5334-0663-X：0.83元

最新精编小学十用词语手册：六年制　第六册/《最新精编小学十用词语手册》编写组编.—福州：福建教育出版社，1990.11.—97页；32开.—ISBN 7-5334-0660-5：0.89元

最新精编小学十用词语手册：六年制　第八册/《最新精编小学十用词语手册》编写组编.—福州：福建教育出版社，1990.11.—66页；32开.—ISBN 7-5334-0653-2：0.63元

最新精编小学十用词语手册：六年制　第十册/《最新精编小学十用词语手册》编写组编.—福州：福建教育出版社，1990.10.—94页；32开.—ISBN 7-5334-0761-X：0.83元

最新精编小学十用词语手册：六年制　第十二册/《最新精编小学十用词语手册》编写组编.—福州：福建教育出版社，1990.12.—80页；32开.—ISBN 7-5334-0661-3：0.77元

黑龙江省小学实验课本语文教学参考书　第四册/黑龙江省教委实验领导小组办公室编.—哈尔滨：黑龙江教育出版社，1990.10.—207页；32开.—ISBN 7-5316-1198-8：2.38元

黑龙江省小学实验课本语文教学参考书　第六册/黑龙江省教委实验领导小组办公室编.—哈尔滨：黑龙江教育出版社，1990.10.—210页；32开.—ISBN 7-5316-1206-8：2.70元

黑龙江省小学实验课本语文教学参考书　第八册/黑龙江省教委实验领导小组办公室编.—哈尔滨：黑龙江教育出版社，1990.10.—202页；32开.—ISBN 7-5316-1208-9：2.60元

黑龙江省小学实验课本语文教学参考书　第十册/黑龙江省教委实验领导小组办公室编.—哈尔滨：黑龙江教育出版社，1990.10.—230页；32开.—ISBN 7-5316-1213-5：2.90元

蒙古族小学汉语文练习与自测　（1）/内蒙古教育出版社编辑.—呼和浩特：内蒙古教育出版社，1990.5.—104页；32开.—蒙古族小学三年级第一学期用.ISBN 7-5311-1100-4：0.66元

蒙古族小学汉语文练习与自测　（2）/内蒙古教育出版社汉语文编辑室编辑.—呼和浩特：内蒙古教育出版社，1990.12.—96页；32开.—蒙古族小学三年级第二学期用.—ISBN 7-5311-1236-1：0.55元

蒙古族小学汉语文练习与自测　（3）/内蒙古教育出版社编辑.—呼和浩特：内蒙古教育出版社，1990.6.—93页；32开.—蒙古族小学五年级第一学期用.ISBN 7-5311-1132-2：0.61元

蒙古族小学汉语文练习与自测　（4）/内蒙古教育出版社编辑.—呼和浩特：内蒙古教育出版社，1990.10.—94页；32开.—蒙古族小学四年级第二学期用.—ISBN 7-5311-1224-8：0.55元

蒙古族小学汉语文练习与自测　（5）/内蒙古教育出版社编辑.—呼和浩特：内蒙古教育出版社，1990.5.—94页；32开.—蒙古族小学五年级第一学期用.—ISBN 7-5311-1103-9：0.64元

蒙古族小学汉语文练习与自测　（6）/内蒙古教育出版社汉语文编辑室编辑.—呼和浩特：内蒙古教育出版社，1990.11.—100页；32开.—蒙古族小学五年级第二学期用.—ISBN 7-5311-1239-6：0.57元

新编小学生词语手册：五年制　第三册/《新编小学生词语手册》编写组编.—厦门：鹭江出版社，1990.6.—51页；32开.—ISBN 7-80533-319-X：0.60元

新编小学生词语手册：五年制　第五册/《新编小学生词语手册》编写组编.—厦门：鹭江出版社，1990.6.—64页；32开.—ISBN 7-80533-320-3：0.70元

新编小学生词语手册：五年制　第七册/《新编小学生词语手册》编写组编.—厦门：鹭江出版社，1990.6.—64页；32开.—ISBN 7-80533-321-1：0.73元

新编小学生词语手册：五年制　第九册/《新编小学生词语手册》编写组编.—厦门：鹭江出版社，1990.6.—67页；32开.—ISBN 7-80533-322-X：0.70元

新编小学生词语手册：六年制　第一册/《新编小学生词语手册》编写组编.—厦门：鹭江出版社，1990.6.—27页；32开.—ISBN 7-80533-312-2：0.38元

新编小学生词语手册：六年制　第三册/《新编小学生词语手册》编写组编.—厦门：鹭江出版社，

1990.6.—50页；32开.—ISBN 7-80533-313-0：0.60元

新编小学生词语手册：六年制　第五册/《新编小学生词语手册》编写组编.—厦门：鹭江出版社，1990.6.—62页；32开.—ISBN 7-80533-314-9：0.70元

新编小学生词语手册：六年制　第七册/《新编小学生词语手册》编写组编.—厦门：鹭江出版社，1990.6.—58页；32开.—ISBN 7-80533-315-7：0.65元

新编小学生词语手册：六年制　第九册/《新编小学生词语手册》编写组编.—厦门：鹭江出版社，1990.6.—61页；32开.—ISBN 7-80533-316-5：0.70元

新编小学生词语手册：六年制　第十一册/《新编小学生词语手册》编写组编.—厦门：鹭江出版社，1990.6.—61页；32开.—ISBN 7-80533-317-3：0.70元

新编小学语文单元自测训练：一年级/北京市史家胡同小学《新编小学语文单元自测训练》编写组编.—北京：科学技术文献出版社，1990.5.—87页；32开.—ISBN 7-5023-1463-6：1.30元

新编小学语文单元自测训练：二年级/北京市史家胡同小学《新编小学语文单元自测训练》编写组编.—北京：科学技术文献出版社，1990.5.—105页；32开.—ISBN 7-5023-1464-4：1.50元

新编小学语文单元自测训练：三年级/北京市史家胡同小学《新编小学语文单元自测训练》编写组编.—北京：科学技术文献出版社，1990.5.—119页；32开.—ISBN 7-5023-1235-8：1.70元

新编小学语文单元自测训练：四年级/北京市史家胡同小学《新编小学语文单元自测训练》编写组编.—北京：科学技术文献出版社，1990.5.—144页；32开.—ISBN 7-5023-1236-6：1.95元

新编小学语文课本板书设计：1～6年级上学期/齐仁，尤田编.—石家庄：河北少年儿童出版社，1990.9.—103页；32开.—ISBN 7-5376-0581-5：1.10元

新编小学语文教案：六年制　第六册/陕西省小学教师培训中心编.—西安：陕西人民出版社，1990.1.—159页；32开.—ISBN 7-224-01158-4：1.80元

新编小学语文教案：六年制　第八册/陕西省小学教师培训中心编.—西安：陕西人民出版社，1990.1.—150页；32开.—ISBN 7-224-01159-2：1.70元

新编小学语文教案：六年制　第十册/陕西省小学教师培训中心编.—西安：陕西人民出版社，1990.1.—121页；32开.—ISBN 7-224-01160-6：1.40元

新编小学语文教案：六年制　第十二册/陕西省小学教师培训中心编.—西安：陕西人民出版社，1990.1.—128页；32开.—ISBN 7-224-01161-4：1.45元

新编小学课本语词实用手册/《新编小学课本语词实用手册》编写组编.—北京：北京理工大学出版社，1990.2.—1册（309，72页）；32开.—ISBN 7-81013-316-0：4.90元

G623.21　汉语拼音

儿童学拼音/戴晓雪，丁雯编.—上海：上海翻译出版公司，1990.9.—43页；32开.—0.50元

小学汉语拼音直呼音节训练/徐德仁，袁宗一编.—北京：语文出版社，1990.8.—32页；32开.—ISBN 7-80006-312-7：0.50元

小学拼音读物：对照式/袁靖圻主编.—南昌：江西教育出版社，〔1990〕.—6册；40开.—ISBN 7-5392-0845-7（盒装）：5.20元；（套装）：4.50元

本套书包括：《孙悟空打妖怪》（儿歌）、《帽子的秘密》（儿童诗）、《原来如此》（谜语）、《懒汉找窍门》（绕口令、笑话）、《三只熊》（童话）、《美丽的冰花》（科技小作文）共6册。

小学语文拼音读物：供一年一期/《小学语文拼音读物》编写组编.—2版.—长沙：湖南教育出版社，1990.6.—75页；32开.—ISBN 7-5355-0116-8：0.52元

本书1986年5月第1版。

小学语文拼音读物：供二年一期/《小学语文拼音读物》编写组编.—2版.—长沙：湖南教育出版社，1990.6.—108页；32开.—ISBN 7-5355-0117-6：0.72元

本书1986年5月第1版。

汉语拼音字母练习册　上册.—南京：江苏教育出版社，1990.1.—32页；32开.—附汉语拼音表1张.—ISBN 7-5343-0899-2：0.50元

汉语拼音字母教学挂图/孙为国，余萍编绘.—2版.—南京：江苏教育出版社，1990.4.—27张；4开.—ISBN 7-5343-0738-4（袋装）：8.40元

汉语拼音音节卡片/上海教育出版社编.—上海：上海教育出版社，1990.9.—1套；32开.—ISBN 7-5320-2128-9：0.67元

汉语拼音活动练习卡/朱雪丹，孙惠群供稿.—杭州：浙江少年儿童出版社，1990.8.—70页；36开.—ISBN 7-5342-0670-7：1.50元

汉语拼音教学卡片/湖南少年儿童出版社编.—长沙：湖南少年儿童出版社，1990.9.—64张；32开.—ISBN 7-5358-0556-6：3.50元

汉语拼音教学挂图/湖南少年儿童出版社编.—长沙：湖南少年儿童出版社，1990.9.—3张；2开.—ISBN 7-5358-0568-X：2.50元

考考你的拼音/卜兆凤，于茂宏编.—北京：高等教

育出版社，1990.6.—142页；32开.—（宋庆龄基金会金钥匙少儿读物）.—ISBN 7-04-002960-X：1.05元

“注音识字提前读写”实验课本语文教学参考书 第二册/“注音识字提前读写”实验课本语文教学参考书编委会编.—哈尔滨：黑龙江教育出版社，1990.10.—118页；32开.—ISBN 7-5316-1222-4：1.50元

G623.23 阅 读

小学生记叙文读写结合系列训练法/丁有宽著.—沈阳：辽宁教育出版社，1990.1.—258页；32开.ISBN 7-5382-1026-1：2.30元

小学生看图说写 第二册/黄淑玉编写.—3版.—成都：四川教育出版社，1990.11.—50页；32开.ISBN 7-5408-0294-4：0.52元

小学生阅读能力分程训练 第二册/黎明，黎民编.天津：天津教育出版社，1990.3.—30页；16开.—一年级下学期用.—ISBN 7-5309-0743-3：0.70元

小学生阅读能力分程训练 第四册/黎明，黎民编.—天津：天津教育出版社，1990.3.—30页；16开.二年级下学期用.—ISBN 7-5309-0744-1：0.70元

小学生阅读能力分程训练 第六册/黎明，黎民编.—天津：天津教育出版社，1990.3.—30页；16开.—三年级下学期用.—ISBN 7-5309-0745-X：0.70元

小学生阅读能力分程训练 第八册/张蕾，张宣编.—天津：天津教育出版社，1990.3.—30页；16开.—四年级下学期用.—ISBN 7-5309-0746-8：0.70元

小学生阅读能力分程训练 第十册/尔冬，江海编.—天津：天津教育出版社，1990.3.—46页；16开.—五年级下学期用.—ISBN 7-5309-0747-6：0.95元

小学生阅读能力分程训练 第十二册/张蕾，张宣编.—天津：天津教育出版社，1990.3.—46页；16开.—六年级下学期用.—ISBN 7-5309-0748-4：0.95元

小学毕业生阅读疑难解答/徐少亭等编.—福州：福建人民出版社，1990.9.—164页；32开.—ISBN 7-211-01254-4：1.40元

小学语文引读导学 第三册/潘博编写.—南宁：广西教育出版社，1990.8.—60页；32开.—ISBN 7-5435-0994-3：0.70元

小学语文引读导学 第四册/潘博编写.—南宁：广西教育出版社，1990.1.—58页；32开.—ISBN 7-5435-0750-1：0.68元

小学语文引读导学 第六册/熊莺，刘桃妹编.—南宁：广西教育出版社，1990.2.—60页；32开.ISBN 7-5435-0751-X：0.68元

小学语文引读导学 第七册/黄仁先等编写.—南宁：广西教育出版社，1990.8.—69页；32开.ISBN 7-5435-0991-1：0.80元

小学语文引读导学 第八册/黄仁先等编写.—南宁：广西教育出版社，1990.1.—70页；32开.ISBN 7-5435-0745-5：0.75元

小学语文引读导学 第十册/周秋艾，林思敬编写.南宁：广西教育出版社，1990.1.—36页；32开.ISBN 7-5435-0746-3：0.47元

小学语文配合课文阅读文选：五年制 第一册/谭丕湘执笔.—南宁：接力出版社，1990.8.—59页；32开.—ISBN 7-80581-112-1：0.64元

小学语文配合课文阅读文选：五年制 第三册/吴霞执笔.—南宁：接力出版社，1990.8.—51页；32开.—ISBN 7-80581-118-0：0.64元

小学语文配合课文阅读文选：五年制 第五册/黄肇勤执笔.—南宁：接力出版社，1990.8.—56页；32开.—ISBN 7-80581-119-9：0.64元

小学语文配合课文阅读文选：五年制 第七册/高沛荣执笔.—南宁：接力出版社，1990.8.—60页；32开.—ISBN 7-80581-114-8：0.64元

小学语文配合课文阅读文选：五年制 第九册/邓肖鸿主编；杨业兴执笔.—南宁：接力出版社，1990.8.—58页；32开.—ISBN 7-80581-120-2：0.64元

小学语文配合课文阅读文选：六年制 第一册/黄锦兴执笔.—南宁：接力出版社，1990.8.—60页；32开.—ISBN 7-80581-113-X：0.64元

小学语文配合课文阅读文选：六年制 第三册/黄耀光执笔.—南宁：接力出版社，1990.8.—58页；32开.—ISBN 7-80581-117-2：0.64元

小学语文配合课文阅读文选：六年制 第五册/邓肖鸿主编；凌世朗执笔.—南宁：接力出版社，1990.8.—62页；32开.—ISBN 7-80581-105-9：0.64元

小学语文配合课文阅读文选：六年制 第七册/邓肖鸿主编；罗恒全执笔.—南宁：接力出版社，1990.8.—57页；32开.—ISBN 7-80581-104-0：0.64元

小学语文配合课文阅读文选：六年制 第九册/曾雄荣执笔.—南宁：接力出版社，1990.8.—60页；32开.—ISBN 7-80581-106-7：0.64元

小学语文配合课文阅读文选：六年制 第十一册/周俊鹏，李崇蟾执笔.—南宁：接力出版社，1990.8.—60页；32开.—ISBN 7-80581-100-8：0.64元

小学语文配读辅导：三年级第一学期/曹剑尘，冯

寿鹤编.—上海：少年儿童出版社，1990.5.—133页；32开.—(配合全国五年制小学课外阅读训练系列丛书).—ISBN 7-5324-0644-X：1.35元

小学语文配读辅导：四年级第一学期/曹剑尘等编著.—上海：少年儿童出版社，1990.6.—155页；32开.—(配合全国五年制小学课外阅读训练系列丛书).—ISBN 7-5324-0658-X：1.50元

小学语文阅读能力训导/季召龙编.—北京：中国国际广播出版社，1990.8.—136页；32开.—ISBN 7-80035-641-8：1.55元

小学语文阅读教学启发提问设计：第五、七、九册合订本/马兆铭等编写.—济南：山东教育出版社，1990.12.—185页；32开.—ISBN 7-5328-0916-1：1.55元

小学语文阅读教学启发提问设计：第六、八、十册合订本/马兆铭等编.—济南：山东教育出版社，1990.12.—177页；32开.—ISBN 7-5328-1009-7：1.55元

小学语文读写结合实验课本单元分组导练教参：双册/丁有宽主编.—南宁：广西人民出版社，1990.3.—402页；32开.—ISBN 7-219-01517-8：3.00元

小学语文读读写写：六年制　第二册/耿道平主编.—修订本.—西安：陕西人民教育出版社，1990.9.—94页；32开.—ISBN 7-5419-1842-3：0.84元

本书1986年3月第1版。

小学语文读读写写：六年制　第四册/耿道平主编.修订本.—西安：陕西人民教育出版社，1990.9.—87页；32开.—ISBN 7-5419-1843-1：0.80元

本书1986年3月第1版。

小学语文读读写写：六年制　第五册/陕西省教育厅审订.—修订本.—西安：陕西人民教育出版社，1990.3.—113页；32开.—ISBN 7-5419-0422-8：1.05元

小学语文读读写写：六年制　第六册/耿道平主编.—修订本.—西安：陕西人民教育出版社，1990.9.—123页；32开.—ISBN 7-5419-1844-X：1.10元

本书1986年3月第1版。

小学语文读读写写：六年制　第十册/耿道平主编.—修订本.—西安：陕西人民教育出版社，1990.9.—105页；32开.—ISBN 7-5419-1846-6：1.00元

本书1986年3月第1版。

小学说话课课例/陈碧瑶编著.—南宁：接力出版社，1990.4.—82页；32开.—ISBN 7-80531-043-5：1.00元

小学阅读知识100例/白振昌等编.—2版(修订本).—北京：原子能出版社，1990.10.—235页；32开.—ISBN 7-5022-0398-2：2.70元

本书1988年7月第1版。

小学阅读教学与作文指导/王秀云编著.—北京：光明日报出版社，1990.4.—265页；32开.—(北京教育丛书/汪家镠主编).—ISBN 7-80014-599-9：3.50元

小学阅读题汇/凌夫，肖毅编著.—郑州：河南教育出版社，1990.6.—237页；32开.—ISBN 7-5347-0702-1：1.65元

小学读写同步训练　第五册/赖志东等主编；熊燕康等编写.—北京：语文出版社，1990.9.—56页；32开.—ISBN 7-80006-313-5：0.80元

小学读写同步训练　第六册/赖志东等主编；熊燕康等编写.—北京：语文出版社，1990.9.—58页；32开.—ISBN 7-80006-314-3：0.80元

小学读写同步训练　第七册/赖志东等主编；刘海波等编写.—北京：语文出版社，1990.9.—58页；32开.—ISBN 7-80006-315-1：0.80元

小学读写同步训练　第八册/赖志东等主编.—北京：语文出版社，1990.9.—58页；32开.—ISBN 7-80006-316-X：0.80元

小学读写同步训练　第九册/赖志东等主编；张风帆等编写.—北京：语文出版社，1990.9.—58页；32开.—ISBN 7-80006-317-3：0.80元

小学读写同步训练　第十册/赖志东等主编.—北京：语文出版社，1990.9.—58页；32开.—ISBN 7-80006-318-6：0.80元

小学读写同步训练　第十一册/赖志东等主编；丘志强等编写.—北京：语文出版社，1990.9.—58页；32开.—ISBN 7-80006-319-4：0.80元

小学读写同步训练　第十二册/赖志东等主编.—北京：语文出版社，1990.9.—58页；32开.—ISBN 7-80006-320-3：0.80元

小学普通话口语训练　第一册/韦建成编写.—南宁：广西教育出版社，1990.5.—40页；32开.—ISBN 7-5435-0827-3：0.50元

小学普通话口语训练　第五册/林达峰等编写.南宁：广西教育出版社，1990.5.—46页；32开.ISBN 7-5435-0829-X：0.60元

六年制小学语文说话备课手册　第二册/刘士秀主编.—武汉：华中师范大学出版社，1990.12.—106页；32开.—ISBN 7-5622-0621-X：1.50元

六年制小学语文阅读与仿学　第六册.—南宁：广西教育出版社，1990.1.—105页；32开.—ISBN 7-5435-0756-0：0.84元

六年制小学语文阅读与仿学　第八册.—南宁：广西教育出版社，1990.1.—89页；32开.—ISBN 7-5435-0755-2：0.83元

六年制小学语文阅读与仿学　第十册.—南宁：广西教育出版社，1990.1.—94页；32开.—ISBN 7-5435-0757-9：0.87元

六年制小学语文读读写写　第一册/耿道平主编；程新兴编写.—修订本.—西安：陕西人民教育出版社，1990.3.—97页；32开.—ISBN 7-5419-0420-1：0.93元

六年制小学语文读读写写　第七册/耿道平主编；戴林强编写.—修订本.—西安：陕西人民教育出版社，1990.4.—101页；32开.—ISBN 7-5419-0423-6：0.94元

六年制小学语文读读写写　第八册/陕西省教育厅审订.—修订本.—西安：陕西人民教育出版社，1990.8.—107页；32开.—ISBN 7-5419-1845-8：1.00元

六年制小学语文读读写写　第九册/耿道平主编；程新兴编写.—修订本.—西安：陕西人民教育出版社，1990.3.—102页；32开.—ISBN 7-5419-0016-8：0.94元

六年制小学语文读读写写　第十一册/耿道平主编；郗晓宇编写.—修订本.—西安：陕西人民教育出版社，1990.3.—121页；32开.—ISBN 7-5419-0424-4：1.15元

六年制小学语文读读写写　第十二册/陕西省教育厅审订.—修订本.—西安：陕西人民教育出版社，1990.9.—111页；32开.—ISBN 7-5419-1847-4：1.00元

四省市六年制小学语文第一册配套读物/杭州市江干区文教局教研室编.—杭州：浙江少年儿童出版社，1990.8.—87页；32开.—ISBN 7-5342-0628-6：0.92元

四省市六年制小学语文第二册配套读物/杭州市江干区文教局教研室编.—杭州：浙江少年儿童出版社，1990.12.—108页；32开.—ISBN 7-5342-0709-6：1.10元

四省市六年制小学语文第三册配套读物/杭州市江干区文教局教研室编.—杭州：浙江少年儿童出版社，1990.8.—138页；32开.—ISBN 7-5342-0629-4：1.35元

四省市六年制小学语文第四册配套读物/杭州市江干区文教局教研室编.—杭州：浙江少年儿童出版社，1990.12.—139页；32开.—ISBN 7-5342-0710-X：1.35元

四省市六年制小学语文第五册配套读物/杭州市江干区文教局教研室编写.—杭州：浙江少年儿童出版社，1990.8.—82页；32开.—ISBN 7-5342-0630-8：0.90元

四省市六年制小学语文第六册配套读物/杭州市江干区文教局教研室编.—杭州：浙江少年儿童出版社，1990.12.—106页；32开.—ISBN 7-5342-0711-8：1.05元

四省市六年制小学语文第七册配套读物/杭州市江干区文教局教研室编.—杭州：浙江少年儿童出版社，1990.8.—100页；32开.—ISBN 7-5342-0631-6：1.05元

四省市六年制小学语文第八册配套读物/杭州市江干区文教局教研室编.—杭州：浙江少年儿童出版社，1990.12.—110页；32开.—ISBN 7-5342-0712-6：1.15元

四省市六年制小学语文第九册配套读物/杭州市江干区文教局教研室编.—杭州：浙江少年儿童出版社，1990.8.—116页；32开.—ISBN 7-5342-0632-4：1.15元

四省市六年制小学语文第十册配套读物/杭州市江干区文教局教研室编.—杭州：浙江少年儿童出版社，1990.12.—140页；32开.—ISBN 7-5342-0713-4：1.35元

四省市六年制小学语文第十一册配套读物/杭州市江干区文教局教研室编.—杭州：浙江少年儿童出版社，1990.3.—112页；32开.—ISBN 7-5342-0633-2：1.05元

四省市六年制小学语文第十二册配套读物/杭州市江干区文教局教研室编.—杭州：浙江少年儿童出版社，1990.12.—128页；32开.—ISBN 7-5342-0714-2：1.25元

全日制六年制小学课本语文说话教学参考资料：一年级/上海市中小学教材编写组编.—上海：上海教育出版社，1990.6.—53页；32页.—ISBN 7-5320-2110-6：0.22元

全日制六年制小学课本语文说话教学参考资料：二年级/上海市中小学教材编写组编.—上海：上海教育出版社，1990.6.—74页；32开.—ISBN 7-5320-2111-4：0.28元

说话长智力：怎样对孩子进行语言训练/（苏）拉达·艾达罗娃著；张思前，禹斯人译.—北京：中国工人出版社，1990.6.—140页；32开.—（长智力丛书；2）.—ISBN 7-5008-0583-7：2.50元

本书共包括两部分，第一部分论述了7～10岁儿童的心理特点；第二部分介绍了教育孩子阅读、写作等开发智力的方法。

说话训练：一年级/赵汝彦主编.—南京：江苏少年儿童出版社，1990.8.—60页；32开.—（小学生写作序列训练）.—ISBN 7-5346-0557-1：0.80元

阅读方法指导/周子云，毛为民主编.—长春：吉林大学出版社，1990.9.—200页；32开.—ISBN 7-5601-0593-9：2.25元

这是一本专门为小学语文教师、小学生家长编著的阅读方法指导书。全书以语文教学大纲为指导，课本知识体系为依据，对小学生的阅读能力训练提供科学化和序列化的方法。

阅读短文指导与训练/叶良国等编.—福州：福建少年儿童出版社，1989.12.—141页；32开.—供小学中高年级学生用.—ISBN 7-5395-0346-7：1.30元

读书与窍门/韩涛编著.—昆明：云南少年儿童出版社，1990.8.—130页；32开.—（学习方法小丛书；

小学语文部分).—ISBN 7-5414-0462-4：1.30元

趣味识字/童丁编著.—哈尔滨：黑龙江少年儿童出版社，1990.7.—97页；32开.—ISBN 7-5319-0642-2：1.10元

G623.24 作 文

小学三年级作文指南/侯志明主编.—北京：中国社会出版社，1990.6.—156页；32开.—(小小作文库).—ISBN 7-80088-010-9：2.20元

小学比较作文/赵之林，赵世洁主编.—北京：中国国际广播出版社，1990.7.—216页；32开.—ISBN 7-80035-523-3：2.50元

小学升初中作文题解一百例/白中兴主编；谢振林等编著.—郑州：文心出版社，1990.3.—226页；32开.—ISBN 7-80537-272-1：1.80元

小学片段作文指导/北京教育学院西城分院教师培训中心主编.—2版(增订本).—北京：原子能出版社，1990.7.—150页；32开.—ISBN 7-5022-0331-1：2.00元

本书1985年10月第1版。

小学六年级作文指南/侯志明主编.—北京：中国社会出版社，1990.6.—227页；32开.—(小小作文库).—ISBN 7-80088-031-1：2.50元

小学四年级作文指南/侯志明主编.—北京：中国社会出版社，1990.6.—180页；32开.—(小小作文库).—ISBN 7-80088-029-X：2.25元

小学生写人范文/马子庆，白玉玲编写.—北京：北京少年儿童出版社，1990.12.—115页；32开.ISBN 7-5301-0282-6：1.30元

小学生写人叙事优秀作文100例/史建中主编.—北京：原子能出版社，1990.12.—181页；32开.—(小学生写作文丛书；4).—ISBN 7-5022-0452-0：2.50元

小学生写事范文/马子庆，白玉玲编写.—北京：北京少年儿童出版社，1990.12.—105页；32开.ISBN 7-5301-0274-5：1.25元

小学生写景状物优秀作文100例/史建中主编.—北京：原子能出版社，1990.12.—160页；32开.(小学生写作文丛书；3).—ISBN 7-5022-0453-9：2.30元

小学生写景范文/马子庆，白玉玲编写.—北京：北京少年儿童出版社，1990.12.—103页；32开.ISBN 7-5301-0249-4：1.25元

小学生考场作文指南：考场失误作文评析/郭新生等编著.—郑州：文心出版社，1990.5.—169页；32开.—ISBN 7-80537-317-5：1.65元

小学生百科日记：小学三年级/《小学生百科日记》编写组编.—北京：电子工业出版社，1990.2.—231页；32开.—ISBN 7-5053-0857-2：3.05元

小学生百科日记：小学五年级/《小学生百科日记》编写组编.—北京：电子工业出版社，1990.2.375页；32开.—ISBN 7-5053-0859-9：4.85元

小学生作文训练：六年制　第五册/孙国梁，耿道平主编.—西安：未来出版社，1990.5.—67页；32开.—ISBN 7-5417-0352-4：0.69元

小学生作文训练：六年制　第六册/孙国梁，耿道平主编；薛明，陈淑英编写.—西安：未来出版社，1990.11.—65页；32开.—ISBN 7-5417-0438-5：0.70元

小学生作文训练：六年制　第七册/孙国梁，耿道平主编.—西安：未来出版社，1990.5.—53页；32开.—ISBN 7-5417-0353-2：0.57元

小学生作文训练：六年制　第八册/孙国梁，耿道平主编.—西安：未来出版社，1990.11.—55页；32开.—ISBN 7-5417-0439-3：0.73元

小学生作文训练：六年制　第九册/孙国梁，耿道平主编.—西安：未来出版社，1990.4.—46页；32开.—ISBN 7-5417-0354-0：0.51元

小学生作文训练：六年制　第十册/孙国梁，耿道平主编.—西安：未来出版社，1990.12.—53页；32开.—ISBN 7-5417-0440-7：0.70元

小学生作文训练：六年制　第十一册/孙国梁，耿道平主编.—西安：未来出版社.1990.4.—69页；32开.—ISBN 7-5417-0355-9：0.69元

小学生作文训练：六年制　第十二册/孙国梁，耿道平主编；李瑞鸾，张世明编写.—西安：未来出版社，1990.12.—64页；32开.—ISBN 7-5417-0441-5：0.67元

小学生作文训练　第五册/四川省中小学教材审查委员会审定.—4版(修订本).—成都：四川教育出版社，1990.5.—62页；32开.—ISBN 7-5408-0394-0：0.60元

小学生作文训练　第七册/四川省中小学教材审查委员会审定.—4版.—成都：四川教育出版社，1990.5.—53页；32开.—ISBN 7-5408-0395-9：0.55元

小学生作文训练　第八册.—4版.—成都：四川教育出版社，1990.11.—63页；32开.—ISBN 7-5408-0755-5：0.63元

小学生作文训练　第十二册.—4版.—成都：四川教育出版社.1990.11.—57页；32开.—ISBN 7-5408-0756-3：0.57元

小学生作文过关阶梯训练：六年制　第一册/《小学生作文过关阶梯训练》编委会编.—北京：农业出版社，1990.7.—54页；32开.—ISBN 7-109-01953-5：1.00元

小学生作文过关阶梯训练：六年制　第二册/《小学生作文过关阶梯训练》编委会编.—北京：农业出版社，1990.3.—159页；32开.—ISBN 7-109-01594-7：1.65元

小学生作文过关阶梯训练：六年制　第三册/《小学生作文过关阶梯训练》编委会编.—北京：农业出版社，1990.5.—170页；32开.—ISBN 7-109-01954-3：1.65元

小学生作文过关阶梯训练：六年制　第四册/《小学生过关阶梯训练》编委会编.—北京：农业出版社，1990.5.—147页；32开.—ISBN 7-109-01600-5：1.65元

小学生作文过关阶梯训练：六年制　第五册/《小学生作文过关阶梯训练》编委会编.—北京：农业出版社，1990.7.—133页；32开.—ISBN 7-109-01955-1：1.65元

小学生作文过关阶梯训练：六年制　第六册/《小学生作文过关阶梯训练》编委会编.—北京：农业出版社，1990.3.—132页；32开.—ISBN 7-109-01708-7：1.50元

小学生作文过关阶梯训练：六年制　第七册/《小学生作文过关阶梯训练》编委会编.—北京：农业出版社，1990.7.—113页；32开.—ISBN 7-109-01956-X：1.50元

小学生作文过关阶梯训练：六年制　第八册/《小学生作文过关阶梯训练》编委会编.—北京：农业出版社，1990.3.—129页；32开.—ISBN 7-109-01602-1：1.45元

小学生作文过关阶梯训练：六年制　第十册/《小学生作文过关阶梯训练》编委会编.—北京：农业出版社，1990.3.—111页；32开.—ISBN 7-109-01610-2：1.35元

小学生作文过关阶梯训练：六年制　第十一册/《小学生作文过关阶梯训练》编委会编.—北京：农业出版社，1990.7.—126页；32开.—ISBN 7-109-01969-1：1.65元

小学生作文过关阶梯训练：六年制　第十二册/《小学生作文过关阶梯训练》编委会编.—北京：农业出版社，1990.3.—104页；32开.—ISBN 7-109-01651-X：1.30元

小学生作文优化训练/侯佐魁等主编.—北京：原子能出版社，1990.10.—208页；32开.—ISBN 7-5022-0369-9：2.50元

小学生作文讲评/杨柳编.—北京：北京少年儿童出版社，1990.5.—153页；32开.—ISBN 7-5301-0175-7：1.75元

小学生作文技法/赵学民等著.—昆明：云南少年儿童出版社，1990.1.—106页；32开.—ISBN 7-5414-0459-4：1.15元

小学生作文技法手册/夏太富等编写.—济南：齐鲁书社，1990.3.—337页；32开.—ISBN 7-5333-0126-9：4.10元

小学生作文词汇段落手册/史建中主编.—北京：原子能出版社，1990.12.—183页；32开.—(小学生写作文丛书；5).—ISBN 7-5022-0454-7：2.50元

小学生作文词汇语段手册/村火，成弓编.—2版(修订本).—南京：江苏少年儿童出版社，1990.1.—711页；64开.—ISBN 7-5346-0011-1：3.00元
本书1986年2月第1版。

小学生作文词典/吴志洪主编.—沈阳：辽宁人民出版社，1990.1.—661页；32开.—ISBN 7-205-01175-2：7.00元

小学生作文实用手册/吴忠豪等编写.—上海：上海古籍出版社，1990.5.—407页；32开.—ISBN 7-5325-0771-8：3.70元

小学生作文实用练习/张成新编著.—上海：少年儿童出版社，1990.12.—175页；32开.—ISBN 7-5324-1114-1：1.65元

小学生作文指导/郑梦如编著.—厦门：鹭江出版社，1990.2.—114页；32开.—ISBN 7-80533-285-1：1.20元

小学生作文修改范例/王凤礼主编.—西安：陕西人民出版社，1990.4.—168页；32开.—(作文修改套书).—ISBN 7-224-01135-5：1.95元

小学生作文语库/曹剑尘，冯寿鹤编著.—广州：广东教育出版社，1990.10.—501页；32开.—ISBN 7-5406-1233-9：5.00元

小学生作文基础训练100题指导/史建中主编；白振昌，王兰被编.—北京：原子能出版社，1990.12.173页；32开.—(小学生写作文丛书；2).—ISBN 7-5022-0373-7：2.50元

小学生作文描写辞典/钱玉林，江更生编.—济南：齐鲁书社，1990.3.—343页；32开.—ISBN 7-5333-0128-5：4.80元

小学生作文量表/杭州大学教育系，常州市教育科学研究所编制.—西安：陕西人民出版社，1990.1.—36页；32开.—(中国语文系列量表/朱作仁主编).—ISBN 7-224-01072-3：0.70元

《小学生作文量表》指南/杭州大学教育系，常州市教育科学研究所编.—西安：陕西人民出版社，1990.1.—97页；32开.—(中国语文系列量表/朱作仁主编).—ISBN 7-224-01073-1：1.40元

小学生作文精选——365：4～6年级/识鹏编.—北京：中国环境科学出版社，1990.11.—324页；32开.—ISBN 7-80010-803-1：4.90元

小学生作文精彩描写600例：作文入门辞典：高年级分册/范德金主编；肖承运等编写.—北京：中国城市经济社会出版社，1990.3.—326页；32开.—ISBN 7-5074-0246-0：4.60元

小学生作文20法/苏荣华等编著.—南宁：广西教育出版社，1990.10.—247页；32开.—ISBN 7-5435-1044-8：2.40元

小学生学作文：五年制　第四册/《小学生学作

文》编写组编.—2版.—郑州：海燕出版社，1990.10.—56页；32开.—ISBN 7-5350-0101-7：0.42元
本书1989年5月第1版。

小学生标准化短文分析例编/朱锦慧编著.—哈尔滨：黑龙江教育出版社，1990.3.—159页；32开.ISBN 7-5316-1030-2：1.80元

小学生怎样写考试作文/瞿惕时等编著.—上海：上海教育出版社，1990.6.—76页；32开.—ISBN 7-5320-1817-2：0.65元

小学生怎样学作文/王翊仁著.—2版(修订本).福州：福建少年儿童出版社，1990.7.—148页；32开.—ISBN 7-5395-0409-9：1.60元
本书1986年7月第1版。

小学生看图作文/何紫著.—海口：南海出版公司，1990.9.—107页；16开.—ISBN 7-80570-201-2：3.50元

小学生谈我怎样写好作文/刘增杰编.—太原：希望出版社，1990.2.—245页；32开.—ISBN 7-5379-0501-0：2.50元

小学生常用作文100题指导/史建中主编.—北京：原子能出版社，1990.12.—230页；32开.—(小学生写作文丛书；1).—ISBN 7-5022-0451-2：2.95元

小学记叙文构段法/廖文仙主编.—南宁：广西教育出版社，1990.5.—92页；32开.—ISBN 7-5435-0813-3：1.05元

小学写作手册/康强声，谢小平编.—北京：学苑出版社，1990.11.—285页；32开.—ISBN 7-5077-0320-7：3.60元

小学毕业生作文疑难解答/徐少亭等编.—福州：福建人民出版社，1990.9.—168页；32开.—ISBN 7-211-01253-6：1.45元

小学同步作文单元训练：五年制小学三年级(上)/李思德，孙玉琨编写.—济南：山东文艺出版社，1990.6.—68页；32开.—ISBN 7-5329-0415-6：0.85元

小学同步作文单元训练：五年制小学三年级(下)/李思德，孙玉琨编.—济南：山东文艺出版社，1990.10.—83页；32开.—ISBN 7-5329-0523-3：1.30元

小学同步作文单元训练：五年制小学四年级(上)/李思德，刘文君编写.—济南：山东文艺出版社，1990.7.—81页；32开.—ISBN 7-5329-0417-2：0.90元

小学同步作文单元训练：五年制小学四年级(下)/李思德等编.—济南：山东文艺出版社，1990.11.—78页；32开.—ISBN 7-5329-0575-6：1.20元

小学同步作文单元训练：五年制小学五年级(上)/李思德，宋君编写.—济南：山东文艺出版社，1990.7.—93页；32开.—ISBN 7-5329-0416-4：1.00元

小学同步作文辅导 (一)/朱慕贞编写.—北京：中国妇女出版社，1990.6.—65页；32开.—ISBN 7-80016-269-9：0.85元

小学同步作文辅导 (三)/高绍芝编写.—北京：中国妇女出版社，1990.6.—75页；32开.—ISBN 7-80016-270-2：0.95元

小学同步作文辅导 (五)/白玉山编写.—北京：中国妇女出版社，1990.6.—60页；32开.—ISBN 7-80016-271-0：0.80元

小学同步作文辅导 (七)/孙桂纯编.—北京：中国妇女出版社，1990.6.—89页；32开.—ISBN 7-80016-272-9：1.00元

小学同步作文辅导 (九)/李东坡编著.—北京：中国妇女出版社，1990.6.—75页；32开.—ISBN 7-80016-273-7：0.95元

小学同步作文辅导 (十一)/刘汉鼎主编.—北京：中国妇女出版社，1990.6.—75页；32开.—ISBN 7-80016-274-5：0.95元

小学作文 (一)/辽宁教育学院编.—沈阳：辽宁教育出版社，1990.6.—62页；32开.—ISBN 7-5382-0561-6：0.80元

小学作文 (三)/辽宁教育学院编.—沈阳：辽宁教育出版社，1990.6.—45页；32开.—ISBN 7-5382-0562-4：0.65元

小学作文一题多式百例 上册/张化万等编著.杭州：浙江教育出版社，1990.11.—255页；32开.三～六年级用.—ISBN 7-5338-0634-4：1.75元

小学作文目标训练：五年制：一年级上学期/徐少亭主编；陈曼玲，李桂枝编写.—福州：福建人民出版社，1990.7.—59页；32开.—ISBN 7-211-01276-5：0.54元

小学作文目标训练：五年制：一年级下学期/徐少亭主编.—2版.—福州：福建人民出版社，1990.11.54页；32开.—ISBN 7-211-01501-2：0.55元
本书1990年7月第1版。

小学作文目标训练：五年制：二年级上学期/徐少亭主编；杨弘毅，程玉倩编写.—福州：福建人民出版社，1990.7.—78页；32开.—ISBN 7-211-01282-X：0.69元

小学作文目标训练：五年制：三年级上学期/徐少亭主编；方发柠编写.—福州：福建人民出版社，1990.7.—59页；32开.—ISBN 7-211-01310-9：0.54元

小学作文目标训练：五年制：三年级下学期/徐少亭主编.—2版.—福州：福建人民出版社，1990.11.—72页；32开.—ISBN 7-211-01526-8：0.67元
本书1990年7月第1版。

小学作文目标训练：五年制：四年级上学期/徐少

亭主编；陈聪，林祥璐编写.—福州：福建人民出版社，1990.7.—82页；32开.—ISBN 7-211-01155-6：0.72元

小学作文目标训练：五年制：四年级下学期/徐少亭主编.—2版.—福州：福建人民出版社，1990.11.—78页；32开.—ISBN 7-211-01489-X：0.74元
本书1990年7月第1版。

小学作文目标训练：五年制：五年级上学期/徐少亭主编；秦晓宇，孙小涛编写.—福州：福建人民出版社，1990.7.—64页；32开.—ISBN 7-211-01197-1：0.57元

小学作文目标训练：五年制：五年级下学期/徐少亭主编.—2版.—福州：福建人民出版社，1990.11.—59页；32开.—ISBN 7-211-01500-4：0.58元
本书1990年7月第1版。

小学作文目标训练：六年制：一年级上学期/徐少亭主编；林品珍编写.—福州：福建人民出版社，1990.7.—88页；32开.—ISBN 7-211-01311-7：0.75元

小学作文目标训练：六年制：一年级下学期/陈景松主编；林品珍编写.—2版（修订本）.—福州：福建人民出版社，1990.11.—94页；32开.—ISBN 7-211-01547-0：0.86元

小学作文目标训练：六年制：二年级上学期/陈景松主编；杨振樑编写.—福州：福建人民出版社，1990.7.—89页；32开.—ISBN 7-211-01345-1：0.77元

小学作文目标训练：六年制：二年级下学期/陈景松主编.—2版（修订本）.—福州：福建人民出版社，1990.11.—89页；32开.—ISBN 7-211-01553-5：0.83元

小学作文目标训练：六年制：三年级上学期/陈景松主编；郑江，曾小川编写.—福州：福建人民出版社，1990.7.—82页；32开.—ISBN 7-211-01267-6：0.72元

小学作文目标训练：六年制：三年级下学期/陈景松主编.—2版.—福州：福建人民出版社，1990.11.—83页；32开.—ISBN 7-211-01469-5：0.77元
本书1990年7月第1版。

小学作文目标训练：六年制：四年级上学期/陈景松主编；舒镇，肖玉编写.—福州：福建人民出版社，1990.7.—79页；32开.—ISBN 7-211-01296-X：0.69元

小学作文目标训练：六年制：四年级下学期/陈景松主编.—2版.—福州：福建人民出版社，1990.11.—85页；32开.—ISBN 7-211-01511-2：0.77元
本书1990年7月第1版。

小学作文目标训练：六年制：五年级上学期/陈景松主编；程文，关波编写.—福州：福建人民出版社，1990.7.—67页；32开.—ISBN 7-211-01233-1：0.60元

小学作文目标训练：六年制：五年级下学期/陈景松主编.—2版.—福州：福建人民出版社，1990.11.—75页；32开.—ISBN 7-211-01543-8：0.71元
本书1990年7月第1版。

小学作文目标训练：六年制：六年级上学期/陈景松主编；林东豪，陈金华编写.—福州：福建人民出版社，1990.7.—70页；32开.—ISBN 7-211-01208-0：0.63元

小学作文目标训练：六年制：六年级下学期/陈景松主编.—2版（修订本）.—福州：福建人民出版社，1990.11.—67页；32开.—ISBN 7-211-01464-4：0.64元

小学作文训练（2）/辽宁教育学院编.—沈阳：辽宁教育出版社，1990.12.—33页；32开.—ISBN 7-5382-0715-5：1.00元

小学作文训练（4）/辽宁教育学院编.—沈阳：辽宁教育出版社，1990.11.—36页；32开.—ISBN 7-5382-0716-3：1.00元

小学作文训练（6）/辽宁教育学院编.—沈阳：辽宁教育出版社，1990.10.—42页；32开.—ISBN 7-5382-0717-1：0.50元

小学作文训练（8）/辽宁教育学院编.—沈阳：辽宁教育出版社，1990.12.—45页；32开.—ISBN 7-5382-0718-X：0.55元

小学作文训练（10）/辽宁教育学院编.—沈阳：辽宁教育出版社，1990.11.—71页；32开.—ISBN 7-5382-0719-8：0.75元

小学作文训练（12）/辽宁教育学院编.—沈阳：辽宁教育出版社，1990.11.—80页；32开.—ISBN 7-5382-0720-1：0.80元

小学作文训练教学参考（2）/辽宁教育学院编.沈阳：辽宁教育出版社，1990.11.—31页；32开.ISBN 7-5382-0713-9：0.45元

小学作文训练教学参考（4）/辽宁教育学院编.沈阳：辽宁教育出版社，1990.11.—30页；32开.ISBN 7-5382-0714-7：0.45元

小学作文同题多式思路与训练：全日制五年制三年级/文立，清廉编著.—福州：福建教育出版社，1990.11.—97页；32开.—ISBN 7-5334-0754-7：0.91元

小学作文同题多式思路与训练：全日制五年制四年级/郭毅，张鑫沧编著.—福州：福建教育出版社，1990.12.—109页；32开.—ISBN 7-5334-0755-5：1.00元

小学作文同题多式思路与训练：全日制六年制三年级/曹振道编著.—福州：福建教育出版社，1990.12.—141页；32开.—ISBN 7-5334-0756-3：1.25元

小学作文同题多式思路与训练：全日制六年制

四年级/方琪编.—福州：福建教育出版社，1990.11.—102页；32开.—ISBN 7-5334-0757-1：0.94元

小学作文同题多式思路与训练：全日制六年制五年级/林东豪，维励编.—福州：福建教育出版社，1990.11.—117页；32开.—ISBN 7-5334-0762-8：1.05元

小学作文同题多式思路与训练：全日制六年制六年级/方留焞编著.—福州：福建教育出版社，1990.12.—114页；32开.—ISBN 7-5334-0759-8：1.05元

小学作文系列训练：统编六年制小学语文 第一册/姜子琴编.—哈尔滨：黑龙江少年儿童出版社，1990.6.—32页；16开.—ISBN 7-5319-0629-5：0.66元

小学作文系列训练：统编六年制小学语文 第三册/李德惠编.—哈尔滨：黑龙江少年儿童出版社，1990.6.—49页；16开.—ISBN 7-5319-0624-4：0.90元

小学作文系列训练：统编六年制小学语文 第五册/李守仁编.—哈尔滨：黑龙江少年儿童出版社，1990.6.—43页；16开.—ISBN 7-5319-0618-X：0.90元

小学作文系列训练：统编六年制小学语文 第七册/张新光编.—哈尔滨：黑龙江少年儿童出版社，1990.6.—40页；16开.—ISBN 7-5319-0619-8：0.78元

小学作文系列训练：统编六年制小学语文 第九册/李广义编.—哈尔滨：黑龙江少年儿童出版社，1990.6.—48页；16开.—ISBN 7-5319-0620-1：0.90元

小学作文系列训练：统编六年制小学语文 第十一册/韩国芹编.—哈尔滨：黑龙江少年儿童出版社，1990.6.—53页；16开.—ISBN 7-5319-0621-X：1.05元

小学作文系列训练：统编六年制小学语文 第十二册/李玉学编.—哈尔滨：黑龙江少年儿童出版社，1990.1.—42页；16开.—ISBN 7-5319-0545-0：0.85元

小学作文指导/张冲编写.—桂林：广西师范大学出版社，1990.8.—48页；32开.—（作文教学研究丛书）.—配合第五册使用.—ISBN 7-5633-0897-0：0.45元

小学作文指导/甘耳编写.—桂林：广西师范大学出版社，1990.8.—48页；32开.—（作文教学研究丛书）.—配合第九册使用.—ISBN 7-5633-0899-7：0.45元

小学作文指导/黄海编写.—桂林：广西师范大学出版社，1990.8.—48页；32开.—（作文教学研究丛书）.—配合第十一册使用.—ISBN 7-5633-0900-4：0.45元

小学作文指导与训练/高宗达著.—桂林：广西师范大学出版社，1990.8.—195页；32开.—（作文教学研究丛书）.—ISBN 7-5633-0889-X：2.20元

小学作文教案/朱洪生，朱学清主编.—桂林：广西师范大学出版社，1990.9.—115页；32开.—（农村小学作文教学丛书；2）.—ISBN 7-5633-0924-1：1.30元

小学作文基础训练（1）：三年一期/胡之主编.—天津：天津教育出版社，1990.7.—60页；32开.—ISBN 7-5309-0970-3：0.70元

小学作文基础训练（3）：四年一期/胡之主编.—天津：天津教育出版社，1990.6.—58页；32开.—ISBN 7-5309-0971-1：0.70元

小学作文基础训练（5）：五年一期/胡之主编.天津：天津教育出版社，1990.7.—54页，32开.ISBN 7-5309-0972-X：0.65元

小学作文基础训练（7）：六年一期/胡之主编.—天津：天津教育出版社，1990.7.—63页；32开.—ISBN 7-5309-0973-8：0.70元

小学作文辅导/苏国翰编写.—桂林：广西师范大学出版社，1990.1.—46页；32开.—配合第六册使用.—ISBN 7-5633-0665-X：0.45元

小学作文辅导/黄中南，黄登智编写.—桂林：广西师范大学出版社，1990.1.—40页；32开.—配合第八册使用.—ISBN 7-5633-0666-8：0.45元

小学作文辅导/甘蔼聪编写.—桂林：广西师范大学出版社，1990.1.—42页；32开.—配合第十册使用.—ISBN 7-5633-0667-6：0.45元

小学作文辅导/甘耳编写.—桂林：广西师范大学出版社，1990.1.—41页；32开.—配合第十二册使用.—ISBN 7-5633-0668-4：0.45元

小学作文题汇/凌夫，剑华编.—郑州：河南教育出版社，1990.6.—264页；32开.—ISBN 7-5347-0703-X：1.80元

五年制小学作文 第一册/作文研究中心编.—2版（修订本）.—郑州：文心出版社，1990.2.—49页；32开.—ISBN 7-80537-174-1：0.45元

五年制小学作文 第三册/作文研究中心编.—2版（修订本）.—郑州：文心出版社，1990.2.—49页；32开.—ISBN 7-80537-175-X：0.45元

五年制小学作文 第四册/作文研究中心编.—2版（修订本）.—郑州：文心出版社，1990.8—49页；32开.—ISBN 7-80537-205-5：0.45元

本书1986年1月第1版。

五年制小学作文 第五册/作文研究中心编.—2版（修订本）.—郑州：文心出版社，1990.2.—82页；32开.—ISBN 7-80537-176-8：0.60元

五年制小学作文 第七册/作文研究中心编.—2版（修订本）.—郑州：文心出版社，1990.2.—99

页；32开.—ISBN 7-80537-177-6：0.68元

五年制小学作文　第九册/作文研究中心编.—2版（修订本）.—郑州：文心出版社，1990.2.—112页；32开.—ISBN 7-80537-178-4：0.77元

中小学生写作词汇/陈魏忠编.—广州：新世纪出版社，1990.6.—56页；64开.—ISBN 7-5405-0433-1：0.40元

片断训练：三年级/赵汝彦主编.—南京：江苏少年儿童出版社，1990.8.—92页；32开.—（小学生写作序列训练）.—ISBN 7-5346-0559-8：1.05元

六十分钟一类文：小学作文写作指导/郑令中等编著.—北京：北京师范学院出版社，1990.4.—171页；32开.—ISBN 7-81014-399-9：1.95元

六年制小学作文　第一册/张田若，吴望平主编.2版（修订本）.—郑州：文心出版社，1990.2.—84页；32开.—ISBN 7-80537-179-2：0.59元

六年制小学作文　第三册/张田若，吴望平主编.—2版（修订本）.—郑州：文心出版社，1990.2.—108页；32开.—ISBN 7-80537-180-6：0.72元

六年制小学作文　第五册/张田若，吴望平主编.2版（修订本）.—郑州：文心出版社，1990.2.72页；32开.—ISBN 7-80537-181-4：0.52元

六年制小学作文　第七册/张田若，吴望平主编.2版（修订本）.—郑州：文心出版社，1990.2.79页；32开.—ISBN 7-80537-182-2：0.57元

六年制小学作文　第十一册/张田若，吴望平主编.—2版（修订本）.—郑州：文心出版社，1990.2.—112页；32开.—ISBN 7-80537-184-9：0.75元

六年制小学作文例文手册　第八册/史志鹏，刘广富编写.—南京：江苏少年儿童出版社，1990.12.174页；64开.—ISBN 7-5346-0633-0：0.80元

六年制小学作文例文手册　第十册/刘德鸿编写.南京：江苏少年儿童出版社，1990.12.—151页；64开.—ISBN 7-5346-0634-9：0.75元

六年制小学作文例文手册　第十二册/郝敬华编写.—南京：江苏少年儿童出版社，1990.12.—149页；64开.—ISBN 7-5346-0635-7：0.75元

六年制小学作文基础训练　第五册/赵树苓编.天津：新蕾出版社，1990.4.—60页；32开.—ISBN 7-5307-0627-6：0.66元

六年制小学作文基础训练　第六册/赵树苓编写.—天津：新蕾出版社，1990.10.—61页；32开.—ISBN 7-5307-0755-8：0.66元

六年制小学作文基础训练　第七册/高荣标编.天津：新蕾出版社，1990.3.—78页；32开.—ISBN 7-5307-0628-4：0.80元

六年制小学作文基础训练　第八册/高荣标编写.天津：新蕾出版社，1990.10.—76页；32开.—ISBN 7-5307-0760-4：0.80元

六年制小学作文基础训练　第九册/靳家彦编.天津：新蕾出版社，1990.3.—78页；32开.—ISBN 7-5307-0629-2：0.80元

六年制小学作文基础训练　第十册/靳家彦编写.天津：新蕾出版社，1990.9.—76页；32开.—ISBN 7-5307-0761-2：0.80元

六年制小学作文基础训练　第十一册/庞景特编.—天津：新蕾出版社，1990.3.—94页；32开.ISBN 7-5307-0630-6：0.93元

六年制小学作文基础训练　第十二册/庞景特编写.—天津：新蕾出版社，1990.10.—92页；32开.—ISBN 7-5307-0762-0：0.93元

写作问答：小学生作文技巧60例/张金钟，郭蕴华著.—海口：南海出版公司，1990.8.—346页；32开.—ISBN 7-80570-206-3：5.40元

写话训练：二年级/赵汝彦主编.—南京：江苏少年儿童出版社，1990.8.—90页；32开.—（小学生写作序列训练）.—ISBN 7-5346-0558-X：1.00元

全国小学生优秀作文精选精讲：供中年级用/郑义羲等编.—福州：福建少年儿童出版社，1990.10.161页；32开.—ISBN 7-5395-0471-4：1.70元

全国小学生优秀作文精选精讲：供高年级用/郑义羲等编.—福州：福建少年儿童出版社，1990.10.170页；32开.—ISBN 7-5395-0472-2：1.75元

作文指导设计与施教：福建省小学作文优质课例析/福建省小学作文指导优质课电视评比组委会编.—福州：福建教育出版社，1990.12.—358页；32开.—ISBN 7-5334-0647-8：3.75元

作文教学辅导/李昌斌主编.—桂林：广西师范大学出版社，1990.3.—108页；32开.—（农村小学作文教学丛书）.—ISBN 7-5633-0734-6：1.30元

作文趣话/贾国均主编.—长春：吉林教育出版社，1990.5.—109页；32开.—（小学生语文趣话丛书）.—ISBN 7-5383-1020-7：1.30元

低年级学生学作文/低年级学生学作文编委会编.成都：四川少年儿童出版社，1990.2.—45页；32开.（低年级学生学作文丛书；1）.—ISBN 7-5365-0507-3：0.99元

低年级学生学作文/低年级学生学作文编委会编.—成都：四川少年儿童出版社，1990.5.—45页；32开.—（低年级学生学作文丛书；2）.—ISBN7-5365-0540-X：0.99元

和小学教师谈作文批改/邓治安著.—长春：北方妇女儿童出版社，1990.6.—39页；32开.—ISBN 7-5385-0616-0：1.00元

实用小学作文词汇·语段手册/陈诛贤等编写.南宁：广西科学技术出版社，1990.7.—316页；64开.—ISBN 7-80365-342-9：1.80元

怎样写好获奖作文：小学部分/陶继新编著.—济

南：山东文艺出版社，1990.8.—208页；32开.—ISBN 7-5329-0433-4：2.20元

看图作文教学图片：小学三、四年级/朱蓓莉，戴宝云文；单锡和等画.—上海：上海教育出版社，1990.9.—12张；2开+附说明书1册.—ISBN 7-5320-2265-X(袋装)：6.30元

看图作文教学图片：小学五、六年级/卢亚君，盛子明文；陈初电等画.—上海：上海教育出版社，1990.9—14张；2开+附看图作文教学参考1册.ISBN 7-5320-2260-9(袋装)：7.25元

看图说话写话教学图片：小学一年级/朱静英，吴小莲文；杨顺泰等画.—上海：上海教育出版社，1990.9.—22张；2开+附说明书1册.—ISBN 7-5320-2264-1(袋装)：8.95元

看图说话写话教学图片：小学二年级/武令仪，田剑平文，张亦浩等画.—上海：上海教育出版社，1990.9.—21张；2开+附说明书1册.—ISBN 7-5320-2259-5(袋装)：8.55元

统编六年制小学语文第二册小学作文系列训练/王杓编.—哈尔滨：黑龙江少年儿童出版社，1990.1.43页；16开.—ISBN 7-5319-0550-7：0.84元

统编六年制小学语文第四册小学作文系列训练/任长生编.—哈尔滨：黑龙江少年儿童出版社，1990.1.—36页；16开.—ISBN 7-5319-0548-5：0.75元

统编六年制小学语文第六册小学作文系列训练/方纲编.—哈尔滨：黑龙江少年儿童出版社，1990.1.41页；16开.—ISBN 7-5319-0546-9：0.85元

统编六年制小学语文第八册小学作文系列训练/田常泰编.—哈尔滨：黑龙江少年儿童出版社，1990.1.—49页；16开.—ISBN 7-5319-0547-7：0.96元

统编六年制小学语文第十册小学作文系列训练/李延龄编.—哈尔滨：黑龙江少年儿童出版社，1990.1.—48页；16开.—ISBN 7-5319-0549-3：0.90元

速成作文技巧：之二/王有声编著.—北京：学苑出版社，1990.9.—156页；32开.—ISBN 7-80060-980-4：2.40元

速成作文技巧：之三/陈天敏编著.—北京：学苑出版社，1990.9.—136页；32开.—供小学六年级用.ISBN 7-80060-981-2：2.40元

课堂作文训练教程：小学四年级（上）/朱学清等主编.—南京：南京出版社，1990.9.—106页；32开.—(课堂作文训练教程丛书/肖晨，王寿山主编).—ISBN 7-80560-266-2：1.20元

课堂作文训练教程：小学五年级（上）/赵万荣等主编.—南京：南京出版社，1990.9.—122页；32开.—(课堂作文训练教程丛书/肖晨，王寿山主编).—ISBN 7-80560-269-7：1.35元

课堂作文训练教程：小学六年级（上）/沈龙海等主编.—南京：南京出版社，1990.9.—122页；32开.—(课堂作文训练教程丛书/肖晨，王寿山主编).—ISBN 7-80560-232-8：1.35元

教儿童学作文/刘亚捷编著.—北京：教育科学出版社，1990.6.—150页；32开.—ISBN 7-5041-0490-6：2.10元

综合训练（二）：六年级/赵汝彦主编.—南京：江苏少年儿童出版社，1990.8.—136页；32开.(小学生写作序列训练).—ISBN 7-5346-0562-8：1.40元

新编小学生作文训练 第一册/北京市海淀区教育局小学教研室编.—西安：陕西人民教育出版社，1990.4.—65页；32开.—ISBN 7-5419-1474-6：0.65元

新编小学生作文训练 第三册/北京市海淀区教育局小学教研室编.—西安：陕西人民教育出版社，1990.5.—70页；32开.—ISBN 7-5419-1482-7：0.72元

新编小学生作文训练 第五册/北京市海淀区教育局小学教研室编.—西安：陕西人民教育出版社，1990.4.—99页；32开.—ISBN 7-5419-1483-5：1.00元

新编小学生作文训练 第七册/北京市海淀区教育局小学教研室编.—西安：陕西人民教育出版社，1990.4.—101页；32开.—ISBN 7-5419-1484-3：1.00元

新编小学生作文训练 第九册/北京市海淀区教育局小学教研室编.—西安：陕西人民教育出版社，1990.3.—100页；32开.—ISBN 7-5419-1485-1：1.00元

新编小学生作文训练 第十一册/北京市海淀区教育局小学教研室编.—西安：陕西人民教育出版社，1990.4.—90页；32开.—ISBN 7-5419-1486-X：0.88元

新编小学作文指导：供小学语文第七册/王锦秀主编；方子华等编.—西安：陕西人民教育出版社，1990.6.—111页；32开.—ISBN 7-5419-0974-2：1.10元

新编小学作文指导：供小学语文第九册/王锦秀主编.—西安：陕西人民教育出版社，1990.4.—113页；32开.—ISBN 7-5419-0989-0：1.05元

新编小学作文指导：供小学语文第十一册/王锦秀主编；方子华等编.—西安：陕西人民教育出版社，1990.4.—88页；32开.—ISBN 7-5419-0975-0：0.90元

ABCD谈作文/李济同，徐家良著.—上海：少年儿童出版社，1990.11.—190页；32开.—ISBN 7-5324-0948-1：1.80元

G623.3 外语

小学升中学预备英语/刘康编.—沈阳：辽宁教育出版社，1990.1.—84页；32开.—电视教材.—ISBN

7-5382-0801-1：0.90元

小学升学试题解题思路指点：英语/楚鹰，肖映琦编.—修订本.—天津：新蕾出版社，1990.2.—232页；32开.—ISBN 7-5307-0542-3：2.55元

本书1989年第1版，题名：小学英语升学试题解题思路指点（楚英编著）。

小学生图解英汉小词典/安朝文 编.—北京：原子能出版社，1990.6.—91页；32开.—ISBN 7-5022-0276-5：1.90元

小学生学英语手册/顾睿等编写.—上海：上海教育出版社，1990.2.—302页；32开.—ISBN 7-5320-1444-4：3.00元

小学英语多用词典/王树凯等编.—天津：新蕾出版社，1990.10.—215页；32开.—ISBN 7-5307-0378-1：2.80元

小学英语听力训练　第二册/《小学英语听力训练》编写组编.—上海：华东师范大学出版社，1990.3.—96页；32开.—配合上海市小学英语课本使用.—ISBN 7-5617-0582-4：1.00元

小学英语词汇手册　第一册～第四册/雷文编著.福州：福建人民出版社，1990.8.—91页；128开.ISBN 7-211-01214-5：0.25元

小学英语单元检测题解析：按新大纲编写/曹千里编.—天津：天津教育出版社，1990.7.—148页；32开.—（自学自测丛书）.—ISBN 7-5309-0848-0：1.65元

小学英语单词辨音手册：按新大纲编写/禾玉编.天津：天津教育出版社，1990.3.—52页；32开.五年制、六年制均适用.—ISBN 7-5309-0916-9：0.75元

本书于同年12月第2版。

小学英语学习与辅导　第四册/徐晔主编.—南京：江苏教育出版社，1990.10.—179页；32开.ISBN 7-5343-1169-1：1.65元

封面题名：小学英语练习与辅导

小学英语学习及检测　第四册/徐晔主编.—南京：江苏教育出版社，1990.10.—197页；32开.—ISBN 7-5343-1169-1：1.70元

小学英语学习手册/胡亦锋，成思编.—上海：上海科学技术出版社，1990.7.—186页；32开.—ISBN 7-5323-1782-X：1.90元

小学英语基本功训练：每日一刻钟　第一册/曹千里，肖映琦编著.—天津：天津人民出版社，1990.4.—145页；32开.—ISBN 7-201-00494-8：1.65元

小学英语基本功训练：每日一刻钟　第二册/曹千里，梁玉卒编.—天津：天津人民出版社，1990.4.—161页；32开.—ISBN 7-201-00495-6：1.75元

小学英语基本功训练：每日一刻钟　第三册/梁玉卒，陈爱瑛编.—天津：天津人民出版社，1990.4.—157页；32开.—ISBN 7-201-00496-4：1.70元

小学英语基础训练：市区用/施嘉平等编.—上海：上海科学技术出版社，1990.1.—144页；32开.—ISBN 7-5323-1948-2：1.55元

小学英语基础训练：郊区用/范似萱等编.—上海：上海科学技术出版社，1990.1.—175页；32开.—ISBN 7-5323-1965-2：1.80元

小学英语基础训练　第三册/新蕾出版社编.—天津：新蕾出版社，1989.4.—60页；32开.—ISBN 7-5307-0411-7：0.55元

小博士学英语　（一）：唱歌学英语/田心，冰夫编；高传琳画.—上海：上海译文出版社，1990.8.—40页；24开.—ISBN 7-5327-0854-3：1.60元

本册收入20首英语儿童歌曲。

小博士学英语　（二）：单词初识/田心，冰夫编；林林，航涛绘画.—上海：上海译文出版社，1990.11.—36页；24开.—ISBN 7-5327-0855-1：1.60元

少儿英语口语基础/胡惠芬等编.—上海：华东师范大学出版社，1990.4.—152页；32开.—ISBN 7-5617-0598-0：1.50元

英语袖珍生词卡：小学五年级/汤翠丽，杨建中编.—上海：上海科技教育出版社，1990.6.—171页；128开.—ISBN 7-5428-0414-6：0.75元

英语袖珍生词卡：小学六年级/吴兆熊，胡千红编.—上海：上海科技教育出版社，1990.6.—187页；128开.—ISBN 7-5428-0415-4：0.83元

英语30天/陆家言编.—天津：天津教育出版社，1990.4.—24页；16开.—小学毕业生使用.—ISBN 7-5309-0929-0：0.80元

G623.4　历史、地理

小学历史地图：小学《历史》上册　第二辑/中国地图出版社编制.—2版.—北京：中国地图出版社，1990.9.—4张；全开.—教学参考.—ISBN 7-5031-0726-X（袋装）：5.40元

小学历史地图：小学《历史》上册　第三辑/中国地图出版社编制.—2版.—北京：中国地图出版社，1990.9.—6张；全开.—教学参考.—ISBN 7-5031-0727-8（袋装）：7.60元

小学历史地图：小学《历史》上册　第四辑/中国地图出版社编制.—2版.—北京：中国地图出版社，1990.9.—4张；全开.—教学参考.—ISBN 7-5031-0728-6（袋装）：5.90元

小学历史地图册/中国地图出版社编制.—3版.北京：中国地图出版社，1990.9.—42页；32开.ISBN 7-5031-0645-X：0.90元

小学历史基础训练　下册/《小学历史基础训练》编写小组编写.—长沙：湖南少年儿童出版社，

1990.1.—32页；32开.—ISBN 7-5358-0477-2：0.32元

小学天津历史教学参考书/天津市教育教学研究室编.—2版.—天津：天津教育出版社，1990.5.—38页；32开.—ISBN 7-5309-0512-0：0.35元

小学毕业生复习手册：历史、地理/冀志信编著.—石家庄：河北少年儿童出版社，1990.11.174页；32开.—ISBN 7-5376-0596-3：1.30元

小学地理纸学具/龚启璋等编绘.—上海：上海教育出版社，1990.5.—7张（8开：2张+16开：5张）.ISBN 7-5320-1937-3（袋装）：1.00元

小学地理纸学具/龚启璋等编绘.—上海：上海教育出版社，1990.5.—7张（4张；16开+2张；8开+1张；32开）.—ISBN 7-5320-1937-3（袋装）：1.00元

小学地理教学挂图　（二）/方贤忠编.—新1版.—上海：上海教育出版社，1990.9.—9张；2开+附说明书1册.—全国中小学教材审定委员会审查通过.ISBN 7-5320-2216-1（袋装）：4.70元

小学地理教学挂图　（三）/孙国禄编；石奇人等绘.—新1版.—上海：上海教育出版社，1990.9.8张（全开；2张+2开；6张）+附说明书1册.—全国中小学教材审定委员会审查通过.—ISBN 7-5320-2216-1（袋装）：5.65元

小学课程分课训练：地理　下册/张东亮编.—乌鲁木齐：新疆青少年出版社，1990.2.—58页；32开.—ISBN 7-5371-0567-7：0.80元

地理图册：小学/顾莉芬等编绘.—7版.—北京：中国地图出版社，1990.6.—30页；32开.—ISBN 7-5031-0598-4：0.60元

G623.5　数　学

1989年全国小学升学数学试题选编：数学命题资料/北京师范大学出版社编.—北京：北京师范大学出版社，1990.4.—118页；32开.—ISBN 7-303-00901-9：1.35元

1989全国小学毕业升学试题与答案：数学/《全国小学毕业升学试题与答案》编辑组编.—北京：中国经济出版社，1990.2.—107页；32开.—ISBN 7-5017-0536-4：1.60元

1990年全国小学升初中试题精选与解答：数学/任广众编.—长春：吉林教育出版社，1990.9.—183页；32开.—ISBN 7-5383-1106-8：1.75元

1990年全国小学毕业会考数学试题分类汇编/《小学数学》编辑部编.—郑州：河南教育出版社，1990.12.—214页；32开.—ISBN 7-5347-0914-8：1.50元

1990年全国小学毕业试题与答案精选：数学/涂建水编.—南昌：21世纪出版社，1990.12.—204页；32开.—ISBN 7-5391-0438-4：1.95元

1990年全国小学毕业试题研究：数学/严肃编著.长春：东北师范大学出版社，1990.9.—132页；32开.—ISBN 7-5602-0469-4：1.60元

1990全国小学毕业（升学）试题及答案精选：数学/全国中学教育信息研究会编.—延吉：东北朝鲜民族教育出版社，1990.10.—122页；32开.ISBN 7-5437-0808-6：1.50元

九年义务教育五年制小学实验课本数学第九册教学参考书/课程教材研究所小学数学教材研究实验组编.—北京：人民教育出版社，1990.4.—296页；32开.ISBN 7-107-00907-9：3.00元

口算训练：六年制小学　第一册/刘显国主编.贵阳：贵州人民出版社，1990.5.—64页；32开.ISBN 7-221-01746-8：0.60元

口算训练：六年制小学　第三册/刘显国主编.贵阳：贵州人民出版社，1990.6.—64页；32开.ISBN 7-221-01742-5：0.60元

口算训练：六年制小学　第五册/刘显国主编.贵阳：贵州人民出版社，1990.3.—64页；32开.ISBN 7-221-01743-3：0.60元

口算训练：六年制小学　第七册/刘显国主编.贵阳：贵州人民出版社，1990.6.—64页；32开.ISBN 7-221-01744-1：0.60元

口算训练：六年制小学　第九册/刘显国主编.贵阳：贵州人民出版社，1990.6.—64页；32开.ISBN 7-221-01745-X：0.60元

口算训练：六年制小学　第十一册/刘显国主编.—贵阳：贵州人民出版社，1990.6.—64页；32开.—ISBN 7-221-01741-7：0.60元

义务教育五年制小学数学学生学具卡片　第二册/人民教育出版社数学室编著.—北京：人民教育出版社，1990.11.—12张；32开.—ISBN 7-107-00928-1（袋装）：0.87元

义务教育五年制小学数学第二册（试用本）教师教学用书/人民教育出版社数学室编著.—北京：人民教育出版社，1990.10.—180页；32开.—ISBN 7-107-00946-X：1.30元

义务教育六年制小学数学学生学具卡片　第二册/人民教育出版社数学室编著.—北京：人民教育出版社，1990.11.—12张；32开.—ISBN 7-107-00929-X（袋装）：0.87元

义务教育六年制小学数学第一册（试用本）教师教学用书/人民教育出版社数学室编.—北京：人民教育出版社，1990.4.—163页；32开.—ISBN 7-107-00881-1：1.20元

义务教育六年制小学数学第二册（试用本）教师教

学用书/人民教育出版社数学室编著.一北京：人民教育出版社，1990.10.—148页；32开.—ISBN 7-107-00947-8：1.05元

小学升学试题解题思路指点：数学/肖唐等编.修订2版.—天津：新蕾出版社，1990.12.—218页；32开.—ISBN 7-5307-0825-2：2.40元

小学生一日一题（一）/肖鸿，浦江编.—2版.—上海：少年儿童出版社，1990.4.—250页；32开.—供六年制小学一年级用.—ISBN 7-5324-0261-4：2.20元

小学生一日一题（四）/肖鸿，浦江编.—2版.上海：少年儿童出版社，1990.4.—191页；32开.—供六年制小学四年级用.—ISBN 7-5324-0264-9：1.80元

小学生十用数学手册/游光华等编写.—福州：福建少年儿童出版社，1990.12.—482页；64开.ISBN 7-5395-0480-3：2.80元

小学生口算基本训练：全日制六年制小学数学第一册/浙江少年儿童出版社编.—杭州：浙江少年儿童出版社，1990.6.—46页；32开.—ISBN 7-5342-0638-3：0.50元

小学生口算基本训练：全日制六年制小学数学 第二册/浙江少年儿童出版社编.—杭州：浙江少年儿童出版社，1990.12.—45页；32开.—ISBN 7-5342-0700-2：0.50元

小学生口算基本训练：全日制六年制小学数学第三册/浙江少年儿童出版社编.—杭州：浙江少年儿童出版社，1990.6.—45页；32开.—ISBN 7-5342-0639-1：0.50元

小学生口算基本训练：全日制六年制小学数学第四册/浙江少年儿童出版社编.—杭州：浙江少年儿童出版社，1990.12.—45页；32开.—ISBN 7-5342-0701-0：0.50元

小学生口算基本训练：全日制六年制小学数学第五册/浙江少年儿童出版社编.—杭州：浙江少年儿童出版社，1990.6.—46页；32开.—ISBN 7-5342-0640-5：0.50元

小学生口算基本训练：全日制六年制小学数学第六册/浙江少年儿童出版社编.—杭州：浙江少年儿童出版社，1990.12.—45页；32开.—ISBN 7-5342-0702-9：0.50元

小学生口算基本训练：全日制六年制小学数学第七册/浙江少年儿童出版社编.—杭州：浙江少年儿童出版社，1990.6.—46页；32开.—ISBN 7-5342-0641-3：0.50元

小学生口算基本训练：全日制六年制小学数学第八册/浙江少年儿童出版社编.—杭州：浙江少年儿童出版社，1990.12.—45页；32开.—ISBN 7-5342-0703-7：0.50元

小学生口算基本训练：全日制六年制小学数学第九册/浙江少年儿童出版社编.—杭州：浙江少年儿童出版社，1990.6.—45页；32开.—ISBN 7-5342-0642-1：0.50元

小学生口算基本训练：全日制六年制小学数学第十册/浙江少年儿童出版社编.—杭州：浙江少年儿童出版社，1990.12.—45页；32开.—ISBN 7-5342-0704-5：0.50元

小学生口算基本训练：全日制六年制小学数学第十一册/浙江少年儿童出版社编.—杭州：浙江少年儿童出版社，1990.6.—45页；32开.—ISBN 7-5342-0643-X：0.50元

小学生口算基本训练：全日制六年制小学数学第十二册/浙江少年儿童出版社编.—杭州：浙江少年儿童出版社，1990.12.—45页；32开.—ISBN 7-5342-0705-3：0.50元

小学生升学指导：数学/余燕婉主编.—南宁：广西教育出版社，1990.12.—154页；32开.—ISBN 7-5435-1084-7：2.00元

小学生应用题学习卡：四年级/朱忠民等编.—上海：少年儿童出版社，1990.9.—63页；64开.ISBN 7-5324-0981-3（袋装）：0.85元

小学生应用题学习卡：五年级/刘锦华，吴明编.—上海：少年儿童出版社，1990.9.—71页；64开.—ISBN 7-5324-0982-1（袋装）：0.90元

小学生学数学信箱/陈锦生，张思义主编.—北京：科学出版社，1990.6.—215页；32开.—ISBN 7-03-001935-0：2.20元

小学生数学手册/崔冠之，伍长德编著.—北京：中国社会出版社，1990.4.—271页；64开.—ISBN 7-80088-013-2：2.30元

小学生数学实用手册/黄桂坚主编.—南宁：广西教育出版社，1990.9.—187页；64开.—ISBN 7-5435-1039-1：1.38元

小学生数学能力比赛指引 上册：基础篇/上海市中小学数学教育研究会（小学部）编.—上海：上海科学技术出版社，1990.2.—156页，32开.—ISBN 7-5323-2032-4：1.60元

小学生数学能力比赛指引 下册：专题篇/上海中小学数学教育研究会（小学部）编.—上海：上海科学技术出版社，1990.2.—354页；32开.—ISBN 7-5323-2025-1：3.40元

小学生数学能力的测查与评价：高年级/赵裕春主编；小学生数学能力研究协作组著.—北京：教育科学出版社，1990.6.—450页；32开.—ISBN 7-5041-0460-2：6.50元

小学生数学智能训练/毛士忠编.—南昌：21世纪出版社，1990.3.—94页；32开.—ISBN 7-5391-0306-X：0.95元

小学生数学错误分析500例：中低年级分册/韩世

珍等编著.一郑州：河南教育出版社，1990.5.—171页；32开.—（小学数学百题丛书）.—ISBN 7-5347-0680-7：1.25元

小学生数学错误分析300例：高年级分册/韩世珍等编著.—郑州：河南教育出版社，1990.3.—258页；32开.—（小学数学百题丛书）.—ISBN 7-5347-0681-5：1.80元

小学毕业生自学指导：数学/谢鼓平等编.—福州：福建少年儿童出版社，1990.12.—176页；32开.ISBN 7-5395-0478-1：1.75元

小学毕业生能力测试与辅导：数学/张用海等编.福州：福建少年儿童出版社，1990.12.—166页；32开.—附1990年全国各省市初考试卷.—ISBN 7-5395-0476-5：1.65元

小学毕业生数学学习指南/倪齐基等编.—福州：福建少年儿童出版社，1990.12.—247页；32开.ISBN 7-5395-0484-6：2.40元

小学毕业生数学总复习题/刘忠连，刘仁编.—沈阳：辽宁教育出版社，1990.1.—217页；32开.ISBN 7-5382-1003-2：1.90元

小学毕业数学总复习/韩世珍等编写.—修订本.郑州：河南教育出版社，1990.12.—337页；32开.ISBN 7-5347-0624-6：2.60元

小学应用题多种解题思路与错例分析/王基华，张文玉编著.—北京：海洋出版社，1990.1.—563页；32开.—ISBN 7-5027-0722-0：6.00元

小学应用题疑难题解手册/李太豪等编.—武汉：湖北少年儿童出版社，1990.7.—365页；32开.—ISBN 7-5353-0630-6：2.95元

小学实验课本数学第七册教学参考书/课程教材研究所小学数学教材研究实验组编.—北京：人民教育出版社，1990.5.—306页；32开.—ISBN 7-107-00772-6：2.05

小学实验课本数学第九册教学参考书/课程教材研究所小学数学教材研究实验组编.—北京：人民教育出版社，1990.5.—296页；32开.—ISBN 7-107-00907-9：2.05元

小学实验课本数学第十册教学参考书/课程教材研究所小学数学教材研究实验组编.—北京：人民教育出版社，1990.12.—210页；32开.—ISBN 7-107-01005-0：1.45元

小学高年级数学单元思维训练设计/刘占杰编.哈尔滨：黑龙江科学技术出版社，1990.5.—352页；32开.—ISBN 7-5388-1153-2：3.60元

小学课程分课训练：数学　第二册/戴梅等编.乌鲁木齐：新疆青少年出版社，1990.2.—103页；32开.—ISBN 7-5371-0621-5：1.10元

版权页题名：小学数学第二册分课训练

小学课程分课训练：数学　第四册/韩家秀编.乌鲁木齐：新疆青少年出版社，1990.2.—38页；32开.—ISBN 7-5371-0565-0：1.00元

版权页题名：小学数学第四册分课训练

小学课程分课训练：数学　第六册/陈秀芳，贾文芳编.—乌鲁木齐：新疆青少年出版社，1990.2.—112页；32开.—ISBN 7-5271-0596-0：1.00元

版权页题名：小学数学第六册分课训练

小学课程分课训练：数学　第八册/桑盛君编.乌鲁木齐：新疆青少年出版社，1990.2.—105页；32开.—ISBN 7-5371-0609-6：1.00元

版权页题名：小学数学第八册分课训练。

小学课程分课训练：数学　第十册/陈瑛，王亚军编.—乌鲁木齐：新疆青少年出版社，1990.2.—126页；32开.—ISBN 7-5371-0607-X：1.00元

版权页题名：小学数学第十册分课训练

小学课程分课训练：数学　第十二册/朱凤英，张玲玲编.—乌鲁木齐：新疆青少年出版社，1990.2.—115页；32开.—ISBN 7-5371-0620-7：1.10元

版权页题名：小学数学第十二册分课训练

小学数学三用手册/张梅月，常向阳编著.—西安：未来出版社，1990.2.—226页；32开.—ISBN 7-5417-0322-2：1.95元

小学数学与智力开发：二年级分册/何忠荣等编写.—长春：吉林教育出版社，1990.6.—101页；32开.—ISBN 7-5383-1055-X：1.35元

小学数学与智力开发：三年级分册/吕宪龙，沈义编.—长春：吉林教育出版社，1990.6.—73页；32开.—ISBN 7-5383-1054-1：1.15元

小学数学口算与速算技巧/张尽孝编.—郑州：河南教育出版社，1990.8.—104页；32开.—ISBN 7-5347-0771-4：1.05元

小学数学习题/黄振华等编.—3版（修订本）.上海：上海教育出版社，1990.2.—311页；32开.ISBN 7-5320-1867-9：2.40元

本书1979年9月第1版。

小学数学习题解析：六年制小学一年级/陈惟珍等编写.—贵阳：贵州教育出版社，1990.6.—246页；32开.—ISBN 7-80583-002-9：2.10元

小学数学习题解析：六年制小学二年级/王中格等编写.—贵阳：贵州教育出版社，1990.6.—223页；32开.—ISBN 7-80583-003-7：1.90元

小学数学习题解析：六年制小学三年级/王中格等编著.—贵阳：贵州教育出版社，1990.5—224页；32开.—ISBN 7-80583-049-5：1.90元

小学数学习题精编详解/李德君，徐仁侯编著.哈尔滨：黑龙江少年儿童出版社，1990.4.—176页；32开.—ISBN 7-5319-0600-7：1.70元

小学数学天天练　第一册/赵苏敏，袁丁主编.西安：陕西人民教育出版社，1990.4.—51页；16开.—ISBN 7-5419-1629-3：1.05元

小学数学天天练　第五册/赵苏敏，袁丁主编；吴允琴等编写.—西安：陕西人民教育出版社，1990.4.

47页；16开.—ISBN 7-5419-1631-5：0.92元

小学数学天天练　第七册/赵苏敏，袁丁主编.西安：陕西人民教育出版社，1990.3.—56页；16开.—ISBN 7-5419-1632-3：1.05元

小学数学天天练　第九册/赵苏敏，袁丁主编.西安：陕西人民教育出版社，1990.4.—52页；16开.—ISBN 7-5419-1633-1：1.00元

小学数学天天练　第十一册/赵苏敏，袁丁主编.西安：陕西人民教育出版社，1990.3.—54页；16开.—ISBN 7-5419-1634-X：1.05元

小学数学分类自测题：一年级/何立，咏菊编.武汉：湖北少年儿童出版社，1990.8.—152页；32开.—ISBN 7-5353-0718-3：1.60元

小学数学分类自测题：二年级/何立，咏菊编.—武汉：湖北少年儿童出版社，1990.8.—199页；32开.—ISBN 7-5353-0670-5：1.90元

小学数学分类自测题：五年级/武富生编.—2版.武汉：湖北少年儿童出版社，1990.11.—246页；32开.—ISBN 7-5353-0712-4：2.05元

本书1988年11月第1版。

小学数学分类自测题：六年级/何力，凌深编.2版.—武汉：湖北少年儿童出版社，1990.11.—262页；32开.—ISBN 7-5353-0713-2：2.20元

本书1987年7月第1版。

小学数学分数应用题图解法/冯夏，曹文学编写.郑州：河南教育出版社，1990.12.—200页；32开.—ISBN 7-5347-0784-6：1.40元

小学数学升学总复习测试卷　第十二册/钱香君等编.—沈阳：辽宁教育出版社，1990.2.—113页；16开.—ISBN 7-5382-1064-4：1.50元

小学数学引读导学　第四册/邓本昌编.—南宁：广西教育出版社.1990.1.—56页；32开.—ISBN 7-5435-0752-8：0.65元

小学数学引读导学　第六册/尹页镶，汤宗瑞编写.—南宁：广西教育出版社，1990.1.—71页；32开.—ISBN 7-5435-0744-7：0.78元

小学数学引读导学　第七册/肖利东等编.—南宁：广西教育出版社，1990.8.—61页；32开.ISBN 7-5435-0995-4：0.70元

小学数学引读导学　第八册/肖利东等编.—南宁：广西教育出版社，1990.2.—72页；32开.—ISBN 7-5435-0753-6：0.78元

小学数学引读导学　第十册/袁赞扬，周志坚编.南宁：广西教育出版社，1990.1.—77页；32开.ISBN 7-5435-0754-4：0.78元

小学数学巧妙解法200例/翟连林等编著.—北京：北京教育出版社，1990.4.—160页；32开.—ISBN 7-5303-0158-6：2.00元

小学数学巧解精编/吕柏根，徐海松编著.—桂林：广西师范大学出版社，1990.3.—158页；32开.—ISBN 7-5633-0772-9：1.55元

小学数学世界名题选解/宝玉，羽佳编.—南京：江苏教育出版社，1990.3.—150页；128开.—(小小丛书).—ISBN 7-5343-0904-2：0.41元

小学数学目标测试：五年制　第一册/房培福主编.—沈阳：辽宁少年儿童出版社，1990.5.—110页；32开.—ISBN 7-5315-0762-5：1.05元

小学数学目标测试：五年制　第三册/房培福主编.—沈阳：辽宁少年儿童出版社，1990.5.—112页；32开.—ISBN 7-5315-0763-3：1.10元

小学数学目标测试：五年制　第五册/房培福主编.—沈阳：辽宁少年儿童出版社，1990.5.—106页；32开.—ISBN 7-5315-0764-1：1.00元

小学数学目标测试：五年制　第七册/房培福主编.—沈阳：辽宁少年儿童出版社，1990.5.—100页；32开.—ISBN 7-5315-0765-X：1.00元

小学数学目标测试：五年制　第九册/房培福主编.—沈阳：辽宁少年儿童出版社，1990.5.—104页；32开.—ISBN 7-5315-0766-8：1.00元

小学数学目标检测：六年制　第一册/叶余等主编.—沈阳：辽宁少年儿童出版社，1990.7.—117页；32开.—ISBN 7-5315-0756-0：1.10元

小学数学目标检测：六年制　第三册/叶余等编.—沈阳：辽宁少年儿童出版社，1990.7.—93页；32开.—ISBN 7-5315-0747-1：0.90元

小学数学目标检测：六年制　第五册/叶余等主编.—沈阳：辽宁少年儿童出版社，1990.7.—107页；32开.—ISBN 7-5315-0748-X：1.00元

小学数学目标检测：六年制　第七册/叶余等主编.—沈阳：辽宁少年儿童出版社，1990.7.—100页；32开.—ISBN 7-5315-0749-8：1.00元

小学数学目标检测：六年制　第九册/叶余等主编.—沈阳：辽宁少年儿童出版社，1990.7.—128页；32开.—ISBN 7-5315-0750-1：1.20元

小学数学目标检测：六年制　第十一册/叶余等主编.—沈阳：辽宁少年儿童出版社，1990.7.—128页；32开.—ISBN 7-5315-0751-X：1.20元

小学数学训练题库：一年级/北京第一实验小学编.—北京：新华出版社，1990.1.—102页；32开.ISBN 7-5011-0551-0：1.15元

小学数学训练题库：二年级/北京第一实验小学编.—北京：新华出版社，1990.1.—94页；32开.ISBN 7-5011-0552-9：1.15元

小学数学训练题库：三年级/北京第一实验小学编.—北京：新华出版社，1990.1.—104页；32开.ISBN 7-5011-0553-7：1.30元

小学数学训练题库：四年级/北京第一实验小学编.—北京：新华出版社，1990.1.—100页；32开.

ISBN 7-5011-0554-5：1.30元

小学数学训练题库：五年级/北京第一实验小学编.—北京：新华出版社，1990.1.—125页；32开.ISBN 7-5011-0555-3：1.50元

小学数学训练题库：六年级/北京第一实验小学编.—北京：新华出版社，1990.1.—152页；32开.ISBN 7-5011-0556-1：1.80元

小学数学毕业升学考试模拟题/《模拟题》编写组编.—西安：陕西人民教育出版社，1990.10.—106页；16开.—ISBN 7-5419-2065-7：1.85元

小学数学毕业升学试题及评析/余茂锫编.—南京：江苏教育出版社，1990.10.—166页；32开.—ISBN 7-5343-1104-7：1.40元

小学数学同步模拟题大全：1～4年级/张子林等编.—沈阳：辽宁教育出版社，1990.1.—379页；32开.—ISBN 7-5382-0634-1：3.20元

小学数学优秀题解析/翟连林主编；顾松涛等编.北京：北京教育出版社，1990.11.—280页；32开.ISBN 7-5303-0169-1：3.40元

小学数学系列训练：毕业班用/杜双春主编.—西安：陕西人民教育出版社，1990.2.—88页；32开.ISBN 7-5419-1583-1：0.90元

小学数学应用题大全（上）/明天等编著.—上海：少年儿童出版社，1990.9.—292页；64开.—供小学1～3年级用.—ISBN 7-5324-0972-4：1.40元

小学数学应用题系列指导与训练丛书：五年制　第一册/唐树楷执笔.—南宁：接力出版社，1990.7.32页；32开.—ISBN 7-80581-095-8：0.31元

小学数学应用题系列指导与训练丛书：五年制　第三册/黄承勤执笔.—南宁：接力出版社，1990.7.32页；32开.—ISBN 7-80581-094-X：0.31元

小学数学应用题系列指导与训练丛书：五年制　第五册/莫违经执笔.—南宁：接力出版社，1990.8.48页；32开.—ISBN 7-80581-116-4：0.46元

小学数学应用题系列指导与训练丛书：五年制　第七册/李培根执笔.—南宁：接力出版社，1990.8.48页；32开.—ISBN 7-80581-115-6：0.46元

小学数学应用题系列指导与训练丛书：五年制　第九册/梁柯执笔.—南宁：接力出版社，1990.7.—64页；32开.—ISBN 7-80581-096-6：0.56元

小学数学应用题系列指导与训练丛书：六年制　第一册/李步汉执笔.—南宁：接力出版社，1990.8.32页；32开.—ISBN 7-80581-101-6：0.31元

小学数学应用题系列指导与训练丛书：六年制　第三册/梁柯，韦建成主编.—南宁：接力出版社，1990.8.—32页；32开.—ISBN 7-80581-109-1：0.31元

小学数学应用题系列指导与训练丛书：六年制　第五册/谢宝森执笔.—南宁：接力出版社，1990.8.48页；32开.—ISBN 7-80581-102-4：0.46元

小学数学应用题系列指导与训练丛书：六年制　第七册/陈耀南执笔.—南宁：接力出版社，1990.8.48页；32开.—ISBN 7-80581-103-2：0.46元

小学数学应用题系列指导与训练丛书：六年制　第九册.—南宁：接力出版社，1990.8.—48页；32开.—ISBN 7-80581-110-5：0.46元

小学数学应用题系列指导与训练丛书：六年制　第十一册/梁柯，韦建成主编.—南宁：接力出版社，1990.8.—64页；32开.—ISBN 7-80581-111-3：0.56元

小学数学应用题思维技能训练/许怀诚，谢士锦编著.—北京：地震出版社，1990.3.—208页；32开.ISBN 7-5028-0302-5：2.90元

小学数学应用题类型与解法/李国文，程玉杰编著.—哈尔滨：黑龙江教育出版社，1990.7.—349页；32开.—ISBN 7-5316-1060-4：3.55元

小学数学应用题解题大全/王世明编著.—呼和浩特：内蒙古人民出版社，1990.3.—281页；32开.ISBN 7-204-00768-9：2.90元

小学数学易混概念辨析/许怀诚编著.—南京：江苏教育出版社，1990.3.—112页；32开.—ISBN 7-5343-0936-0：1.05元

小学数学知识与辅导/胡子安等编写.—福州：福建人民出版社，1990.8.—161页；32开.—ISBN 7-211-01380-X：1.35元

小学数学知识网点分析/王海南主编；王文凡等编写.—南宁：广西教育出版社，1990.3.—110页；32开.—ISBN 7-5435-0789-7：1.10元

小学数学知识·学法·训练/王天钰等编.—2版.成都：四川教育出版社，1990.9.—171页；32开.ISBN 7-5408-0723-6：1.50元

小学数学知识点梯度训练指导/朱学雷主编.—桂林：广西师范大学出版社，1990.5.—148页；32开.—（教苑丛书；4）.—ISBN 7-5633-0806-7：1.50元

小学数学备考题库/李文章主编.—西安：陕西人民教育出版社，1990.10.—317页；32开.—ISBN 7-5419-2038-X：2.70元

小学数学备课卡片集/卢庆权，梁柯主编.—南宁：广西人民出版社，1990.2.—255页；32开.—ISBN 7-219-01484-8：2.90元

小学数学单元自测：五年制　第七册.—2版.—郑州：海燕出版社，1990.6.—20页；16开.—ISBN 7-5350-0234-X：0.38元

小学数学单元自测：五年制　第九册.—2版.—郑州：海燕出版社，1990.6.—24页；16开.—ISBN 7-5350-0235-8：0.43元

小学数学单元自测与辅导：五年制　第一册/掌握学习实验用书小学编写组编.—4版.—福州：福建人

民出版社，1990.3.—89页；32开.—掌握学习实验用书.—ISBN 7-211-01332-X：0.77元

本书1987年7月第1版。

小学数学单元自测与辅导：五年制　第二册/掌握学习实验用书小学编写组编.—4版.—福州：福建人民出版社，1990.12.—107页；32开.—掌握学习实验用书.—ISBN 7-211-01506-3：0.96元

本书1987年初版。

小学数学单元自测与辅导：五年制　第三册/掌握学习实验用书小学编写组编.—4版.—福州：福建人民出版社，1990.3.—104页；32开.—掌握学习实验用书.—ISBN 7-211-01315-X：0.89元

本书1987年7月第1版。

小学数学单元自测与辅导：五年制　第四册/掌握学习实验用书小学编写组编.—4版.—福州：福建人民出版社，1990.11.—97页；32开.—掌握学习实验用书.—ISBN 7-211-01535-7：0.89元

本书1987年第1版。

小学数学单元自测与辅导：五年制　第五册/掌握学习实验用书小学编写组编.—4版.—福州：福建人民出版社，1990.3.—112页；32开.—掌握学习实验用书.—ISBN 7-211-01363-X：0.95元

本书1987年7月第1版。

小学数学单元自测与辅导：五年制　第六册/掌握学习实验用书小学编写组编.—4版.—福州：福建人民出版社，1990.10.—101页；32开.—掌握学习实验用书.—ISBN 7-211-01533-4：0.89元

本书1987年初版。

小学数学单元自测与辅导：五年制　第七册/掌握学习实验用书小学编写组编.—4版.—福州：福建人民出版社，1990.3.—107页；32开.—掌握学习实验用书.—ISBN 7-211-01364-8：0.89元

本书1987年7月第1版。

小学数学单元自测与辅导：五年制　第八册/掌握学习实验用书小学编写组编.—4版.—福州：福建人民出版社，1990.11.—106页；32开.—掌握学习实验用书.—ISBN 7-211-01504-7：0.89元

本书1987年初版。

小学数学单元自测与辅导：五年制　第九册/掌握学习实验用书小学编写组编.—4版.—福州：福建人民出版社，1990.3.—113页；32开.—掌握学习实验用书.ISBN 7-211-01365-6：0.95元

本书1987年7月第1版。

小学数学单元自测与辅导：五年制　第十册/掌握学习实验用书小学编写组编.—4版.—福州：福建人民出版社，1990.10.—121页；32开.—掌握学习实验用书.—ISBN 7-211-01510-1：1.10元

本书1987年初版。

小学数学单元自测与辅导：六年制　第一册/掌握学习实验用书小学编写组编.—4版.—福州：福建人民出版社，1990.7.—90页；32开.—掌握学习实验用书.—ISBN 7-211-01342-7：0.77元

本书1987年7月第1版。

小学数学单元自测与辅导：六年制　第二册/掌握学习实验用书小学编写组编.—4版.—福州：福建人民出版社，1990.10.—88页；32开.—掌握学习实验用书.—ISBN 7-211-01507-1：0.83元

本书1987年初版。

小学数学单元自测与辅导：六年制　第三册/掌握学习实验用书小学编写组编.—4版.—福州：福建人民出版社，1990.7.—101页；32开.—掌握学习实验用书.—ISBN 7-211-01291-9：0.86元

本书1987年7月第1版。

小学数学单元自测与辅导：六年制　第四册/掌握学习实验用书小学编写组编.—4版.—福州：福建人民出版社，1990.11.—110页；32开.—掌握学习实验用书.—ISBN 7-211-01508-X：0.99元

本书1987年初版。

小学数学单元自测与辅导：六年制　第五册/掌握学习实验用书编写组编.—4版.—福州：福建人民出版社，1990.7.—92页；32开.—掌握学习实验用书.ISBN 7-211-01343-5：0.77元

本书1987年7月第1版。

小学数学单元自测与辅导：六年制　第六册/掌握学习实验用书小学编写组编.—4版.—福州：福建人民出版社，1990.11.—102页；32开.—掌握学习实验用书.—ISBN 7-211-01528-4：0.92元

本书1987年初版。

小学数学单元自测与辅导：六年制　第七册/掌握学习实验用书小学编写组编.—4版.—福州：福建人民出版社，1990.7.—71页；32开.—掌握学习实验用书.—ISBN 7-211-01306-0：0.66元

本书1987年7月第1版。

小学数学单元自测与辅导：六年制　第八册/掌握学习实验用书小学编写组编.—4版.—福州：福建人民出版社，1990.11.—100页；32开.—掌握学习实验用书.—ISBN 7-211-01484-9：0.89元

本书1987年初版。

小学数学单元自测与辅导：六年制　第九册/掌握学习实验用书小学编写组编.—4版.—福州：福建人民出版社，1990.7.—104页；32开.—掌握学习实验用书.—ISBN 7-211-01307-9：0.89元

本书1987年7月第1版。

小学数学单元自测与辅导：六年制　第十册/掌握学习实验用书小学编写组编.—4版.—福州：福建人民出版社，1990.11.—110页；32开.—掌握学习实验用书.—ISBN 7-211-01529-2：0.99元

本书1987年第1版。

小学数学单元自测与辅导：六年制　第十一册/掌握学习实验用书小学编写组编.—4版.—福州：福建人民出版社，1990.7.—126页；32开.—掌握学习实

验用书.—ISBN 7-211-01341-9：1.05元
本书1987年7月第1版。

小学数学单元自测与辅导：六年制　第十二册/掌握学习实验用书小学编写组编.—4版.—福州：福建人民出版社，1990.11.—140页；32开.—掌握学习实验用书.—ISBN 7-211-01487-3：1.20元
本书1987年第1版。

小学数学单元学习目标检测与辅导　第二册/《小学数学单元学习目标检测与辅导》编写组编.—上海：上海科学技术出版社，1990.3.—57页；32开.—五年制用.—ISBN 7-5323-2145-2：0.65元

小学数学单元学习目标检测与辅导　第四册/《小学数学单元学习目标检测与辅导》编写组编.—上海：上海科学技术出版社，1990.3.—65页；32开.—五年制用.—ISBN 7-5323-2139-8：0.68元

小学数学单元学习目标检测与辅导　第六册/《小学数学单元学习目标检测与辅导》编写组编.—上海：上海科学技术出版社，1990.3.—66页；32开.—五年制用.—ISBN 7-5323-2140-1：0.68元

小学数学单元学习目标检测与辅导　第八册/《小学数学单元学习目标检测与辅导》编写组编.—上海：上海科学技术出版社，1990.3.—75页；32开.—五年制用.—ISBN 7-5323-2162-2：0.78元

小学数学单元学习目标检测与辅导　第十册/《小学数学单元学习目标检测与辅导》编写组编.—上海：上海科学技术出版社，1990.3.—77页；32开.五年制用.—ISBN 7-5323-2163-0：0.78元

小学数学单元检测题解析/常欣，甄远编.—天津：天津教育出版社，1990.7.—148页；32开.（自学自测丛书）.—ISBN 7-5309-0846-4：1.65元

小学数学学习与巩固：五年制　第二册/河南省教育委员会中小学教材教学研究室编写审定.—2版.郑州：海燕出版社，1990.10.—88页；32开.—ISBN 7-5350-0088-6：0.58元

小学数学学习与巩固：五年制　第三册/河南省教育委员会中小学教材教学研究室编写.—2版.—郑州：海燕出版社，1990.5.—88页；32开.—ISBN 7-5350-0191-2：0.62元

小学数学学习与巩固：五年制　第四册/河南省教育委员会中小学教材教学研究室编写审定.—3版.郑州：海燕出版社，1990.10.—88页；32开.—ISBN 7-5350-0089-4：0.58元

小学数学学习与巩固：五年制　第五册/河南省教育委员会中小学教材教学研究室编写.—2版.—郑州：海燕出版社，1990.5.—112页；32开.—ISBN 7-5350-0192-0：0.77元

小学数学学习与巩固：五年制　第六册/河南省教育委员会中小学教材教学研究室编写.—2版.—郑州：海燕出版社，1990.10.—96页；32开.—ISBN 7-5350-0090-8：0.62元

小学数学学习与巩固：五年制　第十册/河南省教育委员会中小学教材教学研究室组织编写审定.—2版.—郑州：海燕出版社，1990.5.—84页；32开.ISBN 7-5350-0190-4：0.59元

小学数学学习与巩固：六年制　第二册/河南省教育委员会中小学教材教学研究室编写.—3版.—郑州：海燕出版社，1990.10.—88页；32开.—ISBN 7-5350-0456-3：0.58元

小学数学学习与巩固：六年制　第三册/河南省教育委员会中小学教材教学研究室编写.—2版.—郑州：海燕出版社，1990.4.—80页；32开.—ISBN 7-5350-0196-3：0.58元

小学数学学习与巩固：六年制　第四册/河南省教育委员会中小学教材教学研究室编写审定.—3版.郑州：海燕出版社，1990.10.—88页；32开.—ISBN 7-5350-0094-0：0.58元

小学数学学习与巩固：六年制　第五册/河南省教育委员会中小学教材教学研究室编写.—2版.—郑州：海燕出版社，1990.4.—96页；32开.—ISBN 7-5350-0197-1：0.67元

小学数学学习与巩固：六年制　第六册/河南省教育委员会中小学教材教学研究室编写.—3版.—郑州：海燕出版社，1990.10.—96页；32开.—ISBN 7-5350-0095-9：0.62元

小学数学学习与巩固：六年制　第七册/河南省教育委员会中小学教材教学研究室组织编写.—2版.郑州：海燕出版社，1990.4.—104页；32开.—ISBN 7-5350-0198-X：0.72元

小学数学学习与巩固：六年制　第九册/河南省教育委员会中小学教材教学研究室编写.—2版.—郑州：海燕出版社，1990.4.—104页；32开.—ISBN 7-5350-0199-8：0.71元

小学数学学习与巩固：六年制　第十一册/河南省教育委员会中小学教材教学研究室组织编写.—2版.郑州：海燕出版社，1990.4.—120页；32开.—ISBN 7-5350-0200-5：0.82元

小学数学学习指南/封礼珍等编著.—上海：少年儿童出版社，1990.6.—339页；32开.—（家庭教师丛书）.—供小学高年级用.—ISBN 7-5324-0547-8：3.10元

小学数学学习指南/康永邦著.—西安：陕西师范大学出版社，1990.8—194页；32开.—ISBN 7-5613-0336-X：2.40元

小学数学学具/江西《小学数学学具》研制组编.南昌：江西教育出版社，1990.5.—1盒；32开+附说明书1册.—小学一年级用.—ISBN 7-5392-0384-8（盒装）：4.00元

小学数学学具/河南省教委中小学教研室编.—2

版.—郑州：海燕出版社，〔1990〕.—16张；16开.一年级上学期用.—ISBN 7-5350-0488-1：1.15元

小学数学试题评析和详解：1985～1989/明天，师言编.—上海：少年儿童出版社，1990.6.—302页；32开.—ISBN 7-5324-0941-4：2.70元

小学数学标准化训练600题详解：升学复习必备、快速提高应试能力/王仁，严夏编.—石家庄：河北教育出版社，1990.1.—217页；32开.—ISBN 7-5434-0559-8：1.90元

小学数学标准化考试手册/邱学华，叶季明编著.2版.—郑州：河南教育出版社，1990.12.—175页；32开.—ISBN 7-5347-0404-9：1.10元

小学数学指南/孙建立编著.—徐州：中国矿业大学出版社，1990.1.—344页；32开.—ISBN 7-81021-341-5：4.10元

小学数学思考与练习　第六册/韦建成主编.—南宁：接力出版社，1990.12.—64页；32开.—ISBN 7-80581-172-5：0.61元

小学数学思考与练习　第十册/韦建成主编.—南宁：接力出版社，1990.12.—64页；32开.—ISBN 7-80581-174-1：0.61元

小学数学思考与练习　第十二册.—南宁：接力出版社，1990.12.—64页；32开.—ISBN 7-80581-175-X：0.61元

小学数学思考题学法指导/旷笑言编.—沈阳：辽宁少年儿童出版社，1990.12.—337页；32开.—ISBN 7-5315-0791-9：2.90元

小学数学思考题解析100例/斯红缨等编.—杭州：浙江教育出版社，1990.12.—159页；32开.—(小学数学能力训练丛书).—ISBN 7-5338-0642-5 1.20元

小学数学思维与解题方法/林宪祥，刘久立编著.福州：福建人民出版社，1990.2.—123页；32开.ISBN 7-211-01149-1：1.10元

小学数学思维训练：应用题部分　第一册/王秀媛编.—沈阳：辽宁少年儿童出版社，1990.7.—67页；32开.—(思维训练丛书/苏才主编).—ISBN 7-5315-0801-X：0.75元

小学数学思维训练：应用题部分　第三册/孙玉香编.—沈阳：辽宁少年儿童出版社，1990.7.—58页；32开.—(思维训练丛书/苏才主编).—ISBN 7-5315-0809-5：0.70元

小学数学思维训练：应用题部分　第五册/李景范编.—沈阳：辽宁少年儿童出版社，1990.7.—74页；32开.—(思维训练丛书/苏才主编).—ISBN 7-5315-0813-3：0.80元

小学数学思维训练：应用题部分　第九册/李艳萍，刘殿菊编.—沈阳：辽宁少年儿童出版社，1990.7.—76页；32开.—(思维训练丛书/苏才主编).—ISBN 7-5315-0812-5：0.75元

小学数学思维训练：应用题部分　第七册/张子林，赵耀编.—沈阳：辽宁少年儿童出版社，1990.7.—59页；32开.—(思维训练丛书/苏才主编).ISBN 7-5315-0811-7：0.70元

小学数学思维训练：应用题部分　第十一册/李景范编.—沈阳：辽宁少年儿童出版社，1990.7.—97页；32开.—(思维训练丛书/苏才主编).—ISBN 7-5315-0813-3：1.00元

小学数学思维系列训练　(1)/杭州市上城区教育局教研室"儿童数学思维发展"课题组编.—杭州：浙江少年儿童出版社，1990.8.—118页；32开.ISBN 7-5342-0588-3：1.15元

小学数学思维系列训练　(2)/杭州市上城区教育局教研室"儿童数学思维发展"课题组编.—杭州：浙江少年儿童出版社，1990.8.—107页；32开.—ISBN 7-5342-0608-1：1.10元

小学数学思维系列训练　(3)/杭州市上城区教育局教研室"儿童数学思维发展"课题组编.—杭州：浙江少年儿童出版社，1990.8.—109页；32开.—ISBN 7-5342-0591-3：1.10元

小学数学思维系列训练　(4)/杭州市上城区教育局教研室"儿童数学思维发展"课题组编.—杭州：浙江少年儿童出版社，1990.8.—132页；32开—ISBN 7-5342-0002-2：1.30元

小学数学思维系列训练　(5)/杭州市上城区教育局教研室"儿童数学思维发展"课题组编.—杭州：浙江少年儿童出版社，1990.8.—118页；32开.ISBN 7-5342-0623-5：1 15元

小学数学思维系列训练　(6)/杭州市上城区教育局教研室"儿童数学思维发展"课题组编.—杭州：浙江少年儿童出版社，1990.8.—113页；32开.ISBN 7-5342-0636-7：1.15元

小学数学复习指导/覃良能等编写.—南宁：接力出版社，1990.12.—191页；32开.—ISBN 7-80581-159-8：1.60元

小学数学选择题训练大全/余茂锫等编著.—南京：江苏教育出版社，1990.7.—290页；32开.—ISBN 7-5343-1120-9：2.20元

小学数学重点辅导与练习：三年级/王良等编.—天津：天津教育出版社，1990.6.—101页；32开.—五年制人教社统编教材适用.—ISBN 7-5309-0821-9：1.35元

小学数学重点辅导与练习：四年级/晓唐等编.—天津：天津教育出版社，1990.6.—178页；32开.—五年制人教社统编教材适用.—ISBN 7-5309-0816-2：2.10元

小学数学重点辅导与练习：五年级/官朋等编.

天津：天津教育出版社，1990.6.—183页；32开.—五年制人教社统编教材适用.—ISBN 7-5309-0817-0：2.15元

小学数学重点辅导与练习：四年级/王良等编.天津：天津教育出版社，1990.6.—127页；32开.六年制人教社统编教材·六年制四省市协编教材通用.—ISBN 7-5309-0815-4：1.60元

小学数学重点辅导与练习：五年级/晓唐，杨之扬编.—天津：天津教育出版社，1990.6.—156页；32开.—六年制人教社统编教材·六年制四省市协编教材通用.—ISBN 7-5309-0818-9：1.85元

小学数学重点辅导与练习：六年级/宫朋等编.天津：天津教育出版社，1990.6.—184页；32开.六年制人教社统编教材·六年制四省市协编教材通用.—ISBN 7-5309-0819-7：2.15元

小学数学重难点/李素静，明秀玲编.—北京：科学技术文献出版社，1990.1.—156页；32页.—ISBN 7-5023-0998-5：1.95元

小学数学总复习/郭胜等编.—广州：广东教育出版社，1990.11.—260页；32开.—ISBN 7-5406-1288-6：2.10元

小学数学总复习各类题型系统训练/封期青等编.2版（修订本）.—长沙：湖南教育出版社，1990.11.163页；32开.—ISBN 7-5355-0758-1：1.25元

本书1988年12月第1版。

小学数学总复习指导及练习/蒋英，邹桂英编.桂林：广西师范大学出版社，1990.1.—180页；32开.—ISBN 7-5633-0691-9：1.80元

小学数学统计图表教学挂图/周仲禄，陶爱珍编；黄杏荪绘.—上海：上海教育出版社，1990.9.—5张；2开.—ISBN 7-5320-1126-7（袋装）：3.30元

小学数学特级教师教案精选与评析：中低年级单册/《小学教学参考资料》编辑部编.—南宁：广西教育出版社，1990.8.—150页；32开.—ISBN 7-5435-0979-2：1.50元

小学数学竞赛辅导讲座/余应龙等编.—上海：上海科学技术出版社，1990.1.—150页；32开.—ISBN 7-5323-1970-9：1.55元

小学数学竞赛解题指导/艾树雪等编著.—2版.南宁：广西科学技术出版社，1990.8.—191页；32开.—ISBN 7-80565-194-9：2.00元

本书1989年11月第1版。

小学数学家庭测试：一年级（上）/曾华涛，涂天任主编.—南昌：21世纪出版社，1990.7.—52页；32开.—ISBN 7-5391-0365-5：0.55元

小学数学家庭测试：二年级（上）/辜晓波主编.南昌：21世纪出版社，1990.7.—63页；32开.—ISBN 7-5391-0366-3：0.65元

小学数学家庭测试：三年级（上）/曾华涛，涂天任主编.—南昌：21世纪出版社，1990.7.—63页；32开.—ISBN 7-5391-0370-7：0.65元

小学数学家庭测试：四年级（上）/曾华涛，涂天任主编.—南昌：21世纪出版社，1990.7.—79页；32开.—ISBN 7-5391-0371-X：0.78元

小学数学家庭测试：五年级（上）/曾华涛，涂天任主编.—南昌：21世纪出版社，1990.7.—78页；32开.—ISBN 7-5391-0372-8：0.78元

小学数学能力单元自测　第一册.—济南：明天出版社，1990.4.—57页；32开.—供五年制小学一年级上学期用.—ISBN 7-5332-0972-9：0.67元

小学数学能力单元自测　第三册.—济南：明天出版社，1990.4.—69页；32开.—供五年制小学二年级上学期用.—ISBN 7-5332-0973-7：0.77元

小学数学通讯：毕业班专集/郭为民主编.—北京：中国少年儿童出版社，1990.3.—61页；32开.ISBN 7-5007-1065-8：0.70元

小学数学验算十法/王芳著.—上海：上海科学技术出版社，1990.8.—169页；32开.—ISBN 7-5323-2033-2：1.70元

小学数学教与学的好伙伴：六年制　第二册/李家永，杨瀚主编；吴丽华，王晓碧编写.—昆明：云南少年儿童出版社，1990.1.—94页；32开.—ISBN 7-5414-0453-5：1.20元

小学数学教与学的好伙伴：六年制　第四册/李家永，杨瀚主编；明启文，肖斌编写.—昆明：云南少年儿童出版社，1990.1.—94页；32开.—ISBN 7-5414-0454-3：1.20元

小学数学教与学的好伙伴：六年制　第六册/李家永，杨瀚主编；李家骧编写.—昆明：云南少年儿童出版社，1990.1.—94页；32开.—ISBN 7-5414-0455-1：1.20元

小学数学教与学的好伙伴：六年制　第八册/李家永，杨瀚主编；周光复编写.—昆明：云南少年儿童出版社，1990.1.—94页；32开.—ISBN 7-5414-0456-7：1.20元

小学数学教与学的好伙伴：六年制　第十册/李家永，杨瀚主编；李家永编写.—昆明：云南少年儿童出版社，1990.1.—94页；32开.—ISBN 7-5414-0457-8：1.20元

小学数学教与学的好伙伴：六年制　第十二册/李家永，杨瀚主编；黄业忠，汤于良编写.—昆明：云南少年儿童出版社，1990.1.—94页；32开.—ISBN 7-5414-0458-6：1.20元

小学数学教学目标与评价　第一册/麦慧儿编写.广州：广东科技出版社，1990.8.—78页；32开.（小学数学教学目标与评价丛书/周国贤，高海

主编）.一一年级上学期用.—ISBN 7-5359-0689-3：1.40元

小学数学教学目标与评价 第三册/伦厚綦，曾炽坤编写.—广州：广东科技出版社，1990.8.—78页；32开.—（小学数学教学目标与评价丛书/周国贤，高海主编）.—二年级上学期用.—ISBN 7-5359-0690-7：1.25元

小学数学教学目标与评价 第五册/曾炽坤编写.—广州：广东科技出版社，1990.8.—94页；32开.—（小学数学教学目标与评价丛书/周国贤，高海主编）.—三年级上学期用.—ISBN 7-5359-0691-5：1.45元

小学数学教学目标与评价 第七册/张德甫编写.—广州：广东科技出版社，1990.8.—95页；32开.—（小学数学教学目标与评价丛书/周国贤，高海主编）.—四年级上学期用.—ISBN 7-5359-0692-3：1.50元

小学数学教学目标与评价 第九册/伦厚綦编写.—广州：广东科技出版社，1990.8.—84页；32开.—（小学数学教学目标与评价丛书/周国贤，高海主编）.—五年级上学期用.—ISBN 7-5359-0693-1：1.35元

小学数学教学目标与评价 第十一册/周耀明编写.—广州：广东科技出版社，1990.8.—119页；32开.—（小学数学教学目标与评价丛书/周国贤，高海主编）.—六年级上学期用.—ISBN 7-5359-0694-X：1.75元

小学数学教学论/周玉仁著.—北京：光明日报出版社，1990.6.—287页；32开.—（小学教育科学丛书）.—ISBN 7-80014-572-7：4.50元

小学数学教学研究/邱学华编著.—福州：福建教育出版社，1990.9.—634页；大32开.—ISBN 7-5334-0733-4：7.30元

小学数学教案 第二册/周晓梅，董向清编.—北京：北京教育出版社，1990.8.—99页；32开.—ISBN 7-5303-0187-X：1.50元

小学数学教案 第三、四册/周晓梅，董向清编.—北京：北京教育出版社，1990.8.—206页；32开.—ISBN 7-5303-0192-6：3.00元

小学数学教案 第五、六册/周晓梅，董向清编.—北京：北京教育出版社，1990.8.—208页；32开.—ISBN 7-5303-0188-8：3.00元

小学数学教案 第七、八册/周晓梅，董向清编.—北京：北京教育出版社，1990.8.—206页；32开.—ISBN 7-5303-0182-9：3.00元

小学数学教案 第十二册/周晓梅，董向清编.—北京：北京教育出版社，1990.8.—101页；32开.—ISBN 7-5303-0186-1：1.50元

小学数学基础知识/黄善词等编著.—南宁：广西民族出版社，1990.11.—124页；32开.—ISBN 7-5363-1022-6：1.40元

小学数学综合训练与疑难题解/李书田，徐成辉编著.—石家庄：河北教育出版社，1990.3.—300页；32开.—ISBN 7-5434-06011-X：2.55元

小学数学智力竞赛趣题："数的整除性"应用154例/孙明标编著.—北京：科学技术文献出版社，1990.6.—120页；32开.—ISBN 7-5023-1234-X：1.70元

小学数学智力趣题/王桂荣主编.—沈阳：辽宁少年儿童出版社，1990.9.—151页；32开.—中年级用.—ISBN 7-5315-0840-0：1.40元

小学数学智力趣题/王桂荣主编.—沈阳：辽宁少年儿童出版社，1990.9.—124页；32开.—低年级用.—ISBN 7-5315-0839-7：1.20元

小学数学智力趣题/刘铁主编.—沈阳：辽宁少年儿童出版社，1990.9.—176页；32开.—高年级用.—ISBN 7-5315-0841-9：1.60元

小学数学游戏 上册/胡连弟主编.—哈尔滨：黑龙江教育出版社，1990.7.—211页；32开.—ISBN 7-5316-1087-6：2.50元

小学数学概念辨析100例/洪国镛等编.—杭州：浙江教育出版社，1990.12.—91页；32开.—（小学数学能力训练丛书）.—ISBN 7-5338-0689-1：0.75元

小学数学想想算算：六年制　第五册/陕西省教育厅审订.—修订本.—西安：陕西人民教育出版社，1990.3.—39页；32开.—ISBN 7-5419-0416-3：0.87元

本书1986年6月第1版。

小学数学想想算算：六年制　第六册/陕西省教育厅审订.—修订本.—西安：陕西人民教育出版社，1990.9.—132页；32开.—ISBN 7-5419-1838-5：1.15元

小学数学想想算算：六年制　第十二册/陕西省教育厅审订.—修订本.—西安：陕西人民教育出版社，1990.9.—121页；32开.—ISBN 7-5419-1841-5：1.10元

小学数学解题方法/孙新龙著.—延吉：东北朝鲜民族教育出版社，1990.11.—323页；32开.—ISBN 7-5437-0769-7：3.10元

小学数学解题方法100例/王锡发主编.—南宁：广西民族出版社，1990.11.—94页；32开.—（中小学生学习指导丛书/党玉敏，黄麟生主编）.—ISBN 7-5363-0993-7：1.20元

小学数学解题术：一年级/曹侠编著.—北京：中国少年儿童出版社，1990.3.—60页；32开.—ISBN 7-5007-0909-9：0.75元

小学数学解题术：三年级/陈达强，马河山编著.—北京：中国少年儿童出版社，1990.3.—74页；32

开.—ISBN 7-5007-0884-X：0.90元

小学数学解题术：五年级/杨连昌编著.—北京：中国少年儿童出版社，1990.3.—138页；32开.—ISBN 7-5007-0498-4：1.50元

小学数学解题技巧百则/张祖瑜，吴昌烟编著.—福州：福建少年儿童出版社，1990.12.—174页；32开.ISBN 7-5395-0464-1：1.75元

小学数学解题思路训练100例/叶季明，唐哲源编著.—杭州：浙江教育出版社，1990.12.—129页；32开.—（小学数学能力训练丛书）.—ISBN 7-5338-0643-3：1.00元

小学数学疑难解析辅导与百例分析：中年级/郭杰等编.—北京：冶金工业出版社，1990.12.—336页；32开.—ISBN 7-5024-0601-8：4.50元

小学数学疑难解析辅导与百例分析：高年级/孙如玉等编.—北京：冶金工业出版社，1990.12.—472页；32开.—ISBN 7-5024-0602-6：5.80元

小学数学疑难解答/常舒正等编著.—北京：中国少年儿童出版社，1990.1.—159页；32开.—ISBN 7-5007-0861-0：1.70元

小学数学趣味讲解100例/韩世珍，蓝清堂主编.郑州：河南教育出版社，1990.12.—224页；32开.（小学数学百题丛书）.—ISBN 7-5347-0807-9：1.60元

小学数学操作课教学设计/万锡敏，徐正康编.—北京：中国广播电视出版社，1990.6.—145页；32开.ISBN 7-5043-0360-7：2.30元

小学数学365：四年级（上）/彭景廉编.—长春：北方妇女儿童出版社，1990.12.—181页；32开.ISBN 7-5385-0657-8：2.10元

小学数学365：五年级（上）/彭景廉编.—长春：北方妇女儿童出版社，1990.12.—180页；32开.ISBN 7-5385-0658-6：2.10元

小学数学365：六年级（上）/彭景廉编.—长春：北方妇女儿童出版社，1990.12.—181页；32开.ISBN 7-5385-0659-4：2.10元

五年制小学实验课本数学（第一册）使用说明/北京师范大学"五·四"学制教材总编辑委员会编.济南：山东教育出版社，1990.5.—21页；32开.ISBN 7-5328-0981-1：0.25元

五年制小学实验课本数学（第二册）使用说明/北京师范大学"五·四"学制教材总编辑委员会编.济南：山东教育出版社，1990.9.—25页；32开.ISBN 7-5328-1046-1：0.28元

五年制小学实验课本数学（第四册）使用说明/北京师范大学"五·四"学制教材总编辑委员会编.济南：山东教育出版社，1990.9.—26页；32开.ISBN 7-5328-1044-5：0.30元

五年制小学数学　第五册/广西教育学院教研部编.南宁：广西教育出版社，1990.7.—51页；32开.（教学目标管理实验）.—ISBN 7-5435-092.-0：0.76元

五年制小学数学　第七册/广西教育学院教研部编.南宁：广西教育出版社，1990.7.—58页；32开.（教学目标管理实验）.—ISBN 7-5435-0914-8：0.80元

五年制小学数学三年级升级准备/张卫国主编.—天津：新蕾出版社，1990.12.—161页；32开.—（升级准备丛书/张卫国主编）.—ISBN 7-5307-0746-9：1.75元

五年制小学数学四年级升级准备/张卫国主编.—天津：新蕾出版社，1990.12.—145页；32开.—（升级准备丛书/张卫国主编）.—ISBN 7-5307-0747-7：1.60元

五年制小学数学五年级升级准备/盛大启等编写.天津：新蕾出版社，1990.12.—218页；32开.—（升级准备丛书/张卫国主编）.—ISBN 7-5307-0748-5：2.25元

五年制小学数学达纲训练　第一册/陆炜编写.—南宁：广西教育出版社，1990.6.—80页；32开.—ISBN 7-5435-0881-8：0.85元

五年制小学数学达纲训练　第三册/顾远辛编写.南宁：广西教育出版社，1990.6.—80页；32开.—ISBN 7-5435-0893-1：0.85元

五年制小学数学达纲训练　第五册/廖扬编写.—南宁：广西教育出版社，1990.5.—96页；32开.—ISBN 7-5435-0839-7：1.00元

五年制小学数学达纲训练　第七册/郝美玲编.—南宁：广西教育出版社，1990.5.—112页；32开.—ISBN 7-5435-0833-9：1.13元

五年制小学数学达纲训练　第九册/黄乔里编写.南宁：广西教育出版社，1990.5.—112页；32开.ISBN 7-5435-0844-3：1.13元

五年制小学数学过关自测题　第一册/王敏编著.南宁：广西科学技术出版社，1990.6.—77页；32开.ISBN 7-30565-301-1：0.90元

五年制小学数学过关自测题　第三册/李雅才编写.南宁：广西科学技术出版社，1990.6.—88页；32开.ISBN 7-80565-322-4：1.05元

五年制小学数学过关自测题　第五册/申豫昆编写.南宁：广西科学技术出版社，1990.6.—86页；32开.ISBN 7-80565-323-5：1.05元

五年制小学数学过关自测题　第七册/周应斌编写.南宁：广西科学技术出版社，1990.6.—94页；32开.—ISBN 7-30565-221-X：1.10元

五年制小学数学过关自测题　第九册/蒋茂仪编写.南宁：广西科学技术出版社，1990.6.—110页；32开.—ISBN 7-30565-324-0：1.30元

五年制小学数学自测题　第三册/佘正洪编写.—武汉：湖北教育出版社，1990.5.—36页；32开.—ISBN

7-5351-0520-3：0.78元

五年制小学数学自测题　第五册/邹华成编写.—武汉：湖北教育出版社，1990.4.—89页；32开.—ISBN 7-5351-0529-7：0.84元

五年制小学数学自测题　第七册/刘德才编写.—武汉：湖北教育出版社，1990.5.—116页；32开.—ISBN 7-5351-0528-9：1.00元

五年制小学数学自测题　第九册/段良言，盛先鑫编写.—武汉：湖北教育出版社，1990.7.—148页；32开.—ISBN 7-5351-0521-1：1.25元

五年制小学数学单元自测　（二）/张广骏编.—南京：江苏少年儿童出版社，1990.12.—40页；32开.ISBN 7-5346-0641-1：0.50元

五年制小学数学单元学习目标及检测　第二册.南京：江苏教育出版社，1990.10.—46页；32开.ISBN 7-5343-1147-0：0.48元

五年制小学数学单元学习目标及检测　第四册.南京：江苏教育出版社，1990.9.—50页；32开.ISBN 7-5343-1148-9：0.51元

五年制小学数学单元学习目标及检测　第六册/俞仁健主编.—南京：江苏教育出版社，1990.10.—46页；32开.—ISBN 7-5343-1149-7：0.48元

五年制小学数学单元学习目标及检测　第八册/俞仁健主编.—南京：江苏教育出版社，1990.9.—62页；32开.—ISBN 7-5343-1150-0：0.59元

五年制小学数学单元学习目标及检测　第十册/俞仁健主编.—南京：江苏教育出版社，1990.10.—57页；32开.—ISBN 7—5343-1151-9：0.56元

五年制小学数学试卷集　第一册：小学数学过关自测题附件/覃良能等主编；王敏编写.—南宁：广西科学技术出版社，1990.6.—36页；16开.—ISBN 7-80565-313-5：0.85元

五年制小学数学试卷集　第二册：小学数学过关自测题附件/《小学数学试卷集》编写组编.—2版.—南宁：广西科学技术出版社，1990.12.—41页；16开.ISBN 7-80565-245-7：0.90元

本书1990年1月第1版。

五年制小学数学试卷集　第三册：小学数学过关自测题附件/覃良能等主编；李雅才编写.—南宁：广西科学技术出版社，1990.6.—36页；16开.—ISBN 7-80565-315-1：0.85元

五年制小学数学试卷集　第四册：小学数学过关自测题附件/《小学数学试卷集》编写组编.—2版.—南宁：广西科学技术出版社，1990.12.—36页；16开.ISBN 7-80565-243-0：0.90元

本书1990年1月第1版。

五年制小学数学试卷集　第五册：小学数学过关自测题附件/覃良能等主编；申豫昆编写.—南宁：广西科学技术出版社，1990.6.—48页；16开.—ISBN 7-80565-317-8：1.10元

五年制小学数学试卷集　第六册：小学数学过关自测题附件/《小学数学试卷集》编写组编.—2版.—南宁：广西科学技术出版社，1990.11.—46页；16开.ISBN 7-80565-233-3：1.05元

本书1990年1月第1版。

五年制小学数学试卷集　第七册：小学数学过关自测题附件/覃良能等主编；周应斌编写.—南宁：广西科学技术出版社，1990.6.—40页；16开.—ISBN 7-80565-319-4：0.90元

五年制小学数学试卷集　第八册：小学数学过关自测题附件/《小学数学试卷集》编写组编.—2版.—南宁：广西科学技术出版社，1990.12.—39页；16开.ISBN 7-80565-238-4：0.90元

本书1990年1月第1版。

五年制小学数学试卷集　第九册：小学数学过关自测题附件/覃良能等主编；蒋茂仪编写.—南宁：广西科学技术出版社，1990.6.—40页；16开.—ISBN 7-80565-321-6：0.90元

五年制小学数学试卷集　第十册：小学数学过关自测题附件/《小学数学试卷集》编写组编.—2版.—南宁：广西科学技术出版社，1990.12.—40页；16开.ISBN 7-80565-244-9：0.90元

本书1990年1月第1版。

五年制小学数学思维训练　第二册/广东省跟踪实验学校编.—广州：广东科技出版社，1990.12.—78页；32开.—ISBN 7-5359-0807-1：0.90元

五年制小学数学思维训练　第四册/广东省跟踪实验学校编.—广州：广东科技出版社，1990.12.—92页；32开.—ISBN 7-5359-0808-X：0.90元

五年制小学数学思维训练　第六册/广东省跟踪实验学校编.—广州：广东科技出版社，1990.12.—90页；32开.—ISBN 7-5359-0809-8：0.90元

五年制小学数学思维训练　第八册/广东省跟踪实验学校编.—广州：广东科技出版社，1990.12.—90页；32开.—ISBN 7-5359-0810-1：0.90元

五年制小学数学思维训练　第十册/广东省跟踪实验学校编.—广州：广东科技出版社，1990.12.—120页；32开.—ISBN 7-5359-0811-X：1.25元

五年制小学数学教学目标实施手册　第二册/俞仁健主编；王春阳等编写.—南京：江苏教育出版社，1990.1.—32页；32开.—ISBN 7-5343-0921-2：0.35元

五年制小学数学教学目标实施手册　第四册/江苏省淮阴市教学研究室编.—南京：江苏教育出版社，1990.1.—45页；32开.—ISBN 7-5343-0922-0：0.40元

五年制小学数学教学目标实施手册　第六册/俞仁健主编；王耀灿等编写.—南京：江苏教育出版社，1990.1.—49页；32开.—ISBN 7-5343-0923-9：0.43

元

五年制小学数学教学目标实施手册　第八册/江苏省淮阴市教学研究室编.—南京：江苏教育出版社，1990.1.—55页；32开.—ISBN 7-5343-0924-7：0.48元

五年制小学数学教学目标实施手册　第十册/江苏省淮阴市教学研究室编.—南京：江苏教育出版社，1990.1.—54页；32开.—ISBN 7-5343-0925-5：0.48元

五年制小学数学教学目标检测　第二册/江苏省淮阴市教学研究室编.—南京：江苏教育出版社，1990.1.—12页；16开.—ISBN 7-5343-0916-6：0.20元

五年制小学数学教学目标检测　第四册/江苏省淮阴市教学研究室编.—南京：江苏教育出版社，1990.1.—17页；16开.—ISBN 7-5343-0917-4：0.25元

五年制小学数学教学目标检测　第六册/江苏省淮阴市教学研究室编.—南京：江苏教育出版社，1990.1.—16页；16开.—ISBN 7-5343-0918-2：0.25元

五年制小学数学教学目标检测　第八册/江苏省淮阴市教学研究室编.—南京：江苏教育出版社，1990.1.—20页；16开.—ISBN 7-5343-0919-0：0.30元

五年制小学数学教学目标检测　第十册/江苏省淮阴市教学研究室编.—南京：江苏教育出版社，1990.1.—18页，16开.—ISBN 7-5343-0920-4：0.25元

五年制小学数学基础训练　第一册/新蕾出版社编辑.—修订版.—天津：新蕾出版社，1990.3.—62页，32开.—ISBN 7-5307-0565-2：0.66元

五年制小学数学基础训练　第二册/新蕾出版社编辑.—修订本.—天津：新蕾出版社，1990.9.—62页；32开.—ISBN 7-5307-0720-5：0.66元

五年制小学数学基础训练　第三册/新蕾出版社编辑.—修订版.—天津：新蕾出版社，1990.4.—62页；32开.—ISBN 7-5307-0566-0：0.66元

五年制小学数学基础训练　第四册/新蕾出版社编辑.—修订本.—天津：新蕾出版社，1990.9.—62页；32开.—ISBN 7-5307-0721-3：0.66元

五年制小学数学基础训练　第五册/新蕾出版社编辑.—修订版.—天津：新蕾出版社，1990.2.—78页；32开.—ISBN 7-5307-0567-9：0.80元

五年制小学数学基础训练　第六册/新蕾出版社编辑.—修订本.—天津：新蕾出版社，1990.9.—78页；32开.—ISBN 7-5307-0722-1：0.80元

五年制小学数学基础训练　第七册/新蕾出版社编辑.—修订版.—天津：新蕾出版社，1990.3.—94页；32开.—ISBN 7-5307-0568-7：0.93元

五年制小学数学基础训练　第八册/新蕾出版社编辑.—修订本.—天津：新蕾出版社，1990.9.—94页；32开.—ISBN 7-5307-0723-X：0.93元

五年制小学数学基础训练　第九册/新蕾出版社编辑.—修订版.—天津：新蕾出版社，1990.3.—94页；32开.—ISBN 7-5307-0569-5：0.93元

五年制小学数学基础训练　第十册/新蕾出版社编辑.—修订本.—天津：新蕾出版社，1990.9.—94页；32开.—ISBN 7-5307-0724-3：0.93元

五年制小学数学基础训练　第一册/山东省教学研究室编.—2版.—济南：山东教育出版社，1990.1.97页；32开.—一年级上学期用.—ISBN 7-5328-0283-3：0.82元

本书1988年1月第1版。

五年制小学数学基础训练　第三册/山东省教学研究室编.—2版.—济南：山东教育出版社，1990.1.112页；32开.—二年级上学期用.—ISBN 7-5328-0284-1：0.93元

本书1988年1月第1版。

五年制小学数学基础训练　第五册/山东省教学研究室编.—2版.—济南：山东教育出版社，1990.1.128页；32开.—三年级上学期用.—ISBN 7-5328-0285-X：1.05元

本书1938年1月第1版。

五年制小学数学基础训练　第七册/山东省教学研究室编.—2版.—济南：山东教育出版社，1990.1.109页；32开.—四年级上学期用.—ISBN 7-5328-0286-8：0.87元

本书1988年1月第1版。

五年制小学数学基础训练　第九册/山东省教学研究室编.—2版.—济南：山东教育出版社，1990.1.128页；32开.—五年级上学期用.—ISBN 7-5328-0287-6：1.05元

本书1988年1月第1版。

五年制小学数学第一册单元测试题.—太原：山西教育出版社，〔1990〕.—28张；16开.—ISBN 7-80578-042-0：0.85元

五年制小学数学第三册单元测试题.—太原：山西教育出版社，〔1990〕.—14张；16开.—ISBN 7-80578-043-9：0.42元

五年制小学数学第五册单元测试题.—太原：山西教育出版社，〔1990〕.—14张；16开.—ISBN 7-80578-044-7：0.45元

五年制小学数学第七册单元测试题.—太原：山西教育出版社，〔1990〕.—14张；16开.—ISBN 7-80578-045-5：0.45元

五年制小学数学第九册单元测试题.—太原：山西教育出版社，〔1990〕.—16张；16开.—ISBN 7-80578-045-5：0.50元

五年制小学数学第七册单元自测与验收/张玉成等编.—海口：南海出版公司，1990.2.—89页；32开.（帮你学丛书/张玉成，源泉主编）.—ISBN 7-80570-119-9：1.05元

五年制小学数学智能训练标准化检测题　第二册/刘嘉望，张忠兴编.—济南：山东教育出版社，1990.9.—28页；16开.—一年级下学期用.—ISBN 7-5328-0601-4：0.49元

五年制小学数学智能训练标准化检测题　第四册/刘嘉望，张忠兴编.—济南：山东教育出版社，1990.7.—32页；16开.—二年级下学期用.—ISBN 7-5328-0602-2：0.56元

五年制小学数学智能训练标准化检测题　第六册/刘嘉望，张忠兴编.—济南：山东教育出版社，1990.7.—28页；16开.—三年级下学期用.—ISBN 7-5328-0603-0：0.50元

五年制小学数学智能训练标准化检测题　第八册/刘嘉望，张忠兴编.—济南：山东教育出版社，1990.7.—32页；16开.—四年级下学期用.—ISBN 7-5328-0604-9：0.56元

五年制小学数学智能训练标准化检测题　第十册/刘嘉望，张忠兴编.—济南：山东教育出版社，1990.7.—32页；16开.—五年级下学期用.—ISBN 7-5328-0605-7：0.56元

五年制小学数学想一想·练一练：一年一期/《五年小学数学想一想·练一练》编写小组编.—长沙：湖南少年儿童出版社，1990.5.—80页；32开.—ISBN 7-5358-0376-8：0.67元

从算术到代数　(6)：1989年小学数学奥林匹克邀请赛专辑/北京青少年科技辅导员协会，数学早慧少年研究会编.—北京：机械工业出版社，1990.2.61页；32开.—ISBN 7-111-02371-4：0.85元

六年制小学新编数学自测题　第二册/古木，肖兆编写.—武汉：湖北教育出版社，1990.10.—154页；32开.—ISBN 7-5351-0618-8：1.25元

六年制小学新编数学自测题　第四册/邓璘，王琼编写.—武汉：湖北教育出版社，1990.10.—141页；32开.—ISBN 7-5351-0619-6：1.10元

六年制小学新编数学自测题　第六册/刘春芳，胡昌东编.—武汉：湖北教育出版社，1990.10.—122页；32开.—ISBN 7-5351-0625-0：1.00元

六年制小学新编数学自测题　第八册/汐洋编写.武汉：湖北教育出版社，1990.10.—142页；32开.ISBN 7-5351-0613-7：1.10元

六年制小学新编数学自测题　第十册/东禾编写.武汉：湖北教育出版社，1990.10.—132页；32开.ISBN 7-5351-0614-5：1.05元

六年制小学新编数学自测题　第十二册/朱日连，雷见荣编写.—武汉：湖北教育出版社，1990.10.154页；32开.—ISBN 7-5351-0620-X：1.25元

六年制小学数学四年级升级准备/盛大启等编写.天津：新蕾出版社，1990.12.—153页；32开.—(升级准备丛书/张卫国主编).—ISBN 7-5307-0757-4：1.65元

六年制小学数学五年级升级准备/严英等编著.—天津：新蕾出版社，1990.12.—129页；32开—(升级准备丛书/张卫国主编).—ISBN 7-5307-0758-2：1.45元

六年制小学数学六年级升级准备/盛大启等编写.天津：新蕾出版社，1990.12.—218页；32开.(升级准备丛书/张卫国主编).—ISBN 7-5307-0759-0：2.25元

六年制小学数学达纲训练　第一册/秦慧敏编写.南宁：广西教育出版社，1990 5—80页；32开.ISBN 7-5435-0834-6：0.85元

六年制小学数学达纲训练　第三册/梁美华编.—南宁：广西教育出版社，1990 5.—80页；32开.—ISBN 7-5435-0835-4：0.85元

六年制小学数学达纲训练　第五册/王敏编写.—南宁：广西教育出版社，1990.5.—96页；32开.—ISBN 7-5435-0836-2：1.00元

六年制小学数学达纲训练　第七册/潘曦明编写.南宁：广西教育出版社，1990.5.—96页；32开.ISBN 7-5435-0837-0：1.00元

六年制小学数学达纲训练　第十一册/梁柯编写.南宁：广西教育出版社，1990.5.—112页；32开.ISBN 7-5435-0842-7：1.13元

六年制小学数学过关自测题　第一册/李锦元编写.南宁：广西科学技术出版社，1990.6.—78页；32开.—ISBN 7-80565-297-X：0.95元

六年制小学数学过关自测题　第三册/邹莉编写.南宁：广西科学技术出版社，1990.6.—90页；32开.ISBN 7-80565-298-8：1.05元

六年制小学数学过关自测题　第五册/孔令望编写.南宁：广西科学技术出版社，1990.6.—89页；32开.ISBN 7-80565-302-X：1.05元

六年制小学数学过关自测题　第七册/钟颖编写.南宁：广西科学技术出版社，1990.6.—86页；32开.—ISBN 7-80565-223-6：1.05元

六年制小学数学过关自测题　第九册/卢武南编写.南宁：广西科学技术出版社，1990.6.—89页；32开.—ISBN 7-80565-299-6：1.05元

六年制小学数学过关自测题　第十一册/覃良能编写.—南宁：广西科学技术出版社，1990.6.—104页；32开.—ISBN 7-80565-300-3：1.20元

六年制小学数学备课手册　第二册/宋汛编写.—武汉：华中师范大学出版社，1989.12.—208页；32开.ISBN 7-5622-0487-X：2.10元

六年制小学数学备课手册　第十一册/史爱娣编写.武汉：华中师范大学出版社，1990.5.—276页；32开.—ISBN 7-5622-0592-9：2.75元

六年制小学数学备课教案　第一册/段应全主编.贵阳：贵州教育出版社，1990.7.—203页；32开.

ISBN 7-80583-043-6：1.80元

六年制小学数学备课教案　第二册/段应全主编.贵阳：贵州教育出版社，1990.11.—176页；32开.ISBN 7-80583-096-7：1.50元

六年制小学数学备课教案　第三册/段应全主编.贵阳：贵州教育出版社，1990.7.—182页；32开.ISBN 7-80583-044-4：1.60元

六年制小学数学备课教案　第四册/段应全主编.贵阳：贵州教育出版社，1990.11.—194页；32开.ISBN 7-80583-097-5：1.70元

六年制小学数学备课教案　第五册/段应全主编.贵阳：贵州教育出版社，1990.7.—188页；32开.ISBN 7-80583-045-2：1.65元

六年制小学数学备课教案　第六册/段应全主编.贵阳：贵州教育出版社，1990.11.—205页；32开.ISBN 7-80583-098-3：1.80元

六年制小学数学备课教案　第十册/段应全主编.贵阳：贵州教育出版社，1990.11.—223页；32开.ISBN 7-80583-100-9：1.90元

六年制小学数学备课教案　第十一册/段应全主编.—贵阳：贵州教育出版社，1990.7.—231页；32开.—ISBN 7-80583-048-：2.00元

六年制小学数学备课教案　第十二册/段应全主编.—贵阳：贵州教育出版社，1990.11.—168页；32开.—ISBN 7-80583-101-7：1.50元

六年制小学数学试卷集　第一册：小学数学过关自测题附件/覃良能等主编；李锦元编写.—南宁：广西科学技术出版社，1990.6.—36页；16开.—ISBN 7-80565-336-4：0.85元

六年制小学数学试卷集　第二册：小学数学过关自测题附件/《小学数学试卷集》编写组编.—2版.—南宁：广西科学技术出版社，1990.12.—40页；16开.ISBN 7-80565-231-7：0.90元

本书1990年1月第1版。

六年制小学数学试卷集　第三册：小学数学过关自测题附件/覃良能等主编；邹莉编写.—南宁：广西科学技术出版社，1990.6.—40页；16开.—ISBN 7-80565-305-4：0.90元

六年制小学数学试卷集　第四册：小学数学过关自测题附件/《小学数学试卷集》编写组编.—2版.—南宁：广西科学技术出版社，1990.12.—48页；16开.ISBN 7-80565-2350-X：1.05元

本书1990年1月第1版

六年制小学数学试卷集　第五册：小学数学过关自测题附件/覃良能等主编；孔令望编写.—南宁：广西科学技术出版社，1990.6.—40页；16开.—ISBN 7-80565-307-0：0.90元

六年制小学数学试卷集　第六册：小学数学过关自测题附件/《小学数学试卷集》编写组编.—2版.—南宁：广西科学技术出版社，1990.12.—46页；16开.ISBN 7-80565-185-X：1.05元

本书1990年1月第1版。

六年制小学数学试卷集　第七册：小学数学过关自测题附件/覃良能等主编；钟颖编写.—南宁：广西科学技术出版社，1990.6.—38页；16开.—ISBN 7-80565-309-7：0.90元

六年制小学数学试卷集　第八册：小学数学过关自测题附件/《小学数学试卷集》编写组编.—2版.—南宁：广西科学技术出版社，1990.12.—41页；16开.ISBN 7-80565-236-8：0.90元

本书1990年1月第1版。

六年制小学数学试卷集　第九册：小学数学过关自测题附件/覃良能等主编；卢武南编写.—南宁：广西科学技术出版社，1990.6.—36页；16开.—ISBN 7-80565-337-2：0.85元

六年制小学数学试卷集　第十册：小学数学过关自测题附件/《小学数学试卷集》编写组编.—2版.—南宁：广西科学技术出版社，1990.12.—39页；16开.—ISBN 7-80565-274-1：0.90元

本书1990年1月第1版。

六年制小学数学试卷集　第十一册：小学数学过关自测题附件/覃良能等主编；覃良能编写.—南宁：广西科学技术出版社，1990.6.—40页；16开.—ISBN 7-80565-311-9：0.90元

六年制小学数学试卷集　第十二册：小学数学过关自测题附件/《小学数学试卷集》编写组编.—2版.南宁：广西科学技术出版社，1990.12.—38页；16开.—ISBN 7-80565-232-5：0.90元

本书1990年1月第1版。

六年制小学数学思维训练　第二册/广东省跟踪实验学校编.—广州：广东科技出版社，1990.12.—70页；32开.—ISBN 7-5359-0763-6：0.90元

六年制小学数学思维训练　第四册/广东省跟踪实验学校编.—广州：广东科技出版社，1990.11.—82页；32开.—ISBN 7-5359-0764-4：0.90元

六年制小学数学思维训练　第六册/广东省跟踪实验学校编.—广州：广东科技出版社，1990.11.—81页；32开.—ISBN 7-5359-0765-2：0.90元

六年制小学数学思维训练　第八册/广东省跟踪实验学校编.—广州：广东科技出版社，1990.10.—89页；32开.—ISBN 7-5359-0766-0：0.90元

六年制小学数学思维训练　第十册/广东省跟踪实验学校编.—广州：广东科技出版社，1990.10.—80页；32开.—ISBN 7-5359-0767-9：0.90元

六年制小学数学思维训练　第十二册/广东省跟踪实验学校编.—广州：广东科技出版社，1990.11.—120页；32开.—ISBN 7-5359-0768-7：1.25元

六年制小学数学基础训练　第一册/青岛市教育局

编.一3版.一青岛：青岛出版社，1990.4.一95页；32开.一一年级秋季用.一ISBN 7-5436-0339-X：0.90元

本书1987年4月第1版。

六年制小学数学基础训练　第三册/青岛市教育局编.一3版.一青岛：青岛出版社，1990.4.一85页；32开.一二年级秋季用.一ISBN 7-5436-0340-3：0.82元

本书1988年4月第1版。

六年制小学数学基础训练　第五册/青岛市教育局编.一3版.一青岛：青岛出版社，1990.4.一93页；32开.一三年级秋季用.一ISBN 7-5436-0341-1：0.87元

本书1987年4月第1版。

六年制小学数学基础训练　第九册/青岛市教育局编.一3版.一青岛：青岛出版社，1990.4.一106页；32开.一五年级秋季用.一ISBN 7-5436-0343-8：0.96元

本书1987年4月第1版。

六年制小学数学基础训练　第十一册/青岛市教育局编.一3版.一青岛：青岛出版社，1990.4.一150页；32开.一六年级秋季用.一ISBN 7-5436-0344-6：1.30元

本书1987年4月第1版。

六年制小学数学基础训练　第一册/新蕾出版社编辑.一修订版.一天津：新蕾出版社，1990.3.一62页；32开.一ISBN 7-5307-0576-8：0.66元

六年制小学数学基础训练　第二册/新蕾出版社编辑.一修订本.一天津：新蕾出版社，1990.9.一62页；32开.一ISBN 7-5307-0731-0：0.66元

六年制小学数学基础训练　第三册/新蕾出版社编辑.一修订版.一天津：新蕾出版社，1990.3.一62页；32开.一ISBN 7-5307-0577-6：0.66元

六年制小学数学基础训练　第四册/新蕾出版社编辑.一修订本.一天津：新蕾出版社，1990.9.一62页；32开.一ISBN 7-5307-0732-9：0.66元

六年制小学数学基础训练　第五册/新蕾出版社编辑.一修订版.一天津：新蕾出版社，1990.3.一78页；32开.一ISBN 7-5307-0578-4：0.80元

六年制小学数学基础训练　第六册/新蕾出版社编辑.一修订版.一天津：新蕾出版社，1990.9.一78页；32开.一ISBN 7-5307-0733-7：0.80元

六年制小学数学基础训练　第七册/新蕾出版社编辑.一修订版.一天津：新蕾出版社，1990.4.一78页；32开.一ISBN 7-5307-0579-2：0.80元

六年制小学数学基础训练　第八册/新蕾出版社编辑.一修订本.一天津：新蕾出版社，1990.9.一78页；32开.一ISBN 7-5307-0734-5：0.80元

六年制小学数学基础训练　第九册/新蕾出版社编辑.一修订1版.一天津：新蕾出版社，1990.3.一94页；32开.一ISBN 7-5307-0580-6：0.93元

六年制小学数学基础训练　第十册/新蕾出版社编辑.一修订本.一天津：新蕾出版社，1990.9.一94页；32开.一ISBN 7-5307-0735-3：0.93元

六年制小学数学基础训练　第十一册/新蕾出版社编辑.一修订版.一天津：新蕾出版社，1990.4.一94页；32开.一ISBN 7-5307-0581-4：0.93元

六年制小学数学基础训练　第十二册/新蕾出版社编辑.一修订本.一天津：新蕾出版社，1990.9.一94页；32开.一ISBN 7-5307-0736-1：0.93元

六年制小学数学第七册单元检测与思路点拨/李鉴蕙编.一石家庄：河北科学技术出版社，1990.4.183页；32开.一（小学生学习能力训练丛书/金玉章主编）.一ISBN 7-5375-0470-9：2.20元

六年制小学数学第九册单元检测与思路点拨/贺云城编.一石家庄：河北科学技术出版社，1990.4.134页；32开.一（小学生学习能力训练丛书/金玉章主编）.一ISBN 7-5375-0468-7：1.80元

六年制小学数学第十一册单元检测与思路点拨/李自雄等编.一石家庄：河北科学技术出版社，1990.4.一244页；32开.一（小学生学习能力训练丛书/金玉章主编）.一ISBN 7-5375-0460-1：2.60元

六年制小学数学第四册辅导解难与标准化训练/丛书编写组编.一南宁：广西教育出版社，1990.12.73页；32开.一（小学课程辅导解难与标准化训练丛书）.一ISBN 7-5435-1089-8：1.08元

六年制小学数学第六册标准化单元测试题/海淀区标准化单元测验题编写小组编.一南宁：接力出版社，1990.12.一30页；16开.一ISBN 7-80581-164-7：0.90元

六年制小学数学第六册辅导解难与标准化训练/丛书编写组编.一南宁：广西教育出版社，1990.12.66页；32开.一（小学课程辅导解难与标准化训练丛书）.一ISBN 7-5435-1090-1：1.08元

六年制小学数学第十册标准化单元测验题/海淀区标准化单元测验题编写小组编.一南宁：接力出版社，1990.12.一35页；16开.一ISBN 7-80581-185-7：1.10元

六年制小学数学第十册辅导解难与标准化训练/丛书编写组编.一南宁：广西教育出版社，1990.12.75页；32开.一（小学课程辅导解难与标准化训练丛书）.一ISBN 7-5435-1099-5：1.08元

六年制小学数学综合基础训练/青岛市教育局编.3版.一青岛：青岛出版社，1990.3.一175页；32开.ISBN 7-5436-0129-X：1.65元

本书1988年3月第1版。

六年制小学数学想想算算　第一册/李文章主编；周在裕编写.一修订本.一西安：陕西人民教育出版社，1990.3.一78页；32开.一ISBN 7-5419-0414-7：0.75元

六年制小学数学想想算算　第二册/陕西省教育厅审订.一修订本.一西安：陕西人民教育出版社，

1990.10.—107页；32开.—ISBN 7-5419-1836-9：1.00元

六年制小学数学想想算算 第三册/李文章等编写.—修订本.—西安：陕西人民教育出版社，1990.3.—82页；32开.—ISBN 7-5419-0415-5：0.81元

六年制小学数学想想算算 第四册/陕西省教育厅审订.—修订本.—西安：陕西人民教育出版社，1990.9.—103页；32开.—ISBN 7-5419-1837-7：0.90元

六年制小学数学想想算算 第六册/陕西省教育厅审订.—修订本.—西安：陕西人民教育出版社，1990.9.—132页；32开.—ISBN 7-5419-1838-5：1.15元

六年制小学数学想想算算 第七册/李文章主编；梁翠芳编写.—修订本.—西安：陕西人民教育出版社，1990.3.—82页；32开.—ISBN 7-5419-0011-7：0.81元

六年制小学数学想想算算 第九册/李文章等编写.—修订本.—西安：陕西人民教育出版社，1990.3.—98页；32开.—ISBN 7-5419-0012-5：0.94元

六年制小学数学想想算算 第十一册/李文章等编写.—修订本.—西安：陕西人民教育出版社，1990.3.—113页；32开.—ISBN 7-5419-0013-3：1.05元

少年数学华罗庚金杯赛辅导手册/王永建主编.—南京：江苏教育出版社，1990.5.—334页；32开.—ISBN 7-5343-1058-X：2.60元

巧学巧算 （上）/张敏生编著.—昆明：云南少年儿童出版社，1990.8.—144页；32开.—（学习方法小丛书：小学数学部分）.—ISBN 7-5414-0446-2：1.55元

巧学巧算 （中）/张敏生编著.—昆明：云南少年儿童出版社，1990.8.—139页；32开.—（学习方法小丛书：小学数学部分）.—ISBN 7-5414-0438-1：1.50元

巧学巧算 （下）/田志刚编著.—昆明：云南少年儿童出版社，1990.8.—109页；32开.—（学习方法丛书：小学数学部分）.—ISBN 7-5414-0464-0：1.25元

北京市小学数学评优课课堂纪实与教案荟萃：1989年/陈起新等编.—北京：北京师范大学出版社，1990.6.—317页，32开.—ISBN 7-303-00996-5：3.20元

全日制小学教学目标：数学：一年级/西安市教育科学研究所，西安市教育委员会教研室编.—西安：陕西人民教育出版社，1990.3.—16页；32开.ISBN 7-5419-1559-9：0.34元

全日制小学教学目标：数学：二年级/西安市教育科学研究所，西安市教育委员会教研室编.—西安：陕西人民教育出版社，1990.3.—23页；32开.ISBN 7-5419-1560-2：0.40元

全日制小学教学目标：数学：三年级/西安市教育科学研究所，西安市教育委员会教研室编.—西安：陕西人民教育出版社，1990.3.—23页；32开.ISBN 7-5419-1561-0：0.40元

全日制小学教学目标：数学：四年级/西安市教育科学研究所，西安市教育委员会教研室编.—西安：陕西人民教育出版社，1990.3.—37页；32开.ISBN 7-5419-1562-9：0.54元

全日制小学教学目标：数学：五年级/西安市教育科学研究所，西安市教育委员会教研室编.—西安：陕西人民教育出版社，1990.5.—54页；32开.ISBN 7-5419-1563-7：0.64元

全日制小学教学目标：数学：六年级/西安市教育科学研究所，西安市教育委员会教研室编.—西安：陕西人民教育出版社，1990.4.—54页；32开.ISBN 7-5419-1564-5：0.64元

全日制小学教学目标测试题：数学 第一册/西安市教育科学研究所，西安市教育委员会教研室编.西安：陕西人民教育出版社，1990.4.—24页；32开.—ISBN 7-5419-1649-8：0.39元

全日制小学教学目标测试题：数学 第五册/西安市教育科学研究所，西安市教育委员会教研室编.西安：陕西人民教育出版社，1990.4.—45页；32开.—ISBN 7-5419-1651-X：0.57元

全日制小学教学目标测试题：数学 第七册/西安市教育科学研究所，西安市教育委员会编.—西安：陕西人民教育出版社，1990.4.—38页；32开.ISBN 7-5419-1652-8：0.52元

全日制小学教学目标测试题：数学 第八册/西安市教育科学研究所，西安市教委教研室编.—西安：陕西人民教育出版社，1990.10.—54页；32开.ISBN 7-5419-2086-X：0.65元

全日制小学教学目标测试题：数学 第九册/西安市教育科学研究所，西安市教育委员会教研室编.西安：陕西人民教育出版社，1990.5.—47页；32开.—ISBN 7-5419-1653-6：0.58元

全日制小学教学目标测试题：数学 第十一册/西安市教育科学研究所，西安市教育委员会教研室编.西安：陕西人民教育出版社，1990.4.—56页；32开.—ISBN 7-5419-1654-4：0.63元

全日制六年制小学课本数学第一册教学参考资料/北京、天津、上海、浙江小学数学教材联合编写组编.—2版.—天津：天津教育出版社，1990.5.—80页；32开.—ISBN 7-5309-0279-2：0.60元

本书1988年4月第1版。

全日制六年制小学课本数学第二册教学参考资料/北京、天津、上海、浙江小学数学教材联合编写组编.—2版.—天津：天津教育出版社，1990.11.—65

页；32开.—ISBN 7-5309-0501-5：0.50元
本书1988年10第1版。

全日制六年制小学数学学习目标及检测　第二册.天津：天津科技翻译出版公司，1990.2.—51页；32开.—ISBN 7-5433-0135-0：0.66元

全日制六年制小学数学学习目标及检测　第四册.天津：天津科技翻译出版公司，1990.2.—44页；32开.—ISBN 7-5433-0136-9：0.58元

全日制六年制小学数学学习目标及检测　第八册.天津：天津科技翻译出版公司，1990.2.—38页；32开.—ISBN 7-5433-0138-5：0.52元

全日制六年制小学数学学习目标及检测　第十册.天津：天津科技翻译出版公司，1990.2.—48页；32开.—ISBN 7-5433-0139-3：0.63元

全日制六年制小学数学学习目标及检测　第十二册.—天津：天津科技翻译出版公司，1990.1.—32页；32开.—ISBN 7-5433-0140-7：0.42元

全国小学升初中数学试题精选/苏锡钧编.—石家庄：河北教育出版社，1990.12.—247页；32开.ISBN 7-5434-0925-9：2.10元

全国小学生毕业升学数学试题选答/关键等编.—沈阳：辽宁人民出版社，1990.1.—211页；32开.—ISBN 7-205-01218-X：2.30元

全国小学生毕业、升学数学试题选解：题型归类与解析/沈民等编写.—沈阳：辽宁民族出版社，1990.12.—407页；32开.—ISBN 7-80527-173-9：4.70元

全国小学生数学竞赛题精解/徐国钧等编.—福州：福建科学技术出版社，1990.3.—305页；32开.—ISBN 7-5335-0338-4：3.10元

全国小学毕业数学试题分类精选：1990年/刘昌等编.—开封：河南大学出版社，1990.11.—186页；32开.—ISBN 7-81018-432-6：1.70元

全国小学数学竞赛最新试题详解/吕柏根，徐海松编写.—郑州：河南教育出版社，1990.12.—307页；32开.—ISBN 7-5347-0856-7：2.05元

应用题实例分析/武德本编著.—郑州：河南教育出版社，1990.8.—352页；32开.—ISBN 7-5347-0731-5：3.10元

现代小学数学实验园地：一年级/中国科学院心理研究所《现代小学数学》协作组编.—杭州：浙江少年儿童出版社，1990.5.—78页；32开.—ISBN 7-5342-0577-8：0.78元

现代小学数学实验园地：二年级/中国科学院心理研究所《现代小学数学》协作组编.—杭州：浙江少年儿童出版社，1990.5.—76页；32开.—ISBN 7-5342-0578-6：0.78元

现代小学数学实验园地：三年级/中国科学院心理研究所《现代小学数学》协作组编.—杭州：浙江少年儿童出版社，1990.5.—78页；32开.—ISBN 7-5342-0579-4：0.78元

现代小学数学实验园地：四年级/中国科学院心理研究所《现代小学数学》协作组编.—杭州：浙江少年儿童出版社，1990.5.—76页；32开.—ISBN 7-5342-0580-8：0.78元

现代小学数学实验园地：五年级/中国科学院心理研究所《现代小学数学》协作组编.—杭州：浙江少年儿童出版社，1990.5.—72页；32开.—ISBN 7-5342-0581-6：0.75元

《现代小学数学》练习题　第四册/刘静和主编.2版（修订本）.—北京：科学出版社，1990.10.123页；32开.—ISBN 7-03-002119-3：1.45元
本书1987年11月第1版。

《现代小学数学》练习题　第六册/刘静和主编修订本.—北京：科学出版社，1990.10.—118页；32开.—ISBN 7-03-002139-8：1.40元
本书1986年5月第1版。

使你成为优等生：小学数学思考题精选/张晓华，葛春雪等编.—石家庄：河北教育出版社，1990.11.175页；32开.—供低年级用.—ISBN 7-5434-0707-8：1.55元

使你成为优等生：小学数学思考题精选/张晓华等编.—石家庄：河北教育出版社，1990.10.—218页；32开.—供高年级用.—ISBN 7-5434-0709-4：1.85元

实用小学数学题库/《实用小学数学题库》编写组编；胡学增主编.—郑州：河南教育出版社，1990.12.—823页；大32开.—ISBN 7-5347-0857-5：8.90元

学好小学数学的金钥匙：小学数学知识归纳与复习/于光明等编著.—济南：山东教育出版社，1990.3.256页；32开.—ISBN 7-5328-0884-X：2.30元

学数学/金文丰，师言主编；谢悠南编著.—北京：科学技术文献出版社，1990.9.—198页；32开.—供小学四年级使用.—ISBN 7-5023-1283-8：2.90元
1～3年级题名为：学算术

学数学/金文丰，师言主编；徐锦铭编著.—北京：科学技术文献出版社，1990.7.—252页；32开.—供小学五年级使用.—ISBN 7-5023-1284-6：3.60元

学数学/金文丰，师言主编；乔水洁编著.—北京：科学技术文献出版社，1990.7.—274页；32开.—供小学六年级使用.—ISBN 7-5023-1285-4：3.80元

学数学：六年制小学一年级　第一册/裘之编.—天津：天津教育出版社，1990.8.—39页；16开.—（求知系列丛书）.—ISBN 7-5309-0990-8：0.75元

学数学：六年制小学一年级　第二册/裘之编.—天津：天津教育出版社，1990.2.—40页；16开.—（求知系列丛书）.—ISBN 7-5309-0890-1：0.65元

学数学：六年制小学二年级　第三册/裘之编.—天津：天津教育出版社，1990.8.—39页；16开.—（求知系列丛书）.—ISBN 7-5309-0991-6：0.75元

学数学：六年制小学二年级　第四册/裘之编.—天津：天津教育出版社，1990.2.—40页；16开.—（求知系列丛书）.—ISBN 7-5309-0891-X：0.65元

学数学：六年制小学三年级　第六册/裘之编.—天津：天津教育出版社，1990.2.—40页；16开.—（求知系列丛书）.—ISBN 7-5309-0892-8：0.65元

学数学：六年制小学三年级　第五册/裘之编.—天津：天津教育出版社，1990.8.—38页；16开.—（求知系列丛书）.—ISBN 7-5309-0992-4：0.75元

学数学：六年制小学四年级　第七册/裘之编.—天津：天津教育出版社，1990.8.—39页；16开.—（求知系列丛书）.—ISBN 7-5309-0993-2：0.75元

学数学：六年制小学四年级　第八册/裘之编.—天津：天津教育出版社，1990.2.—40页；16开.—（求知系列丛书）.—ISBN 7-5309-0893-6：0.65元

学数学：六年制小学五年级　第九册/裘之编.—天津：天津教育出版社，1990.8.—40页；16开.—（求知系列丛书）.—ISBN 7-5309-0994-0：0.75元

学数学：六年制小学五年级　第十册/裘之编.—天津：天津教育出版社，1990.2.—40页；16开.—（求知系列丛书）.—ISBN 7-5309-0894-4：0.65元

学数学：六年制小学六年级　第十一册/裘之编.天津：天津教育出版社，1990.8.—40页；16开.（求知系列丛书）.—ISBN 7-5309-0995-9：0.75元

学数学：六年制小学六年级　第十二册/裘之编.天津：天津教育出版社，1990.2.—40页；16开.（求知系列丛书）.—ISBN 7-5309-0895-2：0.65元

学算术/金文丰，师言主编；陈惠珍编著.—北京：科学技术文献出版社，1990.7.—212页；32开.—供小学一年级使用.—ISBN 7-5023-1280-3：3.10元

4～6年级题名为：学数学

学算术/金文丰，师言主编；明天编著.—北京：科学技术文献出版社，1990.7.—199页；32开.—供小学二年级使用.—ISBN 7-5023-1281-1：2.90元

学算术/金文丰，师言主编；杨庆余编著.—北京：科学技术文献出版社，1990.9.—218页；32开.—供小学三年级使用.—ISBN 7-5023-1282-X：3.10元

怎样才能算得又对又快/赵士纲主编.—长春：吉林教育出社版社，1990.11.—223页；32开.—ISBN 7-5383-1164-5：2.25元

怎样运用彩色条进行小学数学教学/马云鹏，林志雄编.—福州：福建教育出版社，1990.8.—179页；32开.—ISBN 7-5334-0587-0：2.20元

教你怎样想：小学数学思维训练：一年级/邱学华主编.—北京：中国少年儿童出版社，1990.5.—46页；32开.—ISBN 7-5007-0862-9：0.60元

教你怎样想：小学数学思维训练：二年级/邱学华主编.—北京：中国少年儿童出版社，1990.5.—46页；32开.—ISBN 7-5007-0863-7：0.60元

教你怎样想：小学数学思维训练：三年级/邱学华主编.—北京：中国少年儿童出版社，1990.5.—94页；32开.—ISBN 7-5007-0789-4：1.05元

教你怎样想：小学数学思维训练：四年级/邱学华主编.—北京：中国少年儿童出版社，1990.5.—92页；32开.—ISBN 7-5007-0864-5：1.05元

教你怎样想：小学数学思维训练：五年级/邱学华主编.—北京：中国少年儿童出版社，1990.5.—50页；32开.—ISBN 7-5007-0790-8：0.65元

教学目标管理实验：小学数学　第二册/广西教育学院教研部编.—南宁：广西教育出版社，1990.1.1册（44，24页）；32开.—ISBN 7-5435-0738-2：0.70元

教学目标管理实验：小学数学　第四册：试用本/广西教育学院教研部编.—南宁：广西教育出版社，1990.1.—54页；32开.—ISBN 7-5435-0748：0.70元

教学目标管理实验：小学数学　第六册：试用本/广西教育学院教研部编.—南宁：广西教育出版社，1990.1.—1册（44，14页）；32开.—ISBN 7-5435-0726-9：0.75元

教学目标管理实验：小学数学　第八册：试用本/广西教育学院教研部编.—南宁：广西教育出版社，1990.1.—45页；32开.—ISBN 7-5435-0727-7：0.71元

教学目标管理实验：小学数学　第十册：试用本/广西教育学院教研部编.—南宁：广西教育出版社，1990.1.—68页；32开.—ISBN 7-5435-0749-8：0.95元

教学目标管理实验：小学数学　第十二册：试用本/广西教育学院教研部编.—南宁：广西教育出版社，1990.1.—68页；32开.—ISBN 7-5435-0749-8：0.95元

辅导·自学·测试：小学数学一年级/林振勋主编.上海：上海科学技术文献出版社，1990.10.—210页；32开.—（家长·学生·教师之友）.—ISBN 7-80513-703-X：2.30元

辅导·自学·测试：小学数学二年级/林振勋主编.—上海：上海科学技术文献出版社，1990.12.213页；32开.—（家长·学生·教师之友）.—ISBN 7-80513-704-8：2.40元

辅导·自学·测试：小学数学三年级/林振勋主编.上海：上海科学技术文献出版社，1990.12.—228页；32开.—（家长·学生·教师之友）.—ISBN 7-80513-705-6：2.50元

辅导·自学·测试：小学数学四年级/林振勋主编.

上海：上海科学技术文献出版社，1990.10.—296页；32开.—（家长·学生·教师之友）.—ISBN 7-80513-706-4：3.30元

辅导·自学·测试：小学数学五年级/林振勋主编.上海：上海科学技术文献出版社，1990.11.—282页；32开.—（家长·学生·教师之友）.—ISBN 7-80513-707-2：3.20元

辅导·自学·测试：小学数学六年级：上海地区初中预备班/林振勋主编.—上海：上海科学技术文献出版社，1990.11.—325页；32开.—（家长·学生·教师之友）.—ISBN 7-80513-708-0：3.60元

掌握学习法：小学五年级数学AB卷/潘子林，文明编写.—上海：少年儿童出版社，1990.2.—78页；16开.—ISBN 7-5324-0900-7：1.60元

掌握学习法：小学六年级（初中预备班）数学AB卷/杨国松，董文编.—上海：少年儿童出版社，1990.3.—74页；16开.—ISBN 7-5324-0901-5：1.55元

新编小学数学手册/周应斌编著.—南宁：广西科学技术出版社，1990.11.—466页；46开.—ISBN 7-80565-372-0：2.90元

新编小学数学单元自测训练：一年级/北京市史家胡同小学《新编小学数学单元自测训练》编写组编.—北京：科学技术文献出版社，1990.5.—97页；32开.—ISBN 7-5023-1461-X：1.40元

新编小学数学单元自测训练：二年级/北京市史家胡同小学《新编小学数学单元自测训练》编写组编.—北京：科学技术文献出版社，1990.5.—78页；32开.—ISBN 7-5023-1462-8：1.20元

新编小学数学单元自测训练：三年级/北京市史家胡同小学《新编小学数学单元自测训练》编写组编.—北京：科学技术文献出版社，1990.5.—68页；32开.—ISBN 7-5023-1237-4：1.15元

新编小学数学单元自测训练：四年级/北京市史家胡同小学《新编小学数学单元自测训练》编写组编.—北京：科学技术文献出版社，1990.5.—79页；32开.—ISBN 7-5023-1238-2：1.25元

新编小学数学教师手册/姜乐仁主编.—武汉：湖北教育出版社，1990.1.—945页；大32开.—ISBN 7-5351-0392-8（精装）：12.60元

数学　第一册/于淑珍编著.—哈尔滨：黑龙江少年儿童出版社，1990.6.—146页；32开.—（小学课程重点辅导丛书）.—ISBN 7-5319-0643-0：1.35元

数学　第三册/袁敬秋，郑桂春编著.—哈尔滨：黑龙江少年儿童出版社，1990.6.—81页；32开.—（小学课程重点辅导丛书）.—ISBN 7-5319-0640-6：0.78元

数学　第五册/顾高期，梁恕文编著.—哈尔滨：黑龙江少年儿童出版社，1990.6.—114页；32开.（小学课程重点辅导丛书）.—ISBN 7-5319-0627-9：1.05元

数学　第七册/赵启泰，李彦芬编著.—哈尔滨：黑龙江少年儿童出版社，1990.6.—114页；32开.（小学课程重点辅导丛书）.—ISBN 7-5319-0630-9：1.10元

数学　第九册/金英奎编著.—哈尔滨：黑龙江少年儿童出版社，1990.5.—135页；32开.—（小学课程重点辅导丛书）.—ISBN 7-5319-0617-1：1.20元

数学　第十一册/柳玉芳编著.—哈尔滨：黑龙江少年儿童出版社，1990.7.—177页；32开.—（小学课程重点辅导丛书）.—ISBN 7-5319-0661-9：1.50元

数学：六年制　第一册/北京市海淀区教育局小学教研室编写.—修订版.—西安：未来出版社，1990.2.—70页；32开.—（小学生基本功丛书/黄世忠主编）.—ISBN 7-5417-0086-X：0.74元

本书1986年10月第1版。

数学：六年制　第二册/北京市海淀区教育局小学教研室编写.—修订版.—西安：未来出版社，1990.10.—84页；32开.—（小学生基本功丛书/黄世忠主编）.—ISBN 7-5417-0174-2：0.87元

本书1986年10月第1版。

数学：六年制　第三册/北京市海淀区教育局小学教研室编写.—修订版.—西安：未来出版社，1990.3.—70页；32开.—（小学生基本功丛书/黄世忠主编）.—ISBN 7-5417-0087-8：0.74元

本书1986年10月第1版。

数学：六年制　第四册/北京市海淀区教育局小学教研室编写.—修订版.—西安：未来出版社，1990.9.—78页；32开.—（小学基本功丛书/黄世忠主编）.—ISBN 7-5417-0175-0：0.80元

本书1986年9月第1版。

数学：六年制　第五册/北京市海淀区教育局小学教研室编写.—修订版.—西安：未来出版社，1990.4.—62页；32开.—（小学生基本功丛书/黄世忠主编）.—ISBN 7-5417-0088-6：0.67元

数学：六年制　第六册/北京市海淀区教育局小学教研室编写.—修订版.—西安：未来出版社，1990.9.—62页；32开.—（小学生基本功丛书/黄世忠主编）.—ISBN 7-5417-0176-9：0.67元

本书1986年10月第1版。

数学：六年制　第七册/北京市海淀区教育局小学教研室编写.—修订版.—西安：未来出版社，1990.3.—70页；32开.—（小学生基本功丛书/黄世忠主编）.—ISBN 7-5417-0089-4：0.74元

本书1987年4月第1版。

数学：六年制　第八册/北京市海淀区教育局小学教研室编写.—修订版.—西安：未来出版社，

1990.10.—75页；32开.—（小学生基本功丛书/黄世忠主编）.—ISBN 7-5417-0177-7：0.80元

本书1986年10月第1版。

数学：六年制　第九册/北京市海淀区教育局小学教研室编写.—修订版.—西安：未来出版社，1990.4.—75页；32开.—（小学生基本功丛书/黄世忠主编）.—ISBN 7-5417-0090-8：0.80元

本书1987年4月第1版。

数学：六年制　第十册/北京市海淀区教育局小学教研室编写.—修订本.—西安：未来出版社，1990.9.—86页；32开.—（小学生基本功丛书/黄世忠主编）.—ISBN 7-5417-0178-5：0.87元

本书1986年10月第1版。

数学：六年制　第十一册/北京市海淀区教育局小学教研室编写.—修订版.—西安：未来出版社，1990.4.—102页；32开.—（小学生基本功丛书/黄世忠主编）.—ISBN 7-5417-0091-6：1.00元

本书1987年4月第1版。

数学：六年制　第十二册/北京市海淀区教育局小学教研室编写.—修订版.—西安：未来出版社，1990.10.—81页；32开.—（小学生基本功丛书/黄世忠主编）.—ISBN 7-5417-0179-3：0.90元

本书1986年10月第1版。

数学：一年级/唐哲源编写.—杭州：浙江少年儿童出版社，1990.8.—155页；32开.—（五年制小学家庭辅导丛书）.—ISBN 7-5342-0589-1：1.50元

数学：二年级/丁元新编写.—杭州：浙江少年儿童出版社，1990.8.—127页；32开.—（五年制小学家庭辅导丛书）.—ISBN 7-5342-0620-0：1.25元

数学：三年级/劳庆元编写.—杭州：浙江少年儿童出版社，1990.8.—139页；32开.—（五年制小学家庭辅导丛书）.—ISBN 7-5342-0654-5：1.35元

数学：四年级/陈华编写.—杭州：浙江少年儿童出版社，1990.8.—111页；32开.—（五年制小学家庭辅导丛书）.—ISBN 7-5342-0596-4：1.15元

数学：五年级/刘再友编写.—杭州：浙江少年儿童出版社，1990.8.—216页；32开.—（五年制小学家庭辅导丛书）.—ISBN 7-5342-0653-7：1.95元

数学典故名题趣解/傅珊编著.—北京：旅游教育出版社，1990.2.—151页；32开.—ISBN 7-5637-0136-2：2.30元

数学学习辅导：六年制小学五年级第二学期/张应编.—广州：广东教育出版社，1990.12.—108页；32开.—ISBN 7-5406-1253-3：1.15元

数学谜语和游戏/许广湘编译.—北京：中国国际广播出版社，1990.3.—123页；32开.—ISBN 7-80035-375-3：2.00元

算术应用题解350例/杨树亭编.—天津：新蕾出版社，1990.2.—218页；32开.—ISBN 7-5307-0756-7：2.20元

G623.6　自然、常识

小学生卫生常识　第一册/沈阳市教育委员会体卫处，沈阳市健康教育所编.—2版.—沈阳：沈阳出版社，1990.5.—28页；32开.—ISBN 7-80556-331-4：0.40元

小学生卫生常识　第三册/沈阳市教育委员会体卫处，沈阳市健康教育所编.—2版.—沈阳：沈阳出版社，1990.5.—28页；32开.—ISBN 7-80556-331-4：0.40元

小学生卫生常识　第五册/沈阳市教育委员会体卫处，沈阳市健康教育所编.—2版.—沈阳：沈阳出版社，1990.5.—28页；32开.—ISBN 7-80556-331-4：0.40元

小学生卫生常识　第七册/沈阳市教育委员会体卫处，沈阳市健康教育所编.—2版.—沈阳：沈阳出版社，1990.5.—28页；32开.—ISBN 7-80556-331-4：0.40元

小学生卫生常识　第九册/沈阳市教育委员会体卫处，沈阳市健康教育所编.—2版.—沈阳：沈阳出版社，1990.5.—27页；32开.—ISBN 7-80556-331-4：0.40元

小学生卫生常识　第十一册/沈阳市教育委员会，沈阳市健康教育所编.—2版.—沈阳：沈阳出版社，1990.5.—28页；32开.—ISBN 7-80556-331-4：0.40元

小学毕业生复习手册：自然/学海编著.—石家庄：河北少年儿童出版社，1990.11.—186页；32开.ISBN 7-5376-0595-5：1.35元

小学自然纸学具/陈国麟编；马坚绘.—上海：上海教育出版社，1990.12.—4张；32开.—一年级下用.ISBN 7-5320-2164-5（袋装）：0.62元

小学自然纸学具/纸学具编写组编；马坚绘.—上海：上海教育出版社，1990.5.—1套；32开.—三年级上用.—ISBN 7-5320-2040-1（袋装）：0.82元

小学自然纸学具/纸学具编写组编；马坚绘.—上海：上海教育出版社，1990.12.—1套；32开.—三年级下用.—ISBN 7-5320-2166-1（袋装）0.86元

小学自然纸学具/纸学具编写组编；马坚绘.—上海：上海教育出版社，1990.5.—1套；32开.—四年级上用.—ISBN 7-5320-2041-X（袋装）：1.00元

小学自然纸学具/纸学具编写组编；马坚绘.上海：上海教育出版社，1990.12.—1套；32开.—四年级下用.—ISBN 7-5320-2167-X（袋装）：1.01元

小学自然知识手册/云南省教育厅教研室，云南省

小学自然教学研究会编写.—昆明：云南少年儿童出版社，1990.6.—187页；大32开.—ISBN 7-5144-0498-5：2.95元

小学自然知识归类与综合训练/黄甫康等编著.—南宁：广西民族出版社，1990.12.—143页；32开.—毕业班用.—ISBN 7-5363-1057-9：1.55元

小学自然知识要点问答与目标训练/黄甫康等编著.—南宁：广西民族出版社，1990.12.—156页；32开.—三、四年级用.—ISBN 7-5363-1058-7：1.55元

小学自然学习与巩固　第一册/《小学自然学习与巩固》编写组编.—2版.—郑州：海燕出版社，1990.3.—40页；32开.—ISBN 7-5350-0165-3：0.33元

小学自然标准化检测题集/王丹等编.—济南：山东教育出版社，1990.2.—278页；32开.—ISBN 7-5328-0862-9：2.35元

小学自然教师手册/陈慕德编.—杭州：浙江教育出版社，1990.2.—456页；32开.—ISBN 7-5338-0549-6：3.45元

小学自然基础训练　第二册/《小学自然基础训练》编写小组编.—长沙：湖南少年儿童出版社，1990.1.—32页；32开.—ISBN 7-5358-0474-8：0.32元

小学自然基础训练　第四册/小学自然基础训练编写小组编.—长沙：湖南少年儿童出版社，1990.1.32页；32开.—ISBN 7-5358-0475-6：0.32元

小学自然基础训练　第六册/小学自然基础训练编写小组编.—长沙：湖南少年儿童出版社，1990.1.32页；32开.—ISBN 7-5358-0476-4：0.32元

小学课程分课训练：自然　第二册/李洪举编.—乌鲁木齐：新疆青少年出版社，1990.2.—55页；32开.—ISBN 7-5371-0569-3：0.60元

版权页题名：小学自然第二册分课训练

小学课程分课训练：自然　第四册/臧斌编.—乌鲁木齐：新疆青少年出版社，1990.2.—62页；32开.ISBN 7-5371-0570-7：0.65元

小学课程分课训练：自然　第六册/田征编.—乌鲁木齐：新疆青少年出版社，1990.2.—37页；32开.ISBN 7-5371-0568-5：0.50元

五年制小学实验课本自然第一册使用说明/北京师范大学"五·四"学制教材总编辑委员会编.—济南：山东教育出版社，1990.6.—42页；32开.—ISBN 7-5328-0985-4：0.42元

五年制小学实验课本自然第二册使用说明/北京师范大学"五·四"学制教材总编辑委员会编.—济南：山东教育出版社，1990.11.—35页；32开.ISBN 7-5328-1079-8：0.40元

五年制小学实验课本自然第三册使用说明/北京师范大学"五·四"学制教材总编辑委员会编.—济南：山东教育出版社，1990.4.—37页；32开.—ISBN 7-5328-0956-0：0.40元

五年制小学实验课本自然第四册使用说明/北京师范大学"五·四"学制教材总编辑委员会编.—济南：山东教育出版社，1990.10.—33页；32开.—ISBN 7-5328-1080-1：0.40元

动手动脑学自然　上册：小学《自然》趣味辅导/郭治编著.—北京：气象出版社，1990.10.—83页；32开.—小学四至六年级适用.—ISBN 7-5029-0416-6：1.55元

动手动脑学自然　下册：小学《自然》趣味辅导/吕灿良编著.—北京：气象出版社，1990.10.—85页；32开.—小学四至六年级适用.—ISBN 7-5029-0417-4：1.60元

自然常识纸学具/纸学具编写组编；马坚绘.—上海：上海教育出版社，1990.12.—1套；32开.—小学三年级下用.—ISBN 7-5320-2165-3（袋装）：0.69元

宇宙　（2）：小学课本自然教学挂图/上海教育出版社等编；申凡等绘.—上海：上海教育出版社，1990.5.—8张；2开＋说明书1册.—ISBN 7-5320-1836-9（袋装）：4.40元

武汉市六年制小学课本自然常识教师用书　上册/武汉市教学研究室编.—武汉：武汉出版社，1990.7.71页；32开.—ISBN 7-5430-0355-4：0.80元

G623.7　音乐、美术

义务教育五年制、六年制小学音乐第二册试用本（五线谱、简谱）教师教学用书/人民教育出版社音乐室编.—北京：人民教育出版社，1990.11.—71页；16开.—ISBN 7-107-00932-X：1.20元

义务教育五年制、六年制小学音乐第四册试用本（五线谱、简谱）教师教学用书/人民教育出版社音乐室编著.—北京：人民教育出版社，1990.11.—71页；16开.—ISBN 7-107-00935-4：1.20元

小学音乐知识辞典/王兴育，李锦程主编.—济南：山东教育出版社，1990.4.—497页；32开.—ISBN 7-5328-0672-3（精装）：7.25元，（平装）：6.15元

小学音乐第一册教师用书：五线谱/人民音乐出版社音乐教育编辑室主编.—北京：人民音乐出版社，1990.7.—47页；16开.—ISBN 7-103-00544-3：1.10元

小学音乐第二册教师用书：五线谱/人民音乐出版社音乐教育编辑室主编.—北京：人民音乐出版社，1990.11.—52页；16开.—ISBN 7-103-00627-X：1.10元

小学音乐第三册教师用书：五线谱/人民音乐出版社音乐教育编辑室主编.—北京：人民音乐出版社，

1990.7.—57页；16开.—ISBN 7-103-00545-1：1.20元

小学音乐第四册教师用书：五线谱/人民音乐出版社音乐教育编辑室主编.—北京：人民音乐出版社，1990.11.—63页；16开.—ISBN 7-103-00628-8：1.35元

小学音乐第五册教师用书：五线谱/人民音乐出版社音乐教育编辑室主编.—北京：人民音乐出版社，1990.7.—44页；16开.—ISBN 7-103-00546-X：0.99元

小学音乐第六册教师用书：五线谱/人民音乐出版社音乐教育编辑室主编.—北京：人民音乐出版社，1990.11.—59页；16开.—ISBN 7-103-00629-6：1.20元

小学音乐第七册教师用书：五线谱/人民音乐出版社音乐教育编辑室主编.—北京：人民音乐出版社，1990.7.—49页；16开.—ISBN 7-103-00547-8：1.10元

小学音乐第八册教师用书：五线谱/人民音乐出版社音乐教育编辑室主编.—北京：人民音乐出版社，1990.11.—61页；16开.—ISBN 7-103-00630-X：1.20元

小学音乐第九册教师用书：五线谱/人民音乐出版社音乐教育编辑室主编.—北京：人民音乐出版社，1990.7.—49页；16开.—ISBN 7-103-00548-6：1.10元

小学音乐第十册教师用书：五线谱/人民音乐出版社音乐教育编辑室主编.—北京：人民音乐出版社，1990.11.—55页；16开.—ISBN 7-103-00631-8：1.20元

小学音乐第十一册教师用书：五线谱/人民音乐出版社音乐教育编辑室主编.—北京：人民音乐出版社，1990.7.—43页；16开.—ISBN 7-103-00549-4：0.99元

小学音乐第十二册教师用书：五线谱/人民音乐出版社音乐教育编辑室主编.—北京：人民音乐出版社，1990.11.—49页；16开.—ISBN 7-103-00736-5：1.10元

小学音乐第一册、第三册教师用书：简谱/人民音乐出版社音乐教育编辑室主编.—北京：人民音乐出版社，1990.7.—140页；32开.—ISBN 7-103-10550-8：1.25元

小学音乐第二册、第四册教师用书：简谱/人民音乐出版社音乐教育辑辑室主编.—北京：人民音乐出版社，1990.11.—151页；32开.—ISBN 7-103-00624-5：1.35元

小学音乐第五册、第七册教师用书：简谱/人民音乐出版社音乐教育编辑室主编.—北京：人民音乐出版社，1990.7.—156页；32开.—ISBN 7-103-00551-6：1.35元

小学音乐第六册、第八册教师用书：简谱/人民音乐出版社音乐教育编辑室主编.—北京：人民音乐出版社，1990.11.—140页；32开.—ISBN 7-103-00625-3：1.30元

小学音乐第九册、第十一册教师用书：简谱/人民音乐出版社音乐教育编辑室主编.—北京：人民音乐出版社，1990.7.—115页；32开.—ISBN 7-103-00552-4：1.05元

小学音乐第十册、第十二册教师用书：简谱/人民音乐出版社音乐教育编辑室主编.—北京：人民音乐出版社，1990.11.—124页；32开.—ISBN 7-103-00626-7：1.10元

五年制小学实验课本音乐第一册教学参考书/五年制小学音乐教材编写组编.—哈尔滨：黑龙江教育出版社，1990.7.—61页；32开.—ISBN 7-5316-1088-4：0.70元

五年制小学实验课本音乐第二册教学参考书/五年制小学音乐教材编写组编.—哈尔滨：黑龙江教育出版社，1990.12.—69页；32开.—ISBN 7-5316-1239-9：0.80元

贵州省六年制小学试用课本音乐教学参考（上）/贵州省教育科学研究所编.—贵阳：贵州人民出版社，1990.7.—248页；32开.—ISBN 7-221-01791-3：1.55元

儿童美术心理与教育/（美）布雷顿（Brittain，W.L.）著；哈咏梅，程昌柱译.—南京：江苏美术出版社，1990.2.—212页；32开.—ISBN 7-5344-0115-1：2.75元

书名原文：Greativity Art and the Young Child

小学美术课本（普及版）试用本美术教学参考用书上册/北京市教育学会美术教育研究会，小学美术课本（普及版）编委会编.—2版（修订本）.—北京：人民美术出版社，1990.5.—182页；32开.—ISBN 7-102-00192-4：1.65元

本书1987年4月第1版。

小学美术教学论/常锐伦著.—北京：光明日报出版社，1990.6.—284页；32开.—（小学教育科学丛书）.—ISBN 7-80014-886-6：4.70元

小学美术教学实践/陈兴中等编著.—成都：四川教育出版社，1990.8.—184页；32开.—（金钥匙丛书）.—ISBN 7-5408-1186-2：2.37元

小学语文生字描红字帖　第二册/廖蕴玉编.—南宁：广西教育出版社，1990.3.—32页；32开.—ISBN 7-5435-0795-1：0.65元

五年制小学实验课本美术第二册使用说明/北京师范大学"五·四"学制教材总编辑委员会编.—哈尔

滨：黑龙江教育出版社，1990.12.—29页；32开.ISBN 7-5316-1258-5：0.42元

少儿折纸精华/熊家琅编绘 —桂林：广西师范大学出版社，1990.9.—102页；32开.—ISBN 7-5633-0928-4：1.20元

六年制小学课本写字（钢笔字三年级下册·毛笔字〈描绿〉下册）教学参考书：试用本/辽宁美术出版社编.—2版.—沈阳：辽宁美术出版社，1990.9.—100页；32开.—ISBN 7-5314-0434-6：0.77元

六年制小学语文课本写字（钢笔字四年级上册·毛笔字〈仿影〉上册）教学参考书：试用本/辽宁美术出版社编.—2版.—沈阳：辽宁美术出版社，1990.4.127页；32开.—ISBN 7-5314-0314-5：0.96元

六年制小学语文课本写字（钢笔字四年级下册·毛笔字〈仿影〉下册）教学参考书：试用本/辽宁美术出版社编.—2版.—沈阳：辽宁美术出版社，1990.9.120页；32开.—ISBN 7-5314-0435-4：0.94元

G623.8 体育、游戏

儿童足球课堂教学：一、二、三年级/杨永田，任凤山编著.—北京：人民体育出版社，1990.9.—143页；32开.—ISBN 7-5009-0493-8：2.60元

小学生校园家庭游戏/丁玉玲等编译.—北京：教育科学出版社，1990.6.—176页；32开.—ISBN 7-5041-0476-0：2.50元

小学体育知识辞典/《小学体育知识辞典》编辑委员会编.—济南：山东教育出版社，1990.4.—508页；32开.—ISBN 7-5328-0686-3（精装）：7.05元；（平装）：5.90元

小学体育教材教法/范鑫元，何惠民主编.—武汉：武汉出版社，1990.5.—476页；32开.—ISBN 7-5430-0325-2：4.80元

小学体育教学论/王世伟等编著.—北京：光明日报出版社，1990.6.—250页；32开.—（小学教育科学丛书/李镜流主编）.—ISBN 7-80014-519-0：4.50元

体育/人民教育出版社体育室编著.—北京：人民教育出版社，1990.8.—240页；大32开.—义务教育五年制、六年制小学试验教材　教师用书.—ISBN 7-107-00904-4：2.05元

体育　第二册/张芩等编写.—石家庄：河北教育出版社，1990.12.—43页；32开.—河北省小学教师用书.—ISBN 7-5434-0903-8：0.32元

体育　第四册/张芩等编写.—石家庄：河北教育出版社，1990.12.—48页；32开.—河北省小学教师用书.—ISBN 7-5434-0904-6：0.40元

体育　第六册/张芩等编写.—石家庄：河北教育出版社，1990.12.—65页；32开.—河北省小学教师用书.—ISBN 7-5434-0905-4：0.48元

体育　第八册/张芩等编著.—石家庄：河北教育出版社，1990.12.—59页；32开.—河北省小学教师用书.—ISBN 7-5434-0906-2：0.46元

体育　第十册/张芩等编著.—石家庄：河北教育出版社，1990.12.—70页；32开.—河北省小学教师用书.—ISBN 7-5434-0907-0：0.48元

体育　第十二册/张芩等编著.—石家庄：河北教育出版社，1990.12.—56页；32开.—河北省小学教师用书.—ISBN 7-5434-0908-9：0.40元

G623.9 劳　动

山东省小学课本劳动第五册教学参考书：试用本/山东省教学研究室编.—济南：山东科学技术出版社，1990.3.—33页；32开.—ISBN 7-5331-0688-1：0.52元

山东省小学课本劳动第七册教学参考书：试用本/山东省教学研究室编.—济南：山东科学技术出版社，1990.3.—99页；32开.—ISBN 7-5331-0687-3：0.60元

广西壮族自治区小学试用课本劳动一年级下册教学参考书/广西壮族自治区小学劳动课教材编写组编.桂林：广西师范大学出版社，1990.10.—28页；32开.—ISBN 7-5633-0948-9：0.35元

广西壮族自治区小学试用课本劳动二年级下册教学参考书/广西壮族自治区小学劳动课教材编写组编.桂林：广西师范大学出版社，1990.10.—27页；32开.—ISBN 7-5633-0949-7：0.35元

广西壮族自治区小学试用课本劳动三年级上册教学参考书/广西壮族自治区小学劳动课教材编写组编.桂林：广西师范大学出版社，1990.3.—28页；32开.（广西壮族自治区小学课外补充读物）.—ISBN 7-5633-0819-9：0.35元

广西壮族自治区小学试用课本劳动三年级下册教学参考书/广西壮族自治区小学劳动课教材编写组编.桂林：广西师范大学出版社，1990.10.—31页；32开.—ISBN 7-5633-0950-0：0.39元

广西壮族自治区小学试用课本劳动四年级上册教学参考书/广西壮族自治区小学劳动课教材编写组编.桂林：广西师范大学出版社，1990.3.—22页；32开.ISBN 7-5633-0820-2：0.32元

广西壮族自治区小学试用课本劳动四年级下册教学参考书/广西壮族自治区小学劳动课教材编写组编.桂林：广西师范大学出版社，1990.10.—33页；32开.—ISBN 7-5633-0951-9：0.39元

广西壮族自治区小学试用课本劳动五年级上册教学参考书/广西壮族自治区小学劳动课教材编写组编.桂林：广西师范大学出版社，1990.3.—24页；32开.ISBN 7-5633-0821-0：0.35元

广西壮族自治区小学试用课本劳动五年级下册教学

参考书/广西壮族自治区小学劳动课教材编写组编.桂林：广西师范大学出版社，1990.10.—30页；32开.ISBN 7-5633-0952-7：0.39元

广西壮族自治区小学试用课本劳动六年级上册教学参考书/广西壮族自治区小学劳动课教材编写组编.桂林：广西师范大学出版社，1990.3.—31页；32开.（广西壮族自治区小学课外补充读物）.—ISBN 7-5633-0822-9：0.38元

广西壮族自治区小学试用课本劳动六年级下册教学参考书/广西壮族自治区小学劳动课教材编写组编.桂林：广西师范大学出版社，1990.10.—26页；32开.—ISBN 7-5633-0953-5：0.35元

广西壮族自治区小学试用课本我们爱劳动一年级上册教学参考书/广西壮族自治区小学劳动课教材编写组编.—桂林：广西师范大学出版社，1990.4.—26页；32开.—（广西壮族自治区小学课外补充读物）.ISBN 7-5633-0817-2：0.35元

广西壮族自治区小学试用课本我们爱劳动二年级上册教学参考书/广西壮族自治区小学劳动课教材编写组编.—桂林：广西师范大学出版社，1990.3.24页；32开.—（广西壮族自治区小学课外补充读物）.—ISBN 7-5633-0818-0：0.35元

小学手工劳动制作教学参考书：1—3年级（下）.—杭州：浙江教育出版社，1990.10.—86页；32开.ISBN 7-5338-0705-7：0.64元

江西省全日制小学劳动教学参考书：一年级/江西省教科所教育理论研究室编.—南昌：江西教育出版社，1990.7.—47页；32开.—ISBN 7-5392-0895-3：0 39元

江西省全日制小学劳动教学参考书：二年级/江西省教科所教育理论研究室编.—南昌：江西教育出版社，1990.7.—64页；32开.—ISBN 7-5392-0896-1：0.51元

江西省全日制小学劳动教学参考书：三年级/江西省教科所教育理论研究室编.—南昌：江西教育出版社，1990.7.—61页；32开.—ISBN 7-5392-0897-X：0.48元

江西省全日制小学劳动教学参考书：四年级/江西省教科所教育理论研究室编.—南昌：江西教育出版社，1990.7.—51页；32开.—ISBN 7-5392-0898-8：0.42元

江西省全日制小学劳动教学参考书：五年级/江西省教科所教育理论研究室编.—南昌：江西教育出版社，1990.7.—88页；32开.—ISBN 7-5392-899-6：0.65元

湖南省小学试用课本手工劳动教学参考书　上册/湖南省小学手工劳动教材编写组编写.—长沙：湖南教育出版社，1990.6.—72页；32开.—ISBN 7-5355-1138-4：0.58元

湖南省小学试用课本手工劳动教学参考书　下册/湖南小学手工劳动教材编写组编.—长沙：湖南教育出版社，1990.11.—66页；32开.—ISBN 7-5355-1193-7：0.53元

G624　教材、课本、辅助教材

儿童知识图典　第1册：汉英对照/张锦弼，林莉编著；王祖民，周翔绘画.—昆明：云南少年儿童出版社，1990.12.—63页；8开.—ISBN 7-5414-0516-7：12.40元

新编小学生生字字典/吕惠春，谢华编.—济南：济南出版社，1990.6.—506页；32开.—ISBN 7-80572-034-7：6.20元

新编学生七用字汇/李延平主编.—延吉：延边人民出版社，1990.1.—479页；32开.—ISBN 7-80508-377-0：5.65元

G624.1　政　治

小学思想品德：一年级上学期/江西省教委教学教材研究室编.—南昌：江西教育出版社，1990.7.56页；32.—江西省小学试用课本.—ISBN 7-5392-0665-9：0.86元

小学思想品德：一年级下学期/江西省教委教学教材研究室编.—南昌：江西教育出版社，1990.12.58页；32开.—江西省小学试用课本.—ISBN 7-5392-0911-9：0.86元

小学思想品德：二年级上学期/江西省教委教学教材研究室编.—南昌：江西教育出版社，1990.7.64页；32开.—江西省小学试用课本.—ISBN 7-5392-0658-6：0.92元

小学思想品德：二年级下学期/江西省教委教学教材研究室编.—南昌：江西教育出版社，1990.12.62页；32开.—江西省小学试用课本.—ISBN 7-5392-0932-1：0.86元

小学思想品德：三年级上学期/江西省教委教学教材研究室编.—南昌：江西教育出版社，1990.7.—64页；32开.—江西省小学试用课本.—ISBN 7-5392-0659-4：0.51元

小学思想品德：三年级下学期/江西省教委教学教材研究室编.—南昌：江西教育出版社，1990.12.73页；32开.—江西省小学试用课本.—ISBN 7-5392-0933-X：0.58元

小学思想品德：四年级上学期/江西省教委教学教材研究室编.—南昌：江西教育出版社，1990.7.—71页；32开.—江西省小学试用课本.—ISBN 7-5392-0660-8：0.53元

小学思想品德：四年级下学期/江西省教委教学教材研究室编.—南昌：江西教育出版社，1990.12.

83页；32开.—江西省小学试用课本.—ISBN 7-5392-0934-3：0.63元

小学思想品德：五年级上学期/江西省教委教学教材研究室编.—南昌：江西教育出版社，1990.7.—75页；32开.—江西省小学试用课本.—ISBN 7-5392-0661-6：0.58元

小学思想品德：五年级下学期/江西省教委教学教材研究室编.—南昌：江西教育出版社，1990.12.83页；32开.—江西省小学试用课本.—ISBN 7-5392-0935-6：0.63元

小学思想品德：六年级上学期/江西省教委教学教材研究室编.—南昌：江西教育出版社，1990.7.—62页；32开.—江西省小学试用课本.—ISBN 7-5392-0662-4：0.48元

小学思想品德：六年级下学期/江西省教委教学教材研究室编.—南昌：江西教育出版社，1990.12.48页；32开.—江西省小学试用课本.—ISBN 7-5392-0936-4：0.41元

小学德育课外读本　（1）/周瑞明编.—杭州：浙江少年儿童出版社，1990.6.—237页；32开.—ISBN 7-5342-0536-0：2.20元

小学德育课外读本　（2）/马黎明编.—杭州：浙江少年儿童出版社，1990.10.—131页；32开.—ISBN 7-5342-0619-7：1.25元

六年制小学社会　第一册.—广州：广东教育出版社，1990.7.—33页；大32开.—九年制义务教育试验教材：沿海版.—ISBN 7-5406-1209-6：1.10元

六年制小学社会　第二册.—广州：广东教育出版社，1990.12.—44页；大32开.—九年制义务教育试验教材：沿海版.—ISBN 7-5406-1282-7：0.93元

农村中小学德育活动集锦/伦荣，吴殿泰主编.—北京：北京少年儿童出版社，1990.5.—158页；32开.2.00元

国防教育：小学一年级/任应来主编.—成都：四川少年儿童出版社，1990.7.—30页；32开.—ISBN 7-5365-0552-3：1.06元

国防教育：小学二年级/任应来主编.—成都：四川少年儿童出版社，1990.7.—28页；32开.—ISBN 7-5365-0553-1：0.96元

国防教育：小学三年级/任应来主编.—成都：四川少年儿童出版社，1990.7.—28页；32开.—ISBN 7-5365-0554-X：0.96元

国防教育：小学四年级/任应来主编.—成都：四川少年儿童出版社，1990.7.—28页；32开.—ISBN 7-5365-0555-8：0.64元

国防教育：小学五年级/任应来主编.—成都：四川少年儿童出版社，1990.7.—28页；32开.—ISBN 7-5365-0556-6：0.64元

国防教育：小学六年级/任应来主编.—成都：四川少年儿童出版社，1990.7.—27页；32开.—ISBN 7-5365-0557-4：0.64元

法制教育读本：小学中年级部分/李辛等编.—杭州：浙江少年儿童出版社，1990.1.—48页；32开.ISBN 7-5342-0510-7：0.70元

法制教育读本：小学高年级部分/李辛等编.—杭州：浙江少年儿童出版社，1990.1.—50页；32开.ISBN 7-5342-0509-3：0.65元

河北省小学思想品德补充教材：三年级/宋伏秋等主编.—修订版.—石家庄：河北少年儿童出版社，1990.7.—58页；32开.—ISBN 7-5376-0002-3：0.63元

河北省小学思想品德补充教材：四年级/宋伏秋等主编.—修订版.—石家庄：河北少年儿童出版社，1990.7.—69页；32开.—ISBN 7-5376-0003-1：0.72元

河北省小学思想品德补充教材：五年级/宋伏秋等主编.—修订版.—石家庄：河北少年儿童出版社，1990.7.—72页；32开.—ISBN 7-5376-0073-2：0.75元

河北省小学思想品德补充教材：六年级/宋伏秋等主编.—修订版.—石家庄：河北少年儿童出版社，1990.7.—73页；32开.—ISBN 7-5376-0074-0：0.75元

思想品德　第二册/人民教育出版社政治室，北京市教育局教学研究部编著.—北京：人民教育出版社，1990.9.—56页；大32开.—义务教育五年制六年制小学教科书：试用本.—ISBN 7-107-00888-9：1.30元

思想品德　第三册/天津市中小学思想政治课改革教材编审委员会编.—3版.—天津：天津教育出版社，1990.6.—52页；32开.—全日制小学试用教材.ISBN 7-5309-0429-4：0.85元

本书1988年5月第1版。

思想品德　第七册/天津市中小学思想政治课改革教材编审委员会编.—2版.—天津：天津教育出版社，1990.6.—56页；32开.—全日制小学试用教材.ISBN 7-5309-0428-0：0.38元

本书1988年5月第1版。

思想品德　第八册/天津市中小学思想政治课改革教材编审委员会编.—2版.—天津：天津教育出版社，1990.12.—46页；32开.—全日制小学试用教材.ISBN 7-5309-0583-X：0.42元

本书1988年11月第1版。

思想品德　第七册/广西壮族自治区小学思想品德课教材编写组编.—桂林：广西师范大学出版社，1990.3.—87页；32开.—广西壮族自治区小学试用课

本.—ISBN 7-5633-0780-X：0.69元

思想品德　第九册/广西壮族自治区小学思想品德课教材编写组编.—桂林：广西师范大学出版社，1990.3.—87页；32开.—广西壮族自治区小学试用课本.—ISBN 7-5633-0781-8：0.69元

思想品德　第十册/广西壮族自治区小学思想品德课教材编写组编.—桂林.—广西师范大学出版社，1990.12.—68页；32开.—广西壮族自治区小学试用课本.—ISBN 7-5633-0957-8：0.56元

思想品德　第十一册/广西壮族自治区小学思想品德课教材编写组编.—桂林：广西师范大学出版社，1990.3.—87页；32开.—广西壮族自治区小学试用课本.—ISBN 7-5633-0782-6：0.69元

思想品德　第十二册/广西壮族自治区小学思想品德教材编写组编.—桂林：广西师范大学出版社，1990.12.—70页；32开.—广西壮族自治区小学试用课本.—ISBN 7-5633-0958-6：0.56元

思想品德　第一册/西安市教委教研室编.—西安：陕西人民教育出版社，1990.3.—39页；32开.—西安市六年制小学暂用课本.—ISBN 7-5419-0568-2：0.45元

思想品德　第二册/西安市教委教研室编.—西安：陕西人民教育出版社，1990.10.—57页；32开.—西安市六年制暂用课本.—ISBN 7-5419-2253-X：0.65元

思想品德　第三册/西安市教委教研室编.—2版.西安：陕西人民教育出版社，1990.3.—45页；32开.西安市六年制小学暂用课本.—ISBN 7-5419-0594-1：—0.52元

思想品德　第八册/西安市教委教研室编.—西安：陕西人民教育出版社，1990.10.—36页；32开.—西安市六年制小学暂用课本.—ISBN 7-5419-1245-9：0.50元

思想品德　第十一册/西安市教委教研室编.—西安：陕西人民教育出版社，1990.3.—46页；32开.西安市六年制小学暂用课本.—ISBN 7-5419-0572-0：0.52元

思想品德　第十一册/思想品德编写组编.—西安：未来出版社，1990.2—40页；32开.—全日制小学课本.—ISBN 7-5417-0336-2：0.48元

思想品德　第十二册/西安市教委教研室编.—西安：陕西人民教育出版社，1990.11.—65页；32开.西安市六年制小学暂用课本.—ISBN 7-5419-1247-9：0.72元

思想品德　第一册/江苏省教委教研室编.—2版（修订本）.—南京：江苏教育出版社，1990.3.—42页；32开.—江苏省全日制小学试用课本.—ISBN 7-5343-0413-X：0.83元

思想品德　第二册/江苏省教委教研室编.—2版（修订本）.—南京：江苏教育出版社，1990.9.—46页；32开.—江苏省全日制小学试用课本.—ISBN 7-5343-0558-6：0.98元

思想品德　第三册/江苏省教委教研室编.—2版（修订本）.—南京：江苏教育出版社，1990.3.—48页；32开.—江苏省全日制小学试用课本.—ISBN 7-5343-0415-6：0.98元

思想品德　第五册/江苏省教委教研室编.—2版（修订本）.—南京：江苏教育出版社，1990.3.—43页；32开.—江苏省全日制小学试用课本.—ISBN 7-5343-0393-1：0.47元

思想品德　第七册/江苏省教委教研室编.—2版（修订本）.—南京：江苏教育出版社，1990.3.—48页；32开.—江苏省全日制小学试用课本.—ISBN 7-5343-0426-1：0.49元

思想品德　第八册/江苏省教委教研室编.—3版（修订本）.—南京：江苏教育出版社，1990.9.—48页；32开.—江苏省全日制小学试用课本.—ISBN 7-5343-0565-9：0.54元

思想品德　第九册/江苏省教委教研室编.—2版（修订本）.—南京：江苏教育出版社，1990.3.—49页；32开.—江苏省全日制小学试用课本.—ISBN 7-5343-0418-0：0.49元

思想品德　第十册/江苏省教委教研室编.—2版（修订本）.—南京：江苏教育出版社，1990.8.—46页；32开.—江苏省全日制小学试用课本.—ISBN 7-5343-0549-7：0.51元

思想品德　第十一册/江苏省教委教研室编.—2版.南京：江苏教育出版社，1990.3.—45页；32开.—江苏省全日制小学试用课本.—ISBN 7-5343-0365-6：0.47元

思想品德　第十二册/江苏省教委教研室编.—3版（修订本）.—南京：江苏教育出版社，1990.9.—37页；32开.—江苏省全日制小学试用课本.—ISBN 7-5343-0566-7：0.44元

思想品德　第四册/贵州省教育委员会教育研究室编.—2版.—贵阳：贵州人民出版社，1990.8.—62页；32开.—贵州省小学课本.—ISBN 7-221-02013-2：0.96元

思想品德　第五册/贵州省教委教育研究室编.—贵阳：贵州人民出版社，1990.6.—62页；32开.—贵州省小学课本.—ISBN 7-221-01794-2：0.96元

思想品德　第六册/贵州省教育委员会教育研究室编.—贵阳：贵州人民出版社，1990.8.—62页；32开.—贵州省小学课本.—ISBN 7-221-02012-4：0.96元

思想品德　第八册/贵州省教育委员会教育研究室

编.—贵阳：贵州人民出版社，1990.11.—62页；32开.—贵州省小学课本.—ISBN 7-221-02040-X：0.96元

思想品德　第三册/浙江省小学思想品德教材编写委员会编.—3版.—杭州：浙江教育出版社，1990.7.61页；32开.—浙江省小学课本.—ISBN 7-5338-0038-9：0.90元

本书1986年7月第1版。

思想品德　第五册/浙江省小学思想品德教材编写委员会编.—3版.—杭州：浙江教育出版社，1990.3.48页；32开.—浙江省小学课本.—ISBN 7-5338-0039-7：0.70元

本书1986年7月第1版。

思想品德　第七册/浙江省小学思想品德教材编写委员会编.—3版.—杭州：浙江教育出版社，1990.3.72页；32开.—浙江省小学课本.—ISBN 7-5338-0040-0：1.00元

本书1985年7月第1版。

思想品德　第九册/浙江省小学思想品德教材编写委员会编.—3版.—杭州：浙江教育出版社，1990.5.70页；32开.—浙江省小学课本.—ISBN 7-5338-0041-9：1.00元

本书1986年7月第1版。

思想品德　第十一册/浙江省小学思想品德教材编写委员会编.—3版.—杭州：浙江教育出版社，1990.4.—69页；32开.—浙江省小学课本.—ISBN 7-5338-0075-3：1.00元

本书1987年7月第1版。

思想品德课乡土教材　第一册/王琪玖等主编.—西安：陕西人民教育出版社，1990.8.—49页；32开.供三年级用.—ISBN 7-5419-1918-7：0.53元

思想品德课乡土教材　第二册/许彦政等主编.—西安：陕西人民教育出版社，1990.8.—46页；32开.供四年级使用.—ISBN 7-5419-1919-5：0.52元

思想品德课乡土教材　第三册/王琪玖等主编.—西安：陕西人民教育出版社，1990.8.—50页；32开.供五年级用.—ISBN 7-5419-1920-7：0.55元

思想品德课乡土教材　第四册/李延平等主编.—西安：陕西人民教育出版社，1990.8.—54页；32开.供六年级用.—ISBN 7-5419-1921-7：0.58元

思想品德课辅助画册　第十二册/封秋昌编.—石家庄：河北美术出版社，1990.1.—1册；32开.—ISBN 7-5310-0313-9：0.70元

党旗·国旗·军旗·团旗·队旗：爱国主义教育图片/张致知画.—上海：上海教育出版社，1990.1.—5幅；2开.—ISBN 7-5320-1911-X：2.70元

“三热爱”小故事/钟书荣等编.—成都：四川教育出版社，1990.9.—77页；32开.—ISBN 7-5408-1333-4：0.90元

小学生德育故事　（1）/鞠文灿等编写.—南京：江苏教育出版社，1990.4.—148页；32开.—ISBN 7-5343-0978-6：1.25元

小学生德育故事　（2）/华耀国，储继芳编写.南京：江苏教育出版社，1990.4.—166页；32开.ISBN 7-5343-0979-4：1.35元

小学生德育故事　（3）/余福成等编写.—南京：江苏教育出版社，1990.4.—210页；32开.—ISBN 7-5343-0980-8：1.65元

小学生德育故事　（4）/杨清生等编写.—南京：江苏教育出版社，1990.4.—253页；32开.—ISBN 7-5343-0981-6：1.95元

小学生德育故事　（5）/刘友开等编写.—南京：江苏教育出版社，1990.4.—307页；32开.—ISBN 7-5343-0983-4：2.35元

小学生德育故事　（6）/姚卫伟等编写.—南京：江苏教育出版社，1990.4.—310页；32开.—ISBN 7-5343-0983-2：2.35元

小学德育故事精选　（2）/刘靖慧，衣国华主编.长春：北方妇女儿童出版社，1990.6.—264页；32开.—ISBN 7-5385-0611-X：2.60元

血沃中华/赵贵玉编写.—长春：吉林教育出版社，1990.4.—133页；32开.—（我爱中华丛书/贾斌主编）.—ISBN 7-5383-0935-7：1.65元

本书以每周讲一个故事的形式，展现了中国共产党领导人民创建新中国的光辉历程。

名人品德集/刘飞茂主编.—北京：职工教育出版社，1990.6.—118页；32开.—（小学生启蒙丛书；第1册/刘飞茂主编）.—ISBN 7-80059-298-7：1.80元

我爱你，中国/国家教委基础教育司编.—北京：中国少年儿童出版社，1990.9.—31页；32开.—ISBN 7-5007-1044-5：0.75元

爸爸今天不歇班/河南省教育委员会中小学教材教学研究室编.—2版.—郑州：海燕出版社，1990.6.84页；32开.—（小学二年级法纪教育读物）.—ISBN 7-5350-0444-X：0.69元

祖国在我心中：在国旗下讲的故事/姬君式主编.北京：北京少年儿童出版社，1990.12.—304页；32开.—ISBN 7-5301-0252-4：3.00元

神州巨变/王绍文，孙宗沆编写.—沈阳：辽宁教育出版社，1990.—120页：图；32开.—（我爱中华丛书/贾斌主编）.—ISBN 7-5382-1133-0：1.50元

党在我心中/宋殿宽主编.—北京：学苑出版社：中国青年出版社，1990.12.—147页；32开.—小学生读本.—ISBN 7-5006-0877-2：2.20元

彩色的中国/黄喆生编写.—延吉：东北朝鲜民族教育出版社，1990.4.—120页；32开.—(我爱中华丛书/贾斌主编).—ISBN 7-5437-0681-4：1.50元

雷锋在我身边：低年级本/王芳荣，良炜编写.—长春：东北师范大学出版社，1990.10.—55页；32开.小学思想品德课补充教材.—ISBN 7-5602-0464-3：0.99元

雷锋在我身边：中年级本/王芳荣，良炜编写.—长春：东北师范大学出版社，1990.10.—54页；32开.小学思想品德课补充教材.—ISBN 7-5602-0465-1：0.99元

雷锋在我身边：高年级本/王芳荣，良炜编写.—长春：东北师范大学出版社，1990.10.—54页；32开.小学思想品德课补充教材.—ISBN 7-5602-0466-X：0.99元

雷锋叔叔/王德昌，潘照坤著.—沈阳：春风文艺出版社，1990.1—94页；32开.—(雷锋事迹丛书.小学高年级版).—ISBN 7-5313-0352-3：1.10元

雷锋叔叔的故事/王德昌，潘兆坤原著；林平改编.沈阳：春风文艺出版社，1990.1.—62页；32开.(雷锋事迹丛书：小学低年级版).—ISBN 7-5313-0350-7：0.90元

雷锋叔叔的故事/共青团福建省委员会等编.—福建：福建少年儿童出版社，1990.3.—86页；32开.—(小火炬丛书).—ISBN 7-5395-0392-0：1.00元

蜜蜂爱花我爱花/河南省教育委员会中小学生教材教学研究室编.—2版.—郑州：海燕出版社，1990.6.—92页；32开.—(小学一年级法纪教育读物).ISBN 7-5350-0430-X：0.74元

警钟长鸣不忘国耻：帝国主义侵华罪行/湖南省教育委员会《警钟长鸣不忘国耻》编写组编.—长沙：湖南教育出版社，1990.2.—58页；32开.—供小学生用.—ISBN 7-5355-1064-7：0.43元

G624.2 语　文

汉语文　第四册/黑龙江省教育学院民族教育教研进修部编.—延吉：东北朝鲜民族教育出版社，1990.12.—187页；32开.—黑龙江省朝鲜族小学实验课本.ISBN 7-5437-0809-4：0.93元

汉语文　第五册/东北朝鲜民族教育出版社汉语文编辑室编.—2版.—延吉：东北朝鲜民族教育出版社，1990.5.—138页；32开.—小学课本.—ISBN 7-5437-0220-7：0.81元

本书1984年6月第1版。

汉语文　第六册/东北朝鲜民族教育出版社汉语文编辑室编.—2版.—延吉：东北朝鲜民族教育出版社，1990.11.—139页；32开.—小学课本.—ISBN 7-5437-0014-X：1.00元

汉语文　第七册/东北朝鲜民族教育出版社汉语文编辑室编.—2版.—延吉：东北朝鲜民族教育出版社，1990.6.—126页；32开.—小学课本.—ISBN 7-5437-0213-4：0.85元

本书1984年7月第1版。

汉语文　第九册/东北朝鲜民族教育出版社汉语文编辑室编.—2版.—延吉：东北朝鲜民族教育出版社，1990.6.—158页；32开.—小学课本.—ISBN 7-5437-0236-3：0.99元

本书1985年7月第1版。

写字　第四册.—3版.—沈阳：辽宁美术出版社，1990.10.—62页；32开.—全日制六年制小学语文课本.ISBN 7-5314-0471-0：0.58元

作文　第一册/丁培忠主编.—呼和浩特：内蒙古人民出版社，1990.5.—93页；32开.—内蒙古自治区六年制小学课本　供三年级第一学期用.—ISBN 7-204-00978-9：1.00元

作文　第二册/丁培忠主编；黄妙轩编写.—呼和浩特：内蒙古人民出版社，1990.11.—77页；32开.内蒙古自治区六年制小学课本　供三年级第二学期用.—ISBN 7-204-01221-6：0.85元

作文　第三册/丁培忠主编.—呼和浩特：内蒙古人民出版社，1990.5.—94页；32开.—内蒙古人民出版社，1990.5.—94页；32开.—内蒙古自治区六年制小学课本　供四年级第一学期用.—ISBN 7-204-00984-3：1.00元

作文　第四册/丁培忠主编.—呼和浩特：内蒙古人民出版社，1990.11.—74页；32开.—内蒙古自治区六年制小学课本　供四年级第二学期用.—ISBN 7-204-01222-4：0.85元

作文　第五册/丁培忠主编；王占荣编写.—呼和浩特：内蒙古人民出版社，1990.5.—109页；32开.内蒙古自治区六年制小学课本　供五年级第一学期用.—ISBN 7-204-00977-0：1.10元

作文　第七册/丁培忠主编.—呼和浩特：内蒙古人民出版社，1990.4.—107页；32开.—内蒙古自治区六年制小学课本　供六年级第一学期用.—ISBN 7-204-00972-X：1.10元

作文　第八册/丁培忠主编；贾铭，李丽编写.—呼和浩特：内蒙古人民出版社，1990.11.—86页；32开.—内蒙古自治区六年制小学课本　供六年级第二学期用.—ISBN 7-204-01224-0：1.00元

语文　第一册.—广州：广东教育出版社，1990.7.106页；大32开.—九年制义务教育试验教材：沿海版.—ISBN 7-5406-1223-1：2.80元

语文　第一册/丁有宽主编.—南宁：广西人民出版社，1990.8.—142页；大32开.—全日制六年制小学课本：实验本.—ISBN 7-219-01655-7：2.95元

语文　第二册/丁有宽主编.—广州：广东教育出版

社，1990.12.—118页；大32开.—全日制六年制小学课本：实验本.—ISBN 7-5406-1315-7：2.75元

语文　第二册/人民教育出版社语文一室编著.—北京：人民教育出版社，1990.10.—127页；大32开.义务教育六年制小学教科书：试用本.—ISBN 7-107-00948-6：2.45元

语文　第一册/贵州省民委民族文字书籍编译组编.贵阳：贵州民族出版社，1990.7.—118页；32开.—小学彝汉课本.—ISBN 7-5412-0062-X：1.75元

语文　第二册/贵州省民委民族文字书籍编译组编.贵阳：贵州民族出版社，1990.7.—125页；32开.小学彝汉课本.—ISBN 7-5412-0063-8：1.75元

语文　第三册/北京景山学校编.—北京：人民教育出版社，1990.8.—130页；大32开.—五年制小学试验课本.—ISBN 7-107-00945-1：4.00元

语文　第四册/北京景山学校编.—北京：人民教育出版社，1990.12.—140页；大32开.—五年制小学试验课本.—ISBN 7-107-01020-4：4.35元

语文：一年级/程玲编写.—杭州：浙江少年儿童出版社，1990.8.—87页；32开.—（五年制小学家庭辅导丛书）.—ISBN 7-5342-0635-9：0.95元

语文：二年级/周晓青，周文翰编写.—杭州：浙江少年儿童出版社，1990.8.—169页；32开.—（五年制小学家庭辅导丛书）.—ISBN 7-5342-0664-2：1.60元

语文：三年级/周一贯编写.—杭州：浙江少年儿童出版社，1990.8.—165页；32开.—（五年制小学家庭辅导丛书）.—ISBN 7-5342-0621-9：1.55元

语文：四年级/郑璧如编写.—杭州：浙江少年儿童出版社，1990.8.—197页；32开.—（五年制小学家庭辅导丛书）.—ISBN 7-5342-0637-5：1.85元

语文：五年级/沈大安编写.—杭州：浙江少年儿童出版社，1990.8.—180页；32开.—（五年制小学家庭辅导丛书）.—ISBN 7-5342-0597-2：1.65元

语文：说话：一年级第一学期/上海市中小学教材编写组编.—2版.—上海：上海教育出版社，1990.5.25页；32开.—全日制六年制小学课本.—ISBN 7-5320-2034-7：0.73元

本书1988年5月第1版。

语文：说话：一年级第二学期/上海市中小学教材编写组编.—3版.—上海：上海教育出版社，1990.11.—33页；32开.—全日制六年制小学课本.—ISBN 7-5320-2153-X：0.43元

语文：说话：二年级第一学期/上海市中小学教材编写组编.—2版.—上海：上海教育出版社，1990.3.33页；32开.—全日制六年制小学课本.—ISBN 7-5320-2033-9：0.50元

本书1988年5月第1版。

语文：说话：二年级第二学期/上海市中小学教材编写组编.—3版.—上海：上海教育出版社，1990.11.—32页；32开.—全日制六年制小学课本.—ISBN 7-5320-2154-8：0.46元

语文　第二册/小学生能力发展与培养课题组编.北京：北京教育出版社，1990.1.—170页；32开.—小学生能力发展与培养实验课本.—ISBN 7-5303-0150-0：2.05元

语文　第三册/小学生能力发展与培养课题组编.北京：北京教育出版社，1990.6.—212页；32开.小学生能力发展与培养实验课本.—ISBN 7-5303-0179-9：2.85元

语文　第四册/小学生能力发展与培养课题组编.北京：北京教育出版社，1990.12.—247页；32开.小学生能力发展与培养实验课本.—ISBN 7-5303-0191-8：3.15元

语文　第一册/云南省教育厅教研室编.—昆明：云南少年儿童出版社，1990.8.—155页；大32开.—云南省小学实验课本.—ISBN 7-5414-0503-6：1.70元

语文　第二册/云南省教委教研室编.—昆明：云南少年儿童出版社，1990.12.—127页；大32开.—云南省小学实验课本.—ISBN 7-5414-0542-6：1.62元

语文　第一册/高惠莹等主编.—青岛：青岛出版社，1990.3.—129页；32开.—五年制小学实验课本.ISBN 7-5436-0469-8：2.85元

语文　第二册/高惠莹等主编.—青岛：青岛出版社，1990.11.—122页；32开.—五年制小学实验课本.—ISBN 7-5436-0510-4：2.75元

语文　第三册/高惠莹等主编.—青岛：青岛出版社，1990.3.—122页；32开.—五年制小学实验课本.ISBN 7-5436-0465-5：2.75元

语文　第一册/李江游主编.—2版.—成都：四川教育出版社，1990.5.—116页；大32开.—九年制义务教育全日制小学试验课本.—ISBN 7-5408-1197-8：2.26元

语文　第二册.—2版.—成都：四川教育出版社，1990.12.—120页；大32开.—九年制义务教育全日制小学课本：实验本.—ISBN 7-5408-1270-0：2.33元

语文　第三册：阅读.—成都：四川教育出版社，1990.7.—92页；32开.—九年制义务教育全日制小学试验课本.—ISBN 7-5408-1363-6：0.58元

语文　第四册：阅读.—2版.—成都：四川教育出版社，1990.12.—148页；32开.—九年制义务教育全日制小学课本：实验本.—ISBN 7-5408-1477-2：0.92元

语文　第四册.—成都：四川教育出版社，1990.12.—157页；32开.—九年制义务教育全日制小学课本：实验本.—ISBN 7-5408-1472-1：1.17元

上教版六年制小学课本语文第一册生字卡片.—上海：上海教育出版社，1990.5.—16页；32开.—配合上教版教材　学生用.—ISBN 7-5320-2048-7（袋装）：0.57元

上教版六年制小学课本语文第一册生字卡片.—上海：上海教育出版社，1990.5.—57张；8开.—配合上教版教材　教师用—ISBN 7-5320-2061-4（袋装）.—7.45元

上教版六年制小学课本语文第二册生字卡片.—新1版.—上海：上海教育出版社，1990.9.—24张；32开.—配合上教版教材　学生用.—ISBN 7-5320-1230-1（袋装）：0.79元

上教版六年制小学课本语文第二册（上）生字卡片.—上海：上海教育出版社，1990.9.—44张；8开.教师用.—ISBN 7-5320-2157-2（袋装）：5.90元

上教版六年制小学课本语文第二册（下）生字卡片.—上海：上海教育出版社，1990.9.—41张；8开.教师用.—ISBN 7-5320-2158-0（袋装）：5.55元

上教版六年制小学课本语文第三册生字卡片.—上海：上海教育出版社，1990.5.—28页；32开.—配合上教版教材　学生用.—ISBN 7-5320-2007-X（袋装）：0.90元

上教版六年制小学课本语文第三册（上）生字卡片.—上海：上海教育出版社，1990.5.—52张；8开.—配合上教版教材　教师用.—ISBN 7-5320-2062-2（袋装）：6.90元

上教版六年制小学课本语文第三册（下）生字卡片.—上海：上海教育出版社，1990.5.—55张；8开.配合上教版教材　教师用.—ISBN 7-5320-2063-0（袋装）：7.30元

上教版六年制小学课本语文第四册（上）生字卡片.—上海：上海教育出版社，1990.9.—52张；8开.教师用.—ISBN 7-5320-2148-3（袋装）：6.90元

上海版六年制小学课本语文第四册（下）生字卡片.—上海：上海教育出版社，1990.9.—54张；8开.—教师用.—ISBN 7-5320-2149-1（袋装）：7.15元

小学生字知识卡片　第一册.—西安：未来出版社，1990.6.—41页；32开.—ISBN 7-5417-0338-9：0.70元

小学生字知识卡片　第三册.—西安：未来出版社，1990.6.—41页；32开.—ISBN 7-5417-0339-7：0.70元

小学生字知识卡片　第五册.—西安：未来出版社，1990.6.—32页；32开.—ISBN 7-5417-0340-0：0.60元

小学生字知识卡片　第七册.—西安：未来出版社，1990.6.—26页；32开.—ISBN 7-5417-0341-9：0.54元

小学生字知识卡片　第九册.—西安：未来出版社，1990.6.—24页；32开.—ISBN 7-5417-0342-7：0.49元

小学生字知识卡片　第十一册.—西安：未来出版社，1990.6.—23页；32开.—ISBN 7-5417-0343-5：0.49元

五年制小学课本语文第一册（上）生字卡片/江苏教育出版社编.—南京：江苏教育出版社，1990.4.28张；8开.—配合最新人教版教材　教师用.—ISBN 7-5343-1022-9（袋装）：4.95元

五年制小学课本语文第一册（下）生字卡片/江苏教育出版社编.—南京：江苏教育出版社，1990.4 28张；8开.—配合最新人教版教材　教师用.—ISBN 7-5343-1023-7（袋装）：4.95元

五年制小学课本语文第三册（上）生字卡片/江苏教育出版社编.—2版.—南京：江苏教育出版社，1990.4.—56张；8开.—教师用.—ISBN 7-5343-0790-2（袋装）：9.50元

五年制小学课本语文第三册（下）生字卡片/江苏教育出版社编.—2版.—南京：江苏教育出版社，1990.4.—52张；8开.—教师用.—ISBN 7-5343-0791-0（袋装）：9.00元

五年制小学课本语文第六册生字卡片.—南昌：21世纪出版社，1990.11.—16张；32开.—ISBN 7-5391-0429-5（袋装）：0.75元

六年制小学语文课本第一册生字卡片/浙江少年儿童出版社编.—杭州：浙江少年儿童出版社，1990.7.24页；32开.—ISBN 7-5342-0575-1：0.60元

六年制小学语文课本第二册生字卡片/浙江少年儿童出版社编.—杭州：浙江少年儿童出版社，1990.12.—32页；32开.—ISBN 7-5342-0576-X：0.80元

六年制小学语文第一册学生四用生字卡片/江苏教育出版社编.—2版.—南京：江苏教育出版社，1990.3.—13页；32开.—ISBN 7-5343-0599-3（袋装）：0.45元

六年制小学语文第三册学生四用生字卡片/江苏人民出版社编.—2版.—南京：江苏教育出版社，1990.3.—25页；32开.—ISBN 7-5343-0600-0（袋装）：0.76元

六年制小学语文第七册学生四用生字卡片/江苏教育出版社.—2版.—南京：江苏教育出版社，1990.3.11页；32开.—ISBN 7-5343-0602-7（袋装）：0.39元

六年制小学语文第九册学生四用生字卡片/江苏教育出版社.—2版.—南京：江苏教育出版社，1990.3.8页；32开.—ISBN 7-5343-0603-5（袋装）：0.31元

六年制小学语文第十一册学生四用生字卡片/江苏教育出版社.—南京：江苏教育出版社.—1990.3.—6页；32开.—ISBN 7-5343-0604-3（袋装）：0.25元

六年制小学课本语文第五册（上）生字卡片/江苏教育出版社编.—2版.—南京：江苏教育出版社，1990.4.—36张；8开.—配合最新人教版教材　教师用.—ISBN 7-5343-0744-9(袋装）：6.25元

六年制小学课本语文第五册（下）生字卡片/江苏教育出版社编.—2版.—南京：江苏教育出版社，1990.4.—36张；8开.—配合最新人教版教材　教师用.—ISBN 7-5343-0747-3（袋装).—6.25元

九年制义务教育全日制小学语文第四册练习册：实验本.—成都：四川教育出版社，1990.11.—124页；32开.—ISBN 7-5408-1475-6：1.01元

小学拼音练习册/陈振桂编写.—南宁：广西民族出版社，1990.8.—106页；32开.—ISBN 7-5363-0877-9：1.40元

小学语文练习　第一册（甲）/赵士英，牟丽芳编.—长春：吉林教育出版社，1990.5.—67页；32开.ISBN 7-5383-0976-4：0.52元

小学语文练习　第一册（乙）/赵士英，牟丽芳编.长春：吉林教育出版社，1990.5.—81页；32开.—ISBN 7-5383-0985：0.59元

小学语文练习　第三册（甲）/李莉，李淑清编.长春：吉林教育出版社，1990.5.—67页；32开.—ISBN 7-5383-0948-9：0.54元

小学语文练习　第三册（乙）/李莉，孙淑清编.长春：吉林教育出版社，1990.5.—34页；32开.ISBN 7-5383-0934-9：0.49元

小学语文练习　第五册（甲）/于欣，李丽英编.长春：吉林教育出版社，1990.5.—45页；32开.—ISBN 7-5383-0972-1：0.39元

小学语文练习　第五册（乙）/于欣，李丽英编.长春：吉林教育出版社，1990.5.—51页；32开.—ISBN 7-5383-0949-7：0.44元

小学语文练习　第七册（甲）/申亚埙，蔡凤翔编.长春：吉林教育出版社，1990.5.—56页；32开.—ISBN 7-5383-0945-4：0.44元

小学语文练习　第七册（乙）/申亚埙，蔡凤翔编.长春：吉林教育出版社，1990.5.—56页；32开.—ISBN 7-5383-0946-2：0.44元

小学语文练习　第九册（甲）/杨兆丰，王福海编.长春：吉林教育出版社，1990.5.—42页；32开.—ISBN 7-5383-0944-6：0.37元

小学语文练习　第九册（乙）/杨兆丰，王福海编.长春：吉林教育出版社，1990.5.—43页；32开.—ISBN 7-5383-0943-8：0.37元

小学语文家庭测试：一年级（上）/陈二梅编写.南昌：21世纪出版社，1990.7.—48页；32开.—ISBN 7-5391-0303-9：0.53元

小学语文家庭测试：二年级（上）/杨以燕编写.南昌：21世纪出版社，1990.7.—48页；32开.—ISBN 7-5391-0364-7：0.53元

小学语文家庭测试：三年级（上）/杨明明编写.南昌：21世纪出版社，1990.7.—63页；32开.—ISBN 7-5391-0367-1：0.65元

小学语文家庭测试：四年级（上）/李再编写.南昌：21世纪出版社，1990.7.—62页；32开.—ISBN 7-5391-0368-X：0.65元

小学语文家庭测试：五年级（上）/王瑞原编写.南昌：21世纪出版社，1990.7.—64页；32开.—ISBN 7-5391-0369-8：0.65元

小学语文课外练习　第三册/小学语文课外练习编写组编.—北京：北京少年儿童出版社，1990.6.—62页；16开.—二年级用.—ISBN 7-5301-0212-5：1.60元

小学语文课外练习　第五册/小学语文课外练习编写组编.—北京：北京少年儿童出版社，1990.6.—70页；16开.—三年级用.—ISBN 7-5301-0213-3：1.80元

小学语文课外练习　第七册/小学语文课外练习编写组编.—北京：北京少年儿童出版社，1990.6.—72页；16开.—四年级用.—ISBN 7-5301-0214-1：1.80元

小学语文课外练习　第九册/小学语文课外练习编写组编.—北京：北京少年儿童出版社，1990.6.—78页；16开.—五年级用.—ISBN 7-5301-0215-X：1.95元

小学语文课外练习　第十一册/小学语文课外练习编写组编.—北京：北京少年儿童出版社，1990.6.78页；16开.—六年级用.—ISBN 7-5301-0216-8：1.95元

五年制小学实验课本语文第一册练习册/湖北沙市市"五·四"制教材实验组编.—青岛：青岛出版社，1990.4.—140页；32开.—ISBN 7-5436-0477-9：1.25元

五年制小学练习册：语文　第一册/河北省教育科学研究所本书编写组编.—2版.—石家庄：河北教育出版社，1990.5.—111页；32开.—ISBN 7-5434-0177-0：0.86元

五年制小学练习册：语文　第三册/河北省教育科学研究所本书编写组编.—2版.—石家庄：河北教育出版社，1990.5.—88页；32开.—ISBN 7-5434-0163-0：0.73元

五年制小学练习册：语文　第七册/河北省教育科学研究所本书编写组编.—2版.—石家庄：河北教育

出版社，1990.6.—96页；32开.—ISBN 7-5434-0156-：0.75元

五年制小学练习册：语文　第九册/河北省教育科学研究所本书编写组编.—2版.—石家庄：河北教育出版社，1990.5.—96页；32开.—ISBN 7-5434-0161-：0.75元

五年制小学语文练习　第二册/北京景山学校编.北京：原子能出版社，1990.1.—68页；32开.—ISBN 7-5022-0261-7：0.85元

五年制小学语文练习　第三册/北京景山学校编.北京：人民教育出版社，1990.8.—73页；32开.—ISBN 7-107-00986-9：1.10元

五年制小学语文练习册/宁夏回族自治区教育厅教研室审定.—银川：宁夏人民出版社，1990.7.—143页；32开.—供五年制小学毕业班用.—ISBN 7-227-00578-X：1.20元

五年制小学语文练习册　第一册/甘肃省教材编审室编.—兰州：甘肃少年儿童出版社，1990.3.—64页；32开.—ISBN 7-5422-0322-3：0.65元

五年制小学语文练习册　第二册/甘肃省教材编审室编.—兰州：甘肃少年儿童出版社，1990.9.—80页；32开.—ISBN 7-5422-0406-8：0.71元

五年制小学语文练习册　第三册/甘肃省教材编审室编.—兰州：甘肃少年儿童出版社，1990.3.—80页；32开.—ISBN 7-5422-0323-1：0.71元

五年制小学语文练习册　第四册/甘肃省教材编审室编.—兰州：甘肃少年儿童出版社，1990.9.—80页；32开.—ISBN 7-5422-0407-6：0.71元

五年制小学语文练习册　第五册/甘肃省教材编审室编.—兰州：甘肃少年儿童出版社，1990.3.—80页；32开.—ISBN 7-5422-0324-X：0.71元

五年制小学语文练习册　第六册/甘肃省教材编审室编.—兰州：甘肃少年儿童出版社，1990.9.—80页；32开.—ISBN 7-5422-0408-4：0.71元

五年制小学语文练习册　第七册/甘肃省教材编审室编.—兰州：甘肃少年儿童出版社，1990.3.—96页；32开.—ISBN 7-5422-0325-8：0.84元

五年制小学语文练习册　第八册/甘肃省教材编审室编.—兰州：甘肃少年儿童出版社，1990.9.—96页；32开.—ISBN 7-5422-0409-2：0.84元

五年制小学语文练习册　第九册/甘肃省教材编审室编.—兰州：甘肃少年儿童出版社，1990.3.—96页；32开.—ISBN 7-5422-0326-6：0.84元

五年制小学语文练习册　第十册/甘肃省教材编审室编.—兰州：甘肃少年儿童出版社，1990.11.—96页；32开.—ISBN 7-5422-0410-6：0.84元

五年制小学语文练习册：一年级下学期/湖北省教学研究室编.—2版.—武汉：湖北少年儿童出版社，1990.12.—85页；32开.—ISBN 7-5353-0726-4：0.76元

五年制小学语文练习册：二年级下学期/湖北省教学研究室编.—2版.—武汉：湖北少年儿童出版社，1990.12.—110页；32开.—ISBN 7-5353-0733-7：1.00元

五年制小学语文练习册：三年级下学期/湖北省教学研究室编.—2版.—武汉：湖北少年儿童出版社，1990.12.—97页；32开.—ISBN 7-5353-0742-6：0.88元

五年制小学语文练习册：四年级下学期/湖北省教学研究室编.—2版.—武汉：湖北少年儿童出版社，1990.12.—83页；32开.—ISBN 7-5353-0744-2：0.76元

五年制小学语文练习册：五年级下学期/湖北省教学研究室编.—2版.—武汉：湖北少年儿童出版社，1990.12.—95页；32开.—ISBN 7-5353-0746-9：0.88元

六年制小学一年级第一学期语文练习册　第一分册：基础知识·阅读训练/广东省教育厅教材编审室编.—广州：广东教育出版社，1990.7.—77页；32开.—ISBN 7-5406-1161-8：0.72元

六年制小学一年级第一学期语文练习册　第二分册：看图说话/广东省教育厅教材编审室编.—广州：广东教育出版社，1990.7.—60页；32开.—ISBN 7-5406-1155-3：0.60元

六年制小学一年级第二学期语文练习册　第一分册：基础知识·阅读训练/广东省教育厅教材编审室编.—广州：广东教育出版社，1990.12.—70页；32开.—ISBN 7-5406-1255-X：0.66元

六年制小学一年级第二学期语文练习册　第二分册：看图说话写话/广东省教育厅教材编审室编.—广州：广东教育出版社，1990.12.—58页；32开.—ISBN 7-5406-1262-2：0.60元

六年制小学二年级第一学期语文练习册　第一分册：基础知识·阅读训练/广东省教育厅教材编审室编.—广州：广东教育出版社，1990.7.—104页；32开.—ISBN 7-5406-1162-6：0.90元

六年制小学二年级第一学期语文练习册　第二分册：看图说话写话/广东省教育厅教材编审室编.—广州：广东教育出版社，1990.7.—33页；32开.—ISBN 7-5406-1156-1：0.42元

六年制小学二年级第二学期语文练习册　第一分册：基础知识·阅读训练/广东省教育厅教材编审室编.—广州：广东教育出版社，1990.12.—90页；32开.—ISBN 7-5406-1256-8：0.84元

六年制小学二年级第二学期语文练习册　第二分册：看图说话写话/广东省教育厅教材编审室编.—广州：广东教育出版社，1990.12.—44页；32开.—IS

BN 7-5406-1263-0：0.48元

六年制小学三年级第一学期语文练习册 第一分册：基础知识·阅读训练/广东省教育厅教材编审室编.—广州：广东教育出版社，1990.7.—68页；32开.—ISBN 7-5406-1163-4：0.66元

六年制小学三年级第一学期语文练习册 第二分册：作文训练/广东省教育厅教材编审室编.—广州：广东教育出版社，1990.7.—55页；32开.—ISBN 7-5406-1157-X：0.60元

六年制小学三年级第二学期语文练习册 第一分册：基础知识·阅读训练/广东省教育厅教材编审室编.—广州：广东教育出版社，1990.12.—115页；32开.—ISBN 7-5406-1257-6：1.05元

六年制小学三年级第二学期语文练习册 第二分册：作文训练/广东省教育厅教材编审室编.—广州：广东教育出版社，1990.12.—55页；32开.—ISBN 7-5406-1264-9：0.60元

六年制小学四年级第一学期语文练习册 第一分册：基础知识·阅读训练/广东省教育厅教材编审室编.—广州：广东教育出版社，1990.7.—78页；32开.—ISBN 7-5406-1164-2：0.72元

六年制小学四年级第一学期语文练习册 第二分册：作文训练/广东省教育厅教材编审室编.—广州：广东教育出版社，1990.7.—53页；32开.—ISBN 7-5406-1158-8：0.54元

六年制小学四年级第二学期语文练习册 第一分册：基础知识·阅读训练/广东省教育厅教材编审室编.—广州：广东教育出版社，1990.12.—59页；32开.—ISBN 7-5406-1258-4：0.60元

六年制小学四年级第二学期语文练习册 第二分册：作文训练/广东省教育厅教材编审室编.—广州：广东教育出版社，1990.12.—53页；32开.—ISBN 7-5406-1265-7：0.54元

六年制小学五年级第一学期语文练习册 第一分册：基础知识·阅读训练/广东省教育厅教材编审室编.—广州：广东教育出版社，1990.7.—67页；32开.—ISBN 7-5406-1165-0：0.74元

六年制小学五年级第一学期语文练习册 第二分册：作文训练/广东省教育厅教材编审室编.—广州：广东教育出版社，1990.7.—47页；32开.—ISBN 7-5406-1159-6：0.51元

六年制小学五年级第二学期语文练习册 第一分册：基础知识·阅读训练/广东省教育厅教材编审室编.—广州：广东教育出版社，1990.12.—123页；32开.—ISBN 7-5406-1259-2：1.10元

六年制小学五年级第二学期语文练习册 第二分册：作文训练/广东省教育厅教材编审室编.—广州：广东教育出版社，1990.12.—55页；32开.—ISBN 7-5406-1266-5：0.60元

六年制小学六年级第一学期语文练习册 第一分册：基础知识·阅读训练/广东省教育厅教材编审室编.—广州：广东教育出版社，1990.7.—46页；32开.—ISBN 7-5406-1166-9：0.48元

六年制小学六年级第一学期语文练习册 第二分册：作文训练/广东省教育厅教材编审室编.—广州：广东教育出版社，1990.7.—46页；32开.—ISBN 7-5406-1160-X：0.48元

六年制小学六年级第二学期语文练习册 第一分册：基础知识·阅读训练/广东省教育厅教材编审室编.—广州：广东教育出版社，1990.12.—54页；32开.—ISBN 7-5406-1260-6：0.60元

六年制小学六年级第二学期语文练习册 第二分册：作文训练/广东省教育厅教材编审室编.—广州：广东教育出版社，1990.12.—58页；32开.—ISBN 7-5406-1267-3：0.60元

六年制小学练习册：语文　第一册/河北省教育科学研究所编写组编.—2版.—石家庄：河北教育出版社，1990.6.—95页；32开.—ISBN 7-5434-0099-5：0.75元

六年制小学练习册：语文　第三册/河北省教育科学研究所编写组编.—2版.—石家庄：河北教育出版社，1990.5.—111页；32开.—ISBN 7-5434-0155-X：0.86元

六年制小学练习册：语文　第五册/河北省教育科学研究所编写组编.—2版.—石家庄：河北教育出版社，1990.6.—76页；32开.—ISBN 7-5434-0180-0：0.64元

六年制小学练习册：语文　第七册/河北省教育科学研究所编写组编.—2版.—石家庄：河北教育出版社，1990.5.—99页；32开.—ISBN 7-5434-0108-8：0.81元

六年制小学练习册：语文　第九册/河北省教育科学研究所编写组编.—2版.—石家庄：河北教育出版社，1990.6.—126页；32开.—ISBN 7-5434-0111-8：0.97元

六年制小学语文练习 第一册/江苏省教育委员会教学研究室编.—2版.—南京：江苏教育出版社，1990.2.—72页；32开.—ISBN 7-5343-0291-9：0.65元

六年制小学语文练习 第三册/江苏省教委教研室编.—2版.—南京：江苏教育出版社，1990.3.—65页；32开.—ISBN 7-5343-0292-7：0.59元

六年制小学语文练习 第五册/江苏省教育委员会教研室编.—2版.—南京：江苏教育出版社，1990.4.—65页；32开.—ISBN 7-5343-0293-5：0.59元

六年制小学语文练习 第七册/江苏省教育委员会教研室编.—2版.—南京：江苏教育出版社，1990.32.—75页；32开.—ISBN 7-5343-0294-3：0.67元

六年制小学语文练习　第九册/江苏省教育委员会中小学教研室编.—南京：江苏教育出版社，1990.2.—81页；32开.—ISBN 7-5343-0295-1：0.73元

六年制小学语文练习　第十一册/江苏省教育委员会教研室编.—2版.—南京：江苏教育出版社，1990.4.—69页；32开.—ISBN 7-5343-0296-X：0.62元

六年制小学语文练习册/九年制义务教育教材编委会编.—广州：广东教育出版社，1990.7.—36页；32开.—九年制义务教育试验教材　供一年级第一学期用.—ISBN 7-5406-1202-9：0.62元

六年制小学语文练习册/宁夏回族自治区教育厅教研室审定.—银川：宁夏人民出版社，1990.7.—140页；32开.—供小学六年级全学年用.—ISBN 7-227-00579-3：1.15元

六年制小学语文练习册　第一册/甘肃省教材编审室编.—兰州：甘肃少年儿童出版社，1990.3.—64页；32开.—ISBN 7-5422-0305-3：0.59元

六年制小学语文练习册　第二册/甘肃省教材编审室编.—兰州：甘肃少年儿童出版社，1990.9.—64页；32开.—ISBN 7-5422-0411-4：0.59元

六年制小学语文练习册　第四册/甘肃省教材编审室编.—兰州：甘肃少年儿童出版社，1990.9.—80页；32开.—ISBN 7-5422-0412-2：0.71元

六年制小学语文练习册　第六册/甘肃省教材编审室编.—兰州：甘肃少年儿童出版社，1990.9.—80页；32开.—ISBN 7-5422-0413-0：0.71元

六年制小学语文练习册　第八册/甘肃省教材编审室编.—兰州：甘肃少年儿童出版社，1990.9.—80页；32开.—ISBN 7-5422-0414-9：0.71元

六年制小学语文练习册　第九册/甘肃省教材编审室编.—兰州：甘肃少年儿童出版社，1990.3.—96页；32开.—ISBN 7-5422-0309-6：0.84元

六年制小学语文练习册　第十册/甘肃省教材编审室编.—兰州：甘肃少年儿童出版社，1990.9.—96页；32开.—ISBN 7-5422-0415-7：0.84元

六年制小学语文练习册　第十一册/甘肃省教材编审室编.—兰州：甘肃少年儿童出版社，1990.3.96页；32开.—ISBN 7-5422-0310-X：0.84元

六年制小学语文练习册　第十二册/甘肃省教材编审室编.—兰州：甘肃少年儿童出版社，1990.9.96页；32开.—ISBN 7-5422-0416-5：0.84元

六年制小学语文练习册　第三册/甘肃省教材编审室编.—兰州：甘肃少年儿童出版社，1990.3.—80页；32开.—ISBN 7-5422-0306-1：0.71元

六年制小学语文练习册　第五册/甘肃省教材编审室编.—兰州：甘肃少年儿童出版社，1990.3.—80页；32开.—ISBN 7-5422-0307-X：0.71元

六年制小学语文练习册　第七册/甘肃省教材编审室编.—兰州：甘肃少年儿童出版社，1990.3.—80页；32开.—ISBN 7-5422-0308-8：0.71元

六年制小学语文练习册：一年级上学期/湖北省教学研究室编.—2版.—武汉：湖北少年儿童出版社，1990.7.—112页；32开.—ISBN 7-5353-0624-1：0.95元

六年制小学语文练习册：一年级下学期/湖北省教学研究室编.—武汉：湖北少年儿童出版社，1990.12.—84页；32开.—ISBN 7-5353-0727-2：0.76元

六年制小学语文练习册：二年级上学期/湖北省教学研究室编.—2版.—武汉：湖北少年儿童出版社，1990.7.—88页；32开.—ISBN 7-5353-0625-X：0.80元

六年制小学语文练习册：三年级上学期/湖北省教学研究室编.—2版.—武汉：湖北少年儿童出版社，1990.7.—72页；32开.—ISBN 7-5353-0626-8：0.68元

六年制小学语文练习册：三年级下学期/湖北省教学研究室编.—武汉：湖北少年儿童出版社，1990.12.—91页；32开.—ISBN 7-5353-0731-0：0.82元

六年制小学语文练习册：四年级上学期/湖北省教学研究室编.—2版.—武汉：湖北少年儿童出版社，1990.7.—67页；32开.—ISBN 7-5353-0627-6：0.62元

六年制小学语文练习册：四年级下学期/湖北省教学研究室编.—武汉：湖北少年儿童出版社，1990.12.—82页；32开.—ISBN 7-5353-0735-3：0.76元

六年制小学语文练习册：五年级下学期/湖北省教学研究室编.—2版.—武汉：湖北少年儿童出版社，1990.12.—94页；32开.—ISBN 7-5353-0737-X：0.82元

六年制小学语文练习册：六年级上学期/湖北省教学研究室编.—2版.—武汉：湖北少年儿童出版社，1990.7.—65页；32开.—ISBN 7-5353-0629-2：0.62元

六年制小学语文练习册：六年级下学期/湖北省教学研究室编.—武汉：湖北少年儿童出版社，1990.12.—88页；32开.—ISBN 7-5353-0739-6：0.82元

北京市小学语文练习册　第一册/北京市教育局教学研究部编.—北京：北京少年儿童出版社，1990.7.—77页；16开.—ISBN 7-5301-0211-7：1.80元

北京市小学语文练习册　第二册/北京市教育局教学研究部编.—北京：北京少年儿童出版社，1990.12.—62页；16开.—ISBN 7-5301-0265-6：1.50元

北京市小学语文练习册　第三册/北京市教育局教学研究部编.—北京：北京少年儿童出版社，1990.6.—80页；16开.—ISBN 7-5301-0212-5：1.80元

北京市小学语文练习册　第四册/北京市教育局教学研究部编.—北京：北京少年儿童出版社，1990.

12.—62页；16开.—ISBN 7-5301-0266-4：1.50元

北京市小学语文练习册 第五册/北京市教育局教学研究部编.—北京：北京少年儿童出版社，1990.6.—78页；16开.—ISBN 7-5301-0213-3：1.80元

北京市小学语文练习册 第六册/北京市教育局教学研究部编.—北京：北京少年儿童出版社，1990.12.—70页；16开.—ISBN 7-5301-0267-2：1.65元

北京市小学语文练习册 第七册/北京市教育局教学研究部编.—北京：北京少年儿童出版社，1990.6.—78页；16开.—ISBN 7-5301-0214-1：1.80元

北京市小学语文练习册 第八册/北京市教育局教学研究室编.—北京：北京少年儿童出版社，1990.12.—70页；16开.—ISBN 7-5301-0268-0：1.65元

北京市小学语文练习册 第九册/北京市教育局教学研究部编.—北京：北京少年儿童出版社，1990.6.—79页；16开.—ISBN 7-5301-0215-X：1.80元

北京市小学语文练习册 第十册/北京市教育局教学研究部编.—北京：北京少年儿童出版社，1990.12.—78页；16开.—ISBN 7-5301-0269-9：1.80元

北京市小学语文练习册 第十一册/北京市教育局教学研究部编.—北京：北京少年儿童出版社，1990.6.—16页；16开.—ISBN 7-5301-0216-8：1.80元

北京市小学语文练习册 第十二册/北京市教育局教学研究部编.—北京：北京少年儿童出版社，1990.12.—78页；16开.—ISBN 7-5301-0270-2：1.80元

全日制六年制小学语文课本（实验本）练习册 第一册/丁有宽主编.—南宁：广西人民出版社，1990.8.—62页；32开.—ISBN 7-219-01656-5：0.65元

全日制六年制小学语文课本（实验本）练习册 第二册/丁有宽主编.—广州：广东教育出版社，1990.12.—56页；32开.—ISBN 7-5406-1298-3：0.58元

全日制六年制小学课本（实验本）语文总复习练习册：一年级/丁有宽主编.—广州：广东教育出版社，1990.12.—20页；32开.—ISBN 7-5406-1309-2：0.38元

黑龙江省小学实验课本语文练习 第一册/黑龙江省教委实验领导小组办公室编.—北京：人民教育出版社，1990.4.—56页；32开.—ISBN 7-107-10696-1：0.61元

黑龙江省小学语文实验课本训练册 第二册/秦炳麟主编；屈达等编.—西安：未来出版社，1990.1.—56页；32开.—ISBN 7-5417-0327-3：0.63元

山东省五年制小学复式班语文自动作业 第一册/山东省教学研究室编.—济南：山东教育出版社，1990.6.—154页；32开.—一年级上学期用.—ISBN 7-5328-0941-2：1.35元

山东省五年制小学复式班语文自动作业 第二册/山东省教学研究室编.—济南：山东教育出版社，1990.9.—164页；32开.—一年级下学期用.—ISBN 7-5328-1040-2：1.30元

山东省五年制小学复式班语文自动作业 第三册/山东省教学研究室编.—济南：山东教育出版社，1990.5.—118页；32开.—二年级上学期用.—ISBN 7-5328-0942-0：1.07元

山东省五年制小学复式班语文自动作业 第四册/山东省教学研究室编.—济南：山东教育出版社，1990.9.—131页；32开.—二年级下学期用.—ISBN 7-5328-1039-9：1.15元

山东省五年制小学复式班语文自动作业 第五册/山东省教学研究室编.—济南：山东教育出版社，1990.6.—130页；32开.—三年级上学期用.—ISBN 7-5328-0943-9：1.16元

山东省五年制小学复式班语文自动作业 第六册/山东省教育研究室编.—济南：山东教育出版社，1990.9.—171页；32开.—三年级下学期用.—ISBN 7-5328-1038-0：1.35元

小学语文天天练 第三册/樊清珍，辛力主编.—西安：陕西人民教育出版社，1990.4.—46页；16开.ISBN 7-5419-1612-9：0.92元

小学语文天天练 第五册/樊清珍，辛力主编；刘桂平等编写.—西安.陕西人民教育出版社，1990.4.—42页；16开.—ISBN 7-5419-1613-7：0.88元

小学语文天天练 第九册/樊清珍，辛力主编；张武全等编写.—西安：陕西人民教育出版社，1990.4.—50页；16开.—ISBN 7-5419-1615-3：1.00元

小学语文天天练 第十一册/樊清珍，辛力主编.西安：陕西人民教育出版社，1990.4.—52页；16开.—ISBN 7-5419-1616-1：1.05元

五年制小学语文课本第二册生字抄写簿 第一分册/广东省教育厅教材编审室编.—广州：广东教育出版社，1990.12.—41页；32开.—ISBN 7-5406-1300-9：0.38元

五年制小学语文课本第二册生字抄写簿 第二分册/广东省教育厅教材编审室编.—广州：广东教育出版社，1990.12.—42页；32开.—ISBN 7-5406-1302-5：0.38元

五年制小学语文课本第四册生字抄写簿 第一分册/广东省教育厅教材编写组编.—广州：广东教育出版社，1990.12.—49页；32开.—ISBN 7-5406-1297-5：0.43元

五年制小学语文课本第四册生字抄写簿 第二分册/广东省教育厅教材编审室编.—广州：广东教育出版社，1990.12.—45页；32开.—ISBN 7-5406-1301-7：0.40元

六年制小学语文分课时课内十分钟作业　第一册/福建省南平市小学教育研究会编.—北京：新华出版社，1990.5.—74页；32开.—ISBN 7-5011-0673-8：1.00元

六年制小学语文分课时课内十分钟作业　第二册/福建省南平市小学教育研究会编.—北京：新华出版社，1990.11.—62页；32开.—ISBN 7-5011-0759-9：0.95元

六年制小学语文分课时课内十分钟作业　第三册/福建省南平市小学教育研究会编.—北京：新华出版社，1990.5.—64页；32开.—ISBN 7-5011-0674-6：0.90元

六年制小学语文分课时课内十分钟作业　第四册/福建省南平市小学教育研究会编.—北京：新华出版社，1990.12.—64页；32开.—ISBN 7-5011-0760-2：0.95元

六年制小学语文分课时课内十分钟作业　第五册/福建省南平市小学教育研究会编.—北京：新华出版社，1990.5.—56页；32开.—ISBN 7-5011-0675-4：0.85元

六年制小学语文分课时课内十分钟作业　第六册/福建省南平市小学教育研究会编.—北京：新华出版社，1990.12.—60页；32开.—ISBN 7-5011-0761-0：0.95元

六年制小学语文分课时课内十分钟作业　第七册/福建省南平市小学教育研究会编.—北京：新华出版社，1990.5.—77页；32开.—ISBN 7-5011-0676-2：1.00元

六年制小学语文分课时课内十分钟作业　第八册/福建省南平市小学教育研究会编.—北京：新华出版社，1990.11.—76页；32开.—ISBN 7-5011-0740-8：1.00元

六年制小学语文分课时课内十分钟作业　第九册/福建省南平市小学教育研究会编.—北京：新华出版社，1990.5.—60页；32开.—ISBN 7-5011-0677-0：0.85元

六年制小学语文分课时课内十分钟作业　第十册/福建省南平市小学教育研究会编.—北京：新华出版社，1990.11.—64页；32开.—ISBN 7-5011-0741-6：0.95元

六年制小学语文分课时课内十分钟作业　第十一册/福建省南平市小学教育研究会编.—北京：新华出版社，1990.5.—60页；32开.—ISBN 7-5011-0678-9：0.85元

六年制小学语文分课时课内十分钟作业　第十二册/福建省南平市小学教育研究会编.—北京：新华出版社，1990.11.—59页；32开.—ISBN 7-5011-0742-4：0.95元

六年制小学语文生字抄写范本　第一册(甲)/生字抄写范本编写组编.—贵阳：贵州教育出版社，1990.4.—32页；32开.—ISBN 7-80583-028-2：0.45元

六年制小学语文生字抄写范本　第一册(乙)/生字抄写范本编写组编.—贵阳：贵州教育出版社，1990.4.—32页；32开.—ISBN 7-80583-029-0：0.45元

六年制小学语文生字抄写范本　第二册(甲)/生字抄写范本编写组编.—贵阳：贵州教育出版社，1990.11.—32页；32开.—ISBN 7-80583-118-1：0.45元

六年制小学语文生字抄写范本　第二册(乙)/生字抄写范本编写组编.—贵阳：贵州教育出版社，1990.11.—32页；32开.—ISBN 7-80583-119-X：0.45元

六年制小学语文生字抄写范本　第三册(甲)/生字抄写范本编写组编.—贵阳：贵州教育出版社，1990.4.—32页；32开.—ISBN 7-80583-030-4：0.45元

六年制小学语文生字抄写范本　第三册(乙)/生字抄写范本编写组编.—贵阳：贵州教育出版社，1990.4.—32页；32开.—ISBN 7-80583-031-2：0.45元

六年制小学语文生字抄写范本　第四册(乙)/曾尚诚编.—贵阳：贵州教育出版社，1990.11.—32页；32开.—ISBN 7-80583-094-0：0.45元

六年制小学语文字词练习本　第二册　第一分册/湖南教育出版社编.—长沙：湖南教育出版社，1990.9.—48页；32开.—ISBN 7-5355-1183-X：0.42元

六年制小学语文字词练习本　第四册　第一分册/湖南教育出版社编.—长沙：湖南教育出版社，1990.9.—48页；32开.—ISBN 7-5355-1185-6：0.42元

六年制小学语文字词练习本　第四册　第二分册/湖南教育出版社编.—长沙：湖南教育出版社，1990.9.—48页；32开.—ISBN 7-5355-1186-4：0.42元

六年制小学语文精编作业本　第二册(甲)/高深，赵彤编写.—沈阳：辽宁教育出版社，1990.12.96页；32开.—ISBN 7-5382-1268-X：1.00元

六年制小学语文精编作业本　第二册(乙)/高深，赵彤编写.—沈阳：辽宁教育出版社，1990.10.92页；32开.—ISBN 7-5382-1269-8：0.95元

六年制小学语文精编作业本　第四册(甲)/张文，王丽编写.—沈阳：辽宁教育出版社，1990.10.136页；32开.—ISBN 7-5382-1271-X：1.30元

六年制小学语文精编作业本　第四册(乙)/张文，王丽编写.—沈阳：辽宁教育出版社，1990.11.120页；32开.—ISBN 7-5382-1270-1：1.15元

六年制小学语文精编作业本　第六册(甲)/白秋，童文编写.—沈阳：辽宁教育出版社，1990.11.134页；32开.—ISBN 7-5382-1286-8：1.25元

六年制小学语文精编作业本　第六册(乙)/白秋，童文编写.—沈阳：辽宁教育出版社，1990.12.140页；32开.—ISBN 7-5382-1287-6：1.30元

六年制小学语文精编作业本　第八册(甲)/宋庸，郭林编写.—沈阳：辽宁教育出版社，1990.11.122页；32开.—ISBN 7-5382-1288-4：1.15元

六年制小学语文精编作业本　第八册(乙)/宋庸，郭林编写.—沈阳：辽宁教育出版社，1990.11—94页；32开.—ISBN 7-5382-1289-2：0.95元

六年制小学语文精编作业本　第十册(甲)/黎田，郭韵编写.—沈阳：辽宁教育出版社，1990.11.—114页；32开.—ISBN 7-5382-1290-6：1.10元

六年制小学语文精编作业本　第十册(乙)/郭韵书，黎田编写.—沈阳：辽宁教育出版社，1990.11.110页；32开.—ISBN 7-5382-1291-4：1.10元

六年制小学语文精编作业本　第十二册(甲)/赵华，李枫编写.—沈阳：辽宁教育出版社，1990.11.94页；32开.—ISBN 7-5382-1292-2：0.90元

六年制小学语文精编作业本　第十二册(乙)/赵华，李枫编写.—沈阳：辽宁教育出版社，1990.11.107页；32开.—ISBN 7-5382-1293-0：1.10元

家庭作业：农村版：五年制小学语文第三册/《小学家庭作业》编写组编.—贵阳：贵州人民出版社，1990.6.—94页；32开.—ISBN 7-221-01649-6：0.85元

家庭作业：农村版：五年制小学语文第五册/《小学家庭作业》编写组编.—贵阳：贵州人民出版社，1990.5.—94页；32开.—ISBN 7-221-01647-X：0.85元

家庭作业：农村版：五年制小学语文第七册/《小学家庭作业》编写组编.—贵阳：贵州人民出版社，1990.5.—94页；32开.—ISBN 7-221-01660-7：0.85元

家庭作业：农村版：五年制小学语文第九册/《小学家庭作业》编写组编.—贵阳：贵州人民出版社，1990.5.—94页；32开.—ISBN 7-221-01648-8：0.85元

家庭作业：农村版：六年制小学语文第三册/《小学家庭作业》编写组编.—贵阳：贵州人民出版社，1990.5.—94页；32开.—ISBN 7-221-01653-4：0.85元

家庭作业：农村版：六年制小学语文第五册/《小学家庭作业》编写组编.—贵阳：贵州人民出版社，1990.6.—94页；32开.—ISBN 7-221-01661-5：0.85元

家庭作业：农村版：六年制小学语文第七册/《家庭作业》编写组编.—贵阳：贵州人民出版社，1990.7.—94页；32开.—ISBN 7-221-01652-6：0.85元

家庭作业：农村版：六年制小学语文第九册/《小学家庭作业》编写组编.—贵阳：贵州人民出版社，1990.5.—94页；32开.—ISBN 7-221-01650-X：0.85元

家庭作业：农村版：六年制小学语文第十一册/《小学家庭作业》编写组编.—贵阳：贵州人民出版社，1990.6.—94页；32开.—ISBN 7-221-01651-1：0.85元

家庭作业：城市版：五年制小学语文第三册/《家庭作业》编写组编.—贵阳：贵州人民出版社，1990.5.—80页；32开.—ISBN 7-221-01714-X：0.73元

家庭作业：城市版：五年制小学语文第五册/《家庭作业》编写组编.—贵阳：贵州人民出版社，1990.5.—78页；32开.—ISBN 7-221-01692-5：0.73元

家庭作业：城市版：五年制小学语文第七册/《家庭作业》编写组编.—贵阳：贵州人民出版社，1990.5.—78页；32开.—ISBN 7-221-01734-4：0.73元

家庭作业：城市版：五年制小学语文第九册/《家庭作业》编写组编.—贵阳：贵州人民出版社，1990.8.—78页；32开.—ISBN 7-221-01762-X：0.73元

家庭作业：城市版：六年制小学语文第三册/《家庭作业》编写组编.—贵阳：贵州人民出版社，1990.2.—78页；32开.—ISBN 7-221-01663-1：0.73元

家庭作业：城市版：六年制小学语文第五册/《家庭作业》编写组编.—贵阳：贵州人民出版社，1990.2.—78页；32开.—ISBN 7-221-01668-2：0.73元

家庭作业：城市版：六年制小学语文第七册/《家庭作业》编写组编.—贵阳：贵州人民出版社，1990.2.—78页；32开.—ISBN 7-221-01669-0：0.73元

家庭作业：城市版：六年制小学语文第九册/《家庭作业》编写组编.—贵阳：贵州人民出版社，1990.2.—78页；32开.—ISBN 7-221-01670-4：0.73元

家庭作业：城市版：六年制小学语文第十一册/《家庭作业》编写组编.—贵阳：贵州人民出版社，1990.2.—78页；32开.—ISBN 7-221-01670-2：0.73元

家庭作业：作文部分：五年制小学语文　第五册/《小学家庭作业》编写组编.—贵阳：贵州人民出版

社，1990.6.—32页；32开.—ISBN7-221-01827-8：0.35元

家庭作业：作文部分：五年制小学语文第七册/《小学家庭作业》编写组编.—贵阳：贵州人民出版社，1990.6.—32页；32开.—ISBN 7-221-01828-6：0.35元

家庭作业：作文部分：五年制小学语文第九册/《小学家庭作业》编写组编.—贵阳：贵州人民出版社，1990.6.—32页；32开.—ISBN 7-221-01829-4：0.35元

家庭作业：作文部分：六年制小学语文第五册/《家庭作业》编写组编.—贵阳：贵州人民出版社，1990.6.—32页；32开.—ISBN 7-221-01830-8：0.35元

家庭作业：作文部分：六年制小学语文第七册/《家庭作业》编写组编.—贵阳：贵州人民出版社，1990.6.—32页；32开.—ISBN 7-221-01831-6：0.35元

家庭作业：作文部分：六年制小学语文第九册/《家庭作业》编写组编.—贵阳：贵州人民出版社，1990.6.—32页；32开.—ISBN 7-221-01832-4：0.35元

家庭作业：作文部分：六年制小学语文第十一册/《小学家庭作业》编写组编.—贵阳：贵州人民出版社，1990.6.—32页；32开.—ISBN 7-221-01833-2：0.35元

三日一读：小学生语文故事精选/范思宁，肖芳英编.—北京：蓝天出版社，1990.12.—198页；32开.ISBN 7-80081-131-X：3.50元

小兔乖乖/人民教育出版社语文一室编.—北京：人民教育出版社，1990.3.—103页；32开.—义务教育六年制小学语文 第一册自读课本.—ISBN 7-107-00840-4：1.20元

小学文苑　第二册/王桐生等编.—天津：天津教育出版社，1990.2.—139页；32开.—(新编小学语文课外阅读丛书).——年级适用.—ISBN 7-5309-0805-7：1.40元

小学文苑　第四册/王桐生等编.—天津：天津教育出版社，1990.2.—138页；32开.—(新编小学语文课外阅读丛书).—二年级适用.—ISBN 7-5309-0806-5：1.40元

小学文苑　第六册/王桐生等编.—天津：天津教育出版社，1990.2.—156页；32开.—(新编小学语文课外阅读丛书).—三年级适用.—ISBN 7-5309-0807-3：1.70元

小学古诗详析/马学声，刘继生著.—北京：中国妇女出版社，1990.10.—208页；32开.—ISBN 7-80016-365-2：2.80元

小学古诗配画注析/孙秀岳，孟宪军编写.—天津：天津人民美术出版社，1990.3.—135页；32开.—ISBN 7-5305-3267-7：1.80元

小学古诗赏读/段云焕，吴禹春编著.—哈尔滨：黑龙江人民出版社，1990.3.—175页；32开.—ISBN 7-207-01337-X：2.80元

小学生图释古诗百首/语文出版社编.—北京：语文出版社，1990.1.—120页；32开.—ISBN 7-80006-240-6：1.35元

小学生造句手册/刘中和主编.—武汉：湖北少年儿童出版社，1990.1.—525页；32开.—ISBN 7-5353-0603-9：5.00元

小学生课外阅读：一年级　上册/王桐生等编.—天津：天津教育出版社，1990.8.—126页；32开.(新编小学语文丛书).—ISBN 7-5309-0959-2：1.45元

小学生课外阅读：二年级　上册/王桐生等编.—天津：天津教育出版社，1990.8.—124页；32开.(新编小学语文丛书).—ISBN 7-5309-0960-6：1.45元

小学生课外阅读：三年级　上册/王桐生等编.—天津：天津教育出版社，1990.8.—138页；32开.(新编小学语文丛书).—ISBN 7-5309-0961-4：1.75元

小学生课外阅读　第一册/《小学生课外阅读》编委会编.—2版.—青岛：青岛出版社，1990.1.—96页；32开.—适合五年制一年级第一学期阅读.—ISBN 7-5436-0098-6：0.90元

本书1988年1月第1版。

小学生课外阅读　第二册/《小学生课外阅读》编委会编.—2版.—青岛：青岛出版社，1990.11.—74页；32开.—适合五年制小学一年级第二学期阅读.ISBN 7-5436-0216-4：0.70元

本书1988年6月第1版。

小学生课外阅读　第三册/《小学生课外阅读》编委会编.—2版.—青岛：青岛出版社，1990.1.—92页，32开.—适合五年制小学二年级第一学期阅读.ISBN 7-5436-0099-4：0.85元

本书1988年1月第1版。

小学生课外阅读　第四册/《小学生课外阅读》编委会编.—2版.—青岛：青岛出版社，1990.11.—81页；32开.—适合五年制小学二年级第二学期阅读ISBN 7-5436-0217-2：0.75元

本书1989年6月第1版。

小学生课外阅读　第五册/刘恩德主编.—2版.青岛：青岛出版社，1990.1.—82页；32开.—适合五年制小学三年级第一学期阅读.—ISBN 7-5436-0316-0：0.80元

本书1989年1月第1版。

小学生课外阅读　第六册/《小学生课外阅读》编委会编.—2版.—青岛：青岛出版社，1990.7.—78页；32开.—适合五年制小学三年级第二学期阅读.ISBN 7-5436-0218-0：0.85元
本书1988年6月第1版。

小学生课外阅读　第七册/王殿民主编.—2版.—青岛：青岛出版社，1990.1.—85页；32开.—适合五年制小学四年级第一学期阅读.—ISBN 7-5436-0319-5：0.85元
本书1989年1月第1版。

小学生课外阅读　第八册/《小学生课外阅读》编委会编.—2版.—青岛：青岛出版社，1990.10.—98页；32开.—适合五年制小学四年级第二学期阅读.ISBN 7-5436-0219-9：0.95元
本书1988年6月第1版。

小学生课外阅读　第九册/《小学生课外阅读》编委会编.—2版.—青岛：青岛出版社，1990.4.—93页；32开.—适合五年制五年级第一学期阅读.—ISBN 7-5436-0315-2：0.90元
本书1989年1月第1版。

小学生课外阅读　第十册/《小学生课外阅读》编委会编.—2版.—青岛：青岛出版社，1990.10.—98页；32开.—适合五年制五年级第二学期阅读.—ISBN 7-5436-0220-2：0.95元
本书1988年6月第1版。

小学生课外阅读　第一册/《小学生课外阅读》编委会编.—2版.—青岛：青岛出版社，1990.1.—96页；32开.—适合六年制一年级第一学期阅读.—ISBN 7-5436-0100-1：0.90元
本书1988年1月第1版。

小学生课外阅读　第二册/《小学生课外阅读》编委会编.—2版.—青岛：青岛出版社，1990.11.—69页；32开.—适合六年制小学一年级第二学期阅读.ISBN 7-5436-0221-0：0.70元
本书1988年6月第1版。

小学生课外阅读　第三册/《小学生课外阅读》编委会编.—2版.—青岛：青岛出版社，1990.1.—78页；32开.—适合六年制小学二年级第一学期阅读.ISBN 7-5436-0101-X：0.80元
本书1988年1月第1版。

小学生课外阅读　第四册/《小学生课外阅读》编委会编.—2版.—青岛：青岛出版社，1990.11.—86页；32开.—适合六年制小学二年级第二学期阅读.ISBN 7-5436-0222-9：0.80元
本书1988年6月第1版。

小学生课外阅读　第五册/曹世峰主编.—2版.—青岛：青岛出版社，1990.1.—70页；32开.—适合六年制小学三年级第一学期阅读.—ISBN 7-5436-0314-4：0.75元
本书1989年1月第1版。

小学生课外阅读　第六册/《小学生课外阅读》编委会编.—2版.—青岛：青岛出版社，1990.10.—74页；32开.—适合六年制小学三年级第二学期阅读.ISBN 7-5436-0223-7：0.80元
本书1988年6月第1版。

小学生课外阅读　第七册/王殿民主编.—2版.—青岛：青岛出版社，1990.1.—76页；32开.—适合六年制小学四年级第一学期阅读.—ISBN 7-5436-0317-9：0.80元
本书1989年1月第1版。

小学生课外阅读　第八册/《小学生课外阅读》编委会编.—2版.—青岛：青岛出版社，1990.10.—85页；32开.—适合六年制小学四年级第二学期阅读.ISBN 7-5436-0224-5：0.85元
本书1988年6月第1版。

小学生课外阅读　第九册/《小学生课外阅读》编委会编.—2版.—青岛：青岛出版社，1990.4.—95页；32开.—适合六年制五年级第一学期阅读.—ISBN 7-5436-0310-1：0.90元
本书1989年1月第1版。

小学生课外阅读　第十册/《小学生课外阅读》编委会编.—2版.—青岛：青岛出版社，1990.9.—92页；32开.—适合六年制小学五年级第二学期阅读.ISBN 7-5436-0225-3：0.85元
本书1988年9月第1版。

小学生课外阅读　第十一册/《小学生课外阅读》编委会编.—2版.—青岛：青岛出版社，1990.1.96页；32开.—适合六年制六年级第一学期阅读.—ISBN 7-5436-0318-7：0.90元
本书1989年1月第1版。

小学生课外阅读　第十二册/《小学生课外阅读》编委会编.—2版.—青岛：青岛出版社，1990.10.97页；32开.—适合六年制小学六年级第二学期阅读.—ISBN 7-5436-0226-1：0.90元
本书1988年9月第1版。

小学语文古诗译解/肖永著.—贵阳：贵州人民出版社，1990.5.—83页；32开.—ISBN 7-221-01759-X：0.85元

小学语文补充读物：供三年一期/《小学语文补充读物》编写组编.—2版.—长沙：湖南教育出版社，1990.6.—85页；32开.—ISBN 7-5355-547-3：0.61元
本书1988年4月第1版。

小学语文补充读物：供五年一期/《小学语文补充读物》编写组编.—2版.—长沙：湖南教育出版社，1990.6.—92页；32开.—ISBN 7-5355-0569-4：0.61元
本书1988年5月第1版。

小学语文补充读物：供六年一期/《小学语文补

充读物》编写组编.—2版.—长沙：湖南教育出版社，1990.6.—117页；32开.—ISBN 7-5355-0570-8：0.75元

本书1988年5月第1版。

小学语文配曲古诗集/李景忠编著.—哈尔滨：黑龙江教育出版社，1990.12.—82页；32开.—ISBN 7-5316-0925-8：1.10元

小学语文配读辅导：四年级第一学期/曹剑尘等编著.—上海：少年儿童出版社，1990.6.—155页；32开.—(配合全国五年制小学课外阅读训练系列丛书).—ISBN 7-5324-0658-X：1.50元

小学语文配读辅导：五年级第一学期/曹剑尘，凌爱媛编著.—上海：少年儿童出版社，1990.5.—183页；32开.—(配合全国五年制小学课外阅读训练系列丛书).—ISBN 7-5324-0659-8：1.75元

小学语文课外阅读　第二册：神奇的小伞兵/北京景山学校选编.—北京：原子能出版社，1990.3.—48页；24开.—1.00元

小学语文课外阅读文选　第七册/申亚埙，蔡凤翔编.—长春：吉林教育出版社，1990.4.—129页；32开.—ISBN 7-5383-0999-3：0.85元

小学语文课外阅读文选　第九册/李莉编.—长春：吉林教育出版社，1990.4.—177页；32开.—ISBN 7-5383-0998-5：1.15元

小学语文课外阅读文选　第十一册/杨兆丰等编.长春：吉林教育出版社，1990.4.—138页；32开.ISBN 7-5383-0990-X：0.90元

小学语文课外阅读文选　第十二册/邓治安编.—长春：吉林教育出版社，1990.11.—137页；32开.—ISBN 7-5383-1118-1：1.10元

小学语文课外读本　第一册/钟华主编.—沈阳：辽宁少年儿童出版社，1990.7.—70页；32开.—ISBN 7-5315-0728-5：0.75元

小学语文课外读本　第三册/钟华主编.—沈阳：辽宁少年儿童出版社，1990.7.—117页；32开.—ISBN 7-5315-0730-7：1.15元

小学语文课外读本　第五册/钟华主编.—沈阳：辽宁少年儿童出版社，1990.7.—102页；32开.—ISBN 7-5315-0731-5：1.00元

小学语文课外读本　第七册/钟华主编.—沈阳：辽宁少年儿童出版社，1990.7.—96页；32开.—ISBN 7-5315-0732-3：0.95元

小学语文课外读本　第九册/钟华主编.—沈阳：辽宁少年儿童出版社，1990.7.—110页；32开.—ISBN 7-5315-0733-1：1.15元

小学语文课外读本　第十一册/钟华主编.—沈阳：辽宁少年儿童出版社，1990.7.—114页；32开.—ISBN 7-5315-0734-X：1.10元

小学语文365句/文佳，乐言编.—上海：少年儿童出版社，1990.10.—160页；32开.—(小学语文课外阅读系列丛书).—配合京、津、沪、浙四省市教材　一年级适用.—ISBN 7-5324-0548-6：1.50元

小学语文365句/文佳，乐言编.—上海：少年儿童出版社，1990.10.—166页；32开.—(小学语文课外阅读系列丛书).—配合京、津、沪、浙四省市教材　二年级适用.—ISBN 7-5324-0539-7：1.55元

小学语文365句/文佳，乐言编.—上海：少年儿童出版社，1990.10.—158页；32开.—(小学语文课外阅读系列丛书).—配合京、津、沪、浙四省市教材　三年级适用.—ISBN 7-5324-0540-0：1.50元

小学语文365句/文佳，乐言编.—上海：少年儿童出版社，1990.10.—162页；32开.—(小学语文课外阅读系列丛书).—配合京、津、沪、浙四省市教材　四年级适用.—ISBN 7-5324-0545-1：1.55元

小学语文365句/文佳，乐言编.—上海：少年儿童出版社，1990.10.—168页；32开.—(小学语文课外阅读系列丛书).—配合京、津、沪、浙四省市教材　五年级适用.—ISBN 7-5324-0544-3：1.60元

小学语文365句/文佳，乐言编.—上海：少年儿童出版社，1990.10.—176页；32开.—(小学语文课外阅读系列丛书).—配合京、津、沪、浙四省市教材　六年级适用.—ISBN 7-5324-0543-5：1.65元

小学第二课堂丛书：一、二年级　下册/刘勃主编.—延吉：东北朝鲜民族教育出版社，1990.10.157页；32开.—ISBN 7-5437-0976-7：1.80元

小学第二课堂丛书：三、四年级　下册/刘勃主编.—延吉：东北朝鲜民族教育出版社，1990.10.170页；32开.—ISBN 7-5437-0976-7：1.90元

小学第二课堂丛书：五、六年级　下册/刘勃主编.—延吉：东北朝鲜民族教育出版社，1990.10.197页；32开.—ISBN 7-5437-0976-7：2.00元

小猫咪穿鞋子/人民教育出版社语文一室编.—北京：人民教育出版社，1990.1.—106页；32开.—义务教育六年制小学语文第二册自读课本.—ISBN 7-107-00913-3：1.05元

小蜜蜂赴宴/庄幼娟文字；李璋绘画.—昆明：云南少年儿童出版社，1990.6.—24页；24开.—(小学生汉语拼音读物；第二辑：知识童话画库).—ISBN 7-5414-0333-4：0.70元

五年制小学语文课外阅读　(2)/程玲编写；颜家珍等注音.—杭州：浙江少年儿童出版社，1990.12.88页；32开.—一年级下学期用.—ISBN 7-5342-0694-4：0.95元

五年制小学语文课外阅读　(4)/林眉云，陈宇光编写.—杭州：浙江少年儿童出版社，1990.12.—89页；32开.—二年级下学期用.—ISBN 7-5342-0695-2：0.95元

六年制小学语文课外阅读：一年级上学期/《六年制小学语文课外阅读》编写组编.—武汉：湖北少年儿童出版社，1990.7.—161页；32开.—ISBN 7-5353-0589-X：1.40元

六年制小学语文课外阅读：五年级上学期/《六年制小学语文课外阅读》编写组编.—2版.—武汉：湖北少年儿童出版社，1990.7.—156页；32开.—ISBN 7-5353-0593-8：1.35元

本书1989年11月第1版。

六年制小学语文课外阅读：六年级上学期/《六年制小学语文课外阅读》编写组编.—2版.—武汉：湖北少年儿童出版社，1990.7.—187页；32开.—ISBN 7-5353-0394-6：1.60元

本书1989年11月第1版。

方方出诊/沈平文字；王祖民绘画.—昆明：云南少年儿童出版社，1990.6.—24页；24开.—（小学生汉语拼音读物；第二辑：知识童话画库）.—ISBN 7-5414-0336-9：0.70元

巧学语文/陈贞华主编.—北京：北京科学技术出版社，1990.4.—196页；32开.—（小学生趣味读物）.—适合一年级.—ISBN 7-5304-0746-5：2.50元

巧学语文/陈贞华主编.—北京：北京科学技术出版社，1990.4.—185页；32开.—（小学生趣味读物）.—适合二年级.—ISBN 7-5304-0747-3：2.40元

巧学语文/陈贞华主编.—北京：北京科学技术出版社，1990.4.—214页；32开.—（小学生趣味读物）.—适合三年级.—ISBN 7-5304-0748-1：2.70元

巧学语文/陈贞华主编.—北京：北京科学技术出版社，1990.4.—211页；32开.—（小学生趣味读物）.—适合四年级.—ISBN 7-5304-0749-X：2.80元

巧学语文/陈贞华主编.—北京：北京科学技术出版社，1990.4.—217页；32开.—(小学生趣味读物).适合五年级.—ISBN 7-5304-0750-3：2.90元

巧学语文/陈贞华主编.—北京：北京科学技术出版社，1990.4.—225页；32开.—(小学生趣味读物).—适合六年级 —ISBN 7-5304-0751-1：2.90元

打开语言宝库/王汝田编著.—昆明：云南少年儿童出版社，1990.8.—123页；36开.—（学习方法小丛书：小学语文部分）.—ISBN 7-5414-0469-1：1.25元

.**古诗诵读指要**/沈保真，马晓峰编.—南京，江苏人民出版社，1990.12.—146页；32开.—ISBN 7-214-00622-7：1.90元

四用小学生成语手册/刘宗华，雷定华编.—成都：四川人民出版社，1990.3.—194页；64开.—ISBN 7-220-00909-7：1.30元

本手册内容包括：成语释义、成语练习、成语智力游戏、成语故事，共4部分。

汉语文课外阅读　第二册/黑龙江省教育学院民族教育教研进修部编.—延吉：东北朝鲜民族教育出版社，1990.1.—138页；32开.—黑龙江省朝鲜民族小学实验课本：试用本.—ISBN 7-5437-0611-3：0.93元

汉语文课外阅读　第三册/黑龙江省教育学院民族教育教研进修部编.—延吉：东北朝鲜民族教育出版社，1990.7.—192页；32开.—黑龙江省朝鲜族小学课本：试用本.—ISBN 7-5437-0731-4：1.10元

汉语文课外阅读　第四册/黑龙江省教育学院民族教育教研进修部编.—延吉：东北朝鲜民族教育出版社，1990.12.—173页；32开.—黑龙江省朝鲜族小学实验课本：试用本.—ISBN 7-5437-0811-3：0.98元

机智的小山羊/人民教育出版社语文一室编.—北京：人民教育出版社，1990.10.—121页；32开.—义务教育五年制小学语文第二册自读课本.—ISBN 7-107-00912-5：1.15元

讲笑话学语文/季求林编著.—武汉：湖北少年儿童出版社，1990.4.—147页；32开.—ISBN 7-5353-0645-4：1.60元

别字趣话/贾国均主编.—长春：吉林教育出版社，1990.5.—108页；32开.—（小学生语文趣话丛书）.—ISBN 7-5383-1017-7：1.80元

果园里的战斗/林颂英写；金雪林等画.—上海：上海教育出版社，1990.4.—20页；24开.—（汉语注音读物文库）.—ISBN 7-5320-1491-6：0.60元

草长莺飞/新蕾丛书编委会编.—桂林：广西师范大学出版社，1990.1.—36页；32开.—（新蕾丛书/邹才仁等主编）.—ISBN 7-5633-0614-5：0.35元

看图学成语/刘朝纲，周泽金撰稿；陈建华，拓南插图.—北京：新华出版社，1990.6.—141页；32开.—ISBN 7-5011-0806-4：2.90元

本书按小学语文课本顺序编绘，收入1～6年级课本中的全部成语，每条成语均有绘图、解义、同义、反义及例句。

修辞趣话/贾国均主编.—长春：吉林教育出版社，1990.5.—108页；32开.—（小学生语文趣话丛书）.—ISBN 7-5383-1018-5：1.80元

语文课外读本　第六册/武汉市小学语文教材编写组编.—武汉：武汉出版社，1990.12.—74页；32开.—武汉市实验教材.—ISBN 7-5430-0440-7：0.80元

语文趣事　（上）/夏立仁等编写.—南京：江苏教育出版社，1990.2.—128页；32开.—ISBN 7-5343-0942-5：1.20元

语文趣事　（下）/夏立仁等编写.—南京：江苏教育出版社，1990.2.—126页；32开.—ISBN 7-5343-0943-3：1.20元

语文30天/陆家言编.—天津：天津教育出版社，

1990.4.—24页；16开.—小学毕业生使用.—ISBN 7-5309-0927-4：0.70元

语句趣话/贾国均主编.—长春：吉林教育出版社，1990.5.—99页；32开.—（小学生语文趣话丛书）.ISBN 7-5383-1019-3：1.70元

渔夫和金鱼的故事外传/庄幼娟文字；周翔绘画.昆明：云南少年儿童出版社，1990.6.—24页；24开.—（小学生汉语拼音读物；第二辑：知识童话画库）.—ISBN 7-5414-0334-2：0.70元

最新小学语文多用词语本　第一册/包天臻，张光珞主编.—北京：科学普及出版社，1990.5.—53页；64开.—（小学自学自测系列读物）.—ISBN 7-110-01427-4：0.80元

最新小学语文多用词语本　第二册/包天臻，张光珞主编.—北京：科学普及出版社，1990.5.—75页；64开.—（小学自学自测系列读物）.—ISBN 7-110-01428-2：0.80元

最新小学语文多用词语本　第三册/包天臻，张光珞主编.—北京：科学普及出版社，1990.5.—93页；64开.—（小学自学自测系列读物）.—ISBN 7-110-01429-0：0.80元

最新小学语文多用词语本　第四册/包天臻，张光珞主编.—北京：科学普及出版社,1990.5.—92页；64开.—（小学自学自测系列读物）.—ISBN 7-110-01430-4：0.80元

最新小学语文多用词语本　第五册/包天臻，张光珞主编.—北京：科学普及出版社，1990.5.—101页；64开.—（小学自学自测系列读物）.—ISBN 7-110-01431-2：0.80元

最新小学语文多用词语本　第六册/包天臻，张光珞主编.—北京：科学普及出版社，1990.5.—92页；64开.—（小学自学自测系列读物）.—ISBN 7-110-01432-0：0.80元

最新小学语文多用词语本　第七册/包天臻，张光珞主编.—北京：科学普及出版社，1990.5.—81页；64开.—（小学自学自测系列读物）.—ISBN 7-110-01433-9：0.80元

最新小学语文多用词语本　第八册/包天臻，张光珞主编.—北京：科学普及出版社，1990.5.—86页；64开.—（小学自学自测系列读物）.—ISBN 7-110-01434-7：0.80元

最新小学语文多用词语本　第九册/包天臻，张光珞主编.—北京：科学普及出版社，1990.5.—86页；64开.—（小学自学自测系列读物）.—ISBN 7-110-01435-5：0.80元

最新小学语文多用词语本　第十册/包天臻，张光珞主编.—北京：科学普及出版社，1990.5.—84页；64开.—（小学自学自测系列读物）.—ISBN 7-110-01436-3：0.80元

最新小学语文多用词语本　第十一册/包天臻，张光珞主编.—北京：科学普及出版社，1990.5.—88页；64开.—（小学自学自测系列读物）.—ISBN 7-110-01437-1：0.80元

最新小学语文多用词语本　第十二册/包天臻，张光珞主编.—北京：科学普及出版社，1990.5.103页；64开.—（小学自学自测系列读物）.—ISBN 7-110-01438-X：0.80元

黑猫警长新传/诸志祥文字；孙绍波绘画.—昆明：云南少年儿童出版社，1990.6.—24页；24开.—（小学生汉语拼音读物；第二辑：知识童话画库）.—ISBN 7-5414-0335-0：0.70元

短文分析不求人/陈胜利等编著.—福州：福建少年儿童出版社，1990.4.—149页；32开.—供小学中高年级学生用.—ISBN 7-5395-0390-4：1.35元

跟我学古诗/沐巨选编；勤宇译注.—沈阳：辽宁少年儿童出版社；辽沈书社，1990.5.—5册；24开.少儿电视讲座教材.—ISBN 7-80507-062-8：5.20元

本教材精选了100首古诗，并配以译文和诗意彩图。

G624.3　外　语

小学英语课本　第一册.—广州：广东教育出版社，1990.7.—52页；16开.—九年制义务教育试验教材：沿海版.—ISBN 7-5406-1204-5：3.50元

小学英语课堂练习册　第一册/天津市教育教学研究室编.—2版.—天津：天津教育出版社，1990.6.59页；32开.—ISBN 7-5309-0458-2：0.35元

本书1988年6月第1版。

小学英语课堂练习册　第二册/天津教育教学研究室编.—2版.—天津：天津教育出版社，1990.6.57页；32开.—ISBN 7-5309-0253-9：0.34元

本书1987年11月第1版。

小学英语课堂练习册　第三册/天津市教育教学研究室编.—2版.—天津：天津教育出版社，1990.6.41页；32开.—ISBN 7-5309-0459-0：0.28元

本书1988年6月第1版。

小学英语课堂练习册　第四册/天津市教育教学研究室编.—2版.—天津：天津教育出版社，1990.6.—36页；32开.—ISBN 7-5309-0254-7：0.26元

本书1987年12月第1版。

开始学/吴威玲编；张中良绘.—上海：上海外语教育出版社，1990.11.—64页；16开.—（儿童英语教程；2）.—ISBN 7-81009-586-2：2.00元

开始学：家庭启蒙英语/肖红编.—武汉：湖北少年儿童出版社，1990.6.—60页；16开.—ISBN 7-5353-0675-6：2.00元

英语（甲种本）小学第一册练习册.—广州：广东教育出版社，1990.7.—34页；16开.—九年制义务教育试验教材：沿海版.—ISBN 7-5406-1212-6：1.85

元

G624.4 历史、地理

小学天津历史 .—2版.—天津：天津教育出版社，1990.5.—29页；32开.—乡土教材.—ISBN 7-5309-0499-X：0.23元

小学地理练习 上册/程振禄编.—长春：吉林教育出版社，1990.5.—79页；32开.—ISBN 7-5383-0937-3：0.59元

小学地理练习 下册/程振禄编.—长春：吉林教育出版社，1990.11.—80页；32开.—IBSN 7-5883-1119-X：0.65元

小学地理课堂练习册 上册/天津市教育教学研究室编.—2版.—天津：天津教育出版社，1990.6.—41页；16开.—ISBN 7-5309-0466-3：0.53元

本书1988年6月第1版。

小学地理课堂练习册 下册/天津市教育教学研究室编.—3版.—天津：天津教育出版社，1990.12.58页；16开.—ISBN 7-5309-0682-8：0.65元

小学练习册：历史 上册/河北省教育科学研究所编写组编.—2版.—石家庄：河北教育出版社，1990.4.—112页；32开.—ISBN 7-5434-0528-8：0.86元

中国历史地图册 第一册/中国地图出版社编制.北京：中国地图出版社，1990.6.—29页；32开.—九年制义务教育试验教材：沿海版.—ISBN 7-5031-0571-2：0.70元

中国地理练习册 下册/山西省教委教研室编.—太原：山西教育出版社，1990.12.—60页；32开.—ISBN 7-80578-310-1：0.65元

长江中下游、四川盆地、云贵高原、东南沿海、北部内陆地区、青藏高原：〔教学挂图〕/中国地图出版社编制.—2版.—北京：中国地图出版社，1990.9.—5张（2张：全开+3张：2开）.—（小学地理教学挂图；第3辑）.—ISBN 7-5031-0614-X（袋装）：7.10元

世界政区·世界地形/中国地图出版社编制.—3版.—北京：中国地图出版社，1990.6.—2张；全开.—小学地理教学参考挂图.—ISBN 7-5031-0615-8（袋装）：2.60元

可爱的东阳/葛世训，沈兵编写.—上海：上海文艺出版社，1990.2.—110页；32开.—（乡土教材系列：东阳纵横：小学版）.—ISBN 7-5321-0575-X：1.10元

可爱的家乡——天津市/天津市教育教学研究室编.—3版.—天津：天津教育出版社，1990.6.—45页；32开.—供小学五年级第一学期用.—ISBN 7-5309-0037-4：0.29元

本书1986年6月第1版。

吉林省历史 全一册/杨蔚宾编.—长春：吉林教育出版社，1990.10.—68页，32开.—乡土教材.—ISBN 7-5383-1120-3：0.55元

捷径在你脚下/欧阳先霞编著.—昆明：云南少年儿童出版社，1990.8.—103页；36开.—（学习方法小丛书：小学史地部分）.—ISBN 7-5414-0468-3：1.05元

G624.5 数 学

六年制小学数学 第三册.—广州：广东教育出版社，1990.7.—116页；大32开.—九年制义务教育试验教材：沿海版.—ISBN 7-5406-1222-3：2.60元

现代小学数学实验课本 第六册/刘静和主编.—3版.—北京：科学出版社，1990.10.—165页；32开.ISBN 7-03-002242-4：1.90元

本书1987年12月第1版。

数学 第一册/中央教育科学研究所编.—修订本.武汉：湖北教育出版社，1990.7.—109页；32开.小学实验课本.—ISBN 7-5351-0603-X：1.70元

数学 第二册/中央教育科学研究所编.—修订本.—武汉：湖北教育出版社，1990.12.—206页；32开.—小学实验课本.—ISBN 7-5351-0640-4：3.05元

数学 第三册/中央教育科学研究所编.—修订本.武汉：湖北教育出版社，1990.7.—165页；32开.小学实验课本.—ISBN 7-5351-0576-9：2.50元

数学 第五册/中央教育科学研究所编.—修订本.武汉：湖北教育出版社，1990.7.—199页；32开.小学实验课本.—ISBN 7-5351-0570-X：1.65元

数学 第二册/小学生能力发展与培养课题组编.北京：北京教育出版社，1990.1.—118页；32开.小学生能力发展与培养实验课本.—ISBN 7-5303-0142-X：1.50元

数学 第四册/小学生能力发展与培养课题组编.北京：北京教育出版社，1990.1.—100页；32开.小学生能力发展与培养实验课本.—ISBN 7-5303-0143-8：1.30元

数学 第六册/小学生能力发展与培养课题组编.北京：北京教育出版社，1990.1.—168页；32开.小学生能力发展与培养实验课本.—ISBN 7-5303-0144-6：1.95元

数学 第八册/小学生能力发展与培养课题组编.北京：北京教育出版社，1990.1.—135页；32开.小学生能力发展与培养实验课本.—ISBN 7-5303-0145-4：1.65元

数学 第十册/小学生能力发展与培养课题组编.北京：北京教育出版社，1990.1.—114页；32开.小学生能力发展与培养实验课本.—ISBN 7-5303-0146-2：1.45元

数学　第一册/云南省教育厅教研室编.—昆明：云南少年儿童出版社，1990.8.—159页；大32开.—云南省小学实验课本.—ISBN 7-5414-0509-4：1.72元

数学　第二册/云南省教育厅教研室编.—昆明：云南少年儿童出版社，1990.12.—144页；大32开.—云南省小学实验课本.—ISBN 7-5414-0543-4：1.64元

数学　第二册/周玉仁主编.—济南：山东教育出版社，1990.10.—136页；32开.—五年制小学实验课本.—ISBN 7-5328-1057-7：2.80元

数学　第四册/周玉仁主编.—济南：山东教育出版社，1990.11.—151页；32开.—五年制小学实验课本.—ISBN 7-5328-1032-1：3.00元

数学　第十册/课程教材研究所小学数学教材研究实验组编.—北京：人民教育出版社，1990.11.—207页；大32开.—小学实验课本.—ISBN 7-107-00960-5：1.70元

上海市小学数学课堂练习册/上海市中小学教材编写组编.—上海：上海教育出版社，1990.6.—64页；32开.—一年级第一学期用.—ISBN7-5320-1952-7：0.46元

上海市小学数学课堂练习册/上海市中小学教材编写组编.—上海：上海教育出版社，1990.11.—64页；32开.—一年级第二学期用.—ISBN 7-5320-2125-4：0.50元

上海市小学数学课堂练习册/上海市中小学教材编写组编.—上海：上海教育出版社，1990.6.—64页；32开.—二年级第一学期用.—ISBN 7-5320-1927-6：0.46元

上海市小学数学课堂练习册/上海市中小学教材编写组编.—上海：上海教育出版社，1990.11.—86页；32开.—二年级第二学期用.—ISBN 7-5320-2098-3：0.65元

上海市小学数学课堂练习册：A册/上海市中小学教材编写组编.—2版.—上海：上海教育出版社，1990.6.—32页；32开.—三年级第一学期用.—ISBN 7-5320-1926-8：0.28元

本书1988年6月第1版。

上海市小学数学课堂练习册：B册/上海市中小学教材编写组编.—2版.—上海：上海教育出版社，1990.6.—31页；32开.—三年级第一学期用.—ISBN 7-5320-1925-X：0.28元

本书1988年4月第1版。

上海市小学数学课堂练习册：A册/上海市中小学教材编写组编.—2版.—上海：上海教育出版社，1990.11.—32页；32开.—三年级第二学期用.—ISBN 7-5320-2121-1：0.30元

本书1988年11月第1版。

上海市小学数学课堂练习册：A册/上海中小学教材编写组编.—2版.—上海：上海教育出版社，1990.6.—32页；32开.—四年级第一学期用.—ISBN 7-5320-1924-1：0.28元

上海市小学数学课堂练习册：B册/上海市中小学教材编写组编.—2版.—上海：上海教育出版社，1990.6.—32页；32开.—四年级第一学期用.—ISBN 7-5320-1961-6：0.28元

本书1988年6月第1版。

上海市小学数学课堂练习册：A册/上海市中小学教材编写组编.—2版.—上海：上海教育出版社，1990.6.—32页；32开.—五年级第一学期用.—ISBN 7-5320-1949-7：0.28元

本书1988年6月第1版。

上海市小学数学课堂练习册：B册/上海市中小学教材编写组编.—2版.—上海：上海教育出版社，1990.6.—31页；32开.—五年级第一学期用.—ISBN 7-5320-1953-5：0.28元

本书1988年6月第1版。

上海市小学数学课堂练习册：A册/上海市中小学教材编写组编.—2版.—上海：上海教育出版社，1990.11.—32页；32开.—五年级第二学期用.—ISBN 7-5320-2123-8：0.30元

上海市小学数学课堂练习册：B册/上海市中小学教材编写组编.—2版.—上海：上海教育出版社，1990.11.—33页；32开.—五年级第二学期用.—ISBN 7-5320-2124-6：0.30元

上海市小学数学课堂练习册：A册/上海市中小学教材编写组编.—2版.—上海：上海教育出版社，1990.6.—40页；32开.—六年级第一学期用.—ISBN 7-5320-1943-8：0.33元

本书1988年6月第1版。

上海市小学数学课堂练习册：B册/上海市中小学教材编写组编.—2版.—上海：上海教育出版社，1990.6.—40页；32开.—六年级第一学期用.—ISBN 7-5320-1950-0：0.33元

本书1988年6月第1版。

义务教育五年制小学数学学生练习册　第一册/人民教育出版社数学室编著.—北京：人民教育出版社，1990.6.—96页；32开.—ISBN 7-107-00856-0：0.83元

义务教育五年制数学学生练习册　第二册/人民教育出版社数学室编著.—北京：人民教育出版社，1990.10.—99页；32开.—ISBN 7-107-00924-9：0.83元

小学数学练习　第七册/马向东，张宏文编.—长春：吉林教育出版社，1990.5.—120页；32开.—ISBN 7-5383-1005-3：0.84元

小学数学练习　第九册/彭景廉，张希濂编.—长春：吉林教育出版社，1990.5.—120页；32开.—IS

BN 7-5383-1026-6：0.84元

小学数学课外练习　第一册/小学数学课外练习组写.—北京：北京少年儿童出版社，1990.6.—43页；16开.—一年级用.—ISBN 7-5301-0205-2：1.40元

小学数学课外练习　第三册/小学数学课外练习编写组编.—北京：北京少年儿童出版社，1990.6.49页；16开.—二年级用.—ISBN 7-5301-0206-0：1.30元

小学数学课外练习　第五册/小学数学课外练习编写组编.—北京：北京少年儿童出版社，1990.6.65页；16开.—三年级用.—ISBN 7-5301-0207-0 1.70元

小学数学课外练习　第七册/小学数学课外练习编写组编.—北京：北京少年儿童出版社，1990.6.64页；16开.—四年级用.—ISBN 7-5301-0208-9：1.65元

小学数学课外练习　第九册/小学数学课外练习编写组编.—北京：北京少年儿童出版社，1990.6.72页；16开.—五年级用.—ISBN 7-5301-0209-5：1.80元

小学数学课外练习　第十一册/小学数学课外练习编写组编.—北京：北京少年儿童出版社，1990.6.72页；6开.—六年级用.—ISBN 7-5301-0210-9：1.80元

五年制小学试验课本数学 第二册练习册/北京师范大学"五四"学制教材总编辑委员会编.—济南：山东教育出版社，1990.8.—82页；32开.—ISBN 7-5328-1045-3：0.75元

五年制小学练习册：数学　第一册/河北省教育科学研究所编写组编.—2版.—石家庄：河北教育出版社，1990.6.—87页；32开.—ISBN 7-5434-0166-5：0.70元

五年制小学练习册：数学　第二册/河北省教育科学研究所编写组编.—2版.—石家庄：河北省教育出版社，1990.11.—81页；32开.—ISBN 7-5434-0369-2：0.64元

五年制小学练习册：数学　第三册/河北省教育科学研究所编写组编.—2版.—石家庄：河北教育出版社，1990.4.—96页；32开.—ISBN 7-5434-0106-1：0.75元

五年制小学练习册：数学　第四册/河北省教育科学研究所编写组编.—2版.—石家庄：河北教育出版社，1990.11.—80页；32开.—ISBN 7-5434-0370-0：0.64元

五年制小学练习册：数学　第五册/河北省教育科学研究所编写组编.—2版.—石家庄：河北教育出版社，1990.5.—96页；32开.—ISBN 7-5434-0105-3：0.75元

五年制小学练习册：数学　第六册/河北省教育科学研究所编写组编.—2版.—石家庄：河北教育出版社，1990.11.—96页；32开.—ISBN 7-5434-0371-4：0.75元

五年制小学练习册：数学　第七册/河北省教育科学研究所编写组编.—2版.—石家庄：河北教育出版社，1990.5.—96页；32开.—ISBN 7-5434-0165-7：0.75元

五年制小学练习册：数学　第八册/河北省教育科学研究所编写组编.—2版.—石家庄：河北教育出版社，1990.11.—96页；32开.—ISBN 7-5434-0372-2：0.75元

五年制小学练习册：数学　第九册/河北省教育科学研究所编写组编.—2版.—石家庄：河北教育出版社，1990.6.—102页；32开.—ISBN 7-5434-0113-4：0.81元

五年制小学练习册：数学　第十册/河北省教育科学研究所编写组编.—2版.—石家庄：河北教育出版社，1990.11.—96页；32开.—ISBN 7-5434-0373-0：0.75元

五年制小学练习册：数学　第十二册/河北省教育科学研究所编写组编.—2版.—石家庄：河北教育出版社，1990.9.—96页；32开.—ISBN 7-5434-0368-4：0.75元

五年制小学数学练习　第二册/江苏省教育委员会教研室编.—2版.—南京：江苏教育出版社，1990.10.—65页；32开.—ISBN 7-5343-0497-0：0.59元

五年制小学数学练习　第十册/江苏省教育委员会教研室编.—2版.—南京：江苏教育出版社，1990.10.—89页；32开.—ISBN 7-5343-0501-2：0.78元

五年制小学数学练习册　第一册/内蒙古教育出版社编.—2版.—呼和浩特：内蒙古教育出版社，1990.6.—80页；32开.—ISBN 7-5311-1135-7：0.55元

五年制小学数学练习册　第二册/内蒙古教育出版社编.—2版.—呼和浩特：内蒙古教育出版社，1990.11.—84页；32开.—ISBN 7-5311-1240-X：0.52元

五年制小学数学练习册　第三册/内蒙古教育出版社编.—2版.—呼和浩特：内蒙古教育出版社，1990.6.—96页；32开.—ISBN 7-5311-1136-5：0.64元

五年制小学数学练习册　第四册/内蒙古教育出版社编.—2版.—呼和浩特：内蒙古教育出版社，1990.10.—96页；32开.—ISBN 7-5311-1223-X：0.58元

五年制小学数学练习册　第五册/内蒙古教育出版社编.—2版.—呼和浩特：内蒙古教育出版社，1990.5.—96页；32开.—ISBN 7-5311-1128-4：

0.64元

五年制小学数学练习册 第七册/内蒙古教育出版社编.—2版.—呼和浩特：内蒙古教育出版社，1990.5.—96页；32开.—ISBN 7-5311-1127-6：0.64元

五年制小学数学练习册 第八册/内蒙古教育出版社编.—2版.—呼和浩特：内蒙古教育出版社，1990.11.—96页；32开.—ISBN 7-5311-1129-9：0.58元

五年制小学数学练习册 第九册/内蒙古教育出版社编.—2版.—呼和浩特：内蒙古教育出版社，1990.5.—96页；32开.—ISBN 7-5311-1126-8：0.64元

五年制小学数学练习册 第十册/内蒙古教育出版社编.—2版.—呼和浩特：内蒙古教育出版社，1990.10.—96页；32开.—ISBN 7-5311-1216-7：0.58元

五年制小学数学练习册 第一册/北京师范大学"五·四"学制教材总编辑委员会编.—济南：山东教育出版社，1990.4.—74页；32开.—ISBN 7-5328-0955-2：0.70元

五年制小学数学练习册 第二册/甘肃省教材编审室编.—兰州：甘肃少年儿童出版社，1990.11.—64页；32开.—ISBN 7-5422-0417-3：0.59元

五年制小学数学练习册 第三册/甘肃省教材编审室编.—兰州：甘肃少年儿童出版社，1990.3.—64页；32开.—ISBN 7-5422-0318-5：0.59元

五年制小学数学练习册 第四册/甘肃省教材编审室编.—兰州：甘肃少年儿童出版社，1990.11.—64页；32开.—ISBN 7-5422-0418-1：0.59元

五年制小学数学练习册 第五册/甘肃省教材编审室编.—兰州：甘肃少年儿童出版社，1990.3.—80页；32开.—ISBN 7-5422-0319-3：0.71元

五年制小学数学练习册 第六册/甘肃省教材编审室编.—兰州：甘肃少年儿童出版社，1990.11.—80页；32开.—ISBN 7-5422-0419-X：0.71元

五年制小学数学练习册 第七册/甘肃省教材编审室编.—兰州：甘肃少年儿童出版社，1990.3.—96页；32开.—ISBN 7-5422-0320-7：0.84元

五年制小学数学练习册 第八册/甘肃省教材编审室编.—兰州：甘肃少年儿童出版社，1990.11.—96页；32开.—ISBN 7-5422-0420-3：0.84元

五年制小学数学练习册 第九册/甘肃省教材编审室编.—兰州：甘肃少年儿童出版社，1990.3.—96页；32开.—ISBN 7-5422-0321-5：0.84元

五年制小学数学练习册 第十册/甘肃省教材编审室编.—兰州：甘肃少年儿童出版社，1990.11.—96页；32开.—ISBN 7-5422-0421-1：0.84元

五年制小学数学练习册：一年级下学期/湖北省教学研究室编.—2版.—武汉：湖北少年儿童出版社，1990.12.—75页；32开.—ISBN 7-5353-0732-9：0.70元

五年制小学数学练习册：二年级下学期/湖北省教学研究室编.—2版.—武汉：湖北少年儿童出版社，1990.12.—73页；32开.—ISBN 7-5353-0741-8：0.70元

五年制小学数学练习册：四年级下学期/湖北省教学研究室编.—2版.—武汉：湖北少年儿童出版社，1990.12.—76页；32开.—ISBN 7-5353-0745-0：0.70元

五年制小学数学练习册：五年级下学期/湖北省教学研究室编.—2版.—武汉：湖北少年儿童出版社，1990.12.—124页；32开.—ISBN 7-5353-0747-7：1.06元

六年制小学练习册：数学 第二册/河北省教育科学研究所编写组编.—2版.—石家庄：河北教育出版社，1990.11.—80页；32开.—ISBN 7-5434-0363-3：0.64元

六年制小学练习册：数学 第三册/河北省教育科学研究所编写组编.—2版.—石家庄：河北教育出版社，1990.4.—80页；32开.—ISBN 7-5434-0100-2：0.64元

六年制小学练习册：数学 第四册/河北省教育科学研究所编写组编.—2版.—石家庄：河北教育出版社，1990.10.—76页；32开.—ISBN 7-5434-0364-1：0.64元

六年制小学练习册：数学 第五册/河北省教育科学研究所编写组编.—2版.—石家庄：河北教育出版社，1990.5.—96页；32开.—ISBN 7-5434-0181-9：0.75元

六年制小学练习册：数学 第六册/河北省教育科学研究所编写组编.—2版.—石家庄：河北教育出版社，1990.10.—96页；32开.—ISBN 7-5434-0365-X：0.75元

六年制小学练习册：数学 第七册/河北省教育科学研究所编写组编.—2版.—石家庄：河北教育出版社，1990.4.—97页；32开.—ISBN 7-5435-0178-9：0.75元

六年制小学练习册：数学 第八册/河北省教育科学研究所编写组编.—2版.—石家庄：河北教育出版社，1990.10.—96页；32开.—ISBN 7-5434-0366-8：0.75元

六年制小学练习册：数学 第十一册/河北省教育科学研究所编写组编.—2版.—石家庄：河北教育出版社，1990.4.—96页；32开.—ISBN 7-5434-0122-3：0.75元

六年制小学数学分课时课内十分钟作业 第一册/

福建省南平市小学教育研究会编.—北京：新华出版社，1990.5.—74页；32开.—ISBN 7-5011-0067-3：1.00元

六年制小学数学分课时课内十分钟作业　第二册/福建省南平市小学教育研究会编.—北京：新华出版社，1990.12.—65页；32开.—ISBN 7-5011-0756-4：0.95元

六年制小学数学分课时课内十分钟作业　第三册/福建省南平市小学教育研究会编.—北京：新华出版社，1990.5.—60页；32开.—ISBN 7-5011-0668-1：0.90元

六年制小学数学分课时课内十分钟作业　第四册/福建省南平市小学教育研究会编.—北京：新华出版社，1990.12.—71页；32开.—ISBN 7-5011-0757-2：1.00元

六年制小学数学分课时课内十分钟作业　第五册/福建省南平市小学教育研究会编.—北京：新华出版社，1990.5.—64页；32开.—ISBN 7-5011-0669-X：0.95元

六年制小学数学分课时课内十分钟作业　第六册/福建省南平市小学教育研究会编.—北京：新华出版社，1990.12.—58页；32开.—ISBN 7-5011-0758-0：0.90元

六年制小学数学分课时课内十分钟作业　第七册/福建省南平市小学教育研究会编.—北京：新华出版社，1990.5.—71页；32开.—ISBN 7-5011-0670-3：1.00元

六年制小学数学分课时课内十分钟作业　第八册/福建省南平市小学教育研究会编.—北京：新华出版社，1990.10.—66页；32开.—ISBN 7-5011-0737-8：0.95元

六年制小学数学分课时课内十分钟作业　第九册/福建省南平市小学教育研究会编.—北京：新华出版社，1990.5.—72页；32开.—ISBN 7-5011-0671-1：0.95元

六年制小学数学分课时课内十分钟作业　第十册/福建省南平市小学教育研究会编.—北京：新华出版社，1990.11.—69页；32开.—ISBN 7-5011-0738-6：1.00元

六年制小学数学分课时课内十分钟作业　第十一册/福建省南平市小学教育研究会编.—北京：新华出版社，1990.5.—53页；32开.—ISBN 7-5011-0672-X：0.90元

六年制小学数学分课时课内十分钟作业　第十二册/福建省南平市小学教育研究会编.—北京：新华出版社，1990.10.—49页；32开.—ISBN 7-5011-0739-4：0.80元

六年制小学数学练习　第一册/江苏省教育委员会教研室编.—2版.—南京：江苏教育出版社，1990.3.—65页；32开.—ISBN 7-5343-0297-8：0.59元

六年制小学数学练习　第二册/江苏省教育委员会教研室编.—2版.—南京：江苏教育出版社，1990.10.—64页；32开.—ISBN 7-5343-0508-X：0.59元

六年制小学数学练习　第三册/江苏省教育委员会教研室编.—2版.—南京：江苏教育出版社，1990.3.—68页；32开.—ISBN 7-5343-0298-6：0.62元

六年制小学数学练习　第五册/江苏省教育委员会教研室编.—南京：江苏教育出版社，1990.3.—76页；32开.—ISBN 7-5343-0299-4：0.67元

六年制小学数学练习　第六册/江苏省教育委员会教研室编.—2版.—南京：江苏教育出版社，1990.11.—72页；32开.—ISBN 7-5343-0510-1：0.65元

六年制小学数学练习　第七册/江苏省教育委员会教研室编.—2版.—南京：江苏教育出版社，1990.3.—74页；32开.—ISBN 7-5343-0300-1：0.67元

六年制小学数学练习　第九册/江苏省教育委员会教研室编.—2版.—南京：江苏教育出版社，1990.3.—78页；32开.—ISBN 7-5343-0301-X：0.70元

六年制小学数学练习　第十册/江苏省教育委员会教研室编.—2版.—南京：江苏教育出版社，1990.10.—84页；32开.—ISBN 7-5343-0512-8：0.73元

六年制小学数学练习　第十一册/江苏省教育委员会教研室编.—2版.—南京：江苏教育出版社，1990.3.—84页；32开.—ISBN 7-5343-0302-8：0.73元

六年制小学数学练习册：一年级第一学期/广东省教育厅教材编审室编.—广州：广东教育出版社，1990.7.—81页；32开.—ISBN 7-5406-1149-9：0.75元

六年制小学数学练习册：一年级第二学期/广东省教育厅教材编审室编.—广州：广东教育出版社，1990.12.—82页；32开.—ISBN 7-5406-1249-5：0.78元

六年制小学数学练习册：二年级第一学期/广东省教育厅教材编审室编.—广州：广东教育出版社，1990.7.—73页；32开.—ISBN 7-5406-1150-2：0.72元

六年制小学数学练习册：二年级第二学期/广东省教育教材编审室编.—广州：广东教育出版社，1990.12.—90页；32开.—ISBN 7-5406-1250-9：0.84元

六年制小学数学练习册：三年级第一学期/广东省教育厅教材编审室编.—广州：广东教育出版社，1990.7.—92页；32开.—ISBN 7-5406-1151-0：0.84元

六年制小学数学练习册：三年级第二学期/广东省教育厅教材编审室编.—广州：广东教育出版社，

1990.12.—89页；32开.—ISBN 7-5406-1251-7：0.84元

六年制小学数学练习册：四年级第一学期/广东省教育厅教材编审室编.—广州：广东教育出版社，1990.7.—71页；32开.—ISBN 7-5406-1152-9：0.66元

六年制小学数学练习册：四年级第二学期/广东省教育厅教材编审室编.—广州：广东教育出版社，1990.12.—100页；32开.—ISBN 7-5406-1252-5：0.90元

六年制小学数学练习册：五年级第一学期/广东省教育厅教材编审室编.—广州：广东教育出版社，1990.7.—69页；32开.—ISBN 7-5406-1153-7：0.66元

六年制小学数学练习册：五年级第二学期/广东省教育厅教材编审室编.—广州：广东教育出版社，1990.12.—108页；32开.—ISBN 7-5406-1253-3：0.96元

六年制小学数学练习册：六年级第二学期/广东省教育厅教材编审室编.—广州：广东教育出版社，1990.12.—90页；32开.—ISBN 7-5406-1254-1：0.84元

六年制小学数学练习册　第二册/九年制义务教育教材(沿海版)编委会编.—广州：广东教育出版社，1990.12.—93页；32开.—九年制义务教育实验教材：沿海版　供一年级第二学期用.—ISBN 7-5406-1314-9：0.90元

六年制小学数学练习册　第三册/九年制义务教育教材编委会编.—广州：广东教育出版社，1990.7.53页；32开.—九年制义务教育试验教材：沿海版　供二年级第一学期用.—ISBN 7-5406-1188-X：0.84元

六年制小学数学练习册　第四册/九年制义务教育教材(沿海版)编委会编.—广州：广东教育出版社，1990.12.—64页；32开.—九年制义务教育实验教材：沿海版　供二年级第二学期用.—ISBN 7-5406-1299-7：0.65元

六年制小学数学练习册　第一册/甘肃省教材编审室编.—兰州：甘肃少年儿童出版社，1990.3.—64页；32开.—ISBN 7-5422-0311-8：0.59元

六年制小学数学练习册　第二册/甘肃省教材编审室编.—兰州：甘肃少年儿童出版社，1990.11.—64页；32开.—ISBN 7-5422-0422-X：0.59元

六年制小学数学练习册　第三册/甘肃省教材编审室编.—兰州：甘肃少年儿童出版社，1990.3.—64页；32开.—ISBN 7-5422-0312-6：0.59元

六年制小学数学练习册　第四册/甘肃省教材编审室编.—兰州：甘肃少年儿童出版社，1990.11.—64页；32开.—ISBN 7-5422-0423-8：0.59元

六年制小学数学练习册　第五册/甘肃省教材编审室编.—兰州：甘肃少年儿童出版社，〔1990〕.—78页；32开.—ISBN 7-5422-0313-4：0.71元

六年制小学数学练习册　第六册/甘肃省教材编审室编.—兰州：甘肃少年儿童出版社，1990.11.—80页；32开.—ISBN 7-5422-0424-6：0.71元

六年制小学数学练习册　第七册/甘肃省教材编审室编.—兰州：甘肃少年儿童出版社，1990.3.—80页；32开.—ISBN 7-5422-0314-2：0.71元

六年制小学数学练习册　第八册/甘肃省教材编审室编.—兰州：甘肃少年儿童出版社，1990.11.—80页；32开.—ISBN 7-5422-0425-4：0.71元

六年制小学数学练习册　第九册/甘肃省教材编审室编.—兰州：甘肃少年儿童出版社，1990.3.—96页；32开.—ISBN 7-5422-0315-0：0.84元

六年制小学数学练习册　第十册/甘肃省教材编审室编.—兰州：甘肃少年儿童出版社，1990.11.—96页；32开.—ISBN 7-5422-0426-2：0.84元

六年制小学数学练习册　第十一册/甘肃省教材编审室编.—兰州：甘肃少年儿童出版社，1990.3.96页；32开.—ISBN 7-5422-0316-9：0.84元

六年制小学数学练习册　第十二册/甘肃省教材编审室编.—兰州：甘肃少年儿童出版社，1990.11.96页；32开.—ISBN 7-5422-0427-0：0.84元

六年制小学数学练习册：二年级上学期/江西省教委教学教材研究室编.—南昌：江西教育出版社，1990.7.—79页；32开.—ISBN 7-5392-0912-7：0.58元

六年制小学数学练习册：五年级上学期/江西省教委教学教材研究室编.—南昌：江西教育出版社，1990.7.—79页；32开.—ISBN 7-5392-0914-3：0.58元

六年制小学数学练习册：一年级下学期/湖北省教学研究室编.—3版.—武汉：湖北少年儿童出版社，1990.12.—72页；32开.—ISBN 7-5353-0728-0：0.64元

六年制小学数学练习册：二年级下学期/湖北省教学研究室编.—3版.—武汉：湖北少年儿童出版社，1990.12.—78页；32开.—ISBN 7-5353-0730-2：0.70元

六年制小学数学练习册：三年级下学期/湖北省教学研究室编.—3版.—武汉：湖北少年儿童出版社，1990.12.—63页；32开.—ISBN 7-5353-0734-5：0.58元

六年制小学数学练习册：四年级下学期/湖北省教学研究室编.—3版.—武汉：湖北少年儿童出版社，1990.12.—94页；32开.—ISBN 7-5353-0736-1：0.82元

六年制小学数学练习册：五年级下学期/湖北省教学研究室编.—3版.—武汉：湖北少年儿童出版社，1990.12.—88页；32开.—ISBN 7-5353-0738-8：0.76元

六年制小学数学练习册：六年级下学期/湖北省教学研究室编.—3版.—武汉：湖北少年儿童出版社，1990.12.—127页；32开.—ISBN 7-5353-0740-X：1.05元

六年制小学数学练习册　第一册/吴玉清编写.2版.—乌鲁木齐：新疆教育出版社，1990.6.—96页；32开.—ISBN 7-5370-0942-9：0.74元

六年制小学数学练习册　第三册/董凤仙编写.—2版.—乌鲁木齐：新疆教育出版社，1990.5.—96页；32开.—ISBN 7-5370-0938-7：0.74元

北京市小学数学练习册　第一册/北京市教育局教学研究部编.—北京：北京少年儿童出版社，1990.7.70页；16开.—ISBN 7-5301-0205-2：1.75元

北京市小学数学练习册　第二册/北京市教育局教学研究部编.—北京：北京少年儿童出版社，1990.12.—54页；16开.—ISBN 7-5301-0258-3：1.45元

北京市小学数学练习册　第三册/北京市教育局教学研究部编.—北京：北京少年儿童出版社，1990.6.—71页；16开.—ISBN 7-5301-0206-0：1.75元

北京市小学数学练习册　第四册/北京市教育局教学研究部编.—北京：北京少年儿童出版社，1990.12.—55页；16开.—ISBN 7-5301-0259-1：1.45元

北京市小学数学练习册　第五册/北京市教育局教学研究部编.—北京：北京少年儿童出版社，1990.6.—71页；16开.—ISBN 7-5301-0207-9：1.75元

北京市小学数学练习册　第七册/北京市教育局教学研究部编.—北京：北京少年儿童出版社，1990.6.—78页；16开.—ISBN 7-5301-0208-7：1.90元

北京市小学数学练习册　第八册/北京市教育局教学研究部编.—北京：北京少年儿童出版社，1990.12.—55页；16开.—ISBN 7-5301-0261-3：1.45元

北京市小学数学练习册　第九册/北京市教育局教学研究部编.—北京：北京少年儿童出版社，1990.6.—79页；16开.—ISBN 7-5301-0209-5：1.90元

北京市小学数学练习册　第十册/北京市教育局教学研究部编.—北京：北京少年儿童出版社，1990.12.—54页；16开.—ISBN 7-5301-0262-1：1.45元

北京市小学数学练习册　第十一册/北京市教育局教学研究部编.—北京：北京少年儿童出版社，1990.6.79页；16开.—ISBN 7-5301-0210-9：1.90元

山东省五年制小学复式班数学自动作业　第一册/山东省教学研究室编.—济南：山东教育出版社，1990.6.—205页；32开.——年级上学期用.—ISBN 7-5328-0945-5：1.76元

山东省五年制小学复式班数学自动作业　第二册/山东省教学研究室编.—济南：山东教育出版社，1990.9.—160页；32开.——年级下学期用.—ISBN 7-5328-1034-8：1.25元

山东省五年制小学复式班数学自动作业　第三册/山东省教学研究室编.—济南：山东教育出版社，1990.5.—152页；32开.—二年级上学期用.—ISBN 7-5328-0946-3：1.32元

山东省五年制小学复式班数学自动作业　第四册/山东省教学研究室编.—济南：山东教育出版社，1990.9.—144页；32开.—ISBN 7-5328-1037-2：1.15元

山东省五年制小学复式班数学自动作业　第五册/山东省教学研究室编.—济南：山东教育出版社，1990.5.—186页；32开.—三年级上学期用.—ISBN 7-5328-0947-1：1.60元

山东省五年制小学复式班数学自动作业　第六册/山东省教学研究室编.—济南：山东教育出版社，1990.9.—163页；32开.—三年级下学期用.—ISBN 7-5328-1036-4：1.40元

六年制小学数学精编作业本　第二册（甲）/于玲兰编.—沈阳：辽宁教育出版社，1990.11.—96页；32开.—ISBN 7-5382-1278-7：0.90元

六年制小学数学精编作业本　第二册（乙）/于玲兰编.—沈阳：辽宁教育出版社，1990.11.—96页；32开.—ISBN 7-5382-1279-5：0.90元

六年制小学数学精编作业本　第四册（甲）/孙玉香编写.—沈阳：辽宁教育出版社，1990.12.—96页；32开.—ISBN 7-5382-1280-9：0.90元

六年制小学数学精编作业本　第四册（乙）/孙玉香编.—沈阳：辽宁教育出版社，1990.11.—96页；32开.—ISBN 7-5382-1281-7：0.90元

六年制小学数学精编作业本　第六册（甲）/胡立丽编写.—沈阳：辽宁教育出版社，1990.12.—72页；32开.—ISBN 7-5382-129[illegible]-3：0.71元

六年制小学数学精编作业本　第六册（乙）/胡立丽编写.—沈阳：辽宁教育出版社，1990.11.—72页；32开.—ISBN 7-5382-1298-1：0.72元

六年制小学数学精编作业本　第八册（甲）/陈凤莲编写.—沈阳：辽宁教育出版社，1990.11.—98页；32开.—ISBN 7-5382-1295-7：0.95元

六年制小学数学精编作业本　第八册（乙）/陈凤莲编写.—沈阳：辽宁教育出版社，1990.11.—96页；32开.—ISBN 7-5382-1296-5：0.90元

六年制小学数学精编作业本　第十册（甲）/李艳萍编写.—沈阳：辽宁教育出版社，1990.11.—96页；32开.—ISBN 7-5382-1282-5：0.90元

六年制小学数学精编作业本　第十二册（甲）/张桂兰编.—沈阳：辽宁教育出版社，1990.11.—90页；32开.—ISBN 7-5382-1284-1：0.85元

家庭作业：农村版：五年制小学数学第三册/《家庭作业》编写组编.—贵阳：贵州人民出版社，1990.6.—94页；32开.—ISBN 7-221-01644-5：0.85元

家庭作业：农村版：五年制小学数学第五册/《小学家庭作业》编写组编.—贵阳：贵州人民出版社，1990.6.—96页；32开.—ISBN 7-221-01645-3：0.85元

家庭作业：农村版：五年制小学数学第七册/《家庭作业》编写组编.—贵阳：贵州人民出版社，1990.1.—94页；32开.—ISBN 7-221-01758-1：0.85元

家庭作业：农村版：五年制小学数学第九册/《家庭作业》编写组编.—贵阳：贵州人民出版社，1990.6.—94页；32开.—ISBN 7-221-01643-7：0.85元

家庭作业：农村版：六年制小学数学第三册/《家庭作业》编写组编.—贵阳：贵州人民出版社，1990.5.—94页；32开.—ISBN 7-221-01641-0：0.85元

家庭作业：农村版：六年制小学数学第五册/《家庭作业》编写组编.—贵阳：贵州人民出版社，1990.6.—94页；32开.—ISBN 7-221-01753-0：0.85元

家庭作业：农村版：六年制小学数学第七册/《家庭作业》编写组编.—贵阳：贵州人民出版社，1990.5.—94页；32开.—ISBN 7-221-01642-9：0.85元

家庭作业：农村版：六年制小学数学第九册/《家庭作业》编写组编.—贵阳：贵州人民出版社，1990.5.—94页；32开.—ISBN 7-221-01662-3：0.85元

家庭作业：农村版：六年制小学数学第十一册/《家庭作业》编写组编.—贵阳：贵州人民出版社，1990.6.—94页；32开.—ISBN 7-221-01752-2：0.85元

家庭作业：城市版：五年制小学数学第三册/《家庭作业》编写组编.—贵阳：贵州人民出版社，1990.5.—80页；32开.—ISBN 7-221-01693-3：0.73元

家庭作业：城市版：五年制小学数学第五册/《家庭作业》编写组编.—贵阳：贵州人民出版社，1990.5.—78页；32开.—ISBN 7-221-01694-1：0.73元

家庭作业：城市版：五年制小学数学第七册/《家庭作业》编写组编.—贵阳：贵州人民出版社，1990.5.—78页；32开.—ISBN 7-221-01695-X：0.73元

家庭作业：城市版：五年制小学数学第九册/《家庭作业》编写组编.—贵阳：贵州人民出版社，1990.5.—78页；32开.—ISBN 7-221-01696-8：0.73元

家庭作业：城市版：六年制小学数学第三册/《家庭作业》编写组编.—贵阳：贵州人民出版社，1990.5.—78页；32开.—ISBN 7-221-01697-6：0.73元

家庭作业：城市版：六年制小学数学第五册/《家庭作业》编写组编.—贵阳：贵州人民出版社，1990.6.—78页；32开.—ISBN 7-221-01698-4：0.73元

家庭作业：城市版：六年制小学数学第七册/《家庭作业》编写组编.—贵阳：贵州人民出版社，1990.6.—78页；32开.—ISBN 7-221-01699-2：0.73元

家庭作业：城市版：六年制小学数学第九册/《家庭作业》编写组编.—贵阳：贵州人民出版社，1990.6.—78页；32开.—ISBN 7-221-01700-X：0.73元

家庭作业：城市版：六年制小学数学第十一册/《家庭作业》编写组编.—贵阳：贵州人民出版社，1990.5.—78页；32开.—ISBN 7-221-01701-8：0.73元

儿童数学世界　（A）：一年级第一学期/上海市教育局教学研究室编；蔡宏等绘.—2版（修订本）.上海：上海教育出版社，1990.5.—61页；32开.（小学生课外读物）.—ISBN 7-5320-2012-6：1.25元

本书1985年7月第1版。

儿童数学世界　（B）：一年级第二学期/上海市教育局教学研究室编；蔡宏等绘.—2版（修订本）.上海：上海教育出版社，1990.12.—62页；32开.（小学生课外读物）.—ISBN 7-5320-2230-[illegible]：1.25元

本书1985年第1版。

儿童数学世界　（C）：二年级第一学期/上海市教育局教学研究室编；张浩等绘.—2版（修订本）.上海：上海教育出版社，1990.5.—63页；32开.（小学生课外读物）.—ISBN 7-5320-2013-4：1.25元

本书1985年7月第1版。

儿童数学世界　（E）：三年级第一学期/上海市教育局教学研究室编.—2版（修订本）.—上海：上海教育出版社，1990.6.—65页；32开.—（小学生课外读物）.—ISBN 7-5320-1912-8：0.60元

本书1985年6月第1版。

儿童数学世界　（F）：三年级第二学期/上海市教育局教学研究室编.—2版（修订本）.—上海：上海教育出版社，1990.11.—74页；32开.—（小学生课外读物）.—ISBN 7-5320-2163-7：0.65元

本书1986年2月第1版。

儿童数学世界　（G）：四年级第一学期/上海市教育局教学研究室编.—2版（修订本）.—上海：上海教育出版社，1990.6.—66页；32开.—（小学生课外读物）.—ISBN 7-5320-1928-4：0.60元

本书1985年7月第1版。

儿童数学世界　（H）：四年级第二学期/上海市教育局教学研究室编.—2版（修订本）.—上海：上海教育出版社，1990.11.—74页；32开.—（小学生课外读物）.—ISBN 7-5320-2151-3：0.65元

本书1986年2月第1版。

儿童数学世界　（I）：五年级第一学期/上海市教育局教学研究室编.—2版（修订本）.—上海：上海教育出版社，1990.6.—97页；32开.—（小学生课外读物）.—ISBN 7-5320-1964-0：0.82元

本书1985年7月第1版。

儿童数学世界　（J）：五年级第二学期/上海市教育局教研室编.—2版（修订本）.—上海：上海教育出版社，1990.11.—98页；32开.—（小学生课外读物）.—ISBN 7-5320-2161-0：0.82元

本书1985年12月第1版。

儿童数学世界　（K）：六年级第一学期/上海市教育局教学研究室编.—2版（修订本）.—上海：上海教育出版社，1990.6.—91页；32开.—（小学生课外读物）.—ISBN 7-5320-1972-1：0.76元

本书1985年6月第1版。

小学生应用题学习卡：三年级/沈一清编.—上海：少年儿童出版社，1990.9.—1套；64开.—ISBN 7-5324-0980-5（袋装）：0.35元

小学课外数学：一年级/贺兴亚，梅康清编.—武汉：湖北少年儿童出版社，1990.7.—82页；32开.ISBN 7-5353-0605-5：0.75元

小学课外数学：二年级/黄詠秋，张承琦编.武汉：湖北少年儿童出版社，1990.7.—131页；32开.—ISBN 7-5353-0606-3：1.10元

小学课外数学：三年级/苏克华，罗承用编.—武汉：湖北少年儿童出版社，1990.7.—169页；32开.ISBN 7-5353-0607-1：1.45元

小学课外数学：四年级/彭传新，邱忠才编.—武汉：湖北少年儿童出版社，1990.7.—188页；32开.ISBN 7-5353-0608-X：1.50元

小学课外数学：五年级/钟澄生，马才炎编.—武汉：湖北少年儿童出版社，1990.7.—187页；32开.ISBN 7-5353-0609-8：1.50元

小学课外数学：六年级/王超群，陈范增编.武汉：湖北少年儿童出版社，1990.7.—182页；32开.—ISBN 7-5353-0610-1：1.56元

小学数学课外辅导　第二分册/瞿咏莲主编.—桂林：广西师范大学出版社，1990.3.—141页；32开.ISBN 7-5633-0760-5：1.50元

巧学数学：适合一年级/陈贞华主编；郭兰等撰稿.—北京：北京科学技术出版社，1990.4.—164页；32开.—（小学生趣味读物）.—ISBN 7-5304-0740-6：2.20元

巧学数学：适合二年级/陈贞华主编；李宬等撰稿.—北京：北京科学技术出版社，1990.4.—185页；32开.—（小学生趣味读物）.—ISBN 7-5304-0741-4：2.40元

巧学数学：适合三年级/陈贞华主编；辛嘉等撰稿.—北京：北京科学技术出版社，1990.4.—198页；32开.—（小学生趣味读物）.—ISBN 7-5304-0742-2：2.60元

巧学数学：适合四年级/陈贞华主编；邵仁湘等撰稿.—北京：北京科学技术出版社，1990.4.—180页；32开.—（小学生趣味读物）.—ISBN 7-5304-0743-0：2.30元

巧学数学：适合五年级/陈贞华主编；郑晶等撰稿.—北京：北京科学技术出版社，1990.4.—206页；32开.—（小学生趣味读物）.—ISBN 7-5304-0744-9：2.70元

巧学数学：适合六年级/陈贞华主编；刘宝才等撰稿.—北京：北京科学技术出版社，1990.4.—217页；32开.—（小学生趣味读物）.—ISBN 7-5304-0745-7：2.90元

速算板/秦立新著.—北京：华夏出版社，1990.6.60页；32开＋速算板1块.—（趣味数学游戏系列；1）.—ISBN 7-80053-808-7：1.95元

本书由两部分及两套玩具组成。1种是加法速算板，有10块，另1种是加减法速算板，有7块。1000以内的任何数字，都可由这两组数字板按加法或减法要求拼出。

速算秘诀/李世杰编.—北京：北京师范大学出版社，1990.6.—144页，32开.—ISBN 7-303-00991-4：1.80元

本书适合小学中高年级和初中学生阅读。

数学奥林匹克：小学版/单墫主编.—北京：北京大学出版社，1990.3.—3册（506页）；32开.—ISBN 7-301-01304-3：8.50元

数学30天/陆家言编.—天津：天津教育出版社，1990.4.—24页；16开.—小学毕业生使用.—ISBN 7-5309-0928-2：0.80元

G624.6　自然、常识

山东省五年制小学复式班自然自动作业　第一册/山东省教学研究室编.—济南：山东教育出版社，

1990.5.—96页；32开.—三年级上学期用.—ISBN 7-5328-0944-7：0.91元

山东省五年制小学复式班自然自动作业 第二册/山东省教学研究室编.—济南：山东教育出版社，1990.9.—96页；32开.—三年级下学期用.—ISBN 7-5328-1035-6：0.79元

义务教育五年制六年制小学自然第二册学生练习册/人民教育出版社生物自然室等编著.—北京：人民教育出版社，1990.10.—8张；16开.—ISBN 7-107-00908-7（袋装）：0.96元

小学卫生常识：一年级 下册/福州市郊区教师进修学校编.—福州：福建少年儿童出版社，1990.12.47页；32开.—ISBN 7-5395-0434-X：0.65元

小学卫生常识：二年级 下册/福州市郊区教师进修学校编.—福州：福建少年儿童出版社，1990.12.38页；32开.—ISBN 7-5395-0435-8：0.55元

小学卫生常识：三年级 下册/福州市郊区教师进修学校编.—福州：福建少年儿童出版社，1990.12.29页；32开.—ISBN 7-5395-0436-6：0.50元

小学卫生常识：四年级 下册/福州市郊区教师进修学校编.—福州：福建少年儿童出版社，1990.12.35页；32开.—ISBN 7-5395-0437-4：0.53元

小学卫生常识：六年级 下册/福州市郊区教师进修学校编.—福州：福建少年儿童出版社，1990.12.35页；32开.—ISBN 7-5395-0439-0：0.53元

小学生卫生课本：一年级/山西省教育委员会，山西省卫生厅编.—太原：山西教育出版社，1990.8.30页；32开.—小学健康教育试用教材.—ISBN 7-80578-272-5：0.40元

小学生卫生课本：三年级/山西省教育委员会，山西省卫生厅编.—太原：山西教育出版社，1990.8.40页；32开.—小学健康教育试用教材.—ISBN 7-80578-274-1：0.45元

小学生卫生课本：四年级/山西省教育委员会，山西省卫生厅编.—太原：山西教育出版社，1990.8.40页；32开.—小学健康教育试用教材.—ISBN 7-40578-275-X：0.45元

小学生卫生课本：五年级/山西省教育委员会，山西省卫生厅编.—太原：山西教育出版社，1990.8.47页；32开.—小学健康教育试用教材.—ISBN 7-80578-276-8：0.50元

小学自然观察实验册 第一册/天津市教育教学研究室编.—2版.—天津：天津教育出版社，1990.6.65页；32开.—ISBN 7-5309-0416-7：0.37元

本书1988年7月第1版。

小学自然观察实验报告册 第一册/山东省小学自然教学研究会编.—济南：济南出版社，1990.7.—38页；32开.—三年级用.—ISBN 7-30572-260-9：0.56元

小学自然观察实验报告册 第三册/山东省小学自然教学研究会编.—济南：济南出版社，1990.7.—39页；32开.—四年级用.—ISBN 7-80572-261-7：0.56元

小学自然观察实验报告册 第五册/山东小学自然教学研究会编.—济南：济南出版社，1990.7.—38页；32开.—五年级用.—ISBN 7-80572-262-5：0.56元

小学自然练习 第一册/江苏省教委教研室编.—2版.—南京：江苏教育出版社，1990.5.—53页；32开.—ISBN 7-5343-0303-6：0.56元

小学自然练习 第三册/江苏省教委教研室编.—2版.—南京：江苏教育出版社，1990.5.—44页；32开.—ISBN 7-5343-0304-4：0.48元

小学自然练习 第五册/《小学自然练习》编写组编.—2版.—南京：江苏教育出版社，1990.5.—51页；32开.—ISBN 7-5343-0305-2：0.54元

小学自然练习 第六册/《小学自然练习》编写组编.—2版.—南京：江苏教育出版社，1990.10.—46页；32开.—ISBN 7-5343-0516-0：0.51元

小学课本自然教学挂图：动物（四）/沈水根编；周跃进等绘.—上海：上海教育出版社，1990.5.12张；2开.—ISBN 7-5320-1909-8（袋装）：5.90元

少儿健康教育 （1）/甘肃省卫生防疫站，兰州市城关区文教局编.—兰州：甘肃少年儿童出版社，1990.10.—41页：图；32开.—ISBN 7-5422-0439-4：0.55元

少儿健康教育 （2）/甘肃省卫生防疫站，兰州市城关区文教局编.—兰州：甘肃少年儿童出版社，1990.10.—41页；32开.—ISBN 7-5422-0440-8：0.55元

少儿健康教育 （3）/甘肃省卫生防疫站，兰州市城关区文教局编.—兰州：甘肃少年儿童出版社，1990.11.—40页；32开.—ISBN 7-5422-0441-6：0.55元

少儿健康教育 （4）/甘肃省卫生防疫站，兰州市城关区文教局编.—兰州：甘肃少年儿童出版社，1990.11.—40页；32开.—ISBN 7-5422-0442-4：0.55元

少儿健康教育 （5）/甘肃省卫生防疫站，兰州市城关区文教局编.—兰州：甘肃少年儿童出版社，1990.11.—42页；32开.—ISBN 7-5422-0443-2：0.55元

少儿健康教育 （6）/甘肃省卫生防疫站，兰州市城关区文教局编.—兰州：甘肃少年儿童出版社，1990.10.—41页；32开.—ISBN 7-5422-0444-0：0.55元

扬起探索的风帆/徐庆尧编著.—昆明：云南少年儿童出版社，1990.8.—88页；36开.—（学习方法小丛

书：小学自然部分）.—ISBN 7-5414-0444-6：0.90元

自然　第一册/陈日朋主编.—长春：东北师范大学出版社，1990.7.—40页；大32开.—九年制义务教育六·三学制小学实验课本.—ISBN 7-5602-0417-1：1.25元

自然　第二册/陈日朋主编.—长春：东北师范大学出版社，1990.12.—41页；32开.—九年制义务教育六·三学制小学实验课本.—ISBN 7-5602-0508-9：1.70元

自然　第二册/人民教育出版社生物自然室等编著.北京：人民教育出版社，1990.9.—48页；大32开.义务教育五年制、六年制小学教科书：试用本.—ISBN 7-107-00890-0：1.15元

自然　第二册/贵州省教育委员会教育科学研究所编.—贵阳：贵州人民出版社，1990.11.—78页；32开.—六年制小学课本.—ISBN 7-221-02057-4：0.61元

自然　第一册/徐仁声主编.—济南：山东教育出版社，1990.5.—35页；32开.—五年制小学实验课本.ISBN 7-5328-0984-6：0.90元

自然　第二册/徐仁声主编.—济南：山东教育出版社，1990.11.—32页；32开.—五年制小学实验课本.—ISBN 7-5328-1088-7：0.70元

自然　第三册/北京师范大学"五·四"教材总编委员会编.—济南：山东教育出版社，1990.5.—39页；32开.—五年制小学实验课本.—ISBN 7-5328-0920-X：0.98元

自然　第四册/徐仁声主编.—济南：山东教育出版社，1990.11.—32页；32开.—五年制小学实验课本.—ISBN 7-5328-1081-X：0.80元

自然　第三册.—广州：广东教育出版社，1990.7.—43页；大32开.—九年制义务教育试验教材　六年制小学：沿海版.—ISBN 7-5406-1221-5：1.40元

自然　第三册/山东省教学研究室编.—济南：山东教育出版社，1990.7.—81页；32开.—（小学生学习读物）.—ISBN 7-5328-0329-5：0.71元

本书原名：自然十分钟

自然　第五册/山东省教学研究室编.—济南：山东教育出版社，1990.7.—81页；32开.—（小学生学习读物）.—ISBN 7-5328-0330-9：0.71元

本书原名：自然十分钟

自然常识　上册/武汉市教学研究室编.—武汉：武汉出版社，1990.7.—84页；32开.—武汉市六年制小学课本.—ISBN 7-5430-0347-3：0.85元

自然常识课堂练习册　第一册/上海市中小学教材编写组编.—上海：上海教育出版社，1990.6.—31页；32开.—上海市小学六年制课本.—ISBN 7-5320-2052-5：0.28元

自然常识课堂练习册　第二册/上海市中小学教材编写组编.—上海：上海教育出版社，1990.11.—35页；32开.—上海市小学六年制课本.—ISBN 7-5320-2219-6：0.35元

自然常识课堂练习册　第三册/上海市中小学教材编写组编.—上海：上海教育出版社，1990.6.—35页；32开.—上海市小学六年制课本.—ISBN 7-5320-2076-2：0.33元

自然常识课堂练习册　第五册/上海市中小学教材编写组编.—上海：上海教育出版社，1990.6.—53页；32开.—上海市小学六年制课本.—ISBN 7-5320-2077-0：0.42元

自然常识课堂练习册　第六册/上海市中小学教材编写组编.—上海：上海教育出版社，1990.11.—53页；32开.—上海市小学六年制课本.—ISBN 7-5320-2245-5：0.45元

自然常识课堂练习册　第七册/上海市中小学教材编写组编.—上海：上海教育出版社，1990.6.—51页；32开.—上海市小学六年制课本.—ISBN 7-5320-2078-9：0.42元

自然常识课堂练习册　第八册/上海市中小学教材编写组编.—上海：上海教育出版社，1990.11.—53页；32开.—上海市小学六年制课本.—ISBN 7-5320-2220-X：0.45元

自然常识课堂练习册　第九册/上海市中小学教材编写组编.—上海：上海教育出版社，1990.6.—53页；32开.—上海市小学六年制课本.—ISBN 7-5320-2079-7：0.42元

自然常识课堂练习册　第十一册/上海市中小学教材编写组编.—上海：上海教育出版社，1990.6.—53页；32开.—上海市小学六年制课本.—ISBN 7-5320-2051-7：0.42元

血吸虫病防治常识/朱正浩等编写.—南昌：江西教育出版社，1990.3.—12页；32开.—江西省小学课本　供四年级用.—ISBN 7-5392-0797-3：0.20元

环境保护：小学分册/梁肇勤，廖斌主编；杜玉坤等编.—桂林：广西师范大学出版社，1990.3.—55页；32开.—ISBN 7-5633-0720-6：0.60元

健康教育　（1）/吉林省卫生防病中心健康教育所编.—长春：吉林科学技术出版社，1990.4.—24页；32开.—小学健康教育学习参考资料.—ISBN 7-5384-0497-X：0.40元

健康教育　（2）/吉林省卫生防病中心健康教育所编.—长春：吉林科学技术出版社，1990.4.—25页；32开.—小学健康教育学习参考资料.—ISBN 7-5384-0498-8：0.40元

健康教育　（3）/吉林省卫生防病中心健康教育所编.—长春：吉林科学技术出版社，1990.4.—32页；

32开.—小学健康教育学习参考资料.—ISBN 7-5384-0499-6：0.50元

健康教育　第三册/云南省健康教育所主编.—昆明：云南教育出版社，1990.8.—25页；32开.—云南省小学试用课本.—ISBN 7-5415-0398-3：0.65元

健康教育　第五册/云南省健康教育所主编.—昆明：云南教育出版社，1990.8.—25页；32开.—云南省小学试用课本.—ISBN 7-5415-0399-1：0.65元

健康教育　第六册/新疆维吾尔自治区卫生宣传教育所编.—乌鲁木齐：新疆教育出版社，1990.12.38页；32开.—六年制小学试用课本　六年级用.—ISBN 7-5370-1304-X：0.28元

健康教育　第七册/云南省健康教育所主编.—昆明：云南教育出版社，1990.8.—25页；32开.—云南省小学试用课本.—ISBN 7-5415-0400-9：0.65元

健康教育　第九册/云南省健康教育所主编.—昆明：云南教育出版社，1990.8.—25页；32开.—云南省小学试用课本.—ISBN 7-5415-0401-7：0.65元

健康教育　第一册/陕西省小学健康教育教材编写组编.—西安：陕西科学技术出版社，1990.7.—40页；32开.—陕西省小学试用教材.—ISBN 7-5369-0769-9：0.80元

健康教育　第二册/陕西省小学健康教育教材编写组编.—西安：陕西科学技术出版社，1990.7.—37页；32开.—陕西省小学试用教材.—ISBN 7-5369-0770-2：0.80元

健康教育　第三册/陕西省小学健康教育教材编写组编.—西安：陕西科学技术出版社，1990.7.—38页；32开.—陕西省小学试用教材.—ISBN 7-5369-0771-0：0.80元

健康教育　第四册/陕西省小学健康教育教材编写组编.—西安：陕西科学技术出版社，1990.7.—47页；32开.—陕西省小学试用教材.—ISBN 7-5369-0772-9：0.90元

健康教育　第五册/陕西省小学健康教育教材编写组编.—西安：陕西科学技术出版社，1990.7.—51页；32开.—陕西省小学试用教材.—ISBN 7-5369-0773-7：1.00元

健康教育　第六册/陕西省小学健康教育教材编写组编.—西安：陕西科学技术出版社，1990.7.—51页；32开.—陕西省小学试用教材.—ISBN 7-5369-0774-5：0.90元

健康教育课本/李志敏编.—哈尔滨：黑龙江教育出版社，1990.9.—22页；32开.—供小学三年级用.ISBN 7-5316-1160-0：0.80元

健康教育课本/孟书玉编.—哈尔滨：黑龙江教育出版社，1990.9.—26页；32开.—供小学四年级用.—ISBN 7-5316-1161-9：0.80元

健康教育课本/张桂荣编.—哈尔滨：黑龙江教育出版社，1990.9.—25页；32开.—供小学五年级用.—ISBN 7-3316-1162-7：0.80元

G624.7　音乐、美术

音乐　第一册/北师大"五·四"学制教材总编委员会编.—哈尔滨：黑龙江教育出版社，1990.7.—40页；16开.—五年制小学实验课本.—ISBN 7-5316-1119-8：1.05元

音乐　第二册/北师大"五·四"学制教材总编委员会编.—哈尔滨：黑龙江教育出版社，1990.11.36页；16开.—五年制小学实验课本.—ISBN 7-5316-1236-4：1.05元

音乐　第二册/贵州省教育委员会教育研究室编写.—贵阳：贵州人民出版社，1990.9.—45页；32开.—贵州省六年制小学试用课本.—ISBN 7-221-01920-7：0.75元

音乐　第四册/贵州省教育委员会教育研究室编写.—贵阳：贵州人民出版社，1990.9.—44页；32开.—贵州省六年制小学试用课本.—ISBN 7-221-01921-5：0.75元

音乐　第八册/贵州省教育委员会教育研究室编写.—贵阳：贵州人民出版社，1990.11.—50页；32开.—贵州省六年制小学试用课本.—ISBN 7-221-01923-1：0.44元

音乐　第十册/贵州省教育委员会教育研究室编写.—贵阳：贵州人民出版社，1990.9.—42页；32开.—贵州省六年制小学试用课本.—ISBN 7-221-01924-X：0.39元

音乐　第十二册/贵州省教育委员会教育研究室编写.—贵阳：贵州人民出版社，1990.11.—41页；32开.—贵州省六年制小学试用课本.—ISBN 7-221-01925-8：0.37元

音乐　第一册/湖南省教育科学研究所编.—长沙：湖南教育出版社，1990.4.—48页；24开.—湖南省全日制小学试用课本.—ISBN 7-5355-1104-X：0.97元

音乐　第二册/湖南省教育科学研究所编.—长沙：湖南教育出版社，1990.9.—48页；24开.—湖南省全日制小学试用课本.—ISBN 7-5355-1170-8：1.00元

音乐　第三册/湖南省教育科学研究所编.—长沙：湖南教育出版社，1990.5.—48页；24开.—湖南省全日制小学试用课本.—ISBN 7-5355-1105-8：0.97元

音乐　第五册/湖南省教育科学研究所编.—长沙：湖南教育出版社，1990.5.—48页；24开.—湖南省全日制小学试用课本.—ISBN 7-5355-1106-6：0.76元

音乐　第六册/湖南省教育科学研究所编.—长沙：湖南教育出版社，1990.10.—48页；24开.—湖南省全日制小学试用课本.—ISBN 7-5355-1172-4：0.76元

音乐　第七册/湖南省教育科学研究所编.—长沙：湖南教育出版社，1990.5.—48页；24开.—湖南省全日制小学试用课本.—ISBN 7-5355-1107-4：0.76元

音乐　第八册/湖南省教育科学研究所编.—长沙：湖南教育出版社，1990.10.—48页；24开.—湖南省全日制小学试用课本.—ISBN 7-5355-1173-2：0.76元

音乐：五线谱　第一册/人民音乐出版社音乐教育编辑室主编.—北京：人民音乐出版社，1990.7.—45页；16开.—全日制小学课本.—ISBN 7-103-00612-1：1.30元

音乐：五线谱　第二册/人民音乐出版社音乐教育编辑室主编.—北京：人民音乐出版社，1990.11.—44页；16开.—全日制小学课本.—ISBN 7-103-00716-0：1.35元

音乐：五线谱　第三册/人民音乐出版社音乐教育编辑室主编.—北京：人民音乐出版社，1990.7.—63页；16开.—全日制小学课本.—ISBN 7-103-00613-X：1.65元

音乐：五线谱　第四册/人民音乐出版社音乐教育编辑室主编.—北京：人民音乐出版社，1990.11.55页；16开.—全日制小学课本.—ISBN 7-103-00717-9：1.70元

音乐：五线谱　第五册/人民音乐出版社音乐教育编辑室主编.—北京：人民音乐出版社，1990.7.—40页；16开.—全日制小学课本.—ISBN 7-103-00614-8：0.81元

音乐：五线谱　第六册/人民音乐出版社音乐教育编辑室主编.—北京：人民音乐出版社，1990.11.—42页；16开.—全日制小学课本.—ISBN 7-103-00718-7：1.35元

音乐：五线谱　第七册/人民音乐出版社音乐教育编辑室主编.—北京：人民音乐出版社，1990.7.—39页；16开.—全日制小学课本.—ISBN 7-103-00615-6：0.81元

音乐：五线谱　第八册/人民音乐出版社音乐教育编辑室主编.—北京：人民音乐出版社，1990.11.—56页；16开.—全日制小学课本.—ISBN 7-103-00719-5：1.50元

音乐：五线谱　第九册/人民音乐出版社音乐教育编辑室主编.—北京：人民音乐出版社，1990.7.—47页；16开.—全日制小学课本.—ISBN 7-103-00616-4：0.91元

音乐：五线谱　第十册/人民音乐出版社音乐教育编辑室主编.—北京：人民音乐出版社，1990.11.—54页；16开.—全日制小学课本.—ISBN 7-103-00720-9：1.50元

音乐　五线谱　第十一册/人民音乐出版社音乐教育编辑室主编.—北京：人民音乐出版社，1990.7.—48页；16开.—全日制小学课本.—ISBN 7-103-00617-2：0.91元

音乐：五线谱　第十二册/人民音乐出版社音乐教育编辑室主编.—北京：人民音乐出版社，1990.11.57页；16开.—全日制小学课本.—ISBN 7-103-00721-7：1.70元

音乐：简谱　第一册/人民音乐出版社音乐教育编辑室主编.—北京：人民音乐出版社，1990.7.—62页；32开.—小学课本.—ISBN 7-103-00606-7：0.83元

音乐：简谱　第二册/人民音乐出版社音乐教育编辑室主编.—北京：人民音乐出版社，1990.11.—62页；32开.—小学课本.—ISBN 7-103-00710-1：0.85元

音乐：简谱　第三册/人民音乐出版社音乐教育编辑室主编.—北京：人民音乐出版社，1990.7.—78页；32开.—小学课本.—ISBN 7-103-00607-5：1.00元

音乐：简谱　第四册/人民音乐出版社音乐教育编辑室主编.—北京：人民音乐出版社，1990.11.—76页；32开.—小学课本.—ISBN 7-103-00711-X：1.05元

音乐：简谱　第五册/人民音乐出版社音乐教育编辑室主编.—北京：人民音乐出版社，1990.7.—42页；32开.—小学课本.—ISBN 7-103-00608-3：0.44元

音乐：简谱　第六册/人民音乐出版社音乐教育编辑室主编.—北京：人民音乐出版社，1990.11.—56页；32开.—小学课本.—ISBN 7-103-00712-8：0.53元

音乐：简谱　第七册/人民音乐出版社音乐教育编辑室主编.—北京：人民音乐出版社，1990.7.—42页；32开.—小学课本.—ISBN 7-103-00609-1：0.44元

音乐：简谱　第八册/人民音乐出版社音乐教育编辑室主编.—北京：人民音乐出版社，1990.11.—62页；32开.—小学课本.—ISBN 7-103-00713-6：0.53元

音乐：简谱　第九册/人民音乐出版社音乐教育编辑室主编.—北京：人民音乐出版社，1990.7.—42页；32开.—小学课本.—ISBN 7-103-00610-5：0.44元

音乐：简谱　第十册/人民音乐出版社音乐教育编辑室主编.—北京：人民音乐出版社，1990.11.—61页；32开.—小学课本.—ISBN 7-103-00714-4：0.53元

音乐：简谱　第十一册/人民音乐出版社音乐教育编辑室主编.—北京：人民音乐出版社，1990.7.—42页；32开.—小学课本.—ISBN 7-103-00611-3：

0.44元

音乐：简谱　第十二册/人民音乐出版社音乐教育编辑室主编.—北京：人民音乐出版社，1990.11.61页；32开.—小学课本.—ISBN 7-103-00715-2：0.53元

音乐：五线谱　第二册/人民教育出版社音乐组编著.—北京：人民教育出版社，1990.9.—40页；16开.义务教育五年制、六年制小学教科书：试用本.—ISBN 7-107-00813-7：1.25元

音乐：简谱　第二册/人民教育出版社音乐组编著.北京：人民教育出版社，1990.9.—36页；16开.—义务教育五年制、六年制小学教科书：试用本.—ISBN 7-107-00812-9：1.15元

音乐：六年制小学　第一册：五线谱版.—广州：广东教育出版社，1990.7.—46页；16开.—九年制义务教育试验教材：沿海版.—ISBN 7-5406-1217-7：2.70元

音乐：六年制小学　第一册：简谱版.—广州：广东教育出版社，1990.7.—46页；16开.—九年制义务教育试验教材：沿海版.—ISBN 7-5406-1276-2：2.70元

美术　第二册/人民教育出版社美术室编著.—北京：人民教育出版社，1990.10.—48页；16开.—义务教育五年制、六年制小学教科书：试用本.—ISBN 7-107-00955-9：2.20元

美术　第五册/钟维国，张文祺主编.—广州：岭南美术出版社，1990.4.—32页；16开.—九年制义务教育全日制小学试用课本.—ISBN 7-5362-0518-X：2.50元

美术　第六册：岭南版/中国教育学会美术教育研究会，广东教育学会美术书法教育研究会编.—广州：岭南美术出版社，1990.10.—32页；16开.—九年制义务教育全日制小学试用课本.—ISBN 7-5362-0609-7：2.50元

美术　第七册/钟维国，张文祺主编.—广州：岭南美术出版社，1990.4.—32页；16开.—九年制义务教育全日制小学试用课本.—ISBN 7-5362-0515-5：2.50元

美术　第八册：岭南版/中国教育学会美术教育研究会，广东教育学会美术书法教育研究会编.—广州：岭南美术出版社，1990.10.—32页；16开.—九年制义务教育全日制小学试用课本.—ISBN 7-5362-0617-8：2.50元

美术　第九册：岭南版/中国教育学会美术研究会，广东教育学会美术书法教育研究会编.—广州：岭南美术出版社，1990.4.—32页；16开.—九年制义务教育全日制小学试用课本.—ISBN 7-5362-0519-8：2.50元

美术　第十册：岭南版/中国教育学会美术教育研究会，广东教育学会美术书法教育研究会编.—广州：岭南美术出版社，1990.10.—32页；16开.—九年制义务教育全日制小学试用课本.—ISBN 7-5362-0624-0：2.50元

美术　第十一册：岭南版/中国教育学会美术教育研究室，广东教育学会美术书法教育研究会编.—广州：岭南美术出版社，1990.4.—32页；16开.—九年制义务教育全日制小学试用课本.—ISBN 7-5362-0520-1：2.50元

美术　第十二册：岭南版/中国教育学会美术教育研究会，广东教育学会美术书法教育研究会编.—广州：岭南美术出版社，1990.10.—32页；16开.—九年制义务教育全日制小学试用课本.—ISBN 7-5362-0625-9：2.50元

美术　第九册/内蒙古教育出版社美编室编.—呼和浩特：内蒙古教育出版社，1990.4.—32页；24开.内蒙古自治区小学试用课本.—ISBN 7-5311-1086-5：0.73元

美术　第十一册/内蒙古教育出版社美编室编.—呼和浩特：内蒙古教育出版社，1990.4.—32页；24开.内蒙古自治区小学试用课本.—ISBN 7-5311-1087-3：0.73元

美术　第十二册/内蒙古教育出版社美编室编.—呼和浩特：内蒙古教育出版社，1990.10.—32页；24开.内蒙古自治区小学试用课本.—ISBN 7-5311-1217-5：0.67元

美术　第一册/沈阳市教育委员会美术实验教材编委会编.—沈阳：辽宁美术出版社，1990.7.—64页；16开.—沈阳市九年制义务教育全日制美术实验教材.ISBN 7-5314-0449-4：2.15元

美术　第二册/沈阳市教育委员会美术实验教材编委会编.—沈阳：辽宁美术出版社，1990.7.—64页；16开.—沈阳市九年制义务教育全日制美术实验教材.ISBN 7-5314-0456-7：1.60元

美术　第三册/沈阳市教育委员会美术实验教材编委会编.—沈阳：辽宁美术出版社，1990.7.—64页；16开.—沈阳市九年制义务教育全日制美术实验教材.ISBN 7-5314-0451-6：3.15元

美术　第四册/沈阳市教育委员会美术实验教材编委会编.—沈阳：辽宁美术出版社，1990.7.—80页；16开.—沈阳市九年制义务教育全日制美术实验教材.—ISBN 7-5314-0450-8：3.00元

美术　第五册/沈阳市教育委员会美术实验教材编委会编.—沈阳：辽宁美术出版社，1990.7.—80页；16开.—沈阳市九年制义务教育全日制美术实验教材.ISBN 7-5314-0457-5：2.00元

美术　第六册/沈阳市教育委员会美术实验教材编

委会编.—沈阳：辽宁美术出版社，1990.7.—80页；16开.—沈阳市九年制义务教育全日制美术实验教材.ISBN 7-5314-0455-9：3.15元

美术　第七册/沈阳市教育委员会美术实验教材编委会编.—沈阳：辽宁美术出版社，1990.6.—64页；16开.—沈阳市九年制义务教育全日制美术实验教材.ISBN 7-5314-0452-4：2.85元

美术　第八册/沈阳市教育委员会美术实验教材编委会编.—沈阳：辽宁美术出版社，1990.6.—64页；16开.—沈阳市九年制义务教育全日制美术实验教材.ISBN 7-5314-0454-0：2.95元

美术　第九册/沈阳市教育委员会美术实验教材编委会编.—沈阳：辽宁美术出版社，1990.6.—64页；16开.—沈阳市九年制义务教育全日制美术实验教材.ISBN 7-5314-0453-2：3.90元

美术：小学　第一册/周济民主编.—长春：吉林大学出版社，1990.4.—64页；24开.—一年级使用.ISBN 7-5601-0465-7：2.20元

美术：小学　第二册/周济民主编.—长春：吉林大学出版社，1990.4.—64页；24开.—二年级使用.ISBN 7-5601-0466-5：2.20元

美术：小学　第三册/周济民主编.—长春：吉林大学出版社，1990.4.—64页；24开.—三年级使用.ISBN7-5601-0467-3：2.20元

美术：小学　第四册/周济民主编.—长春：吉林大学出版社，1990.4.—64页；24开.—四年级使用.ISBN 7-5601-0468-1：2.20元

美术：小学　第五册/周济民主编.—长春：吉林大学出版社，1990.4.—36页；24开.—五年级使用.ISBN 7-5601-0469-X：1.35元

美术：小学　第六册/周济民主编.—长春：吉林大学出版社，1990.4.—36页；24开.—六年级使用.ISBN 7-5601-0470-3：1.35元

美术　第二册.—哈尔滨：黑龙江教育出版社：黑龙江美术出版社，1990.6.—32页；16开.—五年制小学实验课本.—ISBN 7-5316-1077-9：1.18元

美术训练　第一册/龚嗣炎等编.—南昌：江西美术出版社，1990.7.—32页；16开.—ISBN 7-80580-016-2：1.75元

美术训练　第三册/龚嗣炎等编.—南昌：江西美术出版社，1990.7.—32页；16开.—ISBN 7-80580-017-0：1.75元

美术训练　第五册/龚嗣炎等编.—南昌：江西美术出版社，1990.7.—32页；16开.—ISBN 7-80580-018-9：1.75元

美术训练　第七册/龚嗣炎等编.—南昌：江西美术出版社，1990.7.—32页；16开.—ISBN 7-80580-019-7：1.75元

美术训练　第九册/龚嗣炎等编.—南昌：江西美术出版社，1990.7.—32页；16开.—ISBN 7-80580-020-0：1.75元

儿童古诗习字帖/张福纬书写.—北京：农村读物出版社，1990.11.—1册；32开.—ISBN 7-5048-0783-4：1.30元

大楷习字本：毛笔字五年级上册/温同春书写.—沈阳：辽宁美术出版社，1990.2.—1册；16开.—六年制小学语文课本：试用本.—ISBN 7-5314-0122-3：0.67元

大楷习字本：毛笔字上册.—沈阳：辽宁美术出版社，1990.4.—1册；16开.—六年制小学语文课本：试用本.—ISBN 7-5314-0311-0：0.67元

小学生习字帖　第一册/一白编.—南京：江苏教育出版社，1990.7.—22页；24开.—ISBN 7-5343-1069-5：1.95元

小学生习字帖　第二册/一白编.—南京：江苏教育出版社，1990.7.—22页；24开.—ISBN 7-5343-1070-9：1.95元

小学生习字帖　第三册/一白编.—南京：江苏教育出版社，1990.7.—22页；24开.—ISBN 7-5343-1071-7：1.95元

小学生习字帖　第四册/一白编.—南京：江苏教育出版社，1990.7.—22页；24开.—ISBN 7-5343-1072-5：1.95元

小学生习字帖　第五册/辛尘编.—南京：江苏教育出版社，1990.7.—22页；24开.—ISBN7-5343-1073-3：1.95元

小学生习字帖　第六册/辛尘编.—南京：江苏教育出版社，1990.7.—22页；24开.—ISBN 7-5343-1074-1：1.95元

小学生习字帖　第七册/辛尘编.—南京：江苏教育出版社，1990.7.—22页；24开.—ISBN 7-5343-1075-X：1.95元

小学生字生词书法练习册　第一册/郭一夫编；张千书.—西安：陕西人民美术出版社，1990.6.—42页；32开.—0.55元

小学生字生词书法练习册　第三册/郭一夫编；张千书.—西安：陕西人民美术出版社，1990.6.—91页；32开.—1.05元

小学生字生词书法练习册　第五册/郭一夫编；张千书.—西安：陕西人民美术出版社，1990.6.—73页；32开.—0.90元

小学生字生词书法练习册　第七册/郭一夫编；张千书.—西安：陕西人民美术出版社，1990.6.—48页；32开.—0.65元

小学生字生词书法练习册　第九册/郭一夫编；张

千书.—西安：陕西人民美术出版社，1990.6.—43页；32开.—0.60元

小学生字生词书法练习册　第十一册/郭一夫编；张千书.—西安：陕西人民美术出版社，1990.6.40页；32开.—0.55元

小学生学写字：歌谣配画/聪聪编文；李午申画.石家庄：河北美术出版社，1990.3.—1册；40开.ISBN 7-5310-0270-1：0.70元

小学生铅笔字练习/北京景山学校编；赵家熹书写.—北京：原子能出版社，1990.5.—48页；32开.ISBN 7-5022-0288-8：0.65元

小学生寒暑假硬笔书法训练：一年级/肖承运，樊邦兴主编.—石家庄：河北少年儿童出版社，1990.2.37页；16开.—ISBN 7-5376-0493-2：1.20元

小学生寒暑假硬笔书法训练：二年级/肖承运，樊邦兴主编.—石家庄：河北少年儿童出版社，1990.2.—54页；16开.—ISBN 7-5376-0494-0：1.55元

小学生寒暑假硬笔书法训练：三年级/肖承运，樊邦兴主编.—石家庄：河北少年儿童出版社，1990.2.—38页；16开.—ISBN 7-5376-0495-9：1.20元

小学生寒暑假硬笔书法训练：四年级/肖承运，樊邦兴主编.—石家庄：河北少年儿童出版社，1990.2.25页；16开.—ISBN 7-5376-0496-7：0.95元

小学生寒暑假硬笔书法训练：五年级/肖承运，樊邦兴主编.—石家庄：河北少年儿童出版社，1990.2.—18页；16开.—ISBN 7-5376-0497-5：0.78元

小学生寒暑假硬笔书法训练：六年级/肖承运，樊邦兴主编.—石家庄：河北少年儿童出版社，1990.2.—14页；16开.—ISBN 7-5376-0498-3：0.69元

小学语文生字钢笔字帖：一年级/李石文，丰华写.天津：新蕾出版社，1990.9.—60页；32开.—(中小学生钢笔字帖).—ISBN 7-5307-0687-X：0.96元

小学语文生字钢笔字帖：二年级/李石文，丰华写.天津：新蕾出版社，1990.9.—76页；32开.—(中小学生钢笔字帖).—ISBN 7-5307-0688-8：1.15元

小学语文生字钢笔字帖：四年级/李石文，丰华写.天津：新蕾出版社，1990.9.—30页；32开.—(中小学生钢笔字帖).—ISBN 7-5307-0690-X：0.54元

小学语文生字钢笔字帖：五年级/李石文，丰华写.天津：新蕾出版社，1990.9.—28页；32开.—(中小学生钢笔字帖).—ISBN 7-5307-0691-8：0.54元

小学语文生字钢笔字帖：六年级/李石文，丰华写.天津：新蕾出版社，1990.9.—28页；32开.—(中小学生钢笔字帖).—ISBN 7-5307-0692-6：0.54元

小学语文生字描红字帖　第一册/廖蕴玉书.—南宁：广西教育出版社，1990.9.—28页；32开.—ISBN 7-5435-1020-0：0.58元

小学语文生字描红字帖　第三册/廖蕴玉书.—南宁：广西教育出版社，1990.9.—40页；32开.—ISBN 7-5435-1021-9：0.76元

小学语文生字描红字帖　第四册/廖蕴玉编.—南宁：广西教育出版社，1990.3.—36页；32开.—ISBN 7-5435-0796-X：0.70元

小学语文生字描红字帖　第六册/廖蕴玉编.—南宁：广西教育出版社，1990.3.—32页；32开.—ISBN 7-5435-0797-8：0.65元

小学铅笔字练习本　第二册/北京景山学校编；赵家熹书写.—北京：原子能出版社，1990.1.—48页；32开.—ISBN 7-5022-0258-7：0.65元

小学铅笔字练习本　第三册/北京景山学校编；赵家熹书写.—北京：人民教育出版社，1990.8.—48页；32开.—ISBN 7-107-00985-0：0.80元

六年制小学语文古诗习字帖　第一册/陈登科书写；聂昌慧编文.—武汉：湖北美术出版社，1990.5.—30页；32开.—ISBN 7-5394-0199-0：0.52元

六年制小学语文古诗习字帖　第三册/陈登科书写；聂昌慧编文.—武汉：湖北美术出版社，1990.5.—30页；32开.—ISBN 7-5394-0200-8：0.52元

六年制小学语文古诗习字帖　第五册/陈训金书写；聂昌慧编文.—武汉：湖北美术出版社，1990.5.—30页；32开.—ISBN 7-5394-0201-6：0.52元

六年制小学语文古诗习字帖　第七册/陈训金，陈登科书写；聂昌慧编文.—武汉：湖北美术出版社，1990.5.—30页；32开.—ISBN 7-5394-0202-4：0.52元

六年制小学语文古诗习字帖　第九册/陈登科书写；聂昌慧编文.—武汉：湖北美术出版社，1990.5.—30页；32开.—ISBN 7-5394-0203-2：0.52元

六年制小学语文古诗习字帖　第十一册/陈训金，陈登科书写；聂昌慧编文.—武汉：湖北美术出版社，1990.5.—30页；32开.—ISBN 7-5394-0204-0：0.52元

书法练习本　(6)/晓庄编；张诚书写.—昆明：云南人民出版社，1990.4.—1册；16开.—(自学书法辅导丛书).—ISBN 7-222-00782-2：1.00元

写字　第一册.—沈阳：辽宁美术出版社，1990.3.—54页；32开.—全日制六年制小学语文课本.ISBN 7-5311-0330-7：0.52元

写字　第二册/邓裕连书写.—3版.—沈阳：辽宁美术出版社，1990.10.—56页；32开.—全日制六年制小学语文课本.—ISBN 7-5314-0470-2：0.52元

写字　第三册/黄鹤书写.—沈阳：辽宁美术出版社，1990 5.—42页；32开.—全日制六年制小学语文课本.—ISBN 7-5314-0447-8：0.43元

写字：钢笔字楷书　上册/黄贺书写.—2版.—沈阳：辽宁美术出版社，1990.3.—32页；32开.—六年制小

学课本：试用本.—ISBN 7-5314-0403-5：0.33元

初学毛笔字/张幼坤编著.—上海：学林出版社，1990.3.—112页；32开.—ISBN 7-80510-408-5：1.10元

学生书法范本　第一册：描红/钟维国编.—修正本.—广州：岭南美术出版社，1990.6.—32页；16开.—ISBN 7-5362-0536-8：1.30元

学生书法范本　第二册：临摹/钟维国编.—修正本.—广州：岭南美术出版社，1990.6.—32页；16开.—ISBN 7-5362-0537-6：1.30元

学生书法范本　第三册：临摹/钟维国编.—修正本.—广州：岭南美术出版社，1990.6.—32页；16开.—ISBN 7-5362-0538-4：1.30元

学生书法范本　第四册：临摹/钟维国编.—修正本.—广州：岭南美术出版社，1990.6.—32页；16开.—ISBN 7-5362-0539-2：1.30元

学生书法范本　第五册：自运/钟维国编.—修正本.—广州：岭南美术出版社，1990.6.—32页；16开.—ISBN 7-5362-0540-6：1.30元

学生书法范本　第六册：临摹/钟维国编.—修正本.—广州：岭南美术出版社，1990.6.—32页；16开.—ISBN 7-5362-0541-4：1.30元

春之园：柳州铁路第五小学学生书画选/江涛编.南宁：接力出版社，1990.8.—1册；12开.—ISBN 7-80581-108-3（精装）：3.90元

G624.8　体育、游戏

体育：一年级上学期/江西省教育学院体育系编.南昌：江西教育出版社，1990.7.—62页；32开.江西省小学课本：试用.—ISBN 7-5372-0727-2：0.50元

体育：三年级上学期/江西教育学院体育系编.南昌：江西教育出版社，1990.7.—73页；32开.—江西省小学课本：试用.—ISBN 7-5392-888-4：0.58元

体育：四年级上学期/江西省教育学院体育系编.南昌：江西教育出版社，1990.7.—69页；32开.—江西省小学课本：试用.—ISBN 7-5392-0887-2：0.56元

体育：五年级上学期/江西教育学院体育系编.—南昌：江西教育出版社，1990.7.—71页；32开.—江西省小学课本：试用.—ISBN 7-5392-0888-0：0.58元

体育　第一册/沈阳市小学体育教材编写组编.—沈阳：辽宁少年儿童出版社，1990.7.—1册；32开.沈阳市小学课本：试用.—ISBN 7-5315-0792-7：0.60元

体育　第五册/沈阳市小学体育教材编写组编.—沈阳：辽宁少年儿童出版社，1990.7.—66页；32开.沈阳市小学课本：试用.—ISBN 7-5315-0800-1：0.70元

体育　第七册/沈阳市小学体育教材编写组编.—沈阳：辽宁少年儿童出版社，1990.7.—58页；32开.沈阳市小学课本：试用.—ISBN 7-5315-0799-4：0.65元

体育　第十一册/沈阳市小学体育教材编写组编.沈阳：辽宁少年儿童出版社，1990.7.—66页；32开.—沈阳市小学课本：试用.—ISBN 7-5315-0797-5：0.70元

体育　第一册/张岑等编写.—石家庄：河北教育出版社，1990.6.—45页；32开.—河北省小学课本：试用本.—ISBN 7-5434-0799-X：0.33元

体育　第三册/张岑等编写.—石家庄：河北教育出版社，1990.6.—56页；32开.—河北省小学课本：试用本.—ISBN 7-5434-0800-7：0.36元

体育　第五册/张岑等编写.—石家庄：河北教育出版社，1990.6.—67页；32开.—河北省小学课本：试用本.—ISBN 7-5434-0801-5：0.43元

体育　第七册/张岑等编写.—石家庄：河北教育出版社，1990.6.—64页；32开.—河北省小学课本：试用本.—ISBN 7-5434-0802-3：0.40元

体育　第九册/张岑等编写.—石家庄：河北教育出版社，1990.6.—57页；32开.—河北省小学课本：试用本.—ISBN 7-5434-0803-1：0.40元

体育　第十一册/张岑等编写.—石家庄：河北教育出版社，1990.6.—57页；32开.—河北省小学课本：试用本.—ISBN 7-5434-0804-X：0.40元

健康游艺集/刘飞茂主编.—北京：职工教育出版社，1990.6.—125页：图；32开.—（小学生启蒙丛书；第7册/刘飞茂主编）.—ISBN 7-80059-304-5：2.00元

G624.9　劳　动

小学手工劳动材料：一年级　（下）/上海市中小学教材编写组编.—2版.—上海：上海科技教育出版社，1990.10.—1套；32开.—ISBN 7-5428-0403-5（袋装）：0.15元

小学手工劳动材料：二年级　（下）/上海市中小学教材编写组编.—2版.—上海：上海科技教育出版社，1990.10.—1套；16开.—ISBN 7-5428-0404-9（袋装）：0.50元

小学手工劳动材料：三年级　（下）/上海市中小学教材编写组编.—2版.—上海：上海科技教育出版社，1990.10.—1套；16开.—ISBN 7-5428-0405-7（袋装）：0.85元

小学手工劳动材料：四年级　（下）/上海市中小学教材编写组编.—2版.—上海：上海科技教育出版

社，1990.10.—1套；16开.—ISBN 7-5428-0406-7（袋装）：1.15元

小学手工劳动材料：五年级（下）/上海市中小学教材编写组编.—2版.—上海：上海科技教育出版社，1990.10.—1套；16开.—ISBN 7-5428-0407-3（袋装）：1.50元

小学手工劳动材料：六年级（下）/上海市中小学教材编写组编.—2版.—上海：上海科技教育出版社，1990.10.—1套；16开.—ISBN 7-5428-0408-1（袋装）：0.94元

小学手工劳动教材（3）/陕西省教育科学研究所编.—西安：陕西人民教育出版社，〔1990〕.—1套；16开.—二年级用.—ISBN 7-5419-0344-2（袋装）：0.80元

小学手工劳动教材（9）/陕西省教育科学研究所编.—西安：陕西人民教育出版社，〔1990？〕.—1套；16开.—五年级用.—ISBN 7-5419-0347-7（袋装）：1.00元

小学手工劳动教材（11）/陕西省教育科学研究所编.—西安：陕西人民教育出版社，〔1990〕.—10张；16开.—ISBN 7-5419-0348-5（袋装）：1.15元

小学生手工制作：立体动物玩具.—天津：天津人民美术出版社，1990.6.—1套；24开.—ISBN 7-5305-3292-8（袋装）：2.00元

小学生手工制作：有趣的纸玩具.—天津：天津人民美术出版社，1990.11.—1套；16开.—ISBN 7-5305-3302-9（袋装）：1.50元

小学生手工制作：科学玩具模型/张宝忠编绘.天津：天津人民美术出版社，1990.11.—1套；16开.—ISBN 7-5305-3298-7（袋装）：1.50元

手工劳动　第一册/湖南省小学手工劳动教材编写组编写.—长沙：湖南教育出版社，1990.5.—1套；16开.—湖南省小学试用课本.—ISBN 7-5355-1126-0（袋装）：0.92元

手工劳动　第二册/湖南省小学手工劳动教材编写组编.—长沙：湖南教育出版社，1990.10.—1套；16开.—湖南省小学试用课本.—ISBN 7-5355-1187-2（袋装）：1.00元

手工劳动　第三册/湖南省小学手工劳动教材编写组编.—长沙：湖南教育出版社，1990.5.—1套；16开.—湖南省小学试用课本.—ISBN 7-5355-1127-9（袋装）：0.92元

手工劳动　第四册/湖南省小学手工劳动教材编写组编.—长沙：湖南教育出版社，1990.10.—1套；16开.—湖南省小学试用课本.—ISBN 7-5355-1188-0（袋装）：0.86元

全日制小学劳动课教材：三年级/甘肃省教材编审室编.—兰州：甘肃少年儿童出版社，1990.3.—68页；32开.—ISBN 7-5422-0369-X：0.45元

全日制小学劳动课教材：四年级/甘肃省教材编审室编.—兰州：甘肃少年儿童出版社，1990.3.—67页；32开.—ISBN 7-5422-0370-3：0.45元

全日制小学劳动课教材：六年级/甘肃省教材编审室编.—兰州：甘肃少年儿童出版社，1990.3.—58页；32开.—ISBN 7-5422-0372-X：0.41元

江苏省小学劳动课本　第一册/江苏省教育委员会教研室编.—南京：江苏科学技术出版社，1990.3.48页；32开.—ISBN 7-5345-0881-9：0.93元

江苏省小学劳动课本　第二册/江苏省教育委员会教研室编.—南京：江苏科学技术出版社，1990.10.40页；32开.—ISBN 7-5345-1053-8：1.10元

江苏省小学劳动课本　第三册/江苏省教育委员会教研室编.—南京：江苏科学技术出版社，1990.3.47页；32开.—ISBN 7-5345-0880-0：0.93元

江苏省小学劳动课本　第四册/江苏省教育委员会教研室编.—南京：江苏科学技术出版社，1990.10.48页；32开.—ISBN 7-5345-1039-2：1.25元

江苏省小学劳动课本　第五册/江苏省教育委员会教研室编.—南京：江苏科学技术出版社，1990.3.59页；32开.—ISBN 7-5345-0885-X：1.02元

江苏省小学劳动课本　第六册/江苏省教育委员会教研室编.—南京：江苏科学技术出版社，1990.10.48页；32开.—ISBN 7-5345-1041-4：0.65元

江苏省小学劳动课本　第七册/江苏省教育委员会教研室编.—南京：江苏科学技术出版社，1990.3.50页；32开.—ISBN 7-5345-0878-9：0.56元

江苏省小学劳动课本　第八册/江苏省教育委员会教研室编.—南京：江苏科学技术出版社，1990.10.52页；32开.—ISBN 7-5345-1045-7：0.68元

江苏省小学劳动课本　第九册/江苏省教育委员会教研室编.—南京：江苏科学技术出版社，1990.3.56页；32开.—ISBN 7-5345-0890-8：0.62元

江苏省小学劳动课本　第十册/江苏省教育委员会教研室编.—南京：江苏科学技术出版社，1990.10.52页；32开.—ISBN 7-5345-1038-4：0.68元

江苏省小学劳动课本　第十一册/江苏省教育委员会教研室编.—南京：江苏科学技术出版社，1990.3.—60页，32开.—ISBN 7-5345-0888-6：0.62元

江苏省小学劳动课本　第十二册/江苏省教育委员会教研室编.—南京：江苏科学技术出版社，1990.10.—52页；32开.—ISBN 7-5345-1037-6：0.68元

劳动　第一册/山东省教学研究室编.—济南：山东科学技术出版社，1990.3.—32页；32开.—山东省小学课本.—ISBN 7-5331-0676-8：0.44元

劳动　第七册/山东省教学研究室编.—济南：山东科学技术出版社，1990.3.—46页；32开.—山东省小

学课本.—ISBN 7-5331-0669-5：0.43元

劳动 第十一册/山东省教学研究室编.—济南：山东科学技术出版社，1990.3.—94页；32开.—山东省小学课本.—ISBN 7-5331-0672-5：0.40元

劳动：三年级 上册/山西省教育委员会教学研究室编.—太原：山西科学教育出版社，1990.6.—36页；32开.—小学课本：试用.—ISBN 7-5377-0261-6：0.55元

劳动：三年级 下册/山西省教育委员会教学研究室编.—太原：山西科学教育出版社，1990.11.—38页；32开.—小学课本：试用.—ISBN 7-5377-0317-5：0.65元

劳动：四年级 下册/山西省教育委员会教学研究室编.—太原：山西科学教育出版社，1990.11.—37页；32开.—小学课本：试用.—ISBN 7-5377-0138-3：0.65元

劳动：五年级 上册/山西省教育委员会教学研究室编.—太原：山西科学教育出版社，1990.7.—46页；32开.—小学课本：试用.—ISBN 7-5377-0263-2：0.70元

劳动：五年级 下册/山西省教育委员会教学研究室编.—太原：山西科学教育出版社，1990.11.—42页；32开.—小学课本：试用.—ISBN 7-5377-0313-2：0.70元

劳动：六年级 上册/山西省教育委员会教学研究室编.—太原：山西科学教育出版社，1990.7.—46页；32开.—小学课本：试用.—ISBN 7-5377-0271-3：0.70元

劳动：六年级 下册/山西省教育委员会教学研究室编.—太原：山西科学教育出版社，1990.11.—42页；32开.—小学课本：试用.—ISBN 7-5377-0314-0：0.70元

劳动：三年级 上册/广西壮族自治区小学劳动课教材编写组编.—桂林：广西师范大学出版社，1990.4.—39页；32开.—广西壮族自治区小学试用课本.ISBN 7-5633-0813-X：0.37元

劳动：三年级 下册/广西壮族自治区小学劳动课教材编写组编.—桂林：广西师范大学出版社，1990.12.—42页；32开.—广西壮族自治区小学试用课本.ISBN 7-5633-0970-5：0.40元

劳动：四年级 上册/广西壮族自治区小学劳动课教材编写组编.—桂林：广西师范大学出版社，1990.4.—35页；32开.—广西壮族自治区小学试用课本.ISBN 7-5633-0814-8：0.35元

劳动：四年级 下册/广西壮族自治区小学劳动课教材编写组编.—桂林：广西师范大学出版社，1990.12.—46页；32开.—广西壮族自治区小学试用课本.ISBN 7-5633-0971-3：0.45元

劳动：五年级 上册/广西壮族自治区小学劳动课教材编写组编.—桂林：广西师范大学出版社，1990.4.—41页；32开.—广西壮族自治区小学试用课本.ISBN 7-5633-0815-6：0.40元

劳动：五年级 下册/广西壮族自治区小学劳动课教材编写组编.—桂林：广西师范大学出版社，1990.12.—35页；32开.—广西壮族自治区小学试用课本.ISBN 7-5633-0972-1：0.35元

劳动：六年级 上册/广西壮族自治区小学劳动课教材编写组编.—桂林：广西师范大学出版社，1990.4.—40页；32开.—广西壮族自治区小学试用课本.ISBN 7-5633-0816-4：0.37元

劳动：六年级 下册/广西壮族自治区小学劳动课教材编写组编.—桂林：广西师范大学出版社，1990.12.—40页；32开.—广西壮族自治区小学试用课本.ISBN 7-5633-0973-X：0.38元

劳动 第三册/天津市教育局农村教材编写组编.天津：天津教育出版社，1990.8.—31页；32开.—ISBN 7-5309-0980-0：0.23元

劳动 第四册/天津市教育局农村教材编写组编.天津：天津教育出版社，1990.8.—33页；32开.—ISBN 7-5309-0981-9：0.25元

劳动 第五册/天津市教育局农村教材编写组编.天津：天津教育出版社，1990.8.—43页；32开.—ISBN 7-5309-0982-7：0.29元

劳动 第六册/天津市教育局农村教材编写组编.天津：天津教育出版社，1990.8.—45页；32开.—ISBN 7-5309-0983-5：0.29元

劳动：五年级 上册/天津市小学劳动课教材编写组编.—3版.—天津：天津教育出版社，1990.6.—24页；32开.—全日制六年制小学课本：试用.—ISBN 7-5309-0565-1：0.21元

本书1988年8月第1版。

劳动：一年级：上学期/江西省教科所教育理论研究室编.—南昌：江西教育出版社，1990.7.—16页；32开.—江西省小学课本.—ISBN 7-5392-0890-2：0.25元

劳动：一年级：下学期/江西省教科所教育理论研究室编.—南昌：江西教育出版社，1990.12.—16页；32开.—江西省小学课本.—ISBN 7-5392-0942-9：0.25元

劳动：二年级：上学期/江西省教科所教育理论研究室编.—南昌：江西省教育出版社，1990.7.—18页；32开.—江西省小学课本.—ISBN 7-5392-0891-0：0.32元

劳动：二年级：下学期/江西省教科所教育理论研究室编.—南昌：江西教育出版社，1990.12.—17页；32开.—江西省小学课本.—ISBN 7-5392-0943-7：0.28元

劳动：三年级：上学期/罗来栋等主编.—南昌：江

西教育出版社，1990.7.—27页；32开.—江西省小学课本.—ISBN 7-5329-0892-9：0.30元

劳动：三年级：下学期/江西省教科所教育理论研究室编.—南昌：江西教育出版社，1990.12.—30页；32开.—江西省小学课本.—ISBN 7-5392-944-5：0.30元

劳动：四年级：上学期/罗来栋主编.—南昌：江西教育出版社，1990.7.—24页；32开.—江西省小学课本.—ISBN 7-5392-0893-7：0.25元

劳动：四年级：下学期/江西省教科所教育理论研究室编.—南昌：江西教育出版社，1990.12.—38页；32开.—江西省小学课本.—ISBN 7-5392-0945-5：0.35元

劳动：五年级：上学期/江西省教科所教育理论研究室编.—南昌：江西教育出版社，1990.7.—46页；32开.—江西省小学课本.—ISBN 7-5392-6894-5：0.41元

劳动：三年级　上册/武汉市小学劳动教材编写组编.—武汉：武汉出版社，1990.6.—68页；32开.武汉市六年制小学试用课本.—ISBN 7-5430-0326-0：0.70元

劳动：四年级　上册/武汉市小学劳动教材编写组编.—武汉：武汉出版社，1990.6.—62页；32开.武汉市六年制小学试用课本.—ISBN 7-5430-0327-9：0.60元

劳动：五年级　上册/武汉市小学劳动教材编写组编.—武汉：武汉出版社，1990.6.—50页；32开.武汉市六年制小学试用课本.—ISBN 7-5430-0328-7：0.50元

劳动：六年级　上册/武汉市小学劳动教材编写组编.—武汉：武汉出版社，1990.6.—55页；32开.武汉市六年制小学试用课本.—ISBN 7-5430-0329-5：0.58元

劳动：农村本：三年级　下册.—石家庄：河北少年儿童出版社，1990.1.—57页；32开.—河北省小学试用课本.—ISBN 7-5376-0483-5：0.65元

劳动：农村本：四年级　下册.—石家庄：河北少年儿童出版社，1990.1.—63页；32开.—河北省小学试用课本.—ISBN 7-5376-0484-3：0.71元

劳动：农村本：五年级　下册.—石家庄：河北少年儿童出版社，1990.1.—60页；32开.—河北省小学试用课本.—ISBN 7-5376-0485-1：0.71元

劳动：城市本：四年级　下册.—石家庄：河北少年儿童出版社，1990.1.—50页；32开.—河北省小学试用课本.—ISBN 7-5376-0488-6：0.60元

劳动：城市本：五年级　下册.—石家庄：河北少年儿童出版社，1990.1.—62页；32开.—河北省小学试用课本.—ISBN 7-5376-0489-4：0.68元

劳动　第二册/陕西省小学劳动课本编写组编.—西安：未来出版社，1990.11.—40页；32开.—全日制小学试用课本.—ISBN 7-5417-0297-7：0.52元

劳动：三年级/贵州省教育科学研究所编.—贵阳：贵州人民出版社，1990.5.—47页；32开.—贵州省六年制小学试用课本.—ISBN 7-221-01786-7：0.39元

劳动：四年级/贵州省教委教育科学研究所编.—贵阳：贵州人民出版社，1990.6.—55页；32开.—贵州省六年制小学试用课本.—ISBN 7-221-01787-5：0.46元

劳动：五年级/贵州省教委教育科学研究所编.—贵阳：贵州人民出版社，1990.6.—56页；32开.—贵州省六年制小学试用课本.—ISBN 7-221-01788-2：0.46元

劳动：六年级/贵州省教委教育科学研究所编.—贵阳：贵州人民出版社，1990.6.—50页；32开.—贵州省六年制小学试用课本.—ISBN 7-221-01789-1：0.42元

劳动：三年级　上册/新疆小学《劳动》教材编写组编.—乌鲁木齐：新疆教育出版社，1990.6.—38页；32开.—六年制小学课本.—ISBN 7-5370-1205-2：0.48元

劳动：三年级　下册/新疆小学《劳动》教材编写组编.—乌鲁木齐：新疆教育出版社，1990.11.—51页；32开.—六年制小学课本.—ISBN 7-5370-1335-3：0.71元

劳动：四年级　上册/新疆小学《劳动》教材编写组编.—乌鲁木齐：新疆教育出版社，1990.6.—38页；32开.—六年制小学课本.—ISBN 7-5370-1206-4：0.50元

劳动：四年级　下册/新疆小学《劳动》教材编写组编.—乌鲁木齐：新疆教育出版社，1990.10.—45页；32开.—六年制小学课本.—ISBN 7-5370-1336-5：0.62元

劳动：五年级　上册/新疆小学《劳动》教材编写组编.—乌鲁木齐：新疆教育出版社，1990.6.—45页；32开.—六年制小学课本.—ISBN 7-5370-1197-7：0.62元

劳动：试用本　第一册/福建省普通教育教学研究室编.—福州：福建教育出版社，1990.6.—55页；32开.—福建省小学乡土教材.—ISBN 7-5334-0728-8：0.44元

劳动：试用本　第二册/福建省普通教育教学研究室编.—福州：福建教育出版社，1990.6.—64页；32开.—福建省小学乡土教材.—ISBN 7-5334-0730-X：0.51元

劳动：试用本　第三册/福建省普通教育教学研究室编.—福州：福建教育出版社，1990.6.—68页；32

开.—福建省小学乡土教材.—ISBN 7-5334-0731-8：0.48元

劳动：试用本　第四册/福建省普通教育教学研究室编.—福州：福建教育出版社，1990.6.—53页；32开.—福建省小学乡土教材.—ISBN 7-5334-0729-6：0.42元

我们爱劳动：一年级　上册/广西壮族自治区小学劳动课教材编写组编.—桂林：广西师范大学出版社，1990.4.—29页；32开.—广西壮族自治区小学试用课本.—ISBN 7-5633-0811-3：0.32元

我们爱劳动：一年级　下册/广西壮族自治区小学劳动课教材编写组编.—桂林：广西师范大学出版社，1990.12.—32页；32开.—广西壮族自治区小学试用课本.—ISBN 7-5633-0968-3：0.32元

我们爱劳动：二年级　上册/广西壮族自治区小学劳动课教材编写组编.—桂林：广西师范大学出版社，1990.4.—32页；32开.—广西壮族自治区小学试用课本.—ISBN 7-5633-0812-1：0.32元

我们爱劳动：二年级　下册/广西壮族自治区小学劳动课教材编写组编.—桂林：广西师范大学出版社，1990.12.—35页；32开.—广西壮族自治区小学试用课本.—ISBN 7-5633-0969-1：0.35元

G625　教师和学生

G625.1　教师、班主任

小学班主任工作/张玉仁著.—成都：四川教育出版社，1990.8.—210页；32开.—（金钥匙丛书）.ISBN 7-5408-1309-1：2.26元

小学班主任工作方法和技巧/（日）杉山正一著；耿申编译.—北京：职工教育出版社，1990.6.—160页；32开.—ISBN 7-80059-318-5：2.90元

小学教师实用手册/石建光等主编.—南宁：广西民族出版社，1990.6.—235页；32开.—ISBN 7-5363-0838-8：3.50元

江苏省小学教师进修经验文集（二）/江苏省教委师范教育处编.—南京：南京出版社，1990.4.—172页；32开.—ISBN 7-80560-183-6：2.55元

G625.5　学　生

小学生一日常规/毛嘉鸽编，金城画；张秋生诗.上海：上海教育出版社，1990.12.—2页；64开.ISBN 7-5320-2126-2：0.70元

小学生日常行为规范/玉林地区教育局，钦州地区教育局教研室编写.—南宁：接力出版社，1990.6.44页；32开.—ISBN 7-80581-038-5：0.90元

小学生日常行为规范手册：试用本/贵州省《小学生日常行为规范手册》编写组编.—贵阳：贵州教育出版社，1990.6.—62页；64开.—ISBN 7-80503-050-9：0.75元

《小学生日常行为规范》导读/沈家祺，郭涵业主编.—上海：学林出版社，1990.9.—84页；32开.—ISBN 7-80510-574-X：1.20元

小学生日常行为规范图解/陈少娟等编写；朱正刚等绘画.—上海：上海教育出版社，1990.10.—94页；32开.—ISBN 7-5320-2232-3：1.60元

小学生日常行为规范故事选/《浙江教育报》编辑部编.—杭州：浙江教育出版社，1990.4.—96页；32开.—ISBN 7-5333-0670-0：0.65元

小学生行为规范/姜国钧等编；冯椒生等绘.—长沙：湖南美术出版社，1990.7.—4册；32开.—（小学德育连环画丛书）.—ISBN 7-5356-0397-1：3.60元

小学生交通安全须知/陈维君，陈少娟编；孙平，孙绍波画.—上海：上海教育出版社，1990.6.—28页；32开.—ISBN 7-5320-1984-5：0.60元

小学生学习生活300问/太原师范学校编.—西安：陕西人民出版社，1990.1.—245页；32开.—ISBN 7-224-01080-4：2.75元

"小学生班级书架"丛书/中国少年报社编.—郑州：河南教育出版社，1990.7.—50册；32开.—ISBN 7-5347-0851-6：85.00元

小学生课外活动资料：二年级　上册/辽宁省教育委员会初教处，辽宁教育杂志社编.—沈阳：辽宁少年儿童出版社，1990.7.—49页；32开.—ISBN 7-5315-0111-2：0.60元

小学生课外活动资料：三年级　上册/辽宁省教育委员会初教处，辽宁教育杂志社编.—沈阳：辽宁少年儿童出版社，1990.7.—65页；32开.—ISBN 7-5315-0112-0：0.60元

小学生课外活动资料：五年级　上册/辽宁省教育委员会初教处，辽宁教育杂志社编.—沈阳：辽宁少年儿童出版社，1990.6.—74页；32开.—ISBN 7-5315-0114-7：0.60元

小学毕业生暑假生活/湖南省教育科学研究所主编.—长沙：湖南少年儿童出版社，1990.4.—96页；32开.—ISBN 7-5358-0534-5：0.73元

中小学生交通安全常识/《中小学生交通安全常识》编写组编.—郑州：河南教育出版社，1990.3.56页；32开.—ISBN 7-5347-0817-6：1.00元

中国好少年/中国少年报社编.—郑州：河南教育出版社，1990.7.—122页：图；32开.—（小学生班级书架丛书；14）.—ISBN 7-5347-0851-6

在童心世界里创造/侯绪国，马文铎主编.—长春：吉林人民出版社，1990.8.—191页：照片；32开.—ISBN 7-206-00849-6：4.00元

向赖宁哥哥学习/中国少年报社编.—郑州：河南教育出版社，1990.7.—116页：照片；32开.—（小学生班级书架丛书；5）.—ISBN 7-5347-0851-6

农村中小学德育活动集锦/伦荣，吴殿泰主编.—北京：北京少年儿童出版社，1990.5.—158页；32开.ISBN 7-5301-0234-6：2.00元

两个伙伴：曲艺作品选/中国少年报社编.—郑州：河南教育出版社，1990.7.—146页：图；32开.（小学生班级书架丛书；34）.—ISBN 7-5347-0851-6

学习上的小能人/中国少年报社编.—郑州：河南教育出版社，1990.7.—114页：图；32开.—（小学生班级书架丛书；22）.—ISBN 7-5347-0851-6

学生必备/云耀林，张帆主编.—桂林：广西师范大学出版社，1990.1.—137页；32开.—（学生、家长、教师实用知识丛书）.—ISBN 7-5633-0647-1：1.40元

美从这里起步/赵立辉主编.—济南：济南出版社，1990.9.—122页；32开.—ISBN 7 80572-303-7：1.40元

本书用故事的形式，把《小学生日常行为规范》逐条分解。

格言和名句/中国少年报社编.—郑州：河南教育出版社，1990.7.—116页；32开.—（小学生班级书架丛书；20）.—ISBN 7-5347-0851-6

智力绘画/中国少年报社编.—郑州：河南教育出版社，1990.7.—102页：图；32开.—（小学生班级书架丛书；46）.—ISBN 7-5347-0851-6

新生必读/赵泽生著.—北京：知识出版社，1990.5.—136页；32开.—（金色童年书库/马光复主编）.—ISBN 7-5015-0416-4：1.60元

愿你健康成长/中国少年报社编.—郑州：河南教育出版社，1990.7.—130页：图；32开.—（小学生班级书架丛书；47）.—ISBN 7-5347-0851-6

踏着雷锋的足迹：雷锋小学学雷锋活动纪实/赵兴盛等编.—长春：吉林教育出版社，1990.9.—207页；32开.—ISBN 7-5383-1102-5：3.20元

附：小学生寒暑假作业

小学生寒假生活：六年制一年级/河北省教育科学研究所编.—3版.—石家庄：河北教育出版社，1990.10.—32页；16开.—ISBN 7-5434-0339-0：0.62元

小学生寒假生活：六年制二年级/河北省教育科学研究所编.—3版.—石家庄：河北教育出版社，1990.10.—32页；16开.—ISBN 7-5434-0340-4：0.62元

小学生寒假生活：五年制四年级/河北省教育科学研究所编.—3版.—石家庄：河北教育出版社，1990.10.—48页；16开.—ISBN 7-5434-0348-X：0.85元

小学生寒假生活：六年制五年级/河北省教育科学研究所编.—3版.—石家庄：河北教育出版社，1990.10.—48页；16开.—ISBN 7-5434-0343-9：0.85元

小学寒假作业：六年制一年级/云南省教育厅教研室编.—昆明：云南少年儿童出版社，1990.9.—48页；16开.—ISBN 7-5414-0490-X：1.05元

小学寒假作业：六年制三年级/云南省教育厅教研室编.—昆明：云南少年儿童出版社，1990.9.—48页；16开.—ISBN 7-5414-0492-6：1.05元

小学寒假作业：六年制四年级/云南省教育厅教研室编.—昆明：云南少年儿童出版社，1990.9.—48页；16开.—ISBN 7-5114-0493-4：1.05元

小学寒假作业：六年制五年级/云南省教育厅教研室编.—昆明：云南少年儿童出版社，1990.9.—48页；16开.—ISBN 7-5414-0494-2：1.05元

小学寒假作业：六年制六年级/云南省教育厅教研室编.—昆明：云南少年儿童出版社，1990.9.—48页；16开.—ISBN 7-5414-0495-0：1.05元

小学寒假作业：五年制一年级/江西省教委教学教材研究室编.—南昌：21世纪出版社，1990.11.—64页；32开.—ISBN 7-5391-0395-7：0.58元

小学寒假作业：五年制二年级/江西省教委教学教材研究室编.—南昌：21世纪出版社，1990.11.—64页；32开.—ISBN 7-5391-0396-5：0.58元

小学寒假作业：五年制三年级/江西省教委教学教材研究室编.—南昌：21世纪出版社，1990.11.—64页；32开.—ISBN 7-5391-0397-3：0.58元

小学寒假作业：五年制四年级/江西省教委教学教材研究室编.—南昌：21世纪出版社，1990.11.—64页；32开.—ISBN 7-5391-0398-1：0.58元

小学寒假作业：五年制五年级/江西省教委教学教材研究室编.—南昌：21世纪出版社，1990.11.—64页；32开.—ISBN 7-5391-0399-X：0.58元

小学寒假作业：六年制一年级/江西省教委教学教材研究室编.—南昌：21世纪出版社，1990.11.—64页；32开.—ISBN 7-5391-0400-7：0.58元

小学寒假作业：六年制二年级/江西省教委教学教材研究室编.—南昌：21世纪出版社，1990.11.—64页；32开.—ISBN 7-5391-0401-5：0.58元

小学寒假作业：六年制三年级/江西省教委教学教材研究室编.—南昌：21世纪出版社，1990.11.—64页；32开.—ISBN 7-5391-0402-3：0.58元

小学寒假作业：六年制四年级/江西省教委教学教

材研究室编.—南昌：21世纪出版社，1990.11.—64页；32开.—ISBN 7-5391-0403-1：0.58元

小学寒假作业：六年制五年级/江西省教委教学教材研究室编.—南昌：21世纪出版社，1990.11.—64页；32开.—ISBN 7-5391-0404-X：0.58元

小学寒假作业：六年制六年级/江西省教委教学教材研究室编.—南昌：21世纪出版社，1990.11.—64页；32开.—ISBN 7-5391-0405-8：0.58元

过好寒假：五年制小学：一年级/江苏省中小学教学研究室主编；无锡市教研室组织编写.—2版.—南京：江苏教育出版社，1990.1.—16页；16开.—ISBN 7-5343-0138-6：0.46元

过好寒假：五年制小学：二年级/江苏省中小学教学研究室主编.—2版.—南京：江苏教育出版社，1990.1.—16页；16开.—ISBN 7-5343-0139-4：0.46元

过好寒假：五年制小学：三年级/江苏省中小学教学研究室主编.—2版.—南京：江苏教育出版社，1990.1.—16页；16开.—ISBN 7-5343-0140-8：0.46元

过好寒假：五年制小学：四年级/江苏省中小学教学研究室主编.—2版.—南京：江苏教育出版社，1990.1.—16页；16开.—ISBN 7-5343-0141-6：0.46元

过好寒假：五年制小学：五年级/江苏省中小学教学研究室主编.—2版.—南京：江苏教育出版社，1990.1.—16页；16开.—ISBN 7-5343-0481-4：0.46元

过好寒假：六年制小学：一年级/江苏省中小学教学研究室主编.—2版.—南京：江苏教育出版社，1990.1.—16页；16开.—ISBN 7-5343-0143-2：0.46元

过好寒假：六年制小学：二年级/江苏省中小学教学研究室主编.—2版.—南京：江苏教育出版社，1990.1.—16页；16开.—ISBN 7-5343-0144-0：0.46元

过好寒假：六年制小学：三年级/江苏省中小学教学研究室主编.—2版.—南京：江苏教育出版社，1990.1.—16页；16开.—ISBN 7-5343-0489-X：0.46元

过好寒假：六年制小学：四年级/江苏省中小学教学研究室主编.—2版.—南京：江苏教育出版社，1990.1.—16页；16开.—ISBN 7-5343-0146-7：0.46元

过好寒假：六年制小学：五年级/江苏省中小学教学研究室主编.—2版.—南京：江苏教育出版社，1990.1.—16页；16开.—ISBN 7-5343-0147-5：0.46元

过好寒假：六年制小学：六年级/江苏省中小学教学研究室主编.—2版.—南京：江苏教育出版社，1990.1.—16页；16开.—ISBN 7-5343-0488-1：0.46元

寒假生活：小学一年级/上海市教育局教研室编.2版.—上海：上海教育出版社，1990.11.—16页；16开.—ISBN 7-5320-2225-0：0.46元

寒假生活：小学二年级/上海市教育局教研室编.2版.—上海：上海教育出版社，1990.11.—16页；16开.—ISBN 7-5320-2226-9：0.46元

寒假生活：小学三年级/上海市教育局教研室编.2版.—上海：上海教育出版社，1990.11.—24页；16开.—ISBN 7-5320-2234-X：0.59元

寒假生活：小学四年级/上海市教育局教研室编.2版.—上海：上海教育出版社，1990.11.—24页；16开.—ISBN 7-5320-2227-7：0.59元

寒假生活：小学五年级/上海市教育局教研室编.2版.—上海：上海教育出版社，1990.11.—24页；16开.—ISBN 7-5320-2228-5：0.59元

寒假生活：小学六年级/上海市教育局教研室编.2版.—上海：上海教育出版社，1990.11.—24页；16开.—ISBN 7-5320-2235-8：0.59元

寒假作业：五年制小学：一年级/甘肃省教材编审室编.—兰州：甘肃少年儿童出版社，1990.9.—24页；16开.—ISBN 7-5422-0375-4：0.58元

寒假作业：五年制小学：二年级/甘肃省教材编审室编.—兰州：甘肃少年儿童出版社，1990.9.—24页；16开.—ISBN 7-5422-0376-2：0.58元

寒假作业：五年制小学：三年级/甘肃省教材编审室编.—兰州：甘肃少年儿童出版社，1990.9.—24页；16开.—ISBN 7-5422-0377-0：0.58元

寒假作业：五年制小学：四年级/甘肃省教材编审室编.—兰州：甘肃少年儿童出版社，1990.9.—32页；16开.—ISBN 7-5422-0378-9：0.70元

寒假作业：五年制小学：五年级/甘肃省教材编审室编.—兰州：甘肃少年儿童出版社，1990.9.—32页；16开.—ISBN 7-5422-0379-7：0.70元

寒假作业：六年制小学：一年级/甘肃省教材编审室编.—兰州：甘肃少年儿童出版社，1990.9.—24页；16开.—ISBN 7-5422-0380-0：0.58元

寒假作业：六年制小学：二年级/甘肃省教材编审室编.—兰州：甘肃少年儿童出版社，1990.9. 24页；16开.—ISBN 7-5422-0381-9：0.58元

寒假作业：六年制小学：三年级/甘肃省教材编审室编.—兰州：甘肃少年儿童出版社，1990.9.—24页；16开.—ISBN 7-5422-0382-7：0.58元

寒假作业：六年制小学：四年级/甘肃省教材编审室编.—兰州：甘肃少年儿童出版社，1990.9.—32页；16开.—ISBN 7-5422-0383-5：0.70元

寒假作业：六年制小学：五年级/甘肃省教材编审室编.—兰州：甘肃少年儿童出版社，1990.9.—32页；16开.—ISBN 7-5422-0384-3：0.70元

寒假作业：六年制小学：六年级/甘肃省教材编审室编.—兰州：甘肃少年儿童出版社，1990.9.—32页；16开.—ISBN 7-5422-0385-1：0.70元

寒假作业：五年制小学：三年级/吕瑛，梁莲英编.南宁：接力出版社，1990.11.—28页；16开.—ISBN 7-80581-133-4：0.60元

寒假作业：五年制小学：四年级/谢玉屏，梁美华编.—南宁：接力出版社，1990.11.—28页；16开.ISBN 7-80581-134-2：0.60元

寒假作业：六年制小学：一年级/陈善堂，杭迺励编.—南宁：接力出版社，1990.11.—28页；16开.ISBN 7-80581-136-9：0.60元

寒假作业：六年制小学：二年级/周家珍，韦建成编.—南宁：接力出版社，1990.11.—28页；16开.ISBN 7-80581-137-7：0.60元

寒假作业：六年制小学：三年级/梁佩环，李锦元编.—南宁：接力出版社，1990.11.—28页；16开.ISBN 7-80581-138-5：0.60元

寒假作业：六年制小学：六年级/李人凡，韦建成编.—南宁：接力出版社，1990.11.—28页；16开.ISBN 7-80581-141-5：0.60元

寒假作业：五年制小学：二年级/绥化地区教育学院初教部《寒假作业》编写组编.—哈尔滨：黑龙江少年儿童出版社，1990.12.—34页；16开.—ISBN 7-5319-0689-9：0.70元

寒假作业：五年制小学：三年级/绥化地区教育学院初教部《寒假作业》编写组编写.—哈尔滨：黑龙江少年儿童出版社，1990.10.—34页；16开.—ISBN 7-5319-0690-2：0.70元

寒假作业：五年制小学：五年级/绥化地区教育学院初教部《寒假作业》编写组编.—哈尔滨：黑龙江少年儿童出版社，1990.10.—34页；16开.—ISBN 7-5319-0692-3：0.70元

寒假作业：六年制小学：一年级/黑龙江省教育学院小教部《寒假作业》编写组编写.—哈尔滨：黑龙江少年儿童出版社，1990.10.—34页；16开.—ISBN 7-5319-0682-1：0.70元

寒假作业：六年制小学：二年级/黑龙江省教育学院小教部《寒假作业》编写组编写.—哈尔滨：黑龙江少年儿童出版社，1990.10.—34页；16开.—ISBN 7-5319-0683-X：0.70元

寒假作业：六年制小学：三年级/黑龙江省教育学院小教部《寒假作业》编写组编写.—哈尔滨：黑龙江少年儿童出版社，1990.10.—34页；16开.—ISBN 7-5319-0684-8：0.70元

寒假作业：六年制小学：四年级/黑龙江省教育学院小教部《寒假作业》编写组编.—哈尔滨：黑龙江少年儿童出版社，1990.10.—34页；16开.—ISBN 7-5319-0685-6：0.70元

寒假作业：六年制小学：五年级/黑龙江省教育学院小教部《寒假作业》编写组编写.—哈尔滨：黑龙江少年儿童出版社，1990.10.—34页；16开.—ISBN 7-5319-0686-4：0.70元

寒假作业：六年制小学：六年级/黑龙江教育学院小教部《寒假作业》编写组编.—哈尔滨：黑龙江少年儿童出版社，1990.10.—34页；16开.—ISBN 7-5319-0687-2：0.70元

小学一年级寒假作业：语文·数学/天津市教育教学研究室编.—2版.—天津：天津教育出版社，1990.10.—2册；32开.—ISBN 7-5309-0825-1：0.82元

小学二年级寒假作业：语文·数学/天津市教育教学研究室编.—2版.—天津：天津教育出版社，1990.11.—2册；32开.—ISBN 7-5309-0826-X：0.82元

小学三年级寒假作业：语文·数学/天津市教育教学研究室编.—2版.—天津：天津教育出版社，1990.11.—2册；32开.—ISBN 7-5309-0827-8：0.82元

小学四年级寒假作业：语文·数学/天津市教育教学研究室编.—2版.—天津：天津教育出版社，1990.11.—2册；32开.—ISBN 7-5309-0828-6：0.82元

小学五年级寒假作业：语文·数学·英语共三分册/天津市教育教学研究室编.—2版.—天津：天津教育出版社，1990.11.—3册；32开.—ISBN 7-5309-0829-4：1.04元

小学五年级寒假作业：农版：语文·数学共二分册/天津市教育教学研究室编.—2版.—天津：天津教育出版社，1990.11.—2册；32开.—ISBN 7-5309-0833-2：0.82元

小学六年级寒假作业：农版：语文·数学/天津市教育教学研究室编.—2版.—天津：天津教育出版社，1990.11.—2册：32开.—ISBN 7-5309-0835-9：0.82元

小学六年级寒假作业：语文·数学·英语/天津市教育教学研究室编.—2版.—天津：天津教育出版社，1990.11.—3册；32开.—ISBN 7-5309-0834-0：1.04元

五年制小学语文寒假作业：一年级/湖北省教学研研室编.—3版.—武汉：湖北少年儿童出版社，1990.11.—32页；32开.—ISBN 7-5353-0694-2：0.34元

五年制小学语文寒假作业：二年级/湖北省教学研究室编.—3版.—武汉：湖北少年儿童出版社，1990.11.—32页；32开.—ISBN 7-5353-0692-6：0.34元

五年制小学语文寒假作业：三年级/湖北省教学研

究室编.—3版.—武汉：湖北少年儿童出版社，1990.11.—32页；32开.—ISBN 7-5353-0690-X：0.34元

五年制小学语文寒假作业：四年级/湖北省教学研究室编.—3版.—武汉：湖北少年儿童出版社，1990.11.—32页；32开.—ISBN 7-5553-0688-8：0.34元

五年制小学语文寒假作业：五年级/湖北省教学研究室编.—3版.—武汉：湖北少年儿童出版社，1990.11.—32页；32开.—ISBN 7-5353-0686-1：0.34元

六年制小学一年级语文寒假作业/湖北省教学研究室编.—2版.—武汉：湖北少年儿童出版社，1990.11.—32页；32开.—ISBN 7-5353-0700-X：0.34元

六年制小学二年级语文寒假作业/湖北省教学研究室编.—2版.—武汉：湖北少年儿童出版社，1990.11.—32页；32开.—ISBN 7-5353-0704-3：0.34元

六年制小学三年级语文寒假作业/湖北省教学研究室编.—2版.—武汉：湖北少年儿童出版社，1990.11.—32页；32开.—ISBN 7-5353-0703-5：0.34元

六年制小学四年级语文寒假作业/湖北省教学研究室编.—2版.—武汉：湖北少年儿童出版社，1990.11.—32页；32开.—ISBN 7-5353-0700-0：0.34元

六年制小学五年级语文寒假作业/湖北省教学研究室编.—2版.—武汉：湖北少年儿童出版社，1990.11.—32页；32开.—ISBN 7-5353-0698-5：0.34元

六年制小学六年级语文寒假作业/湖北省教学研究室编.—2版.—武汉：湖北少年儿童出版社，1990.11.—32页；32开.—ISBN 7-5353-0696-9：0.34元

语文寒假作业：五年制小学：二年级/河南省教育委员会中小学教材教学研究室编写.—3版.—郑州：海燕出版社，1990.10.—32页；32开.—ISBN 7-5350-0242-0：0.26元

语文寒假作业：五年制小学：四年级/河南省教育委员会中小学教材教学研究室编.—2版.—郑州：海燕出版社，1990.10.—32页；32开.—ISBN 7-5350-0247-1：0.26元

语文寒假作业：六年制小学：二年级/河南省教育委员会中小学教材教学研究室编写.—2版.—郑州：海燕出版社，1990.10.—32页；32开.—ISBN 7-5350-0481-4：0.26元

语文寒假作业：六年制小学：三年级/河南省教育委员会中小学教材教学研究室编.—2版.—郑州：海燕出版社，1990.10.—32页；32开.—ISBN 7-5350-0457-1：0.26元

寒假作业：小学语文：二年级/北京景山学校编.北京：人民教育出版社，1990.8.—32页；16开.ISBN 7-107-00987-7：1.05元

寒假作业：小学一年级：语文/辽宁教育学院组织编写.—沈阳：辽宁美术出版社，1990.9.—48页；32开.—ISBN 7-5314-0461-3：0.41元

寒假作业：小学二年级：语文/辽宁教育学院组织编写.—沈阳：辽宁美术出版社，1990.8.—48页；32开.—ISBN 7-5314-0463-X：0.41元

寒假作业：小学三年级：语文/辽宁教育学院组织编写.—沈阳：辽宁美术出版社，1990.8.—48页；32开.—ISBN 7-5314-0466-4：0.41元

寒假作业：小学实验班一年级：语文/辽宁教育学院组织编写.—沈阳：辽宁美术出版社，1990.9.—48页；32开.—ISBN 7-5314-0467-2：0.41元

寒假作业：小学实验班二年级：语文/辽宁教育学院组织编写.—沈阳：辽宁美术出版社，1990.8.—48页；32开.—ISBN 7-5314-0468-0：0.41元

寒假作业：小学实验班三年级：语文/辽宁教育学院组织编写.—沈阳：辽宁美术出版社，1990.8.—48页；32开.—ISBN 7-5314-0469-9：0.41元

寒假作业：五年制小学一年级：语文/贵州省教育委员会教育研究室编.—贵阳：贵州人民出版社，1990.10.—62页；32开.—ISBN 7-221-01904-5：0.60元

寒假作业：五年制小学二年级：语文/贵州省教育委员会教育研究室编.—贵阳：贵州人民出版社，1990.8.—62页；32开.—ISBN 7-221-01905-3：0.60元

寒假作业：五年制小学三年级：语文/贵州省教育委员会教育研究室编.—贵阳：贵州人民出版社，1990.10.—62页；32开.—ISBN 7-221-01906-1：0.60元

寒假作业：五年制小学四年级：语文/贵州省教育委员会教育研究室编.—贵阳：贵州人民出版社，1990.8.—62页；32开.—ISBN 7-221-01947-9：0.60元

寒假作业：五年制小学五年级：语文/贵州省教育委员会教育研究室编.—贵阳：贵州人民出版社，1990.9.—62页；32开.—ISBN 7-221-01949-5：0.60元

寒假作业：六年制小学一年级：语文/贵州省教育委员会教育研究室编.—贵阳：贵州人民出版社，1990.9.—62页；32开.—ISBN 7-221-01839-8：0.60元

寒假作业：六年制小学二年级：语文/贵州省教育委员会教育研究室编.—贵阳：贵州人民出版社，1990.8.—62页；32开.—ISBN 7-221-01890-1：0.60元

寒假作业：六年制小学三年级：语文/贵州省教育委员会教育研究室编.—贵阳：贵州人民出版社，1990.9.—64页；32开.—ISBN 7-221-01891-X：0.60元

寒假作业：六年制小学四年级：语文/贵州省教育委员会教育研究室编.—贵阳：贵州人民出版社，1990.10.—61页；32开.—ISBN 7-221-01910-X：

0.60元

寒假作业：六年制小学五年级：语文/贵州省教育委员会教育研究室编.—贵阳：贵州人民出版社，1990.9.—62页；32开.—ISBN 7-221-01908-8：0.60元

寒假作业：六年制小学六年级：语文/贵州省教育委员会教育研究室编.—贵阳：贵州人民出版社，1990.10.—62页；32开.—ISBN 7-221-01909-6：0.60元

寒假作业：一年级：数学/辽宁教育学院组织编写.沈阳：辽宁美术出版社，1990.9.—48页；32开.ISBN 7-5314-0462-1：0.41元

寒假作业：二年级：数学/辽宁教育学院组织编写.沈阳：辽宁美术出版社，1990.8.—48页；32开.ISBN 7-5314-0464-8：0.41元

寒假作业：三年级：数学·自然/辽宁教育学院组织编写.—沈阳：辽宁美术出版社，1990.8.—48页；32开.—ISBN 7-5314-0465-6：0.41元

寒假作业：四年级：数学·自然/辽宁教育学院组织编写.—沈阳：辽宁美术出版社，1990.8.—48页；32开.—ISBN 7-5314-0460-5：0.41元

寒假作业：五年级：数学·自然/辽宁教育学院组织编写.—沈阳：辽宁美术出版社，1990.8.—48页；32开.—ISBN 7-5314-0459-1：0.41元

寒假作业：六年级：数学·自然/辽宁教育学院组织编写.—沈阳：辽宁美术出版社，1990.8.—48页；32开.—ISBN 7-5314-0458-3：0.41元

寒假作业：五年制小学一年级：数学/江西省教委教研室，课程教材研究所数学室编.—上海：上海科学技术出版社，1990.1.—32页；32开.—ISBN 7-5323-2005-7：0.40元

寒假作业：五年制小学二年级：数学/江西省教委教研室，课程教材研究所数学室编.—上海：上海科学技术出版社，1990.1.—32页；32开.—ISBN 7-5323-2000-6：0.40元

寒假作业：五年制小学三年级：数学/江西省教委教研室，课程教材研究所数学室编.—上海：上海科学技术出版社，1990.1.—32页；32开.—ISBN 7-5323-2004-9：0.40元

寒假作业：五年制小学四年级：数学/江西省教委教研室，课程教材研究所数学室编.—上海：上海科学技术出版社，1990.1.—32页；32开.—ISBN 7-5323-1997-0：0.40元

寒假作业：五年制小学一年级：数学/贵州省教育委员会教育研究室编.—贵阳：贵州人民出版社，1990.9.—62页；32开.—ISBN 7-221-01901-0：0.60元

寒假作业：五年制小学二年级：数学/贵州省教育委员会教育研究室编.—贵阳：贵州人民出版社，1990.8.—62页；32开.—ISBN 7-221-01902-9：0.60元

寒假作业：五年制小学三年级：数学/贵州省教育委员会教育研究室编.—贵阳：贵州人民出版社，1990.10.—62页；32开.—ISBN 7-221-01877-4：0.60元

寒假作业：五年制小学四年级：数学/贵州省教育委员会教育研究室编.—贵阳：贵州人民出版社，1990.8.—66页；32开.—ISBN 7-221-01903-7：0.63元

寒假作业：五年制小学五年级：数学/贵州省教育委员会教育研究室编.—贵阳：贵州人民出版社，1990.9.—62页；32开.—ISBN 7-221-01946-0：0.60元

寒假作业：六年制小学三年级：数学/贵州省教育委员会教育研究室编.—贵阳：贵州人民出版社，1990.10.—62页；32开.—ISBN 7-221-01878-2：0.60元

寒假作业：六年制小学四年级：数学/贵州省教育委员会教育研究室编.—贵阳：贵州人民出版社，1990.8.—64页；32开.—ISBN 7-221-01948-7：0.60元

寒假作业：六年制小学五年级：数学/贵州省教育委员会教育研究室编.—贵阳：贵州人民出版社，1990.10.—63页；32开.—ISBN 7-221-01893-6：0.60元

寒假作业：六年制小学六年级：数学/贵州省教育委员会教育研究室编.—贵阳：贵州人民出版社，1990.9.—62页；32开.—ISBN 7-221-01894-4：0.60元

数学寒假作业：五年制小学二年级/河南省教育委员会中小学教材教学研究室编写.—2版.—郑州：海燕出版社，1990.10.—32页；32开.—ISBN 7-5350-0050-9：0.26元

数学寒假作业：六年制小学三年级/河南省教育委员会中小学教材教学研究室编写.—2版.—郑州：海燕出版社，1990.10.—32页；32开.—ISBN 7-5350-0062-2：0.26元

数学寒假作业：六年制小学五年级/河南省教育委员会中小学教材教学研究室编写.—2版.—郑州：海燕出版社，1990.10.—32页；32开.—ISBN 7-5350-0064-9：0.26元

数学寒假作业：五年制小学一年级/湖北省教学研究室编.—3版.—武汉：湖北少年儿童出版社，1990.11.—32页；32开.—ISBN 7-5353-0693-4：0.34元

数学寒假作业：五年制小学二年级/湖北省教学研究室编.—3版.—武汉：湖北少年儿童出版社，1990.

11.—32页；32开.—ISBN 7-5353-0691-8：0.34元

数学寒假作业：五年制小学三年级/湖北省教学研究室编.—3版.—武汉：湖北少年儿童出版社，1990.11.—32页；32开.—ISBN 7-5353-0689-6：0.34元

数学寒假作业：五年制小学五年级/湖北省教学研究室编.—3版.—武汉：湖北少年儿童出版社，1990.11.—32页；32开.—ISBN 7-5353-0685-3：0.34元

数学寒假作业：六年制小学一年级/湖北省教学研究室编.—2版.—武汉：湖北少年儿童出版社，1990.11.—32页；32开.—ISBN 7-5353-0707-3：0.34元

数学寒假作业：六年制小学二年级/湖北省教学研究室编.—2版.—武汉：湖北少年儿童出版社，1990.11.—32页；32开.—ISBN 7-5353-0705-1：0.34元

数学寒假作业：六年制小学三年级/湖北省教学研究室编.—2版.—武汉：湖北少年儿童出版社，1990.11.—32页；32开.—ISBN 7-5353-0702-7：0.34元

数学寒假作业：六年制小学五年级/湖北省教学研究室编.—2版.—武汉：湖北少年儿童出版社，1990.11.—32页；32开.—ISBN 7-5353-0697-7：0.34元

数学寒假作业：六年制小学六年级/湖北省教学研究室编.—2版.—武汉：湖北少年儿童出版社，1990.11.—32页；32开.—ISBN 7-5353-0695-0：0.34元

*　*　*

小学一年级暑假生活/《暑假生活》编写组编.—郑州：河南教育出版社，1990.4.—40页；16开.—ISBN 7-5347-0786-2：0.66元

小学二年级暑假生活/《暑假生活》编写组编.—郑州：河南教育出版社，1990.4.—40页；16开.—ISBN 7-5347-0787-0：0.66元

小学三年级暑假生活/《暑假生活》编写组编.—郑州：河南教育出版社，1990.4.—40页；16开.—ISBN 7-5347-0788-9：0.66元

小学四年级暑假生活/《暑假生活》编写组编.—郑州：河南教育出版社，1990.4.—40页；16开.—ISBN 7-5347-0789-7：0.66元

小学五、六年级暑假生活/左智云主编；吴小莲等编.—郑州：河南教育出版社，1990.4.—48页；16开.—ISBN 7-5347-0790-0：0.76元

小学暑假作业：五年制：一年级/江西省教委教学教材研究室编.—南昌：21世纪出版社，1990.5.—96页；32开.—ISBN 7-5391-0337-X：0.75元

小学暑假作业：五年制：二年级/江西省教委教学教材研究室编.—南昌：21世纪出版社，1990.5.—95页；32开.—ISBN 7-5391-0338-8：0.75元

小学暑假作业：五年制：三年级/江西省教委教学教材研究室编.—南昌：21世纪出版社，1990.5.—96页；32开.—ISBN 7-5391-0339-6：0.75元

小学暑假作业：五年制：四年级/江西省教委教学教材研究室编.—南昌：21世纪出版社，1990.5.—96页；32开.—ISBN 7-5391-0340-X：0.75元

小学暑假作业：五年制：五年级/江西省教委教学教材研究室编.—南昌：21世纪出版社，1990.5.—96页；32开.—ISBN 7-5391-0341-8：0.75元

小学暑假作业：六年制：一年级/江西省教委教学教材研究室编.—南昌：21世纪出版社，1990.5.—96页；32开.—ISBN 7-5391-0343-4：0.75元

小学暑假作业：六年制：二年级/江西省教委教学教材研究室编.—南昌：21世纪出版社，1990.5.—96页；32开.—ISBN 7-5391-0344-2：0.75元

小学暑假作业：六年制：三年级/江西省教委教学教材研究室编.—南昌：21世纪出版社，1990.5.—96页；32开.—ISBN 7-5391-0345-0：0.75元

小学暑假作业：六年制：四年级/江西省教委教学教材研究室编.—南昌：21世纪出版社，1990.5.—96页；32开.—ISBN 7-5391-0346-9：0.75元

小学暑假作业：六年制：五年级/江西省教委教学教材研究室编.—南昌：21世纪出版社，1990.5.—96页；32开.—ISBN 7-5391-0347-7：0.75元

小学暑假作业：六年制：六年级/江西省教委教学教材研究室编.—南昌：21世纪出版社，1990.5.—97页；32开.—ISBN 7-5391-0348-5：0.75元

过好暑假：六年制小学：二年级/江苏省中小学教学研究室主编.—2版.—南京：江苏教育出版社，1990.1.—40页；16开.—ISBN 7-5343-0251-X：0.73元

暑假生活：六年制小学：一年级/上海市中小学教材编写组编.—2版.—上海：上海教育出版社，1990.6.—48页；16开.—ISBN 7-5320-2049-5：0.98元

暑假生活：六年制小学：二年级/上海市中小学教材编写组编.—2版.—上海：上海教育出版社，1990.6.—48页；16开.—ISBN 7-5320-2030-4：0.98元

暑假生活：六年制小学：三年级/上海市中小学教材编写组编.—2版.—上海：上海教育出版社，1990.6.—64页；16开.—ISBN 7-5320-1994-2：1.25元

暑假生活：六年制小学：四年级/上海市中小学教材编写组编.—2版.—上海：上海教育出版社，1990.6.—64页；16开.—ISBN 7-5320-1977-2；

1.25元

暑假生活：六年制小学：五年级/上海市中小学教材编写组编.—2版.—上海：上海教育出版社，1990.6.—64页；16开.—ISBN 7-5320-2010-X：1.25元

暑假生活：五年制小学生：二年级/河北省教育科学研究所编.—3版.—石家庄：河北教育出版社，1990.4.—40页；16开.—ISBN 7-5434-0143-6：0.74元

暑假生活：六年制小学生：四年级/河北省教育科学研究所编.—3版.—石家庄：河北教育出版社，1990.3.—64页；16开.—ISBN 7-5434-0133-9：1.10元

暑假园地：全日制六年制小学：一年级/青岛市教育局编.—2版.—青岛：青岛出版社，1990.4.—64页；16开.—ISBN 7-5436-0123-0：1.10元

暑假园地：全日制六年制小学：二年级/青岛市教育局编.—2版.—青岛：青岛出版社，1990.5.—64页；16开.—ISBN 7-5436-0124-9：1.10元

暑假园地：全日制六年制小学：三年级/青岛市教育局编.—2版.—青岛：青岛出版社，1990.5.—64页，16开.—ISBN 7-5436-0125-7：1.10元

暑假园地：全日制六年制小学：四年级/青岛市教育局编.—2版.—青岛：青岛出版社，1990.5.—64页；16开.—ISBN 7-5436-0126-5：1.10元

暑假园地：全日制六年制小学：五年级/青岛市教育局编.—2版.—青岛：青岛出版社，1990.5.—64页；16开.—ISBN 7-5436-0127-3：1.10元

暑假作业：五年制小学：一年级/山东省教学研究室编.—济南：山东教育出版社，1990.3.—36页；16开.—ISBN 7-5328-0905-6：0.65元

暑假作业：五年制小学：二年级/山东教学研究室编.—济南：山东教育出版社，1990.3.—44页；16开.—ISBN 7-5328-0906-4：0.76元

暑假作业：五年制小学：三年级/山东省教学研究室编.—济南：山东教育出版社，1990.3.—52页；16开.—ISBN 7-5328-0907-2：0.86元

暑假作业：五年制小学：四年级/山东省教学研究室编.—济南：山东教育出版社，1990.3.—60页；16开.—ISBN 7-5328-0908-0：0.98元

暑假作业：五年制小学四年级/绥化地区教育学院小教部《暑假作业》编写组编.—哈尔滨：黑龙江少年儿童出版社，1990.6.—33页；16开.—ISBN 7-5319-0591-4：0.62元

暑假作业：六年制小学：一年级/云南省教育厅教研室编.—昆明：云南少年儿童出版社，1990.12.64页；16开.—ISBN 7-5414-0545-0：1.35元

暑假作业：六年制小学：二年级/云南省教育厅教研室编.—昆明：云南少年儿童出版社，1990.12.64页；16开.—ISBN 7-5414-0546-9：1.35元

暑假作业：六年制小学：三年级/云南省教育厅教研室编.—昆明：云南少年儿童出版社，1990.12.64页；16开.—ISBN 7-5414-0547-7：1.35元

暑假作业：六年制小学：四年级/云南省教育厅教研室编.—昆明：云南少年儿童出版社，1990.12.64页；16开.—ISBN 7-5414-0548-5：1.35元

暑假作业：六年制小学：五年级/云南省教育厅教研室编.—昆明：云南少年儿童出版社，1990.12.64页；16开.—ISBN 7-5414-0549-3：1.35元

暑假作业：六年制小学：四年级/黑龙江省教育学院小教部《暑假作业》编写组编.—哈尔滨：黑龙江少年儿童出版社，1990.6.—34页；16开.—ISBN 7-5319-0601-5：0.62元

暑假作业：六年制小学：五年级/黑龙江省教育学院小教部《暑假作业》编写组编.—哈尔滨：黑龙江少年儿童出版社，1990.6.—34页；16开.—ISBN 7-5319-0604-X：0.62元

暑假作业：实验班一年级/黑龙江省语委办编写.哈尔滨：黑龙江少年儿童出版社，1990.5.—50页；16开.—ISBN 7-5319-0657-0：0.85元

暑假作业：实验班二年级/黑龙江省语委办编写.哈尔滨：黑龙江少年儿童出版社，1990.5.—50页；16开.—ISBN 7-5319-0658-9：0.85元

暑假作业：实验班三年级/黑龙江省语委办编写.哈尔滨：黑龙江少年儿童出版社，1990.5.—50页；16开.—ISBN 7-5319-0656-2：0.85元

暑假作业：实验班四年级/黑龙江省语委办编写.哈尔滨：黑龙江少年儿童出版社，1990.5.—50页；16开.—ISBN 7-5319-0659-7：0.85元

小学一年级暑假作业：语文·数学/天津市教育教学研究室编.—2版.—天津：天津教育出版社，1990.5.—2册(92，92页)；32开.—ISBN 7-5309-0749-2：1.17元

小学三年级暑假作业：语文·数学/天津市教育教学研究室编.—2版.—天津：天津教育出版社，1990.5.—2册(92，92页)；32开.—ISBN 7-5309-0751-4：1.17元

小学四年级暑假作业：语文·数学/天津市教育教学研究室编.—2版.—天津：天津教育出版社，1990.5.—2册(92，92页)；32开.—ISBN 7-5309-0752-2：1.17元

小学五年级暑假作业：语文·数学：农版/天津市教育教学研究室编.—2版.—天津：天津教育出版社，1990.5.—2册(92，92页)；32开.—ISBN 7-5309-0754-9：1.17元

小学生暑假作业：二年级：语文/李莉，孙佩兰编.—长春：吉林教育出版社，1990.3.—64页；32开.—ISBN 7-5383-0951-9：0.45元

小学生暑假作业：三年级：语文/于欣，宋喜荣编.—长春：吉林教育出版社，1990.3.—64页；32开.—ISBN 7-5383-0962-4：0.45元

小学生暑假作业：四年级：语文/申亚埙，汪玉珍编.—长春：吉林教育出版社，1990.3.—64页；32开.—ISBN 7-5383-0947-0：0.45元

小学生暑假作业：五年级：语文/杨兆丰，袁敬堂编.—长春：吉林教育出版社，1990.3.—64页；32开.—ISBN 7-5383-0960-8：0.45元

小学语文暑假作业：一年级/北京景山学校编.—北京：原子能出版社，1990.6.—64页；16开.—ISBN 7-5022-0339-7：1.50元

小学语文暑假练习：五年制一年级/湖南省教育科学研究所主编.—长沙：湖南少年儿童出版社，1990.3.—64页；32开.—ISBN 7-5358-0526-4：0.52元

小学语文暑假练习：五年制二年级/湖南省教育科学研究所主编.—长沙：湖南少年儿童出版社，1990.3.—64页；32开.—ISBN 7-5358-0527-2：0.52元

小学语文暑假练习：五年制三年级/湖南省教育科学研究所主编.—长沙：湖南少年儿童出版社，1990.3.—64页；32开.—ISBN 7-5358-0528-0：0.52元

小学语文暑假练习：五年制四年级/湖南省教育科学研究所主编.—长沙：湖南少年儿童出版社，1990.3.—64页；32开.—ISBN 7-5358-0529-9：0.52元

小学语文暑假作业：五年制五年级/河南省教育委员会中小学教材教学研究室组织编写.—2版.—郑州：海燕出版社，1990.5.—40页；16开.—ISBN 7-5350-0172-6：0.62元

暑假作业：小学生一年级：语文/谢文清，耿天珏主编；林立编.—沈阳：辽宁美术出版社，1990.2.—48页；32开.—ISBN 7-5314-0442-7：0.41元

暑假作业：小学生二年级：语文/谢文清，耿天珏主编；张敏文编.—沈阳：辽宁美术出版社，1990.3.—48页；32开.—ISBN 7-5314-0444-3：0.41元

暑假作业：小学生三年级：语文/谢文清，耿天珏主编；田肃，张淑贤编.—沈阳：辽宁美术出版社，1990.3.—48页；32开.—ISBN 7-5314-0445-1：0.41元

暑假作业：小学生四年级：语文/辽宁教育学院组织编写；谢文清，耿天珏主编.—沈阳：辽宁美术出版社，1990.3.—48页；32开.—ISBN 7-5314-0395-1：0.41元

暑假作业：小学生五年级：语文·地理/谢文清，贾芳秋编.—沈阳：辽宁美术出版社，1990.3.—48页；32开.—ISBN 7-5314-0393-5：0.41元

暑假作业：小学生实验班一年级：语文/辽宁教育学院编.—沈阳：辽宁美术出版社，1990.3.—48页；32开.—ISBN 7-5314-0440-X：0.41元

暑假作业：小学生实验班二年级：语文/辽宁教育学院编.—沈阳：辽宁美术出版社，1990.3.—48页；32开.—ISBN 7-5314-0439-7：0.41元

暑假作业：小学生实验班三年级：语文/谢文清，耿天珏主编；姚士英编.—沈阳：辽宁美术社版社，1990.3.—48页；32开.—ISBN 7-5314-0438-9：0.41元

暑假作业：小学生实验班四年级：语文/谢文清，耿天珏主编；姚士英，孙云编.—沈阳：辽宁美术出版社，1990.3.—48页；32开.—ISBN 7-5314-0394-3：0.41元

暑假作业：小学五年制一年级：语文/西宁市教育科学研究所编.—西宁：青海人民出版社，1990.5.—20页；16开.—ISBN 7-225-00374-7：0.27元

暑假作业：小学五年制二年级：语文/西宁市教育科学研究所编.—西宁：青海人民出版社，1990.5.—20页；16开.—ISBN 7-225-00375-5：0.27元

暑假作业：小学五年制三年级：语文/西宁市教育科学研究所编.—西宁：青海人民出版社，1990.5.—24页；16开.—ISBN 7-225-00368-2：0.43元

暑假作业：小学五年制四年级：语文/西宁市教育科学研究所编.—西宁：青海人民出版社，1990.5.—24页；16开.—ISBN 7-225-00369-0：0.43元

暑假作业：小学六年制一年级：语文/西宁市教育科学研究所编.—西宁：青海人民出版社，1990.5.—20页；16开.—ISBN 7-225-00365-8：0.27元

暑假作业：小学六年制二年级：语文/西宁市教育科学研究所编.—西宁：青海人民出版社，1990.3.—20页；16开.—ISBN 7-225-00366-6：0.27元

暑假作业：小学六年制三年级：语文/西宁市教育科学研究所编.—西宁：青海人民出版社，1990.5.—24页；16开.—ISBN 7-225-00367-4：0.27元

暑假作业：小学六年制四年级：语文/西宁市教育科学研究所编.—西宁：青海人民出版社，1990.5.—24页；16开.—ISBN 7-225-00356-9：0.43元

暑假作业：小学六年制五年级：语文/西宁市教育科学研究所编.—西宁：青海人民出版社，1990.5.—24页；32开.—ISBN 7-225-00352-6：0.43元

小学数学暑假作业：五年制：一年级/河南省教育委员会中小学教材教学研究室组织编写.—2版.—郑

州：海燕出版社，1990.5.—40页；16开.—ISBN 7-5350-0173-4：0.62元

小学数学暑假作业：五年制：二年级/河南省教育委员会中小学教材数学研究室组织编写.—2版.—郑州：海燕出版社，1990.5.—40页；16开.—ISBN 7-5350-0174-2：0.62元

小学数学暑假作业：五年制：三年级/河南省教育委员会中小学教材教学研究室组织编写.—2版.—郑州：海燕出版社，1990.5.—40页；16开.—ISBN 7-5350-0175-0：0.62元

小学数学暑假作业：五年制：四年级/河南省教育委员会中小学教材教学研究室组织编写.—2版.—郑州：海燕出版社，1990.5.—40页；16开.—ISBN 7-5350-0176-9：0.62元

小学数学暑假作业：五年制：五年级/河南省教育委员会中小学教材教学研究室组织编写.—2版.—郑州：海燕出版社，1990.5.—40页；16开.—ISBN 7-5350-0177-7：0.62元

小学数学暑假作业：六年制小学：一年级/河南省教育委员会中小学教材教学研究室组织编写.—2版.郑州：海燕出版社，1990.5.—40页；16开.—ISBN 7-5350-0184-X：0.62元

小学数学暑假作业：六年制小学：二年级/河南省教育委员会中小学教材教学研究室组织编写.—2版.郑州：海燕出版社，1990.5.—40页；16开.—ISBN 7-5350-0185-8：0.62元

小学数学暑假作业：六年制小学：三年级/河南省教育委员会中小学教材教学研究室组织编写.—2版.郑州：海燕出版社，1990.5—40页；16开.—ISBN 7-5350-0186-6：0.62元

小学数学暑假作业：六年制小学：四年级/河南省教育委员会中小学教材教学研究室组织编写.—2版.郑州：海燕出版社，1990.5.—40页；16开.—ISBN 7-5350-0187-4：0.62元

小学数学暑假作业：六年制小学：五年级/河南省教育委员会中小学教材教学研究室组织编写.—2版.郑州：海燕出版社，1990.5.—40页；16开.—ISBN 7-5350-0188-2：0.62元

小学数学暑假作业：六年制小学：六年级/河南省教育委员会中小学教材教学研究室组织编写.—2版.郑州：海燕出版社，1990.4.—40页；16开.—ISBN 7-5350-0189-0：0.62元

小学数学暑假练习：五年制：一年级/湖南省教育科学研究所主编.—长沙：湖南少年儿童出版社，1990.3.—64页；32开.—ISBN 7-5358-0530-2：0.52元

小学数学暑假练习：五年制：二年级/湖南省教育科学研究所主编.—长沙：湖南少年儿童出版社，1990.3.—64页；32开.—ISBN 7-5358-0531-0：0.52元

小学数学暑假练习：五年制：三年级/湖南省教育科学研究所主编.—长沙：湖南少年儿童出版社，1990.3.—64页；32开.—ISBN 7-5358-0532-9：0.52元

小学数学暑假练习：五年制：四年级/湖南省教育科学研究所主编.—长沙：湖南少年儿童出版社，1990.3.—64页；32开.—ISBN 7-5358-0533-7：0.52元

暑假作业：小学五年制一年级：数学/西宁市教育科学研究所编.—西宁：青海人民出版社，1990.5.20页；16开.—ISBN 7-225-00370-4：0.27元

暑假作业：小学五年制二年级：数学/西宁市教育科学研究所编.—西宁：青海人民出版社，1990.5.20页；16开.—ISBN 7-225-00371-4：0.43元

暑假作业：小学五年制三年级：数学/西宁市教育科学研究所编.—西宁：青海人民出版社，1990.5.24页；16开.—ISBN 7-225-00372-5：0.43元

暑假作业：小学五年制四年级：数学/西宁市教育科学研究所编.—西宁：青海人民出版社，1990.5.24页；16开.—ISBN 7-225-00373-9：0.43元

暑假作业：小学六年制一年级：数学/西宁市教育科学研究所编.—西宁：青海人民出版社，1990.5.20页；16开.—ISBN 7-225-00362-3：0.27元

暑假作业：小学六年制二年级：数学/西宁市教育科学研究所编.—西宁：青海人民出版社，1990.5.20页；16开.—ISBN 7-225-00354-2：0.27元

暑假作业：小学六年制三年级：数学/西宁市教育科学研究所编.—西宁：青海人民出版社，1990.5.24页；16开.—ISBN 7-225-00363-1：0.43元

暑假作业：小学六年制四年级：数学/西宁市教育科学研究所编.—西宁：青海人民出版社，1990.5.24页；16开.—ISBN 7-225-00355-0：0.43元

暑假作业：小学六年制五年级：数学/西宁市教育科学研究所编.—西宁：青海人民出版社，1990.5.24页；16开.—ISBN 7-225-00353-4：0.43元

暑假作业：小学一年级：数学/矫祥权，陈明辉主编；焦文杰编.—沈阳：辽宁美术出版社，1990.2.48页；32开.—ISBN 7-5314-0441-9：0.41元

暑假作业：小学二年级：数学/矫祥权，陈明辉主编；王平，赵斌编.—沈阳：辽宁美术出版社，1990.2.—48页；32开.—ISBN 7-5314-0443-5：0.41元

暑假作业：小学三年级：数学·自然/矫祥权，陈明辉主编；李作仁等编.—沈阳：辽宁美术出版社，1990.3.—48页；32开.—ISBN 7-5314-0446-X：0.41元

暑假作业：小学四年级：数学·自然/矫祥权，

陈明辉主编；程伟等编.—沈阳：辽宁美术出版社，1990.3.—48页；32开.—ISBN 7-5314-0396-X：0.41元

暑假作业：小学五年级：数学·自然/矫祥权，陈明辉主编；葛艺珍编.—沈阳：辽宁美术出版社，1990.3.—48页；32开.—ISBN 7-5314-0392-7：0.41元

暑假作业：五年制小学一年级：数学/课程教材研究数学室，江西省教委教研室编.—上海：上海科技教育出版社，1990.6.—25页；32开.—ISBN 7-5428-0448-0：0.55元

暑假作业：五年制小学二年级：数学/课程教材研究所数学室，江西省教委教研室编.—上海：上海科技教育出版社，1990.6.—25页；32开.—ISBN 7-5428-0449-9：0.55元

暑假作业：五年制小学三年级：数学/课程教材研究所数学室，江西省教委教研室编.—上海：上海科技教育出版社，1990.6.—25页；32开.—ISBN 7-5428-0450-2：0.55元

暑假作业：五年制小学四年级：数学/课程教材研究所数学室，江西省教委教研室编.—上海：上海科技教育出版社，1990.6.—25页；32开.—ISBN 7-5428-0451-0：0.55元

G626　学校与家庭、学校与社会

小学家长学校基础教程/王长福，赵宝庆主编.—南京：河海大学出版社，1990.10.—334页；32开.ISBN 7-5630-0303-7：3.20元

G627　学校管理

小学教学教育管理/史根东，杨建华著.—北京：光明日报出版社，1990.6.—197页；32开.—（小学教育科学丛书/李镜流主编）.—ISBN 7-80014-640-5：3.40元

小学管理大全/宋永刚，费广洪编著.—北京：中国卓越出版公司，1990.7.—542页；32开.—ISBN 7-80071-202-8：7.60元

本书介绍了小学管理方法艺术、校长素质修养，教育政策法规篇等6部分。

G629　世界各国初等教育概况

一所别具特色的小学/陈龙俊主编.—哈尔滨：黑龙江教育出版社，1990 8.—335页；32开.—（黑龙江教育开发丛书）.—ISBN 7-5316-1095-7：4.10元

小学教学文件便览　（一）/吉林省教育学院编.长春：吉林教育出版社，1990 4.—134页；32开.ISBN 7-5383-0973-X：0.88元

孩子们，你们好/（苏）阿莫纳什维利（Амонашвили，Ш.А.）著；朱佩荣译.—北京：开明出版社，1990.9.—370页；32开.—ISBN 7-80077-005-2：3.80元

封面题名：孩子们，你们好——对六岁儿童教育教学改革的实验报告

G63　中等教育

中小学生能力发展与培养/冯惠昌著.—呼和浩特：内蒙古教育出版社，1990.5.—270页；大32开.（百年大计丛书）.—ISBN 7-5311-1088-1：4.05元

本书从心理学角度系统地阐明了能力的实质、能力结构、中小学生能力的培养、能力的个别差异、能力的测量与评价等问题。

中学教育学/叶瑞祥等主编.—广州：广东高等教育出版社，1990.1.—276页；32开.—ISBN 7-5361-0430-8：3.50元

《中学教育学》阅读参考/广东省师专《中学教育学》编写组编.—广州：广东高等教育出版社，1990.1.378页；32开.—ISBN 7-5361-0429-4：4.70元

中学教学文件便览　（一）/吉林省教育学院编.长春：吉林教育出版社，1990.4.—198页；32开.ISBN 7-5383-1043-6：1.50元

初中教育学/吴祥祯主编.—重庆：西南师范大学出版社，1990.8.—353页；32开.—高等师范专科学校教育学院协编教材.—ISBN 7-5621-0276-7：2.15元

教学一得：中小学教育论文选/中原油田油建公司教育培训办公室编.—开封：河南大学出版社，1990.12.—336页；32开.—ISBN 7-81018-573-X：4.50元

普通中学教育概论/程凯等主编.—开封：河南大学出版社，1990.2.—535页；大32开.—ISBN 7-81018-395-8：5.50元

G631　思想政治教育

中小学伦理性谈话和活动实例选编/陈水胜主编.开封：河南大学出版社，1990.6.—218页；32开.（中小学德育丛书）.—ISBN 7-81018-469-5：2.50元

中小学艰苦奋斗教育读本/袁云亭主编.—南京：江苏人民出版社，1990.4.—192页；32开.—ISBN 7-214-00421-6：2.15元

中学生学雷锋/马鉅生等编写.—桂林：广西师范大学出版社，1990.6.—120页；32开.—ISBN 7-5633-0842-3：1.35元

中学生品行启示录/平远东，云耀林主编.—桂林：广西师范大学出版社，1990.4.—165页；32开.ISBN 7-5633-0857-1：1.70元

中学班课教育讲读：高中第一分册/谢宗元主编.哈尔滨：黑龙江教育出版社，1990 10.—128页；32

开.—ISBN 7-5316-1148-1：1.80元

中学班课教育讲读：高中第二分册/谢宗元主编.哈尔滨：黑龙江教育出版社，1990.10.—120页；32开.—ISBN 7-5316-1149-X：1.80元

中学班课教育讲读：高中第三分册/谢宗元主编.哈尔滨：黑龙江教育出版社，1990.10.—146页；32开.—ISBN 7-5316-1150-3：1.80元

中学德育手册/梁为楫，毕洁光主编.—合肥：中国科学技术大学出版社，1990.9.—388页；32开.ISBN 7-312-00211-0：4.50元

中学德育心理学/左其沛著.—长春：吉林教育出版社，1990.7.—219页；32开.—（应用心理学丛书/车文博主编）.—ISBN 7-5383-1065-7：3.15元

当今中学生德育工作/黄其猷编著.—桂林：广西师范大学出版社，1990.1.—173页；32开.—ISBN 7-5633-0660-9：1.50元

当代中学生道德世界/姚卫伟著.—南京：江苏教育出版社，1990.1.—238页；32开.—ISBN 7-5343-0956-5：2.25元

社会文化生活与中学德育调查文集/中共中央宣传部教育局，中央教育科学研究所《社会文化生活与中学德育》课题组编.—北京：中国人民大学出版社，1990.10.—218页；32开.—ISBN 7-300-00973-5：2.90元

育人新篇：江苏省中小学思想政治工作经验选编/江苏省教育委员会普教局编.—南京：江苏科学技术出版社，1990.5.—289页；32开.—ISBN 7-5345-0938-6：3.20元

实践与探索：福建省中学德育经验选/《福建省中学德育经验》编委会编.—福州：福建教育出版社，1990.10.—206页；32开.—ISBN 7-5334-0741-5：1.90元

塑造美的灵魂：沈骊珠教育通讯选/沈骊珠编著.北京：新华出版社，1990.8.—209页；32开.—ISBN 7-5011-0743-2：2.60元

德育新探/中国教育学会教育管理研究会初中教育委员会编.—北京：开明出版社，1990.11.—219页；32开.—ISBN 7-80077-049-X：2.85元

G632　教学理论

上海中小学课程教材改革专辑　（1）/上海中小学课程教材改革委员会办公室编.—上海：上海教育出版社，1990.6.—89页；16开.—ISBN 7-5320-2134-3：1.60元

比较与展望：普通中学、小学课程内容和结构研究/中央教育科学研究所普通教育教学内容和结构课题组编著.—西安：陕西师范大学出版社，1990.7.281页；大32开.—ISBN 7-5613-0323-8：4.60元

中小学生科学学习方法选编/杨德印编.—北京：职工教育出版社，1990.7.—141页；32开.—ISBN 7-80059-272-3：2.00元

中小学教学改革的理论与实践/陈心五著.—北京：光明日报出版社，1990.7.—233页；32开.—（北京教育丛书/汪家镠主编）.—ISBN 7-80014-779-7：3.15元

中小学教学模式/杨小微著.—武汉：湖北教育出版社，1990.4.—218页；32开.—ISBN 7-5351-0499-1：2.35元

中学生学习方法指导/詹土基等编著.—济南：山东教育出版社，1990.4.—210页；32开.—ISBN 7-5328-0917-X：1.78元

中学生学习方法指南/陈泽河主编.—北京：中国广播电视出版社，1990.8.—215页；32开.—ISBN 7-5043-0633-9：2.50元

中学生学习指南/岳先毅，孙志学编著.—北京：中国医药科技出版社，1990.10.—217页；32开.ISBN 7-5067-0264-9：3.00元

中学知识快记秘诀：初中300重点难点十日通/任建军等主编.—保定：河北大学出版社，1990.4.—128页；32开.—ISBN 7-81028-013-9：1.95元

全国著名重点中学师生各科学习方法纵横谈/蔡澄清等主编.—桂林：广西师范大学出版社，1990.2.278页；32开.—ISBN 7-5633-0639-0：2.90元

学海导航：与中学生谈科学的学习方法/郑鸥等主编.—南京：南京出版社，1990.10.—193页；32开.（中小学生学习方法指导丛书）.—ISBN 7-80560-231-X：2.30元

读书·记忆·考试/赵诗安，薛龙基编著.—南昌：江西教育出版社，1990.1.—119页；36开.—（中学生知识丛书/黄定元，张希仁主编）.—ISBN 7-539-0815-5：1.02元

G633　各科教学法、教学参考书

1989年上海高考试题汇析/上海教育考试中心编.上海：上海教育出版社，1990.2.—232页；32开.附全国高考部分试题及答案.—ISBN 7-5320-1905-5：2.10元

1989年全国部分城市中考试题精选/王华等编.呼和浩特：内蒙古人民出版社，1990.3.—335页；32开.—ISBN 7-204-00886-3：3.60元

1989年部分省市中考试题答案及分析/崔国政，白明瑜主编.—北京：光明日报出版社，1990.2.—279页；32开.—ISBN 7-80014-837-8：3.40元

1989高考试题解法分析：数学·物理·化学·生物/吴澧旸，李珂编著.—广州：广东科技出版社，1990.4.—316页；32开.—ISBN 7-5359-0578-1：3.20元

1990年全国初中毕业升学试题与答案　（一）：语文·政治·英语/《全国初中毕业升学试题与答案》编辑组编.—北京：中国经济出版社，1990.8.323页；16开.—ISBN 7-5017-0884-3：7.30元

1990年全国初中毕业升学试题与答案　（二）：数学·物理·化学/《全国初中毕业升学试题与答案》编辑组编.—北京：中国经济出版社，1990.8.—325页；16开.—ISBN 7-5017-0881-9：7.30元

1990年全国普通高等学校招生统一考试上海卷考试说明/上海教育考试中心编.—上海：上海人民出版社，1990.3.—112页；32开.—ISBN 7-208-00835-3：1.00元

中考各科试题分析与预测/陈源远主编.—北京：学苑出版社，1990.3.—237页；32开.—（中学生学习之友丛书）.—ISBN 7-80060-852-2：2.90元

中考数理范例/田宇，刘正平编.—哈尔滨：黑龙江少年儿童出版社，1990.2.—164页；32开.—ISBN 7-5319-0595-7：1.60元

中国中学教学百科全书：化学卷/中国中学教学百科全书总编辑委员会化学卷编辑委员会编.—沈阳：沈阳出版社，1990.12.—541页；16开.—ISBN 7-80556-421-3（精装）：28.00元

中国中学教学百科全书：生物卷/中国中学教学百科全书总编辑委员会生物卷编辑委员会编.—沈阳：沈阳出版社，1990.12.—528页；16开.—ISBN 7-80556-412-4（精装）：36.00元

中国中学教学百科全书：地理卷/中国中学教学百科全书总编辑委员会地理卷编辑委员会编.—沈阳：沈阳出版社，1990.12.—553页；16开.—ISBN 7-80556-410-8（精装）：38.00元

中国中学教学百科全书：物理卷/中国中学教学百科全书总编辑委员会物理卷编辑委员会编.—沈阳：沈阳出版社，1990.12.—519页；16开.—ISBN 7-80556-422-1（精装）：34.00元

中国中学教学百科全书：政治卷/中国中学教学百科全书总编辑委员会政治卷编辑委员会编.—沈阳：沈阳出版社，1990.12.—458页；16开.—ISBN 7-80556-413-2（精装）：32.00元

中国中学教学百科全书：教育卷/中国中学教学百科全书总编辑委员会教育卷编辑委员会编.—沈阳：沈阳出版社，1990.12.—387页；16开.—ISBN 7-80556-421-3（精装）：28.00元

中学文史知识手册/傅德林主编.—合肥：中国科学技术大学出版社，1990.10.—474页；32开.—ISBN 7-312-00212-9：6.80元

本手册收录并注释文史知识辞目近千条，辞目包括：文化常识、历史知识、语言知识、成语典故、名句赏析，等等。

中学生化学、物理、生物考试对策/孙万鹏等编著.—哈尔滨：黑龙江科学技术出版社，1990.3.625页；32开.—（考试对策丛书；5/郑日昌主编）.ISBN 7-5388-1043-9：5.50元

中学生语文数学考试对策/冉德润等编.—哈尔滨：黑龙江科学技术出版社，1990.3.—393页；32开.（考试对策丛书；4/郑日昌主编）.—ISBN 7-5388-1038-2：4.00元

《中学生数理化》精选：初中分册/《中学生数理化》编辑部编.—郑州：河南教育出版社，1990.3.196页；32开.—ISBN 7-5347-0524-X：2.05元

中学各科爱国主义教育教学参考资料：生物·历史·地理分册/上海市中小学教材编写组编.—上海：上海科学技术出版社，1990.5.—301页；32开.ISBN 7-5323-2169-X：3.15元

中学各科爱国主义教育教学参考资料：数学·物理·化学分册/上海市中小学教材编写组编.—上海：上海科学技术出版社，1990.5.—271页；32开.ISBN 7-5323-2157-6：2.80元

中学数理化达标系列检测：初中分册/《中学数理化达标系列检测》编写组编.—上海：学林出版社，1990.8.—183页；16开.—ISBN 7-80510-520-0：3.60元

中学数理化错解辨析辞典：初中卷/赵宪初主编.上海：上海辞书出版社，1990.12.—506页；32开.ISBN 7-5326-133-1：7.00元

分类文科高考试题荟萃/张殿平主编.—长春：吉林教育出版社，1990.6.—473页，32开.—ISBN 7-5383-1047-9：4.10元

分类理科高考试题荟萃/伍谷奇，何平主编.—长春：吉林教育出版社，1990.7.—410页；32开.ISBN 7-5383-1061-4：3.50元

考生试前阅读/沈阳军区政治部宣传部编.—沈阳：白山出版社，1990.3.—245页；大32开.—ISBN 7-80566-096-4：3.30元

全国1990年高中、中专（师）入学试卷及答案精选/安文华等编.—南京：江苏科学技术出版社，1990.11.—463页；32开.—ISBN 7-5345-1069-4：5.40元

全国普通高校招生统一考试（1978～1989年）试题演变及分析：物理·化学·生物分册/国家教委考试管理中心编.—北京：学苑出版社，1990.2.—559页；32开.—ISBN 7-80060-567-1：7.00元

全国普通高校招生统一考试（1978～1989年）试题演变及分析：语文·政治分册/国家教委考试管理中心编.—北京：学苑出版社，1990.3.—371页；32开.—ISBN 7-80060-565-5：4.50元

江苏省重点中学试卷精选：初中一年级/江苏省泰县姜堰中学编.—南京：江苏科学技术出版社，1990.9.—333页；32开.—ISBN 7-5345-1027-9：

3.20元

江苏省重点中学试卷精选：初中二年级/南京市金陵中学编.一南京：江苏科学技术出版社，1990.11.—424页；32开.—ISBN 7-5345-1067-8：4.15元

江苏省重点中学试卷精选：初中三年级/无锡市第一中学编.一南京：江苏科学技术出版社，1990.9.497页；32开.—ISBN 7-5345-1039-9：4.80元

江苏省重点中学试卷精选：高中一年级/江苏省南菁中学编.一南京：江苏科学技术出版社，1990.9.618页；32开.—ISBN 7-5345-1029-5：6.00元

江苏省重点中学试卷精选：高中二年级/江苏省扬州中学编.一南京：江苏科学技术出版社，1990.11.593页；32开.—ISBN 7-5345-1070-8：5.70元

初中历史地理生物知识要点与测试/颜承华主编.天津：天津教育出版社，1990.2.—215页；32开.ISBN 7-5309-0907-X：2.10元

初中语文、数学、英语、政治、物理、化学学科教学基本要求/上海市教育局教研室编.一上海：上海教育出版社，1990.2.—224页；32开.—ISBN 7-5320-1940-3：1.90元

初中理化实验教学目标手册/索纪申等编.一天津：天津教育出版社，1990.8.—164页；32开.—ISBN 7-5309-0957-6：1.50元

建国四十年高考试题大全：文史本/旭源等汇编.石家庄：花山文艺出版社，1990.6.—989页；大32开.—ISBN 7 80505 341 3：13.00元

高中各科练习册参考答案：三年级上学期.一南昌：江西教育出版社，1990.7.—44页，32开.—ISBN 7-5392-931-3：0.39元

高中各科总复习训练题集：文科类.一北京：中国妇女出版社，1990.1.—136页；16开.—ISBN 7-80016-191 9：2.95元

高中各科总复习训练题集：理科类.一北京：中国妇女出版社，1990.1.—148页；16开.—ISBN 7-80016-192-7：3.30元

高中数理化英语基础知识与精练/江苏人民出版社编.一南京：江苏人民出版社，1990.5.—779页；16开.—ISBN 7 214 00443 7：13.00元

普通高中毕业会考指导手册/国家教委基础教育司，国家教委考试管理中心主编.一北京：学苑出版社，1990.11.—265页；32开.—ISBN 7-5077-0213-8：3.00元

数理化生学习大全：高中版/《数理化生学习大全》编写组编.一上海：上海教育出版社，1990.3.2册（1234页）；32开.—ISBN 7 5320-1029-5：11.70元

福建省重点中学试卷汇编：初中一年级/龙岩一中编写组编.一福州：福建少年儿童出版社，1990.7.164页；32开.—ISBN 7-5395-0380-7：1.60元

福建省重点中学试卷汇编：初中二年级/福州一中编写组编.一福州：福建少年儿童出版社，1990.7.258页；32开.—ISBN 7-5395-0381-5：2.40元

福建省重点中学试卷汇编：初中三年级/福建师大附中编写组编.一福州：福建少年儿童出版社，1990.7.—300页；32开.—ISBN 7-5395-0382-3：2.80元

G633.2 政 治

1989～1990年时事政治问题解答/谭伟才，刘坚华主编.一桂林：广西师范大学出版社，1990.4.—64页；32开.—ISBN 7-5633-0786-9：0.60元

1989～1990年时事政治问题解答　下册/谭伟才，刘坚华主编.一桂林：广西师范大学出版社，1990.4.—33页；32开.—ISBN 7-5633-0770-2：0.30元

1989年全国中考题精选、解答及评析：政治/欧阳乐等编.一成都：四川教育出版社，1990.3.—177页；32开.—ISBN 7-5408-1252-4：1.58元

1989全国初中毕业升学试题与答案：政治/《1989全国初中毕业升学试题与答案》编辑组编.一北京：中国经济出版社，1990.2.—212页；32开.—ISBN 7-5017 0538-0：2.80元

1990～1991年时事政治问题解答　上册/谭伟才，刘坚华主编.一桂林：广西师范大学出版社，1990.12.—26页；32开.—ISBN 7-5633-1010-X：0.30元

1990年全国中考试题（含答案）汇编：政治/天津人民出版社编.一天津：天津人民出版社，1990.10.—257页；32开.—ISBN 7-201-00557-X：2.70元

1990年全国中考试题研究：政治/陈静，冯秀荣编著.一长春：东北师范大学出版社，1990.11.—153页；32开.—ISBN 7-5602-0481-3：1.60元

1990年全国初中毕业升学试题精选与解答：政治/宋志成编.一长春：吉林教育出版社，1990.9.—207页；32开.—ISBN 7-5389-1104 1：1.55元

1990年全国部分省市高考政治标准化预考题解答/申理等编.一沈阳：辽宁教育出版社，1990.2.—284页；32开.—ISBN 7-5382-1062-8：2.40元

1990年高考政治常识应考指导/李志强，徐大贵主编.一南宁：广西人民出版社，1990.4.—122页；32开.—ISBN 7-219-01522-4：1.50元

1990全国初中毕业升学试题及解答精选：政治/全国中学教育信息研究会编.一延吉：东北朝鲜民族教育出版社，1990.10.—124页；32开.—ISBN 7-5437-0804-3：1.50元

1990政治课高考练习/袁奋光等编.一西安：陕西人民出版社，1990.1.—116页；32开.—ISBN 7-224-01183-5：1.30元

1991年全国部分省市中考政治标准化预考题解答/贾丽辉等编.—沈阳：辽宁教育出版社，1990.9. 201页；32开.—ISBN 7-5382-0969-7：1.75元

一年时政/《一年时政》编写组编.—南京：江苏教育出版社，1990.3.—62页；32开.—ISBN 7-5343-0972-7：0.56元

云南省普通高级中学会考要求与练习：政治/云南省教育厅教研室主编.—昆明：云南教育出版社，1990.5.—44页；16开.—ISBN 7-5415-0333-9：1.10元

中考政治模拟题/张志建等编.—西安：陕西人民教育出版社，1990.1.—68页；16开.—ISBN 7-5419-1502-5：1.15元

中考政治模拟题/《模拟题》编写组编.—西安：陕西人民教育出版社，1990.10.—65页；16开.—ISBN 7-5419-2008-8：1.20元

中考综合测试：法律常识/关志立等编.—西安：陕西人民出版社，1990.3.—47页；32开.—ISBN 7-224-01233-5：0.60元

中国社会主义建设常识　上册/程亮编写.—哈尔滨：黑龙江少年儿童出版社，1990.7.—96页；32开.—（初中课程重点辅导丛书）.—ISBN 7-5319-0662-7：0.95元

中国社会主义建设常识　（下）/张鸿宾主编.—北京：北京师范大学出版社，1990.12.—169页；32开.—（新编中学思想政治课教案）.—ISBN 7-303-01130-7：1.90元

中国社会主义建设常识目标学习指导/张维元，张志庆编.—北京：学苑出版社，1990.7.—141页；32开.—（中学思想政治课目标学习指导丛书/张志建主编）.—ISBN 7-5077-0041-0：1.60元

中国社会主义建设常识的基础知识和能力训练/王义等编.—贵阳：贵州人民出版社，1990.11.—108页；32开.—ISBN 7-221-02145-7：1.10元

中国社会主义建设常识单元测试题.—太原：山西教育出版社，〔1990〕.—17张；16开.—ISBN 7-80578-120-6：0.55元

中国社会主义建设常识学习指导/刘茂恩等主编.桂林：广西师范大学出版社，1990.8.—120页；32开.（初中思想政治课学习丛书）.—ISBN 7-5633-0890-3：1.30元

中国社会主义建设常识学习指导/刘彦强等编.—西安：陕西人民出版社，1990.8.—99页；32开.—ISBN 7-224-01430-3：1.45元

中国社会主义建设常识学习指南/梁秀芬编.—北京：气象出版社，1990.8.—81页；32开.—ISBN 7-5029-0596-0：1.00元

《中国社会主义建设常识》学习辅导　上册/钟文平等编.—南昌：21世纪出版社，1990.8.—75页；32开.—全日制中学思想政治课本.—ISBN 7-5391-0386-8：0.70元

中国社会主义建设常识学习精萃/白永秀等编.—西安：陕西人民出版社，1990.12.—109页；32开.ISBN 7-224-01587-3：1.25元

中国社会主义建设常识复习指导/木杉等编.—西安：陕西人民出版社，1990.12.—156页；32开.ISBN 7-224-01568-7：1.80元

中国社会主义建设常识（农村版）教学参考书/吉林省教育学院编.—长春：吉林教育出版社，1990.4.—260页；32开.—ISBN 7-5383-1027-4：1.90元

中国社会主义建设常识（城市版）教学参考书/吉林省中学思想政治课试用教材教参编写组编.—长春：吉林教育出版社，1990.4.—258页；32开.ISBN 7-5383-1040-1：1.90元

中国社会主义建设常识教学参考书：初中三年级/贵州省中学思想政治课改革实验教材编写组编.—贵阳：贵州人民出版社，1990.6.—154页；32开.—中学思想政治课改革实验教材.—ISBN 7-221-01821-9：1.00元

中国社会主义建设常识（全一册）辅导与练习：农村版/吉林省教育学院编.—长春：吉林教育出版社，1990.5.—129页；32开.—ISBN 7-5383-0977-2：0.92元

中国社会主义建设常识（全一册）辅导与练习：城市版/吉林省教育学院编.—长春：吉林教育出版社，1990.5.—89页；32开.—ISBN 7-5383-0983-7：0.67元

《中国社会主义建设常识》综合训练与指导/杨旭主编.—沈阳：辽宁人民出版社，1990.2.—86页；32开.—ISBN 7-205-01302-X：1.00元

中学生学马列入门/五十城市中学德育教学研究联合会编.—西安：陕西师范大学出版社，1990.9. 370页；32开.—ISBN 7-5613-0356-4：4.00元

中学生政治考试对策/武静寰，李雪梅编著.—哈尔滨：黑龙江科学技术出版社，1990.3.—162页；32开.—（考试对策丛书；7/郑日昌主编）.—ISBN 7-5388-1040-4：1.90元

中学生思想品德修养十二讲/周有库主编.—哈尔滨：黑龙江人民出版社，1990.2.—138页；32开.ISBN 7-207-01482-1：1.80元

中学政治学习法/戴锦章等编著.—南京：南京出版社，1990.10.—120页；32开.—（中小学生学习方法指导丛书/周良城，顾黄初主编）—ISBN 7-80560-283-2：1.60元

中学思想政治课试用课本公民上册教学参考书/吉林省教育学院编.—长春：吉林教育出版社，1990.5. 144页；32开.—ISBN 7-5383-0992-6：1.10元

中学思想政治课试用课本社会发展简史上册教学参

考书/于万发等编.—长春：吉林教育出版社，1990.4.—222页；32开.—ISBN 7-5383-1031-2：1.65元

中学思想政治课试用课本社会发展简史下册教学参考书/田富春等编.—长春：吉林教育出版社，1990.10.—171页；32开.—ISBN 7-5383-1124-6：1.50元

中学思想政治课试用课本经济常识上册教学参考书/吉林省教育学院编.—长春：吉林教育出版社，1990.4.—122页；32开.—ISBN 7-5383-1022-3：1.00元

中学思想政治课试用课本经济常识下册教学参考书/吉林省教育学院编.—长春：吉林教育出版社，1990.10.—113页；32开.—ISBN 7-5383-1138-6：1.00元

中学思想政治课试用课本政治常识（全一册）教学参考书/吉林省教育学院编.—长春：吉林教育出版社，1990.4.—164页；32开.—ISBN 7-5383-0993-4：1.25元

中学思想政治课研究/崔志民等编.—北京：农业出版社，1990.3.—185页；32开.—ISBN 7-109-01703-6：2.00元

中学思想政治课教学论/李惠民主编.—保定：河北大学出版社，1990.6.—340页；大32开.—ISBN 7-81028-017-1：4.40元

中学思想政治课教学法/张文鉴主编.—武汉：华中师范大学出版社，1990.6.—227页；大32开.—全国高等师范专科学校教材.—ISBN 7-5622-0547-7：1.70元

中学思想政治课教学法/张德水，韩鸿尤主编.—青岛：青岛海洋大学出版社，1990.6.—274页；大32开.—ISBN 7-81026-059-6：1.90元

中等学校政治课教育学/邢安仁，谭伟才主编.—桂林：广西师范大学出版社，1990.4.—343页；32开.ISBN 7-5633-0847-4：3.50元

公民 上册/贾乃文编写.—2版.—哈尔滨：黑龙江少年儿童出版社，1990.7.—66页；32开.—（初中课程重点辅导丛书）.—ISBN 7-5319-0663-5：0.70元

本书1988年7月第1版。

公民上册辅导与练习/吉林省教育学院编.—长春：吉林教育出版社，1990.5.—56页；32开.—ISBN 7-5383-0963-2：0.47元

公民目标学习指导/杨旭编.—北京：学苑出版社，1990.7.—116页；32开.—（中学思想政治课目标学习指导丛书/张志建主编）.—ISBN 7-5077-0040-2：1.30元

《公民》目标教学内容与方法：初中/王振礼等编.开封：河南大学出版社，1990.8.—136页；32开.ISBN 7-81018-494-6：1.20元

公民学习指导/王平等编.—西安：陕西人民出版社，1990.8.—81页；32开.—ISBN 7-224-01434-6：1.20元

《公民》学法与训练指导 （下）/冯涛主编.—桂林：广西师范大学出版社，1990.4.—46页；16开.—ISBN 7-5633-0743 5：1.00元

公民教学参考书 上册/贵州省中学思想政治课改革实验教材编委会编.—贵阳：贵州人民出版社，1990.6.—74页；32开.—中学思想政治课改革实验教材·初中一年级.—ISBN 7-221-01817-0：0.55元

《公民》辅导与练习 上册：初中一年级/陕西省教育科学研究所编.—2版.—西安：陕西人民出版社，1990.7.—87页；32开.—（中学思想政治课辅导与练习丛书）.—ISBN 7-224-01003-0：0.95元

《公民》辅导与练习 下册：初中一年级/陕西省教育科学研究所编.—西安：陕西人民出版社，1990.1.—86页；32开.—（中学思想政治课辅导与练习丛书）.—ISBN 7-224-01169-X：0.85元

全日制十年制学校初中课本中国社会主义建设常识（上）学习指南/金学文等主编.—南宁：广西人民出版社，1990.7.—91页；32开.—ISBN 7-219-01603-4：1.30元

全日制十年制学校初中课本法律常识学习指南/黄矿芳等主编.—南宁：广西人民出版社，1990.9.124页；32开.—ISBN 7-219-01647-6：1.50元

全日制中学思想政治课本（试用本）中国社会主义建设常识教学参考书 上册/上海市中学思想政治课教材编审委员会编.—2版.—上海：上海教育出版社，1990.6.—93页；32开.—ISBN 7-5320-2020-7：0.33元

本书1988年6月第1版。

全日制中学思想政治课本（试用本）中国社会主义建设常识教学参考书 下册/上海市中学思想政治课教材编审委员会编.—2版.—上海：上海教育出版社，1990.11.—62页；32开.—ISBN 7-5320-2238-2：0.44元

本书1938年11月第1版。

全日制中学思想政治课本（试用本）公民教学参考书 上册/上海市中学思想政治课教材编审委员会编.—2版.—上海：上海教育出版社，1990.6.—300页；32开.—ISBN 7-5320-2050-9：0.97元

本书1988年8月第1版。

全日制中学思想政治课本（试用本）公民教学参考书 下册/上海市中学思想政治课教材编审委员会编.—2版.—上海：上海教育出版社，1990.11.229页；32开.—ISBN 7-5320-2203-X：1.35元

全日制中学思想政治课本（试用本）社会发展简史教学参考书 上册/上海市中学思想政治课教材编审委员会编.—2版.—上海：上海教育出版社，1990.6.—180页；32开.—ISBN 7-5320-2019-3：0.56元

本书1988年6月第1版。

全日制中学思想政治课本（试用本）社会发展简史教学参考书 下册/上海市中学思想政治课教材编审

委员会编.—2版.—上海：上海教育出版社，1990.11.—225页；32开.—ISBN 7-5320-2211-0：1.35元
本书1988年11月第1版。

全日制中学思想政治课本(试用本)经济常识教学参考书 上册/上海市中学思想政治课教材编审委员会编.—3版.—上海：上海教育出版社，1990.6.161页；32开.—ISBN 7-5320-2031-2：0.52元
本书1988年6月第1版。

全日制中学思想政治课本(试用本)政治常识教学参考书/上海市中学思想政治课教材编审委员会编.3版.—上海：上海教育出版社，1990.6.—166页；32开.—ISBN 7-5320-2021-5：0.52元
本书1988年6月第1版。

全日制中学思想政治课本(试用本)科学人生观教学参考书 上册/上海市中学思想政治课教材编审委员会编.—2版.—上海：上海教育出版社，1990.6.140页；32开.—ISBN 7-5320-1931-4：0.45元
本书1988年6月第1版。

全日制中学思想政治课本(试用本)科学人生观教学参考书 下册/上海市中学思想政治课教材编审委员会编.—2版.—上海：上海教育出版社，1990.11.117页；32开.—ISBN 7-5320-2195-5：0.74元
本书1988年11月第1版。

全国百所重点中学初中政治复习测试题精选/查一民，丁渭道主编.—南京：江苏教育出版社，1990.10.—171页；32开.—ISBN 7-5343-1132-9：1.60元

全国部分省、市政治中考精选试题解/陈如意，解美云编.—太原：山西教育出版社，1990.12.—212页；32开.—ISBN 7-80578-386-1：1.90元

全国普通高等学校招生统一考试政治模拟题精选与解答/吉林省中学思想政治课教学研究会编.—长春：吉林教育出版社，1990.3.—168页；32开.—ISBN 7-5383-0931-4：1.80元

多解选择题及答案：高中政治/多选题编写小组编.北京：海洋出版社，1990.1.—160页；32开.—(升学应试辅导丛书).—ISBN 7-5027-0318-7：1.90元

时事与思考：中学生时事政治学习问答：1989年5月～1990年3月/吴松年主编.—北京：新华出版社，1990.4.—176页；32开.—ISBN 7-5011-0645-2：2.00元

时事政治：1989.4～1990.2/章良，谢原编.—西安：陕西人民教育出版社，1990.2.—131页；32开.ISBN 7-5419-1516-5：1.40元

时事政治学习指要/陈世强主编.—桂林：广西师范大学出版社，1990.1.—68页；32开.—ISBN 7-5633-0727-3：0.75元

时事政治综合题解/冯涛主编.—桂林：广西师范大学出版社，1990.3.—96页；32开.—ISBN 7-5633-0730-3：1.05元

时政学习指要与测试：1989年4月～1990年3月上旬/关志立等编.—西安：陕西人民出版社，1990.3.—53页；32开.—ISBN 7-224-01219-X：0.60元

社会主义建设常识学习与应用 (下)/刘坚华主编.—桂林：广西师范大学出版社，1990.12.—64页；32开.—ISBN 7-5633-1021-5：0.64元

社会发展简史 (下)/姚森主编.—北京：北京师范大学出版社，1990.3.—225页；32开.—(中学生学习指导丛书).—新编中学思想政治课教案.ISBN 7-303-00909-4：2.35元

社会发展简史：试用本 上册/陶汝真，于秀兰编写.—哈尔滨：黑龙江少年儿童出版社，1990.7.122页；32开.—(初中课程重点辅导丛书).—ISBN 7-5319-0660-0：1.10元

《社会发展简史》与《中国社会主义建设常识》学习应用指要/李殿宝等主编.—长春：吉林大学出版社，1990.10.—185页；32开.—ISBN 7-5601-0635-8：2.00元

社会发展简史上册辅导与练习/吉林省教育学院编.长春：吉林教育出版社，1990.5.—85页；32开.ISBN 7-5383-0989-6：0.64元

社会发展简史目标学习指导/林国基编.—北京：学苑出版社，1990.7.—121页；32开.—(中学思想政治课目标学习指导丛书/张志建主编).—ISBN 7-5077-0039-9：1.30元

《社会发展简史》目标教学内容与方法：初中 上册/王秀琪等编.—开封：河南大学出版社，1990.9.133页；32开.—ISBN 7-81018-493-8：1.20元

《社会发展简史》学习与应用 (上)/刘坚华主编.—桂林：广西师范大学出版社，1990.9.—76页；32开.—ISBN 7-5633-0913-6：0.72元

社会发展简史学习指导/文卿等编.—西安：陕西人民出版社，1990.8.—108页；32开.—ISBN 7-224-01431-1：1.50元

社会发展简史学习指南/宾峰等主编.—南宁：广西人民出版社，1990.9.—117页；32开.—全日制十年制学校初中课本.—ISBN 7-219-01648-4：1.50元

社会发展简史学习指南/魏富星主编.—北京：气象出版社，1990.9.—110页；32开.—(青年自学用书).—供初高中毕业生学习使用.—ISBN 7-5029-0567-7：1.00元

《社会发展简史》学法与训练指导 (下)/冯涛主编.—桂林：广西师范大学出版社，1990.4.—46页；16开.—ISBN 7-5633-0742-7：1.00元

《社会发展简史》阅读指导/汪振华等编著.—南京：江苏教育出版社，1990.1.—108页；32开.ISBN 7-5343-0950-6：0.96元

社会发展简史教学参考书 上册：初中二年级/贵州省中学思想政治课改革实验教材编写组编.—2版.贵阳：贵州人民出版社，1990.6.—93页；32开.—中

学思想政治课改革实验教材.—ISBN 7-221-01808-1：0.64元

《社会发展简史》辅导与练习　上册：初中二年级/陕西省教育科学研究所编.—2版.—西安：陕西人民出版社，1990.7.—78页；32开.—（中学思想政治课辅导与练习丛书）.—ISBN 7-224-00104-9：0.95元

《社会发展简史》辅导与练习　下册：初中二年级/陕西省教育科学研究所编.—西安：陕西人民出版社，1990.1.—85页；32开.—（中学思想政治课辅导与练习丛书）.—ISBN 7-224-01168-1：0.85元

初一《公民》下册单元学法与训练/邵玲，关登伏编.—乌鲁木齐：新疆青少年出版社，1990.2.—77页；32开.—（中学课程单元学法与训练/孙炳铨主编）.—ISBN 7-5371-0624-X：0.80元

初二社会发展简史（下）单元学法与训练/戴兰馨编.—乌鲁木齐：新疆青少年出版社，1990.2.—64页；32开.—（中学课程单元学法与训练/孙炳铨主编）.—ISBN 7-5371-0588-X：0.70元

初中一年级教学目标与目标测试题：政治/西安市教育科学研究所，西安市教育委员会教研室编.—西安：陕西人民教育出版社，1990.11.—84页；32开.供下学期用.—ISBN 7-5419-2254-4：0.95元

初中二年级教学目标与目标测试题：政治/西安市教育科学研究所，西安市教育委员会教研室编.—西安：陕西人民教育出版社，1990.6.—61页；32开.供第一学期用.—ISBN 7-5419-1832-6：0.70元

初中三年级中国社会主义建设常识辅导与训练　上册/陕西省教育科学研究所编.—西安：陕西人民出版社，1990.7.—89页；32开.—（中学思想政治课辅导与练习丛书）.—ISBN 7-224-01392-7：1.10元

初中三年级教学目标与目标测试题：政治/西安市教育科学研究所，西安市教育委员会教研室编.—西安：陕西人民教育出版社，1990.6.—72页；32开.供第一学期用.—ISBN 7-5419-1859-8：0.75元

初中公民（上册）单元测试题.—太原：山西教育出版社，〔1990〕.—13张；16开.—ISBN 7-80578-112-5：0.45元

初中形势教育与政治教学/郁时杰等主编.—桂林：广西师范大学出版社，1990.3.—161页；32开.ISBN 7-5633-0728-1：1.70元

初中社会发展简史（上）单元测试题.—太原：山西教育出版社，〔1990〕.—14张；16开.—ISBN 7-80578-116-8：0.45元

初中《社会发展简史》《法律常识》基础知识与基本训练/泰县姜堰中学政治组编.—南京：江苏人民出版社，1990.11.—234页；32开.—ISBN 7-214-00593-X：2.70元

初中学习水平自测：政治/华东师大二附中编.—上海：少年儿童出版社，1990.12.—82页；32开.ISBN 7-5324-0959-7：0.90元

初中政治记忆要览/刘斯编著.—桂林：广西师范大学出版社，1990.2.—124页；32开.—ISBN 7-5633-0646-3：1.20元

初中政治达纲训练：《法律常识》/文行恕等编著.—南宁：广西教育出版社，1990.2.—154页；32开.—ISBN 7-5435-0771-4：1.55元

初中政治同步练习/仝相乾等主编.—济南：济南出版社，1990.8.—180页；32开.—ISBN 7-80572-310-9：1.95元

初中政治各类题型与解法/《初中政治各类题型与解法》编写组编.—2版.—南昌：江西教育出版社，1990.12.—155页；32开.—ISBN 7-5392-7018-3：1.40元
本书1989年12月第1版。

初中政治讲讲练练：社会发展简史　上册/詹强，王玉兰编.—太原：山西教育出版社，1990.6.—136页；32开.—（中学知识疏导与能力训练丛书/梁靖云，赵福民主编）.—ISBN 7-80578-183-4：1.45元

初中政治讲讲练练：社会发展简史　下册/詹强等编.—太原：山西教育出版社，1990.12.—121页；32开.—（中学知识疏导与能力训练丛书/梁靖云，赵福民主编）.—ISBN 7-80578-240-7：1.30元

初中政治导学：社会发展简史　上册/崔红有等编；郑、汴、洛三市教育局教研室主编.—修订本.郑州：河南教育出版社，1990.5.—63页；32开.—（初中课程导学丛书）.—ISBN 7-5347-0769-2：0.55元
本书1987年5月第1版。

初中政治导学：社会发展简史　下册/郑、汴、洛三市教委教研室主编.—郑州：河南教育出版社，1990.9.—68页；32开.—（初中课程导学丛书）.ISBN 7-5347-0871-0：0.58元

初中政治导学：法律常识/崔红有等编；郑、汴、洛三市教委教研室主编.—2版.—郑州：河南教育出版社，1990.3.—115页；32开.—（初中课程导学丛书）.—ISBN 7-5347-0768-4：0.88元
本书1987年5月第1版。

初中政治《社会发展简史》测试题集/夏菁荣等编.—南京：江苏人民出版社，1990.3.—185页；32开.—ISBN 7-214-00409-7：1.90元

初中政治学习指导/《初中学习指导》编写组编.2版.—上海：上海科学技术出版社，1990.2.—153页；32开.—（初中学习指导丛书）.—ISBN 7-5323-2050-2：1.50元
本书1989年2月第1版。

初中政治学习指导/陕西省教育科学研究所编.—西安：陕西人民教育出版社，1990.2.—167页；32开.ISBN 7-5419-1514-9：1.65元

初中政治学习指要/张维元等编.—上海：上海科学

技术出版社，1990.12.—132页；32开.—ISBN 7-5323-2418-4：1.40元

初中政治学习提要与检测/河南省教委中小学教研室编.—郑州：河南教育出版社，1990.12.—133页；32开.—(初中各科学习提要与检测).—ISBN 7-5347-0924-5：1.00元

初中政治标准化综合复习题/山西省教委教研室编.—太原：山西教育出版社，1990.12.—338页；32开.—ISBN 7-80578-269-5：2.85元

初中政治复习指南　下册/杨扬中等主编.—太原：山西教育出版社，1990.5.—118页；32开.—ISBN 7-80578-163-X：1.15元

初中政治重点、难点、解析与训练/许树新等编写.—桂林：广西师范大学出版社，1990.1.—182页；32开.—(中学各科教学重点难点解析丛书).ISBN 7-5633-0685-4：1.75元

初中政治总复习/北京市教育局教学研究部编.—2版.—北京：北京出版社，1990.8.—226页；32开.ISBN 7-200-00426-X：2.40元
本书1985年2月第1版。

初中政治教学目标测试/陆明祥编写.—2版.—南宁：广西教育出版社，1990.1.—88页；16开.—ISBN 7-5435-0460-X：1.75元
本书1989年2月第1版。

初中政治基础训练与测试/陈继明主编.—北京：农业出版社，1990.1.—48页；16开.—ISBN 7-109-01714-1：1.00元

初中政治基础知识和基本训练/张维元，张志庆等编.—上海：复旦大学出版社，1989.12.—119页；32开.—ISBN 7-309-00233-4：1.02元

初中政治精编/施国良主编.—上海：上海科学普及出版社，1990.1.—110页；32开.—ISBN 7-5427-0278-5：1.30元

初中综合复习与测试：政治/淮阴市教学研究室编.—南京：江苏教育出版社，1990.12.—241页；32开.—ISBN 7-5343-1177-2：1.90元

初级中学《公民》上册辅导解难与标准化训练：初中一年级使用/丛书编写组编.—南宁：广西教育出版社，1990.12.—92页；32开.—(中学课程辅导解难与标准化训练丛书).—ISBN 7-5435-1091-X：0.95元

初级中学实验课本中国社会主义建设常识上册教学参考书/天津市中学思想政治课改革教材编审委员会编.—3版.—天津：天津教育出版社，1990.8.—216页；32开.—ISBN 7-5309-0515-5：1.14元
本书1988年7月第1版。

初级中学实验课本社会发展简史上册教学参考书/天津市中学思想政治课改革教材编审委员会编.—3版.—天津：天津教育出版社，1990.8.—155页；32开.—ISBN 7-5309-0516-3：0.85元
本书1988年7月第1版。

初级中学课本(试用本)中国社会主义建设常识(上册)教学参考书/张鸿宾主编.—北京：人民教育出版社，1990.9.—222页；32开.—ISBN 7-107-00921-4：1.55元

国防教育：初中一年级/任应来主编.—成都：四川少年儿童出版社，1990.7.—78页；32开.—ISBN 7-5365-0558-2：1.13元

国防教育：初中二年级/任应来主编.—成都：四川少年儿童出版社，1990.7.—89页；32开.—ISBN 7-5365-0559-0：1.20元

国防教育：初中三年级/任应来主编.—成都：四川少年儿童出版社，1990.7.—83页；32开.—ISBN 7-5365-0560-4：1.20元

国防教育：高中学生使用/任应来主编.—成都：四川少年儿童出版社，1990.7.—189页；32开.—ISBN 7-5365-0561-2：2.11元

国情教育五十题/江西省教委教育科学研究所编.南昌：江西教育出版社，1990.5.—113页；32开.—(中学生国情教育读本).—ISBN 7-5392-0859-7：1.00元

《法律常识》目标教学内容与方法/尹升旭编.—开封：河南大学出版社，1990.7.—162页；32开.ISBN 7-81018-492-X：1.40元

《法律常识》《社会发展简史》学习指导/《法律常识》《社会发展简史》学习指导编写组编.—修订版.—南昌：江西人民出版社，1990.3.—166页；32开.—ISBN 7-210-00839-X：1.80元
本书1989年3月初版。

经济形势和经济常识学习指要/吴鸿泉等编.—南京：南京出版社，1990.2.—92页；32开.—ISBN 7-81560-163-1：1.00元

经济常识目标学习指导/丁继功，冯玉生编.—北京：学苑出版社，1990.7.—107页；32开.—(中学思想政治课目标学习指导丛书/张志建主编).ISBN 7-5077-0043-7：1.30元

经济常识纵横读/赵惠锁编著.—石家庄：河北人民出版社，1990.5.—98页；32开.—ISBN 7-202-00663-9：1.25元

经济常识学习指导/张鸿运等编.—西安：陕西人民出版社，1990.8.—117页；32开.—ISBN 7-224-01435-4：1.65元

经济常识学习指南/黄道友等编著.—2版(修订本).—郑州：河南教育出版社，1990.7.—183页；32开.—ISBN 7-5347-0682-3：1.50元

《经济常识》学法与训练指导　(下)/冯涛主编.桂林：广西师范大学出版社，1990.4.—87页；32开.ISBN 7-5633-0740-0：1.00元

经济常识（上册）辅导与练习/吉林省教育学院编.—长春：吉林教育出版社，1990.5.—78页；32开.—ISBN 7-5383-0978-0：0.59元

经济常识综合练习/景存璧等编.—西安：陕西人民出版社，1990.2.—107页；32开.—ISBN 7-224-01165-7：1.30元

政治/云大堂等编.—广州：中山大学出版社，1990.1.—226页；32开.—（高考标准化丛书；6）.ISBN 7-306-00265-1：1.90元

政治/冯仰书，康印泉主编.—太原：山西人民出版社，1990.1.—176页；32开.—（中师、中专考试复习指导丛书）.—ISBN 7-203-01501-7：1.70元

政治/吴正禄编.—合肥：中国科学技术大学出版社，1990.9.—90页；32开.—（特级教师指导学习丛书/仲哲明主编）.—ISBN 7-312-00137-8：1.30元

政治/福建省普通教育教学研究室编.—福州：福建教育出版社，1990.12.—233页；32开.—（高中毕业生学习指导丛书）.—ISBN 7-5334-0771-7：2.00元

政治/谢吉新等编.—成都：四川教育出版社，1990.11.—243页；32开.—（高中基础知识业余自学丛书）.—ISBN 7-5403-1448-9：1.89元

政治常识/蔡建基等主编.—桂林：广西师范大学出版社，1990.12.—152页；32开.—（政治学习指导）.—ISBN 7-5633-0875-X：1.60元

政治常识目标学习指导/魏安编.—北京：学苑出版社，1990.7.—119页；32开.—（中学思想政治课目标学习指导丛书/张志建主编）.—ISBN 7-5077-0044-5：1.60元

政治常识学习指导/邓守信等编.—西安：陕西人民出版社，1990.8.—169页；32开.—ISBN 7-224-01432-X：1.90元

政治常识学习指导/童怀宇等编.—2版.—上海：上海教育出版社，1990.2.—122页；32开.—ISBN 7-5320-1887-3：1.00元

本书1989年2月第1版。

政治常识学习指南/夏建新，郭慧智编.—3版.—郑州：河南教育出版社，1990.8.—197页；32开.ISBN 7-5347-0671-8：1.60元

政治常识学习思路与测试/蔡立河编著.—乌鲁木齐：新疆人民出版社，1990.1.—177页；32开.ISBN 7-228-01327-1：1.55元

《政治常识》《经济常识》学习指南/马洪明等主编.—长春：吉林大学出版社，1990.12.—246页；32开.—ISBN 7-5601-0692-7：2.50元

政治常识教学参考书：高中三年级/贵州省中学思想政治课试用教材编写组编.—贵阳：贵州人民出版社，1990.6.—176页；32开.—中学思想政治课试用教材.—ISBN 7-221-01816-2：1.15元

政治常识（全一册）辅导与练习/吉林省教育学院编.—长春：吉林教育出版社，1990.5.—134页；32开.—ISBN 7-5383-1002-9：0.94元

政治智能训练/吴特青主编.—西安：陕西人民出版社，1990.12.—136页；32开.—ISBN 7-224-01543-1：1.85元

政治智能训练与疑难解答/杨晓东，陈正奇主编.西安：陕西人民出版社，1990.10.—103页；32开.ISBN 7-221-01337-4：1.30元

科学人生观目标学习指导/詹强编.—北京：学苑出版社，1990.7.—115页；32开.—（中学思想政治课目标学习指导丛书/张志建主编）.—ISBN 7-5077-0042-9：1.30元

科学人生观学习指导/刘克敬等编.—西安：陕西人民出版社，1990.8.—120页；32开.—ISBN 7-224-01433-8：1.65元

科学人生观学习指南/边德义等编.—（修订本）.郑州：河南教育出版社，1990.8.—169页；32开.ISBN 7-5347-0688-2：1.40元

科学人生观（上册）辅导与练习/吉林省教育学院编.—长春：吉林教育出版社，1990.5.—64页；32开.—ISBN 7-5383-0965-9：0.49元

科学人生观综合练习　下册/屈培恒等编.—西安：陕西人民出版社，1990.2.—106页；32开.—ISBN 7-224-01204-1：1.30元

怎样上好政治课：中学政治课教学十法/石雁编著.—北京：开明出版社，1990.9.—96页；32开.（教育教学小丛书；2）.—ISBN 7-80077-009-6：1.15元

高一科学人生观下册单元学法与训练/谢石安，钱兆坤编.—乌鲁木齐：新疆青少年出版社，1990.1.82页；32开.—（中学课程单元学法与训练/孙炳铨主编）.—附参考答案.—ISBN 7-5371-0586-3：0.90元

高二经济常识下册单元学法与训练/杨玉明，蔡秀梅编.—乌鲁木齐：新疆青少年出版社，1990.1.71页；32开.—（中学课程单元学法与训练/孙炳铨主编）.—附参考答案.—ISBN 7-5371-0585-5：0.75元

高三政治测试题集/华明友等编.—南京：江苏人民出版社，1990.3.—250页；32开.—ISBN 7-214-00404-6：2.90元

高中一年级科学人生观课程辅导与训练：供上学期用/陕西省教育科学研究所编.—西安：陕西人民教育出版社，1990.6.—82页；32开.—ISBN 7-5419-1810-4：0.82元

高中一年级科学人生观课程辅导与训练：供下学期用/陕西省教育科学研究所编.—西安：陕西人民教育出版社，1990.11.—94页；32开.—ISBN 7-5419-2243-9：0.90元

高中二年级经济常识课程辅导与训练：供第一学期用/陕西省教育科学研究所编.—西安：陕西人民教育出版社，1990.6.—84页；32开.—ISBN 7-5419-1811-3：0.82元

高中三年级政治常识课程辅导与训练　全一册/陕西省教育科学研究所编.—西安：陕西人民教育出版社，1990.2.—136页；32开.—ISBN 7-5419-1585-8：1.30元

高中三年级政治常识课程辅导与训练：供全学年用/陕西省教育科学研究所编.—西安：陕西人民教育出版社，1990.6.—114页；32开.—ISBN 7-5419-1808-5：1.10元

高中自学辅导：政治/刘庆海主编.—北京：科学技术文献出版社，1990.2.—306页；32开.—ISBN 7-5023-1227-7：3.95元

高中各科基础知识：政治/浙江省教委教研室编.杭州：浙江教育出版社，1990.11.—258页；32开.ISBN 7-5338-0712-X：1.85元

高中时事政治综合指南/陈铁军等编著.—南宁：广西民族出版社，1990.4.—76页；32开.—ISBN 7-5363-0768-3：0.90元

高中学习水平自测：政治/华东师大二附中编.—上海：少年儿童出版社，1990.8.—142页；32开.ISBN 7-5324-0957-0：1.40元

高中政治学习纲要/河南省新乡市一中政治组编.郑州：河南教育出版社，1990.2.—105页；32开.ISBN 7-5347-0810-9：1.60元

高中政治复习题精选/江苏省泰县姜堰中学政治教研组编.—南京：江苏教育出版社，1990.8.—214页；32开.—ISBN 7-5343-1130-6：2.05元

高中政治预考会考精粹/江鸟等编.—西安：陕西人民教育出版社，1990.9.—85页；16开.—ISBN 7-5419-1963-2：1.80元

高中政治常识四步教学辅导/宗思政等编.—桂林：广西师范大学出版社，1990.3.—196页；32开.ISBN 7-5633-0740-X：2.00元

高中政治常识各类题型与解法/《高中政治常识各类题型与解法》编写组编.—南昌：江西教育出版社，1990.1.—172页；32开.—ISBN 7-5392-0835-X：1.44元

高考政治模拟题/吴特青等编.—西安：陕西人民教育出版社，1990.1.—67页；16开.—ISBN 7-5419-1503-3：1.15元

高级中学实验课本经济常识上册教学参考书/天津市中学思想政治课改革教材编审委员会编.—3版.天津：天津教育出版社，1990.8.—154页；32开.ISBN 7-5309-0517-1：0.85元

本书1988年7月第1版。

高级中学实验课本政治常识全一册教学参考书/天津市中学思想政治课改革教材编审委员会编.—3版.天津：天津教育出版社，1990.8.—173页；32开.ISBN 7-5309-0513-9：0.93元

本书1987年7月第1版。

新编中学思想政治课教案：中国社会主义建设常识（上）/张鸿宾主编.—北京：北京师范大学出版社，1990.9.—219页；32开.—ISBN 7-303-01039-4：2.45元

新编中学思想政治课教案：政治常识/彭万春主编.—修订本.—北京：北京师范大学出版社，1990.9.—352页；32开.—ISBN 7-303-01059-9：3.65元

新编初中政治自测/王大山等编著.—南京：江苏教育出版社，1990.1.—198页；32开.—ISBN 7-5343-0940-9：1.70元

新编政治常识学习指南/张拴升，毛明义编.—西安：未来出版社，1990.1.—165页；32开.—（高考复习丛书）.—ISBN 7-5417-0326-5：1.70元

G633.3　语　文

1978～1991年高考语文试题归类解析/吴修志等编.—武汉：武汉大学出版社，1988.12.—261页；32开.—ISBN 7-307-00294-9：3.45元

1988～1989京津沪鲁闽粤初中升高中试题及答案汇编：语文/浏柳泉等编.—济南：山东教育出版社，1990.3.—166页；32开.—（1988～1989京津沪鲁闽粤初中升高中试题及答案汇编丛书）.—ISBN 7-5328-0922-6：2.25元

1989～1990年全国中考语文试题选编/《1989～1990全国中考语文试题选编》编选组编.—石家庄：河北教育出版社，1990.12.—202页；32开.—附答案.—ISBN 7-5434-0661-6：1.75元

1989年中考试题汇编与解答：语文/林英绍等编.北京：学苑出版社，1990.1.—166页；32开.—ISBN 7-80060-161-7：2.10元

1989年全国中考题精选、解答及评析：语文/甘霖等主编.—成都：四川教育出版社，1990.3.—195页，32开.—ISBN 7-5408-1251-6：1.49元

1989年初中升学语文试题及解答/辽宁教育出版社编.—沈阳：辽宁教育出版社，1990.2.—320页；32开.—ISBN 7-5382-1076-3：2.70元

1989全国初中毕业升学试题与答案：语文/《1989全国初中毕业升学试题与答案》编辑组编.—北京：中国经济出版社，1990.2.—236页；32开.—ISBN 7-5017-0539-9：2.95元

1990年全国中考试题(含答案)汇编：语文/天津人民出版社编.—天津：天津人民出版社，1990.11.310页；32开.—ISBN 7-201-00558-8：3.20元

1990年全国中考试题研究：语文/陈凌云编著.—长春：东北师范大学出版社，1990.11.—151页；32开·ISBN 7-5602-0468-6：1.60元

1990年全国初中毕业升学试题精选与解答：语文/宗志成编.—长春：吉林教育出版社，1990.9.—237页；32开.—ISBN 7-5383-1109-2：1.75元

1990年全国部分省市高考语文标准化预考题解答/辽宁教育出版社编.—沈阳：辽宁教育出版社，1990.1.—364页；32开.—ISBN 7-5382-1027-X：3.05元

1990年全国高中升学预考试题和解答精选：语文/山军等选编.—北京：北京出版社，1990.11.—162页；32开.—ISBN 7-200-01074-X：2.20元

1990年初中升高中语文标准化试题/齐岳等编.—西安：陕西人民教育出版社，1990.10.—113页；16开.ISBN 7-5418-1937-3：1.90元

1990全国初中毕业(升学)试题及解答精选：语文/全国中学教育信息研究会编.—延吉：东北朝鲜民族教育出版社，1990.10.—126页；32开.—ISBN 7-5437-0805-1：1.50元

1991年全国部分省市中考语文标准化预考题解答/辽宁教育出版社编.—沈阳：辽宁教育出版社，1990.11.—249页；32开.—ISBN 7-5382-1256-6：2.15元

十年高考试题分类解析：语文/北大附中等五校编写组编.—北京：北京教育出版社，1990.6.—253页；32开.—ISBN 7-5303-0161-6：2.80元

义务教育三年制初级中学语文第一册(试用本)教师教学用书/人民教育出版社语文一室编著.—北京：人民教育出版社，1990.7.—372页；16开.—ISBN 7-107-00899-4：4.95元

义务教育三年制初级中学语文第二册(实验本)教师教学用书/人民教育出版社语文一室编写.—北京：人民教育出版社，1990.11.—343页；16开.—ISBN 7-107-00952-4：4.70元

云南省普通高级中学会考要求与练习：语文/云南省教育厅教研室主编.—昆明：云南教育出版社，1990.5.—63页；16开.—ISBN 7-5415-0330-4：1.40元

中小学语文作家作品词典/袁征等主编.—北京：群众出版社，1990.9.—304页；32开.—ISBN 7-5014-0507-0：4.50元

中考语文解题技巧/阎承玉等主编.—哈尔滨：黑龙江人民出版社，1990.1.—242页；32开.—ISBN 7-207-01476-7：2.70元

中考语文模拟题/《模拟题》编写组编.—西安：陕西人民教育出版社，1990.11.—91页；16开.—ISBN 7-5419-2065-7：1.60元

中学文言文助读：初中/王敬文编著.—北京：中国青年出版社，1990.6.—267页；32开.—ISBN 7-5006-0817-9：3.30元

中学文言文注析：初中一年级/陈石怀编著.—福州：福建教育出版社，1990.6.—110页；32开.ISBN 7-5334-0703-2：1.20元

中学文言文注析：初中二年级/陈石怀编著.—福州：福建教育出版社，1990.6.—163页；32开·ISBN 7-5334-0706-7：1.70元

中学文言文注析：初中三年级/陈石怀编著.—福州：福建教育出版社，1990.6.—196页；32开.ISBN 7-5334-0704-0：2.00元

中学文言文注析：高中一年级/陈石怀编著.—福州：福建教育出版社，1990.7.—270页；32开.ISBN 7-5334-0592-7：2.50元

中学文言文注析：高中三年级/陈石怀编著.—福州：福建教育出版社，1990.4.—261页；32开.ISBN 7-5334-0594-3：2.45元

中学文言文学习手册：初中部分/陈大夫等编著.长春：吉林人民出版社，1990.3.—339页；32开.ISBN 7-206-00714-7：3.30元

中学文言文索引词典/韩峥嵘主编.—长春：吉林大学出版社，1990.2.—998页；32开.—ISBN 7-5601-0351-0(精装)：14.50元

中学文言知识集要/刘文仲等主编.—青岛：青岛出版社，1990.9.—346页；32开.—ISBN 7-5436-0480-9：3.20元

中学文言实词手册/徐振维等编.—修订本.—上海：上海教育出版社，1990.7.—673页；32开.ISBN 7-5320-0899-9：6.20元

中学文言课文详解：重编本：高中三年级/《中学文言课文详解》编写组编.—上海：上海教育出版社，1990.9.—273页；32开.—ISBN 7-5320-1826-1：2.20元

中学文言难句析疑/赵丕杰著.—北京：北京教育出版社，1990.10.—464页；32开.—ISBN 7-5303-0151-9：6.05元

中学古文知识问答/知行，江湘编著.—长沙：湖南教育出版社，1990.5.—190页；32开.—ISBN 7-5355-1132-5：1.70元

中学古诗文对照注译：高中部分　中册/邹芳村等编著.—2版(增订本).—南宁：广西民族出版社，1990.3.—456页；32开.—(文言助读丛书).—ISBN 7-5363-0539-7：2.95元

中学古诗文对照注译：高中部分　下册/刘岳松等

编著.—2版（增订本）.—南宁：广西民族出版社，1990.3.—508页；32开.—（文言助读丛书）.—ISBN 7-5363-0540-0：3.55元

中学生文言知识手册/沈广衷等编著.—福州：福建人民出版社，1990.9.—628页；64开.—ISBN 7-211-01152-1：2.65元

中学生文学手册/肖钧编著.—北京：中国社会出版社，1990.10.—278页；32开.—ISBN 7-80088-050-8：3.30元

中学生语文一日一讲：初中一年级/《中学生语文一日一讲》编写组编.—南昌：江西教育出版社，1990.1.—245页；32开.—ISBN 7-5392-0375-6：2.04元

中学生语文一日一讲：初中二年级/《中学生语文一日一讲》编写组编.—南昌：江西教育出版社，1990.1.—274页；32开.—ISBN 7-5392-0374-8：2.23元

中学生语文一日一讲：初中三年级/《中学生语文一日一讲》编写组编.—南昌：江西教育出版社，1990.1.—291页；32开.—ISBN 7-5392-0376-4：2.39元

中学生语文一日一讲：高中一年级/《中学语文一日一讲》编写组编.—南昌：江西教育出版社，1990.1.—302页；32开.—ISBN 7-5392-0383-8：2.48元

中学生语文一日一讲：高中二年级/《中学语文一日一讲》编写组编.—南昌：江西教育出版社，1990.1.—328页；32开.—ISBN 7-5392-0384-6：2.68元

中学生语文一日一讲：高中三年级/《中学语文一日一讲》编写组编.—南昌：江西教育出版社，1990.1.—382页；32开.—ISBN 7-5392-0385-4：3.05元

中学生语文知识实用手册/范守纲主编.—杭州：浙江教育出版社，1990.4.—375页；32开.—ISBN 7-5338-0638-7：3.60元

中学汉语文教学与研究　第一期/东北朝鲜民族教育出版社汉语文编辑室，辽宁、吉林、黑龙江省教育学院民教部编.—延吉：东北朝鲜民族教育出版社，1990.5.—98页；大32开.—ISBN 7-5437-0654-7：0.76元

中学汉语文教学与研究：1990年　第二期/东北朝鲜民族教育出版社汉语文编辑室，辽宁、吉林、黑龙江省教育学院民教部编.—延吉：东北朝鲜民族教育出版社，1990.12.—151页；大32开.—ISBN 7-5437-0799-5：1.05元

中学学科自测ABC：初中语文/华东师大二附中编.—上海：上海科学技术出版社，1990.2.—154页；32开.—一年级用.—ISBN 7-5323-1689-0：1.55元

中学学科自测ABC：初中语文/华东师大二附中编.—上海：上海科学技术出版社，1990.2.—151页；32开.—二年级用.—ISBN 7-5323-1937-7：1.55元

中学学科自测ABC：初中语文/华东师大二附中编.—上海：上海科学技术出版社，1990.2.—166页；32开.—三年级用.—ISBN 7-5323-1924-5：1.65元

中学学科自测ABC：高中语文/华东师大二附中编.—上海：上海科学技术出版社，1990.2.—146页；32开.—一年级用.—ISBN 7-5323-1706-4：1.45元

中学学科自测ABC：高中语文/华东师大二附中编.—上海：上海科学技术出版社，1990.2.—147页；32开.—二年级用.—ISBN 7-5323-1964-4：1.60元

中学学科自测ABC：高中语文/华东师大二附中编.—上海：上海科学技术出版社，1990.2.—175页；32开.—三年级用.—ISBN 7-5323-1818-4：1.75元

中学语文分类词语/彭文渊，杨志祥编.—成都：四川教育出版社，1990.1.—261页；32开.—ISBN 7-5408-1169-2：2.90元

中学语文归类导读与训练：高中分册/钱中立，朱友勤主编.—西宁：青海人民出版社，1990.2.—317页；32开.—ISBN 7-225-00345-3：2.95元

中学语文传统课文参考资料：文言文部分/吴尚夫主编.—上海：上海教育出版社，1990.9.—740页；大32开.—ISBN 7-5320-1438-X（精装）：8.90元

中学《语文》自读课文选讲：初中部分/张庆康主编.—乌鲁木齐：新疆大学出版社，1990.9.—159页；32开.—ISBN 7-5631-0157-8：2.20元

中学《语文》自读课文选讲：高中部分/陆炎主编.—乌鲁木齐：新疆大学出版社，1990.6.—188页；32开.—ISBN 7-5631-0142-X：2.25元

中学语文听说读写教学论/钟和诚著.—成都：四川教育出版社，1990.8.—327页；32开.—ISBN 7-5408-1332-6：3.30元

中学语文作家小传/张正臣等主编.—北京：地震出版社，1990.1.—299页；32开.—ISBN 7-5028-0345-9：3.50元

本书对192名古今中外著名作家的生平、思想和著作，分别作了简要的评介。

中学语文词典/《中学语文词典》编写组编.—福州：福建人民出版社，1990.4.—354页；32开.ISBN 7-211-01135-1：4.50元

中学语文词典/闵家骥，晁继周著.—北京：北京教

育出版社，1990.1.—1456页；32开.—ISBN 7-5303-0093-3（精装）：19.80元

中学语文词语手册：初中　第一册/聂良琪等编著.—郑州：河南教育出版社，1990.5.—185页；32开.—ISBN 7-5347-0499-5：1.30元

中学语文词语手册：初中　第二册/柳茵等编著.郑州：河南教育出版社，1990.12.—180页；32开.ISBN 7-5347-0874-5：1.50元

中学语文词语手册：初中　第三册/《中学语文词语手册》编写组编.—郑州：河南教育出版社，1990.5.150页；32开.—ISBN 7-5347-0500-0：1.10元

中学语文词语手册：初中　第四册/《中学语文词语手册》编写组编.—郑州：河南教育出版社，1990.12.—157页；32开.—ISBN 7-5347-0375-3：1.35元

中学语文词语手册：初中　第五册/戈安，迟恩编著.—郑州：河南教育出版社，1990.6.—237页；32开.—ISBN 7-5347-0501-0：1.65元

中学语文词语手册：初中　第六册/迟恩等编著.郑州：河南教育出版社，1990.10.—200页；32开.ISBN 7-5347-0876-1：1.65元

中学语文词语汇释与训练：初中　第五册/刘跃池等编写.—太原：山西教育出版社，1990.—203页；32开.—ISBN 7-80578-066-8：1.80元

中学语文知识辨难333/马春暄编著.—福州：福建少年儿童出版社，1990.10.—315页；32开.—ISBN 7-5395-0417-X：3.20元

中考语文试题精编评析/胡学增主编；禹维民等编.—西安：陕西人民教育出版社，1990.10.—125页；16开.—（中考高考试题精编丛书）.—ISBN 7-5419-1749-4：2.30元

中学语文修订教材疑难问题解析：初中　上册/张翼健主编.—长春：吉林文史出版社，1990.4.—243页；32开.—ISBN 7-80528-220-X：2.65元

中学语文修订教材疑难问题解析：高中　上册/张翼健主编.—长春：吉林文史出版社，1990.4.—210页；32开.—ISBN 7-80528-221-8：2.30元

中学语文读写手册：初中　第一册/陈怡盛主编.桂林：广西师范大学出版社，1990.8.—128页；32开.—ISBN 7-5633-0793-1：1.25元

中学语文读写手册：初中　第二册/陈怡盛主编.桂林：广西师范大学出版社，1990.2.—143页；32开.—ISBN 7-5633-0652-8：1.25元

中学语文读写手册：初中　第三册/谭垂祺主编.桂林：广西师范大学出版社，1990.8.—131页；32开.—ISBN 7-5633-0777-X：1.25元

中学语文读写手册：初中　第四册/谭垂祺主编.桂林：广西师范大学出版社，1990.2.—127页；32开.—ISBN 7-5633-0653-6：1.25元

中学语文读写手册：初中　第五册/邓传俊主编.桂林：广西师范大学出版社，1990.8.—128页；32开.—ISBN 7-5633-0794-X：1.25元

中学语文读写手册：初中　第六册/邓传俊主编.桂林：广西师范大学出版社，1990.2.—143页；32开.—ISBN 7-5633-0654-4：1.25元

中学语文读写手册：高中　第一册/罗劲主编.—桂林：广西师范大学出版社，1990.8.—128页；32开.ISBN 7-5633-0896-2：1.25元

中学语文读写手册：高中　第二册/罗劲主编.—桂林：广西师范大学出版社，1990.2.—136页；32开.ISBN 7-5633-0655-2：1.25元

中学语文读写手册：高中　第四册/李道信主编.桂林：广西师范大学出版社，1990.2.—136页；32开.—ISBN 7-5633-0656-0：1.25元

中学语文读写手册：高中　第六册/卢致远主编.桂林：广西师范大学出版社，1990.2.—132页；32开.—ISBN 7-5633-0657-9：1.25元

中学语文读写同步/钱蔚民主编.—西安：陕西人民出版社，1990.7.—311页；32开.—初中一年级用.ISBN 7-224-00782-X：3.80元

中学语文课文德育阐述/黄显裕主编.—广州：中山大学出版社，1990.4.—228页；32开.—ISBN 7-306-00306-2：2.98元

中学语文教材教法/陈毛美，郑蓉芳主编.—长春：东北师范大学出版社，1990.2.—421页；大32开.全国高等师范专科学校教材.—ISBN 7-5602-0319-1：2.80元

中学语文教改十年/江苏省中学语文教研会编.—南京：江苏教育出版社，1990.8.—291页；大32开.ISBN 7-5343-1109-8：3.50元

中学语文教学手册/北京教育学院编.—北京：北京教育出版社，1990.6.—1164页；大32开.—（中学教学手册）.—ISBN 7-5303-0048-2（精装）：17.50元；（平装）：15.40元

中学语文教学论文集/李光裕主编.—昆明：云南教育出版社，1990.10.—445页；32开.—ISBN 7-5415-0402-5：5.50元

中学语文教学改革论文选/甘肃省中学语文教学研究会编.—兰州：甘肃教育出版社，1990.12.—262页；32开.—ISBN 7-5423-018-X：2.65元

中学语文教学法/王华敏主编.—广州：广东高等教育出版社，1990.8.—315页；32开.—ISBN 7-5361-0527-4：3.95元

中学语文教学重点、难点、基点：初中　第一册/胡道吾主编.—长沙：湖南师范大学出版社，1990.8.—275页；32开.—ISBN 7-81031-030-5：2.90元

中学语文教学重点、难点、基点：初中　第二册/

胡道吾主编.一长沙：湖南师范大学出版社，1990.11.—263页；32开.—ISBN 7-81031-051-8：2.80元

中学语文教学重点、难点、基点：初中 第四册/胡道吾主编.一长沙：湖南师范大学出版社，1990.11.—265页；32开.—ISBN 7-81031-052-6：2.80元

中学语文教学重点、难点、基点：初中 第五册/胡道吾主编.一长沙：湖南师范大学出版社，1990.8.—270页；32开.—ISBN 7-81031-032-1：2.90元

中学语文教学重点、难点、基点：初中 第六册/胡道吾主编.一长沙：湖南师范大学出版社，1990.12.—246页；32开.—ISBN 7-81031-053-4：2.80元

中学语文教学重点、难点、基点：高中 第二册/胡道吾主编.一长沙：湖南师范大学出版社，1990.12.—243页；32开.—ISBN 7-81031-054-2：2.80元

中学语文教学重点、难点、基点：高中 第三册/胡道吾主编.一长沙：湖南师范大学出版社，1990.8.—222页；32开.—ISBN 7-81031-034-8：2.60元

中学语文教学重点、难点、基点：高中 第四册/胡道吾主编.一长沙：湖南师范大学出版社，1990.12.—245页；32开.—ISBN 7-81031-055-0：2.80元

中学语文教学重点、难点、基点：高中 第五册/胡道吾主编.一长沙：湖南师范大学出版社，1990.8.—223页；32开.—ISBN 7-81031-035-6：2.60元

中学语文教学重点、难点、基点：高中 第六册/胡道吾主编.一长沙：湖南师范大学出版社，1990.12.—191页；32开.—ISBN 7-81031-056-9：2.80元

中学语文教学渗透贯穿思想教育纲要/山西省实验中学编.一太原：山西教育出版社，1990.12.—82页；32开.—ISBN 7-80578-379-9：0.90元

中学语文基本教学技能/毕养赛主编.一杭州：浙江教育出版社，1990.2.—317页；大32开.—ISBN 7-5338-0739-1：3.50元

中学语文新析/赵泽宗，李福亿主编.一北京：中国经济出版社，1990.9.—241页；32开.—ISBN 7-5017-0813-4：3.10元

中学语文疑难词句解析集珍/江苏省语言学会主编.一南京：江苏文艺出版社，1990.8.—190页；32开.—(语文知识丛书).—ISBN 7-5399-0201-9：2.30元

中学语文整体系列训练：初中 第六册/叶志盛等编著.—2版.一广州：科学普及出版社广州分社，1990.2.—114页；32开.—ISBN 7-110-01420-7：1.50元

本书1989年2月第1版。

中学语法教材讲析/何伟渔著.一上海：华东师范大学出版社，1990.3.—77页；32开.—ISBN 7-5617-0182-9：1.20元

中学语法教学问题解答/山东省语法研究会编.一济南：山东教育出版社，1990.7.—262页；32开.ISBN 7-5328-0936-6：2.15元

中学语法新解/朱文雄编著.一南宁：广西民族出版社，1990.9.—319页；32开.—ISBN 7-5363-0806-X：4.00元

中学教学语法问答/张文郁主编.一北京：北京语言学院出版社，1990.11.—333页；大32开.—ISBN 7-5619-0109-7：4.45元

中学教学语法详解/王汉长，益仁编著.一北京：北京教育出版社，1990.12.—232页；32开.—ISBN 7-5303-0173-X：2.45元

中学教学语法举要/陆炎等编著.一乌鲁木齐：新疆人民出版社，1990.4.—287页；32开.—ISBN 7-228-01333-6：2.40元

中学教学语法解析/安家驹，肖辉嵩著.一沈阳：辽宁教育出版社，1990.2.—200页；32开.—ISBN 7-5382-0697-3：1.95元

中学教学语法新体系例说/张世中等编著.一西安：陕西师范大学出版社，1990.6.—100页；32开.ISBN 7-5613-0329-7：2.00元

中学鲁迅作品助读/郑智等编.一北京：文化艺术出版社，1990.4.—489页；大32开.—ISBN 7-5039-0222-1：6.50元

中学新旧语法体系比较/胡光斌著.一贵阳：贵州人民出版社，1990.8.—165页；32开.—ISBN 7-221-01844-4：1.98元

中学新语法学习手册/冯家俊，金建陵主编.一南京：南京出版社，1990.10.—312页；32开.—ISBN 7-80560-280-3：3.00元

文言文阅读基本能力培养/王宁著.一北京：学苑出版社，1990.11.—182页；32开.—(语文基本能力培养丛书/叶苍岑主编).—ISBN 7-5077-0079-8：3.00元

文言文精解及迁移训练：初中 上册/张立华主编.哈尔滨：黑龙江人民出版社，1990.8.—222页；32开.—ISBN 7-207-1650-6：2.80元

文言文精解及迁移训练：高中 上册/张立华主编.哈尔滨：黑龙江人民出版社，1990.8.—238页；32开.—ISBN 7-207-01651-4：3.00元

文言教学应用手册/陈荣林主编.一南京：江苏教育出版社，1990.9.—275页；32开.—ISBN 7-5343-1145-4：2.90元

文圃：初中语文同步训练专辑/苏鲁豫皖中学语文研讨会编.一郑州：河南教育出版社，1990.8.—319页；32开.—ISBN 7-5347-0834-6：2.15元

古文选译：初中一年级/黄大荣等编译.一修订本.一贵阳：贵州人民出版社，1990.7.—60页；32开.—ISBN 7-221-01576-7：0.80元

古文选译：初中二年级/黄大荣等编译.一修订

本.—贵阳：贵州人民出版社，1990.7.—68页；32开.—ISBN 7-221-01577-5：0.90元

古文选译：初中三年级/黄大荣等编译.—修订本.—贵阳：贵州人民出版社，1990.7.—108页；32开.—ISBN 7-221-01578-3：1.20元

古代诗文译释：古今对译·语词释义/董家平主编.—西宁：青海人民出版社，1990.1.—187页；32开.—一九八八年新版初级中学语文课本.—ISBN 7-225-00322-4：2.50元

古典诗词鉴赏九十六首/林涛，林学海主编.—北京：中国妇女出版社，1990.7.—314页；大32开.—（初中语文辅导读物）.—ISBN 7-80016-312-1：3.80元

古诗文译注评析：初中部分/熊江平主编；师为公等编写.—北京：语文出版社，1990.8.—621页；32开.—中学语文修订课本.—ISBN 7-80006-158-2：7.20元

古诗文译注评析：高中部分　上册/熊江平主编；曾谷荪等编写.—北京：语文出版社，1990.8.—464页；32开.—中学语文修订课本.—ISBN 7-80006-171-X：5.60元

古诗文译注评析：高中部分　中册/熊江平主编；曾谷荪等编写.—北京：语文出版社，1990.8.—418页；32开.—中学语文修订课本.—ISBN 7-80006-287-2：5.10元

古诗文译注评析：高中部分　下册/熊江平主编；曾谷荪等编写.—北京：语文出版社，1990.8.—410页；32开.—中学语文修订课本.—ISBN 7-80006-170-1：5.00元

古诗词名篇欣赏：中学语文自读课文选讲/王述湘主编.—乌鲁木齐：新疆大学出版社，1990.12.—221页；32开.—ISBN 7-5631-0174-8：3.60元

目标检测试题：初中语文/全国中学教育信息研究会编.—延吉：东北朝鲜民族教育出版社，1990.2.63页；8开.—ISBN 7-5437-0658-X：1.30元

目标检测试题：高中语文/全国中学教育信息研究会编.—延吉：东北朝鲜民族教育出版社，1990.2.102页；8开.—ISBN 7-5437-0670-9：2.00元

句子句群例析：中学新教学语法/林枫桐等编.—长春：吉林大学出版社，1990.10.—140页；32开.ISBN 7-5601-0633-2：1.50元

全国中考试题归类与分析：语文/郭杰森主编；郭杰村等编写.—福州：福建少年儿童出版社，1990.12.—200页；32开.—ISBN 7-5395-0446-3：2.00元

全国中考语文题型研究与实例分析/尚勤等编.—北京：光明日报出版社，1990.12.—271页；32开.ISBN 7-80014-970-6：4.00元

全国中考语文题型研究与实例精选/尚勤等编.—桂林：广西师范大学出版社，1990.1.—408页；32开.（中学各科教学重点难点解析丛书）.—ISBN 7-5633-0732-X：3.95元

全国初中语文教学调查与分析/王光祖主编.—上海：华东师范大学出版社，1990.6.—297页；大32开.—ISBN 7-5617-0578-6（精装）：6.45元；（平装）：4.60元

全国重点中学期中期末考试（1989～1990上学期）初三语文试题·答案·讲评/十一所全国重点中学编写.—天津：天津人民出版社，1990.9.—237页；32开.—ISBN 7-201-00387-1：2.60元

全国重点中学期中期末考试（1989～1990上学期）高三语文试题·答案·讲评/十一所全国重点中学编写.—天津：天津人民出版社，1990.9.—308页；32开.—ISBN 7-201-00586-3：3.20元

全国部分省、市语文中考精选试题解：1990/欧阳霞等编.—太原：山西教育出版社，1990.12.—235页；32开.—ISBN 7-80578-360-8：2.15元

多解选择题及答案：初中语文/多选题编写小组编.—北京：海洋出版社，1990.1.—133页；32开.（升学应试辅导丛书）.—ISBN 7-5027-0311-X：1.60元

初三语文综合训练与指导/李长明主编.—沈阳：辽宁人民出版社，1990.2.—87页；32开.—ISBN 7-205-01303-8：1.00元

初中一年级语文"思考和练习"题解析　一、二册/侯尚忠等编.—郑州：河南教育出版社，1990.12.178页；32开.—供教学参考用.—ISBN 7-5347-0823-0：1.50元

初中一年级语文课程辅导与训练/陕西省教育科学研究所编.—西安：陕西人民教育出版社，1990.10.183页；32开.—（初中课程学习辅导与训练丛书）.供下学期用.—ISBN 7-5419-1908-8：1.70元

初中一年级教学目标与目标测试题：语文/西安市教育科学研究所，西安市教育委员会教研室编.—西安：陕西人民教育出版社，1990.3.—174页；32开.ISBN 7-5419-1541-6：1.60元

初中一年级第一学期语文单元测试/语文科单元测试编写组编.—广州：广东教育出版社，1990.7.103页；32开.—ISBN 7-5406-0952-4：1.00元

初中一年级第二学期语文单元测试/语文科单元测试编写组编.—广州：广东教育出版社，1990.1.68页；32开.—ISBN 7-5406-1071-9：0.79元

初中二年级语文"思考和练习"题解析　三、四册/侯尚忠等编.—郑州：河南教育出版社，1990.6.185页；32开.—供教学参考用.—ISBN 7-5347-0824-9：1.60元

初中二年级语文课程辅导与训练/陕西省教育科学研究所编.—西安：陕西人民教育出版社，1990.10.202页；32开.—（中学课程辅导与训练丛书）.—供下学期用.—ISBN 7-5419-1905-3：1.80元

初中二年级教学目标与目标测试题：语文/西安市教育科学研究所，西安市教育委员会教研室编.—西安：陕西人民教育出版社，1990.4.—179页；32开.ISBN 7-5419-1542-4：1.60元

初中二年级第一学期语文单元测试/语文科单元测试编写组编.—广州：广东教育出版社，1990.7.104页；32开.—ISBN 7-5406-1113-8：1.00元

初中二年级第二学期语文单元测试/语文科单元测试编写组编.—广州：广东教育出版社，1990.1.—82页；32开.—ISBN 7-5406-1072-7：0.92元
本书于同年12月出版了第2版，定价0.81元。

初中三年级语文课程辅导与训练/陕西省教育科学研究所编.—西安：陕西人民教育出版社，1990.10.194页；32开.—（初中课程学习辅导与训练丛书）.供下学期用.—ISBN 7-5419-1904-5：1.70元

初中三年级教学目标与目标测试题：语文/西安市教育科学研究所，西安市教育委员会教研室编.—西安：陕西人民教育出版社，1990.3.—158页；32开.ISBN 7-5419-1546-7：1.45元

初中三年级第一学期语文单元测试/语文科单元测试编写组编.—广州：广东教育出版社，1990.7.101页；32开.—ISBN 7-5406-0953-2：1.00元

初中三年级第二学期语文单元测试/语文科单元测试编写组编.—广州：广东教育出版社，1990.1.101页；32开.—ISBN 7-5406-1073-5：1.10元
本书于同年12月出版了第2版，定价0.75元。

初中升学试题解题思路指点：语文/伍合柱，尹易编.—天津：新蕾出版社，1990.2.—266页；32开.ISBN 7-5307-0544-X：2.85元

初中升学试题解题思路指点：语文/肖毅等编.—2版（修订本）.—天津：新蕾出版社，1990.12.—274页；32开.—ISBN 7-5307-0827-9：2.95元

初中文言文并列式通译与注释　（二）/朱建国编.南京：江苏少年儿童出版社，1990.7.—90页；16开.ISBN 7-5346-0518-0：1.90元

初中文言文并列式通译与注释：合订本/朱建国编.南京：江苏少年儿童出版社，1990.8.—102页；16开.—ISBN 7-5346-0511-2：4.60元

初中文言文注释考辩/孟正民编著.—西安：陕西人民教育出版社，1990.12.—133页；32开.—ISBN 7-5419-1959-4：1.50元

初中文言文译释　第一册/孙天章，高全套主编.郑州：中州古籍出版社，1990 5.—56页；32开.ISBN 7-5348-0143-5：0.95元

初中文言文译释　第五册/孙天章，高全套主编.郑州：中州古籍出版社，1990 5.—109页；32开.ISBN 7-5348-0164-8：1.40元

初中文言文详解：言文对照·夹注尾评/曹日升等编写.—2版.—长沙：湖南教育出版社，1990.8.—279页；32开.—ISBN 7-5355-0002-1：2.70元
本书1987年1月第1版。

初中文言难句解析/周庆生，西野石编著.—武汉：湖北少年儿童出版社，1990.5.—153页；32开.ISBN 7-5353-0869-1：1.50元

初中古文评注：续补本/黄燕萍编.—南昌：江西教育出版社，1990.4.—124页；32开.—ISBN 7-5392-0809-0：1.25元

初中古诗文助读/陈兰村主编.—杭州：浙江教育出版社，1990.7.—360页；32开.—ISBN 7-5338-0667-0：2.75元

初中古诗文译注/王沛霖等编.—天津：新蕾出版社，1990.2.—404页；32开.—ISBN 7-5307-0486-9：4.20元

初中古诗赏读/段云焕，吴禹春编著.—哈尔滨：黑龙江人民出版社，1990.3.—302页；32开.—ISBN 7-207-01338-8：3.95元

初中生古诗词赏析　第一册/奚少庚，魏占林主编.长春：吉林人民出版社，1990.5.—120页；32开.一年级用.—ISBN 7-206-00746-5：1.50元

初中生古诗词赏析　第二册/奚少庚，魏占林主编.—长春：吉林人民出版社，1990.5.—120页；32开.—二年级用.—ISBN 7-206-00747-3：1.50元

初中生古诗词赏析　第三册/奚少庚，魏占林主编.—长春：吉林人民出版社，1990.5.—120页；32开.—三年级用.—ISBN 7-206-00748-1：1.50元

初中汉语文复习资料/东北朝鲜民族教育出版社汉语文编辑室编.—4版.—延吉：东北朝鲜民族教育出版社，1990.12.—202页；32开.—ISBN 7-5437-0066-2：1.10元
本书1986年11月第1版。

初中汉语知识练习与答案/王松泉，寿永明主编.大连：大连出版社，1990.1.—195页；32开.—ISBN 7-80555-274-6：2.60元

初中成语手册/沈燃生，孙正义编著.—上海：华东师范大学出版社，1990.6.—300页；32开.—ISBN 7-5617-0658-8：2.65元

初中现代汉语语法知识及练习/郑令中等编著.—北京：北京师范学院出版社，1990.4.—198页；32开.新中学教学语法系统　供中学生使用.—ISBN 7-81014-401-4：2.25元

初中语文一年级升级准备/张必锟等编写.—天津：新蕾出版社，1990.12.—210页；32开.—（升级准备丛书/顾振彪，王文英主编）.—ISBN 7-5307-0766-3：2.20元

初中语文二年级升级准备/孟书成等编写.—天津：新蕾出版社，1990.12.—265页；32开.—（升级准备丛书/顾振彪，王文英主编）.—ISBN 7-5307-0767-1：2.70元

初中语文三年级升级准备/程汉杰等编写.—天津：新蕾出版社，1990.12.—266页；32开.—(升级准备丛书/顾振彪，王文英主编).—ISBN 7-5307-0768-X：2.70元

初中语文中考水平测试题精编/中考水平试题编写组编；赵明大主编.—北京：华夏出版社，1990.7·188页；32开.—(中考水平测试丛书).—ISBN 7-80053-743-9：2.00元

初中语文水平自测/北京景山学校初中语文组编.郑州：河南教育出版社，1990.6.—261页；32开.ISBN 7-5347-0503-7：1.80元

初中语文古代诗词曲诠释/周慎钦，冯永安编著.南京：江苏人民出版社，1990.12.—249页；32开.ISBN 7-214-00599-9：3.10元

初中语文古诗文讲析：一年级/山西省教育委员会教研室、电教馆编.—太原：山西教育出版社，1990.6.—88页；32开.—ISBN 7-80578-151-6：1.25元

初中语文古诗文讲析：二年级/山西省教育委员会教研室、电教馆编.—太原：山西教育出版社，1990.7.—148页；32开.—ISBN 7-80578-152-4：1.65元

初中语文古诗文讲析：三年级/山西省教育委员会教研室、电教馆编.—太原：山西教育出版社，1990.6.—165页；32开.—ISBN 7-80578-153-2：1.80元

初中语文古诗文译注/《初中语文古诗文译注》编写组编写.—成都：四川人民出版社，1990.1.—171页；32开.—ISBN 7-220-00761-2：1.85元

初中语文目标教学内容与方法　第二册/高丽丽等编.—开封：河南大学出版社，1990.1.—151页；32开.—ISBN 7-81018-403-2：1.20元

初中语文目标教学内容与方法　第四册/胡念五，高彦富编.—开封：河南大学出版社，1990.1.—130页；32开.—ISBN 7-81018-402-4：1.20元

初中语文目标教学内容与方法　第六册/蒋玮等编.—开封：河南大学出版社，1990.1.—116页；32开.—ISBN 7-81018-401-6：1.20元

初中语文达标教学指南　第二册/邵致新主编；西北工业大学附中编.—西安：西北工业大学出版社，1990.3.—111页；32开.—ISBN 7-5612-0204-0：1.60元

初中语文达标教学指南　第四册/邵致新主编.—西安：西北工业大学出版社，1990.3.—93页；32开.ISBN 7-5612-0205-9：1.40元

初中语文达标教学指南　第六册/邵致新主编.—西安：西北工业大学出版社，1990.3.—86页；32开.ISBN 7-5612-0206-7：1.30元

初中语文自读指南　(二)/陈志聪，沈海松主编.—昆明：云南教育出版社，1990.2.—110页；32开.—ISBN 7-5415-0369-X：1.20元

初中语文自读指南　(四)/魏顺国，王希成主编.昆明：云南教育出版社，1990.4.—136页；32开.ISBN 7-5415-0370-3：1.20元

初中语文自读指南　(六)/赵宗焜，杨淑筠主编.昆明：云南教育出版社，1990.4.—106页；32开.ISBN 7-5415-371-1：1.20元

初中语文各类题型与解法/《初中语文各类题型与解法》编写组编.—南昌：江西教育出版社，1990.1.226页；32开.—ISBN 7-5392-0717-5：1.83元

本书于同年12月出版了第2版。

初中语文词语手册/张寿康主编.—增修本.—天津：新蕾出版社，1990.2.—442页；32开.—ISBN 7-5307-0460-5：4.90元

本书按初中语文课本的册数及课文顺序编写的，共收词目5495条。

初中语文词语手册　第三册/《初中语文词语手册》编写组编.—5版.—长沙：湖南教育出版社，1990.6.—146页；32开.—ISBN 7-5355-0255-5：1.10元

本书1987年6月第1版。

初中语文词语例释手册：初一年级/牛宝彤主编.—兰州：甘肃教育出版社，1990.7.—309页；32开.—ISBN 7-5423-0140-3：3.45元

初中语文词语例释手册：初二年级/牛宝彤主编.—兰州：甘肃教育出版社，1990.7.—198页；32开.—ISBN 7-5423-0141-1：2.35元

初中语文词语例释手册：初三年级/牛宝彤主编.—兰州：甘肃教育出版社，1990.6.—192页；32开.—ISBN 7-5423-0161-6：2.15元

初中语文补充教材学习辅导　第一册/王卫国，谢佳能编.—南宁：广西教育出版社，1990.7.—65页；32开.—ISBN 7-5435-0916-4：0.75元

初中语文补充教材学习辅导　第五册/马建华，周积宁编.—南宁：广西教育出版社，1990.7.—58页；32开.—ISBN 7-5435-0911-3：0.68元

初中语文知识训练　第一册/刘侠民，史仁广编.南昌：21世纪出版社，1990.8.—40页；16开.—初一年级用.—ISBN 7-5391-0391-4：1.00元

初中语文知识训练　第三册/刘侠民，史仁广编.南昌：21世纪出版社，1990.8.—40页；16开.—初二年级用.—ISBN 7-5391-0392-2：1.00元

初中语文知识训练　第五册/刘侠民，史仁广编.南昌：21世纪出版社，1990.8.—40页；16开.—ISBN 7-5391-0407-4：1.00元

初中语文知能精要/余润泽等主编.—北京：知识出版社，1990.2.—244页；32开.—ISBN 7-5015-0402-4：2.20元

初中语文单元自测与辅导：一年级上学期/掌握学习实验用书初中编写组编.—2版.—福州：福建人民

出版社，1990.5.—121页；32开.—掌握学习实验用书.—ISBN 7-211-01273-0：1.00元
本书1989年7月第1版。

初中语文单元自测与辅导：一年级下学期/掌握学习实验用书初中编写组编.—2版.—福州：福建人民出版社，1990.10.—120页；32开.—掌握学习实验用书.—ISBN 7-211-01518-7：1.10元
本书1987年初版。

初中语文单元自测与辅导：二年级上学期/掌握学习实验用书初中编写组编.—2版.—福州：福建人民出版社，1990.5.—117页；32开.—掌握学习实验用书.—ISBN 7-211-01274-9：0.95元
本书1989年7月第1版。

初中语文单元自测与辅导：二年级下学期/掌握学习实验用书初中编写组编.—2版.—福州：福建人民出版社，1990.12.—125页；32开.—掌握学习实验用书.—ISBN 7-211-01519-5：1.10元
本书1987年初版。

初中语文单元自测与辅导：三年级上学期/掌握学习实验用书初中编写组编.—2版.—福州：福建人民出版社，1990.5.—126页；32开.—掌握学习实验用书.—ISBN 7-211-01275-7：1.05元
本书1989年7月第1版。

初中语文单元自测与辅导：三年级下学期/掌握学习实验用书初中编写组编.—2版.—福州：福建人民出版社，1990.12.—145页；32开.—掌握学习实验用书.—ISBN 7-211-01520-9：1.25元
本书1987年初版。

初中语文学习手册/邓昌和等主编.—桂林：广西师范大学出版社，1990.8.—342页；32开.—ISBN 7-5633-0911-X：3.70元

初中语文学习手册/《初中语文学习手册》编写组编写.—2版（修订本）.—南京：江苏人民出版社，1990.1.—676页；32开.—ISBN 7-214-00006-7：6.00元

初中语文学习目标与基本训练　第二册/张沛道等主编.—北京：中国铁道出版社，1990.2.—133页；32开.—ISBN 7-113-00784-8：1.75元

初中语文学习目标与基本训练　第四册/张沛道等主编.—北京：中国铁道出版社，1990.2.—144页；32开.—ISBN 7-113-00785-6：1.80元

初中语文学习目标与基本训练　第六册/张沛道等主编.—北京：中国铁道出版社，1990.2.—141页；32开.—ISBN 7-113-00786-4：1.85元

初中语文学习指导/《初中学习指导》编写组编.2版.—上海：上海科学技术出版社，1990.2.—179页；32开.—（初中学习指导丛书）.—ISBN 7-5323-2001-4：1.75元
本书1989年2月第1版。

初中语文学习指要/谷公胜等编.—上海：上海科学技术出版社，1990.12.—203页；32开.—ISBN 7-5323-2417-6：2.00元

初中语文学习指津/赵忠德，王牧天主编.—北京：知识出版社，1990.3.—213页；32开.—ISBN 7-5015-0407-5：1.85元

初中语文学习辅导与训练/王继坤主编.—天津：天津教育出版社，1990.1.—252页；32开.—ISBN 7-5309-0857-X：2.55元

初中语文学习提要与检测/河南省教委中小学教研室编.—郑州：河南教育出版社，1990.12.—245页；32开.—（初中各科学习提要与检测）.—ISBN 7-5347-0922-9：1.60元

初中语文标准化命题单元检测答案　第一、三、五册/张晓菊编.—济南：明天出版社，1990.4.—34页；32开.—ISBN 7-5332-0970-0：0.48元

初中语文标准化试题范例与题选/王人浚等编著.厦门：鹭江出版社，1990.2.—282页；32开.—（中考标准化丛书）.—ISBN 7-80533-227-4：3.00元

初中语文选择法测验手册/胡学增主编.—上海：华东化工学院出版社，1990.2.—218页；32开.—ISBN 7-5628-0066-9：1.95元

初中语文重点知识归纳与验收/李光琦等编.—长春：长春出版社；延吉：东北朝鲜民族教育出版社，1990.3.—267页；32开.—（中学基础知识基本技能训练丛书/严诚主编）.—ISBN 7-80573-142-X：3.00元

初中语文重点、难点解析与训练/林新民等编写.桂林：广西师范大学出版社，1990.1.—326页；32开.—（中学各科教学重点难点解析丛书）.—ISBN 7-5633-0680-3：3.20元

初中语文总复习/北京市教育局教学研究部编.—3版.—北京：北京出版社，1990.8.—300页；32开.ISBN 7-200-00336-0：3.20元
本书1984年5月第1版。

初中语文读写练精要　第二册/黄振新等编写.—桂林：广西师范大学出版社，1990.1.—141页；32开.ISBN 7-5633-0710-9：1.50元

初中语文读写练精要　第四册/黄振新等编写.—桂林：广西师范大学出版社，1990.1.—145页；32开.ISBN 7-5633-0711-7：1.50元

初中语文读写练精要　第六册/黄振新等编写.—桂林：广西师范大学出版社，1990.1.—142页，32开.ISBN 7-5633-0713-3：1.50元

初中语文课文分析集　第一册/王连云等编.—2版（修订本）.—广州：广东教育出版社，1990.8.617页；大32开.—ISBN 7-5406-0785-8：6.50元
本书广东人民出版社1984年第1版。

初中语文课文分析集　第二册/王连云等编.—2版

(修订本).—广州：广东教育出版社，1990.3.732页；大32开.—ISBN 7-5406-0781-5：7.80元
本书广东人民出版社1984年6月第1版。

初中语文课文分析集 第三册/王连云等编.—2版(修订本).—广州：广东教育出版社，1990.2.487页；大32开.—ISBN 7-5406-0784-X：5.40元
本书广东人民出版社1984年初版。

初中语文课本中的历史知识/梁小克等编.—南宁：广西教育出版社，1990.8.—272页；32开.—ISBN 7-5435-0993-8：2.80元

初中语文课本成语详释/刘元福，李萍编著.—哈尔滨：黑龙江教育出版社，1990.2.—378页；32开.ISBN 7-5316-1018-3：4.00元

初中语文课本同步阅读 第一册/黄光硕主编.—广州：广东教育出版社，1990.6.—173页；32开.ISBN 7-5406-0764-5：1.55元

初中语文课本同步阅读 第三册/黄光硕主编.—广州：广东教育出版社，1990.6.—163页；32开.ISBN 7-5406-0765-3：1.50元

初中语文课本同步阅读 第五册/黄光硕主编.—广州：广东教育出版社，1990.6.—149页；32开.ISBN 7-5406-0766-1：1.40元

初中语文课本学习提要：一年级/文丕显主编.—西安：未来出版社，1990.6.—195页；32开.—ISBN 7-5417-0346-X：1.85元

初中语文课本学习提要：二年级/文丕显主编；李方正等编写.—西安：未来出版社，1990.6.—178页；32开.—ISBN 7-5417-0347-8：1.70元

初中语文课本学习提要：三年级/文丕显主编；孙福全，文丕显编写.—西安：未来出版社，1990.6.173页；32开.—ISBN 7-5417-0348-6：1.65元

初中语文课本疑难汇析/孙少烽等编著.—哈尔滨：黑龙江教育出版社，1990.4.—189页；32开.—ISBN 7-5316-1024-8：2.20元

初中语文课堂荟萃/李冠宇等编著.—西安：未来出版社，1990.2.—260页；32开.—ISBN 7-5417-0220-X：2.35元

初中语文教与学中的常见错误辨析/彭弼，郑迪著.北京：学苑出版社，1990.9.—232页；32开.—ISBN 7-80060-918-9：3.45元

《初中语文教与学》双册教学参考/上海教育学院教育科学研究所《初中语文教与学》编写组编.—银川：宁夏人民出版社，1990.1.—268页；32开.ISBN 7-227-00531-3：2.40元

初中语文教材中鲁迅作品答疑/李乡浏编著.—兰州：甘肃少年儿童出版社，1990.6.—125页；32开.ISBN 7-5422-0289-8：1.40元

初中语文教学目标 第一册/陈光陆等主编.—长春：东北师范大学出版社，1990.9.—145页；32开.ISBN 7-5602-0473-2：1.40元

初中语文教学目标 第二册/陈光陆等主编.—长春：东北师范大学出版社，1990.9.—178页；32开.ISBN 7-5602-0474-0：1.50元

初中语文教学目标 第三册/陈光陆等主编.—长春：东北师范大学出版社，1990.9.—157页；32开.ISBN 7-5602-0475-9：1.30元

初中语文教学目标与检测 第一册/青岛市教育局教研室编.—青岛：青岛出版社，1990.4.—96页；32开.—ISBN 7-5436-0485-X：1.00元

初中语文教学目标与检测 第三册/青岛市教育局教研室编.—青岛：青岛出版社，1990.4.—92页；32开.—ISBN 7-5436-0484-1：0.97元

初中语文教学目标与检测 第五册/青岛市教育局教研室编.—青岛：青岛出版社，1990.4.—82页；32开.—ISBN 7-5436-0483-3：0.90元

初中语文教学目标实施手册 第一册/盛频主编；中学语文《教学目标实施手册》编写组编.—南京：江苏教育出版社，1990.5.—133页；32开.—ISBN 7-5343-0990-5：1.15元

初中语文教学目标实施手册 第二册/中学语文《教学目标实施手册》编写组编.—2版.—南京：江苏教育出版社，1990.11.—129页；32开.—ISBN 7-5343-0878-X：1.10元

初中语文教学目标实施手册 第三册/盛频主编；中学语文《教学目标实施手册》编写组编.—南京：江苏教育出版社，1990.5.—139页；32开.—ISBN 7-5343-0991-3：1.25元

初中语文教学目标实施手册 第五册/盛频主编；中学语文《教学目标实施手册》编写组编.—南京：江苏教育出版社，1990.4.—142页；32开.—ISBN 7-5343-0992-1：1.30元

初中语文教学目标实施手册 第六册/中学语文《教学目标实施手册》编写组编.—南京：江苏教育出版社，1990.11.—124页；32开.—ISBN 7-5346-0547-4：0.83元

初中语文教学目标检测 第一册/盛频主编；中学语文《教学目标实施手册》编写组编.—南京：江苏教育出版社，1990.4.—70页；32开.—ISBN 7-5343-0987-5：0.70元

初中语文教学目标检测 第三册/盛频主编.—南京：江苏教育出版社，1990.5.—71页；32开.—ISBN 7-5343-0988-3：0.70元

初中语文教学目标检测 第四册/中学语文《教学目标实施手册》编写组编.—2版.—南京：江苏教育出版社，1990.11.—76页；32开.—ISBN 7-5343-0882-8：0.70元

初中语文教学目标检测　第五册/盛频主编；中学语文《教学目标实施手册》编写组编.—南京：江苏教育出版社，1990.5.—79页；32开.—ISBN 7-5343-0989-1：0.75元

初中语文教学目标管理实验　第二册：试用本/广西教育学院教研部编.—南宁：广西教育出版社，1990.1.—98页；32开.—ISBN 7-5435-0733-1：1.00元

初中语文教学目标管理实验　第四册：试用本/广西教育学院教研部编.—南宁：广西教育出版社，1990.1.—98页；32开.—ISBN 7-5435-0734-X：1.00元

初中语文教学目标管理实验　第六册/广西教育学院教研部编.—南宁：广西教育出版社，1990.1.—80页；32开.—ISBN 7-5435-0735-8：0.85元

初中语文教学参考书　第一册/北京师范大学附属实验中学语文组编写.—北京：新华出版社，1990.6.—229页；32开.—ISBN 7-5011-0770-X：2.65元

初中语文基础训练：一年级上学期/福建省普通教育教学研究室编.—3版.—福州：福建人民出版社，1990.7.—101页；32开.—ISBN 7-211-01309-5：0.83元

初中语文基础训练：一年级下学期/福建省普通教育教学研究室主编.—4版.—福州：福建人民出版社，1990.11.—123页；32开.—ISBN 7-211-01557-8：1.10元

初中语文基础训练：二年级上学期/福建省普通教育教学研究室编.—3版.—福州：福建人民出版社，1990.7.—90页；32开.—ISBN 7-211-01350-8：0.75元

初中语文基础训练：二年级下学期/福建省普通教育教学研究室主编.—4版.—福州：福建人民出版社，1990.10.—121页；32开.—ISBN 7-211-01482-2：1.05元

初中语文基础训练：三年级上学期/福建省普通教育教学研究室编.—3版.—福州：福建人民出版社，1990.7.—106页；32开.—ISBN 7-211-01295-1：0.86元

初中语文基础训练：三年级下学期/福建省普通教育教研室主编.—3版.—福州：福建人民出版社，1990.11.—160页；32开.—ISBN 7-211-01548-9：1.35元

初中语文辅导：一年级上学期用/少年儿童出版社编.—3版(修订本).—上海：少年儿童出版社，1990.5.—224页；32开.—ISBN 7-5324-0874-4：2.05元

本书1982年8月第1版。

初中语文辅导：二年级上学期用/少年儿童出版社编.—3版.—上海：少年儿童出版社，1990.5.—273页；32开.—ISBN 7-5324-0892-2：2.50元

本书1982年8月第1版。

初中语文(第一册)辅导与练习/吉林省教育学院编.—长春：吉林教育出版社，1990.5.—138页；32开.—ISBN 7-5383-0966-7：1.10元

初中语文(第三册)辅导与练习/吉林省教育学院编.—长春：吉林教育出版社，1990.5.—174页；32开.—ISBN 7-5383-0959-4：1.20元

初中语文(第五册)辅导与练习/吉林省教育学院编.—长春：吉林教育出版社，1990.5.—178页；32开.—ISBN 7-5383-0971-3：1.25元

初中语文第一册单元测试题.—太原：山西教育出版社，〔1990〕.—17张；16开.—ISBN 7-80578-049-8：0.55元

初中语文第二册单元学法与训练/李根法等编.—乌鲁木齐：新疆青少年出版社，1990.2.—37页；32开.—(中学课程单元学法与训练/孙炳铨主编).附参考答案.—ISBN 7-5371-0551-0：0.50元

初中语文第二册标准化单元测验题/海淀区标准化单元测验题编写小组编.—南宁：接力出版社，1990.12.—43页；16开.—ISBN 7-80581-165-0：1.32元

初中语文第三册达纲训练/吴振祥，玉泽辉编写.南宁：广西教育出版社，1990.6.—230页；32开.供全日制十年制初中学生用.—ISBN 7-5435-0865-6：2.30元

初中语文第三册单元测试题.—太原：山西教育出版社，〔1990〕.—18张；16开.—ISBN 7-80578-113-3：0.55元

初中语文第四册达标手册/胡有文等编写.—2版.武汉：湖北人民出版社，1990.10.—247页；32开.ISBN 7-216-00639-9：2.50元

本书1989年12月第1版。

初中语文第四册单元学法与训练/李真，贾秀明编.乌鲁木齐：新疆青少年出版社，1990.2.—42页；32开.—(中学课程单元学法与训练/孙炳铨主编).附参考答案.—ISBN 7-5371-0553-7：0.50元

初中语文第四册标准化单元测验题/海淀区标准化单元测验题编写小组编.—南宁：接力出版社，1990.12.—42页；16开.—ISBN 7-80581-165-2：1.32元

初中语文第五册达纲训练/张俊秋，王卫国编写.南宁：广西教育出版社，1990.6.—255页；32开.供全日制十年制初中学生用.—ISBN 7-5435-0883-4：2.55元

初中语文第六册达标手册/张泽恩，汪治铭编写.2版.—武汉：湖北人民出版社，1990.10.—237页；32开.—ISBN 7-216-00638-0：2.45元

本书1989年12月第1版。

初中语文第六册单元学法与训练/陈效简，孙炳铨编.—乌鲁木齐：新疆青少年出版社，1990.1.—64页；32开.—(中学课程单元学法与训练/孙炳铨主

编)．一附参考答案．—ISBN 7-5371-0555-3：0.70元

初中语文智能训练100天/石杰等编．—西安：陕西人民教育出版社，1990.10.—299页；32开．—ISBN 7-5419-2048-7：3.10元

初中语文解难手册/张永昌，唐兆钰主编．—北京：中国社会出版社，1990.10.—259页；32开．—（中学各科解难丛书/张盛如主编）．—ISBN 7-80088-106-7：3.90元

初中语文新教材结构图解与能力训练　第一册/铁三局教委教材编审室编．—太原：山西教育出版社，1990.6.—221页；32开．—ISBN 7-80578-060-6：2.00元

初中语文新教材结构图解与能力训练　第二册/李宝昌主编；刘国强等编写．—太原：山西教育出版社，1990.12.—305页；32开．—ISBN 7-80578-333-0：2.65元

初中语文新教材结构图解与能力训练　第三册/铁三局教委教材编审室编．—太原：山西教育出版社，1990.6.—199页；32开．—ISBN 7-80578-061-7：1.85元

初中语文新教材结构图解与能力训练　第五册/铁三局教委教材编审室编．—太原：山西教育出版社，1990.6.—226页；32开．—ISBN 7-80578-062-5：2.05元

初中语文新教材结构图解与能力训练　第六册/李宝昌主编；王庆等编写．—太原：山西教育出版社，1990.12.—264页；32开．—ISBN 7-80578-335-7：2.35元

初中语文新增课文研究/《初中语文新增课文研究》编写组编著．—成都：四川教育出版社，1990.8.—432页；32开．—ISBN 7-5408-1334-2：4.33元

初中语文新增课本板书教学指要/王松泉主编．—大连：大连出版社，1990.1.—206页；32开．—ISBN 7-80555-243-6：2.58元

初中语文新题型精选/李彩群主编．—北京：北京师范学院出版社，1990.2.—192页；32开．—供教师教学及青年自学参考．—ISBN 7-81014-428-6：2.10元

初中语文题型研究/魏岚旭主编．—北京：科学普及出版社，1990.12.—162页；32开．—ISBN 7-110-01903-9：1.80元

初中综合复习与测试：语文/俞洪岸主编．—南京：江苏教育出版社，1990.12.—281页；32开．—ISBN 7-5343-1176-4：2.20元

现代文语段试题评析/张晓霞，常宝生编著．—沈阳：辽宁大学出版社，1990.10.—155页；32开．—全日制中学语文课本．—ISBN 7-5610-1053-2：1.90元

现行中学语文教材文言词类活用手册/刘永康，张菊元编著．—成都：四川文艺出版社，1990.9.—256页；64开．—ISBN 7-5411-0611-3：1.54元

知识方法效率：和青少年朋友谈语文学习/李保初，刘辉编著．—呼和浩特：内蒙古教育出版社，1990.2.—318页；大32开．—ISBN 7-5311-0651-5：4.05元

知识表解与能力训练/江苏省"单元合成整体训练"初中语文实验课本编写组编．—南京：江苏教育出版社，1990.12.—123页；16开．—江苏省初中语文实验课本复习指导书．—ISBN 7-5343-1207-8：2.20元

单元检测与思路点拨：初中语文　第一册/钟雨编．石家庄：河北科学技术出版社，1990.4.—156页；32开．—（中学生学习能力训练丛书/金玉章主编）．ISBN 7-5375-0430-X：1.95元

单元检测与思路点拨：初中语文　第三册/钟雨编．石家庄：河北科学技术出版社，1990.4.—146页；32开．—（中学生学习能力训练丛书/金玉章主编）．ISBN 7-5375-0433-4：1.95元

实用中学语文教学百问/伍德亮等编著．—南宁：广西民族出版社，1990.5.—279页；32开．—ISBN 7-5363-0792-6：3.30元

学习目标与达标测试：高中语文　第一、二册/刘国成，赵林主编．—南宁：广西教育出版社，1990.7.1册（254，59页）；32开．—ISBN 7-5435-0912-1：3.00元

学习目标与达标测试：高中语文　第三、四册/刘国成，赵林主编．—南宁：广西教育出版社，1990.7.—1册（216，60页）；32开．—ISBN 7-5435-0937-7：2.63元

学习目标与达标测试：高中语文　第五、六册/刘国成，赵林主编．—南宁：广西教育出版社，1990.7.233页；32开．—ISBN 7-5435-0931-8：2.70元

学习导引与试题点评：高中语文/于中主编；禹维民等编．—天津：天津科学技术出版社，1990.10.313页；32开．—ISBN 7-5308-0898-2：4.00元

复句/黄成稳著．—北京：人民教育出版社，1990.6.—107页；32开．—（教学语法丛书；16/张志公主编）．—ISBN 7-107-10520-5：1.30元

语文/延河，鑫晔编著．—北京：学苑出版社，1990.1.—162页；32开．—（青年应试能力培养丛书/吴宝良，任海英主编）．—ISBN 7-80060-792-5：2.28元

语文/舒鸿锦等编．—合肥：中国科学技术大学出版社，1990.9.—159页；32开．—（特级教师指导学习丛书/仲哲明主编)．—ISBN 7-312-00171-8：2.00元

语文/福建省普通教育教学研究室编．—福州：福建教育出版社，1990.12.—422页；32开．—（高中毕业生学习指导丛书）．—ISBN 7-5334-0668-0：3.55元

语文：课程基础训练参考答案：初中一、二、三年级第一学期/湖南教育科学研究所编.—长沙：湖南教育出版社，1990.6.—87页；32开.—供教师使用.ISBN 7-5355-0273-8：0.67元

语文自学检测/邓仰廷等主编.—北京：科学普及出版社，1990.12.—76页；16开.—（青年自学检测丛书）.—ISBN 7-110-01807-5：1.75元

语文知识与能力学习指要　（一）/韩沛霖，杨耀辉主编.—长春：吉林人民出版社，1990.9.—111页；32开.—ISBN 7-206-00876-3：1.40元

语文知识与能力学习指要　（二）/韩沛霖，杨耀辉主编.—长春：吉林人民出版社，1990.9.—116页；32开.—ISBN 7-206-00882-8：1.40元

语文知识与能力学习指要　（三）/韩沛霖，杨耀辉主编.—长春：吉林人民出版社，1990.9.—122页；32开.—ISBN 7-206-00875-6：1.40元

语文知识手册/戴戈等主编；李裕昌等编著.—广州：华南理工大学出版社，1990.11.—434页；32开.ISBN 7-5623-0244-8：4.95元

语文学习方法大全/陈刚，李峰主编.—北京：北京出版社，1990.1.—517页；大32开.—ISBN 7-200-00886-9（精装）：10.40元

语文学习用表/王捷等编.—上海：上海教育出版社，1990.7.—271页；32开.—ISBN 7-5320-1416-9：2.20元

语文学教指要：初中卷/曾拙主编.—北京：中国国际广播出版社，1990.11.—1册；32开.—ISBN 7-5078-0221-3（精装）：24.00元

语文拾趣/姚健，龙歌编著.—北京：中国文史出版社，1990.8.—185页；32开.—（智慧之星丛书）.ISBN 7-5034-0078-1：3.20元

语文美育教学导向与实践/周长风主编.—西安：陕西人民教育出版社，1990.3.—310页；32开.—ISBN 7-5419-1498-3：3.20元

语文课文赏析词典：合订本/汪伯嗣主编.—南宁：广西教育出版社，1990.12.—681页；大32开.—ISBN 7-5435-1227-0（精装）：12.00元

语文课文赏析词典　下册：高中部分/汪伯嗣主编.—南宁：广西教育出版社，1990.6.—368页；大32开.—ISBN 7-5435-0879-6：4.90元

语文课程辅导与训练：高中一年级/陕西省教育科学研究所编.—西安：陕西人民教育出版社，1990.4.—163页；32开.—供上学期用.—ISBN 7-5419-1419-3：1.40元

语文课程辅导与训练：高中二年级/陕西省教育科学研究所编.—西安：陕西人民教育出版社，1990.4.—209页；32开.—供上学期用.—ISBN 7-5419-1412-6：1.80元

语文教与学中的理科知识：初中部分　（下）/许远森等主编；罗士隆等编.—长沙：湖南科学技术出版社，1990.2.—179页；32开.—ISBN 7-5357-0680-0：2.50元

语文教与学精要指导：高中部分/孙玉成主编.—沈阳：辽宁大学出版社，1990.12.—189页；32开.ISBN 7-5610-1163-6：2.10元

语文教育实习六十问/李维鼎，肖月兰著.—上海：华东师范大学出版社，1990.12.—310页；32开.ISBN 7-5617-0488-7：3.65元

语文教学艺术谈/汪赛群主编.—北京：人民教育出版社，1990.3.—294页；32开.—ISBN 7-107-10417-9：2.95元

语文教学丛谈/卢元著.—上海：上海教育出版社，1990.7.—420页；大32开.—ISBN 7-5320-1544-0：4.45元

语文教学系统论/朱云腾编著.—昆明：云南教育出版社，1990.4.—287页；32开.—ISBN 7-5415-0335-5：2.90元

语文教学改革新成果选粹：全国中学语文教学研究会第四次年会论文集/张志公，刘国正主编.—广州：广东教育出版社，1990.8.—472页；大32开.—ISBN 7-5406-0995-8：5.60元

语文教学咨询二百题/王显槐，王文龙主编.—长春：吉林大学出版社，1990.11.—295页；32开.ISBN 7-5601-0661-7：3.50元

语文基础知识概要/连永龙主编.—桂林：广西师范大学出版社，1990.3.—208页；32开.—ISBN 7-5633-0729-X：2.10元

语文智能训练与疑难解答/杨晓东，陈正奇主编.西安：陕西人民出版社，1990.5.—269页；32开.ISBN 7-224-01185-1：2.85元

语言与思维训练基础　（一）/王彦良等编.—沈阳：春风文艺出版社，1990.7.—80页；32开.—ISBN 7-5313-0390-6：1.00元

语言与思维训练基础　（三）/王彦良等编.—沈阳：春风文艺出版社，1990.7.—84页；32开.—ISBN 7-5313-0391-4：1.00元

语言与思维训练基础　（五）/王彦良等编.—沈阳：春风文艺出版社，1990.7.—93页；32开.—ISBN 7-5313-0329-2：1.00元

结构图解与能力训练　第四册/李宝昌等主编.—太原：山西教育出版社，1990.12.—297页；32开.—初中语文教材.—ISBN 7-80578-334-9：2.60元

特色·反馈·趋向：1990年全国普通高等学校招生统一考试语文试题试卷研究/陕西省招生办公室，陕西师范大学招生办公室编著.—西安：陕西师范大学出版社，1990.10.—183页；32开.—ISBN 7-5613-0369-6：2.30元

高中一年级古文选译/黄大荣等编译.—修订本.贵阳：贵州人民出版社，1990.7.—307页；32开.ISBN 7-221-01579-1：3.15元

高中一年级语文"思考和练习"题解析 一、二册/李祥辉等编著.—郑州：河南教育出版社，1990.5.192页；32开.—供教学参考用.—ISBN 7-5347-0812-5：1.65元

高中二年级古文选译/黄大荣等编译.—修订本.贵阳：贵州人民出版社，1990.7.—267页；32开.ISBN 7-221-01580-5：2.70元

高中二年级语文"思考和练习"题解析 三、四册/陈旭等编著.—郑州：河南教育出版社，1990.12.199页；32开.—供教学参考用.—ISBN 7-5347-0813-3：1.70元

高中三年级古文选译/黄大荣等编译.—修订本.贵阳：贵州人民出版社，1990.7.—198页；32开.ISBN 7-221-01581-3：2.00元

高中三年级语文"思考和练习"题解析 五、六册/白汝斌等编著.—郑州：河南教育出版社，1990.12.184页；32开.—供教学参考用.—ISBN 7-5347-0814-1：1.54元

高中三年级语文课程辅导与训练：供上学期用.西安：陕西人民教育出版社，1990.4.—184页；32开.—ISBN 7-5419-1405-3：1.70元

高中文言诗文每周一练/钱任初主编.—南京：江苏教育出版社，1990.9.—250页；32开.—ISBN 7-5343-1044-X：2.35元

高中文言常用实词手册/李长健主编；梁薇等编.北京：北京理工大学出版社，1990.8.—348页；32开.—ISBN 7-81013-361-6：3.80元

高中古文评注：续补本/黄燕萍编.—南昌：江西教育出版社，1990.4.—203页；32开.—ISBN 7-5392-0808-2：1.80元

高中古代诗文助读 （上）/杭州大学中文系《高中古代诗文助读》编写组编.—2版.—杭州：浙江教育出版社，1990.7.—432页；32开.—ISBN 7-5338-0020-6：3.05元

本书1986年2月第1版。

高中古代诗文助读 （下）/杭州大学中文系《高中古代诗文助读》编写组编.—2版.—杭州：浙江教育出版社，1990.7.—544页；32开.—ISBN 7-5338-0021-4：3.80元

本书1986年1月第1版。

高中古体诗词小说评点译释：诗文对照·语词释义/肖毅等编著.—4版.—武汉：华中理工大学出版社，1990.1.—234页；32开.—最新通用高中语文课本配套用书.—ISBN 7-5609-0406-3：2.30元

本书原名《中学古体诗词评点译释》，1983年6月第1版。

高中古体诗词赏析/马学声著.—北京：北京教育出版社，1990.5.—267页；32开.—ISBN 7-5303-0157-8：2.95元

高中古诗文集解 第一册/董裕生，赖世达编写.广州：广东教育出版社，1990.7.—296页；32开.供高中一年级用.—ISBN 7-5406-1052-2：2.95元

高中古诗文集解 第二册/何增光，蓝光中编写.广州：广东教育出版社，1990.6.—246页；32开.供高中二年级用.—ISBN 7-5406-0832-3：2.50元

高中古诗文集解 第三册/张百栋等编写.—广州：广东教育出版社，1990.3.—270页；32开.—供高中三年级用.—ISBN 7-5406-0795-5：2.70元

高中自学辅导：语文/姚德垚主编.—北京：科学技术文献出版社，1990.2.—312页；32开.—ISBN 7-5023-1228-5：3.95元

高中练习题精选：语文/张雪梅等编.—北京：中国妇女出版社，1990.4.—346页；32开.—（高中自学丛书）.—ISBN 7-80016-225-7：4.05元

高中语文/北京教育学院西城分院主编.—北京：机械工业出版社，1990.1.—306页；32开.—（重点·难点·思路·方法·自测·答案丛书）.—ISBN 7-111-02122-3：3.55元

高中语文/宋志唐等主编；刘选泰等编著.—北京：能源出版社，1990.2.—244页；16开.—（标准化命题和学习方法指南）.—ISBN 7-80018-211-8：5.90元

高中语文/张皓主编.—长春：吉林大学出版社，1990.6.—512页；32开.—（重点中学特（高）级教师编写的青年自学丛书）.—ISBN 7-5601-0514-9：5.95元

高中语文 第二册/北京市语文教学研究会编写.北京：华夏出版社，1990.2.—115页；32开.—（口语·书面语作文序列训练）.—ISBN 7-80053-751-X：1.35元

高中语文 第四册/北京市语文教学研究会编写.北京：华夏出版社，1990.2.—99页；32开.—（口语·书面语作文序列训练）.—ISBN 7-80053-752-8：1.20元

高中语文 第六册：高考作文辅导与自测/北京市语文教学研究会编写.—北京：华夏出版社，1990.3.253页；32开.—（口语·书面语作文序列训练）.ISBN 7-80053-753-6：2.50元

高中语文人物故事/胡昭著，罗淑珍编著.—北京：中国工人出版社，1990.4.—408页；32开.—ISBN 7-5008-0549-8：5.50元

高中语文千题解/于靖权主编.—长春：吉林文史出版社，1990.4.—596页；32开.—ISBN 7-80528-225-0：6.00元

高中语文目标与测试 第二册/辽宁教育学院中学

教研部中学语文教研室主编.—沈阳：辽宁人民出版社，1990.2.—147页；32开.—ISBN 7-205-01286-4：1.80元

高中语文目标与测试 第四册/辽宁教育学院中学教研部中学语文教研室主编.—沈阳：辽宁人民出版社，1990.2.—150页；32开.—ISBN 7-205-01287-2：1.80元

高中语文目标与测试 第六册/辽宁教育学院中学教研部中学语文教研室主编.—沈阳：辽宁人民出版社，1990.4.—116页；32开.—ISBN 7-205-01340-2：1.60元

高中语文成套标准化试题选/《高中语文成套标准化试题选》编写组编.—南昌：江西教育出版社，1990.2—218页；32开.—ISBN 7-5392-0823-6：1.90元

高中语文词语手册/林乐腾主编.—济南：山东教育出版社.1990.7.—714页；32开.—ISBN 7-5328-0659-6：6.32元

高中语文词语手册 第五册/《词语手册》编写组编.—贵阳：贵州教育出版社，1990.6.—92页；32开.—ISBN 7-80583-017-7：0.85元

高中语文词语表词语注释与提示/黄槐能等主编.桂林：广西师范大学出版社，1990.9.—192页；32开.—ISBN 7-5633-0935-7：2.15元

高中语文重点知识归纳与验收/李光琦等编.—长春：长春出版社；延吉：东北朝鲜民族教育出版社，1990.3.—330页；32开.—（中学基础知识基本技能训练丛书/严诚主编）.—ISBN 7-80573-139-X：3.60元

高中语文重点·难点·解析与训练/张玳编写.—桂林：广西师范大学出版社，1990.1.—287页；32开.（中学各科教学重点难点解析丛书）.—ISBN 7-5633-0672-2：2.95元

高中语文总复习/北京市教育局教学研究部编.—3版.—北京：北京出版社，1990.8.—311页；32开.ISBN 7-200-00444-8：3.30元

本书1984年5月第1版。

高中语文总复习单元自测题/湖北省黄冈地区中学语文研究会编.—3版（修订本）.—武汉：湖北教育出版社，1990.12.—323页；32开.—ISBN 7-5351-0047-3：2.40元

本书1987年5月第1版。

高中语文课文分析集 第一册/王连云等编.—2版（修订本）.—广州：广东教育出版社，1990.3.563页；大32开.—ISBN 7-5406-0783-1：6.35元

本书广东人民出版社1984年初版。

高中语文课文分析集 第二册/王连云等编.—2版（修订本）.—广州：广东教育出版社，1990.3.617页；大32开.—ISBN 7-5406-0780-7：6.50元

本书1984年第1版。

高中语文课文分析集 第三册/王连云等编.—2版（修订本）.—广州：广东教育出版社，1990.4.484页；大32开.—ISBN 7-5406-0782-3：5.35元

本书1984年第1版。

高中语文课本文学作品和文章词语释义汇编/张寿康主编；王慧诚等编.—北京：作家出版社，1990.5.—2册（274,210页）；32开.—ISBN 7-5063-0333-7：6.30元

高中语文课本成语详释/刘元福，李萍编著.—哈尔滨：黑龙江教育出版社，1990.10.—458页；32开.ISBN 7-5316-1097-3：4.65元

高中语文课本学习提要：一年级/文丕显主编；张肖贻，木槿编写.—西安：未来出版社，1990.6.156页；32开.—ISBN 7-5417-0349-4：1.60元

高中语文课本学习提要：二年级/文丕显主编；梁光中等编写.—西安：未来出版社，1990.6.—152页；32开.—ISBN 7-5417-0350-8：1.55元

高中语文课本学习提要：三年级/文丕显主编；曾歆平，韩唯一编写.—西安：未来出版社，1990.6.155页；32开.—ISBN 7-5417-0351-6：1.60元

高中语文教与学中的常见错误辨析/彭弼，郑迪著.—北京：学苑出版社，1990.9.—334页；32开.ISBN 7-80060-919-7：5.15元

高中语文教学目标 第一册/青岛市教育局教研室编.—青岛：青岛出版社，1990.5.—52页；32开.ISBN 7-5436-0809-X：0.75元

高中语文教学目标 第三册/青岛市教育局教研室编.—青岛：青岛出版社，1990.5.—53页；32开.ISBN 7-5436-0810-3：0.75元

高中语文教学目标 第五册/青岛市教育局教研室编.—青岛：青岛出版社，1990.5.—52页；32开.ISBN 7-5436-0475-2：0.75元

高中语文教学目标与达标训练 第六册/韦正谷主编.—天津：天津教育出版社，1990.10.—248页；32开.—ISBN 7-5309-1045-0：2.65元

高中语文教学目标实施手册 第一册/盛频主编.南京：江苏教育出版社，1990.4.—99页；32开.ISBN 7-5343-1010-5：0.98元

高中语文教学目标实施手册 第三册/盛频主编.南京：江苏教育出版社，1990.4.—96页；32开.ISBN 7-5343-1011-3：0.96元

高中语文教学目标实施手册 第五册/盛频主编.南京：江苏教育出版社，1990.5.—146页；32开.ISBN 7-5343-1012-1：1.30元

高中语文教学目标检测 第一册/中学语文《教学目标实施手册》编写组编.—南京：江苏教育出版社，1990.4.—75页；32开.—ISBN 7-5343-1007-5：

0.73元

高中语文教学目标检测　第三册/中学语文《教学目标实施手册》编写组编.—南京：江苏教育出版社，1990.4.—68页；32开.—ISBN 7-5343-1008-3：0.67元

高中语文教学目标检测　第五册/中学语文《教学目标实施手册》编写组编.—南京：江苏教育出版社，1990.4.—98页；32开.—ISBN 7-5343-1009-1：0.90元

高中语文基本课文精读提要：随堂练习：高一分册/北京师范大学附属实验中学《精读提要》编写组编.—北京：科学技术文献出版社，1990.2.—219页；32开.—ISBN 7-5023-0906-3：2.60元

高中语文基本课文精读提要：随堂练习：高三分册/北京师范大学附属实验中学《精读提要》编写组编.—北京：科学技术文献出版社，1990.10.—179页；32开.—ISBN 7-5023-1316-8：3.00元

高中语文基础训练：一年级上学期/福建省普通教育教学研究室编.—3版.—福州：福建人民出版社，1990.7.—104页；32开.—ISBN 7-211-01323-0：0.86元

高中语文基础训练：一年级下学期/福建省普通教育教学研究室编.—3版.—福州：福建人民出版社，1990.11.—107页；32开.—ISBN 7-211-01549-7：0.96元

高中语文基础训练：二年级上学期/福建省普通教育教学研究室编.—3版.—福州：福建人民出版社，1990.7.—114页；32开.—ISBN 7-211-01308-7：0.92元

高中语文基础训练：二年级下学期/福建省普通教育教学研究室编.—3版.—福州：福建人民出版社，1990.11.—124页；32开.—ISBN 7-211-01514-0：1.10元

高中语文基础训练：三年级上学期/福建省普通教育教学研究室编.—2版.—福州：福建人民出版社，1990.7.—95页；32开.—ISBN 7-211-01294-3：0.77元

高中语文基础训练：三年级下学期/福建省普通教育教学研究室编.—2版.—福州：福建人民出版社，1990.11.—104页；32开.—ISBN 7-211-01558-6：0.92元

高中语文辅导100天/姚建庭等编.—上海：上海科技教育出版社，1990.12.—359页；32开.—ISBN 7-5428-0429-4：3.20元

高中语文第二册达标手册/汤国美等编写.—2版.—武汉：湖北人民出版社，1990.10.—241页；32开.ISBN 7-216-00640-2：2.45元

本书1989年12月第1版。

高中语文第二册单元学法与训练/张咏霞编.—乌鲁木齐：新疆青少年出版社，1990.2.—61页；32开.(中学课程单元学法与训练/孙炳铨主编).—附参考答案.—ISBN 7-5371-0557-X：0.70元

高中语文第三册辅导与练习/吉林省教育学院编.长春：吉林教育出版社，1990.5.—155页；32开.ISBN 7-5383-1028-2：1.10元

高中语文第四册达标手册/史柏华等编写.—2版.武汉：湖北人民出版社，1990.10.—230页；32开.ISBN 7-216-00637-2：2.35元

本书1989年12月第1版。

高中语文第四册单元学法与训练/张玉萍，刘卫平编.—乌鲁木齐：新疆青少年出版社，1990.2.—78页；32开.—(中学课程单元学法与训练/孙炳铨主编).—附参考答案.—ISBN 7-5371-0559-6：0.80元

高中语文第六册达标手册/刘隆凯等编写.—2版.武汉：湖北人民出版社，1990.10.—245页；32开.ISBN 7-216-00641-0：2.50元

本书1989年12月第1版。

高中语文第六册单元学法与训练/白思敏编.—乌鲁木齐：新疆青少年出版社，1990.2.—166页；32开.(中学课程单元学法与训练/孙炳铨主编).—附参考答案.—ISBN 7-5371-0561-8：1.80元

高中语文解难手册/黄锦屏，张永昌主编.—北京：中国社会出版社，1990.11.—289页；32开.—(中学各科解难丛书/张盛如主编).—ISBN 7-80088-114-8：4.20元

高中语文新课文讲析　上册/庄文中，王文英主编.—天津：新蕾出版社，1990.2.—307页；32开.ISBN 7-5307-0125-8：3.20元

高中语文新课文讲析　下册/庄文中，王文英主编.—天津：新蕾出版社，1990.2.—206页；32开.ISBN 7-5307-0357-9：2.20元

高中语文新增课文板书教学指要/王松泉，夏永祥编著.—大连：大连出版社，1990.1.—185页；32开.—ISBN 7-80555-237-1：2.48元

高中语文新增课文研究/《高中语文新增课文研究》编写组编著.—成都：四川教育出版社，1990.8.—358页；32开.—ISBN 7-5408-1335-0：3.65元

高中语文新题型精选/李彩群主编.—北京：北京师范学院出版社，1990.2.—248页；32开.—供教师教学及青年自学参考.—ISBN 7-81014-423-5：2.50元

高中语文题型研究/向宁河主编.—北京：科学普及出版社，1990.12.—309页；32开.—ISBN 7-110-01883-0：3.50元

高考语文试题精编评析/胡学增主编；禹维民等编.西安：陕西人民教育出版社，1990.8.—173页；16开.—(中考高考试题精编丛书).—ISBN 7-5419-1741-9：2.95元

高考语文读和写/上海教育考试中心办公室编.—上海：上海教育出版社，1990.5.—224页；32开.ISBN 7-5320-1934-9：1.75元

高考语文基础知识精汇/孙鹏，王苑新著.—北京：经济日报出版社，1990.4.—205页；32开.—ISBN 7-80036-181-0：3.50元

高考语文模拟题/《模拟题》编写组编.—西安：陕西人民教育出版社，1990.10.—100页；16开.—ISBN 7-5419-2000-2：1.70元

高考语文题型和解题方法/庄文中编著.—太原：山西教育出版社，1990.12.—311页；32开.—ISBN 7-80578-375-6：3.20元

高级中学语文基础训练　第一册/山东省教学研究室编.—济南：山东教育出版社，1990.3.—196页；32开.—一年级用.—ISBN 7-5328-0310-4：1.48元

高级中学语文基础训练　第三册/山东省教学研究室编.—济南：山东教育出版社，1990.3.—166页；32开.—二年级用.—ISBN 7-5328-0311-2：1.31元

课程基础训练：语文：初中一年级第一学期/湖南省教育科学研究所编.—3版.—长沙：湖南教育出版社，1990.6.—132页；32开.—ISBN 7-5355-0257-1：0.96元

课程基础训练：语文：初中二年级第一学期/湖南省教育科学研究所编.—3版.—长沙：湖南教育出版社，1990.6.—132页；32开.—ISBN 7-5355-0239-3：0.96元

课程基础训练：语文：初中三年级第一学期/湖南省教育科学研究所编.—3版.—长沙：湖南教育出版社，1990.6.—141页；32开.—ISBN 7-5355-0240-7：1.00元

课程基础训练：语文：高中一年级第一学期/湖南省教育科学研究所编.—2版.—长沙：湖南教育出版社，1990.5.—126页；32开.—ISBN 7-5355-0597-X：0.92元

课程基础训练：语文：高中二年级第一学期/湖南省教育科学研究所编.—2版.—长沙：湖南教育出版社，1990.5.—105页；32开.—ISBN 7-5355-0598-8：0.82元

教学语法答问/张寿康主编.—北京：北京师范大学出版社，1990.2.—286页；32开.—ISBN 7-303-00388-6：2.90元

本书既讲解了教学语法的基本知识、难点和疑点，又阐述了一些语法理论问题。

萧士栋语文教育文集/萧士栋语文教育文集编纂委员会编；曹祥芹主编.—开封：河南大学出版社，1990.9.—398页；大32开.—ISBN 7-81018-540-3：7.00元

常用文言实词检测训练/周望城编.—长沙：湖南师范大学出版社，1990.8.—230页；32开.—附：词类活用特殊句式检测训练、参考答案.—ISBN 7-81031-041-0：3.10元

提高你的听说能力　第一册/梁捷主编.—昆明：云南少年儿童出版社，1990.8.—227页；32开.—实验教材.—ISBN 7-5414-0518-3：3.20元

提高你的听说能力　第二册/梁捷主编.—昆明：云南少年儿童出版社，1990.8.—194页；32开.—实验教材.—ISBN 7-5414-0519-1：2.80元

提高你的听说能力　第三册/梁捷主编.—昆明：云南少年儿童出版社，1990.8.—215页；32开.—实验教材.—ISBN 7-5414-0520-5：3.05元

最新标准化题型应试总复习：初中语文/齐大群等编.—北京：学苑出版社，1990.1.—99页；16开.ISBN 7-80060-768-2：2.60元

最新标准化题型应试总复习：高中语文/徐祖淳，王怀玉编.—北京：学苑出版社，1990.1.—78页；16开.—ISBN 7-80060-773-9：2.00元

鲁迅作品答疑/李乡浏著.—兰州：甘肃少年儿童出版社，1990.6.—225页；32开.—高中语文教材.ISBN 7-5422-0288-X：2.50元

蒙古族初级中学汉语文第一册练习与自测/内蒙古教育出版社编辑.—呼和浩特：内蒙古教育出版社，1990.5.—94页；32开.—ISBN 7-5311-1129-2：0.61元

蒙古族初级中学汉语文第二册练习与自测/内蒙古教育出版社汉语文编辑室编辑.—呼和浩特：内蒙古教育出版社，1990.11.—105页；32开.—ISBN 7-5311-1228-0：0.61元

蒙古族初级中学汉语文第三册练习与自测/内蒙古教育出版社编辑.—呼和浩特：内蒙古教育出版社，1990.6.—119页；32开.—ISBN 7-5311-1130-6：0.74元

蒙古族初级中学汉语文第四册练习与自测/内蒙古教育出版社汉语文编辑室编辑.—呼和浩特：内蒙古教育出版社，1990.11.—134页；32开.—ISBN 7-5311-1237-X：0.74元

蒙古族初级中学汉语文第五册练习与自测/内蒙古教育出版社编辑.—呼和浩特：内蒙古教育出版社，1990.5.—107页；32开.—ISBN 7-5311-1131-4：0.68元

蒙古族初级中学汉语文第六册练习与自测/内蒙古教育出版社汉语文编辑室编辑.—呼和浩特：内蒙古教育出版社，1990.10.—125页；32开.—ISBN 7-5311-1225-6：0.70元

蒙古族高级中学汉语文第一册练习与自测/内蒙古教育出版社编.—呼和浩特：内蒙古教育出版社，1990.6.—125页；32开.—ISBN 7-5311 1133-0：0.78元

蒙古族高级中学汉语文第二册练习与自测/贾世宜等编写.—呼和浩特：内蒙古教育出版社，1990.12.135页；32开.—ISBN 7-5311-1235-3：0.74元

蒙古族高级中学汉语文第三册练习与自测/内蒙古教育出版社编辑.—呼和浩特：内蒙古教育出版社，1990.5.—110页；32开.—ISBN 7-5311-1118-7：0.70元

蒙古族高级中学汉语文第四册练习与自测/内蒙古教育出版社汉语文编辑室编写.—呼和浩特：内蒙古教育出版社，1990.11.—102页；32开.—ISBN 7-5311-1227-2：0.59元

蒙古族高级中学汉语文第五册练习与自测/内蒙古教育出版社编辑.—呼和浩特：内蒙古教育出版社，1990.5.—131页；32开.—ISBN 7-5311-1134-9：0.83元

蒙古族高级中学汉语文第六册练习与自测/内蒙古教育出版社汉语文编辑室编写.—呼和浩特：内蒙古教育出版社，1990.9—146页；32开.—ISBN 7-5311-1238-8：0.80元

蒙古族高级中学课本汉语文第六册教学参考书/内蒙古教育出版社编辑.—呼和浩特：内蒙古教育出版社，1990.12.—161页；32开.—ISBN 7-5311-1257-4：0.91元

新版中学语文课本学习指导：初中　第一册/刘占伦，李文锦主编；郭晓坤等撰写.—天津：天津教育出版社，1990.6.—182页；32开.—ISBN 7-5309-0935-5：2.10元

新版中学语文课本学习指导：初中　第三册/王光龙主编；王文龙等撰写.—天津：天津教育出版社，1990.6.—205页；32开.—ISBN 7-5309-0936-3：2.25元

新版中学语文课本学习指导：初中　第五册/李文锦等主编；张小泉等撰写.—天津：天津教育出版社，1990.6.—194页；32开.—ISBN 7-5309-0937-1：2.20元

新版中学语文课本学习指导：高中　第一册/徐同等主编.—天津：天津教育出版社，1990.6.—236页；32开.—ISBN 7-5309-0932-0：2.55元

新版中学语文课本学习指导：高中　第三册/徐同等主编.—天津：天津教育出版社，1990.6.—210页；32开.—ISBN 7-5309-0933-9：2.05元

新版中学语文课本学习指导：高中　第五册/徐同等主编.—天津：天津教育出版社，1990.6.—214页；32开.—ISBN 7-5309-0934-7：2.40元

新编中学文言文今译　上册：初中部分/李义植，王知一编著.—南昌：江西人民出版社，1990.10.146页；32开.—ISBN 7-210-00814-4：2.20元

新编中学文言文今译　下册：高中部分/李义植，王知一编著.—南昌：江西人民出版社，1990.10.605页；32开.—ISBN 7-210-00814-4：5.30元

新编中学文言文今译：初中三年级/《新编中学文言文今译》编写组编.—福州：福建人民出版社，1990.8.—159页；32开.—ISBN 7-211-01156-4：1.40元

新编中学文言文今译：高中二年级/《新编中学文言文今译》编写组编.—福州：福建人民出版社，1990.12.—241页；32开.—ISBN 7-211-01225-0：2.35元

新编中学文言文句解/江苏教育出版社编辑部编.增订再版/陆子建增订.—南京：江苏教育出版社，1990.5.—158页；32开.—初中一年级用.—ISBN 7-5343-1045-8：1.35元

本书1987年初版，原题名：中学文言文句解

新编中学文言文句解/江苏教育出版社编辑部编.增订再版/刘金海增订.—南京：江苏教育出版社，1990.6.—200页；32开.—初中二年级用.—ISBN 7-5343-1084-9：1.65元

新编中学文言文句解/江苏教育出版社编辑部编.增订再版/郝敬训增订.—南京：江苏教育出版社，1990.7.—244页；32开.—初中三年级用.—ISBN 7-5343-1103-9：1.95元

新编中学文言文句解/江苏教育出版社编辑部编.增订再版/高世平增订.—南京：江苏教育出版社，1990.8.—345页；32开.—高中一年级用.—ISBN 7-5343-1115-2：2.70元

新编中学文言文句解/江苏教育出版社编辑部编.增订再版/陆华兴增订.—南京：江苏教育出版社，1990.6.—305页；32开.—高中二年级用.—ISBN 7-5343-1095-4：2.40元

新编中学文言文句解/江苏教育出版社编辑部编.增订再版/徐昭武增订.—南京：江苏教育出版社，1990.7—370页；32开.—高中三年级用.—ISBN 7-5343-1116-0：2.90元

新编中学词语汇释/许纂本编著.—南宁：广西民族出版社，1990.6.—374页；64开.—ISBN 7-5363-0821-3：2.65元

新编中学语文文言文知识归类/潘耀良，覃继胜主编；叶懋等撰稿.—桂林：广西师范大学出版社，1990.3.—184页；32开.—ISBN 7-5633-0755-9：1.90元

新编中学语文教案：初中　第二册/黄岳洲，茅宗祥主编.—西安：陕西人民出版社，1990.1.—324页；32开.—ISBN 7-224-01100-2：3.55元

新编中学语文教案：初中　第四册/黄岳洲，茅宗祥主编.—西安：陕西人民出版社，1990.1.—267页；32开.—ISBN 7-224-01101-0：3.00元

新编中学语文教案：初中　第六册/黄岳洲，茅宗祥

主编.—西安：陕西人民出版社，1990.1.—299页；32开.—ISBN 7-224-01102-9：3.30元

新编中学语文教案：高中　第二册/黄岳洲，茅宗祥主编.—西安：陕西人民出版社，1990.1.—289页；32开.—ISBN 7-224-01107-X：5.25元

新编中学语文教案：高中　第四册/黄岳洲，茅宗祥主编.—西安：陕西人民出版社，1990.1.—300页；32开.—ISBN 7-224-01104-5：3.30元

新编中学语文教案：高中　第六册/黄岳洲，茅宗祥主编.—西安：陕西人民出版社，1990.1.—238页；32开.—ISBN 7-224-01108-8：2.70元

新编中学语文常用文言实词汇释/魏岚旭主编.—北京：北京师范学院出版社，1990.1.—237页；32开.ISBN 7-81014-430-8：2.30元

新编汉语知识导训/李宗儒主编.—武汉：武汉工业大学出版社，1990.1.—168页；32开.—ISBN 7-5629-0313-1：1.95元

新编初中古文今译/袁士良，刘德华主编.—北京：学苑出版社，1990.3.—187页；32开.—ISBN 7-80060-863-8：2.60元

新编初中古诗文评点赏析/樊俊堂主编.—南京：东南大学出版社，1990.2.—191页；16开.—ISBN 7-81023-285-1：3.95元

新编初中语文古诗文对译/陈海魁等编译.—西安：未来出版社，1990.9.—171页；32开.—ISBN 7-5417-0370-2：1.65元

新编初中语文古诗文注译析/葛成民主编.—西安：陕西人民教育出版社，1990.6.—279页；32开.—国家教委统编教材.—附思考和练习参考答案.—ISBN 7-5419-0896-7：3.05元

新编初中语文字词手册/《新编初中语文字词手册》编写组编.—成都：四川人民出版社，1990.12.350页；32开.—ISBN 7-220-01079-6：3.70元

新编初中语文助读：一年级上学期/彭光华，颜倩编.—武汉：湖北少年儿童出版社，1990.7.—163页；32开.—ISBN 7-5353-0598-9：1.35元

新编初中语文助读：一年级下学期/彭光华，颜倩编.—武汉：湖北少年儿童出版社，1990.12.—227页；32开.—ISBN 7-5353-0714-0：1.85元

新编初中语文助读：二年级下学期/许可等编.武汉：湖北少年儿童出版社，1990.11.—182页；32开.—ISBN 7-5353-0715-9：1.50元

新编初中语文助读：三年级上学期/胡之藻，徐章瑞编.—武汉：湖北少年儿童出版社，1990.7.153页；32开.—ISBN 7-5353-0600-4：1.30元

新编初中语文助读：三年级下学期/胡藻元，徐章瑞编.—武汉：湖北少年儿童出版社，1990.12.222页；32开.—ISBN 7-5353-0716-7：1.80元

新编初中语文词语手册/兰宾汉等编写.—西安：未来出版社，1990.10.—1册；64开.—ISBN 7-5417-0368-0：3.55元

新编初中语文思考和练习解答：1～6册/高志华主编.—西安：未来出版社，1990.7.—533页；32开.ISBN 7-5417-0358-3：4.75元

新编初中语文课本思考练习题解答门径　第二册/伊道恩，李海洲主编.—石家庄：河北少年儿童出版社，1990.11.—162页；32开.—ISBN 7-5376-0607-2：1.50元

新编初中语文课本思考练习题解答门径　第四册/伊道恩，李海洲主编.—石家庄：河北少年儿童出版社，1990.11.—155页；32开.—ISBN 7-5376-0608-0：1.45元

新编初中语文课本思考练习题解答门径　第六册/伊道恩，李海洲主编.—石家庄：河北少年儿童出版社，1990.11.—177页；32开.—ISBN 7-5376-0609-9：1.60元

新编初中语文课本第二册导学与训练/邢永庆，及树楠主编.—天津：南开大学出版社，1990.2.—224页；32开.—ISBN 7-310-00306-3：2.40元

新编初中语文课本第四册导学与训练/孙荻芬，张惠君主编.—天津：南开大学出版社，1990.3.—186页；32开.—ISBN 7-310-00307-1：2.05元

新编初中语文课本第六册导学与训练/王明义，张惠君主编.—天津：南开大学出版社，1990.3.—175页；32开.—ISBN 7-310-00308-X：1.90元

新编初中语文教材议论文逻辑结构详析/史渭君等编著.—西安：陕西人民教育出版社，1990.6.—226页；32开.—ISBN 7-5419-1380-4：2.40元

新编初中语文第一册知识点指要与迁移练习/梁著荣等编写.—南宁：广西教育出版社，1990.6.—210页；32开.—ISBN 7-5435-0874-5：2.05元

新编初中语文第三册知识点指要与迁移练习/邓雅学，吴红坚编写.—南宁：广西教育出版社，1990.6.161页；32开.—ISBN 7-5435-0888-5：1.66元

新编语文自测题：初中一年级　第二册/刘隆凯等编.—武汉：湖北教育出版社，1990.10.—255页；32开.—附答案.—ISBN 7-5351-0609-9：1.90元

新编语文自测题：初中二年级　第四册/吴向东，刘哲夫编.—武汉：湖北教育出版社，1990.10.220页；32开.—附答案.—ISBN 7-5351-0602-1：1.65元

新编语文自测题：初中三年级　第六册/洪镇涛等编.—武汉：湖北教育出版社，1990.10.—179页；32开.—附答案.—ISBN 7-5351-0610-2：1.40元

新编高中文言文助读　上册/王静文编著.—北京：知识出版社，1990.2.—488页；32开.—ISBN 7-5015

-0378-8：5.30元

新编高中文言文详解 上册/宁鸿彬主编.—2版（增订本）.—北京：北京理工大学出版社，1990.9.—495页；32开.—ISBN 7-81013-305-5：5.50元

本册包括《高中语文课本》中一、二、三册的全部文言文的课文内容。

新编高中文言文详解 下册/宁鸿彬主编.—2版（增订本）.—北京：北京理工大学出版社，1990.9.—590页；32开.—ISBN 7-81013-306-3：5.80元

本册包括《高中语文课本》四、五、六册的内容。

新编高中文言文语法分析及译注/孟庆超著.—郑州：中州古籍出版社，1990.2.—528页；大32开.ISBN 7-5348-0323-3：5.60元

新编高中古诗文注译析 第一册/章斐成等编.—南宁：广西教育出版社，1990.6.—216页；32开.—ISBN 7-5435-0959-8：2.15元

新编高中古诗文注译析 第三册/章斐成等编.—南宁：广西教育出版社，1990.6.—209页；32开.ISBN 7-5435-0960-1：2.10元

新编高中古诗文注译析 第五册/章斐成等编.—南宁：广西教育出版社，1990.6.—170页；32开.ISBN 7-5435-0961-X：1.75元

新编高中语文古诗文对译/陈海魁等编.—西安：未来出版社，1990.12.—350页；32开.—ISBN 7-5417-0381-8：3.45元

新编高中语文古诗文注译析：一年级/葛成民主编.—西安：陕西人民教育出版社，1990.6.—419页；32开.—国家教委统编教材.—附思考和练习参考答案.—ISBN 7-5419-0897-5：4.35元

新编高中语文古诗文注译析：高中二年级三～四册/葛成民主编.—西安：陕西人民教育出版社，1990.6.—265页；32开.—国家教委统编教材.—附思考和练习参考答案.—ISBN 7-5419-0896-7：2.90元

新编高中语文古诗文注译析：高中三年级五～六册/葛成民主编.—西安：陕西人民教育出版社，1990.6.—327页；32开.—国家教委统编教材.—附思考和练习参考答案.—ISBN 7-5419-0896-7：3.45元

新编高中语文课本第二册导学与训练/邢永庆，及树楠主编；伊道恩编著.—天津：南开大学出版社，1990.2.—271页；32开.—ISBN 7-310-000309-8：2.85元

新编高中语文课本第四册导学与训练/邢永庆，及树楠主编；张大耀编著.—天津：南开大学出版社，1990.2.—257页；32开.—ISBN 7-310-00310-1：2.10元

新编高中语文课本第六册导学与训练/邢永庆，及树楠主编；平恩涛编著.—天津：南开大学出版社，1990.2.—289页；32开.—ISBN 7-310-00311-X：3.00元

新编教材中考语文复习指南/蒙小荣主编.—南宁：广西民族出版社，1990.6.—311页；32开.—ISBN 7-5363-0766-7：3.60元

数词、量词、代词/王希杰著.—北京：人民教育出版社，1990.6.—124页；32开.—（教学语法丛书；4/张志公主编）.—ISBN 7-107-10521-3：1.40元

精要语段阅读分析：初中语文1～6册/于化龙主编.—天津：天津教育出版社，1990.5.—207页；32开.—ISBN 7-5309-0956-8：2.05元

精选精编最新试题解析：初中语文/唐福珍，高雅文编.—北京：北京师范学院出版社，1990.2.—231页；32开.—ISBN 7-81014-411-1：2.30元

精选精编最新试题解析：高中语文/郭怀仁等编.北京：北京师范学院出版社，1990.2.—296页；32开.—ISBN 7-81014-407-3：2.80元

G633.33 阅读

中学生口才训练/袁牧主编；王道信，熊寿喜编.南昌：江西教育出版社，1990.1.—216页；32开.ISBN 7-5392-0825-2：1.90元

中学语文比较阅读：初中册/赵鑫主编.—北京：中国广播电视出版社，1990.6.—201页；32开.—ISBN 7-5043-0285-6：3.00元

中学语文作品阅读赏析/向翔主编.—南宁：广西民族出版社，1990.10.—141页；32开.—ISBN 7-5363-0939-2：2.30元

中学语文阅读指导与练习/张皓主编.—郑州：河南教育出版社，1990.8.—230页；32开.—ISBN 7-5347-0655-6：1.60元

中学语文阅读辞典：初中双册 第二学期/沈蘅仲主编.—上海：上海辞书出版社，1990.4.—555页；32开.—ISBN 7-5326-126-9：5.90元

中学语文阅读辞典：高中双册 第二学期/沈蘅仲主编.—上海：上海辞书出版社，1990.3.—545页；32开.—ISBN 7-5326-125-0：6.00元

中学语文190篇导读与练习：初中一年级/徐然等编.—2版（修订本）.—南京：江苏教育出版社，1990.5.—338页；32开.—ISBN 7-5343-0133-5：2.75元

本书1987年7月第1版。

中学语文190篇导读与练习：初中二年级/孙宏杰，邹石溪编.—2版（修订本）.—南京：江苏教育出版社，1990.4.—348页；32开.—ISBN 7-5343-0126-2：2.95元

本书1987年7月第1版。

中学语文190篇导读与练习：初中三年级/钱任初等编.—2版（修订本）.—南京：江苏教育出版社，1990.5.—409页；32开.—ISBN 7-5343-0114-9：

3.25元

本书1987年6月第1版。

中学语文190篇导读与练习：高中一年级/陈知义等编.—2版(修订本).—南京：江苏教育出版社.1990.6.—296页；32开.—ISBN 7-5343-0115-7：2.40元

本书1987年6月第1版。

中学语文190篇导读与练习：高中二年级/王文荪等编.—2版(修订本).—南京：江苏教育出版社，1990.6.—241页；32开.—ISBN 7-5343-0120-3：2.00元

本书1987年7月第1版。

中学语文190篇导读与练习：高中三年级/秦兆基等编.—2版(修订本).—南京：江苏教育出版社，1990.6.—337页；32开.—ISBN 7-5343-0135-1：2.85元

本书1987年7月第1版。

文言文的阅读与鉴赏/时雁行等编著.—北京：冶金工业出版社，1990.6.—271页；32开.—ISBN 7-5024-0623-9：4.20元

文学作品阅读(基本)能力培养/李陶著.—北京：学苑出版社，1990.7.—238页；32开.—(语文基本能力培养丛书/叶苍岑主编).—ISBN 7-5077-0080-1：3.00元

文章片断阅读指导/唐郁文主编.—杭州：杭州大学出版社，1990.3.—245页；32开.—ISBN 7-81035-013-7：2.20元

古今中外名言诗文精编：中学生早读本/邓建烈，高爱琴编著.—上海：上海教育出版社，1990.7.293页；32开.—ISBN 7-5320-1792-3：2.45元

初中语文分编型课本阅读第一册练习册/湖北省教学研究室编.—武汉：华中师范大学出版社，1989.7.—144页；32开.—ISBN 7-5622-0399-7：2.05元

初中语文分编型课本阅读第三册练习册/湖北省教学研究室编.—武汉：华中师范大学出版社，1989.8.—156页；32开.—ISBN 7-5622-0378-4：2.15元

初中语文同步阅读手册　(2)/方仁工主编.—上海：少年儿童出版社，1990.1.—120页；32开.—供初一下学期使用.—ISBN 7-5324-0737-3：1.20元

初中语文同步阅读手册　(4)/方仁工主编.—上海：少年儿童出版社，1990.1.—121页；32开.—供初二下学期使用.—ISBN 7-5324-0738-1：1.25元

初中语文讲读课文阅读指导　第二册/吴更，邓传俊主编.—桂林：广西师范大学出版社，1990.1.128页；32开.—ISBN 7-5633-0615-3：1.25元

初中语文讲读课文阅读指导　第四册/吴更，邓传俊主编.—桂林：广西师范大学出版社，1990.1.—132页；32开.—ISBN 7-5633-0644-7：1.25元

初中语文讲读课文阅读指导　第六册/吴更，邓传俊主编.—桂林：广西师范大学出版社，1990.1.114页；32开.—ISBN 7-5633-0645-5：1.05元

初中语文导读与图示提要/张汉清等主编.—长春：东北师范大学出版社，1990.12.—253页；32开.ISBN 7-5602-0441-4：2.80元

初中语文现代作品助读/吴凤祥著.—武汉：湖北少年儿童出版社，1990.3.—198页；32开.—ISBN 7-5353-0641-1：1.90元

初中语文阅读训练/李鸿志编.—长春：东北师范大学出版社，1990.10.—327页；32开.—ISBN 7-5602-0486-4：3.70元

初中语文阅读指导　第一册/吴更，邓传俊主编.桂林：广西师范大学出版社，1990.8.—174页；32开.—ISBN 7-5633-0849-0：1.70元

初中语文阅读指导　第三册/吴更，邓传俊主编.桂林：广西师范大学出版社，1990.8.—174页；32开.—ISBN 7-5633-0850-4：1.70元

初中语文阅读指导　第五册/吴更，邓传俊主编.桂林：广西师范大学出版社，1990.8.—170页；32开.—ISBN 7-5633-0851-2：1.70元

初中语文课本《阅读》词语释义　第六册/张寿康主编.—天津：新蕾出版社，1990.6.—160页；32开.—ISBN 7-5307-0612-8：1.75元

现代文阅读指要/赵俊元等编著.—昆明：云南人民出版社，1990.8.—131页；32开.—ISBN 7-222-00642-7：1.65元

语文百段阅读训练：初一年级/刘福朝，徐红编著.上海：上海教育出版社，1990.6.—171页；32开.ISBN 7-5320-1844-X：1.35元

语文百段阅读训练：初二年级/胡锦星等编著.—上海：上海教育出版社，1990.6.—194页；32开.ISBN 7-5320-1888-1：1.55元

语文百段阅读训练：初三年级/李雄豪，陈武冈编著.—上海：上海教育出版社，1990.6.—212页；32开.—ISBN 7-5320-1772-9：1.65元

语文阅读文选：初中二年级下期/马正等编.—2版(修订本).—郑州：河南教育出版社，1990.12.184页；32开.—ISBN 7-5347-0311-4：1.30元

高中语文课外现代文阅读能力培养/贾瑞蕾等编著.—北京：中国妇女出版社，1990.9.—170页；32开.—ISBN 7-80016-335-0：2.20元

高考语文语段阅读研究/王斌，施弘主编.—北京：华夏出版社，1990.8.—149页；32开.—ISBN 7-80053-843-7：1.80元

高考语文阅读备考训练/文莹主编；旷壬林等编.西安：陕西人民教育出版社，1990.10.—260页；32开.—ISBN 7-5419-1228-X：2.70元

阅读·作文·汉语辅导与练习：初中　第一册/陈良琨，朱芒芒主编.—2版.—南京：江苏教育出版

社，1990.5.—298页；32开.—分编型初中语文教材.—ISBN 7-5343-0322-2：2.25元

阅读·作文·汉语辅导与练习：初中　第五册/陈良琨，朱芒芒主编.—南京：江苏教育出版社，1990.4.—245页；32开.—分编型初中语文教材.—ISBN 7-5343-1034-2：1.90元

阅读指导　（二）/王颜良等编.—沈阳：辽宁人民出版社，1990.1.—88页；32开.—ISBN 7-205-01248-1：1.00元

阅读指导　（四）/王颜良等编.—沈阳：辽宁人民出版社，1990.1.—90页；32开.—ISBN 7-205-01253-8：1.00元

阅读指导　（六）/王颜良等编.—沈阳：辽宁人民出版社，1990.1.—81页；32开.—ISBN 7-205-01254-6：1.00元

新编中学语文导读与导写：初中分册/王必辉主编.—南京：江苏教育出版社，1990.4.—412页；32开.—ISBN 7-5343-1024-5：3.05元

新编中学语文导读与导写：高中分册/王必辉主编.—南京：江苏教育出版社，1990.3.—394页；32开.—ISBN 7-5343-0975-1：3.05元

G633.34　作　文

1989年高考作文正误评析/孙树松，孙树芳编著.大连：大连出版社，1990.3.—137页；32开.—ISBN 7-80555-279-7：2.50元

一百分钟一类文：高中作文写作指导/郑令中等编著.—北京：北京师范学院出版社，1990.4.—211页；32开.—ISBN 7-81014-398-0：2.30元

十七岁的人生路：题解·评析·别议·博引：中学生作文/黄参光等编著.—南宁：广西民族出版社，1990.11.—184页；32开.—ISBN 7-5363-0944-9：2.20元

十字路口：89上海市中学生新星作文大奖赛获奖作文评析/邹孚庭，方仁工主编.—上海：三联书店上海分店，1990.10.—165页；32开.—ISBN 7-5426-0368-X：1.65元

九十分钟一类文：初中作文写作指导/郑令中，车彦主编.—北京：北京师范学院出版社，1990.4.213页；32开.—ISBN 7-81014-400-6：2.35元

千字作文速练/余荩著.—杭州：杭州大学出版社，1990.4.—227页；32开.—ISBN 7-81035-008-0：2.40元

中小学生作文的钥匙/卜希萃著.—北京：北京科学技术出版社，1990.8.—165页；32开.—ISBN 7-5304-0692-2：2.25元

中小学生作文病句修改手册/钟华著.—兰州：甘肃少年儿童出版社，1990.5.—193页；32开.—ISBN 7-5422-0297-9：2.20元

中学生文坛　第一辑/中学生文坛编辑部编.—天津：天津人民出版社，〔1990〕.—96页；32开.ISBN 7-201-00622-3：0.95元

中学生议论文材料及例析/杨燕昌等编.—天津：新蕾出版社，1990.4.—210页；32开.—ISBN 7-5307-0584-9：2.25元

中学生写作手册/傅岩，钟建文主编.—成都：四川辞书出版社，1990.12.—282页；32开.—ISBN 7-80543-163-9：2.85元

中学生写作范文　第三集/陈平编著.—北京：地震出版社，1990.6.—128页；32开.—ISBN 7-5028-0374-2：1.90元

中学生作文片断、语汇手册/叶仁立等编.—2版.福州：福建少年儿童出版社，1990.12.—585页；64开.—ISBN 7-5395-0305-9：3.00元

中学生作文训练：初中第一册.—4版.—成都：四川教育出版社，1990.5.—71页；32开.—ISBN 7-5408-0581-1：0.68元

中学生作文训练：初中第五册.—4版.—成都：四川教育出版社，1990.4.—103页；32开.—ISBN 7-5408-0594-3：0.90元

中学生作文训练：高中　第一册/四川省中小学教材审查委员会审定.—4版.—成都：四川教育出版社，1990.5.—83页；32开.—ISBN 7-5408-0603-5：0.74元

中学生作文训练：高中　第三册/四川省中小学教材审查委员会审定.—4版.—成都：四川教育出版社，1990.5.—115页；32开.—ISBN 7-5408-0601-X：0.96元

中学生作文训练：高中　第四册.—4版.—成都：四川教育出版社，1990.11.—116页；32开.—ISBN 7-5408-1444-6：0.99元

中学生作文训练：高中　第五册/四川省中小学教材审查委员会审定.—4版.—成都：四川教育出版社，1990.5.—127页；32开.—ISBN 7-5408-0602-8：1.07元

中学生作文训练：高中　第六册.—4版.—成都：四川教育出版社，1990.11.—129页；32开.—ISBN 7-5408-0340-1：1.07元

中学生作文描写辞典/胡努，宋易麟主编.—南昌：21世纪出版社，1990.9.—841页；64开.—ISBN 7-5391-0384-1：3.60元

中学生修改病句的方法/秦豪编著.—上海：少年儿童出版社，1990.4.—116页；32开.—ISBN 7-5324-0791-8：1.20元

中学生谈我怎样写好作文/刘增杰选编.—太原：希望出版社，1990.2.—252页；32开.—ISBN 7-5379-

0502-9：3.00元

中学写作手册/上海市教师写作研究会编.—上海：上海教育出版社，1990.2.—420页；大32开.—ISBN 7-5321-1437-1（精装）：6.05元

中学写作手册/上海市教师写作研究会编.—上海：上海教育出版社，1990.2.—420页；大32开.—ISBN 7-5320-1436-3：4.30元

中学写作模式与技巧/熊开国编著.—北京：光明日报出版社，1990.4.—298页；32开.—ISBN 7-80014-694-4：3.50元

中学作文比较训练/赵杰主编.—南京：南京出版社，1990.9.—308页；32开.—ISBN 7-80560-270-0：3.35元

中学作文教学论文选：1979～1990/吴隐强，卢正德主编.—南宁：广西教育出版社，1990.12.—481页；32开.—ISBN 7-5435-1095-2：4.70元

中学作文常用词分类描写词典　下册/赵振钧主编.—北京：机械工业出版社，1990.12.—222页；32开.—ISBN 7-111-02503-2：4.00元

中学作文题型设计/曲延璘编著.—天津：渤海湾出版公司，1990.1.—231页；32开.—ISBN 7-80561-025-8：2.55元

中学作文300题/周冰人等编.—北京：语文出版社，1990.9.—222页；32开.—ISBN 7-80006-277-5：3.20元

中学语文读写手册：初中　第二册/陈怡盛主编.—2版.—桂林：广西师范大学出版社，1990.12.—89页；16开.—（中学语文文摘报精选）.—ISBN 7-5633-0652-8：2.30元

本书1990年2月第1版。

中学语文读写手册：初中　第六册/邓传俊主编.—2版.—桂林：广西师范大学出版社，1990.12.—88页；16开.—（中学语文文摘报精选）.—ISBN 7-5633-0654-4：2.30元

本书1990年2月第1版。

中学语文读写手册：高中　第二册/罗劲主编.—2版.—桂林：广西师范大学出版社，1990.12.—100页；16开.—（中学语文文摘报精选）.—ISBN 7-5633-0657-9：2.30元

本书1990年2月第1版。

中学语文读写手册：高中　第四册/李道倍主编.—2版.—桂林：广西师范大学出版社，1990.12.—98页；32开.—（中学语文文摘报精选）.—ISBN 7-5633-0655-0：2.30元

本书1990年2月第1版。

中学语文读写手册：高中　第六册/卢致远主编.—2版.—桂林：广西师范大学出版社，1990.12.—91页；16开.—（中学语文文摘报精选）.—ISBN 7-5633-0657-9：2.30元

本书1990年2月第1版。

从句段语言学会写文章/张传宗著.—北京：人民教育出版社，1990.2.—146页；32开.—ISBN 7-107-10433-0：1.60元

为你提供论据/王全峰编著.—北京：兵器工业出版社，1990.1.—103页；32开.—ISBN 7-80038-147-1：1.00元

本书为学生写好议论文提供了精采的论据。

叶圣陶中小学生作文评改举例/叶圣陶评改；叶至善说明.—北京：开明出版社，1990.9.—97页；32开.—ISBN 7-80077-004-4：1.55元

议论文写作的思路开拓/何旭华编著.—桂林：广西师范大学出版社，1990.—96页；32开.—（作文教学研究丛书）.—ISBN 7-5633-0756-7：1.00元

写写评评改改：怎样写好记叙文/阎银夫编.—南昌：21世纪出版社，1990.7.—165页；32开.—（中学生作文小丛书）.—ISBN 7-5391-0137-7：1.60元

考场作文100问/陆炎主编.—乌鲁木齐：新疆人民出版社，1990.2.—202页；32开.—ISBN 7-228-01315-8：1.90元

有毛病的作文：中小学生写作特殊指南/徐家成著.—海口：南海出版公司，1990.7.—238页；32开.—ISBN 7-80570-130-X：3.50元

同中学生谈写作与语言训练/徐龙年著.—沈阳：辽宁民族出版社，1990.11.—180页；32开.—ISBN 7-80527-112-7：2.30元

自能作文审题指导/唐本主撰.—成都：四川人民出版社，1990.10.—246页；32开.—ISBN 7-220-01164-4：2.50元

全国高考作文要旨：1979～1990/陈佳民等编.—2版（修订本）.—广州：广东高等教育出版社，1990.12.—129页；32开.—ISBN 7-5361-0238-0：2.30元

作文与听说训练指导：初一/张家修，宋振华主编.—海口：南海出版公司，1990.10.—134页；32开.—ISBN 7-80570-352-3：1.40元

作文与听说训练指导：初二/范汉民，赵俊臣主编.—海口：南海出版公司，1990.10.—134页；32开.—ISBN 7-80570-363-9：1.40元

作文与听说训练指导：初三/蒋玮，张全天主编.—海口：南海出版公司，1990.10.—142页；32开.—ISBN 7-80570-364-7：1.45元

作文布局谋篇50例/吕福田等编著.—哈尔滨：黑龙江教育出版社，1990.7.—241页；32开.—（中学生作文丛书）.—ISBN 7-5316-1064-7：2.65元

作文百课：高中　第一册/柳印生，洪宗礼主编.—南京：南京出版社，1990.9.—146页；32开.—ISBN 7-80560-227-1：1.70元

作文百课：高中　第二册/柳印生，洪宗礼主编.

南京：南京出版社，1990.8.—150页；32开.—ISBN 7-80560-228-X：1.70元

作文百课：高中　第三册/柳印生，洪宗礼主编.南京：南京出版社，1990.9.—162页；32开.—ISBN 7-80560-229-8：1.70元

作文向导　第一册/吉林省中等学校作文教学研究会编.—长春：吉林人民出版社，1990.9.—122页；32开.—初中一年级用.—ISBN 7-206-00884-4：1.60元

作文向导　第二册/吉林省中等学校作文教学研究会编.—长春：吉林人民出版社，1990.9.—122页；32开.—初中二年级用.—ISBN 7-206-00885-2：1.60元

作文向导　第三册/吉林省中等学校作文教学研究会编.—长春：吉林人民出版社，1990.9.—122页；32开.—初中三年级用.—ISBN 7-206-00886-0：1.60元

作文问答/陈树春等编著.—长春：长春出版社，1990.12.—226页；32开.—ISBN 7-80573-384-8：3.50元

作文材料库/朱伯荣主编.—桂林：广西师范大学出版社，1990.10.—89页；32开.—（作文天地丛书）.—ISBN 7-5633-0947-0：1.10元

作文材料精编/邵金生编著.—沈阳：辽宁大学出版社，1990.12.—221页；32开.—ISBN 7-5610-1132-6：2.85元

作文词林/平易等编.—延吉：东北朝鲜民族教育出版社，1990.11.—172页；32开.—ISBN 7-5437-0765-9：3.20元

本书选收词语近四万条，按照词义分写人；记事；状物；绘景；其他五编。

作文审题立意50例/王群熙等编著.—哈尔滨：黑龙江教育出版社，1990.12.—262页；32开.—（中学生作文丛书）.—ISBN 7-5316-1137-6：2.80元

作文指路/张康华，危家丁主编.—开封：河南大学出版社，1990.7.—158页；32开.—ISBN 7-81018-524-1：1.80元

作文病点110例/阎银夫等著.—哈尔滨：黑龙江教育出版社，1990.7.—227页；32开.—（中学生作文丛书）.—ISBN 7-5316-1068-X：2.45元

作文题导引与例析　下册/李震，王儒良编著.南京：南京出版社，1990.2.—148页；32开.—初中语文新教材.—ISBN 7-80560-164-X：1.60元

作文题导引与例析　下册/李震，王儒良编著.南京：南京出版社，1990.2.—138页；32开.—高中语文新教材.—ISBN 7-80560-165-8：1.50元

初中比较作文/车彦，郑令中主编.—北京：中国国际广播出版社，1990.7.—222页；32开.—ISBN 7-80035-524-1：2.55元

初中生写作思路要诀/毛坚，黄美勋编著.—南宁：广西民族出版社，1990.4.—235页；32开.—ISBN 7-5363-0739-X：2.90元

初中生同步作文训练/杜志华主编.—南昌：21世纪出版社，1990.5.—185页；32开.—新编教材.ISBN 7-5391-0307-8：1.80元

初中生优秀作文丛书　（3）/群集编.—沈阳：辽宁少年儿童出版社，1990.7.—112页；32开.—ISBN 7-5315-0824-9：1.00元

初中生作文例文手册　第一册/张启主编；史修亭等编写.—南京：江苏少年儿童出版社，1990.6.148页；64开.—ISBN 7-5346-0500-8：0.75元

初中生作文例文手册　第三册/张启主编；金建陵，秦寿炳编写.—南京：江苏少年儿童出版社，1990.6.—169页；64开.—ISBN 7-5346-0501-6：1.00元

初中生作文修改范例/王凤礼主编.—西安：陕西人民出版社，1990.4.—199页；32开.—（作文修改套书）.—ISBN 7-224-01136-3：2.30元

初中写作训练概论/武少文主编.—太原：北岳文艺出版社，1990.8.—316页；32开.—ISBN 7-5378-0400-1：3.40元

初中作文导引与示范/罗光奖，徐晖主编.—北京：中国广播电视出版社，1990.11.—200页；32开.—ISBN 7-5043-0736-X：2.20元

初中作文单元训练：一年级上学期/李恩德编著.—济南：明天出版社，1990.4—.107页；32开.ISBN 7-5332-0904-4：1.10元

初中作文单元训练：二年级上学期/李恩德编著.济南：明天出版社，1990.4.—116页；32开.—ISBN 7-5332-0905-2：1.15元

初中作文单元训练：三年级上学期/李恩德编著.济南：明天出版社，1990.6.—102页；32开.—ISBN 7-5332-0978-8：1.10元

初中作文审题指导与佳文示例：一年级/于福泽等编.—石家庄：河北少年儿童出版社，1990.8.—162页；32开.—ISBN 7-5376-0575-0：1.45元

初中作文审题指导与佳文示例：二年级/王义明等编.—石家庄：河北少年儿童出版社，1990.8.—146页；32开.—ISBN 7-5376-0576-9：1.45元

初中作文审题指导与佳文示例：三年级/马占成等编.—石家庄：河北少年儿童出版社，1990.8.171页；32开.—ISBN 7-5376-0577-7：1.45元

初中作文指导：一年级/陆逐，朱宝元编著.—上海：少年儿童出版社，1990.5.—255页；32开.—ISBN 7-5324-0687-3：2.40元

初中作文指导：二年级/陆逐，朱宝元编著.—上

海：少年儿童出版社，1990.6.—273页；32开.—ISBN 7-5324-0724-1：2.55元

初中作文指导：三年级/陆逐，朱宝元编著.—上海：少年儿童出版社，1990.5.—272页；32开.—ISBN 7-5324-0779-9：2.55元

初中作文指导：三年级下学期/徐国英编写.—2版.—武汉：湖北少年儿童出版社，1990.12.—186页；32开.—ISBN 7-5353-0751-5：1.55元
本书1986年11月第1版。

初中作文指导与示范/刘松梧，徐晖主编.—西安：未来出版社，1990.9.—262页；32开.—2.60元

初中作文指导序列　第六册/作文指导序例编委会编；倪圣道等编写.—2版(修订本).—太原：山西教育出版社，1990.12.—189页；32开.—ISBN 7-80578-302-0：1.75元

初中作文指路/谢光云等编.—南宁：广西教育出版社，1990.5.—154页；32开.—ISBN 7-5435-0832-X：1.50元

初中作文点拨与示范/刘松梧，徐晖主编.—西安：未来出版社，1990.9.—262页；32开.—ISBN 7-5417-0389-3：2.60元

初中作文类型导析/武宏伟编著.—长春：长春出版社，1990.6.—269页；32开.—ISBN 7-80573-251-5：3.50元

初中作文教程　第一册/季德贵等主编.—桂林：广西师范大学出版社，1990.8.—83页；32开.(作文教学研究丛书).—ISBN 7-5633-0907-1：1.00元

初中作文基本功训练　第一册/万汉培主编.—福州：福建少年儿童出版社，1990.4.—133页；32开.—ISBN 7-5395-0383-1：1.25元

初中作文基本功训练　第二册/万汉培主编.—福州：福建少年儿童出版社，1990.11.—159页；32开.—ISBN 7-5395-0477-3：1.65元

初中作文基本功训练　第三册/万汉培主编.—福州：福建少年儿童出版社，1990.5.—124页；32开.—ISBN 7-5395-0384-X：1.20元

初中作文基本功训练　第四册/万汉培主编；陈挺秀等编写.—福州：福建少年儿童出版社，1990.11.141页；32开.—ISBN 7-5395-0444-7：1.45元

初中作文基本功训练　第五册/万汉培主编.—福州：福建少年儿童出版社，1990.5.—124页；32开.ISBN 7 5395-0385-8：1.20元

初中作文基本功训练　第六册/万汉培主编；许尚仁等编写.—福州：福建少年儿童出版社，1990.12.162页；32开.—ISBN 7-5395-0445-5：1.65元

初中语文作文训练"参考题目"例文大全/巫龙春，王蓓主编.—济南：济南出版社，1990.6.—406页；32开.—ISBN 7-80572-168-8：3.90元

初中课本作文示例/阎银夫等编著.—哈尔滨：黑龙江教育出版社，1990.9.—263页；32开.—ISBN 7-5316-1089-2：2.80元

初中课堂作文辅导：一年级/王值西等编写.—杭州：浙江少年儿童出版社，1990.1.—215页；32开.—ISBN 7-5342-0538-7：1.90元

初中课堂作文辅导：二年级/归瀚章等编写.—杭州：浙江少年儿童出版社，1990.1.—206页；32开.ISBN 7-5342-0539-5：1.90元

初中课堂作文辅导：三年级/袁金麟等编写.—杭州：浙江少年儿童出版社，1990.1.—224页；32开.ISBN 7-5342-0540-9：2.00元

初级中学作文　第一册/全国作文研究中心编.2版(修订本).—郑州：文心出版社，1990.2.105页；32开.—ISBN 7-80537-185-7：0.70元

初级中学作文　第三册/全国作文研究中心编.2版(修订本).—郑州：文心出版社，1990.2.—74页；32开.—ISBN 7-80537-186-5：0.54元

初级中学作文　第五册/全国作文研究中心编.—2版(修订本).—郑州：文心出版社，1990.2.123页；32开.—ISBN 7-80537-187-3：0.81元

供材料作文指导/李忠镛，官家翰主编.—广州：中山大学出版社，1990.5.—147页；32开.—ISBN 7-306-00314-3：2.60元

实用写作技法/林宏伟等编著.—桂林：广西师范大学出版社，1990.12.—163页；32开.—(作文教学与研究丛书).—ISBN 7-5633-1012-6：1.80元

学生作文材料集锦/池青山，孙凤哲编著.—牡丹江：黑龙江朝鲜民族出版社，1990.1.—379页；32开.ISBN 7-5389-0227-9：3.90元

怎样分步写好议论文/朱明渊编著.—北京：北京体育学院出版社，1990.2.—186页；32开.—ISBN 7-81003 046-9：2.85元

怎样写好作文：江边著.—桂林：广西师范大学出版社，1990.4.—92页；32开.—(作文天地丛书/孙毅明主编).—ISBN 7-5633-0856-3：1.10元

怎样写好获奖作文/中学部分/陶继新编著.—济南：山东文艺出版社，1990.9.—216页；32开.—ISBN 7-5329-0481-4：2.65元

语文学习与写作/峻青著.—南京：江苏教育出版社，1990.9.—262页；32开.—ISBN 7-5343-1142-X：2.25元

语文新教材作文审题点拨400例/王斌主编.—北京：北京师范学院出版社，1990.2.—197页；32开.ISBN 7-81014-414-6：2.20元

高中比较作文/郑令中等主编.—北京：中国国际广播出版社，1990.7.—189页；32开.—ISBN 7-

80035-525-X：2.25元

高中生作文修改范例/王凤礼主编.—西安：陕西人民出版社，1990.4.—194页；32开.—(作文修改套书).—ISBN 7-224-01137-1：2.20元

高中作文：一年级/《高中作文》编写组编.—南昌：江西教育出版社，1990.1.—186页；32开.—ISBN 7-5392-0699-3：1.61元

高中作文：二年级/《高中作文》编写组编.南昌：江西教育出版社，1990.1.—202页；32开.ISBN 7-5392-0700-0：1.73元

高中作文：三年级/《高中作文》编写组编.—南昌：江西教育出版社，1990.1.—203页；32开.—ISBN 7-5392-0701-9：1.73元

高中作文解难导引/钟为永主编.—上海：上海文化出版社，1990.9.—328页；32开.—ISBN 7-80511-395-5：3.05元

高中作文题型/李文锦，桑建中主编；邢大华等编写.—西安：陕西人民教育出版社，1990.2.—260页；32开.—ISBN 7-5419-1253-0：2.25元

高中命题作文精选/金宇，靖陆编著.—西安：陕西人民教育出版社，1990.6—297页；32开.—ISBN 7-5419-1646-3：2.65元

高中课本作文示例/阎银夫等编著.—哈尔滨：黑龙江教育出版社，1990.8.—200页；32开.—ISBN 7-5316-1073-6：2.15元

高级中学作文　第一册/全国作文研究中心编.2版(修订本).—郑州：文心出版社，1990.2.136页；32开.—ISBN 7-80537-188-1：0.88元

高级中学作文　第三册/全国作文研究中心编.2版(修订本).—郑州：文心出版社，1990.2.149页；32开.—ISBN 7-80537-189-X：0.95元

速成作文技巧/《速成作文技巧》编写组编.—北京：学苑出版社，1990.9.—235页；32开.—供初一年级使用.—ISBN 7-80060-982-0：3.00元

速成作文技巧/《速成作文技巧》编写组编.北京：学苑出版社，1990.9.—208页；32开.—供初二年级使用.—ISBN 7-80060-983-9：2.80元

速成作文技巧/《速成作文技巧》编写组编.—北京：学苑出版社，1990.9.—234页；32开.—供初中三年级使用.—ISBN 7-80060-984-1：3.10元

读写技巧ABC/吴振群，王维真主编.—海口：南海出版公司，1990.12.—184页；32开.—ISBN 7-80570-443-0：1.70元

情景作文百题/阎银夫主编.—太原：山西教育出版社，1990.10.—284页；32开.—ISBN 7-30578-291-1：3.00元

新编中学语文作文同步指导：高中第二册/窦光宇，诸士心主编；蔡斌芳等编.—西安：陕西人民出版社，1990.1.—117页；32开.—ISBN 7-224-01143-6：1.45元

新编中学语文作文同步指导：高中第四册/窦光宇，诸士心主编；蔡斌芳等编.—西安：陕西人民出版社，1990.1.—118页；32开.—ISBN 7-224-01144-4：1.45元

新编中学语文作文同步指导：高中第六册/窦光宇，诸士心主编；蔡斌芳等编.—西安：陕西人民出版社，1990.1.—124页；32开.—ISBN 7-224-01145-2：1.50元

新编初中作文指导/鲍志伸等编.—西安：陕西人民教育出版社，1990.5.—291页；32开.—ISBN 7-5419-1525-4：2.60元

新编初中教材作文训练：一年级/刘守立，陈书高主编.—南京：江苏少年儿童出版社，1990.8 212页；32开.—ISBN 7-5346-0554-7：1.90元

新编初中教材作文训练：二年级/刘守立，陈书高主编.—南京：江苏少年儿童出版社，1990.8.—244页；32开.—ISBN 7-5346-0555-5：2.15元

新编初中教材作文训练：三年级/刘守立，陈书高主编.—南京：江苏少年儿童出版社，1990.8.215页；32开.—ISBN 7-5346-0556-3：1.90元

精选初中作文5000题：中学作文万题集/陆鉴三主编.—沈阳：沈阳出版社，1990.12.—135页；32开.ISBN 7-80556-390-X：1.50元

辩证思维与写作训练/龙茂松等编著.—桂林：漓江出版社，1990.5.—174页；32开.—ISBN 7-5407-0549-3：2.25元

G633.4　外　语

G633.41　英　语

1988～1989京津沪鲁闽粤初中升高中试题及答案汇编：英语/浏柳泉等编.—济南：山东教育出版社，1990.3.—203页；32开.—ISBN 7-5328-0921-8：2.70元

1989～1990全国中考英语试题选编/《全国中考英语试题选编》编选组编.—石家庄：河北教育出版社，1990.12.—196页；32开.—附答案.—ISBN 7-5434-0658-6：1.70元

1989年全国中考题精选、解答及评析：英语/文迪等编.—成都：四川教育出版社，1990.3.—179页；32开.—ISBN 7-5408-1250-8：1.62元

1989全国初中毕业升学试题与答案：英语/《全国初中毕业升学试题与答案》编辑组编.—北京：中国经济出版社，1990.2.—268页；32开.—ISBN 7-5017-0540-2：3.40元

1990年全国中考试题(含答案)汇编：英语/天津

人民出版社编.—天津：天津人民出版社，1990.10. 439页；32开.—ISBN 7-201-00554-5：4.40元

1990年全国中考试题研究：英语/周生，张运泰编著.—长春：东北师范大学出版社，1990.9.—149页；32开.—ISBN 7-5602-0467-8：1.60元

1990年全国初中毕业升学试题精选与解答：英语/宋志戎编.—长春：吉林教育出版社，1990.9. 236页；32开.—ISBN 7-5383-1114-9：1.75元

1990年全国高中升学预考试题和解答精选：英语/山军等选编.—北京：北京出版社，1990.11. 160页；32开.—ISBN 7-200-01075-8：2.20元

1990年全国初中毕业(升学)试题及解答精选：英语/全国中学教育信息研究会编.—延吉：东北朝鲜民族教育出版社，1990.10.—126页；32开.—ISBN 7-5437-0807-3：1.50元

1991年全国部分省市中考英语标准化预考题解答/辽宁教育出版社编.—沈阳：辽宁教育出版社，1990. 10.—138页；32开.—ISBN 7-5382-0942-5：1.30元

1991年英语高考标准化综合检测题/本书编写组编.—沈阳：辽宁人民出版社，1990.7.—236页；32开.—ISBN 7-205-01425-5：2.95元

山西省重点中学英语中考检测题解/贾遂，杨喜高主编.—太原：山西人民出版社，1990.1.—135页；16开.—(山西省重点中学各科中考检测题解).ISBN 7-203-01550-5：2.45元

义务教育三年制、四年制初级中学英语阅读训练 第一册/人民教育出版社，英国朗文出版集团有限公司编.—北京：人民教育出版社，1990.9.—61页；32开.—供初中一年级下学期使用.—ISBN 7-107-00920-6：0.60元

义务教育三年制、四年制初级中学英语第一册(试用本)教师教学用书/人民教育出版社，英国朗文出版集团有限公司编.—北京：人民教育出版社，1990. 6.—266页；16开.—ISBN 7-107-00884-6：4.40元

云南省普通高级中学会考要求与练习：英语/云南省教育厅教研室主编.—昆明：云南教育出版社，1990.5.—67页；16开.—ISBN 7-5415-0334-7：1.55元

中考英语试题精编评析/胡学增主编.—西安：陕西人民教育出版社，1990.11.—164页；16开.—(中考、高考试题精编丛书).—ISBN 7-5419-1970-5：2.85元

中考英语模拟题/《模拟题》编写组编.—西安：陕西人民教育出版社，1990.10.—106页；16开.—ISBN 7-5419-2009-6：1.75元

中考英语疑难解析/王华，陈士骏编.—福州：福建人民出版社，1990.7.—264页；32开.—ISBN 7-211-01138-6：2.25元

中级英语标准化测试/黄兆昌编著.—杭州：杭州大学出版社，1990.2.—152页；32开.—附参考答案1份.—ISBN 7-81035-002-1：1.60元

中学生优秀英语作文选/费思编.—广州：暨南大学出版社，1990.5.—183页；32开.—ISBN 7-81029-033-9：2.40元

中学生各抒己见：北京市首届中学生英语演讲比赛优秀讲稿汇编/北京市中学生英语技能培训中心编.—北京：北京师范学院出版社，1990.9.—141页；32开.—ISBN 7-81014-476-6：1.75元

中学生英语口语入门 第一册/黄源深主编；顾立宁，李立编.—上海：华东师范大学出版社，1990. 4.—231页；32开.—ISBN 7-5617-0599-9：2.60元

中学生英语口语入门 第二册/黄源深主编；顾立宁，李立编.—上海：华东师范大学出版社，1990. 10.—239页；32开.—ISBN 7-5617-0643-X：2.80元

中学生英语写作技巧与训练/何广铿等编著.—广州：科学普及出版社广州分社，1990.1.—147页；32开.—ISBN 7-110-01448-7：1.80元

中学生英语写作指导/吴进业主编.—开封：河南大学出版社，1990.1.—248页；32开.—ISBN 7-81018-408-3：2.10元

中学生英语考试对策/毕进，刘秀兰编著.—哈尔滨：黑龙江科学技术出版社，1990.8.—175页；32开.(考试对策丛书；8/郑日昌主编).—ISBN 7-5388-1041-2：2.00元

中学生英语同义词反义词词典/张青编.—北京：知识出版社，1990.7.—209页；32开.—ISBN 7-5015-0350-3：0.90元

本词典选收同义词178组和反义词116组。

中学生英语会话/吴经熙，刘明明编写.—上海：上海教育出版社，1990.1.—169页；32开.—(中学生文库).—ISBN 7-5320-1596-3：1.80元

中学生英语会话手册/吕志士等编.—北京：中国人民大学出版社，1990.6—265页；64开.—ISBN 7-300-00786-4：1.60元

中学生MET英语必学词汇1800/王荣光等编.—北京：科学技术文献出版社，1990.3.—186页；64开. ISBN 7-5023-1251-X：2.00元

中学英语大纲词汇实用大全/吴桂元主编.—南昌：江西教育出版社，1990.1.—462页；32开.—ISBN 7-5392-0832-5：4.20元

中学英语习惯用语和句型：高中部分/蔡庆嘉，张匡宇编著.—杭州：浙江教育出版社，1990.1?. 408页；32开.—ISBN 7-5338-0590-9：3.15元

中学英语介词用法手册/方敬编著.—郑州：河南教育出版社，1990.8.—269页；32开.—ISBN 7-5347-0373-5：2.10元

中学英语介词用法手册/德熙，晓葵编写.—长

沙：湖南教育出版社，1990.9.—299页；64开.—ISBN 7-5355-1176-7：1.65元

中学英语六用词典/裴良柱等编.—沈阳：辽宁教育出版社，1990.5.—603页；大32开.—(精装)：11.00元

中学英语书面表达一百篇/周学燕等主编.—太原：山西教育出版社，1990.2.—101页；32开.—ISBN 7-80578-035-8：1.10元

中学英语书面表达指导与训练/焦宗芳编.—北京：中国国际广播出版社，1990.8.—195页；32开.ISBN 7-80035-618-3：2.20元

中学英语书面表达100例/郭汉光，刘文彬编著.武汉：华中师范大学出版社，1990.7.—117页；32开.—ISBN 7-5622-0364-4：1.60元

中学英语功能训练/陈锡麟等编写.—上海：上海译文出版社，1990.7—257页；32开.—ISBN 7-5327-858-6：2.50元

中学英语句型手册/裴正方，朱泌太编写.—长沙：湖南教育出版社，1990.3.—243页；64开.—ISBN 7-5355-1091-4：1.45元

中学英语写作/王英民，孙振民编.—北京：北京师范大学出版社，1990.10.—320页；32开.—ISBN 7-303-00997-3：3.45元

中学英语写作入门/柴建民主编；王世逸等编.长春：长春出版社，1990.12.—174页；32开.—ISBN 7-80573-382-1：2.40元

中学英语写作实用教程/袁浩，禹明主编.—郑州：河南教育出版社，1990.4.—112页；32开.—ISBN 7-5347-0854-0：1.50元

中学英语写作提高练习/赵琏，赵鼎新编.—北京：北京航空航天大学出版社，1990.5.—322页；32开.—ISBN 7-81012-164-2：4.50元

中学英语动词手册/刘光耀主编.—开封：河南大学出版社，1990.3.—526页；32开.—ISBN 7-81018-304-4：5.00元

中学英语动词实用词典/马继禹主编.—北京：中国商业出版社，1990.8.—394页；32开.—ISBN 7-5044-0684-6：3.68元

中学英语同义词用法指导/刘文彬，夏侯富生编著.—北京：北京出版社，1990.12.—205页；32开.ISBN 7-200-01234-3：2.70元

中学英语同义词词典/蒲玉刚，黄治康编著.—成都：四川科学技术出版社，1990.6.—207页；32开.ISBN 7-5364-1605-9：2.35元

中学英语多译指导/刘文彬主编.—北京：北京出版社，1990.12.—174页；32开.—ISBN 7-200-01235-1：2.60元

中学英语问、答、解：初中部分/徐岩主编.—长春：东北师范大学出版社，1990.12.—220页；32开.—ISBN 7-5602-0492-9：2.60元

中学英语问、答、解：高中部分/徐岩主编.—长春：东北师范大学出版社，1990.12.—345页；32开.ISBN 7-5602-0488-0：4.10元

中学英语词汇：求解·短语·文法·快速·记忆·疑难·同义·反义·词形变化八用手册/潘熙祥主编.—西安：陕西人民教育出版社，1990.6—449页；32开.—ISBN 7-5419-1659-5：5.05元

中学英语词汇手册/关宗明等编.—北京：金盾出版社，1990.7.—681页；128开.—ISBN 7-80022-177-6(塑精装)：2.40元

中学英语词汇用法指南/黄锡荣等编著.—成都：四川教育出版社，1990.4.—597页；32开.—ISBN 7-5408-1239-7：5.90元

中学英语词汇速记卡：高中部分/凉人编.—南京：译林出版社，1990.3.—138张；80开.—ISBN 7-80567-060-9(盒装)：1.70元

中学英语构词及用法词典/赵法彬编.—北京：中国国际广播出版社，1990.5.—314页；32开.—ISBN 7-80035-373-7：4.95元

中学英语易混词语用法比较/阙光鸿编著.—桂林：广西师范大学出版社，1990.3.—186页；32开.ISBN 7-5633-0733-8：2.00元

中学英语单词词组手册　第二分册/福州市教师进修学院英语组编.—3版.—福州：福建教育出版社，1990.8.—174页；64开.—ISBN 7-5334-0013-5：0.89元

中学英语单词速记法/赵科编.—北京：海洋出版社，1990.12.—219页；32开.—ISBN 7-5027-1030-2：3.10元

中学英语学习方法与技巧/张志鸿等编.—济南：山东教育出版社，1990.12.—171页；32开.—ISBN 7-5328-1048-8：1.65元

中学英语标准化考试过关实用手册/韩斌等编.石家庄：河北少年儿童出版社，1990.2.—409页；32开.—ISBN 7-5376-0492-4：3.50元

中学英语标准化考试完型填空100题/许可等编著.2版(修订本).—南京：译林出版社，1990.11.195页；32开.—(中学生英语之友丛书/许可主编).—ISBN 7-80567-032-3：2.50元

中学英语相似词语用法详析/熊登岐编著.—北京：中国国际广播出版社，1990.7.—147页；32开.—ISBN 7-80035-414-8：3.10元

中学英语语法三百问/李永生编.—西安：陕西人民教育出版社，1990.2.—315页；32开.—ISBN 7-5419-1384-7：3.80元

中学英语语法手册/刘锐诚等编.—太原：山西科学教育出版社，1990.2.—392页；32开.—ISBN 7-

5377-0230-6：5.45元

中学英语语法手册/李永生主编；连若虚等编.西安：陕西人民教育出版社，1990.3.—530页；32开.—ISBN 7-5419-1386-3：5.50元

中学英语语法复习指南/汪颍编.—北京：外语教学与研究出版社，1990.5.—307页；32开.—(袖珍英语知识丛书).—ISBN 7-5600-0584-5：3.00元

中学英语语法举要/陈敦金编.—2版(修订本).福州：福建人民出版社，1990.10.—275页；32开.ISBN 7-211-01397-4：2.40元

本书1984年8月第1版。

中学英语语法填空1500题/李伦编.—沈阳：辽宁教育出版社，1990.2.—230页；32开.—ISBN 7-5382-0943-3：2.10元

中学英语语法精讲精练/辜端英等编著.—北京：海洋出版社，1990.4.—187页；32开.—附标准化试题答案.—ISBN 7-5027-0622-4：2.85元

中学英语结构词与句型教学/杜浩编译.—武汉：湖北教育出版社，1990.11.—160页；32开.—ISBN 7-5351-0583-1：1.75元

中学英语课文英汉对照译注：初中　第二册/贺祥麟主编.—修订本.—桂林：广西师范大学出版社，1990.7.—126页；32开.—ISBN 7-5633-0869-5：1.40元

本书1988年7月第1版。

中学英语课文英汉对照译注：初中　第四册/贺祥麟主编.—修订本.—桂林：广西师范大学出版社，1990.7.—148页；32开.—ISBN 7-5633-0871-7：1.60元

本书1988年7月第1版。

中学英语课文英汉对照译注：初中　第五册/贺祥麟主编.—修订本.—桂林：广西师范大学出版社，1990.7.—163页；32开.—ISBN 7-5633-0372-5：1.75元

本书1988年7月第1版。

中学英语课文英汉对照译注：初中　第六册/贺祥麟主编.—修订本.—桂林：广西师范大学出版社，1990.7.—162页；32开.—ISBN 7-5633-0873-3：1.75元

本书1988年7月第1版。

中学英语课文英汉对照译注：初中合订本/贺祥麟主编.—桂林：广西师范大学出版社，1990.9.—1册；32开.—ISBN 7-5633-0877-6：8.70元

中学英语课文英汉对照译注：高中　第一册/贺祥麟主编.—2版(修订本).—桂林：广西师范大学出版社，1990.7.—312页；32开.—ISBN 7-5633-0200-X：3.15元

本书1988年9月第1版。

中学英语课文英汉对照译注：高中　第二册/贺祥麟主编.—2版(修订本).—桂林：广西师范大学出版社，1990.7.—314页；32开.—ISBN 7-5633-0201-8：3.20元

本书1988年9月第1版。

中学英语课文英汉对照译注：高中：第三册/贺祥麟主编.—2版(修订本).—桂林：广西师范大学出版社，1990.7.—330页；32开.—ISBN 7-5633-0202-6：3.35元

本书1988年9月第1版。

中学英语课文英汉对照译注：高中：合订本/贺祥麟主编.—桂林：广西师范大学出版社，1990.9.1册；32开.—ISBN 7-5633-0878-4：9.70元

中学英语教学心理初探/周令本编.—北京：人民教育出版社，1990.5.—146页；32开.—(英语教学丛书).—ISBN 7-107-10458-6：1.60元

中学英语常见疑难例析/孙丙奇主编.—天津：天津教育出版社，1990.7.—204页；32开.—ISBN 7-5309-0966-5：1.90元

中学英语常用动词例解/杨侠等编.—郑州：河南教育出版社，1990.8.—363页；32开.—ISBN 7-5347-0156-2：3.00元

中学英语趣味语音训练手册/李映辉编著.—天津：新蕾出版社，1990.2.—119页；32开.—ISBN 7-5307-0537-7：1.45元

中学英语题型题解/齐逊等编.—北京：电子工业出版社，1990.1.—224页；32开.—ISBN 7-5053-0838-6：2.50元

中学实用英语语法表解/尹福昌主编.—上海：上海科学技术出版社，1990.12.—391页；32开.—附常见错误分析.—ISBN 7-5323-2147-9：4.80元

中学学科自测ABC：初中英语：一年级/华东师大二附中编.—上海：上海科学技术出版社，1990.2.134页；32开.—ISBN 7-5323-1768-4：1.40元

中学学科自测ABC：初中英语：二年级/华东师大二附中编.—上海：上海科学技术出版社，1990.2.—125页；32开.—ISBN 7-5323-1863-X：1.35元

中学学科自测ABC：高中英语：一年级/华东师大二附中编.—上海：上海科学技术出版社，1990.2.—245页；32开.—ISBN 7-5323-1608-4：2.35元

中学学科自测ABC：高中英语：二年级/华东师大二附中编.—上海：上海科学技术出版社，1990.2.—202页；32开.—ISBN 7-5323-1829-X：2.05元

中学校园英语/李桂南，苏若新编著.—南宁：广西民族出版社，1990.5.—133页；32开.—ISBN 7-5363-0802-7：2.10元

四年制初级中学实验课本英语第一册使用说明/王洪开，马俊明编.—济南：山东教育出版社，1990.5.—23页；32开.—ISBN 7-5328-0930-7：0.30元

四年制初级中学实验课本英语第二册使用说明/北

京师范大学“五·四”学制教材总编委员会编.—济南：山东教育出版社，1990.10.—35页；32开.—ISBN 7-5328-1043-7：0.39元

目标检测试题：初中英语/全国中学教育信息研究会编.—延吉：东北朝鲜民族教育出版社，1990.2.—63页；8开.—ISBN 7-5437-0659-8：1.30元

目标检测试题：高中英语/全国中学教育信息研究会编.—延吉：东北朝鲜民族教育出版社，1990.2.—103页；8开.—ISBN 7-5437-0671-7：2.00元

全国中考试题归类与分析：英语/郭杰森主编；余生泽，林娜编.—福州：福建少年儿童出版社，1990.12.—224页；32开.—ISBN 7-5395-0441-2：2.20元

全国中学生英语习作评析：英汉对照/蒋天庭等主编.—桂林：广西师范大学出版社，1990.12.—152页；32开.—附书面表达22篇.—ISBN 7-5633-1020-7：1.60元

全国中学英语教学调查与分析/左焕琪主编.—上海：华东师范大学出版社，1990.6.—221页；大32开.—ISBN 7-5617-0273-6(精装)：5.15元；(平装)：3.30元

全国百所重点中学初中英语复习测试题精选/查一民，丁渭道主编.—南京：江苏教育出版社，1990.12.—280页；32开.—ISBN 7-5343-1183-7：2.45元

全国重点中学期中期末考试(1989～1990上学期)初三英语·试题·答案·讲评/十所全国重点中学编写.—天津：天津人民出版社，1990.9.—312页；32开.—ISBN 7-201-00591-X：3.35元

全国重点中学期中期末考试(1989～1990上学期)高三英语试题·答案·讲评/十一所全国重点中学编写.—天津：天津人民出版社，1990.9.—421页；32开.—ISBN 7-201-00590-1：4.00元

全国部分省市英语中考精选试题解：1990/郭学铭等编.—太原：山西教育出版社，1990.12.—273页；32开.—ISBN 7-80578-380-2：2.40元

多解选择题及答案：高中英语/多选题编写小组编.—北京：海洋出版社，1990.1.—192页；32开.(升学应试辅导丛书).—ISBN 7-5027-0316-0：2.30元

完形填空评讲及能力培养/来家宝，周伟和主编.兰州：兰州大学出版社，1990.8.—206页；32开.ISBN 7-311-00324-5：2.28元

初三年级英语阅读理解与完形填空/北京市教育局教学研究部编.—北京：北京出版社，1990.2.104页；32开.—ISBN 7-200-01020-0：1.30元

初中一、二、三年级第一学期英语单元测试答案/英语科单元测试编写组编.—广州：广东教育出版社，1990.7.—61页；32开.—ISBN 7-5406-0964-8：0.63元

初中一、二、三年级第一学期英语基础训练参考答案/河南省教委中小学教研室编.—郑州：河南教育出版社，1990.3.—52页；32开.—供教师用.—ISBN 7-5347-0758-8：0.45元

初中一、二、三年级第二学期英语单元测试答案/英语科单元测试编写组编.—广州：广东教育出版社，1990.1.—49页；32开.—ISBN 7-5406-1068-9：0.66元

初中一、二、三年级第二学期英语基础训练参考答案/河南省教委中小学教研室编.—郑州：河南教育出版社，1990.9.—80页；32开.—供教师使用.ISBN 7-5347-0884-2：0.64元

初中一年级袖珍英语词汇手册/徐红红编.—南宁：广西教育出版社，1990.8.—87页；64开.—ISBN 7-5435-1002-2：0.65元

初中一年级教学目标与目标测试题：英语/西安市教育科学研究所，西安市教育委员会教研室编.—西安：陕西人民教育出版社，1990.4.—159页；32开.ISBN 7-5419-1535-1：1.45元

初中一年级第一学期英语单元测试/英语科单元测试编写组编.—广州：广东教育出版社，1990.7.90页；32开.—ISBN 7-5406-0787-4：0.87元

初中一年级第一学期英语基础训练/河南省教委中小学教研室编.—郑州：河南教育出版社，1990.3.—63页；32开.—ISBN 7-5347-0755-2：0.55元

初中一年级第二学期英语单元测试/英语科单元测试编写组编.—广州：广东教育出版社，1990.1.94页；32开.—ISBN 7-5406-1065-4：1.00元

初中二年级袖珍英语词汇手册/徐红红编.—南宁：广西教育出版社，1990.8.—123页；64开.—ISBN 7-5435-1003-0：0.85元

初中二年级教学目标与目标测试题：英语/西安市教育科学研究所，西安市教育委员会教研室编.—西安：陕西人民教育出版社，1990.4.—195页；32开.ISBN 7-5419-1534-3：1.85元

初中二年级第一学期英语单元测试/英语科单元测试编写组编.—广州：广东教育出版社，1990.7.82页；32开.—ISBN 7-5406-0788-2：0.81元

初中二年级第二学期英语单元测试/英语科单元测试编写组编.—广州：广东教育出版社，1990.1.91页；32开.—ISBN 7-5406-1066-2：0.98元

初中二年级第二学期英语基础训练/河南省教委中小学教研室编.—郑州：河南教育出版社，1990.9.131页；32开.—ISBN 7-5347-0882-6：0.95元

初中三年级袖珍英语词汇手册/徐红红编.—南宁：广西教育出版社，1990.8.—104页；64开.—ISBN

7-5435-1004-9：0.75元

初中三年级教学目标与目标测试题：英语/西安市教育科学研究所，西安市教育委员会教研室编.—西安：陕西人民教育出版社，1990.4.—182页；32开.ISBN 7-5419-1536-X：1.60元

初中三年级第一学期英语单元测试/英语科单元测试编写组编.—广州：广东教育出版社，1990.7.—67页；32开.—ISBN 7-5406-0789-0：0.70元

初中三年级第二学期英语单元测试/英语科单元测试编写组编.—广州：广东教育出版社，1990.1.57页；32开.—ISBN 7-5406-1067-0：0.72元

初中三年级第二学期英语基础训练/河南省教委中小学教研室编.—郑州：河南教育出版社，1990.9.151页；32开.—ISBN 7-5347-0883-4：1.10元

初中升学试题解题思路指点：英语/曹千里，梁玉兵编著.—修订本.—天津：新蕾出版社，1990.2.266页；32开.—ISBN 7-5307-0547-4：2.95元

初中升学试题解题思路指点：英语/曹千里，梁玉兵编.—2版（修订本）.—天津：新蕾出版社，1990.12.—210页；32开.—ISBN 7-5307-0831-7：2.40元

初中英语/北京教育学院西城分院主编.—北京：机械工业出版社，1990.1.—354页；32开.—（重点·难点·思路·方法·自测·答案丛书）.—ISBN 7-111-02124-X：4.00元

初中英语一年级升级准备/孜颖，木公编写.—天津：新蕾出版社，1990.12.—118页；32开.—（升级准备丛书/唐钧主编）.—ISBN 7-5307-0778-7：1.45元

初中英语二年级升级准备/吴津等编写.—天津：新蕾出版社，1990.12.—198页；32开.—（升级准备丛书/唐钧主编）.—ISBN 7-5307-0779-5：2.25元

初中英语三年级升级准备/吴津等编写.—天津：新蕾出版社，1990.12.—285页；32开.—（升级准备丛书/唐钧主编）.—ISBN 7-5307-0780-9：3.10元

初中英语口试指导/上海市中小学教材编写组编.上海：上海译文出版社，1990.3.—150页；32开.ISBN 7-5327-0813-6：1.75元

初中英语广播教程：初一部分/曾自立等编写.武汉：华中师范大学出版社，1990.6.—236页；32开.—ISBN 7-5622-0539-6：2.40元

初中英语专项训练与综合练习/《山东外语教学》编辑部编.—2版（修订本）.—济南：山东教育出版社，1990.2.—173页；32开.—ISBN 7-5328-0022-9：1.40元

本书1987年3月第1版。

初中英语中考水平测试题精编/中考水平试题编写组编；赵明大主编.—北京：华夏出版社，1990.7.242页；32开.—（中考水平测试丛书）.—ISBN 7-80053-744-7：2.90元

初中英语目标教学内容与方法　第二册/袁连土编.—开封：河南大学出版社，1990.1.—130页；32开.—ISBN 7-81018-399-0：1.20元

初中英语目标教学内容与方法　第四册/魏进忠，于善国编.—开封：河南大学出版社，1990.1.—128页；32开.—ISBN 7-81018-398-2：1.20元

初中英语目标教学内容与方法　第六册/韩宝玲等编.—开封：河南大学出版社，1990.1.—127页；32开.—ISBN 7-81018-397-4：1.20元

初中英语同步检测/王传鸿，尹燕永主编.—上海：上海社会科学院出版社，1990.1.—153页；32开.ISBN 7-80515-516-X：1.60元

初中英语各类题型与解法/《初中英语各类题型与解法》编写组编.—南昌：江西教育出版社，1990.2.250页；32开.—ISBN 7-5392-0719-1：1.99元

本书同年12月出版第2版。

初中英语导读/徐启富主编.—天津：天津科学技术出版社，1990.12.—184页；32开.—ISBN 7-5308-0926-1：2.60元

初中英语导读　第一册/李永生编.—西安：陕西人民教育出版社，1990.6.—126页；32开.—ISBN 7-5419-1527-0：1.35元

初中英语导读　第二册/李永生编.—西安：陕西人民教育出版社，1990.1.—127页；32开.—ISBN 7-5419-1364-2：1.30元

初中英语导读　第三册/李永生编著.—西安：陕西人民教育出版社，1990.7.—219页；32开.—ISBN 7-5419-1528-9：2.10元

初中英语导读　第四册/李永生编.—西安：陕西人民教育出版社，1990.1.—154页；32开.—ISBN 7-5419-1366-9：1.45元

初中英语导读　第五册/李永生编著.—西安：陕西人民教育出版社，1990.5.—175页；32开.—ISBN 7-5419-1529-7：1.90元

初中英语导读　第六册/李永生编.—西安：陕西人民教育出版社，1990.1.—175页；32开.—ISBN 7-5419-1365-0：1.65元

初中英语阶进测试　（3）/裴良柱主编.—沈阳：辽宁人民出版社，1990.9.—83页；32开.—ISBN 7-205-01560-X：1.35元

初中英语阶进测试　（5）/裴良柱主编.—沈阳：辽宁人民出版社，1990.9.—101页；32开.—ISBN 7-205-01561-8：1.55元

初中英语听力与口语训练　第一册/郭旭主编.昆明：云南教育出版社；香港：文达出版（香港）

有限公司，1990.5.—124页；大32开.—ISBN 7-5415-0359-2：1.11元

初中英语听力与口语训练　第一册：教师手册/郭旭主编；李美棣编写.—昆明：云南教育出版社；香港：文达出版（香港）有限公司，1990.6.—72页；大32开.—ISBN 7-5415-0360-6：0.81元

初中英语听说训练/刘文渊等编著.—武汉：湖北教育出版社，1990.8.—217页；32开.—（听说读写译文小丛书）.—ISBN 7-5351-0493-2：2.10元

初中英语词汇复习指导手册/魏洪藻编.—北京：机械工业出版社，1990.2.—178页；32开.—ISBN 7-111-01950-4：3.00元

初中英语词语手册　第一册/赵荣林编著.—长春：北方妇女儿童出版社，1990.8.—90页；64开.—ISBN 7-5385-0618-7：0.70元

初中英语词语手册　第二册/曹积川，鄂香兰编著.—长春：北方妇女儿童出版社，1990.8.—115页；64开.—ISBN 7-5385-0619-5：0.70元

初中英语词语手册　第三册/赵荣林编著.—长春：北方妇女儿童出版社，1990.8.—115页；64开.—ISBN 7-5385-0651-9：0.70元

初中英语词语手册　第四册/曹积川，杨萍编著.长春：北方妇女儿童出版社，1990.8.—117页；64开.—ISBN 7-5385-0652-7：0.70元

初中英语词语手册　第五册/赵荣林编著.—长春：北方妇女儿童出版社，1990.8.—124页；64开.—ISBN 7-5385-0653-5：0.70元

初中英语词语手册　第六册/曹积川，杨萍编著.长春：北方妇女儿童出版社，1990.3.—89页；64开.—ISBN 7-5385-0654-3：0.70元

初中英语单元自测与辅导：一年级上学期/掌握学习实验用书初中编写组编.—2版.—福州：福建人民出版社，1990.7.—102页；32开.—掌握学习实验用书.ISBN 7-211-01358-3：0.86元

本书1989年7月第1版。

初中英语单元自测与辅导：一年级下学期/掌握学习实验用书初中编写组编.—2版.—福州：福建人民出版社，1990.10.—125页；32开.—掌握学习实验用书.—ISBN 7-211-01530-6：1.10元

本书1987年第1版。

初中英语单元自测与辅导：二年级上学期/掌握学习实验用书初中编写组编.—2版.—福州：福建人民出版社，1990.7.—114页；32开.—掌握学习实验用书.—ISBN 7-211-01359-1：0.95元

本书1989年7月第1版。

初中英语单元自测与辅导：二年级下学期/掌握学习实验用书初中编写组编.—2版.—福州：福建人民出版社，1990.10.—119页；32开.—掌握学习实验用书.—ISBN 7-211-01531-4：1.10元

本书1987年初版。

初中英语单元自测与辅导：三年级上学期/掌握学习实验用书初中编写组编.—2版.—福州：福建人民出版社，1990.5.—112页；32开.—掌握学习实验用书.—ISBN 7-211-01360-5：0.95元

本书1989年7月第1版。

初中英语单元自测与辅导：三年级下学期/掌握学习实验用书初中编写组编.—2版.—福州：福建人民出版社，1990.10.—113页；32开.—掌握学习实验用书.—ISBN 7-211-01532-2：1.00元

本书1987年第1版。

初中英语单元检测题解析/王树凯，刘锦城编.—新修订本.—天津：天津教育出版社，1990.7.—190页；32开.—（自学自测丛书）.—ISBN 7-5309-0850-2：2.05元

初中英语单词手册/山西教育出版社编.—太原：山西教育出版社，1990.6.—168页；64开.—ISBN 7-80578-074-0：0.85元

初中英语单词手册/金德安等编.—北京：中国人民大学出版社，1990.—168页；64开.—ISBN 7-300-00720-1：1.85元

初中英语学习问答/王荣光等编著.—北京：科学技术文献出版社，1990.5.—177页；32开.—ISBN 7-5023-1212-9：2.40元

初中英语学习指导/《初中学习指导》编写组编.2版.—上海：上海科学技术出版社，1990.3.—149页；32开.—ISBN 7-5323-1982-2：1.45元

本书1989年2月第1版。

初中英语学习指导/禹明编著.—桂林：广西师范大学出版社，1990.2.—147页；32开.—ISBN 7-5633-0699-4：1.50元

初中英语学习指要/吴振明等编.—上海：上海科学技术出版社，1990.12.—285页；32开.—ISBN 7-5323-2401-X：2.70元

初中英语学习提要与检测/河南省教委中小学教研室编.—郑州：河南教育出版社，1990.12.—234页；32开.—（初中各科学习提要与检测）.—ISBN 7-5347-0923-7：1.50元

初中英语学习概要/庞金鳌主编；杨汝强等编.武汉：武汉出版社，1990.12.—238页；32开.ISBN 7-5430-0417-8：2.80元

初中英语标准化习题集/东运达等编.—石家庄：河北科学技术出版社，1990.1.—187页；32开.—ISBN 7-5375-0465-2：2.00元

初中英语标准化测试题精选/全国著名实验中学编；王洪升主编.—沈阳：辽宁人民出版社，1990.6.212页；32开.—ISBN 7-205-01338-0：2.50元

初中英语标准化综合训练：新编初中英语1～6册/林迪，凌方主编；王鹤萍等编写.—沈阳：辽宁人民出

版社，1990.5.—217页；16开.—ISBN 7-205-01341-0：6.10元

初中英语标准化综合复习题/山西省教委教研室编.—太原：山西教育出版社，1990.12.—143页；32开.—ISBN 7-80578-268-7：1.30元

初中英语要点选析及浓缩训练　全一册/朱芳蔚编著.—桂林：广西师范大学出版社，1990.3.—224页；32开.—ISBN 7-5633-0737-0：2.20元

初中英语选择法测验手册/胡学增主编.—上海：华东化工学院出版社，1990.3.—261页；32开.—ISBN 7-5628-0070-7：2.90元

初中英语重点知识归纳与验收/郭清黎等编.—长春：长春出版社；延吉：东北朝鲜民族教育出版社，1990.3.—222页；32开.—（中学基础知识基本技能训练丛书/严诚主编）.—ISBN 7-80573-143-8：2.75元

初中英语重点·难点·解析与训练/周君，王秀瑗编写.—桂林：广西师范大学出版社，1990.3.294页；32开.—（中学各科教学重点难点解析丛书/张德政，默一主编）.—ISBN 7-5633-0684-6：2.90元

初中英语阅读与理解/文健忱等编著.—长春：吉林教育出版社，1990.3.—191页；32开.—ISBN 7-5383-0928-4：1.75元

初中英语阅读训练/杨玉芝等编.—北京：北京出版社，1990.5.—136页；32开.—（中学英语学习丛书）.—ISBN 7-200-00903-2：1.85元

初中英语阅读训练与测试/张根荣，蔡运根编著.—上海：少年儿童出版社，1990.4.—160页；32开.—ISBN 7-5324-0898-1：1.55元

初中英语阅读测试/周孜，张桂声主编.—青岛：青岛出版社，1990.8.—117页；32开.—ISBN 7-5436-0482-5：1.40元

初中英语课本练习题疑难解析　第一册/陆煜泰主编.—南宁：广西教育出版社，1990.8.—114页；32开.—ISBN 7-5435-0939-3：1.35元

初中英语课本练习题疑难解析　第三册/陆煜泰主编.—南宁：广西教育出版社，1990.8.—136页；32开.—ISBN 7-5435-0948-2：1.70元

初中英语课本练习题疑难解析　第五册/陆煜泰主编.—南宁：广西教育出版社，1990.8.—131页；32开.—ISBN 7-5435-0938-5：1.52元

初中英语课本练习题疑难解析　第六册/陆煜泰主编.—南宁：广西教育出版社，1990.8.—169页；32开.—ISBN 7-5435-0949-0：1.95元

初中英语能力培养/石锦明主编.—桂林：广西师范大学出版社，1990.3.—54页；16开.—ISBN 7-5633-0736-2：1.10元

初中英语教学目标实施手册　第一册/季雨青，许可主编.—南京：译林出版社，1990.6.—103页；32开.—ISBN 7-80567-068-4：1.20元

初中英语教学目标实施手册　第三册/季雨青，许可主编.—南京：译林出版社，1990.4.—129页；32开.—ISBN 7-80567-065-X：1.45元

初中英语教学目标实施手册　第五册/季雨青，许可主编.—南京：译林出版社，1990.4.—127页；32开.—ISBN 7-80567-066-8：1.45元

初中英语教学目标检测　第一册/季雨青，许可主编.—南京：译林出版社，1990.6.—51页；32开.ISBN 7-80567-069-2：0.80元

初中英语教学目标检测　第五册/季雨青，许可主编.—南京：译林出版社，1990.4.—84页；32开.ISBN 7-80567-063-3：1.00元

初中英语基础训练：一年级上学期/福建省普通教育教学研究室主编.—2版.—福州：福建人民出版社，1990.7.—103页；32开.—ISBN 7-211-01222-6：0.83元

初中英语基础训练：一年级下学期/福建普通教育教学研究室编.—3版.—福州：福建人民出版社，1990.11.—102页；32开.—ISBN 7-211-01471-7：0.89元

初中英语基础训练：二年级上学期/福建省普通教育教学研究室编.—2版.—福州：福建人民出版社，1990.7.—96页；32开.—ISBN 7-211-01224-2：0.77元

初中英语基础训练：二年级下学期/福建省普通教育教学研究室编.—3版.—福州：福建人民出版社，1990.11.—108页；32开.—ISBN 7-211-01472-5：0.92元

初中英语基础训练：三年级上学期/福建省普通教育教学研究室编.—2版.—福州：福建人民出版社，1990.6.—92页；32开.—ISBN 7-211-01223-4：0.75元

初中英语基础训练：三年级下学期/福建省普通教育教学研究室编.—3版.—福州：福建人民出版社，1990.11.—175页；32开.—ISBN 7-211-01473-3：1.45元

初中英语常用词例句手册/朱经兰等编.—北京：中国农业机械出版社，1990.2.—544页；64开.—ISBN 7-80032-087-1：4.80元

初中英语第一册单元测试题.—太原：山西教育出版社，〔1990〕.—10张；16开.—ISBN 7-80578-111-7：0.32元

初中英语第二册单元学法与训练/郁金香，韩英编.—乌鲁木齐：新疆青少年出版社，1990.2.—86页；32开.—（中学课程单元学法与训练/孙炳铨主

编）.一附参考答案.一ISBN 7-5371-0631-2：1.00元

初中英语第二册辅导解难与标准化训练/丛书编写组编.一南宁：广西教育出版社，1990.12.一92页；32开.一（中学课程辅导解难与标准化训练丛书）.ISBN 7-5435-1093-6：1.15元

初中英语第四册单元学法与训练/高萍，刘剑编.乌鲁木齐：新疆青少年出版社，1990.2.一99页；32开.一（中学课程单元学法与训练/孙炳铨主编）.附参考答案.一ISBN 7-5371-0611-3：1.00元

初中英语第五册单元测试题.一太原：山西教育出版社，〔1990〕.一7张；16开.一ISBN 7-80578-118-4：0.30元

初中英语第六册单元学法与训练/曹志霄，陆爱玲编.一乌鲁木齐：新疆青少年出版社，1990.2.105页；32开.一（中学课程单元学法与训练/孙炳铨主编）.一附参考答案.一ISBN 7-5371-0619-0：1.05元

初中英语第六册辅导解难与标准化训练/丛书编写组编.一南宁：广西教育出版社，1990.12.一92页；32开.一（中学课程辅导解难与标准化训练丛书）.ISBN 7-5435-1094-4：1.20元

初中英语综合训练与指导/王廷盈，张达主编.一沈阳：沈阳出版社，1990.3.一92页；32开.一ISBN 7-80556-392-6：1.00元

初中英语综合知识·阅读理解·完形填空指导与训练/蒋天庭主编.一桂林：广西师范大学出版社，1990.1.一160页；32开.一ISBN 7-5633-0709-5：1.60元

初中英语解难手册/温方鑑主编.一北京：中国社会出版社，1990.9.一339页；32开.一（中学各科解难丛书/张盛如主编）.一ISBN 7-80083-103-2：4.20元

初中综合复习与测试：英语/洪琳等编.一南京：江苏教育出版社，1990.11.一250页；32开.ISBN 7-5343-1173-X：2.05元

初级中学英语第四册辅导解难与标准化训练/丛书编写组编.一南宁：广西教育出版社，1990.12.100页；32开.一（中学课程辅导解难与标准化训练丛书）.一ISBN 7-5435-1092-8：1.20元

现代英汉对译常见错误1000例/陈宗余等编著.济南：山东教育出版社，1990.12.一318页；32开.ISBN 7-5328-1011-9：2.65元

英文选译：初中二年级/黄昊等编译.一贵阳：贵州教育出版社，1990.7.一130页；32开.一ISBN 7-80583-053-3：1.30元

英文选译：初中三年级/杨起等译.一贵阳：贵州教育出版社，1990.7.一146页；32开.一ISBN 7-80583-054-1：1.43元

英汉双解中学生英语例证词典/谈芳芳，程前进编译.一南京：译林出版社，1990.1.一424页；32开.ISBN 7-80567-054-4：6.80元

英汉双解中学英语词汇用法例解/聂慧敏，胡川士著.一太原：山西教育出版社，1990.6.一561页；32开.一ISBN 7-80578-294-6：5.50元

英语/王碧霖，顾思敬编.一合肥：中国科学技术大学出版社，1990.9.一157页；32开.一（特级教师指导学习丛书/仲哲明主编）.一ISBN 7-312-00174-2：2.00元

英语/任承武主编.一太原：山西教育出版社，1990.12.一221页；32开.一（中师中专招生考试复习指导丛书）.一ISBN 7-80578-413-2：2.10元

英语/陈晃等编.一2版.一福州：福建人民出版社，1990.12.一355页；32开.一（高中毕业生学习指导丛书）.一ISBN 7-211-01479-2：3.10元
本书1990年1月第1版。

英语/胡晓黎，王燕鸿编著.一北京：学苑出版社，1990.1.一170页；32开.一（青年应试能力培养丛书/吴宝良，任海英主编）.一ISBN 7-80060-799-2：2.25元

英语：初中一年级　下册/古国强主编.一修订本.福州：福建少年儿童出版社，1990.12.一130页；32开.一（初中生学习方法丛书/林铭荪主编）.ISBN 7-5395-0377-7：1.35元

英语：初中二年级上学期/古国强主编；吴国渠编.一修订本.一福州：福建少年儿童出版社，1990.6.一133页；32开.一（初中生学习方法丛书/林铭荪主编）.一ISBN 7-5395-0366-1：1.25元

英语：初中二年级　下册/古国强主编.一修订本.福州：福建少年儿童出版社，1990.12.一102页；32开.一（初中生学习方法丛书/林铭荪主编）.一ISBN 7-5395-0378-5：1.20元

英语：初中三年级上学期/古国强主编；刘世童编.一修订本.一福州：福建少年儿童出版社，1990.6.一144页；32开.一（初中生学习方法丛书/林铭荪主编）.一ISBN 7-5395-0367-X：1.35元

英语：初中三年级　下册/古国强主编.一修订本.福州：福建少年儿童出版社，1990.12.一96页；32开.一（初中生学习方法丛书/林铭荪主编）.一ISBN 7-5395-0379-3：0.96元

英语自学检测/邓仰廷等主编.一北京：科学普及出版社，1990.11.一72页；16开.一（青年自学检测丛书）.一ISBN 7-110-01828-3：1.75元

英语自测自练标准化题：高中部分　第二册/马淑芩主编.一北京：中国标准出版社，1990.2.一190页；32开.一ISBN 7-5066-0200-8：2.20元

英语自测题集/郭凤高等主编.一北京：中国医药科技出版社，1990.12.一476页；16开.一ISBN 7-5067

-0190-1；10.20元

英语学习方法漫谈/陈纪明，安宁主编.—北京：学苑出版社，1990.9.—138页；32开.—ISBN 7-5077-0138-7；2.00元

英语学习秘诀：老师们对你说/吕志士主编.—北京：中国华侨出版公司，1990.8.—2册（193，199页）；32开.—ISBN 7-80074-254-7；5.80元

本书由80多位大、中学教师的文章选编而成，全书分学习的金钥匙、教学论坛、科学记忆法、应考指南、知识荟萃5部分。

英语高考100分：中学英语标准化考试应试手册/郑纪川等编著.—杭州：浙江教育出版社，1990.12.737页；32开.—ISBN 7-5338-0699-9；5.60元

英语课文整体教学辅导手册/湖北省教学研究室主编.—武汉：湖北教育出版社，1990.11.—273页；32开.—ISBN 7-5351-0562-9；2.70元

英语基础训练：初中一年级第二学期/河南省教委中小学教研室编.—郑州：河南教育出版社，1990.9.—90页；32开.—ISBN 7-5347-0881-8；0.70元

英语基础训练：初中二年级第一学期/河南省教委中小学教研室编.—郑州：河南教育出版社，1990.3.—93页；32开.—ISBN 7-5347-0756-0；0.75元

英语基础训练：初中三年级第一学期/河南省教委中小学教研室编.—郑州：河南教育出版社，1990.3.—95页；32开.—ISBN 7-5347-0757-9；0.75元

英语智能训练与疑难解答/汤晓东，陈正奇主编.西安：陕西人民出版社，1990.5.—258页；32开.—ISBN 7-224-01188-6；2.35元

英语MET综合训练/梁世杰等主编.—北京：中国国际广播出版社，1990.8.—125页；16开.—（中学英语教与学丛书）.—ISBN 7-80035-616-7；3.00元

知识·技能·应用：初中英语综合训练/李静纯主编.—北京：北京师范大学出版社，1990.1.—535页；32开.—ISBN 7-303-00676-1；5.30元

单元检测与思路点拨：初中英语　第一册/耿阿齐，罗学英编.—石家庄：河北科学技术出版社，1990.4.—80页；32开.—（中学生学习能力训练丛书/金玉章主编）.—ISBN 7-5375-0432-6；1.20元

单元检测与思路点拨：初中英语　第五册/王树凯编.—石家庄：河北科学技术出版社，1990.4.148页；32开.—（中学生学习能力训练丛书/金玉章主编）.—ISBN 7-5375-0437-7；1.75元

实用初中英语词汇复习手册/吴沄，孙健梅编著.上海：上海科学技术出版社，1990.9.—112页；32开.—ISBN 7-5323-2095-2；1.30元

学习导引与试题点评：高中英语/于中主编；游开永等编.—天津：天津科学技术出版社，1990.11.269页；32开.—ISN 7-5308-0897-4；3.90元

学习指导和测试：初中英语　第一、二册/赵希锵等编著.—上海：上海教育出版社，1990.9.—171页；32开.—ISBN 7-5320-1864-4；1.75元

学习指导和测试：初中英语　第三册/徐肇维等编著.—上海：上海教育出版社，1990.6.—232页；32开.—ISBN 7-5320-1622-6；2.35元

学习指导和测试：初中英语　第四册/徐复初等编.—上海：上海教育出版社，1990.9.—220页；32开.—ISBN 7-5320-1906-5；2.20元

学习指导和测试：初中英语　第五册/刘锡铭，谢国钢编著.—上海：上海教育出版社，1990.6.196页；32开.—ISBN 7-5320-1612-9；1.95元

学习指导和测试：初中英语　第六册/刘锡铭等编.—上海：上海教育出版社，1990.8.—202页；32开.—ISBN 7-5320-1824-5；2.05元

高一英语标准化单元评估/李庆英，李宝芬主编.—天津：天津人民出版社，1990.10.—43页；16开.—ISBN 7-201-00592-8；1.50元

高一英语课程同步训练/姜富义编著.—西安：陕西人民教育出版社，1990.5.—354页；32开.—ISBN 7-5419-1487-8；3.55元

高二英语标准化单元评估/李凤墀，董立德主编.天津：天津人民出版社，1990.10.—46页；16开.ISBN 7-201-00593-6；1.55元

高二英语课程同步训练/姜富义编著.—西安：陕西人民教育出版社，1990.4.—317页；32开.—ISBN 7-5419-1488-6；2.35元

高中一、二年级第一学期英语基础训练参考答案/河南省教委中小学教研室编.—郑州：河南教育出版社，1990.3.—33页；32开.—ISBN 7-5347-0533-9；0.33元

高中英语分课自测题/张洪欣，傅大明主编.—北京：学术书刊出版社，1990.2.—236页；32开.（中学英语标准化考试辅导丛书）.—ISBN 7-80045-623-4；3.00元

高中英语写作指导/陈锡麟等编.—上海：上海科学技术出版社，1990.3.—185页；32开.—ISBN 7-5323-1859-1；2.00元

高中英语成套标准化试题选/《高中英语成套标准化试题选》编写组编.—南昌：江西教育出版社，1990.2.—212页；32开.—ISBN 7-5392-0818-X；1.84元

高中英语同步训练　第一册/西安外国语学院文献服务社编.—西安：陕西科学技术出版社，1989.8.

337页；32开.—ISBN 7-5369-0644-7：4.00元

高中英语同步训练　第三册/西安外国语学院文献服务社编.—西安：陕西科学技术出版社，1989.8.205页；32开.—ISBN 7-5369-0645-5：2.60元

高中英语同步写作训练/李育民等编.—长沙：湖南教育出版社，1990.3.—298页；32开.—ISBN 7-5355-1085-X：2.50元

高中英语听力训练教程　第一册/木文典，郭文焕编.—昆明：云南教育出版社，1990.7.—118页；32开.—ISBN 7-5415-0383-5：1.70元

高中英语词组句型同义词手册/阎振海等编.成都：四川人民出版社，1990.2.—556页；64开.ISBN 7-220-00707-8：2.90元

高中英语例句选析及系列练习/吕志士等编.—北京：学术书刊出版社，1990.2.—314页；32开.—ISBN 7-80045-588-2：6.30元

高中英语单词手册/山西教育出版社编.—太原：山西教育出版社，1990.6.—105页；64开.—ISBN 7-80578-075-7：0.60元

高中英语练习与答案/李荣美编著.—北京：海洋出版社，1990.5.—62页；32开.—（自学辅导丛书）.ISBN 7-5027-0200-3：0.90元

高中英语练习解答　第三册.—南京：江苏教育出版社，1990.4.—23页；32开.—ISBN 7-5343-0831-3：0.32元

高中英语标准化考试（MET）书面表达指导训练解答/裴良柱主编.—沈阳：辽宁人民出版社，1990.4.—268页；32开.—ISBN 7-205-01354-2：3.20元

高中英语标准化考试（MET）阶进试题集/裴良柱主编.—沈阳：辽宁人民出版社，1990.9.—376页；32开.—附答案.—ISBN 7-205-01498-0：4.40元

高中英语标准化考试基础训练/田洪恩主编.—2版.—沈阳：辽宁人民出版社，1990.8.—348页；32开.—ISBN 7-205-01182-5：4.00元

本书1989年11月第1版。

高中英语标准化同步测试精萃　上册/刘永科，殷树峰主编.—北京：学苑出版社，1990.3.—148页；16开.—供高一学生用.—ISBN 7-80060-856-5：2.85元

高中英语标准化同步测试精萃　中册/刘永科，殷树峰主编.—北京：学苑出版社，1990.4.—148页；16开.—供高二学生用.—ISBN 7-80060-857-3：2.85元

高中英语标准化自测试题精选/王洪升主编；全国实验中学编.—沈阳：辽宁人民出版社，1990.4.218页；32开.—ISBN 7-205-01314-3：2.60元

高中英语标准化试题范例与题选/戴光禄，黄金根编著.—厦门：鹭江出版社，1990.2.—382页；32开.（高考标准化丛书）.—ISBN 7-80535-245-2：4.00元

高中英语重点知识归纳与验收/卢志诚等编.—长春：长春出版社；延吉：东北朝鲜民族教育出版社，1990.3.—311页；32开.—（中学基础知识基本技能训练丛书/严诚主编）.—ISBN 7-80573-149-7：3.30元

高中英语重点、难点、解析与训练/邱永仪编写.桂林：广西师范大学出版社，1990.3.—376页；32开.—（中学各科教学重点难点解析丛书/张德政，默一主编）.—ISBN 7-5633-0676-5：3.65元

高中英语语音知识语言要点指导与训练/杨元兴主编.—南宁：广西教育出版社，1990.12.—300页；32开.—ISBN 7-5435-1077-4：2.90元

高中英语阅读训练/杨玉芝等编.—北京：北京出版社，1990.5.—203页；32开.—（中学英语学习丛书）.—ISBN 7-200-00973-3：2.60元

高中英语阅读测试/张桂声，周孜主编.—青岛：青岛出版社，1990.8.—236页；32开.—ISBN 7-5436-0481-8：2.45元

高中英语阅读理解与应试技巧/周伟和编著.—兰州：兰州大学出版社，1990.1.—338页；32开.—ISBN 7-311-00280-X：3.25元

高中英语阅读理解　完形填空　书面表达指导与训练/蒋天庭主编.—桂林：广西师范大学出版社，1990.1.—240页；32开.—ISBN 7-5633-0663-3：2.30元

高中英语课文整体教学辅导手册　第二册/王洪升，毕振华主编.—沈阳：辽宁人民出版社，1990.11.—238页；32开.—学生用书.—ISBN 7-205-01547-2：3.00元

高中英语能力培养/石锦明主编.—桂林：广西师范大学出版社，1990.3.—84页；16开.—ISBN 7-5633-0735-4：1.80元

高中英语辅导100天/陈锡麟，赵圣骅编.—上海：上海科技教育出版社，1990.9.—383页；32开.ISBN 7-5428-0434-0：3.35元

高中英语第一册质量评估检测/袁浩，禹明主编.北京：北京出版社，1990.7.—86页；16开.—ISBN 7-200-01060-X：2.15元

高中英语第二册质量评估检测/袁浩，禹明主编.—北京：北京出版社，1990.7.—70页；16开.ISBN 7-200-01048-0：1.80元

高中英语综合能力训练/吴沄，翁正阳主编.—上海：上海外语教育出版社，1990.2.—508页；32开.—ISBN 7-81009-501-3：4.50元

高中英语解难手册/温才鉴主编.—北京：中国社会出版社，1990.9.—476页；32开.—（中学各科解难丛书/张咸如主编）.—ISBN 7-80088-102-4：5.70元

高中英语解疑/陈晃等编.—兰州：甘肃教育出版社，1990.7.—366页；32开.—ISBN 7-5423-0157-8：3.95元

高中英语新题型精选/齐平昌主编.—北京：北京师范学院出版社，1990.2.—335页；32开.—供教师教学及青年自学参考.—ISBN 7-81014-424-3：3.35元

高中英语整体化教学训练手册　上册/丁昌佑等主编.—济南：济南出版社，1990.8.—275页；32开.ISBN 7-80572-293-5：2.50元

高中英语整体化教学训练手册　下册/丁昌佑等主编.—济南：济南出版社，1990.8.—259页；32开.ISBN 7-80572-293-5：2.30元

高中练习题精选：英语/邹司元等编.—北京：中国妇女出版社，1990.5.—468页；32开.—（高中自学丛书）.—ISBN 7-80016-226-5：4.90元

高中第二册英语整体教学知能同步综合训练/刘文德等主编.—天津：天津教育出版社，1990.6.373页；32开.—ISBN 7-5309-1016-7：3.60元

高考英语应试技巧/解伯昌，华妙娟编.—上海：上海译文出版社，1990.4.—159页；32开.—ISBN 7-5327-0946-9：1.70元

高考英语试题详解：1985～1989/徐谷予编.—南京：江苏教育出版社，1990.3.—352页；32开.ISBN 7-5343-0948-4：2.95元

高考英语试题精编评析/胡学增主编.—西安：陕西人民教育出版社，1990.10.—160页；16开.（中考、高考试题精编丛书）.—ISBN 7-5419-1743-5：2.80元

高考英语标准化考试解题方法指导/张林，文显华编著.—3版（修订本）.—成都：四川教育出版社，1990.2.—333页；32开.—ISBN 7-5408-0504-9：3.00元

本书1987年第1版。原题：怎样准备高考英语标准化考试

高考英语题型精练：完形填空/程鸣编著.—南京：江苏教育出版社，1990.5.—114页，32开.—ISBN 7-5343-0969-7：1.05元

高考英语题型精练：语音语法/倪立群编著.—南京：江苏教育出版社，1990.4—150页；32开.—ISBN 7-5343-0984-0：1.35元

高考英语题型精练：阅读理解/程鸣编著.—南京：江苏教育出版社，1990.4.—84页；32开.—ISBN 7-5343-0977-8：0.81元

高考英语90分对策/任森编著.—北京：旅游教育出版社，1990.3.—188页；32开.—ISBN 7-5637-0164-8：2.80元

高考英语MET试题分析与解题指导/刘文彬，郭汉光主编.—北京：学苑出版社，1990.1.—94页；16开.—ISBN 7-80060-724-0：2.50元

高等学校招生考试英语写作指南/李永生主编；王胜利等编.—北京：光明日报出版社，1990.3.114页；32开.—ISBN 7-80014-808-1：1.40元

课堂英语手册/周方和等主编.—沈阳：辽宁大学出版社，1990.11.—251页；32开.—ISBN 7-5610-1108-3：3.80元

课程基础训练：英语：初中一年级一学期/湖南省教科所编写.—长沙：湖南教育出版社，1990.5.104页；32开.—ISBN 7-5355-0233-4：0.70元

课程基础训练：英语：初中三年级一学期/湖南省教科所编.—2版.—长沙：湖南教育出版社，1990.5.—104页；32开.—ISBN 7-5355-0235-0：0.75元

课程基础训练：英语：高中一年级一学期/湖南省教科所编.—2版.—长沙：湖南教育出版社，1990.5.152页；32开.—ISBN 7-5355-0594-5：1.10元

课程基础训练：英语，高中二年级第一学期/湖南省教科所编.—2版.—长沙：湖南教育出版社，1990.5.—134页；32开.—ISBN 7-5355-0595-3：0.97元

课程基础训练：英语：高中三年级第一学期/湖南省教科所编.—2版.—长沙：湖南教育出版社，1990.5.—130页；32开.—ISBN 7-5355-0596-1：0.95元

教学目标管理实验：初中英语第二册/广西教育学院教研部编.—南宁：广西教育出版社，1990.1.97页；32开.—ISBN 7-5435-0732-3：1.00元

教学目标管理实验：初中英语第四册/广西教育学院教研部编.—南宁：广西教育出版社，1990.1.81页；32开.—ISBN 7-5435-0736-6：0.90元

教学目标管理实验：初中英语第六册/广西教育学院教研部编.—南宁：广西教育出版社，1990.1.—75页；32开.—ISBN 7-5435-0737-4：0.83元

梁氏中学英语部首结构词典/梁兴哲编著.—北京：中国科学技术出版社，1990.9.—389页；32开.ISBN 7-5046-0230-2：6.00元

最新中考英语标准化模拟试题及答案/张志平等主编.—西安：陕西人民出版社，1990.4.—74页；16开.—ISBN 7-224-01265-3：1.95元

最新标准化题型应试总复习：初中英语/李月丹，王乐君编.—北京：学苑出版社，1990.1.—105页；16开.—ISBN 7-80060-770-4：2.70元

最新标准化题型应试总复习：高中英语/王乐君等编.—北京：学苑出版社，1990.1.—113页；16开.ISBN 7-80060-775-5：3.00元

最新高考英语标准化考试分析与测试/毛玺英等编.—南昌：江西科学技术出版社，1990.1.—140页；16开.—ISBN 7-5390-0279-4：2.90元

简明英语教学法/章兼中主编.—广州：广东教育出版社，1990.7.—360页；32开.—ISBN 7-5406-

1183-9：2.45元

新编中学英语词汇手册/徐肇维，朱善莹编.—上海：上海科技教育出版社，1990.5.—201页；32开.配合现行初、高中英语课本使用.—附例句.—ISBN 7-5428-0334-4：2.40元

新编中学英语词组、例句700条/杨洁，陆仁清编.北京：科学普及出版社，1990.5.—119页；64开.(中学英语自学自测系列读物).—ISBN 7-110-01397-9：1.25元

新编中学英语语法/章振邦主编.—上海：上海译文出版社，1990.7—610页；大32开.—ISBN 7-5327-0769-5：7.10元

新编中学实用英语语法/史颂权主编；黄玉培等编.—上海：上海外语教育出版社，1990.6.—378页；32开.—ISBN 7-81009-490-4：3.80元

新编中学实用英语语法/刘振林等编.—南宁：广西教育出版社，1990.10.—242页；32开.—ISBN 7-5435-1047-2：2.40元

新编英语自测题：初中一年级　第二册/谢华之等编.—武汉：湖北教育出版社，1990.11.—133页；32开.—附答案.—ISBN 7-5351-0600-5：1.05元

新编英语自测题：初中二年级　第四册/张今人，张今平编.—武汉：湖北教育出版社，1990.10.201页；32开.—附答案.—ISBN 7-5351-0579-3：1.50元

新编英语自测题：初中三年级　第六册/唐玉蓉等编.—武汉：湖北教育出版社，1990.10.—119页；32开.—附答案.—ISBN 7-5351-0601-3：0.95元

新编英语快速阅读/蓝兰，桂芃编.—南宁：广西教育出版社，1990.5.—156页；32开.—适合初三以上水平读者阅读.—ISBN 7-5435-0817-6：1.95元

新编高三英语课课练：标准化题型/梁绍秋主编.西安：陕西人民出版社，1990.8.—72页；16开.ISBN 7-224-01334-X：2.20元

新编高初中英语单词例句3000条/冬钧等编.—北京：科学普及出版社，1990.5.—343页；64开.(中学英语自学自测系列读物).—ISBN 7-110-01396-0：3.80元

精选精编最新试题解析：初中英语/郭颖琪，陈宝萍编.—北京：北京师范学院出版社，1990.2.174页；32开.—ISBN 7-81014-412-X：1.80元

精选精编最新试题解析：高中英语/王耀华，王力行编.—北京：北京师范学院出版社，1990.2.185页；32开.—ISBN 7-81014-400-5：1.90元

MET精解/严宝根编著.—乌鲁木齐：新疆大学出版社，1990.10.—274页；32开.—ISBN 7-5631-0161-6：3.50元

G633.45　俄　语

义务教育三年制、四年制初级中学俄语第一册(试用本)教师教学用书/人民教育出版社外语室俄语组编.—北京：人民教育出版社，1990.4.—131页；32开.—ISBN 7-107-00852-8：1.05元

中学俄语标准化与综合训练/齐生华，牛志刚主编；李学士等编.—哈尔滨：黑龙江教育出版社，1990.11.—303页；32开.—ISBN 7-5316-1164-3：2.50元

G633.46　日　语

日语/东北朝鲜民族教育出版社外语编辑室译.延吉：东北朝鲜民族教育出版社，1990.12.—226页；16开.—(高考指导丛书).—ISBN 7-5437-0797-9：3.25元

日语/孙桂琴等编写.—长春：吉林教育出版社，1990.5.—218页；32开.—(初中基础知识复习丛书).—ISBN 7-5383-0981-0：1.50元

初中日语试题集/延边教育学院日语教研室编.延吉：东北朝鲜民族教育出版社，1990.12.—124页；16开.—朝鲜族学生用.—ISBN 7-5437-0818-0：1.50元

G633.5　历史、地理

云南省初级中学会考要求与练习：历史·地理/云南省教委教研室主编.—昆明：云南教育出版社，1990.3.—34页；16开.—ISBN 7-5415-0362-2：0.80元

史地歌诀：中学史地知识快速记忆/李海燕主编.北京：中国广播电视出版社，1990.9.—167页；32开.—ISBN 7-5043-0696-7：2.00元

地理历史知识趣谈/周树霖，凌微年主编.—北京：科学出版社，1990.11.—118页；32开.—ISBN 7-03-002107-X：1.80元

G633.51　历　史

义务教育三年制、四年制初级中学中国历史第二册(试用本)教师教学用书/人民教育出版社历史室编著.—北京：人民教育出版社，1990.9.—299页；16开.—ISBN 7-107-00918-4：4.10元

历史/山东省职工教育办公室编.—青岛：青岛出版社，1990.12.—129页；32开.—(山东省职工中专统一招生考试复习丛书).—ISBN 7-5436-0573-2：1.40元

历史智能训练与疑难解答/杨晓东，陈正奇主编.—西安：陕西人民出版社，1990.5.—204页；

32开.—ISBN 7-224-01186-X：2.25元

中外历史列举题900例/薛振忠编著.—郑州：中州古籍出版社，1990.11.—234页；32开.—(中学历史题库：列举题分册).—ISBN 7-5348-0417-5：2.65元

中国历史：初中　第三册/云南省教育厅教研室主编.—2版.—昆明：云南教育出版社，1990.5.—81页；32开.—(中学生学习指导丛书).—ISBN 7-5415-0229-4：0.89元

本书1987年10月第1版。

中国历史目标教学内容与方法：初中　第一册/易启祥主编.—开封：河南大学出版社，1990.8.118页；32开.—ISBN 7-81018-495-4：1.20元

中国历史目标教学内容与方法：初中　第三册/易其祥主编.—开封：河南大学出版社，1990.8.152页；32开.—ISBN 7-81018-496-2：1.20元

中学历史分类复习与自测/曾圣如等编.—南宁：广西教育出版社，1990.1.—246页；32开.—ISBN 7-5435-0743-9：2.10元

中学历史应考指导/陈伟国，石玲编著.—武汉：湖北少年儿童出版社，1990.5.—95页；32开.—ISBN 7-5353-0652-7：1.10元

中学历史知识图示/张志林编著.—西安：西北大学出版社，1990.9.—209页；32开.—ISBN 7-5604-0172-4：2.80元

中学历史学习指南/李金林主编.—西安：西安交通大学出版社，1989.3.—236页；32开.—ISBN 7-5605-0219-9：2.00元

中学历史学科学业评价/聂幼犁等著.—郑州：河南教育出版社，1990.3.—268页；32开.—ISBN 7-5347-0598-3：2.20元

中学历史教学的思想教育与能力培养/丁丙炎著.北京：光明日报出版社，1990.12.—163页；32开.(北京教育丛书/汪家镠主编).—ISBN 7-80014-980-3：3.15元

中学历史综合题解大全/侯清德，关佳文编.—2版(修订本).—长春：吉林文史出版社，1990.2.367页；32开.—ISBN 7-80528-106-8：3.50元

本书1988年3月第1版。

中学历史概念图示教学简论/李祥林著.—郑州：河南教育出版社，1990.8.—124页；32开.—ISBN 7-5347-0643-2：1.30元

中学历史解难手册/孟广恒主编.—北京：中国社会出版社，1990.9.—350页；32开.—(中学各科解难丛书/张盛如主编).—ISBN 7-80088-101-6：4.40元

中学中国历史综合练习/《历史教学》编辑部组织编写.—天津：天津教育出版社，1990.1.—167页；32开.—ISBN 7-5309-0868-5：1.60元

中学世界历史综合练习/《历史教学》编辑部组织编写.—天津：天津教育出版社，1990.1.—137页；32开.—ISBN 7-5309-0867-7：1.40元

中学世界史图示教学/李秉国编.—北京：光明日报出版社，1990.3.—164页；32开.—(北京教育丛书/汪家镠主编).—ISBN 7-80014-702-9：2.75元

本书是一部以示意图为主，并辅以文字说明的教师学习用书。

中学生历史地理考试对策/曹大庆，徐荣聚编著.—哈尔滨：黑龙江科学技术出版社，1990.3.318页；32开.—(考试对策丛书；6).—ISBN 7-5388-1039-0：4.00元

世界历史/赫崇旺等编写.—2版.—哈尔滨：黑龙江少年儿童出版社，1990.10.—95页；32开.—(初中课程重点辅导丛书).—ISBN 7-5319-0443-8：1.05元

本书1988年10月第1版。

全国中学优秀历史课实录与讲评/全国中学历史课堂教学研讨会编.—上海：华东师范大学出版社，1990.6.—296页；32开.—ISBN 7-5617-0646-4：2.70元

多解选择题及答案：高中历史/多选题编写小组编.—北京：海洋出版社，1990.1.—160页；32开.(升学应试辅导丛书).—ISBN 7-5027-0314-4：1.90元

初中一年级教学目标与目标测试题：历史/西安市教育科学研究所，西安市教育委员会教研室编.—西安：陕西人民教育出版社，1990.5.—163页；32开.ISBN 7-5419-1566-1：1.50元

初中二年级教学目标与目标测试题：历史/西安市教育科学研究所，西安市教育委员会教研室编.西安：陕西人民教育出版社，1990.3.—170页；32开.—ISBN 7-5419-1565-3：1.50元

初中历史　(一)：中国历史第一、二册/利华，曾圣如编.—南宁：广西教育出版社，1990.12.—133页；32开.—(标准化题型与教学同步训练丛书).ISBN 7-5435-1111-8：1.40元

初中历史　(二)/利华，曾圣如编.—南宁：广西教育出版社，1990.12.—138页；32开.—(标准化题型与教学同步训练丛书).—ISBN 7-5435-1087-1：1.45元

初中历史知识疏导/宁可等主编.—桂林：广西师范大学出版社，1990.2.—195页；32开.—ISBN 7-5633-0658-7：1.80元

初中历史单元自测与辅导：一年级上学期/掌握学习实验用书初中编写组编.—2版.—福州：福建人民出版社，1990.7.—106页；32开.—掌握学习实验用书.—ISBN 7-211-01289-7：0.89元

本书1989年7月第1版。

初中历史单元自测与辅导：一年级下学期/掌握学

习实验用书初中编写组编.—2版.—福州：福建人民出版社，1990.12.—108页；32开.—掌握学习实验用书.—ISBN 7-211-01521-7：0.96元
本书1987年初版。

初中历史单元自测与辅导：二年级上学期/掌握学习实验用书初中编写组编.—2版.—福州：福建人民出版社，1990.5.—93页；32开.—掌握学习实验用书.—ISBN 7-211-01317-6：0.80元
本书1989年7月第1版。

初中历史单元自测与辅导：二年级下学期/掌握学习实验用书初中编写组编.—2版.—福州：福建人民出版社，1990.10.—104页；32开.—掌握学习实验用书.—ISBN 7-211-01522-5：0.96元
本书1987年初版。

初中历史重点知识归纳与验收/杨维俊等编.—长春：长春出版社；延吉：东北朝鲜民族教育出版社，1990.3.—187页；32开.—（中学基础知识基本技能训练丛书/严诚主编）.—ISBN 7-80573-147-0：2.20元

初中历史教学目标实施手册：世界历史　全一册/江苏省中学历史教学目标编写组编.—南京：江苏教育出版社，1990.9.—149页；32开.—ISBN 7-5343-1153-5：1.25元

初中历史教学目标实施手册　第一册/中学历史《教学目标实施手册》编写组编.—南京：江苏教育出版社，1990.5.—138页；32开.—ISBN 7-5343-1005-9：1.20元

初中历史教学目标实施手册　第三册/中学历史《教学目标实施手册》编写组编.—南京：江苏教育出版社，1990.3.—133页；32开.—ISBN 7-5343-1006-7：1.15元

初中中国历史第一册辅导与练习/杨蔚宾，李丽娜编.—长春：吉林教育出版社，1990.5.—72页；32开.—ISBN 7-5383-0964-0：0.57元

初中中国历史第二册达标手册/汪廉，吴国模编写.—2版.—武汉：湖北人民出版社，1990.10.152页；32开.—ISBN 7-216-00649-6：1.60元
本书1989年12月第1版。

初中中国历史第二册单元学法与训练/陈建栋，伍正祥编.—乌鲁木齐：新疆青少年出版社，1990.2.110页；32开.—（中学课程单元学法与训练/孙炳铨主编）.—附参考答案.—ISBN 7-5371-0590-1：1.00元

初中中国历史第三册达标手册/杜启宗，丁孔明编.—武汉：湖北人民出版社，1990.5.—165页；32开.—ISBN 7-216-00564-3：1.65元

初中中国历史第三册辅导与练习/杨蔚宾，王虹编.—长春：吉林教育出版社，1990.5.—71页；32开.—ISBN 7-5383-0967-5：0.54元

初中世界历史下册单元学法与训练/童高陶等编.乌鲁木齐：新疆青少年出版社，1990.2.—111页；32开.—（中学课程单元学法与训练/陈炳铨主编）.附参考答案.—ISBN 7-5371-0593-6：1.00元

初中世界历史目标教学内容与方法/易启祥，胡任敏主编.—开封：河南大学出版社，1990.8.—138页；32开.—ISBN 7-81018-497-0：1.20元

初中世界历史全一册达标手册/吴国模编写.—2版.—武汉：湖北人民出版社，1990.10.—114页；32开.—ISBN 7-216-00648-8：1.25元
本书1989年12月第1版。

初中世界历史思考与练习/曹秉权编.—北京：北京教育出版社，1990.2.—98页；32开.—ISBN 7-5303-0166-7：1.20元

初级中学实验课本社会发展简史（下册）教学参考书.—2版.—天津：天津教育出版社，1990.1.133页；32开.—ISBN 7-5309-0596-1：0.70元

高中历史练习与答案/姜菲，马惠清编著.—北京：海洋出版社，1990.6.—170页；32开.—（自学辅导丛书）.—ISBN 7-5027-0202-4：2.10元

高中历史复习题精选/周锡公等编.—南京：江苏教育出版社，1990.10.—424页；32开.—ISBN 7-5343-1159-4：3.30元

高中历史选择题研究与汇编/石维奎主编.—北京：煤炭工业出版社，1990.3.—315页；32开.—ISBN 7-5020-0424-6：2.95元

高中历史重点知识归纳与验收/李仲华等编.—长春：长春出版社；延吉：东北朝鲜民族教育出版社，1990.3.—193页；32开.—（中学基础知识基本技能训练丛书/严诚主编）.—ISBN 7-80573-154-3：2.10元

高中历史重点、难点、解析与训练/常竟超编写.桂林：广西师范大学出版社，1990.1.—203页；32开.—（中学各科教学重点难点解析丛书/张德政，默一主编）.—ISBN 7-5633-0678-1：2.05元

高中世界历史上册达标手册/吴国模，丁孔明编写.—武汉：湖北人民出版社，1990.5.—161页；32开.—ISBN 7-216-00568-6：1.70元

高中世界历史上册辅导与练习/马伯群，卢太辰编.—长春：吉林教育出版社，1990.5.—74页；32开.—ISBN 7-5383-1003-7：0.57元

高中世界历史下册达标手册/丁孔明，吴国模编写.—2版.—武汉：湖北人民出版社，1990.10.—169页；32开.—ISBN 7-216-00652-6：1.75元
本书1989年12月第1版。

高中世界历史下册单元学法与训练/刘尔文等编.乌鲁木齐：新疆青少年出版社，1990.2.—171页；32开.—（中学课程单元学法与训练/孙炳铨主

编）.一附参考答案.一ISBN 7-5371-0602-9：1.40元

高考历史试题精编评析/胡学增主编.一西安：陕西人民教育出版社，1990.10.一152页；16开.一（中考高考试题精编丛书）.一ISBN 7-5419-1745-1：2.80元

高考历史模拟题/《模拟题》编写组编.一西安：陕西人民教育出版社，1990.10.一87页；16开.一ISBN 7-54189-2063-0：1.50元

新编中学历史教学方法指导：中国历史　第一册/周作明主编.一桂林：广西师范大学出版社，1990.9.一146页；32开.一ISBN 7-5633-0922-5：1.50元

新编中学历史教学方法指导：中国历史　第三册/周作明主编.一桂林：广西师范大学出版社，1990.9.一151页；32开.一ISBN 7-5633-0934-9：1.50元

G633.55　地　理

中学生地理学习指导书：中国地理/卫杰文主编；曹康绥等编.一上海：上海教育出版社，1990.10.247页；32开.一ISBN 7-5320-2015-0：2.10元

中学生地理学习指导书：世界地理/卫杰文主编.一上海：上海教育出版社，1990.10.一189页；32开.一ISBN 7-5320-1969-1：1.60元

中学生地理学习指导书：高中地理/卫杰文主编；柳苇成等编.一上海：上海教育出版社，1990.10.353页；32开.一ISBN 7-5320-1932-2：2.90元

中学地理地名小词典/罗岭，罗俊杰编.一广州：广东科技出版社，1990.5.一205页；32开.一ISBN 7-5359-0561-7：2.80元

中学地理百科/《中学地理百科》编写组编著.南京：江苏教育出版社，1990.11.一715页；大32开.一ISBN 7-5343-1119-5（精装）：8.90元

中学地理知识纲要/田道阡主编.一西安：陕西人民出版社，1990.1.一161页；16开.一（中学地理教学参考丛书）.一ISBN 7-224-00507-X：3.95元

中学地理学习表解集/沙渠来，丁建编著.一南京：江苏教育出版社，1990.10.一207页；16开.一ISBN 7-5343-1139-X：3.85元

中学地理复习用参考地图册/张云霞等编绘.一8版.北京：中国地图出版社，1990.9.一66页；32开.ISBN 7-5031-0643-3：1.50元

中学地理总复习/北京市教育局教学研究部编.4版.一北京：北京出版社，1990.8.一453页；32开.ISBN 7-200-00070-1：4.65元

本书1983年3月第1版。

中学地理读图填图指南/田道阡等编著.一北京：中国地图出版社，1990.12.一282页；32开.一ISBN 7-5031-0651-4：4.20元

中学地理解难手册/郭正权主编；张　钟等编著.北京：中国社会出版社，1990.10.一464页；32开.（中学各科解难丛书/张盛如主编）.一ISBN 7-80088-116-4：5.30元

世界地理：初二　下册/广西教育学院教研部编.南宁：广西教育出版社，1990.12.一50页；32开.（教学目标管理实验）.一ISBN 7-5435-1107-X：0.59元

地理/福建省普通教育教学研究室编.一福州：福建教育出版社，1990.12.一335页；32开.一（高中毕业生学习指导丛书）.一ISBN 7-5334-0780-6：2.85元

地理图说与解题技巧/林鲁生著.一济南：山东省地图出版社，1990.3.一226页；32开.一ISBN 7-80532-037-3：2.20元

地理智能训练与疑难解答/杨晓东，陈正奇主编；陈绍佩等编写.一西安：陕西人民出版社，1990.11.244页；32开.一ISBN 7-224-01336-6：2.95元

全日制中学地理教学大纲/中华人民共和国国家教育委员会制订.一2版（修订本）.一北京：人民教育出版社，1990.6.一85页；32开.一ISBN 7-107-00716-5：0.63元

全国百所重点中学高中地理复习测试题精选/查一民，丁渭道主编.一南京：江苏教育出版社，1990.12.一208页；32开.一中学生家长、教师辅导用书.ISBN 7-5343-1193-4：1.90元

多解选择题及答案：高中地理/多选题编写小组编.一北京：海洋出版社，1990.1.一112页；32开.（升学应试辅导丛书）.一ISBN 7-5027-0315-2：1.40元

初中一年级教学目标与目标测试题：中国地理/西安市教育科学研究所，西安市教育委员会教研室编.一西安：陕西人民教育出版社，1990.5.一185页；32开.一ISBN 7-5419-1569-4：1.60元

初中二年级教学目标与目标测试题：世界地理/西安市教育科学研究所，西安市教育委员会教研室编.西安：陕西人民教育出版社，1990.4.一155页；32开.一ISBN 7-5419-1552-1：1.35元

初中中国地理上册辅导与练习/吉林省教育学院编.一长春：吉林教育出版社，1990.5.一87页；32开.一ISBN 7-5383-1011-8：0.69元

初中中国地理下册单元学法与训练/崔秀枫，罗善词编.一乌鲁木齐：新疆青少年出版社，1990.2.82页；32开.一（中学课程单元学法与训练/孙炳铨主编）.一附参考答案.一ISBN 7-5371-0576-1：0.70元

初中中国地理教学目标实施手册/江苏省《初中中国地理教学目标实施手册》编写组编.一南京：江苏教育出版社，1990.5.一168页；32开.一ISBN 7-5343-0993-X：1.40元

初中世界地理上册辅导与练习/吉林省教育学院编.—长春：吉林教育出版社，1990.5.—105页；32开.—ISBN 7-5383-1042-8：0.79元

初中世界地理下册单元学法与训练/袁孝谦等编.乌鲁木齐：新疆青少年出版社，1990.2.—121页；32开.—(中学课程单元学法与训练/孙炳铨主编).附参考答案.—ISBN 7-5371-0576-6：0.90元

初中世界地理教学目标实施手册/江苏省《初中世界地理教学目标实施手册》编写组编.—南京：江苏教育出版社，1990.5.—161页；32开.—ISBN 7-5343-0994-8：1.35元

初中世界地理教学基本标准手册 上册/长春市教育委员会教研室，长春教育学院教研部编.—长春：吉林大学出版社，1990.5.—93页；32开.—ISBN 7-5601-0264-6：1.05元

初中地图册 下册/中国地图出版社编制.—北京：中国地图出版社，1990.12.—34页；32开.—试教本.—ISBN 7-5031-0829-0：0.70元

初中地理 (一)：中国地理/宁远，张千骥编.南宁：广西教育出版社，1990.12.—152页；32开.(标准化题型与教学同步训练丛书).—ISBN 7-5435-1108-8：1.55元

初中地理 (二)：世界地理/宁远编.—南宁：广西教育出版社，1990.11.—123页；32开.—(标准化题型与教学同步训练丛书).—ISBN 7-5435-1062-6：1.30元

初中地理同步练习/王善诚等主编.—济南：济南出版社，1990.8.—156页；32开.—ISBN 7-80572-285-4：1.65元

初中地理单元自测与辅导：一年级上学期/掌握学习实验用书初中编写组编.—2版.—福州：福建人民出版社，1990.5.—97页；32开.—掌握学习实验用书.—ISBN 7-211-01277-3：0.83元

本书1989年7月第1版。

初中地理单元自测与辅导：一年级下学期/掌握学习实验用书初中编写组编.—2版.—福州：福建人民出版社，1990.10.—125页；32开.—掌握学习实验用书.—ISBN 7-211-01486-5：1.10元

本书1987年第1版。

初中地理单元自测与辅导：二年级上学期/掌握学习实验用书初中编写组编.—2版.—福州：福建人民出版社，1990.5.—103页；32开.—(掌握学习实验用书).—ISBN 7-211-01278-1：0.89元

本书1989年7月第1版。

初中地理单元自测与辅导：二年级下学期/掌握学习实验用书初中编写组编.—2版.—福州：福建人民出版社，1990.10.—85页；32开.—(掌握学习实验用书).—ISBN 7-211-01502-0：0.80元

本书1987年第1版。

初中地理单元检测题解析/茹苦，李淑芳编著.—2版.—天津：天津教育出版社，1990.7.—304页；32开.(自学自测丛书).—ISBN 7-5309-0320-9：3.15元

初中地理重点知识归纳与验收/张文娟等编.—长春：长春出版社；延吉：东北朝鲜民族教育出版社，1990.3.—168页；32开.—(中学基础知识基本技能训练丛书/严诚主编).—ISBN 7-80573-138-1：2.30元

高中地理上册辅导与练习/吉林省教育学院编.长春：吉林教育出版社，1990.5.—68页；32开.—ISBN 7-5383-1039-8：0.54元

高中地理练习与答案/张雅玉等编著.—北京：海洋出版社，1990.6.—99页；32开.—(自学辅导丛书).—ISBN 7-5027-0209-1：1.50元

高中地理重点知识归纳与验收/盛桂珠等编.—长春：长春出版社；延吉：东北朝鲜民族教育出版社，1990.3.—193页；32开.—(中学基础知识基本技能训练丛书/严诚主编).—ISBN 7-80573-140-3：2.30元

高中地理重点、难点、解析与训练/刘子莲编.桂林：广西师范大学出版社，1990.3.—277页；32开.—(中学各科教学重点难点解析丛书).—ISBN 7-5633-0679-X：2.80元

高中地理总复习系列练习/张兵等编.—北京：煤炭工业出版社，1990.3.—254页；32开.—ISBN 7-5020-0348-7：2.25元

高中地理读图指要/徐超霭等编.—西安：陕西科学技术出版社，1990.9.—294页；32开.—ISBN 7-5369-0750-8：4.00元

高考地理试题汇编和疑难解析/周益新主编.—西安：陕西人民出版社，1990.11.—122页；32开.—ISBN 7-224-01202-5：1.65元

高考地理试题精编解析/胡学增主编；杨增耀等编.—西安：陕西人民教育出版社，1990.8.—153页；16开.—(中考高考试题精编丛书).—ISBN 7-5419-1746-X：2.80元

容易混淆的地理概念/张罗生，曲忠厚编.—郑州：河南教育出版社，1990.7.—225页；32开.—ISBN 7-5347-0742-0：2.25元

新编高初中地理有机结合知识体系标准化训练题/周益新主编.—西安：陕西人民出版社，1990.12.82页；16开.—ISBN 7-224-01533-4：1.85元

G633.58 乡土教材

上海市中学乡土地理图册/中国地图出版社，上海市中小学教材编写组编.—上海：中华地图学社，1990.1.—28页；32开.—ISBN 7-80037-028-9：0.60元

天津历史 上册/天津市教育教学研究室编.—3版.—天津：天津教育出版社，1990.7.—105页；32

开.—天津市中学乡土教材.—ISBN 7-5309-0511-2：0.53元

天津市地理图册/中国地图出版社，天津市教学研究室编.—北京：中国地图出版社，1990.3—30页；32开.—天津普通中学适用.—ISBN 7-5031-0498-8：0.60元

云南地理/云南省教委教研室编.—3版.—昆明：云南教育出版社，1990.10.—69页；32开.—初中乡土教材.—ISBN 7-5415-0411-4：1.05元

可爱的家乡——金华/金华市教育委员会编.—上海：上海文艺出版社，1990.1.—142页；32开.—ISBN 7-5321-0571-7：1.35元

可爱的家乡——金华：中学版/金华市教育委员会编.—上海：上海文艺出版社，1990.1.—144页；32开.—乡土教材系列.—ISBN 7-5321-0564-4：1.40元

可爱的家乡——桐乡/张鑫权主编.—上海：上海文艺出版社，1990.1.—134页；32开.—乡土教材系列.—ISBN 7-5321-0569-5：1.30元

辽宁省乡土地理图册/辽宁教育学院，中国地图出版社编.—2版.—北京：中国地图出版社，1990.11.—29页；32开.—中学适用.—ISBN 7-5031-0604-2：0.60元

吉林地区地理/吉林市教育学院地理教研室编著.长春：吉林文史出版社，1990.3.—67页；32开.—乡土教材.—ISBN 7-80528-215-3：1.00元

成都市地理图册：试用本/成都地图出版社，成都市教育科学研究所编.—成都：成都地图出版社，1990.1.—28页；32开.—中学适用（试用教材）.ISBN 7-80544-087-5：0.70元

江浦乡土史/《江浦乡土史》编写组编.—南京：江苏教育出版社，1990.3.—60页；32开.—ISBN 7-5343-0970-X：0.64元

牡丹江市地理/牡丹江市地理学会编写组编著.—哈尔滨：黑龙江教育出版社，1990.9.—205页；32开.乡土教材.—ISBN 7-5316-1133-3：2.90元

沧州市历史：试用本/沧州市教育委员会教研室编.天津：天津教育出版社，1990.8.—46页；32开.—初级中学乡土教材.—ISBN 7-5309-1003-5：0.60元

武汉乡土地理/武汉市教学研究室编.—武汉：湖北教育出版社，1990.4.—74页；32开.—ISBN 7 5351-0551-3：0.71元

松江地理/松江县教育局教研室编.—2版.—上海：上海社会科学出版社，1990.12.—41页；32开.中学乡土教材.—ISBN 7-80515-304-3：0.90元

青岛地理/青岛市教育局编.—青岛：青岛出版社，1990.3.—52页；32开.—青岛市中等学校乡土教材.—ISBN 7-5436-0466-3：0.65元

青海历史/中国地图出版社，青海省教育厅教研室编.—北京：中国地图出版社，1990 6.—80页；32开.—青海省中学乡土试用教材.—ISBN 7-5031-0648-4：1.30元

青海地理/中国地图出版社，青海省教育厅教研室编.—北京：中国地图出版社，1990.10.—31页；32开.—青海省中学乡土试用教材.—ISBN 7-5031-0270-5：0.90元

枣庄地理/丁霞主编.—济南：山东省地图出版社，1990.10.—62页；32开.—乡土教材.—ISBN 7-80532-030-6：0.65元

陕西历史　全一册/陕西省教育科学研究所编.西安：陕西人民教育出版社，1990.5.—183页；32开.初级中学试用课本.—ISBN 7-5419-1657-9：1.65元

哈尔滨市地理/哈尔滨市教育学院编.—哈尔滨：哈尔滨地图出版社，1990.4.—50页；32开.—初级中学乡土地理教材.—ISBN 7-80529-108-X：0.60元

贵州省地理/方嗣昭主编.—北京：中国地图出版社，1990.12.—29页；32开.—中学地理补充教材.ISBN 7-5031-0743-X：0.60元

娄底历史/佘国纲编著.—长沙：湖南地图出版社，1990.10.—101页；32开.—（湖南省娄底地区乡土教材丛书）.—ISBN 7-80522-051-8：0.98元

娄底生物/刘求清等编.—长沙：湖南地图出版社，1990.10.—74页；32开.—（娄底地区初中乡土教材丛书）.—ISBN 7-80552-049-6：0.70元

娄底地理/戴资星等编.—长沙：湖南地图出版社，1990.10.—93页；32开.—（娄底地区初中乡土教材丛书）.—ISBN 7-00552-050-X：0.87元

郴州历史/张剑生等编.—长沙：湖南地图出版社，1990.11.—99页；32开.—（郴州地区初中乡土教材丛书）.—ISBN 7-80552-056-9：1.08元

郴州生物/吴龙如等编.—长沙：湖南地图出版社，1990.11.—134页；32开.—（郴州地区初中乡土教材丛书）.—ISBN 7-80552-057-7：1.49元

郴州地理/周佩鳌等编.—长沙：湖南地图出版社，1990.10.—91页；32开.—（郴州地区初中乡土教材丛书）.—ISBN 7-80552-055-0：1.00元

荷泽乡土历史/荷泽地区教学研究室编.—北京：海洋出版社，1990.4.—105页；32开.—ISBN 7-5027-0002-7：1.00元

徐州历史/徐州市教育局教研室编.—南京：江苏教育出版社，1990.6.—86页；32开.—ISBN 7-5343-1090-3：0.81元

旅顺地理/旅顺教师进修学校编写.—大连：大连出版社，1990.2.—44页；32开.—中学乡土地理教材.—ISBN 7-80555-291-4：0.80元

唐山历史/唐山市教育委员会教研室编.—石家庄：河北教育出版社，1990.9.—96页；32开.—初中乡土教材.—ISBN 7-5434-0853-6：0.93元

诸暨：我们的家乡/翁朝阳主编.—杭州：浙江教育出版社，1990.8.—152页；32开.—ISBN 7-5338-0701-5：1.45元

通县地理/谷运如主编；邰向荣等编绘.—北京：中国地图出版社，1990.12.—29页；32开.—北京市中学乡土地理教材.—ISBN 7-5031-0750-2：0.60元

萧山乡土史/王作仁等编写.—杭州：浙江教育出版社，1990.9.—99页；32开.—ISBN 7-5338-0703-1：1.10元

淄博地理/高玉梧等主编.—北京：中国地图出版社，1990.12.—29页；32开.—淄博市中学乡土地理教材.—ISBN 7-5031-0740-5：0.60元

黑龙江省乡土地理图册/邵冰主编.—哈尔滨：哈尔滨地图出版社，1990.8.—30页；32开.—中学乡土地理教材.—ISBN 7-80529-115-2：0.90元

蓬安史地漫话/邓郁章编著.—成都：成都地图出版社，1990.11.—59页；32开.—初级中学乡土教材.—ISBN 7-80544-120-0：0.70元

跨世纪的伟大工程/《跨世纪的伟大工程》编写组编.—北京：中国卓越出版公司，1990.8.—76页：照片；32开.—献给浦东未来建设者〔乡土教材〕.ISBN 7-800071-280-X：1.00元

新建县地理/新建县教育局编.—南昌：江西人民出版社，1990.9.—60页；32开.—ISBN 7-210-00894-2：0.98元

衡阳历史/聂旦平，夏俊编.—长沙：湖南地图出版社，1990.10.—82页；32开.—衡阳市初中乡土教材.—ISBN 7-80552-052-6：0.93元

衡阳地理/聂旦平，匡伟弦编.—长沙：湖南地图出版社，1990.10.—42页；32开.—衡阳市初中乡土教材.—ISBN 7-80552-053-4：0.55元

G633.59　人口教材

人口与计划生育常识：中学版/阳国亮，杨永良主编.—桂林：广西师范大学出版社，1990.12.—58页；32开.—（基层宣传教育丛书）.—ISBN 7-5633-1006-1：0.65元

人口教育/《人口教育》编写组编.—南昌：江西教育出版社，1990.7.—86页；32开.—江西省高级中学试用课本.—ISBN 7-5392-0907-0：0.63元

人口教育/江苏省教委普教局编.—2版.—南京：江苏教育出版社，1990.5.—82页；32开.—初级中学试用教材.—ISBN 7-5343-0731-7：0.76元

世界人口/中国地图出版社编制.—北京：中国地图出版社，1990.5.—1张；2全开.—地理教学挂图.—ISBN 7-5031-0502-X（袋装）：2.60元

G633.6　数　学

1988～1989京津沪鲁闽粤初中升高中试题及答案汇编：数学/浏柳泉等编.—济南：山东教育出版社，1990.3.—152页；32开.—ISBN 7-5328-0924-2：2.05元

1989年中日两国高等院校招生考试数学试题分析比较/日本数研出版编辑部编；何平等译.—长春：东北师范大学出版社，1990.3.—144页；32开.—ISBN 7-5602-0389-2：1.60元

1999年中考试题汇编与解答：数学/《中考试题汇编与解答》编写组编.—北京：学苑出版社，1990.1.—243页；32开.—ISBN 7-80060-126-9：2.90元

1989年全国中考题精选、解答及评析：数学/陈彬等编.—成都：四川教育出版社，1990.3.—173页；32开.—ISBN 7-5408-1253-2：1.58元

1989年全国各地初中数学竞赛集锦/陈新昌等编.哈尔滨：黑龙江少年儿童出版社，1990.6.—245页；32开.—ISBN 7-5319-0605-5：2.50元

1989年全国初中升学数学试题选编/北京师范大学出版社编.—北京：北京师范大学出版社，1990.4.269页；32开.—（数学命题资料）.—ISBN 7-303-00902-7：2.75元

1989年全国初中毕业升学试题与答案：数学/《1989年全国初中毕业升学试题与答案》编辑组编.—北京：中国经济出版社，1990.2.—142页；32开.ISBN 7-5017-0541-0：2.35元

1990年中学数学命题资料/北京师范大学出版社编.—北京：北京师范大学出版社，1990.12.—267页；32开.—ISBN 7-303-01067-X：2.90元

1990年全国中考试题（含答案）汇编：数学/天津人民出版社编.—天津：天津人民出版社，1990.11.250页；32开.—ISBN 7-201-00553-7：2.60元

1990年全国中考试题研究：数学/潘福田，何平编著.—长春：东北师范大学出版社，1990.10.—143页；32开.—ISBN 7-5602-0472-4：1.60元

1990年全国中招数学试题选编/余新耀等编.—郑州：河南教育出版社，1990.12.—429页；32开.ISBN 7-5347-0911-3：4.05元

1990年全国初中毕业升学试题精选与解答：数学/宗志成编.—长春：吉林教育出社版，1990.9.—178页；32开.—ISBN 7-5383-1113-0：1.40元

1990年全国高中升学预考试题和解答精选：数学/山军等选编.—北京：北京出版社，1990.11.—170页；32开.—ISBN 7-200-01071-5：2.20元

1990全国初中毕业（升学）试题及解答精选：数学/全国中学教育信息研究会编.—延吉：东北朝鲜

民族教育出版社，1990.10.—126页；32开.—ISBN 7-5437-0812-1：1.50元

1991年全国部分省市中考数学标准化预考题解答/辽宁教育出版社编.—沈阳：辽宁教育出版社，1990.9.—183页；32开.—ISBN 7-5382-1220-5：1.60元

十年高考试题分类解析：数学/北大附中等五校编写组编.—北京：北京教育出版社，1990.7.—354页；32开.—ISBN 7-5303-0162-4：4.20元

义务教育初级中学数学课外习题集 第一集（下）/人民教育出版社数学室编著.—北京：人民教育出版社，1990.10.—171页；32开.—ISBN 7-107-00925-7：1.40元

云南省普通高级中学会考要求与练习：数学/云南省教育厅教研室主编.—昆明：云南教育出版社，1990.5.—38页；16开.—ISBN 7-5415-0329-0：0.95元

中外初中数学竞赛题精选/任勇等编.—福州：福建少年儿童出版社，1990.8.—257页；32开.—ISBN 7-5395-0405-6：2.50元

中考数学试题精编解析/胡学增主编；陈颂国等编.—西安：陕西人民教育出版社，1990.8.—191页；16开.—（中考高考试题精编丛书）.—ISBN 7-5419-1748-6：3.20元

中考数学模拟题/《模拟题》编写组编.—西安：陕西人民教育出版社，1990.11.—67页；16开.—ISBN 7-5419-2004-5：1.15元

中学生数学一日一讲：初中一年级/袁永平，王玉瑞编著.—南昌：江西教育出版社，1990.1.—318页；32开.—ISBN 7-5392-0532-6：2.57元

中学生数学一日一讲：初中二年级/蒋有廉等编.南昌：江西教育出版社，1990.1.—358页；32开.ISBN 7-5392-0533-4：2.82元

中学生数学一日一讲：初中三年级/吴国馨编.南昌：江西教育出版社，1990.1.—327页；32开.ISBN 7-5392-0534-2：2.62元

中学生数学一日一讲：高中一年级/蒋自廉等编著.—南昌：江西教育出版社，1990.1.—425页；32开.—ISBN 7-5392-0380-0：3.31元

中学生数学一日一讲：高中二年级/蒋有廉等著.南昌：江西教育出版社，1990.1.—422页；32开.ISBN 7-5392-0381-0：3.31元

中学生数学一日一讲：高中三年级/蒋有廉等编.南昌：江西教育出版社，1990.1.—403页；32开.ISBN 7-5392-0381-9：3.17元

中学学科自测ABC：初中数学综合册/华东师大二附中编.—上海：上海科学技术出版社，1990.2.—200页；32开.—ISBN 7-5323-1906-7：2.00元

中学学科自测ABC：高中数学综合册/华东师大二附中编.—上海：上海科学技术出版社，1990.2.270页；32开.—ISBN 7-5323-1960-1：2.65元

中学数学专题精讲/朱世棋等编.—上海：上海科学技术出版社，1990.12.—393页；32开.—（中学教学精讲丛书）.—ISBN 7-5323-2208-4：3.90元

中学数学分册/南洋模范中学等编.—上海：上海科学技术出版社，1990.12.—426页；32开.—（精英学习丛书）.—ISBN 7-5323-2250-4：3.90元

中学数学优秀试题选解/杜和平等编.—石家庄：河北教育出版社，1990.3.—344页；32开.—ISBN 7-5434-0536-9：2.85元

中学数学自学辅导教学实验文选 第六集/卢仲衡主编；王兴华等选编.—北京：地质出版社，1990.1.—458页；32开.—ISBN 7-116-00562-5：4.50元

中学数学自学辅导教学实验文选 第七集/卢仲衡主编；须功等选编.—北京：地质出版社，1990.4 289页；32开.—ISBN 7-116-00617-6：4.50元

中学数学自学解难 上册/刘兴汉主编.—呼和浩特：内蒙古人民出版社，1990.1.—774页；32开.ISBN 7-204-00420-5：7.20元

中学数学自学解难 下册/刘兴汉主编.—呼和浩特：内蒙古人民出版社，1990.1.—800页；32开.ISBN 7-204-00421-3：7.40元

中学数学现代基础知识/余鑫晖等编著.—桂林：广西师范大学出版社，1990.11.—340页；32开.ISBN 7-5633-0982-9：3.00元

中学数学典型问题解法指南/袁禹门编著.—天津：天津教育出版社，1990.6.—412页；32开.—ISBN 7-5309-0904-5：4.00元

中学数学的教与学/（美）贝尔（Bell，F.H.）著；许振声等译.—北京：教育科学出版社，1990.6.—651页；大32开.—ISBN 7-5041-0305-5：9.80元

书名原文：Teaching and Fearning Mathematios（in Secondary School）

中学数学实用手册/孙涤寰等编译.—长春：东北师范大学出版社，1990.6.—286页；32开.—ISBN 7-5602-0303-9：3.50元

中学数学实验教材：普及本 第二册 （下）/中学数学实验教材编写组编.—北京：人民教育出版社，1990.9.—230页；32开.—ISBN 7-107-00922-2：1.60元

中学数学学习指导/王月治主编.—杭州：浙江少年儿童出版社，1990.9.—621页；32开.—ISBN 7-5342-0534-0：5.20元

中学数学学习的思维方法/王洁敏，沈瑞芝著.北京：中国标准出版社，1990.6.—518页；32开.ISBN 7-5066-0184-2：5.95元

中学数学学习法/毛鸿翔等编著.—南京：南京出版社，1990.10.—178页；32开.—(中小学生学习方法指导丛书).—ISBN 7-80560-322-7：1.95元

中学数学拾趣/韩文法编著.—贵阳：贵州人民出版社，1990.1.—237页；32开.—ISBN 7-80583-000-2：2.40元

中学数学竞赛辅导/颜秉海编著.—哈尔滨：黑龙江教育出版社，1990.5.—660页；32开.—ISBN 7-5316-1029-9：6.50元

中学数学竞赛辅导/袁绍唐等编著.—南宁：广西教育出版社，1990.5.—170页；32开.—(中学数学专题辅导丛书).—ISBN 7-5435-0822-2：1.85元

中学数学教材教法　第一分册：总论/赵振威主编.—上海：华东师范大学出版社，1990.5.—260页；大32开.—全国高等师范专科学校教材.—ISBN 7-5617-0568-9：2.08元

中学数学教材教法　第二分册：初等代数研究/赵振威主编.—上海：华东师范大学出版社，1990.6.290页；大32开.—全国高等师范专科学校教材•ISBN 7-5617-0569-7：2.25元

中学数学教材教法　第三分册：初等几何研究/赵振威主编.—上海：华东师范大学出版社，1990.3.231页；大32开.—全国高等师范专科学校教材.—ISBN 7-5617-0570-0：1.85元

中学数学教材教法总论/丁尔陞编.—北京：高等教育出版社，1990.10.—299页；大32开.—高等师范专科学校教材.—ISBN 7-04-003126-4：2.10元

中学数学教学手册：代数分册/北京教育学院编.北京：北京教育出版社，1990.6.—774页；大32开.(中学数学手册).—ISBN 7-5303-0017-2：10.70元

中学数学教学渗透贯穿思想教育纲要/山西省实验中学编.—太原：山西教育出版社，1990.12.—92页；32开.—ISBN 7-80578-387-X：0.95元

中学数学教学概论/曹才翰编著.—北京：北京师范大学出版社，1990.1.—323页；大32开.—高等学校教学用书.—ISBN 7-303-00644-3：2.30元

中学数学解题方法与技巧：19种常用方法的剖析/刘彬文主编.—北京：测绘出版社，1990.6.—450页；32开.—ISBN 7-5030-0399-5：4.90元

中学数学解题方法与技巧：变形与变换/李根水编著.—北京：北京师范大学出版社，1990.4.—296页；32开.—ISBN 7-303-00903-5：3.05元

中学数学解题技巧：初中部分/冯立本，蒋金生编著.—北京：中国农业机械出版社，1990.1.—332页；32开.—ISBN 7-80032-109-6：4.50元

中学数学解题技巧：高中部分/蒋金生等编著.北京：中国农业机械出版社，1990.2.—328页；32开.—ISBN 7-80032-118-5：3.90元

中学数学精要/李瑞新，刘志义编著.—石家庄：河北教育出版社，1990.12.—1495页；32开.—ISBN 7-5434-0465-6：12.35元

方法拾掇/冯跃峰编著.—广州：广东教育出版社，1990.12.—509页；32开.—(中学理科精华丛书).—ISBN 7-5406-1021-2：4.65元

本书从9个方面介绍了26种数学解题方法。

布列方程解应用题的钥匙/蒋中池著.—北京：中国少年儿童出版社，1990.6.—205页；32开.—ISBN 7-5007-0866-1：2.15元

目标检测试题：初中数学/全国中学教育信息研究会编.—延吉：东北朝鲜民族教育出版社，1990.1.67页；8开.—ISBN 7-5437-0660-1：1.30元

目标检测试题：高中数学/全国中学教育信息研究会编.—延吉：东北朝鲜民族教育出版社，1990.2.71页；8开.—ISBN 7-5437-0672-5：1.40元

全国中考试题归类与分析：数学/郭杰森主编；林学齐，魏良源编.—福州：福建少年儿童出版社，1990.12.—270页；32开.—ISBN 7-5395-0427-7：2.60元

全国中考类型题单元训练：数学/杨德泽等编.长春：吉林教育出版社，1990.7.—360页；32开.ISBN 7-5383-1060-5：3.45元

全国中考数学题型研究与实例分析/方菁等编.北京：光明日报出版社，1990.12.—295页；32开.(全国中考分科题型研究与实例分析丛书).—ISBN 7-80014-967-6：4.30元

全国初中数学竞赛试题及解析：1983～1989/南北编.—天津：新蕾出版社，1990.5.—184页；32开.ISBN 7-5307-0641-1：1.95元

全国初中数学竞赛试题选编/河南省数学学会，郑州市数学学会编.—郑州：河南教育出版社，1990.8.—205页；32开.—(数理化竞赛丛书).—ISBN 7-5347-0718-8：1.85元

全国初中数学教学调查与分析/田万海主编.—上海：华东师范大学出版社，1990.6.—253页；大32开.—ISBN 7-5617-0571-9(精装)：6.10元；(平装)：4.25元

全国重点中学期中期末考试(1989～1990上学期)初三数学试题·答案·讲评/十一所全国重点中学编写.—天津：天津人民出版社，1990.10.—190页；32开.—ISBN 7-201-00589-8：2.10元

全国重点中学期中期末考试(1989～1990上学期)高三数学(理)试题、答案、讲评/十二所全国重点中学编写.—天津：天津人民出版社，1990.9.—185页；32开.—ISBN 7-201-00588-2：2.10元

全国部分省市重点中学文科数学高考检测题解/贾遂，杨喜高主编.—太原：山西人民出版社，1990.1.—90页；16开.—(高中各科高考检测题解丛书).—ISBN 7-203-01302-2：1.75元

全国部分省市重点中学理科数学高考检测题解/贾遂，杨喜高主编.—太原：山西人民出版社，1990.1.—97页；16开.—(高中各科高考检测题解丛书).—ISBN 7-203-01357-X：1.90元

全国高中数学竞赛试题选编/河南省数学学会，郑州市数学学会编.—郑州：河南教育出版社，1990.6.—421页；32开.—(数理化竞赛丛书).—ISBN 7-5347-0678-5：4.00元

全国高中数学联赛试题及解析：1979～1989/南北编.—天津：新蕾出版社，1990.4.—231页；32开.ISBN 7-5307-0642-X：2.55元

全国普通高校招生统一考试(1978～1989年)试题演变及分析：数学分册/国家教委考试管理中心编.—北京：学苑出版社，1990.3.—382页；32开.ISBN 7-80060-566-3：5.20元

多解选择题及答案：高中数学/多选题编写小组编.北京：海洋出版社，1990.1.—204页；32开.—(升学应试辅导丛书).—ISBN 7-5027-0312-8：2.40元

苏联百校高考数学试题集/(苏)ГОВОРОВ，B.M.等编；葛斌华，王霏译.—北京：气象出版社，1990.1.—516页；大32开.—ISBN 7-5029-0299-6：8.38元

苏联国立莫斯科大学1977～1987入学数学试题及解答/刘复元等编译.—西安：陕西人民教育出版社，1990.9.—389页；32开.—ISBN 7-5419-0972-6：3.55元

作辅助线的方法与技巧/韦校俊，陈钜初编著.南宁：广西教育出版社，1990.5.—131页；32开.(中学数学专题辅导丛书).—ISBN 7-5435-0821-4：1.50元

初三数学通讯：1990年上半年版/通讯编委会编.北京：中国少年儿童出版社，1990.3.—91页；32开.ISBN 7-5007-1066-6：1.00元

初三数学通讯：1990年下半年版/通讯编委会编.北京：中国少年儿童出版社，1990.10.—91页；32开.—ISBN 7-5007-1189-1：1.00元

初中一、二、三年级第一学期数学基础训练参考答案/河南省教委中小学教研室编.—郑州：河南教育出版社，1990.3.—93页；32开.—供教师使用.—ISBN 7-5347-0762-5：0.73元

初中一、二、三年级第二学期数学基础训练参考答案/河南省教委中小学教研室编.—郑州：河南教育出版社，1990.9.—70页；32开.—供教师使用.—ISBN 7-5347-0880-X：0.58元

初中一年级教学目标与目标测试题：数学/西安市教育科学研究所，西安市教育委员会教研室编.—西安：陕西人民教育出版社，1990.5.—103页；32开.ISBN 7-5419-1543-2：1.00元

初中一年级第一学期数学单元测试/数学科单元测试编写组编.—广州：广东教育出版社，1990.7.66页；32开.—ISBN 7-5406-0949-4：0.69元

初中一年级第二学期数学单元测试/数学科单元测试编写组编.—广州：广东教育出版社，1990.1.61页；32开.—ISBN 7-5406-1062-X：0.75元

初中一年级第二学期数学基础训练/河南省教委中小学教研室编.—郑州：河南教育出版社，1990.9.155页；32开.—ISBN 7-5347-0877-X：1.15元

初中二年级教学目标与目标测试题：数学/西安市教育科学研究所，西安市教育委员会教研室编.—西安：陕西人民教育出版社，1990.4.—170页；32开.ISBN 7-5419-1544-0：1.50元

初中二年级第一学期数学单元测试/数学科单元测试编写组编.—广州：广东教育出版社，1990.7.89页；32开.—ISBN 7-5406-0950-8：0.87元

初中二年级第二学期数学单元测试/数学科单元测试编写组编.—广州：广东教育出版社，1990.1.56页；32开.—ISBN 7-5406-1063-8：0.69元

初中二年级数学竞赛辅导/姚文孝主编；云南省数学会普及工作委员会编.—昆明：云南教育出版社，1990.11.—227页；32开.—ISBN 7-5415-0413-0：2.70元

初中三年级教学目标与目标测试题：数学/西安市教育科学研究所，西安市教育委员会教研室编.—西安：陕西人民教育出版社，1990.4.—159页；32开.ISBN 7-5419-1545-9：1.45元

初中三年级第一学期数学单元测试/数学科单元测试编写组编.—广州：广东教育出版社，1990.7.73页；32开.—ISBN 7-5406-0951-6：0.75元

初中三年级第一学期数学基础训练/河南省教委中小学教研室编.—郑州：河南教育出版社，1990.3.130页；32开.—ISBN 7-5347-0761-7：0.95元

初中三年级第二学期数学单元测试/数学科单元测试编写组编.—广州：广东教育出版社，1990.1.69页；32开.—ISBN 7-5406-1064-6：0.81元

初中三年级第二学期数学基础训练/河南省教委中小学教研室编.—郑州：河南教育出版社，1990.9.150页；32开.—ISBN 7-5317-0879-6：1.10元

初中三年级数学错解分析/初中数理化《错解分析》编写组编.—石家庄：河北科学技术出版社，1990.1.—121页；32开.—ISBN 7-5375-0455-5：1.50元

初中升学试题解题思路指点：数学/田笑石等编.天津：新蕾出版社，1990.2.—232页；32开.—ISBN 7-5307-0543-1：2.25元

初中数学习题精选汇编/梁夷炎等编著.—南宁：广西民族出版社，1990.6.—301页；32开.—ISBN 7-5363-0820-5：3.30元

初中数学中考水平测试题精编/中考水平试题编写组编.—北京：华夏出版社，1990.6.—278页；32开.—（中考水平测试丛书/赵明大主编）.—ISBN 7-80053-764-1：3.15元

初中数学升学与竞赛指导/王林主编.—青岛：青岛出版社，1990.3.—403页；32开.—ISBN 7-5436-0440-X：3.50元

初中数学目标教学内容与方法：代数 第二册/司德桐等编.—开封：河南大学出版社，1990.1.—140页；32开.—ISBN 7-81018-400-3：1.20元

初中数学考考你的解题能力/严吾主编.—南昌：21世纪出版社，1990.3.—32页；32开.—ISBN 7-5391-0378-7：1.00元

初中数学自学议论引导教学法/李庚南著.—南京：江苏教育出版社，1990.2.—232页；32开.—ISBN 7-5343-0959-X：2.35元

初中数学各类题型与解法/《初中数学各类题型与解法》编写组编.—2版.—南昌：江西教育出版社，1990.12.—317页；32开.—ISBN 7-5392-0715-9：2.65元

本书1989年12月初版。

初中数学系列复习/《初中数学系列复习》编写组编.—南京：江苏教育出版社，1990.2.—214页；32开.—ISBN 7-5343-0965-4：1.90元

初中数学典型错误的分析与预防/罗小伟编.—北京：北京师范大学出版社，1990.6.—350页；32开.ISBN 7-303-00563-3：3.55元

初中数学知识精要/杨永根主编.—南昌：21世纪出版社，1990.12.—315页；32开.—ISBN 7-5391-0436-8：3.00元

初中数学单元自测与辅导：一年级上学期/掌握学习实验用书初中编写组编.—2版.—福州：福建人民出版社，1990.7.—120页；32开.—掌握学习实验用书.—ISBN 7-211-01301-X：1.00元

本书1989年7月第1版。

初中数学单元自测与辅导：一年级下学期/掌握学习实验用书初中编写组编.—2版.—福州：福建人民出版社，1990.12.—117页；32开.—掌握学习实验用书.—ISBN 7-211-01495-4：1.05元

本书19 9年7月第1版。

初中数学单元自测与辅导：二年级上学期/掌握学习实验用书初中编写组编.—2版.—福州：福建人民出版社，1990.5.—112页；32开.—掌握学习实验用书.—ISBN 7-211-01302-3：0.95元

本书1989年7月第1版。

初中数学单元自测与辅导：二年级下学期/掌握学习实验用书初中编写组编.—2版.—福州：福建人民出版社，1990.10.—128页；32开.—掌握学习实验用书.—ISBN 7-211-01496-2：1.15元

本书1989年7月第1版。

初中数学单元自测与辅导：三年级上学期/掌握学习实验用书初中编写组编.—2版.—福州：福建人民出版社，1990.5.—122页；32开.—掌握学习实验用书.—ISBN 7-211-01303-8：1.00元

本书1989年7月第1版。

初中数学单元自测与辅导：三年级下学期/掌握学习实验用书初中编写组编.—2版.—福州：福建人民出版社，1990.11.—118页；32开.—掌握学习实验用书.—ISBN 7-211-01497-0：1.05元

本书1989年7月第1版。

初中数学学习方法/陶文中编著.—北京：中国少年儿童出版社，1990.2.—224页；32开.—ISBN 7-5007-0804-1：2.30元

初中数学学习指导/《初中学习指导》编写组编.2版.—上海：上海科学技术出版社，1990.4.—218页；32开.—ISBN 7-5323-2006-5：2.05元

本书1989年2月第1版。

初中数学学习指要/黄秀珠等编.—上海：上海科学技术出版社，1990.12.—243页；32开.—ISBN 7-5323-2400-1：2.45元

初中数学学习提要与检测/河南省教委中小学教研室编.—郑州：河南教育出版社，1990.12.—286页；32开.—（初中各科学习提要与检测）.—ISBN 7-5347-0657-2：1.90元

初中数学标准化命题单元检测答案：一、二、三年级上学期/曾美露编.—济南：明天出版社，1990.4.—58页；32开.—ISBN 7-5332-0955-9：0.67元

初中数学标准化综合复习题/山西省教委教研室编.太原：山西教育出版社，1990.12.—294页；32开.ISBN 7-30578-267-9：2.40元

初中数学复习训练/《初中数学复习训练》编写组编.—南京：江苏教育出版社，1990.2.—56页；32开.—ISBN 7-5343-0960-3：0.60元

初中数学复习54讲/赵利华，聂同喜主编.—武汉：湖北科学技术出版社，1990.1.—316页；32开.ISBN 7-5352-0550-X：3.85元

初中数学选择法测验手册/胡学增主编.—上海：华东化工学院出版社，1990.3.—341页；32开.—ISBN 7-5628-0067-7：3.75元

初中数学选择题/王平，虞玉琳编著.—2版.—福州：福建人民出版社，1990.6.—174页；32开.—ISBN 7-211-01148-3：1.40元

本书1986年4月第1版。

初中数学选择题精编/袁霞如等编.—上海：上海科学技术出版社，1990.1.—105页；32开.—ISBN 7-5323-1592-4：1.15元

初中数学重点·难点·解析与训练/王立明等编写.—桂林：广西师范大学出版社，1990.1.—338

页；32开.—(中学各科教学重点难办解析丛书).ISBN 7-5633-0681-1：3.35元

初中数学竞赛指导/常庚哲，严镇军主编.—上海：上海教育出版社，1990.2.—436页；32开.—ISBN 7-5320-1592-0：3.80元

初中数学竞赛教程/杜锡录等编著.—南京：江苏教育出版社，1990.6.—384页；大32开.—ISBN 7-5343-1054-7(精装)：4.70元

初中数学教学目标训练与测试/罗云通等编.—北京：气象出版社，1990.8.—312页；32开.—ISBN 7-5029-0533-2：3.65元

初中数学教学目标实施手册：一年级/江西省教委教研室编.—南昌：江西教育出版社，1990.6.—107页；32开.—ISBN 7-5392-0860-0：0.98元

初中数学教学目标实施手册：二年级/江西省教委教研室编.—南昌：江西教育出版社，1990.6.—142页；32开.—ISBN 7-5392-0861-9：1.20元

初中数学教学目标实施手册：三年级/江西省教委教研室编.—南昌：江西教育出版社，1990.6.—114页；32开.—ISBN 7-5392-0862-7：1.00元

初中数学教学向导/江家庆主编.—福州：福建教育出版社，1990.10.—328页；32开.—ISBN 7-5334-0603-6：3.10元

初中数学教学指导书/綦敦玉，杨燕钧主编.—天津：天津教育出版社，1990.5.—481页；32开.—ISBN 7-5309-0950-9：4.45元

初中数学基础训练：一年级上学期/福建省普通教育教学研究室主编.—2版.—福州：福建人民出版社，1990.7.—87页；32开.—ISBN 7-211-01268-0：0.72元

初中数学基础训练：一年级下学期/福建省普通教育教学研究室编.—3版.—福州：福建人民出版社，1990.11.—90页；32开.—ISBN 7-211-01474-1：0.83元

初中数学基础训练：二年级上学期/福建省普通教育教学研究室编.—2版.—福州：福建人民出版社，1990.7.—103页；32开.—ISBN 7-211-01269-2：0.89元

初中数学基础训练：二年级下学期/福建省普通教育教研室编.—3版.—福州：福建人民出版社，1990.11.—124页；32开.—ISBN 7-211-01477-6：1.10元

初中数学基础训练：三年级上学期/福建省普通教育教学研究室主编.—2版.—福州：福建人民出版社，1990.6.—98页；32开.—ISBN 7-211-01270-1：0.80元

初中数学基础训练：三年级下学期/福建省普通教育教学研究室编.—3版.—福州：福建人民出版社，1990.11.—133页；32开.—ISBN 7-211-01475-X：1.20元

初中数学综合训练与指导/李国凡，陈修农主编.沈阳：辽宁人民出版社，1990.2.—108页；32开.ISBN 7-205-01304-6：1.20元

初中数学综合题解指导/王森编.—昆明：云南科技出版社，1990.2.—261页；32开.—ISBN 7-5416-0259-0：2.70元

初中数学综合题精选/袁可仁主编.—南昌：江西教育出版社，1990.2.—158页；32开.—ISBN 7-5392-0837-6：1.30元

初中数学解难手册/方金秋，高敬东主编.—北京：中国社会出版社，1990.10.—465页；32开.(中学各科解难丛书/张盛如主编).—ISBN 7-80088-105-0：4.85元

初中数学解题手册/黄树贵编著.—南宁：广西民族出版社，1990.2.—226页；32开.—ISBN 7-5363-0695-4：2.70元

初中数学解题思维方法导引/陈振宣编著.—上海：上海科技教育出版社，1990.3.—255页；32开.—ISBN 7-5428-0382-4：2.95元

初中数学新题型精选/乔家瑞主编.—北京：北京师范学院出版社，1990.2.—232页；32开.—供教师教学及青年自学参考.—ISBN 7-81014-425-1：2.45元

初中数学题解百法集锦/蒋金镛编著.—北京：北京师范学院出版社，1990.10.—158页；32开.—ISBN 7-81014-494-4：1.75元

初级中学数学教学目标评价手册：代数　第三册/湖北省初中数学教学目标评价研究组编.—武汉：湖北教育出版社，1990.8.—73页；16开.—ISBN 7-5351-0588-2：1.45元

初等数学中的参变量/张剑鹏等编.—西安：陕西科学技术出版社，1990.3.—225页；32开.—ISBN 7-5369-0704-4：2.75元

初等数学方法手册/奚定华等编.—上海：上海科学技术出版社，1990.6.—458页；32开.—ISBN 7-5323-1850-3：5.30元

初等数学的由来/陈竹如著.—长春：吉林大学出版社，1990.8.—176页；32开.—ISBN 7-5601-0563-7：2.30元

现代数学与中学数学/张奠宙，邹一心编著.—上海：上海教育出版社，1990.9.—524页；大32开.ISBN 7-5320-1913-6：5.85元

本书着重介绍了现代数学思想、观念、与日常生活和中学教材中的数学知识相关联，提供了比较现代化的中学教师应有的知识框架。

国内外中学数学竞赛指导：初中部分/王振群等编著.—长春：东北师范大学出版社，1990.6.—153页；32开.—ISBN 7-5602-0435-X：1.80元

国际展望：九十年代的数学教育/张奠宙等编译.上海：上海教育出版社，1990.12.—188页；16开.(ICMI研究丛书).—ISBN 7-5320-2082-7(精装)：4.90元

国际数学竞赛解题方法/单墫，葛军著.—北京：中国少年儿童出版社，1990.6.—119页；32开.—奥林匹克数学系列讲座.—ISBN 7-5007-1114-X：1.80元

图论基本知识100例：中学数学奥林匹克系列专题/张宁生，田利英编著.—北京：新华出版社，1990.12.—81页；32开.—ISBN 7-5011-0936-2：1.80元

学习导引与试题点评：高中数学/于中主编；俞颂萱等编.—天津：天津科学技术出版社，1990.11·335页；32开.—ISBN 7-5308-0900-8：4.30元

函数命题新题型解法技巧/朱长山译.—郑州：河南教育出版社，1990.8.—159页；32开.—ISBN 7-5347-0479-0：1.50元

选排·取并·填格/王岳庭等编著.—郑州：河南教育出版社，1990.12.—277页；32开.—(中学数学专题丛书).—ISBN 7-5347-0526-6：2.85元

本书全面系统地介绍“排列、组合”的所有知识，并突出了解决问题的主要方法。

怎样寻求P(K+1)的证明/徐会方等编著.—郑州：河南教育出版社，1990.12.—288页；32开.(中学数学专题丛书).—ISBN 7-5347-0808-7：3.00元

重点高中数学导读/王祥麟等编.—上海：上海科学技术文献出版社，1990.5.—580页；32开.—ISBN 7-80513-481-2：6.60元

活跃在数学中的参数/汪祖亨等编著.—郑州：河南教育出版社，1990.8.—573页；32开.—(中学数学专题丛书).—ISBN 7-5347-0457-X：6.00元

绝对不等式200例：中学数学奥林匹克系列专题/张宁生，田利英编著.—北京：新华出版社，1990.12.—123页；32开.—ISBN 7-5011-0935-4：1.90元

莫斯科大学入学考试数学试题及解答/(苏)尤·弗·涅斯捷良科等编；张俭法译.—乌鲁木齐：新疆人民出版社，1990.11.—391页；大32开.—ISBN 7-228-01432-4：4.00元

高一数学课堂内外/简国材主编；苏炎，白雪编.西安：陕西人民教育出版社，1990.1.—184页；32开.(中学生课堂内外丛书).—ISBN 7-5419-1423-1：1.95元

高中微积分初步(全一册)辅导与练习/孙涤寰编.—长春：吉林教育出版社，1990.5.—112页；32开.—ISBN 7-5383-1004-5：0.82元

高中数列教学十三讲/杨景卫编著.—北京：气象出版社，1990.12.—157页；32开.—(青年自学用书).—ISBN 7-5029-0629-0：1.80元

高中数学一题多解评注一百例/黄万端等编.—郑州：河南教育出版社，1990.12.—261页；32开.ISBN 7-5347-0855-9：2.30元

高中数学专题教学资料/翟连林主编.—北京：科学普及出版社，1990.12.—302页；32开.—ISBN 7-110-01891-1：3.80元

高中数学成套标准化试题选/《高中数学成套标准化试题选》编写组编.—南昌：江西教育出版社，1990.2.—193页；32开.—ISBN 7-5392-0817-1：1.73元

高中数学全程测试套题/罗庆荣，赵鹤山编.—西安：未来出版社，1990.10.—361页；32开.—ISBN 7-5417-0324-9：3.50元

高中数学例题选析及系列练习/崔冠之等编著.北京：学术书刊出版社，1990.2.—452页；32开.(中学教与学指导丛书).—ISBN 7-80045-612-9：6.40元

高中数学单元检测题解析/天津市数学学会普及教育委员会编.—3版(新修订本).—天津：天津教育出版社，1990.7.—351页；32开.—(自学自测丛书).—ISBN 7-5309-0532-5：3.60元

高中数学学习指导 第一册/肖钰等编.—北京：化学工业出版社，1990.1.—290页；32开.—(中学生学习能力培养和训练丛书.)—ISBN 7-5025-0568-7：3.95元

高中数学学习指导与测试/陈云峰等编.—北京：气象出版社，1990.10.—201页；32开.—(青年自学丛书).—ISBN 7-5029-0624-X：2.85元

高中数学学习途径与解题方法/张程编著.—北京：北京师范大学出版社，1990.12.—348页；32开.—ISBN 7-303-01113-7：4.00元

高中数学练习：总复习/《高中数学练习》编写组编.—南京：江苏教育出版社，1990.6.—357页；32开.—三年级用.—ISBN 7-5343-1080-6：2.70元

高中数学练习与答案/靳尚诚，邓禹绩编.—北京：海洋出版社，1990.5.—167页；32开.—(自学辅导丛书).—ISBN 7-5027-0208-3：2.20元

高考数学练习——分步设问题/中山大学数学系编.广州：中山大学出版社，1990.1.—314页；32开.ISBN 7-306-00244-9：2.90元

高中数学标准化测试套题集/金钟玉编著.—南宁：广西民族出版社，1990.5.—212页；32开.—ISBN 7-5363-0771-3：2.55元

高中数学标准化综合复习题/山西省教委教研室编.—太原：山西教育出版社，1990.12.—340页；32开.—ISBN 7-80578-196-6：2.90元

高中数学要领：知识、能力和解题技巧/陈云烽，王林全编著.—广州：广东科技出版社，1990·

11.—428页；32开.—ISBN 7-5359-0740-6：4.40元

高中数学选择题解/高隽 等 编.—2版.—石家庄：河北教育出版社，1990.2.—369页；32开.—ISBN 7-5434-0216-5：3.05元

本书1986年8月第1版。

高中数学复习辅导/王叔雄等 编.—北京：民族出版社，1990.1.—485页；32开.—ISBN 7-105-00872-5：5.50元

高中数学复习题精选/《高中数学复习题精选》编写组编.—2版.—南京：江苏教育出版社，1990.5.400页；32开.—ISBN 7-5343-0765-1：3.50元

高中数学重点·难点·解析与训练/董世奎等编写.—桂林：广西师范大学出版社，1990.1.—481页；32开.—(中学各科教学重点难点解析丛书).ISBN 7-5633-0673-0：4.65元

高中数学总复习/北京市教育局教学研究部编.—5版.—北京：北京出版社，1990.8.—393页；32开.ISBN 7-200-00424-3：4.35元

本书1983年2月第1版。

高中数学总复习单元自测题/刘晴南主编.—武汉：湖北教育出版社，1990.8.—499页；32开.—ISBN 7-5351-0572-6：4.50元

高中数学竞赛培训教材/李胜编著.—南昌：江西教育出版社，1990.4.—526页；32开.—ISBN 7-5392-0828-7：4.25元

高中数学竞赛辅导讲座：续编/常庚哲等编.—上海：上海科学技术出版社，1990.12.—171页；16开.—ISBN 7-5323-1509-6：3.70元

高中数学辅导100天　上册/朱成杰，谈小芳编.上海：上海科技教育出版社，1990.10.—390页；32开.—ISBN 7-5428-0430-8：3.40元

高中数学辅导100天　下册/康士凯，汪祖亨编.上海：上海科技教育出版社，1990.12.—263页；32开.—ISBN 7-5428-0431-6：2.35元

高中数学综合训练课教学资料/翟连林主编.—北京：中国妇女出版社，1990.12.—231页；32开.—ISBN 7-80016-402-0：3.15元

高中数学综合题一题多解/翟连林主编；汪祖亨等编.—北京：北京出版社，1990.5.—407页；32开.(中学数学智力开发丛书).—ISBN 7-200-00769-2：4.80元

高中数学综合题精选与解答/江元哲编著.—南宁：广西民族出版社，1990.5.—239页；32开.—ISBN 7-5363-0769-1：2.90元

高中数学强化训练　第三册/董世奎等主编.—北京：中国少年儿童出版社，1990.2.—301页；32开.—ISBN 7-5007-0966-3：3.05元

高中数学解难手册/尤金秋，冯琦琳主编.—北京：中国社会出版社，1990.10.—455页；32开.(中学各科解难丛书/张盛如主编).—ISBN 7-80088-107-5：4.85元

高中数学新题型精选/乔家瑞主编.—北京：北京师范学院出版社，1990.2.—304页；32开.—供教师教学及青年自学参考.—ISBN 7-81014-420-0：3.15元

高中数学精要与分析/戈仁跃主编.—哈尔滨：黑龙江教育出版社，1990.3.—170页；32开.—ISBN 7-5316-1048-5：1.60元

高中数学题型分析/李根水编著.—北京：北京师范大学出版社，1990.11.—297页；32开.—ISBN 7-303-01037-3：3.10元

高考数学试题精编解析/胡学增主编.—西安：陕西人民教育出版社，1990.10.—279页；16开.—(中考高考试题精编丛书).—ISBN 7-5419-1740-0：4.35元

高考数学练习：分步设问题/中山大学数学系编.广州：中山大学出版社，1990.1.—314页；32开.ISBN 7-306-00244-9：2.90元

高考数学标准化题型训练手册/高文生等编.—修订本.—沈阳：辽宁教育出版社，1990.2.—312页；32开.—ISBN 7-5382-0772-4：2.65元

高考数学答卷典型错误分析/林群等编著.—福州：福建科学技术出版社，1990.5.—378页；32开.—ISBN 7-5335-0348-1：3.75元

课程基础训练：数学：初中一年级第一学期/湖南省教育科学研究所编写.—2版.—长沙：湖南教育出版社，1990.5.—130页；32开.—ISBN 7-5355-0227-X：0.94元

课程基础训练：数学：初中二年级第一学期/湖南省教育科学研究所编写.—2版.—长沙：湖南教育出版社，1990.5.—127页；32开.—ISBN 7-5355-0228-8：0.91元

课程基础训练：数学：初中三年级第一学期/湖南省教育科学研究所编写.—2版.—长沙：湖南教育出版社，1990.6.—128页；32开.—ISBN 7-5355-0229-6：0.91元

第1～50届莫斯科数学奥林匹克/(苏)嘎尔别林(ГальпеРИН, Г.А.)，托尔贝戈(ТОЛпыго, А.К.)编；苏淳等译.—北京：科学出版社，1990.9.—399页；32开.—ISBN 7-03-001723-4：4.60元

第31届国际数学奥林匹克试题备选题及解答/31st IMO选题委员会编.—济南：山东教育出版社，1990.9.—69页；32开.—ISBN 7-5328-1029-1：0.85元

最新国外数学竞赛分类题解/王连笑著.—天津：天津教育出版社，1990.2.—360页；大32开.—IS

BN 7-5309-0679-8：4.60元

最新标准化题型应试总复习：初中数学/徐望根编.—北京：学苑出版社，1990.1.—113页；16开.ISBN 7-80060-769-0：2.90元

最新标准化题型应试总复习：高中数学/黄建生编.—北京：学苑出版社，1990.1.—129页；16开.ISBN 7-80060-774-7：3.30元

强化·深化·系列化：数学高考前第二轮复习/杨圣宏等编著.—南昌：江西科学技术出版社，1990.7.—507页；32开.—ISBN 7-5390-0336-7：5.30元

想一想　做一做：第二届"华罗庚金杯"少年数学邀请赛题解/《中国少年报》社编.—海口：南海出版公司，1990.7.—130页；32开.—ISBN 7-80570-155-5：2.40元

新编数学自测题：初中一年级下学期/高正兴等编.—武汉：湖北教育出版社，1990.11.—186页；32开.—附答案—ISBN 7-5351-0632-3：1.45元

新编数学自测题：初中三年级下学期/吴大帆，游小舟编.—武汉：湖北教育出版社，1990.11.152页；32开.—附答案.—ISBN 7-5351-0633-1：1.25元

数列与数学归纳法/扈仰淑，刘彭芝编.—哈尔滨：黑龙江教育出版社，1990.12.—290页；32开.ISBN 7-5316-1153-8：3.00元

数列·递推·递归/佘新耀等编著.—郑州：河南教育出版社，1990.8.—877页；32开.—（中学数学专题丛书）.—ISBN 7-5347-0713-7：11.00元

数形结合及其运用/宁垂信，唐玉坤编著.—南宁：广西教育出版社，1990.11.—155页；32开.（中学理科专题辅导丛书）.—ISBN 7-5435-1407-9：1.60元

数形结合解题思路分析/周志文，陈成编著.福州：福建人民出版社，1990.12.—248页；32开.ISBN 7-211-00758-3：2.50元

数学/张宏才，傅敬良编著.—北京：学苑出版社，1990.1.—163页；32开.—（青年应试能力培养丛书/吴宝良，任海英主编）.—ISBN 7-80060-798-4：2.20元

数学/梁连璧，栾素琼主编.—太原：山西教育出版社，1990.1.—284页；32开.—（中师、中专招生考试复习指导丛书）.—ISBN 7-80578-414-0：2.60元

数学/福建省教委普通教育教学研究室编.—2版.福州：福建人民出版社，1990.11.—364页；32开.（高中毕业生学习指导丛书）.—ISBN 7-211-01485-7：3.10元

数学知识结构与教育目分类概要/杭祖茂，徐明义主编.—南昌：江西科学技术出版社，1990.7.—210页；16开.—青年自学用书.—ISBN 7-5290-0341-3：4.90元

数学思维的启发与能力的培养：中学数学教学100例/毛鸿翔等编著.—重庆：重庆大学出版社，1990.3.—257页；32开.—ISBN 7-5624-0315-6：2.70元

数学思维教育学/张乃达著.—南京：江苏教育出版社，1990.4.—315页；大32开.—ISBN 7-5343-1032-6：3.90元

数学竞赛培训教程：高中册/周春荔等编著.—北京：高等教育出版社，1990.3.—570页；大32开.ISBN 7-04-002719-4：6.85元

数学家的眼光/张景中著.—北京：中国少年儿童出版社，1990.6.—139页；32开.—（奥林匹克数学系列讲座）.—ISBN 7-5007-0380-6：1.45元

数学教学论/汪德营，李铭心主编.—海口：南海出版公司，1990.12.—321页；大32开.—（数学教育丛书）.—ISBN 7-80570-353-1：4.80元

数学基础训练：初中一年级第一学期/河南省教委中小学教研室编.—郑州：河南教育出版社，1990.3.—147页；32开.—ISBN 7-5347-0759-5：1.10元

数学基础训练：初中二年级第二学期/河南省教委中小学教研室编.—郑州：河南教育出版社，1990.9.—138页；32开.—ISBN 7-5347-0878-8：1.00元

数学基础训练：初中二年级第一学期/河南省教委中小学教研室编.—郑州：河南教育出版社，1990.3.—149页；32开.—ISBN 7-5347-0760-9：1.10元

数学智能训练与疑难解答/杨晓东，陈正奇主编.西安：陕西人民出版社，1990.5.—189页；32开.ISBN 7-224-01184-3：2.05元

数学智能训练和测试：美国SAT—M新的测试法/（美）布朗斯坦（Brownstein，S.C.），韦纳（Weiner，M.）著；单思等编译.—上海：上海科学技术出版社，1990.8.—330页；32开.—初中、小学五六年级适用.—ISBN 7-5323-2017-0：3.45元

数学奥林匹克的理论、方法、技巧　上册/湖南省数学会普及委员会编.—长沙：湖南教育出版社，1990.3.—399页；32开.—ISBN 7-5355-1095-7：3.60元

数学奥林匹克的理论、方法、技巧　下册/湖南省数学会普及委员会编.—长沙：湖南教育出版社，1990.3.—385页；32开.—ISBN 7-5355-1096-5：3.60元

数学奥林匹克竞赛题精解：献给中学同学/中兴等编.—北京：电子工业出版社，1990.6.—414页；32开.—ISBN 7-5053-0703-7：4.30元

数学趣题与智力开发/李调琴，郭志敏编著.—北京：教育科学出版社，1990.10.—120页；32开.—ISBN 7-5041-0505-8：1.60元

数学题型设计与解法模式/吴开朗编著.—南京：江苏教育出版社，1990.9.—466页；大32开.—ISBN 7-5343-1112-8：4.95元

截面·折叠·展平/陈鸿侠等主编.—郑州：河南教育出版社，1990.12.—447页；32开.—(中学数学专题丛书).—ISBN 7-5347-0818-4：4.85元

精选精编最新试题解析：初中数学/刘素娥等编.北京：北京师范学院出版社，1990.2.—248页；32开.—ISBN 7-81014-408-1：2.50元

精选精编最新试题解析：高中数学/祝厚元等编.北京：北京师范学院出版社，1990.2.—474页；32开.—ISBN 7-81014-403-0：4.50元

趣味数学集锦/曾昭文编著.—重庆：科学技术文献出版社重庆分社，1990.7.—165页；32开.—ISBN 7-5023-1090-8：1.95元

80年代国际中学生数学竞赛试题详解/石华，卫成编.—长沙：湖南教育出版社，1990.3.—111页；大32开.—ISBN 7-5355-1087-6：1.30元

G633.62 代 数

义务教育三年制初级中学代数第一册(下)教师教学用书/人民教育出版社数学室编著.—北京：人民教育出版社，1990.11.—206页；16开.—ISBN 7-107-00944-3：3.10元

中学代数巧解200例/周君烈编著.—太原：山西教育出版社，1990.6.—131页；32开.—ISBN 7-80578-083-8：1.60元

中学学科自测ABC：初中代数　第一册/华东师大二附中编.—上海：上海科学技术出版社，1990.2.157页；32开.—ISBN 7-5323-1674-2：1.65元

中学学科自测ABC：初中代数　第二册/华东师大二附中编.—上海：上海科学技术出版社，1990.2.162页；32开.—ISBN 7-5323-1907-5：1.65元

中学学科自测ABC：高中代数　第一册/华东师大二附中编.—上海：上海科学技术出版社，1990.2.209页；32开.—ISBN 7-5323-1699-8：2.10元

中学学科自测ABC：高中代数　第二册/华东师大二附中编.—上海：上海科学技术出版社，1990.2.195页；32开.—ISBN 7-5323-1959-8：1.85元

中学数学教学手册：代数分册/北京教育学院编.北京：北京教育出版社，1990.6.—774页；大32开.(中学教学手册).—ISBN 7-5303-0018-0(精装)：12.70元

四年制初级中学实验课本代数第二册教学参考书/郭维亮等编.—北京：北京师范大学出版社，1990.10.—219页；32开.—ISBN 7-303-01115-3：2.35元

代数/徐有标等编著.—北京：教育科学出版社，1990.6.—600页；32开.—(高中数、理、化教与学指导丛书).—ISBN 7-5041-0344-6：7.40元

代数：初中一年级上学期/王性复主编；蒋宗尧，萨本雍编.—修订本.—福州：福建少年儿童出版社，1990.6.—161页；32开.—(初中生学习方法丛书/林铭荪主编).—ISBN 7-5395-0362-9：1.45元

本书1989年6月第1版。

代数：初中一年级　下册/王性复主编.—修订本.—福州：福建少年儿童出版社，1990.12.—123页；32开.—(初中生学习方法丛书/林铭荪主编).ISBN 7-5395-0376-9：1.35元

代数：初中二年级/王性复主编；李于青编.修订本.—福州：福建少年儿童出版社，1990.6.140页；32开.—(初中生学习方法丛书/林铭荪主编).—ISBN 7-5395-0363-7：1.30元

本书1989年第1版。

代数：初中三年级上学期/王性复主编；蒋庆云编.—修订本.—福州：福建少年儿童出版社，1990.6.—187页；32开.—(初中生学习方法丛书/林铭荪主编).—ISBN 7-5395-0364-5：1.05元

本书1989年6月第1版。

代数：初二全一册/云南省教委教研室主编.—2版.—昆明：云南教育出版社，1990.5.—110页；32开.—(中学生学习指导丛书).—ISBN 7-5415-0352-5：1.20元

代数：初三全一册/云南省教委教研室主编.—2版.—昆明：云南教育出版社，1990.5.—125页；32开.—(中学生学习指导丛书).—ISBN 7-5415-0353-3：1.40元

代数　第二册/卢仲衡主编.—3版(修订版).北京：地质出版社，1990.12.—3册；32开.—中学数学自学辅导教材.—ISBN 7-116-00195-0：4.95元

本书1983年第1版。

代数　第四册/维秀，时承权编.—哈尔滨：黑龙江少年儿童出版社，1990.6.—109页；32开.—(初中课程重点辅导丛书).—ISBN 7-5319-0628-7：1.00元

代数基础训练：高中一年级第一学期/河南省教委中小学教研室编.—郑州：河南教育出版社，1990.4.—143页；32开.—ISBN 7-5347-0792-7：1.05元

代数基础训练：高中二年级第一学期/河南省教委中小学教研室编.—郑州：河南教育出版社，1990.3.—129页；32开.—ISBN 7-5347-0793-5：0.95元

初中代数一年级升级准备　第二册/蔡上鹤主编.天津：新蕾出版社，1990.12.—209页；32开.—(升级准备丛书/蔡上鹤主编).—ISBN 7-5307-0770-1：2.20元

初中代数一题多解/翟连林主编；夏益辉等编.—北京：北京出版社，1990.5.—302页；32开.—(中学

数学智力开发丛书）.—ISBN 7-200-00852-4：3.60元

初中代数二年级升级准备　第三册/尹甫等编著.天津：新蕾出版社，1990.12.—209页；32开.—（升级准备丛书/蔡上鹤主编）.—ISBN 7-5307-0771-X：2.20元

初中代数三年级升级准备　第四册/明知白等编写.—天津：新蕾出版社，1990.12.—178页；32开.（升级准备丛书/蔡上鹤主编）.—ISBN 7-5307-0772-8：1.90元

初中代数应用题学练分析/冯志贵编著.—哈尔滨：黑龙江教育出版社，1990.9.—102页；32开.ISBN 7-5316-1107-4：1.25元

初中代数典型习题评注与引伸/渠英时主编.—南京：江苏少年儿童出版社，1990.8.—248页；32开.SBN 7-5346-0550-4：2.20元

初中代数重点知识归纳与验收/高乃申等编.—长春：长春出版社；延吉：东北朝鲜民族教育出版社，1990.3.—188页；32开.—（中学基础知识基本技能训练丛书/严诚主编）.—ISBN 7-80573-141-1：2.35元

初中代数测试与评析　第一册/上海卢湾区初中数学教学研究组编.—上海：上海教育出版社，1990.1.—101页；32开.—ISBN 7-5320-1577-7：1.00元

初中代数测试与评析　第二册/卢湾区初中数学教学研究组编著.—上海：上海教育出版社，1990.1.105页；32开.—ISBN 7-5320-1694-3：1.10元

初中代数测试与评析　第三册/卢湾区初中数学教学研究组编著.—上海：上海教育出版社，1990.1.101页；32开.—ISBN 7-5320-1621-8：1.00元

初中代数测试与评析　第四册/卢湾区初中数学教学研究组编著.—上海：上海教育出版社，1990.1.109页；32开.—ISBN 7-5320-1709-5：1.00元

初中代数教学目标实施手册　第一册/《初中代数教学目标实施手册》编写组编.—南京：江苏教育出版社，1990.5.—52页；32开.—ISBN 7-5343-0998-0：0.58元

初中代数教学目标实施手册　第三册/《初中代数教学目标实施手册》编写组编.—南京：江苏教育出版社，1990.4.—52页；32开.—ISBN 7-5343-0999-9：0.58元

初中代数教学目标实施手册　第四册/《初中代数教学目标实施手册》编写组编.—南京：江苏教育出版社，1990.6.—67页；32开.—ISBN 7-5343-1000-8：0.70元

初中代数教学目标检测　第一册/《初中代数教学目标检测》编写组编.—南京：江苏教育出版社，1990.5.—43页；32开.—ISBN 7-5343-0995-6：0.50元

初中代数教学目标检测　第三册/《初中代数教学目标检测》编写组编.—南京：江苏教育出版社，1990.4.—37页；32开.—ISBN 7-5343-0996-4：0.44元

初中代数教学目标检测　第四册/《初中代数教学目标检测》编写组编.—南京：江苏教育出版社，1990.6.—40页；32开.—ISBN 7-5343-0997-2：0.47元

初中代数第一册单元测试题.—太原：山西教育出版社，〔1990〕.—12张；16开.—ISBN 7-80578-049-8：0.40元

初中代数第一册辅导与练习/张宝昌，王国珍编.—长春：吉林教育出版社，1990.5.—94页；32开.—ISBN 7-5383-1032-0：0.70元

初中代数第二册单元学法与训练/姜维芳，孙慧敏编.—乌鲁木齐：新疆青少年出版社，1990.—83页；32开.—（中学课程单元学法与训练/孙炳铨主编）.附参考答案.—ISBN 7-5371-0563-4：0.80元

初中代数第三册一课一练　上册/梅向明主编.—北京：电子工业出版社，1990.5.—71页；32开.—供初二第一学期程度用.—ISBN 7-5053-0213-2：1.05元

初中代数第三册单元测试题.—太原：山西教育出版社，〔1990〕.—16张；16开.—ISBN 7-80578-044-7：0.50元

初中代数第四册标准化达纲同步训练/韦素娥等编.—南宁：广西民族出版社，1990.8.—180页；32开.—ISBN 7-5363-0890-6：2.40元

初中代数解题方法与技巧/李琴堂编.—济南：山东教育出版社，1990.11.—348页；32开.—ISBN 7-5328-1017-8：2.90元

初中数学作业检查程序手册：代数　第一册/季素月等编.—桂林：广西师范大学出版社，1990.7.—157页；32开.—（教苑丛书）.—ISBN 7-5633-0885-7：1.55元

初中数学作业检查程序手册：代数　第二册/毛鸿翔等编.—桂林：广西师范大学出版社，1990.7.—117页；32开.—（教苑丛书）.—ISBN 7-5633-0886-5：1.20元

初中数学作业检查程序手册：代数　第三册：平面几何第一册/马金贵等编.—桂林：广西师范大学出版社，1990.7.—147页；32开.—（教苑丛书）.ISBN 7-5633-0887-3：1.50元

初中数学作业检查程序手册：代数　第四册：平面几何第二册/高明等编.—桂林：广西师范大学出版社，1990.8.—136页；32开.—（教苑丛书）.—ISBN 7-5633-0888-1：1.40元

初中数学解题方法：代数　（一）/程志国，金耀先主编.—北京：气象出版社，1990.12.—221页；

32开.一青年自学用书.一ISBN 7-5029-0630-4：2.50元

初中数学解题方法：代数 （二）/金耀先，程志国主编.一北京：气象出版社，1990.12.一182页；32开.一青年自学用书.一ISBN 7-5029-0631-2：2.00元

初中数学解题方法：代数 （三）/程志国，金耀先主编.一北京：气象出版社，1990.12.一176页；32开.一青年自学用书.一ISBN 7-5029-0632-0：2.00元

初中数学解题方法：代数 （四）/金耀先，程志国主编.一北京：气象出版社，1990.12.一161页；32开.一青年自学用书.一ISBN 7-5029-0633-9：1.90元

初级中学教学目标评价手册：代数 第一册/湖北省初中数学教学评价研究组编.一武汉：湖北教育出版社，1990.8.一68页；16开.一ISBN 7-5351-0590-4：1.40元

初级中学教学目标评价手册：代数 第四册/湖北省初中数学教学评价研究组编.一武汉：湖北教育出版社，1990.8.一81页；16开.一ISBN 7-5351-0589-0：1.55元

单元检测与思路点拨：初中代数 第一册/郭云生等编.一石家庄：河北科学技术出版社，1990.4.146页；32开.一（中学生学习能力训练丛书/金玉章主编）.一ISBN 7-5375-0445-1：1.80元

单元检测与思路点拨：初中代数 第三册/吴迪生，孙学义编.一石家庄：河北科学技术出版社，1990.4.一135页；32开.一（中学生学习能力训练丛书/金玉章主编）.一ISBN 7-5375-0426-1：1.80元

单元检测与思路点拨：初中代数 第四册/王连笑编.一石家庄：河北科学技术出版社，1990.4.一167页；32开.一（中学生学习能力训练丛书/金玉章主编）.一ISBN 7-5375-0454-7：2.00元

帮你学好初中代数 （2）/毛之价等编著.一上海：少年儿童出版社，1990.11.一311页；32开.一ISBN 7-5324-0095-6：3.40元

帮你学好初中代数 （3）/章淳立，康士凯编著.上海：少年儿童出版社，1990.11.一338页；32开.ISBN 7-5324-0446-3：3.05元

帮你学好初中代数 （4）/朱成杰，毛之价编著.上海：少年儿童出版社，1990.11.一279页；32开.ISBN 7-5324-0481-1：3.00元

怎样学好数学：高中代数 下册/傅伯华等编.上海：上海教育出版社，1990.9.一229页；32开.ISBN 7-5320-1391-X：2.05元

高中一年级第一学期代数基础训练参考答案/河南省教委中小学教研室编.一郑州：河南教育出版社，1990.5.一70页；32开.一ISBN 7-5347-0704-3：0.58元

高中二年级第一学期代数基础训练参考答案/河南省教委中小学教研室编.一郑州：河南教育出版社，1990.5.一84页；32开.一ISBN 7-5347-0795-1：0.68元

高中二年级第二学期代数基础训练/河南省教委中小学教研室编.一郑州：河南教育出版社，1990.10.66页；32开.一ISBN 7-5347-0888-5：0.55元

高中代数一题多解/翟连林主编；汪江亨等编.北京：北京出版社，1990.5.一427页；32开.一（中学数学智力开发丛书）.一ISBN 7-200-00844-3：5.00元

高中代数重点知识归纳与验收/何平等编.一长春：长春出版社；延吉：东北朝鲜民族教育出版社，1990.3.一389页；32开.一（中学基础知识基本技能训练丛书/严诚主编）.一ISBN 7-80573-151-9：3.50元

高中代数第一册辅导与练习/王国珍，陈启超编.一长春：吉林教育出版社，1990.5.一197页；32开.一ISBN 7-5383-1010-X：1.35元

高中代数第二册辅导与练习/张宝昌等编.长春：吉林教育出版社，1990.5.一186页；32开.ISBN 7-5383-1033-9：1.30元

高中代数第三册辅导与练习/李浩明，潘福田编.一长春：吉林教育出版社，1990.5.一129页；32开.一ISBN 7-5383-1013-4：0.92元

高中代数解题思路与技巧/萧启洁编著.一太原：山西教育出版社，1990.8.一478页；32开.一ISBN 7-80578-181-8：4.50元

高中代数解题思维和方法/黄人杰编.一西安：陕西人民教育出版社，1990.1.一386页；32开.一ISBN 7-5419-1230-6：3.50元

高中数学：代数三角部分/北京教育学院西城分院主编.一北京：机械工业出版社，1990.1.一358页；32开.一（重点·难点·思路·方法·自测·答案丛书）.一ISBN 7-111-02125-8：4.00元

高级中学代数基础训练 上册/山东省教学研究室编.一济南：山东教育出版社，1990.3 一327页；32开.一一年级用.一ISBN 7-5328-0895-5：2.50元

高级中学代数基础训练 下册/山东省教学研究室编.一济南：山东教育出版社，1990.3.一432页；32开.一二年级用.一ISBN 7-5328-0896-3：3.25元

教学目标管理实验：初中代数 第二册：试用本/广西教育学院教研部编.一南宁：广西教育出版社，1990.1.一124页；32开.一ISBN 7-5435-0728-5：1.30元

掌握学习指导：初中代数 第一册 （上）/中国教育学会数学教育研究发展中心，广东省教育厅教学研究室编.一广州：广东科技出版社，1990.7.一233页；大32开.一ISBN 7-5359-0651-6：1.90元

掌握学习指导：初中代数　第一册　(下)/中国教育学会数学教育研究发展中心，广东省教育厅教研室编.一广州：广东科技出版社，1990.7.一149页；大32开.一ISBN 7-5359-0680-X：1.65元

掌握学习指导：初中代数　第二册　(上)/中国教育学会数学教育研究发展中心，广东省教育厅教学研究室编.一广州：广东科技出版社，1990.7.一162页；大32开.一ISBN 7-5359-0659-1：1.90元

掌握学习指导：初中代数　第二册　(下)/中国教育学会数学教育研究发展中心，广东省教育厅教学研究室编.一广州：广东科技出版社，1990.11.一146页；大32开.一ISBN 7-5359-0714-8：1.65元

掌握学习指导：初中代数　第三册　(上)/中国教育学会数学教育研究发展中心，广东省教育厅教学研究室编.一广州：广东科技出版社，1990.9.一173页；大32开.一ISBN 7-5359-0702-4：1.65元

掌握学习指导：初中代数　第三册　(下)/中国教育学会数学教育研究发展中心，广东省教育厅教学研究室编.一广州：广东科技出版社，1990.11.一122页；大32开.一ISBN 7-5359-0720-2：1.65元

掌握学习指导：初中代数　第四册　(上)/中国教育学会数学教育研究发展中心，广东省教育厅教学研究室编.一广州：广东科技出版社，1990.7.一177页；大32开.一ISBN 7-5359-0655-9：1.80元

掌握学习指导：初中代数　第四册　(下)/中国教育学会数学教育研究发展中心，广东省教育厅教学研究室编.一广州：广东科技出版社，1990.一102页；大32开.一ISBN 7-5359-0707-5：1.40元

掌握学习指导：高中代数　上册/中国教育学会数学教育研究发展中心，广东省教育厅教学研究室编.广州：广东科技出版社，1990.8.一208页；大32开.ISBN 7-5359-0643-5：2.45元

掌握学习指导：高中代数　下册/中国教育学会数学教育研究发展中心，广东省教育厅教学研究室编.一广州：广东科技出版社，1990.7.一106页；大32开.ISBN 7-5359-0656-7：1.55元

掌握学习指导：高中代数　上册/中国教育学会数学教育研究发展中心，广东省教育厅教学研究室编.广州：广东科技出版社，1990.7.一167页；大32开.ISBN 7-5359-0663-X：1.85元

掌握学习指导：高中代数　下册/中国教育学会数学教育研究发展中心，广东省教育厅教学研究室编.广州：广东科技出版社，1990.7.一80页；大32开.ISBN 7-5359-0676-1：1.45元

G633.63　几　何

几何/王性复主编；任勇编.一修订本.一福州：福建少年儿童出版社，1990.6.一166页；32开.一(初中生学习方法丛书/林铭荪主编).一初中二年级用.ISBN 7-5359-0368-8：1.55元

本书1989年6月第1版。

几何/王性复主编；刘仲宣编.一修订本.一福州：福建少年儿童出版社，1990.6.一166页；32开.(初中生学习方法丛书/林铭荪主编).一初中三年级用.一ISBN 7-5935-0369-6：1.50元

本书1989年6月第1版。

几何命题分类证法/段国兴编著.一石家庄：河北教育出版社，1990.1.一155页；32开.一ISBN 7-5434-0450-7：1.45元

几何变换法/邓安邦编著.一成都：四川教育出版社，1990.2.一95页；32开.一(中学数学解题方法丛书).一ISBN 7-5408-1215-X：1.04元

几何解题技巧和训练　上册/门树慧，门树敏编著.一北京：科学技术文献出版社，1990.6.一169页；32开.一ISBN 7-5023-1206-4：3.50元

义务教育三年制初级中学几何第一册(试用本)教师教学用书/人民教育出版社数学室编著.一北京：人民教育出版社，1990.11.一148页；16开.一ISBN 7-107-00934-6：2.15元

中学学科自测ABC：平面几何/华东师大二附中编.一上海：上海科学技术出版社，1990.2.一162页；32开.一ISBN 7-5323-1698-X：1.65元

中学学科自测ABC：立体几何/华东师大二附中编.上海：上海科学技术出版社，1990.2.一160页；32开.一ISBN 7-5323-1621-1：1.65元

中学学科自测ABC：解析几何/华东师大二附中编.一上海：上海科学技术出版社，1990.2.一161页；32开.一ISBN 7-5323-1908-3：1.65元

平面几何：初中　第一册/云南省教委教研室主编.一2版.一昆明：云南教育出版社，1990.5.一93页；32开.一(中学生学习指导丛书).一ISBN 7-5415-0354-1：1.10元

本书1986年8月第1版。

平面几何：初中　第二册/云南省教委教研室主编.一2版.一昆明：云南教育出版社，1990.5.一86页；32开.一(中学生学习指导丛书).一ISBN 7-5415-0355-X：1.05元

本书1986年3月第1版。

平面几何一题多解/翟连林主编；张东海等编.北京：北京出版社，1990.5.一371页；32开.一(中学数学智力开发丛书).一ISBN 7-200-00889-3：4.40元

平面几何证题思路与规律/李铭祺，张玉翠编.西安：陕西人民教育出版社，1990.1.一183页；32开.一ISBN 7-5419-1277-3：2.00元

平面几何证题100例/许寿山编著.一呼和浩特：内蒙古教育出版社，1990.12.一342页；32开.一ISBN 7-5311-0601-9：2.95元

平面几何初步实用手册/杨永根编著.—南昌：21世纪出版社，1990.5.—159页；32开.—ISBN 7-5391-0379-5：1.60元

平面几何的论证思维/郭思乐，郭伟才编著.—南宁：广西教育出版社，1990.9.—207页；32开.—ISBN 7-5435-1033-2：2.25元

平面解析几何一题多解/翟连林主编；李振祥等编.—北京：北京出版社，1990.5.—379页；32开.（中学数学智力开发丛书）.—ISBN 7-200-00575-3：4.50元

平面解析几何典型问题/卢四维著.—西安：陕西人民教育出版社，1990.3.—241页；32开.—ISBN 7-5419-1363-4：2.50元

立体几何/冯士腾等编著.—北京：教育科学出版社，1990.6.—362页；32开.—（高中数、理、化教与学指导丛书）.—ISBN 7-5041-0456-6：4.60元

立体几何一题多解/翟连林主编；孙连书等编.北京：北京出版社，1990.6.—293页；32开.—（中学数学智力开发丛书）.—ISBN 7-200-00888-5：3.55元

立体几何立体图册/陈桂华编著.—长沙：湖南教育出版社，1990.3.—58页；20开.—ISBN 7-5355-1079-5：1.80元

立体几何基础训练：高中一年级第一学期/河南省教委中小学教研室编.—郑州：河南教育出版社，1990.3.—82页；32开.—ISBN 7-5347-0796-X：0.65元

初中几何一题多解/胡宜，田兆丰主编；席言中等编.—太原：山西教育出版社，1990.6.—392页；32开.—ISBN 7-80578-082-X：3.90元

初中几何二年级升级准备　第一册/周沛耕等编著.—天津：新蕾出版社，1990.12.—170页；32开.（升级准备丛书/蔡上鹤主编）.—ISBN 7-5307-0773-6：1.80元

初中几何三年级升级准备　第二册/王建民等编写.—天津：新蕾出版社，1990.12.—233页；32开.（升级准备丛书/蔡上鹤主编）.—ISBN 7-5307-0774-4：2.40元

初中几何典型习题评注与引伸/渠英时主编.—南京：江苏少年儿童出版社，1990.8.—242页；32开.ISBN 7-5346-0552-0：2.15元

初中几何重点知识归纳与验收/腾永康等编.—长春：长春出版社；延吉：东北朝鲜民族出版社，1990.3.—175页；32开.—（中学基础知识基本技能训练丛书/严诚主编）.—ISBN 7-80573-144-6：2.20元

初中几何测试与评析　第一册/卢湾区初中数学教学研究组编.—上海：上海教育出版社，1990.1.144页；32开.—ISBN 7-5320-1587-4：1.35元

初中几何测试与评析　第二册/卢湾区初中数学教学研究组编.—上海：上海教育出版社，1990.1.111页；32开.—ISBN 7-5320-1654-4：1.10元

初中几何教学目标实施手册　第一册/《初中几何教学目标实施手册》编写组编.—南京：江苏教育出版社，1990.5.—81页；32开.—ISBN 7-5343-1003-2：0.78元

初中几何教学目标实施手册　第二册/《初中几何教学目标实施手册》编写组编.—南京：江苏教育出版社，1990.5.—57页；32开.—ISBN 7-5343-1004-0：0.61元

初中几何教学目标检测　第一册/《初中几何教学目标检测》编写组编.—南京：江苏教育出版社，1990.5.—64页；32开.—ISBN 7-5343-1001-6：0.64元

初中几何教学目标检测　第二册/《初中几何教学目标检测》编写组编.—南京：江苏教育出版社，1990.5.—32页；32开.—ISBN 7-5343-1002-4：0.41元

初中几何第一册一课一练　上册/梅向明主编.北京：电子工业出版社，1990.6.—119页；32开.供初二第一学期程度用.—ISBN 7-5053-0235-9：1.30元

初中几何第一册单元测试题.—太原：山西教育出版社，〔1990〕.—16张；16开.—ISBN 7-80578-067-6：0.55元

初中几何第二册单元测试题.—太原：山西教育出版社，〔1990〕.—15张；16开.—ISBN 7-80578-080-3：0.50元

初中几何第二册辅导与练习/宋正友编.—长春：吉林教育出版社，1990.5.—80页；32开.—ISBN 7-5383-0994-2：0.59元

初级中学教学目标评价手册：试用本：几何　第一册/湖北省初中教学评价研究组编.—武汉：湖北教育出版社，1990.8.—84页；16开.—ISBN 7-5351-0594-7：1.65元

初级中学教学目标评价手册：试用本：几何　第二册/湖北省初中数学教学评价研究组编.—武汉：湖北教育出版社，1990.8.—68页；16开.—ISBN 7-5351-0595-5：1.35元

奇妙的类比：平面几何与立体几何/傅佑珊，古永喜编著.—北京：中国文史出版社，1990.10.—136页；32开.—（智慧之星丛书/赵恒启主编）.—ISBN 7-5034-0083-8：2.70元

类比推理是合情推理的一种。本书深入浅出地介绍了平面几何和立体几何为什么可以类比及类比的方法、步骤、内容。

单元检测与思路点拨：初中几何　第一册/贡式正，高鹤轩编.—石家庄：河北科学技术出版社，1990.4.—155页；32开.—（中学生学习能力训练丛

书/金玉章主编）.—ISBN 7-5375-0450-4：1.95元

单元检测与思路点拨：初中几何　第二册/蒋学瀛，孟贵增编.—石家庄：河北科学技术出版社，1990.4.—139页；32开.—（中学生学习能力训练丛书/金玉章主编）.—ISBN 7-5375-0446-6：1.95元

帮你学好初中几何　（1）/顾忠德等编著.—上海：少年儿童出版社，1990.11.—278页；32开.—ISBN 7-5324-0533-8：3.00元

帮你学好初中几何　（2）/袁义沛等编著.—上海：少年儿童出版社，1990.11.—211页；32开.—ISBN 7-5324-0541-9：2.30元

高中一年级第一学期立体几何基础训练参考答案/河南省教委中小学教研室编.—郑州：河南教育出版社，1990.5.—45页；32开.—ISBN 7-5347-0797-8：0.48元

高中二年级第一学期解析几何基础训练参考答案/河南省教委中小学教研室编.—郑州：河南教育出版社，1990.3.—30页；32开.—ISBN 7-5347-0799-4：0.33元

高中二年级第二学期解析几何基础训练/河南省教委中小学教研室编.—郑州：河南教育出版社，1990.10.—74页；32开.—ISBN 7-5347-0897-4：0.50元

高中平面解析几何全一册辅导与练习/孙维烈，陈国梁编.—长春：吉林教育出版社，1990.5.—164页；32开.—ISBN 7-5383-1046-0：1.15元

高中立体几何全一册辅导与练习/何平，张凤才编.—长春：吉林教育出版社，1990.5.—206页；32开.—ISBN 7-5383-1053-3：1.45元

高中立体几何重点知识归纳与验收/潘福田等编.长春：长春出版社；延吉：东北朝鲜民族教育出版社，1990.2.—214页；32开.—（中学基础知识基本技能训练丛书/严诚主编）.—ISBN 7-80573-137-3：2.70元

高中解析几何重点知识归纳与验收/曾放等编.长春：长春出版社；延吉：东北朝鲜民族教育出版社，1990.3.—264页；32开.—（中学基础知识基本技能训练丛书/严诚主编）.—ISBN 7-80573-150-0：3.00元

高中数学练习：立体几何/《高中数学练习》编写组编.—南京：江苏教育出版社，1990.6.—184页；32开.—一年级用.—ISBN 7-5343-1087-3：1.45元

高中数学练习：解析几何/《高中数学练习》编写组编.—南京：江苏教育出版社，1990.4.—268页；32开.—二年级用.—ISBN 7-5343-1040-7：2.05元

高级中学练习册：平面解析几何/黑龙江省教育学院中教部主编.—2版.—哈尔滨：黑龙江科学技术出版社，1990.5.—144页；32开.—ISBN 7-5388-0414-5：1.75元

高级中学练习册：立体几何/黑龙江省教育学院中教部主编.—2版.—哈尔滨：黑龙江科学技术出版社，1990.5.—129页；32开.—ISBN 7-5388-0413-7：1.60元

掌握学习指导：初中几何　第一册　（上）/中国教育学会数学教育研究发展中心，广东省教育厅教学研究室编.—广州：广东科技出版社，1990.8.—182页；大32开.—ISBN 7-5359-0708-3：1.90元

掌握学习指导：初中几何　第一册　（下）/中国教育学会数学教育研究发展中心，广东省教育厅教学研究室编.—广州：广东科技出版社，1990.12.—178页；大32开.—ISBN 7-5359-0716-4：1.90元

掌握学习指导：初中几何　第二册　（上）/中国教育学会数学教育研究发展中心，广东省教育厅教学研究室编.—广州：广东科技出版社，1990.8.—157页；大32开.—ISBN 7-5359-0681-8：1.90元

掌握学习指导：初中几何　第二册　（下）/中国教育学会数学教育研究发展中心，广东省教育厅教学研究室编.—广州：广东科技出版社，1990.8.—69页；大32开.—ISBN 7-5359-0709-1：1.40元

掌握学习指导：高中平面解析几何　（1）/中国教育学会数学教育研究发展中心，广东省教育厅教学研究室编.—广州：广东科技出版社，1990.9.—94页；大32开.—ISBN 7-5359-0701-6：1.70元

掌握学习指导：高中平面解析几何　（2）/中国教育学会数学教育研究发展中心，广东省教育厅教学研究室编.—广州：广东科技出版社，1990.8.—94页；大32开.—ISBN 7-5359-0651-6：1.90元

掌握学习指导：高中立体几何　（1）/中国教育学会数学教育研究发展中心，广东省教育厅教学研究室编.—广州：广东科技出版社，1990.7.—126页；大32开.—ISBN 7-5359-0644-3：1.70元

掌握学习指导：高中立体几何（2）/中国教育学会数学教育研究发展中心，广东省教育厅教学研究室编.—广州：广东科技出版社，1990.8.—79页；大32开.—ISBN 7-5359-0686-9：1.55元

解析几何基础训练：高中二年级第一学期/河南省教委中小学教研室编.—郑州：河南教育出版社，1990.3.—60页；32开.—ISBN 7-5347-0798-6：0.53元

G633.64　三　角

三角/贺信谆等编著.—北京：教育科学出版社，1990.6.—363页；32开.—（高中数、理、化教与学指导丛书）.—ISBN 7-5041-0222-9：4.60元

平面三角一题多解/翟连林主编；郁力等编.—北京：北京出版社，1990.5.—417页；32开.—（中学数学智力开发丛书）.—ISBN 7-200-00840-0：4.90元

G633.67　计算机

少年电脑教程/梁文，李安萍编著.—北京：气象出版社，1990.8.—162页；大32开.—ISBN 7-5029-0415-8：3.50元

中学微机手册/王兴乃等编著.—北京：电子工业出版社，1990.10.—672页；32开.—ISBN 7-5053-0803-3：9.75元

计算机/上海市中小学教材编写组编.—2版.—上海：上海科技教育出版社，1990.4.—246页；32开.高级中学课本.—ISBN 7-5428-0136-8：2.15元

初中计算机语言/《初中计算机语言》编写组编.南昌：江西科学技术出版社，1990.7.—243页；32开.—江西省初级中学教材.—ISBN 7-5390-0338-3：2.10元

初中微型计算机应用/《初中微型计算机应用》编写组编.—南昌：江西科学技术出版社，1990.7.189页；32开.—江西省初级中学教材.—ISBN 7-5190-0337-5：1.66元

初级中学计算机　上册/上海市中小学教材编写组编.—上海：上海科技教育出版社，1990.6.—104页；32开.—ISBN 7-5428-0420-0：1.00元

初级中学计算机　下册/上海市中小学教材编写组编.—上海：上海科技教育出版社，1990.12.—114页；32开.—ISBN 7-5428-0508-8：1.05元

高中BASIC语言/《高中BASIC语言》编写组编.南昌：江西科学技术出版社，1990.7.—265页；32开.—江西省高级中学教材.—ISBN 7-5390-0334-0：2.26元

高级中学计算机上机手册/上海市中小学教材编写组编.—上海：上海科技教育出版社，1990.6.158页；32开.—ISBN 7-5428-0396-4：1.45元

高级中学计算机基本练习册/上海市中小学教材编写组编.—上海：上海科技教育出版社，1990.6.—112页；32开.—ISBN 7-5428-0395-6：1.10元

高级中学课本计算机教学参考书/上海市中小学教材编写组编.—上海：上海科技教育出版社，1990.6.—148页；32开.—ISBN 7-5428-0418-9：1.40元

G633.7　物　理

1977～1988年台湾高考物理试题及答案/王荣槐，王孝文编.—上海：上海科技教育出版社，1990.9.—192页；32开.—ISBN 7-5428-0439-1：1.70元

1988～1989京津沪鲁闽粤初中升高中试题及答案汇编：物理/浏柳泉等编.—济南：山东教育出版社，1990.3.—140页；32开.—ISBN 7-5328-0923-4：1.90元

1989年全国中考题精选、解答及评析：物理/秦汉，刘俊才编.—成都：四川教育出版社，1990.3.—184页；32开.—ISBN 7-5408-1254-0：1.65元

1989年初中升学物理试题及解答/辽宁教育出版社编.—沈阳：辽宁教育出版社，1990.1.—216页；32开.—ISBN 7-5382-1048-2：1.90元

1989全国初中毕业升学试题与答案：物理/《1989全国初中毕业升学试题与答案》编辑组编.—北京：中国经济出版社，1990.2.—216页；32开.—ISBN 7-5017-0543-7：2.90元

1990年全国中考试题（含答案）汇编：物理/天津人民出版社编.—天津：天津人民出版社，1990.10.285页；32开.—ISBN 7-201-00555-3：3.00元

1990年全国中考试题研究：物理/李奕博，张振田编著.—长春：东北师范大学出版社，1990.10.155页；32开.—ISBN 7-5602-0480-5：1.60元

1990年全国中招物理试题选编/潘怡等编著.—郑州：河南教育出版社，1990.12.—273页；32开.—ISBN 7-5347-0915-6：2.45元

1990年全国初中毕业升学试题精选与解答：物理/宗志成编.—长春：吉林教育出版社，1990.9.—205页；32开.—ISBN 7-5383-1108-4：1.55元

1990年全国高中升学预考试题和解答精选：物理/山军等选编.—北京：北京出版社，1990.11.—171页；32开.—ISBN 7-200-01073-1：2.20元

1990全国初中毕业（升学）试题及解答精选：物理/全国中学教育信息研究会编.—延吉：东北朝鲜民族教育出版社，1990.11.—123页；32开.—ISBN 7-5437-0813-X：1.50元

1991年全国部分省市中考物理标准化预考题解答/辽宁教育出版社编.—沈阳：辽宁教育出版社，1990.9.—190页；32开.—ISBN 7-5382-1212-4：1.70元

十年高考试题分类解析：物理/北大附中等编.—北京：北京教育出版社，1990.6.—211页；32开.—ISBN 7-5303-0163-2：2.65元

云南省普通高级中学会考要求与练习：物理/云南省教育厅教研室主编.—昆明：云南教育出版社，1990.5.—85页；16开.—ISBN 7-5415-0331-2：1.85元

中考物理试题分类解析/武甲元等编.—长春：吉林教育出版社，1990.1.—198页；32开.—（初中物理学习指导丛书）.—ISBN 7-5383-0913-6：1.75元

中学生物理思维障碍分析/孙祖瑛著.—杭州：浙江少年儿童出版社，1990.11.—244页；32开.—ISBN 7-5342-0624-3：2.15元

中学物理光学实验仪器使用方法　（上）/鲍士弘编；无叶绘.—上海：上海教育出版社，1990.9.—6张；2开.—ISBN 7-5320-2296-6（袋装）：3.15元

中学物理问题思维方法/许洪生，王镎主编.—西安：陕西科学技术出版社，1990.3.—265页；32开.ISBN 7-5369-0392-8：2.95元

中学物理实验/（英）内尔科（Nelkon，M.），奥格博恩（Ogborn，J.M.）著；沈子威，黄美珍译.—北京：科学出版社，1990.4.—297页；32开.ISBN 7-03-000437-X：5.90元

中学物理实验指导/赵明大主编.—北京：金盾出版社，1990.4.—185页；32开.—ISBN 7-80022-174-1：2.50元

中学物理实验教学目标/上海市中小学教材编写组编.—上海：上海教育出版社，1990.6.—133页；16开.—ISBN 7-5320-2087-8：1.75元

中学物理教材教法与实验/魏日升，张宪魁主编.北京：北京师范大学出版社，1990.3.—356页；大32开.—全国高等师范专科学校教材.—ISBN 7-303-00885-3：2.65元

中学物理教学文选　第四册/张宪魁等主编.—济南：山东教育出版社，1990.12.—388页；大32开.ISBN 7-5328-0939-0：4.70元

中学物理教学文选　第五册/张宪魁等主编.—济南：山东教育出版社，1990.12.—698页；大32开.ISBN 7-5328-0940-4：7.80元

中学物理教学词典/张普庆，穆泗书编.—济南：山东教育出版社，1990.11.—481页；32开.—ISBN 7-5328-0876-9：5.25元

中学物理教学法/张璞扬主编　方福矩等编写.—上海：华东师范大学出版社，1990.2.—372页；大32开.高等师专教材.—ISBN 7-5617-0513-6：2.85元

中学物理奥林匹克趣题选及解答/（波）Gorzkowski，W.编著；章达君，赵凯华编译.—长沙：湖南教育出版社，1990.4.—263页；大32开.ISBN 7-5355-1118-X：3.05元

中学物理解题大全：热学·电学卷/王祖善等编.上海：上海科学技术出版社，1990.3.—550页；32开.—ISBN 7-5323-1216-X：6.55元

中学物理解题方法/朱龙祥，张永兴编著.—北京：北京师范大学出版社，1990.1.—275页；32开.—ISBN 7-303-00682-6：2.80元

中学物理解题基本方法/郭震著.—福州：福建教育出版社，1990.7.—256页；32开.—ISBN 7-5334-0445-9：2.40元

中学物理解题辞典　下册/《中学物理解题辞典》编写组编.—上海：上海教育出版社，1990.5.—897页；大32开.—ISBN 7-5320-0691-3(精装)：12.00元

中学物理精读　第一册：力学/江苏省中学物理教学研究会编.—南京：江苏教育出版社，1990.10.425页；32开.—ISBN 7-5343-0937-9：3.40元

中学学科自测ABC：初中物理　第一册/华东师大二附中编.—上海：上海科学技术出版社，1990.2.167页；32开.—ISBN 7-5323-1955-5：1.75元

中学学科自测ABC：初中物理　第二册/华东师大二附中编.—上海：上海科学技术出版社，1990.2.195页；32开.—ISBN 7-5323-1961-X：1.85元

中学学科自测ABC：高中物理　第一册/华东师大二附中编.—上海：上海科学技术出版社，1990.2.140页；32开.—ISBN 7-5323-1611-4：1.45元

中学学科自测ABC：高中物理　第二册/华东师大二附中编.—上海：上海科学技术出版社，1990.2.148页；32开.—ISBN 7-5323-1958-X：1.50元

中学学科自测ABC：高中物理　第三册/华东师大二附中编.—上海：上海科学技术出版社，1990.2.209页；32开.—ISBN 7-5323-1831-1：2.10元

气垫导轨在中学的应用/王兴乃等编.—北京：人民教育出版社，1990.5.—330页；大32开.—ISBN 7-107-10446-2：4.00元

打开你的物理思路/汪达开等编.—南京：江苏科学技术出版社，1990.2.—244页；32开.—ISBN 7-5345-0851-7：2.65元

四年制初级中学实验课本物理第一册教学参考书/张显霜主编.—北京：北京师范大学出版社，1990.5.—271页；32开.—ISBN 7-303-01001-7：2.80元

目标检测试题：初中物理/全国中学教育信息研究会编.—延吉：东北朝鲜民族教育出版社，1990.2.63页；8开.—ISBN 7-5437-0662-8：1.30元

目标检测试题：高中物理/全国中学教育信息研究会编.—延吉：东北朝鲜民族教育出版社，1990.2.103页；8开.—ISBN 7-5437-0675-X：2.00元

目标管理与双向检测/邢志荣等主编.—北京：光明日报出版社，1990.8.—223页；32开.—ISBN 7-80014-629-4：2.50元

全国中考物理试题精要讲析/李春生著.—西安：陕西人民教育出版社，1990.7.—227页；32开.—（初中物理金钥匙丛书：方法·毅力·成功）.—ISBN 7-5419-1698-6：2.40元

全国中考物理试题精要讲析/李春生编著.—西安：陕西人民教育出版社，1990.7.—227页；32开.（初中物理金钥匙丛书：方法·毅力·成功）.—ISBN 7-5419-1698-6：2.40元

全国中考物理题型研究与实例分析/张卫群等编.北京：光明日报出版社，1990.12.—257页；32开.（全国中考分科题型研究与实例分析丛书）.—ISBN 7-80014-968-4：3.80元

全国中考试题归类与分析：物理/郭杰森主编；陈荫慈等编.—福州：福建少年儿童出版社，1990.12.

199页；32开.—ISBN 7-5395-0418-8：2.00元

全国中考类型题单元训练：物理/伍谷奇等编.—长春：吉林教育出版社，1990.8.—255页；32开.—ISBN 7-5383-1090-8：3.00元

全国百所重点中学初中物理复习测试题精选/查一民，丁渭道主编.—南京：江苏教育出版社，1990.10.—214页；32开.—中学生家长、教师辅导用书.ISBN 7-5343-1185-3：1.95元

全国百所重点中学高中物理复习测试题精选/查一民，丁渭道主编.—南京：江苏教育出版社，1990.12.—383页；32开.—中学生家长、教师辅导用书.ISBN 7-5343-1191-8：3.50元

多解选择题及答案：初中物理/多选题编写小组编.—北京：海洋出版社，1990.1.—148页；32开.（升学应试辅导丛书）.—ISBN 7-5027-0309-8：1.80元

多解选择题及答案：高中物理/多选题编写小组编.—北京：海洋出版社，1990.1.—151页；32开.（升学应试辅导丛书）.—ISBN 7-5027-0317-9：1.80元

初二物理课堂教学目标及测试/李太焕等编.—长春：吉林教育出版社，1990.6.—76页；32开.—ISBN 7-5383-1060-6：0.75元

初二物理教学目标实施手册　（一）：教学目标/江苏省初中物理教学目标编写组编.—南京：江苏科学技术出版社，1990.4.—51页；32开.—ISBN 7-5345-0913-0：0.67元

初二物理教学目标实施手册　（二）：教学效果测试/江苏省初中物理教学目标编写组编.—南京：江苏科学技术出版社，1990.4.—54页；32开.—ISBN 7-5345-0906-8：0.62元

初二物理教学目标实施手册　（三）：教学目标达成测试和总结性测试/江苏省初中物理教学目标编写组编.—南京：江苏科学技术出版社，1990.4.—60页；32开.—ISBN 7-5345-0908-4：0.68元

初三物理课堂教学目标及测试/韩太焕等编.—长春：吉林教育出版社，1990.6.—88页；32开.—ISBN 7-5383-1059-2：0.85元

初三物理教学目标实施手册　（一）：教学目标/江苏省初中物理教学目标编写组编.—南京：江苏科学技术出版社，1990.4.—71页；32开.—ISBN 7-5345-0907-6：0.88元

初三物理教学目标实施手册　（三）：教学目标达成测试和总结性测试/江苏省初中物理教学目标编写组编.—南京：江苏科学技术出版社，1990.4.—78页；32开.—ISBN 7-5345-0927-0：0.84元

初中二、三年级第一学期物理、化学基础训练参考答案/河南省教委中小学教研室编.—郑州：河南教育出版社，1990.3.—53页；32开.—供教师使用.—ISBN 7-5347-0124-3：0.45元

初中二、三年级第二学期物理、化学基础训练参考答案/河南省教委中小学教研室编.—2版.—郑州：河南教育出版社，1990.9.—38页；32开.—供教师使用.ISBN 7-5347-0319-0：0.38元

初中二年级教学目标与目标测试题：物理/西安市教育科学研究所　西安市教育委员会教研室编.—西安：陕西人民教育出版社，1990.4.—106页；32开.ISBN 7-5419-1533-5：1.00元

初中二年级第一学期物理单元测试/物理科单元测试编写组编.—广州：广东教育出版社，1990.7.74页；32开.—ISBN 7-5406-0947-8：0.39元

初中二年级第二学期物理单元测试/物理科单元测试编写组编.—广州：广东教育出版社，1990.1.29页；32开.—ISBN 7-5406-1069-7：0.50元

本书于同年2月出版了第2版。

初中二年级第二学期物理基础训练/河南省教委中小学教研室编.—郑州：河南教育出版社，1990.9.64页；32开.—ISBN 7-5347-0885-0：0.55元

初中三年级教学目标与目标测试题：物理/西安市教育科学研究所，西安市教育委员会教研室编.—西安：陕西人民教育出版社，1990.5.—141页；32开.ISBN 7-5419-1532-7：1.30元

初中三年级第一学期物理单元测试/物理科单元测试编写组编.—广州：广东教育出版社，1990.7.34页；32开.—ISBN 7-5406-0948-6：0.45元

初中三年级第二学期物理单元测试/物理科单元测试编写组编.—广州：广东教育出版社，1990.1.42页；32开.—ISBN 7-5406-1070-0：0.59元

初中三年级第二学期物理基础训练/河南省教委中小学教研室编.—郑州：河南教育出版社，1990.9.—57页；32开.—ISBN 7-5347-0886-9：0.50元

初中升学试题解题思路指点：物理/袁立等编.—修订2版.—天津：新蕾出版社，1990.12.—313页；32开.—ISBN 7-5307-0829-5：3.35元

本书1990年2月第1版。

初中物理二年级升级准备/胡祖德等编写.—天津：新蕾出版社，1990.12.—178页；32开.—（升级准备丛书/邢蕙兰主编）.—ISBN 7-5307-0775-2：1.90元

初中物理三年级升级准备/邢蕙兰主编.—天津：新蕾出版社，1990.12.—221页；32开.—（升级准备丛书/邢蕙兰主编）.—ISBN 7-5307-0776-0：2.35元

初中物理小制作选编/石家庄市教委教研室编.—石家庄：河北科学技术出版社，1990.1.—86页；32开.—ISBN 7-5375-0456-3：0.90元

初中物理中考水平测试题精编/赵明大主编.—北京：华夏出版社，1990.8.—189页；32开.—（中考

水平测试丛书）.—ISBN7-80053-763-3：2.50元

初中物理双基训练/王维翰主编.—北京：中国农业机械出版社，1990.5.—381页；32开.—（理化自学丛书）.—ISBN 7-80032-084-7：6.35元

初中物理目标与评价　第一册/江西省教育学会物理教学研究会编著.—北京：中国妇女出版社，1990.7.—161页；32开.—ISBN 7-80016-330-X：1.50元

初中物理目标与评价　第二册/江西省教育学会物理教学研究会编著.—北京：中国妇女出版社，1990.7.—196页；32开.—ISBN 7-80016-331-8：1.90元

初中物理各类题型与解法/《初中物理各类题型与解法》编写组编.—2版.—南昌：江西教育出版社，1990.12.—180页；32开.—ISBN 7-5392-0716-7：1.60元

本书1989年12月第1版。

初中物理导学　第二册/郑汴洛三市教委教研室主编.—郑州：河南教育出版社，1990.3.—187页；32开.—（初中课程导学丛书）.—ISBN 7-5347-0749-8：1.35元

初中物理导读/张善贤等编.—上海：上海科学技术出版社，1990.2.—226页；32开.—ISBN 7-5323-1855-9：2.20元

初中物理应试精要/南冲，姜尔昌主编.—北京：华夏出版社，1990.9.—150页；32开.—ISBN 7-80053-815-X：2.15元

初中物理单元训练：三年级/裴幼强等编写.—2版.武汉：湖北少年儿童出版社，1990.7.—193页；32开.—ISBN 7-5353-0187-8：1.55元

本书1987年7月第1版。

初中物理单元自测与辅导：二年级上学期/掌握学习实验用书初中编写组编.—2版.—福州：福建人民出版社，1990.5.—103页；32开.—掌握学习实验用书.—ISBN 7-211-01280-3：0.89元

本书1989年7月第1版。

初中物理单元自测与辅导：二年级下学期/掌握学习实验用书初中编写组编.—2版.—福州：福建人民出版社，1990.11.—105页；32开.—掌握学习实验用书.—ISBN 7-211-01516-0：0.96元

本书1987年初版。

初中物理单元自测与辅导：三年级上学期/掌握学习实验用书初中编写组编.—2版.—福州：福建人民出版社，1990.5.—108页；32开.—掌握学习实验用书.—ISBN 7-211-01281-1：0.89元

本书1989年7月第1版。

初中物理单元自测与辅导：三年级下学期/掌握学习实验用书初中编写组编.—2版.—福州：福建人民出版社，1990.10.—126页；32开.—掌握学习实验用书.—ISBN 7-211-01517-9：1.10元

本书1989年7月第1版。

初中物理实验指导/郑干文等编.—福州：福建科学技术出版社，1990.3.—171页；32开.—ISBN 7-5335-0341-4：1.85元

初中物理学习指导/《初中学习指导》编写组编.2版.—上海：上海科学技术出版社，1990.2.—122页；32开.—ISBN 7-5323-2003-0：1.20元

本书1989年2月第1版。

初中物理学习指要/张善贤等编.—上海：上海科学技术出版社，1990.12.—225页；32开.—ISBN 7-5323-2432-X：2.20元

初中物理学习提要与检测/河南省教委中小学教研室编.—郑州：河南教育出版社，1990.12.—187页；32开.—（初中各科学习提要与检测）.—ISBN 7-5347-0920-2：1.30元

初中物理标准化训练手册：是非题部分/徐硕，陈世利编.—沈阳：辽宁教育出版社，1990.12.—116页；32开.—ISBN 7-5382-0742-2：1.15元

初中物理标准化达纲同步训练/叶学军等编写.—南宁：广西民族出版社，1990.7.—308页；32开.—ISBN 7-5363-0858-2：3.90元

初中物理标准化综合复习题/山西省教委教研室编.—太原：山西教育出版社，1990.12.—160页；32开.—ISBN 7-80578-270-9：1.40元

初中物理标准化题选/岳振堂，朱瑞民编著.—沈阳：辽宁少年儿童出版社，1990.4.—228页；32开.ISBN 7-5315-0626-2：1.95元

初中物理指导与检测/贺光宇等主编.—天津：新蕾出版社，1990.2.—141页；32开.—ISBN 7-5307-0617-9：1.65元

初中物理思维方法与技巧/李春生编著.—西安：陕西人民教育出版社，1990.7.—120页；32开.—（初中物理金钥匙丛书：方法·毅力·成功）.—ISBN 7-5419-1674-9：1.20元

初中物理复习指导与综合测试/邹志凌等编.—上海：上海科学技术文献出版社，1990.5.—151页；32开.—ISBN 7-80513-652-1：1.90元

初中物理选择法测验手册/胡学增主编.—上海：华东化工学院出版社，1990.3.—308页；32开.—ISBN 7-5628-0068-5：3.35元

初中物理选择题/俞贯中，贝铮编著.—2版（修订本）.—福州：福建人民出版社，1990.6.—159页；32开.—ISBN 7-211-01137-8：1.30元

本书1982年11月第1版。

初中物理选择题精编/顾国富，谢匡时编.—上海：上海科学技术出版社，1990.4.—105页；32开.—ISBN 7-5323-1605-X：1.15元

初中物理选择题题解手册/俞贯中，杜祥珣主编.

郑州：河南教育出版社，1990.8.—323页；32开.—ISBN 7-5347-0723-4：2.80元

初中物理重点知识归纳与验收/武甲元等编.—长春：长春出版社；延吉：东北朝鲜民族教育出版社，1990.3.—215页；32开.—（中学基础知识基本技能训练丛书/严诚主编）.—ISBN 7-80573-145-4：2.70元

初中物理重点·难点·解析与训练/王铭，韩福胜编写.—桂林：广西师范大学出版社，1990.1.—186页；32开.—（中学各科教学重点难点解析丛书/张德政，默一主编）.—ISBN 7-5633-0682-X：1.80元

初中物理测试与练习　第一册/张克刚等编.—北京：中国工人出版社，1990.8.—140页；32开.—ISBN 7-5008-0602-7：1.40元

初中物理测试与练习　第三册/陈立华等编.—北京：中国工人出版社，1990.8.—208页；32开.—ISBN 7-5008-0602-7：2.00元

初中物理总复习/陕西省教育科学研究所编.—2版.—西安：陕西人民教育出版社，1990.4.—296页；32开.—ISBN 7-5419-0428-7：2.55元

本书1986年12月第1版。

初中物理教学目标与检测　第二册/青岛市教育局教研室编.—青岛：青岛出版社，1990.7.—125页；32开.—ISBN 7-5436-0514-7：1.25元

初中物理教学目标及同步训练　第一册/高光鸣等编著.—桂林：广西师范大学出版社，1990.6.—100页；32开.—ISBN 7-5633-0866-0：1.00元

初中物理教学目标及同步训练　第二册/高光鸣等编著.—桂林：广西师范大学出版社，1990.6.—136页；32开.—ISBN 7-5633-0867-9：1.40元

初中物理教学目标形成性评价　第一册/山东省初中物理教学目标分类研究课题小组编.—天津：天津教育出版社，1990.8.—127页；32开.—供二年级用.—ISBN 7-5309-1018-3：1.10元

初中物理教学目标形成性评价　第二册/山东省初中物理教学目标分类研究课题小组编.—天津：天津教育出版社，1990.8.—175页；32开.—供三年级用.—ISBN 7-5309-1019-3：1.50元

初中物理教学目标终结性测试题/韩景洲主编.—北京：气象出版社，1990.12.—162页；32开.—（青年自学用书）.—ISBN 7-5029-0622-3：1.80元

初中物理基础训练　第一册/福建省普通教育教学研究室编.—福州：福建人民出版社，1990.6.—192页；32开.—ISBN 7-211-01271-4：1.50元

初中物理基础训练　第二册/福建省普通教育教学研究室编.—福州：福建人民出版社，1990.6.—207页；32开.—ISBN 7-211-01272-2：1.60元

初中物理基础思路及方法/王春长编.—呼和浩特：内蒙古教育出版社，1990.7.—233页；32开.—ISBN 7-5311-1013-X：2.05元

初中物理常用解题方法及习题精选/黎少�等编.—桂林：广西师范大学出版社，1990.3.—173页；32开.—ISBN 7-5633-0757-5：1.75元

初中物理第一册单元测试题.—太原：山西教育出版社，〔1990〕.—21张；16开.—ISBN 7-80578-115-X：0.65元

初中物理第一册教学目标与教学效果测试/广东省中学物理教学目标研究组编.—广州：广东科技出版社，1990.7.—77页，32开.—ISBN 7-5359-0639-9：1.00元

初中物理第一册教学目标综合测试/广东省中学物理教学目标研究组编.—广州：广东科技出版社，1990.7.—57页；16开.—ISBN 7-5359-0634-6：1.20元

初中物理第一册教学参考书/毕宪章等主编.—长春：吉林教育出版社，1990.5.—227页；32开.—ISBN7-5383-1025-8：1.70元

初中物理第二册单元测试题.—太原：山西教育出版社，〔1990〕.—24张；16开.—ISBN 7-80578-119-2：0.75元

初中物理第二册教学目标与教学效果测试/广东省中学物理教学目标研究组编.—广州：广东科技出版社，1990.7.—120页；32开.—ISBN 7-5359-0639-7：1.25元

初中物理第二册教学目标综合测试/广东省中学物理教学目标研究组编.—广州：广东科技出版社，1990.7.—74页；16开.—ISBN 7-5359-0637-0：1.55元

初中物理第二册教学参考书/毕宪章等主编.—长春：吉林教育出版社，1990.4.—263页；32开.—ISBN 7-5383-1000-X：1.90元

初中物理第二册辅导与练习/张振田编.—长春：吉林教育出版社，1990.5.—150页；32开.—ISBN 7-5383-0996-3：1.05元

初中物理概念、定律、公式复习指导/李春生等编.—西安：陕西人民教育出版社，1990.6.—66页；32开.—（初中物理金钥匙丛书：方法·毅力·成功）.—ISBN 7-5419-1722-2：1.25元

初中物理解难/杜祥筠，卢浩然编著.—郑州：河南教育出版社，1990.12.—201页；32开.—ISBN 7-5347-0826-5：2.05元

初中物理解难手册/张景林，张凤清主编.—北京：中国社会出版社，1990.11.—204页；32开.—（中学各科解难丛书/张盛如主编）.—ISBN 7-80088-120-2：2.90元

初中物理解题方法100例/刘素芸主编.—南宁：广

西民族出版社，1990.12.—179页；32开.—（中小学生学习指导丛书/党玉敏，黄麟生主编）.—ISBN 7-5363-0959-7：1.75元

初中物理新题型精选/国运之主编.—北京：北京师范学院出版社，1990.6.—250页；32开.—供教师教学及青年自学参考.—ISBN 7-81014-426-X：2.60元

初中物理演示实验/国家教育委员会教学仪器研究所主编.—北京：人民教育出版社，1990.7.—352页；大32开.—（中学物理实验丛书）.—ISBN 7-107-10541-3：4.65元

初中综合复习与测试：物理/陈玉英等编.—南京：江苏教育出版社，1990.11.—174页；32开.—ISBN 7-5343-1175-6：1.45元

初级中学教学目标评价手册：试用本：物理　第一册/湖北省初中物理教学研究组编.—武汉：湖北教育出版社，1990.8.—90页；16开.—ISBN 7-5351-0592-0：1.65元

初级中学教学目标评价手册：试用本：物理　第二册/湖北省初中物理教学评价研究组编.—武汉：湖北教育出版社，1990.8.—122页；16开.—ISBN 7-5351-0593-9：2.10元

国际奥林匹克物理竞赛初中物理教材及自测题/北京市西城物理学会主编.—北京：中国广播电视出版社，1990.4.—386页；32开.—ISBN 7-5043-0270-8：5.00元

物理/王杏村编.—合肥：中国科学技术大学出版社，1990.11.—155页；32开.—（特级教师指导学习丛书/仲哲明主编）.—ISBN 7-312-00176-9：2.00元

物理/卢淑桐等编著.—北京：学苑出版社，1990.1.—165页；32开.—（青年应试能力培养丛书/吴宝良，任海英主编）.—ISBN 7-80060-815-8：2.15元

物理/福建省普通教育教学研究室编.—2版.—福州：福建人民出版社，1990.11.—320页；32开.（高中毕业生学习指导丛书）.—ISBN 7-211-01499-7：2.75元

物理：初中二年级/杨玛罗主编；张照生等编.—福州：福建少年儿童出版社，1990.6.—186页；32开.（初中生学习方法丛书/林铭荪主编）.—ISBN 7-5395-0370-X：1.70元

物理：初中三年级/杨玛罗主编；郭杰森编.—修订本.—福州：福建少年儿童出版社，1990.6.—254页；32开.—（初中生学习方法丛书/林铭荪主编）.ISBN 7-5395-0371-3：2.20元

物理：高中　上册/刘唐荣编.—南宁：广西教育出版社，1990.1.—212页；32开.—（标准化题型与教学同步训练丛书）.—ISBN 7-5435-0741-2：2.10元

物理自学检测/邓仰廷，陈光辉主编.—北京：科学普及出版社，1990.11.—72页；16开.—（青年自学检测丛书）.—ISBN 7-110-01801-6：1.75元

物理实验研究/王良，张力编著.—成都：四川科学技术出版社，1990.2.—115页；32开.—ISBN 7-5364-1628-8：1.40元

物理学实验报告及实验练习/北京市教育局教学研究部编.—4版.—北京：水利电力出版社，1990.6.43页；16开.—（初级中学实验用丛书）.—初中二年级用.—ISBN 7-120-00433-6：1.15元

本书1985年6月第1版。

物理基础训练：初中二年级第一学期/河南省教委中小学教研室编.—2版.—郑州：河南教育出版社，1990.3.—60页；32开.—ISBN 7-5347-0763-3：0.53元

本书1985年4月第1版。

物理基础训练：初中三年级第一学期/河南省教委中小学教研室编.—2版.—郑州：河南教育出版社，1990.3.—88页；32开.—ISBN 7-5347-0764-1：0.70元

物理基础训练：高中一年级第一学期/河南省教委中小学教研室编.—郑州：河南教育出版社，1990.3.—119页；32开.—ISBN 7-5347-0800-1：0.90元

物理基础训练：高中二年级第一学期/河南省教委中小学教研室编.—郑州：河南教育出版社，1990.3.—88页；32开.—ISBN 7-5347-0801-X：0.70元

物理智能训练与疑难解答/杨晓东，陈正奇主编；凌群祥等编.—西安：陕西人民出版社，1990.11.—225页；32开.—ISBN 7-224-01345-5：2.80元

物理概念趣辨/陆明德等著.—南京：江苏科学技术出版社，1990.7.—163页；32开.—ISBN 7-5345-0977-7：1.70元

知识疏导与水平考核/徐杰等主编.—北京：光明日报出版社，1990.8.—219页；32开.—ISBN 7-80014-632-4：3.00元

单元检测与思路点拨：初中物理　第一册/张仲云，苏增德编.—石家庄：河北科学技术出版社，1990.4.—113页；32开.—（中学生学习能力训练丛书/金玉章主编）.—ISBN 7-5375-0459-3：1.65元

单元检测与思路点拨：初中物理　第二册/张仲云，孙瑞和编.—石家庄：河北科学技术出版社，1990.4.—128页；32开.—（中学生学习能力训练丛书/金玉章主编）.—ISBN 7-5375-0436-9：1.65元

学习导引与试题点评：高中物理/于中主编；葛文驷等编.—天津：天津科学技术出版社，1990.10.—321页；32开.—ISBN 7-5308-0899-0：4.15元

怎样解答物理综合题/王长明编著.—郑州：河南教育出版社，1990.11.—220页；32开.—ISBN 7-5347-0306-0：1.95元

高一物理下册单元学法与训练/金群等编.—乌鲁木齐：新疆青少年出版社，1990.2.—139页；32开.（中学课程单元学法与训练/孙炳铨主编）.—附参考答案.—ISBN 7-5371-0580-4：1.00元

高二物理下册单元学法与训练/李学朴等编.—乌鲁木齐：新疆青少年出版社，1990.2.—173页；32开.（中学课程单元学法与练习/孙炳铨主编）.—附参考答案.—ISBN 7-5371-0581-2：1.30元

高三物理单元复习/龚宁如等编著.—南昌：江西教育出版社，1990.1.—337页；32开.—（中学理科单元复习丛书）.—ISBN 7-5392-0552-0：2.67元

高中一年级物理选择题/洪汝廉编.—郑州：河南教育出版社，1990.8.—163页；32开.—ISBN 7-5347-0721-8：1.50元

高中一年级第一学期物理基础训练参考答案/河南省教委中小学教研室编.—郑州：河南教育出版社，1990.5.—34页；32开.—ISBN 7-5347-0802-8：0.35元

高中二年级第一学期物理基础训练参考答案/河南省教委中小学教研室编.—郑州：河南教育出版社，1990.3.—25页；32开.—ISBN 7-5347-0803-6：0.30元

高中二年级第二学期物理基础训练/河南省教委中小学教研室编.—2版.—郑州：河南教育出版社，1990.10.—111页；32开.—ISBN 7-5437-0891-5：0.83元

高中物理下册教学参考书/毕宪章等主编.—长春：吉林教育出版社，1990.4.—377页；32开.—ISBN 7-5383-1050-9：2.75元

高中物理对应思考与练习：与教材上册对应/万木春主编.—2版.—哈尔滨：黑龙江教育出版社，1990.7.—227页；32开.—ISBN 7-5316-0850-2：2.40元

高中物理对应思考与练习：与教材下册对应/万木春主编.—2版.—哈尔滨：黑龙江教育出版社，1990.6.—216页；32开.—ISBN 7-5316-0861-8：2.30元

本书1989年8月第1版。

高中物理成套标准化试题选/何国平主编.—南昌：江西教育出版社，1990.2.—157页；32开.—ISBN 7-5392-0822-8：1.45元

高中物理同步立体型程序训练题/郑世俊，姚璋主编.—西安：陕西人民教育出版社，1990.7.—271页；32开.—ISBN 7-5419-1662-5：2.50元

高中物理自我测试与评价手册/高敬芸主编.—上海：复旦大学出版社，1990.9.—1册；16开.—ISBN 7-309-00337-3：3.50元

高中物理多答案题分析/朱德义等编.—贵阳：贵州科技出版社，1990.10.—106页；32开.—ISBN 7-80584-025-3：1.00元

高中物理知识结构图解/魏子鑫编著.—西安：西安交通大学出版社，1990.1.—40页；32开.—ISBN 7-5605-0205-9：1.20元

高中物理命题与解题/史耀如编著.—西安：西北工业大学出版社，1990.1.—354页；32开.—ISBN 7-5612-0134-6：4.20元

高中物理定理定律解析与解题方法/潘思嶂等编.太原：山西教育出版社，1990.6.—377页；32开.ISBN 7-80578-154-0：4.00元

高中物理实验/北京市西城区教育教学研究中心编著.—北京：科学普及出版社：北京普教音像（视听）出版社，1990.4.—188页；32开.—ISBN 7-110-01501-7：2.20元

高中物理实验理论与习题/唐军编.—青岛：青岛出版社，1990.12.—218页；32开.—ISBN 7-5436-0586-4：2.50元

高中物理学习指导　（一）/郑玉林，佟福编著.北京：化学工业出版社，1990.1.—190页；32开.（中学生学习能力培养与训练丛书）.—ISBN 7-5025-0558-X：2.70元

高中物理学生实验讲析/黄迪兴主编；汪海汇等编著.—西安：陕西人民教育出版社，1990.4.—322页；32开.—ISBN 7-5419-1346-4：3.25元

高中物理练习　上册/《高中数理化练习》编写组编.—南京：江苏教育出版社，1990.1.—350页；32开.—ISBN 7-5343-1016-4：2.60元

高中物理练习　下册/《高中物理练习》编写组编.—南京：江苏教育出版社，1990.5.—421页；32开.—ISBN 7-5343-1017-2：3.25元

高中物理练习与答案/袁大彤，吴是辰编著.—北京：海洋出版社，1990.5.—202页；32开.—（自学辅导丛书）.—ISBN 7-5027-0210-5：2.60元

高中物理标准化测试/张重寿主编.—沈阳：沈阳出版社，1990.9.—116页；16开.—ISBN 7-80556-459-0：2.70元

高中物理复习与检测/南冲主编.—北京：华夏出版社，1990.8.—244页；32开.—ISBN 7-80053-817-6：3.00元

高中物理选择题应试研究和训练/莫大贤编著.—南宁：广西民族出版社，1990.6.—327页；32开.—ISBN 7-5363-0819-1：3.50元

高中物理重点知识归纳与验收/华耀义等编.—长春：长春出版社；延吉：东北朝鲜民族教育出版社，1990.3.—382页；32开—（中学基础知识基本技能

训练丛书/严诚主编）.—ISBN 7-80573-152-7：4.20元

高中物理重点、难点、解析与训练/陈育林编写.桂林：广西师范大学出版社，1990.1.—317页；32开.—（中学各科教学重点难点解析丛书/张德政，默一主编）.—ISBN 7-5633-0674-9：3.10元

高中物理总复习/北京市教育局教学研究部编.—2版.—北京：北京出版社，1990.8.—535页；32开.ISBN 7-200-00423-5：5.65元

本书1983年3月第1版。

高中物理总复习系列练习/北京市海淀区教师进修学校主编.—北京：煤炭工业出版社，1990.3.—284页；32开.—ISBN 7-5020-0347-9：2.65元

高中物理竞赛20讲/北大附中等主编.—郑州：河南教育出版社，1990.6.—548页；32开.—ISBN 7-5347-0585-1：5.30元

高中物理能力提高指导与训练/翁占龙主编.—呼和浩特：内蒙古人民出版社，1990.8.—442页；32开.ISBN 7-204-01229-1：5.00元

高中物理基础训练 上册/福建省普通教育教学研究室主编.—3版.—福州：福建人民出版社，1990.7.139页；32开.—ISBN 7-211-01290-0：1.15元

高中物理基础训练 下册/福建省普通教育教学研究室主编.—3版.—福州：福建人民出版社，1990.7.—167页；32开.—ISBN 7-211-01299-4：1.35元

高中物理基础知识竞赛试题及解答/李俊儒，马若非编.—北京：北京师范学院出版社，1990.6.—194页；32开.—ISBN 7-81014-442-1：2.30元

高中物理辅导100天/张越等编.—上海：上海科技教育出版社，1990.12.—445页；32开.—ISBN 7-5428-0432-4：3.90元

高中物理程序练习法/王长明编著.—上海：知识出版社，1990.9.—180页；32开.—ISBN 7-5015-5454-4：2.10元

高中物理解难/王溢然著.—郑州：河南教育出版社，1990.6.—150页；32开.—ISBN 7-5347-0545-2：4.55元

高中物理解难手册/张景林，张凤清主编；万行义等编著.—北京：中国社会出版社，1990.10.—397页；32开.—（中学各科解难丛书/张盛如主编）.—ISBN 7-80088-118-0：4.65元

高中物理解疑：高中物理 上册/马国璞，张靖宇编.—兰州：甘肃教育出版社，1990.7.—319页；32开.—ISBN 7-5423-0134-9：3.20元

高中物理解题思路与技巧/周民梁主编.—上海：学林出版社，1990.8.—315页；32开.—ISBN 7-80510-522-7：2.95元

高中物理新题型精选/国运之主编.—北京：北京师范学院出版社，1990.6.—320页；32开.—供教师教学及青年自学参考.—ISBN 7-81014-421-9：3.30元

高中物理疑难辨析/道松等编著.—太原：山西教育出版社，1990.1.—308页；32开.—ISBN 7-80578-036-6：2.80元

高中物理精要与分析/黄启根主编.—哈尔滨：黑龙江教育出版社，1990.3.—167页；32开.—ISBN 7-5316-1046-9：1.60元

高中学习水平自测：物理/华东师大二附中编写组编.—上海：上海科技教育出版社，1990.1.—225页；32开.—ISBN 7-5428-0058-2：1.75元

高考物理试题精选：1980～1989/朱宝棕，钱如竹主编.—北京：华夏出版社，1990.3.—140页；32开.—ISBN 7-80053-768-4：1.85元

高考物理试题精编解析/胡学增主编.—西安：陕西人民教育出版社，1990.9.—178页；16开.—（中考、高考试题精编丛书）.—ISBN 7-5419-1742-7：3.10元

高考物理答卷典型错误分析/高山等编著.—福州：福建科学技术出版社，1990.5.—340页；32开.—ISBN 7-5335-0361-9：3.45元

高考物理模拟题/《模拟题》编写组编.—西安：陕西人民教育出版社，1990.11.—101页；16开.—ISBN 7-5419-1998-5：1.65元

高级中学练习册：物理 第三册/黑龙江省教育学院中教部主编.—2版.—哈尔滨：黑龙江科学技术出版社，1990.5.—121页；32开.—ISBN 7-5388-0416-1：1.55元

课程基础训练：物理：初中二年级第一学期/湖南省教育科学研究所编.—2版.—长沙：湖南教育出版社，1990.5.—68页；32开.—ISBN 7-5355-0231-8：0.54元

课程基础训练：物理：初中三年级第一学期/湖南省教育科学研究所编.—2版.—长沙：湖南教育出版社，1990.5.—78页；32开.—ISBN 7-5355-0232-4：0.60元

课程基础训练：物理：高中第三册/湖南省教育科学研究所编.—2版.—长沙：湖南教育出版社，1990.5.—78页；32开.—ISBN 7-5355-0601-1：0.61元

最新标准化题型应试总复习：初中物理/蒋国垣编.—北京：学苑出版社，1990.1.—93页；16开.ISBN 7-80060-771-2：2.40元

最新标准化题型应试总复习：高中物理/秦家达编.—北京：学苑出版社，1990.1.—91页；16开.ISBN 7-80060-776-3：2.40元

新编物理自测题：初中二年级下学期/杨顺志等

编.—武汉：湖北教育出版社，1990.10.—119页；32开.—附答案.—ISBN 7-5351-0617-X：0.95元

新编物理自测题：初中三年级下学期/许定璜，关明福编.—武汉：湖北教育出版社，1990.10.—156页；32开.—附答案.—ISBN 7-5351-0621-3：1.25元

精选精编最新试题解析：初中物理/陈立容，丁敬忠编.—北京：北京师范学院出版社，1990.2.—236页；32开.—ISBN 7-81014-409-X：2.40元

精选精编最新试题解析：高中物理/王振山等编.北京：北京师范学院出版社，1990.2.—320页；32开.—ISBN 7-81014-404-9：3.20元

精编初中物理竞赛练习/毕宪章，张振田主编.—长春：吉林科学技术出版社，1990.12.—164页；32开.—ISBN 7-5384-0656-5：2.00元

G633.8　化　学

1988～1989京津沪鲁闽粤初中升高中试题及答案汇编：化学/浏柳泉等编.—济南：山东教育出版社，1990.3.—137页；32开.—ISBN 7-5328-0925-0：1.90元

1989年全国中考题精选、解答及评析：化学/尹克坚等编.—成都：四川教育出版社，1990.3.—189页；32开.—ISBN 7-5408-0339-8：1.68元

1989全国初中毕业升学试题与答案：化学/《1989全国初中毕业升学试题与答案》编写组编.—北京：中国经济出版社，1990.2.—188页；32开.—ISBN 7-5017-0542-9：2.90元

1989全国部分省、市化学中考精选试题解.—太原：山西人民出版社，1990.1.—200页；32开.—ISBN 7-202-01610-2：1.80元

1990年全国中考试题（含答案）汇编：化学/天津人民出版社编.—天津：天津人民出版社，1990.11.229页；32开.—ISBN 7-201-00556-1：2.60元

1990年全国中考试题研究：化学/刘玉珍等编著.长春：东北师范大学出版社，1990.10.—149页；32开.—ISBN 7-5602-0462-7：1.60元

1990年全国中招化学试题选编/何适等整编.—郑州：河南教育出版社，1990.12.—338页；32开.ISBN 7-5347-0916-4：2.95元

1990年全国初中毕业升学试题精选与解答：化学/宋志成编.—长春：吉林教育出版社，1990.9.—166页；32开.—ISBN7-5383-1115-7：1.30元

1990全国初中毕业（升学）试题及解答精选：化学/全国中学教育信息研究会编.—延吉：东北朝鲜民族教育出版社，1990.11.—123页；32开.—ISBN 7-5437-0810-5：1.50元

1990全国部分省市化学中考精选试题解/刘玉泰，陈晋峰编.—太原：山西教育出版社，1990.12.192页；32开.—（全国部分省市精选试题解丛书）.ISBN 7-80578-376-4：1.80元

1991年全国部分省市中考化学标准化预考题解答/辽宁教育出版社编.—沈阳：辽宁教育出版社，1990.9.—220页；32开.—ISBN 7-5382-1214-0：1.90元

十年高考试题分类解析：化学/北大附中等五校编写组编.—北京：北京教育出版社，1990.6.—235页；32开.—ISBN 7-5303-0160-8：2.90元

九年制义务教育六·三学制初级中学化学教学参考书/李干孙主编.—桂林：广西师范大学出版社，1990.7.—331页；32开.—ISBN 7-5633-0864-4：2.60元

义务教育三年制初级中学化学课外习题集/人民教育出版社化学室编.—北京：人民教育出版社，1990.6.—287页；32开.—ISBN 7-107-00937-0：2.40元

云南省普通高级中学会考要求与练习：化学/云南省教育厅教研室主编.—昆明：云南教育出版社，1990.5.—55页；16开.—ISBN 7-5415-0332-0：1.25元

中考化学试题精编辨析/胡学增主编.—西安：陕西人民教育出版社，1990.9.—121页；16开.—（中考、高考试题精编丛书）.—ISBN 7-5419-1752-4：2.45元

中学化学习题分类解法/韩昭令编著.—南京：江苏教育出版社，1990.5.—338页；32开.—ISBN 7-5343-1043-1：3.15元

中学化学中容易混淆的概念/陈德法编著.—上海：上海科学普及出版社，1990.1.—182页；32开.—ISBN 7-5427-0235-1：2.00元

中学化学计算题/简国材编.—福州：福建少年儿童出版社，1990.3.—199页；32开.—ISBN 7-5395 0264-9：1.75元

中学化学同步导学与智能训练：高中分册（一）/孔春明主编.—上海：学林出版社，1990.1.—227页；32开.—（中学各科同步导学与智能训练丛书）.—ISBN 7-80510-587-1：2.60元

中学化学实验指导/王祖鋆等编著.—福州：福建人民出版社，1990.1.—289页；32开.—ISBN 7-211-00903-9：2.30元

中学化学实验指导/卞学诚等编著.—北京：金盾出版社，1990.4.—324页；32开.—ISBN 7-80022-175-X：4.00元

中学化学实验趣编/韩国栋，荣芙圆编；肖冲，韩浚图.—北京：冶金工业出版社，1990.8.—276页；

32开.—ISBN 7-5024-0768-5：4.75元

中学化学标准化考试训练/况梦佛主编.—昆明：云南教育出版社，1990.1.—112页；16开.—ISBN 7-5415-0324-X：2.75元

中学化学复习教学法/杨先昌主编.—南宁：广西教育出版社，1990.9.—243页；大32开.—ISBN 7-5435-1030-8：2.95元

中学化学教材教法/沈鸿博主编.—长春：东北师范大学出版社，1990.6.—372页；大32开.—全国高等师范专科学校教材.—ISBN 7-5602-0398-1：2.75元

中学化学教学法/王允珉主编；丁宝善等编写.—上海：华东师范大学出版社，1990.10.—342页；大32开.高等师专教材.—ISBN 7-5617-0583-2：2.65元

中学化学教学渗透贯穿思想教育纲要/山西省实验中学编.—太原：山西教育出版社，1990.11.—67页；32开.—ISBN 7-80578-369-1：0.75元

中学化学基础知识精要/覃维明等编.—重庆：重庆出版社，1990.9.—403页；32开.—ISBN 7-5366-1169-2：3.85元

中学化学智能训练/李松华，许勋和编.—福州：福建人民出版社，1990.1.—151页；32开.—ISBN 7-221-00964-0：1.30元

中学化学概念、公式、定理、法则/张艳秋等编著.—沈阳：辽宁少年儿童出版社，1990.6.—344页；32开.—ISBN 7-5315-0697-1：3.00元

中学化学疑难问题集解/张力真编著.—广州：广东教育出版社，1990.10.—227页；32开.—ISBN 7-5406-1319-X：2.50元

中学学科自测ABC：初中化学/华东师大二附中编.—上海：上海科学技术出版社，1990.2.—92页；32开.—ISBN 7-5323-1833-8：1.00元

中学学科自测ABC：高中化学　第一册/华东师大二附中编.—上海：上海科学技术出版社，1990.2.110页；32开.—ISBN 7-5323-1633-5：1.25元

中学学科自测ABC：高中化学　第二册/华东师大二附中编.—上海：上海科学技术出版社，1990.2.130页；32开.—ISBN 7-5323-1962-8：1.40元

中学学科自测ABC：高中化学　第三册/华东师大二附中编.—上海：上海科学技术出版社，1990.2.211页；32开.—ISBN 7-5323-1963-6：2.05元

化学/刘恕等编著.—石家庄：河北科学技术出版社，1990.1.—116页；32开.—（初中应试能力训练）.—三年级第二学期用.—ISBN 7-5375-0395-8：1.40元

化学/陆禾编.—合肥：中国科学技术大学出版社，1990.11.—136页；32开.—（特级教师指导学习丛书/仲哲明主编）.—ISBN 7-312-00177-7：1.70元

化学/简国材等编著.—北京：学苑出版社，1990.1.—173页；32开.—（青年应试能力培养丛书/吴宝良，任海英主编）.—ISBN 7-80060-809-3：2.30元

化学/福建省普通教育教学研究室编.—福州：福建教育出版社，1990.12.—333页；32开.—（高中毕业生学习指导丛书）.—ISBN 7-5334-0667-2：2.80元

化学：初三/凌兆福主编.—上海：上海科学技术文献出版社，1990.4.—187页；32开.—（中学生导读丛书）.—ISBN 7-80513-252-6：2.30元

化学：高中　第三册/吴家华，梁信尧编.—南宁：广西教育出版社，1990.1.—210页；32开.—（标准化题型与教学同步训练）.—ISBN 7-5435-0725-0：2.05元

化学　第一册/崔孟明等编著.—北京：教育科学出版社，1990.10.—233页；32开.—（高中数理化教与学指导丛书）.—ISBN 7-5041-0320-9：3.00元

化学　第二册/崔孟明等编著.—北京：教育科学出版社，1990.6.—291页；32开.—（高中数理化教与学指导丛书）.—ISBN 7-5041-0321-7：3.80元

化学知识规律与智能训练/徐立峰主编.—青岛：青岛海洋大学出版社，1990.9.—132页；16开.—ISBN 7-81026-101-0：2.60元

化学单元复习与测试　下册/孙玉维，董锋主编.济南：山东大学出版社，1989.7.—267页；32开.高二用.—ISBN 7-5607-0250-3：2.75元

化学指导　（一）/王焕涛，李文亭主编.—青岛：青岛海洋大学出版社，1990.6.—205页；32开.—ISBN 7-81026-045-6：2.25元

化学指导　（二）/王焕涛，徐立峰主编.—青岛：青岛海洋大学出版社，1990.6.—2册（520页）；32开.—ISBN 7-81026-057-X：5.48元

化学选择题解题思路分析与技巧/陈永平，徐立峰编著.—青岛：青岛海洋大学出版社，1990.11.194页；32开.—ISBN 7-81026-102-9：2.40元

化学速算对位法解题400例/傅志勇编著.—哈尔滨：黑龙江教育出版社，1990.7.—292页；32开.ISBN 7-5316-1078-7：3.10元

化学教学论/刘知新主编.—北京：高等教育出版社，1990.4.—360页；大32开.—高等学校试用教材.—ISBN 7-04-002860-3：2.85元

本书曾用《中学化学教材教法》、《中学化学教学法》、《化学教学法》等题名。

化学基础训练：高中一年级第一学期/河南省教委中小学教研室编.—郑州：河南教育出版社，1990.3.—53页；32开.—ISBN 7-5347-0765-X：0.48元

化学基础训练：高中二年级第一学期/河南省教委中小学教研室编.—2版.—郑州：河南教育出版社，1990.5.—96页；32开.—ISBN 7-5347-0766-8：0.75元

化学智能训练与疑难解答/杨晓东，陈正奇主编．西安：陕西人民出版社，1990.5.—233页；32开．ISBN 7-224-01212-2：2.50元

目标检测试题：初中化学/全国中学教育信息研究会编．—延吉：东北朝鲜民族教育出版社，1990.2. 63页；8开．—ISBN 7-5437-0661-X：1.30元

目标检测试题：高中化学/全国中学教育信息研究会编．—延吉：东北朝鲜民族教育出版社，1990.2. 103页；8开．—ISBN 7-5437-0674-1：2.00元

全国中考化学题型研究与实例分析/唐云汉等编．北京：光明日报出版社，1990.12.—230页；32开．（全国中考分科题型研究与实例分析丛书）．—ISBN 7-80014-969-2：3.45元

全国中考试题归类与分析：化学/郭杰森主编；郭世勋等编．—福州：福建少年儿童出版社，1990.12. 146页；32开．—ISBN 7-5395-0419-6：1.50元

多解选择题及答案：高中化学/多选题编写小组编．—北京：海洋出版社，1990.1.—120页；32开．（升学应试辅导丛书）．—ISBN 7-5027-0320-9：1.50元

初三化学练习和总复习/祝徐徐编．—上海：上海科学技术文献出版社，1990.12.—275页；32开．—（中学化学掌握学习丛书）．—ISBN 7-80513-684-X：3.10元

初三化学教学目标和测试/上海市教育局教学研究室编．—上海：上海教育出版社，1990.8.—184页；32开．—教师用书．—ISBN 7-5320-1849-0：1.65元

初中三年级教学目标与目标测试题：化学/西安市教育科学研究所，西安市教育委员会教研室编．—西安：陕西人民教育出版社，1990.4.—138页；32开．ISBN 7-5419-1537-8：1.25元

初中三年级第一学期化学单元测试/化学科单元测试编写组编．—广州：广东教育出版社，1990.7. 120页；32开．—ISBN 7-5406-0946-X：1.15元

初中三年级第二学期化学单元测试/化学科单元测试编写组编．—广州：广东教育出版社，1990.1.—89页；32开．—ISBN 7-5406-7074-3：0.98元

初中三年级第二学期化学单元测试/化学科单元测试编写组编．—2版．—广州：广东教育出版社，1990.12.—76页；32开．—ISBN 7-5406-1074-3：0.75元

初中化学一课一练/北京市朝阳区第一教师进修学校组编．—北京：电子工业出版社，1990.5.—117页；32开．—供初中三年级程度用．—ISBN 7-5053-0219-1：1.20元

初中化学三年级升级准备/筱林，刘莹洁编写．—天津：新蕾出版社，1990.12.—244页；32开．—（升级准备丛书/胡美玲主编）．—ISBN 7-5307-0777-9：2.55元

初中化学中考水平测试题精编/中考水平试题编写组编；赵明大主编．—北京：华夏出版社，1990.6. 188页；32开．—（中考水平测试丛书）．—ISBN 7-80053-728-5：2.30元

初中化学正误解说/苏金昌，孟淑华编著．—哈尔滨：黑龙江教育出版社，1990.10.—83页；32开．ISBN 7-5316-1096-5：1.05元

初中化学目标教学与评估/杨钟玉等编．—北京：人民交通出版社，1990.8.—95页；32开．—ISBN 7-114-01084-2：2.00元

初中化学目标教学与评估/杨钟玉主编．—北京：人民交通出版社，1990.8.—1册；16开．—ISBN 7-114-01084-2：2.00元

初中化学（全一册）单元学法与训练/朱遐龄，许广林编．—乌鲁木齐：新疆青少年出版社，1990.2. 140页；32开．—（中学课程单元学法与训练/孙炳铨主编）．—附参考答案．—ISBN 7-5371-0572-3：1.30元

初中化学全一册单元测试题．—太原：山西教育出版社，〔1990〕．—17张；16开．—ISBN 7-80578-079-X：0.55元

初中化学全一册辅导与练习/连凤羽，赵秀珍编．长春：吉林教育出版社，1990.5.—171页；32开．ISBN 7-5383-0980-2：1.20元

初中化学各类题型与解法/《初中化学各类题型与解法》编写组编．—2版．—南昌：江西教育出版社，1990. 10.—185页；32开．—ISBN 7-5392-0774-0：1.65元

初中化学知识点线面与模拟训练/蒋匡球，张廷耀主编．—南宁：广西民族出版社，1990.9.—152页；32开．—ISBN 7-5363-0905-8：1.60元

初中化学单元自测与辅导：三年级上学期/掌握学学实验用书初中编写组编．—2版．—福州：福建人民出版社，1990.7.—116页；32开．—掌握学习实验用书．—ISBN 7-221-01316-8：0.95元

本书1989年7月第1版。

初中化学单元自测与辅导：三年级下学期/掌握学习实验用书初中编写组编．—2版．—福州：福建人民出版社，1990.11.—127页；32开．—掌握学习实验用书．—ISBN 7-211-01536-5：1.15元

本书1987年初版。

初中化学实验导学/陈蔚等编．—上海：上海科学技术文献出版社，1990.6.—180页；32开．—ISBN 7-80513-620-3：1.95元

初中化学实验解析与练习/蒯世定等编著．—北京：宇航出版社，1990.1.—155页；32开．—ISBN 7-80034-298-0：1.60元

初中化学学习指导/《初中学习指导》编写组编.—2版.—上海：上海科学技术出版社，1990.3.—130页；32开.—ISBN 7-5323-2040-5：1.30元
本书1989年8月第1版。

初中化学学习指导/郝清流等主编；湖南省郴州地区中学化学教学研究会编.—桂林：广西师范大学出版社，1990.1.—102页；16开.—ISBN 7-5633-0688-9：1.80元

初中化学学习指导/靳洒英编著.—北京：化学工业出版社，1990.1.—233页；32开.—（中学生学习能力培养与训练丛书）.—ISBN 7-5025-0548-2：3.20元

初中化学学习指导和测试/孙元清等编著.—上海：上海教育出版社，1990.8.—264页；32开.—ISBN 7-5320-1433-9：2.40元

初中化学学习指要/桑增祥等编.—上海：上海科学技术出版社，1990.11.—167页；32开.—ISBN 7-1323-2419-2：1.70元

初中化学学习提要与检测/河南省教委中小学教研室编.—2版.—郑州：河南教育出版社，1990.12.553页；32开.—（初中各科学习提要与检测）.—ISBN 7-5347-0921-0：1.10元
本书1989年12月第1版。

初中化学试题解题方法100例/汤志林主编.—南宁：广西民族出版社，1990.10.—133页；32开.（中小学生学习指导丛书/党玉敏，黄麟生主编）.ISBN 7-5363-0958-9：1.50元

初中化学标准化达纲同步训练/洪璞等编写.—南宁：广西民族出版社，1990.7.—180页；32开.—ISBN 7-5363-0856-6：2.20元

初中化学标准化命题单元检测答案/刘国栋编.—济南：明天出版社，1990.4.—7页；32开.—供初中三年级用.—ISBN 7-5332-0976-1：0.28元

初中化学标准化试题解题规律/赵徐声编著.—南昌：江西教育出版社，1990.7.—273页；32开.—ISBN 7-5392-0829-5：2.15元

初中化学标准化综合复习题/山西省教委教研室编.太原：山西教育出版社，1990.12.—205页；32开.ISBN 7-80578-271-7：1.80元

初中化学选择法测验手册/胡学增主编.—上海：华东化工学院出版社，1990.4.—291页；32开.—ISBN 7-5628-0069-3：3.15元

初中化学选择题/郑南甘，京榕编著.—2版（修订本）.—福州：福建人民出版社，1990.6.—130页；32开.—ISBN 7-211-01146-7：1.05元
本书1985年11月第1版。

初中化学选择题解题方法与技巧/肖畴阡，苏瑞强编著.—南宁：广西教育出版社，1990.5.—92页；32开.—ISBN 7-5435-0823-0：1.15元

初中化学选择题精编/谢和珍，杨淑清编.—上海：上海科学技术出版社，1990.4.—92页；32开.—ISBN 7-5323-1593-2：1.00元

初中化学重点知识归纳与验收/齐秀玉等编.—长春：长春出版社；延吉：东北朝鲜民族教育出版社，1990.3.—193页；32开.—（中学基础知识基本技能训练丛书/严诚主编）.—ISBN 7-80573-146-2：2.40元

初中化学重点·难点·解析与训练/刘建贞，张莺编写.—桂林：广西师范大学出版社，1990.1.—201页；32开.—（中学各科教学重点难点解析丛书/张德政，默一主编）.—ISBN 7-5633-0683-8：2.00元

初中化学总复习/北京市教育局教学研究部编.—3版.—北京：北京出版社，1990.8.—219页；32开.ISBN 7-200-00428-6：2.50元
本书1983年2月第1版。

初中化学教材教法/景维本主编；崔正元等编.—北京：北京师范大学出版社，1990.3.—180页；大32开.—师范专科学校试用教材.—ISBN 7-303-00861-6：1.35元

初中化学教学目标和评价/郭卓群等编著.—厦门：鹭江出版社，1990.6.—156页；32开.—ISBN 7-80533-333-5：1.75元

初中化学教学目标实施手册/江苏省初中化学教学目标编写组编.—南京：江苏科学技术出版社，1990.4.—141页；32开.—ISBN 7-5345-0916-5：1.50元

初中化学教学目标学习指导/廊坊市教委教研室编.—北京：气象出版社，1990.3.—156页；32开.青年自学用书.—ISBN 7-5029-0730-0：1.70元

初中化学教学目标检测/江苏省初中化学教学目标编写组编.—南京：江苏科学技术出版社，1990.4.70页；32开.—ISBN 7-5346-0911-4：0.75元

初中化学教学目标检测/项一贯等编.—上海：上海科学技术出版社，1990.8.—138页；32开.—ISBN 7-5323-2234-3：1.40元

初中化学教学参考资料　全一册.—北京：人民教育出版社，1990.12.—295页；32开.—（教学参考资料丛书）.—ISBN 7-107-01040-9：4.10元

初中化学基础训练/福建省普通教育教学研究室主编.—福州：福建人民出版社，1990.6.—176页；32开.—ISBN 7-211-01235-8：1.40元

初中化学基础知识与综合练习/戴洪厚等编.—石家庄：河北教育出版社，1990.2.—354页；32开.—ISBN 7-5434-0527-X：2.95元

初中化学综合训练与指导/赵成德主编.—沈阳：辽宁人民出版社，1990.2.—90页；32开.—ISBN 7-

205-01306-2：1.00元

初中化学智能趣题/吴歧廷，邵明坤主编.—济南：山东教育出版社，1990.8.—172页；32开.—ISBN 7-5328-1027-5：2.00元

初中化学错解分析/初中数理化《错解分析》编写组编.—石家庄：河北科学技术出版社，1990.1.158页；32开.—ISBN 7-5375-0457-1：1.85元

初中化学解难手册/黄儒兰主编.—北京：中国社会出版社，1990.10.—236页；32开.—（中学各科解难丛书/张盛如主编）.—ISBN 7-80088-117-2：3.20元

初中化学新题型精选/裘大彭主编.—北京：北京师范学院出版社，1990.2.—198页；32开.—供教师教学及青年自学参考.—ISBN 7-81014-427-8：2.20元

初中化学疑难辅导及训练/张莲云编著.—武汉：湖北教育出版社，1990.8.—244页；32开.—ISBN 7-5351-0511-4：2.30元

初中化学辨析/陈茂声编著.—哈尔滨：黑龙江教育出版社，1990.11.—191页；32开.—ISBN 7-5316-1157-9：2.20元

初中升学试题解题思路指点：化学/高志编.—修订本.—天津：新蕾出版社，1990.1.—240页；32开.ISBN 7-5307-0546-6：2.65元

初中升学试题解题思路指点：化学/高志等编.—天津：新蕾出版社，1990.12.—258页；32开.—ISBN 7-5307-0830-9：2.80元

初中综合复习与测试：化学/杨奇璞，施乔编.—南京：江苏教育出版社，1990.10.—119页；32开.ISBN 7-5343-1164-0：1.05元

初级中学教学目标评价手册：试用本：化学　全一册/湖北省初中化学教学评价研究组编.—武汉：湖北教育出版社，1990.8.—86页；16开.—ISBN 7-5351-0591-2：1.65元

青岛市初中化学配套试验教材学习指导/青岛市教育局教研室编.—2版.—青岛：青岛出版社，1989.4.—156页；32开.—ISBN 7-5436-0370-5：1.20.元

国际化学奥林匹克竞赛辅导讲座/王序昆等编著.上海：上海科学技术出版社，1990.1.—179页；16开.—ISBN 7-5323-1683-1：5.60元

单元检测与思路点拨：初中化学　全一册/李嘉迪编.—石家庄：河北科学技术出版社，1990.4.—176页；32开.—（中学生学习能力训练丛书/金玉章主编）.—ISBN 7-5375-0476-8：2.15元

学习导引与试题点评：高中化学/于中主编；吴峥等编.—天津：天津科学技术出版社，1990.10.319页；32开.—ISBN 7-5308-0896-6：4.10元

重点中学高中化学导读/王元莹等编.—上海：上海科学技术文献出版社，1990.1.—465页；32开.ISBN 7-80513-482-0：4.85元

高一化学导读/吴建国，邓新荣编.—北京：兵器工业出版社，1990.12.—153页；32开.—ISBN 7-80038-289-3：1.95元

高一化学练习/陆惊帆，薛映秋编.—上海：上海科学技术文献出版社，1990.12.—229页；32开.—（中学化学掌握学习丛书）.—ISBN 7-80513-738-2：2.60元

高一化学教学目标和测试/上海市教育局教研室编著.—上海：上海教育出版社，1990.8.—165页；32开.—教师用书.—ISBN 7-5320-1869-5：1.55元

高二化学练习/解宁宗编.—上海：上海科学技术文献出版社，1990.12.—210页；32开.—（中学化学掌握学习丛书）.—ISBN 7-80513-737-4：2.50元

高二化学教学目标和测试/上海市教育局教学研究室编.—上海：上海教育出版社，1990.7.—199页；32开.—教师用书.—ISBN 7-5320-1819-9：1.85元

高三化学教学目标和测试/上海市教育局教研室编.—上海：上海教育出版社，1990.8.—128页；32开.—教师用书.—ISBN 7-5320-1845-8：1.20元

高中一、二年级第一学期化学基础训练参考答案/河南省教委中小学教研室编.—2版—郑州：河南教育出版社，1990.3.—69页；32开.—ISBN 7-5347-0767-6：0.58元

高中二年级第二学期化学基础训练/河南省教委中小学教研室编.—2版.—郑州：河南教育出版社，1990.10.—115页；32开.—ISBN 7-5347-0894-X：0.90元

高中化学/张君贤，宋也编.—长春：吉林大学出版社，1990.6.—245页；32开.—（重点中学特〈高〉级教师编写的青年自学丛书）.—ISBN 7-5601-0524-6：3.15元

高中化学下册单元学法与训练/杨挺，贾玉民编.乌鲁木齐：新疆青少年出版社，1990.1.—180页；32开.—（中学课程单元学法与训练/孙炳铨主编）.附参考答案.—ISBN 7-5371-0571-5：1.40元

高中化学成套标准化试题选/《高中化学成套标准化试题选》编写组.—南昌：江西教育出版社，1990.2.—163页；32开.—ISBN 7-5392-0820-1：1.48元

高中化学导读与标准化练习/汤斌主编.—南宁：广西民族出版社，1990.11.—308页；32开.—ISBN 7-5363-0930-9：4.00元

高中化学例题分析与习题精选　上册/梁怀爱等编著.—桂林：广西师范大学出版社，1990.2.—178页；32开.—ISBN 7-5633-0669-2：1.95元

高中化学例题分析与习题精选　下册/梁怀爱等编著.—桂林：广西师范大学出版社，1990.2.—210页；32开.—ISBN 7-5633-0670-6：1.95元

高中化学学习指导/向纪昌等主编.—桂林：广西师范大学出版社，1990.4.—294页；32开.—ISBN 7-5633-0771-0：2.95元

高中化学学习指导　第一册/董正中编著.—北京：化学工业出版社，1990.1.—263页；32开.—（中学生学习能力培养与训练丛书）.—ISBN 7-5025-0550-4：3.80元

高中化学学习指导　第二册/单希乐编著.—北京：化学工业出版社，1990.1.—281页；32开.—（中学生学习能力培养与训练丛书）.—ISBN 7-50254-0551-2：3.90元

高中化学学习指导和测试/曹南山等编写.—上海：上海教育出版社，1990.8.—200页；32开.—高中一年级用.—ISBN 7-5320-1743-5：1.80元

高中化学学习指导和测试/施其康等编著.—上海：上海教育出版社，1990.9.—167页；32开.—高中二年级用.—ISBN 7-5320-1859-8：1.55元

高中化学学习指导和测试/季文德等编写.—上海：上海教育出版社，1990.6.—359页；32开.—高中三年级用.—ISBN 7-5320-1408-8：3.20元

高中化学练习　上册/《高中化学练习》编写组编.—南京：江苏教育出版社，1990.4.—325页；32开.—ISBN 7-5343-1019-9：2.45元

高中化学练习　下册/《高中化学练习》编写组编.—南京：江苏教育出版社，1990.4.—375页；32开.—ISBN 7-5343-1020-2：2.75元

高中化学练习与答案/单希乐编著.—北京：海洋出版社，1990.6.—254页；32开.—（自学辅导丛书）.ISBN 7-5027-0206-7：3.20元

高中化学标准化测试/刘铁梅等编.—长春：吉林教育出版社，1990.11.—309页；32开.—ISBN 7-5383-1165-3：3.05元

高中化学标准化测试/唐力主编.—南宁：广西教育出版社，1990.12.—199页；32开.—（中学理科专题辅导丛书）.—ISBN 7-5435-1101-0：2.00元

高中化学标准化综合复习题/山西省教委教研室编.—太原：山西教育出版社，1990.12.—279页；32开.—ISBN 7-80578-200-8：2.45元

高中化学选择题解题方法与技巧/肖畴阡等编著.南宁：广西教育出版社，1990.5.—250页；32开.ISBN 7-5435-0824-9：2.60元

本书版权页书名为：高中化学选择解题方法

高中化学重点知识归纳与验收/盛刚等编.—长春：长春出版社；延吉：东北朝鲜民族教育出版社，1990.3.—271页；32开.—（中学基础知识基本技能训练丛书/严诚主编）.—ISBN 7-80573-153-5：3.30元

高中化学重点难点辅导讲座/翟树理等编.—郑州：河南教育出版社，1990.7.—240页；32开.—ISBN 7-5347-0419-7：2.25元

高中化学重点·难点·解析与训练/刘实文，陶琅编写.—桂林：广西师范大学出版社，1990.1.—378页；32开.—（中学各科教学重点难点解析丛书）.ISBN 7-5633-0675-7：3.65元

高中化学总复习同步训练/金文辉等编.—太原：山西教育出版社，1990.8.—180页；16开.—ISBN 7-80578-359-4：3.85元

高中化学基础训练　下册/福建省普通教育教学研究室编.—3版.—福州：福建人民出版社，1990.7.193页；32开.—ISBN 7-211-01234-X：1.55元

高中化学辅导100天/马骁，杨美心编.—上海：上海科技教育出版社，1990.12.—416页；32开.—ISBN 7-5428-0433-2：3.65元

高中化学解难手册/黄儒兰主编.—北京：中国社会出版社，1990.10.—365页；32开.—（中学各科解难丛书/张盛如主编）.—ISBN 7-80088-119-9：4.45元

高中化学新题型精选/裘大彭主编.—北京：北京师范学院出版社，1990.2.—301页；32开.—供教师教学及青年自学参考.—ISBN 7-81014-422-7：3.10元

高中各科基础知识：化学/浙江省教育委员会教研室编.—3版.—杭州：浙江教育出版社，1990.12.438页；32开.—ISBN 7-5338-0302-7：2.95元

高中学科教学重点难点集萃：化学/北京师范学院附属中学编.—北京：中国劳动出版社，1990.12.371页；32开.—ISBN 7-5045-0629-X：4.30元

高中练习题精选：化学/罗宝贵等编.—北京：中国妇女出版社，1990.4.—374页；32开.—（高中自学丛书）.—ISBN 7-80016-229-X：4.16元

高考化学试题精编解析/胡学增主编.—西安：陕西人民教育出版社，1990.10.—190页；16开.—（中考、高考试题精编丛书）.—ISBN 7-5419-1744-3：3.20元

高考化学解题思路·方法·技巧/马采文编写.—郑州：河南教育出版社，1990.2.—416页；32开.—ISBN 7-5347-0596-7：3.80元

容易混淆的化学概念/王如定编著.—北京：中国少年儿童出版社，1990.4.—103页；32开.—ISBN 7-5007-0881-5：1.15元

课程基础训练：化学：初中三年级一学期/湖南省教育科学研究所编.—2版.—长沙：湖南教育出版社，1990.5.—90页；32开.—ISBN 7-5355-0230-X：0.70元

课程基础训练：化学：高中第一册/湖南省教育科学研究所编.—2版.—长沙：湖南教育出版社，

1990.5.—176页；32开.—ISBN 7-5355-0602-X：1.25元

课程基础训练：化学：高中第三册/湖南省教育科学研究所编.—2版.—长沙：湖南教育出版社，1990.5.—133页；32开.—ISBN 7-5355-0603-8：0.97元

最新标准化题型应试总复习：初中化学/王美文编.—北京：学苑出版社，1990.1.—107页；16开.ISBN 7-80060-772-0：2.80元

最新标准化题型应试总复习：高中化学/王绍宗，邓淑敏编.—北京：学苑出版社，1990.1.—122页；16开.—ISBN 7-80060-777-1：3.20元

新编化学自测题：初中三年级下学期/文世辉，但云编.—武汉：湖北教育出版社，1990.10.—121页；32开.—附答案.—ISBN 7-5351-0630-7：0.95元

精选精编最新试题解析：初中化学/李新黔等编.北京：北京师范学院出版社，1990.2.—266页；32开.—ISBN 7-81014-410-3：2.70元

精选精编最新试题解析：高中化学/娄树华等编.北京：北京师范学院出版社，1990.2.—270页；32开.—ISBN 7-81014-405-7：2.80元

G633.91　生　物

1989年初中升学生物试题及解答/辽宁教育出版社编.—沈阳：辽宁教育出版社，1990.1.—198页；32开.—ISBN 7-5382-1052-0：1.80元

1990年全国部分省市高考生物标准化预考题解答/辽宁教育出版社编.—沈阳：辽宁教育出版社，1990.2.—203页；32开.—ISBN 7-5382-1035-0：1.80元

1991年全国部分省市中考生物标准化预考题解答/辽宁教育出版社编.—沈阳：辽宁教育出版社，1990.9.—133页；32开.—ISBN 7-5382-1052-0：1.20元

义务教育三年制初级中学生物第一册（下）（试用本）教师教学用书/人民教育出版社生物自然室编著.—北京：人民教育出版社，1990.9.—159页；16开.—ISBN 7-107-00933-8：2.25元

中学生物知识疏导与应考能力训练/勾淑兰，董建主编.—西安：西安交通大学出版社，1989.2.—198页；32开.—ISBN 7-5605-0238-5：1.65元

中学生物总复习/北京市教育局教学研究部编.—2版.—北京：北京出版社，1990.8.—254页；32开.ISBN 7-200-00446-4：2.65元

本书1983年2月第1版。

中学生物教学渗透贯穿思想教育纲要/山西省实验中学编.—太原：山西教育出版社，1990.12.—34页；32开.—ISBN 7-80578-407-8：0.50元

中学生物解难手册/祁乃成，林静仁主编.—北京：中国社会出版社，1990.10.—341页；32开.—（中学各科解难丛书/张盛如主编）.—ISBN 7-80088-115-6：5.10元

中学学科自测ABC：高中生物/华东师大二附中编.—上海：上海科学技术出版社，1990.2.—144页；32开.—ISBN 7-5323-1730-7：1.45元

目标检测试题：高中生物/全国中学教育信息研究会编.—延吉：东北朝鲜民族教育出版社，1990.2.71页；8开.—ISBN 7-5437-0676-8：1.40元

生物应用分析能力的培养/陈正宜等编著.—北京：科学技术文献出版社，1990.7.—150页；32开.—ISBN 7-5023-1273-0：1.95元

生物学习目标的理论与实践/陈正宜等编著.—北京：科学技术文献出版社，1990.8.—180页；32开.ISBN 7-5023-1272-2：2.20元

生物课型设计及实施/陈正宜等编著.—北京：科学技术文献出版社，1990.8.—88页；16开.—ISBN 7-5023-1274-9：2.00元

生物教学最优化初探/陈绍文等编.—呼和浩特：内蒙古教育出版社，1990.10.—323页；32开.—ISBN 7-5311-1033-4：3.05元

生物智能训练与疑难解答/杨晓东，陈正奇主编.西安：陕西人民出版社，1990.6.—127页；32开.ISBN 7-224-01211-4：1.50元

生物趣题集/刘玉宝主编；李绵林，高志云编.—济南：明天出版社，1990.10.—108页；32开.—ISBN 7-5332-1111-1：1.15元

动物学：初中全一册/黎介编.—南宁：广西教育出版社，1990.12.—111页；32开.—（标准化题型与教学同步训练丛书）.—ISBN 7-5435-1097-9：1.20元

全国百所重点中学高中生物复习测试题精选/查一民，丁渭道主编.—南京：江苏教育出版社，1990.12.—195页；32开.—中学生家长、教师辅导用书.ISBN 7-5343-1192-6：1.85元

多解选择题及答案：高中生物/多选题编写小组编.—北京：海洋出版社，1990.1.—127页；32开.（升学应试辅导丛书）.—ISBN 7-5027-0319-5：1.60元

初中一年级教学目标与目标测试题：植物/西安市教育科学研究所，西安市教育委员会教研室编.—西安：陕西人民教育出版社，1990.5.—124页；32开.ISBN 7-5419-1538-6：1.20元

初中二年级教学目标与目标测试题：动物/西安市教育科学研究所，西安市教育委员会教研室编.—西安：陕西人民教育出版社，1990.4.—107页；32开.ISBN 7-5419-1539-4：1.05元

初中生物同步练习/刘德荣等主编.—济南：济南出

版社，1990.8.—176页；32开.—ISBN 7-80572-311-7：1.90元

初中生物各类题型与解法/《初中生物各类题型与解法》编写组编.—2版.—南昌：江西教育出版社，1990.—12.—206页；32开.—ISBN 7-5392-0720-5：1.00元

本书1989年12月初版。

初中生物知识优化训练/王居镇等主编.—南宁：广西教育出版社，1990.4.—98页；32开.—ISBN 7-5435-0787-0：1.05元

初中生物学纸学具：脊椎动物部分/钱涵清等编；高峰绘.—上海：上海教育出版社，1990.11.—8张；16开.—ISBN 7-5320-2170-X：0.95元

初中生物重点知识归纳与验收/胡滨等编.—长春：长春出版社；延吉：东北朝鲜民族教育出版社，1990.3.—163页；32开.—（中学基础知识基本技能训练丛书/严诚主编）.—ISBN 7-80573-148-9：2.10元

初中生物教学基本要求/吉林省教育学院编.—长春：吉林教育出版社，1990.4.—352页；32开.—ISBN 7-5383-1049-5：2.55元

初中动物学全一册辅导与练习/吉林省教育学院编.—长春：吉林教育出版社，1990.5.—169页；32开.—ISBN 7-5383-0968-3：1.20元

初中动物学单元自测与辅导：二年级上学期/掌握学习实验用书初中编写组编.—2版.—福州：福建人民出版社，1990.5.—144页；32开.—掌握学习实验用书.—ISBN 7-211-01349-4：1.20元

本书1989年7月第1版。

初中动物学单元自测与辅导：二年级下学期/掌握学习实验用书初中编写组编.—2版.—福州：福建人民出版社，1990.10.—113页；32开.—掌握学习实验用书.—ISBN 7-211-01550-0：1.00元

本书1989年7月第1版。

初中动物学教学目标实施手册/江苏省初中动物学教学目标编写组编.—南京：江苏科学技术出版社，1990.5.—104页；32开.—ISBN 7-5345-0935-1：1.16元

初中动物学教学目标检测/江苏省初中动物学教学目标编写组编.—南京：江苏科学技术出版社，1990.4.—45页；32开.—ISBN 7-5345-0902-5：0.56元

初中植物学全一册辅导与练习/吉林省教育学院编.—长春：吉林教育出版社，1990.5.—132页；32开.—ISBN 7-5383-0997-7：0.94元

初中植物学单元自测与辅导：一年级上学期/掌握学习实验用书初中编写组编.—2版.—福州：福建人民出版社，1990.5.—88页；32开.—掌握学习实验用书.—ISBN 7-211-01312-5：0.77元

本书1989年7月第1版。

初中植物学单元自测与辅导：一年级下学期/掌握学习实验用书初中编写组编.—2版.—福州：福建人民出版社，1990.10.—70页；32开.—掌握学习实验用书.—ISBN 7-221-01545-4：0.67元

本书1989年7月第1版。

初中植物学教学目标实施手册/江苏省初中植物学教学目标编写组编.—南京：江苏科学技术出版社，1990.4.—94页；32开.—ISBN 7-5345-0917-3：1.05元

初中植物学教学目标检测/江苏省初中植物学教学目标编写组编.—南京：江苏科学技术出版社，1990.4.—41页；32开.—ISBN 7-5345-0909-2：0.53元

标准化题型与教学同步训练：植物学：初中全一册/李协新编.—南宁：广西教育出版社，1990.11.108页；32开.—ISBN 7-5435-1059-6：1.16元

高中生物、生理卫生知识点与认知层次/景步国编.太原：山西教育出版社，1990.5.—340页；32开.ISBN 7-80578-171-1：3.35元

高中生物成套标准化试题选/《高中生物成套标准化试题选》编写组编.—南昌：江西教育出版社，1990.2.—137页；32开.—ISBN 7-5392-0819-8：1.30元

高中生物全一册辅导与练习/吉林省教育学院编.长春：吉林教育出版社，1990.5.—151页；32开.ISBN 7-5383-1012-6：1.05元

高中生物标准化综合复习题/山西省教委教学研究室编.—太原：山西教育出版社，1990.11.—253页；32开.—ISBN 7-80578-194-X：2.25元

高中生物选择题辨析/李润潼编著.—上海：上海教育出版社，1990.12.—159页；32开.—ISBN 7-5320-2117-3：1.45元

高中生物重点、难点、解析与训练/孙闾阊编写.桂林：广西师范大学出版社，1990.1.—182页；32开.—（中学各科教学重点难点解析丛书/张德政，默一主编）.—ISBN 7-5633-0677-3：1.80元

高中生物基础知识与学习指导/彭宜才，欧本宁主编.—桂林：广西师范大学出版社，1990.8.—235页；32开.—ISBN 7-5633-0909-8：2.05元

高中生物简答题解200例/马亚强编著.—兰州：甘肃教育出版社，1990.8.—186页；32开.—ISBN 7-5423-0167-5：1.90元

高考生物试题精编解析/胡学增主编；吴炎宗等编.—西安：陕西人民教育出版社，1990.8.—142页；16开.—（中考、高考试题精编丛书）.—ISBN 7-5410-1747-8：2.50元

高考生物总复习：思路·方法·步骤/王恒编著.呼和浩特：内蒙古人民出版社，1990.1.—367页；

32开.—ISBN 7-204-00388-X：3.80元

G633.92　生理、卫生

1989年全国中考题精选、解答及评析：生理卫生/杨石，屈寄成编.—成都：四川教育出版社，1990.3.89页；32开.—ISBN 7-5408-0340-1：0.90元

中学生理卫生、生物学习指导/宋德贵主编.—桂林：广西师范大学出版社，1990.12.—201页；32开.ISBN 7-5633-1010-X：2.55元

生理卫生：初中全一册/云南省教育厅教研室主编.—2版.—昆明：云南教育出版社，1990.5.—161页；32开.—(中学生学习指导丛书).—ISBN 7-5415-0320-7：1.70元

本书1985年7月第1版。

生理卫生：初中全一册/陈玉珍编.—南宁：广西教育出版社，1990.12.—97页；32开.—(标准化题型与教学同步训练丛书).—ISBN 7-5435-1112-6：1.06元

生理卫生试题选/徐乐波编.—上海：上海科学技术文献出版社，1990.3.—113页；32开.—ISBN 7-80513-645-9：1.20元

初中生理卫生全一册辅导与练习/吉林省教育学院编.—长春：吉林教育出版社，1990.—121页；32开.—ISBN 7-5383-0969-1：0.89元

初中生理卫生单元自测与辅导：三年级上学期/掌握学习实验用书初中编写组编.—2版.—福州：福建人民出版社，1990.5.—96页；32开.—掌握学习实验用书.—ISBN 7-211-01368-0：0.83元

本书1989年7月第1版。

初中生理卫生单元自测与辅导：三年级下学期/掌握学习实验用书初中编写组编.—2版.—福州：福建人民出版社，1990.10.—88页；32开.—掌握学习实验用书.—ISBN 7-211-01551-9：0.83元

本书1987年初版。

初中生理卫生学习指导/彭宜才，欧本宁主编.—桂林：广西师范大学出版社，1990.8.—192页；32开.ISBN 7-5633-0908-X：1.65元

初中生理卫生学习提要与检测/河南省教委中小学教研室编.—2版.—郑州：河南教育出版社，1990.12.—128页；32开.—(初中各科学习提要与检测).—ISBN 7-5347-1087-1：1.10元

本书1989年12月第1版。

初中生理卫生学习提要与检测/河南省教委中小学教研室编.—2版.—郑州：河南教育出版社，1990.12.—137页；32开.—(初中各科学习提要与检测).ISBN 7-5347-0925-3：1.00元

本书1989年12月第1版。

初中生理卫生教学目标实施手册/江苏省初中生理卫生教学目标编写组编.—南京：江苏科学技术出版社，1990.4.—100页；32开.—ISBN 7-5345-0925-4：1.13元

初中生理卫生教学目标检测/江苏省初中生理卫生教学目标编写组编.—南京：江苏科学技术出版社，1990.4.—39页；32开.—ISBN 7-5345-0901-7：0.53元

初中生理卫生综合训练与指导/谢庭宪主编.—沈阳：辽宁人民出版社，1990.2.—73页；32开.—ISBN 7-205-01305-4：0.80元

G633.95/.96　音乐、美术、体育

四年制初级中学实验课本音乐第一册使用说明/北京师范大学"五四"学制教材总编委员会编.—济南：山东教育出版社，1990.6.—50页；16开.—ISBN 7-5328-1008-9：0.96元

四年制初级中学实验课本音乐第二册使用说明/北京师范大学"五四"学制教材总编委员会编.—济南：山东教育出版社，1990.11.—30页；16开.—ISBN 7-5328-1082-8：0.61元

初级中学音乐第一册教师用书：五线谱/人民音乐出版社音乐教育编辑室主编.—北京：人民音乐出版社，1990.7.—93页；16开.—ISBN 7-103-00541-9：1.75元

初级中学音乐第一册教师用书：简谱/人民音乐出版社音乐教育编辑室主编.—北京：人民音乐出版社，1990.7.—92页；16开.—ISBN 7-103-00538-9：1.70元

初级中学音乐第二册教师用书：五线谱/人民音乐出版社音乐教育编辑室主编.—北京：人民音乐出版社，1990.11.—111页；16开.—ISBN 7-103-00635-0：2.05元

初级中学音乐第二册教师用书：简谱/人民音乐出版社音乐教育编辑室主编.—北京：人民音乐出版社，1990.11.—110页；16开.—ISBN 7-103-00635-0：2.00元

初级中学音乐第三册教师用书：五线谱/人民音乐出版社音乐教育编辑室主编.—北京：人民音乐出版社，1990.7.—83页；16开.—ISBN 7-103-00542-7：1.55元

初级中学音乐第三册教师用书：简谱/人民音乐出版社音乐教育编辑室主编.—北京：人民音乐出版社，1990.7.—78页；16开.—ISBN 7-103-00539-7：1.50元

初级中学音乐第四册教师用书：五线谱/人民音乐出版社音乐教育编辑室主编.—北京：人民音乐出版社，1990.11.—71页；16开.—ISBN 7-103-00633-

4：1.40元

初级中学音乐第四册教师用书：简谱/人民音乐出版社音乐教育编辑室主编.—北京：人民音乐出版社，1990.11.—69页；16开.—ISBN 7-103-00636-9：1.40元

初级中学音乐第五册教师用书：五线谱/人民音乐出版社音乐教育编辑室主编.—北京：人民音乐出版社，1990.7.—57页；16开.—ISBN 7-103-00543-5：1.20元

初级中学音乐第五册教师用书：简谱/人民音乐出版社音乐教育编辑室主编.—北京：人民音乐出版社，1990.7.—59页；16开.—ISBN 7-103-00540-0：1.20元

初级中学音乐第六册教师用书：五线谱/人民音乐出版社音乐教育编辑室主编.—北京：人民音乐出版社，1990.11.—49页；16开.—ISBN 7-103-00634-2：1.05元

初级中学音乐第六册教师用书：简谱/人民音乐出版社音乐教育编辑室主编.—北京：人民音乐出版社，1990.11.—47页；16开.—ISBN 7-103-00637-7：1.10元

义务教育三年制、四年制初级中学美术第二册（试用本）教师教学用书/人民教育出版社美术室编著.北京：人民教育出版社，1990.10.—48页；16开.ISBN 7-107-00936-7：1.70元

四年制初级中学实验课本美术第二册使用说明/北京师范大学“五·四”学制教材总编辑委员会编.哈尔滨：黑龙江教育出版社，1990.12.—4页；32开.—ISBN 7-5316-1243-7：0.20元

上海市高中体育课本第二册使用说明/上海市中小学教材编写组编.—上海：上海教育出版社，1990.11.—176页；32开.—ISBN 7-5320-2253-6：1.10元

山东省小学课本体育教学参考书/山东省教学研究室编.—济南：山东教育出版社，1990.4.—298页；32开.—ISBN 7-5328-0951-X：1.58元

体育基本知识/张世佳主编.—郑州：河南科学技术出版社，1990.7.—123页；32开.—中学师生教学用书.—ISBN 7-5349-0703-9：1.80元

体锻与达标：你想达到《国家体育锻炼标准》吗/翁士堃编著.—上海：上海教育出版社，1990.9.218页；32开.—（中学生文库）.—ISBN 7-5320-1721-4：1.85元

高中体育保健基础知识与练习　全一册/哈尔滨市教育学院编.—哈尔滨：黑龙江教育出版社，1990.7.93页；32开.—ISBN 7-5316-1120-1：1.10元

高中体育基本知识/洪泰田主编.—2版.—福州：福建教育出版社，1990.8.—98页；32开.—ISBN 7-5334-0366-5：0.84元

本书1988年9月第1版。

G634　教材、课本、辅助教材

中学生文苑：丛书　第一辑/饶杰腾主编.—北京：北京师范学院出版社，1990.2.—132页；32开.—ISBN 7-81014-452-9：1.12元

中学生文苑：丛书　第二辑/饶杰腾主编.—北京：北京师范学院出版社，1990.4.—131页；32开.—ISBN 7-81014-455-3：1.12元

中学生文苑：丛书　第三辑/饶杰腾主编.—北京：北京师范学院出版社，1990.5.—125页；32开.—ISBN 7-81014-465-0：1.12元

中学生文苑：丛书　第五辑/饶杰腾主编.—北京：北京师范学院出版社，1990.10.—125页；32开.ISBN 7-81014-498-7：1.12元

中学生百科/吴铎主编.—杭州：浙江教育出版社，1990.5.—1288页；32开.—ISBN 7-5338-0676-X（精装）：15.00元

中学生百科知识要览：化学分册/吴敬业编.—西安：陕西人民出版社，1990.8.—143页；32开.—ISBN 7-224-01155-X：2.05元

中学生百科知识要览：生物分册/刘宗国，申宁东编.—西安：陕西人民出版社，1990.7.—175页；32开.—ISBN 7-224-01118-5：2.40元

中学生百科知识要览：地理分册/郑之钧主编.—西安：陕西人民出版社，1990.6.—208页；32开.—ISBN 7-224-01120-7：2.85元

中学生百科知识要览：体育分册/刘永光编.—西安：陕西人民出版社，1990.6.—115页；32开.—ISBN 7-224-01115-0：1.70元

中学生百科知识要览：英语分册/郑之钧主编.—西安：陕西人民出版社，1990.11.—196页；32开.ISBN 7-224-01116-9：2.35元

中学生百科知识要览：物理分册/汪海汇，赵嘉琛编.—西安：陕西人民出版社，1990.6.—182页；32开.—ISBN 7-224-01122-3：2.40元

中学生百科知识要览：美术分册/郑之钧主编；陈尔振编.—西安：陕西人民出版社，1990.7.—104页；32开.—ISBN 7-224-01119-3：1.70元

中学生百科知识要览：数学分册/郑之钧主编；张克继，范光中编.—西安：陕西人民出版社，1990.6.383页；32开.—ISBN 7-224-01121-5：4.00元

中学生交响曲：德智体美思想政治文选/马登龙等编著.—沈阳：辽宁人民出版社，1990.11.—283页；32开.—ISBN 7-205-01479-4：3.00元

中学生实用学习辞典/郎好成等主编.—北京：中国广播电视出版社，1990.5.—1016页；32开.—ISBN 7-5043-0164-7（精装）：13.20元

本辞典所收词条包括中学语文、数学、英语、政治、物理、化学、历史、地理、生物、音乐、体育、美术等12个学科的2875个词条。

中学知识谜语·歇后语/李铁柱编著.—南宁：广西民族出版社，1990.8.—261页；32开.—ISBN 7-5363-0804-3：3.20元

考生必读/张玉明主编.—昆明：云南教育出版社，1990.5.—152页；32开.—ISBN 7-5415-0377-0：1.73元

学生小辞海：历史分册/福建师范大学主编；蒋颖贤编.—福州：福建人民出版社，1990.11.—280页；大32开.—ISBN 7-211-01142-4：4.25元

学生小辞海：化学分册/福建师范大学主编；卓家明等编.—福州：福建人民出版社，1990.10.—194页；大32开.—ISBN 7-211-01075-4：3.25元

学生小辞海：生物分册/福建师范大学主编；郑鸿霖编.—福州：福建人民出版社，1990.12.—21页；大32开.—ISBN 7-211-01494-6：3.40元

学生小辞海：外语分册/福建师范大学主编；周复编.—福州：福建人民出版社，1990.11.—51页；大32开.—ISBN 7-211-00999-3：1.20元

学生小辞海：地理分册/福建师范大学主编；滕通杨编.—福州：福建人民出版社，1990.11.—107页；大32开.—ISBN 7-211-00911-X：1.95元

学生小辞海：体音美分册/福建师范大学主编；林取用等编.—福州：福建人民出版社，1990.10.129页；大32开.—ISBN 7-211-01060-6：2.25元

学生小辞海：物理分册/福建师范大学主编；林復钦编.—福州：福建人民出版社，1990.12.—101页；大32开.—ISBN 7-211-01478-4：1.85元

学生小辞海：政治分册/福建师范大学主编；骆焉名编.—福州：福建人民出版社，1990.12.—134页；大32开.—ISBN 7-211-01196-3：2.30元

学生小辞海：语文分册/福建师范大学主编；林海权编.—福州：福建人民出版社，1990.12.—239页；大32开.—ISBN 7-211-01147-5：3.70元

科学概念：学生是怎样理解的/（ ）罗莎琳德·德赖弗等编；胡珍仁，陈忠义译.—郑州：河南教育出版社，1990.8.—223页；大32开.—（科学新探译丛）.—ISBN 7-5347-0654-8：2.40元

本书主要介绍中等学校的学生对一系列自然现象的想法和这些想法随教学如何变更和发展。

历史德育故事/冯一下，李洁著.—成都：四川少年儿童出版社，1990.7.—206页；32开.—（中学各科德育故事丛书）.—ISBN 7-5365-0560-9：2.55元

生物德育故事/梁富盛主编.—北京：北京少年儿童出版社，1990.7.—194页；32开.—（中学各科德育故事丛书）.—ISBN 7-5301-0244-3：2.35元

体音美德育故事/朱正义编著.—沈阳：沈阳出版社，1990.7.—222页；32开.—（中学各科德育故事丛书）.—ISBN 7-80556-382-9：2.70元

语文德育故事/宁衡然等著.—天津：新蕾出版社，1990.7.—202页；32开.—（中学各科德育故事丛书）.—ISBN 7-5307-0668-3：2.45元

理化德育故事/阎全锋主编；裘大鹏等编写.—北京：中国少年儿童出版社，1990.7.—186页；32开.（中学各科德育故事丛书）.—ISBN 7-5007-1171-9：2.30元

数学德育故事/张文忠编著.—西安：未来出版社，1990.7.—212页；32开.—（中学各科德育故事丛书）.—ISBN 7-5417-0344-3：2.55元

初中一年级各科练习册参考答案　上册/山西省教委教研室编.—太原：山西教育出版社，1990.5.165页；32开.—ISBN 7-80578-148-6：1.55元

初中一年级各科练习册参考答案　下册/山西省教委教研室编.—太原：山西教育出版社，1990.12.211页；32开.—ISBN 7-80578-320-9：1.90元

初中二年级各科练习册参考答案　上册/山西省教委教研室编.—太原：山西教育出版社，1990.6.252页；32开.—ISBN 7-80578-149-4：2.25元

初中二年级各科练习册参考答案　下册/山西省教委教研室编.—太原：山西教育出版社，1990.12.—99页；32开.—ISBN 7-80578-321-7：1.00元

初中三年级各科练习册参考答案　上册/山西省教委教研室编.—太原：山西教育出版社，1990.6.199页；32开.—ISBN 7-80578-150-3：1.85元

初中三年级各科练习册参考答案　下册/山西省教委教研室编.—太原：山西教育出版社，1990.12.—41页；32开.—ISBN 7-80578-322-5：0.50元

高中一年级各科练习册参考答案　上册/山西省教委教研室编.—太原：山西教育出版社，1990.6.—273页；32开.—ISBN 7-80578-143-5：2.40元

高中二年级各科练习册参考答案　上册/山西省教委教研室编.—太原：山西教育出版社，1990.6.222页；32开.—ISBN 7-80578-144-3：2.05元

高中二年级各科练习册参考答案　下册/山西省教委教研室编.—太原：山西教育出版社，1990.12.54页；32开.—ISBN 7-80578-234-3：0.65元

高中三年级各科练习册参考答案　上册/山西省教委教研室编.—太原：山西教育出版社，1990.6.179页；32开.—ISBN 7-80578-145-1：1.65元

高中三年级各科练习册参考答案　下册/山西省教

委教研室编.—太原：山西教育出版社，1990.12.26页；32开.—ISBN 7-80578-235-0：0.40元

高中各科练习册参考答案：一年级上学期/江西省教委教学教材研究室编.—南昌：江西教育出版社，1990.7.—49页；32开.—ISBN 7-5392-0929-1：0.42元

高中各科练习册参考答案：二年级上学期/江西省教委教学教材研究室编.—南昌：江西教育出版社，1990.7.—55页；32开.—ISBN 7-5392-0930-5：0.43元

G634.2 政　治

三防常识/吉林省人防办公室编.—长春：吉林教育出版社，1990.10.—73页；32开.—中学试用教材.ISBN 7-5383-1112-2：0.58元

中国社会主义建设常识　上册/上海市中学思想政治课教材编审委员会编.—2版.—上海：上海教育出版社，1990.6.—102页；32开.—全日制中学思想政治课本：试用本.—ISBN 7-5320-2000-2：0.33元

本书1988年6月第1版。

中国社会主义建设常识/广东省中学思想政治课实验教材编写组编.—修订本.—广州：广东高等教育出版社，1990.5.—178页；32开.—初级中学试用课本　初中三年级使用.—ISBN 7-5361-0296-8：1.60元

中国社会主义建设常识　上册/山东省教学研究室编.—济南：山东教育出版社，1990.3.—101页；32开.（中学生学习读物）.—初中三年级用.—ISBN 7-5328-1013-5：0.85元

中国社会主义建设常识　下册/山东省教学研究室编.—济南：山东教育出版社，1990.12.—86页；32开.—（中学生学习读物）.—初中三年级用.—ISBN 7-5328-0927-7：0.74元

中国社会主义建设常识　上册/天津市中学思想政治课改革教材编审委员会编.—3版.—天津：天津教育出版社，1990.6.—124页；32开.—初级中学试用课本.—ISBN 7-5309-0483-3：0.66元

本书1988年6月第1版。

中国社会主义建设常识　下册/天津市中小学思想政治课改革教材编审委员会编.—3版.—天津：天津教育出版社，1990.11.—91页；32开.—初级中学试用课本.—ISBN 7-5309-0594-5：0.52元

本书1988年11月第1版。

中国社会主义建设常识：农村版/王玉生等编.—长春：吉林教育出版社，1990.4.—147页；32开.—中学思想政治课试用课本.—ISBN 7-5383-0988-8：1.00元

中国社会主义建设常识：城市版/白耀武等编.—长春：吉林教育出版社，1990.4.—156页；32开.—中学思想政治课试用课本.—ISBN 7-5383-0975-5：1.05元

中国社会主义建设常识练习册　（上）/上海市中小学教材编写组编.—2版.—上海：上海教育出版社，1990.6.—44页；32开.—全日制中学思想政治课本：试用本.—ISBN 7-5320-2055-X：0.37元

本书1989年6月第1版。

中国社会主义建设常识练习册　（下）/上海市中小学教材编写组编.—2版.—上海：上海教育出版社，1990.11.—37页；32开.—全日制中学思想政治课本：试用本.—ISBN 7-5320-2244-7：0.35元

本书1989年11月第1版。

公民/孙廷华，曹群进主编.—上海：百家出版社，1990.12.—296页；32开.—ISBN 7-80576-179-5：4.00元

公民　上册/广东省中学思想政治课实验教材编写组编.—修订本.—广州：广东高等教育出版社，1990.6.—183页；32开.—初级中学试用课本　初中一年级使用.—ISBN 7-5361-0294-1：1.65元

本书1989年8月第1版。

公民　下册/广东省中学思想政治课实验教材编写组编.—修订本.—广州：广东高等教育出版社，1990.5.—169页；32开.—初级中学试用课本　初中二年级使用.—ISBN 7-5361-0295-X：1.55元

公民　上册/上海市中学思想政治课教材编审委员会编.—2版.—上海：上海教育出版社，1990.6.121页；32开.—全日制中学思想政治课本：试用本.—ISBN 7-5320-1988-8：0.39元

本书1988年6月第1版。

公民　下册/上海市中学思想政治课教材编审委员会编.—2版.—上海：上海教育出版社，1990.11.123页；32开.—全日制中学思想政治课本：试用本.—ISBN 7-5320-2202-1：0.74元

本书1988年11月第1版。

公民　上册/天津市中小学思想政治课改革教材编审委员会编.—3版.—天津：天津教育出版社，1990.6.—152页；32开.—初级中学试用课本.—ISBN 7-5309-0482-5：0.87元

本书1988年6月第1版。

公民　下册/天津市中小学思想政治课改革教材编审委员会编.—3版.—天津：天津教育出版社，1990.12.—200页；32开.—ISBN 7-5309-0592-9：1.07元

本书1988年9月第1版。

公民　上册/吉林省教育学院编.—长春：吉林教育出版社，1990.4.—130页；32开.—中学思想政治课试用课本.—ISBN 7-5383-0995-0：0.90元

公民　下册/吉林省教育学院编.—长春：吉林教育出版社，1990.10.—145页；32开.—中学思想政治课本.—ISBN 7-5383-1136-X：1.10元

公民　第一册/谭玉轩主编.—青岛：青岛出版社，1990.3.—93页；32开.—四年制初级中学实验课本.

ISBN 7-5436-0471-X：0.84元

公民　第二册/谭玉轩主编.一青岛：青岛出版社，1990.9.—144页；32开.一四年制初级中学实验课本＋附使用说明1册—ISBN 7-5436-0509-0：1.25元

公民　第三册/谭玉轩主编.一青岛：青岛出版社，1990.3.—82页；32开.一四年制初级中学实验课本.ISBN 7-5436-0460-4：0.76元

公民　第四册/谭玉轩主编.一青岛：青岛出版社，1990.10.—84页；32开.一四年制初级中学实验课本＋附使用说明1册—ISBN 7-5436-0548-1：0.80元

公民练习册　（上）/上海市中小学教材编写组编.上海：上海教育出版社，1990.6.—44页；32开.一全日制中学思想政治课本：试用本.—ISBN 7-5320-2064-9：0.37元

民族政策和民族团结教育/李爱丽等编写.一乌鲁木齐：新疆教育出版社，1990.6.—123页；32开.一新疆维吾尔自治区初级中学课本：试用本.—ISBN 7-5370-1210-6：0.72元

社会发展简史　上册/于万发等编.一长春：吉林教育出版社，1990.4.—157页；32开.一中学思想政治课试用课本.—ISBN 7-5383-0961-6：1.05元

社会发展简史　下册/于万发等编.一长春：吉林教育出版社，1990.10.—132页；32开.一中学思想政治课试用课本.—ISBN 7-5383-1151-3：1.00元

社会发展简史　上册/上海市中学思想政治课教材编审委员会编.一2版.一上海：上海教育出版社，1990.6.—184页；32开.一全日制中学思想政治课本：试用本.—ISBN 7-5320-1993-4：0.53元

本书1988年6月第1版。

社会发展简史　下册/天津市中小学思想政治课改革教材编审委员会编.一3版.一天津：天津教育出版社，1990..12.—170页；32开.一初级中学试用课本.—ISBN 7-5309-0593-7：0.87元

本书1988年9月第1版。

社会发展简史练习册　（上）/上海市中小学教材编写组编.一2版.一上海：上海教育出版社，1990.6.60页；32开.一全日制中学思想政治课本：试用本.ISBN 7-5320-2032-0：0.46元

本书1989年6月第1版。

初中思想政治课练习册参考答案　（上）/上海市中小学教材编写组编.一2版.一上海：上海教育出版社，1990.6.—68页；32开.一全日制中学思想政治课本：试用本.—ISBN 7-5320-2036-5：0.51元

本书1989年6月第1版。

初中思想政治课练习册参考答案　（下）/上海市中小学教材编写组编.一2版.一上海：上海教育出版社，1990.11.—54页；32开.一全日制中学思想政治课本：试用本.—ISBN 7-5320-2247-1：0.45元

本书1989年11月第1版。

初中政治综合练习册：三年级下学期/江西省教委教学教材研究室编.一南昌：江西教育出版社，1990.12.—136页；32开.—ISBN 7-5392-1044-3：0.92元

初级中学中国社会主义建设常识练习册　下册/人民教育出版社政治室编.一2版.一北京：人民教育出版社，1990.11.—84页；32开.一初中三年级下学期用.—ISBN 7-107-10535-3：0.75元

初级中学中国社会主义建设常识练习册　上册/山西省教委教研室编.一太原：山西教育出版社，1990.6.—26页；16开.—ISBN 7-80578-147-8：0.70元

初级中学中国社会主义建设常识练习册　下册/山西省教委教研室编.一太原：山西教育出版社，1990.12.—50页；16开.—ISBN 7-80578-319-5：1.10元

初级中学公民（上册）练习册/人民教育出版社政治室编.一2版.一北京：人民教育出版社，1990.5.114页；32开.一初中一年级上学期用.—ISBN 7-107-10424-1：0.96元

初级中学公民练习册　（上）/山西省教委教学研究室编.一太原：山西教育出版社，1990.6.—39页；16开.—ISBN 7-80578-109-5：0.84元

初级中学社会发展简史练习册　上册/山西省教委教研室编.一太原：山西教育出版社，1990.5.—46页；16开.—ISBN 7-80578-156-9：0.90元

初级中学社会发展简史练习册　下册/山西省教委教研室编.一太原：山西教育出版社，1990.12.—66页；16开.—ISBN 7-80578-316-0：1.25元

初级中学社会发展简史（下册）练习册/人民教育出版社政治室编.一2版.一北京：人民教育出版社，1990.11.—56页；32开.—ISBN 7-107-10552-3：0.55元

经济常识/广东省中学思想政治课实验教材编写组编.一修订本.一广州：广东高等教育出版社，1990.5.—212页；32开.一高级中学试用课本　高中二年级使用.—ISBN 7-5361-0145-7：1.90元

经济常识　上册/上海市中学思想政治课教材编审委员会编.一3版.一上海：上海教育出版社，1990.6.106页；32开.一全日制中学思想政治课本：试用本.—ISBN 7-5320-1974-8：0.35元

本书1988年6月第1版。

经济常识　下册/上海市中学思想政治课教材编审委员会编.一3版.一上海：上海教育出版社，1990.11.—93页；32开.一全日制中学思想政治课本：试用本.—ISBN 7-5320-2198-X：0.58元

本书1988年11月第1版。

经济常识　（上）/天津市中学思想政治课改革教材编审委员会编.一3版.一天津：天津教育出版社，1990.6.—141页；32开.一高级中学试用课本.—ISBN

7-5309-0484-1：0.73元
本书1988年6月第1版。

经济常识 （下）/天津市中小学思想政治课改革教材编审委员会编.—2版.—天津：天津教育出版社，1990.11.—117页；32开.—高级中学试用课本.ISBN 7-5309-0599-6：0.63元
本书1988年11月第1版。

经济常识 上册/于恩顺等编.—长春：吉林教育出版社，1990.4.—114页；32开.—中学思想政治课试用课本.—ISBN 7-5383-0984-5：0.82元

经济常识 下册/于恩顺等编.—长春：吉林教育出版社，1990.10.—101页；32开.—中学思想政治课本.—ISBN 7-5383-1135-1：0.81元

经济常识 上册/贵州省中学思想政治课改革实验教材编写组编.—4版.—贵阳：贵州人民出版社，1990.3.—110页；32开.—中学思想政治课改革实验教材 高中二年级.—ISBN 7-221-01802-2：0.78元

经济常识：试用本/李喜平主编.—沈阳：辽宁大学出版社，1990.12.—197页；32开.—辽宁省职业高级中学教材 供二年级用.—ISBN 7-5610-1112-1：3.00元

《经济常识》学习册：高中二年级/《经济常识》学习册编写组编.—修订本.—广州：广东高等教育出版社，1990.5.—88页；32开.—（中学思想政治课改革实验丛书）.—ISBN 7-5361-0400-6：0.92元
本书1989年11月第1版。

经济常识练习册 （上）/上海市中小学教材编写组编.—2版.—上海：上海教育出版社，1990.6.—68页；32开.—全日制中学思想政治课本：试用本.ISBN 7-5320-1975-6：0.51元
本书1989年6月第1版。

政治常识/上海市中学思想政治课教材编审委员会编.—3版.—上海：上海教育出版社，1990.6.—135页；32开.—全日制中学思想政治课本：试用本.ISBN 7-5320-1992-6：0.41元
本书1988年6月第1版。

政治常识/广东省中学思想政治课实验教材编写组编.—修订本.—广州：广东高等教育出版社，1990.5.—154页；32开.—高级中学试用课本 高中三年级使用.—ISBN 7-5361-0134-1：1.45元

政治常识 全一册/天津市中学思想政治课改革教材编审委员会编.—3版.—天津：天津教育出版社，1990.6.—175页；32开.—高级中学试用课本.—ISBN 7-5309-0485-X：0.89元
本书1988年7月第1版。

政治常识 全一册/刘强，郭文昌编著.—长春：吉林教育出版社，1990.4.—178页；32开.—中学思想政治课试用课本.—ISBN 7-5383-1021-5：1.15元

政治常识练习册/上海市中小学教材编写组编.—2版.—上海：上海教育出版社，1990.6.—86页；32开.全日制中学思想政治课本：试用本.—ISBN 7-5320-2100-9：0.60元
本书1989年6月第1版。

科学人生观/广东省中学思想政治课实验教材编写组编.—修订本.—广州：广东高等教育出版社，1990.5.—226页；32开.—高级中学试用课本 高中一年级使用.—ISBN 7-5361-0133-3：1.95元

科学人生观 上册/上海市中学思想政治课教材编审委员会编.—2版.—上海：上海教育出版社，1990.6.—141页；32开.—全日制中学思想政治课本：试用本.—ISBN 7-5320-1921-7：0.43元
本书1988年6月第1版。

科学人生观 下册/上海市中学思想政治课教材编审委员会编.—2版.—上海：上海教育出版社，1990.11.—134页；32开.—全日制中学思想政治课本：试用本.—ISBN 7-5320-2197-1：0.78元

科学人生观练习册 （上）/上海市中小学教材编写组编.—上海：上海教育出版社，1990.6.—64页；32开.—全日制中学思想政治课本：试用本.—ISBN 7-5320-1973-X：0.46元

科学人生观练习册 （下）/上海市中小学教材编写组编.—上海：上海教育出版社，1990.11.—56页；32开.—全日制中学思想政治课本：试用本.ISBN 7-5320-2239-0：0.45元

科学人生观下册练习册/吉林省教育学院编.—长春：吉林教育出版社，1990.11.—51页；32开.—ISBN 7-5383-1145-0：0.49元

高中思想政治课练习册参考答案 （上）/上海市中小学教材编写组编.—2版.—上海：上海教育出版社，1990.6.—97页；32开.—全日制中学思想政治课本：试用本.—ISBN 7-5320-2053-3：0.69元
本书第1989年6月第1版。

高级中学经济常识练习册 （上）/山西省教委教研室编.—太原：山西教育出版社，1990.5.—24页；16开.—ISBN 7-80578-138-9：0.75元

高级中学政治常识练习册 全一册/山西省教委教研室编.—太原：山西教育出版社，1990.6.—54页；16开.—ISBN 7-80578-142-7：1.15元

高级中学科学人生观（上册）练习册/人民教育出版社政治室编.—2版.—北京：人民教育出版社，1990.6.—129页；32开.—高中一年级上学期用.ISBN 7-107-10428-4：1.05元

高级中学科学人生观（下册）练习册/人民教育出版社政治室编.—2版.—北京：人民教育出版社，1990.11.—127页；32开.—高中一年级下学期用.ISBN 7-107-10536-1：1.05元

高级中学科学人生观上册练习册/山西省教委教研室编.—太原：山西教育出版社，1990.5.—51页；16

开.—ISBN 7-80578-131-1：1.15元

高级中学科学人生观下册练习册/山西省教委教研室编.—太原：山西教育出版社，1990.12.—51页；16开.—ISBN 7-30578-228-8：1.15元

中小学法制教育读物/赵凤祥，黎明主编.—长春：东北师范大学出版社，1990.3.—151页；32开.—ISBN 7-5602-0410-4：1.55元

中学生时政学习课外读物/虞荣根等编.—南京：南京出版社，1990.3.—92页；32开.—ISBN 7-80560-166-6：1.00元

中学生热门话题漫谈：即将发出的信/崇德编著.北京：北京科学技术出版社，1990.4.—169页；32开.—ISBN 7-5304-0669-8：2.10元

本书为几位具有丰富的教育、教学经验的教师、围绕中学生的热门话题引伸抒情，以书信的形式亲切对话，对学生进行理想、道德、情操等方面的教育。

文明之花五千年/尹世霖编写.—延吉：东北朝鲜民族教育出版社，1990.4.—123页；32开.—（我爱中华丛书/贾斌主编）.—ISBN 7-5437-0682-2：1.55元

创造幸福的人们/国家教委基础教育司，中国教育学会编.—郑州：文心出版社，1990.4.—153页；32开.—（中学生品德修养故事丛书/韩作黎主编）.ISBN 7-30537-296-9：1.50元

时事学习材料/天津市中学思想政治课改革教材编审委员会编.—天津：天津教育出版社，1990.5.—62页；32开.—供1990年高中毕业生使用.—ISBN 7-5309-0943-6：0.60元

走历史必由之路/国家教委基础教育司，中国教育学会编.—郑州：文心出版社，1990.4.—172页；32开.—（中学生品德修养故事丛书/韩作黎主编）.ISBN 7-30537-294-2：1.60元

近代中华爱国志士/吴钧，李兴元主编.—南京：南京大学出版社，1990.11.—250页；32开.—ISBN 7-305-00997-0：2.95元

国情教育/唐新兴主编.—南京：南京出版社，1990.9.—147页；32开.—（吴县中学德育系列读物）.—ISBN 7-80560-262-X：1.65元

法制教育读本：初中部分/李辛等编.—杭州：浙江少年儿童出版社，1990.1.—157页；32开.—ISBN 7-5342-0511-5：1.45元

法制教育读本：高中部分/李辛等编.—杭州：浙江少年儿童出版社，1990.1.—252页；32开.—ISBN 7-5342-0512-3：2.25元

法律就在身边/国家教委基础教育司，中国教育学会编.—郑州：文心出版社，1990.4.—202页；32开.（中学生品德修养故事丛书/韩作黎主编）.—ISBN 7-80537-298-5：1.80元

经济常识　（上）/黄锦鸾等主编.—桂林：广西师范大学出版社，1990.12.—110页；32开.—（中学思想政治课课外读物丛书）.—ISBN 7-5633-1011-8：1.05元

政治常识/彭茂福等主编.—桂林：广西师范大学出版社，1990.12.—171页；32开.—（中学思想政治课课外读物丛书）.—ISBN 7-5633-1013-4：1.80元

革命老一辈/李大同等编写.—长春：吉林教育出版社，1990.4.—126页；32开.—（我爱中华丛书/贾斌主编）.—ISBN 7-5383-0936-5：1.55元

本书介绍了毛泽东、周恩来、刘少奇、朱德等15位老一代革命家的光辉事迹。

点燃理想之火/国家教委基础教育司，中国教育学会编.—郑州：文心出版社，1990.4.—202页；32开.（中学生品德修养故事丛书/韩作黎主编）.—ISBN 7-80537-297-7：1.80元

祖国在我心中/国家教委基础教育司，中国教育学会编.—郑州：文心出版社，1990.4.—211页；32开.（中学生品德修养故事丛书/韩作黎主编）.—ISBN 7-80537-293-4：1.90元

爱国主义阅读教材：初中　全一册/云南省教育厅教研室主编.—2版.—昆明：云南教育出版社，1990.5.—132页；32开.—ISBN 7-5415-0167-0：0.97元

爱国主义阅读教材：高中　全一册/云南省教育厅教研室主编.—2版.—昆明：云南教育出版社，1990.5.—112页；32开.—ISBN 7-5415-0168-9：1.02元

爱国主义教育阅读教材/云南省教育厅教研室编写.2版.—昆明：云南少年儿童出版社，1990.4.—124页；32开.—供小学四、五、六年级使用.—ISBN 7-5414-0270-2：1.30元

爱国·使命·道路/北京市教育局中学形势教育材料编写组编.—北京：北京教育出版社，1990.12.79页；32开.—ISBN 7-5303-0196-9：0.80元

道德的光辉/国家教委基础教育司，中国教育学会编.—郑州：文心出版社，1990.3.—196页；32开.（中学生品德修养故事丛书/韩作黎主编）.—ISBN 7-80537-295-0：1.70元

雷锋的故事/王德昌，潘照坤著.—沈阳：春风文艺出版社，1990.1.—110页；32开.—（雷锋事迹丛书：中学版）.—ISBN 7-5313-0351-5：1.20元

愿你青春更美好/国家教委基础教育司，中国教育学会编.—郑州：文心出版社，1990.4.—170页；32开.—（中学生品德修养故事丛书/韩作黎主编）.ISBN 7-80537-299-3：1.60元

德育故事读本/韩作黎主编；国家教委基础教育司，中国教育学会编.—郑州：文心出版社，1990.4.385页；32开.—（中学生品德修养故事丛书精选本）.—ISBN 7-30537-300-0：3.50元

警钟长鸣不忘国耻：帝国主义侵华罪行/湖南省教育委员会《警钟长鸣不忘国耻》编写组编.—长沙：湖南教育出版社，1990.2.—119页；32开.—供中学使用.—ISBN 7-5355-1063-9：0.80元

G634.3 语文

义务教育三年制初级中学语文自读课本 第一册/人民教育出版社语文一室编.—北京：人民教育出版社，1990.5.—374页；32开.—ISBN 7-107-00883-8：2.75元

义务教育三年制初级中学语文自读课本 第二册：雷锋之歌/人民教育出版社语文一室编.—北京：人民教育出版社，1990.11.—431页；32开.—ISBN 7-107-00941-9：2.90元

汉语文 第一册/东北朝鲜民族教育出版社汉语文编辑室编.—3版.—延吉：东北朝鲜民族教育出版社，1990.5.—161页；32开.—初级中学课本.—ISBN 7-5437-0428-5：0.82元
本书1984年7月第1版。

汉语文 第二册/东北朝鲜民族教育出版社汉语文编辑室编.—3版.—延吉：东北朝鲜民族教育出版社，1990.10.—186页；32开.—初级中学课本.—ISBN 7-3437-0020-4：0.96元
本书1984年1月第1版。

汉语文 第三册/东北朝鲜民族教育出版社汉语文编辑室编.—3版.—延吉：东北朝鲜民族教育出版社，1990.5.—173页；32开.—初级中学课本.—ISBN 7-5437-0435-8：0.87元
本书1985年12月第1版。

汉语文 第四册/东北朝鲜民族教育出版社汉语文编辑室编.—3版.—延吉：东北朝鲜民族教育出版社，1990.10.—187页；32开.—初级中学课本.—ISBN 7-5437-0021-2：0.92元
本书1585年12月第1版。

汉语文 第五册/东北朝鲜民族教育出版社汉语文编辑室编.—3版.—延吉：东北朝鲜民族教育出版社，1990.6.—207页；32开.—初级中学课本.—ISBN 7-5437-0430-6：1.00元
本书1984年1月第1版。

汉语文 第六册/东北朝鲜民族教育出版社汉语文编辑室编.—5版.—延吉：东北朝鲜民族教育出版社，1990.9.—186页；32开.—初级中学课本.—ISBN 7-5437-0022-0：0.96元
本书1985年12月第1版。

汉语文 第一册/东北朝鲜民族教育出版社汉语文编辑室编.—3版.—延吉：东北朝鲜民族教育出版社，1990.6.—188页；32开.—高级中学课本.—ISBN 7-5437-0449-8：0.92元
本书1983年6月第1版。

汉语文 第二册/东北朝鲜民族教育出版社汉语文编辑室编.—3版.—延吉：东北朝鲜民族教育出版社，1990.3.—211页；32开.—高级中学课本.—ISBN 7-5437-0023-9：1.05元
本书1984年4月第1版。

汉语文 第四册/东北朝鲜民族教育出版社汉语文编辑室编.—3版.—延吉：东北朝鲜民族教育出版社，1990.3.—203页；32开.—高级中学课本.—ISBN 7-5437-0024-7：1.00元
本书1984年1月第1版。

汉语文 第五册/东北朝鲜民族教育出版社汉语文编辑室编.—3版.—延吉：东北朝鲜民族教育出版社，1990.6.—276页；32开.—高级中学课本.—ISBN 7-5437-0490-0：1.30元
本书1984年1月第1版。

汉语文 第六册/东北朝鲜民族教育出版社汉语文编辑室编.—3版.—延吉：东北朝鲜民族教育出版社，1990.3.—257页；32开.—高级中学课本.—ISBN 7-5437-0025-5：1.20元
本书1984年1月第1版。

汉语文 第三册/朝鲜族师范学校汉语文教材编写组编.—延吉：东北朝鲜民族教育出版社，1990.7.292页；32开.—中等师范学校课本：试用本.—ISBN 7-5437-0712-8：1.95元

汉语文 第四册/朝鲜族师范学校汉语文教材编写组编.—2版.—延吉：东北朝鲜民族教育出版社，1990.7.—392页；32开.—中等师范学校课本：试用本.—ISBN 7-5437-0707-1：2.55元
本书1985年8月第1版。

写作 第一册.—沈阳：辽宁教育出版社，1990.8.100页；32开.—辽宁省初中语文实验教材.—ISBN 7-5382-1218-3：1.00元

作文 第一册/天津市教育教学研究室编.—2版.天津：天津教育出版社，1990.6.—72页；16开.—天津市初中试用课本.—ISBN 7-5309-0369-1：0.75元
本书1986年第1版。

作文 第三册/天津市教育教学研究室编.—2版.天津：天津教育出版社.1990.6.—83页；16开.—天津市初中试用课本.—ISBN 7-5309-0370-5：0.87元
本书1986年5月第1版。

作文 第五册/天津市教育教学研究室编.—2版.天津：天津教育出版社，1990.6.—75页；16开.—天津市初中试用课本.—ISBN 7-5309-0371-3：0.81元
本书1986年5月第1版。

作文 第六册/天津市教育教学研究室编.—2版.天津：天津教育出版社，1990.12.—79页；16开.天津市初中试用课本.—ISBN 7-5309-0261-X：0.84元
本书1986年10月第1版。

语文 第一册/人民教育出版社语文一室编.—北京：人民教育出版社，1990.4.—360页；32开.—义

务教育三年制初级中学教科书：试用本.—ISBN 7-107-00836-6：2.95元

语文　第二册/人民教育出版社语文一室编.—北京：人民教育出版社，1990.10.—390页；32开.—义务教育三年制初级中学教科书：试用本.—ISBN 7-107-00927-3：3.15元

语文：初中　第一册.—修订本.—广州：广东高等教育出版社，1990.5.—249页；32开.—沿海版九年制义务教育试验教材.—ISBN 7-5361-0343-3：3.00元

语文：初中　第二册.—广州：广东高等教育出版社，1990.1.—332页；32开.—沿海版九年制义务教育试验教材.—ISBN 7-5361-0412-X：3.80元

语文：初中　第三册/九年制义务教育教材（沿海版）编写委员会编.—广州：广东高等教育出版社，1990.8.—257页；32开.—沿海版九年制义务教育试验教材.—ISBN 7-5361-0507-X：3.20元

语文　第一册/北京师范大学附属实验中学编.—北京：新华出版社，1990.6.—259页；32开.—初级中学课本.—ISBN 7-5011-0769-6：2.45元

语文　第二册/张鸿苓主编.—北京：北京师范大学出版社，1990.1.—415页；32开.—四年制初级中学实验课本：试用本.—ISBN 7-303-00805-5：3.25元

语文　第一册/洪宗礼主编.—南京：江苏教育出版社，1990.8.—308页；32开.—义务教育三年制初级中学教科书：试用本·单元合成、整体训练.ISBN 7-5343-1202-7：2.55元

语文　第二册/洪宗礼主编.—2版.—南京：江苏教育出版社，1990.12.—312页；32开.—江苏省九年义务教育初中试用课本：单元合成、整体训练.—ISBN 7-5343-1203-5：2.35元

语文　第六册/洪宗礼主编.—南京：江苏教育出版社，1990.10.—335页；32开.—江苏省"单元合成·整体训练"初中实验课本.—ISBN 7-5343-1168-3：2.50元

语文　第二册.—2版.—成都：四川教育出版社，1990.12.—270页；32开.—九年制义务教育全日制初级中学课本：实验本.—ISBN 7-5408-1283-4：1.31元

语文　第三册/潘述羊主编.—成都：四川教育出版社，1990.6.—289页；32开.—九年制义务教育全日制初中试验课本.—ISBN 7-5408-1372-5：1.40元

语文　第四册.—成都：四川教育出版社，1990.12.—304页；32开.—九年制义务教育全日制初级中学课本：实验本.—ISBN 7-5408-1473-1：1.47元

语文第一册自读课本/潘述羊主编.—成都：四川教育出版社，1990.6.—120页；32开.—九年制义务教育全日制初中课本：实验本.—ISBN 7-5408-1369-5：0.70元

语文第二册自读课本.—成都：四川教育出版社，1990.12.—132页；32开.—九年制义务教育全日制初中课本：实验本.—ISBN 7-5408-1418-9：0.70元

阅读　第一册.—沈阳：辽宁教育出版社，1990.8.—301页；32开.—辽宁省初中语文实验教材.—ISBN 7-5382-1217-5：2.65元

九年制义务教育全日制初中试验课本语文第一册练习/潘述羊主编.—2版.—成都：四川教育出版社，1990.6.—118页；32开.—ISBN 7-5408-1200-1：0.75元

九年制义务教育全日制初中语文第四册练习：实验本.—成都：四川教育出版社，1990.12.—120页；32开.—ISBN 7-5408-1476-4：0.99元

九年制义务教育初中语文第二册练习：实验本.—2版.—成都：四川教育出版社，1990.12.—124页；32开.—ISBN 7-5408-1290-7：1.01元

五年制小学实验课本语文第二册练习册/湖北省沙市市"五·四"制教材实验组编.—青岛：青岛出版社，1990.10.—100页；32开.—ISBN 7-5436-0530-9：0.90元

中学生练习册：高中语文　第一册/四川省中小学教材审查委员会审定.—3版.—成都：四川教育出版社，1990.5.—183页；32开.—ISBN 7-5408-0500-6：1.47元

中学生练习册：高中语文　第三册/郭山等编写.3版.—成都：四川教育出版社，1990.5.—161页；32开.—ISBN 7-5408-0501-4：1.34元

中学生练习册：高中语文　第四册/四川省教育科学研究所主编.—3版.—成都：四川教育出版社；重庆：重庆出版社，1990.12.—168页；32开.—ISBN 7-5408-1449-7：1.36元

中学生练习册：高中语文　第五册/岳洁等编写.3版.—成都：四川教育出版社，1990.5—160页；32开.—ISBN 7-5408-0502-2：1.31元

中学最优化教学作业册：初中语文　第二册/汪明华主编.—北京：学苑出版社，1990.1.—227页；32开.—ISBN 7-80060-781-X：2.55元

中学最优化教学作业册：初中语文　第四册/汪明华主编.—北京：学苑出版社，1990.1.—207页；32开.—ISBN 7-80060-782-8：2.30元

中学最优化教学作业册：初中语文　第六册/汪明华主编.—北京：学苑出版社，1990.1.—203页；32开.—ISBN 7-80060-783-6：2.30元

四年制初级中学实验课本语文第一册练习册/山东省教学研究室编.—北京：北京师范大学出版社，1990.5.—170页；32开.—ISBN 7-303-01002-5：

1.85元

初中语文练习　第一册/江苏省教育委员会教学研究室编.—3版.—南京：江苏教育出版社，1990.3.106页；32开.—ISBN 7-5343-0306-0：0.92元

初中语文练习　第三册/江苏省教育委员会教学研究室编.—3版.—南京：江苏教育出版社，1990.3.124页；32开.—ISBN 7-5343-0307-9：1.05元

初中语文练习　第五册/江苏省教育委员会教学研究室编.—2版.—南京：江苏教育出版社，1990.4.133页；32开.—ISBN 7-5343-0308-7：1.10元

初中语文练习册　第一册/上海市中小学教材编写组编.—上海：上海教育出版社，1990.6.—112页；32开.—ISBN 7-5320-1939-X：0.73元

初中语文练习册　第二册/上海市中小学教材编写组编.—上海：上海教育出版社，1990.11.—163页；32开.—ISBN 7-5320-2196-3：1.15元

初中语文练习册　第三册/上海市中小学教材编写组编.—上海：上海教育出版社，1990.6.—90页；32开.—ISBN 7-5320-1930-6：0.64元

初中语文练习册　第四册/上海市中小学教材编写组编.—上海：上海教育出版社，1990.11.—100页；32开.—ISBN 7-5320-2201-3：0.75元

初中语文练习册　第五册/上海市中小学教材编写组编.—上海：上海教育出版社，1990.6.—112页；32开.—ISBN 7-5320-1965-9：0.73元

初中语文练习册　第六册/上海市中小学教材编写组编.—上海：上海教育出版社，1990.11.—125页；32开.—ISBN 7-5320-2213-7：0.90元

初中语文练习册　第一册/天津市教育教学研究室编.—2版.—天津：天津教育出版社，1990.5.—113页；32开.—ISBN 7-5309-0460-4：0.57元

本书1988年6月第1版。

初中语文练习册　第一册/甘肃省教材编审室编.兰州：甘肃教育出版社，1990.6.—40页；16开.—初一第一学期.—ISBN 7-5423-0142-X：0.85元

初中语文练习册　第二册/甘肃省教材编审室编.兰州：甘肃教育出版社，1990.12.—48页；16开.初一第二学期.—ISBN 7-5423-0193-4：0.95元

初中语文练习册　第三册/甘肃省教材编审组编.兰州：甘肃教育出版社，1990.6.—40页；16开.—初二第一学期.—ISBN 7-5423-0146-2：0.85元

初中语文练习册　第四册/甘肃省教材编审室编.兰州：甘肃教育出版社，1990.12.—41页；16开.初二第二学期.—ISBN 7-5423-0197-7：0.83元

初中语文练习册　第五册/甘肃省教材编审室编.兰州：甘肃教育出版社，1990.6.—43页；16开.—初三第一学期.—ISBN 7-5423-0151-9：0.90元

初中语文练习册　第六册/甘肃省教材编审室编.兰州：甘肃教育出版社，1990.12.—64页；16开.初三第二学期.—ISBN 7-5423-0202-7：1.20元

初中语文第一册练习册/山西省教委教研室编.—太原：山西教育出版社，1990.5.—116页；32开.—ISBN 7-80578-063-3：1.08元

初中语文第二册练习册/山西省教委教研室编.—太原：山西教育出版社，1990.12.—123页；32开.ISBN 7-80578-306-3：1.15元

初中语文第二册练习册/李元昌等编.—长春：吉林教育出版社，1990.11.—91页；32开.—ISBN 7-5383-1149-1：0.76元

初中语文第三册练习册/山西省教委教研室编.—太原：山西教育出版社，1990.5.—107页；32开.—ISBN 7-80578-064-1：1.05元

初中语文第四册练习册/张振声等编.—长春：吉林教育出版社，1990.11.—100页；32开.—ISBN 7-5383-1101-7：0.52元

初中语文第五册练习册/山西省教委教研室编.—太原：山西教育出版社，1990.5.—135页；32开.—ISBN 7-80578-065-X：1.25元

初中语文第六册练习册/山西省教委教研室编.—太原：山西教育出版社，1990.12.—160页；32开.—ISBN 7-80578-317-9：1.45元

初中语文第六册练习册/山西省教育科学研究所编.太原：山西人民出版社，〔1990〕.—105页；32开.ISBN 7-203-01370-7：1.05元

初中语文综合练习.—成都：四川教育出版社，1990.2.—53页；16开.—（中学生练习册）.—ISBN 7-5408-1296-6：0.89元

初级中学练习册：语文　第一册/河北省教育科学研究所本书编写组编.—2版.—石家庄：河北教育出版社，1990.6.—121页；32开.—ISBN 7-5434-0244-0：0.97元

初级中学练习册：语文　第二册/河北省教育科学研究所本书编写组编.—3版.—石家庄：河北教育出版社，1990.11.—120页；32开.—ISBN 7-5434-0429-X：0.97元

初级中学练习册：语文　第三册/河北省教育科学研究所本书编写组编.—2版.—石家庄：河北教育出版社，1990.6.—123页；32开.—ISBN 7-5434-0252-1：0.97元

初级中学练习册：语文　第五册/河北省教育科学研究所本书编写组编.—2版.—石家庄：河北教育出版社，1990.6.—132页；32开.—ISBN 7-5434-0238-6：1.05元

初级中学练习册：语文　第六册/河北省教育科学研究所本书编写组编.—4版.—石家庄：河北教育出

版社，1990.11.—132页；32开.—ISBN 7-5434-0431-1：1.05元

语文（初中第一册）单元练习册/沿海版初中语文第一册编写组编.—广州：广东高等教育出版社，1990.7.—56页；32开.—沿海版九年制义务教育实验教材.—ISBN 7-5361-0479-0：0.65元

高中语文练习　第一册/蒋立权等编.—2版.—南京：江苏教育出版社，1990.5.—212页；32开.—ISBN 7-5343-0323-0：1.65元

高中语文练习　第二册/《高中语文练习》编写组编.—2版.—南京：江苏教育出版社，1990.11.—184页；32开.—ISBN 7-5343-0526-8：1.40元

高中语文练习　第三册/《高中语文练习》编写组编.—2版.—南京：江苏教育出版社，1990.4.—197页；32开.—ISBN 7-5343-0324-9：1.55元

高中语文练习　第五册/《高中语文练习》编写组编.—2版.—南京：江苏教育出版社，1990.5—196页；32开.—ISBN 7-5343-0325-7：1.55元

高中语文练习　第六册/《高中语文练习》编写组编.—3版.—南京：江苏教育出版社，1990.11.—243页；32开.—ISBN 7-5343-0528-4：1.85元

高中语文练习册　第一册/天津市教育教学研究室编.—天津：天津教育出版社，1990.6.—121页；32开.—ISBN 7-5309-0939-8：0.59元

高中语文练习册　第三册/天津市教育教学研究室编.—天津：天津教育出版社，1990.6.—120页；32开.—ISBN 7-5309-0940-1：0.59元

高中语文练习册　第四册/天津市教育教学研究室编.—天津：天津教育出版社，1990.12.—100页；32开.—ISBN 7-5309-1090-6：0.51元

高中语文练习册　第五册/天津市教育教学研究室编.—天津：天津教育出版社，1990.6.—112页；32开.—ISBN 7-5309-0941-X：0.56元

高中语文练习册　第六册/天津市教育教学研究室编.—天津：天津教育出版社，1990.12.—58页；32开.—ISBN 7-5309-1091-4：0.34元

高中语文练习解答　第一、三、五册.—2版.—南京：江苏教育出版社，1990.6.—167页；32开.—ISBN 7-5343-0337-0：1.30元

高中语文练习解答　第二、四、六册.—2版.—南京：江苏教育出版社，1990.11.—169页；32开.ISBN 7-5343-0529-2：1.40元

高中语文第一册练习册/山西省教委教研室编.—太原：山西教育出版社，1990.6.—160页；32开.—ISBN 7-80578-127-3：1.55元

高中语文第二册练习册/尹子彬等编.—长春：吉林教育出版社，1990.11.—120页；32开.—ISBN 7-5383-1133-5：0.98元

高中语文第三册练习册/山西省教委教研室编.—太原：山西教育出版社，1990.6.—156页；32开.—ISBN 7-80578-133-8：1.45元

高中语文第四册练习册/山西省教委教研室编.—太原：山西教育出版社，1990.11.—190页；32开.ISBN 7-80578-229-6：1.75元

高中语文第四册练习册/李启文等编.—沈阳：辽宁教育出版社，1990.1.—160页；32开.—ISBN 7-5382-1037-7：1.45元

高中语文第五册练习册/山西省教委教研室编.—太原：山西教育出版社，1990.5.—170页；32开.—ISBN 7-80578-139-7：1.60元

高中语文第六册练习册/夏兆亿等编.—长春：吉林教育出版社，1990.11.—90页；32开.—ISBN 7-5383-1111-4：0.76元

高级中学练习册：语文　第一册/河北省教育科学研究所本书编写组编.—3版.—石家庄：河北教育出版社，1990.6.—124页；32开.—ISBN 7-5434-0231-9：0.97元

高级中学练习册：语文　第一册/黑龙江省教育学院中教部主编.—2版.—哈尔滨：黑龙江科学技术出版社，1990.5.—178页；32开.—ISBN 7-5388-0422-6：2.10元

高级中学练习册：语文　第二册/黑龙江省教育学院中教部编.—哈尔滨：黑龙江科学技术出版社，1990.10.—141页；32开.—ISBN 7-5388-1319-5：1.85元

高级中学练习册：语文　第三册/河北省教育科学研究所本书编写组编.—3版.—石家庄：河北教育出版社，1990.6.—128页；32开.—ISBN 7-5434-0232-7：1.05元

高级中学练习册：语文　第四册/黑龙江省教育学院中教部编.—哈尔滨：黑龙江科学技术出版社，1990.10.—158页；32开.—ISBN 7-5388-1320-9：1.85元

高级中学练习册：语文　第五册/河北省教育科学研究所本书编写组编.—2版.—石家庄：河北教育出版社，1990.6.—132页；32开.—ISBN 7-5434-0230-0：1.05元

高级中学练习册：语文　第五册/黑龙江省教育学院中教部主编.—2版.—哈尔滨：黑龙江科学技术出版社，1990.5.—180页；32开.—ISBN 7-5388-0420-X：2.15元

高级中学练习册：语文　第六册/黑龙江教育学院中教部编.—哈尔滨：黑龙江科学技术出版社，1990.10.—132页；32开.—ISBN 7-5388-1322-5：1.75元

家庭作业：语文：农村版/《家庭作业》编写组编.贵阳：贵州人民出版社，1990.6.—96页；32开.—初中一年级上学期.—ISBN 7-221-01755-7：0.85元

家庭作业：语文：农村版/《家庭作业》编写组编．贵阳：贵州人民出版社，1990.6.—104页；32开．初中二年级上学期．—ISBN 7-221-01756-5：0.92元

家庭作业：语文：农村版/《家庭作业》编写组编．贵阳：贵州人民出版社，1990.6.—96页；32开．—初中三年级上学期．—ISBN 7-221-01760-3：0.85元

家庭作业：语文：城市版/《家庭作业》编写组编．贵阳：贵州人民出版社，1990.6.—136页；32开．初中一年级上学期．—ISBN 7-221-01757-3：1.20元

家庭作业：语文：城市版/《家庭作业》编写组编．贵阳：贵州人民出版社，1990.6.—107页；32开．初中二年级上学期．—ISBN 7-221-01706-9：0.98元

家庭作业：语文：城市版/《家庭作业》编写组编．贵阳：贵州人民出版社，1990.3.—116页；32开．高中一年级上学期．—ISBN 7-221-01775-1：1.05元

家庭作业：语文：城市版/《家庭作业》编写组编．贵阳：贵州人民出版社，1990.7.—150页；32开．—高中二年级上学期．—ISBN 7-221-01782-4：1.30元

历代绝句选读/姚立岩等编注．—北京：人民教育出版社，1990.8.—534页；32开．—（中学语文课外读物）．—ISBN 7-107-10513-2：5.75元

中小学常用字三用字典/陈炳昭等编著．—石家庄：花山文艺出版社，1990.5.—471页；32开．—ISBN 7-80505-280-8：8.00元

中学生文言文课外阅读辅导　（上）/祁荣，张惠文主编．—福州：福建人民出版社，1990.8.—342页；32开．—ISBN 7-211-01369-9：3.05元

中学生文言文课外阅读辅导　（下）/祁荣，张惠文主编．—福州：福建人民出版社，1990.8.—304页；32开．—ISBN 7-211-01370-2：2.65元

中学生表情朗读与朗诵/任楷丰，于慧著．—北京：北京教育出版社，1990.12.—154页；32开．—ISBN 7-5303-0168-3：1.75元

中学语文分册/复旦附中等编．—上海：上海科学技术出版社，1990.12.—292页；32开．—（精英学习丛书）．—ISBN 7-5323-2214-9：2.75元

中学语文古代白话词语汇释/王恺编著．—广州：广东人民出版社，1990.1.—338页；32开．—（中学生课外阅读）．—ISBN 7-218-00395-8：3.10元

中学语文知识辞典/韩敬华等编．—成都：四川人民出版社，1990.11.—297页；32开．—ISBN 7-220-01082-6：3.95元

中学语文学习法/邱怀仁等编著．—南京：南京出版社，1990.11.—127页；32开．—（中小学生学习方法指导丛书）．—ISBN 7-80560-324-3：1.75元

中学语文读写手册：高中　第三册/李道信主编．桂林：广西师范大学出版社，1990.8.—128页；32开．—ISBN 7-5633-0795-8：1.25元

中学语文读写手册：高中　第五册/卢致远主编．桂林：广西师范大学出版社，1990.8.—128页；32开．—ISBN 7-5633-0796-6：1.25元

中学语文赏析：初中部分/董扶其等编．—北京：中国广播电视出版社，1990.6.—551页；32开．—中央人民广播电台“阅读和欣赏”节目广播稿选．—ISBN 7-5043-0362-3：7.30元

古今中外名言诗文精编/邓建烈，高爱琴编著．—上海：上海教育出版社，1990.7.—293页；32开．—中学生早读本．—ISBN 7-5320-1792-3：2.45元

古今中外佳作精选　第一辑/王厥轩，于培明编．北京：语文出版社，1990.6.—337页；32开．—（中学语文课外读物/于漪主编）．—初中一年级适用．ISBN 7-80006-065-9：5.90元

古今中外佳作精选　第二辑/徐汉华编．—北京：语文出版社，1990.6.—258页；32开．—（中学语文课外读物/于漪主编）．—初中二年级适用．—ISBN 7-80006-117-5：5.30元

古今中外佳作精选　第三辑/于漪编．—北京：语文出版社，1990.6.—268页；32开．—（中学语文课外读物/于漪主编）．—初中三年级适用．—ISBN 7-80006-118-3：5.30元

古今中外佳作精选　第四辑/钱仲德编．—北京：语文出版社，1990.6.—246页；32开．—（中学语文课外读物/于漪主编）．—高中一年级适用．—ISBN 7-80006-119-1：5.30元

古今中外佳作精选　第五辑/于漪，姚善同编．—北京：语文出版社，1990.6.—216页；32开．—（中学语文课外读物/于漪主编）．—高中二年级适用．—ISBN 7-20006-148-5：4.80元

初中作文指导/胡藻之编写．—2版．—武汉：湖北少年儿童出版社，1990.12.—181页；32开．—（语文课外读物）．—一年级下学期用．—ISBN 7-5353-0749-3：1.60元

初中作文指导/许可等编．—2版．—武汉：湖北少年儿童出版社，1990.12.—196页；32开．—（语文课外读物）．—二年级下学期用．—ISBN 7-5353-0750-7：1.65元

初中语文/北京景山学校初中语文组编．—长春：吉

林大学出版社，1990.11.—223页；32开.—（重点中学特（高）级教师编写的青年自学丛书）.—ISBN 7-5601-0654-4：3.00元

初中语文/杨楠等编.—乌鲁木齐：新疆人民出版社，1990.1.—344页；32开.—（中学生自学辅导丛书）.—ISBN 7-228-01274-7：2.90元

初中语文　第二册/林雨霖等编.—沈阳：辽宁教育出版社，1990.11.—101页；32开.—（中学生学习指导丛书）.—ISBN 7-5382-0302-8：1.00元

初中语文汉语知识课外读物　第一册/黄成稳编.北京：中国青年出版社，1990.7.—68页；32开.—ISBN 7-5006-0798-9：0.80元

初中语文汉语知识课外读物　第二册/黄成稳编.北京：中国青年出版社，1990.7.—68页；32开.—ISBN 7-5006-0804-7：0.80元

初中语文汉语知识课外读物　第三册/黄成稳编.北京：中国青年出版社，1990.7.—51页；32开.—ISBN 7-5006-0805-5：0.65元

初中语文课外阅读/胡藻之编.—2版.—武汉：湖北少年儿童出版社，1990.7.—275页；32开.—一年级上学期用.—ISBN 7-5353-0595-4：2.25元

本书1985年7月第1版。

初中语文课外阅读/许可编.—2版.—武汉：湖北少年儿童出版社，1990.7.—301页；32开.—二年级上学期用.—ISBN 7-5353-0396-2：2.52元

本书1985年11月第1版。

初中语文课外阅读/徐国英编.—2版.—武汉：湖北少年儿童出版社，1990.7.—296页；32开.—三年级上学期用.—ISBN 7-5353-0597-0：2.40元

本书1986年7月第1版。

初中语文课外辅导练习题　第一册/冀幼华编.—北京：农业出版社，1990.7.—168页；32开.—一年级用.—ISBN 7-109-01642-0：2.05元

初中语文课外辅导练习题　第二册/郭湘西，冀幼华编.—北京：农业出版社，1990.7.—175页；32开.—一年级用.—ISBN 7-109-01643-9：2.15元

初中阅读文选　第一册/王序良等编.—北京：北京师范学院出版社，1990.3.—312页；32开.—（中小学语文教学补充读物）.—供一年级用.—ISBN 7-81014-340-9：3.15元

初中阅读文选　第二册/王序良等编.—北京：北京师范学院出版社，1990.3.—327页；32开.—（中小学语文教学补充读物）.—供二年级用.—ISBN 7-81014-341-7：3.25元

初中阅读文选　第三册/王序良等编.—北京：北京师范学院出版社，1990.2.—314页；32开.—（中小学语文教学补充读物）.—供三年级用.—ISBN 7-81014-342-5：3.15元

初级中学课本语文第二册补充教材导读/张全夫主编.—开封：河南大学出版社，1990.3.—82页；32开.—ISBN 7-81018-441-5：0.75元

初级中学课本语文第四册补充教材导读/张全夫主编.—开封：河南大学出版社，1990.3.—76页；32开.—ISBN 7-81018-442-3：0.75元

初级中学课本语文第六册补充教材导读/张全夫主编.—开封：河南大学出版社，1990.3.—78页；32开.ISBN 7-81018-439-3：0.75元

学生同义反义词典/方其芳主编.—福州：福建人民出版社，1990.10.—292页；32开.—ISBN 7-211-01366-4：3.65元

学生组词词典/《学生组词词典》编写组编.—上海：上海教育出版社，1990.12.—782页；32开.—ISBN 7-5320-1594-7（精装）：8.75元

学生造句辞典/余锦珊等编著.—武汉：湖北辞书出版社，1990.5.—285页；32开.—ISBN 7-5403-0026-4（塑精装）：4.50元

学生常用字词辨析手册/林作泉编.—福州：福建科学技术出版社，1990.8.—210页；32开.—ISBN 7-5335-0385-6：2.35元

语文　上册/马春暄主编；陈亚仁，刘溪杰编.—修订本.—福州：福建少年儿童出版社，1990.6.—217页；32开.—（初中生学习方法丛书/林铭荪主编）.—初中一年级上学期用.—ISBN 7-5395-0359-9：1.90元

语文　下册/陈亚仁，刘溪杰编.—修订本.—福州：福建少年儿童出版社，1990.12.—228页；32开.（初中生学习方法丛书/林铭荪主编）.—初中一年级下学期用.—ISBN 7-5395-0373-4：2.20元

语文　上册/马春暄主编；陈声政等编.—修订本.福州：福建少年儿童出版社，1990.6.—148页；32开.—（初中生学习方法丛书/林铭荪主编）.—初中二年级上学期.—ISBN 7-5395-0360-2：1.35元

本书1989年5月第1版。

语文　下册/马春暄主编；陈声政等编.—修订本.福州：福建少年儿童出版社，1990.12.—166页；32开.—（初中生学习方法丛书/林铭荪主编）.—初中二年级下学期.—ISBN 7-5395-0374-2：1.70元

语文　上册/马春暄主编；王人浚，宋光中编.—修订本.—福州：福建少年儿童出版社，1990.6.—172页；32开.—（初中生学习方法丛书/林铭荪主编）.—初中三年级上学期.—ISBN 7-5395-0361-0：1.55元

语文　下册/马春暄主编.—修订本.—福州：福建少年儿童出版社，1990.12.—184页；32开.—（初中生学习方法丛书/林铭荪主编）.—初中三年级下学期.—ISBN 7-5395-0375-0：1.85元

新编中学文言常用词词典/武瀛海等编.—北京：知识出版社，1990.7.—307页；32开.—ISBN 7-5015-0379-6：4.50元

新编中学语法简明读本/吴志平，宦文彪编著.—北京：气象出版社，1990.10.—162页；32开.—青年自学用书.—ISBN 7-5029-0496-4：2.50元

G634.4 外 语

中学生练习册：初中英语 第一册.—3版.—成都：四川教育出版社，1990.5.—106页；32开.—ISBN 7-5408-0380-0：0.92元

中学生练习册：初中英语 第二册.—3版.—成都：四川教育出版社，1990.11.—126页；32开.—ISBN 7-5408-1429-2：1.06元

中学生练习册：初中英语 第五册.—3版.—成都：四川教育出版社，1990.5.—152页；32开.—ISBN 7-5408-0478-5：1.25元

中学生练习册：初中英语：综合部分.—2版.—成都：四川教育出版社，1990.11.—45页；16开.—ISBN 7-5408-1446-2：0.87元

中学生练习册：高中英语 第一册/四川省中小学教材审查委员会审定.—3版.—成都：四川教育出版社，1990.5.—293页；32开.—ISBN 7-5408-0487-4：2.22元

中学生练习册：高中英语 第三册/四川省中小学教材审查委员会审定.—3版.—成都：四川教育出版社，1990.5.—255页；32开.—ISBN 7-5408-0489-8：1.97元

中学生练习册：高中英语 第五册/四川省中小学教材审查委员会审定.—3版.—成都：四川教育出版社，1990.5.—154页；32开.—供高中开始学习英语的班级使用.—ISBN 7-5408-0491-2：1.25元

中学生练习册：高中英语：综合部分.—成都：四川教育出版社，1990.11.—90页；16开.—ISBN 7-5408-1396-2：1.47元

中学英语课文英汉对照译注：初中 第一册/贺祥麟主编.—修订本.—桂林：广西师范大学出版社，1990.7.—101页；32开.—ISBN 7-5633-0868-7：1.20元

中学英语课文英汉对照译注：初中 第三册/贺祥麟主编.—修订本.—桂林：广西师范大学出版社，1990.7.—120页；32开.—ISBN 7-5633-0870-9：1.35元

中学练习册：初中英语 第二册/浙江省教委教研室编.—2版.—杭州：浙江教育出版社，1990.11.—130页；32开.—ISBN 7-5338-0263-2：1.00元

本书1987年11月第1版。

中学练习册：初中英语 第三册/浙江省教委教研室编.—2版.—杭州：浙江教育出版社，1990.7.—94页；32开.—ISBN 7-5338-0061-3：0.76元

中学练习册：初中英语 第四册/浙江省教委教研室编.—2版.—杭州：浙江教育出版社，1990.9.—105页；32开.—ISBN 7-5338-0264-0：0.90元

本书1987年12月第1版。

中学练习册：初中英语 第五册/浙江省教委教研室编.—2版.—杭州：浙江教育出版社，1990.6.—114页；32开.—ISBN 7-5338-0062-6：0.95元

本书1987年7月第1版。

中学练习册：初中英语 第六册/浙江省教委教研室编.—2版.—杭州：浙江教育出版社，1990.9.—106页；32开.—ISBN 7-5338-0265-9：0.90元

本书1987年9月第1版。

中学练习册：初中英语 第一册/浙江省教委教研室编.—2版.—杭州：浙江教育出版社，1990.7.—135页；32开.—ISBN 7-5338-0060-5：1.05元

本书1987年7月第1版。

中学最优化教学作业册：初中英语 第二册/汪明华主编.—北京：学苑出版社，1990.1.—99页；32开.—ISBN 7-80060-787-9：1.30元

中学最优化教学作业册：初中英语 第四册/汪明华主编.—北京：学苑出版社，1990.1.—113页；32开.—ISBN 7-80060-788-7：1.40元

中学最优化教学作业册：初中英语 第六册/汪明华主编.—北京：学苑出版社，1990.1.—93页；32开.—ISBN 7-80060-789-5：1.20元

初中英语练习册：三年级/天津市教育教学研究室编.—2版.—天津：天津教育出版社，1990.7.—117页；32开.—ISBN 7-5309-0764-6：0.57元

本书1989年6月第1版。

初中英语练习册 第一册/甘肃省教材编审室编.—兰州：甘肃教育出版社，1990.6.—52页；16开.—初一第一学期.—ISBN 7-5423-0145-4：1.10元

初中英语练习册 第三册/甘肃省教材编审室编.—兰州：甘肃教育出版社，1990.6.—64页；16开.—初二第一学期.—ISBN 7-5423-0149-7：1.20元

初中英语练习册 第四册/甘肃省教材编审室编.—兰州：甘肃教育出版社，1990.12.—56页；16开.—初二第二学期用.—ISBN 7-5423-0200-0：1.10元

初中英语练习册 第五册/甘肃省教材编审室编.—兰州：甘肃教育出版社，1990.6.—64页；16开.—初三第一学期用.—ISBN 7-5423-0154-3：1.20元

初中英语练习册 第六册/甘肃省教材编审室编.—兰州：甘肃教育出版社，1990.12.—56页；16开.—初三第二学期用.—ISBN 7-5423-0205-1：1.10元

初中英语课外辅导练习题 第一、二册/宋英，贺敏编.—北京：农业出版社，1990.7.—110页；32开.—一年级用.—ISBN 7-109-01647-1：1.45元

初中英语第一册练习册/山西省教委教研室编.—太原：山西教育出版社，1990.5.—88页；32开.—ISBN 7-80578-054-4：0.90元

初中英语第二册练习册/丁薇等编.一长春：吉林教育出版社，1990.11.一123页；32开.一ISBN 7-5383-1144-0：0.98元

初中英语第二册练习册/山西省教委教研室编.一太原：山西教育出版社，1990.12.一84页；32开.一ISBN 7-80578-308-X：0.80元

初中英语第三册练习册/山西省教委教研室编.一太原：山西教育出版社，1990.5.一78页；32开.一ISBN 7-80578-055-2：0.75元

初中英语第三册练习册/吉林省教育学院编.一长春：吉林教育出版社，1990.5.一117页；32开.一ISBN 7-5383-1030-4：0.84元

初中英语第四册练习册/丁薇，战久玲编.一长春：吉林教育出版社，1990.11.一114页；32开.一ISBN 7-5383-1137-3：0.93元

初中英语第四册练习册/山西教委教研室编.一太原：山西教育出版社，1990.12.一60页；32开.一ISBN 7-80578-313-6：0.65元

初中英语第五册练习册/山西省教委教研室编.一太原：山西教育出版社，1990.5.一92页；32开.一ISBN 7-80578-056-0：0.80元

初中英语第五册练习册/吉林省教育学院编.一长春：吉林教育出版社，1990.5.一125页；32开.一ISBN 7-5383-1014-2：0.89元

初中英语第六册练习册/山西省教委教研室编.一太原：山西教育出版社，1990.12.一86页；32开.一ISBN 7-80578-318-7：0.85元

初中英语第六册练习册/马忠学，程玉臣编.一长春：吉林教育出版社，1990.11.一122页；32开.一ISBN 7-5383-1148-3：0.98元

初级中学课本英语第一册（上）教学挂图/李志华等画.一上海：上海教育出版社，1990.5.一48张；16开.一ISBN 7-5320-2083-5（袋装）：3.80元

初级中学课本英语第一册（下）教学挂图/黄英浩等画.一上海：上海教育出版社，1990.5.一19张；2开.一ISBN 7-5320-2101-7（袋装）：9.70元

初级中学课本英语第三册教学挂图/沈兆荣等画.上海：上海教育出版社，1990.5.一8张；2开.一ISBN 7-5320-2092-4：4.10元

初级中学课本英语第五册教学挂图/王赫等画.一上海：上海教育出版社，1990.5.一12张；2开.一ISBN 7-5320-2093-2：5.90元

英语：乙种本：初级中学课本第一册.一广州：广东教育出版社，1990.7.一100页；16开.一沿海版九年制义务教育试验教材.一4.85元

英语：乙种本：初中第一册练习册.一广州：广东教育出版社，1990.7.一47页；16开.一沿海版九年制义务教育试验教材.一ISBN 7-5406-1216-9：2.25元

英语　第一册/北京师范大学"五四"学制教材总编委员会.一济南：山东教育出版社，1990.5.一111页；32开.一四年制初级中学实验课本.一ISBN 7-5328-0932-3：0.96元

英语（第一册）习字帖/刘作民编写.一济南：山东教育出版社，1990.5.一44页；32开.一四年制初级中学实验课本.一ISBN 7-5328-0929-3：1.00元

英语（第一册）练习册/北京师范大学"五四"学制教材总编委员会编.一济南：山东教育出版社，1990.5.一49页；32开.一四年制初级中学实验课本.ISBN 7-5328-0931-5：0.50元

英语　第二册/北京师范大学"五四"学制教材总编委员会编.一济南：山东教育出版社，1990.11.100页；32开.一四年制初级中学实验课本.一ISBN 7-5328-1042-9：0.88元

英语第二册练习册/北京师范大学"五四"学制教材总编委员会编.一济南：山东教育出版社，1990.10.一41页；32开.一四年制初级中学实验课本.一ISBN 7-5328-1041-0：0.45元

高中英语一年级练习册/山西省教委教研室编.一太原：山西教育出版社，1990.5.一189页；32开.一ISBN 7-80578-057-9：1.75元

高中英语二年级练习册/山西省教委教研室编.一太原：山西教育出版社，1990.5.一146页；32开.一ISBN 7-80578-058-7：1.40元

高中英语三年级练习册/山西省教委教研室编.一太原：山西教育出版社，1990.一164页；32开.一ISBN 7-80578-059-5：1.55元

高中英语补充教材/天津市教育教学研究室编.一4版.一天津：天津教育出版社，1990.7.一118页；16开.一ISBN 7-5309-0263-6：1.12元

本书1987年2月第1版。

高中英语练习　第三册/朱明，杨元兴编.一南京：江苏教育出版社，1990.3.一167页；32开.一ISBN 7-5343-0824-0：1.35元

高中英语练习册　（一）/天津市教育教学研究室编.一天津：天津教育出版社，1990.7.一158页；16开.一ISBN 7-5309-1017-5：1.43元

高中英语第一册练习册/吉林省教育学院编.一长春：吉林教育出版社，1990.5.一247页；32开.一ISBN 7-5383-1045-2：1.65元

高级中学练习册：英语　第三册/河北省教育科学研究所本书编写组编.一2版.一石家庄：河北教育出版社，1990.6.一165页；32开.一ISBN 7-5434-0380-3：1.25元

高级中学练习册：英语　第二册　（下）/黑龙江省教育学院中教部编.一哈尔滨：黑龙江科学技术出版社，1990.10.一117页；32开.一ISBN 7-5388-1336

-5：1.60元

家庭作业：英语：农村版/《家庭作业》编写组编．贵阳：贵州人民出版社，1990.6.—62页；32开.—初中一年级上学期.—ISBN 7-221-01740-9：0.60元

家庭作业：英语：城市版/《家庭作业》编写组编．贵阳：贵州人民出版社，1990.6.—92页；32开.—初中一年级上学期.—ISBN 7-221-01733-6：0.82元

家庭作业：英语/《家庭作业》编写组编.—贵阳：贵州人民出版社，1990.6.—119页；32开.—初中三年级上学期.—ISBN 7-221-01739-5：1.05元

家庭作业：英语：城市版/《家庭作业》编写组编·贵阳：贵州人民出版社，1990.6.—137页；32开．高中一年级上学期.—ISBN 7-221-01736-0：1.20元

广角英语/周淑清编.—北京：北京师范大学出版社，1990.1.—198页；大32开.—中学英语阅读新编．ISBN 7-303-00718-0：2.75元

小骑手/邵霞君等编注.—上海：华东师范大学出版社，1990.8.—176页；32开.—（中学英语拾级读物；第5级　第2册）.—ISBN 7-5617-0415-1：1.90元

不平静的山谷/荣新民，陈丽卿编注.—上海：上海外语教育出版社，1990.10.—318页；32开.—（中学英语拾级读物；第8级　第5册）.—ISBN 7-81009-498-X：3.50元

中学英语分册/华东师大二附中等编.—上海：上海科学技术出版社，1990.12.—368页；32开.—（精英学习丛书）.—ISBN 7-5323-2262-9：3.35元

中学英语语音自学手册/吴炳文编著.—北京：外文出版社，1990.—62页；32开.—ISBN 7-119-01163-4：1.70元

中学英语语音自学手册：附录/吴炳文编著.—北京：外文出版社，1990.—24页；32开.—ISBN 7-119-01304-1：0.60元

机智与幽默/刘永科，余晓亮编著.—桂林：广西师范大学出版社，1990.2.—149页；32开.—中学生英语.—ISBN 7-5633-0508-4：2.25元

当模特儿的百万富翁/陈映飞编注.—上海：上海外语教育出版社，1990.10.—238页；32开.—（中学英语拾级读物；第8级　第3册）.—ISBN 7-81009-502-1：2.70元

名探失误/方飞，沈全娣注释.—上海：上海外语教育出版社，1990.9.—209页；32开.—（中学英语拾级读物；第8级　第2册）.—ISBN 7-81009-366-5：2.40元

交际英语入门/《交际英语入门》编写组编.—广州：广东教育出版社，1990.2.—102页；32开.—ISBN 7-5406-1148-0：1.20元

每周一文：中学生英语课外阅读/王一鸿等编.—福州：福建少年儿童出版社，1990.4.—88页；32开．供初二学生用.—ISBN 7-5395-0352-1：1.00元

每周一文：中学生英语课外阅读/庄志兴，陈纪明主编.—福州：福建少年儿童出版社，1990.4.—116页；32开.—供高一学生用.—ISBN 7-5395-0350-5：1.10元

初中英语/王树凯等编.—长春：吉林大学出版社，1990.11.—182页；32开.—（重点中学特（高）级教师编写的青年自学丛书）.—ISBN 7-5601-0658-7：2.50元

初中英语/赵云峰等编著.—乌鲁木齐：新疆人民出版社，1990.1.—239页；32开.—（中学生自学辅导丛书）.—ISBN 7-228-01272-X：2.15元

初中英语单词速记法新编/肖兴林编.—北京：原子能出版社，1990.5.—128页；32开.—ISBN 7-5022-0270-6：2.00元

英王查尔斯逃遁记/史志康注释.—上海：上海外语教育出版社，1990.10.—245页；32开.—（中学英语拾级读物；第8级　第4册）.—ISBN 7-81009-572-2：2.80元

英语幽默集锦　（1）/耿阿齐编译.—天津：新蕾出版社，1989.1.—135页；32开.—（中学生学英语小丛书）.—ISBN 7-5307-0286-6：1.65元

英语幽默集锦　（2）/耿阿齐编译.—天津：新蕾出版社，1989.1.—128页；32开.—（中学生学英语小丛书）.—ISBN 7-5307-0287-4：1.55元

英语幽默集锦　（3）/耿阿齐编译.—天津：新蕾出版社，1989.1.—126页；32开.—（中学生学英语小丛书）.—ISBN 7-5307-0296-3：1.55元

英语笑话集/人民教育出版社外语室英语组编.—北京：人民教育出版社，1990.3.—116页；32开．（中学生英语课外活动丛书）.—ISBN 7-107-10455-1：1.65元

英语课外活动大全/上海外国语学院附中英语组编．上海：上海外语教育出版社，1990.9.—981页；32开.—ISBN 7-81009-234-0：9.80元

英语游戏集/刘骏编.—北京：人民教育出版社，1990.2.—227页；32开.—（中学生英语课外活动丛书）.—ISBN 7-107-10452-7：2.85元

英语歌曲集/人民教育出版社外语室英语组编.—北京：人民教育出版社，1990.5.—96页；32开.—（中学生英语课外活动丛书）.—ISBN 7-107-10451-9：1.45元

英语趣味学习：猴王西游新记/李晗玲，永琦著．哈尔滨：黑龙江教育出版社，1990.3.—98页；32开．ISBN 7-5316-0380-2：1.60元

英语365夜　（上）/邹家元，叶秀牧选编.—上海：复旦大学出版社，1990.2.—357页；32开.—IS

BN 7-309-00356-X：4.70元

英语365夜　（中）/邹家元，叶秀牧选编.—上海：复旦大学出版社，1990.5.—318页；32开.—ISBN 7-309-00357-8：4.40元

英语365夜　（下）/邹家元，叶秀牧选编.—上海：复旦大学出版社，1990.4.—330页；32开.—ISBN 7-309-00358-6：4.40元

科学——史实与幻想/陈秋芳编注.—上海：上海外语教育出版社，1990.9.—253页；32开.—（中学英语拾级读物；第8级　第5册）.—ISBN 7-81009-347-9：2.90元

看·听·学　第一册/（英）亚历山大（Alexander，L.G.）著；晓路译.—北京：化学工业出版社，1990.3.—120页：插图；16开.—ISBN 7-5025-0759-0：3.70元

全书共分4册，每册120课，展示大约2000个词汇和数十个句型的日常用法。

看·听·学　第二册/（英）亚历山大（Alexander，L.G.）著；晓路译.—北京：化学工业出版社，1990.4.—120页：图；16开.—ISBN 7-5025-0760-4：3.70元

看·听·学　第三册/（英）亚西山大（Alexander，L.G.）著；晓路译.—北京：化学工业出版社，1990.4.—120页：图；16开.—ISBN 7-5025-0761-2：3.70元

看·听·学　第四册/（英）亚历山大（Alexander，L.G.）著；宋放之译.—北京：化学工业出版社，1990.9.—119页：图；16开.—ISBN 7-5025-0762-0：3.90元

高中英语/王树凯，李华祺主编.—长春：吉林大学出版社，1990.7.—188页；32开.—（重点中学特（高）级教师编写的青年自学丛书）.—ISBN 7-5601-0522-X：2.70元

高中英语/北京教育学院西城分院主编.—北京：机械工业出版社，1990.1.—383页；32开.—（重点·难点·思路·方法·自测·答案）.—ISBN 7-111-02123-1：4.30元

高中英语学习必备/张徐芳编.—北京：华夏出版社，1990.3.—130页；16开.—ISBN 7-80053-683-1：3.25元

阅读理解测试手册/上海外国语学校英语教研室编.上海：上海外语教育出版社，1990.11.—207页；32开.—（中学英语拾级读物；第1级）.—ISBN 7-81009-524-2：2.50元

*　*　*

义务教育初级中学俄语练习册　第一册/人民教育出版社外语室俄语组编.—北京：人民教育出版社，1990.4.—101页；32开.—ISBN 7-107-00853-6：0.94元

初中俄语第二册练习册/于永明，赵玉杰编.—长春：吉林教育出版社，1990.11.—100页；32开.ISBN 7-5383-1157-2：0.82元

初中俄语第四册练习册/于永明等编.—长春：吉林教育出版社，1990.11.—90页；32开.—ISBN 7-5383-1150-5：0.76元

俄语　第一册/人民教育出版社外语室俄语组编.北京：人民教育出版社，1990.5.—250页；16开.义务教育三年制、四年制初级中学教科书：试用本.—ISBN 7-107-00833-1：3.55元

俄语　第一册/于永年主编.—长春：东北师范大学出版社，1990.8.—234页；大32开.—九年制义务教育六·三学制初级中学实验课本.—ISBN 7-5602-0426-0：3.50元

*　*　*

日语　第三册/东北朝鲜民族教育出版社外语编辑室编译.—2版.—延吉：东北朝鲜民族教育出版社，1990.5.—218页；32开.—高级中学课本：试用本.ISBN 7-5437-0359-9：1.10元

本书1986年6月第1版。

初中日语第二册练习册/孙桂琴，白贞爱编.—长春：吉林教育出版社，1990.11.—56页；32开.—ISBN 7-5383-1142-4：0.51元

初中日语第四册练习册/尹胜杰，朴泽龙编.—长春：吉林教育出版社，1990.11.—95页；32开.—ISBN 7-5383-1143-2：0.76元

初中日语第六册练习册/郑判秀，孟光远编.—长春：吉林教育出版社，1990.11.—76页；32开.—ISBN 7-5383-1134-3：0.65元

G634.5　历史、地理

义务教育三年制、四年制初级中学中国历史练习册　第一册/人民教育出版社历史室编.—北京：人民教育出版社，1990.3.—72页；32开.—ISBN 7-107-00855-2：0.65元

义务教育三年制、四年制初级中学中国历史练习册　第二册/人民教育出版社历史室编著.—北京：人民教育出版社，1990.9.—67页；32开.—ISBN 7-107-00917-6：0.61元

历史/李克淮等编写.—成都：四川教育出版社，1990.11.—381页；32开.—（高中基础知识业余自学丛书）.—ISBN 7-5408-1492-6：2.82元

历史/黑龙江省教育学院中教部编.—哈尔滨：黑龙江教育出版社，1990.7.—78页；32开.—黑龙江省初级中学乡土教材.—ISBN 7-5316-1112-0：0.80元

历史　（下）/贵州省教育委员会教育研究室贵州

省初中乡土教材《历史》编写组编.—贵阳：贵州人民出版社，1990.4.—65页；32开.—贵州省初中乡土教材：试用本.—ISBN 7-221-01658-5：0.48元

中国历史/吴佳文编.—长春：吉林大学出版社，1990.11.—199页；32开.—(重点中学特(高)级教师编写的青年自学丛书).—ISBN 7-5601-0652-8：2.65元

中国历史　第一册/人民教育出版社历史编辑室编.北京：人民教育出版社，1990.4.—199页；16开.义务教育三年制、四年制初级中学教科书：试用本.—ISBN 7-107-00842-0：3.75元

中国历史　第一册/孙恭恂主编.—青岛：青岛出版社，1990.4.—174页；32开.—四年制初级中学实验课本.—ISBN 7-5436-0455-8：1.75元

中国历史　第二册/人民教育出版社历史室编著.北京：人民教育出版社，1990.11.—211页；16开.义务教育三年制、四年制初级中学教科书：实验本.—ISBN 7-107-00905-2：3.85元

中国历史　第二册/孙恭恂主编.—青岛：青岛出版社，1990.10.—212页；32开.—四年制初级中学实验课本+附使用说明1册.—ISBN 7-5436-0515-5：1.70元

中国历史　第三册/孙恭恂主编.—青岛：青岛出版社，1990.4.—210页；32开.—四年制初级中学实验课本.—ISBN 7-5436-0456-6：1.85元

中国历史　第四册/孙恭恂主编.—青岛：青岛出版社，1990.10.—192页；32开.—四年制初级中学实验课本+附使用说明1册.—ISBN 7-5436-0523-6：1.55元

中国历史：初级中学　第一册.—广州：广东教育出版社，1990.7.—149页；32开.—沿海版九年制义务教育试验教材.—ISBN 7-5406-1180-4：2.30元

中国历史：初中　第二册.—广州：广东教育出版社，1990.12.—172页；32开.—沿海版九年制义务教育实验教材.—ISBN 7-5406-1324-6：2.10元

中国历史地图册　第一册：原始社会——南北朝/中国地图出版社编制.—北京：中国地图出版社，1990.2.—29页；16开.—初中适用：试教本.—ISBN 7-5031-0493-7：1.20元

中国历史地图册　第二册：隋——明/中国地图出版社编制.—北京：中国地图出版社，1990.6.—29页；16开.—初中适用：试教本.—ISBN 7-5031-0669-7：1.20元

中国历史地图册　第二册/中国地图出版社编制.北京：中国地图出版社，1990.6.—29页；32开.—沿海版九年制义务教育试验教材.—ISBN 7-5031-0697-2：0.70元

中国历史地图册·填图册　第一册/张萍编辑；段凌等制图.—北京：中国地图出版社，1990.6.—28页；32开.—九年制义务教育全日制初中试验课本：四川版.—ISBN 7-5031-0586-0：0.60元

中国历史地图册·填图册　第二册/四川省九年制义务教育历史教材编写组编.—北京：中国地图出版社，1990.12.—28页；32开.—九年制义务教育全日制初中试验课本：四川版.—ISBN 7-5031-0667-0：0.60元

中国历史图示纲要/李忠慈，朱凡章主编.—天津：渤海湾出版公司，1990.3.—98页；16开.—ISBN 7-80561-057-6：2.60元

中国历史第一册练习册/山西省教委教学研究室编.太原：山西教育出版社，1990.5.—78页；32开.—ISBN 7-80578-110-9：0.80元

中国历史第二册练习册/山西省教委教研室编.—太原：山西教育出版社，1990.12.—136页；32开.ISBN 7-80578-309-8：1.25元

中国历史第三册练习册/山西省教委教研室编.—太原：山西教育出版社，1990.5.—94页；32开.—ISBN 7-80578-162-1：0.85元

中国古代史地图册/中国地图出版社编制.—5版.北京：中国地图出版社，1990.9.—30页；32开.ISBN 7-5031-0647-6：0.60元

中学历史人名小辞典/宁裕先，黄勇主编.—郑州：河南教育出版社，1990.8.—543页；64开.—ISBN 7-5347-0704-8：2.80元

中学历史人物　(二)/郑凤林等编著.—南宁：广西教育出版社，1990.11.—367页；32开.—ISBN 7-5435-1070-7：3.55元

中学历史学习法/张劲军，刘真编著.—南京：南京出版社，1990.10.—90页；32开.—(中小学生学习方法指导丛书/周良城，顾黄初主编).—ISBN 7-80560-287-5：1.40元

中学历史学习方法指导/魏授章编著.—上海：复旦大学出版社，1989.12.—195页；32开.—ISBN 7-309-00494-82.00元

中学生练习册：中国历史：初中　第一册.—3版.成都：四川教育出版社，1990.5.—102页；32开.ISBN 7-5408-1059-9：0.92元

中学生练习册：中国历史：初中　第二册.—2版.成都：四川教育出版社，1990.11.—129页；32开.ISBN 7-5408-1422-5：1.12元

中学生练习册：中国历史：初中　第三册.—3版.成都：四川教育出版社，1990.5.—120页；32开.ISBN 7-5408-1092-0：1.03元

中学生练习册：世界历史：高中　上册/四川省中小学教材审查委员会审定.—3版.—成都：四川教育出版社，1990.5.—145页；32开.—ISBN 7-5408-1066-1：1.20元

世界历史/吴佳文主编.—长春：吉林大学出版社，1990.6.—199页；32开.—（重点中学特〈高〉级教师编写的青年自学丛书）.—ISBN 7-5601-0512-2：2.55元

世界历史（下册）练习册/山西省教委教研室编.太原：山西教育出版社，1990.12.—98页；32开.ISBN 7-80578-227-X：1.00元

世界历史课堂练习册　上册/上海市中小学教材编写组编.—2版.—上海：上海教育出版社，1990.6.60页；32开.—高级中学课本.—ISBN 7-5320-1938-1：0.50元

世界古代史辅助读本/上海市中小学教材编写组编.上海：上海教育出版社，1990.6.—335页；32开.ISBN 7-5320-2193-3：2.15元

汉书菁华/钱杭译注.—上海：上海教育出版社，1990.7.—231页；32开.—（中学生文库）.—ISBN 7-5320-1765-6：1.90元

社会发展史趣谈/姚森著.—北京：中国少年儿童出版社，1990.6.—196页；32开.—ISBN 7-5007-0478-X：2.00元

初中中国历史第二册练习册/吉林省教育学院编.长春：吉林教育出版社，1990.11.—90页；32开.ISBN 7-5383-1123-8：0.76元

初中世界历史全一册练习册/吉林省教育学院编.长春：吉林教育出版社，1990.11.—58页；32开.ISBN 7-5383-1105-X：0.54元

高中历史补充教材/天津市教育教学研究室编.—5版.—天津：天津教育出版社，1990.7.—218页；16开.—ISBN 7-5309-0080-3：2.00元

本书1986年7月第1版。

高中历史课堂练习册/天津市教育教学研究室编.天津：天津教育出版社，1990.6.—35页；16开.—ISBN 7-5309-0919-3：0.47元

高中世界历史下册练习册/吉林省教育学院编.—长春：吉林教育出版社，1990.11.—79页；32开.—ISBN 7-5383-1121-1：0.65元

高中世界历史练习册　（上）/山西省教委教研室编.—太原：山西教育出版社，1990.5.—102页；32开.—ISBN 7-80578-132-X：0.95元

高中练习题精选：历史/郑树民编.—北京：中国妇女出版社，1990.4.—225页；32开.—（高中自学丛书）.—ISBN 7-80016-231-1：2.40元

*　*　*

中国地理练习册　（上）/山西省教委教研室编.太原：山西教育出版社，1990.6.—61页；32开.—ISBN 7-80578-069-2：0.70元

中学中国地理速记手册/管美贤编著.—石家庄：河北教育出版社，1990.11.—247页；大32开.—ISBN 7-5434-0755-8：2.50元

中学生练习册：中国地理：初中　上册/蓝恒福，高金华编.—3版.—成都：四川教育出版社，1990.5.—76页；32开.—ISBN 7-5408-1091-2：0.73元

中学生练习册：中国地理：初中　下册/蓝恒福，高金华编.—2版.—成都：四川教育出版社，1990.11.85页；32开.—ISBN 7-5408-1445-4：0.79元

中学生练习册：世界地理：初中　上册/四川省中小学教材审查委员会审定.—3版.—成都：四川教育出版社，1990.5.—77页；32开.—ISBN 7-5408-1060-2：0.73元

中学生练习册：地理：高中　上册/胡水樑，王世凤编.—3版.—成都：四川教育出版社，1990.5.—88页；32开.—ISBN 7-5408-1067-X：0.81元

中学地质知识/张庆麟编著.—北京：人民教育出版社，1990.8.—272页；32开.—ISBN 7-107-10528-0：2.95元

中学地理"尤里卡"速记法/何振国编著.—北京：中国国际广播出版社，1990.3.—139页；32开.—ISBN 7-80035-429-6：1.70元

世界地理练习册　上册/山西省教委教研室编.—太原：山西教育出版社，1990.6.—92页；32开.—ISBN 7-80575-070-6：0.90元

民族采风/祁庆富，马原编著.—上海：上海教育出版社，1990.6.—293页；32开.—（中学生文库）.ISBN 7-5320-1768-0：2.40元

这是为中学生编写的一本普及民族地理知识的读物。

地理　第一册/人民教育出版社地理室编著.—北京：人民教育出版社，1990.4.—176页；16开.—义务教育三年制、四年制初级中学教科书：试用本.ISBN 7-107-00826-9：3.05元

地理　第二册/人民教育出版社地理室编著.—北京：人民教育出版社，1990.10.—115页；16开.义务教育三年制、四年制初级中学教科书：试用本.ISBN 7-107-00911-7：2.60元

地理　第三册/金陵，李志瑗编.—北京：北京师范大学出版社，1990.5.—171页；32开.—四年制初级中学实验课本.—ISBN 7-303-00926-4：1.75元

地理：初级中学　第一册/黄德芬等编.—北京：中国地图出版社，1990.7.—95页；16开.—沿海版九年制义务教育试验教材.—ISBN 7-5031-0592-5：3.50元

地理：初级中学　第二册/黄德芬等编写.—北京：中国地图出版社，1990.12.—96页；16开.—沿海版九年制义务教育实验教材.—ISBN 7-5031-0707-3：3.50元

地理知识七字歌/陈如彬，曹泰玉编著.—广州：广东科技出版社，1990.6.—63页；32开.—（中学生读物）.—ISBN 7-5359-0463-7：1.00元

地理制作及实验/张伟锷主编.—上海：上海科学技

术文献出版社，1990.6.—201页；32开.—ISBN 7-80513-713-7：2.20元

初中中国地理下册练习册/吉林省教育学院编.—长春：吉林教育出版社，1990.11.—60页；32开.—ISBN 7-5383-1116-5：0.54元

初中中国地理课堂练习册（上）/天津市教育教学研究室编.—5版.—天津：天津教育出版社，1990.5.—61页；16开.—ISBN 7-5309-0250-4：0.68元

初中世界地理下册练习册/吉林省教育学院编.—长春：吉林教育出版社，1990.11.—91页；32开.—ISBN 7-5383-1100-9：0.76元

初中地理/陈士洪等编.—长春：吉林大学出版社，1990.11.—225页；32开.—（重点中学〈特〉高级教师编写的青年自学丛书）.—ISBN 7-5601-0659-5：3.00元

初中地理练习图册　第一册/许丛华编绘；四川省九年制义务教育初中地理教材编写组编制.—北京：中国地图出版社，1990.8.—46页；32开.—九年制义务教育教材.—ISBN 7-5031-0636-0：0.50元

初级中学课本中国地理课堂练习册　上册/上海市中小学教材编写组编.—2版.—上海：上海教育出版社，1990.6.—22页；16开.—ISBN 7-5320-1971-3：0.47元

本书1987年6月第1版。

初级中学课本世界地理课堂练习册　上册/上海市中小学教材编写组编.—2版.—上海：上海教育出版社，1990.6.—27页；16开.—ISBN 7-5320-1967-5：0.52元

本书1987年6月第1版。

高中地理/杨鹏齐等编.—长春：吉林大学出版社，1990.6.—184页；32开.—（重点中学特〈高〉级教师编写的青年自学丛书）.—ISBN 7-5601-0510-6：2.40元

高中地理作业册/南京师范大学地理系编.—北京：测绘出版社，1990.6.—67页；32开.—ISBN 7-5030-0396-0：1.10元

高中地理补充教材/天津市教育教学研究室编.—4版.—天津：天津教育出版社，1990.6.—230页；16开.—ISBN 7-5309-0087-0：2.00元

本书1986年7月第1版。

高中地理练习册（上）/山西省教委教研室编.太原：山西教育出版社，1990.6.—72页；32开.ISBN 7-80578-090-0：0.80元

高中地理读图作业图册　下册/周之翠编；王强，张云霞绘.—4版（修订版）.—北京：中国地图出版社，1990.11.—46页；16开.—ISBN 7-5031-0666-2：1.10元

高中地理课堂练习册　上册/天津市教育教学研究室编.—2版.—天津：天津教育出版社，1990.6.—67页；16开.—ISBN 7-5309-0446-9：0.72元

本书1988年6月第1版。

高中练习题精选：地理/杨鹏齐等编.—北京：中国妇女出版社，1990.4.—275页；32开.—（高中自学丛书）.—ISBN 7-80016-232-X：3.55元

高级中学课本地理课堂练习册　上册/上海市中小学教材编写组编.—2版.—上海：上海教育出版社，1990.6.—54页；32开.—ISBN 7-5320-1966-7：0.42元

本书1987年6月第1版。

中国水系/中国地图出版社编制.—4版.—北京：中国地图出版社，1990.9.—1张；全开.—地理教学参考挂图.—ISBN 7-5031-0674-3（袋装）：1.50元

中国地图册/中国地图出版社编制.—13版（修订本）.—北京：中国地图出版社，1990.6.—30页；32开.—初中适用.—ISBN 7-5031-0596-8：0.60元

本书1978年12月第1版。

中国地图册/王民等编辑；袁一凡编绘.—北京：中国地图出版社，1990.6.—46页；32开.—四年制初级中学适用.—ISBN 7-5031-0595-X：0.90元

中国矿产/中国地图出版社编制.—2版.—北京：中国地图出版社，1990.9.—1张；2全开.—地理教学参考挂图.—ISBN 7-5031-0271-3（袋装）：2.60元

中学地理课堂用图/唐守仁，屈景学编著.—西安：西安地图出版社，1990.4.—59页；32开.—ISBN 7-80545-056-0：1.00元

世界分洲地理挂图　第二辑：欧洲、北美洲、南美洲/中国地图出版社编制.—2版.—北京：中国地图出版社，1990.6.—3张；2开.—地理教学参考挂图.ISBN 7-5031-0617-4（袋装）：5.20元

世界地图册/中国地图出版社编制.—13版.—北京：中国地图出版社，1990.6.—30页；32开.—初中适用.—ISBN 7-5031-0597-6：0.60元

本书1978年12月第1版。

世界地图册/中国地图出版社编制.—北京：中国地图出版社，1990.9.—32页；16开.—沿海版九年制义务教育试验教材　初中适用.—ISBN 7-5031-0584-4：1.70元

世界陆地自然带/中国地图出版社编制.—北京：中国地图出版社，1990.10.—1张；2全开.—地理教学挂图.—ISBN 7-5031-0473-2（袋装）：2.60元

四年制初级中学地理填充图册　第二册/王民，金陵编；王玲玲绘.—北京：中国地图出版社，1990.12.—30页；16开.—ISBN 7-5031-0738-3：0.75元

四年制初级中学地理填充图册　第四册/金陵，王民

编；王玲玲绘.—北京：中国地图出版社，1990.12.29页；16开.—ISBN 7-5031-0739-1：0.75元

地图上的比例尺演变·地图上的方向·地图上的地形表示法·地图上的图例/中国地图出版社编制.—4版.—北京：中国地图出版社，1990.9.—4张；全开.地图知识教学参考挂图.—ISBN 7-5031-0689-1（袋装）：4.80元

地理图册　（上）/王世凤等编辑；许丛华等编绘.北京：中国地图出版社，1990.6.—30页；32开.—九年制义务教育全日制初级中学〔教材〕.—ISBN 7-5031-0602-6：0.60元

苏联地形/中国地图出版社编制.—北京：中国地图出版社，1990.9.—1张；2全开.—地理教学挂图.—ISBN 7-5031-0668-9（袋装）：2.60元

初级中学课本中国地理教学挂图　（一）/上海教育学院地理系主编；苏正贤等编；金鼎元等画.—上海：上海教育出版社，1990.5.—7张（3张；全开+4张；2开）.—ISBN 7-5320-1970-5（袋装）：5.85元

初级中学课本中国地理教学挂图　（二）/张鸿祥等编；王羊等画.—上海：上海教育出版社，1990.9.10张；2开.—ISBN 7-5320-2199-8（袋装）：5.75元

初级中学课本中国地理教学挂图　（三）/上海教育学院地理系主编；上海市测绘院画.—上海：上海教育出版社，1990.9.—8张；全开.—ISBN 7-5320-2277-3（袋装）：10.00元

初级中学课本世界地理教学挂图　（一）/上海教育学院地理系主编；孙国禄等编；王志忠等画.—上海：上海教育出版社，1990.5.—14张（3张；全开+11张；2开）.—ISBN 7-5320-1958-6（袋装）：9.05元

初级中学课本世界地理教学挂图　（二）/孙国禄等编；周跃进等画.—上海：上海教育出版社，1990.9.—12张(2张；全开+10张；2开).—ISBN 7-5320-2174-2（袋装）：7.40元

初级中学课本世界地理教学挂图　（三）/上海教育学院地理系主编；孙国禄等编；上海市测绘院等画.—上海：上海教育出版社，1990.9.—8张（6张；2开+2张；全开）.—ISBN 7-5320-2175-0（袋装）：5.55元

美国地形·美国政区/中国地图出版社编制.—2版.北京：中国地图出版社，1990.6.—2张；2全开.地理教学参考挂图.—ISBN 7-5031-0616-6（袋装）：4.80元

高中参考地图册/中国地图出版社编制.—北京：中国地图出版社，1990.1.—64页；16开.—ISBN 7-5031-0378-7：3.00元

高级中学地图册/周清等编绘.—2版.—北京：中国地图出版社，1990.6.—64页；32开.—ISBN 7-5031-0344-2：1.40元

广西壮族自治区政区·广西壮族自治区地形：中国分省地理挂图/中国地图出版社编制.—北京：中国地图出版社，1990.6.—2张；全开.—地理教学参考挂图.—ISBN 7-5031-0649-2（袋装）：2.60元

江西省政区·江西省地形：中国分省地理挂图/中国地图出版社编制.—2版.—北京：中国地图出版社，1990.9.—2张；全开.—地理教学参考挂图.ISBN 7-5031-0579-8（袋装）：2.60元

本书1984年6月第1版。

江苏省政区·江苏省地形：中国分省地理挂图/中国地图出版社编制.—2版.—北京：中国地图出版社，1990.9.—2张；全开.—地理教学参考挂图.ISBN 7-5031-0518-X（袋装）：2.60元

本书1984年6月第1版。

湖北省政区·湖北省地形：中国分省地理挂图/中国地图出版社编制.—2版.—北京：中国地图出版社，1990.9.—2张；全开.—地理教学参考挂图.—ISBN 7-5031-0577-1（袋装）：2.60元

本书1984年6月第1版。

湖南省政区·湖南省地形：中国分省地理挂图/中国地图出版社编制.—2版.—北京：中国地图出版社，1990.9.—2张；全开.—地理教学参考挂图.ISBN 7-5031-0576-3（袋装）：2.60元

本书1984年5月第1版。

福建省政区·福建省地形：中国分省地理挂图/中国地图出版社编制.—2版.—北京：中国地图出版社，1990.9.—2张；全开.—地理教学参考挂图.ISBN 7-5031-0575-5（袋装）：2.60元

本书1984年6月第1版。

G634.6　数　学

几何：初中　第一册/初中数学教材编委会编.—修订本.—广州：广东高等教育出版社，1990.12.—105页；32开.—沿海版九年制义务教育实验教材.—ISBN 7-5361-0413-8：1.65元

本书第1版于同年1月出版。

几何：初中　第二册/初中数学教材编委会编.—2版.—广州：广东高等教育出版社，1990.8.—184页；32开.—沿海版九年制义务教育试验教材.—ISBN 7-5361-0512-6：2.40元

几何练习册：初中　第二册/初中数学教材编委会编.—广州：广东高等教育出版社，1990.8.—119页；32开.—沿海版九年制义务教育试验教材.—ISBN 7-5361-0518-5：1.40元

中学生练习册：初中平面几何　第二册.—3版.成都：四川教育出版社，1990.5.—165页；32开.ISBN 7-5408-0474-2：1.34元

中学生练习册：初中代数 第四册/王绍华编写.—3版.—成都：四川教育出版社，1990.5.—164页；32开.—ISBN 7-5408-0449-1：1.34元

中学生练习册：初中代数 第一册/四川省中小学教材审查委员会审定.—3版.—成都：四川教育出版社，1990.5.—190页；32开.—ISBN 7-5408-0447-5：1.50元

中学生练习册：初中数学：综合部分.—2版.—成都：四川教育出版社，1990.11.—41页；16开.—ISBN 7-5408-1431-4：0.81元

中学生练习册：高中代数 上册：乙种本/王石柱等编写.—成都：四川教育出版社，1990.5.—220页；32开.—ISBN 7-5408-0482-3：1.72元

中学生练习册：高中代数 下册：乙种本/谭俊奇等编写.—成都：四川教育出版社，1990.5.—252页；32开.—ISBN 7-5408-0483-1：1.94元

中学生练习册：高中代数 第三册：甲种本/黄秉镇等编写.—3版.—成都：四川教育出版社，1990.5.—99页；32开.—ISBN 7-5408-0484-X：0.90元

中学生练习册：高中立体几何 全一册：乙种本/赵克梅等编写.—成都：四川教育出版社，1990.5.118页；32开.—ISBN 7-5408-0496-3：1.01元

中学生练习册：高中解析几何 全一册：甲种本/罗介玲等编写.—3版(修订本).—成都：四川教育出版社，1990.5.—170页；32开.—ISBN 7-5408-0497-1：1.36元

中学生练习册：高中解析几何 全一册：乙种本/廖玉仙等编写.—成都：四川教育出版社，1990.5.166页；32开.—ISBN 7-5408-0497-1：1.34元

中学生练习册：高中微积分初步 全一册：甲种本/于克俊等编写.—3版.—成都：四川教育出版社，1990.5.—109页；32开.—ISBN 7-5408-0498-X：0.95元

中学生练习册：高中数学：综合部分.—成都：四川教育出版社，1990.11.—37页；16开.—ISBN 7-5408-1392-X：0.76元

中学练习册：代数、几何：初中三年级 (上)/浙江省教委教研室编.—2版.—杭州：浙江教育出版社，1990.2.—103页；32开.—ISBN 7-5338-0524-0：0.80元

中学练习册：代数：初中一年级 (上)/浙江省教委教研室编.—2版.—杭州：浙江教育出版社，1990.4.—140页；32开.—ISBN 7-5338-0139-3：1.00元

中学最优化教学作业册：初中代数 第三册/汪明华主编.—北京：学苑出版社，1990.1.—142页；32开.—ISBN 7-80060-785-2：1.60元

中学最优化教学作业册：初中代数 第四册/汪明华主编.—北京：学苑出版社，1990.1.—132页；32开.—ISBN 7-80060-786-0：1.40元

中学数学实验教材：普及本 第二册 (上)/中学数学实验教材编写组编.—北京：人民教育出版社，1990.3.—272页；32开.—ISBN 7-107-00821-8：1.90元

代数 第一册 (上)/人民教育出版社数学室编著.—北京：人民教育出版社，1990.2.—272页；32开.—义务教育三年制初级中学教科书：试用本.ISBN 7-107-00844-7：2.20元

代数 第一册 (下)/人民教育出版社数学室编著.—北京：人民教育出版社，1990.10.—169页；32开.—义务教育三年制初级中学教科书：试用本.ISBN 7-107-00911-1：1.55元

代数：初中 第二册/初中数学教材编委会编.—修订版.—广州：广东高等教育出版社，1990.12.—86页；32开.—沿海版九年制义务教育实验教材.—ISBN 7-5361-0411-1：1.50元

本书第1版于同年1月出版。

代数：初中 第三册/初中数学教材编委会编.—广州：广东高等教育出版社，1990.8.—177页；32开.沿海版九年制义务教育试验教材.—ISBN 7-5361-0503-7：2.30元

代数 第三册/钟善基主编.—北京：北京师范大学出版社，1990.5.—167页；32开.—四年制初级中学实验课本.—ISBN 7-303-00946-9：1.45元

代数练习册：初中 第一册/初中数学教材编写组编.—广州：广东高等教育出版社，1990.6.—196页；32开.—沿海版九年制义务教育试验教材.—ISBN 7-5361-0490-1：1.95元

代数练习册：初中 第二册/初中数学教材编写组编.—广州：广东高等教育出版社，1990.12.—84页；32开.—沿海版九年制义务教育实验教材.—ISBN 7-5361-0562-2：1.05元

代数练习册：初中 第三册/初中数学教材编委会编.—广州：广东高等教育出版社，1990.8.—100页；32开.—沿海版九年制义务教育试验教材.—ISBN 7-5361-0505-3：1.10元

初中几何练习册 第一册/甘肃省教材编审室编.兰州：甘肃教育出版社，1990.12.—65页；16开.初二第二学期.—ISBN 7-5423-0199-3：1.20元

初中几何练习册 第二册/甘肃省教材编审室编.兰州：甘肃教育出版社，1990.12.—81页；16开.初二第二学期.—ISBN 7-5423-0204-3：1.45元

初中几何练习册 第三册/甘肃省教材编审室编.兰州：甘肃教育出版社，1990.6.—64页；16开.—初三第一学期.—ISBN 7-5423-00523-5：1.20元

初中几何练习册 第二册/天津市教育教学研究室编.—2版.—天津：天津教育出版社，1990.5.—158页；

32开.—ISBN 7-5309-0735-2：0.73元

本书1989年6月第1版。

初中几何第一册练习册/山西省教委教研室编.—太原：山西教育出版社，1990.5.—171页；32开.—ISBN 7-80578-040-4：1.50元

初中几何第二册一课一练　上册/梅向明主编.—北京：电子工业出版社，1990.5.—135页；32开.—供初三第一学期程度用.—ISBN 7-5053-0216-7：1.20元

初中几何第二册练习册/山西省教委教研室编.—太原：山西教育出版社，1990.5.—98页；32开.—ISBN 7-80578-048-X：0.85元

初中三年级数学练习册/上海市中小学教材编写组编.—上海：上海教育出版社，1990.11.—179页；32开.—ISBN 7-5320-2132-7：1.25元

初中代数练习册　第二册/天津市教育教学研究室编.—3版.—天津：天津教育出版社，1990.12.203页；32开.—ISBN 7-5309-0661-5：0.92元

初中代数练习册　第四册/天津市教育教学研究室编.—天津：天津教育出版社，1990.6.—157页；32开.—ISBN 7-5309-0942-8：0.73元

初中代数练习册　第三册/天津市教育教学研究室编.—2版.—天津：天津教育出版社，1990.6.—226页；32开.—ISBN 7-5309-0760-3：1.00元

本书1989年7月第1版。

初中代数练习册　第一册　（2）/甘肃省教材编审室编.—兰州：甘肃教育出版社，1990.6.—56页；16开.初一第一学期.—ISBN 7-5423-0144-6：1.10元

初中代数练习册　第二册　第一分册/甘肃省教材编审室编.—兰州：甘肃教育出版社，1990.12.—56页；16开.—初一第二学期.—ISBN 7-5423-0194-2：1.10元

初中代数练习册　第二册　第二分册/甘肃省教材编审室编.—兰州：甘肃教育出版社，1990.12.—56页；16开.—初一第二学期.—ISBN 7-5423-0195-0：1.10元

初中代数练习册　第三册/甘肃教材编审室编.—兰州：甘肃教育出版社，1990.6.—64页；16开.—初二第一学期用.—ISBN 7-5423-0147-0：1.20元

初中代数练习册　第三册/甘肃省教材编审室编.兰州：甘肃教育出版社，1990.10.—65页；16开.初二第二学期.—ISBN 7-5423-0198-5：1.20元

初中代数练习册　第四册/甘肃省教材编审室编.兰州：甘肃教育出版社，1990.6.—64页；16开.—初三第一学期用.—ISBN 7-5423-0152-7：1.20元

初中代数练习册　第四册/甘肃省教材编审室编.兰州：甘肃教育出版社，1990.12.—64页；16开.初三第二学期.—ISBN 7-5423-0203-5：1.20元

初中代数第一册练习册/山西省教委教研室编.—太原：山西教育出版社，1990.5.—167页；32开.—ISBN 7-80578-041-2：1.45元

初中代数第二册练习册/山西省教委教研室编.—太原：山西教育出版社，1990.12.—185页；32开.ISBN 7-80578-307-1：1.60元

初中代数第四册练习册/山西省教委教研室编.—太原：山西教育出版社，1990.6.—142页；32开.—ISBN 7-80578-047-1：1.30元

初中数学综合练习.—成都：四川教育出版社，1990.2.—48页；16开.—（中学生练习册）.—ISBN 7-5408-1308-3：0.87元

初级中学课本几何第一册课堂练习册/上海市中小学教材编写组编.—上海：上海教育出版社，1990.6.102页；32开.—ISBN 7-5320-1983-7：0.69元

初级中学课本几何第二册课堂练习册/上海市中小学教材编写组编.—上海：上海教育出版社，1990.6.—79页；32开.—ISBN 7-5320-1997-7：0.55元

初级中学课本代数第一册课堂练习册/上海市中小学教材编写组编.—上海：上海教育出版社，1990.6.—124页；32开.—ISBN 7-5320-1976-4：0.82元

初级中学课本代数第二册课堂练习册/上海市中小学教材编写组编.—上海：上海教育出版社，1990.6.—107页；32开.—ISBN 7-5320-1982-9：0.73元

初级中学课本代数第三册课堂练习册/上海市中小学教材编写组编.—上海：上海教育出版社，1990.6.131页；32开.—ISBN 7-5320-1990-X：0.87元

初级中学课本代数第四册课堂练习册/上海市中小学教材编写组编.—上海：上海教育出版社，1990.6.107页；32开.—ISBN 7-5320-2017-7：0.73元

高三数学练习册/上海市中小学教材编写组编.—上海：上海教育出版社，1990.11.—259页；32开.—供高三年级用.—ISBN 7-5320-2184-X：1.75元

高中代数一年级练习册/山西省教委教研室编.—太原：山西教育出版社，1990.6.—169页；32开.—ISBN 7-80578-128-1：1.55元

高中代数二年级练习册/山西省教委教研室编.—太原：山西教育出版社，1990.6.—158页；32开.—ISBN 7-80578-134-6：1.45元

高中代数三年级练习册/山西省教委教研室编.—太原：山西教育出版社，1990.5.—80页；32开.—ISBN 7-80578-140-0：0.85元

高中立体几何练习册/山西省教委教研室编.—太原：山西教育出版社，1990.6.—114页；32开.—ISBN 7-80578-129-X：1.10元

高中立体几何练习册/天津市教育教学研究室编.天津：天津教育出版社，1990.7.—141页；32开.ISBN 7-5309-0955-X：0.67元

高中解析几何练习册/山西省教委教研室编.—太

原：山西教育出版社，1990.6.—158页；32开.—ISBN 7-80578-135-4：1.45元

高中数学补充教材/天津市教育教学研究室编.—3版.—天津：天津教育出版社，1990.7.—227页；16开.—ISBN 7-5309-0255-5：1.97元

本书1987年2月第1版。

高中数学练习：代数　上册/《高中数学练习》编写组编.—南京：江苏教育出版社，1990.6.—231页；32开.—一年级用.—ISBN 7-5343-1086-5：1.75元

高中数学练习：代数　下册/《高中数学练习》编写组编.—南京：江苏教育出版社，1990.4.—256页；32开.—二年级用.—ISBN 7-5343-1039-3：1.95元

高中数学练习册：一年级上学期/江西省教委教学教材研究室编.—南昌：江西教育出版社，1990.7.94页；32开.—ISBN 7-5392-0919-4：0.67元

高中数学练习册：二年级上学期/江西省教委教学教材研究室编.—南昌：江西教育出版社，1990.7.94页；32开.—ISBN 7-5392-0920-8：0.67元

高中数学练习册：三年级上学期/江西省教委教学教材研究室编.—南昌：江西教育出版社，1990.7.94页；32开.—ISBN 7-5392-0921-6：0.67元

高中数学练习册：三年级下学期/江西省教委教学教材研究室编.—南昌：江西教育出版社，1990.12.94页；32开.—ISBN 7-5392-1043-5：0.67元

高级中学课本平面解析几何练习册/湖北省教学研究室编.—2版.—武汉：湖北教育出版社，1990.5.145页；32开.—ISBN 7-5351-0369-3：1.20元

本书1988年12月第1版。

高级中学课本平面解析几何课堂练习册/上海市中小学教材编写组编.—上海：上海教育出版社，1990.6.—142页；32开.—ISBN 7-5320-1989-6：0.91元

高级中学课本代数上册课堂练习册/上海市中小学教材编写组编.—上海：上海教育出版社，1990.6.254页；32开.—ISBN 7-5320-2016-9：1.60元

高级中学课本立体几何课堂练习册/上海市中小学教材编写组编.—2版.—上海：上海教育出版社，1990.6.—104页；32开.—ISBN 7-5320-1922-5：0.69元

本书1987年6月第1版。

家庭作业：几何：农村版/《家庭作业》编写组编.贵阳：贵州人民出版社，1990.6.—96页；32开.—初中二年级上学期.—ISBN 7-221-01664-X：0.85元

家庭作业：几何：城市报/《家庭作业》编写组编.—贵阳：贵州人民出版社，1990.6.—152页；32开.初中二年级上学期.—ISBN 7-221-01688-7：1.30元

家庭作业：几何：城市版/《家庭作业》编写组编.贵阳：贵州人民出版社，1990.5.—143页；32开.初中三年级上学期.—ISBN 7-221-01713-1：1.25元

家庭作业：几何：城市版/《家庭作业》编写组编.贵阳：贵州人民出版社，1990.7.—122页；32开.高中一年级上学期.—ISBN 7-221-01729-8：1.10元

家庭作业：几何：城市版/《家庭作业》编写组编.贵阳：贵州人民出版社，1990.7.—147页；32开.高中二年级上学期.—ISBN 7-221-01730-1：1.30元

家庭作业：代数：农村版/《家庭作业》编写组编.贵阳：贵州人民出版社，1990.6.—94页；32开.—初中一年级上学期.—ISBN 7-221-01754-9：0.85元

家庭作业：代数：农村版/《家庭作业》编写组编.贵阳：贵州人民出版社，1990.6.—94页；32开.—初中二年级上学期.—ISBN 7-221-01634-8：0.85元

家庭作业：代数：农村版/《家庭作业》编写组编.贵阳：贵州人民出版社，1990.6.—94页；32开.—初中三年级上学期.—ISBN 7-221-01636-4：0.85元

家庭作业：代数：城市版/《家庭作业》编写组编.—贵阳：贵州人民出版社，1990.6.—169页；32开.—初中一年级上学期.—ISBN 7-221-01732-8：1.45元

家庭作业：代数：城市版/《家庭作业》编写组编.—贵阳：贵州人民出版社，1990.6.—146页；32开.—初中二年级上学期.—ISBN 7-221-01702-6：1.25元

家庭作业：代数：城市版/《家庭作业》编写组编.—贵阳：贵州人民出版社，1990.6.—145页；32开.—初中三年级上学期.—ISBN 7-221-01712-3：1.25元

家庭作业：代数：城市版/《家庭作业》编写组编.贵阳：贵州人民出版社，1990.6.—122页；32开.高中一年级上学期.—ISBN 7-221-01704-2：1.10元

家庭作业：代数：城市版/《家庭作业》编写组编.贵阳：贵州人民出版社，1990.7.—132页；32开.高中二年级上学期.—ISBN 7-221-01689-5：1.15元

中学生课外活动园地：数学/袁永贤，陈国瑗编.广州：广东教育出版社，1990.6.—221页；32开.初中一年级用.—ISBN 7-5406-0855-2：1.90元

中学生课外活动园地：数学/蒙以财主编.—广州：广东教育出版社，1990.6.—336页；32开.—初中二年级用.—ISBN 7-5406-0856-0：2.85元

中学生课外活动园地：数学/单肇基等编.—广州：广东教育出版社，1990.6.—360页；32开.—初中三年级用.—ISBN 7-5406-0857-9：3.00元

世界数学名题选讲/左宗明编著.—上海：上海科学技术出版社，1990.4.—291页；32开.—ISBN 7-5323-1922-9：2.95元

平面向量和空间向量/吕学礼编.—上海：上海教育出版社，1990.4.—130页；32开.—（中学生文库）.—ISBN 7-5320-1776-1：1.30元

因式分解/程志国，王孝彦编.—石家庄：河北教育出版社，1990.12.—162页；32开.—（中学生课外读物）.—ISBN 7-5434-0737-X：1.45元

初中生怎样学数学/许国刚主编.—南昌：21世纪出版社，1990.8.—162页；32开.—ISBN 7-5391-0383-3：1.60元

初中学生数学手册/崔冠之，崔梅编著.—北京：中国社会出版社，1990.4.—304页；32开.—ISBN 7-80088-012-5：3.90元

初中数学/北京教育学院西城分院主编.—北京：机械工业出版社，1990.1.—427页；32开.—（重点·难点·思路·方法自测·答案丛书）.—ISBN 7-111-02126-6：4.70元

初中数学/孙海正，谢在皋编.—长春：吉林大学出版社，1990.11.—247页；32开.—（重点中学特（高）级教师编写的青年自学丛书）.—ISBN 7-5601-0656-0：2.95元

初中数学/金长功等编.—乌鲁木齐：新疆人民出版社，1990.1.—239页；32开.—（中学生自学辅导丛书）.—ISBN 7-228-01273-9：2.20元

初中数学手册/崔冠之等编.—北京：中国人民大学出版社，1990.2.—108页；64开.—ISBN 7-300-00747-3：1.00元

初中数学课外辅导练习题　第一册/柯景龙，许淑仁编.—北京：农业出版社，1990.7.—230页；32开.—年级用.—ISBN 7-109-01645-5：2.80元

初中数学课堂内外/简国材主编；王雨群，苏炎编写.—西安：陕西人民出版社，1990.3.—205页；32开.—（中学生课堂内外丛书）.—ISBN 7-5419-1501-7：2.15元

初中数学解题方法：几何　（一）/程志国，金耀先主编.—北京：气象出版社，1990.12.—165页；32开.—青年自学用书.—ISBN 7-5029-0627-4：1.90元

初中数学解题方法：几何　（二）/金耀先，程志国主编.—北京：气象出版社，1990.12.—259页；32开.—青年自学用书.—ISBN 7-5029-0628-2：2.60元

初等函数/邵实编.—石家庄：河北教育出版社，1990.12.—198页；32开.—（中学生课外读物）.ISBN 7-5434-0640-3：1.75元

试验设计中的组合方法/项可风著.—北京：人民教育出版社，1990.5.—119页；32开.—（中学生课外读物·现代科学技术丛书/许国志主编）.—ISBN 7-107-10389-X：1.35元

科学计算入门/刘学宗编著.—北京：人民教育出版社，1990.3.—128页；32开.—（中学生课外读物·现代科学技术丛书/许国志主编）.—ISBN 7-107-10393-8：1.50元

本书是介绍微型计算机在科学计算方面应用的通俗读物。

怎样学好数学：三角/徐继文编著.—上海：上海教育出版社，1990.8.—224页；32开.—ISBN 7-5320-1573-4：2.00元

高中自学辅导：数学/赵希愚等编.—北京：科学技术文献出版社，1990.2.—481页；32开.—ISBN 7-5023-1226-9：4.50元

高中练习题精选：数学/李永山等编.—北京：中国妇女出版社，1990.4.—402页；32开.—（高中自学丛书）.—ISBN 7-80016-227-3：4.16元

高中数学/孙海正，谢在皋编著.—长春：吉林大学出版社，1990.6.—369页；32开.—（重点中学特（高）级教师编写的青年自学丛书）.—ISBN 7-5601-0523-8：4.70元

高中数学园地/赵正民等编.—昆明：云南教育出版社，1990.4.—233页；32开.—ISBN 7-5415-372-X：1.80元

递归关系60例/张宁生，田利英编著.—北京：新华出版社，1990.12.—76页；32开.—（中学数学奥林匹克系列专题）.—ISBN 7-5011-0937-0：1.50元

数列求和/明知白主编.—北京：北京师范大学出版社，1990.11.—204页；32开.—（中学生课外读物）.—ISBN 7-303-00954-X：2.30元

数学世界：不等式/田根宝，李玉贞编.—上海：上海科学技术出版社，1990.8.—127页；32开.—（中学生课外读物丛书）.—ISBN 7-5323-1428-6：1.35元

数学世界：中学数学解题中的对应方法/唐盛昌，鲁平平编.—上海：上海科学技术出版社，1990.8.138页；32开.—（中学生课外读物丛书）.—ISBN 7-5323-1436-7：1.45元

数学世界：有理数和一次方程/陈永明，朱行行编著.—上海：上海科学技术出版社，1990.9.—252页；32开.—（中学生课外读物丛书）.—ISBN 7-5323-1143-0：2.60元

本书封面作者为：杨安澜，沈为民

数学世界：坐标·直线和圆方程/汪绳祖，陈肇曾编著.—上海：上海科学技术出版社，1990.9.—197页；32开.—（中学生课外读物丛书）.—ISBN 7-5323-1474-X：2.00元

数学世界：奇妙的数列/胡炯涛编著.—上海：上海科学技术出版社，1990.9.—124页；32开.—（中学生课外读物丛书）.—ISBN 7-5323-1142-2：1.35元

数学世界：函数与统计初步/计惠康，陈肇曾编.上海：上海科学技术出版社，1990.8.—138页；32开.—（中学生课外读物丛书）.—ISBN 7-5323-

1210-0：1.45元

数学世界：根式和一元二次方程/杨安澜，沈为民编著.—上海：上海科学技术出版社，1990.12.—227页；32开.—（中学生课外读物丛书）.—ISBN 7-5323-1409-X：2.30元

数学世界：解三角形/陈肇曾，计惠康编著.—上海：上海科学技术出版社，1990.9.—164页；32开.（中学生课外读物丛书）.—ISBN 7-5323-1264-X：1.70元

数学学习与思考：怎样学好数学：初中版/姚善源，周继光编.—上海：上海教育出版社，1990.10.282页；32开.—ISBN 7-5320-2025-8：2.55元

数学奥林匹克：1987～1988：高中版/单墫，胡大同编著.—北京：北京大学出版社，1990.8.—268页；32开.—ISBN 7-301-01339-6：4.10元

数学奥林匹克：1989：30届国际数学竞赛预选题/单墫等编著.—北京：北京大学出版社，1990.10.187页；32开.—ISBN 7-301-01379-5：3.10元

数学奥林匹克初级读本　上册/四川省数学学会等编；魏有德主编.—成都：四川大学出版社，1990.12.—225页；32开.—ISBN 7-5614-0366-6：2.40元

数学奥林匹克初级读本　下册/四川省数学学会等编；魏有德主编.—成都：四川大学出版社，1990.12.—163页；32开.—ISBN 7-5614-0367-4：1.80元

G634.7　物　理

中学生练习册：初中物理　第二册/唐果南等编.3版.—成都：四川教育出版社，1990.5.—148页；32开.—ISBN 7-5408-0480-7：1.20元

中学生练习册：高中物理　第二册：甲种本/孙介福等编写.—3版.—成都：四川教育出版社，1990.5.—219页；32开.—ISBN 7-5408-0493-9：1.72元

中学生练习册：高中物理　上册：乙种本/胡常楷等编写.—成都：四川教育出版社，1990.6.—284页；32开.—ISBN 7-5408-0492-0：2.19元

中学物理实验册：初中三年级/乔南，秋慧编.—哈尔滨：黑龙江教育出版社，1990.5.—29页；16开.ISBN 7-5316-1063-9：0.78元

中学物理实验册：高中一年级.—哈尔滨：黑龙江教育出版社，1990.6.—32页；16开.—ISBN 7-5316-1067-1：1.00元

中学物理实验册：高中二、三年级.—哈尔滨：黑龙江教育出版社，1990.6.—23页；16开.—ISBN 7-5316-1066-3：0.85元

中学物理实验册：初中　第一册/江苏省《中学物理实验册》编委会编.—2版.—南京：江苏教育出版社，1990.5.—18页；16开.—ISBN 7-5343-0060-6：0.46元

中学物理实验册：初中　第二册/江苏省《中学物理实验册》编委会编.—2版.—南京：江苏教育出版社，1990.2.—24页；16开.—ISBN 7-5343-0061-4：0.57元

中学物理实验册：高中　上册/江苏省教学研究室，《中学物理实验册》编写组编.—南京：江苏教育出版社，1990.1.—35页；16开.—ISBN 7-5343-0954-9：0.68元

中学物理实验册：高中　下册/江苏省中小学教研室《中学物理实验册》编写组编.—南京：江苏教育出版社，1990.1.—39页；16开.—ISBN 7-5343-0962-X：0.79元

中学实验指导和实验报告：初二物理/王健夫等编.2版.—长沙：湖南教育出版社，1990.5.—31页；16开.—ISBN 7-5355-0052-8：0.56元

本书1985年7月第1版。

中学实验指导和实验报告：高中物理　上册/郑富琏等编.—2版.—长沙：湖南教育出版社，1990.5.45页；16开.—ISBN 7-5355-0057-9：0.77元

本书1985年7月第1版。

中学实验指导和实验报告：高中物理　下册/郑富琏等编.—2版.—长沙：湖南教育出版社，1990.5.54页；16开.—ISBN 7-5355-0059-5：0.88元

本书1985年7月第1版。

四年制初级中学实验课本物理第二册练习册.—北京：北京师范大学出版社，1990.5.—77页；32开.ISBN 7-303-00966-3：0.95元

初二物理实验册/上海市中小学教材编写组编.—2版.—上海：上海教育出版社，1990.6.—29页；32开.—ISBN 7-5320-1999-3：0.28元

本书1988年6月第1版。

初二物理练习册/上海市中小学教材编写组编.—上海：上海教育出版社，1990.6.—48页；32开.—ISBN 7-5320-2009-6：0.37元

初三物理实验册/上海市中小学教材编写组编.—2版.—上海：上海教育出版社，1990.6.—32页；32开.—ISBN 7-5320-2022-3：0.28元

本书1984年6月第1版。

初三物理练习册/上海市中小学教材编写组编.—上海：上海教育出版社，1990.6.—104页；32开.—ISBN 7-5320-2003-7：0.69元

初中二年级物理实验报告/湖北省教学研究室编.武汉：湖北教育出版社，1990.5.—25页；16开.ISBN 7-5351-0564-5：0.57元

初中三年级物理实验报告/湖北省教学研究室编.武汉：湖北教育出版社，1990.5.—37页；16开.ISBN 7-5351-0563-7：0.79元

初中物理实验册　（一）/初中物理实验册编写组编.—南昌：江西科学技术出版社，1990.12.—118页；32开.—初中二年级用.—ISBN 7-5390-0378-

2：1.10元

初中物理实验册　（二）/《初中物理实验册》编写组编.—南昌：江西科学技术出版社，1990.12.—182页；32开.—初中三年级用.—ISBN 7-5390-0379-0：1.63元

初中物理实验报告册　第二册/天津市教育教学研究室编.—2版.—天津：天津教育出版社，1990.4.—40页；16开.—ISBN 7-5309-0486-8：0.53元

本书1988年6月第1版。

初中物理练习　第一册/江苏省教育委员会教研室编.—2版.—南京：江苏教育出版社，1990.5.—139页；32开.—ISBN 7-5343-0320-6：1.15元

初中物理练习　第二册/江苏省教委教研室编.—2版.—南京：江苏教育出版社，1990.5.—201页；32开.—ISBN 7-5343-0321-4：1.60元

初中物理练习册　第一册　（上）/北京市教育局教学研究部编.—2版.—北京：北京教育出版社，1990.7.—77页；32开.—ISBN 7-5303-0120-9：0.99元

本书1989年7月第1版。

初中物理练习册　第一册　（下）/北京市教育局教学研究部编.—2版.—北京：北京教育出版社，1990.12.—89页；32开.—ISBN 7-5303-0126-8：1.10元

本书1989年12月第1版。

初中物理练习册　第二册　（上）/北京市教育局教学研究部编.—2版.—北京：北京教育出版社，1990.7.—97页；32开.—ISBN 7-5303-0121-7：1.20元

初中物理练习册　第二册　（下）/北京市教育局教学研究部编.—2版.—北京：北京教育出版社，1990.12.—112页；32开.—ISBN 7-5303-0155-1：1.30元

本书1989年12月第1版。

初中物理练习册　第一册/甘肃省教材编审室编.—兰州：甘肃教育出版社，1990.12.—40页；16开.—初二第二学期.—ISBN 7-5423-0201-9：0.83元

初中物理练习册　第二册/甘肃省教材编审室编.—兰州：甘肃教育出版社，1990.6.—40页；16开.—初三第一学期.—ISBN 7-5423-0155-1：0.85元

初中物理练习册　第二册/甘肃省教材编审室编.—兰州：甘肃教育出版社，1990.11.—56页；16开.—初三第二学期用.—ISBN 7-5423-0206-X：1.10元

初中物理课外辅导练习题　第一册/周淑慎编.—北京：农业出版社，1990.7.—186页；32开.—二年级用.—ISBN 7-109-01701-X：2.35元

初中物理第一册练习册/山西省教委教研室编.—太原：山西教育出版社，1990.5.—100页；32开.—ISBN 7-80578-155-9：0.88元

初中物理第二册练习册/山西省教委教研室编.—太原：山西教育出版社，1990.5.—133页；32开.—ISBN 7-80578-146-X：1.15元

初级中学课本物理第一册练习册/湖北省教学研究室编.—2版.—武汉：湖北教育出版社，1990.5.—103页；32开.—ISBN 7-5351-0307-3：0.89元

本书1987年7月第1版。

物理　第一册/人民教育出版社物理室，中国教育学会物理教学研究会编.—北京：人民教育出版社，1990.3.—173页；16开.—义务教育三年制、四年制初级中学教科书：试用本.—ISBN 7-107-00825-0：3.10元

物理　第二册/阎金铎主编.—北京：北京师范大学出版社，1990.5.—188页；32开.—四年制初级中学实验课本.—ISBN 7-303-00927-2：1.95元

学生实验报告册：初中物理　第一册/物理实验报告册编写组编.—沈阳：辽宁教育出版社，1990.5.—22页；16开.—ISBN 7-5382-1171-3：0.65元

学生实验报告册：初中物理　第二册/物理实验报告册编写组编写.—沈阳：辽宁教育出版社，1990.4.—26页；16开.—ISBN 7-5382-1154-3：0.80元

学生实验报告册：高中物理　下册/物理实验报告册编写组编写.—沈阳：辽宁教育出版社，1990.5.—48页；16开.—ISBN 7-5382-1158-6：1.05元

高一物理实验册/上海市中小学教材编写组编.—2版.—上海：上海教育出版社，1990.6.—24页；16开.—ISBN 7-5320-2001-0：0.47元

本书1986年6月第1版。

高一物理练习册/上海市中小学教材编写组编.—3版.—上海：上海教育出版社，1990.6.—96页；32开.—ISBN 7-5320-2002-9：0.64元

本书1988年6月第1版。

高二物理练习册/上海市中小学教材编写组编.—3版.—上海：上海教育出版社，1990.6.—110页；32开.—ISBN 7-5320-1996-9：0.73元

本书1986年6月第1版。

高三物理实验册/上海市中小学教材编写组编.—3版.—上海：上海教育出版社，1990.6.—12页；16开.—ISBN 7-5320-2023-1：0.38元

本书1987年6月第1版。

高三物理练习册/上海市中小学教材编写组编.—3版.—上海：上海教育出版社，1990.6.—220页；32开.—ISBN 7-5320-2024-X：1.35元

本书1987年6月第1版。

高中一年级物理实验报告/湖北省教学研究室编.—武汉：湖北教育出版社，1990.6.—58页；16开.—ISBN 7-5351-0558-0：1.10元

高中二年级物理实验报告/湖北省教学研究室编.—武汉：湖北教育出版社，1990.6.—59页；16开.

ISBN 7-5351-0568-8：1.10元

高中三年级物理实验报告/湖北省教学研究室编.武汉：湖北教育出版社，1990.5.—44页；16开.ISBN 7-5351-0556-4：0.85元

高中物理一年级练习册/山西省教委教研室编.—太原：山西教育出版社，1990.5.—155页；32开.—ISBN 7-80578-130-3：1.50元

高中物理二年级练习册/山西省教委教研室编.—太原：山西教育出版社，1990.5.—122页；32开.—ISBN 7-80578-136-2：1.20元

高中物理三年级练习册/山西省教委教研室编.—太原：山西教育出版社，1990.6.—102页；32开.—ISBN 7-80578-141-9：1.05元

高中物理补充教材/天津市教育教学研究室编.—4版.—天津：天津教育出版社，1990.7.—219页；16开.—ISBN 7-5309-0256-3：1.90元

本书1987年1月第1版。

高中物理实验册　（上）/高中物理实验册编写组编.—南昌：江西科学技术出版社，1990.6.—76页；32开.—一年级用.—ISBN 7-5390-0317-0：0.65元

高中物理实验册　（下）/高中物理实验册编写组编.—南昌：江西科学技术出版社，1990.6.—81页；32开.—二年级用.—ISBN 7-5390-0316-2：0.74元

高中物理实验报告　上册/魏春亭编.—太原：山西教育出版社，1990.3.—38页；16开.—ISBN 7-80578-017-X：0.83元

高中物理实验报告　下册/魏春亭编.—太原：山西教育出版社，1990.6.—41页；16开.—ISBN 7-80578-018-8：0.89元

高中物理练习册：一年级上学期/江西省教委教学教材研究室编.—南昌：江西教育出版社，1990.7.94页；32开.—ISBN 7-5392-0922-4：0.67元

高中物理练习册：二年级上学期/江西省教委教学教材研究室编.—南昌：江西教育出版社，1990.7.94页；32开.—ISBN 7-5392-0923-2：0.67元

高中物理练习册：三年级上学期/江西省教委教学教材研究室编.—南昌：江西教育出版社，1990.7.94页；32开.—ISBN 7-5392-0924-0：0.67元

高级中学练习册：物理　第二册/黑龙江省教育学院中教部主编.—2版.—哈尔滨：黑龙江科学技术出版社，1990.5.—122页；32开.—ISBN 7-5388-0415-3：1.55元

高级中学课本物理第一册教学挂图：人造卫星与火箭/张兆编；黄杏荪，林楚先绘.—上海：上海教育出版社，1990.9.—2张；2开.—ISBN 7-5320-2107-6（袋装）：1.35元

高级中学课本物理第二册教学挂图：示波管的构造和原理/上海教育出版社编；林楚先绘.—上海：上海教育出版社，1990.9.—1张；2开.—ISBN 7-5320-2113-0：0.46元

高级中学课本物理第三册教学挂图：光电器件/龚全宝编；林楚先绘.—上海：上海教育出版社，1990.9.—3张；2开.—ISBN 7-5320-2209-9（袋装）：1.85元

高级中学课本物理第三册教学挂图：原子核能/陈效军等编；林楚先等绘.—上海：上海教育出版社，1990.9.—5张（4张：全开+1张：2开）+附说明书1册.—ISBN 7-5320-2217-X（袋装）：5.80元

高级中学课本物理第三册教学挂图：激光/中国科学院光学精密机械研究所编；黄杏荪等绘.—上海：上海教育出版社，1990.9.—6张（1张：全开+5张：2开）+附说明书1册.—ISBN 7-5320-2210-2（袋装）：4.00元

家庭作业：物理：农村版/《家庭作业》编写组编.—贵阳：贵州人民出版社，1990.5.—94页；32开.—初中二年级上学期.—ISBN 7-221-01635-6：0.85元

家庭作业：物理：农村版/《家庭作业》编写组编.贵阳：贵州人民出版社，1990.5.—94页；32开.初中三年级上学期.—ISBN 7-221-01633-X：0.85元

家庭作业：物理：城市版/《家庭作业》编写组编.—贵阳：贵州人民出版社，1990.6.—45页；32开.—初中二年级上学期.—ISBN 7-221-01710-7：0.48元

家庭作业：物理：城市版/《家庭作业》编写组编.—贵阳：贵州人民出版社，1990.6.—114页；32开.—初中三年级上学期.—ISBN 7-221-01711-5：1.00元

家庭作业：物理：城市版/《家庭作业》编写组编.—贵阳：贵州人民出版社，1990.7.—146页；32开.—高中一年级上学期.—ISBN 7-221-01690-9：1.30元

家庭作业：物理：城市版/《家庭作业》编写组编.—贵阳：贵州人民出版社，1990.7.—108页；32开.—高中二年级上学期.—ISBN 7-221-01731-X：0.98元

家庭作业：初中三年级（一学年）物理实验报告/《家庭作业》编写组编.—贵阳：贵州人民出版社，1990.5.—79页；32开.—ISBN 7-221-01675-5：0.76元

家庭作业：初中三年级（一学年）物理实验报告/《家庭作业》编写组编.—贵阳：贵州人民出版社，1990.5.—95页；32开.—ISBN 7-221-01674-7：0.88元

家庭作业：高中一年级（一学年）物理实验报告/《家庭作业》编写组编.—贵阳：贵州人民出版社，1990.6.—98页；32开.—ISBN 7-221-01605-4：0.88元

家庭作业：高中二年级（一学年）物理实验报告/《家庭作业》编写组编.—贵阳：贵州人民出版社，1990.5.—85页；32开.—ISBN 7-221-01728-X：0.79元

太空少年/李四友，李津水编著.—南昌：江西教育出版社，1990.1.—174页；36开.—（中学生知识丛书/黄定元，张希仁主编）.—ISBN 7-5392-0813-9：1.42元

中学生物理词典/吴振麟主编.—北京：北京师范大学出版社，1990.7.—192页；32开.—ISBN 7-303-00354-1：3.15元

中学生课外活动园地：物理/文宇主编.—广州：广东教育出版社，1990.7.—239页；32开.—初中二年级用.—ISBN 7-5406-0858-7：2.05元

中学生课外活动园地：物理/文宇主编.—广州：广东教育出版社，1990.7.—270页；32开.—初中三年级用.—ISBN 7-5406-0859-5：2.30元

中学物理百科　第一分册：力学/周志成编撰.—北京：中国大百科全书出版社，1990.4.—130页；32开.—ISBN 7-5000-5008-9：1.80元

观察·思考·释疑：初中物理中的为什么/陈兵编.—西安：未来出版社，1990.2.—222页；32开.（中学生课外读物）.—ISBN 7-5417-0301-X：2.05元

初中物理/林桐绰编.—长春：吉林大学出版社，1990.11.—331页；32开.—（重点中学特〈高〉级教师编写的青年自学丛书）.—ISBN 7-5601-0657-9：4.25元

初中物理/曾继等编著.—乌鲁木齐：新疆人民出版社，1990.1.—193页；32开.—（中学生自学辅导丛书）.—ISBN 7-228-01275-5：1.80元

初中物理课堂内外/张宁谋，韩玉秋编.—西安：陕西人民教育出版社，1990.2.—203页；32开.—（中学生课堂内外丛书/简国材主编）.—ISBN 7-5419-1597-1：2.10元

初中物理课堂内外问答/陆金生等编写.—贵阳：贵州科技出版社，1990.10.—110页；32开.—ISBN 7-80584-026-1：1.10元

物理世界：能胀能缩话气体/张甫楠编.—上海：上海科学技术出版社，1990.8.—145页；32开.—（中学生课外读物丛书）.—ISBN 7-5323-1645-9：1.55元

物理世界：牛顿定律纵横谈/庄起黎编.—上海：上海科学技术出版社，1990.8.—155页；32开.（中学生课外读物丛书）.—ISBN 7-5323-1820-6：1.65元

物理世界：奇妙的振动与波/蒋皋泉编.—上海：上海科学技术出版社，1990.8.—168页；32开.—（中学生课外读物丛书）.—ISBN 7-5323-1438-3：1.75元

物理世界：原子的奥秘/蒋祖凡，潘詠苹编.—上海：上海科学技术出版社，1990.8.—88页；32开.（中学生课外读物丛书）.—ISBN 7-5323-1819-2：1.00元

物理世界：趣谈机械能/张越编.—上海：上海科学技术出版社，1990.8.—142页；32开.—（中学生课外读物丛书）.—ISBN 7-5323-1985-7：1.45元

物理学中的常用方法/王继春，唐述曾编著.—重庆：科学技术文献出版社重庆分社，1990.1.—240页；32开.—（中学生智力开发读物）.—ISBN 7-5023-0310-3：2.70元

高一物理课堂内外/简国材主编；樊福，郭蕾编.西安：陕西人民教育出版社，1990.2.—184页；32开.—（中学生课堂内外丛书）.—ISBN 7-5419-1424-X：1.70元

高中物理/林桐绰编著.—长春：吉林大学出版社，1990.6.—402页；32开.—（重点中学特〈高〉级教师编写的青年自学丛书）.—ISBN 7-5061-0511-4：5.05元

高中物理双基训练/王维翰主编.—北京：机械工业出版社，1990.7.—627页；32开.—（理化自学丛书）.—ISBN 7-111-02307-2：8.20元

高中物理标准化训练/王兴桃等编.—合肥：安徽教育出版社，1990.2.—278页；32开.NISBN 7-0336-0523-3：2.85元

高中练习题精选：物理/徐志方等编.—北京：中国妇女出版社，1990.4.—440页；32开.—（高中自学丛书）.—ISBN 7-80016-228-1：4.55元

高级中学课本物理（下册）教学挂图：光的干涉、衍射和偏振/上海教育出版社编；陆晓波等绘.—上海：上海教育出版社，1990.5.—3张；2开.—ISBN 7-5320-2027-4（袋装）：1.80元

高级中学课本物理（下册）教学挂图：传真、电视、雷达/沈学彬编；黄杏荪等绘.—上海：上海教育出版社，1990.5.—3张；2开.—ISBN 7-5320-1995-0（袋装）：1.80元

课外习题集　第一册/人民教育出版社物理室，中国教育学会物理教学研究会编著.—北京：人民教育出版社，1990.6.—64页；32开.—（义务教育初中物理学生读物）.—ISBN 7-107-00889-7：0.61元

课外观察实验和制作/人民教育出版社物理室，中国教育学会物理教学研究会编著.—北京：人民教育出版社，1990.4.—164页；32开.—（义务教育初中物理学生读物）.—ISBN 7-107-00849-8：1.35元

G634.8 化学

义务教育三年制初级中学化学实验册 全一册/人民教育出版社化学室编.—北京：人民教育出版社，1990.4.—122页；32开.—ISBN 7-107-00861-7：1.00元

中学化学实验册：初中 全一册/江苏省《中学化学实验册》编委会编.—2版.—南京：江苏教育出版社，1990.3.—48页；16开.—ISBN 7-5343-0056-8：0.84元

中学化学实验册：高中 上册/江苏省《中学化学实验册》编委会编.—南京：江苏教育出版社，1990.3.—35页；16开.—ISBN 7-5343-1014-8：0.68元

中学化学实验册：高中 下册/江苏省中学化学实验册编委会编.—南京：江苏教育出版社，1990.3.73页；16开.—ISBN 7-5343-1013-X：1.25元

中学生练习册：初中化学：综合部分.—2版.—成都：四川教育出版社，1990.11.—39页；16开·ISBN 7-5408-1447-0：0.76元

中学生练习册：高中化学 第二册：甲种本/唐荣德等编写.—3版.—成都：四川教育出版社，1990.5.—168页；32开.—ISBN 7-5408-0485-8：1.36元

中学生练习册：高中化学 第三册：甲种本/钟朔辉等编写.—3版.—成都：四川教育出版社，1990.5.—266页；32开.—ISBN 7-5408-0486-6：2.05元

中学生练习册：高中化学 下册：乙种本/任德华等编.—成都：四川教育出版社，1990.5.—310页；32开.—ISBN 7-5408-0485-8：2.35元

中学生练习册：高中化学：综合部分.—成都：四川教育出版社，1990.11.—41页；16开.—ISBN 7-5408-1394-6：0.76元

中学实验指导和实验报告：高中化学 上册/李舜辎等编写.—2版.—长沙：湖南教育出版社，1990.5.33页；16开.—ISBN 7-5355-0058-7：0.61元

本书1985年7月第1版。

中学实验指导和实验报告：高中化学 下册/刘佑文等编写.—2版.—长沙：湖南教育出版社，1990.5.59页；16开.—ISBN 7-5355-0060-9：0.98元

本书1935年7月第1版。

化学 全一册/人民教育出版社化学室编；武永兴主编.—北京：人民教育出版社，1990.3.—352页；32开.—义务教育三年制初级中学教科书：试用本.—ISBN 7-107-00841-2：2.80元

化学 上册/唐力主编.—桂林：广西师范大学出版社，1990.3.—350页；32开.—高级中学课本 程序启发实验教材.—ISBN 7-5633-0848-2：3.26元

化学 全一册/李干孙主编.—桂林：广西师范大学出版社，1990.7.—216页；大32开.—九年制义务教育六·三学制初级中学实验课本.—ISBN 7-5633-0861-X：1.70元

化学实验 全一册/李干孙主编.—桂林：广西师范大学出版社，1990.7.—86页；大32开.—九年制义务教育六·三学制初级中学实验课本.—ISBN 7-5633-0862-8：0.70元

化学练习 全一册/李干孙主编.—桂林：广西师范大学出版社，1990.7.—147页；大32开.—九年制义务教育六·三学制初级中学练习课本.—ISBN 7-5633-0863-6：1.15元

初中三年级化学实验报告/宁湘编.—武汉：湖北教育出版社，1990.6.—27页；16开.—ISBN 7-5351-0567-X：0.63元

初中化学全一册练习册/山西省教委教研室编.—太原：山西教育出版社，1990.5.—127页；32开.—ISBN 7-80578-002-1：1.08元

初中化学实验册/上海市中小学教材编写组编.—2版.—上海：上海教育出版社，1990.6.—93页；32开.ISBN 7-5320-1963-2：0.64元

本书1985年6月第1版。

初中化学练习册 （上）/上海市中小学教材编写组编.—2版.—上海：上海教育出版社，1990.6.48页；32开.—ISBN 7-5320-1955-1：0.37元

本书1988年6月第1版。

初中化学练习册 （上）/上海市中小学教材编写组编.—上海：上海教育出版社，1990.6.—53页；32开.—配上海自编教材.—ISBN 7-5320-1957-8：0.42元

初中化学练习册 （下）/上海市中小学教材编写组编.—上海：上海教育出版社，1990.11.—64页；32开.—配上海自编教材.—ISBN 7-5320-2237-4：0.50元

初中化学练习册 全一册 （上）/北京市教育局教学研究部编.—2版.—北京：北京教育出版社，1990.7.—123页；32开.—ISBN 7-5303-0119-5：1.45元

初中化学练习册 全一册/甘肃省教材编审室编.兰州：甘肃教育出版社，1990.6.—63页；16开.—初三第一学期.—ISBN 7-5423-0156-X：1.20元

初中化学练习册 全一册/甘肃省教材编审室编.兰州：甘肃教育出版社，1990.12.—49页；16开.初三第二学期.—ISBN 7-5423-0207-8：0.95元

初中化学综合练习.—成都：四川教育出版社，1990.2.—40页；16开.—（中学生练习册）.—ISBN 7-5408-1307-5：0.76元

初级中学课本化学练习册：三年级/湖北教学研究

室编.—2版.—武汉：湖北教育出版社，1990.6.—115页；32开.—ISBN 7-5351-0302-2：0.95元
本书1988年6月第1版。

学生实验报告册：高中化学　上册/化学实验报告册编写组编写.—沈阳：辽宁教育出版社，1990.5.28页；16开.—ISBN 7-5382-1157-8：0.75元

学生实验报告册：高中化学　下册/化学实验报告册编写组编写.—沈阳：辽宁教育出版社，1990.4.36页；16开.—ISBN 7-5382-1156-X：0.90元

高一化学实验册/上海市中小学教材编写组编.—2版.—上海：上海教育出版社，1990.6.—46页；32开.—ISBN 7-5320-1951-9：0.37元
本书1986年6月第1版。

高一化学练习册　（上）/上海市中小学教材编写组编.—2版.—上海：上海教育出版社，1990.6.56页；32开.—ISBN 7-5320-1962-4：0.42元
本书1988年6月第1版。

高二化学实验册/上海市中小学教材编写组编.—2版.—上海：上海教育出版社，1990.6.—67页；32开.—ISBN 7-5320-1956-X：0.52元
本书1986年6月第1版。

高二化学练习册　（上）/上海市中小学教材编写组编.—2版.—上海：上海教育出版社，1990.6.31页；32开.—ISBN 7-5320-1954-3：0.28元
本书1988年6月第1版。

高三化学实验册/上海市中小学教材编写组编.—2版.—上海：上海教育出版社，1990.6.—62页；32开.—ISBN 7-5320-1945-4：0.46元
本书1986年6月第1版。

高三化学练习册　（上）/上海市中小学教材编写组编.—2版.—上海：上海教育出版社，1990.6.—69页；32开.—ISBN 7-5320-1944-6：0.51元
本书1988年6月第1版。

高中一年级化学实验报告/吴庆方主编.—武汉：湖北教育出版社，1990.5.—28页；16开.—ISBN 7-5351-0558-0：0.68元

高中三年级化学实验报告/高宝诚编.—武汉：湖北教育出版社，1990.6.—22页；16开.—ISBN 7-5351-0565-3：0.57元

高中化学一年级练习册/山西省教委教研室编.—太原：山西教育出版社，1990.5.—133页；32开.ISBN 7-80578-004-8：1.30元

高中化学二年级练习册/山西省教委教研室编.—太原：山西教育出版社，1990.5.—140页；32开.ISBN 7-80578-005-6：1.23元

高中化学三年级练习册/山西省教委教研室编.—太原：山西教育出版社，1990.5.—157页；32开.ISBN 7-80578-001-3：1.35元

高中化学补充教材/天津市教育教学研究室编.—4版.—天津：天津教育出版社，1990.7.—67页；16开.—附习题部分.—ISBN 7-5309-0265-2：1.90元

高中化学练习册　上册/天津市教育教学研究室编.—2版.—天津：天津教育出版社，1990.6.—187页；32开.—ISBN 7-5309-0772-7：0.85元
本书1989年6月第1版。

高中化学练习册　下册/天津市教育教学研究室编.—2版.—天津：天津教育出版社，1990.6.—192页；32开.—ISBN 7-5309-0773-5：0.87元
本书1989年7月第1版。

高中化学练习册：二年级上学期/江西省教委教学教材研究室编.—南昌：江西教育出版社，1990.7.94页；32开.—ISBN 7-5392-0924-7：0.67元

高中化学练习册：三年级上学期/江西省教委教学教材研究室编.—南昌：江西教育出版社，1990.7.94页；32开.—ISBN 7-5392-0927-5：0.67元

高级中学化学实验报告册　上册/山东省教学研究室编.—济南：山东教育出版社，1990.3.—47页；16开.—ISBN 7-5328-0337-6：0.85元

高级中学实验课本化学课堂练习和实验本　第三册/唐力等编.—桂林：广西师范大学出版社，1990.3.—178页；32开.—程序启发实验教材.—ISBN 7-5633-0739-7：1.65元

高级中学练习册：化学　下册/河北省教育科学研究所本书编写组编.—2版.—石家庄：河北教育出版社，1990.5.—193页；32开.—ISBN 7-5434-0201-7：1.40元

高级中学练习册：化学　第一册/黑龙江省教育学院中教部主编.—2版.—哈尔滨：黑龙江科学技术出版社，1990.6.—114页；32开.—ISBN 7-5388-0412-9：1.45元

高级中学练习册：化学　第二册/黑龙江省教育学院中教部主编.—2版.—哈尔滨：黑龙江科学技术出版社，1990.5.—125页；32开.—ISBN 7-5388-0433-1：1.60元

高级中学课本化学课堂练习和实验本　上册/唐力主编.—桂林：广西师范大学出版社，1990.5.—137页；32开.—程序启发实验教材.—ISBN 7-5633-0803-2：1.30元

高级中学课本化学课堂练习和实验本　第二册/唐力等编.—桂林：广西师范大学出版社，1990.2.136页；32开.—程序启发实验教材.—ISBN 7-5633-0698-6：1.30元

高级中学课本化学教学挂图　（1）/上海染料化工厂等编绘.—上海：上海教育出版社，1990.5.—10张（2张；全开+8张；2开）+附说明书1册.—ISBN 7-5320-1942-X（袋装）：6.70元

家庭作业：化学：农村版/《家庭作业》编写组编.—贵阳：贵州人民出版社，1990.5.—94页；32

开.—初中三年级上学期.—ISBN 7-221-01632-1：0.85元

家庭作业：化学：城市版/《家庭作业》编写组编.—贵阳：贵州人民出版社，1990.6.—75页；32开.—初中三年级上学期.—ISBN 7-221-01708-5：0.73元

家庭作业：化学：城市版/《家庭作业》编写组编.—贵阳：贵州人民出版社，1990.6.—151页；32开.—高中一年级上学期.—ISBN 7-221-01703-4：1.30元

家庭作业：化学：城市版/《家庭作业》编写组编.—贵阳：贵州人民出版社，1990.6.—140页；32开.—高中二年级上学期.—ISBN 7-221-01706-0：1.25元

家庭作业：初中三年级一学年化学实验报告/《家庭作业》编写组编.—贵阳：贵州人民出版社，1990.5.—94页；32开.—ISBN 7-221-01673-9：0.85元

家庭作业：高中二年级一学年化学实验报告/《家庭作业》编写组编.—贵阳：贵州人民出版社，1990.6.—73页；32开.—ISBN 7-221-01735-2：0.70元

中学化学课外活动/雷寅威等编.—南宁：广西教育出版社，1990.4.—195页；32开.—ISBN 7-5435-0812-5：2.00元

中学化学课外趣读/李文亭等编.—济南：山东教育出版社，1990.12.—147页；32开.—ISBN 7-5328-1018-6：1.35元

中学生化学词典/黄儒兰等编.—北京：北京师范大学出版社，1990.7.—694页；64开.—ISBN 7-303-00517-X（精装）：5.25元

中学生课外活动园地：化学/华文编.—广州：广东教育出版社，1990.6.—180页；32开.—初中三年级用.—ISBN 7-5406-0860-9：1.65元

化学/王云生主编；刘文叔，李松华编.—修订本.福州：福建少年儿童出版社，1990.6.—208页；32开.—（初中生学习方法丛书/林铭荪主编）.—初中三年级用.—ISBN 7-5395-0372-6：1.85元

本书1989年6月第1版。

化学/金道一等编写.—成都：四川教育出版社，1990.10.—486页；32开.—（高中基础知识业余自学丛书）.—ISBN 7-5408-1403-9：3.56元

化学与社会.—杭州：浙江教育出版社，1990.7.192页；32开.—丽水地区中学乡土教材：试用本.ISBN 7-5338-691-3：1.40元

化学世界：生命的元素等篇/解守宗编.—上海：上海科学技术出版社，1990.9.—127页；32开.—（中学生课外读物丛书）.—ISBN 7-5323-1473-3：1.35元

化学世界：这些命名错在哪里等篇/陆惊帆编.—上海：上海科学技术出版社，1990.9.—233页；32开.（中学生课外读物丛书）.—ISBN 7-5323-1358-1：2.35元

化学世界：奇妙的蓝瓶子等篇/赵士久编.—上海：上海科学技术出版社，1990.9.—101页；32开.（中学生课外读物丛书）.—ISBN 7-5323-1410-3：1.15元

化学世界：宝石与刚玉等篇/解守宗编.—上海：上海科学技术出版社，1990.10.—80页；32开.（中学生课外读物丛书）.—ISBN 7-5323-1978-4：1.00元

化学世界：原子的"建筑术"等篇/朱云祖编.—上海：上海科学技术出版社，1990.9.—125页；32开.（中学生课外读物丛书）.—ISBN 7-5323-1952-0：1.35元

化学世界："100＋100＝200？"等篇/朱云祖编.上海：上海科学技术出版社，1990.9.—129页；32开.—（中学生课外读物丛书）.—ISBN 7-5323-1141-4：1.35元

初中化学/贾明等编.—长春：吉林大学出版社，1990.11.—177页；32开.—（重点中学特〈高〉级教师编写的青年自学丛书）.—ISBN 7-5601-0655-2：2.40元

初中化学/高承信等编.—乌鲁木齐：新疆人民出版社，1990.1.—176页；32开.—（中学生自学辅导丛书）.—ISBN 7-228-01271-2：1.65元

初中化学双基训练/黄儒兰主编.—北京：中国农业机械出版社，1990.6.—183页；32开.—（理化自学丛书）.—ISBN 7-80032-085-5：3.00元

初中化学课外辅导/赵仰祚主编.—桂林：广西师范大学出版社，1990.8.—186页；32开.—ISBN 7-5633-0903-9：1.80元

初中化学课外辅导练习题/朱迪生编.—北京：农业出版社，1990.7.—185页；32开.—三年级用.—ISBN 7-109-01644-7：2.35元

高一化学课堂内外/简国材主编.—西安：陕西人民教育出版社，1990.2.—162页；32开.—（中学生课堂内外丛书）.—ISBN 7-5419-1422-3：1.75元

高中化学双基训练/黄儒兰主编.—北京：机械工业出版社，1990.7.—347页；32开.—（理化自学丛书）.—ISBN 7-111-02306-4：4.75元

G634.91　生　物

义务教育三年制初级中学生物第一册（下）学生练习册和实验报告册/人民教育出版社生物自然室编著.北京：人民教育出版社，1990.9.—57页；16开.ISBN 7-107-00906-0：1.10元

中学生物生理卫生实验册/中学生物生理卫生实验册编写组编.—南昌：江西科学技术出版社，1990.6.—139页；32开.—高级中学二年级用.—ISBN 7-5390-0310-X：1.15元

中学生练习册：动物学：初中全一册.—3版.—成都：四川教育出版社，1990.—127页；32开.—ISBN 7-5408-1062-9：1.09元

中学生练习册：高中生物　全一册：甲种本/屈寄成等编写.—3版.—成都：四川教育出版社，1990.5.112页；32开.—ISBN 7-5408-1068-8：0.98元

中学生练习册：高中生物　全一册：乙种本/屈寄成等编写.—成都：四川教育出版社，1990.5.—101页；32开.—ISBN 7-5408-1068-8：0.90元

中学生练习册：植物学：初中全一册.—3版.—成都.—四川教育出版社，1990.5.—144页；32开.ISBN 7-5408-1061-0：1.20元

中学实验指导和实验报告：初一植物学/刘克汉，刘春明编写.—长沙：湖南教育出版社，1990.4.—26页；16开.—ISBN 7-5355-0051-X：0.50元

中学实验指导和实验报告：初二动物学/戴紫华，瞿放编.—2版.—长沙：湖南教育出版社，1990.5.25页；16开.—ISBN 7-5355-0053-6：0.51元

本书1985年7月第1版。

中学实验指导和实验报告：高中生物/许长清，刘翊威编写.—2版.—长沙：湖南教育出版社，1990.5.—18页；16开.—ISBN 7-5355-0063-3：0.40元

本书1987年6月第1版。

中学植物学教学挂图/国家教委教学仪器研究所主编.—北京：北京师范大学出版社，〔1990〕.—43张；全开

生物/张松文主编.—昆明：云南教育出版社，1990.8.—116页；32开.—大理州中学乡土教材：试用本.—ISBN 7-5415-0404-1：1.30元

生物　上册.—广州：广东教育出版社，1990.7.271页；32开.—沿海版九年制义务教育初级中学试验教材.—ISBN 7-5406-1211-8：3.10元

生物　第一册　（上）/人民教育出版社生物自然室编著.—北京：人民教育出版社，1990.3.—182页；16开.—义务教育三年制初级中学教科书：试用本.ISBN 7-107-00334-X：3.25元

生物　第一册　（下）/人民教育出版社生物自然室编著.—北京：人民教育出版社，1990.9.—139页；16开.—义务教育三年制初级中学教科书：试用本.—ISBN 7-107-00774-2：2.90元

生物　第二册/李兰芬主编.—北京：北京师范大学出版社，1990.5.—266页；32开.—四年制初级中学实验课本.—ISBN 7-303-00896-9：2.55元

两栖动物与珍禽益鸟/张德美，耿时农主编.—2版.杭州：浙江教育出版社，1990.12.—84页；32开.丽水地区中学动物学乡土教材.—ISBN 7-5338-0427-9：0.65元

初中一年级植物学实验报告/湖北省教学研究室编.武汉：湖北教育出版社，1990.5.—20页；16开.ISBN 7-5351-0554-8：0.57元

初中二年级动物学实验报告/湖北省教学研究室编.武汉：湖北教育出版社，1990.5.—23页；16开.ISBN 7-5351-0553-8：0.57元

初中生物实验报告册：一年级：植物学/初中理、化、生实验册编写组.—南昌：江西教育出版社，1990.6.—30页；16开.—ISBN 7-5392-0852-X：0.68元

初中生物实验报告册：二年级：动物学/初中理、化、生实验册编写组.—南昌：江西教育出版社，1990.6.—30页；16开.—ISBN 7-5392-0866-X：0.68元

初中生物实验报告册：三年级：生理卫生/初中理、化、生实验册编写组.—南昌：江西教育出版社，1990.6.—38页；16开.—ISBN 7-5392-0867-8：0.78元

初中动物学练习册/山西省教委教研室编.—太原：山西教育出版社，1990.5.—83页；32开.—ISBN 7-80578-051-X：0.79元

初中动物学练习册/天津市教育教学研究室编.—3版.—天津：天津教育出版社，1990.6.—78页；16开.—ISBN 7-5309-0086-2：0.81元

本书1986年6月第1版。

初中动物实验册/《初中动物实验册》编写组编.南昌：江西科学技术出版社，1990.12.—138页；32开.—初中二年级用.—ISBN 7-5390-0377-4：1.12元

初中植物实验册/《初中植物实验册》编写组编.—南昌：江西科学技术出版社，1990.12.—154页；32开.初中一年级用.—ISBN 7-5390-0376-6：1.38元

初中植物学练习册/山西省教委教研室编.—太原：山西教育出版社，1990.5.—97页；32开.—ISBN 7-80578-052-8：0.95元

初级中学生物实验册　上册.—广州：广东教育出版社，1990.7.—75页；32开.—沿海版九年制义务教育试验教材.—ISBN 7-5406-1203-7：1.05元

初级中学课本（试用本）动物学课堂练习册/上海市中小学教材编写组编.—上海：上海教育出版社，1990.6.—36页；32开.—ISBN 7-5320-1946-2：0.60元

初级中学课本（试用本）植物学课堂练习册/上海市中小学教材编写组编.—上海：上海教育出版社，1990.6.—67页；32开。—ISBN 7-5320-2008-8：0.51元

高中生物补充教材/天津市教育教学研究室编.—4

版.一天津：天津教育出版社，1990.7.一225页；16开.一ISBN 7-5309-0221-0：1.97元

高中生物实验报告/湖北省教学研究室编.一武汉：湖北教育出版社，1990.5.一19页；16开.一ISBN 7-5351-0557-3：0.57元

高中生物练习册/山西省教委教研室编.一太原：山西教育出版社，1990.6.一98页；32开.一ISBN 7-80578-137-0：1.00元

高级中学课本生物教学挂图：生物与环境/盛和林，赖伟编；林楚先等绘.一上海：上海教育出版社，1990.9.一6张（1张：全开+5张：2开）+附说明书1册.一ISBN 7-5320-2176-9（袋装）：4.10元

高级中学课本生物教学挂图：生物的进化/余家璜编；袁捷等绘.一新1版.一上海：上海教育出版社，1990.9.一5张（3张：全开+2张：2开）+附说明书1册.一ISBN 7-5320-2173-4（袋装）：5.10元

高级中学课本生物教学挂图：细胞/尚细彬编；丁立人等绘.一新1版.一上海：上海教育出版社，1990.9.一7张（3张：全开+3张：2开+1张：3开）+附说明书1册.一ISBN 7-5320-2162-9（袋装）：5.95元

高级中学课本生物教学挂图：遗传和变异/吴德钜，顾巧英编；王羊等绘.一上海：上海教育出版社，1990.9.一12张（4张：全开+8张：2开）+附说明书1册.一ISBN 7-5320-2171-8（袋装）：9.20元

衡阳生物/聂旦平，杨美仪编.一长沙：湖南地图出版社，1990.10.一78页；32开.一衡阳市初中乡土教材.一ISBN 7-80552-054-2：0.93元

万物生灵第一声/宗愉编.一上海：上海教育出版社，1990.3.一62页；32开.一（中学生文库）.一ISBN 7-5320-1794-X：0.70元

本书介绍了蛙类的一生和生长习性。

生物/朱正威编.一合肥：中国科学技术大学出版社，1990.9.一90页；32开.一（特级教师指导学习丛书/仲哲明主编）.一ISBN 7-312-00178-5：1.30元

生物/周兴惠等编.一成都：四川教育出版社，1990.11.一252页；32开.一（初中基础知识业余自学丛书）.一ISBN 7-5408-144-X：1.94元

生物/福建省普通教育教学研究室编.一福州：福建教育出版社，1990.12.一280页；32开.一（高中毕业生学习指导丛书）.一ISBN 7-3334-0779-2：2.35元

生物：高中全一册/云南省教育厅教研室主编.一2版.一昆明：云南教育出版社，1990.5.一179页；32开.一（中学生学习指导丛书）.一ISBN 7-5415-0356-8：1.85元

本书1986年8月第1版。

动物学疑难解析与综合练习/景步国主编，王中等编.一太原：山西教育出版社，1990.5.一118页；32开.一（中学生物自学丛书）.一ISBN 7-80578-006-4：1.30元

初中生物/陈志祺，马德纯主编.一长春：吉林大学出版社，1990.11.一214页；32开.一（重点中学特〈高〉级教师编写的青年自学丛书）.一ISBN 7-5601-0653-6：2.85元

初等生物学图册：生理卫生学分册/黄毓潮主编.长沙：湖南科学技术出版社，1990.10.一61页；32开.一ISBN 7-5357-0842-0：1.00元

初等生物学图册：动物学分册/朱赛先，陈淑琼主编.一长沙：湖南科学技术出版社，1990.10.一72页；32开.一ISBN 7-5357-0840-4：1.00元

初等生物学图册：植物学分册/杨莼白主编.一长沙：湖南科学技术出版社，1990.10.一66页；32开.ISBN 7-5357-0841-2：1.00元

环境保护/湖南省环境保护局编.一北京：华夏出版社，1990.9.一110页；32开.一（湖南省中学环境教育知识读本）.一ISBN 7-80053-857-5：1.10元

环境保护：初中分册/梁肇勤，廖斌主编；严敏等编.一桂林：广西师范大学出版社，1990.3.一87页；32开.一ISBN 7-5633-0721-4：0.80元

环境保护：高中分册/梁肇勤，廖斌主编；陈玲芳等编.一桂林：广西师范大学出版社，1990.3.一119页；32开.一ISBN 7-5633-0722-2：1.05元

高中生物/马德纯，陈志祺主编.一长春：吉林大学出版社，1990.7.一87页；32开.一（重点中学特〈高〉级教师编写的青年自学丛书）.一ISBN 7-5601-0509-2：2.55元

高中生物疑难解析与综合练习/景步国主编；吕灿良等编.一太原：山西教育出版社，1990.4.一193页；32开.一（中学生物自学丛书）.一ISBN 7-80578-007-2：1.70元

高中练习题精选：生物/王化隆，高同娟编.一北京：中国妇女出版社，1990.4.一130页；32开.（高中自学丛书）.一ISBN 7-80016-230-2：1.60元

常见植物400种：彩色观察图册/欧善华，高瑾南编；刘筱蕴，王羊绘.一上海：上海教育出版社，1990.5.一86页；大32开.一ISBN 7-5320-1662-5：5.40元

植物学小天地：初中植物学第二课堂/高明乾等编.一郑州：河南教育出版社，1990.5.一158页；32开.一ISBN 7-5347-0701-3：1.15元

植物学疑难解析与综合练习/景步国主编；林静仁等编.一太原：山西教育出版社，1990.4.一129页；32开.一（中学生物自学丛书）.一ISBN 7-80578-008-0：1.30元

G634.92　生理、卫生

卫生常识：试用本/上海市中小学教材编写组编．上海：上海教育出版社，1990.6.—101页；32开.—上海市初级中学课本.—ISBN 7-5320-1931-0：0.37元

中学生练习册：初中生理卫生　全一册/石建，谢文昌编写.—3版.—成都：四川教育出版社，1990.5.—86页；32开.—ISBN 7-5408-1053-7：0.79元

中学生练习册：初中生理卫生：综合部分.—2版.成都：四川教育出版社，1990.11.—34页；16开.ISBN 7-5408-1452-7：0.70元

中学实验指导和实验报告：初三：生理卫生/杨帆，曾凡骥编写.—2版.—长沙：湖南教育出版社，1990.4.—25页；16开.—ISBN 7-5355-0056-0：0.50元

中学健康教育：试用本：初中一年级/四川省《中学健康教育》编写组编.—成都：四川教育出版社，1990.8.—75页；32开.—ISBN 7-5408-1361-X：0.68元

中学健康教育：试用本：初中二年级/四川省《中学健康教育》编写组编.—成都：四川教育出版社，1990.8.—50页；32开.—ISBN 7-5408-1362-8：0.52元

生理卫生疑难解析与综合练习/景步国主编；陈正宜等编.—太原：山西教育出版社，1990.4.—186页；32开.—（中学生物自学丛书）.—ISBN 7-80578-003-9：1.75元

血吸虫病防治常识/朱正浩等编写.—南昌：江西教育出版社，1990.3.—27页；32开.—江西省初级中学课本　供二年级用.—ISBN 7-5392-0798-1：0.30元

初中三年级生理卫生实验报告/湖北省教学研究室编.—武汉：湖北教育出版社，1990.5.—20页；16开.—ISBN 7-5351-0555-5：0.57元

初中生物课外辅导练习题：生理卫生/王勇，王育敏编.—北京：农业出版社，1990.5.—95页；32开.ISBN 7-109-01646-3：1.30元

初中生理卫生练习册/山西省教委教研室编.—太原：山西教育出版社，1990.5.—80页；32开.ISBN 7-80576-053-6：0.73元

青春期常识/安徽省教育委员会《青春常识》编写组编.—合肥：安徽教育出版社，1990.7.—47页；32开.—安徽省初级中学试用课本.—ISBN 7-5336-0757-0：0.60元

青春期常识　第一册/武汉市教学研究室编.—武汉：湖北教育出版社，1990.6.—70页；32开.—初级中学试用教材.—ISBN 7-5351-0581-5：0.50元

青春期常识　第二册/武汉市教学研究室编.—武汉：湖北教育出版社，1990.6.—72页；32开.—ISBN 7-5351-0582-3：0.55元

青春期常识　第三册/武汉市教学研究室编.—武汉：湖北教育出版社，1990.6.—60页；32开.—初级中学试用教材.—ISBN 7-5351-0580-7：0.46元

G634.93　专业技术知识

工艺制作/江苏省中学劳动技术教材编委会编.—2版.—南京：江苏教育出版社，1990.5.—68页；32开.—江苏省中学劳动技术课试用教材.—ISBN 7-5343-0705-8：0.67元

土壤和肥料/陕西省中学劳动技术课本编写组编.西安：陕西人民教育出版社，1990.5.—138页；32开.—陕西省中学劳动技术试用课本.—ISBN 7-5419-1595-5：1.25元

小五金·花卉·理发·编织：初一（下）/浙江省教育委员会教研室编.—杭州：浙江科学技术出版社，1990.1.—110页；32开.—浙江省普通中学劳动技术课试用教材.—ISBN 7-5341-0241-3：1.05元

乡镇机电常用技术（一）/云南省教委教研室主编.—昆明：云南教育出版社，1990.8.—278页；32开.—初中后职业技术教材.—ISBN 7-5415-0385-1：1.99元

无线电技术基础/浙江省教育委员会教研室编.—杭州：浙江科学技术出版社，1990.9.—138页；32开.浙江省普通中学劳动技术课试用教材.—ISBN 7-5341-0316-9：1.30元

木工技术基础/广东省教育厅教材编审室编.—广州：广东教育出版社，1990.7.—147页；32开.—广东省全日制普通中学劳动技术课课本：试用本.ISBN 7-5406-0890-0：1.10元

中学生电子小制作40例/陈新编.—福州：福建教育出版社，1990.9.—109页；32开.—ISBN 7-5334-0100-X：1.05元

中学劳技课实用化工手册/邹开煌编著.—福州：福建少年儿童出版社，1990.6.—178页；32开.—ISBN 7-5395-0388-2：1.60元

巧作妙用100法/深思编著.—上海：少年儿童出版社，1990.1.—141页；32开.—ISBN 7-5324-0499-4：2.00元

电子技术/朱文章主编.—南京：江苏教育出版社，1990.6.—72页；32开.—中学劳动技术课试用教材.ISBN 7-5343-1088-1：0.70元

生态平衡与环境保护/吉林省劳动技术课教材编委会编.—2版.—长春：吉林美术出版社，1990.6.—99页；32开.—吉林省普通中学试用课本劳动技术课单项教材.—ISBN 7-5386-0151-1：1.13元

印章/江苏省中学劳动技术教材编委会编.—2版.南京：江苏教育出版社，1990.5.—124页；32开.江苏省中学劳动技术课试用教材.—ISBN 7-5343-0708-2：1.05元

自行车修理/浙江省教育委员会教研室编.—杭州：浙江科学技术出版社，1990.1.—170页；32开.—浙江省普通中学劳动技术课试用教材.—ISBN 7-5341-0245-6：1.55元

自行车缝纫机钟表修理/河南省教育委员会中小学教材教学研究室编.—郑州：河南科学技术出版社，1990.5.—230页；32开.—河南省中学劳动技术课教材：试用本.—ISBN 7-5349-0627-X：2.30元

自行车·模型·蔬菜·果树：初二（下）/浙江省教育委员会教研室编.—杭州：浙江科学技术出版社，1990.1.—91页；32开.—ISBN 7-5341-0242-1：0.90元

农业基础知识　第一册/江苏省教育委员会教研室，江苏省农林厅科教处组织编写.—2版.—南京：江苏科学技术出版社，1990.4.—285页；32开.—江苏省中学课本.—ISBN 7-5345-0915-7：2.55元

本书1982年10月第1版。

农业基础知识　第二册/江苏省教委教研室，江苏省农林厅科教处组织编写.—2版.—南京：江苏科学技术出版社，1990.3.—235页；32开.—江苏省中学课本.—ISBN 7-5345-0891-6：2.15元

本书1983年5月第1版。

农用机械使用与维修/河南省教育委员会中小学教材教学研究室编.—郑州：河南科学技术出版社，1990.1.—224页；32开.—河南省中学劳动技术课教材：试用本.—ISBN 7-5349-0631-8：2.35元

花卉盆景/朱文章主编.—南京：江苏教育出版社，1990.5.—115页；32开.—中学劳动技术课试用教材.—ISBN 7-5343-1051-2：0.98元

花卉栽培/浙江省教育委员会教研室编.—杭州：浙江科学技术出版社，1990.1.—133页；32开.—ISBN 7-5341-0244-8：1.25元

劳动技术/陆耀辉主编.—呼和浩特：内蒙古人民出版社，1990.7.—154页；32开.—内蒙古自治区普通中学试用课本　供初中一年级用.—ISBN 7-204-01000-0：1.65元

劳动技术　第一册/山东省教学研究室编.—2版.—济南：山东科学技术出版社，1990.4.—275页；32开.—山东省初级中学试用课本.—ISBN 7-5331-0714-4：1.50元

本书1987年3月第1版。

劳动技术　第三册/山东省教学研究室编.—济南：山东科学技术出版社，1990.4.—276页；32开.—山东省初级中学试用课本.—ISBN 7-5331-0713-6：1.50元

劳动技术　（1）：初中一年级上册：农村试用版/天津市教育局农村教材编写组编.—天津：天津教育出版社，1990.8.—43页；32开.—全日制六年制中学课本.—ISBN 7-5309-0984-3：0.29元

劳动技术　（2）：初中二年级上册：农村试用版/天津市教育局农村教材编写组编.—天津：天津教育出版社，1990.8.—62页；32开.—全日制六年制中学课本.—ISBN 7-5309-0985-1：0.35元

劳动技术　（3）：初中三年级上册：农村试用版/天津市教育局农村教材编写组编.—天津：天津教育出版社，1990.8.—69页；32开.—全日制六年制中学课本.—ISBN 7-5309-0986-X：0.39元

劳动技术：高中一年级上册：农村试用版/天津市教育局农村教材编写组编.—天津：天津教育出版社，1990.9.—81页；16开.—全日制六年制中学课本.—ISBN 7-5309-1004-3：0.84元

劳动技术：高中二年级上册：农村试用版/天津市教育局农村教材编写组编.—天津：天津教育出版社，1990.9.—79页；16开.—全日制六年制中学课本.—ISBN 7-5309-1005-1：0.84元

劳动技术：高中三年级上册：农村试用版/天津市教育局农村教材编写组编.—天津：天津教育出版社，1990.9.—88页；16开.—全日制六年制中学课本.—ISBN 7-5309-1006-X：0.90元

劳动技术：高中上册/云南省教育厅教研室主编.昆明：云南教育出版社，1990.5.—337页；32开.云南省高级中学试用课本.—ISBN 7-5415-0325-8：2.39元

劳动技术：高中下册/云南省教育厅教研室主编.昆明：云南教育出版社，1990.5.—294页；32开.云南省高级中学试用课本.—ISBN 7-5415-0326-6：2.13元

劳动技术：一年级/甘肃教材编审室编.—兰州：甘肃教育出版社，1990.3.—120页；32开.—初级中学课本：试用本.—ISBN 7-5423-0135-7：0.74元

劳动技术：二年级/甘肃省教材编审室编.—兰州：甘肃教育出版社，1990.3.—172页；32开.—初级中学课本：试用本.—ISBN 7-5423-0136-5：1.00元

劳动技术：三年级/甘肃教材编审室编.—兰州：甘肃教育出版社，1990.3.—122页；32开.—初级中学课本：试用本.—ISBN 7-5423-0137-5：0.74元

劳动技术　第一册/甘肃省教材编审室编.—兰州：甘肃教育出版社，1990.8.—170页；16开.—高级中学课本：试用本.—ISBN 7-5423-0190-X：2.15元

劳动技术　第二册/甘肃省教材编审室编.—兰州：甘肃教育出版社，1990.8.—172页；16开.—高级中学课本：试用本.—ISBN 7-5423-0191-8：2.15元

劳动技术　第三册/甘肃省教材编审室编.—兰州：甘肃教育出版社，1990.8.—179页；16开.—高级中学课本：试用本.—ISBN 7-5423-0192-6：2.20元

劳动技术：一年级/江西省教委教科所编.—南昌：江西教育出版社，1990.7.—304页；32开.—江西省高中课本：试用.—ISBN 7-5392-0900-3：1.95元

劳动技术/江西省教委教科所编.—南昌：江西教育

出版社，1990.7.—354页；32开.—江西省高中课本：试用　供城市二三年级用.—ISBN 7-5392-0901-1：2.25元

劳动技术　第一册/李怿主编.—青岛：青岛出版社，1990.3.—239页；32开.—四年制初级中学实验课本.—ISBN 7-5436-0464-7：1.95元

劳动技术　第二册/李怿主编.—青岛：青岛出版社，1990.5.—208页；32开.—四年制初级中学实验课本.—ISBN 7-5436-0487-6：1.70元

劳动技术/李魁梦主编.—呼和浩特：内蒙古人民出社版，1990.8.—111页；32开.—内蒙古自治区普通中学试用课本　供初中一年级用.—ISBN 7-204-01001-9：1.40元

劳动技术/李魁梦主编.—呼和浩特：内蒙古人民出版社，1990.7.—150页；32开.—内蒙古自治区普通中学试用课本　供初中二年级用.—ISBN 7-204-01002-7：1.70元

劳动技术/李魁梦主编.—呼和浩特：内蒙古人民出版社，1990.7.—187页；32开.—内蒙古自治区普通中学试用课本　供初三年级用.—ISBN 7-204-01003-5：2.00元

劳动技术　第一册/武汉市教学研究室编.—武汉：武汉出版社，1990.7.—158页；32开.—武汉市初级中学试用课本.—ISBN 7-5430-0331-7：1.60元

劳动技术　第二册/武汉市教学研究室编.—武汉：武汉出版社，1990.7.—192页；32开.—武汉市初级中学试用课本.—ISBN 7-5430-0332-5：1.90元

劳动技术　第三册/武汉市教学研究室编.—武汉：武汉出版社，1990.7.—190页；32开.—武汉市初级中学试用课本.—ISBN 7-5430-0333-3：1.90元

劳动技术　第二册/聂洪泽主编.—成都：四川教育出版社，1990.6.—195页；32开.—九年制义务教育全日制初中试验课本：农村版.—ISBN 7-5408-570-9：1.10元

劳动技术　第二册/聂洪泽主编.—成都：四川教育出版社，1990.6.—175页；32开.—九年制义务教育全日制初中试验课本：城市版.—ISBN 7-5408-1377-6：1.02元

作物栽培/朱文章主编.—2版.—南京：江苏教育出版社，1990.5.—114页；32开.—中学劳动技术课试用教材.—ISBN 7-5343-0707-4：0.98元

识图与制图/陕西省中学劳动技术课本编写组编.西安：陕西人民教育出版社，1990.6.—74页；16开.—陕西省中学劳动技术课试用课本.—ISBN 7-5419-1601-3：1.45元

英文打字/朱文章主编.—南京：江苏教育出版社，1990.5.—94页；32开.—中学劳动技术课试用教材.—ISBN 7-5343-1047-4：0.87元

果树栽培/吉林省劳动技术课教材编委会编.—2版.—长春：吉林美术出版社，1990.6.—90页；32开.—吉林省普通中学试用课本劳动技术课单项教材.—ISBN 7-5386-0149-X：1.05元

果树栽培与植树造林/河南省教育委员会中小学教学研究室编.—郑州：河南科学技术出版社，1990.5.—159页；32开.—河南省中学劳动技术课教材：试用本.—ISBN 7-5349-0395-5：1.65元

制图/中学劳动技术教材编写组编.—修订本.—上海：上海科技教育出版社，1990.6.—125页；16开.中学劳动技术课本.—ISBN 7-5428-0066-3：2.20元

制图/江苏省中学劳动技术教材编委会编.—南京：江苏教育出版社，1990.5.—128页；32开.—江苏省中学劳动技术课试用教材.—ISBN 7-5343-1082-3：1.10元

金属加工/朱文章主编.—2版.—南京：江苏教育出版社，1990.5.—107页；32开.—中学劳动技术课试用教材.—ISBN 7-5343-0713-9：0.96元

服装裁剪与缝制/广东省教育厅教材编审室编.—广州：广东教育出版社，1990.8.—100页；32开.—广东省全日制普通中学劳动技术课本：试用本.ISBN 7-5406-1224-X：0.85元

实用电工技术/陕西省中学劳动技术课本编写组编.—西安：陕西人民教育出版社，1990.6.—165页；32开.—陕西省中学劳动技术课试用课本.—ISBN 7-5419-1729-X：1.45元

实用建筑技术/河南省教育委员会中小学教材教学研究室编.—郑州：河南科学技术出版社，1990.5.262页；32开.—河南省中学劳动技术课教材：试用本.—ISBN 7-5349-0633-4：2.65元

药用植物栽培/吉林省劳动技术课教材编委会编.长春：吉林美术出版社，1990.7.—73页；32开.吉林省普通中学试用课本·劳动技术课单项教材.ISBN 7-5386-0178-3：0.86元

贵州省高级中学劳动技术课本　上册/贵州省教育委员会编.—贵阳：贵州人民出版社，1990.6.—166页；32开.—ISBN 7-221-01796-4：1.10元

食用菌/江苏省中学劳动技术教材编委会编.—南京：江苏教育出版社，1990.6.—110页；32开.—江苏省中学劳动技术课试用教材.—ISBN 7-5343-1073-4：0.95元

食用菌和药用菌栽培/浙江省教育委员会教研室编.—杭州：浙江科学技术出版社，1990.1.—104页；32开.—浙江省普通中学劳动技术课试用教材.ISBN 7-5341-0243-X：1.00元

食用菌栽培技术/吉林省劳动技术课教材编委会编.—长春：吉林美术出版社，1990.6.—70页；32开.—吉林省普通中学试用课本·劳动技术课单项教材.—ISBN 7-5386-0174-0：0.83元

庭院植物栽培/河南省教育委员会中小学教材教学

研究室编.—郑州：河南科学技术出版社，1990.5.256页；32开.—河南省中学劳动技术课教材：试用本.—ISBN 7-5349-0629-6：2.60元

养殖基础/朱文章主编.—2版.—南京：江苏教育出版社，1990.5.—125页；32开.—中学劳动技术课试用教材.—ISBN 7-5343-0709-0：1.05元

家用电器/广东省教育厅教材编审室编.—广州：广东教育出版社，1990.6.—141页；32开.—广东省全日制普通中学劳动技术课本：试用本.—ISBN 7-5406-1121-9：1.15元

家用电器使用与维修/陕西省中学劳动技术课本编写组编.—西安：陕西人民教育出版社，1990.4.162页；32开.—陕西省中学劳动技术试用课本.ISBN 7-5419-1642-0：1.40元

家用电器的使用和维护/吉林省劳动技术课教材编委会编.—2版.—长春：吉林美术出版社，1990.7.75页；32开.—吉林省普通中学试用课本劳动技术单项教材.—ISBN 7-5386-0150-3：0.90元

家政常识/江苏省中学劳动技术教材编委会编.南京：江苏教育出版社，1990.6.—185页；32开.中学劳动技术课试用教材.—ISBN 7-5343-1083-0：1.45元

家庭烹饪技术/陕西省中学劳动技术课本编写组编.—西安：陕西人民教育出版社，1990.5.—83页；32开.—陕西省中学劳动技术试用课本.—ISBN 7 5419-1765-6：0.82元

裁剪与缝纫/河南省教育委员会中小学教材教学研究室编.—郑州：河南科学技术出版社，1990.5.127页；16开.—河南省中学劳动技术课教材：试用本.—ISBN 7-5349-0650-4：2.85元

裁剪缝纫/朱文章主编.—2版.—南京：江苏教育出版社，1990.6.—142页；32开.—中学劳动技术课试用教材.—ISBN 7-5343-0711-2：1.25元

植物保护/陕西省中学劳动技术课本编写组编西安：陕西人民教育出版社，1990.5.—163页；32开.—陕西省中学劳动技术试用课本.—ISBN 7-5419-1689-7：1.60元

植物栽培/中学劳动技术教材编写组编.—2版.—上海：上海科技教育出版社，1990.6.—98页；32开.中学劳动技术课本 —ISBN 7-5428-0077-9：0.88元

植树造林技术/吉林省劳动技术课教材编委会编.长春：吉林美术出版社，1990.6.—78页；32开.—吉林省普通中学试用课本·劳动技术课单项教材.ISBN 7-5386-0173-2：0.90元

编织与刺绣/河南省教育委员会中小学教材教学研究室编.—郑州：河南科学技术出版社.1990.5.188页；32开.—河南省中学劳动技术课教材：试用本.—ISBN 7-5349-0628-8：1.85元

摄影/江苏省中学劳动技术教材编委会编.—2版.南京：江苏教育出版社，1990.6.—64页；32开.江苏省中学劳动技术课试用教材.—ISBN 7-5343-0710-4：0.74元

摄影技术基础/浙江省教育委员会教研室编.—杭州：浙江科学技术出版社，1990.9.—101页；32开.浙江省普通中学劳动技术课试用教材.—ISBN 7-5341-0315-0：1.00元

照明电路/朱文章主编.—南京：江苏教育出版社，1990.6.—112页；32开.—中学劳动技术课试用教材.—ISBN 7-5343-1085-7：1.10元

缝纫/朱文章主编.—南京：江苏教育出版社，1990.5.—94页；32开.—中学劳动技术课试用教材.ISBN 7-5343-1048-2：0.87元

蔬菜栽培/陕西省中学劳动技术课本编写组编.—西安：陕西人民教育出版社，1990.5.—122页；32开.陕西省中学劳动技术课试用课本.—ISBN 7-5419-1641-2：1.15元

G634.95　音乐、美术

中小学音乐教学挂图/人民音乐出版社教育编辑室主编.—北京：人民音乐出版社，1990.7.—52张（34张；2开+18张；4开）.—ISBN 7-103-00553-2（袋装）：25.00元

音乐：五线谱　第一册/人民音乐出版社音乐教育编辑室主编.—北京：人民音乐出版社，1990.7.42页；16开.—全日制初级中学课本.—ISBN 7-103-00621-0：0.85元

音乐：五线谱　第二册/人民音乐出版社音乐教育编辑室编.—北京：人民音乐出版社，1990.11.—39页；16开.—全日制初级中学课本.—ISBN 7-103-00725-X：0.85元

音乐：五线谱　第三册/人民音乐出版社音乐教育编辑室主编.—北京：人民音乐出版社，1990.7.—40页；16开.—全日制初级中学课本.—ISBN 7-103-00622-9：0.85元

音乐：五线谱　第四册/人民音乐出版社音乐教育编辑室主编.—北京：人民音乐出版社，1990.11.40页；16开.—全日制初级中学课本.—ISBN 7-103-00726-8：0.85元

音乐　五线谱　第五册/人民音乐出版社音乐教育编辑室主编.—北京：人民音乐出版社，1990.7.—37页；16开.—初级中学课本.—ISBN 7-103-00623-7：0.85元

音乐：五线谱　第六册/人民音乐出版社音乐教育编辑室主编.—北京：人民音乐出版社，1990.11.36页；16开.—全日制初级中学课本.—ISBN 7-103-

00727-6：0.76元

音乐：简谱　第一册/人民音乐出版社音乐教育编辑室主编.—北京：人民音乐出版社，1990.7.—42页；16开.—初级中学课本.—ISBN 7-103-00618-0：0.85元

音乐：简谱　第二册/人民音乐出版社音乐教育编辑室主编.—北京：人民音乐出版社，1990.11.—44页；16开.—初级中学课本.—ISBN 7-103-00722-5：0.85元

音乐：简谱　第三册/人民音乐出版社音乐教育编辑室主编.—北京：人民音乐出版社，1990.7.—42页；16开.—初级中学课本.—ISBN 7-103-00619-9：0.85元

音乐：简谱　第四册/人民音乐出版社音乐教育编辑室主编.—北京：人民音乐出版社，1990.11.—43页；16开.—初级中学课本.—ISBN 7-103-00723-3：0.85元

音乐：简谱　第五册/人民音乐出版社音乐教育编辑室主编.—北京：人民音乐出版社，1990.7.—41页；16开.—全日制初级中学课本.—ISBN 7-103-00620-2：0.85元

音乐　第一册/张肖虎主编.—济南：山东教育出版社，1990.6.—62页；16开.—四年制初级中学实验课本.—ISBN 7-5328-1007-0：2.70元

音乐　第二册/张肖虎主编.—济南：山东教育出版社，1990.11.—47页；16开.—四年制初级中学实验课本.—ISBN 7-5328-1078-X：2.15元

音乐　第一册：五线谱版.—广州：广东教育出版社，1990.7.—74页；16开.—初级中学课本·沿海版九年制义务教育试验教材.—ISBN 7-5406-1227-4：3.85元

音乐　第一册：简谱版.—广州：广东教育出版社，1990.7.—74页；16开.—初级中学课本·沿海版九年制义务教育试验教材.—ISBN 7-5406-1277-0：3.85元

音乐：五线谱　第五册.—广州：广东教育出版社，1990.7.—22页；16开.—广东省中学课本.—ISBN 7-5406-1182-0：0.68元

音乐：五线谱　第六册/杨石青，廖哲培编写.—广州：广东教育出版社，1990.12.—26页；16开.—广东省中学课本.—ISBN 7-5406-1289-4：0.73元

音乐：简谱　第五册/杨石青，廖哲培编写.—广州：广东教育出版社，1990.7.—30页；32开.—广东省中学课本.—ISBN 7-5406-1181-2：0.40元

音乐：简谱　第六册/杨石青，廖哲培编写.—广州：广东教育出版社，1990.12.—31页；32开.—广东省中学课本.—ISBN 7-5406-1312-2：0.40元

音乐　全一册/四川省教育科学研究所编.—成都：四川教育出版社，1990.6.—128页；16开.—四川省高中试用课本.—ISBN 7-5408-1332-6：1.39元

音乐：五线谱　第一册/四川省教育科学研究所编.—2版.—成都：四川教育出版社，1990.4.—60页；16开.—四川省中学试用课本.—ISBN 7-5408-0508-7：0.80元

音乐：五线谱　第五册/四川省教育科学研究所编.—2版.—成都：四川教育出版社，1990.4.49页；16开.—四川省中学试用课本.—ISBN 7-5408-0185-9：0.69元

音乐：简谱　第三册/四川省教育科学研究所编.2版.—成都：四川教育出版社，1990.5.—67页；16开.—四川省中学试用课本.—ISBN 7-5408-0509-3：0.87元

音乐：简谱本　第四册/四川省教育科学研究所编.2版.—成都：四川教育出版社，1989.11.—35页；16开.—四川省中学试用课本.—ISBN 7-5408-0912-4：0.70元

中学美术课本：试用本　第一册：普及版/中国教育学会美术教育研究会，北京市教育学会美术教育研究会编.—2版.—北京：人民美术出版社，1990.4.24页；16开.—ISBN 7-102-00538-5：2.00元

中学美术课本：试用本　第三册：普及版/中国教育学会美术教育研究会，北京市教育学会美术教育研究会编.—2版.—北京：人民美术出版社，1990.4.—24页；16开.—ISBN 7-102-00539-3：2.00元

中学美术课本：试用本　第五册：普及版/中国教育学会美术教育研究会，北京市教育学会美术教育研究会编.—2版.—北京：人民美术出版社，1990.4.24页；16开.—ISBN 7-102-00540-7：2.00元

美术　第二册/人民教育出版社美术室编著.—北京：人民教育出版社，1990.9.—32页；16开.—义务教育三年制、四年制初级中学教科书：试用本.ISBN 7-107-00822-6：1.75元

美术　第二册/北京师范大学"五·四"制教材编辑委员会编.—哈尔滨：黑龙江教育出版社；黑龙江美术出版社，1990.10.—28页；16开.—四年制初级中学实验课本.—ISBN 7-5316-1242-9：1.18元

美术　第三册/中国教育学会美术教育研究会，广东教育学会美术书法教育研究会编.—广州：岭南美术出版社，1990.4.—24页；16开.—九年制义务教育全日制初级中学试用课本：岭南版.—ISBN 7-5362-0516-3：2.00元

美术　第四册/中国教育学会美术教育研究会，广东教育学会美术书法教育研究会编.—广州：岭南美术出版社，1990.10.—24页；16开.—九年制义务教育全日制初级中学试用课本：岭南版.—ISBN 7-5362-0608-9：2.00元

美术　第四册/人民教育出版社美术室编.—北京：人民教育出版社，1990.9.—28页；16开.—义务教育三年制、四年制初级中学教科书：试用本.ISBN 7-107-00823-4：1.60元

美术　第五册/人民教育出版社美术室编.—北京：人民教育出版社，1990.3.—24页；16开.—义务教育三年制、四年制初级中学教科书：实验本.—ISBN 7-107-00771-8：1.50元

美术　第六册/中国教育学会美术教育研究会，广东教育学会美术书法教育研究会编.—广州：岭南美术出版社，1990.10.—24页；16开.—九年制义务教育全日制初级中学试用课本：岭南版.—ISBN 7-5362-0626-7：2.00元

美术：中学　第一册/周济民主编.—长春：吉林大学出版社，1990.4.—36页；16开.—一年级使用.ISBN 7-5601-0471-1：1.60元

美术：中学　第二册/周济民主编.—长春：吉林大学出版社，1990.4.—40页；16开.—二年级使用.ISBN 7-5601-0472-X：1.80元

美术：中学　第三册/周济民主编.—长春：吉林大学出版社，1990.4.—36页；16开.—三年级使用.ISBN 7-5601-0473-8：1.60元

G634.96 体育

体育/人民教育出版社体育室编著.—北京：人民教育出版社，1990.8.—271页；大32开.—义务教育三年制、四年制初级中学试验教材　教师用书.ISBN 7-107-00903-6：2.35元

体育　第二册/上海市中小学教材编写组编.—上海：上海教育出版社，1990.11.—268页；32开.—上海市高中课本：试用本.—ISBN 7-5320-2212-9：1.45元

体育　（一）/辽宁省中学体育课本编写组编.—沈阳：辽宁少年儿童出版社，1990.5.—89页；32开.辽宁省初级中学试用课本.—ISBN 7-5315-0781-1：1.00元

体育　（三）/辽宁省中学体育课本编写组编.—沈阳：辽宁少年儿童出版社，1990.6.—89页；32开.辽宁省初级中学试用课本.—ISBN 7-5315-0782-X：1.00元

体育　（五）/辽宁省中学体育课本编写组编.—沈阳：辽宁少年儿童出版社，1990.6.—89页；32开.辽宁省初级中学试用课本.—ISBN 7-5315-0783-8：1.00元

体育：初中三年级/成都市教育科学研究所编著.2版.—成都：四川教育出版社，1990.4.—150页；32开.—中学试用课本.—ISBN 7-5408-0414-9：1.20元

体育：一年级上学期/江西省教委教研室编.—南昌：江西教育出版社，1990.7.—93页；32开.—江西省初级中学课本：试用.—ISBN 7-5392-0793-0：0.70元

体育：一年级下学期/江西省教委教研室编.—南昌：江西教育出版社，1990.9.—90页；32开.—江西省初级中学课本：试用.—ISBN 7-5392-0947-X：0.67元

体育：二年级上学期/江西省教委教研室编.—南昌：江西教育出版社，1990.7.—93页；32开.—江西省初级中学课本：试用.—ISBN 7-5392-0794-9：0.70元

体育：二年级下学期/江西省教委教研室编.—南昌：江西教育出版社，1990.12.—70页；32开.—江西省初级中学课本：试用.—ISBN 7-5392-0948-8：0.58元

体育：三年级上学期/江西省教委教研室编.—南昌：江西教育出版社，1990.7.—86页；32开.—江西初级中学课本：试用.—ISBN 7-5392-0795-7：0.67元

体育：三年级下学期/江西省教委教研室编.—南昌：江西教育出版社，1990.12.—77页；32开.—江西初级中学课本：试用.—ISBN 7-5392-0949-6：0.63元

体育：一年级上学期/江西省教委教研室编.—南昌：江西教育出版社，1990.7.—94页；32开.—江西省高级中学课本：试用.—ISBN 7-5392-0790-6：0.70元

体育：一年级下学期/江西省教委教研室编.—南昌：江西教育出版社，1990.12.—90页；32开.—江西省高级中学课本：试用.—ISBN 7-5392-0950-X：0.67元

体育：二年级上学期/江西省教委教研室编.—南昌：江西教育出版社，1990.7.—88页；32开.—江西省高级中学课本：试用.—ISBN 7-5392-0791-4：0.67元

体育：二年级下学期/江西省教委教研室编.—南昌：江西教育出版社，1990.12.—86页；32开.—江西省高级中学课本：试用.—ISBN 7-5392-0951-8：0.67元

体育：三年级上学期/江西省教委教研室编.—南昌：江西教育出版社，1990.7.—89页；32开.—江西省高级中学课本：试用.—ISBN 7-5392-0792-2：0.67元

体育：三年级下学期/江西省教委教研室编.—南昌：江西教育出版社，1990.12.—70页；32开.—江西省高级中学课本：试用.—ISBN 7-5392-0952-6：0.58元

体育　第一册/骆文炳等编写.—石家庄：河北教育出版社，1990.6.—83页；32开.—河北省初级中学课本：试用本.—ISBN 7-5434-0805-8：0.49元

体育　第二册.—石家庄：河北教育出版社，1990.11.—74页；32开.—河北省初级中学课本：试用本.—ISBN 7-5434-0909-7：0.43元

体育　第三册/骆文炳等编写.—石家庄：河北教育出版社，1990.6.—81页；32开.—河北省初级中学课本：试用本.—ISBN 7-5434-0806-6：0.47元

体育　第五册/骆文炳等编写.—石家庄：河北教育出版社，1990.6.—73页；32开.—河北省初级中学课本：试用本.—ISBN 7-5434-0807-4：0.37元

体育：初中一年级/福建省中学体育教材编写组编.—福州：福建教育出版社，1990.8.—149页；32开.—福建省中学试用课本.—ISBN 7-5334-0617-6：1.10元

体育：初中二年级/福建省中学体育教材编写组编.—福州：福建教育出版社，1990.8.—123页；32开.—福建省中学试用课本.—ISBN 7-5334-0620-6：0.93元

体育：初中三年级/福建省中学体育教材编写组.福州：福建教育出版社，1990.9.—141页；32开.福建省中学试用课本.—ISBN 7-5334-0619-2：1.05元

体育　第一册/滕子敬，孟浩德主编.—青岛：青岛出版社，1990.3.—184页；32开.—四年制初级中学实验课本.—ISBN 7-5436-0459-0：1.55元

体育　第二册/滕子敬，孟浩德主编.—青岛：青岛出版社，1990.11.—158页；32开.—四年制初级中学实验课本.—ISBN 7-5436-0511-2：1.30元

体育　第三册/滕子敬，孟浩德主编.—青岛：青岛出版社，1990.3.—132页；32开.—四年制初级中学实验课本.—ISBN 7-5436-0430-2：1.15元

体育　第四册/滕子敬，孟浩德主编.—青岛：青岛出版社，1990.11.—125页；32开.—四年制初级中学实验课本.—ISBN 7-5436-0524-4：1.10元

体育　第四册.—石家庄：河北教育出版社，1990.11.—80页；32开.—河北省初级中学课本：试用本.—ISBN 7-5434-0910-0：0.47元

体育　第六册.—石家庄：河北教育出版社，1990.11.—76页；32开.—河北省初级中学课本：试用本.—ISBN 7-5434-0911-9：0.43元

G635　教师与学生

G635.1　教师、班主任

中小学教师班主任手册/刘水编.—兰州：甘肃少年儿童出版社，1990.6.—96页；32开.—ISBN 7-5422-0334-7：1.60元

封面题名为：中小学班主任教师手册

中学班主任工作指导/省教委普教局编.—南京：江苏教育出版社，1990.9.—190页；32开.—ISBN 7-5343-1035-0：1.70元

农村中小学班主任工作指导/上海市郊县中小学德育协作研究会编.—上海：上海科学技术出版社.1990.8.—200页；32开.—（班主任工作丛书）.ISBN 7-5323-2202-5：2.00元

春泥护花：浙江省中小学优秀班主任经验集锦/郭葆钫等编著.—杭州：浙江教育出版社，1990.11.315页；32开.—ISBN 7-5338-0713-8：3.00元

班主任工作艺术荟萃：全国班主任工作艺术一例征文选/陈泽河等编.—济南：山东教育出版社，1990.6.—229页；32开.—ISBN 7-5328-0873-4：2.30元

G635.5　学　生

人人与我有来往——社会交际能力/程明彦著.昆明：云南少年儿童出版社，1990.8.—99页；36开.—（中学生智能开发丛书/樊骏忠主编）.—ISBN 7-5414-0466-7：1.50元

万绿丛中一点红——注意/钟晓云，段颖立著.—昆明：云南少年儿童出版社，1990.8.—92页；36开.（中学生智能开发丛书/樊骏忠主编）.—ISBN 7-5414-0474-8：1.35元

女中学生美学/魏传宪著.—西安：陕西人民教育出版社，1990.9.—312页；32开.—ISBN 7-5419-1718-4：3.00元

中学生大秘密/马光复著.—杭州：浙江少年儿童出版社，1990.3.—119页；32开.—（校园文化书系）.ISBN 7-5342-0499-2：1.45元

《中学生日常行为规范》导读/沈家祺，郭涵业主编.—上海：学林出版社，1990.9.—140页；32开.ISBN 7-80510-575-6：1.70元

中学生日常行为规范例话/恽鹏举，刘芳编著.南昌：21世纪出版社，1990.2.—155页；32开.ISBN 7-5391-0324-8：1.50元

中学生日常行为指导/国家教育委员会中学教育司主编.—2版.—北京：北京出版社，1990.7.—286页；32开.—ISBN 7-200-00628-9：2.95元

本书1988年9月第1版。

中学生心理健康漫谈/涂乃登等编著.—南昌：江西教育出版社，1990.1.—127页；36开.—（中学生知识丛书/黄定元，张希仁主编）.—ISBN 7-5392-0814-7：1.07元

中学生生活热线对话录99/刘春芳，姜维群编著.天津：天津教育出版社，1990.6.—238页；32开.ISBN 7-5309-0906-1：2.45元

中学生的自我认识与成长/冯玺亮，何景全主编.沈阳：辽宁科学技术出版社：辽宁教育出版社，1990.7.—217页；32开.—ISBN 7-5331-0924-2：3.60元

中学生的自我成长/刘佩蓉著.一北京：中国友谊出版公司，1990.8.—212页；32开.—ISBN 7-5057-0313-7：2.70元

中学生修养ABC/包庆元主编.一沈阳：辽宁人民出版社，1990.11.—260页；32开.—ISBN 7-205-1662-2：3.00元

中学生家政常识/夏邦新等著.一北京：中国少年儿童出版社，1990.12.—102页；32开.—（中学生丛书）.—ISBN 7-5007-0477-1：1.15元

中学班会讲读：初中　全一册/房九镇，王怀远主编.一哈尔滨：黑龙江教育出版社，1990.11.—174页；32开.—ISBN 7-5361-1250-X：1.95元

中学班集体建设/杨金达著.一西安：陕西人民出版社，1990.9.—153页；32开.—ISBN 7-5419-1368-5：1.95元

内心独白：百名中学生谈人生/张延平，夏鸿编.北京：中国人民大学出版社，1990.5.—165页；32开.—（中学生人生之路丛书/梁为楫主编）.—ISBN 7-300-00797-X：2.25元

本书收入中学生写的短文60多篇，分思、志、感、悟、悔5个方面。

未来的竞争对手：国外中学生蒙太奇/方夏编著.北京：中国少年儿童出版社，1990.1.—155页；32开.—（当代中学生心态实录丛书/何志云，庄之明主编）.—ISBN 7-5007-0772-X：2.15元

本书从不同侧面展示了国外中学生的精神面貌和生活现状。

生活与自我——独立生活能力/刘新科著.一昆明：云南少年儿童出版社，1990.8.—99页；32开.—（中学生智能开发丛书/樊骏忠主编）.—ISBN 7-5414-0507-8：1.50元

当代中学生：友谊·爱情/张彬福主编.一北京：中国和平出版社，1990.4.—136页；32开.—ISBN 7-80037-318-5：1.85元

当你步入青春之门：寄语中学生/叶晓林著.一沈阳：辽宁少年儿童出版社，1990.6.—218页；32开.ISBN 7-5315-0808-7：2.50元

早恋面面观/刘谦编.一北京：中国人民大学出版社，1990.1.—123页；32开.—（中学生人生之路丛书/梁为楫主编）.—ISBN 7-300-00755-4：1.65元

行为规范指南/孙运锡，李一峰主编.一大连：大连理工大学出版社，1990.5.—135页；32开.—ISBN 7-5611-0305-0：1.50元

走出心中的魔谷——心理异常/于鉴夫，陈朝晖著.一昆明：云南少年儿童出版社，1990.8.—79页；36开.—（中学生智能开发丛书/樊骏忠主编）.ISBN 7-5414-0467-5：1.25元

赤橙黄绿青蓝紫——感知/曹正国著.一昆明：云南少年儿童出版社，1990.8.—86页；36开.—（中学生智能开发丛书/樊骏忠主编）.—ISBN 7-5414-0473-X：13.0元

你认知自己吗？/徐章英等编著.一南昌：江西教育出版社，1990.2.—120页；36开.—（中学生知识丛书/黄定元，张希仁主编）.—ISBN 7-5392-0812-0：1.03元

忘却不属于你——记忆/丁少华著.一昆明：云南少年儿童出版社，1990.8.—101页；36开.—（中学生智能开发丛书/樊骏忠主编）.—ISBN 7-5414-0471-3：1.50元

其实你不懂我的心：当代中学生自己谈/天津人民出版社编.一天津：天津人民出版社，1990.7.—335页；32开.—ISBN 7-201-00727-0：5.10元

和当代中学生通信/肖复兴著.一上海：少年儿童出版社，1990.9.—147页；32开.—ISBN 7-5324-1028-8：1.70元

帮你学《中学生日常行为规范》/黄玉彬等编著.福州：福建少年儿童出版社，1990.6.—135页；32开.—ISBN 7-5395-0433-1：1.35元

帮你解除困惑：中学生思想心理问答100题/上海市普通教育研究会《中学教育》编辑部编.一上海：上海科学技术出版社，1990.5.—147页；32开.ISBN 7-5323-2215-7：1.80元

怎样与人交往/蒋有慧，胡定南编著.一南昌：江西教育出版社，1990.3.—113页；36开.—（中学生知识丛书/黄定元，张希仁主编）.—ISBN 7-5392-0843-0：1.03元

做个快乐的中学生/刘佩蓉著.一北京：中国友谊出版公司，1990.7.—231页；32开.—ISBN 7-5057-0312-9：3.10元

潇洒赴试：800中学生这样考上大学/周泓洋主编.北京：中国妇女出版社，1990.6.—270页；大32开.（心之曲丛书）.—ISBN 7-80016-154-4：3.50元

附：中学生寒暑假作业

中学生寒假作业：三年级理科/孟祥静等编.一长春：吉林教育出版社，1990.9.—65页；16开.—ISBN 7-5383-1082-7：0.87元

过好寒假：初二/无锡市教学研究室编.一南京：江苏科学技术出版社，1990.10.—4册；32开.—ISBN 7-5345-1032-5：1.10元

过好寒假：初三/无锡市教学研究室编.一南京：江苏科学技术出版社，1990.10.—5册；32开.—ISBN 7-5345-044-9：1.25元

过好寒假：高二/南京市教学研究室编写.一南京：江苏科学技术出版社，1990.10.—6册；32开.—ISBN 7-5345-1042-2：1.25元

过好寒假：高三/南京市教学研究室编写.一南京：

江苏科学技术出版社，1990.10.—6册；32开.—ISBN 7-5345-1047-3：1.60元

初中一年级寒假作业/天津市教育教学研究室编.2版.—天津：天津教育出版社，1990.11.—3册；16开.—ISBN 7-5309-0830-8：1.29元

初中一年级寒假作业：代数/甘肃省教材编审室编.—兰州：甘肃教育出版社，1990.11.—32页；16开.—ISBN 7-5423-0176-4：0.70元

初中一年级寒假作业：语文·英语/甘肃省教材编审室编.—兰州：甘肃教育出版社，1990.11.—40页；16开.—ISBN 7-5423-0175-6：0.85元

初中一年级数学地理植物寒假作业/内蒙古教育出版社编辑.—2版.—呼和浩特：内蒙古教育出版社，1990.9.—42页；16开.—ISBN 7-5311-1202-7：0.64元

初中二年级寒假作业：代数·几何·物理/甘肃省教材编审室编.—兰州：甘肃教育出版社，1990.11.48页；16开.—ISBN 7-5423-0178-0：0.95元

初中二年级寒假作业：语文·英语/甘肃省教材编审室编.—兰州：甘肃教育出版社，1990.11.—32页；16开.—ISBN 7-5423-0177-2：0.70元

初中二年级寒假作业：语文·数学·物理·英语/天津市教育教学研究室编.—2版.—天津：天津教育出版社，1990.11.—4册；16开.—ISBN 7-5309-0831-6：1.84元

本书1989年10月第1版。

初中二年级数学物理地理动物寒假作业/内蒙古教育出版社编辑.—2版.—呼和浩特：内蒙古教育出版社，1990.9.—48页；16开.—ISBN 7-5311-1201-9：0.68元

初中三年级寒假作业：代数·几何·物理·化学/甘肃省教材编审室编.—兰州：甘肃教育出版社，1990.11.—64页；16开.—ISBN 7-5423-0180-2：1.20元

初中三年级寒假作业：语文·英语/甘肃省教材编审室编.—兰州：甘肃教育出版社，1990.11.—32页；16开.—ISBN 7-5423-0179-9：0.70元

初中三年级寒假作业：语文·数学·物理·英语/天津市教育教学研究室编.—2版.—天津：天津教育出版社，1990.11.—4册；16开.—ISBN 7-5309-0832-4：1.72元

本书1989年10月第1版。

初中寒假作业：一年级/江西省教委教学教材研究室编.—南昌：江西教育出版社，1990.11.—32页；16开.—ISBN 7-5392-0687-2：0.56元

初中寒假作业：二年级/江西省教委教学教材研究室编.—南昌：江西教育出版社，1990.11.—64页；16开.—ISBN 7-5392-0883-0：0.94元

初中寒假作业：三年级/江西省教委教学教材研究室编.—南昌：江西教育出版社，1990.11.—64页；16开.—ISBN7-5392-0908-9：0.94元

语文寒假作业：初中二年级/湖北省教学研究室编.—4版.—武汉：湖北少年儿童出版社，1990.11.33页；32开.—ISBN 7-5353-0680-2：0.34元

语文寒假作业：初中三年级/湖北省教学研究室编.—4版.—武汉：湖北少年儿童出版社，1990.11.32页；32开.—ISBN 7-5353-0681-0：0.34元

高中寒假作业：一年级/江西省教委教学教材研究室编.—南昌：江西教育出版社，1990.11.—64页；16开.—ISBN 7-5392-0909-7：0.94元

高中寒假作业：二年级/江西省教委教学教材研究室编.—南昌：江西教育出版社，1990.11.—64页；16开.—ISBN 5-5392-0910-0：0.94元

理科寒假作业：初中二年级：数学·物理/云南省教委教研室编.—2版.—昆明：云南教育出版社，1990.8.—32页；16开.—ISBN 7-5415-0367-3：0.76元

理科寒假作业：初中三年级：数学·物理·化学/云南省教委教研室编.—2版.—昆明：云南教育出版社，1990.8.—41页；16开.—ISBN 7-5415-0368-1：0.95元

寒假作业：初一文科/赵子卿等编.—2版.—沈阳：辽宁教育出版社，1990.10.—58页；16开.—ISBN 7-5382-0246-3：1.20元

寒假作业：初一英语/裴志民，刘永艳编.—2版.沈阳：辽宁教育出版社，1990.11.—32页；16开.ISBN 7-5382-0235-8：0.80元

寒假作业：初一俄语/李丽梅等编.—2版.—沈阳：辽宁教育出版社，1990.10.—32页；16开.ISBN 7-5382-0241-2：0.80元

寒假作业：初一理科/钱永耀等编.—2版.—沈阳：辽宁教育出版社，1990.11.—44页；16开.ISBN 7-5382-0238-2：1.00元

寒假作业：初一公民·植物学/黑龙江省教育学院中教部《寒假作业》编写组编写.—哈尔滨：黑龙江少年儿童出版社，1990.10.—34页；16开.—ISBN 7-5319-0698-8：0.70元

寒假作业：初一中国历史·中国地理/黑龙江省教育学院中教部《寒假作业》编写组编写.—哈尔滨：黑龙江少年儿童出版社，1990.10.—34页；16开.ISBN 7-5319-0672-4：0.70元

寒假作业：初一英语/黑龙江省教育学院中教部《寒假作业》编写组编写.—哈尔滨：黑龙江少年儿童出版社，1990.10.—34页；16开.—ISBN 7-5319-0679-1：0.70元

寒假作业：初一俄语/黑龙江省教育学院中教部《寒假作业》编写组编写.—哈尔滨：黑龙江少年儿童出版社，1990.10.—34页；16开.—ISBN 7-5319-0676-2：0.70元

寒假作业：初一语文/黑龙江省教育学院中教部《寒假作业》编写组编写.—哈尔滨：黑龙江少年儿童出版社，1990.10.—34页；16开.—ISBN 7-5319-0674-0：0.70元

寒假作业：初一数学/黑龙江省教育学院中教部《寒假作业》编写组编写.—哈尔滨：黑龙江少年儿童出版社，1990.10.—34页；16开.—ISBN 7-5319-0667-8：0.70元

寒假作业：初中一年级/山西省教委教研室编.—太原：山西教育出版社，1990.11.—32页；16开.—ISBN 7-80578-191-5：0.75元

寒假作业：初中一年级/北京市教育局教学研究部编.—3版.—北京：水利电力出版社，1990.12.—86页；16开.—ISBN 7-120-01076-X：2.15元

本书1988年12月第1版。

寒假作业：初中一年级：英语/贵州省教育委员会教育研究室编.—贵阳：贵州人民出版社，1990.10.—62页；32开.—ISBN 7-221-01854-5：0.60元

寒假作业：初中一年级：语文/贵州省教育委员会教育研究室编.—贵阳：贵州人民出版社，1990.9.—95页；32开.—ISBN 7-221-01879-0：0.85元

寒假作业：初中一年级：数学/贵州省教育委员会教育研究室编.—贵阳：贵州人民出版社，1990.8.—62页；32开.—ISBN 7-221-01951-7：0.60元

寒假作业：初中二年级/山西省教委教研室编.—太原：山西教育出版社，1990.11.—33页；16开.—ISBN 7-80578-287-3：0.80元

寒假作业：初中二年级/北京市教育局教学研究部编.—3版.—北京：水利电力出版社，1990.12.—100页；16开.—ISBN 7-120-01077-8：2.45元

本书1988年12月第1版。

寒假作业：初二文科/赵子卿等编.—2版.—沈阳：辽宁教育出版社，1990.10.—56页；16开.—ISBN 7-5382-0244-7：1.20元

寒假作业：初二英语/刘志鹏，季华编.—2版.—沈阳：辽宁教育出版社，1990.10.—32页；16开.—ISBN 7-5382-0236-6：0.80元

寒假作业：初二俄语/郑涌涛等编.—2版.—沈阳：辽宁教育出版社，1990.11.—32页；16开.—ISBN 7-5382-0242-0：0.80元

寒假作业：初二理科/刘会成等编.—2版.—沈阳：辽宁教育出版社，1990.10.—48页；16开.—ISBN 7-5382-0239-0：1.10元

寒假作业：初二社会发展简史·中国历史·世界地理/黑龙江省教育学院中教部《寒假作业》编写组编.—哈尔滨：黑龙江少年儿童出版社，1990.10.—34页；16开.—ISBN 7-5319-0697-X：0.70元

寒假作业：初二英语/黑龙江省教育学院中教部《寒假作业》编写组编写.—哈尔滨：黑龙江少年儿童出版社，1990.10.—34页；16开.—ISBN 7-5319-0680-5：0.70元

寒假作业：初二物理·动物学/黑龙江省教育学院中教部《寒假作业》编写组编写.—哈尔滨：黑龙江少年儿童出版社，1990.10.—34页；16开.—ISBN 7-5319-0670-8：0.70元

寒假作业：初二俄语/黑龙江省教育学院中教部《寒假作业》编写组编写.—哈尔滨：黑龙江少年儿童出版社，1990.10.—34页；16开.—ISBN 7-5319-0677-5：0.70元

寒假作业：初二语文/黑龙江省教育学院中教部《寒假作业》编写组编写.—哈尔滨：黑龙江少年儿童出版社，1990.10.—34页；16开.—ISBN 7-5319-0673-2：0.70元

寒假作业：初二数学/黑龙江省教育学院中教部《寒假作业》编写组编写.—哈尔滨：黑龙江少年儿童出版社，1990.10.—34页；16开.—ISBN 7-5319-0668-4：0.70元

寒假作业：初中二年级：物理/贵州省教育委员会研究室编.—贵阳：贵州人民出版社，1990.9.—62页；32开.—ISBN 7-221-01862-6：0.60元

寒假作业：初中二年级：英语/贵州省教育委员会教育研究室编.—贵阳：贵州人民出版社，1990.10.—62页；32开.—ISBN 7-221-01880-4：0.60元

寒假作业：初中二年级：语文/贵州省教育委员会教育研究室编.—贵阳：贵州人民出版社，1990.10.—94页；32开.—ISBN 7-221-01872-3：0.85元

寒假作业：初中二年级：数学/贵州省教育委员会教育研究室编.—贵阳：贵州人民出版社，1990.8.—94页；32开.—ISBN 7-221-01895-2：0.85元

寒假作业：初三文科/李一峰等编.—2版.—沈阳：辽宁教育出版社，1990.10.—48页；16开.—ISBN 7-5382-0247：1.10元

寒假作业：初三俄语/郑涌涛，谷源编.—2版.—沈阳：辽宁教育出版社，1990.10.—32页；16开.—ISBN 7-5382-0243-9：0.80元

寒假作业：初三英语/裴志民，刘志鹏编.—2版.—沈阳：辽宁教育出版社，1990.11.—32页；16开.—ISBN 7-5382-0237-4：0.80元

寒假作业：初三理科/魏超群等编.—2版.—沈阳：辽宁教育出版社，1990.10.—64页；16开.—ISBN 7-5382-0240-4：1.20元

寒假作业：初三中国社会主义建设常识·生理卫生/黑龙江省教育学院中教部《寒假作业》编写组编.—哈尔滨：黑龙江少年儿童出版社，1990.10.—34页；16开.—ISBN 7-5319-0699-6：0.70元

寒假作业：初三化学·物理/黑龙江省教育学院中教部《寒假作业》编写组编写.—哈尔滨：黑龙江少年儿童出版社，1990.10.—34页；16开.—ISBN 7-

5319-0671-6：0.70元

寒假作业：初三英语/黑龙江省教育学院中教部《寒假作业》编写组编写.—哈尔滨：黑龙江少年儿童出版社，1990.10.—34页；16开.—ISBN 7-5319-0681-3：0.70元

寒假作业：初三俄语/黑龙江省教育学院中教部《寒假作业》编写组编写.—哈尔滨：黑龙江少年儿童出版社，1990.10.—34页；16开.—ISBN 7-5319-0678-3：0.70元

寒假作业：初三语文/黑龙江省教育学院中教部《寒假作业》编写组编写.—哈尔滨：黑龙江少年儿童出版社，1990.10.—34页；16开.—ISBN 7-5319-0675-9：0.70元

寒假作业：初三数学/黑龙江省教育学院中教部《寒假作业》编写组编写.—哈尔滨：黑龙江少年儿童出版社，1990.10.—34页；16开.—ISBN 7-5319-0669-4：0.70元

寒假作业：初中三年级/山西省教委教研室编.太原：山西教育出版社，1990.11.—32页；16开.ISBN 7-80578-193-1：0.75元

寒假作业：初中三年级/北京市教育局教学研究部编.—2版.—北京：水利电力出版社，1990.12.—98页；16开.—ISBN 7-120-01078-6：2.40元

本书1989年12月第1版。

寒假作业：初中三年级：化学/贵州省教育委员会教育研究室编.—贵阳：贵州人民出版社，1990.10.94页；32开.—ISBN 7-221-01863-4：0.85元

寒假作业：初中三年级：英语/贵州省教育委员会教育研究室编.—贵阳：贵州人民出版社，1990.10.94页；32开.—ISBN 7-221-01859-6：0.85元

寒假作业：初中三年级：物理/贵州省教育委员会教育研究室编.—贵阳：贵州人民出版社，1990.8.94页；32开.—ISBN 7-221-01856-1：0.85元

寒假作业：初中三年级：语文/贵州省教育委员会教育研究室编.—贵阳：贵州人民出版社，1990.9.94页；32开.—ISBN 7-221-01881-2：0.85元

寒假作业：初中三年级：数学/贵州省教育委员会教育研究室编.—贵阳：贵州人民出版社，1990.9.94页；32开.—ISBN 7-221-01896-0：0.85元

寒假作业：高一语文·英语·政治·历史/黑龙江省教育学院中教部《寒假作业》编写组编.—哈尔滨：黑龙江少年儿童出版社，1990.10.—98页；16开.—ISBN 7-5319-0698-7：1.70元

寒假作业：高一数学·物理·化学/黑龙江省教育学院中教部《寒假作业》编写组编.—哈尔滨：黑龙江少年儿童出版社，1990.10.—66页；16开.—ISBN 7-5319-0696-1：1.20元

寒假作业：高中一年级/山西省教委教研室编.太原：山西教育出版社，1990.11.—40页；16开.ISBN 7-80578-286-5：0.90元

寒假作业：高中一年级：政治·语文·英语·历史/河南省教委中小学教研室编.—郑州：河南教育出版社，1990.9.—48页；16开.—ISBN 7-5347-0904-0：0.76元

寒假作业：高中一年级：数学·物理·化学/河南省教委中小学教研室编.—郑州：河南教育出版社，1990.11.—48页；16开.—ISBN 7-5347-0901-6：0.76元

寒假作业：高中一年级：化学/贵州省教育委员会教育研究室编.—贵阳：贵州人民出版社，1990.10.—96页；32开.—ISBN 7-221-01864-2：0.85元

寒假作业：高中一年级：物理/贵州省教育委员会教育研究室编.—贵阳：贵州人民出版社，1990.9.94页；32开.—ISBN 7-221-01873-1：0.85元

寒假作业：高中一年级：英语/贵州省教育委员会教育研究室编.—贵阳：贵州人民出版社，1990.10.94页；32开.—ISBN 7-221-01882-0：0.85元

寒假作业：高中一年级：语文/贵州省教育委员会教育研究室编.—贵阳：贵州人民出版社，1990.10.94页；32开.—ISBN 7-221-01898-7：0.85元

寒假作业：高中一年级：数学/贵州省教育委员会教育研究室编.—贵阳：贵州人民出版社，1990.10.94页；32开.—ISBN 7-221-01858-8：0.85元

寒假作业：高二语文·英语·政治·地理·数学/黑龙江省教育学院中教部《寒假作业》编写组编写.哈尔滨：黑龙江少年儿童出版社，1990.10.—120页；16开.—供文科班用.—ISBN 7-5319-0695-3：2.10元

寒假作业：高中二年级/山西省教委教研室编.太原：山西教育出版社，1990.12.—39页；16开.ISBN 7-80578-285-7：0.90元.

寒假作业：高中二年级：物理·化学·生物/河南省教委中小学教研室编.—郑州：河南教育出版社，1990.9.—44页；16开.—ISBN 7-5347-0899-0：0.71元

寒假作业：高中二年级：政治·语文·数学·英语·地理/河南省教委中小学教研室编.—郑州：河南教育出版社，1990.9.—64页；16开.—ISBN 7-5347-0900-8：0.96元

寒假作业：高中二年级：化学/贵州省教育委员会教育研究室编.—贵阳：贵州人民出版社，1990.9.96页；32开.—ISBN 7-221-01913-1：0.85元

寒假作业：高中二年级：物理/贵州省教育委员会

教育研究室编.—贵阳：贵州人民出版社，1990.10.94页；32开.—ISBN 7-221-01912-6：0.85元

寒假作业：高中二年级：英语/贵州省教育委员会教育研究室编.—贵阳：贵州人民出版社，1990.10.118页；32开.—ISBN 7-221-01899-5：1.05元

寒假作业：高中二年级：语文/贵州省教育委员会教育研究室编.—贵阳：贵州人民出版社，1990.10.94页；32开.—ISBN 7-221-01911-8：0.85元

寒假作业：高中二年级：数学/贵州省教育委员会教育研究室编.—贵阳：贵州人民出版社，1990.10.96页；32开.—ISBN 7-221-01857-X：0.85元

寒假作业：高中三年级/山西省教委教研室编.太原：山西教育出版社，1990.11.—40页；16开.ISBN 7-80578-192-3：0.90元

寒假数学作业：初中二年级/初中假期数学作业编写组编.—2版.—乌鲁木齐：新疆教育出版社，1990.10.—25页；16开.—ISBN 7-5370-0553-2：0.40元

寒假数学作业：初中三年级/初中假期数学作业编写组编.—2版.—乌鲁木齐：新疆教育出版社，1990.10.—24页；16开.—ISBN 7-5370-0554-0：0.40元

数学寒假作业：初中一年级/云南省教委教研室编.2版.—昆明：云南教育出版社，1990.8.—32页；16开.—ISBN 7-5415-0366-5：0.76元

数学寒假作业：初中一年级/湖北省教学研究室编.—3版.—武汉：湖北少年儿童出版社，1990.11.32页；32开.—ISBN 7-5353-0683-7：0.34元

数学寒假作业：初中二年级/湖北省教学研究室编.3版.—武汉：湖北少年儿童出版社，1990.11.—32页；32开.—ISBN 7-5353-0701-9：0.34元

数学寒假作业：初中三年级/湖北省教学研究室编.—3版.—武汉：湖北少年儿童出版社，1990.11.32页；32开.—ISBN 7-5353-0682-9：0.34元

*　*　*

中学生暑假作业：一年级：理科/孟祥静等编.—长春：吉林教育出版社，1990.3.—48页；16开.—ISBN 7-5383-0932-2：0.69元

中学生暑假作业：初中二年级：文科/吉林省教育学院编.—长春：吉林教育出版社，1990.3.—48页；16开.—ISBN7-5383-0923-3：0.69元

中学生暑假作业：初中二年级：理科/孟祥静等编.—长春：吉林教育出版社，1990.3.—48页；16开.—ISBN 7-5383-0922-5：0.69元

过好暑假：初一/无锡市教学研究室编.—南京：江苏科学技术出版社，1990.2.—3册；32开.—ISBN 7-5345-0861-4：0.95元

过好暑假：高二/南京市教学研究室编.—南京：江苏科学技术出版社，1990.3.—6册；32开.—ISBN 7-5345-0894-0：1.58元

初中一年级理科暑假作业：代数/西宁市教育科学研究所编.—西宁：青海人民出版社，1990.5.—12页；16开.—ISBN 7-225-00348-8：0.27元

初中一年级暑假作业：语文·数学·英语/天津市教育教学研究室编.—2版.—天津：天津教育出版社，1990.5.—3册；16开.—ISBN 7-5309-0755-7：2.30元

本书1989年4月第1版。

初中一年级数学、地理、植物暑假作业/内蒙古教育出版社编.—2版.—呼和浩特：内蒙古教育出版社，1990.3.—40页；16开.—ISBN 7-5311-1084-9：0.65元

初中二年级理科暑假作业：代数·几何·物理/西宁市教育科学研究所编.—西宁：青海人民出版社，1990.5.—28页；16开.—ISBN 7-225-00349-6：0.40元

初中二年级暑假作业：语文·数学·物理·英语/天津市教育教学研究室编.—2版.—天津：天津教育出版社，1990.5.—4册；16开.—ISBN 7-5309-0756-5：1.96元

本书1989年5月第1版。

初中二年级数学、物理、地理、动物暑假作业/内蒙古教育出版社编.—2版.—呼和浩特：内蒙古教育出版社，1990.3.—48页；16开.—ISBN 7-5311-1085-7：0.74元

初中暑假作业：一年级/江西省教委教学教材研究室编.—南昌：江西教育出版社，1990.5.—48页；16开.—ISBN 7-5392-0905-4：0.75元

初中暑假作业：二年级/江西省教委教学教材研究室编.—南昌：江西教育出版社，1990.5.—96页；16开.—ISBN 7-5392-0906-2：1.32元

高中一年级政治、语文、英语、历史暑假作业/河南省教委中小学教研究室编.—2版.—郑州：河南教育出版社，1990.2.—56页；16开.—ISBN 7-5347-0490-1：0.86元

高中一年级暑假作业/山西省教委教研室编.—太原：山西教育出版社，1990.5.—116页；16开.—ISBN 7-80578-038-2：2.15元

高中一年级数学、物理、化学暑假作业/河南省教委中小学教研室编.—2版.—郑州：河南教育出版社，1990.2.—56页；16开.—ISBN 7-5347-0753-6：0.86元

高中二年级历史、地理暑假作业/河南省教委中小学教研室编.—郑州：河南教育出版社，1990.3.40页；16开.—ISBN 7-5347-0494-4：0.66元

高中二年级物理、化学、生物暑假作业/河南省教育委员会中小学教研室编.—3版.—郑州：河南教育出版社，1990.3.—56页；16开.—ISBN 7-5347-0754-4：0.86元

高中二年级政治、语文、数学、英语暑假作业/河南省教委中小学教研室编.—2版.—郑州：河南教育出版社，1990.3.—80页；16开.—ISBN 7-5347-0492-8：1.15元

高中二年级暑假作业/山西省教委教研室编.—太原：山西教育出版社，1990.5.—114页；16开.ISBN 7-80578-102-8：2.10元

高中二年级暑假作业/湖南省教育科学研究所编.长沙：湖南省教育出版社，1990.4.—96页；16开.ISBN 7-5355-1114-7：1.45元

高中暑假作业：一年级/江西省教委教学教材研究室编.—南昌：江西教育出版社，1990.7.—96页；16开.—ISBN 7-5392-0903-8：1.32元

高中暑假作业：二年级/江西省教委教学教材研究室编.—南昌：江西教育出版社，1990.5.—96页；16开.—ISBN 7-5392-902-6：1.32元

暑假作业：初一英语/黑龙江省教育学院中教部《暑假作业》编写组编写.—哈尔滨：黑龙江少年儿童出版社，1990.2.—34页；16开.—ISBN 7-5319-0599-X：0.62元

暑假作业：初一语文/黑龙江省教育学院中教部《暑假作业》编写组编写.—哈尔滨：黑龙江少年儿童出版社，1990.6.—34页；16开.—ISBN 7-5319-0607-4：0.62元

暑假作业：初一数学/黑龙江省教育学院中教部《暑假作业》编写组编写.—哈尔滨：黑龙江少年儿童出版社，1990.6.—34页；16开.—ISBN 7-5319-0608-2：0.62元

暑假作业：初中一年级/山东省教学研究室编.济南：山东教育出版社，1990.3.—75页；16开.ISBN 7-5328-0900-5：1.24元

暑假作业：初中一年级/湖南省教育科学研究所编.—长沙：湖南教育出版社，1990.4.—65页；16开.—ISBN 7-5355-1113-9：1.00元

暑假作业：初中一年级：语文·英语/云南省教育厅教研室编.—昆明：云南教育出版社，1990.2.—44页；16开.—ISBN 7-5415-0288-X：1.00元

暑假作业：初中一年级：数学/云南省教育厅教研室编.—2版.—昆明：云南教育出版社，1990.2.32页；16开.—ISBN 7-5415-0290-1：0.76元

暑假作业：初二社会发展简史·世界历史·世界地理/黑龙江省教育学院中教部《暑假作业》编写组编写.—哈尔滨：黑龙江少年儿童出版社，1990.6.—34页；16开.—ISBN 7-5319-0623-6：0.62元

暑假作业：初二英语/黑龙江省教育学院中教部《暑假作业》编写组编写.—哈尔滨：黑龙江少年儿童出版社，1990.2.—34页；16开.—ISBN 7-5319-0592-2：0.62元

暑假作业：初二物理·动物学/黑龙江省教育学院中教部《暑假作业》编写组编写.—哈尔滨：黑龙江少年儿童出版社，1990.6.—34页；16开.—ISBN 7-5319-0610-4：0.62元

暑假作业：初二俄语/黑龙江省教育学院中教部《暑假作业》编写组编.—哈尔滨：黑龙江少年儿童出版社，1990.6.—34页；16开.—ISBN 7-5319-0612-0：0.62元

暑假作业：初二语文/黑龙江省教育学院中教部《暑假作业》编写组编写.—哈尔滨：黑龙江少年儿童出版社，1990.6.—34页；16开.—ISBN 7-5319-0602-3：0.62元

暑假作业：初二数学/黑龙江省教育学院中教部《暑假作业》编写组编.—哈尔滨：黑龙江少年儿童出版社，1990.6.—34页；16开.—ISBN 7-5319-0614-7：0.62元

暑假作业：初中二年级/山东省教学研究室编.济南：山东教育出版社，1990.3.—84页；16开.ISBN 7-5328-0899-8：1.40元

暑假作业：初中二年级/湖南省教育科学研究所编写.—长沙：湖南教育出版社，1990.4.—64页；16开.—ISBN 7-5355-1116-3：1.00元

暑假作业：初中二年级：语文·英语/云南省教育厅教研室编.—昆明：云南教育出版社，1990.2.—44页；16开.—ISBN 7-5415-0289-X：1.00元

暑假作业：初中二年级：数学·物理/云南省教育厅教研室编.—2版.—昆明：云南教育出版社，1990.2.—56页；16开.—ISBN 7-5415-0291-X：1.20元

暑假作业：高一语文·英语·政治·历史/黑龙江省教育学院中教部《暑假作业》编写组编写.—哈尔滨：黑龙江少年儿童出版社，1990.6.—98页；16开.ISBN 7-5319-0593-0：1.50元

暑假作业：高一数学·物理·化学/黑龙江省教育学院中教部《暑假作业》编写组编.—哈尔滨：黑龙江少年儿童出版社，1990.4.—66页；16开.—ISBN 7-5319-0609-0：1.10元

暑假作业：高中一年级/湖南省教育科学研究所编.长沙：湖南教育出版社，1990.4.—93页；16开.ISBN 7-5355-1115-5：1.45元

暑假作业：高中二年级/湖南省教育科学研究所编.—长沙：湖南教育出版社，1990.4.—96页；16开.—ISBN 7-5355-1114-7：1.45元

暑假作业：高二语文·英语：政治·地理·数学/黑龙江省教育学院中教部《暑假作业》编写组编写.哈尔滨：黑龙江少年儿童出版社，1990.6.—122

页；16开.—供文科班用.—ISBN 7-5319-0594-9：1.85元

暑假作业：高二数学·物理·化学·生物·语文·英语·政治/黑龙江省教育学院中教部《暑假作业》编写组编写.—哈尔滨：黑龙江少年儿童出版社，1990.6.—154页；16开.—供理科班用.—ISBN 7-5319-0772-0：2.60元

暑假作业：高二数学·物理·化学·生物·语文·英语·政治/黑龙江省教育学院中教部《暑假作业》编写组编写.—哈尔滨：黑龙江少年儿童出版社，1990.6.—154页；16开.—供理科班用.—ISBN 7-5319-0626-0：2.30元

G637　学校管理

上海市高中毕业生升学与就业指导/上海人民出版社编.—2版（修订本）.—上海：上海人民出版社，1990.4.—102页；32开.—ISBN 7-208-00861-2：1.10元

中小学学校管理讲座/国家教育委员会人事司等主编.—北京：中央广播电视大学出版社，1990.7.330页；大32开.—卫星电视教育·中小学校长培训教材.—ISBN 7-304-00566-1：4.60元

中小学校长的领导工作与艺术/严子楞主编；王林清等著.—广州：广东高等教育出版社，1990.7.256页；32开.—ISBN 7-5361-0523-1：3.70元

中学生职业指导读本/闻友信，刘鉴农主编.—杭州：浙江教育出版社，1990.12.—134页；大32开.（职业指导系列读物）.—ISBN 7-5338-0698-0：1.80元

中学生职业选择/张栩等编.—北京：中国人民大学出版社，1990.11.—107页；32开.—（中学生人生之路丛书/梁为楫主编）.—ISBN 7-300-00989-1：1.85元

中等学校管理学/吕占华，李士菊主编.—石家庄：河北教育出版社，1990.8.—300页；大32开.ISBN 7-5434-0863-3：4.10元

G64　高等教育

G640　高等教育理论

比较高等教育教程/符娟明，迟恩莲编著.—北京：原子能出版社，1990.6.—359页；大32开.—（教育管理干部丛书）.—ISBN 7-5022-0300-1：6.25元

高等学校教育评估/黄志正主编.—徐州：中国矿业大学出版社，1990.4.—172页；32开.—ISBN 7-81021-391-1：2.00元

高等教育发展的新阶段：论大学与工业的关系/徐辉著.—杭州：杭州大学出版社，1990.6.—162页；大32开.—（比较高等教育丛书）.—ISBN 7-81035-025-0：2.40元

高等教育系统工程/廖泉文编著.—厦门：厦门大学出版社，1990.10.—251页；大32开.—ISBN 7-5615-0314-8：2.10元

高等教育学/田建国著.—济南：山东教育出版社，1990.5.—562页；大32开.—ISBN 7-5328-0892-0（精装）：8.60元

高等教育研究论文集/山东轻工业学院高等教育研究会编.—北京：轻工业出版社，1990.8.—275页；大32开.—ISBN 7-5019-0913-X：4.50元

高等教育适应性研究：目标·机制·对策/冷余生，许剑主编.—武汉：中国地质大学出版社，〔1990〕.—185页；32开.—ISBN 7-5625-0479-2：3.00元

高等教育散论/朱九思著.—武汉：华中理工大学出版社，1990.10.—213页；大32开.—ISBN 7-5609-0495-5：2.80元

G641　思想政治教育

大学生与社会：大学生思想修养/李异诚，赵平主编.—天津：天津教育出版社，1990.8.—279页；32开.—ISBN 7-5309-1040-X：3.60元

大学生成才导论/王承亮等主编.—北京：红旗出版社，1990.8.—213页；32开.—ISBN 7-80068-151-3：2.70元

大学生成才思想修养/陈杰，俞惠康主编.—上海：百家出版社，1990.9.—299页；32开.—ISBN 7-80576-151-5：2.95元

大学生成才修养/《大学生成才修养》编委会编.兰州：甘肃人民出版社，1990.9.—259页；32开.ISBN 7-226-00665-0：2.70元

大学生成才修养/陈志明主编.—成都：成都科技大学出版社，1990.9.—235页；32开.—（青年修养丛书）.—ISBN 7-5616-0667-2：2.90元

大学生成才修养教程/熊水清主编.—武汉：中国地质大学出版社，1990.7.—225页；32开.—ISBN 7-5625-0450-4：2.70元

大学生品德心理/曾欣然等编著.—成都：四川教育出版社，1990.6.—269页；32开.—（德育丛书/张凤山主编）.—ISBN 7-5408-1248-6：3.44元

大学生品德心理学/万喜生，金东兴主编.—长春：吉林大学出版社，1990.6.—209页；32开.—ISBN 7-5601-0639-0：3.00元

大学生思想政治教育：十年的回顾与反思/杨唯真等主编.—哈尔滨：黑龙江教育出版社，1990.7.—224页；大32开.—ISBN 7-5316-1234-8：3.80元

大学生思想品德修养/江崇志主编.—大连：大连理工大学出版社，1990.5.—256页；32开.—ISBN 7-

5611-0295-X：3.30元

大学生思想修养/匡珊吉主编.—2版.—成都：四川教育出版社，1990.5.—256页；大32开.—高校思想教育课程教材.—ISBN 7-5408-1206-0：1.80元

本书1989年7月第1版。

大学生思想修养/朱深潮主编.—2版.—杭州：浙江大学出版社，1990.8.—315页；32开.—高等学校思想教育课程用书.—ISBN 7-308-00173-3：3.65元

大学生思想修养/陈大有主编.—武汉：武汉工业大学出版社，1990.1.—357页；32开.—ISBN 7-5629-0314-X：3.70元

大学生思想修养/高峰主编.—呼和浩特：内蒙古大学出版社，1990.8.—285页；大32开.—大学思想政治教育教材.—ISBN 7-81015-112-6：3.30元

大学生思想修养导论/张友华主编.—北京：北京工业大学出版社，1990.8.—253页；32开.—ISBN 7-5639-0070-5：1.60元

大学生道德修养研究/吴鸿章，许万敬主编.—北京：北京出版社，1990.10.—231页；大32开.—ISBN 7-200-01253-X：3.25元

大学生道德基础/李创等主编.—石家庄：河北人民出版社，1990.3.—248页；32开.—思想政治教育课程教学用书.—ISBN 7-202-00612-X：2.75元

大学生道德基础教程/张昌河等主编.—北京：红旗出版社，1990.8.—233页；32开.—ISBN 7-80068-152-1：2.90元

大学德育理论与实践/江苏省高校思想政治教育研究会编.—徐州：中国矿业大学出版社，1990.12.259页；大32开.—ISBN 7-81021-462-4：3.90元

办好社会主义大学的实践和思考/郭兴和著.—济南：山东教育出版社，1990.7.—222页；大32开.ISBN 7-5328-0948-X：2.40元

本书从实践和理论的结合上全面论述了高校的思想政治工作。

成才、道德修养与人生追求/卢良梅，戴耀荣主编.上海：上海人民出版社，1990.7.—358页；32开.ISBN 7-208-00984-8：5.00元

本书紧密结合大学生的学习、生活和思想，论述了与他们密切相关的成才问题、人生观问题、职业道德问题。

当代大学生思想修养/吴信守，王合新主编.—北京：海潮出版社，1990.8.—328页；32开.—ISBN 7-80054-091-X：4.50元

论高校思想政治工作/李国梁，王志杰著.—哈尔滨：黑龙江教育出版社，1990.11.—316页；大32开.ISBN 7-5316-1245-3：4.50元

思想修养/《思想修养》编写组编.—北京：人民体育出版社，1990.12.—183页；32开.—体育学院试用教材.—ISBN 7-5009-0664-1：3.00元

高校思想政治教育新论/吴鸿章，姜维茂主编.济南：山东教育出版社，1990.7.—257页；大32开.ISBN 7-5328-0928-5：3.00元

高校思想政治教育新难问题研究/张立明，张育勤主编.—北京：中国经济出版社，1990.4.—318页；32开.—ISBN 7-5017-0642-5：4.10元

高校教师思想政治工作通论/任纯祥等主编.—长春：吉林大学出版社，1990.12.—277页；32开.ISBN 7-5601-0750-8：3.50元

高等学校学生行为准则（试行）讲话/国家教委思想政治工作司，《高校社会科学》编辑部编.—长春：吉林人民出版社，1990.11.—180页；32开.ISBN 7-206-00920-4：2.00元

高等学校学生行为准则学习指南/山东省教育委员会政教处编.—济南：山东教育出版社，1990.3.94页；32开.—ISBN 7-5328-0933-1：0.88元

高等学校思想政治工作概论/才起主编.—哈尔滨：黑龙江教育出版社，1990.7.—288页；32开.ISBN 7-5316-1031-0：3.40元

高等学校思想政治教育研究成果汇编：1977～1986 下卷/陈秉公主编.—长春：吉林大学出版社，1990.8.—501页；大32开.—ISBN 7-5601-0565-3：4.50元

探索与思考：煤炭高校思想政治教育研究优秀论文集/煤炭高校思想政治教育研究会编.—徐州：中国矿业大学出版社，1990.7.—300页；大32开.—ISBN 7-81021-412-8：5.15元

道德修养/姜洪超，高庆荣主编.—北京：中国经济出版社，1990.9.—226页；大32开.—（思想政治教育丛书）.—ISBN 7-5017-0922-X：3.60元

雷锋精神与当代大学生/中国人民大学等编.—北京：长征出版社，1990.9.—311页；32开.—ISBN 7-80015-130-1：4.50元

解惑·抉择·成才/李印主编.—北京：电子工业出版社，1990.5.—194页；32开.—献给大学生朋友们.—ISBN 7-5053-0768-1：3.20元

本书共分10篇，包括心理、健身、生活、学习、友爱、审美、道德、职业以及心理知识。

新时期高等学校学生思想政治工作/赵长河主编.西安：陕西人民出版社，1990.4.—337页；32开.ISBN 7-224-01128-2：4.50元

G642 教学理论

1989年安徽省普通高校优秀教学成果简编/鹿世金主编.—合肥：中国科学技术大学出版社，1990.10.332页；32开.—ISBN 7-312-00005-3：4.00元

大学实用教学法/（美）肯尼思·H.胡佛著；《大学实用教学法》翻译组译.—福州：福建教育出版社，1990.1.—301页；大32开.—ISBN 7-5334-

0547-1：2.95元

大学教学与教材概论/范印哲主编；董文芳，徐迎编.—北京：高等教育出版社，1990.5.—638页；大32开.—ISBN 7-04-002963-4：6.50元

外国教材研究文集：全国高等学校外国教材研讨会论文选编：土建与力学类/国家教育委员会条件装备司编.—南京：东南大学出版社，1990.10.—362页；大32开.—ISBN 7-81023-399-8：2.70元

高等工程教育中的英才教育：浙江大学混合班教改实践/浙江大学教务处编；朱正坊主编.—杭州：浙江大学出版社，1990.12.—343页；30开.—ISBN 7-308-00635-2：3.85元

高等学校教学原理与方法/卢曲元主编.—长沙：湖南教育出版社，1990.5.—259页；大32开.—ISBN 7-5355-1136-8：4.10元

教学改革的理论与实践：湖北省高等学校优秀教学成果选编/湖北省教育委员会编.—武汉：武汉工业大学出版社，1990.5.—180页；16开.—ISBN 7-5629-0364-6：6.00元

福建省普通高等学校1989年优秀教学成果汇编/叶品樵主编；福建省教育委员会编.—福州：福建教育出版社，1990.12.—169页；大32开.—ISBN 7-5334-0639-7：2.25元

G642.4　教学法与教学组织

毕业论文写作指导/初旭，聂德彬主编.—沈阳：辽宁大学出版社，1990.9.—340页；大32开.—ISBN 7-5610-1060-5：4.50元

来自第一线的报告：成人高校毕业佳作选/萧湘，秋实主编.—杭州：浙江大学出版社，1990.4.—134页；32开.—ISBN 7-308-00526-7：1.80元

实习与管理/王阁，万喜生主编.—长春：吉林大学出版社，1990.6.—155页；32开.—（实习与管理丛书/金东兴，康跃华主编）.—ISBN 7-5601-0580-7：2.50元

学业纵横论/张洪昌，徐文东主编.—哈尔滨：哈尔滨船舶工程学院出版社，1990.7.—568页；32开.（大学生必读）.—ISBN 7-81007-114-9：5.40元

大学生必读名著导读/关键主编.—北京：海洋出版社，1990.9.—541页；大32开.—ISBN 7-5027-0994-0：11.00元

大学学习学概论/陈耀顺，夏继祥主编.—峨嵋山：西南交通大学出版社，1990.11.—280页；32开.ISBN 7-81022-166-3：2.00元

大学学习新论/李方葛主编.—成都：成都出版社，1990.4.—324页；32开.—ISBN 7-80575-057-2：3.80元

本书是系统论述我国大学学习理论与方法的综合性、应用性专著，阐述了大学学习的性质、特点、机制、规律、原则和方法。

G643　研究生教育

中外研究生教育比较/戴毅然主编.—济南：山东教育出版社，1990.2.—161页；32开.—ISBN 7-5328-0859-9：1.45元

中国博士后论文集/黄惠泽，曲政编.—北京：学苑出版社，1990.7.—634页；16开.—ISBN 7-5077-0067-4（精装）：40.00元

中南工业大学硕士论文摘要汇编：1988届.—长沙：中南工业大学出版社，1990.6.—2册（595页）；16开.—ISBN 7-81020-301-0：16.00元

报考研究生指南/安徽、江西、福建省高校招生办公室编.—2版（修订版）.—合肥：中国科学技术大学出版社，1990.10.—158页；大32开.—ISBN 7-312-00162-9：2.70元

本书1989年第1版。

硕士学位课程教学大纲/西安交通大学研究生院编.—西安：西安交通大学出版社，1990.12.—454页；大32开.—ISBN 7-5605-0312-8：3.80元

清华大学1987年硕士学位论文摘要汇编/清华大学研究生院编.—北京：清华大学出版社，1990.9.1册；16开.—ISBN 7-302-00727-6：10.00元

缀玉集：北京大学中文系研究生论文选编/严家炎，袁行霈主编.—北京：北京大学出版社，1990.2.—596页；大32开.—ISBN 7-305-00967-4：7.60元

G644　科学研究工作

辽宁省高等学校科研成果选编：1987～1988/冯燕喜，高博全主编.—大连：大连理工大学出版社，1990.5.—461页；16开.—ISBN 7-5611-0281-X：8.90元

高等学校建议产业化科技成果选编（一）/国家教育委员会科学技术管理中心编.—武汉：华中理工大学出版社，1990.2.—206页；16开.—ISBN 7-5609-0472-6：5.80元

高等学校科技法制/蔡礼义，李子和主编.—广州：中山大学出版社，1990.12.—409页；大32开.—ISBN 7-306-00360-7：4.90元

本书论述了高校科技立法的重要性、基础和原则、基本范畴，同时扼要阐述了国外高等学校科技立法的概况。

理工科大学学术论要/韦纪远，苏菲编著.—长春：吉林大学出版社，1990.9.—393页；32开.—ISBN 7-5601-0595-5：5.10元

G645　教师与学生

大学班主任工作/王树林，李康平编著.—南昌：

江西高校出版社，1990.12.—241页；32开.—高等学校教师岗位培训用书.—ISBN 7-81033-050-0：3.60元

高校师资工作资料选编/员非伍，张振亚主编.上海：华东师范大学出版社，1990.5.—652页；大32开.—ISBN 7-5617-0604-0：5.00元

高等学校师资管理概论/曾绍元主编.—北京：职工教育出版社，1990.3.—238页；32开.—（教育管理丛书）.—ISBN 7-80019-313-4：3.20元

大学生手册/李志龙等编.—武汉：华中师范大学出版社，1990.4.—270页；32开.—ISBN 7-5622-0526-4：3.10元

本书内容包括：理想、道德、治学、法规、处世5个篇章。

大学生学/孙志芳，栾利杰主编.—济南：黄河出版社，1990.6.—295页；大32开.—ISBN 7-80558-151-7：4.50元

大学生学习引论/杨式毅等编著.—北京：科学技术文献出版社，1990.9.—124页；16开.—ISBN 7-5023-1252-8：3.90元

大学生学习指南/李绍荣主编.—大连：大连理工大学出版社，1990.6.—212页；大32开.—ISBN 7-5611-0285-2：2.70元

大学生活导论/方复之主编.—北京：北京航空航天大学出版社，1990.9.—247页；32开.—ISBN 7-81012-196-0：3.30元

大学生活导论/钱焕琦主编.—上海：上海人民出版社，1990.2.—268页；大32开.—ISBN 7-208-00825-6：3.50元

大学生活导南/曹树钦主编.—大连：大连海运学院出版社，1990.7.—275页；32开.—ISBN 7-5632-0231-5：3.30元

大学生活指导/朱诚如主编.—大连：大连海运学院出版社，1990.3.—270页；32开.—ISBN 7-5632-0169-6：3.00元

大学生管理规定/国家教育委员会高校学生司编.北京：北京师范学院出版社，1990.2.—28页；32开.—ISBN 7-81014-448-0：0.35元

少年大学生的成长/中国科技大学少年班编.—哈尔滨：黑龙江教育出版社，1990.5.—160页；32开.（超常儿童教育丛书/林崇德主编）.—ISBN 7-5316-0977-0：2.20元

脑的构筑与手的塑造：与大学生谈社会实践/孙宇等著.—济南：山东人民出版社，1990.4.—150页；36开.—（大学生现实问题丛书；4/赵建华主编）.ISBN 7-209-00873-X：2.20元

《高等学校学生行为准则（试行）》讲话/国家教委思想政治工作司，高校社会科学编辑部编.—长春：吉林人民出版社，1990.11.—180页；32开.—ISBN 7-206-00920-4：2.00元

G647　学校管理

现代大学管理原理/侯德彭等主编.—南宁：广西教育出版社，1990.8.—524页；大32开.—高等教育管理教材.—ISBN 7-5435-1000-6：6.35元

本书全面地从大学管理的目标、原则、对象、内容、过程、方法、手段、制度、组织机构、领导者等方面，作了详细地阐述。

高校管理的理论探索/刘步俊，王保生主编.—北京：中国广播电视出版社，1990.8.—448页；大32开 —ISBN 7-5043-0579-0：5.50元

G647.2　行政工作

论高校外事工作/张彩虹编著.—兰州：兰州大学出版社，1990.8.—116页；32开.—ISBN 7-311-00292-3：1.98元

高校学生管理办公自动化系统/李军等著.—北京：中国人事出版社，1990.11.—357页；大32开.ISBN 7-80076-31-6：9.50元

高等学校办公室管理/林书之，林世洪主编.—东营：石油大学出版社，1990.8.—284页；大32开.ISBN 7-5636-0102-3：3.60元

G647.3　教务工作

从经验走向科学：全国高等学校学籍管理科研会文集：1989年10月/国家教育委员会高校学生司编.—北京：北京师范学院出版社，1990.6.—377页；大32开.ISBN 7-81014-461-8：4.30元

本文集内容包括：高校学生管理模式问题的探讨、学籍管理、校风校纪、德智体综合测评的探讨、考试管理、教学管理制度的改革与试验等几个方面。

高校教学管理基础/戚焕林，邱坤荣编.—南京：东南大学出版社，1990.6.—343页；大32开.—ISBN 7-81023-317-0：3.90元

高等教育计划管理研究/徐敦潢主编.—上海：百家出版社，1990.7.—302页；大32开.—ISBN 7-80576-149-3：5.00元

普通高等学校教学管理/朱从矩主编.—杭州：浙江教育出版社，1990.9.—203页；32开.—ISBN 7-5338-0682-4：1.60元

1989年全国普通高等学校招生统一考试年报　上册/国家教育委员会考试管理中心编.—北京：人民教育出版社，1990.—169页；16开.—ISBN 7-107-10607-4：3.75元

1989年普通高等学校招生工作年鉴/国家教育委员会高校学生司，高等学校招生研究会（筹）编.

北京：人民教育出版社，1990.6.—185页；大32开．ISBN 7-107-10621-X：2.80元

中国高校招生制度/基俊主编.—长春：东北师范大学出版社，1990.6.—256页；大32开.—ISBN 7-5602-0425-2：4.50元

吉林省1990年高考指南/吉林省招生委员会办公室编.—长春：吉林科学技术出版社，1990.4.—276页；32开.—ISBN 7-5384-0519-4：3.50元

吉林省大学专科起点本科统一招生复习考试大纲/王同顺，南光哲主编.—长春：吉林教育出版社，1990.2.—398页；32开.—ISBN 7-5383-0921-7：3.40元

全国计划单列城市招生工作论文集/南京市高校招生办公室编.—南京：江苏教育出版社，1990.7.178页；32开.—ISBN 7-5343-1101-2：2.15元

本书反映了全国计划单列市招生工作的科研成果。

高考升学指导/辽宁省高等学校招生委员会办公室编.—沈阳：辽宁人民出版社，1990.2.—480页；32开.—ISBN 7-205-01225-2：5.00元

高考填报志愿信息/沈阳市高等学校招生委员会办公室编.—沈阳：辽宁人民出版社，1990.4.—191页；32开.—ISBN 7-205-01361-5：2.00元

高校报考指导/江苏省高校招生办公室编.—南京：江苏科学技术出版社，1990.4.—139页；32开．ISBN 7-5345-0900-9：1.75元

高等学校专业的选择/赵亮宏主编.—杭州：浙江教育出版社，1990.5.—204页；32开.—（职业指导系列读物）.—ISBN 7-5338-0679-0：1.35元

煤炭院校毕业生就业指南/毛士芬，罗承选主编．徐州：中国矿业大学出版社，1990.12.—305页；大32开.—ISBN 7-81021-406-3：3.20元

大学生择业心理学/田景海主编.—北京：光明日报出版社，1990.5.—223页；32开.—（湖北省青年心理研究所学术文库）.—ISBN 7-30014-782-7：3.00元

大学生择业指导/金正基，鲁伯霖主编.—上海：同济大学出版社，1990.5.—823页；大32开.—ISBN 7-5608-0534-5：8.50元

大学生就业指导/张庆然等主编.—长春：东北师范大学出版社，1990.4.—180页；32开.—ISBN 7-5602-0416-3：2.20元

大学生就业指导百题/陶秀英主编.—昆明：云南人民出版社，1990.7.—301页；32开.—ISBN 7-222-00649-4：3.20元

毕业生择业与就业指南/赵峰，王忠宝主编.—长春：长春出版社，1990.3.—344页；32开.—ISBN 7-80573-181-0：3.70元

确定你的位置：大学生就业心理分析/胡大敖主编.—武汉：湖北教育出版社，1990.9.—227页；32开.—ISBN 7-5351-0526-2：2.55元

G647.4　总务工作

从严治校　管理育人：山东高校总务管理制度/吴鸿章等主编.—济南：山东大学出版社，1990.5.241页；32开.—ISBN 7-5607-0325-9：2.80元

高校后勤目标管理与全员标准化服务/李景松主编.—天津：天津教育出版社，1990.9.—478页；大32开.—ISBN 7-5309-1065-5：5.00元

高校财务会计实务/周介辉等编.—北京：航空工业出版社，1990.10.—301页；32开.—（会计人员岗位培训丛书/冷传生主编）.—ISBN 7-80046-283-8 3.50元

高等学校后勤管理工作规范　上册/肖--璋主编．天津：南开大学出版社，1990.5.—211页；大32开．ISBN 7-310-00313-6：3.50元

高等学校会计/庄瑞澄主编.—北京：高等教育出版社，1990.5.—443页；大32开.—ISBN 7-04-003190-6：3.60元

高等学校单位预算会计/孔繁柏主编.—沈阳：辽宁大学出版社，1990.2.—281页；大32开.—ISBN 7-5610-0807-4：4.20元

G648　各类型高等学校

国际高等工程教育学术讨论会论文集/中华人民共和国国家教育委员会直属高等工业学校教育研究协作组（HEES），《高等工程教育研究》编辑部编．杭州：浙江大学出版社，1990.4.—432页；16开．ISBN 7-308-00477-5

G648.9　留学教育

中国近代留美教育史略/黄利群著.—沈阳：辽宁大学出版社，1990.12.—160页；32开.—ISBN 7-5610-1162-8：2.40元

申请留美指导大全/许卓松著.—福州：福建人民出版社，1990.9.—352页；16开.—ISBN 7-211-01134-3：7.05元

出国留学二百问/中国留学服务中心信息咨询部编.—北京：北京出版社，1990.1.—142页；16开．ISBN 7-200-00902-4：4.45元

出国留学便览/国家教委出国人员北京集训部，中国教育国际交流北京咨询处编.—北京：北京语言学院出版社，1990.10.—220页；16开.—ISBN 7-5619-0092-2：6.00元

加拿大留学旅游指南/汤建中，杜德斌编.—上海：上海科学技术出版社，1990.7.—131页；32开.—ISBN 7-5323-1972-5：2.35元

实用自费留学指南/韩志鹏编著.—广州：花城出版社，1990.3.—320页；32开.—(泽海实用文库).ISBN 7-5360-0606-3：4.50元

留学美国申请指南/彭维刚，童文波编.—上海：上海科学技术文献出版社，1990.1.—405页，16开.ISBN 7-80513-419-7：13.00元

留学捷径/马志平著.—北京：科学普及出版社，1990.5.—255页；32开.—ISBN 7-110-1363-4：4.00元

留德指南/张世红等编译.—北京：北京大学出版社，1990.7.—127页；16开.—ISBN 7-301-00125-8：5.00元

本书是一本各类专业及导师的名录，覆盖西德全部的科研机构和高等学校。

最新赴美奖学金申请指南/美国大学服务中心编；吕慧芳，乔长森译.—上海：复旦大学出版社，1990.7.—344页；大32开.—ISBN 7-309-00302-0：5.60元

G649　世界各国高等教育概况

世界各国高校名录/国家教育委员会外事局《世界各国高校名录》编写组编.—北京：北京语言学院出版社，1990.8.—2册(499，492页)；16开.—ISBN 7-5619-0077-5：35.00元

本书分上、下两册。翔实地介绍了世界上88个国家和地区的近6900所高等学校的基本情况，包括专业设置与特长、学校学制与体制，以及学校通讯地址、学校外文名称和联系电话等。

各国大学手册：非洲、亚洲、拉丁美洲分册/孙贵立编.—上海：上海科技教育出版社，1990.10.—668页；32开.—ISBN 7-5428-0263-1：7.85元

本册介绍非洲、亚洲、拉丁美洲的高等院校1758所。

欧洲14国高等院校便览/国家教育委员会出国留学咨询中心编.—北京：北京语言学院出版社，1990.1.—465页；16开.—ISBN 7-5619-0071-6：9.45元

本书介绍欧洲14个国家的373所高等院校。

G649.2　中国高等教育概况

中国高等教育及其改革/许国禄编著.—乌鲁木齐：新疆大学出版社，1990.12.—415页；大32开.—ISBN 7-5631-0167-5：6.00元

全国大专院校介绍与分布地图册/成都地图出版社编制；刘平长等编.—成都：成都地图出版社，1990.4.—1册：图；大32开.—ISBN 7-80544-099-9(精装)：8.80元

重视教育·重视教学·重视教师：1989年全国普通高等学校优秀教学成果国家级特等奖介绍及文件汇编/中华人民共和国国家教育委员会1989年全国普通高等学校优秀教学成果奖励工作办公室编.—北京：高等教育出版社，1990.12.—328页；大32开.—ISBN 7-04-003359-3：6.90元

高等工程专科教育培养目标和培养规格研究/邱坤荣主编.—北京：机械工业出版社，1990.5.—279页；32开.—ISBN 7-111-02481-8：4.20元

新中国高等教育大事记：1949～1987/刘光主编.长春：东北师范大学出版社，1990.12.—551页；大32开.—ISBN 7-5602-0388-4(精装)：15.00元

北京普通高校分布图/北京市高等教育局，国家测绘科技情报研究所编制.—北京：测绘出版社，1990.12.—1张；4开.—0.90元

台湾高等教育/曲士培编著.—长沙：湖南教育出版社，1990.11.—214页；大32开.—ISBN 7-5355-1197-X：3.25元

江西高等教育结构研究/周绍森主编.—南昌：江西高校出版社，1990.6.—250页；32开.—ISBN 7-81033-058-6：3.25元

黑龙江省普通高等学校优秀教学成果简介/黑龙江省教育委员会编.—哈尔滨：哈尔滨工业大学出版社，1990.10.—172页；大32开.—ISBN 7-5603-0309-9：3.80元

G649.28　学校概况

太行之路/周治华等主编.—保定：河北大学出版社，1990.9.—295页；大32开.—ISBN 7-81028-023-6：4.80元

本书介绍河北大学对太行山区进行综合开发研究，实行教学、科研、社会实践三结合的办学经验。

内蒙古大学/孙玉溱，张纪生主编.—北京：知识出版社，1990.5.—115页：彩照；32开.—(中国著名高等院校概况丛书).—ISBN 7-5015-0401-6：2.30元

东南大学年鉴：1990/东南大学校长办公室编.南京：东南大学出版社，1990.6.—285页；大32开.ISBN 7-81023-454-4：3.20元

东南大学教学管理手册/戚焕林主编；《东南大学教学管理手册》编写组编.—南京：东南大学出版社，1990.1.—246页；大32开.—ISBN 7-81023-300-6：2.50元

民族工业人才的摇篮：延边大学工学部创建史/《民族工业人才的摇篮》编写组编.—延吉：延边大学出版社，1990.11.—113页；32开.—ISBN 7-5634-0252-7：2.50元

西南交通大学(原唐山交通大学)年鉴：1989/西南交通大学校长办公室编.—峨嵋山：西南交通大学出版社，1990.5.—162页；16开.—ISBN 7-81022-185-X：4.60元

华东化工学院/《华东化工学院》编写组编.—北京：知识出版社，1990.7.—124页；32开.—(中国著名高等院校概况丛书).—ISBN 7-5015-0444-X：

2.50元

南京气象学院：汉英对照/吕继成等编.—北京：知识出版社，1990.5.—46页；32开.—（中国著名高等院校概况丛书）.—ISBN 7-5015-0425-3：2.30元

桃李芬芳/芮又翘等编.—大连：大连理工大学出版社，1990.7.—401页；彩图及照片；32开.—（大连理工大学校史丛书；1/孙懋德主编）.—ISBN 7-5611-0292-5：4.00元

校友通讯/北洋大学—天津大学校友总会编；左森主编.—天津：天津大学出版社，1990.9.—176页：彩图及地图；大32开.—ISBN 7-5618-0229-3：3.60元

莘莘学子录：东北工学院建校40周年纪念文集/东北工学院校友联谊总会编.—沈阳：东北工学院出版社，1990.8.—321页；32开.—ISBN 7-81006-260-3：3.10元

浙大校友：1990　（上）/吴世明主编；浙江大学校友总会编.—杭州：浙江大学出版社，1990.7.268页；大32开.—ISBN 7-308-00548-8：3.50元

浙大校友：1990　（下）/吴世明主编；浙江大学校友总会编.—杭州：浙江大学出版社，1990.12.277页：照片；大32开.—ISBN 7-308-00632-8：4.00元

浙江大学/毛正棠，徐有智编著.—长沙：湖南教育出版社，1990.1.—254页；大32开.—（世界著名学府丛书）.—ISBN 7-5355-1044-2：4.40元

浙江大学在遵义/何杜承主编；贵州省遵义地区地方志编纂委员会编.—杭州：浙江大学出版社，1990.2.—813页：照片；大32开.—ISBN 7-308-00451-1：20.00元

培养科技干部的摇篮：北京理工大学发展史/北京理工大学校史编委会编.—北京：北京理工大学出版社，1990.9.—352页：照片；大32开.—ISBN 7-81013-389-6：9.50元

清华大学：1990年版/清华大学校长办公室编.北京：清华大学出版社，1990.4.—71页；16开.ISBN 7-302-00710-1

清华校友通讯丛书：复21册：纪念复刊十周年/清华校友总会编.—北京：清华大学出版社，1990.4.208页；大32开.—ISBN 7-302-00676-8

清华校友通讯丛书：复22册/清华校友总会编.北京：清华大学出版社，1990.10.—236页；大32开.—ISBN 7-302-00803-5

黎明前后：忆西南联大及其他/彭允中著.—昆明：云南教育出版社，1990.5.—217页；32开.—ISBN 7-5415-0342-8：2.50元

G649.29　高等教育史

天津大学机械系简史：1895～1988/张策等编.天津：天津大学出版社，1990.5.—158页；大32开.ISBN 7-5618-0194-7：3.00元

东北工学院大事记：1950～1989/东北工学院院志办公室编.—沈阳：东北工学院出版社，1990.8.174页；32开.—ISBN 7-81006-258-1：3.40元

东北林业大学校史：1952～1987：黑龙江省高等学校校史集/《东北林业大学校史》编辑委员会编.哈尔滨：东北林业大学出版社，1990.5.—287页；大32开.—ISBN 7-81008-122-5：4.20元

北洋大学—天津大学校史　第一卷：1895年10月～1949年1月/北洋大学—天津大学校史编辑室编.—天津：天津大学出版社，1990.9.—523页：肖像及照片；大32开.—ISBN 7-5618-0218-8：9.30元

兰州大学校史：1909～1989/陆润林主编.—兰州：兰州大学出版社，1990.10.—627页；大32开.—ISBN 7-311-00304-0：8.55元

西南革大史稿/蒋子恒主编.—重庆：重庆大学出版社，1990.11.—293页：照片；32开.—ISBN 7-5624-0335-X：3.98元

江西医学教育史/张兴荣，章远庆主编；马隄等编写.—上海：上海医科大学出版社，1990.6.—324页；32开.—ISBN 7-5627-0084-2：4.00元

集美航海学院校史：1920～1990/骆怀东编著.厦门：厦门大学出版社，1990.9.—405页；大32开.ISBN 7-5615-0281-8：6.30元

湖南中医学院三十年/周光优主编.—长沙：湖南科学技术出版社，1990.8.—291页；大32开.—ISBN 7-5357-0824-2（精装）：6.20元

燕大文史资料　第三辑/燕大文史资料编委会编.北京：北京大学出版社，1990.3.—540页；大32开.—ISBN 7-301-00995-X：8.40元

G649.3/.7　各国高等教育概况

一所北美工商行政管理学院的组织与运行：加拿大西安大略大学工商行政管理学院经验总结/张吉平著.—北京：清华大学出版社，1990.1.—93页；32开.—ISBN 7-302-00647-4：2.20元

日本大学一览/吕晓伟等编译.—哈尔滨：哈尔滨工业大学出版社，1990.3.—352页；16开.—ISBN 7-5603-0181-9：9.00元

乌普萨拉大学/孟宪德，宋迎宪编著.—长沙：湖南教育出版社，1990.12.—155页；大32开.—（世界著名学府丛书）.—ISBN 7-5355-1179-1：3.10元

伊利诺大学/陈家镛，刘蓉编著.—长沙：湖南教育出版社，1990.12.—228页；大32开.—（世界著名学府丛书）.—ISBN 7-5355-1209-7：3.90元

苏联高等学校布局系科专业设置/哈尔滨工业大学高等教育研究所编译.—哈尔滨：哈尔滨工业大学出版社，1990.3.—295页；16开.—（苏联高等和中等专业教育介绍丛书）.—ISBN 7-5603-0260-2：7.90

元

耶鲁大学/陈宏薇编著.一长沙：湖南教育出版社，1990.3.一206页；大32开.一（世界著名学府丛书）.一ISBN 7-5355-1042-6：3.90元

法国现代高等教育/陈跃编著.一成都：四川大学出版社，1990.10.一169页；32开.一（外国高等教育概况丛书/张琦，朱伯通主编）.一ISBN 7-5614-0340-2：2.10元

法国国家行政学院/刘君桓，李爽秋编著.一长沙：湖南教育出版社，1990.3.一237页：照片；大32开.一（世界著名学府丛书）.一ISBN 7-5355-1043-4：4.25元

剑桥大学/梁丽娟编著.一长沙：湖南教育出版社，1990.12.一217页；大32开.一（世界著名学府丛书）.一ISBN 7-5355-1196-1：3.85元

美英加最佳大学权威指南/夏里巴编著.一北京：中国友谊出版公司，1990.4.一352页；32开.一ISBN 7-5057-0271-8：4.80元

美国加拿大1550所高等院校便览/刘延淮等编译.北京：北京语言学院出版社，1990.5.一788页；16开.一ISBN 7-5619-0088-0：18.50元

鲁汶大学欧中研究所文化中心简介：宗旨·机构·项目/韩德力编；安者声等译.一北京：学苑出版社，1990.12.一32页；16开.一ISBN 7-80060-859-X

慕尼黑大学/马节编著.一长沙：湖南教育出版社，1990.12.一147页；大32开.一（世界著名学府丛书）.ISBN 7-5355-1190-2：3.05元

G65　师范教育

师范美育学/杨为珍，刘如文主编.一青岛：青岛海洋大学出版社，1990.12.一376页；32开.一ISBN 7-81026-107-X：3.60元

师范教育学/林永柏，康跃华主编.一长春：吉林大学出版社，1990.10.一250页；32开.一ISBN 7-5601-0672-2：3.30元

高师教育研究/杭州师范学院高教研究室编.一上海：复旦大学出版社，1990.9.一377页；大32开.ISBN 7-309-00603-2：10.00元

G651　思想政治教育

师范大学生修养概论/陈世佐，胡鹤玖主编.一石家庄：河北人民出版社，1990.3.一210页；32开.高等师范思想政治教育课程系列教材.一ISBN 7-202-00627-0：2.70元

师范大学生修养概论/梁国熙，陈岸涛主编.一广州：广东高等教育出版社，1990.11.一274页；32开.一ISBN 7-5361-0572-X：3.50元

走出误区　开辟新路：全国师专、中师思想、政治工作研讨会论文集/周世中，曾庆虎主编.一南宁：广西人民出版社，1990.6.一309页；32开.一ISBN 7-219-01583-6：3.50元

思想教育课简明教程/蔡高先等主编.一南宁：广西教育出版社，1990.9.一371页；32开.一高等师范专科学校试用教材.一ISBN 7-5435-1032-4：3.55元

G652　教学理论

师范生实用口语训练/王敏学主编.一北京：华夏出版社，1990.3.一251页；32开.一ISBN 7-80053-741-2：3.10元

高等师范教育实习指导/于亚中等主编.一长春：长春出版社，1990.6.一446页；大32开.一ISBN 7-80573-249-3：7.60元

G655　教师与学生

印象与形象/余亚平等编.一天津：天津教育出版社，1990.11.一95页；32开.一（走向神圣丛书/乔丽娟主编）.一ISBN 7-5309-1054-X：1.60元

当代教师新观念/范平等编.一天津：天津教育出版社，1990.11.一130页；32开.一（走向神圣丛书/乔丽娟主编）.一ISBN 7-5309-1067-1：1.60元

找准自己在群体中的位置/史学忠等编.一天津：天津教育出版社，1990.11.一116页；32开.一（走向神圣丛书/乔丽娟主编）.一ISBN 7-5309-1055-8：1.60元

洞悉你的对象/国振江等编.一天津：天津教育出版社，1990.11.一131页；32开.一（走向神圣丛书/乔丽娟主编）.一ISBN 7-5309-1066-3：1.60元

语言的魔力/孙瑞祥等编.一天津：天津教育出版社，1990.11.一132页；32开.一（走向神圣丛书/乔丽娟主编）.一ISBN 7-5309-1068-X：1.60元

超越自我的思考/罗海鸥编.一天津：天津教育出版社，1990.11.一123页；32开.一（走向神圣丛书/乔丽娟主编）.一ISBN 7-5309-1059-0：1.60元

媒介与信息/马富生等编.一天津：天津教育出版社，1990.11.一115页；32开.一（走向神圣丛书/乔丽娟主编）.一ISBN 7-5309-1069-8：1.60元

G658　各级师范学校

小学教育实习/湖南省中师教育研究会编.一长沙：湖南教育出版社，1990.2.一199页；32开.湖南省中等师范学校试用教材.一ISBN 7-5355-1056-6

中师作文训练教程/张占献主编.一开封：河南大学出版社，1990.8.一343页；32开.一《文选和写作》辅助教材.一ISBN 7-81018-528-4：3.50元

中师学生知识手册/江西省教育委员会师范处编.北京：北京师范学院出版社，1990.5.—142页；32开.—江西省中等师范学校补充教材.—ISBN 7-81014-393-X：1.80元

中等师范物理基本训练　第三册/华东地区中等师范物理教学研究组编.—上海：上海科技教育出版社，1990.3.—07页；32开.—ISBN 7-5428-0477-4：1.00元

中等师范实习教案选：语文/王维忠，孙彦彬主编.—北京：科学出版社，1990.12.—274页；32开.—ISBN 7-03-002340-4：3.60元

中等师范实习教案选：数学/杜金忠，陈梅芳主编.—北京：科学出版社，1990.12.—274页；32开.ISBN 7-03-002339-0：3.60元

中等师范学生基本功训练手册/山西省中等师范教育研究会，陕西省中等师范教育研究会等编.—西安：陕西人民出版社，1990.6.—557页；16开.—ISBN 7-224-01146-0：13.00元

中等师范学校心理学基础训练/湖北省中师心理学中心教研组编.—2版（修订本）.—武汉：湖北教育出版社，1990.7.—100页；32开.—ISBN 7-5351-0053-8：1.05元

本书1987年6月第1版。

中等师范学校地理练习集/河南省中师地理中心教研组编.—2版.—北京：测绘出版社，1990.9.—117页；32开.—ISBN 7-5030-0301-4：1.20元

本书1988年9月第1版。

劳动技术/广西中等师范学校《劳动技术》编写组编.—南宁：广西教育出版社，1990.12.—431页；32开.—广西中等师范学校教材.—ISBN 7-5435-1085-5：4.00元

G659　世界各国师范教育概况

1988年国家教委表彰的中等师范学校经验集/国家教委师范教育司编.—北京：人民教育出版社，1990.11.—528页；大32开.—ISBN 7-107-10692-9：6.60元

十国师范教育和教师/成有信编.—北京：人民教育出版社，1990.8.—333页；大32开.—ISBN 7-107-10575-2：4.00元

本书介绍了法国、联邦德国、英国、美国、日本、苏联、朝鲜民主主义人民共和国、南斯拉夫克鲁地亚共和国、澳大利亚、墨西哥等10个国家师范教育和教师的概况。

中国师范教育简论/吴定初等编著.—成都：四川教育出版社，1990.12.—200页；大32开.—（现代教育丛书/张诗亚等主编）.—ISBN 7-5408-1152-8（精装）：2.94元

山东师范大学校史：1950～1990/周国平主编.—青岛：青岛海洋大学出版社，1990.9.—478页：照片；大32开.—ISBN 7-81026-092-8：6.00元

山西师范成人中等教育概观：1949～1989/徐久刚主编.—太原：山西教育出版社，1990.12.—299页：彩照；大32开.—ISBN 7-80578-339-X：6.00元

师范史话/丁东澜等编.—天津：天津教育出版社，1990.11.—115页；32开.—（走向神圣丛书/乔丽娟主编）.—ISBN 7-5309-1057-4：1.60元

奋进的足迹：广西师范大学政治系建系30周年纪念文集/刘世英等主编.—南宁：广西人民出版社，1990.10.—428页；大32开.—ISBN 7-219-01766-9：6.00元

G71　职业技术教育

生产教育学/(苏)巴特舍夫（Батышев，С.Я.）著；诸惠英等译.—北京：人民教育出版社，1990.5.—650页；大32开.—ISBN 7-107-10533-7：8.45元

职教集锦/纪秩尚主编.—北京：宇航出版社，1990.4.—383页；32开.—（北京市社会福利基金会教育咨询部丛书）.—ISBN 7-80034-306-5：4.20元

G710　职业技术教育理论

中等专业教育学/吴光文等编著.—桂林：广西师范大学出版社，1990.12.—305页；32开.—ISBN 7-5633-1009-6：3.00元

对中国职业技术教育体系的思索/全国华，郭浩儒编著.—北京：北京出版社，1990.6.—46页；32开 ISBN 7-200-01152-5：0.64元

现代技术培训心理学：心理模拟教学·原理·方法/时勘著.—昆明：云南教育出版社，1990.3.—397页；大32开.—（应用教育科学书系/张燮，王伟廉主编）.—ISBN 7-5415-0296-0：5.75元

终身教育：心理学的分析/（加）加瑟·克罗普利著；沈金荣等译.—北京：职工教育出版社，1990.5.—203页；32开.—（世界成人教育译丛）.—ISBN 7-80059-320-7：3.90元

职教办学模式探索/福建省教育委员会职教处编.福州：福建教育出版社，1990.11.—190页；32开.—ISBN 7-5334-0666-4：2.25元

G711　思想政治教育

中专生成才之路/刘忠仁，刘恩志主编.—石家庄：河北科学技术出版社，1990.8.—394页；32开.—ISBN 7-5375-0547-0：4.70元

中专生思想品德修养/张时贤，王健主编.—贵阳：贵州人民出版社，1990.6.—328页；32开.—ISBN 7-221-01871-5：3.50元

中等专业学校思想品德修养/王伟功主编.—西安：

陕西人民出版社，1990.11.—322页；32开.—ISBN 7-224-01518-0：4.00元

技工学校德育教程/山东省劳动局编.—济南：济南出版社，1990.10.—293页；32开.—ISBN 7-80572-309-5：2.65元

商业中等专业学校德育教程　第一分册：思想政治教育/《商业中等专业学校德育教程》编写组编.—北京：中国商业出版社，1990.6.—263页；32开.—ISBN 7-5044-0670-8：2.20元

书脊题名为：德育教程

商业中等专业学校德育教程　第二分册：道德品质修养/《商业中等专业学校德育教程》编写组编.—北京：中国商业出版社，1990.6.—294页；32开.ISBN 7-5044-0671-6：2.95元

书脊题名为：德育教程

G712　教学理论、教学法

中等专业学校技工学校语文教改探索　第二集/杜维夏主编.—郑州：中州古籍出版社，1990.11.273页；32开.—ISBN 7-5348-0442-6：3.20元

中等专业教育教学管理/申鼎霨，刘秉松主编.—北京：电子工业出版社，1990.11.—276页；32开.（教育管理干部丛书）.—ISBN 7-5053-1055-0：6.00元

全日制气象中等专业学校气象专业（四年制）教学计划、教学大纲/国家气象局科教司编.—北京：气象出版社，1990.6.—124页；16开.—ISBN 7-5029-0444-1：1.50元

全国财政系统乡财政人员培训教学大纲　第一册：岗位合格证书教育教学大纲/财政部教育司编.—北京：中国财政经济出版社，1990.8.—335页；32开.ISBN 7-5005-1183-3：4.30元

全国职业中学教学计划选编/高等教育出版社职业教育部编.—北京：高等教育出版社，1990.5.—212页；16开.—ISBN 7-04-002955-3：2.75元

技工学校政治理论课学习指导/马飞主编.—北京：中国商业出版社,1990.6.—292页；32开.—ISBN 7-5044-0667-8：3.20元

职业教育标准化习（考）题集丛书题解综合/万能武主编.—峨眉山：西南交通大学出版社，1990.10.190页；16开.—ISBN 7-81022-079-9：3.90元

本书包括工程力学、金属材料与热处理、公差与测量、机械制造工艺基础、机械基础、电工学、车工工艺学、钳工工艺学8科习题

教材建设论文集/财政部教材编审委员会办公室编.—北京：中国财政经济出版社，1990.12.—315页；32开.—ISBN 7-5005-1187-6：4.00元

G718　各类型职业技术学校

人才的摇篮：北京市职业高中（学校）巡礼/北京市职业教育研究会编.—北京：北京科学技术出版社，1990.7.—350页；大32开.—ISBN 7-5304-0726-0：5.20元

论职业中学教育/纪芝信，董操主编.—沈阳：辽宁大学出版社，1990.12.—290页；大32开.—ISBN 7-5610-1145-8：4.60元

技工学校招生考试复习指南/张俊杰，白一桦主编.—北京：学苑出版社，1990.3.—3册；32开.ISBN 7-80060-029-4：9.40元

商业部系统中等职业技术学校管理制度/商业部教育司编.—北京：中国商业出版社，1990.8.—205页；16开.—ISBN 7-5044-0688-0：6.20元

G719　世界各国职业技术教育概况

七国职业技术教育/梁忠义，金含芬主编.—长春：吉林教育出版社，1990.9.—457页；大32开.ISBN 7-5383-1156-4：6.20元

本书介绍了联邦德国、美国、日本、苏联、英国、法国、印度7国的职业教育情况。

外国财经教育发展状况/世界银行第二期中国大学发展项目外国专家顾问组，世界银行第二期中国大学发展项目中国专家咨询委员会编.—厦门：厦门大学出版社，1990.1.—269页；大32开.—ISBN 7-5615-0251-6

美国工程教育与实践/美国工程师教育与使用委员会等著；上海交通大学研究生院，上海交通大学高教研究室译.—上海：上海交通大学出版社，1990.3.—297页；32开.—ISBN 7-313-00627-6：4.10元

美国工程教育与实践：续/美国工程教育与使用委员会等著；上海交通大学研究生院，上海交通大学高教研究室译.—北京：学苑出版社，1990.12.—602页；32开.—ISBN 7-5077-0351-7：7.90元

G719.2　中国职业技术教育概况

走向21世纪的中国职业技术教育：2000年中国职业技术教育战略研究/孙震瀚，刘春生主编.—南昌：江西高校出版社，1990.12.—246页；大32开.ISBN 7-81033-049-7：3.85元

准生产力系统：当代中国职业学校简论/赵青伟，王长纯主编；袁度等编.—长春：吉林大学出版社，1990.4—204页；32开.—ISBN 7-5601-0463-0：2.80元

探索和实践：国防科技工业部门第四次继续工程教育专题研讨会论文集/国防科工委继续工程教育中心编.—北京：北京航空航天大学出版社，1990.4.361页；大32开.—ISBN 7-81012-207-X：3.80元

天津职业技术教育/乔富源主编.—天津：天津社会科学院出版社，1990.12.—354页；大32开.—ISBN 7-80563-082-8：5.50元

北京市职业教育十年：1980～1990/杨玉民主编.北京：北京科学技术出版社，1990.5.—395页；大32开.—ISBN 7-5304-0699-X：5.80元

北京市职业教育十年：1980～1990：成才篇/杨玉民主编.—北京：北京科学技术出版社，1990.7.234页；大32开.—ISBN 7-5304-0710-4：4.50元

北京市职业教育十年：1980～1990：丰台分册/杨玉民主编.—北京：北京科学技术出版社，1990.5.184页；大32开.—ISBN 7-5304-0713-9：2.90元

北京市职业教育十年：1980～1990：东城分册/杨玉民主编.—北京：北京科学技术出版社，1990.5.221页；大32开.—ISBN 7-5304-0719-8：3.40元

北京市职业教育十年：1980～1990：西城分册/杨玉民主编.—北京：北京科学技术出版社，1990.5.204页；大32开.—ISBN 7-5304-0718-X：3.10元

北京市职业教育十年：1980～1990：农村分册/杨玉民主编.—北京：北京科学技术出版社，1990.5.149页；大32开.—ISBN 7-5304-0720-1：2.40元

北京市职业教育十年：1980～1990：昌平分册/杨玉民主编.—北京：北京科学技术出版社，1990.5.208页；大32开.—ISBN 7-5304-0712-0：3.20元

北京市职业教育十年：1980～1990：宣武分册/杨玉民主编.—北京：北京科学技术出版社，1990.5.167页；大32开.—ISBN 7-5304-0716-3：2.60元

北京市职业教育十年：1980～1990：海淀分册/杨玉民主编.—北京：北京科学技术出版社，1990.5.246页；大32开.—ISBN 7-5304-0714-7：3.70元

北京市职业教育十年：1980～1990：崇文分册/杨玉民主编.—北京：北京科学技术出版社，1990.5.206页；大32开.—ISBN 7-5304-0717-1：3.20元

北京市职业教育十年：1980～1990：朝阳分册/杨玉民主编.—北京：北京科学技术出版社，1990.5.203页；大32开.—ISBN 7-5304-0715-1：2.80元

吉林商业专科学校校史/吉林商业专科学校编.—北京：中国商业出版社，1990.9.—109页；32开.—ISBN 7-5044-0704-6：3.50元

G72　成人教育、业余教育

成人学校招生工作手册/郭志仁主编.—太原：山西教育出版社，1990.3.—289页；32开.—ISBN 7-80578-072-2：3.50元

成人教育现状与趋势研究/刘继武等主编.—海口：南海出版公司，1990.9.—326页；大32开.—ISBN 7-80570-253-5：4.50元

成人教育辞典/关世雄主编.—北京：职工教育出版社，1990.1.—629页；16开.—ISBN 7-80059-196-4（精装）：23.00元

本辞典选收教育理论、历史、现状，包括名词、术语、学说、流派、人物、著作、事件、法令、规章、制度、机构、团体等方面2340多条目。

企业职教工作者实用资料手册/贺颂东主编.—北京：机械工业出版社，1990.2.—323页；32开.—ISBN 7-111-02429-X：4.50元

G720　成人教育、继续教育理论

成人考试对策/张吉兰编著.—哈尔滨：黑龙江科学技术出版社，1990.3.—214页；32开.—（考试对策丛书/郑日昌主编）.—ISBN 7-5388-1042-0：2.00元

成人学习心理与教学/毕田增等编著.—哈尔滨：黑龙江教育出版社，1990.1.—170页；大32开.—ISBN 7-5316-1007-8：2.90元

成人教育工作者岗位培训教程：成人教育基础/余博主编.—北京：气象出版社，1990.10.—526页；大32开.—ISBN 7-5029-0531-6：7.50元

成人教育的哲学基础/（美）伊里亚斯，梅里安著；高志敏译.—北京：职工教育出版社，1990.5.—253页；32开.—（世界成人教育译丛）.—ISBN 7-80059-319-3：4.20元

成人教育基础/关学丰，王兰英主编.—北京：中国人事出版社，1990.8.—469页；大32开.—（湖北省青年心理研究所学术文库）.—ISBN 7-80076-027-8：6.50元

岗位培训：规范、教学与管理/王垂芳，彭连富等编.—上海：上海科学技术出版社，1990.3.—168页；32开.—ISBN 7-5323-1851-6：2.10元

岗位培训概论/左光俭，林克敏主编.—济南：山东大学出版社，1990.2.—412页；32开.—成人教育干部教师培训试用教材.—ISBN 7-5607-0318-6：4.35元

武汉成人教育理论讨论会论文集/李珠，高金华主编.—武汉：武汉出版社，1990.2.—223页；大32开.—ISBN 7-5430-0308-2：3.10元

学习的科学与科学的学习/乔炳臣，白应东编著.哈尔滨：黑龙江教育出版社，1990.11.—221页；大32开.—（成人教育理论探讨丛书/徐学棨主编）.ISBN 7-5316-1098-1：3.35元

本书主要探讨成人学习的实质、特点、机制、过程、规律、原则和方法等问题。

继续教育管理通论/曾绍元主编.一北京：科学技术文献出版社，1990.8.—247页；大32开.—ISBN 7-5023-1258-7：4.20元

G722　初等成人业余教育

中国扫盲教育/中华人民共和国国家教育委员会成人教育司，中国成人教育协会编.一北京：人民教育出版社，1990.—130页；大16开.一献给国际扫盲年.—ISBN 7-107-10630-9（精装）

成人快速扫盲教程/吴惠青等编著.一桂林：广西师范大学出版社，1990.8.—111页；32开.—（农村宣传教育丛书）.—ISBN 7-5633-0915-2：1.20元

江苏省成人识字课本　上册/江苏省教育厅《成人识字课本》编写组编.—2版.一南京：江苏教育出版社，1990.11.—88页；32开.—ISBN 7-5343-0423-7：0.55元

识字水平测量/白双法著.一太原：希望出版社，1990.4.—239页；32开.—（识字丛书；一）.—ISBN 7-5379-0434-0：2.90元

识字课本/云南省教委成人教育处编.一昆明：云南大学出版社，1990.5.—193页；32开.—ISBN 7-81025-049-3：1.10元

实用读本/陕西省教育委员会，西安市教育委员会编.一西安：陕西人民出版社，1990.4.—127页；32开.一陕西省扫盲教材.—ISBN 7-224-01252-1：1.45元

G723.2　教学法

成人高考文科重点、难点及模拟题解：1990～1992年适用/张庆峰，贾铭志主编.一北京：中国青年出版社，1990.2.—373页；32开.—ISBN 7-5006-0594-3：4.40元

成人高考理科重点、难点及模拟题解：1990～1992年适用/张庆峰，贾铭志主编.一北京：中国青年出版社，1990.2.—379页；32开.—ISBN 7-5006-0593-5：4.50元

成人高考400分对策：文科经济类/《成人高考400分对策》编写组编.一北京：北京科学技术出版社，1990.1.—425页；32开.—ISBN 7-5304-0463-6：4.90元

吉林省成人中等专业学校招生考试丛书复习大纲/长春市成人教育研究室编著.一长春：吉林教育出版社，1990.1.—38页；32开.—ISBN 7-5383-0901-2：0.50元

全国各类成人高考文科标准化测试题解/秦守雍主编.—2版.一沈阳：辽宁人民出版社，1990.8.—264页；16开.—ISBN 7-205-01477-8：6.25元

本书1989年12月第1版。

全国各类成人高考文科复习丛书/辽宁广播电视大学编辑部编.—2版.一沈阳：辽宁人民出版社，1990.8.—516页；16开.—ISBN 7-205-01133-7：12.80元

本书1989年11月第1版。

全国各类成人高考标准化测试题集解/方祖良等主编.一沈阳：辽宁大学出版社，1990.10.—450页；16开.—ISBN 7-5610-0791-4：12.50元

全国各类成人高考理工科标准化测试题解/秦守雍主编.—2版.一沈阳：辽宁人民出版社，1990.8.410页；16开.—ISBN 7-205-01491-3：9.65元

本书1989年12月第1版。

全国各类成人高考模拟试题及题解新编：物理·化学/刘广喆等编.一北京：冶金工业出版社，1990.1.—329页；32开.—ISBN 7-5024-0444-9：5.55元

全国各类成人高等学校招生考试大纲指导学习练习集：历史/北京市成人教育考试办公室组编.一北京：学苑出版社，1990.6.—83页；16开.—ISBN 7-5077-0021-6：2.30元

全国各类成人高等学校招生考试大纲指导学习练习集：化学/北京市成人教育考试办公室组编.一北京：学苑出版社，1990.6.—100页；16开.—ISBN 7-5077-0024-0：2.30元

全国各类成人高等学校招生考试大纲指导学习练习集：地理/北京市成人教育考试办公室组编.一北京：学苑出版社，1990.6.—90页；16开.—ISBN 7-5077-0022-4：2.30元

全国各类成人高等学校招生考试大纲指导学习练习集：物理/北京市成人教育考试办公室组编.一北京：学苑出版社，1990.6.—103页；16开.—ISBN 7-5077-0023-2：2.30元

全国各类成人高等学校招生考试大纲指导学习练习集：政治/北京市成人教育考试办公室组编.一北京：学苑出版社，1990.6.—102页；16开.—ISBN 7-5077-0020-8：2.70元

全国各类成人高等学校招生考试大纲指导学习练习集：语文/北京市成人教育考试办公室组编.一北京：学苑出版社，1990.6.—132页；16开.—ISBN 7-5077-0018-6：3.00元

历史/于友西主编.一北京：农业出版社，1990.2.310页；32开.—（新编成人高考指导丛书）.—ISBN 7-109-01442-8：4.05元

历史/王成法主编；刘俊其编.一石家庄：河北人民出版社，1990.2.—416页；32开.—（最新成人高考复习丛书）.—ISBN 7-202-00592-1：4.25元

历史/吕彤，刘常胜编.一长春：吉林教育出版社，1990.1.—158页；32开.—（吉林省成人中等专业学校招生考试丛书/吕彤，王同顺主编）.—ISBN 7-5383-0907-1：1.65元

历史/寇瑞英等编.—保定：河北大学出版社，1990.1.—134页；32开.—（成人中专招生考试复习指导丛书）.—ISBN 7-81028-005-8：1.87元

历史·地理/王光三等编.—2版.—北京：高等教育出版社，1990.2.—288页；32开.—（各类成人中等专业学校招生考试复习丛书）.—ISBN 7-04-003017-9：2.60元

化学/山东省职工教育办公室编.—青岛：青岛出版社，1990.12.—149页；32开.—（山东省职工中专统一招生考试复习丛书）.—ISBN 7-5436-0571-6：1.55元

化学/广西考试管理中心主编.—南宁：广西科学技术出版社，1990.1.—193页；32开.—（成人中专招生考试复习辅导丛书）.—ISBN 7-80565-250-3：2.25元

化学/刘颖范编.—长春：吉林教育出版社，1990.1.—85页；32开.—（吉林省成人中等专业学校招生考试丛书/吕彤，王同顺主编）.—ISBN 7-5383-0914-4：0.95元

化学/赵金伶，龙钟编.—保定：河北大学出版社，1990.1.—93页；32开.—（成人中专招生考试复习指导丛书）.—ISBN 7-81028-008-2：1.43元

地理/山东省职工教育办公室编.—青岛：青岛出版社，1990.12.—107页；32开.—（山东省职工中专统一招生考试复习丛书）.—ISBN 7-5436-0575-9：1.20元

地理/广西考试管理中心主编.—南宁：广西科学技术出版社，1989.12.—173页；32开.—（成人中专招生考试复习辅导丛书）.—ISBN 7-80565-218-X：1.90元

地理/朱海阳，刘亚平编.—保定：河北大学出版社，1990.1.—242页；32开.—（成人中专招生考试复习指导丛书）.—ISBN 7-81028-007-4：3.00元

地理/李滨主编；李占功，韩珂铧编.—石家庄：河北人民出版社，1990.2.—354页；32开.—（最新成人高考复习丛书）.—ISBN 7-202-00593-X：3.50元

地理/苏秀芬，范虹编.—长春：吉林教育出版社，1990.1.—164页；32开.—（吉林省成人中等专业学校招生考试丛书/吕彤，王同顺主编）.—ISBN 7-5383-0917-9：1.70元

地理/班武奇主编.—北京：农业出版社，1990.2.—312页；32开.—（新编成人高考指导丛书）.—ISBN 7-109-01435-5：4.15元

物理/山东省职工教育办公室编.—青岛：青岛出版社，1990.12.—148页；32开.—（山东省职工中专统一招生考试复习丛书）.—ISBN 7-5436-0574-0：1.55元

物理/广西考试管理中心主编.—南宁：广西科学技术出版社，1990.1.—247页；32开.—（成人中专招生考试复习辅导丛书）.—ISBN 7-80565-252-X：2.45元

物理/孙煜，赵航编.—保定：河北大学出版社，1990.1.—161页；32开.—（成人中专招生考试复习指导丛书）.—ISBN 7-81028-010-4：2.18元

物理/南光哲等编著.—长春：吉林教育出版社，1990.1.—95页；32开.—（吉林省成人中等专业学校招生考试丛书/吕彤，王同顺主编）.—ISBN 7-5383-0918-7：1.10元

物理·化学/章宏方等编.—2版.—北京：高等教育出版社，1990.5.—222页；32开.—（各类成人中等专业学校招生考试复习丛书）.—ISBN 7-04-002865-4：2.30元

政治/丁铨玉，王森编.—2版.—北京：高等教育出版社，1990.2.—270页；32开.—（各类成人中等专业学校招生考试复习丛书）.—ISBN 7-04-003020-9：2.40元

政治/山东省职工教育办公室编.—青岛：青岛出版社，1990.12.—132页；32开.—（山东省职工中专统一招生考试复习丛书）.—ISBN 7-5436-0564-3：1.40元

政治/江苏省成人高中政治教材编写组编.—南京：江苏人民出版社，1990.7.—314页；32开.—江苏省成人高中教材.—ISBN 7-214-00501-8：3.70元

政治/陈愚主编；张巧枝编.—石家庄：河北人民出版社，1990.2.—254页；32开.—（最新成人高考复习丛书）.—ISBN 7-202-00589-1：2.70元

政治/范秀敏，郑坤英编.—保定：河北大学出版社，1990.1.—179页；32开.—（成人中专招生考试复习指导丛书）.—ISBN 7-81028-006-6：2.32元

政治/傅会琴，韩永俭编著.—长春：吉林教育出版社，1990.1.—88页；32开.—（吉林省成人中等专业学校招生考试丛书/吕彤，王同顺主编）.—ISBN 7-5383-0906-3：0.95元

语文/山东省职工教育办公室编.—青岛：青岛出版社，1990.11.—232页；32开.—（山东省职工中专统一招生考试复习丛书）.—ISBN 7-5436-0566-X：2.25元

语文/王凤超主编.—太原：山西教育出版社，1990.11.—291页；32开.—山西省自学考试用书　中等专业自学考试公安专业.—ISBN 7-80578-372-1：4.35元

语文/卢晓光，马俊玲编.—保定：河北大学出版社，1990.1.—163页；32开.—（成人中专招生考试复习指导丛书）.—ISBN 7-81028-004-X：2.15元

语文/刘英主编；高世岗等编.—石家庄：河北人民出版社，1990.2.—422页；32开.—（最新成人高考复习丛书）.—ISBN 7-202-00590-5：4.30元

语文/杨保青，马晋龙主编.—太原：山西人民出版社，1990.1.—242页；32开.—（中师中专考试复习指导丛书）.—ISBN 7-203-01509-2：2.30元

语文/宋煜利，滕书琰编.—2版.—北京：高等教育出版社，1990.2.—194页；32开.—(各类成人中等专业学校招生考试复习丛书).—ISBN 7-04-002910-3：18.0元

语文/董桂琴等编.—长春：吉林教育出版社，1990.1.—191页；32开.—(吉林省成人中等专业学校招生考试丛书/吕彤，王同顺主编).—ISBN 7-5383-0905-5：1.95元

数学/于祥生，孙洪年编.—2版.—北京：高等教育出版社，1990.2.—206页；32开.—(各类成人中等专业学校招生考试复习丛书).—ISBN 7-04-003019-5：1.80元

数学/白文荣，冯庆典编.—保定：河北大学出版社，1990.1.—326页；32开.—(成人中专招生考试复习指导丛书).—ISBN 7-81028-011-2：3.38元

数学/次俊英，宋英敏编.—石家庄：河北人民出版社，1990.2—348页；32开.—(最新成人高考复习丛书).—ISBN 7-202-00591-3：3.55元

数学/曹庆武等编著.—长春：吉林教育出版社，1990.1.—152页；32开.—(吉林省成人中等专业学校招生考试丛书/吕彤，王同顺主编).—ISBN 7-5383-0908-X：1.60元

G723.4　教材、课本

历史/福建省中等师范学校函授部编.—福州：福建教育出版社，1990.5.—276页；32开.—福建省中等师范函授试用课本.—ISBN 7-5334-0743-1：2.70元

化学/叶向群，吕粹芳编.—杭州：浙江大学出版社，1990.3.—190页；32开.—浙江省成人初中课本.ISBN 7-308-00474-0：1.95元

物理/孙志平，成青编.—杭州：浙江大学出版社，1990.3.—289页；32开.—浙江省成人初中课本.—ISBN 7-308-00475-9：3.30元

政治/黑龙江省公路局编.—哈尔滨：黑龙江科学技术出版社，1990.11.—191页；32开.—黑龙江省公路养护职工培训教材.—ISBN 7-5388-1373-X：2.65元

语文/山东省乡镇企业职工中专学校组编.—济南：济南出版社，1990.8.—235页；32开.—乡镇企业职工中专教材.—ISBN 7-80572-278-1：2.55元

语文/赵洪国主编.—北京：化学工业出版社，1990.2.—405页；32开.—技工学校教材.—ISBN 7-5025-0693-4：5.00元

语文　上册/江苏省成人中等专业学校语文教材编写组编.—南京：江苏教育出版社，1990.5.—292页；32开.—江苏省成人中专试用教材.—ISBN 7-5343-1057-1：2.30元

语文：写作与文选/陈学璞，蒙清全主编.—南宁：广西教育出版社，1990.12.—388页；32开.—成人中专试用教材.—ISBN 7-5435-1082-0：4.10元

语文　下册/金健雄主编.—杭州：浙江大学出版社，1990.3.—287页；32开.—ISBN 7-308-00473-2：2.85元

语文　第一册：语文基础知识/福建省教委成人教育处编.—福州：福建人民出版社，1990.8.—232页；32开.—福建省成人中专课本.—ISBN 7-211-01371-0：2.75元

政治：政治经济学常识/上海市工农教材编写组编.3版.—上海：上海教育出版社，1990.6.—153页；32开.—职工业余中等学校高中课本.—ISBN 7-5320-2053-4：1.10元

政治：辩证唯物主义历史唯物主义常识/上海市工农教材编写组编.—2版.—上海：上海教育出版社，1990.6.—194页；32开.—职工业余中等学校高中课本.—ISBN 7-5320-2054-1：1.35元

数学：几何/白锡定主编.—杭州：浙江大学出版社，1990.3.—259页；32开.—浙江省成人初中课本.—ISBN 7-308-00472-4：2.90元

G724　高等成人业余教育

自学考试研究论文集　第二集/全国高等教育自学考试指导委员会考试研究委员会编.—北京：经济科学出版社，1990.12.—724页；大32开.—ISBN 7-5058-0387-5：7.90元

自学考试基础知识/李冠创，李少白编著.—广州：广东高等教育出版社，1990.4.—281页；32开.ISBN 7-5361-0470-7：3.50元

自学考试概论/于忠正等主编.—兰州：甘肃人民出版社，1990.6.—231页；32开.—ISBN 7-226-00585-9：2.80元

高等教育自学考试十年/任福昌编.—北京：经济科学出版社，1990.12.—218页；大32开.—ISBN 7-5058-0377-8：3.60元

高等教育自学考试指南/周振豪等编著.—西安：陕西人民出版社，1990.7.—176页；32开.—ISBN 7-224-01316-1：2.80元

高等教育自学考试教育学自学考试大纲/全国高等教育自学考试指导委员会编.—北京：中央广播电视大学出版社，1990.6.—39页；32开.—ISBN 7-304-00523-8：0.58元

湖北省高等教育自学考试专业考试计划汇编/湖北省高等教育自学考试委员会办公室编.—武汉：武汉工业大学出版社，1990.10.—233页；32开.—ISBN 7-5629-0424-3：2.60元

湖南普通高等学校成人教育研究文选　第二辑/湖南普通高等学校成人教育研究会编.—长沙：中南工业大学出版社，1990.9.—396页；32开.—ISBN 7-81020-313-4：4.30元

G725　农民业余教育

扫盲后教材编写制作指南/联合国教科文组织亚洲文化中心组织编撰；方德溥译.—北京：人民教育出版社，1990.5.—120页；大32开.—ISBN 7-107-10680-5：2.30元

齐鲁春来了/刘继武，夏德忠主编.—海口：南海出版公司，1990.12.—265页；大32开.—ISBN 7-80570-179-2：4.00元

本书收录了山东农村成教方面的新经验及各地、市办学实例。

农业教育管理学/彭干梓，王金昌主编.—北京：农业出版社，1990.10.—353页；32开.—（农业教育科学丛书）.—ISBN 7-109-01514-9：5.30元

农科教统筹协调研究/汪涉云等著.—合肥：安徽人民出版社，1990.4.—188页；32开.—ISBN 7-212-00366-2：3.20元

前进中的农业成人教育：全国农业系统成人教育先进集体事迹选编/中华人民共和国农业部编.—北京：农业出版社，1990.8.—416页；32开.—ISBN 7-109-01895-4：4.50元

教育基础与农机教学/农业部农机化管理司编.—北京：机械工业出版社，1990.12.—440页；32开.—全国统编农机成人教育教材.—ISBN 7-111-02713-2：5.00元

G725.81　农民初等业余教育

让我们学习/欧阳苏主编.—长沙：湖南教育出版社，1990.2.—62页；大32开.—中国农村妇女扫盲识字课本.—ISBN 7-5355-1076-0：0.58元

让我们继续学习/欧阳苏主编.—长沙：湖南教育出版社，1990.2.—79页；大32开.—中国农村妇女初等文化技术课本.—ISBN 7-5355-1058-2：0.72元

农民文化技术课本/广西壮族自治区教育委员会《农民文化技术课本》编写组编.—南宁：广西科学技术出版社，1990.4.—216页；32开.—ISBN 7-80565-278-3：2.20元

农民识字课本/陕西省教育委员会，西安市教育委员会编.—西安：陕西人民出版社，1990.4.—132页；32开.—陕西省扫盲教材.—ISBN 7-224-01254-8：1.50元

农民识字课本/浙江省教育委员会成人教育办公室编.—杭州：浙江教育出版社，1990.2.—121页；32开.—ISBN 7-5338-0659-X：0.80元

妇女识字课本/孙秉诚等编写.—北京：中国妇女出版社，1990.6.—138页；32开.—河南省农村成人初等文化技术学校试用教材.—ISBN 7-80016-259-1：0.87元

实用科技/湖南省教育委员会主编；周德义等编写.—长沙：湖南教育出版社，1990.2.—147页；大32开.—农村成人初等文化技术教育系列教材.—ISBN 7-5355-1059-0：1.20元

实用科技/蔡天霞等编.—北京：中国妇女出版社，1990.6.—148页；32开.—河南省农村成人初等文化技术学校试用教材　供扫盲后用.—ISBN 7-80016-262-1：1.05元

实用语文/王力新等编写.—长沙：湖南教育出版社，1990.4.—103页；大32开.—农村成人初等文化技术教育系列教材.—ISBN 7-5355-1111-2：0.88元

实用语文/袁学军等编.—北京：中国妇女出版社，1990.6.—129页；32开.—河南省农村成人初等文化技术学校试用教材　供扫盲后用.—ISBN 7-80016-260-5：0.96元

实用数学/陈非亚等编.—北京：中国妇女出版社，1990.6.—163页；32开.—河南省农村成人初等文化技术学校试用教材　供扫盲后用.—ISBN 7-80016-261-3：1.14元

实用算术/朱传玉等编写.—长沙：湖南教育出版社，1990.3.—129页；大32开.—农村成人初等文化技术教育系列教材.—ISBN 7-5355-1090-6：1.05元

庭院农业/福建省教育委员会成人教育处编.—福州：福建教育出版社，1990.8.—109页；32开.—农民扫盲后巩固班课本.—ISBN 7-5334-0645-1：1.00元

G726　职工教育

贵州职工教育文选：1987～1990/蒙兴昌等编.—贵阳：贵州教育出版社，1990.11.—260页；32开.ISBN 7-30583-127-0：3.00元

职工教育的难题与出路/唐士富，朱阳著.—大连：大连出版社，1990.3.—378页；32开.—ISBN 7-80555-124-3：5.40元

职工教育微观管理：怎样办好职工学校/李元海著.—上海：复旦大学出版社，1989.8.—247页；32开.—ISBN 7-309-00382-9：3.20元

商业成人教育管理研讨文集/商业部教育司编.—北京：中国商业出版社，1990.3.—395页；32开.ISBN 7-5044-0571-X：4.00元

G727　函授、刊授教育

函授指南/中国人民解放军南京军区政治部宣传部文教处编.—上海：上海科学技术出版社，1990.7.136页；32开.—ISBN 7-5323-2263-7：1.35元

本书介绍了各地公开招生函授机构的有关资料，包括校名、地址、学历层次，函授专业和课程设置、学习年制、报名方法、报名时间，收费标准等。

政治教育专业三年制本科函授教学大纲/华中师大政治教育系编.一桂林：广西师范大学出版社，1990.4.一2册（615页）；32开.一ISBN 7-5633-0858-X：5.50元

高师函授教育指南/张向东等主编.一东营：石油大学出版社，1990.5.一348页；大32开.一ISBN 7-5636-0096-5：3.50元

G728　广播电视教育

中国远距离教育论文集/李福芝，薛寿漳主编.一北京：中央广播电视大学出版社，1990.12.一486页；大32开.一ISBN 7-304-00617-X：9.50元

本书收录了有关中国广播电视教育研讨问题的文章34篇。

中国远距离教育研讨会论文集/玄允姬主编.一长春：吉林教育出版社，1990.11.一232页；大32开.ISBN 7-5383-1159-9：4.25元

本书收录了1990年3月在长春召开的有关中国广播电视教育研讨会的34篇文章。

远距离高等教育学导论/丁兴富等编.一北京：中央广播电视大学出版社，1990.1.一509页；大32开.ISBN 7-304-00131-3：5.20元

本书是我国第一本阐述远距离高等教育的理论、规律、特点和方法的专著。

远距离教育理论与实践/张惠中主编.一福州：福建教育出版社，1990.9.一330页；32开.一ISBN 7-5334-0624-9：3.60元

现代远距离教育概论/孙华旭主编.一沈阳：辽宁人民出版社，1990.4.一321页；大32开.一ISBN 7-205-01417-4：4.60元

中央农业广播电视学校中等农产品贮藏与加工专业教学计划及教学辅导大纲汇编　上册/中央农业广播电视学校主编.一北京：农业出版社，1990.4.一84页；16开.一ISBN 7-109-01601-3：1.60元

中央农业广播电视学校成立十周年：1980～1990/庞尔东主编.一北京：农业出版社，1990.12.一231页；16开.一（精装）：24.00元

电大学习初阶/浙江广播电视大学《电大学习初阶》编写组编.一杭州：浙江教育出版社，1990.4.562页；32开.一ISBN 7-5338-0677-3：5.65元

本书为具有高中毕业文化水平即将入电大者编写。内容包括政治、语文、数学、物理、英语、历史6门课程。

电视教材编制基础/高力等编著.一延吉：延边大学出版社，1990.12.一299页；32开.一ISBN 7-5634-0265-9：7.00元

汉语讲读课　（四）/新疆中小学教师培训部组织编写.一乌鲁木齐：新疆教育出版社，1990.10.412页；32开.一卫星电视教育中学教师培训教材供哈萨克族学生用.一ISBN 7-5370-1409-7：2.72元

汉语听说课/新疆中小学教师培训部组织编写.一乌鲁木齐：新疆教育出版社，1990.10.一269页；32开.一卫星电视教育中学教师培训教材.一ISBN 7-5370-1368-8：2.00元

美术：绘画·工艺/人民教育出版社美术室编.一北京：人民教育出版社，1990.5.一193页；16开.一卫星电视教育小学教师培训教材.一ISBN 7-107-08106-3：6.40元

美术：欣赏·教材教法/人民教育出版社美术室编.一北京：人民教育出版社，1990.9.一317页；16开.一卫星电视教育小学教师培训教材.一ISBN 7-107-08104-7：5.55元

G729　各国成人业余教育概况

世界成人教育概论/张维主编.一北京：北京出版社，1990.6.一611页；大32开.一ISBN 7-200-00897-4：8.30元

本书对世界成人教育基本理论、历史和现状进行了专题论述，并就世界主要国家和地区的成人教育管理体制、成人教育发展特点进行了评介。

世界远距离高等教育概观/丁兴富主编.一北京：中央广播电视大学出版社，1990.3.一388页；大32开.（远距离教育丛书）.一ISBN 7-304-00457-6：6.15元

大有作为的事业：北京市东城区职教十年历程：1980～1990/叶钟玮主编.一北京：中国书籍出版社，1990.4.一414页；32开.一ISBN 7-5068-0045-4：6.00元

上海市民间学校综览/《上海市民间学校综览》编写组编.一上海：三联书店上海分店，1990.7.一130页；16开.一ISBN 7-5426-0297-7：10.00元

中原革命根据地成人教育史略/姬忠林等编著.一开封：河南大学出版社，1990.9.一345页；大32开.ISBN 7-81018-545-4：4.60元

江苏电大教育志：1978～1988/《江苏电大教育志》编委会编；马良生主编.一南京：江苏教育出版社，1990.1.一465页；大32开.一ISBN 7-5343-0939-5：9.55元

沈阳成人高等学校中等专业学校概况/沈阳市高教志编纂委员会高教志编写办公室编.一沈阳：春风文艺出版社，1990.9.一531页；32开.一ISBN 7-5313-0404-X：6.50元

福建成人高等学校/甘章雄主编.一福州：福建教育出版社，1990.7.一123页；32开.一ISBN 7-5334-0652-4：3.00元

翠叶春晓：上海市特色职业学校短镜头/上海市教

育局职业教育处编.—上海：上海人民出版社，1990.12.—185页；32开.—ISBN 7-208-01110-9：3.20元

日本的职工教育/赵秀琴，米建国著.—石家庄：河北教育出版社，1990.9.—232页；32开.—ISBN 7-5434-0741-8：2.10元

G75　少数民族教育

本类只收录汉文图书，凡用各种少数民族文字出版的“民族教育”类图书（包括教材、课本等）均入“少数民族文字图书目录”。

中国少数民族教育发展与展望/朴胜一主编.—呼和浩特：内蒙古教育出版社，1990.5.—271页；大32开.—（百年大计丛书）—ISBN 7-5311-1089-X：4.05元

本书介绍了我国少数民族教育40年来发展的成就、特点和规律，国家和各级政府的方针政策等。

中国边境民族教育/王锡宏主编.—北京：中央民族学院出版社，1990.2.—668页；大32开.—（民族教育研究丛书/谢启晃主编）.—ISBN 7-81001-191-X：7.90元

中国民族教育发展途径探讨/陈江涛著.—北京：中央民族学院出版社，1990.1.—421页；32开.—（民族教育研究丛书/谢启晃主编）.—国家哲学社会科学“七·五”规划重点项目·民族教育研究子课题.ISBN 7-81001-197-9：3.20元

民族教育经济学/王锡宏，王文长主编.—北京：知识出版社，1990.3.—248页；32开.—（民族教育研究丛书/谢启晃主编）.—ISBN 7-5015-0457-1：3.20元

本书对民族教育的资源、投资、经济功能、经济核算、经济效率、经济效益等专门课题作了详细论述。

发展中的民族语文教学/沙玛·加甲，罗永华著.成都：四川民族出版社，1990.11.—187页；32开.ISBN 7-5409-0546-8：2.20元

云南民族教育改革实践与探索/《民族工作》编辑部编.—昆明：云南民族出版社，1990.12.—314页；32开.—ISBN 7-5367-0138-1：8.50元

贵州民族教育调查/陈涛主编.—北京：中央民族学院出版社，1990.2.—500页；32开.—（民族教育研究丛书/谢启晃主编）.—国家哲学社会科学“七·五”规划重点项目·民族教育研究子课题.—ISBN 7-81001-155-3：6.50元

湖北民族教育发展战略研究/黄汉江，孟立军著.大连：大连海运学院出版社，1990.2.—283页；32开.—（民族教育研究丛书/谢启晃主编）.—ISBN 7-5632-0191-2：3.70元

湖北民族教育改革与思考/黄汉江主编.—大连：大连海运学院出版社，1990.2.—312页；32开.—（民族教育研究丛书/谢启晃主编）.—ISBN 7-5632-0215-3：3.80元

G76　特殊教育

学说话　第二册/全国三项工作康复办公室编.—北京：华夏出版社，1990.9.—107页；24开.—聋幼儿听力语言训练教材：试用本.—ISBN 7-80053-821-4：5.90元

学说话　第四册/全国三项康复工作办公室编.—北京：华夏出版社，1990.9.—95页；24开.—聋幼儿听力语言训练教材：试用本.—ISBN 7-80053-830-3：5.20元

聋儿语言康复教程/李宇明主编.—武汉：华中师范大学出版社，1990.6.—231页；32开.—ISBN 7-5622-0556-6：2.50元

聋校语言教学/叶立言著.—北京：光明日报出版社，1990.12.—209页；32开.—（北京教育丛书/汪家镠主编）.—ISBN 7-80014-981-1：3.70元

G763　智力超常儿童教育

天才儿童的发现和教育/（美）詹姆斯·约翰·加勒格尔著；杨宏飞等译.—哈尔滨：黑龙江教育出版社，1990.8.—530页；大32开.—（超常儿童教育丛书/林崇德主编）.—ISBN 7-5316-1039-6：5.80元

中国科大少年班预备班教育探索/江苏省苏州中学编.—哈尔滨：黑龙江教育出版社，1990.7.—206页；32开.—（超常儿童教育丛书/林崇德主编）.ISBN 7-5316-1038-8：2.60元

神童超级智力训练/闻之编著.—长春：长春出版社，1990.11.—222页；32开.—ISBN 7-80573-358-9：3.40元

孩子的天赋和培养/吴星编著.—海口：南海出版公司，1990.3.—186页；32开.—ISBN 7-80570-170-9：3.00元

教学实践中发现和培养超常儿童/哈尔滨市师范附属小学校编.—哈尔滨：黑龙江教育出版社，1990.6.118页；32开.—（超常儿童教育丛书/林崇德主编）.ISBN 7-5316-1076-0：1.40元

66名神童成材奥秘及分析/袁爱玲，王永固编著.石家庄：河北大学出版社，1990.6.—154页；32开.ISBN 7-81028-014-7：1.95元

G764　弱智儿童教育

全日制弱智学校（班）劳动技能教学大纲：征求意

见稿/国家教育委员会基础教育司组织编写.一北京：人民教育出版社，1990.10.—11页；32开.—ISBN 7-107-00998-2：0.17元

全日制弱智学校（班）体育教学大纲：征求意见稿/国家教育委员会基础教育司组织编写.一北京：人民教育出版社，1990.10.—41页；32开.—ISBN 7-107-00996-6：0.37元

全日制弱智学校（班）音乐教学大纲：征求意见稿/国家教育委员会基础教育司组织编写.一北京：人民教育出版社，1990.10.—13页；32开.—ISBN 7-107-00994-X：0.19元

全日制弱智学校（班）美工教学大纲：征求意见稿/国家教育委员会基础教育司组织编写.一北京：人民教育出版社，1990.10.—12页；32开.—ISBN 7-107-00995-8：0.19元

全日制弱智学校（班）语文教学大纲：征求意见稿/国家教育委员会基础教育司组织编写.一北京：人民教育出版社，1990.10.—37页；32开.—ISBN 7-107-00992-3：0.34元

全日制弱智学校（班）常识教学大纲：征求意见稿/国家教育委员会基础教育司组织编写.一北京：人民教育出版社，1990.10.—19页；32开.—ISBN 7-107-00997-4：0.22元

全日制弱智学校（班）数学教学大纲：征求意见稿/国家教育委员会基础教育司组织编写.一北京：人民教育出版社，1990.10.—26页；32开.—ISBN 7-107-00193-1：0.27元

怎样培养教育弱智儿童/丑荣之等编著.一北京：华夏出版社，1990.12.—398页；32开.—ISBN 7-80053-811-7：5.10元

音乐　第二册/江西省教育委员会普教处编.一南昌：江西教育出版社，1990.5.—59页；32开.—江西省弱智儿童学校试用教材.—ISBN 7-5392-0540-7：0.52元

美术　第二册/江西省教育委员会普教处编.一南昌：江西教育出版社，1990.5.—46页；24开.—江西省弱智儿童学校试用教材.—ISBN 7-5392-0541-5：0.80元

语文　第二册/江西省教育委员会普教处编.一南昌：江西教育出版社，1990.5.—60页；32开.—江西省弱智儿童学校试用教材.—ISBN 7-5392-0538-5：0.80元

弱智儿童问答/孟昭娘，田秋香编著.一北京：人民卫生出版社，1990.6.—97页；32开.—ISBN 7-117-01324-9：1.40元

本书就弱智儿童智力低下发生的原因、临床表现、防治及教育培养等方面知识，以问答形式，一一作了回答。

弱智儿童的诊断和教育/汪文鋆主编.一杭州：浙江少年儿童出版社，1990.3.—268页；32开.—ISBN 7-5342-0582-4：2.90元

弱智儿童教育经验精选/徐云，施毓英主编.一杭州：浙江教育出版社，1990.5.—321页；大32开.ISBN 7-5338-0083-2：3.10元

智力落后儿童的早期发现和早期干预/茅于燕著.北京：科学普及出版社，1990.12.—379页；32开.ISBN 7-110-01077-3：7.80元

G78　家庭教育

一支箭与二十支箭/杨才华，焦栓花编写.一郑州：海燕出版社，1990.10.—82页；32开.—ISBN 7-5350-0213-7：1.05元

一分钟妈妈/（美）斯潘塞·约翰逊著；夏忠华译.北京：中国经济出版社，1990.7.—101页；32开.ISBN 7-5017-0681-6：2.25元

本书作者是美国著名医学家和心理学家。书中告诉每一位妈妈如何对孩子采用一种极有效而又不麻烦的教育方法。

一分钟爸爸/（美）斯潘塞·约翰逊著；夏忠华译.一北京：中国经济出版社，1990.7.—104页；32开.—ISBN 7-5017-0675-1：2.25元

广播家长学校教材　第二册：三至六岁幼儿家庭保教知识/湖南省家庭教育研究会，湖南省妇女联合会儿童少年工作部编.一长沙：湖南少年儿童出版社，1990.4.—150页；32开.—ISBN 7-5358-0536-1：1.20元

子女成才教育技巧/李君主编.一沈阳：沈阳出版社，1990.9.—152页；32开.—（子女教育丛书）.ISBN 7-80556-400-4：2.50元

子女向父母的挑战/（美）德雷克斯（Dreikurs，R.），（美）索尔茨（Solts，V.）著；曲人家译.一北京：文化艺术出版社，1990.2.—222页；32开.—（做父母的艺术丛书）.—ISBN 7-5039-0391-9：2.80元

书名原文：Happy Children a Challenge to Parents

本书作者是美国著名儿童心理咨询专家，他们列举了大量生活中的实例，告诉人们，即使是年幼的孩子，也会对父母施以计谋。那么，面对子女对父母的挑战，家长们该怎样做呢？本书则从理论指导及实际做法两方面给予了全面而又中肯的回答。

历代良母教子经/赵忠心编著.一南宁：广西科学技术出版社，1990.10.—240页；32开.—（家庭教育丛书）.—ISBN 7-80565-355-0：2.90元

不完全家庭的子女教育/（捷）Z·马罗娃等著；曲人家译.一北京：文化艺术出版社，1990.2.—205页；32开.—（做父母的艺术丛书）.—ISBN 7-5039-0524-7：2.45元

本书前3章描述了由于各种原因成为不完全家庭，即孩子由父母中某一方抚养的家庭的子女教育问题；后3章则对养

子女教育问题进行了富有哲理的阐述。

中央人民广播电台播出“幼儿智力训练”小品精萃 第一分册：当代家庭开发孩子智力的方法/杨明述，邓乾德主编.—北京：中国广播电视出版社，1990.7.—237页；32开.—（幼儿智力开发系列丛书）.ISBN 7-5043-0464-6：2.60元

中外名人家教/张士俊编著.—济南：山东文艺出版社，1990.12.—350页；32开.—ISBN 7-5329-0569-1：4.80元

中国古代望子成龙百句精言/朱永东等编.—北京：中国华侨出版社，1990.7.—188页；32开.—（中国古代思想精华丛书/黄立平主编）.—ISBN 7-80074-765-4：4.20元

中国家庭教育与现代化/齐贤主编.—哈尔滨：黑龙江教育出版社，1990.5.—167页；32开.—ISBN 7-5316-0690-9：1.80元

古代家教故事/李保民，夏云青编著.—上海：百家出版社，1990.7.—151页；32开.—ISBN 7-80576-090-X：2.60元

让孩子变得更聪明/旭明，燕生主编.—北京：中国文史出版社，1990.12.—151页；32开.—（爱与管束丛书）.—ISBN 7-5034-0215-2：2.85元

对儿童行为的告诫/（ ）弗朗西斯·利葛，路易丝·贝特著；程晓明，沈志强译.—南京：江苏教育出版社，1990.6.—279页；36开.—（家庭教育丛书）.—ISBN 7-5343-1046-6：2.80元

幼儿个性品质的培养：献给幼儿家长/兰梅等编著.—南宁：广西民族出版社，1990.11.—146页；32开.—ISBN 7-5363-0989-9：1.95元

幼儿家庭品德教育手册：献给年轻的爸爸妈妈/浙江少年儿童出版社编.—杭州：浙江少年儿童出版社，1990.5.—152页；大32开.—ISBN 7-5342-0565-4：1.70元

本书根据儿童3～7岁学龄长期儿童心理、生理的年龄特征，围绕“五爱”，提供了丰富的教材。

幼儿难题56解/旭明，燕生主编.—北京：中国文史出版社，1990.12.—158页；32开.—（爱与管束丛书）.—ISBN 7-5034-0213-X：2.95元

幼儿教育咨询/（日）松原达哉著；张在浩译.—北京：煤炭工业出版社，1990.1.—158页；32开.—ISBN 7-5020-0350-9：2.15元

幼儿100个怎么办（2）：考考你的孩子/姚惠祺编写；马坚，沙力绘.—上海：上海教育出版社，1990.12.—1册；16开.—ISBN 7-5320-2188-2：1.40元

母子一日一读（上）/胡海珍，胡美珍编；王向阳等画.—南昌：21世纪出版社，1990.8.—202页；16开.—ISBN 7-5391-0421-X：4.50元

母子一日一读（下）/胡海珍，胡美珍编；朴露等画.—南昌：21世纪出版社，1990.8.—223页；16开.—ISBN 7-5391-0422-8：5.20元

母亲暗示法/（日）多湖辉著；张秀华，刘万秋译.—北京：文化艺术出版社，1990.2.—190页；32开.—（做父母的艺术丛书）.—ISBN 7-5039-0384-8：2.35元

本书列举了160多个办法，告诉年轻的母亲，怎样能够既做一个好妈妈，又做一个好教师。

在刚做妈妈的日子里/宣丽华编著.—南京：江苏教育出版社，1990.6.—285页；32开.—（家庭教育丛书）.—ISBN 7-5343-1015-6：2.85元

成才者的家庭教育/范崇嬿主编.—北京：科学普及出版社，1990.3.—245页；32开.—（幼儿成才教育丛书）.—ISBN 7-110-01341-3：3.20元

成功父母的经验/于连湘等编.—银川：宁夏人民出版社，1990.1.—324页；36开.—ISBN 7-227-00538-0：2.40元

本书收入国内外关于家庭教育的文章近百篇。

当代家庭幼儿智力训练80法：5～6岁/潘述羊，高荣生主编.—北京：中国广播电视出版社，1990.5.156页；32开.—（幼儿智力开发丛书）.—ISBN 7-5043-0466-2：3.80元

同化学习策略的巧学妙用/金洪源著.—沈阳：辽宁大学出版社，1990.12.—125页；32开.—家长学校教材.—ISBN 7-5610-1207-1：1.60元

年轻妈妈的高招：幼儿教育难题百解/（日）品川不二郎著；颜华译.—北京：中国人口出版社，1990.4.—171页；32开.—ISBN 7-80079-009-6：2.20元

多彩的家教世界：独生子女家教经验谈/天津市妇女联合会编.—天津：新蕾出版社，1990.6.—168页；32开.—ISBN 7-5307-0658-6：2.25元

如何当个好爸爸/（美）汤姆·布莱顿著；张登海等译.—济南：山东文艺出版社，1990.12.—151页；32开.—ISBN 7-5329-0653-1：2.30元

如何回答孩子的问题/（日）松原达哉著；赵小琳，刘蓓蓓译.—武汉：湖北教育出版社，1990.8.143页；32开.—ISBN 7-5351-0535-1：1.55元

如何抚育0—6岁的孩子/（意）佩内洛普·莉奇著；赵劲译.—南京：江苏教育出版社，1990.6.222页；36开.—（家庭教育丛书）.—ISBN 7-5343-1055-5：2.20元

如何教子女成方圆：海外家庭教育集粹/樊骏忠编.—天津：渤海湾出版公司，1990.1.—252页；32开.—ISBN 7-80561-049-5：2.70元

妈妈与孩子对话的艺术/（美）阿达莉·菲波，埃伦妮·玛兹丽什著；许文敏，冯胡兰编译.—长春：长春出版社，1990.9.—225页；32开.—ISBN 7-80573-321-X：2.70元

妈妈不知道的事情/柯岩著.—北京：北京少年儿童出版社，1990.3.—153页：图；32开.—(《从0～7》三部曲).—ISBN 7-5301-0161-7：2.15元

妈妈考娃娃100题：3～6岁/梁子高编著；罗登云画.—成都：成都出版社，1990.4.—4册；48开.ISBN 7-80575-048-3：4.80元

妈妈做我的好老师：小学一年级/于宪敏，李竹君编.—北京：电子工业出版社，1990.4.—231页；32开.—ISBN 7-5053-0851-3：2.65元

妈妈做我的好老师：小学二年级/习文芳，李淑珍编.—北京：电子工业出版社，1990.4.—263页；32开.—ISBN 7-5053-0852-1：2.95元

妈妈做我的好老师：小学三年级/张振安，陈佩编.—北京：电子工业出版社，1990.2.—235页；32开.—ISBN 7-5053-0853-X：2.65元

妈妈做我的好老师：小学四年级/郭宏曼，陈佩编.—北京：电子工业出版社，1990.2.—293页；32开.—ISBN 7-5053-0854-8：3.25元

妈妈做我的好老师：小学五年级/卢晓玲等编.—北京：电子工业出版社，1990.2.—258页；32开.—ISBN 7-5053-0855-6：2.90元

妈妈做我的好老师：小学六年级/张振安等编.—北京：电子工业出版社，1990.2.—324页；32开.—ISBN 7-5053-0856-4：3.55元

好爸爸好妈妈难当吗？/旭明，燕生主编.—北京：中国文史出版社，1990.12.—138页；32开.—(爱与管束丛书).—ISBN 7-6034-0214-8：2.70元

走出家教的误区/李凡著.—兰州：甘肃人民出版社，1990.10.—178页；32开.—ISBN 7-226-00657-X：2.15元

希望的纪录：幼儿发展记录与教育指南：0～6岁/申纪云，陈墨编著.—长沙：湖南教育出版社，1990.3.—140页；20开.—ISBN 7-5355-1077-9(精装)：5.00元

初中生家庭教育/马长冰主编.—福州：福建少年儿童出版社，1990.10.—172页；32开.—ISBN 7-5395-0482-X：1.90元

现代家庭教育学/彭德华编著.—兰州：甘肃教育出版社，1990.9.—211页；32开.—(家庭教育系列丛书；2).—ISBN 7-5423-0182-9：2.45元

青少年的家庭教育/张丽君编著.—武汉：华中理工大学出版社，1990.11.—263页；32开.—ISBN 7-5609-0521-8：3.40元

青少年的家庭教育/河南省家庭教育研究会编.—郑州：海燕出版社，1990.7.—253页；32开.—家长学校教材.—ISBN 7-5350-0562-4：2.65元

知心术：面对上小学的孩子/谭欣编著.—南宁：广西科学技术出版社，1990.12.—184页；32开.—(家庭教育丛书).—ISBN 7-80565-394-1：2.25元

知心术：面对上中学的孩子/谭欣编著.—南宁：广西科学技术出版社，1990.9.—251页；32开.—(家庭教育丛书).—ISBN 7-80565-358-5：2.90元

本书针对中学生在日常生活、学习以及课外活动中所表现出的心理现象和心理特征进行实例描述和理论说明。

爸爸+妈妈=？：人生实情录/任彦芳，王月朋著.长春：吉林人民出版社，1990.1.—211页；32开.ISBN 7-206-00672-8：3.00元

本书以作者的亲身经历，介绍了他们教育孩子的方法。

育儿聪明法/荒原一石编.—海口：南海出版公司，1990.4.—175页；32开.—ISBN 7-80570-035-4：3.20元

宝宝纪念册/金盾出版社编.—北京：金盾出版社，1990.12.—1册；16开.—ISBN 7-80022-293-4：9.00元

宝宝纪念册：汉英对照/王经武主编.—济南：山东友谊书社，1990.3.—1册；16开.—ISBN 7-80551-256-6：2.80元

实用家庭教育手册/林仙健，迥龙著.—南宁：广西教育出版社，1990.2.—272页；32开.—ISBN 7-5435-0772-2：2.95元

学会独立与自信：如何养成孩子健全的品格/陈伊丽，余逸群编.—北京：人民教育出版社，1990.9.95页；32开.—(家庭早期教育丛书).—ISBN 7-107-10622-8：1.50元

科学育儿：教育儿童的艺术/刘志新，张甦编著.哈尔滨：黑龙江人民出版社，1990.7.—269页；32开.ISBN 7-207-01542-9：3.95元

怎样使孩子更聪明/(日)多湖辉著；徐刚等译.北京：中国人民大学出版社，1990.3.—199页；32开.—ISBN 7-300-00642-6：2.70元

怎样使孩子更聪明：提高儿童智力的169个秘诀/吴红，阿城编译.—北京：中国工人出版社，1990.5.151页；32开.—(好家长丛书).—ISBN 7-5008-0610-8：2.30元

怎样做父母：0岁～一周岁育儿实纪/丁雯，蒋晓著.—上海：少年儿童出版社，1990.11.—224页；32开.—ISBN 7-5324-0602-4：2.15元

怎样做孩子的知心父母/李承质著.—北京：中国工人出版社，1990.6.—152页；32开.—ISBN 7-5008-0615-9：2.30元

怎样教育独生子女/储未申等编写；雷嘉琦绘画.南昌：21世纪出版社，1990.4.—46页；24开.—ISBN 7-5391-0357-4：1.50元

独生子女父母最关心的100个问题/罗力华等编著.哈尔滨：黑龙江人民出版社，1990.8.—276页；32开.—ISBN 7-207-01110-5：4.25元

独生子女育教指南/李发仁主编.—东营：石油大学

出版社，1990.5.—272页；32开.—ISBN 7-5630-0098-1：3.70元

亲情·管教·爱心：独生子女训导指南/（美）多德森（Dodson，D.F.）著；王玉春，徐玉环译.—海口：南海出版公司，1990.8.—130页；32开.—ISBN 7-80570-252-7：2.00元

送给孩子什么——自信心/（美）吉恩·尤德，威廉·普罗克特著；于雪梅等译.—北京：北京航空航天大学出版社，1990.11.—193页；32开.—ISBN 7-81012-204-5：3.20元

说服子女的技巧/（美）托马斯·高登著；罗铁鹰译.—桂林：漓江出版社，1990.12.—195页；32开.—ISBN 7-5407-0635-X：2.50元

造就聪明后代的"捷径"/金承德编著.—武汉：武汉出版社，1990.8.—546页；32开.—ISBN 7-5430-0378-3：5.40元

透视爱心的世界：家长心理谈/黄强华著.—上海：复旦大学出版社，1990.5.—223页；32开.—ISBN 7-309-00529-5：1.60元

爱的艺术：家庭教育百例/王佩琳，佟维义著.—北京：水利电力出版社，1990.11.—374页；36开.—ISBN 7-120-01271-1：5.00元

爱的太阳/李兰英，苏开主编.—沈阳：辽宁人民出版社，1990.11.—211页；32开.—ISBN 7-205-01605-3：3.50元

家长教子125忌/邱贵珍，刘荣才编著.—南宁：广西科学技术出版社，1990.9.—205页；32开.—（家庭教育丛书）.—ISBN 7-80565-351-8：2.45元

家庭环境与孩子的成长/（苏）卡尔克林娜（Карклин，С.З.）著；崔夕阳译.—北京：世界知识出版社，1990.12.—198页；32开.—ISBN 7-5012-0346-6：2.30元

书名原文：Проблемы семейного воспитания

家庭美育/焦凤君著.—南宁：广西教育出版社，1990.12.—334页；大32开.—ISBN 7-5435-1106-1：4.70元

家庭教育/陈佑兰编著.—北京：北京大学出版社，1990.5.—169页；32开.—（现代家庭学丛书/施德福，徐明主编）.—ISBN 7-301-01143-1：2.60元

家庭教育　第一册/广西家庭教育教材编写组编.—桂林：广西师范大学出版社，1990.1.—56页；32开.—ISBN 7-5633-0700-1：0.70元

家庭教育　第二册/广西家庭教育教材编写组编.—桂林：广西师范大学出版社，1990.1.—67页；32开.—ISBN 7-5633-0701-X：0.80元

家庭教育　第三册/广西家庭教育教材编写组编.—桂林：广西师范大学出版社，1990.1.—57页；32开.—ISBN 7-5633-0702-8：0.75元

家庭教育讲座/千洪范等编著.—延吉：延边人民出版社，1990.6.—118页；32开.—ISBN 7-80508-537-4：1.65元

家庭教育金钥匙：幼儿、小学生家庭教育讲座/夏仲康等编著.—成都：四川教育出版社，1990.9.—175页；32开.—ISBN 7-5408-1388-2：1.80元

家庭教育学/刘云翔，郭维祺主编.—沈阳：辽宁少年儿童出版社，1990.5.—250页；大32开.—ISBN 7-5315-0755-2：3.50元

家庭教育学/萧文娥著.—石家庄：河北人民出版社，1990.8.—283页；32开.—ISBN 7-202-00742-8：4.10元

家庭教育指导：小学册/赵光德主编.—南京：南京出版社，1990.8.—148页；32开.—ISBN 7-80560-206-9：1.80元

家庭教育教材/周志宏主编.—开封：河南大学出版社，1990.5.—327页；32开.—ISBN 7-81018-505-5：3.15元

家庭教育漫画/李生兰选编.—上海：上海教育出版社，1990.11.—32页；32开.—ISBN 7-5320-2206-4：0.60元

家庭情感的奥秘/（苏）斯皮瓦科夫斯卡娅（Спиваковская，А.С.）著；王峰连等译.—北京：文化艺术出版社，1990.2.—177页；32开.—（做父母的艺术丛书）.—ISBN 7-5039-0498-4：2.25元

本书分析探讨了子女教育机制中的情态因素和父母对子女的感情。

家庭游戏与智力开发/李吉芬编著.—北京：中国广播电视出版社，1990.7.—216页；32开.—（智力开发工程丛书/黎华白主编）.—中央广播父母学校辅导教材.—ISBN 7-5043-0463-0：3.20元

家教启示录：怎样教孩子学做人/曹朝阳主编.—石家庄：河北少年儿童出版社，1990.9.—169页；32开.—ISBN 7-5376-0580-7：1.55元

家教良方/金秀玉，王运岭编著.—郑州：海燕出版社，1990.8.—187页；32开.—ISBN 7-5350-0585-3：2.00元

家教珍言/张凤珠，檀明山选编.—福州：海峡文艺出版社，1990.12.—167页；48开.—ISBN 7-80534-325-X：1.90元

家教200难题问答/胡紫岩，曾可馨编著.—南宁：广西科学技术出版社，1990.10.—307页；32开.—（家庭教育丛书）.—ISBN 7-80565-356-9：3.45元

培养创造力：21世纪的儿童教育/（日）住田幸次郎著；蔡林海等译.—上海：同济大学出版社，1990.5.—145页；32开.—ISBN 7-5608-0565-5：2.50元

培养超常儿童的父母指南：认识和发展孩子的潜力/（美）詹姆士·阿维诺等著；査子秀等译.—北京：

中国工人出版社，1990.6.—317页；32开.—ISBN 7-5008-0632-9：4.15元

教子义方与治校良言/吴杜鲁著.—北京：中国人民大学出版社，1990.12.—119页；32开.—ISBN 7-300-01012-1：1.90元

教子艺术/吕民松，肖素华编著.—济南：济南出版社，1990.6.—166页；32开.—ISBN 7-80572-242-0：2.25元

教子成才纵横谈/邵泽水著.—北京：中国妇女出版社，1990.7.—201页；32开.—ISBN 7-80016-291-6：2.50元

教子百忌/周岳峰，孙丽华著绘.—北京：中国人口出版社，1990.8.—96页；32开.—ISBN 7-80079-025-8：1.50元

教子妙方/崔建民等编译.—北京：科学技术文献出版社，1990.9.—194页；32开.—ISBN 7-5023-1254-4：3.20元

教子学习妙法/（日）多湖辉著；李炳生，陈菲菲译.—兰州：甘肃少年儿童出版社，1990.5.—243页；32开.—（现代家庭丛书）.—ISBN 7-5422-0299-5：2.85元

教子要诀/（苏）尤里·彼得罗维奇·阿扎罗夫著；赵学真等译.—兰州：甘肃少年儿童出版社，1990.6.—288页；32开.—（现代家庭丛书）.ISBN 7-5422-0296-0：3.05元

做家长的学问/张桂桐编著.—北京：中国妇女出版社，1990.7.—88页；32开.—ISBN 7-80016-302-4：1.20元

您了解自己的孩子吗？/（波）加·菲里普丘克著；林德懋等译.—北京：文化艺术出版社，1990.2.—223页；32开.—（做父母的艺术丛书）.—ISBN 7-5039-0187-X：2.65元

望子成龙指南/张斌荣主编.—哈尔滨：黑龙江少年儿童出版社，1990.5.—178页；36开.—（实用育才丛书；3）.—ISBN 7-5319-0638-4：2.10元

新疆家庭教育理论研讨会论文选/新疆维吾尔自治区妇联，新疆维吾尔自治区家庭教育研究会编.—乌鲁木齐：新疆人民出版社，1990.6.—184页；32开.ISBN 7-228-01431-6：1.65元

管教子女绝招/（日）多湖辉著；苏佳译.—呼和浩特：内蒙古人民出版社，1990.11.—148页；32开.ISBN 7-204-01250-X：2.50元

G79 自　学

一百名人谈读书/曹正文编.—上海：上海教育出版社，1990.1.—317页；32开.—（中学生文库）.—ISBN 7-5320-1655-2：2.65元

本书介绍我国100位名人读书的经历和读书方法。

七种文体阅读技巧/王志明等编著.—桂林：广西师范大学出版社，1990.5.—153页；32开.—ISBN 7-5633-0774-5：1.50元

小学生学习方法100问/《小学生学习方法100问》编写组编写.—南京：江苏教育出版社，1990.10.151页；32开.—ISBN 7-5343-1132-2：1.25元

本书介绍了小学生学习心理、学习活动、学习交往及各种学习方法。

开卷有益：给我影响最大的一本书/上海教育出版社编.—上海：上海教育出版社，1990.3.—176页；32开.—（中学生文库）.—ISBN 7-5320-1752-4：1.50元

本书收入30余位学者、作家和知名人士谈各自在青少年时代的读书情况的文章。

中学生学习法/马伯准主编.—长沙：湖南教育出版社，1990.4.—116页；32开.—ISBN 7-5355-1123-6：1.00元

当代中学生用功术/魏书生等编著.—沈阳：辽宁人民出版社，1990.1.—150页；32开.—ISBN 7-205-01233-3：1.90元

自学成才纵横谈/解放军报社新闻函授中心编.—沈阳：白山出版社，1990.7.—293页；32开.—ISBN 7-80566-132-4：3.95元

名人论读书/黄岳洲等编.—北京：语文出版社，1990.7.—166页；32开.—ISBN 7-80006-274-0：2.35元

现代大学学习学/刘智运，陈昌贵主编.—北京：北京理工大学出版社，1990.12.—234页；大32开.ISBN 7-81013-401-9：3.60元

本书对大学学习的研究对象、大学学习的基本特点、学习目标、学习计划、大学生思想品德形成与能力培养、智力因素与非智力因素的发展、思维方法与大学学习方法等内容作了介绍。

现代快速系列学习方法/王宇鸿主编.—太原：山西教育出版社，1990.6.—640页；大32开.—ISBN 7-80578-281-4：9.80元

青少年读书指南/（美）卡尔逊（Carlsen，G.R.）著；杨仁敬译.—南京：江苏人民出版社，1990.6.—353页，大32开.—ISBN 7-214-00236-1：4.60元

使大脑敏捷的速读法/（日）佐藤泰正著；王洪泰编译.—北京：三联书店，1990.4.—289页；32开.（大众文库）.—ISBN 7-108-00250-7：4.15元

河北自学考试资料选编/河北省自学考试办公室编.—石家庄：河北教育出版社，1990.10.—189页；32开.—ISBN 7-5434-0913-5：2.20元

治学典故/刘茂银，万爱珍编著.—北京：中国国际广播出版社，1990.10.—302页；32开.—ISBN 7-80035-702-3：4.40元

治学学概论/罗志霖，万安俊编著.—成都：成都科技大学出版社，1990.3.—178页；32开.—ISBN 7-5616-0557-9：2.05元

学习与创造方法趣谈/马成杰编著.—北京：中国标准出版社，1990.2.—108页；32开.—ISBN 7-5066-0186-9：1.50元

学习方法论/田玉敏主编.—南宁：广西人民出版社，1990.4.—236页；32开.—ISBN 7-219-01535-6：2.90元

学习方法导论/刘守诚主编.—长春：吉林大学出版社，1990.8.—319页；大32开.—ISBN 7-5601-0571-8：5.25元

学习成功之路/沈子牛等编著.—南京：南京出版社，1990.10.—179页；32开.—（中小学生学习方法指导丛书/周良城，顾黄初主编）.—ISBN 7-80560-284-0：2.00元

学生提高成绩的技巧/吕功，杨红仙编.—上海：上海教育出版社，1990.8.—100页；32开.—ISBN 7-5320-1863-6：0.85元

读书/封金芳，陈锦钊编著.—南宁：广西民族出版社，1990.11.—189页；36开.—（当代青年文化娱乐丛书；第二辑/杜云，陈运祐主编）.—ISBN 7-5363-1011-0：2.25元

读书名言大观/陈素，唐德全编.—北京：中国广播电视出版社，1990.7.—284页；32开.—ISBN 7-5043-0453-0：3.80元

读写研究/洪威雷编著.—天津：天津社会科学院出版社，1990.1.—235页；32开.—ISBN 7-80563-034-8：3.50元

超级速读术/赵元编译.—北京：学苑出版社，1990.7.—142页；32开.—ISBN 7-80060-511-6：2.40元

本书详尽地介绍了不同方式的速读。

100把金钥匙/马联芳主编.—上海：上海社会科学院出版社，1990.11.—206页；32开.—ISBN 7-80515-601-8：1.95元

本书介绍了提高学习效率和质量的方法。

G8　体　育

汉英体育用语20000条/王露仙等编.—北京：奥林匹克出版社，1990.8.—603页；32开.—ISBN 7-80067-147-6：12.00元

体育/上海市劳动局技工培训处编.—上海：上海科学技术出版社，1990.10.—134页；16开.—技工学校试用教材.—ISBN 7-5323-2343-9：2.85元

体育工作实用手册/常英等主编.—北京：北京科学技术出版社，1990.5.—471页；32开.—ISBN 7-5304-0666-3：5.50元

体育手册：续编/向韦刘，徐松编著.—上海：少年儿童出版社，1990.5.—1328页；32开.—ISBN 7-5324-0082-4（精装）：16.20元

体育奇趣大观/梁久学，程慎玲编.—北京：人民体育出版社，1990.5.—230页；32开.—ISBN 7-5009-0582-3：3.60元

体育娱乐游戏200例/邹勇主编.—北京：华龄出版社，1990.9.—178页；32开.—ISBN 7-80082-085-8：2.60元

本书收集了体操、田径、篮球、排球、足球、手球、乒乓球、棒垒球、羽毛球以及室内体育游戏等运动项目的体育辅助性游戏200例。

现代人与体育/伍雄武主编.—北京：中国社会科学出版社，1990.6.—172页；32开.—ISBN 7-5004-0796-3：2.40元

英汉体育词句汇编/彭日知编.—天津：天津大学出版社，1990.8.—260页；32开.—ISBN 7-5618-0198-X：3.65元

趣味夺标体育/宝永武等编著.—沈阳：辽宁人民出版社，1990.12.—243页；32开.—ISBN 7-205-01800-5：3.85元

G80　体育理论

比较体育/《比较体育》编写组编.—成都：电子科技大学出版社，1990.5.—362页；32开.—ISBN 7-81016-242-X：3.65元

比较体育/熊斗寅编著.—北京：人民体育出版社，1990.9.—300页；32开.—ISBN 7-5009-0535-1：5.40元

比较体育与运动/（美）贝内特（Bennett，B.L.）等著；张争鸣，项四新译.—上海：华东师范大学出版社，1990.3.—367页；32开.—ISBN 7-5617-0306-6：4.30元

本书运用专题比较的方式，对35个国家和地区体育与运动开展的现状作了对比分析，并根据其社会背景进行了评价和说明。

论体育/张彩珍著.—北京：人民体育出版社，1990.8.—424页；大32开.—ISBN 7-5009-0613-7：8.65元

体育美学/金大陆著.—北京：中国青年出版社，1990.8.—234页；32开.—ISBN 7-5006-0739-3：3.50元

体育理论/吴锦毅，李祥主编.—桂林：广西师范大学出版社，1990.7.—301页；大32开.—高等师范院校体育专业专科试用教材.—ISBN 7-5633-0826-1：3.80元

体育理论基础/李瑞年主编.—太原：山西高校联合出版社，1990.8.—205页；32开.—山西省普通高校

教学参考资料.—ISBN 7-81032-008-4：3.95元

体育教材/林家水等编写.—北京：金盾出版社，1990.8.—289页；大32开.—ISBN 7-80022-232-2：4.50元

G80-05　体育与其它学科的关系

亚运与数学/中国少年报社编.—杭州：浙江大学出版社，1990.7.—133页；32开.—ISBN 7-308-00546-1：2.00元

本书运用基础数学知识从科学角度去说明和解释种种体育运动现象。

体育气象学：关于体育运动实践中的气象问题/(波)塔·罗博莱维奇著；北京市气象局编译.—北京：气象出版社，1990.3.—198页；32开.—ISBN 7-5029-0282-1：3.45元

本书阐述了气象学与体育运动学之间的相互关系以及研究方法。

体育运动经济问题研究/张岩等编.—长春：吉林人民出版社，1990.12.—368页；32开.—ISBN 7-206-00957-3：5.30元

体育社会学/刘德佩著.—北京：人民体育出版社，1990.6.—215页；32开.—ISBN 7-5009-0618-8：3.65元

体育社会学/徐隆瑞，梁向阳主编.—北京：人民体育出版社，1990.7.—257页；32开.—ISBN 7-5009-0427-4：4.60元

体育社会学/黄捷荣，李泽润主编.—广州：广东高等教育出版社，1990.7.—214页；32开.—ISBN 7-5361-0521-5：3.30元

体育实用模糊数学/孙庆祝编著.—北京：人民体育出版社，1990.7.—297页；32开.—ISBN 7-5009-0639-0：3.50元

体育竞技与哲学/国家体委训练局编.—北京：人民体育出版社，1990.7.—151页；32开.—ISBN 7-5009-0635-8：2.50元

赛场风雨：各行各业用气象/许以平编著.—北京：气象出版社，1990.6.—195页；32开.—(应用气象丛书/周琳主编).—ISBN 7-5029-0407-7：3.50元

G80-32　体育统计学

体育统计方法及程序/王路德著.—北京：人民体育出版社，1990.9.—488页；32开.—ISBN 7-5009-0482-7：8.30元

体育统计学/戎家增编著.—广州：中山大学出版社，1990.9.—221页；16开.—ISBN 7-306-00345-3：6.90元

体育统计学/《体育统计学》教材编写组编.—北京：北京体育学院出版社，1990.3.—258页；32开.—高等院校体育专业《体育统计学》教材.—ISBN 7-81003-266-6：3.50元

常用体育统计方法/张明立编著.—2版.—北京：北京体育学院出版社，1990.11.—504页；32开.—ISBN 7-81003-054-X：3.35元

本书1986年2月第1版。

G804　体育基础科学

未来的世界冠军/张伟著.—武汉：湖北少年儿童出版社，1990.3.—129页；32开.—(21世纪人才丛书).—ISBN 7-5353-0540-3：1.40元

健身与康复：介绍国外几种简便有效的体育锻炼方法/叶渭泉等编译.—广州：广东科技出版社，1990.4.—129页；32开.—ISBN 7-5359-0532-3：1.50元

探索冠军之路的奥秘：训练之外的强力手段：国家体委体育科技交流专辑/(美)梅尔文·威廉斯著；杨则宜等译.—北京：人民体育出版社，1990.11.168页；大32开.—ISBN 7-5009-0625-0：4.80元

本书从营养学、药物学、生理学、心理学和生物力学等方面综述了近年来关于运动中强力手段的研究成果。

G804.2　运动生理学

血乳酸与运动训练：应用手册：国家体委体育科学技术成果专辑/冯炜权等著.—北京：人民体育出版社，1990.8.—187页；大32开.—ISBN 7-5009-0628-5：5.80元

运动生理学/全国体育学院教材委员会审定.—北京：人民体育出版社，1990.9.—412页；16开.—体育学院通用教材.—ISBN 7-5009-0451-7：5.75元

运动生理学/吴鉴鑫，黄超文主编.—桂林：广西师范大学出版社，1990.7.—405页；大32开.—高等师范院校体育专业专科试用教材.—ISBN 7-5633-0831-8：4.80元

体育活动与生长发育/(加拿大)谢泼德(Shephard，R.J.)著；李文玲等译.—北京：人民体育出版社，1990.9.—301页；32开.—ISBN 7-5009-0136-4：5.00元

书名原文：Physical Activity and Growth

提高人体运动能力的生理基础/华明等编译.—北京：人民体育出版社，1990.9.—275页；32开.—ISBN 7-5009-0484-3：4.60元

G804.3　运动卫生、运动保健

体育保健学/刘宗达，万智昌主编.—桂林：广西师范大学出版社，1990.7.—211页；大32开.—高等师范院校体育专业专科试用教材.—ISBN 7-5633-0824-5：2.60元

G804.4 运动解剖学（人体测量学）

人体测量与评价/《人体测量与评价》编写组编．北京：高等教育出版社，1990.9.—263页；大32开．ISBN 7-04-003106-X：2.05元

体育测量学/杨洒军，黄洪编著．—广州：华南理工大学出版社，1990.5.—249页；32开．—ISBN 7-5623-0200-6：3.95元

体育测量学/萧志奇，肖水平编．—峨嵋山：西南交通大学出版社，1990.11.—214页；16开．—ISBN 7-81022-170-1：2.75元

G804.6 运动生物力学

人体动态力的实验研究/袁庆成等著．—大连：大连理工大学出版社，1990.7.—193页；32开．—ISBN 7-5611-0310-7：4.00元

人体运动生物力学/（加）戴维·温特著；刘志诚，李诚志译．—北京：人民体育出版社，1990.9.256页；32开．—ISBN 7-5009-0180-0：4.50元

田径运动生物力学/许耀球，姚天白编著．—北京：北京航空航天大学出版社，1990.5.—345页；32开．ISBN 7-31012-171-5：2.35元

运动生物力学/全国体育学院教材委员会审定．—北京：人民体育出版社，1990.6.—365页；32开．—体育学院通用教材．—ISBN 7-5009-0438-X：2.60元

运动生物力学论文选/中国运动生物力学学会编．北京：人民体育出版社，1990.9.—350页；32开．ISBN 7-5009-0086-4：7.30元

运动机能学/（日）森优著；何佩玲等译．—哈尔滨：黑龙江科学技术出版社，1990.4.—195页；32开．—ISBN 7-5388-1071-4：2.85元

体育运动中的力学/梁昆淼等编著．—上海：上海教育出版社，1990.2.—121页；32开．—（中学生文库）．—ISBN 7-5320-1680-3：1.20元

冠军的技术：各项运动的生物力学分析/金季春等译．—北京：人民体育出版社，1990.9.—376页；32开．—ISBN 7-5009-0216-6：7.80元

影象分析技术及优秀选手的运动学参数/安朝臣著．—北京：人民体育出版社，1990.7.—230页；大32开．—ISBN 7-5009-0421-5：4.40元

本书讨论了高速摄影影片分析及提高数值精度的方法，尤其是讨论了扫描摄影影象定量解析的原理和方法。

G804.7 运动生物化学

运动生物化学/全国体育学院教材委员会审定．—北京：人民体育出版社，1990.6.—313页；32开．—体育学院通用教材．—ISBN 7-5009-0441-X：2.25元

运动生物化学进展/许豪文编著．—上海：华东师范大学出版社，1990.6.—214页；大32开．—ISBN 7-5617-0501-8：3.60元

运动生物化学指南/陈永清等编著．—北京：人民体育出版社，1990.9.—262页；32开．—ISBN 7-5009-0384-7：4.50元

简明运动生物化学/张林等编著．—北京：人民体育出版社，1990.6.—320页；32开．—ISBN 7-5009-0630-7：3.95元

激素与运动能力/（苏）阿·阿·维鲁，普·克·克尔格著；骆勤方，李家盈译．—北京：人民体育出版社，1990.9.—153页；32开．—ISBN 7-5009-0588-2：3.00元

G804.8 运动心理学

运动心理诊断/（苏）马里舒克（Марищук，В. Л.）等著；杨守廉译．—北京：人民体育出版社，1990.9.—221页；32开．—ISBN 7-5009-0579-3：4.00元

书名原文：Методики психодиагностики в спорте

本书介绍了一百多种适用于体育运动的心理诊断方法，主要包括社会心理方法，认识和意识运动过程研究方法，心理状态研究方法等。

运动员心理训练指南/（美）赛尔（Syer，J.），康沃里（Connolly，C.）著；茂林等编译．—北京：人民体育出版社，1990.9.—151页；32开．—ISBN 7-5009-0578-5：3.10元

书名原文：Sporting Bodymind

运动员心理自我调控/（日）远藤俊郎著；张克仁编译．—南京：南京出版社，1990.3.—60页；32开．ISBN 7-80560-168-2：1.20元

体育心理学/祝蓓里，丁忠元主编．—上海：华东师范大学出版社，1990.6.—337页；大32开．—ISBN 7-5617-0627-8：3.80元

体育运动心理学/李建周等著．—长春：吉林教育出版社，1990.10.—237页；32开．—（应用心理学丛书/车文博主编）．—ISBN 7-5383-1131-9：3.80元

体育竞赛心理学：运动员的心理强化训练/（英）赛耶尔（Syer，J.），康诺利（Connolly，C.）著；张蓓，顾嵘译．—上海：上海翻译出版公司，1990.7.—216页；32开．—ISBN 7-80514-577-6：3.00元

书名原文：Sporting Body Sporting Mind

G807 体育教育

体育专业学习纲要/李文质，赖国耀主编．—开封：

河南大学出版社，1990.12.—618页；大32开.—ISBN 7-81018-534-9：7.40元

体育绘图/黄寿山编著.—上海：上海科学技术文献出版社，1990.7.—136页；32开.—全国高等师范院校体育专业试用教材.—ISBN 7-80513-656-4：1.75元

本书较系统地介绍了体育绘图的基本理论，并以运动技术单线图为重点，介绍了体育绘图的基本方法，列举了图例。

体育教学方法概论/于长镇主编.—大连：大连海运学院出版社，1990.2.—163页；32开.—ISBN 7-5632-0165-3：2.70元

体育教学心理学/蒙俊红著.—桂林：广西师范大学出版社，1990.8.—230页；32开.—ISBN 7-5633-0912-8：2.50元

体育集中注意力练习精编400例/吴永龄编著.—武汉：华中师范大学出版社，1990.3.—224页；32开.—ISBN 7-5622-0333-4：2.20元

学校体育学/罗映清等编著.—北京：北京体育学院出版社，1990.3.—464页；32开.—ISBN 7-81003-332-8：3.15元

学校体育概论/李成义主编.—武汉：武汉大学出版社，1990.7.—307页；大32开.—ISBN 7-307-00466-6：2.20元

班主任体育知识手册/宛祝平等主编.—长春：长春出版社，1990.11.—370页；32开.—ISBN 7-80573-362-7：4.95元

G807.3　中等学校体育教育

中专体育/张觉主编.—长沙：湖南师范大学出版社，1990.7.—382页；32开.—试用课本.—ISBN 7-81031-038-0：3.90元

中专基础体育/汪景隆，郭迎春主编.—延吉：延边大学出版社，1990.9.—348页；32开.—ISBN 7-5634-0048-6：3.90元

技工学校体育课教学参考书/王佐平编写.—北京：劳动人事出版社，1990.3.—342页；大32开.—ISBN 7-5045-0450-5：3.50元

体育/劳动部培训司编.—北京：劳动人事出版社，1990.5.—227页；16开.—全国技工学校通用教材.—ISBN 7-5045-0449-1：3.70元

体育/何彦吉主编.—大连：大连理工大学出版社，1990.8.—289页；16开.—辽宁省师专体育共同课教材.—ISBN 7-5611-0308-5：6.90元

G807.4　高等院校体育教育

大学体育/官世焜等主编.—长沙：湖南师范大学出版社，1990.11.—288页；16开.—ISBN 7-81031-026-7：7.35元

大学体育　上册/汪长慰，步德寿主编.—武汉：华中师范大学出版社，1990.12.—317页；大32开.—ISBN 7-5622-0693-7：4.80元

大学基础体育/胡春山，裴志鹏主编.—长春：吉林教育出版社，1990.7.—434页；大32开.—ISBN 7-5383-1071-1：5.40元

电大体育/李春江主编.—沈阳：辽宁教育出版社，1990.8.—344页；16开.—广播电视大学体育共同课教材.—ISBN 7-5382-1246-9：5.80元

全国体院教学论文选编：1989/国家体委科教司编.—北京：北京体育学院出版社，1990.12.—212页；16开.—ISBN 7-81003-163-5：4.00元

军队院校体育/张爱华等主编.—南京：江苏人民出版社，1990.8.—2册（824页）；32开.—ISBN 7-214-00542-5：8.60元

体育/广西壮族自治区教育委员会编.—桂林：广西师范大学出版社，1990.8.—480页；大32开.—广西壮族自治区普通高等学校试用教材.—ISBN 7-5633-0874-1：4.95元

体育/李瑞年主编.—太原：山西高校联合出版社，1990.9.—564页；大32开.—山西省普通高等学校教材.—ISBN 7-81032-007-6：4.97元

体育/卿乾元，衣玉玺主编.—哈尔滨：黑龙江科学技术出版社，1990.7.—563页；32开.—部行属财经院校教材.—ISBN 7-5388-1232-6：5.85元

河南省普通高等学校体育/《河南省普通高等学校体育》编写委员会编.—郑州：河南科学技术出版社，1990.5.—524页；大32开.—ISBN 7-5349-0640-7：5.95元

高师体育/纪广义主编.—青岛：青岛海洋大学出版社，1990.4.—251页；32开.—ISBN 7-81026-016-2：3.15元

高等学校体育概论/华之生主编.—长沙：中南工业大学出版社，1990.1.—301页；32开.—ISBN 7-81020-285-5：1.90元

G808　运动训练、运动竞赛

少年训练向导/田麦久，张洪谭著.—北京：科学普及出版社，1990.8.—216页；32开.—（亚运体育丛书/张彩珍主编）.—ISBN 7-110-01670-6：6.65元

运动训练学/全国体育学院教材委员会审定.—北京：人民体育出版社，1990.6.—396页；32开.—体育学院通用教材.—ISBN 7-5009-0440-1：2.75元

运动训练理论与方法/（罗）博姆帕（Bompa，T.O.）著；马铁等译.—北京：人民体育出版社，1990.9.—427页；32开.—ISBN 7-5009-0154-2：6.80元

这本兼有东欧和北美训练特色的训练专著系统论述了体育运动训练的范畴、目标与体系，训练原则、要素、成分、状态，比赛后的机体恢复和训练计划理论。

运动员选材评价标准/曹福顺主编.—济南：山东友谊书社，1990.12.—301页；32开.—ISBN 7-80551-342-2：4.75元

运动员选材学/谢燕群著.—成都：四川教育出版社，1990.1.—414页；大32开.—（现代体育科学丛书/胡晓风，周西宽主编）.—ISBN 7-5408-1157-9：5.00元

运动竞赛方法学/肖华富主编.—成都：成都科技大学出版社，1990.7.—373页；大32开.—师范院校普通体育课理论试用教材.—ISBN 7-5616-0605-2：4.60元

体育运动竞赛方法学/王岳云主编.—广州：广东高等教育出版社，1990.1.—396页；32开.—ISBN 7-5361-0563-0：5.90元

体育竞赛欣赏名人谈/田麦久编.—北京：科学普及出版社，1990.8.—264页；32开.—（亚运体育丛书/张彩珍主编）.—ISBN 7-110-01679-X：7.20元

G81　世界各国体育事业

中外体育趣闻集萃/欧阳青编写.—桂林：广西师范大学出版社，1990.8.—176页；32开.—ISBN 7-5633-0892-X：2.00元

本书共选收古今中外240多例体育趣闻轶事，分为球类、田径、民族民俗、棋类、武术技击、车类、动物体、亚运会、少儿体育等18类。

世界体育万花筒/程志明编著.—北京：农村读物出版社，1990.4.—394页；32开.—ISBN 7-5048-1030-4：5.55元

世界体育趣闻/王杰主编.—长春：吉林大学出版社，1990.4.—318页；32开.—ISBN 7-5601-0369-3：4.35元

G811　世界体育事业概况

王中王——当代国外体坛超级名星雕像/陈正果等编著.—石家庄：花山文艺出版社，1990.6.—625页；大32开.—ISBN 7-80505-254-9：10.00元

五环旗下的“跨国大战”：国际体育风云录/梁建昆著.—昆明：云南教育出版社，1990.9.—218页；36开.—（世界纵横丛书/达凯主编）.—ISBN 7-5415-0405-X：2.60元

本书通过二次大战后体育世界的剧变，从不同角度，透过典型事件、人物及其背景，展示了体育世界的过去、现在和未来。

亚洲体育/刘修武主编.—北京：人民体育出版社，1990.9.—655页；大32开.—ISBN 7-5009-0585-8：11.00元

G811.2　国际体育运动会、运动竞赛

世界体育项目欣赏手册/莫星编译.—长沙：湖南教育出版社，1990.8.—316页；32开.—ISBN 7-5355-1158-9：4.00元

本书内容包括当今世界上举行的各种竞赛项目，从人类体育比赛到动物比赛，从传统的奔跑比赛到现代新型的兜网球运动。全书还介绍了近200个单项体育项目。

体育大观赏/体育大观赏编写组编.—上海：上海科学技术出版社，1990.8.—363页；32开.—ISBN 7-5323-2180-0：6.90元

体育比赛的观看与欣赏/宋世雄主编.—福州：福建科学技术出版社，1990.5.—380页：彩照；大32开.—ISBN 7-5335-0372-4：5.50元

体育竞赛观赏手册/晋璋，滔涛编.—石家庄：河北少年儿童出版社，1990.7.—296页；32开.—ISBN 7-5376-0551-3：2.80元

本书介绍15大类80余种数百项体育竞赛的观看欣赏知识。

奥运会手册/徐松，旋风编著.—上海：少年儿童出版社，1990.1.—1004页；32开.—（少年文库）.—ISBN 7-5324-0219-3：8.60元

本书收录了古代奥运会的神话与传说、起源、盛况等以及现代奥运会的兴起、历届概况、会址、人物、成绩及有关史料。

1990年北京亚运会/彭小阳，李方艳编.—海口：三环出版社，1990.7.—72页；16开.—ISBN 7-80564-187-0：3.00元

历届亚运会博览/范江怀，李吟编著.—北京：科学普及出版社，1990.5.—434页；大32开.—ISBN 7-110-01426-6：6.60元

历届亚运会集锦/胡新民等编著.—北京：中国奥林匹克出版社，1990.5.—236页；32开.—ISBN 7-80067-131-3：2.70元

不灭的亚运之火：珍贵亚运资料汇编/广播电影电视部信息资料中心，中央人民广播电台体育部编.—北京：中国广播电视出版社，1990.6.—274页；32开.—ISBN 7-5043-0491-3：3.80元

中国亚运纪实/杨锦等著.—北京：群众出版社，1990.6.—271页：彩照；32开.—ISBN 7-5014-0521-2：4.50元

北京亚运大观/刘济民等编.—北京：学苑出版社，1990.5.—281页；32开.—ISBN 7-80060-949-9：3.00元

亚运：观摩·竞赛·预测·天气/文心主编.—北京：气象出版社，1990.7.—227页；32开.—ISBN 7-

5029-0476-X：3.50元

亚运大全/刘向孚编著.—北京：中国人民大学出版社，1990.4.—342页；大32开.—ISBN 7-300-00893-3：5.70元

亚运大视角/李洪波，黄文彬编著.—北京：经济日报出版社，1990.8.—218页：彩照；32开.—ISBN 7-80036-288-4：2.80元

亚运之光/旭东编.—北京：中国妇女出版社，1990.8.—149页：彩照；32开.—ISBN 7-80016-206-0：2.20元

亚运之光：历届亚运会集锦/江西体育报社编.—南昌：21世纪出版社，1990.8.—322页；32开.—ISBN 7-5391-0385-X：3.10元

亚运之光：特辑：亚运大战·鹿死谁手/广文编.—广州：广东高等教育出版社，1990.8.—96页：图；16开.—ISBN 7-5361-0517-7：2.60元

亚运之窗/《亚运之窗》编写组编.—北京：民族出版社，1990.5.—47页：照片；24开.—ISBN 7-105-01107-6：2.90元

亚运在我心中/第十一届亚洲运动会组织委员会宣传部编.—北京：北京出版社，1990.6.—233页；32开.—ISBN 7-200-01141-X：2.70元

亚运百科/龚青编辑.—北京：科学普及出版社，1990.4.—212页；48开.—ISBN 7-110-01651-X：1.70元

亚运会比赛场馆简介：汉英对照/宋仁良主编.—北京：今日中国出版社，1990.—1册；16开.—ISBN 7-5072-0263-1：10.00元

亚运会百问/王训生主编.—北京：光明日报出版社，1990.6.—164页；32开.—（百问丛书；1）.ISBN 7-80014-895-5：1.80元

亚运会观赏指南/杨正光，杨志华著.—武汉：湖北人民出版社，1990.6.—94页；32开.—ISBN 7-216-00591-0：1.20元

亚运会知识手册/谭路主编；王少华等编.—北京：原子能出版社，1990.6.—166页；32开.—ISBN 7-5022-0345-1：2.00元

亚运·体坛集锦录/杨启玉等主编.—郑州：海燕出版社，1990.8.—243页；32开.—ISBN 7-5350-0632-9：2.50元

亚运启示录/共青团北京市委员会，北京市学生联合会编.—北京：中国青年出版社，1990.12.—143页；32开.—ISBN 7-5006-0899-3：2.00元

亚运咨询大全/海昌亚运热线主编；张武斌等执笔.—长春：吉林人民出版社，1990.7.—125页；32开.—ISBN 7-206-00808-9：1.80元

亚运望远镜/吴重远主编.—天津：新蕾出版社，1990.6.—232页；32开.—ISBN 7-5307-0670-5：2.40元

亚运精英图册/中外信息汇萃编辑部，地图科学研究所编制.—北京：中国地图出版社，1990.4.—24页；16开.—ISBN 7-5031-0567-4：3.30元

亚运16天/至理著.—南京：江苏教育出版社，1990.11.—187页；36开.—ISBN 7-5343-1172-1：1.85元

团结、友谊、进步：献给第11届亚运会/王训生主编；新华通讯社体育新闻编辑部编.—青岛：青岛出版社，1990.5.—233页：照片；32开.—ISBN 7-5436-0474-4：3.20元

迎接第十一届亚洲运动会：中、英文/第十一届亚运会组委会编.—北京：中国奥林匹克出版社，〔1990〕.—4册；16开.—ISBN 7-80067-007-4

本书还有另外3册，题名分别为：《亚运村·新闻中心·国际广播电视中心》（ISBN 7-80067-009-0）；《北京的饭店、宾馆》（ISBN 7-80067-010-4）；《美丽的北京》（ISBN 7-80067-011-2）。

迎接第十一届亚洲运动会展览图片/第十一届亚运会组委会新闻部编.—北京：中国奥林匹克出版社，1990.—44张；8开.—ISBN 7-80067-130-5（盒装）：30.00元

相会在北京：1990年第十一届亚洲运动会：汉英对照/张彩珍主编.—北京：奥林匹克出版社：人民体育出版社，1990.12.—1册；大16开.—ISBN 7-80067-175-5

第十一届亚运会观众手册/海昌亚运热线主编；李永广等编.—长春：吉林人民出版社，1990.7.—166页；32开.—ISBN 7-206-00807-0：2.20元

第十一届亚运会体育比赛欣赏指南/陈庆树，王东编著.—北京：中国国际广播出版社，1990.7.—117页；32开.—ISBN 7-80035-476-8：1.90元

第十一届亚洲运动会工程纪念画册：汉英对照/第十一届亚运会工程总指挥部编辑.—北京：奥林匹克出版社，1990.6.—149页；16开.—ISBN 7-80067-146-1（精装）

第十一届亚洲运动会导游册：中、英、日文对照/北京第十一届亚洲运动会组织委员会集资部，国家旅游局天马旅游开发有限公司编.—北京：中国奥林匹克出版社，〔1990〕.—170页；大16开.—100.00元

第十一届亚洲运动会技术手册/第十一届亚运会组委会编.—北京：奥林匹克出版社，1990.8.—29册；40开.—ISBN 7-80067-043-0

90'北京亚运/刘秀政主编.—北京：人民体育出版社，1990.9.—48页：彩照；16开.—ISBN 7-5009-0617-X：1.80元

90'北京亚运大写意/范江怀，李吟著.—海口：南海出版公司，1990.12.—362页；32开.—ISBN 7-

80570-349-3：6.00元

90'北京亚运会/彭小阳，李方艳编.—海口：三环出版社，1990.7.—72页；16开.—ISBN 7-80564-187-0：3.00元

G811.4　大众体育

群众体育学/全国体育学院教材委员会《群众体育学》教材小组编.—北京：人民体育出版社，1990.9.—224页；32开.—体育学院通用教材.—ISBN 7-5009-0439-8：1.70元

G811.9　世界体育史

体育运动史/颜绍泸，周西宽著.—北京：人民体育出版社，1990.9.—644页；32开.—ISBN 7-5009-0485-1：13.00元

竞技运动史/全国体育学院教材委员会审定.—北京：人民体育出版社，1990.6.—263页；32开.—体育学院通用教材.—ISBN 7-5009-0442-8：2.00元

G812　中国体育事业

中华体坛四十春/国家体委政策法规司主编.—北京：人民体育出版社，1990.9.—329页；32开.—ISBN 7-5009-0586-6：6.00元

中国体育年鉴：1987/国家体委编.—北京：人民体育出版社，1990.2.—1114页；大32开.—ISBN 7-5009-0220-4（精装）：21.00元

中国体育系统通讯名录/杨有为等主编.—北京：奥林匹克出版社，1990.9.—411页；大32开.—ISBN 7-80067-145-3：8.00元

冠中冠——当代中国体坛超级名星雕像/陈正果等编著.—石家庄：花山文艺出版社，1990.6.—548页；大32开.—ISBN 7-80505-255-7：10.00元

难忘的瞬间：中国体育四十年/中央人民广播电台体育部编.—北京：人民体育出版社，1990.9.—252页；32开.—ISBN 7-5009-0541-6：4.20元

新体育创刊四十年画册：1950～1990/郝克强主编.—北京：奥林匹克出版社，〔1990〕.—1册：彩照；16开.—ISBN 7-80067-140-2

G812.3　体育制度

国家体育锻炼标准手册/《国家体育锻炼标准》修改工作小组编著.—北京：人民体育出版社，1990.5.—80页；32开.—ISBN 7-5009-0423-1：1.30元

G812.4　群众性体育活动

中国农民体育之光/肖鹏主编.—沈阳：白山出版社，1990.8.—124页；16开.—ISBN 7-80566-137-5：28.00元

论民族传统体育/罗廷华主编.—贵阳：贵州民族出版社，1990.7.—227页；32开.—ISBN 7-5412-0117-0：3.30元

现代体育与女性/马元康等编著.—北京：科学普及出版社，1990.8.—156页；32开.—（亚运体育丛书/张彩珍主编）.—ISBN 7-110-01665-X：4.90元

本书主要阐述女性在现代体育中的地位、作用和成就，并介绍了现代体育中的运动项目及提高妇女身体素质的各种锻炼方法。

残疾人与体育/黄镜涵等编著.—北京：科学普及出版社，1990.8.—296页；32开.—（亚运体育丛书/张彩珍主编）.—ISBN 7-110-01667-6：7.75元

群众体育工作指南/朱德录主编.—北京：学苑出版社，1990.6.—207页；32开.—ISBN 7-80060-803-4：2.40元

G812.9　中国体育史

中华民族传统体育志/中国体育博物馆，国家体委文史工作委员会编.—南宁：广西民族出版社，1990.8.—792页；大32开.—ISBN 7-5363-0782-9（精装）：12.00元

中华体育之最/张鲁雅编著.—北京：人民体育出版社，1990.9.—355页；32开.—ISBN 7-5009-0510-6：5.40元

中国古代体育史/国家体委体育文史工作委员会，中国体育史学会编.—北京：北京体育学院出版社，1990.6.—432页；32开.—ISBN 7-81003-338-7（精装）：10.50元

中国古代体育史/国家体委体育文史工作委员会，中国体育史学会编.—北京：北京体育学院出版社，1990.6.—432页；32开.—ISBN 7-81003-333-6：3.15元

古代体育寻踪/陈昌怡，谭华编著.—北京：人民体育出版社，1990.9.—284页；32开.—ISBN 7-5009-0068-6：6.00元

红星耀体坛：中国共产党与中国近代体育/《红星耀体坛》编辑组编；王增明主编.—西安：陕西人民美术出版社，1990.8.—156页；12开.—ISBN 7-5368-0250-1：18.50元

体育史话/王大平，凡红编著.—北京：科学普及出版社，1990.8.—250页；32开.—（亚运体育丛书/张彩珍主编）.—ISBN 7-110-01715-X：9.50元

《角力记》校注/翁士勋编.—北京：人民体育出版社，1990.9.—132页；32开.—ISBN 7-5009-0380-4：2.30元

《角力记》是我国体育史上最早的一部体育史论著。它充分地显示出我国古代体育论著的独特风采和体育与文艺相结

合的优良传统。本书对其进行了全面的校勘和注释。

陕甘宁边区体育史/《陕甘宁边区体育史》编审委员会编.—西安：陕西人民出版社，1990.6.—206页；大32开.—ISBN 7-224-01289-0（精装）：7.00元

G818　运动场地与设备

体育场地设备指南/关永卓编.—大连：大连理工大学出版社，1990.11.—283页；32开.—ISBN 7-5611-0339-5：3.90元

G82　田径运动

世界田径大全/刘修武主编.—北京：人民体育出版社，1990.9.—613页；大32开.—ISBN 7-5009-0533-5：9.40元

田径/王正欧主编.—长春：东北师范大学出版社，1990.12.—454页，32开.—学校体育运动训练参考书.—ISBN 7-5602-0500-3：3.00元

田径/孙庆杰主编.—长春：东北师范大学出版社，1990.8.—328页；大32开.—高等学校体育教育专业必修课试用教材.—ISBN 7-5602-0420-1：2.60元

田径/体育运动学校《田径》教材编写组编.—北京：人民体育出版社，1990.6.—388页；32开.—体育运动学校试用教材.—ISBN 7-5009-0444-4：2.40元

田径/陈则端等主编.—桂林：广西师范大学出版社，1990.7.—315页；大32开.—高等师范院校体育专业专科试用教材.—ISBN 7-5633-0832-6：3.60元

田径运动/北京体育学院田径教研室教材编写组编.—北京：北京体育学院出版社，1990.6.—2册（333，473页）；32开.—本科专修教材.—ISBN 7-81003-336-0：5.45元

田径运动/（民主德国）施莫林斯基（Schmolinsky, G.）著；蔡俊五译.—北京：人民体育出版，1990.9.—569页；大22开.—ISBN 7-5009-0132-1：8.90元

田径运动的选材和能力预测/（苏）普·兹·西里斯（ИРис, П.Э.）著；施季刚，骆勤方译.—北京：人民体育出版社，1990.9.—117页；32开.—ISBN 7-5009-0587-4：2.50元

田径技术教法新编/金祖云编.—北京：高等教育出版社，1990.4.—234页；32开.—ISBN 7-04-002591-4：2.00元

田径竞赛裁判工作指南/河南省田径协会编.—郑州：河南科学技术出版社，1990.4.—247页；32开.ISBN 7-5349-0661-X：2.95元

田径裁判工作手册/第十一届亚运会田径委员会编.—北京：北京体育学院出版社，1990.5.—236页；32开.—ISBN 7-81003-399-9：4.95元

田赛欣赏/赵连甲编；普图，黄韧绘.—北京：中国和平出版社，1990.4.—46页：图版；48开.（配图体育欣赏丛书/李富荣主编）.—ISBN 7-80037-333-9：1.30元

径赛欣赏/赵连甲编；普雨，黄金绘图.—北京：中国和平出版社，1990.4.—53页：图版；48开.—（配图体育欣赏丛书/李富荣主编）.—ISBN 7-80037-334-7：1.30元

最新田径竞赛实用裁判法/孙玉琏，刘玉友主编.北京：北京理工大学出版社，1990.4—207页；32开.—ISBN 7-81013-339-X：3.25元

中长跑运动指南/傅生祥等编著.—杭州：杭州大学出版社，1990.10.—221页；大32开.—ISBN 7-81035-050-1：3.20元

长跑顾问/董天恩编著.—北京：人民体育出版社，1990.9.—136页；32开.—ISBN 7-5009-0029-5：2.20元

跑步使你健康/张焱著.—修订本.—北京：科学普及出版社，1990.9.—141页；32开.—ISBN 7-110-01745-1：2.50元

本书1984年8月第1版。

G83　体操运动

中国体操运动史/陈镇华等著.—武汉：武汉出版社，1990.4.—762页；大32开.—（中国体育单项运动史丛书）.—ISBN 7-5430-0317-1：16.00元

体操/体育运动学校《体操》教材编写组编.—北京：人民体育出版社，1990.6.—287页；32开.—体育运动学校试用教材.—ISBN 7-5009-0446-0：1.85元

体操欣赏/倪慕贤编；普雨绘图.—北京：中国和平出版社，1990.4.—79页；48开.—（配图体育欣赏丛书/李富荣主编）.—ISBN 7-80037-324-X：1.30元

G831　基本体操

太极棒幼儿操/关永年著.—北京：人民体育出版社，1990.9.—14页；32开.—ISBN 7-5009-0469-X：0.50元

第七套广播体操图解（1）/中华人民共和国体育运动委员会制定.—北京：人民体育出版社，1990.5.—1张；全开.—1.50元

第七套广播体操图解（2）/中华人民共和国体育运动委员会制定.—北京：人民体育出版社，1990.5.—1张；全开.—1.50元

年过35岁的女子腹部健美操/(英)安·杜甘等著;呈德,韦民译.—上海:上海译文出版社,1990.7.—69页;32开.—ISBN 7-5327-0961-2:2.55元

年过40岁的男子腹部健美操/(英)安·杜甘等著;韦民,呈德译.—上海:上海译文出版社,1990.7.—69页;32开.—ISBN 7-5327-0962-0:2.55元

青少年健美韵律体操/郭成章编著.—大连:大连出版社,1990.12.—165页;32开.—ISBN 7-80555-353-X:3.50元

实用康复保健操/(日)小野泰正,河野光信著;冯金梅等译.—北京:军事译文出版社,1990.11.243页;32开.—ISBN 7-80027-104-8:3.50元

校园健美操/杨金花编.—北京:劳动人事出版社,1990.5.—108页;32开.—ISBN 7-5045-0482-3:1.60元

健康体操/(日)竹腰美代子著;汪康乐译.—兰州:甘肃少年儿童出版社,1990.6.—176页;32开.(现代家庭丛书).—ISBN 7-5422-0347-9:2.05元

G832　竞技体操

青少年单杠教学法/张锡枝编著.—北京:北京体育学院出版社,1990.5.—218页;32开.—ISBN 7-81003-380-8:2.85元

竞技体操训练学/郑吾真等编.—北京:北京体育学院出版社,1990.6.—552页;32开.—ISBN 7-81003-334-4:3.65元

G833/834　技巧运动、艺术体操

艺术体操/丁真如编著.—北京:高等教育出版社,1990.6.—623页;大32开.—ISBN 7-04-002164-1:6.45元

中国技巧运动史/张素央等著.—武汉:武汉出版社,1990.6.—478页;大32开.—(中国体育单项运动史丛书).—ISBN 7-5430-0336-8(精装):10.00元

G84　球类运动

没有过时的球经:颜世雄体育述评精选/颜世雄著.—北京:北京体育学院出版社,1990.8.—309页;32开.—ISBN 7-81003-431-6:3.50元

球类运动/体育运动学校《球类运动》教材编写组编.—北京:人民体育出版社,1990.6.—502页;32开.—体育运动学校试用教材.—ISBN 7-5009-0445-2:3.05元

球类教学与训练游戏/盛绍增等编著.—北京:北京体育学院出版社,1990.12.—304页;32开.—ISBN 7-81003-485-5:4.40元

G841　篮　球

当代篮球裁判/马泽京等编.—长沙:湖南教育出版社,1990.12.—333页;32开.—ISBN 7-5355-1211-9:3.30元

现代美国篮球12大进攻战术/(美)希利(Healey,W.A.),(美)哈特利(Hartley,J.W.)著;钟添发等编译.—北京:人民体育出版社,1990.9.—256页;32开.—ISBN 7-5009-0540-8:4.20元

本书介绍12种篮球进攻战术的理论体系和战术模式方案,并对现代美国各级篮球队常用的策应进攻、快攻、移动进攻等作了阐述。

美国现代篮球配合技巧/(美)哈里L."迈克"哈金斯著;余二德,吴亚初译.—郑州:河南科学技术出版社,1990.8.—196页;32开.—ISBN 7-5349-0568-0:2.90元

部队基层篮球训练工作指导/郭宏业等编著.—北京:军事科学出版社,1990.6.—323页;大32开.ISBN 7-80021-246-7:5.80元

篮球/姜立嘉主编.—长春:东北师范大学出版社,1990.12.—344页;32开.—学校体育运动训练参考书.—ISBN 7-5602-0485-6:2.40元

篮球/臧宝柱等编著.—北京:北京体育学院出版社,1990.5.—798页;32开.—函授教材.—ISBN 7-81003-335-2:5.10元

篮球:基本训练与实战技术/吴忻水著.—广州:广东人民出版社;香港:万里书店有限公司,1990.5.93页;大32开.—(体坛名将技术丛书).—ISBN 7-218-00516-0:3.90元

篮球欣赏/马振洪编;西雨绘图.—北京:中国和平出版社,1990.4.—67页;48开.—(配图体育欣赏丛书/李富荣主编).—ISBN 7-80037-325-8:1.30元

篮球战术基础配合/金显珊著.—兰州:甘肃科学技术出版社,1990.6.—148页;32开.—ISBN 7-5424-0298-6:1.80元

篮球教练员的艺术/(美)杰克·拉姆齐,约翰·斯特朗著;刘云译.—上海:上海翻译出版公司,1990.2.—161页;大32开.—ISBN 7-80514-696-2:3.95元

篮球裁判理论与实践/王锦明编著.—上海:华东化工学院出版社,1990.5.—207页;32开.—ISBN 7-5628-0114-2:2.50元

篮球趣史/郑武,谢凯南编著.—天津:天津教育出版社,1990.6.—250页;彩照;32开.—看球手册.ISBN 7-5309-0913-4:4.00元

G842　排　球

排坛春秋/张之编著.—天津：天津教育出版社，1990.6.—294页；32开.—看球手册.—ISBN 7-5309-0915-0：2.95元

排球/苏阳，王伯中主编.—桂林：广西师范大学出版社，1990.7.—217页；大32开.—高等师范院校体育专业专科试用教材.—ISBN 7-5633-0827-X：2.50元

排球/陈钢主编.—长春：东北师范大学出版社，1990.12.—383页；32开.—学校体育运动训练参考书.—ISBN 7-5602-0499-6：2.65元

排球：基本技术与战术/李安格，陈招娣编著.—广州：广东人民出版社；香港：万里书店有限公司，1990.5.—119页；大32开.—（体坛名将技术丛书）.—ISBN 7-218-00517-9：4.60元

排球竞赛规则：1989～1992/中华人民共和国体育运动委员会审定.—13版.—北京：人民体育出版社，1990.1.—52页；32开.—ISBN 7-5009-0433-9：0.90元

本书1954年1月第1版。

G843　足　球

1990·罗马大战：第十四届世界杯足球赛专辑/陈明编辑.—成都：成都出版社，1990.4.—128页；16开.—ISBN 7-80575-042-4：3.50元

世界足坛奇闻/李庭昆著.—南昌：百花洲文艺出版社，1990.5.—199页；36开.—ISBN 7-80579-021-3：2.50元

世界足球大全/饶广平主编.—北京：人民体育出版社，1990.9.—1320页；大32开.—ISBN 7-5009-0532-7：25.00元

足球/年维泗等编著.—北京：北京体育学院出版社，1990.6.—631页；32开.—ISBN 7-81003-337-9：4.10元

足球/秦光樵，李永生主编.—桂林：广西师范大学出版社，1990.7.—195页；大32开.—高等师范院校体育专业专科试用教材.—ISBN 7-5633-0830-X：2.20元

足球：世界杯风云演义/齐传贤著.—武汉：长江文艺出版社，1990.6.—322页；32开.—ISBN 7-5354-0333-6：3.60元

足球：基本训练与实战技术/杨霏荪编著.—广州：广东人民出版社；香港：万里书店有限公司，1990.5.—93页；大32开.—（体坛名将技术丛书）.—ISBN 7-218-00519-5：3.90元

足球本来并不圆/陈健麟编著.—广州：花城出版社，1990.6.—93页；16开.—ISBN 7-5360-0671-3：18.60元

足球欣赏/徐永平编；西雨，黄金绘图.—北京：中国和平出版社，1990.4.—73页；48开.—（配图体育欣赏丛书/李富荣主编）.—ISBN 7-80037-326-6：1.30元

足球竞赛规则与裁判法分析/中国足球协会裁判委员会编.—北京：北京体育学院出版社，1990.5.222页；32开.—ISBN 7-81003-381-6：3.20元

足球教学与训练/（苏）卡札克夫（Казаков，Л.Н.）主编；陆仲元等译.—济南：济南出版社，1990.5.—292页；32开.—ISBN 7-80572-182-3：3.80元

罗马大战纪实/彭古主编.—海口：三环出版社，1990.1.—104页；16开.—ISBN 7-80564-226-5：2.80元

本书记述了第14届世界杯足球赛赛场内外轶事，还收集了专家的评论。

眺望罗马：1990世界杯足球赛群英谱/新民晚报体育部编.—上海：上海人民出版社，1990.4.—271页；照片；32开.—ISBN 7-208-00896-5：2.90元

绿茵狂飚：当今世界足坛风云录/肖梓树等编著.昆明：云南科技出版社，1990.4.—235页；32开.ISBN 7-5416-0277-9：3.30元

意大利足球纵横/张慧德著.—西安：陕西人民出版社，1990.4.—246页；32开.—ISBN 7-224-01244-0：2.70元

意大利90　上册：进军罗马/严俊君主编.—广州：中山大学出版社，1990.4.—185页；彩照；16开.ISBN 7-306-00316-X：5.80元

意大利90　下册：罗马决战/严俊君主编.—广州：中山大学出版社，1990.8.—154页；彩照；16开.ISBN 7-306-00341-0：9.80元

'90世界足坛大战/史宝来等编著.—西安：陕西人民出版社，1990.4.—218页；32开.—ISBN 7-224-01243-2：2.40元

G845/849　其他球类运动

门球战术/吴志华编著.—2版.—哈尔滨：黑龙江科学技术出版社，1990.7.—105页；32开.—（中老年健美丛书）.—ISBN 7-5388-0724-1：1.05元

门球基本技术和战术/（日）佐佐木秀利著；刘得新译.—北京：人民体育出版社，1990.8.—107页；32开.—ISBN 7-5009-0581-5：1.60元

网球/（美）柯迪（Curdy，D.M.）等著；胡志绥，曹振康译.—上海：华东化工学院出版社，1990.9.—143页；照片；32开.—ISBN 7-5628-0117-7：2.20元

网球：基本技术与战术/马达弟，曾精雄编著.

广州：广东人民出版社；香港：万里书店有限公司，1990.5.—137页；大32开.—（体坛名将技术丛书）.—ISBN 7-218-00514-4：5.50元

曲棍球教练/（英）大卫·惠特克著；甘肃省体育科研所译.—兰州：兰州大学出版社，1990.2.—197页；32开.—ISBN 7-311-00286-9：3.50元

乒乓百科知识/苏丕宪等编著.—北京：人民体育出版社，1990.9.—218页；32开.—ISBN 7-5009-0483-5：3.40元

乒乓球：基本技术与训练/蔡明樞主编.—广州：广东人民出版社；香港：万里书店有限公司，1990.5.—97页；大32开.—（体坛明将技术丛书）.—ISBN 7-218-00515-2：3.90元

乒乓球竞赛规则：1990/中华人民共和国体育运动委员会审订.—10版.—北京：人民体育出版社，1990.12.—47页；32开.—ISBN 7-5009-0633-1：0.90元

乒坛名家纵横谈/舒禾编.—北京：人民体育出版社，1990.9.—169页；32开.—ISBN 7-5009-0413-4：3.25元

羽毛球：基本技术与战术/梁小牧编著.—广州：广东人民出版社；香港：万里书店有限公司，1990.5.—89页；大32开.—（体坛名将技术丛书）.—ISBN 7-218-00518-7：3.70元

羽毛球入门/陆宜山，金广江编著.—合肥：安徽科学技术出版社，1990.11.—194页；32开.—ISBN 7-5337-0604-8：3.00元

羽毛球裁判员手册/中国羽毛球协会编.—北京：人民体育出版社，1990.7.—147页；32开.—ISBN 7-5009-0624-2：3.00元

怎样打门球/郭长寿，王钰清编著.—沈阳：辽宁科学技术出版社，1990.2.—124页；32开.—（生活情趣丛书）.—ISBN 7-5381-0849-1：2.05元

G85　武术及民族形式体育

武术/马明保等主编.—桂林：广西师范大学出版社，1990.7.—225页；大32开.—高等师范院校体育专业专科试用教材.—ISBN 7-5633-0823-7：2.65元

武术/体育运动学校《武术》教材编写组编.—北京：人民体育出版社，1990.6.—142页；32开.—体育运动学校试用教材.—ISBN 7-5009-0443-6：1.10元

武术大全/李诚编著.—北京：北京体育学院出版社，1990.3.—443页；32开.—（少林功夫丛书）.ISBN 7-81003-322-0：7.10元

武术科学探秘/徐才主编.—北京：人民体育出版社，1990.9.—647页；32开.—ISBN 7-5009-0518-1：8.20元

G852　中国武术

飞凤刀·伏虎棍：当代中华武术冠军张玉萍拿手套路选/张玉萍著.—北京：北京体育学院出版社，1990.7.—109页；32开.—（当代中华武术冠军拿手套路选丛书）.—ISBN 7-81003-413-8：1.95元

子龙枪·青雁拳：当代中华武术冠军牛怀禄拿手套路选/牛怀禄，范春和著.—北京：北京体育学院出版社，1990.7.—151页；32开.—（当代中华武术冠军拿手套路选丛书）.—ISBN 7-81003-407-3：2.50元

少儿武术：基本功·拳术套路/李德成，林素朴编著.—郑州：河南科学技术出版社，1990.11.—300页；32开.—ISBN 7-5349-0389-0：3.70元

少儿武术：器械套路/李德成，林素朴编著.—郑州：河南科学技术出版社，1990.1.—223页；32开.—ISBN 7-5349 0534-6：2.80元

少林武僧志/德虔编著.—2版（修订本）.—北京：北京体育学院出版社，1990.8.—258页；32开.（少林功夫丛书）.—ISBN 7-81003-385-9：3.90元
本书1988年12月第1版。

中国武术大辞典/马贤达主编；中国武术大辞典编辑委员会编著.—北京：人民体育出版社，1990.9.—1册（597，118页）；16开.—（中国体育辞书系列）.—ISBN 7-5009-0463-0（精装）：40.00元

中国武术实用大全/康戈武编著.—北京：今日中国出版社，1990.8.—790页；大32开.—ISBN 7-5072-0170-8：15.90元

长穗剑·梅花拳：当代中华武术冠军李霞拿手套路选/吴彬，程惠坤著.—北京：北京体育学院出版社，1990.8.—152页；32开.—（当代中华武术冠军拿手套路选丛书）.—ISBN 7-81003-411-1：2.50元

地趟拳·疯魔棍：当代中华武术冠军赵长军拿手套路选/白文祥著.—北京：北京体育学院出版社，1990.7.—120页；32开.—（当代中华武术冠军拿手套路选丛书）.—ISBN 7-81003-410-3：2.10元

传统武术实战法/王中才著.—北京：奥林匹克出版社，1990.7.—167页；32开.—ISBN 7-80067-125-9：2.90元

武林绝招/吴忠农编著.—杭州：浙江科学技术出版社，1990.9.—314页；32开.—ISBN 7-5341-0252-9：5.80元

金刚刀·乾坤拳：当代中华武术冠军李连杰拿手套路选/吴彬，程惠坤著.—北京：北京体育学院出版社，1990.7.—134页；32开.—（当代中华武术冠军拿手套路选丛书）.—ISBN 7-81003-409-X：2.30元

追风刀·连环拳：当代中华武术冠军徐其成拿手

套路选/徐其成著.—北京：北京体育学院出版社，1990.8.—125页；32开.—（当代中华武术冠军拿手套路选丛书.—ISBN 7-81003-408-1：2.20元

追魂刀·风云棍：当代中华武术冠军郝致华拿手套路选/吴彬，程惠坤著.—北京：北京体育学院出版社，1990.8.—169页；32开.—（当代中华武术冠军拿手套路选丛书）.—ISBN 7-81003-412-X：2.70元

简明中国武术辞典/习云泰主编.—广州：广东人民出版社，1990.8.—322页；32开.—ISBN 7-218-00253-8：6.50元

G852.1 拳术

八卦八形掌/裴锡荣，裴武军编著.—长沙：湖南科学技术出版社，1990.4.—198页；32开.—ISBN 7-5357-0664-9：2.95元

八段锦：中国古代健身法/马凤阁等编.—3版.北京：人民体育出版社，1990.9.—40页；32开.ISBN 7-5009-0551-3：0.80元

本书1957年9月第1版。

大成拳实作绝技/王选杰著.—北京：奥林匹克出版社，1990.7.—312页；32开.—ISBN 7-80067-124-0：4.80元

大成拳探秘：意拳精微/薄家骢著.—北京：文津出版社，1990.4.—174页；32开.—ISBN 7-80554-023-3：2.65元

五势梅花桩实用技击术/韩建中编著.—北京：北京体育学院出版社，1990.11.—244页；32开.—ISBN 7-81003-386-7：3.50元

五禽戏：中国古代医圣华佗创编的健身法/胡耀贞等编著.—3版.—北京：人民体育出版社，1990.9.118页；32开.—ISBN 7-5009-0549-1：1.45元

本书1963年9月第1版。

甘凤池技击法/郝心莲编著.—北京：北京体育学院出版社，1990.10.—202页；32开.—ISBN 7-81003-404-9：3.00元

永春白鹤拳/洪正福等编著.—北京：人民体育出版社，1990.9.—190页；32开.—（中华武术文库·拳械部：拳术类）.—ISBN 7-5009-0467-3：3.40元

杨式太极拳述真/汪永泉讲授；魏树人，齐一整理.—北京：人民体育出版社，1990.9.—208页；32开.—ISBN 7-5009-0513-0：4.30元

陈式太极拳精选/冯志强编著.—北京：人民体育出版社，1990.9.—256页；32开.—ISBN 7-5009-0399-5：3.80元

武术实用腿法/郭燕京主编；郭襄平等编写.—重庆：科学技术文献出版社重庆分社，1990.4.—377页；32开.—ISBN 7-5023-1110-6：3.95元

武当内家特技：太乙五行拳实战精解/金子弢传授；何震亚，李喜卿编著.—北京：北京体育学院出版社，1990.4.—141页；32开.—（武当系列丛书）.—ISBN 7-81003-330-1：2.30元

易筋经/马凤阁编.—3版.—北京：人民体育出版社，1990.9.—60页；32开.—ISBN 7-5009-0550-5：0.67元

本书1962年8月第1版。

脆八翻：翻子拳传统套路/陈汝庆，戴有祥编著.合肥：安徽科学技术出版社，1990.3.—65页：彩照；32开.—ISBN 7-5337-0413-5：1.40元

乾卦八卦掌：内八卦、乾字门、老八掌/黄志诚，崔长发著.—北京：华夏出版社，1990.7.—80页；大32开.—ISBN 7-80053-895-8：2.05元

跌法入门：松溪内家拳法精粹/吴兴贵传授，游民生整理.—北京：北京体育学院出版社，1990.1.—87页：照片；32开.—ISBN 7-81003-307-7：1.70元

跌法，是武当派松溪内家拳术的主要技击方法。本书介绍了其技法原理、基本功法、套路以及实用技法。

醉拳·关东拳：当代中华武术冠军邵善康拿手套路选/邵善康著.—北京：北京体育学院出版社，1990.8.—214页；32开.—（当代中华武术冠军拿手套路选丛书）.—ISBN 7-81003-406-5：3.25元

G852.11 太极拳

太极拳的奥秘/方文著.—北京：时事出版社，1990.4.—81页；32开.—ISBN 7-80009-090-6：1.40元

杨禹廷太极拳系列秘要集锦/李秉慈，翁福麒编著.—北京：奥林匹克出版社，1990.9.—307页；大32开.—ISBN 7-80067-166-6：4.90元

除病长寿太极术/崔毓华口述；柴树茂整理.—北京：北京体育学院出版社，1990.5.—177页；32开.—ISBN 7-81003-353-0：2.45元

简化太极拳：汉英对照/薛安日编译.—广州：科学普及出版社广州分社，1990.1.—3张；2开.—ISBN 7-110-01354-5：3.00元

精功陈式太极拳/乔嫖，刘荣淦编著.—北京：北京体育学院出版社，1990.10.—161页；32开.—ISBN 7-81003-387-5：2.55元

G852.13 南拳

龙形拳/叶可声演述；曾昭胜，黄鉴衡编著.—广州：广东人民出版社，1990.7.—117页；32开.（广东南拳名家套路）.—ISBN 7-218-00503-9：2.50元

咏春拳/梁光满演述；曾昭胜，黄鉴衡编著.—广州：广东人民出版社，1990.7.—234页；32开.

（广东南拳名家套路）.—ISBN 7-218-00504-7：3.80元

蔡拳/曾均兴述；曾广锷等执笔.—广州：广东人民出版社，1990.7.—136页；32开.—（广东南拳名家套路）.—ISBN 7-218-00502-0：2.60元

G852.14 形意拳（心意拳）

开发人体潜能的捷径——意拳的奥妙/彭振镝编著.北京：北京体育学院出版社，1990.11.—224页；32开.—ISBN 7-81003-433-2：3.30元

中国形意拳/周永祥等编著.—海口：南海出版公司，1990.5.—280页；32开.—ISBN 7-80570-043-5：3.50元

心意六合拳/李新民编著.—郑州：河南科学技术出版社，1990.8.—84页；32开.—ISBN 7-5349-0715-2：1.80元

形意五行拳术/关永年编著.—北京：中国展望出版社，1990.1.—85页；32开.—（中国拳术与气功丛书）.—ISBN 7-5050-0573-1：1.80元

G852.15 少林拳

少林正宗七十二艺/德虔等编著.—北京：北京体育学院出版社，1990.3.—344页；32开.—（少林功夫丛书）.—ISBN 7-81003-136-8：5.10元

少林软硬功精粹：绝技七十二艺/吴心编.—北京：北京体育学院出版社，1990.3.—201页；32开.（少林功夫丛书）.—ISBN 7-81003-314-X：3.20元

少林罗汉十八手/德虔编著.—北京：北京体育学院出版社，1990.1.—124页；32开.—（少林功夫丛书）.—ISBN 7-81003-305-0：2.20元

少林罗汉拳/德虔，德炎编著.—北京：北京体育学院出版社，1990.3.—63页；32开.—（少林功夫丛书）.—ISBN 7-81003-065-5：1.50元

少林金刚拳/素法，德虔编著.—北京：北京体育学院出版社，1990.2.—229页；32开.—（少林功夫丛书）.—ISBN 7-81003-302-6：3.50元

少林金狮拳/胡金焕等编著.—北京：北京体育学院出版社，1990.6.—139页；32开.—（少林功夫丛书）.—ISBN 7-81003-350-6：2.20元

少林豹窜拳/德虔编著.—北京：北京体育学院出版社，1990.2.—70页；32开.—（少林功夫丛书）.—ISBN 7-81003-306-9：1.40元

少林拳/德虔，素法主编.—北京：北京体育学院出版社，1990.2.—224页；32开.—（少林拳丛书；3）.—ISBN 7-81003-236-4：2.65元

少林拳/德虔，德炎主编.—北京：北京体育学院出版社，1990.3.—178页；32开.—（少林拳丛书；4）.—ISBN 7-81003-102-3：2.65元

少林拳术精义/（北魏）达摩大师著；徐明常，徐艺峰译.—延吉：延边人民出版社，1990.2.—104页；32开.—ISBN 7-80508-423-8：2.50元

少林拳法精粹/德虔，素法编著.—北京：北京体育学院出版社，1990.3.—376页；32开.—（少林功夫丛书）.—ISBN 7-81003-321-2：5.20元

少林拳、棍、刀械套路精粹/刘振海整理.—北京：北京工业大学出版社，1990.10.—185页；32开.ISBN 7-5639-0114-0：2.90元

本书收集了秘不外传的少林拳、六合拳、一路炮拳、二路炮拳、三路炮拳、二路梅花单刀、二人对刀、鸡爪镰虎尾三节棍等少林武术10种。

少林散打/韩绍武整理；张晓青绘图.—郑州：河南科学技术出版社，1990.9.—86页；32开.—（少林功夫丛书）.—ISBN 7-5349-0667-9：1.30元

G852.16 八卦掌

八卦九宫连环步·八卦连环腿/刘景良编著.—昆明：云南人民出版社，1990.4.—141页；32开.—ISBN 7-222-00742-3：2.05元

阴阳八卦掌·蟒形掌/田迥著.—北京：人民体育出版社，1990.9.—493页；32开.—（中华武术文库·拳械部：拳术类）.—ISBN 7-5009-0508-4：7.50元

G852.17 通背拳

通背拳/辽宁省武术挖整组，沈阳体育学院武术挖整组编.—北京：人民体育出版社，1990.9.—634页；32开.—（中华武术文库·拳械部：拳术类）.ISBN 7-5009-0425-8：9.60元

G852.18 象形拳

豹拳/洪述顺编著.—西安：陕西人民教育出版社，1990.6.—76页；32开.—（象形武术丛书）.ISBN 7-5419-1438-X：1.05元

蛇拳/洪述顺编著.—西安：陕西人民教育出版社，1990.10.—84页；32开.—（象形武术丛书）.—ISBN 7-5419-1441-X：1.45元

猴拳/洪述顺，牛天全编著.—西安：陕西人民教育出版社，1990.8.—80页；32开.—（象形武术丛书）.—ISBN 7-5419-1439-8：1.20元

醉拳/洪述顺，牛天全编著.—西安：陕西人民教育出版社，1990.10.—92页；32开.—（象形武术丛

书）.—ISBN 7-5419-1442-8：1.45元

鹰爪拳/洪述顺，牛天全编著.—西安：陕西人民教育出版社，1990.8.—71页；32开.—（象形武术丛书）.—ISBN 7-5419-1440-1：1.15元

G852.19　其他拳术

八门拳术/郝心莲编著.—北京：人民体育出版社，1990.9.—268页；32开.—（中华武术文库·拳械部：拳术类）.—ISBN 7-5009-0402-9：4.70元

上乘梅花拳/王鼎著.—福州：福建人民出版社，1990.8.—114页；32开.—ISBN 7-211-01153-X：1.30元

武当盘手神功/裴锡荣，裴武军编著.—西安：三秦出版社，1990.9.—114页；32开.—（中国武术丛书）.—ISBN 7-80546-315-8：1.50元

图解跆拳道技击全书/以煜，彦红等编译.—长沙：湖南科学技术出版社，1990.11.—316页；32开.ISBN 7-5357-0750-5：3.80元

柴氏同备拳：中国稀有拳种/文静编写.—太原：山西人民出版社，1990.6.—146页；32开.—ISBN 7-203-01243-3：2.70元

G852.2　器械武术

八卦门无极剑/易德坤著.—杭州：浙江人民出版社，1990.12.—146页；32开.—ISBN 7-213-00547-2：2.50元

飞龙虎棍：雷仁生棍法/生徒编著.—广州：广东人民出版社，1990.2.—265页；32开.—ISBN 7-218-00380-4：3.00元

太极五星捶/王重光口述；李本立整理.—贵阳：贵州人民出版社，1989.11.—62页：照片；32开.ISBN 7-221-01412-4：1.20元

少林刀术精华/德虔，素法编著.—北京：北京体育学院出版社，1990.4.—222页；32开.—（少林功夫丛书）.—ISBN 7-81003-097-3：3.40元

少林枪术集锦/德虔，素法编著.—北京：北京体育学院出版社，1990.7.—181页；32开.—（少林功夫丛书）.—ISBN 7-81003-361-1：2.85元

少林棍法大全/德虔，德炎编著.—北京：北京体育学院出版社，1990.3.—240页；32开.—（少林功夫丛书）.—ISBN 7-81003-304-2：3.60元

中华武术器械大全：图说/关文明，赵诜华编著.广州：岭南美术出版社，1990.12.—214页；32开.ISBN 7-5362-0499-X：8.90元

阴把枪/吴秉孝，吴敬贤编著.—北京：人民体育出版社，1990.9.—238页；32开.—（中华武术文库·拳械部：器械类）.—ISBN 7-5009-0478-9：4.00元

武当剑/马杰编著.—北京：北京体育学院出版社，1990.7.—291页；大32开.—（武当武术系列丛书）.—ISBN 7-81003-418-9：5.50元

南少林五祖棍/周盟渊编著.—福州：福建科学技术出版社，1990.2.—258页；32开.—ISBN 7-5335-0329-5：2.70元

健身太极刀：传统武术套路/蒋玉堃传授；张金普整理.—北京：北京体育学院出版社，1990.7.—148页；32开.—ISBN 7-81003-339-5：2.50元

G852.4　武术攻防

三十六穴点拿绝招/张晓山编著.—南京：江苏美术出版社，1990.4.—149页；32开.—（绘画本武术丛书）.—ISBN 7-5344-0139-9：2.10元

女子防暴术/徐友安编著.—北京：北京出版社，1990.6.—226页；32开.—ISBN 7-200-00952-0：3.20元

五毒断魂手：功家秘法宝藏　卷四：特绝秘技/范克平整理注释.—呼和浩特：内蒙古人民出版社，1990.9.—455页；32开.—ISBN 7-204-00998-3：6.65元

五雷闪电手：功家秘法宝藏　卷四：特绝秘技/范克平整理注释.—呼和浩特：内蒙古人民出版社，1990.9.—488页；32开.—ISBN 7-204-00996-7：7.10元

太乙履水功：功家秘法宝藏　卷三：轻盈要术/范克平整理注释.—呼和浩特：内蒙古人民出版社，1990.9.—250页；32开.—ISBN 7-204-00968-1：4.10元

戈兵反擒拿　上册/梁泮编著.—西安：陕西人民出版社，1990.11.—530页；32开.—ISBN 7-224-01279-3：6.90元

少林点穴术/韩绍武编著；阎宝泉，阎梅绘.—郑州：河南科学技术出版社，1990.10.—123页；32开.—（少林功夫丛书）.—ISBN 7-5349-0668-7：1.70元

少林点穴法/德虔编著.—修订本.—北京：北京体育学院出版社，1990.2.—149页；32开.—（少林功夫丛书）.—ISBN 7-81003-128-7：2.40元
本书1986年第1版。

中国军警功夫/王卫东，程金刚主编.—沈阳：辽宁人民出版社，1990.6.—396页；32开.—ISBN 7-205-01297-X：5.10元

中国武术实战技法108式/田克惠编著.—西安：三秦出版社，1990.11.—187页；32开.—（中国武术丛书）.—ISBN 7-80546-264-X：2.50元

中国散手/《中国武术散手》编写组著.—北京：人民体育出版社，1990.9.—445页；32开.—ISBN 7-

5009-0589-0：5.50元

打穴十二功：功家秘法宝藏　卷四：特绝秘技／范克平整理注释.—呼和浩特：内蒙古人民出版社，1990.9.—337页；32开.—ISBN 7-204-00999-1：5.20元

只需一招／刘万义著.—石家庄：河北科学技术出版社，1990.10.—104页；32开.—ISBN 7-5375-0489-X：1.80元

自卫防身术／杜仲勋编著.—北京：北京体育学院出版社，1990.8.—283页；32开.—ISBN 7-81003-382-4：4.30元

阴阳五行手：功家秘法宝藏　卷四：特绝秘技／范克平整理注释.—呼和浩特：内蒙古人民出版社，1990.9.—365页；32开.—ISBN 7-204-00987-8：5.55元

防卫绝技300招／杜振高著.—北京：北京体育学院出版社，1990.11.—408页；32开.—ISBN 7-81003-420-0：5.60元

防身与制敌／于继涛，王离黑主编.—北京：奥林匹克出版社，1990.10.—76页；16开.—（东方武术实用丛书；1）.—ISBN 7-80067-153-4：2.60元

防身点穴绝招／杨连材著.—北京：北京体育学院出版社，1990.9.—226页；32开.—ISBN 7-81003-429-4：2.80元

红砂勾魂手：功家秘法宝藏　卷四：特绝秘技／范克平整理注释.—呼和浩特：内蒙古人民出版社，1990.9.—434页；32开.—ISBN 7-204-00997-5：6.40元

护身绝招四百例／陈文彪编著.—呼和浩特：内蒙古人民出版社，1990.1.—382页；32开.—ISBN 7-204-00903-7：4.95元

武术散手／李泰良，张力编著.—北京：解放军出版社，1990.12.—332页；32开.—（文娱体育丛书）.ISBN 7-5065-1392-7：6.30元

武术散手竞赛规则：1990／中国武术研究院编.北京：北京体育学院出版社，1990.3.—54页；32开.—ISBN 7-81003-400-6：1.20元

武术散打损伤防治／刘鸿宾，蒋继武编著.—北京：北京体育学院出版社，1990.5.—221页；32开.—ISBN 7-81003-257-1：2.95元

武当点穴技击法／金一明著；《武当》杂志社整理.—北京：北京体育学院出版社，1990.4.—147页；32开.—ISBN 7-81003-331-X：2.50元

制敌取胜／刘万义著.—保定：河北大学出版社，1990.4.—144页；32开.—ISBN 7-81028-018-X：1.95元

制暴绝招防身术／张清兰编译.—杭州：浙江文艺出版社，1990.7.—229页；32开.—ISBN 7-5339-0219-X：2.95元

实用防身绝招／江百龙，蔡仲林编著；石绍志绘.—长沙：湖南科学技术出版社，1990.8.—279页；32开.—ISBN 7-5357-0769-6：4.50元

神速点穴制敌／杨连村著.—石家庄：河北人民出版社，1990.1.—280页；32开.—ISBN 7-202-00572-7：2.95元

格斗：攻防组合技法／杜振高编著.—北京：北京体育学院出版社，1990.11.—179页；32开.—ISBN 7-81003-066-3：2.90元

徒手夺凶器／杜仲勋著.—北京：北京体育学院出版社，1990.8.—262页；32开.—ISBN 7-81003-383-2：4.00元

黑砂迷魂手：功家秘法宝藏　卷四：特绝秘技／范克平整理注释.—呼和浩特：内蒙古人民出版社，1990.9.—344页；32开.—ISBN 7-204-00994-0：5.25元

精武实战技击法选萃／于继涛，王离黑主编.—北京：中国奥林匹克出版社，1990.9.—120页；16开.—ISBN 7-80067-126-7：3.30元

擒拿防身术／吴忠农编著.—杭州：浙江人民出版社，1990.7.—320页；32开.—（迷你书系；第1辑）.—ISBN 7-213-00523-5：3.55元

G852.6　武术气功

五禽随行功法／田同春著.—石家庄：河北科学技术出版社，1990.4.—100页；32开.—ISBN 7-5375-0503-0：2.80元

少林内劲一指禅中级功法／姚金圣编著.—上海：同济大学出版社，1990.8.—110页；大32开.—ISBN 7-5608-0532-9：1.85元

少林寺内外功真传／梁宝贵著.—北京：北京体育学院出版社，1990.5.—309页；32开.—（少林功夫丛书）.—ISBN 7-81003-328-X：4.60元

少林武术气功自学教材／德虔等编.—北京：北京体育学院出版社，1990.1.—2册（260；154页）；32开.—ISBN 7-81003-256-9：5.50元

中华气功精萃／许绍廷编著.—大连：大连理工大学出版社，1990.12.—216页；32开.—ISBN 7-5611-0342-5：3.60元

中华武术气功／张有寯等编著.—天津：天津人民出版社，1990.8.—406页；32开.—ISBN 7-201-00515-4：5.80元

中国气功图谱／余功保编著.—北京：人民体育出版社，1990.9.—259页；32开.—ISBN 7-5009-0590-4：3.50元

中国气功经典：唐朝部分　（上）／吕光荣主编.

北京：人民体育出版社，1990.9.—217页；32开.
ISBN 7-5009-0453-3：3.90元

中国气功经典：唐朝部分　（下）/吕光荣主编.
北京：人民体育出版社，1990.9.—208页；32开.
ISBN 7-5009-0526-2：3.80元

中国气功经典：宋朝部分　（上）/吕光荣主编.
北京：人民体育出版社，1990.9.—369页；32开.
ISBN 7-5009-0454-1：6.00元

中国气功经典：宋朝部分　（下）/吕光荣主编
北京：人民体育出版社，1990.9.—386页；32开.
ISBN 7-5009-0527-0：6.20元

中国气功经典：金元朝部分　（上）/吕光荣主编.—北京：人民体育出版社，1990.9.—448页；32开.—ISBN 7-5009-0457-6：7.10元

中国气功经典：金元朝部分　（下）/吕光荣主编.—北京：人民体育出版社，1990.9.—444页；32开.—ISBN 7-5009-0528-9：7.10元

中国气功经典：明朝部分　（上）/吕光荣主编.
北京：人民体育出版社，1990.9.—312页；32开.
ISBN 7-5009-0455-X：5.20元

中国气功经典：清朝部分/吕光荣主编.—北京：人民体育出版社，1990.9.—267页；32开.—ISBN 7-5009-0456-8：4.60元

中国气功思维学/叶眺新著.—延吉：延边大学出版社，1990.5.—388页；32开.—ISBN 7-5634-0204-7：12.00元

中国硬气功/安在峰编著.—北京：北京体育学院出版社，1990.10.—243页；32开.—ISBN 7-81003-392-1：3.70元

中国硬气功精秘　（一）/赵祖源，宋滇明编著.
北京：中国工人出版社，1990.3.—173页；32开.
ISBN 7-5008-0553-5：2.30元

气功与骗术/刘正，司马南著.—北京：中国医药科技出版社，1990.10.—272页；32开.—（神密现象探索系列丛书）.—ISBN 7-5067-0287-7：4.25元

正宗少林绝技/德虔，德炎编著.—北京：北京体育学院出版社，1990.8.—906页：图；32开.—ISBN 7-81003-390-5：11.50元

阴阳吸壁功：功家秘法宝藏　卷三：轻盈要术/范克平整理注释.—呼和浩特：内蒙古人民出版社，1990.9.—224页；32开.—ISBN 7-204-00960-6：3.80元

走火入魔/孔融著.—北京：中国医药科技出版社，1990.10.—232页；32开.—ISBN 7-5067-0257-6：4.60元

武当气功/谭大江编著.—北京：北京体育学院出版社，1990.4.—288页；32开.—（武当系列丛书）.
ISBN 7-81003-329-8：4.30元

肾子阳性功：功家秘法宝藏　卷四：特绝秘技/范克平整理注释.—呼和浩特：内蒙古人民出版社，1990.9.—182页；32开.—ISBN 7-204-00983-5：3.25元

金刚铁板功：功家秘法宝藏　卷二：硬形气功/范克平整理注释.—呼和浩特：内蒙古人民出版社，1990.4.—111页；32开.—ISBN 7-204-00838-3：2.45元

金钟罩铁布衫/杨连村著.—北京：北京体育学院出版社，1990.10.—118页；32开.—ISBN 7-81003-457-X：1.95元

轻功绝技与硬气功秘窍/谭斌棣编著.—南宁：广西民族出版社，1990.8.—354页；32开.—ISBN 7-5363-0883-3：4.60元

轻身腾跃功：功家秘法宝藏　卷三：轻盈要术/范克平整理注释.—呼和浩特：内蒙古人民出版社，1990.9.—175页；32开.—ISBN 7-204-00956-8：3.30元

前后六十四式大雁气功/杨梅君编著.—北京：人民体育出版社，1990.9.—99页；32开.—ISBN 7-5009-0519-X：1.50元

养生神明功：大、中、小学生健身益智法/杨运良编著.—兰州：甘肃少年儿童出版社，1990.7.—90页；32开.—ISBN 7-5422-0330-4：1.10元

神行太保功：功家秘法宝藏　卷三：轻盈要术/范克平整理注释.—呼和浩特：内蒙古人民出版社，1990.9.—238页；32开.—ISBN 7-204-00969-X：4.00元

速成硬气功与金刚指点穴术/殷永洲著.—广州：广东科技出版社，1990.3.—88页；32开.—ISBN 7-5359-0521-8：1.80元

秘传武林轻功/张晓山编著.—北京：北京体育学院出版社，1990.10.—151页；32开.—ISBN 7-81003-484-7：2.25元

硬气功技击术/安在峰编著.—北京：北京体育学院出版社，1990.7.—302页；32开.—ISBN 7-81003-391-3：4.30元

硬气功点穴术/安在峰编著.—北京：北京体育学院出版社，1990.11.—258页；32开.—ISBN 7-81003-402-2：3.90元

硬气功速成法/巨卫东，冯丽荣主编.—沈阳：辽宁科学技术出版社，1990.10.—56页；32开.—ISBN 7-5381-1018-6：2.50元

G86　水上、冰上与雪上运动

帆船入门/（加）吉芳（Giffin，D.M.）著；范

波澜译.—北京：人民体育出版社，1990.8.—63页；32开.—ISBN 7-5009-0657-9：3.00元

书名原文：Basic Sailing Skills

帆船大观/任宝君主编；范波澜编写.—北京：人民体育出版社，1990.8.—267页；32开.—ISBN 7-5009-0656-0：4.20元

帆船规则运用/（英）威利斯（Willis，B.）著；李冠宇，范波澜译.—北京：人民体育出版社，1990.8.—102页；32开.—ISBN 7-5009-0658-7：3.00元

书名原文：The Rules in Practice

游泳/体育运动学校《游泳》教材编写组编.—北京：人民体育出版社，1990.6.—169页；32开.—体育运动学校试用教材.—ISBN 7-5009-0448-7：1.25元

游泳教学法的科学/温仲华编著.—北京：人民体育出版社，1990.4.—502页；32开.—ISBN 7-5009-0612-9：7.00元

冰上舞蹈竞赛规则：1989/中华人民共和国体育运动委员会审定.—北京：人民体育出版社，1990.9.103页；32开.—ISBN 7-5009-0417-7：3.00元

花样滑冰竞赛规则：1989/中华人民共和国体育运动委员会审定.—北京：人民体育出版社，1990.9.54页；32开.—ISBN 7-5009-0408-8：2.00元

G87　其他体育运动

世界航海模型联合会帆船模型竞赛规则'88/中华人民共和国体育运动委员会审译.—上海：上海科技教育出版社，1990.4.—68页；大32开.—ISBN 7-5428-0444-8：2.30元

仿真弹射模型飞机/刘福生编译.—北京：中国青年出版社，1990.4.—16张＋制作说明书1册.—ISBN 7-5006-0754-7：6.00元

自行车竞赛规则：1990/中华人民共和国体育运动委员会审定.—8版.—北京：人民体育出版社，1990.5.—79页；32开.—ISBN 7-5009-0614-5：2.95元

本书1954年5月第1版。

跳伞救生学/李寿范，毛春田主编.—北京：蓝天出版社，1990.7.—413页；32开.—ISBN 7-80081-200-6：4.34元

G883　健美运动（健力美）

女性五美：胸腰臀腿秀发的健美/子叶，黄矜编著.—北京：北京体育学院出版社，1990.6.—219页；32开.—（健康万花筒丛书）.—ISBN 7-81003-267-4：3.20元

太极健身舞/许大嘉编著.—北京：中国林业出版社，1990.4.—61页；32开.—ISBN 7-5038-0541-2：1.30元

男子汉的健美/娄琢玉著.—北京：农村读物出版社，1990.6.—70页；大32开.—（男子汉丛书）.ISBN 7-5048-1159-9：1.60元

体型肌肉健美/蔡宇之编著.—北京：北京师范大学出版社，1990.2.—76页；32开.—ISBN 7-303-00741-5：1.00元

现代健美训练大全/田里编写.—北京：北京出版社，1990.7.—250页；32开.—ISBN 7-200-01013-8：3.65元

青年健美手册/张佩芳，刘立主编.—北京：中国青年出版社，1990.8.—429页；32开.—（青年文库：新编本；15）.—ISBN 7-5006-0734-2

突起的肌群：最新科学健美奥秘/（美）罗伯特·肯尼迪，邓肯思·韦思著；秦俭译.—成都：四川科学技术出版社，1990.2.—235页；32开.—ISBN 7-5364-1506-0：3.65元

健美/魏大鸿，刁在箴编著.—武汉：华中师范大学出版社，1990.8.—191页；大32开.—高等学校试用教材.—ISBN 7-5622-0625-2：1.40元

健美之道：中国健美运动开山人赵竹光经验谈/赵竹光著.—北京：人民体育出版社，1990.3.—158页；32开.—ISBN 7-5009-0404-5：3.90元

健美自测与锻炼/王悌福编著.—上海：同济大学出版社，1990.1.—203页；32开.—ISBN 7-5608-0398-9：3.80元

健美·运动/范正祥，骆勤方主编.—北京：人民体育出版社，1990.9.—262页；32开.—（家庭保健大全系列）.—ISBN 7-5009-0530-0：3.60元

健美体育/王则珊等编著.—北京：科学普及出版社，1990.8.—320页；大32开.—（亚运体育丛书/张彩珍主编）.—ISBN 7-110-01718-4：9.90元

健美欣赏/曾维祺，向东编；普雨绘图.—北京：中国和平出版社.1990.4.—59页；48开.—（配图体育欣赏丛书/李富荣主编）.—ISBN 7-80037-323-1：1.30元

G884　举　重

举重竞赛规则：1990～1993/中华人民共和国体育运动委员会审定.—12版.—北京：人民体育出版社，1990.10.—44页；32开.—ISBN 7-5009-0509-2：1.00元

本书1955年6月第1版。

竞技举重运动/郭廷栋编著.—北京：人民体育出版社，1990.9.—591页；32开.—ISBN 7-5009-0156-9：9.70元

G886　拳击、柔道

世界最强搏击术/（美）但·安得生著；顾正瑞等

译.—北京：奥林匹克出版社，1990.8.—236页；32开.—ISBN 7-80067-152-6：4.00元

拳王轶事拳击百法/项为公，应强华编译.—南京：河海大学出版社，1990.5.—93页；32开.—ISBN 7-5630-0288-X：1.80元

拳击/徐晋生编著.—2版.—西安：陕西人民出版社，1990.6.—199页；32开.—ISBN 7-224-00421-9：2.95元

本书1988年12月第1版。

拳击训练和比赛问答/徐友安主编.—北京：北京出版社，1990.1.—355页；32开.—ISBN 7-200-00855-9：4.90元

拳击的近距离搏斗/王龙春著.—太原：山西人民出版社，1990.11.—141页；32开.—ISBN 7-203-01695-5：2.35元

拳击竞赛规则：1990/中华人民共和国体育运动委员会审定.—北京：人民体育出版社，1990.8.—50页；32开.—ISBN 7-5009-0611-0：1.00元

拳击竞赛裁判法/中国拳击协会裁判委员会编.—北京：人民体育出版社，1990.8.—60页；32开.—ISBN 7-5009-0619-6：1.20元

图解空手道技击全书/彦红等编译.—长沙：湖南科学技术出版社，1990.11.—369页：插图；32开.ISBN 7-5357-0751-3：4.40元

空手道格斗术：打遍天下无敌手/朱石戈，宾彦红编译.—海口：南海出版公司，1990.3.—99页；16开.—ISBN 7-80570-125-3：4.95元

最佳柔道术/（日）猪熊功，佐藤宣践著；王成，郭仲和译.—北京：人民体育出版社，1990.9.—203页；大32开.—ISBN 7-5009-0495-9：6.00元

G888　现代多项运动

铁人三项赛/（美）布朗特（Plant，M.）著；王力伟译.—北京：中国广播电视出版社，1990.8.—112页；32开.—ISBN 7-5043-0309-7：1.90元

铁人三项竞赛规则：试行：1989/中华人民共和国体育运动委员会审定.—北京：人民体育出版社，1990.2.—29页；32开.—ISBN 7-5009-0580-7：0.60元

G89　文体活动

G891　棋　类

六雄争霸：三棋全能超级大赛对局录/奥林匹克出版社编.—北京：奥林匹克出版社，1990.6.—157页；32开.—ISBN 7-80067-040-6：2.95元

棋/陈文刚编著.—南宁：广西民族出版社，1990.11.—210页；36开.—（当代青年文化娱乐丛书；第一辑（2）/杜云，陈运祐主编）.—ISBN 7-5363-1005-6：2.60元

G891.1　国际象棋

国际象棋初学/马玉泉，张志信编著.—沈阳：辽宁科学技术出版社，1990.6.—242页；32开.—（生活情趣丛书）.—ISBN 7-5381-0627-8：3.60元

国际象棋简明教程/柳玉栋著.—北京：中国经济出版社，1990.4.—367页；大32开.—ISBN 7-5017-0632-8：5.50元

G891.2　中国象棋

小列手炮/邱志源，朱泉官编著.—北京：人民体育出版社，1990.9.—219页；32开.—（象棋布局丛书）.—ISBN 7-5009-0536-X：2.70元

飞相局对仙人指路/屠景明等编著.—成都：蜀蓉棋艺出版社，1990.12.—205页；32开.—ISBN 7-80548-275-6：2.40元

无车棋战法/金启昌，杨典编著.—成都：蜀蓉棋艺出版社，1990.4.—150页；32开.—ISBN 7-80548-235-7：1.80元

五七炮对屏风马/徐家亮等著.—北京：人民体育出版社，1990.1.—286页；32开.—（象棋布局丛书）.—ISBN 7-5009-0410-X：3.60元

五六炮对反宫马/屠景明，葛维蒲编著.—成都：蜀蓉棋艺出版社，1990.12.—217页；32开.—ISBN 7-80548-274-8：2.60元

车马兵杀法初步/大昌，梁明著.—成都：蜀蓉棋艺出版社，1990.2.—77页；32开.—ISBN 7-80548-226-8：0.95元

车炮兵杀法初步/黄大昌编著.—成都：蜀蓉棋艺出版社，1990.8.—78页；32开.—ISBN 7-80548-276-4：1.00元

中国象棋年鉴：1990/中国象棋协会主编.—成都：蜀蓉棋艺出版社，1990.8.—476页；大32开.—ISBN 7-80548-254-3：6.80元

中炮过河车对屏风马平炮兑车/金启昌等编著.—成都：蜀蓉棋艺出版社，1990.1.—288页；32开.—ISBN 7-80548-223-3：3.00元

心武残编/（清）薛丙辑著；蒋权等诠注.—成都：蜀蓉棋艺出版社，1990.1.—437页；32开.—（中国象棋古典丛书）.—ISBN 7-80548-222-5：4.50元

心武残篇象棋谱/（清）薛丙辑著；李浭诠注改编；苏德龙校阅.—北京：人民体育出版社，1990.9.—488页；32开.—（象棋古谱丛书）.—ISBN 7-

5009-0477-0：5.80元

半途列炮/吴启生编著.—南昌：江西科学技术出版社，1990.11.—299页；32开.—ISBN 7-5390-0381-2：4.35元

过宫炮开局/徐家亮，林洪著.—北京：人民体育出版社，1990.3.—383页；32开.—（象棋布局丛书）.—ISBN 7-5009-0416-9：4.70元

过宫炮布阵法/邱志源，顾勤波编著.—成都：蜀蓉棋艺出版社，1990.1.—211页；32开.—ISBN 7-80548-225-X：2.40元

奇趣象棋排局谱/李浭，任云著.—北京：中国青年出版社，1990.8.—192页；32开.—（青年文化娱乐丛书）.—ISBN 7-5006-0710-5：3.00元

实用残局与布局专题研究/李中健，张影富著.—成都：蜀蓉棋艺出版社，1990.4.—250页；32开.—ISBN 7-80548-234-9：2.70元

残局攻杀技巧/李中健，金启昌编著.—成都：蜀蓉棋艺出版社，1990.6.—268页；32开.—ISBN 7-80548-253-5：3.00元

顺炮直车对横车/刘彬如，余志弈著.—北京：人民体育出版社，1990.2.—205页；32开.—（象棋布局丛书）.—ISBN 7-5009-0409-6：2.80元

特级大师布局精华/程明松，杨典著.—成都：蜀蓉棋艺出版社，1990.10.—510页；32开.—ISBN 7-80548-277-2：5.20元

流行布局新变探索/蒋全胜，李艾东著.—成都：蜀蓉棋艺出版社，1990.7.—322页；32开.—ISBN 7-80548-266-7：3.50元

象棋入门/刘国斌等著.—成都：蜀蓉棋艺出版社，1990.9.—258页；32开.—（象棋基础知识丛书）.ISBN 7-80548-272-1：2.90元

象棋大师百局谱/陈孝堃，梁文伟著.—南昌：江西人民出版社，1990.4.—533页；32开.—（群众文化娱乐小丛书）.—ISBN 7-210-00600-1：3.50元

象棋大师妙着选粹/居荣鑫编著.—南昌：江西科学技术出版社，1990.9.—327页；32开.—ISBN 7-5390-0362-6：3.75元

象棋大师棋局精选/于红木，钱逢雨编著.—上海：百家出版社，1990.1.—280页；32开.—ISBN 7-80576-048-9：3.00元

象棋开局/黄少龙著.—成都：蜀蓉棋艺出版社，1990.8.—152页；32开.—（象棋基础知识丛书）.ISBN 7-80548-267-5：1.90元

象棋中局战术与战理/孙尔康编著.—北京：人民体育出版社，1990.9.—173页；32开.—ISBN 7-5009-0472-X：2.20元

象棋古谱全局三种/居荣鑫改编诠注.—上海：上海文化出版社，1990.2.—204页；32开.—ISBN 7-80511-352-1：2.40元

象棋古谱残局选/屠景明编.—2版（增订本）.—北京：人民体育出版社，1990.9.—179页；32开.—ISBN 7-5009-0070-8：2.30元

本书1981年3月第1版。

象棋术语图说/屠景明著.—成都：蜀蓉棋艺出版社，1990.9.—140页；32开.—（象棋基础知识丛书）.—ISBN 7-80548-273-X：1.80元

象棋对局选　（四）/朱剑秋等评注.—合肥：安徽科学技术出版社，1990.6.—228页；32开.—ISBN 7-5337-0605-6：3.00元

象棋杀着大全/李德林等编著.—北京：人民体育出版社，1990.9.—418页；32开.—ISBN 7-5009-0470-3：4.90元

象棋残局例典/屠景明编著.—上海：上海文艺出版社，1990.6.—493页；32开.—ISBN 7-5321-0493-1（精装）：10.20元

象棋残局例典/屠景明编著.—上海：上海文艺出版社，1990.6.—493页；32开.—ISBN 7-5321-0492-3：5.30元

象棋残局经典古谱民间排局集萃/丰羽编.—北京：中国青年出版社，1990.11.—244页；32开.—ISBN 7-5006-0807-1：3.10元

象棋基本杀法/朱宝位著.—成都：蜀蓉棋艺出版社，1990.8.—228页；32开.—（象棋基础知识丛书）.—ISBN 7-80548-268-3：2.60元

精编残棋大全　（上）/李中健，王国顺编著.—哈尔滨：黑龙江人民出版社，1990.10.—582页；32开.—ISBN 7-207-01504-6：8.00元

蕉竹斋象棋谱/丁章照，杨明忠诠注.—成都：蜀蓉棋艺出版社，1990.3.—309页；32开.—（中国象棋古典丛书）.—ISBN 7-80548-233-0：3.30元

蕉竹斋象棋谱/魏子丹等集注.—福州：福建少年儿童出版社，1990.11.—122页；32开.—ISBN 7-5395-0466-8：1.60元

G891.3 围棋

1988年围棋新手·新型年鉴/（日）安倍吉辉著；金爽，张竹译.—北京：华夏出版社，1990.9.—208页；32开.—ISBN 7-80053-765-X：3.00元

三十六计与围棋/马晓春著.—成都：蜀蓉棋艺出版社，1990.9.—202页；大32开.—ISBN 7-80548-279-9：3.20元

下一步看三步/（日）加藤正夫著；冯汉荣，许溪澜译.—北京：人民体育出版社，1990.9.—271页；32开.—（围棋中级丛书）.—ISBN 7-5009-0488-6：3.60元

下三手的判断：中盘篇/（日）加藤正夫著；赵建

军，杨真编译.—北京：北京体育学院出版社，1990.71.—185页；32开.—（围棋初学者必读）.—ISBN 1-81003-438-3：2.40元

下三手的判断：手筋篇/（日）加藤正夫著；赵建军，杨真编译.—北京：北京体育学院出版社，1990.11.—185页；32开.—（围棋初学者必读）.ISBN 7-81003-437-5：2.40元

下三手的判断：布局篇/（日）加藤正夫著；赵建军，杨真编译.—北京：北京体育学院出版社，1990.8.—183页；32开.—（围棋初学者必读）.ISBN 7-81003-396-4：2.40元

下三手的判断：定式篇/（日）加藤正夫著；赵建军，杨真译.—北京：北京科学技术出版社，1990.9.—180页；32开.—ISBN 7-5304-0779-1：2.50元

下棋的步调/吴飘，金英编著.—北京：人民体育出版社，1990.9.—383页；32开.—（围棋初级丛书）.—ISBN 7-5009-0534-3：4.90元

少年学围棋/邱鑫编著.—上海：少年儿童出版社，1990.6.—299页；32开.—ISBN 7-5324-0538-9：2.70元

日本围棋大赛精选/廖渝生，洪艳编译.—成都：蜀蓉棋艺出版社，1990.3.—202页；32开.—ISBN 7-80548-229-2：2.30元

本书选自日本最新围棋资料翻译而成。

日本围棋四百年激战风云录/（日）石田芳夫著；陈明川译.—成都：蜀蓉棋艺出版社，1990.5.—223页；32开.—ISBN 7-80548-237-3：2.60元

日本超级围棋手名局解析/毛振国等编译.—北京：中国经济出版社，1990.5.—511页；32开.—ISBN 7-5017-0550-X：5.65元

中日共评第三届中日围棋擂台赛/罗京生等主编.北京：光明日报出版社，1990.5.—368页；32开.ISBN 7-80014-638-3：5.40元

中国围棋史趣话/朱铭源著.—成都：蜀蓉棋艺出版社，1990.6.—218页；大32开.—ISBN 7-80548-246-2：3.80元

中国围棋年鉴：1990年版/中国围棋协会主编.—成都：蜀蓉棋艺出版社，1990.9.—475页；大32开.ISBN 7-80548-256-X：6.80元

中国流取胜之道：培养大局观和战斗力/（日）加藤正夫著；王少林译.—成都：蜀蓉棋艺出版社，1990.4.—222页；32开.—ISBN 7-80548-231-4：2.60元

中盘战略/（日）加藤正夫著；李中南编译.—北京：人民体育出版社，1990.2.—150页；32开.（围棋入段丛书；3）.—ISBN 7-5009-0400-2：2.30元

分先定式小百科/日本棋院著；韩凤仑，张竹译.北京：华夏出版社，1990.8.—211页；32开.—（围棋小百科丛书）.—ISBN 7-80053-762-5：3.10元

分先定式精选/（日）高川秀格著；韩凤仑，张竹译.—北京：世界图书出版公司，1990.6.—175页；32开.—ISBN 7-5062-0649-8：3.80元

手筋与妙手/（日）藤泽秀行著；王新民译.—北京：人民体育出版社，1990.9.—318页；32开.（围棋中级丛书）.—ISBN 7-5009-0538-6：4.30元

打入与侵消的时机/（日）坂田荣男著；顾列平译.—北京：人民体育出版社，1990.9.—227页；32开.—ISBN 7-5009-0464-9：3.10元

打入后的攻防/（日）武宫正树著；江铸久译.成都：蜀蓉棋艺出版社，1990.11.—218页；32开.（围棋中级丛书）.—ISBN 7-8054-269-1：2.80元

打劫进步法/（日）加藤正夫著；芮乃伟译.—成都：蜀蓉棋艺出版社，1990.6.—219页；32开.（围棋中级丛书）.—ISBN 7-80548-241-1：2.80元

打劫使您的棋力变强/（日）加藤正夫著；蒋丹宁译.—北京：文化艺术出版社，1990.8.—222页；32开.—ISBN 7-5039-0648-0：3.40元

布局小百科/日本棋院著；韩凤仑，张竹译.—北京：中国工人出版社，1990.6.—214页；32开.—ISBN 7-5008-0585-3：2.60元

布局要诀/（日）大竹英雄著；李中南，蒋胜煜译.—北京：人民体育出版社，1990.9.—172页；32开.—（围棋中级丛书）.—ISBN 7-5009-0573-4：2.50元

布局指要/（日）林海峰著；王国兴译.—北京：人民体育出版社，1990.9.—304页；32开.—（围棋中级丛书）.—ISBN 7-5009-0486-X：4.00元

击败高手之策/（日）武宫正树著；韩凤仑译.—成都：蜀蓉棋艺出版社，1990.10.—174页；32开.ISBN 7-80548-265-9：2.10元

只此一手：中盘/（日）木谷实著；韩凤仑，张竹译.—北京：华夏出版社，1990.6.—189页；32开.ISBN 7-80053-732-3：2.35元

只此一手：序盘/（日）藤泽秀行著；韩凤仑，张竹译.—北京：华夏出版社，1990.6.—158页；32开.—ISBN 7-80053-719-6：2.15元

只此一手　第一册：定式与手筋/中国大学生围棋协会编译.—上海：上海外语教育出版社，1990.1.128页；64开.—（围棋丛刊）.—ISBN 7-81009-424-6：0.70元

只此一手　第二册：角上魔术师/中国大学生围棋协会编译.—上海：上海外语教育出版社，1990.1.97页；64开.—（围棋丛刊）.—ISBN 7-81009-425-4：0.55元

只此一手　第三册：手筋ABC/中国大学生围棋协会编译.—上海：上海外语教育出版社，1990.1.

128页；64开.—（围棋丛刊）.—ISBN 7-81009-426-2：0.70元

只此一手　第四册：对杀专题/中国大学生围棋协会编译.—上海：上海外语教育出版社，1990.1.128页；64开.—（围棋丛刊）.—ISBN 7-81009-427-0：0.70元

只此一手　第五册：定式的变型/中国大学生围棋协会编译.—上海：上海外语教育出版社，1990.1.128页；64开.—（围棋丛刊）.—ISBN 7-81009-428-9：0.70元

只此一手　第六册：放眼大局/中国大学生围棋协会编译.—上海：上海外语教育出版社，1990.1.127页；64开.—（围棋丛刊）.—ISBN 7-81009-429-7：0.70元

只此一手　第七册：从序盘到终盘/中国大学生围棋协会编译.—上海：上海外语教育出版社，1990.8.—127页；64开.—（围棋丛刊）.—ISBN 7-81009-550-1：0.70元

只此一手　第八册：作战技巧/中国大学生围棋协会编译.—上海：上海外语教育出版社，1990.8.127页；64开.—（围棋丛刊）.—ISBN 7-81009-551-X：0.70元

只此一手　第九册：定式中的变着/中国大学生围棋协会编译.—上海：上海外语教育出版社，1990.8.—127页；64开.—（围棋丛刊）.—ISBN 7-81009-552-8：0.70元

只此一手　第十册：死活题教室/中国大学生围棋协会编译.—上海：上海外语教育出版社，1990.8.96页；64开.—（围棋丛刊）.—ISBN 7-81009-553-6：0.55元

只此一手　第十一册：连络的手筋/中国大学生围棋协会编译.—上海：上海外语教育出版社，1990.8.—96页；64开.—（围棋丛刊）.—ISBN 7-81009-554-4：0.55元

只此一手　第十二册：对难题一丝不苟/中国大学生围棋协会编译.—上海：上海外语教育出版社，1990.8.—126页；64开.—（围棋丛刊）.—ISBN 7-81009-555-2：0.70元

由大场到急场/（日）石田芳夫著；肖明，刘桦译.—成都：蜀蓉棋艺出版社，1990.10.—218页；32开.—（围棋中级丛书）.—ISBN 7-30548-270-5：2.80元

出奇制胜的妙手：围棋实战死活192题/（日）大平修三著；雷贞倜，梁静译.—成都：蜀蓉棋艺出版社，1990.4.—200页；32开.—ISBN 7-80548-224-1：2.25元

让子棋指南/（日）武宫正树，小林光一著；金爽译.—北京：人民体育出版社，1990.9.—691页；32开.—（围棋中级丛书）.—ISBN 7-5009-0539-4：7.40元

加藤围棋教室　（1）：序盘的构思/（日）加藤正夫著；郑虹，凯希译.—成都：蜀蓉棋艺出版社，1990.6.—270页；32开.—ISBN 7-80548-242-X：3.00元

加藤围棋教室　（2）：手筋和攻防/（日）加藤正夫著；栾斌译.—成都：蜀蓉棋艺出版社，1990.6.270页；32开.—ISBN 7-80548-243-8：3.00元

加藤围棋教室　（3）：官子·角的死活/（日）加藤正夫著；郑虹，凯希译.—成都：蜀蓉棋艺出版社，1990.7.—270页；32开.—ISBN 7-80548-244-6：3.00元

死活妙机/（日）本因坊秀哉著；林天铎，亦逸编译.—郑州：中州古籍出版社，1990.6.—178页；大32开.—ISBN 7-5348-0104-4：2.95元

死活题新作/杨以伦著.—北京：人民体育出版社，1990.9.—322页；32开.—（围棋中级丛书）.—ISBN 7-5009-0514-9：4.30元

执白棋的秘诀/（日）坂田荣男著；王宛砾译.郑州：河南科学技术出版社，1990.6.—176页；32开.—ISBN 7-5349-0552-4：2.60元

吃棋的手筋/（日）小林光一著；陈惠芳，黄玉雄译.—成都：蜀蓉棋艺出版社，1990.4.—218页；32开.—（围棋中级丛书）.—ISBN 7-80548-239-X：2.80元

先急所后大场/（日）石田芳夫著；韩凤仑，金爽译.—北京：华夏出版社，1990.12.—210页；32开.—ISBN 7-80053-788-9：2.95元

优势取胜法/（日）藤泽秀行著；栾斌译.—成都：蜀蓉棋艺出版社，1990.5.—218页；32开.—（围棋中级丛书）.—ISBN 7-80548-240-3：2.80元

"宇宙流"自述/（日）武宫正树著；张亚农译.北京：奥林匹克出版社，1990.4.—128页；32开.（奥林匹克围棋丛书；第1辑/蔡中主编）.—ISBN 7-80067-015-5：2.80元

攻防的感觉/（日）大竹英雄著；金爽，张竹译.北京：华夏出版社，1990.10.—200页；32开.—ISBN 7-80053-784-6：3.20元

坂田荣男与精锐棋手的对局/（日）坂田荣男著；赵建军，杨真编译.—北京：北京体育学院出版社，1990.4.—191页；32开.—ISBN 7-81003-344-1：3.60元

劫争制胜之道/（日）石田芳夫著；王小平译.—北京：奥林匹克出版社，1989.12.—247页；32开.（奥林匹克围棋丛书；第1辑/蔡中主编）.—ISBN 7-80067-016-3：4.10元

吴清源自选百局　上下卷合订本/（日）吴清源著；郭鹏，王元译.—北京：中国电影出版社，1990.2.

486页；大32开.—ISBN 7-106-00380-8：5.90元

围棋入门之后/江铸久，江鸣久编著.—西安：未来出版社，1990.2.—350页；32开.—ISBN 7-5417-0277-3：3.70元

围棋入门必读/《围棋入门必读》编写组编.—南京：江苏教育出版社，1990.8.—185页；32开.—ISBN 7-5343-1126-8：1.90元

围棋三手的算路/（日）加藤正夫著；黄小牧译.成都：蜀蓉棋艺出版社，1990.6.—186页；32开.ISBN 7-80548-249-7：2.20元

围棋中盘技巧/（日）坂田荣男著；廖四鸣译.2版.—成都：蜀蓉棋艺出版社，1990.12.—186页；32开.—ISBN 7-80548-095-8：2.10元

本书1986年3月第1版。

围棋手筋辞典/（日）藤泽秀行著；吴仁译.—北京：中国青年出版社，1990.9.—2册（506，505页）；大32开.—（围棋辞典丛书）.—ISBN 7-5006-0744-X（精装）：24.00元

围棋升级水平测试/（日）藤泽秀行著；马巍译.北京：旅游教育出版社，1990.7.—161页；32开.ISBN 7-5637-0133-8：2.20元

围棋古今妙手精选/孙静华，周蕴珑编著.—北京：北京出版社，1990.3.—466页；32开.—ISBN 7-200-00887-7：6.20元

围棋古谱妙手选/赵之云，陈健选讲.—上海：上海古籍出版社，1990.7.—209页；32开.—（文化春秋丛书）.—ISBN 7-5325-0027-6：2.30元

围棋布局速成指南/华以刚著.—合肥：安徽科学技术出版社，1990.9.—190页；32开.—ISBN 7-5337-0490-8：2.60元

围棋布局辞典/（日）林海峰著；陈宪辉译.—北京：中国青年出版社，1990.9.—2册（506，503页）；大32开.—（围棋辞典丛书）.—ISBN 7-5006-0741-5（精装）：24.00元

围棋史话/李松福编著.—北京：人民体育出版社，1990.9.—415页；32开.—ISBN 7-5009-0521-1：6.30元

围棋让子谱/（日）加藤正夫著；王音译.—北京：中国奥林匹克出版社，1990.4.—184页；32开.（奥林匹克围棋丛书；第1辑/蔡中主编）.—ISBN 7-80067-018-X：3.10元

围棋必胜的秘密武器：武宫"宇宙流"/（日）武宫正树著；刘晓君译.—北京：文化艺术出版社，1990.9.—3册（222，222，222页）；32开.—ISBN 7-5039-0647-2：9.90元

围棋死活辞典/（日）赵治勋著；吴仁译.—北京：中国青年出版社，1990.9.—2册（378，377页）；大32开.—（围棋辞典丛书）.—ISBN 7-5006-0742-3（精装）：22.00元

围棋死活300例/李益谦编著.—北京：北京体育学院出版社，1990.6.—337页；32开.—ISBN 7-81003-227-5：4.80元

围棋形势判断基础/（日）石田芳夫著；西丁译.2版.—成都：蜀蓉棋艺出版社，1990.3.—186页；32开.—ISBN 7-80548-177-6：2.10元

本书1986年3月第1版。

围棋进攻的基本方法/（日）加藤正夫著；赵建军，杨真编译.—北京：北京体育学院出版社，1990.5.—186页；32开.—ISBN 7-81003-342-5：2.40元

围棋攻防技巧/（日）加藤正夫著；西丁译.—2版.—成都：蜀蓉棋艺出版社，1990.1.—184页；32开.—ISBN 7-80548-108-3：2.10元

本书1986年3月第1版。

围棋初级手筋/（日）加藤正夫著；吴佩江，付慧娅译.—北京：海洋出版社，1990.12.—191页；32开.—ISBN 7-5027-1010-8：3.20元

本书主要讲述围棋"手筋"的重要作用及其在实战中的应用。

围棋初级死活/日本棋院编；吴佩江，付慧娅译.北京：文化艺术出版社，1990.5.—191页；32开.ISBN 7-5039-0600-6：3.20元

围棋取胜技巧/（日）赵治勋著；邱群娴译.—成都：蜀蓉棋艺出版社，1990.6.—200页；32开.—ISBN 7-80548-245-2：2.30元

围棋励精图治之策/（日）赵治勋著；韩凤仑，张凤荣译.—北京：北京出版社，1990.10.—193页；32开.—ISBN 7-200-01046-4：3.15元

围棋的大场与急场/（日）石田芳夫著；赵建军，杨真编译.—北京：北京体育学院出版社，1990.8.198页；32开.—ISBN 7-81003-397-2：2.50元

围棋的构想力/（日）安倍吉辉著；薛至诚编译.北京：人民体育出版社，1990.9.—290页；32开.ISBN 7-5009-0432-0：3.85元

围棋定式辞典/（日）石田芳夫著；陈宪辉译.—北京：中国青年出版社，1990.9.—2册（506，505页）；大32开.—（围棋辞典丛书）.—ISBN 7-5006-0743-1（精装）：24.00元

围棋官子指南/黄良玉，罗云著.—北京：人民体育出版社，1990.9.—280页；32开.—（围棋中级丛书）.—ISBN 7-5009-0493-2：3.70元

围棋实战手筋/（日）坂田荣男著；张静译.—成都：蜀蓉棋艺出版社，1990.5.—188页；32开.—ISBN 7-80548-248-9：2.20元

围棋实战常型的攻防/吴玉林编著.—北京：人民体育出版社，1990.9.—122页；32开.—ISBN 7-5009-

0209-3：1.80元

围棋棋力自测：从五级到初段/（日）武宫正树著；宋涛，洪洁译.—北京：奥林匹克出版社，1990.8.—223页；32开.—（奥林匹克围棋丛书；第2辑/蔡中主编）.—ISBN 7-80067-119-4：3.50元

围棋棋力快速自测法/日本棋院编；于志琪编译.北京：农村读物出版社，1990.9.—168页；32开.ISBN 7-5048-1335-4：2.35元

围棋棋力测验 （一）/（日）藤泽秀行等编著；中国大学生围棋协会译.—成都：蜀蓉棋艺出版社，1990.6.—250页；32开.—ISBN 7-80548-247-0：2.80元

围棋棋力测验 （二）/（日）藤泽秀行等编著；中国大学生围棋协会译.—成都：蜀蓉棋艺出版社，1990.7.—250页；32开.—ISBN 7-80548-260-0：2.80元

围棋棋力测验 （三）/（日）藤泽秀行等编著；中国大学生围棋协会译.—成都：蜀蓉棋艺出版社，1990.8.—304页；32开.—ISBN 7-80548-251-9：3.20元

围棋棋力培养指南：初中级本/（日）藤泽秀行著；胡懋林，虞荒编译.—合肥：安徽科学技术出版社，1990.9.—146页；32开.—ISBN 7-5337-0576-9：2.40元

围棋欺着集锦/日本棋院编；陈伟明译.—北京：人民体育出版社，1990.9.—326页；32开.—（围棋中级丛书）.—ISBN 7-5009-6522-X：4.30元

本书精选了围棋欺着30型。

围棋简易形势判断法/（日）大竹英雄著；林益良，亦逸译.—合肥：安徽科学技术出版社，1990.12.—218页；32开.—ISBN 7-5337-0622-6：3.30元

围棋新手新型新定式 （一）/（日）安倍吉辉著；章德辉译.—成都：蜀蓉棋艺出版社，1990.2.—186页；32开.—ISBN 7-80548-230-6：2.20元

围棋新手新型新定式 （二）/（日）安倍吉辉著；郭鹏译.—成都：蜀蓉棋艺出版社，1990.4.214页；32开.—ISBN 7-80548-232-2：2.40元

围棋新手新型新定式 （三）/（日）安倍吉辉解说；郑虹，凯希译.—成都：蜀蓉棋艺出版社，1990.6.—207页；32开.—ISBN 7-80548-255-1：2.40元

你有几段水平？：围棋段位自我测定/（日）小林光一著；谢裕国编译.—上海：上海文化出版社，1990.3.—225页；大32开.—ISBN 7-80511-342-4：3.00元

角上的死活/（日）高木祥一著；亦浩，亦逸编译.—上海：上海科学技术文献出版社，1990.3.218页；32开.—（日本新中级围棋丛书）.—ISBN 7-80513-559-2：2.65元

角部的死活/（日）高木祥一著；黄良玉，陈凤译.—成都：蜀蓉棋艺出版社，1990.11.—209页；32开.—（围棋中级丛书）.—ISBN 7-80548-282-9：2.80元

沧桑谱：过惕生，过旭初弈谱精选/程晓流评注.—北京：华龄出版社，1990.9.—354页；大32开.—ISBN 7-80082-046-7：5.30元

现代围棋名局31例/（日）大竹英雄著；赵建军，杨真编译.—北京：北京体育学院出版社，1990.9.—2册（158，149页）；32开.—ISBN 7-81003-398-0：4.20元

武宫宇宙流必胜法/（日）武宫正树著；韩凤仑，张竹译.—北京：中国工人出版社，1990.6.—211页；32开.—ISBN 7-5008-0584-5：2.90元

武宫流＝大模样作战法/（日）武宫正树著；陈伟明，弈兴译.—北京：人民体育出版社，1990.9.292页；32开.—ISBN 7-5009-0450-9：3.90元

武宫流四连星大模样作战/（日）武宫正树著；刘健等编译.—杭州：浙江大学出版社，1990.6.—218页；32开.—（围棋棋力速增丛书；4）.—ISBN 7-308-00540-2：2.80元

势的运用/金疆，兆征编著.—北京：人民体育出版社，1990.9.—262页；32开.—（围棋中级丛书）.ISBN 7-5009-0523-8：3.40元

征棋、封棋、突围/金疆，程征编著.—北京：人民体育出版社，1990.1.—225页；32开.—（围棋初级丛书）.—ISBN 7-5009-0412-6：2.80元

定式后的下法/（日）加纳嘉德著；金爽，张竹译.—北京：中国广播电视出版社，1990.11.198页；32开.—ISBN 7-5043-0369-0：3.25元

定式的选择/（日）工藤纪夫著；江鸣久译.—成都：蜀蓉棋艺出版社，1990.6.—218页；32开.—（围棋中级丛书）.—ISBN 7-80548-238-1：2.80元

定式的魔术：对定式变着和骗着的剖析/（日）山部俊郎著；朱宝训，谯辛译.—合肥：安徽科学技术出版社，1990.5.—219页；32开.—（围棋魔术丛书；1）.—ISBN 7-5337-0436-4：3.25元

定式举要/芮乃伟著.—上海：上海文化出版社，1990.3.—216页；32开.—（名家围棋丛书/陈祖德主编）.—ISBN 7-80511-353-X：2.75元

官子小百科/日本棋院著；韩凤仑，张竹译.—北京：华夏出版社，1990.6.—221页；32开.—（围棋小百科丛书）.—ISBN 7-80053-729-3：2.65元

官子知识/（日）赵治勋著；于志琪，李中南编译.北京：人民体育出版社，1990.1.—162页；32开.—（围棋入段丛书；4）.—ISBN 7-5009-0401-0：2.30元

官子的手筋/（日）坂田荣男著；林天铎，亦逸编译.—上海：上海科学技术文献出版社，1990.11.

216页；32开.—（日本新中级围棋丛书）.—ISBN 7-80513-559-2：2.40元

南朝鲜棋战风云/权基洪，曹碧涛编译.—北京：奥林匹克出版社，1990.8.—220页；32开.—（奥林匹克围棋丛书；第2辑/蔡中主编）.—ISBN 7-80067-121-6：3.20元

厚味计算法/（日）安倍吉辉著；刘潇译.—北京：中国奥林匹克出版社，1990.7.—187页；32开.（奥林匹克围棋丛书；第1辑/蔡中主编）.—ISBN 7-80067-017-1：2.95元

星定式小百科/日本棋院编；韩凤仑，张竹译.北京：华夏出版社，1990.7.—210页；32开.—（围棋小百科丛书）.—ISBN 7-80053-742-0：2.90元

胜局的定形方法/（日）吴清源著；王小平，王音译.—北京：奥林匹克出版社，1990.10.—150页；32开.—ISBN 7-80067-215-8：3.70元

施襄夏棋诀图释/过惕生，孔凡章图释；范孙操整理.—北京：人民体育出版社，1990.9.—401页；32开.—ISBN 7-5009-0434-7：5.30元

聂卫平棋圣对局精选/聂卫平，程晓流著.—上海：上海科学技术出版社，1990.5.—402页；大32开.—ISBN 7-5323-1484-7：6.00元

晋入三段所必需的基本手筋100例/（日）大竹英雄著；刘健等编译.—杭州：浙江大学出版社，1990.6.—218页；32开.—（围棋棋力速增丛书；5）.ISBN 7-308-00532-1：2.85元

教孩子学围棋/邱鑫，陆永和编著.—北京：人民体育出版社，1990.9.—220页；32开.—供家长教师辅导儿童、少年自学用.—ISBN 7-5009-0471-1：3.40元

盘渡与通连/吴飘，卢兴编著.—北京：人民体育出版社，1990.9.—244页；32开.—（围棋初级丛书）.—ISBN 7-5009-0459-2：3.30元

棋力的检验/日本棋院编；柴治一等译.—北京：人民体育出版社，1990.9.—656页；32开.—（围棋中级丛书）.—ISBN 7-5009-0492-4：8.50元

棋圣争霸战名局细解/（日）藤泽秀行著；马小兵等译.—北京：文化艺术出版社，1990.3.—2册（616页）；32开.—ISBN 7-5039-0614-6：8.30元

棋圣战激斗谱/日本读卖新闻社编；洪剑思，曹乾亨译.—北京：北京出版社，1990.10.—166页；32开.—ISBN 7-200-01107-X：2.70元

棋杰林海峰对局精选/赵之云，陈健编撰.—上海：上海社会科学院出版社，1990.4.—261页；32开.SBN 7-80515-485-6：3.60元

超一流棋手名局详解：普及本/（日）小林光一等著；乐绍延，李锐锋编译.—北京：人民体育出版社，1990.9.—584页；32开.—ISBN 7-5009-0489-4：7.50元

提子后的招法/吴定远，卢兴编著.—北京：人民体育出版社，1990.9.—175页；32开.—（围棋初级丛书）.—ISBN 7-5009-0576-9：2.50元

提高围棋死活技巧/林海峰著；韩凤仑，张竹译.成都：蜀蓉棋艺出版社，1990.6.—186页；32开.ISBN 7-80548-252-7：2.20元

最佳古谱详解/邱鑫，陈新编著.—北京：人民体育出版社，1990.9.—446页；32开.—（围棋中级丛书）.—ISBN 7-5009-0577-7：5.70元

最新中国流战法/（日）加藤正夫著；杨祖铭，王再清译.—北京：奥林匹克出版社，1990.8.—215页；32开.—（奥林匹克围棋丛书；第2辑/蔡中主编）.—ISBN 7-80067-120-8：3.70元

黑白魂/北京电视台等编.—北京：北京出版社，1990.10.—336页；32开.—ISBN 7-200-01228-9：3.95元

敦煌碁经笺证/成恩元著.—成都：蜀蓉棋艺出版社，1990.4.—334页；大32开.—ISBN 7-80548-211-X：5.80元

搏击的历程：刘小光围棋对局精选/刘小光著.开封：河南大学出版社，1990.5.—319页；32开.ISBN 7-81018-378-8：3.65元

简明形势判断/（日）大竹英雄著；吴正龙，翁子瑜译.—成都：蜀蓉棋艺出版社，1990.12.—218页；32开.—（围棋中级丛书）.—ISBN 7-80548-281-0：2.80元

精妙残局集锦/傅荣年著；刘国斌等评解.—成都：蜀蓉棋艺出版社，1990.7.—174页；32开.—ISBN 7-80548-257-8：2.10元

增强打入的实力/（日）赵治勋著；赵建军，杨真编译.—北京：北京体育学院出版社，1990.3.—186页；32开.—ISBN 7-81003-343-3：3.20元

增强对抗骗着的能力/（日）石田芳夫著；赵建军，杨真译.—北京：北京科学技术出版社，1990.9.—181页；32开.—ISBN 7-5304-0697-3：2.50元

G891.9 其他

五子棋制胜妙谱/章照原编著.—上海：上海文化出版社，1990.8.—180页；32开.—（娱乐世界丛书）.—ISBN 7-80511-203-7：2.05元

江湖怪棋/谭勇著.—成都：成都出版社，1990.1.—239页：插图；32开.—ISBN 7-80575-020-3：2.75元

本书探讨了怪棋中之佼佼者——坑棋。

G892 桥牌

世界桥牌名手牌例集萃/陈家驹，何国柱编著.—天津：天津科学技术出版社，1990.8.—375页；32

开.—ISBN 7-5308-0800-1：7.00元

世界桥牌名局/周铁锚，凌有为编.—上海：上海文化出版社，1990.7.—177页；32开.—（娱乐世界丛书）.—ISBN 7-80511-333-5：2.05元

世界桥牌名家精华录/董齐亮，瞿强立编著.—北京：光明日报出版社，1990.7.—574页；32开.—ISBN 7-80014-785-1：6.90元

世界桥牌新信息新技术/孟明等编译.—成都：蜀蓉棋艺出版社，1990.10.—182页；32开.—ISBN 7-80548-258-6：2.20元

里斯桥牌技术/（美）里斯（Reese，T.）著；李家骏编译.—北京：人民体育出版社，1990.9.—293页；32开.—ISBN 7-5009-0076-7：4.50元

书名原文：Play Bridge With Reese

伯根实用叫牌百科全书/（美）伯根（Bergen，M.）著；陈晶等译.—成都：蜀蓉棋艺出版社，1990.8.—678页；32开.—ISBN 7-80548-264-0：7.20元

现代防守叫牌精要/（美）杨小燕，罗·安德森著；林洪等译.—北京：北京科学技术出版社，1990.12.—269页；32开.—ISBN 7-5304-0772-4：3.50元

桥艺启蒙/（美）杨小燕等著.—北京：人民体育出版社，1990.9.—107页；32开.—（杨小燕桥牌教学丛书；1）.—ISBN 7-5009-0166-6：1.80元

桥牌入门/张吉生，史智胜编.—长春：吉林大学出版社，1990.12.—180页；32开.—（入门丛书；第1辑）.—ISBN 7-5601-0715-X：2.30元

桥牌入门/（美）乔舒亚·M.拉巴赫著；毕小宁译.—兰州：甘肃科学技术出版社，1990.9.—75页；32开.—ISBN 7-5424-0275-7：1.00元

桥牌入门浅说/文惠编著.—2版.—成都：蜀蓉棋艺出版社，1990.4.—95页；32开.—ISBN 7-80548-048-6：1.30元

本书1986年3月第1版。

桥牌巧打/许根儒，郑克仇编著.—天津：天津科学技术出版社，1990.11.—326页；32开.—ISBN 7-5308-0423-5：4.30元

桥牌攻守要旨/（美）坎特（Kantar，E.B.）著；瞿强立等编译.—上海：上海科学技术文献出版社，1990.1.—258页；32开.—ISBN 7-80513-378-6：4.35元

桥牌现代竞叫·打法技巧·实战测验/（美）克卜朗等著；蔡浪涯等译.—北京：中国青年出版社，1990.12.—616页；32开.—ISBN 7-5006-0757-1：8.20元

桥牌的魅力：专家打法/（英）特伦斯·里斯，戴维·伯德著；王子旗译.—北京：北京科学技术出版社，1990.12.—132页；32开.—ISBN 7-5304-0773-2：1.80元

桥牌定式打法100型：格言/（英）H.W.凯尔西著；齐平生，齐小光译.—成都：蜀蓉棋艺出版社，1990.12.—200页；32开.—ISBN 7-80548-288-8：2.40元

桥牌速成入门/苏朴逊，阮邧编著.—北京：北京理工大学出版社，1990.3.—188页；32开.—ISBN 7-81013-312-8：2.95元

桥牌常见错误/瞿强立等编著.—北京：中国青年出版社，1990.5.—423页；32开.—（青年文化娱乐丛书）.—ISBN 7-5006-0650-8：5.50元

骗招：桥牌比赛中的心理策略/（美）弗雷德·卡平著；梅建华，梅家平译.—成都：蜀蓉棋艺出版社，1990.12.—283页；32开.—ISBN 7-80548-260-8：3.20元

意大利兰队与桥牌/（意）福奎特（Forquet，P.）著；马智威等译.—成都：蜀蓉棋艺出版社，1990.12.—315页；32开.—ISBN 7-80548-262-4：3.50元

G893 台球

台球自学入门/谢尚仁，崔伟著.—郑州：河南科学技术出版社，1990.1.—159页；32开.—ISBN 7-5349-0618-0：2.30元

G894 集邮

工业革命220年：专题邮集/王华新编集.—南昌：江西科学技术出版社，1990.8.—84页；16开.—ISBN 7-5390-0351-0：10.80元

中国邮票全集：解放区卷/吴凤岗主编.—北京：北京燕山出版社，1990.3.—256页；16开.—ISBN 7-5402-0176-2（精装）：115.00元

中国邮票博物馆藏品集：中华民国卷（一）/中国邮票博物馆编著.—北京：文物出版社，1990.6.323页；16开.—ISBN 7-5010-0400-5（精装）：150.00元

中国邮票博物馆藏品集：革命战争时期卷/中国邮票博物馆编.—北京：人民邮电出版社，1990.7.456页；16开.—ISBN 7-115-04374-4（精装）：150.00元

本书精选了自1930年至1950年间人民政权在各革命根据地、解放区发行的邮票、邮资信封、明信片及实寄封、邮政史料等近千件。

中国集邮年鉴：1990/《中国集邮年鉴》编委会编.—北京：人民邮电出版社，1990.9.—355页：彩

照；16开.—ISBN 7-115-04437-6：13.00元

列宁邮票全集/朱祖威主编.—北京：北京燕山出版社，1990.4.—183页；16开.—ISBN 7-5402-0204-1（精装）：83.00元

邮票上的中国名人/段跃中编著.—北京：解放军文艺出版社，1990.11.—381页；32开.—ISBN 7-5033-0145-7：5.80元

本书系统介绍世界邮票上的中国历代名人，收入了世界几十个国（地区）发行的中国历代名人邮票200余种。

邮票上的故事/人民邮电出版社选编.—北京：人民邮电出版社，1990.10.—148页；32开.—ISBN 7-115-04401-5：2.80元

邮票艺术沙龙：〔画册〕/屠良仪编.—上海：上海文化出版社，1990.4.—100页；20开.—ISBN 7-80511-351-3：9.30元

邮票中的艺术世界/林鹗明，钱正兰编.—北京：中国青年出版社，1990.7.—116页；20开.—（邮票系列画册）.—ISBN 7-5006-0725-3：12.00元

本书收编了世界各国艺术邮票一千多枚。

邮票邮品与集邮知识/石安佑，王玉萍编著.—长沙：湖南文艺出版社，1990.12.—297页；32开.ISBN 7-5404-0606-2：6.90元

国际集邮联合会（FIP）集邮展览与评审各项规则/中华全国集邮联合会编译.—北京：北京燕山出版社，1990.6.—139页；32开.—ISBN 7-5402-0231-9：2.50元

集邮乐趣集/林霏开编著.—桂林：漓江出版社，1990.7.—114页；32开.—ISBN 7-5407-0561-2：5.60元

新光邮刊荟萃/张包子俊选编.—北京：人民邮电出版社，1990.8.—533页；大32开.—ISBN 7-115-04435-X：10.80元

新光邮刊为我国20年代创办的新光邮票会会刊。本书从中精选出有关我国早期邮史资料和邮学文章。

G895　旅　行

旅行/沈明编著.—南宁：广西民族出版社，1990.11.—196页；36开.—（当代青年文化娱乐丛书；第二辑（8）/杜云，陈运祐主编）.—ISBN 7-5363-1014-5：2.30元

G897　钓　鱼

四季垂钓：溪钓海钓川钓不同季节的垂钓秘诀/孙青等编译.—北京：学苑出版社，1990.4.—168页；32开.—ISBN 7-80060-985-5：2.60元

钓鱼与健身/高亚行编著.—北京：人民交通出版社，1990.10.—67页；大32开.—ISBN 7-114-01029-X：2.00元

钓鱼乐/王长工，古歙编.—银川：宁夏人民出版社，1990.8.—87页；32开.—ISBN 7-227-00549-6：1.35元

钓鱼技巧/许今刚，侯伟编著.—长春：长春出版社，1990.5.—231页；32开.—ISBN 7-80573-237-X：3.00元

钓鱼技谈/汪志铮编.—广州：广东科技出版社，1990.3.—170页；32开.—ISBN 7-5359-0530-7：2.00元

钓鱼奇招：效率手册/肖走编著.—北京：中国经济出版社，1990.12.—228页；64开.—ISBN 7-5017-0941-6：3.50元

钓鱼图解手册/于小翁，达晨编著.—北京：北京体育学院出版社，1990.1.—357页；32开.—ISBN 7-81003-316-6：5.50元

钓鱼知识问答/王忠庆等编著.—太原：山西人民出版社，1990.1.—119页；32开.—ISBN 7-203-01421-5：1.55元

钓鱼指南：海水钓篇/中国钓鱼协会主编.—北京：学苑出版社，1990.8.—375页；32开.—（钓鱼指南丛书/江一真主编）.—ISBN 7-80060-872-7：4.80元

垂钓：钓鱼知识、技巧和竞赛/包凌云编著.—2版.南京：江苏科学技术出版社，1990.7.—248页；36开.—（祝您健康杂志丛书）.—ISBN 7-5343-0312-4：2.80元

本书1988年4月第1版。

垂钓乐趣与技巧/君祥编著.—成都：蜀蓉棋艺出版社，1990.2.—128页；32开.—ISBN 7-80548-227-6：1.60元

G898　游　戏

中华传统游戏大全/麻国钧，麻淑云著.—北京：农村读物出版社，1990.11.—610页；32开.—ISBN 7-5048-1016-9：8.50元

中国游艺研究/杨荫深著.—影印本.—上海：上海文艺出版社，1990.3.—1册（104，80页）；32开.（民俗、民间文学影印资料；35）.—ISBN 7-5321-0530-X：3.70元

本书据上海世界书局1935年版影印。

世界游戏大观/英国游戏学会编；秦一等译.—天津：天津人民出版社，1990.6.—607页；32开.—ISBN 7-201-00487-5：7.80元

体育游戏大全/曾炯球，陈云彬编著.—杭州：杭州大学出版社，1990.10.—292页；大32开.—ISBN 7-81035-042-0：4.90元

体育游戏300例/徐元君主编.—青岛：青岛海洋大学出版社，1990.4.—225页；32开.—ISBN 7-81026

-043-X：2.90元

怎样带孩子玩：家庭实用小游戏/陈孝英等编.—合肥：安徽少年儿童出版社，1990.4.—68页；32开.ISBN 7-5397-0435-7：0.80元

最新游戏百科/予仁等编.—北京：农村读物出版社，1990.10.—382页；32开.—ISBN 7-5048-1196-3：4.30元

游戏/唐正柱，吴欣欣编著.—南宁：广西民族出版社，1990.11.—150页；36开.—(当代青年文化娱乐丛书；第2辑 (6)/杜云,陈运祐主编).—ISBN 7-5363-1013-7：1.90元

G898.1　活动性游戏

儿童体育游戏200例/王金玉等编著.—太原：山西人民出版社，1990.6.—155页；20开.—ISBN 7-203-01506-8：3.60元

儿童音乐体育游戏/王全仁编著.—呼和浩特：内蒙古人民出版社，1990.6.—127页；32开.—ISBN 7-204-00513-9：1.25元

风筝竞赛规则：1990/中华人民共和国体育运动委员会审定.—北京：人民体育出版社，1990.7.—17页；32开.—ISBN 7-5009-0624-4：0.65元

活动性游戏/体育运动学校《活动性游戏》教材编写组编.—北京：人民体育出版社，1990.6.—138页；32开.—体育运动学校试用教材.—ISBN 7-5009-0447-9：1.10元

室内体育游戏/范鑫元主编.—武汉：湖北教育出版社，1990.5.—95页；32开.—ISBN 7-5351-0519-X：1.15元

翻交交游戏：趣味益智游戏/新生编译.—西安：陕西人民美术出版社，1990.8.—153页；32开.—ISBN 7-5368-0237-4：2.80元

翻绳妙趣：赛过"变形金刚"的翻绳游戏/叶莱，筱琳编.—北京：北京体育学院出版社，1990.6.—162页；32开.—(健康万花筒丛书).—ISBN 7-81003-296-8：3.40元

G898.2　智力游戏

儿童科学游戏100个/沙孝惠编著.—广州：新世纪出版社，1990.12.—100页；32开.—ISBN 7-5405-0479-X：2.15元

儿童智力游戏/马景义编译.—西安：未来出版社，1990.3.—62页；32开.—ISBN 7-5417-0307-9：1.05元

儿童智力游戏/牟刚等编译.—长春：吉林美术出版社，1990.8.—4册；32开.—ISBN 7-5386-0184-8：7.20元

日本益智游戏选/沙舟等编译.—天津：天津科技翻译出版公司，1990.8.—175页；32开.—(世界益智游戏译丛/印嘉祥主编).—ISBN 7-5433-0142-3：2.45元

电子游戏入门/黄佶，燕华编著.—上海：少年儿童出版社，1990.6.—136页；32开.—ISBN 7-5324-0975-9：1.60元

快活的智力游戏　上册/朱经兰等编译.—北京：华夏出版社，1990.4.—69页；16开.—ISBN 7-80053-725-0：2.05元

这是一套由图画编成的书，分上下两册，全书编选了60多组游戏。

启发智慧的数学游戏/马明编.—桂林：广西师范大学出版社，1990.1.—202页；32开.—ISBN 7-5633-0708-7：2.40元

妙妙妙画谜精选/王肖生，王友珍编绘.—兰州：甘肃少年儿童出版社，1990.6.—76页；32开.—ISBN 7-5422-0302-9：0.92元

英国益智游戏选/王中原等编译.—天津：天津科技翻译出版公司，1990.9.—167页；32开.—(世界益智游戏译丛/印嘉祥主编).—ISBN 7-5433-0145-8：2.45元

迷你画谜/张祉浩编.—上海：上海翻译出版公司，1990.2.—92页；32开.—(IQ游戏系列).—ISBN 7-80514-522-9：1.15元

迷你迷宫/张祉浩编.—上海：上海翻译出版公司，1990.2.—114页；32开.—(IQ游戏系列).—ISBN 7-80514-521-0：1.30元

推理游戏/张祉浩，胡承坚编著.—北京：北京体育学院出版社，1990.8.—140页；32开.—ISBN 7-81003-346-8：3.30元

智力引发与训练/魏书生，张一郜主编.—沈阳：辽宁人民出版社，1990.10.—154页；32开.—(青少年益智丛书).—ISBN 7-205-01404-2：1.95元

智力乐园/朱琳珺，朱天明编绘.—天津：天津杨柳青画社，1990.3.—150页；32开.—(儿童大世界丛书).—ISBN 7-80503-075-8：3.50元

智力快乐园/王肖生，王友珍编绘.—成都：四川少年儿童出版社，1990.7.—118页；32开.—ISBN 7-5365-0547-7：1.38元

智力游艺200题/王肖生，王家民编著.—北京：金盾出版社，1990.2.—100页；32开.—ISBN 7-80022-152-0：1.50元

智力游戏精选/陈萍主编；白玉澂等编译.—沈阳：辽宁人民出版社，1990.4.—93页；32开.—ISBN 7-205-01324-0：1.40元

智力游戏精选/蒋星五等编.—南京：江苏教育出版社，1990.7.—122页；32开.—ISBN 7-5343-0966-

2；1.10元

智慧之谜/丹丹编.—南京：江苏教育出版社，1990.2.—128页；128开.—（小小丛书）.—ISBN 7-5343-0971-9：0.36元

G899 其他文娱活动

风靡全球的IQ智力游戏测验/星星编.—呼和浩特：内蒙古人民出版社，1990.4.—170页；32开.—ISBN 7-204-00946-0：2.50元

扑克牌——中外玩法172例/丁志民，聂玉娥编著.—北京：学苑出版社，1990.2.—192页；32开.ISBN 7-80060-496-9：2.60元

扑克游戏大全/中国青年出版社编.—北京：中国青年出版社，1990.5.—363页；32开.—（青年文化娱乐丛书）.—ISBN 7-5006-0626-5：4.80元

快、全、灵、精巧玩扑克24点/刘嗣利著.—上海：上海科学技术文献出版社，1990.11.—118页；32开.—ISBN 7-80513-697-1：1.50元

麻将初步/单信阳编.—南昌：江西人民出版社，1990.4.—56页；32开.—（群众文化娱乐小丛书）.—ISBN 7-210-00392-4：1.00元

麻将牌游戏技巧问答/佳翔，同均编著.—北京：轻工业出版社，1990.10.—229页；32开.—（家庭生活丛书；19）.—ISBN 7-5019-0538-X：4.00元

H 语言、文字

H0 语言学

人类语言纵横谈/倪明亮著.—北京：中信出版社，1990.12.—222页；大32开.—（21世纪中国与世界丛书）.—ISBN 7-80073-019-0：3.70元

现代语言学：全方位的探索/余志鸿主编.—延吉：延边大学出版社，1990.12.—379页；32开.—ISBN 7-5634-0246-2：12.00元

现代语言学入门/（英）艾奇逊（Aitchison，J.）著；王晓钧译.—北京：北京语言学院出版社，1990.6.—285页；32开.—ISBN 7-5619-0004-X：3.40元

书名原文：Teach Yourself Linguistics

语言的表达艺术/臧宣衡，赵欣编著.—青岛：青岛海洋大学出版社，1990.5.—155页；32开.—ISBN 7-81026-056-1：2.60元

语言学入门：英汉对照/刘润清等编著.—北京：人民教育出版社，1990.7.—327页；32开.—（英语教学丛书）.—ISBN 7-107-10457-8：3.70元

语言学通论/王德春著.—南京：江苏教育出版社，1990.5.—736页；大32开.—ISBN 7-5343-0845-3（精装）：9.55元

语言学基础/丁金国编著.—哈尔滨：黑龙江教育出版社，1990.1.—381页；大32开.—ISBN 7-5316-0859-6：4.50元

语言学新探：1978～1983年全国语言专业研究生论文提要集.—北京：高等教育出版社，1990.7.—446页；大32开.—ISBN 7-04-002274-5：3.65元

符号学理论/（意）艾柯（Eco，U.）著；卢德平译.—北京：中国人民大学出版社，1990.10.—387页；大32开.—ISBN 7-300-00868-2：7.20元

书名原文：A Theory of Semiotics

全书共分五章，分别阐述了符号学的基本术语、概念及理论体系，并对"代码"、"符号功能"、"迅息"、"文本"、"超编码与低编码"等问题进行了富有创造性的探讨。

新编语言学概论/高继平，高寒育编著.—沈阳：辽沈书社，1990.8.—281页；大32开.—ISBN 7-80507-064-4：4.80元

H0-05 语言与其他学科的关系

文化的撞击：语言交往/姚亚平著.—长春：吉林教育出版社，1990.12.—204页；大32开.—（文化语言学丛书/申小龙主编）.—ISBN 7-5383-1172-6：4.10元

文化的镜象——人名/王建华著.—长春：吉林教育出版社，1990.12.—218页；大32开.—（文化语言学丛书）.—ISBN 7-5383-1173-4：4.20元

文化语言学/邢福义主编.—武汉：湖北教育出版社，1990.10.—465页；大32开.—ISBN 7-5351-0578-5：6.10元

心理语言学/朱曼殊主编.—上海：华东师范大学出版社，1990.3.—490页；大32开.—高等学校文科教材.—ISBN 7-5617-0475-5：3.55元

交际语言学/夏中华著.—沈阳：辽宁教育出版社，1990.9.—253页；大32开.—ISBN 7-5382-1204-3：3.50元

社会语言学：语言与社会导论/（英）特鲁基尔（Trudgill，P.）著；谭志明，肖孝全译.—西安：陕西人民出版社，1990.2.—252页；大32开.—ISBN 7-224-00152-X：3.70元

社会语言学/（英）赫德森（Hudson，R.A.）著；丁信善等译.—北京：中国社会科学出版社，1990.3.—328页；32开.—ISBN 7-5004-0577-4：4.05元

胡同及其他：社会语言学的探索/张清常著.—北京：北京语言学院出版社，1990.8.—250页；大32开.—ISBN 7-5619-0102-X：4.75元

本书从语言学的角度，对北京街巷胡同名称进行初步研究。

语言与文化/顾嘉祖，陆昇主编.—上海：上海外语教育出版社，1990.6.—322页；大32开.—ISBN 7-81009-454-8：6.00元

语言文学论集/陈恩泉主编.—广州：广东教育出版社，1990.12.—275页；大32开.—ISBN 7-5406-1349-1：4.50元

语言学及其交叉学科/曹聪孙编著.—成都：四川教育出版社，1990.1.—184页；大32开.—（面向现代化丛书；第3辑）.—ISBN 7-5408-1134-X：2.43元

语言学和汉语教学/胡盛仑主编.—北京：北京语言学院出版社，1990.8.—286页；大32开.—ISBN 7-5619-0099-6：4.00元

语言逻辑/袁野等主编.—大连：大连理工大学出版社，1990.3.—343页；32开.—ISBN 7-5611-0276-3：3.80元

说话·写作与逻辑/叶广文，邹玉主编.—长春：吉林大学出版社，1990.7.—253页；32开.—ISBN 7-5601-0539-4：3.50元

说话的情理法/王希杰著.—长沙：湖南师范大学出版社，1990.3.—221页；32开.—ISBN 7-81031-008-9：3.25元

模糊语言学/孙连仲，高炜编著.—西安：陕西人民出版社，1990.2.—212页；大32开.—（语言文学丛著/杨春霖主编）.—ISBN 7-224-01091-X：3.50元

H0-06　语言学派、学说及其研究

乔姆斯基/（美）格林（Greene，J.）著；方立，张景智译.—北京：中国社会科学出版社，1990.3.270页：肖像；32开.—（外国著名思想家译丛）.ISBN 7-5004-0651-7：3.05元

国外语言学概述：流派和代表人物/赵世开主编.北京：北京语言学院出版社，1990.8.—411页；大32开.—ISBN 7-5619-0005-8：5.30元

H01　语音学

现代语音基础知识/曹剑芬著.—北京：人民教育出版社，1990.9.—216页；大32开.—ISBN 7-107-10510-8：3.20元

英汉对比研究论文集/杨自俭，李瑞华编.—上海：上海外语教育出版社，1990.12.—590页；大32开.ISBN 7-81009-538-2：10.00元

国际音标卡片：学生用/郑时恒，蒋品圭编.—上海：上海科技教育出版社，1990.6.—48张；64开.ISBN 7-5428-0421-9：1.00元

国际音标卡片：教师用/郑时恒，蒋品圭编.—上海：上海科技教育出版社，1990.6.—48张；32开.ISBN 7-5428-0422-7：4.70元

国际音标快速拼读法/郑时恒，蒋品圭著.—修订本.—上海：复旦大学出版社，1990.7.—84页；32开.—ISBN 7-309-00517-1：1.15元

本书1989年8月第1版。

语言艺术发声概论/王璐，白龙编著.—哈尔滨：哈尔滨工业大学出版社，1990.11.—235页；32开.—ISBN 7-5603-0314-5：3.60元

简明实用语音学/罗安源，金雅声著.—北京：中央民族学院出版社，1990.12.—197页；32开.—ISBN 7-81001-201-0：1.90元

H019　朗诵法、演讲术

大学生口才/谢盛圻等编著.—广州：广东人民出版社，1990.2.—357页；32开.—（当代大学生丛书）.—ISBN 7-218-00458-X：3.30元

口才艺术与技巧：能言善辩速成新招/吕国忱编著.北京：农村读物出版社，1990.10.—285页；32开.ISBN 7-5048-1450-4：3.75元

口才艺术概论/孙青艾主编.—开封：河南大学出版社，1990.5.—347页；大32开.—ISBN 7-81018-489-X：4.00元

无敌说服术/苏三编著.—广州：广东旅游出版社，1990.5.—150页；32开.—（现代生活丛书）.—ISBN 7-80521-175-2：2.80元

无敌雄辩术/柯可著.—南宁：广西民族出版社，1990.9.—201页；32开.—ISBN 7-5363-0853-1：2.20元

对话·演讲·论辩/季世昌，朱净之编著.—南京：江苏教育出版社，1990.3.—342页；32开.—ISBN 7-5343-0658-2：3.05元

舌战大法：论辩的智谋与方法/林辰，李瑜青编.合肥：安徽人民出版社，1990.4.—270页；32开.ISBN 7-212-00312-3：3.75元

企业家口才与讲演/李宏学等编著.—北京：中国经济出版社，1990.5.—126页；32开.—（企业家外交丛书/杨岗主编）.—ISBN 7-5017-0598-4：3.00元

名人讲演/斯人编.—南京：江苏文艺出版社，1990.7.—326页；32开.—（名人丛书）.—ISBN 7-5399-0197-7：3.80元

讲演辩论中的逻辑诀窍/苏越，王健伟主编.—北京：北京师范大学出版社，1990.5.—246页；32开.（逻辑应用多视角丛书/苏越主编）.—ISBN 7-303-00879-9：3.45元

论辩技巧精要/林世英，李向群编著.—厦门：厦门大学出版社，1990.5.—138页；32开.—ISBN 7-5615-0240-0：2.00元

现代演讲艺术/涂伟谦著.—成都：四川人民出版社，1990.7.—371页；32开.—ISBN 7-220-00918-6：4.20元

实用论辩艺术/陈准，周建设编著.—长沙：湖南科学技术出版社，1990.9.—178页；32开.—ISBN 7-5357-0754-8：2.60元

实用演讲艺术/郭海燕等主编.—北京：学苑出版社，1990.12.—242页；32开.—ISBN 7-5077-0129-8：3.20元

实用演讲学/邵守义著.—北京：中国青年出版社，1990.8.—244页；32开.—（青年文库：新编本；

11）.—ISBN 7-5006-0734-2

实用辩论艺术/邝邦洪，陈妙云著.—广州：广东人民出版社，1990.11.—275页；32开.—ISBN 7-218-00592-6：2.85元

幽默答辩五十法/孙绍振著.—厦门：厦门大学出版社，1990.11.—256页；32开.—ISBN 7-5615-0321-0：2.56元

语言的艺术/孙家才著.—北京：文津出版社，1990.12.—140页；32开.—ISBN 7-80554-066-7：2.90元

说服力：智取天下法则/（日）邑井操著；燕妮译.—海口：南海出版公司，1990.7.—230页；32开.—ISBN 7-80570-131-8：3.30元

祝词·致词·贺词：如何在各种场合潇洒地发挥演讲才能/百勤编译.—北京：旅游教育出版社，1990.7.—145页；32开.—ISBN 7-5637-0205-9：2.20元

能说会道50法/李刚著.—延吉：延边大学出版社，1990.9.—283页；32开.—ISBN 7-5634-0213-6：3.60元

雄辩风流：历代谈辩对话艺术/蔡华同，王捷编著.—北京：中国卓越出版公司，1990.1.—295页；32开.—ISBN 7-80071-064-5：3.90元

雄辩有术/（美）卡耐基著；张古平译.—长春：长春出版社，1990.4.—203页；32开.—ISBN 7-80573-211-6：2.90元

雄辩荟萃/王国庆等编撰.—北京：中国国际广播出版社，1990.9.—232页；32开.—ISBN 7-80035-489-X：3.20元

演讲学/林英家，牟振旭编著.—西安：陕西人民出版社，1990.6.—417页；大32开.—ISBN 7-224-01366-8：5.90元

演说·魅力·逻辑/陈翼浦著.—北京：气象出版社，1990.12.—158页；32开.—ISBN 7-5029-0448-4：2.70元

辩论技巧/王国庆等编撰.—北京：中国国际广播出版社，1990.9.—325页；32开.—ISBN 7-80035-490-3：4.50元

H02　文字学

世界字母简史/周有光著.—上海：上海教育出版社，1990.7.—359页；大32开.—ISBN 7-5320-1566-1：5.80元

H026　特种文字

中国手语/中国聋人协会编辑.—北京：华夏出版社，1990.5.—697页；大32开.—ISBN 7-80053-710-2：9.15元

传神的一举一动：非语言交际/（　）冯·拉弗勒-恩格尔（Vonraffler-Bmgcl，W.）编；熊文华等译.—北京：国际文化出版公司，1990.9.—513页：照片；32开.—ISBN 7-80049-417-9：5.80元

书名原文：Aspects of Nonverbal Communication

体语之谜/高慎盈著.—天津：天津人民出版社，1990.2.—155页；32开.—（心理之谜丛书/黄京尧主编）.—ISBN 7-201-00405-0：2.35元

怎样理解言外之意：从姿势看心思/金承志等编译.—上海：上海科学技术出版社，1990.8.—192页：图；32开.—（文化·科学·生活·社会实用文库）.—ISBN 7-5323-2043-X：2.55元

神奇的体语世界/（美）朱丽叶斯·法斯特著；孙晓红译.—北京：新华出版社，1990.6.—176页；32开.—（青年新知丛书）.—ISBN 7-5011-0632-0：2.20元

H03　语义学、词汇学、词义学

中外名人名言大辞典/祁志孝等编译.—太原：北岳文艺出版社，1990.3.—1105页；32开.—ISBN 7-5378-0315-3（精装）：15.00元

中外名人座右铭/何民胜，曹滨滨编.—南京：江苏人民出版社，1990.2.—505页；大32开.—ISBN 7-214-00226-4：6.50元

中外名言辞典/振峰等主编.—石家庄：河北人民出版社，1990.1.—899页；32开.—ISBN 7-202-00614-6（精装）：12.00元

本辞典编录经典文献、诗文名篇、笔记杂著、力作散谈中的名言近万余条。

心灵的礼物：中外心意卡（贺卡）赠诗赠言选萃/邱质朴等编译.—济南：山东文艺出版社，1990.10.289页；32开.—ISBN 7-5329-0539-X：4.00元

世界名人妙语大全/丁岚主编.—北京：中国城市经济社会出版社，1990.10.—495页；32开.—ISBN 7-5074-0504-4（精装）：9.80元

世界名人妙语大全/丁岚主编.—北京：中国城市经济出版社，1990.10.—495页；32开.—ISBN 7-5074-0503-6：6.60元

世界名言博引词典/（美）史蒂文森（Stevenson，B.）主编；周文标等编译.—沈阳：辽宁人民出版社，1990.8.—1075页；大32开.—ISBN 7-205-00313-X（精装）：23.60元

书名原文：The Home book of Quotations

外国名人名言1000句/毕谿，雷良菜编译.—昆明：云南教育出版社，1990.9.—493页；64开.—ISBN 7-5415-0348-7：2.60元

外国常用典故/胥真理等编著.—郑州：河南教育出

版社，1990.8.—548页；32开.—ISBN 7-5347-0733-1：6.80元

外国谚语小辞典/刘庆编著.—西安：三秦出版社，1990.4.—565页；64开.—ISBN 7-80546-183-X：4.00元

汉英维成语词典/哈德尔·哈吾孜编.—乌鲁木齐：新疆人民出版社，1990.11.—109页；大32开.—ISBN 7-228-01228-3（精装）：13.60元

西方名言引喻典故辞典/陈珍广，祁庆生编.—广州：花城出版社，1990.8.—602页；32开.—ISBN 7-5360-0414-1（精装）：11.00元

本书共收西方名言引喻1554条。

名言大辞典/许啸天编纂.—长沙：岳麓书社，1990.4.—740页；32开.—ISBN 7-80520-193-5（精装）：9.40元

应用术语学/（加）迪毕克（Dubuc, R.）著；张一德译.—北京：科学出版社，1990.6.—139页；大32开.—ISBN 7-03-001620-3：6.10元

书名原文：Manuel pratique de terminologie

妙语大全/刘明章，崔厚泽主编.—延吉：延边大学出版社，1990.5.—549页；32开.—ISBN 7-5634-0211-X：7.70元

青春赠言录/胡洁等编选.—兰州：兰州大学出版社，1990.11.—269页；32开.—ISBN 7-311-00356-3：3.40元

经海妙语/文洁选编.—长沙：湖南文艺出版社，1990.8.—227页；48开.—ISBN 7-5404-0572-4：2.70元

语义学/徐烈炯著.—北京：语文出版社，1990.10.—292页；大32开.—ISBN 7-80006-237-6：4.20元

格言大辞典/郭东斌主编.—沈阳：辽宁人民出版社，1990.3.—967页；大32开.—ISBN 7-205-00870-0（精装）：23.00元

本辞典收录中外格言12000余条。

彩图格言词典/陈光磊编文；王宏等插图.—上海：上海辞书出版社，1990.12.—299页；32开.—（彩图系列）.—ISBN 7-5326-0129-3（精装）：10.00元

本词典收录古今中外格言2000余条。

情语大全/元大非主编.—延吉：延边大学出版社，1990.5.—480页；32开.—ISBN 7-5634-0224-1：7.00元

彭吉恩谚语辞典/（　）罗莎琳德·弗格森编；刘云波译.—郑州：河南教育出版社，1990.8.—93页；大32开.—ISBN 7-5347-0644-0：11.80元

本辞典共辑录世界各个民族、各个时代的谚语6000余条。

赠言小词典/石韵著.—西安：陕西人民教育出版社，1990.11.—350页；32开.—ISBN 7-5419-1787-7：3.95元

赠言词典/解露曦等编写.—上海：上海辞书出版社，1990.10.—417页；32开.—ISBN 7-5326-0142-0（精装）：6.80元

赠言集萃/杨柳编著.—郑州：中州古籍出版社，1990.12.—184页；48开.—ISBN 7-5348-0459-0：2.30元

赠言集萃/彭伦健，陈明诗编.—成都：四川辞书出版社，1990.8.—171页；32开.—ISBN 7-8053-155-8：2.35元

警语格言佳句集锦/张乐依，郝剑莉编著.—海口：南海出版公司，1990.5.—307页；32开.—（古今中外知识宝库·超级丛书；第一辑/温愠主编）.ISBN 7-80570-109-1：3.95元

H04　语法学

语言系统与功能：1989年北京系统功能语法研讨会论文集/胡壮麟主编.—北京：北京大学出版社，1990.9.—218页；大32开.—ISBN 7-301-01257-8：3.30元

语法论稿/方光焘编著.—南京：江苏教育出版社，1990.6.—315页；大32开.—ISBN 7-5343-0935-2：3.25元

H05　写作学、修辞学

写作学引论/马怀忠主编.—济南：山东文艺出版社，1990.8.—346页；大32开.—ISBN 7-5329-0476-8：5.00元

写作学百题/路德庆著.—北京：文津出版社，1990.1.—250页；大32开.—ISBN 7-80554-033-0：3.40元

写作学基础/张会恩，范湘其主编.—长沙：湖南师范大学出版社，1990.6.—524页；大32开.—ISBN 7-81031-019-4：6.30元

言语风格学/郑远汉编.—武汉：湖北教育出版社，1990.5.—356页；大32开.—ISBN 7-5351-0492-4：4.70元

修辞学论文集　第五集/中国修辞学会编.—开封：河南大学出版社，1990.10.—287页；大32开.—ISBN 7-81018-547-0：3.60元

本书探讨了语体风格、语境理论、语用特色等。

修辞学教程/张静，郑远汉主编.—郑州：河南教育出版社；香港：香港文化教育出版社，1990.3.—339页；大32开.—ISBN 7-5347-0586-X：4.40元

语言风格学/张德明著.—长春：东北师范大学出版社，1990.2.—311页；大32开.—ISBN 7-5602-0238-

-1（精装）：2.40元

趣味修辞故事/李瑞进，杨芸芝编著.—武汉：湖北教育出版社，1990.6.—170页；32开.—ISBN 7-5351-0517-3：1.95元

H059　翻译学

口译理论实践与教学/（法）塞莱斯科维奇（Seleskovitch，D.），（法）勒代雷（Lederer，M.）著；汪家荣等译.—北京：旅游教育出版社，1990.1.—401页；32开.—ISBN 7-5637-0079-X：4.95元

书名原文：Interpieter Pour Traduire

名家翻译研究与赏析/袁锦翔著.—武汉：湖北教育出版社，1990.7.—436页；大32开.—ISBN 7-5351-0501-7：5.50元

译名论集/张岂之，周祖达主编.—西安：西北大学出版社，1990.7.—310页；大32开.—ISBN 7-5604-0160-0：4.20元

现代翻译理论/刘宓庆著.—南昌：江西教育出版社，1990.7.—301页；大32开.—（译论书丛）.ISBN 7-5329-0842-2：4.00元

H06　词典学

词汇与词典/郭良夫编著.—北京：商务印书馆，1990.7.—268页；大32开.—ISBN 7-100-00303-2：3.35元

现代词典学教程/李开著.—南京：南京大学出版社，1990.11.—373页；大32开.—ISBN 7-305-00757-9：2.80元

袖珍俄英汉词典/曹音等编译.—北京：科学普及出版社，1990.11.—797页；64开.—ISBN 7-110-01692-7：14.00元

H08　应用语言学

应用心理语言学：外语学习心理研究/王初明编著.长沙：湖南教育出版社，1990.4.—205页；大32开.语言学系列教材.—ISBN 7-5355-1120-1：3.40元

英汉微处理机缩略语词典/刘树人编.—北京：科学技术文献出版社，1990.10.—722页；32开.—ISBN 7-5023-1269-2（精装）：18.50元

等值翻译论/吴新祥，李宏安著.—南昌：江西教育出版社，1990.3.—432页；大32开.—（译论书丛）.—ISBN 7-5392-0531-8：5.00元

本书是一部运用现代语言学最新成果和定量分析方法研究翻译理论的专著。

H09　语文教学

各国推广本族语情况汇编/国家对外汉语教学领导小组办公室编.—北京：北京语言学院出版社，1990.8.—245页；大32开.—ISBN 7-5619-0103-8：3.90元

本书第一部分为德法日苏英美各国向世界推广本族语的情况，第二部分是我国（包括台湾省）对外汉语教学概况。详细介绍了各国推广本族语政策的形成和制定，组织机构，历史和现状，教材出版等资料。

语言教学分析/（加）麦基（Mackey，W.F.）著；王得杏等译.—北京：北京语言学院出版社，1990.6.—544页；大32开.—ISBN 7-5619-0006-6：6.00元

书名原文：Language Teaching Analysis

语言教学原理/盛炎著.—重庆：重庆出版社，1990.8.—479页；大32开.—ISBN 7-5366-1359-8（精装）：6.40元

H1　汉　语

王力文集　第七卷：江浙人怎样学习普通话、广东人怎样学习普通话、汉字改革、广东话浅说/王力著.济南：山东教育出版社，1990.5.—516页；大32开.ISBN 7-5328-0215-9（精装）：8.75元

王力文集　第七卷：江浙人怎样学习普通话、广东人怎样学习普通话、汉字改革、广东话浅说/王力著.—济南：山东教育出版社，1990.5.—516页；大32开.—ISBN 7-5328-0216-7：6.75元

王力文集　第十一卷：汉语语法史、汉语词汇史/王力著.—济南：山东教育出版社，1990.3.—847页；大32开.—ISBN 7-5328-0819-X（精装）：11.90元

王力文集　第十一卷：汉语语法史、汉语词汇史/王力著.—济南：山东教育出版社，1990.3.—847页；肖像及照片；大32开.—ISBN 7-5328-0820-3：10.10元

王力文集　第十二卷：中国语言学史、清代古音学/王力著.—济南：山东教育出版社，1990.9.—626页；照片；大32开.—ISBN 7-5328-0887-4（精装）：9.40元

王力文集　第十二卷：中国语言学史、清代古音学/王力著.—济南：山东教育出版社，1990.9.—626页；大32开.—ISBN 7-5328-0888-2：7.60元

王力文集　第十六卷：语言理论、中国语言学、古汉语概论、语法理论、古汉语语法、现代汉语语法/王力著.—济南：山东教育出版社，1990.5.—552页；照片；大32开.—ISBN 7-5328-0845-0（精装）：8.55元

王力文集　第十六卷：语言理论、中国语言学、古汉语概论、语法理论、古汉语语法、现代汉语语法

/王力著.—济南：山东教育出版社，1990.5.—552页；大32开.—ISBN 7-5328-0845-0：6.75元

王力先生纪念论文集/《王力先生纪念论文集》编委会编.—北京：商务印书馆，1990.7.—549页：照片；大32开.—ISBN 7-100-00792-56：6.90元

中国文化语言学/申小龙著.—长春：吉林教育出版社，1990.9.—458页；大32开.—ISBN 7-5383-1098-3（精装）：7.25元

中国语文概要/陈其光编著.—北京：中央民族学院出版社，1990.11.—321页；32开.—ISBN 7-81001-198-7：2.00元

汉语人文精神论/申小龙著.—沈阳：辽宁教育出版社，1990.1.—406页；大32开.—（当代大学书林/贾非贤主编）.—ISBN 7-5382-0930-1：4.90元

汉语·双语·双推论文集/新疆汉语言学会，新疆维吾尔自治区民族语言文字工作委员会编.—乌鲁木齐：新疆人民出版社，1990.10.—328页；大32开.ISBN 7-228-01503-7：3.40元

汉语论丛/华东师范大学中文系《汉语论丛》编辑委员主编.—上海：华东师范大学出版社，1990.1.233页；大32开.—ISBN 7-5617-0353-8：3.40元

汉语知识故事/董天琦编著.—西安：陕西人民教育出版社，1990.7.—319页；大32开.—ISBN 7-5419-1678-1：5.70元

汉语语言心理学/常宝儒著.—北京：知识出版社，1990.10.—295页；32开.—（现代心理学丛书/张人骏主编）.—ISBN 7-5015-0447-4：4.30元

吕叔湘文集　第一卷：中国文法要略/吕叔湘著.北京：商务印书馆，1990.6.—463页：照片；大32开.—ISBN 7-100-00860-3（精装）：7.85元

吕叔湘文集　第二卷：汉语语法论文集/吕叔湘著.—北京：商务印书馆，1990.12.—582页：照片；大32开.—ISBN 7-100-00952-9（精装）：9.30元

字词撷趣/仲之洲编.—兰州：甘肃人民出版社，1990.4.—526页；32开.—ISBN 7-226-00571-9：5.90元

财经汉语　第一册/新疆财经学院编.—乌鲁木齐：新疆人民出版社，1990.9.—789页；大32开.—新疆维吾尔自治区大中专财经院校教材　供少数民族学生使用.—ISBN 7-228-01481-2：8.90元

沈兼士先生诞生一百周年纪念论文集/葛信益，朱家溍编.—北京：紫禁城出版社，1990.9.—156页：照片及书影；16开.—ISBN 7-80047-081-4：6.00元

陆志韦语言学著作集　（三）/陆志韦著.—北京：中华书局，1990.4.—472页；大32开.—ISBN 7-101-00559-4：8.40元

法学语文基础/戴磊等编著.—济南：山东大学出版社，1990.6.—396页；大32开.—ISBN 7-5607-0397-6：2.40元

语文/机械电子工业部统编.—北京：机械工业出版社，1990.6.—361页；32开.—机械类技工学校教改试用教材.—ISBN 7-111-02159-2：5.05元

语文/劳动部培训司组织编写.—2版.—北京：劳动人事出版社，1990.2.—339页；32开.—全国技工学校通用教材.—ISBN 7-5045-0416-5：2.95元

本书1985年2月第1版。

语文/赵洪国主编.—北京：化学工业出版社，1990.2.—405页；32开.—技工学校教材.—ISBN 7-5025-0693-4：5.00元

语文　上册：讲读教材/申明清主编.—上海：上海科学技术文献出版社，1990.8.—212页；16开.—上海市中等卫生学校试用教材　供医生、护士、药剂士等各专业使用.—ISBN 7-80513-676-9：4.95元

语文　下册：能力训练/申明清主编.—上海：上海科学技术文献出版社，1990.8.—165页；16开.—上海市中等卫生学校试用教材　供医士、护士、药剂士等各专业使用.—ISBN 7-80513-677-7：3.90元

语文　下册/王垂芳主编.—北京：中国对外经济贸易出版社，1990.6.—277页；大32开.—对外经济贸易成人高等院校教材.—ISBN 7-80004-150-6：3.80元

语文　下册/黄文龙主编.—南宁：广西科学技术出版社，1990.1.—219页；32开.—广西高等院校预科教材.—ISBN 7-80565-239-2：2.15元

语文　第二册.—北京：中国物资出版社，1990.2.—423页；32开.—全国中等物资学校试用教材.ISBN 7-5047-0126-2：4.00元

语文　第二册：记叙文、说明文/福建省教委成人教育处编.—福州：福建人民出版社，1990.12.283页；32开.—福建省成人中专课本.—ISBN 7-211-01544-6：3.55元

语文　第二册：听说基础/《语文》编写组编著.北京：中国财政经济出版社，1990.4.—350页；32开.—中等财经学校（四年制）试用教材.—ISBN 7-5005-0931-6：2.00元

语文　第四册：财经应用写作基础/《语文》编写组编著.—北京：中国财政经济出版社，1990.8.447页；32开.—中等财经学校（四年制）试用教材.ISBN 7-5005-1083-7：2.60元

语文　第四册.—北京：高等教育出版社，1990.4.—340页；32开.—中等专业学校教材各类专业通用.—ISBN 7-04-002927-8：1.70元

语文论丛　第四辑/上海市语文学会编.—上海：上海教育出版社，1990.10.—212页；16开.—ISBN 7-5320-0730-8：3.85元

语文学习大全/杨殿奎，吴心田主编.—济南：山东

教育出版社，1990.10.—1007，53页；大32开.—ISBN 7-5328-0949-8(精装)：11.60元

语文基础知识：练习参考答案/北京教育学院二部师范文科教研室编.—3版.—北京：北京出版社，1990.6.—94页；32开.—ISBN 7-200-00792-7：1.15元

语文基础知识/张放主编.—昆明：云南少年儿童出版社，1990.1.—396页；32开.—ISBN 7-5414-0465-9：4.00元

语文基础知识图示/汪昌松等编.—武汉：华中师范大学出版社，1990.12.—319页；大32开.—ISBN 7-5622-0591-4：4.40元

语言论丛/浙江省语言学会编.—杭州：杭州大学出版社，1990.12.—280页；大32开.—ISBN 7-81035-066-8：3.20元

徐复语言文字学丛稿/徐复著.—南京：江苏古籍出版社，1990.6.—408页；32开.—(南京师范大学文献整理研究所专刊；1).—ISBN 7-80519-175-1：8.50元

殷焕先语言论集/殷焕先著.—济南：山东大学出版社，1990.4.—367页；大32开.—ISBN 7-5607-0208-2：5.40元

高名凯语言学论文集/高名凯著.—北京：商务印书馆，1990.1.—675页：照片；大32开.—ISBN 7-100-00888-3：8.10元

H102　汉语的规范化、标准化、推广普通话

语言文字规范手册/语文出版社编.—北京：语文出版社，1990.2.—462页；32开.—ISBN 7-80006-006-3：5.40元

新时期的推广普通话工作/于根元著.—北京：语文出版社，1990.3.—119页；32开.—ISBN 7-80006-261-9：1.35元

H109.2　古代汉语

古代汉语/周本淳主编.—上海：华东师范大学出版社，1990.5.—317页；大32开.—全国高等师范专科学校教材.—ISBN 7-5617-0437-2：2.46元

古代汉语/程希岚主编.—长春：吉林教育出版社，1990.3.—705页；32开.—高等师范中文本科试用教材.—ISBN 7-5383-0950-0：6.10元

古代汉语/魏清源主编.—开封：河南大学出版社，1990.3.—513页；大32开.—ISBN 7-81018-451-2：5.90元

古代汉语　(上)/朱振家主编.—北京：中央广播电视大学出版社，1990.6.—365页；大32开.—ISBN 7-304-00488-6：2.55元

古代汉语　(下)/朱振家主编.—北京：中央广播电视大学出版社，1990.6.—433页；大32开.—ISBN 7-304-00489-4：2.95元

古代汉语　(下)/余行达编著.—重庆：西南师范大学出版社，1990.4.—313页；32开.—高等师范专科学校教材.—ISBN 7-5621-0215-5：3.00元

古代汉语学习辅导/朱振家等编.—北京：中央广播电视大学出版社，1990.4.—406页；大32开.—ISBN 7-304-00490-8：2.85元

古代汉语参考资料/谢纪锋主编.—哈尔滨：黑龙江人民出版社，1990.12.—356页；32开.—ISBN 7-207-01602-6：4.80元

古代汉语教程/洪成玉主编.—北京：中华书局，1990.8.—2册(619页)；大32开.—ISBN 7-101-00666-3：11.35元

古代汉语教程　上册/解惠全主编；徐朝华编著.—天津：南开大学出版社，1990.6.—403页；大32开.—高等学校教学用书.—ISBN 7-310-00157-5：2.75元

古代汉语教程　中册/解惠全主编.—天津：南开大学出版社，1990.6.—335页；大32开.—高等学校教学用书.—ISBN 7-310-00332-2：3.10元

古代汉语精解/李玲璞主编.—上海：上海文艺出版社，1990.4.—752页；大32开.—(文科自学书系).—ISBN 7-5321-0149-5：9.45元

古汉语字词句例解/唐朝，郭荣学编写.—呼和浩特：内蒙古人民出版社，1990.6.—333页；32开.ISBN 7-204-00832-4：3.35元

古汉语易混问题区分/张本固编著.—重庆：西南师范大学出版社，1990.1.—333页；32开.—ISBN 7-5621-0291-2：3.20元

古汉语基本规律与运用/刘学观编著.—成都：电子科技大学出版社，1990.6.—319页；32开.—ISBN 7-81016-250-0：3.40元

隋唐五代汉语研究/程湘清主编.—济南：山东教育出版社，1990.9.—554页；大32开.—ISBN 7-5328-1014-3：6.40元

简明古汉语知识辞典/郭芹纳等编.—西安：陕西人民出版社，1990.11.—448页；32开.—ISBN 7-224-00456-1(精装)：8.80元

简明古汉语教程/裴激扬编著.—哈尔滨：黑龙江人民出版社，1990.6.—488页；32开.—ISBN 7-207-01626-3：9.00元

H109.4　现代汉语

现代汉语/马国荣主编.—北京：北京师范学院出版社，1990.9.—543页；大32开.—ISBN 7-81014-440-5：8.20元

现代汉语/钱乃荣主编；上海大学湖北大学组织编写.—北京：高等教育出版社，1990.4.—656页；大32开.—高等学校文科教材.—ISBN 7-04-002926-X：3.85元

现代汉语/徐青主编.—上海：华东师范大学出版社，1990.4.—512页；大32开.—全国高等师范专科学校教材.—ISBN 7-5617-0500-X：3.17元

现代汉语　(上)/陕西师范大学中文系《现代汉语》编写组编.—西安：陕西师范大学出版社，1990.3.—358页；大32开.—高等学校文科教材.ISBN 7-5613-0299-1：2.50元

现代汉语　(下)/陕西师范大学中文系《现代汉语》编写组编.—西安：陕西师范大学出版社，1990.4.—342页；大32开.—高等学校文科教材.ISBN 7-5613-0307-6：2.40元

现代汉语　上册/黄伯荣，廖序东主编.—增订版.北京：高等教育出版社，1990.11.—363页；大32开.—高等学校文科教材.—ISBN 7-04-003148-5：2.75元

本书1979年第1版。

现代汉语自学指导书/马国荣主编.—北京：北京师范学院出版社，1990.8.—219页；32开.—ISBN 7-81014-441-3：3.00元

现代汉语自学教程/徐仲华主编.—北京：科学技术文献出版社，1990.8.—389页；16开.—ISBN 7-5023-1259-5：15.50元

现代汉语自学辅导与题解/彭桂勋主编.—昆明：云南人民出版社，1990.6.—418页；32开.—ISBN 7-222-00636-2：4.75元

现代汉语知识辞典/张清源主编.—成都：四川人民出版社，1990.5.—353页；32开.—ISBN 7-220-00721-3：4.35元

现代汉语学习辅导　上册/胡吉成著.—太原：山西教育出版社，1990.6.—207页；32开.—ISBN 7-80578-180-X：2.50元

现代汉语教程/吴启主主编.—长沙：湖南师范大学出版社，1990.11.—625页；大32开.—高等学校文科教材.—ISBN 7-81031-049-6：8.40元

现代汉语教程/陆仁昌主编.—长春：东北师范大学出版社，1990.6.—546页；大32开.—全国高等师范专科学校教材.—ISBN 7-5602-0299-3：3.90元

现代汉语基础知识疑难辨析/金钟主编.—北京：北京师范学院出版社，1990.12.—280页；32开.—ISBN 7-81014-487-1：2.95元

实用现代汉语/汪济民主编.—海口：南海出版公司，1990.10.—404页；32开.—ISBN 7-80570-272-1：6.50元

简明现代汉语/张斌主编.—北京：中央广播电视大学出版社，1990.10.—328页；32开.—ISBN 7-304-00554-8：2.50元

H11　语音（音韵学）

同音同韵字典/杜松寿编注.—西安：陕西人民出版社，1990.11.—532页；64开.—ISBN 7-224-00695-5：4.70元

本书原名：中文同音字典

实用汉语音韵学/沈祥源，杨子仪主编；曹文安等撰稿.—太原：山西教育出版社，〔1990〕.—588页；大32开.—ISBN 7-80578-076-5：7.95元

实用音韵学/殷焕先，董绍克编著.—济南：齐鲁书社，1990.7.—607页；大32开.—ISBN 7-5333-020-3：9.80元

音韵学纲要/赵振铎著.—成都：巴蜀书社，1990.7.—339页；大32开.—ISBN 7-80523-282-2：4.75元

新华诗韵/吴立冈编.—南京：江苏教育出版社，1990.4.—678页；64开.—ISBN 7-5343-0949-2：3.20元

H111/113　上古音、中古音

广韵导读/严学宭著.—成都：巴蜀书社，1990.4.253页；大32开.—(中华文化要籍导读丛书/蔡尚思主编).—ISBN 7-80523-216-4：3.60元

五韵合编/杨松岐编著.—郑州：中州古籍出版社，1990.11.—262页；32开.—ISBN 7-5348-0074-9：4.80元

本书包括诗韵、词韵、曲韵、戏韵、新韵五部分，将各体常用韵字汇集成编，为赋诗、填词、度曲、编戏及新诗作者提供一个用韵的准则。并对各体韵书源流作了介绍，有多种附录。

唐代诗文韵部研究/鲍明炜著.—南京：江苏古籍出版社，1990.11.—442页；大32开.—(南京大学语言与语言工程丛书).—ISBN 7-80519-204-9：8.50元

瀛涯敦煌韵书卷子考释/姜亮夫著.—杭州：浙江古籍出版社，1990.10.—1册；16开.—ISBN 7-80518-125-X(精装)：28.50元

H114　近代音

中原音韵音位系统/(美)薛凤生著；鲁国尧，侍建国译.—北京：北京语言学院出版社，1990.6.175页；大32开.—ISBN 7-5619-0082-1：3.80元

书名原文：Phonology of old Mandarin

论《中原音韵》/周维培著.—北京：中国戏剧出版社，1990.5.—164页；大32开.—ISBN 7-104-00153-0：2.50元

H116 现代音

汉语语音学/周同春著.—北京：北京师范大学出版社，1990.10.—293页；大32开.—ISBN 7-303-00976-0：5.20元

语音/杨晶莹编.—长沙：湖南教育出版社，1990.7.—190页；32开.—中等职业技术学校教材.—ISBN 7-5355-1150-3：1.70元

语音学探微/石锋著.—北京：北京大学出版社，1990.12.—274页；大32开.—ISBN 7-301-01260-8：4.80元

语音探索集稿/林焘著.—北京：北京语言学院出版社，1990.8.—176页；大32开.—ISBN 7-5619-0085-6：3.70元

容易读错的人名和地名/胡国晖编著.—广州：新世纪出版社，1990.9.—187页；64开.—ISBN 7-5405-0366-1：1.30元

普通话语音：教学录相片/徐鲁民，冯芝润编著.北京：北京语言学院出版社，1990.8.—49页；32开.—ISBN 7-5619-0101-1：1.40元

趣读联句正音/周正斌执笔.—武汉：长江文艺出版社，1990.2.—143页；32开.—ISBN 7-5354-0299-2：1.70元

本书是按《新华字典》所列的字头，用《现代汉语词典》将同音字集中的方法，根据字典、词典、《辞海》、《辞源》对各字义的解释编写的。共1240个音节，收单字8375个（会重复的多音字678个）。

3500常用字正音手册/熊开明编写.—成都：四川辞书出版社，1990.3.—169页；32开.—ISBN 7-80543-124-8：1.85元

H119 朗读法

怎样讲故事/孙敬修，肖君著.—北京：语文出版社，1990.7.—228页；大32开.—ISBN 7-80006-262-7：3.40元

朗读知识讲座/《朗读知识讲座》编写组编.—南昌：江西教育出版社，1990.5.—119页；32开.—江西省中等师范学校补充教材.—ISBN 7-5392-0853-8：1.15元

H12 文字学

中国文字学简说/邓志瑗著.—南昌：江西人民出版社，1990.4.—308页；大32开.—ISBN 7-210-00170-0：4.80元

汉字例话/左民安著.—北京：中国青年出版社，1990.8.—487页；32开.—（青年文库；新编本；36）.—ISBN 7-5006-0734-2

汉字学通论/黄建中，胡培俊著.—武汉：华中师范大学出版社，1990.10.—498页；大32开.—ISBN 7-5622-0579-5：6.05元

我们的汉字/中国福利儿童时代社编.—上海：百家出版社，1990.2.—91页；32开.—（炎黄子孙丛书）.—ISBN 7-900000-90-9：2.00元

常用汉字形音义/李玉洁著.—长春：吉林教育出版社，1990.3.—1502页；32开.—ISBN 7-5383-0954-3（精装）：14.50元

H121 古文字

古文字形发微/康殷著.—北京：北京出版社，1990.3.—814页；16开.—ISBN 7-200-00975-X（精装）：36.00元

古文字形发微/康殷著.—北京：北京出版社，1990.3.—814页；16开.—ISBN 7-200-00974-1：30.00元

H122/123 汉字构造和形体

汉字形义手册/周瑞宣编著.—南宁：广西人民出版社，1990.2.—285，76页；大32开.—ISBN 7-219-01481-3（精装）：7.00元

汉字形义手册/周瑞宣编著.—南宁：广西人民出版社，1990.2.—285，76页；大32开.—ISBN 7-219-01480-5：3.90元

形近字典/李连墀编著.—沈阳：辽宁大学出版社，1990.6.—418页；32开.—ISBN 7-5160-0885-6：5.50元

形近字举要/陆志亢编.—南京：江苏教育出版社，1990.6.—313页；32开.—ISBN 7-5343-1028-8：3.25元

通假字释义/李忠田著.—沈阳：辽宁大学出版社，1990.12.—156页；32开.—ISBN 7-5610-1005-2：4.00元

H124 汉字整理和简化

三级部首检音字汇/史存直编著.—上海：华东师范大学出版社，1990.5.—166页；32开.—ISBN 7-5617-0205-1：2.20元

正字歌诀三百首/邢昌鲁编著.—福州：福建教育出版社，1990.3.—215页；36开.—ISBN 7-5334-0390-8：1.90元

汉字与汉字排检方法/黄俊贵执笔.—北京：书目文献出版社，1990.12.—192页；32开.—（图书馆学情报学知识丛书；12/黄俊贵，倪波主编）.—ISBN 7-5013-0691-4：2.70元

汉字排检法与汉字编码创新集/陈建文编著.—南京：南京大学出版社，1990.10.—425页；16开.ISBN 7-305-00890-7(精装)：25.00元

多音多义字用法举例/齐学初编.—3版.—上海：上海教育出版社，1990.7.—177页；大64开.—ISBN 7-5320-1764-8：1.00元

本书1964年12月第1版。

多音字歌诀/林占有，林占琴编著.—长春：吉林人民出版社，1990.1.—310页；32开.—ISBN 7-206-00670-1：4.50元

现代汉语异读词词典/吕永修，赖兴华编著.—北京：兵器工业出版社，1990.5.—249页；32开.—ISBN 7-80038-179-X：5.20元

怎样正确使用汉字/于中著.—济南：山东大学出版社，1990.11.—212页；32开.—ISBN 7-5607-0407-7：2.60元

容易用错的字/叶余编.—3版(修订本).—上海：上海教育出版社，1990.10.—89页；32开.—(学文化读物).—ISBN 7-5320-1318-9：0.79元

本书1978年10月第1版。

容易写错的形似字/李裕昌编著.—广州：华南理工大学出版社，1990.2.—265页；32开.—ISBN 7-5623-0146-8：3.60元

常见错别字辨析/李若瑜著.—北京：煤炭工业出版社，1990.2.—285页；32开.—ISBN 7-5020-0361-4：4.40元

常见错别字辨析/赵瑞成等编.—北京：北京师范大学出版社，1990.2.—187页；32开.—ISBN 7-303-00925-6：2.30元

错别字手册/李利编著.—北京：中国青年出版社，1990.4.—446页；32开.—ISBN 7-5006-0306-1：5.80元

错别字辨正字典/徐振邦编著.—北京：人民邮电出版社，1990.7.—401页；64开.—ISBN 7-115-04250-0(精装)：3.50元

简化、繁体、异体汉字综合字表：《简化字总表》《第一批异体字整理表》《印刷通用汉字字形表》的综合字表/桑合编.—上海：上海教育出版社，1990.7.—96页；大32开.—ISBN 7-5320-1832-6：1.50元

辨字小字典/任林山等编.—郑州：河南教育出版社，1990.6.—335页；32开.—ISBN 7-5347-0288-7：4.10元

H125　汉字改革

汉语拼音卡片/语文出版社编.—刘伟龙绘画.—北京：语文出版社，1990.10.—1盒；160开.—ISBN 7-80006-298-8：1.80元

汉语拼音和正词法：英汉对照/尹斌庸，傅曼丽编.—北京：华语教学出版社，1990.—580页；大32开.—ISBN 7-80052-148-6：22.30元

汉语拼音常识/凌远征著.—郑州：海燕出版社，1990.1.—94页；32开.—ISBN 7-5350-0533-0：0.98元

关于文字改革的反思/段生农著.—北京：教育科学出版社，1990.7.—227页；32开.—ISBN 7-5041-0319-5：3.00元

常用字读写范例/周光主编.—长春：长春出版社，1990.6.—181页；32开.—ISBN 7-80573-248-5：2.40元

H125.4　拼音读物

山猫太太和狐狸大婶/语文出版社编.—北京：语文出版社，1990.7.—46页；32开.—ISBN 7-80006-266-X：0.80元

千里马得"0"分：科学寓言50则/姜玮，李晓梅编.—哈尔滨：黑龙江教育出版社，1990.9.—151页；32开.—(汉语注音小丛书/李楠主编).—ISBN 7-5316-1105-8：1.45元

小鸟乐园/望安原著；陆景涛注音.—杭州：浙江少年儿童出版社，1990.8.—83页；32开.—(汉语拼音读物；3).—ISBN 7-5342-0651-0：1.30元

木偶奇遇记/(　)科罗狄原著；丁苗改编；施美姣，杨小雪注音.—杭州：浙江少年儿童出版社，1990.8.—218页；32开.—(汉语拼音读物；6).ISBN 7-5342-0650-2：2.45元

丑小鸭/(丹)安徒生原著；殷作炎注音.—杭州：浙江少年儿童出版社，1990.8.—189页；32开.(汉语拼音读物；1).—ISBN 7-5342-0646-4：2.25元

巧学拼音/陈振桂编写.—南宁：广西民族出版社，1990.10.—47页；32开.—(小脚丫系列；1).—ISBN 7-5363-0937-6：1.30元

狮子借耳朵/吴蕙编写；周永珠注音.—杭州：浙江少年儿童出版社，1990.8.—74页；32开.—(汉语拼音读物；4).—ISBN 7-5342-0647-2：1.35元

神奇的世界/姜玮编.—哈尔滨：黑龙江教育出版社，1990.9.—133页；32开.—(汉语注音小丛书/李楠主编).—ISBN 7-5316-1116-3：1.45元

钻进屋里的竹笋/楼飞甫写；朱行和画.—上海：上海教育出版社，1990.4.—20页；24开.—(汉语注音读物文库).—ISBN 7-5320-1754-0：0.60元

笑话/宗介华，刘龙淼编写.—北京：北京少年儿童出版社，1990.1.—245页；大64开.—(汉语拼音读物).—ISBN 7-5301-0114-5：2.10元

笑·笑·笑：小幽默200则/李晓梅编.—哈尔滨：黑龙江教育出版社，1990.9.—188页；32开.—（汉语注音小丛书/李楠主编）.—ISBN 7-5316-1118-X：1.55元

猫头鹰搬家/聂如川注音.—杭州：浙江少年儿童出版社，1990.8.—46页；32开.—（汉语拼音读物；5）.—ISBN 7-5342-0649-9：1.05元

绿色的太阳/金波原著；杨小雪注音.—杭州：浙江少年儿童出版社，1990.8.—86页；32开.—（汉语拼音读物；2）.—ISBN 7-5342-0648-0：1.35元

想一想，做一做/姜玮编.—哈尔滨：黑龙江教育出版社，1990.9.—123页；32开.—（汉语注音小丛书/李楠主编）.—ISBN 7-5316-1117-1：1.45元

雷锋叔叔的故事/王素编；黄驾宇绘.—北京：中国连环画出版社，1990.5.—21页；24开.—（英雄人物故事拼音读本）.—ISBN 7-5061-0204-8：1.10元

雷锋叔叔的故事/唐剑霞，孟祥凤编写.—南宁：接力出版社，1990.7.—100页；32开.—（拼音读物）.—ISBN 7-80581-092-3：1.10元

愚蠢的国王：现代寓言50则/姜玮，于海涛编.—哈尔滨：黑龙江教育出版社，1990.9.—128页；32开.（汉语注音小丛书/李楠主编）.—ISBN 7-5316-1115-5：1.45元

H126　特种文字

大众汉语速记/寇森著.—石家庄：河北科学技术出版社，1990.12.—272页；32开.—ISBN 7-5375-0590-X：3.50元

中文速记/夏河年著.—上海：上海科学技术文献出版社，1990.9.—55页；32开.—ISBN 7-80513-650-5：0.80元

中国手语/中国聋人协会编辑.—北京：华夏出版社，1990.5.—697页；大32开.—ISBN 7-80053-709-9（精装）：10.90元

中国速记学苑/唐亚伟主编.—北京：学苑出版社，1990.7.—383页；32开.—ISBN 7-5077-0073-9：6.00元

现代实用速记/戈义，夏正社著.—长沙：湖南科学技术出版社，1990.6.—181页；32开.—ISBN 7-5357-0734-3：3.10元

简易速记/郭立华原著；郭大新重编.—上海：上海交通大学出版社，1990.6.—296页；32开.—ISBN 7-313-00578-4：4.55元

简易速成速记/陈立群编.—北京：学苑出版社，1990.9.—82页；32开.—ISBN 7-5077-0169-7：1.25元

H13　语义、词汇、词义（训诂学）

训诂学的知识和应用/陆宗达等著.—北京：语文出版社，1990.1.—181页；大32开.—ISBN 7-80006-090-X：2.20元

训诂学基础/陈绂著.—北京：北京师范大学出版社，1990.9.—261页；大32开.—高等师范院校函授教材.—ISBN 7-303-00848-9：1.85元

汉语描写词汇学/刘叔新著.—北京：商务印书馆，1990.11.—385页；大32开.—ISBN 7-100-00791-7：4.70元

词语典故菁萃/戴冰编著.—广州：广东高等教育出版社，1990.12.—225页；32开.—ISBN 7-5361-0515-0：3.50元

词语源流漫笔/王小莘著.—广州：广东教育出版社，1990.12.—209页；32开.—ISBN 7-5406-1185-5：2.15元

H131　古代词汇

广雅疏证索引/戴山青编.—北京：中华书局，1990.8.—276页；16开.—ISBN 7-101-00671-X：8.40元

中师文言常用实词词典/王志瑛，陶征主编.—桂林：广西师范大学出版社，1990.8.—194页；32开.ISBN 7-5633-0917-9：2.60元

古汉语词汇概要/陈启英编著.—昆明：云南教育出版社，1990.4.—200页；32开.—ISBN 7-5415-0391-6：3.00元

尔雅导读/顾廷龙，王世伟著.—成都：巴蜀书社，1990.1.—251页；大32开.—（中华文化要籍导读丛书/蔡尚思主编）.—ISBN 7-80523-196-6：2.87元

尔雅注疏：附校勘记/（晋）郭璞注；（宋）邢昺疏.—上海：上海古籍出版社，1990.12.—206页；大32开.—（十三经注疏；十二：黄侃经文句读）.ISBN 7-5325-0958-3：3.25元

实用文言文词典/李志宏主编.—兰州：甘肃人民出版社，1990.3.—916页；32开.—ISBN 7-226-00327-9（精装）：11.10元

本词典共收文言常用词（包括实、虚词）1400多个，双音词600多个。

经义述闻/（清）王引之著.—影印本.—济南：山东友谊书社，1990.9.—3册（3169页）；16开.（孔子文化大全·论著类）.—ISBN 7-80551-233-7（精装）

唐宋笔记语辞汇释/王瑛著.—北京：中华书局，1990.5.—257页；大32开.—ISBN 7-101-00462-8：

5.00元

通雅/(明)方以智著.—影印本.—北京：中国书店，1990.2.—639页;大32开.—ISBN 7-80568-101-5(精装)：15.00元

本书据清康熙姚文燮浮山此藏轩刻本影印。

越言释/(清)茹三樵著.—影印本.—扬州：江苏广陵古籍刻印社，1990.2.—2册；〔24开〕.—(线装)：15.00元

本书据光绪刊本影印。

禅宗著作词语汇释/袁宾著.—南京：江苏古籍出版社，1990.11.—299页；32开.—ISBN 7-80519-188-9：4.50元

魏晋南北朝词语例释/蔡镜浩编著.—南京：江苏古籍出版社，1990.11.—478页；32开.—ISBN 7-80519-203-0：7.40元

H136　现代词汇

现代汉语易混字组词词典/于永立，陈余齐主编.—长春：北方妇女儿童出版社，1990.11.—1173页；32开.—ISBN 7-5385-0362-5(精装)：22.00元

实用词汇学/许德楠著.—北京：北京燕山出版社，1990.9.—250页；大32开.—ISBN 7-5402-0232-7：7.50元

实用词语辨析词典/燕天展，胡可一编.—南昌：江西教育出版社，1990.4.—511页；36开.—ISBN 7-5392-0565-2(精装)：7.50元

蒸类词辨析词典/陈庆武编.—福州：福建人民出版社，1990.12.—431页;32开.—ISBN 7-211-01167：6.40元

趣味词语/骆平编著.—上海：上海翻译出版公司，1990.9.—74页：图；32开.—ISBN 7-80514-625-X：1.00元

H136.2　同义词、多义词、反义词

同义词反义词对照词典/鲍克恰编著.—长春：吉林教育出版社，1990.11.—1135页；32开.—ISBN 7 5383-1163-7(精装)：14.00元

现代汉语多义词词典/袁晖主编.—太原：书海出版社，1990.12.—819页；32开.—ISBN 7-80550-112-2(精装)：17.70元

容易用错的词/一麟，文良编写.—2版(修订本).—上海：上海教育出版社，1990.10.—71页；32开.—(学文化读物).—ISBN 7-5320-1151-8：0.68元

常用反义词典/凌冰等编.—2版.—北京：北京师范学院出版社，1990.8.—429页；64开.—ISBN 7-81014-063-9：2.70元

常用反义词语手册/应雨田主编.—天津：天津教育出版社，1990.7.—228页；32开.—ISBN 7-5309-0858-8：4.70元

常用同义词辨析/方文一著.—杭州：浙江教育出版社，1990.2.—341页；32开.—ISBN 7-5338-0591-7：3.00元

H136.3　成语、熟语、歇后语、格言

儿童格言/滕毓旭编.—南宁：接力出版社，1990.6.—208页；44开.—ISBN 7-80581-082 6：1.00元

万条分类成语词典/夏禹甸编著.—武汉：湖北教育出版社，1990.8.—1035页；32开.—ISBN 7-5351-0408-8(精装)：14.40元

本书收成语9500余条，按人、事、景、物序列，分为35个类，416项。

凡人箴言录/殷庆功，李江涛编著.—哈尔滨：黑龙江人民出版社，1990.12.—268页；32开.—ISBN 7-207-01686-7：3.60元

小学生插图成语词典/张景良，徐谦编.—延吉：东北朝鲜民族教育出版社，1990.10.—330页；32开.ISBN 7-5437-0715-2：4.50元

历代典故辞典/陆尊梧，李志江编著.—北京：作家出版社，1990.12.—933页;大32开.—ISBN 7-5063-0332-9(精装)：23.00元

历代警句格言精萃/任侠非，谭山石编.—福州：海峡文艺出版社，1990.9.—175页；36开.—ISBN 7-80534-294-6：1.95元

中小学生必备成语词典/冯敏等编著.—北京：中国文联出版公司，1990.7.—564页；32开.—ISBN 7-5059-1225-9：7.85元

中国古代格言汇释/刘秉铮等编著.—太原：希望出版社，1990.6.—652页;32开.—ISBN 7-5379-0483-9：6.60元

中国当代科学家锦言/孙其严，朱志良编.—北京：科学出版社，1990.8.—326页；32开.—ISBN 7-03-002086-3：6.50元

中国典故精华/辛夷编著.—太原：山西教育出版社，1990.6.—1137页；大32开.—ISBN 7-80578-278-4(精装)：12.50元

中国歇后语大辞典/欧阳若修主编.—南宁：广西人民出版社，1990.2.—952页;大32开.—ISBN 7-219-01457-0(精装)：18.50元

分类双序成语词典/史有为，李云江编著.—北京：中国物资出版社，1990.6.—830页;32开.—ISBN 7-5047-0175-0(精装)：19.00元

分类双序成语词典/史有为，李云江编著.—北京：中国物资出版社，1990.6.—830页;32开.—ISBN 7-5047-0171-8：16.50元

书法成语典故辞典/佟玉斌编著.—北京：长征出版

社，1990.8.—379页；大32开.—ISBN 7-80015-115-8（精装）：10.00元

古今人物歇后语简释/佟大勤著.—合肥：安徽文艺出版社，1990.7.—241页；32开.—（旅途良友丛书）.—ISBN 7-5396-0347-X：3.10元

汉语成语词典/李蕃编著.—南昌：江西科学技术出版社，1990.7.—384页；32开.—中学生用.—ISBN 7-5390-0331-6：4.80元

汉语谚语词典/孟守介等编著.—北京：北京大学出版社，1990.1.—634页；大32开.—ISBN 7-301-00695-0（精装）：14.45元

民间歇后语集/阎乾福，阎俊菁编著.—北京：学苑出版社，1990.12.—262页；32开.—ISBN 7-5077-0259-6：3.90元

成语九章/倪宝元，姚鹏慈著.—杭州：浙江教育出版社，1990.1.—464页；大32开.—ISBN 7-5338-0552-6：3.85元

成语中的百科知识/徐忻炜，徐敬东编.—长春：北方妇女儿童出版社，1990.6.—220页；32开.—ISBN 7-5385-0614-4：2.30元

成语典故源流故事赏析辞书/章俗，谷超编撰.—北京：教育科学出版社，1990.6.—1037页；32开.—ISBN 7-5041-01-（精装）：22.00元

成语辞海/胡汝章主编.—北京：中国卓越出版公司，1990.7.—2册（2152页）；大32开.—ISBN 7-80071-236-2（精装）：59.00元

本书原由台湾三和出版社出版，共收词30000余条。

同义熟语汇析词典/寇崇琳编著.—兰州：甘肃教育出版社，1990.10.—322页；32开.—ISBN 7-5423-0138-1：4.10元

妙句新译辞典/王吉亭主编.—西安：陕西人民教育出版社，1990.8.—551页；32开.—ISBN 7-5419-0919-X：8.80元

本书收载我国传统修身名言3342条，按内容分作20个类别。

实用写作成语辞典/朱瑞玫编写.—北京：北京燕山出版社，1990.4.—629页；32开.—ISBN 7-5402-0077-4：8.60元

实用名言大辞典/秦牧主编.—南宁：广西人民出版社，广西教育出版社，1990.5.—2125页；32开.—ISBN 7-219-01556-9（精装）：28.00元

本书收我国历代名言近15000条。

学生常用成语例解与辨误/蔡祖周，蔡莹涓编.—厦门：鹭江出版社，1990.12.—453页；32开.—ISBN 7-80533-356-4：5.00元

科学导义汉语成语辞典/李蕃编著.—南昌：江西科学技术出版社，1990.7.—483页；32开.—中学生用.—ISBN 7-5390-0331-6：4.80元

校园赠言精选/金士红编著.—杭州：浙江文艺出版社，1990.5.—159页；32开.—ISBN 7-5339-0248-3：1.90元

哲理慧语/杨玲等编.—广州：花城出版社，1990.9.—186页；大64开.—ISBN 7-5360-0686-1：1.60元

诸子百家格言今译/周雅农主编.—北京：中国商业出版社，1990.5.—279页；32开.—ISBN 7-5044-0608-2：3.45元

悠悠我心：时尚赠言选/胡永林等搜集整理.—昆明：云南人民出版社，1990.11.—122页；36开.—ISBN 7-222-00635-4：1.80元

彩图典故词典/刘力生编文；胡伟耀等插图.—上海：上海辞书出版社，1990.6.—237页；32开.—ISBN 7-5326-0127-7（精装）：9.00元

清代六部成语词典/李鹏年等编著.—天津：天津人民出版社，1990.10.—477页；大32开.—ISBN 7-201-00370-4：7.30元

本书以清代乾隆初年编纂刊刻的《满汉六部成语》所收词目为基础，对每个词目作了解释，并标明词性、含义和用途。

谚语词典/姚方勉主编.—南京：江苏古籍出版社，1990.9.—890页；32开.—ISBN 7-80519-183-2（精装）：15.00元

本词典选收古今著作中常用谚语6000余条。

掌故大辞典/古风主编.—北京：团结出版社，1990.6.—1册；16开.—ISBN 7-80061-105-1（精装）：49.50元

本辞典收各类掌故条目15000余条，内容包括中国古代文化辞语掌故、人物、事物掌故及典章制度掌故、民俗文化和宗教文化方面的掌故。

循义查成语词典/王葆仁等编.—长春：吉林人民出版社，1990.7.—1册（269，99页）；64开.—ISBN 7-206-00824-0：3.00元

歇后语中的科学/沈双喜编著.—南京：江苏少年儿童出版社，1990.6.—160页；32开.—ISBN 7-5346-0505-9：1.60元

歇后语分类词典/夏光芬编著.—福州：福建人民出版社，1990.5.—430页；32开.—ISBN 7-211-00954-3：5.20元

歇后语故事精选/新轩，丽珍编著.—武汉：湖北少年儿童出版社，1990.8.—483页；32开.—ISBN 7-5353-0724-8：4.50元

歇后语故事250篇/刘宝成等编著.—长春：吉林教育出版社，1989.9.—457页；32开.—ISBN 7-5383-0825-3：4.40元

歇后语趣谈/谷正义编著.—天津：百花文艺出版社，1990.12.—171页；32开.—ISBN 7-5306-0609-3：2.35元

解析辨考成语教学词典/汪柏田主编.—北京：中国

国际广播出版社，1990.2.—643页；32开.—ISBN 7-80035-081-9：9.50元

新编成语多用词典：汉语拼音字母音序排列/张寿康主编；王问渔等编写.—北京：金盾出版社，1990.9.—508页；64开.—ISBN 7-80022-205-5（精装）：3.80元

本词典共选收常用成语4300多条。

趣味成语/杨德印主编.—延吉：延边人民出版社，1990.11.—278页；32开.—ISBN 7-80508-546-3：3.50元

H136.4 俗语

中国民间秘密语/曲彦斌著.—上海：三联书店上海分店，1990.8.—310页；大32开.—（中华本土文化丛书）.—ISBN 7-5426-0221-7：8.30元

丑语大观/余云华编著.—石家庄：河北人民出版社，1990.10.—261页；32开.—（中国民俗语言文化丛书）.—ISBN 7-202-00787-8：3.40元

本书所说丑语即詈词，主要指骂人的话。具体包括：忌讳语、隐语、猥亵语、毁谤语、咒语、詈语、绰号、讽刺语等。

汉语惯用语词典/周宏溟编著.—北京：商务印书馆，1990.11.—529页；32开.—ISBN 7-100-00006-8：5.25元

本词典共收惯用语3423条。

俗话-成语对照辞典/李俊群编著.—武汉：中国地质大学出版社，1990.6.—272页；32开.—ISBN 7-5625-0435-0：3.55元

俗语溯源/赵隆生著.—沈阳：春风文艺出版社，1990.4.—112页；大64开.—（文化艺术小丛书）.ISBN 7-5313-0329-9：0.90元

袖珍谦词敬词婉词词典/许正元等编著.—沈阳：辽宁人民出版社，1990.10.—642页；64开.—ISBN 7-205-01468-9（精装）：6.10元

彩图俗语词典/王剑引等编文；王亦秋等插图.—上海：上海辞书出版社，1990.12.—218页：图；32开.—（彩图系列）.—ISBN 7-5326-0134-X（精装）：9.00元

H136.5/.6 外来语、略语

汉语外来语词典/岑麒祥编著.—北京：商务印书馆，1990.8.—447页；32开.—ISBN 7-100-00683-X：4.00元

汉语缩略语词典/施宝义，徐彦文编.—北京：外语教学与研究出版社，1990.10.—328页；32开.—ISBN 7-5600-0216-1（精装）：10.60元

H139 词源学

词源解笺/郑孟津，吴平山著.—杭州：浙江古籍出版社，1990.12.—542页；16开.—ISBN 7-80518-142-X：19.00元

H14 语法

汉语语法专题研究/高更生著.—济南：山东教育出版社，1990.7.—580页；大32开.—ISBN 7-5328-0914-5：7.10元

汉语语法学史稿/邵敬敏著.—上海：上海教育出版社，1990.11.—359页；大32开.—ISBN 7-5320-1758-3（精装）：5.45元

实用汉语参考语法/李英哲等编著；熊文华译.—北京：北京语言学院出版社，1990.6.—458页；大32开.—ISBN 7-5619-0084-8：5.90元

语法与修辞/杜保宪主编.—青岛：青岛海洋大学出版社，1990.1.—404页；大32开.—民政部试用教材.—ISBN 7-81026-004-9：3.50元

语法丛稿/朱德熙著.—上海：上海教育出版社，1990.1.—226页；大32开.—ISBN 7-5320-0571-2：2.80元

语法问题新探/常纯民著.—哈尔滨：黑龙江教育出版社，1990.3.—279页；32开.—ISBN 7-5316-1085-X：2.90元

语法和左邻右舍/田小琳著.—北京：人民教育出版社，1990.7.—102页；32开.—（教学语法丛书；19/张志公主编）.—ISBN 7-107-10525-6：1.20元

新编语法修辞讲话/林枫杉等编著.—长春：吉林大学出版社，1990.12.—223页；32开.—ISBN 7-5601-0701-X：3.20元

H141 古代语法（文言语法）

广古书疑义举例/徐仁甫著.—北京：中华书局，1990.4.—184页；32开.—ISBN 7-101-00670-1：3.00元

中国古代语法：称代编/周法高著.—北京：中华书局，1990.1.—2册（591页）；大32开.—ISBN 7-101-00474-1：11.60元

中学中师古诗文语法详解/韦天奎编著.—南宁：广西民族出版社，1990.1.—100页；32开.—ISBN 7-5363-0721-7：1.20元

文言实词图解词典/罗振乾等编著.—桂林：广西师范大学出版社，1990.6.—242页；32开.—ISBN 7-5633-0797-4：3.70元

古汉语虚词类聚/曹音等著.—哈尔滨：黑龙江人民出版社，1990.4.—174页；32开.—ISBN 7-207-

01523-2：2.30元

H146 近代、现代语法

公文语法修辞/刘荣国主编.—北京：中共中央党校出版社，1990.1.—365页；32开.—文秘岗位职务培训系列教材.—ISBN 7-5035-0264-9：3.90元

近代汉语语法资料汇编：唐五代卷/刘坚，蒋绍愚主编.—北京：商务印书馆，1990.6.—564页；大32开.—ISBN 7-100-00069-6：6.85元

现代汉语语法专题/秦礼君主编.—北京：海洋出版社，1990.1.—258页；大32开.—ISBN 7-5027-1268-2：4.60元

现代汉语语法术语词典/朱一之编.—北京：华语教学出版社，1990.—501页；32开.—ISBN 7-80052-072-2：15.60元

现代汉语语法研究/黄克俊主编.—长春：东北师范大学出版社，1990.6.—379页；大32开.—大学中文函授教材.—ISBN 7-5602-0382-5：5.00元

现代汉语语法结构分析/季永兴著.—桂林：广西师范大学出版社，1990.4.—304页；大32开.—ISBN 7-5633-843-1：4.50元

现代汉语语法理论初探/胡树鲜著.—北京：中国人民大学出版社，1990.9.—865页；大32开.—ISBN 7-300-03872-0：5.40元

现代汉语语法探索/胡附，文炼著.—北京：商务印书馆，1990.4.—169页；大32开.—ISBN 7-100-00660-0：2.10元

现代汉语新语法简析/崔益勇主编.—延吉：延边大学出版社，1990.12.—204页；32开.—ISBN 7-5634-02551-1：2.55元

语段例话/柯益烈，徐宗琏主编.—上海：上海书店，1990.4.—305页；32开.—ISBN 7-80569-231-9：3.00元

语索/徐枢著.—北京：人民教育出版社，1990.7.90页；32开.—（教学语法丛书；2/张志公主编）.ISBN 7-107-10075-0：1.05元

H146.2 词 类

动词短语/张理明，于根元著.—北京：人民教育出版社，1990.6.—71页；32开.—（教学语法丛书；7/张志公主编）.—ISBN 7-107-10519-1：0.89元

名词·动词·形容词/施关淦著.—北京：人民教育出版社，1990.6.—101页；32开.—（教学语法丛书；3/张志公主编）.—ISBN 7-107-10523-X：1.20元

形容词短语/邢福义著.—北京：人民教育出版社，1990.6.—80页；32开.—（教学语法丛书；8/张志公主编）.—ISBN 7-107-10518-8：0.97元

形容辞典/倪文杰编著.—北京：中国城市经济社会出版社，1990.8.—336页；32开.—ISBN 7-5074-0376-9（精装）：8.90元

形容辞典/倪文杰编著.—北京：中国城市经济社会出版社，1990.7.—346页；32开.—ISBN 7-5074-0216-9：6.00元

现代汉语动词/李临定著.—北京：中国社会科学出版社，1990.7.—212页；大32开.—ISBN 7-5004-0650-9：3.55元

实用汉语形容词词典/安汝磐编著.—北京：中国标准出版社，1990.7.—827页；32开.—ISBN 7-5066-0216-4（精装）：12.00元

本书选收常用形容词1800余条。

常用动词汇释/谢丹编著.—南宁：广西民族出版社，1990.8.—201页；32开.—ISBN 7-5363-0887-6：2.50元

虚词/陆俭明，马真著.—北京：人民教育出版社，1990.6.—114页；32开.—（教学语法丛书；5/张志公主编）.—ISBN 7-107-10522-1：1.35元

虚词的应用/杨淑璋，徐玉敏编著.—北京：中国物资出版社，1990.7.—213页；32开.—（大众实用语文丛书/王国璋主编）.—ISBN 7-5047-0193-9：3.25元

象声词分类词典/郭大方编著.—延吉：延边大学出版社，1990.7.—247页；32开.—ISBN 7-5634-0215-2：3.80元

H146.3 句 型

句子的用途/刘月华著.—北京：人民教育出版社，1990.6.—106页；32开.—（教学语法丛书；18/张志公主编）.—ISBN 7-107-10515-9：1.25元

句群/庄文中著.—北京：人民教育出版社，1990.6.—85页；32开.—（教学语法丛书；17/张志公主编）.—ISBN 7-107-10514-0：1.05元

汉语句型/林杏光著.—北京：中国国际广播出版社，1990.7.—344页：照片；32开.—ISBN 7-80035-500-4：5.90元

汉语的语义结构和补语形式/缪锦安编著.—上海：上海外语教育出版社，1990.11.—180页；大32开.（现代语言学丛书/许国璋，王宗炎主编）.—ISBN 7-81009-566-8：3.50元

汉语常用词搭配词典/杨天戈等编.—北京：外语教学与研究出版社，1990.5.—245页；32开.—ISBN 7-5600-0502-0：5.90元

主谓短语·主谓句/吴为章著.—北京：人民教育出版社，1990.7.—92页；32开.—（教学语法丛书；10/张志公主编）.—ISBN 7-107-10078-5：1.10元

本册介绍主谓短语、主谓句的构成及用法。

把字句·被字句/饶长溶著.—北京：人民教育出版社，1990.6.—104页；32开.—(教学语法丛书；13/张志公主编).—ISBN 7-107-10524-8：1.20元

现代汉语病句类释/周长秋主编.—济南：山东教育出版社，1990.4.—547页；大32开.—ISBN 7-5328-0893-9(精装)：8.45元

现代汉语病句类释/周长秋主编.—济南：山东教育出版社，1990.4.—547页；大32开.—ISBN 7-5328-1015-1：6.70元

析句方法比较/颜迈编著.—贵阳：贵州教育出版社，1990.2.—124页；32开.—ISBN 7-80583-001-0：1.40元

析句法/龚千炎著.—北京：人民教育出版社，1990.6.—96页；32开.—(教学语法丛书；12/张志公主编).—ISBN 7-107-10516-7：1.15元

非主谓句/陈建民著.—北京：人民教育出版社，1990.6.—96页；32开.—(教学语法丛书；11/张志公主编).—ISBN 7-107-10517-5：1.15元

单句复句划界研究/陈信春著.—开封：河南大学出版社，1990.8.—162页；大32开.—ISBN 7-81018-521-7：2.10元

复杂单句/高更生著.—北京：人民教育出版社，1990.7.—118页；32开.—(教学语法丛书；15/张志公主编).—ISBN 7-107-10080-7：1.35元

H15　写作、修辞

人名修辞学/马鸣春著.—西安：陕西人民教育出版社，1990.1.—420页；32开.—ISBN 7-5419-1250-6：5.00元

中国现代修辞学史/宗廷虎著.—杭州：浙江教育出版社，1990.2.—460页；大32开.—ISBN 7-5338-0626-3：4.90元

文章写作中的逻辑技巧/苏越，于德礼主编.—北京：北京师范大学出版社，1990.6.—295页；32开.(逻辑应用多视角丛书/苏越主编).—ISBN 7-303-00877-2：3.95元

文章写作学：基础理论知识部分/刘世剑主编.—长春：东北师范大学出版社，1990.2.—273页；大32开.—ISBN 7-5602-0330-2：2.00元

文章学探索/曾祥芹著.—郑州：中州古籍出版社，1990.9.—395页；大32开.—ISBN 7-5348-0000-X：5.00元

文章修改技巧/裘本培等编著.—哈尔滨：哈尔滨出版社，1990.3.—215页；32开.—ISBN 7-80557-189-9：3.20元

古汉语同义修辞/李维琦等编著.—长沙：湖南师范大学出版社，1990.6.—366页；大32开.—ISBN 7-81031-002-X：4.65元

古汉语修辞例话/朱祖延编著.—2版.—武汉：湖北教育出版社，1990.7.—267页；32开.—ISBN 7-5351-0497-7：2.85元

本书1985年3月第1版。

汉语修辞百题/孙也平等著.—哈尔滨：黑龙江人民出版社，1990.9.—250页；32开.—ISBN 7-207-01833-9：2.90元

汉语修辞学新编/高长江，张万有著.—长春：吉林大学出版社，1990.1.—256页；32开.—ISBN 7-5601-0406-1：2.80元

汉语消极修辞/华宏仪著.—南宁：广西教育出版社，1990.2.—178页；32开.—ISBN 7-5435-0769-2：1.80元

修辞方式例解词典/浙江省修辞研究会编著.—杭州：浙江教育出版社，1990.9.—304页；32开.ISBN 7-5338-0695-6：4.50元

修辞知识例话/杨照谟，彭启廷主编.—武汉：武汉测绘科技大学出版社，1990.5.—227页；32开.(语文知识例话丛书).—ISBN 7-81030-031-8：2.70元

修辞的理论与实践/张寿康，黄宏煦主编.—北京：语文出版社，1990.2.—322页；32开.—ISBN 7-80006-176-0：3.80元

语言表达方法训练/江声树著.—福州：福建少年儿童出版社，1990.6.—208页；32开.—ISBN 7-5395-0358-0：1.85元

语言的色彩美/刘云泉著.—合肥：安徽教育出版社，1990.4.—246页；32开.—(修辞学丛书/王德春主编).—ISBN 7-5336-0255-2：2.70元

本书论述了色彩词的特性、演变、修辞等内容。

语法逻辑修辞正误例话/张理明著.—南京：江苏教育出版社，1990.9.—250页；32开.—ISBN 7-5343-1113-6：2.05元

H151　风格论

汉语风格探索/黎运汉著.—北京：商务印书馆，1990.6.—238页；大32开.—ISBN 7-100-00718-6：3.00元

常用辞格通论/武占坤主编.—石家庄：河北教育出版社，1990.10.—347页；大32开.—ISBN 7-5434-0731-0：4.20元

H152　文体论

干部写作/王应兆主编.—昆明：云南教育出版社，1990.6.—451页；大32开.—ISBN 7-5415-0392-4：5.70元

大学写作训练体系/袁昌文主编.—贵阳：贵州教育

出版社，1990.12.—427页；32开.—ISBN 7-80583-112-2：4.80元

日常应用文/孙定富编.—2版.—上海：上海教育出版社，1990.10.—79页；32开.—（学文化读物）.ISBN 7-5320-1393-6：0.73元
本书1979年5月第1版。

中外名篇笔法举要/岳云堂主编.—沈阳：辽宁教育出版社，1990.5.—436页；32开.—ISBN 7-5382-1182-9：5.10元

中医论文写作教程/单书健编著.—南京：江苏科学技术出版社，1990.4.—300页；32开.—ISBN 7-5345-0929-7：3.50元

中国文章体式大全/刘志勇等编著.—北京：经济管理出版社，1990.3.—816页；大32开.—ISBN 7-80025-303-1：12.30元

中国作文年鉴：1985年～1988年/韩作黎主编.—郑州：文心出版社，1990.6.—910页；大32开.—ISBN 7-80537-275-6（精装）：11.50元

中国应用文发展史/李凯源著.—北京：中国商业出版社，1990.12.—248页；32开.—ISBN 7-5044-0320-2：3.50元

公文写作/李若庭等编著.—沈阳：辽宁人民出版社，1990.12.—284页；32开.—（行政管理学丛书）.—ISBN 7-205-01731-9：4.20元

公文写作教程/王列生主编.—合肥：安徽人民出版社，1990.4.—280页；32开.—ISBN 7-212-00363-8：3.90元

公文吹毛录/钟幼文著.—南宁：广西人民出版社，1990.5.—234页；32开.—ISBN 7-219-01534-8：2.60元

公务文书写作大全/文军主编.—南宁：广西人民出版社，1990.1.—687页；32开.—ISBN 7-219-01450-3：7.50元

公务文书写作大全/文军主编.—2版.—南宁：广西人民出版社，1990.8.—702页；32开.—ISBN 7-219-01450-3：7.50元
本书1990年1月第1版。

公务员应用文写作学习指南/曲奎，何洪钊主编.长春：吉林大学出版社，1990.8.—289页；32开.ISBN 7-5601-0574-2：4.10元

公共关系应用文写作/向前等编著.—北京：新华出版社，1990.12.—436页；32开.—PR专业教材之五.—ISBN 7-5011-0990-7：5.20元

公关写作教程/陆冰扬，陈尚铭主编.—杭州：杭州大学出版社，1990.12.—253页；大32开.—ISBN 7-81035-064-1：3.50元

公安公文写作/艾方白主编.—北京：群众出版社，1990.10.—2册（285，325页）；32开.—ISBN 7-5014-0577-3：6.80元

文体列锦/马鹏举主编.—大连：大连海运学院出版社，1990.2.—192页；32开.—ISBN 7-5632-0159-9：2.00元

文秘写作概述/李永起主编.—大连：大连出版社，1990.2.—338页；大32开.—ISBN 7-80555-215-0：4.20元

文章写作面面观/董惠君编.—北京：中国广播电视出版社，1990.8.—203页；32开.—ISBN 7-5043-0426-3：2.85元

文章技法初步/吴振群，甘久生主编.—海口：南海出版公司，1990.9.—202页；32开.—ISBN 7-80570-177-6：1.90元

为你提供论据/王全峰编著.—北京：兵器工业出版社，1990.1.—103页；32开.—ISBN 7-80038-147-1：1.00元

书信常识/池尚英，蒙智扉编.—桂林：广西师范大学出版社，1990.4.—120页；32开.—ISBN 7-5633-0723-0：1.50元

议论文写作技巧/王宝大著.—北京：中国青年出版社，1990.5.—376页；32开.—ISBN 7-5006-0652-4：4.40元

议论文读写基本能力培养/叶苍岑著.—北京：学苑出版社，1990.7.—154页；32开.—（语文基本能力培养丛书/叶苍岑主编）.—ISBN 7-5077-0078-X：3.00元

记叙文写作知识类编/陈梅娥，杜俊声编著.—哈尔滨：黑龙江教育出版社，1990.11.—283页；32开.ISBN 7-5316-1146-5：3.00元

记叙文读写基本能力培养/赵曙东著.—北京：学苑出版社，1990.7.—164页；32开.—（语文基本能力培养丛书/叶苍岑主编）.—ISBN 7-5077-0075-5：3.00元

写作/杨为珍主编.—上海：华东师范大学出版社，1990.11.—403页；大32开.—全国高等师范专科学校教材.—ISBN 7-5617-0607-3：2.84元

写作与应用文学习要点习题集/《写作与应用文学习要点习题集》编写组编.—北京：中国金融出版社，1990.7.—158页；32开.—中等银行学校辅助教材.—ISBN 7-5049-0590-9：2.00元

写作方法指南/卿成等编著.—北京：中国华侨出版公司，1990.3.—319页；32开.—ISBN 7-80074-136-2：3.50元

写作丛谈/刘锡庆著.—北京：北京师范大学出版社，1990.3.—401页；大32开.—（高校文科电大、业大、刊大自学高考写作课参考读物）.—ISBN 7-303-00390-8：5.10元

写作考试精要/姚善义等编著.—大连：大连出版社，1990.2.—195页；32开.—（自学自测自考丛书/林瀛主编）.—ISBN 7-80555-187-1：2.80元

写作知识辞典/陈子典，顾兴义主编.—南昌：江西教育出版社，1990.2.—1115页；大32开.—（写作学系列工具书）.—ISBN 7-5392-0215-7（精装）：14.43元

写作通论：注释本/刘锡庆，朱金顺著；王景堂注释.—北京：北京出版社，1990.7.—354页；32开.中央广播电视大学教材　写作教学用书.—ISBN 7-200-01161-4：4.15元

写作鉴赏文选/谭习朴，杨培明主编.—北京：中国城市经济社会出版社，1990.1.—470页；32开.ISBN 7-5074-0265-7：5.90元

写作精要/王作昌主编.—沈阳：辽宁大学出版社，1990.9.—227页；32开.—ISBN 7-5610-1052-4：2.80元

写信必读/《写信必读》编写组编著.—2版.—广州：广东人民出版社，1990.9.—255页；32开.ISBN 7-218-00029-0：2.80元

本书1986年2月第1版。

机关写作学教程/张清明等编著.—武汉：武汉大学出版社，1990.1.—492页；大32开.—ISBN 7-307-00470-4：5.60元

机关应用文写作/郑怀义，段柄仁著.—北京：中国人民公安大学出版社，1990.6.—458页；大32开.ISBN 7-81011-248-1：5.60元

传统写作论选译/周伟选译.—郑州：文心出版社，1990.6.—506页；32开.—ISBN 7-80537-259-4：4.80元

企业外交实用文体写作/于云等编著.—北京：中国经济出版社，1990.5.—204页；32开.—（企业家外交丛书/杨岗主编）.—ISBN 7-5017-0599-2：3.80元

企业管理应用文写作/徐华芳主编.—北京：机械工业出版社，1990.7.—152页；32开.—机械电子工业部机电行业专业管理人员岗位培训教材.—ISBN 7-111-01990-3：2.90元

企业管理应用写作/刘宝霞，于立源主编.—沈阳：辽宁大学出版社，1990.11.—323页；32开.—ISBN 7-5610-1097-4：4.00元

论文写作发凡/吕文源主编.—武汉：湖北教育出版社，1990.6.—324页；32开.—ISBN 7-5351-0506-8：3.30元

论文写作学/王吉亮，郑惠卿著.—广州：广东高等教育出版社，1990.12.—256页；大32开.—ISBN 7-5361-0561-4：1.90元

论文写作通论/刘功成编著.—大连：大连理工大学出版社，1990.12.—346页；32开.—ISBN 7-5611-0356-5：3.50元

军队实用写作：典型病例评改/张乐盈主编.—上海：复旦大学出版社，1990.12.—205页；32开.ISBN 7-309-00647-X：2.00元

军事实用写作/张金根主编.—北京：蓝天出版社，1990.11.—596页；32开.—ISBN 7-80081-144-1：5.80元

军事演讲辞写作概论/王峰著.—北京：蓝天出版社，1990.8.—190页；32开.—ISBN 7-80081-134-4：2.50元

农业科技写作/朱振道，袁剑平主编.—郑州：河南科学技术出版社，1990.6.—391页；大32开.—ISBN 7-5349-0726-8：4.80元

农业科技写作教程/黄晓颖，陶红主编.—长春：长春出版社，1990.1.—244页；大32开.—ISBN 7-80573-121-7：3.90元

农村日常应用文写作/刘洪礼主编.—上海：百家出版社，1990.12.—188页；32开.—农村基层干部培训系列教材.—ISBN 7-80576-134-5：2.00元

农村应用文/何正芳，王春林编著.—上海：复旦大学出版社，1990.8.—204页；32开.—ISBN 7-309-00547-3：2.95元

农村应用文大全/辛毅，辛夫主编.—北京：中国青年出版社，1990.12.—428页；32开.—ISBN 7-5006-0716-4：5.15元

农村实用文/陈立春主编.—桂林：广西师范大学出版社，1990.12.—115页；32开.—（作文教学研究丛书）.—ISBN 7-5633-1014-2：1.10元

农村常用文写作：续编/徐德智，李兰茹编著.—北京：北京出版社，1990.3.—353页；32开.—ISBN 7-200-00718-8：3.75元

材料作文的审题/文达三，王集门著.—长沙：湖南出版社，1990.11.—195页；32开.—ISBN 7-5438-0036-5：2.50元

劳教管理专业应用文写作/彭黎明，刘海军编.—天津：天津教育出版社，1990.1.—297页；32开.ISBN 7-5309-0874-X：3.50元

医用文体写作/张桂兴主编.—北京：中国人事出版社，1990.9.—340页；大32开.—（大学语文教学丛书）.—ISBN 7-80076-32-4：4.20元

医用写作/郭常安，严启之主编.—北京：中国医药科技出版社，1990.7.—114页；16开.—ISBN 7-5067-0168-5：3.30元

财会文章写作/李兴福主编.—哈尔滨：黑龙江人民出版社，1990.10.—263页；32开.—ISBN 7-207-00727-8：4.00元

财会业务写作实例/高世常等主编.—沈阳：辽宁人民出版社，1990.12.—766页；32开.—ISBN 7-205-01635-5：9.80元

财会论文写作/贾华章等著.—北京：中国展望出版社，1990.5.—187页；32开.—（财会改革与发展丛书）.—ISBN 7-5050-0637-1：3.40元

财经文书读写/林柏麟主编.—成都：四川人民出版社，1990.6.—363页；32开.—ISBN 7-220-01026-5：3.85元

财经写作训练教程/曹文彬，欧阳勤主编.—南京：江苏科学技术出版社，1990.1.—430页；32开.ISBN 7-5345-0840-1：4.40元

财经论文写作/雷从胜，刘依予编著.—昆明：云南人民出版社，1990.1.—276页；32开.—ISBN 7-222-00504-6：3.30元

财经应用文写作/孙景阳等编.—北京：经济科学出版社，1990.2.—279页；32开.—ISBN 7-5058-0312-3：3.40元

财经应用写作/霍焕民编著.—北京：北京语言学院出版社，1990.5.—412页；大32开.—ISBN 7-5619-0092-9：4.90元

作文入门三编：努力提高表达水平/刘朏朏，高原编著.—天津：新蕾出版社，1990.1.—258页；32开.ISBN 7-5307-0463-X：2.55元

作文导写辞典/徐汉华主编.—西安：陕西人民教育出版社，1990.6.—256页；32开.—ISBN 7-5419-1042-2：3.40元

作文类典/杨喆编辑.—影印本.—郑州：中州古籍出版社，1990.6.—1册；32开.—ISBN 7-5348-0139-5（精装）：17.20元

本书据1934年上海中华书局本影印。

兵法与文法：从三国故事谈到作文之道/黄长江著.—北京：海潮出版社，1990.7.—216页；32开.ISBN 7-80054-185-1：2.90元

应用文/金葆荣主编.—长春：吉林人民出版社，1990.7.—425页；32开.—财经类中等专业学校通用教材.—ISBN 7-206-00814-3：5.00元

应用文写作/于俊明，韩仁龙主编.—北京：中国城市经济社会出版社，1990.7.—289页；32开.—经济专业通用写作教材.—ISBN 7-5074-0360-2：3.60元

应用文写作入门/郜锦强主编.—徐州：中国矿业大学出版社，1990.1.—224页；32开.—ISBN 7-81021-353-9：2.20元

应用文读写基本能力培养/王殿松等著.—北京：学苑出版社，1990.6.—207页；32开.—（语文基本能力培养丛书/叶苍苓主编）.—ISBN 7-5077-0076-3：3.00元

应用写作/陈国民，李首鸿主编.—北京：北京教育出版社，1990.11.—319页；32开.—ISBN 7-5303-0178-0：4.10元

应用写作/袁牧等编写.—南昌：江西科学技术出版社，1990.6.—266页；32开.—中等职业技术学校教材，试用本.—ISBN 7-5390-0300-6：2.55元

应用写作指南/山河，张德森主编.—成都：电子科技大学出版社，1990.7.—530页；32开.—ISBN 7-81016-227-6：6.40元

应用写作教程/张达芝主编.—杭州：杭州大学出版社，1990.5.—404页；32开.—高等教育管理类各专业通用教材.—ISBN 7-81035-017-X：4.20元

应用写作教程/张振昂，陈少夫主编.—广州：中山大学出版社，1990.9.—254页；32开.—ISBN 7-306-00338-0：3.30元

应用写作教程/柯玉村主编.—上海：复旦大学出版社，1989.11.—318页；32开.—ISBN 7-309-00420-5：3.60元

应用写作基础/张培业，张萍编著.—沈阳：辽宁大学出版社，1990.4.—328页；大32开.—ISBN 7-5610-0890-2：3.80元

应用写作概论/汪木兴主编.—海口：南海出版公司，1990.12.—455页；32开.—ISBN 7-80570-277-2：4.50元

应用写作简明教程/邓乃行主编.—广州：华南理工大学出版社，1990.6.—261页；32开.—ISBN 7-5623-0202-2：3.80元

诉状写作方法与技巧/率蕴铤，陈空北著.—北京：学苑出版社，1990.1.—284页；32开.—ISBN 7-80060-479-7：3.60元

社交书信写作/成桂春，夏京春著.—北京：宝文堂书店，1990.8.—206页；32开.—（宝文堂尺牍丛书）.—ISBN 7-50030-191-5：2.40元

现代公共关系应用文体大全/杨林主编.—北京：学苑出版社，1990.1.—726页；32开.—ISBN 7-80060-381-4：8.95元

现代文体写作学/毛正天等主编.—南昌：江西教育出版社，1990.3.—437页；大32开.—（现代写作丛书）.—ISBN 7-5392-0844-9：4.20元

现代礼仪行文大全/金红主编.—南宁：广西民族出版社，1990.12.—479页；32开.—ISBN 7-5363-1032-3：5.00元

现代实用写作/何德化主编.—南宁：广西人民出版社，1990.7.—448页；大32开.—ISBN 7-219-01601-7：5.50元

青年书信万事通/何可编.—广州：华南理工大学出版社，1990.11.—189页；32开.—ISBN 7-5623-0220-0：3.30元

青年作文手册/张必东主编.—武汉：武汉出版社，1990.12.—319页；32开.—ISBN 7-5430-0437-2：3.65元

国家行政机关应用文写作/阮惠生，辛孺丁主编.沈阳：辽宁人民出版社，1990.4.—395页；32开.国家行政机关工作人员岗位培训教材.—ISBN 7-205-01334-8：5.60元

金融文体写作/蒋世绩，杨柱才主编.—南宁：广西

人民出版社，1990.7.—269页；32开.—ISBN 7-219-01577-1：3.00元

金融文章常见语病实例评改/全同友著.—哈尔滨：黑龙江教育出版社，1990.8.—322页；32开.—ISBN 7-5316-1102-3：3.60元

金融应用文例文大全/宋萌等编著.—北京：中国财政经济出版社，1990.10.—433页；32开.—ISBN 7-5005-1214-1：5.00元

审计应用写作/《审计应用写作》编写组编写.—北京：中国财政经济出版社，1990.12.—435页；大32开.—ISBN 7-5005-1371-7：5.65元

审计实用写作/董汉庭，方祥祺编著.—南京：江苏人民出版社，1990.11.—405页；32开.—ISBN 7-214-00594-8：4.90元

实用公文大全/赵长琦，孙秀秋编著.—北京：机械工业出版社，1990.9.—354页；32开.—ISBN 7-111-02195-9：5.60元

实用公文写作指导与训练/师尼罗，程涛主编.—北京：中国人事出版社，1990.12.—440页；32开.ISBN 7-80076-021-9：6.30元

实用文写作/李正香等编著.—沈阳：辽宁人民出版社，1990.11.—431页；32开.—ISBN 7-205-01660-6：5.00元

实用文写作教程/钟隆林等编.—长沙：中南工业大学出版社，1990.1.—310页；32开.—ISBN 7-81020-278-2：3.00元

实用文体写作/华南师大中文系编.—广州：广东人民出版社，1990.11.—222页；32开.—ISBN 7-218-00495-4：2.15元

实用文体写作正误评析/肖芳等编著.—北京：经济日报出版社，1990.1.—418页；大32开.—ISBN 7-80036-215-9：4.95元

实用文体写作教程/巩柱中，胡益仁主编.—北京：中国财政经济出版社，1990.2.—356页；32开.—中等供销学校试用教材.—ISBN 7-5005-0920-0：2.10元

实用交际书信大全：汉英对照/冬淼编译.—北京：中国青年出版社，1990.7.—407页；32开.—ISBN 7-5006-0629-X：4.90元

实用护理论文写作指导/陈丽芬等编著.—上海：上海科学技术文献出版社，1990.5.—145页；32开.ISBN 7-80513-662-9：1.75元

实用医疗卫生写作/丁乐飞等主编.—杭州：浙江大学出版社，1990.12.—390页；大32开.—ISBN 7-308-00411-2：5.75元

实用作文辞典/赵洪国，贾玉亭主编.—长春：吉林大学出版社，1990.8.—340页；32开.—ISBN 7-5601-0558-0：4.50元

实用经济写作/杨凤贤主编.—西安：陕西人民出版社，1990.8.—370页；32开.—ISBN 7-224-01438-9：4.50元

学术论文写作导论/曹音著.—哈尔滨：黑龙江人民出版社，1990.12.—249页；32开.—（高等学校论文写作系列丛书/曹音，马连琪主编）.—ISBN 7-207-01794-4：3.50元

房地产行政与经济应用文/戴如法编著.—上海：复旦大学出版社，1990.12.—293页；32开.—ISBN 7-309-00627-5：3.60元

建设银行应用文写作/建设银行贵州省分行，贵州省投资管理学校编写.—北京：中国财政经济出版社，1990.10.—272页；32开.—（投资管理丛书）.ISBN 7-5005-1150-7：3.70元

经济写作导论/柯美成主编.—北京：经济管理出版社，1990.8.—379页；大32开.—ISBN 7-80025-336-8：6.00元

经济论文写作通论/刘小龙，刘文烈著.—青岛：青岛海洋大学出版社，1990.6.—160页；大32开.ISBN 7-81026-093-6：3.00元

经济应用写作/于保练，周康平主编.—哈尔滨：黑龙江科学技术出版社，1990.5.—412页；32开.（黑龙江农垦财会丛书）.—ISBN 7-5388-1132-X：4.65元

经济应用写作/徐明娥主编.—昆明：云南教育出版社，1990.7.—494页；32开.—ISBN 7-5145-0389-0：6.40元

经济应用写作/崔乃瑜主编.—长春：吉林大学出版社，1990.9.—394页；32开.—ISBN 7-5601-0602-1：5.25元

经济改革应用文写作/吴德太主编.—沈阳：辽宁教育出版社，1990.6.—402页；32开.—ISBN 7-5382-1194-2：4.00元

经济例文选评/范淑存主编.—北京：中国经济出版社，1990.3.—497页；大32开.—ISBN 7-5017-0556-9：5.50元

经济管理写作教程/倪卫平著.—大连：大连海运学院出版社，1990.6.—270页；大32开.—ISBN 7-5632-0196-3：4.20元

经济管理应用文/路桂湘编著.—北京：冶金工业出版社，1990.8.—435页；大32开.—ISN 7-5024-0621-2：8.90元

科技文写作训练/钱国纲等编著.—重庆：科学技术文献出版社重庆分社，1990.3.—193页；32开.ISBN 7-5023-1122-X：2.25元

科技文读写指要/汪宗烈，刘平一主编.—重庆：科学技术文献出版社重庆分社，1990.3.—262页；32

开.—ISBN 7-5023-1123-8：2.95元

科技写作与文献检索/于永芳，刘贵富主编.—北京：蓝天出版社，1990.4.—218页；32开.—ISBN 7-80081-087-9：3.87元

科技写作例文讲评/何艾生主编.—北京：北京科学技术出版社，1990.3.—198页；32开.—ISBN 7-5304-0622-1：2.50元

科技写作实用手册/李魁彩编著.—北京：知识出版社，1990.2.—349页；32开.—ISBN 7-5015-0184-X：4.60元

科技论文写作知识/黄晞编著.—北京：科学普及出版社，1990.3.—163页；32开.—ISBN 7-110-00996-3：2.50元

怎样写作经济论文/《统计与决策》编辑部编著.北京：中国财政经济出版社，1990.3.—335页；大32开.—ISBN 7-5005-1027-6：3.95元

怎样撰写医学论文/张学礼主编；王冬英等编.—北京：中国医药科技出版社，1990.6.—223页；32开 ISBN 7-5067-0183-9：3.50元

给材料写作技法/杨柳主编.—成都：成都出版社，1990.8.—213页；32开.—ISBN 7-80575-086-6：2.45元

监察公文基础写作/华尔赓，周广然编.—北京：机械工业出版社，1990.12.—237页；32开.—机械电子工业部监察干部培训教材.—ISBN 7-111-02588-1：4.30元

铁路应用文/黄瑞泉主编.—北京：海洋出版社，1990.6.—244页；32开.—ISBN 7-5027-0566-X：2.40元

积累·思考·表达：写作能力的培养/蔡澄清，陈军著.—北京：语文出版社，1990.2.—368页；32开.—ISBN 7-80006-220-1：3.70元

高等师范写作教程/尹相如主编.—昆明：云南教育出版社，1990.9.—604页；大32开.—ISBN 7-5415-0412-2：6.90元

涉外文书写作/顾兴义编著.—广州：广东高等教育出版社，1990.7.—234页；32开.—ISBN 7-5361-0487-1：3.80元

家庭生活酬事必备/阿程等编.—北京：中国广播电视出版社，1990.11.—262页；32开.—ISBN 7-5043-0781-5：3.80元

本书介绍了婚、丧、庆、典、诉讼、财经、书信、工作等20大类，200余种家事实用文体和写法。

谈写作速度/季龙鸣等编著.—南京：江苏少年儿童出版社，1990.3.—149页；32开.—ISBN 7-5346-0425-7：1.60元

谈职工教育论文写作/李岩志著.—北京：海洋出版社，1990.12.—374页；36开.—ISBN 7-5027-1293-3：4.40元

通用写作新教程/韩琦主编.—西安：陕西人民教育出版社，1990.5.—548页；大32开.—ISBN 7-5419-1609-9：7.60元

基础写作/李祖琳，王泰春主编.—兰州：兰州大学出版社，1990.7.—326页；大32开.—ISBN 7-311-00297-4：3.70元

基础写作简明教程/王正，岳鲁主编.—沈阳：辽宁大学出版社，1990.7.—329页；32开.—财经类中等专业学校通用教材.—ISBN 7-5610-0970-4：3.80元

常用应用文写作指南/朱维亮主编.—南京：江苏少年儿童出版社，1990.11.—117页；32开.—ISBN 7-5346-0629-2：1.20元

银行业务实用文体写作/王一先主编.—哈尔滨：黑龙江人民出版社，1990.8.—392页；32开.—ISBN 7-207-01637-9：4.70元

银行应用文/张建如编著.—南京：南京出版社，1990.8.—180页；32开.—ISBN 7-80560-243-3：2.60元

商业应用文/周玉龙主编.—北京：中国商业出版社，1990.3.—356页；32开.—ISBN 7-5044-0652-X：4.60元

商业应用文/禹鹏飞主编.—哈尔滨：黑龙江科学技术出版社，1990.12.—244页；32开.—商业技工学校试用教材.—ISBN 7-5388-1439-6：3.90元

商业应用文习题集/杨平旦主编.—北京：中国商业出版社，1990.8.—213页；32开.—ISBN 7-5044-0652-X：2.85元

商业应用文写作/王云朋主编.—北京：中国商业出版社，1990.1.—298页；32开.—ISBN 7-5044-0420-9：2.70元

商业应用文写作基础/高显振主编.—长春：长春出版社，1990.5.—221页；32开.—ISBN 7-80573-156-X：2.95元

婚丧喜庆实用文书/林金概等编著.—福州：海峡文艺出版社，1990.12.—177页；32开.—ISBN 7-80534-322-5：2.55元

最新实用文体写作/齐鲁，赵华著.—北京：中国工人出版社，1990.1.—493页；32开.—ISBN 7-5008-0639-6：5.95元

普通应用写作学/牛二红主编.—北京：中国财政经济出版社，1990.9.—582页；大32开.—ISBN 7-5005-1174-4：7.40元

简明应用写作辞典/张岳良，魏重阳编著.—武汉：武汉出版社，1990.11.—498页；32开.—ISBN 7-5430-0346-5（精装）：12.00元

微观写作法：速效作文导航/陶陶著.—武汉：武汉工业大学出版社，1990.2.—377页；32开.—ISBN

7-5629-0337-9：3.90元

新旧文体书信交际指南/纪卿编著.—2版.—长沙：国防科技大学出版社，1990.1.—269页；32开.ISBN 7-81024-107-9：2.90元

新编实用文写作/陈瑞衡主编.—北京：中共中央党校出版社，1990.1.—338页；32开.—文秘岗位职务培训系列教材.—ISBN 7-5035-0255-X：3.90元

管理应用写作/金翠华，胡念邦编著.—青岛：青岛海洋大学出版社，1990.5.—246页；大32开.—ISBN 7-81026-047-2：2.50元

趣味写作谈/顾兴义编著.—广州：华南理工大学出版社，1990.1.—258页；32开.—基础写作辅导教材.—ISBN 7-5623-0183-2：3.00元

H155 标点法

标点用法疑难例释/金宝库编.—2版(修订版).兰州：甘肃人民出版社，1990.12.—252页；32开.ISBN 7-226-00760-1：2.60元

本书1983年3月第1版。

标点符号用法/国家语言文字工作委员会，新闻出版署修订发布.—北京：语文出版社，1990.3.—12页；32开.—ISBN 7-80006-279-1：0.40元

标点符号用法/国家语言文字工作委员会，中华人民共和国新闻出版署修订发布.—广州：广东人民出版社，1990.5.—16页；32开.—ISBN 7-218-00523-3：0.35元

标点符号用法讲话/苏培实编.—北京：原子能出版社，1990.12.—213页；32开.—ISBN 7-5022-0372-9：2.40元

《标点符号用法》解说/《标点符号用法》修订组编.—北京：语文出版社，1990.3.—92页；32开.ISBN 7-80026-280-5：1.40元

标点符号的用法/吴邦驹编著.—北京：学苑出版社，1990.7.—281页；32开.—ISBN 7-80060-885-9：3.50元

怎样使用新颁标点符号/吴兆宏编著.—北京：北京教育出版社，1990.10.—104页；32开.—ISBN 7-5303-0180-2：1.25元

新修订《标点符号用法》分析与练习/宋建民，张雪梅编著.—北京：测绘出版社，1990.6.—136页；32开.—ISBN 7-5030-0265-4：2.00元

H159 翻 译

古汉语翻译述要/马重奇著.—西安：陕西人民出版社，1990.12.—249页；大32开.—(语言文学丛著：语言学之部/杨春霖主编).—ISBN 7-224-01093-6：3.50元

H16 字典、词典、古代字书

中国辞书学论文索引：1911～1989/上海辞书学会，辞书研究编辑部编.—上海：上海辞书出版社，1990.11.—170页；32开.—(辞书研究丛书).—ISBN 7-5326-0152-8：2.00元

古代词书讲话/曹先擢，杨润陆编著.—上海：上海教育出版社，1990.8.—260页；32开.—ISBN 7-5320-0986-6：3.10元

H161 说 文

古代六种字书佚文补辑并注/李增杰辑注.—广州：广东高等教育出版社，1990.10.—214页；32开.ISBN 7-5361-0499-5：5.80元

说文古籀补、补补、三补疏证/吴大澂等撰.—影印本.—北京：中国书店，1990.7.—1册；大32开.(海王邨古籍丛刊).—ISBN 7-80568-091-4(精装)：10.00元

本书包括《说文古籀补》、《说文古籀补补》、《说文古籀三补》、以及《说文古籀疏证》四种书。

说文部首字典/申志均编著.—郑州：中州古籍出版社，1990.3.—246页；32开.—ISBN 7-5348-0284-9：8.00元

说文解字导读/张舜徽著.—成都：巴蜀书社，1990.1.—86页；大32开.—(中华文化要籍导读丛书/蔡尚思主编).—ISBN 7-80523-197-4：1.20元

说文解字释要/王梦华著.—长春：吉林教育出版社，1990.7.—359页；大32开.—ISBN 7-5383-1074-6(精装)：6.00元

基础汉字形义释源：《说文》部首今读本义/邹晓丽编著.—北京：北京出版社，1990.6.—265，38页；大32开.—ISBN 7-200-01011-1：5.90元

H163 字 典

大中学生古汉语常用多义字词典/刘学林，迟铎主编.—兰州：甘肃人民出版社，1990.10.—926页；大32开.—ISBN 7-226-00555-7(精装)：15.95元

本书共收古汉语常用多义字2911个。

电脑文化两用字典/张国防等编著.—石家庄：河北教育出版社，1990.8.—625页；32开.—ISBN 7-5434-0280-7(精装)：10.20元

汉字义近字典/赵凤晨，赵福海主编.—长春：吉林人民出版社，1990.12.—946页；32开.—ISBN 7-206-00934-4(精装)：17.00元

汉字部首字典/王延林编.—上海：上海书画出版社，1990.1.—290页；32开.—ISBN 7-80512-413-2：9.70元

汉字读音字典/钟禔编.—北京：宇航出版社，1990.2.—512页；50开.—ISBN 7-80034-224-7（精装）：6.50元

汉语大字典 第七卷/《汉语大字典》编辑委员会编纂.—武汉：湖北辞书出版社；成都：四川辞书出版社，1990.5.—4281～4937页；16开.—ISBN 7-5403-0027-2（精装）：30.00元

汉语大字典 第八卷/《汉语大字典》编辑委员会编.—武汉：湖北辞书出版社；成都：四川辞书出版社，1990.10.—4939页～5746页；16开.—ISBN 7-5403-0030-2（精装）：30.00元

汉语大字典论文集/李格非，赵振铎主编.—武汉：湖北辞书出版社；成都：四川辞书出版社，1990.10.745页；16开.—ISBN7-5403-0028-0(精装)：30.00元

现代汉语常用字字典/《现代汉语常用字字典》编写组编.—西安：三秦出版社，1990.3.—814页；32开.—ISBN 7-80546-182-1（精装）：12.00元

现代汉语常用字字典/亚白主编.—北京：知识出版社，1990.11.—549页；32开.—ISBN 7-5015-0400-8：8.00元

常用汉字形义演释字典/王朝忠，王文学编著.—成都：四川辞书出版社，1990.11.—414页；32开.ISBN 7-80543-133-7：6.50元

常用字五用字典：注音·释义·辨析·组词·作文/萧嘉主编.—西安：陕西人民出版社，1990.10.548页；32开.—ISBN 7-224-00960-1：7.45元

H164 词 典

儿童汉语配图词典：读、写、注释三用/宗文编.上海：上海翻译出版公司，1990.2.—167页；24开.ISBN 7-80514-141-X：2.40元

儿童图解词典/李本刚等编著.—北京：海洋出版社，1990.2.—399页；32开.—ISBN 7-5027-0592-9：5.50元

大陆和台湾词语差别词典/邱质朴主编.—南京：南京大学出版社，1990.5.—396页；大32开.—ISBN 7-305-00442-1：7.05元

小学词语六用词典/水桦等编写.—2版.—杭州：浙江教育出版社，1990.12.—378页；32开.—ISBN 7-5338-718-9：3.50元

本书1987年12月第1版。

中学生五用词典/卢卓群等编撰.—成都：四川辞书出版社，1990.8.—548页；32开.—ISBN 7-80543-030-6：7.80元

古今词义对照小词典/卫灿金，蔡权主编.—西安：陕西人民出版社，1990.12.—306页；32开.—ISBN 7-224-01248-3：4.45元

汉语大词典 第五卷/罗竹风主编；汉语大词典编辑委员会，汉语大词典编纂处编纂.—上海．汉语大词典出版社，1990.6.—1528页；16开.—ISBN 7-5432-0004-X（精装）：50.00元

汉语大词典 第六卷/罗竹风主编；汉语大词典编辑委员会，汉语大词典编纂处编纂.—北京：汉语大词典出版社，1990.12.—1619页；16开.—ISBN 7-5432-0005-8（精装）：50.00元

汉语多用词典：注音、释义、用法、构词、近义、反义/林杏光编著.—北京：中国标准出版社，1990.4.—1509页；32开.—ISBN 7-5006-0129-X（精装）：34.50元

当代汉语新词词典/刘继超等编著.—西安：陕西人民出版社，1990.10.—307页；32开.—ISBN 7-224-01181-9：5.20元

同字异序小词典/覃盛发编著.—南宁：广西民族出版社，1990.7.—1册（33，445页）；64开.—ISBN 7-5363-0844-2：4.50元

现代汉语常用词词频词典：音序部分/刘源等编.北京：宇航出版社，1990.6.—1320页；16开.—ISBN 7-80034-302-2（精装）：51.50元

现代汉语新词新语新义词典/诸丞亮等编著.—北京：中国工人出版社，1990.1.—901页；32开.—ISBN 7-5008-0490-3：13.80元

实用汉语用法词典/周行健主编.—北京：国际文化出版公司，1990.10.—978页；32开.—ISBN 7-80049-583-3（精装）：19.50元

学语文辞典/唐超群等主编.—武汉：武汉工业大学出版社，1990.5.—451页；32开.—ISBN 7-5629-0349-2（精装）：7.00元

语言大典/王同亿主编.—海口：三环出版社，1990.12.—2册（4662，127页）；16开.—ISBN 7-80564-076-9（精装）：190.00元

简明汉语搭配词典/张寿康，林杏光主编.—福州：福建人民出版社，1990.11.—600页；32开.—ISBN 7-211-01187-4：7.65元

新华字典：1990年重排本：汉语拼音字母音序排列：附部首检字表.—7版.—北京：商务印书馆，1990.2.—640页；64开.—ISBN 7-100-00042-4（精装）：2.90元

本书1957年6月第1版。

新词新义辞典/唐超群主编.—武汉：武汉工业大学出版社，1990.6.—517页；32开.—ISBN 7-5629-0355-7：9.00元

新编实用汉语词典/韩敬体等编著.—北京：社会科学文献出版社，1990.9.—1266页；32开.—ISBN 7-80050-156-6（精装）：17.80元

H17 方 言

汉语方言讲话/朱建颂著.—武汉：华中师范大学出

版社，1990.12.—154页；大32开.—ISBN 7-5622-0642-2：2.50元

H172/179　各地方言

山阴方言志/杨增武著.—太原：山西高校联合出版社，1990.4.—66页；16开.—（山西省方言志丛书/温端政主编）.—ISBN 7-81032-003-3：2.25元

广州话分韵词林/杨子静，潘邦榛编.—广州：中山大学出版社，1990.3.—256页；32开.—ISBN 7-306-00243-0：6.70元

天镇方言志/谢自立著.—太原：山西高校联合出版社，1990.9.—70页；16开.—（山西省方言志丛书/温端政主编）.—ISBN 7-81032-009-2：2.25元

平鲁方言志/郭文亮著.—太原：山西教育出版社，1990.1.—224页；大32开.—ISBN 7-80578-175-3：2.60元

北京土语辞典/徐世荣编.—北京：北京出版社，1990.4.—599页；大32开.—ISBN 7-200-00921-0（精装）：14.20元

北京土语辞典/徐世荣编.—北京：北京出版社，1990.4.—599页；大32开.—ISBN 7-200-00696-3：9.95元

北京话儿化词典/贾采珠编.—北京：语文出版社，1990.9.—646页；大32开.—ISBN 7-80006-173-6：9.80元

永济方言志/吴建生，李改样编.—太原：山西高校联合出版社，1990.6.—68页；16开.—（山西省方言志丛书/温端政主编）.—ISBN 7-81032-005-X：2.25元

台山方言：广州话·普通话对照/黄剑云编著.—广州：中山大学出版社，1990.1.—255页；32开.—（广东省台山县志丛书）.—ISBN 7-306-00259-7：5.50元

吉县方言志/蔡权著.—太原：山西高校联合出版社，1990.1.—71页；16开.—（山西省方言志丛书/温端政主编）.—ISBN 7-81032-000-9：2.25元

汾西方言志/乔全生著.—太原：山西高校联合出版社，1990.1.—68页；16开.—（山西省方言志丛书/温端政主编）.—ISBN 7-81032-001-7：2.25元

沁县方言志/张振铎著.—太原：山西高校联合出版社，1990.3.—62页；16开.—（山西省方言志丛书/温端政主编）.—ISBN 7-81032-002-5：2.25元

武乡方言志/史素芬，李奇著.—太原：山西高校联合出版社，1990.5.—65页；16开.—（山西省方言志丛书/温端政主编）.—ISBN 7-81032-010-6：2.25元

固原县方言志/杨子仪，马学恭编.—银川：宁夏人民出版社，1990.7.—349页；32开.—ISBN 7-227-00451-1：3.60元

国语粤语繁简字对照字汇/欧绍华，曾铁飞编.—广州：广东高等教育出版社，1990.10.—660页；64开.—ISBN 7-5361-0553-3（精装）：4.85元

河北人怎样学习普通话/金慧宁编著.—北京：语文出版社，1990.6.—288页；32开.—ISBN 7-80006-235-X：2.65元

昭通市方言志/卢开礦著.—昆明：云南人民出版社，1990.12.—265页；大32开.—ISBN 7-222-00639-7：3.10元

珠江三角洲方言综述/詹伯慧，张日昇主编.—广州：广东人民出版社，1990.4.—441页；16开.—珠江三角洲方言调查报告之三.—ISBN 7-218-00588-8：22.00元

获鹿方言志/陈淑静主编.—石家庄：河北人民出版社，1990.8.—243页；32开.—（获鹿县地方志丛书）.—ISBN 7-202-00740-1：3.10元

第二届国际粤方言研讨会论文集/詹伯慧主编.—广州：暨南大学出版社，1990.12.—237页；16开.ISBN 7-81029-030-4：5.85元

商县方言志/张成材著.—北京：语文出版社，1990.5.—134页；大32开.—ISBN 7-800006-042-X：2.20元

清徐方言志/潘耀武著.—太原：山西高校联合出版社，1990.12.—68页；16开.—（山西省方言志丛书/温端政主编）.—ISBN 7-81032-015-7：2.25元

蒲圻话普通话字音对应表/陈有恒编著.—武汉：中国地质大学出版社，1989.11.—138页；32开.—ISBN 7-5625-0376-1：1.45元

蜀语校注/（清）李实著；黄仁寿等校注.—成都：巴蜀书社，1990.6.—92页；32开.—ISBN 7-80523-237-7：3.27元

新丰方言志/周日健著.—广州：广东高等教育出版社，1990.12.—430页；32开.—ISBN 7-5361-0573-8：5.00元

新绛方言志/朱耀龙著.—太原：山西高校联合出版社，1990.5.—64页；16开.—（山西省方言志丛书/温端政主编）.—ISBN 7-81032-004-1：2.25元

新疆汉语方言词典/陈汝立等著.—乌鲁木齐：新疆人民出版社，1990.11.—457页；32开.—ISBN 7-228-00766-2：6.00元

潍坊方言与普通话/刘德高等主编；潍坊市师范院校协编.—济南：山东大学出版社，1990.7.—342页；32开.—ISBN 7-5607-0374-7：4.20元

H19　汉语教学

大学医用汉语教程　第一册/洪材章主编.—天津：天津大学出版社，1990.7.—257页；大32开.—ISBN 7-5618-0191-2：3.50元

大学语文教程/彭丙成主编.—长沙：湖南师范大学出版社，1990.8.—2册(792页)；大32开.—ISBN 7-81031-020-8：10.70元

文海拾萃：黑龙江省党校系统语文科研论文集/徐世杰，刘喜印主编.—哈尔滨：黑龙江人民出版社，1990.11.—339页；32开.—ISBN 7-207-01807-X：5.20元

世界汉语教学百科辞典/王国安主编.—上海：汉语大词典出版社，1990.12.—1319页；32开.—ISBN 7-5432-0030-9(精装)：30.00元

汉语文教学论文集/内蒙古民族院校汉语教学研究会编.—呼和浩特：内蒙古教育出版社，1990.3.—189页；大32开.—ISBN 7-5311-0932-8：2.10元

汉语教学图册：汉英/李秀兰等编.—北京：华语教学出版社，1990.—192页；16开.—ISBN 7-80052-068-4：18.70元

借鉴集/江西省中语会编.—海口：南海出版公司，1990.1.—57页；16开.—ISBN 7-80570-162-8：1.20元

黎锦熙论语文教育/张鸿苓，李桐华编.—郑州：河南教育出版社，1990.8.—354页；大32开.—ISBN 7-5347-0581-9(精装)：6.40元

H191　教学改革

语文教改的第三浪潮/王尚文著.—桂林：广西师范大学出版社，1990.8.—250页；大32开.—ISBN 7-5633-0904-7：3.00元

H193　教学法、教学工作

《大学语文》考试要点辅导：自学考试总复习手册：全国组编本/孟庆魁编.—天津：天津人民出版社，1990.9.—264页；32开.—ISBN 7-201-00518-9：2.75元

大学语文自学考试指津/阎凤梧等编著.—太原：山西高校联合出版社，1990.11.—439页；大32开.—自考委指定参考书.—ISBN 7-81032-016-5：5.40元

《大学语文》题解·全译·集粹/孟文斌编著.—牡丹江：黑龙江朝鲜民族出版社，1990.12.—405页；32开.—全国高等教育自学考试辅导用书.—ISBN 7-5389-0296-1：4.95元

卫校《语文》单元能力训练/施弘，范钦侃主编.北京：华夏出版社，1990.9.—78页；16开.—ISBN 7-80053-852-4：2.00元

中专技校职中语文知识手册/尹昱泓，樊节礼主编.—贵阳：贵州人民出版社，1990.9.—388页；32开.—ISBN 7-221-01966-5：5.40元

中专语文学习指导　第二册/贺邦杰，陈少华主编.桂林：广西师范大学出版社，1990.5.—192页；32开.—各类专业通用.—ISBN 7-5633-0805-9：2.00元

中师语文手册/谷辅林主编.—北京：中国广播电视出版社，1990.6.—508页；32开.—ISBN 7-5043-0522-7：5.80元

中师语文学习参考/宋悦魁等主编.—郑州：中州古籍出版社，1990.11.—365页；32开.—ISBN 7-5348-0440-X：4.00元

中师语文能力训练举要/崖远培，黄沧海主编.—桂林：广西师范大学出版社，1990.11.—196页；32开.—ISBN 7-5633-0991-8：1.80元

中等专业学校各科专业通用语文上册教学参考书/四川省中等专业学校语文教学参考书编写组编.—2版(修订本).—北京：高等教育出版社，1990.1.250页；32开.—ISBN 7-04-002763-1：1.65元

本书1980年6月第1版。

中等专业学校各科专业通用语文下册教学参考书/四川省中等专业学校语文教学参考书编写组编.—2版(修订本).—北京：高等教育出版社，1990.3.221页；32开.—ISBN 7-04-002764-X：1.45元

本书1981年3月第1版。

全国组编本《大学语文》应试自测/马飚等编写.南宁：广西教育出版社，1990.6.—257页；32开.—全国高等教育自学考试辅导书.—ISBN 7-5435-0986-5：2.50元

全国组编本《大学语文》辅导　下册/任学，尹建章主编.—3版.—郑州：中州古籍出版社，1990.7.283～520页；32开.—ISBN 7-5348-0022-6：2.30元

党政干部中专语文/王应兆等编.—昆明：云南教育出版社，1990.8.—436页；大32开.—ISBN 7-5415-0384-3：5.50元

高等师范学校应用语文教程/索荣昌主编.—长春：东北师范大学出版社，1990.5.—516页；大32开.ISBN 7-5602-0387-6：5.70元

新编大学语文讲析/王文成等编.—北京：北京师范学院出版社，1990.6.—272页；32开.—(高等教育自学辅导丛书).—公共课用书.—ISBN 7-81014-468-5：3.50元

新编《大学语文》思考与练习参考答案/史双元编著.—南京：江苏古籍出版社，1990.12.—200页；32开.—ISBN 7-80519-206-5：3.00元

新编中专语文训练丛书　第一册/王顺临主编；孙布尔等编.—西安：西北大学出版社，1990.8.—224页；32开.—各类专业通用.—ISBN 7-5604-0194-5：2.50元

新编中专语文教材导读　上册/桂玉胜等主编.—北京：中国商业出版社，1990.6.—222页；32开.ISBN 7-5044-0544-2：2.93元

H193.2 口语教学

口语训练/董兆杰著.—修订本.—北京：语文出版社，1990.7.—207页；32开.—ISBN 7-80006-293-7：2.65元

本书1986年7月第1版。

汉语口语表达学教程/万里，赵立泰编著.—北京：北京师范大学出版社，1990.4.—270页；大32开.高等师范专科学校教材.—ISBN 7-303-00847-0：1.95元

汉语口语学/王芳智编著.—太原：山西教育出版社，1990.12.—256页；32开.—ISBN 7-80578-345-4：2.60元

实用口语：干部实用说写基础/陈国民，李首鸿主编；王汉长，孙宁编著.—北京：北京教育出版社，1990.11.—241页；32开.—ISBN 7-5303-0171-3：3.35元

实用口语学/李树荫著.—北京：中国国际广播出版社，1990.12.—315页；32开.—ISBN 7-80035-632-9：4.50元

本书主要内容有：心理素质、口语训练、日常说话、交际美学、体态语言、论辩指南、演讲艺术等。

标准化水平考试普通话教材：续编/吴积才主编；姚律人等编著.—昆明：云南教育出版社，1990.4.200页；32开.—ISBN 7-5415-0376-2：1.95元

语音文字基本功训练手册/滕吉海，张发明主编.长春：吉林大学出版社，1990.2.—376页；32开.ISBN 7-5601-0434-7：4.70元

普通话讲座/郭青萍，王乃灿主编.—郑州：河南人民出版社，1990.6.—238页；32开.—高校非中文专业〔用〕.—ISBN 7-215-00998-X：2.50元

普通话系列训练及测试：发音与正音/郝凝，孟小军编著.—南京：江苏教育出版社，1990.7.—214页；32开.—ISBN 7-5343-1111-X：1.70元

普通话知识与训练/湖北省语言文字工作委员会组编；刘兴策主编.—2版.—武汉：中国地质大学出版社，1990.4.—220页；32开.—ISBN 7-5625-0406-7：1.90元

本书原名《普通话基础知识》，1989年第1版。

普通话实用教程/周敬治，赵静主编.—青岛：青岛海洋大学出版社，1990.9.—205页；32开.—ISBN 7-81026-098-7：2.30元

《普通话语音》教学录相片/徐鲁民，冯芝润编著.—北京：北京语言学院出版社，1990.8.—49页；32开.—ISBN 7-5619-0101-1：1.40元

普通话教学/郭水泉，袁学福主编.—北京：语文出版社，1990.9.—292页；32开.—鄂东师范院校教师进修院校用.—ISBN 7-80006-308-9：2.20元

普通话教程/朱道明主编.—武汉：华中师范大学出版社，1990.6.—202页；大32开.—全国高等师范专科学校教材.—ISBN 7-5622-0550-7：1.80元

普通话教程/柴世森等编著.—北京：语文出版社，1990.8.—380页；32开.—ISBN 7-80006-322-4：4.00元

简明普通话教程/山东省语言文字工作办公室编.济南：山东大学出版社，1990.10.—242页；大32开.—ISBN 7-5607-0402-6：2.80元

H193.5 语法教学

现行教学语法系统阐要/刘永保等主编.—大连：大连海运学院出版社，1990.4.—274页；32开.—（语文教师和青年学生必读）.—ISBN 7-5632-0175-0：2.80元

语法和教学语法/田小琳著.—郑州：河南教育出版社；香港：香港文化教育出版社，1990.8.—307页；大32开.—ISBN 7-5347-0783-8：5.00元

H193.6 写作教学

中师作文训练教程/张占献主编.—开封：河南大学出版社，1990.8.—343页；32开.—《文选和写作》辅助教材.—ISBN 7-81018-528-4：3.50元

文选与写作（一）/江苏省中等师范学校教材编写组编.—南京：江苏教育出版社，1990.2.—350页；32开.—三年制中等师范学校课本.—ISBN 7-5343-0361-3：2.40元

文选与写作（二）/江苏省中等师范学校教材编写组编.—2版.—南京：江苏教育出版社，1990.5.374页；32开.—三年制中等师范学校课本.—ISBN 7-5343-0470-9：3.05元

文选与写作（四）/江苏省中等师范学校教材编写组编.—2版.—南京：江苏教育出版社，1990.7.351页；32开.—三年制中等师范学校课本.—ISBN 7-5343-0472-5：2.75元

《文选和写作》导读 第二册/武名士主编；邓采芹等编.—武汉：武汉工业大学出版社，1990.4.201页；32开.—ISBN 7-5629-0344-1：2.20元

《文选和写作》导读 第四册/何守溢主编；余志民等编.—武汉：武汉工业大学出版社，1990.4.174页；32开.—ISBN 7-5629-0344-1：2.00元

《文选和写作》导读 第六册/吴昌鼎主编.—武汉：武汉工业大学出版社，1990.4.—194页；32开.ISBN 7-5629-0344-1：2.20元

《文选和写作》教学辅导/杨振卜等编写.—西安：陕西人民出版社，1990.11.—311页；32开.—陕西省卫星电视教育·小学教师培训教材.—ISBN 7-224-01408-7：3.80元

吴立岗作文教学研究文集/吴立岗著.—南宁：广西

教育出版社，1990.11.—310页；32开.—ISBN 7-5435-1069-3：3.50元

奇葩引/谢汉斌编著.—北京：科学普及出版社，1990.10.—231页；32开.—ISBN 7-110-01790-7：4.10元

这是一本谈写作的书。

学生文学作品选优与评点/王锡财主编.—桂林：广西师范大学出版社，1990.4.—200页；32开.—（作文教学研究丛书）.—ISBN 7-5633-0833-4：1.98元

学作文与教作文/漆耕编著.—南昌：江西教育出版社，1990.5.—227页；32开.—ISBN 7-5392-0850-3：2.00元

范文讲析/刘锡庆等编著.—北京：北京出版社，1990.6.—376页；大32开.—中央广播电视大学教材　写作教学用书.—ISBN 7-200-01155-X：5.35元

《阅读和写作》第三册自学备课指南/郭静贞主编.—西安：陕西人民出版社，1990.11.—184页；32开.—全国幼儿师范学校统编教材.—ISBN 7-224-01369-2：2.25元

教师示范文评析/温新阶主编.—武汉：武汉出版社，1990.4.—212页；32开.—ISBN 7-5430-0283-3：2.50元

本书汇编的是全国一些中等学校语文老师自己写作的文章，提供了作文教学改革的实例。

教师示范作文集/冯道杰，徐晖主编.—北京：中国广播电视出版社，1990.11.—248页；32开.—ISBN 7-5043-0612-6：2.60元

H194　汉语读物

大学语文/贾平年主编.—南京：南京大学出版社，1990.6.—628页；大32开.—ISBN 7-305-00670-X：7.60元

大学语文：财经专业/吴炜华主编.—北京：北京出版社，1990.1.—349页；32开.—ISBN 7-200-00945-8：4.20元

大学语文导读/尚永善，贾世兴主编.—徐州：中国矿业大学出版社，1990.4.—483页；32开.—ISBN 7-81021-370-9：4.50元

大学语文读本/刘文义，石国瑞主编.—北京：中国华侨出版公司，1990.8.—613页；32开.—ISBN 7-80074-312-8：6.50元

中外名篇选读/张桂兴主编.—青岛：青岛海洋大学出版社，1990.8.—471页；大32开.—（大学语文教学丛书）.—ISBN 7-81026-079-0：4.20元

语文　第五册：经济古文阅读基础/《语文》编写组编著.—北京：中国财政经济出版社，1990.5.287页；32开.—中等财经学校四年制试用教材.ISBN 7-5005-0584-1：1.90元

语文名篇精析/修功，周敬山主编.—济南：山东大学出版社，1990.12.—282页；32开.—ISBN 7-5607-0414-X：2.90

新编大学语文/董治安主编.—东营：石油大学出版社，1990.6.—420页；大32开.—ISBN 7-5636-0105-8：2.86元

H194.1　古代汉语读物

三字经百家姓千字文笠翁对韵/北京古籍出版社编.北京：北京古籍出版社，1990.12.—60页；32开.—（古代启蒙读物选编）.—ISBN 7-5300-0037-3：0.95元

三字经评注/洛晨评注.—南昌：江西人民出版社，1990.2.—54，75，48页；32开.—ISBN 7-210-00838-1：2.50元

本书与“百家姓郡望注/匡岚注·千字文句解/言平注释”合订。

千字文/（南北朝）周兴嗣原著；李牧华注解.—兰州：甘肃人民出版社，1990.3.—182页；32开.ISBN 7-226-00502-6：3.20元

千字文综述/天秀著.—北京：紫禁城出版社，1990.8.—116页；32开.—ISBN 7-80047-083-0：3.40元

千家姓/毛玉良编著.—北京：华龄出版社，1990.6.—150页；32开.—ISBN 7-80082-023-8：2.50元

少年读诗选讲：唐宋部分/徐敏，邱忠孝编著.—郑州：中州古籍出版社，1990.12.—283页；32开.ISBN 7-5348-0159-1：3.95元

中小学生古诗佳句手册/王尚林编注；钟潇等插图.—石家庄：河北美术出版社，1990.7.—316页；64开.—ISBN 7-5310-0356-2：1.80元

本书共收古诗佳句316条，除诗、画外，还配有引文出处和个别字词的注音、注释。

中师古诗文学习要点概述/周陆军，黄曙东编写.桂林：广西师范大学出版社，1990.10.—161页；32开.—ISBN 7-5633-0967-5：1.75元

中国历代文书选/郑英武，朱文兵选注.—南宁：广西教育出版社，1990.12.—310页；大32开.—ISBN 7-5435-1114-2：4.10元

古代口才掌故/冯一德，许匡一编著.—武汉：湖北教育出版社，1990.7.—634页；大32开.—ISBN 7-5351-0474-6：7.70元

本书萃取了古代人物口头交际的语言片段数百例。

古代汉语诗文选读/寇德璋编著.—北京：北京大学出版社，1990.5.—337页；大32开.—ISBN 7-301-01065-6：6.00元

古代应用文导读/周欣，王伟康主编.—南京：南京出版社，1990.10.—223页；32开.—ISBN 7-80560-

267-0：3.30元

古代语文故事评注/李永松编著.—武汉：湖北教育出版社，1990.5.—286页；32开.—ISBN 7-5351-0437-1：3.20元

龙文鞭影/（明）萧良有等编撰；李祚唐校点.—上海：上海古籍出版社，1990.12.—363页；32开.ISBN 7-5325-0012-8：3.75元

白话三字经.—影印本.—天津：天津市古籍书店，1990.3.—38页；32开.—0.50元

白话千字文.—影印本.—天津：天津市古籍书店，1990.3.—38页；32开.—0.50元

白话龙文鞭影/（明）萧良有编；（清）李晖吉，徐赞撰；贺猛等编译.—西安：三秦出版社，1990.12.—2册（798页）；32开.—（中国传统文化丛书）.—ISBN 7-80546-306-9：9.55元

白话幼学琼林/（明）程登吉编；王黎雅今译.—西安：三秦出版社，1990.11.—246页；32开.—（中国传统文化丛书）.—ISBN 7-80546-295-X：3.50元

白话注译古文观止/郭威等校勘.—西安：华岳文艺出版社，1990.3.—4册；32开.—（中国传统语言文化普及丛书/杨春霖，郗政民主编）.—ISBN 7-80549-111-9：13.90元

幼学故事琼林/（清）程允升著；王士毅新注.—南宁：广西人民出版社，1990.5.—333页；大32开.ISBN 7-219-01554-2：4.60元

幼学琼林译注/邓志瑗，邓刚译注.—南昌：江西人民出版社，1990.12.—467页；32开.—ISBN 7-210-00797-0：5.95元

幼学歌/王用臣编著.—影印本.—天津：天津市古籍书店，1990.7.—1册；32开.—3.20元

本书据光绪十一年刊印本影印。

百字古文速通/赵文鑫，费锡如编写.—杭州：杭州大学出版社，1990.6.—176页；32开.—ISBN 7-81035-014-5：2.00元

百家姓.—济南：山东友谊书社，1990.7.—92页；32开.—ISBN 7-80551-293-0：1.35元

百家姓溯源/陈瑞松著.—北京：中国华侨出版公司，1990.11.—224页；32开.—ISBN 7-80074-257-1：3.40元

朱子家训/朱柏庐原著；李牧华注解.—兰州：甘肃人民出版社，1990.3.—128页；32开.—ISBN 7-226-00501-8：2.45元

昔时学童启蒙/李修松编注.—合肥：黄山书社，1990.5.—123页；32开.—ISBN 7-80535-178-3：2.00元

短篇古文三百篇译注/李鼎霞，王稚莹编.—北京：海洋出版社，1990.9.—448页；32开.—ISBN 7-5027-1034-5：6.50元

蒙学十篇/夏初，惠玲校释.—北京：北京师范大学出版社，1990.10.—193页；32开.—ISBN 7-303-01114-5：3.50元

蒙养书集成　（三）/（宋）王应麟等著；王友怀等注释.—西安：三秦出版社，1990.12.—240页；32开.—ISBN 7-80546-296-8：3.15元

新编《大学语文》古文今译/史双元等译.—南京：江苏古籍出版社，1990.12.—85页；32开.—ISBN 7-80519-207-3：1.50元

H194.3　现代汉语读物

语文学习方法大全/陈刚，李峰主编.—北京：北京出版社，1990.1.—517页；大32开.—ISBN 7-200-00812-5：7.65元

本书总结了古今中外各种成功的语文学习方法370余篇，分“阅读、写作、听说、记忆”等6个方面。

H194.4　初级学校读物、作文选

1988～1989年度第四届全国中小学生作文竞赛获奖作文集：小学分册/竞赛组委会编.—北京：中国国际广播出版社，1990.4.—214页；32开.—ISBN 7-80035-411-3：2.90元

1989年全国小学毕业升学考试优秀作文选评/杨鑫和编.—南昌：21世纪出版社，1990.2.—185页；32开.—ISBN 7-5391-0308-6：1.64元

1989年全国小学毕业生优秀作文选评/施晓编.—北京：北京师范大学出版社，1990.1.—76页；32开.ISBN 7-303-00894-2：1.10元

1989国际少年书信写作比赛优秀书信选/中国少年报社编.—石家庄：河北少年儿童出版社，1990.10.78页；32开.—ISBN 7-5376-0583-1：0.85元

1990年中华儿童作文选　上集/《中华儿童作文选》编委会编辑；高宗达主编.—桂林：广西师范大学出版社，1990.4.—137页；32开.—ISBN 7-5633-0749-4：1.45元

1990年中华儿童作文选　下集/《中华儿童作文选》编委会编辑；高宗达主编.—桂林：广西师范大学出版社，1990.10.—138页；32开.—ISBN 7-5633-0921-7：1.45元

1990年全国小学毕业升学考试优秀作文选评/杨鑫和选编.—南昌：21世纪出版社，1990.12.—181页；32开.—ISBN 7-5391-0435-X：1.70元

1990年全国小学毕业生优秀作文选评/施晓编.—北京：北京师范大学出版社，1990.12.—134页；32开.ISBN 7-303-01072-6：1.70元

一二年级小学生习作选/上海教育出版社编.—上海：上海教育出版社，1990.11.—4册；32开.—ISBN 7-5320-2281-1：3.15元

二十省市小学生优秀作文选/张希濂等编.—长春：吉林教育出版社，1990.7.—192页；32开.—ISBN 7-5383-1058-4：1.70元

七彩的青春：中华少儿作文佳作选/徐国志编.—昆明：云南教育出版社，1990.5.—146页；32开.ISBN 7-5415-0313-4：1.65元

封面副题为：少男少女作文佳作选

大连市中小学生寒假征文选/阎承铭，曾庆敏主编.—大连：东北财经大学出版社，1990.5.—270页；32开.—ISBN 7-81005-388-4：2.40元

上海市小学生作文选 (7)/上海市小学生作文选评选委员会编.—上海：上海教育出版社，1990.7.158页；32开.—ISBN 7-5320-1837-7：1.25元

广东省小学毕业会考优秀作文选：1989年/邝狄主编.—广州：广东教育出版社，1990.3.—162页；32开.—ISBN 7-5406-1126-X：1.75元

小太阳的梦：中华少儿作文佳作选/徐国志编.—昆明：云南教育出版社，1990.6.—164页；32开.ISBN 7-5415-0357-6：1.90元

小花朵朵：全国小学低年级优秀作文精选/陈培瑞，谭晓防选编.—济南：山东教育出版社，1990.12.—351页；32开.—ISBN 7-5328-1058-5：3.30元

小学生十五种常用文体作文精选/童心选编.—北京：中国妇女出版社，1990.7.—199页：图；32开.ISBN 7-80016-263-X：2.70元

小学生百科日记：小学四年级/《小学生百科日记》编写组编.—北京：电子工业出版社，1990.2.381页；32开.—ISBN 7-5053-0858-0：4.95元

小学生优秀习作：1990年第6辑/《小学生优秀习作》编委会编.—福州：福建教育出版社，1990.10.62页；32开.—ISBN 7-5334-0615-X：0.50元

小学生优秀作文大全/赵之秋编.—2版.—哈尔滨：黑龙江少年儿童出版社，1990.5.—672页；32开.ISBN 7-5319-0540-X：6.20元

本书1989年2月第1版。

小学生优秀作文及评析/北京海淀区教育局小学教研室编.—北京：中国妇女出版社，1990.11.—186页；32开.—ISBN 7-80016-297-4：2.10元

小学生优秀作文讲评/梁良编.—北京：北京工业大学出版社，1990.1.—150页；32开.—ISBN 7-5639-0077-2：2.20元

小学生优秀作文观赏集锦/陈贞华等编.—北京：学苑出版社，1990.11.—208页；32开.—ISBN 7-5077-0321-5：2.80元

小学生优秀作文选：低年级/顾家漳等编.—上海：少年儿童出版社，1990.7.—62页；32开.—ISBN 7-5324-0984-8：0.75元

小学生优秀作文选：中年级/于影珠，陆诗编.—上海：少年儿童出版社，1990.8.—235页；32开.ISBN 7-5324-0985-6：2.10元

小学生优秀作文选：高年级/柳泽泉，贾志敏编.上海：少年儿童出版社，1990.8.—254页；32开.ISBN 7-5324-1054-4：2.30元

小学生优秀作文选评/王禹，聂振弢主编.—北京：北京师范学院出版社，1990.12.—133页；32开.ISBN 7-81014-484-5：1.70元

小学生优秀作文选评：观察大自然专辑 (1)/刘友成编.—天津：天津教育出版社，1990.4.—81页；32开.—ISBN 7-5309-0854-5：1.10元

小学生优秀作文100篇/晓泰选编.—长沙：湖南少年儿童出版社，1990.5.—238页；32开.—ISBN 7-5358-0545-0：1.75元

小学生兴趣作文/朱恒平著.—济南：山东教育出版社，1990.8.—1148页；大32开.—ISBN 7-5328-0478-X（精装）：14.40元

小学生好作文 第一集/利有泰主编.—南宁：接力出版社，1990.11.—83页；32开.—ISBN 7-80581-158-X：1.00元

小学生作文分类选评/庄维林主编.—济南：济南出版社，1990.4.—148页；32开.—ISBN 7-80572-222-6：1.60元

小学生作文选/王应贤主编；沙巧等编写.—郑州：文心出版社，1990.3.—211页；32开.—ISBN 7-80537-301-9：1.90元

小学生作文选优与评点/李竹修主编.—桂林：广西师范大学出版社，1990.4.—132页；32开.—（作文教学研究丛书）.—ISBN 7-5633-0834-2：1.32元

小学生笔下的新中国：建国四十年小学生作文选/赵九伶编选；李树权评注.—天津：新蕾出版社，1989.5.—294页；大32开.—ISBN 7-5307-0421-4：3.20元

小学生模范作文选/史军等编.—西安：未来出版社，1990.1.—248页；32开.—ISBN 7-5417-0311-7：2.10元

小学命题作文精选/王冬亭，李可之编.—西安：陕西人民教育出版社，1990.6.—235页；32开.—ISBN 7-5419-1471-1：2.15元

小溪流：江西小学生优秀作文选 (2)/曾曙春，程景秋编.—南昌：江西教育出版社，1990.3.—108页；32开.—ISBN 7-5392-0848-X：1.00元

乡情曲：首届“小萌芽杯”全国农村小学作文大赛获奖作文选/高宗达，金浩主编.—桂林：广西师范大学出版社，1990.5.—118页；32开.—（作文教学研究丛书）.—ISBN 7-5633-0807-5：1.32元

五彩笔：火炬杯小学生作文大奖赛获奖作品选/火炬杯小学生作文大奖赛组委会编；何林福，周传美主

编.—长沙：湖南教育出版社，1990.7.—117页；32开.—ISBN 7-5355-1157-0：1.20元

少年优秀作文选：第十届“小红花”获奖征文选评/济南市“小红花”征文办公室编.—济南：济南出版社，1990.6.—144页；32开.—ISBN 7-80572-228-5：1.50元

少年佳作评点/瞿钧主编.—天津：天津教育出版社，1990.5.—150页；32开.—(青少年自学文库).ISBN 7-5309-0905-3：1.95元

贝壳集：小学生作文选/青岛市市南区教育局编.青岛：青岛出版社，1990.3.—107页；32开.—ISBN 7-5436-0441-8：1.20元

世界小学生优秀作文选评/陈圣雄，王翊仁编.—福州：福建人民出版社，1990.8.—127页；32开.ISBN 7-211-00932-2：1.45元

北京市1989、1990年小学毕业升学优秀作文评析/邹士平，赵瑞选编.—北京：中国国际广播出版社，1990.6.—240页；32开.—ISBN 7-80035-940-9：3.20元

台州地区小学生优秀作文/李卫民主编.—杭州：浙江少年儿童出版社，1990.7.—111页；32开.—ISBN 7-80035-495-4：1.20元

台港小学生作文精选妙评/向佐初，张月选编.—北京：团结出版社，1990.2.—224页；32开.—ISBN 7-80061-429-8：3.10元

台湾小学生作文指导精选/李亮选编.—北京：中国国际广播出版社，1990.3.—192页；32开.—ISBN 7-80035-495-4：2.50元

台湾、香港澳门小学生作文精选/石四维，韩树俊编.—青岛：青岛出版社，1990.3.—161页；32开.ISBN 7-5436-0454-X：2.40元

华东地区首届小学生作文竞赛获奖作文精选：中年级/华东地区小学生作文竞赛评委会编.—上海：百家出版社，1990.1.—109页；32开.—ISBN 7-80576-108-6：1.50元

华东地区首届小学生作文竞赛获奖作文精选：高年级/华东地区小学生作文竞赛评委会编.—上海：百家出版社，1990.1.—132页；32开.—ISBN 7-80576-107-8：1.50元

全国小学生一等奖作文精选/晨鹰编.—郑州：文心出版社，1990.8.—294页；32开.—ISBN 7-80537-290-X：2.30元

全国小学生升学考试优秀作文讲评/卢达生等编.福州：福建少年儿童出版社，1990.12.—158页；32开.—ISBN 7-5395-0486-2：1.70元

全国小学生优秀作文选　第一辑/《全国小学生优秀作文选》编委会编.—上海：上海人民出版社，1990.3.—76页；32开.—ISBN 7-208-00814-0：1.00元

全国小学生优秀作文选　第二辑/《全国小学生优秀作文选》编委会编.—上海：上海人民出版社，1990.11.—76页；32开.—ISBN 7-208-00814-0：1.00元

全国小学生优秀作文选　第三辑/《全国小学生优秀作文选》编委会编.—上海：上海人民出版社，1990.12.—76页；32开.—ISBN 7-208-00814-0：1.00元

全国小学生优秀作文选　第四辑/《全国小学生优秀作文选》编委会编.—上海：上海人民出版社，1990.12.—76页；32开.—ISBN 7-208-00814-0：1.00元

全国小学生优秀作文选评：1979～1990/念宏，曹思迅编.—北京：中国农业科技出版社，1990.2.318页；32开.—ISBN 7-80026-179-4：3.50元

全国小学生优秀作文精选、精讲/郑义羲等编.—福州：福建少年儿童出版社，1990.10.—158页；32开.—供低年级用—ISBN 7-5395-0470-6：1.65元

全国小学生作文大赛获奖作品选/《小学生作文选刊》编辑部编.—郑州：文心出版社，1990.10.—160页；32开.—ISBN 7-80537-318-3：1.60元

全国小学生获奖日记精选/全国青少年日记大赛评委会编.—北京：光明日报出版社，1990.4.—230页；32开.—(湖北省青年心理研究所青春文库).ISBN 7-80014-835-1：2.65元

全国小学生获奖作文选评/罗玉圃主编.—北京：北京师范学院出版社，1990.9.—169页；32开.—ISBN 7-81014-480-4：2.20元

全国小学生获奖作文选评/柯焕德主编.—南宁：广西民族出版社，1990.5.—151页；32开.—ISBN 7-5363-0793-4：1.80元

全国小学生获奖作文选评　(1)/马建华编.—南宁：广西教育出版社，1990.1.—128页；32开.(小学优秀作文选评丛书).—ISBN 7-5435-0731-5：1.25元

全国小学生获奖作文选评　(2)/蔡宏心主编.南昌：21世纪出版社，1990.7.—151页；32开.ISBN 7-5319-0375-2：1.40元

全国中小学作文大奖赛获奖作品精析：小学三年级分册/杨光，常署娟主编.—北京：国际文化出版公司，1990.7.—114页；32开.—ISBN 7-80049-588-4：1.50元

全国中小学作文大奖赛获奖作品精析：小学四年级分册/唐凯兰主编.—北京：国际文化出版公司，1990.7.—156页；32开.—ISBN 7-80049-589-2：1.90元

全国中小学作文大奖赛获奖作品精析：小学五年级

分册/徐军齐，孙征厚主编.一北京：国际文化出版公司，1990.7.—230页；32开.—ISBN 7-80049-590-6：2.65元

全国中小学作文大奖赛获奖作品精析：小学六年级分册/门玉敏主编.一北京：国际文化出版公司，1990.7.—201页；32开.—ISBN 7-80049-591-4：2.35元

全国中考应试作文选讲：小学升初中：1984～1989/吕瑞荣主编.一南宁：广西教育出版社，1990.11.200页；32开.—ISBN 7-5435-1049-9：2.00元

全国优秀作文精选评点：小学分册/李少毅主编.北京：光明日报出版社，1990.4.—200页；32开.ISBN 7-80014-787-8：2.10元

全国重点小学优秀作文选/张惠霖主编.一南京：南京出版社，1990.6.—140页；32开.—ISBN 7-80560-197-6：1.35元

全国著名师大附小优秀作文选评　第四辑：低年级分册/沙衍孙，张淑英选编.一济南：山东教育出版社，1990.9.—193页；32开.—ISBN 7-5328-1012-7：1.70元

全国著名师大附小优秀作文选评　第四辑：中高年级分册/沙衍孙，张淑英选编.一济南：山东教育出版社，1990.9.—216页；32开.—ISBN 7-5328-0954-4：1.85元

我爱跳小牛：杨梅作文及讲评/乔传藻讲评.一昆明：云南少年儿童出版社，1990.1.—148页；32开.ISBN 7-5414-0221-4：1.75元

低年级学生学作文.一成都：四川少年儿童出版社，1990.2.—45页；32开.—（低年级学生学作文丛书）.—ISBN 7-5365-0507-3：0.99元

迎亚运百日作文接力赛优秀作文评析/迟尚一，李钟庆主编.一北京：中国国际广播出版社，1990.10.184页；32开.—ISBN 7-80035-603-5：2.40元

状物作文/王玉荣等编著.一北京：中国妇女出版社，1990.12.—168页；32开.—（小学生作文指导丛书/关佑主编）.—ISBN 7-80016-424-1：2.20元

爱我中华兴我家乡/张汉清，朱千波主编.一上海：上海人民出版社，1990.9.—154页；32开.—ISBN 7-208-01005-6：1.60元

第二课堂作文选/郑伟平主编.一上海：少年儿童出版社，1990.5.—155页；32开.—ISBN 7-5324-1070-6：1.50元

假如风有颜色：台港澳小学生作文精选/石四维，韩树俊编.一青岛：青岛出版社，1990.5.—161页；32开.—ISBN 7-5436-0454-X：1.90元

最新小学生作文选/杨娇，潘莉编.一大连：大连出版社，1990.2.—165页；32开.—ISBN 7-80555-293-2：1.70元

童年的心声：西安市小学生优秀作文选/《西安市小学生优秀作文选》编委会编.一西安：陕西人民出版社，1990.2.—147页；32开.—ISBN 7-224-00990-3：1.95元

新星及其佳作/杨进铨主编；忆华等编.一哈尔滨：黑龙江教育出版社，1990.12.—251页；32开.—（小星星丛书）.—ISBN 7-5316-0520-1：1.90元

新编小学生作文范文/侣承军等编.一北京：光明日报出版社，1990.7.—139页；32开.—ISBN 7-80014-917-X：1.80元

新疆油田小学生优秀作文选/新疆石油教育学院教育科研室，新疆石油教育学院学报编辑室编.一乌鲁木齐：新疆人民出版社，1990.8.—121页；32开.ISBN 7-228-01483-9：1.35元

模拟作文集/刘飞茂主编.一北京：职工教育出版社，1990.6.—143页；32开.—（小学生启蒙丛书；5）.—ISBN 7-80059-302-9：1.90元

H194.5　中级学校读物、作文选

中专生阅读文选/刘长海主编.一上海：上海人民出版社，1990.4.—343页，大32开.—ISBN 7-208-00399-X：4.15元

中外文学名篇选读/陈荣林主编.一南京：江苏教育出版社，1990.8.—311页；32开.—中专、职技校语文阅读教材.—ISBN 7-5343-1143-8：3.50元

中师语文名篇赏析/朱松生主编.一杭州：杭州大学出版社，1990.5.—196页；32开.—ISBN 7-81035-018-8：2.00元

文学名作赏析/谢方泽，曹恩尧主编.一南京：江苏教育出版社，1990.5.—425页；32开.—三年制中等师范学校选修课本.—ISBN 7-5343-0968-9：3.10元

语文常谈及其他/吕叔湘著.一上海：上海教育出版社，1990.4.—142页；32开.—（中学生文库）.ISBN 7-5320-1688-9：1.25元

读古诗·讲故事/杨汝玲等编.一济南：山东教育出版社，1990.9.—187页，32开.—ISBN 7-5328-0918-8：1.65元

慧心妙语赏析/宋文治编著.一济南：明天出版社，1990.11.—230页；36开.—ISBN 7-5332-1133-2：2.75元

1984～1989各地中考优秀作文选讲：初中升高中/卢正德主编.一南宁：广西人民出版社，1990.12.250页；32开.—ISBN 7-219-01721-9：2.70元

1988～1989年度第四届全国中小学生作文竞赛获奖作文集：中学分册/第四届全中国小学生作文竞赛组织委员会编.一北京：中国国际广播出版社，1990.

4.—184页；32开.—ISBN 7-80035-412-1：2.10元

1989年北京市中考优秀作文精选评析/《优秀作文选评》小组编.—北京：新华出版社，1990.2.—156页；32开.—ISBN 7-5011-0624-X：2.00元

1989年北京市初中毕业生优秀作文选评/中考作文选评编辑组编.—北京：北京师范大学出版社，1990.1.—152页；32开.—ISBN 7-303-00743-1：1.80元

1989年高考优秀作文精选评析/全国中学语文教学研究会编.—北京：新华出版社，1990.3.—175页；32开.—ISBN 7-5011-0623-1：2.00元

1990年北京市初中毕业生优秀作文选评/《中考作文选评》编辑组编.—北京：北京师范大学出版社，1990.12.—186页；32开.—ISBN 7-303-01073-4：2.25元

1990暨历届高考优秀作文评析/彭弼，郑迪编著.北京：北京师范学院出版社，1990.10.—331页；32开.—ISBN 7-81014-319-0：4.40元

十年改革中学生优秀作文选评/欧阳道明主编.—桂林：广西师范大学出版社，1990.3.—224页；32开.(作文教学与研究丛书).—ISBN 7-5633-0738-7：2.20元

广东省中学生优秀作文选：1989年/刘培棠等选评.广州：广东教育出版社，1990.5.—136页；32开.ISBN 7-5406-1168-5：1.30元

广西中师学生获奖作文选评/黄焕勋主编.—桂林：广西师范大学出版社，1990.10.—232页；32开.—(中师语文教学丛书).—ISBN 7-5633-0961-6：2.25元

广西中学生最新佳作精选/蒋咸美，蒋纯槐编.—桂林：广西师范大学出版社，1990.5.—153页；32开.(作文教学研究丛书).—ISBN 7-5633-0836-9：1.75元

习作精华　(二)/《少年文艺》编辑部编.—上海：少年儿童出版社，1990.12.—220页；32开.(少年文艺丛书).—ISBN 7-5324-1189-3：2.20元

中外中学生优秀作文评析/蔡耀华，吕福田编著.哈尔滨：黑龙江教育出版社，1990.11.—253页；32开.—ISBN 7-5316-1131-7：3.15元

中考范文100篇/刘德华编选.—北京：学苑出版社，1990.9.—215页；32开.—ISBN 7-5077-0174-3：3.00元

中学示范作文选/鲍志伸，周其敏编.—郑州：文心出版社，1990.1.—239页；32开.—ISBN 7-80537-039-7：1.90元

中学生习作思路例评/方弢等编.—北京：中国妇女出版社，1990.12.—185页；32开.—ISBN 7-80016-465-9：2.40元

中学生文坛　第一辑/于漪主编.—天津：天津人民出版社，〔1990〕.—96页；32开.—ISBN 7-201-00622-3：0.95元

中学生文苑　第二辑/饶杰腾主编.—北京：北京师范学院出版社，1990.4.—131页；32开.—ISBN 7-81014-455-3：1.12元

中学生文苑　第三辑/饶杰腾主编.—北京：北京师范学院出版社，1990.5.—125页；32开.—ISBN 7-81014-465-0：1.12元

中学生议论文选/高军录，王龙章编.—桂林：广西师范大学出版社，1990.2.—153页；32开.—(中学生佳作丛书/朱新平等主编).—ISBN 7-5633-0689-7：1.70元

中学生记叙文选/周继屏等编.—桂林：广西师范大学出版社，1990.2.—153页；32开.—(中学生佳作丛书/朱新平等主编).—ISBN 7-5633-0704-4：1.70元

中学生写作范文　第四集/陈平著.—北京：地震出版社，1990.9.—102页；32开.—ISBN 7-5028-0323-8：1.90元

中学生优秀作文选：1990年第6辑/《中学生优秀作文选》编委会编.—福州：福建教育出版社，1990.10.—62页；32开.—ISBN 7-5334-0662-1：0.55元

中学生优秀作文选评/王禹，聂振弢主编.—北京：北京师范学院出版社，1990.12.—167页；32开.ISBN 7-81014-485-5：2.20元

中学生优秀作文精选/东北师范大学附属中学语文组选编.—长春：东北师范大学出版社，1990.6.163页；32开.—ISBN 7-5602-0268-3：2.00元

中学生优秀诗歌选/秦松林，徐春能编.—南宁：广西教育出版社，1990.9.—117页；32开.—ISBN 7-5435-1009-X：1.30元

中学生作文技巧与优作选评/张智慧，叶萍编.—成都：四川文艺出版社，1990.1.—171页；32开.—(中学生写作技巧丛书).—ISBN 7-5411-0508-2：1.73元

中学生作文选优与评点/刘国成主编.—桂林：广西师范大学出版社，1990.4.—180页；32开.—(作文教学研究丛书).—ISBN 7-5633-0839-3：1.98元

中学生作文通讯　(3)/《中学生作文通讯》编委会编.—福州：福建少年儿童出版社，1990.4.—46页；32开.—ISBN 7-5395-0386-6：0.55元

中学生作文通讯　(4)/《中学生作文通讯》编委会编.—福州：福建少年儿童出版社，1990.5.—46页；32开.—ISBN 7-5395-0399-8：0.55元

中学生作文通讯　(5)/中学生作文通迅编委会编.—福州：福建少年儿童出版社，1990.8.—47页；32开.—ISBN 7-5395-0451-X：0.55元

中学生说明文选/冯明生等编.—桂林：广西师范大学出版社，1990.2.—151页；32开.—(中学生佳作丛书/朱新平等主编).—ISBN 7-5633-0705-2：1.70元

中学生获奖作文百篇/陈策等编.—北京：北京科学技术出版社，1990.9.—201页；32开.—ISBN 7-5304-0691-4：2.50元

中学生笔下的中国文物古迹/吴疆编.—桂林：广西师范大学出版社，1990.5.—148页；32开.—(中学生佳作丛书/朱新平等主编).—ISBN 7-5633-0791-5：1.70元

中学生得奖作品选评（二）/黄伟明等编.—北京：语文出版社，1990.1.—178页；32开.—ISBN 7-80006-115-9：2.00元

中学生散文选/马春暄，黄向明编.—桂林：广西师范大学出版社，1990.2.—154页；32开.—(中学生佳作丛书/朱新平等主编).—ISBN 7-5633-0719-2：1.70元

中学生新作精华/余平，肖玮编选.—上海：学林出版社，1990.7.—185页；大32开.—ISBN 7-80510-406-9：1.75元

中学师生对话作文精选/刘占泉等著.—北京：原子能出版社，1990.8.—251页；32开.—(中学师生作文丛书；2).—ISBN 7-5022-0367-2：3.50元

中学实用文/沙世亿等编.—南京：江苏少年儿童出版社，1990.3.—130页；32开.—ISBN 7-5346-0419-2：1.30元

书信·日记精选/全国作文研究中心编.—郑州：文心出版社，1990.7.—200页；32开.—(中学生作文文库).—ISBN 7-80537-308-6：1.70元

水仙·刺桐·三角梅：闽南金三角中小学优秀作文选/郑炳忠主编.—北京：语文出版社，1990.1.464页；32开.—ISBN 7-80006-249-X：5.40元

世界中学生作文大观/王天德编.—上海：同济大学出版社，1990.3.—125页；32开.—(绮年丛书/潘人和主编).—ISBN 7-5608-0487-X：1.30元

可爱的温州：中学生优秀作文选/温州市教委教研室编.—沈阳：辽宁民族出版社，1990.11.—176页；32开.—ISBN 7-80527-156-9：2.10元

东北师大附中作文精华：1979～1988/李辅昌，丛德化编.—长春：北方妇女儿童出版社，1990.7.410页；32开.—(中国著名中学作文精华丛书).ISBN 7-5385-0617-9：4.80元

北京市1989年中考优秀作文评析/邹士平选编.—北京：中国国际广播出版社，1990.6.—121页；32开.ISBN 7-80035-558-6：1.55元

处女地：中学生文学习作选/杨义芳主编.—武汉：湖北少年儿童出版社，1990.1.—195页；32开.ISBN 7-5353-0611-X：1.80元

议论文精选/全国作文研究中心编.—郑州：文心出版社，1990.7.—218页；32开.—(中学生作文文库).—ISBN 7-80537-310-8：1.85元

记事作文精选/全国作文研究中心编.—郑州：文心出版社，1990.6.—296页；32开.—(中学生作文文库).—ISBN 7-80537-307-8：2.50元

写人作文精选/全国作文研究中心编.—郑州：文心出版社，1990.6.—293页；32开.—(中学生作文文库).—ISBN 7-80537-303-5：2.50元

写景·游记作文精选/全国作文研究中心编.—郑州：文心出版社，1990.7.—285页；32开.—(中学生作文文库).—ISBN 7-80537-306-X：2.45元

考场作文选评/胡甫夏编.—2版.—重庆：重庆出版社，1990.12.—173页；32开.—ISBN 7-5366-1219-2：1.60元

本书1990年2月第1版。

在辽阔的国土上：中小学生学榜样征文选/纪力主编.—南京：江苏人民出版社，1990.6.—128页；32开.—(榜样丛书).—ISBN 7-214-00482-8：1.75元

当代中学生议论文精选/陈培瑞编.—济南：山东教育出版社，1990.4.—274页；32开.—ISBN 7-5328-0904-8：2.40元

全国中小学生优秀日记选/刘锡昆，王玉英编.—天津：新蕾出版社，1990.12.—138页；32开.—ISBN 7-5307-0836-8：1.65元

全国中小学作文大奖赛获奖作品精析：初中一年级分册/赵曾主编.—北京：国际文化出版公司，1990.7.—126页；32开.—ISBN 7-80049-592-2：1.55元

全国中小学作文大奖赛获奖作品精析：初中二年级分册/车彦主编.—北京：国际文化出版公司，1990.7.—128页；32开.—ISBN 7-80049-593-0：1.65元

全国中小学作文大奖赛获奖作品精析：初中三年级分册/郑令中主编.—北京：国际文化出版公司，1990.7.—151页；32开.—ISBN 7-80049-594-9：1.85元

全国中小学作文大奖赛获奖作品精析：高中一年级分册/王晨主编.—北京：国际文化出版公司，1990.7.—137页；32开.—ISBN 7-80049-595-7：1.70元

全国中小学作文大奖赛获奖作品精析：高中二年级分册/尹江峰主编.—北京：国际文化出版公司，1990.7.—142页；32开.—ISBN 7-80049-596-5：2.00元

全国中小学作文大奖赛获奖作品精析：高中三年级分册/隆林主编.—北京：国际文化出版公司，1990.7.—136页；32开.—ISBN 7-80049-597-3：1.70元

全国中专学生作文选/魏志平主编.—贵阳：贵州人民出版社，1990.4.—198页；32开.—ISBN 7-221-01604-6：2.85元

全国中考优秀作文选评：1987、1988、1989/朱寿同，周河冬选编.—北京：中国国际广播出版社，

1990.5.—176页；32开.—ISBN 7-80035-419-9：2.40元

全国中学一等奖作文评析/谭敦民等编著.—哈尔滨：黑龙江人民出版社，1990.12.—241页；32开.ISBN 7-207-01612-3：3.65元

全国中学生一等奖作文精选/晨鹰编.—郑州：文心出版社，1990.12.—405页；32开.—ISBN 7-80537-289-6：3.00元

全国中学生文心杯作文赛获奖作文.—郑州：文心出版社，1990.6.—249页；32开.—ISBN 7-80537-280-2：2.00元

全国中学生四季作文选/于秀申编.—郑州：文心出版社，1990.6.—275页；32开.—ISBN 7-80537-313-2：2.60元

全国中学生获奖日记精选/全国青少年日记大赛评委会编.—北京：光明日报出版社，1990.4.—226页；32开.—（湖北省青年心理研究所青春文库）.ISBN 7-80014-836-X：2.65元

全国中学生获奖作文选评/柯焕德主编.—南宁：广西民族出版社，1990.4.—181页；32开.—ISBN 7-5363-0780-2：2.10元

全国中学生获奖科技作文选评/中国科普研究所，中国科普创作协会主编.—北京：中国少年儿童出版社，1990.12.—204页；32开.—ISBN 7-5007-1073-9：2.10元

全国中学生竞赛作文精选：初中三年级/沙衍孙，张淑英编.—太原：山西教育出版社，1990.12.162页；32开.—ISBN 7-80578-367-5：1.65元

全国中学生竞赛作文精选：高中/沙衍孙，张淑英编.—太原：山西教育出版社，1990.12.—315页；32开.—ISBN 7-80578-384-5：2.80元

全国中学生最新获奖作文精选/孟长勇编.—北京：科学普及出版社，1990.12.—184页；32开.—ISBN 7-110-01797-4：2.30元

全国初中生升学考试优秀作文讲评/韩珍重等编.福州：福建少年儿童出版社，1990.12.—167页；32开.—ISBN 7-5395-0485-6：1.70元

全国初中生获奖作文选评（2）/蔡宏心主编.南昌：21世纪出版社，1990.7.—195页；32开.ISBN 7-5391-0388-4：1.80元

全国初中生得奖佳作百篇/宋雨萍主编.—石家庄：河北美术出版社，1990.1.—250页；32开.—ISBN 7-5310-0318-X：2.50元

全国重点中学优秀作文选/张惠霖主编.—南京：南京出版社，1990.12.—203页；32开.—ISBN 7-80560-310-3：1.90元

全国重点中学获奖作文选评/郭寿和，邱声岚编著.—福州：福建少年儿童出版社，1990.12.—201页；32开.—ISBN 7-5395-0474-9：2.00元

全国高中生得奖佳作百篇/宋雨萍主编.—石家庄：河北美术出版社，1990.1.—271页；32开.—ISBN 7-5310-0317-1：2.70元

全国高考优秀作文选评：1984～1989/章熊主编.北京：中国文联出版公司，1990.8.—205页；32开.ISBN 7-5059-1315-8：2.70元

江苏省首届高中生作文大赛获奖作文选/南京师范大学中文系编.—南京：江苏教育出版社，1990.10.272页；32开.—ISBN 7-5343-1160-8：2.20元

红批影印作文精选/于立君主编.—影印本.—长春：东北师范大学出版社，1990.8.—152页；大32开.—ISBN 7-5602-0450-3：2.00元

苏浙沪中学生作文　第1辑：歌声从窗口飞出/徐兴华主编.—南宁：广西师范大学出版社，1990.4.90页；32开.—（作文教学研究丛书）.—ISBN 7-5633-0768-0：1.00元

苏浙沪中学生作文　第2辑：记得我们有约/徐兴华主编.—南宁：广西师范大学出版社，1990.5.—92页；32开.—（作文教学研究丛书）.—ISBN 7-5633-0802-4：1.10元

苏浙沪中学生作文　第3辑：难忘那一片火红/徐兴华主编.—桂林：广西师范大学出版社，1990.9.—92页：图；32开.—（作文教学研究丛书）.—ISBN 7-5633-0920-9：1.00元

苏浙沪中学生作文　第4辑：点燃生日的蜡烛/徐兴华主编.—桂林：广西师范大学出版社，1990.10.92页：图；32开.—（作文教学研究丛书）.—ISBN 7-5633-0954-3：1.00元

抒情作文精选/全国作文研究中心编.—郑州：文心出版社，1990.7.—242页；32开.—（中学生作文文库）.—ISBN 7-80537-309-4：2.10元

“我爱我的集体”征文精选/中学生杂志社编.—北京：中国少年儿童出版社，1990.4.—101页；32开.（中学生丛书）.—ISBN 7-5007-0907-2：1.15元

《作文通讯》优秀作文选（8）/新蕾出版社编.天津：新蕾出版社，1990.2.—164页；32开.—ISBN 7-5307-0481-8：1.85元

初中升学考场作文百篇得失评析/《沈阳教育》编辑部编.—沈阳：沈阳出版社，1990.12.—168页；32开.—ISBN 7-80556-478-7：1.50元

初中生优秀作文100篇/路石选编.—长沙：湖南少年儿童出版社，1990.5.—246页；32开.—ISBN 7-5358-0546-9：1.85元

初中生获奖作文选评：鱼峰杯全国中小学生作文大赛/李晔，陈学璞选评.—南宁：广西教育出版社，1990.12.—341页；32开.—ISBN 7-5435-1079-0：

1.45元

初中命题作文精选/靖陆，金宇编.—西安：陕西人民教育出版社，1990.6.—316页；32开.—ISBN 7-5419-1472-X：2.80元

青春的足迹：西安市中学生优秀作文选/《西安市中学生优秀作文选》编委会编.—西安：陕西人民出版社，1990.2.—213页；32开.—ISBN 7-224-01198-3：2.70元

英国中学生优秀作文拔萃/纪玉华，艾北译；庄之明点评.—福州：福建少年儿童出版社，1990.8.—112页；32开.—（世界中学生文学创作丛书）.—ISBN 7-5395-0395-5：1.20元

明天的太阳：少年获奖作品集/《少年文艺》编辑部编.—南京：江苏少年儿童出版社，1990.9.—228页；32开.—（少年文艺文学丛书）.—ISBN 7-5346-0567-9：2.70元

国际少年书信写作比赛优秀书信选：1988/中国少年报社编.—石家庄：河北少年儿童出版社，1990.2.—74页；32开.—ISBN 7-5376-0507-6：0.81元

佳作荟萃 （一）：一九八八年上海市第二届高三学生作文竞赛获奖作品选集/《上海教育》编辑部编.—上海：知识出版社，1990.2.—139页；32开.ISBN 7-5015-5427-7：2.10元

佳作荟萃 （二）：一九八八年上海市第二届初三学生作文竞赛获奖作品选集/《上海教育》编辑部，上海市教育局教研室编.—上海：知识出版社，1990.2.—119页；32开.—ISBN 7-5015-5428-5：1.90元

金色的草地：三十五年少年习作选：1953～1988/《少年文艺》编辑部编.—上海：少年儿童出版社，1990.4.—313页；32开.—（少年文艺丛书）.—ISBN 7-5324-0634-2：2.90元

河南省首届中学生作文竞赛优秀作文选：初中组/河南省中学语文教学研究会编.—郑州：河南教育出版社，1990.12.—156页；32开.—ISBN 7-5347-0827-3：1.36元

河南省首届中学生作文竞赛优秀作文选：高中组/河南省中学语文教学研究会编.—郑州：河南教育出版社，1990.12.—120页；32开.—ISBN 7-5347-0828-1：1.10元

美，在我身边："少年情"全国征文比赛获奖作品选/辽宁省儿童文学学会，辽宁作协儿童文学研究会编.—沈阳：辽宁少年儿童出版社，1990.9.127页；32开.—ISBN 7-5315-0784-2：1.25元

美国中学生获奖作文选/南兆旭，李亚萍译.北京：外语教学与研究出版社，1990.5.—181页；32开.—ISBN 7-5600-0596-9：2.80元

说明文精选/全国作文研究中心编.—郑州：文心出版社，1990.6.—244页；32开.—（中学生作文文库）.—ISBN 7-80573-320-7：2.10元

获奖儿童作文百篇：中国、南斯拉夫征文/中国少年报社编著.—长春：北方妇女儿童出版社，1990.7.217页；32开.—ISBN 7-5385-0591-1：2.60元

获奖的奥妙：中学生同题材获奖作文比较评析/《中学生语文报》编辑部编.—厦门：鹭江出版社，1990.11.—176页；32开.—ISBN 7-80533-372-6：1.80元

"振兴杯"全国中学生作文竞赛获奖作文选：初中/河南大学《中学语文》编辑部编.—郑州：河南教育出版社，1990.12.—166页；32开.—ISBN 7-5347-0934-2：1.50元

"振兴杯"全国中学生作文竞赛获奖作文选：高中/河南大学《中学语文》编辑部编.—郑州：河南教育出版社，1990.12.—166页；32开.—ISBN 7-5347-0935-0：1.50元

高中、中专获奖作文选评：鱼峰杯全国中小学生作文大赛/陈学璞等选评.—南宁：广西教育出版社，1990.12.—162页；32开.—ISBN 7-5435-1080-4：1.65元

高考夺魁作文选评：1952～1989/陈健主编.—福州：海峡文艺出版社，1990.4.—183页；32开.ISBN 7-80534-240-7：2.30元

高考作文探究/吴庄虞著.—昆明：云南教育出版社，1990.2.—180页；32开.—ISBN 7-5415-0343-6：2.12元

高考范文100篇/刘德华编.—北京：学苑出版社，1990.8.—301页；32开.—ISBN 7-5077-0117-4：3.40元

读后感精选/全国作文研究中心编.—郑州：文心出版社，1990.7.—224页；32开.—（中学生作文文库）.—ISBN 7-80537-311-6：1.95元

朝鲜族中学作文选评 （五）/东北朝鲜民族教育出版社汉语文编辑室编.—延吉：东北朝鲜民族教育出版社，1990.5.—119页；32开.—ISBN 7-5437-0680-6：0.80元

最新中学生优秀作文评改/李如鸾等评改.—北京：文化艺术出版社，1990.2.—190页；32开.—ISBN 7-5039-0643-X：2.50元

楚天文苑/熊安然，褚远安主编.—桂林：广西师范大学出版社，1990.4.—268页；32开.—（作文教学研究丛书）.—ISBN 7-5633-0775-3：2.70元

新星及其佳作/杨进铨主编.—哈尔滨：黑龙江教育出版社，1990.12.—251页；32开.—（小星星丛书）.—ISBN 7-5316-0520-1：1.90元

新疆油田中学生优秀作文选/新疆石油教育学院教育科研室，学报编辑室编.—乌鲁木齐：新疆人民出版社，1990.8.—278页；32开.—ISBN 7-228-01484-

7；2.60元

100个中小学生心目中的老师：全国中小学生优秀作文选/童心主编.一上海：文汇出版社，1990.9.306页；32开.一ISBN 7-80531-127-7：2.70元

100个中小学生心目中的妈妈：全国中小学生优秀作文选/童心主编.一上海：文汇出版社，1990.6.262页；32开.一ISBN 7-80531-108-0：2.30元

100个中小学生心目中的爸爸：全国中小学生优秀作文选/童心主编.一上海：文汇出版社，1990.6.278页；32开.一ISBN 7-80531-109-9：2.40元

100个中小学生心目中的祖国：全国中小学生优秀作文选/童心主编.一上海：文汇出版社，1990.9.274页；32开.一ISBN 7-80531-129-3：2.60元

100个中小学生心目中的家乡：全国中小学生优秀作文选/童心主编.一上海：文汇出版社，1990.9.282页；32开.一ISBN 7-80531-128-5：2.60元

100个世界：全国中学生精短演说选/沙德全等主编.一长春：东北师范大学出版社，1990.5.一226页；32开.一ISBN 7-5602-0427-9：2.90元

H195　对外汉语教学

中国对外汉语教学学会第三次学术讨论会论文选/中国对外汉语教学学会编.一北京：北京语言学院出版社，1990.5.一358页；大32开.一ISBN 7-5619-0089-9：4.25元

对外汉语教材教法论/赵贤州，李卫民著.一上海：上海外语教育出版社，1990.9.一242页；大32开.一ISBN 7-81009-506-4：4.30元

对外汉语教法学/张亚军著.一北京：现代出版社，1990.4.一382页；大32开.一ISBN 7-80028-107-8：12.50元

对外汉语教学发展概要/吕必松著.一北京：北京语言学院出版社，1990.7.一170页；大32开.一ISBN 7-5619-0091-0：3.55元

H195.4　教材、课本

中级汉语：听和说/李明等编.一北京：北京语言学院出版社，1990.一451页；大32开.一ISBN 7-5619-0087-2：7.30元

中国话：汉英/黄皇宗，翁建华主编.一北京：华语教学出版社，1990.一222页；大32开.一ISBN 7-80052-141-9：9.45元

中国语自学课本　第一册/白林编.一长春：时代文艺出版社，1990.10.一359页；大32开.一供朝鲜族学生学汉语用.一ISBN 7-5387-0260-X：10.00元

《今日汉语》词汇总表/胡裕树主编.一上海：复旦大学出版社，1990.8.一225页；大32开.一ISBN 7-309-00410-8：5.20元

《今日汉语》课外练习　第1册/胡裕树主编.一上海：复旦大学出版社，1990.5.一208页；大32开.ISBN 7-309-00439-6：4.70元

《今日汉语》课外练习　第2册/胡裕树主编.一上海：复旦大学出版社，1990.8.一201页；大32开.ISBN 7-309-00440-X：4.75元

《今日汉语》课外练习　第3册/胡裕树主编.一上海：复旦大学出版社，1990.8.一195页；大32开.ISBN 7-309-00441-8：4.60元

汉语听力训练　下册/杨从洁编著；王义国译.一北京：中国人民大学出版社，1990.4.一382页；大32开.一ISBN 7-300-00777-5：4.80元

汉语初级教程/邓懿主编.一北京：北京大学出版社，1990.5.一4册；大32开.一北京大学教材.一ISBN 7-301-00235-1：21.20元

汉语教学图册：汉德对照/李秀兰等编.一北京：华语教学出版社，1990.一192页；16开.一ISBN 7-80052-125-7：18.70元

汉语新口语课本　下册/李增吉编著.一天津：南开大学出版社，1990.7.一325页；32开.一ISBN 7-310-00222-9

初级《中国语文》　第二册.一北京：华语教学出版社，1990.一48页；16开.一ISBN 7-80052-058-7：6.95元

初级《中国语文》　第三册.一北京：华语教学出版社，1990.一39页；16开.一ISBN 7-80052-059-5：6.00元

初级《中国语文》　第四册.一北京：华语教学出版社，1990.一39页；16开.一ISBN 7-80052-060-9：6.00元

初级《中国语文》　第五册.一北京：华语教学出版社，1990.一55页；16开.一ISBN 7-80052-061-7：7.95元

初级《中国语文》　第六册.一北京：华语教学出版社，1990.一59页；16开.一ISBN 7-80052-062-5：8.40元

初级《中国语文》　第七册.一北京：华语教学出版社，1990.一56页；16开.一ISBN 7-80052-080-3：7.95元

初级《中国语文》　第八册.一北京：华语教学出版社，1990.一60页；16开.一ISBN 7-80052-081-1：8.40元

初级《中国语文》　第九册.一北京：华语教学出版社，1990.一65页；16开.一ISBN 7-80052-082-X：9.40元

初级《中国语文》　第十册.一北京：华语教学出版社，1990.一70页；16开.一ISBN 7-80052-083-8：9.85元

初级《中国语文》 第十一册.—北京：华语教学出版社，1990.—88页；16开.—ISBN 7-80052-084-6：11.80元

初级《中国语文》 第十二册.—北京：华语教学出版社，1990.—90页；16开.—ISBN 7-80052-085-4：12.30元

初级《中国语文》练习册 第二册.—北京：华语教学出版社，1990.—40页；16开.—ISBN 7-80052-053-6：3.15元

初级《中国语文》练习册 第三册.—北京：华语教学出版社，1990.—52页；16开.—ISBN 7-80052-054-4：3.80元

初级《中国语文》练习册 第四册.—北京：华语教学出版社，1990.—53页；16开.—ISBN 7-80052-055-2：4.00元

初级《中国语文》练习册 第六册.—北京：华语教学出版社，1990.—66页；16开.—ISBN 7-80052-057-9：4.65元

初级《中国语文》练习册 第七册.—北京：华语教学出版社，1990.—76页；16开.—ISBN 7-80052-073-0：5.10元

初级《中国语文》练习册 第八册.—北京：华语教学出版社，1990.—73页；16开.—ISBN 7-80052-074-9：5.10元

初级《中国语文》练习册 第九册.—北京：华语教学出版社，1990.—61页；16开.—ISBN 7-80052-075-7：4.45元

初级《中国语文》练习册 第十册.—北京：华语教学出版社，1990.—64页；16开.—ISBN 7-80052-076-5：4.45元

初级《中国语文》练习册 第十一册.—北京：华语教学出版社，1990.—64页；16开.—ISBN 7-80052-077-3：4.45元

初级《中国语文》练习册 第十二册.—北京：华语教学出版社，1990.—64页；16开.—ISBN 7-80052-078-1：4.45元

现代汉语进修教程：文学阅读/任以珍主编；杨寄洲，姚可心编.—北京：北京语言学院出版社，1990.12.—470页；大32开.—ISBN 7-5619-0105-4：7.25元

现代汉语阅读教程 第一册 （上）/徐缦华主编.—南京：江苏人民出版社，1990.8.—172页；大32开.—（通向汉语之路）.—国家对外汉语教学领导小组规划短期汉语系列教材.—ISBN 7-214-00525-5

科技汉语教程 第一册：中级讲读课本/褚福章编著.—天津：天津大学出版社，1990.8.—338页；大32开.—ISBN 7-5618-0224-2：4.40元

科技汉语教程 第二册：中级讲读课本/黄慰平编著.—天津：天津大学出版社，1990.8.—261页；大32开.—ISBN 7-5618-0219-6：3.55元

科技汉语教程听力练习本/北京语言学院编.—北京：华语教学出版社，1990.—186页；大32开.ISBN 7-80052-114-1：9.25元

科技汉语教程听力课本/北京语言学院编.—北京：华语教学出版社，1990.—250页；大32开.—ISBN 7-80052-113-3：11.40元

科技汉语教程听说课本 （上）/北京语言学院编.—北京：华语教学出版社，1990.—238页；大32开.—ISBN 7-80052-109-5：11.30元

科技汉语教程听说课本 （下）/北京语言学院编.—北京：华语教学出版社，1990.—274页；大32开.—ISBN 7-80052-110-9：12.40元

科技汉语教程阅读课本 （上）/北京语言学院编.—北京：华语教学出版社，1990.—261页；大32开.—ISBN 7-80052-111-7：11.80元

科技汉语教程阅读课本 （下）/北京语言学院编.—北京：华语教学出版社，1990.—304页；大32开.—ISBN 7-80052-112-5：13.30元

说什么和怎么说/邱质朴编著.—南京：江苏人民出版社，1990.9.—414页；大32开.—交际功能法高级汉语口语教程.—ISBN 7-214-00554-9：10.00元

说汉语：日文注释 上册/吴叔平主编.—北京：北京语言学院出版社，1990.11.—190页；大32开.短期汉语教材.—ISBN 7-5619-0106-2：5.00元

说汉语：英文注释 上册/吴叔平主编.—北京：北京语言学院出版社，1990.10.—199页；大32开.—短期汉语教材.—ISBN 7-5619-0107-0：5.00元

高级汉语教程 上册/北京语言学院外国留学生二系编.—北京：北京语言学院出版社，1990.1.—350页；大32开.—ISBN 7-5619-0078-3：6.40元

高级汉语教程 中册/北京语言学院外国留学生二系编.—北京：北京语言学院出版社，1990.10.443页；大32开.—ISBN 7-5619-0098-8：8.70元

容易学 （一）/贾铃主编；北京外交人员汉语教学中心编.—北京：北京语言学院出版社，1990.4.260页；大32开.—桥——外国人汉语系列教材.ISBN 7-5619-0093-7：5.10元

《桥》是为来华工作的外国人编写的汉语教材，包括《容易学》、《步步高》、和《新实践》3种。

新汉语课本 第一册/复旦大学国际文化交流学院编.—上海：复旦大学出版社，1990.9.—199页；大32开.—ISBN 7-309-00460-0：4.70元

新汉语课本 第二册/复旦大学国际文化交流学院编.—上海：复旦大学出版社，1990.10.—256页；大32开.—ISBN 7-309-00461-2：5.70元

新汉语课本 第三册/复旦大学国际文化交流学院

编.—上海：复旦大学出版社，1990.11.—253页；大32开.—ISBN 7-309-00462-0：5.75元

新汉语课本 第四册/复旦大学国际文化交流学院编.—上海：复旦大学出版社，1990.11.—188页；大2开.—ISBN 7-309-00463-9：4.25元

新实践 （一）/郭鹏等编.—北京：北京语言学院出版社，1990.12.—158页；大32开.—桥——外国人汉语系列教材.—ISBN 7-5619-0115-1：5.20元

H195.5 读 物

广州话、普通话对照400句：英语译释/陈慧英，饶穗编著.—北京：北京语言学院出版社，1990.5.307页；32开.—ISBN 7-5619-0072-4：5.80元

中国古代作品选编：上古～1919 第一册：汉、英、法文注释/马忠林等编.—北京：华语教学出版社，1990.—417页；大32开.—ISBN 7-80052-000-5：15.50元

汉俄英会话手册/百桦，学苑编.—北京：北京工业大学出版社，1990.5.—163页；32开.—ISBN 7-5639-0065-9：2.80元

汉语会话301句：法文译释本/康玉华，来思平编著.—北京：北京语言学院出版社，1990.6.—449页；大32开.—ISBN 7-5619-0096-1：12.90元

对外汉语教学电视短剧集.—北京：北京语言学院出版社，1990.6.—44页；32开.—ISBN 7-5619-0097-X：0.90元

实用汉语：会话与阅读/阮恒辉，刘力生编著.—上海：上海交通大学出版社，1990.3.—375页；32开.ISBN 7-313-00596-2：3.90元

学说中国话/邓军，陈雪清著.—哈尔滨：黑龙江教育出版社，1990.5.—222页；大64开.—供俄文读者会说用书.—ISBN 7-5316-1084-1：2.55元

学说中国话：俄汉版/钟悍编.—北京：北京语言学院出版社，1990.12.—485页；大32开.—ISBN 7-5619-0086-4：11.20元

话说中国 下册：中级汉语口语/杜荣等编.—北京：华语教学出版社，1990.—602页；大32开.ISBN 7-80052-154-0：24.10元

旅游会话/焦辉郢编著.—北京：国际文化出版公司，1990.12.—352页；32开.—ISBN 7-80049-608-2：5.00元

商业汉语/黎杨莲妮，李更新著.—北京：华语教学出版社，1990.—220页；16开.—供外国人学汉语用.—ISBN 7-80052-065-X：15.20元

朝中会话集/韩宗律等编.—北京：民族出版社，1990.8.—189页；32开.—ISBN 7-105-01137-8：1.90元

寒夜/巴金著；吕文华改写、注释.—北京：华语教学出版社，1990.—84页；40开.—ISBN 7-80052-172-9：3.15元

趣味汉语/刘德联，高明明编著.—北京：北京大学出版社，1990.9.—139页；大32开.—ISBN 7-301-01404-X：4.00元

H2 中国少数民族语言

少数民族语言调查研究教程/高华年等编著.—南宁：广西教育出版社，1990.11.—267页；大32开.ISBN 7-5435-1071-5：3.65元

中国少数民族双语研究论集/中国少数民族双语教学研究会编.—北京：民族出版社，1990.2.—318页；大32开.—ISBN 7-105-00414-2：3.20元

中国民族古文字图录/傅懋勣主编.—北京：中国社会科学出版社，1990.10.—412页：图版；16开.ISBN 7-5004-0296-1（精装）：80.00元

民族语文专业教学经验文集/中央民族学院少数民族语言文学三系，中央民族学院少数民族语言研究所编.—贵阳：贵州民族出版社，1990.10.—330页；大32开.—ISBN 7-5412-0137-5：5.00元

民族语文翻译研究论文集 （2）/《民族语文翻译研究论文集》编辑组编.—北京：民族出版社，1990.2.—202页；大23开.—（译学丛书）.—ISBN 7-105-00227-1：1.80元

H211 少数民族古语言

中国突厥语族语言词汇集/陈宗振等编著.—北京：民族出版社，1990.12.—586页；大32开.—ISBN 7-105-01088-6（精装）：6.50元

本词汇集包括我国维吾尔、哈萨克、柯尔克孜、乌孜别克、塔塔尔、图佤、撒拉和西部裕固8种属于突厥语族语言的4000常用词。

H212/289 各少数民族语言

广东连南油岭八排瑶语言概要/巢宗祺著.—上海：华东师范大学出版社，1990.6.—230页；大32开.ISBN 7-5617-0553-0：3.65元

小学生汉维词典/廖泽余等编.—乌鲁木齐：新疆人民出版社，1990.2.—492页；32开.—ISBN 7-228-00987-8：3.80元

中学生汉维词典/王明义等编.—乌鲁木齐：新疆人民出版社，1990.9.—854页；32开.—ISBN 7-228-01221-6：5.45元

双语双文化论丛 第一辑/延边大学汉语系《双语双文化论丛》编委会编.—延吉：延边大学出版社，1990.7.—166页；32开.—ISBN 7-5634-0228-4：8.00元

汉语和蒙语形态结构比较/额尔敦昌，阿拉坦昌编著.—呼和浩特：内蒙古教育出版社，1990.6.—268页；大32开.—ISBN 7-5311-0418-0：2.20元

汉维对照词语：哲学部分/民族出版社维吾尔文编辑室编.—北京：民族出版社，1990.9.—180页；32开.—ISBN 7-105-00714-1：1.35元

安多藏语常用虚词释例/敏生智编.—西宁：青海民族出版社，1990.8.—87页；32开.—ISBN 7-5420-0242-2：0.90元

佤族怎样学习汉语文：汉、佤对照/周植志编著；陈学明译.—昆明：云南民族出版社，1990.4.—198页；32开.—ISBN 7-5637-0272-8：1.00元

纳汉会话：纳西文、汉文对照/和即仁编著.—昆明：云南民族出版社，1990.7.—171页；32开.ISBN 7-5367-0300-7：1.80元

现代湘西苗语语法/罗安源著.—北京：中央民族学院出版社，1990.2.—199页；32开.—ISBN 7-81001-195-2：1.20元

规范化名词 （2）：汉、维文对照/新疆维吾尔自治区民族语言文字工作委员会，民族语言名词术语规范审定委员会编.—乌鲁木齐：新疆人民出版社，1990.11.—105页；64开.—ISBN 7-228-01365-4：0.50元

苗汉词典：黔东方言/张永祥主编.—贵阳：贵州民族出版社，1990.5.—438页；32开.—ISBN 7-5412-0065-4（精装）：9.50元

侗台语概论/倪大白著.—北京：中央民族学院出版社，1990.11.—395页；大32开.—ISBN 7-81001-199-5：2.90元

哈尼语语法/李永燧著.—北京：民族出版社，1990.2.—230页；大32开.—ISBN 7-105-00648-X：1.95元

语言与智力开发/舍那木吉拉著.—呼和浩特：内蒙古人民出版社，1990.5.—211页；32开.—ISBN 7-204-01019-1：2.50元

本书主要反映了我国蒙古民族语言文字与其民族的、经济、政治文化发展的关系问题。

傣语汉语会话对照：德宏傣文、汉文/韩黔玉等编.—昆明：云南民族出版社，1990.12.—162页：32开.—ISBN 7-5367-0364-3：0.95元

御制五体清文鉴：汉藏文鉴专辑/古文义等摘编.西宁：青海民族出版社，1990.5.—648页；大32开.ISBN 7-5420-196-5（精装）：9.50元

蒙古译语女真译语汇编/贾敬颜，朱风辑.—天津：天津古籍出版社，1990.5.—433页；大32开.ISBN 7-80504-125-3：5.20元

蒙古语族语言词典/孙竹主编.—西宁：青海人民出版社，1990.5.—844页；16开.—ISBN 7-225-00341-0：16.00元

满汉合璧六部成语：满汉对照/新疆少数民族古籍办公室组织整理.—乌鲁木齐：新疆人民出版社，1990.10.—318页；大32开.—（满文古籍丛书）.ISBN 7-228-01246-1：3.20元

藏汉对照简易藏文读本/青海师范大学民族部编写.—西宁：青海民族出版社，1990.12.—248页；32开.—ISBN 7-5420-0223-6：2.20元

彝文字典/朱建新，潘正云编著.—成都：四川民族出版社，1990.6.—425页；64开.—ISBN 7-5409-0297-3（精装）：4.00元

彝汉字典/四川省民族语文工作办公室等编.—成都：四川民族出版社，1990.3.—290页；64开.ISBN 7-5409-0128-4（精装）：2.69元

H3 外国语

英语、法语变通教程/陈那福编著.—广州：中山大学出版社，1990.3.—2册（913页）；32开.—ISBN 7-306-00193-0：6.10元

欧美语言学简史/徐志民著.—上海：学林出版社，1990.3.—301页；大32开.—ISBN 7-80510-283-0：4.55元

俄英汉对外经济实用会话/蒋国仁，汤秉铨编.—南京：东南大学出版社，1990.6.—468页；32开.ISBN 7-81023-242-8：6.95元

俄英汉会话手册/刘京善译.—北京：兵器工业出版社，1990.3.—245页；36开.—ISBN 7-80038-108-0：3.85元

最新英、日、汉旅游饭店会话/张其会，张沛然编；（日）射场和行校订.—北京：中国计量出版社，1990.2.—187页；32开.—ISBN 7-5026-0299-2：4.00元

简明旅游会话：汉日英对照/邢道新编.—兰州：兰州大学出版社，1990.6.—318页；32开.—ISBN 7-311-00308-3：4.90元

H31 英语

出国人员实用英语手册/林郁如等编著.—福州：福建人民出版社，1990.2.—205页；32开.—ISBN 7-211-01000-2：2.40元

英语语言、文学工具书及其使用/肖时占著.—北京：学苑出版社，1990.9.—226页；32开.—ISBN 7-80060-871-9：4.00元

英语语言学入门/李维光编.—武汉：华中师范大学出版社，1990.10.—213页；32开.—ISBN 7-5622-0519-1：2.95元

英语简史/(　)费尔南德·莫塞著；水天同等译.—北京：外语教学与研究出版社，1990.6.—195页；大32开.—ISBN 7-5600-0550-0：1.80元

英语漫谈/张兆太编著.—桂林：广西师范大学出版社，1990.4.—151页；32开.—附《英美常用词语差异对照表》.—ISBN 7-5633-0776-1：1.70元

英语趣谈百篇/李慧清等编著.—西安：西安交通大学出版社，1990.6.—181页；48开.—ISBN 7-5605-0256-3：2.00元

H31-42　教学参考书

大专英语课程训练/劳逸君编著.—杭州：杭州大学出版社，1990.8.—119页；32开.—ISBN 7-81035-038-2：1.80元

大学英语六级和出国考试改错与写作/邹长征编.南京：江苏科学技术出版社，1990.5.—84页；16开.ISBN 7-5345-0943-2：2.00元

大学英语四级考试指导/顾济男等编.—徐州：中国矿业大学出版社，1990.12.—474页；大32开.—高等学校教学参考书.—ISBN 7-81021-389-X：4.70元

大学英语四级考试阅读理解40分对策/张爱卿，王治学主编.—开封：河南大学出版社，1990.11.254页；32开.—ISBN 7-81018-562-4：2.95元

大学英语四级应试指导/肖立齐等编著.—北京：清华大学出版社，1990.10.—298页；32开.—ISBN 7-302-00709-8：3.90元

大学英语托福写作应试指南/刘世同，赵国兴主编.—沈阳：辽宁大学出版社，1990.10.—271页；大32开.—ISBN 7-5610-0958-5：4.80元

大学英语交际功能意念手册/吴信强编著.—上海：上海交通大学出版社，1990.6.—435页；大32开.—ISBN 7-313-00440-0：5.90元

大学英语应试指导/陈开山主编.—西安：西北大学出版社，1990.5.—174页；16开.—ISBN 7-5604-0165-1：4.10元

大学英语应试复习指南/王建武主编.—昆明：云南科技出版社，1990.9.—142页；16开.—(大学英语学习系列丛书).—ISBN 7-5416-0305-8：4.95元

大学英语学习指导/沈一鸣等编.—上海：百家出版社，1990.4.—245页；32开.—ISBN 7-80576-135-3：2.90元

《大学英语教程》第四册自学辅导/张滨江等编著.北京：北京航空航天大学出版社，1990.1.—292页；大32开.—兼作教师手册.—ISBN 7-81012-138-3：4.00元

大学英语基础训练：三级/杨兆民主编；杨映芳等编.—上海：上海交通大学出版社，1990.12.—668页；32开.—ISBN 7-313-00756-6：6.75元

大学英语Cloze应试技巧与训练/赵凤仙主编.—沈阳：东北工学院出版社，1990.11.—183页；32开.ISBN 7-81006-243-3：2.95元

大学核心英语听读写训练手册：四级/《大学核心英语》协作组编著.—上海：上海交通大学出版社，1990.3.—133页；大32开.—教师参考书.—ISBN 7-313-00650-0：4.50元

大学核心英语学习参考书　第四册/吴铭方主编；张炳章等编写.—东营：石油大学出版社，1990.3.193页；32开.—ISBN 7-5636-0085-X：2.40元

《大学基础英语教程》第一级教学参考书/毛雪华等编.—上海：上海译文出版社，1990.3.—189页；32开.—成人高等学校教学用书　文、理、工科用.ISBN 7-5327-0876-1：1.50元

《大学基础英语教程》第二级教学参考书/毛雪华等编.—上海：上海译文出版社，1990.4.—229页；32开.—成人高等学校教学用书　文、理、工科用.ISBN 7-5327-0879-9：1.55元

中级英语自学指导/之傲，疾风主编.—呼和浩特：内蒙古人民出版社，1990.2.—223页；32开.—ISBN 7-204-00950-9：2.40元

中国人学英语的难点/(美)徐凌志韫主编；宋玉珂，吴洁敏译.—北京：旅游教育出版社，1990.12.285页；32开.—ISBN 7-5637-0118-4：4.00元

中等卫生学校英语辅导练习/张纪潭等主编.—东营：石油大学出版社，1990.—134页；32开.—ISBN 7-5636-0087-6：1.63元

双向式英语水平考试指南/江向东，王波编著.北京：北京科学技术出版社，1990.8.—339页；32开.—学习《双向式英语》必备的实用参考书.—ISBN 7-5304-0780-5：4.80元

《双向式英语》速成辅导教材　第一册/张中强，黄欢主编.—成都：成都科技大学出版社，1990.6.336页；32开.—ISBN 7-5616-0619-2：3.35元

《双向式英语》速成辅导教材　第二册/黄欢，张中强主编；王同等编.—成都：成都科技大学出版社，1990.6.—313页；32开.—ISBN 7-5616-0620-6：3.15元

《双向式英语》速成辅导教材　第三册/黄欢，张中强主编；缪竞闵等编.—成都：成都科技大学出版社，1990.6.—281页；32开.—ISBN 7-5616-0621-7：3.00元

托福应试技巧训练/(美)金(King，C.)，斯坦利(Stanley，N.)编；何政安等译.—北京：北京出版社，1990.3.—557页；16开.—ISBN 7-200-00735-8：15.70元

书名原文：Building Skills for the TOEFL

如何对付TOEFL考试/朱宝胜编著.—2版.—上海：上海科技教育出版社，1990.6.—251页；32开.ISBN 7-5428-0025-6：2.75元

本书1988年6月第1版。

初级英语自学指导/笙竽，疾风主编.—呼和浩特：内蒙古人民出版社，1990.2.—154页；32开.—ISBN 7-204-00949-5：1.90元

英语考试复习指导 上册/汪礼瑞，黄淑琳编著.2版（修订版）.—北京：清华大学出版社，1990.5.414页；32开.—供报考出国生和硕士学位研究生使用.ISBN 7-302-00498-6：4.30元

本书1985年7月第1版。

英语进阶指南/张建威，梁汇涓主编.—长春：吉林大学出版社，1990.7.—303页；32开.—ISBN 7-5601-0532-7：3.80元

英语应考致胜术/伍爱成编著.—长沙：湖南科学技术出版社，1990.11.—403页；大32开.—ISBN 7-5357-0785-8：5.90元

英语学习难点200则/张祥麟编著.—北京：中国标准出版社，1990.4.—595页；32开.—ISBN 7-5066-0149-4：6.40元

英语语言点精编/李阳春主编.—大连：大连理工大学出版社，1990.7.—202页；16开.—ISBN 7-5611-0290-9：4.70元

英语基本功训练 下册/吴士民，汪士彬主编；李燕秋等编.—天津：南开大学出版社，1990.1.—401页；大32开.—大学英语四级考试辅导材料.—ISBN 7-310-00252-0：4.95元

英语基本功训练下册参考答案/汪士彬，吴士民主编.—天津：南开大学出版社，1990.1.—112页；大32开.—大学英语四级考试辅导材料.—ISBN 7-310-00253-9：1.95元

英语辅导 上册/陈琪主编.—北京：农业出版社，1990.3.—90页；32开.—全国中等农业学校教材.—ISBN 7-109-01704-4：1.70元

英语第二册学习指导书/梁小平，陈忠美编写.北京：中央广播电视大学出版社，1989.9.—251页；32开.—ISBN 7-304-00410-X：1.65元

英语第三册学习指导书/梁小平，陈忠美编.—北京：中央广播电视大学出版社，1990.2.—219页；32开.—ISBN 7-304-00469-X：1.45元

英语综合技能/夏克志，张克定编.—开封：河南大学出版社，1990.4.—345页；大32开.—ISBN 7-81018-421-0：4.50元

国家大学英语四级考试应试指导/潘欢怀主编.北京：北京师范大学出版社，1990.1.—344页；32开.—ISBN 7-303-00809-8：4.15元

实用中级英语指南/刘洪生等主编.—北京：知识出版社，1990.5.—416页；32开.—ISBN 7-5015-0263-3：3.80元

怎样自学英语/蒋一驱著.—西安：陕西人民教育出版社，1990.12.—264页；32开.—（怎样丛书/沈宝良，袁明仁主编）.—ISBN 7-5419-2225-0：3.00元

美国加拿大研究生入学资格基础考试指南/安东，海山编.—北京：宇航出版社，1990.5.—395页；16开.—附试题汇编.—ISBN 7-80034-253-0：9.80元

高考英语应试技巧/解伯昌，华妙娟编.—上海：上海译文出版社，1990.4.—159页；32开.—ISBN 7-5327-0946-9：1.70元

高级英语教程教学参考书/刘利君，李鹏飞编.修订本.—北京：北京理工大学出版社，1990.1.454页；大32开.—供研究生用.—ISBN 7-81013-280-6：5.30元

密执安英语考试指南/柯秉衡，王勤编.—北京：机械工业出版社，1990.6.—178页；32开.—ISBN 7-111-02003-0：3.40元

最新英语水平考试应试指南/郭冰等编.—西安：西北工业大学出版社，1990.8.—265页；16开.—ISBN 7-5612-0210-5：6.98元

新英语教程英语阅读第三册教师参考书 （A）/萧家琛主编.—北京：清华大学出版社，1990.1.256页；32开.—ISBN 7-302-00612-1：3.00元

新英语教程英语阅读第三册教师参考书 （B）/萧家琛主编.—北京：清华大学出版社，1990.1.152页；32开.—ISBN 7-302-00606-7：1.80元

新英语教程英语阅读第四册教师参考书 （A）/萧家琛主编.—北京：清华大学出版社，1990.10.135页；32开.—ISBN 7-302-00729-2：1.95元

新英语教程英语阅读第四册教师参考书 （B）/萧家琛主编.—北京：清华大学出版社，1990.11.162页；32开.—ISBN 7-302-00720-9：2.00元

新概念英语实践与提高精读辅导/左嘉钧，王淑英编著.—北京：海洋出版社，1990.9.—738页；32开.—ISBN 7-5027-0242-3：11.80元

BBC公共关系英语教学参考资料 上册/重庆大学外语系，重庆人民广播电台社教部编.—北京：中国广播电视出版社，1990.9.—468页；32开.—ISBN 7-5043-0530-8：5.75元

BBC公共关系英语教学参考资料 中册/重庆大学外语系，重庆人民广播电台社教部编.—北京：中国广播电视出版社，1990.9.—435页；32开.—ISBN 7-5043-0537-5：5.40元

CET EPT TOEFL阅读理解应试技巧训练/吴玮翔等编著.—南京：河海大学出版社，1990.9.—389页；32开.—ISBN 7-5630-0324-X：4.60元

GRE 2000分速成指南：破译GRE密码系统/（美）亚当·罗宾逊，约翰·卡兹曼著；郑伟波等

译.—南京：河海大学出版社，1990.7.—337页；16开.—ISBN 7-5630-0310-X：8.90元

TOEFL成功新途径/吴建国，杨光蓉编著.—上海：上海翻译出版公司，1990.2.—227页；32开.ISBN 7-80514-542-3：3.20元

TOEFL阅读应试技巧/李维屏，杨理达编著.—上海：华东化工学院出版社，1990.6.—244页；大32开.—（上海市前进业余进修学院TOEFL丛书）.ISBN 7-5628-0098-7：3.40元

H31-43　教材、课本

大专英语/王鼎名主编.—贵阳：贵州科技出版社，1990.8.—426页；16开.—ISBN 7-80584-029-6：11.30元

大专英语　第二册/周仪主编.—桂林：广西师范大学出版社，1990.2.—446页；32开.—高等师范专科学校通用教材.—ISBN 7-5633-0649-8：3.76元

大学英语：听力　第一册/虞苏美，李慧琴主编；关肇远等编.—上海：上海外语教育出版社，1990.6.—72页：图；16开.—高等学校教材.—ISBN 7-81009-348-7：1.70元

大学英语：听力理解/杨美楣主编.—沈阳：辽宁大学出版社，1990.5.—442页；大32开.—高等学校教材.—ISBN 7-5610-0920-8：5.20元

大学英语：快速阅读　第一册/谌馨荪主编.—上海：上海外语教育出版社，1990.6.—81页；16开.高等学校教材.—ISBN 7-81009-353-3：1.75元

大学英语：泛读　第一册/张砚秋主编.—上海：上海外语教育出版社，1990.6.—150页；16开.—高等学校教材.—ISBN 7-81009-358-4：2.25元

大学英语：泛读　第六册/张砚秋主编.—上海：上海外语教育出版社，1990.2.—362页；16开.—高等学校试用教材　文理科本科用.—ISBN 7-81009-493-9：5.35元

大学英语：语法与练习　第一册/杜秉正，董眉君主编.—上海：上海外语教育出版社，1990.6.—125页；16开.—高等学校教材.—ISBN 7-81009-367-3：2.00元

大学英语：精读　第一册/翟象俊主编.—上海：上海外语教育出版社，1990.6.—220页；16开.高等学校教材.—ISBN 7-81009-368-1：3.05元

大学英语教程：语法精讲与训练　（上）/吴学文，李书民主编.—长春：东北师范大学出版社，1990.7.—255页；大32开.—ISBN 7-5602-0424-4：2.90元

大学英语教程：语法精讲与训练　（中）/吴学文，李书民主编.—长春：东北师范大学出版社，1990.7.—257～506页；大32开.—ISBN 7-5602-0455-4：2.90元

大学英语教程：语法精讲与训练　（下）/吴学文，李书民主编.—长春：东北师范大学出版社，1990.7.—507～804页；大32开.—ISBN 7-5602-0456-2：3.20元

大学英语教程：阅读　（Ⅰ）/潘怡，王颂主编.长春：东北师范大学出版社，1990.7.—230页；大32开.—ISBN 7-5602-0393-0：2.50元

大学英语教程：阅读　（Ⅱ）/刘福源，高克东主编.—长春：东北师范大学出版社，1990.7.—286页；大32开.—ISBN 7-5602-0423-6：3.30元

大学英语基础教程：第一、二册教师手册/孔蕴华等编.—北京：外语教学与研究出版社，1990.7.—168页；大32开.—ISBN 7-5600-0625-6：2.40元

大学新概念英语/浙江大学外语系"NCE教学参考书"编写组编.—2版.—杭州：浙江大学出版社，1990.6.—767页；32开.—ISBN 7-308-00191-1：7.75元

本书1987年7月第1版。

无线电与电子学专业英语/陆伟良，李玉编译.南京：江苏科学技术出版社，1990.5.—265页；32开.—ISBN 7-5345-0932-7：2.90元

专业英语/陈集育，汪中一主编.—北京：中国物资出版社，1990.6.—520页；大32开.—高等院校经济管理专业用.—ISBN 7-5047-0176-9：7.50元

专科英语：泛读/瞿德元主编.—成都：四川科学技术出版社，1990.4.—280页；32开.—高等专科学校公共英语协作教材.—ISBN 7-5364-1609-1：2.65元

专科英语：语法练习/瞿德元主编.—成都：四川科学技术出版社，1990.4.—250页；32开.—高等专科学校公共英语协作教材.—ISBN 7-5364-1610-5：2.35元

专科英语：精读/瞿德元主编.—成都：四川科学技术出版社，1990.5.—326页；32开.—高等专科学校公共英语协作教材.—ISBN 7-5364-0854-4：3.00元

中级英语教程　第一册/崔兆林主编.—重庆：科学技术文献出版社，1990.7.—312页；32开.—ISBN 7-5023-1132-7：3.80元

中级美国英语：合订本.—影印本.—北京：中国对外翻译出版公司，1990.11.—641页；32开.—美国之音英语教学广播教材.—ISBN 7-5001-0141-4：8.80元

中高级实用英语快速阅读教材/黄光大编著.—西安：西安交通大学出版社，1990.2.—380页；32开.ISBN 7-5605-0320-9：4.90元

中等专业学校英语教材　第一册：同步练习册/许

国红等编.—广州：广东高等教育出版社，1990.11.144页；32开.—ISBN 7-5361-0492-8：1.70元

中等专业学校英语教材　第二册：同步练习册/赵淑雯，禤淑贤主编.—广州：广东高等教育出版社，1990.10.—158页；32开.—ISBN 7-5361-0493-6：1.80元

中等专业学校英语教材　第三册：同步练习册/禤淑贤，余少麟主编.—广州：广东高等教育出版社，1990.7.—202页；32开.—ISBN 7-5361-0494-4：2.20元

中等专业学校英语教材　第四册：同步练习册/余少麟，禤淑贤主编；喻珈等编.—广州：广东高等教育出版社，1990.8.—173页；32开.—ISBN 7-5361-0495-2：2.10元

公共关系实用英语　（下）/蒋云等编著.—北京：新华出版社，1990.8.—358页；32开.—PR专业教材之二.—ISBN 7-5011-0846-3：4.55元

计算机基础英语教程/江华圣，沈孟煜编著.—武汉：武汉工业大学出版社，1990.9.—259页；32开.计算机软件人员水平考试教学辅导书.—ISBN 7-5629-0414-6：4.50元

石油地质专业英语/陈建渝等编.—武汉：中国地质大学出版社，1990.10.—149页；16开.—ISBN 7-5625-0458-X：1.85元

电力专业英语/张麟征主编；能源部华北电业管理局编写.—北京：北京科学技术出版社，1990.7.239页；32开.—ISBN 7-5304-0736-8：4.20元

电子技术专业英语/汪仲华编著.—修订本.—北京：电子工业出版社，1990.11.—424页；32开.ISBN 7-5053-1115-8：5.60元

本书1987年4月第1版。

电视英语　上册/张道真编著.—北京：社会科学文献出版社，1990.8.—616页；32开.—中央电视台教育节目用书.—ISBN 7-80050-154-X：7.00元

电视英语　下册/张道真编著.—北京：社会科学文献出版社，1990.8.—722页；32开.—中央电视台教育节目用书.—ISBN 7-80050-159-0：8.00元

外轮理货英语　上册/王嘉声，杨钰先主编.—大连：大连海运学院出版社，1990.10.—491页；大32开.—ISBN 7-5632-0194-7：3.30元

外轮理货英语　下册/王嘉声，杨钰先主编.—大连：大连海运学院出版社，1990.10.—415页；大32开.—ISBN 7-5632-0195-5：2.85元

生物专业英语/穆治平编.—武汉：华中师范大学出版社，1990.12.—329页；32开.—ISBN 7-5622-0613-9：2.70元

成人英语速成教程/阮式云，杨人镜著.—上海：上海外语教育出版社，1990.4.—292页；32开.—ISBN 7-81009-361-4：3.40元

成人英语速成教程：系统工程速成法/翁延真编著.—北京：旅游教育出版社，1990.1.—2册（937页）；大32开.—ISBN 7-5637-0028-5：12.00元

成人英语教程　第一册/彭瑞初等编著.—北京：北京大学出版社，1990.5.—358页；32开.—ISBN 7-301-00900-3：4.50元

成人英语教程　第二册/彭瑞初等编著.—北京：北京大学出版社，1990.5.—347页；32开.—ISBN 7-301-00901-1：4.40元

成人英语教程　第三册/彭瑞初等编著.—北京：北京大学出版社，1990.5.—395页；32开.—ISBN 7-301-00902-3：4.60元

全国成人高校英语　（3）/张锡九，王北山主编.—北京：高等教育出版社，1990.4.—417页；大32开.—ISBN 7-04-002917-0：3.20元

全国成人高校英语　（4）/郭志强，杨源主编.北京：高等教育出版社，1990.10.—336页；大32开.—ISBN 7-04-003186-8：2.50元

医学英语/王佩侠等主编.—上海：上海科学技术出版社，1990.8.—359页；32开.—（上海市住院医师培养指导丛书）.—ISBN 7-5323-2148-7：3.85元

灵格风高级英语教程/杨子斌等译.—长春：吉林教育出版社，1990.7.—481页；32开.—ISBN 7-5383-1064-9：4.70元

纺织染专业英语/徐嘉善编著.—北京：纺织工业出版社，1990.6.—291页；32开.—中等纺织专业学校教材.—ISBN 7-5064-0377-3：1.70元

现代英语：第1级：听与说/《现代英语》修订组编.—2版.—北京：高等教育出版社；伦敦：英国麦克米伦出版公司，1990.9.—61页；大32开.—ISBN 7-04-002915-4：0.84元

本书1986年5月第1版。

现代英语：第1级：泛读/《现代英语》修订组编.2版.—北京：高等教育出版社；伦敦：英国麦克米伦出版公司，1990.9.—103页；16开.—ISBN 7-04-002913-8：1.90元

本书1986年6月第1版。

现代英语：第1级：读与写/《现代英语》修订组修订.—2版.—北京：高等教育出版社；伦敦：英国麦克米伦出版公司，1990.6.—118页；16开.—ISBN 7-04-002912-X：2.10元

本书1986年5月第1版。

现代英语：第2级：听与说/《现代英语》修订组修订.—2版.—北京：高等教育出版社；伦敦：英国麦克米伦出版公司，1990.12.—74页；大32开.ISBN 7-04-003182-5：0.93元

本书1986年11月第1版。

现代英语：第2级：读与写/《现代英语》修订组修订.—2版.—北京：高等教育出版社；伦敦：英国麦克米伦出版公司，1990.12.—127页；16开.—ISBN 7-04-003181-7：2.20元

本书1986年11月第1版。

英语/许明等主编.—长春：吉林大学出版社，1990.12.—420页；32开.—ISBN 7-5601-0769-9：8.00元

英语/杨有涛主编.—北京：中国医药科技出版社，1990.9.—244页；16开.—全国高等医学院校检验专业本科教材.—ISBN 7-5067-0194-4：6.95元

英语/贾德霖主编.—上海：华东师范大学出版社，1990.3.—274页；大32开.—高等师范专科学校教材.—ISBN 7-5617-0491-7：2.08元

英语/戴宗显主编；国家旅游局人教司编.—北京：旅游教育出版社，1990.2.—238页；大32开.全国导游人员资格考试培训系列教材.—ISBN 7-5637-0156-7：3.60元

封面题名为：DZK英语

英语　第一册/田祥斌主编.—北京：中国医药科技出版社，1990.8.—238页；32开.—高等医药专科学校教材.—ISBN 7-5067-0185-5：3.20元

英语　第一册/张晓华，刘向军编著.—广州：广东高等教育出版社，1990.12.—127页；32开.—管理系列教材.—ISBN 7-5361-0590-8：1.85元

英语　第二册/贾德霖主编；王海银等编写.—上海：华东师范大学出版社，1990.6.—261页；大32开.—高等师范专科学校教材.—ISBN 7-5617-0589-1：1.87元

英语　第二册/高等医药专科学校英语教材联合编审组编.—北京：中国医药科技出版社，1990.11.232页；32开.—高等医药专科学校教材.—ISBN 7-5067-0278-9：3.20元

英语　第三册/农业部教育宣传司主编.—北京：农业出版社，1990.1.—139页；32开.—全国中等农业学校教材　各专业通用.—ISBN 7-109-01655-2：1.55元

英语　第三册/高玉华主编.—济南：山东教育出版社，1990.12.—221页；大32开.—中等专业学校教材.—ISBN 7-5328-1067-4：2.90元

英语　第三册/黄次栋主编.—上海：上海外语教育出版社，1990.6.—258页；大32开.—高等学校教材　师范院校英语专业用.—ISBN 7-81009-535-8：3.45元

英语　第四册/农业部教育宣传司主编.—北京：农业出版社，1990.6.—191页；32开.—全国中等农业学校教材　各专业通用.—ISBN 7-109-01877-6：2.40元

英语　第四册/罗振富等编.—哈尔滨：哈尔滨工业大学出版社，1990.2.—406页；32开.—供夜大及成人高校使用.—ISBN 7-5603-0231-9：4.00元

英语　第四册/高玉华主编.—济南：山东教育出版社，1990.12.—224页；大32开.—中等专业学校教材.—ISBN 7-5328-1068-2：2.90元

英语　第六册：文史分册/南开大学公共外语教学部教材编写组编.—北京：商务印书馆，1990.2.253页；大32开.—高等学校文科教材　非英语专业用.—ISBN 7-100-00419-5：1.85元

英语：Ⅱ级：听与说/吴书楷主编.—长沙：湖南科学技术出版社，1990.3.—52页；16开.—高等医学院校教材.—ISBN 7-5357-0685-1：1.70元

英语：Ⅱ级：练习答案及参考译文/陈慕竹，吴书楷主编.—长沙：湖南科学技术出版社，1990.3.147页；16开.—高等医学院校教材.—ISBN 7-5357-0684-3：4.50元

英语：Ⅱ级：读与写/陈慕竹主编.—长沙：湖南科学技术出版社，1990.3.—263页；16开.—高等医学院校教材.—ISBN 7-5358-0686-X：5.95元

英语：Ⅳ级：听与说/秦德庄主编；陈春林，沈正平编.—武汉：湖北科学技术出版社，1990.5.—59页；16开.—高等医学院校教材.—ISBN 7-5352-0583-6：2.05元

英语：Ⅳ级：练习答案与参考译文/邵循道，秦德庄主编；陈春林等编.—武汉：湖北科学技术出版社，1990.5.—149页；16开.—高等医学院校教材.—ISBN 7-5352-0584-4：4.40元

英语：Ⅳ级：读与写/邵循道主编；白永权等编.武汉：湖北科学技术出版社，1990.5.—184页；16开.—高等医学院校教材.—ISBN 7-5352-0521-6：5.40元

英语　(6)/黄源深，朱钟毅主编.—上海：华东师范大学出版社，1990.2.—397页；大32开.—高等学校教材　师范院校英语专业用.—ISBN 7-5617-0536-0：3.10元

英语系列教程　第二册/王汉明等编.—北京：机械工业出版社，1990.1.—256页；大32开.—高等学校成人教育用书.—ISBN 7-111-01877-X：4.80元

英语系列教程　第三册/雷德威，李铭才编.—北京：机械工业出版社，1990.6.—285页；大32开.高等学校成人教育用书.—ISBN 7-111-02165-7：5.25元

英语读写进阶　上册/张章，程琼主编.—杭州：浙江大学出版社，1990.10.—214页；32开.—ISBN 7-308-00615-8：2.50元

英语读写教程/朱次榴主编；瞿熙，勇玲编

写.—北京：高等教育出版社，1990.9.—269页；大32开.—高等师范院校英语专业教学参考书　教师用书.—ISBN 7-04-003124-8：2.30元

英语读写教程　（4）/朱次榴主编.—北京：高等教育出版社，1990.4.—338页；大32开.—高等师范院校英语专业教材　学生用书.—ISBN 7-04-002947-2：3.00元

英语读写教程　（4）/朱次榴主编；瞿熙，勇玲编写.—北京：高等教育出版社，1990.10.—274页；大32开.—高等师范院校英语专业教材　教师用书.—ISBN 7-04-003125-6：2.35元

英语读写教程　（上）/肖孝全，尹忠孝主编.—西安：陕西人民出版社，1990.1.—433页；大32开.ISBN 7-224-01201-7：5.50元

英语读写教程　（下）/尹忠孝，肖孝全主编.西安：陕西人民出版社，1990.5.—459页；32开.ISBN 7-224-01201-7：5.50元

英语读写教程　上册/郝振甫等主编.—北京：外语教学与研究出版社，1990.6.—278页；大32开.ISBN 7-5600-0623-X：4.60元

英语读写教程　下册/郝振甫等主编.—北京：外语教学与研究出版社，1990.12.—317页；大32开.ISBN 7-5600-0632-9：4.60元

英语教程　第二册/陈美洁，温庚林主编；李建英等编著.—广州：中山大学出版社，1990.12.—441页；32开.—旅餐企业管理适用.—ISBN 7-306-00181-7：2.50元

国际金融英语一月通/李芬，陈和言编.—北京：学苑出版社，1990.4.—209页；32开.—ISBN 7-80060-471-3：2.40元

国际贸易英语教程/黄天海等编著.—杭州：浙江教育出版社，1990.3.—409页；32开.—ISBN 7-5338-0640-9：3.40元

实用基础英语/李雅琴等主编.—北京：机械工业出版社，1990.7.—536页；32开.—ISBN 7-111-02540-7：6.98元

科技英语数量表达/洪班信编著.—武汉：华中师范大学出版社，1990.8.—399页；32开.—ISBN 7-5622-0575-2：4.75元

科技效率英语/马承，白昆荣编著.—北京：职工教育出版社，1990.7.—432页；32开.—中专中技职业高中适用教材.—ISBN 7-80059-080-1：7.00元

测绘专业英语/朱家钰等编.—北京：煤炭工业出版社，1990.5.—200页；16开.—高等学校教学用书.—ISBN 7-5020-0388-6：2.65元

旅游英语　第三册/詹允昭等编.—上海：上海外语教育出版社，1990.9.—145页；16开.—ISBN 7-81009-563-3：3.30元

旅游实用英语　（3）/过珊珊，王莉娜编著.—北京：高等教育出版社，1990.4.—215页；—32开.—旅游中等职业技术学校试用教材.—ISBN 7-04-002911-1：1.65元

高级英语实践/（英）Graver，B.D.著；李大琦，李锦生编译.—大连：大连出版社，1990.1.524页；32开.—ISBN 7-80555-202-9：5.90元

高级英语教程/陈允智等编.—2版（修订本）.—北京：北京理工大学出版社，1990.3.—582页；大32开.—供研究生用.—ISBN 7-81013-292-X：6.70元

高等专科英语教程　第一册：听说本/杨荣泉主编.—上海：上海交通大学出版社，1990.4.—122页；32开.—ISBN 7-313-00668-3：1.40元

高等专科英语教程　第一册：读写本/杨荣泉主编.上海：上海交通大学出版社，1990.7.—417页；32开.—ISBN 7-313-00663-2：4.40元

高等专科英语教程　第二册：听说本/杨荣泉主编；孙芳等编写.—上海：上海交通大学出版社，1990.12.—150页；32开.—ISBN 7-313-00800-7：1.80元

基础英语　第一册/周本友主编；张廷岐等编.徐州：中国矿业大学出版社，1990.9.—335页；大32开.—采矿工业英语系列教材.—ISBN 7-81021-363-6：3.70元

基础英语　第一册/姜化有主编.—呼和浩特：内蒙古人民出版社，1990.3.—231页；32开.—中等专业学校教材　各科通用.—ISBN 7-204-00892-8：2.80元

基础英语　第二册/周本友主编；刘方等编.—徐州：中国矿业大学出版社，1990.8.—436页；大32开.—采矿工业英语系列教材.—ISBN 7-81021-371-7：4.80元

基础英语　第二册/姜化有主编.—呼和浩特：内蒙古人民出版社，1990.4.—250页；32开.—中等专业学校教材　各科通用.—ISBN 7-204-00918-5：2.95元

基础英语　第三册/姜化有主编.—呼和浩特：内蒙古人民出版社，1990.5.—247页；32开.—中等专业学校教材　各科通用.—ISBN 7-204-01007-8：3.10元

基础英语　第三册：听说分册/吴富恒，张健主编.—北京：商务印书馆，1990.3.—215页；大32开.高等学校英语专业教材.—ISBN 7-100-00724-0：1.45元

基础英语　第三册：阅读分册/吴富恒，张健主编.—北京：商务印书馆，1990.2.—306页；大32开.—高等学校英语专业教材.—ISBN 7-100-00635-X：1.95元

新英语教程：英语阅读　第五册/李相崇主编．北京：清华大学出版社，1990.7.—390页；32开．ISBN 7-302-00644-X：2.15元

新英语教程：综合英语　第五册/李相崇主编．北京：清华大学出版社，1990.7.—142页；32开．ISBN 7-302-00652-0：1.00元

新概念英语　(3)：技巧发展/(英)亚历山大(Alexander，L.G.)编著；伍基英译.—上海：上海外语教育出版社，1990.1.—196页；20开．ISBN 7-81009-514-5：2.40元

新概念英语　(4)流利英语/(英)亚历山大(Alexander，L.G.)编著；陆英士，韩益译.—上海：上海外语教育出版社，1990.6.—248页；20开．ISBN 7-81009-515-3：2.90元

新概念英语阅读手册　(上)/郑孝通编.—2版．合肥：中国科学技术大学出版社，1990.11.—197页；32开.—ISBN 7-312-00018-5：2.90元

本书1986年11月第1版，是《新概念英语》第二册的辅导读物。

新概念英语阅读手册　(中)/郑孝通编.—2版．合肥：中国科学技术大学出版社，1990.12.—202页；32开.—ISBN 7-312-00219-6：2.90元

本书1986年11月第1版，是《新概念英语》第三册的辅导读物。

新概念英语阅读手册　(下)/郑孝通编.—2版．合肥：中国科学技术大学出版社，1990.12.—264页；32开.—ISBN 7-312-00015-8：3.70元

本书1989年7月第1版，是《新概念英语》第四册的辅导读物。

BBC公共关系英语广播函授教程　上册/重庆大学外语系，重庆人民广播电台社教部编.—北京：中国广播电视出版社，1990.7.—361页；32开.—ISBN 7-5043-0408-5：4.60元

BBC公共关系英语广播函授教程　中册/重庆大学外语系，重庆人民广播电台社教部编.—北京：中国广播电视出版社，1990.6.—358页；32开.—ISBN 7-5043-1409-3：4.55元

BBC公共关系英语广播函授教程　下册/重庆大学外语系，重庆人民广播电台社教部编.—北京：中国广播电视出版社，1990.6.—363页；32开.—ISBN 7-5043-0410-7：4.60元

H31-44　试题、习题、问题解答

1985～1989年托福考试真题精解/周淑杰等编.—天津：天津科学技术出版社，1990.2.—485页；大32开.—ISBN 7-5308-0669-6：9.50元

1988年全真TOEFL题解/清明，甘霖编著.—北京：海洋出版社，1990.4.—215页；32开.—ISBN 7-5027-0041-0：2.80元

1989最新托福试题解答及作文示范/北京大学博士研究生解答小组编.—北京：中国国际广播出版社，1990.5.—306页；32开.—ISBN 7-80035-418-0：5.20元

大专英语1—3级试题集：第1级/廖英主编.—长沙：湖南省科教语言音像出版社，1990.4.—163页；32开.—1.85元

大专英语1—3级试题集：第2级/廖瑛主编.—长沙：湖南省科教语言音像出版社，1990.5.—183页；32开.—2.05元

大专英语1—3级试题集：听力理解/廖瑛主编.—长沙：湖南省科教语言音像出版社，1990.4.—238页；32开.—2.70元

大学英语二三级试题集/王琼等编著.—哈尔滨：黑龙江科学技术出版社，1990.4.—314页；32开．ISBN 7-5388-1077-3：3.60元

大学英语分级系列试题：1—4级/魏旭光编.—天津：天津大学出版社，1990.5.—547页，大32开．ISBN 7-5618-0189-0：8.90元

大学英语分级系列试题：听力原文·答案·注释·分析：1—4级/魏旭光，孟宪昌主编.—天津：天津大学出版社，1990.7.—167页；大32开.—ISBN 7-5618-0190-4：3.20元

大学英语六级考试全卷模拟试题集/曹元寿主编；罗舜泉等编.—北京：北京理工大学出版社，1990.3.—245页；32开.—ISBN 7-81013-328-4：3.70元

大学英语六级考试模拟试题集/华东地区省(市)属师范大学外语协作组编；程中锐等主编.—南京：河海大学出版社，1990.4.—226页；32开.—ISBN 7-5630-0120-4：2.90元

大学英语六级考试模拟试题集/陆宗云等编.—济南：山东科学技术出版社，1990.8.—317页；32开．ISBN 7-5331-0532-X：4.20元

本书共编辑模拟试题十套。

大学英语六级试题集　(1)/赵旭仁主编.—沈阳：辽宁人民出版社，1990.11.—172页；16开．(大学英语等级考试系列丛书).—ISBN 7-205-01449-2：4.60元

大学英语六级试题集　(2)/赵旭仁主编.—沈阳：辽宁人民出版社，1990.11.—148页；16开．(大学英语等级考试系列丛书).—ISBN 7-205-01486-7：3.90元

大学英语六级模拟试题集/汪士彬，薛琛编.—天津：南开大学出版社，1990.6.—314页；大32开．ISBN 7-310-00343-8：4.95元

大学英语四级考试习题集/胡晓灵主编.—上海：上海交通大学出版社，1990.3.—228页；16开．ISBN 7-313-00661-6：4.90元

大学英语四级考试模拟试题研究/余丽华等编著. 昆明：云南教育出版社，1990.5.—167页；16开. ISBN 7-5415-0364-9：4.30元

大学英语四级考试模拟题解/肖长庚，一民编. 济南：济南出版社，1990.3.—351页，32开.—(大学英语辅助读物).—ISBN 7-80572-185-8：3.85元
本书附：写作范文、词汇结构及句子译文。

大学英语四级自测试题集/沈一鸣等编.—上海：上海科学技术文献出版社，1990.3.—417页；32开. ISBN 7-80513-547-9：5.00元

大学英语四级试题集　(1)/赵旭仁主编.—沈阳：辽宁人民出版社，1990.11.—154页；16开.—(大学英语等级考试系列丛书).—ISBN 7-205-01447-6：3.90元

大学英语四级试题集　(2)/赵旭仁主编.—沈阳：辽宁人民出版社，1990.11.—145页；16开.—(大学英语等级考试系列丛书).—ISBN 7-205-01448-4：3.65元

大学英语四级试题集　(3)/赵旭仁主编.—沈阳：辽宁人民出版社，1990.11.—150页；16开.(大学英语等级考试系列丛书).—ISBN 7-205-01485-9：3.80元

大学英语四级统考试题集/郑远等编.—北京：北京出版社，1990.8.—366页；32开.—ISBN 7-200-00896-6：4.75元

大学英语试题精选：四级/陈国蓉主编；杨国经等编写.—重庆：重庆大学出版社，1990.2.—250页；16开.—学生用书.—ISBN 7-5624-0331-7：4.95元

大学英语练习和测试/朱泰祺编著.—北京：化学工业出版社，1990.7.—550页；大32开.—供四级、六级和研究生入学考试用.—ISBN 7-5025-0741-8：9.90元

大学英语统考模拟试题集/辛柯，徐立基主编. 西安：陕西人民出版社，1990.2.—48页；16开. ISBN 7-224-01134-7：4.60元

《大学英语教程》测试指导与模拟试题/马汉英主编.—长春：东北师范大学出版社，1990.3.—377页；大32开.—ISBN 7-5602-0390-6：3.60元

《大学英语教程》测试指导与模拟试题：听力部分原文、短文写作参考范文、多选题答案/马汉英主编.—长春：东北师范大学出版社，1990.3.—90页；大32开.—ISBN 7-5602-0415-5：0.70元

大学英语1—4级自我水平测试/孙凯跃编.—北京：北京大学出版社，1990.2.—228页；32开.—ISBN 7-301-00963-1：3.70元

大学核心英语系列考试大纲和样题：三级和四级/李汉卿主编.—上海：上海交通大学出版社，1990.2.—99页；32开.—ISBN 7-313-00583-0：1.10元

中国纺织大学大学英语四级自测试题集/沈一鸣等编.—上海：上海科学技术文献出版社，1990.3.417页；32开.—ISBN 7-80513-547-9：5.00元

中高级英语考试阅读理解试题选编　下册/陈厚勤等编.—武汉：华中理工大学出版社，1990.11.154页；32开.—ISBN 7-5609-0380-0：1.80元

六级考试模拟试题集注/潘继福，刘月华主编. 合肥：中国科学技术大学出版社：安徽科学技术出版社，1990.3.—233页；32开.—(大学英语学习指南).—ISBN 7-312-00139-4：3.40元

巴朗托福详解：英汉对照/柴万里，韦振雄译. 合肥：安徽科学技术出版社，1990.1.—415页；16开.—ISBN 7-5337-0383-9：12.75元

巧解君之疑：A.S.荷恩毕现代英语问答/王监龙编.—西安：西安交通大学出版社，1988.7—220页；32开.—ISBN 7-5605-0127-3：2.00元

四级考试模拟试题集注/潘继福，陈文甫主编.—合肥：中国科学技术大学出版社：安徽科学技术出版社，1990.1.—233页；32开.—(大学英语学习指南). ISBN 7-312-00138-6：2.70元

出国考试英语模拟试题新编及详解　(一)/张从益，盛之主编.—长沙：中南工业大学出版社，1990.1.—280页；16开.—ISBN 7-81020-279-0：5.55元

托福应试练习大全：语法分册/唐述宗编.—杭州：浙江大学出版社，1990.9.—582页；大32开. ISBN 7-308-00489-9：8.40元

托福应试练习大全：阅读理解分册/唐述宗编；韦振雄译.—杭州：浙江大学出版社，1990.9.—516页；大32开.—ISBN 7-308-00488-0：7.40元

托福应试练习大全：短语分册/唐述宗，李长庚编.—杭州：浙江大学出版社，1990.10.—772页；大32开.—ISBN 7-308-00487-2：11.00元

许国璋主编《英语》精解　中册/崔承廉主编. 上海：上海译文出版社，1990.1.—490页；32开附补充习题及答案.—ISBN 7-5327-0592-7：4.75元

英语四级考试水平自测：识词多少？5Sample tests/陆国雄等编.—上海：华东师范大学出版社，1990.10.—290页；32开.—ISBN 7-5617-0572-7：2.90元

英语完形填空实践.—南京：江苏科学技术出版社，1990.10.—191页；32开.—(英语闯关丛书). ISBN 7-5345-1040-6：1.95元

英语练习答案与参考译文：Ⅱ级/陈慕竹，吴书楷主编.—长沙：湖南科学技术出版社，1990.3.—147页；16开.—高等医学院校教材.—ISBN 7-5357-0684-3：4.50元

剑桥大学地方考试特别委员会英语水平考试题集/

杨守忠等编译.—石家庄：河北教育出版社，1990.12.—233页；16开.—ISBN 7-5434-0643-8：4.20元

剑桥英语第一证书测试练习：英汉对照本（一）/（英）阿彻（Archer，M.），诺兰伍德（Nolan-Woods，E.）原著；唐述宗等译注.—合肥：安徽科学技术出版社，1990.1.—155页；16开.—ISBN 7-5337-0464-9：4.00元

剑桥英语第一证书测试练习：英汉对照本（二）/（英）阿彻（Archer，M.），诺兰伍德（Nolan-Woods，E.）原著；唐述宗等译注.—合肥：安徽科学技术出版社，1990.1.—155页；16开.—ISBN 7-5337-0465-7：4.70元

《剑桥熟练证书英语教程》练习集/郑时敏、王才美主编.—长沙：国防科技大学出版社，1990.3.251页；32开.—ISBN 7-81024-100-1：1.50元

俞大絪主编《英语》第五册精解：附补充习题及答案/上海市教育学院外语系编.—上海：上海译文出版社，1990.6.—293页；32开.—ISBN 7-5327-0873-X：3.05元

高校英语专业综合测试题集/徐东升等主编.—济南：济南出版社，1990.12.—255页；16开.—附试题答案1册.—ISBN 7-80572-375-3：6.50元

基础英语第三、四册练习答案及参考译文/上海外国语学院夜大学编.—上海：上海外语教育出版社，1990.2.—221页；32开.—供业余学校及自学者用.ISBN 7-81009-505-6：2.20元

最新托福全真考题详解：1989.1～1990.1/李景雨等编著.—天津：天津人民出版社，1990.9.—374页；32开.—ISBN 7-201-00524-3：3.90元

最新托福试题精解/顾大僖等编著.—上海：上海科学技术文献出版社，1990.12.—289页；大32开.（上海市前进业余进修学院TOEFL丛书）.—ISBN 7-80513-724-2：3.50元

最新全真GRE General Test试题及指导/李树根等编著.—天津：南开大学出版社，1990.3.—178页；16开.—ISBN 7-310-00316-0：5.25元

最新硕士研究生入学英语考试强化练习册/钱金泉，石羽文编.—上海：上海科学技术出版社，1990.12.—160页；32开.—ISBN 7-5323-2421-4：2.25元

普兰蒂斯——霍尔托福新解：英汉对照/柴万里，韦振雄译.—合肥：安徽科学技术出版社，1990.1.162页；16开.—ISBN 7-5337-0382-0：5.00元

新编英语综合填空练习/顾焕玙等编.—峨眉山：西南交通大学出版社，1990.7.—213页；32开.—ISBN 7-81022-171-X：1.60元

新概念英语练习答案大全/褚一心等编著.—北京：中国建筑工业出版社，1990.1.—436页；大32开.ISBN 7-112-00948-0：8.70元

新概念英语第4册练习答案/杨萍，蔺彦明编.北京：外语教学与研究出版社，1990.10.—180页；大32开.—ISBN 7-5600-0598-5：2.30元

H310.1　非标准英语

美语英语差异对照手册/张志编.—广州：广东科技出版社，1990.7.—540页；32开.—ISBN 7-5359-0247-2（精装）：10.00元

本书从用词差异、拼写差异、词义差异、发音差异及美国创造的词语等五方面对美语和英语的差异进行了比较，收入有差异的用语近五千条。

H311　语　音

自学国际音标：英语语音入门/郭旭编著.—昆明：云南教育出版社，1990.6.—122页；32开.—ISBN 7-5415-0361-4：1.35元

英语语音实践/仓思春，徐展编著.—南京：江苏科学技术出版社，1990.12.—146页；32开.—（英语闯关丛书）.—ISBN 7-5345-1083-X：1.60元

英语语音学/刘正仪著.—南京：江苏教育出版社，1990.2.—381页；大32开.—高等学校英语专业试用教材.—ISBN 7-5343-0957-3：4.50元

英语语音学引论/周考成编著.—修订本.—成都：四川大学出版社，1990.3.—369页；大32开.—高等院校教材.—ISBN 7-5614-0214-7：2.27元

本书1984年6月上海外语教育出版社第1版。

英语语音语调入门/邱广成，干仪凤编写.—上海：上海译文出版社，1990.2.—131页；32开.—（英语自学丛书）.—ISBN 7-5327-0556-0：1.70元

实用英语语音教程/孟宪忠主编.—济南：山东教育出版社，1990.6.—190页；32开.—ISBN 7-5328-0857-2：1.80元

H312　文　字

卢氏英文拼字卡.—哈尔滨：黑龙江教育出版社，〔1990〕.—1套.—ISBN 7-5316-1123-6（盒装）：13.50元

H313　语义、词汇、词义

大学英语分级双解词汇/黄人杰，张彦斌编.—北京：机械工业出版社，1990.5.—775页；大64开.ISBN 7-111-01633-5（精装）：9.90元

大学英语六级词汇指南/朱晓慧编著.—北京：民族出版社，1990.2.—239页；大32开.—ISBN 7-105-00986-1：2.90元

大学英语词汇与结构/陈苹主编；刘宗峨，张昌耀编.—北京：水利电力出版社，1990.8.—203页；

32开.—理工科院校学生英语测试用书.—ISBN 7-120-01245-2：2.95元

大学英语词汇教程/归楠华编.—成都：电子科技大学出版社，1990.8.—226页；32开.—(大学英语系列教程；四).—ISBN 7-81016-224-1：2.45元

大学英语词汇综合测试题 第三册/崔盈达，施淑贤编.—厦门：厦门大学出版社，1990.2.—297页；32开.—ISBN 7-5616-0261-3：4.00元

大学英语重点词汇惯用法/李兆悦主编；侯云库等编.—沈阳：辽宁人民出版社，1990.7.—394页；32开.—ISBN 7-205-01011-X：5.25元

外贸英语常用词组/李振琦，宋才政编.—北京：中国对外经济贸易出版社，1990.8.—141页；32开.—ISBN 7-80004-162-X：2.80元

汉英分类词汇手册/李广田，叶雨编.—北京：北京师范大学出版社，1990.1.—280页；32开.—附中学英语词表.—ISBN 7-303-00728-8：3.00元

汉英对照分类基本词汇手册 (一)/张润增，陈文成编.—厦门：厦门大学出版社，1990.6.—154页；32开.—ISBN 7-5615-0306-7：2.15元

汉英、英汉时事新词汇/高喆等编.—广州：广东高等教育出版社，1990.10.—768页；32开.—ISBN 7-5361-0485-5：8.90元

汉英常用词汇分类手册/吴光庭编.—南昌：江西教育出版社，1990.6.—675页；大32开.—ISBN 7-5392-0879-1：8.10元

汉英新词语汇编/李振杰等编.—北京：北京语言学院出版社，1990.1.—603页；32开.—ISBN 7-5619-0067-8：9.60元

本汇编选取1949年以来书报杂志中比较常见词语近4000条。

托福考试600关键词/陈明智，宋格兰编著.—北京：北京出版社，1990.3.—470页；32开.—ISBN 7-200-00838-9：6.15元

当代英语实用词汇/孙稼田编.—杭州：浙江大学出版社，1990.4.—630页；32开.—ISBN 7-308-00312-4(精装)：15.00元

许国璋主编《英语》英语词汇释例词典/刘元华等编.—上海：上海外语教育出版社，1990.1.—1041页；32开.—ISBN 7-81009-080-1：10.00元

英语水平考试中高级词汇/于文芝，孙启耀编.哈尔滨：哈尔滨船舶工程学院出版社，1990.12.338页；32开.—ISBN 7-81007-104-1：4.95元

英语四千单词百日通：续编/蓝之中，王耀庭编著.—南京：江苏科学技术出版社，1990.7.—427页；32开.—ISBN 7-5345-0980-7：5.10元

英语词汇10000条：常用英语教程通用词汇手册/黄约法主编.—北京：北京航空航天大学出版社，1990.2.—402页；32开.—ISBN 7-81012-121-9：6.20元

英语易错词语辨析与应用100例/李达荣编著.—北京：煤炭工业出版社，1990.11.—171页；32开.ISBN 7-5020-0458-0：2.95元

英语疑难词语词典/杜永文编.—贵阳：贵州教育出版社，1990.7.—1079页；大32开.—ISBN 7-80583-058-4：13.00元

科技英语下限词汇/龚嬲，龚晓美编.—上海：上海交通大学出版社，1990.12.—332页；32开.—ISBN 7-313-00707-8：5.80元

袖珍600分托福词汇/崔佳等编.—上海：上海科技教育出版社，1990.12.—248页；64开.—ISBN 7-5428-0445-6：1.65元

基础英语必学词汇和句型训练/王今扬，袁达廉编.—开封：河南大学出版社，1990.7.—248页；32开.—ISBN 7-81018-471-7：2.40元

新编TOEFL词汇/张家卉编.—北京：北京大学出版社，1990.3.—311页；大32开.—ISBN 7-301-01052-4：5.00元

新概念英语词汇详解 第1册/上海前进业余进修学院编.—上海：上海教育出版社，1990.1.—163页；32开.—ISBN 7-5320-1653-6：2.00元

新概念英语词汇详解 第2册/上海前进业余进修学院编.—上海：上海教育出版社，1990.1.—255页；32开.—ISBN 7-5320-1667-6：2.95元

新概念英语词汇详解 第3册/上海前进业余进修学院编.—上海：上海教育出版社，1990.3.—297页；32开.—ISBN 7-5320-1742-7：3.35元

GRE词汇应试，兼作高级英语学习词典/李汉卿等编译.—合肥：中国科学技术大学出版社，1990.3.708页；32开.—ISBN 7-312-00166-1：10.80元

TOEFL词汇考试模拟题集/大愚等编著.—北京：中国广播电视出版社，1990.7.—724页；大32开.ISBN 7-5043-0378-X：8.70元

10000词语：TOEFL、EPT、MAT考试必备/汪礼瑞主编；万亚丽编.—北京：清华大学出版社，1990.9.—486页；32开.—ISBN 7-302-00663-6：6.20元

20000英语常用词词典/章扬恕等编.—北京：中国国际广播出版社，1990.3.—714页；32开.—ISBN 7-80035-378-8：8.90元

H313.2 同义词、多义词、反义词

大学英语同义词用法详解/张国修主编.—武汉：华中师范大学出版社，1990.12.—380页；32开.ISBN 7-5622 0734-8：4.90元

英汉双解英语同义词词典/《英汉双解英语同义词词典》编写组编.—西安：陕西人民出版社，1990.5.—146页；32开.—ISBN 7-224-00049-3（精装）：17.70元

英汉同义词反义词辞典/周科主编.—延吉：延边大学出版社，1990.12.—761页；32开.—ISBN 7-5634-02445-6（精装）：12.00元

英语同义词语手册/李宝忱主编.—北京：电子工业出版社，1990.3.—468页；32开.—ISBN 7-5053-0795-9：7.00元

科技英语常用同义词用法手解/孙政等编.—太原：山西科学教育出版社，1990.2.—178页；32开.ISBN 7-5377-0186-5：4.00元

H313.3　成语、俗语、俚语

切莫望文生义：趣味英语习语赏析/侯宁海编著.—西安：西安交通大学出版社，1990.7.—321页；32开.—ISBN 7-5605-0181-8：3.25元

汉英成语习语对应词典/李景韩，李健编著.—北京：中国国际广播出版社，1990.11.—821页；32开.ISBN 7-80035-592-6：12.90元

汉英谚语结构与修辞比较/侯广旭编著.—哈尔滨：哈尔滨工业大学出版社，1990.4.—191页；32开.—ISBN 7-5603-0250-5：2.80元

现代英语常用成语词典/巫维衔等编著.—福州：福建人民出版社，1990.8.—661页；32开.—ISBN 7-211 00780-X（精装）：11.40元

英语习语妙用集锦/（　）史密斯贝克（Smithback，J.B.），史密斯贝克（Simithback，ch.Y.）著；纪春兰等译.—兰州：兰州大学出版社，1990.7.—423页；32开.—ISBN 7-311-00335-0：5.10元

英语婉语详解词典/李自修等编.—武汉：湖北教育出版社，1990.6.—464页；32开.—ISBN 7-5351-0448-7：5.65元

美国谚语词典：英汉对照分类/（美）戴维·金编著；马常纲等编译.—北京：社会科学文献出版社，1990.9.—275页；32开.—ISBN 7-80050-149-3：5.90元

书名原文：Dictionary Classified American Proverbs With Chinese Translation

简明英汉俗语词典/邹为诚，丛郁主编.—徐州：中国矿业大学出版社，1990.12.—201页；32开.ISBN 7-81021-374-1：4.90元

H313.5/.6　外来语、略语

英汉缩略语词典：新编/四川外语学院《英语缩略语词典》增订组编；蒋锡准主编.—增订版.—成都：四川人民出版社，1990.3.—1356页；16开.ISBN7-220-00860-0（精装）：46.50元

本书1979年第1版。

英语外来语词典/沈叙伦编译.—北京：北京语言学院出版社，1990.4.—284页；32开.—ISBN 7-5619-0079-1：4.95元

H314　语　法

大学英语语法结构测试练习/华东地区省（市）属师范大学外语协作组编；程中锐等主编.—上海：上海外语教育出版社，1990.1.—192页；16开.—ISBN 7-81009-443-2：4.20元

大学英语语法精要/陈开山主编；马振铎等编.—西安：西北大学出版社，1990.9.—447页；32开ISBN 7-5604-0199-6：4.90元

大学实用英语语法/陈翠凤，王玉璞编.—济南：山东教育出版社，1990.12.—1067页；32开.—附练习及参考答案.—ISBN 7-5328-1019-4：9.30元

托福语法疑难题解/郭冰等编.—西安：西北工业大学出版社，1990.2.—247页，16开.—ISBN 7-5612-0211-3：6.60元

现代英语语法教程/（美）赛尔西-莫西亚（Celce murcia，M.），拉森-费里曼（Larsen-freeman，D.）著；何自然等译.—北京：商务印书馆，1990.5.—609页；大32开.—ISBN 7-100-00916-2：6.05元

书名原文：The Gram Mar Book

现代英语基本用法/周少明，赵敏编译.—上海：知识出版社，1990.6.—422页；大32开.—ISBN 7-5015-5400-5：5.90元

英语用法解难/孙瑞盛编著.—长春：吉林大学出版社，1990.6.—274页；32开.—ISBN 7-5601-0506-8：3.00元

英语实用语法/李永生，马仁泉主编.—北京：光明日报出版社，1990.10.—354页；32开.—ISBN 7-80014-949-8：3.90元

英语语法应试速成/（美）莱因哈特（Reinhart，S.M.）著；郑南谧等编译.—上海：上海翻译出版公司，1990.4.—232页，32开.—ISBN 7-80514-553-9：2.35元

英语语法、词汇疑难解析/刘楷文编著.—北京：冶金工业出版社，1990.9.—274页；32开.—ISBN 7-5024-0778-2：4.00元

英语语法规范手册/谢志国，莫雅平编译.—桂林：漓江出版社，1990.8.—244页；32开.—ISBN 7-5407-0577-9：2.85元

英法语法要点精解/杨民生编著.—武汉：湖北教育出版社，1990.1.—462页；32开.—ISBN 7-5351-

0444-4：5.50元

英语语法结构教程/刘希彦等编著.一长春：吉林大学出版社，1990.3.—533页；32开.—ISBN 7-5601-0442-8：5.95元

英语语法难点详解/刘波澜，徐尔尼著.一南昌：江西教育出版社，1990.3.—231页；32开.—ISBN 7-5392-0836-8：2.00元

英语语法难题新探：词法篇/张鑫友编著.一武汉：中国地质大学出版社，1990.10.—355页；32开.ISBN 7-5625-0453-9：4.60元

英语语法理论及流派/殷钟崃，周光亚主编.成都：四川大学出版社，1990.1.—508页；32开.ISBN 7-5614-0196-5：5.40元

英语语法教程/张成基编著.一南京：南京出版社，1990.5.—305页；32开.—ISBN 7-80560-194-1：3.90元

英语语法简编/岳汝梅编著.一北京：人民教育出版社，1990.7.—474页；32开.—ISBN 7-107-10456-X：5.45元

英语替代用法/袁昌明，廖蘅湘编著.一北京：对外贸易教育出版社，1990.1.—201页；40开.—ISBN 7-81000-430-1：2.60元

高级现代英语语法/陆锦林编著.一上海：上海科学技术文献出版社，1990.6.—619页；大32开.—ISBN 7-80513-470-7：8.80元

高级英语语法　上册/薄冰主编.一北京：高等教育出版社，1990.4.—541页；大32开.—ISBN 7-04-002761-5：4.50元

高级英语语法练习册/杨友钦，陈秀英编.一北京：高等教育出版社，1990.8.—244页；大32开.—ISBN 7-04-003185-4：2.15元

常见英语语法疑难辨析/(英)克洛斯(Close，R.A.)著；詹树魁编译.一厦门：厦门大学出版社，1990.4.—334页；32开.—ISBN 7-5615-0268-0：4.00元

简明英语语法表解/在珏，傅琳编著.一保定：河北大学出版社，1990.4.—75页；大32开.—ISBN 7-81028-012-0：1.50元

新编中级英语语法/景志华主编.一长春：吉林大学出版社，1990.7.—254页；32开.—ISBN 7-5601-0499-1：3.50元

新编英语口语语法/张纯青等编著.一长春：吉林大学出版社，1990.12.—209页；大32开.—中央人民广播电台，大连外国语学院广播函授系列教材.ISBN 7-5601-0770-2：3.35元

H314.1　构词法

当代英语构词特点与读音/杨锡苓著.一北京：机械工业出版社，1990.12.—109页；32开.—ISBN 7-111-02497-4：2.50元

英语词汇语法/初克臻主编.一长春：吉林文史出版社，1990.8.—446页；32开.—ISBN 7-80528-281-6：4.50元

实用英语词法/董力争编著.一北京：中国广播电视出版社，1990.8.—348页；32开.—ISBN 7-5043-0431-X：4.70元

H314.2　词　类

英汉双解大学英语常用词用法词典/张汉成等编写.广州：中山大学出版社，1990.12.—1649页；32开.ISBN 7-306-00146-9：8.10元

英汉双解英语短语动词学生词典/陆铭编译.一上海：上海译文出版社，1990.7.—414页；32开.ISBN 7-5327-0470-X：5.45元

英语中的非谓语动词/邢志远主编.一上海：上海交通大学出版社，1990.11.—234页；32开.—ISBN 7-313-00730-2：2.70元

英语介词用法词典/强增吉等编著.一上海：上海译文出版社，1990.10.—467页；32开.—ISBN 7-5327-0571-4：6.05元

英语介词10法/蔡建伟著.一杭州：浙江大学出版社，1990.9.—309页；32开.—ISBN 7-308-00494-5：3.75元

英语动词/中山大学外语系英语专业语法小组编著修订本.一北京：商务印书馆，1990.1.—183页；32开.—(英语自学丛书).—ISBN 7-100-00147-1：1.70元

英语名词的数/薄冰编著.一北京：北京出版社，1990.3.—404页；大32开.—ISBN 7-200-00930-X：6.25元

英语词类转化及语义功能交替/徐继旺著.一桂林：广西师范大学出版社，1990.11.—217页；32开.ISBN 7-5633-1000-2：2.50元

英语非谓语动词疑难问题详解/李维庆，张维编著.成都：四川教育出版社，1990.8.—144页；32开.ISBN 7-5408-1262-1：1.70元

英语常用动词用法大全/路式成主编；江康等编.南京：译林出版社，1990.6.—1074页；32开.ISBN 7-80567-073-2(精装)：18.50元

英语常用短语双解手册/李镇宇，林力编著.一重庆：科学技术文献出版社重庆分社，1990.9.—293页；32开.—大学文理科本科用.—ISBN 7-5023-1150-5：3.10元

英语短语与习语精选/赵南陔编著.一北京：兵器工业出版社，1990.12.—270页；32开.—ISBN 7-80038-233-8：5.00元

英语短语动词学生词典：英汉双解/陆铭编译.—上海：上海译文出版社，1990.7.—414页；32开.ISBN 7-5327-0470-X：5.45元

非谓语动词/王学忠编著.—重庆：重庆大学出版社，1990.7.—105页；32开.—ISBN 7-5624-0334-1：1.35元

常用英语量词词组用例/蒋吕昌编.—上海：上海翻译出版公司，1990.12.—94页；32开.—ISBN 7-80514-601-2：1.00元

H314.3　句　法

英语句型的动态研究/张今著.—开封：河南大学出版社，1990.4.—509页；大32开.—ISBN 7-81018-413-X：6.00元

英语被动语态及其应用/余淑清编著.—南京：东南大学出版社，1990.5.—134页；32开.—ISBN 7-81023-194-4：2.20元

英语惯用语选萃：初级、中级、高级/(美)狄克逊(Dixson, R.J.)著；郑孝通译.—合肥：中国科学技术大学出版社，1990.11.—245页；32开.—英语常用惯用语辅导读物.—ISBN 7-312-00213-7：3.50元

英语错句1000例/刘文珊等编著.—北京：新时代出版社，1990.9.—627页；大32开.—ISBN 7-5042-0055-7：14.00元

科技英语700句/贾柱立编.—天津：天津大学出版社，1990.11.—109页；32开.—简易英汉对照读物.ISBN 7-5618-0225-0：1.60元

基础英语惯用语——实践手册/张广仁，郑守民编译.—上海：上海科学技术文献出版社，1990.5.—260页；32开.—ISBN 7-80513-532-0：3.50元

H315　写作、修辞

大学生研究生英语写作/王世馥编.—成都：电子科技大学出版社，1990.1.—287页；32开.—ISBN 7-81016-210-1：3.10元

大学生研究生英语写作指导/金振东编著.—北京：北京出版社，1990.8.—305页；32开.—(大学公共英语学习丛书).—ISBN 7-200-00895-8：4.00元

大学英语四级六级作文题集/赵凤仙编.—北京：科学出版社，1990.3.—175页；32开.—ISBN 7-03-001815-X：2.95元

大学英语写作/骆公望主编.—北京：水利电力出版社，1990.8.—160页；32开.—理工科院校学生英语测试用书.—ISBN 7-120-01248-7：2.95元

大学英语写作测试练习/程中锐等主编；华东地区省(市)属师范大学外语协作组编.—上海：上海外语教育出版社，1990.3.—89页；16开.—ISBN 7-81009-477-7：2.50元

大学英语写作教程/顾大昕编.—成都：电子科技大学出版社，1990.8.—200页；32开.—大学英语系列教程(3).—ISBN 7-81016-223-3：2.20元

中高级英语写作教程/薛琛，徐齐平编.—杭州：浙江人民出版社，1990.2.—230页；16开.—ISBN 7-213-00477-6：6.50元

外经贸英语函电：汉语译本/上海对外贸易学院外语系《外经贸英语函电》编写组编译.—上海：上海科学技术文献出版社，1990.3.—156页；16开.ISBN 7-80513-459-6：3.95元

外经贸英语函电：英语读本/上海对外贸易学院外语系《外经贸英语函电》编写组编.—上海：上海科学技术文献出版社，1990.3.—296页；16开.—ISBN 7-80513-460-X：6.90元

外贸英语函电/冯祥春主编.—北京：中国林业出版社，1990.1.—169页；16开.—涉外经济类专业系列教材.—ISBN 7-5038-0652-4：4.80元

托福作文方法指导/简仪，杨青编著.—北京：中国国际广播出版社，1990.5.—308页；32开.—ISBN 7-80035-409-1：5.20元

企业涉外英文函电/童明香，顾生东编著.—北京：职工教育出版社，1990.1.—285页；32开.—企业国际经营系列培训教材.—ISBN 7-80059-255-3：3.90元

现代商业书信指南：英汉对照/(美)贝蒂(Betty)，哈钦森(Hutchinson, W.)原著；韦振雄译.—合肥：安徽科学技术出版社，1990.1.—254页；16开.—ISBN 7-5337-0484-4：7.15元

英文书信写作实用范例/李荣辉编著.—上海：上海教育出版社，1990.10.—250页；32开.—ISBN 7-5320-1749-4：2.55元

英文写作：从句子到章节/帅培天等编著.—成都：四川人民出版社，1990.7.—286页；32开.—ISBN 7-220-01014-1：4.80元

英文写作初步：英文作文180篇/朱维举编著.—哈尔滨：黑龙江教育出版社，1990.8.—268页；32开.ISBN 7-5316-1104-X：2.75元

英文作文技巧与“托福”作文指南/胡瑞璋等编著.上海：上海科学技术文献出版社，1990.11.—409页；32开.—ISBN 7-80513-657-2：6.70元

英语小作文实践/应天庆，骆正平编著.—南京：江苏科学技术出版社，1990.10.—186页；32开.—(英语闯关丛书).—ISBN 7-5345-1033-3：1.90元

英语文体学教程/王守元编著.—济南：山东教育出版社，1990.6.—237页；32开.—ISBN 7-5328-0891-2：2.05元

英语四级统考写作/陶尧遵，王晓阳主编.—长春：长春出版社，1990.3.—402页；32开.—ISBN 7-80573-166-7：4.90元

英语电话电报电传/赵织雯，熊建衡编著.—上海：上海译文出版社，1990.1.—263页；32开.—ISBN 7-5327-0691-5：2.85元

英语写作入门/舒力，李德儒编著.—上海：上海交通大学出版社，1990.8.—170页；32开.—ISBN 7-313-00688-8：1.85元

英语写作小手册/(美)柯柏特(Corbett，E.P.T.)著；杨传普译.—北京：煤炭工业出版社，1990.7.—229页；32开.—ISBN 7-5020-0317-7：3.50元

英语写作教程/陈德熙主编.—峨眉山：西南交通大学出版社，1990.2.—288页；32开.—高等学校英语专业用书.—ISBN 7-81022-147-7：4.20元

英语应用文/李顺英，东万育编.—北京：地震出版社，1990.4.—137页；32开.—ISBN 7-5028-0326-2：1.50元

英语科技论文写作与国际标准化/孙娴嫊，朱培文编著.—北京：石油工业出版社，1990.9.—16页；32开.—ISBN 7-5021-0457-7：3.15元

本书着重介绍了科技论文写作上国际标准化组织规定的一些准则。

英语科技论著写作参鉴/俞静娟编著.—北京：科学普及出版社，1990.5.—375页；32开.—ISBN 7-110-00368-X：5.20元

实用书面科技英语：国际交流、留学进修、科技论文/蒋志凯编著.—合肥：安徽科学技术出版社，1990.12.—151页；16开.—ISBN 7-5337-0437-2：4.70元

实用英语写作/肖熹光主编；陈树岩，曾祥荣编.—北京：地震出版社，1990.6.—384页；32开.—ISBN 7-5028-0353-X：4.50元

实践英语写作技巧与训练/卢琅华主编.—北京：中国广播电视出版社，1990.7.—275页；32开.—大学公共英语四、六级写作考试必备、EPT，托福写作考试必备.—ISBN 7-5043-0646-0：4.20元

研究生英语写作/赵琏等编著.—北京：北京大学出版社，1990.8.—221页；大32开.—ISBN 7-301-01115-6：3.50元

研究生英语写作/赵琏等编著.—北京：北京大学出版社，1990.7.—111页；大32开.—教师用书.—ISBN 7-301-01116-4：2.00元

科技英语写作基础/王佩纶，邹长征编.—南京：东南大学出版社，1990.6.—242页；32开.—ISBN 7-81023-25[illegible]：4.20元

科学工作者留学、交流用英文书信选　第2集/(日)阪口玄二，逢坂昭著；李桂兰译.—北京：世界图书出版公司，1990.11.—355页；大32开.—ISBN 7-5062-0792-3：5.90元

修辞与作文：英文/刘养之，李泽民编著.—开封：河南大学出版社，1990.10.—200页；大32开.—ISBN 7-81018-552-7：3.50元

TOEFL短文写作及ELTS考试培训教程/何隽良编.—上海：上海外语教育出版社，1990.3.—351页；32开.—ISBN 7-81009-370-3：3.80元

TOEFL/EPT/一般学生英语写作指导/李学平主编.—广州：广东教育出版社，1990.4.—287页；大32开.—ISBN 7-5406-1146-4：3.60元

H315.9　翻　译

古文今译与英译：汉英对照/冯树鉴著.—北京：华语教学出版社，1990.—242页；40开.—ISBN 7-80052-149-4：6.25元

汉译英入门：科技文章译法/马秉义编著.—北京：测绘出版社，1990.10.—278页；32开.—ISBN 7-5030-0412-6：6.50元

汉译英技巧与英语外位结构/张玉民编著.—北京：新时代出版社，1990.6.—169页；大32开.—ISBN 7-5042-0024-7：3.50元

汉英翻译技巧/单其昌著.—北京：外语教学与研究出版社，1990.6.—449页；32开.—ISBN 7-5600-0482-2：5.50元

汉英翻译新探/吕天石著.—南京：江苏教育出版社，1990.2.—251页；大32开.—ISBN 7-5343-0958-1(精装)：5.75元

英汉科技翻译教程/韩其顺，王学铭编著.—上海：上海外语教育出版社，1990.6.—243页；大32开.—高等学校教材.—ISBN 7-81009-471-8：1.75元

英汉新词新义佳译/陈中绳，吴娟著.—上海：上海翻译出版公司，1990.9.—315页；32开.—ISBN 7-80514-151-7：5.60元

英语修辞与翻译：英汉对照/陈淑华编著.—北京：北京邮电学院出版社，1990.6.—422页；大32开.—ISBN 7-5635-0011-1：2.95元

实用英汉对比翻译/胡晓吉编著.—北京：中国人民大学出版社，1990.3.—134页；32开.—ISBN 7-300-00862-3：1.80元

经贸英汉翻译基础/李正中编著.—北京：学苑出版社，1990.7.—340页；大32开.—广播函授国际商业英语.—ISBN 7-5077-0066-6：5.50元

科技英语翻译常见错误分析/赵振才等编著.—北京：国防工业出版社，1990.10.—578页；大32开.—ISBN 7-118-00422-7：15.30元

翻译理论与技巧新编/孟广龄编著.—北京：北京师范大学出版社，1990.11.—330页；大32开.—ISBN 7-303-00439-4：2.35元

H316 词　典

《大学英语》英汉双解词典/王颂主编.—长春：长春出版社，1990.11.—578页；32开.—ISBN 7-80573-342-2：7.90元

汉英小词典：注国际音标/陈洪安主编.—北京：现代出版社；香港：香港中国经济文化出版社，1990.11.—770页；64开.—ISBN 7-80028-082-9（精装）：6.45元

汉英通用词典/柳闻主编.—哈尔滨：黑龙江人民出版社，1990.5.—1340页；32开.—ISBN 7-207-01363-9（精装）：31.20元

现代英汉词典/外语教学与研究出版社词典编辑室编.—北京：外语教学与研究出版社，1990.12.836页；32开.—ISBN 7-5600-0604-3（精装）：12.90元

现代英汉综合大辞典/吴光华主编.—上海：上海科学技术文献出版社，1990.3.—2706页；16开.—ISBN 7-80513-448-0（精装）：100.00元

英汉双解小词典/《山东外语教学》编辑部编.—青岛：青岛出版社，1988.10.—705页；64开.—供中学生用.—ISBN 7-5436-0122-2（精装）：3.40元

英汉双解词典/《英汉双解词典》编写组编.—北京：机械工业出版社，1990.7.—1726页；32开.—ISBN 7-111-00620-8（精装）：34.00元

英汉双解基础英语用法词典/刘寿荣等主编.—长沙：湖南大学出版社，1989.3.—463页；64开.—ISBN 7-314-00368-8：3.85元

英汉双解新袖珍英语词典/李广田编译.—北京：北京出版社，1990.1.—980页；64开.—ISBN 7-200-00730-7（精装）：8.75元

学生五用英汉辞典/唐仁光等编.—福州：福建人民出版社，1990.3.—600页；32开.—ISBN 7-211-01168-8：6.30元

学生英汉实用词典/韦思规等编著.—成都：四川人民出版社，1990.6.—903页；32开.—ISBN 7-220-00652-7：9.95元

学生英语袖珍词典/俞步凡等编.—北京：海洋出版社，1990.7.—474页；64开.—ISBN 7-5027-0932-0（精装）：6.50元

朗曼新袖珍英语双解词典/刘国正等译.—天津：天津人民出版社，1990.3.—512页；64开.—ISBN 7-201-00334-8：4.10元

新编学生英汉词典/王维镛主编.—北京：金盾出版社，1990.3.—624页；64开.—ISBN 7-80022-157-1（精装）：4.30元

H319 英语教学

中国英语教学：1985年广州中国英语教学国际讨论会论文集.—北京：外语教学与研究出版社，1990.5.—486页；大32开.—ISBN 7-5600-0151-3（精装）：20.00元

现代英语教学理论与实践/龚正民，陈矩编著.—武汉：湖北教育出版社，1990.11.—508页；大32开.ISBN 7-5351-0533-5：6.60元

H319.2 教学大纲

1991年全国硕士研究生入学考试英语考试大纲：非英语专业/中华人民共和国国家教育委员会制订.—北京：高等教育出版社，1990.10.—275页；32开.ISBN 7-04-002623-6：2.25元

大学英语函授教学大纲/大学英语函授教学大纲修订组编.—东营：石油大学出版社，1990.3.—191页；大32开.—高等学校理工科本科专用.—ISBN 7-5636-0073-6：2.25元

上海市工程技术和经济管理专业人员英语等级考试（EGT）大纲和样卷：试行本/上海市经济委员会专业人员英语等级考试委员会编.—上海：上海外语教育出版社，1990.2.—364页；32开.—ISBN 7-81009-530-7：3.70元

高等学校英语专业英语教学大纲参考资料/《外语界》编辑部编.—上海：上海外语教育出版社，1990.3.—105页；大32开.—ISBN 7-81009-539-0：1.50元

高等学校英语专业高年级英语教学大纲：试行本/高等学校英语专业英语教学大纲工作小组编.—北京：外语教学与研究出版社，1990.6.—107页；32开.—ISBN 7-5600-0549-7：2.40元

H319.3 教学法、学习方法

英语教学法/胡春洞主编.—北京：高等教育出版社，1990.9.—334页；大32开.—ISBN 7-04-002918-9：3.10元

本书主要介绍中学英语教学法及中学英语教学的科学观。

科技英语教学的理论与实践/陈忠华著.—石家庄：河北科学技术出版社，1990.11.—193页；大32开.ISBN 7-5375-0529-2：5.00元

英文速成学习法：卢式拼字法/卢鑫著.—哈尔滨：黑龙江教育出版社，1990.7.—215页；32开.—ISBN 7-5316-1123-6：3.30元

英语词汇记忆技巧训练/韩兰芳，孙继成编著.—上海：上海科学技术文献出版社，1990.4.—199页；32开.—ISBN 7-80513-562-2：2.50元

英语词汇程序记忆法　(二)/陈胥华，许彤华编.—武汉：湖北教育出版社，1990.9.—627页；大32开.—ISBN 7-5351-0573-4：5.15元

英语学习三点法/郑孝通编著.—北京：清华大学出版社，1990.1.—171页；32开.—ISBN 7-302-00624-5：2.50元

英语常用词奇特串联巧记手册/潘晓旭著.—长春：吉林大学出版社，1990.9.—32页；32开.—ISBN 7-5601-0611-0：3.15元

学英语最佳途径/刘汝镇主编.—北京：中国城市经济社会出版社，1990.10.—194页；32开.—ISBN 7-5074-0391-2：3.40元

科技英语速成法/乌克敏，刘秀如编著.—北京：地震出版社，1990.2.—341页；32开.—ISBN 7-5028-0271-1：4.20元

科技英语常用词快速记忆/王大文主编；万发美等编.—天津：南开大学出版社，1990.6.—581页；32开.—ISBN 7-310-00328-4：6.40元

科技英语捷径/张叔方编著.—北京：北京语言学院出版社，1990.12.—325页；大32开.—ISBN 7-5619-0108-9：4.45元

ABC式英语速记法/(美)布鲁克斯(Brooks, W.A.)著；费旭辉译.—北京：北京科学技术出版社，1990.2.—92页；32开.—ISBN 7-5304-0597-7：1.40元

H319.4 读物

一位黑人妇女领袖的一生/(　)皮尔(Peare, C.O.)著；(　)霍奇基斯(Hotchkiss, C.A.)改写；童蔚君注释.—北京：人民教育出版社，1990.9.—140页；32开.—(简易英语读物).—ISBN 7-107-10597-3：1.60元

一报还一报/(英)莎士比亚(Shakespeare, W.)著；张信威注释.—北京：商务印书馆，1990.11.199页：肖像；32开.—(莎士比亚注释丛书).—ISBN 7-100-00794-1：1.70元

2000年以后：英汉对照/(　)克拉克(Clarke, A.C.)著；郑云深译.—北京：商务印书馆，1990.9.—187页；32开.—简易英语注释读物.—ISBN 7-100-00841-7：1.70元

七个尖顶的房子/(　)霍索恩(Hawthorne, N.)著；司延亭注释.—北京：人民教育出版社，1990.10.—205页；32开.—简易英语读物.—ISBN 7-107-10602-3：2.30元

人间喜剧/(　)萨洛阳(Saroyan, W.)著；(　)张伯伦(Chamberlain, E.)改写；张献臣注释.—北京：人民教育出版社，1990.9.—195页；32开.—(简易英语读物).—ISBN 7-107-10603-1：2.20元

人和机器/(美)伯林盖姆(Burlingame, R.)著；(美)迈尔斯(Myers, A.)改写；刘岩注释.—北京：人民教育出版社，1990.9.—181页；32开.—(简易英语读物).—ISBN 7-107-10598-1：2.05元

大白鲨/(美)本奇利(Benchley, P.)著；王瑞译.—北京：外语教学与研究出版社，1990.8.373页；32开.—英汉对照读物.—ISBN 7-5600-0284-6：3.90元

大学英语分级阅读丛书　第一册/戴瑛选编.—武汉：华中理工大学出版社，1990.7.—236页；32开.ISBN 7-5609-0448-3：2.95元

大学英语分级阅读丛书　第二册/戴瑛选编.—武汉：华中理工大学出版社，1990.7.—218页；32开.ISBN 7-5609-0461-0：2.65元

大学英语快速阅读教程　第一册/李宝琨主编.—上海：上海交通大学出版社，1990.12.—1套；16开.ISBN 7-313-00758-2(袋装)：1.30元

大学英语快速阅读教程　第二册/李宝琨主编.—上海：上海交通大学出版社，1990.12.—1套；16开.ISBN 7-313-00759-0(袋装)：1.30元

大学英语快速阅读教程　第三册/李宝琨主编.—上海：上海交通大学出版社，1990.12.—1套；16开.ISBN 7-313-00760-4(袋装)：1.15元

大学英语快速阅读教程　第四册/李宝琨主编.—上海：上海交通大学出版社，1990.12.—1套；16开.ISBN 7-313-00761-2(袋装)：1.15元

大学英语泛读教程　第一册/孔凡富等编.—上海：上海交通大学出版社，1990.8.—218页；32开.—ISBN 7-313-00688-8：2.30元

大学英语泛读教程　第二册/韩明岱等编.—上海：上海交通大学出版社，1990.8.—248页；32开.—ISBN 7-313-00689-6：2.65元

大学英语高级阅读/叶学融主编；张昌耀，陈邕怀编.—北京：水利电力出版社，1990.8.—223页；32开.—理工科院校学生英语测试用书.—ISBN 7-120-01249-5：3.55元

大学英语阅读/徐芝田主编.—北京：水利电力出版社，1990.8.—184页；32开.—理工科院校学生英语测试用书.—ISBN 7-120-01246-0：2.95元

大学英语阅读　第二册/复旦大学外文系《大学英语》编写组编.—上海：复旦大学出版社，1988.6.391页；32开.—复旦大学教材　英语专业用.—ISBN 7-309-00057-9：1.80元

大学英语阅读理解　第一册/王镁主编；李年祥等编.—北京：北京理工大学出版社，1990.8.—222页；大32开.—大学英语四、六级标准考试参考用书.—ISBN 7-81013-369-1：2.65元

大学英语阅读理解　第二册/王镁主编；杨洁等编.—北京：北京理工大学出版社，1990.9.—260页；大32开.—大学英语四、六级标准考试参考用书.—ISBN 7-81013-370-5：3.00元

大学英语阅读理解一百篇/陈仲利主编.—哈尔滨：哈尔滨工业大学出版社，1990.12.—232页；32开.ISBN 7-5603-0328-5：3.20元

大学英语阅读理解测试练习/程中锐等主编.—上海：上海外语教育出版社，1990.3.—124页；16开.ISBN 7-81009-472-6：3.00元

大学英语阅读教材　第一册/陈林堂主编.—西安：陕西人民出版社，1990.7.—236页；32开.—ISBN 7-224-01253-X：3.30元

大学英语阅读教材　第二册/陈林堂主编.—西安：陕西人民出版社，1990.7.—243页；32开.—ISBN 7-224-01399-4：3.40元

大学英语阅读教材　第三册/陈林堂主编.—西安：陕西人民出版社，1990.7.—209页；32开.—ISBN 7-224-01400-1：2.95元

大学英语阅读教材　第四册/陈林堂主编.—西安：陕西人民出版社，1990.7.—247页；32开.—ISBN 7-224-01401-X：3.45元

大学英语阅读教程/陈志远编.—成都：电子科技大学出版社，1990.7.—300页；32开.—大学英语系列教程　（一）.—ISBN 7-81016-220-9：3.20元

大草原上的小镇/（美）劳拉·英格尔·维尔德著；刘葆宏，万培德主编；姚颖白注释.—上海：上海教育出版社，1990.3.—437页：图；32开.—（小屋丛书）.—英语注释读物.—ISBN 7-5320-0564-X：4.55元

历史上的今天：英汉对照/刘新桂等编.—上海：上海外语教育出版社，1990.9.—670页；32开.—ISBN 7-81009-481-5：8.00元

木垒：汉英对照/沙砚勤编；邵银忠译.—北京：北京出版社，1990.10.—120页；32开.—（西域丛书）.—ISBN 7-5302-0184-0：2.50元

中高级英语阅读文选/孙景秋，冯继芳编注.—哈尔滨：黑龙江科学技术出版社，1990.2.—227页；16开.—ISBN 7-5388-1034-X：6.60元

今日英语：英汉对照读本/郝爱国编译.—北京：中国广播电视出版社，1990.5.—667页；32开.—ISBN 7-5043-0275-9：8.80元

父子之间/（　）戴（Day，C.）著；（　）张伯伦（Chamberlain，E.）改写；岳汝梅注释.—北京：人民教育出版社，1990.10.—183页；32开.（简易英语读物）.—ISBN 7-107-10601-5：2.10元

毛姆短篇小说集/（英）毛姆（Maugham，W.S.）著；葛传椝等注.—北京：中国对外翻译出版公司，1990.6.—110页；32开.—（英语简易读物）.—ISBN 7-5001-0082-5：1.95元

计算机及其应用/杨磊，万永熙译.—北京：石油工业出版社，1990.10.—93页；32开.—（英汉对照石油科普丛书）.—ISBN 7-5021-0301-5：0.90元

六个短剧：英汉对照/（　）麦卡勒姆（Mclallum，G.P.）改编；何政安译.—北京：外语教学与研究出版社，1990.12.—109页；32开.—（英语学习读者丛书）.—ISBN 7-5600-0421-0：2.60元

文献情报专业英语/倪波，黄俊贵主编.—北京：书目文献出版社，1990.3.—175页；32开.—（图书馆情报学知识丛书；14）.—ISBN 7-5013-0767-9：2.30元

古文百篇英译/王恩保，王约西选注.—北京：北京语言学院出版社，1990.6.—691页；32开.—ISBN 7-5619-0083-X：9.50元

石油开采/曾彦一，彭克琮译.—北京：石油工业出版社，1990.3.—134页；32开.—（英汉对照石油科普丛书）.—ISBN 7-5021-0378-3：1.00元

石油勘探与开发/许树椿等编著.—北京：石油工业出版社，1990.4.—144页；32开.—（英汉对照石油科普丛书）.—ISBN 7-5021-0369-4：1.05元

世界旅游/罗义蕴编著.—成都：电子科技大学出版社，1990.8.—116页；32开.—（英语系列读物）.ISBN 7-81016-248-9：1.65元

电类专业英语阅读/王尔智主编.—北京：机械工业出版社，1990.8.—349页；大32开.—高等学校适用教材.—ISBN 7-111-02144-4：5.90元

外国史地小知识：英汉对照/吴欣编译.—武汉：湖北少年儿童出版社，1990.5.—294页；32开.—ISBN 7-5353-0676-4：2.80元

外贸英语：答案与套语/戚云方编著.—杭州：浙江大学出版社，1990.6.—212页；32开.—ISBN 7-308-00496-1：2.70元

生活在美国：英汉对照/金臣圣编译.—上海：同济大学出版社，1990.11.—190页；大32开.—美国文化简明读本.—ISBN 7-5608-0660-0：2.70元

礼品卡书　（1）：精选古诗英译.—上海：上海外语教育出版社，〔1990〕.—10张；36开.—ISBN 7-81009-467-X：8.00元

加拿大风情录：英汉对照/王彤福，晓晨编著.—上海：知识出版社，1990.8.—269页；32开.—（域外风情丛书/戴炜栋，施伯云主编）.—ISBN 7-5015-5423-4：3.40元

司机英语/顾华等编写.—广州：广东科技出版社，1990.5.—176页；32开.—ISBN 7-5359-0413-0：2.80元

在标题后面/（英）索恩利（Thornley，G.C.）著；周德昌注释.—北京：商务印书馆，1990.6.

99页；32开.—(简易英语注释读物).—ISBN 7-100-00658-9：1.00元

扩充阅读技巧：英汉对照：中级本/王维钰，王宗爱译注.—合肥：安徽科学技术出版社，1990.8.230页；大32开.—ISBN 7-5337-0577-7：4.00元

当代超级英语速读训练教程/刘希彦等编著.—长春：吉林大学出版社，1990.8.—304页；16开.—ISBN 7-5601-0556-4：7.30元

汤姆·琼斯：英汉对照/(英)菲尔丁(Fielding，H.)原著；(英)韦斯特(West，M.)简写；李美玉译注.—北京：商务印书馆，1990.6.199页；32开.—(简易英语注释读物).—ISBN 7-100-00669-4：1.80元

约瑟夫普利策——报纸头版拓荒者/(　)诺布尔(Noble，I.)著；唐钧注释.—北京：人民教育出版社，1990.10.—143页；32开.—(简易英语读物).ISBN 7-107-10599-X：1.65元

医学英语阅读课本　(一)/冯承洛主编.—上海：上海医科大学出版社，1990.6.—280页；32开.—高等医药院校试用教材.—ISBN 7-5627-0073-7：1.90元

伽利略和实验科学：英汉对照/(　)马库斯(Marcus，R.B.)著；高志冲译；朱晓明注释.北京：商务印书馆，1990.6.—175页：图；32开.(英语世界丛书).—ISBN 7-100-00511-6：1.65元

泛读指南：一、二册合编本/董永光主编.—昆明：云南教育出版社，1990.12.—271页；32开.—高等学校试用教材　大学英语文理科本科用.—ISBN 7-5415-0410-6：3.50元

初级英语阅读训练/毛荣贵，郑南鉴主编.—杭州：浙江大学出版社，1990.10.—183页；32开.—ISBN 7-308-00601-8：2.25元

初级英语趣味阅读/周迪裔，郑维选编.—北京：北京语言学院出版社，1990.7.—82页；32开.—ISBN 7-5619-0100-3：1.55元

环境科学英汉对照读物/李泽江编著.—成都：四川科学技术出版社，1990.9.—188页；32开.—ISBN 7-5364-1710-1：4.15元

现代文学短篇名著选：英汉对照/华英杉编译.上海：上海外语教育出版社，1990.2.—256页；32开.ISBN 7-81009-193-X：4.00元

现代英国小说选读/侯维瑞主编.—上海：上海外语教育出版社，1990.11.—776页；大32开.—ISBN 7-81009-439-4：9.00元

现代美国短篇小说选　上册/朱树飏，江康主编.北京：商务印书馆，1990.6.—360页；大32开.—ISBN 7-100-00508-6：4.35元

英文医学文献阅读指南/陈锠主编.—天津：天津科技翻译出版公司，1990.9.—194页；16开.—医学英语达标考试参考.—ISBN 7-5433-0154-7：8.50元

英文商业新闻/(英)奥奈尔(O'neill，R.)编；张锦芯译注.—北京：中国人民大学出版社，1990.11.—117页；16开.—ISBN 7-300-00827-6：4.00元

书名原文：Business News

英文短篇小说导读/丁往道等编注.—北京：人民教育出版社，1990.2.—291页；32开.—(中级英语学习丛书).—ISBN 7-107-10459-4：3.25元

英文趣味阅读测验　(1)/陈瑠琍编著.—台北：学习出版有限公司；北京：世界图书出版公司，1990.8.—200页；大32开.—ISBN 7-5062-0866-0：3.50元

英文趣味阅读测验　(2)/陈瑠琍编著.—台北：学习出版有限公司；北京：世界图书出版公司，1990.8.—198页；大32开.—ISBN 7-5062-0867-9：3.50元

英文趣味阅读测验　(3)/陈瑠琍编著.—台北：学习出版有限公司；北京：世界图书出版公司，1990.8.—200页；大32开.—ISBN 7-5062-0868-7：3.50元

英汉对照对外交流书信和文件/崔以泰主编.—北京：学苑出版社，1990.9.—533页；大32开.—ISBN 7-5077-0162-X：6.50元

英汉对照社交礼仪文集/杨海编译.—大连：东北财经大学出版社，1990.8.—317页；32开.—ISBN 7-81005-422-8：4.10元

英汉对照幽默故事选/张宇澜等译.—北京：金盾出版社，1990.5.—259页；32开.—ISBN 7-80022-169-5：3.30元

英美报刊小品101篇/黎秀石，黎思恺编注.—2版.广州：中山大学出版社，1990.5.—171页；32开.ISBN 7-306-00079-9：1.90元

本书1988年6月第1版。

英美抒情短诗选：英汉对照/谭天健等译.—西安：西北大学出版社，1990.12.—191页；32开.—ISBN 7-5604-0191-0：2.50元

英语天地/吕志士等编著.—北京：中国文史出版社，1990.10.—147页；32开.—(智慧之星丛书).ISBN 7-5034-0088-0：3.05元

英语快速阅读/何善康等编.—长春：东北师范大学出版社，1990.12.—308页；大32开.—国家教委直属师范大学研究生英语.—ISBN 7-5602-0538-0：2.40元

英语快速阅读测试　(2)/吴丁娥，刘学明选编.长沙：湖南师范大学出版社，1990.12.—82页；32开.—高校英语泛读教材配套读物.—ISBN 7-81031-023-2：2.60元

英语泛读教程　第二册/曾肯干等编.—上海：上海

外语教育出版社，1990.2.—660页；32开.—高等学校通用教材·大学基础阶段.—ISBN 7-81009-446-7：3.70元

英语泛读教程　第三册/曾肯干等编.—上海：上海外语教育出版社，1990.6.—602页；32开.—高等学校通用教材.—ISBN 7-81009-475-0：3.40元

英语泛读教程　第四册/曾肯干等编.—上海：上海外语教育出版社，1990.12.—792页；32开.—高等学校通用教材.—ISBN 7-81009-584-6：4.40元

英语知识小品百篇：中英对照、注释/张祖武译注.—上海：上海翻译出版公司，1990.5.—171页；32开.—ISBN 7-80514-564-4：1.65元

英语注释读物/王清亭等编著.—东营：石油大学出版社，1990.8.—75页；32开.—ISBN 7-5636-0097-3：1.05元

英语学习背景知识：汉英对照　上册/何田，孟继有编；常鹏宁，张朝利译.—北京：新时代出版社，1990.6.—221页；大32开.—ISBN 7-5042-0038-7：4.40元

英语学习背景知识：汉英对照　下册/孟继有，何田编注；常鹏宁，尹惠卿译.—北京：新时代出版社，1990.6.—219页；大32开.—ISBN 7-5042-0083-2：4.40元

英语幽默：理解与欣赏/吕光旦编著.—上海：上海外语教育出版社，1990.2.—237页；32开.—ISBN 7-81009-235-9：3.00元

英语幽默笑话300例/汤柏林，陈定凡编.—武汉：华中师范大学出版社，1990.12.—126页；32开.—ISBN 7-5622-0604-X：1.60元

英语科普文选：英汉对照　第八集/北京大学英语系教研室编译.—北京：科学普及出版社，1990.9.—273页；32开.—ISBN 7-110-01512-2：4.80元

英语选读/马秉权主编.—北京：法律出版社，1990.10.—307页；32开.—ISBN 7-5036-0756-4：3.95元

英语阅读丛书：注译本　第二册/王玉琨主编.—长春：东北师范大学出版社，1990.5.—117页；16开.—ISBN 7-5602-0305-1：2.80元

英语阅读丛书：注译本　第三册/王玉琨主编.—长春：东北师范大学出版社，1990.5.—129页；16开.—ISBN 7-5602-0306-X：3.00元

英语阅读丛书：注译本　第四册/王玉琨主编.—长春：东北师范大学出版社，1990.6.—145页；16开.—ISBN 7-5602-0307-8：3.20元

英语阅读技巧与实践　（1）/刘学明，吴丁娥编著.—长沙：湖南师范大学出版社，1990.7.—242页；32开.—高校英语泛读教材.—ISBN 7-81031-022-4：3.50元

英语阅读技巧与实践（2）/刘学明，吴丁娥编著.—长沙：湖南师范大学出版社，1990.7.—242页；32开.—高校英语泛读教材.—ISBN 7-81031-039-9：3.80元

英语阅读技巧与实践　（3）/刘学明，吴丁娥编著.—长沙：湖南师范大学出版社，1990.11.—229页；32开.—高校英语泛读教材.—ISBN 7-81031-045-3：3.40元

英语阅读技巧与实践　（4）/刘金玲编著.—长沙：湖南师范大学出版社，1990.11.—239页；32开.—高校英语泛读教材.—ISBN 7-81031-048-8：3.40元

英语阅读技巧训练指导/施能济等编.—北京：北京大学出版社，1990.2.—284页；32开.—ISBN 7-301-00962-3：4.30元

英语阅读指导/刘文彬，薛雯主编.—南昌：江西高校出版社，1990.12.—192页；32开.—ISBN 7-81033-048-9：2.60元

英语阅读理解一百篇/刘振海，李著珍主编.—济南：山东大学出版社，1990.8.—196页；32开.—ISBN 7-5607-0367-4：1.96元

英语阅读理解实践/马岳年，廖高励编著.—南京：江苏科学技术出版社，1990.12.—145页；32开.（英语闯关丛书）.—ISBN 7-5345-1073-2：1.60元

英语填空游戏200题：趣味学习5000句：英汉题解/李炳炎主编译.—北京：中国广播电视出版社，1990.12.—818页；32开.—ISBN 7-5043-0535-9：10.60元

英语精读　第一册/姚文祥主编.—重庆：西南师范大学出版社，1990.7.—323页；32开.—高等师范专科学校教育学院协编教材.—ISBN 7-5621-0261-9：3.30元

非洲沙漠上的故事：英汉对照/（英）韦斯特（West，M.）等改写；吕冠英，全春吉译.—北京：商务印书馆，1990.9.—47页；插图；32开.（简易英语注释读物）.—ISBN 7-100-00740-2：0.60元

国际金融专业英语自学辅导/张传法编.—北京：中国金融出版社，1990.3.—253页；大32开.—ISBN 7-5049-0522-4：3.20元

国际贸易金融：英汉对照/诸葛霖主编.—北京：中国对外经济贸易出版社，1990.10.—400页；32开.简明英语读本.—ISBN 7-80004-158-1：5.50元

金融英语入门/倪元珠，邱连中编注.—上海：复旦大学出版社，1990.6.—313页；32开.—英语注释读物.—ISBN 7-309-00377-2：3.70元

实用汉英商业手册/石裕晶编.—上海：华东化工学院出版社，1990.1.—555页；32开.—（上海市徐汇区商业职工学校商业丛书）.—ISBN 7-5628-0076-6：6.85元

实用港务监督英语/苗东阳等编.—南京：江苏科学技术出版社，1990.9.—150页；36开.—ISBN 7-5345-1012-0：2.80元

驻外经济商务人员培训手册：英文版/联合国国际贸易中心高级顾问诺斯编著.—北京：中国对外经济贸易出版社，1990.9.—388页；大32开.—ISBN 7-80004-196-4：7.50元

细胞生理学/吕国蔚著.—北京：北京大学出版社，1990.11.—95页；16开.—大学生物及医学专业英语教材.—ISBN 7-301-00487-1：5.70元

草原小镇的男孩/（　）桑迪博格（Sandburg，C.）著；（　）基钦（Kitchin，A.T.）改写；方鸣注释.—北京：人民教育出版社，1990.10.149页；32开.—（简易英语读物）.—ISBN 7-107-10604-X：1.70元

临床医学英语选读　第一册/赵家琎主编.—南京：东南大学出版社，1990.6.—251页；32开.—医学院校试用教材　供专业阅读阶段用.—ISBN 7-81023-325-1：3.30元

美国文学史及选读　第一册/吴伟仁编.—北京：外语教学与研究出版社，1990.6.—286页；大32开.ISBN 7-5600-0570-5：2.00元

美国文学史及选读　第二册/吴伟仁编.—北京：外语教学与研究出版社，1990.6.—300页；大32开.ISBN 7-5600-0573-X：2.10元

美国文学选读　（下）：英文/吕文斌，王守义主编.—长春：吉林大学出版社，1990.11.—487页；大32开.—ISBN 7-5601-0689-7：3.65元

美国节假日：英汉对照/刘国华注释.—北京：商务印书馆，1990.8.—152页；32开.—（英语世界丛书）.—ISBN 7-100-00773-9：1.45元

美国传统节日：英汉注释对照/陈琳华编译.—北京：旅游教育出版社，1990.2.—260页；32开.—ISBN 7-5637-0125-7：3.40元

美国现代小说家：英汉对照/李会平译.—哈尔滨：哈尔滨工业大学出版社，1990.2.—224页；32开.ISBN 7-5603-0205-X：2.80元

美国英语幽默小故事/（美）黑尔（Hill，L.A.）著；张梅译.—重庆：科学技术文献出版社重庆分社，1990.10.—101页：图；32开.—ISBN 7-5023-1161-0：1.50元

语言·视野·文化……/林永福编.—北京：北京师范大学出版社，1990.3.—362页；大32开.—英语阅读教材.—ISBN 7-303-00291-X：2.75元

说说唱唱学英语/朱宇华编.—哈尔滨：黑龙江科学技术出版社，1990.1.—83页；32开.—ISBN 7-5388-1007-2：1.60元

统计专业英语文选/王吉利等编著.—北京：中国城市经济社会出版社，1990.7.—479页；大32开.—ISBN 7-5074-0319-X：6.50元

泰西五十轶事/（美）詹姆斯·鲍德温著；张闳达注释.—上海：上海外语教育出版社，1990.10.184页；32开.—ISBN 7-81009-508-0：3.00元

格利佛游记：英汉对照/（英）斯维夫特（Swift，J.）著；吕冠英，全春吉译.—北京：商务印书馆，1990.11.—93页：插图；32开.—（简易英语注释读物）.—ISBN 7-100-00739-9：1.00元

爱情的故事：续集：奥列佛的故事：英汉对照/（　）Segal.E.著；靳云秀等译.—北京：外语教学与研究出版社，1990.11.—489页；32开.—（英语学习读者丛书）.—ISBN 7-5600-0554-3：5.95元

唐宋词一百五十首：中英文对照/许渊冲译.—北京：北京大学出版社，1990.9.—403页；32开.—ISBN 7-301-01200-4：6.00元

唐诗二百首英译：汉英对照/徐忠杰译.—北京：北京语言学院出版社，1990.1.—392页；32开.—ISBN 7-5619-0075-9：5.10元

读想用　下册/朱正编著.—北京：旅游教育出版社，1990.12.—294页；32开.—ISBN 7-5637-0175-3：1.90元

袖珍出国咨询交际英语手册/丁孝文，史忠俊编著.—合肥：中国科学技术大学出版社，1990.7.317页；64开.—ISBN 7-312-00197-1：3.50元

基础英语泛读教材　第一册/王蕴茹，管勤编.—天津：天津人民出版社，1990.4.—490页；大32开.高等学校试用教材.—ISBN 7-201-00244-9：9.00元

基础英语泛读教材　第二册/王蕴茹，管勤编.—天津：天津人民出版社，1990.4.—464页；大32开.高等学校试用教材.—ISBN 7-201-00336-4：8.00元

得体英语十八讲/杨玉林，孙德玉编著.—北京：旅游教育出版社，1990.6.—137页；32开.—ISBN 7-5637-0168-0：2.00元

商业英语实用手册：英汉对照/曹清，罗诚编.—上海：同济大学出版社，1990.12.—219页；32开.ISBN 7-5608-0667-3：2.55元

密尔顿诗歌全集详注/（英）密尔顿（Milton，J.）著；陆佩弦编.—北京：商务印书馆，1990.4.2册（490，465页）；大32开.—ISBN 7-100-00915-4：10.65元

黑峡谷之谜/孙亦丽主编.—北京：北京大学出版社，1990.12.—299页；大32开.—（大学英语注释读物精选）.—ISBN 7-301-01284-5：6.10元

奥·亨利短篇小说选/（美）亨利著；（　）张伯伦（Chamberlain，E.）改写；陈国芳注释.北京：人民教育出版社，1990.10.—155页；32开.（简易英语读物）.—ISBN 7-107-10600-7：1.75元

循序渐进阅读丛书文选：英汉对照/杨芳林，郑荣

成编写.—北京：外语教学与研究出版社，1990.12.226页；32开.—(英语学习读者丛书).—ISBN 7-5600-0558-6：3.20元

简易英语阅读/吴仲湛等编.—广州：中山大学出版社，1990.3.—164页；32开.—(简易英语丛书).附题析.—ISBN 7-306-00260-0：2.25元

新编英语快速阅读/李志华，王自杭编注.—杭州：杭州大学出版社，1990.8.—310页；大32开.—ISBN 7-81035-040-4：4.50元

增进英语阅读技巧：中级本：注释、英汉对照/(美)琳达·马克斯坦，路易斯·希拉萨瓦编著；张安哥编译.—上海：上海翻译出版公司，1987.9.220页；32开.—ISBN 7-80514-052-9：2.15元

趣味英语/(美)玛丽·巴德梅斯，唐刚作.—北京：人民教育出版社，1990.7.—139页；32开.—ISBN 7-107-10722-4：2.20元

趣味英语阅读与练习/邢玉山编.—郑州：河南教育出版社，1990.2.—282页；32开.—ISBN 7-5347-0679-3：2.30元

餐馆与饮食业：英汉对照/(美)霍尔(Hall，E.J.)著；陈英译.—北京：中国对外经济贸易出版社，1990.8.—173页；32开.—(专业英语丛书).ISBN 7-80004-125-5：2.50元

书名原文：The Language of Restaurants and Catering in English

赞成与反对：《新概念英语》姊妹篇/(英)Alexander，L.G.著；张长贵等译注.—成都：成都科技大学出版社，1990.3.—162页；16开.—ISBN 7-5616-0551-X：3.80元

H319.9　会　话

十分钟英语：美国英语听力训练/邹瑞凯等编译.沈阳：辽宁人民出版社，1990.10.—253页；16开.ISBN 7-205-01574-X：5.95元

大众外贸/贺立编著.—北京：中国对外经济贸易出版社，1990.5.—187页；32开.—ISBN 7-80004-126-3：2.80元

大学四、六级英语听力应试训练/邢敏捷等主编.哈尔滨：黑龙江教育出版社，1990.10.—313页；32开.—ISBN 7-5316-1155-4：3.00元

大学生、研究生、出国人员、英语听力教程/吴明亮主编.—长春：吉林大学出版社，1990.12.—237页；16开.—学生用书.—ISBN 7-5601-0728-1：6.80元

大学生、研究生、出国人员、英语听力教程：录音文字、词汇注释、试题答案/吴明亮主编.—长春：吉林大学出版社，1990.12.—262页；16开.—ISBN 7-5601-0729-X：7.50元

大学英语口语/张建军编著.—长沙：湖南师范大学出版社，1990.7.—380页；大32开.—ISBN 7-81031-021-6：5.85元

大学英语四级考试听力精编/张宏亮编.—上海：上海交通大学出版社，1990.3.—94页；32开.—ISBN 7-313-00664-0：1.15元

大学英语四级统考听力练习集/黄建滨编.—成都：电子科技大学出版社，1990.4.—179页；32开.—ISBN 7-81016-239-X：2.00元

大学英语听力/刘宗娥主编；叶学融，陈革编.—北京：水利电力出版社，1990.8.—213页；32开.—理工科院校学生英语测试用书.—ISBN 7-120-01247-9：2.95元

大学英语听力训练/赵国杰，刘传骅主编.—南昌：江西高校出版社，1990.10.—388页；32页.—ISBN 7-81033-036-5：4.25元

大学英语听力训练：英语泛听　第四册/蒋范琛等编.—上海：华东师范大学出版社，1990.3.—166页；16开.—ISBN 7-5617-0362-7：2.24元

大学英语听力应试指南/刘世同等主编.—沈阳：辽宁人民出版社，1990.9.—353页；32开.—ISBN 7-205-01504-9：4.70元

大学英语听力理解/杨美榈主编.—沈阳：辽宁大学出版社，1990.5.—442页；大32开.—高等学校教材.—ISBN 7-5610-0920-8：5.20元

大学英语听力教程/李新元编.—成都：电子科技大学出版社，1990.4.—279页；32开.—(大学英语系列教程；2).—ISBN 7-81016-221-7：3.10元

大学英语听说教程/张美芳等编著.—广州：中山大学出版社，1990.2.—526页；32开.—ISBN 7-306-00188-4：2.90元

大学英语泛听　(5)：英语听力训练/林还编.北京：北京大学出版社，1990.8.—118页；16开.ISBN 7-301-00320-X：2.40元

大学英语泛听　(6)：英语听力训练/林还编.北京：北京大学出版社，1990.8.—117页；16开.ISBN 7-301-00192-X：2.40元

大学英语视听说教程　上册/于江主编.—哈尔滨：东北林业大学出版社，1990.7.—314页；32开.—ISBN 7-81008-132-2：4.10元

大学英语视听说教程　下册/于江主编.—哈尔滨：东北林业大学出版社，1990.7.—217页；32开.—ISBN 7-81008-148-9：3.20元

与英美人交往的习俗和语言/(英)奥特(Oatey，H.)著；潘昌森译.—上海：上海外语教育出版社，1990.9.—129页；32开.—ISBN 7-81009-503-X：1.80元

五分钟学会说英文　(1)/张龄编译.—台北：学

习出版有限公司；北京：世界图书出版公司，1990.8.—240页；大32开.—ISBN 7-5062-0863-6：3.80元

五分钟学会说英文 （2）/张龄编译.—台北：学习出版有限公司；北京：世界图书出版公司，1990.8.—240页；大32开.—ISBN 7-5062-0864-4：3.80元

五分钟学会说英文 （3）/张龄编译.—台北：学习出版有限公司；北京：世界图书出版公司，1990.8.—240页；大32开.—ISBN 7-5062-0865-2：3.80元

分类常用英语口语成语/胡信年编.—乌鲁木齐：新疆大学出版社，1990.5.—464页；32开.—ISBN 7-5631-0129-2：4.90元

出国旅途常用语：英汉对照.—上海：上海外语教育出版社，〔1989〕.—1册；48开.—ISBN 7-81009-452-1（精装）：2.00元

亚运会实用英语会话/体英编著.—北京：北京大学出版社，1990.3.—72页；32开.—ISBN 7-301-01292-6：1.60元

百句英语迎亚运/亢亚志等编.—北京：中国广播电视出版社，1990.1.—72页；32开.—ISBN 7-5043-0389-5：1.50元

当代英语口语 第3册/唐邦海主编.—长春：东北师范大学出版社，1990.4.—383页；32开.—ISBN 7-5602-0373-6：3.50元

当代英语口语 第4册/唐邦海主编.—长春：东北师范大学出版社，1990.4.—386页；32开.—ISBN 7-5602-0373-6：3.60元

交际英语口语 （上）/王守元，张传真主编.—上海：上海交通大学出版社，1990.8.—294页；大32开.—ISBN 7-313-00713-2：3.85元

护士常用英语会话/邱懋如编.—上海：上海外语教育出版社，1990.4.—144页；32开.—ISBN 7-81009-476-9：2.00元

饭店服务英语/陈根培编.—北京：高等教育出版社，1990.3.—266页；大32开.—ISBN 7-04-002341-5：2.45元

现代英语听力教程 第一册/蒋小蓉等编著.—上海：上海外语教育出版社，1990.3.—328页；32开.ISBN 7-81009-377-0：4.00元

现代美国口语辅导手册/戚云方主编；姚暨荣，缪梨编.—上海：上海外语教育出版社，1990.7.—428页；大32开.—ISBN 7-81009-487-4：5.00元

英语一日一题＝English 365/陈朴编著.—北京：中国对外翻译出版公司；香港：商务印书馆，1990.6.—366页；32开.—ISBN 7-5001-0124-4：6.75元

英语口语/张后华，张有铭主编.—2版.—武汉：华中师范大学出版社，1990.4.—326页；32开.—高等师范专科学校通用教材.—ISBN 7-5622-0444-6：3.50元

本书1989年10月第1版。

英语口语技巧入门/汪昌琦编.—北京：旅游教育出版社，1990.12.—110页；16开.—ISBN 7-5637-0166-4：1.50元

英语口语的特点/汪毓先编著.—北京：商务印书馆，1990.12.—104页；32开.—ISBN 7-100-00737-2：1.05元

英语口语教程 第一册/李永馨编译.—南京：东南大学出版社，1990.5.—206页；32开.—ISBN 7-81023-320-0：3.00元

英语口语教程 第二册/李永馨编译.—南京：东南大学出版社，1990.5.—130页；32开.—ISBN 7-81023-329-4：2.00元

英语口语教程 第三册/李永馨编译.—南京：东南大学出版社，1990.5.—259页；32开.—ISBN 7-81023-321-8：3,60元

英语口语教程 第四册/李永馨编译.—南京：东南大学出版社，1990.5.—206页；32开.—ISBN 7-81023-331-6：2.90元

英语广播听力教程：东方故事/上海人民广播电台编.—上海：同济大学出版社，1990.11.—426页；32开.—ISBN 7-5608-0662-7：4.60元

英语听力入门教程/徐思贞，何传开主编.—大连：大连海运学院出版社，1990.9.—185页；32开.—ISBN 7-5632-0230-7：2.45元

英语听力训练/里佐亨，连剑影编.—北京：机械工业出版社，1990.3.—195页；32开.—ISBN 7-111-01889-3：4.50元

英语听力集锦辅导手册：初、中级/李孚声撰稿.北京：中国广播电视出版社，1990.2.—425页；32开.—北京人民广播电台外语广播讲座.—ISBN 7-5043-0294-5：5.45元

英语听与说：学生用书 （1）/刘熯生等编.—天津：南开大学出版社，1990.5.—64页；16开.—ISBN 7-310-00248-2：1.45元

英语听与说：学生用书 （2）/刘熯生等编.—天津：南开大学出版社，1990.5.—72页；16开.—ISBN 7-310-00297-0：1.50元

英语听与说：教师用书 （1）/刘熯生等编.—天津：南开大学出版社，1990.5.—70页；16开.—ISBN 7-310-00248-2：1.45元

英语听与说：教师用书 （2）/刘熯生等编.—天津：南开大学出版社，1990.5.—71页；16开.—ISBN 7-310-00298-9：1.50元

英语听与说：Ⅱ级/吴书楷主编.—长沙：湖南科学技术出版社，1990.3.—52页；16开.—高等医学院校

教材.—ISBN 7-5357-0685-1：1.70元

英语注听 第四册/蒋范琛等编.—上海：华东师范大学出版社，1990.3.—166页；16开.—大学英语听力训练.—ISBN 7-5617-0362-7：2.24元

英语朗读指南/龚少瑜，陈嘉宝编著.—长沙：湖南教育出版社，1990.3.—250页；32开.—ISBN 7-5355-1036-8：2.20元

实用旅游英语会话/杨光蓉，刘祖材编著.—成都：四川人民出版社，1990.8.—420页；32开.—广播英语教材.—ISBN 7-220-01029-X：4.50元

科技英语听力入门/朱涵梁，李潇编.—武汉：华中理工大学出版社，1990.11.—80页；大32开.—ISBN 7-5609-0498-X：1.95元

科技英语听力自学要诀/钟道隆著.—北京：电子工业出版社，1990.11.—237页；32开.—ISBN 7-5053-1043-7：3.50元

美式英语会话 (1)：基础美语会话/(美)李保玉编；钟怡，乔叟译.—北京：外语教学与研究出版社，1990.2.—245页；32开.—ISBN 7-5600-0555-1：2.80元

美式英语会话 (2)：美语通用会话/(美)李保玉编；乔叟，钟怡译.—北京：外语教学与研究出版社，1990.2.—281页；32开.—ISBN 7-5600-0556-X：3.15元

美式英语会话 (3)：赴美留学会话/(美)李保玉编；辛飞译.—北京：外语教学与研究出版社，1990.2.—381页；32开.—ISBN 7-5600-0557-8：3.95元

美国口语词典/(美)赛登施蒂克(Seidensticker, E.G.)主编；(美)麦凯莱布(McCaleb, J. G.)，(日)安田一郎 编；张文华编译.—北京：外语教学与研究出版社，1990.12.—928页；32开.—ISBN 7-5600-0809-7(精装)：13.90元

本书收录了当代美国人日常会话中最新和最常用的语句、句型4000条，例句20000个。

美国英语听音新教程/(美)Morley, J. 主编.—上海：复旦大学出版社，1990.3.—241页；32开.—ISBN 7-309-00300-4：3.00元

美国常用口语1000句/王伟编.—北京：中国华侨出版公司，1990.8.—127页；大64开.—ISBN 7-80074-278-4：1.25元

说英语 1～2册合集/广东人民广播电台外语组编.—广州：广东高等教育出版社，1990.3.—208页；16开.—广东人民广播电台教育台《说英语》节目用书.—ISBN 7-5361-0450-2：5.30元

《说英语》练习/广东人民广播电台外语组编.—广州：广东高等教育出版社，1990.3.—80页；16开.—广东人民广播电台教育台《说英语》节目用书.—ISBN 7-5361-0450-2：2.20元

校园英语会话/孟宪昌主编.—长春：吉林科学技术出版社，1990.9.—233页；32开.—ISBN 7-5384-0601-8：3.90元

旅游在中国：英汉标音会话/王梅，肖畅编.—北京：学苑出版社，1990.9.—170页：插图；32开.—ISBN 7-5077-0152-2：2.80元

高级英语听力技巧教程/戚建平，李茜著.—郑州：河南人民出版社，1990.2.—374页；32开.—ISBN 7-215-00729-4：4.40元

涉外活动速成英语口语/黄得勋，黄建华编著.—南宁：广西科学技术出版社，1990.3.—283页；32开.—ISBN 7-80565-272-4：3.16元

常用电话英语/余敏编著.—北京：北京语言学院出版社，1990.2.—69页；32开.—ISBN 7-5619-0076-7：1.50元

常用英语表达法/梁观耀，李筠编.—武汉：华中理工大学出版社，1990.11.—215页；32开.—ISBN 7-5609-0497-1：2.90元

银行业务英语会话/(英)弗尔兹(Firth, J.)著；蒋材旺译.—北京：中国金融出版社，1990.2.306页；32开.—ISBN 7-5049-0454-6：3.70元

书名原文：British Banking

船务英语会话手册/孙家文编.—大连：大连海运学院出版社，1990.4.—428页；32开.—ISBN 7-5632-0172-6：5.95元

商业经营柜台英语会话/上海市第一商业局教育处，上海市教育局职业技术教育处主编.—上海：上海科技教育出版社，1990.6.—246页；32开.—商业经营专业系列读本.—ISBN 7-5428-0392-1：2.15元

最新"托福"听力/汤德纲，门胜东编.—杭州：浙江大学出版社，1990.9.—301页；大32开.—ISBN 7-308-00600-X：4.35元

最新实用英汉国际经贸会话手册/于国治等编译.—北京：学苑出版社，1990.5.—476页；大32开.—ISBN 7-5077-0069-0：7.50元

最新美国实用英语口语速成/王吉田译注.—北京：旅游教育出版社，1990.3.—356页；32开.—ISBN 7-5637-0126-5：4.90元

最新TOEFL听力解题技巧/朱宝胜编著.—上海：上海教育出版社，1990.4.—215页；32开.—ISBN 7-5320-1893-8：3.00元

普通话、广东话、英语会话/张海鹰等编.—上海：上海翻译出版公司，1990.10.—70页；32开.—ISBN 7-80514-595-4：0.75元

新托福听力测验：模拟训练/隆冬，月韵编.—合肥：安徽科学技术出版社，1990.2.—132页；32开.—ISBN 7-5337-0461-5：1.95元

新编英语口语教程　第四册/林郁如等编著.—厦门：厦门大学出版社，1990.6.—427页；32开.—ISBN 7-5615-0270-2：4.85元

新编英语出国考试广播教程：听力理解分册/冯慧妍，杨永荟编.—上海：华东师范大学出版社，1990.6.—242页；大32开.—上海市业余外语广播讲座.—ISBN 7-5617-0602-2：3.70元

新编英语应试听力教程/朱维芳编.—北京：科学普及出版社，1990.9.—311页；32开.—学生用书.—ISBN 7-110-01713-3：5.00元

餐旅英语/马其华主编.—大连：大连出版社，1990.12.—467页；32开.—ISBN 7-80555-2263-0：5.60元

BBC英语：提高英语听力的捷径/杨美楣，范凤祥编.—大连：大连海运学院出版社，1990.9.—312页；大32开.—ISBN 7-5632-0090-8：5.95元

BBC英语听力教程/郑亚琴，丛爱民编译.—南昌：江西科学技术出版社，1990.4.—205页；16开.ISBN 7-5390-0292-1：4.50元

CIA美语实况会话　（1）/刘毅编著.—台北：学习出版有限公司；北京：世界图书出版公司，1990.12.—233页；32开.—ISBN 7-5062-0860-1：3.80元

CIA美语实况会话　（2）/刘毅编著.—台北：学习出版有限公司；北京：世界图书出版公司，1990.12.—205页；32开.—ISBN 7-5062-0861-X：3.40元

CIA美语实况会话　（3）/刘毅编著.—台北：学习出版有限公司；北京：世界图书出版公司，1990.12.—230页；32开.—ISBN 7-5062-0862-8：3.70元

TOEFL听力测试入门/应天等编写.—北京：外语教学与研究出版社，1990.6.—383页；32开.—ISBN 7-5600-0582-9：3.90元

TOEFL600分听力教程/朱维芳编.—北京：科学普及出版社，〔1990〕.—474页；32开..—学生用书 ISBN 7-110-01443-6：6.00元

TOEFL600分听力教程/朱维芳编.—北京：科学普及出版社，1990.2.—442页；32开.—教师用书 ISBN 7-110-01442-8：5.85元

H32　法　语

中国当代寓言选：法汉对照.—北京：中国文学出版社，1990.1.—208页；大32开.—（熊猫丛书）.ISBN 7-5071-0053-7：6.00元

汉法词典/北京大学西方语言文学系、北京第二外国语学院西欧语系《汉法词典》编写组编.—北京：商务印书馆，1990.11.—1002页；16开.—ISBN 7-100-00099-8（精装）：32.60元

当代生活法语入门　上册/束景哲等编.—上海：上海译文出版社，1990.7.—290页；32开.—上海市业余外语广播讲座.—ISBN 7-5327-0984-1：2.95元

法语/蔡若明主编；国家旅游局人教司编.—北京：旅游教育出版社，1990.2.—450页；大32开.—全国导游人员资格考试培训系列教材.—ISBN 7-5637-0158-3：5.70元

法语分级常用词汇册/李逢森主编.—上海：上海外语教育出版社，1990.6.—361页；32开.—ISBN 7-81009-241-3：5.20元

法语文体学教程/郭麟阁编.—北京：商务印书馆，1990.3.—185页；大32开.—ISBN 7-100-00656-2：2.05元

法语修辞/童佩智编著.—北京：外语教学与研究出版社，1990.6.—262页；大32开.—高等学校教材.ISBN 7-5600-0569-1：2.10元

法语语音学/陈定民，俞正蒨编著.—3版（修订本）.—北京：商务印书馆，1990.10.—234页；大32开.—ISBN 7-100-00395-4：2.50元

本书1961年9月第1版。

基础法语词典/孟心杰等编著.—北京：商务印书馆，1990.1.—885页；32开.—ISBN 7-100-00900-6（精装）：9.15元

基础法语阅读/吴贤良编.—上海：上海译文出版社，1990.8.—182页；32开.—ISBN 7-5327-0959-0：1.85元

悲惨世界/（法）雨果（Hugo，V.）著；（　）苏珀（Super，O.B.）节写；刘自强注释.—北京：商务印书馆，1990.7.—315页；32开.—法语注释读物.—ISBN 7-100-00734-8：2.70元

简明法语教程　上册/孙辉编著.—北京：商务印书馆，1990.2.—436页；大32开.—ISBN 7-100-00679-1：2.70元

H33　德　语

中级德语/樊迪生等编著.—上海：同济大学出版社，1990.6.—424页；16开.—ISBN 7-5608-0621-X：8.60元

祝你走运：赴德口语必读/刘芳本，叶本度编.—北京：旅游教育出版社，1990.4.—314页；大32开.ISBN 7-5637-0076-5：4.65元

德汉科技翻译/赵共昌主编.—北京：高等教育出版社，1990.6.—214页；大32开.—ISBN 7-04-001045-3：2.05元

德语/魏永昌主编；国家旅游局人教司编.—北京：旅游教育出版社，1990.2.—392页；大32开.—全国导游人员资格考试培训系列教材.—ISBN 7-5637-

0159-1：5.40元

德语 上册/吴志明，沈金萍编.—上海：上海外语教育出版社，1990.3.—517页；大32开.—上海市业余外语广播讲座.—ISBN 7-81009-405-X：5.80元

德语介词用法手册/郑开琪，马仁惠编著.—上海：上海译文出版社，1990.3.—233页；32开.—ISBN 7-5327-0011-9：2.90元

德语生活会话/郑积耀，潘忠懿编著.—上海：上海外语教育出版社，1990.9.—319页；32开.—ISBN 7-81009-536-6：4.50元

德语视听说教程/王晓明编著.—上海：同济大学出版社，1990.12.—209页；16开.—ISBN 7-5608-0622-8：6.85元

德语练习语法/赵汤寿编著.—北京：冶金工业出版社，1990.8.—375页；32开.—ISBN 7-5024-0622-0：6.20元

德语故事/（ ）舒尔茨（Schulz，D.），（ ）格里巴赫（Griesach，H.）编著；马丽芸译注.—北京：北京语言学院出版社，1990.8.—133页；32开.ISBN 7-5619-0070-8：2.05元

德语语气小品词/黄海津编.—北京：商务印书馆，1990.9.—87页；32开.—ISBN 7-100-00736-4：0.96元

德语语法专题：德语语法教学中的难点和重点/韩万衡编.—北京：旅游教育出版社，1990.2.—571页；大32开.—ISBN 7-5637-0072-2：3.90元

德语语法精要/江燮松编著.—上海：上海外语教育出版社，1990.12.—355页；32开.—ISBN 7-81009-571-4：5.50元

德语旅游口语教程/罗兰特，朱小雪编.—北京：旅游教育出版社，1990.2.—312页；大32开.—ISBN 7-5637-0003-X：2.20元

德语虚拟式研究/韩万衡编著.—北京：商务印书馆，1990.6.—151页；32开.—ISBN 7-100-00671-6：1.45元

H34　西班牙语

西班牙语/孙家堃主编；国家旅游局人教司编.—北京：旅游教育出版社，1990.2.—348页；大32开.全国导游人员资格考试培训系列教材.—ISBN 7-5637-0160-5：5.50元

西班牙语 第五册/董燕生著.—北京：商务印书馆，1990.2.—288页；大32开.—ISBN 7-100-00742-9：1.85元

西班牙语修辞/张绪华著.—上海：上海外语教育出版社，1990.10.—223页；32开.—ISBN 7-81009-533-1：4.00元

H35　俄语

大学俄语四级考试大纲及样题/大学俄语考试组编.上海：上海外语教育出版社，1990.9.—36页；32开.—ISBN 7-81009-591-9：0.50元

大学俄语预备级教程 第一册/应云天主编；江世兴等编.—北京：高等教育出版社，1990.3.—265页；大32开.—ISBN 7-04-002726-7：1.90元

大学俄语预备级教程 第二册/应云天主编；朱行素等编.—北京：高等教育出版社，1990.10.—255页；大32开.—ISBN 7-04-003149-3：1.80元

大学俄语基础教程 第六册/鞠广茂主编.—北京：高等教育出版社，1990.3.—224页；大32开.—大学俄语系列教材.—ISBN 7-04-002920-0：1.60元

全国选拔出国人员俄语试题集/宋德平编写.—北京：科学技术文献出版社，1990.9.—271页；16开.ISBN 7-5023-1257-9：14.00元

初级俄语水平测试题集/高士勋编.—哈尔滨：黑龙江教育出版社，1990.11.—115页；32开.—（俄语学习小文库）.—ISBN 7-5316-1232-1：1.75元

俄语/周曾雄主编.—北京：冶金工业出版社，1990.11.—549页；大32开.—高等学校教学用书 供已学过英语者学习第二外语用.—ISBN 7-5024-0761-8：4.15元

俄语 第三册/余震球等编.—上海：华东师范大学出版社，1990.12.—360页；32开.—上海市业余外语广播讲座.—ISBN 7-5617-0644-8：4.20元

俄语 第五册/北京大学公共俄语教研室编.—北京：中国人民大学出版社，1990.11.—422页；大32开.—大学本科（适用）.—ISBN 7-300-00793-7：5.80元

俄语入门/夏志德等编.—北京：中国广播电视出版社，1990.4.—605页；32开.—电视俄语教材.—ISBN 7-5043-0399-2：7.35元

俄语强化教程 第一册/方福卿主编.—北京：电子工业出版社，1990.5.—369页；32开.—ISBN 7-5053-0776-2：6.50元

新编俄语教程 第二册/杨雷英等编.—上海：上海外语教育出版社，1990.2.—405页；16开.—供四年制本科俄语专业零起点学生用.—ISBN 7-81009-445-9：4.65元

新编俄语教程 第三册/上海外国语学院俄语系编.—上海：上海外语教育出版社，1990.6.—314页；16开.—供四年制本科俄语专业零起点学生用.ISBN 7-81009-486-6：3.65元

新编俄语教程 第四册/上海外国语学院俄语系编.—上海：上海外语教育出版社，1990.12.—362页；16开.—供四年制本科俄语专业零起点学生用.ISBN 7-81009-565-X：4.20元

H351/353　语音、语义、词义

汉俄对等成语词典/谢载福等编.—上海：上海教育出版社，1990.7.—236页；32开.—ISBN 7-5320-1023-6：4.00元

俄语应用语音学纲要/张学曾主编；张学曾等编著.—北京：北京师范大学出版社，1990.3.—268页；大32开.—ISBN 7-303-00597-8：2.00元

俄语实用固定词组词典/李晓明，肖京编译.—北京：北京出版社，1990.12.—511页；44开.—ISBN 7-200-00738-2（精装）：6.90元

俄语常用词搭配词典/肖雨潞，吕国军编译.—北京：北京出版社，1990.2.—316页；60开.—ISBN 7-200-316-00418-9（精装）：4.85元

H354/355　语法、写作、修辞

现代俄语复合句/黄杰等编.—北京：气象出版社，1990.9.—339页；32开.—自学参考教材.—ISBN 7 5029-0449-2：5.50元

俄文书信：俄汉对照/赵顺仁等编著.—沈阳：辽宁大学出版社，1990.8.—407页；大32开.—ISBN 7-5610-0705-1：5.50元

俄语水平测试语法问题精解/陈国亭主编.—哈尔滨：哈尔滨船舶工程学院出版社，1990.2.—472页；大32开.—ISBN 7-81007-076-2：2.80元

俄语语法/童宪刚编著.—上海：华东师范大学出版社，1990.2.—400页；32开.—ISBN 7-5617-0332-5：2.80元

俄语语法：练习部分/周春祥等编.—上海：上海译文出版社，1990.3.—217页；大32开.—高等学校外语教材　师范院校俄语专业用.—ISBN 7-5327-0851-9：1.70元

俄语语法：苏联科学院1980年《俄语语法》简编/信德麟等编.—北京：外语教学与研究出版社，1990.6.—831页；大32开.—ISBN 7-5600-0329-X：5.60元

俄语语法表解　下册/韦光华，韦永华编.—北京：商务印书馆，1990.6.—543页；32开.—ISBN 7-100-00345-8：4.55元

俄语常用动词分类词典/林宝煊等编.—上海：上海译文出版社，1990.8.—545页；32开.—ISBN 7-5327-0331-2（精装）：7.75元

俄语常用固定组合词典/康兆安，李正珂主编.—上海：上海译文出版社，1990.2.—449页；32开.—ISBN 7-5327-0524-2（精装）：7.30元

简明俄语修辞/周春祥译编.—北京：外语教学与研究出版社，1990.6.—148页；32开.—ISBN 7-5600-0393-1：0.94元

新编俄汉翻译教程/王秉钦著.—北京：海洋出版社，1990.9.—430页；32开.—ISBN 7-5027-0564 3：8.50元

H356　词　典

俄汉科技新词词典/张后尘主编.—北京：轻工业出版社，1990.11.—637页；32开.—ISBN 7-5019-0785-4（精装）：30.80元

俄语教学词典　下册/四川外语学院《俄语教学词典》编写组编.—成都：四川人民出版社，1990.10.1840页；16开.—ISBN 7-220-01128-8（精装）：45.00元

最新俄汉小字典/克家等主编.—北京：科学普及出版社，1990.11.—823页；40开.—ISBN 7-110-00862-2：14.50元

新俄汉双解词典/潘强等译.—合肥：安徽科学技术出版社，1990.12.—518页；32开.—附英文释义及插图.—ISBN 7-5337-0053-8：7.45元

H359.4　读　物

大学本科俄语泛读课本：三、四合册/中国人民大学俄语教研室编.—南京：南京大学出版社，1990.11.—274页；32开.—ISBN 7-305-00779-X：1.80元

苏联地理：俄文/李传明编.—北京：外语教学与研究出版社，1990.6.—136页；大32开.—高等学校教材.—ISBN 7-5600-0518-7：1.15元

矿业俄语注释读物：采煤/刘昕成，徐启光编.—北京：煤炭工业出版社，1990.10.—320页；32开.ISBN 7-5020-0174-3：4.40元

相识在莫斯科/阎家业等编.—哈尔滨：黑龙江科学技术出版社，1990.3.—496页；32开.—哈尔滨电视台电视教材　电视俄语教程.—ISBN 7-5388-1063-3：6.50元

俄语阅读/葛纪娥编.—北京：外语教学与研究出版社，1990.1.—246页；32开.—（国际奥林匹克俄语竞赛丛书；2）.—ISBN 7-5600-0599-3：3.00元

俄语阅读文选：初级本/陈玫，刘克永主编.—北京：北京大学出版社，1990.2.—445页；32开.—高等学校外语教材.—ISBN 7-301-00031-6：4.60元

俄语阅读文选：中级本/陈玫，刘克永主编.—北京：北京大学出版社，1990.3.—300页；32开.—高等学校外语教材.—ISBN 7-301-00238-6：3.75元

俄语阅读文选：高级本/陈玫，刘克永主编.—北京：北京大学出版社，1990.2.—328页，32开.—高等学校外语教材.—ISBN 7-301-00408-7：3.45元

基础俄语阅读训练/骆松澈，章应祥编.—上海：上海外语教育出版社，1990.1.—199页；32开.—ISBN 7-81009-153-0：2.50元

森林的故事/（苏）巴乌斯托夫斯基（Паустóвский, К.Г.）著；陶琪译注.—北京：商务印书馆，1990.1.—393页；32开.—（俄汉对照文学名著丛书）.—ISBN 7-100-00034-3：3.30元

H359.9 会话

大学俄语视听说教程/于江主编.—哈尔滨：东北林业大学出版社，1990.12.—320页；32开.—ISBN 7-81008-177-2：4.90元

今日苏联俄语会话：俄汉对照/（苏）阿鲁秋诺夫（Арутюнов, А.Р.）著；林芳等译.—合肥：安徽科学技术出版社，1990.10.—454页：图；大32开.ISBN 7-5337-0496-7：6.80元

电话俄语会话100题/（苏）К.А.希洛娃等著；黄士增译注.—北京：电子工业出版社，1990.9.—238页；大64开.—ISBN 7-5053-0849-1：4.50元

汉俄巧对话/王保勤，（苏）瑟利耶夫（Сырьев, И.）编.—哈尔滨：黑龙江人民出版社，1990.6.—88页；32开.—ISBN 7-207-01532-1：3.20元

汉俄·俄汉旅游谐音会话手册/基捷等编.—哈尔滨：哈尔滨出版社，1990.5.—181页；50开.—ISBN 7-80557-254-2（精装）：3.60元

讲俄语/应云天等编.—上海：上海译文出版社，1990.6.—268页；32开.—ISBN 7-5327-0752-0：3.25元

苏联国情/高中音，武秋霞编.—北京：外语教学与研究出版社，1990.6.—231页；大32开.—俄语视听说教材.—ISBN 7-5600-0579-9：2.30元

实用商业俄语会话/赵远等编译.—哈尔滨：黑龙江科学技术出版社，1990.6.—357页；32开.—ISBN 7-5388-1059-5：4.50元

科技俄语听力　上册/汪嘉斐主编；王军等编.—北京：外语教学与研究出版社，1990.6.—162页；大32开.—ISBN 7-5600-0572-1：1.20元

俄语口语语法概论/徐翁宇著.—上海：上海外语教育出版社，1990.2.—301页；32开.—ISBN 7-81009-457-2：4.30元

俄语口语强化教材/（苏）莫托维洛娃（Мотовилова, О.Г.）编；梁文芨，朱象清译.—北京：中国建筑工业出版社，1990.12.—213页；32开.ISBN 7-112-01150-7：4.35元

书名原文：Академия наук ссср кафедра инострных языков

俄语礼貌会话/（苏）А.阿基申娜，（苏）Н.福尔曼诺夫斯卡娅著；周宝珍，张锦霞译.—北京：商务印书馆，1990.11.—268页；32开.—ISBN 7-100-00055-6：2.40元

H36 日语

大学日语　第一册/于荣胜等编.—北京：北京大学出版社，1990.3.—170页；32开.—ISBN 7-301-00907-0：1.30元

大学日语　第二册/于荣胜等编著.—北京：北京大学出版社，1990.3.—154页；32开.—ISBN 7-301-01078-8：1.15元

日本语　（1）/沈茅一等编.—北京：高等教育出版社，1990.8.—178页；大32开.—ISBN 7-04-003145-0：1.45元

日本语　（2）/沈茅一等编.—北京：高等教育出版社，1990.9.—230页；大32开.—ISBN 7-04-003138-8：1.85元

日语/李翠霞主编.—北京：旅游教育出版社，1990.2.—276页；大32开.—全国导游人员资格考试培训系列教材.—ISBN 7-5637-0157-5：4.00元

日语/陈恩久主编.—长春：东北师范大学出版社，1990.4.—640页；32开.—中学教师专业合格证书日语教材　供初中教师用.—ISBN 7-5602-0144-X：4.00元

日语基础　第一册/孙宗光等编著.—北京：中央广播电视大学出版社；东京：日本国株式会社讲谈社，1990.5.—177页.；16开.—ISBN 7-304-00503-3：2.85元

日语基础　第二册/孙宗光等编著.—北京：中央广播电视大学出版社；东京：日本国株式会社讲谈社，1990.10.—185页；16开.—ISBN 7-304-00559-9：4.35元

日语基础学习指导书　第一册/沈茅一，赵华敏编.—北京：中央广播电视大学出版社，1990.5.128页；16开.—ISBN 7-304-00504-1：2.05元

日语基础学习指导书　第二册/沈茅一，赵华敏编.—北京：中央广播电视大学出版社，1990.10.169页；16开.—ISBN 7-304-00560-2：3.90元

日语简明教程/秦旷镐等编.—北京：高等教育出版社，1990.4.—580页；大32开.—高等学校试用教材第二外语用.—ISBN 7-04-002902-8：3.90元

日语简明教程（第二外语）教学参考书/潘洁，孙玉瑶编.—北京：高等教育出版社，1990.4.—275页；大32开.—ISBN 7-04-002816-6：2.25元

中国日语教学研究文集　（2）/中国日语教学研究会选编.—上海：上海译文出版社，1990.12.—321页；大32开.—ISBN 7-5327-0753-9：5.30元

当代日语教程/于荣胜等编译.—北京：北京大学出版社，1990.7.—441页；大32开.—ISBN 7-301-00283-1：6.50元

农业日语自修读本/金成一等编.—北京：农业出版

社，1990.5.—170页；32开.—ISBN 7-109-00702-2：3.45元

现代日语：附中译文/（日）亚细亚大学留学生专科编；丛爱丽，冀元译.—北京：世界图书出版公司，1990.12.—429页；大32开.—ISBN 7-5062-0795-8：5.70元

实用日语/刘金钊，李培建编译.—大连：大连理工大学出版社，1990.9.—641页；32开.—ISBN 7-5611-0303-4：7.90元

实用日语速成/沈叔建编译.—上海：上海中医学院出版社，1990.6.—304页；32开.—ISBN 7-81010-081-5：3.20元

科技日语容易学/黄志尚编著.—北京：机械工业出版社，1990.6.—176页；32开.—ISBN 7-111-01864-8：4.00元

速成日语自学之路/许中天编著.—上海：上海科学普及出版社，1990.1.—700页；32开.—ISBN 7-5427-0127-4：12.00元

高级日语教程/李士俊等编.—北京：高等教育出版社，1990.2.—312页；大32开.—高等学校试用教材.—ISBN 7-04-002606-6：2.90元

高等院校日语专业基础阶段教学大纲/日语专业基础阶段教学大纲研订组编.—北京：高等教育出版社，1990.6.—360页；大32开.—ISBN 7-04-002967-7：3.50元

基础日语练习与测验　下册/洪栖川主编；东北师范大学日语教研室编.—北京：高等教育出版社，1990.6.—340页；32开.—ISBN 7-04-000250-7：3.15元

综合日语教程/四院校日语教材编委会编.—天津：天津大学出版社，1990.7.—628页；大32开.—ISBN 7-5618-0185-8：4.40元

新编速成日语/吕凤翔，汪志强编著.—北京：科学技术文献出版社，1990.12.—373页；32开.—ISBN 7-5023-1314-1：6.85元

H363　语义、词汇、词义

日语词汇论/高文汉编著.—长春：吉林教育出版社，1990.3.—253页；32开.—（日本语精髓丛书）.—ISBN 7-5383-0957-8：3.50元

日语词汇学/刘耀武编著.—哈尔滨：黑龙江教育出版社，1990.5.—264页；大32开.—ISBN 7-5316-0800-6：3.95元

单词手册/王庆等编.—北京：中国广播电视出版社，1990.4.—71页；32开.—天津人民广播电台《广播日语听力教材》.—ISBN 7-5043-0395-X：1.25元

H364　语　法

日本文语文法/王润久编著.—沈阳：辽宁大学出版社，1990.5.—231页；大32开.—ISBN 7-5610-0773-6：1.70元

日本古典文选与文法/王军编.—北京：商务印书馆，1990.8.—249页；32开.—ISBN 7-100-00442-X：2.25元

日汉拟声拟态词词典/郭华江主编.—上海：上海译文出版社，1990.10.—572页；32开.—ISBN 7-5327-0330-4：11.10元

日语用言用例/张国强编.—北京：北京工业大学出版社，1990.4.—336页；32开.—ISBN 7-5639-0080-2：5.80元

日语形容词与形容动词/帅松生编著.—长春：吉林教育出版社，1990.3.—173页；32开.—（日本语精髓丛书）.—ISBN 7-5383-0956-X：2.80元

日语助词用例/张国强编著.—北京：北京工业大学出版社，1990.3.—214页；32开.—ISBN 7-5639-0078-0：3.40元

日语助词的异同/朱万清编著.—北京：商务印书馆，1990.6.—129页；32开.—（日语自学丛书）.ISBN 7-100-00421-7：1.30元

日语助词详论/吴侃编著.—长春：吉林教育出版社，1990.3.—172页；32开.—（日本语精髓丛书）.ISBN 7-5383-0958-6：2.75元

日语语法研究/刘耀武，徐昌华著.—北京：北京大学出版社，1990.3.—275页；32开.—ISBN 7-301-00765-5：3.00元

日语基本句型/（日）岛本基，中川良雄著；崔玉华译.—北京：旅游教育出版社，1990.6.—175页；大32开.—ISBN 7-5637-0142-7：2.70元

日语基础句型浅说/张国强著.—北京：北京工业大学出版社，1990.1.—265页；32开.—4.50元

古典日本语的助动词详说：用法与实例/聂荣聪编著.—成都：四川科学技术出版社，1990.7.—145页；32开.—ISBN 7-5364-1517-0：4.75元

现代日语动词的时与体/刘富庾编著.—长春：吉林教育出版社，1990.3.—137页；32开.—（日本语精髓丛书）.—ISBN 7-5383-0955-1：2.50元

现代日语补助动词/赵子扬著.—南宁：广西教育出版社，1990.1.—66页；32开.—ISBN 7-5435-0740-4

科技日语实用句法/夏竹编著.—郑州：河南科学技术出版社，1990.6.—175页；32开.—ISBN 7-5349-0503-6：3.17元

H365 写作、修辞

日文书信大全：日汉对照/宁德辉等编译.—长沙：湖南科学技术出版社，1990.2.—263页；大32开.ISBN 7-5357-0466-2（精装）：6.75元

日语贸易书信/姚祖榕编.—上海：上海科技教育出版社，1990.8.—138页；32开.—ISBN 7-5428-0381-6：1.50元

新编日译汉教程/陈岩编著.—大连：大连理工大学出版社，1990.9.—116页；32开.—ISBN 7-5611-0304-2：6.30元

H366/367 词典、方言

日本方言辞典/（日）谷本尚编；徐辅材等编译.北京：北京出版社，1990.7.—623页；32开.—ISBN 7-200-00439-1：9.10元

本辞典收集方言约15500余条。

日汉图解辞典/公隆，兰利国等译.—北京：中国国际广播出版社，1990.2.—753页；32开.—ISBN 7-80035-279-X（精装）：21.50元

本书1990年2月第1版。

日语新词小词典/池学镇编著.—哈尔滨：黑龙江人民出版社，1990.5.—231页；32开.—ISBN 7-207-01519-4：4.80元

汉日常用辞典/金俊培，金星培著.—哈尔滨：哈尔滨出版社，1990.9.—1044页；32开.—ISBN 7-80557-234-8（精装）：29.50元

杜登日汉图解辞典/蓝若冰等译.—北京：中国国际广播出版社，1990.2.—753页；25开.—ISBN 7-80035-279-X（精装）：21.50元

袖珍例解汉日分类词典/李成起主编.—沈阳：辽宁人民出版社，1990.1.—1421页；64开.—ISBN 7-205-00510-8（精装）：11.90元

H369.4 读　物

日本近现代文学作品选读/简佩芝，陈华炎编.—长春：吉林人民出版社，1990.12.—508页；大32开.全国高等学校外语教材　日语专业用.—ISBN 7-206-00972-7：7.50元

日汉对照科普文选　（一）/田中实著；曾丽卿，孙瑾编译.—北京：北京大学出版社，1990.9.—159页：图；32开.—ISBN 7-301-00801-5：2.20元

日汉对照科普文选　（二）/田中实著；曾丽卿，孙瑾编译.—北京：北京大学出版社，1990.9.—162页；32开.—ISBN 7-301-00802-3：2.20元

日语文章读解/吕林编著.—北京：科学技术文献出版社，1990.12.—198页；32开.—ISBN 7-5023-1315-X：5.50元

沙拉纪念日：日汉对照/（日）俵万智著；（日）八尾昌里译.—上海：百家出版社，1990.3.—268页；32开.—ISBN 7-80576-094-2（精装）：9.00元；（平装）：6.00元

译注矿业日语自修文选/舒良瑨编.—北京：煤炭工业出版社，1990.1.—519页；32开.—ISBN 7-5020-0090-9：8.50元

徐福故里揭谜：汉日对照/张良群著.—北京：新世界出版社，〔1990〕.—58页；32开.—ISBN 7-80005-126-9：1.95元

H369.9 会　话

广播日语听力教材：中日友好交流节目/马秀兰编译.—北京：中国广播电视出版社，1990.1.—252页，32开.—广播电台日语广播讲座教材.—ISBN 7-5043-0273-2：3.10元

无师自通日本语口语/（日）水谷修，（日）水谷信子著；陶振孝，靳平妥编译.—北京：外语教学与研究出版社，1990.6.—456页；大32开.—ISBN 7-5600-0594-2：6.10元

日中科技会话　（2）：访华篇/肇永和主编；哈尔滨科学技术大学日语教研室编.—北京：高等教育出版社，1990.6.—539页；32开.—ISBN 7-04-000889-0：3.80元

日语生活会话：续/王延平选编.—上海：复旦大学出版社，1990.9.—139页；32开.—ISBN 7-309-00481-7：2.90元

日语会话/北京外国语学院日语系基础教研室编.北京：外语教学与研究出版社，1990.4.—371页；大32开.—ISBN 7-5600-0519-5：4.20元

日语会话常用词语用例辞典/平文智编.—北京：机械工业出版社，1990.9.—241页；64开.—ISBN 7-111-011976-8：2.70元

日语听说/阎淑仁等编著.—北京：新时代出版社，1990.3.—539页；大32开.—ISBN 7-5042-0089-1：10.50元

日语贸易会话/姚祖榕编.—上海：上海科技教育出版社，1990.10.—186页；32开.—ISBN 7-5428-0419-7：1.65元

听新闻学日语/（日）堀歌子等著，刘喜本等编译.北京：高等教育出版社，1990.7.—172页；大32开.中级日语听力教材.—ISBN 7-04-001654-0：1.45元

服务接待日语/顾玉波，周莉编.—北京：中国财政经济出版社，1990.3.—267页；32开.—（服务员业务学习读本）.—ISBN 7-5005-0710-0：3.15元

旅游饭店日语手册：日汉对照/崔南新编.—北京：中国旅游出版社，1990.12.—187页；32开.—ISBN

7-5032-0222-X：4.00元

基础日语听力教程/易友人，李平编.—北京：中国人民大学出版社，1990.9.—193页；大32开.—ISBN 7-300-00858-5：3.65元

H37　阿拉伯语

阿拉伯语速成　（下）/马忠厚，史希周编著.—北京：外语教学与研究出版社，1990.2.—1册；大32开.—ISBN 7-5600-0489-X：5.00元

阿拉伯语阅读　（上）/北京外国语学院阿语系《阿拉伯语阅读》编写组编.—北京：外语教学与研究出版社，1990.12.—562页；大32开.—ISBN 7-5600-0620-5：5.50元

阿拉伯语教程　第二册/陈中耀等编.—上海：上海外语教育出版社，1990.2.—325页；16开.—ISBN 7-81009-461-0：8.00元

阿拉伯语基础　（1）/（　）穆·斯迪克，（　）阿·斯麻义编著.—喀什：喀什维吾尔文出版社，1990.7.—304页；16开.—供维吾尔族学阿拉伯语用.—ISBN 7-5373-0199-9：3.40元

H4/8　其它外国语

中朝会话集：中朝文对照/韩宗律等编.—北京：民族出版社，1990.8.—209页；32开.—ISBN 7-105-01119-X：2.00元

乌克兰语汉语词典/黑龙江大学辞书研究所主编.—北京：商务印书馆，1990.11.—578页；32开.—ISBN 7-100-01070-5（精装）：10.60元

印度尼西亚语基础教程　（Ⅰ）/黄琛芳主编.—北京：北京大学出版社，1990.5.—258页；大32开.—北京大学东方语言文学系教材.—ISBN 7-301-01077-X：2.50元

印度尼西亚语基础教程　（Ⅲ）/黄琛芳主编.—北京：北京大学出版社，1990.5.—404页；大32开.—北京大学东方语言文学系教材.—ISBN 7-301-01208-X：3.60元

匈牙利语　第4册/顾宗英主编.—北京：外语教学与研究出版社，1990.9.—390页；大32开.—ISBN 7-5600-0616-7：2.35元

医用拉丁语/张廷琚编.—上海：上海科学技术出版社，1990.10.—148页；32开.—ISBN 7-5223-2173-8：2.70元

拉丁语在医药学中的应用/娄全寅主编；代培等编.—开封：河南大学出版社，1990.5.—247页；32开.—ISBN 7-81018-508-X：2.95元

波兰语　第二册/李金涛主编.—北京：外语教学与研究出版社，1990.10.—389页；大32开.—ISBN 7-5600-0619-1：2.35元

科技拉丁语教程/顾企文编著.—合肥：中国科学技术大学出版社，1990.7.—210页；32开.—ISBN 7-312-00191-2：2.50元

泰汉词典/广州外国语学院编.—北京：商务印书馆，1990.2.—838页；16开.—ISBN 7-100-00879-4（精装）：28.00元

梵语课本/罗世方编.—北京：商务印书馆，1990.10.—721页；大32开.—ISBN 7-100-01005-5：11.40元

斯瓦希里语　第三册/沈志英等编著.—北京：外语教学与研究出版社，1990.10.—524页；大32开.—ISBN 7-5600-0622-1：3.10元

斯瓦希里语语法/章培智编.—北京：外语教学与研究出版社，1990.4.—484页；大32开.—ISBN 7-5600-0581-0：3.35元

朝鲜语基础教程　第一册/何镇华等著.—延吉：延边人民出版社，1990.4.—369页；大32开.—北京大学东方语言文学系教材.—ISBN 7-80508-411-4：4.90元

缅汉词典/北京大学东方语言文学系缅甸语教研室编.—北京：商务印书馆，1990.10.—1271页；16开.ISBN 7-100-01038-1（精装）：37.50元

本词典共收缅甸语词约60000条。

缅甸语基础教程　（Ⅰ）/汪大年等编著.—北京：北京大学出版社，1990.3.—299页；大32开.—北京大学东方语言文学系教材.—ISBN 7-301-01076-1：2.55元

缅甸语基础教程　（Ⅱ）/汪大年等编著.—北京：北京大学出版社，1990.3.—222页；大32开.—北京大学东方语言文学系教材.—ISBN 7-301-01204-7：1.95元

缅甸语基础教程　（Ⅲ）/汪大年等编著.—北京：北京大学出版社，1990.3.—221页；大32开.—北京大学东方语言文学系教材.—ISBN 7-301-01205-5：1.95元

缅甸语基础教程　（Ⅳ）/汪大年等编著.—北京：北京大学出版社，1990.3.—269页；大32开.—北京大学东方语言文学系教材.—ISBN 7-301-01206-3：2.30元

藏缅语族语言研究/戴庆厦著.—昆明：云南民族出版社，1990.3.—463页；大32开.—ISBN 7-5367-0308-2：9.00元

H91　世界语

世界语　第三册：中级/苏喜成，梁祖荣编著.—广州：广东高等教育出版社，1990.1.—295页；32开，广播电视用教材.—ISBN 7-5361-0417-0：4.90元

世界语科普读物集：世汉对照/叶树滋编著.—广州：广东高等教育出版社，1990.1.—144页；32开.—ISBN 7-5361-0443-X：2.70元

世界语谚语集/（波兰）柴门霍夫（Zamenhof，L.L.）编著.—北京：中国世界语出版社，1990.187页；32开.—ISBN 7-5052-0059-3：3.00元

配图古诗精选：世界语、汉语对照/王砚波，任广选编；杨永青绘；李士俊译.—北京：中国世界语出版社，1990.—63页；16开.—ISBN 7-5052-0065-8（精装）：16.00元

I 文　　　学

中文专业基础知识总汇/郑择魁，蔡良骥主编.—杭州：杭州大学出版社，1990.5.-638页；大32开.
ISBN 7-81035-005-6：7.60元

本书包括7部分，即文学理论、中国古代文学、现当代文学、外国文学、写作、古代汉语、现代汉语。

中外文学知识集萃/吴文浩编.—成都：四川辞书出版社，1990.11.—326页；32开.—ISBN 7-80543-072-1：3.60元

中学文艺鉴赏辞典/鞠庆友等主编.—济南：明天出版社，1990.1.—812页；大32开.—ISBN 7-5332-0426-3（精装）：13.90元

本书共收辞目2500余条。分总论、文学鉴赏、戏剧艺术鉴赏、音乐艺术鉴赏、舞蹈艺术鉴赏、美术鉴赏、书法篆刻艺术鉴赏、影视艺术鉴赏、摄影艺术鉴赏、建筑艺术鉴赏等10部分。

中学生文学社团手册/《中学生》杂志社编.—北京：中国少年儿童出版社，1990.10.—478页；32开.
ISBN 7-5007-0557-3：4.85元

本书内容有中外文学名著题解、中外名作家简介、文学常识、写作常识以及文学社团活动简介等。书中还收录了全国各省市文学社团近2000个。

华东师范大学文学研究年鉴：1986/华东师范大学文学研究所编.—上海：华东师范大学出版社，1990.2.—412页；大32开.—ISBN 7-5617-0268-X：5.70元

青年文学手册/何满子，耿庸主编.—上海：上海辞书出版社，1990.5.—1044页；32开.—ISBN 7-5326-0053（精装）：20.00元

I 0　文学理论

马克思主义文艺理论发展史/吕德申等主编.—北京：高等教育出版社，1990.10.—505页；大32开.
高等学校文科教材.—ISBN 7-04-013388-4：4.00元

比较文学三百篇/智量主编.—上海：上海文艺出版社，1990.5.—1052页；32开.—ISBN 7-5321-0215-7（精装）：14.20元

比较文学与小说诠释/周英雄著.—北京：北京大学出版社，1990.3.—257页；大32开.—（北京大学比较文学研究丛书）.—ISBN 7-301-01027-3：3.95元

比较文学与比较美学：广东省首届比较文学研讨会暨粤港闽比较文学研讨会论文集/饶芃子主编.—广州：暨南大学出版社，1990.10.—393页；大32开
ISBN 7-81029-011-8：6.50元

艺术与视角/赵增锴，周安平选编.—南宁：广西人民出版社，1990.1.—365页；32开.—（当代艺坛丛书）.—ISBN 7-219-01471-6：3.95元

艺术家与死/殷国明著.—广州：花城出版社，1990.8.—240页；32开.—（八方丛书；第2辑）.
ISBN 7-5360-0623-3：3.30元

艺术感觉·直觉·潜意识/赵捷选编.—南宁：广西人民出版社，1990.1.—282页；32开.—（当代艺坛丛书）.—ISBN 7-219-01472-4：3.15元

中日文学比较研究/赵乐甡主编.—长春：吉林大学出版社，1990.8.—321页；大32开.—ISBN 7-5601-0568-8（精装）：2.40元；（平装）：2.40元

中西比较文学理论/（美）迪尼（Deeney，J.J.）著；刘介民编译.—北京：学苑出版社，1990.5.—445页：照片；大32开.—ISBN 7-5077-0011-9：8.00元

书名原文：Chinese-western Comparative Literature Theory

中西比较文学教学参考书/刘波主编.—北京：高等教育出版社，1990.4.—652页；大32开.—ISBN 7-04-002798-4：5.35元

中西文学关系的里程碑/（捷）高利克（Gálik，M.）著；伍晓明等译.—北京：北京大学出版社，1990.8.—347页；大32开.—（北京大学比较文学研究丛书）.—ISBN 7-301-01024-9：4.85元

书名原文：Milestones in Sino-Western Literary Confrontation

中国比较文学：步入九十年代1990年第1期（总第10期）/中国比较文学学会编.—上海：上海外语教育出版社，1990.6.—124页；16开.—ISBN 7-81009-504-8：3.50元

毛泽东文艺思想研究（5）：社会主义文艺论/全国毛泽东思想研究会编.—长沙：湖南文艺出版社，1990.5.—284页；大32开.—ISBN 7-5404-0538-4：4.20元

文艺学专业常用词汇编：俄汉对照/仇潞培主编.
北京：商务印书馆，1990.8.—174页；64开.—ISBN 7-100-00631-7：1.10元

本书是一本文艺学专业的小型俄语工具书。书中收入了有关文艺学理论、文艺思潮、学派等专业术语（包括缩略语）共约7000余条。

文艺学方法通论/赵宪章著.—南京：江苏文艺出版社，1990.12.—550页；大32开.—(东方文艺美学丛书).—ISBN 7-5399-0115-2：8.40元

文艺学宏观思考/郝孚逸，张居华主编.—武汉：武汉出版社，1990.11.—251页；大32开.—ISBN 7-5430-0409-7：3.20元

文艺学原理/易健主编.—西安：陕西人民教育出版社，1990.6.—314页；大32开.—ISBN 7-5419-1660-9：4.00元

文艺学新概念辞典/吕智敏主编.—北京：文化艺术出版社，1990.4.—412页；大32开.—ISBN 7-5039-0594-8(精装)：8.50元

本辞典收词条401个，包括文学基础理论、文学创作与批评流派(含文学思潮与方法)以及文艺美学、文艺心理学、文艺社会学、艺术文化学分支学科等3大部分。

文艺秩序的宏观构造/丁锡满，徐俊西主编.—上海：上海文艺出版社，1990.10.—298页；大32开.ISBN 7-5321-0517-2：3.30元

文艺探求集/云南大学中文系选编.—昆明：云南教育出版社，1990.8.—228页；32开.—ISBN 7-5415-0080-1：2.30元

文艺魅力论/汪正章著.—郑州：中州古籍出版社，1990.6.—196页；32开.—ISBN 7-5348-0296-2：4.80元

本书论述了文学作品的内容、形式、创作方法 风格流派等内容。

文学与社会心理/李丛中著.—昆明：云南教育出版社，1990.12.—194页；32开.—ISBN 7-5415-0430-1：2.30元

文学艺术系统工程/郭扬，沈志泓著.—南宁：广西人民出版社，1990.4.—554页；大32开.—ISBN 7-219-01497-X：7.00元

文学艺术系统工程/郭扬，沈志泓著.—南宁：广西人民出版社，1990.4.—554页；大32开.—ISBN 7-219-01520-8(精装)：11.00元

文学过程原理/董源等著.—昆明：云南教育出版社，1990.4.—423页；32开.—ISBN 7-5415-0350-9：5.40元

本书简要地介绍了文学本文的创造过程，文学作品的构成及其实现过程，文学的审美价值系统及其实现过程，文学的历史发展过程，同时对文学的本质作了新的概括。

文学色彩学/黄浩著.—延吉：延边大学出版社，1990.11.—228页；32开.—ISBN 7-5634-0021-4：4.00元

文学的现代意识/周安平，赵增锴选编.—南宁：广西人民出版社，1990.1.—266页；32开.—(当代艺坛丛书).—ISBN 7-219-01470-8：3.00元

文学原理/裴斐著.—北京：中央民族学院出版社，1990.12.—378页；大32开.—ISBN 7-81001-116-2：2.85元

文学理论/黄展人主编.—广州：暨南大学出版社，1990.6.—418页；大32开.—高等学校文科教材.ISBN 7-81029-034-7：5.80元

文学理论教程/樊篱主编.—长沙：湖南师范大学出版社，1990.11.—491页；大32开.—ISBN 7-81031-025-9：6.50元

文学理论基本知识/李陶编著.—北京：北京教育出版社，1990.3.—272页；32开.—(语文基本知识丛书/叶苍岑主编).—ISBN 7-5303-0042-3：2.90元

文学符号学/赵毅衡著.—北京：中国文联出版公司，1990.9.—265页；大32开.—(文艺新学科建设丛书).—ISBN 7-5059-1373-5：4.15元

本书从文学理论的角度系统地阐述了符号论的基本原理，并运用符号论的基本方法具体深入地分析了文学创作活动。

文学概论/叶凤沅主编.—上海：华东师范大学出版社，1990.10.—393页；大32开.—全国高等师范专科学校教材.—ISBN 7-5617-0552-2：2.89元

文学概论教程/罗建忠主编.—石家庄：花山文艺出版社，1990.8.—368页；32开.—ISBN 7-80505-329-4：3.90元

《文学概论新编》参考资料/张建业主编；胡山林等编稿.—北京：中国书籍出版社，1990.10.—497页；大32开.—ISBN 7-5068-0047-0：8.80元

文学概论精解/徐中玉主编.—上海：上海文艺出版社，1990.3.—496页；大32开.—(文科自学书系).—ISBN 7-5321-0437-0：6.50元

文学新论/郝孚逸，张居华主编.—武汉：湖北教育出版社，1990.7.—523页；大32开.—ISBN 7-5351-0539-4：6.00元

走向世界文学的桥梁/刘波主编.—济南：山东文艺出版社，1990.6.—289页；大32开.—ISBN 7-5329-0431-8：4.55元

本书所收论文，内容涉及到比较文学的各个方面，基本上反映了山东比较文学界的研究情况。

佛典·志怪·物语/王晓平著.—南昌：江西人民出版社，1990.7.—393页；大32开.—(东方文化丛书/季羡林等主编).—ISBN 7-210-00784-9(精装)：7.20元

本书以六朝至隋唐的志怪小说为中心，探讨秦汉经史叙事文学对志怪小说的价值观念、叙事手段与语言风格诸方面的影响，通过对佛典中的印度文学、中国志怪小说、日本佛教说话的对比研究，从翻译学、主题学与接受美学的角度，考察早期小说与国外文学的关系。

法制文学与创作/魏军著.—北京：警官教育出版社 1990.3.—224页；32开.—ISBN 7-81027-009-5：2.90元

法制文学概论/于洪笙等编著.—石家庄：花山文艺出版社，1990.4.—420页；32开.—ISBN 7-80505-

128-3：6.00元

相遇和对话：东西方文化、文学比较个案研究/刘以焕著.—重庆：重庆出版社，1990.5.—278页；大32开.—ISBN 7-5366-1061-0：3.80元

酒神的欢歌与日神的沉咏：中西文学传统比照/白云涛著.—沈阳：辽宁人民出版社，1990.7.—179页；32开.—ISBN 7-205-01206-6：2.30元

本书从体裁、作家、审美风格、文化精神以及小说、诗歌、神话等多重侧面展示了中西文学各自深厚的传统，比较了它们各自的特点和差异，探讨了中西文化互相影响，日趋融合的前景。

简明比较文学教程/刘献彪主编.—北京：文津出版社，1990.4.—401页；大32开.—ISBN 7-80554-046-2：5.65元

镜子和七巧板/杨周翰著.—北京：中国社会科学出版社，1990.2.—183页；32开.—（比较文学论丛/乐黛云主编）.—ISBN 7-5004-0584-7：2.60元

本书作者提出并探讨了我国比较文学研究中一些尚未引起足够重视的问题，如中西文学批评观念的差异，巴罗克在文学中的表现等。

I 01 文艺美学

艺术的时空美/赵捷选编.—南宁：广西人民出版社，1990.1.—242页；32开.—（当代艺坛丛书）.ISBN 7-219-01468-6：2.80元

文艺美学/栾贻信，盖光著.—北京：华龄出版社，1990.6.—457页；大32开.—ISBN 7-80082-057-2：6.70元

文学美学卷：中国美学史资料类编/江苏省美学学会编；关调公主编.—南京：江苏美术出版社，1990.6.—692页；大32开.—ISBN 7-5344-0157-7：8.60元

视觉思维的主体空间/蔡子谔著.—石家庄：花山文艺出版社，1990.1.—442页；大32开.—（当代文艺新思维论丛/李希凡主编）.—ISBN 7-80505-253-0：5.50元

本书以“格式塔”（Geseale）心理学即审美直觉心理学的基本原理及基本理论，对中国古代文论及当代美学、文艺学中有关艺术思维的主体性及思维性等理论问题，进行了较为深入的比较研究和阐发。

幽默的奥秘/柳庆林著.—济南：山东文艺出版社，1990.10.—307页；32开.—ISBN 7-5329-0549-7：3.90元

美学文学论集/樊德三著.—北京：光明日报出版社，1990.11.—270页；大32开.—ISBN 7-80014-973-0：3.90元

势与中国艺术/涂光社著.—北京：中国人民大学出版社，1990.7.—254页；大32开.—（中国古典美学范畴丛书）.—ISBN 7-300-00794-5：3.15元

I 04 文学写作学、文学创作方法

中外名篇笔法举要/岳云堂等主编.—沈阳：辽宁教育出版社，1990.5.—436页；32开.—ISBN 7-5382-1182-9：5.10元

文艺创作70讲/陆传才等编著.—南宁：广西教育出版社，1990.1.—453页；大32开.—ISBN 7-5435-0480-4：5.25元

文学创作方法新论/刘亮盈著.—桂林：广西师范大学出版社，1990.11.—170页；32开.—ISBN 7-5633-1004-5：2.20元

文学创作书简：一个编辑答一百个作者问/姚忠瑞编著.—南京：南京大学出版社，1990.11.—241页；32开.—ISBN 7-305-00938-5：3.20元

文学创作灵感论/郭久麟著.—成都：四川大学出版社，1990.12.—361页；32开.—ISBN 7-5614-0346-1：4.60元

写作与思维/袁忠鑫著.—沈阳：辽宁人民出版社，1990.10.—164页；32开.—ISBN 7-205-01518-9：2.40元

写作艺术大辞典/阎景翰主编.—西安：陕西人民出版社，1990.2.—1913页；32开.—ISBN 7-224-00545-2（精装）：31.00元

本词典收词目5439条。

写作心理学/刘雨著.—长春：东北师范大学出版社，1990.6.—267页；大32开.—ISBN 7-5602-0419-8：2.00元

写作构思艺术/左培俊等著.—武汉：长江文艺出版社，1990.1.—297页；32开.—ISBN 7-5354-0291-7：3.30元

写作概论/甘肃老年大学编.—兰州：甘肃人民出版社，1990.4.—272页；大32开.—老年大学试用教材.—ISBN 7-226-00597-2：3.55元

写作概论/余承滨主编.—武汉：华中师范大学出版社，1990.6.—266页；大32开.—全国高等师范专科学校教材.—ISBN 7-5622-0548-5：1.90元

创作辩证法/曾耀农著.—哈尔滨：北方文艺出版社，1990.12.—217页；32开.—ISBN 7-5317-0454-4：3.35元

讽刺论/（美）吉尔伯特·哈特著；万书元，江宁康译.—南宁：广西人民出版社，1990.5.—216页；大32开.—ISBN 7-219-01540-2：3.15元

作家创作与生活/任菊秋，祝一寰著.—牡丹江：黑龙江朝鲜民族出版社，1990.12.—189页；32开.ISBN 7-5389-0277-5：1.90元

思维与写作/程世寿主编.—北京：新华出版社，

1990.2.—343页；大32开.—ISBN 7-5011-0510-3：4.25元

最佳景色描写词典/倪文杰等主编.—北京：学术书刊出版社，1990.1.—720页；大32开.—ISBN 7-80045-516-5：11.50元

本辞典汇集了古今中外文学大师对各种自然景色的描写片断。

Ⅰ042　人物形象

人物性格与人物体系/郭瑞著.—桂林：漓江出版社，1988.2.—376页；大32开.—（当代文论丛书）.ISBN 7-5407-0502-7：4.40元

人情百态鉴赏/薛梦得主编.—北京：中国国际广播出版社，1990.12.—780页；32开.—ISBN 7-80035-311-7：10.70元

女性描写辞典/艾辰主编.—北京：学苑出版社，1990.10.—439页；32开.—ISBN 7-80060-921-9：8.95元

本辞典设女性外貌、动作、心理、语言等大类，大类下又分数十种小类，如外貌类含青丝、秀目、柳眉、香腮、玉臂、纤手等若干小类，小类下精选若干片断。

文学中的妓女形象/陈思和主编.—北京：人民日报出版社，1990.2.—221页；32开.—ISBN 7-80002-252-8：3.40元

俄汉双解文学形象小词典/苏玲，刘义编.—北京：商务印书馆，1990.1.—155页；32开.—ISBN 7-100-00068-8：2.00元

最佳女性描写辞典/倪文杰等主编.—北京：中国国际广播出版社，1990.10.—787页；32开.—ISBN 7-80035-550-0（精装）：12.35元

本辞典分外貌描写、表情描写、行为动作描写、身姿描写、面容描写、服饰描写六大部分，共计310余项。

最佳外貌描写词典/倪文杰等主编.—北京：能源出版社，1990.1.—703页；32开.—ISBN 7-80018-159-6：11.00元

本词典包括人物肖像、表情、身姿、面容、头发、胡须、唇齿、服饰等8个部分。

Ⅰ043/044　结构、风格、技巧

文学风格论/王明居著.—广州：花城出版社，1990.4.—282页；32开.—ISBN 7-5360-0516-4：3.75元

文笔鸣凤：历代作家风格章法研究/胡奇光著.—北京：语文出版社，1990.8.—302页；32开.—ISBN 7-80006-270-8：3.90元

文章结构论/杨荫浒主编.—长春：吉林文史出版社，1990.11.—482页；大32开.—ISBN 7-80528-306-0（精装）：9.80元

写作技巧探微/周曼如著.—成都：四川人民出版社，1990.4.—291页；32开.—ISBN 7-220-00926-7：3.60元

写作技法荟萃/李志义，邢维著.—上海：学林出版社，1990.8.—278页；32开.—ISBN 7-80510-478-6：3.30元

本书介绍写作技法120余种，包括立意、描写、叙述、结构、修辞、整体等。

写作描写教程/庄森著.—南宁：广西人民出版社，1990.5.—178页；32开.—ISBN 7-219-01559-3：1.85元

Ⅰ045　文学语言

中华妙语大辞典＝CHINESE WITTY REMARK DICTIONARY/苏育生主编；王若岭等编写.—西安：陕西人民教育出版社，1990.11.—838页；大32开.—ISBN 7-5419-0936-X（精装）：19.00元

中国语言大师锦句录：老舍卷/朱子明，崔毓秀编.—上海：文汇出版社，1990.7.—206页；32开.ISBN 7-80531-099-8：1.90元

文艺格言大全/吴泽永编.—南宁：广西人民出版社，1990.8.—1328页；32开.—ISBN 7-219-01650-6：15.00元

文学 语言 新闻　第二辑/云南大学中文系编.—昆明：云南大学出版社，1990.10.—406页；32开.（学术论丛）.—ISBN 7-81025-082-5：5.50元

文学翻译275问/李全安著.—郑州：河南人民出版社，1990.4.—422页；32开.—ISBN 7-215-00707-3：5.00元

巴金语言词典/林立编.—成都：四川辞书出版社，1990.11.—206页；32开.—（中国现代作家语言辞典丛书）.—ISBN 7-80543-067-5：3.20元

世界大文豪人生金句2000/积跬，蔚秀选编.—哈尔滨：哈尔滨出版社，1990.8.—319页；36开.—ISBN 7-80557-078-7：3.90元

世界文豪人际、处世妙语荟萃/曼松等编.—西宁：青海人民出版社，1990.6.—267页；32开.—（世界文豪妙语荟萃丛书）.—ISBN 7-225-00378-X：3.20元

世界文豪社会、人生妙语荟萃/曼松等编.—西宁：青海人民出版社，1990.6.—346页；32开.—（世界文豪妙语荟萃丛书）.—ISBN 7-225-00381-X：4.20元

世界文豪青年成材妙语荟萃/曼松等编.—西宁：青海人民出版社，1990.6.—273页；32开.—（世界文豪妙语荟萃丛书）.—ISBN 7-225-00380-1：3.30元

世界文豪爱情妙语荟萃/曼松等编.—西宁：青海人民出版社，1990.6.—208页；32开.—（世界文豪妙

语荟萃丛书）.—ISBN 7-225-00378-X：2.70元

语言文学论文集/广西语文学会编.—南宁：广西教育出版社，1990.11.—218页；32开.—ISBN 7-5435-1063-4：2.90元

语言文学研究论文集/于寒主编.—延吉：延边大学出版社，1990.12.—290页；32开.—ISBN 7-5634-0281-0：8.00元

隐喻/（英）泰伦斯·霍克斯著；穆南译.—太原：北岳文艺出版社，1990.2.—180页；36开.—（西方当代文艺批评译丛）.—ISBN 7-5378-0224-6：1.45元

本书将“隐喻”这一概念的各种主要观点置于具体的文学作品和历史环境中，从亚理士多德开始，经过古罗马、中世纪、文艺复兴，直至现代语言学家和人类学家的探索，从而展示出“隐喻”的发生、发展的历史进程。

超越语言：文学言语学刍议/鲁枢元著.—北京：中国社会科学出版社，1990.11.—259页；大32开.（文艺新学科建设丛书）.—ISBN 7-5004-0726-2：4.55元

I 05　各体文学理论和创作方法

艺文秘府/陈柏松著.—郑州：中州古籍出版社，1990.11.—265页；32开.—ISBN 7-5348-0454-X：4.20元

文体与创作/侯雁北等著.—西安：陕西人民教育出版社，1990.9.—290页；大32开.—ISBN 7-5419-1768-0：3.80元

本书讲述诗歌、小说、散文、报告文学、戏剧文学等文体的创作理论。

赤裸的缪斯：诗思维导论/纯子，高楠著.—沈阳：辽宁大学出版社，1990.12.—226页；大32开.—ISBN 7-5610-1079-6：3.00元

作诗百法/刘铁冷著.—影印本.—天津：天津市古籍书店，1990.5.—206页；32开.—2.70元

本书据1934年上海中原书局印本为底本影印。

现代诗学　卷一/骆寒超主编.—杭州：浙江大学出版社，1990.10.—243页；大32开.—（现代诗学丛书）.—ISBN 7-308-00633-6：2.75元

欧美诗论选/王治明选编.—西宁：青海人民出版社，1990.12.—420页；大32开.—ISBN 7-225-00336-4：5.90元

诗的审美/苗雨时著.—石家庄：河北人民出版社，1990.5.—325页；32开.—ISBN 7-202-00657-X：4.25元

诗的秘密/刘湛秋著.—北京：中国青年出版社，1990.8.—222页；大32开.—ISBN 7-5006-0359-2：3.90元

诗美学论集/陈世明著.—桂林：广西师范大学出版社，1990.12.—413页；大32开.—ISBN 7-5633-0726-5：5.30元

诗海探珠/许敏岐著.—桂林：漓江出版社，1990.8.—390页；32开.—ISBN 7-5407-0576-0：4.10元

诗歌艺术教程/冯中一主编.—济南：山东教育出版社，1990.10.—268页；大32开.—ISBN 7-5328-1010-0：2.95元

诗歌写作漫谈/李振起著.—石家庄：河北少年儿童出版社，1990.6.—113页；32开.—（人才摇篮丛书-B型·写作系列）.—ISBN 7-5376-0534-3：1.15元

诗歌创作艺术浅谈/田师善著.—北京：中国华侨出版公司，1990.12.—184页；32开.—（津门文艺丛书）.—ISBN 7-80074-398-5：2.70元

填词指要/狄兆俊著.—南昌：百花洲文艺出版社，1990.12.—249页；32开.—ISBN 7-80579-009-4：3.00元

本书选择常用词调80个，例词145阕，在格律方面，作了新的考订，在协韵方面，附有新订词韵。

新诗创作论/骆寒超著.—上海：上海文艺出版社，1990.10.—443页；大32开.—（中国现代文学研究丛书）.—ISBN 7-5321-0592-X：5.25元

意象符号与情感空间：诗学新解/吴晓著.—北京：中国社会科学出版社，1990.5.—252页；大32开.—ISBN 7-5004-0814-5：4.30元

本书是一部介绍诗歌新思维、新方法、新技巧的理论专著。

电影电视文学创作/林涵表著.—北京：文化艺术出版社，1990.3.—131页；32开.—ISBN 7-5039-0608：2.10元

电影剧作家的技巧/（苏）瓦依斯菲尔德（Вайсфельд, И.）著；伍菡卿，罗慧生译.—北京：中国电影出版社，1990.7.—265页；大32开.—ISBN 7-106-00197-X：3.10元

书名原文：Мастеретв Кинодраматурга

本书论述了电影剧作家从事创作应具备的各类专门知识和能力，对于电影剧作与电影文学剧本所涉及的电影性和文学性等问题也作了系统的探讨。

名人学者论幽默/吴治等编.—乌鲁木齐：新疆人民出版社，1990.1.—217页；大32开.—（喜剧美学丛书/陈孝英主编）.—ISBN 7-228-01157-0：3.00元

剧作艺术论/大连市艺术研究所剧作理论研究组编.北京：文化艺术出版社，1990.1.—523页；大32开.ISBN 7-5039-0497-6：7.15元

小小说艺术论/李兴桥著.—北京：中国华侨出版公司，1990.12.—179页；32开.—（津门文艺丛书）.

ISBN 7-80074-397-7：2.70元

小小说创作二十讲/王廷弼，木桦著.—哈尔滨：北方文艺出版社，1990.10.—199页；32开.—小小说创作者启蒙教材·大中专学生写作参考书.—ISBN 7-5317-0421-8：3.10元

小说二十四美/俞汝捷著.—北京：中国青年出版社，1990.8.—308页；32开.—（青年文库：新编本；39）.—ISBN 7-5006-0734-2

本书以古今中外的上百部小说为例证，系统地分析了小说之美的24种表现形态。

小说艺术论稿/何永康著.—南京：河海大学出版社，1990.12.—220页；大32开.—ISBN 7-5630-0345-2：4.30元

小说艺术的现在与未来/殷国明著.—上海：上海文艺出版社，1990.3.—340页；32开.—（牛犊丛书）.—ISBN 7-5321-0512-1：4.35元

小说写作训练/龙歌著.—北京：教育科学出版社，1990.6.—160页；32开.—（中外文化书林·写作入门丛书）.—ISBN 7-5041-0508-2：2.20元

小说写作系统工程论/雷耀发著.—南宁：广西民族出版社，1990.2.—315页；32开.—ISBN 7-5363-0751-9：4.00元

本书运用系统工程等方法论，深入浅出地揭示小说写作内在的深层建构和外在的演化规律。

小说创作入门/崔道怡著.—桂林：漓江出版社，1990.5.—384页；大32开.—ISBN 7-5407-0523-X：4.10元

小说——作家心理"罗曼史"/鲤维娜，王梅著.西宁：青海人民出版社，1990.3.—288页；大32开.ISBN 7-223-00276-7：4.50元

本书选取了但丁、歌德、列夫·托尔斯泰、泰戈尔、卡夫卡、海明威等十几位有代表性的作家，结合他们的一部或多部作品的形成过程，着重阐述了理智、情感、艺术趣味在艺术知觉、艺术想象、艺术构思中的重要作用。

小说美学经典三种/（英）卢伯克等编著；方土人，罗婉华译.—上海：上海文艺出版社，1990.4.425页；大32开.—（外国文学研究资料丛书/陈燊主编）.—ISBN 7-5321-0427-3：5.65元

本书包括：小说技巧/（英）卢伯克著；小说面面观/（英）福斯特著；小说结构/（英）缪尔著。

小说探秘/高作智著.—大连：大连出版社，1990.12.—227页；32开.—ISBN 7-80555-352-1：3.90元

当代小说艺术论/程德培著.—上海：学林出版社，1990.7.—370页；大32开.—ISBN 7-80510-420-4：5.95元

当代小说美学/鲁原著.—南宁：广西教育出版社，1990.12.—296页；大32开.—ISBN 7-5435-1072-3：3.70元

当代小说结构探索/赵增锴选编.—南宁：广西人民出版社，1990.1.—249页；32开.—（当代艺坛丛书）.—ISBN 7-219-01467-8：2.85元

当代叙事学/（美）华莱士·马丁著；伍晓明译.北京：北京大学出版社，1990.2.—327页；大32开.（文艺美学丛书）.—ISBN 7-301-01055-0：4.85元

本书从小说理论入手，在社会、历史、文化与哲学、精神分析的广阔背景中，对西方近代的各种叙事理论的得失，作了全面而精当的介绍与评述。

短篇小说的文体与写作/金梅著.—石家庄：河北少年儿童出版社，1990.6.—177页；32开.—（人才摇篮丛书—B型·写作系列）.—ISBN 7-5376-0536-X：1.65元

微型小说创作论/李丽芳，赵德利著.—昆明：云南民族出版社，1990.11.—193页；32开.—ISBN 7-5367-0372-4：3.20元

微型小说创作技巧/陈顺宣，王嘉良编著.—南宁：广西人民出版社，1990.6.—260页；32开.—ISBN 7-219-01568-2：3.10元

微型小说技法与鉴赏/杨昌江，甘德成编著.—北京：学苑出版社，1990.10.—237页；32开.—ISBN 7-5077-0139-5：3.40元

微型小说的理论与技巧/刘海涛著.—北京：中国人民大学出版社，1990.8.—300页；大32开.—ISBN 7-300-00940-9：4.75元

传记文学写作浅谈/徐江，鲍震培著.—石家庄：河北少年儿童出版社，1990.6.—110页；32开.—（人才摇篮丛书—B型·写作系列）.—ISBN 7-5376-0537-8：1.10元

报告文学艺术探/桑义燐著.—杭州：杭州大学出版社，1990.10.—210页；大32开.—ISBN 7-81035-052-8：3.50元

写信百事通/广占编.—海口：三环出版社，1990.4.—222页；32开.—ISBN 7-80564-168-4：3.00元

杂文写作技法/李凯源著.—石家庄：河北少年儿童出版社，1990.6.—129页；32开.—（人才摇篮丛书—B型·写作系列）.—ISBN 7-5376-0539-4：1.25元

杂文写作琐谈/李庚辰编著.—保定：河北大学出版社，1990.5.—169页；32开.—（杂文教学丛书/杜文远，楼沪光主编）.—ISBN 7-81028-003-1：2.90元

杂文创作概论/邓黔生著.—石家庄：花山文艺出版社，1990.11.—154页；32开.—（杂文教学丛书/杜文远，楼沪光主编）.—ISBN 7-80505-382-0：2.50元

情有所钟：散文奥秘的探寻/曹国瑞编著.—北京：

光明日报出版社，1990.7.—213页；32开.—ISBN 7-80014-798-3：2.90元

散文写作入门/刘赤符著.—南宁：广西教育出版社，1990.4.—301页；32开.—ISBN 7-5435-0814-1：3.15元

散文写作技巧/胡甫夏编著.—北京：教育科学出版社，1990.6.—162页；32开.—（写作入门丛书/姚振生主编）.—ISBN 7-5041-0510-4：2.20元

散文写作初谈/王建国著.—石家庄：河北少年儿童出版社，1990.6.—104页；32开.—（人才摇篮丛书—B型·写作系列）.—ISBN 7-5376-0538-6：1.05元

散文写作的成功之路/石英著.—天津：天津教育出版社，1990.1.—219页；32开.—ISBN 7-5309-0767-0：2.95元

散文美学论/徐治平著.—南宁：广西教育出版社，1990.4.—267页；大32开.—ISBN 7-5435-0803-6：3.60元

儿童小说创作论/任大霖著.—上海：少年儿童出版社，1990.12.—245页；大32开.—ISBN 7-5324-1200-8（精装）：9.00元

儿童文艺心理学/姚全兴著.—重庆：重庆出版社，1990.9.—392页；大32开.—ISBN 7-5366-1402-0（精装）：7.25元

儿童文学概论/《儿童文学概论》编写组编.—成都：四川少年儿童出版社，1990.12.—524页；大32开.—ISBN 7-5365-0703-8（精装）：7.90元

比较儿童文学初探/汤锐著.—武汉：湖北少年儿童出版社，1990.2.—173页；32开.—（儿童文学新论丛书/陈深主编）.—ISBN 7-5353-0636-5：1.75元

中国儿童文学理论批判与构想/班马著.—武汉：湖北少年儿童出版社，1990.2.—178页；32开.—（儿童文学新论丛书/陈深主编）.—ISBN 7-5353-0634-9：1.80元

古典神话辞典/马淑琴，晏立农编译.—长春：吉林人民出版社，1990.12.—658页；32开.—ISBN 7-206-00969-7（精装）：15.50元

世界寓言通论/陈蒲清著.—长沙：湖南教育出版社，1990.9.—345页；大32开.—ISBN 7-5355-1177-5（精装）：6.70元

神话的诗学/（苏）梅列金斯基（Мелеминский，Е.М.）著；魏庆征译.—北京：商务印书馆，1990.10.—534页；大32开.—ISBN 7-100-00339-3：5.85元

书名原文：Поэтика Мифа

童话艺术空间论/孙建江著.—武汉：湖北少年儿童出版社，1990.2.—184页；32开.—（儿童文学新论丛书/陈深主编）.—ISBN 7-5353-0635-7：1.85元

童话学ABC/赵景深著.—影印本.—上海：上海书店，1990.12.—116页；32开.—ISBN 7-80569-288-2：2.10元

本书据世界书局1929年版影印。

I 06　文学评论、文学欣赏

女性文学研究教学参考资料/谢玉娥编.—开封：河南大学出版社，1990.8.—404页；大32开.—ISBN 7-81018-522-5：2.90元

文艺鉴赏50法/尤廉编著.—福州：福建少年儿童出版社，1990.9.—227页；32开.—ISBN 7-5395-0415-3：2.60元

文学批评写作初步/臧策编著.—石家庄：河北少年儿童出版社，1990.6.—112页；32开.—（人才摇篮丛书—B型·写作系列）.—ISBN 7-5376-0540-8：1.10元

文学评论教程/王先霈，范明华著.—成都：四川文艺出版社，1990.6.—483页；大32开.—高等学校文科教材.—ISBN 7-5411-0613-5：3.30元

引渡现代人的舟筏在哪里：文艺现象沉思录/毛时安著.—上海：上海社会科学院出版社，1990.2.219页；大32开.—ISBN 7-80515-101-6：3.50元

本书共分3部分，第1部分是对近年文艺现象的批评；第2部分大都是作家作品的微观批评；第3部分是关于现代派艺术的提纲性研究。

名作鉴赏/郑延年，范裕华主编.—北京：中国广播电视出版社，1990.12.—269页；大32开.—ISBN 7-5043-0782-3：4.00元

我走路还是路走我：艺术和人在文化之网中的自我冲突/顾晓鸣著.—长沙：湖南文艺出版社，1990.2.361页；大32开.—ISBN 7-5404-0506-6：5.10元

评论：独立的艺术世界/贺兴安著.—武汉：长江文艺出版社，1990.4.—261页；大32开.—（文艺美学书系：第2辑）.—ISBN 7-5354-0307-7：4.00元

深邃的世界/李传申著.—郑州：河南人民出版社，1990.10.—300页；32开.—ISBN 7-215-01151-8：5.00元

本书包括诗的艺术世界和小说及其他艺术世界。

I 1　世界文学

外国文学自学纲要/新疆维吾尔自治区外国文学学会，新疆大学中文系外国文学教研室编.—乌鲁木齐：新疆大学出版社，1990.9.—362页；32开.—ISBN 7-5631-0147-0：4.20元

外国文学指要/郑忠信，许可权主编.—郑州：河南人民出版社，1990.7.—321页；大32开.—高等师范院校文科教材.—ISBN 7-215-01045-7：4.20元

I 106　作品评论和研究

二十世纪外国文学名著导读/20世纪外国文学名著导读编委会编著.—济南：黄河出版社，1990.8.3册（360，369，285页）；32开.—ISBN 7-80558-188-6：12.50元

本书包括上、中、下三卷，内容分别为诗歌、小说、戏剧。

二十世纪西方文学/宋寅展，苏成全主编.—武汉：华中师范大学出版社，1990.6.—342页；大32开.ISBN 7-5622-0469-1：2.65元

人与命运/萌萌著.—广州：花城出版社，1990.6.258页；32开.—（八方丛书；第2辑）.—ISBN 7-5360-0621-7：3.50元

中外文学十大情痴/韩冰编.—济南：山东文艺出版社，1990.7.—308页；36开.—（爱情文学丛书/杜贵晨主编）.—ISBN 7-5329-0439-3：3.35元

本书选编唐明皇、崔莺莺、杜丽娘、玉堂春、贾宝玉、德·瑞那夫人、朱丽叶、维特、安娜·卡列尼娜、茶花女10位中外名著的爱情主角的传记。

中外文学名著评述：中国现当代文学卷/辽宁省中师语文导读编写组编.—杭州：浙江大学出版社，1990.2.—244页；大32开.—（中师语文导读/海静波主编）.—ISBN 7-308-00452-X：3.45元

中外文学名篇选讲/史春义，翟源河主编.—哈尔滨：黑龙江人民出版社，1990.8.—439页；32开.ISBN 7-207-01613-1：4.90元

中外文学名篇选读/陈荣林主编.—南京：江苏教育出版社，1990.8.—311页；32开.—中专、职工技校语文阅读教材.—ISBN 7-5343-1143-8：3.50元

本书分古典文学、现代当代文学和外国文学3部分，各篇都包括原文、注释和简析，共60余篇。

中外名作欣赏/河北人民广播电台文艺部编.—石家庄：花山文艺出版社，1990.12.—2册（312，323页）；32开.—ISBN 7-80505-399-5：6.00元

世界名著鉴赏大辞典：诗歌散文卷/王志远主编译.北京：中国书籍出版社，1990.10.—2352页；32开.ISBN 7-5068-0014-4（精装）：45.90元

外国文学：导论、作家作品选讲/吴朗主编.—长春：东北师范大学出版社，1990.12.—718页；大32开.—全国高等师范专科学校教材.—ISBN 7-5602-0401-5：5.00元

外国文学女性长廊/王太丰编著.—石家庄：河北教育出版社，1990.4.—369页，大32开.—ISBN 7-5434-0831-7：4.55元

本书把外国文学名著中的一些著名女性形象挑出来，加以介绍和评述。每个女性条目含"故事梗概"和"形象分析"两项内容。

外国文学专辑　第四辑/张驰主编.—天津：新蕾出版社，1990.2.—280页；32开.—（中学生文学欣赏丛书）.—ISBN 7-5307-0484-2：2.95元

外国文学名著题解　上册/中国青年出版社编.—北京：中国青年出版社，1990.8.—546页；32开.（青年文库：新编本；23）.—ISBN 7-5006-0734-2

外国文学名著题解　下册/中国青年出版社编.—北京：中国青年出版社，1990.8.—549～1036页；32开.—（青年文库：新编本；24）.—ISBN 7-5006-0734-2

外国文学论稿/施雪著.—大连：大连理工大学出版社，1990.10.—314页；32开.—（外国文学教学研究参考丛书）.—ISBN 7-5611-0360-3：4.00元

外国文学作品学习指导/王永昌，戴继忠主编.—南京：江苏少年儿童出版社，1990.10.—207页；32开.ISBN 7-5346-0588-1：2.35元

外国文学学习指导书/中央广播电视大学中文系外国文学教研组编.—2版（修订本）.—北京：中央广播电视大学出版社，1990.5.—265页；32开.—ISBN 7-304-00506-8：1.55元

本书1987年5月第1版。

外国文学研究集刊　第十四辑/中国社会科学院外国文学研究所编.—北京：中国社会科学出版社，1990.8.—355页；大32开.—ISBN 7-5004-0750-5：5.65元

外国文学简明教程/蹇昌槐主编.—武汉：华中师范大学出版社，1990.12.—471页；大32开.—ISBN 7-5622-0587-6：6.30元

外国现当代文学名著五十篇阅读与赏评　（下）/卢启智等主编.—北京：高等教育出版社，1990.1.—395页；大32开.—高等院校文科教材.—ISBN 7-04-002418-7：3.00元

西洋文学讲座/方璧等著.—影印本.—上海：上海书店，1990.12.—1册；32开.—（民国丛书选印）.ISBN 7-80569-302-1：11.50元

青少年读书向导：文学卷/浦漫汀主编.—昆明：云南少年儿童出版社，1990.11.—672页；大32开.ISBN 7-5414-0532-9：8.70元

阅读和欣赏：外国文学部分　（八）/何文林等编.北京：北京出版社，1990.1.—217页；32开.—ISBN 7-200-00687-4：2.70元

阅读和欣赏：外国文学部分　（九）/陈惇等编译.北京：北京出版社，1990.1.—237页；32开.—ISBN 7-200-00744-7：2.95元

阅读和欣赏：外国文学部分　（十）/陈惇等编译.北京：北京出版社，1990.1.—268页；32开.—ISBN 7-200-00745-5：5.25元

阅读和欣赏：古典文学部分　（十三）/中央人民广播电台文艺部编.—北京：中国广播电视出版社，1990.

6.—207页；32开.—中央人民广播电台广播稿选.ISBN 7-5043-0284-8：2.75元

中外小说大辞典/周振甫等主编.—北京：现代出版社，1990.2.—1383页；32开.—ISBN 7-80028-064-0(精装)：29.00元

本辞典分中国小说和外国小说两部分。中国部分收古代至1949年以前的小说；外国部分收1936年底以前已译成中文出版的小说。全书收条目2527个。

中外抒情散文鉴赏辞典/魏国强，姚翠文主编.—长春：长春出版社，1990.11.—1322页；32开.—ISBN 7-80573-354-6(精装)：23.00元

本辞典遴选古今中外抒情散文名篇和港台优秀散文进行赏析品评。全书分中国古代、现当代部分，以及海外华人部分和外国部分。

中外童话大观/郭大森，高帆主编.—长春：东北师范大学出版社，1990.12.—1011页；大32开.—ISBN 7-5602-0420-1(精装)：18.00元

本书共选收1762个辞条，计分童话理论知识、中国童话作家、中国童话作品、中国童话人物形象、中国童话报刊及其它、外国童话作家、外国童话作品、外国童话人物形象8个大部类编撰。

中外寓言鉴赏辞典/陈蒲清主编.—长沙：湖南出版社，1990.7.—619页；32开.—ISBN 7-5438-0005-5(精装)：10.00元

中外微型小说鉴赏辞典/张光勤，王洪主编.—北京：社会科学文献出版社，1990.11.—969页；大32开.—ISBN 7-80050-160-4(精装)：15.00元

中西小说艺术谈/陈家宁著.—北京：北京师范学院出版社，1990.8.—173页；32开.—ISBN 7-81014-471-5：3.00元

古今中外朦胧诗鉴赏辞典/徐荣街，徐瑞岳主编.郑州：中州古籍出版社，1990.11.—785页；大32开.—ISBN 7 5348-0308-X(精装)：12.80元

世界名诗鉴赏词典/辜正坤主编.—北京：北京大学出版社，1990.2.—1097页；16开.—ISBN 7-301-00893-7(精装)：39.50元

本书选入470多位古今著名诗人作品近1000首。对入选诗歌，除正文外，撷取各家评论、分析、间杂以执笔者见解。

世界著名童话鉴赏辞典/蒋凤主编.—南京：江苏少年儿童出版社，1990.7.—945页；32开.—ISBN 7-5346-0520-2(精装)：12.45元

本书荟萃了世界著名童话(不含中国)133家，160篇。

世界短篇小说名著鉴赏辞典/王洪，吴岳添主编.北京：北京燕山出版社，1990.3.—1968页；大32开.ISBN 7-5402-0130-4(精装)：27.50元

世界童话史/马力著.—沈阳：辽宁少年儿童出版社，1990.12.—390页；大32开.—ISBN 7-5315-0835-4：4.60元

外国民间文学论谭/邓启龙著.—广州：广东高等教育出版社，1990.7.—300页；32开.—ISBN 7-5361-0488-X：3.50元

圣经文学导读/梁工著.—桂林：漓江出版社，1990.6.—432页；32开.—ISBN 7-5457-0554-X：4.70元

现代外国小说导读词典/王向远等主编.—北京：学苑出版社，1990.1.—783页；32开.—ISBN 7-80060-734-8(精装)：14.50元

本词典精选二十世纪以来亚非、欧美、苏联、拉美等，我国已译介过的256位作家的377部(篇)作品。

国际报告文学研究/尹均生编著.—武汉：湖北教育出版社，1990.1.—320页；32开.—ISBN 7-5351-0441-X：4.10元

诗的窥视/高戈著.—兰州：甘肃人民出版社，1990.6.—326页；32开.—ISBN 7-226-00579-4：3.50元

这是一本谈论诗歌创作及评论的文集。

散文鉴赏集/郑洛主编.—上海：华东师范大学出版社，1990.4.—330页；32开.—(师范生阅读丛书).—ISBN 7-5617-0574-3：3.10元

简明戏剧词典/云岚等编写.—上海：上海辞书出版社，1990.9.—512页；32开.—ISBN 7-5326-0082-3(精装)：16.00元

I 109　文学史、文学思想史

二十世纪西方文学理论/畅广元主编.—西安：陕西人民出版社，1990.9.—422页；大32开.—ISBN 7-224-01327-7：6.85元

本书对西方文论学派各自的基本观点与理论特色作了阐述。

中外文学之最/梁球编著.—南宁：广西民族出版社，1990.1.—251页；32开.—ISBN 7-5363-0723-3：3.20元

本书是把世界文学史上出现最早、成就最高、影响最大、篇幅最长等等之"最"的作品或文学社团收集而成的。

外国文学/都本海，孟庆枢主编.—长春：东北师范大学出版社，1990.12.—512页；大32开.—大学中文函授教材.—ISBN 7-5602-0457-0：3.65元

外国文学/智量，房文斋主编.—上海：华东师范大学出版社，1990.6.—361页；大32开.—高等师专教材.—ISBN 7-5617-0538-7：2.69元

外国文学史纲/陶德臻主编.—北京：北京出版社，1990.8.—568页；大32开.—高等学校文科教材.ISBN 7-200-01085-5：7.70元

外国文学新编/谭绍凯主编.—重庆：重庆出版社，

1990.10.—704页；大32开.—高等院校中文专业本科、专科、专科起点班、函授通用教材.—ISBN 7-5366-1349-0：8.40元

外国现代派文学辞典/赵乐甡主编.—长春：吉林文史出版社，1990.10.—600页；32开.—ISBN 7-80528-317-6(精装)：11.00元

西方文学：心灵的历史/徐葆耕著.—北京：清华大学出版社，1990.12.—498页；大32开.—ISBN 7-302-00721-7：5.90元

本书是一部从文化心理视角系统描述西方文学发展历史的学术著作。

佛经传译与中古文学思潮/蒋述卓著.—南昌：江西人民出版社，1990.9.—145页；大32开.—(东方文化丛书/季羡林等主编).—ISBN 7-210-00871-3(精装)：4.60元

新东方文学史：古代、中古部分/梁潮等著.—桂林：广西师范大学出版社，1990.8.—617页；大32开.—ISBN 7-5633-0916-0：9.20元

新编外国文学教程/李锡禧，谭燧主编；湖南师范大学中文系外国文学研究室编.—长沙：湖南师范大学出版社，1990.8.—2册(526，379页)；大32开.ISBN 7-81031-027-5：11.50元

I 11　作品集

一分钟世界名著　第一卷/王喜平等编写.—北京：学苑出版社，1990.1.—447页；32开.—(名著普及速读文库).—ISBN 7-80060-731-3：5.50元

一分钟世界名著　第二卷/王喜平等编写.—北京：学苑出版社，1990.1.—467页；32开.—(名著普及速读文库).—ISBN 7-80060-732-1：5.50元

一分钟世界名著　第三卷/王喜平等编写.—北京：学苑出版社，1990.1.—457页；32开.—(名著普及速读文库).—ISBN 7-80060-733-X：5.50元

一分钟爱情世界名著/李旭，徐军齐主编.—北京：学苑出版社，1990.1.—412页；32开.—(名著普及速读文库).—ISBN 7-80060-730-5：4.90元

本书选编61篇爱情世界名著情节梗概。

二十世纪西方文学作品选/宋寅展，苏成全主编.武汉：华中师范大学出版社，1990.6.—350页；大32开.—ISBN 7-5622-0470-5：2.70元

古今中外文学名篇拔萃：少儿部分　(1)：中国儿童小说卷/柯岩主编；韩淑锦，张光昌选编.—青岛：青岛出版社，1990.4.—636页；大32开.—ISBN 7-5436-0452-3：8.35元

古今中外文学名篇拔萃：少儿部分　(2)：外国儿童小说卷/柯岩主编；韩淑锦，张光昌选编.—青岛：青岛出版社，1990.4.—454页；大32开.—ISBN 7-5436-0449-3：6.35元

古今中外文学名篇拔萃：少儿部分　(3)：中国童话卷/柯岩主编；柯玉生选编.—青岛：青岛出版社，1990.3.—594页；大32开.—ISBN 7-5436-0461-2：7.90元

古今中外文学名篇拔萃：少儿部分　(4)：外国童话卷/柯岩主编；柯玉生选编.—青岛：青岛出版社，1990.4.—598页；大32开.—ISBN 7-5436-0445-0：7.95元

古今中外文学名篇拔萃：少儿部分　(5)：中国儿童诗卷/柯岩主编；田地，金波选编.—青岛：青岛出版社，1990.4.—359页；大32开.—ISBN 7-5436-0450-7：5.40元

古今中外文学名篇拔萃：少儿部分　(6)：外国儿童诗卷/柯岩主编；金波，田地选编.—青岛：青岛出版社，1990.5.—436页；大32开.—ISBN 7-5436-0470-1：6.30元

古今中外文学名篇拔萃：外国中篇小说卷/柯岩主编；万莹华选编.—青岛：青岛出版社，1990.12.566页；大32开.—ISBN 7-5436-0547-3：7.90元

古今中外文学名篇拔萃：外国短篇小说卷　(上)/柯岩主编；万莹华选编.—青岛：青岛出版社，1990.12.—536页；大32开.—ISBN 7-5436-0538-4：7.60元

古今中外文学名篇拔萃：外国诗卷/柯岩主编；绿原选编.—青岛：青岛出版社，1990.12.—524页；大32开.—ISBN 7-5436-0565-1：7.50元

外国文学名著普及本丛书　1～2/新世纪出版社编.广州：新世纪出版社，1990.11.—22册；大32开.ISBN 7-5405-0451-X(套装)：49.00元

曹靖华译著文集　第二卷/曹靖华译.—郑州：河南教育出版社；北京：北京大学出版社，1990.3.—552页；大32开.—ISBN 7-5347-0728-5：8.25元

本卷收入反映苏联国内战争时期生活的《保卫察里津》和反映卫国战争时期生活的《虹》两部长篇小说。

傅雷译文集　第七卷/傅雷译.—新1版.—合肥：安徽文艺出版社，1990.4.—496页；大32开.—ISBN 7-5396-0218-X(精装)：7.30元

本卷收罗曼·罗兰著《翰约·克利斯朵夫》第一册。

傅雷译文集　第八卷/傅雷译.—新1版.—合肥：安徽文艺出版社，1990.4.—602页；大32开.—ISBN 7-5396-0219-8(精装)：8.55元

本卷收罗曼·罗兰的《约翰·克利斯朵夫》第二册。

傅雷译文集　第九卷/傅雷译.—新1版.—合肥：安徽文艺出版社，1990.4.—537页；大32开.—ISBN 7-5396-0220-1(精装)：7.75元

本卷收罗曼·罗兰的《约翰·克利斯朵夫》第三册。

傅雷译文集　第十卷/傅雷译.—新1版.—合肥：安徽文艺出版社，1990.4.—462页；大32开.—ISBN 7-5396-0221-X(精装)：6.80元

本卷收罗曼·罗兰《约翰·克利斯朵夫》第四册。

傅雷译文集 第十三卷/傅雷译.—新1版.—合肥：安徽文艺出版社，1990.6.—704页；大32开.—ISBN 7-5396-0224-4（精装）：10.50元

本卷收辑梅里美的《嘉尔曼》、《高龙巴》；莫罗阿的《人生五大问题》、《恋爱与牺牲》以及罗丹的《罗丹艺术论》。

港台海外华文文学 （10）/《四海》编辑委员会编.—北京：中国文联出版公司，〔1990〕.—186页；16开.—（四海丛书）.—ISBN 7-5059-1133-3：5.75元

I 12 诗歌集

少男少女喜爱的纯情诗/邓铁辉编选.—沈阳：春风文艺出版社，1990.8.—196页；32开.—ISBN 7-5313-0378-7：2.70元

中外名诗三百首/张永健，王芝主编.—沈阳：辽宁少年儿童出版社，1990.10.—297页；大32开.—ISBN 7-5315-0796-X：3.50元

中外名家散文诗选/强弓选编.—杭州：浙江文艺出版社，1990.11.—192页；32开.—（中外精品诗丛）.ISBN 7-5339-0285-8：2.10元

中外抒情诗100首/沈国平主编.—南京：南京出版社，1990.1.—276页；36开.—（青少年世界文学名著导读丛书/沈国平等主编）.—ISBN 7-80560-149-6：2.70元

中外咏物诗赏析/张德明选析.—杭州：浙江文艺出版社，1990.11.—238页；32开 （中外精品诗丛）.—ISBN 7-5339-0283-1：2.55元

中外诗人成名作选/晓彰，肖徐选编.—杭州：浙江文艺出版社，1990.11.—203页；32开.（中外精品诗丛）.—ISBN 7-5339-0284-X：2.20元

中外唯美诗集萃/德明，剑钊选编.—杭州：浙江文艺出版社，1990.11.—177页；32开.—（中外精品诗丛）.—ISBN 7-5339-0287-4：2.00元

中外情诗英华/杜敏编.—济南：山东文艺出版社，1990.6.—459页；36开.—（爱情文学丛书/杜贵晨主编）.—ISBN 7-5329-0440-7：5.00元

本书选编中外情诗272首。

中外题赠诗集锦/张德明评注.—杭州：浙江文艺出版社，1990.11.—226页；32开.—（中外精品诗丛）.—ISBN 7-5339-0286-6：2.40元

古今中外爱情诗歌荟萃/姜葆夫等编注.—南宁：广西教育出版社，1990.8.—270页：插图；32开.—ISBN 7-5435-1001-4：3.25元

世界著名诗人爱情诗选/冯钟编.—武汉：长江文艺出版社，1990.8.—196页；32开.—ISBN 7-5354-0358-1：2.45元

外国百家爱情诗选/郑民钦等编选.—贵阳：贵州人民出版社，1990.12.—312页；大32开.—ISBN 7-221-01876-6：4.50元

外国抒情诗歌选/邵鹏健编.—南昌：百花洲文艺出版社，1990.7.—481页；32开.—ISBN 7-80579-026-4：5.30元

本书收集了英、法、德、俄、美、东南欧和亚、非 拉美等国70多位著名诗人的代表作品200余篇。

外国现代女诗人诗选/吴笛，李力译.—桂林：漓江出版社，1990.2.—264页；32开.—（域外诗丛）.ISBN 7-5407-0530-2：3.80元

外国现代派百家诗选/刘湛秋，马高明编选.—贵阳：贵州人民出版社，1990.3.—528页；大32开.ISBN 7-221-01149-4：6.00元

外国朦胧诗150首/鲁玛编.—广州：花城出版社，1990.4.—219页；32开.—ISBN 7-5360-0569-5：3.00元

本书选收外国抒情诗150余首，其中囊括诺贝尔文学奖得主，以及众多现代诗重要流派的代表性诗人。

美妙的瞬间：初恋/奋力，傲霜编选.—哈尔滨：北方文艺出版社，1990.8.—95页；32开.—（丘比特文库·诗歌卷：西方爱情诗新选）.—ISBN 7-5317-0365-3：2.05元

爱的祈祷：单恋/奋力，傲霜编选.—哈尔滨：北方文艺出版社，1990.8.—67页；32开.—（丘比特文库·诗歌卷：西方爱情诗新选）.—ISBN 7-5317-0362-9：1.80元

爱情诗哲理诗探索诗精选/未民编.—海口：南海出版公司，1990.6.—247页；32开.—（超级丛书·古今中外知识宝库；第一辑/温愠主编）.—ISBN 7-80570-198-9：3.65元

留下梦的姑娘：失恋/奋力等编选.—哈尔滨：北方文艺出版社，1990.8.—82页；32开.—（丘比特文库·诗歌卷：西方爱情诗新选）.—ISBN 7-5317-0364-5：1.95元

海内外新诗选萃 1990年卷/百花文艺出版社编.天津：百花文艺出版社，1990.6.—126页；大32开.ISBN 7-5306-0525-9：2.90元

蓝色的幻想：热恋/奋力，傲霜编选.—哈尔滨：北方文艺出版社，1990.8.—85页；32开.—（丘比特文库·诗歌卷：西方爱情诗新选）.—ISBN 7-5317-0363-7：2.00元

感情的花束：外国名家散文诗/薛菲译.—杭州：浙江文艺出版社，1990.8.—146页：照片；32开.—ISBN 7-5339-0313-7：1.85元

I 13 戏剧集

中外电影故事/中国电影发行放映公司宣传处编.北京：中国电影出版社，1990.1.—335页：剧照；大32开.—ISBN 7-106-00418-9：5.00元

中外台词荟萃/顾兴业，申晓蔚编.—南京：江苏人民出版社，1990.8.—392页；大32开.—(荟萃丛书).—ISBN 7-214-00535-2：5.50元

世界著名歌剧本事/张承谟著.—上海：上海教育出版社，1990.6.—329页；32开.—(中学生文库).ISBN 7-5320-1751-6：2.75元

欧美戏剧小说100部/杨大中主编.—南京：南京出版社，1990.3.—268页；36开.—(青少年世界文学名著导读丛书).—ISBN 7-80560-161-5：2.70元

奥斯卡金像奖电影故事集/朱玛主编.—成都：四川人民出版社，1990.9.—489页；32开.—ISBN 7-220-01015-X：5.40元

I 14 小说集

女儿情：外国篇/柳鸣九主编.—合肥：安徽文艺出版社，1990.11.—312页；大32开.—(人间有情小说系列).—ISBN 7-5396-0583-9：4.60元

中外古今文学名著故事大全 第1辑/李德明主编.贵阳：贵州人民出版社，1990.9.—382页；插图；32开.—ISBN 7-221-01983-5：4.70元

中外古今文学名著故事大全 第2辑/李德明主编.贵阳：贵州人民出版社，1990.9.—372页；插图；32开.—ISBN 7-221-01984-3：4.60元

中外古今文学名著故事大全 第3辑/李德明主编.贵阳：贵州人民出版社，1990.9.—368页；插图；32开.—ISBN 7-221-01985-1：4.60元

中外古今文学名著故事大全 第4辑/李德明主编.贵阳：贵州人民出版社，1990.9.—358页；插图；32开.—ISBN 7-221-01597-X：4.40元

中外法制微型小说选/倪平编选.—上海：学林出版社，1990.4. 231页；大64开.—ISBN 7-80510-404-2：1.35元

中外微型爱情小说/韶泉编.—济南：山东文艺出版社，1990.8.—413页；36开.—(爱情文学丛书/杜贵晨主编).—ISBN 7-5329-0438-5：4.55元

世界上最不可思议的故事/(美)朱利安·西蒙斯等著；李冉等译.—长沙：湖南文艺出版社，1990.10.—429页；32开.—ISBN 7-5404-0605-4：4.60元

本书收入：沙皇宫廷神人拉斯普丁/(加拿大)柯林·威尔逊著；斯特拉特福异象纪实/(美)巴巴拉·迈克尔斯著；世界级巫师传奇/(苏格兰)朱利安·西蒙斯著；芝加哥城魔窟探密/(美)罗伯特·布洛克著，均选自美国《读者文摘》。

世界文学名著撷秀——情书/翁惠清，吴俊茂编.北京：作家出版社，1990.3.—246页；32开.—ISBN 7-5063-0335-3：3.35元

本书收入的情书摘自世界文学名著，如巴尔扎克《交际花盛衰记》，小仲马《茶花女》，屠格涅夫《烟》、《罗亭》，陀斯妥耶夫斯基《白夜》，哈代《德伯家的苔丝——一个纯洁的女人》等，共70余封。

世界心理小说名著选：法国部分 (一)/柳鸣九主编.—贵阳：贵州人民出版社，1990.12.—460页；大32开.—ISBN 7-221-01610-0：6.40元

世界心理小说名著选：法国部分 (二)/柳鸣九主编.—贵阳：贵州人民出版社，1990.12.—501页；大32开.—ISBN 7-221-01611-9：6.35元

世界心理小说名著选：法国部分 (三)/柳鸣九主编.—贵阳：贵州人民出版社，1990.12.—538页；大32开.—ISBN 7-221-01612-7：6.75元

世界心理小说名著选：俄苏部分 (一)/柳鸣九主编；钱善行选编.—贵阳：贵州人民出版社，1990.4.—408页；大32开.—ISBN 7-221-01608-9：6.20元

世界心理小说名著选：俄苏部分 (二)/柳鸣九主编；钱善行选编.—贵阳：贵州人民出版社，1990.12.—356页；大32开.—ISBN 7-221-01609-7：5.30元

世界电影小说集 (20)/冯由礼编.—北京：中国电影出版社，1990.1.—342页：剧照；32开.—ISBN 7-106-00231-3：3.70元

世界名作家小小说精华/(美)霍桑等著；张绍浩译.—长沙：湖南文艺出版社，1990.10.—285页；32开.—ISBN 7-5404-0597-X：3.50元

世界讽刺小说选/傅开沛编.—郑州：海燕出版社，1990.8.—311页：图；32开.—ISBN 7-5350-0274-9：2.75元

世界推理小说大观/日本自由国民社编；冯朝阳等译.—北京：群众出版社，1990.5.—447页；大32开.ISBN 7-5014-0443-9：7.50元

外国中篇小说 第八卷/陈士林选编.—昆明：云南人民出版社，1990.6.—659页；大32开.—ISBN 7-222-00217-0：7.95元

本书收集了俄罗斯和苏维埃作家的中篇小说10篇。

外国传奇故事/萧晓等改编.—西安：未来出版社，1990.2.—258页；32开.—(中外文学名著缩编本丛书/霍松林主编).—ISBN 7-5417-0300-1：2.80元

医林观奇/戴洪龄等主编.—长春：吉林人民出版社，1990.5.—237页；32开.—ISBN 7-206-00741-4：2.80元

本书猎取了古今中外与医学有关的百余篇奇特故事，有的荒唐可笑，有的惨不忍睹，有的又近乎天方夜谭，但它却是真实的。

波伦堡谜案/( )伊芙琳·安东尼著；寸草，亦舟

译.一北京：农村读物出版社，1990.1.—221页；32开.—ISBN 7-5048-0981-0：2.95元

幽灵夜访：中短篇小说集/（英）狄更斯（Dickens，C.）等著；陆永兴译.一南京：译林出版社，1990.3.—219页；32开.—ISBN 7-80567-036-6：3.00元

浮士德/(德)歌德等著；穆夫改写.一广州：新世纪出版社，1990.11.—187页：图；大32开.—（外国文学名著普及本丛书；1）.—ISBN 7-5405-0451-X：2.05元

本书收入《伊利亚特和奥德赛》、《黑帆船》、《神曲》、《浮士德》、《海华沙之歌》、《青鸟》等文学作品改写的故事。

I 15 报告文学集

人间传奇40篇/路晨编.一兰州：甘肃人民出版社，1990.10.—232页；大32开.—（读者文摘丛书）.ISBN 7-226-00639-1：2.90元

从金融巨子到狱中囚犯/文有仁主编.一北京：新华出版社，1990.9.—80页；21开.—（世界报刊文摘丛书；4）.—ISBN 7-5011-0836-6：1.80元

世界名人罗曼史/甘如等主编.一北京：华龄出版社，1990.3.—319页；32开.— ISBN 7-80082-059-9：450元

世界灾难纪实/戴杰，陆林主编.一长春：时代文艺出版社，1990.7.—397页；32开.—（中外纪实文学丛书）.—ISBN 7-5387-0248-2：5.40元

本书汇集了80年代世界上发生的重大灾难性事件，包括政治的、经济的，以及海难、空难等其他天灾人祸。

世界奇特女性/阿利等编.一北京：中国广播电视出版社，1990.7.—394页；32开.—ISBN 7-5043-0546-4：4.90元

死亡之秘：震惊世界的结局/胡宗锋等编译.一南宁：广西人民出版社，1990.6.—316页；32开.（世界探秘丛书）.—ISBN 7-219-01561-5：3.50元

本书揭示了海明威、梦露、雪莱、高尔基等13位世界名人的死亡之秘。

来自花花世界的烦恼：当代世界纪实报告文学精选/王永利编译.一哈尔滨：黑龙江人民出版社，1990.7.—333页；32开.—ISBN 7-207-01624-7：4.80元

美国特种部队内幕/徐翼编译.一哈尔滨：北方文艺出版社，1990.6.—101页；36开.—（外国纪实文学小丛书）.—ISBN 7-5317-0328-9：1.65元

普利策最佳国际报道奖获奖文选/（联邦德国）菲舍尔（Fischer，H.D.）编；应谦，李焕明译.一北京：新华出版社，1990.1.—386页；32开.—ISBN 7-5011-0560-X：4.00元

书名原文：Outstanding Interndtionalpress Reporeing

I 16 散文集

中外名人绝笔咀华/遥见，黄清华编著.一兰州：甘肃少年儿童出版社，1990.9.—320页；32开 —ISBN 7-5422-0360-6：3.50元

本书分为遗书、遗嘱和遗言3部分。

中外贺辞赠言选粹/江红辉，王迈迈编.一武汉：武汉工业大学出版社，1990.4.—154页；32开.—ISBN 7-5623-0339-5：2.50元

中外哲理散文选/伍倍子编.一北京：中国青年出版社，1990.8.—181页；32开.—（青年文库/北京市教育局选编）.—ISBN 7-5006-0027-5：2.00元

本书收入中外名作家有关自然的启示、人生的探索及社会的思考三方面的哲理散文名篇。

中外情书英华/成南，萧晨选评.一济南：山东文艺出版社，1990.6.—293页；36开.—（爱情文学丛书/杜贵晨主编）.—ISBN 7-5329-0441-5：3.30元

本书收入中外名人情书84篇。

中外演讲名篇赏析/刘德强主编.一上海：百家出版社，1990.4.—474页；32开.—ISBN 7-80576-053-5：5.20元

中外赠言精选/洲浩编.一北京：北京体育学院出版社，1990.5.—182页；48开.—ISBN 7-81003-425 1：2.00元

世界优秀散文诗精选/钟星编选.一哈尔滨：北方文艺出版社，1990.8.—232页；32开.—（金马散文诗丛）.—ISBN 7-5317-0381-5：3.75元

世界名著情书鉴赏大观/田地人主编.一上海：复旦大学出版社，1990.7.—938页；32开.—ISBN 7--309-00487-6：14.50元

闪光的珍珠：中外散文选/步根海，周宏编选.一上海：知识出版社，1990.4.—214页：插图；32开.（少年礼品丛书/徐振维，沈宝良主编）.—ISBN 7-5015-5442-0：2.55元

名人日记/斯人编.一南京：江苏文艺出版社，1990.7.—377页；32开.—（名人丛书）.—ISBN 7-5399-0198-5：4.40元

本书精选古今中外名人日记数百则。

名人书信/斯人编.一南京：江苏文艺出版社，1990.7.—284页；32开.—（名人丛书）.—ISBN 7-5399-0189-6：3.50元

本书选编中外名人书信95封。

名人书信故事/（美）舒斯特（Schuster，M.L.）编撰；叶冬心译.一北京：人民日报出版社，1990.9.—289页；32开.— ISBN 7-80002-280-3：3.30元

名人的情书/甘如等编.一北京：华龄出版社，1990.10.—211页；32开.—ISBN 7-80082-061-0：

3.30元

名人墓志铭趣闻/谭兆秋编.一长沙：湖南文艺出版社，1990.3.—148页；32开.—ISBN 7-5404-0509-0：2.00元

本书共收入古今中外约200名人的墓志铭。

诺贝尔文学奖获得者散文选/罗戈，杨鸥编.一北京：中国工人出版社，1990.10.—259页；32开.—ISBN 7-5008-0672-8：3.95元

情与爱：世界名人情书秘闻大全/龚维才编著.一上海：知识出版社，1990.1.—478页：照片；32开.ISBN 7-5015-5421-8：5.70元

情书荟萃/谢长朝，许丽君编.一北京：北京经济学院出版社，1990.10.—194页；32开.—ISBN 7-5638-0127-8：2.60元

情书博览/孙其伦等编著.一天津：天津人民出版社，1990.10.—771页；大32开.—ISBN 7-201-00471-9：9.95元

I 17　民间文学集

二十国谚语/张承平编.一北京：台声出版社，1990.3.—195页；32开.—ISBN 7-80062-102-2：1.80元

女人的笑话/金如陵编译.一天津：天津人民出版社，1990.6.—224页；32开.—ISBN 7-201-00209-0：2.35元

中外民间故事选/陶然编.一福州：福建教育出版社，1990.5.—133页；插图；32开.—（小学图书角丛书）.—ISBN 7-5334-0714-8：1.25元

中外优秀寓言欣赏/刘猛选编.一石家庄：河北教育出版社，1990.12.—115页；32开.—（小博士文库）.—ISBN 7-5434-0844-9：1.90元

世界神话大全/（美）唐纳·罗森伯格著；张明等译.一太原：北岳文艺出版社，1990.1.—839页；32开.—ISBN 7-5378-0291-2（精装）：12.00元

世界情歌博览/吴巍编.一兰州：敦煌文艺出版社，1990.6.—394页；大32开.—ISBN 7-80587-000-4：5.55元

外国少儿幽默配画365/吕尔勤译；段纪夫等配画.北京：文化艺术出版社，1990.12.—365页：插图；32开.—（伴随我成长丛书）.—ISBN 7-5039-0693-6：4.80元

外国神话与传说/冯晓立编著.一西安：未来出版社，1990.1.—238页；32开.—（中外文学名著缩编本丛书/霍松林主编）.—ISBN 7-5417-0302-8：2.60元

本书包括埃及、犹太人、印度、阿拉伯、日本、印第安人以及希腊罗马的神话与传说。

生活幽默/怡然　江婷编译；丽君插图.一合肥：黄山书社，1990.9.—222页：图；32开.—ISBN 7-80535-187-2：2.60元

讽刺幽默荟萃/秦耕等编.一北京：华龄出版社，1990.9.—711页；32开.—ISBN 7-80082-043-2：11.20元

本书汇集了古今中外讽刺、幽默创作的优秀成果，共分20大类。

我们播种友谊：中旅杯友好往来征文选/福建日报时事编辑室等编.一福州：海峡文艺出版社，1990.5.—194页；32开.—ISBN 7-80534-249-0：3.20元

快乐的旅行：旅游幽默小品集锦/杨梅良编.一北京：旅游教育出版社，1990.12.—95页；32开.—ISBN 7-5637-0196-6：1.60元

本书共选编有关旅游的幽默笑话114则，幽默漫画43幅以及有关旅游向导、风光揽胜、四海采风等知识性、趣味性小品35篇。

快活故事：世界各族民间故事选/韦苇编译.一昆明：云南少年儿童出版社，1990.8.—254页；32开.ISBN 7-5414-0220-6：2.70元

实用幽默辞典/雨城，阎光锋主编.一北京：中国城市经济社会出版社，1990.5.—615页；32开.—ISBN 7-5074-0335-1（精装）：11.00元

本辞典共分17大类，汇集1200多个辞条，每个辞条下面集中了若干个关于该辞条的幽默，内容包括了人类生活的各个方面。

笑死你：中外幽默400则/程芳编.一北京：中国卓越出版公司，1990.7.—156页：图；32开.—ISBN 7-80071-199-4：2.75元

笑死你：中外幽默漫画精选：续一/程芳编.一北京：中国卓越出版公司，1990.10.—132页：图；32开.—ISBN 7-80071-380-6：2.75元

笑死你：中外幽默漫画精选：续二/熊舒志，擅明山编.一北京：中国卓越出版公司，1990.10.—132页：图；32开.—ISBN 7-80071-381-4：2.75元

笑话与谜语365/王路编.—2版.一福州：福建少年儿童出版社，1990.12.—302页；32开.—ISBN 7-5395-0493-5：3.20元

本书1987年4月第1版。

海外幽默精华/汪新村，汪建国编.一南京：江苏文艺出版社，1990.1.—369页；36开.—ISBN 7-5399-0163-2：4.05元

最新外国幽默故事精选1300/魏文新编.一石家庄：河北人民出版社，1990.7.—425页；32开.—ISBN 7-202-00700-2：4.30元

I 18　儿童文学集

一天一个新童话/张立柱选编.一石家庄：河北少年儿童出版社，1990.6.—416页：插图；32开.—ISBN 7-5376-0521-1：3.60元

九只孔雀和金苹果：令人喜爱的童话故事/茜妮译.桂林：广西师范大学出版社，1990.8.—119页；32开.—ISBN 7-5633-0906-3：1.40元

三只小猪盖新房/渊声，于昕译.—呼和浩特：内蒙古人民出版社，1990.8.—1册；16开.—（迪斯尼小伙伴丛书）.—ISBN 7-204-01211-9：2.00元

大象墓地/（ ）雨果普拉特原著；张淑宁译；木子，广文绘.—杭州：浙江人民美术出版社，1990.11.—2册（76页）；40开.—ISBN 7-5340-0218-4：2.10元

小仙女.—北京：外国文学出版社，1990.3.—365页；大32开.—ISBN 7-5016-0074-0：5.20元

五大洲童话精萃/（法）雷·苏保尔，菲力普·苏保尔收集改编；田保荣译.—西安：陕西师范大学出版社，1990.1.—467页；32开.—ISBN 7-5613-0305-X：5.50元

五颜六色的童话：玫红篇/（英）安德鲁·朗编；吴辉译.—南宁：接力出版社，1990.4.—125页：插图；24开.—ISBN 7-80581-053-2：2.00元

本书包括11篇各国童话。

五颜六色的童话：金黄篇/（英）安德鲁·朗编；尹小英译.—南宁：接力出版社，1990.5.—132页；24开.—ISBN 7-80581-045-1：2.00元

五颜六色的童话：草绿篇/（英）安德鲁·朗编；尹小英译.—南宁：接力出版社，1990.4.—139页；24开.—ISBN 7-80581-054-0：2.00元

本书包括15篇各国童话。

五颜六色的童话：深兰篇/（英）安德鲁·朗编；杨伟等译.—南宁：接力出版社，1990.5.—163页；24开.—ISBN 7-80581-065-6：2.00元

五颜六色的童话：棕褐篇/（英）安德鲁·朗编；王林，谭必熙译.—南宁：接力出版社，1990.9.133页；24开.—ISBN 7-80581-074-5：2.00元

五颜六色的童话：群青篇/（英）安德鲁·朗编；孙利群译.—南宁：接力出版社，1990.5.—122页；24开.—ISBN 7-80581-044-3：2.00元

太空少年诺曼/（澳）默文·德穆普西等著；安危，孙仲伦等译.—福州：福建少年儿童出版社，1990.12.—207页；32开.—（世界科幻小说精品丛书）.—ISBN 7-5395-0456-0：2.55元

中外儿童文学精华 （上）/管绍辉，绛雨兆编著.—北京：中国城市经济社会出版社，1990.11.377页；32开.—ISBN 7-5074-0485-4：5.00元

中外儿童文学精华 （下）/管绍辉，绛雨兆编著.—北京：中国城市经济社会出版社，1990.11.367页；32开.—ISBN 7-5074-0487-0：4.90元

中外儿童诗精选/小舟选编.—杭州：浙江文艺出版社，1990.11.—214页；32开.—（中外精品诗丛）.ISBN 7-5339-0282-2：2.40元

中外儿童幽默笑话365/周慧等译；方原绘图.—北京：中国国际广播出版社，1990.4.—316页；32开.ISBN 7-80035-398-2：4.10元

中外幼儿故事/金波选编.—合肥：安徽少年儿童出版社，1990.10.—155页；64开.—（幼儿益智小丛书/金波主编）.—ISBN 7-5397-0519-1：1.00元

中外幼儿寓言/金波选编.—合肥：安徽少年儿童出版社，1990.10.—151页；64开.—（幼儿益智小丛书/金波主编）.—ISBN 7-5397-0522-1：1.00元

中外幼儿童话.—成都：四川少年儿童出版社，1990.3.—5册；48开.—ISBN 7-5365-0539-6：（袋装）：4.20元

中外优秀儿童电影故事/张之路，张晓爱主编.—南宁：接力出版社，1990.3.—509页；大32开.—ISBN 7-80581-039-7：5.00元

中外著名童话精选/叶劲声编.—北京：学苑出版社，1990.9.—345页；32开.—ISBN 7-80060-926-X：5.10元

中外童话寓言故事1001夜：讲到你的孩子长大/徐莉萍，佟舒眉编.—北京：中国国际广播出版社，1990.9.—3册（343，386，399页）插图；32开.ISBN 7-80035-512-8：12.95元

公主与青蛙/（ ）维拉·索斯盖茨著；李文慧译.北京：中国妇女出版社，1990.11.—24页；24开.（外国系列童话故事）.—ISBN 7-80016-244-3：1.05元

古菲去飞机场/董黎，金阵译.—呼和浩特：内蒙古人民出版社，1990.8.—1册；16开.（迪斯尼小伙伴丛书）.—ISBN 7-204-01208-9：2.00元

世界儿童文学名著/何慧君编.—福州：福建教育出版社，1990.4.—109页；32开.—（小学图书角丛书）.—ISBN 7-5334-0819-5：1.15元

封面题名：儿童文学名著故事

世界儿童名著精粹 （一）/卢僖等编.—北京：中国城市经济社会出版社，1990.6.—222页：图；32开.—ISBN 7-5074-0353-X：2.75元

世界儿童名著精粹 （二）/程桂瑶等编.—北京：中国城市经济社会出版社，1990.6.—209页：图；32开.—ISBN 7-5074-0354-8：2.65元

世界儿童故事选 （上）/张月中主编；毛子欣等译.—济南：山东文艺出版社，1990.6.—212页：图；32开.—ISBN 7-5329-0429-6：2.60元

本书包括六部分，即《新童话集》、《龟岛》、《才童巧对》，《东方的故事》、《金黄色的土地》，《蛋白石和头发树的故事》。

世界儿童故事选 （下）/张月中主编；毛子欣等译.—济南：山东文艺出版社，1990.6.—197页：图；32开.—ISBN 7-5329-0430-X：2.45元

本书包括四部分，即《魔鞋》，《寓言与童话》，《古老

的传说与北方神话》，《亚瑟王与圆桌骑士》。

世界儿童趣味故事大全　（C）/疏影，黎娅编．北京：农村读物出版社，1990.8.—202页；32开．ISBN 7-5048-1305-2：2.60元

世界少年文学作品精选/陈家宁，吴家鑫编.—北京：世界知识出版社，1990.9.—352页；32开.—ISBN 7-5012-0301-6：3.50元

世界幼儿故事精选/冀羡之，王君鹏译编.—沈阳：辽宁少年儿童出版社，1990.4.—370页：图；大32开.—ISBN 7-5315-0614-9：4.00元

世界机智故事　（3）/丁丁等编写；蒋松涛等绘．长沙：湖南少年儿童出版社，1990.9.—1册；24开．（顶呱呱卡通画册）.—ISBN 7-5358-0561-2：1.50元

世界机智故事　（4）/晓丁等编；魏家范等绘．长沙：湖南少年儿童出版社，1990.9.—1册；24开．（顶呱呱卡通画册）.—ISBN 7-5358-0563-9：1.50元

世界名人对你说：格言警句选/谢象贤，赵文心编选.—上海：知识出版社，1990.4.—215页；32开．（少年礼品丛书/徐振维，沈宝良主编）.—ISBN 7-5015-5443-9：2.55元

世界怪奇故事　（3）/谭仲元等译；石泉等编写；段小白等绘.—长沙：湖南少年儿童出版社，1990.9.—1册；24开.—（顶呱呱卡通画册）.—ISBN 7-5358-0559-0：1.50元

世界怪奇故事　（4）/谭仲元，晓丁等译编；晓榕等绘.—长沙：湖南少年儿童出版社，1990.12.1册；24开.—（顶呱呱卡通画册）.—ISBN 7-5358-0560-4：1.50元

世界故事王/章雪等绘.—长春：长春出版社，1990.7.—10册；24开.—ISBN 7-80573-222-1（袋装）：9.80元

世界神话画库：汉英对照/严文井主编.—济南：山东友谊书社，1990.9.—5册；大32开.—（世界儿童文学名著大画库；第三部）.—ISBN 7-80551-298-1（盒装）：26.50元

世界著名童话.—石家庄：河北美术出版社，1990.1.—10册；40开.—ISBN 7-5310-0371-6(盒装)：4.20元

世界著名童话画库　（下）.—天津：新蕾出版社，1990.3.—6册；128开.—ISBN 7-5307-0659-4（盒装）：14.40元

世界著名童话选.—南京：江苏少年儿童出版社，1990.9.—286页；32开.—ISBN 7-5346-0575-X：3.05元

世界著名童话选　（2）/曹俊德等译.—上海：上海译文出版社，1990.1.—316页；32开.—ISBN 7-5327-0817-9：3.15元

世界晚安故事宝库：传说・故事/裴晓玲，朱平译．福州：福建少年儿童出版社，1990.12.—64页：彩色插图；16开.—ISBN 7-5395-0424-2：3.70元

世界晚安故事宝库：科幻・神话/裴晓玲，朱平译．福州：福建少年儿童出版社，1990.12.—80页：彩色插图；16开.—ISBN 7-5395-0423-4：4.50元

世界晚安故事宝库：童话/裴晓玲，朱平译.—福州：福建少年儿童出版社，1990.12.—1册：彩色插图；16开.—ISBN 7-5395-0425-0：4.50元

世界童话/（德）格林等原著；朴朴等改编；张跃等绘画.—天津：天津人民美术出版社，1990.10.12册；80开.—ISBN 7-5305-3306-1（盒装）：2.00元

世界童话大王　第三辑/陈伯吹，王石安主编.—上海：少年儿童出版社，1990.12.—5册；32开.—ISBN 7-5324-1071-4（盒装）：14.40元

本书包括：《小无知历险记》、《长袜子皮皮冒险故事》、《神医多立德冒险故事》、《阿里巴巴和四十大盗》、《洋葱头历险记》5册。

世界童话之树/星灿译.—南宁：接力出版社，1990.3.—616页：图；32开.—ISBN 7-80581-037-0：4.80元

世界童话名著精选　（三）/萧阳，吉文编.—北京：中国妇女出版社，1990.10.—211页；32开（M.妈妈讲的故事丛书；3）.—ISBN 7-80016-366-0：3.20元

世界童话宝库　（2）6～10册/陈伯吹主编.—哈尔滨：黑龙江少年儿童出版社，1990.3.—5册；大32开.—ISBN 7-5319-0571-X（盒装）：16.45元

本书包括，《仙女・妖怪》、《飞禽走兽》、《动物世界》、《善人・恶人》和《鸟兽王国》5册。

世界童话选/袁丁译.—合肥：安徽少年儿童出版社，1990.2.—314页：图；大32开.—ISBN 7-5397-0301-X：3.80元

世界童话特辑10种.—哈尔滨：哈尔滨出版社，1990.5.—10册；24开.—ISBN 7-80557-209-7（盒装）：11.60元

本套书包括：《猴子和螃蟹》、《青鸟》、《爱丽丝梦游仙境》、《小黑山波》、《丑小鸭》、《小红鞋》、《小公主》、《绿野仙踪》、《三只小猪》、《七只小羊和大野狼》10册。

世界童话精萃/南南供稿.—南京：江苏人民出版社，1990.1.—2册（238，226页）；24开.—ISBN 7-214-00383-X：15.00元

世界童谣/金波改编；黄祥清绘画.—天津：天津人民美术出版社，1990.11.—4册；24开.—ISBN 7-5305-3301-0（盒装）：4.50元

世界滑稽故事　（1）/白丁等编写；周伟钊等绘．长沙：湖南少年儿童出版社，1990.9.—1册；24开．（顶呱呱卡通画册）.—ISBN 7-5358-0562-0；

1.50元

世界滑稽故事 (2)/刘岩等改编；尹锷，新元绘.—长沙：湖南少年儿童出版社，1990.12.—1册；24开.—(顶呱呱卡通画册).—ISBN 7-5358-0597-3：1.50元

外国儿童文学选粹 (一)/葛翠琳主编.—北京：北京师范大学出版社，1990.5.—236页：插图；大32开.—(红宝石丛书).—ISBN 7-303-00932-9(精装)：6.50元；(平装)：4.00元

外国儿童文学选粹 (二)/葛翠琳主编.—北京：北京师范大学出版社，1990.5.—229页：插图；大32开.—(红宝石丛书).—ISBN 7-303-00933-7(精装)：6.35元；(平装)：3.85元

外国儿童文学选粹 (三)/葛翠琳主编.—北京：北京师范大学出版社，1990.5.—227页：插图；大32开.—(红宝石丛书).—ISBN 7-303-00934-5(精装)：6.35元；(平装)：3.85元

外国儿童趣味故事选/刘向宏主编.—杭州：浙江少年儿童出版社，1990.3.—5册：插图；36开.—ISBN 7-5342-0523-9(盒装)：5.70元

外国幼儿童话/金波选编.—合肥：安徽少年儿童出版社，1990.10.—156页；64开.—(幼儿益智小丛书/金波主编).—ISBN 7-5397-0518-3：1.00元

外国动物故事选/石中灵编.—西安：未来出版社，1990.7.—327页：插图；大32开.—ISBN 7-5417-0331-1：4.90元

本书选收亚、非、欧、美各国动物故事124篇。

外国优秀童话选/李杭，欧阳侃译.—北京：中国妇女出版社，1990.5.—182页；32开.—ISBN 7-80016-264-8：2.40元

外国低幼童话佳作选/葛翠琳主编.—郑州：海燕出版社，1990.8.—423页：插图；大32开.—ISBN 7-5350-0564-0(精装)：7.25元

外国现代童话 寓言精选/寇珊，殷静宇编.—南昌：21世纪出版社，1990.7.—202页：图；32开.—ISBN 7-5391-0323-X：2.20元

本书集美、英、日、法、德等12个国家现代著名作家撰写的童话、寓言、故事47篇。

外国冒险故事名著精选/张叙生编著.—兰州：甘肃少年儿童出版社，1990.6.—200页；32开.—(冒险故事丛书).—ISBN 7-5422-0303-7：2.30元

外国童话故事选/(美)沃德·格林等著；吴颖编译.—北京：中国华侨出版公司，1990.10.—39页；16开.—ISBN 7-80074-260-1：2.80元

白雪公主过生日/李树刚，金阵译.—呼和浩特：内蒙古人民出版社，1990.8.—1册；16开.—(迪斯尼小伙伴丛书).—ISBN 7-204-01209-7：2.00元

让你变得更聪明：古今寓言选/潘鸿新，盛剑成编选.—上海：知识出版社，1990.4.—209页：插图；32开.—(少年礼品丛书/徐振维，沈宝良主编).ISBN 7-5015-5441-2：2.55元

幼儿文学宝库精选：外国童话.—北京：中国少年儿童出版社，1990.7.—5册；24开.—ISBN 7-5007-1101-8：3.80元

幼儿童话精选20种/曹欣渊等改编；薛强等绘.—北京：中国连环画出版社，1990.4.—20册；48开.(幼儿启蒙丛书；2).—ISBN 7-5061-0253-6(盒装)：5.60元

本书包括《白雪公主》、《小红帽》、《青蛙王子》、《七色花》、《丑小鸭》、《皇帝的新装》、《衣莺》、《渔夫和金鱼的故事》、《野天鹅》、《灰姑娘》等20个中外童话故事。

幼读童话一百篇/何岩，荣光编著.—石家庄：花山文艺出版社，1990.6.—201页；40开.—ISBN 7-80505-304-9：1.95元

动物王国：益智故事精选/周未夕，王晓丽主编.北京：昆仑出版社，1990.12.—447页；32开.—ISBN 7-80040-218-5：6.70元

本书选编了中外有关动物的童话、寓言、传说故事361篇。

动物寓言大全/(英)玛格雷特·格林编选；吴冀风译.—北京：中国华侨出版公司，1990.10.—230页：图；32开.—ISBN 7-80074-156-7：8.00元

本书选编世界各国著名作家写的动物寓言故事100则。

老鼠新娘：外国儿童寓言故事选/黄登培等译.—海口：南海出版公司，1990.6.—161页；32开.—ISBN 7-80570-060-5：2.40元

西班牙公主的小矮人：彩图世界名著100集/纪堤改编；俞理等画.—上海：少年儿童出版社，1990.7.1册；24开.—ISBN 7-5324-0828-0：1.75元

列那狐/(奥)海蒂·朗根沙伊特选编；侯浚吉等译.—上海：上海译文出版社，1990.1.—148页：插图；32开.—(世界动物故事选；1).—ISBN 7-5327-0824-1：1.90元

灰姑娘：彩图世界名著100集/纪堤改编；龙纯立等画.—上海：少年儿童出版社，1990.7.—1册；24开.—ISBN 7-5324-0830-2：1.75元

当代外国儿童文学作品选：小说卷/宗介华主编.济南：明天出版社，1990.4.—263页；大32开.—ISBN 7-5332-0890-0：4.40元

当代外国儿童文学作品选：诗歌卷/宗介华主编.济南：明天出版社，1990.4.—117页；大32开.—ISBN 7-5332-0849-8：3.00元

当法官的猴子/(奥)海蒂·朗根沙伊特选编.—上海：上海译文出版社，1990.1.—146页：插图；32开.—(世界动物故事选；3).—ISBN 7-5327-0826-8：1.85元

优秀童话集/刘飞茂主编.—北京：职工教育出版社，1990.5.—150页；32开.—(小学生启蒙丛书；

9）.—ISBN 7-80059-306-1：2.20元

会心的微笑：幽默故事选/米庆身，沈宝良编选.上海：知识出版社，1990.4.—195页：插图；32开.（少年礼品丛书/徐振维，沈宝良主编）.—ISBN 7-5015-5440-4：2.50元

米奇在农场/金阵译.—呼和浩特：内蒙古人民出版社，1990.8.—1册；16开.—（迪斯尼小伙伴丛书）ISBN 7-204-01203-8：2.00元

米奇的乐队/曹自强译.—呼和浩特：内蒙古人民出版社，1990.8.—1册；16开.—（迪斯尼小伙伴丛书）.—ISBN 7-204-01204-6：2.00元

米奇的圣诞之夜/曹自强译.—呼和浩特：内蒙古人民出版社，1990.8.—1册；16开.—（迪斯尼小伙伴丛书）.—ISBN 7-204-01202-X：2.00元

米奇的渡轮/金阵译.—呼和浩特：内蒙古人民出版社，1990.8.—1册；16开.—（迪斯尼小伙伴丛书）.ISBN 7-204-01206-2：2.00元

妈妈讲孩子听：世界名人故事365/唐明威编.—北京：北京燕山出版社，1990.9.—769页；大32开.ISBN 7-5402-0272-6：11.70元

形形色色的儿童：一本给成年人看的书/汪新村，汪建国编著.—太原：山西人民出版社，1990.1.216页；32开.—ISBN 7-203-01518-1：3.40元

本书收集整理了世界各地发生在儿童身边的故事500余则。

运动健将古菲/李树刚，金阵译.—呼和浩特：内蒙古人民出版社，1990.8.—1册；16开.—（迪斯尼小伙伴丛书）.—ISBN 7-204-01205-4：2.00元

两分钟童话故事/傅蘋译.—武汉：湖北少年儿童出版社，1990.10.—189页；32汧.—（两分钟丛书）.ISBN 7-5353-0761-2：1.90元

两只小老鼠/（奥）海蒂·朗根沙伊特选编；华凡等译.—上海：上海译文出版社，1990.1.—142页：插图；32开.—（世界动物故事选；2）.—ISBN 7-5327-0825-X：1.80元

两只青蛙去旅行/粟荣译.—上海：上海译文出版社，1990.1.—96页；32开.—（世界动物故事选；4）.—ISBN 7-5327-0827-6：1.95元

鸡棚里的孔雀/（　）凯特·雷谢斯编；袁志英等译上海：上海译文出版社，1990.1.—180页；32开.（世界动物故事；5）.—ISBN 7-5327-0828-4：2.55元

英美法童话精选/（美）弗雷德里克·理查德松画；（法）安娜·拉弗拉吉尔配文；赵洪译.—北京：旅游教育出版社，1990.4.—77页；24开.—ISBN 7-5637-0163-X：2.90元

狐狸大婶/吴愚编.—北京：气象出版社，1990.12 120页：插图；32开.—ISBN 7-5029-0482-4：2.00元

拼拼读读世界童话20种/曹欣渊等编；薛强等绘.北京：中国连环画出版社，1990.4.—20册；48开.ISBN 7-5061-0189-0（盒装）：5.60元

哈哈笑：中国分册/周慧编；平原画.—北京：中国国际广播出版社，1990.4.—93页；64开.—（中外儿童幽默精选）.—ISBN 7-80035-423-7：1.15元

哈哈笑：日本分册/周慧编；平野画.—北京：中国国际广播出版社，1990.4.—94页；64开.—（中外儿童幽默精选）.—ISBN 7-80035-425-3：1.15元

哈哈笑：东欧分册/成军编；平原画.—北京：中国国际广播出版社，1990.4.—94页；64开.—（中外儿童幽默精选）.—ISBN 7-80035-427-X：1.15元

哈哈笑：苏联分册/心军编；黄平画.—北京：中国国际广播出版社，1990.4.—94页；64开.—（中外儿童幽默精选）.—ISBN 7-80035-426-1：1.15元

哈哈笑：英国分册/建新编；彬岭岭画.—北京：中国国际广播出版社，1990.4.—94页；64开.—（中外儿童幽默精选）.—ISBN 7-80035-424-5：1.15元

哈哈笑：美国分册/成军编；黄玖画.—北京：中国国际广播出版社，1990.4.—94页；64开.—（中外儿童幽默精选）.—ISBN 7-80035-422-9：1.15元

星孩：外国少年儿童科幻小说选/姜兰主编；根惠等译.—海口：南海出版公司，1990.4.—146页；32开.—ISBN 7-80570-072-2：1.90元

幽默儿童文学名著译丛/任溶溶主编.—杭州：浙江少年儿童出版社，1990.3.—6册；32开.—ISBN 7-5342-0493-3（盒装）：10.00元

幽默博览：少年儿童专辑/缪印堂主编.—北京：科学普及出版社，1990.9.—48页；16页.—ISBN 7-110-01619-6：2.60元

音乐童话故事集/张苏琴编译.—北京：中国广播电视出版社，1990.10.—117页：彩图；32开.—ISBN 7-5043-0538-3：2.80元

迷离的童话世界/张企程编译.—北京：华龄出版社，1990.6.—114页；32开.—ISBN 7-80082-039-4.2.20元

神奇的木铃：世界童话幼儿版/李树芬改编；夏双双绘.—北京：人民美术出版社，1990.4.—15页；24开.—ISBN 7-102-00674-8：1.40元

神话传说集锦/（美）鲍德温（Baldwin，J.）等著；韩红岩，刘玉兰译.—济南：明天出版社，1990.4.—303页：图；16开.—（少男少女丛书/刘宪之主编）.—ISBN 7-5332-0939-7（精装）：15.60元

书名原文：Favourite Stories and Songs

给十岁和十岁以上儿童的故事/（英）萨勒，史蒂芬·科利恩主编；梁旭东等译.—哈尔滨：黑龙江少年儿童出版社，1990.3.—182页；32开.—ISBN 7-5319-0587-6：2.15元

本书收集了古今外国儿童故事。

给七岁儿童的故事　（上）/（英）萨勒，史蒂芬·科利恩主编；张信敏等译.—哈尔滨：黑龙江少年儿童出版社，1990.3.—177页；32开.—ISBN 7-5319-0583-3：2.10元

本书收有格林童话、安徒生童话，还有各国的民间故事等。

给七岁儿童的故事　（下）/（英）萨勒，史蒂芬·科利恩主编；梁旭东等译.—哈尔滨：黑龙江少年儿童出版社，1990.3.—193页；32开.—ISBN 7-5319-0584-1：2.20元

给八岁儿童的故事/（英）萨勒，史蒂芬·科利恩主编；张信敏，陈家昌译.—哈尔滨：黑龙江少年儿童出版社，1990.3.—208页；32开.—ISBN 7-5319-0585-X：2.35元

给九岁儿童的故事/（英）萨勒，史蒂芬·科利恩主编；梁旭东，牛笑风译.—哈尔滨：黑龙江少年儿童出版社，1990.3.—183页；32开.—ISBN 7-5319-0586-8：2.15元

给五岁儿童的故事/（英）萨勒，史蒂芬·科利恩主编；张信扬，陈家昌译.—哈尔滨：黑龙江少年儿童出版社，1990.3.—144页；32开.—ISBN 7-5319-0518-7：1.80元

给五岁以下儿童的故事/（英）萨勒，史蒂芬·科利恩主编；梁旭东，张信敏译.—哈尔滨：黑龙江少年儿童出版社，1990.3.—93页；32开.—ISBN 7-5319-0580-9：1.40元

给六岁儿童的故事/（英）萨勒，史蒂芬·科利恩主编；牛笑风，梁旭东译.—哈尔滨：黑龙江少年儿童出版社，1990.3.—162页；32开.—ISBN 7-5319-0582-5：1.95元

格姆佩先生的汽车/（　）杰·柏尼哈姆写；孙秀银改编；周建明画.—石家庄：河北少年儿童出版社，1990.1　21页；24开.—（娃娃好品德丛书；2）.ISBN 7 5376-0461-4：0.80元

流浪儿、强盗及其它：外国儿童文学名著故事精选/倪树根主编.—杭州：浙江少年儿童出版社，1990.3.—378页；大32开.—（少年儿童故事报丛书）.ISBN 7-5342 0537-9：3.30元

本书精选了44部外国儿童小说和童话名著。

家庭迪斯尼：中外少儿故事精选/邓流等编著.—南宁：广西民族出版社，1990.1.—326页；32开.—ISBN 7-5363-0710-1：3.60元

彩图世界名著100集：三只小猪盖房子/纪堤改编；温泉源等绘.—上海：少年儿童出版社，1990.7.—1册；24开.—ISBN 7-5324-0817-5：1.75元

彩图世界名著100集：小人国/纪堤改编；颜志强等绘.—上海：少年儿童出版社，1990.7.—1册；24开.—ISBN 7-5324-0837-X：1.75元

彩图世界名著100集：小红帽/纪堤改编；何旸等绘.—上海：少年儿童出版社，1990.7.—1册；24开.—ISBN 7-5324-0811-6：1.75元

彩图世界名著100集：小拇指/纪堤改编；张汝为等绘.—上海：少年儿童出版社，1990.7.—1册；24开.—ISBN 7-5324-0838-8：1.75元

彩图世界名著100集：小穆克/纪堤改编；王晓明绘.—上海：少年儿童出版社，1990.7.—1册；24开.—ISBN 7-5324-0809-4：1.75元

彩图世界名著100集：巨人的花园/纪堤改编；朱成梁等绘.—上海：少年儿童出版社，1990.7.—1册；24开.—ISBN 7-5324-0823-X：1.75元

彩图世界名著100集：王子和贫儿　（上）/纪堤改编；徐通潮等绘.—上海：少年儿童出版社，1990.7.—1册；24开.—ISBN 7-5324-0827-2：1.75元

彩图世界名著100集：木偶奇遇记/纪堤改编；曹留夫绘.—上海：少年儿童出版社，1990.7.—1册：24开.—ISBN 7-5324-0839-6：1.75元

彩图世界名著100集：水孩子　（上）/纪堤改编；沈苑苑等绘.—上海：少年儿童出版社，1990.7.—1册：24开.—ISBN 7-5324-0833-7：1.75元

彩图世界名著100集：艾丽丝漫游奇境/纪堤改编；胡宁娜等绘.—上海：少年儿童出版社，1990.7.—1册；24开.—ISBN 7-5324-0836-1：1.75元

彩图世界名著100集：白雪公主/纪堤改编；朱成梁等绘.—上海：少年儿童出版社，1990.7.—1册；24开.—ISBN 7-5324-0816-7：1.75元

彩图世界名著100集：冰雪女王　（上）/纪堤改编；胡宁娜等绘.—上海：少年儿童出版社，1990.7.—1册；24开.—ISBN 7-5324-0840-X：1.75元

彩图世界名著100集：红星篇/纪堤改编；朱成梁等绘.—上海：少年儿童出版社，1990.7.—288页；24开.—ISBN 7-5324-1120-6（精装）：12.00元

彩图世界名著100集：辛巴德历险记　（上）/纪堤改编；张汝为绘.—上海：少年儿童出版社，1990.7.—1册；24开.—ISBN 7-5324-0822-1：1.75元

彩图世界名著100集：快乐王子/纪堤改编；冀维静等绘.—上海：少年儿童出版社，1990.7.—1册；24开.—ISBN 7-5324-0813-2：1.75元

彩图世界名著100集：冷酷的心　（上）/纪堤改编；沈苑苑等绘.—上海：少年儿童出版社，1990.7.—1册；24开.—ISBN 7-5324-0824-8：1.75元

彩图世界名著100集：阿里巴巴和四十大盗/纪堤改编；朱成梁等绘.—上海：少年儿童出版社，1990.7.—1册；24开.—ISBN 7-5324-0820-5：1.75元

彩图世界名著100集：青鸟/纪堤改编；冀维静等绘.—上海：少年儿童出版社，1990.7.—1册；24开.—ISBN 7-5324-0826-4：1.75元

彩图世界名著100集：金银岛/纪堤改编；袁银昌等

绘.—上海：少年儿童出版社，1990.7.—1册；24开.—ISBN 7-5324-0831-0：1.75元

彩图世界名著100集：狐狸列那/纪堤改编；温泉源等画.—上海：少年儿童出版社，1990.7.—1册；24开.—ISBN 7-5324-0835-3：1.75元

彩图世界名著100集：咬核桃小人和老鼠国王/纪堤改编；周翔等绘.—上海：少年儿童出版社，1990.7.—1册；24开.—ISBN 7-5324-0818-3：1.75元

彩图世界名著100集：穿长统靴的猫/纪堤改编；沈苑苑等绘.—上海：少年儿童出版社，1990.7.—1册；24开.—ISBN 7-5324-0812-4：1.75元

彩图世界名著100集：神灯　（上）/纪堤改编；王晓明等画.—上海：少年儿童出版社，1990.7.—1册；24开.—ISBN 7-5324-0829-9：1.75元

彩图世界名著100集：海的女儿　（上）/纪堤改编；蔡皋等绘.—上海：少年儿童出版社，1990.7.1册；24开.—ISBN 7-5324-0832-9：1.75元

彩图世界名著100集：野天鹅　（上）/纪堤改编；王尔强等绘.—上海：少年儿童出版社，1990.7.1册；24开.—ISBN 7-5324-0825-6：1.75元

彩图世界名著100集：黄星篇/纪堤改编；温泉源等绘.—上海：少年儿童出版社，1990.7.—288页；24开.—ISBN 7-5324-1122-2（精装）：12.00元

彩图世界名著100集：敏豪生奇游记/纪堤改编；颜志强等绘.—上海：少年儿童出版社，1990.7.—1册；24开.—ISBN 7-5324-0810-8：1.75元

彩图世界名著100集：渔夫和金鱼/纪堤改编；朱成梁等绘.—上海：少年儿童出版社，1990.7.—1册；24开.—ISBN 7-5324-0819-1：1.75元

彩图世界名著100集：绿星篇/纪堤编；王尔强等绘.—上海：少年儿童出版社，1990.7.—288页；24开.—ISBN 7-5324-1119-2（精装）：12.00元

彩图世界名著100集：绿野仙踪　（上）/纪堤改编；王尔强等绘.—上海：少年儿童出版社，1990.7.—1册；24开.—ISBN 7-5324-0821-3：1.75元

彩图世界名著100集：紫星篇/纪堤改编；王晓明等绘.—上海：少年儿童出版社，1990.3.—288页；24开.—ISBN 7-5324-0808-6（精装）：12.00元

彩图世界名著100集：蓝星篇/纪堤改编；沈苑苑等绘.—上海：少年儿童出版社，1990.7.—288页；24开.—ISBN 7-5324-1121-4（精装）：12.00元

童话　第22辑/新蕾出版社编辑.—天津：新蕾出版社，1990.2.—158页；大32开.—ISBN 7-5307-0487-7：2.45元

本书包括中外童话20篇。

童话王：世界童话名著精选.—呼和浩特：内蒙古人民出版社，1990.9.—4册；16开.—ISBN 7-204-01225-9（精装）：35.00元

童话世界　第四辑/少年儿童出版社编.—上海：少年儿童出版社，1990.11.—6册；32开.—ISBN 7-5324-1110-9：4.65元

童话世界　第五辑/少年儿童出版社编.—上海：少年儿童出版社，1990.11.—6册；32开.—ISBN 7-5324-1111-7：4.15元

童话故事大王/（　）王尔德（Wilde，O.）著；李东平，钱芸玲译.—济南：明天出版社，1990.5.449页：彩图；16开.—（少男少女丛书）.—ISBN 7-5322-0988-5（精装）：21.90元

书名原文：Folk and Fairy Tales

想象的翅膀：世界童话选/陈文高，何晓文编选.上海：知识出版社，1990.4.—215页：插图；32开.（少年礼品丛书/徐振维，沈宝良主编）.—ISBN 7-5015-5444-7：2.55元

意外的礼物/（　）比尔·比特文绘；吴辉编译.北京：北京少年儿童出版社，1990.1.—46页；24开.—ISBN 7-5301-0202-8：1.65元

黛茜的新车/陈秀梅，于昕译.—呼和浩特：内蒙古人民出版社，1990.8.—1册；16开.—（迪斯尼小伙伴丛书）.—ISBN 7-204-01207-0：2.00元

100个公主/外国文学出版社编.—北京：外国文学出版社，1990.3.—2册（592页）：插图；大32开.ISBN 7-5016-0077-5：7.55元

100个勇士/外国文学出版社编.—北京：外国文学出版社，1990.9.—2册（746页）：插图；大32开.ISBN 7-5016-0085-6：10.45元

I 2　中国文学

文艺理论与文艺政策/田蕴获主编.—长春：吉林人民出版社，1990.9.—314页；大32开.—ISBN 7-206-00879-8：4.40元

文学艺术与精神文明建设/王驰著.—长沙：湖南文艺出版社，1990.12.—321页；32开.—ISBN 7-5404-0619-4：3.50元

I 206　文学评论和研究

历代文学名篇辞典/曹余章主编.—上海：上海教育出版社，1990.6.—893页：彩图；32开.—ISBN 7-5320-1471-1（精装）：11.90元

日本学者中国文学研究译丛　第三辑/刘柏青等主编.—长春：吉林教育出版社，1990.3.—277页；大32开.—ISBN 7-5383-0939-X（精装）：5.10元

日本学者中国文学研究译丛　第四辑：现代文学专辑/刘柏青等主编；武鹰，宋绍香编译.—长春：吉林教育出版社，1990.3.—272页；大32开.—ISBN 7-5383-0940-3（精装）：5.00元

日本学者中国文学研究译丛 第五辑：古典文学专辑/刘柏青等主编.—长春：吉林教育出版社，1990.3.—289页；大32开.—ISBN 7-5383-0941-1（精装）：5.20元

中国文人的自然观/（联邦德国）顾彬（Kubin,W.）著；马树德译.—上海：上海人民出版社，1990.1.—235页；大32开.—（中国文化史丛书/周谷城主编）.—ISBN 7-208-00387-4（精装）：10.80元；（平装）：6.45元

书名原文：Der Durchsichtige Berg-die entwicklung der Naturanschauung in der Chinesischer Literatur

中国文论大辞典/彭会资主编.—天津：百花文艺出版社，1990.7.—821页；大32开.—ISBN 7-5306-0067-2（精装）：20.00元

本书收辞目2955条，以先秦至晚清的中国文学理论批评论著为立目范围，及与之相通的乐论、画论、书论等。

中国文学在日本/严绍璗，王晓平著.—广州：花城出版社，1990.10.—490页；32开.—（中国文学在国外丛书/乐黛云主编）.—ISBN 7-5360-0668-3（精装）：8.30元

中国文学在法国/钱林森著.—广州：花城出版社，1990.7.—391页；32开.—（中国文学在国外丛书/乐黛云主编）.—ISBN 7-5360-0633-0（精装）：7.20元；（平装）：5.20元

中国文学在朝鲜/韦旭升著.—广州：花城出版社，1990.3.—377页；32开.—（中国文学在国外丛书/乐黛云主编）.—ISBN 7-5360-0519-9：5.05元

《中国文学》导读/孙绿怡等编著.—北京：北京大学出版社，1990.2.—184页；32开.—中央广播电视大学学习指导书.—ISBN 7-301-01105-9：1.70元

中国文学美学/吴功正著.—南京：江苏教育出版社，1990.8.—1068页；大32开.—ISBN 7-5343-1131-4（精装）：13.20元

中国文学概论/袁行霈著.—北京：高等教育出版社，1990.6.—232页；大32开.—ISBN 7-04-002731-3：2.95元

文艺漫笔：续编/李希凡著.—北京：文化艺术出版社，1990.10.—369页；大32开.—ISBN 7-5039-0654-5：5.30元

文学研究法/（清）姚永模撰；许振轩校点.—合肥：黄山书社，1989.12.—193页；大32开.—（安徽古籍丛书）.—ISBN 7-80535-155-4：3.60元

理念·形象·艺术魅力/高松年著.—杭州：浙江文艺出版社，1990.9.—320开；大32开.—ISBN 7-5335-0238-6：4.00元

本书收文学评论、研究文章35篇。

湖北作家论丛 第三辑/湖北大学中文系，湖北作家研究室编.—武汉：长江文艺出版社，1990.1.—288页；大32开.—ISBN 7-5354-0292-5：3.00元

I 206.2 古代文学

中国古代文体概论/褚斌杰著.—增订本.—北京：北京大学出版社，1990.10.—514页；大32开.—ISBN 7-301-01255-1：8.65元

本书1984年初版。

中国古代文学/钟尚钧，阎笑非主编.—长春：东北师范大学出版社，1990.3.—2册（930页）；大32开.—全国高等师范专科学校教材.—ISBN 7-5602-0322-1：6.30元

中国古代文学/徐季子主编；郑力戒等编写.—上海：华东师范大学出版社，1990.6.—2册（500，433页）；大32开.—全国高等师范专科学校教材.ISBN 7-5617-0532-8：6.50元

中国古代文学作品导读/李伯齐，许金榜主编.—青岛：青岛海洋大学出版社，1990.12.—2册（897页）；大32开.—ISBN 7-81026-113-4：14.50元

中国古代文学作品析疑（下）/李梅吾主编；湖北大学中文系古典文学教研室编.—武汉：武汉工业大学出版社，1989.10.—310页；32开.—（高等教育自学考试指导丛书）.—ISBN 7-5629-0226-7：3.80元

中国古代哲理短诗文评析/李文亮，王纯礼编著.东营：石油大学出版社，1990.2.—281页；32开.ISBN 7-5636-0057-4：3.20元

中国古典文学名著题解/中国青年出版社编.—北京：中国青年出版社，1990.8.—589页；32开.（青年文库：新编本；22）.—ISBN 7-5006-0734-2

中国古典文学论文集：续编/任访秋著.—开封：河南大学出版社，1990.11.—383页；大32开.—ISBN 7-81018-481-4：4.80元

中国古典文学辞典/谷云义等主编.—长春：吉林教育出版社，1990.6.—1497页；大32开.—ISBN 7-5383-1088-6（精装）：23.30元

本书收先秦至五四运动之前有关古代文学的词目6220条，另有附录词目321条。

六朝烟水/陈书良著.—北京：现代出版社，1990.2.—120页；大32开.—（大文学史观丛书）.—ISBN 7-80028-068-3：2.50元

本书反映从公元3世纪初到6世纪末，先后在建康（今南京）建都的史称六朝的人文风貌，并就一些罕有人涉及的问题提出作者自己的见解。

文心同雕集/（日）户田浩晓等著；曹顺庆编.—成都：成都出版社，1990.6.—319页；大32开.—庆贺杨明照教授80寿辰〔专辑〕.—ISBN 7-80575-044-0：4.95元

文心雕龙译注/赵仲邑译注.—新1版.—南宁：广西

教育出版社，1990.2.—416页；大32开.—（中国古典文学理论名著）.—ISBN 7-5435-0760-9：4.95元

本书广西人民出版社1982年4月第1版。

文心雕龙研究论文集/中国文心雕龙学会选编.—北京：人民文学出版社，1990.8.—846页；大32开.ISBN 7-02-000506-3：9.90元

文选类诂/丁福保编.—北京：中华书局，1990.4.669页；大32开.—ISBN 7-101-00278-1（精装）：13.45元

古书情节辞典/张华主编.—南昌：江西教育出版社，1990.2.—911页；大32开.—ISBN 7-5392-0535-0（精装）：12.50元

本辞典从古代神话、寓言、小说、笔记、弹词、鼓词、戏曲、诗词、散文、史籍中，选取其含有故事情节的内容，经过提炼和浓缩，分编为近千个条目。

古代文学教程/湖南电视台老年人电视大学编；饶东原等编著.—北京：中国广播电视出版社，1990.8.—378页；大32开.—老年人电视大学教材.—ISBN 7-5043-0625-8：4.00元

古典文学译析/尚书庆编著.—西安：西安交通大学出版社，1990.3.—232页；32开.—全国高等教育自学考试教材·公共课大学语文（全国组编本）.—ISBN 7-5605-0355-1：2.80元

古典文学新论/张国光主编；湖北省古典文学研究会编.—武汉：武汉出版社，1990.6.—447页；32开.—ISBN 7-5430-0410-0：4.50元

古典文学新探/张明非，胡大雷主编.—桂林：广西师范大学出版社，1990.10.—250页；大32开.—ISBN 7-5633-0946-2：5.00元

古诗文欣赏/张德祥著.—沈阳：沈阳出版社，1990.9.—151页；32开.—ISBN 7-81556-124-3：2.00元

先秦文学探新/陈彤著.—北京：北京师范大学出版社，1990.9.—283页；大32开.—ISBN 7-303-00953-1：3.50元

先秦两汉文学批评史/王运熙，顾易生主编；顾易生，蒋凡著.—上海：上海古籍出版社，1990.—655页；大32开.—（中国文学批评史系列丛书；1）.ISBN 7-5325-0687-8：9.65元

刘熙载论艺六种/（清）刘熙载著；徐中玉，萧华荣校点.—成都：巴蜀书社，1990.6.—454页；大32开.—ISBN 7-80523-229-6：6.16元

杨万里和诚斋体/周启成著.—上海：上海古籍出版社，1990.6.—141页；32开.—（中国古典文学基本知识丛书）.—ISBN 7-5325-0690-8：1.85元

苏辙/金国永著.—北京：中华书局，1990.1.178页；32开.—（中国文学史知识丛书）.—ISBN 7-101-00507-1：2.80元

明代文学研究　第一辑/章培恒主编.—南昌：江西人民出版社，1990.4.—330页；大32开.—ISBN 7-210-00332-0：4.80元

明清诗文研究资料辑丛/苏州大学中文系明清诗文研究室编辑；钱仲联主编.—长春：吉林文史出版社，1990.8.—297页；大32开.—ISBN 7-80528-275-1：3.60元

追忆：中国古典文学中的往事再现/（美）欧文（Owen，S.）著；郑学勤译.—上海：上海古籍出版社，1990.10.—170页；大32开.—（海外汉学丛书/王元化主编）.—ISBN 7-5325-0801-3：2.95元

书名原文：Remembrances

本书讲的是回忆这种心理活动在文学创作中，特别是在中国古典文学的创作和欣赏中的功用。

秦汉魏晋南北朝文学撷英/杨仲义编.—郑州：中州古籍出版社，1990.11.—346页；32开.—（古典文学之友）.—ISBN 7-5348-0485-X：4.60元

桐城派/王镇远著.—上海：上海古籍出版社，1990.1.—164页；32开.—（中国古典文学基本知识丛书）.—ISBN 7-5325-0235-X：2.50元

本书介绍桐城派的代表人物戴名世、方苞、刘大櫆、姚鼐、姚门弟子等的生平、思想、文学理论等。

唐代文学研究/中国唐代文学学会，西北大学中文系主编.—桂林：广西师范大学出版社，1990.10.251页；大32开.—ISBN 7-5633-0945-4：4.50元

唐代幕府与文学/戴伟华著.—北京：现代出版社，1990.2.—167页；大32开.—（大文学史观丛书）.ISBN 7-80028-071-3：2.90元

唐宋元明清文学讲座/李葆哲主编.—武汉：华中理工大学出版社，1990.6.—404页；大32开.—ISBN 7-5609-0357-6：4.40元

陶渊明诗文赏析/陶文鹏，丘万紫选析.—南宁：广西教育出版社，1990.9.—182页；32开.—（中国古典文学作品选析丛书）.—ISBN 7-5435-1007-3：2.40元

陶渊明探稿/魏正申著.—北京：文津出版社，1990.12.—210页；32开.—ISBN 7-80554-041-1：2.95元

宿莽集/常林炎著.—石家庄：花山文艺出版社，1990.1.—422页；大32开.—ISBN 7-80505-252-2：6.60元

本书是一本古典文学评论集。

想象力的世界：道教与唐代文学/葛兆光著.—北京：现代出版社，1990.2.—161页；大32开.—（大文学史观丛书）.—ISBN 7-80028-070-5：2.70元

感情的多元选择：宋元之际作家的心灵活动/张宏生著.—北京：现代出版社，1990.2.—148页；大32开.—（大文学史观丛书）.—ISBN 7-80028-069-1：2.70元

静观堂文论集/崔鹏著.—呼和浩特：内蒙古人民出版社，1990.5.—362页；32开.—ISBN 7-204-01268-2：5.10元

醉翁的世界：欧阳修评传/洪本健著.—郑州：中州古籍出版社，1990.6.—311页；大32开.—ISBN 7-5348-0130-3：9.50元

臧克家古典诗文欣赏集/臧克家著.—北京：北京出版社，1990.5.—196页：肖像；大32开.—ISBN 7-200-00980-6：3.75元

本书收入作者有关诗词文赋的欣赏文章及有关古典文学的随笔。

I 206.6　现代文学

三十年代"文艺自由论辩"资料/吉明学，孙露茜编.—上海：上海文艺出版社，1990.3.—665页；大32开.—（中国现代文学运动·论争·社团资料丛书/陈荒煤主编）.—ISBN 7-5321-0374-9：8.20元

王统照作品欣赏/王锦泉著.—新1版.—南宁：广西教育出版社，1990.8.—210页；28开.—（中国现代作家作品欣赏丛书）.—ISBN 7-5435-0982-2：3.30元

本书广西人民出版社1986年11月第1版。

中国现代文学名篇讲析/刘秉山编著.—大连：东北财经大学出版社，1990.11.—375页；32开.—ISBN 7-81005-458-9：4.20元

中国现代文学作品选析/董振泉，黄树红主编.—长沙：湖南师范大学出版社，1990.7.—2册（785页）；大32开.—ISBN 7-81031-017-8：10.70元

中国现代文学作品鉴赏/丁正彬等编著.—呼和浩特：内蒙古教育出版社，1990.2.—679页；大32开.ISBN 7-5311-0927-1：7.60元

中国现代文学词典.—上海：上海辞书出版社，1990.12.—983页；大32开.—ISBN 7-5326-0019-X（精装）：20.00元

本书收中国现代文学名词术语 社团、流派、人物、作品、文学形象、文集、丛书、报刊、出版单位、故居、纪念馆等类词目，共2633条。

中国现代文学词典　第四卷：诗歌卷/徐迺翔主编.—南宁：广西人民出版社，1990.6.—431页；大32开.—ISBN 7-219-01591-7：6.65元

中国现代文学词典　第四卷：诗歌卷/徐迺翔主编.—南宁：广西人民出版社，1990.6.—431页；大32开.—ISBN 7-219-01592-5（精装）：10.00元

中国现代文学的主潮/贾植芳主编.—上海：复旦大学出版社，1990.2.—284页；大32开.—ISBN 7-309-00262-8：4.80元

本书收国外学者研究中国现代文学的论文13篇。

中国现代文学流派概观/王宁等撰稿.—成都：成都出版社，1990.2.—375页；32开.—ISBN 7-80575-009-2：3.70元

中国现代作家与东西方文化/吴小美等著.—兰州：兰州大学出版社，1990.5.—272页；大32开.—ISBN 7-311-00319-9：2.12元

中国现当代文学/李计谋，王居瑞主编.—长春：东北师范大学出版社，1990.12.—654页；大32开.全国高等师范专科学校教材.—ISBN 7-5602-0447-3：4.60元

中国现当代文学/贵州老年大学，天津老年人大学编.—兰州：甘肃人民出版社，1990.3.—250页；大32开.—老年大学试用教材.—ISBN 7-226-00548-3：3.40元

中国现当代文学卷/辽宁省中师语文导读编写组编.—杭州：浙江大学出版社，1990.2.—（中外文学名著评述·中师语文导读）.—244页；大32开.ISBN 7-308-00452-X：3.45元

中国新文艺大系：1949～1966：曲艺集/罗扬主编.—北京：中国文联出版公司，1990.9.—693页；16开.—ISBN 7-5059-1286-0：21.90元

中国新文艺大系：1949～1966：曲艺集/罗扬主编.—北京：中国文联出版公司，1990.9.—693页；16开.—ISBN 7-5059-1287-9（精装）：27.50元

中国新文艺大系：1949～1966：诗集/张志民主编.—北京：中国文联出版公司，1990.6.—484页；16开.—ISBN 7-5059-1305-0：16.50元

中国新文艺大系：1949～1966：诗集/张志民主编.—北京：中国文联出版公司，1990.6.—484页；16开.—ISBN 7-5059-1306-9（精装）：22.00元

中国新文艺大系：1976～1982：史料集/张炯主编.北京：中国文联出版公司，1990.8.—1069页；16开.ISBN 7-5059-1282-8：32.90元

中国新文艺大系：1976～1982：史料集/张炯主编.北京：中国文联出版公司，1990.8.—1069页；16开.—ISBN 7-5059-1283-6（精装）：38.50元

中国新文艺大系：1976～1982：电视集/赵寻主编.—北京：中国文联出版公司，1990.6.—713页；16开.—ISBN 7-5059-1213-5：22.40元

中国新文艺大系：1976～1982：电视集/赵寻主编.—北京：中国文联出版公司，1990.6.—713页；16开.—ISBN 7-5059-1214-3（精装）：28.10元

中国新文学大系：1937～1949　第一集：文学理论卷一/本书编辑委员会编.—上海：上海文艺出版社，1990.12.—754页；大32开.—ISBN 7-5321-0653-5（精装）：14.35元

中国新文学大系：1937～1949　第二集：文学理论卷二/本书编辑委员会编.—上海：上海文艺出版社，1990.12.—811页；大32开.—ISBN 7-5321-0652-7（精装）：14.75元

中国新文学大系：1937～1949　第三集：短篇小说卷一/本书编辑委员会编辑.—上海：上海文艺出版社，1990.12.—738页；大32开.—ISBN 7-5321-0660-8（精装）：14.05元

中国新文学大系：1937～1949　第四集：短篇小说卷二/本书编辑委员会编.—上海：上海文艺出版社，1990.12.—773页；大32开.—ISBN 7-5321-0686-1（精装）：14.30元

中国新文学大系：1937～1949　第六集：中篇小说卷一/本书编辑委员会编.—上海：上海文艺出版社，1990.12.—692页；大32开.—ISBN 7-5321-0535-0（精装）：13.35元

中国新文学大系：1937～1949　第七集：中篇小说卷二/本书编辑委员会编.—上海：上海文艺出版社，1990.12.—721页；大32开.—ISBN 7-5321-0536-9（精装）：13.65元

中国新文学大系：1937～1949　第九集：长篇小说卷二/本书编辑委员会编.—上海：上海文艺出版社，1990.12.—751页；大32开.—ISBN 7-5321-0386-2（精装）：14.00元

中国新文学大系：1937～1949　第十卷：散文卷一/本书编辑委员会编.—上海：上海文艺出版社，1990.12.—716页；大32开.—ISBN 7-5321-0705-1（精装）：13.85元

中国新文学大系：1937～1949　第十一集：散文卷二/本书编辑委员会编.—上海：上海文艺出版社，1990.12.—627页；大32开.—ISBN 7-5321-0706-X（精装）：12.70元

中国新文学大系：1937～1949　第十二集：杂文卷/本书编辑委员会编.—上海：上海文艺出版社，1990.12.—842页；大32开.—ISBN 7-5321-0688-8（精装）：15.35元

中国新文学大系：1937～1949　第十三集：报告文学卷/本书编辑委员会编.—上海：上海文艺出版社，1990.12.—754页；大32开.—ISBN 7-5321-0701-9（精装）：14.25元

中国新文学大系：1937～1949　第十四集：诗卷/本书编辑委员会编.—上海：上海文艺出版社，1990.12.—941页；大32开.—ISBN 7-5321-0726-4（精装）：16.60元

中国新文学大系：1937～1949　第十五集：戏剧卷一/本书编辑委员会编.—上海：上海文艺出版社，1990.12.—814页；大32开.—ISBN 7-5321-0445-1（精装）：15.15元

中国新文学大系：1937～1949　第十六集：戏剧卷二/本书编辑委员会编.—上海：上海文艺出版社，1990.12.—799页；大32开.—ISBN 7-5321-0446-X（精装）：14.60元

中国新文学大系：1937～1949　第十七集：戏剧卷三/本书编辑委员会编.—上海：上海文艺出版社，1990.12.—803页；大32开.—ISBN 7-5321-0447-8（精装）：14.65元

中国新文学大系：1937～1949　第十八集：电影卷一/本书编辑委员会编.—上海：上海文艺出版社，1990.12.—757页；大32开.—ISBN 7-5321-0407-9（精装）：14.20元

中国新文学大系：1937～1949　第十九集：电影卷二/本书编辑委员会编.—上海：上海文艺出版社，1990.12.—627页；大32开.—ISBN 7-5321-0408-7（精装）：12.60元

凤凰、女神及其他：郭沫若论/阎焕东著.—北京：中国人民大学出版社，1990.11.—517页；大32开.ISBN 7-300-00537-3：7.55元

本书主要研究郭沫若的思想及作品的艺术风格。

文化与文艺/王富仁著.—太原：北岳文艺出版社，1990.12.—335页；大32开.—ISBN 7-5378-0057-X：4.20元

四川现代作家研究/伍加伦著.—成都：四川大学出版社，1990.6.—329页；32开.—ISBN 7-5614-0307-0：3.80元

台港文学导论/潘亚暾主编.—北京：高等教育出版社，1990.9.—478页；大32开.—高等学校文科教材.—ISBN 7-04-003052-7：3.40元

台湾港澳与海外华文文学辞典/陈辽主编.—太原：山西教育出版社，1990.6.—560页；32开.—ISBN 7-80578-292-X：11.00元

西方文艺思潮与二十世纪中国文学/乐黛云，王宁主编.—北京：中国社会科学出版社，1990.11.—412页；32开.—（北京大学比较文学研究丛书/乐黛云主编）.—ISBN 7-5004-0792-0：6.05元

百年沉浮：林纾研究综述/林薇编.—天津：天津教育出版社，1990.10.—368页；大32开.—（学术研究指南丛书）.—ISBN 7-5309-0693-3（精装）：6.70元

朱自清作品欣赏/陈孝全，刘泰隆著.—新1版.—南宁：广西教育出版社，1990.1.—243页；28开.（中国现代作家作品欣赏丛书）.—ISBN 7-5435-0923-7：3.85元

本书广西人民出版社1981年9月第1版。

创造社记程/陈青生，陈永志著.—上海：上海社会科学院出版社，1990.9.—193页；32开.—ISBN 7-80515-321-3：2.60元

刘半农评传/徐瑞岳著.—上海：上海文艺出版社，1990.10.—329页；大32开.—（中国现代文学研究丛书）.—ISBN 7-5321-0541-5：4.80元

苏曼殊评传/李蔚著；珠海市政协编.—北京：社会科学文献出版社，1990.9.—476页；大32开.—ISBN 7-80050-181-7：6.20元

抗战文艺研究：90年总第31/四川省社科院文学所编.—成都：成都出版社，1990.11.—251页；大32开.—ISBN 7-80575-114-5：3.60元

吴组缃作品欣赏/唐沅著.—新1版.—南宁：广西教育出版社，1990.8.—249页；28开.—（中国现代作家作品欣赏丛书）.—ISBN 7-5435-0980-6：3.70元

本书1986年11月第1版。

罗淑罗洪研究资料/艾以等编.—北京：北京十月文艺出版社，1990.4.—385页：图；大32开.—（中国现代作家作品研究资料丛书/陈荒煤主编）.—ISBN 7-5302-0161-1（精装）：8.85元

罗淑罗洪研究资料/艾以等编.—北京：北京十月文艺出版社，1990.4.—385页：图；大32开.—（中国现代作家作品研究资料丛书/陈荒煤主编）.—ISBN 7-5302-0160-1：5.90元

冒险的旅行/吴俊著.—上海：上海文艺出版社，1990.2.—249页；32开.—（牛犊丛书）.—ISBN 7-5321-0481-8：3.45元

本书研究了中国现代文学的发展。

顺着灵感而创作：弥洒社作品、评论资料选/陈秀英选编.—上海：华东师范大学出版社.1990.4.340页；大32开.—（中国新文学流派、社团丛书/钱谷融主编）.—ISBN 7-5617-0614-6：4.90元

闻一多研究文集/余嘉华，熊朝隽主编.—昆明：云南教育出版社，1990.11.—398页；大32开.—ISBN 7-5415-0408-4：5.90元

闻一多研究述评/商金林著.—天津：天津教育出版社，1990.10.—455页；大32开.—（学术研究指南丛书）.—ISBN 7-5309-0691-7（精装）：7.70元

钱钟书杨绛研究资料集/田蕙兰等选编.—武汉：华中师范大学出版社，1990.11.—674页；大32开.ISBN 7-5622-0601-5：11.00元

萧红作品欣赏/杜一白，张毓茂著.—新1版.—南宁：广西教育出版社，1990.4.—247页；28开.（中国现代作家作品欣赏丛书）.—ISBN 7-5435-0810-9：3.70元

本书广西人民出版社1985年3月第1版。

萧乾评传/王嘉良，周健男著.—北京：国际文化出版公司，1990.6.—392页：照片；32开.—ISBN 7-80049-336-9：5.10元

鲁彦作品欣赏/郑择魁著.—新1版.—南宁：广西教育出版社，1990.9.—254页；28开.—（中国现代作家作品欣赏丛书）.—ISBN 7-5435-0808-7：3.75元

本书广西人民出版社1986年11月第1版。

新文学考据举隅/朱金顺著.—北京：中国文史出版社，1990.12.—291页；大32开.—ISBN 7-5034-0263-6：6.00元

新意度集/唐湜著.—北京：三联书店，1990.9.332页：照片；32开.—ISBN 7-108-00276-0：7.50元

本书是在《意度集》的基础上，选入解放后几十年间所写的文学评论，总计36篇。以评论九叶派的诗歌与诗人为主，是研究九叶诗派的重要文献。

踣下文学面面观：抗战时期沦陷区文学概论/胡凌芝著.—长春：长春出版社，1990.1.—172页；32开.—ISBN 7-80573-115-2：1.95元

穆木天研究论文集/全国首届穆木天学术讨论会，吉林师范学院学报编辑部编.—长春：时代文艺出版社，1990.12.—420页；大32开.—ISBN 7-5387-0363-2：7.20元

I 206.7 建国后文学

一个批评家的心路历程/丁亚平著.—上海：上海文艺出版社，1990.11.—219页；大32开.—（中国现代文学研究丛书）.—ISBN 7-5321-0584-9：3.50元

本书选择了茅盾的文艺批评心理进行研究。

丁玲作品欣赏/郭成，陈宗敏著.—新1版.—南宁：广西教育出版社，1990.6.—239页；大32开.—（中国现代作家作品欣赏丛书）.—ISBN 7-5435-0869-9：3.55元

丁玲研究五十年/袁良骏著.—天津：天津教育出版社，1990.10.—362页；大32开.—（学术研究指南丛书）.—ISBN 7-5309-0711-5（精装）：6.65元

乡土文学四十年/刘绍棠著.—北京：文化艺术出版社，1990.2.—210页：照片；大32开.—ISBN 7-5039-0557-3：3.50元

艺圃文墨/邵振棠著.—沈阳：沈阳出版社，1990.3.—202页；32开.—ISBN 7-80556-113-8：2.45元

这是一本文艺评论集。

艺廊探胜/韩瑞亭著.—广州：花城出版社，1990.4.—212页；32开.—ISBN 7-5360-0591-1：2.90元

不平坦的路：赵树理研究之研究/黄修己著.—天津：天津教育出版社，1990.10.—300页；大32开.（学术研究指南丛书）.—ISBN 7-5309-0692-5（精装）：5.95元

中国当代文学/吴三元主编.—修订本.—天津：天津教育出版社，1990.8.—456页；大32开.—ISBN 7-5309-0033-1：4.50元

中国当代文学名作讲析/现当代文学教研室编写.沈阳：辽宁大学出版社，1990.12.—282页；32开.ISBN 7-5610-1102-4：3.50元

中国当代文学论稿/田怡主编.—呼和浩特：内蒙古人民出版社，1990.3.—290页；大32开.—ISBN 7-204-00948-7：4.50元

中国当代文学作品选讲 第二册/李友益等主编.

武汉：长江文艺出版社，1990.3.—357页；32开．ISBN 7-5354-0301-8：3.85元

中国当代文学作品选讲　第三册/李友益等主编．武汉：长江文艺出版社，1990.6.—364页；32开．ISBN 7-5354-0343-3：3.85元

中国当代文学作品辞典/佘树森，牛运清主编．—北京：北京大学出版社，1990.12.—1010页；32开．ISBN 7-301-01349-3（精装）：25.00元

本辞典收1949.10～1988.12月中国当代小说、诗歌、话剧、散文及报告文学辞条近1500条。

中国当代文学研究概论/崔西璐编著．—天津：天津教育出版社，1990.10.—609页；大32开．—（学术研究指南丛书）．—ISBN 7-5309-0792-1（精装）：9.40元

中国当代文学教程/王惠云等主编．—石家庄：花山文艺出版社，1990.8.—380页；大32开．—ISBN 7-80505-353-7：5.10元

中国当代青年女作家评传/吕晴飞主编．—北京：中国妇女出版社，1990.6.—755页：照片；大32开．ISBN 7-80016-119-6：15.50元

从灰姑娘到皇后/方克强著．—上海：百家出版社，1990.12.—229页；32开．—（萌芽创作丛书；第一辑）．—ISBN 7-80576-162-0：4.00元

文坛絮语/陆建华著．—南京：江苏人民出版社，1990.5.—269页；32开．—ISBN 7-214-00454-2：3.00元

本书是一本文艺短论集。

文林漫议/韦野著．—石家庄：花山文艺出版社，1990.6.—230页；32开．—ISBN 7-80505-315-4：3.10元

本书是一部关于文艺问题的杂论集。

文苑星辰文苑风：中国现代文人漫考/张放著．—成都：四川文艺出版社，1990.8.—278页；32开．—ISBN 7-5411-0569-4：3.20元

文苑漫步/李华章著．—武汉：长江文艺出版社，1990.7.—165页；32开．—ISBN 7-5354-0354-9：1.95元

文学启示录/戎东贵著．—南京：南京出版社，1990.10.—292页；32开．—ISBN 7-80560-256-5：3.50元

文学的选择/张奥列著．—广州：花城出版社，1990.8.—322页；32开．—（越秀丛书）．—ISBN 7-5360-0614-4：4.10元

本书对近年文学创作，尤其是小说创作现象进行了追踪研究。

文学格局与作家选择/周政保著．—南昌：江西人民出版社，1990.2.—250页；32开．—ISBN 7-210-00366-5：2.30元

北国的辉煌/黄国柱著．—沈阳：白山出版社，1990.10.—210页；32开．—ISBN 7-80566-150-2：2.60元

本书是作者的一部文学评论集。

台湾文学的走向/福建省台湾研究会，福建省台湾香港暨海外华文文学研究会编．—福州：海峡文艺出版社，1990.4.—243页；大32开．—（福建省台湾研究会丛书）．—ISBN 7-80534-217-3：3.25元

台湾、香港暨海外华文文学论文选：第四届全国台湾香港暨海外华文文学学术研讨会〔论文选〕/复旦大学台港文化研究所选编．—福州：海峡文艺出版社，1990.9.—402页；大32开．—ISBN 7-80534-251-2：5.30元

台湾爱情文学论/古继堂著．—福州：海峡文艺出版社，1990.3.—271页；大32开．—（台湾文学论丛）．ISBN 7-80534-168-0：3.85元

发现美和表现美的文学：殷晋培文学评论选/殷晋培著．—沈阳：春风文艺出版社，1990.4.—340页；32开．—ISBN 7-5313-0315-9：4.00元

圭臬论/李光麾著．—长春：吉林大学出版社，1990.10.—305页；32开．—ISBN 7-5601-0637-4：3.95元

在历史的秋千架上：中国新时期文学回顾/姚鹤鸣著．—北京：中国人民大学出版社，1990.11.—243页；32开．—ISBN 7-300-00933-6：3.30元

在橘黄色的灯光下/高云，高挺之著．—沈阳：春风文艺出版社，1990.7.—306页；32开．—ISBN 7-5313-0369-8：2.70元

本书是一部文学评论集。

当代文学导读/李泱编著．—北京：海洋出版社，1990.6.—262页；32开．—（自学辅导丛书）．—ISBN 7-5027-0241-5：3.40元

朱泽吉学术论文选集/朱泽吉著．—济南：山东文艺出版社，1990.12.—313页；32开．—ISBN 7-5329-0467-9：4.25元

创作的思考：文学评论卷/谢俊华，殷晋培主编．沈阳：春风文艺出版社，1990.5.—393页；大32开．（辽宁文学10年丛书：1979～1989/王充闾，林声主编）．—ISBN 7-5313-0340-X：5.20元

冰心作品欣赏/卢启元著．—新1版．—南宁：广西教育出版社，1990.4.—203页；28开．—（中国现代作家作品欣赏丛书）．—ISBN 7-5435-0806-0：3.25元

本书广西人民出版社1980年8月第1版。

论杜鹏程的审美理想/赵俊贤著．—北京：文化艺术出版社，1990.11.—252页；照片；大32开．—ISBN 7-5039-0015-6：3.95元

本书把论述重点集中在杜鹏程的审美理想这一专题上，把美学的一般原理同作家的创作实践相结合进行了探讨。

杜鹏程作品欣赏/汪名凡，舒其惠著．—新1版．—南

宁：广西教育出版社，1990.8.—215页；28开.—（中国现代作家作品欣赏丛书）.—ISBN 7-5435-0981-4：3.30元

本书广西人民出版社1983年5月第1版。

苍凉的历史/黄国柱著.—北京：解放军文艺出版社，1990.7.—266页；32开.—ISBN 7-5033-0140-6：3.70元

战争的硝烟拂去了多少家庭的幸福欢乐，为什么一代又一代的热血男儿仍要前赴后继？文学面对苍凉的历史和血腥的战争，能够做什么？应该做什么？本书对此作了介绍。

时代·人·艺术/孙豹隐著.—西安：陕西人民出版社，1990.10.—310页；大32开.—ISBN 7-224-01264-5：5.60元

何其芳作品欣赏/金钦俊著.—新1版.—南宁：广西教育出版社，1990.8.—236页；28开.—（中国现代作家作品欣赏丛书）.—ISBN 7-5435-0985-7：3.60元

本书广西教育出版社1986年12月第1版。

迟到的怀念与思考：关于巴人/唐弢等撰.—杭州：浙江文艺出版社，1990.4.—317页；大32开.—ISBN 7-5339-0116-9：4.00元

苑边赏叶/李下著.—北京：光明日报出版社，1990.12.—230页；大32开.—ISBN 7-80014-997-8：2.90元

本书是一本文学评论集，是对范围广泛的文艺作品、文学现象的具体评论。

茅庐集/严肃著.—成都：四川文艺出版社，1990.11.—359页；32开.—ISBN 7-5411-0617-8：3.80元

茅盾研究 第四辑/《茅盾研究》编辑部编.—北京：文化艺术出版社，1990.3.—407页；大32开.ISBN 7-5039-0529-8：5.45元

茅盾研究六十年/邱文治，韩银庭编著.—天津：天津教育出版社，1990.10.—441页；大32开.—（学术研究指南丛书）.—ISBN 7-5309-0687-9（精装）：7.50元

泥絮集/蔡润田著.—太原：北岳文艺出版社，1990.9.—298页；32开.—ISBN 7-5378-0415-X：3.50元

审美中的感悟/封秋昌著.—石家庄：花山文艺出版社，1990.11.—285页；大32开.—ISBN 7-80505-374-X：4.00元

这本文学评论集大部分是对具体作家作品的评论，有小说评论、诗歌评论、戏剧电影评论；也有对某些理论问题和创作问题的理解和思索。

审美意识：创作和批评的双向变革/张西南著.北京：解放军出版社，1990.11.—127页；32开.ISBN 7-5065-1465-6：2.50元

胡风文艺思想论稿/徐文玉著.—合肥：安徽文艺出版社，1989.12.—284页；32开.—ISBN 7-5396-9311-9：3.60元

南开文学研究：1988年/南开大学中文系《南开文学研究》编委会编.—天津：天津古籍出版社，1990.4.—451页；大32开.—ISBN 7-80504-139-3：14.65元

桂海文谭/杨炳忠著.—桂林：广西师范大学出版社，1990.5.—240页；32开.—ISBN 7-5633-0788-5：3.20元

本书是一部文学批评文集。

莫言论/张志忠著.—北京：中国社会科学出版社，1990.3.—294页；大32开.—ISBN 7-5004-0599-5：4.25元

聂华苓研究专集/李恺玲，谌宗恕编.—武汉：湖北教育出版社，1990.11.—587页；大32开.—（中国当代文学研究资料丛书/贾植芳，范伯群主编）.ISBN 7-5351-0508-4：9.50元

贾平凹论/费秉勋著.—西安：西北大学出版社，1990.5.—204页；大32开.—ISBN 7-5604-0159-7：3.25元

夏衍研究专集/巫岭芬编.—杭州：浙江文艺出版社，1990.12.—2册（1352页）：照片；大32开.（中国当代文学研究资料丛书）.—ISBN 7-5339-0288-2：17.00元

致爱恋的朋友们：席慕蓉言情诗文欣赏/席慕蓉文；圣诞选析.—北京：中国妇女出版社，1990.4.199页；32开.—ISBN 7-80016-219-2：2.95元

热血青史：欧阳山作品研讨论文集/广东省文学艺术界联合会编.—广州：花城出版社，1990.10.—310页：彩照；大32开.—ISBN 7-5360-0731-0：5.00元

钱钟书研究 第二辑/《钱钟书研究》编委会编.北京：文化艺术出版社，1990.11.—369页；大32开.—ISBN 7-5039-0836-X：5.50元

本辑围绕钱钟书学术思想和钱学代表作之一的《管锥篇》集中编发了一批海内外论钱佳作。此外《"围城"疏证》、《形象的哲学及其他》等文别开生面，瞽见迭出。

郭沫若与中外作家比较论/傅正乾著.—西安：陕西师范大学出版社，1990.6.—274页；大32开.—ISBN 7-5613-0340-8：4.50元

郭沫若作品欣赏/黄曼君著.—新1版.—南宁：广西教育出版社，1990.4.—316页；28开.—（中国现代作家作品欣赏丛书）.—ISBN 7-5435-0807-9：4.55元

本书广西人民出版社1986年9月第1版。

郭沫若研究 （8）/中国郭沫若研究学会《郭沫若研究》编辑部编.—北京：文化艺术出版社，1990.3.—338页；大32开.—ISBN 7-5039-0439-9：4.60元

病中闲话/吕宕著.—厦门：鹭江出版社，1990.6.

145页；32开.—ISBN 7-80533-369-6：1.80元

浪潮之外的孤魂/谢望新著.—长沙：湖南文艺出版社，1990.3.—340页；大32开.—ISBN 7-5404-0508-2：4.40元

本书为作者的文学评论集。

阎纲短评集/阎纲著.—西安：华岳文艺出版社，1990.2.—743页；大32开.—ISBN 7-80549-164-X：9.90元

阐释的空间/南帆著.—福州：海峡文艺出版社，1990.3.—349页；32开.—ISBN 7-80534-198-2：4.20元

本书是一部文学评论集。

雷加研究专集/康平编.—武汉：湖北教育出版社，1990.2.—486页；大32开.—（中国当代文学研究资料丛书/贾植芳，范伯群主编）.—ISBN 7-5351-0466-5：8.20元

新时期文艺简论/周屏等主编.—武汉：长江文艺出版社，1990.7.—209页；大32开.—ISBN 7-5354-0350-6：3.20元

新时期文学思潮论/丁尔纲著.—北京：中国广播电视出版社，1990.5.—273页；大32开.—ISBN 7-5043-0446-8：6.80元

新时期河北文艺评论选萃/周申明主编；河北省文艺评论指导小组编.—石家庄：河北人民出版社，1990.4.—554页；大32开.—庆祝中华人民共和国建国四十周年.—ISBN 7-202-00617-0：6.60元

臧克家研究资料/郭光廉，刘增人编.—兰州：甘肃人民出版社，1990.9.—1091页：照片；大32开.（中国现代文学史资料汇编；乙种·中国现代作家作品研究资料丛书）.—ISBN 7-226-00490-9：14.30元

摘下兽与鬼的面具：当代文学论文集/李复威著.北京：中国文联出版公司，1990.4.—331页；32开.ISBN 7-5059-1245-3：4.30元

熟悉的陌生人/易准著.—广州：花城出版社，1990.8.—283页；大32开.—ISBN 7-5360-0663-2：4.50元

本书收文学评论36篇。

I 207　各体文学评论和研究

I 207.2　诗　歌

十二诗人之路/邓仪中，陈朝红著.—成都：四川文艺出版社，1990.8.—325页；大32开.—ISBN 7-5411-0546-5：4.40元

人间词话译注/王国维原著；施议对译注.—南宁：广西教育出版社，1990.4.—253页；大32开.—ISBN 7-5435-0492-8：3.75元

本书为《人间词话》的第一部译注本。全书分四卷，内容包括题解、原文、译文、附注四部分。

《九歌》与沅湘民俗/林河著.—上海：三联书店上海分店，1990.7.—277页；大32开.—（中华本土文化丛书）.—ISBN 7-5426-0251-9：7.00元

大地的微笑：中国花诗品鉴/曾炽海等注评.—郑州：中州古籍出版社，1990.10.—285页；32开.ISBN 7-5348-0176-1：3.80元

与日本学者讨论屈原问题/黄中模著.—武汉：华中理工大学出版社，1990.6.—333页；大32开.—ISBN 7-5609-0396-7：3.95元

本书系统地评论了日本学者的各种“屈原否定论”，对日本学者论及中国“《楚辞》学”史上的若干重大问题，用新的材料作了详细的辨正。

与你同在：琼瑶诗歌赏析/清和编著.—北京：中国妇女出版社，1990.4.—132页；32开.—ISBN 7-80016-218-4：2.40元

与缪斯的会晤：新诗夜谈/王燕生著.—长沙：湖南文艺出版社，1990.3.—235页；32开.—ISBN 7-5404-0516-3：2.05元

山水花鸟词译解/弓保安著.—西安：陕西人民美术出版社，1990.10.—266页；32开.—ISBN 7-5368-0248-X：3.40元

历代兵诗窥要/张晓生著.—北京：军事科学出版社，1990.8.—326页；大32开.—ISBN 7-80021-253-1：4.90元

本书选编先秦至清的历代兵诗240题259首，加以注释评说。

历代词曲赏析/薛祥生编.—济南：明天出版社，1990.4.—506页；大32开.—（中国历代诗文名作赏析丛书/许平主编）.—ISBN 7-5332-0919-2：5.60元

历代诗词佳句鉴赏/刘允声编著.—北京：北京出版社，1990.12.—649页；大32开.—ISBN 7-200-01241-6（精装）：13.40元；（平装）：10.60元

本书择取先秦、两汉、魏、晋、南北朝、唐、宋、元、明、清历代著名的诗词佳句约1050条。

历代诗歌爱情佳句辞典/程郁缀主编；赵军等编撰.北京：中国妇女出版社，1990.10.—514页；32开.ISBN 7-80016-221-4(精装)：11.65元

本辞典共收中国历代有关爱情婚姻方面的名言佳句5380余条。

历代诗歌爱情佳句辞典/程郁缀主编；赵军等编撰.—北京：中国妇女出版社，1990.10.—514页；32开.—ISBN 7-80016-220-6：9.05元

历代叙事诗赏析/吴庆峰编.—济南：明天出版社，1990.4.—350页；大32开.—（中国历代诗文名作赏析丛书/许平主编）.—ISBN 7-5332-0917-6（精装）：6.30元

历代散曲鉴赏/方伯荣著.—西安：陕西人民出版

社，1990.11.—300页；32开.—ISBN 7-224-00615-7：4.45元

王国维与人间词话/祖保泉，张晓云编著.—上海：上海古籍出版社，1990.3.—136页；32开.—（中国古典文学基本知识丛书）.—ISBN 7-5325-0678-9：1.50元

王梵志诗研究汇录/中国敦煌吐鲁番学会语言文学分会主编；张锡厚辑.—上海：上海古籍出版社，1990.8.—315页：图版；大32开.—ISBN 7-5325-0333-X：7.40元

王梵志，唐初白话诗人。本书收录1927～1984年在国内发表的有关王梵志诗的整理、校勘和研究论文18篇。

王维新论/陈铁民著.—北京：北京师范学院出版社，1990.9.—308页；大32开.—ISBN 7-81014-470-7（精装）：8.50元；（平装）：6.50元

元人诗词赏析/丘振声，赵建莉选析.—南宁：广西教育出版社，1990.9.—141页；32开.—（中国古典文学作品选析丛书）.—ISBN 7-5435-1005-7：1.95元

元曲释词 （四）/顾学颉，王学奇编.—北京：中国社会科学出版社，1990.10.—640页；大32开.ISBN 7-5004-0021-7（精装）：11.30元

元曲释词 （四）/顾学颉，王学奇编.—北京：中国社会科学出版社，1990.10.—641页；大32开.ISBN 7-5004-0022-5：10.20元

元好问诗词研究/贺新辉著.—北京：中国妇女出版社，1990.5.—189页；大32开.—（三晋文化研究丛书）.—ISBN 7-80016-224-9：3.40元

中日学者屈原问题论争集/黄中模编.—济南：山东教育出版社，1990.7.—338页；大32开.—ISBN 7-5328-0915-3：3.60元

中州乐府/（金）元好问编；赵兴勤等笺注.—北京：中国广播电视出版社，1990.6.—178页；32开.ISBN 7-5043-0386-0：3.20元

中国山水诗史/丁成泉著.—武汉：华中师范大学出版社，1990.6.—273页；大32开.—ISBN 7-5622-0522-1：3.60元

中国女诗人名作导读/洪烛等编著.—南宁：广西民族出版社，1990.7.—302页；32开.—（九十年代女士文库/洪烛，贾新栩主编）.—ISBN 7-5363-0837-X：2.50元

中国历代名诗分类大典/胡先舟，周淌江主编.南宁：广西人民出版社，1990.7.—4册；大32开.—ISBN 7-219-01602-6：68.00元

中国古代诗歌欣赏辞典/马美信，贺圣遂主编.—上海：汉语大词典出版社，1990.6.—813页；32开.ISBN 7-5432-0028-7（精装）：12.00元

中国古典诗歌艺术新探/王英志著.—南京：江苏古籍出版社，1990.11.—264页；大32开.—ISBN 7-80519-199-9：5.20元

中国当代诗人传略 第一集/海梦主编.—成都：四川文艺出版社，1990.5.—400页；32开.—ISBN 7-5411-0658-5：4.90元

中国李白研究：一九九〇年集 （上）/中国李白研究编辑部编.—南京：江苏古籍出版社，1990.9.277页；大32开.—ISBN 7-80519-182-4：4.90元

中国词学的现代观/叶嘉莹著.—长沙：岳麓书社，1990.7.—118页；大32开.—ISBN 7-80520-214-1：2.80元

中国现代乡土诗史略/潘颂德著.—延吉：延边大学出版社，1990.8.—260页；32开.—ISBN 7-5634-0241-1：9.40元

中国诗学与传统文化精神/韩经太著.—成都：四川人民出版社，1990.1.—379页；大32开.—ISBN 7-220-00718-3：5.20元

中国诗歌大辞典/侯健主编.—北京：作家出版社，1990.12.—1册（116，1420页）；大32开.—ISBN 7-5063-0210-1（精装）：29.50元

本辞典所收词目，上自先秦，下迄当代（1987年），共一万一千余条。

中国诗歌原理/（日）松浦友久著；孙昌武，郑天刚译.—沈阳：辽宁教育出版社，1990.7.—311页；大32开.—ISBN 7-5382-1087-3：4.50元

中国新诗名篇鉴赏辞典/唐祈主编.—成都：四川辞书出版社，1990.12.—758页；32开.—ISBN 7-80543-1065-X（精装）：12.00元

乌鲁木齐诗话/浩明著.—乌鲁木齐：新疆人民出版社，1990.3.—225页；32开.—ISBN 7-228-00563-5：2.00元

本书是一部边塞诗歌鉴赏评论集。

毛诗说/曾运乾著；周秉钧整理.—长沙：岳麓书社，1990.5.—206页；大32开.—ISBN 7-80520-206-0（精装）：3.90元

本书共收作者对《诗经》240多首的讲解。

卞之琳与诗艺术/袁可嘉等主编.—石家庄：河北教育出版社，1990.7.—170页：肖像；大32开.—ISBN 7-5434-0837-6：3.50元

本书收入《卞之琳与现代主义诗歌》、《一个涉剧翻译家的历程》、《诗与哲学》、《诗人卞之琳初晤记》等文章30余篇。

心灵现实的艺术透视：中国文人心态与古典诗歌艺术/韩经太著.—北京：现代出版社，1990.2.—289页；大32开.—（大文学史观丛书；1）.—ISBN 7-80028-062-4：4.90元

本书从先秦到唐、宋，通过对古典诗歌艺术这一透视心理世界的窗口，结合相关的文史资料对古代中国知识分子漫长的心灵历程，重新进行考察和剖析。作者摆脱了传统的研究方法和观点的局限，提出了一些独特见解。

艾青诗歌欣赏/叶橹著.—新1版.—南宁：广西教育出版社，1990.8.—254页；28开.—（中国现代作家作品欣赏丛书）.—ISBN 7-5435-0983-0：3.75元

本书1986年7月第1版。

古小诗品味/宋万学，邓韶玉编著.—太原：山西教育出版社，1990.6.—170页；32开.—ISBN 7-80578-289-X：1.90元

古今名人教子诗赏析/徐志福编.—长春：北方妇女儿童出版社，1990.6.—354页；32开.—ISBN 7-5385-0579-2（精装）：5.60元

古今滕王阁研究文选/王巧林，萧朝晶编.—南京：南京大学出版社，1990.7.—137页；32开.—ISBN 7-305-00788-9：2.35元

古代咏花诗词鉴赏辞典/李文禄，刘维治主编.—长春：吉林大学出版社，1990.8.—1523页；32开.ISBN 7-5601-0576-9（精装）：29.50元

古代诗词语言艺术/高蹈，王德保著.—南昌：江西教育出版社，1990.2.—207页；大32开.—ISBN 7-5392-0560-1：2.65元

古代诗词阅读入门/朱芳华著.—兰州：甘肃教育出版社，1990.8.—174页；32开.—ISBN 7-5423-0139-X：1.90元

古代爱情诗词鉴赏辞典/李文禄，宋绪连主编.沈阳：辽宁大学出版社，1990.7.—1286页；32开.ISBN 7-5610-0657-8（精装）：19.00元

古乐府选析/王国安选析.—上海：上海教育出版社，1990.7.—200页；32开.—（中学生文库）.—ISBN 7-5320-1679-X：1.80元

古典诗词知识辞典/于石编.—合肥：黄山书社，1990.7.—400页；32开.—ISBN 7-80535-071-8：5.40元

古典诗词欣赏入门/徐应佩，周溶泉编著.—武汉：湖北教育出版社，1990.2.—278页；32开.—ISBN 7-5351-0435-5：2.85元

古典诗歌鉴赏/陈志明著.—杭州：浙江大学出版社，1990.5.—374页；大32开.—ISBN 7-308-00190-3：2.85元

古诗精选日日读　上册/王成纲主编.—北京：测绘出版社，1990.6.—360页；32开.—ISBN 7-5030-0342-1：4.70元

古诗精选日日读　下册/王成纲主编.—北京：测绘出版社，1990.6.—330页；32开.—ISBN 7-5030-0343-X：4.30元

史诗、叙事诗与民族精神/陈来生著.—上海：上海社会科学院出版社，1990.6.—225页；32开.—ISBN 7-80515-492-9：3.30元

白居易诗歌赏析/郑永晓选编.—南宁：广西教育出版社，1990.6.—155页；32开.—（中国古典文学作品选析丛书）.—ISBN 7-5435-0926-1：2.10元

白居易诗歌赏析集/褚斌杰主编.—成都：巴蜀书社，1990.4.—299页；大32开.—（中国古典文学赏析丛书/缪钺等主编）.—ISBN 7-80523-271-7：4.23元

乐府诗鉴赏辞典/李春祥主编.—郑州：中州古籍出版社，1990.3.—1087页；彩图；大32开.—ISBN 7-5348-0275-X（精装）：19.80元

汉语诗歌的形式：诗歌格律新论/柳村著.—开封：河南大学出版社，1990.12.—557页；大32开.—ISBN 7-81018-541-1：7.20元

本书对新旧汉语诗歌的格律问题进行了研究探讨。

汉魏六朝诗歌鉴赏辞典/吕晴飞等编著.—北京：中国和平出版社，1990.10.—1182页；图；32开.ISBN 7-80037-279-0（精装）：28.50元

台湾三家诗精品：席慕蓉、余光中、纪弦/郭济访，王建选评.—合肥：安徽文艺出版社，1990.9.244页；32开.—ISBN 7-5396-0403-4：3.30元

台湾爱情诗选析/陈实选编.—桂林：漓江出版社，1989.6.—240页；32开.—（台湾诗析丛）.—ISBN 7-5407-0476-4：3.30元

边塞诗苑游踪/浩明著.—上海：上海文艺出版社，1990.9.—237页；32开.—ISBN 7-5321-0678-0：3.20元

当代诗人剪影：续集/胡世宗著.—沈阳：春风文艺出版社，1990.1.—234页；32开.—ISBN 7-5313-0299-3：3.10元

当代诗歌百技/阿红著.—成都：四川文艺出版社，1990.2.—205页；32开.—（写作技巧丛书）.—ISBN 7-5411-0630-5：2.60元

本书是一本专论当代诗歌技巧的短文集。

岁寒堂诗话笺注/（宋）张戒著；陈应鸾笺注.—成都：四川大学出版社，1990.2.—219页；32开.ISBN 7-5614-0245-7：2.80元

先唐赋英华/刘曰浩编.—济南：山东文艺出版社，1990.10.—224页；大32开.—（中国古典文学名作鉴赏丛书）.—ISBN 7-5329-0422-9：3.90元

全唐诗人名考/吴汝煜，胡可先著.—南京：江苏教育出版社，1990.8.—810页；大32开.—ISBN 7-5043-1128 8（精装）：12.45元

全唐诗索引/史成编.—上海：上海古籍出版社，1990.3.—969页；16开.—ISBN 7-5325-0749-1（精装）：27.90元

名诗名句引读/王天一编著.—沈阳：沈阳出版社，1990.12.—553页；32开.—ISBN 7-80556-562-7：9.00元

论骚二集/戴志钧著.—哈尔滨：黑龙江教育出版社，1990.11.—184页；大32开.—ISBN 7-5316-1124-4：3.20元

本书是一部研究楚辞的文集。

杜诗纵横探/张忠纲著.—济南：山东大学出版社，1990.12.—318页；大32开.—ISBN 7-5607-0423-9：4.50元

杨慎诗话校笺/杨文生著.—成都：四川人民出版社，1990.7.—459页；大32开.—ISBN 7-220-01033-8：5.85元

《诗话》是明代学者杨慎品评历代诗歌的重要著作。本书包括《诗话》、《补遗》、《续补遗》3部分。

花卉诗注析/程龙，宋宝军编著.—太原：山西教育出版社，1990.6.—504页；32开.—ISBN 7-80578-297-0：6.80元

花鸟诗歌鉴赏辞典/张秉戍，张国臣主编.—北京：中国旅游出版社，1990.5.—1126页；32开.—ISBN 7-5032-0246-7（精装）：30.00元

本书精选了自先秦至当代共478位诗人歌咏花鸟的诗歌及少量词1053首，并撰写了赏析文章。

李白研究论丛　第二辑/李白研究学会编.—成都：巴蜀书社，1990.12.—335页；16开.—ISBN 7-80523-380-2：12.50元

李季评传/张器友著.—西安：华岳文艺出版社，1990.6.—296页；32开.—ISBN 7-80549-285-9：3.70元

李贺诗校笺证异/刘衍著.—长沙：湖南出版社，1990.9.—340页；大32开.—ISBN 7-5438-0014-4（精装）：7.45元

李贺诗校笺证异/刘衍著.—长沙：湖南出版社，1990.9.—340页；大32开.—ISBN 7-5438-0013-6：5.45元

李贺哑谜诗歌新揭/陈苍麟著.—北京：文津出版社，1990.2.—250页；大32开.—ISBN 7-80554-014-4：4.15元

李商隐抒情诗艺术透视/刘静等著.—北京：中国华侨出版公司，1990.8.—261页；32开.—ISBN 7-80074-235-0：3.30元

李商隐诗三百首译赏/（唐）李商隐著；李淼译注.—长春：长春出版社，1990.12.—606页；大32开.—ISBN 7-80573-269-8：9.50元

李清照词赏析/（宋）李清照著；刘瑜选析.—南宁：广西教育出版社，1990.4.—144页；32开.（中国古典文学作品选析丛书）.—ISBN 7-5435-0775-7：1.80元

李清照新论/刘瑞莲著.—太原：山西人民出版社，1990.2.—187页；大32开.—（中国文学史进修丛书）.—ISBN 7-203-01256-5：3.60元

辛弃疾词心探微/刘扬忠著.—济南：齐鲁书社，1990.2.—329页；大32开.—（词学研究丛书/马兴荣，刘乃昌主编）.—ISBN 7-5333-0151-X：5.30元

辛弃疾词赏析/石恒昌，王贵福选析.—南宁：广西教育出版社，1990.9.—136页；32开.—（中国古典文学作品选析丛书）.—ISBN 7-5435-1008-1：1.95元

“床前明月光”新解/王晓祥著.—北京：中国人民大学出版社，1990.12.—193页；32开.—ISBN 7-300-00986-7：2.95元

本书对李白的“床前明月光”杜甫的“朱门酒肉臭”等古诗名句，做了突破传统的新解释。

宋词大辞典/张高宽等主编.—沈阳：辽宁人民出版社，1990.6.—1131页；冠图；32开.—（文史辞书大系）.—ISBN 7-205-01015-2（精装）：22.70元

宋词名篇赏析/韩之山，夏亚平编著.—哈尔滨：黑龙江少年儿童出版社，1990.8.—294页；32开.—ISBN 7-5319-0664-3：3.60元

宋词译评/李振国主编.—北京：光明日报出版社，1990.7.—504页；大32开.—ISBN 7-80014-693-6：6.80元

宋词例话/王淑均编著.—上海：上海教育出版社，1990.1.—341页；32开.—（中学生文库）.—ISBN 7-5320-1079-1：2.80元

宋诗流派/何琼崖主撰.—南京：南京出版社，1990.3.—258页；32开.—ISBN 7-80560-187-9：4.00元

词史　上卷/黄拔荆著.—福州：福建人民出版社，1990.4.—415页；冠彩图及插图；大32开.—ISBN 7-211-00632-3：4.75元

词林采英：历代优秀词赏析/黄拔荆等选编.—杭州：浙江少年儿童出版社，1990.2.—261页；32开.ISBN 7-5342-0482-8：3.00元

词林辑略/朱汝珍辑.—影印本.—扬州：江苏广陵古籍刻印社，〔1990〕.—5册（1函）；20开.—（线装）：78.00元

本书据中央刻经院版影印。

词学　第八辑/唐圭璋等主编；俞平伯等编.—上海：华东师范大学出版社，1990.10.—254页；大32开.—ISBN 7-5617-0526-3：3.75元

词学入门/月人著.—西安：西北大学出版社，1990.12.—254页；32开.—ISBN 7-5604-0215-1：3.30元

词学全书/（清）查继超辑；陈果青，房开江校订.—贵阳：贵州人民出版社，1990.6.—819页；32开.—ISBN 7-221-01860-X：8.00元

词学杂俎/罗忼烈著.—成都：巴蜀书社，1990.6.287页；32开.—ISBN 7-80523-341-1：3.18元

词学词典/陈果青主编.—贵阳：贵州人民出版社，1990.6.—1021页；32开.—ISBN 7-221-01018-8（精装）：15.00元

本书共收词目7564条，包括词调、词集、词话、词学知识及词家四大类。

词话十论/刘庆云编著.—长沙：岳麓书社，1990.1.—323页；大32开.—ISBN 7-80520-185-4：4.30元

本书包括“缘起论”、“特色论”、“功用论”、“作家论”、“写作论”、“借鉴论”、“风格论”、“流派论”、“流变论”、“鉴赏论”10论。

初唐诗歌赏析/赵建莉选析.—南宁：广西教育出版社，1990.9.—168页；32开.—（中国古典文学作品选析丛书）.—ISBN 7-5435-1006-5：2.25元

陆游诗词赏析集/陆坚主编.—成都：巴蜀书社，1990.6.—377页；大32开.—（中国古典文学赏析丛书）.—ISBN 7-80523-335-7：5.42元

现代楚辞批评史/黄中模著.—武汉：湖北教育出版社，1990.7.—390页；大32开.—ISBN 7-5354-0510-6：4.65元

国风诗旨纂解/郝志达主编；卢志安等编.—天津：南开大学出版社，1990.2.—594页；大32开.—ISBN 7-310-00096-X：4.15元

本书收集了二千年来有关诗旨的代表性解说。

牧女与蚕娘：法国汉学家论中国古诗/钱林森编.上海：上海古籍出版社，1990.6.—383页；大32开.（南京大学古典文献研究所专刊）.—ISBN 7-5325-0555-3：5.45元

金元明清诗词曲鉴赏辞典/田军等主编.—北京：光明日报出版社，1990.8.—1679页；32开.—ISBN 7-80014-697-9（精装）：27.00元

周邦彦研究/钱鸿瑛著.—广州：广东人民出版社，1990.6.—330页；大32开.—（古典文学研究丛书）.ISBN 7-218-00468-7：3.70元

周邦彦是北宋末年的词人。本书对周氏的为人、词作、词的音律等方面的贡献作了研究。

怪体诗趣谈/吴茂梁著.—长沙：湖南文艺出版社，1990.12.—328页；32开.—ISBN 7-5404-0615-1：3.40元

诗人与爱情：中国现代名家爱情诗赏析/张以英，完颜戎著.—北京：宝文堂书店，1990.10.—321页；32开.—ISBN 7-104-80030-163-X：3.70元

诗词奇闻逸事/任维清编著.—济南：山东教育出版社，1990.12.—327页；大32开.—ISBN 7-5328-1026-7：3.55元

诗词典故辞典/彭庆生，曲令启编.—太原：书海出版社，1990.12.—1249页；16开.—ISBN 7-80550-078-9（精装）：50.00元

诗词例话/周振甫著.—北京：中国青年出版社，1990.8.—410页；32开.—（青年文库：新编本；34）.—ISBN 7-5006-0734-2

诗的呼唤/高砚，顾绍康著.—哈尔滨：哈尔滨出版社，1990.8.—233页；32开.—ISBN 7-80557-253-4：2.80元

诗的超越：八十年代青年诗论/李黎，陆坪选编.南宁：广西人民出版社，1990.1.—353页；32开.（当代艺坛丛书）.—ISBN 7-219-01469-4：3.85元

诗的感悟与理解/周政保著.—广州：花城出版社，1990.2.—246页；32开.—（花城诗歌论丛）.—ISBN 7-5360-0493-1：3.60元

诗法臆说/丁国成著.—石家庄：花山文艺出版社，1990.10.—444页；彩照；32开.—ISBN 7-80505-380-4：3.80元

本书通过阐述诗人修养、艺术技巧、新诗作品、诗歌现象、诗坛活动等问题，探究写诗的内部规律和外部规律。

诗学全书/（清）袁枚著；潘中心，韩建芬校点.贵阳：贵州人民出版社，1990.6.—342页；32开.ISBN 7-221-00114-6：4.45元

诗话学/蔡镇楚著.—长沙：湖南教育出版社，1990.10.—454页；大32开.—ISBN 7-5355-1189-9（精装）：8.00元

诗话概说/刘德重，张寅彭著.—北京：中华书局，1990.8.—296页；大32开.—ISBN 7-101-00619-1：5.75元

本书从诗话的范围、种类、渊源及其价值等方面进行了探讨和分析。

诗经导读/陈子展，杜月村著.—成都：巴蜀书社，1990.10.—339页；大32开.—（中华文化要籍导读丛书/蔡尚思主编）.—ISBN 7-80523-336-5：4.53元

诗经研究新编/李湘著.—开封：河南大学出版社，1990.12.—352页；大32开.—ISBN 7-81018-461-X：6.30元

诗经楚辞鉴赏辞典/周啸天主编.—成都：四川辞书出版社，1990.4.—1424页；32开.—ISBN 7-80543-087-X（精装）：46.00元

诗品全译/（南朝梁）钟嵘著；徐达译注.—贵阳：贵州人民出版社，1990.6.—179页；大32开.—（中国历代名著全译丛书）.—ISBN 7-221-01572-4：3.50元

《诗品》是我国最早的一部关于五言诗的理论批评专著。本书对《诗品》各品均作注释并分别译成白话。

诗海拾贝集/林家英著.—兰州：甘肃人民出版社，1990.10.—222页；32开.—ISBN 7-226-00640-5：2.60元

本书收入自《溱洧》（《诗经》）至《出嘉峪关感赋》（林则徐）共60首古典诗词的赏析文章。

诗集传/（宋）苏辙著.—影印本.—北京：书目文献出版社，1990.6.—3册；12开.—ISBN 7-5013-0838-1（线装）：650.00元

诗就是诗/周良沛著.—北京：人民文学出版社，

1990.1.—413页；照片；大32开.—(百家文论新著丛书).—ISBN 7-02-000870-4：5.30元

本书分3篇：上篇为新诗艺批判，中篇为对几种诗歌精神的反思，下篇为诗就是诗。

诗韵易检.—影印本.—天津：天津市古籍书店，1990.6.—1册；大32开.—4.50元

诗源·诗美·诗法探幽：《原诗》评释/吕智敏著.北京：书目文献出版社，1990.11.—198页；大32开.—(文史哲研究资料丛书).—ISBN 7-5013-0796-2：3.45元

本书对叶燮的诗歌理论著作《原诗》作了深入的探讨。

诗歌意象论：微观诗史初探/陈植锷著.—北京：中国社会科学出版社，1990.8.—399页；大32开.(文艺新学科建设丛书).—ISBN 7-5004-0637-1：6.60元

本书以大量例证阐释了意象的主观象喻性、递相沿袭性和多义歧解性三大艺术特征，并以意象创造及其发展演变为透镜，审视了它对我国古典诗歌三千年发展史所产生的影响和作用。

诗潮思考录/张同吾著.—广州：花城出版社，1990.3.—234页；32开.—(花城诗歌论丛).—ISBN 7-5360-0557-1：3.40元

屈骚艺术新研/毛庆编著.—长沙：湖北人民出版社，1990.8.—228页；32开.—ISBN 7-216-00599-6：3.90元

柳永和他的词/曾大兴著.—广州：中山大学出版社，1990.6.—399页；大32开.—ISBN 7-306-00248-1：7.90元

钟与鼓：《诗经》的套语及其创作方式/谢濂译.成都：四川人民出版社，1990.12.—218页；32开.ISBN 7-220-00947-X：2.70元

钟嵘诗品译注/(梁)钟嵘著；赵仲邑译注.—新1版.—南宁：广西教育出版社，1990.2.—146页；大32开.—(中国古典文学理论名著).—ISBN 7-5435-0761-7：2.35元

本书广西人民出版社1987年10月第1版。

皇朝词林典故/(清)朱珪著.—影印本.—扬州：江苏广陵古籍刻印社，1990.2.—32册(4函)；〔20开〕.—(线装)：350.00元

本书据清光绪刊本影印。

《秦妇吟》研究汇录/中国敦煌吐鲁番学会语言文学分会主编；颜廷亮，赵以武辑.—上海：上海古籍出版社，1990.7.—302页；大32开.—ISBN 7-5325-0334-8：6.25元

真·善·美　(二)/梁希厚主编.—济南：山东文艺出版社，1990.10.—166页；36开.—ISBN 7-5329-0502-0：2.05元

本书通过对古典诗词的阐释，讲述了诗词中所含的哲理。

袁枚与随园诗话/王英志著.—上海：上海古籍出版社，1990.4.—167页；32开.—(中国古典文学基本知识丛书).—ISBN 7-5325-0599-5：2.50元

爱的季节里你我相遇：席慕容爱情诗赏析/朱卫国选析.—北京：北京出版社，1990.4.—191页；32开.—ISBN 7-200-01066-9：2.55元

爱情新诗鉴赏辞典/谷辅林主编.—西安：陕西师范大学出版社，1990.3.—971页；大32开.—ISBN 7-5613-0296-7(精装)：14.50元

本《辞典》共收现代(1917～1988)229位诗人的爱情诗歌520篇，并采用一首诗一篇鉴赏文章。

郭小川、贺敬之诗歌欣赏/张永健，王芝著.—南宁：广西教育出版社，1990.2.—176页；28开.(中国现代作家作品欣赏丛书).—ISBN 7-5435-0777-3：2.30元

席慕蓉爱情诗赏析/未凡等编著.—南京：南京出版社，1990.11.—253页；32开.—ISBN 7-80560-068-6：3.90元

席慕蓉新诗欣赏：少女的纯情/明清，柯彦选析.北京：学苑出版社，1990.3.—149页；32开.—ISBN 7-80060-163-3：2.25元

唐人咏怀绝句精品赏析/袁忠岳，吕家乡著.—广州：花城出版社，1990.11.—239页；32开.—ISBN 7-5360-0703-5：3.55元

唐宋元小令鉴赏辞典/陈绪万，李德身主编.—西安：华岳文艺出版社，1990.3.—1208页；32开.ISBN 7-80549-243-3(精装)：19.80元

唐宋名家词译析/庄炳章编.—福州：福建教育出版社，1990.1.—287页；32开.—ISBN 7-5334-0378-9：3.00元

唐宋词百科大辞典/王洪主编.—北京：学苑出版社，1990.9.—1482页；大32开.—(中国文学百科辞典系列/王洪主编)—ISBN 7-80060-915-4(精装)：24.50元

本词典以唐、五代、宋词为研究对象，分为16个分部，按语言类、研究类、历史文化类、文学本体类依次顺序排列。

唐宋词选析/黄墨谷编著.—北京：高等教育出版社，1990.11.—303页；大32开.—ISBN 7-04-002263-X：3.25元

唐宋词集序跋汇编/金启华等著.—南京：江苏教育出版社，1990.5.—605页；大32开.—ISBN 7-5343-0973-5：6.95元

唐宋诗词评析词典/吴能和主编.—杭州：浙江人民出版社，1990.11.—1685页；大32开.—ISBN 7-213-00540-5(精装)：26.50元

唐诗大辞典/周勋初主编.—南京：江苏古籍出版社，1990.11.—1册；32开.—ISBN 7-80519-200-6(精装)：22.80元

本辞典内分诗人、体类、著作、名篇、格律、典故、成语、胜迹8部分，共收辞条约6000条。

唐诗百科大辞典/王洪，田军主编.—北京：光明日

报出版社，1990.10.—1864页；32开.—（中国文学百科辞典系列）.—ISBN 7-80014-198-7（精装）：30.00元

唐诗名篇赏析/吴庚舜等著.—北京：北京十月文艺出版社，1990.12.—2册（876页）；32开.—（中国古典文学名著名篇赏析丛书）.—ISBN 7-5302-0181-6：12.10元

唐诗语言研究/蒋绍愚著.—郑州：中州古籍出版社，1990.5.—408页；32开.—ISBN 7-5348-0238-5：5.95元

唐诗答客难/张天健著.—北京：学苑出版社，1990.10.—584页；32开.—ISBN 7-80060-903-0：7.60元

唐诗鉴赏辞典补编/周啸天主编.—成都：四川文艺出版社，1990.6.—746页：图；32开.—ISBN 7-5411-0554-6（精装）：14.80元

这部“补编”据沪版《唐诗鉴赏辞典》漏选的实际情况，加以补收的。总计收诗人112家（其中名作家27人），诗400余首。附“诗人小传”　“唐诗研究书目”、“名句索引”。

悟·昙花的秘密：席慕蓉诗歌精选赏读/穆涛，席晓静著.—北京：华龄出版社，1990.3.—178页；32开.—ISBN 7-80082-035-1：2.80元

浪漫主义诗歌论析/孙振笃著.—石家庄：河北人民出版社，1990.8.—127页；32开.—（当代文艺纵横小丛书）.—ISBN 7-202-00828-9：1.90元

谈诗/唐正柱编著.—南宁：广西民族出版社，1990.11.—178页；32开.—（当代青年文化娱乐丛书　第2辑；2/杜云，陈运祐主编）.—ISBN 7-5363-1017-X：2.20元

被开拓的诗世界/程千帆等著.—上海：上海古籍出版社，1990.10.—368页；大32开.—（南京大学古典文献研究所专刊）.—ISBN 7-5325-0598-7：4.65元

萨氏诗词格律ABCD/沙地著.—北京：知识出版社，1990.5.—257页；32开.—ISBN 7-5015-0372-9：4.00元

本书通过对历代诗词名家的名篇分析，创立了“双平相连主调”理论、ABCD律句“十种合律句式”、“诗喉”、“诗尾”、“竖读法”、古体诗的诗法和“三字尾”以及词谱简单记忆法等前人没有论述过的问题

黄庭坚诗词赏析集/朱安群主编.—成都：巴蜀书社，1990.6.—378页；大32开.—（中国古典文学赏析丛书/缪钺等主编）.—ISBN 7-80523-286-5：5.38元

象征派和现代派诗/江边选析.—广州：花城出版社，1990.3.—182页；大64开.—（花城袖珍诗丛）.—ISBN 7-5360-0555-5：2.15元

情与美：诗歌评论集/许来渠著.—石家庄：花山文艺出版社，1990.10.—219页；32开.—ISBN 7-80505-392-8：2.40元

清词史/严迪昌著.—南京：江苏古籍出版社，1990.1.—564页；大32开.—（中国分体断代文学史）.—ISBN 7-80519-155-7：9.00元

清画家诗史/李浚之编.—影印本.—北京：中国书店，1990.7.—550页；大32开.—（海王邨古籍丛刊）.—ISBN 7-80568-114-7（精装）：14.00元

散文诗的精灵/徐成淼著.—贵阳：贵州人民出版社，1990.12.—199页；32开.—ISBN 7-224-01952-5：2.50元

韩孟诗派作品赏析/吴小平选析.—南宁：广西教育出版社，1990.2.—148页；32开.—（中国古典文学作品选析丛书）.—ISBN 7-5435-0767-6：1.70元

遗山乐府/（金）元好问著；赵兴勤等评注.—北京：中国广播电视出版社，1990.6.—190页；32开.ISBN 7-5043-0563-4：3 56元

程千帆诗论选集/程千帆著；张伯伟编.—太原：山西人民出版社．1990.11.—297页：彩照；大32开.（南京大学古典文献研究所专刊）.—ISBN 7-203-01713-3：5.20元

鲁黎研究文粹/王玉树编著.—天津：天津社会科学院出版社，1990.8.—216页；大32开.—ISBN 7-80563-073-9：4.00元

鲁黎，我国现代诗人。

禅宗与中国古代诗歌艺术/李淼著.—长春：长春出版社，1990.12.—232页；32开.—ISBN 7-80573-023-7：3.20元

蒙读唐诗鉴赏辞典/汤高才，黄铭新主编.—郑州：中州古籍出版社，1990.12.—659页；32开.—ISBN 7-5348-0339-X：8.50元

楚国大诗人宋玉/张端彬著.—福州：海峡文艺出版社，1990.11.—160页；32开.—ISBN 7-80534-282-2：2.35元

本书介绍了宋玉生平，并论证阐述自己的看法。

楚国狂人屈原与中国政治神话/（美）劳伦斯·A.施奈德著；张啸虎，蔡靖泉译.—武汉：湖北教育出版社，1990.6.—235页；32开.—ISBN 7-5351 0503-3：2.70元

楚骚：华夏文明之光/殷光熹著.—昆明：云南大学出版社，1990.10.—214页；32开.—ISBN 7-81025-067-1：2.95元

本书包括对屈原思想的研究、对楚辞本身的思想内涵和艺术形式的探讨等内容。

楚辞文化/萧兵著.—北京：中国社会科学出版社，1990.12.—534页；大32开.—（美学丛书）.ISBN 7-5004-0606-1：8.60元

本书主要探讨了楚辞文化的源流、背景及其有关问题。

楚辞论析/汤漳平，陆永品编著.—太原：山西教育

出版社，1990.6.—249页；大32开.—（中国文学史进修丛书）.—ISBN 7-80578-172-9：3.95元

楚辞校释/王泗原著.—北京：人民教育出版社，1990.2.—510页；大32开.—ISBN 7-107-10365-2：6.95元

新二十四诗品：古典诗歌风格鉴赏/许自强著.北京：文化艺术出版社，1990.2.—282页；大32开.ISBN 7-5039-0555-7：4.25元

新订《人间词话》；广《人间词话》/王国维原著；佛雏校辑.—上海：华东师范大学出版社，1990.5—262页；32开.—ISBN 7-5617-0390-2：4.00元

新时期河北诗歌创作论/许来渠著.—石家庄：河北人民出版社，1990.8.—125页；32开.—（当代文艺纵横小丛书）.—ISBN 7-202-00829-7：1.95元

潜心斋诗词论集/吴肃森著.—沈阳：辽宁大学出版社，1990.12.—215页；32开.—ISBN 7-5610-1167-9：3.30元

朦胧诗实验诗艺术论/程光炜著.—武汉：长江文艺出版社，1990.12.—164页；32开.—ISBN 7-5354-0393-X：2.30元

I 207.3 戏 剧

十大戏曲家/章培恒主编.—上海：上海古籍出版社，1990.7.—224页；32开.—（"十大"系列丛刊）.—ISBN 7-5325-0865-X：2.75元

本书简介了白朴、关汉卿、马致远、高明、李开先、徐渭、汤显祖、李渔、洪昇、孔尚任等十大戏曲家。

马致远及其剧作论考/刘荫柏著.—北京：文化艺术出版社，1990.8.—115页；32开.—ISBN 7-5039-0642-1：1.80元

本书是作者在中国艺术研究院读研究生时撰写的硕士论文。

王实甫及其《西厢记》/王万庄著.—长春：时代文艺出版社，1990.4.—226页；32开.—（古典文学丛书）.—ISBN 7-5387-0099-4：3.60元

元代杂剧史/刘荫柏著.—石家庄：花山文艺出版社，1990.12.—313页；32开.—ISBN 7-80505-300-6：4.80元

元曲鉴赏辞典/蒋星煜主编.—上海：上海辞书出版社，1990.7.—1492页；32开.—ISBN 7-5326-0091-2（精装）：24.60元

本书共收135位元曲作家的作品，其中小令544支，套数45套，杂剧137折，共有篇目712篇。

元明南戏考略/赵景深著.—新1版.—北京：人民文学出版社，1990.10.—206页；大32开.—ISBN 7-02-000854-2：2.75元

本书1958年第1版。

中华戏曲　第九辑/中国戏曲学会，山西师大戏曲文物研究所编.—太原：山西人民出版社，1990.3.258页；大32开.—ISBN 7-203-01250-6：3.95元

中国古代戏曲序跋集/吴毓华编著.—北京：中国戏剧出版社，1990.8.—673页；大32开.—ISBN 7-104-00156-5：8.80元

中国古典名剧鉴赏辞典/徐培均，范民声主编.—上海：上海古籍出版社，1990.12.—910页；大32开.ISBN 7-5325-0800-5（精装）：13.25元

中国古典悲剧论/焦文彬著.—西安：西北大学出版社，1990.5.—351页；大32开.—ISBN 7-5604-0153-8：6.20元

中国当代戏剧文学史/高文升主编；王复兴等编著.—南宁：广西人民出版社，1990.12.—442页；大32开.—（中国当代分类文学史丛书/姚雪垠主编）.—ISBN 7-219-01745-6：6.65元

中国曲艺论集　第二集.—北京：中国曲艺出版社，1990.7.—659页；大32开.—ISBN 7-80008-059-5（精装）：10.50元

中国戏剧小说100部/张海保主编.—南京：南京出版社，1990.8.—236页；36开.—（青少年世界文学名著导读丛书）.—ISBN 7-80560-225-5：2.50元

中国现代话剧文学史略/黄会林著.—合肥：安徽教育出版社，1990.3.—373页：照片；大32开.—ISBN 7-5336-0657-4：5.50元

古典戏曲名作纵横谈/颜长珂编著.—北京：知识出版社，1990.7.—130页；32开.—ISBN 7-5015-0423-7：2.10元

本书重点介绍我国戏曲艺术成熟时期元、明、清三代的著名作家如关汉卿、汤显祖等，著名作品如《窦娥冤》、《牡丹亭》、《西厢记》、《长生殿》、《桃花扇》等。

甘苦集：顾乐真剧论剧评选/顾乐真著；广西艺术研究所编.—南宁：广西人民出版社，1990.9.—471页；32开.—（广西戏剧家丛书）.—ISBN 7-219-01672-7：5.00元

北平俗曲略/李家瑞编著.—影印本.—上海：上海文艺出版社，1990.5.—190页；16开.—（民俗、民间文学影印资料；27）.—ISBN 7-5321-0133-9：7.50元

本书据国立中央研究院历史语言研究所1933年1月版影印。

田汉研究指南/田本相等编著.—天津：天津教育出版社，1990.10.—273页；大32开.—（学术研究指南丛书）.—ISBN 7-5309-0714-X（精装）：5.60元

《西厢记》鉴赏辞典/贺新辉，朱捷编著.—北京：中国妇女出版社，1990.5.—395页；32开.—（三晋文化研究丛书/赵雨亭主编）.—ISBN 7-80016-223-0（精装）：9.00元

扬州评话王派《水浒》评论集/汪复昌等编.—北京：中国曲艺出版社，1990.7.—436页；大32开.ISBN 7-80008-060-9：6.10元

曲品校注/（明）吕天成撰；吴书荫校注.—北京：中华书局：1990.8.—485页；大32开.—ISBN 7-101-00566-7（精装）：11.40元

《曲品》是明代吕天成撰写的一部重要的戏曲论著，著录近百位戏曲作家和二百多个传奇剧目，并逐一作了品评。

曲谱.—北京：中国书店，1990.8.—1册；32开.ISBN 7-80568-140-6（精装）：20.00元

传统文化与古典戏曲/郑传寅著.—武汉：湖北教育出版社，1990.8.—344页；大32开.—ISBN 7-5351-0607-2（精装）：8.50元

汤晓丹评传/张成珊著.—福州：海峡文艺出版社，1990.12.—404页；大32开.—ISBN 7-80534-318-7：5.70元

关汉卿传论/张云生著.—北京：开明出版社，1990.1.—269页；32开.—ISBN 7-80077-001-X：4.85元

本书通过对关氏的生平和所处时代的介绍，展示了他与他所处时代与元曲艺术间千丝万缕的联系。

关汉卿作品赏析集/霍松林主编.—成都：巴蜀书社，1990.6.—262页；大32开.—（中国古典文学赏析丛书/缪钺等主编）.—ISBN 7-80523-272-5：4.07元

关汉卿研究精华/张月中等主编.—石家庄：花山文艺出版社，1990.1.—445页；大32开.—ISBN 7-80505-188-7：6.30元

好一朵芙蓉花：《芙蓉花仙》研究/黄光新，李远强著.—成都：四川文艺出版社，1990.2.—154页；32开.—ISBN 7-5411-0655-0：2.50元

戏考大全.—影印本.—上海：上海书店，1990.12.—5册；32开.—ISBN 7-80569-247-5（精装）：120.00元

戏曲小说书录解题/孙楷第著；戴鸿森校次.—北京：人民文学出版社，1990.10.—461页；大32开.6.30元

戏曲研究　第三十二辑/中国艺术研究院戏曲研究所《戏曲研究》编辑部编.—北京：文化艺术出版社，1990.3.—220页；大32开.—ISBN 7-5039-0553-0：3.00元

戏曲研究　第三十三辑/中国艺术研究院戏曲研究所《戏曲研究》编辑部编.—北京：文化艺术出版社，1990.6.—213页；大32开.—ISBN 7-5039-0628-6：3.00元

戏曲研究　第三十四辑/中国艺术研究院戏曲研究所《戏曲研究》编辑部编.—北京：文化艺术出版社，1990.9.—220页；大32开.—ISBN 7-5039-0662-6：3.00元

戏曲研究　第三十五辑/中国艺术研究院戏曲研究所《戏曲研究》编辑部编.—北京：文化艺术出版社，1990.12.—220页；大32开.—ISBN 7-5039-0691-X：3.00元

戏剧的倾斜与制衡/周培松著.—上海：华东师范大学出版社，1990.6.—365页；大32开.—ISBN 7-5617-0668-5：5.00元

吴梅研究/邓乔彬著.—上海：华东师范大学出版社，1990.8.—243页；大32开.—ISBN 7-5617-0542-5：3.80元

吴梅是近代一位词曲大师。本书介绍了吴梅的生平、剧作、词论和戏曲观等。

金线和衣裳：曹禺与外国戏剧/焦尚志著.—北京：中国戏剧出版社，1990.9.—304页；32开.—（戏剧文化探索丛书/王正主编）.—ISBN 7-104-00177-8：3.55元

说曲/姜书阁著.—南京：江苏文艺出版社，1990.6.—526页；大32开.—ISBN 7-5309-0317-1：10.00元

徐渭论稿/张新建著.—北京：文化艺术出版社，1990.9.—304页；大32开.—ISBN 7-5039-0554-9：4.20元

本书阐述了徐渭的戏曲理论及其对当时和后代的多方影响，对徐渭的戏曲创作也给予了精到的分析。

剧论/王永敬著.—南京：江苏文艺出版社，1990.2.—208页；32开.—（江苏文化艺术丛书/王鸿，李光宇主编）.—ISBN 7-5399-0172-1：2.50元

剧论　第一辑/中山大学中文系古代戏曲研究室编.广州：中山大学出版社，1990.3.—232页；大32开.ISBN 7-306-00305-4：3.00元

剧诗精华欣赏辞典：元杂剧部分/吕后龙编.—北京：学苑出版社，1990.3.—318页；32开.—ISBN 7-80060-661-9：4.95元

曹禺创作启示录/李丛中著.—昆明：云南大学出版社，1990.6.—138页；32开.—ISBN 7-81025-057-4：1.70元

探索集/徐棻著.—成都：四川文艺出版社，1990.2.—302页；大32开.—ISBN 7-5411-0562-7：4.00元

本书是一本探索川剧艺术发展问题的文集。

焦菊隐文集　第五卷/阳翰生主编；焦菊隐著.—北京：文化艺术出版社，1990.12.—523页；照片；大32开.—ISBN 7-5039-0543-3：7.30元

本卷收入焦菊隐1924～1944年翻译的外国戏剧14部。

焦菊隐文集　第六卷/阳翰生主编；焦菊隐著.—北京：文化艺术出版社，1990.12.—532页；照片；大32开.—ISBN 7-5039-0544-1：7.40元

本辑是翻译戏剧卷，收有焦菊隐1945年至1953年翻译的《果戈里的手稿》、《骨肉之间》、《夫妇》3部剧作和苏联丹钦科所著回忆录《文艺·戏剧·生活》。

焦菊隐文集　第七卷/阳翰生主编；焦菊隐著.—北

京：文化艺术出版社，1990.12.—592页；照片；大32开.—ISBN 7-5039-0545-X：8.15元

本辑是翻译戏剧卷，收有焦菊隐1954年至1960年翻译的《海鸥》、《万尼亚舅舅》、《三姊妹》、《樱桃园》《女店主》等7部剧作。

新中国话剧文学概观/张炯主编；胡树琨等编写.北京：中国戏剧出版社，1990.4.—390页；大32开.ISBN 7-104-00171-9：5.10元

本书对40年来我国话剧作品、作家、戏剧思潮以及戏剧现象等作了评述及研究。

新编录鬼簿：燹红室刊尤贞起本/（元）锺嗣成编.影印本.—扬州：江苏广陵古籍刻印社，1990.3.—1册；12开.—（线装）：9.00元

I 207.4　小　说

丁玲小说研究/许华斌著.—上海：复旦大学出版社，1990.12.—227页；32开.—ISBN 7-309-00587-2：3.60元

人体——宇宙学：《大气功师》理论剖析/柯云路著.—北京：华夏出版社，1990.9.—232页；32开.ISBN 7-80053-838-9：3.60元

《大气功师》是一部集艺术、哲学、科学于一体的小说。本书对其作了理论剖析。

《三国志演义》知识问答/石昌渝编著.—西安：华岳文艺出版社，1990.6.—122页；32开.—（中国古典文学名著知识丛书）.—ISBN 7-80549-315-4：1.95元

三国演义考评/周兆新著.—北京：北京大学出版社，1990.12.—318页；大32开.—ISBN 7-301-01316-7：5.65元

三国演义导读/王正湘著.—石家庄：河北少年儿童出版社，1990.8.—120页；32开.—（中国古典文学名著导读丛书/侯健主编）.—ISBN 7-8376-0561-0：1.80元

大观园/顾平旦编.—修订本.—北京：华夏出版社，1990.6.—495页；照片及图；大32开.—ISBN 7-80053-631-9：7.80元

小说大趋势/缪俊杰著.—桂林：漓江出版社，1990.10.—400页；大32开.—ISBN 7-5407-0594-9：5.80元

小说艺术的流变/黄泽新著.—天津：百花文艺出版社，1990.3.—335页；大32开.—ISBN 7-5306-0423-6：4.50元

小说学步：短篇习作评析/丁晨选评.—长春：长春出版社，1990.12.—185页；32开.—ISBN 7-80578-328-7：2.90元

小说家们/金燕玉著.—南京：江苏教育出版社，1990.9.—249页；大32开.—ISBN 7-5343-1165-1（精装）：3.80元

《子夜》的艺术世界/孙中田著.—上海：上海文艺出版社，1990.12.—232页；照片；大32开.—（中国现代文学研究丛书）.—ISBN 7-5321-0679-9：3.65元

王蒙　陆文夫小说欣赏/徐采石，金燕玉著.—南宁：广西教育出版社，1990.2.—354页；28开.（中国现代作家作品欣赏丛书）.—ISBN 7-5435-0776-5：4.15元

王愿坚作品欣赏/熊德彪著.—新1版.—南宁：广西教育出版社，1990.8.—214页；28开.—（中国现代作家作品欣赏丛书）.—ISBN 7-5435-0805-2：3.35元

本书广西人民出版社1985年5月第1版。

中国小说批评史略/方正耀著.—北京：中国社会科学出版社，1990.7.—308页；大32开.—ISBN 7-5004-0688-6：5.30元

本书以先秦至晚清时代的小说批评理论为中心，阐析了文化的理论意义、历史价值和承上启下的发展关系及中国小说批评史的发展轨迹。

中国小说思维的文化机制/吴士余著.—上海：华东师范大学出版社，1990.12.—252页；32开.—ISBN 7-5617-0577-8：3.35元

中国小说家与小说/何琼崖主撰.—南京：南京出版社，1990.3.—330页；32开.—ISBN 7-80560-186-0：4.20元

中国小说提要：当代部分　（上）/郭启宗，杨聪凤主编.—南昌：百花洲文艺出版社，1990.6.—627页；大32开.—ISBN 7-80579-042-6：9.00元

中国小说提要：当代部分　（下）/郭启宗，杨聪凤主编.—南昌：百花洲文艺出版社，1990.6.—（629～1312）页；大32开.—ISBN 7-80579-043-4：9.90元

中国历代小说论著选/黄霖，韩同文选注.—南昌：江西人民出版社，1990.8.—588页；大32开.—ISBN 7-210-00887-X（精装）：19.00元

中国文言小说史稿　上册/侯忠义著.—北京：北京大学出版社，1990.3.—359页；大32开.—ISBN 7-301-00953-4：2.90元

中国古代小说演变史/齐裕焜主编.—兰州：敦煌文艺出版社，1990.9.—558页；大32开.—ISBN 7-80587-011-X：7.55元

中国古代长篇小说史/徐振贵编著.—郑州：中州古籍出版社，1990.5.—344页；32开.—ISBN 7-5348-0345-4：4.65元

中国古典小说人物审美论/啸马著.—上海：华东师范大学出版社，1990.6.—259页；大32开.—ISBN 7-5617-0357-0：2.80元

中国古典小说审美思考/周书文著.—郑州：中州古

籍出版社，1990.10.—391页；32开.—ISBN 7-5348-0387-X：4.50元

本书阐述了古典文学研究中的方法、思维论、主题论、人物论以及评点论。

中国古典长篇小说百部赏析/朱世滋主编.—北京：华夏出版社，1990.4.—769页 32开.—ISBN 7-80053-705-6：10.45元

中国当代小说史/金汉著.—杭州：杭州大学出版社，1990.12.—416页；大32开.—ISBN 7-81035-032-3：5.60元

中国当代百部长篇小说评析/中国当代文学研究会教育学院系统分会编.—昆明：云南教育出版社，1990.1.—693页；32开.—ISBN 7-5415-0349-5（精装）：8.90元

中国当代百部长篇小说评析/中国当代文学研究会教育学院系统分会编.—昆明：云南教育出版社，1990.1.—693页；32开.—ISBN 7-5415-0282-0：7.50元

中国现代小说理论批评的变迁/许怀中著.—上海：上海文艺出版社，1990.4.—393页；大32开.—（中国现代文学研究丛书）.—ISBN 7-5321-0480-X：5.60元

中国现当代小说中的知识女性/殷国明，陈志红著.广州：广东高等教育出版社，1990.8.—323页；大32开.—（传统文学与当代意识丛书；5/饶芃子主编）.—ISBN 7-5361-0464-2：4.50元

中国武侠小说史/罗立群著.—沈阳：辽宁人民出版社，1990.10.—383页；大32开.—（中国小说史研究丛书）.—ISBN 7-205-01245-7（精装）：9.80元

中国武侠小说史/罗立群著. 沈阳：辽宁人民出版社，1990.10.—383页；大32开.—（中国小说史研究丛书）.—ISBN 7-205-01246-5：6.10元

中国前小说性格描绘史稿/周天著.—上海：三联书店上海分店，1990.12.—411页；大32开.—ISBN 7-5426-0370-1：7.80元

长篇小说研究专集/牛运清主编.—济南：山东大学出版社，1990.4.—3册（526，717，859页）；大32开.—（中国当代文学研究资料丛书/贾植芳，范伯群主编）.—ISBN 7-5607-0315-1：25.00元

水浒传导读/李春林著.—石家庄：河北少年儿童出版社，1990.8.—116页；32开.—（中国古典文学名著导读丛书/侯健主编）.—ISBN 7-5376-0564-5：1.80元

《水浒传》知识问答/赵东海编著.—西安：华岳文艺出版社，1990.6.—134页；32开.—（中国古典文学名著知识丛书）.—ISBN 7-80549-316-2：2.05元

水浒试笔集/马成生著.—北京：团结出版社，1990.10.—324页；32开.—ISBN 7-80061-364-X：5.10元

水浒琐议/王晓家著.—济南：山东文艺出版社，1990.12.—378页；大32开 —ISBN 7-5329-0587-X：5.65元

世纪转折时期的中国小说/（加）维林吉诺娃（Velingerova，M.D.）主编；胡亚敏，张方译.—武汉：华中师范大学出版社，1990.8.—212页；32开.—（桂苑书丛）.—ISBN 7-5622-0350-4：3.85元

书名原文：The Chinese Novel at the Turn of the Century

台湾长篇小说论/黄重添著.—福州：海峡文艺出版社，1990.5.—242页；大32开.—（台湾文学论丛）.—ISBN 7-80534-216-4：3.15元

西游记导读/吕晴飞著.—石家庄：河北少年儿童出版社，1990.8.—156页；32开.—（中国古典文学名著导读丛书/侯健主编）.—ISBN 7-5376-0562-9：2.20元

西游记别论/王国光著.—上海：学林出版社，1990.2—146页；32开.—ISBN 7-80510-377-1：2.20元

《西游记》知识问答/于丁编著.—西安：华岳文艺出版社，1990.6.—149页；32开.—（中国古典文学名著知识丛书）.—ISBN 7-80549-312-X：2.25元

西游记研究资料/刘荫柏编.—上海：上海古籍出版社，1990.8.—806页；32开.—ISBN 7-5325-0086-1：9.50元

《西游记》赏析/潘寿全选析.—南宁：广西教育出版社，1990.2.—198页；32开.—（中国古典文学作品选析丛书）.—ISBN 7-5435-0766-8：2.10元

西游记漫话/林庚著.—北京：人民文学出版社，1990.8.—141页；大32开.—（中国古典文学研究丛书）.—ISBN 7-02-000892-5：2.45元

《红岩》·罗广斌·中美合作所/刘德彬主编.—重庆：重庆出版社，1990.10.—281页；32开.—ISBN 7-5366-1368-7：3.05元

红学/刘梦溪著.—北京：文化艺术出版社，1990.12.—344页；大32开.—ISBN 7-5039-0576-X：4.80元

本书通过考察红学各派发生和发展的历史，对红学之所以为红学的原由从学理上给予说明，阐述了红学史上具有代表性的学者和论著的红学观念，各自不同或相同的研究方法等。

红楼梦：一次历史的轮回/杨光汉著.—昆明：云南大学出版社，1990.4.—516页；大32开.—ISBN 7-81025-028-0：7.80元

《红楼梦》一百问：红学入门/华路，德芬编著.昆明：云南大学出版社，1990.6.—222页；32开.ISBN 7-81025-058-2：3.30元

红楼梦十论/黄立新著.—上海：复旦大学出版社，1990.6.—213页；大32开.—ISBN 7-309-00546-

5：4.00元

红楼梦人物论/太愚著.—影印本.—上海：上海书店，1990.12.—325页；32开.—(《民国丛书》选印).—ISBN 7-80569-301-3：4.00元

本书据国际文化服务社1948年版影印。

红楼梦大辞典/冯其庸，李希凡主编.—北京：文化艺术出版社，1990.1.—1503页：书影；大32开.ISBN 7-5039-0463-1(精装)：32.00元

《红楼梦》艺术论/段启明著.—2版(修订版).北京：北京师范学院出版社，1990.9.—185页；大32开.—ISBN 7-81014-489-8(精装)：6.00元

本书1980年5月第1版。

红楼梦风俗趣谈/叶大兵，叶丽娅著.—沈阳：辽宁大学出版社，1990.3.—247页；32开.—(中国民俗百科丛书/乌丙安主编).—ISBN 7-5610-0761-2：2.80元

红楼梦论稿/蒋和森编著.—北京：人民文学出版社，1990 9.—369页；大32开.—ISBN 7-02-001033-4：5.05元

红楼梦导读/李宁，侯江著.—石家庄：河北少年儿童出版社，1990.8.—215页；32开.—(中国古典文学名著导读丛书/侯健主编).—ISBN 7-5376-0563-7：2.70元

《红楼梦》知识问答/朱静编著.—西安：华岳文艺出版社，1990.6.—162页；32开.—(中国古典文学名著知识丛书).—ISBN 7-80549-310-3：2.40元

红楼梦的艺术世界/周书文著.—北京：书目文献出版社，1990.11.—499页；32开.—ISBN 7-5013-0809-8：7.45元

《红楼梦》的奇与美/李广柏著.—海口：三环出版社，1990.5.—370页；大32开.—ISBN 7-80564-161-7：5.00元

红楼梦诗词鉴赏辞典/贺新辉主编.—北京：紫禁城出版社，1990.6.—541页；32开.—ISBN 7-80047-071-7(精装)：10.80元

困惑的明清小说/刘敬圻著.—哈尔滨：黑龙江人民出版社，1990.12.—299页；32开.—ISBN 7-207-01620-4：4.30元

闲话金瓶梅/东郭先生著.—太原：北岳文艺出版社，1990.1.—221页；32开.—ISBN 7-5378-0279-3：2.80元

武侠世界的怪才：古龙小说艺术谈/曹正文著.上海：学林出版社，1990.6.—221页；32开.—(畅销作品鉴赏丛书)/周清霖主编).—ISBN 7-80510-551-0：3.70元

茅盾短篇小说欣赏/刘焕林，李琼仙著.—南宁：广西教育出版社，1990.8.—256页；28开.—(中国现代作家作品欣赏丛书).—ISBN 7-5435-0984-9：3.75元

郁达夫小说欣赏/张恩和著.—新1版.—南宁：广西教育出版社，1990.4.—280页；28开.—(中国现代作家作品欣赏丛书).—ISBN 7-5435-0809-5：4.00元

本书1983年11月第1版。

明清小说资料选编/朱一玄编.—济南：齐鲁书社，1990.2.—2册(1342页)；大32开.—ISBN 7-5333-0131-5：19.00元

金河小说创作论/桐仲编.—沈阳：辽宁人民出版社，1990.9.—352页；大32开.—ISBN 7-205-01551-0：5.90元

金瓶梅：中国文化发展的一个断面/陈东布著.—广州：花城出版社，1990.4.—284页；32开.—ISBN 7-5360-0530-X：3.90元

《金瓶梅》《红楼梦》纵横谈/沈天佑著.—北京：北京大学出版社，1990.5.—297页；大32开.—ISBN 7-301-01032-X：5.10元

金瓶梅纵横谈/张林著.—南宁：广西人民出版社，1990.12.—392页；大32开.—ISBN 7-219-01726-X：6.60元

《金瓶梅》知识问答/俞志文编著.—西安：华岳文艺出版社，1990.6.—137页；32开.—(中国古典文学名著知识丛书).—ISBN 7-80549-311-1：2.15元

金瓶梅注评/毛德彪，朱俊亭评注.—南宁：广西人民出版社，1990.11.—784页；32开.—ISBN 7-219-01704-4：9.45元

金瓶梅研究　第一辑/中国金瓶梅学会编.—南京：江苏古籍出版社，1990.9.—273页；大32开.—ISBN 7-80519-184-0：5.00元

金瓶梅探索/王汝梅著.—长春：吉林大学出版社，1990.9.—256页；大32开.—ISBN 7-5601-0594-7(精装)：4.75元

金瓶梅探谜与艺术赏析/周钧韬著.—长春：吉林文史出版社，1990.8.—397页；大32开.—ISBN 7-80582-282-4：6.80元

金瓶梅鉴赏/周钧韬编著.—南京：南京出版社，1990.9.—464页；大32开.—ISBN 7-80560-240-9：7.35元

金瓶梅鉴赏辞典/上海市红楼梦学会，上海师范大学文学研究所编.—上海：上海古籍出版社，1990.1.1049页；32开.—ISBN 7-5325-0041-1(精装)：12.95元

本辞典收辞目6779条。

金庸小说赏析/陈墨著.—南昌：百花洲文艺出版社，1990.7.—360页；大32开.—ISBN 7-80579-024-8：5.10元

赵树理小说的艺术风格/王献忠著.—北京：中国书店，1990.8.—155页；大32开.—ISBN 7-80568-

137-6：2.40元

赵树理评传/董大中著.—天津：百花文艺出版社，1990.10.—390页；大32开.—ISBN 7-5306-0584-4：5.35元

赵树理短篇小说欣赏/陈孝全，刘泰隆著.—新1版.南宁：广西教育出版社，1990.9.—243页；28开.(中国现代作家作品欣赏丛书).—ISBN 7-5435-1023-5：3.60元

本书广西教育出版社1983年10月第1版。

说不尽的《金瓶梅》/宁宗一著.—天津：天津社会科学院出版社，1990.5.—183页；32开.—ISBN 7-80563-054-2：3.30元

铁凝及其小说艺术/陈映实著.—石家庄：河北人民出版社，1990.8.—122页；32开.—(当代文艺纵横小丛书).—ISBN 7-202-00825-4：1.85元

唐代小说史话/程毅中著.—北京：文化艺术出版社，1990.12.—341页；大32开.—ISBN 7-5039-0485-2：4.90元

诸葛亮形象史研究/陈翔华著.—杭州：浙江古籍出版社，1990.12.—486页；大32开.—ISBN 7-80518-131-4：5.80元

聊斋艺术通论/雷群明著.—上海：三联书店上海分店，1990.2.—293页；大32开.—ISBN 7-5426-0120-2：5.20元

聊斋志异对照注评析　卷一/邱胜威编著.—桂林：广西民族出版社，1990.8.—554页；大32开.—ISBN 7-5363-0471-4：7.50元

聊斋志异创作论/马瑞芳著.—济南：山东大学出版社，1990.10.—499页；大32开.—ISBN 7-5607-0405-0：6.90元

聊斋志异导读/史继中著.—石家庄：河北少年儿童出版社，1990.8.—130页；32开.—(中国古典文学名著导读丛书/侯健主编).—ISBN 7-5376-0565-3：1.95元

《聊斋志异》知识问答/江一泓编著.—西安：华岳文艺出版社，1990.6.—120页；32开.—(中国古典文学名著知识丛书).—ISBN 7-80549-313-8：1.95元

聊斋拾粹/孙勃等主编.—济南：山东文艺出版社，1990.8.—272页；32开.—ISBN 7-5329-0370-2：3.65元

蒲松龄论集/王枝忠著.—北京：文化艺术出版社，1990.2.—290页；大32开.—ISBN 7-5039-0579-4：4.30元

新两地书：小小说62篇评析/樊华著；雷雨评析.太原：陕西人民出版社，1990.9.—247页；32开.ISBN 7-224-01391-9：3.30元

新时期争鸣小说评介/吕世民编著；西安：陕西人民出版社，1990.11.—288页；32开.—ISBN 7-224-01567-9：4.20元

新时期探索实验小说论/李秀龙著.—石家庄：河北人民出版社，1990.8.—105页；32开.—(当代文艺纵横小丛书).—ISBN 7-202-00827-0：1.65元

《儒林外史》知识问答/李昭然编著.—西安：华岳文艺出版社，1990.6.—167页；32开.—(中国古典文学名著知识丛书).—ISBN 7-80549-314-6：2.50元

孽海花论稿/王祖献著.—合肥：黄山书社，1990.6.—229页；大32开.—ISBN 7-80535-113-9：3.50元

本书对《孽海花》的思想、艺术等作了全面探讨。

I 207.5　报告文学

人物专访作品选评/诸天寅，徐广权编著.—北京：新华出版社，1990.6.—218页；32开.—(新闻入门丛书).—ISBN 7-5011-0633-9：2.30元

中国现代报告文学史论/李丽莹，李先锋编著.—银川：宁夏人民出版社，1990.11.—276页；大32开.ISBN 7-227-00625-5：3.40元

古代传记文学史稿/姜涛，赵华著.—沈阳：辽宁大学出版社，1990.11.—218页；大32开.—ISBN 7-5610-1017-6：3.00元

通讯选评/复旦大学新闻系新闻业务教研室编.—上海：复旦大学出版社，1990.3.—367页；大32开.(新闻学基础教材丛书).—ISBN 7-309-00293-8：2.50元

I 207.6　散文、杂著

十大散文家/顾易生主编.—上海：上海古籍出版社，1990.7.—218页；32开.—("十大"系列丛刊).—ISBN 7-5325-0770-X：2.75元

小品文艺术谈/李宁编选.—北京：中国广播电视出版社，1990.10.—443页；大32开.—ISBN 7-5043-0479-4：5.80元

历代论说文赏析/宋尚斋编.—济南：明天出版社，1990.4.—388页；大32开.—(中国历代诗文名作赏析丛书/许平主编).—ISBN 7-5332-0925-7：4.55元

五四散文十家/朱金顺著.—天津：百花文艺出版大，1990.12.—221页；大32开.—ISBN 7-5306-0572-0：3.50元

中国日记史略/陈左高编著.—上海：上海翻译出版公司，1990.10.—216页；大32开.—ISBN 7-80514-567-9：3.25元

本书编纂和评述了唐、宋、元、明、清历代名人日记200余种，内容涉及当时政治、经济、军事、外交、文学、艺术、天文、地理、气象、农事、医药以及地方掌故、民间风俗等。

中国当代抒情散文欣赏/庄若江主编.—南京：南京出版社，1990.9.—278页；36开.—（青少年世界文学名著导读丛书）.—ISBN 7-80560-285-9：3.50元

中国当代散文史/卢启元主编.—南宁：广西人民出版社，1990.12.—291页；大32开.—（中国当代分类文学史丛书/姚雪垠主编）.—ISBN 7-219-01743-X：4.80元

中国名胜楹联鉴赏/吕选忠编著.—北京：中国青年出版社，1990.2.—846页；32开.—ISBN 7-5006-0481-5：12.40元

本书共选入名胜楹联1240余副，每副后附一篇赏析文字。

中国现代纪游文学史/朱德发主编.—济南：山东友谊书社，1990.9.—398页；大32开.—ISBN 7-80551-292-2：8.10元

中国现代散文欣赏辞典/王纪人主编.—上海：汉语大辞典出版社，1990.1.—862页；32开.—（少年文学欣赏辞典系列）.—ISBN 7-5432-0027-9（精装）：11.95元；（平装）：9.70元

中国散文写作史/蓝少成著.—南宁：广西教育出版社，1990.9.—170页；大32开.—（中国写作史丛书）.—ISBN 7-5435-1010-3：2.60元

中国新散文源流/张放著.—天津：百花文艺出版社，1990.3.—288页；32开.—ISBN 7-5306-0386-8：3.60元

全书用编年史结构，将新文化运动以来三十余年的现代散文，分三个十年期阐述。

文坛这一边：现代杂文二十家漫论/应国靖主编.上海：上海文艺出版社，1990.10.—322页；32开.ISBN 7-5321-0598-9：4.05元

古代散文文体概论/姜涛著.—太原：山西人民出版社，1990.7.—434页；32开.—ISBN 7-203-01200-X：7.40元

史记名篇赏析/朱靖华等编著.—北京：北京十月文艺出版社，1990.8.—461页；32开.—（中国古典文学名著名篇赏析丛书）.—ISBN 7-5302-0164-6：6.25元

冬眠后的复苏：散文求索录/袁鹰著.—广州：花城出版社，1990.12.—225页；32开.—ISBN 7-5360-0772-8：2.95元

对偶的知识/冯兴炜编著.—北京：旅游教育出版社，1990.3.—140页；32开.—ISBN 7-5637-0149-4：2.10元

对联知识手册/常江著.—北京：中国青年出版社，1990.10.—358页；32开.—（青年文化娱乐丛书）.ISBN 7-5006-0709-1：4.60元

百家散文名作鉴赏/马连儒，王凤海主编.—北京：北京出版社，1990.12.—667页；大32开.—ISBN 7-200-01268-8：9.80元

本书精选了中国从20年代到30年代期间各种风格、流派代表作家的代表作品共100篇。

苏文系年考略/吴雪涛著.—呼和浩特：内蒙古教育出版社，1990.2.—552页；大32开.—ISBN 7-5311-0642-6：6.80元

本书是将苏轼散文进行编年，只标篇目，不载原文，考略也仅摘引与编年有关的部分。

作对/黄祥享编著.—南宁：广西民族出版社，1990.11.—184页；36开.—（当代青年文化娱乐丛书第2辑；4/杜云，陈运祐主编）.—ISBN 7-5363-1012-9：2.25元

现代杂文鉴赏/吕祖荫等编著.—北京：语文出版社，1990.10.—324页；32开.—ISBN 7-80006-283-X：4.20元

现代抒情散文选讲/李关元等编著.—南京：江苏教育出版社，1990.2.—269页；32开.—ISBN 7-5343-0891-7：2.45元

茅盾散文欣赏/丁尔纲著.—新1版.—南宁：广西教育出版社，1990.4.—267页；大32开.—（中国现代作家作品欣赏丛书）.—ISBN 7-5435-0811-7：3.90元

秦牧论散文创作/张振金编.—广州：暨南大学出版社，1990.7.—180页；大32开.—ISBN 7-81029-029-0：3.00元

秦牧的散文艺术/张振金著.—广州：暨南大学出版社，1990.7.—182页：照片；大32开.—ISBN 7-81029-031-2：3.00元

唐代的散文作家/（日）平冈武夫，今井清编.上海：上海古籍出版社，1990.9.—116页；大32开.（唐代研究指南；3）.—ISBN 7-5325-0047-0（精装）：12.25元

唐宋散文/葛晓音著.—上海：上海古籍出版社，1990.6.—164页；32开.—（中国古典文学基本知识丛书）.—ISBN 7-5325-0692-4：1.70元

新时期散文论集/汪帆著.—石家庄：河北人民出版社，1990.8.—129页；32开.—（当代文艺纵横小丛书）.—ISBN 7-202-00824-6：1.90元

I 207.7 民间文学

区域文化与民间文艺学：区域民间文艺学发凡/姜彬著.—北京：中国民间文艺出版社，1990.12 219页；大32开.—（中国民间文学理论建设丛书）.ISBN 7-5040-0009-4：4.00元

本书是作者80年代后期有关民间文学论文的结集，收文章20篇。

中国当代民间文艺学家/西南民族学院图书馆主编；王康等编著.—北京：中央民族学院出版社，1990.2.—158页；32开.—ISBN 7-81001-193-6：2.20元

中国灯谜知识/柯国臻等编著.—合肥：安徽科学技术出版社，1990.7.—339页；大32开.—ISBN 7-5337

-0399-6：5.10元

中国的谜语/李敬信主编.—北京：人民出版社，1990.5.—296页；32开.—(祖国丛书).—ISBN 7-01-000486-2：3.50元

中国歌谣心理学/徐华龙著.—乌鲁木齐：新疆人民出版社，1990.9.—233页；大32开.—ISBN 7-228-00913-4：2.50元

灯谜趣谈/石彧，侯印编著.—沈阳：春风文艺出版社，1990.4.—111页：图；大64开.—(文化艺术小丛书；第1辑).—ISBN 7-5313-0324-8：0.90元

讲古/过伟编著.—南宁：广西民族出版社，1990.11.—176页；36开.—(当代青年文化娱乐丛书　第2辑；3/杜云，陈运祐主编).—ISBN 7-5363-1015-3：2.20元

岭南十二枝花/过伟著.—南宁：广西人民出版社，1990.5.—286页；大32开.—ISBN 7-219-01637-9：4.30元

本书是关于广西12个民族民间文艺综合研究的论集。

幽默与风趣/曹汝德编.—北京：气象出版社，1990.6.—121页；32开.—ISBN 7-5029-0418-7：2.30元

神话与民俗/朱可先，程健君编.—郑州：中原农民出版社，1990.9.—267页；大32开.—(中原民间文艺论丛).—ISBN 7-80538-213-1：3.10元

猜谜/胡振民，叶国泉编著.—南宁：广西民族出版社，1990.11.—185页；36开.—(当代青年文化娱乐丛书　第2辑；5/杜云，陈运祐主编).—ISBN 7-5363-1016-1：2.25元

猜谜入门/萧笛著.—北京：中国华侨出版公司，1990.8.—128页；32开.—ISBN 7-80074-205-9：1.60元

谜语趣谈/黄民裕编.—太原：山西教育出版社，1990.12.—145页；32开.—ISBN 7-80578-347-0：1.95元

瑰丽的壮歌/黄革著.—南宁：广西民族出版社，1990.2.—240页；32开.—ISBN 7-5363-0702-0：3.10元

本书介绍了壮歌的品种、特色、分布及其应用情况等。

I 207.8　儿童文学

儿童文学札记/吴然著.—昆明：云南少年儿童出版社，1990.10.—289页；大32开.—ISBN 7-5414-0521-3：3.75元

少年小说论评/周晓著.—银川：宁夏人民出版社，1990.5.—235页；32开.—ISBN 7-227-00497-X：2.10元

巴金和儿童文学/张耀辉编.—上海：少年儿童出版社，1990.12.—437页；大32开.—ISBN 7-5324-1155-9(精装)：10.50元

本书收集了巴金的儿童文学创作、译作以及他对于儿童教育、儿童文学所发表的言论。

叶圣陶和儿童文学/韦商编.—上海：少年儿童出版社，1990.11.—508页；大32开.—ISBN 7-5324-0970-8(精装)：11.40元

本书收集了叶圣陶的儿童文学作品和有关儿童文学创作的论说等。

冰心和儿童文学/卓如编.—上海：少年儿童出版社，1990.9.—898页；大32开.—ISBN 7-5324-0490-0(精装)：15.00元

本书分为：评论、序跋、通讯、散文、小说、诗、题词和附录7部分，全面地论述了冰心的儿童文学创作、

我和儿童文学/叶圣陶等著.—上海：少年儿童出版社，1990.9.—459页：照片；大32开.—ISBN 7-5324-0920-1(精装)：10.00元

本书是一本儿童文学回忆录。书中有29位著名儿童文学家的文章。

陈伯吹研究专集/张黛芬，文秀明编.—上海：少年儿童出版社，1990.5.—450页；大32开.—(中国当代文学研究资料丛书).—ISBN 7-5324-0550-8：5.45元

茅盾和儿童文学/孔海珠编.—上海：少年儿童出版社，1990.11.—555页；大32开.—ISBN 7-5324-1191-5(精装)：11.60元

茅盾的童心/金燕玉著.—南京：南京出版社，1990.6.—192页；32开.—ISBN 7-80560-207-7(精装)：3.80元

本书是一部研究茅盾与儿童文学双向关系的学术专著。

郑振铎和儿童文学/郑尔康，盛巽昌编.—上海：少年儿童出版社，1990.11.—581页；大32开.—ISBN 7-5324-1193-1(精装)：11.85元

柯岩研究专集/李泱编.—上海：少年儿童出版社，1990.8.—567页；大32开.—(中国当代文学研究资料丛书).—ISBN 7-5324-0131-6：6.50元

郭沫若和儿童文学/盛巽昌，朱守芬编.—上海：少年儿童出版社，1990.12.—328页；大32开.—ISBN 7-5324-1097-8(精装)：9.50元

浙江籍儿童文学作家作品评论集/汪习麟著.—杭州：浙江少年儿童出版社，1990.6.—276页；大32开.ISBN 7-5342-0571-9：2.50元

陶行知和儿童文学/李楚材编写.—上海：少年儿童出版社，1990.11.—289页；大32开.—ISBN 7-5324-1192-3(精装)：9.10元

I 207.9　少数民族文学

中国少数民族英雄史诗《江格尔》/仁钦道尔吉著.杭州：浙江教育出版社，1990.8.—190页；32开.(中国民间文化丛书/刘魁立主编).—ISBN 7-

5338-0678-6：2.20元

中国少数民族英雄史诗《玛纳斯》/郎樱著.—杭州：浙江教育出版社，1990.11.—191页；32开.—（中国民间文化丛书/刘魁立主编）.—ISBN 7-5338-0686-7：2.10元

中国少数民族英雄史诗《格萨尔》/杨恩洪著.—杭州：浙江教育出版社，1990.11.—185页；32开.（中国民间文化丛书/刘魁立主编）.—ISBN 7-5338-0687-5：2.10元

中国当代少数民族文学史稿/中南民族学院《中国当代少数民族文学史稿》编写组编.—武汉：长江文艺出版社，1986.11.—587页；大32开.—（精装）：6.40元

民族民间文学理论基础/陶立璠著.—北京：中央民族学院出版社，1990.12.—377页；大32开.—ISBN 7-81001-203-7：4.00元

本书介绍中国少数民族民间文学的历史、现状、知识和理论。

回族文学论丛　第1辑/宁夏大学回族文学研究所编.—银川：宁夏人民出版社，1990.2.—310页；大32开.—ISBN 7-227-00554-2：3.80元

回族文学论丛　第2辑：沙陆墟创作研究/宁夏大学回族文学研究所编.—银川：宁夏人民出版社，1990.12.—246页：照片；大32开.—ISBN 7-227-00633-6：4.00元

壮族文学古籍举要/黄绍清编著.—昆明：云南民族出版社，1990.11.—118页；32开.—ISBN 7-5367-0365-1：1.80元

论彝族诗歌/漏侯布哲等著；王子尧译；康健等整理.—贵阳：贵州民族出版社，1990.9.—156页；大32开.—ISBN 7-5412-0097-2：2.30元

出走混沌：民族文学的文化思考/张福三著.—昆明：云南民族出版社，1990.7.—386页；32开.—ISBN 7-5367-0298-1：5.10元

哈尼哈吧初探/李元庆著.—昆明：云南民族出版社，1990.11.—305页；32开.—ISBN 7-5367-0337-6：5.50元

本书对哈尼族传统诗歌的分类、格律、曲调等作了研究。

贵州少数民族作家笔耕录/王鸿儒著.—贵阳：贵州民族出版社，1990.10.—256页；大32开.—ISBN 7-5412-0132-4：5.20元

格萨尔学集成　第一卷/赵秉理编.—兰州：甘肃民族出版社，1990.12.—666页；16开.—ISBN 7-5421-0044-0（精装）：20.00元

格萨尔学集成　第二卷/赵秉理编.—兰州：甘肃民族出版社，1990.12.—667～1368页；16开.—ISBN 7-5421-0049-1（精装）：20.00元

格萨尔学集成　第三卷/赵秉理编.—兰州：甘肃民族出版社，1990.12.—1369～2163页；16开.—ISBN 7-5421-0060-2（精装）：20.00元

清代满族作家文学概论/张菊玲著.—北京：中央民族学院出版社，1990.11.—282页；大32开.—ISBN 7-81001-122-7：2.15元

本书展示了清代276年间满族作家文学发生、发展直至衰落的历史轨迹。

I 207.99　宗教文学

中国佛教文学/（日）加地哲定著；刘卫星译.北京：今日中国出版社，1990.12.—282页；32开.（宗教文化丛书/王志远主编）.—ISBN 7-5072-0222-4：4.30元

I 209　文学史、文学思想史

马克思主义文艺理论在中国/李衍柱等编著.—济南：山东文艺出版社，1990.11.—344页；大32开.山东社会科学“七·五”规划重点项目.—ISBN 7-5329-0568-3：4.60元

中国文学史/宁大年主编.—北京：北京师范大学出版社，1990.3.—490页；大32开.—高等师范专科学校教材.—ISBN 7-303-00564-1：3.40元

中国文学史百题/文史知识编辑部编.—北京：中华书局，1990.12.—2册（883页）；32开.—（文史知识文库）.—ISBN 7-101-00512-8：14.20元

中国文学史纲要　（三）：宋辽金元文学/李修生编著.—北京：北京大学出版社，1990.3.—294页；大32开.—ISBN 7-301-00050-2：3.40元

中国文学史纲要　（四）：明清文学/李修生编著.北京：北京大学出版社，1990.10.—255页；大32开.ISBN 7-301-01446-5：2.95元

中国文学足迹/唐庚先，李学忠主编.—北京：中国商业出版社，1990.5.—280页；大32开.—ISBN 7-5044-0801-5：3.60元

本书以文学史为主线，以代表作家、作品为内容，分成40个专题，展示了中国文学发展的足迹。

中国当代文学史/江西大学中文系编写.—南昌：百花洲文艺出版社，1990.7.—511页；大32开.—（中文自学考试辅导丛书）.—ISBN 7-80579-016-7：6.20元

中国近代文艺思潮史/叶易著.—北京：高等教育出版社，1990.11.—259页；大32开.—ISBN 7-04-002512-4：2.85元

中国近代文学发展史　第一卷/郭延礼著.—济南：山东教育出版社，1990.3.—714页；大32开.—ISBN 7-5328-0776-2（精装）：9.50元

中国现代文学史：1917～1986/吴宏聪，范伯群主编.—武汉：武汉大学出版社，〔1990〕.—741页；大32开.—全国高等教育自学考试教材.—ISBN 7-307-00927-7：7.90元

中国现代文学史话/薛绥之等编著.—上海：上海教

育出版社，1990.7.—306页；32开.—(中学生文库).—ISBN 7-5320-1809-1：2.50元

中国现代文学史新编/王嘉良，李标晶主编.—上海：上海社会科学院出版社，1990.2.—656页；大32开.—ISBN 7-80515-558-5：7.80元

文学史基本知识/时雁行编著.—北京：北京教育出版社，1990.3.—290页；32开.—(语文基本知识丛书/叶苍岑主编).—ISBN 7-5303-0043-4：3.10元

本书分章叙述由先秦到"五四"运动以前的文学，每章叙述一个文学发展时期。

先秦文学史参考资料/北京大学中国文学史教研室选注.—2版.—北京：中华书局，1990.4.—2册(685页)；大32开.—ISBN 7-101-00697-3：12.40元

本书1962年8月第1版。

现代中国文学发展史/魏绍馨主编.—延吉：延边大学出版社，1990.6.—621页；32开.—ISBN 7-5634-0225-X：7.50元

隋唐五代文学史　上卷/罗宗强，郝世峰主编.—北京：高等教育出版社，1990.3.—402页；大32开.ISBN 7-04-002925-1：7.25元

简明中国古代文学　(上)/周红兴主编；胡梅君，李如鸾编著.—2版.—北京：作家出版社，1990.10.698页；32开.—ISBN 7-5063-0196-2：7.70元

简明中国古代文学　(下)/周红兴主编；李如鸾，胡梅君编著.—2版.—北京：作家出版社，1990.10.696页；32开.—ISBN 7-5063-0250-0：7.65元

简明中国当代文学/周红兴主编；李复威，严革编著.—2版.—北京：作家出版社，1990.11.—621页；32开.—ISBN 7-5063-0313-2：6.95元

简明中国现代文学/周红兴主编；陈寿立等编著.2版.—北京：作家出版社，1990.10.—634页；32开.ISBN 7-5063-0261-6：7.25元

新中国文学史：试用本/湖南师范大学编；舒其惠，汪华藻主编.—长沙：湖南文艺出版社，1990.4.583页；大32开.—ISBN 7-5404-0531-7：7.35元

魏晋南北朝文学史参考资料/北京大学中国文学史教研室选注.—2版.—北京：中华书局，1990.4.—2册(701页)；大32开.—ISBN 7-101-00699-X：12.70元

本书1962年8月第1版。

"左联"纪念集：1930～1990/中国左翼作家联盟成立大会会址纪念馆，上海鲁迅纪念馆编.—上海：百家出版社，1990.2.—276页；大32开.—ISBN 7-80576-071-3：4.90元

北京文学地域特色研究/甘海岚主编.—北京：北京燕山出版社，1990.10.—254页；32开.—ISBN 7-5402-0276-9：4.10元

台湾新文学七十年　上册/于寒，金宗洙著.—延吉：延边大学出版社，1990.8.—251页；32开.—ISBN 7-5634-0234-9：4.50元

台湾新文学七十年　下册/于寒，金宗洙著.—延吉延边大学出版社，1990.8.—310页；32开.—ISBN 7-5634-0234-9：5.10元

香港新文学简史/谢常青著.—广州：暨南大学出版社，1990.6.—186页；32开.—ISBN 7-81029-027-4：3.60元

I 21　作品集

I 210　鲁迅著作及其研究

伪自由书/鲁迅著.—北京：人民文学出版社，1990.3.—180页；大32开.—ISBN 7-02-001568-9：3.70元

故事新编/鲁迅著.—影印本.—上海：上海文艺出版社，1990.12.—177页；32开.—ISBN 7-5321-0649-7(精装)：7.00元

本书据上海文化生活出版社1936年版影印。

野草/鲁迅著.—北京：人民文学出版社，1990.7.65页；大32开.—ISBN 7-02-000985-9：1.55元

鲁迅小说集/鲁迅著.—北京：人民文学出版社，1990.12.—414页；大32开.—ISBN 7-02-001029-6：4.95元

鲁迅小说集：呐喊/鲁迅著.—影印本.—上海：上海文艺出版社，1990.12.—272页；大32开.—ISBN 7-5321-0647-0：5.05元

本小说集1923年8月北京新潮社初版，列为该社《文艺丛书》之一，1924年5月第三次印刷时起，改由北京北新书局出版，列为作者所编《乌合丛书》之一。1927年7月北京北新书局出版，列为作者所编《乌合丛书》之一。据上海鲁迅纪念馆珍藏本的初版本影印。

鲁迅小说集：彷徨/鲁迅著.—影印本.—上海：上海文艺出版社，1990.12.—257页；大32开.—ISBN 7-5321-0648-9：4.85元

本书为1927年7月北京北新书局初版，列位作者所编《乌合丛书》之一。据上海鲁迅纪念馆珍藏的初版本影印。

鲁迅小说集：故事新编/鲁迅著.—影印本.—上海：上海文艺出版社，1990.12.—177页；32开.ISBN 7-5321-0868-6：3.00元

本书据上海鲁迅纪念馆珍藏的初版影印。

鲁迅选集：小说散文卷/鲁迅著；孔范今选注.济南：山东文艺出版社，1990.7.—500页；大32开ISBN 7-5329-0445-8：7.40元

鲁迅选集：杂文卷/鲁迅著；朱德发，韩之友选注.济南：山东文艺出版社，1990.6.—500页；大32开.ISBN 7-5329-0446-6：7.40元

鲁迅散文集：野草/鲁迅著.—影印本.—上海：上

海文艺出版社，1990.12.—94页；大32开.—ISBN 7-5321-0646-2：2.35元

本书为1927年7月北京北新书局初版，列位作者所编《乌合丛书》之一。据上海鲁迅纪念馆珍藏的初版本影印。

鲁迅散文集：朝华夕拾/鲁迅著.—影印本.—上海：上海文艺出版社，1990.12.—176页；大32开.ISBN 7-5321-0645-4：3.55元

I 210.97　鲁迅研究

1913～1983鲁迅研究学术论著资料汇编：索引分册/中国社会科学院文学研究所鲁迅研究室编.—北京：中国文联出版公司，1990.7.—258页；16开.ISBN 7-5059-1304-2（精装）：12.40元

上海鲁迅研究　（3）/上海鲁迅纪念馆编.—上海：百家出版社，1990.2.—206页；大32开.—ISBN 7-80576-033-0：2.60元

沟通与更新：鲁迅与日本文学关系发微/程麻著.北京：中国社会科学出版社，1990.—333页；32开.ISBN 7-5004-0652-5：4.55元

鲁迅小说的艺术/刘家鸣著.—西安：陕西人民出版社，1990.12.—329页；大32开.—（鲁迅研究丛书）.—ISBN 7-224-00083-3：5.35元

鲁迅作品辞典/刘华山等编.—郑州：河南教育出版社，1990.6.—164页；大32开.—ISBN 7-5347-0547-8（精装）：11.00元

本词典共收词目2297条，分集名，篇目，人物形象，历史人物，历史事件，社团、期刊、流派，词语、方言、译辞、掌故及附录八部分。

鲁迅和中国文化/林非著.—北京：学苑出版社，1990.12.—337页；大32开.—（学苑学术论坛）.ISBN 7-5077-0227-8：10.00元

鲁迅的婚姻与家庭/李允经著.—北京：北京十月文艺出版社，1990.2.—264页；大32开.—ISBN 7-5302-0131-X：3.85元

鲁迅研究年刊：1990年号/宋庆龄基金会，西北大学编.—北京：中国和平出版社，1990.10.—711页；大32开.—ISBN 7-80037-249-9：15.00元

鲁迅思想与中外文化论集/陕西省鲁迅研究学会编.西安：陕西人民教育出版社，1990.2.—533页；大32开.—ISBN 7-5419-1126-7：7.75元

鲁迅思想发展新探/刘焜炀著.—广州：广东人民出版社，1990.11.—257页；大32开.—ISBN 7-218-00524-1：3.10元

鲁迅短篇小说欣赏/卢今著.—2版.—南宁：广西教育出版社，1990.8.—224页；28开.—（中国现代作家作品欣赏丛书）.—ISBN 7-5435-0170-8：3.40元

本书1987年11月第1版。

简明鲁迅词典/支克坚主编.—兰州：甘肃教育出版社，1990.12.—566页；大32开.—ISBN 7-5423-0171-3：11.00元

本书词条主要选自人民文学出版社1983年版《鲁迅选集》四卷本，词条总数近5000条。

魂灵画论：鲁迅小说论集/管希雄著.—乌鲁木齐：新疆大学出版社，1990.4.—161页；32开.—ISBN 7-5631-0129-2：3.00元

I 211　作品综合集

中华活叶文选　十三.—上海：上海古籍出版社，1990.12.—272页；32开.—ISBN 7-5325-0291-0：2.95元

中华活叶文选　十四.—上海：上海古籍出版社，1990.12.—247页；32开.—ISBN 7-5325-0290-2：2.60元

中国文学读本/张波等主编.—南昌：百花洲文艺出版社，1990.10.—410页；大32开.—ISBN 7-80579-064-7：6.10元

奇文趣诗/周渊龙，周为编著.—兰州：敦煌文艺出版社，1990.11.—458页；32开.—ISBN 7-80587-008-X：5.05元

本书辑录古今趣诗、奇文、塔诗、俗词150余篇。

I 212/215　各时代作品集

中国古代文学作品选/冯俊杰，何根德主编；秦德行等编.—太原：山西高校联合出版社，1990.12.452页；16开.—山西省自学考试汉语言文学专业学习用书.—ISBN 7-81032-019-X：14.50元

中国古代文学作品选　（上）/金启华主编.—2版（增订本）.—南京：江苏教育出版社，1990.11.509页；32开.—ISBN 7-5343-0543-8：4.20元

本书1979年2月第1版。

中国古代文学作品选　（中）/金启华主编.—2版（增订本）.—南京：江苏教育出版社，1990.11.505页；32开.—ISBN 7-5343-0544-6：4.20元

中国古代文学作品选　（下）/金启华主编.—2版（增订本）.—南京：江苏教育出版社，1990.11.426页；32开.—ISBN 7-5343-0545-4：3.55元

本书1979年6月第1版。

三曹诗文选译/（三国）曹操等著；殷义祥译注.成都：巴蜀书社，1990.—284页：插图；32开.—（古代文史古籍选译丛书：魏晋南北朝/章培恒等主编）.国家教委古籍整理“七·五”规划重点项目.—ISBN 7-80523-357-8

阮籍诗文选译/（魏）阮籍著；祁欣译注.—成都：巴蜀书社，1990.—169页：插图；32开.—（古代文史名著选译丛书：魏晋南北朝/章培恒等主编）.国家教委古籍整理“七·五”规划重点项目.—ISBN

7-80523-357-8

张衡文选译/（东汉）张衡著；张在义等译注.成都：巴蜀书社，1990.—199页：插图；32开.—（古代文史名著选译丛书：先秦两汉/章培恒等主编）.—国家教委古籍整理"七·五"规划重点项目.—ISBN 7-80523-357-8

陶渊明诗文选译/（东晋）陶渊明著；谢先俊，王勋敏译注.一成都：巴蜀书社，1990.—192页：插图；32开.—（古代文史名著选译丛书：魏晋南北朝/章培恒等主编）.一国家教委古籍整理"七·五"规划重点项目.—ISBN 7-80523-357-8

郭弘农集校注/（东晋）郭璞著；聂恩彦校注.太原：山西人民出版社，1990.11.—319页；大32开.ISBN 7-303-00198-2：6.30元

陶渊明集浅注/（东晋）陶渊明著；唐满先注.一南昌：百花洲文艺出版社，1990.7.—282页；32开.ISBN 7-80579-030-2：3.90元

王右丞集/（唐）王维著；俞岳衡点校·**孟浩然集**/（唐）孟浩然著；俞岳衡点校.—长沙：岳麓书社，1990.7.—1册（277，93页）；32开.—（古典名著普及文库）.—ISBN 7-80520-231-3（精装）：6.10元

全唐文：附唐文拾遗·唐文续拾·读全唐文札记/（清）董诰等编.—上海：上海古籍出版社，1990.12.—5册；16开.—ISBN 7-5325-0854-4（精装）：198.00元

本书据原刊本剪贴缩印。

刘禹锡诗文选译/（唐）刘禹锡著；梁守中译注.成都：巴蜀书社，1990.—253页：插图；32开.—（古代文史名著选译丛书：隋唐五代/章培恒等主编）.国家教委古籍整理"七·五"规划重点项目.—ISBN 7-80523-357-8

苏轼诗文词选译/（北宋）苏轼著；曾枣庄，曾弢译注.—成都：巴蜀书社，1990.—305页：插图；32开.—（古代文史名著选译丛书：宋元明清/章培恒等主编）.—国家教委古籍整理"七·五"规划重点项目.—ISBN 7-80523-357-8

李白全集编年注释/安旗主编.一成都：巴蜀书社，1990.12.—3册（2459页）；大32开.—ISBN 7-80523-393-4：36.40元

李白选集/（唐）李白著；郁贤皓选注.—上海：上海古籍出版社，1990.10.—640页；大32开.—（古典文学名家选集）.—ISBN 7-5325-0175-2：7.00元

李清照全集评注/徐北文主编.一济南：济南出版社，1990.12.—584页：彩照；大32开.—ISBN 7-80572-410-5（精装）：14.00元

本书收录李清照全部诗、词、文及其他杂著，包括存疑作品。每篇均加简介与注释，主要篇目均附集评及鉴赏。

重订新校王子安集/（唐）王勃著；何林天校注.太原：山西人民出版社，1990.12.—293页；大32开（三晋古籍丛书）.—ISBN 7-203-01432-0：6.15元

隋唐五代文论选/周祖譔编选.—北京：人民文学出版社，1990.5.—283页；大32开.—（中国历代文论选）.—ISBN 7-02-000845-3：5.15元

韩愈诗文选译/（唐）韩俞著；黄永年译注.一成都；巴蜀书社，1990.—255页：照片；32开.—（古代文史名著选译丛书：隋唐五代/章培恒等主编）.一国家教委古籍整理"七·五"规划重点项目.—ISBN 7-80523-357-8

文天祥诗文选译/（南宋）文天祥著；邓碧清译注.成都：巴蜀书社，1990.—252页；32开.—（古代文史名著选译丛书：宋元明清/章培恒等主编）.—国家教委古籍整理"七·五"规划重点项目.—ISBN 7-80523-357-8

朱熹诗文选译/（南宋）朱熹著；黄坤译注.—成都：巴蜀书社，1990.—258页：插图；32开.—（古代文史名著选译丛书：宋元明清/章培恒等主编）.国家教委古籍整理"七·五"规划重点项目.—ISBN 7-80523-357-8

刘禹锡集/（唐）刘禹锡撰；《刘禹锡集》整理组点校.—北京：中华书局，1990.3.—2册（637页）；大32开.—（中国古典文学基本丛书）.—ISBN 7-101-00538-1：12.85元

李清照诗文词选译/（南宋）李清照著；平慧善译注.—成都：巴蜀书社，1990.—132页；32开.—（古代文史名著选译丛书：宋元明清/章培恒等主编）.国家教委古籍整理"七·五"规划重点项目.—ISBN 7-80523-357-8

苏东坡文集导读/徐中玉著.—成都：巴蜀书社，1990.6.—316页；大32开.—（中华文化要籍导读丛书/蔡尚思主编）.—ISBN 7-80523-344-6：4.40元

苏轼海南诗文选注/（宋）苏轼著；范会俊，朱逸辉选注.—北京：北京师范大学出版社，1990.7.—277页；大32开.—ISBN 7-303-00823-3：4.50元

苏辙集/（宋）苏辙著；陈宏天，高秀芳校点.—北京：中华书局，1990.8.—4册（1458页）；大32开.—（中国古典文学基本丛书）.—ISBN 7-101-00403-2：28.80元

张耒集/（宋）张耒撰；李逸安等点校.—北京：中华书局，1990.7.—2册（1034页）；大32开.—（中国古典文学基本丛书）.—ISBN 7-101-00455-5：20.65元

陈与义集校笺/（宋）陈与义撰；白敦仁校笺.—上海：上海古籍出版社，1990.8.—1083页；大32开.（中国古典文学丛书）.—ISBN 7-5325-0736-X（精装）：19.20元

陈与义集校笺/（宋）陈与义撰；白敦仁校笺.—上

海：上海古籍出版社，1990.8.—2册（1083页）；大32开.—（中国古典文学丛书）.—ISBN 7-5325-0737-8：16.90元

欧阳修诗文选译/（北宋）欧阳修著；林冠群，周济夫译注.—成都：巴蜀书社，1990.—282页：插图；32开.—（古代文史名著选译丛书：宋元明清/章培恒等主编）.—国家教委古籍整理"七·五"规划重点项目.—ISBN 7-80523-357-8

岳飞诗文选注/岳飞研究会，岳飞墓庙文保所主编；泰山选注.—杭州：浙江古籍出版社，1990.3.102页：照片；32开.—ISBN 7-80518-114-4：1.90元

曾巩诗文选译/（北宋）曾巩著；祝尚节译注.—成都：巴蜀书社，1990.—267页：插图；32开.—（古代文史名著选译丛书：宋元明清/章培恒等主编）.—国家教委古籍整理"七·五"规划重点项目.—ISBN 7-80523-357-8

稼轩集/（宋）辛弃疾著；徐汉明编校.—武汉：长江文艺出版社，1990.7.—467页：照片；大32开.—ISBN 7-5345-0349-2：7.00元

本书集中了古今研究和搜集整理稼轩作品的成果，包括诗、词、文三部分。

元好问全集/（金）元好问著；姚奠中主编.—太原：山西人民出版社，1990.6.—2册（759，736页）；大32开.—ISBN 7-203-01734-6：26.70元

元好问诗文选注/钟星选注.—上海：上海古籍出版社，1990.6.—184页；32开.—（中国古典文学作品选读）.—ISBN 7-5325-0688-6：2.50元

杨文骢诗文三种校注/（明）杨文驄著；关贤注校注.—贵阳：贵州人民出版社，1990.2.—575页；大32开.—（贵州古籍集粹）.—ISBN 7-221-01164-8（精装）：9.34元

金文最/（清）张金吾编纂.—北京：中华书局，1990.8.—2册（1729，45页）；大32开.—ISBN 7-101-00564-0（精装）：36.80元

本书是金代文章的总汇。

海粟集辑存/王毅编.—长沙：岳麓书社，1990.11.147页；大32开.—ISBN 7-80520-226-5：2.20元

本书辑录了元代散曲作家冯海粟的诗、赋和文，以及他的生平资料。

方望溪遗集/（清）方苞撰；徐天祥，陈蕾点校.合肥：黄山书社，1990.12.—173页；大32开.—（安徽古籍丛书）.—ISBN 7-30535-148-1：4.00元

北山楼集/（清）吴保初撰；孙文光点校.—合肥：黄山书社，1990.—202页；大32开.—（安徽古籍丛书）.—ISBN 7-80535-170-8：3.60元

延芬室集/（清）爱心觉罗·永忠著.—上海：上海古籍出版社，1990.7—1324页：冠图；32开.—ISBN 7-5325-0140-X（精装）：49.00元

爱新觉罗·永忠（1735～1793），字良甫，号敬轩，又号蕖仙、延芬居士等。本书是作者的诗文别集。

刘大櫆集/（清）刘大櫆著；吴孟复标点.—上海：上海古籍出版社，1990.12.—632页：照片；大32开.（中国古典文学丛书）.—ISBN 7-5325-0858-7（精装）：12.60元

刘大櫆集/（清）刘大櫆著；吴孟复标点.—上海：上海古籍出版社，1990.12.—632页：照片；大32开.（中国古典文学丛书）.—ISBN 7-5325-0859-5：9.95元

吴梅村全集/（清）吴伟业著；李学颖集评标校.上海：上海古籍出版社，1990.12.—3册（1523页）；大32开.—（中国古典文学丛书）.—ISBN 7-5325-0120-5：23.80元

吴梅村全集/（清）吴伟业著；李学颖集评标校.上海：上海古籍出版社，1990.12.—3册（1523页）；大32开.—（中国古典文学丛书）.—ISBN 5325-0121-3（精装）：31.40元

吴碘文集/（清）吴碘著；江地主编；乔润苓等点校.—太原：山西人民出版社，1990.8.—288页；大32开.—ISBN 7-303-01565-3：4.80元

袁枚诗文选译/（清）袁枚著；李灵年，李泽平译注.—成都：巴蜀书社，1990.—376页：插图；32开.—（古代文史名著选译丛书：宋元明清/章培恒等主编）.—国家教委古籍整理"七·五"规划重点项目.—ISBN 7-80523-357-8

黄宗羲诗文选/（清）黄宗羲著；宁波师范学院黄宗羲研究室编.—上海：华东师范大学出版社，1990 6.—414页；大32开.—ISBN 7-5617-0391-0：6.20元

笠云山房诗文集/（清）王权著；吴绍烈等校点.兰州：兰州大学出版社，1990.5.—343页；大32开.（陇右文献丛书/西北师范大学古籍整理研究所主编）.—ISBN 7-311-00059-9：4.20元

梁启超诗文选/梁启超著；黄坤选注.—上海：华东师范大学出版社，1990.6.—220页；32开.—（中国近代文学丛书）.—ISBN 7-5617-0287-6：3.00元

魏源诗文选/（清）魏源著；杨积庆选注.—上海：华东师范大学出版社，1990.12.—231页；32开.（中国近代文学丛书）.—ISBN 7-5617-0085-7：3.30元

I 216　现代作品综合集

中国近代文学作品系列：小说三卷/王俊年选注.福州：海峡文艺出版社，1990.12.—720页；大32开.ISBN 7-80534-288-1：8.70元

中国现代文学作品选　（一）/沈振煜等编选.—武汉：武汉工业大学出版社，1990.1.—401页；32开.ISBN 7-5629-0324-7：3.40元

中国现代文学作品选　（二）/沈振煜等编选.—武汉：武汉工业大学出版社，1990.1.—316页；32开.ISBN 7-5629-0324-7：3.40元

中国现代文学作品选　（三）/李守礽等编选.—武汉：武汉工业大学出版社，1990.2.—383页；32开.ISBN 7-5629-0364-7：3.40元

中国现代文学作品选　（四）/李守礽等编选.—武汉：武汉工业大学出版社，1990.1.—395页；32开.ISBN 7-5629-0324-7：3.40元

中国现代文学补遗书系：小说卷一/孔范今主编.济南：明天出版社，1990.10.—828页；大32开.ISBN 7-5332-1022-0（精装）：11.15元

中国现代文学补遗书系：小说卷一/孔范今主编.济南：明天出版社，1990.10.—828页；大32开.—ISBN 7-5332-1021-2：9.45元

中国现代文学补遗书系：小说卷二/孔范今主编.济南：明天出版社，1990.8.—791页；大32开.—ISBN 7-5332-1016-6（精装）：10.50元

中国现代文学补遗书系：小说卷二/孔范今主编.济南：明天出版社，1990.8.—791页；大32开.—ISBN 7-5332-1015-8：8.85元

中国现代文学补遗书系：小说卷三/孔范今主编.济南：明天出版社，1990.7.—786页；大32开.—ISBN 7-5332-1012-3（精装）：10.45元

中国现代文学补遗书系：小说卷三/孔范今主编.济南：明天出版社，1990.7.—786页；大32开.—ISBN 7-5332-1011-5：8.75元

中国现代文学补遗书系：小说卷四/孔范今主编.济南：明天出版社，1990.9.—744页；大32开.—ISBN 7-5332-1024-7（精装）：10.00元

中国现代文学补遗书系：小说卷四/孔范今主编.济南：明天出版社，1990.9.—744页；大32开.—ISBN 7-5332-1023-9：8.35元

中国现代文学补遗书系：小说卷五/孔范今主编.济南：明天出版社，1990.9.—849页；大32开.—ISBN 7-5332-1040-9（精装）：11.10元

中国现代文学补遗书系：小说卷五/孔范今主编.济南：明天出版社，1990.9.—849页；大32开.—ISBN 7-5332-1039-5：9.35元

中国现代文学补遗书系：小说卷六/孔范今主编.济南：明天出版社，1990.8.—723页；大32开.—ISBN 7-5332-1026-3（精装）：9.85元

中国现代文学补遗书系：小说卷六/孔范今主编.济南：明天出版社，1990.8.—723页；大32开.—ISBN 7-5332-1025-5：8.15元

中国现代文学补遗书系：小说卷七/孔范今主编.济南：明天出版社，1990.9.—718页；大32开.—ISBN 7-5332-1043-3：8.20元

中国现代文学补遗书系：小说卷八/孔范今主编.济南：明天出版社，1990.10.—800页；大32开.—ISBN 7-5332-1013-1：8.90元

晋察冀文学作品选/王剑清，冯健男主编.—天津：天津社会科学院出版社，1990.5.—449页；大32开.（中国解放区文学研究资料丛书：晋察冀边区卷/田仲济主编）.—ISBN 7-80563-051-8：5.50元

王统照/王统照著；冯光廉，刘增人编.—北京：人民文学出版社，1990.9.—305页；大32开.—（中国现代作家选集丛书）.—ISBN 7-02-001011-3：4.30元

本书包括短篇小说和散文两部分。

朱自清全集　第四卷/朱自清著；朱乔森编.—南京：江苏教育出版社，1990.12.—551页；大32开.ISBN 7-5343-1253-1（精装）：8.30元

朱自清全集　第五卷：诗歌编/朱自清著；朱乔森编.—南京：江苏教育出版社，1990.5.—363页；大32开.—ISBN 7-5343-1042-3（精装）：6.35元；（平装）：4.85元

朱自清全集　第六卷：学术论著编/朱自清著；朱乔森编.—南京：江苏教育出版社，1990.7.—561页；大32开.—ISBN 7-5343-1107-1（精装）：8.25元；（平装）：6.75元

步履/左齐著.—乌鲁木齐：新疆人民出版社，1990.5.—252页；32开.—ISBN 7-228-01334-4：3.05元

本书包括作者的中篇小说和诗词两部分。

吴云心文集/吴云心著；杨大辛主编.—天津：天津古籍出版社，1990.10.—736页；大32开.—ISBN 7-80504-179-2：13.00元

张大千诗文集编年/曹大铁，包立民编.—北京：荣宝斋，1990.10.—419页：照片；大32开.—ISBN 7-5003-0058-1：6.80元

张子斋文集　第三卷：反戈集/张子斋著.—昆明：云南民族出版社，1990.8.—309页；大32开.—ISBN 7-5367-0292-2：4.25元

林纾诗文选/林纾著；曾宪辉选注.—上海：华东师范大学出版社，1990.6.—233页；32开.—（中国近代文学丛书）.—ISBN 7-5617-0236-1：3.40元

林语堂文选　上集/林语堂著；张明高，范桥编.北京：中国广播电视出版社，1990.8.—507页；大32开.—ISBN 7-5043-0540-5：7.60元

林语堂文选　下集/林语堂著；张明高，范桥编.北京：中国广播电视出版社，1990.8.—483页；大32开.—ISBN 7-5043-0541-3：7.50元

林语堂代表作/林语堂著；施建伟编.—郑州：黄河文艺出版社，1990.1.—522页：照片；大32开.（中国现当代著名作家文库）.—ISBN 7-5400-0212-3：6.95元

郁达夫海外文集/郁达夫著；郁风编.—北京：三联书店，1990.12.—718页：照片；32开.—ISBN 7-108-00249-3：13.50元

罗烽文集：3～4/罗烽著.—沈阳：春风文艺出版社：辽宁教育出版社，1990.10.—272页；大32开.ISBN 7-5313-0384-1：3.70元

本书为3、4卷合订本文集，第3卷为诗集，第4卷为散文杂文集。

知堂谈吃：周作人散文和诗一百篇/周作人著；钟叔河编.—北京：中国商业出版社，1990.12.—270页；32开.—ISBN 7-5044-0674-0：3.90元

本书汇集了周作人自"五四"以来谈吃的散文及诗100篇，多是未入集和流行不广的作品。

郑振铎选集　第一卷：诗歌、小说/郑振铎著；陆荣椿，王爱玉编.—成都：四川文艺出版社，1990.5.—624页；大32开.—ISBN 7-5411-0520-1（精装）：9.50元

郑振铎选集　第一卷：诗歌、小说/郑振铎著；陆荣椿，王爱玉编.—成都：四川文艺出版社，1990.5.—624页；大32开.—ISBN 7-5411-0521-X：8.00元

郑振铎选集　第二卷：散文、游记、文论/郑振铎著；陆荣椿，王爱玉编.—成都：四川文艺出版社，1990.6.—716页：照片；大32开.—ISBN 7-5411-0522-8（精装）：11.30元

郑振铎选集　第二卷：散文、游记、文论/郑振铎著；陆荣椿，王爱玉编.—成都：四川文艺出版社，1990.6.—716页：照片；大32开.—ISBN 7-5411-0523-6：9.30元

相摩烈士作品选/钱相摩著；中共盐城市委党史办公室等编.—南京：东南大学出版社，1990.7.—238页：照片；大32开.—纪念钱相摩同志英勇就义四十周年.—ISBN 7-81023-405-6：4.50元

柳麟锡全集　(一)：中文、朝鲜文对照/金永德主编；金永德等译.—牡丹江：东北朝鲜民族出版社，1990.9.515页；大32开.—（中国少数民族古籍·朝鲜族古籍丛书）.—ISBN 7-5389-0261-9（精装）：10.00元

徐自华诗文集/徐自华著；郭延礼编校.—北京：中华书局，1990.5.—242页；大32开.—ISBN 7-101-00350-8：5.10元

徐自华，南社女诗人。本书收文17篇，诗词589篇，并附徐氏年谱。

徐志摩选集/徐志摩著.—北京：人民文学出版社，1990.12.—339页；大32开.—ISBN 7-02-001055-5：4.30元

黄焯文集/黄焯著；丁忱编次.—武汉：湖北教育出版社，1990.1—421页；大32开.—ISBN 7-5351-0363-4：7.50元

梁实秋林语堂妙语集萃/杨君游，朱颖编.—北京：中国国际广播出版社，1990.6.—284页；32开.—ISBN 7-30035-341-0：3.95元

落叶：徐志摩诗文精选/徐志摩著.—2版.—广州：花城出版社，1990.11.—232页；32开.—ISBN 7-5360-0524-5：3.30元

I 217　建国后作品综合集

一个记者的足迹/肖玉华著.—长春：吉林人民出版社，1990.9.—227页；32开.—ISBN 7-206-00866-6：3.20元

八千里路云和月/侯明祥，张樱著.—长春：长春出版社，1990.8.—239页；大32开.—ISBN 7-80573-034-2：3.80元

这是一部报告文学、小说集。

人约黄昏后/邓文初著.—广州：花城出版社，1990.5.—150页；32开.—ISBN 7-5360-0607-1：2.50元

人物与艺境/田遨著.—济南：黄河出版社，1990.7.—311页；32开.—ISBN 7-80558-153-3：4.50元

本书收有作者的历史传记小说、论说和诗词。

万物之源/郭英基，程步云主编.—太原：北岳文艺出版社，1990.5.—238页；32开.—ISBN 7-5378-0336-4：2.90元

乡野的礼物/哑默著.—贵阳：贵州民族出版社，1990.12.—218页；36开.—ISBN 7-5412-0139-1：2.90元

丰子恺文集：艺术卷　(一)：1920.4～1930.3.1/丰子恺著；丰陈宝等编.—杭州：浙江文艺出版社：浙江教育出版社，1990.9.—471页：照片及图；大32开.—ISBN 7-5339-0227-0（精装）：10.50元

丰子恺文集：艺术卷　(二)：1930.5～1934.11.2/丰子恺著；丰陈宝等编.—杭州：浙江文艺出版社：浙江教育出版社，1990.9.—637页：照片及图；大32开.—ISBN 7-5339-0228-9（精装）：12.30元

丰子恺文集：艺术卷　(三)：1935.4～1937.3.3/丰子恺著；丰陈宝等编.—杭州：浙江文艺出版社：浙江教育出版社，1990.9.—638页：照片及图；大32开.—ISBN 7-5339-0229-7（精装）：12.00元

丰子恺文集：艺术卷　(四)：1938.4～1965.4/丰子恺著；丰陈宝等编.—杭州：浙江文艺出版社：浙江教育出版社，1990.9.—583页：照片及图；大32开.ISBN 7-5339-0230-0（精装）：11.00元

王林选集　(上)/王林著.—天津：百花文艺出版社，1990.12.—377页：照片；大32开.—ISBN 7-

5306-0638-7：5.50元

本册包括，第一卷短篇小说，第二卷中篇小说两部分。

王林选集　（下）/王林著.—天津：百花文艺出版社，1990.12.—397页：照片；大32开.—ISBN 7-5306-0639-5：5.70元

本册包括：第三卷剧本，第四卷散文、特写、理论。

王朝闻集　第四卷：喜闻乐见/王朝闻著；简平主编.—成都：四川美术出版社，1990.2.—703页：照片；大32开.—ISBN 7-5410-0432-4：8.90元

本卷有三个方面的内容：一是《喜闻乐见》一书；二是1962年至1966年文化大革命之前公开发表的文章；三是同时期的学术报告记录稿。

王朝闻集　第五卷：论凤姐/王朝闻著；简平主编.成都：四川美术出版社，1990.2.—850页：肖像；大32开.—ISBN 7-5410-0433-2：10.60元

本书为《红楼梦》研究专著《论凤姐》。

王朝闻集　第六卷：开心钥匙/王朝闻著；简平主编.—成都：四川美术出版社，1990.3.—696页：肖像；大32开.—ISBN 7-5410-0434-0：8.80元

本卷是《开心钥匙》一书的全部，是作者1977年至1979年发表过的论文结集。

王朝闻集　第七卷：不到顶点，审美的敏感/王朝闻著；简平主编.—成都：四川美术出版社，1990.3.503页：肖像；大32开.—ISBN 7-5410-0416-2：6.40元

本卷是两个文艺短文集的合编：《不到顶点》（1983年）和《审美的敏感》（1986年）。

王朝闻集　第八卷：再再探索/王朝闻著；简平主编.—成都：四川美术出版社，1990.3.—605页：肖像；大32开.—ISBN 7-5410-0417-0：7.60元

本卷主要是文艺评论结集《再再探索》以及外编《没有完成的学业》与三篇谈话录。

从征拾零/马少波著；李慧中编.—北京：文化艺术出版社，1990.3.—586页；大32开.—ISBN 7-5039-0539-5：8.00元

本书是作者的小说、散文选集。

风尘硬汉/姜颖，韩江编.—延吉：东北朝鲜民族教育出版社，1990.6.—233页；大32开.—ISBN 7-5437-0706-3：3.40元

本书包括报告文学、诗歌和散文3部分。

文学社团作品选/方延曦编.—北京：中国青年出版社，1990.9.—293页；32开.—ISBN 7-5006-0784-9：4.10元

本选集编入了30个省市216家文学社团近30万字的作品，其中包括诗歌、散文和小说。

火魂/张浩著.—沈阳：春风文艺出版社，1990.7.254页；32开.—ISBN 7-5313-0385-X：3.20元

巴金全集　第十三卷/巴金著.—北京：人民文学出版社，1990.—582页：照片；大32开.—ISBN 7-02-000023-9：8.05元

巴金全集　第十三卷/巴金著.—北京：人民文学出版社，1990.—582页：照片；大32开.—ISBN 7-02-000924-7（精装）：12.00元

本卷收入作者的《短简》、《旅途通讯》、《感想》等作品。

巴金全集　第十四卷/巴金著.—北京：人民文学出版社，1990.—492页：照片；大32开.—ISBN 7-02-000936-0：6.95元

巴金全集　第十五卷/巴金著.—北京：人民文学出版社，1990.—582页：照片；大32开.—ISBN 7-02-001038-5：7.65元

巴金全集　第十五卷/巴金著.—北京：人民文学出版社，1990.—582页：照片；大32开.—ISBN 7-02-001039-3（精装）：11.65元

古往今来/司徒伟良著.—上海：同济大学出版社，1990.10.—353页；32开.—ISBN 7-5608-0601-5：4.20元

未名百家作品集/殷敖佗编.—北京：中国华侨出版公司，1990.7.—279页；32开.—ISBN 7-80074-277-6：3.30元

叶圣陶集　第九卷：文艺谈、论创作/叶圣陶著；叶至善等编.—南京：江苏教育出版社，1990.4.397页：照片；大32开.—ISBN 7-5343-0985-9（精装）：6.90元

叶圣陶集　第九卷：文艺谈、论创作/叶圣陶著；叶至善等编.—南京：江苏教育出版社，1990.4.397页：照片；大32开.—ISBN 7-5343-0985-9：5.40元

叶圣陶集　第十卷：揣摩、读后集、文章例话/叶圣陶著；叶至善等编.—南京：江苏教育出版社，1990.4.—378页：照片；大32开.—ISBN 7-5343-0986-7（精装）：6.65元

叶圣陶集　第十卷：揣摩、读后集、文章例话/叶圣陶著；叶至善等编.—南京：江苏教育出版社，1990.4.—378页：照片；大32开.—ISBN 7-5343-0986-7：5.15元

白云魂/吕雷著.—北京：企业管理出版社，1990.10.—191页；32开.—ISBN 7-80001-130-5：3.80元

这是一部报告文学、散文集。

半枝莲：王瑛自选集/王瑛著.—海口：南海出版公司，1990.11.—214页；32开.—ISBN 7-80570-158-X：3.50元

老舍文集　第十五卷/老舍著.—北京：人民文学出版社，1990.11.—641页；大32开.—ISBN 7-02-001042-3：7.75元

本卷收入1930年至1948年间的文艺理论、创作经验与抗战文艺运动的论述。

老舍文集　第十五卷/老舍著.—北京：人民文学出版社

版社，1990.11.—641页；大32开.—ISBN 7-02-01043-1（精装）：11.10元

亚细亚的太阳：乡镇企业文学集/黄永礼，章艺欣编.—南京：南京出版社，1990.10.—234页；32开.ISBN 7-80560-254-9：3.60元

百味集/自牧著.—济南：山东文艺出版社，1990.12.—242页；36开.—ISBN 7-5329-0592-6：3.50元

回车巷/董立珩著.—沈阳：春风文艺出版社，1990.9.—150页；32开.—ISBN 7-5313-0405-8：2.20元

朱丹诗文选/朱丹著；李纳，安泰编选.—北京：作家出版社，1990.5.—328页：照片；大32开.—ISBN 7-5063-0343-4：4.95元

刘征十年集　卷二：清水白石集/刘征著.—郑州：文心出版社，1990.1.—300页；大32开.—ISBN 7-80537-280-0：3.00元

冲浪集：宋贵生报告文学小说选/宋贵生著.—太原：北岳文艺出版社，1990.7.—363页；32开.—ISBN 7-5378-0286-6：4.30元

冰心文集　第五卷/冰心著.—上海：上海文艺出版社，1990.2.—687页；大32开.—ISBN 7-5321-0343-9：8.75元

本卷收入冰心从1919年至1982年间撰写的学术论文、杂感、评论、序跋等。

冰心文集　第五卷/冰心著.—上海：上海文艺出版社，1990.2.—687页；大32开.—ISBN 7-5321-0346-3（精装）：12.10元

冰心读本/冰心著；卓如，叶雪芬选编.—上海：上海教育出版社，1990.1.—398页；32开.—（中学生文库）.—ISBN 7-5320-1624-2：3.40元

讲真话的书/巴金著.—成都：四川文艺出版社，1990.9.—1148页：照片；大32开.—ISBN 7-5411-0473-6（精装）：16.60元

远征/何光昶主编.—北京：中国财政经济出版社，1990.6.—185页；大32开.—（建设银行改革理论与实践丛书）.—ISBN 7-5005-1045-4（精装）：5.50元

本书收反映建设银行改革发展的散文、诗歌、小说、报告文学、回忆录、特写、通讯、小品、电视专题片剧本共36篇。

花果的错落：文苑漫笔/李孑著.—北京：中国广播电视出版社，1990.12.—204页；32开.—ISBN 7-5043-1138-3：3.00元

芳草碧连天/商乃易著.—沈阳：辽宁大学出版社，1990.11.—336页：彩照；大32开.—ISBN 7-5610-1114-8：5.00元

本书是一部新闻作品集。包括通迅、特写、散文、报告文学、纪实文学等。

芳洲芳草/韩英等著.—天津：百花文艺出版社，1990.12.—380页；32开.—ISBN 7-5306-0598-4：4.60元

本书是一部短篇小说、散文集。

足韵：佟子珍文学作品选/佟子珍著.—牡丹江：黑龙江朝鲜民族出版社，1990.12.—134页；36开.ISBN 7-5389-0280-5：1.90元

我的记者生涯/孙佑杰著.—济南：山东人民出版社，1990.2.—405页；大32开.—ISBN 7-209-00389-4：8.10元

余修文集/余修著；《余修文集》编委会编.—青岛：青岛海洋大学出版社，1990.5.—433页；大32开.—ISBN 7-81026-048-0：5.50元

本书包括作者的诗歌和文章共100余篇。

希望之光/赵树奎，龙鸣主编.—济南：山东友谊书社，1990.9.—360页：彩照；大32开.—（齐鲁之光丛书）.—ISBN 7-80551-166-7：8.00元

本书收入近30篇报告文学和20余篇散文。

沙可夫诗文选/沙可夫著；刘运辉，谭宁佑主编；文化部党史资料征集工作委员会，中央戏剧学院编.北京：文化艺术出版社，1990.11.—439页：照片；大32开.—（新文化史料丛书）.—ISBN 7-5039-0636-7：7.00元

沙汀文集　第五卷：小说集/沙汀著.—上海：上海文艺出版社，1990.2.—671页：照片；大32开.—ISBN 7-5321-0352-8：6.95元

沙汀文集　第五卷：小说集/沙汀著.—上海：上海文艺出版社，1990.2.—671页：照片；大32开.—ISBN 7-5321-0353-6（精装）：10.30元

青山作证/杨剑嵘著.—北京：中国展望出版社，1990.7.—312页；32开.—ISBN 7-5050-0779-3：4.10元

本书是作者的散文、报告文学集。

林焕平文集　第一卷/林焕平著；《林焕平文集》编辑组编.—桂林：广西师范大学出版社，1990.9.420页；大32开.—ISBN 7-5633-0914-4：8.00元

本卷收入作者解放前的文艺理论专著《抗战文艺评论集》、《活的文学》、《文艺的欣赏》、《文学论教程》4种。

英雄罗曼史/照春著.—北京：群众出版社，1990.12.—335页；32开.—ISBN 7-5014-0576-X：5.20元

本书包括作者的报告文学、短篇小说、电影文学剧本等作品12篇。

茅盾全集　第二十卷：中国文论三集/茅盾著.北京：人民文学出版社，1990.—588页：照片及书影；大32开.—ISBN 7-02-000928-X：8.10元

矿山的彩虹/李成汉主编.—沈阳：沈阳出版社，1990.11.—368页；32开.—ISBN 7-80556-198-7：4.75元

本书是鞍钢矿山公司职工集体创作的文学成果，包括小说、诗歌、散文、杂文等作品。

周扬文集　第三卷/周扬著.—北京：人民文学出版社，1990.9.—396页：肖像；32开.—ISBN 7-02-

000979-4：4.95元

法制文学选萃/刘卓编.—沈阳：春风文艺出版社，1990.11.—92页：插图；16开.—（新时期通俗文学丛书）.—ISBN 7-5313-0427-9：2.40元

油龙鳞爪记/刘肖无著.—北京：作家出版社，1990.11.—295页；大32开.—ISBN 7-5063-0373-6：4.60元

本书为作者的散文、特写、报告文学集。

孤岛集/王兴华著.—哈尔滨：哈尔滨出版社，1990.9.—243页；36开.—ISBN 7-80557-028-0：2.20元

本书包括散文、诗歌、和史评的选集。

春风第一枝：报告文学、散文集/李世权编.—济南：山东文艺出版社，1990.7.—399页；32开.—ISBN 7-5329-0400-8：4.20元

草原上，我寻觅大山/《民族文学》编辑部编.—呼和浩特：内蒙古人民出版社，1990.6.—211页：彩照；大32开.—ISBN 7-204-00201-6：2.95元

荒煤选集 第一卷：小说、报告文学/陈荒煤著.成都：四川文艺出版社，1990.6.—350页；大32开.ISBN 7-5411-0583-X（精装）：7.50元

荒煤选集 第一卷：小说、报告文学/陈荒煤著.成都：四川文艺出版社，1990.6.—350页；大32开.ISBN 7-5411-0584-8：5.50元

荒煤选集 第二卷：散文、文论/陈荒煤著.—成都：四川文艺出版社，1990.6.—634页；大32开.ISBN 7-5411-0594-5（精装）：10.80元

荒煤选集 第二卷：散文、文论/陈荒煤著.—成都：四川文艺出版社，1990.6.—634页；大32开.ISBN 7-5411-0595-3：8.80元

赵树理全集 （2）/赵树理著；董大中等编.—太原：北岳文艺出版社，1990.10.—562页：照片；大32开.—ISBN 7-5378-0433-8：9.00元

赵树理全集 （3）/赵树理著；董大中等编.—太原：北岳文艺出版社，1990.10.—553页：照片；大32开.—ISBN 7-5378-0434-6：8.60元

本卷为戏剧、曲艺。

赵树理全集 （4）/赵树理著；董大中等编.—太原：北岳文艺出版社，1990.10.—660页：照片；大32开.—ISBN 7-5378-0435-4：9.80元

本卷为诗歌、文艺评论。

临高角的早晨：文学作品选/吴杜鲁著.—北京：中国戏剧出版社：宝文堂书店，1990.3.—177页；32开.—ISBN 7-80030-195-8：2.58元

种金坪闲话/毛锜著.—西安：陕西人民教育出版社，1990.10.—205页；大32开.—（又一村丛书）.ISBN 7-5419-1736-2：2.50元

本书收录了作者的杂文、评论等文章。

秋天的梦/李仕强著.—南宁：广西民族出版社，1990.6.—324页；32开.—ISBN 7-3563-0735-7.3.35元

本书为作者的散文、特写、短篇小说集。

顺城春晓/张君义主编.—沈阳：辽宁人民出版社1990.12.—397页；32开.—ISBN 7-205-01652-5：6.00元

本书收小说22篇、散文22篇、诗歌25首。作者大都是工人、农民和一般干部。

追花人/沉洲著.—福州：海峡文艺出版社，1990.11.—223页；32开.—ISBN 7-80534-295-4：2.85元

本书为作者的散文和报告文学集。

美的愉悦：评论、散文集/韩望愈著.—西安：陕西人民出版社，1990.9.—398页；大32开.—ISBN 7-224-01061-8：4.90元

祝您幸福：席慕蓉真言妙语录/谷月等编.—西宁：青海人民出版社，1990.5.—199页；32开.—ISBN 7-225-00376-3：2.95元

桥魂/高云，高挺之著.—沈阳：春风文艺出版社，1990.11.—404页；32开.—ISBN 7-5313-0418-X：5.30元

夏夜静悄悄/丁悦民著.—济南：山东文艺出版社，1990.5.—253页；大32开.—ISBN 7-5329-0412-1：3.80元

本书包括作者的18篇短篇小说和5篇散文。

啊！少年中国/卞毓方著.—上海：复旦大学出版社，1990.4.—432页；32开.—（青年文化修养丛书）.ISBN 7-309-00511-2：5.50元

爱之弦/柯文辉著.—桂林：漓江出版社，1990.5.503页；大32开.—ISBN 7-5407-0547-7：6.40元

本书收录了作者的8部诗剧、30首散文诗、33篇散文。

郭沫若代表作/张学植编.—郑州：黄河文艺出版社，1990.3.—698页：照片；大32开.—（中国现当代著名作家文库/郝世峰，于友先主编）.—ISBN 7-5400-0207-7：8.80元

高校文学百家/张黎明主编.—济南：山东文艺出版社，1990.9.—395页；32开.—ISBN 7-5329-0520-9：4.50元

席慕蓉抒情诗文选/席慕蓉著；谷月，千英编.西安：陕西人民出版社，1990.12.—294页；32开.ISBN 7-224-01595-4：3.95元

席慕蓉妙语录/欣慕，薛喜编选.—石家庄：河北人民出版社，1990.10.—264页；32开.—ISBN 7-202-00786-X：3.25元

涓集流/宣奉华著.—北京：新华出版社，1990.11.46页；32开.—ISBN 7-5011-0681-9：3.98元

黄绰卿诗文选/黄绰卿著；郑祥鹏编.—北京：中国华侨出版公司，1990.12.—786页；大32开.—ISBN 7-80074-338-1：14.20元

曹禺文集 第三卷/曹禺著；田本相编.—北京：中

国戏剧出版社，1990.9.—540页：照片；大32开.
ISBN 7-104-00227-8：7.10元

本卷收入《镀金》、《正在想》、《家》、《桥》4个话剧剧本。

曹禺文集 第四卷/曹禺著；田本相编.—北京：中国戏剧出版社，1990.9.—427页：照片；大32开.
ISBN 7-104-00232-4：5.80元

本卷收入《明朗的天》、《胆剑篇》、《王昭君》3个话剧剧本。

"晨钟"全国教师文学创作大奖赛优秀作品选/李思德等编.—济南：明天出版社，1990.4.—424页；32开.—ISBN 7-5332-0926-5：4.45元

银色的林莽/田玉明，鞠梅初主编.—济南：山东文艺出版社，1990.2.—430页；32开.—（工人文艺创作丛书）.—ISBN 7-5329-0325-7：5.10元

本书包括短篇小说、散文、杂文和诗歌。

做生命的酋长：中国残疾人文学作品选/孙恂主编.—北京：华夏出版社，1990.11.—284页；大32开.—ISBN 7-80053-783-8：5.30元

悠长的等待：席慕蓉诗文精选/席慕蓉著；江城子编选.—广州：花城出版社，1990.2.—209页；32开.
ISBN 7-5360-0592-X：3.00元

本书收入作者的诗歌和散文共90篇。

彩色思路：涂怀章创作译著文论选/涂怀章著.—桂林：广西师范大学出版社，1990.4.—179页；32开.
（作文指导丛书）.—ISBN 7-5633-0767-2：2.60元

情系蓝色国土/中国人民解放军37503部队政治部，福州市文学艺术界联合会编.—福州：海峡文艺出版社，1990.12.—415页；32开.—ISBN 7-80534-305-5：5.20元

本书收报告文学、散文、诗歌等作品50多篇。

绿色三重奏/余超然，高桦主编.—北京：中国环境科学出版社，1990.11.—341页；32开.—ISBN 7-80010-699-3：5.70元

本书收录了中国环境报1984年以来刊发的46篇报告文学和小说。

啼笑皆非/舒凌主编.—兰州：甘肃人民出版社，1990.5.—308页；32开.—（微型文丛/舒凌主编）.
ISBN 7-226-00617-0：3.60元

跨越蜀西/杨飏主编.—北京：中国广播电视出版社，1990.2.—277页；32开.—ISBN 7-5043-0411-5：2.40元

路上昆仑/叶玉昶，肖春华主编；武警交通第二总队政治部，和布公路修路指挥部编.—乌鲁木齐：新疆人民出版社，1990.6.—198页：彩照；32开.—ISBN 7-228-01303-4：2.05元

樱花集/常任侠著.—北京：中国友谊出版公司，1990.5.—154页：彩照；32开.—ISBN 7-5057-0285-8：2.30元

撒布革命火种：许虹遗作选集/许虹著；蔡祖卿，曾昭铎编.—太原：北岳文艺出版社，1990.9.—224页；大32开.—ISBN 7-5378-0413-3：5.00元

本书主要包括作者的散文与杂感。

颜山魂/杨长瀛，孙悦欣编.—济南：山东文艺出版社，1990.6.—238页；大32开.—ISBN 7-5329-0421-0：3.55元

醒狮舞春/庞泰熙著.—广州：广东旅游出版社，1990.10.—254页；32开.—ISBN 7-80521-179-5：3.50元

I 218 地方作品综合集

七色高原：《昆明日报》红土地副刊作品选/瞿文早，尹坚编.—昆明：云南民族出版社，1990.3.
247页；36开.—ISBN 7-5367-0254-X：2.10元

七彩锦：辽宁省首届职工诗文大赛征文获奖作品选/鲁野，刘跃发主编.—沈阳：辽宁人民出版社，1990.8.—336页；32开.—ISBN 7-205-01494-8：3.00元

土地颂：宣传《土地管理法》文艺专集/淄博市土地管理局，淄博市曲艺家协会编.—济南：山东文艺出版社，1990.1.—197页；32开.—ISBN 7-5329-0349-6：2.45元

山魂/曲俊峰等主编.—哈尔滨：北方文艺出版社，1990.5.—552页；大32开.—ISBN 7-5317-0324-6：8.30元

大兴安岭地区文学作品集。包括小说、报告文学、散文和诗歌。

广东文学院文选：1979～1989/杨羽仪主编；李深明编辑.—北京：作家出版社，1990.5.—817页：照片；大32开.—ISBN 7-5063-0367-1（精装）：19.70元

乡土文学选萃/《乡土文学社》编.—太原：北岳文艺出版社，1990.12.—633页；32开.—ISBN 7-5378-0423-0：8.40元

戈壁·绿洲·旭日：武威地区文学作品选/武威地区文联编.—兰州：敦煌文艺出版社，1990.10.—337页；32开.—ISBN 7-80587-010-1：3.75元

辽海吟唱集：诗词卷/项冶，姚莹主编.—沈阳：春风文艺出版社，1990.5.—451页；大32开.—（辽宁文学10年丛书：1979～1989/王充闾，林声主编）.—ISBN 7-5313-0280-2：5.90元

自然的歌/江西省赣州地区文联选编.—南昌：江西人民出版社，1990.4.—148页；32开.—（四十年创作作品选粹：赣州地区卷：诗歌散文集/周书文主编）.—ISBN 7-201-00855-1：2.00元

齐鲁金花/于恩泽主编.—济南：山东文艺出版社，1990.3.—278页；大32开.—ISBN 7-5329-0360-5：3.90元

江西新时期十年文学作品选：文学评论卷/中国作

家协会江西分会主编.—南昌：百花洲文艺出版社，1990.1.—502页；大32开.—ISBN 7-80579-007-8：（精装）：7.50元

江西新时期十年文学作品选：新诗·散文诗卷/中国作家协会江西分会主编.—南昌：百花洲文艺出版社，1990.1.—281页；大32开.—ISBN 7-80579-003-5（精装）：5.40元

江西新时期十年文学作品选：中篇小说卷/中国作家协会江西分会主编.—南昌：百花洲文艺出版社，1990.1.—557页；大32开.—ISBN 7-80579-000-0（精装）：7.90元

江西新时期十年文学作品选：短篇小说卷（上）/中国作家协会江西分会主编.—南昌：百花洲文艺出版社，1990.1.—424页；大32开.—ISBN 7-80579-001-9（精装）：6.70元

江西新时期十年文学作品选：短篇小说卷（下）/中国作家协会江西分会主编.—南昌：百花洲文艺出版社，1990.1.—425～905页；大32开.—ISBN 7-80579-002-7（精装）：7.10元

江西新时期十年文学作品选：报告文学卷/中国作家协会江西分会主编.—南昌：百花洲文艺出版社，1990.1.—459页；大32开.—ISBN 7-80579-005-1（精装）：7.00元

江西新时期十年文学作品选：散文卷/中国作家协会江西分会主编.—南昌：百花洲文艺出版社，1990.1.—379页；大32开.—ISBN 7-80579-006-X（精装）：6.30元

江西新时期十年文学作品选：儿童文学卷/中国作家协会江西分会主编.—南昌：百花洲文艺出版社，1990.1.—396页；大32开.—ISBN 7-80579-004-3（精装）：6.50元

江海名镇/杨方等著.—南京：江苏文艺出版社，1990.5.—283页；32开.—（江苏名镇：南通卷）·ISBN 7-5399-0145-4：3.50元

桂乡风情/涂昭镜著.—北京：中国医药科技出版社，1990.12.—306页；32开.—ISBN 7-5067-0335-1：4.50元

海里的月亮/李英敏，韩鹏初主编.—南宁：广西民族出版社，1990.2.—359页；32开.—（南珠文艺丛书；1）.—ISBN 7-5363-0696-2：3.80元

雪山情/中共天祝县委宣传部，天祝县文化局编.北京：民族出版社，1990.7.—338页；32开.—庆祝天祝藏族自治县成立四十周年：1950～1990.—ISBN 7-105-01164-5：3.05元

情弥天山：新疆人民广播电台获奖作品集/邵强主编.—乌鲁木齐：新疆人民出版社，1990.10.—416页；大32开.—ISBN 7-228-01586-X：5.00元

景颇族当代文学作品选/晨云，石锐编.—昆明：云南民族出版社，1990.5.—198页；32开.—ISBN 7-5367-0282-5：2.00元

湖南新时期十年优秀文艺作品选：儿童文学卷（上）/周特新，文选德主编.—长沙：湖南少年儿童出版社，1990.11.—506页；大32开.—ISBN 7-5358-0593-0（精装）：6.50元

湖南新时期十年优秀文艺作品选：儿童文学卷（下）/周特新，文选德主编.—长沙：湖南少年儿童出版社，1990.11.—487页；大32开.—ISBN 7-5358-0594-9（精装）：6.50元；（平装）：4.50元

湖南新时期十年优秀文艺作品选：文艺理论卷（上）/周特新，文选德主编.—长沙：湖南文艺出版社，1990.9.—486页；大32开.—ISBN 7-5404-0581-3：6.20元

湖南新时期十年优秀文艺作品选：文艺理论卷（下）/周特新，文选德主编.—长沙：湖南文艺出版社，1990.9.—487～987页；大32开.—ISBN 7-5404-0583-X：6.20元

湖南新时期十年优秀文艺作品选：诗歌卷/周特新，文选德主编.—长沙：湖南文艺出版社，1990.9.271页；大32开.—ISBN 7-5404-0577-5：3.80元

湖南新时期十年优秀文艺作品选：戏剧卷（上）/周特新，文选德主编.—长沙：湖南文艺出版社，1990.9.—530页；大32开.—ISBN 7-5104-0563-3：6.60元

湖南新时期十年优秀文艺作品选：戏剧卷（下）/周特新，文选德主编.—长沙：湖南文艺出版社，1990.9.—354页；大32开.—ISBN 7-5404-0566-X：4.30元

湖南新时期十年优秀文艺作品选：电影卷/周特新，文选德主编.—长沙：湖南文艺出版社，1990.9.—357页；大32开.—ISBN 7-5404-0568-6：4.60元

湖南新时期十年优秀文艺作品选：电视卷/周特新，文选德主编.—长沙：湖南文艺出版社，1990.9.508页；大32开.—ISBN 7-5404-0579-1：6.40元

湖南新时期十年优秀文艺作品选：曲艺卷/周特新，文选德主编.—长沙：湖南文艺出版社，1990.9.369页；大32开.—ISBN 7-5404-0560-0：4.80元

湖南新时期十年优秀文艺作品选：音乐卷/周特新，文选德主编.—长沙：湖南文艺出版社，1990.9.379页；大32开.—ISBN 7-5404-0585-6：5.00元

湖南新时期十年优秀文艺作品选：小说卷（上）/周特新，文选德主编.—长沙：湖南文艺出版社，1990.9.—543页；大32开.—ISBN 7-5404-0554-6：6.80元

湖南新时期十年优秀文艺作品选：小说卷（下）/周特新，文选德主编.—长沙：湖南文艺出版社，

1990.9.—545～1044页；大32开.—ISBN 7-5404-0556-2：6.20元

湖南新时期十年优秀文艺作品选：散文、报告文学卷/周特新，文选德主编.—长沙：湖南文艺出版社，1990.9.—442页；大32开.—ISBN 7-5404-0558-9：5.65元

湖南新时期十年优秀文艺作品选：杂文卷/周特新，文选德主编.—长沙：湖南文艺出版社，1990.9.340页；大32开.—ISBN 7-5404-0562-7：4.50元

福建文学四十年：1949～1989：诗歌卷/陈侣白主编.福州：海峡文艺出版社，1990.12.—352页；大32开.ISBN 7-80534-257-1：4.60元

福建文学四十年：1949～1989：短篇小说卷/中国作家协会福建分会主编.—福州：海峡文艺出版社，1990.8.—660页；大32开.—ISBN 7-80534-224-5：8.10元

福建文学四十年：1949～1989：报告文学卷/中国作家协会福建分会编.—福州：海峡文艺出版社，1990.9.—440页；大32开.—ISBN 7-80534-225-3：5.55元

福建文学四十年：1949～1989：民间文学卷/卓钟霖，陈炜萍主编.—福州：海峡文艺出版社，1990.12.—658页；大32开.—ISBN 7-80534-335-7：8.15元

I 22　诗歌、韵文

八达岭长城古诗咏/徐红年编撰.—北京：北京出版社，1990.10.—141页；32开.—（北京风物丛书）.—ISBN 7-200-01254-8：1.80元

万里长城诗选/梁志林，韩盼山主编.—石家庄：河北少年儿童出版社，1990.8.—440页；大32开.（中国万里长城丛书）.—ISBN 7-5376-0569-6：5.50元

历代风俗诗选/赵杏根选编.—长沙：岳麓书社，1990.3.—437页；大32开.—ISBN 7-80520-190-0：4.90元

本书精选了历代有关婚丧喜庆、生儿育女、节令行事、文化娱乐等风俗之诗。

历代名人咏长城/孔繁敏主编.—北京：北京大学出版社，1990.9.—307页；照片；大32开.—ISBN 7-301-01276-4：5.50元

本书选录了汉至现代120多人的诗、词作品160余首。对难词、背景加了简要注释。

历代咏黄陵诗选/何炳武，高院爱编.—西安：西北大学出版社，1990.11.—97页；32开.—ISBN 7-5604-0209-7：2.40元

历代诗人咏大理/宋文熙，张楠选注.—昆明：云南人民出版社，1990.1.—136页；32开.—ISBN 7-222-00404-1：1.80元

历代诗歌选　上册/季镇淮等选注.—北京：中国青年出版社，1990.8.—692页；32开.—（青年文库：新编本；31）.—ISBN 7-5006-0734-2

历代诗歌选　下册/季镇淮等选注.—北京：中国青年出版社，1990.8.—693～1340页；32开.—（青年文库：新编本；32）.—ISBN 7-5006-0734-2

历代送别怀远诗歌选/赵炳耀编著.—北京：北京出版社，1990.10.—506页；32开.—ISBN 7-200-0197-9：6.80元

本书所辑上自战国、下迄近代的送别、怀远内容的诗歌300余首。

历代爱国诗选/姚载熙，张永绵主编.—桂林：广西师范大学出版社，1990.11.—240页；32开.—ISBN 7-5633-0983-7：2.75元

写生小体诗新注/石言编著.—南宁：广西教育出版社，1990.2.—146页；32开.—ISBN 7-5435-0774-9：1.50元

本书选收历代描写景物的小体诗140余首。

扬州名胜诗选/江扬仁选注.—南京：江苏古籍出版社，1990.2.—102页；36开.—ISBN 7-80519-159-X：1.90元

报国诗选/纪健生编.—郑州：河南教育出版社，1990.6.—218页；36开.—（老年乐丛书）.—ISBN 7-5347-0478-2：2.90元

本书上自先秦，下迄近代、选入36家36首有关报国思想的诗篇。

青州历代诗词选/青州市档案馆编.—天津：南开大学出版社，1990.6.—269页；32开.—ISBN 7-310-00318-7：3.20元

青州诗选/青州市旅游局编.—北京：中国旅游出版社，1990.5.—409页；大32开.—ISBN 7-5032-0360-2：7.80元

本书汇集青州古代诗林之精品与今人之佳作近400首。

诗海初航：历代诗歌选/吴春荣，史渭君编选.—上海：知识出版社，1990.4.—177页；32开.—（少年礼品丛书/徐振维，沈宝良主编）.—ISBN 7-5015-5439-0：2.30元

诗歌精选/华钟彦主编.—北京：高等教育出版社，1990.1.—316页；大32开.—ISBN 7-04-002151-X：2.45元

南雄诗词选/黄永东主编；南雄县文联编.—广州：广东高等教育出版社，1990.10.—308页；照片；32开.—ISBN 7-5361-0551-7：5.00元

胶州今古诗选/刘才栋主编.—青岛：青岛出版社，1990.11.—218页；32开.—ISBN 7-5436-0563-5：3.50元

骊山诗选/刘建民主编.—西安：三秦出版社，1990.8.—96页；32开.—ISBN 7-80546-335-2：

1.30元

教子诗选/徐荣街，叶胥编.—郑州：河南教育出版社，1990.6.—174页；36开.—(老年乐丛书)，ISBN 7-5347-0477-4：2.40元

本书选编古今优秀教子诗篇共39首。

琼山诗词选/朱逸辉编注.—广州：广东旅游出版社，1990.12.—290页；32开.—ISBN 7-80521-184-1：4.30元

黑龙江历代诗词选/龙吟诗社编.—哈尔滨：黑龙江人民出版社，1990.6.—330页；大32开.—ISBN 7-207-01334-5：5.00元

衢州历代诗选　第八辑/傅春龄主编.—上海：复旦大学出版社，1990.12.—249页；32开.—ISBN 7-309-00588-0：4.00元

本书选录了自南北朝以迄清代200余作家的诗歌300多首。

I 222　古代作品

历代后妃诗词集注/沈立东编撰.—北京：中国妇女出版社，1990.8.—471页；大32开.—ISBN 7-80016-339-5：6.50元

历代名人谪琼诗选注/韩林元选注.—开封：河南大学出版社，1990.7.—220页；32开.—ISBN 7-81018-449-0：2.80元

作者从历代谪居海南者中选择50名诗人与172首诗词，分为唐宋、元明、清三卷。

天子心声：历代帝王诗词选/武原编.—西安：陕西人民出版社，1990.6.—194页；32开.—ISBN 7-224-01214-9：3.50元

书画用题词撷英/曾维纲，胡锡龙编.—长沙：湖南美术出版社，1990.7.—371页；32开.—ISBN 7-5356-0383-1：6.50元

兰茂诗词新注/(明)兰茂著；嵩明县文化局，嵩明县兰茂纪念馆编；彭发兴，许福荣辑注.—昆明：云南人民出版社，1990.1.—156页；32开.—ISBN 7-222-00588-9：2.60元

苏轼诗词选注/王水照，王宜瑗选注.—上海：上海古籍出版社，1990.8.—168页；32开.—(中国古典文学作品选读).—ISBN 7-5325-0625-8：1.80元

镇江名胜诗词选/王骧等选注.—南京：江苏古籍出版社，1990.4.—98页；36开.—ISBN 7-80519-164-6：1.80元

十二头魔王，又名，**兰嘎西贺**：傣族叙事长诗/岩温等整理.—北京：中国民间文艺出版社，1990.6.599页；大32开.—ISBN 7-5040-0287-9：10.00元

五指山传：黎族创世史诗/孙有康，李和弟搜集整理.—广州：暨南大学出版社，1990.4.—206页：插图；32开.—ISBN 7-81029-025-8：3.60元

那仁汗传/丁师浩，明跃译.—太原：北岳文艺出版社，1990.5.—155页；36开.—ISBN 7-5378-0327-7：2.40元

本书收入《那仁汗传》与《白鹿传奇》两部蒙古族史诗。

苗族历代诗选/湖南少数民族古籍办公室主编；张应和，龙庆翔选注.—长沙：岳麓书社，1990.12.258页：书影；大32开.—(中国少数民族古籍：苗族古籍；4).—ISBN 7-80520-233-8：4.00元

娄仇阿朵与朵姆格鲁：彝族民间爱情叙事诗/李光平搜集整理；毕节地区民族事务委员会编.—贵阳：贵州民族出版社，1990.8.—120页；32开.—ISBN 7-5412-0134-0：2.00元

彝族创世史——阿赫希尼摩：汉、彝文对照/施文科，李亮文吟唱；罗希吾戈，普学旺译注.—昆明：云南民族出版社，1690.3.—200页；32开.—(中国少数民族古籍丛书·云南省少数民族古籍译丛；第28辑).—ISBN 7-5367-0304-X：2.20元

I 222.2　诗　经

毛诗/(西汉)毛亨传；(东汉)郑玄笺.—影印本.—济南：山东友谊书社，1990.9.—852页；16开.(孔子文化大全：经典类/苗枫林主编).—ISBN 7-80551-262-0(精装)

毛诗正义/(西汉)毛公传；(东汉)郑玄笺；(唐)孔疑达等正义.—上海：上海古籍出版社，1990.12.—808页；大32开.—(十三经注疏；三/黄侃经文句读).—附校勘记.—ISBN 7-5325-0950-8：11.70元

诗经选译/程俊英，蒋见元译注.—成都：巴蜀书社，1990.—312页；32开.—(古代文史名著选译丛书：先秦两汉/章培恒主编).—国家教委古籍整理"七·五"规划重点项目.—ISBN 7-80523-357-8

I 222.4　赋

一赋一画：历代辞赋名篇佳作/南方编注；黄全昌，唐勇力绘画.—西安：未来出版社，1990.10.204页；大32开.—ISBN 7-5417-0323-0：4.30元

本书精选汉魏至明清历代37位辞赋家赋作名篇42篇，详加注释，附有作家简介、段意及提示短文。并配有画意图。

中国历代赋选/尹赛夫等编.—太原：山西人民出版社，1990.3.—657页；大32开.—ISBN 7-203-00893-2：10.00元

中国历代赋选：先秦两汉卷/毕万忱等编.—南京：江苏教育出版社，1990.12.—595页；大32开.—ISBN 7-5343-1199-3：7.60元

I 222.7　古体诗、近体诗

人生启蒙录：青少年德育诗选/韦琬，艾澄编著.北京：北京少年儿童出版社，1990.7.—147页；大32开.—ISBN 7-5301-0203-6：3.70元

三峡诗译/颜其麟注；周蓉译.—重庆：重庆出版社，1990.6.—268页；32开.—ISBN 7-5366-1283-4：3.20元

千年千家诗/黄益庸，张亚真编著.—哈尔滨：黑龙江少年儿童出版社，1990.5.—213页；32开.—ISBN 7-5319-0625-2：2.60元

本书是以唐宋诗人的作品为主，兼选唐宋以后历代诗人作品的选集，共选诗159首。

千家诗/谢枋得等编.—影印本.—北京：中国书店，1990.5.—1册：图；大32开.—ISBN 7-80568-088-4：2.00元

本书据上海锦章图书石印本影印。

千家诗新释/石一丁编.—成都：巴蜀书社，1990.6.—152页；32开.—ISBN 7-80523-333-0：1.89元

本书是以清初江西临川人王相选注的版本为底本而加以新释的。

马嵬志：唐明皇杨贵妃事迹/（清）胡凤丹编辑；严仲仪校点.—南京：江苏古籍出版社，1990.11.307页；32开.—ISBN 7-80519-201-4：5.50元

历代山水诗选/朱安群，郭纪金选注.—南昌：百花洲文艺出版社，1990.7—238页；32开.—ISBN 7-80579-029-9：3.10元

本书选注了历代（上起汉末的曹操，下迄近代的谭嗣同）山水诗300多首。

历代名媛诗/鲁文忠选析.—广州：花城出版社，1990.3.—193页；大64开.—（花城袖珍诗丛）·ISBN 7-5360-0553-9：2.20元

历代咏史诗选注/储大泓编注.—西安：陕西人民出版社，1990.12.—712页；大32开.—ISBN 7-224-01387-0：12.00元

历代音乐舞蹈诗选/王山峡等编注.—昆明：云南人民出版社，1990.4.—223页；32开.—（中国咏物诗丛书）.—ISBN 7-222-00208-1：2.70元

友谊诗选/张鼏羿，张鼏卉编.—郑州，河南教育出版社，1990.6.—208页；36开.—（老年乐丛书）.ISBN 7-5347-0475-8：2.80元

本书选编了古代诗歌中的友谊诗64首。

王维诗选译/（唐）王维著；邓安生等译注.—成都：巴蜀书社，1990.2.—223页；32开.—（古代文史名著选译丛书/章培恒主编）.—ISBN 7-80523-278-4：2.96元

王维诗选译/（唐）王维著；邓安生等译注.—成都：巴蜀书社，1990.—243页；插图；32开.—（古代文史名著选译丛书：隋唐五代/章培恒等主编）.国家教委古籍整理"七·五"规划重点项目.—ISBN 7-80523-357-8

王维孟浩然选集/王达津选注.—上海：上海古籍出版社，1990.12.—366页；大32开.—（古典文学名家选集）.—ISBN 7-5325-0090-X：4.15元

元人十种诗/（元）元好问等著.—影印本.—北京：中国书店，1990.7.—919页；大32开.—（海王邨古籍丛刊）.—ISBN 7-80568-113-9（精装）：23.00元

本书据涵芬楼本影印。

少年背诵增广千家诗/陈友琴主编.—北京：北京古籍出版社，1990.4.—223页；32开.—ISBN 7-5300-0032-2：2.95元

本书共选入唐宋到元明清各代188家的302首绝句和律诗，并详加注释和简要说明。

中国历代商贾诗歌选/党诚恩选注.—北京：中国商业出版社，1990.10.—145页；32开.—ISBN 7-5044-0549-3：2.90元

中国历代谐趣诗/蔡润田，张恒注译.—太原：北岳文艺出版社，1990.9.—449页；32开.—ISBN 7-5378-0318-8：5.00元

中国古代体育诗选/李儒科选注.—郑州：中州古籍出版社，1990.10.—191页；大32开.—ISBN 7-5348-0486-8：2.85元

中国古代寓言诗选/马达等编.—乌鲁木齐：新疆人民出版社，1990.11.—613页；大32开.—ISBN 7-228-00310-1：6.65元

中国咏物诗选/陆坚选注.—郑州：中州古籍出版社，1990.3.—353页；大32开.—ISBN 7-5348-0017-X：4.00元

本书选录古代咏物诗194首。

今晚只背一首：唐诗小品集萃/李泓冰编注.—北京：旅游教育出版社，1990.2.—120页；32开（枕边丛书）.—ISBN 7-5637-0115-X：1.90元

文白对照唐诗三百首/袁韬壶译著.—影印本.—天津：天津市古籍书店，1990.6.—1册；32开.—7.80元

古中国的魔方：绘图回文诗奇观/朱积孝解读.—郑州：中州古籍出版社，1990.6.—254页；32开.ISBN 7-5348-0253-9：4.50元

绘图回文诗，是我国游艺诗歌文化宝库中的奇品。本书分为组字形回文诗、图画形回文诗、图画形回文词3大部分。

古代诗一百首/史次曲编.—成都：巴蜀书社，1990.1.—178页；32开.—ISBN 7-80523-249-0：2.25元

本书汇集中国古典诗歌历代名篇100余首。

古诗类编/胡光舟，周满江主编；张明非等编注.南宁：广西人民出版社，1990.7.—4册（675，743，678，708页）；大32开.—ISBN 7-219-01602-6（精装）：50.00元

本书上起《诗经》，下迄清末，精选历代诗歌2730余首，分为"天象自然"、"江河湖海"、"山川田园"等22类。

汉诗选译/张永鑫，刘桂秋译注.—成都：巴蜀书社，1990.—245页；插图；32开.—（古代文史名著选译丛书：先秦两汉/章培恒等主编）.—国家教委古

籍整理"七·五"规划重点项目.—ISBN 7-80523-357-8

辽金元诗三百首/罗斯宁选注.—长沙：岳麓书社，1990.6.—312页；大32开.—ISBN 7-80520-209-5（精装）：3.95元

百哀诗/（清）吴鲁著·**驴背集**/（清）胡思敬著.北京：北京古籍出版社，1990.10.—177页；大32开.ISBN 7-5300-0016-0：3.70元

《百哀诗》和《驴背集》是咏述庚子事变的两部诗集，合为一册出版。

全明诗　第一册/《全明诗》编纂委员会编.—上海：上海古籍出版社，1990.12.—720页；大32开.—ISBN 7-5325-0807-2（精装）：12.20元

彤短集/（清）高芳云著；萧士栋等校注.—郑州：中州古籍出版社，1990.2.—91页；32开.—ISBN 7-5348-0221-0：1.20元

本书是清代女诗人高芳云的诗集。

杜甫诗选译/（唐）杜甫著；倪其心，吴鸥译注.成都：巴蜀书社，1990.—203页：插图；32开.（古代文史名著选译丛书：隋唐五代/章培恒等主编）.—国家教委古籍整理"七·五"规划重点项目.ISBN 7-80523-357-8

杨文聪诗文三种校注/关贤柱校注.—贵阳：贵州人民出版社，1990.2.—575页：图；大32开.—（贵州古籍集粹）.—ISBN 7-221-01164-8（精装）：9.34元

苏轼诗选/（宋）苏轼著；陈迩冬选注.—2版.—北京：人民文学出版社，1984.6（1990.10印刷）.301页：图；大32开.—（中国古典文学读本丛书）.ISBN 7-02-001044-X：3.80元

苏轼游览诗注译/刘自献主编.—北京：中国商业出版社，1990.2.—246页；32开.—ISBN 7-5044-0556-6：2.60元

李颀诗评注/（唐）李颀著；刘宝和注释.—太原：山西教育出版社，1990.5.—358页；大32开.—ISBN 7-80578-284-9：6.80元

陆游诗词选译/（南宋）陆游著；张永鑫，刘桂秋译注.—成都：巴蜀书社，1990.—306页：插图；32开.—（古代文史名著选译丛书：宋元明清/章培恒等主编）.—国家教委古籍整理"七·五"规划重点项目.—ISBN 7-80523-357-8

咏风古诗百首/程景新等编著.—郑州：海燕出版社，1990.12.—200页；32开.—（新编千家诗）.ISBN 7-5350-0599-3：1.80元

咏月古诗百首/葛景春，蔡树春编著.—郑州：海燕出版社，1990.11.—233页；32开.—（新编千家诗）.—ISBN 7-5350-0600-0：2.00元

咏花古诗千首/孔令一编.—北京：北京出版社，1990.8.—548页；32开.—ISBN 7-200-00706-4：6.90元

咏花古诗百首/王文金编.—郑州：海燕出版社，1990.10.—198页；32开.—ISBN 7-5350-0565-9：2.15元

咏雪古诗百首/程景新等著.—郑州：海燕出版社，1990.11.—218页；32开.—（新编千家诗）.—ISBN 7-5350-0601-9：1.90元

罗邺诗注/（唐）罗邺著；何庆善，杨应芹注.上海：上海古籍出版社，1990.7.—134页；32开.（唐诗小集）.—ISBN 7-5325-0631-2：1.95元

金华山水诗选/吴世和，吴汉能选注.—杭州：浙江摄影出版社，1990.8.—220页；32开.—（旅游文学丛书）.—ISBN 7-80536-079-0：2.00元

本书共选入124首历代咏金华的诗篇，每首诗后有作者简介、题解、注释3部分。

金陵览古诗/（清）余宾硕撰.—影印本.—扬州：江苏广陵古籍刻印社，1990.6.—4册；20开.—（线装）：28.00元

本书据清道光刻本影印。

诗情画意：绘图唐诗一百首/叶曦编；谢振瓯等绘画.—北京：中国连环画出版社，1990.9.—100页；20开.—ISBN 7-5061-0274-9（精装）：20.00元；（平装）：16.00元

孟浩然诗选译/（唐）孟浩然著；邓安生，孙佩君译注.—成都：巴蜀书社，1990.—215页：插图；32开.—（古代文史名著选译丛书：隋唐五代/章培恒等主编）.—国家教委古籍整理"七·五"规划重点项目.—ISBN 7-810523-357-8

南园前五先生诗/（明）孙蕡等著；梁守中点校·**南园后五先生诗**/（明）欧大任等著；郑力民点校.广州：中山大学出版社，1990.4.—694页；大32开.（岭南丛书）.—ISBN 7-306-00217-1：12.30元

《南园前五先生诗》本名《南园五先生诗》，始刻于嘉靖年间；后于乾隆年间与《南园后五先生诗》合刻成一册，遂改为现名。

峤雅/（明）邝露撰；黄灼耀校点；杨明新注释.广州：广东高等教育出版社，1990.3.—411页；大32开.—（岭南丛书）.—ISBN 7-5361-0320-4：5.00元

品茶诗选/周雷编.—郑州：河南教育出版社，1990.6.—197页；36开.—（老年乐丛书）.—ISBN 7-5347-0474-X：2.70元

本书选录历代茶诗48首。

绝句三百首今译/申修福，吕震邦译.—上海：复旦大学出版社，1990.7.—439页；32开.—ISBN 7-309-00454-X：5.00元

本书精选唐至清末不同流派和风格的绝句300余首，译成现代新诗。

旅游诗选/沈伟方编.—郑州：河南教育出版社，1990.6.—186页；36开.—（老年乐丛书）.—ISBN

7-5347-0476-6：2.65元

本书收入古代诗人描写山川古迹的景色的诗篇74首。

唐人万首绝句.—影印本.—天津：天津市古籍书店，1990.7.—170页；32开.—1.70元

唐三家五绝注释/（唐）李白等著；钟刚编注.—太原：山西人民出版社，1990.5.—183页；32开.—ISBN 7-203-81516-5：2.30元

唐代边塞诗选注/胡大浚主编.—兰州：甘肃教育出版社，1990.8.—427页；大32开.—ISBN 7-5423-0158-6：6.20元

唐诗三百首评注/（清）蘅塘退士编；续之等评注.西安：三秦出版社，1990.12.—392页；32开.—（中国传统文化丛书）.—ISBN 7-80546-273-9：5.30元

唐诗三百首详注/陶今雁著.—新1版（修订本）.南昌：百花洲文艺出版社，1990.9.—417页；32开.ISBN 7-80579-055-8（精装）：6.70元

唐诗三百首详注/陶今雁注.—新1版（修订本）.南昌：百花洲文艺出版社，1990.2.—417页；32开.ISBN 7-80579-011-6：3.80元

唐诗三百首便览/刘建勋编著.—厦门：厦门大学出版社，1990.7.—416页；32开.—ISBN 7-5615-0303-2：4.90元

唐诗三百首续编/吴战垒选注.—合肥：安徽文艺出版社，1990.10.—374页；大32开.—ISBN 7-5396-0357-7：4.96元

唐诗新选/秦似主编.—武汉：湖北人民出版社，1990.6.—1173页；大32开.—ISBN 7-216-00601-1（精装）：18.50元

剡中山水诗选/吕济琛，潘表球选注.—杭州：浙江摄影出版社，1990.6.—157页；32开.—（旅游文学丛书）.—ISBN 7-80536-078-2：1.90元

剡中是古地名，在今浙东新昌、嵊县地域。本书选编历代名人吟咏剡中的诗篇。

黄遵宪诗选/（清）黄遵宪著；曹旭选注.—上海：华东师范大学出版社，1990.6.—275页；32开.（中国近代文学丛书）.—ISBN 7-5617-0086-5：3.60元

晚晴簃诗汇/徐世昌编；闻石点校.—北京：中华书局，1990.10.—10册；大32开.—ISBN 7-101-00221-8（精装）：191.45元

本书选录了清代著名诗人的代表作品及有关资料。

情诗三百首/上海古籍出版社编.—上海：上海古籍出版社，1990.9.—278页；大32开.—ISBN 7-5325-0787-4（精装）：6.95元

情诗三百首/上海古籍出版社编.—上海：上海古籍出版社，1990.9.—278页；大32开.—ISBN 7-5325-0786-6：3.85元

蒋士铨诗选/（清）蒋士铨著；吴长庚选注.—郑州：中州古籍出版社，1990.12.—228页；大32开.（乾隆三大家诗选丛书）.—ISBN 7-5348-0267-9：3.75元

本书作者与袁枚、赵翼并称乾隆诗坛三大家。这部诗选从蒋士铨的全部诗作中精选出200余首加以评注。

赏花诗选/姜炎编.—郑州：河南教育出版社，1990.6.—199页；36开.—（老年乐丛书）.—ISBN 7-5347-0473-1：2.70元

富春江名胜诗集/申屠丹荣编.—杭州：浙江人民出版社，1990.3.—716页；大32开.—ISBN 7-213-00484-0：10.50元

疑庵诗/许承尧撰；汪聪，徐步云点注.—合肥：黄山书社，1990.5.—369页；大32开.—（安徽古籍丛书）.—ISBN 7-80535-161-9：6.15元

I 222.8 词

历代名家咏花词全集/孙云谷编.—北京：博文书社，1990.6.—1432页；大32开.—ISBN 7-5055-0003-1（精装）：28.00元

本书广集历代名家1500余人咏花词5500余首，调名500余种。

少儿宋词一百首/柯阳编著.—西安：三秦出版社，1990.5.—205页；32开.—ISBN 7-80546-245-3：2.50元

六一词/（北宋）欧阳修著；柏寒选注.—杭州：浙江古籍出版社，1990.5.—128页；大32开.—（两宋名家词选注丛书）.—ISBN 7-805188-110-1：2.30元

东坡乐府编年笺注/（宋）苏轼著；石声淮，唐玲玲笺注.—武汉：华中师范大学出版社，1990.7.567页；大32开.—ISBN 7-5622-0407-1（精装）：13.20元

花间集/（五代·后蜀）赵崇祚编·**绝妙好词笺**/（宋）周密编.—影印本.—郑州：中州古籍出版社，1990.6.—1册（65，209页）；32开.—ISBN 7 5348-0320-9（精装）：7.40元

本书据1935年国学整理社本影印。

辛弃疾词选/（宋）辛弃疾著；朱德才选注.—北京：人民文学出版社，1988.7.—280页；大32开.（中国古典文学读本丛书）.—ISBN 7-02-001531-1：5.40元

宋十大名家词/（宋）柳永等著；羊春秋点校.—长沙：岳麓书社，1990.5.—555页；32开.—（古典名著普及文库）.—ISBN 7-80520-207-9（精装）：7.50元

宋代爱国词选/刘振喜编著.—郑州：中州古籍出版社，1990.7.—220页；大32开.—ISBN 7-5348-0388-8：3.70元

词综/米彝尊纂.—郑州：中州古籍出版社，1990.11.—569页；32开.—ISBN 7-5348-0361-6（精

装）：23.00元

本书据1936年国学整理社仿古字版影印。

陈维崧词选注/梁鉴江选注.—上海：上海古籍出版社，1990.6.—175页；32开.—（中国古典文学作品选读）.—ISBN 7-5325-0738-6：2.05元

诗情画意：绘图宋词一百首/刘明编；刘旦宅等绘.北京：中国连环画出版社，1990.9.—1册；20开.ISBN 7-5061-0275-7：16.00元

柳永周邦彦词选注/（北宋）柳永，（北宋）周邦彦著；周子瑜选注.—上海：上海古籍出版社，1990.4.—127页；32开.—（中国古典文学作品选读）.ISBN 7-5325-0458-1：2.00元

本书选录了七十二阕词，作了说明和注释。

唐宋词一百五十首：中英文对照/许渊冲译.—北京：北京大学出版社，1990.9.—403页；32开.ISBN 7-301-01200-4：6.00元

唐宋诗三千首/（宋）方虚谷编；（清）纪晓岚批点.—影印本.—北京：中国书店，1990.3.—1册；大32开.—ISBN 7-80568-093-0（精装）：13.50元

本书原名：瀛奎律髓，据1922年扫叶山房本影印。

僧家竹枝词/（清）孤峰老衲撰.—影印本.—扬州：江苏广陵古籍刻印社，1990.4.—1册；20开.线装：8.00元

本书据光绪二十四年刻本影印。

I 222.9 散 曲

元明散曲详注/孟广来主编.—济南：山东文艺出版社，1990.12.—404页；大32开.—ISBN 7-5329-0615-9：7.40元

元明散曲选讲/刘文忠，李永祜编著.—北京：中国少年儿童出版社，1990.11.—221页；32开.—（少年百科丛书）.—ISBN 7-5007-0347-3：2.35元

少儿元曲一百首/聿耕编著.—西安：三秦出版社，1990.5.—205页；32开.—ISBN 7-80546-246-1：2.50元

东篱乐府全集/（元）马致远著；瞿钧编注.—天津：天津古籍出版社，1990.3.—186页；大32开.ISBN 7-80504-127-X：3.40元

关汉卿散曲集/（元）关汉卿撰；李汉秋，周维培校注.—上海：上海古籍出版社，1990.7.—146页；32开.—（元明散曲集刊）.—ISBN 7-5325-0492-1：1.90元

I 226 近、现代作品

二十世纪中国女诗人名作导读/洪烛等编著.—南宁：广西民族出版社，1990.7.—302页；32开.（九十年代女士文库）.—ISBN 7-5363-0837-X：2.50元

王国维词注/王国维著；刘逸生主编；田志豆编注.广州：广东人民出版社，1990.9.—196页；32开.（中国历代诗人选集）.—ISBN 7-218-00090-8：2.30元

中国十四行诗选：1920～1987/钱光培选编评说.北京：中国文联出版公司，1990.5.—374页；大32开.—ISBN 7-5059-0630-5：5.95元

本书共选"五四"以来的中国十四行诗58家、270首和十四行叙事长诗片断一章，并在各家诗选之前对诗人十四行诗的创作做了评介。

中国百家现代诗选/尹在勤主编.—贵阳：贵州人民出版社，1990.3.—294页；大32开.—ISBN 7-221-01150-8：3.70元

中国现代诗导读：1917～1938/孙玉石主编.—北京：北京大学出版社，1990.7.—509页；大32开.ISBN 7-301-01126-1：6.80元

中国新诗库 第二辑：冯至卷/周良沛编选.—武汉：长江文艺出版社，1990.5.—126页；32开.—ISBN 7-5354-0318-2：2.00元

中国新诗库 第二辑：刘半农卷/周良沛编选.—武汉：长江文艺出版社，1990.5.—115页；32开.—ISBN 7-5354-0320-4：1.90元

中国新诗库 第二辑：孙大雨卷/周良沛编选.—武汉：长江文艺出版社，1990.5.—68页；32开.—ISBN 7-5354-0314-X：1.40元

中国新诗库 第二辑：金克木卷/周良沛编选.—武汉：长江文艺出版社，1990.5.—106页；32开.—ISBN 7-5354-0316-6：1.75元

中国新诗库 第二辑：胡也频卷/周良沛编选.—武汉：长江文艺出版社，1990.5.—98页；32开.—ISBN 7-5354-0321-2：1.70元

中国新诗库 第二辑：俞平伯卷/周良沛编选.—武汉：长江文艺出版社，1990.5.—94页；32开.ISBN 7-5354-0319-0：1.60元

中国新诗库 第二辑：徐迟卷/周良沛编选.—武汉：长江文艺出版社，1990.5.—99页；32开.—ISBN 7-5354-0315-8：1.70元

中国新诗库 第二辑：殷夫卷/周良沛编选.—武汉：长江文艺出版社，1990.5.—95页；32开.—ISBN 7-5354-0312-3：1.70元

中国新诗库 第二辑：臧克家卷/周良沛编选.—武汉：长江文艺出版社，1990.5.—130页；32开.—ISBN 7-5354-0313-1：2.00元

中国新诗库 第二辑：戴望舒卷/周良沛编选.—武汉：长江文艺出版社，1990.5.—102页；32开.—ISBN 7-5354-0317-4：1.70元

古城新韵/傅克诚主编.—沈阳：沈阳出版社，1990.12.—128页；32开.—（万泉诗丛）.—ISBN

7-80556-505-8：2.80元

近代诗三百首/钱仲联主编.—杭州：浙江古籍出版社，1990.6.—388页；大32开.—ISBN 7-80518-111-X：5.20元

近现代爱国诗词选注/潘国琪，蔡清富选注.—北京：北京师范大学出版社，1990.6.—287页；32开.(爱国主义教育丛书/龚书铎主编).—ISBN 7-303-00974-4：3.20元

希望的埋葬：徐志摩的诗/徐志摩著；陈钰选编.石家庄：河北人民出版社，1990.8.—134页；32开.ISBN 7-202-00720-7：2.05元

辛亥以来藏书纪事诗/伦明著；雷梦水校补.—上海：上海古籍出版社，1990.9.—153页；32开.—ISBN 7-5325-0272-4(精装)：3.90元

现代诗综/上海大学文学院中文系新文学研究室编.新1版.—南昌：百花洲文艺出版社，1990.2.—367页；大32开.—(三十年代流派作品资料丛书).—ISBN 7-80579-008-6：4.80元

本书由江西人民出版社1988年11月初版。

现代爱国诗词选/萧世荣编注.—南昌：百花州文艺出版社，1990.8.—261页；32开.—(爱我中华诗丛).—ISBN 7-80579-051-5：3.50元

现代朦胧诗150首/艾子编.—广州：花城出版社，1990.5.—163页；32开.—ISBN 7-5360-0598-9：2.50元

雨花台革命烈士诗抄/南京雨花台烈士纪念馆编.南京：江苏少年儿童出版社，1990.3.—87页；32开.—(雨花台革命烈士丛书).—ISBN 7-5346-0420-6：1.05元

郁达夫诗词全编/郁达夫著；浙江文艺出版社编.杭州：浙江文艺出版社，1990.1.—328页；大32开.—ISBN 7-5339-0234-3(精装)：7.00元

革命烈士诗词精选/李克寒选编.—北京：中国广播电视出版社，1990.9.—268页；大32开.—ISBN 7-5043-0279-1：3.95元

残花的泪：戴望舒的诗/戴望舒著；闻宗禹选编.石家庄：河北人民出版社，1990.8.—122页；32开.ISBN 7-202-00721-5：1.80元

徐志摩诗全编：编年体/徐志摩著；梁仁编.—杭州：浙江文艺出版社，1990.2.—592页：照片；大32开.—ISBN 7-5339-0237-8(精装)：9.60元

本书共分三大部分：诗作、译作和诗论。

徐志摩诗全编：编年体/徐志摩著；梁仁编.—杭州：浙江文艺出版社，1990.1.—529页：照片；大32开.—ISBN 7-5339-0135-5：6.60元

徐志摩诗作全编：编年体/浙江文艺出版社编.—杭州：浙江文艺出版社，1990.7.—391页；大32开.ISBN 7-5339-0074-2：4.60元

徐志摩诗歌精选/徐志摩著；黑湘选编.—南宁：广西民族出版社，1990.6.—121页；32开.—ISBN 7-5363-0815-9：3.50元

黄祝蕖战时诗选/黄祝蕖著；政协广东省三水县文史资料研究委员会编.—北京：中国文史出版社，1990.10.—148页；32开.—ISBN 7-5034-0272-5：4.80元

康白情新诗全编/康白情著；诸孝正，陈卓团编.广州：花城出版社，1990.11.—360页；大32开.ISBN 7-5360-0727-2：5.40元

湖北革命烈士诗抄/湖北省民政厅编.—武汉：湖北人民出版社，1990.8.—258页；32开.—ISBN 7-216-00606-2：3.60元

疆园诗残稿·裳华阁诗存合集/(清)易昌楫，宋令修著；李相瑶笺注.—成都：四川文艺出版社，1990.9.—150页；32开.—ISBN 7-5411-0560-0：2.50元

I 227　建国后作品

一九八八年诗选/诗刊社编.—北京：人民文学出版社，1990.1.—389页；大32开.—ISBN 7-02-000911-5：5.10元

1989年全国诗歌报刊集萃/安徽文艺出版社编.—合肥：安徽文艺出版社，1990.5.—36页；32开.—ISBN 7-5396-0366-6：4.20元

一个女人的悄悄话/周琪著.—贵阳：贵州人民出版社，1990.4.—128页；36开.—(出头鸟丛书).ISBN 7-221-01445-0：2.70元

一叶诗集/叶星球著.—天津：百花文艺出版社，1990.10.—54页；32开.—ISBN 7-5306-0583-6：2.00元

一树春天/卞国福著.—合肥：安徽文艺出版社，1990.3.—198页；36开.—ISBN 7-5396-0327-5：2.20元

二月兰：荣臻小学的故事/咏慷著.—北京：中国华侨出版公司，1990.10.—133页；32开.—ISBN 7-80074-239-3：3.30元

这是一部叙事诗。

十八岁的风/黄邦君著.—贵阳：贵州民族出版社，1990.8.—156页；32开.—ISBN 7-5412-0126-X：2.10元

七月的拉萨河/王宗仁著.—南宁：广西民族出版社，1990.11.—87页；36开.—(中国皇冠诗丛；第二辑/黄神彪，栗原小荻主编).—ISBN 7-5363-0980-5：2.00元

七星吟草/七星诗社选编.—哈尔滨：北方文艺出版社，1990.9.—231页；32开.—ISBN 7-5317-0379-3：3.15元

卜者/何来著.—兰州：敦煌文艺出版社，1990.4.132页；32开.—ISBN 7-80587-007-1：2.00元

八十年代诗选/上海文艺出版社编.—上海：上海文艺出版社，1990.1.—448页；大32开.—ISBN 7-5321-0459-1：6.10元

人生之树/王长利著.—济南：山东文艺出版社，1990.6.—106页；36开.—（东方诗卷丛书/李新民主编）.—ISBN 7-5329-0442-3：2.00元

人生研究/路茫著.—贵阳：贵州民族出版社，1990.6.—109页；32开.—ISBN 7-5412-0090-5：2.00元

九级浪/陈知柏著.—北京：解放军文艺出版社，1990.12.—131页；32开.—（战友诗丛）.—ISBN 7-5033-0188-0：2.60元

九言诗葩/梦桥著.—海口：南海出版公司，1990.6.—116页；32开.—ISBN 7-80570-243-8：2.00元

本书收入作者近10年来创作的100首九言诗。

又生诗草/林克武著.—南宁：广西人民出版社，1990.4.—107页；32开.—ISBN 7-219-01526-7：1.00元

三月·女人的三月/萧敏著.—天津：百花文艺出版社，1990.11.—107页；32开.—ISBN 7-5306-0531-3：1.95元

三色花/张雪杉著.—昆明：云南民族出版社，1990.12.—132页；36开.—ISBN 7-5367-0356-2：2.10元

三原色/李民族等著.—上海：上海社会科学院出版社，1990.4.—124页；32开.—ISBN 7-80515-523-2：1.80元

土地/海子著.—沈阳：春风文艺出版社，1990.11.108页；32开.—（世纪末诗丛/王彦才主编）.—ISBN 7-5313-0400-7：2.20元

本书是作者的长诗，总名为《太阳》中的一部。

大鸟/阳映著.—南宁：广西民族出版社，1990.11.97页；36开.—（中国皇冠诗丛：第一辑/黄神彪，栗原小荻主编）.—ISBN 7-5363-0979-1：2.00元

大地杂咏/梁军著.—西安：陕西人民美术出版社，1990.7.—94页；32开.—ISBN 7-5368-0236-6：1.90元

大漠之春/盖湘涛著.—长春：吉林人民出版社，1990.2.—118页；32开.—ISBN 7-206-00697-3：2.00元

与你同行/王松青著.—济南：山东文艺出版社，1990.12.—135页；32开.—ISBN 7-5329-0612-4：2.35元

寸草心/金笑著.—北京：中国工人出版社，1990.4.—95页；32开.—ISBN 7-5008-0595-0：1.70元

山水情思/罗洛著.—上海：知识出版社，1990.6.193页；32开.—（蒲公英诗丛）.—ISBN 7-5015-5431-5：3.40元

山河吟/裴元明著.—北京：文津出版社，1990.10.77页；32开.—ISBN 7-80554-029-2：1.55元

山河恋/黄国瑄著；贵州省水利文学艺术协会编注.—贵阳：贵州民族出版社，1990.7.—154页；32开.—ISBN 7-5412-0098-0：2.50元

山海湖/赵海洲著.—南宁：广西民族出版社，1990.12.—90页；32开.—（中国99散文诗丛/敏歧，田景丰主编）.—ISBN 7-5363-0971-6：1.90元

山野红杏花/宋燕等著.—南宁：广西民族出版社，1990.12.—88页；32开.—（中国99散文诗丛/敏歧，田景丰主编）.—ISBN 7-5363-0971-6：1.90元

山野诗词集/周锡彬等编.—北京：地质出版社，1990.3.—277页；24开.—ISBN 7-116-00717-2：5.00元

山魂/南永前著.—沈阳：辽宁民族出版社，1990.12.—103页；32开.—ISBN 7-80527-188-7：2.80元

山魂·海魂/钮宇大著.—太原：北岳文艺出版社，1960.12.—180页；32开.—ISBN 7-5378-0349-8：2.20元

千般是情：台湾著名女诗人张香华抒情诗精选/张香华著.—广州：花城出版社，1990.9.—192页；32开.—ISBN 7-5360-0676-4：2.85元

广西青年诗人诗丛/杨克，顾文主编.—南宁：广西人民出版社，1990.11.—10册；32开.—ISBN 7-219-01717-0（盒装）：12.00元

本书包括：咖啡之外的情绪/邱灼明著·夏天的黑眼睛/林超峻著·向日葵和夏时制/杨克著.心形书签/魏雨著.青春梦/郭军著·悸动的心绪/蓝炎著.浴魂/顾文著·两个人的时候/林冬著·阴柔的男人/小军著·美丽的哑语/徐小锋著。

卫士之歌/徐洪义，左欣编.—哈尔滨：北方文艺出版社，1990.12.—96页；32开.—ISBN 7-5317-0412-9：2.45元

女性年龄/伊蕾著.—北京：人民文学出版社，1990.8.—184页；32开.—（当代诗人丛书）.—ISBN 7-02-001023-7：2.45元

女性爱情诗抄/石湾，林金荣编.—北京：作家出版社，1990.3.—221页；32开.—ISBN 7-5063-0349-3：2.90元

飞鸟的影子/方敬著.—重庆：重庆出版社，1990.10.—189页；32开.—ISBN 7-5366-1326-1：2.65元

飞鸿之声/周雁翔著.—济南：山东友谊书社，1990.4.—226页；36开.—ISBN 7-80551-250-7：5.95元

马上就办之歌/毛伟著.—沈阳：春风文艺出版社，

1990.12.—119页；32开.—ISBN 7-5313-0453-8（精装）：2.20元

乡思/程步涛著.—北京：文化艺术出版社，1990.6.—146页；64开.—ISBN 7-5039-0515-8：1.15元

乡思·乡情·乡恋/木斧著.—成都：四川民族出版社，1990.11.—158页；32开.—ISBN 7-5409-0508-5：1.99元

乡情 诗情 爱情/夏侃·沃阿勒拜也夫著；姚承勋编.—乌鲁木齐：新疆人民出版社，1990.10.—145页；36开.—（天山诗丛）.—ISBN 7-228-00704-2：1.75元

乡愁：台湾与海外华人抒情诗选/柳易冰选编.—石家庄：河北人民出版社，1990.3.—454页：彩照；32开.—ISBN 7-202-00607-3：5.10元

王子抒情诗/崔军著.—北京：中国文联出版公司，1990.8.—138页；32开.—ISBN 7-5059-1291-7：2.50元

井冈山诗词选/毛秉华主编；井冈山市地方志办公室编.—南昌：江西人民出版社，1990.5.—135页；32开.—ISBN 7-210-00803-9：2.20元

天山风情/黄秉荣著.—天津：百花文艺出版社，1990.6.—96页；32开.—ISBN 7-5306-0517-8：1.80元

天边那片彩云/黄羡柳著.—南宁：广西民族出版社，1990.12.—88页；32开.—（中国99散文诗丛/敏歧，田景丰主编）.—ISBN 7-5363-0971-6：1.90元

天边的风/桦楠著.—西安：西北大学出版社，1990.4.—116页；32开.—ISBN 7-5604-0178-3：2.30元

天涯诗帆：海南人民广播电台海韵诗选/蔡运民主编.—南宁：广西民族出版社，1990.7.—156页；32开.—ISBN 7-5363-0846-9：2.90元

无论最终剩下谁/张国明著.—北京：解放军文艺出版社，1990.12.—150页；32开.—（战友诗丛）.ISBN 7-5033-0152-X：2.70元

无韵的和弦/赵首先著.—长春：时代文艺出版社，1990.12.—153页；36开.—ISBN 7-5387-0288-1：3.20元

五色土/石启荣著.—济南：明天出版社，1990.4.116页；32开.—ISBN 7-5332-0993-1：1.70元

五色花/刘昌庆著.—济南：山东文艺出版社，1990.11.—137页；36开.—ISBN 7-5329-0541-1：2.70元

不朽的情侣/陈泯著.—北京：中国华侨出版公司，1990.5.—215页；32开.—ISBN 7-80074-214-8：2.45元

太阳谷/郑保章著.—石家庄：花山文艺出版社，1990.6.—110页；32开.—ISBN 7-80505-285-9：1.60元

太阳雨：散文诗集/姚成友著.—北京：解放军文艺出版社，1990.12.—148页；32开.—ISBN 7-5033-0176-7：2.40元

太阳的情人/傅天琳著.—哈尔滨：北方文艺出版社，1990.10.—233页；36开.—（夏娃诗丛·自选诗集）.—ISBN 7-5317-0403-X：4.00元

太湖魂/浦学坤著.—北京：中国华侨出版公司，1990.6.—141页；32开.—ISBN 7-80074-107-9：2.30元

戈壁言情：张蕴钰将军诗词百首/张蕴钰著.—北京：文化艺术出版社，1990.1.—129页：照片；32开.—ISBN 7-5039-0552-2：2.90元

少女与诗/徐长顺著.—济南：山东文艺出版社，1990.10.—118页；32开.—（东方诗卷丛书/李新民主编）.—ISBN 7-5329-0544-6：2.00元

少女河/赵跟喜著.—天津：百花文艺出版社，1990.12.—133页；32开.—（诗友丛书；第五辑）.ISBN 7-5306-0513-5：2.30元

少年女诗人四人集/天津文学院编.—天津：新蕾出版社，1990.11.—177页；32开.—ISBN 7-5307-0793-0：2.20元

日月星华/莫西芬著.—济南：山东文艺出版社，1990.5.—122页；32开.—（东方诗卷丛书/李新民主编）.—ISBN 7-5329-0385-0：2.00元

中国大学生诗选/满月河主编.—青岛：青岛海洋大学出版社，1990.12.—184页；32开.—ISBN 7-81026-110-X：2.50元

中国女孩/周晓萍著.—长沙：湖南文艺出版社，1990.10.—112页；40开.—ISBN 7-5404-0596-1：1.70元

中国百家乡土诗选/苗得雨编.—贵阳：贵州人民出版社，1990.12.—444页；大32开.—（中国百家诗选）.—ISBN 7-221-02008-6：6.10元

中国百家爱情诗选/李发模，陈春琼选编.—贵阳：贵州人民出版社，1990.3.—287页；大32开.—（中国百家诗选）.—ISBN 7-221-01151-6：3.60元

中国当代优秀散文诗精选/耿林莽编选.—哈尔滨：北方文艺出版社，1990.8.—243页；32开.—（金马散文诗丛）.—ISBN 7-5317-0380-7：3.80元

中国当代青年短诗萃/吉木等选编.—成都：四川文艺出版社，1990.4.—254页；32开.—ISBN 7-5411-0559-7：3.50元

中国当代校园诗歌选萃/马朝阳编.—北京：作家出版社，1990.11.—457页；32开.—（校园文化选萃丛书）.—ISBN 7-5063-0365-5：5.30元

中国第一路/陈旭光著.—北京：文化艺术出版社，

1990.11.—129页；32开.—ISBN 7-5039-0819-X：2.50元

风雨楼诗稿/陈元方著.—西安：陕西人民出版社，1990.3.—150页；32开.—ISBN 7-224-01228-9(精装)：3.90元

风雨楼诗稿/陈元方著.—西安：陕西人民出版社，1990.3.—150页；32开.—ISBN 7-224-01229-7：2.40元

风流的浪唱：林祥雄诗传/张不代著.—太原：北岳文艺出版社，1990.9.—194页；32开.—ISBN 7-5378-0419-2：4.00元

风流海/乔仁卯著.—天津：百花文艺出版社，1990.6.—91页；32开.—(诗友丛书；第五辑).ISBN 7-5306-0507-0：1.80元

风流短笛/于海峰著.—南京：南京出版社，1990.1.—72页；36开.—ISBN 7-80560-153-4：1.80元

月光河/张云著.—昆明：云南民族出版社，1990.6.—103页；36开.—(云南民族文学丛书/瑙尼主编).—ISBN 7-5367-0276-0：2.20元

月亮谷/李瑛著.—太原：北岳文艺出版社，1990.4.—172页；32开.—ISBN 7-5378-0276-9：2.00元

心水七重彩/萨仁图娅著.—沈阳：沈阳出版社，1990.4.—124页；32开.—ISBN 7-80556-157-X：2.35元

本书是当代蒙古族女诗人的爱情诗集。

心曲集/唐流德著.—贵阳：贵州人民出版社，1990.1.—131页；32开.—ISBN 7-221-01411-6：1.80元

心声/赵明丰著.—芒市：德宏民族出版社，1990.10.—73页；40开.—(金沙江文艺丛书).—ISBN 7-80255-085-5：0.98元

心灵之约/吴晓著.—杭州：浙江文艺出版社，1990.11.—148页；32开.—ISBN 7-5339-0312-9：2.00元

心海拾贝/林抒著.—北京：海洋出版社，1990.4.113页；36开.—ISBN 7-5027-0806-5：1.50元

心塬/白夜著.—济南：山东文艺出版社，1990.5.122页；32开.—(东方诗卷丛书/李新民主编).ISBN 7-5329-0383-4：2.00元

双星集/温源，杜逵著.—呼和浩特：内蒙古人民出版社，1990.5.—267页；大32开.—ISBN 7-204-00826-X：3.55元

石言诗稿/石言著.—2版.—太原：北岳文艺出版社，1990.5.—96页；36开.—ISBN 7-6378-0300-5：1.50元

未消逝的青春期/朱万河著.—长春：时代文艺出版社，1990.1.—169页；36开.—ISBN 7-5387-0188-5：2.45元

世界和平颂女神/陈禅心著.—福州：海峡文艺出版社，1990.3.—115页：彩照；32开.—ISBN 7-80534-243-1：2.35元

世界的血/骆一禾著.—沈阳：春风文艺出版社，1990.11.—135页；32开.—(世纪末诗丛/王彦才主编).—ISBN 7-5313-0401-5：2.70元

东方之吻/孙泱著.—广州：花城出版社，1990.10.139页；32开.—ISBN 7-5360-0759-0：2.70元

东部大陆/刘国体著.—哈尔滨：北方文艺出版社，1990.12.—120页；32开.—ISBN 7-5317-0427-7：3.50元

归国谣/黄绮著.—石家庄：花山文艺出版社，1990.12.—213页；32开.—ISBN 7-80505-428-2：3.00元

北望楼杂咏/聂索著.—昆明：云南教育出版社，1990.4.—195页；36开.—ISBN 7-5415-0341-X：2.15元

叶延滨诗选/叶延滨著.—济南：明天出版社，1990.6.—484页；照片；大32开.—ISBN 7-5332-1100-6(精装)：7.50元

卢玉兰诗集/卢玉兰著.—北京：中国广播电视出版社，1990.11.—210页；32开.—ISBN 7-5043-0549-9：3.20元

本诗集收录了作者从40年代到80年代的旧体诗作300多首。

另一种恋歌/韩新东著.—南宁：广西民族出版社，1990.11.—95页；36开.—(中国皇冠诗丛；第二辑/黄神彪，栗原小荻主编).—ISBN 7-5363-0980-5：2.00元

四月的独白/张锦国著.—西安：陕西人民出版社，1990.11.—133页；32开.—ISBN 7-224-01526-1：3.05元

目光潮/白木著.—北京：中国文联出版公司，1990.4.—126页；照片；32开.—ISBN 7-5069-1334-4：2.25元

全集共分三辑，即"海水里的吉他"、"潮门背后"和"冬天的故事"，收录了诗人近年来的新作共71首。

申身抒情诗选/申身著.—石家庄：河北人民出版社，1990.12.—215页；大32开.—ISBN 7-202-00598-0：3.30元

电火花/沈文国等编.—郑州：海燕出版社，1990.10.—133页；32开.—ISBN 7-5350-0614-0：1.65元

本书是河南固始县电业系统的干部、职工、技术人员写作的诗歌集。

田野的歌/郭建民著.—西安：陕西人民出版社，1990.10.—141页；32开.—ISBN 7-224-01208-4：2.75元

生之疲乏：李金发的诗/李金发著；张国岚选编.石家庄：河北人民出版社，1990.8.—211页；32开.

ISBN 7-202-00722-3：2.65元

生为弱者/李杜著.—南宁：广西民族出版社，1990.11.—88页；36开.—（中国皇冠诗丛；第一辑/黄神彪，栗原小荻主编）.—ISBN 7-5363-0979-1：2.00元

生命的风景/何思鸣著.—哈尔滨：哈尔滨出版社，1990.1.—59页；32开.—（小天鹅丛书/杨臻主编）.ISBN 7-80557-200-3：1.25元

生命的原色/文冰著.—天津：百花文艺出版社，1990.4.—117页；32开.—ISBN 7-5306-0428-7：2.00元

生活的恋歌/冯云著.—石家庄：花山文艺出版社，1990.10.—164页；32开.—ISBN 7-80505-325-1：2.50元

白梦之歌/李凡平著.—济南：山东文艺出版社，1990.4.—114页；32开.—（东方诗卷丛书/李新民主编）.—ISBN 7-5329-0379-6：2.00元

白雪集/李荣茂著.—长春：长春出版社，1990.3.164页；32开.—ISBN 7-80573-183-7：2.50元

冯晏抒情诗选/冯晏著.—武汉：长江文艺出版社，1990.10.—146页：插图；32开.—ISBN 7-5354-0375-1：2.20元

汇合的溪流/剑君等编.—北京：文津出版社，1990、8.—170页；32开.—ISBN 7-80554-052-7：2.35元

写给少女的诗/樱子编.—广州：花城出版社，1990.6.—116页；36开.—（如诗年华文库）.—ISBN 7-5360-0630-6：1.70元

永远的歌手/李文明，袁勇编.—成都：四川民族出版社，1990.9.—284页；32开.—ISBN 7-5409-0517-4：3.20元

永远的飘泊/郁夫著.—济南：山东文艺出版社，1990.10.—123页；32开.—（东方诗卷丛书/李新民主编）.—ISBN 7-5329-0581-0：2.00元

永远的藩篱/荒野著.—南宁：广西民族出版社，1990.11.—80页；36开.—（中国皇冠诗丛；第一辑/黄神彪，栗原小荻主编）.—ISBN 7-5363-0979-1：2.00元

永恒/聘如著.—广州：广州文化出版社，1990.4.111页；32开.—ISBN 7-5431-0258-7：1.80元

台港百家诗选/葛乃福编.—南京：江苏文艺出版社，1990.6.—427页；36开.—ISBN 7-5399-0229-9：5.90元

台湾小诗选萃/黄振展选编.—桂林：漓江出版社，1990.6.—188页；32开.—（台湾诗析丛）.—ISBN 7-5407-0551-5：2.60元

台湾现代百家诗/犁青主编.—桂林：漓江出版社，1990.6.—334页；32开.—（台湾诗析丛）.—ISBN 7-5407-0550-7：3.90元

台湾现代抒情诗选/培贵编著.—武汉：长江文艺出版社，1990.6.—236页；大32开.—ISBN 7-5354-0344-1：3.35元

台湾诗选/非马编.—广州：花城出版社，1990.12.175页；大32开.—ISBN 7-5360-0761-2：3.10元

台湾著名女诗人张香华诗选/张香华著；采诗编选.西安：陕西人民出版社，1990.1.—148页；32开.ISBN 7-224-01117-7：4.20元

台湾朦胧诗150首/沈君编.—广州：花城出版社，1990.2.—215页；32开.—ISBN 7-5360-0595-4：3.00元

边界河/冯永杰著.—济南：山东文艺出版社，1990.11.—120页；32开.—（东方诗卷丛书/李新民主编）.—ISBN 7-5329-0579-9：2.00元

地上的云/陈士果著.—哈尔滨：北方文艺出版社，1990.6.—114页；36开.—（森林诗人丛书）.—ISBN 7-5317-0341-6：2.25元

吉祥的村庄/韩文戈著.—石家庄：花山文艺出版社，1990.8.—106页；32开.—ISBN 7-80505-354-5：1.45元

老乡诗选：1978～1988/老乡著.—西宁：青海人民出版社，1990.6.—201页：彩照；大32开.—ISBN 7-225-00357-7：3.50元

西行草：爱的纪印/甘景山著.—福州：海峡文艺出版社，1990.7.—304页；36开.—ISBN 7-80534-375-6：3.60元

西部女性/匡文留著.—成都：四川民族出版社，1990.11.—129页；32开.—（文坛新秀丛书）.ISBN 7-5409-0436-4：1.90元

西部风景线/蔡国瑞作.—西宁：青海人民出版社，1990.10.—179页；32开.—ISBN 7-225-00392-5：2.40元

有人醒在我梦中/李发模著.—海口：南海出版公司，1990.10.—139页；32开.—ISBN 7-80570-311-6：2.00元

有风或无风的日子/唐冬眉主编.—南京：南京出版社，1990.11.—148页；36开.—（放鹤亭丛书：诗歌专集）.—ISBN 7-80560-303-0：2.55元

在有相思树的地方/张宏玲著.—哈尔滨：北方文艺出版社，1990.12.—131页；36开.—ISBN 7-5317-0440-4：2.80元

本书是作者的一部独具风格的爱情散文诗集。

达紫香：诗集/黄瑞著.—大连：大连出版社，1990.1.—226页；32开.—ISBN 7-80555-144-8：3.20元

扬帆集/张殊明著.—2版.—北京：中国华侨出版公司，1990.12.—51页；32开.—（归侨文萃）.—IS

BN 7-80074-138-9：1.60元
本书1989年8月第1版。

当代八百家诗词选/毛谷风选编.—杭州：杭江大学出版社，1990.3.—612页；大32开.—ISBN 7-308-00312-4：8.80元

当代中国诗词精选/叶元章，徐通翰编.—杭州：浙江古籍出版社，1990.2.—621页；大32开.—ISBN 7-80518-118-7：7.00元

当代讽刺诗/黄灿，黎洪溢选析.—广州：花城出版社，1990.3.—175页；大64开.—（花城袖珍诗丛）.—ISBN 7-5360-0554-7：2.10元

光未然歌诗选/光未然著.—北京：人民文学出版社，1990.1.—317页：照片；32开.—ISBN 7-02-000912-3：3.85元

岁月多情的河/谷安林著.—沈阳：春风文艺出版社，1990.7.—96页；32开.—ISBN 7-5313-0399-X：1.60元

岁月的斑贝/周鹤著.—北京：华艺出版社，1990.12.—207页：照片；32开.—ISBN 7-80039-309-8：3.00元

早春集/周晓芳著.—济南：明天出版社，1990.10.171页；32开.—ISBN 7-5332-1110-3：2.25元

回舟集/孔凡章著.—成都：巴蜀书社，1990.6.205页；32开.—ISBN 7-80523-230-X：2.42元

回声：写给昨天今天明天的青年朋友/商子秦著.西安：西北大学出版社，1990.9.—132页；32开.ISBN 7-5604-0206-3：2.45元

回答今日的世界/贺敬之著.—成都：四川文艺出版社，1990.9.—168页；大32开.—ISBN 7-5411-0619-4：2.80元

年轻的风/汪国真著.—广州：花城出版社，1990.10.—98页；32开.—ISBN 7-5360-0685-3：1.90元

年轻的思绪：汪国真抒情诗抄/汪国真著.—北京：文化艺术出版社，1990.8.—126页；32开.—ISBN 7-5039-0756-8：2.50元

伊蕾爱情诗/伊蕾著.—北京：作家出版社，1990.4.—240页；32开.—（中国诗库）.—ISBN 7-5063-0314-0：3.15元

华岳远眺/杨鸿章著.—西安：陕西人民教育出版社，1990.1.—85页；32开.—ISBN 7-5419-1374-X：1.35元

华锐诗草/中共天祝县委宣传部，天祝县文化局编.北京：民族出版社，1990.7.—136页；32开.—ISBN 7-105-01163-7：1.50元

自由海滩之吻/赵九皋著.—沈阳：沈阳出版社，1990.9.—100页；32开.—ISBN 7-80556-171-5：1.40元

自然人生/张宏著.—杭州：浙江大学出版社，1990.2.—138页；32开.—ISBN 7-308-00469-4：2.50元

血染的记忆/纪鹏著.—南宁：广西民族出版社，1990.11.—97页；36开.—（中国皇冠诗丛；第二辑/黄神彪，栗原小荻主编）.—ISBN 7-5363-0980-5：2.00元

杂色黄昏：马启代诗选/马启代著.—天津：百花文艺出版社，1990.10.—134页；32开.—（诗友丛书；第6辑）.—ISBN 7-5306-0546-1：2.80元

负重的太阳/陈茂欣著.—广州：花城出版社，1990.11.—109页；32开.—ISBN 7-5360-0742-6：2.20元

多彩的旋律/长城特殊钢公司工会编.—成都：四川文艺出版社，1990.8.—316页；32开.—ISBN 7-5411-0679-8：3.70元

多彩的情思/蔡文祥著.—哈尔滨：北方文艺出版社，1990.12.—162页；36开.—ISBN 7-5317-0441-2：2.90元

多情人生/曹纪祖著.—成都：四川文艺出版社，1990.5.—129页；32开.—（处女书系/单基夫主编）.ISBN 7-5411-0624-0：1.80元

刘孟伉诗词选/刘孟伉著.—成都：巴蜀书社，1990.6.—102页：照片；大32开.—（岷峨丛书；第1辑/岷峨丛书编辑部编）.—ISBN 7-80523-331-4：2.48元

刘章诗选/刘章著.—石家庄：花山文艺出版社，1990.11.—335页；大32开.—ISBN 7-80505-216-6：3.00元

亦群诗稿/王亦群著.—西安：陕西人民出版社，1990.12.—111页；32开.—ISBN 7-224-01630-6：3.80元

冲浪集/庄锦生著.—上海：文汇出版社，1990.1.151页；32开.—ISBN 7-80531-111-0：2.00元

许淇散文诗近作选/许淇著.—西宁：青海人民出版社，1990.3.—221页；32开.—ISBN 7-225-00316-X：3.00元

讽刺幽默诗选/徐慎贵编.—北京：作家出版社，1990.2.—227页；32开.—ISBN 7-5063-0336-1：3.00元

那曾经美丽的爱情/王连杰著.—石家庄：花山文艺出版社，1990.7.—135页；32开.—ISBN 7-80505-343-X：2.00元

寻找金字塔/熊红著.—武汉：长江文艺出版社，1990.1.—140页；32开.—ISBN 7-5354-0294-1：2.20元

寻找家园/珏敏著.—济南：山东文艺出版社，1990.5.—118页；32开.—（东方诗卷丛书/李新民主编）.—ISBN 7-5329-0381-8：2.00元

寻找辉煌/蒋登科著.—南宁：广西民族出版社，1990.11.—101页；36开.—(中国皇冠诗丛；第二辑/黄神彪，栗原小荻主编).—ISBN 7-5363-0980-5：2.00元

寻觅天涯/李岩著.—南宁：广西人民出版社，1990.4.—67页；32开.—ISBN 7-219-01514-3：1.20元

阵容抒情诗/阵容著.—北京：中国社会出版社，1990.11.—189页；32开.—ISBN 7-80088-0761-1：2.80元

阳光与五月/周绍庭著.—哈尔滨：北方文艺出版社，1990.6.—100页；32开.—(森林诗人丛书).—ISBN 7-5317-0340-8：2.10元

阳光与灯影/陈志泽著.—福州：海峡文艺出版社，1990.12.—132页；32开.—ISBN 7-80534-310-1：1.95元

本书是作者的第四部散文诗集。

收割青春/日月兰著.—天津：百花文艺出版社，1990.12.—152页；32开.—(诗草丛书).—ISBN 7-5306-0565-8：2.25元

如网的掌纹/李发模著.—南宁：广西民族出版社，1990.11.—96页；36开.—(中国皇冠诗丛；第一辑/黄神彪，栗原小荻主编).—ISBN 7-5363-0979-1：2.00元

如果把你比作海/何香久著.—石家庄：花山文艺出版社，1990.12.—237页；32开.—ISBN 7-80505-403-7：2.90元

如歌的行板/唐俊峰著.—哈尔滨：北方文艺出版社，1990.9.—200页；32开.—ISBN 7-5317-0408-0：2.80元

妈妈，你可听见我的歌：歌词集/马向东著.—沈阳：白山出版社，1990.11.—121页；32开.—ISBN 7-80566-153-7：1.80元

红土情思/任文锁著.—石家庄：花山文艺出版社，1990.10.—174页；32开.—ISBN 7-80505-322-7：2.00元

红水河/梁肇佐著.—南宁：广西民族出版社，1990.11.—90页；36开.—(中国皇冠诗丛；第二辑/黄神彪，栗原小荻主编).—ISBN 7-5363-0980-5：2.00元

红叶 第四辑/红叶诗社编.—北京：解放军文艺出版社，1990.7.—245页；32开.—ISBN 7-5033-0151-1：2.70元

红地毯/杨孟芳著.—长沙：湖南文艺出版社，1990.10.—68页；40开.—ISBN 7-5404-0616-X：1.60元

红色沼泽/刘立云著.—上海：百家出版社，1990.12.—119页；32开.—(萌芽创作丛书；第1辑).ISBN 7-80576-161-2：2.00元

红贡果/丁蔚文著.—上海：学林出版社，1990.3.151页；照片；32开.—(城市诗丛).—ISBN 7-80510-450-6：2.90元

红豆/寇宗鄂著.—天津：百花文艺出版社，1990.4.—130页；32开.—ISBN 7-5306-0200-4：2.10元

红珍珠/申身著.—济南：山东文艺出版社，1990.10.—119页；36开.—ISBN 7-5329-0493-8：1.90元

红黄绿/梁志宏著.—太原：北岳文艺出版社，1990.10.—127页；32开.—ISBN 7-5378-0371-4：2.10元

本书是作者近年创作的百行叙事诗选集。

红罂粟/闻频著.—西安：西北大学出版社，1990.4.—150页；32开.—ISBN 7-5604-0177-5：2.90元

远山的呼唤/李光云著.—昆明：云南民族出版社，1990.8.—140页；36开.—ISBN 7-5367-0370-8：1.90元

远天的木棉/黄宁婴著.—广州：花城出版社，1990.5.—240页；照片；大32开.—ISBN 7-5360-0674-8：3.90元

远方不远/邓康延著.—西安：西北大学出版社，1990.10.—130页；32开.—ISBN 7-5604-0211-9：2.30元

远去的纸鸢/刘小平著.—南宁：广西民族出版社，1990.11.—76页；36开.—(中国皇冠诗丛；第一辑/黄神彪，栗原小荻主编).—ISBN 7-5363-0979-1：2.00元

远帆/农耘著.—南宁：广西民族出版社，1990.4.214页；32开.—(花山文库).—ISBN 7-5363-0778-0：2.50元

本书是作者的一本散文诗选集。

花山壁画/黄神彪著.—南宁：广西民族出版社，1990.11.—108页；36开.—(中国皇冠诗丛；第二辑/黄神彪，栗原小荻主编).—ISBN 7-5363-0980-5：2.00元

花间一壶酒/李发模著.—海口：南海出版公司，1990.8.—130页；32开.—ISBN 7-80570-279-9：1.90元

花梦三叠/钱纪姗等著.—南宁：广西民族出版社，1990.12.—90页；32开.—(中国99散文诗丛/敏歧，田景丰主编).—ISBN 7-5363-0971-6：1.90元

花帽少女/李晓桦著.—北京：文化艺术出版社，1990.6.—141页；大64开.—ISBN 7-5039-0537-9：1.15元

走出孤独的雨季/赵婧著.—广州：广东旅游出版社，1990.9.—119页；32开.—(五月诗丛/桂汉标主编).—ISBN 7-80521-189-4：2.40元

走出黑森林：沈阳人生文学社、北京绿秀诗社诗歌作品选/阿纪主编.—北京：文津出版社，1990.6.

227页；32开.—ISBN 7-80554-049-7：2.90元

走在梦里梦外/周培礼著.—南京：江苏文艺出版社，1990.10.—128页；32开.—ISBN 7-5399-0213-2：2.00元

走过春天/梁文淑著.—南宁：广西民族出版社，1990.12.—88页；32开.—(中国99散文诗丛/敏岐，田景丰主编).—ISBN 7-5363-0971-6：1.90元

走向归宿/朱彻著.—南宁：广西人民出版社，1990.11.—118页；32开.—ISBN 7-219-01719-7：1.70元

两间庐诗注/陈述元著；蔡川右注.—昆明：云南教育出版社，1990.6.—231页；32开.—ISBN 7-5415-0340-1：2.50元

还要等多久/杨文勇著.—北京：文津出版社，1990.4.—83页；32开.—ISBN 7-80554-034-9：1.65元

抚摸世界/蔡旭著.—南宁：广西民族出版社，1990.12.—88页；32开.—(中国99散文诗丛/敏岐，田景丰主编).—ISBN 7-5363-0971-6：1.90元

抒情诗百首/费嘉著.—昆明：云南人民出版社，1990.6.—193页；36开.—ISBN 7-222-00687-7：2.05元

求索集/刘国治著.—南昌：百花洲文艺出版社，1990.11.—95页；36开.—ISBN 7-80579-050-7：1.50元

时代之子.来自赖宁家乡的诗篇/曹纪祖著.—成都：四川文艺出版社，1990.5.—94页；32开.—ISBN 7-5411-0656-9：1.50元

时永福抒情诗/时永福著.—北京：中国文联出版公司，1990.3.—204页；32开.—ISBN 7-5059-1252-6：3.05元

时间之后/钟星著.—武汉：长江文艺出版社，1990.11.—170页；32开.—ISBN 7-5354-0394-8：3.10元

时间深处的爱/刘江著.—北京：中国妇女出版社，1990.8.—140页；32开.—ISBN 7-80016-205-2：2.20元

旱季/苏芒著.—济南：山东文艺出版社，1990.12.—91页；32开.—ISBN 7-5329-0631-0：2.00元

男性的海/流阳，左林著.—北京：文津出版社，1990.3.—140页；32开.—ISBN 7-80554-040-3：2.05元

男娲诗选/男娲著.—济南：山东文艺出版社，1990.3.—124页；32开.—(东方诗卷丛书/李新民主编).—ISBN 7-5329-0353-2：2.00元

告诉月亮/刘福仁著.—哈尔滨：北方文艺出版社，1990.6.—93页；36开.—(森林诗人丛书).—ISBN 7-5317-0342-4：2.00元

我心中的爱：任寰抒情诗选/任寰著.—北京：中国少年儿童出版社，1990.3.—172页；大32开.—ISBN 7-5007-1057-7：3.00元

我们走向海/绿原著.—上海：知识出版社，1990.6.—183页；32开.—(蒲公英诗丛).—ISBN 7-5015-5429-3：3.30元

我们这个年纪的梦/徐鲁著.—武汉：湖北少年儿童出版社，1990.6.—145页；32开.—ISBN 7-5353-0661-6：1.60元

我坐在窗前/舟恒划著.—武汉：长江文艺出版社，1990.10.—106页；32开.—ISBN 7-5354-0370-0：2.10元

我和春天有一个约会：台湾现代、后现代诗选/余光中等著；力践选编.—北京：中国友谊出版公司，1990.6.—220页；32开.—ISBN 7-5057-0272-6：3.00元

我的马头琴/李朝晖著.—济南：山东文艺出版社，1990.4.—922页；32开.—(东方诗卷丛书/李新民主编).—ISBN 7-5329-0380-X：2.00元

我的梦在北方/辛欣著.—长春：长春出版社，1990.5.—118页；32开.—ISBN 7-80573-232-9：2.00元

我爱：公木自选诗集/公木著.—长春：时代文艺出版社，1990.5.—395页；大32开.—ISBN 7-5387-0237-7：8.00元

含羞的红豆：当代少女爱情诗精华/蒋维扬，游竟飞编.—合肥：安徽文艺出版社，1990.2.—154页；36开.—(花间诗踪).—ISBN 7-5396-0333-X：1.80元

谷地葵/成灰著.—南宁：广西民族出版社，1990.12.—88页；32开.—(中国99散文诗丛/敏岐，田景丰主编).—ISBN 7-5363-0971-6：1.90元

这里，有迷人的春天/刘德谦著.—广州：广东旅游出版社，1990.8.—90页；32开.—ISBN 7-80521-143-4：1.60元

忧郁的桦树林/陈建祖著.—太原：北岳文艺出版社，1990.3.—141页；32开.—ISBN 7-5378-0246-7：1.70元

忧岸/陈词著.—沈阳：春风文艺出版社，1990.9.152页；32开.—ISBN 7-5313-0403-1：2.40元

冻土带/张树方著.—哈尔滨：北方文艺出版社，1990.6.—88页；36开.—(森林诗人丛书).—ISBN 7-5317-0344-0：1.95元

冷爱/邓万鹏著.—天津：百花文艺出版社，1990.12.—127页；32开.—(诗友丛书；第5辑).—ISBN 7-5306-0438-0：2.20元

冶炼太阳/梁志宏著.—石家庄：花山文艺出版社，

1990.10.—132页；32开.—ISBN 7-80505-291-3：1.50元

沧海潮诗抄/大连沧海潮诗社编.—大连：大连出版社，1990.11.—139页；大32开.—ISBN 7-80555-342-4：2.50元

沉思者/杨大矛著.—重庆：重庆出版社，1990.10.157页；32开.—ISBN 7-5366-1401-2：2.10元

沉重的阳光/秦岭著.—北京：中国工人出版社，1990.7.—125页；32开.—ISBN 7-5008-0594-2：2.30元

初吻：49封私信/张建华著.—北京：中国文联出版公司，1990.1.—124页；32开.—ISBN 7-5059-1175-9：2.05元

本书收入作者的抒情诗49首。

初恋/晓稳著.—哈尔滨：北方文艺出版社，1990.8.—86页；32开.—（夏娃诗丛·爱情诗选）.—ISBN 7-5317-0339-4：2.40元

初绽的芳心/邓妙蓉著.—广州：广东旅游出版社，1990.9.—123页；32开.—（五月诗丛/桂汉标主编）.—ISBN 7-80521-185-X：2.40元

初晴的风景/李松波著.—昆明：云南民族出版社，1990.9.—182页；32开.—ISBN 7-5367-0311-2：2.70元

初潮/钟声扬著.—南宁：广西民族出版社，1990.11.—155页；36开.—（中国皇冠诗丛；第二辑/黄神彪，栗原小荻主编）.—ISBN 7-5363-0980-5：2.00元

启明星/赵中悦著.—北京：中国文联出版公司，1990.9.—88页：照片；32开.—ISBN 7-5059-1336-0：1.90元

启奏孤独/范浩然著.—哈尔滨：北方文艺出版社，1990.12.—135页；36开.—ISBN 7-5317-0483-8：2.40元

这是一本散文诗选集。

张香华诗选/张香华著；采诗编选.—西安：陕西人民出版社，1990.1.—148页：彩照；32开.—ISBN 7-224-01117-7：4.20元

即事吟草；爱晚轩吟草/郑艺晨著.—济南：山东文艺出版社，1990.8.—223页；32开.—ISBN 7-3329-0455-5：3.50元

阿诗玛的故乡/李光云著.—天津：百花文艺出版社，1990.6.—117页；32开.—ISBN 7-5306-0313-2：2.00元

妙龄心曲/林玉著.—南宁：广西民族出版社，1990.12.—88页；32开.—（中国99散文诗丛/敏歧，田景丰主编）.—ISBN 7-5363-0971-6：1.90元

妙龄时光/莫少云著.—广州：广东旅游出版社，1990.11.—150页；32开.—ISBN 7-80521-170-1：2.60元

玫轩吟草/顾兆勋著.—南京：河海大学出版社，1990.5.—89页；32开.—ISBN 7-5630-0290-1：10.00元

玫瑰色的夜/吴树民著.—西安：陕西人民出版社，1990.6.—210页；32开.—ISBN 7-224-01281-5：3.55元

青年诗选：1987～1988/中国青年出版社编.—北京：中国青年出版社，1990.5.—418页；大32开.ISBN 7-5006-0588-9：6.70元

青年爱情诗/叶坪，曹剑编.—哈尔滨：北方文艺出版社，1990.9.—301页；大32开.—ISBN 7-5317-0360-2：4.95元

青春之梦/王永江，宗德宏著.—北京：蓝天出版社，1990.7.—232页；32开.—ISBN 7-80081-101-8：3.20元

青春心迹/关劲潮著.—武汉：长江文艺出版社，1990.12.—133页；32开.—ISBN 7-5354-0392-1：1.70元

青春的月/关劲潮著.—南宁：广西民族出版社，1990.11.—93页；36开.—（中国皇冠诗丛；第一辑/黄神彪，栗原小荻主编）.—ISBN 7-5363-0979-1：2.00元

青春的冲击波/田士宝著.—武汉：长江文艺出版社，1990.3.—126页；32开.—ISBN 7-5354-0309-3：1.95元

青春的微笑/路晓骥著.—北京：中国国际广播出版社，1990.8.—122页；32开.—ISBN 7-80035-599-3：1.70元

青春奏鸣曲：当代中学生抒情诗选/谢昌咏主编；史有为等编.—北京：北京教育出版社，1990.12.175页；32开.—ISBN 7-5303-0170-5：2.50元

青春雕像/谢克强著.—南宁：广西民族出版社，1990.11.—92页；36开.—（中国皇冠诗丛；第一辑/黄神彪，栗原小荻主编）.—ISBN 7-5363-0979-1：2.00元

奉献给教师的诗/符敦克主编.—海口：三环出版社，1990.7.—243页：图；32开.—ISBN 7-80564-238-9：2.80元

林莽的诗/林莽著.—北京：中国妇女出版社，1990.5.—122页；32开.—ISBN 7-80016-118-8：2.50元

松江浪/韩笑著.—长春：北方妇女儿童出版社，1990.12.—190页；32开.—ISBN 7-5385-0607-1（精装）：3.65元

幸存者旧诗词稿/简化生著.—北京：时事出版社，1990.11.—99页；32开.—ISBN 7-80009-114-7：1.70元

苦瓜集/彭颂声著.—深圳：海天出版社，1990.10.—169页；32开.—ISBN 7-80542-165-X：5.00元

苦树/石土坡著.—沈阳：春风文艺出版社，1990.2.—96页；36开.—ISBN 7-5313-0354-X：1.50元

雨中印象/龚学胜著.—南宁：广西民族出版社，1990.8.—90页；32开.—ISBN 7-5363-0882-5：3.50元

雨季情思：青春爱情哲理诗抄/樊雄著.—成都：四川大学出版社，1990.7.—152页；32开.—ISBN 7-5614-0326-7：2.00元

招魂的短笛：余光中抒情诗精选/余光中著.—成都：四川文艺出版社，1990.2.—123页；32开.—ISBN 7-5411-0632-1：3.20元

呼唤/华东方著.—沈阳：白山出版社，1990.6.80页；32开.—ISBN 7-80566-124-3：1.45元

本书是一本由《红领巾》、《行踪》、《人与神》三首歌颂雷锋的长诗结集而成的诗集。

呼唤/陈志远，祁淑萍编.—北京：中国环境科学出版社，1990.8.—410页；32开.—ISBN 7-80010-777-9：5.00元

咏画诗笺/谢世祥著.—西安：陕西人民美术出版社，1990.7.—92页：插图；32开.—ISBN 7-5368-0235-8：1.70元

畅园小诗自选集/刘畅园著.—北京：中国文联出版公司，1990.6.—154页；32开.—ISBN 7-5059-0533-3：2.50元

国风/朱增泉著.—北京：作家出版社，1990.6.124页；32开.—(中国诗库).—ISBN 7-5063-0359-0：2.00元

牧野/穆向阳著.—呼和浩特：内蒙古人民出版社，1990.2.—161页；32开.—ISBN 7-204-00775-1：2.05元

和谷诗选/和谷著.—西安：华岳文艺出版社，1990.2.—226页；32开.—ISBN 7-80549-323-5：3.70元

征马的歌/寒风著.—南宁：广西民族出版社，1990.11.—86页；36开.—(中国皇冠诗丛；第一辑/黄神彪，栗原小荻主编).—ISBN 7-5363-0979-1：2.00元

刻在水晶石上的情诗/林桂珍著.—广州：广东旅游出版社，1990.9.—114页；32开.—(五月诗丛/桂汉标主编).—ISBN 7-80521-190-6：2.40元

夜火/石成仁著.—北京：华夏出版社，1990.9.139页：彩照；32开.—ISBN 7-80053-772-2：2.40元

夜世界/荒岛著.—沈阳：春风文艺出版社，1990.9.—108页；32开.—ISBN 7-5313-0313-2：2.00元

夜里也有太阳/王松林著.—海口：南海出版公司，1990.3.—164页；32开.—(珊瑚丛书).—ISBN 7-80570-105-9：3.00元

本书分为4辑：一、世界一个你世界一个我；二、永远的影子；三、野性的复归；四、呼啸的翅膀。

夜香港/傅天虹著.—广州：花城出版社，1990.9.107页；32开.—ISBN 7-5360-0659-4：2.35元

盲拓者/张庆岭著.—南宁：广西民族出版社，1990.11.—85页；36开.—(中国皇冠诗丛；第二辑/黄神彪，栗原小荻主编).—ISBN 7-5363-0980-5：2.00元

怡神集/安迪光著.—南京：南京出版社，1990.12.—120页；32开.—ISBN 7-80560-342-1：4.00元

沿海百韵/孙钢著.—北京：中国旅游出版社，1990.10.—166页；32开.—ISBN 7-5032-0289-0：1.70元

宝岛风采/王业镇著.—北京：文津出版社，1990.1.—49页；32开.—ISBN 7-80554-016-0：1.30元

实验诗选/西岸主编.—海口：南海出版公司，1990.3.—461页；32开.—ISBN 7-80570-006-0：5.80元

本书选收234位诗人的诗作。

空巷/谭延桐著.—济南：山东文艺出版社，1990.3.—124页；32开.—(东方诗卷丛书/李新民主编).ISBN 7-5329-0363-X：2.00元

诗之希望集：未名诗人作品集/张志民主编.—北京：光明日报出版社，1990.1.—537页；16开.—ISBN 7-80014-777-0：14.80元

诗之情侣/罗瑞玲，周伟著.—广州：广东旅游出版社，1990.9.—128页；32开.—(五月诗丛/桂汉标主编).—ISBN 7-80521-191-4：2.50元

诗国拾英：1978～1988/介聂主编.—北京：中国民间文艺出版社，1990.3.—216页；大32开.—ISBN 7-5040-0285-2：4.00元

诗草帝王州：陕西访古小集/曹风权著.—西安：华岳文艺出版社，1990.6.—103页；32开.—ISBN 7-80549-307-3：2.10元

诗选/张寿彭著.—济南：明天出版社，1990.6.300页；32开.—ISBN 7-5332-1044-1：3.70元

诗朗诵　朗诵诗/梁理森，黄绍清著.—桂林：广西师范大学出版社，1990.3.—190页；32开.—ISBN 7-5633-0773-7：2.00元

诗歌/大解著.—石家庄：花山文艺出版社，1990.9.—130页；32开.—ISBN 7-80505-357-X：1.60元

诗歌选：1980～1990/海天出版社编.—深圳：海天出版社，1990.8.—309页；大32开.—(深圳特区文艺丛书/潘江津主编).—ISBN 7-80542-044-0：

6.85元

诗魔之歌：洛夫诗作分类精选/洛夫著.—广州：花城出版社，1990.2.—195页；大32开.—ISBN 7-5360-0539-3（精装）：5.95元

诚笃的伙伴：读书哲理诗一百首/白金著.—天津：百花文艺出版社，1990.12.—111页；32开.—ISBN 7-5306-0604-2：1.95元

孤独的伊甸园/陈春琼等著.—南宁：广西民族出版社，1990.12.—90页；32开.—（中国99散文诗丛/敏歧，田景丰主编）.—ISBN 7-5363-0971-6：1.90元

细雨打湿的花伞/陆萍著.—上海：知识出版社，1990.6.—155页；32开.—（蒲公英诗丛）.—ISBN 7-5015-5448-X：2.95元

珍珠酒/张兴勉著.—南宁：广西民族出版社，1990.12.—88页；32开.—（中国99散文诗丛/敏歧，田景丰主编）.—ISBN 7-5363-0971-6：1.90元

春天·大地·情歌/贺涛著.—济南：山东文艺出版社，1990.12.—118页；32开.—（东方诗卷丛书/李新民主编）.—ISBN 7-5329-0676-0：2.00元

春天的错误/熊明泽著.—武汉：长江文艺出版社，1990.5.—145页；32开.—ISBN 7-5354-0328-X：1.95元

春天，战士把你呼唤/靳洪著.—北京：解放军文艺出版社，1990.9.—201页；32开.—ISBN 7-5033-0147-3：3.00元

春风颂/朱吉成著.—贵阳：贵州民族出版社，1990.10.—115页；36开.—ISBN 7-5412-0141-3：2.78元

春江万代流/孙家玉著.—北京：中国华侨出版公司；南京：江苏教育出版社，1990.8.—235页：照片；32开.—ISBN 7-80074-233-4：3.30元

这是一部以渡江战役为背景的叙事长诗。

春的雕像：献给王德恒烈士/边国政等著.—石家庄：花山文艺出版社，1990.11.—91页；32开.—ISBN 7-80505-381-2：1.20元

春夏秋冬/刘恒著.—北京：中国华侨出版公司，1990.10.—165页；32开.—ISBN 7-80074-326-8：2.80元

春颂/姚萍著.—成都：成都出版社，1990.5.—192页；32开.—ISBN 7-80575-056-4：2.50元

春宵一刻值千金/郭光豹著.—北京：中国华侨出版公司，1990.8.—118页；32开.—ISBN 7-80074-218-0：1.75元

相思叶/颜烈著.—广州：花城出版社，1990.2.—140页；32开.—ISBN 7-5360-0518-0：2.45元

相思树/王知十著.—天津：百花文艺出版社，1990.11.—138页；32开.—（诗友丛书）.—ISBN 7-5306-0519-4：2.15元

相爱的岁月/红子，柳原著.—济南：山东文艺出版社，1990.9.—198页；32开.—ISBN 7-5329-0411-3：3.50元

故乡三行诗/雁翼著.—石家庄：花山文艺出版社，1990.11.—165页；32开.—ISBN 7-80505-338-3：1.50元

南方的星辰/金彦华著.—南宁：广西民族出版社，1990.12.—88页；32开.—（中国99散文诗丛/敏歧，田景丰主编）.—ISBN 7-5363-0971-6：1.90元

南方的橄榄树/唐德亮著.—广州：广东旅游出版社，1990.9.—109页；32开.—（五月诗丛/桂汉标主编）.—ISBN 7-80521-187-6：2.40元

南部中国山/韩维民，王海渺著.—北京：中国华侨出版公司，1990.11.—175页；32开.—ISBN 7-80074-367-5：3.55元

这是一本反映老山前线战斗生活的诗集。

草芥馨香/张传生著.—济南：山东文艺出版社，1990.4.—129页；36开.—ISBN 7-5329-0407-5：2.25元

草原风情/杨凤耻著.—沈阳：辽宁民族出版社，1990.12.—84页；32开.—ISBN 7-80527-128-3：1.50元

荒原之星/尹树义，李岩著.—呼和浩特：内蒙古人民出版社，1990.12.—399页；32开.—ISBN 7-204-01242-9：6.00元

荒原的苦恋/敏歧著.—南宁：广西人民出版社，1990.10.—248页；32开.—ISBN 7-219-01699-9：3.00元

荔枝林/杨彦著.—南宁：广西民族出版社，1990.2.—88页；32开.—（中国99散文诗丛/敏歧，田景丰主编）.—ISBN 7-5363-0971-6：1.90元

赵家潭传奇/周申明著.—天津：百花文艺出版社，1990.12.—125页；32开.—ISBN 7-5306-0699-9：2.20元

残损的蝶翅/夏晖等著.—南宁：广西民族出版社，1990.12.—88页；32开.—（中国99散文诗丛/敏歧，田景丰主编）.—ISBN 7-5363-0971-6：1.90元

拾遗集/刘春著.—南昌：江西人民出版社，1990.5.—64页；36开.—ISBN 7-210-00678-8：1.65元

本书收录了作者1931年以来所写的诗词100余首。

背水历程/栗原小荻著.—南宁：广西民族出版社，1990.11.—90页；36开.—（中国皇冠诗丛；第一辑/黄神彪，栗原小荻主编）.—ISBN 7-5363-0979-1：2.00元

背对你投下黑色的河流/史光柱著.—南宁：广西人民出版社，1990.7.—135页；32开.—ISBN 7-219-01570-4：2.00元

临风集/戴临风著.—太原：北岳文艺出版社，1990.5.—107页；32开.—ISBN 7-5378-0299-8：2.00元

哑歌人的自白：屠岸诗选/屠岸著.—北京：人民文学出版社，1990.8.—297页；32开.—ISBN 7-02-000998-0：3.70元

星的怀念/柏秋著.—呼和浩特：内蒙古人民出版社，1990.11.—121页；36开.—ISBN 7-204-01260-7：2.00元

星星抒情诗精选：1979～1989/叶延滨主编.—成都：四川大学出版社，1990.9.—209页；32开.—（星星诗丛；第1辑/叶延滨主编）.—ISBN 7-5614-0318-6：2.80元

钢铁奏鸣曲/周以纯，齐晓阳著.—沈阳：辽宁人民出版社，1990.2.—156页；32开.—ISBN 7-205-01268-6：2.50元

秋日的私语/柳火生著.—武汉：长江文艺出版社，1990.10.—127页；32开.—ISBN 7-5354-0376-X：2.40元

秋心不是愁/杨献瑶著.—北京：中国友谊出版公司，1990.7.—164页；32开.—ISBN 7-5057-0319-6：2.70元

重返家园/陈惠芳著.—南宁：广西民族出版社，1990.10.—117页；32开.—（东方诗丛；第一辑）.ISBN 7-5363-0935-X：2.80元

追回的太阳/张庆岭著.—沈阳：春风文艺出版社，1989.12.—87页；32开.—（当代散文诗丛书）.—ISBN 7-5313-0342-6：1.70元

追求：仝云诗词选/仝云著.—上海：学林出版社，1990.8.—88页：照片；32开.—ISBN 7-80510-578-2：1.80元

叙事诗10首/罗沙著.—广州：花城出版社，1990.1.—110页；32开.—ISBN 7-5360-0760-4：2.10元

胎床/游竞飞著.—天津：百花文艺出版社，1990.4.—115页；32开.—（诗友丛书；第3辑）.—ISBN 7-5306-0340-X：1.95元

叛逆的手/伊蕾著.—哈尔滨：北方文艺出版社，1990.10.—204页；36开.—（夏娃诗丛·自选诗集）.—ISBN 7-5317-0402-1：3.60元

穿过秋林/田景丰著.—南宁：广西民族出版社，1990.12.—88页；32开.—（中国99散文诗丛/敏岐，田景丰主编）.—ISBN 7-5363-0971-6：1.90元

美人泉：散文诗选萃/桂兴华著.—上海：同济大学出版社，1990.9.—158页；32开.—ISBN 7-5608-0420-9：2.90元

美丽的红牙齿/周鹏宽著.—南京：南京出版社，1990.8.—137页；32开.—（鸡鸣文学丛书）.—ISBN 7-80560-256-4：2.00元

美丽的忧郁/卢莎著.—南宁：广西民族出版社，1990.11.—84页；36开.—（中国皇冠诗丛；第一辑/黄神彪，栗原小荻主编）.—ISBN 7-5363-0979-1：2.00元

美的风情画/王晓廉著.—哈尔滨：北方文艺出版社，1990.12.—111页；36开.—ISBN 7-5317-0442-0：2.50元

送你一朵飞霞：当代清远诗选/李经纶主编.—广州：花城出版社，1990.12.—103页；32开.—ISBN 7-5360-0873-2：3.00元

迷舟/徐明德著.—南京：南京出版社，1990.9.134页；36开.—ISBN 7-80560-239-5：2.10元

迷茫的星座/王建民著.—济南：山东友谊书社，1990.9.—185页；36开.—ISBN 7-80551-113-6：2.80元

迷恋/姚振函著.—天津：百花文艺出版社，1990.4.—122页；32开.—ISBN 7-5306-0035-4：2.00元

神草/辛土著.—沈阳：沈阳出版社，1990.12.163页；32开.—（万泉诗丛）.—ISBN 7-80556-197-0：2.80元

费嘉抒情诗百首/费嘉著.—昆明：云南人民出版社，1990.6.—193页：照片；32开.—ISBN 7-222-00687-7：2.05元

绝响/元辉著.—北京：解放军文艺出版社，1990.7.—98页；32开.—（战友诗丛）.—ISBN 7-5033-0130-9：2.20元

素洁的情笺/黎耘著.—南宁：广西民族出版社，1990.12.—88页；32开.—（中国99散文诗丛/敏岐，田景丰主编）.—ISBN 7-5363-0971-6：1.90元

蚕之歌/吴宜平主编.—上海：百家出版社，1990.9.—157页；32开.—ISBN 7-80576-166-3：2.50元

泰山新韵/王英超著.—济南：山东文艺出版社，1990.10.—169页；大32开.—ISBN 7-5329-0548-9：3.00元

桂林山水新诗选粹/东骐主编.—桂林：漓江出版社，1990.9.—368页；32开.—ISBN 7-5407-0579-5：4.35元

桃花雨/崔合美著.—南宁：广西民族出版社，1990.11.—167页；32开.—（东方诗丛；第一辑/向翔主编）.—ISBN 7-5363-0998-8：3.20元

都市情结/王翔著.—南宁：广西民族出版社，1990.12.—88页；32开.—（中国99散文诗丛/敏岐，田景丰主编）.—ISBN 7-5363-0971-6：1.90元

真诚赋/胡玉柱著.—济南：山东文艺出版社，1990.11.—124页；32开.—（东方诗卷丛书/李新民主编）.—ISBN 7-5329-0580-2：2.00元

夏的季节/姚志敏著.—上海：知识出版社，1990.

6.—119页；32开.—(蒲公英诗丛).—ISBN 7-5015-5433-1：2.50元

热土恋/红波著.—南宁：广西民族出版社，1990.1.—146页；32开.—ISBN 7-5363-0701-2：2.00元

峭岩诗选/峭岩著.—北京：解放军出版社，1990.11.—566页；大32开.—ISBN 7-5065-1468-0：13.00元

晓钢抒情诗百首/晓钢著.—北京：作家出版社，1990.10.—255页；32开.—(中国诗库).—ISBN 7-5063-0372-8：3.40元

晓雪爱情诗选/晓雪著.—南宁：广西民族出版社，1990.11.—93页；36开.—(中国皇冠诗丛：第一辑/黄神彪，栗原小荻主编).—ISBN 7-5363-0979-1：2.00元

眩惑时空/程全中著.—南宁：广西民族出版社，1990.12.—90页；32开.—(中国99散文诗丛/敏岐，田景丰主编).—ISBN 7-5363-0971-6：1.90元

笑影远去/陈显荣著.—济南：山东文艺出版社，1990.7.—148页；32开.—ISBN 7-5329-0253-6：2.80元

爱之河/孙瑞著.—济南：山东文艺出版社，1990.3.—114页；32开.—(东方诗卷丛书/李新民主编).ISBN 7-5329-0382-6：2.00元

爱之驿/华舒著.—沈阳：春风文艺出版社，1990.3.—124页；32开.—ISBN 7-5313-0356-6：2.00元

爱之恋/陈丽萍著.—济南：山东文艺出版社，1990.11.—143页；36开.—ISBN 7-5329-0540-9：2.45元

爱之梦/董姣著.—西安：华岳文艺出版社，1990.5.—170页；32开.—ISBN 7-80549-307-3：2.80元

爱在燃烧/陈景文著.—北京：中国工人出版社，1990.2.—82页；32开.—ISBN 7-5008-0510-1：2.20元

爱我江西：四言韵文/《爱我江西》编写组编.—南昌：江西教育出版社，1990.1.—53页：彩照；32开.ISBN 7-5392-0831-7：1.20元

爱的历程/刘金顺著.—济南：山东文艺出版社，1990.10.—119页；32开.—(东方诗卷丛书/李新民主编).—ISBN 7-5329-0543-8：2.00元

爱的化石/叶庆瑞著.—南京：南京出版社，1990.7.—111页；36开.—ISBN 7-80560-208-5：1.80元

爱的风帆/杨正武著.—济南：山东文艺出版社，1990.8.—118页；36开.—(东方诗卷丛书/李新民主编).—ISBN 7-5329-0518-8：2.00元

爱的方位/高旭旺著.—天津：百花文艺出版社，1990.12.—118页；32开.—(诗友丛书；第5辑).ISBN 7-5306-0520-8：2.20元

爱的四季/高亚平著.—西安：陕西人民出版社，1990.10.—151页；32开.—ISBN 7-224-01538-5：2.40元

本书是作者的一部散文诗选集。

爱的宝石蓝/刘小龙著.—厦门：鹭江出版社，1990.12.—161页；36开.—ISBN 7-80533-391-2：2.30元

爱的流韵/杨润勤，张延安著.—济南：山东文艺出版社，1990.4.—118页；32开.—(东方诗卷丛书/李新民主编).—ISBN 7-5329-0386-9：2.00元

本书收杨润勤的诗34首，张延安的诗41首。

爱的眼睛/舒莹著.—北京：解放军文艺出版社，1990.4.—150页；32开.—ISBN 7-5033-0099-X：2.40元

爱恋集/王忠范著.—呼和浩特：内蒙古人民出版社，1990.3.—225页；32开.—ISBN 7-204-00727-1：2.85元

爱情朦胧诗选/飞茂编.—北京：中国妇女出版社，1990.8.—100页；32开.—ISBN 7-80016-325-2：2.20元

爱意：情人卡200篇/尹葆华，冬风主编.—北京：华艺出版社，1990.12.—242页；32开.—ISBN 7-80039-416-6：3.50元

本书系《辽宁青年》杂志"情人卡"专栏的佳篇精选。

狼塬/温古著.—呼和浩特：内蒙古人民出版社，1990.3.—315页；36开.—ISBN 7-204-00860-X：3.60元

脐血：散文诗/成灰著.—南宁：广西民族出版社，1990.8.—174页；36开.—ISBN 7-5363-0833-7：2.10元

展痕集/骆子程著.—哈尔滨：北方文艺出版社，1990.8.—63页；36开.—ISBN 7-5317-0244-4：1.00元

旅行者/海明著.—桂林：漓江出版社，1990.8.92页；32开.—(青年诗丛).—ISBN 7-5407-0563-9：1.45元

郭光豹诗选/郭光豹著.—北京：中国华侨出版公司，1990.12.—429页；大32开.—ISBN 7-80074-263-6：8.80元

剖面与重影/雁北著.—呼和浩特：内蒙古人民出版社，1990.9.—123页；大32开.—(北中国诗卷).ISBN 7-204-01069-8：2.60元

高原的诱惑/晏明著.—西安：华岳文艺出版社，1990.6.—187页；32开.—ISBN 7-80549-222-0：3.10元

恋之初/霜寒编著.—杭州：浙江文艺出版社，1990.11.—239页；32开.—ISBN 7-5339-0280-7：2.50元

恋爱角/廖国庆著.—上海：百家出版社，1990.9.

104页；32开.—ISBN 7-80576-129-9：2.50元

席慕蓉抒情诗/席慕蓉著；苏敏编选.—北京：作家出版社，1990.5.—143页；32开.—ISBN 7-5063-0341-8：2.05元

席慕蓉抒情诗120首/席慕蓉著；任为编.—广州：花城出版社，1990.4.—169页；插图；32开.—ISBN 7-5360-0584-9（精装）：4.50元

席慕蓉抒情诗120首/席慕蓉著；任为编.—广州：花城出版社，1990.4.—169页；插图；32开.—ISBN 7-5360-0583-0：2.50元

唐祈诗选/唐祈著.—北京：人民文学出版社，1990.7.—213页；32开.—ISBN 7-02-000703-1：2.95元

烟火人间/蔡旭著.—南宁：广西民族出版社，1990.11.—95页；36开.—（中国皇冠诗丛；第二辑/黄神彪，栗原小荻主编）.—ISBN 7-5363-0980-5：2.00元

烟花三月/蓝疆著.—成都：四川大学出版社，1990.9.—121页；32开.—（星星诗丛；第1辑/叶延滨主编）.—ISBN 7-5614-0319-4：2.00元

海的回忆/马效禹等著.—北京：解放军文艺出版社，1990.12.—239页；32开.—ISBN 7-5033-0200-3：4.00元

海南美/周昌彪著.—广州：中山大学出版社，1990.3.—96页；32开.—ISBN 7-306-00301-1：2.60元

本书收集了作者的旧体诗词100多首。

海峡和平合一家/陈禅心著.—福州：海峡文艺出版社，1990.4.—120页：彩照；32开.—ISBN 7-80534-244-1：2.20元

海笛/刘新智著.—沈阳：白山出版社，1990.12.150页；32开.—ISBN 7-80566-178-2：2.20元

流水无情/张亮著.—海口：南海出版公司，1990.7.116页；32开.—ISBN 7-80570-239-X：1.60元

流动畅想曲/吕世豪著.—石家庄：花山文艺出版社，1990.10.—170页；32开.—ISBN 7-80505-326-X：2.60元

流光/关飞著.—广州：花城出版社，1990.4.—80页；32开.—ISBN 7-5360-0616-0：1.50元

流泪的皂角树/陈建群著.—昆明：云南民族出版社，1990.6.—142页；32开.—ISBN 7-5367-0288-4：2.00元

流浪大海洋/王克功著.—上海：学林出版社，1990.1.—132页；32开.—（海岸诗丛；第2辑）.ISBN 7-80510-433-6：2.70元

流浪在远方/张连荣著.—哈尔滨：北方文艺出版社，1990.6.—90页；36开.—（森林诗人丛书）.ISBN 7-5317-0343-2：2.00元

浪花集/牟浚著.—沈阳：春风文艺出版社，1990.4.—96页；32开.—ISBN 7-5313-0338-8：1.80元

浪漫与温馨/孙文涛著.—长春：长春出版社，1990.2.—156页；32开.—ISBN 7-80573-167-5：2.60元

浪漫岁月/董培伦著.—济南：山东文艺出版社，1990.12.—119页；32开.—（东方诗卷丛书/李新民主编）.—ISBN 7-5329-0677-9：2.00元

谁在窗外/西篱著.—贵阳：贵州人民出版社，1990.4.—127页；36开.—（出头鸟丛书）.—ISBN 7-221-01476-0：2.65元

袖珍爱情散文诗选/李发模，朱一鸣编.—桂林：漓江出版社，1990.5.—438页；大64开.—ISBN 7-5407-0491-8：2.85元

朗诵诗选萃/黄绍清选编.—南宁：广西教育出版社，1990.6.—307页；32开.—ISBN 7-5435-0932-6：3.00元

勒公丁诗选/勒公丁著.—厦门：厦门大学出版社，1990.7.—178页；32开.—ISBN 7-5615-0312-1：2.00元

菊花女与枯井/韩忠堂著.—沈阳：春风文艺出版社，1990.3.—112页；32开.—ISBN 7-5313-0339-6：2.10元

萤/雷雯著.—哈尔滨：北方文艺出版社，1990.6.155页；32开.—ISBN 7-5317-0338-6：2.80元

黄土魂/曹焕荣著.—兰州：敦煌文艺出版社，1990.10.—163页；32开.—（丝路诗丛）.—ISBN 7-80587-031-4：2.30元

黄昏的翅膀/陈明媚著.—贵阳：贵州人民出版社，1990.11.—121页；32开.—ISBN 7-221-01839-1：2.75元

黄河柳/刘思勤著.—济南：山东文艺出版社，1990.4.—122页；32开.—（东方诗卷丛书/李新民主编）.—ISBN 7-5329-0377-X：2.00元

黄药眠抒情诗集/黄药眠著.—武汉：长江文艺出版社，1990.6.—154页；32开.—ISBN 7-5354-0340-9（精装）：4.80元

黄药眠抒情诗集/黄药眠著.—武汉：长江文艺出版社，1990.6.—154页；32开.—ISBN 7-5354-0339-5：2.80元

梦中的女孩/范克平著.—呼和浩特：内蒙古人民出版社，1990.4.—130页；36开.—ISBN 7-204-00971-1（精装）：3.00元

梦帆/廖忆林著.—成都：四川大学出版社，1990.9.—114页；32开.—ISBN 7-5614-0334-8：1.60元

梦的森林/韦其麟著.—南宁：广西民族出版社，1990.11.—81页；36开.—（中国皇冠诗丛；第二辑/黄神彪，栗原小荻主编）.—ISBN 7-5363-0980-5

：2.00元

梦歌与恋歌/陈放著.—上海：知识出版社，1990.6.—157页；32开.—(蒲公英诗丛).—ISBN 7-5015-5432-3：2.95元

雪白的相思花/刘文玉著.—天津：百花文艺出版社，1990.12.—122页；32开.—(诗友丛书；第3辑).—ISBN 7-5306-0511-9：2.40元

雪花之吻/芦苇著.—西安：华岳文艺出版社，1990.2.—138页；32开.—ISBN 7-80549-302-2：2.80元

雪季·梦与情歌/韩作荣著.—南昌：百花洲文艺出版社，1990.6.—355页；32开.—ISBN 7-80579-017-5：4.00元

雪魂/李耀先著.—哈尔滨：北方文艺出版社，1990.12.—120页；36开.—ISBN 7-5317-0443-9：2.60元

唱给泰山与黄河的歌/任远著.—济南：山东文艺出版社，1990.5.—120页；32开.—(东方诗卷丛书/李新民主编).—ISBN 7-5329-0384-2：2.00元

野山·野味·野情/陈有才著.—广州：花城出版社，1990.11.—205页；大32开.—ISBN 7-5360-0768-X：3.50元

野花集/夏时雨著.—北京：中国国际广播出版社，1990.4.—111页；32开.—ISBN 7-80035-499-7：1.60元

晨：献给母亲的诗/耿勇著.—济南：山东文艺出版社，1990.5.—116页；大32开.—ISBN 7-5329-0387-7：2.25元

第一季/蓝海文著.—南京：江苏文艺出版社，1990.4.—142页；32开.—ISBN 7-5399-0170-5：2.10元

第三支帆/舒凌主编.—兰州：甘肃人民出版社，1990.6.—271页；32开.—(微型文丛).—ISBN 7-226-00616-2：3.10元

悠远的地平线/张学诗著.—南京：南京出版社，1990.8.—136页；32开.—ISBN 7-80560-221-2：2.00元

悠悠我心/佟石著.—长春：长春出版社，1990.9.—167页；32开.—ISBN 7-80573-325-2：3.00元

望乡风/郭光豹著.—桂林：漓江出版社，1990.1.—180页；大32开.—ISBN 7-5407-0528-0：3.40元

情人/灵焚著.—福州：海峡文艺出版社，1990.10.—135页：照片；32开.—ISBN 7-80534-285-7：2.00元

情人岛/琪瑛，何晓利著.—北京：中国妇女出版社，1990.5.—161页；36开.—(女友丛书).—ISBN 7-80016-040-8：3.00元

情思漫卷集/黄飞山著.—广州：花城出版社，1990.12.—294页；32开.—ISBN 7-5360-0870-8：5.00元

情怨深深/旻雁著.—北京：中国妇女出版社，1990.11.—208页；32开.—ISBN 7-80016-400-4：2.98元

情结/林祁著.—长沙：湖南文艺出版社，1990.4.—122页；32开.—ISBN 7-5404-0522-8：1.65元

情旅/张寿彭著.—济南：山东文艺出版社，1990.11.—112页；32开.—(东方诗卷丛书/李新民主编).—ISBN 7-5329-0559-4：2.00元

情眸/徐启文著.—广州：花城出版社，1990.10.—122页；32开.—ISBN 7-5360-0857-0：2.60元

清凉赋/伍立杨著.—北京：国际文化出版公司，1990.8.—146页；32开.—ISBN 7-80049-643-0：2.20元

清流集：诗词选集/马国征著.—南京：江苏文艺出版社，1990.6.—182页；32开.—ISBN 7-5399-0195-0：2.50元

清晨漫曲/欧阳平著.—北京：解放军文艺出版社，1990.12.—133页；32开.—(战友诗丛).—ISBN 7-5033-0199-6：2.90元

淡淡的月色/陈永昌著.—南京：南京出版社，1990.8.—112页；36开.—ISBN 7-80560-244-1：1.80元

淙淙集/夏征农，方尼著.—南昌：江西人民出版社，1990.6.—132页；36开.—ISBN 7-210-00646-X：1.70元

深秋的石榴花/王志杰著.—成都：四川大学出版社，1990.8.—141页；32开.—(星星诗丛；第1辑/叶延滨主编).—ISBN 7-5614-0322-4：2.10元

寄云絮语/王式畏著.—芒市：德宏民族出版社，1990.5.—39页；32开.—(古道诗丛/思继春主编).—ISBN 7-80525-061-3：0.70元

寂地/鄢家发著.—成都：四川大学出版社，1990.8.—143页；32开.—(星星诗丛；第1辑/叶延滨主编).—ISBN 7-5614-0320-8：2.20元

寂寞的风景/薛卫民著.—长春：时代文艺出版社，1990.2.—154页；32开.—ISBN 7-5387-0191-5：2.20元

眷恋的历程/杨川庆著.—南宁：广西民族出版社，1990.11.—87页；36开.—(中国皇冠诗丛；第一辑/黄神彪，栗原小荻主编).—ISBN 7-5363-0979-1：2.00元

盗火者/张不代著.—天津：百花文艺出版社，1990.10.—129页；32开.—ISBN 7-5306-0434-1：2.00元

续声集：《心声集》续集/强晓初著.—长春：长春出版社，1990.3.—33页；32开.—ISBN 7-80573-

184-5：1.70元

维也纳雨丝/苗得雨著.—上海：学林出版社，1990.5.—159页；32开.—（海岸诗丛；第2辑）.ISBN 7-80510-427-1：2.90元

绿世界/华舒著.—沈阳：春风文艺出版社，1990.11.—118页；32开—ISBN 7-5313-0446-5：2.00元

绿叶集/李日升著.—济南：山东文艺出版社，1990.7.—128页；32开.—（东方诗卷丛书/李新民主编）.—ISBN 7-5329-0506-3：2.00元

绿色的梦/黎昀著.—济南：山东文艺出版社，1990.12.—119页；32开.—ISBN 7-5329-0597-7：2.00元

绿色的赠言/肖存平，王延龄著.—北京：文津出版社，1990.3.—93页；32开.—ISBN 7-80554-032-2：1.50元

绿色情思/刘逢春著.—沈阳：白山出版社，1990.12.—113页；32开.—ISBN 7-80566-181-2：2.20元

绿色情思/韩瑞亭著.—北京：解放军出版社，1990.11.—157页；彩照；32开.—ISBN 7-5065-1502-4：3.00元

绿色短诗选：《雅砻江杯》森林诗赛优秀作品选/田明书，徐文选编.—成都：电子科技大学出版社，1990.1.—123页；32开.—ISBN 7-81016-212-8：1.70元

绿橄榄/徐国志著.—成都：四川文艺出版社，1990.7.—142页；32开.—ISBN 7-5411-0566-X：1.90元

琴园诗汇/朱祖延，刘先枚主编.—影印本.—武汉：湖北人民出版社，1990.9.—261页；大32开.ISBN 7-216-00626-7：7.00元

辉煌的走/黄任锋著.—北京：华夏出版社，1990.11.—145页；32开.—ISBN 7-80053-789-7：2.45元

掌上的心/雷抒雁著.—西安：西北大学出版社，1990.6.—160页；32开.—ISBN 7-5604-0161-9：2.60元

最后一片冬叶/李松波著.—昆明：云南人民出版社，1990.5.—155页；32开.—（云岭诗丛）.—ISBN 7-222-00619-2：2.00元

最后一片树叶/马及时著.—南宁：广西民族出版社，1990.12.—88页；32开.—（中国99散文诗丛/敏岐，田景丰主编）.—ISBN 7-5363-0971-6：1.90元

最后的冬天/杨川庆著.—海口：南海出版公司，1990.12.—77页；32开.—（北方诗丛）.—ISBN 7-80570-617-4：2.00元

黑火炬/肖川著.—银川：宁夏人民出版社，1990.11.—96页；36开.—ISBN 7-227-00408-2：1.10元

黑发飘飘/黑丫著.—济南：山东文艺出版社，1990.10.—120页；32开.—（东方诗卷丛书/李新民主编）.—ISBN 7-5329-0583-7：2.00元

黑色的梦/李宝君著.—哈尔滨：北方文艺出版社，1990.12.—120页；32开.—ISBN 7-5317-0428-5：3.50元

黑色的辉煌/朱增泉著.—北京：文化艺术出版社，1990.12.—123页；32开.—ISBN 7-5039-0467-4：2.70元

黑郁金香/吴春英著.—沈阳：春风文艺出版社，1990.12.—150页；32开.—ISBN 7-5313-0535-6：3.00元

黑罂粟/刘立云著.—北京：解放军文艺出版社，1990.11.—133页；32开.—ISBN 7-5033-0166-X：2.20元

本书是一本战争诗集。

瓻斋戏到杂咏/陈朗著；陈治注.—北京：宝文堂书店，1990.8.—143页；32开.—ISBN 7-80030-186-9：2.20元

本书精选作者咏剧诗作百余首。

湖山情/徐延平，浦学坤著.—南京：南京出版社，1990.4.—156页；32开.—ISBN 7-80560-174-7：2.40元

湖吻/林冬著.—南宁：广西民族出版社，1990.12.88页；32开.—（中国99散文诗丛/敏岐，田景丰主编）.—ISBN 7-5363-0971-6：1.90元

湖柳情/谢正学著.—哈尔滨：北方文艺出版社，1990.11.—107页；32开.—ISBN 7-5317-0446-3：2.20元

温柔的小溪/王新民著.—武汉：湖北少年儿童出版社，1990.9.—154页；32开.—ISBN 7-5353-0754-X：1.70元

温柔的阳光/潘万提著.—郑州：文心出版社，1990.2.—149页；32开.—ISBN 7-80537-273-X：1.60元

渴慕/戴砚田著.—广州：花城出版社，1990.1.156页；32开.—ISBN 7-5360-0480-X：2.60元

游心集/关振东著.—广州：广东人民出版社，1990.12.—114页；大32开.—ISBN 7-218-00556-X：2.80元

这是一本古体诗集，共收诗词287首。

善良的孩子/孙建军著.—成都：四川大学出版社，1990.9.—120页；32开.—（星星诗丛；第1辑/叶延滨主编）.—ISBN 7-5614-0321-6：2.00元

禅变/奔雷著.—南宁：广西民族出版社，1990.11.82页；36开.—（中国皇冠诗丛；第一辑/黄神彪，栗原小荻主编）.—ISBN 7-5363-0979-1：2.00元

隔河之吻/郭晓华著.—北京：解放军文艺出版社，1990.12.—143页；32开.—（战友诗丛）.—ISBN 7-5033-0189-9：2.80元

魂牵春梦/流溪著.—哈尔滨：北方文艺出版社，1990.4.—135页；36开.—ISBN 7-5317-0327-0：1.98元

这是一部爱情散文诗集。

献给少男少女的诗/王宜振著.—西安：西北大学出版社，1990.5.—319页；32开.—ISBN 7-5604-0167-8：3.60元

蓝火焰的夏天/丛小桦著.—哈尔滨：北方文艺出版社，1990.12.—120页；32开.—ISBN 7-5317-0426-9：3.50元

蓝色的梦魇/佟雪春著.—北京：中国华侨出版公司，1990.12.—143页；32开.—ISBN 7-80074-321-7：2.40元

蓝色探戈/余小平著.—北京：中国华侨出版公司，1990.5.—95页；32开.—ISBN 7-80074-080-3：1.80元

蓝怀昌诗选/蓝怀昌著.—南宁：广西民族出版社，1990.11.—97页；32开.—（中国皇冠诗丛；第一辑/黄神彪，栗原小荻主编）.—ISBN 7-5363-0979-1：2.00元

蓝河谷/晨枫著.—石家庄：花山文艺出版社，1990.8.—125页；32开.—ISBN 7-80505-345-6：1.40元

蓝蝙蝠/嵇亦工著.—杭州：浙江大学出版社，1990.1.—144页；32开.—（现代诗丛）.—ISBN 7-308-00480-5：2.60元

雷锋之歌/贺敬之著.—2版.—北京：中国青年出版社，1990.4.—135页；32开.—ISBN 7-5006-0732-6：1.70元

雷锋之歌/贺敬之等著；巩学雷等编.—太原：北岳文艺出版社，1990.4.—114页；32开.—ISBN 7-5378-0324-2：1.40元

雷锋之歌：诗集/贺敬之等著.—石家庄：花山文艺出版社，1990.3.—139页；32开.—ISBN 7-80505-263-8：1.50元

雷锋之歌：朗诵诗选/林乐山编.—济南：山东文艺出版社，1990.3.—121页；36开.—ISBN 7-5329-0388-5：1.60元

雷锋在我们心中/华成思编.—广州：花城出版社，1990.4.—152页；32开.—ISBN 7-5360-0652-7：1.90元

本书选编歌颂雷锋精神的长诗、短诗和歌词20多首。

雷锋诗赞/沈阳军区政治部编.—沈阳：白山出版社，1990.4.—171页；32开.—（学雷锋丛书；3）.ISBN 7-80566-106-5：2.15元

雾秋/陈茂欣著.—天津：百花文艺出版社，1990.7.—141页：照片；大32开.—ISBN 7-5306-0555-0：2.70元

摇曳的火焰：贵州八十年代散文诗选集/徐成淼编选.—贵阳：贵州人民出版社，1990.1.—126页；32开.—ISBN 7-221-01273-3：1.40元

摇橹者的歌/王海南著.—长春：时代文艺出版社，1990.6.—184页；36开.—ISBN 7-5387-0247-4：2.80元

本书收入作者71首抒情长短诗。

路漫漫情漫漫/易仁寰著.—长春：时代文艺出版社，1990.1.—134页；32开.—ISBN 7-5387-0214-8：2.60元

微苦的乡情/卜一著.—济南：山东文艺出版社，1990.11.—124页；32开.—（东方诗卷丛书/李新民主编）.—ISBN 7-5329-0558-6：2.00元

微语·情诗73/张新泉著.—成都：四川文艺出版社，1990.2.—160页；32开.—ISBN 7-5411-0552-X：2.00元

遥远的少女/黄蒲生著.—广州：花城出版社，1990.2.—127页；32开.—ISBN 7-5360-0559-8：2.40元

遥远的绿叶/舒宗范著.—昆明：云南民族出版社，1990.5.—136页；32开.—ISBN 7-5367-0281-7：1.50元

这是一本森林诗集。

触礁/李晓茹著.—西安：西北大学出版社，1990.6.—121页；32开.—ISBN 7-5604-0181-3：1.90元

新中国朗诵诗选/杨爱群，陈力编选.—沈阳：春风文艺出版社，1990.10.—336页；大32开.—（CF诗选系列）.—ISBN 7-5313-0381-7：5.10元

新月与孤星：余光中爱情诗精选/余光中著；张叹凤点评.—成都：四川文艺出版社，1990.2.—122页；32开.—ISBN 7-5411-0634-8：3.20元

新时期诗萃精评/张永健主编.—武汉：长江文艺出版社，1990.11.—499页；大32开.—ISBN 7-5354-0381-6：7.20元

新潮散文诗精选/莫笑编.—广州：花城出版社，1990.2.—123页；32开.—ISBN 7-5360-0522-9：2.25元

意匠集：中国建筑家诗词集/徐尚志主编.—北京：学苑出版社，1990.5.—172页；大32开.—ISBN 7-80060-876-X：4.50元

痴痴一段情/朱光天著.—广州：花城出版社，1990.12.—118页；32开.—ISBN 7-5360-0901-1：2.50元

塞上草/白朝蓉著.—呼和浩特：内蒙古人民出版社，1990.6.—177页；36开.—ISBN 7-204-00818-9：2.40元

塞风抒情诗选/塞风著.—济南：济南出版社，1990.12.—216页；32开.—（历下文丛）.—ISBN 7-80527-357-5：2.80元

福建诗词　第二集/福建中华诗词学会编.—福州：海峡文艺出版社，1990.12.—282页；大32开.—ISBN 7-80534-274-1：5.00元

叠恒昌怀亲诗/叠恒昌著.—济南：山东文艺出版社，1990.9.—87页；64开.—ISBN 7-5329-0504-7：1.00元

静庵之歌/郭光豹著.—广州：广东旅游出版社，1990.12.—185页；大32开.—ISBN 7-80521-210-4：5.00元

榕树，吹奏着乡音：散文诗/方航仙著.—济南：山东文艺出版社，1990.12.—136页；36开.—ISBN 7-5329-0593-4：2.40元

歌墟/蒙飞著.—南宁：广西民族出版社，1990.11.91页；36开.—（中国皇冠诗丛；第二辑/黄神彪，栗原小荻主编）.—ISBN 7-5363-0980-5：2.00元

蔷薇诗笺/陆苏著.—上海：学林出版社，1990.3.106页；32开.—（海岸诗丛；第二辑/郑成义，冰夫主编）.—ISBN 7-80510-434-4：2.30元

瘦月/贺东著.—北京：中国华侨出版公司，1990.9.—91页；32开.—ISBN 7-80074-331-4：2.50元

潇洒的青春/段海峰著.—北京：文津出版社，1990.9.—104页；32开.—ISBN 7-80554-045-4：1.80元

蜜月箴言/叶延滨著.—长沙：湖南文艺出版社，1990.4.—140页；32开.—ISBN 7-5404-0530-9：1.80元

缪斯岛/潘秋著.—厦门：鹭江出版社，1990.12.149页；36开.—ISBN 7-80533-392-0：2.00元

缪斯的琴/王尔冰，鲁小鹰著.—济南：山东文艺出版社，1990.4.—122页；32开.—（东方诗卷丛书/李新民主编）.—ISBN 7-5329-0378-8：2.00元

本书收鲁小鹰的诗48首，王尔冰的诗29首。

横舟诗选/横舟著.—北京：中国妇女出版社，1990.10.—117页；32开.—ISBN 7-80016-209-5：2.00元

飘在山风里的歌/李光云著.—昆明：云南人民出版社，1990.5.—155页；36开.—（云岭诗丛）.—ISBN 7-222-00654-0：1.70元

飘香的玫瑰/朱吉成著.—贵阳：贵州人民出版社，1990.8.—124页；36开.—ISBN 7-221-01836-7：2.30元

飘柔的情思/张德强著.—杭州：浙江文艺出版社，1990.11.—169页；32开.—ISBN 7-5339-0306-4：2.00元

墨池词笺/吴军著.—南宁：广西人民出版社，1990.7.—122页；32开.—ISBN 7-219-01580-1：2.00元

黎明鸟/石太瑞著.—南宁：广西民族出版社，1990.11.—120页；36开.—（东方诗丛；第1辑/向翔主编）.—ISBN 7-5363-0996-1：2.80元

赠你一朵玫瑰云/肖存平著.—北京：中国妇女出版社，1990.9.—94页；32开.—ISBN 7-80016-336-9：1.80元

篝火/张育瑄著.—合肥：安徽文艺出版社，1990.1.—133页；32开.—ISBN 7-5396-0268-6：1.50元

篮蝙蝠/稽亦工著.—杭州：浙江大学出版社，1990.1.—144页；32开.—（现代诗丛）.—ISBN 7-308-00480-5：2.60元

韶泉室旧体诗存/张恒寿著.—石家庄：花山文艺出版社，1990.3.—76页；32开.—ISBN 7-80505-235-2：1.00元

本书共收集旧体诗40余篇，其中大部分是古风和绝句。

燃烧的荆棘/独桥木著.—呼和浩特：内蒙古人民出版社，1990.10.—141页；大32开.—（北中国诗卷）.—ISBN 7-204-01068-X：2.80元

燃烧的爱/秦岭著.—太原：北岳文艺出版社，1990.4.—124页；32开.—ISBN 7-5378-0093-6：1.50元

燃烧的爱：中流煤矿抒情诗选/中流著.—哈尔滨：北方文艺出版社，1990.12.—210页；32开.—ISBN 7-5317-0458-7：2.95元

燃烧的潮：〔诗集〕/晨声著.—广州：花城出版社，1990.10.—132页；32开.—ISBN 7-5360-0835-X：2.60元

藏边拾翠：散文诗集/宁世群著.—峨眉山：西南交通大学出版社，1990.5.—143页；36开.—ISBN 7-81022-175-2：1.65元

朦胧诗后——中国先锋诗选/李丽中等选评.—天津：南开大学出版社，1990.1.—197页；32开.—ISBN 7-310-00194-X：2.65元

朦胧碎语/李发模著.—南宁：广西民族出版社，1990.12.—90页；32开.—（中国99散文诗丛/敏岐，田景丰主编）.—ISBN 7-5363-0971-6：1.90元

瀑布/孙宇飞著.—芒市：德宏民族出版社，1990.5.—42页；32开.—（古道诗丛/思继春主编）.—ISBN 7-80525-061-8：0.70元

90’青年新诗大赛集萃/芜限等著.—南京：江苏文艺出版社，1990.10.—156页；32开.—ISBN 7-5399-0122-5：2.50元

95首抒情诗和7张油画/张新泉著.—西安：华岳文艺出版社，1990.6.—196页；32开.—ISBN 7-80549-301-4：3.20元

本诗集分为“1988的烛光”、“都市摇滚”、“彼岸”、

"凡人小令"和"黄土音画"5部分。

I 23 戏 剧

I 230 综合集

中国少数民族戏剧丛书：湖南卷/胡代炜主编.—北京：中国戏剧出版社，1990.4.—345页；大32开.（中国少数民族戏剧丛书/曲六乙主编）.—ISBN 7-104-00167-0：4.85元

文艺调演节目集：人口与婚姻家庭部分/刘兆慈，赵裕丰编.—北京：中国人口出版社，1990.7.—190页；32开.—ISBN 7-81079-020-7：2.55元

汉皇春秋：戏剧作品选/李建华著.—济南：山东文艺出版社，1990.1.—156页：剧照；32开.—ISBN 7-5329-0357-5：2.55元

再造长城：第四次全国人口普查文艺专集/张猛等主编.—济南：山东文艺出版社，1990.5.—226页；32开.—ISBN 7-5329-0428-8：2.85元

血荐轩辕：冯思德戏剧作品选/冯思德著.—石家庄：河北人民出版社，1990.2.—347页；大32开.—ISBN 7-202-00597-2：4.25元

刘永峥剧作选/刘永峥著.—沈阳：春风文艺出版社，1990.11.—329页；大32开.—ISBN 7-5313-0425-2：5.00元

戏考大全.—影印本.—上海：上海书店，1990.12.—5册（1284，1102，1086，1106，1122页）：剧照；32开.—ISBN 7-80596-247-5（精装）：120.00元

本书据中华图书馆原本影印，原名《戏考》。

张晶剧作选/张晶著.—北京：中国戏剧出版社，1990.12.—379页；大32开.—（当代剧作家创作丛书）.—ISBN 7-104-00240-5：5.40元

范钧宏、吕瑞明戏曲选/范钧宏，吕瑞明著.—北京：中国戏剧出版社，1990.7.—300页；大32开.ISBN 7-104-00169-7：3.90元

本书选收京剧剧本《杨门女将》、《满江红》、《夏完淳》、《锦车使节》，河北梆子《蝴蝶杯》。

欧阳予倩全集 第一卷/欧阳予倩著.—上海：上海文艺出版社，1990.9.—474页：照片；大32开.—ISBN 7-5321-0621-7：7.80元

欧阳予倩全集 第二卷/欧阳予倩著.—上海：上海文艺出版社，1990.8.—547页：照片；大32开.—ISBN 7-5321-0633-0：8.40元

欧阳予倩全集 第三卷/欧阳予倩著.—上海：上海文艺出版社，1990.9.—547页：照片；大32开.ISBN 7-5321-0639-X：8.45元

欧阳予倩全集 第四卷/欧阳予倩著.—上海：上海文艺出版社，1990.9.—423页：照片；大32开.—ISBN 7-5321-0681-0：6.80元

欧阳予倩全集 第五卷/欧阳予倩著.—上海：上海文艺出版社，1990.9.—325页：照片；大32开.—ISBN 7-5321-0683-7：5.55元

欧阳予倩全集 第六卷/欧阳予倩著.—上海：上海文艺出版社，1990.9.—459页：照片；大32开.ISBN 7-5321-0643-8：7.20元

周永太剧作选/周永太著.—长春：时代文艺出版社，1990.5.—226页；大32开.—（关东戏剧文学丛书；第1辑/赵羽翔主编）.—ISBN 7-5387-0284-9：3.10元

孟宪礼剧作选/孟宪礼著.—长春：时代文艺出版社，1990.5.—260页；大32开.—（关东戏剧文学丛书；第1辑/赵羽翔主编）.—ISBN 7-5387-0283-0：3.10元

胡万春剧本选/胡万春著.—北京：文化艺术出版社，1990.7.—2册(747页)：肖像；大32开.—ISBN 7-5039-0294-9：11.00元

本书共两册：上册为电影，话剧部分；下册为电视剧部分。

黄河与月神/刘京仪著.—青岛：青岛出版社，1990.9.—446页；32开.—ISBN 7-5435-0519-8：4.40元

本书收入作者古典题材与现代题材的剧本7个。

黄俊耀戏曲选/黄俊耀著.—北京：中国戏剧出版社，1990.10.—396页：照片；32开.—ISBN 7-104-00247-2：4.55元

本集选收了现代戏《梁秋燕》、《粮食》、《阎王寨》和新编历史剧《解忧公主》4个剧本。

晨雾中的亮点：1978年～1988年广东省业余获奖剧作选/中国戏剧家协会广东分会，广东省群众艺术馆编.—北京：中国戏剧出版社，1990.5.—545页；大32开.—ISBN 7-104-00238-3：6.80元

跋涉/刘国华著.—北京：中国文联出版公司，1990.8.—419页；32开.—ISBN 7-5059-1372-7：5.45元

本书为作者的戏剧、曲艺集。

福建优秀剧作选：1979～1989/福建省文化厅选编；刘世今等选编.—福州：海峡文艺出版社，1990.7.—603页：剧照；大32开.—ISBN 7-80543-215-6(精装)：11.00元

舞台的韵律：戏剧文学卷/田淑英，廖玮主编.—沈阳：春风文艺出版社，1990.6.—348页；大32开.（辽宁文学10年丛书：1979～1989/王充闾，林声主编）.—ISBN 7-5313-0200-4：4.70元

嫦娥怨：尚庆夫剧作选/尚庆夫著.—济南：山东文艺出版社，1990.12.—351页；32开.—ISBN 7-5329-0599-3：3.45元

I 232 京 剧

京剧选编 第一集/钮骠主编；中国戏曲学院编.

北京：中国戏剧出版社，1990.11.—207页；32开.ISBN 7-104-00269-3：3.80元

本集收入《挑滑车》、《连升店》、《卖水》等5部京剧。

京剧选编　第二集/钮骠主编；中国戏曲学院编.北京：中国戏剧出版社，1990.11.—216页；大32开.—ISBN 7-104-00270-7：4.00元

本集收《战马超》、《罢宴》、《杨排风》等5部京剧。

京剧选编　第三集/钮骠主编；中国戏曲学院编.北京：中国戏剧出版社，1990.11.—222页；大32开.—ISBN 7-104-00271-5：4.00元

本集收入《截江夺斗》、《取洛阳》、《贺后骂殿》等5部京剧。

京剧选编　第四集/钮骠主编；中国戏曲学院编.北京：中国戏剧出版社，1990.11.—267页；大32开.—ISBN 7-104-00272-3：4.60元

本书收入《穆桂英》、《甘露寺》两部京剧。

京剧选编　第五集/钮骠主编；中国戏曲学院编.北京：中国戏剧出版社，1990.11.—208页；大32开.—ISBN 7-104-00273-1：3.80元

本集收入《碧波潭》、《白蛇传》两部京剧。

京剧选编　第六集/钮骠主编；中国戏曲学院编.北京：中国戏剧出版社，1990.11.—236页；大32开.—ISBN 7-104-00274-4：4.30元

本集收入《虹桥赠珠》、《洪羊洞》、《春秋配》等5部京剧。

京剧选编　第七集/钮骠主编；中国戏曲学院编.北京：中国戏剧出版社，1990.12.—199页；大32开.—ISBN 7-104-00275-X：4.00元

京剧选编　第八集/钮骠主编；中国戏曲学院编.北京：中国戏剧出版社，1990.12.—261页；大32开.—ISBN 7-104-00276-4：4.00元

京剧选编　第九集/钮骠主编；中国戏曲学院编.北京：中国戏剧出版社，1990.12.—219页；大32开.—ISBN 7-104-00277-4：4.00元

京剧选编　第十集/钮骠主编；中国戏曲学院编.北京：中国戏剧出版社，1990.12.—273页；大32开.ISBN 7-104-00278-3：4.20元

I 233　歌　剧

任彦芳歌诗剧集/任彦芳著.—北京：中国戏剧出版社，1990.3.—222页：照片；大32开.—ISBN 7-104-00188-3：4.20元

本书收入作者的《她们的心》、《泥土之歌》、《铁窗红旗》3部歌诗剧。

蛇郎/柯炽编剧；范西姆作曲.—南宁：广西民族出版社，1990.3.—208页；32开.—ISBN 7-5363-0719-5：3.00元

I 234　话　剧

田汉选集　第一卷：话剧/田汉著.—成都：四川文艺出版社，1990.6.—523页；大32开.—ISBN 7-5411-0579-1(精装)：9.10元

田汉选集　第一卷：话剧/田汉著.—成都：四川文艺出版社，1990.6.—532页：照片；大32开.—ISBN 7-5411-0580-5：7.10元

田汉选集　第二卷：话剧/田汉著.—成都：四川文艺出版社，1990.6.—539页：照片；大32开.—ISBN 7-5411-0581-3(精装)：9.20元

田汉选集　第二卷：话剧/田汉著.—成都：四川文艺出版社，1990.6.—539页：照片；大32开.—ISBN 7-5411-0582-1：7.20元

张中梁剧作选/张中梁著.—长春：时代文艺出版社，1990.5.—254页；大32开.—(关东戏剧文学丛书；第1辑/赵羽翔主编).—ISBN 7-5387-0285-7：3.10元

张志新剧作选/张志新著.—长春：时代文艺出版社，1990.5.—198页；大32开.—(关东戏剧文学丛书；第1辑/赵羽翔主编).—ISBN 7-5387-0282-2：3.10元

郑守志剧作选/郑守志著.—长春：时代文艺出版社，1990.5.—242页；大32开.—(关东戏剧文学丛书；第1辑/赵羽翔主编).—ISBN 7-5387-0279-2：3.10元

顾毓琇戏剧选/顾毓琇著.—北京：商务印书馆，1990.3.—359页；大32开.—ISBN 7-100-00797-6(精装)：6.70元

精忠报国：五幕话剧/舒湮著.—北京：中国戏剧出版社，1990.3.—143页：剧照；32开.—(现代戏剧创作丛书).—ISBN 7-104-00000-3：1.90元

I 235　电影剧本、电视剧本

1984～1990中央电视台春节联欢晚会小品选粹/洪民生，田亨九主编.—北京：中国广播电视出版社，1990.2.—170页；32开.—ISBN 7-5043-0534-0：2.70元

天字号风云录：电视文学剧本/周端木，邓定维编剧.—北京：中国戏剧出版社，1990.12.—227页；大32开.—ISBN 7-104-00282-0：5.80元

天籁的回音/全秉荣著.—呼和浩特：内蒙古人民出版社，1990.3.—233页；36开.—ISBN 7-204-00827-8：2.75元

无雪的冬天/张宏森著.—济南：山东文艺出版社，1990.10.—265页；大32开.—ISBN 7-5329-0483-0：4.35元

本书包括《无雪的冬天》、《大交叉》、《梁子》和《苦夏》4个电视文学剧本。

仅次于上帝的人：电视系列剧文学剧本/柯岩总编剧.—北京：人民教育出版社，1990.8.—406页；大32开.—ISBN 7-107-10725-9：5.25元

乌兰夫/孙明强编剧.—北京：中国广播电视出版社，1990.3.—166页；32开.—（电视文学剧本丛书）.—ISBN 7-5043-0393-3：2.20元

西部的星空：刘郎电视艺术片解说诗集/刘郎著.西宁：青海人民出版社，1990.2.—204页；32开.—ISBN 7-225-00323-2：2.35元

死神的最后一张王牌：电影文学剧本选/徐广顺著.—大连：大连出版社，1990.2.—218页；32开.ISBN 7-80555-078-6：2.90元

刚柔四重奏/华而实著.—北京：中国华侨出版公司，1990.11.—402页；大32开.—ISBN 7-80074-220-2：6.25元

同心曲：北京人衣食住行电视系列专题节目/中共北京市委宣传部编.—北京：北京出版社，1990.6.293页；32开.—ISBN 7-200-01047-2：3.95元

齐鲁儿女：电视解说词选/曾昭明等主编.—济南：山东人民出版社，1990.6.—164页；32开.—ISBN 7-209-00696-6：1.95元

孙中山与宋庆龄/耿可贵，张启蓉著.—杭州：浙江文艺出版社，1990.2.—289页；大32开.—ISBN 7-5339-0208-4：3.70元

辛显令电影剧作选/辛显令著.—青岛：青岛出版社，1990.11.—448页；大32开.—（琴岛文库）.ISBN 7-5436-0527-9：6.00元

神秘的女人世界/张笑天著.—桂林：漓江出版社，1990.9.—275页；32开.—ISBN 7-5407-0587-6：3.30元

本书收入《关东女侠》、《末代皇后》、《泪美人》和《麻疯岛》4个电影剧本。

捂住你的伤口：萧强电影电视文学剧本集/萧强著.—上海：学林出版社，1990.10.—193页；大32开.—ISBN 7-80510-553-7：3.90元

峨眉一笑/李栋著.—福州：海峡文艺出版社，1990.10.—294页；32开.—（聊斋电视系列小说）.ISBN 7-80534-277-6：3.30元

铁人：电视文学剧本/蔡沛林，李国昌著.—哈尔滨：北方文艺出版社，1990.3.—295页；32开.ISBN 7-5317-0318-1：3.85元

浣纱女的传说：德咏影视剧作选/德咏著.—上海：上海人民出版社，1990.5.—215页：照片；32开.ISBN 7-208-00773-X：3.60元

傲霜枝：影视剧本集/乌嫩齐著.—北京：民族出版社，1990.11.—293页；32开.—ISBN 7-105-01183-3：2.90元

赖宁：电视故事剧/黄自廉，程佳光编剧.—昆明：云南人民出版社，1990.5.—60页；32开.—ISBN 7-222-00640-0：0.75元

蜀道：电视系列片《蜀道》解说词/中央电视台社教部编.—北京：北京工业大学出版社，1990.7.—144页；32开.—ISBN 7-5639-0050-4：2.70元

I 236　地方剧

二人台/贾德义编.—太原：北岳文艺出版社，1990.4.—272页；大32开.—ISBN 7-5378-0328-5：3.50元

牛仔女/余雍和著.—上海：上海文艺出版社，1990.5.—403页：剧照；大32开.—ISBN 7-5321-0579-2（精装）：8.40元

本书包括：革命历史剧《艰难的历程》、现代悲剧《张志新之死》、当代警世剧《姊妹俩》、现代悲剧《黄梅戏女王》、社会风情剧《牛仔女》。

牛仔女/余雍和著.—上海：上海文艺出版社，1990.5.—403页：剧照；大32开.—ISBN 7-5321-0578-4：5.85元

西施归越：罗怀臻探索戏曲集/罗怀臻著.—上海：学林出版社，1990.7.—228页；大32开.—ISBN 7-80510-513-8：4.00元

茶童奇缘/江西省赣州地区文联选编.—南昌：江西人民出版社，1990.6.—334页；32开.—（四十年创作作品选粹：赣州地区：戏剧卷/李兴枋主编）.ISBN 7-210-00909-4：3.80元

顾锡东剧作选/顾锡东著；中国戏剧家协会浙江分会编.—杭州：浙江文艺出版社，1990.10.—478页；大32开.—ISBN 7-5339-0298-X：6.20元

本书收入《五女拜寿》、《汉宫怨》等10个浙江地方剧作。

徐棻戏曲选/徐棻著.—北京：中国戏剧出版社，1990.2.—254页；32开.—ISBN 7-104-00124-7：3.10元

本书收入《燕燕》、《王熙凤》、《秀才外传》、《将军魂》4个川剧剧本。

情场金梦/赵经进等编剧.—海口：南海出版公司，1990.6.—163页；32开.—（琼剧丛书）.—ISBN 7-80570-257-8：2.60元

湖南地方剧种志（三）/湖南省戏曲研究所编.长沙：湖南文艺出版社，1989.10.—556页：剧照；大32开.—（湖南地方剧种志丛书/文忆萱主编）.（精装）：8.20元

I 237　古代戏曲

车王府曲本选/刘烈茂等整理.—广州：中山大学出版社，1990.11.—649页；大32开.—ISBN 7-306-00333-X：11.80元

本书收录的是清代北京蒙古车王府收藏的一批曲本，包括戏曲、杂曲、鼓词、子弟书等。

全元戏曲　第一卷/王季思主编.—北京：人民文学出版社，1990.1.—715页；大32开.—ISBN 7-02-000891-7（精装）：12.15元

全元戏曲　第二卷/王季思主编.—北京：人民文学出版社，1990.11.—661页；大32开.—全国高校古籍委员会科研经费资助项目.—ISBN 7-02-000771-6（精装）：11.55元

本卷收马致远、王实甫等十几位作家的30多部作品。整理者除进行校点外，还撰有作家小传，剧目说明，并附有校勘记。

春灯谜：媛红室汇刻传奇/（清）阮大铖撰.—影印本.—扬州：江苏广陵古籍刻印社，1990.3.—2册；12开.—（线装）：35.00元

清忠谱/（清）李玉著；王毅校注.—北京：人民文学出版社，1990.8.—216页；大32开.—ISBN 7-02-001025-3：3.20元

I 239　曲　艺

毛家华曲艺作品集/毛家华著.—北京：中国广播电视出版社，1990.11.—116页；32开.—ISBN 7-5043-0492-1：2.00元

丛中一笑集/耿瑛，崔凯主编.—沈阳：春风文艺出版社，1990.5.—414页；大32开.—（辽宁文学十年丛书：1979～1989：说唱文学卷/林声，王充闾主编）.—ISBN 7-5313-0239-X：5.50元

贵州四十年曲艺选集/中国曲艺家协会贵州分会编.—贵阳：贵州人民出版社，1990.9.—428页；大32开.—ISBN 7-221-01631-3：5.00元

笑口常开：王佩琈曲艺作品选/王佩琈著.—北京：解放军文艺出版社，1990.12.—216页；32开.—ISBN 7-5033-0185-6：3.50元

I 239.1/.2　弹词、鼓词

三笑新编/（清）吴毓昌著；曹中孚整理.—上海：上海古籍出版社，1990.4.—677页；32开.—ISBN 7-5325-0114-0：6.00元

本书是一部著名的弹词，写的是明武宗正德年间苏州著名才子唐伯虎与无锡华鸿山太师婢女秋香的恋爱故事。

刘公案：车王府曲本/燕琦校点.—北京：人民文学出版社，1990.8.—497页；大32开.—ISBN 7-02-001008-3：5.65元

描金凤/张如君等整理.—南昌：江西人民出版社，1990.6.—407页；大32开.—（传统说唱文学丛书）.—ISBN 7-210-00069-0：4.90元

I 239.7　相　声

中央电视台春节联欢晚会相声选粹：1983～1989/中央电视台研究室编.—北京：中国广播电视出版社，1990.6.—201页；32开.—ISBN 7-5043-0377-1：2.80元

尹建平相声创作集/尹建平著.—北京：中国广播电视出版社，1990.9.—192页：照片；32开.—ISBN 7-5043-0694-0：3.70元

I 239.8　评　书

大八义：八义斗三仙/聂田盛编述；郝赫整理.—沈阳：春风文艺出版社，1990.6.—321页：冠图；32开.—ISBN 7-5313-0361-2：3.40元

大八义：三拆聚宝楼/聂田盛编述；杨微整理.—沈阳：春风文艺出版社，1990.8.—346页；32开.—ISBN 7-5313-0388-4：4.30元

大八义：神偷赵华阳/聂田盛编述；刘新整理.—沈阳：春风文艺出版社，1990.3.—268页；32开.ISBN 7-5313-0213-6：2.95元

小侠黄九龄/聂田盛编述；耿瑛，杨微整理.—郑州：黄河文艺出版社，1990.4.—400页：冠图；32开.—ISBN 7-5400-0271-9：4.25元

马潜龙走国　（上）/聂田盛，杨微编写.—沈阳：春风文艺出版社，1990.12.—217页；32开.—ISBN 7-5313-0200-4：2.90元

马潜龙走国　（下）/聂田盛，杨微编写.—沈阳：春风文艺出版社，1990.12.—443页；32开.—ISBN 7-5313-0200-4：2.80元

天国虎将/魏文华，刀慧容著.—长春：长春出版社，1990.12.—394页；大32开.—（中华说唱文艺丛书）.—ISBN 7-80573-386-4：5.90元

五凤朝阳刀　第五部/冯家文著.—石家庄：花山文艺出版社，1990.5.—482页；32开.—ISBN 7-80505-277-8：4.80元

再续小八义/刘彩芹口述；田连元整理.—沈阳：春风文艺出版社，1990.1.—464页；32开.—（传统评书新编丛书）.—ISBN 7-5313-0312-4：4.80元

刘伯温出山/王超堂口述；徐永华，陆子亢整理.西安：三秦出版社，1990.10.—422页；32开.—ISBN 7-80546-261-5：5.10元

青山飞人/刘颖南著.—长春：长春出版社，1990.12.—278页；大32开.—（中华说唱文艺丛书）.ISBN 7-80573-344-9：4.90元

斩莽剑/连丽如，贾建国著.—北京：中国曲艺出版社，1990.1.—2册(746页)；32开.—ISBN 7-80008-047-1：9.50元

侠义双马传/孟青祥等著.—哈尔滨：黑龙江人民出版社，1990.7.—2册(1478页)；32开.—ISBN 7-207-01043-5：20.00元

炎宋怪杰/杨志民编述；亦扬，洪山整理.—长春：长春出版社，1990.12.—390页；大32开.—(中华说唱文艺丛书).—ISBN 7-80573-385-6：5.90元

泣血英侠/张遇春等编.—哈尔滨：黑龙江人民出版社，1990.1.—754页；32开.—(新编传统大书).ISBN 7-207-01234-9：8.50元

美之罪：陈圆圆传奇/行人著.—北京：作家出版社，1990.7.—477页；32开.—ISBN 7-5063-0242-X：5.40元

美郎传奇/李智量主编.—哈尔滨：黑龙江人民出版社，1990.7.—481页；32开.—(新编野史传奇丛书/李智量主编).—ISBN 7-207-01467-8：7.05元

描金凤/竹亭居士重订.—哈尔滨：黑龙江人民出版社，1990.5.—482页；32开.—(新编野史传奇丛书/李智量主编).—ISBN 7-207-01364-7：5.70元

韩起祥曲艺选.—北京：中国曲艺出版社，1990.6.442页：彩照；大32开.—ISBN 7-80008-058-7：6.20元

落金扇/夏斐文著.—哈尔滨：黑龙江人民出版社，1990.4.—257页；32开.—(新编野史传奇丛书/李智量主编).—ISBN 7-207-01365-5：3.25元

楚汉相争/张善安口述；许筱云，吴汉兴整理.—上海：上海文艺出版社，1990.3.—610页：插图；大32开.—ISBN 7-5321-0424-9：7.40元

错配姻缘/章禹纯主编.—哈尔滨：黑龙江人民出版社，1990.10.—557页；32开.—(中国古代民间文学丛书/章禹纯主编).—ISBN 7-207-01008-7：7.15元

群仙破天门：杨家将世代英雄传/张香兰，李庆溪口述；李冠雄，朱巍整理.—沈阳：春风文艺出版社，1990.9.—356页：冠图；32开.—ISBN 7-5313-0370-1：4.60元

B25大搏杀/黄海源等著.—长春：长春出版社，1990.12.—267页；大32开.—(中华说唱文艺丛书).—ISBN 7-80573-343-0：4.50元

I 24　小　说

中国小说辞典/秦亢宗主编.—北京：北京出版社，1990.4.—543页；大32开.—ISBN 7-200-00929-6(精装)：12.00元

本书收词条1587条，包括小说名词术语、作家简介，作品简介、小说人物简介、小说名著故事梗概等5个部分。

中国小说辞典/秦亢宗主编.—北京：北京出版社，1990.4.—543页；大32开.—ISBN 7-200-00741-2：8.80元

I 242　古代作品

元明小说选译/张虎刚，林骅选译.—上海：上海古籍出版社，1990.6.—349页；32开.—(中国古代文言小说选译丛书/李厚基主编).—ISBN 7-5325-0578-7：3.75元

古本小说丛刊　第二辑/刘世德等主编.—影印本.北京：中华书局，1990.8.—5册(2503页)；大32开.ISBN 7-101-00745-7(精装)

古本小说丛刊　第三辑/刘世德等主编.—影印本.北京：中华书局，1990.8.—5册(2491页)；大32开.ISBN 7-101-00745-7(精装)

古本小说丛刊　第四辑/刘世德等主编.—影印本.北京：中华书局，1990.8.—5册(2533页)；大32开.—ISBN 7-101-00745-7(精装)

古本小说丛刊　第五辑/刘世德等主编.—影印本.北京：中华书局，1990.8.—5册(2483页)；大32开.ISBN 7-101-00745-7(精装)

古本小说丛刊　第六辑/刘世德等主编.—影印本.北京：中华书局，1990.8.—5册(2608页)；大32开.—ISBN 7-101-00745-7(精装)

古本小说丛刊　第七辑/刘世德等主编.—影印本.北京：中华书局，1990.8.—5册(2501页)；大32开.—ISBN 7-101-00745-7(精装)

古本小说丛刊　第八辑/刘世德等主编.—影印本.北京：中华书局，1990.8.—5册(2553页)；大32开.—ISBN 7-101-00745-7(精装)

古本小说丛刊　第九辑/刘世德等主编.—影印本.北京：中华书局，1990.8.—5册(2495页)；大32开.—ISBN 7-101-00745-7(精装)

古本小说丛刊　第十辑/刘世德等主编.—影印本.北京：中华书局，1990.8.—5册(2446页)；大32开.—ISBN 7-101-00745-7(精装)

古本小说丛刊　第十一辑/刘世德等主编.—影印本.—北京：中华书局，1990.8.—5册(2544页)；大32开.—ISBN 7-101-00745-7(精装)

宋代小说选译/李华年选译.—上海：上海古籍出版社，1990.7.—319页；32开.—(中国古代文言小说选译丛书/李厚基主编).—ISBN 7-5325-0597-9：3.45元

明末清初小说　第二函.—沈阳：春风文艺出版社，1990.11.—10册；32开.—ISBN 7-5313-0415-5：26.50元

清代小说选译/姜东赋，许桂亭选译.—上海：上海古籍出版社，1990.8.—525页；大32开.—(中国古

代文言小说选译丛书/李厚基主编）.—ISBN 7-5325-0645-2：5.35元

I 242.1　笔记小说

历代文言小说赏析/王恒展编.—济南：明天出版社，1990.3.—403页；大32开.—（中国历代诗文名作赏析丛书/许平主编）.—ISBN 7-5332-0935-4（精装）：6.65元

历代狐仙传奇全书/麻国钧主编.—北京：农村读物出版社，1990.10.—1157页；大32开.—ISBN 7-5048-1297-8：15.00元

本书从几十种古代笔记小说中采录了有关狐狸的故事。

历代爱情故事大观：仇情集/汤漳平，林春分编著.—郑州：中州古籍出版社，1990.9.—160页；32开.—ISBN 7-5348-0183-4：2.85元

历代爱情故事大观：负情集/林春分，汤漳平编著.—郑州：中州古籍出版社，1990.9.—142页；32开.—ISBN 7-5348-0128-1：2.85元

历代爱情故事大观：冤情集/汤漳平，林春分编著.—郑州：中州古籍出版社，1990.9.—154页；32开.—ISBN 7-5343-0182-6：2.85元

本书收集编译了我国爱情小说中以冤情为主要内容的几十篇故事，如"崔素琼以死报知音"，"罗爱爱冤魂盼夫君"等。

太平广记/（宋）李昉等编.—上海：上海古籍出版社，1990.12.—4册；32开.—ISBN 7-5325-0849-8（精装）：49.60元

中国志怪小说选译/刘永濂译注.—北京：宝文堂书店，1990.10.—480页；32开.—（中国古典文学普及丛书）.—ISBN 7-80030-108-7：5.10元

本书编纂我国中古时代64篇志怪短篇小说。

仇池笔记·东坡志林/（宋）苏轼著.—影印本.—上海：上海书店，1990.9.—1册；32开.—（宋人小说；2）.—ISBN 7-80569-255-6：3.00元

本书据涵芬楼旧版影印。

六朝志怪小说选译/肖海波，罗少卿译注.—成都：巴蜀书社，1990.—322页：插图；32开.—（古代文史名著选译丛书：魏晋南北朝/章培恒等主编）.国家教委古籍整理"七·五"规划重点项目.—ISBN 7-80523-357-8

石林避暑录话/（宋）叶梦得著.—影印本.—上海：上海书店，1990.9.—1册；32开.—（宋人小说；5）.—ISBN 7-80569-259-9：3.20元

本书据涵芬楼旧版影印。

玉照新志·投辖录/（宋）王明清著.—影印本.—上海：上海书店，1990.9.—1册；32开.—（宋人小说；14）.—ISBN 7-80569-268-8：3.30元

本书据涵芬楼旧版影印。

世说新语选译/（南朝宋）刘义庆著；柳士镇译注.—成都：巴蜀书社，1990.—304页；32开.—（古代文史名著选译丛书：魏晋南北朝/章培恒等主编）.国家教委古籍整理"七·五"规划重点项目.—ISBN 7-80523-357-8

东原录麈史/（宋）龚鼎臣，王得臣著.—影印本.—上海：上海书店，1990.9.—1册；32开.—（宋人小说；1）.—ISBN 7-80569-256-4：2.70元

本书据涵芬楼旧版影印。

汉口丛谈校释/（清）范锴著；江浦等校注.—武汉：湖北人民出版社，1990.8.—634页；32开.—（荆楚故书丛刊）.—ISBN 7-216-00600-3：6.80元

老学庵笔记/（宋）陆游著.—影印本.—上海：上海书店，1990.9.—1册；32开.—（宋人小说；8）.—ISBN 7-80569-262-9：3.00元

本书据涵芬楼旧版影印。

耳谈/（明）王同轨撰；孙顺霖校注.—郑州：中州古籍出版社，1990.12.—348页；大32开.—（明清文言小说选刊）.—ISBN 7-5348-0307-1：4.85元

扪虱新话/（宋）陈善著.—影印本.—上海：上海书店，1990.9.—1册；32开.—（宋人小说；6）.—ISBN 7-80569-260-2：3.40元

本书据涵芬楼旧版影印。

吕纯阳得道/（明）邓志谟撰；肖蓝校点·**吕祖全传**/（清）汪象旭撰；李建业校点.—济南等：齐鲁书社等，1990.4.—157页；32开.—（中国神怪小说大系：神仙卷/林辰，段文桂主编）.—ISBN 7-5333-0171-4：2.50元

吕洞宾三戏白牡丹/（　）佚名撰；杨爱群校点.—济南：齐鲁书社等，1990.4.—301页；32开.—（中国神怪小说大系：神仙卷/林辰，段文桂主编）.—ISBN 7-5333-0154-4：4.30元

齐东野语/（宋）周密著.—影印本.—上海：上海书店，1990.9.—1册；32开.—（宋人小说；10）.—ISBN 7-80569-264-5：7.10元

本书据涵芬楼旧版影印。

宋代传奇选译/姚松译注.—成都：巴蜀书社，1990.—327页：插图；32开.—（古代文史名著选译丛书：宋元明清/章培恒等主编）.—国家教委古籍整理"七·五"规划重点项目.—ISBN 7-80523-357-8

邵氏闻见后录/（宋）邵博著.—影印本.—上海：上海书店，1990.9.—1册；32开.—（宋人小说；17）.—ISBN 7-80569-271-8：5.20元

本书据涵芬楼旧版影印。

鸡肋编/（宋）庄绰著.—影印本.—上海：上海书店，1990.9.—1册；32开.—（宋人小说；16）.—ISBN 7-80569-270-X：3.10元

本书据涵芬楼旧版影印。

青箱杂记·苏黄门龙川略志别志·默记/（宋）吴处厚等著.—影印本.—上海：上海书店，1990.9.—1

册；32开.—(宋人小说：13).—ISBN 7-80569-267-X：4.80元
本书据涵芬楼旧版影印。

明人百家.—影印本.—上海：上海文艺出版社，1990.5.—1册；32开.—(中国笔记小说文库).ISBN 7-5321-0538-5(精装)：14.10元
本书据上海扫叶山房石印本影印。

河南邵氏闻见录/(宋)邵伯温著.—影印本.—上海：上海书店，1990.9.—1册；32开.—(宋人小说：15).—ISBN 7-80569-269-6：4.20元
本书据涵芬楼旧版影印。

春渚纪闻/(宋)何薳著.—影印本.—上海：上海书店，1990.9.—1册；32开.—(宋人小说：4).—ISBN 7-80569-258-0：3.00元
本书据涵芬楼旧版影印。

南北朝新语/(明)林茂桂撰.—影印本.—北京：中国书店，1990.7.—1册；大32开.—(海王邨古籍丛刊).—ISBN 7-80568-106-6(精装)：24.00元
本书据明天启刻本影印。

说苑·新序选译/(西汉)刘向编撰；曹亦冰译注.成都：巴蜀书社，1990.—384页；插图；32开.(古代文史名著选译丛书：先秦两汉/章培恒等主编).—国家教委古籍整理"七·五"规划重点项目.—ISBN 7-80523-357-8

绘图三教源流搜神大全：外二种/(清)阙名撰.上海：上海古籍出版社，1990.6.—1册；大32开.ISBN 7-5325-803-X(精装)：11.35元

珩璜新论/(宋)孔平仲著·**嬾真子录**/(宋)马永卿著.—影印本.—上海：上海书店，1990.9.—1册；32开.—(宋人小说：3).—ISBN 7-80569-257-2：3.10元
本书据涵芬楼旧版影印。

唐人传奇选译/(唐)元稹等著；周晨译注.—成都：巴蜀书社，1990.—359页；插图；32开.—(古代文史名著选译丛书：隋唐五代/章培恒等主编).国家教委古籍整理"七·五"规划重点项目.—ISBN 7-80523-357-8

唐五代笔记小说选译/严杰译注.—成都：巴蜀书社，1990.—275页；32开.—(古代文史名著选译丛书：隋唐五代/章培恒等主编).—国家教委古籍整理"七·五"规划重点项目.—ISBN 7-80523-357-8

阅微草堂笔记选译/(清)纪昀著；黄国声译注.成都：巴蜀书社，1990.—210页；32开.—(古代文史名著选译丛书：宋元明清/章培恒等主编).—国家教委古籍整理"七·五"规划重点项目.—ISBN 7-80523-357-8

涑水纪闻/(宋)司马光著.—影印本.—上海：上海书店，1990.9.—1册；32开.—(宋人小说：11)ISBN 7-80569-265-3：5.10元
本书据涵芬楼旧版影印。

清人说荟/雷瑨编.—影印本.—上海：上海文艺出版社，1990.5.—1册；32开.—(中国笔记小说文库).—ISBN 7-5321-0393-5(精装)：20.60元
本书据扫叶山房1928年石印本影印。

清朝野史大观/小横香室主人编.—影印本.—上海：上海文艺出版社，1990.11.—2册；32开.—(中国笔记小说文库).—ISBN 7-5321-0650-0(精装)：45.60元
本书据中华局1916年版影印。

渑水燕谈录·归田录/(宋)王辟之，欧阳修著.影印本.—上海：上海书店，1990.9.—1册；32开.(宋人小说：12).—ISBN 7-80569-266-1：3.60元
本书据涵芬楼旧版影印。

梁溪漫志脚气集/(宋)费衮，车若水著.—影印本.—上海：上海书店，1990.9.—1册；32开.—(宋人小说：7).—ISBN 7-80569-261-0：3.60元
本书据涵芬楼旧版影印。

随隐漫录·稽神录·灯下闲谈/(宋)陈世崇，徐弦著.—影印本.—上海：上海书店，1990.9.—1册；32开.—(宋人小说：18).—ISBN 7-80569-272-6：4.30元
本书据涵芬楼旧版影印。

悲恋：明清笔记传奇小说精译/彭锦华，孙虹编译.北京：中国工人出版社，1990.5.—262页；32开.ISBN 7-5008-0614-0：3.50元

醉茶志怪/(清)李庆辰著.—影印本.—天津：天津市古籍书店，1990.11.—494页；32开.—6.80元

鹤林玉露/(宋)罗大经著.—影印本.—上海：上海书店，1990.9.—1册；32开.—(宋人小说：9).ISBN 7-80569-263-7：6.20元
本书据涵芬楼旧版影印。

穆天子传/(晋)郭璞注.—影印本.—上海：上海古籍出版社，1990.10.—1册；大32开.—(诸子百家丛书).—ISBN 7-5325-0812-9：1.50元
本书与"神异经/(汉)东方塑撰·(西晋)张华撰·十洲记/(汉)东方塑撰·博物志/(西晋)张华撰"合订。

I 242.3　话本小说

二刻拍案惊奇/(明)凌濛初著；石昌渝校点.—南京：江苏古籍出版社，1990.3.—787页；大32开.(中国话本大系).—ISBN 7-80519-167-0(精装)：18.50元

二刻醒世恒言/(清)心远主人著；北京大学图书馆古籍研究室整理；张荣起校订.—北京：北京大学出版社，1990.11.—202页；大32开.—(北京大学图书馆藏善本丛书).—ISBN 7-301-01068-0：3.65元

元刊全相平话五种校注/钟兆华著.—成都：巴蜀

书社．1990.2.—509页；32开.—ISBN 7-80523-212-1：5.48元

本书内容包括《武王伐纣书》、《乐毅图齐七国春秋后集》、《秦并六国》、《前汉书续集》和《三国志》等5种。

今古奇观续编/慧群居士编著.—哈尔滨：黑龙江人民出版社，1990.5.—2册（828页）；大32开.—ISBN 7-207-01442-2（精装）：11.80元

宋元平话集/丁锡根点校.—上海：上海古籍出版社，1990.6.—2册（907页）：照片；32开.—（中国古典小说研究资料丛书）.—ISBN 7-5325-0219-8：11.50元

本书收入宋元间讲史平话8种：《梁公九谏》、《五代史平话》、《宣和遗事》、《武王伐纣平话》、《七国春秋平话后集》、《秦并六国平话》、《前汉书平话续集》、《三国志平话》。

拍案惊异/栾兆立等选编.—哈尔滨：黑龙江人民出版社，1990.4.—486页；32开.—ISBN 7-207-01295-0：5.75元

本书收集了明清小说中记载的办案故事200篇。

拍案惊奇/（明）凌濛初著；石昌渝校点.—南京：江苏古籍出版社，1990.3.—743页；大32开.—（中国话本大系/刘世德主编）.—ISBN 7-80519-166-2（精装）：17.50元

清平山堂话本/（明）洪楩编辑；石昌渝校点.—南京：江苏古籍出版社，1990.4.—389页；大32开.（中国话本大系/刘世德主编）.—ISBN 7-80519-169-7（精装）：12.00元

喻世明言/（明）冯梦龙编；辛普点校.—石家庄：河北人民出版社，1990.4.—431页：图；16开.ISBN 7-202-00623-5：22.90元

本书据上海古籍出版社1987年影印之日本内阁文库刊本校勘整理。

鼓掌绝尘/（明）金木散人编著；刘葳校点.—南京：江苏古籍出版社，1990.3.—493页；大32开.（中国话本大系/刘世德主编）.—ISBN 7-80519-165-4（精装）：13.50元

跻春台：清末拍案惊奇/（清）刘省三著；张庆善整理.—天津：百花文艺出版社，1990.6.—607页；32开.—ISBN 7-5306-0064-8：6.80元

本书是清代最后一部话本小说专集，包括40篇话本小说，其中多数为公案小说。

熊龙峰刊行小说四种/（明）熊龙峰刊行；石昌渝校点.—南京：江苏古籍出版社，1990.4.—1册（63，139，180，58页）；大32开.—（中国话本大系/刘世德主编）.—ISBN 7-80519-168-9（精装）：13.00元

本书与"四巧说/（清）梅庵道人编辑；刘世德校点·雨花香/（清）石成金集著；张兵，储玲珍校点·通天乐/（清）石成金集著；张兵，储玲珍校点"合订。书名原题：熊龙峰刊行小说四种等四种。

醒世恒言/（明）冯梦龙编；柳笛点校.—石家庄：河北人民出版社，1990.4.—571页：图；16开.ISBN 7-202-00622-7：26.50元

本书据上海古籍出版社1987年影印之日本内阁文库藏叶敬池本校勘整理。

警世通言/（明）冯梦龙编；柳笛点校.—石家庄：河北人民出版社，1990.4.—438页：图；16开.ISBN 7-202-00624-3：22.60元

本书据上海古籍出版社1987年影印之日本蓬左文库本校勘整理。

I 242.4　章回小说

八窍珠/（清）锄月山人著；朱梅等点校.—杭州：浙江古籍出版社，1990.1.—480页；32开.—ISBN 7-80518-109-8：4.40元

人间乐/（清）天花藏主人编次；周有德校点.—沈阳：春风文艺出版社，1990.7.—122页；32开.（明末清初小说选刊）.—ISBN 7-5313-0238-1：1.70元

三公奇案/鸣松居士辑；戈人校点.—北京：宝文堂书店，1990.1.—609页：插图；32开.—（传统戏曲、曲艺研究参考资料丛书）.—ISBN 7-80030-150-8：6.50元

本书据清光绪十七年上海正谊书局排印本校刊。

三国演义/（明）罗贯中著.—北京：人民文学出版社，1990.8.—608页；16开.—（中国古典文学名著）.—ISBN 7-02-001006-7（精装）：46.00元

三国演义/（明）罗贯中著；王秀珍点校.—石家庄：河北人民出版社，1990.4.—2册（689页）：图；16开.—ISBN 7-202-00620-0：26.50元

本书以清初毛宗岗修订本为底本，参考他本，删去其中的总序、小序、凡例、读法、评语，并对正文进行了校点。

大风遗响：西汉/鲍方改编.—上海：上海古籍出版社，1990.7.—356页；32开.—（新选历史演义丛书）.—ISBN 7-5325-0758-0：3.55元

本书据明代甄伟的《西汉演义》改编。

大漠天骄：元/吴蒙改编.—上海：上海古籍出版社，1990.8.—178页；32开.—（新选历史演义丛书）.—ISBN 7-5325-0753-X：2.15元

本书是根据蔡东藩《元史演义》改编的历史演义章回小说，描述了元代100多年的历史画卷。

夕阳残照：清/费蒙改编.—上海：上海古籍出版社，1990.7.—2册（509页）；32开.—（新选历史演义丛书）.—ISBN 7-5325-0761-0：5.40元

本书是根据许啸天《清宫十三朝演义》改编的历史演义章回小说，记载了清朝从建立至灭亡的整个历史过程。

小说二卷/王俊年选注.—福州：海峡文艺出版社，1990.3.—746页；大32开.—（中国近代文学作品系

列）.—ISBN 7-80534-178-8：8.80元

开天辟地：上古/苏荆改编.—上海：上海古籍出版社，1990.7.—88页；32开.—（新选历史演义丛书）.—ISBN 7-5325-0755-6：1.40元

本书据明周游《开辟演义》改编，描绘了开天辟地至大禹治水一段历史。

天妃娘妈传/（明）吴还初撰；黄永年标点.—上海：上海古籍出版社，1990.8.—110页；32开.（中国古典小说研究资料丛书）.—ISBN 7-5325-0181-7：1.15元

本书据熊龙峰原刻复印本为底本标点，是一部天妃娘娘的传记体章回小说。

云钟雁三闹太平庄全传/（清）无名氏撰·**玉燕姻缘全传**/（清）无名氏撰.—新1版.—南昌：百花洲文艺出版社，1990.10.—621页：冠图；大32开.（中国近代小说大系/王继权等编）.—ISBN 7-80579-059-0（精装）：10.90元

五族共和：民国/邹兆改编.—上海：上海古籍出版社，199.08.—2册（587页）；32开.—（新选历史演义丛书）.—ISBN 7-5325-0763-5：6.10元

本书是根据蔡东藩《民国演义》改编的历史演义章回小说。

风月梦/（清）邗上蒙人撰；华云点校.—北京：北京大学出版社，1990.2.—230页；大32开.—（红楼梦资料丛书·仿作）.—ISBN 7-301-00998-4：3.90元

水石缘/（清）李春荣撰；薛潮点校.—北京：北京大学出版社，1990.3.—149页；大32开.—（红楼梦资料丛书：仿作）.—ISBN 7-301-00997-6：2.90元

水浒传/（明）施耐庵，（明）罗贯中著.—北京：人民文学出版社，1990.8.—768页：彩图；16开.（中国古典文学名著）.—ISBN 7-02-001007-5（精装）：52.00元

水浒传/（明）施耐庵著；钱鸿钧点校.—石家庄：河北人民出版社，1990.4.—2册（949页）：彩图；16开.—ISBN 7-202-00619-7：29.00元

本书采用北京大学图书馆藏明袁无涯原刊120回本，删去了旁批、眉批、每回的总批及李贽序、杨定见的小引、发凡等。

水浒后传：节本/陈忱原著；陈新节编.—北京：宝文堂书店，1990.7.—314页；32开.—（中国古典文学普及丛书）.—ISBN 7-80030-178-8：3.10元

龙战九野：五代/冬青改编.—上海：上海古籍出版社，1990.7.—136页；32开.—（新选历史演义丛书）.—ISBN 7-5325-0734-3：1.80元

本书据罗贯中《残唐五代史演传》改编，演述后梁、后唐、后晋、后周五代更替的历史故事。

东周列国志/（明）冯梦龙编；（清）蔡元放译；竺少华点校.—长沙：岳麓书社，1990.4.—864页；32开.—ISBN 7-80520-192-7（精装）：9.10元

东京梦华：宋/恒鹤改编.—上海：上海古籍出版社，1990.7.—2册（458页）；32开.—（新选历史演义丛书）.—ISBN 7-5325-0754-8：5.05元

本书据李逸候《宋宫十八朝演义》改编。

仙侠五花剑/（清）海上剑痴撰；张兵，储令珍校点.—沈阳等：辽沈书社等，1990.9.—476页；32开.—（中国神怪小说大系：怪异卷；3/林辰，段文桂主编）.—ISBN 7-80507-060-1（精装）：7.80元

本书包括《三合明珠剑》和《风尘剑侠传》。

白水英豪：东汉/海仁改编.—上海：上海古籍出版社，1990.8.—162页；32开.—（新选历史演义丛书）.—ISBN 7-5325-0769-6：2.00元

本书据明代谢诏《东汉演义》改编。

白话封神演义：全译本/（明）许仲琳著；石仁编译.—哈尔滨：北方文艺出版社，1990.11.—3册（1305页）；32开.—ISBN 7-5317-0413-7：16.50元

汉月胡风：北朝/乔迁改编.—上海：上海古籍出版社，1990.8.—219页；32开.—（新选历史演义丛书）.—ISBN 7-5325-0760-2：2.50元

本书根据清代杜纲的《北史演义》改编，再现了北朝几个政权的兴衰。

兰花梦奇传/（清）吟梅山人著；阎今校点.—济南：齐鲁书社，1990.2.—479页：图；32开.—ISBN 7-5333-0162-5：6.40元

司马盛衰：东西晋/顾列改编.—上海：上海古籍出版社，1990.8.—354页；32开.—（新选历史演义丛书）.—ISBN 7-5325-0764-5：3.50元

本书是根据明代杨尔曾《东西晋演义》改编的历史演义章回小说。

西游记/（明）吴承恩著.—北京：人民文学出版社，1990.8.—722页：彩图；16开.—（中国古典文学名著）.—ISBN 7-02-001005-9（精装）：50.00元

西游记/（明）吴承恩著；钱鸿钧点校.—石家庄：河北人民出版社，1990.4.—2册（830页）：彩图；16开.—ISBN 7-202-00621-9：28.40元

本书以明代金陵唐氏世德堂本为底本，并增入其有堂本《新说西游记》的第9回，用附录的形式插入本书的第8回之后。

西游记　（上）/（明）吴承恩原著；江河改写.北京：中国少年儿童出版社，1990.2.—118页：插图；32开.—（中年级文学名著读本）.—ISBN 7-5007-0774-6：1.70元

西游记　（下）/（明）吴承恩原著；江河改写.北京：中国少年儿童出版社，1990.2.—128页：插图；32开.—（中年级文学名著读本）.—ISBN 7-

007-0775-4：1.80元

观音菩萨传奇/（清）曼陀罗室主人著.—北京：中国曲艺出版社，1990.1.—199页；32开.—ISBN 7-58008-048-X：2.60元

红楼幻梦/（清）花月痴人撰；陈杏珍点校.—北京：北京大学出版社，1990.2.—364页；大32开.（红楼梦资料丛书：续书）.—ISBN 7-301-00018-9：5.75元

红楼梦/（清）曹雪芹，（清）高鹗著；中国艺术研究院红楼梦研究所校注.—北京：人民文学出版社，1990.8.—967页；16开.—（中国古典文学名著）.—ISBN 7-02-001004-0（精装）：60.00元

红楼梦/（清）曹雪芹，（清）高鹗著；中国艺术研究院红楼梦研究所校注.—北京：人民文学出版社，1990.8.—967页；大32开.—ISBN 7-02-001502-6（精装）：18.70元

红楼梦/（清）曹雪芹，（清）高鄂著；宏扬点校.—石家庄：河北人民出版社，1990.4.—2册（1007页）：彩图；16开.—ISBN 7-202-00618-9：32.00元

花田金玉缘/（清）不著撰人著；印加点校.—北京：北京大学出版社，1990.2.—146页；大32开.（红楼梦资料丛书：仿作）.—ISBN 7-301-00979-8：2.90元

本书据清光绪甲午（1894）年上海书局石印本点校。

还读我书室主人评儿女英雄传/（清）文康著；（清）董恂评；尔弓校释.—济南：齐鲁书社，1990.2.—2册（1077页）：书影；大32开.—ISBN 7-5333-3146-3：15.50元

武则天四大奇案/（清）无名氏撰；崔爱萍，范济平校注.—郑州：中州古籍出版社，1990.11.—348页；32开.—（话说隋唐小说丛书）.—ISBN 7-5348-0309-8：4.20元

奇天异地/陈年希等校点.—沈阳：辽沈书社等，1990.9.—386页；32开.—（中国神怪小说大系：寓意卷；2/林辰，段文桂主编）.—ISBN 7-80507-058-X（精装）：6.60元

本书包括：地府志/（清）葛啸侬撰·新天地/（清）书带子著·天上大审判/（清）亚东破佛撰·蜗触蛮三国争地记/（清）虫天逸史著。

奇天异地/陈年希等校点.—沈阳：辽沈书社等，1990.9.—386页；32开.—（中国神怪小说大系：寓意卷；2/林辰，段文桂主编）.—ISBN 7-80507-059-8：5.00元

金陵长恨：南朝/乔迁改编.—上海：上海古籍出版社，1990.8.—193页；32开.—（新选历史演义丛书）.—ISBN 7-5325-0759-9：2.25元

本书是根据清代杜纲《南史演义》改编的历史演义章回小说。

封神榜：新校点本/（明）许仲琳编.—成都：四川文艺出版社，1990.6.—731页；32开.—ISBN 7-5411-0401-9：7.40元

封神榜：新校点本/（明）许仲琳编.—成都：四川文艺出版社，1990.6.—731页；32开.—ISBN 7-5411-0567-8（精装）：9.30元

封神演义/（明）许仲琳编.—北京：中国书店，1990.3.—2册（922页）：冠图；32开.—ISBN 7-0568-156-2：12.00元

封神演义/（明）许仲琳编.—杭州：浙江文艺出版社，1990.4.—2册（904页）；32开.—ISBN 7-5339-0260-2：8.90元

荒诞奇书/陆润等校点.—沈阳等：辽沈书社等，1990.9.—430页；32开.—（中国神怪小说大系：寓意卷；1/林辰，段文桂主编）.—ISBN 7-80507-057-1：5.20元

品花宝鉴/（清）陈森著；尚达翔校点.—上海：上海古籍出版社，1990.7.—2册（896页）；32开.（中国古典小说研究资料丛书）.—ISBN 7-5325-0648-7：8.00元

禹迹汤踪：夏商/苏荆改编.—上海：上海古籍出版社，1990.7.—197页；32开.—（新选历史演义丛书）.—ISBN 7-5325-0756-4：2.35元

本书据明代无名氏《有夏志传》、《有商志传》改编，记载了从大禹治水到武王伐纣其间的许多传说和神话故事。

剑气箫声/顾明道著.—长春：吉林文史出版社，1990.8.—282页；32开.—（晚清民国小说研究丛书）.—ISBN 7-80528-276-X：3.70元

迷楼梦影：隋/肖逸改编.—上海：上海古籍出版社，1990.7.—232页；32开.—（新选历史演义丛书）.—ISBN 7-5325-0732-7：2.60元

本书据齐东野人《隋炀帝艳史》改编。

说唐三传/（清）无名氏撰；毛德富校注.—郑州：中州古籍出版社，1990.6.—447页；32开.—（话说隋唐小说丛书）.—ISBN 7-5348-0286-5：5.95元

说唐后传：罗通扫北 薛仁贵征东/（清）无名氏撰；张惠民校注.—郑州：中州古籍出版社，1990.7.—497页；32开.—（话说隋唐小说丛书）.—ISBN 7-5348-0285-7：6.30元

绘芳录/（清）西泠野樵撰；施悦仁点校.—北京：北京大学出版社，1990.1.—2册（993页）：冠图；大32开.—（红楼梦资料丛书：仿作）.—ISBN 7-301-00682-9：13.45元

本书又名：绘芳园全录；红闺春梦

绘图英云梦传/（清）松云氏撰；禅谛点校.—太原：山西人民出版社，1990.2.—319页；32开.—ISBN 7-203-01072-4：3.60元

铁冠图忠烈全传/黄秀娴校点.—北京：宝文堂书店，1990.12.—438页；32开.—（传统戏曲、曲艺研究参考资料丛书）.—ISBN 7-80030-099-4；

4.90元

本书以清光绪四年（1878）宏文堂藏版为底本整理校点。

乾隆皇帝游江南/（清）轶名著；张克东，高原标点.—长沙：岳麓书社，1990.7.—410页；32开. ISBN 7-80520-211-7：4.30元

鹿鼎风云：春秋战国/章谷改编.—上海：上海古籍出版社，1990.7.—2册（621页）；32开.—（新选历史演义丛书）.—ISBN 7-5325-0762-9：5.35元

本书据明冯梦龙《新列国志》改编。

凄迷日月：明/申孟改编.—上海：上海古籍出版社，1990.7.—2册（606页）；32开.—（新选历史演义丛书）.—ISBN 7-5325-0733-5：6.25元

本书据许啸天《明宫十六朝演义》改编。

续小五义/（清）无名氏撰；吴民，宋文校点.—北京：中国戏剧出版社，1990.12.—2册（828页）：冠图；32开.—（传统戏曲、曲艺研究参考资料丛书）. ISBN 7-104-00246-4：9.10元

本书以光绪十六年申报馆排印本作底本校点，又名《三续忠烈侠义传》是《三侠五义》、《小五义》的续书。

续今古奇观/（清）无名氏辑；张云阁等校订.—哈尔滨：哈尔滨出版社，1990.9.—426页；32开. ISBN 7-80557-119-8：4.95元

续红楼梦新编/（清）海圃主人撰；于世明点校·**续红楼梦稿**/（清）张曜孙撰；李鼎霞点校.—北京：北京大学出版社，1990.2.—670页；大32开.（红楼梦资料丛书：续书）.—ISBN 7-301-00980-1：8.80元

本书附录还收有《红楼余梦》、《红楼残梦》两个续篇。

绮楼重梦/（清）兰皋主人撰；印加点校.—北京：北京大学出版社，1990.2.—313页；大32开.—（红楼梦资料丛书：续书）.—ISBN 7-301-00020-0：7.95元

韩湘子全传/（明）杨尔曾编撰；佘德余标点.—上海：上海古籍出版社，1990.8.—326页；32开.（中国古典小说研究资料丛书）.—ISBN 7-5325-0689-4：3.00元

本书一署《新镌批评出相韩湘子》，又名《韩湘子十二度韩昌黎全传》，又名《第八洞神仙韩湘子十二度韩文公蓝关记》。

韩湘子全传/雉衡山人编次；尹明校点.—北京：宝文堂书店，1990.10.—353页；32开.—（传统戏曲、曲艺研究参考资料丛书）.—ISBN 7-80030-115-9：4.20元

鼎足三分：三国/晴帆改编.—上海：上海古籍出版社，1990.7.—2册（503页）；32开.—（新选历史演义丛书）.—ISBN 7-5325-0797-1：5.45元

本书据罗贯中《三国演义》改编。

禅真逸史/（明）清溪道人编著；江巨荣，李平校点.—上海：上海古籍出版社，1990.8.—676页；32开.—（中国古典小说研究资料丛书）.—ISBN 7-5325-0482-4：5.90元

本书全称《新镌批评出像通俗奇侠禅真逸史》，据清初"本衙爽阁主人"复刻本为底本影印。

瑶华传/（清）丁秉仁著；张武智等整理.—西安：三秦出版社，1990.9.—473页；32开.—ISBN 7-80546-260-7：5.60元

霓裳羽衣：唐/林甘改编.—上海：上海古籍出版社，1990.7.—2册（418页）；32开.—（新选历史演义丛书）.—ISBN 7-5325-0752-1：4.75元

本书根据许啸天《唐宫二十朝演义》改编。

镜花缘/（清）李汝珍著；秦瘦鸥校点.—上海：上海古籍出版社，1990.9.—2册（697页）：图；32开. ISBN 7-5325-0024-1：7.75元

I 242.7 短篇小说

中国文人风情大观/钟陵，程杰主编.—南京：河海大学出版社，1990.12（1991.4印）.—975页；32开.—ISBN 7-5630-0252-9：14.50元

白话聊斋：全本/（清）蒲松龄原著；萧艾等译.长沙：岳麓书社，1990.11.—831页；32开.—（古典名著今译读本）.—ISBN 7-80520-227-3（精装）：8.70元

机智·聪明·计谋：中国古代故事二百例/肖玉华编著.—长春：吉林大学出版社，1990.1.—118页；32开.—ISBN 7-5601-0427-4：1.75元

全铸雪斋白话聊斋志异/吴海，桑思奋主编.—北京：中国妇女出版社，1990.8.—3册；32开.—ISBN 7-80016-207-9：16.80元

聊斋志异选译/（清）蒲松龄著；刘烈茂，欧阳世昌译注.—成都：巴蜀书社，1990.—320页：插图；32开.—（古代文史名著选译丛书：宋元明清/章培恒等主编）.—国家教委古籍整理"七·五"规划重点项目.—ISBN 7-80523-357-8

聊斋志异选粹/谈凤梁，张培元选评.—上海：上海教育出版社，1990.5.—374页；32开.—（中学生文库）.—ISBN 7-5320-1499-1：3.10元

萤窗异草/（清）长白浩歌子著；冯伟民校点.—北京：人民文学出版社，1990.10.—478页；32开.（中国小说史料丛书）.—ISBN 7-02-000753-8：4.60元

续聊斋三种/（清）荆园居士等著；陈久仁等校点.—海口：南海出版公司，1990.9.—531页；32开.—ISBN 7-80570-135-0：7.90元

I 246 五四以后作品

鸳鸯蝴蝶派小说选/魏绍昌，吴承惠编.—上海：上

海文艺出版社，1990.10.—588页；大32开.—ISBN 7-5321-0468-0：6.30元

I 246.4 章回小说

云海争奇记/还珠楼主著.—成都：巴蜀书社，1990.2.—5册（1356页）；32开.—ISBN 7-80523-269-5：14.40元

朱门/林语堂著.—上海：上海书店，1989.10.454页；32开.—ISBN 7-80569-119-3：5.60元

吴三桂陈圆圆传奇/佚名著；程昆仑校点.—合肥：安徽文艺出版社，1990.6.—375页；32开.—ISBN 7-5396-0244-9：4.30元

虎啸龙吟/朱贞木著.—桂林：漓江出版社，1990.3.—2册（831页）；32开.—ISBN 7-5407-0415-2：9.90元

铁骑银瓶　（上）/王度庐著.—长春：吉林文史出版社，1990.7.—532页；32开.—（晚清民国小说研究丛书）.—ISBN 7-80528-248-X：5.80元

铁骑银瓶　（下）/王度庐著.—长春：吉林文史出版社，1990.7.—533～1157页；32开.—（晚清民国小说研究丛书）.—ISBN 7-80528-249-8：6.70元

清宫十三朝演义/许啸天著.—长沙：岳麓书社，1990.3.—619页；32开.—ISBN 7-80520-188-9：6.50元

联镖记　第三部/宫白羽原著；宫以仁改编.—石家庄：花山文艺出版社，1990.7.—477页；32开.ISBN 780505-093-7：6.00元

魅镜/李涵秋原著；陈爱燕等校订.—哈尔滨：黑龙江人民出版社，1990.10.—495页；32开.—ISBN 7-207-01652-2：6.90元

I 246.5 中、长篇小说

伙伴们/于逢，易巩著.—广州：花城出版社，1990.3.—225页；32开.—ISBN 7-5360-0587-3：5.30元

本书于40年代初出版。书中反映抗日战争期间珠江三角洲下层人民的斗争精神与爱国热情，是抗战小说中别开生面之作。

罗刹夫人/朱贞木著.—长春：吉林文史出版社，1990.4.—47页；32开.—（晚清民国小说研究丛书）.—ISBN 7-80528-224-2：5.40元

恋/曾朴著.—北京：中国文联出版公司，1990.3.277页；32开.—（中国新文艺大系参考丛书）.—ISBN 7-5059-1233-X：3.50元

本书为《鲁男子》第一部，描写鲁男子和恋人齐宛中的恋爱故事。

新儿女英雄传/袁静，孔厥著.—石家庄：花山文艺出版社，1990.3.—249页；大32开.—（抗日战争文学丛书）.—ISBN 7-80505-244-1：5.00元

I 246.7 短篇小说

干妈/黄谷柳著.—广州：花城出版社，1990.5.270页；大32开.—ISBN 7-5360-0610-1：3.80元

本书辑入作者于三、四十年代发表于香港的作品共26篇。

大后方/骆宾基著.—北京：作家出版社，1990.5.327页：肖像；大32开.—（现代作家创作丛书）.ISBN 7-5063-0344-2：5.05元

本集收入作者解放前创作的中短篇小说18篇。

中国文人故事/杨荫深著.—影印本.—天津：天津市古籍书店，1990.3.—173页：图；32开.—2.10元

本书据中华书局1936年铅印本影印。

心理分析派小说集　（上）/施蛰存，刘呐鸥著；上海大学文学院中文系新文学研究室选编.—南昌：百花洲文艺出版社，1990.6.—446页；大32开.（三十年代流派作品资料丛书）.—ISBN 7-80579-048-5：6.20元

本书上卷收入施蛰存作品（25篇），刘呐鸥作品（9篇），下卷收入穆时英作品（26篇），杜衡作品（2篇）。

心理分析派小说集　（下）/穆时英，杜衡著；上海大学文学院中文系新文学研究室选编.—南昌：百花洲文艺出版社，1990.6.—861页；大32开.—（三十年代流派作品资料丛书）.—ISBN 7-80579-049-3：5.40元

她是一个弱女子/郁达夫著.—北京：人民文学出版社，1990.8.—220页；大32开.—ISBN 7-02-000977-8：2.95元

本书收入7个短篇和1个中篇小说。

近代短篇小说选/方正耀，张菊如选注.—上海：华东师范大学出版社，1990.10.—261页；32开.—（中国近代文学丛书）.—ISBN 7-5617-0233-7：3.70元

画梦录/何其芳著.—影印本.—上海：上海书店，1990.9.—88页；32开.—（京派文学作品专辑/姜德明主编）.—ISBN 7-80569-242-4：1.80元

本书据文化生活出版社1937年版本影印。

京派小说选/吴福辉编选.—北京：人民文学出版社，1990.11.—449页；大32开.—（中国现代文学流派创作选）.—ISBN 7-02-001031-8：6.05元

春艳秘史/芸兰女史编著；申畅点校.—郑州：中州古籍出版社，1990.12.—195页；32开.—ISBN 7-5348-0220-2：2.65元

本书1920年由上海美术图书社出版。

贵宾/葛琴著；邵小琴编选.—北京：人民文学出版

社，1990.12.—314页；32开.—ISBN 7-02-001068-7：3.90元

海派小说选/吴欢章主编.—上海：复旦大学出版社，1990.4.—485页；大32开.—ISBN 7-309-00261-X：6.00元

I 247　建国后作品

I 247.4　章回小说

八剑七侠十六义/朱星琳等整理.—牡丹江：黑龙江朝鲜民族出版社，1990.6.—532页；32开.—ISBN 7-5389-0242-2：5.50元

这是一本描写明武宗正德年间忠奸斗争的故事。

八美图　（上）/郑良怀，张献章著.—合肥：安徽文艺出版社，1990.8.—352页；32开.—ISBN 7-5396-0390-9：4.60元

九山八寨奇侠传/杏村等著.—牡丹江：黑龙江朝鲜民族出版社，1990.2.—2册（608页）：冠图；32开.ISBN 7-5389-0242-2：7.50元

大宋三代英雄传/王汝常等著.—牡丹江：黑龙江朝鲜民族出版社，1990.2.—548页；32开.—ISBN 7-5389-0243-0：5.90元

大明豪侠传/犇牛生，玉全子著.—哈尔滨：黑龙江人民出版社，1990.12.—296页；32开.—ISBN 7-207-01157-1：4.30元

大搏斗/李华德著.—北京：解放军文艺出版社，1990.11.—2册（894页）；32开.—ISBN 7-5033-0163-5：11.00元

女血蛾眉剑/云中子著.—哈尔滨：黑龙江人民出版社，1990.7.—229页；32开.—ISBN 7-207-01450-3：3.85元

飞侠剑客/张一著.—郑州：中州古籍出版社，1990.2.—2册（703页）；32开.—ISBN 7-5348-224-5：7.95元

王公十八判/张传兴著.—福州：海峡文艺出版社，1990.3.—246页；32开.—ISBN 7-80534-220-2：2.90元

天残剑/墨残阳著.—哈尔滨：北方文艺出版社，1990.5.—2册（644页）：冠图；32开.—ISBN 7-5317-0372-6：8.75元

无影剑与变形刀/秋无迹著.—长春：长春出版社，1990.5.—2册（727页）；32开.—ISBN 7-80573-242-6：8.90元

五女奇侠传/唐泽玉，钟山著.—北京：中国文联出版公司，1990.10—383页；32开.—ISBN 7-5059-1290-9：4.95元

五老会七侠/方东逸鹤著.—石家庄：花山文艺出版社，1990.0.—2册（929页）；32开.—ISBN 7-80505-181-X：11.50元

五珠九龙冠/溪源，恩铮著.—海口：南海出版公司，1990.5.—214页；32开.—ISBN 7-80570-011-7：2.60元

太平洋大海战/郑孝时，康明芬著.—上海：上海文艺出版社，1990.9.—758页：图；大32开.—ISBN 7-5321-0572-5：9.00元

风尘十侠/卢抒改编.—北京：中国华侨出版公司，1990.9.—3册；32开.—ISBN 7-80074-139-7：12.00元

风尘八义/辰龙著.—沈阳：春风文艺出版社，1990.11.—2册（552页）；32开.—ISBN 7-5313-0406-6：7.70元

风花雪月图/东方礼菀著.—昆明：云南人民出版社，1990.12.—3册（971页）；32开.—（东方礼菀小说专辑·图的系列）.—ISBN 7-222-00738-5：12.80元

升仙传/马佳林主编.—哈尔滨：黑龙江人民出版社，1990.12.—305页；32开.—（续新编野史传奇丛书/马佳林主编）.—ISBN 7-207-01720-0：4.40元

孔子传/曲春礼著.—济南：山东友谊书社，1990.6.—709页；大32开.—ISBN 7-80551-291-4（精装）：12.00元

孔子传/曲春礼著.—济南：山东友谊书社，1990.6.—709页；大32开.—ISBN 7-80551-290-6：10.80元

打遍东西南北：续集/鬼谷子著.—北京：华艺出版社，1990.8.—2册（600页）：插图；32开.—ISBN 7-80039-364-X：8.10元

清乾隆年间，武林盟主丁子江由于宠爱妖媚美女纪圆圆，排挤忠良刘一手等人，给武林带来一场浩劫。

龙虎风云/刘增秀，林生华著.—银川：宁夏人民出版社，1990.8.—2册（616页）；32开.—ISBN 7-227-00470-8：6.90元

四娘子/侯正永，商力军著.—济南：明天出版社，1990.3.—222页；32开.—ISBN 7-5332-0936-2：2.65元

地府演义/关庆坤著.—广州：花城出版社，1990.12.—385页；32开.—ISBN 7-5360-0705-1（精装）：6.90元

地府演义/关庆坤著.—广州：花城出版社，1990.11.—385页；32开.—ISBN 7-5360-0704-3：4.90元

再造天.—哈尔滨：黑龙江人民出版社，1990.7.442页；32开.—（新编野史传奇丛书/李智量主编）.—ISBN 7-207-01452-X：7.05元

西地魂/渝江著.—乌鲁木齐：新疆人民出版社，

1990.7.—222页；36开.—ISBN 7-228-01473-1：2.75元

百侠闹江南　上册/谢繁著.—长沙：湖南文艺出版社，1990.9.—498页；32开.—ISBN 7-5404-0587-2：5.70元

百侠闹江南　下册/谢繁著.—长沙：湖南文艺出版社，1990.9.—499～918页；32开.—ISBN 7-5404-0588-0：4.80元

朱元璋外传/郭良玉著.—开封：河南大学出版社，1990.7.—271页；大32开.—ISBN 7-81018-440-7：3.40元

本书以叙议相结合的手法描写了朱元璋自幼的性格特点和他的一生事业的成功关键所在。

血染铁袈裟　（上）/木翎著.—福州：海峡文艺出版社，1990.8.—315页；32开.—ISBN 7-80534-261-X：3.75元

血染铁袈裟　（下）/木翎著.—福州：海峡文艺出版社，1990.8.—308页；32开.—ISBN 7-80534-262-8：3.65元

江湖夜雨十年灯：续集/诸葛青云著.—石家庄：花山文艺出版社，1990.5.—3册（998页）；32开.ISBN 7-80505-299-9：12.90元

红楼梦新续/周玉清著.—北京：团结出版社，1990.3.—411页：冠图；32开.—ISBN 7-80061-214-7：4.95元

花木兰全传/刘秀森著.—长春：北方妇女儿童出版社，1990.12.—312页；大32开.—ISBN 7-5385-0672-1：4.70元

"赤脚"宰相李光地/李树砥著.—厦门：鹭江出版社，1990.12.—411页；32开.—ISBN 7-80533-386-6：4.70元

李瓶儿与西门庆/张凤洪著.—长春：时代文艺出版社，1988.6.—302页；插图；32开.—ISBN 7-5387-0109-5：2.95元

吴大帅传奇/张国庆，张文志著.—长春：吉林人民出版社，1990.11.—216页；32开.—ISBN 7-206-00913-1：3.30元

吴大舌头野史/窦应泰著.—沈阳：春风文艺出版社，1990.5.—382页；32开.—ISBN 7-5313-0377-9：4.20元

佛舍利奇案/张挺著.—哈尔滨：黑龙江人民出版社，1990.7.—335页；32开.—ISBN 7-207-01621-2：4.50元

武当剑侠传/邢胜等编著.—哈尔滨：黑龙江人民出版社，1990.7.—604页；32开.—（新编野史传奇丛书/李智量主编）.—ISBN 7-207-01453-8：8.50元

武当情泪/陈宏光著.—北京：文化艺术出版社，1990.4.—200页；32开.—ISBN 7-5039-0680-4：2.95元

武林争雄记/宫白羽著.—太原：北岳文艺出版社，1990.8.—673页；32开.—ISBN 7-5378-0251-3：8.50元

松阔罗传奇/葛德春著.—长春：时代文艺出版社，1990.3.—273页；32开.—ISBN 7-5387-0232-6：3.70元

昆仑瘸拐双侠/关东叟编著.—沈阳：春风文艺出版社，1990.11.—2册（587页）；32开.—ISBN 7-5313-0402-3：8.00元

侠义皇子/刘景欣等整理.—呼和浩特：内蒙古人民出版社，1990.6.—515页；32开.—ISBN 7-204-00589-9：5.20元

侠盗陆宣川/兰陵山人著.—武汉：长江文艺出版社，1990.10.—215页；32开.—ISBN 7-5354-0373-5：2.40元

金履新梦/曹晋杰，朱步楼著.—哈尔滨：黑龙江人民出版社，1990.5.—338页；32开.—ISBN 7-207-01400-7：4.10元

泪渍青衫：哀鹣记/顾明道著；孙继文等校点.海口：南海出版公司，1990.9.—247页；32开.—ISBN 7-80570-136-9：3.25元

郑小姣传奇/白振亚著.—北京：中国工人出版社，1990.7.—243页；32开.—ISBN 7-5008-0570-5：3.05元

郑板桥与饶五娘/高宝庆著.—济南：山东文艺出版社，1990.6.—455页；32开.—ISBN 7-5329-0479-2：6.50元

南洋奇侠/马阳著.—成都：四川文艺出版社，1990.9.—347页；32开.—ISBN 7-5411-0570-8：3.60元

挥剑问情/青云著.—呼和浩特：内蒙古人民出版社，1990.4.—3册（683页）；32开.—ISBN 7-204-00955-X：9.90元

鬼姑释仇记/唐宗龙等著.—桂林：漓江出版社，1989.12.—344页；32开.—（中国当代通俗小说系列）.—ISBN 7-5407-0520-5：4.10元

剑走魂游　上册/东方玺著.—长沙：湖南文艺出版社，1990.10.—271页：冠图；32开.—ISBN 7-5404-0574-0：3.20元

剑走魂游　下册/东方玺著.—长沙：湖南文艺出版社，1990.10.—270页：冠图；32开.—ISBN 7-5404-0575-9：3.20元

胆剑风范/董午著.—济南：山东文艺出版社，1990.12.—392页；32开.—ISBN 7-5329-0591-8：

4.90元

弈林野史/徐续著.—广州：广东人民出版社，1990.12.—271页；32开.—ISBN 7-218-00499-7：3.00元

洪熙官三建少林寺/我是山人著.—广州：花城出版社，1990.5.—3册（969页）；32开.—ISBN 7-5360-0651-9：12.10元

姜太公演义/戴乐志著.—上海：上海文艺出版社，1990.2.—2册（869页）；32开.—ISBN 7-5321-0532-6：8.30元

神州精英传奇/不肖生著.—西安：三秦出版社，1989.11.—3册（1153页）；32开.—ISBN 7-80546-187-2：12.80元

神枪侠胆：新编历史章回小说/赵鹏飞，李翰文著.牡丹江：黑龙江朝鲜民族出版社，1990.1.—418页：冠图；32开.—ISBN 7-5389-0175-2：4.50元

绝命剑/阳清风著.—哈尔滨：黑龙江人民出版社，1990.12.—2册（408页）；32开.—ISBN 7-207-01072-9：6.50元

泰山奇侠保乾隆/王树国，吴鹏霄著.—哈尔滨：北方文艺出版社，1990.8.—350页；32开.—ISBN 7-5317-0374-2：4.80元

柴世宗传奇：传奇新编/郑波，何东著.—上海：上海古籍出版社，1990.12.—300页；32开.—ISBN 7-5325-0739-4：3.00元

逍遥书生/鬼谷子著.—海口：南海出版公司，1990.4.—3册（858页）；32开.—ISBN 7-80570-071-0：11.00元

特别侦察员/陈丽君等著.—郑州：中原农民出版社，1990.11.—302页；32开.—ISBN 7-80538-077-1：3.50元

铁掌怪客/公孙宇著.—石家庄：花山文艺出版社，1990.2.—336页：图；32开.—ISBN 7-80505-256-5：4.10元

铁堡传奇录/金童著.—呼和浩特：内蒙古人民出版社，1990.2.—2册（697页）；32开.—ISBN 7-204-00898-7：9.20元

拿破仑演义/王家宝编著.—北京：国际文化出版公司，1990.5.—492页：照片；大32开.—ISBN 7-80049-304-0：5.50元

爱怨双龙剑/王度庐原著；王嘉谋等改编.—郑州：中原农民出版社，1990.12.—263页；32开.—ISBN 7-80538-182-8：3.50元

狼精/刘烊，玉华著.—北京：中国民间文艺出版社，1990.5.—308页；32开.—ISBN 7-5040-0265-8：3.90元

唐明皇与杨贵妃/蜀梅，因易著.—石家庄：河北人民出版社，1990.8.—2册（822页）；32开.—ISBN 7-202-00710-X：9.25元

海蓝剑/刘林宝编著.—海口：南海出版公司，1990.2.—436页；32开.—ISBN 7-80570-060-5：5.00元

拳乡传奇/李诚编著.—北京：人民体育出版社，1990.9.—176页：照片；32开.—ISBN 7-5009-0386-3：3.60元

黄天霸杀庙/刘树强，宋益三著.—哈尔滨：北方文艺出版社，1990.9.—385页；32开.—ISBN 7-5317-0354-8：4.90元

野人英侠传/季寅新著.—哈尔滨：北方文艺出版社，1990.12.—311页；32开.—ISBN 7-5317-0436-6：4.75元

清宫别传：千山演义/吕程著.—哈尔滨：北方文艺出版社，1990.10.—526页；32开.—ISBN 7-5317-0395-5：7.20元

清朝皇帝在承德/张显增，凌芝编著.—北京：中国旅游出版社，1990.8.—113页；32开.—ISBN 7-5032-0282-3：1.80元

断头台：法国大革命演义/陈椿年著.—南京：译林出版社，1990.4.—245页；32开.—ISBN 7-80567-062-5：2.90元

祸起宫闱/汪彩韵等编.—哈尔滨：黑龙江人民出版社，1990.3.—477页；32开.—ISBN 7-207-01331-0：7.10元

随銮伴驾记/周珖著.—长春：吉林文史出版社，1990.6.—613页；大32开.—ISBN 7-80528-077-0：7.80元

本书是作者依据溥仪的堂侄毓嵣撰写的回忆录《我在溥仪身边的二十六年》改编的六十回章回体小说。

续青楼恨/康素珍记述；李书宇，王延年编写.—哈尔滨：黑龙江人民出版社，1990.11.—296页：照片；32开.—ISBN 7-207-01520-8：4.60元

续秦英征西/房文等著.—牡丹江：黑龙江朝鲜民族出版社，1990.2.—325页：冠图；32开.—ISBN 7-5386-0232-5：3.90元

黑道红艳女侠/沙陆墟著.—天津：百花文艺出版社，1990.6.—344页；32开.—ISBN 7-5306-0528-3：4.00元

奥秘世界探奇/杲峰著.—济南：山东文艺出版社，1990.5.—142页；32开.—ISBN 7-5329-0402-4：1.80元

渡江南进/夏宁著.—北京：工人出版社，1990.7.260页；32开.—（解放战争通俗演义；第六卷）.ISBN 7-5008-0492-X：3.60元

游侠三打保定府/范濂溪著.—哈尔滨：北方文艺出版社，1990.8.—418页；32开.—ISBN 7-5317-0373-4：6.40元

强盗的儿子/傅汉清著.—哈尔滨：黑龙江少年儿童

出版社，1990.8.—308页；32开.—ISBN 7-5319-0665-1：3.80元

锦上花/李智量主编.—哈尔滨：黑龙江人民出版社，1990.6.—176页；32开.—（新编野史传奇丛书/李智量主编）.—ISBN 7-207-01410-4：2.50元

新乾坤印：长篇章回小说.—西安：三秦出版社，1990.8.—2册(927页)；32开.—ISBN 7-80546-257-7：11.00元

雍正皇帝/许红绪，王云高著.—长春：时代文艺出版社，1990.10.—419页；大32开.—ISBN 7-5387-0258-X：7.65元

雍正剑侠图/李鑫荃话本；退思斋主，蕊竹编次.石家庄：花山文艺出版社，1990.7.—3册（1667页）；32开.—ISBN 7-80505-323-5：19.00元

意大利90：第14届世界杯足球赛演义/杨重琦，安希荣编著.—兰州：甘肃少年儿童出版社，1990.9.100页；32开.—ISBN 7-5422-0431-9：1.50元

碧剑金镖/鬼谷子著.—北京：中国华侨出版公司，1990.9.—283页；32开.—ISBN 7-80074-266-0：3.70元

潇洒江湖/牛不也著.—杭州：浙江文艺出版社，1990.10.—2册（887页）；32开.—ISBN 7-5339-0265-3：9.80元

燕山喋血/刘宏忠，周汉平著.—长沙：湖南文艺出版社，1990.1.—349页；32开.—ISBN 7-5404-0499-X：3.80元

邋遢道人张三丰传奇/黔南文学艺术研究室主编；彭松荣，祖岱年整理.—贵阳：贵州人民出版社，1990.8.—204页；32开.—ISBN 7-221-01615-1：3.20元

孽海风情剑/宋心美著.—南昌：百花洲文艺出版社，1990.12.—481页；32开.—ISBN 7-80579-057-4：6.90元

魔女剑侠恩仇/李凤海著.—郑州：中原农民出版社，1990.7.—379页；冠图；32开.—ISBN 7-80538-201-8：3.80元

魔窟十年：传奇文学/马识途著.—重庆：重庆出版社，1990.4.—360页；32开.—ISBN 7-5366-1157-9：3.75元

I 247.5　长篇、中篇小说

1988——国际刑警第一案/王玉臣著.—太原：北岳文艺出版社，1990.6.—296页；32开.—ISBN 7-5378-0273-4：3.50元

本书是一部描写中国、美国、日本、香港四方国际刑警联合行动，合力侦破1988年头号国际贩毒大案的长篇小说。

一个女人的心/吴万章著.—南宁：广西民族出版社，1990.6.—435页；32开.—ISBN 7-5363-0831-0：5.00元

一个志愿军战士的经历/王国治，曹保明著.—长春：时代文艺出版社，1990.10.—213页；32开.ISBN 7-5387-0257-1：3.80元

一个进修生和两个女间谍/马中毅著.—延吉：延边人民出版社，1990.11.—276页；32开.—ISBN 7-80508-542-0：3.10元

一夜天使/姬小苔著.—南京：江苏文艺出版社，1990.5.—183页；32开.—（姬小台言情系列）.ISBN 7-5399-0177-2：2.40元

一剑平江湖/沧浪客著.—昆明：云南人民出版社，1990.10.—2册(579页)；32开.—（江湖道系列）.ISBN 7-222-00721-0：7.85元

十二郎/独孤红著.—桂林：漓江出版社，1990.9.3册（837页）；32开.—台湾新武侠小说佳作.—ISBN 7-5407-0527-8：11.20元

本书写的是清朝嘉庆年间，“乾坤圣手”南宫玉人的高徒十二郎与阴险奸诈的武林败类司徒英斗智斗勇的故事。

十七岁少年/金平著.—桂林：漓江出版社，1990.4.—366页；32开.—ISBN 7-5407-0501-9：3.90元

十九岁的微笑/宋学孟著.—济南：明天出版社，1990.12.—290页；插图；32开.—ISBN 7-5332-1114-6：3.10元

十世情侠/叶牧新著.—郑州：中州古籍出版社，1990.1.—2册（592页）；32开.—ISBN 7-5348-0292-X：6.80元

十字架下的冤魂/冯育楠著.—太原：北岳文艺出版社，1990.9.—421页；32开.—（中国大众文学丛书）.—ISBN 7-5378-0365-X：4.80元

十里洋场/寒北星著.—石家庄：花山文艺出版社，1990.1.—299页；大32开.—ISBN 7-80505-227-1：3.70元

七出八进法库城/魏庆富等著.—沈阳：辽宁人民出版社，1990.10.—266页；32开.—ISBN 7-205-01617-7：3.50元

七朵水仙花/姬小苔著.—广州：花城出版社，1990.4.—206页；32开.—ISBN 7-5360-0648-9：3.40元

七色女性/黄土著.—武汉：长江文艺出版社，1990.8.—240页；32开.—ISBN 7-5354-0360-3：2.90元

七封绝密电报/钱江著.—杭州：浙江少年儿童出版社，1990.1.—153页；插图；32开.—ISBN 7-5342-0486-0：1.35元

人生一万八千日/王治安著.—成都：四川文艺出版社，1990.10.—374页；肖像；32开.—ISBN 7-5411-0670-4：3.25元

本书描写了四川奇人一牙医汪英俊创造“快速镶牙”奇迹。

人生黑洞/白痴著.—北京：群众出版社，1990.3.274页；大32开.—ISBN 7-5014-0319-8：3.60元

人间罪/李德堂著.—北京：文化艺术出版社，1990.4.—531页；大32开.—ISBN 7-5039-0626-

X：5.50元

三代红颜恨/刘士俊著.—郑州：中原农民出版社，1990.9.—247页；32开.—ISBN 7-80538-170-4：2.80元

三剑情仇/顾聆森著.—郑州：中州古籍出版社，1990.3.—273页：图；32开.—ISBN 7-5348-0303-9：3.20元

土地悲歌/崔巍著.—北京：中国文联出版公司，1990.7.—285页：照片；32开.—ISBN 7-5059-1332-8：4.15元

土皇帝梦：大军阀何键的一生/文热心著.—长沙：湖南文艺出版社，1990.7.—224页；32开.ISBN 7-5404-0544-9：2.50元

大气功师/柯云路著.—北京：人民文学出版社，1990.1.—471页；大32开.—ISBN 7-02-000933-6（精装）：8.75元

大地在怒吼/朱耀庭著.—石家庄：花山文艺出版社，1990.4.—516页；32开.—ISBN 7-80505-124-0：5.00元

这是一部反映冀南抗日斗争的长篇小说。

大男大女角逐的海滩/黎国璞著.—南宁：广西民族出版社，1990.1.—266页；32开.—ISBN 7-5363-0722-5：3.20元

大侠传奇/温瑞安著.—北京：中国友谊出版公司，1990.7.—2册（572页）；32开.—（神州奇侠系列）.—ISBN 7-5057-0305-6：7.50元

大泽/彭见明著.—北京：作家出版社，1990.12.358页；大32开.—（当代小说文库）.—ISBN 7-5063-0378-7：5.40元

大学生活近作选粹/李晓峰编.—呼和浩特：内蒙古人民出版社，1990.3.—2册（716页）；32开.—ISBN 7-204-00885-5：7.60元

本书精选了近年来在读者中引起强烈反响的反映当代大学生活的中篇小说10篇。

大海歌/徐琢平著.—南京：南京出版社，1990.8.318页；32开.—ISBN 7-80560-217-4：4.30元

大捷/周梅森著.—北京：中国友谊出版公司，1990.10.—439页；32开.—ISBN 7-5057-0325-0：5.20元

山女野情/春子著.—海口：南海出版公司，1990.6.—267页；32开.—ISBN 7-80570-195-4：3.90元

本书收《山女野情》、《野花岭》、《女人的盘旋路》、《彩色的蝴蝶》4部小说。

山外有山天外天：牛仔兵启示录/沈西蒙著.—北京：解放军文艺出版社，1990.4.—285页；32开.ISBN 7-5033-0105-8：4.10元

山城剑影/丘行著.—桂林：漓江出版社，1990.5.644页；大32开.—ISBN 7-5407-0543-4：6.95元

山泉淙淙/杜宝彦著.—太原：希望出版社，1990.6.—296页；32开.—ISBN 7-5379-0619-X：4.00元

山匪/贾万超著.—北京：人民文学出版社，1990.2.—376页；32开.—ISBN 7-02-000927-1：3.75元

山海尽风流：中篇小说卷/金河，马兆政主编.沈阳：春风文艺出版社：辽宁教育出版社，1990.1.434页；大32开.—（辽宁文学10年丛书：1979～1989/林声，王充闾主编）.—ISBN 7-5313-0331-0：5.60元

义重情长/舒丽珍著.—北京：解放军文艺出版社，1990.2.—270页；32开.—ISBN 7-5033-0106-6：3.60元

这是一本以医药生产战线为题材的长篇小说。

夕阳黑田铺/屈国新著.—长沙：湖南文艺出版社，1990.4.—263页：冠图；32开.—ISBN 7-5404-0503-1：3.10元

女人无魅力/杜保平著.—桂林：漓江出版社，1990.4.—349页；32开.—ISBN 7-5407-0535-3：4.20元

女丐部落/冯精志著.—北京：北京十月文艺出版社，1990.10.—318页；32开.—ISBN 7-5302-0196-4：4.50元

本书包括一部长篇小说和两个中篇小说。

女囚泪/李芝著.—北京：北京十月文艺出版社，1990.9.—426页；32开.—ISBN 7-5302-0180-8：5.55元

女侠名姝/禾青著.—北京：北京燕山出版社，1990.4.—339页；32开.—ISBN 7-5402-0175-4：5.50元

女性没有地平线/边玲玲著.—北京：作家出版社，1990.9.—313页；32开.—ISBN 7-5063-0368-X：3.80元

这部长篇小说，描写了一个出身高级干部家庭的姑娘在社会灾变和爱情挫折面前的心理生理变化。

女性的血旗/李建著.—北京：群众出版社，1990.5.—324页；32开.—ISBN 7-5014-0480-1：4.40元

女性的证明/常青著.—北京：昆仑出版社，1990.6.—211页；32开.—（昆仑文学丛书）.—ISBN 7-80040-149-9：2.50元

本书包括4篇描写爱情、友情、婚姻、家庭的中篇小说。

女经理的悲欢/温靖邦等著.—成都：四川文艺出版社，1990.9.—252页；32开.—（传奇选粹丛书）.ISBN 7-5411-0551-1：2.65元

女研究生和她的丈夫/李颖捷著.—北京：中国文联出版公司，1990.9.—277页；32开.—ISBN 7-5059-1294-1：3.80元

女孩儿：魏艳中篇小说集/魏艳著.—北京：文化艺术出版社，1990.12.—273页：彩照；32开.—ISBN 7-5039-0733-9：3.80元

女匪/谭士珍著.—北京：文化艺术出版社，1990.2.—256页；32开.—ISBN 7-5039-0307-4：3.20元

女屠户/谭谈著.—海口：三环出版社，1990.4.223页；32开.—(台湾著名作家谭谈系列小说).ISBN 7-80564-017-3：3.30元

小车驰出情场：新编拍案惊奇之六.—长春：时代文艺出版社，1990.3.—332页；32开.—ISBN 7-5387-0229-6：4.80元

马思聪蒙难记/马瑞雪著.—上海：上海文艺出版社，1990.6.—299页；32开.—ISBN 7-5321-0473-7：3.90元

马球将/侯明志编著.—北京：人民体育出版社，1990.9.—490页；32开.—ISBN 7-5009-0520-3：7.20元

本书是古代史料为根据创作的体育电视小说。

马蹄声碎/江奇涛著.—北京：昆仑出版社，1990.6.—191页；32开.—(昆仑文学丛书).—ISBN 7-80040-200-2：2.60元

本书收《马蹄声碎》和《雷场上的相思树》两部中篇小说。

历史档案里的人物/孙波著.—大连：大连出版社，1990.3.—181页；32开.—ISBN 7-80555-327-0：2.50元

王天一传记文学选/王天一著.—沈阳：春风文艺出版社，1990.11.—362页；32开.—ISBN 7-5313-0434-1：5.00元

王佐将军传/黄仲芳，李春祥著.—北京：解放军出版社，1990.12.—501页；32开.—(中共军事人物丛书).—ISBN 7-5065-1461-3：8.00元

本书记述王佐如何从一个漂泊社会的裁缝，筹措枪械，组织绿林，杀富济贫，后成为红军将领的一生。

王春波中篇小说选/王春波著.—济南：山东文艺出版社，1990.8.—536页；大32开.—(山东作家丛书).ISBN 7-5329-0462-8：8.00元

天之吻/郑贞著.—西安：陕西人民出版社，1990.11.—151页；32开.—ISBN 7-224-01452-4：2.70元

天吻/王玉彬，王苏红著.—南京：江苏文艺出版社，1990.6.—298页；大32开.—ISBN 7-5399-0188-8：3.80元

天使与金香/段剑秋著.—北京：文津出版社，1990.8.—182页；大32开.—ISBN 7-80554-042-X：2.80元

天荒/韩迺寅著.—哈尔滨：北方文艺出版社，1990.10.—570页：彩照；大32开.—(远离太阳的地方；第1部).—ISBN 7-5317-0394-7：9.30元

天眼/潘荣才著.—南宁：广西民族出版社，1990.7.—264页；32开.—ISBN 7-5393-0859-0：2.90元

天鹅与风筝/玄小佛著.—广州：花城出版社，1990.3.—146页；32开.—ISBN 7-5360-0620-9：2.35元

夫人党/聂鑫森著.—桂林：漓江出版社，1990.8.236页；32开.—ISBN 7-5407-0559-0：2.95元

无住地带/雪克著.—石家庄：花山文艺出版社，1990.3.—2册(647页)；大32开.—(抗日战争文学丛书).—ISBN 7-80505-246-8：11.00元

无肠公子有情剑/青雯著.—哈尔滨：北方文艺出版社，1990.11.—2册(498页)：插图；32开.—ISBN 7-5317-0452-8：7.80元

无根的人/树菜著.—上海：上海文艺出版社，1990.2.—334页；32开.—ISBN 7-5321-0516-4：3.75元

本书反映了第二次世界大战前夕，在已沦为“孤岛”的上海法租界上，一场惊心动魄的秘密战争。

天上云上/严沁著.—厦门：鹭江出版社，1990.7.301页；32开.—ISBN 7-80533-327-0：3.60元

艺术家的浪漫曲/王立信著.—上海：上海文艺出版社，1990.4.—416页；32开.—ISBN 7-5321-0483-4：4.55元

五女兴唐/黄芳，刘林仙著.—太原：北岳文艺出版社，1990.9—638页；32开.—ISBN 7-5378-0128-2：8.00元

五花剑/李改涯著.—郑州：中州古籍出版社，1990.6.—258页；32开.—ISBN 7-5348-0802-0：2.95元

不平静的校园/黄世衡著.—郑州：文心出版社，1990.2.—317页；32开.—ISBN 7-80537-277-2：2.90元

不只是相思/张同吾著.—北京：华艺出版社，1990.11.—312页；32开.—ISBN 7-80039-226-X：4.38元

本书是著名评论家张同吾的中篇小说选集。作者以细腻传神的笔致，描述了一代人对自我价值的追求和艰辛的命运。

不留一句话/岑凯伦著.—深圳：海天出版社，1990.12.—250页；32开.—ISBN 7-80542-223-0：3.80元

太阳雨/杨大镇著.—昆明：云南民族出版社，1990.6.—241页；32开.—ISBN 7-5367-0332-5：2.90元

太监生涯/东郭先生著.—太原：北岳文艺出版社，1990.1.—523页；32开.—ISBN 7-5378-0280-7：6.00元

少林女和尚/唐英超著.—北京：华龄出版社，1990.3.—182页；32开.—ISBN 7-80082-016-5：2.70元

少林寺演义/李亚东著.—郑州：中原农民出版社，1990.4.—479页；32开.—ISBN 7-80538-138-0：4.50元

中国最后一个大太监/杨争光著.—北京：群众出版社，1990.11.—228页；32开.—ISBN 7-5014-0513

-1：3.60元

本书描述了中国封建社会最后一位大太监小德张的真实经历。

中原血/郑孝时著.—大连：大连出版社，1990.5.598页；32开.—ISBN 7-80555-253-3：6.45元

本书是一部描写三十年代国民党内部蒋介石、冯玉祥、阎锡山大混战的长篇历史纪实小说。

中篇小说选：1980～1990/海天出版社编.—深圳：海天出版社，1990.8.—749页；大32开.—(深圳特区文艺丛书/潘江津主编).—ISBN 7-80542-040-8：16.40元

今生唯一深爱/光泰著.—深圳：海天出版社，1990.12.—219页；32开.—ISBN 7-80542-249-4：3.35元

今宵月圆/有令峻著.—济南：黄河出版社，1990.8.—335页：照片；32开.—ISBN 7-80558-110-X：3.30元

风云初记/孙犁著.—石家庄：花山文艺出版社，1990.3.—415页；大32开.—(抗日战争文学丛书).ISBN 7-80505-242-5：6.00元

风雨人世间/祁增光著.—合肥：安徽文艺出版社，1990.7.—301页；32开.—ISBN 7-5396-0317-8：3.30元

风雨苍山/白槐著.—北京：中国和平出版社，1990.3.—219页；32开.—ISBN 7-80037-295-2：2.60元

风流大学生/东方树著.—天津：百花文艺出版社，1990.12.—442页；大32开.—ISBN 7-5306-0577-1：6.10元

风流皇帝/王桂芝，李庆皋著.—海口：南海出版公司，1990.10.—416页；32开.—ISBN 7-80570-216-0：6.20元

凤凰花开时/玄小佛著.—北京：中国友谊出版公司，1990.7.—286页；32开.—ISBN 7-5057-0335-8：3.60元

乌鸦镇传奇/孙因等著.—成都：四川文艺出版社，1990.5.—298页；32开.—(传奇选粹丛书/中国俗文学会四川分会编).—ISBN 7-5411-0549-X：2.95元

午夜恩仇/王厚强著.—济南：山东文艺出版社，1990.3.—384页；大32开.—ISBN 7-5329-0330-3：5.60元

长夜洞箫：尹世林中篇小说集/尹世林著.—济南：山东文艺出版社，1990.6.—269页；大32开.—ISBN 7-5329-0457-1：4.30元

长城魂/关奎林著.—石家庄：花山文艺出版社，1990.10.—495页；32开.—ISBN 7-80508-336-9：5.00元

月照侣云寺/许成初著.—广州：广东旅游出版社，1990.12.—342页；32开.—ISBN 7-80521-193-0：4.80元

火宅/郭雪波著.—广州：花城出版社，1990.5.444页；32开.—ISBN 7-5360-0586-5(精装)：7.70元

火线文工队/张明山著.—北京：解放军文艺出版社，1990.5.—263页；32开.—ISBN 7-5033-0122-8：3.90元

心/何志平著.—南昌：江西人民出版社，1990.1.528页；大32开.—ISBN 7-210-00796-2：6.70元

心潮/陶然著.—北京：群众出版社，1990.12.147页：插图；32开.—ISBN 7-5014-0525-5：2.70元

双面娃娃/岑凯伦著.—厦门：鹭江出版社，1990.6.—283页；32开.—ISBN 7-80533-331-9：3.40元

双姝艳：留美外记/尹雪曼著.—福州：海峡文艺出版社，1990.10.—264页；32开.—ISBN 7-80534-270-9：2.95元

双影艳侠/张翼，金失著.—长春：时代文艺出版社，1990.5.—401页；32开.—ISBN 7-5387-0050-8：4.95元

这是一部武林抗倭除奸的现代通俗小说。

孔二小姐外传/李伟著.—长春：吉林文史出版社，1990.9.—224页；32开.—ISBN 7-80528-289-1：3.50元

孔子/杨书案著.—武汉：长江文艺出版社，1990.8.400页：冠图；大32开.—(当代作家丛书).—ISBN 7-5354-0357-3(精装)：7.20元

孔子/杨书案著.—武汉：长江文艺出版社，1990.8.—400页；32开.—(当代作家丛书).—ISBN 7-5354-0356-5：4.90元

丑妻/刘子成著.—沈阳：春风文艺出版社，1990.8.—301页；32开.—ISBN 7-5313-0379-5：3.90元

水琉璃/严沁著.—广州：花城出版社，1989.11.(1990.3重印).—219页；32开.—ISBN 7-5360-0544-X：3.45元

本书原由香港博益出版公司出版，现由花城出版社修订再版。

古寺魔影/林文烈，毛英著.—北京：中国戏剧出版社，1990.7.—289页；32开.—ISBN 7-104-00244-8：3.35元

古林坳/刘勇著.—海口：南海出版公司，1990.12.201页；32开.—ISBN 7-80570-394-9：3.20元

古渡残月/吴季康著.—兰州：敦煌文艺出版社，1990.6.—146页；32开.—ISBN 7-80587-003-9：1.55元

古镇逸事/张国擎著.—南京：南京出版社，1990.10.—418页；36开.—ISBN 7-80560-278-6：4.50元

石龙奇月/杨选民著.—北京：国际文化出版公司，1990.7.—322页；32开.—ISBN 7-80049-632-5：5.80元

玉龙美豪客/独孤红著.—北京：中国戏剧出版社，1990.9.—3册（908页）；32开.—ISBN 7-104-00260-X：11.50元

玉令动江湖/张敏芳著.—成都：四川文艺出版社，1990.10.—3册（975页）；32开.—（峨嵋剑魂系列）.—ISBN 7-5411-0662-5：9.35元

未开垦的处女地：姚忠瑞中篇小说集/姚忠瑞著.南京：南京出版社，1990.10.—245页；32开.—ISBN 7-80560-292-1：3.00元

世界头条恐怖新闻/彭子强著.—北京：解放军文艺出版社，1990.5.—243页；32开.—ISBN 7-5033-0156-2：3.30元

本案拒绝旁听/罗先明著.—北京：人民文学出版社，1990.4.—340页；32开.—ISBN 7-02-000987-5：3.00元

龙云、卢汉与蒋介石/王朝柱著.—北京：中国青年出版社，1990.12.—401页；大32开.—（中国近代历史人物丛书）.—ISBN 7-5006-0363-0：6.75元

这是一部长篇纪实小说。

龙凤传奇/孙吴著.—北京：文化艺术出版社，1990.3.—174页；32开.—ISBN 7-5039-0546-8：2.05元

龙虎寒光剑 上册/司马青云著.—福州：海峡文艺出版社，1990.5.—322页；32开.—ISBN 7-80534-234-2：3.80元

龙虎寒光剑 下册/司马青云著.—福州：海峡文艺出版社，1990.5.—370页；32开.—ISBN 7-80534-235-0：4.25元

东瀛义士：川喜多大尉传奇/张常人著.—沈阳：春风文艺出版社，1990.4.—404页；大32开.—ISBN 7-5313-0310-8：5.60元

帅府内眷/贾乃华著.—哈尔滨：北方文艺出版社，1990.2.—207页；32开.—ISBN 7-5317-0313-0：3.45元

冉大爷历险记/聂国培著.—武汉：长江文艺出版社，1990.6.—315页；32开.—（当代作家丛书）.ISBN 7-5354-0337-9：3.80元

出兵朝鲜：抗美援朝历史纪实/叶雨蒙著.—北京：北京十月文艺出版社，1990.10.—473页；大32开.ISBN 7-5302-0192-1：6.70元

出剑笑江湖/青云著.—海口：南海出版公司，1990.8.—3册（920页）；32开.—ISBN 7-80570-172-5：11.80元

出墙红杏/陈慧玲著.—南宁：广西人民出版社，1990.11.—193页；32开.—ISBN 7-219-01679-4：2.45元

他选择了谋杀/张威等著.—北京：中国城市经济社会出版社，〔1990〕.—99页；16开.—ISBN 7-5074-0057-3：1.75元

丛林下的冰河/郑宗培，刘绪源主编.—合肥：安徽文艺出版社，1990.11.—299页；大32开.—（留学生文学丛书：小说卷）.—ISBN 7-5396-0410-7：4.50元

失落的岁月/朱天红著.—北京：华龄出版社，1990.3.—353页；32开.—ISBN 7-80082-033-5：4.95元

白衣方振眉/温瑞安著.—北京：中国友谊出版公司，1990.6.—3册；32开.—（神州奇侠系列）.ISBN 7-5057-0311-0：10.60元

白俄珠宝行劫案/纪英，之原选编.—杭州：浙江文艺出版社，1990.6.—280页；32开.—（上海滩丛书；1）.—ISBN 7-5339-0204-1：3.50元

白桃/里扬著.—哈尔滨：北方文艺出版社，1990.11.—385页；大32开.—ISBN 7-5217-0418-8：5.70元

白雾/李魂著.—乌鲁木齐：新疆人民出版社，1990.9.—334页；大32开.—ISBN 7-228-01474-X：3.50元

汉江血：出兵朝鲜纪实之二/叶雨蒙著.—2版.—北京：经济日报出版社，1990.9.—284页；32开.—（《黑雪》系列）.—ISBN 7-80036-144-6：3.80元

本书系《黑雪——出兵朝鲜纪实》的姊妹篇，与《黑雪》内容衔接。

半岛泪/安家正，谢箴厚编著.—济南：山东文艺出版社，1990.6.—282页；大32开.—ISBN 7-5329-0444-X：4.50元

这是一部长篇纪实文学。本书通过于烺生平事迹的演义，介绍了胶东地区革命史上一些重要事件、起义和战斗。

半新女儿家/万叔子著.—北京：人民文学出版社，1990.9.—346页；32开.—ISBN 7-02-000983-2：3.80元

乐永剑侠/单田芳，王全柱著.—郑州：中原农民出版社，1990.4.—251页；32开.—ISBN 7-80538-135-6：2.65元

台湾第一家庭/李伟著.—成都：四川文艺出版社，1990.1.—370页；32开.—ISBN 7-5411-0482-5：3.80元

边野秘史/岳立功著.—北京：中国文史出版社，1990.12.—331页；32开.—ISBN 7-5034-0226-1：4.60元

这部长篇纪实小说，描写湘西几个家族的升迁沉沦、军政民变的内幕故事。

刑警队二百天/李岩希著.—西安：陕西人民美术出版社，1990.10.—56页：插图；16开.—ISBN 7-5368-0246-3：2.40元

戎马风尘/谢允中著.—石家庄：花山文艺出版社，1990.4.—174页；32开.—ISBN 7-80505-234-4：1.80元

地火侠魂/余松岩著.—北京：中国青年出版社，1990.7.—509页；大32开.—ISBN 7-5006-0554-4：8.95元

这是一部以民主革命时期的革命先驱陆皓东为题材的长篇历史小说。

机器人引起的风波：王云根中篇小说选/王云根著.—北京：国际文化出版公司，1990.3.—213页；32开.—ISBN 7-80049-487-X：2.70元

权谋侠影/复昇，贯麋著.—北京：农村读物出版社，1990.12.—358页；32开.—（历史传奇丛书）.ISBN 7-5048-1333-8：5.80元

老街/吕运斌著.—上海：上海文艺出版社，1990.5.—330页；32开.—ISBN 7-5321-0570-9：3.55元

西北王胡宗南/余方德著.—成都：四川文艺出版社，1990.5.—313页；32开.—ISBN 7-5411-0561-9：3.50元

西域流浪记/杨牧著.—北京：文化艺术出版社，1990.3.—270页；32开.—（国土与人丛书）.—ISBN 7-5039-0547-6：3.40元

夺命牡丹/文亦奇著.—广州：花城出版社，1990.9.—192页；32开.—ISBN 7-5360-0708-6：2.70元

在严寒的日子里/丁玲著.—北京：人民文学出版社，1990.2.—246页；大32开.—ISBN 7-02-000648-5：3.20元

达摩棍　上册/赵西玉著.—合肥：安徽文艺出版社，1990.6.—474页；32开.—ISBN 7-5396-0372-0：5.70元

达摩棍　下册/赵西玉著.—合肥：安徽文艺出版社，1990.6.—487页；32开.—ISBN 7-5396-0373-9：5.80元

死刑犯归来/毛志成著.—北京：文化艺术出版社，1990.6.—332页；32开.—ISBN 7-5039-0413-5：3.90元

死湾/黄尧著.—昆明：云南人民出版社，1990.1.293页；32开.—ISBN 7-222-00592-7：3.10元

尘梦/林晓筠著.—北京：人民文学出版社，1990.12.—195页；32开.—ISBN 7-02-001132-2：2.05元

早春的雾/赵智民著.—乌鲁木齐：新疆青少年出版社，1990.9.—331页；32开.—ISBN 7-5371-0852-8：8.50元

回头是爱/岑凯伦著.—广州：花城出版社，1990.7.—273页；32开.—ISBN 7-5360-0709-4：3.70元

伏羲创世纪/杨复俊著.—郑州：海燕出版社，1990.6.—207页；32开.—ISBN 7-5350-0554-3：2.40元

血战丛林/崔洪昌著.—北京：解放军出版社，1990.6.—384页；32开.—ISBN 7-5069-1182-7：4.50元

血映关山：神州烽火录/马加著.—北京：中国青年出版社，1990.12.—376页；大32开.—ISBN 7-5006-0625-7：6.65元

血剑仇/王兴贵著.—呼和浩特：内蒙古人民出版社，1990.4.—452页；32开.—ISBN 7-204-00778-6：4.95元

血拳冰掌/我佛山子著.—北京：中国工人出版社，1990.12.—3册（755页）；32开.—ISBN 7-5008-0728-7：9.80元

血祭黄浦/纪英，之原选编.—杭州：浙江文艺出版社，1990.6.—211页；32开.—（上海滩丛书；2）.ISBN 7-5339-0203-3：2.80元

血溅玉泉寺/南星子著.—成都：四川文艺出版社，1990.6.—315页；32开.—（青云直上；1）.—ISBN 7-5411-0664-X：4.20元

血路/徐风著.—天津：百花文艺出版社，1990.6.307页；32开.—ISBN 7-5306-0514-3：3.80元

多少恨/张爱玲著.—2版.—广州：花城出版社，1990.4.—157页；32开.—ISBN 7-5360-0657-8：2.10元

本书1987年3月第1版。

多情王孙无情手/王宝宝著.—桂林：漓江出版社，1990.8.—2册（600页）；32开.—ISBN 7-5407-0570-1：8.00元

多情却被无情恼/王立信著.—南京：江苏文艺出版社，1990.8.—339页；32开.—ISBN 7-5399-0200-0：3.80元

刘镇华全传/张连寿著.—西安：陕西人民教育出版社，1990.7—363页；32开.—ISBN 7-5419-1134-8：2.90元

闯荡都市/肖建国著.—杭州：浙江文艺出版社，1990.2.—417页；大32开.—ISBN 7-5339-0195-9：4.80元

冲出死海/顾志坤著.—大连：大连出版社，1990.1.—363页；32开.—ISBN 7-80555-048-4：4.60元

江南名探/张斌著.—北京：国际文化出版公司，1990.9.—365页；32开.—ISBN 7-80049-637-6：5.30元

江南第一剑/王鸿等著.—北京：中国戏剧出版社，1990.9.—263页；32开.—ISBN 7-104-00200-6：3.10元

江湖小神侠/司马青云著.—哈尔滨：北方文艺出版社，1990.12.—2册（665页）；32开.—ISBN 7-5317-0520-6：10.10元

江湖风云录/鬼谷子著.—海口：南海出版公司，1990.4.—3册（770页）；32开.—ISBN 7-80570-072-9：9.80元

关东粮行/杨子忱，曹保明著.—长春：长春出版社，1990.1.—306页；32开.—ISBN 7-80573-128-4：3.90元

米妮/王安忆著.—南京：江苏文艺出版社，1990.8.—266页；32开.—（八月丛书）.—ISBN 7-5399-0184-5：3.15元

军火大亨/纪英，之原选编.—杭州：浙江文艺出版社，1990.6.—265页；32开.—（上海滩丛书；3）.ISBN 7-5339-0202-5：3.30元

本书包括"军火大亨"，"'大西洋'火并"和"申江巨子"3个中篇小说。

那年冬天没有雪/程树榛著.—上海：上海文艺出版社，1990.6.—331页；32开.—ISBN 7-5321-0546-6：4.95元

这是一部反映工业战线生活的长篇小说。

寻芳草/诸葛教著.—杭州：浙江文艺出版社，1990.8.—307页；32开.—ISBN 7-5339-0257-2：3.90元

寻找女人的世界/刘和平著.—北京：华龄出版社，1990.5.—2册（180页）；16开.—ISBN 7-80082-068-8：5.00元

异母兄弟/王梓夫著.—北京：北京十月文艺出版社，1990.4.—334页；大32开.—（北京长篇小说创作丛书）.—ISBN 7-5302-0166-2（精装）：9.30元

异母兄弟/王梓夫著.—北京：北京十月文艺出版社，1990.4.—334页；大32开.—（北京长篇小说创作丛书）.—ISBN 7-5302-0133-6：6.05元

异国恶梦：记国民党溃逃军队在越南集中营/徐士群，徐文俊著.—北京：中国民间文艺出版社，1990.2.—353页；32开.—ISBN 7-5040-0263-1：3.95元

阴阳门人/谌林著.—武汉：长江文艺出版社，1990.12.—3册（801页）；32开.—ISBN 7-5354-0389-1：13.00元

她在歌声中死去/李建著.—北京：群众出版社，1990.8.—270页；32开.—ISBN 7-5014-0502-6：4.20元

戏子/严沁著.—福州：海峡文艺出版社，1990.3.255页；32开.—ISBN 7-80534-231-8：3.20元

孙鸶翔中篇小说选/孙鸶翔著.—济南：山东文艺出版社，1990.4.—507页；大32开.—（山东作家丛书）.—ISBN 7-5329-0329-X：7.35元

红色死神/夜霖著.—石家庄：花山文艺出版社，1990.3.—410页；32开.—ISBN 7-80505-257-3：4.20元

红衣女孩/玄小佛著.—广州：花城出版社，1990.3.—144页；32开.—ISBN 7-5360-0619-5：2.15元

红蛇/周宜地著.—长沙：湖南文艺出版社，1990.12.—549页；32开.—ISBN 7-5404-0614-3：5.70元

红楼剑：新派魔幻奇情武侠长篇小说/江上魂著.长春：时代文艺出版社，1990.10.—4册（928页）；32开.—ISBN 7-5387-0236-9：13.90元

红旗下/卜宏著.—长春：时代文艺出版社，1990.10.—465页；32开.—ISBN 7-5387-0253-9：6.80元

红旗谱：少年版/梁斌原著；诸有莹，李克明节选.—南昌：21世纪出版社，1990.5.—195页：图；32开.—（革命英雄主义丛书）.—ISBN 7-5391-0360-4：2.00元

红褐色别墅/曹建勋著.—武汉：长江文艺出版社，1990.6.—293页；32开.—ISBN 7-5354-0335-2：3.80元

远山血色/刘虹著.—海口：南海出版公司，1990.11.—255页；32开.—ISBN 7-80570-004-9：4.00元

远茔/喜宏，李希著.—南宁：广西民族出版社，1990.12.—262页；32开.—ISBN 7-5363-1056-0：3.30元

远离租界的胡同/聪聪著.—北京：海潮出版社，1990.3.—396页；大32开.—ISBN 7-80054-065-0：5.10元

杜心武传/刘笃平著.—北京：解放军文艺出版社，1990.6.—652页；32开.—ISBN 7-5033-0083-3：7.30元

杜心武是湖南慈利人，晚清以秀才、举人而为游侠、青洪帮双龙头，后入同盟会追随孙中山革命。

杨乃武与小白菜：电视小说/方艾编著.—上海：上海古籍出版社，1990.3.—252页；32开.—ISBN 7-5325-0682-7：3.00元

杨柳韶华/林青，齐献智著.—石家庄：花山文艺出版社，1990.6.—412页；大32开.—（风雨五十载：初编）.—ISBN 7-80505-310-3：3.95元

花芯缤纷/玄小佛著.—海口：南海出版公司，1990.5.—246页；32开.—ISBN 7-80570-192-X：3.90元

花残叶落：女匪首驼龙传奇/张庆春著.—长春：吉林文史出版社，1990.7.—656页；大32开.—ISBN 7-80528-246-3：8.30元

花梦鹃魂：长篇记实小说/德咏著.—上海：上海翻译出版公司，1990.3.—217页；大32开.—（上海万象丛书）.—ISBN 7-80514-372-2：2.45元

芳英谱/石畏著.—重庆：重庆出版社，1990.8.604页；大32开.—（沧桑三部曲之二）.—ISBN 7-5366-1324-5：6.00元

本书刻画了土改中一批青年男女干部在斗争中的成长。

走出盆地：一个女人的生活和精神简历/周大新著.—天津：百花文艺出版社，1990.12.—200页；大

32开.—ISBN 7-5306-0579-8：3.35元

走出迷津/杨黎光著.—南京：江苏文艺出版社，1990.6.—334页；32开.—ISBN 7-5399-0180-2：3.80元

严峻的岁月/罗丹著.—北京：中国青年出版社，1990.12.—250页；32开.—ISBN 7-5006-0745-8：3.50元

两广豪杰/温瑞安著.—北京：中国友谊出版公司，1990.5.—2册（524页）；32开.—（神州奇侠系列）.ISBN 7-5057-0301-3：6.80元

还你前生债/岑凯伦著.—广州：花城出版社，1990.12.—243页；32开.—ISBN 7-5360-0855-4：3.20元

连环大追捕：自我历验小说/李国伟著.—成都：四川少年儿童出版社，1990.8.—150页：插图；32开.—ISBN 7-5365-0570-1：1.70元

连环套/刘恒著.—南京：江苏文艺出版社，1990.7.—388页；32开.—（八月丛书）.—ISBN 7-5399-0194-2：4.60元

男人的海/卢万成著.—济南：山东文艺出版社，1990.1.—397页；大32开.—ISBN 7-5329-0334-6：6.10元

男儿情：孙春平中篇小说集/孙春平著.—昆明：云南人民出版社，1990.6.—297页；大32开.—ISBN 7-222-00567-6：3.95元

男子汉，当兵去！：一个集团军长的回旋曲/瞿琮著.—北京：解放军文艺出版社，1990.4.—216页；32开.—ISBN 7-5033-0107-4：3.10元

牡丹夫人/姜兆文著.—长春：北方妇女儿童出版社，1990.2.—524页；32开.—ISBN 7-5385-0556-3：5.80元

乱世更风流/邹德盛著.—沈阳：沈阳出版社，1990.8.—262页；32开.—ISBN 7-80556-234-2：3.20元

乱世英杰：不是皇帝的皇帝/陈周昌著.—郑州：中州古籍出版社，1990.11.—317页；32开.—ISBN 7-5348-0301-2：4.00元

乱世姻缘/张世珠著.—贵阳：贵州人民出版社，1990.4.—194页；32开.—（冀鲁豫解放区文艺丛书）.—ISBN 7-221-01560-0：2.80元

佛帅历险记：民国高层斗争内幕：唐生智三辞蒋介石/周全著.—北京：中国文史出版社，1990.5.—376页；32开.—ISBN 7-5034-0160-5：4.95元

谷恋/张应之著.—北京：华夏出版社，1990.4.354页；32开.—ISBN 7-80053-347-5：4.45元

希特勒遗发之谜/陈云彪著.—昆明：云南人民出版社，1990.1.—262页；32开.—ISBN 7-222-00590-0：2.80元

系情俩依依/陈怡璇著.—福州：海峡文艺出版社，1990.10.—282页；32开.—ISBN 7-80534-265-2：3.35元

忤女逆子/王小鹰著.—太原：北岳文艺出版社，1990.10.—352页；32开.—ISBN 7-5378-0369-2：3.50元

冷面女警官/丁雨雨著.—北京：文化艺术出版社，1990.2.—203页；32开.—ISBN 7-5039-0527-1：2.75元

冷爱/张波著.—桂林：漓江出版社，1990.5.—400页；32开.—ISBN 7-5407-0546-9：4.40元

沙滩梦幻/师桂英著.—天津：百花文艺出版社，1990.12.—242页；32开.—ISBN 7-5306-0545-3：2.80元

沉浮/边铭杰著.—西安：陕西人民出版社，1990.12.—212页；32开.—ISBN 7-224-01349-8：3.70元

张难先传奇/傅献瑞著.—北京：中国文史出版社，1990.12.—252页；32开.—ISBN 7-5034-0314-4：3.30元

陈少敏/李树高，曹伦甫著.—济南：山东文艺出版社，1990.12.—443页；大32开.—ISBN 7-5329-0393-1：7.30元

陈国凯自选集：长篇小说卷（一）：代价/陈国凯著.—广州：花城出版社，1990.12.—287页；32开.ISBN 7-5360-0801-5：3.80元

纯情/王子，白丁著.—海口：南海出版公司，1990.9.—172页；32开.—ISBN 7-80570-310-8：2.90元

纸鸟/郑万隆著.—北京：中国青年出版社，1990.1.—272页；32开.—（小说丛书）.—ISBN 7-5006-0547-1：3.80元

现在可以说了/刘敬智，鲁秋平著.—北京：北京少年儿童出版社，1990.2.—240页；32开.—ISBN 7-5301-0162-5：2.60元

本书真实地描述了原子弹、氢弹爆炸，洲际导弹、战略火箭水下发射成功，卫星上天等等的激动人心的场面，歌颂了我国钱学森、邓稼先等一批爱国知识分子。

玫瑰色的梦/严民著.—济南：黄河出版社，1990.10.—382页；大32开.—ISBN 7-80558-199-1：4.80元

玫瑰别墅/胡良骅著.—合肥：安徽文艺出版社，1990.10.—248页；32开.—ISBN 7-5396-0388-7：2.80元

青春之歌：少年版/杨沫原著；邱国珍改写.—南昌：21世纪出版社，1990.5.—176页：图；36开.（革命英雄主义丛书）.—ISBN 7-5391-0356-6：1.85元

青楼恨：续集/康素珍记述；书宇，延年编著.—长春：吉林文史出版社，1990.1.—424页；32开.中国望乡；2）.—ISBN 7-80528-207-2：5.45元

林默娘/黄玉石著.—北京:中国青年出版社,1990.4.—326页;冠图;32开.—ISBN 7-5006-0487-4:4.50元

苦爱三部曲/晓雷著.—西安:华岳文艺出版社,1990.4.—260页;32开.—ISBN 7-80549-290-5:3.80元

英雄好汉/温瑞安著.—北京:中国友谊出版公司,1990.6.—2册(584页);32开.—(神州奇侠系列).—ISBN 7-5057-0302-1:7.50元

枣花传奇/郑筱丛著.—济南:山东大学出版社,1990.2.—375页;32开.—ISBN 7-5607-0260-0:3.90元

雨送黄昏/邓蔼梅著.—南京:江苏文艺出版社,1990.12.—246页;32开.—ISBN 7-5399-0205-1:2.80元

奇正十三剑/上官云飞著.—石家庄:花山文艺出版社,1990.10.—2册(807页);32开.—ISBN 7-80505-379-0:9.90元

虎鼠龙蛇闹三江:民国高层斗争内幕/周全著.—北京:中国文史出版社,1990.6.—409页;32开.—ISBN 7-5034-0162-1:4.95元

本书描写北伐中期蒋介石(属鼠)、唐生智(属虎)、李宗仁(属龙)、刘文岛(属蛇)等人你倾我轧大闹三江(长江、黄河、湘江)的种种内幕。

非法移民/梁潜著.—长沙:湖南文艺出版社,1990.9.—350页;32开.—ISBN 7-5404-0589-9:3.80元

国宝/薛亦然著.—长春:吉林人民出版社,1990.7.—142页;32开.—ISBN 7-206-00864-X:2.30元

国贼/牛光文著.—济南:山东文艺出版社,1990.3.—396页;大32开.—ISBN 7-5329-0350-8:5.70元

侠义宗/卧龙生著.—福州:海峡文艺出版社,1990.12.—3册;32开.—ISBN 7-80534-302-0:9.95元

侠盗李开府/董庭波,李常耕著.—南京:江苏人民出版社,1990.7.—2册(504页);32开.—ISBN 7-214-00505-0:6.80元

金三角风云/罗大胜著.—哈尔滨:北方文艺出版社,1990.11.—236页;32开.—ISBN 7-5317-0420-X:2.90元

金三角血泪/木易水著.—北京:中国友谊出版公司,1990.10.—473页;32开.—ISBN 7-5057-0324-2:5.80元

金手书生/青云著.—石家庄:花山文艺出版社,1990.8.—2册(744页);32开.—ISBN 7-80505-298-0:9.30元

金沙玉簪/张庆桑,金朝培著.—南宁:广西人民出版社,1990.1.—248页;32开.—ISBN 7-219-01426-0:2.85元

金眉蝶血记/李庆华等著.—成都:四川文艺出版社,1990.2.—267页;32开.—(传奇选粹丛书).ISBN 7-5411-0550-3:2.70元

金狮与魔王/峻骧著.—济南:明天出版社,1990.6.—522页;32开.—ISBN 7-5332-0608-8:5.15元

金屋/李佩甫著.—武汉:长江文艺出版社,1990.7.—286页;32开.—ISBN 7-5354-0342-5(精装):6.20元

金屋/李佩甫著.—武汉:长江文艺出版社,1990.7.—286页;32开.—ISBN 7-5354-0341-7:4.20元

金扇玉箫/上官云飞著.—石家庄:花山文艺出版社,1990.12.—2册(597页);32开.—ISBN 7-80505-383-9:7.50元

金融家:申城三部曲　第一部/程乃珊著.—上海:上海文艺出版社,1990.10.—395页;大32开.—(小说界文库:长篇系列).—ISBN 7-5321-0632-2:5.55元

命运/王贤才著.—青岛:青岛出版社,1990.5.218页;32开.—ISBN 7-5436-0489-2:2.80元

朋友,祝你快乐/曾樾著.—北京:中国华侨出版公司,1990.9.—238页;32开.—ISBN 7-80074-317-9:3.30元

周旋在敌人心脏的女人/郭震著.—北京:群众出版社,1990.2.—345页;大32开.—ISBN 7-5014-0441-2:4.60元

怪杰二赖子/吴顽石著.—哈尔滨:北方文艺出版社,1990.8.—418页;32开.—ISBN 7-5317-0353-X:5.25元

河祭/鹏喜著.—武汉:长江文艺出版社,1990.4.357页;32开.—(当代作家丛书).—ISBN 7-5354-0304-2:4.00元

泪血残阳/赵立中著.—海口:南海出版公司,1990.10.—286页;32开.—ISBN 7-80570-205-5:4.20元

泪洒苦行路:三个女人的故事/林湄著.—北京:中国文联出版公司,1990.2.—199页;32开.—ISBN 7-5059-1222-4:3.00元

沼泽/邹月照著.—广州:花城出版社,1990.12.298页;32开.—(长篇小说处女作丛书).—ISBN 7-5360-0357-9:3.90元

宝珠情恨/胡吉六,杨绍华著.—西安:三秦出版社,1990.11.—226页;32开.—ISBN 7-80546-274-7:3.10元

诛魔七剑/司马青云著.—哈尔滨:北方文艺出版社,1990.8.—3册(720页);32开.—ISBN 7-5317-0371-8:9.80元

降魔传/青云著.—长春:时代文艺出版社,1990.

12.—2册（460页）；32开.—ISBN 7-5387-0308-X：6.95元

姑娘你才十九岁/曾志明著.—上海：上海文艺出版社，1990.2.—315页；32开.—ISBN 7-5321-0482-6：3.20元

孤星神剑/上官重阳著.—哈尔滨：北方文艺出版社，1990.1.—3册（831页）；32开.—ISBN 7-5317-0323-8：11.00元

驿道上的最后一颗太阳/瞿文早著.—昆明：云南民族出版社，1990.12.—171页；32开.—ISBN 7-5367-0371-5：3.00元

孟丽君/逸钟著.—南昌：江西人民出版社，1990.1.—575页；32开.—ISBN 7-210-00718-0：6.25元

春江风雨/王英先著.—北京：中国青年出版社，1990.2.—271页；32开.—ISBN 7-5006-0601-X：3.90元

春宵谜/戈振缨著.—济南：山东文艺出版社，1990.2.—339页；32开.—ISBN 7-5329-0346-X：3.90元

相逢在狭路/吴强等著.—上海：百家出版社，1990.12.—230页；大32开.—（海派小说丛书）.ISBN 7-80576-154-X：3.60元

柳北烽火/于慎波著.—南宁：广西人民出版社，1990.3.—278页；32开.—ISBN 7-219-01473-2：3.15元

政协委员传奇/吕文泉著；全国政协文史资料委员会，山东省政协文史资料委员会编.—北京：中国文史出版社，1990.8.—168页；大32开.—ISBN 7-5034-0128-1：3.29元

荒原之恋/郭雨庭著.—长春：时代文艺出版社，1990.1.—313页；32开.—ISBN 7-5387-0189-3：3.75元

荒原的风/盛旭著.—济南：山东文艺出版社，1990.5.—439页；32开.—ISBN 7-5329-0449-0：6.00元

荒烟/沈贻炜著.—北京：文化艺术出版社，1990.2.—231页；大32开.—ISBN 7-5039-0517-4：3.40元

荒野里的红飘带/金闽伟著.—福州：海峡文艺出版社，1990.11.—232页；32开.—ISBN 7-80534-311 X：2.95元

带阴谋的爱情：中篇专集/肖士太著.—南昌：百花洲文艺出版社，1990.11.—140页：插图；16开.ISBN 7-80579-061-2：2.80元

轻生一剑知/林莽著.—北京：作家出版社，1990.4.—293页；32开.—ISBN 7-5063-0163-6：3.80元

战火迎春/罗德祯著.—海口：南海出版公司，1990.4.—321页；32开.—ISBN 7-80570-204-7：5.50元

战争女人和喇嘛/刘正华著.—北京：解放军文艺出版社，1990.12.—286页：照片；32开.—ISBN 7-5033-0172-4：3.80元

战争孤儿/叶广芩著.—西安：华岳文艺出版社，1990.6.—306页；32开.—ISBN 7-80549-254-9：4.20元

削壁千仞/徐莹著.—哈尔滨：北方文艺出版社，1990.2.—351页；32开.—ISBN 7-5317-0329-7：7.00元

省城里的风流韵事/叶辛著.—北京：北京十月文艺出版社，1990.3.—267页；32开.—ISBN 7-5302-0159-X：4.05元

哈同花园"幽灵"/石锦元选编.—杭州：浙江文艺出版社，1990.6.—244页；32开.—（上海滩丛书；4）.—ISBN 7-5339-0201-7：3.10元

昨日黄花/董崇政著.—济南：山东文艺出版社，1990.12.—310页；大32开.—ISBN 7-5329-0578-6：5.45元

昨夜风雨/树棻著.—上海：百家出版社，1990.12.—214页；大32开.—（海派小说丛书）.—ISBN 7-80576-153-1：3.60元

冒险家和他的情人/侯钰鑫著.—上海：上海文艺出版社，1990.8.—298页；32开.—ISBN 7-5321-0576-8：2.80元

界碑两边的眼睛/张鸿疆著.—乌鲁木齐：新疆青少年出版社，1990.2.—416页；32开.—ISBN 7-5371-0535-9：4.00元

幽灵与天使/王良德著.—太原：北岳文艺出版社，1990.9.—237页；32开.—ISBN 7-5378-0298-X：3.30元

钟惠澜传/缪宜琴著.—北京：北京出版社，1990.6.—267页：照片；大32开.—ISBN 7-200-01117-7：4.50元

秋之恋/赤子著.—海口：南海出版公司，1990.9.317页；32开.—ISBN 7-80570-227-6：4.80元

秋之惑/周克芹著.—北京：中国青年出版社，1990.2.—243页；32开.—ISBN 7-5006-0376-2：3.55元

复仇女人/汤子文著.—桂林：漓江出版社，1990.1.—278页；32开.—（中国当代通俗小说系列/陈钧主编）.—ISBN 7-5407-0522-1：3.50元

复活的幽灵/周原著.—北京：北京十月文艺出版社，1990.4.—454页；大32开.—（北京长篇小说创作丛书）.—ISBN 7-5302-0163-8：7.45元

香山长恨/潘泰泉著.—太原：北岳文艺出版社，1990.2.—512页；32开.—ISBN 7-5378-0308-0：5.00元

香港女人/亦舒著.—2版.—广州：花城出版社，1990.1.—268页；32开.—ISBN 7-5360-0006-5；

3.50元

香港游子/陈卓乾著.—北京：中国文联出版公司，1990.1.—349页；32开.—ISBN 7-5059-1062-0：4.20元

重光九宫门/南星子著.—成都：四川文艺出版社，1990.7.—283页；32开.—(青云直上；四).—ISBN 7-5411-0667-4：3.70元

重轭/周梅森著.—广州：花城出版社，1990.3.306页；大32开.—ISBN 7-5360-0514-8：4.60元

侯德榜：传记文学/宋俊华著.—南京：河海大学出版社，1990.7.—161页；32开.—ISBN 7-5630-0312-6：2.00元

皇天精魄/吴因易著.—石家庄：花山文艺出版社，1990.7.—429页；大32开.—(则天皇帝系列；一).ISBN 7-80505-293-X：6.00元

皇陵大盗/张凤洪著.—郑州：中原农民出版社，1990.10.—422页；32开.—ISBN 7-80538-185-2：4.50元

追寻/陶然著.—北京：群众出版社，1990.8.193页；32开.—ISBN 7-5014-0517-4：3.10元

追魂龙虎/欧阳云龙著.—哈尔滨：北方文艺出版社，1990.12.—3册(1040页)；32开.—ISBN 7-5317-0511-7：14.30元

鬼谷/辛勤著.—北京：中国少年儿童出版社，1990.10.—179页；32开.—ISBN 7-5007-0802-5：1.85元

鬼符/文亦奇著.—西安：华岳文艺出版社，1990.4.—200页；32开.—ISBN 7-80549-283-2：3.00元

鬼窟/半岛著.—北京：北京十月文艺出版社，1990.12.—358页；大32开.—(北京长篇小说创作丛书).—ISBN 7-5302-0183-2(精装)：8.80元

鬼窟/半岛著.—北京：北京十月文艺出版社，1990.12.—358页；大32开.—(北京长篇小说创作丛书).—ISBN 7-5302-0183-2：6.05元

剑吼西风平海啸/王颖著.—南京：江苏文艺出版社，1990.4.—311页；32开.—ISBN 7-5399-0168-3：3.50元

剑影游侠，又名，**八巧珠**/古寒著.—郑州：中州古籍出版社，1990.10.—2册(473页)；32开.—ISBN 7-5348-0341-1：6.50元

独旅长路/依达著.—广州：花城出版社，1990.10.256页；32开.—ISBN 7-5360-0718-3：3.40元

逃亡梦：长篇纪实小说/万路著.—北京：中国文联出版公司，1990.3.—313页；32开.—ISBN 7-5059-1230-5：3.75元

哀牢枭雄/马铭著.—昆明：云南民族出版社，1990.10.—381页；32开.—ISBN 7-5367-0088-1：2.00元

哀感扬州罗曼史/梅汝恺著.—长沙：湖南文艺出版社，1990.3.—352页；32开.—ISBN 7-5404-0519-8：3.80元

音乐之家/毛履鄂著.—济南：明天出版社，1990.6.—293页；32开.—ISBN 7-5332-0942-7：2.75元

本书描写了发生在30年代音乐之岛鼓浪岛上的故事。

庭院风流/李振玉著.—北京：华夏出版社，1990.3.—342页；32开.—ISBN 7-80053-638-6：4.80元

洄波/王修智著.—新1版.—济南：山东文艺出版社，1990.7.—424页；大32开.—ISBN 7-5329-0425-3：6.40元

浑浊的祖历河/孙志诚著.—兰州：敦煌文艺出版社，1990.6.—282页；32开.—ISBN 7-80587-012-8：3.20元

将门男女/张聂尔著.—北京：北京十月文艺出版社，1990.12.—275页；大32开.—(北京长篇小说创作丛书).—ISBN 7-5302-0186-7：5.15元

前尘如梦/岑凯伦著.—广州：花城出版社，1990.6.—209页；32开.—ISBN 7-5360-0690-X：2.90元

客自南洋来/王啸平著.—上海：百家出版社，1990.12.—260页：照片；32开.—ISBN 7-80576-165-5：5.00元

突围表演/残雪著.—上海：上海文艺出版社，1990.5.—351页；大32开.—(文艺探索书系).ISBN 7-5321-0457-5：4.85元

穿黑长袍的隐形女人/江汉著.—福州：海峡文艺出版社，1990.12.—138页；32开.—ISBN 7-80534-300-4：1.85元

美神之囚/中国作家协会创研部编.—长春：时代文艺出版社，1990.4.—445页；大32开.—(新时期争鸣作品丛书).—ISBN 7-5387-0228-8：7.40元

迷宫奇案/李建明，赵宏著.—太原：北岳文艺出版社，1990.6.—205页；32开.—ISBN 7-5378-0252-1：2.30元

迷途少女/康启昌著.—沈阳：辽宁少年儿童出版社，1990.8.—242页；32开.—ISBN 7-5315-0723-4：2.20元

迷濛的爱河/崔苇，宋秋雁著.—北京：中国文联出版公司，1990.2.—235页；32开.—ISBN 7-5059-1193-7：3.60元

神木令/熊沐著.—南京：江苏文艺出版社，1990.6.—609页；32开.—ISBN 7-5399-0183-7：6.95元

神龙甲/文亦奇著.—西安：华岳文艺出版社，1990.4.—182页；32开.—ISBN 7-80549-282-4：2.90元

神州飞将/陈立德著.—北京：中国华侨出版公司，1990.11.—399页；32开.—ISBN 7-80074-315-2：

6.20元

神州无敌/温瑞安著.—北京：中国友谊出版公司，1990.6.—2册(391页)；32开.—(神州奇侠系列).—ISBN 7-5057-0303-X：5.20元

神鬼当杀/刘建华著.—天津：百花文艺出版社，1990.6.—250页；32开.—ISBN 7-5306-0312-4：3.20元

神秘的301：长篇惊险小说/孙少文著.—昆明：云南民族出版社，1990.7.—95页；16开.—ISBN 7-5367-0284-1：2.20元

险途断魂谷/南星子著.—成都：四川文艺出版社，1990.6.—273页；32开.—(青云直上；三).—ISBN 7-5411-0666-6：3.90元

贺绿汀传/史中兴著.—2版.—上海：上海文艺出版社，1990.10.—348页；32开.—(纪实文学丛书).ISBN 7-5321-0637-3(精装)：9.80元

本书1989年9月第1版。

贺绿汀传/史中兴著.—2版.—上海：上海文艺出版社，1990.10.—348页；32开.—(纪实文学丛书).ISBN 7-5321-0305-6：1.45元

本书1989年9月第1版。

绝世双姝/熊沐著.—南京：江苏文艺出版社，1990.12.—549页；32开.—ISBN 7-5399-0218-3：6.80元

艳女擒狼精/刘烊，田玉华编著.—郑州：中原农民出版社，1990.8.—315页：冠图；32开.—ISBN 7-80538-130-5：4.00元

艳侠情魔　上册/司马飞龙著.—长沙：湖南文艺出版社，1990.12.—318页；32开.—ISBN 7-5404-0611-9：3.80元

艳侠情魔　下册/司马飞龙著.—长沙：湖南文艺出版社，1990.12.—319～639页；32开.—ISBN 7-5404-0612-7：3.80元

艳恨/方娥真著.—广州：花城出版社，1990.3.129页；32开.—(台港小说系列).—ISBN 7-5360-0562-8：2.00元

秦宫秘史/袁银波，汪炎著.—西安：陕西人民出版社，1990.9.—295页；32开.—ISBN 7-224-01467-2：3.80元

泰女泪：纪实小说/梁潜著.—长春：时代文艺出版社，1990.5.—184页；32开.—ISBN 7-5387-0240-7：2.90元

桃花谜案/宗岱著.—太原：北岳文艺出版社，1990.9.—156页；32开.—ISBN 7-5378-4344-7：2.50元

都督恨/马永杰，王小安著.—北京：中国青年出版社，1990.10.—400页；大32开.—ISBN 7-5006-0541-2：6.70元

莫失莫忘/亦舒著.—广州：花城出版社，1990.5.112页；32开.—ISBN 7-5360-0636-5：1.70元

莫道桑榆晚/张一峰著.—北京：国际文化出版公司，1990.9.—127页；32开.—ISBN 7-80049-554-X：1.80元

恐怖谷之夜/莫非，路言著.—北京：华夏出版社，1990.6.—177页；32开.—ISBN 7-80053-281-X：2.20元

夏日辉煌/冯敬兰著.—北京：作家出版社，1990.9.—295页：肖像；32开.—(文学新星丛书；第9辑).—ISBN 7-5063-0364-7：3.95元

铁头张关东闯荡记/杨大群著.—沈阳：白山出版社，1990.12.—439页；32开.—ISBN 7-80566-180-4：5.40元

铁匠传/张法贵著.—济南：黄河出版社，1990.4.226页；32开.—ISBN 7-80558-125-8：2.50元

铁血大旗/古龙著.—北京：中国文联出版公司，1990.5.—3册(1108页)；32元.—ISBN 7-5059-1313-1：14.40元

铁血杀手王亚樵/朱方旭著.—杭州：浙江文艺出版社，1990.12.—325页；32开.—ISBN 7-5339-0292-0：3.20元

铁血金戈/田雪著.—兰州：甘肃少年儿童出版社，1990.5.—557页：插图；32开.—ISBN 7-5422-0282-0：5.80元

这是一部反映南宋初年陕甘川保卫战的长篇历史小说。

铁道游击队：少年版/知侠著；真骅改编.—南昌：21世纪出版社，1990.5.—142页：图；36开.—(革命英雄主义丛书).—ISBN 7-5391-0352-3：1.68元

秘密行动：策反"黄安"舰起义的始末/张西庆等著.—北京：海洋出版社，1990.8.—438页；32开.ISBN 7-5027-1001-9：5.70元

本书揭示了我军第一艘军舰的诞生及它的赫赫战功。通过纪实手法，向世人披露了地下工作者策反成功"黄安"舰的真实历史事件。

缺口从这里打开/王树梁著.—北京：解放军文艺出版社，1990.12.—274页；32开.—ISBN 7-5033-0170-8：3.80元

敌后武工队/冯志著.—石家庄：花山文艺出版社，1990.3.—455页；大32开.—(抗日战争文学丛书).ISBN 7-80505-243-3：7.00元

倩女梦/李犁著.—长春：时代文艺出版社，1990.5.—268页；大32开.—ISBN 7-5387-0239-3：4.40元

爱不必说抱歉/姬小苔著.—广州：花城出版社，1990.4.—235页；32开.—ISBN 7-5360-0647-0：3.05元

爱只有一个字/姬小苔著.—广州：花城出版社，

1990.4.—196页；32开.—ISBN 7-5360-0649-7：2.60元

爱在人间/任启光，张艳华著.—济南：山东文艺出版社，1990.10.—337页；32开.—ISBN 7-5329-0515-2：4.20元

爱国的"叛国者"——马思聪传/叶永烈著.—北京：人民文学出版社，1990.1.—361页；大32开.ISBN 7-02-000497-0：5.35元

爱的轮转/姬小苔著.—济南：山东文艺出版社，1990.5.—195页；32开.—ISBN 7-5329-0371-0：2.90元

爱的波涛/依达著.—广州：花城出版社，1990.6.261页；32开.—ISBN 7-5360-0688-8：3.40元

爱的诞生/王定明著.—昆明：云南民族出版社，1990.6.—243页；32开.—ISBN 7-5367-0291-4：2.90元

爱的荒原：女性启示录/林希著.—桂林：漓江出版社，1990.5.—339页；32开.—ISBN 7-5407-0544-2：4.15元

爱恨知多少/岑凯伦著.—深圳：海天出版社，1990.10.—236页；32开.—ISBN 7-80542-247-8：3.30元

爱神为她作证/任大星著.—郑州：海燕出版社，1990.10.—228页；大32开.—ISBN 7-5350-0575-6：2.75元

爱情与饥荒：梦幻与现实　第一部/王宝成著.—北京：中国工人出版社，1990.12.—475页；32开.（长颈鹿丛书）.—ISBN 7-5008-0692-2：7.10元

狼烟冷泪/陈其昌著.—长春：时代文艺出版社，1990.1.—2册（731页）；32开.—ISBN 7-5387-0198-2：7.50元

本书通过描写在抗日战争时期归国留日学生肖劲南寻求抗日救国的经历，揭示了本世纪中叶中国上流社会和日本各阶层的形态，展现了中国人民的抗日热情。

胭脂虎，又名，**霸王庄**/谭谈著.—海口：三环出版社，1990.5.—231页；32开.—（台湾著名谭谈系列小说）.—ISBN 7-80564-008-4：3.20元

胭脂河/程贤章，王杏元著.—南昌：百花洲文艺出版社，1990.12.—439页；大32开.—ISBN 7-80579-076-0：6.50元

恋谷/张应之著.—北京：华夏出版社，1990.4.354页；32开.—ISBN 7-80053-647-5：4.45元

座山雕世家/刘子成，杨居范著.—沈阳：春风文艺出版社，1990.9.—310页；32开.—ISBN 7-5313-0386-8：4.20元

烛光/朱瑞福著.—济南：山东文艺出版社，1990.6.—411页；大32开.—ISBN 7-5329-0464-4：6.15元

烟花奇女/薛虹，冯君实编.—长春：吉林文史出版社，1990.10.—493页；大32开.—ISBN 7-80528-312-5：6.90元

烟花侠女/窦英泰著.—长春：时代文艺出版社，1990.6.—310页；32开.—ISBN 7-5387-0243-1：4.20元

消魂刀，又名，**坛子怪**/谭谈著.—海口：三环出版社，1990.8.—231页；32开.—（台湾著名作家谭谈系列小说）.—ISBN 7-80564-009-2：3.20元

浩歌行　上册/诸葛青云著.—西安：陕西人民出版社，1990.11.—268页；32开.—ISBN 7-224-01463-X：3.75元

浩歌行　中册/诸葛青云著.—西安：陕西人民出版社，1990.11.—269～536页；32开.—ISBN 7-224-01463-X：3.75元

浩歌行　下册/诸葛青云著.—西安：陕西人民出版社，1990.11.—537～808页；32开.—ISBN 7-224-01463-X：3.80元

海妖/郭金炎著.—济南：山东文艺出版社，1990.5.—256页；32开.—ISBN 7-5329-0332-X：3.40元

海南大亨/晓剑著.—北京：文化艺术出版社，1990.12.—219页；大32开.—ISBN 7-5039-0758-4：3.40元

海难/阎明国著.—石家庄：花山文艺出版社，1990.8.—257页；32开.—ISBN 7-80505-362-6：3.20元

本书包括《海难》等4篇中篇小说。

"海盗"黑帆船：长篇历史小说/刘光杰著.—北京：中国青年出版社，1990.12.—352页；32开.（小说丛书）.—ISBN 7-5006-0548-X：4.65元

流亡女性/里林，张容林著.—南宁：广西人民出版社，1990.2.—217页；32开.—ISBN 7-219-01453-8：2.70元

流亡将军/马林著.—北京：中国青年出版社，1990.1.—330页；大32开.—ISBN 7-5006-0479-3：5.20元

流水三十章/王安忆著.—上海：上海文艺出版社，1990.4.—431页；大32开.—（小说界文库·长篇系列/江曾培，范政浩主编）.—ISBN 7-5321-0379-X：6.20元

流水情长/刘彦林著.—北京：华夏出版社，1990.4.—335页；大32开.—ISBN 7-80053-697-1：5.15元

流光皮奇缘/黄同甫著.—郑州：中原农民出版社，1990.12.—275页；32开.—ISBN 7-80538-187-9：3.50元

流浪姐旅美打工记/李惠新著.—北京：作家出版

社，1990.2.—262页；32开.—ISBN 7-5063-0340-X：3.25元

浪迹一叶/李建著.—北京：群众出版社，1990.3.324页；32开.—ISBN 7-5014-0480-1：4.80元

浪迹天涯/陈福郎著.—福州：海峡文艺出版社，1990.6.—302页；大32开.—ISBN 7-80534-157-5：3.80元

浪迹台湾岛/汪幸福著.—北京：华文出版社，1990.6.—438页；32开.—ISBN 7-5075-0061-6：5.10元

小说《浪迹台湾岛》，通过国民党三位老兵在香港、台湾的辛酸经历，以生动形象的笔法，再现了当时的一段历史过程。

家在何方/雨霏霏著.—北京：人民文学出版社，1990.9.—310页；大32开.—ISBN 7-02-001003-2：4.40元

这是一部描写弃儿生活的长篇小说。

家族之谜/许特生著.—北京：解放军文艺出版社，1990.4.—298页；32开.—ISBN 7-5033-0111-2：3.90元

梧桐，梧桐/张欣著.—广州：花城出版社，1990.11.—388页；32开.—ISBN 7-5360-0723-X：4.90元

梅村心曲/谢霜天著.—桂林：漓江出版社，1990.8.—631页；32开.—ISBN 7-5407-0558-2：8.00元

本书包括《秋暮》、《冬夜》、《春曲》3部。

黄色/麦甲著.—北京：中国文联出版公司，1990.3.—543页；大32开.—ISBN 7-5059-1247-X：8.15元

这部言情小说描写了一个唐代迁徙古都西安的波斯贵族后裔于庆甫一生的遭遇。

黄金梦/照日格巴图著.—北京：解放军文艺出版社，1990.12.—252页；32开.—ISBN 7-5033-0180-5：3.50元

梦幻人生：石挥传记小说/余之著.—上海：三联书店上海分店，1990.8.—329页；大32开.—ISBN 7-5426-0239-X：6.10元

梦归/姬小苔著.—南京：江苏文艺出版社，1990.5.—177页；32开.—ISBN 7-5399-0176-4：2.30元

梦回南国/郭国甫著.—北京：解放军文艺出版社，1990.9.—425页；32开.—ISBN 7-5033-0121-X：5.30元

梦洲：一个青年革命家的浪漫史/陈世旭著.—北京：人民文学出版社，1990.1.—321页；大32开.ISBN 7-02-000916-6：4.00元

梦海迷情/岑凯伦著.—北京：台声出版社，〔1990〕.—263页；32开.—（岑凯伦小说系列）.ISBN 7-80062-117-0：3.80元

盛唐遗恨/王鸿儒著.—贵阳：贵州人民出版社，1990.6.—427页；大32开.—ISBN 7-221-02069-8：5.95元

这部长篇历史小说描写了安禄山从邀功走向叛乱、覆灭的全过程。

雪夜情仇/路英杰著.—杭州：浙江文艺出版社，1990.7.—337页；32开.—ISBN 7-5339-0155-X：4.00元

这是一部反映旧社会妇女在水深火热中艰难生活的长篇小说。

雪剑冰心/陈青云著.—长春：时代文艺出版社，1990.2.—3册（694页）；32开.—ISBN 7-5387-0219-9：9.35元

雪祭唐古拉/张鼎全著.—北京：解放军文艺出版社，1990.12.—279页：彩照；32开.—ISBN 7-5033-0223-2：5.80元

虚孕/陈静璐著.—南宁：广西民族出版社，1990.11.—288页；36开.—ISBN 7-5363-0999-6：3.30元

堂口/朱羽著.—北京：台声出版社，〔1990〕.247页；32开.—（朱羽小说系列）.—ISBN 7-80062-118-9：3.60元

常在心头/严沁著.—福州：海峡文艺出版社，1990.4.—269页；32开.—ISBN 7-80534-233-4：3.25元

野火春风斗古城/李英儒著.—石家庄：花山文艺出版社，1990.3.—462页；大32开.—（抗日战争文学丛书）.—ISBN 7-80505-245-X：7.50元

野百合的春天/林晓筠著.—广州：花城出版社，1990.12.—180页；32开.—ISBN 7-5360-0797-3：2.60元

野岸/严沁著.—福州：海峡文艺出版社，1990.4.244页；32开.—ISBN 7-80534-232-6：3.15元

野性谷：中篇小说集/李晓伟著.—西宁：青海人民出版社，1990.1.—260页；大32开.—ISBN 7-225-00337-2：2.80元

野性的黑潮/何建明著.—长沙：湖南文艺出版社，1990.7.—260页；32开.—ISBN 7-5404-0548-1：2.90元

野美人与黑蝴蝶：中篇小说集/张一弓著.—郑州：中原农民出版社，1990.10.—336页；32开.—ISBN 7-80538-172-0：4.00元

崔嵬乾坤/吴因易著.—石家庄：花山文艺出版社，1990.7.—428页；大32开.—（则天皇帝系列；2）.ISBN 7-80506-292-1：6.00元

圈龙溥仪/李文达著.—北京：北京十月文艺出版社，1990.4.—610页；大32开.—（北京长篇小说创作丛书）.—ISBN 7-5302-0169-7（精装）：12.50元

本书是长篇小说《人神沧桑》的第二部。

圈龙溥仪/李文达著.—北京：北京十月文艺出版社，1990.4.—610页；大32开.—(北京长篇小说创作丛书).—ISBN 7-5302-0155-7：9.25元
本书是长篇小说《人神沧桑》的第二部。

银海恨/依达著.—广州：花城出版社，1990.9.360页；32开.—ISBN 7-5360-0730-2：3.95元
本书原名《光彩逝时》，香港环球图书杂志出版社出版，此次由花城出版社修订重版。

悠悠五十载/老城著.—石家庄：花山文艺出版社，1990.9.—320页；大32开.—ISBN 7-80505-375-8：5.00元

彩虹公主/岑凯伦著.—2版.—深圳：海天出版社，1990.10.—245页；32开.—ISBN 7-00542-084-X：3.45元
本书1988年5月第1版。

商贾情缘/武剑青著.—桂林：漓江出版社，1990.9.—264页；32开.—ISBN 7-5407-0588-4：3.20元

望海椰之恋/吕雷著.—北京：中国青年出版社，1990.6.—269页；32开.—ISBN 7-5006-0624-9：4.20元

情与欲/范小天，殷小唯著.—长春：时代文艺出版社，1990.2.—268页；32开.—ISBN 7-5387-0225-3：4.30元

情门·狱门·佛门/季庚新著.—长春：时代文艺出版社，1990.1.—365页；32开.—ISBN 7-5387-0224-5：4.95元

情中情/曾铎著.—郑州：中原农民出版社，1990.2.—415页；大32开.—(中国大众文学丛书).ISBN 7-80538-184-4：5.00元

情劫/刘丕展著.—南宁：广西民族出版社，1990.2.—272页；32开.—(花山文库).—ISBN 7-5363-0705-5：2.95元

情系荒原/冯传家著.—济南：山东文艺出版社，1990.8.—418页；大32开.—ISBN 7-5329-0390-7：6.45元

情河暗流/商力军，尚风彬著.—济南：山东文艺出版社，1990.4.—358页；32开.—ISBN 7-5329-0233-1：4.25元

情殇/陈大柔著.—北京：北京出版社，1990.12.257页；32开.—ISBN 7-200-01188-6：3.70元

情恨/郭良蕙著.—广州：花城出版社，1990.4.272页；32开.—ISBN 7-5360-0617-9：3.50元
本书原名《团圆》。

情深几许/陈怡璇著.—福州：海峡文艺出版社，1990.3.—219页；32开.—ISBN 7-80534-218-0：2.45元

情缘/姬小苔著.—广州：花城出版社，1990.9.312页；32开.—ISBN 7-5360-0712-4：3.95元

情路依依/刘杰著.—海口：南海出版公司，1990.12.—290页；32开.—ISBN 7-80570-213-6：4.30元

情满波斯湾/王履辉著.—上海：上海文艺出版社，1990.4.—389页；32开.—ISBN 7-5321-0539-3：4.30元

情僧/蔚江著.—广州：花城出版社，1990.8.321页；32开.—ISBN 7-5360-0640-3：4.00元
本书以浓厚的文学色彩，沿苏曼殊生活的轨迹，从人性的角度，较为生动地再现了其坎坷曲折的一生，刻划了一个内心世界异常丰富的"情僧"形象。

惊心动魄/向春著.—济南：山东文艺出版社，1990.12.—274页；大32开.—ISBN 7-5329-0621-3：4.90元

惊变记/石果著.—重庆：重庆出版社，1990.8.560页；32开.—(沧桑三部曲；3).—ISBN 7-5366-1325-3：5.60元

淑妃文绣的一生/柳溪著.—天津：百花文艺出版社，1990.4.—439页；32开.—ISBN 7-5306-0369-8：5.10元

深宫锁恨/肖文苑著.—桂林：漓江出版社，1990.4.—322页；32开.—ISBN 7-5407-0536-1：3.80元

寂寞高手/温瑞安著.—北京：中国友谊出版公司，1990.7.—2册(398页)；32开.—(神州奇侠系列).—ISBN 7-5057-0304-8：5.20元

眷恋/陈定兴著.—北京：解放军文艺出版社，1990.5.—279页；32开.—ISBN 7-5033-0119-3：3.70元

弹性女儿/阿章，黄志远著.—银川：宁夏人民出版社，1990.12.—311页；32开.—ISBN 7-227-00614-X：3.60元
本书为"上海舞女"系列长篇的第三部。

续紫龙佩/卧龙生著.—天津：百花文艺出版社，1990.6.—3册(847页)；32开.—ISBN 7-5306-0521-6：12.00元

绮惑/亦舒著.—广州：花城出版社，1990.2.—181页；32开.—(台湾小说系列).—ISBN 7-5360-0558-X：2.50元

绿水无痕/郑羽书著.—福州：海峡文艺出版社，1990.12.—166页；32开.—ISBN 7-80534-309-8：2.15元

琼楼隐事/毛志成著.—北京：北京十月文艺出版社，1990.5.—376页；大32开.—(北京长篇小说创作丛书).—ISBN 7-5302-0165-4(精装)：9.70元

琼楼隐事/毛志成著.—北京：北京十月文艺出版社，1990.5.—376页；大32开.—(北京长篇小说创作丛书).—ISBN 7-5302-0138-7：6.50元

韩世忠与梁红玉/全岳春著.—合肥：安徽文艺出版社，1990.6.—168页；32开.—ISBN 7-5396-0290-2：2.18元

期待的春/姬小苔著.—济南：山东文艺出版社，1990.3.—236页；32开.—ISBN 7-5329-0369-9：3.40元

落山风/汪笨湖著.—上海：上海文艺出版社，1990.12.—188页；32开.—ISBN 7-5321-0767-1：2.65元

落日/庞瑞垠著.—广州：花城出版社，1990.4.509页；32开.—（故都三部曲；3）.—ISBN 7-5360-0465-6（精装）：7.90元

落日/庞瑞垠著.—广州：花城出版社，1990.4.509页；32开.—（故都三部曲；3）.—ISBN 7-5360-0464-8：5.90元

落叶之谜：一个女教师的心路历程/白汉贞著.北京：文化艺术出版社，1990.5.—225页：照片；32开.—（国土与人丛书）.—ISBN 7-5039-0627-8：3.10元

紫色的风/邓蔼梅著.—长沙：湖南文艺出版社，1990.3.—323页；32开.—ISBN 7-5404-0518-X：4.00元

紫色的诱惑/曹正文著.—杭州：浙江文艺出版社，1990.9.—523页；32开.—ISBN 7-5339-0249-1：6.10元

本书是第一部心理推理小说。

喋血情仇/戴战军，张嘉鼎著.—北京：华夏出版社，1990.5.—312页；32开.—ISBN 7-80053-730-7：5.85元

晴川芳草/汪后觉著.—北京：团结出版社，1990.6.—517页；32开.—ISBN 7-80061-245-7：5.98元

黑三角　红三角/沙河子著.—石家庄：花山文艺出版社，1990.4.—480页；32开.—ISBN 7-80505-287-5：4.50元

黑天红地＝Between heaven and hell/李锦著.—天津：天津人民出版社，1990.9.—433页；32开.ISBN 7-201-00606-1：5.80元

本书是参加冀中抗战，做出巨大贡献，并在抗战中牺牲的女英雄的传记。

黑发上的竹叶/陈晓东著.—北京：解放军文艺出版社，1990.5.—197页；32开.—ISBN 7-5033-0124-4：2.70元

黑色子弹/鹿陈著.—北京：群众出版社，1990.12.—253页；32开.—ISBN 7-5014-0544-1：3.80元

本书共包括《黑色子弹》和《魔山》两篇侦破小说。

黑色的诱惑/王怀棠著.—济南：山东文艺出版社，1990.12.—290页；大32开.—ISBN 7-5329-0604-3：4.50元

黑色城堡/潘洪禹著.—沈阳：春风文艺出版社，1990.10.—177页；32开.—（千山文库）.—ISBN 7-5313-0435-X：2.80元

黑男人的爱/杨杰著.—合肥：安徽文艺出版社，1990.7.—241页；32开.—ISBN 7-5396-0416-6：3.40元

黑灾白灾/王国才著.—北京：解放军文艺出版社，1990.11.—226页；32开.—ISBN 7-5033-0179-1：2.85元

黑浪枭雄/刘勇著.—长沙：湖南文艺出版社，1990.3.—275页；32开.—ISBN 7-5404-0513-9：3.05元

黑纂/李忠良著.—济南：山东文艺出版社，1990.9.—398页；32开.—ISBN 7-5329-0524-1：4.95元

遗嘱泪/曾仕龙著.—桂林：漓江出版社，1990.12.200页；32开.—ISBN 7-5407-0601-5：2.75元

智乱血旗宫/南星子著.—成都：四川文艺出版社，1990.6.—284页；32开.—（青云直上；2）.—ISBN 7-5411-0665-8：3.90元

游击英雄传/张雪著.—济南：山东文艺出版社，1990.4.—445页；大32开.—ISBN 7-5329-0367-2：6.00元

本书描写的是抗日战争时期我渤海平原游击队武装起义、成长壮大、奋勇杀敌的英雄业绩。

游戏/成一著.—北京：作家出版社，1990.4.—368页：照片；大32开.—（当代小说文库）.—ISBN 7-5063-0354-X（精装）：8.50元

曾国藩·血祭：长篇历史小说/唐浩明著.—长沙：湖南文艺出版社，1990.12.—511页；大32开.—ISBN 7-5404-0609-7：6.30元

莫边情仇/黄华著.—南宁：广西人民出版社，1990.2.—231页；32开.—ISBN 7-219-01448-1：2.70元

寒烟翠/琼瑶著.—北京：作家出版社，1990.11 301页：照片；32开.—ISBN 7-5063-0389-2：3.65元

遍地罂粟/张欣著.—北京：作家出版社，1990.10.—250页；32开.—ISBN 7-5063-0356-6：3.15元

骗枭/冯精志著.—沈阳：春风文艺出版社，1990.11.—315页；大32开.—ISBN 7-5313-0389-2：7.15元

骚动之秋/刘玉民著.—北京：人民文学出版社，1990.7.—328页；大32开.—ISBN 7-02-000942-5：3.95元

小说反映了改革开放以来山东农村的巨大变化。

骚动的湖/徐化芳著.—济南：山东文艺出版社，1990.6.—246页；大32开.—ISBN 7-5329-0435-0：3.65元

骚乱/熊尚志著.—北京：人民文学出版社，1990.7.—515页；大32开.—ISBN 7-02-000945-X：5.70元

缅甸，中日大角逐/陈立人著.—北京：解放军文艺

出版社，1990.7.—398页 32开.—ISBN 7-5033-0129-5：4.80元

缉私船今夜出海/张俊南著.—北京：昆仑出版社，1990.6.—286页；32开.—(昆仑文学丛书).—ISBN 7-80040-204-5：3.70元

本书收入《缉私船今夜出海》、《边防检查员》、《假期》、《日落》4个中篇小说。

魂与梦/齐振铎著.—哈尔滨：北方文艺出版社，1990.11.—261页；大32开.—ISBN 7-5317-0472-2：3.95元

蓝色杀手/王良德著.—郑州：中原农民出版社，1990.8.—238；32开.—ISBN 7-80538-171-2：2.70元

禁果/庞国弘著.—成都：四川文艺出版社，1990.7.—456页；32开.—ISBN 7-5411-0621-6：4.80元

雾山野男女/胡柯著.—长沙：湖南文艺出版社，1990.5.—250页；32开.—ISBN 7-5404-0533-3：2.70元

雾乡/岑凯伦著.—广州：花城出版社，1990.8.147页；32开.—ISBN 7-5360-0691-8：2.20元

摇花龙虎棍/欧阳云飞著.—哈尔滨：北方文艺出版社，1990.4.—3册(756页)；32开.—ISBN 7-5317-0358-0：10.00元

暱屋：中篇小说集/张峻著.—石家庄：花山文艺出版社，1990.6.—341页；32开.—ISBN 7-80505-087-4：3.40元

蜗牛行动/孝廉，玉恒著.—济南：山东文艺出版社，1990.8.—575页；大32开.—ISBN 7-5329-0114-9：6.70元

跳出痴城/张斌，李莫著.—桂林：漓江出版社，1990.5.—338页；32开.—ISBN 7-5407-0542-6：3.85元

错乱/刘增新著.—太原：北岳文艺出版社，1990.10.—233页；32开.—ISBN 7-5378-0356-0：2.80元

错恋/依达著.—广州：花城出版社，1990.12.321页；32开.—ISBN 7-5360-0796-5：4.20元

锦帆桥人家/范小青著.—上海：上海文艺出版社，1990.1.—325页；32开.—ISBN 7-5321-0458-3：3.65元

催情草/谭谈著.—海口：三环出版社，1990.5.199页；32开.—ISBN 7-80564-005-X：2.68元

新战争与和平　第三部/李尔重著.—武汉：武汉出版社，1990.2.—864页；大32开.—ISBN 7-5430-0310-4(精装)：7.80元

新战争与和平　第四部/李尔重著.—武汉：武汉出版社，1990.5.—912页；大32开.—ISBN 7-5430-0311-2(精装)：8.00元

新战争与和平　第五部/李尔重著.—武汉：武汉出版社，1990.10.—832页；大32开.—ISBN 7-5430-0250-7(精装)：7.60元

意难忘/张湫菡著.—合肥：安徽文艺出版社，1990.6.—228页；32开.—ISBN 7-5396-0319-4：3.00元

痴心井/徐讦著.—北京：人民文学出版社，1990.7.—244页；32开.—ISBN 7-02-000946-8：2.90元

本书包括《盲恋》、《痴心井》两部中篇小说。

痴情女/郭良蕙著.—广州：花城出版社，1990.11.—221页；32开.—ISBN 7-5360-0782-5：3.05元

本书原名：邻家有女

漠国大押解：东方神警/剑铭著.—长春：时代文艺出版社，1990.6.—437页；32开.—ISBN 7-5387-0255-5：6.10元

溶溶月光下/李娴娟，杨小英著.—上海：百家出版社，1990.1.—323页；32开.—ISBN 7-900000-58-5：2.95元

静女其姝/高润光著.—济南：山东文艺出版社，1990.12.—279页；大32开.—ISBN 7-5329-0627-2：4.60元

碧云秋梦/张湫菡著.—合肥：安徽文艺出版社，1990.6.—456页；32开.—ISBN 7-5396-0320-8：5.50元

碧血小岛/奇山著.—上海：上海人民出版社，1990.8.—364页；32开.—ISBN 7-208-00900-7：3.75元

歌与哭/施亮著.—桂林：漓江出版社，1990.7.433页；32开.—ISBN 7-5407-0556-6：4.80元

嘉靖内传/冯道信著.—武汉：长江文艺出版社，1990.8.—297页；32开.—ISBN 7-5354-0355-7：4.00元

蔷薇之恋/王东满著.—太原：北岳文艺出版社，1990.5.—293页；32开.—ISBN 7-5378-0343-9：3.50元

蔷薇雨/胡辛著.—南昌：百花洲文艺出版社，1990.12.—526页；大32开.—ISBN 7-80579-038-8：7.30元

暮雨/严沁著.—厦门：鹭江出版社，1990.8.—343页；32开.—ISBN 7-80533-326-2：4.40元

骷髅人/熊沐著.—南京：江苏文艺出版社，1990.12.—532页；32开.—ISBN 7-5399-0211-6：6.50元

舞蹈的幽灵/杨泥著.—桂林：漓江出版社，1990.6.—287页；32开.—ISBN 7-5407-0548-5：3.20元

鄱湖三女杰/何琼崖，张一瑛著.—北京：中国社会出版社，1990.3.—2册(633页)；32开.—ISBN 7-80088-109-1：7.00元

蜜香树下的暴发户：报刊连载作品精选/肖古选编.上海：上海文艺出版社，1990.12.—553页；32开.

ISBN 7-5321-0581-4：6.45元

飘过云彩/岑凯伦著.—2版.—深圳：海天出版社，1990.10.—243页；32开.—ISBN 7-80542-085-8：3.45元

本书1988年5月第1版。

蝶神/张君默著.—北京：人民文学出版社，1990.12.—359页；大32开.—(海内外文学丛书).—ISBN 7-02-000996-4：5.00元

本书是香港作家张君默的"异象系列"中篇小说集。

蝴蝶梦/岑凯伦著.—北京：中国友谊出版公司，1990.2.—249页；32开.—ISBN 7-5057-0273-4：3.20元

影海情波/姬小苔著.—南京：江苏文艺出版社，1990.5.—203页；32开.—(姬小苔言情系列).ISBN 7-5399-0178-0：2.60元

镇海楼传奇/杨万翔著.—广州：花城出版社，1990.4.—653页；32开.—ISBN 7-5360-0531-8：7.85元

靡刹奇剑/公孙宇著.—石家庄：花山文艺出版社，1990.12.—2册(636页)；32开.—ISBN 7-80505-352-9：8.10元

澳门大赌王：纪实小说/梁潜著.—长春：时代文艺出版社，1990.6.—189页；32开.—ISBN 7-5387-0241-5：3.00元

醒梦/张斌著.—北京：国际文化出版公司，1990.2.—257页；32开.—ISBN 7-80049-482-9：3.10元

翱翔的猎鹰/康海著.—济南：黄河出版社，1990.8.—163页；32开.—ISBN 7-80558-149-5：2.30元

燃烧的秋/林晓筠著.—北京：人民文学出版社，1990.12.—196页；32开.—ISBN 7-02-001133-0：2.05元

濛濛雾/李吉明著.—长春：长春出版社，1990.7.350页；32开.—ISBN 7-80573-178-0：4.40元

鹰啸剑飞/谢其规著.—长沙：湖南文艺出版社，1990.10.—470页；32开.—ISBN 7-5404-0601-1：4.90元

警察与乡女/龚桂华著.—桂林：漓江出版社，1990.4.—345页；32开.—ISBN 7-5407-0538-8：3.90元

魔窟里的圣战/黄剑华著.—石家庄：花山文艺出版社，1990.4.—370页；32开.—ISBN 7-80505-141-0：3.90元

本书描写抗战期间我方特工队，为执行兑换美钞的任务，在魔窟里与军统特务、青帮爪牙以及地下党的叛徒，进行巧妙周旋和殊死搏斗的故事。

N维的情侣/汪洋著.—武汉：长江文艺出版社，1990.8.—535页；32开.—(当代作家丛书).—ISBN 7-5354-0363-8：6.80元

N维的情侣/汪洋著.—武汉：长江文艺出版社，1990.8.—535页；32开.—(当代作家丛书).—ISBN 7-5354-0364-6(精装)：9.00元

S形的人生轨迹：长篇传记/程继隆等著.—北京：华文出版社，1990.6.—148页；32开.—ISBN 7-5075-0024-1：2.00元

本书以爱国主义为主线，叙述了一个普通而又平凡的原国民党下级军官杨善的遭遇。

卐字旗下小囚徒/丹琳著.—北京：解放军文艺出版社，1990.5.—266页；32开.—ISBN 7-5033-0136-8：3.90元

本书是根据第二次世界大战中的一个真实事件写成的一部长篇纪实小说，写的是关于朱总司令女儿朱敏和伙伴们的故事。

"76"号魔窟的女主人/李伟著.—南京：江苏文艺出版社，1990.7.—339页；32开.—(纪实文学丛书).—ISBN 7-5399-0185-3：3.80元

"101"密图/刘明文著.—南宁：广西人民出版社，1990.10.—217页；32开.—ISBN 7-219-01684-0：2.55元

67890号/周昆山著.—呼和浩特：内蒙古人民出版社，1990.10.—209页；32开.—ISBN 7-204-00962-2：2.35元

I 247.7　短篇小说

一个民警的奇遇/孙明杰著.—石家庄：花山文艺出版社，1990.12.—202页；32开.—ISBN 7-80505-368-5：2.40元

一百名死者的最后时刻/孟伟哉著.—太原：北岳文艺出版社，1990.10.—311页；32开.—ISBN 7-5378-0339-1：3.70元

八百米深处/孙少山著.—北京：中国文联出版公司，1990.8.—286页；大32开.—(中国作家获奖文学丛书).—ISBN 7-5059-0485-X：4.35元

人世风情录：通俗文学卷/鲁野，张柏华主编.—沈阳：春风文艺出版社，1990.4.—334页；大32开.(辽宁文学十年丛书：1979～1989/林声，王充闾主编).—ISBN 7-5313-0283-7：4.60元

人档/廖怀明著.—南宁：广西民族出版社，1990.12.—273页；32开.—ISBN 7-5363-0981-3：3.30元

人欲：人生变异记/李大钧著.—长春：时代文艺出版社，1990.6.—301页；32开.—ISBN 7-5387-0223-X：4.60元

儿女风情/陈道阔著.—北京：解放军文艺出版社，1990.9.—288页；32开.—ISBN 7-5033-0143-0：3.90元

这是一部风格独特的爱情小说集，共收6篇作品。

三对恋人和一个单身汉/许长军著.—哈尔滨：黑龙

江人民出版社，1990.8.—309页；32开.—ISBN 7-207-01643-3：3.85元

三角形太阳/刘兆林著.—哈尔滨：北方文艺出版社，1990.2.—260页；32开.—（北方文丛）.—ISBN 7-5317-0160-X：3.30元

大官小传/西茜凰等著.—银川：宁夏人民出版社，1990.8.—157页；16开.—ISBN 7-227-00299-3：3.20元

上海小姐/唐宁著.—上海：百家出版社，1990.12.—308页；32开.—（萌芽创作丛书）.—ISBN 7-80576-157-4：4.00元

上海最后的迪斯科/李云良著.—北京：昆仑出版社，1990.2.—203页；32开.—（昆仑文学丛书）.ISBN 7-80040-186-3：2.80元

本书收入描写舰队将军、艇长、水兵及他们的情侣、妻子的短篇小说16篇。

上海滩神偷手/唐宗龙等著.—北京：宝文堂书店，1990.4.—204页；大32开.—（宝文堂通俗小说）.ISBN 7-80030-168-0：2.75元

山里人山外人/晓苏著.—武汉：长江文艺出版社，1990.11.—262页；32开.—ISBN 7-5354-0390-5：3.20元

山里梅/李仰南著.—呼和浩特：内蒙古人民出版社，1990.1.—312页；32开.—ISBN 7-204-00492-2：3.20元

山桃/钟平著.—西安：华岳文艺出版社，1990.2.206页；32开.—ISBN 7-80549-322-7：3.50元

女人的呼唤/崔巍著.—太原：北岳文艺出版社，1990.4.—252页；32开.—ISBN 7-5378-0325-0：3.00元

女民警的坎坷经历：首届全国金盾文学奖优秀中短篇小说获奖作品选/首届全国金盾文学奖评选办公室编.—北京：群众出版社，1990.3.—293页：插图；32开.ISBN 7-5014-0439-0：3.60元

女能人下江南/郭不攀，钟山著.—哈尔滨：北方文艺出版社，1990.8.—230页；32开.—ISBN 7-5317-0397-1：3.40元

小木屋之恋/玄小佛著.—广州：花城出版社，1990.10.—145页；32开.—ISBN 7-5360-0716-7：2.15元

飞虱/张锦江著.—天津：百花文艺出版社，1990.11.—99页；32开.—ISBN 7-5306-0608-5：1.80元

王亚平小说集/王亚平著.—上海：上海文艺出版社，1989.12.—675页；大32开.—ISBN 7-5321-0439-7（精装）：15.60元

天生是个女人/陆星儿著.—太原：北岳文艺出版社，1990.3.—410页；32开.—ISBN 7-5378-0320-X：4.20元

天黑了，该上路了/雨城著.—南京：南京出版社，1990.7.—325页；32开.—ISBN 7-80560-211-5：4.20元

无处诉说/杨雪萍著.—广州：花城出版社，1990.8.—280页；32开.—（越秀丛书）.—ISBN 7-5360-0660-8：3.70元

不是梦幻/梅宝恒著.—沈阳：春风文艺出版社，1990.9.—312页；大32开.—ISBN 7-5313-387-6：3.90元

太阳的骄子/中国水电文协编.—哈尔滨：北方文艺出版社，1990.12.—262页；大32开.—（中国水电文学丛书）.—ISBN 7-5317-0508-7：5.40元

中国先锋小说/朱伟编.—广州：花城出版社，1990.10.—343页；大32开.—ISBN 7-5360-0725-6：5.30元

风浴：中短篇小说集/耿兆林主编；山东省临沂地区文联编.—济南：山东文艺出版社，1990.8.—661页；大32开.—ISBN 7-5329-0553-5：10.50元

风流儿女/李廷舫著.—呼和浩特：内蒙古人民出版社，1990.6.—332页；32开.—ISBN 7-204-00794-8：3.60元

风流窑主/于德才著.—成都：四川文艺出版社，1990.1.—426页：照片；32开.—ISBN 7-5411-0479-5：4.25元

本书是作者的第一个中短篇小说集，共收作品15篇。

月儿沟轶事/康传熹著.—石家庄：花山文艺出版社，1990.4.—313页；32开.—ISBN 7-80505-297-2：3.50元

这是一部反映农村生活的中短篇小说集。

月照青纱帐/曹庆文著.—天津：百花文艺出版社，1990.3.—247页；大32开.—ISBN 7-5306-0471-7：3.85元

心与剑/薛元敬等著.—长春：时代文艺出版社，1990.3.—345页；32开.—（新编拍案惊奇；5）.ISBN 7-5387-0230-X：5.00元

心曲/王克臣著.—济南：山东文艺出版社，1990.6.286页；大32开.—ISBN 7-5329-0408-3：4.20元

本书精选了农民作家王克臣自1981年以来的小说佳作47篇。

双钓台/曹布拉著.—杭州：浙江文艺出版社，1990.3.—328页；32开.—（之江文学丛书）.—ISBN 7-5339-0102-9：3.50元

巴黎女士/夏坚勇著.—北京：中国华侨出版公司，1990.7.—433页；大32开.—ISBN 7-80074-203-2：5.90元

玉女怨/徐国华，王海林编.—桂林：漓江出版社，1990.2.—238页；32开.—（传奇故事精选：世情民俗）.—ISBN 7-5407-0421-7：2.75元

处理原子弹：晋川讽刺幽默小说选/晋川著.—北

京：团结出版社，1990.4.—327页；32开.—ISBN 7-80061-166-3：4.10元

白色恶梦行动/杨相洪著.—长春：时代文艺出版社，1990.8.—205页；32开.—ISBN 7-5387-0251-2：3.00元

白蔷薇/杨昭，柏鸿鹄著.—昆明：云南民族出版社，1990.10.—257页；36开.—ISBN 7-5367-0322-8：3.50元

记者与死神/许长军等著.—哈尔滨：北方文艺出版社，1990.11.—292页；32开.—ISBN 7-5317-0417-X：4.10元

汉子/金永福著.—贵阳：贵州人民出版社，1990.10.—304页；32开.—ISBN 7-221-02093-0：3.50元

半山的雾/金鲤著.—哈尔滨：北方文艺出版社，1990.12.—193页；32开.—ISBN 7-5317-0459-5：3.00元

永不消逝的爱情/玄小佛著.—广州：花城出版社，1990.10.—195页；32开.—ISBN 7-5360-0717-5：2.70元

永远的贵族/亦小井著.—西安：陕西人民出版社，1990.4.—174页；32开.—ISBN 7-224-01154-1：2.15元

民国刺客列传/王祥玉等著.—西安：三秦出版社，1990.12.—305页；32开.—ISBN 7-80546-275-5：3.50元

民情拾遗：栗花滩卷/陈传珂著.—天津：百花文艺出版社，1990.8.—364页；32开.—ISBN 7-5306-0523-2：4.40元

地狱变相图/刘正成著.—重庆：重庆出版社，1990.10.—222页：冠图；32开.—ISBN 7-5366-1323-7：3.35元

老墙/朱光雪著.—长春：时代文艺出版社，1990.1.—306页；32开.—ISBN 7-5387-0186-9：3.65元

在那片土地上/范小青著.—长春：时代文艺出版社，1990.4.—306页；32开.—ISBN 7-5387-0098-6：4.30元

在婚姻介绍所门外/贺小虎著.—太原：北岳文艺出版社，1990.6.—226页；32开.—ISBN 7-5378-0284-X：3.50元

死囚在追踪：武警传奇小说集/中国人民武装警察部队广西总队，中国曲艺家协会广西分会编辑.—南宁：广西人民出版社，1990.1.—386页；32开.—ISBN 7-219-01422-8：3.90元

毕四海中短篇小说选/毕四海著.—济南：山东文艺出版社，1990.6.—279页；大32开.—（山东作家丛书）.—ISBN 7-5329-0453-9：4.50元

毕四海中短篇小说选/毕四海著.—济南：济南出版社，1990.7.—316页；32开.—ISBN 7-80572-259-5：4.20元

当代侠女/秦皓著.—兰州：敦煌文艺出版社，1990.7.—299页；32开.—ISBN 7-80587-016-0：3.30元

当代朝鲜族短篇小说选/陈雪鸿，雷子敬选编.—北京：民族出版社，1990.2.—314页；大32开.—ISBN 7-105-00562-9：4.75元

当代蒙古族短篇小说选/哈斯乌拉，哈达奇刚选编.—北京：民族出版社，1990.11.—446页；大32开.—ISBN 7-105-00696-X：4.40元

血色残阳：西部的故事/竹子著.—桂林：漓江出版社，1990.11.—245页；32开.—ISBN 7-5407-0660-7：3.10元

血染景阳宫/郎忆倩等著.—北京：宝文堂书店，1990.4.—218页；大32开.—（宝文堂通俗小说）.ISBN 7-80030-172-9：2.95元

刘学江小说选/刘学江著.—济南：山东文艺出版社，1990.12.—395页；大32开.—ISBN 7-5329-0527-6：6.70元

刘浩歌乡土文学选/刘浩歌著.—济南：山东文艺出版社，1990.12.—408页；大32开.—ISBN 7-5329-0574-8：6.35元

关东风情录/侯树槐著.—长春：长春出版社，1990.11.—327页；大32开.—ISBN 7-80573-284-1：5.60元

关东奏鸣曲：短篇小说卷/迟松年，李作祥主编.沈阳：春风文艺出版社：辽宁教育出版社，1990.6.473页；大32开.—（辽宁文学10年丛书：1979～1989/王充闾，林声主编）.—ISBN 7-5313-0347-7：6.30元

寻找第三国/和国才著.—北京：群众出版社，1990.12.—186页；32开.—ISBN 7-5014-0594-3：2.90元

寻梦/毋国政著.—北京：文化艺术出版社，1990.2.—359页；32开.—ISBN 7-5039-0528-X：4.50元
本集共收14个中短篇小说。

红色森林/尹卫星著.—北京：解放军出版社，1990.9.—250页：照片；大32开.—（作家自选集）.ISBN 7-5065-1349-8：3.50元

红房子秘事/陈春光著.—乌鲁木齐：新疆人民出版社，1990.2.—209页；36开.—ISBN 7-228-01191-0：1.80元

红壤之魂：中短篇小说集/林唯唯著.—南宁：广西人民出版社，1990.7.—308页；32开.—ISBN 7-219-01581-X：3.50元

纪实文学选萃/刘卓编.—沈阳：春风文艺出版社，1990.10.—89页；16开.—（新时期通俗文学丛书）.ISBN 7-5313-0431-7：2.40元

远山梦/成毓真著.—太原：希望出版社，1990.6.323页；32开.—ISBN 7-5379-0581-9：3.80元

极乐门/蒋濮著.—南昌：百花洲文艺出版社，1990.10.—382页；32开.—ISBN 7-80579-045-0：5.00元

芸斋小说/孙犁著.—北京：人民日报出版社，1990.1.—164页；36开.—ISBN 7-80002-237-4：2.10元

本书收入作者自1981年至1989年初创作的小说30篇。

李汀短篇小说选/李汀著.—呼和浩特：内蒙古人民出版社，1990.12.—323页；32开.— ISBN 7-204-01011-6：3.50元

财神与死神同行/湖北省群众艺术馆编.—武汉：长江文艺出版社，1990.1.—175页；32开.—（七十二行大观丛书/冯康男主编）.—ISBN 7-5354-0297-6：2.35元

我心中不能没有你/江西省赣州地区文联选编.南昌：江西人民出版社，1990.4.—364页；32开.（四十年创作作品选粹·赣州地区：小说卷/周书文主编）.—ISBN 7-210-00854-3：4.10元

我应该怎么办/陈国凯著.—广州：广州文化出版社，1990.1.—375页：照片；32开.—（陈国凯自选集：短篇小说卷）.—ISBN 7-5431-0243-9：4.90元

言情小说选萃/刘卓编.—沈阳：春风文艺出版社，1990.11.—90页；16开.—（新时期通俗文学丛书）.ISBN 7-5313-0430-9：2.40元

这一片大海滩/杨显惠著.—上海：百家出版社，1990.7.—290页；32开.—（萌芽创作丛书；第1辑）.—ISBN 7-80576-158-2：4.00元

没有写出的信/常太昶著.—哈尔滨：北方文艺出版社，1990.7.—142页；36开.—ISBN 7-5317-0391-2：1.95元

沉默的高原/朱幼棣著.—上海：百家出版社，1990.12.—284页；32开.—（萌芽创作丛书；第1辑）.—ISBN 7-80576-163-9：4.00元

迟到的微笑/刘武，梁经书著.—郑州：中原农民出版社，1990.11.—219页；32开.— ISBN 7-80538-169-0：2.70元

陈半仙失算：农村版/万明著.—长沙：湖南文艺出版社，1990.7.—156页：插图；32开.— ISBN 7-5404-0549-X：1.90元

青年佳作：1988～1989全国优秀短篇小说选/《青年文学》编辑部编.—北京：中国青年出版社，1990.11.—366页；大32开.—ISBN 7-5006-0733-4：5.30元

青岛短篇小说选/青岛市作家协会编.—青岛：青岛出版社，1990.10.—532页；大32开.—ISBN 7-5436-0591-0：6.00元

本书收录青岛四十几位作者的《苦笑》、《残五》、《乌鸦》等40多篇短篇小说。

武警云南边防总队中短篇小说选/武警云南省边防总队政治部编.—昆明：云南民族出版社，1990.10.276页；32开.—ISBN 7-5367-0319-7：4.50元

苦命的女人/韦俊海著.—南宁：广西民族出版社，1990.8.—272页；32开.—ISBN 7-5363-0870-1：3.60元

画眉/牛俊才著.—成都：四川文艺出版社，1990.5.—233页；32开.—（处女书系；1/单基夫主编）.ISBN 7-5411-0627-5：2.90元

雨夜，有人敲门/李国馥著.—天津：百花文艺出版社，1990.12.—225页；32开.—（小说之友）.ISBN 7-5306-0631-X：3.40元

雨濛濛　雾濛濛/杨彩云著.—济南：山东文艺出版社，1990.9.—258页；大32开.—ISBN 7-5329-0510-1：3.35元

虎女泪/杨海英等著.—北京：宝文堂书店，1990.4.—226页；大32开.—（宝文堂通俗小说）.—ISBN 7-80030-170-2：2.95元

这是一本历史小说集，包括了3个中篇和3个短篇。

知侠中短篇小说选/知侠著.—青岛：青岛出版社，1990.4.—453页；大32开.—（琴岛文库）.—ISBN 7-5436-0478-7：6.30元

侦探/王章煌，李敏编.—福州：福建教育出版社，1990.12.—197页；36开.—（现代世界风云人物传奇丛书/吴亦仙主编）.—ISBN 7-5334-0640-0：2.25元

金色的光线/董生龙，朱剑钟著.—西安：陕西人民出版社，1990.4.—184页；32开.—ISBN 7-224-01037-5：2.35元

金佛像出土记/萧坚等著.—北京：宝文堂书店，1990.4.—222页；大32开.—（宝文堂通俗小说）.ISBN 7-80030-171-0：2.95元

命运变奏曲/贺抒玉著.—西安：华岳文艺出版社，1990.4.—294页；32开.— ISBN 7-80549-213-1：3.50元

盲马/武志刚著.—成都：四川文艺出版社，1990.2.—218页；32开.—（处女书系/单基夫主编）.—ISBN 7-5411-0625-9：2.80元

泪湿青衫袖/韩黎著.—北京：中国文联出版公司，1990.3.—312页；大32开.—ISBN 7-5059-1239-9：5.10元

宝贝女儿/何飞著.—福州：海峡文艺出版社，1990.12.—327页；36开.—（福建文学创作丛书）.ISBN 7-80534-287-3：3.50元

陋屋·邪屋/戴胜德著.—上海：学林出版社，1990.8.—234页；32开.—ISBN 7-80510-540-5；

2.95元

陌生的面孔/徐东晓，陆苇著.—南京：南京出版社，1990.8.—136页；32开.—ISBN 7-80560-220-4：2.20元

驿道上的最后一颗太阳/瞿文早著.—昆明：云南民族出版社，1990.12.—171页；32开.—ISBN 7-5367-0371-5：3.20元

孟夫子秘闻/史殿元等著；人民文学出版社编选.北京：人民文学出版社，1990.1.—380页；32开.(新叶丛书).—ISBN 7-02-000981-6：4.00元

珊瑚梦魂/张健人著.—广州：花城出版社，1990.9.—221页；32开.—ISBN 7-5360-0701-9：3.00元

春雪/陈大斌著.—北京：农村读物出版社，1990.5.329页；大32开.—ISBN 7-5048-1327-3：3.80元

柳暗花明：新写实主义小说选/陈浩增，陈新主编；谷之城，汪树林编选.—石家庄：花山文艺出版社，1990.7.—712页；大32开.—ISBN 7-80505-308-1：9.30元

郝玉峰中短篇小说选/郝玉峰著.—呼和浩特：内蒙古人民出版社，1990.11.—306页，大32开.—ISBN 7-204-01012-4：4.40元

草民/关汝松著.—石家庄：花山文艺出版社，1990.10.—149页；32开.—ISBN 7-80505-363-4：1.70元

草原之光/刘安琪编.—太原：北岳文艺出版社，1990.8.—334页；32开.—ISBN 7-5378-0277-7：3.20元

牵骆驼的人/从维熙著.—北京：中国青年出版社，1990.12.—325页；大32开.—ISBN 7-5006-0130-1：5.60元

本集收入作者写的微型小说8篇，短篇小说7篇，中篇小说1篇。

面对死神不说谎/王宪伶著.—西安：华岳文艺出版社，1990.6.—274页；32开.—ISBN 7-80549-306-5：3.80元

省城旧事/石阡著.—昆明：云南人民出版社，1990.11.—449页；32开.—ISBN 7-222-00712-1：5.00元

科学探案/吴天祥编.—厦门：厦门大学出版社，1990.5.—185页；32开.—ISBN 7-5615-0265-6：2.50元

香港地生死恩仇/吴有恒著.—广州：花城出版社，1990.6.—172页；大32开.—ISBN 7-5360-0609-8：2.80元

重围/莫应丰著.—广州：花城出版社，1990.3.255页；32开.—ISBN 7-5360-0590-3：3.60元

侯贺林短篇小说选/侯贺林著.—济南：山东文艺出版社，1990.11.—372页；大32开.—(山东作家丛书).—ISBN 7-5329-0540-X：5.95元

蓝色的梦/黄国荣著.—北京：解放军文艺出版社，1990.11.—223页；32开.—ISBN 7-5033-0174-0：3.00元

这是一本描写海防军旅生活的中短篇小说集。

雾中行/陆涛声著.—北京：解放军文艺出版社，1990.12.—188页；32开.—ISBN 7-5033-0120-0：2.70元

暗河/聂震宁著.—南宁：广西民族出版社.1990.12.—343页；32开.—ISBN 7-5363-1115-X：3.50元

跨国婚恋奇闻录/马役军著.—长春：时代文艺出版社，1990.10.—337页；32开.—(新编拍案惊奇；7).—ISBN 7-5387-0256-3：4.80元

新月亮/张郁民著.—哈尔滨：北方文艺出版社，1990.8.—276页；32开.—(北方文丛).—ISBN 7-5317-0355-6：3.85元

碧水长天/岑凯伦著.—广州：花城出版社，1990.7.—216页；32开.—ISBN 7-5360-0693-4：3.00元

摘星峰/引泉著.—西安：陕西人民出版社，1990.10.—234页；32开.—ISBN 7-224-01472-9：3.80元

翠微谷盗金案/张祖荣等著.—北京：宝文堂书店，1990.4.—208页；大32开.—(宝文堂通俗小说).ISBN 7-80030-169-9：2.85元

暴风血/叶玉生著.—南宁：广西民族出版社，1990.9.—286页；32开.—ISBN 7-5363-0915-5：3.60元

孽海情/顾亦礼著.—北京：群众出版社，1990.7.200页；32开.—ISBN 7-5014-0470-2：2.90元

曝光的天使/吕永岩著.—北京：解放军文艺出版社，1990.8.—273页；32开.—ISBN 7-5033-0134-1：3.70元

魔王的婚恋/余方德等著.—长春：时代文艺出版社，1990.6.—156页；大32开.—(传奇大观丛书).ISBN 7-5387-0232-6：2.40元

魔瓶/孔德选著.—海口：南海出版公司，1990.6.280页；32开.—ISBN 7-80570-244-6：3.60元

A市轶闻/林正义著.—北京：新华出版社，1990.2.375页；32开.—ISBN 7-5011-0517-0：3.80元

I 247.8　故事、微型小说

一代名姬/王春瑜主编.—南京：江苏古籍出版社，1990.5.—137页；32开.—ISBN 7-80519-171-9：2.40元

三十八个追求者：当代传奇故事集锦/栾文海编选.—牡丹江：黑龙江朝鲜民族出版社，1990.3.—309页；32开.—ISBN 7-5389-0204-X：3.70元

土司"号"过的姑娘/徐国华，王海林编.—桂林：漓江出版社，1990.2.—271页；32开.—(传奇故事精选：人间情爱).—ISBN 7-5407-0420-9：3.05元

上海滩大亨传奇/蓝翔编.—上海：上海文艺出版社，1990.3.—406页；32开.—ISBN 7-5321-0513-X：3.80元

天下奇闻大观：巧合·惊险卷/王一心，李伶伶编.南京：江苏文艺出版社，1990.10.—214页；32开.ISBN 7-5399-0203-5：2.70元

天马的故事/潘竟万著.—北京：新华出版社，1990.9.—172页；32开.—ISBN 7-5011-0724-6：2.10元

五代辽宋金元历史故事/李玲，樊贞祥编.—太原：山西教育出版社，1990.12.—116页；32开.—(可爱的中国丛书；第三辑).—ISBN 7-80578-327-6：1.50元

少林寺全传/莹腾等编著.—北京：北京体育学院出版社，1990.11.—313页；32开.—ISBN 7-81003-389-1：4.60元

中外名人之误/李标晶等编著.—南宁：广西科学技术出版社，1990.6.—310页；32开.—ISBN 7-80565-332-1：3.40元

中外名人行为故事/陈堂君编著.—武汉：长江文艺出版社，1990.6.—229页；32开.—ISBN 7-5354-0338-7：2.65元

中外名人轶事/方秀龙编.—南京：江苏人民出版社，1990.6.—325页；大32开.—ISBN 7-214-00456-9：4.20元

中外战争机智奇观/胡清俊编著.—郑州：海燕出版社，1990.12.—293页；32开.—ISBN 7-5350-0582-9：2.65元

中华古今爱国故事/刘锡昶主编.—济南：山东大学出版社，1990.12.—407页；大32开.—ISBN 7-5607-0409-3：5.00元

本书收集了从古到今100名爱国者的爱国故事。

中华好儿女：雷锋等革命英雄故事选/轻舟等编著.—北京：学苑出版社，1990.4.—222页；32开.ISBN 7-80060-507-8：2.60元

中国古今廉政故事/智建丽，马友祥编著.—北京：海潮出版社，1990.9.—231页；36开.—ISBN 7-80054-122-3：3.35元

中国古代军事智谋故事/李衡眉，陈学振主编.—济南：明天出版社，1990.1.—546页：插图；大32开.ISBN 7-5332-0843-9(精装)：7.90元

中国古代军事智谋故事/李衡眉，陈学振主编.—济南：明天出版社，1990.1.—546页：插图；大32开.ISBN 7-5332-0844-7：6.70元

中国古代戏曲故事/华珍编写.—上海：少年儿童出版社，1990.2.—2册(277，280页)：插图；32开.(中国古典文学故事丛书).—ISBN 7-5324-0682-2：5.10元

中国古代间谍故事（一）：夏～东晋/赵英编.北京：旅游教育出版社，1990.4.—180页；32开.ISBN 7-5637-0088-9：2.35元

中国北方少数民族故事精选/张锦贻，黄志铭编.武汉：湖北少年儿童出版社，1990.11.—387页；32开.—ISBN 7-5353-0770-1(精装)：11.00元

中国北方少数民族故事精选/张锦贻，黄志铭编.武汉：湖北少年儿童出版社，1990.8.—387页：图；32开.—ISBN 7-5353-0748-5：3.60元

中国成语故事选/午言编辑.—北京：中国电影出版社，1990.8.—157页；32开.—ISBN 7-106-00451-0：2.00元

中国近现代军事智谋故事/李衡眉，陈学振编.—济南：明天出版社，1991.7.—516页；大32开.—ISBN 7-5332-1227-4：8.10元

中国现代名人益世趣闻/陈旭编著.—西安：陕西人民出版社，1990.6.—262页；32开.—ISBN 7-224-01028-6：3.75元

中国故事海：机智与幽默/张立人编著.—北京：农村读物出版社，1990.4.—141页：图；32开.—ISBN 7-5048-0776-1：2.10元

中国智谋精要/刘大红等编著.—北京：中国城市经济社会出版社，1990.7.—298页；32开.—ISBN 7-5074-0400-5：3.95元

中国微型小说选/白小易选编.—沈阳：春风文艺出版社：辽宁教育出版社，1990.12.—337页；32开.ISBN 7-5313-0417-1：4.20元

手·脚·嘴·鼻：系列微型传奇/马永安著.—西宁：广西人民出版社，1990.4.—199页；32开.—ISBN 7-219-01532-1：2.55元

文曲星：陈毅诗文轶事/吴润生搜集整理.—北京：中国民间文艺出版社，1990.1.—151页；32开.—ISBN 7-5040-0316-6：2.00元

古今中外名人体育故事/张景顺等编.—西安：陕西人民教育出版社，1990.10.—191页；32开.—ISBN 7-5419-1182-8：1.95元

古今妙计100/程虎编.—哈尔滨：北方文艺出版社，1990.12.—299页；32开.—ISBN 7-5317-0366-1：4.50元

世界谜案99/顾诗编.—上海：上海文艺出版社，1990.9.—257页：图；32开.—(故事会丛书).—ISBN 7-5321-0597-0：3.25元

叱咤风云的外国战将/武克全等编著.—上海：上海教育出版社，1990.8.—330页；32开.—ISBN 7-5320-1889-X：2.60元

史记故事/赫永辉，陈日明编著.—长春：北方妇女儿童出版社，1990.9.—ISBN 7-5385-0605-5(精装)：

16.00元

出类拔萃：早年成才者的故事/赵光鼎主编.—武汉：武汉出版社，1990.1.—268页；32开.—ISBN 7-5430-0301-5：2.90元

外国名将轶事/赵宝华，杨喜兰编著.—北京：国防大学出版社，1990.2.—352页；32开.—ISBN 7-5626-0195-X：4.30元

失足未必千古恨/刘灿春，陈涛主编.—南宁：广西民族出版社，1990.10.—345页；32开.—ISBN 7-5363-0863-0：4.50元

白狗换美人/胥继红选编.—长沙：岳麓书社，1990.4.—61页；32开.—（中国故事）.—ISBN 7-80520-198-8：0.85元

机器人"疯狂"症：一分钟科幻小说/黄天祥等选编.—北京：中国青年出版社，1990.5.—154页；32开.—ISBN 7-5006-0750-4：2.00元

鬼屋/王才锡编.—北京：中国华侨出版公司，1990.3.—217页；32开.—ISBN 7-80074-231-8：2.80元

洁白的蔷薇/宋尤兴著.—南宁：广西人民出版社，1990.10.—297页；32开.—ISBN 7-219-01680-8：3.50元

美女岛：荒诞小说选/中国当代文学研究会主编；张兴劲编选.—北京：北京出版社，1990.3.—405页；大32开.—（新潮小说丛书）.—ISBN 7-200-00094-X：6.60元

美神之囚/宗廷沼著.—上海：上海文艺出版社，1990.4.—282页；32开.—ISBN 7-5321-0560-1：2.95元

美容客店的女主人/戴云卿著.—呼和浩特：内蒙古人民出版社，1990.12.—282页；32开.—ISBN 7-204-01233-X：3.50元

送你一个梦/杨争著.—厦门：鹭江出版社，1990.12.—296页；36开.—ISBN 7-80533-382-3：3.00元

迷乱的乐章/丘超祥著.—广州：花城出版社，1990.1.—281页；32开.—（越秀丛书）.—ISBN 7-5360-0492-3：3.50元

本书收入作者近年创作的17篇小说。

迷蒙、困惑、痛苦的出国女人/迪莉等著.—沈阳：春风文艺出版社，1990.9.—115页；20开.—（大众小说精华丛书）.—ISBN 7-5313-0396-5：2.50元

本书收入5篇纪实文学作品。

"费翔"风流记/王富杰等著.—沈阳：春风文艺出版社，1990.9.—119页；20开.—（大众小说精华丛书）.—ISBN 7-5313-0397-3：2.50元

艳星情梦/石磊著.—桂林：漓江出版社，1990.11.219页；32开.—ISBN 7-5407-0599-X：2.85元

桃子脸，弯弯眉：刘林短篇小说集/刘林著.—北京：解放军文艺出版社，1990.5.—285页；32开.ISBN 7-5033-0127-9：3.50元

倒塌的香房/陈复观著.—南京：江苏文艺出版社，1990.12.—280页；32开.—ISBN 7-5399-0224-8：3.60元

本书选编《作家夫人》、《爱的坟墓》、《倒塌的香房》等11篇小说。

爱的阴影/孟令政著.—长春：时代文艺出版社，1990.1.—204页；32开.—ISBN 7-5387-0187-7：2.85元

爱的能源/李国昌著.—哈尔滨：北方文艺出版社，1990.2.—239页；32开.—ISBN 7-5317-0311-4：3.10元

爱情的美酒刚沾唇/许行等著.—沈阳：春风文艺出版社，1990.9.—120页；20开.—（大众小说精华丛书）.—ISBN 7-5313-0395-7：2.50元

本书收入5篇纯言情小说。

高丽洞/王德忱著.—上海：百家出版社，1990.10.—262页；32开.—（萌芽创作丛书；第1辑）.ISBN 7-80576-159-0：4.00元

病院之门/杨若木著.—长春：时代文艺出版社，1990.12.—200页；32开.—ISBN 7-5387-0301-2：3.95元

海水正蓝/张曼娟著.—北京：中国友谊出版公司，1990.3.—203页；插图；32开.—ISBN 7-5057-0278-5：2.90元

家乡的小路/邓致远著.—长春：时代文艺出版社，1990.1.—289页；照片；32开.—ISBN 7-5387-0185-0：2.95元

谁之过/伊德尔夫著.—呼和浩特：内蒙古人民出版社，1990.10.—299页；32开.—ISBN 7-204-00916-9：3.80元

球星奇遇记/王蒙著.—北京：人民文学出版社，1990.6.—356页；大32开.—ISBN 7-02-000988-3：4.70元

检察官与女死刑犯/詹高尔著.—广州：花城出版社，1990.3.—226页；32开.—ISBN 7-5360-0570-9：3.00元

接潮情歌/朱剑钟著.—西安：西北大学出版社，1990.2.—303页；32开.—ISBN 7-5604-0100-7：4.50元

第一次恋爱/陈登科著.—合肥：安徽文艺出版社，1990.7.—278页；彩照；32开.—ISBN 7-5396-0227-9：3.70元

第十七个白琴键/胡兆铮著.—北京：宝文堂书店，1990.7.—154页；大32开.—ISBN 7-80030-189-3：2.35元

本书收《第十七个白琴键》、《葡萄名叫紫晶心》等11篇短篇小说。

假如是你作案：首届全国金盾文学奖优秀中短篇小说获奖作品集/首届全国金盾文学奖评选办公室编．北京：群众出版社，1990.3.—319页：肖象；32开．ISBN 7-5014-0440-9：3.80元

斜阳梦/彭拜著.—桂林：漓江出版社，1990.5.534页；32开.—ISBN 7-5407-0545-0：5.90元

彩霞河/杨福林著.—石家庄：花山文艺出版社，1990.12.—415页；32开.—ISBN 7-80505-519-X：5.10元

情无了/严沁著.—广州：花城出版社，1990.8.179页；32开.—ISBN 7-5360-0707-8：2.50元

密杀令/刘守忠等著.—长春：时代文艺出版社，1990.3.—379页；32开.—（新编拍案惊奇；4）.ISBN 7-5387-0226-1：5.60元

随风而去/陈洁著.—上海：上海文艺出版社，1990.9.—398页；大32开.—ISBN 7-5321-0596-2：6.10元

绿橄榄/何发昌著.—昆明：云南民族出版社，1990.12.—246页：照片；32开.—ISBN 7-5367-0361-9：3.65元

替婚/牟永臣著.—沈阳：春风文艺出版社，1990.9.—212页：照片；32开.—ISBN 7-5313-0372-8：3.10元

韩明幽默小说/韩明著.—哈尔滨：北方文艺出版社，1990.12.—187页；32开.—ISBN 7-5317-0430-3：4.50元

黑月亮/周百义著.—哈尔滨：北方文艺出版社，1990.10.—244页；32开.—ISBN 7-5317-0357-2：2.90元

黑衣女郎/尹强儒著.—成都：四川文艺出版社，1990.9.—181页；32开.—（处女书系/单基夫主编）.—ISBN 7-5411-0626-2：2.50元

黑船/田松林著.—石家庄：花山文艺出版社，1990.1.—347页：肖像；32开.—ISBN 7-80505-250-6：3.20元

黑眼睛/于涤心著.—长春：时代文艺出版社，1990.2.—331页；32开.—ISBN 7-5387-0221-0：4.20元

黑鸽子/孙泱著.—北京：作家出版社，1990.1.318页：肖像；32开.—（文学新星丛书；第8辑）.ISBN 7-5063-0331-0：3.95元

短篇小说选：1980～1990/海天出版社编.—深圳：海天出版社，1990.8.—517页；大32开.—（深圳特区文艺丛书/潘江津主编）.—ISBN 7-80542-041-6：11.50元

鲁西南的风/潘永修著.—济南：山东文艺出版社，1990.4.—268页；大32开.—ISBN 7-5329-0391-5：4.05元

愤怒的树林/姜琍敏著.—南京：南京出版社，1990.4.—250页；32开.—ISBN 7-80560-180-1：3.00元

曾元小说集/曾元著.—济南：山东文艺出版社，1990.6.—363页；大32开.—ISBN 7-5329-0418-0：5.40元

老谋深算：妙计荟萃/林士容，陈策编著.—南宁：广西教育出版社，1990.2.—280页；32开.—ISBN 7-5435-0765-X：2.95元

百字小说/沈宛富编.—沈阳：春风文艺出版社，1990.4.—119页；大64开.—（文化艺术小丛书；第1辑）.—ISBN 7-5313-0323-X：1.00元

回声行动/徐国华，王海林编.—桂林：漓江出版社，1990.3.—222页；32开.—（传奇故事精选）.ISBN 7-5407-0419-5：2.60元

朱元璋起兵/胥继红选编.—长沙：岳麓书社，1990.4.—62页；32开.—（中国故事）.—ISBN 7-80520-197-8：0.85元

传奇故事　（1）/朝花编.—杭州：浙江文艺出版社，1990.4.—31页；大32开.—（山海经活页文选）.—ISBN 7-5339-0236-X：0.45元

传奇故事　（2）/凡人编.—杭州：浙江文艺出版社，1990.4.—31页；大32开.—（山海经活页文选）.—ISBN 7-5339-0243-2：0.45元

后庭花：戏剧故事/沈天水改编.—北京：宝文堂书店，1990.2.—54页；32开.—ISBN 7-80030-113-3：1.10元

名人的母亲/朱天红编著.—北京：华龄出版社，1990.3.—247页；32开.—ISBN 7-80082-019-X：3.45元

名人的情恋/甘如，石川编著.—北京：华龄出版社，1990.6.—243页；32开.—ISBN 7-80082-048-3：3.60元

名人春秋　（1）/朝花编.—杭州：浙江文艺出版社，1990.4.—32页；大32开.—（山海经活页文选）.ISBN 7-5339-0244-6：0.45元

名人秘闻/刘峥主编.—延吉：延边大学出版社，1990.7.—321页；32开.—ISBN 7-5634-0219-5：3.80元

名人健身集粹/贾长华著.—天津：天津人民出版社，1990.8.—190页；32开.—（八小时以外小丛书）.—ISBN 7-201-00407-7：2.80元

名人道德情操故事/赵忠心等编著.—北京：华夏出版社，1990.9.—196页；32开.—ISBN 7-80053-766-8：3.30元

名人趣事/吴仁编.—天津：百花文艺出版社，1990.6.—222页；32开.—(天下趣闻丛书).—ISBN 7-5306-0471-6：2.80元

名城轶闻 第一册/邹杰编著.—南京：河海大学出版社，1990.1.—109页；32开.—ISBN 7-5630-0243-X：1.90元

刘姥姥三进荣国府/胥继红选编.—长沙：岳麓书社，1990.4.—64页；32开.—(中国故事).—ISBN 7-80520-201-X：0.90元

关于我/孙恂主编.—哈尔滨：黑龙江人民出版社，1990.7.—171页；32开.—(中国残疾人故事丛书；第1辑/孙恂主编).—ISBN 7-207-01472-4：2.00元

好八连的故事/宁沪编.—南京：江苏文艺出版社，1990.5.—142页；32开.—(纪实文学丛书；24).ISBN 7-5399-0182-9：1.95元

孙悟空三调芭蕉扇/胥继红选编.—长沙：岳麓书社，1990.4.—37页；32开.—(中国故事).—ISBN 7-80520-194-3：0.65元

花开歧路：治安长短录/倪辉祥著.—上海：同济大学出版社，1990.5.—245页；32开.—ISBN 7-5608-0563-9：3.55元

本书所收的故事，内容涉及家庭、婚姻、事业等方面。

赤土魂：赣中革命斗争故事/吴德培主编.—南昌：江西人民出版社，1990.12.—395页；32开.—ISBN 7-210-00946-9：3.00元

李双良的故事/傅锦瑞，史庶华主编.—太原：北岳文艺出版社，1990.4.—63页；32开.—ISBN 7-5378-0329-3：1.00元

李伯照的故事/王国才主编；马安骏等著.—北京：解放军文艺出版社，1990.7.—180页；32开.—ISBN 7-5033-0164-3：3.30元

李润虎的故事/未来出版社编.—西安：未来出版社，1990.10.—145页；32开.—(青少年德育文库).—ISBN 7-5417-0371-0：1.85元

李润虎的故笔/李升泉，李茂林著.—北京：中国青年出版社，1990.7.—244页；32开.—(学雷锋故事小丛书).—ISBN 7-5006-0832-2：3.50元

邹韬奋的故事/邹华义著.—南昌：21世纪出版社，1990.10.—158页；插图；32开.—ISBN 7-5391-0382-5：1.50元

沁漳血花/刘备耕编.—昆明：云南人民出版社，1990.7.—435页；大32开.—ISBN 7-222-00638-9：5.35元

纯洁的维纳斯：微型小说选集/杨建国著.—南宁：广西人民出版社，1990.10.—141页；32开.ISBN 7-219-01685-9：2.50元

青少年英雄故事集/赵显坤编.—济南：山东文艺出版社，1990.8.—215页；32开.—ISBN 7-5329-0486-5：2.30元

本书选编了林祥谦、顾正红等21位英雄的故事。

青少年道德情操故事/古菲主编.—南京：江苏人民出版社，1990.12.—159页；32开.—ISBN 7-214-00619-7：2.15元

青年英雄的故事：新编/中国青年出版社编.—北京：中国青年出版社，1990.9.—339页；32开.—ISBN 7-5006-0864-0：4.30元

青年英雄故事精选/朱牧等编写.—南京：江苏少年儿童出版社，1990.12.—188页；48开.—ISBN 7-5346-0649-7：1.40元

青楼悲欢：中国名妓列传/闻韵著.—郑州：中州古籍出版社，1990.8.—257页；32开.—ISBN 7-5348-0244-X：3.20元

枪挑小梁王/胥继红选编.—长沙：岳麓书社，1990.4.—56页；32开.—(中国故事).—ISBN 7-80520-203-6：0.80元

英雄本色：艰苦奋斗故事新编/张育琴等主编.武汉：长江文艺出版社，1990.7.—207页；32开.ISBN 7-5354-0359-X：2.90元

英雄·美人·阴谋家/许天柏著.—桂林：漓江出版社，1990.7.—280页；32开.—ISBN 7-5407-0446-2：3.30元

英雄模范故事/樊希安等编著.—长春：长春出版社，1990.5.—182页；32开.—(青少年思想品德教育丛书/王儒林等主编).—ISBN 7-80573-210-8：2.30元

本书收集了战争年代和建国之后一批著名的革命英雄模范故事，其中包括白求恩、张思德、刘胡兰、董存瑞、黄继光、邱少云、雷锋、欧阳海、王杰、焦裕禄、王进喜等人。

奇趣秘闻故事集：百家广播电视报精华选编/吕咸发编.—济南：山东文艺出版社，1990.9.—241页；大32开.—ISBN 7-5329-0519-5：3.60元

虎啸山河/高林书著.—北京：旅游教育出版社，1990.2.—273页；32开.—ISBN 7-5637-0129-X：3.50元

本书系统、全面地介绍了曾被豫西人民誉称为"老虎团"的一支解放军英雄部队的光辉征途和丰功伟绩。

明天的太阳/郭智焕等编.—广州：花城出版社，1990.5.—200页；32开.—ISBN 7-5360-0631-4：2.95元

这是一本反映电力建设者生活的小小说集。

金瓶梅疑案：《故事报》精华本/金洪汉，李长祥编.—呼和浩特：内蒙古人民出版社，1990.10.—308页；32开.—ISBN 7-204-00927-4：4.40元

鱼水情/邵景元主编；仇恒禄等编撰.—上海：上海社会科学院出版社，1990.5—190页；32开.—IS

BN 7-80515-576-3：2.60元

这是一本歌颂党群关系的故事集。

诗人的玫瑰梦/司徒杰编著.—广州：花城出版社，1990.7.—291页；32开.—（八方丛书；第2辑）.ISBN 7-5360-0625-X：3.85元

南泥湾的故事/屈钧编著.—西安：陕西人民出版社，1990.12.—267页；32开.—（青少年德育文库）.ISBN 7-224-01365-X：4.20元

带血的项链/徐国华，王海林编.—桂林：漓江出版社，1990.2.—229页；32开.—（传奇故事精选：古今奇案）.—ISBN 7-5407-0418-7：2.70元

赵匡胤三打韩通/胥继红选编.—长沙：岳麓书社，1990.4.—46页；32开.—（中国故事）.—ISBN 7-80520-195-1：0.70元

临街的窗/舒凌主编.—兰州：甘肃人民出版社，1990.5.—341页；32开.—（微型文丛）.—ISBN 7-226-00614-6：3.80元

本书是一本微型小说选集。

幽默故事精选/黄黎星，林海权编著.—福州：海峡文艺出版社，1990.10.—121页；32开.—ISBN 7-80534-273-3：2.00元

本书撷取的是我国历代历史人物的幽默故事。

拜拜，我的心上人/孙哲著.—武汉：长江文艺出版社，1990.6.—112页；32开.—ISBN 7-5354-0327-1：1.90元

本书是作者的一本微型小说集。

科学家的故事/宓正明等编著.—北京：学苑出版社，1990.10.—206页；32开.—ISBN 7-80060-933-3：3.00元

科学家的甜酸苦辣/陈浩元编.—北京工业大学出版社，1990.12.—336页；32开.—ISBN 7-5639-0118-3：4.50元

帝王用贤故事/刘德举编著.—济南：山东文艺出版社，1990.3.—232页；32开.—ISBN 7-5329-0351-6：2.80元

追求女人的痛苦：世界著名艺术家的婚恋/袁昆编著.—长沙：湖南文艺出版社，1990.4.—222页；32开.—ISBN 7-5404-0526-0：2.85元

炼狱和天堂/马力著.—北京：中国旅游出版社，1990.12.—190页；36开.—(旅途快乐丛书).—ISBN 7-5032-0308-0：2.40元

本书是一本微型小说选集。

美丽的眼睛：小小说选萃/董季群，王凤玲编.—石家庄：花山文艺出版社，1990.1.—234页；32开.—ISBN 7-80505-251-4：2.80元

送你一个带刺的吻/焦耐芳著.—济南：山东文艺出版社，1990.1.—146页；32开.—ISBN 7-5329-0338-9：1.90元

本书是作者的一部微型小说集。

神剑出鞘/张采忱著.—桂林：漓江出版社，1990.3.—239页；32开.—（传奇故事精选）.—ISBN 7-5407-0422-5：2.75元

捡来的姑娘/林湘主编.—广州：花城出版社，1990.3.—284页；32开.—ISBN 7-5360-0662-4：3.25元

本书共收集中短篇故事20余篇，大都是反映广东改革开放十年城乡新涌现的新人新事和新风貌。

真假故事集　第二辑/晓凡，晓钟编.—广州：花城出版社，1990.12.—6册；32开.—ISBN 7-5360-0696-9（盒装）：5.00元

本书包括《真假公主的故事》、《真假驸马的故事》、《真假国王的故事》、《真假杨六郎的故事》、《真假太子的故事》和《真假李逵的故事》6册。

真假故事集　第三辑/晓凡编.—广州：花城出版社.1990.12.—6册（227页）；32开.—ISBN 7-5360-0744-2（盒装）：5.00元

夏娃血祭/孙昌宇等著.—长春：时代文艺出版社1990.10.—202页；大32开.—（传奇大观丛书）.ISBN 7-5387-0296-2：3.20元

柴达木盆地的死光/张正常，李长群主编.—沈阳：辽宁教育出版社，1990.12.—248页；32开.—（交通安全教育丛书）.—ISBN 7-5382-1414-3：3.50元

特级英雄黄继光/炳贞，渤南著.—济南：山东文艺出版社，1990.9.—111页；32开.—ISBN 7-5329-0419-5：1.65元

豹子头林冲/胥继红选编.—长沙：岳麓书社，1990.4.—64页；32开.—（中国故事）.—ISBN 7-80520-202-8：0.90元

爱的困惑/舒凌主编.—兰州：甘肃人民出版社，1990.5.—346页；32开.—（微型文丛）.—ISBN 7-226-00613-8：3.80元

本书是一部微型小说选集。

爱的困惑：微型小说集/刘瑞坤著.—杭州：浙江文艺出版社，1990.9.—159页；32开.—ISBN 7-5339-0254-8：1.90元

爱海沉舟/赵建邦著.—长春：吉林人民出版社，1990.11.—140页；32开.—ISBN 7-206-00909-3：2.00元

本书记述了10个不该发生的婚姻悲剧的故事。

狸猫换太子/胥继红选编.—长沙：岳麓书社，1990.4.—40页；32开.—（中国故事）.—ISBN 7-80520-196-X：0.65元

唐宋传奇故事/刘耀林编写.—上海：少年儿童出版社，1990.3.—190页；图；32开.—（中国古典文学故事丛书）.—ISBN 7-5324-0235-5：1.95元

唐诗故事续集　第四集/栗斯编著.—北京：地质出版社，1990.9.—423页；32开.—ISBN 7-116-00292-8：5.60元

浩然正气/牟玉章，张广海主编；中共淄博市委党史资料征集研究委员会编.—济南：黄河出版社，1990.3.—266页；大32开.—ISBN 7-80558-113-4：3.50元

本书共收录战争年代革命故事71篇。

球迷之谜/陈秀庭著.—成都：四川少年儿童出版社，1990.3.—153页；48开.—（中学生文化快餐丛书/金逸铭主编）.—ISBN 7-5365-0515-9：1.22元

球迷趣闻/张仁斌编写.—沈阳：春风文艺出版社，1990.4.—117页；大64开.—（文化艺术小丛书）.ISBN 7-5313-0325-6：0.90元

检察官的天职/李英，吕艳著.—哈尔滨：黑龙江教育出版社，1990.12.—157页；32开.—（法制教育小丛书/刘德仁主编）.—ISBN 7-5316-1256-9：2.15元

黄龟渊故事集/黄龟渊讲；金在权，朴昌默整理；朴赞球译.—北京：中国民间文学出版社，1990.12.306页；大32开.—ISBN 7-5040-0283-6：5.00元

银松传奇（一）：一位将军青少年的故事/秦光，庆彬编.—石家庄：花山文艺出版社，1990.12.251页；32开.—ISBN 7-80505-371-5：2.70元

烽火铜山：铜山革命斗争故事集/中共铜山县委党史工作委员会编.—北京：中共党史出版社，1990.8.252页；32开.—ISBN 7-80023-159-3：2.50元

清代七大奇案/周楞伽著.—上海：上海文艺出版社，1990.2.—373页；32开.—ISBN 7-5321-0496-6：4.10元

清廉史镜：为政清廉的故事/严久松，王树林编.西安：陕西人民教育出版社，1990.9.—285页；32开.—ISBN 7-5419-1430-0：3.35元

绿林大侠窦二墩/徐国华，王海林编.—桂林：漓江出版社，1990.3.—246页；32开.—（传奇故事精选）.—ISBN 7-5407-0417-9，2.85元

智勇斗色狼：女子抗暴故事选/杨华林著.—南昌：百花洲文艺出版社，1990.6.—186页；32开.—ISBN 7-80579-033-7：2.60元

储蓄小姐：小小说60篇/罗平著.—海口：南海出版公司，1990.10.—259页；32开.—ISBN 7-80570-038-9：4.20元

勤政良鉴/李树良，阎启俊主编.—北京：中国经济出版社，1990.4.—362页；大32开.—ISBN 7-5017-0676-X：4.40元

蓝血人/陆仁，边协编著.—上海：学林出版社，1990.7.—64页；32开.—（千奇百怪故事丛书；5）.—ISBN 7-80510-505-7：0.70元

微型小说名家集/《微型小说选刊》编辑部编.厦门：鹭江出版社，1990.2.—167页；36开.—ISBN 7-80533-230-4：1.90元

解放军将领故事选/丁世尤主编.—北京：解放军出版社，1990.11.—581页；大32开.—ISBN 7-5065-1441-9：8.40元

新聊斋选粹/李传瑞等选编.—济南：山东文艺出版社，1990.12.—439页；32开.—ISBN 7-5329-0590-X：5.80元

本书由《新聊斋》杂志创刊5年来所发表的作品精选而成，共111篇。

榜样的力量：雷锋、王进喜、焦裕禄的故事/海峡文艺出版社编.—福州：海峡文艺出版社，1990.3.—132页；32开.—ISBN 7-80534-237-7：1.55元

蜜月第三天：微型小说集/沈祖连著.—南宁：广西民族出版社，1990.2.—208页；32开.—ISBN 7-5363-0753-5：2.50元

磨难玉成：古今艰苦创业的200个故事/周德峰，刘国彬编著.—北京：光明日报出版社，1990.8.—201页；32开.—（一把金钥匙丛书）.—ISBN 7-80014-734-7：3.15元

I 25 报告文学

1983：非常大行动/李训舟著.—合肥：安徽文艺出版社，1990.4.—245页；32开.—ISBN 7-5396-0362-3：3.15元

1989中国扫黄之战/吴海民著.—北京：民族出版社，1990.3.—237页；32开.—ISBN 7-105-01110-6：2.90元

1990：中东大撤离/范本吉，吴笑女著.—北京：中国工人出版社，1990.12.—203页；32开.—ISBN 7-5008-0743-0：2.45元

一个少女和三千封来信/孙云晓著.—成都：四川少年儿童出版社，1990.1.—120页；48开.—（中学生文化快餐丛书）.—ISBN 7-5365-0514-0：1.05元

一个年轻的市长和一个古老的城市/高正文，陈所巨著.—天津：百花文艺出版社，1990.6.—166页，32开.—ISBN 7-5306-0518-6：2.40元

一个警官的奉献/陈孔海主编；肖德洲，徐加义著.—武汉：武汉出版社，1990.4.—160页；32开.ISBN 7-5430-0314-7：2.40元

一代风流/谭锷主编.—北京：新华出版社，1990.12.—394页；大32开.—ISBN 7-5011-0964-8：5.90元

一代气功天骄/郑伟宏编.—杭州：浙江文艺出版社，1990.7.—370页；32开.—ISBN 7-5339-0217-3：4.30元

本书辑录了20余位气功、特异功能大师的神奇功能。

一代创业者的风采/安学森主编；济南铁路分局文学艺术工作者协会编.—济南：山东文艺出版社，1990.7.—386页；大32开.—ISBN 7-5329-0495-4：6.30元

一百个美的女性/张平治著.—北京：文化艺术出版

社，1990.10.—534页；彩照；大32开.—ISBN 7-5039-0714-2：7.80元

一面旗帜：大连井冈山饭店事迹/杨升主编.—沈阳：辽宁人民出版社，1990.6.—135页；32开.—ISBN 7-205-01462-X：2.50元

十九岁的年华：潘星兰，杨大兰事迹/共青团中央宣传部，共青团湖北省委编.—北京：中国青年出版社，1990.4.—148页；32开.—ISBN 7-5006-0761-X：2.30元

十字大交叉：通讯、报告文学集/曹洪兴主编；广西壮族自治区交通厅，广西作家协会广西分会编.南宁：广西人民出版社，1990.11.—362页；32开.ISBN 7-219-01713-8：4.30元

十步芳草：献给共和国的创业者/刘湘如著.—武汉：长江文艺出版社，1990.5.—204页；32开.—ISBN 7-5354-0322-0：2.50元

人与钢：报告文学集/冶金工业部冶金报社编.北京：北京出版社，1990.4.—604页；大32开.—ISBN 7-200-01081-2（精装）：13.75元

人与钢：报告文学集/冶金工业部冶金报社编.北京：北京出版社，1990.4.—604页；大32开.—ISBN 7-200-01039-1：9.75元

人生的太阳/罗运淳，陈柏健主编.—武汉：长江文艺出版社，1990.11.—291页；32开.—ISBN 7-5354-0386-7：3.30元

本书是继《龙之路》之后又一本来自建设改革第一线的报告。

人生经纬/周君良著.—贵阳：贵州人民出版社，1990.9.—345页；32开.—ISBN 7-221-01845-6：4.24元

人民代表/全国人大常委会新闻局，人民代表报社编写.—太原：北岳文艺出版社，1990.8.—267页；大32开.—ISBN 7-5378-0372-2：3.30元

人字经/江山著.—石家庄：花山文艺出版社，1990.2.—241页；32开.—ISBN 7-80505-266-2：2.80元

几度夕阳红/杨羽仪著.—北京：新华出版社，1990.9.—170页；32开.—（深圳之路丛书/雷州草主编）.—ISBN 7-5011-0947-8：2.80元

九十年代新雷锋（一）/《九十年代新雷锋》丛书编辑组编.—北京：中国经济出版社，1990.8.198页；32开.—（九十年代新雷锋丛书）.—ISBN 7-5017-0760-X：3.50元

三秦之光：报告文学集/中国电视艺术家协会陕西分会编.—北京：中国广播电视出版社，1990.5.—262页；32开.—ISBN 7-5043-0388-7：3.75元

三秦群英谱/陕西省总工会编；高盈民主编.—西安：陕西人民出版社，1990.6.—485页；大32开ISBN 7-224-01278-5：5.95元

三晋人物/王子硕编.—太原：北岳文艺出版社1990.5.—135页；32开.—ISBN 7-5378-0323-4：2.00元

工业群英：上海市工业系统标兵企业和标兵个人/中共上海市工业工作委员会，上海市经济委员会编.上海：上海人民出版社，1990.7.—250页；彩照；32开.—ISBN 7-208-00967-8：3.50元

大上海骄子：上海市科技精英报告文学通讯集/上海市科技新闻工作者协会编.—上海：上海科学普及出版社，1990.11.—317页；大32开.—ISBN 7-5427-0346-3：3.80元

大气功师出山：张宏堡和他的功法秘宗/纪一著.北京：华龄出版社，1990.4.—339页；32开.—（张宏堡中功系列报告；1）.—ISBN 7-80082-058-0：4.98元

大地织女/赵寅辰主编.—济南：山东文艺出版社，1990.8.—394页；大32开.—ISBN 7-5329-0460-1：5.00元

大庆之魂：大庆油田开发建设30年中的年青人/关晓红主编.—长春：吉林人民出版社，1990.5.—568页；大32开.—ISBN 7-206-00744-9：8.80元

大庆企业家之歌/李智廉，张立中主编.—哈尔滨：黑龙江人民出版社，1990.2.—287页；彩照；大32开.—（黑龙江企业家列传丛书）.—ISBN 7-207-01377-9：5.00元

大庆油田英雄谱/王志武主编；中共大庆石油管理局委员会宣传部编.—北京：石油工业出版社，1990.6.—603页；大32开.—ISBN 7-5021-0500-X：7.50元

大庆精神大庆人/王强主编.—哈尔滨：黑龙江人民出版社，1990.8.—720页；32开.—ISBN 7-207-01707-3：10.90元

大江东去/向阳红等著.—成都：四川文艺出版社，1990.6.—270页；32开.—ISBN 7-5411-0672-0：3.00元

大阳双塔话沧桑/浩然等著.—天津：百花文艺出版社，1990.6.—172页；32开.—ISBN 7-5306-0505-4：2.45元

大梦谁先觉：记农村改革先驱李云问、冯志来、陈新宇、杨木水/高光等著.—北京：文化艺术出版社，1990.5.—227页；32开.—ISBN 7-5039-0649-9：3.70元

大森林的开拓者/洪石，潘青主编.—哈尔滨：黑龙江人民出版社，1990.10.—262页；大32开.—ISBN 7-207-01546-1：4.60元

大粮窝：来自全国商品粮基地四平市粮食战线的报告/王颖修等主编.—长春：吉林人民出版社，1990.

12.—376页；32开.—ISBN 7-206-00942-5：5.10元

大墙内幕/史清书，姚志刚编.—乌鲁木齐：新疆青少年出版社，1990.1.—201页：照片；32开.—（司法纪实文学丛书）.—ISBN 7-5371-0526-X：2.80元

大潮飞歌/王连迪主编.—北京：华龄出版社，1990.10.—345页；大32开.—ISBN 7-80082-139-0：4.30元

大潮浪花集/高峰，袁征主编.—北京：中国广播电视出版社，1990.12.—269页：彩照；大32开.—ISBN 7-5043-0810-2：4.50元

万元户大世界/刘益善，徐世立著.—南京：江苏文艺出版社，1990.3.—274页；32开.—（纪实文学丛书；18）.—ISBN 7-5399-0091-1：2.20元

万里征途云和月/傅志华著.—乌鲁木齐：新疆人民出版社，1990.3.—244页；32开.—ISBN 7-228-01314-X：2.85元

万里卷潮来/陈水璘著.—北京：文津出版社，1990.12.—279页；32开.—ISBN 7-80554-068-3：3.60元

上海人一日：1989～1990/《小说界》编辑部编.上海：上海文艺出版社，1990.11.—348页；大32开.—ISBN 7-5321-0750-7：5.40元

上海刑事1988之海洛因：纪实文学精选/韦纬组，张展超编.—桂林：漓江出版社，1990.9.—316页；32开.—ISBN 7-5407-0571-X：3.95元

巾帼风流：报告文学集/李延芝主编；哈尔滨市妇女联合会编.—哈尔滨：哈尔滨出版社，1990.2.233页；32开.—ISBN 7-80557-034-5：3.20元

巾帼楷模：刘胡兰式的女英雄潘星兰、杨大兰/中共湖北省委宣传部，中国农业银行湖北省分行编.武汉：湖北人民出版社，1990.3.—123页；32开.ISBN 7-216-00548-6：2.70元

山的脊梁：报告文学集/张剑峰，刘志民主编.哈尔滨：黑龙江人民出版社，1990.10.—396页：彩照；大32开.—（黑龙江省企业家列传丛书）.—ISBN 7-207-01763-4：6.50元

山城之星/重庆市委宣传部，《现代工人报》社编.—成都：四川文艺出版社，1990.8.—492页；32开.—（纵横系列丛书）.—ISBN 7-5411-0678-X：5.15元

山情·水意·人魂/吴功勋著.—郑州：河南人民出版社，1990.11.—493页；大32开.—ISBN 7-215-01342-1：7.80元

千秋业/钟铁夫，莫晓培著.—上海：上海文艺出版社，1990.6.—169页；32开.—（黄金十年丛书）.ISBN 7-5321-0680-2：3.60元

这是一本反映深圳建设者风貌的报告文学集。

凡人点滴/张林等著.—哈尔滨：黑龙江人民出版社，1990.4.—187页；32开.—（时代之光报告文学系列丛书）.—ISBN 7-207-01531-3：3.50元

凡人新事：松江工人风采/查振良等主编；中共松江县委宣传部，松江县总工会编.—上海：上海人民出版社，1990.10.—161页；32开.—ISBN 7-208-01058-7：2.10元

广州流花三角/陈安先著.—广州：花城出版社，1990.4.—244页；32开.—ISBN 7-5360-0565-2：3.00元

女红军在雪山草地/四川省阿坝藏族羌族自治州妇女联合会编.—成都：四川民族出版社，1990.3.177页；32开.—ISBN 7-5049-0422-4：2.15元

女博士旅美打工记/高小刚等著.—北京：中国华侨出版公司，1990.12.—254页；32开.—ISBN 7-80074-309-8：3.60元

小站春光/王安邦等著.—北京：中国展望出版社，1990.4.—230页；32开.—ISBN 7-5050-0746-7：4.30元

小镇太阳神/关仁山著.—天津：百花文艺出版社，1990.8.—260页；32开.—ISBN 7-5306-0516-X：3.30元

飞云楼/照春著.—北京：群众出版社，1990.6.251页：彩照；32开.—ISBN 7-5014-0506-9：4.40元

子弟兵的奉献：成都军区拥政爱民模范事迹选编/成都军区政治部群众工作部《子弟兵的奉献》编写组编.—成都：成都出版社，1990.3.—393页；32开.ISBN 7-80575-028-9：5.00元

乡村笔记/姜利国，孙秀山著.—济南：山东文艺出版社，1990.4.—272页；大32开.—ISBN 7-5329-0366-4：4.20元

乡镇创业者/尚牧主编.—南京：南京出版社，1990.2.—150页；32开.—ISBN 7-80560-167-4：1.95元

历史的纤夫/赵桂英主编.—北京：华龄出版社，1990.4.—408页；大32开.—ISBN 7-80082-089-0：4.60元

开拓者之歌/豫图主编.—武汉：长江文艺出版社，1990.9.—174页；32开.—ISBN 7-5354-0368-0：2.30元

开拓者的风采/曙生编.—北京：红旗出版社，1990.11.—281页；32开.—ISBN 7-80068-143-2：3.00元

开拓者的足迹/宁夏石嘴山市文学艺术界联合会编.—银川：宁夏人民出版社，1990.12.—360页；大32开.—ISBN 7-227-00628-X：4.70元

开拓者的足迹/张天春等主编.—长春：吉林人民出版社，1990.9.—259页；32开.—ISBN 7-206-00838-0：3.00元

开拓者的足迹/苗木著.—北京：中国工人出版社，1990.5.—260页；32开.—ISBN 7-5008-0617-3：3.45元

开拓者的足迹/岳林著.—太原：山西人民出版社，1990.7.—236页；32开.—ISBN 7-203-01765-6：6.50元

开拓者的足迹/高树新，顾柄枢主编.—兰州：敦煌文艺出版社，1990.6.—348页；大32开.—ISBN 7-80587-001-2：4.65元

开国第一刀/张建伟著.—北京：中国广播电视出版社，1990.12.—304页；32开.—ISBN 7-5043-0772-6：4.80元

天山脚下的热土/徐志新著.—天津：百花文艺出版社，1990.10.—173页；32开.—（西部英雄谱丛书/张贵亭等主编）.—ISBN 7-5306-0564-X：2.50元

天堂凡人赞/顾伯岭，苏宁主编.—南京：南京出版社，1990.5.—233页；大32开.—（当代企业家丛书）.—ISBN 7-80560-215-8：3.20元

天街细雨/苏州市报告文学学会编；周治华，朱子南主编.—南京：南京出版社，1990.9.—262页；大32开.ISBN 7-80560-246-8：4.20元

无名的航标/汪介琦主编；成都市总工会金牛区办事处编.—成都：四川文艺出版社，1990.8.—272页；32开.—（纵横系列丛书）.—ISBN 7-5411-0663-3：3.10元

无名草/孙曼侠，张凤云主编.—沈阳：辽宁民族出版社，1990.12.—407页；32开.—ISBN 7-80527-179-8：4.80元

无极之路：长篇报告文学/宏甲著.—北京：解放军文艺出版社，1990.6.—330页；大32开.—ISBN 7-5033-0150-3：4.80元

无悔人生：报告文学集/《书讯报》社编.—杭州：浙江文艺出版社，1990.5.—230页；32开.—ISBN 7-5339-0194-0：3.00元

韦唯/李道松著.—沈阳：春风文艺出版社，1990.4.—115页；32开.—（当代青年歌星系列丛书；第1辑）.—ISBN 7-5313-0335-3：1.80元

云杉的故乡：克什克腾旗报告文学集/张向午，曹雪英编.—呼和浩特：内蒙古人民出版社，1990.10.—351页；32开.—ISBN 7-204-01251-8：3.50元

云南企业家　（中）/云南企业家编委会编著.—昆明：云南科技出版社，1990.7.—515页；大32开.ISBN 7-5416-0183-7：8.30元

艺坛名流风云录/孟皋卿著.—北京：农村读物出版社，1990.11.—458页；32开.—ISBN 7-5048-1374-5：5.50元

"五五"劫机纪实：长篇纪实文学/陈秀庭，肖岸著.—长沙：湖南文艺出版社，1990.5.—252页；32开.—ISBN 7-5404-0535-X：2.95元

本书将1983年5月5日劫机事件的前前后后客观地披露出来。

五环旗下的追悔/李丹，杨匡满著.—北京：中国文联出版公司，1990.3.—192页；32开.—ISBN 7-5059-1246-1：2.85元

支格阿鲁的子孙们/周纲著.—成都：四川民族出版社，1990.3.—172页；32开.—ISBN 7-5409-0420-8：2.35元

不熄的地火：中国煤炭企业家报告文学集　下册/中国煤炭工业企业管理协会编.—北京：企业管理出版社，1990.3.—602页；大32开.—ISBN 7-80001-119-4：10.40元

不戴国徽的卫士/史航著.—沈阳：辽宁人民出版社，1990.12.—174页；32开.—ISBN 7-205-01503-0：2.30元

太行人太行情/张文君著.—北京：中国文联出版公司，1990.8.—260页；32开.—ISBN 7-5059-1374-3：3.65元

太行人杰/崔巍著.—太原：北岳文艺出版社，1990.4.—246页；32开.—ISBN 7-5378-0326-9：2.50元

太阳下的篇章/高一鸣著.—北京：中国卓越出版公司，1990.10.—195页；32开.—（卓越丛书/王稼句主编）.—ISBN 7-80071-390-3：2.50元

太阳·地球·人/陈培学等著.—北京：解放军文艺出版社，1990.12.—237页；32开.—（创业与改革丛书）.—ISBN 7-5033-0203-8：4.00元

太阳每天都是新的/史长义，张振乾著.—广州：花城出版社，1990.10.—250页；32开.—ISBN 7-5360-0697-7：3.40元

太阳神/宁夏煤炭工业厅，中国作家协会宁夏分会编.—银川：宁夏人民出版社，1990.12.—464页；大32开.—ISBN 7-227-00641-7：6.00元

太阳神/梅南频著.—北京：中国华侨出版公司，1990.6.—200页：照片；32开.—ISBN 7-80074-207-5：2.95元

本书描写了无锡煤炭工业公司及所属煤矿的矿长、书记、经理、工程师和广大煤矿工人的艰苦创业精神，坚持改革精神，无私奉献精神。

太阳潮/朱玉华，李木生著.—济南：山东文艺出版社，1990.3.—305页；大32开.—ISBN 7-5329-0349-4：4.00元

中外女明星迷雾疑云/贾新栩等编著.—南宁：广西民族出版社，1990.7.—206页；32开.—（九十年代女士文库）.—ISBN 7-5363-0843-4：2.50元

中国大女轶闻录：长篇纪实/燕燕，刘业勇著.—沈阳：春风文艺出版社，1990.10.—272页；32开，ISBN 7-5313-0394-9：3.90元

中国大侦破/章光改编.—北京：中国青年出版社，1990.11.—145页；32开.—ISBN 7-5006-0694-X：1.95元

本书选辑了精彩的侦破记实文学18篇。

中国反黑行动/周百义，张宇光著.—长沙：湖南文艺出版社，1990.8.—327页；32开.—ISBN 7-5404-0573-2：3.75元

中国生育秘闻录：长篇纪实/李媛媛，袁跃东著.沈阳：春风文艺出版社，1990.11.—313页；32开.ISBN 7-5313-0367-1：4.15元

中国刑警纪事/杨锦著.—北京：群众出版社，1990.5.—191页；32开.—ISBN 7-5014-0467-6：2.70元

中国亚运潮/鲁光，冯贵家主编.—成都：四川少年儿童出版社，1990.9.—177页；32开.—ISBN 7-5365-0705-4：1.86元

中国远征军印支征战纪实/杨大镇著.—北京：中国华侨出版公司，1990.6.—234页；32开.—ISBN 7-80074-162-1：3.10元

中国废黄河：长篇报告文学/吴光辉著.—南京：江苏文艺出版社，1990.6.—187页；32开.—ISBN 7-5399-0190-X：5.00元

中国绿色旋风：青年记者汪发楷报告文学通讯作品选/汪发楷著.—武汉：武汉大学出版社，1990.9.274页；32开.—ISBN 7-307-00827-0：3.50元

中国窗：献给珠海特区十周年/尹西农编著.—北京：国际文化出版公司，1990.11.—294页；32开.ISBN 7-80049-659-7：4.00元

中国殡葬忧思录/刘业勇，李忠效著.—沈阳：春风文艺出版社，1990.11.—264页；32开.—（纪实文学丛书）.—ISBN 7-5313-0355-8：3.75元

中国警官悲喜录：长篇纪实/吕永岩，胡泊著.—沈阳：春风文艺出版社，1990.11.—297页；32开.ISBN 7-5313-0368-X：3.90元

中越战争秘录/张卫民等著.—2版.—长春：时代文艺出版社，1990.4.—288页；32开.—ISBN 7-5387-0104-4：4.50元

仇杀的启示：八十年代中国企业家被害纪实/荒原著.—北京：中国文联出版公司，1990.8.—169页；32开.—ISBN 7-5059-1333-6：2.60元

从汉城到北京/刘吉总撰稿；冯远征等撰稿.—北京：中国妇女出版社，1990.9.—161页；32开.—ISBN 7-80016-322-9：2.50元

本书记述了中国运动员、教练员的酸甜苦辣，赞颂了全国人民为十一届亚运会的召开奉献的一片"悠悠爱心"。

从军人到企业家/赵林溪主编.—济南：黄河出版社，1990.1.—446页；大32开.—ISBN 7-80558-126-6：5.00元

今天狭路相逢/蒋巍著.—北京：人民文学出版社，1990.1.—322页；32开.—ISBN 7-02-000925-5：3.75元

今日大庆人/中共大庆市委宣传部编.—哈尔滨：黑龙江人民出版社，1990.3.—236页；大32开.—ISBN 7-207-01489-9：3.20元

今日老苏区：报告文学集/王连基主编.—武汉：长江文艺出版社，1990.12.—426页；大32开.—ISBN 7-5354-0412-X：7.50元

公道在人间/肖荻著.—天津：百花文艺出版社，1990.11.—320页；大32开.—ISBN 7-5306-0500-3：4.80元

风雨兼程/臧瑾著.—成都：四川大学出版社，1990.11.—301页；32开.—ISBN 7-5614-0369-0：3.30元

风采之路/叶辛等著.—北京：华龄出版社，1990.6.—306页；32开.—ISBN 7-80082-062-9：4.60元

风采录：湖北省农村金融系统劳动模范先进人物专辑：1979～1989/中国农业银行湖北省分行编.—武汉：长江文艺出版社，1990.11.—256页；32开.—ISBN 7-5354-0383-2（精装）：4.10元

风流人物/贺秋芙等著；湖北人民广播电台编.—武汉：长江文艺出版社，1990.2.—365页；32开.—ISBN 7-5354-0300-X：3.90元

风流人物：报告文学·特写集/王榕春著.—福州：海峡文艺出版社，1990.12.—209页；32开.—ISBN 7-80534-301-2：2.55元

乌海纪事/马亚波著.—呼和浩特：内蒙古人民出版社，1990.11.—303页；32开.—ISBN 7-204-01261-5：3.80元

午夜枪声/麦步初著.—南宁：广西人民出版社，1990.11.—276页；32开.—（边陲军旅丛书）.—ISBN 7-219-01730-8：3.40元

毛泽东访问记/长江文艺出版社编.—武汉：长江文艺出版社，1990.12.—396页；大32开.—（中国报告文学丛书精选本）.—ISBN 7-5354-0388-3：5.80元

毛泽东和他的战友们/华林编.—北京：华龄出版社，1990.4.—326页；32开.—ISBN 7-80082-022-X：4.75元

毛泽东的感情世界/彬子著.—长春：吉林人民出版社，1990.6.—258页；大32开.—（中外纪实文学丛书）.—ISBN 7-206-00776-7：4.40元

长风破浪会有时：王振义沉浮记/丁临一，赵洪滨著.—北京：解放军文艺出版社，1990.12.—237页；32开.—（创业与改革丛书）.—ISBN 7-5033-0190-2：3.50元

长城内外/张帆著.—北京：中国青年出版社，1990.4.—2册；大32开.—ISBN 7-5006-0358-4：15.00元

长城的崛起/徐永青，戴战军著.—北京：国际文化出版公司，1990.11.—242页；大32开.—ISBN 7-80049-644-9：4.30元

月魂·日魄/朱乐民主编.—北京：中国华侨出版公司，1990.10.—238页；32开.—（归国华侨精英传丛书）.—ISBN 7-80074-242-3：3.15元

丹江群英谱/中共牡丹江市委党史研究室等编.—牡丹江：黑龙江朝鲜民族出版社，1989.12.—396页；大32开.—（黑龙江省城镇集体经济明星企业家、明星企业建筑、建材工业省市先进企业家丛书）.—ISBN 7-5389-0221-X：19.00元

文明企业之路/贵州省精神文明建设委员会办公室编.—贵阳：贵州人民出版社，1990.11.—261页；32开.—ISBN 7-221-02121-X：3.55元

文明潮/中共湖南省常德市委宣传部，湖南省常德市文学艺术界联合会编.—郑州：中原农民出版社，1990.9.—370页；32开.—ISBN 7-80538-212-3：4.00元

本书是一部反映湖南常德市乡镇精神文明建设的通讯和报告文学集。

火·犁·人间和明天/焦祖尧著.—太原：北岳文艺出版社，1990.12.—451页；32开.—ISBN 7-5387-0348-X：6.00元

为了共和国的决策/刘纪荣，高连欣主编.—济南：山东文艺出版社，1990.11.—229页；大32开.—ISBN 7-5329-0550-0：4.00元

为了军营这片绿洲/空军政治部编.—北京：蓝天出版社，1990.10.—181页；32开.—ISBN 7-80081-153-0：2.60元

为青春立碑/共青团上海市委编.—北京：国际文化出版公司，1990.8.—313页；32开.—ISBN 7-80049-650-3：3.80元

为孩子播种春天：军队子女学校幼儿园系统全国全军优秀教师和教育工作者事迹选编　第一集/总政治部干部部编.—北京：国防大学出版社，1990.3.203页；32开.—ISBN 7-5626-0220-4

心连千万家：记石门连杆厂的创业者们/陈沛著.北京：昆仑出版社，1990.3.—137页；32开.—（当代企业家丛书）.—ISBN 7-80040-152-9：2.00元

心灵的窗口：一个记者的采访手记/蔡青著.—北京：经济日报出版社，1990.11.—286页；32开.ISBN 7-80036-273-6：3.50元

孔雀山传奇/毛士博著.—南昌：江西人民出版社，1990.11.—143页；彩照；32开.—（奋飞丛书/桂晓风，熊向东主编）.—ISBN 7-210-00686-9：1.80元

巴蜀群英/四川省总工会生产保护部，四川工人日报编辑部编.—成都：四川人民出版社，1990.4.—304页：照片；32开.—ISBN 7-220-00972-0：4.50元

水乡明珠：报告文学集/张景坤主编.—南京：南京出版社，1990.10.—151页；32开.—ISBN 7-80560-258-1：1.10元

水乡春潮/周凤鸣主编；中共吴县县委宣传部吴县文学艺术界联合会编.—南京：江苏人民出版社，1990.9.—186页；32开.—ISBN 7-214-00559-X：2.50元

艾滋病：跨世界的悲哀？/张跃宏著.—北京：中国广播电视出版社，1990.5.—152页；32开.—（震撼人世的一幕纪实文学丛书/翁杰明主编）.—ISBN 7-5043-0287-2：2.50元

古城大潮/李敬寅著.—西安：陕西人民出版社，1990.3.—228页；32开.—ISBN 7-224-01103-7：3.55元

古镇之梦/李容新，李斌编著.—武汉：长江文艺出版社，1990.4.—127页；32开.—ISBN 7-5354-0303-4：1.60元

石门开/马继红，马春林著.—北京：解放军出版社，1990.4.—275页；大32开.—（中国革命斗争报告文学丛书：解放石家庄卷）.—ISBN 7-5065-1209-2：4.60元

石圪节——中国煤矿的脊梁/赵扬编.—太原：山西人民出版社，1990.12.—371页；32开.—ISBN 7-203-01890-1：5.65元

世界冠军的罗曼史/张兴荣，王中平著.—南昌：百花洲文艺出版社，1990.6.—240页；32开.—ISBN 7-80579-032-9：2.80元

龙的历程/映泉等著.—武汉：长江文艺出版社，1990.5.—254页；32开.—（龙的历程丛书；1）.ISBN 7-5354-0334-4：3.20元

东方情结/聂传清等编.—北京：中国华侨出版公司，1990.10.—357页；32开.—ISBN 7-80074-346-2：4.95元

东台春色/哈华等编著.—天津：百花文艺出版社，1990.11.—340页；32开.—（企业文化丛书）.—ISBN 7-5306-0605-0：4.10元

北大荒风云录/石肖岩主编.—北京：中国青年出版社，1990.7.—492页；大32开.—ISBN 7-5006-0769-5：6.00元

北平越狱：著名法学家王维纲的一段经历/阎承铸著.—昆明：云南人民出版社，1990.5.—257页；32开.—（中国法制文学丛书）.—ISBN 7-222-00297-9：2.40元

北国星光　第1集/沈阳军区政治部编研室编.—沈阳：白山出版社，1990.2.—239页；大32开.—ISBN 7-80566-086-7：3.60元

本书描写了抗日战争时期东北地区解放军41位英雄的事迹。

北京生命线/《首都建设者丛书》编委会编.—北京：北京出版社，1990.7.—287页；32开.—（首都

建设者丛书）.—ISBN 7-200-01182-7：4.10元

北京生命线/傅溪鹏著.—北京：光明日报出版社，1990.3.—317页；32开.—ISBN 7-80014-767-3：3.60元

北疆铁路建设纪实/中国作家协会新疆分会，《中国西部文学》编辑部编.—乌鲁木齐：新疆人民出版社，1990.8.—254页；大32开.—ISBN 7-228-01543-6：4.10元

卢山告诉历史/孙稚文著.—北京：解放军文艺出版社，1990.10.—182页；32开.—（创业与改革丛书）.—ISBN 7-5033-0184-8：2.70元

这是一部反映山东诸城市城乡改革的报告文学集。

只差一步到罗马：中国足球队狮城失利纪实/张晓岚，金沙著.—北京：北京体育学院出版社，1990.3.—136页；32开.—ISBN 7-81003-384-0：2.30元

“囚犯”的苦恋/吴树民著.—西安：陕西人民出版社，1990.6.—298页；32开.—ISBN 7-224-01280-7：4.65元

出塞曲/杨伯达主编.—乌鲁木齐：新疆人民出版社，1990.1.—365页；32开.—ISBN 7-228-01231-3：3.80元

他们从书中走来/房国忠等主编.—长春：吉林教育出版社，1990.4.—234页；32开.—ISBN 7-5383-0970-5：2.40元

本书所收作品，有介绍读好书成才者的成功经验，有介绍读坏书走向犯罪的人的教训。

他们为祖国拼搏/温文等选编.—北京：北京师范大学出版社，1990.8.—314页；大32开.—（爱国主义教育丛书/龚书铎主编）.—ISBN 7-303-01015-7：3.35元

生命变奏曲/北京市民政局等编.—北京：华夏出版社，1990.7.—283页；大32开.—ISBN 7-80053-773-0：4.70元

本书收集了反映残疾人生活的报告文学20余篇。

白塔/高连欣，蓝马主编.—哈尔滨：北方文艺出版社，1990.8.—165页；32开.—ISBN 7-5317-0383-1：2.25元

白森林告诉未来/屈兴岐，于润水著.—北京：华龄出版社，1990.8.—253页；32开.—ISBN 7-80082-078-5：3.20元

乐织锦绣无愧畏/赵悦，陆有君编著.—哈尔滨：黑龙江人民出版社，1990.12.—204页；32开.—ISBN 7-207-01774-X：3.70元

汉城归来：体育报告文学集/安东编.—北京：文化艺术出版社，1990.2.—279页；32开.—（报告文学、纪实文学系列丛书）.—ISBN 7-5039-0556-5：3.20元

主人翁/李俊毅等主编.—济南：山东大学出版社，1990.12.—367页；32开.—（岱下群星丛书；第5辑）.—ISBN 7-5607-0228-7：3.95元

立体形象/韩春华著.—哈尔滨：黑龙江人民出版社，1990.3.—203页；32开.—ISBN 7-207-01541-0：3.80元

写自春天的报告/曲渊著.—北京：中国展望出版社，1990.7.—254页；32开.—（人才之光丛书）.ISBN 7-5050-0785-8：5.00元

闪光的五色土/章左声著.—北京：中国妇女出版社，1990.7.—151页；32开.—ISBN 7-80016-204-4：2.20元

闪光的业绩：来自忻纺的报告/孙银章著.—太原：北岳文艺出版社，1990.6.—283页：照片；32开.ISBN 7-5378-0354-4：3.20元

闪光的足迹/陈公水，傅冠明主编.—济南：山东文艺出版社，1990.12.—351页；大32开.—ISBN 7-5329-0598-5：5.85元

闪烁的明珠：报告文学集/杨霞等著.—南昌：百花洲文艺出版社，1990.12.—162页；32开.—（在改革大潮中丛书/吴清汀主编）.—ISBN 7-80579-075-2：2.50元

永葆青春/李润德主编.—济南：山东大学出版社，1990.7.—346页；32开.—（岱下群星丛书；第4辑）.—ISBN 7-5607-0228-7：4.00元

圣地人大写意/梁金河著.—济南：山东文艺出版社，1990.6.—356页；大32开.—ISBN 7-5329-0403-2：4.80元

丝路潮/张锐主编.—北京：文化艺术出版社，1990.2.—405页；32开.—（改革风貌纪实文学丛书：甘肃卷）.—ISBN 7-5039-0593-X：4.40元

民兵英雄传 第四集/总政治部群众工作部编.—北京：解放军出版社，1990.2.—287页；大32开.—ISBN 7-5065-1255-6：4.50元

民间笑星赵本山/张超著.—沈阳：春风文艺出版社，1990.6.—152页；32开.—ISBN 7-5313-0373-6：2.00元

发扬红烛精神 献身人民事业：党和人民的忠诚卫士——李伯照/中共湖北省委宣传部编.—武汉：湖北人民出版社，1990.2.—66页；32开.—ISBN 7-216-00536-8：0.80元

地老天荒/里遥著.—成都：四川文艺出版社，1990.8.—267页；大32开.—（当代报告文学丛书）.—ISBN 7-5411-0593-7：3.60元

吉化英雄谱/于万夫主编.—长春：吉林人民出版社，1990.9.—215页；32开.—ISBN 7-206-00856-9：3.00元

共和国发出“最后通牒”：五万贪官自首记/吴海民编.—北京：学苑出版社，1990.6.—247页；32开.—ISBN 7-80060-992-8：3.90元

共和国金盾/赵相如，熊相仔著.—长沙：湖南文艺出版社，1990.8.—180页；32开.—ISBN 7-5404-0576-7：2.50元

亚运之光/广文编.—广州：广东高等教育出版社，1990.8.—96页；16开.—ISBN 7-5361-0517-7：2.60元

亚运先锋/亚组委群工部，共青团北京市委编.—福州：福建人民出版社，1990.12.—238页；大32开.ISBN 7-211-01572-1：6.75元

亚运村的第一代村民/《首都建设者丛书》编委会编.—北京：北京出版社，1990.7.—305页；32开.(首都建设者丛书).—ISBN 7-200-01181-9：4.30元

亚运启示录/共青团北京市委员会，北京市学生联合会编.—北京：中国青年出版社，1990.12.—148页；32开.—ISBN 7-5006-0899-3：2.00元

亚细亚的太阳：中国亚运工程/沈世豪，薛锦编著.—北京：北京十月文艺出版社，1990.8.—192页；大32开.—ISBN 7-5302-0197-2：3.40元

西口大逃荒：记者徒步"走西口"纪实/马小林，张敬民著.—北京：中国广播电视出版社，1990.9.263页；32开.—ISBN 7-5043-0624-X：2.90元

"走西口"是指晋西北人渡黄河、出长城逃荒到内蒙古的流浪生活。两位作者1985年历时30余天，纪录了晋西北人从17世纪到20世纪逃荒"走西口"的各种悲惨生活。

西部之光/甘肃省文联图编部编.—北京：大地出版社，1990.5.—530页；大32开.—(企业之星系列丛书：甘肃卷；1·甘肃经济建设大潮系列丛书：综合卷；1).—ISBN 7-80068-117-3：8.50元

西部之光/吴巍，虞翔鸣主编.—上海：上海文艺出版社，1990.2.—274页；大32开.—(新疆企业家丛书).—ISBN 7-5321-0559-8：5.70元

西部悲歌：人类战争史上一页惨烈悲壮的实录/兰州军区政治部编研室编著；袁志刚执笔.—兰州：敦煌文艺出版社，1990.6.—319页；32开.—ISBN 7-80587-017-9：3.98元

本书全方位地描述了西路军出征及至战败的全过程。

西部魂：报告文学专集/张贵亭，浩明主编.—北京：知识出版社，1990.7.—222页；大32开.—(新疆企业家丛书).—ISBN 7-5015-5450-1：4.45元

西影大纪实/张志欣，张秦著.—沈阳：春风文艺出版社，1990.7.—227页；32开.—ISBN 7-5313-0279-9：3.20元

夺取金牌的人们/王家力著.—呼和浩特：内蒙古人民出版社，1990.9.—284页；大32开.—ISBN 7-204-00931-2：4.80元

这是一部以体育为题材的报告文学集。

在老区的土地上：庆阳地区十年改革报告文学集/杨声奖编著.—兰州：兰州大学出版社，1990.9.179页；32开.—ISBN 7-311-00347-4：2.25元

在西部国境线上/武警新疆边防总队编.—乌鲁木齐：新疆人民出版社，1990.3.—279页；大32开.ISBN 7-228-01371-9：4.75元

在时代的强弓上/萨仁图娅著.—大连：大连出版社，1990.3.—193页；32开.—ISBN 7-80555-068-9：2.75元

在困境中崛起：报告文学　第一集/浙江《江南》杂志社编.—上海：上海文艺出版社，1990.11.358页；大32开.—ISBN 7-5321-0725-6：7.30元

在困境中崛起：报告文学　第二集/浙江《江南》杂志社编.—上海：上海文艺出版社，1990.12.—482页；大32开.—ISBN 7-5321-0752-3：9.45元

在希望的田野上/李宝亭，沈保安著.—济南：山东文艺出版社，1990.8.—339页；大32开.—ISBN 7-5329-0471-7：4.80元

本书是一本报告文学、通讯集。

在改革大潮中/李建纲等著.—福州：海峡文艺出版社，1990.5.—182页；32开.—ISBN 7-80534-245-8：2.20元

在拉萨戒严的日子里：难忘的419昼夜/常开明主编.—拉萨：西藏人民出版社，1990.7.—215页；大32开.—ISBN 7-223-00361-8：2.00元

成方圆/傅溪鹏著.—沈阳：春风文艺出版社，1990.4.—111页；32开.—(当代青年歌星系列丛书；第1辑).—ISBN 7-5313-0334-5：1.80元

成名女人背后的男人/元大非编.—延吉：延边大学出版社，1990.10.—441页；32开.—ISBN 7-5634-0243-8：6.50元

成名男人背后的女人/元大非编.—延吉：延边大学出版社，1990.10.—500页；32开.—ISBN 7-5634-0242-X：7.00元

而今我谓昆仑/蓝马，吉泉主编.—哈尔滨：北方文艺出版社，1990.5.—150页；32开.—ISBN 7-5317-0333-5：2.20元

夹缝时代/常扬著.—西安：陕西人民出版社，1990.11.—505页；大32开.—ISBN 7-224-01282-3：8.80元

扬子新潮：来自大江南北的报告　第四辑/陈辽，李邦昌主编.—南京：江苏人民出版社，1990.4.397页；32开.—ISBN 7-214-00434-8：4.50元

扬帆奋进的开拓者：1987～1988上海市优秀厂长(经理)事迹介绍/上海市企业管理协会，解放日报之友联谊会编.—上海：上海人民出版社，1990.10.629页；大32开.—(优秀企业及优秀经营者丛书；2).—ISBN 7-208-00979-1：10.85元

扬帆集：江苏省"科技兴农"巡礼/江苏科技报社编.—南京：江苏人民出版社，1990.12.—409页；32开.—ISBN 7-214-00610-3：7.50元

当今世界奇案/田林，彩珍编.—南宁：广西民族

出版社，1990.6.—282页；32开.—ISBN 7-5363-0834-5：3.50元

《当代工人》十年作品选：1980～1990/赵洪顺主编.—沈阳：辽宁人民出版社，1990.7.—439页；大32开.—(当代工人十年丛书).—ISBN 7-205-01368-2：6.00元

当代太阳神/陈识金著.—南京：江苏文艺出版社，1990.10.—271页；32开.—ISBN 7-5399-0214-0：4.05元

当代中国女兵/总政组织部编.—北京：解放军文艺出版社，1990.3.—418页；32开.—ISBN 7-5033-0126-0：5.00元

本书记述了我军在科技、教育、医疗卫生、通信、航空、文艺、体育等不同岗位上36位女兵的事迹。

当代中国青少年发明家/孙伟等著.—青岛：青岛出版社，1990.4.—218页；32开.—ISBN 7-5436-0421-3：2.70元

当代见义勇为传奇故事/周笃佑等编.—长沙：湖南文艺出版社，1990.5.—270页；32开.—ISBN 7-5404-0539-2：2.85元

当代包公传奇/李挺拔著.—北京：法律出版社，1990.11.—197页；32开.—ISBN 7-5036-0706-8：2.90元

当代西南企业与企业家/郭久麟主编.—重庆：重庆大学出版社，1990.1.—399页；32开.—ISBN 7-5624-0320-1：4.55元

当代创业者　(5)/赵伟主编.—青岛：青岛出版社，1990.10.—466页；大32开.—ISBN 7-5436-0528-7：6.95元

当代企业风采/严翰秀，贾汉宁主编.—南宁：广西民族出版社，1990.11.—246页；32开.—ISBN 7-5363-0906-6：3.80元

当代体星/李小菲编.—青岛：青岛出版社，1990.3.—334页；32开.—(四星丛书/宗介华主编).ISBN 7-5436-0431-0：4.15元

当代的魅力/李宏林，徐光荣主编.—沈阳：春风文艺出版社，1990.4.—435页；大32开.—(辽宁文学十年丛书：1979～1989；报告文学卷/林声，王充闾主编).—ISBN 7-5313-0294-2：5.70元

当代笑星/王丹蕾编.—青岛：青岛出版社，1990.4.—328页；32开.—(四星丛书/宗介华主编).ISBN 7-5436-0436-1：4.15元

当代愚公李双良/中共山西省委宣传部宣传处编.太原：山西经济出版社，1990.4.—111页；32开.ISBN 7-80577-000-X：2.50元

当代新雷锋/海潮出版社编.—北京：海潮出版社，1990.4.—204页；32开.—ISBN 7-80054-130-4：2.50元

本书收入23篇当代雷锋先进事迹的报告文学。

当代新雷锋李润虎/王百成，陈世荣编.—西安：陕西人民出版社，1990.4.—197页；32开.—ISBN 7-024-01238-6：2.80元

当代新雷锋——李润虎/兰州军区政治部《人民军队》报社编.—兰州：甘肃人民出版社，1990.10.221页；32开.—ISBN 7-226-00660-X：3.00元

当代群英谱：续集：活跃在各地的消费者协会工作者/范颖敏，吕珍主编.—北京：中国文史出版社，1990.12.—469页；大32开.—ISBN 7-5034-0287-3：8.60元

本书收集了1990年中国消费者协会表彰的65个先进集体和30名先进个人的先进经验和事迹。

当代影星/于公介主编.—青岛：青岛出版社，1990.4.—304页；32开.—(四星丛书/宗介华主编).—ISBN 7-5436-0435-3：3.85元

光荣赞/中国石油天然气总公司宣传思想工作办公室编.—北京：石油工业出版社，1990.11.—104页；32开.—ISBN 7-5021-0569-7：1.90元

本书记叙了塔里木油田石油战士王光荣的事迹。

光彩之路/邓会彪等主编；于秀丽等执笔.—沈阳：辽宁人民出版社，1990.12.—360页；32开.—ISBN 7-205-01627-4：4.90元

网架，在黎明时升起/吕世豪，刘锡仁主编.—太原：北岳文艺出版社，1990.5.—235页；32开.—ISBN 7-5378-0303-X：2.80元

先行的轨迹/任齐清，王凡主编.—南京：南京出版社，1990.7.—342页；大32开.—(当代企业家丛书；4).—ISBN 7-80560-236-0：4.80元

先行颂/刘玉顺等著.—北京：光明日报出版社，1990.9.—309页；32开.—ISBN 7-80014-915-3：3.20元

年轻的太阳：报告文学集/盖如垠，吕宝宁主编.沈阳：沈阳出版社，1990.4.—182页；32开.—ISBN 7-80556-154-5：2.50元

优秀企业家的风采/陈枫主编.—合肥：安徽人民出版社，1990.5.—230页；32开.—ISBN 7-212-00342-5：3.10元

价值由社会评定：哈市滨市食品行业优秀企业家报告文学集/孙长虹著.—哈尔滨：北方文艺出版社，1990.10.—207页；36开.—ISBN 7-5317-0399-8：3.60元

华侨爱国心/李定国主编.—北京：北京师范大学出版社，1990.6.—279页；32开.—(爱国主义教育丛书/龚书铎主编).—ISBN 7-303-00972-8：3.05元

血腥的街头流行剧/李起超著.—贵阳：贵州人民出版社，1990.3.—305页；32开.—ISBN 7-221-01342-X：3.20元

血缘/周鹤等编.—北京：华艺出版社，1990.12.274页：照片；32开.—ISBN 7-80039-384-4：3.90

元

本书收集了全国范围内回乡台胞的观感，其中有"焚宝祭妻"的绵绵亲情、"又一次新婚"后的悲喜交加、有沐浴在故乡浴池如坐乡情之中的天趣等。

创业者/张不知等主编.—上海：上海人民出版社，1990.9.—281页；大32开.—（改革开放中的上海郊区；3）.—ISBN 7-208-01021-8：3.50元

创业者之歌/《创业者之歌》编辑组编.—北京：中国经济出版社，1990.1.—779页；大32开.—ISBN 7-5017-0552-6：13.00元

创业者之歌/宋振训主编.—济南：山东人民出版社，1990.6.—338页；大32开.—（齐鲁著名企业丛书）.—ISBN 7-209-00649-4：7.00元

创业者列传/李朝晖编.—济南：山东人民出版社，1990.1.—203页；32开.—ISBN 7-209-00616-8：2.35元

本书记述了国营工厂、乡镇企业等各方面创业者的创业历程。

创业者的风采/朱瑞福主编.—济南：山东文艺出版社，1990.5.—350页；大32开.—ISBN 7-5329-0406-7：5.35元

企业之星：首届贵州省优秀企业家/贵州省经济委员会组编.—贵阳：贵州人民出版社，1990.5.—232页；大32开.—ISBN 7-221-01803-0：5.00元

企业风采录/四川人民广播电台新闻部编.—成都：四川人民出版社，1990.8.—387页：照片；大32开.ISBN 7-220-01081-8：5.30元

本书介绍了改革开放10年来四川省工交商贸等企业的先进事迹和先进人物。

企业风采录/李长荣主编.—济南：济南出版社，1990.4.—300页；32开.—ISBN 7-80572-189-0：3.50元

企业走向世界：宝安县特辑/郭清泉主编.—广州：中山大学出版社，1990.10.—203页；大32开.—ISBN 7-306-00359-3：8.00元

企业魂/翁学仁主编.—北京：新华出版社，1990.12.—145页；32开.—（中国企业之光丛书：江西卷；1）.—ISBN 7-5011-0881-1：2.90元

争奇斗艳：黑龙江省精神文明建设征文获奖作品集/中共黑龙江省委宣传部等主编.—哈尔滨：黑龙江人民出版社，1990.5.—212页；32开.—ISBN 7-207-01560-7：5.50元

各领风骚/郭遂厚著.—济南：山东文艺出版社，1990.12.—297页；大32开.—ISBN 7-5329-0474-1：4.60元

多彩世界/井清潭编.—济南：山东文艺出版社，1990.3.—262页；大32开.—ISBN 7-5329-0364-8：3.80元

刘家友传：长篇报告文学/刘秉荣著.—北京：中国人事出版社，1990.3.—295页；32开.—ISBN 7-80076-024-3：5.00元

齐鲁之光：报告文学集/翁义章，吴松雪主编.—北京：国际文化出版公司，1990.5.—285页；大32开.ISBN 7-80049-519-1：4.35元

齐鲁企业家丛书　第五辑：惠民地区专辑/王晋臣，邢作岳主编.—济南：山东大学出版社，1990.1.445页；大32开.—ISBN 7-5607-0323-2：6.60元

齐鲁劳模风采　第一集/山东省总工会《齐鲁劳模风采》编委会编.—济南：济南出版社，1990.4.423页；大32开.—ISBN 7-80572-184-X：4.30元

齐鲁劳模风采　第二集/山东省总工会《齐鲁劳模风采》编委会编.—济南：济南出版社，1990.7.486页；大32开.—ISBN 7-80572-241-2：5.30元

江海奉献的土地/上海市农场局办公室，上海小说家联谊会编.—上海：上海书店，1990.7.—272页；大32开.—ISBN 7-80569-248-3：3.30元

壮志未酬的体坛英雄/国荣洲主编.—西安：未来出版社，1990.8.—195页；大32开.—ISBN 7-5417-0188-2：3.15元

壮志精英：冶金职工报告文学集/冶金工业出版社编.—北京：冶金工业出版社，1990.2.—492页；大32开.—ISBN 7-5024-0595-X：4.65元

壮歌集/布日诺主编；中共包头市委宣传部文艺处编.—呼和浩特：内蒙古人民出版社，1990.10.—420页：照片；大32开.—ISBN 7-204-01241-0：5.00元

安宁的使者：报告文学集/左欣等著.—哈尔滨：北方文艺出版社，1990.12.—176页；32开.—ISBN 7-5317-0477-3：2.90元

安全卫士/刘玉顺等著.—北京：光明日报出版社，1990.12.—288页；32开.—ISBN 7-80014-915-5：3.20元

本书是为庆祝南昌铁路分局建局40周年而组织撰写的反映分局为确保安全生产而克尽职守、竭诚工作的典型人物的报告文学集。

军人风采录/宁松勋著.—成都：四川人民出版社，1990.8.—242页；32开.—ISBN 7-220-01089-3：2.90元

"军队基层人物风采"征文优秀作品集/总政宣传部编.—沈阳：白山出版社，1990.3.—339页；32开.—ISBN 7-80566-112-X：3.50元

农金赞：农贷事迹百例选编/郝建生等著.—北京：经济日报出版社，1990.6.—250页；32开.—ISBN 7-80036-280-9：4.50元

农垦颂/张不知等主编.—上海：上海人民出版社，1990.9.—305页；大32开.—（改革开放中的上海郊区；4）.—ISBN 7-208-01026-9：3.80元

异军突起：非虚构文学作品选/陈浩增，陈新主编；汪树林，谷之城选编.—石家庄：花山文艺出版

社，1990.7.—753页；大32开.—ISBN 7-80505-307-3：9.00元

阳都名医传奇/高举忠著.—济南：山东文艺出版社，1990.3.—214页；大32开.—ISBN 7-5329-0337-0：3.30元

本书反映沂蒙山区在改革开放中涌现出来的先进人物的事迹。

阴间·阳间：亡灵世界纪实/江灏著.—长春：时代文艺出版社，1990.7.—163页；32开.—ISBN 7-5387-0242-3：2.80元

阴晴圆缺：台胞探亲潮纪实/湖北省台湾事务办公室编.—武汉：长江文艺出版社，1990.3.—230页；32开.—ISBN 7-5354-0302-6：2.80元

她的中国心/中流编辑部编.—北京：光明日报出版社，1990.11.—124页；32开.—ISBN 7-80014-993-5：1.50元

本书记述了内蒙古自治区哲里盟库伦旗第一中学的高级教师、日本侵华人员的遗孤乌云的事迹。

红波罗畅想曲/周葆华主编.—北京：中国经济出版社，1990.7.—249页；32开.—(《淮阴大浪潮》报告文学集；3).—ISBN 7-5017-0950-5：3.50元

红星之光：记优秀民兵连长雷锋式民兵干部李乐成/中共孝感地委宣传部，孝感军分区政治部编.—武汉：湖北人民出版社，1990.7.—90页；32开.—ISBN 7-216-00585-6：1.00元

红烛颂/辽宁省教师奖励基金会编.—沈阳：沈阳出版社，1990.4.—273页；32开.—ISBN 7-80556-122-7：3.50元

本书收集了30多篇热情讴歌辽宁省模范教师辛勤耕耘的报告文学、通讯。

红绿灯下的报告/荒原等著.—沈阳：春风文艺出版社，1990.10.—204页；32开.—ISBN 7-5313-0443-0：3.00元

红楼狂想曲/杜金斗著.—郑州：中原农民出版社，1990.7.—237页；32开.—ISBN 7-80538-174-7：2.90元

弄潮集：石家庄市改革报告文学集/张广敬等著.石家庄：花山文艺出版社，1990.7.—268页；32开.(河北系列报告文学丛书：石家庄市卷).—ISBN 7-80505-223-9：4.00元

运河之光/周文思主编.—济南：山东文艺出版社，1990.7.—418页；大32开.—ISBN 7-5329-0512-8：5.10元

本书以通讯或报告文学的形式，描绘了孔孟之乡百余名文明个体工商户和20多家先进个协的模范事迹。

运河之光/顾潇，王人斌著.—南京：江苏文艺出版社，1990.10.—216页；32开.—ISBN 7-5399-0215-9：2.80元

本书记述江苏邳县十几位劳动模范和先进人物的故事。

村之歌/张不知等主编.—上海：上海人民出版社，1990.9.—281页；大32开.—(改革开放中的上海郊区；2).—ISBN 7-208-01022-6：3.50元

花魂集/曹学海著.—西安：陕西人民出版社，1990.4.—266页；大32开.—ISBN 7-224-01232-7：3.60元

苏红/魏风著.—沈阳：春风文艺出版社，1990.4.119页；32开.—(当代青年歌星系列丛书；第1辑).—ISBN 7-5313-0333-7：1.85元

苏醒的春天/孙覆海著.—济南：济南出版社，1990.7.—404页；大32开.—ISBN 7-80572-240-4：6.50元

本书所写的是改革开放中涌现出来的新人、新事99篇。

走出古老的寓言：记当代愚公李双良/长江著.—北京：中国工人出版社，1990.11.—294页；32开.ISBN 7-5008-0701-5(精装)：3.85元

走出峡谷/李少军等编.—哈尔滨：黑龙江人民出版社，1990.4.—268页；32开.—ISBN 7-207-01486-4：3.50元

走进中国潮/《艺术与时代》编辑部编.—武汉：长江文艺出版社，1990.4.—425页；大32开.—(龙的历程丛书；1/袁梦主编).—ISBN 7-5354-0323-9：6.20元

来自经济发达县的报告：江苏省无锡县艰苦奋斗业绩录/虞国胜主编.—上海：上海人民出版社，1990.12.—291页；32开.—ISBN 7-208-01104-4：3.95元

护理群英/卫生部《卫生政工研究》编辑部，卫生部直属机关党委宣传部编.—北京：人民卫生出版社，1990.4.—161页；32开.—ISBN 7-117-01365-6：2.35元

报告文学作家的报告/朱子南著.—南京：南京出版社，1990.5.—272页；32开.—ISBN 7-80560-200-X(精装)：3.20元

报告文学选：1980～1990/海天出版社编.—深圳：海天出版社，1990.8.—516页；大32开.—(深圳特区文艺丛书/潘江津主编).—ISBN 7-80542-042-4：11.40元

报告文学集/银川文学丛书编委会编.—银川：宁夏人民出版社，1990.12.—382页；32开.—(银川文学丛书).—ISBN 7-227-00606-9：3.20元

时代风采/闻琏编.—济南：山东文艺出版社，1990.1.—255页；大32开.—(新时期建设者丛书).—ISBN 7-5329-0326-5：4.00元

时代风流曲：报告文学集/徐良文，高加索主编.南京：江苏文艺出版社，1990.6.—267页；32开.ISBN 7-5399-0193-4：3.30元

时代交响曲/文化艺术报编.—西安：陕西人民出版社，1990.11.—233页；32开.—ISBN 7-224-01362-5：3.10元

时代交响曲/徐良文，高加索主编.—南京：江苏人

民出版社，1990.11.—313页；32开.—(初阳台文丛；2).—ISBN 7-214-00583-2：4.40元

时代的风采/中国水电文协编.—哈尔滨：北方文艺出版社，1990.12.—205页；大32开.—(中国水电文学丛书).—ISBN 7-5317-0507-9：4.50元

时代的呼唤：沈大高速公路建设纪实/苗木著.—沈阳：沈阳出版社，1990.8.—96页；32开.—ISBN 7-80556-179-0：3.00元

时代精英：上海市劳动模范报告文学集：续集/中共上海市委宣传部，上海市总工会编.—上海：百家出版社，1990.7.—412页；32开.—ISBN 7-80576-145-0：3.50元

困惑与奋争：当代中国企业与企业家/郭戌华等著.—沈阳：辽宁人民出版社，1990.8.—308页；32开.—ISBN 7-205-01336-4：5.50元

吴仁宝与华西村变/张朴夫，吴志云著.—北京：作家出版社，1990.2.—304页：彩照；大32开.—ISBN 7-5063-0345-0：5.00元

我为党旗增光辉/中共达县地委组织部编.—北京：中国卓越出版公司，1990.6.—351页；32开.—ISBN 7-80071-260-5：3.50元

我心目中的共产党员/中共上海市委宣传部编.—上海：上海人民出版社，1990.1.—138页；32开.—ISBN 7-208-00750-0：1.75元

我在寻找那颗星/江宛柳著.—北京：解放军文艺出版社，1990.10.—190页：照片；32开.—(昆仑文学丛书).—ISBN 7-5033-0153-8：2.80元

本书收入作者报告文学新作6篇，内容涉及当代中国军人的恋爱、婚姻与家庭。

我的一家/陶承口述；中国工人出版社整理.—北京：中国工人出版社，1990.3.—100页；32开.—(革命理想革命传统教育丛书).—ISBN 7-5008-0565-9：1.45元

告别军旗第一页/阎九江，王德臣主编；铁道部十四工程局宣传部编.—北京：中国铁道出版社，1990.9.—294页；32开.—(中国铁道建设丛书).ISBN 7-113-00984-0：3.40元

告诉共和国的人们：税务赤子献给共和国的歌/国家税务局海南《大特区税务》编.—北京：中国经济出版社，1990.4.—153页；16开.—ISBN 7-5017-0841-X：3.95元

体育王冠上的明珠/何少川主编.—福州：海峡文艺出版社，1990.5.—322页；大32开.—(走向新世纪系列报告文学丛书；2).—ISBN 7-80534-175-3：3.95元

低谷中崛起：王晓瑜报告文学集/王晓瑜著.—济南：山东友谊书社，1990.6.—283页；32开.—ISBN 7-80551-282-5：4.50元

住手！死神：纪实文学精选/何培嵩著.—南宁：广西人民出版社，1990.3.—303页；32开.—ISBN 7-219-01488-0：3.35元

希望之星/顾伯岭主编.—南京：东南大学出版社，1990.10.—339页；大32开.—(当代企业家丛书).ISBN 7-81023-375-0：4.50元

希望在这块土地上：包神铁路建设纪事/刘仲平著.—西安：西北大学出版社，1990.5.—196页；大32开.—ISBN 7-5604-0166-X：4.20元

灿烂的星群/王栋等编.—呼和浩特：内蒙古人民出版社，1990.12.—543页；大32开.—ISBN 7-204-01247-X：6.45元

这是一本记述赤峰地区部分工矿企业及企业家事迹的报告文学集。

灿烂的群星/朱希江主编.—济南：山东文艺出版社，1990.6.—241页；大32开.—ISBN 7-5329-0410-5：3.75元

本书收入21篇报告文学，记述了鲁西南新时期伟大变革中的先进单位和创业者的光辉业绩。

冻土地上的雕塑/苗雨泽主编.—北京：解放军文艺出版社，1990.7.—231页；32开.—(战斗在军旗下丛书).—ISBN 7-5033-0137-6：3.10元

沙坡头·世界奇迹/杨兆兴著.—北京：解放军文艺出版社，1990.7.—270页；32开.—ISBN 7-5033-0144-9：3.80元

沙都散记/陈舜瑶著.—兰州：甘肃人民出版社，1990.5.—189页；32开.—(中国的大西北丛书).ISBN 7-226-00564-6：2.40元

沂蒙山/管斌，凌志著.—北京：新华出版社，1990.12.—338页；32开.—ISBN 7-5011-0948-6：4.90元

初涉人世的选择/《少年文艺》编辑部编.—南京：江苏少年儿童出版社，1990.9.—234页；32开.(少年文艺文学丛书：报告文学集).—ISBN 7-5346-0569-5：2.70元

张大千艺术圈/包立民著.—沈阳：辽宁美术出版社，1990.3.—215页；大32开.—ISBN 7-5314-0684-5：11.24元

张蔷/魏湘涛著.—沈阳：春风文艺出版社，1990.4.—104页；32开.—(当代青年歌星系列丛书；第1辑).—ISBN 7-5313-0336-1：1.80元

改革之光/丁国成等编.—石家庄：花山文艺出版社，1990.10.—196页；32开.—ISBN 7-80505-391-X：2.50元

改革之花/王懵著.—济南：山东文艺出版社，1990.3.—165页；大32开.—(新时期建设者丛书).—ISBN 7-5329-0339-7：2.45元

改革·发展·奉献：1990年全国会计工作会议暨全国会计工作"双先"表彰大会专辑/中华人民共和国财政部会计事务管理司编.—北京：中国财政经济出

版社，1990.12.—361页；大32开.—ISBN 7-5005-1323-7：5.80元

改革和磁场效应/张茂田著.—北京：中国城市经济社会出版社，1990.12.—247页；32开.—(山西省经济丛书).—ISBN 7-5074-0398-X：4.40元

陇原英模谱：甘肃省著名英雄模范事迹采编　第一卷/中共甘肃省委研究室，中共甘肃省委宣传部编.兰州：甘肃人民出版社，1990.9.—396页；大32开.ISBN 7-226-00679-0：5.80元

陇原英模谱：甘肃省著名英雄模范事迹采编　第二卷/中共甘肃省委研究室，中共甘肃省委宣传部编.兰州：甘肃人民出版社，1990.9.—452页；大32开.ISBN 7-226-00683-9：6.40元

努力囊春华/孟晓，高森继编.—石家庄：花山文艺出版社，1990.12.—331页；大32开.—ISBN 7-80505-400-2：4.50元

纽约白日梦/刘绪源，郑宗培主编.—合肥：安徽文艺出版社，1990.11.—383页；大32开.—(留学生文学丛书：纪实文学卷).—ISBN 7-5396-0409-3：5.50元

现代守护神/雷铎，肖悟了著.—北京：新华出版社，1990.12.—161页；32开.—(深圳之路丛书/雷州草主编).—ISBN 7-5011-1181-2：2.80元

现代启示录：社会纪实/徐世立等编；武汉晚报编.武汉：长江文艺出版社，1990.8.—266页；32开.ISBN 7-5354-0365-4：3.00元

青少年英雄列传/孙永春等编写.—济南：山东人民出社，1990.2.—248页；32开.—ISBN 7-209-00627-3：2.65元

本书记叙了32位著名青少年英雄的生平事迹。

青春的骚动/肖复兴著.—北京：文化艺术出版社，1990.3.—274页；照片；32开.—ISBN 7-5039-0565-4：3.75元

青春流失录/报告文学、纪实文学系列丛书编委会编.—北京：文化艺术出版社，1990.2.—300页；32开.—(报告文学纪实文学系列丛书).—ISBN 7-5039-0568-9：3.40元

青春梦寻：卢志高报告文学集/卢志高著.—武汉：湖北人民出版社，1990.8.—238页；32开.—ISBN 7-216-00596-1：3.40元

本书是反映青年与社会的报告文学集。

奉献之光/高宝庆，高娥著.—济南：山东文艺出版社，1990.11.—200页；32开.—(风筝都的报告丛书).—ISBN 7-5329-0546-2：3.50元

奉献心曲：浙江省有突出贡献的科技专家事迹纪实/浙江省科技干部局编.—杭州：浙江科学技术出版社，1990.6.—218页；大32开.—ISBN 7-5341-0299-5：3.00元

奉献曲：惠民地区首批专业技术拔尖人才事迹专辑/林则茂，赵绥生主编.—北京：中国广播电视出版社，1990.9.—324页；大32开.—ISBN 7-5043-0521-9：6.00元

奉献者之歌/赵恩波编.—石家庄：花山文艺出版社，1990.7.—216页；32开.—ISBN 7-80505-332-4：2.30元

奉献者之歌/新疆泽普石油化工厂建设指挥部编.乌鲁木齐：新疆人民出版社，1990.4.—255页；大32开.—ISBN 7-228-01391-3：3.20元

奉献者的心声/王耀亭主编.—杭州：浙江人民出版社，1990.8.—157页；32开.—ISBN 7-213-00562-6：1.95元

本书是浙江省有突出贡献的知识分子先进事迹报告的汇编。

奉献者的足迹/朱民生主编.—石家庄：河北科学技术出版社，1990.10.—294页；大32开.—ISBN 7-5375-0560-8：4.60元

奉献者的足迹/曹能新主编.—南京：江苏人民出版社，1990.12.—147页；32开.—ISBN 7-214-00612-X：2.10元

英杰谱：南通市劳动模范事迹选/中共南通市委宣传部，南通市总工会编.—上海：上海人民出版社，1990.12.—326页；32开.—ISBN 7-208-01037-4：3.40元

英雄青年潘星兰杨大兰/林永仁等主编.—北京：新华出版社，1990.3.—116页；32开.—ISBN 7-5011-0728-9：2.00元

英雄的乐章/黄文举著.—哈尔滨：黑龙江人民出版社，1990.2.—383页；大32开.—ISBN 7-207-01556-9：6.50元

范曾假画案/侯军著.—北京：新华出版社，1990.4.—344页；大32开.—ISBN 7-5011-0697-5：9.50元

杳杳神京路/唐明华著.—济南：山东文艺出版社，1990.10.—295页；大32开.—ISBN 7-5329-0448-2：4.70元

事业与生活都属于你/王淑惠主编；四川省妇女联合会编.—成都：四川人民出版社，1990.2.—244页；32开.—ISBN 7-220-00919-4：2.90元

本书是描写四川优秀女性的报告文学集。书中荟萃了巴蜀女中英豪，展示了中国新时期女性的风姿。

奔驰的旋律/吴敬湘主编.—沈阳：春风文艺出版社，1990.10.—216页；32开.—ISBN 7-5313-0420-1：3.00元

奋飞曲：江西五十铃纪实/陈安安，朱明生著.—南昌：江西人民出版社，1990.11.—136页；36开.(奋飞丛书/桂晓风，熊向东主编).—ISBN 7-210-00687-7：1.75元

奋斗之歌/李武魁著.—北京：中国城市经济社会出版社，1990.5.—169页；32开.—ISBN 7-5074-0378

-5：2.30元

奋斗者的足迹/团中央学校部编.—北京：中国青年出版社，1990.5.—150页，彩照；32开.—ISBN 7-5006-0780-6：2.50元

奋发图强艰苦创业：浑江市、一汽合办水泥厂的先进事迹/中共浑江市委政研室，企业研究杂志社编.长春：吉林大学出版社，1990.3.—84页；32开.ISBN 7-5601-0456-8：1.30元

奋进曲：中国·烟台乡镇企业家风采录之一/赵抗，荣凤刚主编；孙会新等编.—北京：新华出版社，1990.5.—259页；32开.—（中国当代企业家风采录）.—ISBN 7-5011-0777-7（精装）：6.10元

奋进者的旋律：来自浦江两岸改革潮流中的报告/王源康等编著.—上海：上海人民出版社，1990.5.152页；32开.—ISBN 7-208-00809-4：2.90元

顶风击浪的人们/方家文主编.—上海：三联书店上海分店，1990.10.—586页；大32开.—（当代中国企业家丛书）.—ISBN 7-5426-0301-9：7.00元

拓荒者/柳源等编.—兰州：甘肃人民出版社，1990.1.—346页；大32开.—ISBN 7-226-00596-4：3.00元

鸢都之星/高宝庆主编.—济南：山东文艺出版社，1990.12.—289页；32开.—（风筝都的报告丛书）.ISBN 7-5329-0626-4：4.70元

本书收录潍坊市在两个文明建设中的先进企业和个人的27个典型材料。

虎台雄风/辽宁省报告文学学会编.—沈阳：辽宁大学出版社，1990.12.—279页；32开.—ISBN 7-5610-1157-1：4.00元

虎啸泉城/丛正里著.—北京：解放军出版社，1990.4.—427页；彩照；大32开.—（中国革命斗争报告文学丛书：济南战役卷）.—ISBN 7-5065-1210-6：5.70元

明星从泰山升起/张皓新著.—北京：中国广播电视出版社，1990.12.—267页；大32开.—ISBN 7-5043-0865-X：3.50元

明珠在中州大地闪烁/《中国企业之光》(河南卷)编辑部编.—北京：新华出版社，1990.12.—582页；32开.—（中国企业之光丛书：河南卷）.—ISBN 7-5011-1004-2：6.00元

国门之星：全国海关群英谱/海关总署编.—北京：海洋出版社，1990.11.—246页；大32开.—ISBN 7-5072-1126-0：4.20元

国际流行色/卢一基著.—北京：新华出版社，1990.8.—178页；32开.—（深圳之路丛书；第1辑/雷州草主编）.—ISBN 7-5011-0908-7：2.80元

国事如山/纪耀成，武子海主编.—沈阳：辽宁人民出版社，1990.7.—337页；32开.—ISBN 7-205-01469-7：4.20元

这是一本讴歌军人妻子和亲属先进事迹的报告文学集。

国耻纪事/李剑虹主编.—武汉：湖北人民出版社，1990.5.—224页；32开.—ISBN 7-216-00566-X：2.60元

本书是一部历史题材的报告文学，叙述了从鸦片战争以来在灾难深重的中国大地上发生的触目惊心的重大历史事件。

金三角的报告/辛宪锡等著.—北京：中国城市经济社会出版社，1990.2.—156页；32开.—ISBN 7-5074-0287-8：2.70元

金龙振翅/袁文海等著.—北京：昆仑出版社，1990.6.—262页；32开.—（当代企业家丛书/中国作家协会湖南分会等编）.—ISBN 7-80040-201-0：3.00元

金色事业的开拓者：报告文学集/聂文贡，王耀东主编.—济南：山东文艺出版社，1990.8.—355页；大32开.—ISBN 7-5329-0478-4：5.70元

金色的征途：上海农垦财会工作者报告文集/沈迪主编.—上海：立信会计图书用品社，1990.10.—320页；32开.—ISBN 7-5429-0081-1：5.80元

金城明珠/张秉麒等著.—北京：人民日报出版社，1990.6.—148页；彩照；32开.—（中国著名企业丛书）.—ISBN 7-80002-470-9：3.30元

金盾星辉/许成基，刘玉浦主编.—南京：南京出版社，1990.4.—266页；大32开.—（公安纪实丛书；1）.—ISBN 7-80560-196-8：3.50元

金梭之歌/刘民熙，王书增编.—石家庄：花山文艺出版社，1990.12.—373页；大32开.—ISBN 7-80505-390-1：4.00元

本书收反映河北省纺织印染服装职工精神风貌的通讯、报告文学50多篇。

命运备忘录/张建伟著.—北京：中国广播电视出版社，1990.12.—335页；32开.—ISBN 7-5043-0724-6：4.80元

命脉之歌/张庆晏，李起贵主编.—北京：水利电力出版社，1990.12.—377页；大32开.—ISBN 7-120-01267-3：7.90元

受难者的妻子们：胡风冤案中的女性/路莘著.—广州：花城出版社，1990.9.—211页；32开.—ISBN 7-5360-0627-6：3.10元

废墟上的歌/王士义主编.—保定：河北大学出版社，1990.9.—208页；32开.—ISBN 7-81028-024-4：3.85元

性病在中国/陈凡编.—北京：北京十月文艺出版社，1990.1.—259页；32开.—ISBN 7-5302-0151-4：3.80元

净化神圣的国土：全国扫"六害"纪实/王梓夫，时明著.—哈尔滨：北方文艺出版社，1990.4.—290页；32开.—ISBN 7-5317-0330-0：4.20元

河口恋：报告文学/郭健，寇添吾著.—兰州：敦煌

文艺出版社，1990.6.—180页；32开.—（炎黄子孙群芳谱；2）.—ISBN 7-80587-014-4：2.60元

河池，激起的浪潮/韦优主编.—南宁：广西民族出版社，1990.2.—267页；32开.—ISBN 7-5363-0743-8：3.50元

河魂/杨旭等著.—南京：江苏文艺出版社，1990.10.—411页；32开.—ISBN 7-5399-0117-9：4.75元

汩汩生命泉/杨民青著.—北京：新华出版社，1990.12.—234页；32开.—ISBN 7-5011-0702-5：3.50元

宝钢丰碑：报告文学集/程炳铭等著.—上海：上海人民出版社，1990.11.—242页；大32开.—ISBN 7-208-00989-9：4.05元

空中鹊桥/郝敬堂著.—北京：昆仑出版社，1990.5.—298页；32开.—ISBN 7-80040-205-3：4.00元

学子在天涯：东北工学院建校40周年纪念文集/东北工学院校友联谊总会编.—沈阳：东北工学院出版社，1990.8.—358页；32开.—ISBN 7-81006-261-1：3.60元

试剑之光/《苏州》杂志社，江苏文艺出版社编.南京：江苏文艺出版社，〔1990〕.—216页；36开.ISBN 7-5399-0162-4：2.55元

诚毅篇　第一辑/任镜波主编.—福州：海峡文艺出版社，1990.10.—223页；32开.—ISBN 7-80534-292-X：3.15元

郓州之歌/杨彩云著.—济南：山东文艺出版社，1990.9.—278页；大32开.—ISBN 7-5329-0494-6：4.00元

建设之歌/李武魁主编.—北京：中国城市经济社会出版社，1990.5.—151页；32开.—ISBN 7-5074-0377-7：2.30元

建设者的足迹/倪培忠主编.—上海：百家出版社，1990.12.—138页；32开.—ISBN 7-80576-174-4：2.50元

建国后二十桩重大反革命案件纪实.—北京：求实出版社，1990.3.—251页；32开.—ISBN 7-80033-196-2：3.50元

姑苏潮/苏州人民广播电台经济部编.—南京：江苏人民出版社，1990.1.—238页；32开.—ISBN 7-214-00384-8：2.70元

艰难的起飞/孙维凡等主编.—石家庄：河北人民出版社，1990.1.—316页；彩照；大32开.—ISBN 7-202-00579-4：4.25元

这是一本报告文学集。主要记叙了唐山钢铁公司与万名工人几年来"自强、奋进、创新、奉献"的感人事迹。

艰难的起飞：报告文学集/张皓新著.—济南：山东文艺出版社，1990.8.—450页；大32开.—ISBN 7-5329-0447-4：6.90元

艰难的起飞/郭军著.—南宁：广西民族出版社 1990.11.—271页；32开.—ISBN 7-5363-0968-6：3.20元

艰难的跋涉/何力，钟山编著.—哈尔滨：黑龙江人民出版社，1990.6.—231页；32开.—ISBN 7-207-01600-X：3.50元

经纬风流：中国当代纺织企业家　第六卷/李德怀主编.—北京：新华出版社，1990.2.—645页：照片；大32开.—（经纬风流丛书）.—ISBN 7-5011-0726-2（精装）：9.50元

经纬风流：中国当代纺织企业家　第七卷/李德怀主编.—北京：新华出版社，1990.8.—660页：照片；大32开.—ISBN 7-5011-0871-4（精装）：9.50元

春天的回声/李邦昌，祖丁远主编.—南京：江苏人民出版社，1990.10.—341页；大32开.—（东方系列丛书）.—ISBN 7-214-00582-4：4.80元

春风催开花千树：报告文学集/邵永胜主编.—沈阳：辽宁人民出版社，1990.12.—323页；32开.（光彩之路丛书）.—ISBN 7-205-01708-4：4.10元

春华秋实：为庆祝中华人民共和国建国四十周年/宫克一等编.—石家庄：花山文艺出版社，1990.9.293页；32开.—ISBN 7-80505-324-3：3.50元

政法风云录/徐雅雅著.—北京：学苑出版社，1990.12.—207页：图；32开.—（金盾系列丛书）.ISBN 7-5077-0243-X：3.00元

荆楚大地巡礼/王映明等主编.—武汉：长江文艺出版社，1990.10.—279页；32开.—ISBN 7-5354-0377-8：3.10元

南来的热风/廖红球著.—广州：花城出版社，1990.10.—271页；32开.—ISBN 7-5360-0683-7：3.70元

南国女性/柳明著.—长春：时代文艺出版社，1990.11.—361页；32开.—ISBN 7-5387-0300-4：5.00元

南国佳人/柳明著.—北京：作家出版社，1990.12.260页；32开.—ISBN 7-5063-0377-9：3.25元

本书是女作家柳明写的妇女专题报告文学集。

南国星辰/陈焕溪等编.—广州：广东旅游出版社，1990.1.—341页；32开.—ISBN 7-80521-147-7：5.50元

南海明珠/陈雄昌著.—广州：花城出版社，1990.1.—235页；32开.—（锦绣南粤系列）.—ISBN 7-5360-0573-3：3.30元

本书集散文、特写、报告文学于一体，展示了一幅广东南海人艰苦创业的画卷。

荒野/颜世贵著.—北京：中国国际广播出版社，1990.8.—306页；32开.—ISBN 7-80035-560-8：3.95元

本书以"彩色人生"、"潮头奔涌"、"大地风流"和"多刺玫瑰"为四个专题收入了作者近50篇力作。其中包括

费孝通怎样历经艰辛追求向往的荣誉；女活佛被绑匪劫持后如何摆脱监视回到祖国；第一个进入太空的华人是谁等。

耐人寻味的爱/陶文正著.—贵阳：贵州人民出版社，1990.5.—303页；32开.—ISBN 7-221-01480-9：3.20元

拼搏者的足迹　第二集/朱静翾主编.—北京：知识出版社，1990.8.—695页；大32开.—（中国优秀企业家丛书）.—ISBN 7-5015-0455-5：9.80元

昨天的秘密/傅振国著.—北京：解放军文艺出版社，1990.8.—159页；32开.—ISBN 7-5033-0133-3：2.40元

星光在闪烁：当代英雄谱/王生洪等主编；上海青年联合会组织编写.—上海：上海人民出版社，1990.8.—256页；32开.—ISBN 7-208-00933-3：2.75元

星光灿烂/《东海》文学月刊社，《浙江经济》编辑部编.—杭州：浙江文艺出版社，1990.11.—357页：彩照；大32开.—（希望之光丛书）.—ISBN 7-5339-0328-5：6.00元

星的雕像/朱桂琴著.—沈阳：辽宁大学出版社，1990.10.—165页；32开.—ISBN 7-5610-0995-X：2.50元

星城：纪实文学集/颜石著.—北京：中国国际广播出版社，1990.9.—133页；32开.—ISBN 7-80035-559-4：2.20元

本书记录了众多成功者的足迹，他们中有诗人、画家、影视演员、表演艺术家，有教育园地耕耘者、科技领域的登攀者和自学成才者，还有改革大潮中涌现的企业家等。

贵州企业新星/共青团贵州省委等编.—贵阳：贵州人民出版社，1990.1.—108页；32开.—ISBN 7-221-01684-4：1.60元

钟声/曾万谦著.—兰州：敦煌文艺出版社，1990.11.—362页；32开.—ISBN 7-80587-018-7：3.95元

这是一本有关教师的书，共收11篇作品。

钢魂/吴慧主编.—上海：上海社会科学院出版社，1990.2.—505页；大32开.—ISBN 7-80515-565-8：5.50元

秋之决战：中国筹备亚运会纪实/尹卫星著.—北京：中国妇女出版社，1990.9.—121页；32开.—ISBN 7-80016-202-8：2.20元

科技新星/王麦林等主编.—北京：科学普及出版社，1990.10.—272页；32开.—ISBN 7-110-01622-6：7.55元

本书介绍了13位在新中国成长起来的、在科技上确有突破创新的，曾获国内外重大奖励的中年科技工作者。

重振雄风　（二）/上海经济区企业文化基金会编.上海：百家出版社，1990.5.—335页；大32开.—ISBN 7-80576-075-6：4.50元

保卫毛主席访苏/时锋著.—济南：山东文艺出版社，1990.1.—288页；32开.—ISBN 7-5329-0327-3：3.90元

这是一部反映建国初期我公安战线反间谍的纪实文学，收入“保卫毛主席访苏”、“炮击天安门阴谋的破灭”、“抗美援朝中的可疑电波”、“剿日灭北平地下工作队”和“智擒崔铎”5篇作品。

俊彩星驰：求是学人群芳谱　第一辑/毛正棠主编.—杭州：浙江大学出版社，1990.2.—356页；大32开.—ISBN 7-308-00465-1：6.00元

追赶太阳：报告文学集/高峰著.—石家庄：河北人民出版社，1990.2.—320页；32开.—ISBN 7-202-00599-9：3.00元

追逐太阳：黄河两岸的一百个精灵/杨贵才主编.郑州：中原农民出版社，1990.12.—374页；大32开.—ISBN 7-80538-224-7：4.50元

炮击天安门阴谋案侦破记/北京市公安局编.—北京：北京十月文艺出版社，1990.9.—292页；32开.ISBN 7-5302-0199-9：3.60元

洒向人间都是爱/李春茂主编.—哈尔滨：北方文艺出版社，1990.12.—155页；32开.—ISBN 7-5317-0510-9：2.50元

迷濛的咖啡厅/北京青年报编.—北京：人民日报出版社，1990.1.—235页；32开.—（万象丛书）.ISBN 7-80002-246-3：2.70元

本书收入1989年发表在北京青年报“社会大特写”专版上的报告文学作品19篇。

神州圣火/陆莹，徐恒进编.—长春：时代文艺出版社，1990.7.—278页；32开.—ISBN 7-5387-0249-0：3.90元

神农架之野/曾凡华，李德禄著.—北京：解放军文艺出版社，1990.11.—282页；32开.—ISBN 7-5033-0175-9：3.80元

神秘的事业/于庆田，苏扩善著.—北京：中国和平出版社，1990.10.—334页；32开.—ISBN 7-80037-419-X：5.40元

这是一本以战略武器、航天技术为题材的报告文学集。

架设彩虹的人们/引泉著.—西安：陕西人民出版社，1990.9.—214页：彩照；32开.—ISBN 7-224-01456-7：5.10元

泰山风骨/山仁等编.—济南：济南出版社，1990.8.—198页；32开.—ISBN 7-80572-173-4：2.50元

泰山赋/安启杰主编.—北京：中国展望出版社，1990.6.—475页；32开.—ISBN 7-5050-0715-7：6.75元

都市风景线：社会写真/陈进著.—上海：同济大学出版社，1990.10.—222页；32开.—ISBN 7-5608-0674-0：4.30元

起飞于丹顶鹤的故乡/刘锴著.—哈尔滨：黑龙江人民出版社，1990.4.—263页；大32开.—ISBN 7-207-01553-4：5.20元

热土：报告文学集/贤浩著.—海口：南海出版公

司，1990.10.—251页；大32开.— ISBN 7-80570-280-2：3.70元

热土的呼唤：上海农垦劳模、先进工作者报告文学集/《热土的呼唤》编辑组编.—上海：上海翻译出版公司，1990.6.—359页；32开.— ISBN 7-80514-588-1：5.00元

热土雄风/雷铎等著.—北京：昆仑出版社，1990.7.—279页；32开.—（创业与改革丛书）.—ISBN 7-80040-209-6：4.00元

本书介绍广州钢铁厂创业与改革的经验。

热流/陈先升主编.—北京：中国卓越出版公司，1990.11.—315页：彩照；大32开.—（九十年代丛书/贺迎昌等总编辑）.—ISBN 7-80071-356-3：4.95元

本书记述了山东省部分公安交通警察可歌可泣的先进事迹。

啊，太阳神：《淮阴大浪潮》报告文学集（二）/周葆华主编.—北京：中国经济出版社，1990.1.358页；32开.—ISBN 7-5017-0496-X：4.80元

本书描写了淮阴地方煤矿20年来的战斗历程，表现了煤炭战线上广大干部、职工的英雄风貌。

特区企业家/云采著.—北京：中国卓越出版公司，1990.10.—135页；32开.—ISBN 7-80071-358-X：2.25元

特区，那歌星的梦/李钟声著.—西安：陕西人民出版社，1990.8.—230页；32开.—ISBN 7-224-01215-7：3.30元

特别调查组在行动/刘进喜著.—济南：山东人民出版社，1990.1.—426页；32开.—ISBN 7-209-00331-2：4.05元

本书记录了为保卫改革10年公安工作阡陌的一行足迹。

“铁军”的脚步/周树著.—昆明：云南人民出版社，1990.10.—98页；32开.—ISBN 7-222-00666-4：1.75元

本书记述昆明汽车运输总站的先进集体和先进人物的事迹。

秘密出兵亚热丛林：援越抗美纪事/施盈富著.—北京：解放军文艺出版社，1990.8.—248页；32开.（新中国纪实丛书）.—ISBN 7-5033-0171-6：3.50元

笑在银花盛开时/刘西良主编.—西安：陕西人民出版社，1990.11.—272页：彩照；32开.—（渭南企事业家风采录：报告文学集）.—ISBN 7-224-01541-5：4.85元

透明的世界/刘琳著.—济南：山东友谊书社，1990.11.—338页；大32开.—（齐鲁之光丛书）.ISBN 7-80551-309-0：5.30元

倾城之恋/叶永烈著.—南京：江苏文艺出版社，1990.7.—179页；32开.—（纪实文学丛书）.—ISBN 7-5399-0187-X：2.60元

健儿更风流/戚鸣著.—北京：中国妇女出版社，1990.9.—155页；32开.—ISBN 7-80016-201-X：2.60元

脊梁颂　第一集/周凡英主编.—北京：中国建材工业出版社，1990.10.—275页；大32开.— ISBN 7-80090-001-0：4.15元

留给苍茫大地/朱海燕著.—北京：解放军出版社，1990.9.—305页；大32开.—ISBN 7-5065-1378-1：4.90元

鸳江潮/蒙国彦等主编.—北京：中国卓越出版公司，1990.5.—203页：插图；32开.—（梧州企业改革报告文学丛书）.—ISBN 7-80071-009-2：2.98元

旅途风云录/罗祖祥著.—成都：四川文艺出版社，1990.8.—251页；32开.— ISBN 7-5411-0612-1：3.20元

郭慎娟报告文学选/郭慎娟著.—济南：山东文艺出版社，1990.8.—331页；大32开.—（山东作家丛书）.—ISBN 7-5329-0497-0：5.05元

高考悲喜录/吕茂廷著.—贵阳：贵州教育出版社，1990.7.—85页；36开.— ISBN 7-80583-051-7：1.10元

高原魂/齐宇强，沃野著.—西安：陕西人民出版社，1990.5.—226页；32开.—（激流文学报告丛书）.—ISBN 7-224-01263-7：3.20元

本书收有11篇有关澄城县改革人物的报告文学。

涑水风情/苏文娟著.—太原：北岳文艺出版社，1990.1.—212页；32开.—ISBN 7-5378-0133-9：2.50元

海上先锋/陆其明著.—北京：海洋出版社，1990.7.—365页；32开.—ISBN 7-5027-1058-2：5.00元

本书以报告文学的手法，真实地再现了“海上先锋艇”指战员，在保卫祖国海疆的战斗中，机智勇敢、出生入死的英雄业迹。

海南特区大纪实/钟祖基著.—南京：江苏文艺出版社，1990.12.—162页；32开.—（纪实文学丛书；27）.—ISBN 7-5399-0216-7：2.00元

海阔凭鱼跃：港城财贸之星/刘国华主编.—南京：江苏人民出版社，1990.9.—291页；32开.—ISBN 7-214-00551-4：4.00元

流亡异国的蒋军残部/徐军著.—北京：中国华侨出版公司，1990.5.—179页；32开.—ISBN 7-80074-016-1：2.50元

流光溢彩：名人采访记/宋华著.—沈阳：辽宁人民出版社，1990.12.—233页；32开.— ISBN 7-205-01667-3：4.50元

流星/杨旭著.—天津：百花文艺出版社，1990.12.—243页；32开.— ISBN 7-5306-0549-6：2.85元

被审判的爱神/刘战英著.—北京：中国妇女出版社，1990.3.—227页；32开.—ISBN 7-80016-186-2：3.20元

弱者，不是女人的名字：首届全国金盾文学奖优秀报告文学获奖作品集/首届全国金盾文学奖评选办公室编.—北京：群众出版社，1990.2.—227页；32开.ISBN 7-5014-0445-5：2.95元

难忘的足迹/长城特殊钢公司第四钢厂编.—成都：四川大学出版社，1990.8.—396页；大32开.—ISBN 7-5614-0344-5：5.20元

桑榆的奉献：上海市离休干部"老有所为"报告文学集/中共上海市委宣传部，中共上海市委老干部局编.—上海：上海人民出版社，1990.3.—266页；32开.—ISBN 7-208-00836-1：3.00元

理想启示录：奋斗者足迹/程天等编.—北京：海洋出版社，1990.7.—192页；32开.—ISBN 7-5027-1165-1：2.90元

本书是优秀知识分子事迹报告集。

梅花香自苦寒来：报告文学集/王国士著.—哈尔滨：黑龙江人民出版社，1990.7.—292页；32开.（黑龙江一代风流丛书）.—ISBN 7-207-01623-9：6.00元

教坛风流：优秀教师事迹报告文学集/李原主编；天津市中小学幼儿教师奖励基金分会编.—天津：天津教育出版社，1990.8.—362页；大32开.—ISBN 7-5309-1002-7：7.30元

著名华人海外创业记/胡文英，方积根著.—北京：海洋出版社，1990.9.—566页；32开.—ISBN 7-5027-0967-3：5.80元

萧钟声声/萧县政协，萧县县委宣传部《萧钟声声》编写组编.—北京：中国人民大学出版社，1990.2.249页；大32开.—ISBN 7-300-00818-6：3.10元

黄土地上的创业者：报告文学集/杨来生等著.—兰州：敦煌文艺出版社，1990.4.—357页；32开.—ISBN 7-80587-002-0：4.10元

黄土情：彭英杰通讯、报告文学选/彭英杰著.—北京：海潮出版社，1990.12.—343页；32开.—ISBN 7-80054-210-6：4.50元

本书反映了部队一代知识分子在各自的岗位上为党的事业忘我奋斗的奉献精神，多角度的展现了后勤战线勇于改革、不断创新的精神面貌。

黄山听潮录：旅游文集/武旭峰著.—成都：四川人民出版社，1990.7.—202页：肖像；32开.—ISBN 7-220-01044-3：2.45元

黄河一片星/贾运锋主编.—太原：北岳文艺出版社，1990.3.—321页；32开.—ISBN 7-5378-0275-0：3.80元

黄河口的觉醒/王铎编.—济南：山东文艺出版社，1990.12.—190页；大32开.—ISBN 7-5329-0557-8：2.95元

本书记述了80年代石油工人和先进模范人物的英雄群像。

黄海浪：企业家报告文学集/姚忠瑞，江山村主编南京：江苏人民出版社，1990.11.—435页；32开.ISBN 7-214-00601-4：5.10元

曹庆文报告文学集/曹庆文著.—济南：山东文艺出版社，1990.10.—312页；大32开.—ISBN 7-5329-0514-4：5.00元

梦里寻她千百度/张春熙著.—北京：旅游教育出版社，1990.8.—340页：照片；32开.—ISBN 7-5637-0197-4：5.00元

探险在中国：黄河漂流探险目击记/周涛著.—北京：蓝天出版社，1990.4.—293页；32开.—ISBN 7-80081-062-3：4.00元

崛起在黄金海岸/于声九著.—北京：解放军文艺出版社，1990.10.—278页；32开.—ISBN 7-5033-0167-8：3.50元

野山上的女子/傅溪鹏著.—天津：百花文艺出版社，1990.6.—345页；32开.—ISBN 7-5306-0501-1：4.15元

"野心家"内阁/张不代著.—北京：中国文联出版公司，1990.9.—211页；32开.—ISBN 7-5059-1329-8：3.10元

野猫山悲歌/牧笛著.—西安：陕西人民出版社，1990.12.—229页；32开.—ISBN 7-224-01371-4：3.30元

鄂州的报告/中共鄂州市宣传部编.—武汉：湖北人民出版社，1990.4.—382页；大32开.—ISBN 7-216-00570-8：6.30元

崔桥沉浮记/王天瑞，梁辛著.—北京：农村读物出版社，1990.10.—154页；32开.—ISBN 7-5048-1319-2：2.00元

本书以黄泛区腹心的崔桥为背景，通过对一系列真人真事的记述和升华，向人们展示了当今中国农村的变迁，中国农民的思想面貌。

银行家之路/谭向东等主编.—北京：中国广播电视出版社，1990.12.—338页；大32开.—ISBN 7-5043-0848-X：7.00元

第十个秋天：报告文学集/谢鲁渤编.—杭州：浙江大学出版社，1990.4.—260页；32开.—ISBN 7-308-00507-0：3.80元

欲海与神恩：八十年代的宗教迷信狂热/伊妮著.长沙：湖南文艺出版社，1990.7.—357页；32开.ISBN 7-5404-0543-0：4.40元

本书系作者《阳光下的思考》系列社会纪实报告文学之二。

彩绘金堆城/曹培主编.—西安：华岳文艺出版社，1990.4.—202页；32开.—ISBN 7-80549-299-9：3.00元

本书记述了金堆城钼业公司创建30多年来模范人物的业绩，以及发生的重大事件。

旋转的古城/艾奇著.—南京：南京出版社，1990.10.—130页；36开.—ISBN 7-80560-277-8：1.95元

旋转的金三角：国际走私内幕/梁择奇等著.—银川：宁夏人民出版社，1990.7.—237页；32开.—ISBN 7-227-00473-2：2.40元

情报处长/赵相如著.—北京：中国文联出版公司，1990.8.—377页；32开.—ISBN 7-5059-1292-5：5.10元

情系中华/江苏省归国华侨联合会编.—北京：中国华侨出版公司，1990.7.—186页；32开.—（归国华侨精英传丛书）.—ISBN 7-80074-238-5：2.70元

情系国防/武子海，纪耀成主编.—沈阳：辽宁人民出版社，1990.8.—394页；32开.—ISBN 7-205-01473-5：4.50元

本书记述了华北人民爱国拥军的事迹。

情漫山城/《情漫山城》编委会编.—北京：解放军文艺出版社，1990.10.—350页：彩照；大32开.（双拥模范城报告文学丛书：本溪卷）.—ISBN 7-5033-0197-X：6.00元

淮河采风录/谢庆年等著.—北京：文津出版社，1990.9.—172页；32开.—ISBN 7-80554-054-3：2.25元

淮海弄潮儿/张雷激等著.—南京：江苏文艺出版社，1990.9.—272页；32开.—ISBN 7-5399-0191-8：3.75元

深圳河畔的村庄/余松岩著.—北京：新华出版社，1990.9.—151页；32开.—（深圳之路丛书/雷州草主编）.—ISBN 7-5011-0946-X：2.60元

深圳歌舞厅实录/邓超荣，关飞著.—广州：广东人民出版社，1990.12.—187页；32开.—ISBN 7-218-00609-4：2.98元

断带上的跨越/龙全忠主编.—石家庄：花山文艺出版社，1990.4.—397页；大32开.—ISBN 7-80505-334-0：3.80元

本书记述了唐山中小型工商企业改革发展变化的成就。

绿水银珠：报告文学集/姜善堂，孔庆长主编.—沈阳：辽宁人民出版社，1990.12.—327页；32开.ISBN 7-205-01754-8：5.00元

绿色冲击：改革报告文学集/孙肖平著.—合肥：安徽文艺出版社，1990.6.—282页：照片；32开.—ISBN 7-5396-0359-3：3.45元

绿色的歌/南来客编.—太原：北岳文艺出版社，1990.8.—317页；32开.—ISBN 7-5378-0375-7：3.50元

绿色海疆纪行/《绿色海疆纪行》编委会编.—哈尔滨：东北林业大学出版社，1990.12.—162页；32开.ISBN 7-81008-171-3：2.25元

绿染茂名：通讯、报告文学集/钟广明，黄永森主编.—广州：广东省地图出版社，1990.8.—248页；32开.—ISBN 7-80522-082-4：4.50元

绿野金穗/航波编.—南宁：广西民族出版社，1990.12.—461页；大32开.—ISBN 7-5363-1035-8：8.20元

椰林，众星闪烁：海南省企业家纪实/李门等著.北京：光明日报出版社，1990.5.—177页；32开.ISBN 7-80014-786-X：2.50元

朝霞从手中托起/侯兴国等著.—西安：陕西人民出版社，1990.6.—486页；32开.—（奉献者报告文学丛书/袁银波，侯兴国主编）.—ISBN 7-224-01300-5：5.10元

彭总在国外/孙立中著.—北京：华艺出版社，1990.1.—161页：照片，32开.—ISBN 7-80039-308-9：3.20元

蒋介石与黄埔三杰/尹家民著.—北京：中共中央党校出版社，1990.8.—284页；32开.—（黄埔纪实系列；一）.—ISBN 7-5035-0305-X：3.70元

雄鸡鸣唱/赤叶等编著.—哈尔滨：黑龙江人民出版社，1990.11.—189页；大32开.—（一代风流丛书）.—ISBN 7-207-01695-6：4.50元

鸡西市改革的调查和报告文学集。

雄鸡啼鸣曲/陆有君著.—哈尔滨：黑龙江人民出版社，1990.4.—198页；32开.—ISBN 7-207-01596-8：4.40元

裂变：上海部分企业家剪影/徐冰冠主编.—昆明：云南人民出版社，1990.9.—177页；32开.—ISBN 7-222-00669-9：3.85元

援越抗美实录/王贤根著.—北京：国际文化出版公司，1990.6.—274页；32开.—ISBN 7-80049-625-2：3.95元

本书通过大量的事实详细记述了1965年～1973年中国军队援越抗美这段神秘的历史。

辉煌的青春梦：知青生活纪实/黄尧，蒋巍等著；石舟编.—长沙：湖南文艺出版社，1990.10.—349页；32开.—ISBN 7-5404-0595-3：4.30元

跋涉者脚下的道路/张英伟著.—深圳：海天出版社，1990.6.—107页；32开.—ISBN 7-80542-138-2：2.90元

最富的华人：港澳十大华人首富纪实/王廉著.—成都：四川文艺出版社，1990.10.—182页；32开.ISBN 7-5411-0620-8：2.10元

遗耻录：卖国求荣者的下场/丰材，季德源主编.北京：军事科学出版社，1990.9.—176页；32开.ISBN 7-80021-256-4：2.40元

集合在雷锋的旗帜下/沈阳军区政治部编.—沈阳：白山出版社，1990.7.—271页；32开.—（学雷锋丛书；5/张烈英主编）.—ISBN 7-80566-126-X：2.95元

焦裕禄：长篇报告文学/屈春山等著.—北京：华夏出版社，1990.6.—205页；大32开.—ISBN 7-80053-810-9：3.95元

焦裕禄其人其事/开封市文联集体采写.—北京：作家出版社，1990.9.—226页；32开.—（当代纪实文库）.—ISBN 7-5063-0385-X：3.05元

奥林匹克黑色档案：西方体育界丑闻启示录/又文，王强著.—成都：成都出版社，1990.6.—374页；32开.—ISBN 7-80575-131-5：4.80元

粤海明珠/吕奎文主编.—广州：华南理工大学出版社，1990.3.—191页；32开.—ISBN 7-5623-0154-9：3.90元

舒心集：报告文学选/于立源著.—沈阳：沈阳出版社，1990.12.—249页；32开.—ISBN 7-80556-208-3：3.50元

就业迪斯科/张波著.—广州：新世纪出版社，1990.6.—236页；32开.—ISBN 7-5405-0438-2：2.50元

港岛廉政风云/李春晓著.—广州：花城出版社，1990.8.—207页；32开.—ISBN 7-5360-0608-X：2.90元

本书是反映香港地区廉政方面的大型报告文学。

普通人中的人/宝鸡市总工会编.—西安：陕西人民美术出版社，1990.1.—183页；32开.—ISBN 7-5368-0215-3：2.50元

遍地风流：企业家报告文学选/江流等编.—西安：西北大学出版社，1990.9.—315页；32开.—ISBN 7-5604-0204-6：5.50元

强者的风采/阳波等著.—西安：陕西人民出版社，1990.3.—340页；32开.—（激流报告文学丛书/袁银波，吴克敬主编）.—ISBN 7-224-01152-5：4.40元

属于他们的季节/管思耿著.—北京：中国展望出版社，1990.7.—189页；32开.—（人才之光丛书）.ISBN 7-5050-0787-4：4.50元

登上美的台阶/汪承武著.—沈阳：春风文艺出版社，1990.7.—186页；32开.—ISBN 7-5313-0393-0：2.45元

编织彩虹的人们/伊盟党委组织部编.—呼和浩特：内蒙古人民出版社，1990.4.—376页；32开.—ISBN 7-204-00959-2：4.50元

魂系八卦/陈惠方，陈庸笃著.—北京：国际文化出版公司，1990.1.—336页；大32开.—ISBN 7-80049-485-3：4.30元

魂系中南海/喜民著.—北京：中国文联出版公司，1990.8.—230页；照片；32开.—ISBN 7-5059-1331-X：3.80元

这部纪实文学作品的作者曾是解放军仪仗队队员和中南海警卫。书中记述了他在中南海里的亲身经历、及亲耳听到的事情。

魂系青山/张步真著.—北京：解放军文艺出版社，1990.12.—265页；大32开.—ISBN 7-5033-0221-6：3.90元

本书是一部塑造老一辈无产阶级革命家典型形象的长篇报告文学作品。

蓝天下的沃土/王志臣，薛淑喜主编.—济南：山东文艺出版社，1990.4.—259页；大32开.—ISBN 7-5329-0365-6：4.50元

蓝天女英豪/蔡善武著.—北京：中国妇女出版社，1990.5.—232页；照片；32开.—ISBN 7-80016-267-2：3.50元

蓝色国土上的追寻/黄代培著.—北京：海洋出版社，1990.6.—314页；大32开.—ISBN 7-5021-0969-X：4.20元

蓝色的宇宙/范文章，郑志强著.—郑州：河南人民出版社，1990.12.—410页；大32开.—ISBN 7-215-01178-X：6.60元

蓝盾在行动：泰山秘闻奇案录/陈湘元，郁文主编.济南：山东文艺出版社，1990.12.—246页；大32开.ISBN 7-5329-0646-9：3.20元

蓝箭/陈汉忠著.—北京：蓝天出版社，1990.3.227页；32开.—ISBN 7-80081-061-5：3.20元

楚天明星：湖北省部分省级文明单位纪实/湖北省精神文明建设协调办公室编；唐源涛主编.—武汉：湖北人民出版社，1990.8.—429页；大32开.—ISBN 7-216-00597-X：6.25元

楚天星光/苏俭坦主编.—武汉：长江文艺出版社，1990.9.—195页；32开.—（龙的历程丛书）.—ISBN 7-5354-0369-7：2.30元

雷锋式的战士张子祥/沈阳军区政治部等编.—2版.沈阳：白山出版社，1990.8.—239页；32开.—ISBN 7-80566-118-9：3.20元

雷锋在我们中间：学雷锋先进人物荟萃/雷锋在我们中间编写组编.—济南：山东人民出版社，1990.4.243页；32开.—ISBN 7-209-00662-1：2.70元

雷锋精神在福建：雷锋式先进人物事迹选/中共福建省委宣传部编.—福州：海峡文艺出版社，1990.3.134页；32开.—ISBN 7-80534-239-3：1.60元

跨世纪的人：大学生报告文学集/傅文编.—上海：复旦大学出版社，1989.12.—426页；32开.—ISBN 7-309-00157-5：4.00元

跨向新世纪/艾歌等著.—西安：陕西人民出版社，1990.5.—454页；32开.—（奉献者报告文学丛书/袁银波，汪炎主编）.—ISBN 7-224-01301-3：4.60元

跨越国界的男女们：出国潮大曝光/项说主编.—北京：中国国际广播出版社，1990.4.—434页；32开.ISBN 7-80035-405-9：5.50元

路/赵抗主编.—北京：新华出版社，1990.4.—206页；大32开.—（中国当代企业家风采录）.—ISBN

7-5011-0776-9(精装)：5.10元

本书记录了全国各地企业家的创业史，描述了他们的精神风貌。

路在脚下/王国士主编.—哈尔滨：黑龙江人民出版社，1990.11.—412页；32开.—(黑龙江一代风流丛书).—ISBN 7-207-00176-5：5.50元

腾飞之路/刘克仁主编.—石家庄：河北人民出版社，1990.8.—313页；大32开.—ISBN 7-202-00760-6：3.90元

腾飞之路/袁玉安，赵光先著.—郑州：中原农民出版社，1990.5.—150页；32开.—ISBN 7-80538-177-1：1.95元

腾飞交响曲：沪郊优秀企业掠影/石镇国等编.—上海：百家出版社，1990.1.—145页；32开.—ISBN 7-80576-121-3：2.00元

腾飞的企业/黄黎平主编.—武汉：武汉出版社，1990.9.—345页；32开.—(中国当代写作丛书；2).—ISBN 7-5430-0383-X：4.50元

腾飞的金孔雀：德宏报告文学选/德宏州文联编；澄源，国强选编.—芒市：德宏民族出版社，1990.5.—251页；32开.—ISBN 7-80525-074-X：2.00元

新中国反腐败第一大案：枪毙刘青山、张子善纪实/鲁兵等编著.—北京：法律出版社，1990.5.—186页；32开.—ISBN 7-5036-0713-0：2.80元

新轨道上的运行/刘永恒，张子赋著.—济南：山东文艺出版社，1990.6.—274页；32开.—ISBN 7-5329-0465-2：4.40元

新华宫秘密外交/许国良，袁绍发编.—上海：上海文艺出版社，1990.5.—357页；32开.—(纪实文学丛书).—ISBN 7-5321-0421-4：3.45元

这是一部收集中国现代历史上重大事件，著名人物和社会风情的纪实文学选本。

新时代的活雷锋——李润虎、张子祥/解放军报政工处编.—北京：长征出版社，1990.4.—200页；32开.—ISBN 7-80015-122-0：3.10元

新时代的活雷锋——张子祥/辽宁人民出版社编.沈阳：辽宁人民出版社，1990.3.—86页；32开.ISBN 7-205-01367-4：1.60元

新时代的活雷锋——张子祥/江苏人民出版社编.南京：江苏人民出版社，1990.3.—112页；32开.(榜样丛书).—ISBN 7-214 00417-8：1.50元

新时代的雷锋/长江文艺出版社编.—武汉：长江文艺出版社，1990.6.—192页；32开.—ISBN 7-5354-0332-8：2.25元

本书选编了朱伯儒、潘星兰、杨大兰、陈善珉等29位新时代活雷锋的动人事迹。

新时代的新雷锋/中国青年出版社编.—北京：中国青年出版社，1990.4.—224页；32开.—ISBN 7-5006-0759-8：2.70元

新时代最可爱的人/李军，谭习朴主编.—北京：蓝天出版社，1990.10.—698页；大32开.—ISBN 7-80081-155-7：6.95元

新时期老兵新传/刘均孔，卞振编.—沈阳：白山出版社，1990.3.—215页；32开.—ISBN 7-80566-105-7：2.65元

新的飞跃：报告文学集/苇舫编.—杭州：浙江文艺出版社，1990.10.—148页；32开.—ISBN 7-5339-0307-2：1.80元

新的战场/何永光主编.—成都：四川人民出版社，1990.10.—432页；大32开.—ISBN 7-220-01047-8：6.15元

新星风流/王天瑞，梁辛著.—郑州：河南人民出版社，1990.12.—180页；32开.—ISBN 7-215-01177-1：2.85元

新星，在城南闪烁：报告文学集/艺欣著.—上海：上海人民出版社，1990.4.—201页；32开.—ISBN 7-208-00807-7：3.00元

新浦东礼赞/上海文学杂志社编.—北京：北京经济学院出版社，1990.12.—287页；大32开.—ISBN 7-5638-0229-0：6.50元

新潮人物谱/艾辛主编.—哈尔滨：北方文艺出版社，1990.3.—333页；大32开.—ISBN 7-5317-0350-5：2.95元

痴情：纪实文学集/邢兆远，邢坤元著.—济南：黄河出版社，1990.1.—430页；大32开.—ISBN 7-80558-104-5：5.00元

煤海粮涛/周保谦主编.—哈尔滨：北方文艺出版社，1990.12.—298页；32开.—ISBN 7-5317-0517-6：4.20元

粮食行业漫步/单守庆著.—北京：中国商业出版社，1990.11.—217页；32开.—ISBN 7-5044-0737-2：3.00元

塞外英姿：报告文学集/曹惠臣主编.—沈阳：白山出版社，1990.9.—426页；大32开.—ISBN 7-80566-143-X：5.70元

福田星光/王曼等著.—天津：百花文艺出版社，1990.6.—200页；32开.—(企业文化丛书).—ISBN 7-5306-0558-5：4.00元

福建企业家传奇/海峡文艺出版社编.—福州：海峡文艺出版社，1990.3.—204页；32开.—ISBN 7-80534-228-8：2.45元

群英崛起　第2集/张贤华，袁和平主编.—北京：中国华侨出版公司，1990.12.—490页；大32开.ISBN 7-80074-323-3：7.35元

群英崛起　第3集/张贤华，袁和平主编.—北京：中国华侨出版公司，1990.12.—442页；大32开.ISBN 7-80074-324-1：6.60元

群星灿烂/文琳等著.—天津：百花文艺出版社，1990.11.—445页；32开.—ISBN 7-5306-0590-9：

5.40元

群星灿烂：女企业家报告文学集/河北省女新闻工作者协会编.—石家庄：河北人民出版社，1990.8.248页；32开.—ISBN 7-202-00739-8：2.65元

群星灿烂/空军政治部组织部编.—北京：蓝天出版社，1990.12.—265页；大32开.—ISBN 7-80081-159-X：4.20元

嘉定纪实/余永林，赵春华主编.—上海：上海人民出版社，1990.6.—189页；32开.—ISBN 7-208-00929-5：3.15元

魅力：肖琪坤报告文学集/肖琪坤著.—沈阳：辽宁大学出版社，1990.12.—530页；大32开.—ISBN 7-5610-1195-4：7.20元

敲开大学之门：高考第一名成长纪实/民间，鹏程著.—石家庄：花山文艺出版社，1990.4.—162页；32开.—ISBN7-80505-305-7：1.60元

潇湘先锋谱/朱泽民等主编；唐曾孝著.—长沙：湖南文艺出版社，1990.6.—182页；32开.—ISBN 7-5404-0542-2：2.20元

漫湾·历史的惊叹号/杨选民著.—昆明：云南人民出版社，1990.2.—446页；32开.—ISBN 7-222-00550-1：6.00元

滴血的警钟/胡光荣等著.—哈尔滨：黑龙江人民出版社，1990.11.—271页；32开.— ISBN 7-207-01762-6：3.90元

本书用纪实文学的形式，对发生在我们身边的多起交通肇事案例进行了前因后果的叙述、剖析。

璀璨人生/《璀璨人生》编写组编.—北京：经济日报出版社，1990.9.—207页；大32开.— ISBN 7-80036-290-6：3.00元

播光集/卞学海，侯湘楚主编.—太原：北岳文艺出版社，1990.9.—237页；32开.—ISBN 7-5378-0316-1：2.80元

这本报告文学集反映了电力战线的建设者们可歌可泣的英雄业绩。

播种希望的人/秦文虎著.—天津：新蕾出版社，1990.12.—132页；32开.— ISBN 7-5307-0833-3：1.70元

踏浪行/肖云星主编.—北京：中国展望出版社，1990.8.—616页；照片；大32开.—（中州人物丛书）.—ISBN 7-5050-0966-4：9.50元

踏浪行/梁长峨著.—北京：文津出版社，1990.11.—206页；32开.— ISBN 7-80554-058-6：2.90元

颜神：报告文学集/康云，马洪喜编.—济南：山东文艺出版社，1990.11.—248页；大32开.—ISBN 7-5329-0538-1：4.00元

澎湃人生经营魂：中国当代企业家的生命轨迹/徐茂昌编.—上海：上海人民出版社，1990.7.—296页；大32开.—ISBN 7-208-00915-5：5.45元

潮头掠影：报告文学集/双城市文联编.—哈尔滨：黑龙江人民出版社，1990.5.—250页；32开.—ISBN 7-207-01573-9：3.40元

潮声：福建企业家开拓杯征文选/祝文善主编.—福州：海峡文艺出版社，1990.12.—303页；32开.ISBN7-80534-308-X：2.40元

鹤翔/唐俊珊著.—哈尔滨：黑龙江人民出版社，1990.9.—274页；32开.— ISBN 7-207-01640-9：4.00元

燕赵风流/农民文学编辑部，经济文学报社编选.北京：学苑出版社，1990.3.—504页；大32开.ISBN 7-80060-910-3：6.30元

燕赵脊梁：河北明星企业与企业家/孙宝存等主编.石家庄：河北人民出版社，1990.12.—727页；大32开.—ISBN 7-202-00843-2（精装）：11.70元

燕赵魂/任佩瑜主编.—石家庄：河北人民出版社，1990.9.—215页；32开.— ISBN 7-202-00764-9：2.50元

本书选收19篇河北省爱国拥军先进事迹的报告文学。

警官传记/谢鲁渤等著.—北京：群众出版社，1990.4.— 435页；32开.— ISBN 7-5014-0235-3：5.60元

本书选收反映警官生活的报告文学作品23篇。

警营退伍战士成才之星/陈学武，许东辉主编.—沈阳：辽宁教育出版社，1990.12.—298页；32开.（武警部队育才教育丛书）.—ISBN 7-5382-1415-1：4.00元

攀登者之歌/王方，马改河编.—北京：国防工业出版社，1990.8.—433页；大32开.— ISBN 7-118-00804-4：5.00元

攀登者的足迹/攀枝花钢铁公司编委会编；王俊超主编.—成都：四川教育出版社，1990.5.—428页；大32开.—ISBN 7-5408-1342-3：5.60元

本书以报告文学的形式，生动地介绍了攀钢投产20年的发展历程和一批体现"攀登精神"的先进典型的事迹。

瀚海精英谱：报告文学集/张顺富主编.—长春：吉林人民出版社，1990.11.—366页；大32开.—ISBN 7-206-00904-2：4.50元

瀚海踏浪人/张凤水主编.—乌鲁木齐：新疆人民出版社，1990.5.—667页；大32开.— ISBN 7-228-01284-4：7.00元

魔鬼市场/张建星著.—北京：三联书店，1989.5.321页；照片；32开.—（记者·时代·文化丛书/张飙主编）.—ISBN 7-108-00257-4：4.40元

16岁的思索/孙云晓著.—上海：少年儿童出版社.1990.6.—218页；32开.— ISBN 7-5324-0971-6：2.30元

I 251　回忆录

八易春秋/周志坚回忆；朱维宁整理.—武汉：湖北人民出版社，1990.2.—205页；32开.—ISBN 7-216-00533-3：2.80元

本书记述的是作者在抗战时期，转战武汉外围敌后战场的一段经历。

山西女兵连/山西新军史料征集指导组办公室，山西省妇女联合会编著.—太原：山西人民出版社，1990.6.—226页；大32开.—ISBN 7-203-01417-7：6.30元

无憾生涯：褚志远回忆录/褚志远回忆；封官龙整理.—哈尔滨：黑龙江人民出版社，1990.7.—95页；大32开.—(革命斗争回忆录丛书).—ISBN 7-207-01480-5：2.45元

中国石油工业艰难创业　第一集/金钟超主编.—北京：石油工业出版社，1990.11.—282页；大32开.ISBN 7-5021-0565-4：2.80元

中国科学家回忆录　第二辑/九三学社中央研究室编.—北京：学苑出版社，1990.1.—247页；大32开.—ISBN 7-80060-761-5：3.50元

本辑收入10位科学家的回忆录。

风展红旗　第七辑/福建人民出版社编.—福州：福建人民出版社，1990.8.—215页；大32开.—(革命回忆录丛刊).—ISBN 7-211-01069-X：2.35元

火种在这里点燃：革命回忆录·游记选/叶涵编.杭州：浙江少年儿童出版社，1990.2.—188页；32开.—(红星丛书).—ISBN 7-5342-0594-8：1.45元

圣地幼苗/刘彤矢著.—北京：教育科学出版社，1990.5.—162页；32开.—ISBN 7-5041-0381-0：3.50元

本书是一部回忆延安时期一代青少年在革命战火中锻炼成长的书。

老兵的脚步：中国人民解放军原第十九军第五十七师——石油工程第一师回忆录/张文彬主编.—北京：石油工业出版社，1990.4.—786页；大32开.—ISBN 7-5021-0425-9：9.50元

在革命的道路上/魏文建著.—北京：海洋出版社，1990.4.—461页；大32开.—ISBN 7-5027-0901-0：5.50元

在战火纷飞的日子里：革命文艺回忆录/中国解放区文学研究会天津分会编.—天津：天津社会科学院出版社，1990.5.—352页；照片；大32开.—ISBN 7-80563-055-0：5.50元

先驱者的后代：苏联国际儿童院中国学生纪实/杜魏华主编.—北京：中国民主法制出版社，1990.1.322页；照片；大32开.—ISBN 7-80078-014-7：5.50元

伊吾保卫战/中共新疆维吾尔自治区委员会党史工作委员会，中共哈密地区委员会编.—乌鲁木齐：新疆人民出版社，1990.3.—284页；大32开.—(中国共产党新疆历史资料丛书).—ISBN 7-228-01358-1：3.60元

似火青春：八路军(临汾)学兵队成立五十周年纪念文集/何以祥等著.—北京：解放军出版社，1990.6.—326页；大32开.—ISBN 7-5065-1296-3：5.00元

延安生活片断/燕斌著.—兰州：甘肃少年儿童出版社，1990.7.—104页；32开.—ISBN 7-5422-0353-3：1.45元

关东奇人/杨子忱著.—长春：长春出版社，1990.9.—467页；32开.—ISBN 7-80573-329-5：6.90元

红艳千般：往事回忆及其他/张承宗著.—上海：学林出版社，1990.9.—519页；大32开.—ISBN 7-80510-525-1：7.00元

红旗飘飘　31集：社会主义青年团诞生七十周年专辑：1920～1990/中共一大会址纪念馆，《红旗飘飘》编辑部编.—北京：中国青年出版社，1990.8.356页；大32开.—ISBN 7-5006-0849-7：5.30元

远征塞外/周治国，刘文超著.—沈阳：辽宁人民出版社，1990.6.—174页；32开.—ISBN 7-205-01199-X：2.70元

本书描写抗日战争时期中国共产党领导抗日军民英勇奋战、收复失地的艰苦卓绝的斗争。

劫恨：南昌沦陷纪实/罗政球，王维元著.—南昌：江西人民出版社，1990.3.—211页；32开.—ISBN 7-210-00349-5：2.85元

本书反映了1939年3月27日至1945年8月日本侵略军投降，南昌人民在日军占领下的七年中所度过的地狱般的生活。

把一切献给党/吴运铎著.—北京：中国工人出版社，1990.3.—143页；32开.—(革命理想革命传统教育丛书).—ISBN 7-5008-0560-8：1.85元

坚持浙南十四年/龙跃著.—2版(修订本).—杭州：浙江人民出版社，1990.12.—290页；大32开.ISBN 7-213-00028-4：5.95元

本书1987年7月第1版。

我眼中的毛泽东/郭思敏编.—石家庄：河北人民出版社，1990.1.—325页；大32开.—ISBN 7-202-00580-8：4.65元

张友渔回忆录/张友渔著；陈荷夫编.—北京：北京大学出版社，1990.6.—137页；大32开.—ISBN 7-301-01133-4：2.45元

茅山情/汪大铭著.—上海：上海社会科学院出版社，1990.3.—136页；32开.—ISBN 7-80515-519-4：1.85元

本书记述了艰难困苦的抗日战争年代，茅山抗日根据地的军民在党的领导下如火如荼的斗争场面和斗争事迹。

茅家岭下英雄血/季音等编.—福州：福建教育出版社，1990.11.—260页；照片；大32开.—ISBN 7-5334-0623-0：4.00元

往事如烟怀逝者/唐振常著.—上海：上海人民出版社，1990.10.—239页；32开.—ISBN 7-208-00957-0：4.60元

艰苦岁月/肖华著.—2版.—上海：上海文艺出版社，1990.7.—263页；大32开.—ISBN 7-5321-0609-8：5.30元

本书1983年11月第1版。

春风桃李忆吾师/张杰著.—青岛：青岛海洋大学出版社，1990.12.—109页；32开.—ISBN 7-81026-117-7：2.20元

故乡征战纪实/叶飞著.—福州：福建教育出版社，1990.11.—175页；大32开.—ISBN 7-5334-0629-X：2.90元

战斗在湘鄂西：张德同志回忆录选编/魏胜权主编.—北京：中国文史出版社，1990.8.—164页；32开.—ISBN 7-5034-0223-7：3.50元

战地红蕾：新四军一师一旅政治部战地服务团战斗生活回忆/高斯主编.—南京：江苏人民出版社，1990.12.—458页；32开.—ISBN 7-214-00618-9：4.50元

重走长征路/陈靖著.—北京：长征出版社，1990.6.—296页；32开.—ISBN 7-80015-123-9：4.40元

本书是老红军陈靖访问长征途经过的地、市、县所写的见闻与回忆。

闽山鹭水共千秋：福建女英烈/福建省妇女联合会，福建省妇运史编纂委员会编.—福州：福建人民出版社，1990.9.—332页；大32开.—ISBN 7-211-01172-6：4.20元

洪流：直南-直鲁豫纪事/柳村编著.—北京：农村读物出版社，1990.8.—233页；32开.—ISBN 7-5048-1230-7：3.20元

这是一部记述我党自1923年至1937年在直南——直鲁豫一带所从事革命斗争的长篇纪实作品。

将帅青年时/张植信，杨松林编著.—2版.—济南：山东人民出版社，1990.8.—303页；32开.—ISBN 7-209-00720-2：3.30元

本书记录了毛泽东、周恩来、朱德、彭德怀、杨靖宇等人的青少年时期的斗争生活。

将帅落难记/郭晨著.—北京：解放军文艺出版社，1990.7.—449页；32开.—ISBN 7-5033-0131-7：5.70元

本书记叙了徐向前等17位将军元帅落难时鲜为人知的走麦城、讨饭吃的悲壮历程。

铁马风尘：续集/陶峙岳等著.—乌鲁木齐：新疆青少年出版社，1990.3.—356页；32开.—ISBN 7-5371-0668-1：4.50元

盛开的金达莱/彭绪一，张义生主编.—北京：解放军出版社，1990.10.—480页；照片；大32开.—ISBN 7-5065-1369-2：8.00元

本书是一本抗美援朝战争回忆文集。

烽火岁月/余志新著.—北京：中国商业出版社，1990.7.—108页；32开.—ISBN 7-5044-0531-0：1.80元

I 253　通讯、特写

1989年优秀电视新闻稿选/中国广播电视学会编.北京：中国广播电视出版社，1990.11.—247页；32开.—ISBN 7-5043-0726-2：3.80元

一九八九年军区军种报纸好新闻/总政治部宣传部编.—北京：蓝天出版社，1990.8.—238页；图；32开.—ISBN 7-80081-128-X：3.80元

一把胡子一支笔：曾祥荣(田木)通讯选/曾祥荣著.—成都：成都出版社，1990.4.—372页；32开.ISBN 7-80575-054-8：3.75元

十八岁后才明白/伍学军编.—成都：成都出版社，1990.4.—304页；32开.—ISBN 7-80575-084-5：3.20元

八十年代广播通讯精选/杨玉先，王福顺主编.—北京：中国广播电视出版社，1990.10.—286页；32开.—ISBN 7-5043-0734-3：4.00元

人生价值在于事业/范永昌著.—石家庄：河北人民出版社，1990.11.—458页；32开.—ISBN 7-202-00821-1：6.00元

人物报道集/刘政著.—武汉：华中理工大学出版社，1990.5.—215页；32开.—ISBN 7-5609-0466-1：2.50元

本书选收人物报道70篇。

大潮笔踪/叶树鑫等主编.—开封：河南大学出版社.1990.8.—727页；大32开.—ISBN 7-81018-487-3：7.40元

万方言/余正生主编.—贵阳：贵州民族出版社，1990.11.—394页；大32开.—(贵州民族新闻丛书：民族新闻评论集；1).—ISBN 7-5412-0115-4：4.50元

上校与马来亚情人/攀隆，倩萍编.—桂林：漓江出版社，1990.11.—221页；32开.—ISBN 7-5407-0602-3：2.60元

山之歌/余正生主编.—贵阳：贵州民族出版社，1990.11.—275页；大32开.—(贵州民族新闻丛书：通讯集；1).—ISBN 7-5412-0110-3：4.30元

山野的报告/侯长栩著.—成都：四川人民出版社，1990.8.—332页；32开.—ISBN 7-220-01073-7：3.90元

千里赣江行/江西人民广播电台编.—南昌：江西人民出版社，1990.3.—272页；照片；32开.—ISBN

7-210-00683-4：3.20元

本书反映了赣江两岸23个县市欣欣向荣、蒸蒸日上的景象。

广西计划生育好新闻汇编：1988～1989/广西计生委宣教处，广西人口报编.—南宁：广西人民出版社，1990.11.—191页；32开.—ISBN 7-219-01720-0：2.50元

广阔的原野/辛土著.—沈阳：沈阳出版社，1990.1.—233页；32开.—（开拓者丛书）.—ISBN 7-80556-150-2：3.00元

女中学生的感情世界/刘保法编著.—天津：新蕾出版社，1990.2.—107页；32开.—（中学生心态文学丛书/何志云，石之明主编）.—ISBN 7-5307-0498-2：1.80元

历史的足迹：青岛日报新闻作品选/杨兆振主编.青岛：青岛出版社，1990.2.—642页；大32开.ISBN 7-5436-0448-5：8.00元

王匡通讯选/王匡著.—北京：新华出版社，1990.4.—159页；32开.—（中国记者丛书）.—ISBN 7-5011-0592-8：2.00元

艺术家的风采/王德彰，王凤玲著.—石家庄：花山文艺出版社，1990.7.—214页；32开.—ISBN 7-80505-295-6：3.10元

五色石：政协人物风采/张洪奎主编.—长春：吉林人民出版社，1990.9.—419页；大32开.—（政协系列丛书）.—ISBN 7-206-00813-5：4.95元

不安分的灵魂/刘勇著.—武汉：长江文艺出版社.1990.1.—189页；32开.—ISBN 7-5354-0296-8：2.40元

中外廉政与腐败纪实/施中传等编著.—武汉：长江文艺出版社，1990.7.—243页；32开.—ISBN 7-5354-0351-4：2.90元

中国走势采访录/王志纲著.—广州：广东高等教育出版社，1990.8.—219页；32开.—ISBN 7-5361-0554-1：3.50元

中国星：当代青年英杰/柳遂记，李爱华主编.—太原：希望出版社，1990.5.—386页；32开.—ISBN 7-5379-0630-0：4.50元

今日愚公/湖北日报农村工作部编；任洁民主编.武汉：湖北人民出版社，1990.6.—222页；32开.ISBN 7-216-00573-2：2.85元

公仆：散文特写集/李雪前著.—昆明：云南人民出版社，1990.7.—220页；32开.—ISBN 7-222-00618-4：2.80元

六盘笔踪/李景珍著.—银川：宁夏人民出版社，1990.6.—206页；32开.—ISBN 7-227-00598-4：1.90元

本书选编通讯、特写、散文、报告文学35篇。

可爱的鄂东/王求望主编.—桂林：广西师范大学出版社，1990.1.—176页；32开.—ISBN 7-5633-0648-X：2.60元

东方的微笑：艺坛名人采访录/唐斯复编著.—济南：山东文艺出版社，1990.4.—337页；36开.ISBN 7-5329-0401-6：3.80元

电波里的艺术世界/江苏人民广播电台《文艺天地》编辑组编.—北京：中国广播电视出版社，1990.11.—248页；32开.—ISBN 7-5043-0559-6：3.40元

本书汇集了江苏人民广播电台“文艺天地”专题节目中的优秀广播稿70多篇。

田野上的风/杨旭著.—北京：昆仑出版社，1990.5.—212页；32开.—ISBN 7-80040-203-7：2.90元

史迪威与蒋介石/苑鲁，王敏著.—重庆：重庆出版社，1990.1.—377页：照片；32开.—ISBN 7-5366-1067-X：4.00元

丛影吟/张月赓著.—西安：陕西人民教育出版社，1990.10.—219页；大32开.—（又一村丛书）.ISBN 7-5419-1730-3：2.50元

生命线/中共昆明市委《生命线》编委会编.—昆明：云南人民出版社，1990.6.—375页；32开.ISBN 7-222-00633-8：4.95元

本书从不同侧面再现和反映改革开放10年来昆明市政工干部的事迹。

生活充满爱：周末特写选/火存福编.—上海：文汇出版社，1990.5.—263页；32开.—ISBN 7-80531-106-4：2.40元

冯岗新闻通讯选/冯岗著.—北京：新华出版社，1990.4.—152页；32开.—（中国记者丛书）.—ISBN 7-5011-0567-7：1.60元

闪光之路：人物通讯集/李月柱著.—北京：新华出版社，1990.12.—235页；32开.—ISBN 7-5011-0702-5：3.50元

头雁的风采：通讯报告文学集/张世起主编.—长春：吉林人民出版社，1990.7.—236页；32开.ISBN 7-206-00805-4：2.80元

记者的思维空间：王锦安通讯特写选/吴庚振主编；胡连利，杜洗编辑.—石家庄：花山文艺出版社，1990.12.—266页；32开.—ISBN 7-80505-485-4：3.10元

对外传播文选/沈兴大，刘义森主编.—北京：人民中国出版社，1990.10.—600页；大32开.—ISBN 7-80065-090-1：9.00元

本书系从外文出版发行事业局6家杂志社8种刊物近10年所发表的文章中精选而成。所选50余篇文章内容涉及政治、经济、文化、历史、少数民族、改革开放等方面。

边贸之光：采自国境口岸绥芬河的报告/黄瑞，张连波著.—大连：大连出版社，1990.2.—163页；32

开.—ISBN 7-80555-272-X：3.00元

民族正气歌/曹仁义主编.—武汉：湖北教育出版社，1990.9.—133页；32开.—ISBN 7-5351-0604-8：1.75元

共和国秘使/权延赤，杜卫东著.—北京：光明日报出版社，1990.11.—259页；32开.—ISBN 7-80014-984-6：4.25元

本世纪六十年代、应老挝人民党中央总书记凯山·丰威汉的要求，我党中央委派以段苏权将军为组长的工作组抵达桑怒。本书即以段苏权将军的活动为主线，以生动的纪实手法，反映了中老两党、两国人民的深厚情谊；反映了工作组一方面向老挝同志介绍我国革命斗争经验，进行调查研究；一方面虚心向老挝同志学习的工作生活情况。

亚运文选/亚运会组委会宣传部编.—北京：中国对外经济贸易出版社，1990.9.—232页；大32开.ISBN 7-80004-182-4：5.00元

亚细亚的骄傲：中国亚运名将谱/鲁光主编.—北京：北京师范大学出版社，1990.6.—254页；32开.ISBN 7-303-01014-9：3.10元

当代发明家　第二册/李豫，李秉尧著.—北京：海洋出版社，1990.8.—251页：照片；大32开.—ISBN 7-5027-0139-7：3.80元

本书以通讯体裁，真实记录了50余位在近年来发明创造中做出贡献的人物事迹。

当代明星生活纪实/余之等编写.—上海：上海人民出版社，1990.4.—261页；32开.—ISBN 7-208-00740-3：2.90元

扬子江畔文明镇/朱金晨等著.—南京：江苏人民出版社，1990.6.—104页；32开.—ISBN 7-214-00487-9：1.50元

此处春色更浓/流火编.—太原：北岳文艺出版社，1990.3.—414页；32开.—ISBN 7-5378-0293-9：4.60元

华夏一奇/徐荐，张瑞发编.—上海：上海人民出版社，1990.11.—68页；16开.—ISBN 7-208-00977-5：2.90元

创业之路/赵光裕主编.—沈阳：辽宁大学出版社，1990.9.—257页；32开.—ISBN 7-5610-1056-7：3.50元

合着时代脚步：王子强新闻报道文章选编/陈志远等编.—北京：中国环境科学出版社，1990.10.439页；32开.—ISBN 7-80010-666-7：7.40元

企业灵魂的塑造者：全国百名优秀企业思想政治工作者事迹/李传华主编.—沈阳：白山出版社，1990.4.—530页；大32开.—ISBN 7-80566-109-X：7.10元

企业新闻录　上辑/宗宗主编.—北京：中国卓越出版公司，1990.12.—248页；32开.—（南北丛书：经济系列）.—ISBN 7-80071-271-0：7.50元

齐鲁风采/王世平，郭向群主编.—北京：中国广播电视出版社，1990.11.—243页；32开.—ISBN 7-5043-0809-9：3.20元

本书选编的是1989.3～1990.10山东人民广播电台的广播稿。

决胜在重大时刻/叶家林著.—北京：华艺出版社，1990.2.—134页；32开.—ISBN 7-80039-314-3：1.95元

本书收入《淮海战役的第一个大胜利》和《在最有利的时机起最大的作用》两篇，记述国民党军第三绥靖区起义和廖运周等人的作用。

江山代有才人出：何建根通讯作品选/何建根著.北京：中国城市经济社会出版社，1990.6.—252页；32开.—ISBN 7-5074-0363-7：2.80元

壮士吟/任文锁著.—石家庄：花山文艺出版社，1990.10.—254页；32开.—ISBN 7-80505-321-9：2.00元

本书是反映老山前线战斗生活的通讯、通讯报告集。

军营足迹/黄明松著.—北京：新华出版社，1990.12.—236页；32开.—ISBN 7-5011-0700-9：3.50元

寻找的欢歌：一位女中学生记者的经历/王巍著.南宁：接力出版社，1990.11.—194页；32开.—（中学生创作丛书）.—ISBN 7-80581-146-6：1.50元

孙玉国沉浮录/刘志清著.—北京：华夏出版社，1990.3.—136页；32开.—ISBN 7-80053-700-5：1.80元

攻克天下第一难：全国人物短通讯作品选/刘汉报等主编.—北京：新华出版社，1990.11.—239页；大32开.—ISBN 7-5011-0852-8：4.00元

花匠撰稿人采访录/陈复尘著.—沈阳：辽宁大学出版社，1990.12.—311页；32开.—ISBN 7-5610-1070-2：4.50元

芳洲小镇/广东省社会科学院文学研究所，佛山市文学艺术工作者联合会编.—广州：花城出版社，1990.11.—218页；大32开.—ISBN 7-5360-0736-1：4.60元

走自己的路：郭素芝新闻作品选/郭素芝著.—石家庄：河北人民出版社，1990.9.—388页；32开.ISBN 7-202-00770-3：4.00元

走向社会实践之路/浙江省中专教育研究会学生工作分会编.—杭州：杭州大学出版社，1990.5.—164页；32开.—ISBN 7-81035-029-3：1.90元

李耐因通讯评论选/李耐因著.—北京：新华出版社，1990.10.—219页：照片；32开.—（中国记者丛书）.—ISBN 7-5011-0762-9：2.75元

医苑采风：全国先进工作者事迹选录/王荣江主编.—济南：山东大学出版社，1990.1.—66页；32开.—ISBN 7-5607-0309-7：0.99元

时代的风采/吴洪春著.—南京：河海大学出版社，1990.9.—181页：照片；32开.—ISBN 7-5630-0300

-2：2.80元

时代的履印：福建改革开放十年/新华通讯社福建分社编.—北京：新华出版社，1990.12.—683页；32开.—ISBN 7-5011-0988-5：8.00元

时代精神：白求恩等15人业绩谱/黎小江，梁建中编.—广州：广东高等教育出版社，1990.4.—157页；32开.—ISBN 7-5361-0463-4：2.00元

我就是记者/刘时平著.—呼和浩特：内蒙古人民出版社，1990.1.—495页：照片；大32开.—（当代中国记者丛书）.—ISBN 7-204-00902-9：6.30元

没有归途的行程/杨仁金，高玉霞著.—北京：中国华侨出版公司，1990.3.—161页；32开.—ISBN 7-80074-101-X：2.35元

社会名流见访录/中国新闻社编.—北京：团结出版社，1990.2.—359页；32开.—ISBN 7-80061-158-2：4.50元

改革热门话题/徐永青等著.—北京：学苑出版社，1990.4.—255页；32开.—ISBN 7-80060-822-0：3.50元

迟到的忏悔：上海市监狱内外纪实/陆萍著.—上海：知识出版社，1990.9.—233页；32开.—ISBN 7-5015-5458-7：2.90元

陆灏新闻作品选/陆灏著.—上海：文汇出版社，1990.11.—437页；大32开.—ISBN 7-80531-132-3：5.80元

现代启示录：社会纪实/武汉晚报编.—武汉：长江文艺出版社，1990.8.—266页；32开.—ISBN 7-5354-0365-4：3.00元

现场短新闻：首届评选获奖作品集/中华全国新闻工作者协会国内部编.—北京：新华出版社，1990.6.145页；32开.—ISBN 7-5011-0834-X：1.80元

奉献者之歌/高文远等主编；河北人口报社编.—石家庄：河北人民出版社，1990.6.—225页；大32开.ISBN 7-202-00680-4：3.20元

奉献者之歌：全国技工学校毕业生先进事迹选编/劳动部培训司编.—北京：中国劳动出版社，1990.7.—81页；32开.—ISBN 7-5045-0571-4：0.95元

奋进奏鸣曲/杨石著.—北京：中国广播电视出版社，1990.12.—350页；32开.—ISBN 7-5043-0834-X：5.00元

拥抱太阳/储慧中著.—南京：南京出版社，1990.10.—272页；大32开.—ISBN 7-80560-336-7：3.40元

"金马"人物选萃："金马"人物特写征文佳作/《人民日报》文艺部编.—北京：人民日报出版社，1990.12.—254页；32开.—ISBN 7-80002-123-8：3.30元

采光曲：新闻作品集/雍启昌著.—北京：中国展望出版社，1990.9.—344页；32开.—ISBN 7-5050-0859-5：4.50元

法律之争与新闻大战/李国杰著.—沈阳：辽宁人民出版社，1990.8.—202页；32开.—ISBN 7-205-01559-6：2.80元

学习雷锋的好榜样/曹阳，罗富钧主编.—沈阳：辽宁人民出版社，1990.6.—404页；32开.—ISBN 7-205-01465-4：4.55元

话说天津的地·事·人：对外通讯报道文集/夏华著.—天津：天津社会科学院出版社，1990.10.240页；32开.—ISBN 7-80563-110-7：4.00元

春风十年：新闻作品选/陈实，施维森主编.—北京：石油工业出版社，1990.8.—562页；32开.（首届全国石油职工文化大赛丛书/张江一主编）.ISBN 7-5021-0467-4：5.00元

南风之恋：关傗新闻作品集/关健著.—广州：广东旅游出版社，1990.12.—337页；32开.—（"广东记者"系列）.—ISBN 7-80521-157-4：4.60元

南国情/刘家肃著.—南宁：广西民族出版社，1990.11.—201页；36开.—ISBN 7-5363-0970-8：2.90元

荒火中的觉醒/吴昊主编.—北京：人民日报出版社，1990.5.—533页：彩照；大32开.—ISBN 7-80002-139-4：7.50元

本书是本反映民族地区变化、讴歌民族团结进步、描绘民族风情的书。

残荷有藕：中央人民广播电台《残疾人之友》节目广播稿选/蔡志评，张仲可编.—北京：华夏出版社，1990.3.—271页；32开.—ISBN 7-80053-690-4：3.20元

面对大地的震颤/青海省抗震救灾指挥部等编.—西宁：青海人民出版社，1990.7.—348页；大32开.ISBN 7-225-00398-4：5.80元

本书记述了90年4月26日青海省海南州共和、兴海一带地震后，军民抗震救灾和各地支援的感人事迹。

昨天：蔡虹新闻作品选/蔡虹著.—成都：四川民族出版社，1990.9.—350页；32开.—ISBN 7-5409-0513-1：3.90元

看今朝：电视系列报道/中央电视台《看今朝》编辑组编著.—沈阳：春风文艺出版社，1990.9.—212页；大32开.—ISBN 7-5313-0423-6：3.40元

重庆广播新闻作品选/《重庆广播新闻作品选》编委会编.—北京：中国广播电视出版社，1990.2.177页；32开.—ISBN 7-5043-0394-1：2.50元

追寻红七军足迹/河池日报社编.—南宁：广西人民出版社，1990.12.—199页；32开.—ISBN 7-219-01737-5：2.75元

追踪时代的足迹：新时期军事报道/冒雨吉著.—沈阳：白山出版社，1990.10.—239页；32开.—ISBN

7-80566-147-2：3.35元

客从台湾来/史铮主编，辽宁省人民政府台湾事务办公室编.—北京：华艺出版社，1990.9.—246页；32开.—ISBN 7-80039-366-6

突起的民族异军/石生泰，王锡龄编.—兰州：甘肃民族出版社，1990.4.—137页；32开.—ISBN 7-5421-0054-8：2.10元

本书收入描写少数民族乡镇企业家的人物通讯40篇。

美的心曲/刘世权主编.—武汉：湖北人民出版社，1990.8.—142页；32开.—ISBN 7-216-00598-8：1.60元

神奇的克拉玛依/韩文辉著.—北京：新华出版社，1990.11.—227页；32开.—ISBN 7-5011-0783-1：2.75元

本书是一部描述新疆建设成就和歌颂建设者的通讯集。

珠江少男少女广角镜/刘小玲著.—成都：四川少年儿童出版社，1990.8.—137页；48开.—（中学生文化快餐丛书/金逸铭主编）.—ISBN 7-5365-0592-2：1.12元

耕耘绿神州/张文祥著.—大连：大连出版社，1990.4.—431页；32开.—ISBN 7-80555-292-4：3.80元

桃李林：献给山东师范大学建校40周年/常立学等主编.—济南：山东教育出版社，1990.6.—365页；大32开.—ISBN 7-5328-1033-X：4.00元

铁军/王胜文，狄富运主编.—北京：海潮出版社，1990.6.—409页；32开.—ISBN 7-80054-172-X：5.50元

铁路获奖新闻选评/韩泰成等编.—北京：中国铁道出版社，1990.12.—239页；32开.—ISBN 7-113-00998-0：3.45元

留给八十年代的背影：中国企业家备忘录/李林栋著.—北京：企业管理出版社，1990.5.—169页；32开.—ISBN 7-80001-118-6：2.30元

烛光/杨春贤著.—青岛：青岛海洋大学出版社，1990.12.—274页；32开.—ISBN 7-81026-124-X：3.00元

收集在本书中的作品大都见诸《青岛时报》。按内容分为五个部分：烛光篇、教改篇、磨砺篇、成才篇和重教篇。

晨光集/李广林，李兴岱著.—合肥：安徽文艺出版社，1990.3.—200页；大32开.—ISBN 7-5396-0385-2：2.70元

本书介绍了战斗在各条战线、各个岗位上的平凡的人物业绩。

採光曲：新闻作品集/雍启昌著.—北京：中国展望出版社，1990.9.—344页；32开.—ISBN 7-5050-0859-6：4.50元

崛起在三湘/湖南人民广播电台编.—长沙：湖南文艺出版社，1990.4.—553页；大32开.—ISBN 7-5404-0524-4：7.90元

银色的纽带：建设沈大高速公路的日日夜夜/谢怀基主编.—沈阳：辽宁人民出版社，1990.8.—219页；大32开.—ISBN 7-205-01539-1：5.00元

船厂今昔/李玉复，王鸿泽主编.—北京：中国广播电视出版社，1990.12.—419页；大32开.—ISBN 7-5043-0858-7：6.00元

情满大地　魂系青山：护林英雄任长生/中共湖北省委宣传部编.—武汉：湖北人民出版社，1990.8.110页；32开.—ISBN 7-216-00607-0：1.60元

裂变/杨帆，李斌著.—武汉：长江文艺出版社，1990.5.—157页；32开.—ISBN 7-5354-0326-3：2.00元

本书记述了湖北当阳建陶公司彩釉砖厂厂长刘家金的事迹。

湖北边界纪行/湖北人民广播电台编.—武汉：长江文艺出版社，1990.4.—296页；32开.—ISBN 7-5354-0308-5：3.50元

渤海双拥潮/孙思敬等主编.—济南：黄河出版社，1990.2.—393页；32开.—ISBN 7-80558-116-9：3.30元

本书收入的通讯、经验、文件和讲话，介绍了长岛军民“双拥共建”的事迹。

登攀路上：王钟人新闻作品集/王钟人著.—西安：陕西人民教育出版社，1990.3.—216页；32开.—ISBN 7-5419-1467-3：2.50元

盛盾之歌：汕头公安破案纪实/林添泉等编著.—北京：中国广播电视出版社，1990.7.—212页；32开.ISBN 7-5043-0554-5：3.95元

蓦然回首：新闻专访通讯选/栾菊龄著.—海口：南海出版公司，1990.10.—272页；32开.—（珊瑚丛书）.—ISBN 7-80570-270-5：3.40元

雷锋精神在这里闪光/张澄宇，谭国忠主编.—长春：长春出版社，1990.2.—268页；32开.—ISBN 7-80573-155-1：3.50元

本书是一部通讯特写集，收录了34位学雷锋先进人物和两个先进集体的事迹。

路工颂/黄展贵主编.—广州：广东高等教育出版社，1990.12.—205页；32开.—ISBN 7-5361-0607-6：3.05元

路，在他们脚下延伸：微型人物通讯集/杨树森主编.—桂林：广西师范大学出版社，1990.3.—198页；32开.—ISBN 7-5633-0764-8：2.30元

本通讯集从不同角度反映了柳州地区49位先进典型在改革中的先进事迹，记录了他们所走过的艰苦历程。

遥远神秘的地方/袁亚平著.—北京：海潮出版社，1990.6.—190页；32开.—ISBN 7-80054-123-1：2.50元

新华社中青年记者短新闻选萃/张持坚等选编.—哈

尔滨：哈尔滨出版社，1990.7.—361页；36开.—ISBN 7-80557-285-2：4.80元

新华社好稿选：1987/新华社新闻研究所编.—北京：新华出版社，1990.4.—366页；大32开.—ISBN 7-5011-0611-8：5.30元

新华社好稿选：1988/新华社新闻研究所编.—北京：新华出版社，1990.5.—400页；大32开.—ISBN 7-5011-0621-5：5.75元

新时代的年轻人/共青团北京市委员会编.—北京：北京理工大学出版社，1990.5.—156页；32开. ISBN 7-81013-349-7：1.95元

本书是反映80年代北京各行业优秀青年先进事迹的人物特写集，共收集了18位青年的事迹。

新浪潮在冲击/周祖贵著.—广州：广东旅游出版社，1990.11.—341页；32开.—（广东记者系列）. ISBN 7-80521-182-5：4.30元

碧海丹心：记雷锋式的好船员、好民兵严力宾烈士/中共青岛市委宣传部等编.—青岛：青岛出版社，1990.4.—100页；32开.—ISBN 7-5436-0479-5：1.40元

漫湾：历史上的惊叹号/杨选民著.—昆明：云南人民出版社，1990.2.—446页；地图；32开.—ISBN 7-222-00550-1：6.00元

本书介绍了漫湾水电站的情况。

影视人物/张挺主编.—大连：大连出版社，1990.10.—186页；32开.—ISBN 7-80555-326-2：2.40元

辙印：江苏公交风流人物录/欣民主编.—南京：南京出版社，1990.9.—222页；32开.—ISBN 7-80560-238-7：3.00元

翰之传人/刘纯华，李正堂著.—北京：昆仑出版社，1990.5.—157页；32开.—ISBN 7-80040-185-5：3.30元

本书报导了农民书法家王学仲、孙兆溥、彭云程、李金城等的经历。

瞬间投影/马增奇著.—长春：吉林人民出版社，1990.12.—163页；32开.—ISBN 7-206-00953-0：2.70元

癌症≠死亡：上海癌症患者俱乐部纪实/黄京尧等编.—上海：上海人民出版社，1990.12.—166页；32开.—ISBN 7-208-01033-1：2.80元

巍巍钢城/中共武钢委员会宣传部编.—武汉：武汉出版社，1990.6.—276页；32开.—ISBN 7-5430-0348-1：3.50元

I 26 散 文

一文一画/杨金鼎等注释；唐明生，王玲绘画.—西安：未来出版社，〔1990〕.—201页；大32开

万里长城文选/任文京，韩盼山主编.—石家庄：河北少年儿童出版社，1990.8.—375页；大32开.（中国万里长城丛书）.—ISBN 7-5376-0570-X：4.80元

本书所选文章由汉至今，包括论述性文字、考实性文字以及记游性文字。

中华爱国文萃：历代血书、檄文、绝命辞选/张耀辉，潘晓泉选注.—合肥：安徽文艺出版社，1990.7.—225页；32开.—ISBN 7-5396-0255-4：2.80元

I 262/265 古代作品

三峡文荟/谭传树选注.—北京：文津出版社，1990.6.—207页；32开.—ISBN 7-80554-012-8：3.10元

历代文选 上册/冯其庸等编.—北京：中国青年出版社，1990.8.—407页；32开.—（青年文库：新编本；29）.—ISBN 7-5006-0734-2

历代文选 下册/冯其庸等编.—北京：中国青年出版社，1990.8.—348页；32开.—（青年文库：新编本；30）.—ISBN 7-5006-0734-2

古文观止·续古文观止鉴赏辞典/关永礼主编.—上海：同济大学出版社，1990.6.—1123页；32开. ISBN 7-5608-0521-3（精装）：22.00元

本书共收《古文观止》、《续古文观止》二书中的精萃文章266篇，采用原文、注释、赏析三者合一的形式编成。

古代名将传记选/金连城，夏秀流选注.—合肥：黄山书社，1990.7.—428页；大32开.—ISBN 7-80535-165-1：5.80元

苏轼文选注/（宋）苏轼著；周慧珍选注.—太原：山西教育出版社，1990.6.—371页；大32开.—ISBN 7-80578-190-7：5.60元

苏轼散文选注/（宋）苏轼著；王水照，王宜瑗选注.—上海：上海古籍出版社，1990.6.—249页；32开.—（中国古典文学作品选读）.—ISBN 7-5325-0679-7：2.55元

两汉文举要/高步瀛选注；陈新点校.—北京：中华书局，1990.9.—295页；32开.—ISBN 7-101-00662-0：5.40元

本书选文27篇，基本上代表了两汉文的精华。

吴汝纶尺牍/（清）吴汝纶著；徐寿凯，施培毅校点.—合肥：黄山书社，1990.2.—416页；大32开.（安徽文苑丛书）.—ISBN 7-80535-150-3：6.00元

唐宋八大家笔记文选/（唐）韩愈等著；浦金洲编著.—南京：江苏教育出版社，1990.6.—246页；大32开.—ISBN 7-5343-1056-3：2.75元

诸葛亮文选译/（三国）诸葛亮著；袁钟仁译注. 成都：巴蜀书社，1990.—183页；插图；32开.（古代文史名著选译丛书：魏晋南北朝/章培恒等主编）.—国家教委古籍整理"七·五"规划重点项目. ISBN 7-80523-357-8

清代五十家文选/李茂肃选注.—济南：山东文艺出

版社，1990.11.—423页；大32开.—ISBN 7-5329-0521-7：6.40元

清代名人书札　（中）/《清代名人书札》编写组编.—北京：北京师范大学出版社，1990.4.—381页；大32开.—ISBN 7-303-00403-3（精装）：25.00元

清代名人书札　（下）/《清代名人书札》编写组编.—北京：北京师范大学出版社，1990.8.—437页；大32开.—ISBN 7-303-00886-1（精装）：27.00元

粤东闻见录/（清）张渠撰；程明校点·**南越游记**/（清）陈徽言撰；谭赤子校点.—广州：广东高等教育出版社，1990.1.—1册（147，206页）；大32开.—（岭南丛书）.—ISBN 7-5361-0380-8：3.60元

I 266　五四以后作品

二十世纪中国女士散文选/洪烛，蒋谈编.—南宁：广西民族出版社，1990.6.—227页；32开.—（九十年代女士文库/洪烛，贾新栩主编）.—ISBN 7-5363-0836-1：2.50元

二十世纪中国女子美文选/佘树森编.—天津：百花文艺出版社，1990.6.—502页；32开.—ISBN 7-5306-0192-X：5.90元

本书收"五四"以来，近一个世纪的包括台、港和大陆的约60位女作家的近百篇散文。

艺林拾趣/郑逸梅著述；郑汝德整理.—杭州：浙江文艺出版社，1990.10.—357页；大32开.—ISBN 7-5339-0225-4：5.20元

中国现代书信选/孙嘉陵，谢昌詠编著.—北京：宝文堂书店，1990.7.—334页；32开.—（宝文堂尺牍丛书）.—ISBN 7-80030-183-4：3.80元

中国现代百家千字文/宫玺选编.—上海：上海文艺出版社，1990.8.—330页；32开.—ISBN 7-5321-0612-8：4.25元

本书选了蔡元培、梁启超、陈独秀等本世纪一百位作家的一百篇千字左右的短文，写景，咏物，抒情，言志等般般皆有；小品，随笔，杂感等种种齐备。

中国现代名家小品精选/夏建中，王小琪选编.—北京：中国人民大学出版社，1990.11.—361页；大32开.—ISBN 7-300-00849-6：5.25元

世故人情/钱理群编.—北京：人民文学出版社，1990.10.—214页；32开.—（漫说文化丛书）.ISBN 7-02-001097-0：2.45元

旧闻随笔/姚永朴著；张仁寿校注.—合肥：黄山书社，1989.3.—226页；大32开.—（安徽古籍丛书）.—ISBN 7-80535-052-3：2.70元

朱自清抒情散文/朱自清著；韦海英编.—北京：作家出版社，1990.7.—179页；32开.—ISBN 7-5063-0352-3：2.70元

孙福熙散文选集/孙福熙著；商金林编.—天津：百花文艺出版社，1990.6.—249页；大32开.—ISBN 7-5306-0483-X：3.45元

红毛长谈/萧乾著.—北京：台声出版社，1990.1.328页：肖像；32开.—ISBN 7-80062-036-0：3.20元

男男女女/黄子平编.—北京：人民文学出版社，1990.10.—235页；32开.—（漫说文化丛书）.ISBN 7-02-001093-8：2.65元

本书从我国本世纪浩繁的散文中，选出一些谈论"男与女"问题的，并带点文化意味的文章。

佛佛道道/陈平原编.—北京：人民文学出版社，1990.10.—219页；32开.—（漫说文化丛书）.ISBN 7-02-001096-2：2.50元

庐隐散文选集/庐隐著；钱虹编.—天津：百花文艺出版社，1990.6.—242页；大32开.—ISBN 7-5306-0493-7：3.35元

闲情乐事/陈平原编.—北京：人民文学出版社，1990.10.—251页；32开.—（漫说文化丛书）.ISBN 7-02-001095-4：2.80元

陈垣来往书信集/陈垣著；陈智超编注.—上海：上海古籍出版社，1990.6.—833页；大32开.—ISBN 7-5325-0328-3：8.90元

现代十六家小品/阿英编校.—影印本.—天津：天津市古籍书店，1990.8.—485页；大32开.—7.90元

本书据光明书局1935年铅印本影印。

林语堂著译人生小品集/远明编.—杭州：浙江文艺出版社，1990.11.—357页；32开.—ISBN 7-5339-0266-1：4.20元

郁达夫抒情散文/郁达夫著；倪建电选编.—北京：作家出版社，1990.8.—140页；32开.—ISBN 7-5063-0361-2：2.30元

郁达夫散文全编/郁达夫著；浙江文艺出版社编.杭州：浙江文艺出版社，1990.10.—659页；大32开.—ISBN 7-5339-0326-9：7.20元

郁达夫散文全编/郁达夫著；浙江文艺出版社编.杭州：浙江文艺出版社，1990.11.—659页；大32开.—ISBN 7-5339-0327-7（精装）：9.20元

废名散文选集/废名著；冯健男编.—天津：百花文艺出版社，1990.6.—148页；大32开.—ISBN 7-5306-0480-5：2.35元

孟实文钞/朱光潜著.—影印本.—上海：上海书店，1990.9.—208页；32开.—（京派文学作品专辑/姜德明主编）.—ISBN 7-80569-237-8：3.60元

本书据上海良友图书公司1936年版本影印。

胡适散文选集/胡适著；易竹贤编.—天津：百花文艺出版社，1990.6.—260页；大32开.—ISBN 7-5306-0482-1：3.60元

眉短眉长：徐志摩爱眉小札选/徐志摩著；徐如麒选编.—桂林：漓江出版社，1990.2.—126页；32开.ISBN 7-5407-0455-1：2.30元

退想斋日记/刘大鹏遗著；乔志强标注.—太原：山西人民出版社，1990.6.—615页；大32开.—（三晋古籍丛书）.—ISBN 7-203-01531-9：10.80元

俞平伯散文杂论编/俞平伯著.—上海：上海古籍出版社，1990.4.—549页；大32开.—ISBN 7-5325-0629-0（精装）：9.80元

本书收入作者自"五四"以来所发表的散文、杂论以及序跋、书评、日记等。

俞平伯散文杂论编/俞平伯著.—上海：上海古籍出版社，1990.4.—549页；大32开.—ISBN 7-5325-0628-2：7.30元

俞平伯散文选集/俞平伯著；孙玉蓉编.—天津：百花文艺出版社，1990.6.—274页；大32开.—ISBN 7-5306-0481-3：3.75元

谁最会享受人生/林语堂著.—2版.—武汉：湖北人民出版社，1990.8.—428页；32开.—ISBN 7-216-00222-9：4.90元

本书1989年5月第1版。

梁实秋读书札记/梁实秋著；刘天华，维辛编选.北京：中国广播电视出版社，1990.9.—253页；大32开.—ISBN 7-5043-0455-7：3.70元

蒋作宾日记/蒋作宾著；北京师范大学，上海市档案馆编.—南京：江苏古籍出版社，1990.10.—505页；大32开.—（民国名人日记丛书）.—ISBN 7-80519-195-6：9.50元

蒋作宾是我国著名外交家、政治活动家。本书是从他1929～1932年间所记4册日记中编选的。

雅舍菁华/梁实秋著.—长沙：湖南文艺出版社，1990.2.—287页；32开.—ISBN 7-5404-0501-5：3.60元

新疆游记/谢彬著；杨镰，张颐青整理.—乌鲁木齐：新疆人民出版社，1990.7.—333页；大32开.（历代西域文学家作品研究丛书）.—ISBN 7-228-01057-4：4.25元

本书是写于70余年前的一部西行日记。

I 267　建国后作品

一天云锦/方冰著.—北京：中国青年出版社，1990.4.—283页；32开.—ISBN 7-5006-0356-8：5.40元

一方绝胜秀太行：嶂石岩游记/张阵容，赵文编.北京：地质出版社，1990.8.—104页；32开.—ISBN 7-116-00560-9：1.65元

一朵午荷.洛夫散文选/洛夫著.—上海：上海文艺出版社，1990.10.—182页；32开.—ISBN 7-5321-0469-9：2.30元

七色光/屈兴岐著.—北京：华龄出版社，1990.8.195页；32开.—ISBN 7-80082-097-1：2.50元

八十年代散文精选：1980～1989/上海文艺出版社选编.—上海：上海文艺出版社，1990.1.—498页；大32开.—ISBN 7-5321-0460-5：5.85元

人生的履痕/陈章汉著.—福州：福建人民出版社，1990.7.—175页；36开.—（人生三昧系列）.ISBN 7-211-01209-9：1.75元

人生99/袁志发著.—呼和浩特：内蒙古人民出版社，1990.4.—278页；36开.—ISBN 7-204-00814-6：3.05元

人间自有真情在/陈晓兵著.—石家庄：花山文艺出版社，1990.3.—172页；大32开.—ISBN 7-80505-231-X：3.00元

人迹/贾平凹著.—广州：广东旅游出版社，1990.6.—139页；32开.—（人生丛书）.—ISBN 7-80521-156-6：2.50元

人情·人言·人格/杜卫东著.—西安：陕西人民出版社，1990.5.—136页；32开.—ISBN 7-224-01172-X：2.45元

本书收入杂文近40篇，有评述国内外政坛风云、国内社会心态、杂说人生际遇、论谈影视学术、闲话俗语等。

儿子·情人·我/谭谈著.—南昌：江西人民出版社，1990.3.—140页；36开.—ISBN 7-210-00841-1：2.00元

三更有梦书当枕/琦君著.—北京：中国友谊出版公司，1990.—188页；32开.—ISBN 7-5057-0308-0：2.60元

三味集/陈瑞苗著.—上海：上海三联书店，1990.4.—193页；32开.—ISBN 7-5426-0346-9：2.80元

大地的深情/中国水电文协编.—哈尔滨：北方文艺出版社，1990.12.—284页；大32开.—（中国水电文学丛书）.—ISBN 7-5317-0509-5：6.00元

大地的歌/彭景约著.—哈尔滨：北方文艺出版社，1990.2.—149页：照片；32开.—ISBN 7-5317-0312-2：2.45元

大西北行记/彭展著.—武汉：湖北人民出版社，1990.12.—282页：彩照及插图；32开.—ISBN 7-216-00666-6：3.70元

大红纸包的泥土/徐以芳著.—北京：中国妇女出版社，1990.11.—96页；32开.—ISBN 7-80016-466-7：1.40元

大连新时期杂文选/于景宁，王绍斌主编.—大连：大连出版社，1990.1.—324页；32开.—ISBN 7-80555-229-0：3.90元

大河东流/翟向东著.—石家庄：花山文艺出版社，1990.8.—326页；32开.—ISBN 7-80505-347-2：5.00元

大学女生日记/西茜凤著.—北京：中国友谊出版公司，1990.7.—380页；32开.—ISBN 7-5057-0274-2：4.50元

大学记事/左森著.—天津：天津教育出版社，1990.5.—238页；大32开.—ISBN 7-5309-0878-2：3.90元

大海的梦幻/刘纯华著.—北京：海洋出版社，1990.10.—332页；大32开.—ISBN 7-5027-1076-0：4.20元

大家谈/甘肃人民广播电台新闻部编.—兰州：兰州大学出版社，1990.2.—242页；32开.—ISBN 7-311-00231-1：2.48元

上海杂文选：1987～1989/罗竹风主编.—上海：上海文艺出版社，1990.12.—493页；大32开.—ISBN 7-5321-0667-5：6.80元

山与水山和弦/李仲恒，欧阳斌著.—北京：改革出版社，1990.11.—177页；32开.—ISBN 7-80072-126-4：2.50元

山水也依依/汤世民，刘克嘉编选.—桂林：漓江出版社，1990.2.—287页；32开.—ISBN 7-5407-0529-9：3.60元

山水风流/尧山壁著.—石家庄：花山文艺出版社，1990.6.—136页；32开.—(河北新时期散文丛书；4).—ISBN 7-80505-316-2：2.00元

山水清音/钟子硕著.—广州：广东旅游出版社，1990.12.—284页；32开.—ISBN 7-80521-178-7：4.50元

本书分散文篇、特写篇和游记篇3部分。

山城水清清/沈世豪著.—南昌：百花洲文艺出版社，1990.6.—254页；36开.—(百花洲创作丛书).ISBN 7-80579-031-0：2.70元

广州朦胧夜/黄泳瑜著.—广州：花城出版社，1990.1.—225页；32开.—ISBN 7-5360-0486-9：3.45元

广语丝/欧阳山著.—北京：光明日报出版社，1990.10.—172页；36开.—ISBN 7-80014-918-8：1.95元

女性艺术之光/黄燎原等编著.—南宁：广西民族出版社，1990.7.—232页；32开.—(九十年代女士文库/洪烛，贾新栩主编).—ISBN 7-5363-0865-5：2.95元

小草的思念/蓝春雨著.—长春：时代文艺出版社，1990.12.—130页；36开.—ISBN 7-5387-0310-1：2.10元

小蜂房随笔/邵燕祥著.—天津：百花文艺出版社，1989.9.—296页；36开.—ISBN 7-5306-0235-7：5.90元

乡情/王忠范著.—呼和浩特：内蒙古人民出版社，1990.8.—231页；32开.—ISBN 7-204-00915-0：2.60元

历史·山川·眉山人/刘川眉等著.—成都：四川人民出版社，1990.6.—159页；32开.—(我爱家乡丛书/韩邦彦主编).—ISBN 7-220-01031-1：2.00元

天下旅店纵横谈/李玉林主编.—天津：百花文艺出版社，1990.12.—266页；32开.—(城市人丛书).ISBN 7-5306-0603-4：3.15元

天风海雨集/胡天风著.—武汉：长江文艺出版社，1990.6.—210页；32开.—ISBN 7-5354-0345-X：2.60元

天命集：谷世泰散文选/谷世泰著.—北京：华龄出版社，1990.7.—492页；32开.—ISBN 7-80082-077-7：5.40元

天南海北集/海笑著.—北京：中国华侨出版公司，1990.8.—243页；32开.—ISBN 7-80074-232-6：3.15元

天堂的苹果/杨清龙著.—南宁：广西人民出版社，1990.12.—164页；32开.—ISBN 7-219-01725-1：2.50元

无心集/卢兰琪著.—济南：山东文艺出版社，1990.6.—127页；36开.—(百合花散文丛书/金凯主编).—ISBN 7-5329-0443-1：1.75元

韦绝荞碎笔/邹振亚著.—济南：山东文艺出版社，1990.12.—252页；大32开.—ISBN 7-5329-0525-X：4.15元

廿四史纵横谈/黄静林著.—北京：中国卓越出版公司，1990.7.—243页；大32开.—ISBN 7-80071-383-0：3.95元

艺术与人生/赵莱静，陈云发选编.—北京：中国文联出版公司，1990.4.—203页；32开.—(上海戏剧丛书).—ISBN 7-5059-1167-8：2.90元

艺苑奇葩录/唐安国著.—南京：南京出版社，1990.11.—144页；32开.—ISBN 7-80560-289-1：1.40元

五光十色的澳门/刘福荣著.—成都：四川科学技术出版社，1990.11.—207页，32开.—ISBN 7-5364-1420-X：3.40元

五彩云霞/王左生主编.—昆明：云南民族出版社，1990.10.—332页；32开.—ISBN 7-5367-0321-X：3.70元

五彩树/郭保林著.—郑州：中原农民出版社，1990.7.—510页；大32开.—ISBN 7-80538-173-9：5.45元

太行刺梅/张宝池著.—石家庄：河北人民出版社，1990.4.—174页；32开.—ISBN 7-202-00654-5：2.15元

中华古树大观/谢凤阳著.—长沙：湖南科学技术出版社，1990.6.—346页；大32开.—(科学散文系列广

播荟萃).—ISBN 7-5357-0813-7：5.50元

从河内到旧金山：四国之行随笔/吴健民著.—海口：三环出版社，1990.—209页；32开.—ISBN 7-80564-116-1：3.50元

父父子子/钱理群编.—北京：人民文学出版社，1990.10.—232页；32开.—(漫说文化丛书).ISBN 7-02-001094-6：2.60元

长短集/李鉴钊著.—昆明：云南民族出版社，1990.10.—291页；36开.—ISBN 7-5367-0323-6：3.50元

片羽集/杨苏著.—芒市：德宏民族出版社，1990.3.—159页；32开.—ISBN 7-80525-060-X：1.00元

月是故乡圆：台湾当代散文精选/吴昌荣编.—成都：四川文艺出版社，1990.5.—390页；32开.—ISBN 7-5411-0568-6：4.30元

文心雕虫/柯灵著.—天津：百花文艺出版社，1990.6.—208页；32开.—ISBN 7-5306-0494-5：2.80元

本书共收编作者的随笔、杂感、序跋、演讲等作品43篇。

火树银花：陈伯吹序文集/陈伯吹著.—兰州：甘肃少年儿童出版社，1990.10.—160页；大32开.—ISBN 7-5422-0390-8：2.30元

心之河/刘明文著.—天津：百花文艺出版社，1990.12.—228页；32开.—(散文之友丛书；第2辑).—ISBN 7-5306-0533-X：3.10元

心灵的轨迹：散文九家/《党的建设》副刊部编.兰州：敦煌文艺出版社，1990.12.—210页；32开.ISBN 7-80587-019-5：2.50元

心迹天涯/黄秋实著.—哈尔滨：黑龙江人民出版社，1990.12.—181页；32开.—ISBN 7-207-01749-9：3.00元

书祭/张建星著.—天津：百花文艺出版社，1990.12.—200页；32开.—ISBN 7-5306-0621-2：3.20元

水巷里的浮雕/陈益著.—上海：百家出版社，1990.12.—201页；32开.—(萌芽创作丛书；第1辑).—ISBN 7-80576-156-6：4.00元

石狮恋/黄明定著.—福州：海峡文艺出版社，1990.12.—186页；32开.—ISBN 7-80534-281-4：2.40元

未晚谈二编/林放著.—上海：上海人民出版社，1990.8.—384页；大32开.—ISBN 7-208-00888-4：6.60元

正风集/田林高著.—南京：江苏文艺出版社，1990.7.—181页；36开.—ISBN 7-5399-0199-2：2.50元

世俗闲品/刘成信著.—长春：吉林文史出版社，1990.5.—246页；32开.—ISBN 7-80528-235-8：3.20元

龙应台杂文精品/龙应台著；杨际岚选编.—福州：海峡文艺出版社，1990.9.—271页；大32开.—(台湾文学丛书).—ISBN 7-80354-267-9：3.75元

龙潭明珠/清流县电力公司，清流县文联编.—天津：百花文艺出版社，1990.12.—157页；32开.ISBN 7-5306-0618-2：2.35元

龙首寻秋/王国兴著.—沈阳：春风文艺出版社，1990.10.—182页；32开.—ISBN 7-5313-0416-3：2.80元

平凡的断想/秦绿枝著.—上海：上海教育出版社，1990.5.—162页；32开.—ISBN 7-5320-1847-4：1.55元

东鳞西爪集/何金铭著.—西安：陕西人民出版社，1990.4.—232页；32开.—ISBN 7-224-01114-2：3.80元

北窗杂谈/姚业涌著.—长春：东北师范大学出版社，1990.3.—239页；32开.—ISBN 7-5602-0409-0：3.00元

只看她一眼/顾文著.—南宁：广西人民出版社，1990.1.—227页；32开.—ISBN 7-219-01405-8：2.50元

四海集/邓星盈等著.—成都：成都出版社，1990.8.—286页；32开.—ISBN 7-80575-049-1：3.95元

出去看什么：灯下漫笔/刘乃季，王锐著.—延吉：延边人民出版社，1990.10.—181页；32开.—ISBN 7-80508-553-6：2.60元

处女海/周彦文著.—呼和浩特：内蒙古人民出版社，1990.1.—294页；32开.—ISBN 7-204-00710-7：3.40元

这本散文特写、杂文小品集融合经济学、社会学等多学科的知识，反映了当今社会的诸多方面。

生死存亡/余心言著.—成都：四川人民出版社，1990.5.—155页；32开.—ISBN 7-220-00955-9：2.30元

生命的写意/林云青著.—福州：福建人民出版社，1990.7.—115页；36开.—(人生三昧系列).—ISBN 7-211-01211-0：1.35元

记忆中的东流河/朱剑钟著.—西安：西北大学出版社，1990.5.—169页；32开.—ISBN 7-5604-0185-6：2.80元

写心集/惠浴宇著.—2版.—上海：上海人民出版社，1990.5.—272页；32开.—ISBN 7-208-00820-5：3.80元

本书1980年2月第1版，曾获1989年全国优秀散文集奖。

写生者/席慕蓉著.—北京：中国友谊出版公司，1990.4.—156页；32开.—ISBN 7-5057-0307-2：2.30元

写生者：席慕蓉散文素描集/席慕蓉著；雪君编．成都：四川文艺出版社，1990.4.—141页；32开．ISBN 7-5411-0636-4：2.90元

闪电中的鸟/瘦谷著．—哈尔滨：北方文艺出版社，1990.12.—117页；32开．—ISBN 7-5317-0425-0：3.50元

永不凋谢的花/白刃著．—北京：中国华侨出版公司，1990.12.—220页；32开．—ISBN 7-80074-320-9：2.75元

弘廉刺贪/张传生著．—济南：山东人民出版社，1990.2.—160页；32开．—ISBN 7-209-00617-6：2.45元

台湾艺术散文选（一）/郭枫主编．—天津：百花文艺出版社，1990.7.—418页；大32开．—（台湾新散文大系）．—ISBN 7-5306-0551-8（精装）：15.00元

台湾艺术散文选（二）/郭枫主编．—天津：百花文艺出版社，1990.7.—469页；大32开．—（台湾新散文大系）．—ISBN 7-5306-0552-6（精装）：15.45元

台湾艺术散文选（三）/郭枫主编．—天津：百花文艺出版社，1990.7.—485页；大32开．—（台湾新散文大系）．—ISBN 7-5306-0553-4（精装）：15.85元

台湾艺术散文选（四）/郭枫主编．—天津：百花文艺出版社，1990.7.—480页；大32开．—（台湾新散文大系）．—ISBN 7-5306-0554-2（精装）：15.70元

台静农散文集：1947～1989/陈子善编．—北京：人民日报出版社，1990.9.—199页；32开．—ISBN 7-80002-199-8：2.90元

台静农先生是鲁讯先生的挚友，不仅创作小说，研究古典文学，也善于写散文，本书编者精选了台先生入台以后撰写的各类散文。

司晨集/吴昊著．—沈阳：春风文艺出版社，1990.11.—420页；32开．—ISBN 7-5313-0424-4：5.30元

地球人对话/张抗抗著．—北京：中国华侨出版公司，1990.6.—314页：彩照；32开．—（大世界丛书：中国作家看外国/从维熙主编）．—ISBN 7-80074-118-4：4.00元

老一代革命家家书选/中共中央文献研究室编．—北京：中央文献出版社：三联书店，1990.2.—485页；大32开。—ISBN 7-5073-0034-X（精装）：11.20元

本书收入王稼祥、毛泽东等19位老一代革命家的家书。

西欧见闻录/胡忠贵著．—太原：山西人民出版社，1990.1.—229页；32开．—ISBN 7-203-01070-8：3.90元

西部军旅风情：李宝生散文集/李宝生著．—北京：解放军出版社，1990.10.—240页；32开．—ISBN 7-5065-1409-5：2.20元

西湖月/项冰如著．—杭州：浙江文艺出版社，1990.5.—282页；32开．—ISBN 7-5333-0319-6：2.60元

西藏春潮：一个记者关于西藏民主改革的日记/林田著．—北京：中国藏学出版社，1990.12.—214页；32开．—ISBN 7-80057-039-8：5.50元

在五星红旗下：中国残疾人联合会，中央人民广播电台庆祝建国40周年征文选/赵济华等主编．—北京：华夏出版社，1990.6.—331页；32开．—ISBN 7-80053-785-4：4.95元

在古老的土地上/张福信著．—济南：山东文艺出版社，1990.10.—417页；大32开．—ISBN 7-5329-0454-7：6.45元

在灿烂的土地上：遵义地区散文选集/遵义地区文学艺术界联合会，遵义地区企业家文艺家联谊会编．—贵阳：贵州人民出版社，1990.4.—538页；大32开．—ISBN 7-221-01487-6：6.00元

在国际飞机翼下/秦牧著．—北京：世界知识出版社，1990.10.—341页；32开．—ISBN 7-5012-0325-3：3.80元

本书是作者精选的外出访问散文集，共7辑，48篇。

在珠江金三角/碧野著．—重庆：重庆出版社，1990.10.—257页；32开．—ISBN 7-5366-1327-X：3.30元

当代中国青年情书荟萃/王安云主编．—上海：上海人民出版社，1990.7.—267页；32开．—ISBN 7-208-00863-9：3.20元

当代诗人情书选/张永健主编．—武汉：长江文艺出版社，1990.4.—326页；32开．—ISBN 7-5354-0305-0：3.80元

岁月忧欢/柳萌著．—北京：华龄出版社，1990.8.219页；32开．—ISBN 7-80082-108-0：2.80元

朱红色的沉思/冯艺著．—南宁：广西人民出版社，1990.3.—144页；大32开．—ISBN 7-219-01529-1：2.50元

行踪集/何青著．—重庆：重庆出版社，1990.10.195页：图；大32开．—ISBN 7-5366-1328-8：2.65元

杂拾漫语/赵润峰，魏广悦著．—海口：南海出版公司，1990.9.—347页：照片；32开．—ISBN 7-80570-142-3：1.90元

负暄续话/张中行著．—哈尔滨：黑龙江人民出版社，1990.7.—312页；大32开．—ISBN 7-207-01431-7：5.90元

本书是《负暄琐话》的续书。作者以行云流水、冲淡自然之笔写人、地、事、意，共50余篇。

多少风流/符启文著．—广州：广东旅游出版社，

1990.3.—279页；32开.—ISBN 7-80521-141-8：3.90元

多彩的边陲/王树生著.—乌鲁木齐：新疆人民出版社，1990.9.—195页；36开.—ISBN 7-228-01502-9：2.35元

多情的蔷薇：杂文卷/武春河，周兴华主编.—沈阳：春风文艺出版社，1990.5.—397页；大32开.(辽宁文学10年丛书：1979～1989/王充闾，林声主编).—ISBN 7-5313-0252-7：5.30元

刘成章散文选/刘成章著.—西安：陕西师范大学出版社，1990.6.—148页；32开.—(陕西作家散文丛书).—ISBN 7-5613-0321-1：1.80元

齐鲁情思/姜澍川著.—天津：百花文艺出版社，1990.3.—165页；32开.—(散文之友丛书；第1辑).—ISBN 7-5306-0457-0：2.40元

闯海南：外面的世界见闻录/齐凤翔著.—北京：中国社会出版社，1990.5.—111页；32开.—ISBN 7-80088-027-3：1.80元

灯火阑珊处/廖启良著.—广州：花城出版社，1990.12.—170页；32开.—ISBN 7-5360-0789-2：2.55元

江苏杂文选：1979～1989/乐秀良等主编.—南京：江苏人民出版社，1990.10.—394页；大32开.—ISBN 7-214-00573-5：5.70元

关于温柔的消息/沈花木著.—北京：中国友谊出版公司，1990.7.—181页；32开.—ISBN 7-5057-0309-9：2.50元

讲假说真录/陆先荣著.—武汉：长江文艺出版社，1990.7.—191页；32开.—ISBN 7-5354-0353-0：2.20元

那一方世界/唐冬眉主编.—南京：南京出版社，1990.11.—248页；36开.—(放鹤亭丛书：散文专集).—ISBN 7-80560-306-5：3.25元

那小溪，那小路/高文修著.—呼和浩特：内蒙古人民出版社，1990.11.—226页；大32开.—ISBN 7-204-01266-6：3.95元

寻找失落的梦/柳萌著.—北京：工人出版社，1990.10.—251页：图；32开.—ISBN 7-5008-0678-7：3.85元

寻找格林先生/罗强烈著.—成都：四川文艺出版社，1990.8.—327页；大32开.—ISBN 7-5411-0597-X：4.70元

阳朔仙境/苏理立著.—南宁：广西人民出版社，1990.3.—89页；36开.—(桂林揽胜丛书).—ISBN 7-219-01519-4：1.85元

如你在远方：台湾抒情散文选/阿默编.—广州：花城出版社，1990.6.—254页；32开.—ISBN 7-5360-0641-1：3.45元

红嘴相思鸟/季仲著.—福州：海峡文艺出版社，1990.3.—349页；36开.—ISBN 7-80534-223-7：3.85元

远山的野百合/林万春著.—福州：海峡文艺出版社，1990.10.—181页；32开.—ISBN 7-80534-284-9：2.30元

远远的山/景斌著.—西安：华岳文艺出版社，1990.5.—218页；32开.—ISBN 7-80549-288-3：2.70元

杨启云游记散文选/杨启云著.—昆明：云南大学出版社，1990.6.—196页；36开.—ISBN 7-81025-053-1：2.78元

花与刺：玉采、明贵杂文选/吴彩法，陈明贵著.南宁：广西人民出版社，1990.9.—303页；32开.ISBN 7-219-01593-3：3.45元

花之音：席慕蓉新作欣赏/席慕蓉著.—成都：四川文艺出版社，1990.2.—164页；32开.—ISBN 7-5411-0633-X：2.90元

花边一百三：湖南四十年杂文选/湖南杂文学会编.—长沙：湖南文艺出版社，1990.3.—275页；大32开.—ISBN 7-5404-0511-2：3.60元

花信风/卞卡著.—济南：山东文艺出版社，1990.9.—234页；大32开.—ISBN 7-5329-0526-8：3.85元

苍山碧水的记忆/冯复加著.—青岛：青岛出版社，1990.2.—199页；32开.—ISBN 7-5436-0437-X：2.55元

芳草情/李延柱著.—南宁：广西民族出版社，1990.3.—220页；32开.—ISBN 7-5363-0673-3：2.50元

赤水情丝/谭智勇著.—北京：人民日报出版社，1990.1.—100页：照片；32开.—ISBN 7-80002-250-1：1.70元

两种日记抄/何金铭著.—西安：陕西人民教育出版社，1990.9.—197页；32开.—ISBN 7-5419-1586-6：2.20元

抗美援朝散文选粹/张文苑主编.—北京：解放军文艺出版社，1990.9.—346页；大32开.—ISBN 7-5033-0173-2：4.80元

报海徜徉：军事记者手记/路知音著.—沈阳：白山出版社，1990.6.—298页；32开.—ISBN 7-80566-121-9：3.85元

吹沙居杂文/刘金著.—上海：学林出版社，1990.5.—384页；32开.—ISBN 7-80510-446-8：4.85元

别是滋味/李佩芝著.—天津：百花文艺出版社，1990.3.—208页；32开.—ISBN 7-5306-0398-1：2.60元

男儿有泪/黄先荣著.—北京：中国华侨出版公司，

1990.6.—188页；32开.—(杂文集粹).—ISBN 7-80074-366-7：2.35元

我比大庆小两岁：散文获奖作品选/樊廉欣主编.北京：石油工业出版社，1990.11.—156页；32开.(首届全国石油职工文化大赛丛书/张江一主编).ISBN 7-5021-0546-8(精装)：1.60元

我的母亲/魏中天主编.—济南：山东文艺出版社，1990.8.—343页；32开.—ISBN 7-5329-0496-2：4.85元

我将归来开放：李敖作品选/李敖著.—北京：中国友谊出版公司，1990.10.—275页；32开.—ISBN 7-5057-0299-8：3.60元

庐山草木随笔/汪国权编著.—北京：中国林业出版社，1990.2.—239页；32开.—ISBN 7-5038-0404-1：3.20元

这十年/萧乾著.—重庆：重庆出版社，1990.4.568页：照片；大32开.—ISBN 7-5366-0716-4：7.65元

忧思集/余心言著.—北京：北京出版社，1990.3.126页；32开.—ISBN 7-200-00943-1：1.80元

本书收入作者1988年间发表的38篇杂文。

沉沦/杨羽仪著.—北京：中国青年出版社，1990.5.—361页；32开.—ISBN 7-5006-0486-6：5.55元

张岐散文选/张岐著.—济南：山东文艺出版社，1990.12.—372页；大32开.—(山东作家作品选集系列丛书).—ISBN 7-5329-0505-5：5.80元

灵魂的魅力：科学散文集/丁向东著.—西安：陕西人民出版社，1990.7.—289页；32开.—ISBN 7-224-01276-9：4.30元

阿O外传/高鹏著.—太原：北岳文艺出版社，1990.10.—152页；32开.—ISBN 7-5378-0422-2：3.00元

陈大斌通讯散文选/陈大斌著.—北京：新华出版社，1990.7.—225页：照片；32开.—(中国记者丛书).—ISBN 7-5011-0666-5：2.80元

陈虞孙杂文随笔选/陈虞孙著.—上海：文汇出版社，1990.5.—228页；32开.—ISBN 7-80531-116-1：3.00元

环球国庆礼赞/邓耘，宇珍编.—太原：山西人民出版社，1990.3.—265页；32开.—ISBN 7-203-01450-9：4.05元

青年信札探美/朱伯荣，浦慧根编著.—桂林：广西师范大学出版社，1990.7.—145页；32开.—ISBN 7-5633-0884-9：1.85元

青春少女自画像/黄燎原等著.—南宁：广西民族出版社，1990.7.—195页；32开.—(九十年代女士文库/洪烛，贾新栩主编).—ISBN 7-5363-0835-3：2.50元

青春边关路：杨战宏散文·通讯集/杨战宏著.兰州：兰州大学出版社，1990.2.—309页；32开.ISBN 7-311-00288-5：2.95元

青春的轨迹/东缨著.—沈阳：沈阳出版社，1990.1.—266页；32开.—ISBN 7-80556-092-7：2.60元

青春的烦脑/罗兰著.—北京：中国友谊出版公司，1990.9.—262页；32开.—ISBN 7-5057-0322-6：3.30元

青春寄语/沈青编.—沈阳：辽宁人民出版社，1990.9.—132页；32开.—ISBN 7-205-01588-X：2.00元

青春湖：走向社会的大学生/王锡生等主编.—昆明：云南大学出版社，1990.11.—167页；32开.ISBN 7-81025-087-6：2.95元

青萍集/尤纪泉著.—上海：上海人民出版社，1990.1.—192页；32开.—ISBN 7-208-00731-4：3.30元

林非散文选/林非著.—济南：山东文艺出版社，1990.9.—266页；大32开.—ISBN 7-5329-0451-2：4.10元

苦竹寨的星光/元华著.—贵阳：贵州民族出版社，1990.9.—218页：照片；32开.—ISBN 7-5412-0135-9：3.40元

荀良散文选/荀良著.—西安：陕西师范大学出版社，1990.5.—142页；32开.—(陕西作家散文丛书).—ISBN 7-5613-0330-0：1.80元

画人漫笔/毕克官著.—上海：上海文艺出版社，1990.3.—77页；24开.—(画人行脚丛书；4).ISBN 7-5321-0396-X：4.00元

画报文选：1985～1990/人民画报社编.—北京：中国画报出版公司，1990.6.—462页；大32开.—ISBN 7-80024-068-1：4.50元

雨中的紫丁香/罗兰著.—北京：中国友谊出版公司，1990.9.—240页；32开.—(罗兰作品；2).ISBN 7-5057-0321-8：3.10元

雨中的紫丁香：台湾女性抒情散文/席慕蓉等著；水湄编选.—广州：花城出版社，1990.5.—253页；32开.—(八方丛书).—ISBN 7-5360-0572-5：3.25元

雨花女/许墨林著.—天津：百花文艺出版社，1990.12.—199页；小32开.—ISBN 7-5306-0617-4：2.50元

雨暴风狂时节/刘黑枷著.—沈阳：沈阳出版社，1990.11.—190页；32开.—ISBN 7-80556-185-5：2.40元

奋斗与命运/程约汉主编.—昆明：云南人民出版社，1990.10.—205页；32开.—(安宁县史志丛书).—ISBN 7-222-00734-2：3.55元

抱璞集/孟济元著.—南京：江苏人民出版社，1990.9.—224页；32开.—ISBN 7-214-00553-0：2.60元

本书选收作者的杂文、随笔、漫谈百余篇。

褒子/李斌著.—武汉：长江文艺出版社，1990.2.85页；32开.—ISBN 7-5354-0295-X：1.20元

罗兰小语　第二部/罗兰著；亦洁编选.—深圳：海天出版社，1990.7.—2册；大32开.—ISBN 7-80542-217-6：8.60元

国土与国风/沈吉庆著.—上海：学林出版社，1990.8.—328页；大32开.—ISBN 7-80510-514-6：4.95元

知人论世：人情世态面面观/司徒伟智著.—上海：同济大学出版社，1990.9.—247页；32开.—ISBN 7-5608-0614-7：2.40元

本书选编涉及时事的杂文97篇。

和平之子/杜志民著.—北京：军事科学出版社，1990.10.—169页；36开.—ISBN 7-80021-260-2：2.20元

和谷散文选/和谷著.—西安：陕西师范大学出版社，1990.6.—196页；32开.—(陕西作家散文丛书).—ISBN 7-5613-0332-7：2.20元

侃侃集/苏勃著.—北京：华艺出版社，1990.8.247页；32开.—ISBN 7-80039-347-X：2.90元

金马小语/金马著.—长春：吉林人民出版社，1990.8.—410页；大32开.—ISBN 7-206-00853-4(精装)：7.50元

金色人生/严翰秀，熊春寒主编.—南宁：广西民族出版社，1990.11.—98页；32开.—ISBN 7-5363-0987-2：1.60元

金色的小帆/吕中山主编.—哈尔滨：哈尔滨出版社，1990.11.—120页；32开.—ISBN 7-80557-325-5：1.60元

金陵好大雪/肖平著.—沈阳：白山出版社，1990.3.—167页；32开.—ISBN 7-80566-088-3：1.95元

金黄色的光线/董生龙，朱剑钟著.—西安：陕西人民出版社，1990.4.—184页；32开.—ISBN 7-224-01037-5：2.35元

金婚岁月/赵家欣，谢怀丹编.—福州：海峡文艺出版社，1990.10.—338页；36开.—ISBN 7-80534-275-X：3.25元

采撷现代人的风采：刊首寄语精选/辽宁青年杂志社编.—沈阳：辽宁人民出版社，1990.9.—254页；32开.—ISBN 7-205-01513-8：3.35元

京华古今建筑览胜/李武魁著.—北京：中国环境科学出版社，1990.7.—233页；32开.—ISBN 7-80010-678-0：4.50元

夜读臆札/周正举著.—天津：百花文艺出版社，1990.3.—256页；32开.—ISBN 7-5306-0354-X：3.30元

本书收入作者的文章29篇，其中有《也说‘落霞’》，《古人使用虚词趣谈》、《叠字词漫话》等。

夜宿竹楼/刘芳著.—天津：百花文艺出版社，1990.4.—166页；32开.—ISBN 7-5306-0415-5：2.40元

视听漫谈/张挺主编.—大连：大连出版社，1990.9.—178页；32开.—ISBN 7-80555-321-1：2.40元

细流集/杜裕青著.—北京：蓝天出版社，1990.8.214页；32开.—ISBN 7-80081-139-5：3.00元

春水伊人寄相思/陈慧瑛著.—北京：中国华侨出版公司，1990.11.—424页；32开.—ISBN 7-80074-308-X：5.60元

春光秋色行/润成著.—哈尔滨：哈尔滨出版社，1990.7.—142页；32开.—ISBN 7-80557-249-6：2.50元

春泥集/高占祥著.—天津：百花文艺出版社，1990.12.—292页；大32开.—ISBN 7-5306-0510-0(精装)：7.00元；(平装)：4.60元

春夏在西欧：一个京剧女演员的演出手记/陈朝红著.—上海：学林出版社，1990.3.—240页；大32开.—ISBN 7-80510-437-9：4.95元

故乡情/任远著.—济南：济南出版社，1990.10.233页；32开.—(历下文丛).—ISBN 7-80572-337-0：2.80元

南方的忧郁/郭小东著.—广州：广东旅游出版社，1990.10.—224页；32开.—ISBN 7-80521-171-X：3.20元

南极历险记/张继民著.—北京：煤炭工业出版社，1990.10.—148页；大32开.—ISBN 7-5020-0459-9：3.60元

南美散记/申万胜著.—北京：昆仑出版社，1990.3.—121页；32开.—ISBN 7-80040-195-2：1.60元

草叶集/杨朝飞，高桦主编.—北京：中国环境科学出版社，1990.10.—119页；32开.—ISBN 7-80010-698-5：2.00元

草原风/万炜明著.—呼和浩特：内蒙古人民出版社，1990.8.—246页；32开.—ISBN 7-204-00828-6：2.80元

赵丽宏散文选：1970～1988/赵丽宏著.—上海：三联书店上海分店，1990.3.—666页；大32开.—ISBN 7-5426-0216-0：12.80元

拾草集/魏桂粤著.—北京：解放军文艺出版社，1990.8.—198页；32开.—ISBN 7-5033-0154-6：2.90元

昨天的海/胡廷楣著.—上海：上海文艺出版社，1990.12.—242页；32开.—ISBN 7-5321-0549-0：3.45元

岧厘情/田樱著.—北京：国际文化出版公司，1990.10.—252页；32开.—ISBN 7-80049-658-9：4.85元

思：陈飞杂文、评论选/陈飞著.—天津：天津社会科学院出版社，1990.10.—340页；32开.—ISBN 7-80563-077-1：3.90元

香溪风情/黄德炎著.—武汉：湖北人民出版社，1990.4.—157页；32开.—ISBN 7-216-00551-1：1.90元

信物：席慕蓉抒情散文精品/席慕蓉著.—成都：四川文艺出版社，1990.1.—167页；32开.—ISBN 7-5411-0545-7：2.85元

泉水清清/秦生贤著.—西安：陕西人民出版社，1990.9.—225页；32开.—ISBN 7-224-01403-6：3.25元

胆识与奉献/朱信忠著.—北京：中国展望出版社，1990.3.—226页；32开.—ISBN 7-5050-0724-6：3.50元

总是难忘/苏叶著.—天津：百花文艺出版社，1990.1.—182页；32开.—ISBN 7-5306-0413-9：2.55元

这是一本带有女性美的散文集。

总是难忘：当代女作家散文选/张洁编.—北京：人民日报出版社，1990.1.—231页；36开.—ISBN 7-80002-245-5：2.70元

宫花寂寞红/魏毓庆著.—南京：江苏文艺出版社，1990.11.—202页；32开.—ISBN 7-5399-0210-8：2.70元

美与丑：许锦根评论集/许锦根著.—北京：知识出版社，1990.4.—323页；32开.—ISBN 7-5015-0190-4：4.00元

美利坚纪行/雪墨著.—哈尔滨：哈尔滨出版社，1990 6 —247页；32开.—ISBN 7-80557-046-9：2.80元

美妙的人生/郭光豹著.—太原：北岳文艺出版社，1990.10.—237页；32开.—ISBN 7-5378-0331-9：2.50元

送你一片云/贺中原著.—西宁：青海人民出版社，1990.9.—117页；大32开.—ISBN 7-225-00382-8：2.00元

迷人的十八家/袁采然著.—南宁：广西民族出版社，1990.7.—186页；32开.—ISBN 7-5363-0849-3：2.10元

迷濛的山路/顾曾著.—哈尔滨：北方文艺出版社，1990 2 —155页；32开.—ISBN 7-5317-0319-X：1.90元

说三道四集/康式昭，李世凯著.—北京：北京十月文艺出版社，1990.9.—264页；32开.—ISBN 7-5302-0176-X：3.60元

这是一部文艺随笔集。

祖国各地：中央电视台节目稿选/中央电视台专题部编.—武汉：湖北教育出版社，1990.2.—197页；32开.—ISBN 7-5351-0390-1：2.15元

神州风采/张志春著.—北京：中国广播电视出版社，1990.11.—209页；32开.—ISBN 7-5043-0779-3：3.00元

神奇的绿岛/陈慧瑛著.—成都：四川文艺出版社，1990.6.—408页；32开.—ISBN 7-5411-0548-1：3.38元

本书记述了菲律宾、新加坡、香港的人情风貌，社会百态

神秘的藏北无人区/张万象，唐召明著.—拉萨：西藏人民出版社，1990.4.—260页；32开.—ISBN 7-223-00349-9：2.40元

耕耘曲/重庆市中小学幼儿教师奖励基金会编；马中和主编.—重庆：重庆出版社，1990.8.—372页；大32开.—ISBN 7-5366-1426-8：3.95元

这是一本介绍重庆部分优秀教师动人事迹的散文集。

都市人/王小鹰著.—上海：上海文艺出版社，1990.9.—243页；32开.—（散文丛书）.—ISBN 7-5321-0582-2：3.35元

荷花赋/颖川著.—石家庄：花山文艺出版社，1990.3.—163页；32开.—（河北新时期散文丛书；10）.—ISBN 7-80505-279-4：1.80元

夏日的梦/舒凌主编.—兰州：甘肃人民出版社，1990.6.—344页；32开.—（微型文丛）.—ISBN 7-226-00615-4：3.80元

原上草/孙建清著.—济南：山东文艺出版社，1990.9.—173页；36开.—ISBN 7-5329-0491-1：2.50元

本书收杂谈随笔97篇。

特区的心鼓/卢绍武著.—西安：陕西人民出版社，1990.1.—228页；32开.—ISBN 7-224-00940-7：3.45元

这是一部以深圳特区改革开放与主旋律的评论、杂文集。

钻石之光/彭乐田著.—西安：陕西人民出版社，1990.1.—158页；32开.—ISBN 7-224-01077-4：2.60元

笔不花/梁羽生著.—北京：中国友谊出版公司，1990.7.—295页；32开.—ISBN 7-5057-0292-0：4.00元

爱心的漂泊/伊人著.—上海：上海教育出版社，1990.5.—172页；32开.—ISBN 7-5320-1843-1：1.60元

爱在人间：散文集/李存修著.—广州：广东旅游出版社，1990.10.—250页；32开.—ISBN 7-80521-169-8：3.50元

爱的花束：散文集/陈丽，阎豫昌著.—郑州：文心

出版社，1990.2.—226页；32开.—ISBN 7-80537-256-X：1.90元

爱的原野/林万春著.—天津：百花文艺出版社，1990.4.—163页；32开.—ISBN 7-5306-0504-6：2.45元

爱的流泉/云南大理市下关文化馆编；尹明举著.北京：中国文联出版公司，1990.3.—352页；32开.ISBN 7-5059-1236-4：4.80元

爱，象青橄榄：当代大学生情话/严赤卫等主编.—武汉：武汉测绘科技大学出版社，1990.11.—154页；32开.—（大学生笔谈丛书）.—ISBN 7-81030-062-8：0.90元

爱情不独享/王小鹰著.—太原：北岳文艺出版社，1990.8.—339页；32开.—ISBN 7-5378-0386-2：3.70元

留澳日记/海伦著.—上海：上海翻译出版公司，1990.9.—144页；32开.—ISBN 7-80514-586-5：2.60元

旅途/聂波著.—南宁：广西民族出版社，1990.2.388页；32开.—ISBN 7-5369-0699-7：3.80元

旅德的故事/王安忆著.—南京：江苏文艺出版社，1990.9.—294页；32开.—（八月丛书）.—ISBN 7-5399-0153-5：3.50元

席慕蓉抒情散文精选/席慕蓉著；翁光宇编.—广州：花城出版社，1990.1.—211页；32开.—ISBN 7-5360-0523-7：3.15元

席慕蓉散文欣赏：芊芊芳草/席慕蓉著；明清，柯彦选析.—北京：学苑出版社，1990.3.—151页；32开.—ISBN 7-80060-165-X：2.25元

疾声集/李云青著.—天津：天津人民出版社，1990.8.—248页；32开.—ISBN 7-201-00611-8：3.95元

海上乱弹/江曾培著.—合肥：安徽文艺出版社，1990.8.—298页；32开.—ISBN 7-5396-0294-5：3.30元

浪漫季节/刘小玲著.—广州：花城出版社，1990.6.—175页；36开.—（如诗年华文库）.—ISBN 7-5360-0629-2：2.10元

读书与思考/许金坤著.—兰州：兰州大学出版社，1990.6.—210页；32开.—ISBN 7-311-00315-6：2.80元

“读好书，树理想，做一代新人”征文大赛获奖作品选/征文大赛办公室编.—长春：吉林教育出版社，1990.9.—288页；32开.—ISBN 7-5383-1103-3：4.40元

读常见书札记/周本淳著.—南京：江苏教育出版社，1990.3.—310页；大32开.—ISBN 7-5343-0745-7：2.90元

本书包括三方面的内容：关于古籍校点方面的意见，一些考据性的文章和诗词赏析。

难忘的两个月：征文获奖作品集/中共北京市委宣传部编.—北京：北京燕山出版社，1990.2.—202页；32开.—ISBN 7-5402-0197-5：1.80元

琐思与随想：一个青年干部的手记/刘云山著.—上海：上海人民出版社，1990.1.—233页；32开.—ISBN 7-208-00664-4：2.75元

黄土情/刘成章著.—天津：百花文艺出版社，1990.3.—194页；32开.—ISBN 7-5306-0350-7：2.75元

黄河九唱/朱国瑾著.—南京：南京出版社，1990.7.—249页；36开.—ISBN 7-80560-219-0：3.25元

梦中的灵芝/肖燕著.—杭州：浙江大学出版社，1990.11.—163页；32开.—ISBN 7-308-00638-7：2.00元

梦的记忆/吴泰昌著.—广州：花城出版社，1990.3.—278页；32开.—ISBN 7-5360-0527-X（精装）：5.80元

梦的记忆/吴泰昌著.—广州：花城出版社，1990.3.—278页；32开.—ISBN 7-5360-0526-1：3.80元

梦话·人语/林墉著.—广州：广东旅游出版社，1990.3.—231页；32开.—（人生丛书）.—ISBN 7-80521-144-2：3.50元

梦魂的旋流/冯志奇著.—南宁：广西民族出版社，1990.12.—213页；32开.—ISBN 7-5363-1060-9：2.80元

盛世明言/杨学武著.—武汉：武汉出版社，1990.8.—179页；32开.—ISBN 7-5430-0379-1：2.40元

晚晴小集/周代著.—武汉：长江文艺出版社，1990.11.—316页；32开.—ISBN 7-5354-0384-0：3.40元

蛇魂/陈广淦著.—福州：海峡文艺出版社，1990.10.—206页；32开.—ISBN 7-80534-276-8：2.50元

本书编纂了作者十几年来在报刊上发表过的科学小品、杂谈散文、小说故事等70多篇。

野旷天低树/杨闻宇著.—天津：百花文艺出版社，1990.10.—283页；32开.—ISBN 7-5306-0526-7：3.50元

野玫瑰/赵润峰主编.—长春：吉林人民出版社，1990.3.—348页；32开.—ISBN 7-206-00703-1：3.90元

悠悠乡路情/詹永春著.—沈阳：沈阳出版社，1990.11.—246页；32开.—ISBN 7-80556-184-7：4.20元

彩虹桥/邵晨著.—长春：时代文艺出版社，1990.5.—347页；32开.—ISBN 7-5387-0234-2：4.00元

鹿饮泉/谢强著.—西安：陕西人民出版社，1990.11.—226页；32开.—ISBN 7-224-01532-6：3.20元

情山恋水/王晓廉著.—哈尔滨：北方文艺出版社，1990.8.—169页；36开.—ISBN 7-5317-0851-3：2.85元

情丝/孟庆龙著.—济南：山东文艺出版社，1990.4.—134页；36开.—ISBN 7-5329-0409-1：2.40元

本书是一本有现代田园诗特色的散文集。

情殇/陈大柔著.—北京：北京出版社，1990.12.257页；32开.—ISBN 7-200-01188-6：3.70元

情路/严沁著.—广州：花城出版社，1990.12.185页；32开.—ISBN 7-5360-0787-6：2.95元

清风集/毛书征著.—济南：山东人民出版社，1990.2.—259页；32开.—ISBN 7-209-00629-X：3.25元

本书收作者近年来新撰的杂文、随笔精品百余篇。

清风漫语/林毅著.—北京：蓝天出版社，1990.4.—203页；32开.—ISBN 7-80081-074-7：2.90元

剪不断的乡愁/琼瑶著.—北京：作家出版社，1990.12.—246页；32开.—ISBN 7-5063-0241-1：3.10元

寄给飘落：罗兰散文/罗兰著.—深圳：海天出版社，1990.12.—180页；32开.—ISBN 7-80542-199-4：2.85元

寄情大自然/韩青著.—天津：百花文艺出版社，1990.5.—200元；32开.—(散文之友丛书；第1辑).—ISBN 7-5306-0469-4：2.75元

寂寞的爱/黄先荣著.—成都：四川文艺出版社，1990.9.—188页；32开.—(处女书系；第2辑/单基夫主编).—ISBN 7-5411-0623-2：2.55元

寂寞的感觉：罗兰散文/罗兰著.—深圳：海天出版社，1990.12.—175页；32开.—ISBN 7-80542-125-0：2.95元

随宜集/陈从周著.—上海：同济大学出版社，1990.5.—257页；32开.—ISBN 7-5608-0592-2：2.80元

随笔菁华/邱允盛，赵虹主编.—天津：天津社会科学院出版社，1990.5.—325页；32开.—ISBN 7-80563-058-5：3.90元

绿叶的光芒/梅南频著.—北京：中国华侨出版公司，1990.7.—200页；32开.—ISBN 7-80074-234-2：2.70元

绿色的语丝/林家治著.—南京：南京出版社，1990.11.—115页；32开.—ISBN 7-80560-364-2：3.00元

绿色座右铭/薛尔康著.—上海：上海人民出版社，1990.2.—194页；32开.—ISBN 7-208-00272-X：3.25元

绿柳情思/韦纬组著.—南宁：广西民族出版社，1990.2.—237页；32开.—(花山文库).—ISBN 7-5363-0752-7：2.25元

绿草地绿草地/杨兆三，高桦主编.—北京：中国环境科学出版社，1990.11.—268页；32开.—ISBN 7-80010-697-7：4.40元

斑斓人生/王晨著.—重庆：重庆出版社，1990.7.276页；32开.—ISBN 7-5366-1295-8：3.20元

散文选：1980～1990/海天出版社编著.—深圳：海天出版社，1990.8.—316页：照片；大32开.—(深圳特区文艺丛书/潘江津主编).—ISBN 7-80542-043-2：11.50元

趁你还年青/康启昌主编.—沈阳：辽宁少年儿童出版社，1990.8.—350页；大32开.—ISBN 7-5315-0725-0：3.50元

晴窗小札/郭风著.—福州：海峡文艺出版社，1990.2.—219页；32开.—ISBN 7-80534-207-5：2.80元

跋涉集/元辉著.—北京：解放军出版社，1990.10.—191页；32开.—ISBN 7-5065-1397-8：2.95元

黑土魂/钱万成著.—长春：吉林人民出版社，1990.9.—221页；32开.—ISBN 7-206-00881-X：3.00元

黑色旅程：人和自然的谜语：长卷游记/王中才著.—北京：解放军文艺出版社，1990.8.—205页；32开.—ISBN 7-5033-0165-1：3.10元

销魂集/王蔚桦著.—贵阳：贵州人民出版社，1990.6.—323页；36开.—ISBN 7-221-01646-1：3.50元

稀世之鸟/周涛著.—北京：解放军文艺出版社，1990.6.—203页；大32开.—ISBN 7-5033-0123-6：2.80元

等待月亮升起：台湾抒情小品选/亚丹编.—广州：花城出版社，1990.9.—153页；32开.—ISBN 7-5360-0642-X：2.35元

港事港情/陈可焜著.—厦门：厦门大学出版社，1990.1.—206页；36开.—ISBN 7-5615-0363-6：2.90元

这是一部展示香港社会方方面面的随笔、小品集。

絮语华章/徐钧著.—呼和浩特：内蒙古人民出版社，1990.4.—249页；32开.—ISBN 7-204-00858-8：3.00元

缘缘堂随笔集/丰子恺著；丰一吟编.—杭州：浙江文艺出版社，1990.10.—504页；大32开.—ISBN 7-5339-0316-1(精装)：9.50元

本书选编了丰子恺1925～1972年间的随笔104篇。

献给祖国的歌：青年演讲文集/黄传敏等编.—沈阳：春风文艺出版社，1990.6.—122页；32开.—IS

BN 7-5313-0376-0：2.50元

蓝色的冰塔林/王家斌著.—天津：百花文艺出版社，1990.4.—244页；32开.—ISBN 7-5306-0512-7：2.95元

雷锋班书信追踪/沈阳军区政治部编.—沈阳：白山出版社，1990.12.—224页；32开.—（学雷锋丛书）.—ISBN 7-80566-167-7：2.90元

路边闲话/黄志祥，冯至诚编.—成都：成都出版社，1990.11.—176页；32开.—ISBN 7-80575-076-9：1.95元

腾飞吧，深圳：深圳职工演讲稿精选/张国荣，黄志光主编.—北京：中国工人出版社，1990.7.—117页；32开 —ISBN 7-5008-0688-4：2.80元

新加坡情思/萧村著.—北京：中国华侨出版公司，1990.10.—191页；32开.—ISBN 7-80074-265-2：2.70元

新潮启示录/践之等著.—成都：四川人民出版社，1990.1.—259页；32开.—ISBN 7-220-00611-X：3.50元

煤城纪事/农耘著 —南宁：广西民族出版社，1990.10.—223页；32开.—ISBN 7-5363-0953-8：2.65元

溧阳/奚渭明著.—南京：江苏人民出版社，1990.8.—182页；32开.—（江苏县邑风物丛书）.—ISBN 7-214-00508-5：2.15元

境界/廖静仁著.—天津：百花文艺出版社，1990.7.—267页；32开.—（散文之友丛书）.—ISBN 7-5306 0465-6：3.35元

榴花集/赵永志等著.—石家庄：河北人民出版社，1990.8.—245页；32开.—ISBN 7-202-00759-2：2.70元

榕江民族风情/吴国春，杨元龙编著.—贵阳：贵州人民出版社，1990.1.—194页；32开.—ISBN 7-221-01715-8：2.00元

暮的遐思/包泉万著.—大连：大连出版社，1990.2.267页；32开.—ISBN 7-80555-288-6：2.95元

蔚蓝色的梦/郭金炎著.—济南：明天出版社，1990.9.—155页；32开.—ISBN 7-5332-1093-X：2.00元

潇潇洒洒二十岁/王慧骐著.—北京：中国青年出版社，1990.9.—216页；32开.—ISBN 7-5006-0711-3：3.20元

翠湖鸥影/崔合美著.—北京：昆仑出版社，1990.7.—158页；32开.—ISBN 7-80040-137-5：3.00元

踏上成功之路/姚业涌著.—长春：吉林教育出版社，1990.3.—214页；32开.—ISBN 7-5383-0953-5：2.30元

踏花归来/程东安著.—北京：学苑出版社，1990.8.—178页；32开.—ISBN 7-80060-847-6：2.40元

潮州杂谈：山水·风情·掌故/袁穆伦著.—广州：广东旅游出版社，1990.1.—126页；32开.—ISBN 7-80521-126-4：1.90元

樽前花下集：李克因杂文选/李克因著.—南京：南京出版社，1990.4.—157页；32开.—ISBN 7-80560-176-3：2.16元

燕山夜话：1～5集/马南邨著.—北京：北京出版社，1990.9.—3册（550页）；32开.—（青年文库）.ISBN 7-200-00632-7：4.95元

冀风：河北省杂文学会会员作品选/关玉生主编.石家庄：河北人民出版社，1990.9.—252页；32开.ISBN 7-202-00779-7：3.00元

黔灵夜话/朱曦著.—贵阳：贵州人民出版社，1990.12.—259页；32开.—ISBN 7-221-02098-1：3.95元

藏北游历/马丽华著.—北京：解放军文艺出版社，1990.7.—233页；32开.—ISBN 7-5033-0141-4：3.20元

警世集/潘泗岱著.—北京：中国城市出版社，1990.11.—230页；32开.—ISBN 7-5074-0518-4：2.90元

魔方启示录/符号著.—武汉：长江文艺出版社，1990.7.—229页；32开.—ISBN 7-5354-0352-2：2.45元

本书收入作者的杂文77篇。这些文章是近年来以符号、竹氏、禾廉等笔名发表在《湖北日报》等报刊上。

灌南/殷红坚著.—南京：江苏人民出版社，1990.12.—153页；32开.—（江苏县邑风物丛书）.—ISBN 7-214-00600-6：2.20元

I 269　杂　著

天下趣联三百笑/王庆新编著.—济南：山东人民出版社，1990.4.—224页；32开.—ISBN 7-209-00645-1：3.00元

少男少女赠言录/黄进主编.—上海：上海人民出版社，1990.10.—176页；32开.—ISBN 7-208-01028-5：3.00元

中国古今巧对妙联大观/梁石，梁栋编.—北京：中国文联出版公司，1990.2.—618页；32开.—ISBN 7-5059-1226-7：7.90元

中国名联辞典/荣斌主编.—济南：山东大学出版社，1990.10.—1000页；大32开.—ISBN 7-5607-0387-9（精装）：19.00元

巧联趣话/马春阳编著.—南京：江苏科学技术出版社，1990.10.—268页；32开.—ISBN 7-5345-1049-X：3.30元

古今巧联妙对趣话 第一辑/朱恪超编著.—修订版.郑州：中州古籍出版社，1990.11.—273页；32开.

ISBN 7-5348-1236-9：2.60元

古今名联·巧对·楹帖佳话/杨晓光著.—2版.—长春：时代文艺出版社，1990.8.—606页；32开.—ISBN 7-5387-0250-4：7.95元
本书1985年5月第1版。

古今佳联/辽宁省楹联学会编.—沈阳：春风文艺出版社，1990.5.—108页；大64开.—(文化艺术小丛书；第1辑).—ISBN 7-5313-0326-4：0.95元

古今实用对联三千副/赵金光编著.—北京：金盾出版社，1990.12.—198页；32开.—ISBN 7-80022-258-6：2.50元

古今警联汇览：诗的座右铭/金实秋编.—南京：江苏文艺出版社，1990.10.—235页；32开.—ISBN 7-5399-0212-4：3.00元

石宝山古今对联选/剑川县文化馆编.—昆明：云南民族出版社，1990.11.—205页；36开.—ISBN 7-5367-0373-2：2.80元

乐山名胜楹联选粹/乐山市图书情报学会编著.—峨眉山：西南交通大学出版社，1990.5.—120页；32开.—ISBN 7-81022-182-5：2.00元

对联故事拾趣/黄天冒编.—广州：岭南美术出版社，1990.4.—134页；32开.—ISBN 7-5362-0474-4：2.15元

民间实用对联荟萃/杨梅编.—海口：三环出版社，1990.12.—173页；32开.—ISBN 7-80564-376-8：2.50元

名人名联/陆射编.—厦门：鹭江出版社，1990.10.—183页；32开.—ISBN 7-80533-363-7：2.20元

红白喜事对联选/广西楹联学会主编；覃汉杰，蒙智扉选编.—南宁：广西教育出版社，1990.1.—179页；32开.—(中华楹联丛书).—ISBN 7-5435-0747-1：2.00元

妙联趣事/毕坚编写.—昆明：云南大学出版社，1990.3.—638页；32开.—ISBN 7-81025-021-3：7.95元

实用春联选萃/汪怀仁，汪怀民编著.—南京：江苏人民出版社，1990.11.—117页；32开.—ISBN 7-214-00589-1：1.80元

胜迹名联三百副笺注/常治国编注.—北京：中国广播电视出版社，1990.5.—540页；32开.—ISBN 7-5043-0352-6：5.20元

黄鹤楼古今楹联选注/徐明庭，李曼农选注.—武汉：武汉出版社，1990.10.—130页；32开.—(黄鹤楼丛书).—ISBN 7-5430-0396-1(精装)：2.50元

楹联集萃/左平，曹德全编.—石家庄：花山文艺出版社，1990.10.—192页；32开.—ISBN 7-80505-372-3：2.60元

I 269.6　建国前作品

中国唐诗联集成/谷向阳等编.—长春：北方妇女儿童出版社，1990.12.—884页；32开.—ISBN 7-5385-0671-3：10.30元
本书萃集唐诗联5000余副。

成都名胜楹联/四川省楹联学会等编.—成都：四川人民出版社，1990.6.—221页；32开.—ISBN 7-220-00955-0：2.60元

名著联语集萃/张梁森编.—武汉：武汉出版社，1990.11.—232页；32开.—ISBN 7-5430-0415-1：2.90元

板桥对联：故事·赏析/任祖镛编.—太原：山西人民出版社，1990.2.—201页；32开.—ISBN 7-203-01433-9：3.40元

晋祠楹联/郭怨舟著.—太原：山西人民出版社，1990.7.—106页；32开.—1.95元

越中名胜楹联选/李月兔，李烨选.—杭州：浙江文艺出版社，1990.12.—158页；32开.—ISBN 7-5339-0277-7：2.00元

I 269.7　建国后作品

十二生肖新春联/梁石编著.—北京：中国文联出版公司，1990.1.—229页；32开.—ISBN 7-5059-1337-9：3.30元

云飞鹤舞：庆祝中华人民共和国成立四十周年湖北省首届《云鹤杯》楹联大奖赛征联集粹/湖北省楹联学会，湖北省文化艺术联合公司编.—武汉：中国地质大学出版社，1990.3.—117页：彩照；32开.—ISBN 7-5625-0404-0：3.50元

中国民间喜庆对联：精选本/梁石编著.—北京：农业出版社，1990.5.—279页；32开.—ISBN 7-109-01824-5：4.55元

中国姓氏对联史话/谷向阳，何惠琴编著.—长春：北方妇女儿童出版社，1990.2.—361页；32开.—ISBN 7-5385-0560-1：3.90元

书画对联集锦/梁石编著.—福州：海峡文艺出版社，1990.12.—333页；36开.—ISBN 7-80534-298-9：3.95元

古今实用对联大全/张过编著.—西安：华岳文艺出版社，1990.4.—542页；大32开.—ISBN 7-80549-279-4：7.20元

母子情深：献爱心贺词集粹/广东省妇女联合会等编.—北京：中国妇女出版社，1990.11.—137页；36开.—ISBN 7-80016-337-7：2.60元

农村实用对联/安国，龙雨编著.—北京：中国广播电视出版社，1990.10.—182页；32开.—ISBN 7-5043-0652-5：2.80元

纪晓岚联语寻踪/朱惠民编著；白焕宗注释.—天津：天津古籍出版社，1990.3.—99页；32开.—ISBN 7-80504-169-5：1.50元

实用对联三千副/赵金光编著.—北京：金盾出版社，1990.12.—198页；32开.—ISBN 7-80022-332-9：2.50元

实用对联集萃/郭奎兰等编.—太原：书海出版社，1990.8.—809页；大32开.—ISBN 7-80550-032-0：11.50元

春联大观/王志华编.—武汉：长江文艺出版社，1990.12.—341页；32开.—ISBN 7-5359-0396-4：3.90元

通俗实用对联/高忠武编著.—武汉：湖北人民出版社，1990.11.—167页；32开.—ISBN 7-216-00662-3：2.35元

情理联句选/王长华著.—济南：山东文艺出版社，1990.2.—93页；大32开.—ISBN 7-5329-0356-7：2.00元

喜春联·婚寿联·新居联/唐儒德，唐翊编.—长沙：湖南出版社，1990.11.—224页；32开.—ISBN 7-5438-0030-6：2.60元

I 27 民间文学

曲靖市民间文学集成/孙育鼎主编.—昆明：云南民族出版社，1990.8.—310页；大32开.—（云南民间文学集成丛书）.—ISBN 7-5367-0344-9：5.50元

拉祜族苦聪人民间文学集成/孙敏，郑显文主编.昆明：云南人民出版社，1990.2.—349页；大32开.（云南民间文学集成丛书）.—ISBN 7-222-00589-7：4.50元

浙江省民间文学集成：绍兴市歌谣卷/绍兴市民间文学集成办公室编.—杭州：浙江文艺出版社，1990.11.—387页；大32开.—ISBN 7-5339-0331-5：5.50元

浙江省民间文学集成：温州市歌谣、谚语卷/温州市民间文学集成办公室编.—杭州：浙江文艺出版社，1990.12.—2册（300，243页）；大32开.—ISBN 7-5339-0510-5：8.80元

I 276 建国前作品

I 276.2 民间歌谣

一歌一画：历代优美民歌/赵伯陶，刘德联编注；王向明，金莉莉绘画.—西安：未来出版社，1990.4.200页；大32开.—ISBN 7-5417-0313-3：4.30元

人生恩爱原无价：古代爱情民歌/黄德生，程然编注.—北京：旅游教育出版社，1990.2.—160页；32开.—ISBN 7-5637-0117-6：2.20元

本书荟集了流传于中国古代群众口头的爱情歌谣100余首。

天籁集/郑旭旦编.—影印本.—上海：上海文艺出版社，1990.2.—1册（128，101页）；32开.—（民俗、民间文学影印资料；37）.—ISBN 7-5321-0474-5：4.60元

本书据商务印书馆1926年版影印，该书所辑多是江浙一带的乡里歌谣。

中央苏区革命歌谣选集/谢济堂编.—厦门：鹭江出版社，1990.4.—477页；大32开.—ISBN 7-80533-296-7（精装）：8.30元

吴歌甲集/顾颉刚编.—影印本.—上海：上海文艺出版社，1990.8.—1册（302，26页）；32开.—（民俗、民间文学影印资料；38）.—ISBN 7-5321-0625-X：6.90元

本书与《吴歌乙集》合订。

普米族祭祀歌：汉文、国际音标对照/熊长麟编辑；杨照辉译注.—昆明：云南民族出版社，1990.5.—114页；32开.—（中国少数民族古籍丛书·云南省少数民族古籍译丛；第29辑）.—ISBN 7-5367-0385-6：2.20元

普米族歌谣集成/普米族民间文学集成编委会编.北京：中国民间文艺出版社，1990.1.—550页；大32开.—（民间文学集成丛书）.—ISBN 7-5040-0377-8：7.00元

I 276.3 民间故事、民间传说

马/华惠伦，吴焱煌编.—上海：上海科学技术出版社，1990.4.—115页；32开.—（十二生肖丛书）.ISBN 7-5323-1934-2：1.65元

中国节日风俗的故事/侯燕萍编著.—上海：少年儿童出版社，1990.8.—112页；32开.—ISBN 7-5324-0144-8：1.10元

哈台穆传奇/赵世杰译.—乌鲁木齐：新疆人民出版社，1990.8.—238页；32开.—ISBN 7-228-01322-0：2.80元

本书收入3部流传于中亚一带民间的长篇连环故事：《哈台穆传奇》、《国王阿扎旦和巴合提牙尔》、《板合热木国王与七宫阁》。

陶克涛胡/白音仓布搜集演唱；特木尔巴根译；包广林整理.—长春：吉林人民出版社，1990.1.—238页；32开.—ISBN 7-206-00677-9：2.80元

I 276.4/.7 寓言、变文、谚语

历代寓言选 上册/公木，朱靖华选注.—北京：中国青年出版社，1990.8.—458页：图；32开.（青年文库：新编本；27）.—ISBN 7-5006-0734-2

民间谚语全集/朱雨尊编.—影印本.—上海：上海书店，1990.3.—271页；32开.—ISBN 7-80569-165-7：3.50元

本书据世界书局1933年版影印。

敦煌变文选注/项楚著.—成都：巴蜀书社，1990.2.—847页；大32开.—（四川大学古典文献研究丛刊；5）.—ISBN 7-80523-227-X（精装）：12.15元

敦煌变文集校议/郭在贻等著.—影印本.—长沙：岳麓书社，1990.11.—481页；大32开.—ISBN 7-80520-228-1（精装）：8.80元

I 276.8　谜语、笑话

廿四家隐语/（清）刘玉才等编著.—影印本.—天津：天津市古籍书店，1990.6.—239页；32开.2.80元

隐语，又称。"廋语"、"廋词"即今之谜语。本书汇刊清光绪年间文人沈锡三、刘玉才等24人的作品。

民间谜语全集/朱雨尊编.—影印本.—上海：上海书店，1990.3.—1册（257，59，8页）；32开.—ISBN 7-80569-166-5：4.30元

本书据世界书局1932年版影印。

启颜录：古代笑话专集/曹林娣，李泉辑注.—上海：上海古籍出版社，1990.4.—90页；32开.—ISBN 7-5325-0630-4：1.10元

笑话三千/徐桌呆著.—影印本.—上海：上海文艺出版社，1990.6.—1册（266，245，277页）；32开.（民俗、民间文学影印资料；61）.—ISBN 7-5321-0562-8（精装）：12.00元

本书据1935年上海中央书店版影印。原书分上、中、下三册。

笑话大全/王维刚，雪屏编选.—郑州：中州古籍出版社，1990.12.—204页；32开.—ISBN 7-5348-0463-9：3.15元

笑话新编/邹敏文，梁冠群著.—南昌：百花洲文艺出版社，1990.7.—164页；32开.—ISBN 7-80579-028-0：2.20元

本书选辑从魏晋到明清的笑话近200则。

笑笑笑/秦诸生编译.—西安：三秦出版社，1990.9.—234页；32开.—ISBN 7-80546-276-3：3.20元

笑掉牙：民间古今笑话/刘永龙，卢明编著.—南京：南京出版社，1990.7.—262页；32开.—ISBN 7-80560-213-1：2.90元

I 277　建国后作品

I 277.2　民间歌谣

广西情歌/柯炽编.—南宁：广西人民出版社，1990.7.—396页；大32开.—ISBN 7-219-01596-8：5.25元

花见蜜蜂朵朵开：巴山情歌/朱仕珍编.—成都：四川人民出版社，1990.2.—277页；32开.—（四川民俗系列书）.—ISBN 7-220-00895-3：3.50元

咸宁地区歌谣集/咸宁地区民间文学三套集成编委会等编.—北京：中国民间文艺出版社，1990.3.943页；大32开.—（湖北省民间文学集成丛书）.ISBN 7-5040-0350-6：16.00元

贵州各族情歌选：对歌/杨应海编.—贵阳：贵州人民出版社，1990.4.—161页；32开.—ISBN 7-221-01574-0：2.35元

鄂尔多斯民歌集萃/包俊臣，王立庄主编.—呼和浩特：内蒙古人民出版社，1990.6.—2册（1037页）；32开.—ISBN 7-204-00755-7：12.90元

情山恋水：湘赣民间情歌选/邓慈煌编著.—上海：上海人民出版社，1990.5.—209页；32开.—ISBN 7-208-00793-4：2.30元

湘西歌谣大观/刘黎光主编；《湘西歌谣大观》编委会编.—长沙：湖南文艺出版社，1990.1.—2册（431，529页）；大32开.—ISBN 7-5404-0591-0：12.40元

I 277.3　民间故事、民间传说

十二生肖/江帆编.—沈阳：春风文艺出版社，1990.4.—143页；大64开.—（文化艺术小丛书）.ISBN 7-5313-0322-1：1.05元

十七个传奇女性/过伟等采集.—南宁：广西民族出版社，1990.7.—111页；32开.—ISBN 7-5363-0864-7：1.70元

人的属相/杜文和著.—杭州：浙江文艺出版社，1990.4.—192页；32开.—ISBN 7-5339-0247-5：2.70元

三个强盗：新刊民间传说选/孟慧英选编.—南昌：江西人民出版社，1990.4.—189页；36开.—（新刊民间传说系列）.—ISBN 7-210-00775-X：2.00元

三国人物别传/王一奇等编.—北京：中国戏剧出版社，1990.11.—465页：冠图；32开.—（传统戏曲、曲艺研究参考资料丛书）.—ISBN 7-104-00239-1：5.30元

《三国演义》的传说/董晓萍编.—海口：南海出版公司，1990.8.—346页；32开.—（书外书丛书/钟敬文主编）.—ISBN 7-80570-222-5：5.50元

山阳城民间故事/翟作正主编.—郑州：中原农民出版社，1990.10.—315页；大32开.—（河南民间文学集成丛书）.—ISBN 7-80538-206-9：3.40元

历代帝王传奇/刘巽达，包慧珍选编.—南昌：百花洲文艺出版社，1990.7.—647页；32开.—ISBN 7-80579-027-2：6.80元

本书共收入尧舜至清末最后一个皇帝及有窃国大盗袁世凯的传奇故事200余篇。

《天仙配》外传：故事新编/陈德来选编.—杭州：浙江文艺出版社，1990.4.—228页；36开.—（山海经丛书；49）.—ISBN 7-5339-0177-0：2.30元

云南乐器王国的传说/张兴荣编著.—昆明：云南民族出版社，1990.11.—210页；插图；32开.—ISBN 7-5367-0353-8：3.00元

五通龙：五通桥的传说/雷筱波，胡正荣搜集整理.峨眉山：西南交通大学出版社，1990.3.—124页；大32开.—（峨眉山文化丛书；第1辑/池刚主编）.—ISBN 7-81022-104-3：2.90元

中外傻子故事/顾希佳选编.—杭州：浙江文艺出版社，1990.12.—201页；32开.—（山海经丛书；58）.—ISBN 7-5339-0281-5：2.00元

中医药传奇/王金育，朱封鳌编著.—北京：中国医药科技出版社，1990.8.—101页；32开.—ISBN 7-5067-0163-4：1.80元

本书收集了79个有关中草药、中医方面的传奇故事。

中国北方少数民族故事精选/张锦贻，黄志铭编.武汉：湖北少年儿童出版社，1990.8.—387页；32开.—ISBN 7-5353-0748-5：3.60元

中国仙话/郑土有，陈晓勒编.—上海：上海文艺出版社，1990.3.—445页；大32开.—ISBN 7-5321-0320-X：6.80元

中国名药故事/洪加祥，金明生编.—南宁：广西人民出版社，1990.5.—269页；32开.—ISBN 7-219-01555-0：3.80元

中国南方少数民族故事精选/边赞襄编.—武汉：湖北少年儿童出版社，1990.11.—291页；32开.—ISBN 7-5353-0769-8（精装）：9.40元

中国南方少数民族故事精选/边赞襄编.—武汉：湖北少年儿童出版社，1990.8.—291页；32开.—ISBN 7-5353-0679-9：2.80元

中国俗语故事集/盖壤著.—沈阳：辽宁大学出版社，1990.6.—560页：彩照；大32开.—ISBN 7-5610-0826-0：7.00元

中国都市新传说/《故事会》编辑部编.—上海：上海文艺出版社，1990.6.—.34页；大32开.—ISBN 7-5321-0543-1：5.80元

中国塔桥寺庙的传说/景林，秀春编.—郑州：海燕出版社，1990.10.—578页；大32开.—ISBN 7-5350-0519-5：6.60元

中国熟语大典/申俊主编；马汉民编.—上海：上海文艺出版社，1990.6.—721页；大32开.—ISBN 7-5321-0426-5（精装）：14.70元

中国熟语大典/申俊主编；马汉民编.—上海：上海文艺出版社，1990.6.—721页；大32开.—ISBN 7-5321-0425-7：8.40元

本书是一部熟语故事集。

中国螃蟹故事/金涛编著.—北京：海洋出版社，1990.2.—92页；32开.—ISBN 7-5027-0747-6：1.20元

本书共收集了42则有关螃蟹的民间故事。

风流皇族/苏晓华编著.—北京：华龄出版社，1990.6.—292页；32开.—ISBN 7-80082-060-2：4.05元

长白山花木禽兽传说/李文瑞等编.—长春：长春出版社，1990.12.—240页；32开.—ISBN 7-80573-370-8：3.80元

长江名胜故事选/徐梅编著.—武汉：湖北人民出版社，1990.1.—247页；32开.—（长江旅游系列图书）.—ISBN 7-216-00479-5：2.70元

方岩民间故事传说/永康县政协，永康县文联编.杭州：浙江文艺出版社，1990.3.—152页；32开.（浙江民间文学丛书/应加登，胡国钧主编）.—ISBN 7-5339-0252-1：2.20元

孔子的传说/汪林搜集整理.—兰州：甘肃少年儿童出版社，1990.8.—122页；32开.—ISBN 7-5422-0428-9：1.95元

《水浒传》的传说/董晓萍编.—海口：南海出版公司，1990.9.—311页；32开.—（书外书丛书/钟敬文主编）.—ISBN 7-80570-226-8：4.50元

古代名人诗词掌故/张伟良著.—北京：解放军出版社，1990.6.—149页；32开.—ISBN 7-5065-1269-6：2.25元

本书所选诗词，上迄魏晋，下至宋元，其中主要诗词掌故选自唐宋。着重介绍某些名诗、名词及诗词中某些名句的来由和历史故事。

玉溪地区民间故事集成/崎松主编.—昆明：云南民族出版社，1990.8.—357页：彩照；大32开.—（云南民间文学集成丛书）.—ISBN 7-5367-0350-3：5.30元

龙源传说/王广先主编.—郑州：中原农民出版社，1990.11.—301页；大32开.—（河南民间文学集成丛书）.—ISBN 7-80538-222-0：4.00元

对诗故事选/梁兴晨等编.—济南：山东文艺出版社，1990.5.—307页；大32开.—（山东民间文学系列丛书）.—ISBN 7-5329-0336-2：4.75元

圣人的传说/王俊喜主编；李昕，霍转业编著.—北京：中国文联出版公司，1990.8.—261页；32开.ISBN 7-5059-1335-2：3.65元

司岗里的故事：佤文、汉文对照/李正新编；陈学明翻译.—昆明：云南民族出版社，1990.6.—361页；32开.—（佤族民间故事丛书）.—ISBN 7-5367-0290-6：1.50元

民间故事选/松桃苗族自治县民族事务委员会编.贵阳：贵州民族出版社，1990.6.—475页；大32开.（贵州松桃苗族文化丛书）.—ISBN 7-5412-0112-X：4.80元

芝麻官断案故事/石锦元选编.—杭州：浙江文艺出版社，1990.4.—176页：插图；36开.—（山海经丛书；48）.—ISBN 7-5339-0176-2：1.90元

吉林民间故事选萃：1949～1989/夏映月，曹保明主编.—长春：时代文艺出版社，1990.4.—480页；大32开.—ISBN 7-5387-0235-0（精装）：8.20元

本书共分6辑。包括：风物传说；人参的故事；淘金·放排·狩猎；少数民族传说；抗联故事；传统故事。

老子的传说/秦新成，刘开元著.—郑州：海燕出版社，1990.3.—142页；插图；32开.—（河南民间故事丛书；14）.—ISBN 7-5350-0537-3：1.45元

《西游记》的传说/贺学君编.—海口：南海出版公司，1990.8.—251页；32开.—（书外书丛书/钟敬文主编）.—ISBN 7-80570-225-X：4.00元

百案奇观/张呈富编.—桂林：漓江出版社，1990.5.—361页；32开.—ISBN 7-5407-0540-X：3.90元

本书选入历代奇难怪案81则。

佤族民间故事/艾荻，诗恩编.—昆明：云南人民出版社，1990.7.—211页；32开.—（云南民族民间故事丛书）.—ISBN 7-222-00657-5：2.65元

佤族民间故事集成/云南省民间文学集成编辑办公室编.—昆明：云南民族出版社，1990.8.—422页：彩照；32开.—（云南民间故事集成丛书）.—ISBN 7-5367-0305-8：5.50元

异貌奇才惊世人/彭霖山编写.—杭州：浙江文艺出版社，1990.12.—160页；32开.—（山海经丛书；56）.—ISBN 7-5339-0291-2：1.85元

观音别传/陈惠芳编选.—杭州：浙江文艺出版社，1990.12.—142页；32开.—（山海经丛书；57）.ISBN 7-5339-0297-1：1.80元

红河县民族民间故事/云南省红河县民族事务委员会编.—昆明：云南民族出版社，1990.11.—222页；32开.—ISBN 7-5367-0349-X：2.80元

《红楼梦》的传说/董晓萍，贺学君编.—海口：南海出版公司，1990.12.—217页；32开.—（书外书丛书/钟敬文主编）.—ISBN 7-80570-223-3：3.70元

两分钟民间故事/贺嘉选编.—武汉：湖北少年儿童出版社，1990.10.—245页；32开.—（两分钟丛书）.—ISBN 7-5353-0760-4：2.30元

轩辕故里的传说/李新明主编；新郑民间文学集成编委会编.—郑州：中原农民出版社，1990.10.—436页；大32开.—（河南民间文学集成丛书）.—ISBN 7-80538-215-8：4.60元

吹拍现形记/罗秋敏编写.—杭州：浙江文艺出版社，1990.4.—255页；32开.—（山海经丛书；52）.ISBN 7-5339-0211-4：2.80元

牡丹江的传说/黄运军编.—哈尔滨：北方文艺出版社，1990.9.—297页；32开.—（东北民间故事丛书）.—ISBN 7-5317-0392-0：4.20元

张良与张良庙传说/蔫文杰，张定亚编选.—西安：陕西人民美术出版社，1990.6.—91页；插图；32开.（袖珍陕西名胜故事丛书）.—ISBN 7-5368-0244-7：1.20元

张良庙传说故事/陈心锦等编著.—西安：陕西人民美术出版社，1990.6.—197页；32开.—ISBN 7-5368-0233-1：1.35元

奉国寺的传说/薛孟春等编写.—沈阳：春风文艺出版社，1990.4.—85页；32开.—（辽西文化丛书/王光主编）.—ISBN 7-5313-0357-4：1.50元

枣核儿告状/苏红云著.—石家庄：花山文艺出版社，1990.7.—173页；32开.—ISBN 7-80505-333-2：1.80元

本书选编了我国北方地区流传的一些故事和传说。

奇闻趣事　（2）/落英编选.—杭州：浙江文艺出版社，1990.4.—31页；大32开.—（山海经活页文选）.—ISBN 7-5339-0245-9：0.45元

拉祜族民间故事/思茅地区民委，思茅地区文化局编.—昆明：云南人民出版社，1990.7.—273页；32开.—（云南民族民间故事丛书）.—ISBN 7-222-00350-9：3.50元

和尚与船夫/孟慧英选编.—南昌：江西人民出版社，1990.2.—210页；36开.—（新刊民间传说系列）.—ISBN 7-210-00778-4：2.40元

《金瓶梅》的传说/叶桂桐，宋培宪编著.—海口：南海出版公司，1990.10.—297页；32开.—（书外书丛书/钟敬文主编）.—ISBN 7-80570-224-1：4.50元

《金瓶梅》的传说　（二）/王一奇，叶桂桐编.—海口：南海出版公司，1990.4.—322页；32开.—（书外书丛书/钟敬文主编）.—ISBN 7-80570-289-6：5.20元

狐狸精故事/王太捷编.—上海：上海文艺出版社，1990.10.—270页；32开.—ISBN 7-5321-0626-8：2.75元

河东传说/高玉来，曹成发主编.—北京：法律出版社，1990.4.—209页；照片；32开.—ISBN 7-5036-0586-3：2.80元

本书汇集了发生在河东地区（山西运城）和与河东有关的50余个历史传说、历史故事、人物传记、趣谈、轶闻等。

姑苏风物传说/谭亚新，卢群选编.—杭州：浙江人民出版社，1990.6.—153页；插图；32开.—ISBN 7-213-00525-1：2.00元

南京民间故事/王崇辉主编.—南京：江苏古籍出版社，1990.3.—530页；插图；大32开.—ISBN 7-80519-161-1：9.00元

咸宁地区民间故事集/咸宁地区民间文学三套集成编委会等编.—北京：中国民间文艺出版社，1990.5.700页；照片；大32开.—（湖北省民间文学集成丛书）.—ISBN 7-5040-0353-0：15.00元

临沂故事卷/临沂地区民间文艺家协会编.—济南：

山东文艺出版社，1990.2.—354页；大32开.—（山东民间文学系列丛书/王成君，刘勤主编）.—ISBN 7-5329-0347-8：5.60元

哈尼族民间故事：哈尼文、汉文对照.—昆明：云南民族出版社，1990.6.—56页；32开.—ISBN 7-5367-0286-8：0.75元

禹州市故事卷/王同全主编.—郑州：中原农民出版社，1990.8.—392页；大32开.—（河南民间文学集成丛书）.—ISBN 7-80538-208-5：7.00元

恒山的传说/张剑扬编.—太原：山西人民出版社，1990.4.—174页；32开.—ISBN 7-203-01564-5：2.10元

洪承畴传说/李辉良著.—北京：大地出版社，1990.3.—144页；32开.—ISBN 7-80068-122-X：1.70元

穿僧衣的凶手：新刊民间传说选/孟慧英选编.—南昌：江西人民出版社，1990.6.—211页；36开.（新刊民间传说系列）.—ISBN 7-210-00776-8：2.40元

美哉·悲哉·壮哉：中国五大美女传/夏炜著.—郑州：中州古籍出版社，1990.8.—249页；36开.—ISBN 7-5348-0242-3：3.20元

神功奇能趣闻录/田立土选编.—杭州：浙江文艺出版社，1990.12.—140页；32开.—（山海经丛书；59）.—ISBN 7-5339-0301-3：1.75元

神聊：刘罗锅子戏乾隆/张伯利编写.—北京：华龄出版社，1990.7.—229页；32开.—ISBN 7-80082-126-9：3.60元

珠海的传说/珠海市民间文学三套集成领导小组编.西安：陕西人民出版社，1990.7.—156页；32开.ISBN 7-224-01335-8：2.15元

桂林山水神话传奇/姚古等编著.—桂林：漓江出版社，1990.5.—154页；32开.—ISBN 7-5407-0541-8：1.95元

桂林的传说/李肇隆搜集整理.—南宁：广西人民出版社，1990.9.—177页；36开.—（桂林揽胜丛书/刘英主编）.—ISBN 7-219-01663-8：2.20元

晋祠轶事/郭怨舟编著.—太原：山西人民出版社，1990.7.—129页；36开.—ISBN 7-203-01687-0：1.75元

峨眉山的传说/张承业搜集整理.—峨眉山：西南交通大学出版社，1990.9.—123页；大32开.—（峨眉山文化丛书/池刚主编）.—ISBN 7-81022-197-3：2.40元

峨眉山掌故传奇/骆坤琪编著.—峨眉山：西南交通大学出版社，1990.7.—145页；大32开.—（峨眉山文化丛书/池刚主编）.—ISBN 7-81022-178-7：2.30元

爱吹牛的皇帝：新刊民间传说选/孟慧英选编.—南昌：江西人民出版社，1990.4.—225页；36开.（新刊民间传说系列）.—ISBN 7-210-00779-2：2.30元

凉山彝族民间故事选/伍精荣主编；白芝等编.—成都：四川民族出版社，1990.11.—315页；32开.（中国民间故事三套集成：四川喜德卷）.—ISBN 7-5409-0510-7：3.77元

“家外家”奇传：新故事/陈惠芳选编.—杭州：浙江文艺出版社，1990.4.—201页；32开.—（山海经丛书；50）.—ISBN 7-5339-0178-9：2.10元

聊斋轶闻录/枭红星著.—济南：山东友谊书社，1990.8.—256页：照片；大32开.—ISBN 7-80551-287-6：5.50元

本书搜集广泛流传在人民群众中的有关蒲松龄的轶闻趣事。

黄金的传说/陈福春，谢景福编.—长春：东北师范大学出版社，1990.9.—336页；32开.—ISBN 7-5602-0460-0：5.00元

本书是一部以黄金为题材的民间故事集。

基诺族民间故事/《基诺族民间故事》编辑组编.昆明：云南人民出版社，1990.7.—163页；32开.（云南民族民间故事丛书）.—ISBN 7-222-00658-3：2.20元

情人眼里出西施：俗语故事荟萃/蒋水荣选编.—杭州：浙江文艺出版社，1990.12.—200页；32开.（山海经丛书；60）.—ISBN 7-5339-0300-5：2.00元

淮阴古代掌故/江东流等编著.—北京：中国社会出版社，1990.12.—160页；32开.—ISBN 7-80088-058-3：2.50元

渔家的传说/刘则亭编著.—沈阳：辽宁人民出版社，1990.6.—258页；32开.—ISBN 7-205-01476-X：3.30元

淄博故事卷/张文主编.—济南：山东文艺出版社，1990.6.—478页；大32开.—（山东民间文学系列丛书/王成君，刘勤主编）.—ISBN 7-5329-0395-8：7.85元

塔尔寺的传说/韩生魁，马光星编.—西宁：青海人民出版社，1990.2.—229页；32开.—ISBN 7-225-00303-8：2.20元

韩信与拜将坛/陈心锦，李培英编著.—西安：陕西人民美术出版社，1990.7.—134页：照片；32开.ISBN 7-5368-0054-1：2.40元

雁荡山故事精选/贾丹华主编；刘烨文等编.—杭州：浙江文艺出版社，1990.4.—196页；32开.（浙江民间文学丛书）.—ISBN 7-5339-0261-0：3.30元

黑虎成亲：新刊民间传说选/孟慧英选编.—南昌：江西人民出版社，1990.5.—206页；36开.—（新刊民间传说系列）.—ISBN 7-210-00777-6：2.30元

街巷讽刺故事/于青选编.—杭州：浙江文艺出版社

社，1990.4.—222页；32开　（山海经丛书；51）．ISBN 7-5339-0210-6：2.45元

普米族民间故事/王震亚编.—昆明：云南人民出版社，1990.7.—370页；32开.—(云南民族民间故事丛书).—ISBN 7-222-00164-6：4.65元

普米族故事集成/普米族民间文学集成编委会编.北京：中国民间文艺出版社，1990.1.—558页；大32开.—(民间文学集成丛书).—ISBN 7-5040-0376-X：7.00元

强盗与舞星：传奇故事/曹启文选编.—杭州：浙江文艺出版社，1990.4.—212页；32开.—(山海经丛书；47).—ISBN 7 5339-0175-4：2.15元

蒲松龄故事大全/邢凤藻，高连欣主编.—桂林：广西师范大学出版社，1990.12.—312页；插图；大32开.—ISBN 7-5633-1008-8：4.50元

蒙古族民间故事选/昭乌达译书社编译.—沈阳：辽宁民族出版社，1990.12.—269页；32开.—ISBN 7-80527-113-5：3.10元

歇后语故事精选/新轩，丽珍编著.—武汉：湖北少年儿童出版社，1990.8.—483页；32开.—ISBN 7-5353-0724-8(精装)：12.40元

微山岛风物/刘道斌，殷宪恩著.—石家庄：花山文艺出版社，1990.12.—209页；32开.—ISBN 7-80505-397-1：2.90元

福建六十年民间故事选评/蔡铁民，陈育伦选评.福州：海峡文艺出版社，1990.3.—348页；大32开.ISBN 7-80534-190-7：4.05元

趣味语文故事/柯焕德编.—南宁：广西民族出版社，1990.4.—214页：图；32开.—ISBN 7-5363-0781-0：2.50元

潘金莲别传/陈德来选编.—杭州：浙江文艺出版社，1990.4.—276页；32开.—(山海经丛书；54).ISBN 7-5339-0193-2：2.95元

燕京传说/王瑞年主编.—北京：农业出版社，1990.8.—321页；大32开.—ISBN 7-109-01677-3：5.90元

I 277.4　寓　言

中国当代寓言选：英汉对照.—北京：中国文学出版社，1990.—177页；32开.—(熊猫丛书).—ISBN 7-5071-0046-4：6.00元

龙世辉寓言集/龙世辉著.—兰州：甘肃少年儿童出版社，1990.6.—95页；32开.—ISBN 7-5422-0327-4：1.40元

嬉笑集/范信著.—北京：文津出版社，1990.12.131页；32开.—ISBN 7-80554-037-3：2.10元

雕虫寓言集/张复天著.—济南：山东大学出版社，1990.9.—215页；32开.—ISBN 7-5607-0392-5：2.65元

凝溪寓言/凝溪著.—昆明：云南民族出版社，1990.—199页；32开.—ISBN 7-5367-0287-6：3.10元

I 277.5　神　话

云南少数民族神话选/李子贤编.—昆明：云南人民出版社，1990.7.—565页；32开.—(云南民族民间故事丛书).—ISBN 7-222-00659-1：6.95元

中国花卉神话/陈民牛编.—武汉：长江文艺出版社，1990.6.—358页；32开.—ISBN 7-5354-0331-X：4.40元

中国神话/陶阳，钟秀编.—上海：上海文艺出版社，1990.4.—755页；大32开.—ISBN 7-5321-0368-4(精装)：12.10元

中国神话/陶阳，钟秀编.—上海：上海文艺出版社，1990.4.—755页；大32开.—ISBN 7-5321-0367-6：8.80元

中国神话精选/施亚西，姜汉椿编.—上海：上海教育出版社，1990.7.—180页；32开.　(中学生文库).ISBN 7-5320-1755-9：1.55元

火塘边的神话：汉、哈尼文对照/诺晗著；卢朝贵等译.—昆明：云南民族出版社，1990.7.—284页；32开.—ISBN 7-5367-0297-3：2.10元

后山神话/公李著.—北京：中国民间文艺出版社，1990.1.—171页：插图；32开.—(河北民间文学丛书).—ISBN 7-5040-0227-5：2.40元

哀牢山彝族神话传说/玉溪地区民委编.—昆明：云南民族出版社，1990.12.—248页；32开.—ISBN 7-5367-0369-4：4.40元

神仙世界：中国神仙故事大观/上海古籍出版社编.—上海：上海古籍出版社，1990.6.—861页：彩图；32开.—ISBN 7-5325-0772-6(精装)：11.65元

神话传说三百篇/杨克兴，王兴义编著.—长春：北方妇女儿童出版社，1990.12.—742页：插图；大32开.—ISBN 7-5385-0673-X：10.70元

道教神话/陈雄群编著.—北京：新华出版社，1990.3.—148页；32开.—ISBN 7-5011-0546-4：1.60元

本书收有道教神仙故事38篇。

I 277.7　谚　语

儿童谚语/白云编.—南宁：接力出版社，1990.6.97页；44开.—ISBN 7-80581-085-0：0.85元

中国少数民族谚语全编/周江编.—兰州：甘肃人民出版社，1990.6.—633页；大32开.—ISBN 7-226-00422-4：9.40元

中国谚语集成：宁夏卷/马学良主编；中国民间文学集成全国编辑委员会编.—北京：中国民间文艺出版社，1990.4.—783页：图；16开.—ISBN 7-5040-0284-4（精装）：45.00元

南京歌谣谚语/姚鸣凤，陈秉坤主编.—南京：江苏古籍出版社，1990.3.—446页；大32开.—ISBN 7-80519-162-X：7.40元

咸宁地区谚语集/咸宁地区民间文学三套集成编委会等编.—北京：中国民间文艺出版社，1990.5.373页：照片；大32开.—（湖北省民间文学集成丛书）.—ISBN 7-5040-0350-6：10.00元

谚语辞典/姚方勉主编；王和卿等撰稿.—南京：江苏古籍出版社，1990.9.—890页；32开.—ISBN 7-80519-183-2（精装）：15.00元

I 277.8 谜语、笑话

一字谜3000条/张松林编.—太原：北岳文艺出版社，1990.11.—228页；36开.—ISBN 7-5378-0335-5：2.80元

本书汇编了3000条以一个字为谜面的灯谜。

千家灯谜/隋晶，关德安编著.—沈阳：辽宁人民出版社，1990.12.—313页；32开.—ISBN 7-205-01740-8：4.60元

中国灯谜/张长春编.—西安：陕西人民教育出版社，1990.11.—669页；大32开.—ISBN 7-5419-1590-4：11.00元

本书集我国传统的灯谜佳作与优秀的新作共25000余条。

中国灯谜辞典/江更生，朱育珉主编.—济南：齐鲁书社，1990.2.—498页；32开.—ISBN 7-5333-0102-1（精装）：9.90元

本书共收词目4395个，附录3篇。

中国谜语大辞典/张松林编.—太原：书海出版社，1990.11.—1658页；32开.—ISBN 7-80550-097-5（精装）：26.00元

古今字谜库/吴维根编著.—北京：学苑出版社，1990.10.—186页；32开.—ISBN 7-5077-0134-4：2.40元

本书讨论了猜谜射字的规律和方法，猜谜的句式和古今字谜的特点。

古今谜语/方谋，李力主编.—北京：中国人口出版社，1990.8.—285页；32开.—ISBN 7-80079-011-8：4.00元

古今谜语大观/苏明等编.—北京：北京燕山出版社，1990.4.—561页；32开.—ISBN 7-5402-0208-4：6.95元

台湾幽默精选/中央人民广播电台对台湾广播部编.—北京：对外贸易教育出版社，1990.1.—290页；大32开.—ISBN 7-81000-358-5：4.90元

民间谜语故事精粹/李秀琴编写.—太原：山西教育出版社，1990.8.—89页；32开.—ISBN 7-80578-095-1：1.20元

当代幽默/纪元著.—沈阳：春风文艺出版社，1990.4.—101页；大64开.—（文化艺术小丛书；第1辑）.—ISBN 7-5313-0320-5：0.85元

当代笑话与幽默/贾岐峰著.—呼和浩特：内蒙古人民出版社，1990.12.—189页；36开.—ISBN 7-204-01013-2：2.15元

灯谜大全/赵濂主编.—北京：中国国际广播出版社，1990.6.—726页；32开.—ISBN 7-80035-475-X：8.90元

体育谜语/赵濂，赵燕勇编著.—北京：中国国际广播出版社，1990.6.—204页；36开.—ISBN 7-80035-475-1：2.80元

启锁斋笑林/戴逸如著.—上海：学林出版社，1990.5.—225页；32开.—ISBN 7-80510-445-X：5.20元

真是笑死人：笑话集锦/耿保仓，张业文主编.—北京：中国妇女出版社，1990.11.—192页；32开.—ISBN 7-80016-351-2：2.95元

笑从辣中来/罗庆朴著.—杭州：浙江人民出版社，1990.12.—300页；32开.—ISBN 7-213-00620-7：3.25元

这本集子收入作者的讽刺诗和讽刺小品150多篇。

笑笑大世界/蒋义海主编.—哈尔滨：哈尔滨出版社，1990.9.—3册（472页）；64开.—ISBN 7-80557-218-6：3.30元

教你猜谜语/马书侠，马书田著.—北京：中国少年儿童出版社，1990.12.—139页；32开.—（游艺入门丛书）.—ISBN 7-5007-1115-8：1.50元

滑稽大王：古代幽默故事/牧梨，姜德华编著.—西安：未来出版社，1990.4.—35页；32开.—ISBN 7-5417-0325-7：0.53元

新时期灯谜佳作集/赵首成，邵滨军编注.—深圳：海天出版社，1990.10.—403页；32开.—ISBN 7-80542-198-6：5.20元

555学生幽默精华/山谷，兰烟编著.—长沙：湖南文艺出版社，1990.12.—198页；32开.—ISBN 7-5404-0621-6：2.40元

I 28 儿童文学

中国儿童文学大系：诗歌（一）/蒋风主编太原：希望出版社，1990.6.—798页；大32开.—ISBN 7-5379-0620-3（精装）：14.00元

中国儿童文学大系：诗歌（二）/蒋风主编.—太原：希望出版社，1990.6.—824页；大32开.—ISBN 7-5379-0669-6（精装）：14.00元

中国儿童文学大系：儿童剧（一）/任德耀主编.

太原：希望出版社，1990.8.—1042页；大32开.—ISBN 7-5379-0632-7（精装）：16.50元

中国儿童文学大系：儿童剧　（二）/任德耀主编.太原：希望出版社，1990.8.—1402页；大32开.—ISBN 7-5379-0633-5（精装）：20.50元

中国儿童文学大系：小说　（一）/浦漫汀主编.太原：希望出版社，1990.5.—775页；大32开.—ISBN 7-5379-0482-0（精装）：14.00元

中国儿童文学大系：散文/浦漫汀主编.—太原：希望出版社，1990.5.—708页；大32开.—ISBN 7-5379-0587-8（精装）：13.00元

中国儿童文学大系：科学文艺　（一）/叶永烈主编.—太原：希望出版社，1990.7.—1101页；大32开.—ISBN 7-5379-0588-6（精装）：17.50元

中国儿童文学大系：科学文艺　（二）/叶永烈主编.—太原：希望出版社，1990.3.—877页；大32开.ISBN 7-5379-0544-4（精装）：14.50元

中国儿童文学选粹　（一）/葛翠琳主编.—北京：北京师范大学出版社，1990.4.—289页：插图；大32开.—（红宝石丛书）.—ISBN 7-303-00929-9（精装）：7.00元

本书分小说散文、童话寓言、诗歌3部分，配有6幅精美的彩色插图。

中国儿童文学选粹　（二）/葛翠琳主编.—北京：北京师范大学出版社，1990.4.—290页：插图；大32开.—（红宝石丛书）.—ISBN 7-303-00930-2（精装）：7.00元

中国儿童文学选粹　（三）/葛翠琳主编.—北京：北京师范大学出版社，1990.4.—308页：插图；大32开.—（红宝石丛书）.—ISBN 7-303-00931-0（精装）：7.25元

未来　第18辑/《未来》编辑委员会编辑.—南京：江苏少年儿童出版社，1990.9.—192页：插图；16开.—（少年文学丛刊；18）.—ISBN 7-5346-0585-7：2.00元

梦尾/叶至善等著.—2版.—北京：中国青年出版社，1990.8.—162页：图；32开.—（第二届宋庆龄儿童文学奖获奖作品）.—ISBN 7-5006-0735-0：2.20元

I 286　建国前作品

吕漠野儿童文学作品选/吕漠野著.—杭州：浙江少年儿童出版社，1990.3.—311页；大32开.—ISBN 7-5342-0484-4：3.55元

I 286.2　诗歌、童谣

儿童古诗300首　上册/徐敏编注.—北京：语文出版社，1990.2.—236页；36开.—ISBN 7-80006-159-0：2.50元

儿童古诗300首　下册/徐敏编注.—北京：语文出版社，1990.11.—274页；36开.—ISBN 7-80006-281-3：3.50元

儿童学古诗101首/赵生群等选注；凌清配画.—南京：南京出版社，1990.9.—202页；32开.—ISBN 7-80560-205-0：2.60元

儿童看图读古诗　下册/金盾出版社编；关庆留绘图.—北京：金盾出版社，1990.12.—49页；24开.ISBN 7-80022-266-7：1.80元

中国历代童谣辑注/高殿石辑注.—济南：山东大学出版社，1990.10.—736页；大32开.—ISBN 7-5607-0362-3：8.40元

本辑注收集上古至民国历代童谣一千余首。

中国传统儿歌一百首/陈育伦，李熙泰编著.—福州：福建少年儿童出版社，1990.3.—111页：插图；32开.—ISBN 7-5395-0344-0：1.75元

幼儿学古诗/王成纲选编.—合肥：安徽少年儿童出版社，1990.10.—154页；64开.—（幼儿益智小丛书/金波主编）.—ISBN 7-5397-0516-7：1.00元

幼读古代田园诗百首/刘宁选注；梁越等插图.—郑州：中原农民出版社，1990.11.—200页；32开.—ISBN 7-80538-181-X：2.50元

妈妈教我学唐诗/何晓敏，费泳编绘.—北京：北京少年儿童出版社，1990.6.—103页；32开.—ISBN 7-5301-0233-8：2.95元

I 286.4　小　说

三国演义/（明）罗贯中著；台湾华一书局改编.呼和浩特：内蒙古人民出版社，1990.8.—141页；大16开.—（华一儿童通俗文学）.—ISBN 7-204-01023-X（精装）：40.00元

小封神榜/包启新改写；中国福利会儿童时代社编.上海：百家出版社，1990.2.—229页；32开.—ISBN 7-80576-093-4：2.10元

水浒传/（明）施耐庵著；台湾华一书局改编.—呼和浩特：内蒙古人民出版社，1990.8.—139页；大16开.—（华一儿童通俗文学）.—ISBN 7-204-01022-1（精装）：40.00元

东周列国志/（明）冯梦龙著；台湾华一书局改编.呼和浩特：内蒙古人民出版社，1990.8.—131页；大16开.—（华一儿童通俗文学）.—ISBN 7-204-01025-6（精装）：40.00元

西游记/（明）吴承恩著；台湾华一书局改编.—呼和浩特：内蒙古人民出版社，1990.8.—141页；大16开.—（华一儿童通俗文学）.—ISBN 7-204-01021-3（精装）：40.00元

济公传/（清）王梦吉等著；台湾华一书局改编.

呼和浩特：内蒙古人民出版社，1990.8.—139页；大16开.—(华一儿童通俗文学).—ISBN 7-204-01024-8(精装)：40.00元

神箭手小三/魏升焜整理；甘武炎，邓福觉绘画.南宁：接力出版社，1990.7.—1册；32开.—ISBN 7-80581-093-1：1.40元

I 287　建国后作品

上海儿童文学选：1979～1989/少年儿童出版社编.—上海：少年儿童出版社，1990.1.—759页；大32开.—ISBN 7-5324-0684-9：8.00元

五彩的园圃/赵郁秀，关家鹤主编.—沈阳：辽宁少年儿童出版社：春风文艺出版社，1990.10.—479页；大32开.—(辽宁文学10年丛书：1979～1989：儿童文学卷/林声，王充闾主编).—ISBN 7-5315-0667-X(精装)：8.00元

幼儿故事大全/吴锋主编.—北京：中国国际广播出版社，1990.4.—639页；32开.—(少年儿童智力开发丛书).—ISBN 7-80035-402-4：8.25元

全书分为神话、寓言、童话、民间故事、传统故事、成语故事、幽默笑话、卡通系列、趣味知识、幼儿古诗共10篇。

台湾儿童文学/洪汛涛主编.—合肥：安徽少年儿童出版社，1990.7.—313页；大32开.—(台湾香港及海外华人儿童文学选丛).—ISBN 7-5397-0448-9：4.60元

会讲故事的枕头/常瑞编.—北京：海潮出版社，1990.11.—416页：插图；32开.—ISBN 7-80054-119-3：5.35元

这是一部童话、生活故事、诗歌、散文和儿歌的合集，作品选自《北京日报》—《小苗》专刊。

别了，丽多/郭建尧著.—福州：福建少年儿童出版社，1990.3.—192页；36开.—ISBN 7-5395-0345-9：1.85元

本书包括小说、散文、科学文艺、传记文学等儿童文学作品。

低幼故事大全/延玲玉，王宜振编选.—西安：未来出版社，1990.1.—612页；大32开.—ISBN 7-5417-0275-7：7.05元

快乐岛/中国出版工作者协会幼儿读物研究会编.上海：上海科技教育出版社，1990.2.—64页：图；32开.—(快乐岛幼儿文学丛书；第1辑).—ISBN 7-5428-0371-9：0.71元

河南儿童文学四十年作品选/海燕出版社编.—郑州：海燕出版社，1990.10.—338页；大32开.—ISBN 7-5350-0552-7：5.20元

魔鬼脸壳：北京儿童文学优秀作品选：1977～1988/刘厚明，夏有志主编.—北京：北京少年儿童出版社，1990.9.—243页；32开.—ISBN 7-5301-0226-5：3.00元

I287.2　诗歌、童谣

十七岁的天空/王慧骐著.—南京：江苏少年儿童出版社，1990.9.—152页；36开.—ISBN 7-5346-0566-0：1.80元

儿童诗画：一诗一画/江河著；代大权绘.—西安：陕西人民美术出版社，1990.4.—117页；32开.—ISBN 7-5368-0232-3：1.92元

儿童看图读古诗/金盾出版社编；关庆留等绘.—北京：金盾出版社，1990.7.—1册；24开.—ISBN 7-80022-216-0：1.80元

儿童绕口令：插图本/亚东编.—北京：中国广播电视出版社，1990.5.—89页；64开.—ISBN 7-5043-0430-1：0.80元

儿童绕口令/吴光镭编.—南宁：接力出版社，1990.6.—132页；44开.—ISBN 7-80581-086-9：1.00元

儿歌三百首/阮可章编.—上海：上海文艺出版社，1990.10.—219页；32开.—ISBN 7-5321-0636-5：2.35元

儿歌乐园/震宇编.—西安：陕西人民教育出版社，1990.2.—144页；32开.—(啼鸟小丛书/冬冬主编).—ISBN 7-5419-1186-0：1.80元

儿歌百首/金波编.—合肥：安徽少年儿童出版社，1990.12.—150页；64开.—(幼儿益智小丛书/金波主编).—ISBN 7-5397-0524-8：1.00元

儿歌精选20首/江南，木子编选；钟少，晓岩绘.北京：中国连环画出版社，1990.12.—24页；24开.ISBN 7-5061-0306-0：1.10元

三月交响曲/聪聪著.—兰州：甘肃少年儿童出版社，1990.5.—93页；32开.—ISBN 7-5422-0361-4：1.35元

山东民间童谣/山曼编选.—济南：明天出版社，1990.11.—215页；32开.—ISBN 7-5332-1108-1：2.65元

小歌谣：插图本/亚东编.—北京：中国广播电视出版社，1990.5.—89页；64开.—ISBN 7-5043-0429-8：0.80元

少儿歌谣/魏宏泽，叶鱼主编.—北京：光明日报出版社，1990.7.—151页：图；32开.—(少儿智趣丛书；4).—ISBN 7-80014-801-7：2.80元

少先队员朗诵诗/于波著.—长春：北方妇女儿童出版社，1990.10.—163页；36开.—ISBN 7-5385-0606-3：1.90元

少年朗诵诗/尹世霖著.—青岛：青岛出版社，1990.9.—124页；32开.—ISBN 7-5436-0520-1：2.00元

中小学生抒情诗选/天津文学院编.—天津：新蕾出

版社，1990.12.—197页；32开.—ISBN 7-5307-0832-5：2.50元

中国儿童诗人作品选/吴林抒，苏辑黎编.—南昌：百花洲文艺出版社，1990.12.—146页；36开.—ISBN 7-80579-066-3：2.40元

中国儿童诗歌新作选/阿钟编选.—合肥：安徽少年儿童出版社，1990.12.—215页；大32开.—ISBN 7-5397-0533-7：2.60元

中国儿童歌谣500首/刘希亮编.—西安：未来出版社，1990.12.—546页；大32开.—ISBN 7-5417-0392-3：7.25元

中国童话儿歌选/冬木，冯幽君主编.—青岛：青岛出版社，1990.6.—230页；32开.—ISBN 7-5436-0390-X：3.50元

中国童谣/金波编选；胡永凯绘.—天津：新蕾出版社，1989.5.—4册；32开.—ISBN 7-5307-0368-4：3.80元

生命的逗点/何鲤著.—北京：北京少年儿童出版社，1990.8.—118页；32开.—ISBN 7-5301-0220-6：1.70元

写给少年儿童的诗/商殿举著.—哈尔滨：黑龙江少年儿童出版社，1990.8.—74页；36开.—ISBN 7-5319-0666-X：1.60元

幼儿园歌谣100首/管用和著；侯冠宾绘.—武汉：湖北少年儿童出版社，1990.9.—52页；24开.—ISBN 7-5353-0677-2：2.50元

幼儿诗歌：2岁/李少白等写；叶乃飞等绘.—上海：少年儿童出版社，1990.11.—4册；40开.—ISBN 7-5324-1158-3（袋装）：1.65元

幼儿诗歌：3岁/刘勤敏等写；陈宗耀等绘.—上海：少年儿童出版社，1990.11.—4册；40开.—ISBN 7-5324-1159-1（袋装）：1.65元

幼儿诗歌：4岁/余正等译写；王晓明等绘.—上海：少年儿童出版社，1990.11.—4册；40开.—ISBN 7-5324-1160-5（袋装）：1.65元

在我和你之间/金波著.—北京：中国少年儿童出版社，1990.12.—146页；32开.—ISBN 7-5007-0432-1：1.40元

各体儿歌大全/童心编著.—南宁：广西民族出版社，1990.9.—158页；32开.—（小脚丫系列；3）.ISBN 7-5363-0912-0：2.50元

问答歌谣/樊发稼选编.—天津：天津人民美术出版社，1990.4.—1册；40开.—ISBN 7-5305-3270-7：0.80元

妈妈教我唱儿歌/靓靓编.—海口：南海出版公司，1990.8.—190页；32开.—ISBN 7-80570-215-2：3.20元

红蜻蜓/刘燕著.—沈阳：辽宁少年儿童出版社，1990.9.—98页　照片；32开.—（绿叶丛书）.—ISBN 7-5315-0821-4：1.60元

我喜欢你，狐狸/高洪波著.—武汉：湖北少年儿童出版社，1990.8.—207页：插图；32开.—ISBN 7-5353-0632-2：2.10元

快快乐乐的世界/钱万成著.—长春：长春出版社，1990.9.—170页；32开.—ISBN 7-80573-223-X：2.70元

没有帆的船/李耕著.—上海：少年儿童出版社，1990.8.—127页；32开.—ISBN 7-5324-0113-8：1.40元

本书是一本散文诗集。

图画儿歌/李志国等编绘.—天津：天津人民美术出版社，1990.11.—6册；80开.—ISBN 7-5305-3304-5（袋装）：1.20元

金波儿童诗集/金波著.—济南：明天出版社，1990.12.—492页：插图；大32开.—（中外儿童文学名著评介丛书/严文井主编）.—ISBN 7-5332-0121-3（精装）：9.00元

学话儿歌/李少白写；张怡庄等画.—沈阳：辽宁少年儿童出版社，1990.4.—4册；24开.—ISBN 7-5315-0613-0（袋装）：1.50元

本书包括：《小摇床》、《开汽车》、《小黄狗》和《树姥姥》，共4册。

学前班新歌谣/秦岭云编.—石家庄：河北美术出版社，1990.12.—1册；40开.—ISBN 7-5310-0332-5：0.38元

拼拼读读幼儿歌谣　（一）/齐敏编；崔小云绘.北京：中国连环画出版社，1990.6.—1册；24开 ISBN 7-5061-0190-4：1.05元

拼拼读读幼儿歌谣　（二）/齐敏编；王烈绘.—北京：中国连环画出版社，1990.6.—1册；24开.—ISBN 7-5061-0191-2：1.05元

拼拼读读幼儿歌谣　（三）/晓燕等编；冯伟绘.北京：中国连环画出版社，1990.12.—1册；24开.ISBN 7-5061-0316-8：0.90元

拼拼读读幼儿歌谣　（四）/小路等编；谢风岗绘.—北京：中国连环画出版社，1990.12.—1册；24开.—ISBN 7-5061-0317-6：0.90元

幽默儿歌40首/王清秀编写；张汝为绘.—天津：新蕾出版社，1989.3.—4册；32开.—ISBN 7-5307-0377-3：2.40元

神鱼和神鸟/萧剑峰诗；田希祖画.—长沙：湖南少年儿童出版社，1990.7.—55页；32开.—ISBN 7-5358-0328-8：0.56元

娃娃学诗六十首/赵凯选编.—西安：陕西人民教育出版社，1990.2.—171页；32开.—ISBN 7-5419-1430-4：2.30元

绕口歌谣/樊发稼选编.—天津：天津人民美术出版社，1990.4.—1册；40开.—ISBN 7-5305-3269-3：

0.80元

给少年们的诗/曾卓著.—武汉：湖北少年儿童出版社，1990.9.—89页：照片；32开.—ISBN 7-5353-0753-1：1.10元

校园朗诵诗/姚业涌著.—长春：长春出版社，1990.7.—152页；32开.—ISBN 7-80573-268-X：2.20元

彩色的魔方/徐国志著.—成都：四川少年儿童出版社，1990.12.—114页；32开.—(少年文学界丛书).—ISBN 7-5365-0608-2：1.50元

彩图儿歌词典/车锡伦，蒋静芬编文；俞理等插图.—上海：上海辞书出版社，1990.5.—304页；32开.—(彩图系列).—ISBN 7-5326-0130-7(精装)：10.00元

谜语歌谣/樊发稼选编.—天津：天津人民美术出版社，1990.4.—1册；40开.—ISBN 7-5306-3271-5：0.80元

童话寓言朗诵诗选/尹世霖编.—北京：北京少年儿童出版社，1990.6.—302页；32开.—ISBN 7-5301-0136-6：3.95元

童话歌谣/樊发稼选编.—天津：天津人民美术出版社，1990.4.—1册；40开.—ISBN 7-5305-3272-3：0.80元

赖宁之歌/冯云，翟生祥著.—太原：希望出版社，1990.4.—85页；32开.—ISBN 7-5379-0631-9：1.50元

献给孩子们的歌/陈玉光诗.—北京：中国妇女出版社，1990.9.—126页；32开.—2～6岁儿童适用.—ISBN 7-80016-301-6：1.95元

蓝色摇篮曲/张岐著.—上海：少年儿童出版社，1990.8.—107页；32开.—ISBN 7-5324-1023-4：1.10元

本书是儿童散文诗集。

趣味儿歌：1～6岁/黄刚，列强编.—西安：未来出版社，1990.12.—131页；40开.—ISBN 7-5417-0356-7：1.25元

黎明前的音符：革命诗歌选/朱鹰编.—杭州：浙江少年儿童出版社，1990.2.—130页；32开.—(红星丛书).—ISBN 7-5342-0593-X：1.35元

I 287.3 戏 剧

我也是太阳：儿童话剧/欧阳逸冰等编剧.—郑州：海燕出版社，1990.7.—126页；插图；大32开.—ISBN 7-5350-0613-2：2.90元

I 287.4 小 说

1989全国优秀少年小说选/儿童文学选刊编辑部编.贵阳：贵州人民出版社，1990.10.—244页：图；32开.—ISBN 7-221-01825-1：3.20元

中国少数民族儿童小说选/张锦贻等编.—郑州：海燕出版社，1990.2.—644页；大32开.—ISBN 7-5350-0503-9：7.25元

任大星作品选/任大星著.—北京：中国少年儿童出版社，1990.8.—368页：照片及插图；32开.—ISBN 7-5007-1182-4(精装)：8.50元

渡过重洋的木箱/马天宝，龚玲凤著.—乌鲁木齐：新疆人民出版社，1990.8.—245页；32开.—ISBN 7-228-01388-3：2.50元

本书是一部儿童中、短篇小说的选集。

I 287.45 长篇、中篇小说

一个男生的手记/盛放著.—杭州：浙江少年儿童出版社，1990.3.—126页；32开.—(校园文化书系).ISBN 7-5342-0499-2：1.50元

七色马/董天柚著.—石家庄：河北少年儿童出版社，1990.7.—211页；32开.—ISBN 7-5376-0533-5：1.85元

九死一生/苏殿远著.—武汉：湖北少年儿童出版社，1990.3.—150页；32开.—ISBN 7-5353-0643-8：1.70元

大沙河恩仇记/王川，宗水龙著.—上海：少年儿童出版社，1990.8.—160页；32开.—ISBN 7-5324-0189-8：1.50元

小小的我/吴晓琳著.—石家庄：河北少年儿童出版社，1990.5.—210页；32开.—ISBN 7-5376-0517-3：1.90元

小砍刀传奇/勤耕著.—上海：少年儿童出版社，1990.5.—319页：图；大32开.—ISBN 7-5324-0028-6：4.40元

无声世界/邹尚庸著.—石家庄：花山文艺出版社，1990.6.—253页；32开.—ISBN 7-80505-290-5：2.60元

太阳梦见我/李杨杨著.—北京：中国少年儿童出版社，1990.2.—247页：插图；大32开.—ISBN 7-5007-0808-4：3.70元

太空城的孙悟空/黄海著.—南昌：21世纪出版社，1990.6.—81页；32开.—ISBN 7-5391-0286-1：1.10元

本书是台湾作家黄海儿童科幻小说。

少年情/夏有志著.—北京：北京少年儿童出版社，1990.2.—239页；32开.—ISBN 7-5301-0157-9：2.85元

这部小说，写了北京一个小小院落里，四名少年经受了甜酸苦辣、曲折成长的故事。

风雨摇篮/乔林著.—合肥：安徽少年儿童出版社，1990.9.—170页；32开.—ISBN 7-5397-0355-5：1.60元

平原两少年/张一峰著.—北京：国际文化出版公司，1990.9.—173页；32开.—ISBN 7-80049-553-1：2.30元

失足少年的新生/张殿民著.—合肥：安徽少年儿童出版社，1990.2.—74页；36开.—ISBN 7-5397-0436-5：0.80元

死的活的和疯的/沈阳著.—郑州：海燕出版社，1990.3.—147页；32开.—ISBN 7-5350-0534-9：1.45元

死湖的秘密/袁静，秦文虎著.—南昌：江西少年儿童出版社，1990.5.—122页：插图；32开.—ISBN 7-5391-0288-8：1.30元

军马场奇遇/李敏杰著.—北京：中国少年儿童出版社，1990.11.—163页：插图；32开.—ISBN 7-5007-0398-8：1.70元

那年月的一个故事/董尧著.—上海：少年儿童出版社，1990.1.—217页：插图；32开.—(少年文库).ISBN 7-5324-0242-8：2.10元

红军伢/向黑樱，黎白著.—海口：南海出版公司，1990.5.—2册(459页)：插图；32开.—ISBN 7-80570-069-9：5.60元

玛丽玫瑰号的秘密/崔为工著.—郑州：海燕出版社，1990.8.—247页：图；32开.—ISBN 7-5350-0560-8：2.50元

这群嘎子哥/刘海栖著.—长沙：湖南少年儿童出版社，1990.5.—325页：照片及插图；32开.—ISBN 7-5358-0543-4：3.40元

苦儿苦读记/刘玉峰著.—杭州：浙江少年儿童出版社，1990.6.—169页：插图；32开.—ISBN 7-5342-0564-6：1.55元

奇异的航行/黄海著.—南昌：21世纪出版社，1990.6.—92页：插图；32开.—ISBN 7-5391-0285-3：1.20元

台湾著名作家黄海儿童科幻小说。

旺堆的世界/李建树著.—北京：中国少年儿童出版社，1990.10.—124页：插图；32开.—ISBN 7-5007-0397-X：1.30元

明天会怎样/刘海栖著.—南昌：21世纪出版社，1990.8.—368页；32开.—ISBN 7-5391-0410-4：3.50元

侦破爸爸的秘密/王苏红，王玉彬著.—天津：新蕾出版社，1990.6.—263页：插图；32开.—(新蕾中篇小说丛书).—ISBN 7-5307-0613-6：2.90元

岳云小将真传/尹世霖著.—长沙：湖南少年儿童出版社，1990.5.—273页；32开.—ISBN 7-5358-0544-2：2.65元

官塘之谜/张方文著.—上海：少年儿童出版社，1990.5.—64页；32开.—ISBN 7-5324-0246-0：0.89元

诚善里34号/聪聪著.—兰州：甘肃少年儿童出版社，1990.7.—197页；32开.—ISBN 7-5422-0352-5：2.20元

本书是作者儿时的自传体故事。

驼铃叮当/王一地著.—石家庄：河北少年儿童出版社，1990.7.—166页：插图；32开.—ISBN 7-5376-0038-4：1.50元

昨天的故事/朱传誉著.—长春：北方妇女儿童出版社，1990.6.—111页；32开.—ISBN 7-5385-0578-4：1.50元

神迷的世界/张平著.—北京：中国妇女出版社，1990.10.—209页；32开.—ISBN 7-80010-334-2：2.50元

神秘失踪之后/峻青，丹薇著.—沈阳：辽宁少年儿童出版社，1990.6.—136页；32开.—ISBN 7-5315-0691-2：1.30元

孩子，抬起头/孙云晓著.—郑州：海燕出版社，1990.12.—357页；32开.—ISBN 7-5350-0646-9：3.50元

这是一部描写辅导员与少先队生活的长篇小说。

泰山的子孙/张法贵著.—北京：北京少年儿童出版社，1990.12.—115页：插图；32开.—ISBN 7-5301-0247-8：1.50元

啊，少男少女：续篇/张成新著.—上海：少年儿童出版社，1990.2.—177～355页：插图；32开.—ISBN 7-5324-0848-5：1.80元

狼王梦/沈石溪著.—上海：少年儿童出版社，1990.11.—187页：插图；32开.—ISBN 7-5324-0856-6：1.80元

海狼：三部中篇动物小说/李子玉著.—北京：北京少年儿童出版社，1990.9.—142页：插图；32开.ISBN 7-5301-0219-6：2.05元

难忘的梦/苑茵著.—郑州：海燕出版社，1990.10.—152页：插图；32开.—ISBN 7-5350-0608-6：1.50元

这部小说叙述了一个美丽可爱的小姑娘在旧中国的苦难经历。

野坡岭/夏有志著.—沈阳：辽宁少年儿童出版社，1990.7.—222页；32开.—ISBN 7-5315-0709-9：2.00元

旋转的城堡/郑开慧著.—上海：少年儿童出版社，1990.12.—239页：插图；32开.—ISBN 7-5324-1098-6：2.40元

替身演员/辛勤著.—上海：少年儿童出版社，1990.1.—184页：插图；32开.—(少年文库).ISBN 7-5324-0450-1：1.80元

赖宁的世界/孙云晓著.—北京：北京少年儿童出版社，1990.3.—329页；32开.—ISBN 7-5301-0217-6：3.50元

燕赵少年/赵清学著.—长沙：湖南少年儿童出版社，1990.6.—298页：照片；32开.—ISBN 7-5358-0550-7：2.50元

魔鬼河/左泓著.—上海：少年儿童出版社，1990.8.—140页：插图；32开.—ISBN 7-5324-0093-X：1.40元

I 287.47 短篇小说

大象恩仇/梁泊著.—武汉：湖北少年儿童出版社，1990.6.—122页：插图；24开.—(动物故事丛书).ISBN 7-5353-0619-5：1.80元

小侦探菠萝：系列侦探小说集/《我们一百万》报小作者编写.—上海：百家出版社，1990.12.—96页；32开.—ISBN 7-80576-136-1：1.20元

男子汉进行曲/梅子涵著.—上海：少年儿童出版社，1990.4.—237页：图；32开.—ISBN 7-5324-0329-7：2.30元

这是一本儿童小说集，作品表现了城市少年的生活和感情。

林中的野刺莓/陆星儿著.—沈阳：辽宁少年儿童出版社，1990.10.—199页；32开.—ISBN 7-5315-0724-2：2.10元

本书是作者反映家庭问题的儿童小说集。

树洞里的校长室/沈振明，徐风著.—上海：少年儿童出版社，1990.5.—193页；32开.—ISBN 7-5324-0200-2：1.90元

咧开嘴笑的石榴：少先队文学作品集/康文信著.海口：南海出版公司，1990.4.—215页；32开.ISBN 7-80570-062-1：2.80元

孩子与麻雀/龚泽华著.—北京：中国少年儿童出版社，1990.12.—161页；32开.—ISBN 7-5007-1121-2：1.70元

寂寞的十七岁：台湾少年小说选/徐静波编选.上海：少年儿童出版社，1990.5.—278页：插图；32开.—ISBN 7-5324-0927-9：2.80元

本集共选收了14篇表现台湾少年生活的小说，时间跨度从50年代至80年代。这里有透过孩童的心灵来折射纷繁复杂的成人世界的，也有通过大人的观察来反映少年人成长历程的，等等。

鲤岛传奇/刘厚明著.—合肥：安徽少年儿童出版社，1990.3.—229页；大32开.—ISBN 7-5397-0433-0：2.60元

魔窟脱险记/边子正著.—合肥：安徽少年儿童出版社，1988.12.—226页；32开.—ISBN 7-5397-0226-5：1.65元

I 287.5 故　事

一天一个好故事：续集/陈燕苏编著.—石家庄：河北少年儿童出版社，1990.8.—346页：图；32开.—ISBN 7-5376-0549-1：3.20元

二十一枚军功章的故事/孙金民著.—合肥：安徽少年儿童出版社，1990.8.—250页；32开.—ISBN 7-5397-0443-8：2.20元

十万个智斗故事　第十一集/牟文正，宗松厚编.南京：江苏少年儿童出版社，1990.1.—124页；32开.—ISBN 7-5346-0381-1：1.15元

十万个智斗故事　第十二集/王世华，盛茂产编.南京：江苏少年儿童出版社，1990.2.—124页；32开.—ISBN 7-5346-0394-3：1.15元

十万个智斗故事　第十四集：井岗山革命斗争故事专集/彭霖山著.—南京：江苏少年儿童出版社，1990.12.—122页：图；32开.—ISBN 7-5346-0650-0：1.15元

十万个智斗故事　第十五集/熊立胜，彭霖山编著.南京：江苏少年儿童出版社，1990.12.—124页；32开.—ISBN 7-5346-0648-9：1.15元

十四岁/沈碧娟著.—上海：少年儿童出版社，1990 11.—136页；32开.—ISBN 7-5324-1055-2：1.35元

儿童故事精选/岢雕主编.—北京：教育科学出版社，1990.5.—215页：插图；32开.—ISBN 7-5041-0524-4：2.90元

儿童益智故事林/李文，高杰著.—北京：中国城市经济社会出版社，1990.4.—432页；32开.—ISBN 7-0574-0293-2：5.20元

三个女数学家/袁向东，李文林著.—成都：四川少年儿童出版社，1990.12.—140页；32开.—(中外著名科学家的故事丛书).—ISBN 7-5365-0615-5：1.69元

三国两晋南北朝历史故事/李衍黔编.—太原：山西教育出版社，1990.12.—108页；32开.—(可爱的中国丛书：第3辑).—ISBN 7-80578-325-X：1.45元

“三国”里的为什么/廖洁著.—2版.—成都：四川少年儿童出版社，1990.12.—138页；32开.—ISBN 7-5365-0601-5：1.52元

“三热爱”小故事/钟书荣等编写.—成都：四川教育出版社，1990.9.—77页：图；32开.—ISBN 7-5408-1333-4：0.90元

千秋青史永留红：青年英雄故事　(上)/陕西省总工会等编.—西安：陕西人民出版社，1990.12.324页；32开.—(青少年德育文库).—ISBN 7-224-01359-5：5.10元

小小智多星/徐青等著.—北京：中国少年儿童出版社，1990.6.—144页；32开.—ISBN 7-5007-0882-3：1.55元

小画迷/徐巨焕著.—杭州：浙江少年儿童出版社，1990.3.—96页；32开.—ISBN 7-5342-0494-1：1.10元

小侦探/糜若兮著.—北京：知识出版社，1990.5.

139页；32开.—（金色童年书库/马光复主编）.—ISBN 7-5015-0419-9：1.60元

小哥俩猎虎/辛勤著.—上海：少年儿童出版社，1990.8.—161页；32开.—ISBN 7-5324-0202-9：1.60元

马路上的故事/北京市海淀区安全委员会等主编.北京：北京出版社，1990.5.—108页；32开.—ISBN 7-200-01133-9：1.60元

开国元勋的故事/林阿绵著.—石家庄：河北教育出版社，1990.4.—135页；32开.—（小博士文库）.ISBN 7-5434-0683-7：2.10元

天外飞来一只鞋：新大楼发生的故事/洪汛涛著.成都：四川少年儿童出版社，1990.1.—86页；32开.ISBN 7-5365-0513-2：1.00元

历史故事精选/胡岩，沈雁编写.—南京：江苏少年儿童出版社，1990.7.—186页；48开.—（中华儿童故事丛书）.—ISBN 7-5346-0405-2：1.40元

历代美德故事选/冯发志等编写.—成都：四川少年儿童出版社，1990.12.—226页；32开.—ISBN 7-5365-0603-1：2.28元

历代聪慧少年的故事/雷风行，杨玉琴编著.—北京：中国和平出版社，1990.4.—290页；32开.—ISBN 7-80037-332-0：3.50元

四诺曹游几何国/方献亚，罗扬洲著；沈苑苑，杨大昕绘.—沈阳：辽宁少年儿童出版社，1990.10.72页；20开.—（科学家摇篮丛书/宗介华主编）.ISBN 7-5315-0700-5：4.00元

五代辽宋金元历史故事/李玲，樊贞祥编.—太原：山西教育出版社，1990.12.—116页；32开.—（可爱的中国丛书；第3辑）.—ISBN 7-80578-327-6：1.50元

不该忘记的岁月/柳酩著.—郑州：河南教育出版社，1990.8.—90页：图；32开.—（不能忘记的故事丛书）.—ISBN 7-5347-0774-9：0.85元

太阳和它的家族/江雪编著.—上海：少年儿童出版社，1990.1.—344页；32开.—（少年文库）.ISBN 7-5324-0557-5：3.90元

本书以故事形式，讲述了太阳系这个家族中各个成员的状况。

太空少年/李四友，李津水编著.—南昌：江西教育出版社，1990.1.—174页：图；32开.—（中学生知识丛书/黄定元，张希仁主编）.—ISBN 7-5392-0813-9：1.42元

本书以故事的形式介绍了航天知识、宇航员的航天生活及航天技术的应用等。

少年大侦探/季平，飞雁编著.—长春：长春出版社，1990.9.—146页；16开.—ISBN 7-80573-332-5：4.15元

少年英雄的故事/中国少年先锋队全国工作委员会编.—济南：济南出版社，1990.10.—183页；32开.ISBN 7-80572-235-8：2.10元

本书选编罗志群、邓金娣、刘胡兰等14位少年英雄的故事。

少年英雄故事/吴翕斌等著.—2版.—上海：少年儿童出版社，1990.6.—210页；32开.—ISBN 7-5324-0989-9：2.00元

少年英雄谱/边江著.—郑州：河南教育出版社，1990.8.—106页：图；32开.—（不能忘记的故事丛书）.—ISBN 7-5347-0775-7：0.97元

少年英雄谱：1921～1989/肖承运编.—海口：南海出版公司，1990.7.—2册（349页）；32开.—ISBN 7-80570-156-3：5.40元

本书介绍了革命战争年代和社会主义建设时期涌现出的27位小英雄可歌可泣的故事。

中外神童故事/柯焕德编写.—南宁：广西民族出版社，1990.5.—153页；32开.—ISBN 7-5363-0794-2：1.85元

中外著名战争故事/徐忻炜，徐敬东编.—福州：福建少年儿童出版社，1990.7.—170页；32开.—ISBN 7-5395-0334-3：1.60元

中华少年风采录：文化艺术卷/中国少年先锋队全国工作委员会编.—沈阳：辽宁少年儿童出版社，1990.10.—259页：插图；32开.—ISBN 7-5315-0861-3：2.60元

中华少年风采录：发明创造卷/中国少年先锋队全国工作委员会编.—沈阳：辽宁少年儿童出版社，1990.10.—191页：插图；32开.—ISBN 7-5315-0849-4：2.00元

中华少年风采录：优秀集体卷/中国少年先锋队全国工作委员会编.—沈阳：辽宁少年儿童出版社，1990.10.—229页：插图；32开.—ISBN 7-5315-0862-1：2.40元

中华少年风采录：助人为乐卷/中国少年先锋队全国工作委员会编.—沈阳：辽宁少年儿童出版社，1990.10.—198页：插图；32开.—ISBN 7-5315-0859-1：2.20元

中华少年风采录：体育健美卷/中国少年先锋队全国工作委员会编.—沈阳：辽宁少年儿童出版社，1990.10.—257页：插图；32开.—ISBN 7-5315-0860-5：2.70元

中华少年风采录：身残志坚卷/中国少年先锋队全国工作委员会编.—沈阳：辽宁少年儿童出版社，1990.10.—242页：插图；32开.—ISBN 7-5315-0848-6：2.50元

中华少年风采录：英勇就义卷/中国少年先锋队全国工作委员会编.—沈阳：辽宁少年儿童出版社，1990.10.—230页：插图；32开.—ISBN 7-5315-0863-X：2.40元

中华少年风采录：舍己救人卷/中国少年先锋队全国工作委员会编.—沈阳：辽宁少年儿童出版社，1990，

10.—323页；插图；32开.—ISBN 7-5315-0858-3；3.00元

中华少年风采录：舍身为公卷/中国少年先锋队全国工作委员会编.—沈阳：辽宁少年儿童出版社，1990.10.—180页；插图；32开.—ISBN 7-5315-0846-X：1.90元

中华少年风采录：勇敢斗敌卷/中国少年先锋队全国工作委员会编.—沈阳：辽宁少年儿童出版社，1990.10.—225页；插图；32开.—ISBN 7-5315-0857-5：2.30元

中华少年风采录：勤奋学习卷/中国少年先锋队全国工作委员会编.—沈阳：辽宁少年儿童出版社，1990.10.—193页；插图；32开.—ISBN 7-5315-0847-8：2.00元

中国人的骄傲/高颖编.—郑州：河南教育出版社，1990.8.—78页；36开.—（不能忘记的故事丛书）.ISBN 7-5347-0777-3：0.73元

中国古代冒险故事新编/何竞新，胡申生著.—兰州：甘肃少年儿童出版社，1990.7.—219页；32开.（冒险故事丛书）.—ISBN 7-5422-0331-2：2.55元

中国古代探险家的故事/晓晚等编著.—昆明：云南少年儿童出版社，1990.8.—163页；32开.—ISBN 7-5414-0001-7：1.90元

中国幼儿故事精选/马业文，张克明选编.—沈阳：辽宁少年儿童出版社，1990.5.—406页；大32开.ISBN 7-5315-0615-7：4.70元

本书选编了神话故事、寓言故事、民间故事、风物传说故事、名人故事、童话故事等共227篇。

中国名人冒险故事/何竞新，胡申生编著.—兰州：甘肃少年儿童出版社，1990.6.—145页；32开.（冒险故事丛书）.—ISBN 7-5422-0332-0：1.80元

中国近代历史故事/刘元等编.—太原：山西教育出版社，1990.12.—157页；32开.—（可爱的中国丛书；第3辑）.—ISBN 7-80578-329-2：1.85元

中国现代历史故事 （上）/岳峰编.—太原：山西教育出版社，1990.9.—109页；插图；32开.—（可爱的中国丛书；第3辑）.—ISBN 7-80578-210-5：1.45元

中国现代历史故事 （下）/王青梅编.—太原：山西教育出版社，1990.9.—105页；插图；32开.—（可爱的中国丛书；第3辑）.—ISBN 7-80578-211-3：1.45元

中国现代少年英雄传/黄庆云著；共青团中央少先队工作委员会，四川少年儿童出版社编辑.—成都：四川少年儿童出版社，1990.7.—474页；图；32开.ISBN 7-5365-0565-5：3.30元

中国科学家爱国的故事/沈国良编写.—新1版.—福州：福建少年儿童出版社，1990.6.—95页；插图；32开.—（小火炬丛书）.—ISBN 7-5395-0406-4：0.97元

本书1983年3月第1版。

中国神怪故事大观/任大霖主编.—上海：少年儿童出版社，1990.4.—956页；32开.—ISBN 7-5324-1021-8（精装）：13.00元

本书收入上至秦汉，下至晚清的神怪故事283个。

中国神怪故事大观/任大霖主编.—上海：少年儿童出版社，1990.4.—2册（956页）；32开.—（少年文库）.—ISBN 7-5324-1022-6：9.10元

中国500神童传奇/陈家桢，李无未编著.—延吉：延边人民出版社，1990.11.—257页；32开.—ISBN 7-80508-544-7：2.80元

风雨年代/北京大学中国名人丛书编委会编.—长春：北方妇女儿童出版社，1990.7.—425页；大32开.—（中国名人谈少儿时代丛书/谷向阳主编）.ISBN 7-5385-0603-9：7.00元

方志敏爷爷的故事/罗宁著.—北京：北京少年儿童出版社，1990.12.—53页；冠图；32开.—ISBN 7-5301-0251-6：1.35元

火红年华：中国小英雄集锦/顾兰英，薛宝根主编.沈阳：辽宁人民出版社，1990.10.—306页；32开.ISBN 7-205-11532-4：4.50元

火烧圆明园/国家教委基础教育司编；刘占武编写.北京：北京少年儿童出版社，1990.12.—78页；图；32开.—（鸦片战争150周年教育丛书）.—ISBN 7-5301-0257-5：0.97元

东方骄子/王矿新等编.—南宁：广西科学技术出版社，1990.5.—90页；图；32开.—（世界名人青少年故事；第2辑：中国分辑）.—ISBN 7-80565-286-4：1.10元

本书选收了40位名人青少年时期的故事。

四条腿的电影明星：真实的动物故事/周立明编著.北京：中国少年儿童出版社，1990.9.—101页；32开.—ISBN 7-5007-0782-7：1.10元

出类拔萃：早年成才者的故事/赵光鼎主编.—武汉：武汉出版社，1990.1.—268页；32开.—ISBN 7-5430-0301-5：2.90元

本书选收了81例早年成才者的事迹。他们有小学生、中学生、社会青少年、小英雄等。

外国名人故事 第二册：军事家/陈雪良，余志森编著.—上海：少年儿童出版社，1990.4.—204页；插图；32开.—ISBN 7-5324-0601-6：2.00元

外国名人故事 第三册：文学家/晓业，阿明编写.上海：少年儿童出版社，1990.4.—207页；插图；32开.—ISBN 7-5324-0445-5：2.00元

本书选编了塞万提斯、巴尔扎克、雨果、安徒生、狄更斯、高尔基等9位外国著名的文学家。

外国名人故事 第四册：科学家/俞沛铭编著.—上

海：少年儿童出版社，1990.5.—232页：插图；32开.—ISBN 7-5324-0795-0：2.20元

外国名人故事　第五册：戏剧家/晓业等编.—上海：少年儿童出版社，1990.4.—207页：插图；32开.ISBN 7-5324-0777-2：2.00元

外国名人冒险故事/胡洪庆，赵海燕编著.—兰州：甘肃少年儿童出版社，1990.6.—185页；32开.（冒险故事丛书）.—ISBN 7-5422-0304-5：2.15元

外星人的奥秘/李秉龄等编写.—天津：天津人民美术出版社，1990.5.—125页；32开.—ISBN 7-5305-3274-X：2.05元

生物学家的故事/袁传宓，吴玉璋编著.—上海：上海教育出版社，1990.5.—218页；32开.—（中学生文库）.—ISBN 7-5320-1769-9：2.05元

生命天使：人民医学家林巧稚的故事/郭建尧著.合肥：安徽少年儿童出版社，1990.8.—209页；32开.—ISBN 7-5397-0503-5：2.30元

白字大王的新故事/江苏少年儿童出版社编.—南京：江苏少年儿童出版社，1990.9.—154页：图；32开.—ISBN 7-5346-0582-2：1.30元

冯·诺伊曼/匡大芳等著.—贵阳：贵州人民出版社，1990.2.—108页；32开.—（科学家的故事）.—ISBN 7-221-01590-2：1.40元

闪光之路/吉林省教育委员会编.—长春：吉林文史出版社，1990.5.—105页；32开.—ISBN 7-80528-237-4：1.00元

闪烁的金星：纪美焕的故事/胡景芳编.—沈阳：辽宁少年儿童出版社，1990.10.—148页：照片及插图；32开.—ISBN 7-5315-0876-1：1.25元

幼儿故事大王/延玲玉编.—西安：陕西人民教育出版社，1990.1.—432页：插图；32开.—（啼鸟小丛书）.—ISBN 7-5419-1109-7：4.20元

幼儿故事大王　（1）/任东升等著.—杭州：浙江少年儿童出版社，1990.3.—57页：图；32开.—ISBN 7-5342-0535-2：0.67元

幼儿故事大世界/胡海珍编.—合肥：安徽少年儿童出版社，1990.10.—379页：图；大32开.—ISBN 7-5397-0491-8：3.80元

幼儿故事精选　（上）/张继楼编.—重庆：重庆出版社，1990.7.—408页；32开.—学前班《语言》补充教材.—ISBN 7-5366-1259-1：4.45元

民间故事精选/薛宁，侯敏编写.—南京：江苏少年儿童出版社，1990.7.—186页；24开.—（中华儿童故事丛书）.—ISBN 7-5346-0403-6：1.40元

民族魂/胡晓峰著.—兰州：甘肃少年儿童出版社，1990.7.—166页；32开.—ISBN 7-5422-0362-2：1.80元

本书以故事形式记述了我国历史上10位民族英雄的感人事迹。

共和国旗帜上的英名/李海宝等著.—上海：少年儿童出版社，1990.12.—191页；32开.—（红领巾丛书）.—ISBN 7-5324-1109-5：1.75元

有趣的果：益智故事100个/中央人民广播电台少儿部编.—北京：中国广播电视出版社，1990.2.—171页；32开.—ISBN 7-5043-0253-8：2.55元

达尔文/董仁威著.—成都：四川少年儿童出版社，1990.12.—175页；32开.—（中外著名科学家的故事丛书）.—ISBN 7-5365-0612-0：2.01元

成语中的动物故事/张志荣著.—呼和浩特：内蒙古人民出版社，1990.5.—295页；32开.—ISBN 7-204-00776-X：2.00元

成语故事精选/徐尚衡编写.—南京：江苏少年儿童出版社，1990.4.—184页；48开.—（中华儿童故事丛书）.—ISBN 7-5346-0407-9：1.40元

成语故事365/陈日朋等主编；李响等编写.—北京：中国城市经济社会出版社，1990.10.—2册（565页）；32开.—ISBN 7-5074-0505-2：7.50元

光头"英雄"/儿童时代社编.—上海：百家出版社，1990.4.—168页；32开.—（我的儿童时代丛书）.—ISBN 7-80576-123-X：1.80元

早期革命家故事/初纲等编著.—长春：长春出版社，1990.5.—184页；32开.—（青少年思想品德教育丛书/王儒林等主编）.—ISBN 7-80573-209-4：2.30元

本书收集了李大钊、蔡和森、陈谭秋、夏明翰、方志敏等早期无产阶级革命家的光辉事迹。

先秦历史故事/王充，王玉档著.—太原：山西教育出版社，1990.12.—100页；32开.—（可爱的中国丛书；第3辑）.—ISBN 7-80576-323-3：1.40元

优秀少儿德育故事集锦/刘勇主编.—北京：北京科学技术出版社，1990.5.—382页；32开.—ISBN 7-5304-0702-3：3.80元

华蘅芳/孙孝恩，丁琪著.—成都：四川少年儿童出版社，1990.12.—128页；32开.—（中外著名科学家的故事丛书）.—ISBN 7-5365-0618-X：1.58元

名人爱国故事/为农，田民编著.—石家庄：河北少年儿童出版社，1990.10.—135页；32开.—ISBN 7-5376-0584-X：1.30元

名人情趣/海扉编.—兰州：甘肃少年儿童出版社，1990.4.—177页；32开.—（奇事珍闻大观；4）.ISBN 7-5422-0295-2：1.85元

刘胡兰的故事/李凤杰编写.—西安：未来出版社，1990.12.—92页；36开.—（学英雄丛书；第1辑）.ISBN 7-5417-0398-2：0.95元

孙中山的故事/李茂高，李一峰著.—上海：少年儿童出版社，1990.1.—285页；32开.—（少年文库）.ISBN 7-5324-0247-9：2.70元

孙思邈/秦风岗著.—成都：四川少年儿童出版社，

1990.12.—111页；32开.—(中外著名科学家的故事丛书).—ISBN 7-5365-0622-8：1.43元

孙敬修演讲故事大全：三国故事卷/孙敬修演讲.兰州：甘肃人民出版社，1990.7.—269页：照片及插图；32开.—ISBN 7-226-00630-8：3.10元

孙敬修演讲故事大全：水浒故事卷/孙敬修演讲；王仙民等编.—兰州：甘肃人民出版社，1990.6.—336页：照片及插图；32开.—ISBN 7-226-00633-2：3.75元

红军英雄故事/浙江少年儿童出版社编.—杭州：浙江少年儿童出版社，1990.5.—192页：插图；32开.—(革命英雄故事).—ISBN 7-5342-0587-5：1.82元

志气·骨气·正气：浙江古代名人故事/金儒宗编著.—杭州：浙江少年儿童出版社，1990.4.—231页；32开.—ISBN 7-5342-0557-3：2.20元

李四光/奚介凡，许安著.—成都：四川少年儿童出版社，1990.12.—185页；32开.—(中外著名科学家的故事丛书).—ISBN 7-5365-0625-2：2.12元

两分钟历险故事/丁一选编.—武汉：湖北少年儿童出版社，1990.10.—222页；32开.—(两分钟丛书).—ISBN 7-5353-0759-0：2.10元

两分钟生活故事/汪习麟选编.—武汉：湖北少年儿童出版社，1990.10.—243页；32开.—(两分钟丛书).—ISBN 7-5353-0762-0：2.30元

两分钟体育故事/李祖述，唐珍华编著.—武汉：湖北少年儿童出版社，1990.12.—200页；32开.—(两分钟丛书).—ISBN 7-5353-0765-5：2.00元

两分钟音乐故事/李映明，刘继珩编著.—武汉：湖北少年儿童出版社，1990.10.—199页；32开.—(两分钟丛书).—ISBN 7-5353-0758-2：1.95元

抓"苏维埃"的故事/江斌编著.—福州：福建人民出版社，1990.8.—158页：插图；32开.—(革命斗争故事丛书；第4集).—ISBN 7-211-00970-5：1.35元

抗日英烈故事/杨美琳，顾清怡著.—上海：少年儿童出版社，1990.2.—211页：插图；32开.—(红领巾丛书).—ISBN 7-5324-0723-3：2.00元

抗日英雄故事/浙江少年儿童出版社编.—杭州：浙江少年儿童出版社，1990.5.—164页：插图；32开.(革命英雄故事).—ISBN 7-5342-0586-7：1.60元

抗美援朝英雄故事/浙江少年儿童出版社编.—杭州：浙江少年儿童出版社，1990.5.—118页；32开.(革命英雄故事).—ISBN 7-5342-0584-0：1.25元

助战神兵/卓开义等编著.—重庆：重庆出版社，1990.10.—279页；32开.—ISBN 7-5366-1370-9：2.50元

吴燕和她的伙伴/共青团福建省委员会等编.—福州：福建少年儿童出版社，1990.6.—88页：照片；32开.—(小火炬丛书).—ISBN 7-5395-0442-0：11.0元

每天讲：革命传统故事365天/周经，肖峰编著.北京：学苑出版社，1990.4.—653页；32开.—ISBN 7-5077-0014-3：8.10元

我爱小动物/梁泊著.—北京：知识出版社，1990.5.—157页；32开.—(金色童年书库/马光复主编).ISBN 7-5015-0411-3：1.80元

我得感谢麻雀/儿童时代社编.—上海：百家出版社，1990.4.—168页；32开.—(我的儿童时代丛书).—ISBN 7-80576-124-8：1.80元

邱少云的故事/李凤杰编写.—西安：未来出版社，1990.11.—93页；36开.—(学英雄丛书；第1辑).ISBN 7-5417-0397-4：0.95元

含谜故事百例/丁良编著.—南昌：江西少年儿童出版社，1990.4.—161页：图；32开.—ISBN 7-5391-0272-1：1.40元

沈括的故事/李光羽等著.—上海：少年儿童出版社，1990.1.—327页：插图；32开.—(少年文库).—ISBN 7-5324-0488-9：3.10元

社会主义建设英雄故事/浙江少年儿童出版社编.杭州：浙江少年儿童出版社，1990.5.—120页：插图；32开.—(革命英雄故事).—ISBN 7-5342-0583-2：1.25元

张香桐/郑重著.—成都：四川少年儿童出版社，1990.12.—138页；32开.—(中外著名科学家的故事丛书).—ISBN 7-5365-0621-X：1.69元

张煌言的故事/童直毅等著.—上海：少年儿童出版社，1990.1.—273页；32开.—(少年文库).—ISBN 7-5324-0214-2：2.65元

陈景润/林玉树，周文斌著.—成都：四川少年儿童出版社，1990.12.—121页；32开.—(中外著名科学家的故事丛书).—ISBN 7-5365-0619-8：1.54元

现代三十年/项立岭等编著.—上海：少年儿童出版社，1990.1.—6册：图；32开.—(少年文库).—ISBN 7-5324-0721-7：18.00元

苦涩的梦/北京大学中国名人丛书编委会编.—长春：北方妇女儿童出版社，1990.7.—460页；大32开.—(中国名人谈少儿时代丛书/谷向阳主编).ISBN 7-5385-0602-0：7.00元

英雄少年/故事大王编辑部编写.—上海：少年儿童出版社，1990.3.—93页；32开.—ISBN 7-5324-0973-2：1.00元

英雄出少年：中国小英雄故事选/轻舟等编著.—北京：学苑出版社，1990.4.—154页；32开.—ISBN 7-80060-458-6：2.00元

杰出的中国人/孙云晓，艾玲编写.—哈尔滨：黑龙江教育出版社，1990.4.—142页：插图；32开.—(我

爱中华丛书/贾斌主编）.—ISBN 7-5316-1070-1：1.70元

本书介绍了我国现代史上对中华民族作出贡献的18位优秀人物。

奔马传奇/刘期相著.—兰州：甘肃少年儿童出版社，1990.10.—67页；32开.—ISBN 7-5422-0389-4：1.15元

本书以1969年出土的铜奔马为引子，叙述了在两千多年前汉武帝即位前后围绕汉番和亲而发生的有关一匹骏马的神奇故事。

欧拉/储嘉康著.—成都：四川少年儿童出版社，1990.12.—145页；32开.—（中外著名科学家的故事丛书）.—ISBN 7-5365-0613-9：1.76元

明清历史故事/尹金编.—太原：山西教育出版社，1990.12.—76页：插图；32开.—（可爱的中国丛书；第3辑）.—ISBN 7-80578-328-4：1.10元

牦牛救主/梁泊著.—武汉：湖北少年儿童出版社，1990.7.—119页：插图；24开.—（动物故事丛书）.ISBN 7-5353-0620-9：1.70元

物理趣闻故事/白炳汉等编著.—福州：福建少年儿童出版社，1990.9.—95页；32开.—ISBN 7-5395-0400-5：1.00元

狐狸会上树/梁泊著.—兰州：甘肃少年儿童出版社，1990.5.—133页；32开.—（故事·作文月刊丛书）.—ISBN 7-5422-0287-1：1.55元

周副主席在武汉/梁立真，魏晓云著.—2版.—武汉：湖北少年儿童出版社，1990.4.—173页；32开.（革命先辈的故事丛书）.—ISBN 7-5353-0663-2：1.70元

本书1984年1月第1版。

夜闯紫禁城/马光复著.—北京：知识出版社，1990.5.—143页：插图；32开.—（金色童年书库/马光复主编）.—ISBN 7-5015-0418-0：1.70元

宝宝故事80篇/查洪燮编著.—哈尔滨：黑龙江少年儿童出版社，1990.4.—107页：图；36开.—（实用育才丛书；2）.—ISBN 7-5319-0596-5：1.55元

宝桌·神驴·魔棍：小学生自读故事精编/汪明华等编.—北京：学苑出版社，1990.5.—164页；32开.ISBN 7-5077-0058-5：2.00元

弥留之际/张春波，顾人编.—兰州：甘肃少年儿童出版社，1990.3.—73页；32开.—（奇事珍闻大观；3）.—ISBN 7-5422-0294-4：0.88元

封神榜故事/林海改写.—上海：少年儿童出版社，1990.3.—310页：插图；32开.—（中国古典文学故事丛书）.—ISBN 7-5324-0774-8：3.00元

南疆擒魔：惊险侦破故事/刘秉荣著.—石家庄：河北少年儿童出版社，1990.6.—229页：插图；32开.ISBN 7-5376-0542-4：2.00元

革命小英雄故事/曹魁珍等编.—长春：长春出版社，1990.6.—136页；32开.—（青少年思想品德教育丛书/王儒林等主编）.—ISBN 7-80573-260-4：2.20元

革命老一辈/李大同等编写.—长春：吉林教育出版社，1990.4.—126页：图；32开.—（我爱中华丛书）.—ISBN 7-5383-0936-5：1.55元

鸦片战争中的爱国故事/浙江省教育科学研究所编写.—杭州：浙江少年儿童出版社，1990.5.—94页；32开.—ISBN 7-5342-0667-7：1.02元

鸦片战争的故事/刘德鸿，王崇瑞著；国家教委基础教育司编.—北京：中国少年儿童出版社，1990.4.113页：插图；32开.—（鸦片战争150周年教育丛书）.—ISBN 7-5007-1126-3：1.45元

鸦片战争的故事/章卫编.—广州：广东高等教育出版社，1990.4.—114页；32开.—ISBN 7-5361-0465-0：1.35元

战斗英雄董存瑞/高穆，李传荣编著.—济南：山东文艺出版社，1990.9.—160页；32开.—ISBN 7-5329-0468-7：2.25元

战国秦汉历史故事/薄桂英编.—太原：山西教育出版社，1990.12.—106页；32开.—（可爱的中国丛书；第3辑）.—ISBN 7-80578-324-1：1.45元

战国群英谱/何焕霞，范奇龙编写.—上海：少年儿童出版社，1990.5.—195页；32开.—（中国古典文学故事丛书）.—ISBN 7-5324-0566-4：2.00元

冒险故事精选/曾播君，张寂雁编写.—南京：江苏少年儿童出版社，1990.7.—188页；36开.—（中华儿童故事丛书）.—ISBN 7-5346-0406-0：1.40元

钞票里的炸弹/陆仁编写.—上海：少年儿童出版社，1990.3.—113页；32开.—（故事大王丛书）.ISBN 7-5324-1005-6：1.15元

科幻故事精选/盛佳，丰杰编写.—南京：江苏少年儿童出版社，1990.6.—188页；48开.—（中华儿童故事丛书）.—ISBN 7-5346-0408-7：1.40元

科学家故事100个/叶永烈编著.—2版.—上海：少年儿童出版社，1990.2.—356页；32开.—ISBN 7-5324-0969-4：3.85元

本书1982年5月第1版。

看谁最聪明（2）/安徽科学技术出版社编.—合肥：安徽科学技术出版社，1990.9.—204页；32开.ISBN 7-5337-0284-0：2.80元

追求与奉献：八闽革命英烈的故事/王盛泽，文生著.—福州：福建少年儿童出版社，1990.7.—173页；32开.—ISBN 7-5395-0412-9：1.85元

闽北杜鹃红/吴稚航，祝也安著.—南昌：21世纪出版社，1990.5.—79页：插图；32开.—（革命先辈的故事丛书）.—ISBN 7-5391-0411-2：0.95元

将军们的童年/詹成文，张涛著.—武汉：湖北少年儿童出版社，1990.9.—313页；大32开.—ISBN 7-5353-0757-4：3.80元

神话故事精选/李平，王春林编写.—南京：江苏少

年儿童出版社，1990.5.—188页；48开.—（中华儿童故事丛书）.—ISBN 7-5346-0404-4：1.40元

给你说说悄悄话/李大同著.—北京：知识出版社，1990.5.—99页：插图；32开.—（金色童年书库/马光复主编）.—ISBN 7-5015-0409-1：1.40元

袁文才与王佐/刘晓农著.—南昌：21世纪出版社，1990.5.—127页：插图；大32开.—（革命先辈的故事丛书）.—ISBN 7-5391-0412-0：1.25元

哥伦布/周行，杜学钊著.—成都：四川少年儿童出版社，1990.12.—118页；32开.—（中外著名科学家的故事丛书）.—ISBN 7-5365-0616-3：1.47元

烈士塔上的铃铛：革命传统故事/肖钦鉴等编著.北京：新华出版社，1990.10.—120页；32开.—ISBN 7-5011-0934-6：1.50元

钱伟长/周文斌，宫苏艺著.—成都：四川少年儿童出版社，1990.10.—157页；32开.—（中外著名科学家的故事丛书）.—ISBN 7-5365-0624-4：1.83元

倒霉的纸条儿/卓列兵著.—兰州：甘肃少年儿童出版社，1990.6.—247页：图；32开.—（故事、作文月刊丛书）.—ISBN 7-5422-0328-2：2.65元

豺狼的野心/舒明著.—郑州：河南教育出版社，1990.8.—112页：图；32开.—（不能忘记的故事丛书）.—ISBN 7-5347-0773-0：1.00元

爱因斯坦/松鹰著.—成都：四川少年儿童出版社，1990.12.—213页；32开.—（中外著名科学家的故事丛书）.—ISBN 7-5365-0610-4：2.41元

爱国名将的故事/郑万泽著.—西安：未来出版社，1990.10.—219页；32开.—（青少年德育文库）.ISBN 7-5417-0387-7：2.55元

留得豪情作楚囚：恽代英的故事/铁流著.—2版.武汉：湖北少年儿童出版社，1990.4.—129页；32开.—（革命先辈的故事丛书）.—ISBN 7-5353-0664-0：1.30元

本书1980年9月第1版。

海洋的女儿/张永滨，卞许民编著.—北京：海洋出版社，1990.1.—125页；32开.—（海洋科学家故事丛书）.—ISBN 7-5027-0620-8：1.50元

益智趣味故事100则 第6集/蒋星五编.—南京：江苏少年儿童出版社，1990.11.—147页；32开.—ISBN 7-5346-0625-X：1.50元

聊斋故事新编/弓保安编著.—西安：未来出版社，1990.12.—267页；32开.—（中外文学名著缩编本丛书/霍松林主编）.—ISBN 7-5417-0431-8：2.95元

黄继光的故事/鱼在洋编写.—西安：未来出版社，1990.11.—103页；36开.—（学英雄丛书；第1辑）.ISBN 7-5417-0396-6：1.00元

婴儿故事大王/丁点编.—西安：陕西人民教育出版社，1990.2.—206页；32开.—（啼鸟小丛书/冬冬主编）.—ISBN 7-5419-1022-8：2.40元

猜出来的军事秘密：诸子百家文学故事/孙通海编著.—上海：少年儿童出版社，1990.4.—152页；32开.—（中国古典文学故事丛书）.—ISBN 7-5324-0234-7：1.70元

脚印/北京大学中国名人丛书编委会编.—长春：北方妇女儿童出版社，1990.7.—474页；大32开.（中国名人谈少儿时代丛书/谷向阳主编）.—ISBN 7-5385-0601-2：7.00元

剪柳春风：丁玲的故事/王增如著.—武汉：湖北少年儿童出版社，1990.8.—229页；大32开.—ISBN 7-5353-0678-0：2.20元

隋唐历史故事/杨冬生著.—太原：山西教育出版社，1990.12.—105页；32开.—（可爱的中国丛书；第3辑）.—ISBN 7-80578-326-8：1.45元

彭加木/赵全章，李德明著.—成都：四川少年儿童出版社，1990.12.—145页；32开.—（中外著名科学家的故事丛书）.—ISBN 7-5365-0620-1：1.76元

葛洪/张昌余，范奇龙著.—成都：四川少年儿童出版社，1990.12.—114页；32开.—（中外著名科学家的故事丛书）.—ISBN 7-5365-0623-6：1.47元

董必武的故事/周志纯著.—2版.—武汉：湖北少年儿童出版社，1990.4.—112页；32开.—（革命先辈的故事丛书）.—ISBN 7-5353-0662-4：1.20元

本书1984年2月第1版。

董存瑞的故事/鱼在洋编写.—西安：未来出版社，1990.11.—104页；36开.—（学英雄丛书；第1辑）.ISBN 7-5417-0395-8：1.00元

鲁迅先生趣事/谢德铣编著.—杭州：浙江少年儿童出版社，1990.11.—149页；28开.—ISBN 7-5342-0692-8：1.80元

童心故事 （2）/芮力编.—北京：新华出版社，1990.6.—210页；32开.—ISBN 7-5011-0733-5：2.85元

渴望蓝天：全国十佳少先队员成洁的故事/何群英著.—成都：四川少年儿童出版社，1990.8.—233页：插图；32开.—ISBN 7-5365-0593-0：2.55元

富兰克林/松鹰著.—成都：四川少年儿童出版社，1990.12.—128页；32开.—（中外著名科学家的故事丛书）.—ISBN 7-5365-0614-7：1.61元

窝囊的大老虎/儿童时代社编.—上海：百家出版社，1990.4.—168页；32开.—（我的儿童时代丛书）.—ISBN 7-80576-125-6：1.80元

赖宁式的小英雄王金元/中国少年先锋队山东省工作委员会编.—济南：山东文艺出版社，1990.3.—34页；32开.—（山东小英雄丛书）.—ISBN 7-5329-0404-0：0.78元

赖宁的故事/李凤杰编写.—西安：未来出版社，1990.11.—93页；36开.—（学英雄丛书；第1辑）.

ISBN 7-5417-0399-0：0.95元

雷锋叔叔/马瑞麟编.—3版.—昆明：云南人民出版社，1990.3.—87页；32开.—ISBN 7-222-00615-X：1.40元

雷锋叔叔/王德昌，潘照坤著.—沈阳：春风文艺出版社，1990.1.—174页；32开.—ISBN 7-5313-0219-5：1.85元

雷锋叔叔的故事/何众编写.—西安：未来出版社，1990.3.—138页；32开.—ISBN 7-5417-0337-0：1.30元

雷锋叔叔的故事/河北少年儿童出版社编.—石家庄：河北少年儿童出版社，1990.1.—92页；32开.—ISBN 7-5376-0510-6：1.00元

雷锋的故事：彝、汉文对照/毕应鼎，张启仁译.昆明：云南民族出版社，1990.12.—112页；32开.（思想品德教育丛书；第一辑）.—ISBN 7-5367-0382-1：1.85元

雷锋的故事/潘照坤，王德昌著.—3版.—沈阳：春风文艺出版社，1990.1.—217页；32开.—ISBN 7-5313-0218-7：2.50元

本书1963年4月第1版。

雷锋故事·日记选/党玉敏等编.—桂林：广西师范大学出版社，1990.1.—134页；32开.—ISBN 7-5633-0694-3：1.40元

路标：革命故事选/周瑞明编写.—杭州：浙江少年儿童出版社，1990.2.—177页；32开.—ISBN 7-5342-0592-1：1.55元

解放战争英雄故事/浙江少年儿童出版社编.—杭州：浙江少年儿童出版社，1990.5.—120页：插图；32开.—（革命英雄故事）.—ISBN 7-5342-0585-9：1.25元

滴水映辉：中国老一辈革命家的小故事/朱兵，郝秀芳著.—福州：福建少年儿童出版社，1990.12.128页；32开.—ISBN 7-5395-0143-X：1.80元

碧血洒天山：陈潭秋的故事/湖北省社会科学院《陈潭秋》编写组编.—2版.—武汉：湖北少年儿童出版社，1990.4.—109页；32开.—（革命先辈的故事丛书）.—ISBN 7-5353-0665-9：1.20元

本书1984年2月第1版。

趣味语文故事/柯焕德编.—南宁：广西民族出版社，1990.4.—214页；32开.—ISBN 7-5363-0781-0：2.50元

激励亿万人的名字：青年英雄故事（中）/陕西省军区政治部等编.—西安：陕西人民出版社，1990.12.—338页；32开.—（青少年德育文库）.—ISBN 7-224-01360-9：5.30元

藏着错误的故事/中国儿童报学习知识组编写.—石家庄：河北少年儿童出版社，1990.3.—54页：插图；32开.—ISBN 7-5376-0284-0：0.70元

1变100之谜/达世新著.—青岛：青岛出版社，1990.3.—82页；32开.—ISBN 7-5436-0447-7：1.20元

3分钟儿童影视故事100则/向路编写.—杭州：浙江少年儿童出版社，1990.5.—244页：插图；32开.ISBN 7-5342-0572-7：2.46元

I 287.6　散　文

小大庆人/徐修玲等主编.—长春：吉林人民出版社，1990.5.—449页；大32开.—ISBN 7-206-00765-1：6.40元

本书采用通讯报道形式，描写大庆孩子的专辑。

巨人的故乡：南斯拉夫游记/程相文著.—北京：中国少年儿童出版社，1990.4.—172页；32开.—ISBN 7-5007-0346-5：1.85元

巴楼花的儿女：瑶山寻根记/蓝怀昌著.—南宁：接力出版社，1990.10.—221页：图；32开.—（祖国大家庭丛书）.—ISBN 7-80581-123-7：2.50元

幼儿散文/金波选编.—合肥：安徽少年儿童出版社，1990.10.—152页；64开.—（幼儿益智小丛书/金波主编）.—ISBN 7-5397-0523-X：1.00元

幼儿散文欣赏（一）/王金贵编.—北京：人民教育出版社，1990.2.—17页；16开.—ISBN 7-107-10506-X：0.72元

幼儿散文欣赏（二）/王金贵编.—北京：人民教育出版社，1990.2.—17页；16开.—ISBN 7-107-10507-8：0.72元

会飞的花/冯幽君著.—广州：新世纪出版社，1990.11.—27页：插图；32开.—ISBN 7-5405-0469-2：0.90元

我带小杰游上海/任溶溶著.—上海：少年儿童出版社，1990.12.—141页：插图；32开.—ISBN 7-5324-0494-3：1.50元

南疆烈士书简/毛和莉，任远编著.—上海：少年儿童出版社，1990.11.—149页；32开.—（红领巾丛书）.—ISBN 7-5324-1049-8：1.40元

美，在我身边："少年情"全国征文比赛获奖作品选/辽宁省儿童文学学会，辽宁作协儿童文学研究室编.—沈阳：辽宁少年儿童出版社，1990.9.—127页；32开.—ISBN 7-5315-0784-1：1.25元

迷恋/刘保法著.—上海：少年儿童出版社，1990.5.—260页；32开.—ISBN 7-5324-0107-3：2.40元

祖国河流考察记/自然，侯慧磷编著.—上海：少年儿童出版社，1990.1.—276页：图；32开.—（少年文库）.—ISBN 7-5324-0472-2：2.60元

说不完的大理/张焰铎著.—昆明：云南少年儿童出版社，1990.5.—162页；32开.—（祖国大家庭丛书）.—ISBN 7-5414-0296-6：1.65元

原谅我：童年纪事/江英著.—上海：少年儿童出版社，1990.11.—122页；32开.—ISBN 7-5324-0342-4：1.60元

致少男少女：一位当代文学少年的书信选/熊万里著.—武汉：长江文艺出版社，1990.3.—106页；32开.—ISBN 7-5354-0310-7：1.50元

爱与搏/韩枫著.—长春：吉林文史出版社，1990.6.—97页；32开.—ISBN 7-80528-242-0：1.39元

接力书信集：少年与家长/艾玲等编.—南宁：接力出版社，1990.5.—137页；32开.—ISBN 7-80581-067-2：1.20元

接力书信集：少年与普通劳动者/艾玲等编.—南宁：接力出版社，1990.5.—141页；32开.—ISBN 7-80581-066-4：1.20元

彩色的土地：肯尼亚游记/李肇星著.—北京：中国少年儿童出版社，1990.4.—138页；32开.—ISBN 7-5007-0304-X：1.45元

童稚妙语888/唐夫，戚建丽编著.—太原：希望出版社，1990.2.—308页；32开.—ISBN 7-5379-0500-2：3.50元

I 287.7 童话、寓言、谜语、笑话

一篇童话一个谜：益智童话故事/许延风，于玉珍著.—北京：中国国际广播出版社，1990.4.—173页；32开.—（少年儿童智力开发丛书）.—ISBN 7-80035-397-4：2.60元

大侦探菲尔比：惊险侦破童话/许延风，于玉珍著.北京：中国国际广播出版社，1990.4.—171页：插图；32开.—（少年儿童智力开发丛书）.—ISBN 7-80035-400-8：2.60元

大鼻子先生的故事/肖定丽著.—郑州：海燕出版社，1990.2.—193页：插图；32开.—（河南儿童文学丛书）.—ISBN 7-5350-0536-5：2.05元

凡尔丁大侦探：童话故事作品集/许延风著.—北京：中国国际广播出版社，1990.5.—160页：插图；32开.—（少年儿童智力开发丛书）.—ISBN 7-80035-466-0：2.40元

小马娇娇/杨志坚著.—广州：新世纪出版社，1990.10.—123页：插图；大32开.—ISBN 7-5405-0484-6：1.90元

小毛驴出国：金吉泰童话自选集/金吉泰著.—兰州：甘肃少年儿童出版社，1990.7.—236页；32开.ISBN 7-5422-0358-4：2.55元

小奇人跳跳/李仁晓著.—福州：福建少年儿童出版社，1990.12.—90页：插图；24开.—ISBN 7-5395-0401-3：1.50元

小咕噜大闹香香甜甜山/戴臻著.—上海：少年儿童出版社，1990.4.—55页：插图；32开.—ISBN 7-5324-0129-4：0.90元

小辫儿和她的独耳马/孙文圣著.—上海：少年儿童出版社，1990.11.—96页：插图；32开.—ISBN 7-5324-0067-0：1.10元

飞碟留下的机器人/海代泉著.—南宁：广西教育出版社，1990.5.—133页；32开.—ISBN 7-5435-0863-X：1.75元

本书是一部科学童话集。

天堂山滚下来的故事罐/王矿新等编.—南宁：接力出版社，1990.12.—126页；24开.—ISBN 7-80581-229-2：1.95元

太阳公公和他的孩子们/方献亚，罗扬洲著；王尔强，沈苑苑绘.—沈阳：辽宁少年儿童出版社，1990.10.—69页；20开.—（科学家摇篮丛书/宗介华主编）.—ISBN 7-5315-0703-1：4.00元

少儿童话/魏宏泽，叶鱼主编.—北京：光明日报出版社，1990.7.—177页：图；32开.—（少儿智趣丛书；2）.—ISBN 7-80014-799-1：2.90元

中国少数民族童话/雪犁编.—兰州：甘肃少年儿童出版社，1990.6.—200页；48开.—（东方童话丛书）.—ISBN 7-5422-0356-8：1.80元

中国幼儿童话/金波选编.—合肥：安徽少年儿童出版社，1990.10.—154页；64开.—（幼儿益智小丛书/金波主编）.—ISBN 7-5397-0517-5：1.00元

中国当代童话/雪犁编.—兰州：甘肃少年儿童出版社，1990.7.—205页；48开.—（东方童话丛书）.ISBN 7-5422-0354-1：1.90元

中国童话名作精选/杨晓岩等编.—长春：长春出版社，1990.8.—489页；32开.—ISBN 7-80573-314-7：6.80元

中国童话名篇选析/孙建国，戚玉生选编.—北京：中国友谊出版公司，1990.5.—192页：图；32开.ISBN 7-5057-0282-3：2.50元

长在树梢上的童话/周天六著.—武汉：湖北少年儿童出版社，1990.2.—231页；32开.—ISBN 7-5353-0638-1：2.30元

四角羊的魔帽/明照著.—上海：少年儿童出版社，1990.8.—97页：插图；32开.—ISBN 7-5324-0241-X：1.00元

白藤仙子/邝金鼻著.—广州：新世纪出版社，1990.10.—237页：插图；32开.—ISBN 7-5405-0468-4：2.50元

老鼠公主/林笠著.—北京：气象出版社，1990.4.70页：插图；32开.—ISBN 7-5029-0363-1：1.30元

会飞的公鸡/北京出版社编.—北京：北京出版社，

1990.3.—91页；32开.—ISBN 7-200-00885-0：1.40元

本书收严文井、金近、管桦等著名作家的童话故事18篇。

孙悟空探秘"小人国"：科学童话/石永昌，唐家瑞著.—上海：少年儿童出版社，1990.3.—169页：插图；32开.—ISBN 7-5324-0526-5：1.90元

吹笛少年与渔女：彝族传说童话集/肖崇贵编著.北京：中国少年儿童出版社，1990.12.—134页：插图;32开.—ISBN 7-5007-1121-2：1.45元

吴梦起童话选/吴梦起著.—沈阳：辽宁少年儿童出版社，1990.4.—451页；大32开.—ISBN 7-5315-0572-X（精装）：8.00元

希望王国历险记：科学童话/杨向红，纪树森编著.北京：中国社会出版社，1990.3.—63页；32开.ISBN 7-80088-020-6：1.00元

阿波罗大战外星人：惊险魔幻童话/许延风著.—北京：中国国际广播出版社，1990.12.—158页：插图；32开.—（少年儿童智力开发丛书）.—ISBN 7-80035-680-9：2.60元

纸公主/王业伦著.—福州：福建少年儿童出版社，1990.4—107页；36开.—（童话列车丛书）.—ISBN 7-5395-0356-4：1.50元

金猫历险记/孙大文著.—北京：国际文化出版公司，1990.5.—133页；32开.—ISBN 7-80049-538-8：1.95元

狐狸探长艾克/曲一日编著.—天津：新蕾出版社，1990.9.—141页;32开.—ISBN 7-5307-0806-6:1.95元

怪岛：1616/聪聪著.—北京：中国少年儿童出版社，1990.11.—206页；32开.—（中国童话百家）.ISBN 7-5007-0842-4：2.20元

怪孩子树米/郑允钦著.—福州：福建少年儿童出版社，1990.4.—115页；36开.—（童话列车丛书）.ISBN 7-5395-0357-2：1.50元

怪蛋和神水：科学知识童话/张冲著.—上海：少年儿童出版社，1990.5.—114页：插图；32开.—ISBN 7-5324-0944-9：1.15元

泡泡糖游行：童话集/《少年文艺》编辑部编.—南京：江苏少年儿童出版社，1990.9.—164页：图；32开.—（少年文艺文学丛书）.—ISBN 7-5346-0571-7：2.05元

故事大王智斗蓝鼻子/盖壤著.—兰州：甘肃少年儿童出版社，1990.10.—200页；32开.—ISBN 7-5422-0391-6：2.20元

蚂蚁中计：科学童话集/张冲等著.—上海：少年儿童出版社，1990.3.—158页：插图；32开.—ISBN 7-5324-0532-X：1.80元

星期天妈妈讲的故事/杨向红著.—北京：中国社会出版社，1990.10.—133页：插图；32开.—ISBN 7-80088-016-8：1.70元

迷离的神话世界/铁源，王洋编著.—北京：华龄出版社，1990.6.—114页；32开.—ISBN 7-80082-040-8：2.20元

迷路的小羊羔：童话故事集/王兰英著.—西安：陕西人民教育出版社，1990.5.—217页；32开.—ISBN 7-5419-1470-3：2.95元

神奇的童话故事谜/郝勇著.—北京：知识出版社，1990.5.—149页：插图；32开.—（金色童年书库/马光复主编）.—ISBN 7-5015-0417-2：1.70元

紧箍咒的秘密/吕谦著.—上海：少年儿童出版社，1990.4.—56页：插图；32开.—ISBN 7-5324-0130-8：0.96元

倒霉的魔术师/杨楠编著.—上海：少年儿童出版社，1990.7.—122页：插图；32开.—ISBN 7-5324-0904-X：1.40元

恐龙复活记/武玉桂著.—福州：福建少年儿童出版社，1990.4.—93页；36开.—（童话列车丛书）.ISBN 7-5395-0355-6：1.35元

本书包括"恐龙复活记"、"小阿毛当市长"两篇童话。

狼外婆/吴愚著.—北京：气象出版社，1990.12.118页：插图；32开.—ISBN 7-5029-0481-6：2.00元

疼痛转移器/周锐著.—成都：四川少年儿童出版社，1990.12.—190页；32开.—（新潮童话）.—ISBN 7-5365-0606-6：2.13元

海的童话/傅广典等著.—武汉：湖北少年儿童出版社，1990.8.—217页：插图；32开.—ISBN 7-5353-0646-2：2.60元

隐形染料/葛冰著.—成都：四川少年儿童出版社，1990.12.—211页：插图；32开.—（新潮童话）.ISBN 7-5365-0607-4：2.27元

黄鼠狼的法典/陈乃祥著.—南京：江苏少年儿童出版社，1990.2.—124页：插图；32开.—ISBN 7-5346-0396-X：1.45元

偷梦的妖精/王伯方选编.—成都：四川少年儿童出版社，1990.12.—211页；32开.—（新潮童话）.ISBN 7-5365-0609-0：2.27元

假面舞会/周基亭著.—福州：福建少年儿童出版社，1990.4.—113开；36开.—（童话列车丛书）.ISBN 7-5395-0354-8：1.50元

黑猫警长新故事/诸志祥著.—海口：三环出版社，1990.3.—71页：彩照；大32开.—ISBN 7-80564-048-3：2.70元

黑熊先生和天鹅小姐/林笠著.—北京：气象出版社，1990.4.—74页：插图；32开.—ISBN 7-5029-0361-5：1.30元

稀奇古怪王国历险记/唐麒著.—北京：北京少年儿童出版社，1990.3.—77页；32开.—ISBN 7-5301-

0179-X：1.40元

智人国历险记/李毓佩著.—武汉：湖北少年儿童出版社，1990.8.—170页；32开.—ISBN 7-5353-0637-3：1.70元

舒克和贝塔历险记全集：100集长篇童话/郑渊洁著.—成都：四川少年儿童出版社，1990.1.—424页；32开.—ISBN 7-5365-0516-7：4.24元

童话 第19辑/新蕾出版社编辑.—天津：新蕾出版社，1989.5.—158页；大32开.—ISBN 7-5307-0423-0：1.95元

童话天地/杨向红著.—北京：知识出版社，1990.5.—132页；图；32开.—（金色童年书库/马光复主编）.—ISBN 7-5015-0415-6：1.50元

童话列车（一）/陆射编.—厦门：鹭江出版社，1990.4.—57页；20开.—ISBN 7-80533-273-8：1.20元

童话列车 （二）/陆射编.—厦门：鹭江出版社，1990.3.—57页；20开.—ISBN 7-80533-277-0：1.20元

童话故事大世界/许延风，于玉珍主编.—北京：海洋出版社，1990.3.—162页；图；32开.—ISBN 7-5027-0863-4：2.75元

本书收集了当代童话作家们32篇童话作品。

童话24魔/似田著.—兰州：甘肃少年儿童出版社，1990.7.—354页；插图；32开.—（故事·作文月刊丛书）.—ISBN 7-5422-0329-0：3.60元

傻熊多多/李少白写；徐谷安画.—上海：少年儿童出版社，1990.11.—121页；插图；64开.—ISBN 7-5324-1225-3（精装）：2.60元

数学司令：第二届宋庆龄儿童文学奖获奖作品/李毓佩著.—2版.—上海：少年儿童出版社；北京：中国少年儿童出版社，1990.8.—129页；32开.—ISBN 7-5324-0996-1：1.90元

本书1987年1月第1版。

蜜蜂姐姐和蚂蚁妹妹/林笠主编.—北京：气象出版社，1990.4.—84页；32开.—ISBN 7-5029-0362-3：1.30元

稻草人看瓜：童话/林颂英编；王铁城绘.—石家庄：河北美术出版社；北京：海豚出版社，1990.3.1册；20开.—ISBN 7-5310-0327-9：0.85元

摩托虎：郑渊洁童话新作选/郑渊洁著.—福州：福建少年儿童出版社，1990.12.—293页；大32开.—ISBN 7-5395-0432-3：4.40元

魔幻世界探奇/塞野著.—呼和浩特：内蒙古人民出版社，1990.4.—232页；32开.—ISBN 7-204-00774-3：2.45元

魔湖/桑榆，张冲著.—北京：气象出版社，1990.3.—67页；32开.—ISBN 7-5029-0340-2：0.90元

本书是一本气象科普童话。

一分钟寓言/凝溪著.—北京：中国社会出版社，1990.3.—118页；插图；32开.—ISBN 7-80088-021-4：1.60元

八家寓言选/孟昭禹选编.—上海：少年儿童出版社，1990.1.—148页；图；32开.—（少年文库）.ISBN 7-5324-0685-7：1.60元

少儿寓言/魏宏泽，叶鱼主编.—北京：光明日报出版社，1990.7.—183页；图；32开.—（少儿智趣丛书；1）.—ISBN 7-80014-802-5：2.90元

少儿寓言一百则：一言·一画·一故事/刍行编著.西安：三秦出版社，1990.5.—205页；32开.—ISBN 7-80546-247-X：2.50元

中国现代寓言名篇选析/孙建国，戚玉生选编.—北京：中国友谊出版公司，1990.5.—190页；图；32开.—ISBN 7-5057-0283-1：2.50元

中国现代寓言赏析/志坚等选编.—石家庄：河北少年儿童出版社，1990.2.—244页；32开.—ISBN 7-5376-0518-1：2.20元

本书收集了我国现代、当代寓言的优秀作品191篇，分为真理篇、道义篇、改革篇等10辑。

中国寓言故事/马忠尚，高志华改写.—北京：未来出版社，1990.12.—275页；插图；32开.—（中外文学名著缩编本丛书/霍松林主编）.—ISBN 7-5417-0432-6：3.05元

今晚的故事是……/杨瑞明编著.—北京：旅游教育出版社，1990.2.—166页；32开.—（枕边丛书）.ISBN 7-5637-0116-8：2.45元

长颈鹿比脖子/韦伟著.—上海：少年儿童出版社，1990.10.—42页；图；32开.—ISBN 7-5324-1117-6：0.82元

本书收入34个寓言故事。

幼读寓言一百篇/保超，润花编.—石家庄：花山文艺出版社，1990.7.—201页；插图；40开.—ISBN 7-80505-303-0：1.95元

乔装打扮的土狼：科学寓言集：第二届宋庆龄儿童文学奖获奖作品/树敬，树逊著.—2版.—北京：中国少年儿童出版社，1990.8.—108页；图；32开.—ISBN 7-5007-0108-X：1.75元

优秀寓言集/刘飞茂主编.—北京：职工教育出版社，1990.5.—152页；32开.—（小学生启蒙丛书；8）.ISBN 7-80059-305-3：2.30元

床下钓鱼：系列寓言集/徐强华著.—北京：北京少年儿童出版社，1990.11.—78页；32开.—ISBN 7-5301-0235-4：1.45元

鸡给狐狸拜年：寓言故事集/陈菊香，蓝芝同著.南宁：广西教育出版社，1990.5.—122页；图；24开.—ISBN 7-5435-0826-5：1.70元

狐狸打猎：系列寓言集/邱国鹰著.—呼和浩特：内蒙古人民出版社，1990.4.—78页；插图；32开.—IS

BN 7-204-00970-3：1.40元

狐狸艾克系列寓言全集/曲一日著.—天津：新蕾出版社，1990.6.—422页；插图；32开.—ISBN 7-5307-0467-2：5.30元

爱讲真话的喜鹊：寓言集/石飞著.—北京：中国国际广播出版社，1990.4.—133页；32开.—（少年儿童智力开发丛书）.—ISBN 7-80035-399-0：1.80元

猴子的法术：晓飞寓言集/晓飞著.—海口：南海出版公司，1990.6.—133页；插图；32开.—ISBN 7-80570-240-3：1.90元

寓言一百篇/陈祥龙，吴捷著.—厦门：鹭江出版社，1990.6.—119页；32开.—ISBN 7-80533-364-5：1.70元

蜗牛的奖杯/杨啸著.—合肥：安徽少年儿童出版社，1990.11.—129页；32开.—ISBN 7-5397-0441-1：1.30元

儿童谜宫/文欣森编选.—西安：陕西人民教育出版社，1990.2.—102页；插图；32开.—（啼鸟小丛书/冬冬主编）.—ISBN 7-5419-1396-0：2.50元

儿童谜语/吉雅泰，张蔺女编.—南宁：接力出版社，1990.6.—228页；44开.—ISBN 7-80581-083-4：1.60元

儿歌谜语：动物类/杨向红编写；徐宝信，徐达画.北京：中国社会出版社，1990.4.—24页；24开.ISBN 7-80088-024-9：0.90元

儿歌谜语：自然类/杨向红编；徐宝信，徐达画.北京：中国社会出版社，1990.4.—24页；24开.ISBN 7-80088-023-0：0.90元

儿歌谜语：物件类/杨向红编；徐宝信，徐达画.北京：中国社会出版社，1990.4.—24页；24开.—ISBN 7-80088-022-2：0.90元

儿歌谜语：植物类/杨向红编；徐宝信，徐达画.北京：中国社会出版社，1990.4.—24页；24开ISBN 7-80088-025-7：0.90元

少儿谜语/魏宏泽，叶鱼主编.—北京：光明日报出版社，1990.7.—125页；图；32开.—（少儿智趣丛书；3）.—ISBN 7-80014-800-9：2.40元

幼儿谜语/武冀平，如清选编.—合肥：安徽少年儿童出版社，1990.10.—158页；64开.—（幼儿益智小丛书/金波主编）.—ISBN 7-5397-0521-3：1.00元

幼儿谜语：猜猜看/孙逢万等编；过俊华注音；樊傲霜绘图.—北京：中国电影出版社，1990.6.—1册；24开.—ISBN 7-106-00419-7：0.90元

幼儿谜语1000条/河南省实验幼儿园编.—郑州：河南教育出版社，1990.8.—181页；32开.—ISBN 7-5347-0732-3：1.40元

知识谜语/文琪编；董景良绘.—北京：科学普及出版社，1990.7.—44页；插图；24开.—ISBN 7-110-01269-7：2.20元

本书编入42条科学谜语，内容涉及植物、动物、自然科学等方面的知识。

看画猜谜集锦/钱树庠编；张中良，赵树云画.北京：中国社会出版社，1990.11.—171页；32开.ISBN 7-80088-053-2：2.50元

猜一猜　（下）：图解谜语故事/童侗撰文；王庆宏配图.—大连：大连出版社，1990.1.—68页；24开.—儿童智能训练教材.—ISBN 7-80555-322-X：1.85元

谜语宝盒　第一辑：猜谜/少年报社编.—上海：百家出版社，1990.5.—4册；64开.—ISBN 7-80576-104-X（盒装）：2.50元

谜语宝盒　第二辑：猜谜/少年报社编.—上海：百家出版社，1990.4.—4册；64开.—ISBN 7-80576-105-1（盒装）：2.50元

一看就笑/李文编.—南京：江苏教育出版社，1990.2.—160页；128开.—（小小丛书）.—ISBN 7-5343-0953-0：0.43元

儿童幽默精选/董佳句主编.—长春：长春出版社，1990.9.—158页；32开.—ISBN 7-80573-331-7：2.85元

少儿幽默/魏宏泽，叶鱼主编.—北京：光明日报出版社，1990.7.—129页；图；32开.—（少儿智趣丛书；5）.—ISBN 7-80014-803-3：2.40元

本书共精编少儿幽默270多则，分家庭篇、学校篇、社会篇。

可笑的艾米/张帆改编；郑凯军，梁珊绘.—广州：岭南美术出版社，1990.5.—33页；24开.—ISBN 7-5362-0490-6：0.96元

幼儿笑话精选20种/大苗等改编；贾文涛等绘.—北京：中国连环画出版社，1990.12.—20册；48开.（幼儿启蒙丛书）.—ISBN 7-5061-0319-2（盒装）：5.30元

幼读笑话一百篇/何岩，荣光编.—石家庄：花山文艺出版社，1990.7.—201页；插图；40开.—ISBN 7-80505-302-2：1.95元

宝宝开心果/鄂嫩吉雅泰编.—广州：新世纪出版社，1990.5.—53页；图；32开.—ISBN 7-5405-0439-0：1.40元

I 287.8　图画故事

一千零一夜故事精选/雅思改编；张世明绘.—北京：国际文化出版公司，1990.6.—4册；24开.—ISBN 7-80049-568-X（袋装）：5.80元

本书包括：《渔翁的故事》、《商人和魔鬼》、《又睡又醒的人》、《阿里巴巴和四十大盗》4册。

一片白羽毛/葛翠玲著；陈永镇绘.—武汉：湖北少年儿童出版社，1990.12.—58页；24开.—（爱的故事丛书）.—ISBN 7-5353-0708-6：1.90元

一束不同颜色的花/张秋生编写；俞理等绘.—上海：上海教育出版社，1990.5.—4册；24开.—ISBN 7-5320-1811-3（袋装）：2.10元

本书包括《在大湖边》、《醒醒，小兔子》、《一束不同颜色的花》、《红汽球》4册。

一把荷叶伞/沙孝惠写；马骏绘.—哈尔滨：黑龙江少年儿童出版社，1990.6.—1册；24开.—（知识童话画库）.—ISBN 7-5319-0636-8：1.00元

一梦五千年：中国部分/朱丽云等编；徐开云等绘.杭州：浙江人民美术出版社，1990.7.—3册（114，132，116页）；16开.—ISBN 7-5340-0196-X：28.00元

一幅壮锦/晓丁改编；孙景波绘.—北京：开明出版社：海豚出版社，1990.3.—38页；20开.—ISBN 7-80077-032-X：1.65元

七擒孟获/庄季德，满叔道改编；史建期等绘.—上海：少年儿童出版社，1990.12.—94页；24开.（儿童版·彩画全本《三国演义》；8）.—ISBN 7-5324-1274-1：3.30元

八只小老鼠/薛芬，白水编译；陈青等画.—上海：上海科技教育出版社，1990.1.—46页；24开.—ISBN 7-5428-0413-8：1.40元

八国联军侵北京图画故事/俞笛编文；王瑾，赵虹绘.—北京：人民美术出版社，1990.6.—1册；24开.—（鸦片战争150周年教育丛书）.—ISBN 7-102-00783-3：0.95元

人民的勤务员：雷锋的故事/士明改编；沈行工画.南京：江苏美术出版社，1990.7.—1册；48开.—ISBN 7-5344-0162-3：0.45元

人猿探长/孙伟权编；宏海等绘.—北京：中国妇女出版社，1990.5.—2册；24开.—（系列童话）.—ISBN 7-80016-217-6：1.90元

入海趣探生物谜/方献亚，罗扬洲著；李小幻，欢欢绘.—沈阳：辽宁少年儿童出版社，1990.10.—72页；20开.—（科学家摇篮丛书/宗介华主编）.—ISBN 7-5315-0701-3：4.00元

九鼠奇遇记/洪波，崔义编；山麓，李研绘.—北京：中国工人出版社，1990.9.—5册；24开.—ISBN 7-5008-0685-X：5.00元

本书包括《搜猫救猫》、《盖新房》、《春游时节》、《打呼噜》、《献血的故事》5册。

九鼠奇遇记　第一集：裁缝店/洪波，崔义编；山麓，李研绘.—北京：国际文化出版公司，1990.3.1册；24开.—1.10元

九鼠奇遇记　第二集：车四徒弟们/洪波，崔义编；山麓，李研绘.—北京：国际文化出版公司，1990.3.—1册；24开.—ISBN 7-80049-437-3：1.10元

九鼠奇遇记　第三集：藏狗记/洪波，崔义编；山麓，李研绘.—北京：国际文化出版公司，1990.3.1册；24开.—ISBN 7-80049-438-1：1.10元

九鼠奇遇记　第四集：钓鱼风波/洪波，崔义编；山麓，李研绘.—北京：国际文化出版公司，1990.3.1册；24开.—ISBN 7-80049-439-X：1.10元

九鼠奇遇记　第五集：葱油饼/洪波，崔义编；山麓，李研绘.—北京：国际文化出版公司，1990.3.1册；24开.—ISBN 7-80049-440-3：1.10元

三个皮大王/陈青等编译、绘画.—上海：上海科技教育出版社，1990.1.—1册；24开.—ISBN 7-5428-0409-X：1.40元

三气周瑜/庄季德，满淑道改编；陆华等绘.—上海：少年儿童出版社，1990.10.—94页；24开.（儿童版·彩画全本《三国演义》；5）.—ISBN 7-5324-1218-0：3.30元

三气周瑜/宫常改编；张洪明，张婕画.—天津：新蕾出版社，1990.7.—1册；16开.—ISBN 7-5307-0712-4：0.90元

三岁的小兔子：红兔子/郑春华编；张汝为，小舟绘.北京：人民美术出版社，1990.4.—11页；24开.—ISBN 7-102-00720-5：1.40元

三岁的小兔子：黄兔子/郑春华编；张汝为，小舟绘.—北京：人民美术出版社，1990.4.—11页；24开.—ISBN 7-102-00719-1：1.40元

三岁的小兔子：绿兔子/郑春华编；张汝为，小舟绘.—北京：人民美术出版社，1990.4.—12页；24开.—ISBN 7-102-00721-3：1.40元

三岁的小兔子：蓝兔子/郑春华编；张汝为，小舟绘.—北京：人民美术出版社，1990.4.—12页；24开.—ISBN 7-102-00718-3：1.40元

三英之死/庄季德，满叔道改编；陆华等绘.—上海：少年儿童出版社，1990.12.—94页；24开.（儿童版·彩画全本《三国演义》；7）.—ISBN 7-5324-1273-3：3.30元

三国归晋/庄季德，满叔道改编；陆华等绘.—上海：少年儿童出版社，1990.12.—94页；24开.—（儿童版·彩画全本《三国演义》；10）.—ISBN 7-5324-1276-8：3.30元

三借芭蕉扇/邓柯等编绘.—广州：新世纪出版社，1990.7.—1册；24开.—（猴王孙悟空丛书）.—ISBN 7-5405-0454-4：0.88元

三座房子：科学童话/林颂英编；林琬崔，张光尹绘.—石家庄：河北美术出版社；北京：海豚出版社，1990.3.—1册；20开.—ISBN 7-5310-0337-6：0.85元

三眼华光闹天宫：南游记/王志冲编；刘斌昆等绘．上海：少年儿童出版社，1990.10.—1册；24开.—ISBN 7-5324-1194-X：1.85元

三请诸葛亮/发田改编；郭占魁，亚菲画.—天津：新蕾出版社，1990.7.—1册；16开.—(《三国演义》故事；4）.—ISBN 7-5307-0708-6：0.90元

大世界折页丛书　第一辑/石恒谟编绘.—北京：北京少年儿童出版社，1990.6.—6册；48开.—ISBN 7-5301-0221-4（袋装）：3.10元

大世界折页丛书　第二辑/安蓼葭编；郭继强绘．北京：北京少年儿童出版社，1990.6.—6册，48开．ISBN 7-5301-0222-2（袋装）：3.10元

大世界折页丛书　第四辑/马力编绘.—北京：北京少年儿童出版社，1990.6.—6册；48开.—ISBN 7-5301-0224-9（袋装）：3.10元

大自然的假期/小树苗教育出版社供稿.—北京：科学普及出版社，1990.12.—16页；16开.—（形状书系列）.—ISBN 7-110-01764-8：2.95元

大灰狼幼儿园/李华等写；汪福民，沈磊画.—上海：少年儿童出版社，1990.11.—122页；64开.—ISBN 7-5324-1214-8（精装）：2.60元

大侦探狐狸约希姆　（一）：约希姆侦查商店被盗案件/粟周熊编译；王铁麟，邓领祥绘.—北京：国际文化出版公司，1990.8.—23页；24开.—ISBN 7-80049-510-4：1.20元

大侦探狐狸约希姆　（二）：白鼬格维东应聘当助手/粟周熊编译；任志刚等绘.—北京：国际文化出版公司，1990.8.—23页；24开.—ISBN 7-80049-513-2：1.20元

大侦探狐狸约希姆　（三）：树林里发现新线索/粟周熊编译；王铁麟等绘.—北京：国际文化出版公司，1990.8.—23页；24开.—ISBN 7-80049-514-0：1.20元

大侦探狐狸约希姆　（四）：罪犯被一网打尽/粟周熊编译；王铁麟等绘.—北京：国际文化出版公司，1990.8.—23页；24开.—ISBN 7-80049-515-9：1.20元

大战吃云怪：当代幼儿童话/小蓝编；韩伍，王启帆绘.—上海：百家出版社，1990.1.—23页；24开．ISBN 7-80576-116-7：0.95元

大战穿山甲/林阳编；刘曼华等绘.—北京：中国连环画出版社，1990.3.—35页；24开.—（黑耳贝贝历险记；2）.—ISBN 7-5061-0256-0：0.90元

大战隐身猫/周文宿，许念祖编；王一云，钟自强绘.—北京：国际文化出版公司，1990.12.—36页；24开.—ISBN 7-80049-540-X：1.80元

大战黑星人　（上）/张定华编；张定华等绘.—上海：少年儿童出版社，1990.10.—1册；32开.—ISBN 7-5324-1229-6：1.30元

大盗贼：美术电影故事.—上海：上海教育出版社，1990.1.—4册；24开.—ISBN 7-5320-1904-7：2.50元

大象的保姆/陈秋影编；王小愚绘.—北京：中国少年儿童出版社，1990.3.—21页；24开.—ISBN 7-5007-0960-9：0.70元

大象请客：童话/林颂英编；姜成安绘.—石家庄：河北美术出版社；北京：海豚出版社，1990.3.—1册；20开.—ISBN 7-5310-0322-8：0.85元

大嗓门歌唱家/李伊编；郑岩，青池画.—南宁：接力出版社，1990.4.—1册；24开.—（伊伊的童话）．ISBN 7-80581-040-0：0.60元

大熊猫做客：英汉对照/刘谦编；姜成安绘.—北京：海豚出版社，1990.—1册；16开.—ISBN 7-80051-562-1（精装）：5.30元

大熊猫做客：英汉对照/刘谦编；姜成安绘.—北京：海豚出版社，1990.—1册；16开.—ISBN 7-80051-563-X：2.80元

大鞋/王明明编；黄毅民绘.—天津：新蕾出版社，1989.5.—18页；32开.—ISBN 7-5307-0373-0　0.75元

大警官猪能能/赵金鼎编；谢培林等绘.—北京：中国文联出版公司，1990.6.—4册；16开.—ISBN 7-5059-1351-4（袋装）：4.40元

大B游世界　（3）：东非拾趣/黄学君编；志江等绘.—广州：岭南美术出版社，1990.5.—35页；24开．（科学童话）.—ISBN 7-5362-0488-4：0.98元

大B游世界　（4）：澳洲猎异/黄学君编；志江等绘.—广州：岭南美术出版社，1990.5.—35页；24开.—（科学童话）.—ISBN 7-5362-0489-2：0.98元

上学真快乐/小树苗教育出版社供稿.—北京：科学普及出版社，1990.12.—16页；16开.—（形状书系列）.—ISBN 7-110-01756-7：2.95元

山河的传说/梁骏编；刘亘德绘.—太原：希望出版社，1990.4.—1册；12开.—（中国民间传说画丛）．ISBN 7-5379-0612-2（精装）：23.00元

千奇百怪画库.—合肥：安徽少年儿童出版社，1990.4.—1册；24开.—ISBN 7-5397-0490-X：1.60元

义和团图画故事/孟七编；叶向阳，昭日绘.—北京：人民美术出版社，1990.6.—1册；24开.—（鸦片战争150周年教育丛书）.—ISBN 7-102-00782-5：0.95元

小山羊不哭了/伊夫改编；张连瑞绘.—郑州：海燕出版社，1990.2.—20页；48开.—（聪明宝宝丛书）．ISBN 7-5350-0539-X：0.28元

小小人历险记/何福田改编；高志岳等绘.—广州：

岭南美术出版社，1990.10.—34页；24开.—（皮皮鲁系列童话）.—ISBN 7-5362-0535-X：0.98元

小小动物园　（一）/陈秋影等编；郝惠芬等绘.北京：中国连环画出版社，1990.6.—5册；20开.ISBN 7-5061-0185-8：5.30元

本书包括：《小花猫》、《小胖猪》、《小黑马》、《长颈鹿》、《小海豚》5册。

小小动物园　（二）/陈秋影等编；郝惠芬等绘.北京：中国连环画出版社，1990.6.—5册；20开.ISBN 7-5061-0186-6：5.30元

本书包括《小熊猫》、《小花狗》、《小灰象》、《小刺猬》、《小棕熊》5册。

小飞龙/志一，寒光等改编；马民等绘.—天津：天津人民美术出版社，1990.4.—10册；48开.—ISBN 7-5305-3276-6（套装）：4.60元

小飞龙/咩咩改编；鲁华等绘.—南昌：21世纪出版社，1990.3.—5册；24开.—ISBN 7-5391-0349-3：4.75元

小木克：世界童话幼儿版/王小明编绘.—北京：人民美术出版社，1990.4.—15页；24开.—ISBN 7-102-00428-1：1.40元

小毛驴变狮子/涟漪编译.—上海：上海翻译出版公司，1990.1.—46页；24开.—（迷你系列童话）.ISBN 7-80514-510-5：1.80元

小水手远航记/小树苗教育出版社供稿.—北京：科学普及出版社，1990.12.—16页；16开.—（形状书系列）.—ISBN 7-110-01699-4：2.95元

小水滴旅行/人民教育出版社幼儿教育室编.—北京：人民教育出版社，1990.3.—17页；16开.—（萤火虫——幼儿百科画丛）.—ISBN 7-107-09154-9：0.72元

小世界里的喧闹/邵尔编绘.—上海：学林出版社，1990.4.—62页；16开.—（当代优秀儿童故事连环画系列；5）.—ISBN 7-80510-413-1：1.60元

小白兔和小山羊/陆弘编；胡基明绘.—天津：新蕾出版社，1989.9.—1册；32开.—ISBN 7-5307-0239-4：0.65元

小老鼠用电/黎政编；叶刀飞画.—杭州：浙江少年儿童出版社，1990.6.—20页；24开.—（幼儿社会常识）.—ISBN 7-5342-0569-7：0.70元

小老鼠的星星/冰波写；王晓明等画.—上海：上海教育出版社，1990.11.—4册；24开.—（摇篮画丛）.—ISBN 7-5320-2261-7（袋装）：2.05元

本书包括：《小老鼠的星星》、《长颈鹿的故事》、《太阳来做客》、《花背小乌龟》4册。

小乔迷路了/小树苗教育出版社供稿.—北京：科学普及出版社，1990.12.—16页；16开.—（形状书系列）.—ISBN 7-110-01743-5：2.95元

小妇人　（1）/黎洛埃　林夕编；庄生等绘.—上海：上海人民美术出版社，1990.7.—34页；24开.ISBN 7-5322-0798-6：1.35元

小妇人　（2）/黎洛埃，林夕编；庄生等绘.—上海：上海人民美术出版社，1990.12.—34页；24开.ISBN 7-5322-0835-4：1.35元

小妇人　（3）/黎洛埃，林夕编；庄生等绘.—上海：上海人民美术出版社，1990.12.—34页；24开.ISBN 7-5322-0838-9：1.35元

小红母鸡/胡木仁等编；陶文杰等画.—上海：上海教育出版社，1990.11.—4册；24开.—（摇篮画丛）.—ISBN 7-5320-2011-8（袋装）：2.05元

本书包括：《两只小猪》、《小路上的洞》、《小红母鸡》、《早上好》4册。

小花猫和小皮球/王巨明编；刘路一绘；李巧玲注音.—2版.—西安：陕西人民美术出版社，1990.4.1册；24开.—（宝宝最爱听；1）.—ISBN 7-5368-0151-3：1.00元

本书1989年7月第1版。

小兵立大功/小树苗教育出版社供稿.—北京：科学普及出版社，1990.12.—16页；16开.—（形状书系列）.—ISBN 7-110-01751-6：2.95元

小松鼠奇遇记　（上）/安鸿改编；邹辉绘.—西安：未来出版社，1990.10.—20页；24开.—（娃娃看世界丛书）.—ISBN 7-5417-0377-X：0.80元

小松鼠奇遇记　（下）/安鸿改编；张建民绘.—西安：未来出版社，1990.10.—20页；24开.—（娃娃看世界丛书）.—ISBN 7-5417-0378-8：0.80元

小松鼠寄信/黎政编；钱继伟绘.—杭州：浙江少年儿童出版社，1990.6.—20页；24开.—（幼儿社会常识）.—ISBN 7-5342-0567-0：0.70元

小刺猬打败了大老虎/王巨明编；刘路一绘；李巧玲注音.—2版.—西安：陕西人民美术出版社，1990.4.—1册；24开.—（宝宝最爱听；3）.—ISBN 7-5368-0151-3：1.00元

本书1989年7月第1版。

小刺猬盖新房：童话/丁宇真改编；梁培龙绘.—石家庄：河北美术出版社；北京：海豚出版社，1990.3.—1册；20开.—ISBN 7-5310-0324-4：0.85元

小刺猬滚球儿/吕德华编；王治华绘.—天津：新蕾出版社，1988.9.—20页；32开.—ISBN 7-5307-0236-X：0.65元

小侦探/小树苗教育出版社供稿.—北京：科学普及出版社，1990.12.—16页；16开.—（形状书系列）.ISBN 7-110-01762-1：2.95元

小金猴游地球/孙怀川著.—西宁：青海人民出版社，1990.6.—314页；32开.—ISBN 7-225-00361-5：3.00元

小狗熊认错：童话/林颂英编；励国仪绘.—石家庄：河北美术出版社；北京：海豚出版社，1990.3.1册；20开.—ISBN 7-5310-0326-0：0.85元

小兔子坐火车/黎政编；江建文画.—杭州：浙江少年儿童出版社，1990.6.—18页；24开.—（幼儿社会常识）.—ISBN 7-5342-0568-9：0.70元

小兔的春装/林颂英编；姜一鸣绘.—北京：开明出版社：海豚出版社，1990.3.—1册；20开.—ISBN 7-80077-028-1：0.85元

小树叶/李伊编；郑岩，青池画.—南宁：接力出版社，1990.4.—1册；24开.—（伊伊的童话）.—ISBN 7-80581-047-8：0.60元

小蚂蚁和蝈蝈儿/涟漪编译.—上海：上海翻译出版公司，1990.1.—46页；24开.—（迷你系列童话）.ISBN 7-80514-512-1：1.80元

"小皇帝"与"小公主"/田彩改编；钱欣，钱家骅绘.—上海：上海人民美术出版社，1990.1.—34页；24开.—ISBN 7-5322-0595-9：1.35元

小胖熊逛月球/余顺智等编译；王小君等画.—上海：上海教育出版社，1990.11.—4册；48开.—ISBN 7-5320-2279-X（袋装）：0.95元

本书包括《小胖熊逛月球》、《小鸡》、《堆雪人》、《小兔彼得和它的朋友们》4册。

小鸭找朋友/临风编；吴带生画.—郑州：海燕出版社，1990.7.—22页；24开.—ISBN 7-5350-0587-X：0.55元

小黄学游泳/金近原著；雷时圣，梁盈禧改编、绘画.北京：开明出版社：海豚出版社，1990.3.—1册；20开.—ISBN 7-80077-025-7：0.85元

小猫咪画的/李春晖编；黄志凯画.—石家庄：河北少年儿童出版社，1990.1.—20页；24开.—（娃娃好品德丛书；1）.—ISBN 7-5376-0460-6：0.80元

小象为什么变成了猪？/锦芸编；玉瑄，生地绘.北京：中国电影出版社，1990.2.—22页；24开.—ISBN 7-106-00388-3：0.90元

小象要回家/蒋振立改编；胡永凯绘.—北京：开明出版社：海豚出版社，1990.3.—1册；20开.—ISBN 7-80077-029-X：0.85元

小黑熊：蒙汉文对照/一宸编；宝连译.—呼和浩特：内蒙古少年儿童出版社，1990.1.—20页；24开.ISBN 7-5312-0221-9：1.20元

小猴灵灵/沙孝惠编；江健文画.—哈尔滨：黑龙江少年儿童出版社，1990.6.—1册；24开.—（知识童话画库）.—ISBN 7-5319-0637-6：1.00元

小猴奕〇/伊夫改编；郭振山绘画.—郑州：海燕出版社，1990.2.—20页；48开.—（聪明宝宝丛书）.ISBN 7-5350-0538-1：0.28元

小蜡人/肖竹等编.—沈阳：辽宁少年儿童出版社，1990.10.—1册；24开.—（娃娃故事画库；1）.—ISBN 7-5315-0814-1：0.80元

小精灵智力画丛：6～7岁/高继民编.—沈阳：沈阳出版社，1990.1.—〔16〕页；16开.—ISBN 7-80556-126-X：0.95元

小熊的尾巴哪儿去了？/锦芸编；玉瑄，生地绘.北京：中国电影出版社，1990.2.—22页；24开.ISBN 7-106-00387-5：0.90元

小熊提水/纪家秀编；胡进庆，吴云初画.—郑州：海燕出版社，1990.5—20页；16开.—ISBN 7-5350-0535-7：0.83元

飞龙海力童（1）/倩倩，蓝云天改编；金莉等绘.上海：百家出版社，1990.1—1册；24开.—ISBN 7-80576-095-0：1.35元

飞龙海力童（2）/傅云，蓝云天改编；刘明云等绘.—上海：百家出版社，1990.1.—1册；24开.—ISBN 7-80576-096-9：1.35元

飞碟大战/方志编；小路，海燕等绘.—北京：中国连环画出版社，1990.9.—2册；24开.—ISBN 7-5061-0202-1：2.00元

王子与贫儿/华凡编；方伦绘.—上海：少年儿童出版社，1990.10.—1册；24开.—ISBN 7-5324-1152-4：1.10元

天才魔术猫/小树苗教育出版社供稿.—北京：科学普及出版社，1990.12.—16页；16开.—（形状书系列）.—ISBN 7-110-01758-3：2.95元

元元剥豆/朱庆坪写；梁培龙画.—郑州：海燕出版社，1990.8.—27页；36开.—（娃娃美丛书）.—ISBN 7-5350-0253-6：0.55元

不是故意的/小树苗教育出版社供稿.—北京：科学普及出版社，1990.12.—16页；16开.—（形状书系列）.—ISBN 7-110-01738-9：2.95元

太平天国图画故事/尹世霖编；于福庚绘.—北京：人民美术出版社，1990.6.—1册；24开.—（鸦片战争150周年教育丛书）.—ISBN 7-102-00776-0：0.95元

太阳在我家作客/李伊编；郑岩，青池画.—南宁：接力出版社，1990.4.—1册；24开.—（伊伊的童话）.—ISBN 7-80581-048-6：0.60元

太空历险/徐耀庭译；姜成安，吴梅编绘.—哈尔滨：黑龙江少年儿童出版社，1990.5.—78页；20开.ISBN 7-5319-0632-5：1.80元

少儿成才画库/周治华主编.—石家庄：河北美术出版社，1990.4.—8册；32开.—ISBN 7-5310-0364-3（盒装）：8.50元

本书包括《智慧泉》、《数字之谜》、《明镜》、《奇妙的世界》、《奥秘》、《生物奇观》、《认识自己》和《走遍天下》8册。

少儿成语一百则：一语·一画·一故事/一帆编；丁金界绘.—西安：三秦出版社，1990.5.—203页；32开.—ISBN 7-80546-265-8：2.50元

少林鼠：童话/武玉桂著；曹武亦绘.—郑州：海燕

出版社，1990.11.—76页；16开.—ISBN 7-5350-0561-6：4.50元

中法战争图画故事/白鹰编；郑晓峰，云海绘.—北京：人民美术出版社，1990.6.—1册；24开.—（鸦片战争150周年教育丛书）.—ISBN 7-102-00771-5：0.95元

贝贝的书：1岁/韩棣华，齐欣编写；缪群飞等画.上海：上海教育出版社，1990.1.—6册；32开.（0—3岁画丛）.—ISBN-7-5320-1897-0（袋装）：2.75元

本书包括《贝贝的家》、《贝贝的一天》、《贝贝的食品》、《贝贝的游戏和玩具》、《贝贝喜欢的动物》和《贝贝出去玩》6册。

贝贝的书：3岁/齐欣等编写；张汝为等画.—上海：上海教育出版社，1990.1.—8册；32开.—（0—3岁画丛）.—ISBN 7-5320-1899-7（袋装）：3.55元

本书包括《贝贝学儿歌》、《贝贝听故事（1）（2）》《贝贝学说话》、《贝贝学动脑筋（1）》、《贝贝学动脑筋（2）》、《贝贝的歌》和《贝贝学画画》8册。

今晚住哪里/小树苗教育出版社供稿.—北京：科学普及出版社，1990.12.—16页；16开.—（形状书系列）.—ISBN 7-110-01741-9：2.95元

风之谷　（一）：巧遇腐海一剑客/冬雪编；夏雨绘.—上海：少年儿童出版社，1990.10.—1册；24开.—ISBN 7-5324-1220-2：1.45元

乌龟博士/小树苗教育出版社供稿.—北京：科学普及出版社，1990.12.—16页；16开.—（形状书系列）.ISBN 7-110-01749-4：2.95元

长大尾巴的兔子：动画故事连环画/何玉门编绘.成都：四川少年儿童出版社，1990.2.—1册；24开.ISBN 7-5365-0533-7：0.70元

长坂坡/发田改编；增仁等绘.—天津：新蕾出版社，1990.7.—1册；16开.—（《三国演义》故事；5）.—ISBN 7-5307-0709-4：0.90元

长城的传说/梁骏编；王明明绘.—太原：希望出版社，1990.4.—1册；12开.—（中国民间传说画丛）.ISBN 7-5379-0611-4（精装）：23.00元

长臂猿南尼/蒋涛改编；范峤青绘.—上海：上海人民美术出版社，1990.1.—94页；64开.—ISBN 7-5322-0548-7：0.50元

月亮婆婆/林颂英编；张纪平绘画.—北京：开明出版社：海豚出版社，1990.3.—1册；20开.—ISBN 7-80077-027-3：0.85元

月宫宝盒/李远帆编；罗定等绘.—上海：少年儿童出版社，1990.10.—1册；24开.—ISBN 7-5324-1224-5：1.85元

六出祁山/庄季德，满叔道改编；史建期等绘.—上海：少年儿童出版社，1990.12.—94页；24开.（儿童版·彩画全体《三国演义》；9）.—ISBN 7-5324-1275-X：3.30元

火烧连营/英卜改编；冯贵才等画.—天津：新蕾出版社，1990.7.—1册；16开.—（《三国演义》故事；9）.—ISBN 7-5307-0713-2：0.90元

斗鱼记/小树苗教育出版社供稿.—北京：科学普及出版社，1990.12.—16页；16开.—（形状书系列）.ISBN 7-110-01752 4：2.95元

孔融闯名门/张乐珍，王玉珍改编；鑫焕等绘.—济南：山东美术出版社，1990.5.—58页；24开.—（智慧百宝箱；第3辑　第3册）.—ISBN 7-5330-0243-1：0.98元

据李炳然《智力故事300个》改编。

巴比漫游世界/赵金鼎编；谢培林等绘.—北京：中国文联出版公司，1990.4.—4册；16开.—ISBN 7-5059-1345-X（袋装）：4.40元

本书包括《不速之客》、《骑士风度》、《狮子家族》和《好大个的犀牛》4册。

水獭和蛤蟆：彝族童话/詹同编绘.—石家庄：河北美术出版社；北京：海豚出版社，1990.3.—1册；20开.—ISBN 7-5310-0330-9：0.85元

巧捉小鱼/卞疆，卞家华编绘.—石家庄：河北少年儿童出版社，1990.1.—36页；24开.—（娃娃好品德丛书；7）.—ISBN 7-5376-0466-5：1.35元

古城会/孙力改编；文涛等画.—天津：新蕾出版社，1990.7.—1册；16开.—（《三国演义》故事；2）.—ISBN 7-5307-0706-X：0.90元

石马宝/向红改编；姚鸿发绘.—北京：北京少年儿童出版社，1990.10.—20页；24开.—（中国民间童话故事画库）.—ISBN 7-5301-0245-1：1.00元

甘当革命的"傻子"：雷锋的故事/士明改编；龙云绪画.—南京：江苏美术出版社，1990.7.—10页；48开.—ISBN 7-5344-0163-1：0.45元

可爱的小松鼠：1～3岁/黄碧云写；王铁成画.—北京：中国少年儿童出版社，1990.5.—18页；20开.ISBN 7-5007-1058-5：0.70元

可爱的小保姆/小树苗教育出版社供稿.—北京：科学普及出版社，1990.12.—16页；16开.—（形状书系列）.—ISBN 7-110-01702-8：2.95元

龙王的女婿/张树勤编；龚定平，赵东瑞绘.—石家庄：河北少年儿童出版社，1990.1.—1册；24开.ISBN 7-5376-0473-8：0.80元

戊戌变法图画故事/姬玉编；聂崇瑞，冯佳绘.—北京：人民美术出版社，1990.6.—1册；24开.—（鸦片战争150周年教育丛书）.—ISBN 7-102-00781-7：0.95元

北国抢险/樊林，万庆编；肖鹏等绘.—郑州：河南美术出版社，1990.6.—24页；24开.—（迪企奇遇记；5）.—ISBN 7-5401-0136-9：1.10元

卡尔与盗首/张乐珍，王玉珍改编；李承东，秦嗣庆绘.—济南：山东美术出版社，1990.5.—58页；24

开.—(智慧百宝箱；第4辑 第3册).—ISBN 7-5330-0246-6：0.98元

据李炳然《智力故事300个》改编。

甲午战争图画故事/白马编；游健，李平绘.—北京：人民美术出版社，1990.6.—1册；24开.—(鸦片战争150周年教育丛书).—ISBN 7-102-00780-9：0.95元

外星人马特历险记/孟昭江，陆乃超编译；建奇绘.—上海：上海翻译出版公司，1990.1.—46页；24开.—ISBN 7-80514-520-2：1.50元

外星人E.T/李姝玲，清斌译编；尚士勇等绘.—沈阳：辽宁少年儿童出版社，1990.9—1册；16开.ISBN 7-5315-0662-9：2.80元

鸟儿的家：童话/菊子政编；吴带生绘.—石家庄：河北美术出版社；北京：海豚出版社，1990.3.—1册；20开.—ISBN 7-5310-0336-8：1.70元

白兔栗子摊/小树苗教育出版社供稿.—北京：科学普及出版社，1990.12.—16页；16开.—(形状书系列).—ISBN 7-110-01766-4：2.95元

白猫警长小时候/高渊，赵明编，徐谷安等绘.—杭州：浙江人民美术出版社，1990.10.—5册；40开.ISBN 7-5340-0201-X(袋装)：4.60元

本书包括《爱漂亮》、《学本领》、《钓老虎》、《龟猫赛跑》和《初学破案》5册。

白熊溜冰/冀小星改编；马骏绘.—郑州：海燕出版社，1990.2.—20页；48开.—(聪明宝宝丛书).ISBN 7-5350-0518-9：0.28元

讨人喜欢的小猫丛书/陆明编译.—上海：上海人民美术出版社，1990.1.—5册；40开.—ISBN 7-5322-0664-0：4.00元

本书包括《捉迷藏》、《我是爸爸》、《郁金香种子》、《漂亮的裤子》和《生病开心吗？》5册。

宁可饿肚子/小树苗教育出版社供稿.—北京：科学普及出版社，1990.12.—16页；16开.—(形状书系列).—ISBN 7-110-01742-7：2.95元

奴尼过生日/鲁兵编；叶蕾绘.—长沙：湖南少年儿童出版社，1990.5.—1册；24开.—ISBN 7-5358-0507-8：0.90元

幼儿文学宝库精选：创作童话/鲁兵等编；杨永青等绘.—北京：中国少年儿童出版社，1990.7.—5册；24开.—ISBN 7-5007-1100-X(袋装)：3.80元

本书包括《小山羊和小老虎》、《小鸭子学游水》、《小羊和狼》、《小蝌蚪找妈妈》和《开直升机的小老鼠》5册。

幼儿成语精选20种/夏丽等改编；王重义等绘.北京：中国连环画出版社，1990.12.—20册；48开.(幼儿启蒙丛书).—ISBN 7-5061-0318-4(盒装)：5.30元

本书包括《拔苗助长》、《铁杵成针》、《掩耳盗铃》、《刻舟求剑》、《朝三暮四》、《杞人忧天》、《自相矛盾》、《叶公好龙》、《画龙点睛》、《滥竽充数》、《一叶障目》等20个成语故事。

幼儿知识童话/徐让，胡基明编绘.—天津：天津教育出版社，1990.2.—4册；24开.—ISBN 7-5309-0820-0(袋装)：3.20元

幼儿故事：2岁/朱丽蓉等写；张志文画.—上海：少年儿童出版社，1990.11.—4册；40开.—ISBN 7-5324-1162-1(袋装)：1.65元

本书包括《早上好》、《花房子花脸蛋》、《一只盘子》和《树叶被》4册。

幼儿故事：3岁/陆弘等写；潘东篱等画.—上海：少年儿童出版社，1990.11.—4册；40开.—ISBN 7-5324-1163-X(袋装)：1.65元

本书包括《一百只小熊》、《好外公》、《睡在星星里》和《妈妈生小孩》4册。

幼儿故事：4岁/方轶群等写；何旸画.—上海：少年儿童出版社，1990.11.—4册；40开.—ISBN 7-5324-1164-8(袋装)：1.65元

本书包括《第一块蛋糕》、《狮子和它的朋友》、《爱美的熊猫小姐》和《小小的彩虹》4册。

幼儿故事：5岁/武玉桂等写；周翔画.—上海：少年儿童出版社，1990.11.—4册；40开.—ISBN 7-5324-1165-6(袋装)：1.65元

本书包括《大风》、《对换节》、《寂寞的玛丽亚》、《紧急电话》4册。

幼儿故事大王 (1).—杭州：浙江少年儿童出版社，1990.3.—57页；32开.—ISBN 7-5342-0535-2：0.67元

幼儿神话精选20种/周伟等改编；史俊等绘.—北京：中国连环画出版社，1990.12.—20册；48开.(幼儿启蒙丛书).—ISBN 7-5061-0193-9(盒装)：5.30元

本书包括《盘古开天地》、《女娲补天》、《神农尝百草》、《夸父追日》、《精卫填海》、《后羿射日》、《嫦娥奔月》、《九色鹿》、《牛郎织女》、《神笔马良》《田螺姑娘》、《阿诗玛》等20个神话故事。

幼儿竞争性格培养35法 第十二册/毛履鄂编；吴国梁，张中良绘.—厦门：鹭江出版社，1990.4.22页；24开.—ISBN 7-80533-304-1：0.65元

幼儿竞争性格培养35法 第十三册/毛履鄂编；高峰等绘.—厦门：鹭江出版社，1990.4.—22页；24开.ISBN 7-80533-305-X：0.65元

幼儿竞争性格培养35法 第十四册/毛履鄂编；张中良，陈慕水绘.—厦门：鹭江出版社，1990.4.22页；24开.—ISBN 7-80533-306-8：0.65元

幼儿竞争性格培养35法 第十五册/毛履鄂编；白小锭等绘.—厦门：鹭江出版社，1990.4.—22页；24开.—ISBN 7-80533-307-6：0.65元

幼儿智力天地：1～5/田戈，方海编写；晓春等画.上海：上海教育出版社，1990.6.—5册；16开.—IS

BN 7-5320-2156-4（袋装）：4.85元

本套书包括《观察力》、《思考力》、《语言力》《构成力》和《数概念》5册。

幼儿智力游戏：2岁/张培隆等编写；龚韵文等画. 上海：少年儿童出版社，1990.11.—4册；40开. ISBN 7-5324-1166-4（袋装）：1.65元

幼儿智力游戏：3岁/张培隆等编写；陈剑英等画. 上海：少年儿童出版社，1990.11.—4册；40开.—ISBN 7-5324-1167-2（袋装）：1.65元

幼儿寓言精选20种/张玉培等改编；杨慧华等绘. 北京：中国连环画出版社，1990.4.—20册；48开.（幼儿启蒙丛书）.—ISBN 7-5061-0254-4（盒装）：5.60元

本书包括《知了借粮》、《狐狸和仙鹤》、《农夫和蛇》、《不服气的青蛙》、《狐狸建筑师 《救狮子的老鼠》、《狼和羊》、《蚂蚁大力士》。《农夫和熊》等20个寓言故事。

幼儿跟我学 （1）/焰高，达佳编选 孔繁等绘. 天津：天津人民美术出版社，1990.11.—10册；24开.—ISBN 7-5305-3297-9（盒装）：9.80元

皮皮大力士/马翠萝改编；吕菁华等绘.—州广：岭南美术出版社，1990.10.—46页；24开.—（皮皮鲁系列童话）.—ISBN 7-5362-0532-5：1.05元

皮皮的故事 （1）/余又晨编；坚谷等绘.—上海. 上海人民美术出版社，1990.1.—46页；24开.—ISBN 7-5322-0530-4：1.70元

皮皮的故事 （2）/余又晨编；孙总青等绘.—上海：上海人民美术出版社，1990.1.—46页；24开. ISBN 7-5322-0579-7：1.70元

皮皮鲁牛魔王勇斗坏蛋/王金荣改编；吕靖等画. 广州：岭南美术出版社，1990.10.—22页；24开.（皮皮鲁系列童话）.—ISBN 7-5362-0534-1：0.70元

母鸡和狐狸：动物童话/周茜编译；白阳，易燕绘.—成都：四川少年儿童出版社，1990.4.—1册；24开.—ISBN 7-5365-0545-0：0.80元

动手动脑找朋友/方樱编；朱芾画.—成都：四川少年儿童出版社，1990.9.—4册；24开.—ISBN 7-5365-0596-5（袋装）：4.50元

动物大楼/沙孝惠写；周哲夏，成林画.—哈尔滨：黑龙江少年儿童出版社，1990.6.—1册；24开.—（知识童话画库）.—ISBN 7-5319-0635-X：1.00元

动物王国奇案/潘彩英，孙移风等编.—沈阳，辽宁少年儿童出版社，1990.12.—10册；16开 —ISBN 7-5315-0855-9（袋装）：11.50元

动物王国的奇案/许延风，于玉珍编；徐茂林等画.—天津：新蕾出版社，1990.6.—4册；24开. ISBN 7-5307-0667-5（袋装）：2.60元

本书包括《神秘的警视厅长》、《凯旋大会师》、《夜擒黑侠》和《智斗大力丸》4册。

动物王国窃案/肖柳改编；杨德佑绘.—武汉：武汉出版社，1990.5.—5册；24开.—ISBN 7-5430-0320-1（袋装）：4.50元

动物天地：水族类/丁立改编；杨丽惠等画.—沈阳：辽宁美术出版社，1990.3.—1册；24开.—ISBN 7-5314-0298-X：1.70元

动物天地：昆虫类/杨风改编；周宪彻等绘.—沈阳：辽宁美术出版社，1990.3.—1册；24开.—ISBN 7-5314-0299-8：1.70元

动物天地：兽畜类/杨风改编；成立等画.—沈阳：辽宁美术出版社，1990.3.—1册；24开.—ISBN 7-5314-0300-5：1.70元

动物天地：禽鸟类/应茂改编；李柔等画.—沈阳：辽宁美术出版社，1990.3.—1册；24开.—ISBN 7-5314-0751-5：1.70元

动物会"说话"/人民教育出版社幼儿教育室编. 北京：人民教育出版社，1990.3.—17页；16开.（萤火虫——幼儿百科画丛）.—ISBN 7-107-09152-2：0.72元

动物园闯祸/郑渊洁编；杜建国绘.—天津：新蕾出版社，1988.9.—1册；32开.—（朱塔奇遇记；2）. ISBN 7-5307-0275-0：0.75元

动物奇闻：40个真实有趣的故事/杨晓阳编著；刘伟龙绘—北京：华夏出版社，1990.11.—59页：图；24开.—ISBN 7-80053-791-9：1.30元

动物逃跑记/武玉桂编；周翔，祖明绘.—武汉：湖北少年儿童出版社，1990.3.—82页；24开.—ISBN 7-5353-0618-7：3.20元

动脑筋爷爷 （10）/少年儿童出版社编；陈永镇绘.—上海：少年儿童出版社，1990.11.—1册；32开.—ISBN 7-5324-1027-X：1.10元

机灵鬼约翰/张乐珍，王玉珍改编；周永生，杨枫绘.—济南：山东美术出版社，1990.5.—58页；24开.—（智慧百宝箱；第3辑 第2册）.—ISBN 7-5330-0242-3：0.98元

机智人物（3）/吴守信等绘.—郑州：海燕出版社，1990.8.—32页；36开.—ISBN 7-5350-0309-5：0.55元

机智人物 （4）/杨建生等绘.—郑州：海燕出版社，1990.8.—32页；36开.—ISBN 7-5350-0308-7：0.55元

吉吉和布口袋/鲁妮编；胡基明，林大海绘.—南宁：接力出版社，1990.4.—77页；48开.—ISBN 7-80581-041-9：0.70元

吉吉和镜子/鲁妮编；胡基明，林大海绘.—南宁：接力出版社，1990.4.—75页；48开.—ISBN 7-80581-042-7：0.70元

老虎大王的嘉奖令/刘银娜等改编；余加绘.—沈阳：

辽宁少年儿童出版社，1990.11.—1册；24开.—(娃娃故事画库；7).—ISBN 7-5315-0831-1：0.80元

老虎为什么不会爬树？/锦芸编；玉瑄，生地绘.北京：中国电影出版社，1990.2.—22页；24开.ISBN 7-106-00386-7：0.90元

老虎和青蛙：童话/鲍光满改编；姜成安绘.—石家庄：河北美术出版社；北京：海豚出版社，1990.3.1册；20开.—ISBN 7-5310-0323-6：0.85元

老虎和狐狸/马千里编；秦小秋，成金生绘.—北京：中国工人出版社，1990.10.—22页；24开.(幼儿智力启蒙丛书).—ISBN 7-5008-0646-9：1.00元

老虎跳水/小树苗教育出版社供稿.—北京：科学普及出版社，1990.12.—16页；16开.—(形状书系列).—ISBN 7-110-01697-8：2.95元

老鼠小鸟和香肠/肖竹等编著.—沈阳：辽宁少年儿童出版社，1990.10.—1册；24开.—(娃娃故事画库；4).—ISBN 7-5315-0817-6：0.80元

老鼠的宴会/小树苗教育出版社供稿.—北京：科学普及出版社，1990.12.—16页；16开.—(形状书系列).—ISBN 7-110-01740-0：2.95元

老鼠城遇险/郑渊洁编；刘泽岱，刘羽绘.—天津：新蕾出版社，1988.9.—1册；32开.—(朱塔奇遇记；1).—ISBN 7-5307-0274-2：0.75元

有趣的图画故事 第3辑/王世英等编译；温泉源等画.—上海：上海教育出版社，1990.5.—4册；40开+磁带1盒.—ISBN 7-5320-1719-9(盒装)：8.80元

有趣的图画故事 第3辑/李枫等编译；马际等画.上海：上海教育出版社.1990.5.—4册；40开.—ISBN 7-5320-1858-X(袋装)：3.10元

有趣的房子/人民教育出版社幼儿教育室编.—北京：人民教育出版社，1990.3.—17页；16开.—(萤火虫——幼儿百科画丛).—ISBN 7-107-09153-0：0.72元

灰灰和黑黑：知识童话/訾丽华编；钱欣绘.—上海：上海人民美术出版社，1990.1.—46页；64开.ISBN 7-5322-0492-8：0.65元

在森林里/严大椿译；龚韵文等画.—上海：少年儿童出版社，1990.4.—4册；24开.—ISBN 7-5324-0527-3(盒装)：4.00元

本书包括《在森林里》、《小黑点和猫妈妈》、《猫和狗写信》和《划圈儿的小小鸭》4册。

托姆猫历险记/黄珍等译绘.—北京：中国华侨出版公司，1990.12.—24页；16开.—ISBN 7-80074-361：1.90元

扬威魔术城/林阳编；张良等绘.—北京：中国连环画出版社，1990.3.—35页；24开.—(黑耳贝贝历险记；3).—ISBN 7-5061-0257-9，0.90元

光辉的故事/辛慧等编；董辰生等绘.—北京：中国连环画出版社，1990.3.—155页；32开.—(星星火炬画库：拼音读本).—ISBN 7-5061-0234-X：4.10元

吕洞宾水面戏观音：八仙的故事/小霞改编；郑庆衡绘.—福州：福建美术出版社，1990.2.—1册；24开.—ISBN 7-5393-0087-6：0.80元

年节的传说/梁骏编；姬德顺绘.—太原：希望出版社，1990.4.—1册；12开.—(中国民间传说画丛).ISBN 7-5379-0614-9(精装)：23.00元

自私的蜗牛：壮族童话/詹同编绘.—石家庄：河北美术出版社；北京：海豚出版社，1990.3.—1册；20开.—ISBN 7-5310-0333-3：0.85元

全歼“黑旋风”匪帮 (上)：华南虎威威大显神通/王培堃编；王培堃，李锦铨绘.—南宁：广西美术出版社，1990.1—24页；24开.—ISBN 7-80582-009-0：1.00元

全歼“黑旋风”匪帮 (下)：华南虎威威大显神通/王培堃编；王培堃，李锦铨绘.—南宁：广西美术出版社，1990.1.—24页；24开.—ISBN 7-80582-010-4：1.00元

会变魔术的力/方献亚，罗扬洲著；李小幻，欢欢绘.—沈阳：辽宁少年儿童出版社，1990.10.—72页；20开.—(科学家摇篮丛书/宗介华主编).—ISBN 7-5315-0702-1：4.00元

会唱歌的布娃娃/常瑞编；尚士永绘.—石家庄：河北美术出版社；北京：海豚出版社，1990.3.—1册；16开.—ISBN 7-5310-0329-5：1.30元

名城的传说/梁骏编；纪清远，卢平绘.—太原：希望出版社，1990.4.—1册；12开.—(中国民间传说画丛).—ISBN 7-5379-0613-0(精装)：23.00元

刘备入川/庄季德，满叔道改编；朱铭善等绘.—上海：少年儿童出版社，1990.10.—94页；24开.(儿童版·彩画全本《三国演义》；6).—ISBN 7-5324-1217-2：3.30元

刘胡兰/援军改编；张武惠绘.—南宁：接力出版社，1990.2.—1册；24开.—(小英雄动画故事丛书).—ISBN 7-80581-038-9：1.10元

关向应同志的青少年时代/文竹风改编；刘君成，玄旋绘.—沈阳：辽宁美术出版社，1990.12.—65页；24开.—ISBN 7-5314-0778-7：10.00元

宇宙奇遇/小河等编；罗枫等绘.—北京：中国连环画出版社，1990.6.—128页；32开.—ISBN 7-5061-0203-X：2.00元

宇宙勇士/陈耀中编；晓冰，乃清绘.—北京：中国妇女出版社，〔1990〕.—2册；16开.—ISBN 7-80016-2766-4：3.00元

宇航员：幼儿看图讲故事/彭国良等编画.—福州：福建少年儿童出版社，1990.6.—1册；24开.—IS

BN 7-5395-0393-9：0.85元

讲卫生/徐让编；于超画.—郑州：海燕出版社，1990.2.—10页；48开.—(聪明宝宝丛书).—ISBN 7-5350-0546-2：0.14元

寻找春天/葛翠琳编；周宪彻画.—郑州：海燕出版社，1990.8.—1册；36开.—(娃娃美丛书).—ISBN 7-5350-0275-7：0.49元

妈妈的帐单/陈秋影，李小玲编；胡明哲绘.—北京：中国少年儿童出版社，1990.9.—29页；16开.(爱的故事).—ISBN 7-5007-0846-7：1.40元

妈妈的宝贝是什么/陈苗海编译；孟石初等画.—上海：上海教育出版社，1990.11.—4册；48开.—ISBN 7-5320-2094-0(袋装)：0.95元

本书包括《妈妈的宝贝是什么》、《嘴巴在哪》、《家里都有谁》和《客人是谁》4册。

好奇的乔治获奖/张铨译.—郑州：海燕出版社，1990.5.—48页；24开.—ISBN 7-5350-0555-1：1.25元

好朋友/小树苗教育出版社供稿.—北京：科学普及出版社，1990.12.—16页；16开.—(形状书系列).ISBN 7-110-01695-1：2.95元

欢乐农场/小树苗教育出版社供稿.—北京：科学普及出版社，1990.12.—16页；16开.—(形状书系列).—ISBN 7-110-01755-9：2.95元

孙悟空三打白骨精/冰剑编注；舒军等注音.—郑州：中州古籍出版社，1990.7.—168页；32开.(儿童版《西游记》：注音读本；3).—ISBN 7-5348-0344-6：1.80元

孙悟空大闹怪物岛/闻铃编；杨慧来，沈礼绘.—北京：中国连环画出版社，1990.2.—15页；16开.(孙悟空新传).—ISBN 7-5061-0215-3：1.10元

孙悟空三救希瑞公主/大川编；延江，燕黎绘.北京：中国连环画出版社，1990.6.—16页；16开.(孙悟空新传).—ISBN 7-5061-0223-4：1.10元

孙悟空三擒格格巫/杜永泉编；南韦，石杨绘.—北京：中国连环画出版社，1990.2.—15页；16开.(孙悟空新传).—ISBN 7-5061-0212-9：1.10元

孙悟空大战变形金刚/谢祖龙编；张良，张立绘.北京：中国连环画出版社，1990.2.—15页；16开.(孙悟空新传).—ISBN 7-5061-0211-0：1.10元

孙悟空大战变形金刚：续集/雅丽编绘.—北京：国际文化出版公司，1990.6.—4册；24开.—ISBN 7 80049-565-5(袋装)：4.40元

本书包括《矮金刚血溅海神庙》、《霸天虎攻占好望角》、《孙悟空泪洒大西洋》和《笑面佛凯旋花果山》4册。

孙悟空历险OZ国/维国编；易丰等绘.—北京：中国连环画出版社，1990.6.—16页；16开.—(孙悟空新传).—ISBN 7-5061-0221-8：1.10元

孙悟空打擂/孙希文编；潘直亮等绘.—长春：长春出版社，1990.4.—2册；24开.—(孙悟空外传).ISBN 7-80573-195-0：2.20元

孙悟空加入星球大战/盛丽编；李忠，刘美绘.—北京：中国连环画出版社，1990.6.—16页；16开.(孙悟空新传).—ISBN 7-5061-0224-2：1.10元

孙悟空在未来世界　第一集/夏冬，吴仁甫等编绘.—武汉：湖北少年儿童出版社，1990.5.—1册；24开.—ISBN 7-5353-0647-0：0.90元

孙悟空在未来世界　第二集/夏冬，吴仁甫等编绘.—武汉：湖北少年儿童出版社，1990.5.—1册；24开.—ISBN 7-5353-0648-9：0.90元

孙悟空在未来世界　第三集/夏冬，吴仁甫等编绘.武汉：湖北少年儿童出版社，1990.5.—1册；24开.ISBN 7-5353-0649-7：0.90元

孙悟空在未来世界　第四集/夏冬，吴仁甫等编绘.武汉：湖北少年儿童出版社，1990.5.—1册；24开.ISBN 7-5353-0650-0：0.90元

孙悟空在未来世界　第五集/夏冬，吴仁甫等编绘.—武汉：湖北少年儿童出版社，1990.5.—1册；24开.—ISBN 7-5353-0651-9：0.90元

孙悟空和人间大炮/欣欣编；国英等绘.—北京：中国连环画出版社，1990.6.—16页；16开.—(孙悟空新传).—ISBN 7-5061-0222-6：1.10元

孙悟空降服森林大帝/杜永泉编；杨慧来，沈礼绘.北京：中国连环画出版社，1990.2.—15页；16开.(孙悟空新传).—ISBN 7-5061-0214-5：1.10元

孙悟空智斗阿童木/谢祖龙编；川石，肖莛绘.—北京：中国连环画出版社，1990.2.—15页；16开.(孙悟空新传).—ISBN 7-5061-0213-7：1.10元

孙悟空暗助黑猫警长/霍新编；张粮等绘.—北京：中国连环画出版社，1990.6.—16页；16开.—(孙悟空新传).—ISBN 7-5061-0225-0：1.10元

孙悟空新游记/邓柯等编绘.—石家庄：河北美术出版社，1990.5.—5册；24开.—ISBN 7-5310-0351-1(盒装)：3.90元

本书包括《孙悟空游大人国》、《孙悟空游小人国》、《孙悟空游假话国》、《孙悟空巧戏笨皇帝》和《孙悟空智斗胖司令》5册。

红色运动鞋/王明明编；吴带生绘.—天津：新蕾出版社，1990.9.—19页；32开.—ISBN 7-5307-0238-6：0.65元

杨柳青年画/佳音编；陈泽新画.—北京：中国少年儿童出版社，1990.5.—20页；24开.—(中国工艺玩具故事).—ISBN 7-5007-1048-8：0.70元

花孩子/葛翠林编；张汝为绘.—天津：新蕾出版社，1989.5.—1册；32开.—ISBN 7-5307-0372-2：0.75元

花兜兜/佳音编；李恒辰画.—北京：中国少年儿童

出版社，1990.5.—20页；24开.—（中国工艺玩具故事）.—ISBN 7-5007-1049-6：0.70元

赤壁大战/肖皿改编；马寒松，李继枕画.—天津：新蕾出版社，1990.7.—1册；16开.—（《三国演义》故事；7）.—ISBN 7-5307-0711-6：0.90元

赤壁大战/庄季德等改编；杨秋宝等绘.—上海：少年儿童出版社，1990.10.—94页；24开.—（儿童版·彩画全本《三国演义》；4）.—ISBN 7-5324-1216-4：3.30元

李大钊与五四运动图画故事/晁英编；谢舒弋绘.北京：人民美术出版社，1990.6.—1册；24开.—（鸦片战争150周年教育丛书）.—ISBN 7-102-00786-8：0.95元

医生来了/小树苗教育出版社供稿.—北京：科学普及出版社，1990.12.—16页；16开.—（形状书系列）.ISBN 7-110-01765-6：2.95元

听听、讲讲、做做/王清秀等编；张汝为等绘.—天津：新蕾出版社，1988.6.—4册；32开.—礼物书.ISBN 7-5307-0132-0：3.00元

吹牛大王的秘密武器/朱效文编；刘泽岱绘.—上海：少年儿童出版社，1990.11.—1册；24开.—ISBN 7-5324-1156-7：1.50元

牡丹公主破奇案　（一）/马天宝编；麦荣邦等画.上海：少年儿童出版社，1990.11.—1册；24开.—ISBN 7-5324-1201-6：1.45元

牡丹公主破奇案　（二）/马天宝编；麦荣邦，蔡康非绘.—上海：少年儿童出版社，1990.10.—1册；24开.—ISBN 7-5324-1226-1：1.45元

我们的眼睛/人民教育出版社幼儿教育室编.—北京：人民教育出版社，1990.3.—17页；16开.—（萤火虫——幼儿百科画丛）.—ISBN 7-107-09155-7：0.72元

我自己洗的/陆弘编；简毅绘.—天津：新蕾出版社，1988.9.—1册；32开.—ISBN 7-5307-0237-8：0.65元

我来帮你忙/小树苗教育出版社供稿.—北京：科学普及出版社，1990.12.—16页；16开.—（形状书系列）.—ISBN 7-110-01698-6：2.95元

我爱什么　第一辑/朱丽丽等编；邱建甫等绘.—杭州：浙江人民美术出版社，1990.10.—4册；24开.ISBN 7-5340-0203-6：4.60元

本书包括《我爱人民》、《我爱劳动》、《我爱解放军》和《我爱爸爸妈妈》4册。

我爱什么　第二辑/朱丽丽等编；江健文等绘.—杭州：浙江人民美术出版社，1990.10.—4册；24开.ISBN 7-5340-0204-4：4.60元

本书包括《我爱祖国》、《我爱和平》、《我爱科学》和《我爱大自然》4册。

我爱沈阳/索存荣，赵立清编；张君华，赵志君画.沈阳：沈阳出版社，1990.5.—1册；24开.—ISBN 7-80556-416-7：1.20元

我错了/曹丽华，钱家骅画.—上海：上海科技教育出版社，1990.6.—1册；32开.—ISBN 7-5428-0388-3：0.63元

辛亥革命图画故事/珊珊编；王大豪，李杰绘.—北京：人民美术出版社，1990.6.—1册；24开.—（鸦片战争150周年教育丛书）.—ISBN 7-102-00784-1：0.95元

快乐的小凯西/成小云编；施阳绘.—北京：国际文化出版公司，1990.12.—36页；24开.—ISBN 7-80049-580-9：1.80元

没歌声的冬天/小树苗教育出版社供稿.—北京：科学普及出版社，1990.12.—16页；16开.—（形状书系列）.—ISBN 7-110-01700-1：2.95元

张果老倒骑毛驴：八仙的故事/丁卉改编；于水，于阿军绘.—福州：福建美术出版社，1990.2.—1册；24开.—ISBN 7-5393-0085-X：0.80元

张秋生小童话/张秋生著；周合，张军画.—济南：明天出版社，1990.12.—1册；16开.—（中国幼儿文学家丛书/赵镇琬主编）.—ISBN 7-5332-1115-4（精装）：9.50元

阿凡提戏国王/张乐珍，王玉珍改编；蒲慧华，季鑫焕绘.—济南：山东美术出版社，1990.5.—58页；24开.—（智慧百宝箱；第4辑　第2册）.—ISBN 7-5330-0245-8：0.98元

据李炳然《智力故事300个》改编。

阿诗玛/志放编；宋正玉，宋伊凡绘.—济南：明天出版社，1990.1.—1册；16开.—（中外民间故事画丛）.—ISBN 7-5332-0898-4：0.95元

驴和老虎/马千里编；永翔，永岳绘.—北京：中国工人出版社，1990.10.—22页；24开.—（幼儿智力启蒙丛书）.—ISBN 7-5008-0647-7：1.00元

纸小人/洪紫千编；黄碧霞绘.—天津：新蕾出版社，1989.5.—19页；32开.—ISBN 7-5307-0371-4：0.75元

玩具城：汤姆和杰瑞/小峰，小蓓编；韩伍等绘.上海：百家出版社，1990.4.—30页；24开.—（哈哈丛书）.—ISBN 7-80576-100-0：1.20元

玩具熊猫逃亡记/成中改编；高志岳等绘.—广州：岭南美术出版社，1990.10.—34页；24开.—（皮皮鲁系列童话）.—ISBN 7-5362-0533-3：0.98元

青蛙救大象/肖竹等改编.—沈阳：辽宁少年儿童出版社，1990.10.—1册；24开.—（娃娃故事画库；2）.—ISBN 7-5315-0815-X：0.80元

刺猬称王/龚去浮编；方关通画.—郑州：海燕出版社，1990.12.—36页；24开.—ISBN 7-5350-0631-0：0.75元

英雄少年赖宁/乙禾编；王国梁，葛根宝画.—上海：上海教育出版社，1990.1.—32页；32开.—ISBN 7-5320-2018-5：0.66元

英雄少年赖宁/华梅编；林超，吴骏绘.—福州：福建美术出版社，1990.4.—1册；32开.—ISBN 7-6393-0103-1：0.75元

画画并不难/人民教育出版社幼儿教育室编.—北京：人民教育出版社，1990.3.—17页；16开.—(萤火虫——幼儿百科画丛).—ISBN 7-107-09156-5：0.72元

虎头鞋/佳音编；朱成梁画.—北京：中国少年儿童出版社，1990.5.—20页；24开.—(中国工艺玩具故事).—ISBN 7-5007-1047-X：0.70元

明星足球员/小树苗教育出版社供稿.—北京：科学普及出版社，1990.12.—16页；16开.—(形状书系列).—ISBN 7-110-01753-2：2.95元

牧师变山羊/肖竹等编.—沈阳：辽宁少年儿童出版社，1990.10.—1册；24开.—(娃娃故事画库；3).—ISBN 7-5315-0816-8：0.80元

知识童话　第三辑/陈言等改编；张跃等绘.—北京：中国连环画出版社，1990.11.—5册；24开.ISBN 7-5061-0307-9(套装)：5.50元

本书包括《小乌龟出世》、《松鼠采菌子》、《大山公公》、《谁的本领大》和《小猴探怪雨》5册。

知识童话　第四辑/包薇等改编；川石等绘.—北京：中国连环画出版社，1990.11.—5册；24开.ISBN 7-5061-0308-7(套装)：5.50元

本书包括《小伞兵和小刺猬》、《爱打扮的鸵鸟》、《森林旅馆》、《山顶浴池》和《小英迷路了》5册。

乖乖别怕/小树苗教育出版社供稿.—北京：科学普及出版社,1990.12.—16页;16开.—(形状书系列).ISBN 7-110-01739-7：2.95元

金刚葫芦娃　(五)/边慧祖编绘.—北京：中国电影出版社，1990.6.—1册；24开.—(孙悟空丛书).ISBN 7-106-00453-7：0.90元

金蛋狂想曲/小树苗教育出版社供稿.—北京：科学普及出版社，1990 12.—16页；16开.—(形状书系列).—ISBN 7-110-01760-5：2.95元

金牌小丑/小树苗教育出版社供稿.—北京：科学普及出版社，1990.12.—16页；16开.—(形状书系列).—ISBN 7-110-01761-3：2.95元

爸爸妈妈不在家/张玉英编；沈苑苑画.—北京：中国少年儿童出版社，1990.3.—21页；24开.—ISBN 7-5007-0961-7：0.70元

爸爸的潜水艇/冯恩鹤，季颖编；隋自更画.—北京：中国少年儿童出版社，1990.3.—21页；24开.ISBN 7-5007-0965-X：0.70元

狐狸列那/竺乾华改编；谭小勇绘.—杭州：浙江少年儿童出版社，1990.3.—94页；32开.—ISBN 7-5342-0481-X：1.00元

狸狐列那　(1)/姚忠礼，冰夫改编；何玉门等绘.—广州：岭南美术出版社，1990.5.—34页；24开.—ISBN 7-5362-0431-0：0.96元

狐狸列那　(2)/姚忠礼，冰夫改编；何玉门等绘.—广州：岭南美术出版社，1990.5.—68页；24开.—ISBN 7-5362-0432-9：0.96元

狐狸和仙鹤/张志君改编；何巧玲绘.—北京：开明出版社：海豚出版社，1990.3.—1册；20开.—ISBN 7-80077-033-8：0.85元

狐狸的影子/涟漪编译.—上海：上海翻译出版公司，1990.1.—46页；24开.—(迷你系列童话).ISBN 7-80514-513-X：1.80元

变幻故事《西游记》/李万春编绘.—成都：四川少年儿童出版社，1990.2.—1册；24开.—ISBN 7-5365-0525-6：1.25元

变形魔书：童话人物、动物世界、变形金刚/珂平编；国英，岚晖绘.—成都：成都出版社，1990.4.3册；40开.—ISBN 7-80575-055-6(套装)：4.60元

怪小树/伊夫改编；宋宝山绘.—郑州：海燕出版社，1990.2.—20页；48开.—(聪明宝宝丛书).ISBN 7-5350-0541-1：0.28元

怪枪手AD　(二)/孙爱娣，孙琪编；陈有群等绘.上海：少年儿童出版社，1990.7.—1册；16开.—ISBN 7-5324-1029-6：1.40元

怪诞的发明城/何汉秋等编绘.—南宁：广西美术出版社，1990.9.—1册；24开.—(科幻连环画系列丛书：未来奇怪世界；1).—ISBN 7-80582-089-9：1.15元

河马拔牙/岳晖等改编；覃黎东绘.—沈阳：辽宁少年儿童出版社，1990.10.—1册；24开.—(娃娃故事画库；10).—ISBN 7-5315-0834-6：0.80元

泥阿福/佳音编；周翔画.—北京：中国少年儿童出版社，1990.5.—20页；24开.—(中国工艺玩具故事).—ISBN 7-5007-1050-X：0.70元

宝宝的童话：2岁～4岁/张汝为等画.—天津：新蕾出版社，1990.6.—8册；48开.—ISBN 7-5307-0669-1(盒装)：3.10元

本书包括《老虎来到托儿所》、《桃花瓣儿》、《信》、《乌龟铁环》、《丫丫的布娃娃》、《比武冠军》、《瓷小狗和他的朋友》、《樱桃娃娃》8册。

官渡之战/孙力改编；曹留夫，金蓉画.—天津：新蕾出版社，1990.7.—1册；16开.—(《三国演义》故事；3).—ISBN 7-5307-0707-8：0.90元

空中小姐安娜/小树苗教育出版社供稿.—北京：科学普及出版社，1990.12.—16页；16开.—(形状书系列).—ISBN 7-110-01701-X：2.95元

空欢喜/黄珍等译绘.—北京：中国华侨出版公司，1990.12.—25页；16开.—ISBN 7-80074-359-4：1.90元

空城计/春晓改编；王又齐，齐丽画.—天津：新蕾

出版社，1990.7.—1册；16开.—(《三国演义》故事；10).—ISBN 7-5307-0714-0：0.90元

学数的故事/小燕编；大雁，小鹂绘.—南宁：接力出版社，1990.2.—10册；48开.—ISBN 7-80581-035-4(套装)：3.50元

本书包括《野外的朋友——1的故事》、《小猪种萝卜——2的故事》、《三只狼——3的故事》、《猫和金鱼——4的故事》、《抓小偷——5的故事》、《六兄弟——6的故事》、《七色花——7的故事》、《蝼蛄和螃蟹——8的故事、《九老汉喝酒——9的故事》、《十姐妹——10的故事》10册。

降伏小白龙·智擒黑熊怪/天元改编；高云等绘.北京：中国连环画出版社，1990.3.—1册；24开.(古典文学彩色连环画·西游记；4).—ISBN 7-5061-0245-5：1.60元

孤身进巴黎/郑渊洁编；毛用坤绘.—天津：新蕾出版社，1988.9.—1册；32开.—(朱塔奇遇记；3).ISBN 7-5307-0276-9：0.75元

驼背公公和香蕉崽崽/向红改编；宝松绘.—北京：北京少年儿童出版社，1990.10.—31页；24开.(中国民间童话故事画库).—ISBN 7-5301-0246-X：1.50元

春天在哪里/葛翠林编；王晓明画.—北京：中国少年儿童出版社，1990.4.—20页；20开.—(幼儿文学创作丛书).—ISBN 7-5007-0969-2：0.80元

春夏秋冬/卢逸民等编写；蒋松涛等画.—上海：上海教育出版社，1990.11.—4册；24开.—ISBN 7-5320-2284-6(袋装)：3.25元

《故事大王》画库　第十四辑/孙镝等改编；宋宝山等绘.—天津：新蕾出版社，1990.2.—5册；40开.ISBN 7-5307-0503-2(盒装)：3.40元

《故事大王》画库　第十五辑/李月等编；李娜等画.—天津：新蕾出版社，1990.6.—5册；40开.ISBN 7-5307-0635-7(盒装)：3.40元

故事世界：1989年合订本：1～6/海燕出版社编.—郑州：海燕出版社，〔1990〕.—1册；32开.—ISBN 7-5350-0566-7：3.40元

故事世界：1989年合订本：7～12/海燕出版社编.郑州：海燕出版社，〔1990〕.—1册；32开.—ISBN 7-5350-0517-5：3.40元

封神榜　(1)/汉宇，又夫编；鲁成华等绘.—上海：上海人民美术出版社，1990.7.—32页；16开.ISBN 7-5322-0717-X：0.90元

封神榜　(2)/汉宇，又夫编；谷宝成等绘.—上海：上海人民美术出版社，1990.7.—32页；16开.ISBN 7-5322-0781-1：0.90元

封神榜　(3)/汉宇，又夫编；鲁成华等绘.—上海：上海人民美术出版社，1990.7.—32页；16开.ISBN 7-5322-0782-X：0.90元

封神榜　(4)/汉宇，又夫编；王明等绘.—上海：上海人民美术出版社，1990.7.—32页；16开.ISBN 7-5322-0783-8：0.90元

封神榜　(5)/汉宇，又夫编；陈阿康等绘.—上海：上海人民美术出版社，1990.7.—32页；16开.ISBN 7-5322-0784-6：0.90元

封神榜　(6)/汉宇，又夫编；鲁成华等绘.—上海：上海人民美术出版社，1990.7.—32页；16开.ISBN 7-5322-0785-4：0.90元

封神榜　(7)/汉宇，又夫编；王明等绘.—上海：上海人民美术出版社，1990.7.—32页；16开.ISBN 7-5322-0786-2：0.90元

封神榜　(8)/田心改编；鲁成华等绘.—上海：上海人民美术出版社，1990.7.—32页；16开.—ISBN 7-5322-0787-0：0.90元

封神榜　(9)/阿素改编；季平等绘画.—上海：上海人民美术出版社，1990.7.—32页；16开.—ISBN 7-5322-0788-9：0.90元

封神榜　(10)/汉宇，又夫编；鲁成华等绘.—上海：上海人民美术出版社，1990.7.—32页；16开.—ISBN 7-5322-0789-7：0.90元

封神演义：儿童版/欣欣等改编；刘建平等绘.—天津：天津人民美术出版社，1990.11.—10册；40开.ISBN 7-5305-3303-7(套装)：8.50元

南极奇遇/樊林，万庆编；肖鹏等绘.—郑州：河南美术出版社，1990.6.—24页；24开.—(迪企奇遇记；1).—ISBN 7-5401-0136-9：1.10元

草船借箭/孙力改编；谷天宁，晓古画.—天津：新蕾出版社，1990.7.—1册；16开.—(《三国演义》故事；6).—ISBN 7-5307-0710-8：0.90元

面包人的迷宫　(1)/李冬萍，王喜民译.—北京：科学普及出版社，1990.6.—48页；16开.—ISBN 7-110-1599-8：2.40元

面包人的迷宫　(2)/李冬萍，王喜民译.—北京：科学普及出版社，1990.6.—48页；16开.—ISBN 7-110-1600-5：2.40元

哈哈和尚救猴王/邓柯等编绘.—广州：新世纪出版社，1990.9.—1册；24开.—(猴王孙悟空丛书).ISBN 7-5405-0464-1：0.88元

哈哈镜/望安诗；龚韵文画.—北京：中国少年儿童出版社，1990.9.—20页；24开.—ISBN 7-5007-0051-2：0.70元

咪咪的小鞋/刘文英译编；王鸣泉绘.—杭州：浙江少年儿童出版社，1990.3.—1册；24开.—ISBN 7-5342-0562-X：0.70元

咪咪的好宝宝/小树苗教育出版社供稿.—北京：科学普及出版社，1990.12.—16页；16开.—(形状书系列).—ISBN 7-110-01763-X：2.95元

哪吒三兄弟/王吉祥改编；曹留夫等绘.—石家庄：河北美术出版社，1990.4.—4册；24开.—ISBN 7-

5310-0314-7（袋装）：3.40元

哪吒斗女妖/方庆蕙，雁云编；尤先瑞等绘.—上海：少年儿童出版社，1990.7.—1册；24开.—ISBN 7-5324-1012-9：1.40元

哪吒斗龙王/方庆蕙，雁云编；尤先瑞等绘.—上海：少年儿童出版社，1990.7.—1册；24开.—ISBN 7-5324-1013-7：1.40元

哪吒闹海/仁仁，韦平编；应云等绘.—上海：少年儿童出版社，1990.10.—1册；16开.—ISBN 7-5324-1040-4：1.45元

哪吒战群魔/肖方编文；岱石绘.—上海：少年儿童出版社，1990.8.—1册；24开.—ISBN 7-5324-1075-7：1.40元

哪吒新传/于英卜等改编；张健民等绘.—广州：岭南美术出版社，1990.5.—10册；24开.—ISBN 7-5362-0485-X（盒装）：6.70元

星际敢死队/儒勒编；白小锭，意达绘.—上海：上海科学普及出版社，1990.11.—32页；24开.—ISBN 7-5427-0337-4：1.35元

种子旅行家：科学童话/林颂英编；姜一鸣绘.—石家庄：河北美术出版社；北京：海豚出版社，1990.3.—1册；20开.—ISBN 7-5310-0338-4：0.85元

复仇的太空鼠人/何汉秋等编绘.—南宁：广西美术出版社，1990.9.—1册；24开.—（科幻连环画系列丛书：未来奇怪世界；3）.—ISBN 7-80582-087-2：1.15元

复活人参果/叶宗翰改编；赵克标等绘.—南宁：广西美术出版社，1990.9.—1册；24开.—ISBN 7-80582-083-X：2.30元

看花花找果果/王羊编绘.—广州：新世纪出版社，1990.8.—1册；40开.—ISBN 7-5405-0463-3：0.90元

看图学话讲故事/张永泰写；覃黎东画.—沈阳：辽宁少年儿童出版社，1990.5.—4册；24开.—ISBN 7-5315-0668-8：1.60元

本书包括《小白兔盖新房》、《小胖猪打水》、《小猴当饲养员》和《小黄狗开汽车》4个故事。

《看图说话》精选　第4辑.—上海：上海教育出版社，1990.11.—4册；20开.—ISBN 7-5320-2262-5（盒装）：3.40元

看故事学画画/顾仲等编；马天牧绘.—天津：天津人民美术出版社，1990.11.—5册；24开.—ISBN 7-5305-3253-7：4.70元

看故事　猜谜语/宋举成编；李明等绘.—太原：山西人民出版社，1990.2.—110页；24开.—ISBN 7-203-01499-1：3.95元

保护自己/苗丁编写；孟石初等画.—上海：上海教育出版社，1990.5.—2册；40开.—ISBN 7-5320-1907-1（袋装）：1.45元

皇帝与夜莺/夏宜编；段海云等绘.—天津：天津人民美术出版社，1990.3.—6册；48开.—（看故事，学画画）.—ISBN 7-5305-3255-3（套装）：3.00元

鬼太郎除妖记/朱浩，徐通潮等编译；刘泽岱等绘.—上海：上海翻译出版公司，1990.2.—6册；24开.—ISBN 7-80514-509-1（套装）：5.00元

本书包括《追魂恶魔》、《魔妈戏团》、《群妖元首》、《沙漠怪物》、《幽灵船水怪》和《妖怪大聚会》6册。

狮子的假发/小树苗教育出版社供稿.—北京：科学普及出版社，1990.12.—16页；16开.—（形状书系列）.—ISBN 7-110-01693-5：2.95元

狡猾的猴子/马千里编；秦小秋，成金生绘.—北京：中国工人出版社，1990.10.—22页；24开.（幼儿智力启蒙丛书）.—ISBN 7-5008-0645-0：1.00元

胜利之神舰队/何汉秋等编绘.—南宁：广西美术出版社，1990.9.—1册；24开.—（科幻连环画系列丛书：未来奇怪世界；4）.—ISBN 7-80582-090-2：1.15元

活捉花狐狸/耿发友编；夏书玉等绘.—上海：上海翻译出版公司，1990.1.—46页；24开.—ISBN 7-80514-506-7：1.50元

济公　（一）/包蕾编；徐谷安等绘.—上海：少年儿童出版社，1990.10.—78页；24开.—ISBN 7-5324-1206-7：1.85元

济公　（二）/包蕾编；夏书玉等画.—上海：少年儿童出版社，1990.11.—1册；24开.—ISBN 7-5324-1198-2：1.85元

洋葱头历险记/方志，李云改编；罗枫等绘.—北京：中国连环画出版社，1990.11.—46页；24开.ISBN 7-5061-0314-1：1.80元

前线和后方：雷锋的故事/士明改编；陈守义画.南京：江苏美术出版社，1990.7.—14页；48开.—ISBN 7-5344-0160-7：0.45元

窃国大盗袁世凯图画故事/珊珊编；隋自更，水兵绘.—北京：人民美术出版社，1990.6.—1册；24开.（鸦片战争150周年教育丛书）.—ISBN 7-102-00785-X：0.95元

美丽的空想家：童话/耿耿改编；姜成安，吴带生绘.—石家庄：河北美术出版社；北京：海豚出版社，1990.3.—38页；20开.—ISBN 7-5310-0335-X：1.70元

美猴王学艺·如意金箍棒/黄培衍改编；高云等绘画.—北京：中国连环画出版社，1990.3.—1册；24开.—（古典文学彩色连环画·西游记；1）.—ISBN 7-5061-0242-0：1.60元

送给好宝宝：2～3岁/徐芦宇，袁彬等编；周合瑛等画.—上海：上海科技教育出版社，1990.2.—6

册；32开.—ISBN 7-5428-0349-2(盒装)：3.50元

本书包括《我去公园》、《我的托儿所》、《我的家》、《我的春夏秋冬》、《我上街》和《宝宝纪念册》6册。

迷人的神话：孙敬修爷爷讲的故事/赤月等改编；吴冰等绘.—石家庄：河北美术出版社，1990.4.—13册；96开.—ISBN 7-5310-0361-9(盒装)：3.80元

迷宫世界/曹妙康编译.—上海：同济大学出版社，1990.11.—97页；16开.—ISBN 7-5608-0554-X：3.00元

神龙大战太空人/尔任改编；崔君旺绘.—北京：人民美术出版社.—48页；24开.—(太空科幻系列).—ISBN 7-102-00711-6：1.20元

神奇的快活岛/何汉秋等编绘.—南宁：广西美术出版社，1990.9.—1册；24开.—(科幻连环画系列丛书：未来奇怪世界；2).—ISBN 7-80582-088-0：1.15元

神话姜子牙/庄宏安编文；陈继荣等绘.—石家庄：河北美术出版社，1990.4.—5册；24开.—(大型系列动画故事).—ISBN 7-5310-0357-0：3.90元

娃娃秀才/张乐珍，王玉珍改编；维克等绘.—济南：山东美术出版社，1990.5.—58页；24开.—(智慧百宝箱；第3辑　第1册).—ISBN 7-5330-0241-5：0.98元

娜夏的老师/穆书法编；苑诚心绘.—石家庄：河北少年儿童出版社，1990.1.—21页；24开.—(娃娃好品德丛书；5).—ISBN 7-5376-0464-9：0.80元

架小桥/查侃编绘.—北京：中国电影出版社，1990.6.—21页；24开.—ISBN 7-106-00423-5：0.90元

勇士取宝/未平，肖奋编；王劼音等绘.—上海：少年儿童出版社，1990.11.—1册；16开.—ISBN 7-5324-1196-6：1.50元

勇敢的牛仔/小树苗教育出版社供稿.—北京：科学普及出版社，1990.12.—16页；16开.—(形状书系列).—ISBN 7-110-01694-3：2.95元

孩子们的知心人：雷锋的故事/学优改编；秦国良，张兆临画.—南京：江苏美术出版社，1990.7.1册；48开.—ISBN 7-5344-0161-5：0.45元

骄傲的小花猫：童话/耿耿改编；姜成安，吴带生绘.—石家庄：河北美术出版社；北京：海豚出版社，1990.3.—38页；20开.—ISBN 7-5310-0328-7：1.70元

绘图儿童历史故事/马光复编；王江等绘.—沈阳：辽宁少年儿童出版社，1990.8.—190页；20开.(儿童文史丛书).—ISBN 7-5315-0710-2：4.50元

绘图儿童成语故事/辛宽良等编.—沈阳：辽宁少年儿童出版社，1990.10.—192页；20开.—(童儿文史丛书).—ISBN 7-5315-0339-5：4.50元

给太阳公公治病/查洪燮编；胡基明画.—昆明：云南少年儿童出版社，1990.5.—16页；40开.—(幼儿知识画库；第1辑).—ISBN 7-5414-0157-9：0.40元

给幼儿讲的故事　第二辑/陈秋影等编；段海云等绘.—上海：上海人民美术出版社，〔1990〕.—4册；24开.—ISBN 7-5322-0246-1：3.50元

本书包括《打个电话给姨妈》、《两座新木房》、《热心的象哥哥》和《蜜饯小熊》4册。

给猫咪系铃铛/籍建平编译.—上海：上海翻译出版公司，1990.1.—46页；24开.—(迷你系列童话).—ISBN 7-80514-511-3：1.80元

桃园结义/发田改编；孙泽良，孙铁画.—天津：新蕾出版社，1990.7.—1册；16开.—(《三国演义》故事；1).—ISBN 7-5307-0705-1：0.90元

桃园结义/庄季德，满叔道改编；乐明祥等绘.—上海：少年儿童出版社，1990.10.—94页；24开.(儿童版·彩画全本《三国演义》；1).—ISBN 7-5324-1203-2：3.30元

桃树的秘密/纪家秀编；王铁城画.—昆明：云南少年儿童出版社，1990.5.—16页；40开.—(幼儿知识画库；第1辑).—ISBN 7-5414-0155-2：0.40元

真假木偶人/揭妙珍等编；颜志强等绘.—上海：少年儿童出版社，1990.3.—1册；24开.—ISBN 7-5324-0781-0：0.78元

真假长颈龙/小蓝编；韩伍，王启帆绘.—上海：百家出版社，1990.1.—23页；24开.—(当代幼儿童话·儿童时代丛书).—ISBN 7-80576-115-9：0.95元

真假孙悟空/邓柯等编绘.—广州：新世纪出版社，1990.6.—1册；24开.—(猴王孙悟空丛书).ISBN 7-5405-0437-4：0.88元

恐龙复活记/武玉桂编；孙晓纲绘.—北京：人民美术出版社，1990.6.—63页；24开.—ISBN 7-102-00756-6：1.20元

热带魔林/樊林，万庆编；肖鹏等绘.—郑州：河南美术出版社，1990.6.—24页；24开.—(迪企奇遇记；2).—ISBN 7-5401-0136-9：1.10元

鸭小姐学乖了/小树苗教育出版社供稿.—北京：科学普及出版社，1990.12.—16页；16开.—(形状书系列).—ISBN 7-110-01754-0：2.95元

鸭子与汽车/黄珍等译绘.—北京：中国华侨出版公司，1990.12.—26页；16开.—ISBN 7-80074-360-8：1.90元

圆肚蛙独战大蚊王/林阳编；史俊绘.—北京：中国连环画出版社，1990.3.—35页；24开.—(黑耳贝贝历验记；5).—ISBN 7-5061-0259-5：0.90元

笋娃娃/查洪燮编；马俊画.—昆明：云南少年儿童

出版社，1990.5.—16页；40开.—（幼儿知识画库；第1辑）.—ISBN 7-5414-0156-0：0.40元

爱劳动/徐让编；徐光立绘.—郑州：海燕出版社，1990.2.—10页；48开.—（聪明宝宝丛书）.—ISBN 7-5350-0547-0：0.14元

爱的画册　（四）/冰波写；王祖民等画.—武汉：湖北少年儿童出版社，1990.3.—1册；24开.—ISBN 7-5353-0553-9：0.95元

爱的故事　（二）/冰波写；王小明等绘.—武汉：湖北少年儿童出版社，1990.3.—59页；24开.—ISBN 7-5353-0644-6：1.90元

狼犬福克　（1）/翟颖，肖章编；成言等绘.—上海：学林出版社，1990.8.—1册；24开.—ISBN 7-80510-501--4：1.65元

狼犬福克　（2）/翟颖，肖章编；成言等绘.—上海：学林出版社，1990.8.—1册；24开.—ISBN 7-80510-507-3：1.65元

狼犬福克　（3）/翟颖，肖章编；成言等绘.—上海：学林出版社，1990.8.—1册；24开.—ISBN 7-80510-508-1：1.65元

狼犬福克　（4）/翟颖，肖章编；成言等绘.—上海：学林出版社，1990.8.—1册；24开.—ISBN 7-80510-509-X：1.65元

饿极了的毛毛虫/马文茜编译；文莽改画.—上海：上海教育出版社，1990.11.—1册；32开.—ISBN 7-5320-1841-5（精装）：3.00元

衰老的狮子：动物童话/周茜改编、翻译；马恩生绘.—成都：四川少年儿童出版社.1990.4.—1册；24开.—ISBN 7-5365-0546-9：0.80元

高音歌王/小树苗教育出版社供稿.—北京：科学普及出版社，1990.12.—16页；16开.—（形状书系列）.—ISBN 7-110-01737-0：2.95元

竞选侦探长/安鸿改编；金渭昌绘.—西安：未来出版社，1990.10.—20页；24开.—（娃娃看世界丛书）.—ISBN 7-5417-0379-6：0.80元

唐诗画册/董芹选编；林容生绘.—福州：福建少年儿童出版社，1990.3.—47页；24开.—ISBN 7-5395-0351-3：2.00元

消失的城市/（　）雨果普拉特原著；张淑宁译；君贞绘.—杭州：浙江人民美术出版社，1990.10.—3册；40开.—ISBN 7-5340-0217-6：3.30元

海外奇遇记/郁茹改编；刘健等绘.—杭州：浙江人民美术出版社，1990.10.—6册；128开.—ISBN 7-5340-0202-8（盒装）：1.60元

本书包括《男人当王妃》、《航海遇奇国》、《鸟兽大搏斗》、《飞弹退强盗》、《美人鱼报恩》和《少女斩大蚌》6册。

海底大战/樊林，万庆编写；肖鹏等绘.—郑州：河南美术出版社，1990.6.—24页；24开.—（迪企奇遇记；4）.—ISBN 7-5401-0136-9：1.10元

诸葛下山/庄季德，满叔道改编；倪建等绘.—上海：少年儿童出版社，1990.10.—94页；24开.（儿童版·彩画全本《三国演义》；3）.—ISBN 7-5324-1215-6：3.30元

谁对谁不对：在幼儿园/朱小莹编；乔林绘.—2版.—北京：北京少年儿童出版社，1990.3.—54页；24开.—（幼儿日常行为指导）.—ISBN 7-5301-0182-X：1.65元

本书1989年12月第1版。

谁会游水：1～3岁/黄碧云写；吴银妮画.—北京：中国少年儿童出版社，1990.5.—18页；20开.—ISBN 7-5007-1059-3：0.70元

谁弄垮了房子/小树苗教育出版社供稿.—北京：科学普及出版社，1990.12.—16页；16开.—（形状书系列）.—ISBN 7-110-01696-X：2.95元

谁最/倪秀娟编；卞家华等绘.—郑州：海燕出版社，1990.10.—23页；12开.—ISBN 7-5350-0615-9：100元

能制作的童话/林力设计；林力，翟绍蓉文；吴鑫华，翟绍荣绘.—天津：天津人民美术出版社，1990.4.—4册；24开.—ISBN 7-5306-3220-0：2.50元

能辨色的手/张乐珍，王玉珍改编；徐永生，张丽华绘.—济南：山东美术出版社，1990.5.—58页；24开.—（智慧百宝箱；第4辑　第十册）.—ISBN 7-5330-0244-X：0.98元

聊斋故事　（1）/芳藻编；传琳，丹晔绘.—北京：国际文化出版公司，1990.12.—1册；24开.—（中国神妖故事大系）.—ISBN 7-80049-545-0：2.00元

聊斋故事　（2）/芳藻编；传琳，丹晔绘.—北京：国际文化出版公司，1990.12.—1册；24开.（中国神妖故事大系）.—ISBN 7-80049-546-9：2.00元

聊斋故事　（3）/芳藻编；传琳，丹晔绘.—北京：国际文化出版公司，1990.12.—1册；24开.（中国神妖故事大系）.—ISBN 7-80049-547-7：2.00元

聊斋故事　（4）/芳藻编；传琳，丹晔绘.—北京：国际文化出版公司，1990.12.—1册；24开.（中国神妖故事大系）.—ISBN 7-80049-548-5：2.00元

聊斋故事　（一）/蔚金等改写；贺友直等画.—上海：少年儿童出版社，1990.4.—5册；20开.—ISBN 7-5324-0584-2（盒装）：7.00元

本书包括《贾儿捉狐》、《雨钱》、《画马》、《赵城虎》、《蛐蛐》5册。

黄鼠狼吃了小刺猬/王巨明编；刘永谦绘；李巧玲注音.—2版.—西安：陕西人民美术出版社，1990.4.—1册；24开.—（宝宝最爱听；2）.—ISBN 7-5368-0151-3：1.00元

本书1989年7月第1版。

曹操闯世/庄季德，满叔道改编；史建期等绘.—上海：少年儿童出版社，1990.10.—94页；24开.（儿童版·彩画全本《三国演义》；2）.—ISBN 7 5-324-1213-X：3.30元

捻军抗清图画故事/贺敏编；王大豪，于君绘.北京：人民美术出版社，1990.6.—1册；24开.（鸦片战争150周年教育丛书）.—ISBN 7-102-00778-7：0.95元

"啪哒""劈啪""噗"在游乐场/鹭江出版社编.—厦门：鹭江出版社，1990.2.—48页；16开.（多用儿童故事画册）.—ISBN 7-80533-282-7：1.50元

蚯蚓为什么往地下钻？/锦芸编；王瑄，生地绘.北京：中国电影出版社，1990.2.—22页；24开.ISBN 7-106-00390-5：0.90元

蛇国大战（一）/龙共公，建平编；孙建东，何永坤绘.—昆明：云南科技出版社，1990.2.—70页；24开.—（荟萃知识画库·科学系列故事《晶晶探奥秘》）.—ISBN 7-5416-0261-2：1.60元

野兔和公鸡/海舜华搜集、整理；梁盈禧，陆建华绘.—南宁：广西美术出版社，1990.6.—78页；40开.ISBN 7-80582-039-2：1.50元

野兔和青蛙：动物童话/周茜改编、翻译；宗培，李洁绘.—成都：四川少年儿童出版社，1990.4.—1册；24开.—ISBN 7-5365-0543-4：0.80元

野猪怪变戏法/小蓝编；韩伍，王启帆绘.—上海：百家出版社，1990.1.—23页；24开.—（当代幼儿童话·儿童时代丛书）.—ISBN 7-80576-114-0：0.95元

第二次鸦片战争图画故事/纪西编；李月，召日绘.北京：人民美术出版社，1990.6.—1册；24开.（鸦片战争150周年教育丛书）.—ISBN 7-102-00777-9：0.95元

做客长城站/郑渊洁编；陆汝浩，叶冠华绘.—天津：新蕾出版社，1988.9.—1册；32开.—（朱塔奇遇记；4）.—ISBN 7-5307-0277-7：0.75元

渝天火的故事/杲向真编；戴士和画.—北京：中国少年儿童出版社，1990.9.—21页；24开.—（幼儿文学宝库）.—ISBN 7-5007-0608-1：0.70元

彩绘本中国民间故事：白族/肖融编；张禾，朱自谦绘.—杭州：浙江少年儿童出版社，1990.12.—45页；8开.—ISBN 7-5342-0795-9（精装）：25.00元

彩绘本中国民间故事：汉族/雨雨编；徐默等编.杭州：浙江少年儿童出版社，1990.12.—45页；8开.—ISBN 7-5342-0788-6（精装）：25.00元

彩绘本中国民间故事：达斡尔族/若文编；冯远绘.—杭州：浙江少年儿童出版社，1990.12.—45页；8开.—ISBN 7-5342-0780-0（精装）：25.00元

彩绘本中国民间故事：回族/北兴编；蓝承恺等绘.—杭州：浙江少年儿童出版社，1990.12.—45页；8开.—ISBN 7-5342-0792-4（精装）：25.00元

彩绘本中国民间故事：壮族/海忆编；丘玮绘.—杭州：浙江少年儿童出版社，1990.12.—45页；8开.ISBN 7-5342-0794-0（精装）：25.00元

彩绘本中国民间故事：纳西族/布谷，子陵编；王晓明绘.—杭州：浙江少年儿童出版社，1990.12.45页；8开.—ISBN 7-5342-0787-8（精装）：25.00元

彩绘本中国民间故事：苗族/太湖，南浔编；裘海索等绘.—杭州：浙江少年儿童出版社，1990.12.45页；8开.—ISBN 7-5342-0776-2（精装）：25.00元

彩绘本中国民间故事：侗族/江城编；关守信绘.杭州：浙江少年儿童出版社，1990.12.—42页；8开.ISBN 7-5342-0782-7（精装）：25.00元

彩绘本中国民间故事：哈萨克族/古军编；唐勇力绘.—杭州：浙江少年儿童出版社，1990.12.—45页；8开.—ISBN 7-5342-0786-X（精装）：25.00元

彩绘本中国民间故事：高山族/晓基编；杨杰，张谷良绘.—杭州：浙江少年儿童出版社，1990.12.45页；8开.—ISBN 7-5342-0791-6（精装）：25.00元

彩绘本中国民间故事：维吾尔族/点方，章立编；刘健绘.—杭州：浙江少年儿童出版社，1990.12.45页；8开.—ISBN 7-5342-0789-4（精装）：25.00元

彩绘本中国民间故事：朝鲜族/伊元纹编；徐默，尉晓榕绘.—杭州：浙江少年儿童出版社，1990.12.45页；8开.—ISBN 7-5342-0781-9(精装)：25.00元

彩绘本中国民间故事：傣族/龙庆编；杨涪林，黄越绘.—杭州：浙江少年儿童出版社，1990.12.45页；8开.—ISBN 7-5342-0779-7（精装）：25.00元

彩绘本中国民间故事：畲族/成空编；池沙鸿绘.杭州：浙江少年儿童出版社，1990.12.—45页；8开.—ISBN 7-5342-0777-0（精装）：25.00元

彩绘本中国民间故事：傈僳族/白九编；周翔，陈泽新绘.—杭州：浙江少年儿童出版社，1990.12.45页；8开.—ISBN 7-5342-0784-3（精装）：25.00元

彩绘本中国民间故事：蒙古族/方夏编；朱成梁绘.—杭州：浙江少年儿童出版社，1990.12.—45页；8开.—ISBN 7-5342-0793-2（精装）：25.00元

彩绘本中国民间故事：瑶族/忆船，陆鹿编；胡寿

荣、胡骏荣绘.—杭州:浙江少年儿童出版社,1990.12.45页;8开.—ISBN 5342-0783-5(精装):25.00元

彩绘本中国民间故事:黎族/莫闻编;胡博综绘.杭州:浙江少年儿童出版社,1990.12.—45页;8开.—ISBN 7-5342-0778-9(精装):25.00元

彩绘本中国民间故事:藏族/文益编;杨杰绘.—杭州:浙江少年儿童出版社,1990.12.—45页;8开.ISBN 7-5342-0790-8(精装):25.00元

彩象埃莫/谷实编译;金亚子绘.—天津:新蕾出版社,1989.5.—19页;32开.—ISBN 7-5307-0374-9:0.75元

猎人与小红狐/铁军编;位丽画.—石家庄:河北少年儿童出版社,1990.1.—20页;24开.—(娃娃好品德丛书;6).—ISBN 7-5376-0465-7:0.80元

猎人兄弟/尚琪编;刘端绘;李忻注音.—石家庄:河北美术出版社,1990.9.—46页;24开.—ISBN 7-5310-0331-7:1.70元

猎狗侦探　(2)/夏泰立改编;金雪林等绘.—上海:上海人民美术出版社,1990.3.—34页;24开.ISBN 7-5322-0617-3:1.35元

渔翁得利/马千里编;永翔,永岳绘.—北京:中国工人出版社,1990.10.—12页;24开.—(幼儿智力启蒙丛书).—ISBN 7-5008-0648-5:1.00元

淘气包艾米尔/彭国良编绘.—天津:新蕾出版社,1990.6.—2册;24开.—ISBN 7-5307-0649-7:1.50元

骑鹤的仙人:八仙的故事/夏小雨改编;刘振源绘.—福州:福建美术出版社,1990.2.—1册;24开.ISBN 7-5393-0086-8:0.40元

替身间谍/晨光,吴丹青编;丘玮,蒋松涛绘.—上海:百家出版社,1990.5.—1册;24开.—ISBN 7-80576-074-8:1.80元

韩湘子造八甲石桥:八仙的故事/季苑改编;刘建平等绘.—福州:福建美术出版社,1990.2.—1册;24开.—ISBN 7-5393-0088-4:0.80元

葫芦小金刚/上海美术电影制片厂供稿.—郑州:河南美术出版社,1990.5.—4册;64开.—ISBN 7-5401-0122-9:2.35元

本书包括《兄弟上阵》、《妖雾重来》、《斗智斗勇》、《大难临头》4册。

葫芦小金刚　第一集/沈寿林等绘.—郑州:海燕出版社,1990.3.—13页;16开.—ISBN 7-5350-0568-3:0.55元

葫芦小金刚　第二集/沈寿林等绘.—郑州:海燕出版社,1990.3.—13页;16开.—ISBN 7-5350-0569-1:0.55元

葫芦小金刚　第三集/沈寿林等绘.—郑州:海燕出版社,1990.3.—13页;16开.—ISBN 7-5350-0570-5:0.55元

葫芦小金刚　(三)/小星编文;白云绘.—上海:少年儿童出版社,1990.8.—1册;16开.—ISBN 7-5324-1076-5:1.45元

葫芦金刚:合订本/司徒浩编绘.—济南:明天出版社,1990.5.—1册;24开.—ISBN 7-5332-1066-2:2.80元

葫芦金刚:续一/继志编绘.—福州:福建美术出版社,1990.1.—1册;24开.—ISBN 7-5393-0095-7:0.80元

葫芦金刚:续二.—福州:福建美术出版社.1990.1.—1册;24开.—ISBN 7-5393-0096-5:0.80元

森林运动会/沙孝惠写;刘继文画.—哈尔滨:黑龙江少年儿童出版社,1990.6.—1册;24开.—(知识童话画库).—ISBN 7-5319-0639-2:1.00元

超级裁缝/小树苗教育出版社供稿.—北京:科学普及出版社,1990.12.—16页.—16开.—(形状书系列).—ISBN 7-110-01757-5:2.95元

雄鸡大叔:童话/林颂英编;梁培龙绘画.—石家庄:河北美术出版社;北京:海豚出版社,1990.3.1册;20开.—ISBN 7-5310-0325-2:1.70元

蛤蟆唱歌/伊夫改编;增仁绘.—郑州:海燕出版社,1990.2.—20页;48开.—(聪明宝宝丛书).ISBN 7-5350-0540-3:0.28元

智斗牛头怪/林阳编;张良等绘.—北京:中国连环画出版社,1990.3.—35页;24开.—(黑耳贝贝历险记;4).—ISBN 7-5061-0258-7:0.90元

智斗狼眼星人/孟昭禹编;朱铭善等绘.—上海:少年儿童出版社,1990.10.—1册;24开.—ISBN 7-5324-1195-8:1.85元

奥秘就在你身边/方献亚,罗扬洲编;王尔强,沈苑苑绘.—沈阳:辽宁少年儿童出版社,1990.10.71页;20开.—(科学家摇篮丛书/宗介华主编).ISBN 7-5315-0711-0:4.00元

猩猩国漫游/樊林,万庆编;肖鹏等绘.—郑州:河南美术出版社,1990.6.—24页;24开.—(迪企奇遇记;3).—ISBN 7-5401-0136-9:1.10元

鲁西西奇遇记/杨暄等改编;查侃等绘.—福州:福建少年儿童出版社,1990.12.—2册;24开.—3.50元

鲁西西奇遇记/查侃改编;查侃绘.—北京:中国电影出版社,1990.2.—5册;24开.—ISBN 7-106-00385-9:4.55元

根据同名美术片改编。

滑稽音乐会:汤姆和杰瑞/小峰,小蓓编;韩伍等绘.—上海:百家出版社,1990.4.—36页;24开.(哈哈丛书).—ISBN 7-80576-099-3:1.30元

登山的人/马怡编;胡明哲画.—北京:中国少年儿童出版社,1990.3.—21页;24开.—ISBN 7-5007-

0959-5：0.70元

缉捕黑蜘蛛/葛冰编；徐谷安等绘.—葛冰编文.上海：上海翻译出版公司，1990.1.—46页；24开.ISBN 7-80514-505-9：1.50元

赖宁的故事/文斐改编；刘德臣，高伟绘.—北京：中国电影出版社，1990.3.—42页；32开.—ISBN 7-106-00415-4：0.80元

蓝骨/查洪燮编；李荣中绘.—上海：少年儿童出版社，1990.11.—1册；24开.—ISBN 7-5324-1100-1：1.50元

想和牛一样大的青蛙：动物童话/周茜翻译、改编；徐敏，吴向鸣绘.—成都：四川少年儿童出版社，1990.4.—1册；24开.—ISBN 7-5365-0544-2：0.80元

雷公公劈死大灰狼/王巨明编；任焕斌绘；李巧玲注音.—2版.—西安：陕西人民美术出版社，1990.4.—1册；24开.—(宝宝最爱听；4).—ISBN 7-5368-0151-3：1.00元

本书1989年7月第1版。

雷锋小时候的故事/孔淑霞编；招炽挺，廖宗怡绘.广州：新世纪出版社，1990.3.—17页；20开.—ISBN 7-5405-0442-0：0.90元

雷锋叔叔/周說编；陆汝浩等绘.—上海：上海人民美术出版社，1990.1.—62页；32开.—ISBN 7-5322-0648-3：0.90元

雷锋叔叔的故事/华梅编；富美惠绘.—福州：福建美术出版社，1990.2.—1册；32开.—ISBN 7-5393-0094-9：0.80元

雷锋的童年：雷锋的故事/吕习明改编；潘小庆画.—南京：江苏美术出版社，1990.7.—1册；48开.—ISBN 7-5344-0164-X：0.45元

雷锋故事画册/赵兴盛，蔺连泽编；张春新等绘.沈阳：辽宁美术出版社，1990.3.—117页；32开.ISBN 7-5314-0762-0：2.20元

摇篮：1～4.—上海：上海教育出版社，1990.1.4册；24开.—(婴儿画丛).—ISBN 7-5320-1900-4(袋装)：2.05元

本书包括《天亮了》、《上街去》、《我上托儿所》和《帆帆理发》4册。

摇篮：5～8.—上海：上海教育出版社，1990.1.4册；24开.—(婴儿画丛).—ISBN 7-5320-1901-2(袋装)：2.05元

本书包括《小汤匙》、《小迪娜和狮子》、《淘汽的娃娃》和《小老鼠先澡》4册。

摇篮：9～12：发散性思维训练.—上海：上海教育出版社，1990.1.—4册；24开.—(婴儿画丛).—ISBN 7-5320-1902-0(袋装)：2.05元

本书包括《贝贝的小脸盆》、《我的眼镜》、《下雨了，我没有带伞》和《有趣的动物》4册。

摇篮：13～16.—上海：上海教育出版社，1990.1.—4册；24开.—(婴儿画丛).—ISBN 7-5320-1903-9(袋装)：2.05元

本书包括《骑大鹅》、《三个兔宝宝》、《小猫回家》和《大老虎来了》4册。

嗨！小淘气　(上)/吉京霞编译.—北京：中国和平出版社，1990.10.—1册；16开.—ISBN 7-80037-394-0：1.95元

嗨！小淘气　(中)/吉京霞，王颖编译.—北京：中国和平出版社，1990.10.—1册；16开.—ISBN 7-80037-395-9：1.95元

嗨！小淘气　(下)/吉京霞，吴天明编译.—北京：中国和平出版社，1990.10.—1册；16开.—ISBN 7-80037-396-7：1.95元

傻鸭子欧巴儿/施仲兴编；施仲兴，金城绘.—上海：上海人民美术出版社，1990.3.—47页；24开.ISBN 7-5322-0482-0：1.70元

意外的惊喜/小树苗教育出版社供稿.—北京：科学普及出版社，1990.12.—16页；16开.—(形状书系列).—ISBN 7-110-01759-1：2.95元

蜻蜓国里斗雪怪/林阳编；刘曼华等绘.—北京：中国连环画出版社，1990.3.—35页；24开.—(黑耳贝贝历险记；1).—ISBN 7-5061-0255-2：0.90元

蜡染：中国工艺玩具故事/佳音编；王庆生画.—北京：中国少年儿童出版社，1990.5.—20页；24开.ISBN 7-5007-1046-1：0.70元

孵娃娃：童话/林颂英编；姜成安，吴带生绘.—北京：开明出版社；海豚出版社，1990.3.—1册；24开.ISBN 7-80077-037-0：0.85元

漂亮的新雨伞/小树苗教育出版社供稿.—北京：科学普及出版社，1990.12.—16页；16开.—(形状书系列).—ISBN 7-110-01744-3：2.95元

熊伯伯的花园/临风编；川石，冯莲画.—郑州：海燕出版社，1990.7.—20页；24开.—ISBN 7-5350-0588-8：0.55元

熊猫小胖　(三)/丁午编绘.—北京：中国少年儿童出版社，1990.9.—29页；16开.—ISBN 7-5007-1133-6：1.40元

熊猫学礼貌/周奕芝改编；胡亦绘.—沈阳：辽宁少年儿童出版社，1990.10.—1册；24开.—(娃娃故事画库；8).—ISBN 7-5315-0832-X：0.80元

熊猫盼盼/晓流编；温德斌绘.—长春：长春出版社，1990.7.—5册；24开.—ISBN 7-80573-239-6(盒装)：6.75元

聪明的小猪/康继云改编；辛鑫注音；吴带生绘.石家庄：河北美术出版社，1990.8.—24页；24开.ISBN 7-5310-0334-1：0.85元

聪明的洁蒂玛/肖竹等编.—沈阳：辽宁少年儿童出版社，1990.10.—1册；24开.—(娃娃故事画库；5).ISBN 7-5315-0818-4：0.80元

聪聪得奖了/李春晖编；覃黎东画.—石家庄：河北少年儿童出版社，1990.1.—20页；24开.—（娃娃好品德丛书；4）.—ISBN 7-5376-0463-0：0.80元

趣怪变形豆/梁烈译.—广州：岭南美术出版社，1990.5.—7册；64开.—ISBN 7-5362-0433-7（套装）：3.60元

本书包括《巴巴爸爸的大马戏团》、《巴巴爸爸的学校》、《巴巴爸爸的方舟》、《巴巴爸爸的礼物》、《寻找巴巴爸爸的家》、《巴巴爸爸旅行记》和《趣怪的巴巴爸》7册。

撒谎的小壁虎/肖梅改编；王丽霞等画.—沈阳：辽宁少年儿童出版社，1990.11.—1册；24开.—（娃娃故事画库；9）.—ISBN 7-5315-0833-8：0.80元

嘻嘻哼哼历险记/闻治编；韩伍，钱生发绘.—天津：新蕾出版社，1988.9.—1册；32开.—ISBN 7-5307-0272-6：0.74元

影子朋友/人民教育出版社幼儿教育室编.—北京：人民教育出版社，1990.3.—17页；16开.—（萤火虫——幼儿百科画丛）.—ISBN 7-107-09151-4：0.72元

瘸猫罗洛/文健改编；徐德荣绘.—沈阳：辽宁少年儿童出版社，1990.10.—1册；24开.—（娃娃故事画库；6）.—ISBN 7-5315-0830-3：0.80元

懒孩子托米/徐寒梅编译；周翔画.—北京：中国少年儿童出版社，1990.9.—21页；24开.—ISBN 7-5007-0893-9：0.70元

警察的故事/小树苗教育出版社供稿.—北京：科学普及出版社，1990.12.—16页；16开.—（形状书系列）.—ISBN 7-110-01750-8：2.95元

魔幻迷宫/琼轩改编；重义等绘.—上海：少年儿童出版社，1990.10.—1册；24开.—ISBN 7-5324-1157-5：1.85元

魔宫城堡覆灭记/小峰，惠萍编；韩伍等绘.—上海：少年儿童出版社，1990.10.—1册；24开.—ISBN 7-5324-1061-7：1.50元

魔鬼面壳/顾帼一，木子改编；陈有群等画.—上海：少年儿童出版社，1990.11.—1册；16开.—ISBN 7-5324-1227-X：1.45元

I 3　亚洲各国文学

东南亚童话/李今，蔚东编.—兰州：甘肃少年儿童出版社，1990.12.—220页；48开.—（东方童话丛书）.—ISBN 7-5422-0447-5：1.90元

亚洲童话园地/黄修纪改编；宣森，浩波绘画.—成都：四川少年儿童出版社，1990.12.—5册；24开.ISBN 7-5365-0602-3：5.00元

本书包括《甜饼树》、《倒霉的老狼》、《小狐狸复仇记》、《老鼠嫁女》、《小兔子流浪记》5册。

I 312　朝鲜文学

朝鲜中世纪北学派文学研究：兼论与清代文学之关联/金柄珉著.—延吉：延边大学出版社，1990.12.314页；32开.—ISBN 7-5634-0299-3：4.00元

I 313　日本文学

日本文学史/王长新主编.—长春：吉林大学出版社，1990.11.—433页；大32开.—ISBN 7-5601-0688-9：3.15元

日本文学散论/叶渭渠著.—长春：吉林人民出版社，1990.11.—339页；32开.—ISBN 7-206-00925-5：5.00元

夏目漱石文学主脉研究/李国栋著.—北京：北京大学出版社，1990.5.—214页；大32开.—ISBN 7-301-01118-0：3.30元

简明日本文学辞典/张岩峰等编著.—长春：东北师范大学出版社，1990.6.—231页；32开.—ISBN 7-5602-0244-6（精装）：4.50元

I 313.2　诗　歌

日本近代五人俳句选/（日）正冈子规等著；林林译.—北京：外国文学出版社，1990.12.—162页；32开.—ISBN 7-5016-0088-0：2.30元

有马敲诗选/（日）有马敲著；郑民钦编译.—北京：中国工人出版社，1990.12.—149页；32开.ISBN 7-5008-0739-0：11.60元

黄金幻想/（日）鲇川信夫等著；郑民钦译.—广州：花城出版社，1990.12.—255页；32开.—（现代散文诗名著译丛；第1辑）.—ISBN 7-5360-0779-5：3.60元

I 313.3　戏　剧

人类文明启示录：几尔加美林：三幕剧/（日）梅原猛著；卞立强译.—北京：中国国际广播出版社，1990.3.—259页；大32开.—ISBN 7-80035-318-4：3.95元

I 313.4　小　说

七月望乡叹/（日）五木宽之等著；吴树文译.上海：上海译文出版社，1990.12.—315页；32开.ISBN 7-5327-0304-5：3.95元

上海间谍战/（日）伴野朗著；金中译.—南京：江苏古籍出版社，1990.6.—245页；36开.—ISBN 7-

80519-176-X：3.50元

女妖/(日)江户川乱步著；周晓华译.—合肥：安徽文艺出版社，1990.6.—197页；32开.—(东洋神探小五郎探案集).—ISBN 7-5396-0342-9：2.60元

女性的悲剧/(日)夏树静子著；穆广菊译.—北京：华夏出版社，1990.6.—213页；32开.—ISBN 7-80053-734-X：2.70元

本书原名：W的悲剧

五个痴情女子的故事/(日)井原西鹤著；王向远译.—上海：上海译文出版社，1990.9.—331页；大32开.—ISBN 7-5327-0756-3：4.90元

日本箱尸案/(日)松本清张著；康明桂，石磅译.—太原：北岳文艺出版社，1990.8.—209页；32开.—ISBN 7-5378-0317-X：2.60元

风流佛/(日)幸田露伴著；文洁若译.—北京：人民文学出版社，1990.8.—160页；大32开.—(日本文学丛书).—ISBN 7-02-000252-8：2.90元

夭亡/(日)立原正秋著；宋再新译.—济南：山东文艺出版社，1990.8.—395页；32开.—ISBN 7-5329-0205-6：4.60元

丑闻/(日)远藤周作著；孙耀等译.—太原：北岳文艺出版社，1990.3.—244页；32开.—ISBN 7-5378-0310-2：3.50元

龙虎八天狗/(日)吉川英治著；樊学钢译.—西安：陕西人民出版社，1990.9.—2册(656页)；32开.—ISBN 7-224-01270-X：6.90元

东京的早晨/(日)濑户内晴美著；金永彪译.延吉：延边人民出版社，1990.6.—257页；32开.ISBN 7-80508-408-4：3.30元

东洋聊斋/(日)依田百川著；孙菊园，孙逊校译.长沙：湖南文艺出版社，1990.7.—279页；32开.ISBN 7-5404-0545-7：3.15元

本书原名《谭海》，是一部用汉文字写就的文言笔记小说。

华丽的侦探们/(日)赤川次郎著；李小青译.上海：上海译文出版社，1990.9.—203页；32开.ISBN 7-5327-0960-4：2.70元

争风吃醋/(日)永井荷风著；李远喜译.—桂林：漓江出版社，1990.3.—428页；32开.—(外国文学名著).—ISBN 7-5407-0533-7：4.55元

本书包括《争风吃醋》、《濹东绮谈》、《梅雨前后》、《雨潇潇》中长篇小说4篇。

异国女刺客/(日)笹仓明著；王新民，谢五丹译.—南京：译林出版社，1990.11.—246页；32开.ISBN 7-80567-095-1：3.00元

红花/(日)渡边淳一著；刘咏华等译.—太原：北岳文艺出版社，1990.9.—352页；32开.—ISBN 7-5378-0420-6：5.30元

冷血孤星剑/(日)柴田炼三郎著；樊学钢译.—西安：陕西人民出版社，1990.9.—2册(531页)；32开.—ISBN 7-224-01269-6：5.75元

附身恶魔/(日)江户川乱步著；朱述斌译.—合肥：安徽文艺出版社，1990.6.—206页；32开.—ISBN 7-5396-0358-5：2.75元

青春亡灵/(日)大薮春彦著；雅儿译.—济南：山东文艺出版社，1990.9.—308页；32开.—ISBN 7-5329-0528-4：4.50元

武田信玄/(日)新田次郎著；林璋，林惟译.—福州：海峡文艺出版社，1990.12.—256页；32开.—ISBN 7-80534-303-9：3.00元

雨月物语/(日)上田秋成著；阎小妹译.—北京：人民文学出版社，1990.7.—184页；大32开.—(日本文学丛书).—ISBN 7-02-001092-X(精装)：5.85元

雨月物语/(日)上田秋成著；阎小妹译.—北京：人民文学出版社，1990.7.—184页；大32开.—(日本文学丛书).—ISBN 7-02-000976-X：3.05元

命运的链条：记岩间典夫(莫宝清)坎坷传奇的前半生/(日)渡边一枝，俊然著.—哈尔滨：北方文艺出版社，1990.8.—195页；32开.—ISBN 7-5317-0337-8：3.40元

春雪·天人五衰/(日)三岛由纪夫著；文洁若等译.—北京：中国友谊出版公司，1990.12.—555页；大32开.—(日本文学名著选译丛书).—ISBN 7--5057-0330-7：8.20元

挪威的森林/(日)村上春树著；林少华译.—桂林：漓江出版社，1989.7.—337页；32开.—ISBN 7-5407-0460-8：3.95元

挪威的森林：告别处女世界/(日)村上春树著；钟宏杰，马述祯译.—哈尔滨：北方文艺出版社，1990.6.—370页；32开.—ISBN 7-5317-0376-9：5.46元

贵夫人号/(日)草野唯雄著；杨学勤译.—乌鲁木齐：新疆人民出版社，1990.4.—211页；32开.—ISBN 7-228-00989-4：2.50元

香港旅行谋杀案/(日)斋藤荣著；雷音译.—北京：文化艺术出版社，1990.8.—296页；32开.—ISBN 7-5039-0637-5：3.60元

皇帝陛下的黑豹：特命武装检察官黑木豹介/(日)门田泰明著；黄克依译.—济南：山东文艺出版社，1990.5.—387页；32开.—ISBN 7-5329-0458-X：4.90元

神探十津川/(日)西村京太郎著；耀华译.—西安：陕西人民出版社，1990.2.—300页；32开.—ISBN 7-224-01090-1：4.45元

绝命谋杀/(日)松山良昭著；卢正平译.—牡丹江：黑龙江朝鲜民族出版社，1990.5.—311页；32

开.—ISBN 7-5389-0267-8：3.30元

艳妇的追逐/（日）赤川次郎著；于长敏等译.—长春：时代文艺出版社，1990.1.—315页；32开.—ISBN 7-5387-0191-X：3.85元

高野圣僧：泉镜花小说选/（日）泉镜花著；文洁若译.—北京：人民文学出版社，1990.9.—224页；大32开.—（日本文学丛书）.—ISBN 7-02-000505-5：3.65元

黄金假面人/（日）江户川乱步著；武继平译.—合肥：安徽文艺出版社，1990.6.—232页；32开.（东洋神探小五郎探案集）.—ISBN 7-5396-0352-6：3.00元

雪野追杀/（日）森村诚一著；徐明中等译.—石家庄：花山文艺出版社，1990.9.—259页；32开.—ISBN 7-80505-294-8：3.40元

第三个女人：一部活生生的"罪与罚"/（日）夏树静子著；顽石译.—海口：南海出版公司，1990.7.—229页；32开.—ISBN 7-80570-073-7：3.30元

欲河中的罪恶/（日）松本清张著；王启元，金强译.—北京：文化艺术出版社，1990.2.—294页；32开.—ISBN 7-5039-0571-9：3.40元

棒棒女郎/（日）水上勉著；于长江等译.—北京：北京出版社，1990.4.—562页；大32开.—ISBN 7-200-00845-1：7.90元

道魔大决斗/（日）山田风太郎著；樊学钢译.—西安：陕西人民出版社，1990.8.—2册（674页）；32开.—ISBN 7-224-01293-9：7.05元

源氏物语/（日）紫式部著；丰子恺译.—北京：人民文学出版社，1980.12.—2册（1291页）；大32开.—（世界文学名著文库：珍藏本）.—ISBN 7-02-001683-9（精装）：38.30元

群魔/（日）松本清张著；金中译.—长沙：湖南文艺出版社，1990.3.—505页；32开.—ISBN 7-5404-0515-5：5.20元

I 313.5/.6 报告文学、散文

一位探险家的手记/周正，程玲编译.—北京：人民体育出版社，1990.9.—172页；32开.—ISBN 7-5009-0383-9：3.40元

本书是根据日本植村自己所写的三本探险日记编译而成。书中详细记述了植村探险历程，介绍了日本列岛、南北美、欧洲以及南北极地区的地理、地貌、所到之处的风土人情。

人生百态/（日）土井治著；黄雄美译.—长沙：湖南文艺出版社，1990.9.—196页；32开.—ISBN 7-5404-0592-9：2.30元

日本人和中国人/（日）陈舜臣著；邱岭译.—北京：文化艺术出版社，1990.6.—126页；32开.（五色土丛书）.—ISBN 7-5039-0456-9：1.95元

四季雁书/（日）井上靖，池田大作著；仁章译.长春：吉林人民出版社，1990.1.—181页；大32开.ISBN 7-206-00671-X（精装）：4.50元

青春长在友谊闪光：记活跃在喜马拉雅的日本青年海外协力队员/（日）小松征司著；姜素影，洪成男译.—北京：中国经济出版社，1990.7.—200页：照片；32开.—ISBN 7-5017-0854-1：5.80元

"海底战车"之谜/（日）桃井真著；胡立品，柳真译.—北京：解放军出版社，1990.6.—172页；32开.—ISBN 7-5065-1260-2：2.55元

覆灭/（日）高木俊朗著；黄凤英等译.—北京：农村读物出版社，1990.9.—508页；32开.—ISBN 7-5048-0398-7：6.00元

本书详细记述了日本陆海军中编组航空部队敢死队所发生事情的年、月、日，细致描述了人物的心理和各种场面。真实抄录了感人的日记、书信和诗词。

I 313.7 民间文学

古事记/（日）安万侣著；周作人译.—北京：国际文化出版公司，1990.12.—199页；32开.—ISBN 7-80049-612-0：2.90元

本书由日本古代神话、英雄传说、民间故事、地方歌谣及帝王家谱构成的一部光怪陆离的作品。成书于8世纪初，记载了古代日本人民的风俗习惯和精神面貌。

日本民间故事会/汤一平译.—上海：上海翻译出版公司，1990.3.—93页；32开.—ISBN 7-80514-516-4：1.00元

猴子和螃蟹：日本民间故事/徐寒梅译.—南宁：接力出版社，1990.1.—24页；24开.—（动画列车丛书）.—ISBN 7-80581-011-7：0.95元

聪明的彦一：日本民间故事/陈丁译.—南宁：接力出版社，1990.1.—24页；24开.—（动画列车丛书）.—ISBN 7-80581-018-4：0.95元

I 313.8 儿童文学

二〇五教室/（日）大石真著；安伟邦译.—上海：少年儿童出版社，1990.8.—143页；32开.—（外国儿童文学丛书）.—ISBN 7-5324-0245-2：1.75元

三剑客/（法）大仲马原著；（日）平田昭吾，高桥信也编绘；于继红译.—上海：上海人民美术出版社，1990.3.—22页；24开.—ISBN 7-5322-0634-3：0.95元

下雪天真热/（日）岩村和朗著；高桥译；沈铣绘制.—杭州：浙江少年儿童出版社，1990.3.—24页；24开.—ISBN 7-5342-0505-0：0.90元

小仙女吉姬/（日）角野荣子著；宫崎骏绘制.—北

京：中国戏剧出版社，1990.11.—108页；24开.ISBN 7-104-00259-6：3.90元

小熊布布：日本童话：世界童话幼儿版/鲁妮改编；广凯绘.—北京：人民美术出版社，1990.4.—15页；24开.—ISBN 7-102-00423-0：1.40元

少女小说选/（日）源氏鸡太，辻邦著；唐先蓉等译.—沈阳：辽宁少年儿童出版社，1990.3.—294页；32开.—（当代日本少年文学丛书/王敏主编）.ISBN 7-5315-0601-7：2.65元

日本童话/王祖良编绘.—武汉：湖北少年儿童出版社，1990.11.—143页；24开.—（童话王国画丛）.ISBN 7-5353-0720-5：2.20元

日本童话/晏苏编.—兰州：甘肃少年儿童出版社，1990.6.—140页：插图；48开.—（东方童话丛书）.ISBN 7-5422-0357-6：1.45元

日本童话/（日）福永真由美著；张治正译.—南京：江苏少年儿童出版社，1990.1.—251页：插图；32开.—ISBN 7-5346-0378-1：2.50元

日本童话/（苏）恩·霍扎著；李树桐等译.—乌鲁木齐：新疆人民出版社，1990.9.—107页：图；32开.—ISBN 7-228-01367-0：1.80元

北风的蓝手帕/季颖译编；姜冶绘.—北京：中国少年儿童出版社，1990.9.—28页：插图；16开.—（爱的故事）.—ISBN 7-5007-0859-9：1.40元

失踪者的下落：日本短篇科学幻想小说选/（日）龟山龙树等著；吴晓枫译.—上海：少年儿童出版社，1990.3.—206页；32开.—ISBN 7-5324-0458-7：2.30元

白狗为什么变黑/（日）芥川龙之介著；吴树文译；甘礼乐改编；郭伟星绘.—上海：上海译文出版社，1990.1.—23页；24开.—ISBN 7-5327-0848-9：1.15元

皮皮和星星/（日）松井纪子编绘；王敏译.—南宁：接力出版社，1990.2.—32页；24开.—（小妖精皮皮；三）.—ISBN 7-80581-030-3：1.00元

皮皮钻云朵/（日）松井纪子编绘；王敏译.—南宁：接力出版社，1990.2.—32页；24开.—（小妖精皮皮；二）.—ISBN 7-80581-029-X：1.00元

皮皮登彩虹/（日）松井纪子编绘；王敏译.—南宁：接力出版社，1990.2.—31页；24开.—（小妖精皮皮；一）.—ISBN 7-80581-028-1：1.00元

动物小说选/王敏主编.—沈阳：辽宁少年儿童出版社，1990.3.—302页：图；32开.—(当代日本少年文学丛书/王敏主编).—ISBN 7-5315-0548-7：2.65元

有怪癖的白鼻马/（日）井上正治著；李京译.—北京：中国和平出版社，1990.3.—24页；16开.—ISBN 7-80037-331-2：1.35元

社会问题小说选/（日）三浦绫子等著；杨伟等译.沈阳：辽宁少年儿童出版社，1990.4.—307页：图；32开.—（当代日本少年文学丛书/王敏主编）.—ISBN 7-5315-0616-5：2.75元

青铜魔人/（日）江户川乱步著；夏子等译.—长沙：湖南少年儿童出版社，1990.11.—158页；32开.—ISBN 7-5358-0439-X：1.65元

科学幻想小说选/(日)濑川昌男等著；吴辉等译.沈阳：辽宁少年儿童出版社，1990.8.—316页；32开.（当代日本少年文学丛书/王敏主编）.—ISBN 7-5315-0590-8：2.90元

愉快的圣诞节/（日）长野博一著；李京译.—北京：中国和平出版社，1990.5.—26页；16开.—ISBN 7-80037-330-4：1.40元

I 333　越南文学

《狱中日记》诗抄/（越）胡志明著.—北京：人民文学出版社，1990.3.—94页：肖像；大32开.—ISBN 7-02-001024-5：2.10元

本书收入越南胡志明主席用汉文写的诗歌100首。

I 334　老挝文学

老挝民间故事/罗长山等译.—昆明：云南人民出版社，1990.6.—200页；32开.—（外国民间故事丛书）.—ISBN 7-222-00449-1：2.25元

I 336　泰国文学

沸腾大地/（泰）巴尔著.—厦门：厦门大学出版社，1990.11.—159页；32开.—ISBN 7-5615-0323-7：2.20元

烟湖更添一段愁：梦莉、司马攻散文集/（泰）梦莉，司马攻著.—北京：今日中国出版社，〔1990〕.316页；32开.—ISBN 7-5072-0219-4：3.90元

湄河之滨/（泰）巴尔著.—厦门：鹭江出版社，1990.12.—218页；32开.—(海外华文文学丛书/庄明萱主编）.—ISBN 7-80533-394-7：2.70元

I 339　新加坡文学

水晶集/（新加坡）孙爱玲著.—北京：中国华侨出版公司，1990.9.—235页；32开.—（海外华人文库）.—ISBN 7-80074-221-0：3.20元

赤道边缘的珍珠：新加坡微型小说/（新加坡）黄孟文等著.—济南：山东友谊书社，1990.8.—246页；36开.—ISBN 7-80551-294-9：8.55元

沙漠的噩梦/（新加坡）尤今著.—北京：中国华侨

出版公司，1990.9.—219页；32开.—ISBN 7-80074-258-X：3.40元

Ⅰ341　菲律宾文学

披星集/（菲律宾）书欣著.—厦门：鹭江出版社，1990.6.—225页；32开.—（海外华文文学丛书）.—ISBN 7-80533-368-8：2.90元

本书是作者的一本散文集，共收70篇短文。

菲律宾万象诗选/菲律宾现代诗研究会选编.—北京：中国华侨出版公司.—1990.1.—109页；32开.ISBN 7-80074-187-7：1.80元

Ⅰ342　印度尼西亚文学

小青蛙智斗国王/（印尼）露基娅编；蒋宝林等译.北京：农村读物出版社，1990.2.—155页；32开.SBN 7-5048-0860-1：1.60元

远离故国的人们/（印尼）黄东平著.—北京：中国华侨出版公司，1990.11.—263页；32开.—（海外华侨华人文库）.—ISBN 7-80074-305-5：3.20元

Ⅰ351　印度文学

印度古童话/谢生保编.—兰州：甘肃少年儿童出版社，1990.12.—158页；48开.—（东方童话丛书）.ISBN 7-5422-0448-3：1.75元

佛经童话故事/谢生保编.—兰州：甘肃少年儿童出版社，1990.6.—149页；插图；32开.—（东方童话丛书）.—ISBN 7-5422-0355-X：1.50元

金船/（印度）泰戈尔（Tagore，R.）著；冯金辛译.—上海：上海译文出版社，1990.6.—176页；32开.—ISBN 7-5327-0922-1：1.80元

书名原文：The Golden Boat

莲花女：印度故事集/（印度）塔帕（Thapar，R.）著；刘欣如译.—上海：上海译文出版社，1990.10.—127页；32开.—ISBN 7-5327-0904-3：1.45元

书名原文：Indian Tales

本书共收印度神话、童话、寓言、民间传说和故事等15篇。

Ⅰ351.2　诗　歌

泰戈尔儿童诗选/（印度）泰戈尔（Tagore，R.）著；白开元译.—北京：中国广播电视出版社，1990.10.—177页：照片；32开.—ISBN 7-5043-0488-3：2.90元

泰戈尔抒情诗选/（印度）泰戈尔（Tagore，R.）著；吴岩译.—上海：上海译文出版社，1990.8.479页；彩图；大32开.—（世界文学名著珍藏本）.ISBN 7-5327-0978-7（精装）：15.10元

泰戈尔爱情诗选/（印度）泰戈尔（Tagore，R.）著；白开元译.—桂林：漓江出版社，1990.2.—213页；32开.—ISBN 7-5407-0531-0：2.55元

泰戈尔散文诗全集/（印度）泰戈尔（Tagore，R.）著；华宇清编.—杭州：浙江文艺出版社，1990.10.—496页；大32开.—ISBN 7-5339-0314-5（精装）：7.80元

泰戈尔散文诗全集/（印度）泰戈尔（Tagore，R.）著；华宇清编.—杭州：浙江文艺出版社，1990.9.496页；大32开.—ISBN 7-5339-0232-0：5.80元

情人的礼物：泰戈尔爱情诗选/（印度）泰戈尔著；秋仁选编.—成都：四川文艺出版社，1990.5.121页；32开.—ISBN 7-5411-0639-0：3.20元

Ⅰ351.4　小　说

戈拉/（印度）泰戈尔（Tagore，R.）著；刘寿康译.—北京：人民文学出版社，1984.1.—517页；大32开.—（世界文学名著文库：珍藏本）.—ISBN -02-001693-6（精装）：17.15元

书名原文：Gora

娼门叛女/（印度）勒齐娅·萨贾德·察希尔著；山蕴，周启登译.—太原：北岳文艺出版社，1990.3.—243页；32开.—ISBN 7-5378-0309-9：3.50元

Ⅰ353　巴基斯坦文学

巴基斯坦短篇小说选/山蕴编选.—北京：人民文学出版社，1990.8.—561页；32开.—ISBN 7-02-001032-6：5.65元

Ⅰ371　阿拉伯地区文学

天方夜谭新编/杨林科改编.—西安：未来出版社，1990.11.—270页：插图；32开.—（中外文学名著缩编本丛书/霍松林主编）.—ISBN 7-5417-0416-4：2.95元

阿拉伯文学史/（黎巴嫩）汉纳·法胡里著；郅傅浩译.—北京：人民文学出版社，1990.8.—699页；大32开.—ISBN 7-02-000917-4：8.35元

阿拉伯童话/加瑞编.—兰州：甘肃少年儿童出版社，1990.12.—132页；48开.—（东方童话丛书）.ISBN 7-5422-0045-0：1.75元

波斯诗圣菲尔多西/潘庆舲著.—重庆：重庆出版社，1990.10.—229页：图版；32开.—ISBN 7-5366-1400-4（精装）：4.30元

菲尔多西（940～1020），西方公认的五大诗人之一。本书是菲尔多西的评传。

I 374　土耳其文学

土耳其民间故事/罗马译.—乌鲁木齐：新疆人民出版社，1990.10.—105页；32开.—ISBN 7-228-01650-5：1.20元

I 4　非洲各国文学

非洲童话园地/李仁晓改编；孙平，绍波绘画.—成都：四川少年儿童出版社，1990.12.—5册；24开.ISBN 7-5365-0604-X：5.60元

本套书包括：《猴子和乌龟》、《布袋里的鳄鱼》、《兔子胜过土狼》、《谁杀死了戈佐》、《老鼠空巴》5册。

魔花：东非民间故事/袁伽倪，高智珠译.—兰州：甘肃少年儿童出版社，1990.10.—247页；32开.ISBN 7-5422-0387-8：2.90元

I 411　埃及文学

世代寻梦记：我们街区的孩子们/（埃及）纳吉布·马哈福兹著；李琛译.—广州：花城出版社，1990.11.—469页；32开.—（外国争议名著系列）.ISBN 7-5360-0721-3：5.80元

半面人布拉库达行动/（埃及）马哈茂德·萨利姆著；残玉译.—北京：解放军出版社，1990.6—135页；32开.—（十三少年历险记；2）—ISBN 7-5065-1338-2：2.30元

两宫之间：三部曲之一/（埃及）纳吉布·迈哈福兹著；黎宗泽译.—北京：外国文学出版社，1990.1.—541页；大32开.—（二十一世纪外国文学丛书）.—ISBN 7-5016-0069-4：6.90元

海湾狐狸恐怖堡垒/（埃及）马哈茂德·萨利姆著；残玉译.—北京：解放军出版社，1990.6.—145页；插图；32开.—（十三少年历险记；1）.—ISBN 7-5065-1337-4：1.90元

黄金列车月亮山/（埃及）马哈茂德·萨利姆著；残玉译.—北京：解放军出版社，1990.6.—138页；32开.—（十三少年历险记；4）—ISBN 7-5065-1340-4：2.30元

隐秘的绿洲生死搏斗/（埃及）马哈茂德·萨利姆著；残玉译.—北京：解放军出版社，1990.6—122页；32开.—（十三少年历险记；5）—ISBN 7-5065-1341-2：2.00元

I 437　尼日利亚文学

狮子和宝石/（尼日利亚）渥雷·索因卡著；殷邵生等译.—桂林：漓江出版社，1990.11.—453页；大32开.—（获诺贝尔文学奖作家丛书；第4辑）.—ISBN 7-5407-0604-X：6.25元

本书收入作者的7个剧本、诗作8首以及散文《阿凯的童年生活》片断。

I 478　南非文学

行吟集/（南非）布鲁特斯著；高秋福译.—北京：外国文学出版社，1990.2.—113页；32开.—ISBN 7-5016-0075-9：2.00元

本诗集是南非诗人布鲁特斯的一本著名诗选。

I 5　欧洲各国文学

二十世纪德语作家散文精华/孙凤城编选.—北京：作家出版社，1990.3.—294页；32开.—（四季译丛）.—ISBN 7-5063-0338-8：3.80元

东欧文学史/中国社会科学院外国文学所东欧文学室编著.—重庆：重庆出版社，1990.8.—2册（1022页）；32开.—（东欧文学丛书/戈宝权主编）.—ISBN 7-5366-1329-6：11.50元

欧美文学术语词典/（美）艾布拉姆斯（Abrams，M.H.）著；朱金鹏，朱荔译.—北京：北京大学出版社，1990.11.—418页；大32开.—ISBN 7-301-00324-2：6.10元

书名原文：A Glossary of Literary Terms

作者是美国著名的文学理论家。他在本书中以短文的形式对每个术语所代表的概念和流派的产生、发展、变异以及在文学批评中的作用和影响，做了概观性的论述，并举实例说明。

I 512　苏联文学

苏联二十年代文学概论/江文琦著.—上海：上海外语教育出版社，1990.11.—365页；32开.—ISBN 7-81009-548-X：7.50元

苏联当代文学史/黎皓智著.—南昌：百花洲文艺出版社，1990.10.—470页；大32开.—ISBN 7-80579-034-5：7.00元

苏联诗坛探幽/王守仁著.—北京：社会科学文献出版社，1990.9.—262页；32开.—ISBN 7-80050-174-4：3.80元

俄国作家创作心理研究/程正民著.—天津：百花文艺出版社，1990.9—228页；大32开.—（心理美学丛书/童庆炳主编）.—ISBN 7-5306-0569-0：3.60元

I 512.1　作品集

果戈理妙语录/纹绮编.—兰州：甘肃人民出版社，1990.6.—203页；32开.—（世界文豪妙语录丛书；

第3辑）.—ISBN 7-226-00601-4：2.95元

契诃夫妙语录/（苏）契诃夫（Чехов，А.И.）著；纹绮编.—兰州：甘肃人民出版社，1990.7.216页；插图；32开.—（世界文豪妙语录丛书；第3辑）.—ISBN 7-226-00594-8：3.00元

莱蒙托夫作品精粹/（俄）莱蒙托夫（Лермонтов，М.Ю.）著；顾蕴璞选编.—石家庄：河北教育出版社，1990.4.—273页；大32开.—（世界文学博览丛书/巫宁坤主编）.—ISBN 7-5434-0294-7：3.85元

本书包括莱蒙托夫的诗歌、小说、戏剧等文学作品。

屠格涅夫作品精粹/（俄）屠格涅夫著；张瑞安选编.—石家庄：河北教育出版社，1990.4.—419页；大32开.—（世界文学博览丛书/巫宁坤主编）.—ISBN 7-5434-0578-4：5.35元

屠格涅夫妙语录/（苏）屠格涅夫（Тургенев，И.С.）著；纹绮编.—兰州：甘肃人民出版社，1990.7.—225页；插图；32开.—（世界文豪妙语录丛书；第2辑）.—ISBN 7-226-00625-1：3.40元

I 512.2 诗歌

叶赛宁诗选/（苏）叶赛宁（Есенин，С.А.）著；顾蕴璞译.—杭州：浙江文艺出版社，1990.6.448页；大32开.—ISBN 7-53379-207-6：5.50元

苏联现代朦胧诗大师帕斯捷尔纳克抒情诗选/顾蕴璞译.—广州：花城出版社，1990.8.—199页；32开.ISBN 7-5360-0362-5：2.90元

苏联诗萃/王育伦主编.—成都：四川文艺出版社，1990.1.—876页；大32开.—ISBN 7-5411-0441-8：10.50元

青春·爱情·畅想/（苏）勃洛克（Блок，А.А.）著；王意强，李四海译.—西安：陕西人民出版社，1990.5.—317页；32开.—ISBN 7-224-01182-7：3.20元

书名原文：Избранное

莱蒙托夫抒情诗选/（俄）莱蒙托夫（Лермонтов，М.Ю.）著；余振译.—上海：上海译文出版社，1990.5.—446页；大32开.—（俄国古典文学丛书）.—ISBN 7-5327-0818-7（精装）：11.15元

书名原文：Стихотворения

莱蒙托夫抒情诗选/（俄）莱蒙托夫（Лермонтов，М.Ю.）著；余振译.—上海：上海译文出版社，1990.5.—466页；插图；大32开.—（俄国古典文学丛书）.—ISBN 7-5327-0779-2：6.95元

温柔的幻影：茨维塔耶娃诗选/（苏）茨维塔耶娃（Цветаева，М.И.）著；娄自良译.—上海：上海译文出版社，1990.7.—137页；32开.—（外国文艺丛书）.—ISBN 7-5327-0859-4：2.35元

书名原文：Сочинения.

普希金文集：叙事诗（一）/（俄）普希金（Пушкин，А.С.）著；冯春译.—上海：上海译文出版社，1990.6.—298页；插图；大32开.—ISBN 7-5327-0717-2：5.25元

普希金文集：叙事诗（一）/（俄）普希金（Пушкин，А.С.）著；冯春译.—上海：上海译文出版社，1990.6.—298页；插图；大32开.—ISBN 7-5327-0718-0（精装）：8.00元

普希金抒情诗100首/（俄）普希金（Пушкин，А.С.）著；黎华译.—济南：山东文艺出版社，1990.10.—138页；36开.—（世界名诗人抒情诗百首丛书）.ISBN7-5329-0556-X：1.85元

谢甫琴科诗集/（俄）谢甫琴科（Щевченко，Т.Г.）著；戈宝权译.—北京：译林出版社，1990.5.446页；大32开.—ISBN 7-80567-064-1：5.60元

书名原文：Кобзар

I 512.3 戏剧

奇怪的女人：格布里罗维奇电影剧本选集/（苏）格布里罗维奇（Габрилович，Е.И.）著；富澜等译.—北京：中国电影出版社，1990.8.—448页；大32开.—ISBN 7-106-00383-2：7.00元

格布里罗维奇是苏联著名电影剧作家、作家。本选集精选了他的5部电影剧本：《玛申卡》、《妻子》、《共产党员》、《你的同时代人》和《奇怪的女人》。

悔悟/（苏）纳娜·贾涅利泽等著；李钧学译.北京：中国电影出版社，1990.2.—70页；照片；32开.—（外国电影剧本丛书）.—ISBN 7-106-00242-9：1.50元

I 512.4 小说

少年/（俄）陀思妥耶夫斯基（Достоевский，Ф.М.）著；文颖译.—北京：人民文学出版社，1985.9.—715页；图；大32开.—（陀思妥耶夫斯基选集）.—ISBN 7-02-001517-4：11.60元

书名原文：Лоаросток

白痴/（俄）陀思妥耶夫斯基（Достоевский，Ф.М.）著；南江译.—北京：人民文学出版社，1989.3.—2册（780页）：图；大32开.—（外国古典文学名著选粹）.—ISBN 7-02-001408-9（精装）：28.15元

书名原文：Идиот

白痴/（俄）陀思妥耶夫斯基（достоевский，Ф.М.）著；南江译.—北京：人民文学出版社，1989.3.2册（780页）：图；大32开.—（陀思妥耶夫斯基选集）.—ISBN 7-02-001516-6：13.60元

书名原文：Идиот

安娜·卡列尼娜/（俄）托尔斯泰（Толстой, Л.Н.）著；周扬译；雪岗改写.—北京：中国少年儿童出版社，1990.3.—244页；32开.—（世界文学名著少年文库）.—ISBN 7-5007-0946-3：2.75元

安娜·卡列尼娜/（俄）托尔斯泰（Толстой, Л.Н.）著；草婴译.—上海：上海译文出版社，1990.8.—726页；32开.—（世界文学名著普及本）.ISBN 7-5327-0929-9：6.65元

书名原文：Анна Каренина

乱世情侣：一八一二年的俄国人/（俄）扎戈斯金（Эагостин, М.）著；王德兴，杨承庥译.—上海：上海译文出版社，1990.8.—364页；大32开.ISBN 7-5327-0878-0：5.55元

书名原文：Рославлев, или Русские в 1812 году

罗亭/（俄）屠格涅夫著；陆蠡译.—北京：人民文学出版社，1990.1.—198页；32开.—（佳作丛书；第六辑）.—ISBN 7-02-000261-7：2.05元

罗亭/（俄）屠格涅夫著；磊然译.—北京：人民文学出版社，1990.8.—156页；大32开.—（屠格涅夫选集）.—ISBN 7-02-000989-1：3.00元

罗亭/（俄）屠格涅夫著；黄伟经译.—南昌：百花洲文艺出版社，1990.12.—221页；大32开.—（屠格涅夫选集）.—ISBN 7-80579-078-7：3.50元

果戈里喜剧故事选/（俄）果戈里著；曾应旿改写.—广州：新世纪出版社，1990.1.—87页：图；大32开.—（世界文学名著普及本丛书；1）.—ISBN 7-5405-0451-X：1.00元

战争与和平/（俄）列夫·托尔斯泰著；李而已节写.—广州：新世纪出版社，1990.11.—426页：图；大32开.—（外国文学名著普及本丛书；2）.—ISBN 7-5405-0451-X：4.70元

复活/（俄）托尔斯泰（Толстой, Л.Н.）著；汝龙译.—北京：人民文学出版社，1989.10.—611页；大32开.—(世界文学名著文库：珍藏本).—ISBN 7-02-001674-X（精装）：18.65元

书名原文：Воскресение

复活/（俄）托尔斯泰（Толстой, Л.Н.）著；草婴译.—上海：上海译文出版社，1990.6.—386页；大32开.—（世界文学名著普及本）.—ISBN 7-5327-0944-2：3.95元

书名原文：Воскресение

前夜/（俄）屠格涅夫（Тугенев, И.С.）著；黄伟经译.—南昌：百花洲文艺出版社，1990.12.266页：插图；大32开.—（屠格涅夫选集）.—ISBN 7-80579-079-5：4.80元

前夜；父与子/（俄）屠格涅夫著；丽尼，巴金原译；佘江涛，徐源宏编选.—南京：江苏少年儿童出版社，1990.4.—146页；32开.—（西方文学名著选粹/张月超主编）.—ISBN 7-5346-0454-0：1.80元

猎人手记/（俄）屠格涅夫（Тугенев, И.С.）著；黄伟经译.—南昌：百花洲文艺出版社，1990.12.—502页；大32开.—（屠格涅夫选集）.—ISBN 7-80579-077-9：7.00元

一个女记者的劫遇/（苏）瓦伊涅尔（Вайнер, Г.）著；杨实，康瑞玉译.—重庆：重庆出版社，1990.6.—247页；32开.—ISBN 7-5366-1284-2：3.10元

女巫的洞府：当代世界科幻小说/（苏）基·布雷切夫等著；裴家勤，刘克永译.—北京：北京大学出版社，1990.1.—226页；32开.—ISBN 7-301-00950-X：2.90元

本书收入布雷切夫的《女巫的洞府》和马克西莫夫的《88工程之谜》两部科幻小说。

女神的毁灭：苏联新潮小说/何茂正，王士燮编选.—北京：中国青年出版社，1990.12.—445页；大32开.—ISBN 7-5006-0460-2：7.20元

本书汇集了苏联当代文坛六大流派的23篇代表作品。

无脚飞行员：少年版/（苏）波列伏依原著；磊然译；磊然改写.—南昌：21世纪出版社，1990.5.153页：图；32开.—（革命英雄主义丛书）.—ISBN 7-5391-0358-2：1.73元

艾特玛托夫作品精粹/（苏）艾特玛托夫著；单继达选编.—石家庄：河北教育出版社，1990.4.—532页；大32开.—（世界文学博览丛书/巫宁坤主编）.ISBN 7-5434-0574-1：6.45元

去掉镣铐的普罗米修斯：关于伊戈尔·库尔恰托夫的故事/（苏）斯涅戈夫（Снегов, С.）著；胡丕显等译.—北京：原子能出版社，1990.9.—256页；大32开.—ISBN 7-5022-0208-0：5.00元

圣殿里的毒蝎：长篇小说/（苏）阿布都拉·哈迪尔著；刘奉仉，郝关中译.—乌鲁木齐：新疆人民出版社，1990.10.—270页；大32开.—ISBN 7-228-01649-1：3.00元

母亲：少年版/(苏)高尔基(Горький, М.)原著；谷枫缩写.—南京：江苏少年儿童出版社，1990.9.190页；32开.—ISBN 7-5346-0573-3：2.20元

她和他/（苏）阿纳托里·托博利亚克著；李鹏飞，刘虹译.—郑州：海燕出版社，1990.10.—228页：图；32开.—ISBN 7-5350-0520-9：2.05元

本书描写一对苏联青年为实现自己的理想，到遥远的西伯利亚去经受艰苦磨炼的故事。

希特勒死亡之谜/（苏）列夫·别西缅斯基著；龚新康等译.—新1版.—南昌：百花洲文艺出版社，

1990.6.—164页;32开.—ISBN 7-80579-041-8:3.20元

阿尔巴特大街的孩子们/(苏)阿·雷巴科夫著;关引光等译.—济南:山东文艺出版社,1990.12.765页;大32开.—ISBN 7-5329-0095-9:10.85元

青年近卫军:少年版/(苏)法捷耶夫著;水夫译;周敦盛改写.—南昌:21世纪出版社,1990.5.158页;图;36开.—(革命英雄主义丛书).—ISBN 7-5391-0351-5:1.75元

青年近卫军:少年版/(苏)法捷耶夫原著;天戈等缩写.—南京:江苏少年儿童出版社,1990.9—260页;32开.—ISBN 7-5346-0564-4:2.80元

青年近卫军:普及版/(苏)法捷耶夫原著;远志,凌霄改写.—杭州:浙江少年儿童出版社,1990.3.—266页;图;32开.—(认识社会·文学名著精编丛书;第2辑/邵宗杰主编).—ISBN 7-5342-0530-1:2.65元

苦难的历程:普及版/(苏)阿·托尔斯泰原著;碧宇等改写.—杭州:浙江少年儿童出版社,1990.3.—302页;图;32开.—(认识社会·文学名著精编丛书;第2辑/邵宗杰主编).—ISBN 7-5342 0531-X:2.95元

奇怪的密码/(苏)H.阿夫托克拉托夫著;刘继民等译.—兰州:甘肃少年儿童出版社,1990.1.—262页;32开.—ISBN 7-5422-0272-3:2.75元

卓娅和舒拉:少年版/(苏)柳·科斯莫杰米扬斯卡娅著;尤侠译;北草改写.—南昌:21世纪出版社,1990.5.—164页;图;36开.—(革命英雄主义丛书).—ISBN 7-5391-0329-9:1.80元

卓娅和舒拉的故事:少年版/(苏)柳·科斯莫杰米扬斯卡娅原著;郁平等缩写.—南京:江苏少年儿童出版社,1990.9.—148页;32开.—ISBN 7-5346-0572-5:1.80元

侠客达塔,又名,**达塔·图塔什夏**/(苏)恰布阿·阿米雷吉比著;吴新生等译.—北京:中国华侨出版公司,1990.8.—375页;大32开.—ISBN 7-80074-119-2:5.75元

本书以19世纪末沙皇统治下格鲁吉亚为背景,描绘侠客达塔的动人故事,以及他的一次次艳遇及爱情。

钢铁是怎样炼成的:少年版/(苏)奥斯特洛夫斯基(Островский, Н.А.)原著;石维民等缩写.南京:江苏少年儿童出版社,1990.9.—195页;32开.ISBN 7-5346-0570-9:2.30元

钢铁是怎样炼成的:少年版/(苏)奥斯特洛夫斯基原著;梅益译;菡子改写.—南昌:21世纪出版社,1990.5.—155页;图;32开.—(革命英雄主义丛书).—ISBN 7-5391-0361-2:1.76元

夏伯阳:少年版/(苏)富尔曼诺夫著;葆煦译;尹凡,庆丰编.—南昌:21世纪出版社,1990.5.改151页;图;36开.—(革命英雄主义丛书).—ISBN 7-5391-0350-7:1.68元

啊,足球/(苏)尼古拉·库兹明著;林彬,梁再宏译.—北京:人民体育出版社,1990.9.—474页;32开.—ISBN 7-5009-0515-7:6.60元

乘隙而入/(苏)阿达莫夫(Адамов, А.)著;李家云等译.—海口:南海出版公司,1990.10.—393页;32开.—ISBN 7-80570-061-3:6.20元

书名原文:Инспектор Лосев

登天有路/(苏)卡拉马托夫(Караматов, С.)著;杨柏青,林淑华译.—北京:华夏出版社,1990.6.—137页;32开.—ISBN 7-80053-586-X:1.85元

书名原文:Дорога уходит в горы

本书描写了苏联少年萨曼达尔,在卫国战争中失去双脚和父母后,不向命运屈服,进行卓绝斗争的感人故事。

静静的顿河/(苏)肖洛霍夫(Шолохов, М.А.)著;金人译.—2版.—北京:人民文学出版社,1988.9.—4册(2052页);大32开.—(世界文学名著文库:珍藏本).—ISBN 7-02-001677-4(精装):67.20元

书名原文:Тихий дон

静静的顿河:普及版/(苏)肖洛霍夫原著;犁田改写.—杭州:浙江少年儿童出版社,1990.3.—285页;32开.—(认识社会·文学名著精编丛书;第2辑/邵宗杰主编).—ISBN 7-5342-0533-6:2.80元

I 512.5/.6 报告文学、散文

冬天里的夏日印象:陀思妥耶夫斯基随笔集/(俄)陀思妥耶夫斯基著;刘孟泽,李晓晨译.—上海:三联书店上海分店,1990.12.—189页;32开.(世界贤哲名著选译·猫头鹰文库;第四辑).—ISBN 7-5426-0428-7:2.40元

列夫·托尔斯泰小女儿回忆录/(苏)阿·列·托尔斯塔娅著;何君俐,刘耀欣译.—北京:文化艺术出版社,1990.12.—82页;32开.—ISBN 7-5039-0713-4:1.80元

来自苏联情报局:1941～1945战争年代的政论:作品和报告文学/(苏)肖洛霍夫等著;傅采茹等译.北京:人民日报出版社,1990.1.—227页;32开.ISBN 7-80002-247-1:2.75元

书名原文:От Советского информбюро

本书收集的作品是世界著名苏联作家肖洛霍夫、爱伦堡.西蒙诺夫、波列伏依等于二次世界大战期间写作的报告文学。

I 512.7 民间文学

四十离奇事 三大弥天谎/(苏)M.阿利耶娃,M.卡比罗夫编译;归定康,刘久胜译.—石家庄:河北少年儿童出版社,1990.11.—167页;大32开.ISBN 7-3376-0582-3(精装):2.20元

爱河浪花：俄罗斯爱情短歌800首/宋安群译.—成都：四川文艺出版社，1990.3.—405页；大64开.ISBN 7-5411-0502-5：3.10元

I 512.8　儿童文学

小无知气球旅行记/（苏）诺索夫著；李俊英等译.—北京：中国国际广播出版社，1990.6.—178页；插图；32开.—ISBN 7-80035-388-5：2.50元

天鹅姑娘/（苏）X.亚尔穆罕默托夫编；姚龙宝译.—上海：上海译文出版社，1990.1.—167页；插图；32开.—（馱鞑童话；2）.—ISBN 7-5327-0832-2：1.95元

六个彩色兄弟/王志冲译；马楠画.—长沙：湖南少年儿童出版社，1990.6.—22页；16开.—（世界精美童话·故事：苏联）.—ISBN 7-5358-0548-5：1.10元

未来世界小姑娘历险记/（苏）季尔·布雷乔夫著；王志冲译.—沈阳：辽宁少年儿童出版社，1990.6.—249页；32开.—ISBN 7-5315-0690-4：2.15元

这是一本科幻小说，带有鲜明的童话色彩。

外星来客/（苏）阿·斯特鲁加茨基，鲍·斯特鲁加茨基著；高方义，冯景诚译.—福州：福建少年儿童出版社，1990.12.—237页；36开.—（世界科幻小说精品丛书）.—ISBN 7-5395-0465-X：2.80元

用绳子拴着的太阳/王志冲译；陈笑月画.—长沙：湖南少年儿童出版社，1990.4.—30页；16页.—（世界精美童话·故事：苏联）.—ISBN 7-5358-0522-1：1.40元

列宁的故事/（苏）娜·康·克鲁普斯卡娅原著；（苏）弗·谢·德里佐缩写；欧阳佑民译.—新1版.福州：福建少年儿童出版社，1990.6.—110页；32开.—（小火炬丛书）.—ISBN 7-5395-0408-0：1.20元

本书1984年4月第1版。

在蘑菇下/（苏）苏捷耶夫著；梁大争译；庚东海复制.—北京：中国少年儿童出版社，1990.4.—24页；16开.—（苏联系列童话）.—ISBN 7-5007-0974-9：1.25元

各式各样的轮子/（苏）苏捷耶夫著；梁大争译；庚东海复制.—北京：中国少年儿童出版社，1990.4.—16页；16开.—（苏联系列童话）.—ISBN 7-5007-0976-5：0.90元

好斗的母牛/王志冲译；邹敏纳画.—长沙：湖南少年儿童出版社，1990.6.—22页；16开.—（世界精美童话·故事：苏联）.—ISBN 7-5358-0547-7：1.10元

苏联东方民族童话/晓兰，王鹏编.—兰州：甘肃少年儿童出版社，1990.12.—227页；48开.—（东方童话丛书）.—ISBN 7-5422-0446-7：2.40元

苏联民间童话百篇/金诚，景耀编译.—武汉：湖北少年儿童出版社，1990.10.—399页；32开.—ISBN 7-5353-0672-1：3.65元

苏联动画故事：红皮本/李洋，北力译.—北京：中国少年儿童出版社，1990.5.—14页；16开.—ISBN 7-5007-1021-6：0.70元

苏联动画故事：蓝皮本/北力，李洋译.—北京：中国少年儿童出版社，1990.5.—14页；16开.—ISBN 7-5007-1020-8：0.70元

呼噜噜和胖嘟嘟/王志冲译；陈巽如画.—长沙：湖南少年儿童出版社，1990.4.—22页；16开.—（世界精美童话·故事：苏联）.—ISBN 7-5358-0511-6：1.10元

金发兄妹/（苏）Ъ.列托夫编；郑瀛译.—上海：上海译文出版社，1990.3.—205页；32开.—ISBN 7-5327-0843-8：2.10元

金羽毛/（苏）X.亚尔穆罕默托夫编；姚龙宝译.上海：上海译文出版社，1990.1.—162页；32开.（馱鞑童话；1）.—ISBN 7-5327-0831-4：1.90元

亮晶晶的水果糖/王志冲译；沈苑苑画.—长沙：湖南少年儿童出版社，1990.4.—22页；16开.—（世界精美童话·故事：苏联）.—ISBN 7-5358-0509-4：1.10元

流浪汉的紫色球；沉没的阿特兰特/（苏）布里乔夫著；志侠，彬彬译.—西安：未来出版社，1990.6.—180页；插图；32开.—ISBN 7-5417-0330-3：2.10元

绿太阳王国/（苏）安诺·波维克等著；楼飞甫译.贵阳：贵州人民出版社，1990.10.—246页：插图；32开.—ISBN 7-221-01861-8：3.20元

喂奶的手指头/王志冲译；张军画.—长沙：湖南少年儿童出版社，1990.4.—22页；16开.—（世界精美童话·故事：苏联）.—ISBN 7-5358-0510-8：1.10元

新年的刺猬树/韦苇译；阿伊，葛平画.—长沙：湖南少年儿童出版社，1990.3.—22页；16开.—（世界精美童话·故事：苏联）.—ISBN 7-5358-0517-5：1.10元

镜子里的怪物/王志冲译；小卓画.—长沙：湖南少年儿童出版社，1990.4.—26页；16开.—（世界精美童话·故事：苏联）.—ISBN 7-5358-0523-X：1.25元

I 513　波兰文学

小熊旅游历险记/（波）杨恰尔斯基著；钟天宝译.—杭州：浙江少年儿童出版社，1990.3.—57页：图；32开.—ISBN 7-5342-0561-1：0.90元

年青的一代/（波）叶日·普特拉门特著；张振辉

译.—重庆：重庆出版社，1990.9.—308页；32开.（东欧文学丛书/戈宝权主编）.—ISBN 7-5366-1336-9：3.75元

书名原文：父与子

穿方格大衣的女人/（波）科尔科佐维奇（Коркозович，К.）著；粟周熊译.—北京：外国文学出版社，1990.6.—169页；32开.—（当代外国文学）.ISBN 7-5016-0079-1：2.30元

书名原文：Ъедое дальтов клеткý

I 514　捷克斯洛伐克文学

小城故事/（捷）杨·聂鲁达著；杨乐云，蒋承俊译.—重庆：重庆出版社，1990.9.—580页；32开.（东欧文学丛书/戈宝权主编）.—ISBN 7-5366-1331-8：6.40元

好兵帅克历险记：节本/（捷）雅·哈谢克著；星灿译.—北京：人民文学出版社，1990.1.—277页；32开.—（佳作丛书；第6辑）.—ISBN 7-02-000275-7：2.80元

绞刑架下的报告：少年版/（捷）伏契克（Fučik，J.）著；蒋承俊译；蒋承俊改写.—南昌：21世纪出版社，1990.5.—129页：插图；36开.—（革命英雄主义丛书）.—ISBN 7-5391-0362-0：1.63元

I 515　匈牙利文学

巴尔街的孩子们/（匈）莫尔纳尔·费仑茨著；冒寿福译.—昆明：云南少年儿童出版社，1990.8.—198页：插图；32开.—ISBN 7-5414-0228-1：2.20元

爱与恨/（匈）米克沙特（Mikszáth，K.）著；黄之瑞译.—上海：上海译文出版社，1990.12.—540页；大32开.—ISBN 7-5327-0318-5：8.65元

喀尔巴阡山狂想曲：普及版/（匈）伊雷什·贝拉原著；季玉改写.—杭州：浙江少年儿童出版社，1990.8.—286页：插图；32开.—（认识社会·文学名著精编丛书；第2辑/邵宗杰主编）.—ISBN 7-5342-0528-X：2.85元

裴多菲诗选/（匈）裴多菲（Petőfi Sándor）著；兴万生译.—上海：上海译文出版社，1990.11.510页；大32开.—（外国文学名著丛书）.—ISBN 7-5327-0801-2（精装）：7.60元

书名原文：Petőfi Sándor összes Müvei

裴多菲诗选/（匈）裴多菲(Petőfi Sändor)著；兴万生译.—上海：上海译文出版社，1990.11.—510页；大32开.—（外国文学名著丛书）.—ISBN 7-5327-0800-4：5.90元

书名原文：Petöfr Sândor összes Müvei

I 516　德国文学

德国启蒙运动时期的文化/（德）巴莱特（Balet，L.），格哈德（Gerhard，E.）著；王昭仁，曹其宁译.—北京：商务印书馆，1990.1.—514页；大32开.—ISBN 7-100-00390-3：6.25元

本书论述18世纪中叶德国文艺风格的演变。

I 516.1　作品集

海涅妙语录/（德）海涅著；纹绮编.—兰州：甘肃人民出版社，1990.7.—265页：插图；32开.—（世界文豪妙语录丛书；第3辑）.—ISBN 7-226-00622-7：3.50元

海涅选集：游记卷/（德）海涅著；张玉书编选.北京：人民文学出版社，1990.12.—512页；大32开.—ISBN 7-02-000930-1：6.90元

本书是《海涅选集》的第3卷，共收7篇游记。

歌德妙语录/（德）歌德著；纹绮编.—兰州：甘肃人民出版社，1990.6.—352页；32开.—（世界文豪妙语录丛书；第3辑）.—ISBN 7-226-00589-1：4.40元

I 516.2　诗　歌

爱之树：民主德国抒情诗选：1970～1985/潘子立译.—北京：人民文学出版社，1990.7.—220页；32开.—ISBN 7-02-000757-0：3.00元

海涅诗集/（德）海涅（Heine，H.）著；钱春绮译.—上海：上海译文出版社，1990.1.—874页：彩图；大32开.—（世界文学名著珍藏本）.—ISBN 7-5327-0650-8（精装）：20.45元

德国抒情诗/魏家国译析.—广州：花城出版社，1990.3.—178页；大64开.—（花城袖珍诗丛）.ISBN 7-5360-0556-3：2.10元

I 516.4　小　说

马克思与流浪儿/（民主德国）科恩（Korn，V.），科恩（Korn，I.）著；周祖生，王燕生译.桂林：漓江出版社，1990.3.—444页；大32开.—ISBN 7-5407-0534-5：4.95元

王后复仇记：尼伯龙根之歌/（德）菲曼（Fuhmann，F.）著；叶文译.—上海：上海译文出版社，1990.4.—210页；32开.—ISBN 7-5327-0748-2：2.70元

书名原文：Das Nibelungen Lied

毛里求斯案件/（德）瓦塞尔曼（Wassermann，J.）著；马君玉，马英为译.—南京：译林出版社，1990.6.—504页；32开.—（现代德语文学丛书/冯至主编）.—ISBN 7-80567-086-2：5.20元

书名原文：Der Fall Maurizius

末代沙皇和他的情人/（联邦德国）康萨利克

(Konsalik, H.G.)著；于连亭，卢瑛译.—北京：工人出版社，1990.1.—329页；32开.—ISBN 7-5008-0479-2：4.65元

金字塔下的罪恶/(德)康萨利克(Konsalik, H.G.)著；郝平萍，李岷阳译.—北京：群众出版社，1990.10.—260页；32开.—ISBN 7-5014-0361-9：3.80元

毒枭欲火/(联邦德国)孔萨利克(Konsalik, H.G.)著；桂永德译.—合肥：安徽文艺出版社，1990.6.—388页；32开.—(孔萨利克小说系列/蔡鸿君主编).—ISBN 7-5396-0285-6：4.85元

鬼眼——作案现场/(民主德国)弗利格尔(Flieger, J.)著；孟洪译.—北京：外国文学出版社，1990.5.—159页；32开.—ISBN 7-5016-0080-5：2.25元

书名原文：Tatort Teufeisauge

莫扎特：传记小说/(德)费里克斯·胡赫著；高中甫译.—上海：上海音乐出版社，1990.7.—531页；彩照；大32开.—ISBN 7-80553-231-1(精装)：11.45元

莫扎特：传记小说/(德)费里克斯·胡赫著；高中甫译.—上海：上海音乐出版社，1990.7.—531页；大32开.—ISBN 7-80553-230-3：8.20元

铁皮鼓/(联邦德国)格拉斯(Grass, G.)著；胡其鼎译.—上海：上海译文出版社，1990.3.—664页；大32开.—(二十世纪外国文学丛书).—ISBN 7-5327-0737-7：10.10元

书名原文：Die Blechtrommel

席勒戏剧故事选/(德)席勒著；郭正元，蔡义为改写.—广州：新世纪出版社，1990.11.—185页；图；大32开.—(世界文学名著普及本丛书；1).ISBN 7-5405-0451-X：2.15元

第三帝国的第一夫人/(联邦德国)麦斯纳著；齐乃政，张丽华译.—天津：百花文艺出版社，1990.12.—265页；32开.—(红帆船译丛).—ISBN 7-5306-0601-8：3.40元

书名原文：Magda Goebbels: First Lady of the Third Reich

维廉·麦斯特的漫游时代/(德)歌德(Goethe, J. W. von)著；关惠文译.—北京：人民文学出版社，1988.4.—494页；大32开.—(世界文学名著文库：珍藏本).—ISBN 7-02-001689-8(精装)：16.90元

书名原文：Wilhelm Meisters Wanderjahre

塞万提斯一生：仪骨义胆艳史险历/(德)布鲁诺·弗兰克著；王志耕，何瑞译.—石家庄：河北教育出版社，1990.12.—308页；32开.—ISBN 7-5434-0719-1：3.20元

魔山/(德)曼(Mann, T.)著；杨武能等译.桂林：漓江出版社，1990.10.—949页；大32开.(获诺贝尔文学奖作家丛书).—ISBN 7-5407-0596-5(精装)：12.95元

书名原文：Der Zauberberg

I 516.7　民间文学

浮士德魔法师/(德)克劳斯曼(Klausmann, A.O.)等编；穆晓文等译.—上海：少年儿童出版社，1990.12.—128页；32开.—(世界民间故事丛书：德国篇).—ISBN 7-5324-0560-5：1.60元

德汉谚语词典/张开信等编著.—北京：中国对外经济贸易出版社，1990.3.—292页；40开.—ISBN 7-80004-116-6：3.50元

德国民间故事/(德)凯斯特纳等改编；童爱译.长沙：湖南少年儿童出版社，1990.12.—242页；图；32开.—(外国民间故事丛书).—ISBN 7-5358-0599-X：2.30元

I 516.8　儿童文学

三袋子故事/(民主德国)吉尔哈尔(Geelhaar, A.)著；裴莹译.—上海：上海译文出版社，1990.3.—92页；彩图；32开.—ISBN 7-5327-0840-3：1.75元

书名原文：Drei Beutel Voll Worte

大盗贼　上集：魔法师地牢的秘密/(德)奥特弗利特·普雷斯勒原著；岷杉，王筠改编；徐谷安等绘画.—上海：上海翻译出版公司，1990.1.—46页；24开.—ISBN 7-80514-518-0：1.50元

大盗贼　下集：神秘的水晶球和鳄鱼狗/(德)奥特弗利特·普雷斯勒原著；岷杉，王筠改编；徐谷安等绘画.—上海：上海翻译出版公司，1990.1.—46页；24开.—ISBN 7-80514-519-9：1.50元

世界最大的最小的杂技演员小不点/(联邦德国)凯斯特纳著；任溶溶译.—合肥：安徽少年儿童出版社，1990.3.—199页；32开.—ISBN 7-5397-0438-1：1.80元

可怜的富翁——唐老鸭/刘宗望译.—北京：中国华侨出版公司，1990.5.—48页；16开.—ISBN 7-80074-215-6：2.70元

白雪公主：格林童话/(德)格林著；徐寒梅译.南宁：接力出版社，1990.1.—24页；24开.—(动画列车丛书).—ISBN 7-80581-017-6：0.95元

永未完结的故事/(联邦德国)米契尔·恩德著；张月译.—郑州：海燕出版社，1990.8.—403页；图；大32开.—ISBN 7-5350-0161-0：4.30元

吹牛大王历险记：闵希豪生男爵的自述/(德)毕尔格(Burger, G.A.)著；王克澄译.—上海：上海译文出版社，1990.2.—120页；32开.—ISBN 7-5327-0819-5：1.55元

书名原文：Münchhausen

足球斗牛士——海杜/刘宗望译.—北京：中国华侨

出版公司，1990.5.—46页；16开.—ISBN 7-80074-213-X：2.70元

神秘的房子/（德）H.J.普莱斯原著；陈元山改编；胡永凯等绘画.—上海：上海人民美术出版社，1990.3.—118页；24开.—ISBN 7-5322-0507-X：1.70元

格林童话/（德）格林兄弟（Kinder—und，D.）著；魏以新，张威廉译.—2版.—上海：少年儿童出版社，1990.12.—255页；32开.—（外国儿童文学丛书）.—ISBN 7-5324-1234-0（精装）：7.00元
书名原文：Hausmärchen Der Brüder Grimm
本书1985年8月第1版。

格林童话/（德）格林兄弟（Kinder-und，D.）著；魏以新，张威廉译.—2版.—上海：少年儿童出版社，1990.12.—255页；32开.—（外国儿童文学丛书）.—ISBN 7-5324-0161-8：3.10元
本书1985年8月第1版。

彩兔/（德）沃尔夫（Wolf，F.）著；吴朗西译.上海：上海译文出版社，1990.3.—116页；32开.ISBN 7-5327-0787-3：1.30元

滑稽人铁儿/（德）安奈·葛尔哈尔原著；黄之一改编；方昉等绘.—上海：上海人民美术出版社，1990.3.—30页；24开.—ISBN 7-5322-0577-0：1.20元

新译格林童话续集/（德）格林兄弟著；杨志军译.北京：中国城市经济社会出版社，1990.8.—171页；36开.—ISBN 7-5074-0439-0：2.20元

德意志童话/（德）瓦尔特洛特·魏奥勒编；曹乃云译.—上海：上海文艺出版社，1990.6.—371页：插图；大32开.—ISBN 7-5321-0519-9（精装）：12.80元

德意志童话/（德）瓦尔特洛特·魏奥勒编；曹乃云译.—上海：上海文艺出版社，1990.6.—371页：插图；大32开.—ISBN 7-5321-0518-0：6.55元

魔域历险：永无休止的故事/（德）米夏埃尔·恩德著；高乐译.—北京：中国国际广播出版社，1990.6.—361页：插图；32开.—（世界现代超级童话系列）.—ISBN 7-80035-481-4：4.95元

Ⅰ521　奥地利文学

断头艳后/（奥）茨威格（Zweig，S.）著；陈祚敏译.—北京：北京出版社，1990.8.—505页；大32开.—ISBN 7-200-01019-7：7.30元
书名原文：Marie-antoinette

Ⅰ522　瑞士文学

海蒂/（瑞士）约翰娜·施比里著；邓汝锐译.—广州：新世纪出版社，1990.11.—174页：图；大32开.（外国文学名著普及本丛书；1）.—ISBN 7-5405-0451-X：2.00元

绿衣亨利/（瑞士）凯勒（Keller，G.）著；田德望译.—北京：人民文学出版社，1983.9.—2册（886页）；大32开.—（世界文学名著文库：珍藏本）.ISBN 7-02-001692-8（精装）：31.55元
书名原文：Der Grune Heinvich

黑塞童话选/（瑞士）海尔曼·黑塞著；杨志军译.北京：中国城市经济社会出版社，1990.10.—124页；32开.—ISBN 7-5074-0466-8：1.80元

摆脱孤独：黑塞小说两篇/（瑞士）黑塞（Hesse，H.）著；胡其鼎译.—北京：人民文学出版社，1990.7.—379页；32开.—ISBN 7-02-000991-3：4.05元
书名原文：Gertrud Rosshalde

赛金花/（瑞士）赵淑侠著.—北京：北京十月文艺出版社，1990.8.—455页；大32开.—ISBN 7-5302-0173-5：7.60元

Ⅰ531　芬兰文学

北极星下/（芬兰）林纳（Linna，V.）著；任元华译.北京：人民文学出版社，1990.12.—536页；大32开.（北欧文学丛书）.—ISBN 7-02-001122-5：7.00元
书名原文：Tāālla Pohjantähden alla Ensimäinen osa

Ⅰ532　瑞典文学

冬日之光：英格玛·伯格曼电影剧本选集（下）/（瑞典）英格玛·伯格曼著；郑再新等译.—北京：中国电影出版社，1990.6.—349页：剧照；大32开.ISBN 7-106-00273-9：4.10元

紧锁的房子/（瑞典）瓦勒（Wahlöö，P.），舍瓦尔（Sjöwall，M.）著；杨永范译.—北京：外国文学出版社，1990.1.—284页；32开.—ISBN 7-5016-0072-4：3.40元
书名原文：Det Slutna Rummet

绿树和天空/（瑞典）特朗斯特吕姆（Tranströmer，T.）著；李笠译.—桂林：漓江出版社，1990.10.—114页；32开.—（域外诗丛）.—ISBN 7-5407-0597-3：1.95元

瑞典童话精选/（瑞典）阿娜·瓦伦贝里等著；刘国来，刘晓玲译.—北京：华夏出版社，1990.12.257页；32开.—ISBN 7-80053-807-9：3.85元

警官之死/（瑞典）帅瓦尔（Siöwall，M.），瓦略（Wahlöö，P.）著；李国庆，温晋根译.—北京：群众出版社，1990.9.—254页；32开.—（获美国爱伦·坡侦破小说大奖丛书）.—ISBN 7-5014-0579-7：3.70元
书名原文：The Laughing Policeman

I 533　挪威文学

十二只野天鹅/(苏)叶·苏里茨编；顾生根译.上海：上海译文出版社，1990.2.—115页；插图；32开.—(挪威童话；第1集).—ISBN 7-5327-0836-5：2.00元

小茶匙老太太/(挪)阿尔夫·普勒于森著；比恩·贝格绘图；任溶溶译.—合肥：安徽少年儿童出版社，1990.10.—159页；大32开.—ISBN 7-5397-0301-6：1.80元

驯鹿娃/(挪)勃莱尼(Braenne, B.)著；方本立译.—上海：少年儿童出版社，1990.12.—116页：插图；32开.—ISBN 7-5324-0349-1：1.50元

书名原文：Reindeer boy

本书是《山里的孩子》的续篇，两部作品的主人公都是托里斯。

豆蔻镇的居民和强盗/(挪)埃格纳著；林林改编；杨宇绘画.—昆明：云南少年儿童出版社，1990.62页；32开.—(世界儿童文学名著精选连环画).ISBN 7-5414-0512-4：1.70元

玻璃山上的公主/(苏)叶·苏里茨编；顾生根译.—上海：上海译文出版社，1990.3.—106页；32开.—(挪威童话；第3集).—ISBN 7-5327-0838-1：1.90元

神奇的姑娘/(苏)叶·苏里茨编；顾生根译.—上海：上海译文出版社，1990.3.—112页；32开.(挪威童话；第2集).—ISBN 7-5327-0837-3：1.95元

新娘·主人·十字架：《克丽丝丁》三部曲/(挪)西格丽·温塞特著；朱碧恒译.—桂林：漓江出版社，1990.11.—2册(1346页)：照片；大32开.(获诺贝尔文学奖作家丛书；第1辑).—ISBN 7-5407-0606-6(精装)：20.80元；(平装)：16.80元

I 534　丹麦文学

丑小鸭/(丹)安徒生原著；徐寒梅译.—南宁：接力出版社，1990.1.—24页；24开.—(动画列车丛书).—ISBN 7-80581-015-x：0.95元

安徒生童话/(丹)安徒生(Anderson, H.C.)著；叶君健译.—2版.—上海：少年儿童出版社，1990.12.—247页；32开.—ISBN 7-5324-1228-8(精装)：8.30元

书名原文：Eventyr

本书1986年5月第1版。

安徒生童话/(丹)安徒生(Anderson, H.C.)著；叶君健译.—2版.—上海：少年儿童出版社，1990.12.—247页；32开.—ISBN 7-5324-0415-3：3.00元

书名原文：Eventyr

I 541　阿尔巴尼亚文学

重新站起来/(阿尔巴尼亚)祝万尼著；郑恩波译.—重庆：重庆出版社，1990.9.—340页：照片，32开.—(东欧文学丛书/戈宝权主编).—ISBN 7-5366-1335-0：4.25元

美精灵：阿尔巴尼亚童话选/李平译.—上海：上海译文出版社，1990.8.—142页；32开.—ISBN 7-5327-0949-3：1.50元

本书收集了24篇广泛流传于阿尔巴尼亚民间的童话。

I 542　罗马尼亚文学

金苹果：罗马尼亚童话/(苏)萨捷茨基编；陈苏译.—上海：上海译文出版社，1990.3.—152页；32开.—ISBN 7-5327-0829-2：1.60元

爱的呼声/(罗)列布里亚努著；徐次农，王敏生译.—重庆：重庆出版社，1990.9.—656页；32开.(东欧文学丛书/戈宝权主编).—ISBN 7-5366-1333-4：7.25元

书名原文：伊昂

黄昏情思/(罗)比勒耶斯库(Biráescu, T.L.)著；次农，王敏生译.—重庆：重庆出版社，1990.2.—389页；32开.—(东欧文学丛书/戈宝权主编).ISBN 7-5366-1132-3：4.50元

书名原文：Pomñl Cunoasterll

本书以罗马尼亚的广阔社会为背景，通过三个知识分子的生活道路，展示了人的命运和价值。

I 543　南斯拉夫文学

三王子盗仙水/(南斯拉夫)武克·卡腊秀奇编；汤本庆，张秋瑾译.—上海：上海译文出版社，1990.3.158页；32开.—(南斯拉夫童话；2).—ISBN 7-5327-0834-9：2.05元

小神马/(南斯拉夫)那纳夫斯基著；秦钖英译.南昌：21世纪出版社，1990.6.—129页：插图；大32开.—ISBN 7-5391-0102-4：2.00元

五百级台阶：南斯拉夫小说选/(南斯拉夫)安德里奇等著；高韧译.—重庆：重庆出版社，1990.9.—510页；32开.—(东欧文学丛书/戈宝权主编).—ISBN 7-5366-6332-6：5.60元

玫瑰姑娘/(南斯拉夫)武克·卡腊秀奇编；汤本庆，张秋瑾译.—上海：上海译文出版社，1990.3.—162页；32开.—(南斯拉夫童话；1).—ISBN 7-5327-0833-0：2.10元

刺猬和羚羊/(南斯拉夫)武克·卡腊秀奇编；汤本庆，张秋瑾译.—上海：上海译文出版社，1990.3.—160页；32开.—(南斯拉夫童话；3).—ISBN 7-5327

-0835-7：2.10元

南斯拉夫民间故事/（南斯拉夫）库塔索娃，库斯托娃编；杨实，康瑞玉译.—长沙：湖南少年儿童出版社，1990.12.—275页；32开.—（外国民间故事丛书）.—ISBN 7-5358-0601-5：2.50元

菲利普的故事/（南斯拉夫）米尔科·萨波罗维奇著；马军，马继英译.—郑州：海燕出版社，1990.6.—428页；大32开.—ISBN 7-5350-0589-6：5.05元

I 544 保加利亚文学

灰姑娘玛拉：保加利亚童话集/吴健平译.—上海：上海译文出版社，1990.3.—115页；32开.—ISBN 7-5327-0830-6：1.40元

保加利亚民间故事/陈九瑛，贾如梅译.—长沙：湖南少年儿童出版社，1990.12.—257页；32开.—（外国民间故事丛书）.—ISBN 7-5358-0600-7：2.40元

I 545 希腊文学

寻妻记：凯勒阿斯与卡利罗亚/（希腊）卡里同著；朱志顺译.—上海：上海译文出版社，1990.9.189页；32开.—ISBN 7-5327-0954-X：2.40元

本书据苏联科学院出版社1954年俄译本转译。原名为《凯勒阿斯与卡利罗亚》，是现存古希腊小说中最早的一部。书中叙述了发生在公元前五世纪的西西里岛的故事，歌颂了真诚忘我的友情和忠贞的爱情。

希腊神话故事/（希腊）亚历山大·德尔塔·帕帕道普洛编著；王延生译.—北京：世界知识出版社，1990.12.—248页；32开.—ISBN 7-5012-0305-9：3.10元

希腊神话故事精选/（苏）斯密尔诺娃（Смирнова，B.）著；张劲昌，杜奋嘉译.—北京：教育科学出版社，1990.6.—166页；32开.—ISBN 7-5041-0504-X：2.50元

希腊神话精选：世界古老民族神话系列/刘保瑞编.—北京：中国少年儿童出版社，1990.3.—165页；大32开.—ISBN 7-5007-0963-3：2.25元

希腊神话ABC/汪倜然著.—影印本.—上海：上海书店，1990.12.—118页；32开.—ISBN 7-80569-291-2：2.10元

本书据世界书局1928年版影印。

城里老鼠和乡村老鼠：伊索寓言/徐寒梅译.—南宁：接力出版社，1990.1.—24页；24开.—（动画列车丛书）.—ISBN 7-80581-012-5：0.95元

蝙蝠：伊索寓言/徐寒梅译.—南宁：接力出版社，1990.1.—24页；24开.—（动画列车丛书）.—ISBN 7-80581-010-9：0.95元

I 546 意大利文学

神曲：地狱篇/（意）但丁（Dante，A.）著；田德望译.—北京：人民文学出版社，1990.1.—292页；大32开.—（外国文学名著丛书）.—ISBN 7-02-000867-4（精装）：8.20元

书名原文：La Divina Commedia

神曲：地狱篇·炼狱篇·天堂篇/（意）但丁（Dante，A.）著；朱维基译.—上海：上海译文出版社，1990.8.—1册（253，268，266页）：插图；大32开.—（世界文学名著珍藏本）.—ISBN 7-5327-0956-6（精装）：26.80元

书名原文：Divina Commedia：In ferno

中国相思录/（意）菲奥雷（Fiore，I.）著；赵泮仲，贾镛新译.—北京：国际文化出版公司，1990.12.—294页；32开.—ISBN 7-80049-385-7：3.85元

书名原文：Mal di China

本书是作者以记者身份写的报道。全书共2部分：第1部分是对政界和文化界十几位知名人物的采访记，第2部分是对北京、天津等十几座城市文化历史的介绍与回顾。

斯巴达克思/（意）拉·乔万尼奥里著；李俍民译；高吟改写.—北京：中国少年儿童出版社，1990.2.—196页；32开.—（世界文学名著少年文库）.ISBN 7-5007-0815-7：2.05元

斯巴达克思/（意）拉·乔万尼奥里著；易新龙节写.广州：新世纪出版社，1990.11.—240页：图；大32开.—（外国文学名著普及本丛书；2）.—ISBN 7-5405-0451-X：2.75元

斯巴达克思：节本/（意）拉·乔万尼奥里著；李俍民译.—北京：人民文学出版社，1990.1.—176页；32开.—（佳作丛书；第六辑）.—ISBN 7-02-000277-3：1.90元

动物童话故事/（意）布朗·瓦特逊原著；任小萍，万葵译；王建平改编.—成都：四川少年儿童出版社，1990.6.—4册；24开.—ISBN 7-5365-0541-8：3.70元

达·芬奇寓言故事选/张浩，乔传藻译.—昆明：云南少年儿童出版社，1990.1.—185页：图；36开.ISBN 7-5414-0440-3：2.00元

意大利童话精选/（意）卡尔维诺（Calvino，I.）著；唐建民译.—上海：上海译文出版社，1990.1.—233页；32开.—ISBN 7-5327-0839-X：2.45元

I 551　西班牙文学

人生是梦/（西班牙）卡尔德隆·德·拉·巴拉卡（Calderón de la Barca）著；吕臣重译.—北京：人民文学出版社，1990.9.—208页；32开.—ISBN 7-02-000993-X：2.70元

书名原文：La Vida es Sueño

本书为西班牙17世纪著名剧作家的三幕哲理诗剧。

三角帽/（西班牙）德阿拉尔孔（Dealarcon，P.A.）著；尹承东译.—哈尔滨：黑龙江人民出版社，1990.10.—123页；32开.—（西班牙·葡萄牙语文学丛书）.—ISBN 7-207-01563-1：2.55元

书名原文：EL Somblelo de Tles Picos

女仆日记：路易斯·布努艾尔电影剧本选集　（下）/（西班牙）布努艾尔著.—北京：中国电影出版社，1990.10.—370页：剧照；大32开.—ISBN 7-106-00414-6：4.00元

小拉萨路/（西班牙）佚名著；林林译.—重庆：重庆出版社，1990.12.—95页：插图；32开.—ISBN 7-5366-1405-5（精装）：4.05元

书名原文：Lazarillo de Tormes

本书又名托梅斯河的小拉萨路

合同子：普及版/（西班牙）松苏内吉原著；路遥改写.—杭州：浙江少年儿童出版社，1990.3.—266页；32开.—（认识社会·文学名著精编丛书；第2辑/邵宗杰主编）.—ISBN 7-5342-0526-3：2.65元

纳萨林神父/（西班牙）加尔多斯（Galdós，B.P.）著；王治权，蒋宗曹译.—上海：上海译文出版社，1990.9.—213页；大32开.—ISBN 7-5327-0746-6：3.15元

书名原文：Nazarin

侯爵府内外/（西班牙）巴桑（Bazan，E.P.）著；李德明译.—哈尔滨：黑龙江人民出版社，1990.9.—279页；32开.—（西班牙·葡萄牙语文学丛书）.—ISBN 7-207-01562-3：4.35元

书名原文：Los Pazos de Ulloa

独生子/（西班牙）克拉林（Clarin，L.A.）著；许铎译.—北京：中国对外翻译出版公司，1990.10.270页；32开.—ISBN 7-5001-0126-0：4.15元

本书中男女主人公原是怀着浪漫的激情结合的，何以酿成一出悲剧？其中的关键是金钱。妻子埃马有钱，自私，淫荡，心理变态，把丈夫当作一件玩物，对其百般虐待。因而有评论将其说成是十九世纪西班牙小说中最坏的女人。丈夫博尼法西奥相貌英俊，心地善良，富于幻想，但生性懦弱，在家庭中得不到幸福便偷着与女演员塞拉菲娜相爱，但内心始终有一种负罪感，处于极度的矛盾和痛苦之中。文学表现手法，最突出的是讽刺，对人物的刻画和心理描写确有独到的风格。

庭长夫人/（西班牙）克拉林（Clarin，L.A.）著；唐民权等译.—北京：人民文学出版社，1986.12.—2册（984页）；大32开.—（世界文学名著文库：珍藏本）.ISBN 7-02-001682-0（精装）：33.05元

书名原文：La Regenta

骗子外传/（西班牙）克维多（Quevedo，F.de.）著；吴健恒译.—重庆：重庆出版社，1990.4.154页；大32开.—ISBN 7-5366-1171-4（精装）：5.10元

书名原文：Historis de la Vida del Buscon

堂吉诃德/（西班牙）塞万提斯著；杨绛译.—北京：人民文学出版社，1990.1.—141页；32开.—（佳作丛书；第六辑）.—ISBN 7-02-000279-X：1.60元

堂吉诃德/（西班牙）塞万提斯（Cervantos Saavedr a，M.de C.）著；杨绛译.—2版.—北京：人民文学出版社，1987.2.—2册（546页）；大32开.—（世界文学名著文库：珍藏本）.—ISBN 7-02-001690-1（精装）：34.10元

书名原文：El Iingenioso hidalgo don Quijote de I a Mancha

堂吉诃德/（西班牙）塞万提斯著；欧嘉年节写.广州：新世纪出版社，1990.11.—169页：图；大32开.—（外国文学名著普及本丛书；2）.—ISBN 7-5405-0451-X：1.90元

毁灭天使：路易斯·布努艾尔剧本选集　（上）/（西班牙）路易斯著.—北京：中国电影出版社，1990.9.—294页：照片；大32开.—ISBN 7-106-00395-6：3.50元

路易斯·布努艾尔，是西班牙著名的电影编剧和导演。本选集分上下两集，辑入了他自1928年～1977年间创作的9部作品。

赛莱斯蒂娜/（西班牙）罗哈斯（Rojas，F.de）著；王央乐译.—北京：人民文学出版社，1990.9.310页；32开.—ISBN 7-02-000997-2：3.75元

书名原文：La Celestina

I 552　葡萄牙文学

马亚一家/（葡）凯依洛斯（Queiroz，J.M.de E.de）著；张宝生，任吉生译.—北京：人民文学出版社，1988.7.—773页；大32开.—（世界文学名著文库：珍藏本）.—ISBN 7-02-001681-2（精装）：21.20元

书名原文：Os Maias

I 561　英国文学

乔叟诗篇研究/鲍屡平著.—杭州：杭州大学出版社，1990.9.—205页：插图；大32开.—ISBN 7-81035-043-9：4.00元

劳伦斯作品精粹/（英）劳伦斯著；陆锦林选编.石家庄：河北教育出版社，1990.10.—558页；大32

开.—（世界文学博览丛书/巫宁坤主编）.—ISBN 7-5434-0760-4：6.80元

英国浪漫主义文学/（苏）季亚科诺娃（Дьяконова，Н.Я.）著，聂锦坡，海龙河译.—沈阳：辽宁大学出版社，1990.4.—223页；大32开.—ISBN 7-5610-0823-6：2.90元

简明莎士比亚辞典/涂淦和著.—北京：农村读物出版社，1990.8.—255页；32开.—ISBN 7-5048-0961-6：6.00元

I 561.2/.3　诗歌、戏剧

世界乐圣大观：大型电视系列片《人和音乐》精萃/英国格林纳达电视公司制作.—北京：航空工业出版社，1990.2.—122页；32开.—中央电视台国际部供稿.—ISBN 7-80046-240-4：2.00元

恰尔德·哈洛尔德游记/（英）拜伦（Byron）著；杨熙龄译.—上海：上海译文出版社，1990.7.—324页：肖像；大32开.—ISBN 7-5327-0714-8：4.70元

书名原文：Childe Harold's Pilgrimage

莎士比亚戏剧故事选/（英）莎士比亚著；吴绿星改写.—广州：新世纪出版社，1990.11.—113页：图；大32开.—（外国文学名著普及本丛书；2）.ISBN 7-5405-0451-X：1.30元

莎士比亚喜剧故事集/（英）莎士比亚著；方平编译.—上海：上海译文出版社，1990.2.—149页；32开.—ISBN 7-5327-0634-6：1.80元

湖畔诗魂：华兹华斯诗选/（英）华兹华斯著；杨德豫译.—北京：人民文学出版社，1990.1.—297页；大32开.—ISBN 7-02-000772-4：4.55元

影朦胧：劳伦斯诗选/（英）劳伦斯（Lawrence，D.H.）著；黄锡祥译.—广州：花城出版社，1990.2.—193页；32开.—ISBN 7-5360-0534-2：2.80元

I 561.4　小　说

儿子与情人/（英）劳伦斯（Lawrence，D.H.），著；陈良廷，刘文澜译.—北京：人民文学出版社，1987.4.—566页；大32开.—（世界文学名著文库：珍藏本）.—ISBN 7-02-001678-2（精装）：17.90元

书名原文：Sons and Lovers

大卫·科波菲尔/（英）狄更斯著；麦世忠节写.广州：新世纪出版社，1990.11.—203页：图；32开.（外国文学名著普及本丛书；1）.—ISBN 7-5405-0451-X：2.35元

广告公司里的魔影：英国著名侦探推理小说/（英）多萝西·L.塞耶斯著；梦白译.—北京：群众出版社，1990.10.—368页；32开.—ISBN 7-5014-0360-0：3.70元

女神之爱火/（英）亨利·里德·哈格德著；王金栋译.—长春：吉林人民出版社，1990.11.—314页；32开.—ISBN 7-206-00906-9：4.50元

小人国和大人国/（英）江奈生·斯威夫特著；张健译.—北京：人民文学出版社，1990.1.—163页；32开.—（佳作丛书；第六辑）.—ISBN 7-02-000271-4：1.80元

小冒险家：英国惊险小说集/（英）阿瑟·卡德瑞尔等著；窦冬华译.—北京：中国华侨出版公司，1990.3.—228页；32开.—ISBN 7-80074-202-4：2.50元

飞翔的爱/（英）萨莉·温沃思著；北门牛译.—广州：花城出版社，1990.3.—163页；32开.—ISBN 7-5360-0568-7：2.15元

反死亡联盟/（英）艾米斯（Amis，K.）著；吴笛，傅小明译.—杭州：浙江文艺出版社，1990.11.389页；32开.—（兔子译丛/冯亦代主编）.—ISBN 7-5339-0269-6：4.00元

书名原文：The Anti-death League

月黑惊风：一位英国少女在希腊海滨的奇异遭遇/（英）玛丽·斯图亚特著；石竹，雨峰译.—桂林：漓江出版社，1990.8.—280页；32开.—（外国通俗文库；第2辑/施咸荣主编）.—ISBN 7-5407-0573-6：3.20元

劝导/（英）奥斯丁（Austen，J.）著；孙致礼，唐慧心译.—南京：译林出版社，1990.6.—255页；32开.—ISBN 7-80567-077-3：3.00元

双城记/（英）狄更斯著；李彤节写.—广州：新世纪出版社，1990.11.—119页：图；大32开.—（外国文学名著普及本丛书；2）.—ISBN 7-5405-0451-X：1.40元

巴纳比·鲁吉/（英）狄更斯（Dickens，C.）著；高殿森等译.—上海：上海译文出版社，1990.12.—721页；大32开.—（狄更斯文集）.—ISBN 7-5327-0782-2（精装）：14.25元

书名原文：Barnaby Rudge

巴纳比·鲁吉/（英）狄更斯（Dickens，C.）著；高殿森等译.—上海：上海译文出版社，1990.12.—721页；大32开.—（狄更斯文集）.—ISBN 7-5327-0773-3：10.75元

书名原文：Barnaby Rudge

巴黎四重奏/（英）里斯（Rhys，J.）著；刘明正译.—北京：中国文联出版公司，1990.12.167页；32开.—ISBN 7-5059-1412-X：2.55元

书名原文：Quartet

艾凡赫/（英）司各特著；周蜜蜜节写.—广州：新世纪出版社，1990.11.—169页：图；大32开.（外国文学名著普及本丛书；2）.—ISBN 7-5405-0451-X：1.90元

印度之行/（英）福斯特（Forster，E.M.）著；杨自俭，邵翠英译.—合肥：安徽文艺出版社，1990.6.—408页；大32开.—（福斯特选集）.—ISBN

7-5396-0325-9：5.75元

书名原文：A Passage to India

白马酒店/（英）克莉丝蒂（Christie，A.）著；张艾茜译.—北京：华文出版社，1990.6.—231页；32开.—（克莉丝蒂探案丛书/三毛主编）.—ISBN 7-5075-0060-8：2.80元

吉迪恩烈火/（英）马立克（Marric，J.J.）著；傅国宝，张大良译.—北京：群众出版社，1990.9.—214页；32开.—（获美国爱伦·坡侦破小说大奖丛书）.—ISBN 7-5014-0580-3：3.25元

书名原文：Gideon's Fire

西洋聊斋：英国鬼怪小说/朱乃长编.—长沙：湖南文艺出版社，1990.5.—388页；32开.—ISBN 7-5404-0541-1：4.20元

伍尔夫作品精粹/（英）伍尔夫（Woolf，V.）著；李乃坤选编.—石家庄：河北教育出版社，1990.4.—517页；大32开.—（世界文学博览丛书/巫宁坤主编）.—ISBN 7-5434-0573-3：6.30元

女作家伍尔夫是英国意识流小说的两个代表作家之一。本书节选了她各时期有代表性的作品，并附简短评论。

名利场/（英）萨克雷著；晓兰节译.—广州：新世纪出版社，1990.11.—188页：图；大32开.—（外国文学名著普及本丛书；2）.—ISBN 7-5405-0451-X：2.15元

多情客游记/（英）斯特恩（Sterne，L.）著；石永礼译.—北京：人民文学出版社，1990.2.—180页；大32开.—（外国文学名著丛书）.—ISBN 7-02-000868-2：2；35元

书名原文：A Sentimental Journey Through France and Italy

米德尔马契：外省生活研究/（英）爱略特（Eli-ot，G.）著；项星耀译.—北京：人民文学出版社，1987.7.—2册（981页）；大32开.—（世界文学名著文库：珍藏本）.—ISBN 7-02-001679-0（精装）：33.05元

书名原文：Middlemarch

秃鹰：第二次世界大战中无人知晓的特大间谍/（英）阿诺德·克拉米什著；郭燕奎等译.—北京：昆仑出版社，1990.4.—306页；32开.—ISBN 7-80040-190-1：3.90元

我与黑猩猩在一起的三十年/（英）古道尔著；邓晓明，卢晓译.—北京：中国广播电视出版社，1990.8.100页：照片；32开.—ISBN 7-5043-0580-4：2.40元

本书讲述了作者自己富有传奇色彩的人生故事。书中充满了对科学与理想的执着追求，充满了对大自然和动物的真挚的爱。

狄更斯与女性/（英）斯莱特（Slater，M.）著；麻益民译.—天津：百花文艺出版社，1990.12.306页；32开.—（红帆船译丛）.—ISBN 7-5306-0430-9：3.75元

书名原文：Dickens and Women

呼啸山庄/（英）勃朗特（Brontë，E.）著；杨苡译.南京：译林出版社，1990.8.—344页；大32开.—ISBN 7-80567-076-5：4.75元

书名原文：Wuthering Heights

狐狸之夜/（英）杰克·希金斯著；李彭恩译.—太原：北岳文艺出版社，1990.8.—318页；32开.—ISBN 7-5378-0388-9：3.80元

孤星血泪/（英）狄更斯著；王科一译；黄庆云改写.—北京：中国少年儿童出版社，1990.3.—193页；32开.—（世界文学名著少年文库）.—ISBN 7-5007-0953-6：1.40元

孤星血泪，又名，**远大前程**/（英）狄更斯（Dikens，C.）著；王科一译.—上海：上海译文出版社，1990.7.—428页；32开.—（世界文学名著普及本）.—ISBN 7-5327-0941-8：4.25元

书名原文：Great Expectations

勃朗特一家的故事/（英）莱恩（Lane，M.）著；杨静远，顾耕译.—上海：上海译文出版社，1990.10.—304页；大32开.—（外国名作家传记丛书）.—ISBN 7-5327-0850-0：3.60元

书名原文：The Brontë Story

荒墓疑云：新福尔摩斯探案/（英）哈德威克（Hardwick，M.）著；方佳译.—北京：中国文联出版公司，1990.5.—314页；32开.—ISBN 7-5059-1267-4：4.15元

书名原文：The Revenge of the Hound

奎勒备忘录/（英）霍尔（Hall，A.）著；屈建军等译.—北京：群众出版社，1990.9.—228页；32开.（获美国爱伦·坡侦破小说大奖丛书）.—ISBN 7-5014-0587-6：3.40元

书名原文：The Quiller Memorandum

追踪死亡天使/（英）霍尔（Hall，A.）著；李爱忠，李志兴译.—北京：文化艺术出版社，1990.5.345页；32开.—ISBN 7-5039-0601-4：3.85元

书名原文：Quiller's run

独臂神探/（英）弗朗西斯（Francis，D.）著；林纪诚，杨东芳译.—北京：群众出版社，1990.9.322页；32开.—（获美国爱伦·坡侦破小说大奖丛书）.—ISBN 7-5014-0585-2：4.60元

书名原文：Whip Hand

俯瞰美景的房间/（英）E.M.福斯特著；俞宝发译.—太原：北岳文艺出版社，1990.1.—228页；32开.—（奥斯卡金像奖小说丛书；第1辑；5/吴士余主编）.—ISBN 7-5378-0209-2：2.50元

殷红的花朵/（英）高尔斯华绥（Galsworthy，J.）著；黄杲炘译.—上海：上海译文出版社，1990.9.—285页；大32开.—（高尔斯华绥文集）.—ISBN 7-5327-0898-5（精装）：7.45元

殷红的花朵/（英）高尔斯华绥（Galsworthy，J.）著；黄杲炘译.—上海：上海译文出版社，1990.9.—285页；大32开.—（高尔斯华绥文集）.

ISBN 7-5327-0897-7；4.25元

书名原文：The Dark Flower

海底寻宝/（英）威勒德·普赖斯著；刘国华，王长江译.—北京：北京少年儿童出版社，1990.3.204页；32开.—（哈尔罗杰历险记）.—ISBN 7-5301-0200-1：2.85元

海洋牧场/(英)阿瑟·西·克拉克著；林同端，林乐滕译.—北京：海洋出版社，1990.9—217页；32开.—ISBN 7-5027-0619-4：4.20元

海盗/（英）司各特著（Scott, W.）著；叶冬心译.—上海：上海译文出版社，1990.12.—658页；大32开.—ISBN 7-5327-0772-5：9.50元

谁是首相/（英）杰弗利·阿切尔著；阎小昆译.成都：四川文艺出版社，1990.2.—455页；32开.ISBN 7-5411-0485-X：4.70元

书名原文：First Among Equals

桑青与桃红/（英）聂华苓著.—沈阳：春风文艺出版社，1990.1.—266页；32开.—ISBN 7-5313-0307-8：3.50元

这部长篇小说描述了一个20世纪的女人和她的精神分裂史。

教师/（英）勃朗特（Brontë, C.）著；刘云波译.—上海：上海译文出版社，1990.12.—278页；大32开.—（勃朗特姐妹文集）.—ISBN 7-5327-0969-8：3.25元

书名原文：The Professor

教堂里的谋杀/（英）詹姆斯（James, P.D.）著；龙南耀，朱菊娣译.—北京：群众出版社，1990.9.—536页；32开.—ISBN 7-5014-0526-3：8.80元

书名原文：A Taste For Death

本书1987年被《纽约时报》评为主要畅销书。

彩虹：普及版/（英）劳伦斯（Lawrence, D.H.）原著；王琛改写.—杭州：浙江少年儿童出版社，1990.3.—202页；插图；32开.—（认识社会·文学名著精编丛书；第2辑/邵宗杰主编）.—ISBN 7-5342-0527-1：2.10元

谋杀者的邀请/（英）艾伦·夏普著；钱风译.—北京：中国广播电视出版社，1990.3.—1册；32开.（迷津探案小丛书）.—ISBN 7-5043-0257-0：1.80元

紫禁城的黄昏/（英）庄士敦著；孟国祥等译.—南京：江苏古籍出版社，1990.10.—347页；36开.（民国春秋丛书）.—ISBN 7-80519-196-4：6.00元

傲慢与偏见/（英）奥斯丁（Austen, J.）著；王科一译.—上海：上海译文出版社，1990.7.—265页；32开.—（世界文学名著普及本）.—ISBN 7-5327-0930-2：3.00元

书名原文：Pride and Prejudice

傲慢与偏见/（英）奥斯丁（Austen, J.）著；孙致礼译.—南京：译林出版社，1990.7.—357页；大32开.—ISBN 7-80567-084-6：4.90元

书名原文：Pride and Prejudice

奥列佛尔/（英）狄更斯著，秦原节写.—广州：新世纪出版社，1990.11.—149页；图；大32开.（外国文学名著普及本丛书；1）.—ISBN 7-5405-0451-X：1.70元

鲁滨孙飘流记/（英）笛福著；徐霞村译.—北京：人民文学出版社，1990.1.—185页；32开.—（佳作丛书；第六辑）.—ISBN 7-02-000273-0：1.95元

跨国迷案/（英）露丝·伦黛尔著；黄帆等译.—兰州：敦煌文艺出版社，1990.7.—236页；32开；ISBN 7-80587-006-3：2.45元

简·爱/（英）勃朗特(Brontë, C.)著；吴钧燮译.北京：人民文学出版社，1990.11.—614页；肖像；大32开.—ISBN 7-02-001026-1：6.35元

书名原文：Jane Eyre

简·爱/（英）勃朗特（Brontë, C.）著；祝庆英译.—上海：上海译文出版社，1990.7.—426页；32开.—（世界文学名著普及本）.—ISBN 7-5327-0926-4：4.35元

福尔摩斯悬案/（英）艾伦·夏普著；钱风译.—北京：中国广播电视出版社，1990.3.—1册；32开.（迷津探案小丛书）.—ISBN 7-5043-0258-9：1.80元

蝇王：普及版/（英）威廉·戈尔丁原著；俞慧萍改写.—杭州：浙江少年儿童出版社，1990.3.—147页；插图；32开.—（认识社会·文学名著精编丛书；第2辑/邵宗杰主编）.—ISBN 7-5342-0525-5：1.65元

I 561.5　报告文学

世界超级富豪/（英）威廉·戴维斯著；谢德辉译.—上海：上海人民出版社，1990.12.—249页；大32开.—ISBN 7-208-00973-2：4.45元

I 561.7　民间文学

英国民间故事/（英）马歇尔编写；（英）劳伦斯绘；白胜芳等译.—长沙：湖南少年儿童出版社，1990.12.—334页；图；32开.—（外国民间故事丛书）.—ISBN 7-5358-0598-1：3.10元

I 561.8　儿童文学

三只小猪/（英）蓝原著；徐寒梅译.—南宁：接力出版社，1990.1.—24页；24开.—（动画列车丛书）.

ISBN 7-80581-016-8：0.95元

小精灵丹尼/（英）罗尔德·达尔著；陆永兴译．武汉：湖北少年儿童出版社，1990.7.—209页：插图；大32开.—ISBN 7-5353-0642-X：2.30元

巨人国传奇/（英）罗·达尔著；王培坤，叶芝编绘.—昆明：云南少年儿童出版社，1990.1.—62页；32开.—（世界儿童文学名著精选连环画）.—ISBN 7-5414-0511-6：1.70元

巨角野羊/（英）贝尔·彼特原著；王雯雯译；林伯乐翻拍.—杭州：浙江少年儿童出版社，1990.3.—36页；24开.—ISBN 7-5342-0518-2：1.35元

不沉的海蛇/（英）贝尔·彼特原著；赵亢译；林伯乐翻拍.—杭州：浙江少年儿童出版社，1990.3.32页；24开.—ISBN 7-5342-0517-4：1.20元

太空历险记/（英）阿瑟·C.克拉克著；陈妙玲译．北京：航空工业出版社，1990.8.—63页：插图；32开.—ISBN 7-80046-289-7：1.30元

太空奇遇/（英）J.伍德科克著；陈萍译；刘广滨，黄宗池绘.—南宁：接力出版社，1990.2.—50页；24开.—（少年自我历险丛书）.—ISBN 7-80581-034-6：0.90元

化身博士/（英）罗伯特·史蒂文生著；张映先译；俞任等复制.—杭州：浙江少年儿童出版社，1990.12.—78页；32开.—ISBN 7-5342-0598-0：1.20元

巧捕白象/（英）威勒德·普赖斯著；陈小兰译．北京：北京少年儿童出版社，1990.3.—218页：图；32开.—（哈尔罗杰历险记）.—ISBN 7-5301-0193-5：3.00元

未来世界探险记/（英）H·G·威尔士著；小舟译；晓田等复制.—杭州：浙江少年儿童出版社，1990.12.—78页；32开.—ISBN 7-5342-0665-0：1.20元

亚马孙探险/（英）威勒德·普赖斯著；杨伟娴译.—北京：北京少年儿童出版社，1990.5.—265页；32开.—（哈尔罗杰历险记）.—ISBN 7-5301-0197-8：3.45元

闯入食人国/（英）威勒德·普赖斯著；陈晓莉译.—北京：北京少年儿童出版社，1990.3.—249页；32开.—（哈尔罗杰历险记）.—ISBN 7-5301-0198-6：3.30元

红色童话：彩色童话集/（英）安德鲁·朗格编；徐耀章等译.—上海：少年儿童出版社，1990.12.—405页；大32开.—ISBN 7-5324-1197-4：4.70元

你和你的机器人/（英）R.A.蒙哥马利著；陈萍译；刘广滨，王轩绘.—南宁：接力出版社，1990.2.—54页；24开.—（少年自我历险丛书）.—ISBN 7-80581-036-2：0.90元

阿丽思漫游奇境记/（英）刘·卡洛尔著；赵元译.—上海：少年儿童出版社，1990.5.—142页；32开.—（外国儿童文学丛书）.—ISBN 7-5324-0114-6：1.70元

书名原文：Alice's Adventures in Worderland

松林里的蚊子/（英）贝尔·彼特原著；洁冰译；林伯乐翻拍.—杭州：浙江少年儿童出版社，1990.3.36页；24开.—ISBN 7-5342-0516-6：1.35元

奇异的飞龙/（英）贝尔·彼特原著；洁冰译；林伯乐翻拍.—杭州：浙江少年儿童出版社，1990.3.44页；24开.—ISBN 7-5342-0521-2：1.60元

金银岛/（英）史蒂文森著，季颖改写.—北京：中国少年儿童出版社，1990.10.—155页；32开.（中年级文学名著读本）.—ISBN 7-5007-0799-1：2.10元

空房子的秘密：五个小侦探/（英）布莱顿（Blyton，E.）著；王虹译.—上海：上海译文出版社，1990.8.—148页：插图；32开.—ISBN 7-5327-0911-6：1.75元

书名原文：Le Mystère de la Maison Vide

珍贵的小猪/（英）贝尔·彼特原著；赵亢译；林伯乐翻拍.—杭州：浙江少年儿童出版社，1990.3.32页；24开.—ISBN 7-5342-0515-8：1.20元

城堡里的螃蟹/（英）贝尔·彼特原著；洁冰译；林伯乐翻拍.—杭州：浙江少年儿童出版社，1990.3.—36页；24开.—ISBN 7-5342-0520-4：1.35元

狮子的头发/（英）贝尔·彼特原著；洁冰译；林伯乐翻拍.—杭州：浙江少年儿童出版社，1990.3.32页；24开.—ISBN 7-5342-0519-0：1.20元

胖孩子：儿童故事集/（英）狄更斯（Dickens，C.）著；玛丽·安·狄更斯等改写；吴成艺等译．上海：上海译文出版社，1990.3.—141页；32开．ISBN 7-5327-0841-1：1.75元

穿靴子的猫/（英）蓝原著；徐寒梅译.—南宁：接力出版社，1990.1.—24页；24开.—（动画列车丛书）.—ISBN 7-80581-013-3：0.95元

勇探火山口/（英）威勒德·普赖斯著；杰夫译．北京：北京少年儿童出版社，1990.3.—194页；32开.—（哈尔罗杰历险记）.—ISBN 7-5301-0192-7：2.80元

被施了魔法的狗/（英）贝尔·彼特原著；赵亢译；林伯乐翻拍.—杭州：浙江少年儿童出版社，1990.3.—44页；24开.—ISBN 7-5342-0522-0：1.60元

隐身人/（英）H.G.威尔士著；小舟译；徐吕等复制.—杭州：浙江少年儿童出版社，1990.12.—78页；32开.—ISBN 7-5342-0671-5：1.20元

绿色童话/（英）朗格（Lang，A.）编；张训达等任.—上海：少年儿童出版社，1990.12.—400页；

大32开.—（彩色童话集）.—ISBN 7-5324-1051-X：4.50元

鲁宾逊漂流记/（英）丹尼·笛福著；张吷先译；俞任等复制.—杭州：浙江少年儿童出版社，1990.12.—78页；32开.—ISBN 7-5342-0599-9：1.20元

癞蛤蟆与金刚钻/（英）安德鲁·兰编；孙予，亦驰译.—上海：上海译文出版社，1990.1.—124页；图；32开.—（《蓝仙女》童话故事集；二）.—ISBN 7-5327-0822-5：1.70元

魔法师：英国民间童话/帅本华译.—兰州：甘肃少年儿童出版社，1990.10.—206页；32开.—ISBN 7-5422-0388-6：2.45元

魔法师和他的侄子/（英）C.S.卢易斯著；徐英，王平译.—海口：南海出版公司，1990.10.—241页；32开.—ISBN 7-80570-260-8：3.60元

I 562　爱尔兰文学

王尔德喜剧选/（爱尔兰）王尔德（Wilde，O.）著；张南峰译.—福州：海峡文艺出版社，1990.5.387页；32开.—ISBN 7-80534-184-2：3.95元

牛虻：少年版/（爱尔兰）艾·丽·伏尼契著；李偎民译；何承人改写.—南昌：21世纪出版社，1990.5.—163页；图；36开.—（革命英雄主义丛书）.ISBN 7-5391-0330-2：1.78元

牛虻：普及版/（爱尔兰）艾·丽·伏尼契原著；李辰，陈雨改写.—杭州：浙江少年儿童出版社，1990.3.—216页；图；32开.—（认识社会·文学名著精编丛书；第2辑/邵宗杰主编）.—ISBN 7-5342-0524-7：2.05元

幻象：生命的阐释/（爱尔兰）巴特勒·叶芝（Butlel·Yeats，W.）著；西蒙译.—北京：国际文化出版公司，1990.10.—238页；大32开.—（二十世纪外国大诗人丛书）.—ISBN 7-80049-165-X：5.25元

爱尔兰传奇故事/（爱尔兰）奥法伦（O'Faolain，E.）编；丁振祺，王晓宏译.—昆明：云南人民出版社，1990.6.—286页；插图；32开.—（外国民间故事丛书）.—ISBN 7-222-00674-5：2.95元

书名原文：Lrish Sagas and Folk-tales

I 563　荷兰文学

雨国之王/（荷）弗里林（Freeling，N.）著；王婷，远之译.—北京：群众出版社，1990.9.—189页；32开.—（获美国爱伦·坡侦破小说大奖丛书）.ISBN 7-5014-0584-0：2.90元

书名原文：The King of the Rainy County

蟹和梭子鱼赛跑：南太平洋上的神怪故事/（荷）伊塔利安德尔（Italiaander，R.）；马仁惠译.—上海：上海译文出版社，1990.1.—88页；插图；32开.ISBN 7-5327-0870-5：1.55元

I 564　比利时文学

巴黎神探　（上）/（比）西姆农（Simenon，G.）著；时波编.—长春：时代文艺出版社，1990.6.—357页；32开.—ISBN 7-5387-0245-8：5.20元

巴黎神探　（比）/（法）西姆农（Simenon，G.）著；时波编.—长春：时代文艺出版社，1990.6.—361～830页；32开.—ISBN 7-5387-0246-6：6.10元

亚卡里和大褐熊/（比）多米尼克绘画；沈玲妹译.—上海：上海人民出版社，1990.4.—48页；16开.—ISBN 7-208-00712-8：2.65元

我的朋友梅格雷/（比）西默农（Simenon，G.）著；陈增幸译.—上海：上海译文出版社，1990.3.195页；32开.—（梅格雷探案；第三辑）.—ISBN 7-5327-0703-2：2.60元

书名原文：Mon ami maigret

我是一个女间谍/（比）玛黛·墨凯娜著；李绍徽译.—长沙：湖南文艺出版社，1990.4.—218页；32开.—ISBN 7-5404-0516-4：2.45元

拉脱维亚人皮埃特尔/（比）西默农（Simenon，G.）著；郝珉，祁蒙译.—上海：上海译文出版社，1990.1.—205页；32开.—（梅格雷探案；第三辑）.ISBN 7-5327-0777-6：2.70元

荷兰情杀案/（比）西默农（Simenon，G.）著；齐宁译.—上海：上海译文出版社，1990.2.196页；32开.—（梅格雷探案；第三辑）.—ISBN 7-5327-0781-4：2.65元

I 565　法国文学

法国现代诗与古典诗/叶汝琏译著.—北京：中外文化出版公司，1990.2.—608页；32开.—ISBN 7-80042 112-0：9.50元

法国诗学概论/（法）絮佩维尔（Suberville，J.）著；洪涛译.—成都：四川文艺出版社，1990.11.—421页；大32开.—ISBN 7-5411-0558-9：4.80元

叙事话语；新叙事话语/（法）热拉尔·热奈特著；王文融译.—北京：中国社会科学出版社，1990.11.—292页；大32开.—（二十世纪欧美文论丛书/陈燊主编）.—ISBN 7-5004-0710-6：4.95元

I 565.1　作品集

巴尔扎克全集　第十九卷：人间喜剧：风俗研究，乡村生活场景　（Ⅱ）/（法）巴尔扎克（Balzac，H.D.）著；王文融，李玉民译.—北京：人民文学出版社，1990.1.—573页；肖像；大32开.—ISBN 7-

02-000877-1：7.30元

巴尔扎克全集 第二十一卷：人间喜剧；哲理研究 （Ⅱ）/（法）巴尔扎克（Balzac, H.D.）著；袁树仁等译.—北京：人民文学出版社，1990.10.710页；肖像及插图；大32开.—ISBN 7-02-001028-8（精装）：11.95元

巴尔扎克全集 第二十一卷：人间喜剧：哲理研究（Ⅱ）/（法）巴尔扎克（Balzac,H.D.）著；袁树仁等译.—北京：人民文学出版社，1990.10.—710页；肖像及插图；大32开.—ISBN 7-02-001027-X：8.65元

巴尔扎克全集 第二十二卷：人间喜剧：哲理研究（Ⅲ）/（法）巴尔扎克(Balzac, H.D.)著；王文融等译.—北京：人民文学出版社，1990.9.—709页；插图；大32开.—ISBN 7-02-001036-9（精装）：11.95元

巴尔扎克全集 第二十二卷：人间喜剧：哲理研究（Ⅲ）/(法)巴尔扎克（Balzac, H.D.）著；王文融等译.—北京：人民文学出版社，1990.9.—709页；插图；大32开.—ISBN 7-02-001035-0：8.65元

巴尔扎克全集 第二十三卷：人间喜剧：分析研究（Ⅰ）/(法)巴尔扎克（Balzac, H.D）著；张冠尧等译.—北京：人民文学出版社，1990.10.—597页；肖像及插图；大32开.—ISBN 7-02-001053-9（精装）：10.55元

巴尔扎克全集 第二十三卷：人间喜剧：分析研究（Ⅰ）/(法)巴尔扎克（Balzac, H.D.）著；张冠尧等译.—北京：人民文学出版社，1990.10.—597页；肖像及插图；大32开.—ISBN 7-02-001052-0：7.25元

局外人·鼠疫/（法）阿尔贝·加缪著；郭宏安等译.—桂林：漓江出版社，1990.11.—697页；大32开.—（获诺贝尔文学奖作家丛书；第三辑/刘硕良主编）.—ISBN 7-5407-0605-8：8.85元

本书收入作者的长篇、短篇小说各1部、中篇小说2部，文学随笔1部、散文3篇。

Ⅰ565.2 诗　歌

失恋者之歌：法国爱情诗选/郑克鲁选译.—上海：上海译文出版社，1990.11.—295页；32开.—（外国诗歌丛书）.—ISBN 7-5327-0945-0：3.15元

夜之卡斯帕尔/（法）贝尔特朗著；黄建华译.—广州：花城出版社，1990.12.—179页；32开.—（现代散文诗名著译丛；第1辑）.—ISBN 7-5360-0777-9：2.55元

法国当代爱情朦胧诗选：爱的迷宫/（法）雅克·夏尔潘特罗等著；罗国林，李玉民译.—广州：花城出版社，1990.4.—216页；32开.—ISBN 7-5360-0577-6：3.10元

Ⅰ565.3 戏　剧

一个男人和一个女人/（法）克洛德·勒鲁什，皮埃尔·于特罗埃文著；林瑞颐译.—北京：中国电影出版社，1990.1.—112页；剧照；32开.—（外国电影剧本丛书）.—0.90元

高乃依戏剧选/（法）高乃依著；张秋红，马振骋译.—上海：上海译文出版社，1990.12.—291页；大32开.—（外国文学名著丛书）.—ISBN 7-5327-0061-5（精装）：6.35元

书名原文：Théatre de Corneille

高乃依戏剧选/（法）高乃依著；张秋红，马振骋译.—上海：上海译文出版社，1990.12.—291页；大32开.—（外国文学名著丛书）.—ISBN 7-5327-0060-7：4.70元

书名原文：Théatrte de Corneille

Ⅰ565.4 小　说

一生，漂亮朋友/（法）莫泊桑（Maupassant, Guy de）著；盛澄华，张冠尧译.—北京：人民文学出版社，1984.1.—615页；大32开.—（世界文学名著文库：珍藏本）.—ISBN 7-02-001675-8（精装）：18.65元

人的状况——中国：1927风云/（法）马尔罗(Malranx, A.）著；杨元良，于耀南译.—桂林：漓江出版社，1990.9.—370页；32开.—(法国二十世纪文学丛书/柳鸣九主编）.—ISBN 7-5407-0581-7：4.55元

书名原文：La Condition Humaine

三个火枪手/（法）大仲马（Dumas, A.）著；李青崖译.—上海：上海译文出版社，1990.8.—623页；32开.—（世界文学名著普及本）.—ISBN 7-5327-0928-0：5.85元

书名原文：Tes Trois Mousquetaires

三角行动/（法）邦卡雷尔著；张孝国，刘爱仪译.—桂林：漓江出版社，1990.3.—323页；32开.ISBN 7-5407-0414-4：3.55元

三剑侠：基督山伯爵/（法）大仲马著；苏炳文节译.—广州：新世纪出版社，1990.11.—227页；图；大32开.—（外国文学名著普及本丛书；1）.—ISBN 7-5405-0451-X：2.50元

女伯爵的舞会/（法）维利埃（Villiers, G.de）著；郭建华译.—北京：群众出版社，1990.2.—220页；32开.—ISBN 7-5014-0223-X：2.90元

书名原文：La bal de la Comtesse Adler

女间谍的冒失丈夫/（法）埃格斯布雷亚著；淡泊译.—西安：陕西人民出版社，1990.10.—160页；32开.—ISBN 7-224-01304-8：2.85元

女宾/（法）西蒙娜·德·波伏瓦著；陈淇等译.

西安：陕西人民出版社，1990.11.—593页；32开．ISBN 7-224-01398-6：8.25元

巨人传/（法）拉伯雷（Rabelais，F ）著；成钰亭译.—上海：上海译文出版社，1990.8.—1103页；插图；大32开.—（世界文学名著珍藏本）.—ISBN 7-5327-0925-6（精装）：24.60元

贝姨/（法）巴尔扎克（Balzac，H.D.）著；傅雷译.—北京：人民文学出版社，1989.9.—480页；大32开.—（世界文学名著文库：珍藏本）.—ISBN 7-02-001684-7（精装）：16.65元

书名原文：La Comedie Humaine

幻灭/（法）巴尔扎克（Balzac，H.D.）著；傅雷译.—北京：人民文学出版社，1989.9.—717页；大32开.—（世界文学名著文库：珍藏本）.—ISBN 7-02-001687-1（精装）：20.45元

书名原文：Illusions Perdues

巴尔扎克小说故事总集/（法）巴尔扎克原著；上海文艺出版社编.—上海：上海文艺出版社，1990.6.—841页；32开.—ISBN 7-5321-0553-X（精装）：12.80元

巴黎圣母院/（法）雨果（Hugo，V.）著；管震湖译.—上海：上海译文出版社，1990.8.—445页；32开.—（世界文学名著普及本）.—ISBN 7-5327-0943-4：4.45元

书名原文：Notre-Dame de Paris

巴黎圣母院/（法）雨果(Hugo，V.)著；易新夏节写.—广州：新世纪出版社，1990.11.—156页：图；大32开.（外国文学名著普及本丛书，1）.ISBN 7-5405-0451-X：1.80元

巴黎圣母院/（法）雨果著；陈敬容译；李心春改写.—北京：中国少年儿童出版社，1990.8.—170页；32开.—（世界文学名著少年文库）.—ISBN 7-5007-0958-7：1.80元

巴黎泪/（法）周勤丽著；韩沪麟译.—北京：北京十月文艺出版社，1990.6.—252页；大32开.—ISBN 7-5302-0167-0：4.50元

本书是自传体长篇小说《花轿泪》的续篇。

卢贡大人/（法）左拉（Zola，E.）著；刘益庚译.—北京：人民文学出版社，1986.11.—440页；大32开.—（世界文学名著文库：珍藏本）.—ISBN 7-02-001676-6（精装）：15.85元

书名原文：Son Excellence Eugene Rougon

四十五卫士/（法）大仲马（Dumas，A.）著；郝运等译.—上海：上海译文出版社，1990.11.—870页；大32开.—（大仲马选集）.—ISBN 7-5327-0775-X：9.20元

书名原文：Les Quarante-Cinq

四侠剑/（法）大仲马著；傅辛改写.—南昌：百花洲文艺出版社，1990.9.—451页；32开.—ISBN 7-80579-054-X：6.00元

目标——刺杀里根/（法）热拉尔·维莱著；晓夜译.—北京：警官教育出版社，1990.11.—213页；32开.—ISBN 7-81027-013-3：3.20元

母与子/（法）罗兰（Rolland，R.）著；罗大冈译.—北京：外国文学出版社，1990.8.—3册（544，736，593页）：肖像；大32开.—（二十世纪外国文学丛书）.—ISBN 7-5016-0081-3：20.10元

书名原文：L'ame Enchantée

在撒旦的阳光下/（法）贝尔纳诺斯（Bernanos，G.）著；李玉民译.—桂林：漓江出版社，1990.9.367页；32开.—（法国廿世纪文学丛书/柳鸣九主编）.—ISBN 7-5407-0582-5：4.45元

杀手与侠盗/（法）大仲马（Dumas，A.）著；马金章，刘福文译.—哈尔滨：黑龙江人民出版社，1990.9.—622页；大32开.—ISBN 7-207-01208-X：9.80元

书名原文：Les Compagnons de Jehu

安多纳德/（法）罗曼·罗兰著；傅雷译.—北京：人民文学出版社，1990.1.—111页；32开.—（佳作丛书；第六辑）.—ISBN 7-02-000263-3：1.40元

《安多纳德》是罗曼·罗兰的长篇小说《约翰·克利斯朵夫》的第六卷，它叙述了一个青年女子短暂而感人的一生。

红与绿：司汤达小说选/（法）司汤达（Stendhal）著；郝运等译.—上海：上海译文出版社，1990.6.—636页；大32开.—ISBN 7-5327-0710-5：7.00元

书名原文：Le Rose et le Vert

红与黑：一八三〇年纪事/（法）司汤达（Stendhal）著；郝运译.—上海：上海译文出版社，1990.8.—581页；32开.—（世界文学名著普及本）.ISBN 7-5327-0927-2：5.15元

丽人阁/（法）布兰（Bourin，J.）著；巫盈炉，耿文兵译.—哈尔滨：黑龙江人民出版社，1990.12.526页；32开.—ISBN 7-207-01308-6：7.80元

书名原文：La Chambre des Dames

我的三个明星妻子：法国著名电影剧作家兼导演罗杰·瓦迪姆先生的自传/（法）罗杰·瓦迪姆著；杨钟，郭建华译.—南京：译林出版社，1990.3.—324页；32开.—ISBN 7-80567-058-7：3.50元

伽弗洛什/（法）雨果著；李丹译.—北京：人民文学出版社，1990.1.—162页；32开.—（佳作丛书；第六辑）.—ISBN 7-02-000265-X：1.90元

本书选自《悲惨世界》。

画家·少妇·少女/（法）法斯查理（Vaszary，G.V.）著；陶然译.—北京：人民文学出版社，1990.8.—316页；图；32开.—（文学故事丛书）.ISBN 7-02-000994-8：3.25元

欧也妮·葛朗台/（法）巴尔扎克著；傅雷译.—北

京：人民文学出版社，1990.1.—231页；32开.（佳作丛书；第六辑）.—ISBN 7-02-000267-6：2.40元

法国著名小说家代表作精选/张继双，张玲译.—北京：宝文堂书店，1990.7.—592页；32开.—ISBN 7-80030-166-4：6.30元

诡秘的情侣/（法）卡尔（Cars，G.des.）著；黄蓉美译.—北京：宝文堂书店，1990.8.—263页；32开.—ISBN 7-80030-193-1：3.00元

茶花女/（法）小仲马（Dumas fils，A.）著；陈林，文光译.—南昌：百花洲文艺出版社，1990.6.—257页；32开.—ISBN 7-80579-025-6：3.00元

茶花女浪漫的一生/（法）戴勒伯茨（Duplessis，M.）著；郭向桐译.—天津：百花文艺出版社，1990.12.—226页；32开.—（红帆船译丛）.—ISBN 7-5306-0599-2：2.95元

书名原文：La Dame aux Cameelias une vie Romanèce

追忆似水年华　（2）：在少女们身旁/（法）普鲁斯特（Proust，M.）著；桂裕芳，袁树仁译.—南京：译林出版社，1990.6.—520页；大32开.—ISBN 7-80567-055-2（精装）：9.20元；（平装）：6.50元

书名原文：A la Recherche du Temps Perdu（2）

追忆似水年华　（3）：盖尔芒特家那边/（法）普鲁斯特（Proust，M.）著；潘丽珍，许渊冲译.—南京：译林出版社，1990.6.—589页；大32开.—ISBN 7-80567-075-7（精装）：9.90元；（平装）：7.40元

书名原文：A la Recherche du Temps Perdu（3）

律令/（法）瓦扬（Vailland，R.）著；宋维洲译.—桂林：漓江出版社，1990.10.—366页；32开.（法国廿世纪文学丛书/柳鸣九主编）.—ISBN 7-5407-0598-1：4.50元

宫廷恩仇记/（法）德吕翁（Druon，M.）著；王晓峰译.—北京：北京出版社，1990.7.—3册（1339页）；大32开.—ISBN 7-200-00749-8：9.50元

书名原文：Les Rois Maudits

莫里哀戏剧故事选/（法）莫里哀著；章以武等改写.—广州：新世纪出版社，1990.11.—130页：图；大32开.—（外国文学名著普及本丛书；2）.—ISBN 7-5405-0451-X：1.45元

笑面人/（法）雨果著；黎敏人，黎锦鸿节写.—广州：新世纪出版社，1990.11.—190页：图；大32开.（外国文学名著普及本丛书；2）.—ISBN 7-5405-0451-X：2.15元

拿破仑情史：爱史·法兰西共和国史/（法）布鲁东（Breton，G.）著；贾鹏，孙浪译.—合肥：安徽文艺出版社，1990.3—306页；32开.—ISBN 7-5396-0242-2：3.80元

书名原文：Napoleon et les Femmes

流浪女伶/（法）柯莱特（Colette，S.G.）著；郑雅羣译.—桂林：漓江出版社，1990.9.—256页；32开.—（法国廿世纪文学丛书/柳鸣九主编）.—ISBN 7-5407-0586-8：3.35元

书名原文：La Vagabonde

雪恋/（法）路易·埃蒙著；赵静漪译.—长春：吉林文史出版社，1990.10.—149页；32开.—ISBN 7-80528-303-6：2.50元

谋杀在雅典/（法）维利埃（Villiers，G.de）著；郑若麟等译.—北京：群众出版社，1990.9.239页；32开.—ISBN 7-5014-0499-2：3.60元

书名原文：Meurtre a Athenes

隐身新娘/（法）凡尔纳（Verne，J.）著；夏莲，冬苗译.—北京：中国青年出版社，1990.10.200页；32开.—（凡尔纳选集）.—ISBN 7-5006-0444-0：2.55元

书名原文：Le Secret de Wilhelm Storitz

婚姻赌徒/（法）凯瑟琳·阿里著；杨玉忠译.—北京：北京出版社，1990.4.—157页；32开.—ISBN 7-200-00698-X：2.30元

绿色教会/（法）巴赞（Bazin，H.）著；袁树仁译.—桂林：漓江出版社，1990.9.—280页；32开.（法国廿世纪文学丛书/柳鸣九主编）.—ISBN 7-5407-0584-1：3.60元

蒙梭罗夫人/（法）大仲马（Dumas，A.）著；郑永慧译.—上海：上海译文出版社，1990.1.—2册（1050页）；大32开.—（大仲马选集）.—ISBN 7-5327-0298-7：11.90元

书名原文：La Dame de Monsoreau

新爱洛漪丝　第一、二卷/（法）卢梭（Rousseau，J.J.）著；伊信译.—北京：商务印书馆，1990.1.—360页；大32开.—ISBN 7-100-00769-0：4.25元

书名原文：Julie ou la Nouvelle Héoise

寡妇传奇/（法）皮埃尔·雷著；徐根祥译.—广州：花城出版社，1990.12.—321页；32开.—ISBN 7-5360-0401-X：4.10元

魔鬼附身/（法）拉迪盖（Radiguet，R.）著；程曾厚等译.—桂林：漓江出版社，1990.9.—264页；32开.—（法国廿世纪文学丛书/柳鸣九主编）.ISBN 7-5407-0585-X：3.40元

书名原文：Le Diable au Corps

I 565.5　报告文学

充满爱的时代/（法）马塞尔·帕尼奥尔著；邢怀伟，薛敏译.—济南：明天出版社，1990.1.—288页；32开.—ISBN 7-5332-0837-4：3.20元

本书是法国当代著名剧作家马塞尔·帕尼奥尔晚年回忆录中的一部，它反映了作者中学时期的生活。

I 565.6　散　文

巴尔扎克情书选/管筱明译.—桂林：漓江出版社，1990.7.—288页；32开.—(犀牛丛书).—ISBN 7-5407-0687-2：5.50元

他们热爱生活：法共烈士遗书/(法)法戎(Fajon,E.)编；陈伯祥译.—北京：世界知识出版社，1990.6.—89页；32开.—ISBN 7-5012-0294-X：1.30元

书名原文：Ils Aimaient la Vie Lettres de fusilles

我们最美好的日子/(法)M.亚朗著；罗大纲译.北京：作家出版社，1990.5.—178页；32开.—(四季译丛).—ISBN 7-5063-0342-6：2.65元

拿破仑情书集/沈承，江赵清译.—长沙：湖南文艺出版社，1990.5.—322页；32开.—ISBN 7-5404-0536-8：3.40元

I 565.8　儿童文学

小熊找朋友/(法)佩罗泓著；严大椿改编；徐光立画.—石家庄：河北少年儿童出版社，1990.1.20页；24开.—(娃娃好品德丛书；3).—ISBN 7-5376-0462-2：0.80元

比波王子的故事/(法)格里帕里(Gripari,P.)著；良葆译.—上海：上海译文出版社，1990.7.—159页；32开.—ISBN 7-5327-0910-8：1.85元

书名原文：Histoire du Prince Pipo

王子和美人鱼/(法)格里帕里(Gripari,P.)著；燕薇译.—上海：上海译文出版社，1990.3.108页；32开.—ISBN 7-5327-0896-9：1.45元

贝齐在乌龟岛/(法)汉森著；罗大智译.—南宁：接力出版社，1990.2.—32页；16开.—ISBN 7-80581-025-7：1.50元

贝齐称王/(法)汉森著；罗大智译.—南宁：接力出版社，1990.2.—32页；16开.—ISBN 7-80581-024-9：1.50元

六少年智擒走私犯/(法)邦宗(Bonzon,P.J.)著；郑志阳译.—上海：上海译文出版社，1990.8.130页；32开.—ISBN 7-5327-0906-X：1.65元

书名原文：Les Six Compagnons et les Piroguiers

巴诺拉的神水/(法)R.戈西尼，A.于德尔索著；何曙岗，刘惠琼译.—昆明：云南少年儿童出版社，1990.4.—1册；16开.—ISBN 7-5414-0435-7：2.70元

自作聪明的傻小子/(法)P.弗兰康著；何曙岗，刘惠琼译.—昆明：云南少年儿童出版社，1990.4.1册；16开.—ISBN 7-5414-0463-2：3.60元

红精灵和他的伙伴们/(法)瓦利德·格罗特编绘；钱晓明，蔡德友译.—杭州：浙江少年儿童出版社，1990.6.—92页；32开.—ISBN 7-5342-0566-2：1.30元

芳多梅特和神灯/(法)肖莱(Chaulet,G.)著；楼瑶卿译.—上海：上海译文出版社，1990.9.111页；插图；32开.—ISBN 7-5327-0908-6：1.50元

书名原文：Fantomette et la Lampe Merveilleuse

佐罗和总督/(法)让·克洛德·德雷著；王振孙译.—上海：上海译文出版社，1990.6.—180页；图；32开.—ISBN 7-5327-0909-4：2.00元

苦儿流浪记/(法)埃克多·马洛著；雪岗改写.北京：中国少年儿童出版社，1990.2.—172页；32开.—(中年级文学名著读本).—ISBN 7-5007-0795-9：2.25元

金发公主/(法)塞居尔夫人(Segur,C.)著；汪阳译.—上海：上海译文出版社，1990.8.—210页；32开.—ISBN 7-5327-0907-8：2.25元

书名原文：Nouveaux Contes De Fées

捉猫故事集/(法)埃梅(Aymé,M.)著；李玉民译.—北京：外国文学出版社，1990.8.—250页；插图；32开.—ISBN 7-5016-0082-1：3.10元

书名原文：Les Contes du Chat Perché

睡美人：法国童话选/(法)贝洛等著；傅辛译.上海：上海译文出版社，1990.8.—245页；32开.ISBN 7-5327-0917-5：2.55元

鲶鱼奥斯加历险记/(法)佛朗沙斯，索利阿诺著；陈学昭译.—北京：中国少年儿童出版社，1990.12.—30页；32开.—ISBN 7-5007-1119-0：0.50元

I 6　大洋洲各国文学

I 611　澳大利亚文学

人树/(澳)怀特(White,P.)著；胡文仲，李尧译.—上海：上海译文出版社，1990.10.—702页；大32开.—(二十世纪外国文学丛书).—ISBN 7-5327-0919-1：10.90元

神秘的别墅/(澳)肯·牧恩著；立夏译.—海口：南海出版公司，1990.10.—136页；32开.—ISBN 7-80570-259-4：2.00元

莎丽智斗"米老鼠"/（澳）盖布里尔·劳德著；立夏译.—海口：南海出版公司，1990.11.—169页；32开.—ISBN 7-80570-258-6：2.60元

偷运鹦鹉的人/（澳）菲普逊（Phipson，J.）著；仇标，何钗光译.—上海：少年儿童出版社，1990.11.—141页：插图；32开.—（外国儿童文学丛书）.—ISBN 7-5324-0207-X：2.00元

书名原文：The Bird Smugglers

I 7　美洲各国文学

I 711　加拿大文学

十七岁的船长贝尼埃/（加拿大）吉尔贝特著；张力译.—济南：明天出版社，1990.5.—136页；32开.—ISBN 7-5332-1046-8：1.40元

里柯克幽默小品选/（加拿大）斯蒂芬·里柯克著；萧乾译.—北京：作家出版社，1990.5.—194页：插图；32开.—（四季译丛）.—ISBN 7-5063-0348-5：2.90元

枫叶梦：特里·福克斯的故事/（加拿大）斯克里夫纳（Scrivener，L.）著；李殿昌，张晓华译.—北京：华夏出版社，1990.12.—169页；32开.—ISBN 7-80053-770-6：2.25元

书名原文：Terry Fox

信鸽阿诺/（加拿大）西顿著；吴树文译；甘礼乐改编；葛春学绘画.—上海：上海译文出版社，1990.1.—23页；24开.—ISBN 7-5327-0847-0：1.15元

怨怨相报：慕尼黑奥运村惨案始末/（加拿大）乔治·乔纳斯著；鲁曙明，崔立棠译.—北京：北京出版社，1990.8.—294页；32开.—ISBN 7-200-00818-4：3.95元

晚间新闻/（加拿大）黑尔（Hailey，A.）著；琳琳等译.—南京：译林出版社，1990.10.—405页；32开.—ISBN 7-80567-003-5：4.90元

书名原文：The Evening News

I 712　美国文学

诗人诗谈：二十世纪中期美国诗论/（美）奈莫洛夫（Nemorov）编；陈祖文译.—北京：生活·读书·新知三联书店，1989.8.—381页；32开.—（美国文化丛书）—ISBN 7-108-00199-3（精装）：15.40元

书名原文：Contemporarg American Poety

美国文学论/吕文斌著.—长春：吉林大学出版社，1990.7.—240页；32开.—ISBN 7-5601-0528-9：3.00元

美国文学的周期：历史评论专著/（美）斯皮勒（Spiller，R.E.）著；王长荣译.—上海：上海外语教育出版社，1990.6.—282页；大32开.—（美国文学史论译丛）.—ISBN 7-81009-450-5（精装）：8.00元

海明威在中国/杨仁敬编著.—厦门：厦门大学出版社，1990.11.—256页：地图；大32开.—（南强丛书/郑学檬主编）.—ISBN 7-5615-0295-8：4.90元

本书以1941年春，美国现代作家海明威访华为中心，从中国、美国和海明威夫妇三方面，揭示了这位大作家访华之谜。

海明威研究在中国/邱平壤编著.—哈尔滨：黑龙江教育出版社，1990.5.—207页；大32开.—（开放丛书·思想文化系列/何新主编）.—ISBN 7-5316-1033-7：3.30元

I 712.1　作品集

从彼得堡到斯德哥尔摩/（美）约瑟夫·布罗茨基著；王希苏，常晖译.—桂林：漓江出版社，1990.11.—580页；大32开.—（获诺贝尔文学奖作家丛书；第五辑/刘硕良主编）.—ISBN 7-5407-0607-4：7.65元

美国幽默作品选/卓振英编译.—长春：长春出版社，1990.1.—210页；32开.—ISBN 7-80573-110-0：2.35元

本书选收美国1733～1988年优秀幽默作品，体裁包括戏剧、小说、杂文等。

I 712.2　诗　歌

二十世纪美国诗选/庄彦选译.—沈阳：春风文艺出版社，1990.6.—606页；大32开.—（CF诗选系列）.—ISBN 7-5313-0349-3：7.80元

当代美国女诗人朦胧诗选/非鸥译.—长沙：湖南文艺出版社，1990.8.—177页；32开.—ISBN 7-5404-0553-8：2.35元

两条河的意图：当代美国华裔诗人作品选/王灵智等编译.—上海：上海文艺出版社，1990.4.—ISBN 7-5321-0533-4：2.40元

罗伯特·弗洛斯特诗选/非鸥译著.—西安：陕西人民出版社，1990.3.—192页；32开.—ISBN 7-224-01191-6：3.35元

书名原文：Selected Poems of Robert Frost

美国主要诗人作品选介/药锡泉编；吴钧陶等译.上海：上海外语教育出版社，1990.2.—546页；32开.—ISBN 7-81009-105-0：9.80元

本书是一本美国诗歌荟萃。

美国诗选/林以亮编选；张爱玲等译.—北京：生活读书·新知三联书店，1989.10.—311页；32开.（美国文化丛书）.—ISBN 7-108-00200-0（精装）：14.60元

爱是一棵月亮树/（美）玛丽·格丽娜著；周庆荣译.—桂林：漓江出版社，1990.4.—99页；32开.（域外诗丛）.—ISBN 7-5407-0537-X：1.70元

I 712.4 小说

一九一九年/(美)帕索斯(Passos, J.D.)著；朱世达译.—上海：上海译文出版社，1990.4.—533页；大32开.—(二十世纪外国文学丛书).—《美国》三部曲之二.—ISBN 7-5327-0678-8：8.75元

书名原文：Nineteen Nineteen

一个女人的遭遇/(美)施华茨—诺贝尔(Schwartznobel, L.)著；吕宁思译.—北京：群众出版社，1990.1.—271页；32开.—ISBN 7-5014-0430-5：3.20元

书名原文：Engaged to Murder

本书是一部揭露1979年费城郊区一位中学英语女教师被杀，两名子女失踪事件的纪实性犯罪小说。

一个女强人：成功的事业与不幸的爱情/(美)布雷德福(Bradford, B.T.)著；曹振寰译.—北京：世界知识出版社，1990.5.—601页；大32开.—ISBN 7-5012-0286-9：4.50元

书名原文：A Woman of Substance

本书描写了一位女企业家的发家史。

一代新机器的灵魂/(美)基德尔(Kidder, T.)著；龚益，高宏志译.—北京：机械工业出版社，1990.6.—318页；32开.—ISBN 7-111-01963-6：7.60元

书名原文：The Sowl of a Now Machine

一位女士的画像/(美)詹姆斯(James, H.)著；项星耀译.—北京：人民文学出版社，1984.1.716页；大32开.—(世界文学名著文库：珍藏本).ISBN 7-02-001685-5(精装)：20.70元

书名原文：The Portrait of a lady

大盗与修女：一桩轰动全美的大劫案/(美)艾尔曼·罗纳特著；严啸建，朱维青译.—北京：中国文联出版公司，1990.3.—402页；32开.—ISBN 7-5059-1244-5：5.35元

亡灵的舞厅/(美)希勒曼(Hillerman, T.)著；瞿忠文等译.—北京：群众出版社，1990.9.173页；32开.—(获美国爱伦·坡侦破小说大奖丛书).—ISBN 7-5014-0582-7：2.30元

书名原文：Dance Hall of the Dead

女儿与情人/(美)苏·米勒著；毛时安译.—上海：三联书店上海分店，1990.12.—170页；32开.(鼹鼠丛书).—ISBN 7-5426-0269-1：2.20元

小妇人/(美)露意莎·奥尔珂德著；郑晓沧译.杭州：浙江教育出版社，1990.1.—361页；32开.(教育系列小说；一).—ISBN 7-5338-0445-7：2.85元

小男儿/(美)露意莎·奥尔珂德著；郑晓沧译.杭州：浙江教育出版社，1990.1.—370页；32开.(教育系列小说；三).—ISBN 7-5338-0446-5：2.85元

本书是《好妻子》的续编。

马丁·伊登/(美)杰克·伦敦(Jack London)著；吴劳译.—上海：上海译文出版社，1990.8.462页；大32开.—(世界文学名著珍藏本).—ISBN 7-5327-0935-3(精装)：14.75元

马克·吐温短篇小说选/董衡巽等编译.—上海：上海教育出版社，1990.2.—174页；32开.—(中学生文库).—ISBN 7-5320-1756-7：1.45元

王孙梦/(美)辛克莱·路易斯著；陈克吾节写.广州：新世纪出版社，1990.11.—218页：图；大32开.—(外国文学名著普及本丛书；1).—ISBN 7-5405-0451-X：2.50元

王位继承人/(美)朱迪·戴弗拉罗著；董林，华峰译.—上海：上海人民出版社，1989.12.—246页；32开.—(中外书摘丛书；4).—ISBN 7-203-00765-9：3.25元

风流女大使/(美)西德尼·谢尔顿著；吴力励译.太原：北岳文艺出版社，1990.10.—397页；32开.ISBN 7-5378-0447-8：5.50元

牛仔的罗曼史/(美)赞恩·格雷著；陈慧民，陈春山译.—北京：军事译文出版社，1990.3.—313页；32开.—ISBN 7-80027-101-3：3.90元

邓肯的最后岁月/(美)邓肯(Duncan, I.)，麦克杜格尔(Macdougall, A.R.)著；苏音等译.—天津：百花文艺出版社，1990.12.—301页；32开.—(红帆船译丛).—ISBN 7-5306-0429-5：3.75元

书名原文：Isadora Duncan's Russian Days & Her Last Years in France

本书真实地记叙了美国著名舞蹈家邓肯一生的事业成就与爱情生活。

双重间谍/(美)詹姆斯·哈德利·查斯著；冯振乾，杨林译.—北京：北京出版社，1990.6.—281页；32开.—ISBN 7-200-00941-5：3.80元

龙村：坐牛车的都市女郎/(美)陈元珍著.—上海：上海文艺出版社，1990.4.—272页；32开.—ISBN 7-5321-0470-2：3.30元

本书是美籍华人作家陈元珍的自传体长篇小说。

生死仇敌/(美)马克·奥尔登著；黄禄善译.长春：时代文艺出版社，1990.6.—339页；32开.(中外传奇文学丛书).—ISBN 7-5387-0244-X：4.50元

生命末日的体验：爱伦·坡恐怖侦探科幻小说选/(美)坡(Poe, E.A.)著；王辽南编.—南宁：广西人民出版社，1990.4.—284页：肖象；32开.—ISBN 7-219-01515-1：3.45元

白鲸/(美)麦尔维尔(Melville, H.)著；陈骝节写.—广州：新世纪出版社，1990.11.—192页：图；大32开.—(外国文学名著普及本丛书；1).

ISBN 7-5405-0451-X：2.20元

白鲸：莫比——迪克/（美）麦尔维尔（Melville，H.）著；曹庸译.—上海：上海译文出版社，1990.9.—808页：图；大32开.—（世界文学名著珍藏本）.—ISBN 7-5327-0936-1（精装）：19.60元

永别了，武器：普及版/（美）海明威原著；余水改写.—杭州：浙江少年儿童出版社，1990.3.—202页：图；32开.—（认识社会·文学名著精编丛书；第2辑/邵宗杰主编）.—ISBN 7-5342-0529-8：2.10元

母女情深/（美）拉里·麦克默屈里著；斯夫人编译.—太原：北岳文艺出版社，1990.1.—253页；32开.—（奥斯卡金像奖小说丛书；第一辑；7/吴士余主编）.—ISBN 7-5378-0207-6：2.50元

动魄惊心：美国中央情报局优秀特工自述/（美）乔·皮斯通著；宏力，广迪译.—北京：法律出版社，1990.6.—381页；32开.—ISBN 7-5036-0487-5：4.90元

西部牛仔情，又名，**孤独的鸽子**/（美）麦克默特里著；王约西，袁凤珠译.—海口：南海出版公司，1990.6.—3册（1118页）；32开.—ISBN 7-80570-036-2：16.00元

书名原文：Lonesome Dove

夺爱/（美）沙伦·科恩著；廖永煌译.—南宁：广西人民出版社，1990.7.—163页；32开.—ISBN 7-219-01499-6：2.10元

在路上/（美）杰克·凯鲁亚克著；陶跃庆，何晓丽译.—桂林：漓江出版社，1990.12.—310页；32开.—ISBN 7-5407-0636-8：3.75元

本书是美国垮掉派作家杰克·凯鲁亚克的力作，描写了几个美国青年的一种特殊生活方式。

死亡地带/（美）达夫·佩德诺著；董丽平等译.—太原：北岳文艺出版社，1990.1.—326页；32开.—ISBN 7-5378-0291-3：3.50元

当传奇消失的时候/（美）哈尔·博兰特著；徐晓林译.—郑州：黄河文艺出版社，1990.1.—398页：冠图；32开.—ISBN 7-5400-0185-2：4.30元

血与钱/（美）托马斯·汤普森著；王业桃，周林译.—兰州：甘肃人民出版社，1990.6.—547页；32开.—ISBN 7-226-00558-1：5.85元

多梦丽人/（美）琳达·帕尔梅著；沈东子译.—桂林：漓江出版社，1990.11.—331页；32开.—ISBN 7-5407-0575-2：3.85元

军官妻子/（美）弗莱明（Fleming，T.）著；王爱飞等译.—北京：昆仑出版社，1990.2.—2册（885页）；32开.—ISBN 7-80040-175-8：10.50元

异国恋情/（美）卢里（Lurie，A.）著；赵德梅译.—济南：山东文艺出版社，1990.12.—330页；大32开.—（文学大奖小说译丛）.—ISBN 7-5329-0633-7：5.50元

她在黑暗中躺下/（美）斯泰隆（Styron，W.）著；张承谟，丁廷敏译.—长沙：湖南文艺出版社，1990.10.—552页；大32开.—（美国当代文学名著译丛/杨小石主编）.—ISBN 7-5404-0599-6：6.90元

书名原文：Lie Down in Darkness

她走出低谷/（美）阿曼达·斯蒂文斯著；小珊译.—重庆：重庆出版社，1990.5.—291页；32开.ISBN 7-5366-1184-6：3.60元

好妻子/（美）露意莎·奥尔珂德著；郑晓沧译.杭州：浙江教育出版社，1990.1.—379页；32开.（教育系列小说；二）.—ISBN 7-5338-0444-9：2.90元

本书是《小妇人》的续篇。

红字：霍桑小说选/（美）霍桑（Hawthorne，N.）著；侍桁等译.—2版.—上海：上海译文出版社，1990.12.—297页；大32开.—（外国文学名著丛书）.—ISBN 7-5327-0641-9（精装）：5.30元

书名原文：The Scarletletter

本书1981年10月第1版。

红字：霍桑小说选/（美）霍桑（Hawthorne，N.）著；侍桁等译.—2版.—上海：上海译文出版社，1990.12.—297页；大32开.—（外国文学名著丛书）.—ISBN 7-5327-0640-0：3.70元

本书1981年10月第1版.

红鹤咖啡馆/（美）加德纳（Gardner，J.）著；曹海青译.—哈尔滨：黑龙江人民出版社，1990.9.294页；32开.—ISBN 7-207-00944-5：4.80元

克里姆林宫的"红衣主教"/（美）汤姆·克兰西著；赵明杰，赵有民译.—北京：文化艺术出版社，1990.10.—2册（680页）；32开.—ISBN 7-5039-0678-2：8.00元

本书描写的是美国中央情报局和苏联克格勃之间的惊险争斗。

苏菲的选择/（美）威廉·斯泰伦著；未人，寇天斯译.—太原：北岳文艺出版社，1990.1.—228页；32开.—（奥斯卡金像奖小说丛书；第一辑；6/吴士余主编）.—ISBN 7-5378-0210-6：2.50元

走遍美国：记一次横贯美国的徒步旅行/（美）詹金斯（Jenkins，P.），詹金斯（Jenkins，B.）著；仝晓秋译.—北京：中国对外翻译出版公司，1990.11.—574页；大32开.—ISBN 7-5001-0048-5：5.45元

书名原文：A Walk Across America

本书叙述美国一对新婚夫妻徒步横贯美国的故事。

两分钟消灭美国/（美）理查德·哈里斯著；魏潸等译.—昆明：云南人民出版社，1990.12.—284页；32开.—ISBN 7-222-00672-9：4.45元

里斯本谍王/（美）罗伯特·鲁德兰姆著；肖竝，苏青译.—广州：花城出版社，1990.3.—431页；32开.—ISBN 7-5360-0579-2：5.10元

乱世大总统林肯：最佳美国历史小说/(美)维达尔(Vidal, G.)著；老安译.—北京：宝文堂书店，1990.1.—2册(670页)；大32开.—ISBN 7-80030-121-4：7.50元

书名原文：Lincoln

乱世佳人/(美)米切尔(Mitchell, M.)著；陈良廷等译.—上海：上海译文出版社，1990.5.—2册(1313页)：照片；大32开.—ISBN 7-5327-0923-X：15.00元

书名原文：Gone With the Wind，又译名：飘

乱世佳人：全译本/(美)米切尔(Mitchell, M.)著；陈良廷等译.—上海：上海译文出版社，1990.5.—1313页：照片；大32开.—ISBN 7-5327-0924-8(精装)：16.10元

书名原文：Gone With the Wind，又译名：飘

我弥留之际/(美)威廉·福克纳著；李文俊等译.—桂林：漓江出版社，1990.11.—545页；大32开.—(获诺贝尔文学奖作家丛书；第五辑/刘硕良主编).—ISBN 7-5407-0608-2(精装)：16.45元

我弥留之际/(美)威廉·福克纳著；李文俊等译.—桂林：漓江出版社，1990.11.—545页；大32开.—(获诺贝尔文学奖作家丛书；第五辑/刘硕良主编).—ISBN 7-5407-0608-2：7.55元

岛之恋/(美)海明威著；吴建国译.—合肥：安徽文艺出版社，1990.6.—571页；32开.—ISBN 7-5396-0232-5：6.60元

杰克·马罗克传奇/(美)埃里克·范·勒斯特巴德著；敖香兰等译.—呼和浩特：内蒙古人民出版社，1990.8.—586页；32开.—(当代世界最畅销的小说；一).—ISBN 7-204-00864-2：6.00元

"明天见"行动/(美)理查德·查理斯著；凤环等译.—长春：时代文艺出版社，1990.10.—334页；32开.—ISBN 7-5387-0266-0：4.60元

本书反映了美苏两国情报机构近年来明争暗斗的新水平。

使命/(美)罗伯特·博尔特著；俞宝发译.—太原：北岳文艺出版社，1990.1.—208页；32开.(奥斯卡金像奖小说丛书；第一辑；8/吴士余主编).ISBN 7-5378-0208-4：2.30元

兔子回家/(美)厄普代克(Updike, J.)著；李力，单子坚译.—重庆：重庆出版社，1990.7.582页；32开.—ISBN 7-5366-1292-3：6.50元

书名原文：Rabbit Redux

本书是"兔子"三部曲的第2部。

兔子富了/(美)厄普代克(Updike, J.)著；张仁坚等译.—重庆：重庆出版社，1990.7.—680页；32开.—ISBN 7-5366-1293-1：7.40元

书名原文：Rabbit is Rich

本书是"兔子"三部曲的第3部。

夜幕下的大军/(美)梅勒(Mailer, N.)著；任绍曾译.—长沙：湖南文艺出版社，1990.10.—339页；大32开.—(美国当代文学名著译丛).—ISBN 7-5404-0060-3：4.70元

书名原文：The Armies of the Night

底特律的陷阱/(美)爱摩尔·列昂纳德著；潘晓娟译.—长春：时代文艺出版社，1990.11.—250页；32开.—ISBN 7-5387-0297-0：3.65元

浅滩谜船/(美)博耶(Boyer, R.)著；赵苏苏译.—北京：群众出版社，1990.9.—343页；32开.(获美国爱伦·坡侦破小说大奖丛书).—ISBN7-5014-0586-4：4.90元

书名原文：Billingsgate Shoal

珍妮姑娘/(美)德莱塞(Dreiser, T.)著；傅东华译.—上海：上海译文出版社，1990.8.—276页；32开.—(世界文学名著普及本).—ISBN 7-5327-0938-8：3.00元

书名原文：Jennie Gerhardt

钟形罩/(美)普拉思(Plath, S.)著；严维明译.—哈尔滨：北方文艺出版社，1990.8.—359页；32开.—ISBN 7-5317-0346-7：3.85元

书名原文：The Bell Jar

科布察的冒险/(美)拉木尔(L'amour, L.)著；刘珠还，袁传璋译.—合肥：安徽文艺出版社，1990.9.—528页；32开.—ISBN 7-5396-0231-7：6.10元

书名原文：The Walking Drum

科学算命之谜/(美)加德纳(Gardner, M.)著；谈祥柏译.—上海：上海科学普及出版社，1990.6.—202页；32开.—ISBN 7-5427-0192-4：2.50元

复仇天使/(美)芭芭拉·泰勒·布雷德福著；李伟民，唐米译.—南宁：广西人民出版社，1990.2.—410页；32开.—ISBN 7-219-01225-X：4.60元

复仇者/(美)契特·康林翰著；张国銮，邱彬译.—福州：海峡文艺出版社，1990.11.—259页；32开.—ISBN 7-80534-321-7：3.10元

追踪流浪星/(美)弗列德里支·鲍尔著；李歌，姚小梓译.—福州：福建少年儿童出版社，1990.11.261页；32开.—(世界科幻小说精品丛书；第1辑/蒋虹丁主编).—ISBN 7-5395-0416-1：3.00元

鬼室与阴影/(美)马丁·哈里·格林伯格，卡罗尔·罗塞尔·沃编；居朝仁译.—北京：中国文联出版社，1990.2.—444页；32开.—ISBN 7-5059-1173-2：5.40元

书名原文：The New Adrenture of Sherlock Holmes

叛逃的大间谍/（美）怀斯（Wise，D.）著；晨锋译.—北京：警官教育出版社，1990.3.—251页；32开. ISBN 7-81027-002-8：4.10元

总统骗局/（美）玛丽琳·夏普著；喻林久等译.南宁：广西人民出版社，1990.7.—322页；32开. ISBN 7-219-01569-0：3.55元

觉醒/（美）肖班（Chopin，Kate）著；吕文斌译.哈尔滨：黑龙江人民出版社，1990.3.—175页；32开.—（美国妇女文学名著）.—ISBN 7-207-01327-2：2.90元

书名原文：The Awakening

美国二十世纪小说选读　上册/万培德主编.—2版（增订本）.—上海：华东师范大学出版社，1990.4.—397页；大32开.—ISBN 7-5617-0034-2：2.95元

本书1982年5月第1版。

美国二十世纪小说选读　下册/万培德主编.—2版（增订本）.—上海：华东师范大学出版社，1990.4. 423页；大32开.—ISBN 7-5617-0035-0：3.06元

本书1981年8月第1版。

美国的末日/（美）保罗·厄德曼著；陈述译.—太原：北岳文艺出版社，1990.5.—288页；32开.—ISBN 7-5378-0341-7：3.50元

美国的秘密战争/（美）鲍勃·伍德沃德著；郑天雷等译.—长沙：湖南文艺出版社，1990.9.—379页；32开.—ISBN 7-5404-0594-5：4.10元

美国的悲剧：节本/（美）西奥多·德莱塞著；许汝祉译.—北京：人民文学出版社，1990.1.—161页；32开.—（佳作丛书；第六辑）.—ISBN 7-02-000269-2：1.85元

美国催眠间谍案/（美）玛格丽特·杜鲁门著；丁孝文等译.—北京：北京十月文艺出版社，1990.8. 313页；32开.—ISBN 7-5302-0195-6：4.60元

本书反映了美国情报人员放荡不羁的生活，从侧面揭露了美国自由民主的真相。

神秘的方山/（美）路易斯·拉穆尔著；李开等译.—天津：天津人民出版社，1990.2.—317页；32开.—ISBN 7-201-00434-4：4.50元

娇女/（美）毛里森（Morrison，T.）著；王友轩译.—长沙：湖南文艺出版社，1990.10.—363页；大32开.—（美国当代文学名著译丛）.—ISBN 7-5404-0603-8：4.90元

书名原文：Beloved

恐怖者花招/（美）克兰西（Clancy，T.）著.杭州：浙江文艺出版社，1990.10.—579页；32开. ISBN 7-5339-0264-5：5.80元

书名原文：Patriot Games

套向月亮的绳索/（美）艾格纳·辽克尔著；方华文，鲍维娜译.—西安：华岳文艺出版社，1990.5. 465页；32开.—ISBN 7-80549-233-6：5.50元

原野奇侠/（美）杰克·谢富著；姚新学，张学文译.—海口：南海出版公司，1990.7.—166页；32开.—ISBN 7-80570-058-3：2.60元

原野奇侠/（美）施立弗（Scheaffer，J.）著；蒋亦青译.—北京：中国华侨出版公司，1990.10.—138页；32开.—ISBN 7-80074-244-X：2.20元

书名原文：Shane

本书是一部美国西部题材的畅销小说，曾被译成31种文字70多种版本。

铃雾情丝/（美）孙碧华著.—北京：中国友谊出版公司，1990.6.—432页；32开.—ISBN 7-5057-0141-1：5.60元

爱情与战争/（美）约翰·杰克斯著；王同乐等译.北京：作家出版社，1990.9.—2册（608，691）页；32开.—ISBN 7-5063-0358-2：14.30元

书名原文：Love and War

海角天涯/（美）曹小平著.—北京：中国友谊出版公司，1990.11.—198页；32开.—ISBN 7-5057-0334-X：3.00元

本书是作者半个多世纪海外漂泊生涯的真实写照。

凌晨两点钟/（美）李蓝著.—北京：中国华侨出版公司，1990.6.—395页；大32开.—ISBN 7-80074-126-5：5.50元

被出卖的情人/（美）雷诺·弗雷彻著；贾文浩，贾文渊译.—太原：北岳文艺出版社，1990.10.—252页；32开.—ISBN 7-5378-0338-2：3.40元

继承人/（美）罗宾斯·哈罗德著；仲勃等译.南宁：广西人民出版社，1990.8.—394页；32开. ISBN 7-219-01621-2：4.30元

雪中的黄金/（美）玛丽·麦克斯维根著；陈新，宋协立译.—济南：明天出版社，1990.4.—308页；32开.—ISBN 7-5332-0911-7：2.80元

眼镜蛇/（美）詹姆斯·米尔斯著；多人译.—上海：学林出版社，1990.2.—364页；32开.—《地下王国》三部曲之一.—ISBN 7-80510-201-5：3.65元

野马谷的少女/（美）琼玛·阿密尔著；李春葆，冯古译.—北京：中国工人出版社，1990.5.—523页；32开.—ISBN 7-5008-0549-7：7.20元

第三次世界大战/（美）哈罗德·科伊尔著；蒋坚松等译.—长沙：湖南文艺出版社，1990.2.—290页；32开.—ISBN 7-5404-0504-X：3.20元

第六戒/（美）桑德斯（Sanders，L.）著；冷杉，庄美杰译.—北京：解放军文艺出版社，1990.5. 348页；32开.—ISBN 7-5033-0148-1：4.60元

偷情恨：一个令婚外恋者毛骨悚然的故事/（美）H.B.吉尔默著；贾文浩，贾文渊译.—太原：北岳文艺出版社，1990.8.—219页；36开.—ISBN 7-5378-0322-6：3.00元

假巴顿历险记/(美)卡罗尔·戴利著；王其健译.—太原：北岳文艺出版社，1990.10.—131页；32开.—ISBN 7-5378-0181-9：2.20元

本书还包括《金发女郎奇案》、《天使般的面孔》、《巴特拉医生之死》3篇小说。

鸽子行动/(美)欧文·华莱士著；尹世寅等译.太原：北岳文艺出版社，1990.10.—384页；32开.ISBN 7-5378-0195-9：4.40元

谍网·情网/(美)艾琳·格里费斯著；亦飞，如云译.—石家庄：花山文艺出版社，1990.10.—350页；32开.—ISBN 7-80505-311-1：4.50元

替身/达里等著；傲霜译.—北京：法律出版社，1990.7.—110页；32开.—ISBN 7-5036-0699-1：1.70元

本书收入《迷离的女尸》、《在劫难逃》、《替身》和《拯救安琪儿》四篇美国中、短篇侦破小说。

联邦调查局的阴谋/(美)玛格丽特·杜鲁门著；周岐才等译.—南宁：广西人民出版社，1990.11.—307页；32开.—ISBN 7-219-01702-2：3.65元

裁决/(美)瑞德(Reed, B.)著；孙建秋等译.北京：中国电影出版社，1990.8.—302页；大32开.(外国影片研究丛书).—ISBN 7-106-00315-8：4.40元

本书包括小说《裁决》和据此改编的镜头记录本《裁决》。

超级绝密/(美)福布斯(Forbes, C.)著；秦柯译.—北京：宝文堂书店，1990.7.—292页；大32开.ISBN 7-80030-190-7：4.30元

书名原文：Cover Story

最新美国短篇小说选/卢暖阳等译.—长春：吉林人民出版社，1990.5.—227页；32开.—ISBN 7-206-00739-2：2.70元

黑手/(美)亚历克·萨克雷著；琪年，谢为群译.—南宁：广西人民出版社，1990.2.—322页；32开.—ISBN 7-219-01491-0：3.70元

本书以美国总统选举为背景，反映和揭露美国政治制度弊端的政治小说。

黑夜/(美)伊利·威塞尔著；朱华钧等译.—北京：解放军出版社，1990.5.—147页；32开.—ISBN 7-5065-1266-1：2.20元

本书是诺贝尔和平奖获得者、美籍犹太作家伊利·威塞尔的成名之作。作品控诉了第二次世界大战期间纳粹集中营对犹太人进行骇人听闻的各种血腥暴行，反映了作家本人从一个虔诚教徒转变为无神论者的不平凡历程。

飓风啊，咆哮吧/(美)皮斯(Pease, H.)著；江昭明译.—北京：外国文学出版社，1990.5.—227页；32开.—ISBN 7-5016-0078-3：2.90元

书名原文：Captain of the Araby

愤怒的葡萄：普及版/(美)斯坦培克原著；昱明改写.—杭州：浙江少年儿童出版社，1990.3.—244页；图；32开.—(认识社会·文学名著精编丛书；第二辑/邵宗杰主编).—ISBN 7-5342-0532-8：2.30元

罪恶之角/(美)托马斯(Thomas, R.)著；杨仁娟，张铁峰译.—北京：群众出版社，1990.9.303页；32开.—(获美国爱伦·坡侦破小说大奖丛书).—ISBN 7-5014-0583-9：4.40元

书名原文：Briarpatch

愁思伤情/(美)贝娄(Bellow, S.)著；林珍珍，姚暨荣译.—南京：译林出版社，1990.8.—426页；32开.—(译林文库).—ISBN 7-80567-034-X：4.90元

"福尔摩斯"在纽约/(美)马歇尔·豪茨著；钱绍昌译.—上海：上海翻译出版公司，1990.10.—281页；32开.—(上海译报丛书).—ISBN 7-80154-292-0：2.55元

福克纳作品精粹/(美)威廉·福克纳著；陶洁选编.—石家庄：河北教育出版社，1990.6.—518页；大32开.—(世界文学博览丛书/巫宁坤主编).ISBN 7-5434-0651-9：6.40元

嫌疑犯/(美)L.R.赖特著；李志良等译.—北京：群众出版社，1990.9.—197页；32开.—(获美国爱伦·坡侦破小说大奖丛书).—ISBN 7-5014-0581-5：3.00元

嫁给我吧/(美)厄普代克(Updike, J.)著；潘平微，王俭美译.—哈尔滨：北方文艺出版社，1990.2.—298页；32开.—ISBN 7-5317-0306-6：3.90元

赫索格/(美)贝娄(Bellow, S.)著；宋兆霖译.桂林：漓江出版社，1985.7(1992.2印).—493页；大32开.—(诺贝尔文学奖作家丛书/刘硕良主编).—ISBN 7-5407-0668-8(精装)：16.60元

嘉莉妹妹/(美)德莱塞(Dreiser, T.)著；裘柱常译.—上海：上海译文出版社，1990.8.—425页；32开.—(世界文学名著普及本).—ISBN 7 5327-0934-5：4.25元

书名原文：Sister Garrie

豪富/(美)罗宾斯(Robbins, H.)著；郝明译.—银川：宁夏人民出版社，1990.8.—2册(636页)；32开.—ISBN 7-227-00360-4：7.10元

书名原文：The Garpetbagger

本书描写第二次世界大战期间美国社会剧烈竞争中一群人物的命运。

熊/(美)福克纳(Faulkner, W.)著；李文俊译.—上海：上海译文出版社，1990.8.—183页；32开.—ISBN 7-5327-0751-2：2.60元

书名原文：The Bear

樱花恋/(美)米契涅著；林正义译.—北京：文化艺术出版社，1990.7.—233页；32开.—ISBN 7-5039-0753-3：4.00元

飘/（美）米切尔（Mitchell，M.）著；戴侃等译.—北京：外国文学出版社，1990.8.—2册（1309页）；大32开.—ISBN 7-5016-0083-X：12.55元

书名原文：Gone With the Wind

鹤舞神州/（美）萧逸著.—北京：中国友谊出版公司，1990.4.—445页；32开.—ISBN 7-5057-0286-6：5.90元

颠覆帝国的阴谋/（美）艾萨克·阿西莫夫著；任泳，施苏农译.—福州：福建少年儿童出版社，1990.11.—310页；图；36开.—（世界科幻小说精品丛书）.—ISBN 7-5395-0414-5：3.50元

蕾丝：续集/（美）雪莉·康伦著；雷英等译.—北京：中国社会科学出版社，1990.2.—345页；32开.—（当代美国小说丛书）.—ISBN 7-5004-0736-X：4.00元

本书为美国著名电视连续剧《蕾丝》小说原作的续集。

蕾蒙娜/（美）杰克逊（Jackson，H.H.）著；筱章译.—上海：上海译文出版社，1990.7.—504页；32开.—ISBN 7-5327-0816-0：4.65元

书名原文：Ramona

魔影/（美）罗伯特·卢德勒姆著；史津海译.杭州：浙江文艺出版社，1990.8.—475页；32开.ISBN 7-5339-0221-1：5.20元

I 712.5　报告文学

打入黑手党六年纪实：一位联邦调查局特工的自述/（美）皮斯托恩（Pistone，J.D.），伍德利（Woodley，R.）著；白己等译.—北京：中国社会科学出版社，1990.1.—472页；32开.—ISBN 7-5004-0693-2：5.65元

书名原文：Donnie Brasco My Undercover Life in the Mafia

电脑之魂/（美）基德尔（Kidder，J.T.）著；沈月山，阮永之译.—北京：机械工业出版社，1990.10.288页；32开.—ISBN 7-111-02188-6：6.60元

我接触未来：克里斯塔·麦考利甫的故事/（美）霍勒（Hohler，R.T.）著；罗豆，杨浩然译.—上海：上海人民出版社，1989.9.—300页；大32开.ISBN 7-208-00640-7（精装）：6.15元

书名原文：I Touch The Future

教皇之死/（美）雅洛普（Yallop，D.A.）著；丁启鹏译.—合肥：安徽文艺出版社，1990.6.—385页；32开.—ISBN 7-5396-0330-5：4.50元

书名原文：In God's Name

本书是一部长篇纪实文学作品，揭开了梵蒂冈教廷的内部黑幕。

混沌：开创新科学/（美）格莱克（Gleick，J.）著；张淑誉译.—上海：上海译文出版社，1990.8.348页；彩图；大32开.—（当代学术思潮译丛；3）.—ISBN 7-5327-1049-1：6.75元

本书是一本科学报告文学，生动地介绍了混沌学的发展历程，形象地描绘了开拓新科学的先驱。

新机器的灵魂/（美）基德尔（Kidder，J.T.）著；仇万煜，左兰芬译.—上海：上海科学技术出版社，1990.8.—225页；大32开.—ISBN 7-5323-2056-1（精装）：7.80元

书名原文：The Soul of a New Machine

本书主要叙述数据通用公司研制32位超级小型计算机的过程，介绍了科研领导人怎样组织科研攻关从而赢得竞争的成功经验。

I 712.6　散　文

门林集/（美）薛君度著.—北京：中国友谊出版公司，1990.1.—209页；彩照；32开.—ISBN 7-5057-0159-2：5.00元

本书收录80年代作者在纽约、香港和北京各地中文报纸杂志上发表过的文章和学术论文。

云南漫游/（美）帕里斯（Parris，J.）著；陈玉华，段振培译.—昆明：云南人民出版社，1990.6.220页；32开.—ISBN 7-222-00641-9：4.00元

书名原文：Roaming Yunnan

我在美国——酸甜苦辣/（美）袁道新口述；陈先法撰写.—上海：上海人民出版社，1990.7.—291页；大32开.—ISBN 7-208-00795-0：5.10元

我的心与你同在：美国《读者文摘》散文小品精选/欧阳宏玲译.—哈尔滨：北方文艺出版社，1990.10.—170页；36开.—（半小时丛书；第5辑）.—ISBN 7-5317-0393-9：2.50元

……，我是谁？：作为女人的疑惑，恐惧和喜悦/（美）玛乔里·霍尔姆丝著；方永德等译.—上海：上海人民出版社，1990.5.—243页；32开.—ISBN 7-208-00767-5：3.00元

书名原文：……Who Am I？：Doubts Fears and Joys of Being a Woman

I 712.8　儿童文学

人类精英轶事/（美）卡洛尔（Koral，B.）等著；唐克蛮，刘东兵译.—济南：明天出版社，1990.3.—359页；图；16开.—（少男少女丛书）.ISBN 7-5332-0937-0（精装）：17.60元

书名原文：Heroes and Heroines

入侵地球/（美）哈里·哈里森著；陆君译.—北京：中国国际广播出版社，1990.8.—165页；32开.（世界现代超级童话系列）.—ISBN 7-80035-482-2：2.35元

大鲸鱼周游世界/（美）伊尼兹·霍甘著；纪一编译；吕岭注音.—郑州：海燕出版社，1990.11.—66页；24开.—ISBN 7-5350-0607-8：1.35元

小公主/（美）巴·奈托著；张明杰，张雪中译.—呼

和浩特：内蒙古教育出版社，1990.7.—233页：插图；36开.—ISBN 7-5311-1179-9：2.10元

小米勒旅行记/（美）诺顿·加斯特著；张海迪译.武汉：湖北少年儿童出版社，1990.9.—170页：插图；32开.—ISBN 7-5353-0752-3（精装）：2.10元

少年侦探布朗/（美）索宝尔（Sobol，D.J.）原著；王小平等编译.—北京：中国社会出版社，1990.7.—149页；32开.—ISBN 7-80088-060-5：2.20元

少年神探福尔摩斯/（美）阿诺德（Arnold，A.）著；潘天舒译.—北京：法律出版社，1990.6.190页；32开.—ISBN 7-5036-0654-1：2.80元

书名原文：Young Sherlock Holmes

仙境术士/（美）弗兰克·鲍姆著；筱章译.—上海：上海译文出版社，1990.3.—151页：插图；32开.—（《绿野仙踪》系列童话；1）.—ISBN 7-5327-0823-3：1.80元

皮姆历险记/（美）坡（Poe，E.A.）著；裘柱常译.—上海：上海译文出版社，1990.12.—210页；32开.—ISBN 7-5327-0967-1：2.55元

书名原文：The Narrantive of Arthur Gordon pym of Nantucket

名犬拉西/（美）纳依顿原著；徐寒梅译.—南宁：接力出版社，1990.1.—24页；24开.—（动画列车丛书）.—ISBN 7-80581-014-1：0.95元

汤姆·莎耶历险记，哈克贝利·费恩历险记/（美）马克·吐温著；陈虹，邓启龙节写.—广州：新世纪出版社，1990.11.—267页：图；大32开.（外国文学名著普及本丛书；2）.—ISBN 7-5405-0451-X：3.00元

汤姆·索耶历险记/（美）马克·吐温著；肖耀田译；佩华等复制.—杭州：浙江少年儿童出版社，1990.12.78页；32开.—ISBN 7-5342-0600-6：1.20元

米老鼠和唐老鸭新传：你见过龙吗？/罗进，孙蒲远译.—海口：南海出版公司，1990.7.—1册；16开.ISBN 7-80570-235-7：1.90元

米老鼠和唐老鸭新传：大家来逛动物园/余红，金阵译.—海口：南海出版公司，1990.7.—1册；16开.—ISBN 7-80570-234-9：1.90元

米老鼠和唐老鸭新传：小小旅行家/迅之，蒋淑先译.—海口：南海出版公司，1990.7.—1册；16开.ISBN 7-80570-233-0：1.90元

米老鼠和唐老鸭新传：地球王国的奥秘/邹连聪，金镝译.—海口：南海出版公司，1990.7.—1册；16开.—ISBN 7-80570-229-2：1.90元

米老鼠和唐老鸭新传：多彩的世界/沈洪，金阵译.海口：南海出版公司，1990.7.—1册；16开.—ISBN 7-80570-236-5：1.90元

米老鼠和唐老鸭新传：忙忙碌碌的人/常伯公，蒋淑先译.—海口：南海出版公司，1990.7.—1册；16开.ISBN 7-80570-237-3：1.90元

米老鼠和唐老鸭新传：春天的故事/余红，金阵译.—海口：南海出版公司，1990.7.—1册；16开.ISBN 7-80570-228-4：1.90元

米老鼠和唐老鸭新传：科学的乐园/宏虹，蒋淑先译.—海口：南海出版公司，1990.7.—1册；16开.ISBN 7-80570-231-4：1.90元

米老鼠和唐老鸭新传：神秘的海底/常军，金阵译.—海口：南海出版公司，1990.7.—1册；16开.ISBN 7-80570-230-6：1.90元

杜乐琪的奇遇/（美）弗兰克·巴姆著；晓螺改编；高宝生绘画.—长沙：湖南少年儿童出版社，1990.1.—1册；32开.—（世界著名童话和故事连环画丛书）.—ISBN 7-5358-0467-5：1.20元

返回地球的宇宙人/（美）菲力浦·法尔玛著；刘达德，刘亚强译.—福州：福建少年儿童出版社，1990.12.—253页；36开.—（世界科幻小说精品丛书）.—ISBN 7-5395-0452-8：3.00元

青蛙与癞蛤蟆/（美）阿诺德·罗贝尔著；严大椿译；阿伊画.—长沙：湖南少年儿童出版社，1990.12.4册；20开.—ISBN 7-5358-0564-7（袋装）：3.20元

肥猫加菲/（美）吉姆·戴维斯原著；王又文，黄吉国复制.—天津：新蕾出版社，1990.3.—1册；32开.ISBN 7-5307-0516-4：0.80元

哈克贝利·芬历险记/（美）马克·吐温著；肖耀田译；佩华等复制.—杭州：浙江少年儿童出版社，1990.12.—78页；32开.—ISBN 7-5342-0666-9：1.20元

看图讲故事　（1）：美国现、当代童话精选/村夫改写；朱朱绘.—长春：吉林美术出版社，1990.8.10册；48开.—ISBN 7-5386-0181-3（盒装）：3.00元

看图讲故事　（2）：美国当代童话精选/村夫改写；崔晓云等绘.—长春：吉林美术出版社，1990.8.—10册；48开.—ISBN 7-5386-0182-1（盒装）：3.00元

追踪流浪星/（美）弗列德里克·鲍尔著；李歌，姚小桦译.—福州：福建少年儿童出版社，1990.11.261页；36开.—（世界科幻小说精品丛书；第1辑/蒋虹丁主编）.—ISBN 7-5395-0416-1：3.00元

帝国反击战/（美）唐纳德·F.格拉特著；陈隽，程莹译.—福州：福建少年儿童出版社，1990.6.224页：插图；36开.—（世界科幻小说精品丛书；第一辑/蒋虹丁主编）.—ISBN 7-5395-0391-2：2.65元

美国当代童话故事　（1）/雁敏改编；王铁城等画.—沈阳：辽宁美术出版社，1990.3.—1册；24开.—ISBN 7-5314-0753-1：1.70元

美国当代童话故事　（2）/雁敏改编；王文倩，张宝国画.—沈阳：辽宁美术出版社，1990.3.—1册；24开.—ISBN 7-5314-0752-3：1.70元

美国当代童话故事　（3）/雁敏改编；大吉，刘壮丽画.—沈阳：辽宁美术出版社，1990.3.—1册；24开.—ISBN 7-5314-0754-X：1.70元

美国当代童话故事　（4）/雁敏改编；尚士永，邹春艳画.—沈阳：辽宁美术出版社，1990.3.—1册；24开.—ISBN 7-5314-0755-8：1.70元

美国当代童话故事　（5）/雁敏改编；崔晓柏，牛微画.—沈阳：辽宁美术出版社，1990.3.—1册；24开.—ISBN 7-5314-0756-6：1.70元

唐尼和恶龙/（美）薛·霍夫原著；吴莲芳编译.—上海：少年儿童出版社，1990.10.—60页；32开.—（毛毛英汉对照两用读物）.—ISBN 7-5324-0952-X：1.70元

海底恐怖城/（美）克莱夫·库斯勒著；陆君译.—北京：中国国际广播出版社，1990.8.—259页；32开.—（世界现代超级童话系列）.—ISBN 7-80035-480-6：3.10元

假如你是侦探：惊险智力小说/（美）爱德华·帕克德著；张利娟，培良译.—哈尔滨：黑龙江少年儿童出版社，1990.3.—152页；插图；32开.—ISBN 7-5319-0598-1：1.75元

鹅妈妈的故事/（美）弗兰克·鲍姆著；王京秋，王京丽译.—北京：中国和平出版社，1990.12.—256页；32开.—（欧美著名儿童读物）.—ISBN 7-80037-415-7：2.50元

奥芝仙境/（美）弗兰克·鲍姆著；裘因译.—上海：上海译文出版社，1990.3.—163页；32开.（《绿野仙踪》系列童话；2）.—ISBN 7-5327-0853-5：1.90元

馋猫加菲/（美）吉姆·戴维斯原著；王又文，黄吉国复制.—天津：新蕾出版社，1990.3.—1册；32开.—ISBN 7-5307-0515-6：0.80元

滑稽兔子伯洛斯/（美）华纳兄弟编绘.—杭州：浙江人民美术出版社，1990.10.—32页；16开.—（幽默大师丛书）.—ISBN 7-5340-0200-1：2.00元

懒猫加菲/（美）吉姆·戴维斯原著；王又文，黄吉国复制.—天津：新蕾出版社，1990.3.—1册；32开.—ISBN 7-5307-0514-8：0.80元

I 73　拉丁美洲文学

印第安神话精选/阿平译选.—北京：中国少年儿童出版社，1990.3.—111页；大32开.—（世界古老民族神话系列）.—ISBN 7-5007-0965-2：1.80元

西印度群岛民间故事/（英）谢洛克（Sherlock，P.）编写；魏先修等译.—长沙：湖南少年儿童出版社，1990.12.—273页；图；32开.—（外国民间故事丛书）.—ISBN 7-5358-0602-3：2.50元

版权页题名为：西印度群岛民间故事，外一种：苏丹和埃及民间故事

拉丁美洲散文选/林方仁编.—昆明：云南人民出版社，1990.7.—355页；32开.—（拉丁美洲文学丛书）.—ISBN 7-222-00637-0：4.20元

I 775　哥伦比亚文学

劫持/（哥伦比亚）马尔克斯（Marquez，G.G.）著；杨威译.—北京：中国电影出版社，1990.12.—239页；32开.—ISBN 7-106-00464-2：3.70元

本书是哥伦比亚著名作家、诺贝尔文学奖获得者加西亚·马尔克斯创作的一部电影文学剧本。作品通过描写桑地诺民族解放阵线对索摩查独裁政权所采取的一次非常行动，以此号召人民起来推翻残酷的独裁统治。

将军和他的情妇，又名，迷宫中的将军/（哥伦比亚）马尔克斯（Marquez，G.G.）著；申宝楼等译.—海口：南海出版公司，1990.4.—268页；32开.ISBN 7-80570-193-8：3.90元

I 777　巴西文学

淘气的小鼻子：外国当代童话故事/（巴西）洛巴托著；李淑廉等译.—北京：中国广播电视出版社，1990.7.—172页；20开.—ISBN 7-5043-0406-9：4.00元

I 782　乌拉圭文学

情断/（乌拉圭）贝内德蒂著；刘瑛译.—北京：中国国际广播出版社，1990.4.—185页；32开.—ISBN 7-80035-389-3：3.10元

I 784　智利文学

月亮部落的夏娃/（智）阿连德（Allende，I.）著；柴玉玲等译.—北京：中国国际广播出版社，1990.7.—308页；32开.—ISBN 7-80035-413-X：4.80元

书名原文：Eva Luna

污秽的夜鸟/（智）何塞·多诺索著；沈根发，张永泰译.—长春：时代文艺出版社，1990.11.—492页；大32开.—（世界文学名著丛书）.—ISBN 7-5387-0298-9：8.00元

J艺　　术

艺术教育学/魏传义主编.—重庆：重庆出版社，1990.10.—381页；大32开.—国家教委"七·五"重点科研项目.—ISBN 7-5366-1384-9（精装）：7.15元

J0　艺术理论

二十世纪艺术文化：逃避与责任/易丹，吕澎著.长沙：湖南美术出版社，1990.10.—271页；32开.ISBN 7-5356-0324-6：5.90元

本书以对话的形式对20世纪艺术文化的看法作了阐述。

人·自然：中国艺术的自然意识/冯晓著.—北京：人民美术出版社，1990.7.—118页；36开.—（世纪美术文库）.—ISBN 7-102-00623-3：2.85元

艺术——人的启示录/吕澎著.—广州：岭南美术出版社，1990.4.—285页；32开.—（视觉艺术文丛）.—ISBN 7-5362-0434-5：8.90元

艺术与人类心里/童庆炳主编.—北京：北京十月文艺出版社，1990.2.—542页；大32开.—ISBN 7-5302-0179-4：8.50元

艺术与性/秦弓著.—石家庄：河北人民出版社，1990.8.—187页；大32开.—ISBN 7-202-00724-X：2.75元

艺术及其对象/（美）理查德·乌尔海姆著；傅志强，钱岗南译.—北京：光明日报出版社，1990.11.225页；大32开.—（美学译文丛书）.—ISBN 7-80014-789-4：3.25元

艺术心理学教程/杜义芳著.—昆明：云南人民出版社，1990.4.—523页；32开.—ISBN 7-222-00517-X：10.00元

艺术名言/邓琦著.—上海：上海人民出版社，1990.11.—287页；32开.—ISBN 7-208-00923-6：3.20元

本书选入的名言都出自古今中外的文学家、戏剧家、电影艺术家、美学家、美术家、书法家、摄影家、哲学家、政治家、思想家、教育家等的有关著作、传记和其他文章中。

艺术的社会生产/（英）沃尔芙（Wolff，J.）著；董学文，王葵译.—北京：华夏出版社，1990.8.—190页；大32开.—ISBN 7-80053-717-X：5.40元

书名原文：The Social Production of Art

艺术理论/（日）竹内敏雄著；卞崇道等译.—北京：中国人民大学出版社，1990.7.—263页；32开.（东方美学译丛/牛枝惠，张潇华主编）.—ISBN 7-300-00877-1：2.90元

艺术教程/哈九增主编.—上海：复旦大学出版社，1990.5.—353页；大32开.—ISBN 7-309-00418-3：4.55元

艺术殿堂的建构：卡冈《艺术形态学》导引/凌继尧著.—南京：江苏教育出版社，1990.6.—291页；36开.—（世界学术名著导引丛书；第1辑/包忠文主编）.—ISBN 7-5343-1025-3：2.90元

什么是艺术/（俄）托尔斯泰（Толстой，Л.Н.）著；何永祥译.—南京：江苏美术出版社，1990.5.—258页；32开.—ISBN 7-5344-0141-0：3.50元

书名原文：Что Такое Nскусство

世界艺术与美学　第十辑/中国艺术研究院外国文艺研究所《世界艺术与美学》编辑委员会编；郑雪来主编.—北京：文化艺术出版社，1990.5.—520页；大32开.—ISBN 7-5039-0341-4：6.70元

形势与中国艺术/涂光社著.—北京：中国人民大学出版社，1990.7.—254页；32开.—（中国古典美学范畴丛书/蔡钟翔主编）.—ISBN 7-300-00794-5：3.15元

作为文化史的艺术史：丹纳的《艺术哲学》/郑海瑶，陈引驰著.—昆明：云南人民出版社，1990.6.122页；32开.—（名著导读丛书/王华良主编）.ISBN 7-222-00571-4：1.85元

汪亚尘艺术文集/汪亚尘著；王震，荣君立编.—上海：上海书画出版社，1990.9.—578页：图；大32开.—ISBN 7-80512-434-5：8.00元

现代艺术大师论艺术：十篇未删节的论文/（美）罗伯特·L.赫伯特编；林森，辛丽译.—南京：江苏美术出版社，1990.12.—181页：图版；32开.—（外国现代美术理论丛书）.—ISBN 7-5344-0135-6：2.50元

诗·语言·思/（德）海德格尔著；彭富春译.—北京：文化艺术出版社，1990.2.—202页；大32开.（20世纪艺术边缘学科译丛/张首映主编）.—ISBN 7-5039-0572-7：3.45元

本书选辑了德国哲学家海德格尔论述艺术问题的一些重要篇目，探讨了如存在、真理、语言、思想、诗意、艺术、建筑、居住等问题。

迷彩人伦：艺术与人生的辨证思索/麦城等著.—北京：中国城市经济社会出版社，1990.5.—161页；32开.—（人生哲理丛书）.—ISBN 7-5074-0359-9：2.30元

J01　艺术美学

人体美与性文化/陈醉编著.—北京：中国文联出版公司，1990.4.—468页；32开.—ISBN 7-5059-1055-8：6.00元

艺术——认识的曙光：克罗齐《美学原理》导引/徐平编著.—南京：江苏教育出版社，1990.6.—232页；36开.—（世界学术名著导引丛书/包忠文主编）.—ISBN 7-5343-1092-X：2.40元

艺术审美简论/陈军，王哲平主编.—南昌：江西美术出版社，1990.12.—316页；32开.—ISBN 7-80580-039-1：3.50元

气化谐和——中国古典审美意识的独特发展/于民著.—长春：东北师范大学出版社，1990.6.—432页；大32开.—（艺术美学丛书/王朝闻主编）.—ISBN 7-5602-0369-2：7.50元

东方艺术美学/牛技慧编.—北京：国际文化出版公司，1990.4.—442页；大32开.—ISBN 7-80049-223-0：6.40元

本书为中国、日本、印度等国美学家有关东方各国文学、戏剧、书画、音乐、舞蹈的美学论文集。

他与她：论人体艺术及其他/陈醉著.—北京：知识出版社，1990.7.—292页；32开.—ISBN 7-5015-0365-6：4.00元

论艺术形式美/于培杰著.—上海：华东师范大学出版社，1990.3.—194页：图；大32开.—（真善美丛书/冯契主编）.—ISBN 7-5617-0502-6：3.20元

现代西方艺术美学文选：造型艺术美学卷/佟景韩，易英主编.—沈阳：春风文艺出版社：辽宁教育出版社，1990.12.—397页；大32开.—（现代西方艺术美学文选/伍蠡甫主编）.—ISBN 7-5313-0463-5：5.40元

视觉美学/（法）J.J.德卢西奥—迈耶著；李纬，周水涛译.—上海：上海人民美术出版社，1990.5.—227页；大32开.—（设计丛书/周峰主编）.—ISBN 7-5322-0647-5：4.80元

书名原文：Visual Aesthetics

美学和未来美学：批评与展望/赵汀阳著.—北京：中国社会科学出版社，1990.7.—184页；大32开.（美学丛书/李泽厚主编）.—ISBN 7-5004-0605-3：2.70元

本书作者试图提出以艺术为出发点的美学哲学体系，使传统的审美经验的研究转变到纯粹的艺术研究上。

J04　艺术创作方法和经验

艺术创作与审美心理/重庆炳著.—天津：百花文艺出版社，1990.9.—328页；大32开.—（心理美学丛书/重庆炳主编）.—ISBN 7-5306-0568-2：4.85元

艺术家眼中的世界：爱米尔·安托瓦尼·布德尔关于艺术与生活的随笔/（法）爱米尔·安托瓦尼·布德尔著；孔凡平，孙丽荣编译.—沈阳：辽宁美术出版社，1990.5.—316页：图；大32开.—ISBN 7-5314-0862-7：5.50元

J05　艺术评论、欣赏

艺术文化论：对人类艺术活动的多维审视/徐岱著.—北京：人民文学出版社，1990.9.—562页；大32开.—（百家文论新著丛书）.—ISBN 7-62-001021-0：6.95元

艺术文化学：超越的文化/杨春时著.—长春：长春出版社，1990.12.—194页；32开.—ISBN 7-80573-401-1：3.20元

艺术鉴赏心理学/华盛镇，刘畅著.—长春：吉林文史出版社，1990.10.—374页；32开.—ISBN 7-80528-296-4：4.90元

艺术漫论/顾永芝著.—北京：中国华侨出版公司，1990.9.—232页；32开.—ISBN 7-80074-216-4：3.40元

本书阐述了不同艺术共同的审美本性和它们的各自特点及其社会价值。

世界人体艺术鉴赏大辞典/陈醉主编.—北京：社会科学文献出版社，1990.5.—221页：彩图；16开.ISBN 7-80050-105-1（精装）：78.00元

关于艺术家形象的传说、神话和魔力：一次史学上的尝试/（奥）克里斯（Kris，E.），库尔茨（Kurz，O.）著；邱建华，潘耀珠译.—杭州：浙江美术学院出版社，1990.10.—134页：图；16开.ISBN 7-81019-053-9：7.60元

现代艺术的意义/（美）约翰·拉塞尔著；陈世怀，常宁生译.—南京：江苏美术出版社，1990.5.444页；32开.—（外国现代美术理论丛书）.—ISBN 7-5344-0136-4：4.90元

视觉革命/彭德著.—南京：江苏美术出版社，1990.10.—265页；大32开.—ISBN 7-5344-0175-5：3.80元

J06　造型艺术理论

艺用人体结构形态分析解剖/李景凯编著.—西安：陕西人民美术出版社，1990.6.—194页；16开.—ISBN 7-5368-0214-5：5.15元

动态人体解剖/（德）约·谢培德著；许震民译.南宁：广西美术出版社，1990.5.—139页：图；24开.—ISBN 7-80582-037-6：5.80元

色彩史话/（日）城一夫著；亚健，徐漠译.—杭州：浙江人民美术出版社，1990.5—169页；大32开.ISBN 7-5340-0186-2：2.80元

设计基础平面构成/雷印凯编著.—沈阳：辽宁美术出版社，1990.4.—162页；12开.—（鲁迅美术学院函授部教材丛书）.—ISBN 7-5314-0682-9：17.00元

造型与形式构成：包豪斯的基础课程及其发展/（瑞士）约翰·伊顿著；曾雪梅，周至禹译.—天津：天津人民美术出版社，1990.6.—154页；大32开.ISBN 7-5305-0207-7：11.00元

绘画色彩论析/冯健亲著.—上海：上海人民美术出版社，1990.6.—165页：彩图；16开.—ISBN 7-5322-0531-1：19.00元

眼睛的潜力：阿恩海姆《艺术与视知觉》导引/冯能保著.—南京：江苏教育出版社，1990.6.—236页；36开.—（世界学术名著导引丛书；第1辑/包忠文主编）.—ISBN 7-5343-1027-X：2.50元

装饰色彩/朱敏芳编.—长沙：湖南教育出版社，1990.4.—63页：图版；24开.—中等职业技术学校教材.—ISBN 7-5355-1103-1：1.70元

J1　世界各国艺术概况

艺术音乐精华/（美）古特曼（Gutman，E.）古德（Coode，R.）著；乔长森，胡荫洁译.—济南：明天出版社，1990.4.—120页：插图；16开.（少男少女丛书/刘宾之主编）.—ISBN 7-5332-0969-9（精装）：23.35元

书名原文：The Story of Art and Music

艺术家集/刘飞茂主编.—北京：职工教育出版社，1990.5.—125页；32开.—（小学生启蒙丛书；3）.ISBN 7-80059-300-2：1.80元

世界艺术百科全书选译　（Ⅱ）.—上海：上海人民美术出版社，1990.6.—314页；大32开.—ISBN 7-5322-0325-5（精装）：10.00元

书名原文：Encycl Opedia of World Art

西方艺术事典：第四版/（英）霍尔（Hall，J.）著；迟轲译.—广州：广东人民出版社，1990.6.672页：照片；大32开.—ISBN 7-218-00115-7：9.00元

书名原文：Dictionary of Subjects and Symbols in Art

当代外国艺术　第12辑/郑雪来主编；当代外国艺术编辑部编辑.—北京：文化艺术出版社，1990.144页；16开.—ISBN 7-5039-0644-8：2.60元

当代外国艺术　第13辑/郑雪来主编；当代外国艺术编辑部编辑.—北京：文化艺术出版社，1990.144页；16开.—ISBN 7-5039-0671-5：2.60元

本辑重点介绍了苏联文艺界的近年来关于社会主义现实主义创作与批评的方法讨论情况。

J110.9　艺术史、艺术思想史

人体艺术史略/邵传烈著.—成都：四川人民出版社，1990.6.—398页：图版；大32开.—ISBN 7-220-00813-9：8.85元

天人论——球体说：一个关于历史发展的假说/卢辅圣著.—上海：三联书店上海分店，1990.8.—463页；大32开.—ISBN 7-5426-0352-3（精装）：13.20元

天人论——球体说：一个关于历史发展的假说/卢辅圣著.—上海：三联书店上海分店，1990.8.—463页；大32开.—ISBN 7-5426-0351-5：10.70元

中外美术简史/王垠生编著.—乌鲁木齐：新疆人民出版社，1990.8.—293页；32开.—ISBN 7-228-01415-4：4.20元

外国美术史/朱铭编著.—济南：山东教育出版社，1990.11.—830页；大32开.—ISBN 7-5328-1093-3（精装）：18.65元

外国美术简史/中央美术学院美术史系外国美术史教研室编著.—北京：高等教育出版社，1990.5.315页：图版；大32开.—ISBN 7-04-002929-4：3.90元

西方人体艺术风格流变史略/王新伟著.—南昌：江西美术出版社，1990.9.—169页：图；32开.—ISBN 7-80580-029-4：4.90元

西方现代美术思潮/邵大箴著.—成都：四川美术出版社，1990.3.—403页：图；大32开.—ISBN 7-5410-0265-8：5.50元

总体艺术/（英）亨利（Henri，A.）著；毛君炎译.—上海：上海人民美术出版社，1990.5.—134页；大32开.—ISBN 7-5322-0611-4：3.00元

书名原文：Total Art

J111　艺术作品综合集

西方现代绘画雕塑百图/邢啸声，张荣声编著.北京：人民美术出版社，1990.6.—1册；32开.—ISBN 7-102-00286-6：8.70元

本书选收西方现代绘画68幅，雕塑40幅，并对西方各流派的代表人物、风格及其作品做了论述。

现代艺术大参考　第三辑/郭天民编.—长沙：湖南美术出版社，1990.11.—1册；16开.—ISBN 7-5356-0426-9：15.00元

J12　中国艺术

中国艺术　（5）：甘肃专辑/《中国艺术》编辑部编.—北京：人民美术出版社，〔1990〕.—80页；大16开.—ISBN 7-102-00553-9：14.90元

中国书画/杨仁恺主编，薛永年等编撰.—上海：上

海古籍出版社，1990.5.—649页；图版；大32开．文物教材.—ISBN 7-5325-0751-3：9.30元

中国古代书画目录　第七册/中国古代书画鉴定组编.—北京：文物出版社，1990.2.—77页；大16开．ISBN 7-5010-0280-0：7.00元

中国古代书画图目　（三）/中国古代书画鉴定组编.—北京：文物出版社，1990.5.—361页；8开．ISBN 7-5010-0290-8（精装）：185.00元

中国古代书画图目　（四）/中国古代书画鉴定组编.—北京：文物出版社，1990.5.—470页；8开．ISBN 7-5010-0409-9（精装）：265.00元

中国古代书画图目　（五）/中国古代书画鉴定组编.—北京：文物出版社，1990.5.—487页；8开．ISBN 7-5010-0410-2（精装）：260.00元

中国古代书画图目　（八）/中国古代书画鉴定组编.—北京：文物出版社，1990.5.—342页；8开．ISBN 7-5010-0406-4（精装）：170.00元

中国民间艺术大辞典/刘波主编.—北京：农村读物出版社，1990.12.—1045页；32开.—ISBN 7-5048-1199-8（精装）：19.50元

本书共收民间音乐、民间舞蹈、戏曲、曲艺、杂技、民间工艺美术等方面的条目1415条。

西泠艺丛：1990年第1期（总第22期）/金鉴才主编.—杭州：西泠印社，1990.2.—80页；16开．（篆刻书画丛刊）.—ISBN 7-80517-072-X：4.00元

西泠艺丛：1990年第2期（总第23期）/金鉴才主编.—杭州：西泠印社，1990.5.—80页；16开．（篆刻书画丛刊）.—ISBN 7-80517-073-8：4.00元

西泠艺丛：1990年第3期（总第24期）/金鉴才主编.—杭州：西泠印社，1990.8.—30页；16开．（篆刻书画丛刊）.—ISBN 7-80517-074-3：4.00元

西泠艺丛：1990年第4期（总第25期）/金鉴才主编．杭州：西泠印社，1990.11.—80页；16开.—（篆刻书画丛刊）.—ISBN 7-80517-075-4：4.00元

第二届中国艺术节艺术集锦.—北京：文化艺术出版社，1990.6.—1册；大16开.—ISBN 7-5039-0707-X：35.00元

J120.0　方针政策及其阐述

中国艺术表演团体在改革中前进/文化部艺术表演团体改革经验选编小组编.—北京：文化艺术出版社，1990.1—521页；大32开.—ISBN 7-5039-0602-2：7.00元

改革，才能开创文艺工作的新局面/朱穆之著．北京：文化艺术出版社，1990.5.—196页；大32开．ISBN 7-5039-0487-9：2.90元

J120.9　艺术史、艺术思想史

中国艺术史各论/冯贯一著.—影印本.—上海：上海书店，1990.12.—416页；图；32开.—（民国丛书选印）.—ISBN 7-80569-308-0：6.00元

本书据汇中印书馆1941年版影印。

中国艺术辩证法/陈德礼著.—长春：吉林人民出版社，1990.2.—373页；32开.—ISBN 7-206-00509-8：4.10元

中国北方民族美术史料/鄂嫩哈拉·苏日台编著．上海：上海人民美术出版社，1990.6.—637页；32开.—ISBN 7-5322-0491-X（精装）：16.30元

中国的音乐·舞蹈·戏曲/康荣编.—太原：山西教育出版社，1990.8.—150页；图；32开.—（可爱的中国丛书；第2辑）.—ISBN 7-80578-179-6：2.40元

中国的美术和雕塑/孟逢贤编.—太原：山西教育出版社，1990.6.—98页；图；32开.—（可爱的中国丛书；第2辑）.—ISBN 7-80578-174-5：1.60元

中国美术之最/朱国荣编著.—2版.—北京：知识出版社，1990.6.—199页；彩图；大32开.—ISBN 7-5015-5319-X：4.70元

本书1987年4月第1版。

中国美术简史/中央美术学院美术史系中国美术史教研室编著.—北京：高等教育出版社，1990.9．430页；图；大32开.—ISBN 7-04-003034-9：5.15元

J121　艺术作品综合集

天安门珍藏书画集/北京市人民政府天安门地区管理委员会编.—北京：北京出版社，1990.9.—100页；8开.—ISBN 7-200-01183-5(精装)：70.00元

无锡市书画院作品选：无锡市书画院建院十周年纪念：1980～1990.—南京：江苏美术出版社，1990.11.—40页；12开.—ISBN 7-5344-0176-3：17.50元

五康书画/康殷等著.—北京：北京师范学院出版社，1990.8.—1册；8开.—ISBN 7-81014-482-0：25.00元

“五康”是指康殷、康雍、康宁、康庄、康默如康氏两代5人书画家。

中国个体户书画摄影作品/中国个体劳动者协会编．北京：中国社会出版社，〔1990〕.—10张；50开．ISBN 7-80088-018-4：1.70元

中国当代名家书画扇集/张荣生编.—北京：中国文联出版公司，1990.1.—90页；12开.—ISBN 7-5059-0971-1：29.00元

中国名人书画集：莆田县珍藏卅年代墨宝/林梦星等主编.—北京：华艺出版社，〔1990〕.—120页；16开.—ISBN 7-80039-267-8：38.00元

中国皇帝书画选/王化成主编.—北京：华文出版社，1990.7.—279页；16开.—ISBN 7-5075-0062-4（精装）：150.00元

本书共收历代43位皇帝的书法100件、画20件。所列诸帝，皆附简介、集评及大幅写真像。

中国美术馆藏品选集：1949～1984中国画编/中国美术馆藏品选集编辑委员会编.—杭州：浙江人民美术出版社，1990.7.—239页；8开.—ISBN 7-5340-0187-0（精装）

中国美术馆藏品选集：1949～1984版画编/中国美术馆藏品选集编辑委员会编.—杭州：浙江人民美术出版社，1990.7.—183页；8开.—ISBN 7-5340-0187-0（精装）

中国美术馆藏品选集：1949～1984油画编/中国美术馆藏品选集编辑委员会编.—杭州：浙江人民美术出版社，1990.7.—225页；8开.—ISBN 7-5340-0188-9（精装）

中国美术馆藏品选集：1949～1984雕塑编/中国美术馆藏品选集编辑委员会编.—杭州：浙江人民美术出版社，1990.7.—161页；8开.—ISBN 7-5340-0190-1（精装）

文物图注/张慈生，邢捷编著.—天津：天津杨柳青画社，1990.5.—168页；20开.—ISBN 7-80503-104-5：10.80元

尹瘦石书画集/尹瘦石作.—武汉：武汉出版社，1990.8.—104页；大16开.—ISBN 7-5430-0357-0（精装）：120.00元

本书共收作者各个时期的代表画作50余幅，书法20余件。

书画新作/中州书画编辑部编.—郑州：河南美术出版社，1990.6.—1册；12开.—ISBN 7-5401-0139-3 15.00元

石涛/郑为编.—上海：上海人民美术出版社，1990.5.—145页；8开.—ISBN 7-5322-0047-7（精装）：62.00元

石鲁书画集/石鲁绘.—北京：人民美术出版社，1990.9.—304页；12开.—ISBN 7-102-00849-X（精装）

本册收集石鲁的绘画作品近200幅，书法作品60多幅。

东方画廊藏画集（一）/广州东方书画艺术公司东方画廊编.—广州：岭南美术出版社，1990.12.119页；12开.—ISBN 7-5362-0641-5：80.00元

老干繁英：武汉地区部分老干部书画作品选/戴享来，王宗诚编.—武汉：湖北人民出版社，1990.2.64页；16开.—ISBN 7-216-00543-0：20.00元

老山魂：全国书画篆刻展览作品选/薛永维主编；五一四一〇部队编.—石家庄：河北美术出版社，1990.8.—136页；16开.—ISBN 7-5310-0373-2：11.50元

百家书画荟萃/福州十邑旅港同乡会编.—北京：华艺出版社，1990.8.—96页；大16开.—ISBN 7-80039-258-9：40.00元

血与火的洗礼：美术书法摄影民间艺术作品集/北京市文学艺术界联合会编.—北京：北京美术摄影出版社，1990.6.—1册；12开.—ISBN 7-80501-105-2

全国文史研究馆书画藏品选/中央文史研究馆编.北京：紫禁城出版社，〔1990〕.—76页；16开.ISBN 7-80047-085-7：48.00元

全国文史研究馆馆员书画作品选/中央文史研究馆编.—北京：故宫博物院紫禁城出版社，1990.5.100页；8开.—ISBN 7-80047-084-9（精装）：108.00元

江南名家书画选/沈柔坚主编.—上海：上海画报出版社，1990.8.—100页；8开.—ISBN 7-80530-029-1（精装）

李圣和诗书画集/李圣和著.—南京：江苏美术出版社，1990.4.—32页；16开.—ISBN 7-5344-0122-4：8.20元

本书包括诗词100首、书法8幅、画18幅。

牡丹杯大奖赛作品选/李荣海主编.—济南：山东美术出版社，1990.2.—91页；16开.—ISBN 7-5330-0239-3：15.71元

苦乐年华：摄影·诗词·歌曲/秦庚云，刘可编；郭佳胜等摄.—南昌：江西美术出版社，〔1990〕.1册；50开.—ISBN 7-80580-037-5：3.80元

炎黄子孙书画册/《炎黄子孙书画册》编辑委员会编.—石家庄：河北美术出版社，1990.8.—55页；大16开.—ISBN 7-5310-0370-8：14.80元

唐人绝句的诗情画意/迟乃义著.—长春：吉林大学出版社，1990.9.—191页：插图；大32开.—ISBN 7-5601-0588-2：7.80元

浙江近代书画选集/黄涌泉主编.—杭州：浙江人民美术出版社，1990.1.—145页；8开.—ISBN 7-5340-0163-3（精装）：85.00元

涓涓小溪：文艺专集/中国工商银行北京市分行编辑.—北京：中国广播电视出版社，1990.10.—92页：图；大32开.—ISBN 7-5043-0712-2：3.90元

本书包括唱曲、戏曲小品和相声三部分。

晚霞集：福建老年书画摄影作品选/鲁岩主编.—福州：福建美术出版社，1990.1.—114页；16开.—ISBN 7-5393-0083-3：20.00元

篪咏书画集/篪咏作.—西安：陕西人民美术出版社，1990.12.—92页；16开.—ISBN 7-5368-0264-1：18.50元

雷动春书画篆刻/雷动春作.—南宁：广西美术出版

社，1990.4.—1册；24开.—ISBN 7-80582-032-5：9.50元

澶州老年书画作品选/濮阳市老年书画研究会编.郑州：河南美术出版社，1990.11.—1册；16开.—ISBN 7-5401-0142-3：20.00元

J13/17　各国艺术

东洋美术史　上卷/史岩著.—影印本.—上海：上海书店，1990.12.—469页：图；32开.—（民国丛书选印）.—ISBN 7-80569-303-X：6.20元

本书据商务印书馆1935年版影印。

西方艺术史图解辞典/（　）克里斯托弗·劳埃德撰文；詹尼·哈维蓝编；北屋等译.—上海：上海人民美术出版社，1990.6.—306页；16开.—ISBN 7-5322-0512-6（精装）：19.50元

西方当代美术：从抽象表现主义到超级写实主义/（英）史密斯（Smith, E.L.）著；紫小刚等译.南京：江苏美术出版社，1990.12.—205页：图；32开.—（外国现代美术理论丛书）.—ISBN 7-5344-0134-8：3.30元

书名原文：Art Todag: From Abstract Expressionism to Superrealism

西方现代艺术/（英）特里温·科普勒斯顿著；郭虹，徐韬滔译.—合肥：安徽美术出版社，1990.10.158页：附图版；大32开.—ISBN 7-5398-0074-7：12.00元

西方美术发展史/刘汝礼，张少侠著.—北京：人民美术出版社，1990.3.—2册（606，562页）；大32开.—ISBN 7-102-00260-2：15.90元

西洋美术史/丰子恺著.—影印本.—上海：上海书店，1990.12.—246页：插图；32开.—（民国丛书选印）.—ISBN 7-80569-304-8：3.20元

本书据开明书店1931年版影印。

威尼斯画派/吴泽义编著.—北京：人民美术出版社，1990.3.—100页；32开.—ISBN 7-102-00630-6：4.60元

剑桥艺术史：希腊和罗马、中世纪、文艺复兴/（　）苏珊·伍德福特等著；罗通秀，钱乘旦译.—北京：中国青年出版社，1990.1.—521页；大32开.ISBN 7-5006-0227-8：19.00元

德国绘画雕塑百图/人民美术出版社编.—北京：人民美术出版社，1990.1.—124页；32开.—ISBN 7-102-00601-2：6.50元

J19　宗教艺术

伊斯兰艺术风格/（埃及）穆罕默德·高特卜著；一虹译.—北京：中国人民大学出版社，1990.10.167页；32开.—（东方美学译丛/牛枝惠，张潇华主编）.—ISBN 7-300-00909-3：2.75元

J2　绘　画

西洋绘画实用词典/（美）约翰·巴朗著；程方，宋元生译.—北京：人民美术出版社，1990.6.—244页；32开.—ISBN 7-102-00477-X：4.55元

画/姚秦编著.—南宁：广西民族出版社，1990.11.162页；36开.—（当代青年文化娱乐丛书；第1辑 4/杜云，陈运祐主编）.—ISBN 7-5363-1002-1：2.50元

画家　总第11期/《画家》编辑部编.—长沙：湖南美术出版社，1990.1.—43页；12开.—（画家丛书/萧沛苍主编）.—ISBN 7-5356-0355-6：6.00元

画家　总第12期：海外华人艺术家、留学生作品专辑/《画家》编辑部编.—长沙：湖南美术出版社，1990.4.—44页；12开.—（画家丛书/萧沛苍主编）.—ISBN 7-5356-0380-7：5.90元

画家　总第13期：中国当代女画家作品专辑/《画家》编辑部编.—长沙：湖南美术出版社，1990.8.44页；12开.—（画家丛书/萧沛巷主编）.—ISBN 7-5356-0399-8：5.90元

画家　总第14期/《画家》编辑部编.—长沙：湖南美术出版社，1990.10.—44页；12开.—（画家丛书/萧沛苍主编）.—ISBN 7-5356-0406-4：5.90元

美术之路：色彩写生/鲁迅美术学院编.—沈阳：辽宁美术出版社，1990.12.—110页；16开.—（美术辅导系列教程）.—ISBN 7-5314-0857-0：13.00元

美术家手册：材料与技巧/（美）梅耶（Mayer, R.）原著；蒋达等译.—南宁：广西美术出版社，1990.12.—663页；大32开.—ISBN 7-80582-110-0：10.00元

书名原文：The Artist's Handbook of Materids and Technigues

美术常识/徐君萱等著.—北京：中国青年出版社，1990.8.—289页：彩图；32开.—（青年文库：新编本；37）.—ISBN 7-5006-0734-2

美术辞林：外国绘画卷/周正等主编.—西安：陕西人民美术出版社，1990.1.—968页：彩图；大32开.ISBN 7-5368-0070-3（精装）：31.50元

J20　绘画理论

六法生态论/董欣宾，郑奇著.—南京：江苏美术出版社，1990.4.—252页；大32开.—ISBN 7-5344-0123-2：3.75元

存天阁谈艺录/刘海粟著.—北京：中国青年出版社，1990.6.—343页：照片及图；大32开.—ISBN 7-5006-0630-3：7.50元

本书是刘海粟先生的一本艺术经验谈。

李可染论艺术/中国画研究院编.—北京：人民美术出版社，〔1990〕.—264页；大32开.—16.50元

美术心理学/(苏)库津(Кчэин, B.C.)著；周新，王燕春译.—北京：人民美术出版社，1990.3.—242页：图版；16开.—ISBN 7-102-00592-X：18.40元

J203　绘画工作者

马格利特/(美)嘉贝丽克(Gablik, S.)著；舟子译.—长沙：湖南美术出版社，1990.9.—154页；32开.—(国外现代画家译丛).—ISBN 7-5356-0388-2：6.50元

中国当代美术家：1～15总目录/王伟主编.—成都：中国四川美术出版社，〔1990〕.—1册：照片及图；12开.—55.00元

中国当代美术家：王迎春，杨力舟/王伟主编.—成都：中国四川美术出版社，〔1990〕.—1册：照片及图；12开.—ISBN 7-5410-0392-1(精装)：55.00元

中国当代美术家：邓林/王伟主编.—成都：中国四川美术出版社，〔1990〕.—1册：照片及图；12开.ISBN 7-5410-0398-0(精装)：55.00元

中国当代美术家：石齐/王伟主编.—成都：中国四川美术出版社，〔1990〕.—1册：照片及图；12开.ISBN 7-5410-0400-6(精装)：55.00元

中国当代美术家：龙瑞/王伟主编.—成都：中国四川美术出版社，〔1990〕.—1册：照片及图；12开.ISBN 7-5410-0397-2(精装)：55.00元

中国当代美术家：杨刚/王伟主编.—成都：中国四川美术出版社，〔1990〕.—1册：照片及图；12开.ISBN 7-5410-0393-X(精装)：55.00元

中国当代美术家：李可染/王伟主编.—成都：中国四川美术出版社，〔1990〕.—1册：照片及图；12开.—ISBN 7-5410-0406-5(精装)：55.00元

中国当代美术家：吴作人/王伟主编.—成都：中国四川美术出版社，〔1990〕.—1册：照片及图；12开.—ISBN 7-5410-0399-9(精装)：55.00元

中国当代美术家：吴冠中/王伟主编.—成都：中国四川美术出版社，〔1990〕.—1册：照片及图；12开.ISBN 7-5410-0394-8(精装)：55.00元

中国当代美术家：林墉/王伟主编.—成都：中国四川美术出版社，〔1990〕.—1册：照片及图；12开.ISBN 7-5410-0404-9(精装)：55.00元

中国当代美术家：范曾/王伟主编.—成都：中国四川美术出版社，〔1990〕.—1册：照片及彩图；12开.ISBN 7-5410-0401-4(精装)：55.00元

中国当代美术家：聂鸥/王伟主编.—成都：中国四川美术出版社，〔1990〕.—1册：照片及图；12开.ISBN 7-5410-0403-0(精装)55.00元

中国当代美术家：贾又福/王伟主编.—成都：中国四川美术出版社，〔1990〕.—1册：照片及彩图；12开.—ISBN 7-5410-0395-6(精装)：55.00元

中国当代美术家：徐希/王伟主编.—成都：中国四川美术出版社，〔1990〕.—1册：照片及彩图；12开.—ISBN 7-5410-0396-4(精装)：55.00元

中国当代美术家：黄育/王伟主编.—成都：中国四川美术出版社，〔1990〕.—1册：照片及彩图；12开.ISBN 7-5410-0405-7(精装)：55.00元

中国当代美术家：崔子范/王伟主编.—成都：中国四川美术出版社，〔1990〕.—1册：照片及图；12开.—ISBN 7-5410-0402-2(精装)：55.00元

李可染论艺术/中国画研究院编.—北京：人民美术出版社，1990.8.—264页；大32开.—ISBN 7-102-00791-4(精装)：25.00元

陈之佛研究/李有光，陈修范著.—南京：江苏美术出版社，1990.9.—233页：图；大32开.—(中国现代美术家研究丛书：江苏系列/马鸿增主编).—ISBN 7-5344-0174-7：4.80元

林风眠论/郑朝，金尚义编著.—杭州：浙江美术学院出版社，1990.10.—168页；20开.—ISBN 7-81019-023-7：7.90元

非哭非笑的悲剧：八大山人艺术评传/谭天著.长沙：湖南美术出版社，1990.11.—212页：图；32开.—ISBN 7-5356-0402-1．5.30元

赵宏本连环画生涯50年/赵宏本著.—北京：中国连环画出版社，1990.8.—146页：照片；24开.—(连环画艺术丛书/姜维朴主编).—ISBN 7-5061-0220-X：4.80元

钱松喦研究/马鸿增著.—南京：江苏美术出版社，1990.9.—288页：附图；大32开.—(中国现代美术家研究丛书：江苏系列/马鸿增主编).—ISBN 7-5344-0169-0：5.20元

J205　绘画评论、欣赏

广东现代画坛实录/黄小庚，吴瑾编.—广州：岭南美术出版社，1990.10.—439页；32开.—ISBN 7-5362-0500-7：12.00元

王式廓艺术研究/《王式廓艺术研究》编辑组编.北京：人民美术出版社，1990.10.—430页：照片；大32开.—ISBN 7-102-00845-7：6.20元

中国现代绘画评论/水天中著.—太原：山西人民出版社，1990.5.—242页；大32开.—ISBN 7-203-00197-5：4.20元

西方画论辑要/杨身源，张弘昕编著.—南京：江苏美术出版社，1990.4.—732页；大32开.—ISBN 7-5344-0125-9(精装)：13.00元

西方画论辑要/杨身源，张弘昕编著.—南京：江苏

美术出版社，1990.4.—732页；大32开.—ISBN 7-5344-0125-9：9.20元

岭南画派研究　第二辑/广州美术学院岭南画派研究室编.—广州：岭南美术出版社，1990.10.—118页；图版；20开.—ISBN 7-5362-0601-1：25.00元

委拉斯凯兹和十七世纪西班牙肖像画/（苏）卡普杰列娃著；肖群译.—北京：人民美术出版社，1990.6.—1册（126；93页）：图；大32开.—ISBN 7-102-00076-6：6.50元

柔坚画谭/沈柔坚著.—上海：上海书店，1990.10.223页：照片；大32开.—ISBN 7-80569-332-3：8.00元

钱君匋论艺/钱君匋著.—杭州：西泠印社，1990.7.—344页：冠图；大32开.—ISBN 7-80517-044-4：9.80元

J206　绘画造型艺术理论

人体造型教学/陈伟生编著.—北京：北京美术摄影出版社，1990.1.—188页：图；16开.—ISBN 7-80501-099-4：12.00元

色彩/保彬编.—北京：朝花美术出版社，1990.3.17页；16开.—（美术技法画库；15/游允常主编）.—ISBN 7-5056-0104-0：3.50元

色彩技法/（日）深泽孝哉著；白鸽译.—北京：北京工艺美术出版社，1990.8.—116页；16开.—（自学成画家译丛）.—ISBN 7-80526-024-9：16.00元

美术院校考生色彩训练/许世虎著.—成都：四川美术出版社，1990.1.—36页；彩图；16开.—（美术院校考生训练丛书）.—ISBN 7-5410-0481-2：9.00元

J209　绘画艺术史

六朝画家史料/陈传席编.—北京：文物出版社，1990.12.—368页；大32开.—ISBN 7-5010-0034-4：8.00元

扬州八怪年谱　（上）/王鲁豫等撰.—南京：江苏美术出版社，1990.7.—354页；大32开.—（扬州八怪研究资料丛书/卞孝萱主编）.—ISBN 7-6344-0154-2（精装）：6.50元

扬州八怪年谱　（上）/王鲁豫等撰.—南京：江苏美术出版社，1990.7.—354页；大32开.—（扬州八怪研究资料丛书/卞孝萱主编）.—ISBN 7-6344-0154-2：4.50元

艺海探源：黄安仁评画、画评/黄安仁著.—海口：三环出版社，〔1990〕.—232页：冠图；大32开.ISBN 7-80564-039-4：12.00元

宋代山水画的创新与发展/徐士苹著.—北京：人民美术出版社，〔1990？〕.—64页：插图；32开.ISBN 7-102-00268-8：1.80元

英国绘画史/马凤林等编著；张朝玺，林枫辑图.广州：岭南美术出版社，1990.2.—271页：图；32开.—ISBN 7-5362-0502-3：13.00元

越画见闻/（清）陶士藻撰.—影印本.—扬州：江苏广陵古籍刻印社，1990.4.—1册；20开—（线装）：15.00元

本书据清吴氏聚珍版影印。

J21　绘画技法

为了展出你的作品：从小画到大画的基础技法/（日）小岛俊男著；粒子译.—北京：北京工艺美术出版社，1990.12.—127页：16开.—（自学成画家译丛）.—ISBN 7-80526-025-7：14.00元

平面构成设计/李槐清编著.—石家庄：河北美术出版社，1990.7.—120页；彩图；16开.—（美术技法丛书）.—ISBN 7-5310-0362-7：7.80元

现代西方名画家及其技巧/（英）瓦德玛·简宁斯克让克等著；王勇，许涌译.—武汉：湖北美术出版社.—72页；24开.—ISBN 7-5394-0205-9：3.30元

实用美术百科图典/曹晨等编译.—上海：同济大学出版社，1990.1.—252页；32开.—ISBN 7-5608-0463-2：3.40元

实用美术技法丛书　第3辑/北京市美术公司《实用美术技法》编辑部编.—北京：朝花美术出版社，1990.8.108页；彩图；24开.—ISBN 7-5056-0130-X：3.80元

美术，绘画、工艺/人民教育出版社美术室编.北京：人民教育出版社，1990.5.—193页；16开.ISBN 7-107-08106-3：6.40元

美术向导：13～18册合订本/《美术向导》编辑部编.—北京：朝花美术出版社，〔1990〕.—1册；16开.—（自学美术技法丛书）.—ISBN 7-5056-0126-1：9.60元

美术向导　第二十三册/《美术向导》编辑部编.北京：朝花美术出版社，1990.2.—52页；16开.（自学美术技法丛书）.—ISBN 7-5056-0123-7：2.20元

美术向导　第二十四册/《美术向导》编辑部编.北京：朝花美术出版社，1990.3.—52页；16开.（自学美术技法丛书）.—ISBN 7-5056-0124-5：2.20元

美术向导　第二十五册/《美术向导》编辑部编.北京：朝花美术出版社，1990.8.—52页；16开.（自学美术技法丛书）.—ISBN 7-5056-0129-6：2.20元

美术向导　第二十六册/《美术向导》编辑部编.北京：朝花美术出版社，1990.10.—52页；16开.—ISBN 7-5056-0133-4：2.20元

美术向导　第二十七册/《美术向导》编辑部编.北京：朝花美术出版社，1990.12.—52页；16开.

（自学美术技法丛书）.—ISBN 7-5056-0138-5：2.20元

美术设计中的构成·色彩·图象技法/（日）寺门保夫等著；白鸽译.—北京：北京工艺美术出版社，1990.8.—128页：图；16开.—（自学成画家译丛）.ISBN 7-80526-038-9：16.00元

美术设计中的质感表现技法/（日）熊田勇著；粒子译.—北京：北京工艺美术出版社，1990.8.—124页：图；16开.—（自学成画家译丛）.—ISBN 7-80526-037-0：16.00元

美术技法大全：水粉人像写生/陈延著.—成都：四川美术出版社，1990.11.—59页：照片及彩图；16开.—ISBN 7-5410-0484-7：6.70元

美术技法大全：写意花卉画法/王天一编著.—成都：四川美术出版社，1990.9.—1册（40，24页）：照片及图版；16开.—ISBN 7-5410-0540-1：6.20元

美术技法大全：老虎画法/张光莹编著.—成都：四川美术出版社，1990.9.—93页：照片及图版；16开.ISBN 7-5410-0476-6：6.70元

美术技法大全：油画人像写生/谷钢著.—成都：四川美术出版社，1990.10.—60页：照片及彩图：16开.—ISBN 7-5410-0536-3：6.50元

美术技法大全：油画人像教学/王玉琪著.—成都：四川美术出版社，1990.11.—47页：肖像及彩图；16开.—ISBN 7-5410-0558-4：5.80元

美术技法大全：家具设计基础/陈小清编著.—成都：四川美术出版社，1990.9.—75页：肖像及图版；16开.—ISBN 7-5410-0488-X：6.80元

美术技法大全：黑白画技法/田旭桐编著.—成都：四川美术出版社，1990.11.—61页：照片及图；16开.—ISBN 7-5410-0511-8：4.70元

借鉴摄影的绘画新技法/（美）鲁迪·德·雷纳著；陈友良，刘海燕译.—长沙：湖南美术出版社，1990.3.—105页；16开.—ISBN 7-5356-0349-1：12.50元

J211.2　各种题材画技法

八哥山雀画法/张鹤云编绘.—济南：山东美术出版社，1990.1.—12页；16开.—（美术技法丛书）.ISBN 7-5330-0233-4：3.60元

人体动态设计.—北京：民族出版社，〔1990〕.30页；24开.—ISBN 7-105-00502-5：1.60元

人物画技法初步/吴山明，李子侯著.—上海：上海人民美术出版社，1990.6.—76页：附图；32开.（初级美术技法丛书）.—ISBN 7-5322-0673-4：3.80元

人物画谱/吉梅文，刘济荣编.—上海：上海人民美术出版社，1990.10.—115页；16开.—ISBN 7-5322-0529-0：10.50元

古今中外历史人物图谱/戴敦邦等编.—兰州：甘肃少年儿童出版社，1990.8.—330页；16开.—ISBN 7-5422-0346-0：13.55元

瓜果蔬菜画法/张鹤云编绘.—济南：山东美术出版社，1990.1.—12页：图；16开.—（美术技法丛书）.—ISBN 7-5330-0234-2：3.60元

鸟类画谱/齐兆璠编绘.—北京：人民美术出版社，1990.5.—414页；32开.—ISBN 7-102-00644-6：7.90元

白荷画法/杨文仁编绘.—济南：山东美术出版社，1990.6.—13页；16开.—（美术技法丛书）.—ISBN 7-5330-0278-4：2.30元

兰蕙画法/韩玮文；杨文仁绘.—济南：山东美术出版社，1990.8.—13页；16开.—（美术技法丛书）.ISBN 7-5330-0300-4：3.60元

百猫谱/陈增胜绘.—天津：天津人民美术出版社，1990.5.—132页；16开.—ISBN 7-5305-0231-X：6.00元

本书除了介绍猫的基本解剖结构之外，也介绍了世界上的名猫品种，猫的各种动作、姿态，还附有在绘画创作中的构图范例。

自说自画：戴敦邦人物画技法谈/戴敦邦著.—上海：上海书画出版社，1990.10.—178页；24开.ISBN 7-80512-260-1：6.60元

红荷画法/杨文仁编绘.—济南：山东美术出版社，1990.6.—13页；16开.—（美术技法丛书）.—ISBN 7-5330-0267-9：2.30元

初学画牛/孙克维绘.—天津：天津杨柳青画社，1990.3.—122页；32开.—ISBN 7-80503-077-4：2.90元

画动物/（日）清水胜著；王家斌，华梅编译.天津：天津人民美术出版社，1990.2.—113页；16开.—ISBN 7-5305-0202-6：18.50元

果蔬小品画法/杨文仁编绘.—济南：山东美术出版社，1990.6.—13页；16开.—（美术技法丛书）.ISBN 7-5330-0301-2：3.60元

变形人物画/张向东编绘.—天津：天津人民美术出版社，1990.11.—90页；16开.—ISBN 7-5305-0190-9：4.50元

怎样画动物/王申裕编绘.—北京：中国林业出版社，1990.10.—172页；16开.—ISBN 7-5038-0542-0：6.90元

J212　中国国画技法

中国书画装裱技法/唐昭钰著.—合肥：黄山书社，1990.8.—154页；32开.—ISBN 7-80535-177-5：2.80元

中国画/中央美术学院中国画系编著.—北京：高等教育出版社，1990.9.—166页；图；16开.—ISBN 7-04-003058-6：4.30元

本书是中国画技法的教材。

中国画历代名家技法图谱：山水编：山石法/上海书画出版社编.—上海：上海书画出版社，1990.9.208页；16开.—ISBN 7-80512-468-X（精装）：16.50元

中国画历代名家技法图谱：山水编：云水法/上海书画出版社编.—上海：上海书画出版社，1990.9.214页；16开.—ISBN 7-80512-469-8（精装）：17.00元

中国画历代名家技法图谱：山水编：设色法/上海书画出版社编.—上海：上海书画出版社，1990.9.180页；16开.—ISBN 7-80512-475-2(精装)：20.00元

中国画历代名家技法图谱：山水编：树法/上海书画出版社编.—上海：上海书画出版社，1990.9.263页；16开.—ISBN 7-80512-472-8（精装）：19.50元

中国画历代名家技法图谱：山水编：点苔法/上海书画出版社编.—上海：上海书画出版社，1990.9.252页；16开.—ISBN 7-80512-470-1（精装）：19.00元

中国画历代名家技法图谱：山水编：点景法/上海书画出版社编.—上海：上海书画出版社，1990.9.255页；16开.—ISBN 7-80512-471-X（精装）：19.00元

中国画历代名家技法图谱：山水编：章法/上海书画出版社编.—上海：上海书画出版社,1990.9.—221页；16开.—ISBN 7-80512-474-4（精装）:17.00元

中国画历代名家技法图谱：山水编：皴法/上海书画出版社编.—上海：上海书画出版社,1990.9.—270页；16开.—ISBN 7-80512-473-6(精装)：19.80元

中国画技法入门丛书：合辑本/钱行健等著.—上海：上海书画出版社；济南：明天出版社，1990.3.8册；大32开.—ISBN 7-80512-392-6（盒装）：80.00元

中国画基础/肖朗等著.—天津：天津人民美术出版社，1990.1.—114页：图；16开.—ISBN 7-5305-0172-0：15.00元

中国绘画对偶范畴论：中国绘画原理论稿/董欣宾，郑奇著.—南京：江苏美术出版社，1990.4.271页；大32开.—ISBN 7-5344-0121-6：3.90元

本书主要讨论绘画主体、绘画客体以及绘画本体方面的对偶范畴。

丹青不知老将至/蒋德舜编著.—北京：人民教育出版社，1990.11.—146页；16开.—老年大学中国画教材.—ISBN 7-107-10735-6：19.50元

本书讲述了中国绘画的原理、特色和技法，并对历代著名画家予以评论。

过云楼书画记/（清）顾文彬撰·**续记**/（清）顾麟士撰；顾荣木，汪葆辑点校.—南京：江苏古籍出版社，1990.10.—1册（176，74页）；大32开.—ISBN 7-80519-015-1：6.00元

当代中国画之我见：讨论集/李小山等著.—南京：江苏美术出版社，1990.5.—392页；大32开.—ISBN 7-5344-0142-9：5.20元

当代写意花鸟画佳作赏析/吴国亭编著.—南京：江苏美术出版社，1990.3.—1册；16开.—ISBN 7-5344-0119-4：16.80元

吹画的艺术/翟维远著.—长春：吉林美术出版社，1990.6.—54页：图及照片；32开.—ISBN 7-5386-0176-7：2.80元

画余论丹青/吴休著.—北京：国际文化出版公司，1990.5.—129页；32开.—ISBN 7-80049-640-6：2.50元

画法要录/余绍宋编.—北京：中国书店，1990.5.132页；大32开.—ISBN 7-80568-092-4（精装）：7.20元

画家之路：国画山水/张友宪著.—南京：江苏美术出版社，1990.5.—68页：图；16开.—（中级美术自学辅导丛书）.—ISBN 7-5344-0137-2：3.90元

画家之路：国画、花鸟/徐培晨，陈士桂著.—南京：江苏美术出版社，1990.8.—56页：图；16开.（中级美术自学辅导丛书）.—ISBN 7-5394-0138-0：3.50元

国画入门：水仙/广力绘.—上海：上海人民美术出版社，1990.3.—7张；4开.—（老年书画技法丛书/石人主编）.—ISBN 7-5322-0474-X：4.70元

国画入门：鸟/非予绘.—上海：上海人民美术出版社，1990.3.—14张；4开.—（老年书画技法丛书/石人主编）.—ISBN 7-5322-0475-8：6.20元

国画入门：芙蓉/吴玉梅绘.—上海：上海人民美术出版社，1990.3.—13张；4开.—（老年书画技法丛书/石人主编）.—ISBN 7-5322-0477-4：6.20元

国画入门：牡丹/吴玉梅绘.—上海：上海人民美术出版社，1990.3.—13张；4开.—（老年书画技法丛书/石人主编）.—ISBN 7-5322-0478-2：6.20元

国画入门：鱼/邱受成绘.—上海：上海人民美术出版社，1990.3.—8张；4开.—(老年书画技法丛书/石人主编）.—ISBN 7-5322-0472-3：4.20元

国画入门：塘/谷长绘.—上海：上海人民美术出版社，1990.3.—9张；4开.—（老年书画技法丛书/石人主编）.—ISBN 7-5322-0479-0：4.70元

国画入门：鹤/广力绘.—上海：上海人民美术出版社，1990.3.—13张；4开.—（老年书画技法丛书/石人主编）.—ISBN 7-5322-0476-6：6.20元

国画入门：藤/谷长绘.—上海：上海人民美术出版

社，1990.3.—13张；4开.—（老年书画技法丛书/石人主编）.—ISBN 7-5322-0473-1：6.20元

国画ABC/朱应鹏著.—影印本.—上海：上海书店，1990.12.—129页；32开.—ISBN 7-80569-294-7：2.30元

本书据世界书局1928年版影印。

荣宝斋画谱 （三十九）：花鸟动物山水部分/杨善深绘.—北京：荣宝斋，1990.7.—41页；8开.—ISBN 7-5003-0096-4：6.30元

荣宝斋画谱 （四十）：花鸟动物部分/徐悲鸿绘.北京：荣宝斋，1990.8.—42页；8开.—ISBN 7-5003-0097-2：6.60元

荣宝斋画谱 （四十一）：山水部分/黄秋园绘.—北京：荣宝斋，1990.9.—40页；8开.—ISBN 7-5003-0098-0：6.40元

荣宝斋画谱 （四十二）：花鸟部分/袁晓岑绘.—北京：荣宝斋，1990.10.—42页；8开.—ISBN 7-5003-0099-9：6.20元

荣宝斋画谱 （四十三）：山水部分/梁树年绘.—北京：荣宝斋，1990.10.—41页；8开.—ISBN 7-5003-0100-6：6.30元

养龙斋书画集/阮文龙著.—北京：中国医药科技出版社，1990.9.—118页；16开.—ISBN 7-5067-0196-0：15.00元

本书内容包括两部分：一、搜集整理古今有关中国绘画"六法论"，并结合自己的绘画经验及教学实践，研究绘画技法；二、荟萃古今700余年的珍品佳作200余幅。

增补砚边点滴/钱松喦著.—上海：上海书画出版社，1990.11.—109页；照片；32开.—（中国画技法入门丛书）.—ISBN 7-80512-097-8：2.00元

工笔仕女画法步骤/杨德树绘.—天津：天津人民美术出版社，1990.5.—8张；8开.—（绘画技法图例丛书）.—ISBN 7-5305-0235-2：7.50元

工笔花卉（牡丹·水仙）画法步骤/赵志光绘.—天津：天津人民美术出版社，1990.5.—8张；8开.（绘画技法图例丛书）.—ISBN 7-5305-0229-8：9.50元

工笔花鸟画技法/邹传安著.—长沙：湖南美术出版社，1990.9.—137页；彩图；大32开.—ISBN 7-5356-0339-4：14.50元

工笔花鸟（翠鸟·松鹤）画法步骤/金鸿钧，王满良绘.—天津：天津人民美术出版社，1990.5.—8张；8开.—（绘画技法图例丛书）.—ISBN 7-5305-0230-1：9.50元

工笔草虫画法/孔端甫著.—济南：山东美术出版社，1990.3.—66页；16开.—（美术技法丛书）.ISBN 7-5330-0228-8：4.00元

工笔重彩人物画技法/石景昭编著.—西安：陕西人民美术出版社，〔1990〕.—1册；16开.—ISBN 7-5368-0206-4：6.90元

山水画技法析览/童中焘，卓鹤君编著.—天津：天津人民美术出版社，1990.5.—490页；图版；16开.ISBN 7-5305-0171-2（精装）：60.00元

山水画法全图/溥松窗绘.—北京：人民美术出版社，1990.3.—1册；16开.—ISBN 7-102-00627-6：6.80元

本书是作者根据自己毕生的经验，专为讲授山水画法而作的一套示范画稿。

中国写意花鸟画技法/吴国亭著.—2版.—南京：江苏美术出版社，1990.7.—230页；16开.—ISBN 7-5344-0030-9：11.80元

本书1987年5月第1版。

中国画人物技法月讲/梁洪涛编著.—上海：上海科技教育出版社，1990.9.—115页；16开.—ISBN 7-5428-0357-3：8.35元

写意山水画技法/秦岭云编著.—北京：人民美术出版社，1990.6.—107页；16开.—ISBN 7-102-00750-7：8.50元

写意花鸟画技法/邓锡良编著.—北京：北京农业大学出版社，1990.1.—48页；16开.—ISBN 7-81002-132-X：3.60元

写意花鸟画技法/肖焕编.—西安：陕西人民美术出版社，1990.6.—1册；16开.—2.95元

写意花鸟画基础技法 （1）/人民美术出版社编.2版.—北京：人民美术出版社，1990.12.—46页；16开.（美术技法丛书）.—ISBN 7-102-00252-1：6.10元

本书1988年5月第1版。

齐白石画虾/徐中敏，娄师白编著.—长沙：湖南美术出版社，1990.11.—55页；照片；24开.—（著名国画家专题技法）.—ISBN 7-5356-0404-8：4.90元

杨怡墨趣/杨怡著.—南宁：广西美术出版社，1990.—80页；大16开.—ISBN 7-80582-075-9

牡丹白描图集/曹明冉编绘.—北京：朝花美术出版社，1990.12.—89页；32开.—ISBN 7-5056-0132-6：1.70元

草虫画法/杨文仁编绘.—济南：山东美术出版社，1990.6.—13页；16开.—（美术技法丛书）.—ISBN 7-5330-0268-7：2.30元

草虫画谱/张继馨著.—南京：江苏美术出版社，1990.11.—90页；16开.—ISBN 7-5344-0177-1：18.50元

怎样画山水/杨硕编著.—济南：山东美术出版社，1990.7.—24页；16开.—ISBN 7-5330-0281-4：3.60元

怎样画兰、竹、石/刘国瑞著.—北京：华夏出版社，1990.11.—66页：图；16开.—ISBN 7-80053-796-X：5.75元

怎样画鸣禽　（一）/钱行健编绘.—上海：上海书画出版社，1990.3.—36页；24开.—（中国画技法入门）.—ISBN 7-80512-326-8：1.80元

怎样画鸣禽　（二）/钱行健编绘.—上海：上海书画出版社，1990.3.—36页；24开.—（中国画技法入门）.—ISBN 7-80512-327-6：1.80元

怎样画草虫　（上）/许鸿宾著.—石家庄：河北美术出版社，1990.10.—1册；16开.—（中国画自学丛书）.—ISBN 7-5310-0365-1：2.80元

怎样画草虫　（下）/许鸿宾著.—石家庄：河北美术出版社，1990.10.—1册；16开.—（中国画自学丛书）.—ISBN 7-5310-0366-X：2.80元

奚铁生树木山石画法册/奚铁生绘.—影印本.—天津：天津市古籍书店，1990.8.—35页；8开.—4.80元

穿石斋竹谱/赵瑞璞绘.—郑州：河南美术出版社，1990.8.—42页；16开.—ISBN 7-5401-0140-7：8.20元

墨兰画谱/刘福林编著.—北京：中国和平出版社，1990.9.—86页；16开.—ISBN 7-80037-365-7：6.50元

鹰与翠鸟画法/张鹤云编绘.—济南：山东美术出版社，1990.1.—12页；16开.—（美术技法丛书）.ISBN 7-5330-0232-6：3.60元

J213　油画技法

法国克劳德·伊维尔油画技法/祝福新，刘仁杰编著.—哈尔滨：黑龙江美术出版社，1990.3.—1册；36开.—ISBN 7-5318-0067-5：8.50元

油画/钱锋编著.—北京：高等教育出版社，1990.4.—76页：图；16开.—ISBN 7-04-002930-8：2.15元

油画风景漫谈/陆露音著.—长沙：湖南美术出版社，1990.11.—46页；16开.—ISBN 7-5356-0356-4：9.00元

油画技法/（　）大卫·路易斯编；（　）温多·布革克解述；陈友任，冯艳萍译.—天津：天津人民美术出版社，1990.7.—66页：图；16开.—ISBN 7-5305-0225-5：12.30元

油画基础/马立华著.—济南：山东美术出版社，1990.12.—58页；32开.—ISBN 7-5330-0321-7：1.30元

J214　素描、速写技法

人体律动的记忆：单线条人体动作简笔画/韩桂兰著.—北京：中国舞蹈出版社，1990.6.—143页；32开.—ISBN 7-80075-013-2：3.20元

人体速写技法/（日）西丸式人著；李柏青译.—南宁：广西美术出版社，1990.5.—92页：图；24开.ISBN 7-80582-038-4：4.40元

人物头像素描/（美）伯恩·霍格思著；黄启后译.—上海：上海人民美术出版社，1990.6.—149页：图；32开.—ISBN 7-5322-0629-7：3.80元

女人体素描画法/（　）约瑟夫·席帕德著；吕安未，杜义盛译.—西安：陕西人民美术出版社，1990.2.—159页；16开.—ISBN 7-5368-0191-2：8.95元

头像素描指南/福建美术出版社编.—福州：福建美术出版社，1990.3.—24页；8开.—ISBN 7-5393-0097-3：3.20元

论绘画速写/赵瑞椿著.—广州：岭南美术出版社，1990.7.—61页；16开.—ISBN 7-5362-0441-8：6.80元

苏联列宾美术学院素描教程/（苏）贝洛乌索夫等著；曹春生译.—北京：中国文联出版公司，1990.4.—101页；16开.—ISBN 7-5059-1262-3：8.00元

现代人体素描新概念/（德）约翰·拉依内斯著；张世范，董世春编译.—天津：天津人民美术出版社，1990.4.—177页：图；16开.—ISBN 7-5305-0222-0：17.00元

现代素描技法/（美）珀塞（Purser，S.）著；杨志达，杨岸青译.—长沙：湖南美术出版社，1990.8.207页；16开.—ISBN 7-5356-0395-5：9.50元

怎样画体育速写/冯向杰著.—北京：人民体育出版社，1990.9.—86页；32开.—ISBN 7-5009-0436-3：1.45元

美国当代素描教学：素描的潜在要素/（美）约瑟夫·穆格奈尼著；钟蜀珩译.—北京：中国工人出版社，1990.7.—219页：插图；16开.—（外国素描教学系列）.—ISBN 7-5008-0518-7：15.50元

素描/刘泮峒编.—开封：河南大学出版社，1990.12.—43页；16开.—（美术基础丛书）.—ISBN 7-81018-564-0：5.50元

素描大要：美术高考指南/孙文超著.—沈阳：辽宁美术出版社，1990.4.—158页；16开.—ISBN 7-5314-0238-6：19.50元

素描训练/孙敬等编著.—天津：天津人民美术出版社，1990.7.—65页；16开.—（美术技法系列丛书）.—ISBN 7-5305-0067-8：7.80元

素描教学/张会元编著.—南昌：江西美术出版社，1990.9.—144页；16开.—ISBN 7-80580-032-4：8.85元

素描教学随录/傅乃琳编著.—天津：天津人民美术出版社，1990.2.—90页：照片及图；16开.—ISBN 7-5305-0138-0：15.00元

素描基础训练/邵伟尧著.—南宁：广西美术出版社，1990.2.—297页：图；大32开.—(美术技法丛书).—ISBN 7-80582-021-X：6.20元

素描基础技法教程/罗镜泉编著.—广州：广东高等教育出版社，1990.7.—94页：图；16开.—ISBN 7-5361-0481-2：9.00元

素描基础步骤范图：石膏像/刘建国绘.—天津：天津杨柳青画社，1990.11.—19张；8开.—ISBN 7-80503-122-3：5.30元

速写基础训练/杜滋龄，孙建平编著.—天津：天津人民美术出版社，1990.1.—146页；16开.—ISBN 7-5305-0216-6：9.20元

钢笔风景画技法/周君言著.—南宁：广西美术出版社，1990.1.—222页；24开.—ISBN 7-80582-011-2：5.50元

J215　水彩、水粉画技法

水粉画技法/吴昊著.—西安：陕西人民美术出版社，1990.8.—30页：图版；16开.—ISBN 7-5368-0251-X：8.90元

水粉画基础技法/刘永明编绘.—2版.—北京：人民美术出版社，1990.12.—40页；16开.—(美术技法丛书).—ISBN 7-102-00523-7：5.90元

本书1989年12月第1版。

水彩画技法/曾善庆，谭云森编.—北京：人民美术出版社，1990.3.—1册：彩图；16开.—ISBN 7-102-00008-1：3.15元

水彩画基础技法/柴庆翔编绘.—2版.—北京：人民美术出版社，1990.12.—32页；16开.—(美术技法丛书).—ISBN 7-102-00006-5：3.70元

本书1983年12月第1版。

水彩静物风景画法十二讲/王福曾著.—兰州：兰州大学出版社，1990.5.—87页：彩图；36开.—ISBN 7-311-00282-6：1.70元

水彩静物画技法/张举毅著.—长沙：湖南美术出版社，1990.6.—33页：彩图；26开.—ISBN 7-5356-0359-9：5.20元

基础水粉画步骤范图/李宗儒等绘.—天津：天津杨柳青画社，1990.11.—6张(8开1张；4开5张).ISBN 7-80503-124-X：5.20元

J217　版画技法

中国木版水印技法/孙日晓，马秀英编著.—天津：天津人民美术出版社，1990.11.—59页：彩图；16开.—ISBN 7-5305-0168-2：9.00元

版画世界　第二十四编：冰岛、湖北、湖南、土坷垃版画选刊/版画世界编辑部编辑；李平凡主编.—北京：人民美术出版社，〔1990〕.—40页；12开.ISBN 7-102-00618-7：3.50元

铜版画艺术/尹琼著.—重庆：重庆出版社，1990.3.—83页：肖像及插图；大32开.—ISBN 7-5366-1113-7：3.15元

J218　各种用途画技法

中国连环画艺术文集/林敏，赵素行编.—太原：山西人民出版社，1990.4.—1147页：图；大32开.ISBN 7-203-00102-1(精装)：22.00元

电影宣传画艺术/王墨清著.—沈阳：辽宁美术出版社，1990.8.—274页：图；大32开.—ISBN 7-5314-0234-3：9.50元

杨家埠木版年画/张殿英编.—北京：人民美术出版社，1990.5.—201页：图；大32开.—ISBN 7-102-00765-5：6.50元

怎样画粉笔画/朱文松编绘.—济南：山东美术出版社，1990.12.—28页；32开.—ISBN 7-5330-0344-6：1.00元

商业黑白画/吴华先绘.—北京：朝花美术出版社，1990.12.—1册；16开.—(美术技法画库；20/游允常主编).—ISBN 7-5056-0131-8：2.20元

漫画艺术ABC/缪印堂编著.—北京：中国连环画出版社，1990.2.—134页：照片；24开.—ISBN 7-5061-0217-X：3.80元

壁画绘制工艺/侯一民等编著.—福州：福建美术出版社，1990.2.—218页：彩图；16开.—ISBN 7-5393-0082-5：19.50元

本书是一本研讨壁画技法的专著。

J218.9　儿童画技法

一看就会画　第一集/杨千绘.—北京：科学出版社，1990.4.—1册；16开.—(小小画家丛书).ISBN 7-03-001866-4：1.40元

一看就会画　第二集/杨千绘.—北京：科学出版社，1990.4.—1册；16开.—(小小画家丛书).ISBN 7-03-001868-0：1.40元

一看就会画　第三集/杨千绘.—北京：科学出版社，1990.4.—1册；16开.—(小小画家丛书).ISBN 7-03-001869-9：1.40元

一笔画：儿童绘画用线练习/陈杜宇编绘.—南宁：广西美术出版社，1990.12.—1册；24开.—ISBN 7-80582-106-2：1.95元

二笔画：儿童绘画用线练习/陈杜宇编绘.—南宁：广西美术出版社，1990.12.—1册；24开.—ISBN 7-80582-107-0：1.95元

儿童学画分步练：色彩·铅笔画基础/林鹏，傅廷煦编著.—南昌：江西美术出版社，1990.12.—70页；24开.—ISBN 7-80580-040-5：4.20元

儿童绘画大参考/周光荣编绘.一长沙：湖南美术出版社，1990.12.—194页；24开.—ISBN 7-5356-0432-3：6.80元

儿童绘画示范图三千例/徐文，王萍主编.一长春：吉林美术出版社，1990.8.—255页；大32开.—ISBN 7-5386-0187-2：4.20元

儿童绘画家庭辅导/袁雅珍，洪梅编著.一北京：冶金工业出版社，1990.4.—60页；24开.—ISBN 7-5024-0631-X：4.50元

儿童简笔画教程/毛小榆编著.一上海：上海科技教育出版社，1990.1.—46页；24开.—ISBN 7-5428-0361-1：0.78元

儿童趣味立体简笔画/史绍纶等编著.一延吉：东北朝鲜民族教育出版社；沈阳：辽宁教育出版社，1990.10.—172页；16开.—ISBN 7-5437-0803-5：3.90元

小朋友怎么画动物/李时民编绘.一北京：科学普及出版社，1990.—115页；24开.—ISBN 7-110-01632-3：2.80元

半年能成小画家　第2集/玉珂，玉琦编绘.一天津：天津人民美术出版社，1990.4.—5册；24开.ISBN 7-5305-3279-03.75元

本介共5册：第1册学画"蓝精灵"；第2册学画"小飞龙"；第3册学画"恐龙丹佛"；第4册学画"葫芦兄弟"；第5册学画"花仙子"。

涂抹成才：怎样教孩子学简笔画/刘勇立编绘.一北京：国际文化出版公司，1990.12.—63页；24开.ISBN 7-80049-537-X：2.00元

家庭与儿童绘画：怎样教孩子学会画画/孟庆谷编绘.一武汉：湖北美术出版社，1990.8.—137页；32开.—ISBN 7-5394-0138-9：2.52元

简笔画画法/魏齐华编绘.一西安：未来出版社，1990.2.—120页；16开.—ISBN 7-5417-0286-2：3.90元

简笔画2000例/陈如义编绘.一南宁：广西民族出版社，1990.4.—140页；大32开.—ISBN 7-5363-0733-0：2.40元

J22　中国绘画

J221　作品综合集

山东省女画家作品集/刘家裕等绘.一济南：山东美术出版社，1990.4.—1册；18开.—ISBN 7-5330-0248-2：19.50元

广州画院画选/广州画院艺术委员会，广州画院理论研究室编.一广州：岭南美术出版社，1990.10.102页；12开.—ISBN 7-5362-0471-X（精装）：50.00元

中央美术学院四十年教师优秀作品选/古元等编.北京：人民美术出版社，1990.3.—268页；12开.ISBN 7-102-00565-2（精装）：120.00元

中国桂林画院作品选集/中国桂林画院编.一南宁：广西美术出版社，1990.5.—81页；大16开.—ISBN 7-80582-086-4：65.00元

全国首届中国风俗画大奖赛获奖作品选集/沈鹏主编.一北京：人民美术出版社，1990.7.—32页；32开.—（《中国书画》特刊）.—ISBN 7-102-00841-1：8.00元

钟馗百图/王阑西，王树村编.一广州：岭南美术出版社，1990.10.—120页；12开.—ISBN 7-5362-0549-X：58.00元

本书精选古今有关钟馗美术作品百幅，包括石刻线画，木版年画，陶、泥、面塑等。

美术教学示范作品　（2）：色彩.一杭州：浙江美术学院出版社，1990.8.—1册；4开.—ISBN 7-81019-042-3：7.20元

美术教学示范作品　（3）：中国画.一杭州：浙江美术学院出版社，1990.8.—1册；4开.—ISBN 7-81019-026-1：7.20元

美在生活中：吉林省小学中幼师范师生美术作品集/马文铎等主编.一长春：吉林美术出版社，1990.6.88页；24开.—ISBN 7-5386-0177-5：5.00元

朝鲜族美术作品选.一北京：人民美术出版社，1990.12.—48页；16开.—ISBN 7-102-00923-2：13.00元

*　*　*

李楧画集/李楧绘.一上海：三联书店上海分店，1990.1.—28页：照片；28开.—ISBN 7-5426-0320-5：12.00元

余启平画集：1985～1990年作品选/余启平绘.一南京：江苏美术出版社，1990.8.—1册；12开.—ISBN 7-5344-0167-4：11.80元

余国宏画选/余国宏绘.一南宁：广西美术出版社，1990.6.—74页；16开.—ISBN 7-80582-027-9：25.00元

谷嶙画集/谷嶙绘.一北京：人民美术出版社，1990.6.—1册；12开.—ISBN 7-102-00789-2：48.00元

邵宇画集　（上）/邵宇绘；人民美术出版社编.北京：人民美术出版社，1990.7.—273页；8开.ISBN 7-102-00342-0（精装）

卓鹤君画集/卓鹤君绘.一杭州：浙江美术学院出版社，1990.8.—1册；8开.—ISBN 7-81019-077-6（精装）：120.00元

袁烈州画集/袁烈州绘.一天津：天津人民美术出版社，1990.8.—42页；12开.—ISBN 7-5305-0248-4（精装）：33.00元

蔡楚夫画集/蔡楚夫绘；邬永柳编.—南宁：广西美术出版社，1990.2.—52页；12开.—ISBN 7-80582-002-3：45.00元

J222 国 画

中国画 1990 第2期（总第53期）/潘絜兹主编；北京画院《中国画》编辑部编辑.—北京：北京出版社，1990.6.—72页；12开.—ISBN 7-200-01056-1：6.00元

中国画 1990 第3期（总第54期）/潘絜兹主编；北京画院《中国画》编辑部编辑.—北京：北京出版社，1990.9.—72页；12开.—ISBN 7-200-01348-X：6.00元

中国画 1990 第4期（总第55期）/潘絜兹主编；北京画院《中国画》编辑部编.—北京：北京出版社，1990.12.—72页；12开.—ISBN 7-200-01349-8：6.00元

朵云轩藏画选/上海书画出版社编.—上海：上海书画出版社，1990.8.—1册；8开.—ISBN 7-80512-435-3（精装）：90.00元

J222.2/.6 历代作品

历代山水画选集：明清作品部分/（明）王履等绘.天津：天津人民美术出版社，1990.8.—58页；8开.ISBN 7-5305-0140-2：52.00元

中国历代绘画/故宫博物院藏画集编辑委员会编.北京：人民美术出版社，1990.3.—1册；6开.—故宫博物院藏画集（Ⅳ）明代部分（二）.—ISBN 7-102-00440-0（精装）：285.00元

本画册附：作品简介、题跋选印和历代著录资料

石涛绘罗汉图册/（清）石涛绘.—影印本.—天津：天津市古籍书店，1990.7.—16页；16开.—1.30元

石涛蔬果画册/（清）石涛绘.—影印本.—天津：天津市古籍书店，1990.3.—8页；8开.—3.50元

吴昌硕画集/吴昌硕绘.—天津：天津人民美术出版社，1990.8.—88页；8开.—ISBN 7-5305-0233-6（精装）：152.00元

故宫博物院藏历代山水画选集：明清作品部分.天津：天津人民美术出版社，1990.8.—58页；8开.ISBN 7-5305-0140-2：52.00元

故宫藏明清扇面选萃 第一集：文徵明专辑/（明）文徵明绘.—影印本.—天津：天津市古籍书店，1990.6.—25页；12开.—4.00元

故宫藏明清扇面选萃 第二集：董其昌专辑/（明）董其昌绘.—影印本.—天津：天津市古籍书店，1990.8.—20页；12开.—4.00元

南宋卤簿玉辂图卷/辽宁省博物馆藏.—北京：文物出版社，1990.7.—1卷

戴煦千笔山水册/（清）戴煦绘.—影印本.—天津：天津市古籍书店，1990.5.—10页；8开.—3.50元

J222.7 现代作品

1990年度范曾作品图录/范曾绘；荣宝斋编辑.—北京：荣宝斋，1990.10.—24页；12开.—ISBN 7-5003-0101-4：5.40元

了庐中国画选/了庐绘.—北京：北京美术摄影出版社，1990.7.—1册；8开.—ISBN 7-80501-100-1：2.90元

于复千画集/于复千绘.—北京：华艺出版社，1990.—39页；12开.—ISBN 7-80039-252-X：2.00元

山水·花鸟/肖辽沙绘.—南宁：广西民族出版社，1990.8.—106页；24开.—（现代实用美术丛书）.ISBN 7-5363-0867-1：7.00元

马国强人物画选/马国强绘.—郑州：河南美术出版社，1990.7.—1册；12开.—ISBN 7-5410-0145-8：9.50元

马学鹏画集/马学鹏绘.—沈阳：辽宁美术出版社，1990.10.—69页；12开.—ISBN 7-5314-0863-5：40.00元

王立画集/王立绘.—广州：岭南美术出版社，1990.11.—1册；12开.—ISBN 7-5362-0619-4：40.00元

王西京画集：〔中、英、日对照〕/马忠义主编；王西京绘；彭阜民，邱剑英译.—西安：陕西旅游出版社，1990.4.—1册；大16开.—ISBN 7-5418-0129-1

王成喜画梅集/王成喜绘.—北京：北京出版社，〔1990〕.—64页；12开.—ISBN 7-80501-024-2：26.00元

王同仁画集/王同仁绘；荣宝斋编辑.—北京：荣宝斋，〔1990？〕.—58页；大16开.—ISBN 7-5003-0061-1：14.00元

王忠义画选/王忠义绘.—天津：天津人民美术出版社，1990.11.—1册；12开.—ISBN 7-5305-0268-9：7.50元

王孟奇画集/王孟奇绘；荣宝斋编.—北京：荣宝斋，〔1990？〕.—1册；12开.—ISBN 7-5003-0081-6：4.40元

中央美术学院中国画系教师作品选集/黄润华主编.长沙：湖南美术出版社，1990.1.—1册；8开.—（中国高等美术学院作品全集：国画集）.—ISBN 7-5356-0322-X：22.00元

中国画新百家：〔画册〕：〔汉英对照〕/《中国画新百家》编辑部编.—北京：新华出版社，〔1990〕.148页；肖像；大16开.—ISBN 7-5011-0505-7：

37.00元

本画册收集了于志学、王明明、石虎、王镛、史国良、范曾等一大批卓有成效的中青年画家的作品，并附有每位画家的照片和简介。

牛折桂中国画选/牛折桂绘.—济南：山东美术出版社，1990.5.—16页；16开.—ISBN 7-5330-0280-6：3.65元

方健群画集/方健群绘.—广州：岭南美术出版社，1990.8.—40页；大20开.—ISBN 7-5362-0583-7：18.00元

石兵画集/石兵绘.—太原：山西人民出版社，1990.12.—48页；大16开.—ISBN 7-203-01806-7（精装）：35.00元

龙瑞王镛陈向迅赵卫陈平卢禹舜画选/龙瑞等绘；上海美术馆编.—上海：上海书画出版社，1990.12.1册；12开.—ISBN 7-80512-499-X：12.00元

四川中青年国画家十一人集/重庆出版社编.—重庆：重庆出版社，1990.10.—51页；12开.—ISBN 7-5366-1744-X：7.10元

冯骥才画集：汉英对照/冯骥才绘.—天津：天津杨柳青画社等，1990.9.—138页；8开.—ISBN 7-80503-114-2（精装）：160.00元

邢少兰画集/邢少兰绘.—南京：江苏美术出版社，1990.8.—30页；12开.—ISBN 7-5044-0155-0：12.00元

当代中国新文人画集/王孟奇等绘.—南京：江苏美术出版社，1990.8.—71页；12开.—ISBN 7-5344-0170-4：25.00元

屺瞻百岁画集/朱屺瞻绘.—上海：上海人民美术出版社，1990.3.—101页；8开.—ISBN 7-5322-0528-2：72.00元

书脊、版权页题：朱屺瞻百岁画集

刘二刚书画选集/刘二刚绘.—南京：江苏美术出版社，1990.10.—77页；大32开.—ISBN 7-5344-0172-0：6.50元

刘千山水画集/刘千绘.—北京：人民美术出版社，1990.9.—40页；12开.—ISBN 7-102-00776-4：15.00元

刘双印画集/刘双印绘.—北京：民族出版社，1990.8.—38页；12开.—ISBN 7-105-01152-1：12.00元

刘白花鸟画选集/刘白绘.—南京：南京出版社，1990.9.—1册；12开.—ISBN 7-80560-222-0：5.80元

刘国瑞刘晖画集/刘国瑞，刘晖绘.—济南：山东美术出版社，1990.4.—32页；16开.—ISBN 7-5330-0249-0：5.00元

刘春华画集/刘春华绘.—北京：北京出版社，1990.12.—52页；12开.—ISBN 7-200-01291-2：22.00元

刘济荣、叶绿野、姚北全、陈荣胜画选/刘济荣等绘.—广州：广东旅游出版社，1990.—36页；16开.ISBN 7-80521-209-0：21.00元

刘复莘画集/刘复莘绘.—贵阳：贵州人民出版社，1990.9.—1册；大16开.—（贵州艺术家画库）.ISBN 7-221-02113-9：25.00元

齐白石作品集/齐白石绘.—天津：天津人民美术出版社，1990.6.—124页；8开.—中国美术馆藏画.ISBN 7-5305-0246-8（精装）：228.00元

齐白石画集/齐白石绘；严欣强，金岩编.—北京：外文出版社，1990.—194页；8开.—ISBN 7-119-00053-5（精装）：170.00元

齐良已国画选集/齐良已绘；荣宝斋编.—北京：荣宝斋，1990.10.—59页；12开.—ISBN 7-5003-0091-3：21.00元

江苏省中年国画家作品选.—北京：人民美术出版社，1990.4.—1册；12开.—ISBN 7-102-00762-0（精装）：53.30元

关东画选/季观之等绘.—哈尔滨：黑龙江美术出版社，1990.6.—1册；21开.—ISBN 7-5318-0068-3：32.00元

杨正新画选/杨正新绘.—上海：上海书画出版社，1990.2.—24页；12开.—ISBN 7-80512-431-0：9.80元

杨阳画集/杨阳绘.—南京：南京出版社，1990.6.1册；12开.—ISBN 7-80560-212-3：14.60元

杨和明国画兰花集/杨和明绘.—广州：岭南美术出版社，1990.7.—1册；16开.—ISBN 7-5362-0556-2：14.80元

花鸟颂：李方玉中国画作品/李方玉绘.—北京：人民美术出版社，1990.12.—7页；16开.—（新美术画库；42）.—ISBN 7-102-00858-9：1.20元

苏百钧画集/苏百钧绘.—广州：花城出版社，1990.3.—48页；16开.—ISBN 7-5360-0580-6：19.00元

李延声画集/李延声绘.—北京：今日中国出版社，1990.1.—39页；12开.—ISBN 7-5072-0237-2（精装）：42.00元

李宝峰画集/李宝峰绘.—沈阳：辽宁美术出版社，1990.12.—63页；12开.—ISBN 7-5314-0872-4：49.00元

李爱国画集/李爱国绘.—天津：天津杨柳青画社，1990.10.—29页；12开.—ISBN 7-80503-103-7：15.00元

吴永良画集/吴永良绘.—杭州：浙江美术学院出版社，1990.8.—119页；8开.—ISBN 7-81019-078-4（精装）：120.00元

谷宝玉画集/谷宝玉绘.—石家庄：河北美术出版社，1990.3.—41页；12开.—ISBN 7-5310-0343-

0；18.00元

宋金鼎画集/宋金鼎绘.一济南：山东美术出版社，1990.12.—28页；16开.—ISBN 7-5330-0336-5：5.05元

宋新江画辑/宋新江绘.一南京：江苏美术出版社，1990.5.—10张；64开

张三友画集/张三友绘.一北京：人民美术出版社，1990.6.—49页；12开.—ISBN 7-102-00817-1：26.00元

张宝珠国画集/张宝珠绘.一济南：山东美术出版社，1990.5.—46页，12开.—ISBN 7-5330-0256-3：7.85元

张修竹画集/张修竹绘.一北京：今日中国出版社，1990.12.—111页；8开.—ISBN 7-5072-0272-0（精装）

陈子奋画集/陈子奋绘.一福州：福建美术出版社，1990.7.—1册；8开.—ISBN 7-5393-0018-3：50.00元

陈望国画集/陈望绘.一广州：岭南美术出版社，1990.1.—1册；12开.—ISBN 7-5362-0472-8：25.00元

陈渭山水画集/陈渭绘.一福州：福建美术出版社，1990.4.—1册；32开.—ISBN 7-5393-0111-2：5.50元

邵灵国画选/邵灵绘.一兰州：甘肃人民美术出版社，1990.3.—1册；16开.—ISBN 7-80588-001-8：4.00元

现代中国画作品集/现代中国画作品集编委会编.沈阳：辽宁美术出版社，1990.10.—78页；8开.—ISBN 7-5314-0882-1：72.00元

现代水墨画国际艺苑美术奖评选作品集/孔继华编.沈阳：辽宁美术出版社，1990.6.—73页；12开.—ISBN 7-5314-0739-6：35.00元

现代花鸟画库/河南美术出版社编.一郑州：河南美术出版社，1990.9.—13册；16开.—（现代中国画画库；2）.—ISBN 7-5401-0138-5：58.00元

林成翰画集/林成翰绘；中国画报出版社编.一北京：中国画报出版社，1990.10.—48页；12开.—ISBN 7-80024-074-6(精装)：38.00元；(平装)：30.00元

本集收入画家所作“百鸡图”（亦称“百吉图”）。

欧阳龙画集/欧阳龙绘.一南京：江苏美术出版社，1990.4.—1册；12开.—ISBN 7-5344-0109-7：15.80元

周怀民画集/周怀民绘.一北京：人民美术出版社，1990.4.—77页；大16开.—ISBN 7-102-00724-8（精装）

周韶华水墨画选/周韶华绘.一沈阳：辽宁美术出版社，1990.12.—49页；12开.—ISBN 7-5314-0871-6：37.00元

波生画集/马波生绘.一北京：中国画报出版公司，1990.—60页；18开.—ISBN 7-80024-062-2：28.00元

郑乃珖画集/郑乃珖绘；黄迪杞编.一福州：福建美术出版社 1990.7 —1册；8开.—ISBN 7-5393-0020-5：54.00元

郑百重画集/郑百重绘；上海人民美术出版社编.上海：上海人民美术出版社，1990.4.—1册；12开.ISBN 7-5322-0641-6（精装）：40.00元

胡佩衡画集/胡佩衡绘.一北京：人民美术出版社，1990.6.—1册：照片；16开.—ISBN 7-102-00629-2（精装）：97.00元

赵梅生画集/赵梅生绘.一北京：新华出版社，1990.8.—1册；12开.—ISBN 7-5011-0731-9：29.00元

秋耕：杨麟中国画作品/杨麟绘.一北京：人民美术出版社，1990.12.—1册；16开.—（新美术画库；40）.—ISBN 7-102-00802-3：1.20元

施友义国画选/施友义绘.一北京：华艺出版社，〔1990〕.—31页；16开.—ISBN 7-80039-253-8：1.00元

济南画院作品选/山东美术出版社编.一济南：山东美术出版社，1990.9.—51页；16开.—ISBN 7-5330-0324-1：14.00元

娄师白画集/娄师白绘；娄述德编.一北京：中国画报出版社，1990.10.—64页；大16开.—ISBN 7-80024-073-8：43.00元

徐英槐山水画选/徐英槐绘.一海口：三环出版社，1990.2.—1册；16开.—ISBN 7-80564-037-8：18.00元

郭志光画集/郭志光绘.一北京：轻工业出版社，1990.11.—81页；大16开.—ISBN 7-5019-0910-5：27.00元

高松庐百花画集/高松庐绘.一青岛：青岛海洋大学出版社，1990.12.—100页；16开.—ISBN 7-81026-094-4：25.00元

高剑父画选/高剑父绘.一天津：天津市古籍书店，1990.8.—20页；8开.—（岭南三杰画选；一）.3.50元

唐洮画选/唐洮绘.一北京：朝花美术出版社，〔1990〕.—15页；16开.—ISBN 7-5056-0122-9：3.00元

黄海奇观/华国璋摄画.一上海：上海交通大学出版社，1990.4.—1册；16开.—ISBN 7-313-603-9：12.00元

“摄画”是现代摄影和中国绘画融为一体之现代摄影中国画。本书收集了作者的16幅作品。

康庄画集/康庄绘.一济南：山东美术出版社，1990.4.—46页；21开.—ISBN 7-5330-0253-9：

8.14元

清凉世界：安云鹏中国画作品/安云鹏绘.—北京：人民美术出版社，1990.6.—1册；16开.—（新美术画库；41）.—ISBN 7-102-00846-5：1.50元

韩伍画集/韩伍绘.—上海：百家出版社，1990.3.41页；16开.—ISBN 7-80576-080-2：12.00元

董希源画集/董希源绘.—北京：中国青年出版社，1990.12.—62页；12开.—ISBN 7-5006-0900-0：35.00元

黑龙江省画院国画作品选.—北京：人民美术出版社，1990.9.—64页；12开.—ISBN 7-102-00919-4：41.00元

皓月：张俊国中国画作品/张俊国绘.—北京：人民美术出版社，1990.2.—1册，16开.—（新美术画库；38）.—ISBN 7-102-00727-2：1.10元

温六恩画集/温六恩绘.—北京：中国工人出版社，1990.7.—45页；16开.—ISBN 7-5008-0905-0：23.50元

谭达人扇面画选/谭达人绘.—桂林：漓江出版社，1990.1.—10张；50开.—ISBN 7-5407-0517-5：1.95元

J223　油　画

中国首届风景油画邀请大展作品选/中华美术研究院主编.—北京：工人出版社，〔1990〕.—84页；16开.—ISBN 7-5008-0629-5：45.00元

本册收入从30年代至90年代我国著名画家的119幅参展作品。

叶武林：〔油画〕.—广州：岭南美术出版社，1990.6.—1册；12开.—ISBN 7-5362-0564-1：29.00元

关则驹油画选/关则驹绘.—广州：岭南美术出版社，1990.4.—1册；16开.—ISBN 7-5362-0437-X：12.40元

李金明油画选集/李金明绘.—广州：岭南美术出版社，1990.9.—35页；16开.—ISBN 7-5362-0595-3：18.00元

何孔德画选/例孔德绘.—北京：中国华侨出版公司，1990.7.—74页；大16开.—（新加坡豪珍画廊）.—ISBN 7-80074-274-1（精装）：60.00元

何孔德画选/何孔德绘.—北京：中国华侨出版公司，1990.7.—74页；大16开.—（新加坡豪珍画廊）.—ISBN 7-80074-274-1：45.00元

邵增虎风景画选：1989～1990/邵增虎绘.—广州：岭南美术出版社，1990.11.—44页；12开.—ISBN 7-5362-0571-6（精装）：33.00元

现代油画：北京国际艺苑第三届油画展.—沈阳：辽宁美术出版社，1990.10.—70页；16开.—ISBN 7-5314-0727-2：35.00元

油画选辑（14）：鲁迅美术学院油画系教师作品选/万今声等绘.—北京：人民美术出版社，〔1990.〕.—1册；16开.—ISBN 7-102-00735-3：12.50元

曹达立画集/曹达立绘；中国画报出版公司编.—北京：中国画报出版公司，1990.1.—60页；12开.ISBN 7-80024-061-4：28.00元

谭冬生画集/谭冬生绘.—郑州：河南美术出版社，1990.2.—34页；12开.—ISBN 7-5401-0127-X：15.00元

J224　素描、速写

丁锐香港速写集/丁锐绘.—广州：岭南美术出版社，1990.4.—1册；24开.—ISBN 7-5362-0473-6：6.90元

工程素描/明方成著.—重庆：重庆大学出版社，1990.2.—136页：插图；32开.—ISBN 7-5624-0239-6：2.03元

山水速写/阿山，锦声绘.—天津：天津杨柳青画社，1990.9.—100页；20开.—ISBN 7-80503-121-5：3.70元

山河揽胜集：钢笔山水画稿/吴玉琳绘.—石家庄：河北美术出版社，1990.6.—88页；16开.—ISBN 7-5310-0350-3：6.30元

中外名胜画中游：多功能建筑钢笔画/王肖生等编著.—北京：金盾出版社，1990.9.—79页；20开.ISBN 7-80022-211-X：1.90元

中国戏曲速写/高马得绘；陈汝勤编.—北京：人民美术出版社，1990.11.—234页；24开.—ISBN 7-102-00512-1：14.50元

世界新式战车艺术图片/张国夫绘.—北京：兵器工业出版社，1990.8.—10张；50开.—ISBN 7-80038-249-4：2.50元

永不回来的风景：故乡六十年前景物的追忆/黄永玉绘.—长沙：湖南美术出版社，1990.10.—66页；24开.—ISBN 7-5356-0394-7：6.50元

寺观雕塑壁画白描资料集/孙仲威编绘.—太原：山西人民出版社，1990.5.—109页；20开.—ISBN 7-203-01707-9：3.90元

西南游踪速写/陆本瑞绘.—重庆：重庆出版社，1990.2.—114页：照片；32开.—ISBN 7-5366-0958-2：6.80元

百塔图/冯联承绘.—北京：北京体育学院出版社，1990.4.—96页；16开.—ISBN 7-81003-359-X：4.50元

刘文西访日写生/刘文西绘.—西安：陕西人民美术出版社，1990.10.—74页；16开.—ISBN 7-5368-0252-8：8.50元

杨刚速写/杨刚绘.—北京：今日中国出版社，

1990.5.—1册；20开.—ISBN 7-5072-0259-3：6.50元

李丰田新闻速写集/李丰田绘.—北京：人民美术出版社，〔1990〕.—110页；24开.—ISBN 7-102-00861-9：8.60元

辰生速写/董辰生绘.—北京：长城出版社，1990.11.—106页；24开.—ISBN 7-80017-119-1：4.50元

陈向迅陈平速写集/陈向迅，陈平绘.—成都：四川美术出版社，1990.4.—1册；大32开.—（当代画家画速写）.—ISBN 7-5410-0349-2：3.50元

陈钰铭速写集/陈钰铭绘.—北京：长城出版社，1990.11.—126页；24开.—ISBN 7-80017-121-3：4.50元

现代幻像画：许德民幻像诗画集/许德民绘.—上海：复旦大学出版社，1990.5.—153页；24开.ISBN 7-309-00532-5（精装）：13.50元

周建夫人体素描/周建夫绘.—长沙：湖南美术出版社，1990.7.—1册；12开.—ISBN 7-5356-0379-3：8.60元

郑庆衡白描人物画集/郑庆衡绘.—北京：紫禁城出版社，1990.7.—72页；16开.—ISBN 7-80047-086-5：12.60元

郑庆衡是我国著名的中国人物画画家和艺术教育家。本集选编了郑庆衡白描人物中的七十二幅精品。

俊林速写/俊林绘.—石家庄：河北美术出版社，1990.12.—87页；24开.—ISBN 7-5310-0379-1：5.20元

素描引导/谢开基等绘.—南宁：广西民族出版社，1990.8.—100页；24开.—（现代实用美术丛书）.ISBN 7-5363-0892-2：5.85元

素描选：高等艺术院校示范作品/何思广等绘.—上海：上海人民美术出版社，1990.11.—44页；8开.ISBN 7-5322-0803-6：7.20元

贾涤非素描集/贾涤非绘.—长春：吉林美术出版社，1990.12.—105页；20开.—ISBN 7-5386-0196-1：6.80元

摭拾集/张启明绘.—太原：山西人民出版社，1990.12.—100页；24开.—ISBN 7-203-01695-1：4.30元

J225　水彩、水粉画

水彩　第十四辑：人物风景静物/上海人民美术出版社编.—上海：上海人民美术出版社，1990.5.—1册；16开.—ISBN 7-5322-0679-3：4.70元

水彩人体画选/陈九如绘.—天津：天津人民美术出版社，1990.7.—12张；8开.—ISBN 7-5305-0217-4：11.40元

老北京城城门水彩画集/张先得编绘.—北京：北京燕山出版社，1990.8.—64页；16开.—（北京正阳门管理处丛书/李奇主编）.—ISBN 7-5402-0247-5（精装）：60.00元

色彩人物范画/王有嫦编著.—成都：四川美术出版社，1990.3.—1册；8开.—ISBN 7-5410-0529-0：15.00元

色彩风景范画/王有嫦编著.—成都：四川美术出版社，1990.3.—1册；8开.—ISBN 7-5410-0527-4：15.00元

色彩静物范画.—石家庄：河北美术出版社，1990.6.—26页；12开.—ISBN 7-5310-0368-6：9.50元

色彩静物范画/黄小玲编著.—成都：四川美术出版社，1990.3.—1册；12开.—ISBN 7-5410-0530-4：16.00元

芬芳：杨健健水粉花卉/杨健健绘.—银川：宁夏人民出版社，〔1990?〕.—10张；50开.—2.30元

徐坚水彩画选/徐坚水绘.—呼和浩特：内蒙古教育出版社，1990.7.—1册；12开.—ISBN 7-5311-1152-7：5.00元

第七届全国美术作品展览：水彩、水粉、粉画精选：1989.—广州：岭南美术出版社，1990.6.—1册；12开.—ISBN 7-5362-0506-6：32.00元

装饰色彩范画/钟茂兰编著.—成都：四川美术出版社，1990.3.—1册；8开.—ISBN 7-5410-0528-2：15.00元

J227　版　画

大兴安岭版画/洪石主编.—哈尔滨：黑龙江美术出版社，1990.6.—120页；12开.—ISBN 7-5318-6099-3（精装）：52.00元

中国民间木刻版画/吕胜中编著.—长沙：湖南美术出版社，1990.6.—227页；12开.—ISBN 7-5356-0360-2：15.00元

中国版画年鉴：1988～1989/中国版画年鉴编辑委员会编.—沈阳：辽宁美术出版社，1990.2.—252页；大32开.—ISBN 7-5314-0680-2：10.00元

民间木版画/张道一编.—南京：江苏美术出版社，1990.6.—238页；24开.—（江苏民间美术丛书/张道一编）.—ISBN 7-5344-0130-5：18.50元

李忠翔版画集/李忠翔绘.—成都：四川美术出版社，1990.10.—35页；21开.—ISBN 7-5410-0582-7

陈望版画新作/陈望绘.—广州：岭南美术出版社，1990.10.—1册；12开.—ISBN 7-5362-0606-2：15.00元

莫日根版画选/莫日根绘.—通辽：内蒙古少年儿童出版社，1990.12.—50页；20开.—ISBN 7-5312-0210-7：3.00元

绿秀：赵晓沫版画作品/赵晓沫绘.—北京：人民美术出版社，〔1990〕.—1册；16开.—（新美术画库；39）.—ISBN 7-102-00788-4：1.30元

J228.1　宣传画

中外音乐家画像/李蕙等绘.—广州：岭南美术出版社，〔1990〕.—16张；2开.—（袋装）：23.00元

中外著名科学家肖像挂图/冼励强等绘.—广州：岭南美术出版社，〔1990〕.—14张；2开.—供小学1～6年级使用.—（袋装）：13.50元

中外著名科学家肖像挂图/李醒滔等绘.—广州：岭南美术出版社，〔1990〕.—18张；2开.—供初、高中共用.—（袋装）：16.50元

四川电影宣传画/钟国章编.—成都：四川美术出版社，1990.10.—1册；32开.—ISBN 7-5410-0577-0：8.00元

抗日战争时期宣传画/中国革命博物馆编.—北京：文物出版社，1990.10.—1册；16开.—ISBN 7-5010-0233-9：10.50元

国际电影宣传画　（一）.—沈阳：辽宁美术出版社，1990.3.—20张；32开.—ISBN 7-5314-0706-X（袋装）：4.90元

国际电影宣传画　（二）.—沈阳：辽宁美术出版社，1990.3.—20张；32开.—ISBN 7-5314-0707-8（袋装）：4.90元

国际电影宣传画　（三）.—沈阳：辽宁美术出版社，1990.3.—20张；32开.—ISBN 7-5314-0708-6（袋装）：4.90元

国际电影宣传画　（四）.—沈阳：辽宁美术出版社，1990.3.—20张；32开.—ISBN 7-5314-0709-4（袋装）：4.90元

国际电影宣传画　（五）.—沈阳：辽宁美术出版社，1990.3.—20张；32开.—ISBN 7-5314-0710-8（袋装）：4.90元

学校装饰画——中外音乐家/章德明等绘.—上海：上海教育出版社，1990.9.—6张；4开.—ISBN 7-5320-2142-4：12.80元

学校装饰画——中国古代科学家/张培础，戴明德画.—上海：上海教育出版社，1990.9.—4张；4开.ISBN 7-5320-2144-0：8.60元

学校装饰画——外国科学家/蒋昌一等绘.—上海：上海教育出版社，1990.9.—4张；4开.—ISBN 7-5320-2146-7：8.60元

J228.2　漫　画

三毛从军记：全集/张乐平绘.—上海：同济大学出版社，1990.1.—120页；32开.—ISBN 7-5608-0624-4：2.80元

三毛流浪记/张乐平绘.—昆明：云南人民出版社，1990.5.—153页；20开.—ISBN 7-222-00467-8：3.50元

千人千面：漫画脸谱造型1000例/田原绘.—南京：江苏科学技术出版社，1990.1.—104页；36开.—ISBN 7-5345-0831-2：2.60元

王复羊漫画选/王复羊绘.—成都：四川美术出版社，1990.4.—109页：照片；大32开.—（中国漫画家丛书）.—ISBN 7-5410-0483-9：4.50元

中国现代幽默画大展作品精选.—杭州：浙江人民美术出版社，1990.7.—148页；24开.—ISBN 7-5340-0180-3：3.30元

中国幽默画1200幅/徐景祥编.—北京：今日中国出版社，1990.—200页；20开.—（长城丛书）.—ISBN 7-5072-0211-9：9.80元

中国储蓄漫画选/中国工商银行甘肃省分行，中国工商银行总行储蓄部编.—兰州：甘肃人民美术出版社，1990.1.—123页；24开.—ISBN 7-226-00566-2：3.80元

中国漫画人物造型/许志强编.—西安：未来出版社，1990.5.—138页；24开.—ISBN 7-5417-0329-X：3.15元

心急坏事/王云鹤编绘.—广州：岭南美术出版社，1990.5.—70页；24开.—（中国连环漫画家选集）.ISBN 7-5362-0426-4：2.30元

叶春旸漫画集/叶春旸绘.—北京：中国工人出版社，1990.12.—114页；24开.—ISBN 7-5008-0644-2：6.50元

生活小窍门：漫画集/严灿光绘.—南宁：广西民族出版社，1990.11.—66页；24开.—ISBN 7-5363-0985-6：1.70元

生活·幽默·漫画：缪印堂漫画选/缪印堂绘.—北京：知识出版社，1990.5.—123页；24开.—ISBN 7-5015-0412-1：3.20元

乐在其中/张世荣编绘.—广州：岭南美术出版社，1990.5.—70页；24开.—（中国连环漫画家选集）.ISBN 7-5362-0425-6：2.30元

老马正传：连环漫画　第二集/段纪夫绘.—天津：天津杨柳青画社，1990.4.—100页；24开.—ISBN 7-80503-107-X：3.50元

老夫子漫画选　第三辑/王泽绘.—昆明：云南人民出版社，1990.4.—1册；16开.—（系列丛书）.ISBN 7-222-00570-6：2.70元

老夫子漫画选　第四辑/王泽绘.—昆明：云南人民出版社，1990.9.—1册；16开.—（系列丛书）.ISBN 7-222-00570-6：2.70元

老夫子漫画精选/王泽绘.—北京：学苑出版社，1990.3.—110页；16开.—ISBN 7-80060-931-6：

2.80元

老夫子漫画精选：续/王泽绘.—北京：学苑出版社，1990.3.—110页；16开.—ISBN 7-80060-454-3：2.80元

华君武漫画/华君武绘.—杭州：浙江人民美术出版社，1990.5.—152页；12开.—ISBN 7-5340-0194-3（精装）：68.00元

爷爷与孙子：漫画集/高峰编绘.—成都：四川少年儿童出版社，1990.12.—188页；24开.—ISBN 7-5360-0605-8：3.58元

爷孙趣事：连环漫画集/曾广健绘.—南宁：广西民族出版社，1990.11.—100页；64开.—ISBN 7-5363-0979-0：0.80元

好爸爸/叶霆绘.—杭州：浙江人民美术出版社，1990.10.—32页；16开.—（幽默大师丛书）.—ISBN 7-5340-0198-6：1.20元

国际体育明星漫像/平凡绘；卫星撰文.—北京：国际文化出版公司，1990.8.—113页；12开.—ISBN 7-80049-629-5（精装）：30.00元

哈哈伯：连环漫画/孙泽良编绘.—广州：新世纪出版社，1990.12.—5册；64开.—ISBN 7-5405-0477-3：5.00元

幽默·启迪·回味：第三届"工人日报漫画大赛"作品选/于恒希，徐进选编.—北京：科学普及出版社，1990.6.—134页；24开.—ISBN 7-110-01500-9：6.00元

幽默博览：少年儿童专辑/缪印堂主编.—北京：科学普及出版社，1990.9.—48页；16开.—ISBN 7-110-01619-6：2.60元

济公歪传/孙泽良编绘.—杭州：浙江人民美术出版社，1990.10.—32页；16开.—（幽默大师丛书）.ISBN 7-5340-0199-4：1.20元

搭错线/季青绘；东方画书文化研究所选编.—北京：三联书店，1990.12.—125页；32开.—（台湾浮世绘）.—ISBN 7-108-00400-3：3.50元

本画册收有作者在台湾《工商时报》连载的幽默漫画。

啼笑皆非：苏朗漫画选/苏朗绘.—兰州：甘肃人民美术出版社，1990.11.—105页；32开.—ISBN 7-80588-006-9：1.90元

寓教子乐：玫瑰园漫画选/林积令编.—西安：陕西人民教育出版社，1990.9.—116页；24开.—ISBN 7-5419-1608-0：2.60元

蔡志忠漫画：大学：博大的学问/蔡志忠绘.—北京：三联书店，1990.12.—64页；32开.—ISBN 7-108-00393-7：1.60元

蔡志忠漫画：中庸：和谐的人生/蔡志忠绘.—北京：三联书店，1990.12.—97页；32开.—ISBN 7-108-00391-0：2.20元

蔡志忠漫画：孔子说：仁者的叮咛/蔡志忠画.—北京：三联书店，1990.9.—150页；32开.—ISBN 7-108-00359-7：3.45元

蔡志忠漫画：史记：历史的长城：战国四大公子部分/蔡志忠绘.—北京：三联书店，1990.10.—157页；32开.—ISBN 7-108-00361-9：3.60元

蔡志忠漫画：列子说：御风而行的哲思/蔡志忠绘.北京：三联书店，1990.10.—158页；32开.—ISBN 7-108-00323-6：3.60元

蔡志忠漫画：列子说：御风而行的哲思/蔡志忠绘.北京：三联书店，1990.7.—166页；20开.—ISBN 7-108-00332-5：9.95元

蔡志忠漫画：老子说：智者的低语/蔡志忠绘.—北京：三联书店，1990.7.—167页；20开.—ISBN 7-108-00333-3：7.80元

蔡志忠漫画：庄子说：自然的箫声（Ⅱ）/蔡志忠绘.—北京：三联书店，1990.11.—135页；32开.ISBN 7-108-00387-2：3.05元

蔡志忠漫画：论语：儒者的诤言/蔡志忠绘.—北京：三联书店，1990.12.—87页；32开.—ISBN 7-108-00394-5：2.10元

蔡志忠漫画：封神榜：传说和现实/蔡志忠绘.—北京：三联书店，1990.8.—134页；32开.—ISBN 7-108-00362-7：3.10元

蔡志忠漫画：唐诗说：悲欢的歌者/蔡志忠绘.—北京：三联书店，1990.12.—144页；32开.—ISBN 7-108-00396-1：3.35元

蔡志忠漫画：唐诗说：悲欢的歌者（Ⅱ）/蔡志忠绘.—北京：三联书店，1990.11.—145页；32开.ISBN 7-108-00370-8：3.35元

蔡志忠漫画：聊斋志异：鬼狐仙怪的传奇/蔡志忠绘.—北京：三联书店，1990.11.—165页；32开.ISBN 7-108-00360-0：3.80元

蔡志忠漫画：菜根谭：人生的滋味/蔡志忠绘.—北京：三联书店，1990.7.—143页；32开.—ISBN 7-108-00358-9：3.25元

蔡志忠漫画：韩非子说：法家的峻言/蔡志忠绘.北京：三联书店，1990.8.—139页；32开.—ISBN 7-108-00363-5：3.15元

蔡志忠漫画：禅说：尊者的棒喝/蔡志忠绘.—北京：三联书店，1989.5.—157页；32开.—ISBN 7-108-00229-9：3.60元

漫画社交/戴逸如等编绘.—上海：上海人民出版社，1990.8.—4册；32开.—ISBN 7-208-00894-9：6.00元

本书共4册，包括《判断大师牛先生》、《行动大师牛先生》、《说服大师牛先生》和《交涉大师牛先生》。

漫画菜根谭：品格篇/（明）洪应明原著；张熙江整理；戴逸如绘.—上海：上海人民出版社，1990.5.65页；32开.—ISBN 7-208-00895-7：1.60元

缪印堂儿童漫话集/缪印堂绘.—成都：四川少年儿童出版社，1990.12.—68页：照片；20开.—（中国

儿童漫画家选集）.—ISBN 7-5365-0628-7：1.60元

增广贤文漫话故事/袁庭栋，愚夫编著；张川华，陈可绘.—北京：中国广播电视出版社，1990.12.147页；32开.—（中国古典通俗文化读物漫画系列）.—ISBN 7-5043-0800-5：2.90元

黎耀西漫画集/黎耀西绘.—广州：岭南美术出版社，1990.11.—63页；24开.—ISBN 7-5362-0616-X：15.60元

J228.3　年　画

天津北郊现代民间绘画.—天津：天津杨柳青画社，1990.3.—86页；12开.—ISBN 7-80503-095-2：27.90元

中国民间年画选/薄松年编.—南昌：江西美术出版社，1990.6.—118页；12开.—ISBN 7-80580-009-X：33.00元

中国现代民间绘画选萃/中国社会文化编辑出版委员会编.—2版.—北京：外文出版社，1990.—179页；大12开.—ISSN 7-119-01136-7（精装）：110.00元

中国现代民间绘画选萃/中国社会文化编辑出版委员会编.—2版.—北京：外文出版社，1990.—179页；大12开.—ISBN 7-119-01137-5：85.00元

传统杨柳青年画娃娃专辑.—天津：天津杨柳青画社，1990.1.—10张；50开.—ISBN 7-80503-293-5

杨家埠年画/山东省潍坊市博物馆，杨家埠木版年画研究所编.—北京：文物出版社，1990.8.—53页；图版；16开.—ISBN 7-5010-0223-1：34.00元

浙江年画：1991　（1）/浙江人民美术出版社编.杭州：浙江人民美术出版社，〔1990〕.—140页；16开.—12.00元

浙江年画：1991　（2）/浙江人民美术出版社编.杭州：浙江人民美术出版社，〔1990〕.—101页；16开.—9.20元

第四届全国年画展获奖作品选.—北京：人民美术出版社，1990.8.—82页；12开.—ISBN 7-102-00595-4：30.00元

绵竹年画/高文等编.—北京：文物出版社，1990.8.—1册；16开.—ISBN 7-5010-0297-5：45.00元

J228.4　连环画

1901～1982诺贝尔文学奖得主代表作全集：连环画/吴开晋，姜澍川等主编；《诺贝尔文学奖得主代表作全集连环画》编辑委员会编.—济南：山东美术出版社，1990.12.—10册；大32开.—ISBN 7-5330-0400-0：64.00元

《一千零一夜》故事：连环画.—杭州：浙江少年儿童出版社，1990.3.—2册（396，361页）：大32开.—ISBN 7-5342-0558-1，10.80元

一箱珠宝：滑稽王小毛的故事/张双勤编文；陆汝浩等绘.—上海：上海人民美术出版社，1990.3.158页；64开.—ISBN 7-5322-0599-1：0.82元

二刻拍案惊奇精选/（明）凌蒙初原著；毛志毅等改编；于友善等绘.—天津：天津人民美术出版社，1990.8.—573页；大32开.—（连环画丛书）.—ISBN 7-5305-3185-9（精装）：16.10元；（平装）：10.60元

十字路口之夜/（比）乔治·西默农原著；陈钟林改编；蒋宝鸿绘.—上海：上海人民美术出版社，1990.1.—166页；64开.—（梅格雷探案丛书）.—ISBN 7-5322-0572-X：0.86元

七十一号街幽灵　（下）/子洽改编；周华等绘.南宁：广西民族出版社，1990.10.—126页；64开 ISBN 7-5363-0900-7：0.85元

七尸八命案　（上）/莫愁改编；陈再殿等绘.—广州：岭南美术出版社，1990.9.—75页；64开.—ISBN 7-5362-0530-9：0.75元

七尸八命案　（下）/莫愁改编；陈再殿等绘.—广州：岭南美术出版社，1990.9.—150页；64开.—ISBN 7-5362-0531-7：0.75元

八大王仗义救冯生/阳子改编；黄道鸿，容州绘.南宁：广西民族出版社，1990.12.—108页；64开.（聊斋；36）.—ISBN 7-5363-1079-X：0.95元

八仙过海/（明）吴元泰著；王志冲改编；徐恒瑜绘.—西安：未来出版社，1990.10.—55页；32开.ISBN 7-5417-0357-5：0.95元

人情世故：滑稽王小毛的故事/张福荣等改编；卢汶等绘.—上海：上海人民美术出版社，1990.12.150页；64开.—ISBN 7-5322-0753-6：0.78元

儿童连环画　第19辑：行者三兄弟：孙悟空的故事专辑/铭阳等编；徐瑜等画.—杭州：浙江少年儿童出版社，1990.3.—6册；128开.—ISBN 7-5342-0495-X（盒装）：1.35元

本书包括：《孙神医》、《战玉兔》、《险失袈裟》、《唐僧变虎》、《行者三兄弟》、《半缸仙水》6册。

儿童连环画　第20辑/王一帆等编；小明等画.—杭州：浙江少年儿童出版社，1990.3.—6册；128开.ISBN 7-5342-0496-8（盒装）：1.35元

本书包括：《怕狐狸的猎人》、《聪明的姑娘》、《七个勇士》、《蛋糕姑娘》、《白熊威金顿》、《黄鼠狼大王》6册。

儿童连环画　第21辑：中国古代神话/之芳等编；连进等画.—杭州：浙江少年儿童出版社，1990.3.6册；128开.—ISBN 7-5342-0497-6（盒装）：1.35元

本书包括：《夸父逐日》、《女娲造人》、《嫦娥奔月》、《精卫填海》、《牛郎织女》、《后羿射日》6册。

儿童连环画　第22辑/磊磊等编；大川，欣欣画.

杭州：浙江少年儿童出版社，1990.3.—6册；128开.ISBN 7-5342-0498-2（盒装）：1.35元

本书包括：《神奇的魔缸》、《富翁上太阳》、《杰米与巨人咕噜》、《乖小姑娘》、《跳舞公主》、《魔项链》6册。

儿童连环画 第23辑：姜子牙的故事/秋妮编；万昌平等画.—杭州：浙江少年儿童出版社，1990.9.5册；128开.—（封神演义；一）.—ISBN 7-5342-0655-3（盒装）：1.35元

本书包括：《子牙下山》、《恶战金鸡岭》、《茅舍访贤人》、《姜子牙东征》、《火烧瑟琶精》5册。

儿童连环画 第24辑：土行孙的故事/雪君编；杜成等画.—杭州：浙江少年儿童出版社，1990.9.—5册；128开.—（封神演义；2）.—ISBN 7-5342-0656-1（盒装）：1.35元

本书包括：《喜结良缘》、《青龙关显神通》、《阵前显威风》、《惧留孙降徒》、《下山投九公》5册。

儿童连环画 第25辑：外国童话专辑/吴仲声等改编；阿韦等绘.—杭州：浙江少年儿童出版社，1990.9.—6册；128开.—ISBN 7-5342-0657-X（盒装）：1.35元

儿童连环画 第26辑：西游记故事专辑/铭松改编；诸侠军等绘.—杭州：浙江少年儿童出版社，1990.9.—6册；128开.—ISBN 7-5342-0658-8（盒装）：1.35元

儿童连环画 第27辑：孙悟空故事专辑/王阳改编；诸侠军等绘.—杭州：浙江少年儿童出版社，1990.9.—6册；128开.—ISBN 7-5342-0659-6（盒装）：1.35元

儿童连环画 第28辑：济公故事专辑/钧玥改编；江健文等绘.—杭州：浙江少年儿童出版社，1990.9.6册；128开.—ISBN 7-5342-0660-X（盒装）：1.35元

儿童连环画精选/高燕等改编；高志岳等绘.—上海：上海人民美术出版社，1990.3.—6册；96开.ISBN 7-5322-0666-1（盒装）：2.00元

本书包括：《小阿凡提》、《棋盘国的小卒》、《图画兔子运动会》、《小龙马》、《小骑士》、《魔锅》6册。

儿童画廊：童话篇 （2）/章忆改编；何贵生等绘.—太原：山西人民出版社，1990.3.—1册；20开.ISBN 7-203-00899-1：6.90元

刀光剑影/韦岳昌编文；黄卢健，黄箐绘.—南宁：广西民族出版社，1990.9.—110页；64开.—ISBN 7-5363-0902-3：0.88元

三个侦探 （一）：捣毁鹰巢，超级机器人/文术改编；慕龄等绘.—北京：人民美术出版社，1990.7.48页；24开.—ISBN 7-102-00803-1：1.10元

三个侦探 （二）：鸟中之王，模拟靶场/徐敏改编；安洪民等绘.—北京：人民美术出版社，1990.7.—48页；24开.—ISBN 7-102-00804-X：1.10元

三个侦探 （三）：真假难辨，三人游戏/丹鹰，徐敏改编；马程等绘.—北京：人民美术出版社，1990.7—48页；24开.—ISBN 7-102-00805-8：1.10元

三个侦探 （四）：昏睡不醒，神秘下水道/巫伦改编；赵大鹏等绘.—北京：人民美术出版社，1990.7.—48页；24开.—ISBN 7-102-00806-6：1.10元

三个侦探 （五）：先知女巫，执迷不悟/丹鹰改编；王胜军等绘.—北京：人民美术出版社，1990.7.—48页；24开.—ISBN 7-102-00807-4：1.10元

三个侦探 （六）：死亡天使，独角兽/鲁妮改编；君旺等绘.—北京：人民美术出版社，1990.7.48页；24开.—ISBN 7-102-00808-2：1.10元

三个侦探 （七）：猛虎初醒/鲁妮改编；泰戈等绘.—北京：人民美术出版社，1990.7.—48页；24开.—ISBN 7-102-00809-0：1.10元

三个侦探 （八）：角斗士，前方基地/丹娘改编；泰戈等绘.—北京：人民美术出版社，1990.7.48页；24开.—ISBN 7-102-00810-4：1.10元

三打白骨精·智激美猴王/秀子改编；高云等绘.北京：中国连环画出版社，1990.3.—1册；24开.（古典文学彩色连环画·西游记；7）.—ISBN 7-5061-0248-1：1.60元

三战毒龙帮/翟从森编文；林义君，梧梅绘.—南宁：广西民族出版社，1990.7.—142页；64开.—ISBN 7-5363-0861-2：0.90元

大刀劈敌/钟越改编；韩冰，高志岳绘.—杭州：浙江少年儿童出版社，1990.5.—62页；64开.—ISBN 7-5342-0610-3：3：0.36元

大毒蜘蛛/（苏）马特维耶夫原著；李思赍改编；吴国威，吴帆绘.—长沙：湖南美术出版社，1990.5.102页；64开.—（绿色信号弹；3）.—ISBN 7-5356-0352-1：0.53元

大侦探乔麦皮 （一）/郑渊洁原著；曹欣渊改编；朱延龄等绘.—上海：上海人民美术出版社，〔1990〕.—1册；80开.—ISBN 7-5322-0667-X：0.65元

大战流沙河·偷吃人参果/大鲁改编；高云等绘.北京：中国连环画出版社，1990.3.—1册；24开.（古典文学彩色连环画·西游记；6）.—ISBN 7-5061-0247-1：1.60元

山城谍影/杜初改编；石平等绘.—长沙：湖南少年儿童出版社，1990.6.—138页；64开.—ISBN 7-5358-0524-8：0.66元

亿万富翁：哈默博士的奇迹/（美）鲍勃·康西丹原著；吴庆先，杨春青改编；徐锡林绘.—沈阳：辽宁美术出版社，1990.2.—190页；64开.—ISBN 7-5314-0292-0：1.40元

亿万富翁：哈默博士的奇迹/（美）鲍勃·康西丹原著；吴庆先，杨春青改编；徐锡林绘.—沈阳：辽

宁美术出版社，1990.8.—190页；32开.—ISBN 7-5314-0777-9：2.40元

义侠扑天雕　（上）/流河原著；石山改编；王振华，戴静绘.—长沙：湖南美术出版社，1990.2.—86页；64开.—ISBN 7-5356-0333-5：0.48元

义侠扑天雕　（下）/流河原著；石山改编；王振华，戴静绘.—长沙：湖南美术出版社，1990.2.—86页；64开.—ISBN 7-5356-0334-3：0.48元

女护士的秘密/刘佳改编；黄秋，米禾绘.—南宁：广西民族出版社，〔1990〕.—142页；64开.—（中外新编系列连环画）.—ISBN 7-5363-0813-2：0.95元

小连环画　第六辑/赵银法等改编；尤先瑞等绘.上海：上海人民美术出版社，1990.6.—8册；128开.ISBN 7-5322-06432-2（盒装）：2.00元

小连环画童话辑.—上海：上海人民美术出版社，1990.2.—8册；128开.—ISBN 7-5322-0536-3（盒装）：1.80元

本书包括《幸福王子的眼睛》、《小克劳斯和大克劳斯》、《炎帝的女儿》、《一个勇敢的兵士》、《快乐宫的故事》、《矮子鼻儿》、《小托姆的命运》、《五彩笔》8册。

小兵张嘎/查文有改编；雨立等绘.—上海：上海教育出版社，1990.1.—96页；48开.—ISBN 7-5320-1646-3：0.68元

小兵张嘎/唐南改编；庆鉴，庆国绘画.—南京：江苏美术出版社，1990.4.—94页；64开.—ISBN 7-5344-0127-5：0.60元

小灵通再游未来/叶永烈原著；何泥改编；毛用坤，杜建国绘.—沈阳：辽宁美术出版社，1990.2.134页；64开.—ISBN 7-5314-0291-2：1.15元

《小国王呼呼》丛书/李国伟编；王烈等绘.—广州：新世纪出版社，1990.5.—5册；64开.—ISBN 7-5405-0431-5：5.50元

小将岳云/锡南改编；孙庆国，席剑明绘.—南京：江苏美术出版社，1990.5.—94页：64开.—ISBN 7-5344-0146-1：0.60元

小神童/文林改编；刘桥等绘.—石家庄：河北美术出版社，1990.9.—6册；64开.—ISBN 7-5310-0376-7（盒装）：2.80元

飞船失踪之谜/丹娘改编；赵大鹏等绘.—北京：人民美术出版社，48页；24开.—（太空科幻系列连环画）.—ISBN 7-102-00707-8：1.20元

子楚诚心动阿宝/薛梅改编；黄菁，黄可绘.—南宁：广西民族出版社，1990.12.—124页；64开.（聊斋；26）.—ISBN 7-5363-1101-X：1.00元

马小哈奇遇记——海底城/金涛改编；常铁锡，周仲明绘.—北京：中国妇女出版社，〔1990〕.—78页；64开.—ISBN 7-80016-338-5：0.95元

马戏团放假：儿童连环画精选.—上海：上海人民美术出版社，1990.3.—6册；96开.—ISBN 7-5322-0668-8（盒装）：2.00元

天方夜话/陈元山等改编；陈永林等绘.—上海：上海人民美术出版社，〔1990〕.—8册；64开.—ISBN 7-5322-0636-X：5.50元

天降雨钱见人心/阳子改编；王剑，王刚绘.—南宁：广西民族出版社，1990.12.—78页；64开.（聊斋；30）.—ISBN 7-5363-1069-2：0.90元

天威勇士/贺荆等改编，邵珊等复制.—广州：新世纪出版社，1990.4.—5册；64开.—ISBN 7-5405-0432-3（盒装）：3.60元

无形魔掌　（一）/菅明编；陈安民等绘.—长沙：湖南少年儿童出版社，1990.10.—101页；64开.—ISBN 7-5358-0555-8：0.51元

无形魔掌　（二）/菅明编；陈安民等绘.—长沙：湖南少年儿童出版社，1990.10.—128页；64开.ISBN 7-5358-0555-8：0.62元

无形魔掌　（三）/菅明编；陈安民等绘.—长沙：湖南少年儿童出版社，1990.10.—132页；64开.ISBN 7-5358-0555-8：0.63元

云梦菊仙遇知音/程鹤麟改编；梁启德，梁英华绘.南宁：广西民族出版社，1990.12.—101页；64开.（聊斋；31）.—ISBN 7-5363-1068-4：0.95元

五羊恩仇　（上）/苏方桂编；许旭奎，李甘霖绘.—广州：岭南美术出版社，1990.7.—126页；64开.—（罗浮演义；2）.—中国武术连环画.—ISBN 7-5362-0513-9：0.98元

五羊恩仇　（下）/苏方桂编；许旭奎，张远帆绘.—广州：岭南美术出版社，1990.7.—126页；64开.—（罗浮演义；2）.—中国武术连环画.—ISBN 7-5362-0514-7：0.98元

太空大决战/玉宽，巫伦改编；志坚等绘.—北京：人民美术出版社，〔1990〕.—48页，24开.—（太空科幻系列连环画）.—ISBN 7-102-00706-X：1.20元

太空警长——布雷斯塔　第一辑/黄初明等改编；黄初明等复制.—广州：岭南美术出版社，1990.1.5册；64开.—ISBN 7-5362-0555-4：4.50元

“太黑”遗风：滑稽王小毛的故事/纪鲁改编；华于等绘.—上海：上海人民美术出版社，1990.12.142页；64开.—ISBN 7-5322-0754-4：0.75元

根据上海人民广播电台《滑稽王小毛》广播系列小品编绘。

车厢擒贼：滑稽王小毛的故事/徐维新等改编；谢颖等绘.—上海：上海人民美术出版社，1990.12.134页；64开.—ISBN 7-5322-0755-2：0.70元

根据上海人民广播电台《滑稽王小毛》广播系列小品编绘。

少年女将穆桂英/未名改编；丁晓峰，周斌绘.—南京：江苏美术出版社，1990.5.—94页；64开—ISBN 7-5344-0147-X：0.66元

少年英雄故事/齐佳等编；杨建滨等绘.—武汉：湖北少年儿童出版社，1990.8.—192页；32开.—(中华英模连环画画丛).—ISBN 7-5353-0710-8：2.00元

少林女杰/林超等改编；众斌等绘.—广州：岭南美术出版社，1990.5.—126页；64开.—中国武术连环画.—ISBN 7-5362-0479-5：1.10元

中国十大古典悲剧连环画集/孟庆江，文辛主编.北京：人民美术出版社，1990.6.—10册；32开·ISBN 7-102-00865-1(甲种本)：40.00元

中国十大古典喜剧连环画集/孟庆江，文辛主编·北京：人民美术出版社，1990.6.—10册；32开.—ISBN 7-102-00399-4(甲种本)：40.00元

中国历史人物故事画库/吴绿星等编；陈文杰绘·广州：新世纪出版社，1990.12.—3册；32开.—ISBN 7-5405-0299-1：4.95元

中国古代传奇话本：〔连环画〕.—上海：上海人民美术出版社，1990.9.—748页；大32开.—ISBN 7-5322-0740-4(精装)：12.00元

中国童话名著：连环画/叶圣陶等原著；田地等改编；求艺等绘.—杭州：浙江少年儿童出版社，1990.12.—2册(420，468页)；大32开.—ISBN 7-5342-0622-7：11.80元

中途岛之战/黄一红编文；李钊，潘爱清绘.—南宁：广西民族出版社，1990.8.—139页；64开.(第二次世界大战史实连环画).—ISBN 7-5363-0886-8：1.00元

毛泽东刘少奇/张小乐编；杨金星等绘.—南昌：江西美术出版社，1990.7.—1册；32开.—(老一辈无产阶级革命家青少年时代的故事).—ISBN 7-80580-011-1：2.10元

长江三部曲/郑桂兰编；汪国新绘.—武汉：湖北美术出版社，1990.11.—2册；32开.—ISBN 7-5394-0233-4：13.00元

反劫机事件　(上)/杨理等编绘.—长沙：湖南美术出版社，1990.5.—78页；64开.—ISBN 7-5356-0384-X：0.54元

反劫机事件　(下)/杨理等编绘.—长沙：湖南美术出版社，1990.5.—78页；64开.—ISBN 7-5356-0385-8：0.54元

计收猪八戒·迎战黄风怪/庆成改编；高云等绘.北京：中国连环画出版社，1990.3.—1册；24开.(古典文学彩色连环画·西游记；5).—ISBN 7-5061-0246-3：1.60元

方舟二号历险记　(1)：一个毒气罐/秦北极，张敏改编；秦立新，付义民制作.—北京：中国社会出版社，1990.5.—22页；24开.—ISBN 7-80088-061-3：0.98元

方舟二号历险记　(2)：丛林之法/秦北极，张敏改编；秦立新，付义民制作.—北京：中国社会出版社，1990.6.—22页；24开.—ISBN 7-80088-062-1：0.98元

方舟二号历险记　(3)：一辆破坦克/秦北极，张敏改编；秦立新，付义民制作.—北京：中国社会出版社，1990.6.—22页；24开.—ISBN 7-80088-063-X：0.98元

方舟二号历险记　(4)：最后的奴隶/秦北极，张敏改编；秦立新，付义民制作.—北京：中国社会出版社，1990.6.—22页；24开.—ISBN 7-80088-061-3：0.98元

方舟二号历险记　(5)：气球信号/秦北极，张敏改编；秦立新，付义民制作.—北京：中国社会出版社，1990.6.—22页；24开.—ISBN 7-80088-061-3：0.98元

方舟二号历险记　(6)：意念群/秦北极，张敏改编；秦立新，付义民制作.—北京：中国社会出版社，1990.6.—22页；24开.—ISBN 7-80088-061-3：0.98元

方舟二号历险记　(7)：抽签/秦北极，张敏改编；秦立新，付义民制作.—北京：中国社会出版社，1990.6.—22页；24开.—ISBN 7-80088-061-3：0.98元

方舟二号历险记　(8)：干旱/秦北极，张敏改编；秦立新，付义民制作.—北京：中国社会出版社，1990.6.—22页；24开.—ISBN 7-80088-061-3：0.98元

方舟二号历险记　(9)：野孩子/秦北极，张敏改编；秦立新，付义民制作.—北京：中国社会出版社，1990.6.—22页；24开.—ISBN 7-80088-061-3：0.98元

方舟二号历险记　(10)：机器人/秦北极，张敏改编；秦立新，付义民制作.—北京：中国社会出版社，1990.6.—22页；24开.—ISBN 7-80088-061-3：0.98元

方舟二号历险记　(11)：机器的魔力/秦北极，张敏改编；秦立新，付义民制作.—北京：中国社会出版社，1990.6.—22页；24开.—ISBN 7-80088-061-3：0.98元

方舟二号历险记　(12)：罗宾汉的故事/秦北极，张敏改编；秦立新，付义民制作.—北京：中国社会出版社，1990.6.—22页；24开.—ISBN 7-80088-061-3：0.98元

方舟二号历险记　(13)：起死回生的人/秦北极，张敏改编；秦立新，付义民制作.—北京：中国社会出版社，1990.6.—22页；24开.—ISBN 7-80088-061-3：0.98元

方舟二号历险记　(14)：唐吉诃德/秦北极，张敏改编；秦立新，付义民制作.—北京：中国社会出版社，1990.6.—22页；24开.—ISBN 7-80088-061

-3：0.98元

方舟二号历险记　(15)：长生不老的代价/秦北极，张敏改编；秦立新，付义民制作.—北京：中国社会出版社，1990.6.—22页；24开.—ISBN 7-80088-061-3：0.98元

火牛出阵/谈石诚，周笃估改编；何桃君绘.—长沙：湖南少年儿童出版社，1990.11.—126页；64开.（前后七国志；4）.—ISBN 7-5358-0586-8：0.65元

火海遇险/许焕岗编；冯椒生等绘.—长沙：湖南美术出版社，1990.11.—62页；64开.—（惊险系列连环画：警犬110）.—ISBN 7-5356-0416-1：0.44元

斗牛人/惟馨改编；李树仁绘.—沈阳：辽宁美术出版社，1990.11.—1册；32开.—ISBN 7-5314-0779-5：3.00元

斗法伏三怪·捉拿金鱼精/泠泠改编；高云等绘.北京：中国连环画出版社，1990.3—1册；24开.（古典文学彩色连环画·西游记；8）.—ISBN 7-5061-0249-8：1.60元

孔子圣迹图/杨兆席主编.—济南：山东友谊书社，1990.9.—140页；48开.—曲阜市文物管理局供稿.ISBN 7-80551-295-7：1.50元

巧救小虎/石文秀编；冯翼绘.—长沙：湖南美术出版社，1990.11.—32页；64开.—（惊险系列连环画：警犬110）.—ISBN 7-5356-0418-8：0.44元

古代神话传说/徐桂敏等改编；韩亚洲等绘.—北京：人民美术出版社，1990.6.—496页；32开.（中国古代神话传说连环画库）.—ISBN 7-102-00921-6：7.00元

古屋空宅鬼唱诗/冯志奇改编；肖辽沙，黄继红绘.南宁：广西民族出版社，1990.12.—125页；64开.（聊斋；24）.—ISBN 7-5363-1073-0：1.00元

布洛涅树林奇案/庄宏安改编；罗盘等绘.—上海：上海人民美术出版社，1990.1.—181页；64开.（梅格雷探案丛书）.—ISBN 7-5322-0568-1：0.93元

世界文学名著连环画丛书/（希）荷马等原著；傅东华等译；项晓敏等改编；雷祖德等绘.—杭州：浙江人民美术出版社，1990.9.—15册；大32开.—ISBN 7-5340-0182-X（精装）：95.00元

世界科幻名著精编连环画　(1)/刘兴诗等文；庄稼汉等绘.—合肥：安徽少年儿童出版社，1990.10.301页；大32开.—ISBN 7-5397-0495-0：4.50元

世界著名童话故事连环画.—2版.—长沙：湖南少年儿童出版社，1990.9.—3册；32开.—ISBN 7-5358-0558-2：10.00元

东周列国故事精选/水登等改编；朱光玉等绘.—上海：上海人民美术出版社，1990.10.—1036页；大32开.—ISBN 7-5322-0449-9（精装）：15.50元

电话呼救者之死/（比）乔治·西默农原著；李大发改编；罗希贤绘.—上海：上海人民美术出版社，1990 1.—190页；64开.—（梅格雷探案丛书）.ISBN 7-5322-0567-3：0.97元

《史记》故事精选连环画/汪述荣主编；龚汝枢等编绘.—南昌：21世纪出版社，1990.8.—4册；大32开.—ISBN 7-5391-0408-2：27.00元

外国寓言故事精选连环画/刘明等改编；李薛伟等绘.—北京：中国连环画出版社，1990.12.—2册（320页）；24开.—ISBN 7-5061-0279-X：13.70元

生云石传奇/阳子改编；柒建华，柒亿华绘.—南宁：广西民族出版社，1990.12.—122页；64开.（聊斋；38）.—ISBN 7-5363-1078-1：0.95元

白色幽灵/丁国联改编；金奎，庞先健绘.—上海：上海人民美术出版社，1990.1.—158页；64开.（梅格雷探案丛书）.—ISBN 7-5322-0570-3：0.82元

白骷髅行动　(上)/茅达改编；段少军，邹毅绘.—长沙：湖南少年儿童出版社，1990.2.—94页；64开.—ISBN 7-5358-0411-X：0.55元

白骷髅行动　(下)/茅达改编；段少军，邹毅绘.—长沙：湖南少年儿童出版社，1990.2.—94页；64开.—ISBN 7-5358-0412-8：0.55元

闪闪的红星/锡南改编；袁峰，唐昱绘.—南京：江苏美术出版社，1990.5.—94页；64开.—ISBN 7-5344-0124-0：0.60元

头号间谍生死录　(上)/放仁，李佳编；星河等绘.—南宁：广西民族出版社，1990.5.—126页；64开.—ISBN 7-5363-0783-7：0.75元

头号间谍生死录　(下)/放仁，李佳编；星河等绘.—南宁：广西民族出版社，1990.5.—252页；64开.—ISBN 7-5363-0784-5：0.75元

头条新闻：滑稽王小毛的故事/易乙改编；季平等绘.—上海：上海人民美术出版社，1990.3.—174页；64开.—ISBN 7-5322-0602-5：0.90元

边城/沈从文原著；刘抒改编；廖正华绘.—长沙：湖南美术出版社，1990.12.—126页；24开.—ISBN 7-5356-0437-4：5.00元

尼尔斯/童童改编；蒋松涛等绘.—济南：明天出版社，1990.3.—1册；16开.—（世界著名动画主角故事画丛）.—ISBN 7-5332-0931-1：0.95元

尼尔斯骑鹅旅行记：儿童连环画专辑.—上海：上海人民美术出版社，1990.3.—6册；96开.—ISBN 7-5322-0670-X（盒装）：2.00元

本书包括《大拇指尼尔斯》、《狐狸斯密尔》、《尼尔斯救小松鼠》、《尼尔斯与高尔果》、《魔法笛子》和《尼尔斯回家》6册。

皮皮鲁和鲁西西全传/子然等改编；何畏等绘.—成都：四川少年儿童出版社，1990.6.—6册；64开.

ISBN 7-5365-0548-5(袋装)：3.40元

地球的红飘带　(二)/魏巍原著；王素改编；沈尧伊绘.—北京：中国连环画出版社，1990.8.—161页；24开.—(革命战争连环画库).—ISBN 7-5061-0205-6：4.10元

地雷战/查文有改编；敏华等绘.—上海：上海教育出版社，1990.1.—72页；48开.—ISBN 7-5320-1644-7：0.53元

共产主义战士雷锋/陈喜文编文；桂润年等绘.—长沙：湖南美术出版社，1990.3.—1册；24开.—ISBN 7-5356-0377-7：0.80元

共和国元帅：叶剑英的故事/刘飞，俊山编；宋晓明绘.—太原：山西人民出版社，1990.11.—1册，32开.—ISBN 7-203-01808-3(精装)：4.50元；(平装)：3.50元

共和国元帅：朱德的故事/抒炳，庆红编；雷德祖绘.—太原：山西人民出版社，1990.11.—1册；32开.—ISBN 7-203-01808-3(精装)：4.50元；(平装)：3.50元

共和国元帅：罗荣桓的故事/抒炳，庆红编；孙元，张力绘.—太原：山西人民出版社，1990.11.1册；32开.—ISBN 7-203-01808-3(精装)：4.50元；(平装)：3.50元

共和国元帅：贺龙的故事/俊山，抒炳编；吴涛毅绘.—太原：山西人民出版社，1990.11.—1册；32开.ISBN 7-203-01808-3(精装)：4.50元；(平装)：3.50元

共和国元帅：彭德怀的故事/抒炳，庆红编；杨逸麟，杨恺力绘.—太原：山西人民出版社，1990.11.1册；32开.—ISBN 7-203-01808-3(精装)：4.50元；(平装)：3.50元

老侠金钟罩：中国武术连环画/吴汶等改编；赵国铨等绘.—广州：岭南美术出版社，1990.10.—70页；64开.—ISBN 7-5362-0522-8：0.96元

西风独自凉：纳兰性德的爱情故事/朴月原著；唐南改编；席剑明绘.—南京：江苏美术出版社，1990.12.—86页；24开.—ISBN 7-5344-0211-X：3.10元

西游记/黄培衍等改编；高云等绘.—北京：中国连环画出版社，1990.3.—2册；24开.—(古典文学彩色连环画).—ISBN 7-5061-0252-8(精装)：25.00元

西游记　(一)/张月华改编；徐恒瑜绘.—沈阳：辽宁美术出版社，1990.10.—642页；大32开.—(精绘中国古典文学名著连环画/赵敏主编).—ISBN 7-5314-0286-6(精装)

西游记　(二)/文竹风改编；博综，新昌绘.—沈阳：辽宁美术出版社，1990.10.—684页；大32开.(精绘中国古典文学名著连环画/赵敏主编).—ISBN 7-5314-0287-4(精装)

西游记　(三)/文惠改编；周申绘.—沈阳：辽宁美术出版社，1990.10.—592页；大32开.—(精绘中国古典文学名著连环画/赵敏主编).—ISBN 7-5314-0288-X(精装)

西游记　(四)/何香翠改编；史殿生，石天夫绘.沈阳：辽宁美术出版社，1990.10.—588页；大32开.(精绘中国古典文学名著连环画/赵敏主编).—ISBN 7-5314-0289-0(精装)

西游记　(五)/惟馨改编；项维仁，项维义绘.沈阳：辽宁美术出版社，1990.10.—516页；大32开.(精选中国古典文学名著连环画/赵敏主编).—ISBN 7-5314-0772-8(精装)

西游记　(六)/佳讯改编；杨文仁，尹宇绘.—沈阳：辽宁美术出版社，1990.10.—576页；大32开.(精绘中国古典文学名著连环画/赵敏主编).—ISBN 7-5314-0290-4(精装)

西游记　(七)/戴英改编；陈谷长绘.—沈阳：辽宁美术出版社，1990.10.—500页；大32开.—(精绘中国古典文学名著连环画/赵敏主编).—ISBN 7-5314-0773-6(精装)

西游记　(八)/达人改编；于水等绘.—沈阳：辽宁美术出版社，1990.10.—612页；大32开.—(精绘中国古典文学名著连环画/赵敏主编).—ISBN 7-5314-0774-4(精装)

西游记　(九)/王琴改编；静国等绘.—沈阳：辽宁美术出版社，1990.10.—544页；大32开.—(精绘中国古典文学名著连环画/赵敏主编).—ISBN 7-5314-0775-2(精装)

西游记　(十)/由山改编；于水等绘.—沈阳：辽宁美术出版社，1990.10.—620页；大32开.—(精绘中国古典文学名著连环画/赵敏主编).—ISBN 7-5314-0776-0(精装)

西游记连环画.—上海：上海人民美术出版社，〔1990〕.—16册；64开.—ISBN 7-5322-0550-9：8.50元

有志者终成眷属/黄祥享改编；黄道鸿，容州绘.南宁：广西民族出版社，1990.12.—114页；64开.(聊斋；39).—ISBN 7-5363-1077-3：0.95元

死里逃生：冰山奇童　(3)/周立民编文；古士等绘.—上海：上海科学技术出版社，1990.3.—25页；24开.—(卡通科学画库).—ISBN 7-5323-1785-4：0.92元

死神行动/大川，小山改编；大川摄影.—广州：岭南美术出版社，1990.6.—109页；64开.—ISBN 7-5362-0495-7：0.98元

根据同名电视剧改编。

扫黄擒魔记/曹英改编；王国仁，王骏绘.—长沙：湖南美术出版社，1990.12.—102页；64开.—ISBN 7-5756-0411-0：0.64元

竹林七贤外传/唐南编文；杨志刚绘.—南京：江苏

美术出版社，1990.10.—62页；24开.—ISBN 7-5344-0208-5：2.00元

血战魔鬼城/朱岳凌编；查加伍绘.—郑州：河南美术出版社，1990.12.—102页；64开.—ISBN 7-5401-0153-9：0.80元

血染的红宝石/石山改编；五丰等绘.—长沙：湖南美术出版社，1990.3.—102页；64开.—ISBN 7-5356-0347-5：0.55元

根据张祖荣《伊洛瓦底之梦》改编。

血溅黄鹤楼/吴汶改编；罗希贤等绘.—广州：岭南美术出版社，1990.8.—94页；64开.—ISBN 7-5362-0527-9：0.84元

根据《古楼侠影》改编。

刘伯承　贺龙/张小乐编；张远等绘.—南昌：江西美术出版社，1990.7.—1册；32开.—(老一辈无产阶级革命家青少年时代的故事).—ISBN 7-80580-014-6：2.10元

齐天大圣·大闹天宫/曹欣渊改编；高云等绘.—北京：中国连环画出版社，1990.3.—1册；24开.—(古典文学彩色连环画·西游记；2).—ISBN 7-5061-0243-9：1.60元

齐天小圣历险记/良仕编绘.—广州：岭南美术出版社，1990.5.—5册；64开.—ISBN 7-5362-0478-7：4.90元

冰城烈火/项冰如编；张新国等绘.—杭州：浙江人民美术出版社，1990.10.—126页；64开.—ISBN 7-5340-0213-3：0.78元

安全部特派员/周健行原著；刘太平改编；唐凤鸣，罗立群绘.—长沙：湖南美术出版社，1990.2.94页；64开.—ISBN 7-5356-0345-9：0.51元

阴间阳间生死恋/阳子改编；黄其，黄秋绘.—南宁：广西民族出版社，1990.12.—122页；64开.(聊斋；37).—ISBN 7-5363-1120-6：0.95元

奸臣传　(二)/刘烨等编文；苏西映等绘.—郑州：河南美术出版社，1990.3.—1册；32开.—ISBN 7-5401-0143-7：1.40元

如来佛显圣·唐僧救大圣/张阳改编；高云等绘.北京：中国连环画出版社，1990.3.—1册；24开.(古典文学彩色连环画·西游记；3).—ISBN 7-5061-0244-7：1.60元

孙庞斗智　(上)/谈石诚，周笃佑改编；肖时俊，肖岚绘.—长沙：湖南少年儿童出版社，1990.11.—126页；64开.—(前后七国志；1).—ISBN 7-5358-0586-8：0.65元

孙庞斗智　(下)/谈石诚，周笃佑改编；姜堃绘.—长沙：湖南少年儿童出版社，1990.11.—126页；64开.—(前后七国志；2).—ISBN 7-5358-0586-8：0.65元

孙悟空与阿童木丛书/马翠萝等编文；金渭昌等绘.广州：新世纪出版社，1990.2.—6册；64开.—ISBN 7-5405-0413-7：6.60元

红丸恩怨/夏雪改编；柴万里，吴宁慧绘.—南宁：广西民族出版社，1990.12.—117页；64开.—(聊斋；27).—ISBN 7-5363-1102-8：1.00元

红毛儿迪迪/(捷)约瑟夫·拉达著；赵白帆改编；房永明，梅林绘.—昆明：云南少年儿童出版社，1990.—62页；32开.—(世界儿童文学名著精选连环画).—ISBN 7-5414-0513-2：1.70元

红玉巧嫁冯相如/凌永庆改编；何玮仁，胡美才绘.南宁：广西民族出版社，1990.12.—123页；64开.(聊斋；22).—ISBN 7-5363-1066-8：1.00元

红孩子/卢晓熙改编；朱新昌，朱新龙绘.—南京：江苏美术出版社，1990.5.—94页；64开.—ISBN 7-5344-0144-5：0.60元

红兜肚儿/刘绍棠原著；大可改编；雨青，晓华绘.南京：江苏美术出版社，1990.12.—94页；24开.ISBN 7-5344-0212-3：3.00元

攻击斯卡帕湾：第二次世界大战史实连环画/黄一红编；梁伟琪，郑明绘.—南宁：广西民族出版社，1990.8.—81页；64开.—ISBN 7-5363-0805-1：0.70元

攻克死星/徐敏改编；大潭，韩杰绘.—北京：人民美术出版社，〔1990〕.—48页；24开.—("太空科幻系列"连环画).—ISBN 7-102-00708-6：1.20元

杜乐模的奇遇/晓螺改编；高宝生绘.—长沙：湖南少年儿童出版社，1990.1.—1册；32开.—(世界著名童话和故事连环画丛书).—ISBN 7-5358-0467-5：1.20元

据美国巴姆原著改编。

杜甫/王国安编；刘旦宅绘.—上海：上海人民美术出版社，1990.12.—100页；大32开.—ISBN 7-5322-0805-2：1.30元

杨乃武与小白菜/正新，国辉改编；翁建明绘.—南京：江苏美术出版社，1990.10.—110页；24开.—ISBN 7-5344-0182-8：3.10元

花痴曹州会牡丹/林明华改编；梁启德，梁英华绘.南宁：广西民族出版社，1990.12.—124页；64开.(聊斋；35).—ISBN 7-5363-1080-3：0.95元

苏小三/唐南改编；耀群等绘.—南京：江苏美术出版社，1990.4.—94页；64开.—ISBN 7-5344-0126-7：0.60元

根据同名电影改编。

苏小小魂断西泠桥：西湖古代爱情故事/钟戎编文；来玳珊等绘.—杭州：浙江人民美术出版社，1990.10.—122页；64开.—ISBN 7-5340-0216-8：0.76元

抗美援朝战争画卷/梁秉祥主编.—北京：抗美援朝纪念馆，中国文联出版公司，1990.10.—537页；大32

开.—ISBN 7-5059-1417-0：16.00元

围捕/方致巧改编；刘承纲绘.—南宁：广西民族出版社，1990.10.—99页；64开.—ISBN 7-5363-0945-7：0.85元

根据李宏林《追捕二王纪实》改编。

乱世风云/赵祥汉等改编；查加伍绘.—武汉：湖北美术出版社，1990.12.—439页；32开.—ISBN 7-5394-0239-3：3.70元

根据小说《六十年的变迁》改编。

希曼/夏汉宁改编；丁国平译；张煤等绘.—南昌：21世纪出版社，1990.8.—58页；24开.—ISBN 7-5391-0394-9：2.20元

初刻拍案惊奇精选.—天津：天津人民美术出版社，1990.8.—527页；大32开.—（连环画丛书）.ISBN 7-5305-3184-0（精装）：15.40元；（平装）：9.90元

陈查礼探案选/（　）欧尔特·毕格斯原著；铁岚等改编；黄云松等绘.—杭州：浙江人民美术出版社，1990.4.—4册；64开.—ISBN 7-5340-0168-4：3.17元

陈毅　叶剑英/张小乐，尹炎生编；戴文石等绘.南昌：江西美术出版社，1990.7.—1册；32开.（老一辈无产阶级革命家青少年时代的故事）.ISBN 7-80580-015-4：2.10元

鸡毛信/毛永煌改编；德剑，康军绘画.—南京：江苏美术出版社，1990.4.—94页；64开.—ISBN 7-5344-0129-1：0.60元

玩具大起义　（上）/韶华改编；邹莉，刘文彬绘.广州：岭南美术出版社，1990.8.—（世界著名童话连环画）.—78页；64开.—ISBN 7-5362-0523-6：0.84元

玩具大起义　（下）/韶华改编；邹莉，刘文彬绘.—广州：岭南美术出版社，1990.8.—156页；64开.—（世界著名童话连环画）.—ISBN 7-5362-0524-4：0.84元

青少年革命理想教育丛书/王欣，薛彦田主编；刘海虹等改编；刘明君等绘.—通辽：内蒙古少年儿童出版社，〔1990〕.—7册；64开.—ISBN 7-5312-0239-5

本书包括《赤胆英雄—梁东明》、《钢铁战士—徐永清》、《人民公仆—孙瑞符》、《爱国志士—施介》、《革命号角—麦新》、《草原骄子—阿思根》和《辽吉功臣—吕明仁》共7册。

青凤屠龙/李列邦编文；韩德雅，兰岱绘.—广州：岭南美术出版社，1990.10.—118页；64开.—（中国武术连环画）.—ISBN 7-5362-0552-X：0.88元

武松/肖森改编；易至群等绘.—武汉：湖北少年儿童出版社，1990.8.—94页；24开.—（水浒108将彩色连环画库）.—ISBN 7-5353-0633-0：3.20元

英雄画库/江苏少年儿童出版社编.—南京：江苏少年儿童出版社，1990.9.—1册；32开.—ISBN 7-5346-0563-6：3.70元

奇怪的签名/华青改编；金奎绘.—上海：上海人民美术出版社，1990.1.—182页；64开.—（梅格雷探案丛书）.—ISBN 7-5322-0564-9：0.93元

虎孩/竺乾华改编；侯中曦绘.—广州：新世纪出版社，1990.5.—157页；64开.—（少年连环画库）.ISBN 7-5405-0425-0：0.90元

罗成夺魁/唐南改编；庆鋆，庆曾绘.—南京：江苏美术出版社，1990.5.—94页；64开.—ISBN 7-5344-0145-3：0.60元

罗刹海市奇闻/冯志奇改编；金懿，徐妍绘.—南宁：广西民族出版社，1990.12.—124页；64开.（聊斋；25）.—ISBN 7-5363-1074-9：1.00元

侠士白玉堂/锡金改编；龚云等绘.—南京：江苏美术出版社，1990.3.—3册（570页）；64开.—ISBN 7-5344-0114-3：2.94元

岳飞传/高梅仪等改编；王亦秋等绘.—北京：人民美术出版社，1990.6.—2册；32开.—（中国历史故事连环画库）.—ISBN 7-102-00611-X：14.50元

金币国游记：动画故事连环画/熊南清编绘.—成都：四川少年儿童出版社，1990.2.—1册；24开.ISBN 7-5365-0534-5：0.70元

金台奇侠传/项冰如等编；王建等绘.—杭州：浙江人民美术出版社，1990.4.—8册；64开.—ISBN 7-5340-0166-8：4.73元

金台奇侠传续集/项冰如等编；戴宏海等绘.—杭州：浙江人民美术出版社，1990.10.—6册；64开.ISBN 7-5340-0205-2：4.77元

狐狸列那的故事/俞伯洪改编；姜启才等绘.—天津：新蕾出版社，1990.7.—1册；16开.—（世界名著连环画）.—ISBN 7-5307-0704-3：1.35元

根据法国同名古典名著改编。

周妹巧戏张三郎/阳子改编；林艺，李艳绘.—南宁：广西民族出版社，1990.12.—71页；64开.（聊斋；29）.—ISBN 7-5363-1070-6：0.90元

周恩来　朱德/张小乐编；邓晓雄等绘.—南昌：江西美术出版社，1990.7.—1册；32开.—（老一辈无产阶级革命家青少年时代的故事）.—ISBN 7-80580-012-X：2.10元

夜袭丰乐镇/丛雪编文；世弼等绘.—杭州：浙江人民美术出版社，1990.10.—126页；64开.—ISBN 7-5340-0210-9：0.78元

闹龙宫/吴雪等改编；徐茂林，徐玲绘.—天津：新蕾出版社，1990.3.—15页；16开.—（动画美猴王；2）.—ISBN 7-5307-0603-9：0.80元

审鬼判官剖腹换心/黄钲改编；李钊，潘爱清绘.南宁：广西民族出版社，〔1990〕.—124页；64开.（聊斋；1）.—ISBN 7-5363-0552-6：1.00元

官场现形记/根毅等改编；字辰，丹东等绘.—天

津：天津人民美术出版社，1990.8.—572页；32开.ISBN 7-5305-3241-3：7.50元

孤独的小猪：动画故事连环画/沈祖慰编绘.—成都：四川少年儿童出版社，1990.2.—1册；24开.ISBN 7-5365-0535-3：0.70元

孤漠惊雷　上册/高燕功改编；张昌洵等绘.—广州：岭南美术出版社，1990.5.—126页；64开.（中国武术连环画）.—ISBN 7-5362-0482-5：1.10元

孤漠惊雷　下册/高燕功改编；张昌洵等绘.—广州：岭南美术出版社，1990.5.—269页；64开.（中国武术连环画）.—ISBN 7-5362-0483-3：1.25元

驼峰上的爱/潘彩英，张辉改编；张辉绘.—沈阳：辽宁美术出版社，1990.7.—1册；32开.—ISBN 7-5314-0296-3：3.00元

春天/柯毕改编；陈苏平绘.—沈阳：辽宁美术出版社，1990.7.—34页；32开.—ISBN 7-5314-0279-3：2.50元

胡桐单刀雪奇冤　上册/易敏改编；羽青绘.—广州：岭南美术出版社，1990.11.—126页；64开.（中国武术连环画）.—ISBN 7-5362-0550-3：0.90元

胡桐单刀雪奇冤　下册/易敏改编；丹文等绘.—广州：岭南美术出版社，1990.11.—126页；64开.（中国武术连环画）.—ISBN 7-5362-0551-1：0.90元

封三娘巧点鸳鸯谱/林明华改编；韦剑华等绘.南宁：广西民族出版社，1990.12.—111页；64开.（聊斋；34）.—ISBN 7-5363-1081-1：0.95元

南沙海战/侯红志编绘.—南宁：广西民族出版社，1990.8.—84页；64开.—ISBN 7-5363-0884-1：0.65元

革命英雄画谱/共青团江苏省委少工委主编.—南京：江苏教育出版社，1990.4.—137页；20开.ISBN 7-5343-1041-5：3.75元

革命英雄谱　（1）/吴绿星等改编；邓超华等绘.广州：新世纪出版社，1990.9.—4册；64页.—ISBN 7-5405-0129-4：3.20元

革命英雄谱　（2）/陈克吾等改编；陈挺通等绘.广州：新世纪出版社，1990.9.—4册；64开.—ISBN 7-5405-0130-8：3.50元

革命英雄谱　（3）/李志光等改编；卢德平等绘.广州：新世纪出版社，1990.9.—6册；64开.—ISBN 7-5405-0131-6：4.90元

鸭片战争演义　（上）/林家骝改编；肖时俊，王大可绘.—长沙：湖南美术出版社，1990.10.—110页；64开.—ISBN 7-5356-0409-9：0.68元

鸭片战争演义　（下）/林家骝改编；康移凤，祝青绘.—长沙：湖南美术出版社，1990.10.—110页；64开.—ISBN 7-5356-0410-2：0.68元

咪咪连环画　第1辑：咪咪兔/许城编；洛齐绘.杭州：浙江少年儿童出版社，1990.12.—8册；256开.—ISBN 7-5342-0672-3（袋装）：1.75元

咪咪连环画　第2辑：咪咪鼠/沈蓉芬编；金亚子，葛存宪绘.—杭州：浙江少年儿童出版社，1990.12.8册；256开.—ISBN 7-5342-0673-1（袋装）：1.75元

咪咪连环画　第3辑：咪咪鸭/彭雁飞编；蒋松涛绘.—杭州：浙江少年儿童出版社，1990.12.—8册；256开.—ISBN 7-5342-0674-X（袋装）：1.75元

咪咪连环画　第5辑：咪咪熊/许菊仙编；金雪林，王若英绘.—杭州：浙江少年儿童出版社，1990.12.8册；256开.—ISBN 7-5342-0676-6（袋装）：1.75元

咪咪连环画　第6辑：咪咪虫/汪涛编；姜一鸣等绘.—杭州：浙江少年儿童出版社，1990.12.—8册；256开.—ISBN 7-5342-0677-4（袋装）：1.75元

咪咪连环画　第7辑：咪咪马/谢远近等编；张继红等绘.—杭州：浙江少年儿童出版社，1990.12.—8册；256开.—ISBN 7-5342-0678-2（袋装）：1.75元

咪咪连环画　第8辑：咪咪狮/赵明编；程思新，刘颖绘.—杭州：浙江少年儿童出版社，1990.12.—8册；256开.—ISBN 7-5342-0679-0（袋装）：1.75元

咪咪连环画　第9辑：咪咪猪/钟高渊编；陈艺军等绘.—杭州：浙江少年儿童出版社，1990.12.—8册；256开.—ISBN 7-5342-0680-4（袋装）：1.75元

咪咪连环画　第10辑：咪咪狗/许菊仙，胡振中编；张广胜等绘.—杭州：浙江少年儿童出版社，1990.12.—8册；256开.—ISBN 7-5342-0680-4（袋装）：1.75元

哪吒大战群妖/林阳，张阳编文；张良等绘.—郑州：河南美术出版社，1990.12.—5册；64开.—ISBN 7-5401-0152-0：3.20元

蚂蚁和大象：动画故事连环画/范马迪编绘.—成都：四川少年儿童出版社，1990.2.—1册；24开.ISBN 7-5365-0536-1：0.70元

钟馗驱狐/锡明编；黄培中绘.—南京：江苏美术出版社，1990.11.—70页；24开.—ISBN 7-3344-0209-3：3.20元

复仇行动/陈浩改编；少达等绘.—杭州：浙江人民美术出版社，1990.10.—3册；64开.—ISBN 7-5340-0208-7：2.17元

追杀金枪手/昌荣，广华改编；阿草等制作.—长沙：湖南美术出版社，1990.5.—110页；64开.（"007"惊险系列连环画）.—ISBN 7-5356-0354

3：0.57元

独木桥：动画故事连环画/王树忱编绘.—成都：四川少年儿童出版社，1990.2.—1册；24开.—ISBN 7-5365-0537-X：0.70元

济公续集/程鞭等改编；王建等绘.—杭州：浙江人民美术出版社，1990.4.—8册；64开.—ISBN 7-5340-0167-6：4.73元

将计就计：滑稽王小毛的故事/洪精卫等著；纪鲁改编；沈宝善等绘.—上海：上海人民美术出版社，1990.3.—150页；64开.—ISBN 7-5322-0601-7：0.90元

叛徒是谁/项冰如编文；翁家澎等绘.—杭州：浙江人民美术出版社，1990.10.—126页；64开.—ISBN 7-5340-0211-7：0.78元

美髯中书/石峙编；杨福音绘.—长沙：湖南少年儿童出版社，1990.10.—111页；24开.—ISBN 7-5358-0655-4：2.80元

神奇女警/冯平编文；王建等绘.—杭州：浙江人民美术出版社，1990.10.—5册；64开.—ISBN 7-5340-0209-5：4.45元

神指点化青楼女/凌永庆改编；黄菁，湘龙绘.—南宁：广西民族出版社，1990.12.—100页；64开.（聊斋；23）.—ISBN 7-5363-1075-7：0.95元

神秘的失踪者/（比）乔治·西默农原著；鄞人改编；蒋宝鸿绘画.—上海：上海人民美术出版社，1990.1.—181页；64开.—（梅格雷探案丛书）.—ISBN 7-5322-0569-X：0.93元

神秘的魔堂/三台编文；齐亚明等绘.—杭州：浙江人民美术出版社，1990.10.—142页；64开.—ISBN 7-5340-0212-5：0.87元

神秘的碧眼女郎：亚森·罗平探案记/高如今，周克明译；南洁改编；辛明等绘.—北京：中国文联出版公司，1990.8.—126页；64开.—ISBN 7-5059-1288-7：0.80元

神秘追踪/许焕岗编；孙平，冯翼绘.—长沙：湖南美术出版社，1990.11.—62页；64开.—（惊险系列连环画警犬110）.—ISBN 7-5356-0417-X：0.44元

神童甘罗/唐南改编；罗吉，杜京绘.—南京：江苏美术出版社，1990.5.—94页；64开.—ISBN 7-5344-0143-7：0.60元

祝相公与寇三娘/黄祥亨，莫建编；莫可可绘.—南宁：广西民族出版社，1990.12.—114页；64开.ISBN 7-5363-1076-5：0.95元

勇士与野人/陈慧荪等编绘.—武汉：湖北少年儿童出版社，1990.8.—47页；16开.—ISBN 7-5353-0673-X：1.20元

勇擒窃贼/石文秀编；廖先悟，廖哲谦绘.—长沙：湖南美术出版社，1990.11.—62页；64开.—（惊险系列连环画警犬110）.—ISBN 7-5359-0419-6：0.44元

驼骆泉传奇/蔡廷玉，尹崇尧编；姚广才绘.—西宁：青海人民出版社，1990.6.—88页；64开.—ISBN 7-225-00341-4：0.60元

绘图中国近代史连环读本 第一册/萧菲，萧兵编；雷德祖绘.—南宁：广西美术出版社，1990.8.1册；32开.—ISBN 7-80582-071-6：2.00元

绘图中国近代史连环读本 第二册/萧菲，萧兵编；戴延兴等绘.—南宁：广西美术出版社，1990.8.—1册；32开.—ISBN 7-80582-070-8：2.00元

绘图中国近代史连环读本 第三册/萧菲，萧兵编；少君等绘.—南宁：广西美术出版社，1990.8.1册；32开.—ISBN 7-80582-078-3：2.00元

绘图中国近代史连环读本 第四册/萧菲，萧兵编；何人等绘.—南宁：广西美术出版社，1990.8·1册；32开.—ISBN 7-80582-080-5：2.00元

绘图中国近代史连环读本 第五册/萧菲，萧兵编；雷德祖绘.—南宁：广西美术出版社，1990.9.1册；32开.—ISBN 7-80582-084-8：2.00元

真功夫 第十五辑.—广州：岭南美术出版社，1990.6.—32页；16开.—（连环画丛书）.—ISBN 7-5362-0493-0：1.15元

真假美猴王·三借芭蕉扇/石良改编；高云等绘.北京：中国连环画出版社，1990.3.—1册；24开.（古典文学彩色连环画·西游记；9）.—ISBN 7-5061-0250-1：1.60元

恶魔的挑战/吕春蓉，刘佳改编；黄其，田月绘.南宁：广西民族出版社，1990.6.—117页；64开·（中外新编系列连环画）.—ISBN 7-5363-0812-4：0.80元

殊死搏斗/浦石编；赵文玉，赵旭绘.—杭州：浙江人民美术出版社，1990.10.—138页；64开.—ISBN 7-5340-0215-X：0.85元

蚊香奇案：滑稽王小毛的故事/白丁改编；沈天呈等绘.—上海：上海人民美术出版社，1990.3.—158页；64开.—ISBN 7-5322-0600-9：0.82元

秘密路/陆水林改编；谢舒弋等绘.—广州：岭南美术出版社，1990.5.—158页；64开.—ISBN 7-5362-0480-9：1.35元

秘密搏斗/（苏）马特维耶夫原著；李思贲改编；吴国威，吴帆绘.—长沙：湖南美术出版社，1990.5.—110页；64开.—（绿色信号弹；2）.—ISBN 7-5356-0351-3：0.57元

敌巢歼灭记/三台编文；张为民等绘.—杭州：浙江人民美术出版社，1990.10.—142页；64开.—ISBN 7-5340-0214-1：0.87元

笑画连篇：中国少数民族笑话/叶曦等改编；丁聪

等绘.—北京：中国连环画出版社，1990.9.—49页；大32开.—ISBN 7-5061-0277-3：8.00元

笑画连篇：中国古代笑话/刘明等改编；丁聪等绘.—北京：中国连环画出版社，1990.9.—532页；大32开.—ISBN 7-5061-0276-5：8.50元

笑画连篇：外国笑话/刘明等改编；丁聪等绘.—北京：中国连环画出版社，1990.1.—620页；大32开.ISBN 7-5061-0278-1：9.40元

笑话笑画大连环：英汉对照/方云译绘.—北京：中国和平出版社，1990.2.—300页；20开.—ISBN 7-80037-294-4：6.50元

爱国英雄故事/蔡明村等改编；王贤来等绘.—武汉：湖北少年儿童出版社，1990.8.—192页；32开.（中华英模连环画画丛）.—ISBN 7-5353-0711-6：2.00元

离乱鸳鸯（上）/苏方桂编；陈再殿，建华绘.广州：岭南美术出版社，1990.7.—114页；64开.（中国武术连环画·罗浮演义；4）.—ISBN 7-5362-0525-2：2.96元

离乱鸳鸯（下）/苏方桂编；陈再殿，建华绘.广州：岭南美术出版社，1990.7.—104页；64开.（中国武术连环画·罗浮演义；4）.—ISBN 7-5362-0526-0：0.94元

悟空救娃娃·取经返大唐/晨曦改编；高云等绘.北京：中国连环画出版社，1990.3.—1册；24开.（古典文学彩色连环画·西游记；10）.—ISBN 7-5061-0251-X：1.60元

海底魔王的末日/碧波改编；陆小弟等绘.—广州：岭南美术出版社，1990.5.—126页；64开.—ISBN 7-5362-0481-7：1.15元

海盗案始末/徐本夫原著；流年改编；柳家展，柳家望绘.—长沙：湖南美术出版社，1990.2.—126页；64开.—ISBN 7-5356-0353-X：0.66元

谁是凶手/（比）乔治·西默农著；华青改编；金奎绘.—上海：上海人民美术出版社，1990.1.—173页；64开.—（梅格雷探案丛书）.—ISBN 7-5322-0565-7：0.90元

被劫持的囚犯/长虹改编；吴国威，吴帆绘.—长沙：湖南美术出版社，1990.2.—110页；64开.ISBN 7-5356-0344-0：0.57元

冤鬼奇情/程鹤麟改编；李钊，潘爱清绘.—南宁：广西民族出版社，1990.12.—118页；64开.—（聊斋；28）.—ISBN 7-5363-1071-4：1.00元

聊斋/刘明等改编；张健民等绘.—北京：中国连环画出版社，1990.10.—1册；20开.—（古典文学彩色连环画）.—ISBN 7-5061-0281-1：13.50元

聊斋：仙人岛/丽云，理明改编；高宝生，高颖绘.北京：中国连环画出版社，1990.10.—20页；20开.（古典文学彩色连环画）.—ISBN 7-5061-0283-8：1.10元

聊斋：画皮/吕长乐，丽云改编；曹留夫，张容绘.北京：中国连环画出版社，1990.10.—20页；20开.（古典文学彩色连环画）.—ISBN 7-5061-0287-0：1.10元

聊斋：罗刹海市/刘明，方志改编；史俊等绘.—北京：中国连环画出版社，1990.10.—20页；20开.（古典文学彩色连环画）.—ISBN 7-5061-0289-7：1.10元

聊斋：促织/理明，方志改编；史俊等绘.—北京：中国连环画出版社，1990.10.—20页；20开.—（古典文学彩色连环画）.—ISBN 7-5061-0282-X：1.10元

聊斋：娇娜/刘明，李蕾改编；张建民等绘.—北京：中国连环画出版社，1990.10.—20页；20开.（古典文学彩色连环画）.—ISBN 7-5061-0291-9：1.10元

聊斋：莲花公主/理明，方志改编；孙泽良，孙铁绘.—北京：中国连环画出版社，1990.10.—20页；20开.—（古典文学彩色连环画）.—ISBN 7-5061-0290-0：1.10元

聊斋：聂小倩/方志，理明改编；罗枫等绘.—北京：中国连环画出版社，1990.10.—20页；20开.（古典文学彩色连环画）.—ISBN 7-5061-0284-6：1.10元

聊斋：崂山道士/方志，理明改编；冯贵才，吴绯红绘.—北京：中国连环画出版社，1990.10.—20页；20开.—（古典文学彩色连环画）.—ISBN 7-5061-0286-2：1.10元

聊斋：鸽异/刘明，吕长乐改编；杨荟錸等绘.—北京：中国连环画出版社，1990.10.—20页；20开.（古典文学彩色连环画）.—ISBN 7-5061-0288-9：1.10元

聊斋：黄英/刘明，李蕾改编；王烈等绘.—北京：中国连环画出版社，1990.10.—20页；20开.—（古典文学彩色连环画）.—ISBN 7-5061-0285-4：1.10元

乾隆与香妃/锡明编；于友善绘.—南京：江苏美术出版社，1990.11.—70页；24开.—ISBN 7-5344-0210-7：3.20元

乾隆游江南/庄宏安等编；徐有武等绘.—杭州：浙江人民美术出版社，1990.10.—4册；64开.—ISBN 7-5340-0206-0：3.43元

黄金台求贤/谈石诚，周笃佑改编；陈明大，陈平绘.—长沙：湖南少年儿童出版社，1990.11.—126页；64开.—（前后七国志；3）.—ISBN 7-5358-0586-8：0.65元

雪人的秘密/（美）玛丽·麦克斯威根原著；冯永杰改编；姚正富绘.—上海：上海人民美术出版社，

1990.1.—166页；64开.—ISBN 7-5322-0598-3：0.86元

探长与小偷/甘礼乐改编；郑波绘.—上海：上海人民美术出版社，1990.1.—182页；64开.—（梅格雷探案丛书）.—ISBN 7-5322-0571-1：0.93元

探险奇观/海若等编；冯远等绘.—杭州：浙江人民美术出版社，1990.10.—6册；64开.—ISBN 7-5340-0207-9：4.98元

本书包括《金字塔之谜》、《荒岛一百天》、《漂流历险》、《深渊寻宝》、《误入矮人国》和《大漠魔穴》共6集。

崛起的铁木真/特·舍仁扎布改编；若希绘；宝路德译.—通辽：内蒙古少年儿童出版社，1990.12.124页；64开.—ISBN 7-5312-0229-8：1.20元

第二次世界大战史连环画库（一）：中国大陆战场卷/吴继德等编文；赵希玮等绘.—北京：中国连环画出版社；昆明：云南人民出版社，1990.8.—293页；大32开.—ISBN 7-5061-0261-7：4.90元

第二次世界大战史连环画库（二）：东欧、苏联战场卷/高平仲等编；孙向阳等绘.—北京：中国连环画出版社；昆明：云南人民出版社，1990.8.—231页；大32开.—ISBN 7-5061-0262-2：3.50元

第二次世界大战史连环画库（三）：北欧、南欧及北非战场卷/吴继德等编；李锦德等绘.—北京：中国连环画出版社；昆明：云南人民出版社，1990.8.219页；大32开.—ISBN 7-5061-0264-1：3.50元

第二次世界大战史连环画库（四）：西欧战场卷/高平仲等编；廖宗怡等绘.—北京：中国连环画出版社；昆明：云南人民出版社，1990.8.—280页；大32开.—ISBN 7-5061-0263-3：4.45元

第二次世界大战史连环画库（五）：东南亚战场卷/赵力生等编；宋建社等绘.—北京：中国连环画出版社；昆明：云南人民出版社，1990.8.—211页；大32开.—ISBN 7-5061-0265-X：3.50元

第二次世界大战史连环画库（六）：太平洋及日本本土战场卷/陈廷一等编；郑志岳等绘.—北京：中国连环画出版社；昆明：云南人民出版社，1990.8.383页；大32开.—ISBN 7-5061-0266-8：6.00元

第二次世界大战战史画库/木子等编文；王可伟等绘.—沈阳：辽宁美术出版社，1990.3.—12册；64开.—ISBN 7-5314-0297-1：7.85元

猛龙斗金山/思明改编；蒋伟等绘.—广州：岭南美术出版社，1990.6.—118页；64开.—（中国武术连环画）.—ISBN 7-5362-0501-5：0.98元

根据电视剧《咏春与捷拳》改编。

清宫三百年：历史小说连环图画/艺文阁编；曾成金等绘.—杭州：浙江人民美术出版社，1990.10.2册；32开.—ISBN 7-5340-0197-8：8.20元

清宫演义/李实等改编；马程等绘.—北京：人民美术出版社，1990.6.—3册；32开.—（中国历史故事连环画库）.—ISBN 7-102-00710-8（甲种本）：25.50元

婆媳官司/程鹤麟改编.—南宁：广西民族出版社，1990.12.—125页；64开.—（聊斋；32）.—ISBN 7-5363-1072-2：1.00元

隆兴寺传说：连环画故事集/赵志辉改编；赵志强绘.—北京：人民美术出版社，1990.4.—48页；32开.—ISBN 7-102-00620-9：0.95元

琴魔 上册/蓝兰改编；宋飞等绘.—广州：岭南美术出版社，1990.2.—118页；64开.—ISBN 7-5362-0462-0：0.88元

琴魔 下册/蓝兰改编；宋飞等绘.—广州：岭南美术出版社，1990.2.—118页；64开.—ISBN 7-5362-0463-9：0.88元

董必武 彭德怀/张小乐，陈曙光编；彭开天等绘.南昌：江西美术出版社，1990.7.—1册；32开.（老一辈无产阶级革命家青少年时代的故事）.ISBN 7-80580-013-8：2.10元

森林枪声/许焕岗编；唐源源，王艳梅绘.—长沙：湖南美术出版社，1990.11.—62页；64开.—（惊险系列连环画警犬110）.—ISBN 7-5356-0415-3：0.44元

超级杀手（上）/马骏改编；陈安民，陈安群绘长沙：湖南美术出版社，1990.7.—94页；64开.ISBN 7-5356-0390-4：0.57元

超级杀手（下）/马骏改编；陈安民，陈安群绘.长沙：湖南美术出版社，1990.5.—94页；64开.ISBN 7-5356-0391-2：0.57元

喻世明言精选/（明）冯梦龙原著；小泉等改编；于水等绘.—天津：天津人民美术出版社，1990.8.539页；大32开.—（连环画丛书）.—ISBN 7-5305-3186-7（精装）：15.60元；（平装），10.10元

黑壳怀表/（苏）马特维耶夫原著；李思贲改编；马克政，光迪绘.—长沙：湖南美术出版社，1990.5.—110页；64开.—（绿色信号弹；1）.—ISBN 7-5356-0350-5：0.57元

黑星（上）/东方图书科学研究所编；宋惠丽图片加工.—兰州：甘肃少年儿童出版社，〔1990?〕.（12集电视系列连环画）.—6册；64开.—ISBN 7-5422-0404-1：3.90元

黑星（下）/东方图书科学研究所编；宋惠丽图片加工.—兰州：甘肃少年儿童出版社，〔1990?〕.（12集电视系列连环画）.—6册；64开.—ISBN 7-5422-0405-X：3.90元

智斗人贩/石文秀编；杨文理，谭德康绘.—长沙：湖南美术出版社，1990.11.—62页；64开.—（惊险系列连环画警犬110）.—ISBN 7-5356-0420-X：0.44元

智勐神风号/魏峰改编；黄光军，岑圣权绘.—郑州：河南美术出版社，1990.6.—1册；32开.—ISBN 7-5401-0133-4：0.80元

焦裕禄的故事/韦宁改编；纪放，沉浮绘.—武汉：湖北美术出版社，1990.10.—46页；32开.—ISBN 7-5394-0213-X：0.62元

鲁智深/蔡明村改编；达人等绘.—武汉：湖北少年儿童出版社，1990.8.—94页；24开.—(水浒108将彩色连环画库).—ISBN 7-5353-0667-5：3.20元

鲁滨逊漂流记/萧芦改编；王文瑞，沃叶柳绘.—上海：上海人民美术出版社，1990.1.—277页；64开.ISBN 7-5322-0596-7：1.40元

游魂野鬼司文郎/阳子改编；林艺，李艳绘.—南宁：广西民族出版社，1990.12.—100页；64开.(聊斋；33).—ISBN 7-5363-1077-3：0.95元

赖宁/方犁改编；陈挺通等绘.—广州：新世纪出版社，1990.4.—125页；64开.—(革命英雄谱).ISBN 7-5405-0444-7：0.75元

蒙托那义的故事/镇欧编；王保杰，里果绘.—西宁：青海人民出版社，1990.4.—23页；32开.—ISBN 7-225-00363-X：0.35元

雷锋/吴绿星改编；曾燕琴等绘.—广州：新世纪出版社，1990.3.—158页；64开.—(革命英雄谱).ISBN 7-5405-0445-5：0.90元

毁于一赌：滑稽王小毛的故事/王历等改编；沈天呈等绘.—上海：上海人民美术出版社，1990.12.150页；64开.—ISBN 7-5322-0752-8：0.78元

解放军英雄故事/沙铁军等编文；赵希玮等绘.—武汉：湖北少年儿童出版社，1990.8.—192页；32开.(中华英模连环画画丛).—ISBN 7-5353-0709-4：2.00元

新扎师兄：新编 (上)/傅慧雄等编制.—广州：岭南美术出版社，1990.6.—94页；64开.—ISBN 7-5362-0496-5：0.86元

根据同名电视剧改编。

新扎师兄：新编 (中)/傅慧雄等编制.—广州：岭南美术出版社，1990.6.—94页；64开.—ISBN 7-5362-0497-3：0.86元

新扎师兄：新编 (下)/傅慧雄等编制.—广州：岭南美术出版社，1990.6.—94页；64开.—ISBN 7-5362-0498-1：0.86元

新魔战兽兵 (1)/苏荣模改编；卢恺等绘.—南宁：广西美术出版社，1990.7.—1册；24开.—(大型电视动画连环画).—ISBN 7-80582-065-1：1.00元

新魔战兽兵 (2)/苏荣模改编；卢恺等绘.—南宁：广西美术出版社，1990.7.—1册；24开.—(大型电视动画连环画).—ISBN 7-80582-066-X：1.00元

新魔战兽兵 (3)/黄一红，钟寿矶改编；卢恺等绘.—南宁：广西美术出版社，1990.7.—1册；24开.(大型电视动画连环画).—ISBN 7-80582-067-8：1.00元

新魔战兽兵 (4)/黄一红，钟寿矶改编；卢恺等绘.—南宁：广西美术出版社，1990.7.—1册；24开.(大型电视动画连环画).—ISBN 7-80582-068-6：1.00元

痴情郎巧遇红云女/阳子改编；李钊，潘爱清绘.南宁：广西民族出版社，1990.12.—126页；64开.(聊斋；21).—ISBN 7-5363-1103-6：1.00元

聚歼魔鬼党："007"惊险系列连环画/(英)伊恩·弗莱明原著；竺乾华改编；王重义，王重英绘.长沙：湖南美术出版社，1990.3.—110页；64开.ISBN 7-5356-0337-8：0.59元

醒世恒言精选/(明)冯梦龙原著；吴迪等改编；李珺等绘.—天津：天津人民美术出版社，1990.8.647页；大32开.—(连环画丛书).—ISBN 7-5305-3188-7(精装)：17.40元；(平装)：11.90元

警世通言精选：连环画/(明)冯梦龙原著；宁桂改编；傅显渝绘.—天津：天津人民美术出版社，1990.8.—653页；大32开.—(连环画丛书).—ISBN 7-5305-3187-5(精装)：17.50元；(平装)：12.00元

J228.5 组画、插图画

三个和尚百态图/黄荣章选编.—广州：岭南美术出版社，1990.10.—30页；32开.—ISBN 7-5362-0543-0：0.75元

中国一百神仙图/吴绿星编文；卢禹光(延光)绘.—广州：新世纪出版社，1990.12.—215页；16开.—ISBN 7-5405-0491-9：8.60元

孔雀东南飞五十二图/徐淦编注；叶毓中绘.—南宁：广西美术出版社，1990.11.—52页，24开.ISBN 7-80582-105-4：3.00元

若峪文学插图集：1980～1987/花城出版社美术编辑室编.—广州：花城出版社，1990.12.—155页；16开.—ISBN 7-5360-0277-7：9.00元

建筑配景集锦/高雷编.—南宁：广西美术出版社.1990.4.—164页；24开.—ISBN 7-80582-033-3：6.80元

赵白山动物画/赵白山绘；少年儿童出版社编.—上海：少年儿童出版社，1990.10.—1册；20开.ISBN 7-5324-1113-3：3.40元

赵克标插图集/赵克标绘.—广州：新世纪出版社，1990.10.—91页；20开.—ISBN 7-5405-0467-6：4.50元

插图与随笔/秦龙绘.—哈尔滨：黑龙江美术出版社，1990.7.—311页；32开.—ISBN 7-5318-0073-

X：9.80元

戴敦邦聊斋人物谱/郑万泽编文；戴敦邦，戴红杰编绘.—天津：天津杨柳青画社，1990.2.—102页；12开.—ISBN 7-80503-018-9：7.20元

J228.6 壁　画

中国壁画全集：敦煌 （9）：五代·宋/中国壁画全集编辑委员会编；段文杰主编.—沈阳：辽宁美术出版社，1990.11.—25，194，73页；大16开.—（中国美术分类全集）.—ISBN 7-5314-0726-4：220.00元

中国壁画全集：新疆 （6）：吐鲁番/中国壁画全集编辑委员会编.—沈阳：辽宁美术出版社；乌鲁木齐：新疆人民出版社，1990.3.—186，75页；10开.（中国美术分类全集）.—ISBN 7-5314-0228-9（精装）：198.00元

吐鲁番柏孜克里克石窟壁画艺术/吐鲁番地区文物保管所编.—乌鲁木齐：新疆人民出版社，1990.5.100页；16开.—ISBN 7-228-01346-8：32.00元

敦煌装饰画/田虎编绘.—北京：北京工艺美术出版社，1990.8.—98页；36开.—ISBN 7-80526-035-4：3.00元

J228.7 动画（卡通）

七十二变化/吴雪等改编；周林一，周晓绘.—天津：新蕾出版社，1990.3.—15页；16开.—（动画美猴王；8）.—ISBN 7-5307-0609-8：0.80元

八仙的故事/吴明等改编；陆华等绘.—上海：上海人民美术出版社.—9册；24开.—（动画大王画库）.ISBN 7-5322-0588-6：10.00元

八戒探山/梁仙国改编；刘秉贤绘.—福州：福建美术出版社，1990.4.—1册；24开.—（动画大明星画库·西游记系列）.—ISBN 7-5393-0101-5：0.80元

八卦炉/吴雪等改编；李明，程晓青绘.—天津：新蕾出版社，1990.3.—15页；16开.—（动画美猴王；9）.—ISBN 7-5307-0610-1：0.80元

人参娃娃/小衍改编；薛梅尼等绘.—济南：明天出版社，1990.1.—1册；16开.—（世界著名动画主角故事画丛）.—ISBN 7-5332-0893-5：0.95元

大白鲸/成熙等改编；向阳等绘.—南昌：21世纪出版社，1990.10.—6册；24开.—（最新动画故事画册）.—ISBN 7-5391-0430-9：5.70元

大白鲸 （一）.—北京：中国电影出版社，1990.6.—1册；16开.—ISBN 7-106-00435-9：1.00元

大白鲸 （三）.—北京：中国电影出版社，1990.6.—1册；16开.—ISBN 7-106-00437-5：1.00元

大白鲸 （四）—北京：中国电影出版社，1990.6.—1册；16开.—ISBN 7-106-00438-3：1.00元

大白鲸 （五）.—北京：中国电影出版社，1990.6.—1册；16开.—ISBN 7-106-00439-1：1.00元

大白鲸 （六）.—北京：中国电影出版社，1990.6.—1册；16开.—ISBN 7-106-00440-5：1.00元

大白鲸 （1）/伊人等编；兆惠等绘.—兰州：甘肃少年儿童出版社，1990.6.—16页；16开.—ISBN 7-5422-0363-0：1.30元

大白鲸 （2）/伊人等编；兆惠等绘.—兰州：甘肃少年儿童出版社，1990.6.—16页；16开.—ISBN 7-5432-0364-9：1.30元

大白鲸 （3）/伊人等编；兆惠等绘.—兰州：甘肃少年儿童出版社，1990.6.—16页；16开.—ISBN 7-5422-0365-7：1.30元

大白鲸 （4）/伊人等编；兆惠等绘.—兰州：甘肃少年儿童出版社，1990.6.—16页；16开.—ISBN 7-5422-0366-5：1.30元

大白鲸 （1）.—呼和浩特：内蒙古人民出版社，1990.4.—1册；16开.—ISBN 7-204-00981-9：1.30元

大白鲸 （2）.—呼和浩特：内蒙古人民出版社，1990.4.—1册；16开.—ISBN 7-204-00981-9：1.30元

大白鲸 （4）.—呼和浩特：内蒙古人民出版社，1990.4.—1册；16开.—ISBN 7-204-00981-9：1.30元

大闹玩具会/郑渊洁编；驰原，阿波绘.—北京：人民美术出版社，1990.4.—23页；24开.—（舒克·贝塔历险记；13）.—ISBN 7-102-00692-6：0.60元

大闹蟠桃园/吴雪等改编；李振山，李小山绘.—天津：新蕾出版社，1990.3.—14页；16开.—（动画美猴王；5）.—ISBN 7-5307-0606-3：0.80元

大战变形罗汉 （上）：华南虎威威大显神通/王培堃编；王培堃，李锦铨绘.—南宁：广西美术出版社，1990.3.—24页；24开.—ISBN 7-80582-025-2：1.00元

大战变形罗汉 （下）：华南虎威威大显神通/王培堃编；王培堃，李锦铨绘.—南宁：广西美术出版社，1990.3.—24页；24开.—ISBN 7-80582-026-0：1.00元

小小画家/孙总青编绘.—上海：上海科技教育出版社，1990.2.—1册；32开.—（电影动画书）.—ISBN 7-5428-0360-3：0.63元

小飞龙 （1）/马骏等编绘.—郑州：海燕出版社，1990.10.—13页；16开.—（十册电视动画连环画）.—ISBN 7-5350-0573-X：0.55元

小飞龙 （2）/马骏等编绘.—郑州：海燕出版社，1990.10.—13页；16开.—（十册电视动画连环

画）.—ISBN 7-5350-0576-4：0.55元

小飞龙（3）/马骏等编绘.—郑州：海燕出版社，1990.10.—13页；16开.—（十册电视动画连环画）.—ISBN 7-5350-0572-1：0.55元

小飞龙（4）/马骏等编绘.—郑州：海燕出版社，1990.10.—13页；16开.—（十册电视动画连环画）.—ISBN 7-5350-0571-3：0.55元

小飞龙（5）/马骏等编绘.—郑州：海燕出版社，1990.10.—13页；16开.—（十册电视动画连环画）.—ISBN 7-5350-0586-1：0.55元

小飞龙（6）/马骏等编绘.—郑州：海燕出版社，1990.10.—13页；16开.—（十册电视动画连环画）.—ISBN 7-5350-0583-7：0.55元

小飞龙（7）/马骏等编绘.—郑州：海燕出版社，1990.10.—13页；16开.—（十册电视动画连环画）.—ISBN 7-5350-0592-6：0.55元

小飞龙（8）/马骏等编绘.—郑州：海燕出版社，1990.10.—13页；16开.—（十册电视动画连环画）.—ISBN 7-5350-0590-X：0.55元

小飞龙（9）/马骏等编绘.—郑州：海燕出版社，1990.10.—13页；16开.—（十册电视动画连环画）.—ISBN 7-5350-0593-4：0.55元

小飞龙（10）/马骏等编绘.—郑州：海燕出版社，1990.10.—13页；16开.—（十册电视动画连环画）.—ISBN 7-5350-0591-8：0.55元

小石人飞飞/黄修纪编；汝浩等绘.—福州：福建少年儿童出版社，1990.2.—5册；24开.—（动画大观园丛书）.—4.00元

小兵张嘎/援军改编；黄箐等绘.—南宁：接力出版社，1990.4.—1册；24开.—（小英雄动画故事丛书·动画列车）.—ISBN 7-80581-057-5：0.75元

小英雄雨来/李子然改编；欧阳荆山，张武惠绘.南宁：接力出版社，1990.4.—1册；24开.—（小英雄动画故事丛书·动画列车）.—ISBN 7-80581-058-3：0.75元

小狗乖乖传奇/彭国良编绘.—福州：福建少年儿童出版社，1990.6.—1册；16开.—（动画大观园丛书）.—ISBN 7-5395-0394-7：1.70元

小雷音寺捉妖/林秀平改编；季源业等绘.—福州：福建美术出版社，1990.4.—1册；24开.—（动画大明星画库·西游记系列）.—ISBN 7-5393-0100-7：0.80元

王二小/援军改编；张武惠，欧阳荆山绘.—南宁：接力出版社，1990.4.—1册；24开.—（小英雄动画故事丛书·动画列车）.—ISBN 7-80581-046-X：0.75元

太空大决战/张赶生，陆汝浩等编绘.—武汉：湖北少年儿童出版社，1990.5.—22页；24开.—（孙悟空太空大战；第5集）.—ISBN 7-5353-0658-6：0.90元

太空小精灵：科幻动画故事/辛容编；乐明祥等绘.南昌：江西美术出版社，1990.5.—4册；24开.ISBN 7-210-00826-8：4.00元

太空城堡（二）：飞行宝石的来历/李冬明译编；孙能子等绘.—上海：少年儿童出版社，1990.7.—1册；24开.—ISBN 7-5324-0926-0：1.40元

太空城堡（四）：飞行石的神奇魔力/李冬明译编；孙能子等绘.—上海：少年儿童出版社，1990.7.1册；24开.—ISBN 7-5324-1014-5：1.42元

太空城堡（五）：勇闯空中龙穴/李冬明译编；孙能子等绘.—上海：少年儿童出版社，1990.8.—1册；24开.—ISBN 7-5324-1072-2：1.40元

太空城堡（六）：激战铲除祸根/李冬明译编；孙能子等绘.—上海：少年儿童出版社，1990.9.—1册；24开.—ISBN 7-5324-1073-0：1.40元

太空擒顽敌：黑猫警长新传/孙希文编；潘直亮，程惠钊绘.—海口：南海出版公司，1990.3.—2册；24开.—ISBN 7-80570-188-1：2.20元

中国上古神话系列动画（1）/沈善增，秦创萍编；金渭昌等绘.—上海：上海教育出版社，〔1990？〕.—5册；24开.—ISBN 7-5320-2308-7（盒装）：5.30元

丹佛——最后的恐龙/陈忱等改编；成功等画绘.天津：天津人民美术出版社，1990.4.—10册；48开.ISBN 7-5305-3068-5：4.60元

斗二郎/吴雪等改编；郭占魁，郭亚非绘.—天津：新蕾出版社，1990.3.—15页；16开.—（动画美猴王；7）.—ISBN 7-5307-0608-X：0.80元

古力克冒险记/许道静编文；曹小卉绘.—福州：福建少年儿童出版社，1990.3.—3册；24开.—（动画大观园丛书）.—2.50元

击败野心家：彩色动画片：猫人澳尔特/杨郁暄等改编；乔吉幽等绘.—上海：上海人民美术出版社，1990.1.—39页；40开.—ISBN 7-5322-0639-4：0.85元

龙宫得宝/丁尚南改编；薛志华绘.—福州：福建美术出版社，1990.4.—1册；24开.—（动画大明星画库·西游记系列）.—ISBN 7-5393-0098-1：0.80元

生命之水/邹昌政，徐来编；刘泽岱绘.—上海：上海人民美术出版社，1990.1.—22页；24开.—（动画大王·科幻画库）.—ISBN 7-5322-0582-7：0.95元

《动画大王》和我一起学写字/周锐编文；李志行书法；张峻松绘.—上海：上海人民美术出版社，1990.1.—46页；24开.—ISBN 7-5322-0234-8：0.95元

动画乐园/安洪民绘.—北京：外文出版社，1990.

5.—10张；50开.—ISBN 7-119-01282-7：2.00元

动画明星各显神通/李名慈改编；陆华等绘.—上海：上海人民美术出版社，1990.1.—51页；24开.（动画大王画库）.—ISBN 7-5322-0586-X：1.85元

动画资料集 （4）/王灿绘.—上海：上海人民美术出版社，1990.8.—176页；24开.—ISBN 7-5322-0724-2：4.00元

老猫和小老鼠 （2）/李一珉等改编；肖伟民等绘.—上海：少年儿童出版社，1990.2.—1册；24开.—（卡通大王丛书）.—ISBN 7-5324-0843-4：1.10元

齐天大圣/吴雪等改编；曹留夫，张容绘.—天津：新蕾出版社，1990.3.—15页；16开.—（动画美猴王；4）.—ISBN 7-5307-0605-5：0.80元

安天会/吴雪等改编；阿元，达石绘.—天津：新蕾出版社：1990.3.—15页；16开.—（动画美猴王；10）.—ISBN 7-5307-0611-X：0.80元

好甜好甜的棍子/张秋生编写；陆汝浩等绘.—福州：福建少年儿童出版社，1990.12.—1册；24开.（动画大观园丛书）.—ISBN 7-5395-0449-8：1.20元

孙悟空三借芭蕉扇/余碧娟改编；季源业绘.—福州：福建美术出版社，1990.2.—1册；24开.—（动画大明星画库·西游记系列）.—ISBN 7-5393-0092-2：0.80元

孙悟空大闹天宫 （上）/丁尚南，梁仙国改编；赵静东等绘.—福州：福建美术出版社，1990.5.—1册；24开.—（动画大明星画库·西游记系列）.ISBN 7-5393-0109-0：0.80元

红狐侦探/宗介华编文；张小安等绘.—福州：福建少年儿童出版社，1990.3.—5册；24开.—（动画大观园丛书）.—4.25元

花果山/吴雪等改编；孙泽良，孙轶绘.—天津：新蕾出版社，1990.3.—15页；16开.—（动画美猴王；1）.—ISBN 7-5307-0602-0：0.80元

严惩绑架犯/茹萍等改编；乔吉幽等绘.—上海：上海人民美术出版社，1990.1.—39页；40开.—（彩色动画片·猫人澳尔特）.—ISBN 7-5322-0637-8：0.85元

抢救太阳系/张赶生等编绘.—武汉：湖北少年儿童出版社，1990.5.—22页；24开.—（孙悟空太空大战；第3集）.—ISBN 7-5353-0656-1：0.90元

初战恶金刚/张赶生，陆汝浩等编绘.—武汉：湖北少年儿童出版社，1990.5.—22页；24开.—（孙悟空太空大战；第1集）.—ISBN 7-5353-0654-3：0.90元

鸡毛信/援军改编；张武惠等绘.—南宁：接力出版社，1990.4.—1册；24开.—（小英雄动画故事丛书·动画列车）.—ISBN 7-80581-052-4：1.10元

直捣王宫/郑渊洁编；聪英等绘.—北京：人民美术出版社，1990.4.—23页；24开.—（舒克、贝塔历险记；10）.—ISBN 7-102-00688-8：0.60元

果菲——寻找大脚人的故事/谈工皎编译；成洪，小彬绘.—北京：中国文联出版公司，1990.8.—110页；64开.—（卡通连环画选辑）.—ISBN 7-5059-1326-3：0.71元

变形金刚/李士伋绘.—北京：外文出版社，1990.5.—10张；50开.—ISBN 7-119-01272-X：2.00元

空中大战/郑渊洁编；聪英等绘.—北京：人民美术出版社，1990.4.—23页；24开.—（舒克、贝塔历险记；9）.—ISBN 7-102-00689-6：0.60元

南游记/程惟湘改编；奚文渊等绘.—上海：上海人民美术出版社，1990.10.—10册；24开.—（动画大王画库）.—ISBN 7-5322-0731-5：12.60元

战天兵/吴雪等改编；谷天宁，谷欣莹绘.—天津：新蕾出版社，1990.3.—15页；16开.—（动画美猴王；6）.—ISBN 7-5307-0607-1：0.80元

星球大追捕/庄大伟编；叶飞，贺国光绘.—上海：上海人民美术出版社，1990.1.—46页；24开.（动画大王画库）.—ISBN 7-5322-0603-3：1.70元

幽默大王——大鼻子皮福 （一）/张燕译.—北京：国际文化出版公司，1990.5.—137页；32开.ISBN 7-80049-606-6：2.50元

版权页题名：幽默大师—大鼻子皮福

突然袭击/郑渊洁编；聪英等绘.—北京：人民美术出版社，1990.1.—23页；24开.—（舒克、贝塔历险记；7）.—ISBN 7-102-00631-4：0.60元

神奇小子/骏骅，荣家改编.—广州：新世纪出版社，1990.12.—3册；40开.—（卡通世界）.—ISBN 7-5405-0476-5：3.50元

神塔/邹昌政，徐来编；刘泽岱绘.—上海：上海人民美术出版社，1990.3.—22页；24开.—（动画大王·科幻画库）.—ISBN 7-5322-0584-3：0.95元

神游太空/郑渊洁编；驰原，阿波绘.—北京：人民美术出版社，1990.4.—23页；24开.—（舒克、贝塔历险记；14）.—ISBN 7-102-00693-4：0.60元

真假孙悟空/余碧娟改编；赵静东，赵茵绘.—福州：福建美术出版社，1990.4.—1册；24开.—（动画大明星画库·西游记系列）.—ISBN 7-5393-0099-X：0.80元

真假孙悟空/张赶生，陆汝洁等编绘.—武汉：湖北少年儿童出版社，1990.5.—22页；24开.—（孙悟空太空大战；第4集）.—ISBN 7-5353-0657-8：0.90元

真假鼠王/郑渊洁编；聪英等绘.—北京：人民美术出版社，1990.4.—23页；24开.—（舒克、贝塔历险

记；11）.—ISBN 7-102-00690-X：0.60元

挫败R3计划/张赶生，陆汝洁等编绘.—武汉：湖北少年儿童出版社，1990.5.—22页；24开.—（孙悟空太空大战；第2集）.—ISBN 7-5353-0655-1：0.90元

秘密武器/郑渊洁编；驰原，阿裘绘.—北京：人民美术出版社，1990.1.—23页；24开.—（舒克、贝塔历险记；8）.—ISBN 7-102-00632-2：0.60元

高老庄八戒得子/李广之编文；邹简等绘.—上海：上海翻译出版公司，1990.1.—47页；24开.—（长篇系列动画故事·小八戒历险记；1）.—ISBN 7-80514-507-5：1.50元

海上大战/郑渊洁编；驰原，阿波绘.—北京：人民美术出版社，1990.4.—23页；24开.—（舒克、贝塔历险记；12）.—ISBN 7-102-00691-8：0.60元

海岛历险：冰山奇童（2）/周立民编；古土等绘.上海：上海科学技术出版社，1990.3.—25页；24开.—（卡通科学画库）.—ISBN 7-5323-1784-6：0.92元

啄木鸟大夫诊断/张秋生编写；陆汝洁等绘.—福州：福建少年儿童出版社，1990.12.—1册；24开.（动画大观园丛书）.—ISBN 7-5395-0448-X：1.20元

银河大激战/杨郁暄等改编；乔吉幽等绘.—上海：上海人民美术出版社，1990.1.—39页；40开.—（彩色动画片·猫人澳尔特）.—ISBN 7-5322-0638-6：0.85元

盘丝洞/张宝林，鲁湄改编；刘建平等绘.—福州：福建美术出版社，1990.4.—1册；24开.—（动画大明星画库·西游记系列）.—ISBN 7-5393-0102-3：0.80元

黑猫警长　（四）/诸志祥编；戴铁郎等绘.—上海：上海人民美术出版社，1990.3.—82页；24开.（动画大王画库）.—ISBN 7-5322-0655-6：1.25元

黑猫警长：90特辑/诸志祥编；金国斌，曹强绘.北京：中国妇女出版社，1990.5.—3册；24开.—ISBN 7-80016-216-8：2.85元

黑猫警长新探案续编/少年报社编；诸志祥等撰写.—上海：百家出版社，1990.2.—1册；16开.ISBN 7-80576-103-5：0.80元

智斗偷猎者/杨郁暄等改编；乔吉幽等绘.—上海：上海人民美术出版社，1990.1.—39页；40开.—（彩色动画片·猫人澳尔特）.—ISBN 7-5322-0640-8：0.85元

智过老狼山/李广之编文；邹简等绘.—上海：上海翻译出版公司，1990.1.—47页；24开.—（长篇系列动画故事·小八戒历险记；2）.—ISBN 7-80514-508-3：1.50元

猴王大战蝎子精/邓柯等编绘.—广州：新世纪出版社，1990.5.—1册；24开.—（猴王孙悟空丛书）.ISBN 7-5405-429-3：0.88元

猴王孙悟空　（1）/邓柯等编绘.—广州：新世纪出版社，1990.5.—5册；24开.—（猴王孙悟空丛书）.—ISBN 7-5405-0412-9（套装）：4.90元

本书包括《猴王出世》、《大闹天宫》、《大战黑风山》、《智收猪八戒》和《大战镇元仙》5册。

猴王孙悟空　（2）/邓柯等编绘.—广州：新世纪出版社，1990.5.—5册；24开.—（猴王孙悟空丛书）.—ISBN 7-5405-0443-9（套装）：4.90元

本书包括《智斗黄袍怪》、《平顶山除妖》、《乌鸡国擒魔》、《大战红孩儿》和《猴王斗三妖》5册。

猴王智擒独角怪/邓柯等编绘.—广州：新世纪出版社，1990.5.—1册；24开.—（猴王孙悟空丛书）.ISBN 7-5405-0418-8：0.88元

飓风之灾/邹昌政，徐来编文；刘泽岱绘.—上海：上海人民美术出版社，1990.1.—22页；24开.—（动画大王·科幻画库）.—ISBN 7-5322-0583-5：0.95元

弼马温/吴雪等改编；马常礼，马志宇绘.—天津：新蕾出版社，1990.3.—15页；16开.—（动画美猴王；3）.—ISBN 7-5307-0604-7：0.80元

翡翠岛历险/黄培衍改编；乔吉幽等绘.—上海：上海人民美术出版社，1990.1.—59页；24开.—（动画大王画库）.—ISBN 7-5322-0587-8：2.10元

熊探长与兔警官/百忠懋编；陆元林，沈晓平绘.上海：上海人民美术出版社，1990.6.—48页；24开.—（动画大王画库）.—ISBN 7-5322-0585-1：1.70元

魔镜/邹昌政，徐来编；刘泽岱绘.—上海：上海人民美术出版社，1990.3.—22页；24开.—（动画大王·科幻画库）.—ISBN 7-5322-0581-9：0.95元

OZ王国历险记/田行等编；罗枫等绘.—上海：上海人民美术出版社，1990.9.—7册；24开.—ISBN 7-5322-0732-3（袋装）：8.80元

本书包括《艰险的历程》、《西国魔女之死》、《蒙比婆婆和金甲将军》、《南国魔女的威力》、《神秘的拿姆国》、《夜袭翡翠城》和《OZ王国的胜利》7册。

OZ国历险记/马良，慧琳改编、复制.—广州：新世纪出版社，1990.1.—5册；40开.—ISBN 7-5405-0424-2（套装）：5.80元

OZ国历险记/李增华，周鑫编绘.—成都：四川少年儿童出版社，1990.1.—4册；48开.—ISBN 7-5365-0542-6：3.40元

OZ国历险记/林阳，张阳编；晓秋，晓春绘.—北京：中国工人出版社，1990.—23页；24开.—（世界动画明星精选）.—ISBN 7-5008-0656-6：1.00元

OZ国历险记　（1）/卢铨美，肖波编；杨啸虎等绘.—上海：上海教育出版社，1990.4.—29页；16

开.—(电视动画故事画丛).—ISBN 7-5320-1851-2：1.20元

OZ国历险记 (2)/卢铨美，肖波编；杨啸虎等绘.—上海：上海教育出版社，1990.4.—29页；16开.—(电视动画故事画丛).—ISBN 7-5320-1861-X：1.20元

OZ国历险记 (3)/卢铨美，肖波编；杨啸虎等绘.—上海：上海教育出版社，1990.4.—29页；16开.—(电视动画故事画丛).—ISBN 7-5320-1890-3：1.20元

OZ国历险记 (4)/卢铨美，肖波编；杨啸虎等绘.—上海：上海教育出版社，1990.4.—29页；16开.—(电视动画故事画丛).—ISBN 7-5320-1891-1：1.20元

J228.9 其 他

儿童形象资料/方玉芙编绘.—北京：中国文联出版公司，1990.3.—68页；24开.—ISBN 7-5059-1257-7：3.20元

儿童趣味漫画100/张乃成编.—西安：未来出版社，1990.10.—100页；24开.—ISBN 7-5417-0382-6：2.40元

小刺猬/丁午编绘.—济南：明天出版社，1990.3.1册；16开.—(中国儿童系列连环漫画).—ISBN 7-5332-0901-X：0.95元

少年书画作品选/冯九禄主编.—天津：天津教育出版社，1990.3.—153页；32开.—ISBN 7-5309-0908-8：3.00元

少年儿童美术资料/雪春等编绘.—上海：上海人民美术出版社，1990.3.—158页；40开.—ISBN 7-5322-0580-0：2.20元

少林鼠 (2)/武玉桂编；田土等绘.—济南：明天出版社，1990.3.—31页；16开.—(中国儿童系列连环漫画).—ISBN 7-5332-0996-6：1.20元

世界儿童画大赛中国获奖作品选/谭锦等绘；中国展览公司编.—北京：轻工业出版社，1990.5.—124页；24开.—ISBN 7-5019-0852-4：10.50元

可爱的娃娃——田原画集/田原绘.—北京：海豚出版社，1990.—46页；12开.—ISBN 7-80051-387-4(精装)：12.00元

可爱的娃娃——田原画集/田原绘.—北京：海豚出版社，1990.—46页；12开.—ISBN 7-80051-388-2：8.00元

卢炜卢鹏儿童画集/卢炜，卢鹏绘.—北京：测绘出版社，1990.9.—1册；16开.—ISBN 7-5030-0431-2：6.00元

幼儿简笔画/姚逸之编绘.—上海：上海书画出版社，1990.4.—61页；32开.—(大世界画库：儿童美术编).—ISBN 7-80512-415-9：0.85元

尼克趣事：儿童漫画/张世荣编绘.—广州：岭南美术出版社 1990.5.—5册；64开.—ISBN 7-5362-0396-9：4.90元

珍奇动物配诗简笔画/雨琴编译.—成都：成都出版社，1990.4.—48页；24开.—ISBN 7-80575-063-7：1.95元

春之园：柳州铁路第五小学学生书画选/江涛编.南宁：接力出版社，1990.8.—1册；16开.—ISBN 7-80581-108-3(精装)

赵镇琬儿童系列连环漫画选：哼哼：1～3/赵镇琬画.—济南：明天出版社，1990.2.—1册；16开.ISBN 7-5332-0912-5(精装)：11.50元

海陆空大战儿童简笔画：陆/庄大伟编；杜建国，魏天定绘.—上海：上海人民美术出版社，1990.9.1册；16开.—ISBN 7-5322-0720-X：1.15元

海陆空大战儿童简笔画：空/庄大伟编；杜建国，魏天定绘.—上海：上海人民美术出版社，1990.9.—1册；16开.—ISBN 7-5322-0721-8：1.15元

海陆空大战儿童简笔画：海/庄大伟编；杜建国，魏天定绘.—上海：上海人民美术出版社，1990.9.1册；16开.—ISBN 7-5322-0719-6：1.15元

彭国良儿童系列连环漫画选/彭国良绘.—济南：明天出版社，1990.2.—1册；16开.—(中国儿童美术家画丛).—ISBN 7-5332-0914-1(精装)：12.00元

湖南40名儿童绘画联展作品选/湖南省少年儿童文化艺术委员会等编.—长沙：湖南少年儿童出版社，1990.8.—61页；24开.—ISBN 7-5358-0557-4：15.00元

趣味一笔画/韩之武等编绘.—沈阳：辽宁少年儿童出版社，1990.9.—64页；16开.—ISBN 7-5315-0704-8：1.50元

J229 图片、画页

J229.2 国 画

人间胜仙境/杨树有绘.—长春：吉林美术出版社，1990.6.—1张；全开.—1.10元

山川竞秀/廉宽宏绘.—长春：吉林美术出版社，1990.6.—1张；2开.—0.55元

山色葱胧水清清/刘继成绘.—长春：吉林美术出版社，1990.6.—1张；2开.—0.55元

山青水秀/杨亦千绘.—天津：天津人民美术出版社，1990.8.—1张；2开.—ISBN 7-5305-2180-1：0.50元

平湖秋色/石川绘.—沈阳：辽宁美术出版社，

1990.6.—1张；全开.—2.40元

生机：〔绫裱卷轴〕/潘天寿绘.—北京：荣宝斋，〔1990〕.—1轴

兰花奇石：〔绫裱卷轴〕/张大千，溥儒绘.—北京：荣宝斋，〔1990.〕.—1轴

共饮甘泉/张辛国绘.—上海：上海人民美术出版社，1990.6.—1张；全开.—2.40元

竹劲兰芳/陈墨绘.—沈阳：辽宁美术出版社，1990.6.—1张；全张.—2.40元

竹林新绿/陈正治绘.—杭州：浙江人民美术出版社，1990.8.—1张；全开.—2.40元

竹林新绿/陈正治绘.—杭州：浙江人民美术出版社，1990.8.—1张；2开.—1.10元

寿石图，〔绫裱卷轴〕/潘天寿绘.—北京：荣宝斋，〔1990〕.—1轴

苍岩毓秀/廉宽宏绘.—石家庄：河北美术出版社，1990.6.—1张；全开.—1.10元

岚山翠色伴水声/陈贯时绘.—长春：吉林美术出版社，1990.6.—1张；2开.—0.55元

青山绿水满春光/孙营绘.—济南：山东美术出版社，1990.5.—1张；2开.—0.50元

林海晨雾/林琳，崔森林绘.—济南：山东美术出版社，1990.5.—1张；全开.—2.00元

松荫待客/天亚绘.—长春：吉林美术出版社，1990.6.—1张；2开.—0.55元

松楼飞瀑图/张洪千绘.—天津：天津人民美术出版社，1990.6.—1张；全开.—2.20元

供春图：〔绫裱卷轴〕/钱松喦绘.—北京：荣宝斋，〔1990〕.—1轴

春山流泉/廉宽宏绘.—长春：吉林美术出版社，1990.6.—1张；2开.—0.55元

春江春/胡承斌绘.—杭州：浙江人民美术出版社，1990.8.—1张；2开.—1.10元

春江春/胡承斌绘.—杭州：浙江人民美术出版社，1990.8.—1张；全开.—2.40元

春雨添瀑声/田林海绘.—济南：山东美术出版社，1990.5.—1张；全开.—2.00元

威震山河/孔昭平绘.—长春：吉林美术出版社，1990.6.—1张；2开.—0.55元

幽谷赴客图/昔凡绘.—长春：吉林美术出版社，1990.6.—1张；全开.—1.10元

幽谷谐趣/刘继成绘.—长春：吉林美术出版社，1990.6.—1张；2开.—0.55元

泰山日出/刘称奇绘.—上海：上海人民美术出版社，1990.2.—1张；全开.—2.40元

乾坤清气/高晔绘.—杭州：浙江人民美术出版社，1990.8.—1张；2开.—0.55元

猫趣/谷学中绘.—长春：吉林美术出版社，1990.6.—1张；3开.—0.37元

琼阁仙山图/车来通绘.—长春：吉林美术出版社，1990.6.—1张；2开.—0.55元

朝气蓬勃/王玉峰绘.—太原：山西人民出版社，1990.10.—1张；全开.—1.50元

湖明柏翠/张然或绘.—长春：吉林美术出版社，1990.6.—1张；2开.—0.55元

普陀山胜境/陈辉光绘.—上海：上海人民美术出版社，1990.6.—1张；2开.—0.50元

楼观客话/天亚绘.—长春：吉林美术出版社，1990.6.—1张；2开.—0.55元

新疆舞：〔绫裱卷轴〕/黄胄绘.—北京：荣宝斋，〔1990〕.—1轴

瀑鸣翠谷/黄振永绘.—天津：天津人民美术出版社，1990.8.—1张；2开.—ISBN 7-5305-2176-0：0.50元

J229.3　油　画

开国大典/董希文绘.—北京：人民美术出版社，1990.1.—1张；4开.—0.50元

开国大典/董希文绘.—天津：天津人民美术出版社，1990.8.—1张；全开.—ISBN 7-5305-2180-7：1.10元

开国大典/董希文绘.—天津：天津人民美术出版社，1990.8.—1张；2开.—ISBN 7-5305-2189-6：0.50元

开国大典：〔卷轴〕/董希文绘.—天津：天津人民美术出版社，1990.8.—1张；全开.—ISBN 7-5305-2520-4：2.80元

风景/郭凤祥临摹.—天津：天津人民美术出版社，1990.8.—1张；2开.—ISBN 7-5305-2187-2：0.50元

画中情/荒健绘.—武汉：湖北美术出版社，1990.10.—1张；2开.—1.20元

金秋/刘运良绘.—长沙：湖南美术出版社，1990.8.—1张；2开.—0.90元

秋/华托绘.—天津：天津人民美术出版社，1990.8.—1张；2开.—ISBN 7-5305-2182-1：0.50元

美的天使/加贝绘.—长沙：湖南美术出版社，1990.8.—1张；2开.—3.50元

J229.4　宣传画

小英豪创纪录/刘秉礼绘.—广州：科学普及出版社广州分社，1990.1.—1张；2开.—0.98元

小制作巧动脑/梁铭光绘.—广州：科学普及出版社广州分社，1990.1.—1张；2开.—0.98元

小学生守则/潘小庆作.—南京：江苏人民出版社，〔1990？〕.—4张；3开.—1.50元

中国共产党万岁/钱大昕绘.—上海：上海人民美术出版社，1990.6.—1张；全开.—2.20元

中学生守则/潘小庆作.—南京：江苏人民出版社〔1990？〕.—4张；3开.—1.50元

为了共和国的利益/杨戈绘.—杭州：浙江人民美术出版社，1990.8.—1张；全开.—1.30元

未来科学的主人/劳汝根绘.—广州：科学普及出版社广州分社，1990.1.—1张；2开.—0.98元

立国之本，强国之路/王凌昆绘.—上海：上海人民美术出版社，1989.9.—1张；2开.—0.45元

弘扬雷锋精神.—北京：人民美术出版社，1990.4.—1张；2开.—0.85元

发扬艰苦奋斗的光荣传统/薛吉生绘.—武汉：湖北少年儿童出版社，1990.3.—1张；2开.—0.80元

发扬雷锋精神/王凌昆绘；江显辉作.—上海：上海人民美术出版社，1990.2.—1张；全开.—1.60元

发展科技　振兴中华/沙德安绘.—杭州：浙江人民美术出版社，1990.8.—1张；2开.—0.50元

当代少年儿童的榜样/杨顺泰绘.—上海：上海教育出版社，1990.1.—2张；2开.—ISBN 7-5320-1916-0：1.00元

自力更生奋发图强/陈立人绘.—武汉：湖北少年儿童出版社，1990.3.—1张；2开.—0.80元

向英雄少年赖宁学习/龚景充绘.—杭州：浙江人民美术出版社，1990.5.—1张；2开.—0.50元

向党的好干部韩云娜同志学习/辽宁美术出版社编绘.—沈阳：辽宁美术出版社，1990.3.—1张；全开.—1.80元

向雷锋同志学习.—北京：人民美术出版社，1990.4.—1张；2开.—0.85元

向雷锋同志学习.—南京：江苏少年儿童出版社，1990.1.—5张（2开1张；3开4张）.—2.00元

向雷锋同志学习/西宁：青海人民出版社，1990.4.—1张；2开.—0.50元

向雷锋同志学习/陈锡岩绘.—青岛：青岛出版社，1990.2.—1张；2开.—0.45元

向雷锋同志学习/马宏道绘.—南昌：江西美术出版社，〔1990〕.—1张；2开.—0.50元

全国各族人民大团结万岁/龚景充，陈继武绘.杭州：浙江人民美术出版社，1990.8.—1张；全开.1.30元

名人名言/肖家惠，陈建民作.—杭州：浙江人民出版社，1990.8.—4张；2开.—1.80元

庆祝中国共产党成立七十周年/王一定绘.—杭州：浙江人民美术出版社，1990.8.—1张；全开.—1.30元

讲卫生勤保健/李醒滔，梁照堂绘.—广州：科学普及出版社广州分社，1990.1.—1张；2开.—0.98元

坚持改革开放加速社会主义现代化建设/钱大昕作.—上海：上海人民美术出版社，1990.6.—1张；全开.—2.20元

时刻准备着，做一个共产主义接班人/罗日明绘.广州：科学普及出版社广州分社，1990.1.—1张；2开.—0.98元

我为人人，人人为我/王麟坤绘.—上海：上海人民美术出版社，1990.12.—1张；2开.—0.50元

我们的心永远向着党/张安朴绘.—上海：上海人民美术出版社，1990.6.—1张；全开.—2.20元

我们是人民的军队，共和国的卫士/天鹰等绘.杭州：浙江人民美术出版社，1990.8.—1张；全开.1.30元

我爱中华/周瑞庄绘.—上海：上海人民美术出版社，1990.12 —1张；2开.—0.50元

我爱社会主义/周瑞庄绘.—上海：上海人民美术出版社，1990.12.—1张；2开.—0.50元

我爱美丽的校园/李醒滔，梁照堂绘.—广州：科学普及出版社广州分社，1990.1.—1张；2开.—0.98元

社会主义好/周瑞庄绘.—上海：上海人民美术出版社，1990.12.—1张；全开.—1.00元

改革开放建设有中国特色的社会主义/游龙姑绘.上海：上海人民美术出版社，1990.6.—1张；全开.2.20元

英雄人物：学校装饰画/刘耀真等绘.—上海：上海教育出版社，1990.9.—4张；4开.—ISBN 7-5320-2145-9：8.60元

英雄少年赖宁/泠泠编文；于凉等绘.—北京：中国连环画出版社，1990.5.—1张；2开.—0.80元

学习“铁人”建设“四化”/宗文龙绘.—杭州：浙江人民美术出版社，1990.8.—1张；2开.—0.50元

学习焦裕禄，一心为人民/顾盼绘.—杭州：浙江人民美术出版社，1990.8.—1张；2开.—0.50元

学习雷锋 王进喜 焦裕禄 赖宁宣传画/王麟坤等绘.—上海：上海人民美术出版社，1990.9.—4张；2开.—2.40元

学习雷锋同志弘扬雷锋精神/共青团吉林省委编文；朱大海绘.—长春：吉林美术出版社，1990.5.2张；全开.—5.00元

学习雷锋好榜样/宗文龙，顾盼绘.—杭州：浙江人民美术出版社，1990.8.—2张；2开.—1.10元

学习雷锋好榜样/静轩绘.—上海：上海人民美术出版社，1990.2.—1张；2开.—0.45元

学习雷锋好榜样，发扬艰苦奋斗的精神/陈宏仁绘.南昌：江西美术出版社，〔1990〕.—1张；2开.0.50元

学习雷锋好榜样，全心全意为人民服务/倪芳华绘.南昌：江西美术出版社，〔1990〕.—1张；2开.0.50元

学习雷锋好榜样，努力学习马列主义毛泽东思想/徐福根绘.—南昌：江西美术出版社，〔1990〕.1张；2开.—0.50元

学习雷锋好榜样，热爱党热爱社会主义热爱人民/丘玮绘.—南昌：江西美术出版社，〔1990〕.—1张；2开.—0.50元

学习雷锋做一代新人/王利国绘.—上海：上海人民美术出版社，1990.7.—1张；2开.—0.45元

学习雷锋做共产主义事业接班人/王小路复制.—石家庄：河北美术出版社，1990.6.—1张；2开.—0.50元

学先锋长志气树理想/丁晓红绘.—广州：科学普及出版社广州分社，1990.1.—1张；2开.—0.98元

学好文化科学知识.—杭州：浙江少年儿童出版社，1990.3.—1张；3开.—0.40元

学赖宁学十佳争做好少年/陈锡岩，陈锡山绘.—青岛：青岛出版社，1990.2.—1张；2开.—0.45元

学雷锋精神做"四有"新人/方东等绘.—杭州：浙江人民美术出版社，1990.5.—1张；2开.—0.50元

树立革命理想.—杭州：浙江少年儿童出版社，1990.3.—1张；3开.—0.40元

祖国万岁/楼永年绘.—杭州：浙江人民美术出版社，1990.8.—1张；全开.—1.30元

祖国卫士　钢铁长城/娄齐贵绘.—武汉：湖北少年儿童出版社，1990.3.—1张；2开.—0.80元

祖国在我心中/薛告生绘.—武汉：湖北少年儿童出版社，1990.3.—1张；2开.—0.80元

爱护公物爱劳动/冯家广绘.—广州：科学普及出版社广州分社，1990.1.—1张；2开.—0.98元

爱国主义教育：学校装饰画/吴延恺摄.—上海：上海教育出版社，1990.9.—4张；4开.—ISBN 7-5320-2140-8：8.60元

培养高尚道德.—杭州：浙江少年儿童出版社，1990.3.—1张；3开.—0.40元

教室宣传画/孙智和摄影；周健美术.—长沙：湖南美术出版社，〔1990〕.—4张；2开.—2.20元

领导我们事业的核心力量是中国共产党/宋克静绘.—武汉：湖北少年儿童出版社，1990.3.—1张；2开.—0.80元

植物园里的小园丁/陈韵波绘.—广州：科学普及出版社广州分社，1990.1.—1张；2开.—0.98元

献给敬爱的老师/刘秉礼绘.—广州：科学普及出版社广州分社，1990.1.—1张；2开.—0.98元

雷锋日记选/甘肃人民美术出版社等编绘.—兰州：甘肃人民美术出版社，1990.3.—4张；2开.—1 95元

雷锋精神代代传/关大全，岫石编文；张峻等摄影.—沈阳：辽宁美术出版社，1990.2.—1张；全开.—1.80元

群星璀璨四季春/哈琼文绘.—上海：上海人民美术出版社，1990.6.—1张；全开.—2.20元

锻炼强健体魄.—杭州：浙江少年儿童出版社1990.3.—1张；3开.—0.40元

孔子：公元前351～前479/李醒滔，梁照堂绘，王佐杰撰文.—广州：科学普及出版社广州分社，1990.1.—1张；2开.—教学挂图.—0.98元

叶圣陶：1894～1988/贾武绘；王佐杰撰文.—广州：科学普及出版社广州分社，1990.1.—1张；2开.—教学挂图.—0.98元

朱熹：1130～1200/吴炳德绘；王佐杰撰文.—广州：科学普及出版社广州分社，1990.1.—1张；2开.—教学挂图.—0.98元

吴玉章：1878～1966/关则驹绘；王佐杰撰文.广州：科学普及出版社广州分社，1990.1.—1张；2开.—教学挂图.—0.98元

徐特立：1877～1968/符超军绘；王佐杰撰文广州：科学普及出版社广州分社，1990.1.—教学挂图.—1张；2开.—0.98元

陶行知：1891～1946/刘蒂绘；王佐杰撰文.—广州：科学普及出版社广州分社，1990.1.—1张；2开.—教学挂图.—0.98元

梁启超：1873～1929/冼励强绘；王佐杰撰文.广州：科学普及出版社广州分社，1990.1.—1张；2开.—教学挂图.—0.98元

韩愈：768～824/李醒滔，梁照堂绘；王佐杰撰文.—广州：科学普及出版社广州分社，1990.1.—1张；2开.—教学挂图.—0.98元

鲁迅：1881～1936/汤小铭绘；王佐杰撰文.—广州：科学普及出版社广州分社，1990.1.—1张；2开.—教学挂图.—0.98元

蔡元培：1868～1940/陈敏强绘；王佐杰撰文.—广州：科学普及出版社广州分社，1990.1.—1张；2开.教学挂图.—0.98元

J229.5　年　画

一帆风顺/朱桂卿，高志华绘.—沈阳：辽宁美术出版社，1990.6.—1张；2开.—0.55元

十二子接福/孙洪发绘.—哈尔滨：黑龙江美术出版社，1990.7.—1张；2开.—0.55元

十八罗汉/刘光灿绘.—上海：上海书画出版社，1990.9.—1张；2开.—0.45元

八方进宝/徐德元等绘.—沈阳：辽宁美术出版社，1990.1.—1张；2开.—0.55元

八方进宝家家乐/彭公林，彭红绘.—沈阳：辽宁美术出版社，1990.6.—1张；2开.—0.55元

八仙过海图/林旺绘.—呼和浩特：内蒙古人民出版社，1990.8.—1张；2开.—0.55元

八瑞物/康巴；洛松向秋绘.—北京：民族出版社，〔1990〕.—1张；4开.—1.10元

八瑞相/康巴·洛松向秋绘.—北京：民族出版社，〔1990〕.—1张；4开.—1.10元

人民的好总理/王新滨，曹淑勤绘.—沈阳：辽宁美术出版社，1990.6.—1张；2开.—0.55元

人欢鱼跃金玉满堂/张宝祥绘.—哈尔滨：黑龙江美术出版社，1990.7.—1张；2开.—0.55元

人寿年丰/魏瀛洲绘.—上海：上海人民美术出版社，〔1990.6〕.—1张；2开.—1.30元

人寿年丰福临门/徐德元绘.—哈尔滨：黑龙江美术出版社，1990.7.—1张；2开.—0.55元

人间仙境/毛国富绘.—杭州：浙江人民美术出版社，1990.8.—1张；2开.—1.10元

人间仙境/毛国富绘.—杭州：浙江人民美术出版社，1990.8.—1张；全开.—2.40元

人参娃娃/王文倩，张宝才绘.—沈阳：辽宁美术出版社，1990.6.—1张；2开.—0.55元

人参娃娃/安斌绘.—长春：吉林美术出版社，1990.6.—1张；2开.—0.55元

九华仙境/朱子容绘.—上海：上海人民美术出版社，1990.1.—1张；全开.—2.40元

刀斧大将/张耀明绘.—济南：山东美术出版社，1990.5.—1张；2开

三友图/董永越绘.—天津：天津人民美术出版社，1990.8.—1张；2开.—0.50元

三羊开泰/高志华绘.—上海：上海书画出版社，1990.9.—1张；2开.—0.45元

三阳开泰/朱介堂绘；尚遊书.—长沙：湖南美术出版社，1990.8.—1张；全开.—0.80元

三阳开泰/杨天中绘.—沈阳：辽宁美术出版社，1990.6.—1张；2开.—0.55元

三阳开泰，万事如意/赵学君，魏延滨画.—济南：山东美术出版社，1990.5.—1张；2开.—0.50元

三星图/寒仕，咏明绘.—天津：天津人民美术出版社，1990.8.—1张；2开.—0.50元

大吉大利/徐世民，徐曾绘.—沈阳：辽宁美术出版社，1990.6.—1张；2开.—0.55元

大观园/赵彦杰绘.—长春：吉林美术出版社，1990.6.—1张；2开.—0.55元

大海/周金康绘.—杭州：浙江人民美术出版社，1990.8.—1张；2开.—1.10元

大喜大寿图/徐俊卿绘.—杭州：浙江人民美术出版社，1990.8.—1张；全开.—1.70元

大福大富/华龙绘.—哈尔滨：黑龙江美术出版社，1990.7.—1张；2开.—0.55元

万子成龙/杨立群绘.—广州：岭南美术出版社，1990.4.—1张；2开.—0.55元

万事如意/张宝祥绘.—长春：吉林美术出版社，1990.6.—1张；2开.—0.55元

万象更新乐有余/刘树茂，刘旭绘.—沈阳：辽宁美术出版社，1990.6.—1张；2开.—0.55元

万紫千红/金梅生绘.—上海：上海人民美术出版社，1990.6.—1张；2开.—0.45元

巾帼英雄/何兆欣作.—上海：上海书画出版社，1990.9.—1张；2开.—1.50元

山高水长/刘长，闻炎绘.—沈阳：辽宁美术出版社，1990.6.—1张；全开.—2.40元

千里走单骑/刘荣富作.—长春：吉林美术出版社，1990.6.—1张；2开.—0.55元

千里送京娘/朱淑媛绘.—沈阳：辽宁美术出版社，1990.6.—1张；2开.—0.55元

久久有余/彭海清绘.—上海：上海人民美术出版社，1990.6.—1张；2开.—0.45元

门迎四季福/彭公林绘.—哈尔滨：黑龙江美术出版社，1990.7.—1张；2开.—0.55元

小放牛/赵彦杰绘.—长春：吉林美术出版社，1990.6.—1张；2开.—0.55元

飞瀑谷/朱介堂绘.—南昌：江西人民出版社，〔1990〕.—1张；全开.—2.16元

丰年乐有余/龙华绘.—哈尔滨：黑龙江美术出版社，1990.7.—1张；2开.—0.55元

丰年福临门/邓吉梅绘.—哈尔滨：黑龙江美术出版社，1990.7.—1张；2开.—0.62元

开国元勋/刘熹奇绘.—北京：人民美术出版社，1990.6.—1张；全开.—1.05元

井冈杜鹃红/王赤军绘.—南昌：江西人民出版社，〔1990〕.—1张；2开.—0.48元

天下第一剑/孙家跃绘.—天津：天津人民美术出版社，1990.8.—1张；2开.—0.50元

天天发财/彭公林绘.—沈阳：辽宁美术出版社，1990.6.—1张；2开.—0.55元

天仙祝福/刘俊贤绘.—呼和浩特：内蒙古人民出版社，1990.8.—1张；2开.—0.55元

天仙配/戴松耕绘.—上海：上海人民美术出版社，1990.6.—1张；2开.—0.45元

天伦之乐/张锦标绘.—上海：上海人民美术出版社，1990.6.—1张；2开.—0.50元

天安门广场/陈书帛绘.—杭州：浙江人民美术出版社，1990.8.—1张；2开.—1.10元

天将图/王连城绘.—济南：山东美术出版社，1990.5.—1张；4开.—0.25元

天涯海角/杨锡康绘.—杭州：浙江人民美术出版社，1990.8.—1张；2开.—1.10元

天鹅湖/金光远，陈子达绘.—南昌：江西人民出版社，〔1990〕.—1张；全开.—2.16元

天增岁月人增寿/刘佩珩绘.—哈尔滨：黑龙江美术出版社，1990.7.—1张；2开.—0.55元

无限风光/钟文斌绘.—南昌：江西人民出版社，〔1990〕.—1张；2开.—0.48元

无敌鸳鸯腿/李志平绘.—天津：天津人民美术出版社，1990.8.—1张；2开.—0.50元

五虎兴汉图/赵梦林绘.—上海：上海人民美术出版社，1990.6.—1张；2开.—0.45元

五福临门新年好/童宝贵绘.—沈阳：辽宁美术出版社，1990.6.—1张；2开.—0.55元

五福献寿/徐德元，晓蕾绘.—沈阳：辽宁美术出版社，1990.10.—1张；2开.—0.55元

五福满堂/李寿根绘.—杭州：浙江人民美术出版社，1990.8.—1张；2开.—0.45元

太平盛世，家国富裕/栾良才绘.—杭州：浙江人民美术出版社，1990.8.—1张；2开.—0.45元

少年英雄裴元庆/赵祥林绘.—呼和浩特：内蒙古人民出版社，1990.8.—1张；2开.—0.55元

风调雨顺吉庆吉祥/李冰绘.—兰州：甘肃人民美术出版社，1990.6.—1张；4开.—0.30元

凤鸣福至/胡玉啄绘.—哈尔滨：黑龙江美术出版社，1990.7.—1张；2开.—0.55元

凤凰图/丁宝珍绘.—北京：人民美术出版社，1990.6.—1张；2开.—0.50元

毛主席和他的战友/李慕白绘.—天津：天津人民美术出版社，1990.8.—1张；全开.—5.00元

月下知音/李学勤绘.—呼和浩特：内蒙古人民出版社，1990.8.—1张；2开.—0.35元

月月发大财/童金贵绘.—长春：吉林美术出版社，1990.6.—1张；2开.—0.55元

月夜雄风/倪延志绘.—哈尔滨：黑龙江美术出版社，1990.7.—1张；2开.—0.55元

月圆花好/浦江工艺美术公司供稿.—杭州：浙江人民美术出版社，1990.8.—1张；2开.—1.10元

户进八方财/彭公林绘.—哈尔滨：黑龙江美术出版社，1990.7.—1张；2开.—0.55元

双虎图/曾成金绘.—杭州：浙江人民美术出版社，1990.8.—1张；2开.—0.90元

双鱼吉庆/徐世民绘.—上海：上海人民美术出版社，1990.6.—1张；2开.—0.45元

双鱼跳龙门/俎翠林绘.—天津：天津人民美术出版社，1990.8.—1张；2开.—0.50元

双猫图/冠连文，王志强绘.—天津：天津人民美术出版社，1990.8.—1张；2开.—0.50元

双喜如意/华展，河原绘.—沈阳：辽宁美术出版社，1990.6.—1张；2开.—0.55元

双喜和合/金定根，张华根作.—上海：上海书画出版社，1990.9.—1张；2开.—1.50元

双喜临门/李寿根绘.—杭州：浙江人民出版社，1990.8.—1张；2开.—0.45元

双喜临门/顾晓青绘.—上海：上海人民美术出版社，1990.6.—1张；2开.—0.50元

双喜临门，鸿福满堂/霍允庆绘.—昆明：云南人民出版社，1990.8.—1张；2开.—0.55元

双鹊喜临福祥门/陈华民，陈晓东绘.—长春：吉林美术出版社，1990.6.—1张；2开.—0.55元

双鹊鸣春/王俊峰，韩景春绘.—哈尔滨：黑龙江美术出版社，1990.7.—1张；2开.—0.55元

引福归堂/陈略绘.—广州：岭南美术出版社，1990.4.—1张；2开.—0.55元

孔雀东南飞/于振波绘.—呼和浩特：内蒙古人民出版社，1990.8.—1张；2开.—0.55元

古城会/张瑞恒绘.—天津：天津人民美术出版社，1990.8.—1张；2开.—0.50元

布达拉宫之晨/阿布绘.—拉萨：西藏人民出版社，〔1990〕.—1张；2开.—1.80元

玉堂春/张弓绘.—长春：吉林美术出版社，1990.6.—1张；2开.—0.55元

玉堂富贵/楼永年绘.—杭州：浙江人民美术出版社，1990.8.—1张；2开.—0.45元

玉堂金狮闹新春/张桂英，张桂兰绘.—哈尔滨：黑龙江美术出版社，1990.7.—1张；2开.—0.55元

玉镯情/程明华绘.—呼和浩特：内蒙古人民出版社，1990.8.—1张；2开.—0.55元

可爱的小白兔/方敦传绘.—杭州：浙江人民美术出版社，1990.8.—1张；2开.—0.45元

龙飞凤舞庆丰年/李喜春绘.—呼和浩特：内蒙古人民出版社，1990.8.—1张；2开.—0.55元

龙飞凤舞贺新春/李喜春绘.—呼和浩特：内蒙古人民出版社，1990.8.—1张；2开.—0.55元

龙飞凤舞福寿全/徐德元，徐全绘.—沈阳：辽宁美术出版社，1990.6.—1张；2开.—0.55元

龙凤呈祥/谭裕钊绘.—广州：岭南美术出版社，

1990.4.—1张；4开.—0.29元

龙的传人/刘新奇绘.—南昌：江西人民出版社，〔1990〕.—1张；2开.—0.48元

龙宫取宝/安杰绘.—哈尔滨：黑龙江美术出版社，1990.7.—1张；2开.—0.55元

东海献福/姚玉成，王淑娥绘.—长春：吉林美术出版社，1990.6.—1张；2开.—0.55元

四季平安/陈从容绘.—石家庄：河北美术出版社，1990.6.—2张；2开.—1.10元

四季平安富贵有余/李志明绘.—济南：山东美术出版社 1990.5.—1张；全开.—1.10元

四季发财户户春/彭公林，彭江绘.—沈阳：辽宁美术出版社，1990.6.—1张；2开.—0.55元

四路来财/余德元等绘.—沈阳：辽宁美术出版社 1990.6.—1张；2开.—0.55元

田野新曲/韩培生绘.—杭州：浙江人民美术出版社，1990.8.—1张；2开.—0.45元

出水芙蓉/高景波绘.—哈尔滨：黑龙江美术出版社，1990.7.—1张；2开.—0.55元

仙女祝寿图/子心，岿然绘.—沈阳：辽宁美术出版社，1990.6.—1张；2开.—0.55元

仙鹤祝寿/董俊绘.—上海：上海人民美术出版社，1990.6.—1张；2开.—0.45元

包公/陈明绘.—济南：山东美术出版社，1990.5.1张；2开.－0.50元

鸟语花香/王俊峰绘.—长春：吉林美术出版社，1990.6.—1张；2开.—0.55元

鸟语花香/丹青，陈诚作.—天津：天津人民美术出版社，1990.8.—1张；2开.—1.10元

生财有路/朱冈岐绘.—沈阳：辽宁美术出版社，1990.6.—1张；2开.—0.55元

白蛇传/金肇芳绘.—天津：天津人民美术出版社，1990.8.—1张；2开.—0.50元

汉寿亭侯/赵梦林等绘.—呼和浩特：内蒙古人民出版社，1990.6.—1张；全开.—1.20元

汉寿亭侯/赵梦林等绘.—呼和浩特：内蒙古人民出版社，1990.6.—1张；2开.—0.55元

边防巡逻/赵幼华绘.—天津：天津人民美术出版社，1990.8.—1张；2开.—0.50元

发家致富/宫林，伟时绘.—沈阳：辽宁美术出版社，1990.6.—1张；2开.—0.55元

母子比武/赵祥林绘.—天津：天津人民美术出版社，1990.8.—1张；2开.—0.50元

吉庆乐/陈学璋绘.—杭州：浙江人民美术出版社，1990.8.—1张；全开.—1.10元

吉庆有余福寿万年/彭公林绘.—哈尔滨：黑龙江美术出版社，1990.7.—1张；2开.—0.55元

吉星高照/龚景充绘.—杭州：浙江人民美术出版社，1990.8.—1张；全开.—1.70元

吉星高照/龚景充绘.—杭州：浙江人民美术出版社，1990.8.—1张；2开.—0.45元

吉祥如意/王福增，邵瑞玲绘.—哈尔滨：黑龙江美术出版社，1990.7.—1张；2开.—0.55元

吉祥如意/郭仲文绘.—长春：吉林美术出版社，1990.6.—1张；2开.—0.55元

吉祥如意福寿双全/徐德元等绘.—长春：吉林美术出版社，1990.6.—1张；2开.—0.55元

吉祥图/宋仁贤绘.—济南：山东美术出版社，1990.5.—1张；全开.—1.10元

共和国的春天/韩喜增绘.—天津：天津人民美术出版社，1990.8.—1张；2开.—0.50元

老虎与美人/王嘉喜绘.—长春：吉林美术出版社，1990.6.—1张；2开.—0.55元

西施浣纱/均琪绘.—沈阳：辽宁美术出版社，1990.6.—1张；2开.—0.55元

西厢记/杨树有绘.—长春：吉林美术出版社，1990.6.—1张；2开.—0.55元

在母亲的怀抱里/黄妙发绘.—上海：上海人民美术出版社，1990.6.—1张；2开.—0.45元

百寿图/季乃仓绘.—济南：山东美术出版社，1990.5.—1张；2开.—0.50元

百福千祥/范恩树绘.—哈尔滨：黑龙江美术出版社，1990.7.—1张；2开.—0.55元

吕布与貂婵/于振波绘.—天津：天津人民美术出版社，1990.8.—1张；2开.—0.50元

吕布与貂婵/李学勤绘.—长春：吉林美术出版社，1990.6.—1张；2开.—0.55元

岁寒三友/钱行健绘.—上海：上海书画出版社，1990.9.—1张；2开.—0.45元

岁寒喜友/邓文欣绘.—长春：吉林美术出版社，1990.6.—1张；2开.—0.55元

曲尽人欢/杭雅英绘.—上海：上海人民美术出版社，1990.6.—1张；2开.—0.45元

年丰人长寿/朱守聚绘.—济南：山东美术出版社，1990.5.—1张；2开

年年有余/彭公林，彭红绘.—沈阳：辽宁美术出版社，1990.6.—1张；2开.—0.55元

年年有余福寿临门/安杰绘.—长春：吉林美术出版社，1990.6.—1张；2开.—0.55元

年年有福/王建德绘.—长春：吉林美术出版社，1990.6.—1张；2开.—0.60元

年年走鸿运/童金贵绘.—长春：吉林美术出版社，1990.6.—1张；2开.—0.55元

朱爷爷种的大冬瓜/方洞绘.—天津：天津人民美术

出版社，1990.8.—1张；2开.—0.50元

伏虎吉祥/陈英，陈明绘.—天津：天津人民美术出版社，1990.8.—1张；2开.—0.50元

优生优育幸福多/乔居中绘.—太原：山西人民出版社，1990.11.—1张；2开.—0.65元

自古英雄出少年精忠报国美名传/王法堂绘.—济南：山东美术出版社，1990.5.—1张；2开.—0.50元

向雷锋叔叔学习/杨顺泰绘.—上海：上海人民美术出版社，1990.7.—1张；2开.—0.45元

合美幸福禧有余/安杰绘.—长春：吉林美术出版社，1990.6.—1张；2开.—0.55元

争艳图/张玉龙绘.—上海：上海人民美术出版社，1990.6.—1张；2开.—0.50元

多福多寿/宫时，伟时绘.—沈阳：辽宁美术出版社，1990.6.—1张；2开.—0.55元

多福多寿喜有余/范恩树绘.—长春：吉林美术出版社，1990.6.—1张；2开.—0.55元

旭日东升/顾国志绘.—呼和浩特：内蒙古人民出版社，1990.8.—1张；2开.—0.55元

庆丰年/王子驷绘.—哈尔滨：黑龙江美术出版社，1990.7.—1张；2开.—0.55元

冰灯异彩闹元宵/李振亚绘.—长春：吉林美术出版社，1990.6.—1张；2开.—0.55元

江峡竞秀/曾天中绘.—西安：陕西人民美术出版社，〔1990〕.—1张；全开.—2.40元

关公挑袍/张瑞恒绘.—天津：天津人民美术出版社，1990.8.—1张；2开.—0.50元

羊年发财/陈华民，陈晓东绘.—呼和浩特：内蒙古人民出版社，1990.6.—1张；2开.—0.55元

军事演习/陈宝万绘.—西安：陕西人民美术出版社，1990.7.—1张；2开.—0.55元

军威雄壮/赵幼华绘.—天津：天津人民美术出版社，1990.8.—1张；2开.—0.50元

农家新趣/霍允庆绘.—济南：山东美术出版社，1990.5.—1张；2开

戏水.—兰州：甘肃人民美术出版社，1990.6.—1张；全开.—3.95元

观鱼/王新滨，曹淑勤绘.—沈阳：辽宁美术出版社，1990.6.—1张；2开.—0.55元

观瀑图/王利华绘.—杭州：浙江人民美术出版社，1990.8.—1张；全开.—1.70元

欢天喜地庆丰年/刘树茂绘.—哈尔滨：黑龙江美术出版社，1990.7.—1张；2开.—0.55元

欢欢喜喜/元姝绘.—沈阳：辽宁美术出版社，1990.6.—1张；2开.—0.55元

孙悟空怒砸老君炉/王善生绘.—长春：吉林美术出版社，1990.6.—1张；2开.—0.55元

红梅报春福康乐/张锦标绘.—上海：上海人民美术出版社，1990.6.—1张；2开.—0.45元

寿/楼永年绘.—长沙：湖南美术出版社，1990.8.1张；2开 —0.45元

寿上寿/陈华民，姜英绘.—沈阳：辽宁美术出版社，1990.6.—1张；2开.—0.55元

寿比南山/丁洪辉绘.—长春：吉林美术出版社，1990.6.—1张；2开.—0.55元

寿比南山/陈英，陈明绘.—天津：天津人民美术出版社，1990.8.—1张；2开.—0.50元

寿比南山不老松/王昭灿绘.—济南：山东美术出版社，1990.5.—1张；2开.—0.50元

寿同日月/童金贵，童红绘.—沈阳：辽宁美术出版社，1990.6.—1张；2开.—0.55元

寿高福大/姚孝法绘.—沈阳：辽宁美术出版社，1990.6.—1张；2开.—0.55元

寿酒图/彭海清绘.—哈尔滨：黑龙江美术出版社，1990.7.—1张；2开.—0.55元

寿酒图/彭海清绘.—济南：山东美术出版社，1990.5.—1张；2开.—0.50元

寿增喜长/徐德元，徐蕾绘.—沈阳：辽宁美术出版社，1990.6.—1张；2开.—0.55元

声声喜庆有余年/肖殿全绘.—沈阳：辽宁美术出版社，1990.6.—1张；2开.—0.55元

花好月圆/王力绘.—沈阳：辽宁美术出版社，1990.10.—1张；2开.—0.55元

花好月圆/尹晓军，尹晓平作.—昆明：云南人民出版社，1990.8.—1张；2开.—0.55元

花好月圆/刘称奇绘.—杭州：浙江人民美术出版社，1990.8.—1张；2开.—0.45元

花好月圆/顾国治绘.—天津：天津人民美术出版社，1990.8.—1张；全开.—1.10元

花好月圆/顾国治绘.—上海：上海人民美术出版社，1990.6.—1张；2开.—0.45元

花好月圆喜成双/徐朝龙绘.—长沙：湖南美术出版社，1990.8.—1张；2开.—0.45元

花好月圆喜如意/苗永华绘.—长春：吉林美术出版社，1990.6.—1张；2开.—0.55元

花香福有余/朱守聚绘.—济南：山东美术出版社，1990.5.—1张；2开

花繁/钱惠良作.—石家庄：河北美术出版社，1990.6.—1张；2开.—1.00元

苍谷虎啸/何业琦绘.—杭州：浙江人民美术出版社，1990.8.—1张；全张.—1.70元

两岸姐妹情/张万臣绘.—沈阳：辽宁美术出版社，1990.6.—1张；2开.—0.55元

报春图/何惟明绘.—杭州：浙江人民美术出版社，1990.8.—1张；2开.—0.55元

连年有余/吴明绘.—哈尔滨：黑龙江美术出版社，1990.7.—1张；2开.—0.55元

连年富有余/李蕙绘.—广州：岭南美术出版社，1990.4.—1张；4开.—0.29元

财源茂盛/童金贵，童红绘.—沈阳：辽宁美术出版社，1990.6.—1张；2开.—0.55元

我们的理想/陈乃亮绘.—南昌：江西人民出版社，〔1990〕.—1张；2开.—0.48元

我爱小羊羔/陈宝万绘.—呼和浩特：内蒙古人民出版社，1990.8.—1张；2开.—0.55元

余上有余/董俊茹绘.—哈尔滨：黑龙江美术出版社，1990.7.—1张；2开.—0.55元

余上有余聚宝来/彭公林，彭红绘.—沈阳：辽宁美术出版社，1990.6.—1张；2开.—0.55元

迎春接福/杨馥如绘.—上海：上海人民美术出版社，1990.6.—1张；2开.—0.45元

迎客松/赵幼华绘.—天津：天津人民美术出版社，1990.8.—1张；全开.—1.10元

快乐谣/刘宝贵绘.—沈阳：辽宁美术出版社，1990.6.—1张；2开.—0.55元

宋庆龄和少先队员/张碧梧绘.—天津：天津人民美术出版社，1990.8.—1张；2开.—0.50元

灵芝仙子/刘树茂绘.—长春：吉林美术出版社，1990.6.—1张；2开.—0.55元

青春年华/金梅生绘.—上海：上海人民美术出版社，1990.6.—1张；2开.—0.45元

青梅煮酒论英雄/张瑞恒绘.—天津：天津人民美术出版社，1990.8.—1张；2开.—0.50元

武松打虎/赵静东绘.—天津：天津人民美术出版社，1990.8.—1张；2开.—0.50元

柜中缘/赵彦杰绘.—长春：吉林美术出版社，1990.6.—1张；2开.—0.55元

松梅寿鹤 山河壮丽/朱子容绘.—北京：人民美术出版社，1990.1.—1张；全开.—1.10元

松龄鹤寿/严白绘.—杭州：浙江人民美术出版社，1990.8.—1张；全开.—1.70元

松鹤长春/陈继武绘.—南昌：江西人民出版社，〔1990〕.—1张；全开.—2.16元

松鹤延年/蒋云花，豫强绘.—杭州：浙江人民美术出版社，1990.8.—1张；2开.—1.10元

幸福长寿/刘俭绘.—哈尔滨：黑龙江美术出版社，1990.7.—1张；2开.—0.62元

幸福长寿乐有余/张万巨，杨波绘.—天津：天津人民美术出版社，1990.8.—1张；2开.—0.50元

幸福长寿乐有余/张万巨，鑫普绘.—哈尔滨：黑龙江美术出版社，1990.7.—1张；2开.—0.55元

幸福有余/张万臣，鑫普绘.—长春：吉林美术出版社，1990.6.—1张；2开.—0.55元

幸福有余/范恩树绘.—长春：吉林美术出版社，1990.6.—1张；2开.—0.55元

幸福有余连年发财/许传琳绘.—长春：吉林美术出版社，1990.6.—1张；2开.—0.55元

幸福曲/高志华绘.—沈阳：辽宁美术出版社，1990.6.—1张；2开.—0.55元

幸福的童年/成励志绘.—南京：江苏美术出版社，1990.6.—1张；2开.—0.50元

幸福康乐/华辰，河原绘.—沈阳：辽宁美术出版社，1990.6.—1张；2开.—0.55元

事事如意/秋岩绘.—哈尔滨：黑龙江美术出版社，1990.7.—1张；2开.—0.62元

事事如意 户户平安/王法堂绘.—济南：山东美术出版社，1990.5.—1张；全开.—1.10元

事事如意 年年有余/彭海清绘.—上海：上海人民美术出版社，1990.6.—1张；2开.—0.45元

招财进宝/王振羽绘.—长春：吉林美术出版社，1990.6.—1张；2开.—0.55元

招财进宝/刘树茂，刘旭绘.—沈阳：辽宁美术出版社，1990.6.—1张；2开.—0.55元

招财进宝/陈英绘.—太原：山西人民出版社，1990.9.—1张；2开.—0.60元

招财进宝/陈英，陈明绘.—昆明：云南人民出版社，1990.8.—1张；全开.—1.35元

招财进宝/金悦，纪宇绘.—天津：天津人民美术出版社，1990.8.—1张；2开.—0.50元

招财进宝鱼满塘/徐德元，咏日绘.—沈阳：辽宁美术出版社，1990.6.—1张；2开.—0.55元

招财进宝喜发财/张万巨，杨波绘.—天津：天津人民美术出版社，1990.8.—1张；2开.—0.50元

招财进宝喜发财/张万巨，鑫普绘.—哈尔滨：黑龙江美术出版社，1990.7.—1张；2开.—0.55元

招财进宝福富到/童金贵绘.—沈阳：辽宁美术出版社，1990.6.—1张；2开.—0.55元

招财童子/王振羽绘.—哈尔滨：黑龙江美术出版社，1990.7.—1张；2开.—0.55元

虎/王荣绘.—北京：人民美术出版社，1990.6.1张；2开.—0.50元

虎啸山谷/刘浩绘.—天津：天津人民美术出版社，1990.8.—1张；2开.—0.50元

国色天香/尹相新，李凤君绘.—长春：吉林美术出版社，1990.6.—1张；2开.—0.55元

国色天香/董俊绘.—呼和浩特：内蒙古人民出版社，1990.6.—1张；2开.—0.55元

和平幸福/王新滨，曹淑勤绘.—沈阳：辽宁美术出版社，1990.6.—1张；2开.—0.55元

和平富贵/薛长山绘.—长沙：湖南美术出版社，1990.8.—1张；2开.—1.00元

和美幸福/霍允庆绘.—上海：上海人民美术出版社，1990.6.—1张；2开.—0.45元

和美幸福长/秀文，童金贵绘.—哈尔滨：黑龙江美术出版社，1990.7.—1张；2开.—0.55元

和睦生财/童金贵绘.—哈尔滨：黑龙江美术出版社，1990.7.—1张；2开.—0.55元

和福迎财/范恩树绘.—长春：吉林美术出版社，1990.6.—1张；2开.—0.55元

岳云出山/张瑞恒绘.—天津：天津人民美术出版社，1990.8.—1张；2开.—0.50元

岳军大战金兵/王善生绘.—长春：吉林美术出版社，1990.6.—1张；2开.—0.55元

欣逢盛世/龚景充，陈继武绘.—杭州：浙江人民美术出版社，1990.8.—1张；2开.—1.10元

欣逢盛世福寿长/范恩树绘.—哈尔滨：黑龙江美术出版社，1990.7.—1张；2开.—0.55元

金马送宝/李宝祥绘.—长春：吉林美术出版社，1990.6.—1张；2开.—0.55元

金玉满堂/张继源绘.—长春：吉林美术出版社，1990.6.—1张；2开.—0.55元

金玉满堂娃娃乐/彭海清绘.—上海：上海人民美术出版社，1990.6.—1张；2开.—0.45元

金色的秋天/车忠阳绘.—沈阳：辽宁美术出版社，1990.6.—1张；全开.—2.40元

金宝娃娃/陈华民绘.—长春：吉林美术出版社，1990.6.—1张；2开.—0.55元

金秋/易晶绘.—呼和浩特：内蒙古人民出版社，1990.6.—1张；2开.—0.65元

金秋/易晶绘.—呼和浩特：内蒙古人民出版社，1990.6.—2张；2开.—2.50元

金銮宝马闹春风/桂英，秀忠绘.—沈阳：辽宁美术出版社，1990.6.—1张；2开.—0.55元

金蟾吐宝/王功学绘.—长春：吉林美术出版社，1990.6.—1张；2开.—0.55元

夜战马超/安杰绘.—上海：上海人民美术出版社，1990.6.—1张；2开.—0.45元

变形金刚/马文敏，王宋绘.—天津：天津人民美术出版社，1990.8.—1张；2开.—0.50元

闹元宵/李宝祥绘.—哈尔滨：黑龙江美术出版社，1990.7.—1张；2开.—0.55元

闹蟠桃/朱振芳绘.—长春：吉林美术出版社，1990.6.—1张；2开.—0.55元

河畔春色/于宝俭绘.—沈阳：辽宁美术出版社，1990.6.—1张；全开.—2.40元

宝贝/王嘉喜绘.—长春：吉林美术出版社，1990.6.—1张；2开.—0.55元

宝钗捕蝶/孟宪宝绘.—长春：吉林美术出版社，1990.6.—1张；2开.—0.55元

宝葫芦/谷学中绘.—长春：吉林美术出版社，1990.6.—1张；2开.—0.55元

宝黛情深/于晓玲，于振波绘.—呼和浩特：内蒙古人民出版社，1990.8.—1张；2开.—0.55元

试航/陈宝万绘.—济南：山东美术出版社，1990.5.—1张；2开.—0.50元

降龙如意/陈英，陈明绘.—天津：天津人民美术出版社，1990.8.—1张；2开.—0.50元

参籽正红/周洪生绘.—长春：吉林美术出版社，1990.6.—1张；2开.—0.55元

参娃献寿/蔡琦珍绘.—哈尔滨：黑龙江美术出版社，1990.7.—1张；2开.—0.55元

珍宝满堂/周洪生绘.—长春：吉林美术出版社，1990.6.—1张；2开.—0.55元

珍珠娃/王功学绘.—长春：吉林美术出版社，1990.6.—1张；2开.—0.55元

春日融融/高景波绘.—哈尔滨：黑龙江美术出版社，1990.7.—1张；2开.—0.55元

春风得意/陈少华绘.—上海：上海书画出版社，1990.9.—1张；2开.—0.45元

春曲/赵琪绘.—太原：山西人民出版社，1990.9.1张；2开.—2.00元

春色满园/董俊绘.—长春：吉林美术出版社，1990.6.—1张；2开.—0.55元

春来福到万家喜/徐德元，徐志绘.—沈阳：辽宁美术出版社，1990.6.—1张；2开.—0.55元

春满人间/刘吉厚绘.—沈阳：辽宁美术出版社，1990.6.—1张；2开.—0.55元

春满人间福满门/刘佩珩绘.—哈尔滨：黑龙江美术出版社，1990.7.—1张；2开.—0.55元

春满乾坤福满门 天增岁月人增寿/尹晓军绘.—西安：陕西人民美术出版社，〔1990？〕.—1张；全开.—1.05元

柳塘倚红/金梅生绘.—上海：上海人民美术出版社，1990.6.—1张；2开.—0.45元

南山祝寿/余之钦绘.—杭州：浙江人民美术出版社，1990.8.—1张；2开.—0.45元

南山献寿/姚玉成，王淑娥绘.—长春：吉林美术出版社，1990.6.—1张；2开.—0.55元

威震四方/刘浩绘.—天津：天津人民美术出版社，1990.8.—1张；2开.—0.50元

威镇群山/张光莹绘.—广州：岭南美术出版社，1990.4.—1张；2开.—0.55元

幽景.—兰州：甘肃人民美术出版社，1990.6.—1张；全开.—3.95元

秋韵.—兰州：甘肃人民美术出版社，1990.6.—1张；全开.—3.95元

保卫海疆/陈正明绘.—天津：天津人民美术出版社，1990.8.—1张；2开.—0.50元

狮子楼/刘建平绘.—天津：天津人民美术出版社，1990.8.—1张；2开.—0.50元

胖嫂回娘家/杨春生绘.—沈阳：辽宁美术出版社，1990.6.—1张；2开.—0.55元

美满幸福.—南京：江苏美术出版社，1990.6.—1张；2开.—0.55元

美满幸福/张璐等绘.—上海：上海人民美术出版社，1990.6.—1张；2开.—0.50元

美满姻缘/李学勤绘.—呼和浩特：内蒙古人民出版社，1990.8.—1张；2开.—0.55元

送子图/陈略绘.—广州：岭南美术出版社，1990.4.—1张；2开.—0.55元

祖国万岁/李志明，苗永华绘.—济南：山东美术出版社，1990.5.—1张；全开.—1.10元

祖国万年青/魏瀛洲绘.—上海：上海人民美术出版社，1990.6.—1张；2开.—0.45元

祖国的小海军/陈宝万绘.—长春：吉林美术出版社，1990.6.—1张；2开.—0.55元

神州风采/李明山绘.—长春：吉林美术出版社，1990.6.—1张；2开.—0.55元

祝寿图/叶淑琴绘.—杭州：浙江人民美术出版社，1990.8.—1张；2开.—0.45元

祝寿图/邵培文绘.—广州：岭南美术出版社，1990.4.—1张；2开.—0.55元

祝君长寿/金贵，迎新绘.—沈阳：辽宁美术出版社，1990.6.—1张；2开.—0.55元

祝君走鸿运/公林，伟时绘.—沈阳：辽宁美术出版社，1990.6.—1张；2开.—0.55元

祝您大寿/.—哈尔滨：黑龙江美术出版社，1990.7.—1张；2开.—0.55元

祝您长寿/彭海清绘.—上海：上海人民美术出版社，1990.6.—1张；2开.—0.45元

祝您长寿/俎翠林绘.—太原：山西人民出版社，1990.9.—1张；2开.—0.60元

祝您多福/彭海清绘.—上海：上海人民美术出版社，1990 6.—1张；2开.—0.45元

祝您幸福长寿/张万臣绘.—沈阳：辽宁美术出版社，1990.6.—1张；2开.—0.55元

祝福献寿/姜公泉绘.—沈阳：辽宁美术出版社；1990.6.—1张；2开.—0.55元

娃娃戏彩灯/罗楠绘.—沈阳：辽宁美术出版社，1990.6.—1张；2开.—0.55元

娃娃祝寿图/张为民，刘淑荣绘.—天津：天津人民美术出版社，1990.8.—1张；2开.—0.50元

艳阳金秋/黄振永绘.—南昌：江西人民出版社，〔1990〕.—1张；全开.—2.00元

珠光异彩/张继源绘.—长春：吉林美术出版社，1990.6.—1张；2开.—0.55元

真假孙悟空/潘思春绘.—天津：天津人民美术出版社，1990.8.—1张；2开.—0.50元

荷花仙子和珍珠娃娃/王振羽，延凡绘.—沈阳：辽宁美术出版社，1990.6.—1张；2开.—0.55元

荷花舞/徐德元，余力绘.—哈尔滨：黑龙江美术出版社，1990.7.—1张；2开.—0.55元

荷塘月色/李忠禄绘.—长春：吉林美术出版社，1990.6.—1张；2开.—0.55元

恭喜发大财/公林，伟时绘.—沈阳：辽宁美术出版社，1990.6.—1张；2开.—0.55元

恭喜发财/王振羽绘.—哈尔滨：黑龙江美术出版社，1990.7.—1张；2开.—0.55元

恭喜发财/志斌绘.—长春：吉林美术出版社，1990.6.—1张；2开—0.55元

恭喜发财富富有余/安杰绘.—哈尔滨：黑龙江美术出版社，1990.7.—1张；2开.—0.55元

恭喜发财福万代/王振羽，福顺绘.—沈阳：辽宁美术出版社，1990.6.—1张；2开.—0.55元

恭禧发财聚宝来/张万臣，鑫普绘.—沈阳：辽宁美术出版社，1990.6.—1张；2开.—0.55元

夏溪探幽/金梅生绘.—上海：上海人民美术出版社，1990.6.—1张；2开.—0.45元

致富元宝来/彭公林，彭红绘.—沈阳：辽宁美术出版社，1990.6.—1张；2开.—0.55元

恩爱夫妻/赵素兰绘.—呼和浩特：内蒙古人民出版社，1990.8.—1张；2开.—0.55元

笑迎新春/杭稚英绘.—上海：上海人民美术出版社，1990.6.—1张；2开.—0.45元

爱/林惠珍绘.—沈阳：辽宁美术出版社，1990.6.1张；2开.—0.55元

爱英雄学英雄/安茂让绘.—上海：上海人民美术出版社，1990.6.—1张；2开.—0.45元

鸳鸯谱/申同景绘.—长春：吉林美术出版社，1990.6.—1张；2开.—0.55元

唐伯虎点秋香/宝金绘.—沈阳：辽宁美术出版社，1990.6.—1张；2开.—0.55元

浩然正气/金平定绘.—广州：岭南美术出版社，1990.4.—1张；4开.—0.29元

海/孙居正，王昆明绘.—长沙：湖南美术出版社，1990.8.—1张；全开.—1.50元

海之歌/徐昊绘.—杭州：浙江人民美术出版社，1990.8.—1张；2开.—1.10元

祥光满堂/成砺志绘.—天津：天津人民美术出版社，1990.8.—1张；2开.—0.50元

骏马腾飞/杨志斌绘.—天津：天津人民美术出版社，1990.8.—1张；全开.—1.10元

梅寿图/李敬仕绘.—杭州：浙江人民美术出版社，1990.8.—1张；全开.—1.70元

梅鹤图/豫强等绘.—杭州：浙江人民美术出版社，1990.8.—1张；全开.—1.70元

黄山奇观/朱子容绘.—长沙：湖南美术出版社，1990.8.—1张；全开.—1.50元

黄山奇观/陈子达，沈宝龙绘.—杭州：浙江人民美术出版社，1990.8.—1张；全开.—2.40元

黄天化怒战陈庚/赵梦林绘.—呼和浩特：内蒙古人民出版社，1990.6.—1张；2开.—0.55元

盛世丰年喜有余/安杰，平阳绘.—沈阳：辽宁美术出版社，1990.6.—1张；2开.—0.55元

盛世报年丰/王功学绘.—长春：吉林美术出版社，1990.6.—1张；2开.—0.55元

接福图/刘佩珩，谷学文绘.—哈尔滨：黑龙江美术出版社，1990.7.—1张；2开.—0.55元

接福娃娃/徐德元，徐红绘.—沈阳：辽宁美术出版社，1990.6.—1张；2开.—0.50元

常留苍翠在人间/刘忠仁绘.—长春：吉林美术出版社，1990.6.—1张；全开.—1.10元

甜甜蜜蜜/陈宝万绘.—长春：吉林美术出版社，1990.6.—1张；2开.—0.55元

甜蜜蜜/邵培文，于永华绘.—沈阳：辽宁美术出版社，1990.6.—1张；2开.—0.55元

猫戏图/徐新奇绘.—杭州：浙江人民美术出版社，1990.8.—1张；2开.—1.10元

猫蝶富贵/楼恩章绘.—上海：上海人民美术出版社，1990.6.—1张；2开.—0.50元

猫嬉鱼/李用夫绘.—天津：天津人民美术出版社，1990.8.—1张；全开.—1.10元

康乐有余/刘忠礼绘.—长春：吉林美术出版社，1990.6.—1张；2开.—0.55元

康熙大闹五台山/王振羽绘.—天津：天津人民美术出版社，1990.8.—1张；2开.—0.50元

鹿鹤同春/宋明远绘.—沈阳：辽宁美术出版社，1990.6.—1张；全开.—2.40元

麻姑献寿/王振羽，福顺绘.—沈阳：辽宁美术出版社，1990.6.—1张；2开.—0.55元

情丝/赵幼华绘.—北京：人民美术出版社，1990.1.—1张；2开.—0.50元

情投意合/朱成标绘.—杭州：浙江人民美术出版社，1990.8.—1张；2开.—0.45元

情深意长/董俊绘.—哈尔滨：黑龙江美术出版社，1990.7.—1张；2开.—0.55元

鸿福齐天/童金贵，童红绘.—沈阳：辽宁美术出版社，1990.6.—1张；2开.—0.55元

鸿福到家门/刘明波绘.—长春：吉林美术出版社，1990.6.—1张；2开.—0.60元

鸿福盈门/甘勋优绘.—南昌：江西人民出版社，〔1990〕.—1张；2开.—0.48元

鸿福满华堂/徐德元，徐岫绘.—哈尔滨：黑龙江美术出版社，1990.7.—1张；2开.—0.55元

扈三娘/季源业绘.—天津：天津人民美术出版社，1990.8.—1张；2开.—0.50元

维纳斯起晨/徐福根绘.—南昌：江西人民出版社，〔1990〕.—1张；全开.—2.16元

琴瑟和乐/龚景充绘.—南昌：江西人民出版社，〔1990〕.—1张；2开.—0.48元

敬爱的大将/冯杰绘.—南昌：江西人民出版社，〔1990〕.—1张；2开.—0.96元

敬爱的元帅/冯杰绘.—南昌：江西人民出版社，〔1990〕.—1张；2开.—0.90元

敬爱的老师/王利国绘.—上海：上海人民美术出版社，1990.6.—1张；2开.—0.45元

敬您一杯长寿酒/郭佳明绘.—南昌：江西人民出版社，〔1990〕.—1张；2开.—0.48元

喜上有余人增寿/王振羽绘.—呼和浩特：内蒙古人民出版社，1990.6.—1张；2开.—0.55元

喜上喜/陈华民，姜英绘.—沈阳：辽宁美术出版社，1990.6.—1张；2开.—0.55元

喜气满堂/化金莲绘.—呼和浩特：内蒙古人民出版社，1990.8.—1张；2开.—0.55元

喜气满堂/童金贵，童红绘.—沈阳：辽宁美术出版社，1990.6.—1张；2开.—0.55元

喜多财旺/童金贵绘.—哈尔滨：黑龙江美术出版社，1990.7.—1张；2开.—0.55元

喜庆丰年/刘忠礼绘.—长春：吉林美术出版社，1990.6.—1张；2开.—0.55元

喜庆丰收大有余/张万臣，鑫普绘.—沈阳：辽宁美术出版社，1990.6.—1张；2开.—0.55元

喜庆丰收年/彭公林，彭虹绘.—沈阳：辽宁美术出版社，1990.6.—1张；2开.—0.55元

喜庆长寿/赵振武绘.—哈尔滨：黑龙江美术出版社.1990.7.—1张；2开.—0.55元

喜庆有余福盈门/朱希斌，阎学军绘.—哈尔滨：黑龙江美术出版社，1990.7.—1张；2开.—0.55元

喜报平安/张冬生绘.—南昌：江西人民出版社，〔1990〕.—1张；2开.—0.48元

喜临门/车忠阳绘.—昆明：云南人民出版社，1990.8.—1张；2开.—0.55元

喜临门/戴德馨绘.—呼和浩特：内蒙古人民出版社，1990.6.—1张；2开.—0.65元

喜盈门/陈华民，姜英绘.—沈阳：辽宁美术出版社，1990.6.—1张；2开.—0.55元

喜结良缘/刘熹奇绘.—广州：岭南美术出版社，1990.4.—1张；2开.—0.55元

喜结良缘/郭安祥绘.—西安：陕西人民美术出版社，〔1990〕.—1张；2开.—0.55元

喜结良缘/薛嘉惠绘.—沈阳：辽宁美术出版社，1990.6.—1张；2开.—0.55元

葫芦娃/徐德元，德全绘.—长春：吉林美术出版社，1990.6.—1张；2开.—0.55元

雄风图/何业琦绘.—杭州：浙江人民美术出版社，1990.8.—1张；2开.—1.10元

雄风图/何业琦绘.—杭州：浙江人民美术出版社，1990.8.—1张；全开.—2.40元

馋咪咪/刘佩珩绘.—长春：吉林美术出版社，1990.6.—1张；2开.—0.55元

童欢鱼跃/吴述宝绘.—长春：吉林美术出版社，1990.6.—1张；2开.—0.55元

湖山秀色/易晶绘.—呼和浩特：内蒙古人民出版社，1990.6.—1张；2开.—0.65元

游园惊梦/李学勤绘.—呼和浩特：内蒙古人民出版社，1990.6.—1张；2开.—0.55元

普天同庆/刘王斌绘.—上海：上海人民美术出版社，1990.6.—1张；2开.—0.45元

寒梅迎春/杭稚英绘.—上海：上海人民美术出版社，1990.6.—1张；2开.—0.45元

富上有余人增福/王振羽绘.—呼和浩特：内蒙古人民出版社，1990.6.—1张；2开.—0.55元

富乐图/方敦传绘.—杭州：浙江人民美术出版社，1990.8.—1张；2开.—0.45元

富到农家/陈华民绘.—沈阳：辽宁美术出版社，1990.6.—1张；2开.—0.55元

富贵长寿/张万臣，鑫普绘.—长春：吉林美术出版社，1990.6.—1张；2开.—0.55元

富贵有余/于占德绘.—呼和浩特：内蒙古人民出版社，1990.6.—1张；2开.—0.55元

富贵有余/俎翠林绘.—长春：吉林美术出版社，1990.6.—1张；2开.—0.55元

富贵多寿/范恩树绘.—长春：吉林美术出版社，1990.6.—1张；2开.—0.55元

富贵如意/化金莲绘.—呼和浩特：内蒙古人民出版版，1990.6.—1张；2开.—0.55元

富喜如意/董振中绘.—上海：上海人民美术出版社，1990.6.—1张；2开.—0.45元

富贵满堂/尹相新，李凤君绘.—长春：吉林美术出版社，1990.6.—1张；2开.—0.55元

富喜连年/于保俭绘.—长春：吉林美术出版社，1990.6.—1张；2开.—0.55元

富富有余/徐德源绘.—西安：陕西人民美术出版社，〔1990〕.—1张；2开.—0.55元

瑞气满堂/刘佩珩绘.—长春：吉林美术出版社，1990.6.—1张；2开.—0.55元

瑞鹤吉祥/康乐绘.—沈阳：辽宁美术出版社，1990.6.—1张；2开.—0.55元

鼓乐升平/顾振君绘.—沈阳：辽宁美术出版社，1990.6.—1张；2开.—0.55元

献寿图/化金莲，童俊绘.—呼和浩特：内蒙古人民出版社，1990.8.—1张；2开.—0.55元

献寿图/刘熹奇绘.—上海：上海书画出版社，1990.9.—1张；2开.—0.45元

献寿图/辰木绘.—沈阳：辽宁美术出版社，1990.6.—1张；2开.—0.55元

献寿图/余辉绘.—哈尔滨：黑龙江美术出版社，1990.7.—1张；2开.—0.55元

献寿图/宋艳秋绘.—长春：吉林美术出版社，1990.6.—1张；2开.—0.55元

献寿图/金梅生绘.—天津：天津人民美术出版社，1990.8.—1张；2开.—0.50元

勤劳致富 幸福满门/张耀明绘.—济南：山东美术出版社，1990.5.—1张；全开.—1.10元

勤劳得福/朱凤岐绘.—沈阳：辽宁美术出版社，1990.6.—1张；2开.—0.55元

勤劳富有余/彭公林，彭红绘.—沈阳：辽宁美术出版社，1990.6.—1张；2开.—0.55元

路在前方/刘称奇绘.—南昌：江西人民出版社，〔1990〕.—1张；全开.—2.16元

路路致富/张宝祥绘.—哈尔滨：黑龙江美术出版社，1990.7.—1张；2开.—0.55元

锦绣山川/车忠阳绘.—长沙：湖南美术出版社，1990.8.—1张；全开.—0.80元

锦绣前程/朱子容绘.—杭州：浙江人民美术出版社，1990.8.—1张；2开.—1.10元

锦绣前程/朱子容绘.—杭州：浙江人民美术出版社，1990.8.—1张；全开.—2.40元

锦绣前程/陈学华绘.—长春：吉林美术出版社，

1990.6.—1张；2开.—0.55元

辞旧岁新春好/刘佩珩绘.—长春：吉林美术出版社，1990.6.—1张；2开.—0.55元

新年大吉/普平绘.—沈阳：辽宁美术出版社，1990.6.—1张；2开.—0.55元

新春乐/李宝祥绘.—长春：吉林美术出版社，1990.6.—1张；2开.—0.55元

福/王凤清绘.—长春：吉林美术出版社，1990.6.1张；2开.—0.60元

福大寿多/吴明绘.—哈尔滨：黑龙江美术出版社，1990.7.—1张；2开.—0.62元

福大寿高/童年，童金贵作.—哈尔滨：黑龙江美术出版社，1990.7.—1张；2开.—0.55元

福大寿高喜成双/陈华民，陈晓东绘.—沈阳：辽宁美术出版社，1990.6.—1张；2开.—0.55元

福上福/陈华民，姜英绘.—沈阳：辽宁美术出版社，1990.6.—1张；2开.—0.55元

福中寿/范树仁绘.—石家庄：河北美术出版社，1990.6.—1张；全开.—1.10元

福中福　富上富/陈华民绘.—广州：岭南美术出版社，1990.4.—1张；4开.—0.29元

福如东海/丁洪辉绘.—长春：吉林美术出版社，1990.6.—1张；2开.—0.55元

福如东海/陈英，陈明绘.—天津：天津人民美术出版社，1990.8.—1张；2开.—0.50元

福如东海长流水/王昭灿绘.—济南：山东美术出版版，1990.5.—1张；2开.—0.50元

福如东海寿比南山/刘秦山，付波绘.—哈尔滨：黑龙江美术出版社，1990.7.—1张；2开.—0.55元

福寿万年/王福增，邵瑞玲绘.—哈尔滨：黑龙江美术出版社，1990.7.—1张；2开.—0.55元

福寿万年/张宝祥绘.—长春：吉林美术出版社，1990.6.—1张；2开.—0.55元

福寿千秋/关满生绘.—沈阳：辽宁美术出版社，1990.10.—1张；2开.—0.55元

福寿久长/彭海清绘.—哈尔滨：黑龙江美术出版社，1990.7.—1张；2开.—0.55元

福寿双全/安杰，平阳绘.—沈阳：辽宁美术出版社，1990.6.—1张；2开.—0.55元

福寿双全/汪苗绘.—杭州：浙江人民美术出版社，1990.8.—1张；全开.—1.70元

福寿双全/深沉，晓华绘.—天津：天津人民美术出版社，1990.8.—1张；2开.—0.50元

福寿生财乐有余/关满生绘.—沈阳：辽宁美术出版社，1990.6.—1张，2开.—0.55元

福寿平安/张耀明绘.—济南：山东美术出版社，1990.5.—1张；4开.—0.25元

福寿吉祥/王剑虹绘.—哈尔滨：黑龙江美术出版社，1990.7.—1张；2开.—0.55元

福寿吉祥/臧恒望绘.—济南：山东美术出版社，1990.5.—1张；4开.—0.25元

福寿有余/于保险绘.—长春：吉林美术出版社，1990.6.—1张；2开.—0.55元

福寿有余/王振羽绘.—天津：天津人民美术出版社，1990.8.—1张；2开.—0.50元

福寿有余/霍允庆绘.—济南：山东美术出版社，1990.3.—1张；2开.—0.50元

福寿同庆/杨馥如绘.—上海：上海人民美术出版社，1989.6.—1张；2开.—0.45元

福寿安康/俎翠林绘.—长春：吉林美术出版社，1990.6.—1张；2开.—0.55元

福寿如意/刘泰山，庞凤芹绘.—哈尔滨：黑龙江美术出版社，1990.7.—1张；2开.—0.55元

福寿如意/刘树茂，刘旭绘.—沈阳：辽宁美术出版社，1990.6.—1张；2开.—0.55元

福寿如意万万年/顾龙，白水绘.—沈阳：辽宁美术出版社，1990.6.—1张；2开.—0.55元

福寿图/季刀仓绘.—济南：山东美术出版社，1990.5.—1张；2开.—0.50元

福寿图/俎微绘.—北京：人民美术出版社，1990.6.—1张；全开.—1.05元

福寿和美/程明华绘.—呼和浩特：内蒙古人民出版社，1990.8.—1张；2开.—0.55元

福寿康乐/卫民绘.—哈尔滨：黑龙江美术出版社，1990.7.—1张；2开.—0.62元

福寿康乐/刘王斌绘.—上海：上海人民美术出版社，〔1990〕.—1张；2开.—1.30元

福寿康乐/李学勤绘.—呼和浩特：内蒙古人民出版社，1990.8.—1张；2开.—0.55元

福寿康乐喜有余/谷学忠，谷学文绘.—哈尔滨：黑龙江美术出版社，1990.7.—1张；2开.—0.55元

福寿喜迎门/刘宝贵绘.—沈阳：辽宁美术出版社，1990.6.—1张；2开.—0.55元

福寿满堂/成砺志绘.—南昌：江西人民出版社，〔1990〕.—1张；全开.—1.00元

福来富到/徐德元，徐蕾绘.—沈阳：辽宁美术出版社，1990.6.—1张；2开.—0.55元

福迎寿星来/徐德元等绘.—沈阳：辽宁美术出版社，1990.6.—1张；2开.—0.55元

福春/尹晓军，尹晓平绘.—南昌：江西人民出版社，〔1990〕.—1张；2开.—0.50元

福临富裕门/天兵绘.—哈尔滨：黑龙江美术出版社，1990.7.—1张；2开.—0.62元

福星高照/德元，徐吉绘.—沈阳：辽宁美术出版

社，1990.6.—1张；2开.—0.55元

福贵有余/董振中绘.—上海：上海人民美术出版社，1990.6.—1张；2开.—0.45元

福洒人间/赵笑岩绘.—长春：吉林美术出版社，1990.6.—1张；2开.—0.55元

福娃戏鱼/徐德元，徐玉绘.—沈阳：辽宁美术出版社，1990.6.—1张；2开.—0.55元

福到喜到庆有余/柳忠福绘.—石家庄：河北美术出版社，1990.7.—1张；2开.—0.50元

福喜双全富有余/刘新奇绘.—上海：上海人民美术出版社，1990.6.—1张；2开.—0.45元

福富有余/化金莲绘.—上海：上海人民美术出版社，1990.6.—1张；2开.—0.45元

福富寿禧/车忠阳绘.—北京：人民美术出版社，1990.6.—1张；2开.—0.50元

福满门/王建德绘.—天津：天津人民美术出版社，1990.8.—1张；2开.—0.50元

福满财丰/尹晓彦，尹晓军绘.—长春：吉林美术出版社，1990.6.—1张；2开.—0.60元

福满财富/尹晓彦绘.—南昌：江西人民出版社，〔1990〕.—1张；2开.—0.50元

福禧丰年/尹晓军绘.—哈尔滨：黑龙江美术出版社，1990.7.—1张；2开.—0.62元

福禧临门/尹晓彦，尹晓军绘.—长春：吉林美术出版社，1990.6.—1张；2开.—0.60元

福禧满堂/董振中绘.—济南：山东美术出版社，1990.5.—1张；2开.—0.50元

碧波飞瀑/车忠阳绘.—西安：陕西人民美术出版社，〔1990〕.—1张；全开.—2.40元

碧波公主/孟宪宝绘.—长春：吉林美术出版社，1990.6.—1张；2开.—0.55元

聚宝娃娃/王兴华绘.—沈阳：辽宁美术出版社，1990.6.—1张；2开.—0.55元

愿和平万年/谌学诗绘.—南昌：江西人民出版社，〔1990〕.—1张；2开.—0.48元

赛龙凤/张振华绘.—沈阳：辽宁美术出版社，1990.6.—1张；2开.—0.55元

翠谷情思/张振华绘.—沈阳：辽宁美术出版社，1990.10.—1张；2开.—0.55元

醉春.—兰州：甘肃人民美术出版社，1990.6.—1张；全开.—3.95元

撒满人间幸福花/高惠茹绘.—哈尔滨：黑龙江美术出版社，1990.7.—1张；2开.—0.55元

镇江金山图/魏守志绘.—沈阳：辽宁美术出版社，1990.6.—1张；2开.—0.55元

鲤鱼舞/王振羽，延凡绘.—沈阳：辽宁美术出版社，1990.6.—1张；2开.—0.55元

鹤寿图/豫强，蒋云花绘.—杭州：浙江人民美术出版社，1990.8.—1张；全开.—1.70元

鹤寿图/豫强，蒋云花绘.—杭州：浙江人民美术出版社，1990.8.—1张；2开.—0.45元

鹤鹿同春/朱子容绘.—南昌：江西人民出版社，〔1990〕.—1张；全开.—2.16元

赠珠定情/李学勤绘.—长春：吉林美术出版社，1990.6.—1张；2开.—0.55元

镜泊揽胜/李杰绘.—杭州：浙江人民美术出版社，1990.8.—1张；2开.—1.10元

穆桂英挂帅/柴玉绘.—沈阳：辽宁美术出版社，1990.6.—1张；2开.—0.55元

麒麟送宝/张宝祥绘.—哈尔滨：黑龙江美术出版社，1990.7.—1张；2开.—0.55元

J229.51 条 屏

七郎八虎/李红才绘.—天津：天津人民美术出版社，1990.8.—2张；2开.—1.10元

人面桃花/赵丁绘.—长春：吉林美术出版社，1990.6.—2张；2开.—1.10元

儿童游戏屏/阎凤成绘.—上海：上海人民美术出版社，1990.6.—2张；2开.—0.90元

三凤求凰/杨春生等编绘.—沈阳：辽宁美术出版社，1990.6.—2张；2开.—1.10元

三国演义/童继贤等绘.—济南：山东美术出版社，1990.5.—2张；2开

三国演义故事/刘荣富，刘剑绘.—哈尔滨：黑龙江美术出版社，1990.7.—2张；2开.—1.15元

万事如意/彭公林，伟时绘.—沈阳：辽宁美术出版社，1990.6.—2张；2开.—1.10元

巾帼英雄/李跃华绘.—天津：天津人民美术出版社，1990.8.—2张；2开.—1.10元

山水花鸟屏/杨树有绘.—长春：吉林美术出版社，1990.6.—2张；2开.—1.10元

山河锦绣/武忠平绘.—天津：天津人民美术出版社，1990.8.—2张；2开.—1.10元

天仙送喜/童金贵，晓红绘.—沈阳：辽宁美术出版社，1990.6.—2张；2开.—1.10元

夫妻英雄/陈永智绘.—哈尔滨：黑龙江美术出版社，1990.7.—2张；2开.—1.15元

云山仙阁/刘世忠绘.—天津：天津人民美术出版社，1990.3.—4张；2开.—5.00元

凤还巢/王义胜，王岗绘；王林文.—沈阳：辽宁美术出版社，1990.6.—2张；2开.—1.10元

引吭高歌舞春风/叶景秦绘.—济南：山东美术出版社，1990.5.—2张；2开.—1.00元

水浒人物/刘鸿志绘.—沈阳：辽宁美术出版社，1990.6.—2张；2开.—1.10元

水禽四季/徐士钦，李勤绘.—石家庄：河北美术出版社，1990.6.—2张；2开.—1.10元

节令画屏/徐文山绘；以石配诗.—石家庄：河北美术出版社，1990.7.—2张；2开.—1.10元

古代女英雄屏/刘剑，刘荣富绘.—哈尔滨：黑龙江美术出版社，1990.7.—2张；2开.—1.15元

古诗意山水屏/张家纯绘.—哈尔滨：黑龙江美术出版社，1990.7.—2张；2开.—1.15元

龙飞凤舞/方敦传绘.—杭州：浙江人民美术出版社，1990.8.—2张；2开.—0.90元

龙凤配/申同景，玉含绘.—石家庄：河北美术出版社，1990.7.—2张；2开.—1.10元

平安欢乐图/陈增胜绘.—济南：山东美术出版社，1990.5.—2张；2开.—1.00元

四大金刚：封神榜故事/张德俊绘.—杭州：浙江人民出版社，1990.8.—2张；2开.—0.90元

四色梅/刘宝铃，郭书仁绘.—天津：天津人民美术出版社，1990.3.—4张；2开.—5.00元

四季山水图/何延喆绘.—天津：天津人民美术出版社，1990.6.—4张；2开.—5.00元

四季山水屏/戴宝龙绘.—长春：吉林美术出版社，1990.6.—2张；2开.—1.10元

四季吉祥/徐世钦，李勤绘.—天津：天津人民美术出版社，1990.8.—2张；2开.—1.10元

四季花鸟屏/张选之绘.—济南：山东美术出版社，1990.5.—2张；2开.—1.00元

四季花鸟屏/宫兴福绘.—沈阳：辽宁美术出版社，1990.6.—2张；2开.—1.10元

四季鱼乐图/曾宪和绘.—济南：山东美术出版社，1990.5.—2张；2开.—1.00元

四季瓢香/公达，王玉绘.—哈尔滨：黑龙江美术出版社，1990.7.—2张；2开.—1.15元

四鸡图/祖文，尹墨绘.—沈阳：辽宁美术出版社，1990.6.—2张；2开.—1.10元

四喜贺新年/童金贵等绘.—沈阳：辽宁美术出版社，1990.6.—2张；2开.—1.10元

仙童祝福图/王增福，邵瑞玲绘.—济南：山东美术出版社，1990.5.—2张；2开.—1.00元

仙鹤图/王满良，腾鸾绘.—天津：天津人民美术出版社，1990.8.—4张；2开.—5.00元

鸟语花香/车来通绘.—哈尔滨：黑龙江美术出版社，1990.7.—2张；2开.—1.15元

动物四条屏/刘奎龄绘.—天津：天津人民美术出版社，1990.6.—4张；2开.—5.00元

西施/竹梅编文；陈有吉绘.—哈尔滨：黑龙江美术出版社，1990.7.—2张；2开.—1.15元

西施与范蠡/王雄伟，陈坚作.—杭州：浙江人民美术出版社，1990.8.—2张；2开.—0.90元

百果仙子/汪凯，宫林绘.—沈阳：辽宁美术出版社，1990.6.—2张；2开.—1.10元

同窗伴读·十八相送·楼台相会·比翼齐飞/姚孝法绘.—沈阳：辽宁美术出版社，1990.6.—2张；2开.—1.10元

乔太守乱点鸳鸯谱/赵立明编文；潘荷生绘.—哈尔滨：黑龙江美术出版社，1990.7.—2张；2开.1.15元

争艳/俊清，永刚绘.—西安：陕西人民美术出版社，〔1990?〕.—4张；3开.—3.12元

名园四景/王建梓绘.—天津：天津人民美术出版社，1990.8.—2张；2开.—1.10元

名画/陈少梅绘.—天津：天津人民美术出版社，1990.8.—4张；2开.—5.00元

名楼古韵/郭金标绘.—天津：天津人民美术出版社，1990.3.—4张；2开.—500元

江河春光图/张洪千绘.—天津：天津人民美术出版社，1990.3.—4张；2开.—5.00元

江南诗画/叶维绘；章炳文书.—南京：江苏美术出版社，1990.1.—4张；2开.—7.20元

孙子兵法/窦宝铁绘.—天津：天津人民美术出版版，1990.3.—4张；2开.—5.00元

红拂女/京秋，岫石绘；张秀时编文.—沈阳：辽宁美术出版社，1990.6.—2张；2开.—1.10元

寿鸣翠竹/张琪，宏民绘.—天津：天津人民美术出版社，1990.8.—4张；2开.—5.00元

杨家将/刘荣富绘.—上海：上海书画出版社，1990.9.—2张；2开.—0.90元

花儿朵朵/林惠珍绘.—沈阳：辽宁美术出版社，1990.6.—2张；2开.—1.10元

花鸟四条屏/王国富等绘.—上海：上海人民美术出版社，1990.6.—2张；2开.—0.90元

花鸟屏/薛长山，郭毅绘.—长春：吉林美术出版社，1990.6.—2张；2开.—1.10元

花好月圆/杨树有绘.—北京：人民美术出版社，1990.7.—2张；2开.—1.05元

花鱼家禽屏/张文俭，艺华绘.—沈阳：辽宁美术出版社，1990.6.—2张；2开.—1.10元

花香鸟鸣/王建霞，王国富绘.—北京：人民美术出版社，1990.8.—2张；2开.—1.05元

孝庄皇后/冯国琳等绘；会英编文.—沈阳：辽宁美术出版社，1990.6.—2张；2开.—1.10元

秀丽江山/王然，陈继英绘.—天津：天津人民美术出版社，1990.3.—4张；2开.—5.00元

迎禧接福/刘林生绘.—上海：上海人民美术出版社，1990.6.—2张；2开.—0.90元

良辰吉日/申同景，韩笑绘.—天津：天津人民美术出版社，1990.8.—2张；2开.—1.10元

张飞娶亲/秀时等绘；岫石编文.—沈阳：辽宁美术出版社，1990.6.—2张；2开.—1.10元

陈三与五娘/林瑛珊，石豁义绘.—沈阳：辽宁美术出版社，1990.6.—2张；2开.—1.10元

青蛇传/何兆欣作.—杭州：浙江人民美术出版社，1990.8.—2张；2开.—0.90元

武林英杰/孙家跃绘.—天津：天津人民美术出版社，1990.8.—2张；2开.—1.10元

武林英姿/义勇，益友绘.—沈阳：辽宁美术出版社，1990.6.—2张；2开.—1.10元

松风清趣图/郭金标绘.—天津：天津人民美术出版社，1990.3.—4张；2开.—5.00元

松鹤延年.—天津：天津人民美术出版社，1990.8.—2张；2开.—1.10元

松龄鹤寿/益民，云花绘.—杭州：浙江人民美术出版社，1990.8.—2张；2开.—0.90元

英姿雄风/午德光绘.—济南：山东美术出版社，1990.5.—2张；2开.—1.00元

果鸟屏/彭公林，伟时绘.—沈阳：辽宁美术出版社，1990.6.—2张；2开.—1.10元

佳节图/杨树有绘.—上海：上海人民美术出版社，1990.6.—2张，2开.—0.90元

佳节图/杨树有绘.—上海：上海人民美术出版社，1990.6.—2张；全开.—2.00元

宝宝吉祥/顾振军，白水绘.—沈阳：辽宁美术出版社，1990.6.—2张；2开.—1.10元

诗情画意/刘维忠，殷玉华绘.—天津：天津人民美术出版社，1990.8.—4张；2开.—5.00元

诗意图/王然，陈继英绘.—天津：天津人民美术出版社，1990.3.—4张；2开.—5.00元

珍禽异卉/张琪，宏民绘.—天津：天津人民美术出版社，1990.8.—4张；2开.—5.00元

赵子龙大战长阪坡/林祥等绘.—沈阳：辽宁美术出版社，1990.6.—2张；2开.—1.10元

拜月记/子纯等绘；秀时编文.—沈阳：辽宁美术出版社，1990.6.—2张；2开.—1.10元

香飘四季/田玉洲绘.—石家庄：河北美术出版社，1990.7.—2张；2开.—1.10元

济公巧手移肿瘤/弘力，介凡绘.—沈阳：辽宁美术出版社，1990.6.—2张；2开.—1.10元

美好人间/薛长杰绘.—长春：吉林美术出版社，1990.6.—2张；2开.—1.10元

美满姻缘/董俊绘.—长春：吉林美术出版社，1990.6.—2张；2开.—1.10元

美满姻缘/童金贵，童红绘.—沈阳：辽宁美术出版社，1990.6.—1张；2开.—1.10元

送宝图/苗振华绘.—石家庄：河北美术出版社，1990.7.—2张；2开.—1.10元

恩爱百年/童新等绘.—哈尔滨：黑龙江美术出版社，1990.7.—2张；2开.—1.15元

高风亮节/苏伯群绘.—天津：天津人民美术出版社，1990.3.—4张；2开.—5.00元

唐诗四首/毕开文书；李用夫喷绘.—天津：天津人民美术出版社，1990.8.—4张；2开.—5.00元

唐僧故事屏/焕俊编文；景祥绘.—哈尔滨：黑龙江美术出版社，1990.7.—2张；2开.—1.15元

唐僧途经女儿国/辛宽良绘；岫石编文.—沈阳：辽宁美术出版社，1990.6.—2张；2开.—1.10元

骏马屏/于志祥绘.—济南：山东美术出版社，1990.5.—2张；2开.—1.00元

梅兰竹菊/杨建侯绘.—南京：江苏美术出版社，1990.1.—4张；2开.—5.95元

黄山大观/孟令颐绘.—南京：江苏美术出版社，1990.6.—4张；2开.—5.95元

硕果累累/梁泽军绘.—杭州：浙江人民美术出版社，1990.8.—2张；2开.—0.90元

彩楼配/雅茹，绪阳绘；玉林编文.—沈阳：辽宁美术出版社，1990.6.—2张；2开.—1.10元

猫嬉图/王荣绘.—西安：陕西人民美术出版社，〔1990〕.—4张；2开.—2.40元

鸿福满堂/薛长山绘.—哈尔滨：黑龙江美术出版社，1990.7.—2张；2开.—1.15元

鸿禧满门/王昭灿，季乃仓绘.—济南：山东美术出版社，1990.5.—2张；2开

渔樵耕读/阎风成绘.—哈尔滨：黑龙江美术出版社，1990.7.—2张；2开.—1.15元

隋唐武将屏/刘荣富绘.—长春：吉林美术出版社，1990.6.—2张；2开.—1.10元

喜盈门/申同景，韩笑绘.—天津：天津人民美术出版社，1990.6.—4张；2开.—5.00元

程咬金招亲/张有，文丽编绘.—沈阳：辽宁美术出版社，1990.6.—2张；2开.—1.10元

楼阁仙境/冯毅绘.—天津：天津人民美术出版社，1990.8.—4张；2开.—5.00元

雷阵子轰鹿台：封神榜故事/张德俊绘.—杭州：浙江人民美术出版社，1990 8.—2张；2开.—0.90元

雷锋/李慕白，金雪尘绘.—石家庄：河北美术出版社，1990.6.—4张；3开 —1.40元

雷锋——我们学习的好榜样/江显辉作.—上海：上海人民美术出版社，1990.7.—2张；2开.—0.90元

摸花轿/王文倩等绘.—沈阳：辽宁美术出版社，1990.6.—2张；2开.—1.10元

福宁康寿/林伟新绘.—天津：天津人民美术出版社，1990.8.—4张；2开.—5.00元

福寿万年/李用夫绘.—天津：天津人民美术出版社，1990.8.—2张；2开.—1.00元

福寿同来/薛长山绘.—哈尔滨：黑龙江美术出版社，1990.7.—2张；2开.—1.15元

福寿康乐/薛长杰绘.—西安：陕西人民美术出版社，〔1990〕.—2张；2开.—1.10元

福富寿喜/王德力绘.—上海：上海人民美术出版社，1990.6.—2张；全开.—2.00元

福富寿喜/德元，德运绘.—沈阳：辽宁美术出版社，1990.6.—2张；2开.—1.10元

福富寿禧仕女图屏/王振羽，燕凡绘.—哈尔滨：黑龙江美术出版社，1990.7.—2张；2开.—1.15元

福禄寿禧/陈学璋绘.—杭州：浙江人民美术出版社，1990.8.—2张；2开.—0.90元

墙头马上/王一定绘.—杭州：浙江人民美术出版社，1990.8.—2张；2开.—0.90元

嫦娥与后羿/徐德元，徐蕾绘.—哈尔滨：黑龙江美术出版社，1990.7.—2张；2开.—1.15元

翠湖名园/邢树荃绘.—石家庄：河北美术出版社，1990.6.—2张；全开.—2.20元

鹤寿图/张琪，宏民绘.—天津：天津人民美术出版社，1990.8.—4张；2开.—5.00元

赞马图/杨万国，杨万强绘.—天津：天津人民美术出版社，1990.8.—4张；2开.—5.00元

J229.52　门画（对联）

二郎神·李天王/潘隆正，潘斌绘.—北京：人民美术出版社，1990.6.—1张；全开.—1.05元

二郎神·李天王/潘隆正，潘斌绘.—北京：人民美术出版社，1990.6.—1张；2开.—0.55元

人民子弟兵/刘式铮绘.—昆明：云南人民出版社，1990.8.—1张；4开.—0.30元

人民英雄·保卫祖国/邱开明绘.—昆明：云南人民出版社，1990.8.—1张；2开.—0.55元

刀斧将/李先润绘.—广州：岭南美术出版社，1990.4.—1张；2开.—0.57元

刀斧将/李先润绘.—广州：岭南美术出版社，1990.4.—1张；4开.—0.29元

大将/邱开明绘.—昆明：云南人民出版社，1990.8.—1张；2开.—0.55元

万象更新/张锡武绘.—昆明：云南人民出版社，1990.8.—1张；4开.—0.30元

万象更新/高孝慈绘.—沈阳：辽宁美术出版社，1990.6.—1张；2开.—0.60元

门迎福祥/侯文发绘.—广州：岭南美术出版社，1990.4.—1张；2开.—0.57元

门将/张瑞恒绘.—天津：天津人民美术出版社，1990.8.—1张；全开.—1.20元

门将/张瑞恒绘.—天津：天津人民美术出版社，1990.8.—1张；2开.—0.55元

门将/张瑞恒绘.—天津：天津人民美术出版社，1990.8.—1张；4开.—0.35元

马上送宝/张锡武，张静绘.—天津：天津人民美术出版社，1990.8.—1张；2开.—0.55元

丰年乐·喜迎春/陈伟明绘.—广州：岭南美术出版社，1990.4.—1张；4开.—0.29元

天王·金刚/卓冒勇绘.—昆明：云南人民出版社，1990.8.—1张；2开.—0.55元

日月生辉/李国光绘.—昆明：云南人民出版社，1990.8.—1张；2开.—0.55元

牛皋·王贵/庄立民绘.—昆明：云南人民出版社，1990.8.—1张；2开.—0.55元

牛皋·杨再兴/杨建明绘.—上海：上海人民美术出版社，1990.6.—2张；3开.—1.40元

水浒人物/张锡武绘.—南昌：江西人民出版社，〔1990〕.—1张；2开.—0.50元

古代英雄/马云平绘.—昆明：云南人民出版社，1990.8.—1张；2开.—0.55元

古代将军/郭秀庚绘.—广州：岭南美术出版社，1990.4.—2张；3开.—0.82元

古代将军/郭秀庚绘.—广州：岭南美术出版社，1990.4.—1张；2开.—0.57元

古将/邓敦伟绘.—昆明：云南人民出版社，1990.8.—1张；2开.—0.55元

正气凛然/潘培德绘.—昆明：云南人民出版社，1990.8.—1张；2开.—0.55元

龙虎将军/王朝明绘.—南昌：江西人民出版社，〔1990〕.—1张；2开.—0.50元

龙蟠福地·虎踞财源/刘树茂绘.—广州：岭南美术出版社，1990.4.—1张；2开.—0.57元

龙蟠福地·虎踞财源/刘树茂绘.—广州：岭南美术出版社，1990.4.—1张；4开.—0.29元

平安吉祥·连年有福/阎珍绘.—石家庄：河北美术出版社，1990.6.—2张；2开.—1.00元

四大天王/马焕民绘.—石家庄：河北美术出版社，1990.7.—1张；2开.—0.50元

四大天王/马焕民绘.—石家庄：河北美术出版社，1990.7.—1张；4开.—0.25元

四季福/刘景龙绘.—石家庄：河北美术出版社，1990.7.—1张；2开.—0.50元

圣水将单廷珪·神火将魏定国/李红才作.—天津：天津人民美术出版社，1990.8.—1张；2开.—0.55元

圣水将单廷珪·神火将魏定国/李红才绘.—天津：天津人民美术出版社，1990.8.—1张；4开.—0.35元

民族英雄/郭秀庚绘.—南昌：江西人民出版社，〔1990〕.—1张；2开.—0.50元

发财如意/李中文绘.—昆明：云南人民出版社，1990.8.—1张；4开.—0.30元

吉庆有余/苗永华绘.—北京：人民美术出版社，1990.6.—1张；2开.—0.55元

吉利平安/李洪波绘.—昆明：云南人民出版社，1990.8.—1张；2开.—0.55元

吉祥如意/苗永华绘.—长沙：湖南美术出版社，1990.8.—1张；2开.—0.45元

吉祥如意/苗永华，李咋明绘.—昆明：云南人民出版社，1990.8.—1张；4开.—0.30元

百业兴旺·财源茂盛/冯淑荣，冯淑真绘.—石家庄：河北美术出版社，1990.7.—1张；2开.—0.50元

岁岁平安/董志中绘.—石家庄：河北美术出版社，1990.7.—1张；4开.—0.25元

关羽·张飞/何永坤绘.—昆明：云南人民出版社，1990.8.—1张；2开.—0.55元

关羽·张飞/赵宋生绘.—昆明：云南人民出版社，1990.8.—1张；2开.—0.55元

关羽·黄忠/张辛国绘.—石家庄：河北美术出版社，1990.—1张；2开.—0.50元

关羽·黄忠/张辛国绘.—石家庄：河北美术出版社，1990.—1张；4开.—0.25元

关胜·索超/魏明全绘.—昆明：云南人民出版社，1990.8.—1张；4开.—0.30元

许褚·典韦/张恒德绘.—昆明：云南人民出版社，1990.8.—1张；2开.—0.55元

李靖·杨戬/赫福路绘.—石家庄：河北美术出版社，1990.6.—1张；2开.—0.50元

两代英雄/冯隆梅绘.—昆明：云南人民出版社，1990.8.—1张；2开.—0.55元

伸正气/霍允庆绘.—昆明：云南人民出版社，1990.8.—1张；4开.—0.30元

驱邪纳福/李中文，李洪波绘.—广州：岭南美术出版社，1990.4.—1张；2开.—0.57元

驱邪纳福/李中文，李洪波绘.—广州：岭南美术出版社，1990.4.—1张；4开.—0.29元

驱邪魔·保平安/侯世武，侯兵绘.—昆明：云南人民出版社，1990.8.—1张；2开.—0.55元

青面兽杨志/吴剑超绘.—昆明：云南人民出版社，1990.8.—1张；2开.—0.55元

武将/邓安克绘.—昆明：云南人民出版社，1990.8.—1张；4开.—0.30元

武将/冯隆梅绘.—南昌：江西人民出版社，〔1990〕.—1张；2开.—0.50元

幸福美满·健康长寿/史士明绘.—南京：江苏美术出版社，1990.6.—2张；2开.—0.80元

英雄门第/裴文璐绘.—昆明：云南人民出版社，1990.8.—1张；4开.—0.30元

奋勇杀敌/张鸣绘.—昆明：云南人民出版社，1990.8.—1张；2开.—0.55元

招财进宝庆有余/卫民绘.—哈尔滨：黑龙江美术出版社，1990.7.—1张；2开.—0.62元

招财进宝喜发财/姜阳绘.—哈尔滨：黑龙江美术出版社，1990.7.—1张；2开.—0.62元

岳云·杨文广/王东斌绘.—西安：陕西人民美术出版社，〔1990？〕.—1张；4开.—0.35元

岳云·何元庆/赵雨树绘.—昆明：云南人民出版社，1990.8.—1张；2开.—0.55元

岳家小将/张剑平绘.—石家庄：河北美术出版社，1990.7.—1张；4开.—0.25元

金鸡高唱　岁岁有余/王小路绘.—石家庄：河北美术出版社，1990.7.—1张；2开.—1.00元

金银四锤/薛龙绘.—南昌：江西人民出版社，〔1990〕.—1张；2开.—0.50元

降龙伏虎/张锡武，张静绘.—天津：天津人民美术出版社，1990.8.—1张；2开.—0.55元

孟良·焦赞/学军，星河绘.—石家庄：河北美术出版社，1990.—1张；2开.—0.50元

孟良·焦赞/学军，星河绘.—石家庄：河北美术出版社，1990.—1张；4开.—0.25元

春满乾坤·百福盈门/杨昌顺绘.—昆明：云南人民出版社，1990.8.—1张；2开.—0.55元

封神演义/张锡武绘.—西安：陕西人民美术出版社，〔1990〕.—1张；4开.—0.35元

威/孙为国绘.—南京：江苏美术出版社，1990.6，2张；2开.—1.10元

威武雄壮：门神/苗永华绘.—长沙：湖南美术出版社，1990.8.—1张；2开.—0.45元

威震疆场/潘隆正，潘斌绘.—昆明：云南人民出版社，1990.8.—1张；2开.—0.55元

挥刀如猛虎·出剑似蛟龙/高玉彩，王洪武绘.—昆明：云南人民出版社，1990.8.—1张；2开.—0.55元

狮虎将军/张辛国绘.—石家庄：河北美术出版社，1990.7.—1张；2开.—0.50元

狮虎将军/裴文璐绘.—昆明：云南人民出版社，1990.8.—1张；2开.—0.55元

神圣的使命/藏洪磊绘.—昆明：云南人民出版社，

1990.8.—1张；2开.—0.55元

神威天将/姚俊国，安宁绘.—石家庄：河北美术出版社，1990.7.—1张；2开.—0.50元

神威天将/姚俊国，安宁绘.—石家庄：河北美术出版社，1990.7.—1张；4开.—0.25元

祝您长寿·祝您幸福/组翠林绘.—石家庄：河北美术出版社，1990.7.—2张；2开.—1.00元

祝您健康·恭喜发财/薛嘉惠绘.—广州：岭南美术出版社，1990.4.—1张；2开.—0.57元

娃娃/陆廷绘.—上海：上海人民美术出版社，1990.6.—2张；3开.—1.40元

秦军胡帅/张恒德绘.—昆明：云南人民出版社，1990.8.—1张；4开.—0.30元

秦叔宝·胡敬德/潘培德绘.—昆明：云南人民出版社，1990.8.—1张；2开.—0.55元

秦叔宝·尉迟恭/戴天霞绘.—上海：上海人民美术出版社，1990.6.—2张；3开.—1.40元

秦明·索超/张衡德绘.—兰州：甘肃人民美术出版社，1990.6.—1张；4开.—0.30元

秦明·黄信/张耀明绘.—昆明：云南人民出版社，1990.8.—1张；2开.—0.55元

秦琼与敬德/志斌绘.—长春：吉林美术出版社，1990.6.—1张；2开.—0.60元

秦琼·敬德/孙宋禧绘.—杭州：浙江人民美术出版社，1990.8.—1张；2开.—0.50元

秦琼·敬德/李冰绘.—兰州：甘肃人民美术出版社，1990.6.—1张；4开.—0.30元

秦琼·敬德/邓从仪绘.—石家庄：河北美术出版社，1990.7.—1张；2开.—0.50元

秦琼·敬德/蒋啸镝绘.—长沙：湖南美术出版社，1990.8.—1张；2开.—0.45元

索超·秦琼/王伟戌绘.—上海：上海人民美术出版社，1990.6.—2张；2开.—0.90元

哼哈二将/张衡德绘.—兰州：甘肃人民美术出版社，1990.6.—1张；4开.—0.30元

乘象将军/安宁，俊国绘.—石家庄：河北美术出版社，1990.7.—1张；2开.—0.50元

乘象将军/安宁，俊国绘.—石家庄：河北美术出版社，1990.6.—1张；4开.—0.25元

浩然正气/金平定绘.—广州：岭南美术出版社，1990.4.—1张；2开.—0.57元

黄忠·关羽/呼立新绘.—昆明：云南人民出版社，1990.8.—1张；2开.—0.55元

黄信·秦明/黄兴桥绘.—南京：江苏美术出版社，1990.6.—2张；2开.—1.10元

跃马扬威/孙健东绘.—昆明：云南人民出版社，1990.8.—1张；2开.—0.55元

铜墙铁壁/赵宋生绘.—昆明：云南人民出版社，1990.8.—1张；4开.—0.30元

鸿福满堂/尹晓彦，尹晓军绘.—石家庄：河北美术出版社，1990.7.—1张；4开.—0.35元

梁山好汉/孙宋禧绘.—北京：人民美术出版社，1990.6.—1张；2开.—0.55元

尉迟恭·秦叔宝/朱希煌绘.—南昌：江西人民出版社，〔1990〕.—1张；4开.—0.40元

尉迟恭·秦叔宝/刘兴元绘.—昆明：云南人民出版社，1990.8.—1张；2开.—0.55元

尉迟恭·秦叔宝/张云峰绘.—天津：天津人民美术出版社，1990.8.—1张；全开.—1.20元

尉迟恭·秦叔宝/潘建源，赵楠绘.—昆明：云南人民出版社，1990.8.—1张；2开.—0.55元

敬德·关胜.—上海：上海人民美术出版社，1990.6.—2张；2开.—0.90元

彭纪·秦明/黄兴桥绘.—昆明：云南人民出版社，1990.8.—1张；2开.—0.55元

喜字斗方/邵军作.—天津：天津人民美术出版社，1990.8.—1张；2开.—0.55元

喜盈门·福满堂/苗永华绘.—广州：岭南美术出版社，1990.4.—1张；2开.—0.57元

喜盈门·福满堂/苗永华绘.—广州：岭南美术出版社，1990.4.—1张；4开.—0.29元

程咬金·单雄信/赵雨树绘.—昆明：云南人民出版社，1990.8.—1张；4开.—0.30元

焦赞·孟良/王祖军绘.—昆明：云南人民出版社，1990.8.—1张；2开.—0.55元

福中福·富上富/陈华民绘.—广州：岭南美术出版社，1990.4.—1张；2开.—0.57元

福寿/龙华绘.—哈尔滨：黑龙江美术出版社，1990.7.—1张；2开.—0.62元

福寿齐天/李中文绘.—广州：岭南美术出版社，1990.4.—1张；2开.—0.57元

福寿齐天/李中文绘.—广州：岭南美术出版社，1990.4.—1张；4开.—0.29元

福寿如意/朱振芳绘.—石家庄：河北美术出版社，1990.7.—1张；2开.—0.50元

福寿将/张锡武绘.—昆明：云南人民出版社，1990.8.—1张；4开.—0.30元

福星高照/钟文斌绘.—昆明：云南人民出版社，1990.8.—1张；2开.—0.55元

福富有余/左义绘.—沈阳：辽宁美术出版社，1990.6.—1张；2开.—0.60元

福禧临门/孟新民绘.—西安：陕西人民美术出版社，〔1990〕.—1张；2开.—0.55元

福禧临门/孟新明绘.—西安：陕西人民美术出版

社，〔1990〕.—1张；4开.—0.35元

赫赫英姿/何永坤绘.—昆明：云南人民出版社.1990.8.—1张；4开.—0.30元

魏定国·单廷珪/张耀明绘.—昆明：云南人民出版社，1990.8.—1张；2开.—0.55元

麒麟雄狮武将/吴培秀绘.—昆明：云南人民出版社，1990.8.—1张；2开.—0.55元

J229.53 中 堂

八仙祝寿图/申同景绘.—天津：天津人民美术出版社，1990.8.—1轴；全开+对联1副.—卷轴：5.00元

人民领袖毛泽东/姜中立，姜边绘.—天津：天津人民美术出版社，1990.6.—1轴；全开+附对联1副.卷轴：5.00元

人寿年丰/郭卫华，沈深绘.—天津：天津人民美术出版社，1990.8.—1轴；全开+对联1副.—卷轴：5.00元

三友图/米春茂绘.—石家庄：河北美术出版社，1990.6.—1张；全开+配画1对.—2.20元

三阳开泰福满门/徐世民，徐曾作.—天津：天津人民美术出版社，1990.8.—1轴；全开+对联1副.—卷轴：5.00元

大喜大寿图/徐俊青绘.—杭州：浙江人民美术出版社，〔1990〕.—1轴；全开+对联1副.—卷轴：6.00元

山林神威图/刘浩，刘世忠绘.—天津：天津人民美术出版社，1990.8.—1轴；全开+对联1副.—卷轴：5.00元

山明水秀/王祖德绘.—南京：江苏美术出版社，1990.6.—1轴；全开+对联1副.—卷轴：5.95元

山路松风图/刘维忠，刘浩绘.—天津：天津人民美术出版社，1990.8.—1轴；全开+对联1副.—卷轴：5.00元

开国英杰/邹起奎绘.—天津：天津人民美术出版社，1990.8.—1轴；全开+对联1副.—卷轴：5.00元

云游仙山图/张温纯绘.—天津：天津人民美术出版社，1990.8.—1轴；全开+对联1副.—卷轴：5.00元

云楼碧影/张温纯绘.—天津：天津人民美术出版社，1990.8.—1轴；全开+对联1副.—卷轴：5.00元

五岳同辉/陈德华绘.—南京：江苏美术出版社，1990.6.—1轴；全开+对联1副.—卷轴：11.80元

长寿图/一丹绘.—长春：吉林美术出版社，1990.6.—1张；全开+对联1副.—1.70元

孔子像/李跃春，路小媛绘.—天津：天津人民美术出版社，1990.8.—1轴；全开+对联1副.—卷轴：5.00元

节气高坚/苏伯群绘.—天津：天津人民美术出版社，1990.3.—1轴；全开+对联1副.—卷轴：5.00元

龙凤呈祥/张瑞恒绘.—天津：天津人民美术出版社，1990.6—1轴；全开+对联1副.—卷轴：5.00元

仙居蓬莱/李永明，李兵绘.—石家庄：河北美术出版社，1990.6.—1轴；全开+对联1副.—5.30元

百鸟朝凤/张孝谦绘.—石家庄：河北美术出版社，1990.6.—1张；全开+附配画1对.—2.20元

百寿图/申同景绘.—石家庄：河北美术出版社，1990.6.—1张；全开+对联1副.—2.20元

年年如意岁岁平安/李跃华绘.—石家庄：河北美术出版社，1990.6.—1张；全开+对联1副.—2.20元

名山碧水/陈家骅绘.—天津：天津人民美术出版社，1990.6.—1轴；全开+对联1副.—5.00元

观瀑图/王利华绘.—杭州：浙江人民美术出版社，〔1990〕.—1轴；全开+对联1副.—卷轴：6.00元

寿/楼永年绘.—长沙：湖南美术出版社，1990.8.1轴；全开+对联1副.—卷轴：3.50元

寿禧图（二）/王瑞卿绘.—石家庄：河北美术出版社，1990.6.—1张；全开+配画1对.—2.20元

迎客松/顾国治绘.—天津：天津人民美术出版社，1990.3.—1轴；全开+对联1副.—卷轴：5.00元

庐山高/（明）沈周绘.—西安：陕西人民美术出版社，〔1990〕.—1轴；全开+对联1副.—卷轴：11.50元

君子迎春/王瑞卿绘.—石家庄：河北美术出版社，1990.6.—1张；全开+附配画1对.—2.20元

松山烟云图/昔凡绘.—长春：吉林美术出版社，1990.6.—1张；全开+对联1副.—1.70元

松鹤图/张振祥绘.—天津：天津人民美术出版社，1990.8.—1轴；全开+对联1副.—卷轴（甲）：9.50元

松鹤图/张振祥绘.—天津：天津人民美术出版社，1990.8.—1轴；全开+对联1副.—卷轴（乙）：5.00元

卧龙胜境/程少利绘.—天津：天津人民美术出版社，1990.8.—1张；全开+对联1副.—1.10元

虎/陈骧龙书；张光莹绘.—天津：天津人民美术出版社，1990.8.—1轴；全开+附配画1对.—卷轴：5.00元

虎啸图/陈学璋绘.—西安：陕西人民美术出版社，〔1990?〕.—1张；全开+对联1副.—1.05元

虎啸图/顾青蛟绘.—南京：江苏美术出版社，1990.6.—1轴；全开+对联1副.—6.50元

夜读春秋/朱振芳绘.—石家庄：河北美术出版社，1990.6.—1轴；全开+对联1副.—5.30元

夜读春秋/朱振芳绘.—石家庄：河北美术出版社，

1990.6.—1张；全开＋配画1对.—2.20元

夜读春秋/姚重庆绘.—天津：天津人民美术出版社，1990.8.—1轴；全开＋对联1副.—卷轴：5.00元

幽谷鸣瀑/徐福根绘.—天津：天津人民美术出版社，1990.8.—1轴；全开＋对联1副.—卷轴：5.00元

钟馗/施辰广，刘玉华绘.—天津：天津人民美术出版社，1990.8.—1轴；全开＋对联1副.—卷轴：5.00元

秋郊楼观图/张洪千绘.—天津：天津人民美术出版社，1990.6.—1轴；全开＋对联1副.—卷轴：5.00元

神骏图/冯德新绘.—天津：天津人民美术出版社，1990.8.—1轴；全开＋对联1副.—卷轴：5.00元

祝寿图/顾国治绘.—天津：天津人民美术出版社，1990.8.—1轴；全开＋对联1副.—卷轴：5.00元

祥光满堂/成砺志绘.—天津：天津人民美术出版社，1990.8.—1轴；全开＋对联1副.—卷轴（甲）：7.50元

祥光满堂/成砺志绘.—天津：天津人民美术出版社，1990.3.—1轴；全开＋对联1副.—卷轴（乙）：5.00元

黄鹤楼/王建梓绘.—天津：天津人民美术出版社，1990.8.—1轴；全开＋对联1副.—卷轴：5.00元

盛业千秋/张兆年绘.—天津：天津人民美术出版社，1990.3.—1轴；全开＋对联1副.—卷轴：5.00元

领袖风采/张德俊绘.—南京：江苏美术出版社，1990.6.—1轴；全开＋对联1副.—卷轴：6.50元

鸾凤吉祥/高景波绘.—天津：天津人民美术出版社，1990.8.—1轴；全开＋对联1副.—卷轴：5.00元

喜结良缘/潘恩春，晓春绘.—天津：天津人民美术出版社，1990.3.—1轴；全开＋对联1副.—卷轴：5.00元

蓬莱清晓/贾万新绘.—天津：天津人民美术出版社，1990.6.—1轴；全开＋对联1副.—卷轴（甲）：7.50元

蓬莱清晓/贾万新绘.—天津：天津人民美术出版社，1990.6.—1轴；全开＋对联1副.—卷轴（乙）：5.00元

锦绣河山/成励志绘.—南京：江苏美术出版社，1990.6.—1轴；全开＋对联1副.—卷轴：7.20元

福寿双全/深沉，晓华绘.—天津：天津人民美术出版社，1990.8.—1轴；全开＋对联1副.—卷轴：5.00元

群仙游春图/冯毅绘.—天津：天津人民美术出版社，1990.8.—1轴；全开＋对联1副.—卷轴：5.00元

聚宝盆/顾国治绘.—天津：天津人民美术出版社，1990.6.—1轴；全开＋对联1副.—卷轴：5.00元

鹤寿图/钱玉强摄.—杭州：浙江人民美术出版社，〔1990〕.—1轴；全开＋对联1副.—卷轴：6.00元

鹤鹿同春/耕夫，徐昊绘.—天津：天津人民美术出版社，1990.8.—1轴；全开＋对联1副.—卷轴：5.00元

鲲鹏展翅/田玉洲绘.—天津：天津人民美术出版社，1990.8.—1轴；全开＋对联1副.—卷轴：5.00元

J229.54　摄影年画

一帆风顺/王志强摄.—天津：天津人民美术出版社，1990.8.—1张；4开.—0.30元

八大锤/王秉龙摄.—天津：天津人民美术出版社，1990.8.—1张；2开.—0.50元

八达岭长城/李长捷摄.—西安：陕西人民美术出版社，〔1990〕.—1张；全开.—2.40元

九寨沟瀑布/崔顺才摄.—长沙：湖南美术出版社，1990.8.—1张；2开.—0.45元

三个小将军/马家吉摄.—天津：天津人民美术出版社，1990.8.—1张；2开.—0.50元

大观园/胡维标摄.—天津：天津人民美术出版社，1990.8.—1张；2开.—0.50元

大观园滴翠亭/胡维标摄.—天津：天津人民美术出版社，1990.8.—1张；2开.—0.50元

万事如意/刘荣虎，李年才摄.—济南：山东美术出版社，1990.5.—1张；4开.—0.50元

山水情.—石家庄：河北美术出版社，1990.6.—1张；2开.—1.00元

山泉.—北京：人民美术出版社，1990.1.—1张；2开.—1.00元

女战士/支柱摄.—天津：天津人民美术出版社，1990.8.—1张；2开.—0.50元

小胖.—北京：人民体育出版社，1990.8.—1张；2开.—0.50元

小憩/建新摄.—天津：天津人民美术出版社，1990.8.—1张；2开.—0.50元

王母仙果/麦粒摄.—乌鲁木齐：新疆人民出版社，1990.6.—1张；2开.—0.90元

天成佳偶/罗恒摄.—天津：天津人民美术出版社，1990.8.—1张；2开.—0.50元

天津碧波山庄/刘震摄.—南京：江苏美术出版社，1990.6.—1张；全张.—3.50元

天真烂漫.—长沙：湖南美术出版社，1990.8.—1张；3开.—0.55元

天津新车站/董岩青摄.—天津：天津人民美术出版社，1989.8.—1张；2开.—0.50元

无花生蜜饯/麦粒摄.—乌鲁木齐：新疆人民出版

社，1990.6.—1张；2开.—0.90元

无锡太湖/刘振摄.—南京：江苏美术出版社，1990.6.—1张；全开.—3.50元

无锡蠡园.—南京：江苏美术出版社，1990.6.—1张；2开.—1.05元

无锡蠡园/李长捷摄.—天津：天津人民美术出版社，1990.8.—1张；2开.—0.50元

无锡蠡园灯会/池士潭摄.—南京：江苏美术出版社，1990.6.—1张；3开.—0.80元

云南石林之春/陈锦摄.—西安：陕西人民美术出版社，〔1990〕.—1张；2开.—0.60元

云南石林之春/陈锦摄.—西安：陕西人民美术出版社，〔1990〕.—1张；全开.—2.40元

五朵金花/姚中玉摄.—上海：上海人民美术出版社，1990.6.—1张；2开.—1.00元

少女/支柱摄.—天津：天津人民美术出版社，1990.8.—1张；2开.—0.50元

少女/谭尚忍摄.—天津：天津人民美术出版社，1990.8.—1张；2开.—0.50元

少女与骏马/建新摄.—天津：天津人民美术出版社，1990.8.—1张；2开.—0.50元

中山公园/李长捷摄.—西安：陕西人民美术出版社，〔1990〕.—1张；2开.—0.60元

中山纪念堂/孙智和摄.—长沙：湖南美术出版社，1990.8.—1张；2开.—0.45元

中日双秀园/胡维标摄.—天津：天津人民美术出版社，1990.8.—1张；2开.—0.50元

中国十大名花/方永熙，刘震摄.—上海：上海书画出版社，1990.9.—1张；2开.—1.50元

中国盆景/林源摄.—上海：上海书画出版社，1990.9.—1张；2开.—1.50元

公园秀色/胡维标摄.—天津：天津人民美术出版社，1990.8.—1张；2开.—0.50元

风姿/谢新发摄.—乌鲁木齐：新疆人民出版社，1990.6.—1张；4开.—0.55元

风趣.—南京：江苏美术出版社，1990.6.—1张；2开.—1.05元

心曲/姜长庚摄.—长沙：湖南美术出版社，1990.8.—1张；2开.—0.90元

心愿.—北京：人民体育出版社，1990.8.—1张；2开.—0.55元

双钩/唐禹民摄.—天津：天津人民美术出版社，1990.8.—1张；2开.—0.50元

双猫图/周屹摄.—长沙：湖南美术出版社，1990.8.—1张；2开.—0.90元

双猫贺喜/周屹，朵朵摄.—北京：人民美术出版社，1990.1.—1张；2开.—1.00元

节日的天安门/胡维标摄.—天津：天津人民美术出版社，1990.8.—1张；2开.—0.50元

古寺雄风/崔顺才摄.—长沙：湖南美术出版社，1990.8.—1张；2开.—0.90元

古帆雄姿.—南京：江苏美术出版社，1990.6.—1张；2开.—1.40元

古堡巍峨.—南京：江苏美术出版社，1990.6.—1张；2开.—1.40元

玉龙雪山/陈锦摄.—上海：上海书画出版社，1990.9.—1张；2开.—1.00元

世界风光/上海书画出版社编.—上海：上海书画出版社，1990.9.—1张；2开.—1.50元

世界新型飞机精选/江东摄.—上海：上海人民美术出版社，1990.6.—1张；2开.—1.00元

龙凤飞舞.—北京：人民体育出版社，1990.8.—1张；2开.—0.55元

东方女子/陈春轩摄.—乌鲁木齐：新疆人民出版社，1990.6.—1张；4开.—0.55元

北京天安门/肖顺权摄.—西安：陕西人民美术出版社，〔1990〕.—1张；全开.—2.40元

北京天安门/肖顺权摄.—西安：陕西人民美术出版社，〔1990〕.—1张；2开.—0.60元

北京天安门广场/李长捷摄.—北京：中国旅游出版社，1990.7.—1张；2开.—1.15元

北京日坛/陈书帛摄.—天津：天津人民美术出版社，1990.8.—1张；2开.—0.50元

北京中山公园/李长捷摄.—西安：陕西人民美术出版社，〔1990〕.—1张；全开.—2.40元

北京双龙亭/李长捷摄.—南京：江苏美术出版社，1990.6.—1张；全开.—3.50元

北京北海公园灯会/陈书帛摄.—北京：中国旅游出版社，1990.7.—1张；2开.—1.15元

北海盛装/卞志武摄.—杭州：浙江人民美术出版社，1990.8.—1张；2开.—1.10元

出水芙蓉/谢新华，石建敏摄.—天津：天津人民美术出版社，1990.8.—1张；2开.—0.50元

冬.—呼和浩特：内蒙古人民出版社，1990.6.—1张；4开.—0.55元

丛草藏珍梅/高光明摄.—乌鲁木齐：新疆人民出版社，1990.6.—1张；2开.—0.90元

白帆海影.—南京：江苏美术出版社，1990.6.—1张；2开.—1.40元

白牡丹/少华，麦粒摄.—乌鲁木齐：新疆人民出版社，1990.6.—1张；2开.—0.90元

乐乎/支柱摄.—天津：天津人民美术出版社，1990.8.—1张；2开.—0.50元

戎马良缘/罗恒摄.—天津：天津人民美术出版社，1990.8.—1张；2开.—0.50元

机场倩影/志忠摄.—上海：上海人民美术出版社，1990.6.—1张；2开.—1.00元

芍药/少华，麦粒摄.—乌鲁木齐：新疆人民出版社，1990.6.—1张；2开.—0.90元

吉祥如意/尹福康摄.—上海：上海人民美术出版社，1990.6.—1张；2开.—0.45元

共和国保卫者/陆明华摄.—上海：上海人民美术出版社，1990.6.—1张；2开.—1.00元

西湖之春/卞志武摄.—石家庄，河北美术出版社，1990.6.—1张；2开.—1.00元

西湖之春/陈东林摄.—北京：中国旅游出版社，1990.7.—1张；2开.—1.15元

西湖春色/钱豫强摄.—杭州：浙江人民美术出版社，1990.8.—1张；2开.—1.10元

西湖断桥/刘震摄.—天津：天津人民美术出版社，1990.8.—1张；2开.—0.50元

扬州五亭桥/牛嵩林摄.—天津：天津人民美术出版社，1990.8.—1张；2开.—0.50元

扬州瘦西湖/杨关麟摄.—上海：上海书画出版社，1990.9.—1张；2开.—1.00元

华南植物园/杨茵摄.—天津：天津人民美术出版社，1990.8.—1张；4开.—0.30元

江南园林/晓庄等摄.—上海：上海书画出版社，1990.9.—1张；2开.—1.50元

军礼/支柱摄.—天津：天津人民美术出版社，1990.8.—1张；2开.— 0.50元

红伞少女/鄂毅摄.—北京：中国旅游出版社，1990.7.—1张；2开.—2.40元

红伞少女/鄂毅摄.—北京：中国旅游出版社，1990.7.—1张；2开.—1.15元

红牡丹/少华，麦粒摄.—乌鲁木齐：新疆人民出版社，1990.6.—1张；2开.—0.90元

红纱巾/马建国摄.—长沙：湖南美术出版社，1990.8.—1张；2开.—0.90元

花儿朵朵香/忠向东，胡维标摄.—天津：天津人民美术出版社，1990.8.—1张；2开.—0.50元

花丛倩影/支柱摄.—天津：天津人民美术出版社，1990.8.—1张；2开.—0.50元

花朵/袁学军摄.—长沙：湖南美术出版社，1990.8.—1张；4开.—0.40元

花红艳.—北京：中国电影出版社，〔1990？〕.1张；2开.—0.50元

花港春浓/卞志武摄.—杭州：浙江人民美术出版社，1990.8.—1张；2开.—1.10元

苏州拙政园.—沈阳：辽宁美术出版社，1990.6.1张；全开.—2.40元

苏堤垂柳/刘震摄.—天津：天津人民美术出版社，1990.8.—1张；2开.—0.50元

园林秀色/崔顺才摄.—长沙：湖南美术出版社，1990.8.—1张；2开.—0.90元

我们的辅导员/支柱摄.—天津：天津人民美术出版社，1990.8.—1张；2开.—0.50元

彤相辉映/邵黎阳摄.—石家庄：河北美术出版社，1990.6.—1张；2开.—1.00元

庐山五老洞/华少祖摄.—天津：天津人民美术出版社，1990.8.—1张；2开.—0.50元

初春.—北京：人民体育出版社，1990.8.—1张；2开.—0.55元

纽约奇景.—南京：江苏美术出版社，1990.6.—1张；2开.—1.40元

青春.—石家庄：河北美术出版社，1990.6.—1张；2开.—1.00元

青春/马健国摄.—长沙：湖南美术出版社，1990.8.—1张；2开.—0.90元

青春美.—北京：人民体育出版社，1990.8.—1张；2开.—0.50元

武汉黄鹤楼/董岩青摄.—天津：天津人民美术出版社，1990.8.—1张；2开.—0.50元

武花争妍.—北京：人民体育出版社，1990.8.—2张；2开.—1.15元

林园花锦.—南京：江苏美术出版社，1990.6.—1张；全开.—3.50元

林海清流.—天津：天津人民美术出版社，1990.8.1张；4开.—0.30元

杭州小景/牛嵩林摄.—天津：天津人民美术出版社，1990.8.—1张；2开.—0.50元

杭州小瀛州/牛嵩林摄.—天津：天津人民美术出版社，1990.8.—1张；2开.—0.50元

杭州西湖/卞志武摄.—北京：中国旅游出版社，1990.7.—1张；2开.—2.40元

杭州西湖放鹤亭/天鹰摄.—南京：江苏美术出版社，1990.6.—1张；3开.—0.80元

杭州曲院风荷/牛嵩林摄.—北京：中国旅游出版社，1990.7.—1张；2开.—1.15元

杭州花港/牛嵩林摄.—天津：天津人民美术出版社，1990.8.—1张；2开.—0.50元

杭州花港公园/卞志武摄.—北京：中国旅游出版社，1990.7.—1张；2开.—1.15元

画中情/周培良摄.—南京：江苏美术出版社，1990.6.—1张；2开.—0.50元

英俊少年.—北京：人民体育出版社，1990.8.—1张；2开.—0.55元

英姿.—北京：人民体育出版社，1990.8.—1张；2开.—0.55元

英姿/马家吉摄.—天津：天津人民美术出版社，1990.8.—1张；2开.—0.50元

枣香郁醉/麦粒摄.—乌鲁木齐：新疆人民出版社，1990.6.—1张；4开.—0.55元

昆明大观园/陈书帛摄.—天津：天津人民美术出版社，1990.8.—1张；2开.—0.50元

昆明大观楼/陈书帛摄.—天津：天津人民美术出版社，1990.8.—1张；2开.—0.50元

昆明大观楼/陈锦摄.—西安：陕西人民美术出版社，1990.1.—1张；全开.—2.40元

昆明大观楼/陈锦摄.—西安：陕西人民美术出版社，〔1990〕.—1张；2开.—0.60元

金玉良缘/罗恒摄.—天津：天津人民美术出版社，1990.8.—1张；2开.—0.50元

金色童年.—北京：人民体育出版社，1990.8.—1张；2开.—0.55元

金童玉女/林伟新等摄.—上海：上海书画出版社，1990.9.—4张；3开.—3.00元

玲珑/曾汉超摄.—长沙：湖南美术出版社，〔1990.8?〕.—1张；4开.—2.50元

春/陈春轩摄.—天津：天津人民美术出版社，1990.8.—1张；2开.—0.50元

春光万里/罗恒摄.—天津：天津人民美术出版社，1990.8.—1张；2开.—0.50元

春花.—北京：人民体育出版社，1990.8.—1张；2开.—0.55元

春艳/少华，麦粒摄.—乌鲁木齐：新疆人民出版社，1990.6.—1张；2开.—0.90元

南京鹭洲/牛嵩林摄.—石家庄：河北美术出版社，1990.6.—1张；2开.—1.00元

南京鹭洲湖畔/牛嵩林摄.—天津：天津人民美术出版社，1989.8.—1张；2开.—0.50元

南海归舟/鄂毅摄.—天津：天津人民美术出版社，1990.8.—1张；2开.—0.50元

南海椰林.—天津：天津人民美术出版社，1990.8.—1张，2开.—0.50元

草原牧歌/关建骅，柳英虎摄.—长沙：湖南美术出版社，1990.8.—1张；2开.—0.90元

茶花/少华，麦粒摄.—乌鲁木齐：新疆人民出版社，1990.6.—1张；2开.—0.90元

贵州黄果树瀑布/陈书帛摄.—北京：中国旅游出版社，1990.7.—1张；2开.—1.15元

思念/金以云摄.—长沙：湖南美术出版社，1990.8.—1张；2开.—0.90元

幽香溢甘露/高光明，麦粒摄.—乌鲁木齐：新疆人民出版社，1990.6.—1张；2开.—0.90元

秋.—呼和浩特：内蒙古人民出版社，1990.6.—1张；4开.—0.55元

香脆噙甘浓/麦粒摄.—乌鲁木齐：新疆人民出版社，1990.6.—1张；2开.—0.90元

独秀/少华，麦粒摄.—乌鲁木齐：新疆人民出版社，1990.6.—1张；2开.—0.90元

亭园日丽/李杰摄.—北京：人民美术出版社，1990.6.—1张；2开.—1.00元

美丽的南京/周培良摄.—南京：江苏美术出版社，1990.1.—1张；2开.—1.10元

美丽的家乡.—呼和浩特：内蒙古人民出版社，1990.6.—1张；4开.—0.55元

美的旅律/林林摄.—上海：上海人民美术出版社，1990.1.—1张；2开.—1.00元

祝君长寿/杭邵摄.—天津：天津人民美术出版社，1990.8.—1张；2开.—0.50元

祝您一帆风顺/年新，王勇摄.—西安：陕西人民美术出版社，〔1990〕.—1张；2开.—1.10元

祝您万事如意/年新，王勇摄.—西安：陕西人民美术出版社，〔1990〕.—1张；2开.—1.10元

祝您平安快乐/年新，王勇摄.—西安：陕西人民美术出版社，〔1990〕.—1张；2开.—1.10元

祝您吉祥如意/年新，王勇摄.—西安：陕西人民美术出版社，〔1990〕.—1张；2开.—1.10元

祝您全家幸福/年新，王勇摄.—西安：陕西人民美术出版社，〔1990〕.—1张；2开.—1.10元

祝您快乐.—南京：江苏美术出版社，1990.6.—2张；2开.—2.10元

祝您幸福/谢新发摄.—济南：山东美术出版社，1990.5.—1张；4开

祝您佳节快乐/年新，王勇摄.—西安：陕西人民美术出版社，〔1990〕.—1张；2开.—1.10元

珠光/邵黎阳摄.—石家庄：河北美术出版社，1990.6.—1张；2开.—1.00元

珠海九州公园/牛嵩林摄.—天津：天津人民美术出版社，1989.9.—1张；2开.—0.50元

珠海九州城/李杰摄.—杭州：浙江人民美术出版社，1990.8.—1张；2开.—1.10元

珠海之滨/孙智和摄.—长沙：湖南美术出版社，1990.8.—1张；2开.—1.00元

莫斯科之夜/肖顺权摄.—北京：中国旅游出版社，1990.7.—1张；2开.—1.15元

夏.—北京：人民体育出版社，1990.8.—1张；2开.—1.15元

夏日公园/支养年摄.—天津：天津人民美术出版社，1990.8.—1张；2开.—0.50元

夏日园林/陈书帛摄.—天津：天津人民美术出版社，1990.8.—1张；2开.—0.50元

夏纳之夏.—南京：江苏美术出版社，1990.6.—1张；2开.—1.40元

夏的旋律/罗恒摄.—天津：天津人民美术出版社，1990.8.—1张；2开.—0.50元

峨嵋林曦/晓君摄.—北京：人民美术出版社，1990.6.—1张；2开.—1.00元

倚窗吟诗图/豫强，益民摄.—杭州：浙江人民美术出版社，1990.8.—1张；2开.—1.10元

健美.—北京：人民体育出版社，1990.8.—1张；2开.—1.15元

竞艳/陈春轩摄.—石家庄：河北美术出版社，1990.7.—1张；2开.—1.00元

烟花三月下扬州/陈书帛摄.—南京：江苏美术出版社，1990.6.—1张；全开.—3.50元

海南风光/鄂毅摄.—北京：中国旅游出版社，1990.7.—1张；2开.—2.40元

海南风光/鄂毅摄.—北京：中国旅游出版社，1990.7.—1张；2开.—1.15元

海南龙牙湾/杨茵摄.—天津：天津人民美术出版社，1990.8.—1张；2开.—0.50元

海南岛风光/田捷民摄.—北京：中国旅游出版社，1990.7.—1张；2开.—1.15元

海南椰林.—天津：天津人民美术出版社，1990.8.—1张；4开.—0.30元

海南碧波/田捷民摄.—石家庄：河北美术出版社，1990.7.—1张；2开.—1.00元

海滨/鄂毅摄.—天津：天津人民美术出版社，1990.8.—1张；2开.—0.50元

海滨晨辉.—南京：江苏美术出版社，1990.6.—1张；2开.—1.40元

粉红牡丹/少华，麦粒摄.—乌鲁木齐：新疆人民出版社，1990.6.—1张；2开.—0.90元

娴静.—南京：江苏美术出版社，1990.6.—1张；2开.—1.05元

娓娓动听/周屹摄.—北京：人民美术出版社，1990.1.—1张；2开.—1.00元

黄山奇观.—天津：天津人民美术出版社，1990.8.—1张；4开.—0.30元

黄山猴子望海/牛嵩林摄.—兰州：甘肃人民美术出版社，1990.8.—1张；全开.—3.95元

黄果树瀑布/卞志武摄.—杭州：浙江人民美术出版社，1990.8.—1张；2开.—1.10元

雪山翠湖.—南京：江苏美术出版社，1990.6.—1张；2开.—1.40元

矫健.—北京：人民体育出版社，1990.8.—1张；2开.—0.55元

甜.—北京：人民体育出版社，1990.8.—1张；2开.—0.55元

假日.—北京：人民体育出版社，1990.8.—1张；2开.—1.15元

假日里/海发摄.—上海：上海人民美术出版社，1990.6.—1张，2开.—1.00元

彩虹飞瀑.—天津：天津人民美术出版社，1990.8.—1张；4开.—0.30元

象鼻山/胡维标摄.—天津：天津人民美术出版社，1990.8.—1张；2开.—0.50元

深圳风光/胡颖辉作.—南昌：江西人民出版社，〔1990〕.—1张；2开.—1.00元

深圳西丽湖/李长捷摄.—南京：江苏美术出版社，1990.6.—1张；全开.—3.50元

喜庆有余/建国摄.—济南：山东美术出版社，1990.5.—1张；2开

喜看人间寿星多.—北京：人民体育出版社，1990.8.—1张；2开.—0.55元

雄鹰展翅.—北京：人民体育出版社，1990.8.—1张；2开.—0.55元

黑玫瑰/林伟新摄.—上海：上海书画出版社，1990.9.—1张；2开.—1.90元

童稚/晓溪摄.—长沙：湖南美术出版社，1990.8.1张，4开.—0.40元

遐想/陈春轩摄.—天津：天津人民美术出版社，1990.8.—1张；2开.—0.50元

雷锋.—石家庄：河北美术出版社，1990.3—1张；2开.—1.00元

路.—呼和浩特：内蒙古人民出版社，1990.6.—1张；4开.—0.55元

新疆天池/鄂毅摄.—北京：中国旅游出版社，1990.7.—1张；2开.—1.15元

溪水淙淙/谷维恒摄.—南京：江苏美术出版社，1990.9.—1张；全开.—3.50元

漓江春晓/高明义摄.—长沙：湖南美术出版社，1990.8.—1张；2开.—1.00元

塞上情/柳英虎，吴建骅摄.—长沙：湖南美术出版社，1990.8.—1张，2开.—0.90元

静.—呼和浩特：内蒙古人民出版社，1990.6.—1张；4开.—0.55元

静物/谭尚忍摄.—天津：天津人民美术出版社，1990.8.—1张；4开.—0.30元

静静的湖/陈锦摄.—天津：天津人民美术出版社，1990.8.—1张；2开.—0.50元

碧波清流.—兰州：甘肃人民美术出版社，1990.

8.—1张；全开.—3.95元

碧桃/少华，麦粒摄.—乌鲁木齐：新疆人民出版社，1990.6.—1张；2开.—0.90元

榴红欲燃/麦粒摄.—乌鲁木齐：新疆人民出版社，1990.6.—1张；2开.—0.90元

墅园/陈东林摄.—天津：天津人民美术出版社，1990.8.—1张；2开.—0.50元

瓢碧坠落红/麦粒摄.—乌鲁木齐：新疆人民出版社，1990.6.—1张；2开.—0.90元

摩托女郎/建新摄.—天津：天津人民美术出版社，1990.8.—1张；2开.—0.50元

镜泊湖风光/李长捷摄.—西安：陕西人民美术出版社，〔1990〕.—1张；2开.—0.60元

繁花似锦.—天津：天津人民美术出版社，1990.8.—1张；4开.—0.30元

蠡园/胡维标摄.—天津：天津人民美术出版社，1990.8.—1张；2开.—0.50元

J229.55　摄影条屏

大地皆春/陈书帛等摄.—天津：天津人民美术出版社，1990.8.—2张；2开.—1.10元

山河颂系列画/贾明祖等摄.—上海：上海人民美术出版社，1990.6.—4张；2开.—4.00元

历史文化名城扬州.—南京：江苏美术出版社，1990.6.—2张；2开.—1.50元

天海雄风/英侠等摄.—天津：天津人民美术出版社，1990.8.—2张；12开.—1.10元

日本插花艺术/张丽英摄.—北京：人民美术出版社，1990.7.—2张；2开.—1.05元

中华圣地/牛嵩林等摄.—天津：天津人民美术出版社，1990.8.—2张；2开.—1.10元

中华胜景/天鹰等摄.—杭州：浙江人民美术出版社，1990.8.—2张；2开.—0.90元

六朝古都南京/晓梵等摄.—南京：江苏美术出版社，1990.6.—2张；2开.—1.50元

古都北京/晓雨摄；瑜生编文.—北京：人民美术出版社，1990.7.—2张；2开.—1.05元

世界风光/王兴章摄.—北京：人民美术出版社，1990.6.—2张；2开.—1.05元

世界风光/王美德，戴瑜忠摄.—天津：天津人民美术出版社，1990.8.—2张；2开.—1.10元

北京长安街/曾万编摄.—北京：人民美术出版社，1990.6.—2张；2开.—1.05元

四山图/徐晓，刘传炎摄.—天津：天津人民美术出版社，1990.8.—2张；2开.—1.10元

四季丽人/兆欣等摄.—南京：江苏美术出版社，1990.6.—4张；2开.—2.20元

鸟悦天香/谭尚忍，张词祖摄.—天津：天津人民美术出版社，1990.8.—2张；2开.—1.10元

白鸽少女.—上海：上海人民美术出版社，1990.1.—2张；2开.—2.00元

动物屏/林晓输等摄.—北京：人民美术出版社，1990.1.—2张；2开.—1.05元

西欧风光/陆明德等摄.—南京：江苏美术出版社，1990.6.—2张；2开.—1.50元

西湖四季/天鹰，豫强摄.—杭州：浙江人民美术出版社，1990.8.—2张；2开.—0.90元

百鸟争春/张词祖摄.—天津：天津人民美术出版社，1990.8.—2张；2开.—1.10元

岁岁平安/林伟新摄.—上海：上海书画出版社，1990.9.—4张；2开.—4.00元

合家欢乐/许骊，金红定摄.—上海：上海书画出版社，1990.9.—4张；2开.—4.00元

争妍/谢新发摄；陈骧龙书法.—天津：天津人民美术出版社，1990.8.—2张；2开.—1.10元

如花似玉/徐震时摄.—西安：陕西人民美术出版社，〔1990〕.—2张；2开.—1.10元

如愿/许骐摄.—上海：上海人民美术出版社，1990.6.—4张；4开.—2.00元

好年华　(一)：恭贺新禧/谢新发摄.—西安：陕西人民美术出版社，〔1990?〕.—1张；4开.—0.58元

好年华　(二)：吉祥如意/谢新发摄.—西安：陕西人民美术出版社，〔1990?〕.—1张；4开.—0.58元

好年华　(三)：阖家幸福/谢新发摄.—西安：陕西人民美术出版社，〔1990?〕.—1张；4开.—0.58元

好年华　(四)：一帆风顺/谢新发摄.—西安：陕西人民美术出版社，〔1990?〕.—1张；4开.—0.58元

花朵满园/华少祖摄.—天津：天津人民美术出版社，1990.8.—2张；2开.—1.10元

花好月圆　(一)/沈黎摄.—上海：上海书画出版社，1990.9.—1张；2开.—1.00元

花好月圆　(二)/王伶摄.—上海：上海书画出版社，1990.9.—1张；2开.—1.00元

花好月圆　(三)/许骏摄.—上海：上海书画出版社，1990.9.—1张；2开.—1.00元

花好月圆　(四)/张荣摄.—上海：上海书画出版社，1990.9.—1张；2开.—1.00元

花香春正好/罗恒等摄.—天津：天津人民美术出版社，1990.8.—2张；2开.—1.10元

庐山风光/华绍祖摄.—天津：天津人民美术出版社，1990.8.—2张；2开.—1.10元

现代家电系列画/邵杭潘摄.—上海：上海人民美术出版社，1990.1.—2张；2开.—2.00元

青春年华/陈春轩摄.—上海：上海人民美术出版社，1990.1.—5张；2开.—5.00元

青春系列画/王言摄.—上海：上海人民美术出版社，1990.1.—4张；2开.—4.00元

奇珍异宝/赵之硕摄.—北京：人民美术出版社，1990.1.—2张；2开.—1.05元

欧洲风光/董瑞成编摄.—北京：人民美术出版社，1990.6.—2张；2开.—1.05元

明媚春光.—天津：天津人民美术出版社，1990.8.—2张；2开.—1.10元

果香迷人：大吉大利/王勇，年新摄.—西安：陕西人民美术出版社，〔1990？〕.—1张；3开.—0.78元

果香迷人：恭贺新禧/王勇，年欣摄.—西安：陕西人民美术出版社，〔1990？〕—1张；3开.—0.78元

果香迷人：锦上添花/王勇，年欣摄.—西安：陕西人民美术出版社，〔1990？〕.—1张；3开.—0.78元

果香迷人：阖家幸福/王勇，年欣摄.—西安：陕西人民美术出版社，〔1990？〕.—1张；3开.—0.78元

怡悦优雅/杨茵等摄.—天津：天津人民美术出版社，1990.8.—2张；2开.—1.10元

沿海风光/阳村摄；瑜生编文.—北京：人民美术出版社，1990.6.—2张；2开.—1.05元

泳坛新花/丁定摄.—上海：上海人民美术出版社，1990.6.—4张；3开.—3.00元

春光似海/克乔，雷酣摄.—天津：天津人民美术出版社，1990.8.—2张；2开.—1.10元

南国姑娘/林伟新，张雄摄.—上海：上海书画出版社，1990.9.—4张；3开.—3.00元

轻骑英姿.—上海：上海人民美术出版社，1990.1.—4张；2开.—4.00元

香港风光/王志强摄.—上海：上海人民美术出版社，1990.6.—2张；2开.—0.90元

音乐之声/晓林摄.—上海：上海人民美术出版社，1990.1.—4张；2开.—4.00元

宫廷游　/金宝根等摄.—上海：上海书画出版社，1990.9.—8张；3开.—6.00元

美丽的西双版纳/张丽英编摄.—北京：人民美术出版社，1990.7.—2张；2开.—1.05元

美国风光/钟训正，沈仲辉摄.—南京：江苏美术出版社，1990.6.—2张；2开.—1.50元

神州大地　（一）：乐山大佛/陈锦摄.—上海：上海书画出版社，1990.9.—1张；2开.—1.00元

神州大地　（三）：湘西天子山/池士潭摄.—上海：上海书画出版社，1990.9.—1张；2开.—1.00元

神州大地　（四）：黄果树瀑布/马元浩摄.—上海：上海书画出版社，1990.9.—1张；2开.—1.00元

神州英豪/梅伦，信辉摄.—天津：天津人民美术出版社，1990.8.—2张；2开.—1.10元

祝君前程似锦.—上海：上海人民美术出版社，1990.1.—4张；3开.—大上海月历选系列画.—3.40元

祝您长寿/张宝声等摄.—上海：上海书画出版社，1990.9.—4张；2开.—4.00元

祝您好运　（一）/张雄摄.—上海：上海书画出版社，1990.9.—1张；2开.—1.00元

祝您好运　（二）/高永刚摄.—上海：上海书画出版社，1990.9.—1张；2开.—1.00元

祝您好运　（三）/林伟新摄.—上海：上海书画出版社，1990.9.—1张；2开.—1.00元

祝您好运　（四）/孔树林摄.—上海：上海书画出版社，1990.9.—1张；2开.—1.00元

姹紫嫣红/晓泽摄.—北京：人民美术出版社，1990.7.—2张；2开.—1.05元

骄车佳人系列画　（一）/罗恒摄.—天津：天津人民美术出版社，1990.8.—1张；2开.—0.50元

骄车佳人系列画　（二）/陈春轩摄.—天津：天津人民美术出版社，1990.8.—1张；2开.—0.50元

骄车佳人系列画　（三）/罗恒摄.—天津：天津人民美术出版社，1990.8.—1张；2开.—0.50元

骄车佳人系列画　（四）/建新摄.—天津：天津人民美术出版社，1990.8.—1张；2开.—0.50元

桂林山水/胡建瑜，方永熙摄.—杭州：浙江人民美术出版社，1990.8.—2张；2开.—0.90元

都市即景.—上海：上海人民美术出版社，1990.1.—4张；2开.—4.00元

峨嵋秀色/陈锦，吴健摄.—天津：天津人民美术出版社，1990.8.—2张；2开.—1.10元

航空小姐.—上海：上海人民美术出版社，1990.6.—4张；2开.—4.00元

黄山揽胜/刘传炎摄.—天津：天津人民美术出版社，1990.8.—2张；2开.—1.10元

黄河风光/张旭奎编摄.—北京：人民美术出版社，1990.1.—2张；2开.—1.05元

鸾飞凤舞/梅伦等摄.—天津：天津人民美术出版社，1990.8.—2张；2开.—1.10元

鸾凤和鸣/王秉龙，张词祖摄.—天津：天津人民美术出版社，1990.8.—2张；2开.—1.10元

博采众艺　芳华吐艳：无锡惠山手捏戏曲泥人集锦

/范光林摄影；陈灿星编文.—北京：人民美术出版社，1990.1.—2张；2开.—1.05元

椰林情侣/林伟新等摄.—天津：天津人民美术出版社，1990.8.—2张；2开.—1.10元

港澳掠影/健行摄.—南京：江苏美术出版社，1990.6.—2张；2开.—1.50元

颐和园/余辰摄；白瑜生编文.—北京：人民美术出版社，1990.7.—2张；2开.—1.05元

锦上添花/曾宪和摄.—北京：人民美术出版社，1990.7.—2张；2开.—1.05元

锦上添花系列画/谢新发摄.—天津：天津人民美术出版社，1990.8.—4张；4开.—1.20元

锦绣河山/张雄等摄.—上海：上海书画出版社，1990.9.—4张；4开.—2.00元

锦绣河山/周仁德摄.—上海：上海人民美术出版社，1990.6.—2张；全开.—2.00元

福寿康宁/丹斯，罗恒摄.—天津：天津人民美术出版社，1990.8.—2张；2开.—1.10元

福富寿禧/黎阳等摄.—上海：上海人民美术出版社，1990.1.—4张；2开.—4.00元

福禄寿喜/金宝根摄.—上海：上海书画出版社，1990.9.—4张；2开.—4.00元

群芳竞艳/于宇光摄.—天津：天津人民美术出版社，1990.8.—2张；2开.—1.10元

鲜花与少女/常春摄.—上海：上海人民美术出版社，1990.1.—4张；4开.—2.00元

摩托佳丽系列画/谭尚忍等摄.—天津：天津人民美术出版社，1990.8.—4张；2开.—2.00元

J229.56　剧照年画

小演员/马家吉摄.—天津：天津人民美术出版社，1990.8.—1张；2开.—0.50元

电影《红楼梦》薛宝钗与贾母/魏为摄.—上海：上海人民美术出版社，1990.6.—1张；2开.—0.45元

电影演员巩俐.—北京：中国电影出版社，〔1990?〕.—1张；2开.—0.50元

电影演员张琪/罗恒摄.—天津：天津人民美术出版社，1990.8.—1张；2开.—0.50元

电影演员武红、高宝宝、田冰.—北京：中国电影出版社，〔1990?〕.—1张；2开.—0.50元

电影演员林晓杰、娜依、梁玉瑾.—北京：中国电影出版社，〔1990?〕.—1张；2开.—0.50元

电影演员金莉莉、潘嬿.—北京：中国电影出版社，〔1990?〕.—1张；2开.—0.50元

电影演员谭小燕.—长沙：湖南美术出版社，1990.9.—1张；2开.—0.90元

吕布与貂蝉/姚中玉摄.—上海：上海人民美术出版社，1990.6.—1张；2开.—0.45元

杨宗保与穆桂英/水佳定摄.—天津：天津人民美术出版社，1990.8.—1张；2开.—0.50元

芙蓉情偶/豫强，益民摄.—杭州：浙江人民美术出版社，1990.8.—1张；2开.—1.10元

李芳小姐.—石家庄：河北美术出版社，1990.7.1张；2开.—1.00元

时装皇后——彭莉/吴健骅摄.—长沙：湖南美术出版社，1990.8.—1张；2开.—0.90元

青年演员张虹/屈正一摄.—石家庄：河北美术出版社，1990.7.—1张；2开.—1.00元

青年演员——张晏/金以云摄.—长沙：湖南美术出版社，1990.8.—1张；2开.—0.90元

青年演员——柳荻/张甦妍摄.—长沙：湖南美术出版社，1990.8.—1张；2开.—0.90元

武坛小星星.—北京：人民体育出版社，1990.8.2张；2开.—1.15元

武坛小将.—北京：人民体育出版社，1990.8.—1张；2开.—0.55元

武坛精英.—北京：人民体育出版社，1990.8.—2张；2开.—1.15元

武林新秀.—北京：人民体育出版社，1990.8.—1张；2开.—0.55元

武星张宏梅/唐禹民摄.—天津：天津人民美术出版社，1990.8.—1张；2开.—0.50元

金玉良缘/丁宇光摄.—北京：中国电影出版社，〔1990?〕.—1张；2开.—0.50元

挡马/杭志忠摄.—上海：上海人民美术出版社，1990.6.—1张；2开.—0.45元

贾宝玉和林黛玉/罗恒摄.—天津：天津人民美术出版社，1990.8.—1张；2开.—0.50元

貂婵/丁航摄.—上海：上海人民美术出版社，1990.6.—1张；2开.—0.45元

影片《东方美女》女主角——单星梅/马建国摄.长沙：湖南美术出版社，1990.8.—1张；2开.—0.90元

影坛之花/林伟新摄.—上海：上海书画出版社，1990.9.—4张；3开.—3.00元

影视新秀/邵华安，葛国伟摄.—上海：上海书画出版社，1990.9.—4张；4开.—2.00元

影星戴安娜·莱恩.—天津：天津人民美术出版社，1990.8.—1张；4开.—0.30元

螳螂拳.—北京：人民体育出版社，1990.8.—1张；2开.—0.55元

J229.57　剧照条屏

二子开店.—北京：中国电影出版社〔1990?〕.

2张；2开.—1.00元

八大王.—北京：中国电影出版社，〔1990？〕.2张；2开.—1.00元

八仙过海/席智编摄.—北京：人民美术出版社，1990.1.—4张；2开.—2.20元

八仙过海/席智编摄.—哈尔滨：黑龙江美术出版社，1990.7.—2张；2开.—1.15元

三对半情侣和一个小偷/春溪供稿.—天津：天津人民美术出版社，1990.8.—2张；2开.—1.10元

女人街.—北京：中国电影出版社，〔1990？〕.2张；2开.—1.00元

女秀才移花接木/春和编；连元摄.—哈尔滨：黑龙江美术出版社，1990.7.—2张；2开.—1.15元

女驸马/池一平等摄.—杭州：浙江人民美术出版社，1990.8.—2张；2开.—0.90元

女神探宝盖丁/阎国平编.—南京：江苏美术出版社，1990.6.—2张；2开.—1.00元

马素贞复仇记/姚华俊选编.—天津：天津人民美术出版社，1990.8.—2张；2开.—1.10元

开国大典.—北京：中国电影出版社，〔1990？〕.2张；2开.—1.00元

五台山奇情.—北京：中国电影出版社，〔1990？〕.—2张；2开.—1.00元

少女欢歌/田英摄.—天津：天津人民美术出版社，1990.8.—4张；3开.—3.00元

风流皇后/祖克勤摄.—天津：天津人民美术出版社，1990.8.—2张；2开.—1.10元

凤凰楼/豫强，益民摄.—杭州：浙江人民美术出版社，1990.8.—2张；2开.—0.90元

双剑奇缘/朱国方编；陈建国摄.—南京：江苏美术出版社，1990.6.—2张；2开.—1.00元

双珠凤/王雄伟，陈坚摄.—杭州：浙江人民美术出版社，1990.8.—2张；2开.—0.90元

龙飞凤舞争玉壶/徐晓摄.—天津：天津人民美术出版社，1990.8.—2张；2开.—1.10元

龙凤呈祥/丁宇光摄.—天津：天津人民美术出版社，1990.8.—2张；2开.—1.10元

龙凤呈祥/辽宁画报社编.—沈阳：辽宁美术出版社，1990.7.—2张；2开.—1.00元

四季康乐/童新，童金贵编.—哈尔滨：黑龙江美术出版社，1990.7.—2张；2开.—1.15元

外国马戏·杂技/纳栩编.—天津：天津人民美术出版社，1990.8.—2张；2开.—1.10元

幼主遇忠臣.—北京：中国电影出版社，〔1990?〕.2张；2开.—1.00元

西厢记/豫强，益民摄.—杭州：浙江人民美术出版社，1990.8.—2张；2开.—0.90元

百年和合/豫强，益民摄.—杭州：浙江人民美术出版社，1990.8.—2张；2开.—0.90元

吕布戏貂婵/马赛编；陈志军摄.—哈尔滨：黑龙江美术出版社，1990.7.—2张；2开.—1.15元

吕四娘.—北京：中国电影出版社，〔1990？〕2张；2开.—1.00元

乔太守乱点鸳鸯谱/豫强，益民摄.—杭州：浙江人民美术出版社，1990.8.—2张；2开.—0.90元

乔太守妙点鸯鸳谱/子路编摄.—天津：天津人民美术出版社，1990.8.—2张；2开.—1.10元

朱熹与丽娘/戴蔚安编.—天津：天津人民美术出版社，1990.8.—2张；2开.—1.10元

江湖妹子.—北京：中国电影出版社，〔1990？〕.2张；2开.—1.00元

关公/北京电影制片厂编摄.—南京：江苏美术出版社，1990.6.—2张；2开.—1.00元

花翎飞盗/王家俭摄.—天津：天津人民美术出版社，1990.8.—2张；2开.—1.10元

奇男侠女/徐晓摄；蒋芳编文.—南京：江苏美术出版社，1990.6.—2张；2开.—1.00元

奇情侠侣.—北京：中国电影出版社，〔1990？〕.2张；2开.—1.00元

拉郎配/马赛编文；陈志军摄.—哈尔滨：黑龙江美术出版社，1990.7.—2张；2开.—1.15元

侠盗鲁平/姚华俊选编.—天津：天津人民美术出版社，1990.8.—2张；2开.—1.10元

金鞋.—北京：中国电影出版社，〔1990？〕.2张；2开.—1.00元

金殿拒婚/豫强，益民摄.—杭州：浙江人民美术出版社，1990.8.—2张；2开.—0.90元

狐仙巧助美姻缘/芙宇改编；晓地摄.—天津：天津人民美术出版社，1990.8.—2张；2开.—1.10元

姑苏一怪.—北京：中国电影出版社，〔1990？〕2张；2开.—1.00元

孟丽君/徐晓摄.—南京：江苏美术出版社，1990.6.—2张；2开.—1.00元

孟姜女/彭伶编摄.—北京：人民美术出版社，1990.1.—2张；2开.—1.05元

珍珠塔传奇/何兆新摄.—西安：陕西人民美术出版社，〔1990〕.—2张；2开.—1.10元

青蛇传/汪若柏，叶敬华摄；陆家编.—天津：天津人民美术出版社，1990.8.—2张；2开.—1.10元

封神榜/王胜华等摄.—上海：上海人民美术出版社，1990.6.—2张；2开.—0.90元

封神榜.—南京：江苏美术出版社，1990.6.—2张；2开.—1.20元

南园梦/培良摄；克平，如意编文.—南京：江苏美术出版社，1990.6.—2张；2开.—1.00元

拜月记/林峰编摄.—北京：人民美术出版社，1990.7.—2张；2开.—1.05元

皇后易嫁/豫强，益民摄.—杭州：浙江人民美术出版社，1990.8.—3张；2开.—2.70元

真假唐伯虎/徐晓摄影；蒋剑奎编文.—沈阳：辽宁美术出版社，1990.6.—2张；2开.—1.10元

浣花溪/三月改编；晓地摄.—天津：天津人民美术出版社，1990.8.—2张；2开.—1.10元

情侣.—北京：中国电影出版社，〔1990?〕.—2张；2开.—1.00元

断喉剑.—北京：中国电影出版社，〔1990?〕.2张；2开.—1.00元

隐身怪侠/春溪编.—天津：天津人民美术出版社，1990.8.—2张；2开.—1.10元

琴棋书画/豫强，益民摄.—杭州：浙江人民美术出版社，1990.8.—2张；2开.—0.90元

喜相逢.—北京：中国电影出版社，1990.7.—2张；2开.—1.00元

喜脉案/吴钟炎编；陈春轩，杭志忠摄.—哈尔滨：黑龙江美术出版社，1990.7.—2张；2开.1.15元

喜结良缘/徐晓，郑佘沶摄.—南京：江苏美术出版社，1990.6.—2张；2开.—1.00元

最后一个皇妃.—北京：中国电影出版社，〔1990?〕.—2张；2开.—1.00元

黑色走廊/北京电影制片厂编摄.—南京：江苏美术出版社，1990.6.—2张；2开.—1.00元

傻小子行侠记.—北京：中国电影出版社，1990.7.2张；2开.—1.00元

碧玉簪/辽宁画报社编.—沈阳：辽宁美术出版社，1990.7.—2张；2开.—1.00元

醉戏柳眉儿/晓地摄.—天津：天津人民美术出版社，1990.8.—2张；2开.—1.10元

劈山救母/兆钦，哉许摄.—济南：山东美术出版社，1990.5.—2张；2开

J229.58　年历画

一帆风顺万事如意（1991年年历）.—济南：山东美术出版社，1990.5.—1张；2开

八仙过海：摄影（1991年年历）/林伟新摄.—上海：上海书画出版社，1990.9.—1张；4开.—0.50元

人民子弟兵：摄影（1991年年历）/邹起奎摄.—杭州：浙江人民出版社，1990.8.—1张；4开.—0.50元

九鱼图：国画（1991年年历）/张泽芯绘.—天津：天津人民美术出版社，1990.8.—1张；3开.—0.75元

土星小姐：摄影（1991年年历）/凯光，盛奎摄.杭州：浙江人民美术出版社，1990.8.—1张；4开.0.50元

大海之恋：摄影（1991年年历）.—石家庄：河北美术出版社，1990.6.—1张；2开.—1.00元

大喜大寿图：国画（1991年年历）/徐俊卿绘.—杭州：浙江人民美术出版社，1990.8.—1张；2开.1.00元

万水千山总是情：摄影（1991年年历）/晓林，哗石摄.—上海：上海书画出版社，1990.9.—1张；3开.—0.75元

万事如意：摄影（1991年年历）/王万录摄.—石家庄：河北美术出版社，1990.6.—1张；3开.—0.75元

山水情浓：摄影（1991年年历）/一君摄.—石家庄：河北美术出版社，1990.6.—1张；2开.—1.00元

山青水秀：摄影（1991年年历）/李为摄.—沈阳：辽宁美术出版社，1990.1.—1张；4开.—0.55元

女性世界：摄影（1991年年历）/伍亚华等摄.—上海：上海书画出版社，1990.9.—10张；3开.—10.00元

女孩：摄影（1991年年历）/李奎根摄.—沈阳：辽宁美术出版社，1990.7.—1张；4开.—0.55元

女孩：摄影（1991年年历）/明明，唐乔明摄.—石家庄：河北美术出版社，1990.6.—1张；3开.—0.75元

女孩与小猫：摄影（1991年年历）.—西安：陕西人民美术出版社，〔1990〕.—1张；3开.—0.78元

小卫士：摄影（1991年年历）/张成，李长捷摄.天津：天津人民美术出版社，1990.8.—1张；2开.1.00元

小小摄影家：摄影（1991年年历）/何兆欣摄.—上海：上海书画出版社，1990.9.—1张；4开.—0.50元

小公主：摄影（1991年年历）/张成摄.—天津：天津杨柳青画社，1990.6.—1张；4开.—0.50元

小伙伴：摄影（1991年年历）/王志强摄.—天津：天津人民美术出版社，1990.8.—1张；4开.—0.50元

小伙伴：摄影（1991年年历）/何历摄.—沈阳：辽宁美术出版社，1990.1.—1张；4开.—0.55元

小羊咩咩：摄影（1991年年历）/刘海发摄.—上海：上海人民美术出版社，1990.6.—1张；3开.0.75元

小花：摄影（1991年年历）/杨中俭摄.—上海：上海书画出版社，1990.9.—1张；4开.—0.50元

小花：摄影（1991年年历）/张成摄.—天津：天津杨柳青画社，1990.6.—1张；4开.—0.50元

小花：摄影（1991年年历）/谢将摄.—北京：人民美术出版社，1990.6.—1张；4开.—0.50元

小花：摄影（1991年年历）/潘文龙摄.—济南：山东美术出版社，1990.5.—1张；4开

小花伞：摄影(1991年年历)/张成摄.—天津：天津杨柳青画社，1990.6.—1张；4开.—0.50元

小足球队员：摄影(1991年年历)/张成摄.—天津：天津人民美术出版社，1990.8.—1张；4开.0.50元

小枪手：摄影(1991年年历)/胡杨摄.—天津：天津人民美术出版社，1990.8.—1张；4开.—0.50元

小夜曲：摄影(1991年年历)/夏大统摄.—杭州：浙江人民美术出版社，1990.8.—1张；4开.—0.50元

小姑娘：摄影(1991年年历)/钟向东摄.—南京：江苏美术出版社，1990.1.—1张；3开.—0.80元

小战士：摄影(1991年年历)/宋万华，王宝贵摄.—天津：天津杨柳青画社，1990.6.—1张；4开.0.50元

小咪咪：摄影(1991年年历)/沈福庆摄.—西安：陕西人民美术出版社，〔1990〕.—1张；2开.—1.10元

小皇帝：摄影(1991年年历)/杨关麟摄.—上海：上海书画出版社，1990.9.—1张；4开.—0.50元

小胖：摄影(1991年年历)/何历摄.—沈阳：辽宁美术出版社，1990.7.—1张；4开.—0.55元

小胖：摄影(1991年年历)/林伟新摄.—上海：上海书画出版社，1990.9.—1张；4开.—0.50元

小音乐家：摄影(1991年年历)/谢新发摄.—天津：天津人民美术出版社，1990.8.—1张；4开.0.50元

小海军：摄影(1991年年历)/张成摄.—天津：天津杨柳青画社，1990.6.—1张；4开.—0.50元

小猫：摄影(1991年年历)/周屹摄.—北京：朝花美术出版社，〔1990〕.—1张；4开.—0.50元

小猫：摄影(1991年年历).—西安：陕西人民美术出版社，〔1990〕.—1张；6开.—0.45元

小骑兵：摄影(1991年年历)/马家吉摄.—天津：天津人民美术出版社，1990.8.—1张；4开.—0.50元

小演员：摄影(1991年年历)/年欣摄.—西安：陕西人民美术出版社，〔1990〕.—1张；3开.—0.78元

小演员：摄影(1991年年历)/张鹏飞，加贝摄.天津：天津杨柳青画社，1990.6.—1张；4开.0.50元

小摩托手：摄影(1991年年历)/严博摄.—杭州：浙江人民美术出版社，1990.8.—1张；4开.—0.50元

小憩：摄影(1991年年历)/丁定摄.—上海：上海人民美术出版社，1990.6.—1张；6开.—0.40元

马来西亚城市街景：摄影(1991年年历).—沈阳：辽宁美术出版社，1990.7.—1张；4开.—0.55元

乡恋：摄影(1991年年历)/全归摄.—沈阳：辽宁美术出版社，1990.7.—1张；4开.—0.55元

乡情：摄影(1991年年历)/许谋摄.—上海：上海人民美术出版社，1990.6.—1张；3开.—0.75元

友爱：摄影(1991年年历).—沈阳：辽宁美术出版社，1990.7.—1张；4开.—0.55元

友情：摄影(1991年年历)/李如海摄.—天津：天津杨柳青画社，1990.6.—1张；8开.—0.30元

开心：摄影(1991年年历)/曲盐摄.—沈阳：辽宁美术出版社，1990.7.—1张；4开.—0.55元

天津水上公园：摄影(1991年年历)/崔顺才摄.天津：天津人民美术出版社，1990.8.—1张；2开.1.00元

天津水上公园：摄影(1991年年历)/廉敬宜摄.上海：上海书画出版社，1990.9.—1张；4开.—0.50元

天津水晶宫饭店：摄影(1991年年历)/崔顺才摄.—天津：天津人民美术出版社，1990.8.—1张；2开.—1.00元

天涯海角：摄影(1991年年历)/王守平摄.—西安：陕西人民美术出版社，1990.7.—1张；3开.0.78元

无锡·蠡园：摄影(1991年年历).—南京：江苏美术出版社，1990.6.—1张；2开.—1.05元

艺苑精华：摄影(1992年年历).—上海：上海人民美术出版社，〔1990?〕.—5张；2开.—7.50元

五彩池：摄影(1991年年历)/刘世昭摄.—天津：天津人民美术出版社，1990.8.—1张；4开.—0.50元

少女：摄影(1991年年历)/张志勇摄.—沈阳：辽宁美术出版社，1990.7.—1张；4开.—0.55元

少女：摄影(1991年年历)/林伟新摄.—上海：上海书画出版社，1990.9.—1张；4开.—0.50元

少女：摄影(1991年年历)/杭邵摄.—南昌：江西人民出版社，〔1990〕.—1张；3开.—0.75元

少女与老虎：摄影(1991年年历)/贾育平，李树忠摄.—天津：天津人民美术出版社，1990.8.—1张；4开.—0.50元

少女鲜花：摄影(1991年年历)/钱惠良摄.—石家庄：河北美术出版社，1990.6.—1张；2开.—1.00元

少年先锋队：摄影(1991年年历)/张成摄.—天津：天津人民美术出版社，1990.8.—1张；2开.1.00元

少妇：油画(1991年年历).—西安：陕西人民美术出版社，〔1990?〕.—1张；3开.—0.78元

日本风光：摄影(1991年年历).—西安：陕西人民美术出版社，〔1990?〕.—1张；4开.—0.58元

中国园林风光：摄影（1991年年历）/张宝声等摄.—上海：上海书画出版社，1990.9.—6张；3开.6.00元

风姿：摄影（1991年年历）/沈福堂摄.—西安：陕西人民美术出版社，〔1990〕.—1张；2开.—1.10元

风姿：摄影（1991年年历）/谢新发摄.—南京：江苏美术出版社，1990.6.—1张；2开.—1.05元

风韵：摄影（1991年年历）/邱劲光摄.—天津：天津杨柳青画社，1990.6.—1张；4开.—0.50元

风韵：摄影（1991年年历）.—沈阳：辽宁美术出版社，1990.7.—1张；4开.—0.55元

风韵：摄影（1991年年历）/谭尚忍摄.—广州：岭南美术出版社，1990.4.—1张；4开.—0.60元

凤翠：摄影（1991年年历）.—上海：上海人民美术出版社，〔1990〕.—6张；2开.—7.80元

毛毛：摄影（1991年年历）/宋万华，王宝贵摄.天津：天津人民美术出版社，1990.8.—1张；4开.0.50元

长城秋色：摄影（1991年年历）/卞志武摄.—天津：天津杨柳青画社，1990.6.—1张；2开.—1.00元

长恨歌诗意图：国画（1991年年历）/郭长富绘.沈阳：辽宁美术出版社，1990.1.—1张；4开.—0.55元

月夜：摄影（1991年年历）/何文尊摄.—上海：上海人民美术出版社，1990.6.—1张；4开.—0.50元

文文：摄影（1991年年历）/程荣章，李基摄.—石家庄：河北美术出版社，1990.6.—1张；3开.—0.75元

心曲：摄影（1991年年历）/杨振吉摄.—天津：天津杨柳青画社，1990.6.—1张；4开.—0.50元

心曲：摄影（1991年年历）/诸国祥摄.—西安：陕西人民美术出版社，〔1990？〕.—1张；4开.—0.58元

心花：摄影（1991年年历）/林伟新摄.—天津：天津杨柳青画社，1990.6.—1张；2开.—1.00元

队日：摄影（1991年年历）/张成摄.—天津：天津人民美术出版社，1990.8.—1张；2开.—1.00元

队旗下：摄影（1991年年历）/张成摄.—天津：天津人民美术出版社，1990.8.—1张；2开.—1.00元

双猫：摄影（1991年年历）/丁定摄.—上海：上海人民美术出版社，1990.6.—1张；6开.—0.40元

双猫图：国画（1991年年历）/刘刀勇绘.—上海：上海人民美术出版社，1990.6.—1张；3开.—0.75元

双鹊报喜图：国画（1991年年历）/王建德绘.—天津：天津杨柳青画社，1990.6.—1张；3开.—0.75元

孔雀（1991年年历）/苏伯群绘.—天津：天津人民美术出版社，1990.8.—1张；3开.—0.75元

孔雀少女：摄影（1991年年历）/姜衍波摄.—上海：上海书画出版社，1990.9.—1张；4开.—0.50元

巴拿马风光：摄影（1991年年历）/马元浩摄.—天津：天津人民美术出版社，1990.8.—1张；4开.0.50元

水仙：摄影（1991年年历）/辰雨摄.—北京：人民美术出版社，1990.1.—1张；4开.—0.50元

打电话：摄影（1991年年历）/杨中俭摄.—天津：天津人民美术出版社，1990.8.—1张；4开.—0.50元

节日的天安门：摄影（1991年年历）/金耀文摄.长沙：湖南美术出版社，1990.8.—1张；2开.—0.90元

可爱的儿童：摄影（1991年年历）/浪花摄.—上海：上海人民美术出版社，1990.6.—1张；4开.0.50元

东方神韵：藏画（1991年年历）/洛桑绘.—拉萨：西藏人民出版社，〔1990〕.—1张；2开.2.40元

北京天安门：摄影（1991年年历）/孙肃显摄.上海：上海书画出版社，1990.9.—1张；3开.0.75元

北京天坛：摄影（1991年年历）/鄂毅摄.—天津：天津人民美术出版社，1990.8.—1张；4开.—0.50元

北京中南海：摄影（1991年年历）/孙肃显摄.—上海：上海书画出版社，1990.9.—1张；3开.—0.75元

北京龙潭公园：摄影（1991年年历）/董瑞成摄.石家庄：河北美术出版社，1990.6.—1张；4开.0.50元

北京北海公园：摄影（1991年年历）/鄂毅摄.—天津：天津人民美术出版社，1990.8.—1张；4开.0.50元

四时佳果：摄影（1991年年历）/梁力昌摄.—广州：岭南美术出版社，1990.4.—1张；3开.—0.80元

四季甜美：摄影（1991年年历）/崔君刚摄.—沈阳：辽宁美术出版社，1990.7.—1张；4开.—0.55元

四喜登梅：年画（1991年年历）/浦江绘.—杭州：浙江人民美术出版社，1990.8.—1张；3开.0.75元

电影《红高粱》女主角巩俐：摄影（1991年年历）/柏雨果摄.—西安：陕西人民美术出版社，〔1990？〕.—1张；3开.—0.78元

电影演员张琪：摄影（1991年年历）/刘立滨摄.天津：天津杨柳青画社，1990.6.—1张；4开.—0.50元

电影演员张瑛：摄影（1991年年历）/周雁鸣摄.

武汉：湖北美术出版社，1990.8.—1张；3开.—0.68元

电影演员陈佩斯：摄影（1991年年历）.—北京：中国电影出版社，1990.7.—1张；4开.—0.30元

电影演员柳荻：摄影（1991年年历）/于志新摄.天津：天津杨柳青画社，1990.6.—1张；2开.—1.00元

电影演员盖丽丽：摄影（1991年年历）/陈惠宁摄.—天津：天津人民美术出版社，1990.8.—1张；4开.—0.50元

电影演员董欣：摄影（1991年年历）.—北京：中国电影出版社，1990.7.—1张；2开.—0.50元

电影演员谢蕾：摄影（1991年年历）.—北京：中国电影出版社，〔1990？〕.—1张；4开.—0.30元

出水芙蓉：摄影（1991年年历）/刘先修摄.—广州：岭南美术出版社，1990.4.—1张；4开.—0.60元

出水芙蓉：摄影（1991年年历）/新发摄.—南京：江苏美术出版社，1990.6.—1张；3开.—0.80元

仙女下凡：摄影（1991年年历）/蔡俊清摄.—上海：上海书画出版社，1990.9.—1张；4开.—0.50元

冬：油画（1991年年历）/杭穉英绘.—上海：上海人民美术出版社，1990.6.—1张；3开.—0.75元

丛林少女：摄影（1991年年历）/娄晓曦摄.—长沙：湖南美术出版社，1990.8.—1张；全张.—2.00元

鸟语花香：摄影（1991年年历）/丹青等摄.—上海：上海书画出版社，1990.9.—6张；3开.—6.00元

玄武湖观鱼亭：摄影（1991年年历）/牛嵩林摄.天津：天津杨柳青画社，1990.6.—1张；2开.—1.00元

圣境接云：摄影（1991年年历）/陈高摄.—沈阳：辽宁美术出版社，1990.7.—1张；3开.—0.75元

吉它手：摄影（1991年年历）/沈黎摄.—上海：上海书画出版社，1990.9.—1张；4开.—0.50元

吉祥如意：摄影（1991年年历）/金宝根摄.—上海：上海书画出版社，1990.9.—1张；4开.—0.50元

共和国卫士：摄影（1991年年历）/陈洪庶摄.—昆明：云南人民出版社，1990.8.—1张；4开.—0.60元

西双版纳风光：摄影（1991年年历）/张丽英摄.北京：人民美术出版社，1990.6.—1张；2开.—1.00元

西安华清池：摄影（1991年年历）/陈东林摄.—西安：陕西人民美术出版社，〔1990？〕.—1张；3开.0.78元

西湖2000年：水彩（1991年年历）/徐俊卿，陈子达绘.—杭州：浙江人民美术出版社，1990.8.1张；3开.—0.75元

西湖之春：摄影（1991年年历）/陈东林摄.—天津：天津人民美术出版社，1990.8.—1张；3开.0.75元

西湖花港：摄影（1991年年历）/陈东林摄.—天津：天津人民美术出版社，1990.8.—1张；3开.0.75元

西湖初冬：摄影（1991年年历）/天鹰摄.—杭州：浙江人民美术出版社，1990.8.—1张；4开.0.50元

百岁：摄影（1991年年历）/孙晓风摄.—沈阳：辽宁美术出版社，1990.7.—1张；4开.—0.55元

扬州·个园：摄影（1991年年历）.—南京：江苏美术出版社，1990.6.—1张；2开.—1.05元

扬州瘦西湖：摄影（1991年年历）/施大光摄.—沈阳：辽宁美术出版社，1990.7.—1张；4开.—0.55元

吃果果：摄影（1991年年历）/崔顺才摄.—天津：天津杨柳青画社，1990.6.—1张；8开.—0.30元

同庆丰年：摄影（1991年年历）/易木摄.—北京：人民美术出版社，1990.1.—1张；3开.—0.90元

竹：摄影（1991年年历）/刘复汉摄.—西安：陕西人民美术出版社，〔1990〕.—1张；2开.—1.30元

竹：摄影（1991年年历）/刘震摄.—天津：天津人民美术出版社，1990.8.—1张；2开.—1.00元

年华：摄影（1991年年历）/张鸿保摄.—北京：人民美术出版社，1990.6.—1张；3开.—0.90元

伙伴：摄影（1991年年历）.—呼和浩特：内蒙古人民出版社，1990.6.—1张；4开.—0.55元

似玉：摄影（1991年年历）/成渝摄.—广州：岭南美术出版社，1990.4.—1张；4开.—0.60元

华年如花：摄影（1991年年历）.—沈阳：辽宁美术出版社，1990.7.—1张；4开.—0.55元

华姿：摄影（1991年年历）/刘海发摄.—石家庄：河北美术出版社，1990.6.—1张；4开.—0.50元

华堂飘香：摄影（1991年年历）/杨茵摄.—天津：天津杨柳青画社，1990.6.—1张；4开.—0.50元

延安枣园：摄影（1991年年历）/黄继贤摄.—西安：陕西人民美术出版社，〔1990？〕.—1张；3开.—0.78元

自然之美：摄影（1991年年历）.—石家庄：河北美术出版社，1990.6.—1张；2开.—1.00元

向往：摄影（1991年年历）/钱豫强摄.—天津：天津杨柳青画社，1990.6.—1张；3开.—0.75元

向往：摄影（1991年年历）.—石家庄：河北美术

出版社，1990.6.—1张；2开.—1.00元

众神的欢宴：油画（1991年年历）.—武汉：湖北美术出版社，1990.10.—1张；8开.—0.30元

名画：油画（1991年年历）.—沈阳：辽宁美术出版社，1990.7.—1张；4开.—0.55元

多姿：摄影（1991年年历）/邵华安摄.—天津：天津杨柳青画社，1990.6.—1张；4开.—0.50元

庆丰年：摄影（1991年年历）/李志成摄.—上海：上海人民美术出版社，1990.6.—1张；6开.—0.40元

江山丽影：摄影（1991年年历）.—石家庄：河北美术出版社，1990.6.—1张；2开.—1.00元

江南春色：摄影（1991年年历）/牛嵩林摄.—兰州：甘肃人民美术出版社，1990.8.—1张；3开.0.78元

池趣：摄影（1991年年历）/陈春轩摄.—西安：陕西人民美术出版社，〔1990？〕.—1张；6开.0.45元

妆：摄影（1991年年历）.—南京：江苏美术出版社，1990.6.—1张；2开.—1.85元

羊年大吉：摄影（1991年年历）/邵黎阳摄.—上海：上海人民美术出版社，1990.6.—1张；3开.0.75元

阳光下的少女：摄影（1991年年历）/鲁夫摄.—沈阳：辽宁美术出版社，1990.1.—1张；4开.—0.55元

阳朔大榕树：摄影（1991年年历）/田捷民摄.—天津：天津人民美术出版社，1990.8.—1张；2开.1.00元

如花：摄影（1991年年历）/肖雅摄.—广州：岭南美术出版社，1990.4.—1张；4开.—0.60元

好小子：摄影（1991年年历）/联宜摄.—天津：天津杨柳青画社，1990.6.—1张；8开.—0.30元

好友：摄影（1991年年历）.—呼和浩特：内蒙古人民出版社，1990.6.—1张；4开.—0.55元

好朋友：摄影（1991年年历）.—西安：陕西人民美术出版社，〔1990？〕.—1张；4开.—0.58元

好宝宝：摄影（1991年年历）/谢新发摄.—天津：天津人民美术出版社，1990.8.—1张；4开.0.50元

戏水：摄影（1991年年历）/建敏，新发摄.—天津：天津人民美术出版社，1990.8.—1张；4开.0.50元

戏水：摄影（1991年年历）/李少白摄.—上海：上海人民美术出版社，1990.6.—1张；4开.—0.50元

观鱼：摄影（1991年年历）/陈东林摄.—天津：天津人民美术出版社，1990.8.—1张；3开.—0.75元

欢乐童年：摄影（1991年年历）/张玉国摄.—沈阳：辽宁美术出版社，1990.7.—1张；4开.—0.55元

欢欢：摄影（1991年年历）/程荣章，李基摄.—石家庄：河北美术出版社，1990.6.—1张；3开.—0.75元

红衣女郎：摄影（1991年年历）/钱豫强摄.—上海：上海书画出版社，1990.9.—1张；3开.—0.75元

红红：摄影（1991年年历）/程荣章，李基摄.—石家庄：河北美术出版社，1990.6.—1张；4开.—0.75元

红纱丽人：摄影（1991年年历）/豫强摄.—杭州：浙江人民美术出版社，1990.8.—1张；4开.—0.50元

红幄少女：摄影（1991年年历）/施伟摄.—上海：上海人民美术出版社，1990.6.—1张；3开.—0.75元

红装：摄影（1991年年历）/刘海发摄.—石家庄：河北美术出版社，1990.6.—1张；4开.—0.50元

玛丽莲·梦露：摄影（1991年年历）.—南京：江苏美术出版社，1990.6.—1张；2开.—1.05元

杜鹃：摄影（1991年年历）/林瑛珊摄.—沈阳：辽宁美术出版社，1990.1.—1张；4开.—0.55元

丽日南天：摄影（1991年年历）.—石家庄：河北美术出版社，1990.6.—1张；2开.—1.00元

丽影：摄影（1991年年历）/何兆新摄.—天津：天津杨柳青画社，1990.6.—1张；2开.—1.00元

花儿与少年：摄影（1991年年历）/建国摄.—济南：山东美术出版社，1990.5.—1张；4开

花开时节：摄影（1991年年历）/钱豫强摄.—杭州：浙江人民美术出版社，1990.8.—1张；4开.0.50元

花卉礼品：摄影（1991年年历）.—昆明：云南人民出版社，〔1990？〕.—6张；2开.—7.20元

花卉·礼品：摄影（1991年年历）.—昆明：云南人民出版社，〔1990？〕.—6张；4开.—3.60元

花卉装饰（一）：花艳映日红：摄影（1991年年历）/林伟新摄.—上海：上海书画出版社，1990.9.—1张；2开.—1.30元

花卉装饰（二）：夕阳落春栏：摄影（1991年年历）/林伟新摄.—上海：上海书画出版社，1990.9.—1张；2开.—1.30元

花卉装饰（三）：乘风千帆竞：摄影（1991年年历）/林伟新摄.—上海：上海书画出版社，1990.9.—1张；2开.—1.30元

花卉装饰（四）：伊甸园之夜：摄影（1991年年历）/林伟新摄.—上海：上海书画出版社，1990.9.1张；2开.—1.30元

花卉装饰（五）：碧湖溶情影：摄影（1991年年

历)/林伟新摄.—上海：上海书画出版社，1990.9.1张；2开.—1.30元

花卉装饰（六）：芬芳的韵律：摄影(1991年年历)/林伟新摄.—上海：上海书画出版社，1990.9.—1张；2开.—1.30元

花团锦簇：摄影(1991年年历)/王强摄.—武汉：湖北美术出版社，1990.10.—1张；4开.—0.50元

花好月圆：摄影(1991年年历)/沈黎等摄.—上海：上海书画出版社，1990.9.—4张；2开.—4.00元

花香四季：摄影(1991年年历)/谢新发摄.—天津：天津人民美术出版社，1990.8.—4张；4开.2.00元

花前倩影：摄影(1991年年历)/夏大统摄.—济南：山东美术出版社，1990.4.—1张；4开.—0.50元

花神：摄影(1991年年历)/陈达瑜摄.—杭州：浙江人民美术出版社，1990.8.—1张；4开.—0.50元

花颜：摄影(1991年年历)/谭尚忍摄.—广州：岭南美术出版社，1990.4.—1张；4开.—0.60元

花篮中：摄影(1991年年历)/李如海摄.—天津：天津杨柳青画社，1990.6.—1张；4开.—0.50元

芬芳：摄影(1991年年历)/林伟新摄.—上海：上海书画出版社，1990.9.—1张；4开.—0.50元

芬芳：摄影(1991年年历)/钱豫强摄.—天津：天津杨柳青画社，1990.6.—1张；4开.—0.50元

芬芳：摄影(1991年年历).—长沙：湖南美术出版社，1990.8.—1张；2开.—0.90元

芳心：摄影(1991年年历)/王小滨摄.—天津：天津杨柳青画社，1990.6.—1张；4开.—0.50元

芳华：摄影(1991年年历)/陈锦摄.—西安：陕西人民美术出版社，〔1990？〕.—1张；4开.0.58元

芳姿：摄影(1991年年历)/陈春轩摄.—天津：天津人民美术出版社，1990.8.—1张；4开.—0.50元

芳姿：摄影(1991年年历)/钱豫强摄.—天津：天津杨柳青画社，1990.6.—1张；2开.—1.00元

芳艳：摄影(1991年年历)/桑榆摄.—上海：上海人民美术出版社，1990.6.—1张；3开.—0.75元

苏州虎丘：摄影(1991年年历)/何兆欣摄.—上海：上海书画出版社，1990.9.—1张；4开.—0.50元

苏州·退思园：摄影(1991年年历).—南京：江苏美术出版社，1990.6.—1张；2开.—1.05元

扮装：摄影(1991年年历).—天津：天津杨柳青画社，1990.6.—1张；4开.—0.50元

连年鱼跃：年画(1991年农历辛未年月建节气侯表)/孙公照绘.—济南：山东美术出版社，1990.5.1张；2开.—0.50元

步步登高：摄影(1991年年历)/易木摄.—北京：人民美术出版社，1990.1.—1张；3开.—0.90元

吟春：国画(1991年年历)/冯爱国绘.—天津：天津杨柳青画社，1990.6.—1张；3开.—0.75元

园林艺术：摄影(1991年年历).—上海：上海人民美术出版社，〔1990〕.—4张；2开.—5.20元

园林春色：水彩(1991年年历)/徐能海绘.—杭州：浙江人民美术出版社，1990.8.—1张；3开.—0.75元

秀美丰姿：摄影(1991年年历).—沈阳：辽宁美术出版社，1990.1.—1张；4开.—0.55元

我爱蓝天：摄影(1991年年历)/天鹰，光远摄.杭州：浙江人民美术出版社，1990.8.—1张；3开.0.75元

你好：摄影(1991年年历)/林伟新摄.—天津：天津杨柳青画社，1990.6.—1张；2开.—1.00元

伴侣：摄影(1991年年历)/林伟新摄.—上海：上海人民美术出版社，1990.6.—1张；6开.—0.40元

希望：摄影(1991年年历)/郭治国摄.—沈阳：辽宁美术出版社，1990.1.—1张；4开.—0.55元

迎春：摄影(1991年年历)/陈坚摄.—天津：天津杨柳青画社，1990.6.—1张；4开.—0.50元

迎客松：国画(1991年年历)/陈松崚绘.—杭州：浙江人民美术出版社，1990.8.—1张；2开.—1.10元

庐山胜景：摄影(1991年年历)/维维摄.—天津：天津人民美术出版社，1990.8.—1张；4开.—0.50元

快乐：摄影(1991年年历)/谭尚忍摄.—天津：天津杨柳青画社，1990.6.—1张；4开.—0.50元

快乐儿童：摄影(1991年年历)/杨中俭摄.—济南：山东美术出版社，1990.5.—1张；4开

沙浴：摄影(1991年年历)/贾育平摄.—天津：天津人民美术出版社，1990.8.—1张；3开.—0.75元

沉思：摄影(1991年年历)/段震中摄.—北京：人民美术出版社，1990.1.—1张；4开.—0.50元

妍：摄影(1991年年历)/天鹰摄.—杭州：浙江人民美术出版社，1990.8.—1张；4开.—0.50元

妙语警心：摄影(1991年年历)/林伟新摄.—天津：天津人民美术出版社，1990.8.—1张；3开.0.75元

妙龄：摄影(1991年年历)/田英摄.—天津：天津人民美术出版社，1990.8.—1张；4开.—0.50元

妙龄：摄影(1991年年历)/杨关麟摄.—上海：上海书画出版社，1990.9.—1张；4开.—0.50元

纯真：摄影(1991年年历)/周俊彦摄.—长沙：湖

南美术出版社，1990.8.—1张；3开.—0.55元

纯情：摄影（1991年年历）/许景辉摄.—南昌：江西人民出版社，〔1990〕.—1张；3开.—0.75元

玫瑰：摄影（1991年年历）.—呼和浩特：内蒙古人民出版社，1990.6.—1张；4开.—0.55元

青年演员李山鹰：摄影（1991年年历）/贾育平摄.天津：天津杨柳青画社，1990.6.—1张；4开.—0.50元

青年演员李勇勇：摄影（1991年年历）/金江摄.济南：山东美术出版社，1990.5.—1张；4开

青年演员李颖：摄影（1991年年历）/胜利摄.上海：上海书画出版社，1990.9.—1张；4开.0.75元

青年演员肖宁：摄影（1991年年历）/马建国摄.长沙：湖南美术出版社，1990.8.—1张；4开.—0.50元

青年演员张弘：摄影（1991年年历）.—上海：上海人民美术出版社，1990.6.—1张；3开.—0.75元

青年演员张志红：摄影（1991年年历）/钱豫强摄.杭州：浙江人民美术出版社，1990.8.—1张；4开.0.50元

青年演员陈红：摄影（1991年年历）/谭尚忍摄.上海：上海人民美术出版社，1990.6.—1张；3开.0.75元

青年演员林晓杰：摄影（1991年年历）/江山摄.济南：山东美术出版社，1990.5.—1张；4开

青年演员范峻：摄影（1991年年历）/许骊摄.—上海：上海书画出版社，1990.9.—1张；4开.—0.75元

青年演员金梦：摄影（1991年年历）.—上海：上海人民美术出版社，1990.6.—1张；3开.—0.75元

青年演员周美莉：摄影（1991年年历）/杨关麟摄.上海：上海书画出版社，1990.9.—1张；4开.0.75元

青年演员郑爽：摄影（1991年年历）/宝声摄.—上海：上海书画出版社，1990.9.—1张；4开.—0.75元

青年演员范萍：摄影（1991年年历）/奚天鹰摄.上海：上海书画出版社，1990.9.—1张；4开.0.75元

青年演员俞琼：摄影（1991年年历）/鲁夫摄.—沈阳：辽宁美术出版社，1990.1.—1张；4开.—0.60元

青年演员宫铆媚：摄影（1991年年历）/杨中俭摄.济南：山东美术出版社，1990.5.—1张；4开.—0.50元

青年演员黄超：摄影（1991年年历）/晔石摄.—上海：上海书画出版社，1990.9.—1张；4开.—0.75元

青年演员蒋燕：摄影（1991年年历）/贾育平摄.天津：天津杨柳青画社，1990.6.—1张；4开.0.50元

青春：摄影（1991年年历）/王秉龙摄.—天津：天津杨柳青画社，1990.6.—1张；4开.—0.50元

青春：摄影（1991年年历）/李慧珠摄.—上海：上海书画出版社，1990.9.—1张；4开.—0.50元

青春：摄影（1991年年历）/陈荣摄.—上海：上海人民美术出版社，1990.6.—1张；3开.—0.75元

青春：摄影（1991年年历）/金以云摄.—天津：天津人民美术出版社，1990.8.—1张；4开.—0.50元

青春：摄影（1991年年历）.—北京：人民美术出版社，1990.1.—1张；4开.—0.50元

青春：摄影（1991年年历）.—上海：上海人民美术出版社，〔1990〕.—6张；2开.—7.80元

青春之歌：摄影（1991年年历）/李少白摄.—上海：上海人民美术出版社，1990.6.—1张；3开.0.75元

青春年华：摄影（1991年年历）/刘海发摄.—沈阳：辽宁美术出版社，1990.1.—1张；4开.—0.55元

青春年华：摄影（1991年年历）/许谋摄.—上海：上海人民美术出版社，1990.6.—1张；3开.—0.75元

林中：摄影（1991年年历）/贾育平摄.—天津：天津人民美术出版社，1990.8.—1张；3开.—0.75元

松鹤图：国画（1991年年历）/李建华绘.—天津：天津杨柳青画社，1990.6.—1张；3开.—0.75元

松鹤图：国画（1991年年历）/洪世川绘.—杭州：浙江人民美术出版社，1990.8.—1张；3开.—0.75元

杭州花港公园：摄影（1991年年历）/周俊彦摄.济南：山东美术出版社，1990.5.—1张；4开.0.50元

幸福家庭：摄影（1991年年历）/赵海红，许骅华摄.—上海：上海书画出版社，1990.9.—4张；3开.4.00元

幸福童年：摄影（1991年年历）/张成摄.—天津：天津杨柳青画社，1990.6.—1张；4开.—0.50元

茁苗：摄影（1991年年历）/宋万华，王宝贵摄.天津：天津杨柳青画社，1990.6.—1张；4开.0.50元

郁金香：摄影（1991年年历）.—沈阳：辽宁美术出版社，1990.1.—1张；4开.—0.55元

郁金香园：摄影（1991年年历）.—沈阳：辽宁美术出版社，1990.7.—1张；4开.—0.55元

郁香：摄影（1991年年历）/叶导摄.—长沙：湖南美术出版社，1990.8.—1张；2开.—0.90元

奔向未来：摄影（1991年年历）/张成摄.—天津：天津杨柳青画社，1990.6.—1张；4开.—0.50元

奇妙世界：摄影（1991年年历）.—上海：上海书画出版社，1990.9.—6张；2开.—7.80元

卧游—览纵山晓：国画（1991年年历）/白建民绘.天津：天津杨柳青画社，1990.6.—1张；3开.—0.75元

虎娃：摄影（1991年年历）/何茁摄.—天津：天津人民美术出版社，1990.8.—1张；4开.—0.50元

虎啸图：国画（1991年年历）/王柳影绘.—上海：上海人民美术出版社，1990.6.—1张；4开.—0.50元

明星卢玲：摄影（1991年年历）/包于飞摄.—上海：上海人民美术出版社，1990.6.—1张；3开.0.75元

明眸：摄影（1991年年历）/杨中俭摄.—天津：天津人民美术出版社，1990.8.—1张；4开.—0.50元

明眸：摄影（1991年年历）/尚雅摄.—广州：岭南美术出版社，1990.4.—1张；4开.—0.60元

明媚：摄影（1991年年历）/刘海发摄.—天津：天津人民美术出版社，1990.8.—1张；4开.—0.50元

牧马姑娘：摄影（1991年年历）/刘海发摄.—上海：上海人民美术出版社，1990.6.—1张；3开.0.75元

佳丽：摄影（1991年年历）/许荣摄.—上海：上海人民美术出版社，1990.6.—1张；3开.—0.75元

佳果飘香：摄影（1991年年历）/苏茂春摄.—广州：岭南美术出版社，1990.4.—1张；4开.—0.60元

欣：摄影（1991年年历）/刘海发摄.—天津：天津人民美术出版社，1990.8.—1张；8开.—0.20元

欣欣向荣：摄影（1991年年历）/刘明义摄.—昆明：云南人民出版社，1990.8.—1张；4开.—0.60元

金色的梦：摄影（1991年年历）/豫强摄.—杭州：浙江人民美术出版社，1990.8.—1张；4开.—0.50元

金色童年：摄影（1991年年历）/王志强摄.上海：上海人民美术出版社，1990.6.—1张；3开.0.75元

金色童年：摄影（1991年年历）.—济南：山东美术出版社，1990.5.—1张；2开

金秋：摄影（1991年年历）/万田摄.—沈阳：辽宁美术出版社，1990.7.—1张；4开.—0.55元

金梦：摄影（1991年年历）/屈正一摄.—长沙：湖南美术出版社，1990.8.—1张；2开.—0.90元

觅：国画（1991年年历）/陈军绘.—天津：天津杨柳青画社，1990.6.—1张；4开.—0.50元

浅笑：摄影（1991年年历）/谢新发摄.—天津：天津杨柳青画社，1990.6.—1张；4开.—0.50元

宝宝：摄影（1991年年历）/钟向东摄.—西安：陕西人民美术出版社，〔1990?〕.—1张；3开.0.78元

宝宝：摄影（1991年年历）/姜锁根摄.—南昌：江西人民出版社，〔1990〕.—1张；3开.—0.75元

宝宝：摄影（1991年年历）/程荣章，李基摄.石家庄：河北美术出版社，1990.6.—1张；3开.0.75元

宝宝：摄影（1991年年历）/谢将摄.—北京：人民美术出版社，1990.1.—1张；4开.—0.50元

宝宝乐：摄影（1991年年历）.—上海：上海人民美术出版社，〔1990?〕.—5张；3开.—5.00元

姐妹花：摄影（1991年年历）/张雄摄.—上海：上海书画出版社，1990.9.—1张；4开.—0.50元

玲玲：摄影（1991年年历）/程荣章，李基摄.石家庄：河北美术出版社，1990.6.—1张；3开.0.75元

春：油画（1991年年历）.—天津：天津杨柳青画社，1990.6.—1张；8开.—0.30元

春之恋：摄影（1991年年历）/叶导摄.—上海：上海书画出版社，1990.9.—1张；4开.—0.50元

春天：摄影（1991年年历）.—沈阳：辽宁美术出版社，1990.7.—1张；4开.—0.55元

春天：摄影（1991年年历）/谭荣摄.—天津：天津人民美术出版社，1990.8.—1张；4开.—0.50元

春风杨柳：摄影（1991年年历）/桑榆摄.—上海：上海人民美术出版社，1990.6.—1张；3开.0.75元

春华：摄影（1991年年历）/滕俊杰摄.—天津：天津人民美术出版社，1990.8.—1张；4开.—0.50元

春江春：水彩（1991年年历）/胡承斌绘.—杭州：浙江人民美术出版社，1990.8.—1张；3开.—0.75元

春花：摄影（1991年年历）/新发摄.—南京：江苏美术出版社，1990.6.—1张；3开.—0.80元

春夜：摄影（1991年年历）/尹春华，梦宇摄.天津：天津人民美术出版社，1990.8.—1张；4开.0.50元

春情：摄影（1991年年历）.—南京：江苏美术出版社，1990.6.—1张；3开.—0.80元

春满人间（1991年年历）/刘吉厚作.—沈阳：辽宁美术出版社，1990.1.—1张；4开.—0.55元

南岛情：摄影（1991年年历）.—石家庄：河北美术出版社，1990.6.—1张；2开.—1.00元

南国少女：摄影（1991年年历）/王志伟摄.—天津：天津人民美术出版社，1990.8.—1张；4开.0.50元

南国少女：摄影（1991年年历）/李少文摄.—武

汉：湖北美术出版社，1990.10.—1张；4开.—0.50元

南国风情：摄影（1991年年历）/卞志武摄.—天津：天津杨柳青画社，1990.6.—1张；2开.—1.04元

南国园林：摄影（1991年年历）/肖力摄.—广州：岭南美术出版社，1990.4.—1张；4开.—0.60元

草原：摄影（1991年年历）/曲盐摄.—沈阳：辽宁美术出版社，1990.7.—1张；4开.—0.55元

草帽：摄影（1991年年历）/冯一平摄.—西安：陕西人民美术出版社，〔1990？〕.—1张；3开.—0.78元

赵粉——牡丹名花：摄影(1991年年历)/董瑞成摄.石家庄：河北美术出版社，1990.6.—1张；4开.0.50元

临潼华清池：摄影（1991年年历）/张玉同摄.沈阳：辽宁美术出版社，1990.1.—1张；4开.0.55元

咪咪：摄影（1991年年历）/贾育平摄.—天津：天津杨柳青画社，1990.6.—1张；4开.—0.50元

咪咪：摄影（1991年年历）.—上海：上海人民美术出版社，〔1990〕.—6张；2开.—7.80元

咪咪：摄影（1991年年历）.—沈阳：辽宁美术出版社，1990.7.—1张；4开.—0.55元

咪咪照影：摄影（1991年年历）/王志强摄.—杭州：浙江人民美术出版社，1990.8.—1张；3开.0.75元

思念：摄影（1991年年历）/华安摄.—乌鲁木齐：新疆人民出版社，1990.6.—1张；2开.—0.90元

思念：摄影（1991年年历）/钱豫强摄.—上海：上海书画出版社，1990.9.—1张；4开.—0.50元

幽谷含秀：摄影（1991年年历）/一鸣摄.—石家庄：河北美术出版社，1990.6.—1张；3开.—0.75元

秋光秀姿：摄影（1991年年历）/豫强，光远摄.杭州：浙江人民美术出版社，1990.8.—1张；2开.1.00元

秋色：摄影（1991年年历）/刘万田摄.—沈阳：辽宁美术出版社，1990.7.—1张；4开.—0.55元

秋色：摄影（1991年年历）.—天津：天津杨柳青画社，1990.6.—1张；8开.—0.30元

秋艳：摄影（1991年年历）/国康摄.—上海：上海人民美术出版社，1990.6.—1张；3开.—0.75元

香艳：摄影（1991年年历）/程全归摄.—沈阳：辽宁美术出版社，1990.7.—1张；4开.—0.55元

香甜四溢：摄影（1991年年历）/金铎摄.—沈阳：辽宁美术出版社.1990.1.—1张；4开.—0.55元

俏丽：摄影（1991年年历）/柏雨果摄.—南京：江苏美术出版社，1990.6 —1张；3开.—0.80元

俏丽少女：摄影（1991年年历）/佚名摄.—武汉：湖北美术出版社，1990.9.—1张；4开.—0.50元

盆景：摄影（1991年年历）.—上海：上海人民美术出版社，〔1990？〕.—6张；3开.—6.00元

飒爽英姿：摄影（1991年年历）/光远等摄.—杭州：浙江人民美术出版社，1990.8.—1张；4开.0.50元

亮眼睛：摄影（1991年年历）/钱豫强摄.—杭州：浙江人民美术出版社，1990.8.—1张；4开.—0.50元

恬美：摄影（1991年年历）/马元浩摄.—上海：上海书画出版社，1990.9.—1张；4开.—0.50元

恬静：摄影（1991年年历）/天鹰摄影.—杭州：浙江人民美术出版社，1990.8.—1张；4开.—0.50元

恬静：摄影（1991年年历）/建国摄.—济南：山东美术出版社，1990.5.—1张；4开

洁白的祝福：摄影（1991年年历）/钱豫强摄.杭州：浙江人民美术出版社，1990.8.—1张；4开.0.50元

活力：摄影（1991年年历）/马元浩摄.—上海：上海书画出版社，1990.9.—1张；4开.—0.50元

洋娃娃：摄影（1991年年历）/杨春轩摄.—西安：陕西人民美术出版社，〔1990？〕.—1张；3开.0.78元

美国影星：摄影（1991年年历）/粟石毅摄.—天津：天津杨柳青画社，1990.6.—1张；4开.—0.50元

美食：摄影（1991年年历）/成渝摄.—天津：天津人民美术出版社，1990.8.—1张；4开.—0.50元

美酒飘香：摄影（1991年年历）/刘肇胜摄.—天津：天津杨柳青画社，1990.6.—1张；4开.—0.50元

祖国卫士：摄影（1991年年历）/支柱，王文波摄.—天津：天津人民美术出版社，1990.8.—1张；4开.—0.50元

神往：摄影（1991年年历）/王小滨摄.—天津：天津杨柳青画社，1990.6.—1张；4开.—0.50元

祝君快乐：摄影（1991年年历）/赵荣摄.—上海：上海人民美术出版社，1990.6.—1张；3开.—0.75元

祝君快乐：摄影（1991年年历）/谭尚忍摄.—天津：天津杨柳青画社，1990.6.—1张；4开.—0.50元

祝您一帆风顺：摄影（1991年年历）.—天津：天津杨柳青画社，1990.6.—1张；4开.—0.50元

祝您好运：摄影（1991年年历）/张宝声摄.—上海：上海书画出版社，1990.9.—4张；2开.—4.00元

祝福：摄影（1991年年历）/杨中俭摄.—天津：天津人民美术出版社，1990.8.—1张；4开.—0.50元

娃娃乐：摄影（1991年年历）/陈治黄摄.—上海：上海人民美术出版社，1990.6.—1张；3开.—0.75元

娇：摄影（1991年年历）/钱豫强摄.—天津：天津杨柳青画社，1990.6.—1张；2开.—1.00元

姹紫嫣红：摄影（1991年年历）/林琳摄.—上海：上海书画出版社，1990.9.—1张；2开.—1.30元

柔情：摄影（1991年年历）/鲁夫摄.—沈阳：辽宁美术出版社，1990.1.—1张；4开.—0.55元

艳冠群芳：摄影（1991年年历）/林瑛珊摄.—沈阳：辽宁美术出版社，1990.1.—1张；4开.—0.55元

桃鲜：摄影（1991年年历）/金铎摄.—沈阳：辽宁美术出版社，1990.7.—1张；4开.—0.55元

都市风光：摄影（1991年年历）.—上海：上海人民美术出版社，〔1990〕.—6张；3开.—6.00元

真好吃：摄影（1991年年历）.—沈阳：辽宁美术出版社，1990.7.—1张；4开.—0.55元

荷花：摄影（1991年年历）/郭志国摄.—沈阳：辽宁美术出版社，1990.1.—1张；4开.—0.55元

荷塘：国画（1991年年历）/程思远绘.—北京：人民美术出版社，1990.6.—1张；3开.—0.90元

恭贺新禧：摄影（1991年年历）/蔡俊清摄.—上海：上海书画出版社，1990.9.—1张；4开.—0.50元

恭喜：摄影（1991年年历）/伟新摄.—杭州：浙江人民美术出版社，1990.8.—1张；4开.—0.50元

莹莹：摄影（1991年年历）/唐乔明摄.—石家庄：河北美术出版社，1990.6.—1张；3开.—0.75元

逗逗：摄影（1991年年历）/山奇摄.—西安：陕西人民美术出版社，〔1990？〕.—1张；3开.—0.78元

夏：油画（1991年年历）/金梅生绘.—上海：上海人民美术出版社，1990.6.—1张；3开.—0.75元

夏：摄影（1991年年历）/刘海发摄.—沈阳：辽宁美术出版社，1990.7.—1张；4开.—0.55元

夏日：摄影（1991年年历）/张成摄.—天津：天津杨柳青画社，1990.6.—1张；4开.—0.50元

夏日：摄影（1991年年历）/张钟龄摄.—天津：天津人民美术出版社，1990.8.—1张；4开.—0.50元

夏日：摄影（1991年年历）/陈海摄.—上海：上海书画出版社，1990.9.—1张；4开.—0.50元

夏日：摄影（1991年年历）/晓溪摄.—长沙：湖南美术出版社，1990.8.—1张；3开.—0.55元

夏日情：摄影（1991年年历）.—沈阳：辽宁美术出版社，1990.1.—1张；4开.—0.55元

夏风：摄影（1991年年历）/林伟新摄.—上海：上海书画出版社，1990.9.—1张；3开.—0.75元

夏的倩影：摄影（1991年年历）/钱豫强摄.—杭州：浙江人民美术出版社，1990.8.—1张；4开.0.50元

致敬：摄影（1991年年历）/张成，庆文摄.—天津：天津人民美术出版社，1990.8.—1张；2开.1.00元

热带风貌：摄影（1991年年历）/卞志武摄.—天津：天津杨柳青画社，1990.6.—1张；3开.—0.75元

峭壁苍松：摄影（1991年年历）/崔顺才摄.—长沙：湖南美术出版社，1990.8.—1张；2开.—0.90元

鸭鸭：摄影（1991年年历）/王志强摄.—天津：天津人民美术出版社，1990.8.—1张；4开.—0.50元

倩倩：摄影（1991年年历）/程荣章，李基摄.—石家庄：河北美术出版社，1990.6.—1张；3开.—0.75元

倩影：摄影（1991年年历）/张英军摄.—上海：上海人民美术出版社，1990.6.—1张；3开.—0.75元

倾慕：摄影（1991年年历）.—沈阳：辽宁美术出版社，1990.1.—1张；4开.—0.55元

健美：摄影（1991年年历）/沈黎摄.—上海：上海书画出版社，1990.9.—1张；3开.—0.75元

健美：摄影（1991年年历）/柏雨果摄.—南京：江苏美术出版社，1990.6.—1张；3开.—0.80元

健健：摄影（1991年年历）/唐乔明摄.—石家庄：河北美术出版社，1990.6.—1张；3开.—0.75元

徐辉小姐：摄影（1991年年历）.—石家庄：河北美术出版社，1990.6.—1张；2开.—1.00元

高山流水：摄影（1991年年历）/马玲玲摄.—上海：上海人民美术出版社，1990.6.—1张；3开.0.75元

高原盛夏：摄影（1991年年历）.—沈阳：辽宁美术出版社，1990.1.—1张；4开.—0.55元

唐人诗意：国画（1991年年历）/严白绘.—杭州：浙江人民美术出版社，1990.8.—1张；2开.—1.10元

悦：摄影（1991年年历）.—南京：江苏美术出版社，1990.6.—1张；2开.—1.85元

涛涛：摄影（1991年年历）/周良摄.—天津：天津人民美术出版社，1990.8.—1张；4开.—0.50元

海之恋：摄影（1991年年历）/全归摄.—沈阳：辽宁美术出版社，1990.7.—1张；4开.—0.55元

海之情：摄影（1991年年历）.—石家庄：河北美术出版社，1990.6.—1张；2张.—1.00元

海风：摄影（1991年年历）/山东美术出版社编.济南：山东美术出版社，1990.5.—1张；2开.—1.00元

海风：摄影（1991年年历）/许志刚摄.—南昌：江西人民出版社，〔1990〕.—1张；3开.—0.75元

海防小战士：摄影（1991年年历）/张成，庆文摄.天津：天津人民美术出版社，1990.8.—1张；2开.1.00元

海南：摄影（1991年年历）/卞志武摄.—天津：天

津杨柳青画社，1990.6.—1张；4开.—0.50元

海南风光：摄影（1991年年历）/王守平摄.—西安：陕西人民美术出版社，〔1990？〕.—1张；3开.0.78元

海南风光：摄影（1991年年历）/卞志武摄.—天津：天津杨柳青画社，1990.6.—1张；4开.—0.50元

海南风姿：摄影（1991年年历）.—石家庄：河北美术出版社，1990.6.—1张；2开.—1.00元

海阔天空：摄影（1991年年历）/相忠摄.—济南：山东美术出版社，1990.5.—1张；4开

浴日：摄影（1991年年历）.—天津：天津杨柳青画社，1990.6.—1张；8开.—0.30元

流盼：摄影（1991年年历）/钱豫强摄.—天津：天津杨柳青画社，1990.6.—1张；4开.—0.50元

宾馆小姐：摄影（1991年年历）.—上海：上海人民美术出版社，〔1990？〕.—4张；2开.—5.20元

容：摄影（1991年年历）.—南京：江苏美术出版社，1990.6.—1张；2开.—1.85元

窈窕淑女：摄影（1991年年历）/王秉龙摄.—天津：天津杨柳青画社，1990.6.—1张；4开.—0.50元

拳击手：摄影（1991年年历）/林伟新摄.—上海：上海书画出版社，1990.9.—1张；4开.—0.50元

羞涩：摄影（1991年年历）/邵华安摄.—天津：天津杨柳青画社，1990.6.—1张；4开.—0.50元

陶陶：摄影（1991年年历）/山奇摄.—西安：陕西人民美术出版社，〔1990？〕.—1张；3开.—0.78元

娴静：摄影（1991年年历）/李志宏摄.—长沙：湖南美术出版社，1990.8.—1张；3开.—0.55元

梅花双喜：国画（1991年年历）/李建华绘.—天津：天津杨柳青画社，1990.6.—1张；3开.—0.75元

梅鹤图：国画（1991年年历）/朱子容绘.—上海：上海人民美术出版社，1990.6.—1张；3开.—0.75元

菁影：摄影（1991年年历）.—上海：上海人民美术出版社，〔1990？〕.—6张；2开.—7.80元

菊：摄影（1991年年历）/孙肃显摄.—济南：山东美术出版社，1990.5.—1张；4开.—0.50元

菊：摄影（1991年年历）.—呼和浩特：内蒙古人民出版社，1990.6.—1张；4开.—0.55元

黄山：摄影（1991年年历）/陈东林摄.—天津：天津人民美术出版社，1990.8.—1张；3开.—0.75元

黄山奇观：水彩（1991年年历）/朱子容绘.—杭州：浙江人民美术出版社，1990.8.—1张；3开.0.75元

黄山猴子观海：摄影（1991年年历）/吕宗尹摄.西安：陕西人民美术出版社，〔1990？〕.—1张；3开.—0.78元

黄花丽人：摄影（1991年年历）/邵华安摄.—天津：天津杨柳青画社，1990.6.—1张；4开.—0.50元

黄鹤楼胜境：国画（1991年年历）/解维础绘.—济南：山东美术出版社，1990.5.—1张；2开

梦：摄影（1991年年历）/尹春华，梦宇摄.—天津：天津人民美术出版社，1990.8.—1张；4开.0.50元

梦幻曲：国画（1991年年历）/石川绘.—沈阳：辽宁美术出版社，1990.7.—1张；4开.—0.55元

硕果累累（1991年年历）/苏伯群绘.—天津：天津人民美术出版社，1990.8.—1张；3开.—0.75元

盛世福至：摄影（1991年年历）/建国摄.—济南：山东美术出版社，1990.5.—1张，4开

盛京之夜：摄影（1991年年历）/里木摄.—沈阳：辽宁美术出版社，1990.1.—1张；4开.—0.55元

啸：国画（1991年年历）/于晋鲤绘.—天津：天津杨柳青画社，1990.6.—1张；4开.—0.50元

银屏新星：摄影（1991年年历）/小溪摄.—武汉：湖北美术出版社，1990.9.—1张，4开.—0.50元

甜：摄影（1991年年历）/何历摄.—沈阳：辽宁美术出版社，1990.7.—1张；4开.—0.55元

甜：摄影（1991年年历）/张成摄.—天津：天津杨柳青画社，1990.6.—1张；4开.—0.50元

甜妞：摄影（1991年年历）/张雄摄.—上海：上海书画出版社，1990.9.—1张；4开.—0.50元

甜果果：摄影（1991年年历）/钱豫强摄.—杭州：浙江人民美术出版社，1990.8.—1张；4开.—0.50元

甜甜：摄影（1991年年历）/浪花摄.—济南：山东美术出版社，1990.5.—1张；4开

甜葡萄：摄影（1991年年历）.—沈阳：辽宁美术出版社，1990.7.—1张；4开.—0.55元

假日：摄影（1991年年历）/叶导摄.—上海：上海书画出版社，1990.9.—1张；4开.—0.50元

假日：摄影（1991年年历）/周雁明，庆文摄.—天津：天津人民美术出版社，1990.8.—1张；3开.0.75元

假日：摄影（1991年年历）.—呼和浩特：内蒙古人民出版社，1990.6.—1张；4开.—0.55元

翎舞：摄影（1991年年历）/刘海发摄.—石家庄：河北美术出版社，1990.6.—1张；4开.—0.50元

彩色故事片《开国大典》剧照：（1991年年历）.北京：中国电影出版社，〔1990？〕.—1张；4开.0.30元

猫：国画（1991年年历）/佳志绘.—天津：天津杨柳青画社，1990.6.—1张；4开.—0.50元

猫戏图：国画（1991年年历）/陈军绘.—天津：天

津人民美术出版社，1990.8.—1张；4开.—0.50元

猫咪：摄影（1991年年历）.—北京：朝花美术出版社，1990.1.—1张；2开.—1.00元

猫蝶图：国画（1991年年历）/王荣绘.—天津：天津人民美术出版社，1990.8.—1张；3开.—0.75元

猫嬉图系列单片：摄影（1991年年历）.—上海：上海人民美术出版社，1990.6.—1张；4开.—0.50元

情：摄影（1991年年历）.—南京：江苏美术出版社，1990.6.—1张；2开.—1.85元

情侣：摄影（1991年年历）/朱守宪摄.—武汉：湖北美术出版社，1990.10.—1张；2开.—1.00元

情思：摄影（1991年年历）/杭志忠摄.—上海：上海人民美术出版社，1990.6.—1张；3开.—0.75元

情思：摄影（1991年年历）/豫强摄.—杭州：浙江人民美术出版社，1990.8.—1张；4开.—0.50元

情趣：摄影（1991年年历）/一君摄.—石家庄：河北美术出版社，1990.6.—1张；2开.—1.00元

清波碧莲：摄影（1991年年历）/新发摄.—南京：江苏美术出版社，1990.6.—1张；3开.—0.80元

清清：摄影（1991年年历）/邵黎阳摄.—石家庄：河北美术出版社，1990.6.—1张；3开.—0.75元

淑女图：摄影（1991年年历）/许进，金定根摄.上海：上海书画出版社，1990.9.—3张；3开.—3.00元

深圳风光：摄影（1991年年历）/黄慕超摄.—武汉：湖北美术出版社，1990.10.—1张；4开.—0.50元

深圳西丽湖风光：摄影（1991年年历）/姜大斧摄.济南：山东美术出版社，1990.5.—1张；4开

深圳街景：摄影（1991年年历）/孙智利摄.—天津：天津人民美术出版社，1990.8.—1张；4开.0.50元

随想曲：摄影（1991年年历）/许刚摄.—上海：上海书画出版社，1990.9.—1张；4开.—0.50元

绿色之梦：摄影（1991年年历）.—天津：天津杨柳青画社，1990.6.—1张；8开.—0.30元

绿洲：摄影（1991年年历）/卞志武摄.—天津：天津杨柳青画社，1990.6.—1张；4开.—0.50元

靓女：摄影（1991年年历）/赵荣摄.—上海：上海人民美术出版社，1990.6.—1张；4开.—0.50元

琴声悠扬：摄影（1991年年历）/陈振戈摄.—广州：岭南美术出版社，1990.4.—1张；4开.—0.60元

敬队礼：摄影（1991年年历）/郭泉摄.—天津：天津杨柳青画社，1990.6.—1张；4开.—0.50元

喜上眉梢：摄影（1991年年历）/沈福堂摄.—西安：陕西人民美术出版社，〔1990〕.—1张；2开.1.10元

喜临门：摄影（1991年年历）/张成摄.—天津：天津杨柳青画社，1990.6.—1张；4开.—0.50元

喜悦：摄影（1991年年历）/陈健行摄.—南京：江苏美术出版社，1990.6.—1张；2开.—1.05元

雄伟的天安门：摄影（1991年年历）/崔顺才摄.天津：天津人民美术出版社，1990.8.—1张；2开.1.00元

夏卉：摄影（1991年年历）/天鹰摄.—南京：江苏美术出版社，1990.6.—1张；3开.—0.80元

插花：摄影（1991年年历）/刘海发摄.—石家庄：河北美术出版社，1990.6.—1张；4开.—0.50元

插花：摄影（1991年年历）/谢新发摄.—济南：山东美术出版社，1990.5.—1张；4开

插花：摄影（1991年年历）.—上海：上海人民美术出版社，〔1990〕.—6张；3开.—6.00元

插花：摄影（1991年年历）.—呼和浩特：内蒙古人民出版社，1990.6.—1张；4开.—0.55元

紫罗兰：摄影（1991年年历）/黄正雄摄.—杭州：浙江人民美术出版社，1990.8.—1张；4开.—0.50元

舒适：摄影（1991年年历）/杨茵摄.—天津：天津杨柳青画社，1990.6.—1张；4开.—0.50元

舒展：摄影（1991年年历）/钟向东摄.—南京：江苏美术出版社，1990.6.—1张；3开.—0.80元

童心：摄影（1991年年历）/刘海发摄.—石家庄：河北美术出版社，1990.6.—1张；4开.—0.50元

童心：摄影（1991年年历）.—广州：岭南美术出版社，1990.4.—1张；4开.—0.60元

童心：摄影（1991年年历）.—沈阳：辽宁美术出版社，1990.7.—1张；4开.—0.55元

童真：摄影（1991年年历）.—南京：江苏美术出版社，1990.6.—1张；4开.—0.53元

童趣：摄影（1991年年历）.—天津：天津杨柳青画社，1990.6.—1张；4开.—0.50元

童趣：摄影（1991年年历）.—沈阳：辽宁美术出版社，1990.1.—1张；4开.—0.55元

湖畔春光：摄影（1991年年历）/杨乐银摄.—西安：陕西人民美术出版社，〔1990？〕.—1张；3开.0.78元

温馨之梦：摄影（1991年年历）.—天津：天津杨柳青画社，1990.6.—2张；2开.—2.00元

渴望：摄影（1991年年历）/杨菌摄.—天津：天津杨柳青画社，1990.6.—1张；4开.—0.50元

滑水去：摄影（1991年年历）.—沈阳：辽宁美术出版社.1990.7.—1张；4开.—0.55元

渡假村：摄影（1991年年历）/高亚雄摄.—沈阳：辽宁美术出版社，1990.7.—1张；3开.—0.75元

遐想：摄影（1991年年历）/金云摄.—天津：天津

人民美术出版社，1990.8.—1张；4开.—0.50元

遐想：摄影（1991年年历）.—长沙：湖南美术出版社，1990.8.—1张；4开.—0.50元

婷立：摄影（1991年年历）/辛明，石法摄.—天津：天津人民美术出版社，1990.8.—1张；3开.0.75元

瑞士风光：摄影（1991年年历）/山东美术出版社编.—济南：山东美术出版社，1990.5.—1张；2开

献给最可爱的人：摄影（1991年年历）/张成摄.天津：天津杨柳青画社，1990.6.—1张；4开.0.50元

颐和园：摄影（1991年年历）/杨茵摄.—杭州：浙江人民美术出版社，1990.8.—1张；4开.—0.50元

睡莲：摄影（1991年年历）/刘崑峰摄.—沈阳：辽宁美术出版社，1990.1.—1张；4开.—0.55元

锦绣年华：摄影（1991年年历）/钱豫强摄.—杭州：浙江人民美术出版社，1990.8.—1张；4开.0.50元

锦绣前程：水彩（1991年年历）/朱子容绘.—杭州：浙江人民美术出版社，1990.8.—1张；3开.0.75元

微笑：摄影（1991年年历）/刘海发摄.—石家庄：河北美术出版社，1990.6.—1张；4开.—0.50元

微笑：摄影（1991年年历）/钱子强摄.—南京：江苏美术出版社，1990.6.—1张；2开.—1.05元

新西兰风光：摄影（1991年年历）/山东美术出版社编.—济南：山东美术出版社，1990.5.—1张；2开

新年快乐：摄影（1991年年历）/张诚摄.—石家庄：河北美术出版社，1990.6.—1张；3开.—0.75元

新秀：摄影（1991年年历）/春轩摄.—天津：天津人民美术出版社，1990.8.—1张；4开.—0.50元

新秀盖丽丽：摄影（1991年年历）/周雁明，庆文摄.—天津：天津人民美术出版社，1990.8.—1张；3开.—0.75元

新春：摄影（1991年年历）/林伟新摄.—上海：上海书画出版社，1990.9.—1张；3开.—0.75元

新春快乐：摄影（1991年年历）.—沈阳：辽宁美术出版社，1990.7.—1张；4开.—0.55元

意大利风光：摄影（1991年年历）/山东美术出版社编.—济南：山东美术出版社，1990.5.—1张；2开

意趣：摄影（1991年年历）/于志新摄.—天津：天津杨柳青画社，1990.6.—1张；4开.—0.50元

溪水清淳：摄影（1991年年历）/一鸣摄.—石家庄：河北美术出版社，1990.6.—1张；2开.—1.00元

福禄寿喜：摄影（1991年年历）/林伟新摄.—上海：上海书画出版社，1990.9.—1张；4开.—0.50元

静：摄影（1991年年历）/陈锦摄.—武汉：湖北美术出版社，1990.8.—1张；4开.—0.50元

静：摄影（1991年年历）/晓安摄.—乌鲁木齐：新疆人民出版社，1990.3.—1张；3开.—0.80元

静物：摄影（1991年年历）/包于飞摄.—天津：天津人民美术出版社，1990.8.—1张；4开.—0.50元

静思：摄影（1991年年历）.—沈阳：辽宁美术出版社，1990.7.—1张；4开.—0.55元

静静：摄影（1991年年历）/程荣章，李基摄.—石家庄：河北美术出版社，1990.6.—1张；3开.—0.75元

碧水丽葩：摄影（1991年年历）/新发摄.—南京：江苏美术出版社，1990.1.—1张；2开.—1.05元

歌声回荡——彭丽媛：摄影（1991年年历）/伊铁士摄.—北京：人民美术出版社，1990.6.—1张；2开.—1.00元

蔷薇花开：摄影（1991年年历）/豫强摄.—杭州：浙江人民美术出版社，1990.8.—1张；2开.—1.00元

舞：摄影（1991年年历）/李庆峰摄.—沈阳：辽宁美术出版社，1990.7.—1张；4开.—0.55元

魅力：摄影（1991年年历）/陈春轩摄.—天津：天津人民美术出版社，1990.8.—1张；4开.—0.50元

鲜花：摄影（1991年年历）/谭荣摄.—天津：天津人民美术出版社，1990.8.—1张；4开.—0.50元

鲜花与少女：摄影（1991年年历）/卫星摄.—上海：上海书画出版社，1990.9.—1张；4开.—0.50元

鲜花与少女：摄影（1991年年历）/鲁夫摄.—沈阳：辽宁美术出版社，1990.1.—1张；4开.—0.60元

鲜花美酒：摄影（1991年年历）/沈黎摄.—上海：上海书画出版社，1990.9.—1张；4开.—0.50元

鲜花献卫士：摄影（1991年年历）/牧之，庆文摄.天津：天津人民美术出版社，1990.8.—1张；2开.1.00元

端庄：摄影（1991年年历）/程大利摄.—天津：天津杨柳青画社，1990.6.—1张；4开.—0.50元

潇洒：摄影（1991年年历）/林伟新摄.—上海：上海书画出版社，1990.9.—1张；4开.—0.50元

潇洒：摄影（1991年年历）/谭尚忍摄.—南京：江苏美术出版社，1990.6.—1张；2开.—1.05元

演员于慧：摄影（1991年年历）/滕俊杰摄.—天津：天津人民美术出版社，1990.8.—1张；4开.0.50元

演员朱碧云：摄影（1991年年历）/马元浩摄.上海：上海书画出版社，1990.9.—1张；3开.—0.75元

演员刘赫男：摄影（1991年年历）/何文尊摄.—上海：上海人民美术出版社，1990.6.—1张；4开.0.50元

演员李玲玉：摄影（1991年年历）/金宝根摄.—上海：上海书画出版社，1990.9.—1张；4开.—0.50元

演员李勇勇：摄影（1991年年历）/钱豫强摄.—上海：上海书画出版社，1990.9.—1张；4开.—0.50元

演员李琳：摄影（1991年年历）/张雄摄.—上海：上海书画出版社，1990.9.—1张；4开.—0.50元

演员吴永芳：摄影（1991年年历）/张雄摄.—上海：上海书画出版社，1990.9.—1张；4开.—0.50元

演员宋佳：摄影（1991年年历）/马元浩摄.—上海：上海书画出版社，1990.9.—1张；3开.—0.75元

演员张弘：摄影（1991年年历）/滕俊杰摄.—天津：天津人民美术出版社，1990.8.—1张；4开.0.50元

演员张晓敏：摄影（1991年年历）/金云摄.—天津：天津人民美术出版社，1990.8.—1张；4开.0.50元

演员张琪：摄影（1991年年历）/金宝根摄.—上海：上海书画出版社，1990.9.—1张；4开.—0.50元

演员陈红：摄影（1991年年历）/张宝声摄.—上海：上海书画出版社，1990.9.—1张；4开.—0.50元

演员陈红：摄影（1991年年历）/滕俊杰摄.—天津：天津人民美术出版社，1990.8.—1张；4开.0.50元

演员陈虹：摄影（1991年年历）/陈忠诚摄.—上海：上海人民美术出版社，1990.6.—1张；4开.0.50元

演员林霞：摄影（1991年年历）/沈黎摄.—上海：上海书画出版社，1990.9.—1张；4开.—0.50元

演员茅善玉：摄影（1991年年历）/林伟新摄.—上海：上海书画出版社，1990.9.—1张；4开.—0.50元

演员金梦：摄影（1991年年历）/辛明，石法摄.天津：天津人民美术出版社，1990.8.—1张；4开.0.50元

演员金梦：摄影（1991年年历）/陈凤友摄.—上海：上海人民美术出版社，1990.6.—1张；4开.0.50元

演员金梦：摄影（1991年年历）/林伟新摄影.—上海：上海书画出版社，1990.9.—1张；4开.—0.50元

演员周洁：摄影（1991年年历）/金宝根摄.—上海：上海书画出版社，1990.9.—1张；4开.—0.50元

演员周晓芬：摄影（1991年年历）/杨关麟摄.—上海：上海书画出版社，1990.9.—1张；4开.—0.50元

演员郑爽：摄影（1991年年历）/高明摄.—上海：上海书画出版社，1990.9.—1张；4开.—0.50元

演员柳荻：摄影（1991年年历）/滕俊杰摄.—天津：天津人民美术出版社，1990.8.—1张；4开.0.50元

演员胡冰：摄影(1991年年历)/林伟新摄.—上海：上海书画出版社，1990.9.—1张；4开.—0.50元

演员夏霖：摄影（1991年年历）/陈治黄摄.—天津：天津人民美术出版社，1990.8.—1张；4开.0.50元

演员盖丽丽：摄影（1991年年历）/许刚摄.—上海：上海书画出版社，1990.9.—1张；4开.—0.50元

演员傅艺伟：摄影（1991年年历）/陈传知摄.—上海：上海书画出版社，1990.9.—1张；4开.—0.50元

演员裴燕：摄影（1991年年历）/叶导摄.—上海：上海书画出版社，1990.9.—1张；4开.—0.50元

赛龙凤：国画（1991年年历）/张振华绘.—沈阳：辽宁美术出版社，1990.1.—1张；4开.—0.55元

蜜意：摄影（1991年年历）/娄晓曦摄.—天津：天津杨柳青画社，1990.6.—1张；4开.—0.50元

肇庆七星岩：摄影（1991年年历）/姜衍波摄.—上海：上海书画出版社，1990.9.—1张；4开.—0.50元

翠谷情思：国画（1991年年历）/张振华绘.—沈阳：辽宁美术出版社，1990.7.—1张；4开.—0.55元

聪聪：摄影（1991年年历）/桂荣章，李基摄.—石家庄：河北美术出版社，1990.6.—1张；3开.—0.75元

飘逸：摄影（1991年年历）/豫强摄.—杭州：浙江人民美术出版社，1990.8.—1张；3开.—0.75元

影坛新秀：摄影（1991年年历）.—沈阳：辽宁美术出版社，1990.1.—1张；4开.—0.55元

影坛新星巩俐：摄影（1991年年历）/柏雨果摄.西安：陕西人民美术出版社，〔1990?〕.—1张；3开.—0.78元

影视新秀：摄影（1991年年历）/杨关麟等摄.—上海：上海书画出版社，1990.9.—4张；4开.—2.00元

影视新秀：摄影（1991年年历）.—上海：上海人民美术出版社，1990.6.—3张；3开.—2.25元

影视演员赵越：摄影（1991年年历）/李家禄摄.天津：天津人民美术出版社，1990.8.—1张；4开.0.50元

影星张琪：摄影（1991年年历）/林伟新摄.—沈阳：辽宁美术出版社，1990.7.—1张；4开.—0.55元

影星陈红：摄影（1991年年历）/林伟新摄.—沈阳：辽宁美术出版社，1989.12.—1张；4开.—0.55元

影星陈怡：摄影（1991年年历）/桑榆摄.—上海：上海人民美术出版社，1990.6.—1张；3开.—0.75元

影星周洁：摄影（1991年年历）/林伟新摄.—沈阳：辽宁美术出版社，1990.7.—1张；4开.—0.55元

影星周笑莉：摄影（1991年年历）/林伟新摄.—沈阳：辽宁美术出版社，1989.12.—1张；4开.—0.55元

影星柳叙：摄影（1991年年历）/杨妍摄.—杭州：浙江人民美术出版社，1990.8.—1张；4开.—0.50元

影星瑜琼：摄影（1991年年历）/林伟新摄.沈阳：辽宁美术出版社，1990.7.—1张；4开.—0.55元

黎族少女：摄影（1991年年历）.—石家庄：河北美术出版社，1990.6.—1张；2开.—1.00元

摩托女郎：摄影（1991年年历）/谢新发摄.—西安：陕西人民美术出版社，〔1990？〕.—1张；4开.—0.58元

摩托女郎：摄影（1991年年历）/谢新发摄.—天津：天津人民美术出版社，1990.8.—1张；2开.1.00元

摩登女郎：摄影（1991年年历）/张宝良，林琳摄.—上海：上海书画出版社，1990.9.—4张；3开.4.00元

摩登女郎：摄影（1991年年历）.—天津：天津杨柳青画社，1990.6.—1张；4开.—0.50元

憧憬：摄影（1991年年历）/韩继贞，陈东林摄.天津：天津杨柳青画社，1990.6.—1张；3开.—0.75元

憧憬：摄影（1991年年历）/华安摄.—乌鲁木齐：新疆人民出版社，1990.6.—1张；2开.—0.90元

熠熠芳华：摄影（1991年年历）/陈健麟摄.—广州：岭南美术出版社，1990.4.—1张；4开.—0.60元

澳门远眺：摄影（1991年年历）/田捷民摄.—上海：上海书画出版社，1990.9.—1张；3开.—0.75元

嬉水：摄影（1991年年历）/惠子摄.—武汉：湖北美术出版社，1990.9.—1张；4开.—0.50元

嬉浪：国画（1991年年历）/费长富绘.—沈阳：辽宁美术出版社，1990.1.—1张；2开.—1.20元

蕾蕾：摄影（1991年年历）/刘设摄.—天津：天津人民美术出版社，1990.8.—1张；4开.—0.50元

憩：摄影（1991年年历）/尹春华，梦宇摄.—天津：天津人民美术出版社，1990.8.—1张；4开.0.50元

憩：摄影（1991年年历）/张候权摄.—天津：天津杨柳青画社，1990.6.—1张；4开.—0.50元

憩息：摄影（1991年年历）/钱豫强摄.—天津：天津杨柳青画社，1990.6.—1张；4开.—0.50元

凝视：摄影（1991年年历）/陈春轩摄.—南京：江苏美术出版社，1990.6.—1张；3开.—0.80元

瞻：摄影（1991年年历）/娄晓曦摄.—天津：天津杨柳青画社，1990.6.—1张；3开.—0.75元

曦：摄影（1991年年历）/宗玉珍摄.—南昌：江西人民出版社，〔1990〕.—1张；3开.—0.75元

J229.6　美术挂历

1990：书法条幅：〔挂历〕.—太原.山西科学教育出版社，〔1989〕.—1册；2开.—15.00元

1990：世界景观：〔摄影挂历〕.—呼和浩特：内蒙古人民出版社，〔1989〕.—1册；2开.—15.00元

1990：世界风光：〔摄影挂历〕.—沈阳：辽宁民族出版社，〔1989〕.—1册；2开.—15.80元

1990：外国人物摄影：〔挂历〕.—沈阳：辽宁民族出版社，〔1989〕.—1册；2开.—15.80元

1990：人物摄影：〔挂历〕.—长春：吉林美术出版社，〔1989〕.—1册；3开.—11.50元

1990：人物摄影：〔挂历〕.—长春：吉林美术出版社，〔1989〕.—1册；2开.—16.00元

1990：儿童头像摄影：〔挂历〕.—长春：吉林美术出版社，〔1989〕.—1册；2开.—15.50元

1990：山光水秀：〔摄影挂历〕.—长春：吉林美术出版社，〔1989〕.—1册；2开.—13.50元

1990：世界名画：〔挂历〕.—长春：吉林美术出版社，〔1989〕.—1册；2开.—15.80元

1990：插花艺术：〔挂历〕.—长春：吉林美术出版社，〔1989〕.—1册；3开.—11.50元

1990：锦绣山河：〔摄影挂历〕.—长春：吉林美术出版社，〔1989〕.—1册；2开.—15.80元

1990：新居清丽：〔挂历〕.—长春：吉林美术出版社，〔1989〕.—1册；3开.—11.50元

1990：泳装：〔挂历〕.—长春：吉林画报社，〔1989〕.—1册；12开.—11.80元

1990：玩具小熊：〔挂历〕.—长春：吉林画报社，〔1989〕.—1册；12开.—11.80元

1990：春馨：〔摄影挂历〕.—哈尔滨：黑龙江美术出版社，〔1989〕.—1册；2开.—16.50元

1990：风光摄影：〔挂历〕.—西安：三秦出版社，〔1989〕.—1册；2开.—15.00元

1990：中外名花插花：〔摄影挂历〕.—上海：上海科学技术文献出版社，〔1989〕.—1册；3开.11.00元

1990：齐山秀水甲天下：〔摄影挂历〕.—桂林：广西师范大学出版社，〔1989〕.—1册；2开.16.50元

1990：风景摄影：〔挂历〕.—拉萨：西藏人民出版社，〔1989〕.—1册；4开.—9.50元

1991：体育：〔摄影挂历〕.—北京：人民体育出

版社，1990.8.—1册；4开.—10.50元

1991：倩女猫咪：〔摄影挂历〕/周屹等摄影.—北京：人民美术出版社，1990.6.—1册；2开.—18.00元

1991：恭贺新禧：〔世界名画挂历〕.—北京：人民美术出版社，1990.5.—1册；2开.—14.00元

1991：卡通世界：〔挂历〕.—北京：中国少年儿童出版社，〔1990〕.—1册；12开

1991：好运：〔摄影挂历〕/刘红燕摄.—北京：中国电影出版社，〔1990〕.—1册；2开.—18.00元

1991：花之情：〔插花摄影挂历〕.—北京：中国电影出版社，〔1990〕.—1册；2开.—23.00元

1991：星光灿烂：〔摄影挂历〕.—北京：中国电影出版社，〔1990〕.—1册；2开.—18.00元

1991：海之星：〔摄影挂历〕/张动等摄.—北京：中国电影出版社，〔1990〕.—1册；2开.—18.00元

1991：海外风光：〔摄影挂历〕.—北京：中国电影出版社，〔1990〕.—1册；2开.—18.00元

1991：银幕之星：〔摄影挂历〕/黄贝等摄.—北京：中国电影出版社，〔1990〕.—1册；4开.—9.00元

1991：港台明星榜：〔摄影挂历〕.—北京：中国电影出版社，〔1990〕.—1册；2开.—17.50元

1991：福：〔摄影挂历〕.—北京：中国电影出版社，〔1990〕.—1册；2开.—18.00元

1991：调色板：〔摄影挂历〕/傅红旗，白颐摄.北京：中国妇女出版社，〔1990〕.—1册；2开.17.00元

1991：集邮·时装：〔摄影挂历〕.—北京：中国妇女出版社，〔1990〕.—1册；2开.—17.00元

1991：咪咪：〔摄影挂历〕.—北京：中国连环画出版社，1990.12.—1册；2开.—18.50元

1991：世界风光：〔摄影挂历〕.—北京：北京体育学院出版社，〔1990〕.—1册；2开.—16.50元

1991：影星荟萃：〔摄影挂历〕.—北京：北京体育学院出版社，〔1990〕.—1册；2开.—16.80元

1991：东方春韵：〔摄影挂历〕/杨茵等摄.—北京：北京美术摄影出版社，1990.10.—1册；2开.17.00元

1991：叶继红小姐专辑：〔摄影挂历〕/杨茵等摄.北京：北京美术摄影出版社，1990.12.—1册；2开.17.00元

1991：俯瞰北京：〔摄影挂历〕/张肇基等摄.—北京：北京美术摄影出版社，1990.1.—1册；2开.10.00元

1991，插花艺术：〔挂历〕.—北京：北京美术摄影出版社，1990.8.—1册；3开.—9.50元

1991：时装的魅力：〔摄影挂历〕—北京：农村读物出版社，〔1990〕.—1册；2开.—16.90元

1991：盆景：〔摄影挂历〕/村夫等摄.—北京：农村读物出版社，〔1990〕.—1册；2开.—17.90元

1991：插花：〔摄影挂历〕/村夫等摄.—北京：农村读物出版社，〔1990〕.—1册；2开.—17.90元

1991：明清绘画精选：〔挂历〕/荣宝斋编辑.—北京：荣宝斋，〔1990〕.—1册；2开.—17.80元

1991：花影婆娑：〔摄影挂历〕/周屹摄.—北京：朝花美术出版社，1990.8.—1册；2开.—22.50元

1991：法国时装新潮：〔摄影挂历〕.—北京：朝花美术出版社，1990.6.—1册；2开.—18.00元

1991：绿水青山：〔摄影挂历〕/卞志武等摄.—北京：朝花美术出版社，1990.3.—1册；2开.—18.00元

1991：影坛碧玉：〔摄影挂历〕.—北京：朝花美术出版社，1990.9.—1册；2开.—18.00元

1991：人物：〔摄影挂历〕.—北京：奥林匹克出版社，〔1990〕.—1册；2开.—21.50元

1991：艺术插花：〔挂历〕/首都经济信息报社编.北京：奥林匹克出版社，〔1990〕.—1册；2开.16.00元

1991：中国古画精选：〔挂历〕/陈平编辑.—北京：奥林匹克出版社，〔1990〕.—1册；3开.—（画苑撷英之七）.—10.70元

1991：今日深圳：〔摄影挂历〕.—北京：奥林匹克出版社，〔1990〕.—1册；2开.

1991：礼花献亚运：〔挂历〕/中国体育报社编辑.—北京：奥林匹克出版社，〔1990〕.—1册；2开

1991：华容：〔人物摄影挂历〕/陶军，夏欣摄.北京：奥林匹克出版社，〔1990〕.—1册；2开.22.00元

1991：拥抱太阳：〔摄影挂历〕/中国体育报社编辑.—北京：奥林匹克出版社，〔1990〕.—1册；2开

1991：插花：〔摄影挂历〕.—北京：奥林匹克出版社，〔1990〕.—1册；2开

1991：锦绣神州：〔摄影挂历〕.—北京：新华出版社，〔1990〕.—1册；2开.—19.80元

1991：少女与小狗：〔摄影挂历〕/刘海发等摄影.天津：天津人民美术出版社，1990.8.—1册；2开.17.00元

1991：风采：〔摄影挂历〕/李大平摄.—天津：天津人民美术出版社，1990.8.—1册；2开.—16.80元

1991：风韵：〔摄影挂历〕/王文波等摄.—天津：

天津人民美术出版社，1990.8.—1册；2开.—16.80元

1991：凤舞莺鸣：〔摄影挂历〕/丁宇光等摄.—天津：天津人民美术出版社，1990.8.—1册；3开.11.00元

1991：世界名画：〔挂历〕.—天津：天津人民美术出版社，1990.8.—1册；3开.—11.00元

1991：名盆珍禽：〔摄影挂历〕/邢天虹等摄.—天津：天津人民美术出版社，1990.9.—1册；2开.18.80元

1991：争奇斗艳：〔摄影挂历〕/陈春轩等摄.—天津：天津人民美术出版社，1990.8.—1册；3开.11.00元

1991：刘继卣作品集锦：〔国画挂历〕/刘继卣绘.—天津：天津人民美术出版社，1990.8.—1册；2开.—16.80元

1991：异国风光：〔摄影挂历〕/华锦洲等摄.—天津：天津人民美术出版社，1990.8.—1册；2开.18.80元

1991：驰骋：〔摄影挂历〕/陈春轩等摄.—天津：天津人民美术出版社，1990.5.—1册；2开.16.80元

1991：花朵：〔摄影挂历〕/谢新发等摄.—天津：天津人民美术出版社，1990.8.—1册；2开.—16.80元

1991：丽姿：〔摄影挂历〕/谢新发等摄.—天津：天津人民美术出版社，1990.8.—1册；2开.—16.80元

1991：体育之星：〔摄影挂历〕.—天津：天津人民美术出版社，1990.8.—1册；2开.—16.80元

1991：英姿：〔摄影挂历〕/支柱等摄.—天津：天津人民美术出版社，1990.8.—1册；2开.—16.80元

1991：国际摄影艺术欣赏：〔挂历〕/朱家实选编.天津：天津人民美术出版社，1990.8.—1册；2开.18.80元

1991：佳骑：〔摄影挂历〕.—天津：天津人民美术出版社，1990.8.—1册；2开.—16.80元

1991：春花秋月：〔摄影挂历〕.—天津：天津人民美术出版社，1990.8.—1册；2开.—17.00元

1991：星光：〔摄影挂历〕/滕俊杰等摄.—天津：天津人民美术出版社，1990.8.—1册；2开.—18.80元

1991：美化生活：〔摄影挂历〕/谢石摄.—天津：天津人民美术出版社，1990.8.—1册；2开.—9.00元

1991：梦乡：〔摄影挂历〕/尹春华等摄.—天津：天津人民美术出版社，1990.8.—1册；2开.—16.80元

1991：蓝天之歌：〔摄影挂历〕/董岩青等摄.—天津：天津人民美术出版社，1990.8.—1册；2开.16.80元

1991：舞：〔摄影挂历〕/张岩摄.—天津：天津人民美术出版社，1990.8.—1册；2开.—9.00元

1991：蜜月：〔摄影挂历〕/谭荣等摄.—天津：天津人民美术出版社，1990.8.—1册；2开.—16.80元

1991：玉宇琼阁：〔摄影挂历〕/卞志武等摄.—天津：天津杨柳青画社，1990.6.—1册；2开.—16.80元

1991：合美幸福：〔摄影挂历〕/韩志雅摄.—天津：天津杨柳青画社，1990.6.—1册；3开.—12.00元

1991：江涛拥翠：〔摄影挂历〕/卞志武等摄.—天津：天津杨柳青画社，1990.1.—1册；2开.—16.80元

1991：国香人秀：〔摄影挂历〕/益民.豫强摄.天津：天津杨柳青画社，1990.6.—1册；2开.—16.80元

1991：花香吐翠：〔摄影挂历〕/卞志武，牛嵩林摄.—天津：天津杨柳青画社，1990.6.—1册；3开.12.00元

1991：秀集雅博：〔摄影挂历〕/陈力等摄.—天津：天津杨柳青画社，1990.6.—1册；2开.—16.00元

1991：含芳：〔摄影挂历〕/卞志武等摄.—天津：天津杨柳青画社，1990.6.—1册；全开.—18.00元

1991：幸福家庭：〔摄影挂历〕/加贝等摄.—天津：天津杨柳青画社，1990.6.—1册；2开.—16.80元

1991：佳景盈芳：〔摄影挂历〕/牛嵩林摄.—天津：天津杨柳青画社，1990.6.—1册；2开.—16.80元

1991：南国情：〔摄影挂历〕/娄晓希，李瑞雨摄.天津：天津杨柳青画社，1990.6.—1册；2开.16.80元

1991：娇：〔摄影挂历〕/林伟新，钱豫强摄.—天津：天津杨柳青画社，1990.6.—1册；2开.—16.80元

1991：景趣：〔挂历〕/方永熙等摄.—天津：天津杨柳青画社，1990.6.—1册；2开.—16.80元

1991：温馨之梦：〔挂历〕/陈健行等摄.—天津：天津杨柳青画社，1990.6.—1册；2开.—16.80元

1991：韵：〔挂历〕/豫强等摄.—天津：天津杨柳青画社，1990.6.—1册；2开.—16.80元

1991：稚蕾：〔摄影挂历〕/张成等摄.—天津：天津杨柳青画社，1990.1.—1册；2开.—16.80元

1991：新春乐：〔国画挂历〕/张洪千等绘.—天津：天津杨柳青画社，1990.6.—1册；2开.—16.80元

1991：碧水秀川：〔挂历〕/卞志武等摄.—天津：

天津杨柳青画社，1990.1.—1册；2开

1991：舞：〔摄影挂历〕/张铁林摄.—天津：天津杨柳青画社，1990.1.—1册；2开.

1991：凝香：〔摄影挂历〕/张鹏飞等摄.—天津：天津杨柳青画社，1990.1.—1册；2开.—16.80元

1991：人间佳话：〔剧照挂历〕.—石家庄：河北美术出版社，1990.6.—1册；2开.—17.00元

1991：上海时装新潮：〔摄影挂历〕/刘任，李维民摄.—石家庄：河北美术出版社，1990.6.—1册；3开

1991：世界名画：〔挂历〕.—石家庄：河北美术出版社，1990.6.—1册；2开.—20.00元

1991：如花似锦（绒编时装）：〔挂历〕/刘海发摄.—石家庄：河北美术出版社，1990.6.—1册；2开.—17.50元

1991：丽日南天：〔摄影挂历〕/王静等摄.—石家庄：河北美术出版社，1990.6.—1册；2开.—17.00元

1991：丽影：〔摄影挂历〕/邵黎阳等摄.—石家庄：河北美术出版社，1990.6.—1册；2开.—17.00元

1991：芙蓉新姿：〔摄影挂历〕/林日雄等摄.—石家庄：河北美术出版社，1990.6.—1册；2开.17.00元

1991：花容山色：〔摄影挂历〕/高原摄.—石家庄：河北美术出版社，1990.6.—1册；2开.—17.00元

1991：园林诗情：〔挂历〕.—石家庄：河北美术出版社，1990.6.—1册；3开.—11.40元

1991：现代国画精粹：〔挂历〕.—石家庄：河北美术出版社，1990.6.—1册；2开

1991：画情诗意：〔挂历〕.—石家庄：河北美术出版社，1990.6.—1册；2开.—17.50元

1991：国外风光：〔摄影挂历〕/郝宝生，焦洪波摄.—石家庄：河北美术出版社，1990.6.—1册；2开.—20.80元

1991：南岛风情：〔摄影挂历〕.—石家庄：河北美术出版社，1990.6.—1册；2开.—20.50元

1991：神州画屏：〔挂历〕/华青艺术图片社摄.石家庄：河北美术出版社，1990.6.—1册；2开

1991：高山情：〔挂历〕.—石家庄：河北美术出版社，1990.6.—1册；2开.—17.00元

1991：新姿蓓蕾：〔摄影挂历〕/程荣章等摄.石家庄：河北美术出版社，1990.6.—1册；3开.11.40元

1991：群芳竞艳：〔挂历〕.—石家庄：河北美术出版社，1990.6.—1册；3开.—11.40元

1991：小明星：〔摄影挂历〕.—太原：山西人民出版社，1990.2.—1册；2开.—19.00元

1991：风光无限：〔摄影挂历〕/赵绍波等摄.—太原：山西人民出版社，1990.2.—1册；2开.—19.00元

1991：风韵：〔挂历〕.—太原：山西人民出版社，1990.7.—1册；2开.—17.50元

1991：世界儿童：〔摄影挂历〕.—太原：山西人民出版社，1990.2.—1册；2开.—19.00元

1991：世界建筑：〔摄影挂历〕.—太原：山西人民出版社，1990.2.—1册；2开.—19.00元

1991：光·新星·影：〔挂历〕.—太原：山西人民出版社，1990.2.—1册；2开.—19.00元

1991：曲坛名流：〔摄影挂历〕/郝仕杰摄.—太原：山西人民出版社，1990.9.—1册；2开.—18.50元

1991：花之魅：〔摄影挂历〕.—太原：山西人民出版社，1990.9.—1册；2开.—17.80元

1991：李玲玉：〔摄影挂历〕.—太原：山西人民出版社，1990.9.—1册；2开.—18.50元

1991：邮票上的今天：〔挂历〕.—太原：山西人民出版社，1990.2.—1册；3开.—15.00元

1991：明星·美居：〔摄影挂历〕.—太原：山西人民出版社，1990.2.—1册；2开.—19.00元

1991：春梦：〔双月历〕.—太原：山西人民出版社，1990.7.—1册；2开.—17.50元

1991：逍遥游：〔摄影挂历〕.—太原：山西人民出版社，1990.2.—1册；2开.—19.00元

1991：歌星：〔摄影挂历〕.—太原：山西人民出版社，1990.9.—1册；2开.—18.50元

1991：艺术的魅力：〔摄影挂历〕.—太原：山西科学教育出版社，1990.8.—1册；2开.—17.00元

1991：多彩的世界：〔摄影挂历〕.—太原：山西科学教育出版社，1990.8.—1册；2开.—17.00元

1991：美的生活：〔摄影挂历〕.—太原：山西科学教育出版社，1990.8.—1册；2开.—17.50元

1991：少女：〔摄影挂历〕.—呼和浩特：内蒙古人民出版社，1990.8.—1册；2开.—17.80元

1991：世界风光：〔摄影挂历〕.—呼和浩特：内蒙古人民出版社，1990.7.—1册；2开.—17.50元

1991：迷你：〔人物摄影挂历〕/许多摄.—呼和浩特：内蒙古人民出版社，〔1990〕.—1册；2开.17.50元

1991：靓妆：〔摄影挂历〕/许多摄.—呼和浩特：内蒙古人民出版社，〔1990〕.—1册；2开.—17 50元

991：摩登：〔摄影挂历〕.—呼和浩特：内蒙古人民出版社，1990.6.—1册；2开.—16.50元

1991：一帆风顺：〔摄影挂历〕/辽宁画报社编.沈阳：辽宁美术出版社，1990.3.—1册；2开.16.50元

1991：山明水秀：〔摄影挂历〕/辽宁画报社编.沈阳：辽宁美术出版社，1990.1.—1册；3开.12.30元

1991：山河恋：〔摄影挂历〕/李静波等摄.—沈阳：辽宁美术出版社，1990.1.—1册；2开.—15.80元

1991：艺术摄影：〔挂历〕.—沈阳：辽宁美术出版社，1990.1.—1册；3开.—11.80元

1991：风光萃荟：〔摄影挂历〕/辽宁画报社编.沈阳：辽宁美术出版社，1990.6.—1册；2开.16.50元

1991：风流：〔摄影挂历〕/刘海发摄.—沈阳：辽宁美术出版社，1990.4.—1册；2开.—16.50元

1991：世界风光：〔摄影挂历〕/辽宁画报社编.沈阳：辽宁美术出版社，1990.3.—1册；2开.16.50元

1991：外国模特：〔摄影挂历〕/辽宁画报社编.沈阳：辽宁美术出版社，〔1990〕.—1册；2开.—28.00元

1991：生肖娃娃：〔摄影挂历〕/张甸等摄.—沈阳：辽宁美术出版社，1990.1.—1册；2开.—15.80元

1991：丝丽：〔摄影挂历〕/辽宁画报社编.—沈阳：辽宁美术出版社，1990.6.—1册；2开.—16.50元

1991：年华：〔摄影挂历〕.—沈阳：辽宁美术出版社，1990.2.—1册；2开.—17.00元

1991：名城风光：〔摄影挂历〕.—沈阳：辽宁美术出版社，1990.10.—1册；2开.—16.00元

1991：芳姿：〔摄影挂历〕/辽宁画报社编.—沈阳：辽宁美术出版社，1990.3.—1册；2开.—16.50元

1991：青春：〔摄影挂历〕/辽宁画报社编.—沈阳：辽宁美术出版社，1990.1.—1册；2开.—16.50元

1991：和美：〔摄影挂历〕/辽宁画报社编.—沈阳：辽宁美术出版社，1990.1.—1册；3开.—12.30元

1991：春：〔摄影挂历〕.—沈阳：辽宁美术出版社，1990.1.—1册；2开.—14.50元

1991：春：〔挂历〕.—沈阳：辽宁美术出版社，1990.8.—1册；2开.—22.80元

1991：神采：〔摄影挂历〕/辽宁画报社编.—沈阳：辽宁美术出版社，1990.1.—1册；2开.—16.50元

1991：祝君幸福：〔摄影挂历〕.—沈阳：辽宁美术出版社，1990.1.—1册；2开.—15.80元

1991：旖旎风景：〔挂历〕.—沈阳：辽宁人民出版社，1990.9.—1册；2开.—17.00元

1991：霓裳曲：〔挂历〕/戴敦邦绘.—沈阳：辽宁美术出版社，1990.1.—1册；2开.—15.80元

1991：时装：〔摄影挂历〕.—沈阳：辽宁少年儿童出版社，1990.9.—1册；2开.—16.50元

1991：人物：〔摄影挂历〕.—沈阳：春风文艺出版社，1990.10.—1册；2开.—15.80元

1991：山河美：〔摄影挂历〕/郑捷等摄.—长春：吉林人民出版社，〔1990〕.—1册；2开.—16.50元

1991：天姿：〔摄影挂历〕/郑捷摄.—长春：吉林美术出版社，〔1990〕.—1册；2开.—17.50元

1991：少女花卉：〔摄影挂历〕/吉林画报社编辑.—长春：吉林美术出版社，〔1990〕.—1册；2开.—10.00元

1991：中华颂：〔摄影挂历〕/郑捷摄.—长春：吉林美术出版社，〔1990〕.—1册；2开.—17.50元

1991：世界风光：〔摄影挂历〕/吉林画报社编辑.长春：吉林美术出版社，〔1990〕.—1册；2开.10.00元

1991：可爱宠物：〔摄影挂历〕.—长春：吉林美术出版社，1990.1.—1册；2开.—16.50元

1991：亚太小姐：〔摄影挂历〕/香港精英制作公司供稿.—长春：吉林美术出版社，1990.1.—1册；2开.—17.00元

1991：如意：〔摄影挂历〕.—长春：吉林美术出版社，1990.6.—1册；2开.—18.00元

1991：丽姿倩影：〔摄影挂历〕/吉林画报社编辑.长春：吉林美术出版社，〔1990〕.—1册；2开.16.00元

1991：时装潮：〔摄影挂历〕.—长春：吉林美术出版社，1990.1.—1册；2开.—16.00元

1991：春潮：〔摄影挂历〕/钟石等摄.—长春：吉林美术出版社，1990.1.—1册，2开.—17.00元

1991：情趣：〔摄影挂历〕.—长春：吉林美术出版社，1990.1.—1册；2开.—16.50元

1991：婚纱美女：〔摄影挂历〕.—长春：吉林美术出版社，1990.10.—1册；2开.—22.00元

1991：靓女：〔摄影挂历〕.—长春：吉林美术出版社，1990.1.—1册；2开.—16.00元

1991：傢俱美女：〔摄影挂历〕.—长春：吉林美术出版社，1990.10.—1册；2开.—22.00元

1991：蓓蕾初绽：〔摄影挂历〕/李立等摄.—长春：吉林美术出版社，〔1990〕.—1册；2开.16.00元

1991：静：〔挂历〕/吉林美术出版社编辑.—长春：吉林美术出版社，〔1990〕.—1册；3开.11.50元

1991：影坛综观：〔摄影挂历〕/中录沈阳音像制作中心供稿.—长春：吉林美术出版社，〔1990〕.1册；2开.—17.00元

1991：摩托佳丽：〔摄影挂历〕.—长春：吉林美术出版社，1990.6.—1册；2开.—16.50元

1991：馨馨：〔人物摄影挂历〕.—长春：吉林美术出版社，1990.6.—1册；3开.—11.50元

1991：天娇：〔摄影挂历〕/江志贤等摄.—长春：北方妇女儿童出版社，〔1990〕.—1册；2开.16.00元

1991：风采：〔摄影挂历〕.—延吉：延边人民出版社，1990.10.—1册；2开.—16.00元

1991：摩登家庭：〔摄影挂历〕.—延吉：延边人民出版社，1990.10.—1册；2开.—16.00元

1991：世界风光：〔摄影挂历〕.—哈尔滨：黑龙江美术出版社，〔1990〕.—1册；2开.—17.40元

1991：世界名画：〔挂历〕.—哈尔滨：黑龙江美术出版社，〔1990〕.—1册；2开.—18.60元

1991：青春美：〔摄影挂历〕.—哈尔滨：黑龙江美术出版社，〔1990〕.—1册；2开.—18.60元

1991：娇妍：〔摄影挂历〕.—哈尔滨：黑龙江美术出版社，〔1990〕.—1册；2开.—18.60元

1991：梦幻：〔摄影挂历〕.—哈尔滨：黑龙江美术出版社，〔1990〕.—1册；2开.—18.60元

1991：雅趣：〔摄影挂历〕.—哈尔滨：黑龙江美术出版社，〔1990〕.—1册；2开.—17.40元

1991：可爱的动物：〔摄影挂历〕.—西安：陕西人民出版社，1990.10.—1册；2开.—16.00元

1991：东方女郎：〔摄影挂历〕/沈福庆等摄.—西安：陕西人民美术出版社，〔1990〕.—1册；2开.16.80元

1991：吉祥如意：〔摄影挂历〕/黄继贤摄.—西安：陕西人民美术出版社，〔1990〕.—1册；2开.16.80元

1991：金色童年：〔摄影挂历〕/冯一平等摄.—西安：陕西人民美术出版社，〔1990〕.—1册；3开.11.80元

1991：带给您欢笑：〔摄影挂历〕/王勇，年欣摄.西安：陕西人民美术出版社，〔1990〕.—1册；2开.16.80元

1991：祝您合家欢乐：〔摄影挂历〕/王勇，年欣摄.—西安：陕西人民美术出版社，〔1990〕.—1册；3开.—11.50元

1991：恭贺新禧：〔摄影挂历〕.—西安：陕西人民美术出版社，〔1990〕.—1册；2开.—9.80元

1991：海外风光：〔摄影挂历〕/影方供稿.—西安：陕西人民美术出版社，〔1990〕.—1册；2开.16.80元

1991：锦绣中华：〔摄影挂历〕/黄继贤摄.—西安：陕西人民美术出版社，〔1990〕.—1册；全开.18.00元

1991：开心少女：〔摄影挂历〕.—兰州：甘肃人民美术出版社，〔1990〕.—1册；2开.—17.50元

1991：世界风光：〔摄影挂历〕/甘肃人民美术出版社编.—兰州：甘肃人民美术出版社，〔1990〕.1册；2开.—17.00元

1991：世界名画：〔挂历〕.—兰州：甘肃人民美术出版社，〔1990〕.—1册；2开.—16.80元

1991：四季光耀：〔摄影挂历〕.—兰州：甘肃人民美术出版社，〔1990〕.—1册；2开.—16.80元

1991：外国风光：〔摄影挂历〕.—兰州：甘肃人民美术出版社，1990.6.—1册；2开.—17.50元

1991：当代风采：〔摄影挂历〕.—兰州：甘肃人民美术出版社，〔1990〕.—1册；2开.—17.50元

1991：姹紫嫣红：〔摄影挂历〕/周勇摄.—兰州：甘肃人民美术出版社，〔1990〕.—1册；2开.17.50元

1991：现代家庭：〔摄影挂历〕.—兰州：甘肃人民美术出版社，1990.6.—1册；2开.—17.50元

1991：郁香插花艺术：〔挂历〕.—兰州.甘肃人民美术出版社，〔1990〕.—1册；2开.—17.50元

1991：国外室内装饰：〔挂历〕.—兰州：甘肃人民美术出版社，〔1990〕.—1册；2开.—17.50元

1991：飒：〔摄影挂历〕.—兰州：甘肃人民美术出版社，〔1990〕.—1册；2开.—17.50元

1991：奥林匹克小姐：〔摄影挂历〕.—兰州：甘肃人民美术出版社，1990.6.—1册；2开.—17.50元

1991：新年快乐：〔摄影挂历〕.—兰州：甘肃人民美术出版社，1990.6.—1册；2开.—16.80元

1991：日本插花：〔挂历〕/甘肃少年儿童出版社，编.—兰州：甘肃少年儿童出版社，〔1990〕.—1册；2开.—17.50元

1991：瓜果飘香：〔摄影月历〕/麦粒等摄.—乌鲁木齐：新疆人民出版社，1990.6.—1册；2开.

14.50元

1991：瓜果飘香：〔摄影双月历〕/麦粒摄.—乌鲁木齐：新疆人民出版社，〔1990〕.—1册；2开.8.50元

1991：竞芳：〔摄影挂历〕/谢新发摄.—乌鲁木齐：新疆人民出版社，1990.1.—1册；3开.—9.50元

1991：上海新姿：〔摄影挂历〕/陶军等摄.—上海：上海人民出版社，1990.3.—1册；2开.—16.70元

1991：时装毛衣：〔摄影挂历〕.—上海：上海人民出版社，1990.2.—1册；2开.—14.80元

1991：大上海：〔摄影挂历〕/邵黎阳等摄.—上海：上海人民美术出版社，〔1990〕.—1册；3开.10.80元

1991：山水画：〔国画挂历〕.—上海：上海人民美术出版社，〔1990〕.—1册；2开.—17.00元

1991：艺术花篮：〔摄影挂历〕/丁安，邵华安摄.上海：上海人民美术出版社，〔1990〕.—1册；2开.—16.40元

1991：艺林精华：〔油画挂历〕.—上海：上海人民美术出版社，〔1990〕.—1册；2开.—16.40元

1991：中国名胜：〔摄影挂历〕/杨克林摄.—上海：上海人民美术出版社，〔1990〕.—1册；2开.16.40元

1991：风翠：〔挂历〕.—上海：上海人民美术出版社，〔1990〕.—1册；2开.—13.30元

1991：江海之恋：〔摄影挂历〕/杨克林等摄.—上海：上海人民美术出版社，〔1990〕.—1册；3开.10.80元

1991：异彩纷呈——流行饰品：〔摄影挂历〕/桑榆摄.—上海：上海人民美术出版社，〔1990〕.—1册；2开.—17.00元

1991：园林：〔摄影挂历〕.—上海：上海人民美术出版社，〔1990〕.—1册，2开.—18.50元

1991：现代家电：〔摄影挂历〕/邵黎阳等摄.—上海：上海人民美术出版社，〔1990〕.—1册；2开.17.00元

1991：青春：〔摄影挂历〕/许志刚等摄.—上海：上海人民美术出版社，〔1990〕.—1册；2开.19.00元

1991：青春之歌：〔摄影挂历〕/浪花摄.—上海：上海人民美术出版社，〔1990〕.—1册；2开.17.00元

1991：佳侣美景：〔摄影挂历〕/《摄影家》杂志编辑部编辑.—上海：上海人民美术出版社，〔1990〕.—1册；2开.—16.80元

1991：佳境倩影：〔摄影挂历〕/许志刚等摄.—上海：上海人民美术出版社，〔1990〕.—1册；2开.16.40元

1991：宝宝乐：〔摄影挂历〕.—上海：上海人民美术出版社，〔1990〕.—1册，3开.—9.50元

1991：诗与景：〔摄影挂历〕/方永熙等摄.—上海：上海人民美术出版社，〔1990〕.—1册；2开.19.00元

1991：咪咪：〔摄影挂历〕.—上海：上海人民美术出版社，〔1990〕.—1册；2开.—13.30元

1991：美发美容：〔摄影挂历〕/吴百魁等摄.—上海：上海人民美术出版社，〔1990〕.—1册；2开.16.80元

1991：都市风光：〔摄影挂历〕.—上海：上海人民美术出版社，〔1990〕.—1册；2开.—17.50元

1991：夏之风——简易夏装：〔挂历〕/桑榆，施伟摄.—上海：上海人民美术出版社，〔1990〕.—1册；3开.—10.70元

1991：恋歌：〔摄影挂历〕/邵华安等摄.—上海：上海人民美术出版社，〔1990〕.—1册；2开.16.80元

1991：骏马与少女：〔摄影挂历〕/李少白等摄.上海：上海人民美术出版社，〔1990〕.—1册；3开.—10.70元

1991：菁影：〔摄影挂历〕.—上海：上海人民美术出版社，〔1990〕.—1册；2开.—13.30元

1991：旋律与节奏：〔摄影挂历〕/晓柳摄.—上海：上海人民美术出版社，〔1990〕.—1册；3开.10.70元

1991：雅静：〔摄影挂历〕/桑榆摄.—上海：上海人民美术出版社，〔1990〕.—1册；2开.—16.80元

1991：锦车情深：〔摄影挂历〕/陈春轩等摄.—上海：上海人民美术出版社，〔1990〕.—1册；2开.16.80元

1991：繁花似锦：〔挂历〕.—上海：上海人民美术出版社，〔1990〕.—1册；3开.—12.50元

1991：世界风光：〔摄影挂历〕.—上海：上海文艺出版社，〔1990〕.—1册；2开.—13.50元

1991：女性世界：〔摄影挂历〕/任亚华等摄.—上海：上海书画出版社，1990.9.—1册；3开.—13.00元

1991：少女花姿：〔摄影挂历〕/林伟新等摄.—上海：上海书画出版社，1990.9.—1册；2开.—20.50元

1991：少女的梦：〔摄影挂历〕/林伟新摄.—上海：上海书画出版社，1990.9.—1册；2开.—16.80元

1991：中国园林风光·盆景艺术欣赏：〔摄影挂历〕/张宝声等摄.—上海：上海书画出版社，1990.9.—1册；3开.—13.00元

1991：鸟语花香：〔摄影挂历〕/丹青等摄.—上海：上海书画出版社，1990.9.—1册；3开.—13.00元

1991：乐在其中：〔摄影挂历〕/葛国伟等摄.—上海：上海书画出版社，1990.9.—1册；2开.—16.50元

1991：花卉装饰：〔摄影挂历〕/林伟新摄.—上海：上海书画出版社，1990.9.—1册；2开.—19.00元

1991：芬芳世界：〔摄影挂历〕/张宝声等摄.—上海：上海书画出版社，1990.9.—1册；2开.—16.80元

1991：奇妙世界：〔风光摄影挂历〕/上海书画出版社编.—上海：上海书画出版社，1990.9.—1册；2开.—19.00元

1991：金童玉女：〔摄影挂历〕/林伟新摄.—上海：上海书画出版社，1990.9.—1册；3开.—11.00元

1991：美化生活：〔摄影挂历〕/林伟新等摄.—上海：上海书画出版社，1990.9.—1册；2开.—16.50元

1991：神州大地：〔摄影挂历〕/林伟新等摄.—上海：上海书画出版社，1990.9.—1册；2开.—16.80元

1991：倩影：〔摄影挂历〕/金定根等摄.—上海：上海书画出版社，1990.9.—1册；2开.—16.50元

1991：海外名画：〔挂历〕/上海书画出版社编.上海：上海书画出版社，1990.9.—1册；3开.10.70元

1991：家庭乐：〔摄影挂历〕/林伟新等摄.—上海：上海书画出版社，1990.9.—1册；2开.—19.00元

1991：黄山恋：〔摄影挂历〕/林伟新摄.—上海：上海书画出版社，1990.9.—1册；3开.—10.70元

1991：情侣：〔摄影挂历〕/林伟新等摄.—上海：上海书画出版社，1990.9.—1册；2开.—16.50元

1991：群星灿烂：〔摄影挂历〕/金定根等摄.—上海：上海书画出版社，1990.9.—1册；2开.—16.50元

1991：胡笳十八拍图卷：〔国画挂历〕/大地文化社编.—上海：华东师范大学出版社，1990.—1册；2开.—17.00元

1991：中国插花：〔挂历〕/马华摄.—济南：山东美术出版社，1990.5.—1册；2开.—16.50元

1991：风光宜人：〔摄影挂历〕/胡长水编.—济南：山东美术出版社，1990.5.—1册；2开.—16.50元

1991：世界旅游胜地：〔摄影挂历〕/山东美术出版社编.—济南：山东美术出版社，1990.5.—1册；2开.—19.00元

1991：鸟语花香：〔挂历〕/山东美术出版社编.济南：山东美术出版社，1990.5.—1册；2开.18.70元

1991：共和国的缔造者：〔摄影挂历〕/杜修贤摄.—济南：山东美术出版社，〔1990〕.—1册；2开.—17.80元

1991：现代家庭：〔摄影挂历〕.—济南：山东美术出版社，〔1990〕.—1册；2开.—21.00元

1991：幸福伴侣：〔摄影挂历〕/林伟新，杨中俭摄.—济南：山东美术出版社，1990.5.—1册；2开

1991：国画佳作：〔挂历〕/山东美术出版社编.济南：山东美术出版社，1990.5.—1册；2开.16.50元

1991：盆景艺术：〔摄影挂历〕/山东美术出版社编.—济南：山东美术出版社，〔1990〕.—1册；2开

1991：美景佳人：〔摄影挂历〕/山东美术出版社编.—济南：山东美术出版社，1990.5.—1册；2开.19.00元

1991：神怡：〔挂历〕.—济南：山东美术出版社，〔1990〕.—1册；2开.—21.00元

1991：插花艺术：〔摄影挂历〕.—济南：山东美术出版社，1990.5.—1册；3开

1991：晶莹：〔摄影挂历〕/郑向农，胡长水编.济南：山东美术出版社，1990.5.—1册；2开.17.00元

1991：鲜花与少女：〔摄影挂历〕/山东美术出版社编.—济南：山东美术出版社，1990.5.—1册；2开.—16.50元

1991：艺葩：〔摄影挂历〕.—济南：山东友谊书社，〔1990〕.—1册；2开.—20.00元

1991：风光：〔摄影挂历〕/侯贺良摄.—济南：山东友谊书社，〔1990〕.—1册；2开.—17.80元

1991：世界风光：〔摄影挂历〕.—济南：山东友谊书社，1990.5.—1册；2开.—18.20元

1991：吉祥如意：〔挂历〕.—济南：山东友谊书社，〔1990〕.—1册；2开.—19.00元

1991：菀芳：〔摄影挂历〕/周俊彦摄.—济南：山东友谊书社，〔1990〕.—1册；2开.—17.80元

1991：家庭装饰：〔摄影挂历〕.—济南：山东友谊书社，1990.5.—1册；2开.—18.90元

1991：绮丽：〔摄影挂历〕.—济南：山东友谊书社，〔1990〕.—1册；2开.—21.00元

1991：江山多娇：〔摄影挂历〕/逄国成，肖顺成摄.—青岛：青岛出版社，1990.9.—1册；2开.18.00元

1991：《光与影》艺术：风光摄影：〔挂历〕.—南京：江苏人民出版社，1990.1.—1册；4开.—12.00元

1991：环球丽影：艺术人像摄影：〔挂历〕.—南京：江苏人民出版社，1990.1.—1册；2开.—17.00元

1991：咪咪：〔摄影挂历〕.—南京：江苏人民出版社，1990.2.—1册；2开.—16.50元

1991：黄山：〔摄影挂历〕/袁廉民等摄.—南京：江苏人民出版社，1990.1.—1册；3开.—11.00元

1991：四季十二彩：〔风光摄影挂历〕.—南京：江苏科学技术出版社，1990.1.—1册；3开.—11.00元

1991：少女的生活：〔摄影挂历〕/夏小希摄.—南京：江苏美术出版社，1990.1.—1册；3开.—10.40元

1991：世界漫游：〔风光摄影挂历〕.—南京：江苏美术出版社，1990.1.—1册；2开.—16.00元

1991：外国建筑：〔摄影挂历〕.—南京：江苏美术出版社，1990.6.—1册；3开.—10.40元

1991：花容月貌：〔人像摄影双月历〕.—南京：江苏美术出版社，1990.3.—1册；2开.—16.00元

1991：丽人：〔人像摄影挂历〕/杉人摄.—南京：江苏美术出版社，1990.1.—1册；3开.—10.90元

1991：国际影星艺术摄影：〔挂历〕.—南京：江苏美术出版社，1990.6.—1册；2开.—18.80元

1991：恭贺新喜：〔摄影挂历〕.—南京：江苏美术出版社，1990.1.—1册；2开.—16.00元

1991：魅力：〔摄影挂历〕/豫强等摄.—南京：江苏美术出版社，1990.1.—1册；2开.—16.90元

1991：世界名画：〔挂历〕.—南京：江苏教育出版社，1990.7.—1册；2开.—15.00元

1991：四季缤纷：〔风光摄影挂历〕.—杭州：西泠印社，〔1990〕.—1册；2开.—17.50元

1991：大地诗：〔风光摄影挂历〕/志武等摄.—杭州：浙江人民美术出版社，1990.8.—1册；2开.—16.00元

1991：小星星：〔育儿知识摄影挂历〕/豫强等摄.—杭州：浙江人民美术出版社，1990.8.—1册；3开.—10.60元

1991：太白吟：李白诗意图：〔国画挂历〕.—杭州：浙江人民美术出版社，1990.8.—1册；3开.—10.60元

1991：外国幼儿世界：〔摄影挂历〕/浙江人民美术出版社编.—杭州：浙江人民美术出版社，1990.8.—1册；2开.—17.00元

1991：丽人新居：〔摄影挂历〕/凯光等摄.—杭州：浙江人民美术出版社，1990.8.—1册；2开.—16.00元

1991：快乐天地：〔摄影挂历〕/周凯光，高盛奎摄.—杭州：浙江人民美术出版社，1990.8.—1册；2开.—16.00元

1991：佳丽图：〔人物摄影挂历〕/钱豫强，汤益民摄.—杭州：浙江人民美术出版社，1990.8.—1册；3开.—10.60元

1991：春意芳情：〔挂历〕.—杭州：浙江人民美术出版社，1990.8.—1册；4开.—8.50元

1991：恋曲：〔摄影挂历〕.—杭州：浙江人民美术出版社，1990.8.—1册；2开.—16.50元

1991：海天倩影：〔摄影挂历〕/黄正雄等摄.—杭州：浙江人民美术出版社，1990.8.—1册；3开.—10.60元

1991：绿色的诗：〔摄影挂历〕/豫强，易水摄.—杭州：浙江人民美术出版社，1990.8.—1册；2开.—16.50元

1991：新年祝福：〔摄影挂历〕/钱豫强等摄.—杭州：浙江人民美术出版社，1990.8.—1册；3开.—10.60元

1991：新春乐：〔摄影挂历〕/钱豫强等摄.—杭州：浙江人民美术出版社，1990.8.—1册；3开.—10.60元

1991：翰墨清芬：〔书画挂历〕/天鹰，方永熙摄.—杭州：浙江人民美术出版社，1990.8.—1册；2开.—17.00元

1991：一代天娇：〔摄影挂历〕/黄正雄等摄.—杭州：浙江摄影出版社，1990.7.—1册；2开.—16.50元

1991：现代风韵：〔摄影挂历〕/黄正雄摄.—杭州：浙江摄影出版社，1990.7.—1册；2开.—16.80元

1991：恭贺新禧：〔风光摄影挂历〕.—杭州：浙江摄影出版社，1990.6.—1册；2开.—14.00元

1991：新潮马海毛编织精选：〔挂历〕/黄正雄摄.—杭州：浙江摄影出版社，1990.7.—1册；2开.—16.90元

1991：世界货币集锦：〔挂历〕.—南昌：江西人民出版社，〔1990〕.—1册；2开.—17.80元

1991：花中君子：〔摄影挂历〕/金宝源摄.—南昌：江西人民出版社，〔1990〕.—1册；2开.—17.80元

1991：倩影：〔人像摄影挂历〕/陶然等摄.—南昌：江西人民出版社，〔1990〕.—1册；2开.—16.80元

1991：靓：〔人像摄影挂历〕/马元浩摄.—南

昌：江西人民出版社，〔1990〕.—1册；3开.10.80元

1991：领袖和人民心连心：〔摄影挂历〕.—南昌：江西美术出版社，〔1990〕.—1册；2开.17.80元

1991：人物情：〔摄影挂历〕.—福州：福建美术出版社，〔1990〕.—1册；2开.—13.50元

1991：华屋丽人：〔摄影挂历〕.—福州：福建美术出版社，〔1990〕.—1册；2开.—16.50元

1991：郊野风光：〔摄影挂历〕.—福州：福建美术出版社，〔1990〕.—1册；全开.—30.00元

1991：居室：〔摄影挂历〕.—福州：福建美术出版社，〔1990〕.—1册；2开.—13.50元

1991：恭贺新禧：〔花卉摄影挂历〕.—福州：福建美术出版社，〔1990〕.—1册；2开.—13.50元

1991：凌波仙子：〔摄影挂历〕.—福州：福建美术出版社，〔1990〕.—1册；2开.—9.50元

1991：静物：〔摄影挂历〕.—厦门：鹭江出版社，〔1990〕.—1册；2开.—14.00元

1991：梦幻年华：〔人物摄影挂历〕.—武汉：湖北人民出版社，1990.10.—1册；2开.—16.00元

1991：恭贺新禧：〔国画挂历〕/《纳税人》杂志编辑部等编.—武汉：湖北人民出版社，1990.9.—1册；2开.—18.50元

1991：中国风光：〔摄影挂历〕/梅延林摄.—武汉：湖北美术出版社，〔1990〕.—1册；2开.16.80元

1991：中国时装：〔摄影挂历〕.—武汉：湖北美术出版社，〔1990〕.—1册；3开.—11.80元

1991：金色童年：〔儿童双月历〕.—武汉：湖北少年儿童出版社，〔1990〕.—1册；2开.—17.50元

1991：风华：〔人像摄影挂历〕/娄晓曦等摄.长沙：湖南美术出版社，1990.8.—1册；2开.15.00元

1991：仙山琼阁：〔风光摄影挂历〕/孙智和等摄.—长沙：湖南美术出版社，1990.8.—1册；3开.7.50元

1991：异国风光：〔摄影挂历〕.—长沙：湖南美术出版社，1990.8.—1册；2开.—17.50元

1991：明星：〔摄影挂历〕.—长沙：湖南美术出版社，1990.8.—1册；2开.—17.50元

1991：牧羊女：〔摄影挂历〕/吴健骅，柳英虎摄.—长沙：湖南美术出版社，1990.8 —1册；2开.17.50元

1991：城市之光：〔摄影挂历〕.—长沙：湖南美术出版社，1990.8.—1册；2开.—15.00元

1991：雅韵：〔摄影挂历〕/夏大统摄.—长沙：湖南美术出版社，1990.8.—1册；2开.—17.50元

1991：醉人的海之风：〔摄影挂历〕/娄晓曦摄.长沙：湖南美术出版社，1990.7.—1册；全开.18.50元

1991：蕴萃：〔书法挂历〕.—长沙：湖南美术出版社，1990.8.—1册；2开.—9.50元

1991：世界风光：〔摄影挂历〕.—广州：广东科技出版社，〔1990〕.—1册；2开.—16.00元

1991：可爱儿童：〔摄影挂历〕.—广州：广东科技出版社，〔1990〕.—1册；2开.—16.00元

1991：可爱宠物：〔摄影挂历〕.—广州：广东科技出版社，〔1990〕.—1册；2开.—15.50元

1991：名牌轿车：〔摄影挂历〕.—广州：广东科技出版社，〔1990〕.—1册；2开.—15.50元

1991：现代家庭装饰：〔挂历〕.—广州：广东科技出版社，〔1990〕.—1册；2开.—15.50元

1991：青春少女：〔人像摄影挂历〕.—广州：广东科技出版社，〔1990〕.—1册；2开.—16.00元

1991：插花艺术：〔挂历〕.—广州：广东科技出版社，〔1990〕.—1册；2开.—15.50元

1991：精选游艇：〔摄影挂历〕.—广州：广东科技出版社，〔1990〕.—1册；2开.—15.50元

1991：小宠物：〔摄影挂历〕.—广州：岭南美术出版社，1990.4.—1册；2开.—15.50元

1991：中国名胜：〔风光摄影挂历〕.—广州：岭南美术出版社，1990.4.—1册；2开.—15.50元

1991：世界名画：〔挂历〕.—广州：岭南美术出版社，1990.4.—1册；2开.—15.50元

1991：可爱的家：〔摄影挂历〕.—广州：岭南美术出版社，1990.4.—1册；2开.—15.50元

1991：四时佳果：〔摄影挂历〕/梁力昌等摄.广州：岭南美术出版社，1990.4.—1册；2开.11.00元

1991：名人丽车：〔摄影挂历〕.—广州：岭南美术出版社，1990.4.—1册；2开.—15.50元

1991：芳姿：〔人物摄影挂历〕.—广州：岭南美术出版社，1990.4.—1册；2开.—16.50元

1991：青春风韵：〔摄影挂历〕/陈健麟等摄.—广州：岭南美术出版社，1990.4.—1册；2开.—16.50元

1991：金色童年：〔摄影挂历〕.—广州：岭南美术出版社，1990.4.—1册；2开.—15.50元

1991：盆艺品趣：〔摄影挂历〕/崔汉平等摄.—广州：岭南美术出版社．1990.4.—1册；2开.—15.50元

1991：恭贺新禧：〔人物摄影挂历〕.—广州：岭南美术出版社，〔1990〕.—1册；2开.—16.00元

1991：恭贺新禧：〔风光摄影挂历〕.—广州：岭南美术出版社，〔1990〕.—1册；2开.—16.00元

1991：恭贺新禧：〔中国风光摄影挂历〕.—广州：岭南美术出版社，〔1990〕.—1册；2开.—16.00元

1991：恭贺新禧：〔各国风光摄影挂历〕.—广州：岭南美术出版社，〔1990〕.—1册；2开.15.50元

1991：夏威夷之花：〔风光摄影挂历〕.—广州：岭南美术出版社，1990.4.—1册；2开.—15.50元

1991：唐邑国画：〔挂历〕/唐邑绘.—广州：岭南美术出版社，〔1990〕.—1册；2开.—13.80元

1991：情趣：〔摄影挂历〕.—广州：岭南美术出版社，1990.4.—1册；2开.—16.50元

1991：影视群星：〔摄影挂历〕.—广州：岭南美术出版社，1990.4.—1册；2开.—16.50元

1991：恭贺新禧：〔摄影挂历〕.—桂林：漓江出版社，〔1990〕.—1册；2开

1991：三峡风光：〔摄影挂历〕/王道生等摄.—昆明：云南人民出版社，〔1990〕.—1册；2开.19.50元

1991：可爱的动物：〔挂历〕.—昆明：云南人民出版社，〔1990〕.—1册；2开.—14.50元

1991：花卉·礼品：〔摄影挂历〕.—昆明：云南人民出版社，〔1990〕.—1册；2开.—14.50元

1991：画中游：中国风光：〔摄影挂历〕.—昆明：云南人民出版社，〔1990〕.—1册；2开.17.50元

1991：国画：工笔花鸟：〔挂历〕.—昆明：云南人民出版社，〔1990〕.—1册；2开.—17.50元

1991：金色童年：〔双月历〕.—昆明：云南人民出版社，〔1990〕.—1册；2开.—14.50元

1991：都市博揽：〔摄影挂历〕—.昆明：云南人民出版社，〔1990〕.—1册；2开.—20.50元

1991：万紫千红：〔花卉摄影挂历〕.—昆明：云南民族出版社，〔1990〕.—1册；2开.—15.50元

1961：云南风光：〔摄影挂历〕/孟庆和等摄.—昆明：云南民族出版社，〔1990〕.—1册；4开.—3.50元

1991：云南风光：〔摄影挂历〕：哈尼文/孟庆和等摄.—昆明：云南民族出版社，〔1990〕.—1册；4开.—3.50元

1991：云南风光：〔摄影挂历〕：彝文/孟庆和等摄.—昆明：云南民族出版社，〔1990〕.—1册；4开.—3.50元

1991：世界风光：〔摄影挂历〕.—昆明：云南民族出版社，〔1990〕.—1册；2开.—15.50元

1991：江山多娇：〔摄影挂历〕.—昆明：云南民族出版社，〔1990〕.—1册；2开.—15.50元

1991：盆景艺术：〔挂历〕/丹青等摄.—昆明：云南民族出版社，〔1990〕.—1册；2开.—15.50元

1991：神韵：〔摄影挂历〕.—昆明：云南民族出版社，〔1990〕.—1册；2开.—15.50元

1991：喇叭吹夏：〔摄影挂历〕/孟庆和等摄.昆明：云南民族出版社，〔1990〕.—1册；4开.3.50元

1991：甜梦：〔儿童摄影挂历〕.—昆明：云南民族出版社，〔1990〕.—1册；2开.—15.50元

1992：古建风光：〔摄影挂历〕.—北京：文物出版社，1990.12.—1册；2开.—18.00元

1992：知心朋友：〔儿童摄影挂历〕.—石家庄：河北美术出版社．1990.6.—1册，12开.—5.00元

1992：世界风光：〔摄影挂历〕.—上海：文汇出版社，1990.9.—1册；2开.—16.80元

1992：花之舞：〔摄影挂历〕.—上海：文汇出版版社，1990.9.—1册；2开.—16.80元

1992：憧憬：〔摄影挂历〕.—上海：文汇出版社，1990.9.—1册；2开.—16.80元

1992：92’现代壁挂挂历.—南京：江苏美术出版社，1990.12.—1册；2开.—28.00元

J23　各国绘画

巴黎派画家.—北京：人民美术出版社，1990.12.1册；16开.—(外国美术介绍).—ISBN 7-102-00479-6：5.90元

西方美术史话/迟轲著.—北京：中国青年出版社，1990.8.—476页：彩图；32开.—(青年文库：新编本；38).—ISBN 7-5006-0734-2

佐恩：1860～1920/上海人民美术出版社编辑.—上海：上海人民美术出版社，1990.5.—122页；24开.(世界美术家画库).—ISBN 7-5322-0373-5：5.30元

J231　作品综合集

外国人体绘画百图/王裕安编.—北京：人民美术出

版社，1990.3.—100页；32开.—（人体美术系列；一）.—ISBN 7-102-00596-2：6.40元

吉姆·戴安女人体绘画/（美）格兰编；邱秉钧译.长沙：湖南美术出版社，1990.10.—42页；16开.ISBN 7-5356-0392-0：9.80元

西洋风景画百图/李维世编.—北京：人民美术出版社，1990.9.—1册；32开.—ISBN 7-102-00622-5：7.15元

吕霞光画集/（法）吕霞光绘.—长沙：湖南美术出版社，1990.8.—76页；12开.—ISBN 7-5356-0389-0（精装）：49.00元

色彩/（　）贝默达等编绘.—南宁：广西民族出版社，1990.8.—112页；24开.—（现代实用美术丛书）.—ISBN 7-5363-0893-0：11.00元

安德鲁·怀斯画集《海尔格》/（美）怀斯绘；常虹，庞开立编译.—沈阳：辽宁美术出版社，1990.12.89页；16开.—ISBN 7-5714-0219-X：25.00元

苏联青年画家新作/张荣生编著.—济南：山东美术出版社，1990.10.—104页；16开.—ISBN 7-5330-0298-9：11.00元

本画册汇集了苏联各地有代表性的青年画家的油画、蛋彩画新作。

英国绘画百图/周裕谐，蓝玉编著.—北京：人民美术出版社，1990.6.—1册；32开.—ISBN 7-102-00547-4：8.45元

梦幻艺术世界名作/（　）埃卡特·萨克曼著；李惠康，黄少荣译.—西安：陕西人民美术出版社，1990.5.—1册：彩图；9开.—ISBN 7-5368-0204-8：23.00元

J233　油　画

引逗/（法）布格罗绘.—天津：天津人民美术出版社，1990.8.—1张；2开.—ISBN 7-5305-2190-8：0.50元

达娜亚/（法）埃乌贝利·里科姆特绘.—天津：天津人民美术出版社，1990.8.—1张；2开.—ISBN 7-5305-2185-3：0.50元

欢乐的夏日/（法）布格罗绘.—天津：天津人民美术出版社，1990.8.—1张；2开.—ISBN 7-5305-2185-5：0.50元

浴后的狄安娜/（法）布歇绘.—天津：天津人民美术出社版，1990.8.—1张；2开.—ISBN 7-5305-2182-2：0.50元

黄昏/（澳）亨利·约翰斯顿原作；边秉贵复制.石家庄：河北美术出版社，1990.7.—1张；全开.2.00元

蜂巢/（法）布格罗绘.—天津：天津人民美术出版社，1990.8.—1张；2开.—ISBN 7-5305-2185-4：0.50元

J234　素描、速写

女人体绘画/（美）戴安绘；（美）格兰编；邱秉钧译.—长沙：湖南美术出版社，1990.10.—42页；16开.—ISBN 7-5356-0392-0：9.80元

世界名画家速写选/许国庆，姚重庆编.—天津：天津人民美术出版社，1990.5.—258页；16开.—ISBN 7-5305-0191-7：22.50元

世界名家素描：人体/高宗英，许国庆编.—济南：山东美术出版社，1990.10.—202页；18开.—ISBN 7-5330-0307-1：18.00元

世界名家素描：景物/高宗英，许国庆编.—济南：山东美术出版社，1990.10.—168页；18开.—ISBN 7-5330-0308-X：15.00元

外国人体素描百图/王玉山编.—北京：人民美术出版社，1990.3.—1册；32开.—（人体美术系列；三）.—ISBN 7-102-00597-0：6.30元

国外著名时装画家作品选/杜列编.—西安：陕西人民美术出版社，1990.7.—1册；16开.—ISBN 7-5368-0190-4：9.85元

素描·速写/何溶等编绘.—南宁：广西民族出版社，1990.8.—114页；24开.—（现代实用美术丛书）.—ISBN 7-5363-0872-8：6.00元

简笔画1000幅/（美）安德鲁·赖特著；潘传发，付秀英译.—郑州：海燕出版社，1990.6.—125页；16开.—ISBN 7-5350-0563-2：4.20元

J237　版　画

欧洲当代黑白画资料集/高燕编著.—北京：中国工人出版社，1990.8.—256页；24开.—（外国美术资料丛书）.—ISBN 7-5008-0633-7：12.00元

埃舍尔版画选/（荷兰）埃舍尔绘；迟轲，王建国编著.—广州：岭南美术出版社，1990.5.—1册；20开.—ISBN 7-5362-0452-3：7.80元

J238.1　漫画、宣传画

卜劳恩/（德）卜劳恩绘.—北京：三联书店，1990.3.—175页；24开.—（外国漫画家丛刊；Ⅳ/方成主编）.—ISBN 7-108-00294-9：4.50元

世界体育幽默画/杨芳菲编.—上海：同济大学出版社，1990.8.—194页；20开.—ISBN 7-5608-0673-2：6.30元

世界笑画与笑话　（一）/缪印堂等选编.—北京：中国和平出版社，1990.12.—60页：插图；32开.ISBN 7-80037-409-2：2.10元

外国发明漫画/（美）古非（Gouph，H.）原作；刘铭铨等绘编.—武汉：湖北少年儿童出版社，

1990.6.—58页；32开.—（聪明大王画库）.—ISBN 7-5353-0586-5：1.00元

书名原文：Machinery's Picturia

外国体育幽默画选/李燕生编.—北京：知识出版社，1990.7.—272页；32开.—ISBN 7-5015-0325-7：5.30元

外国幽默画 第一集：爱情的幽默/《杂技与魔术》编辑部编.—北京：朝华出版社，1990.—168页；32开.—ISBN 7-5054-0119-X：3.00元

生活·爱情·幽默：玛法达与伙伴们/（阿根廷）季诺绘；蓝建安，洪佩奇选编.—南京：译林出版社，1990.6.—138页；20开.—（世界系列连环漫画名著丛书）.—ISBN 7-80567-082-X（精装）：6.00元

生活·爱情·幽默：阿达姆松/（瑞典）奥斯卡·雅各布生绘；蓝建安，高云选编.—南京：译林出版社，1990.4.—249页；20开.—（世界系列连环漫画名著丛书）.—ISBN 7-80567-056-0（精装）：7.80元；（平装）：5.80元

生活·爱情·幽默：金发女郎布朗娣/（美）契克·扬，迪安·扬绘；洪佩奇，唐亮选编.—南京：译林出版社，1990.5.—141页；20开.—（世界系列连环漫画名著丛书）.—ISBN 7-80567-057-9（精装）：5.70元；（平装）：3.70元

生活·爱情·幽默：独眼水手波佩/（美）伊尔·克里拉·西格，巴德·沙根道尔夫绘；洪佩奇，卢浩选编.—南京：译林出版社，1990.5.—138页；20开.（世界系列连环漫画名著丛书）.—ISBN 7-80567-074-9（精装）：5.70元；（平装）：3.70元

皮德生活漫画/（丹）皮德绘；洪佩奇，卢浩编.南京：江苏人民出版社，1990.6.—339页；16开.（世界著名连环漫画）.—ISBN 7-214-00484-4：12.90元

两代人之间 （上）/（德）卜劳恩绘；桂馥编.北京：科学普及出版社，1990.11.—71页：图；16开.—ISBN 7-110-01647-1：2.40元

本书是根据德国著名漫画家卜劳恩的作品编绘而成的。通过150个日常生活中的事例，用幽默画、漫画的形式，反映了两代人之间的矛盾。

两代人之间 （下）/（德）卜劳恩绘；桂馥编.北京：科学普及出版社，1990.11.—71页：图；16开.—ISBN 7-110-01648-X：2.40元

连环幽默漫画精选/（丹）皮德斯特鲁普绘；沈蕊，沈宁编.—北京：中国妇女出版社，1990.9.66页；32开.—ISBN 7-81006-321-0：1.80元

沃尔的小狗/（澳）默里·鲍尔绘；洪佩奇编；藏斯译.—南京：译林出版社，1990.5.—72页；20开.（外国儿童连环画漫画丛书）.—ISBN 7-80567-071-4：1.90元

国外煤矿安全漫画集 （一）：采掘·支护·通风/佟恩瑞，李鸿业编.—北京：煤炭工业出版社，1990.12.—140页；48开.—ISBN 7-5020-0515-3：2.95元

国外煤矿安全漫画集 （二）：运输·电气/佟恩瑞，李鸿业编.—北京：煤炭工业出版社，1990.12.135页；48开.—ISBN 7-5020-0516-1：2.85元

国外煤矿安全漫画集 （三）：地面工作/佟恩瑞，李鸿业编.—北京：煤炭工业出版社，1990.12.104页；48开.—ISBN 7-5020-0517-X：2.30元

威廉·布什/（德）布什（Busch，W.）绘.—北京：三联书店，1990.3.—217页；24开.—（外国漫画家丛刊；V/方成主编）.—ISBN 7-108-00295-7：5.85元

幽默画百科大全：电视篇/吴祖望等编.—石家庄：河北少年儿童出版社，1990.8.—104页；32开.ISBN 7-5376-0560-2：1.50元

幽默画百科大全：医疗篇/吴祖望等编.—石家庄：河北少年儿童出版社，1990.8.—104页；32开.ISBN 7-5376-0559-9：1.50元

幽默画百科大全：体育篇 （一）/吴祖望等编.石家庄：河北少年儿童出版社，1990.8.—104页；32开.—ISBN 7-5376-0556-4：1.50元

幽默画百科大全：体育篇 （二）/吴祖望等编.石家庄：河北少年儿童出版社，1990.8.—104页；32开.—ISBN 7-5376-0557-2：1.50元

莫尔迪略幽默画集/（阿根廷）莫尔迪略（Mordillo，G.）绘；方成编.—北京：中国华侨出版公司，1990.5.—139页；32开.—ISBN 7-80074-198-2：2.10元

施密特漫画全集：连环漫画部分/（德）施密特（Schmitt，F.）绘；洪佩奇，刘小地编.—南京：译林出版社，1990.7.—304页；16开.—（世界幽默大师丛书）.—ISBN 7-80567-085-4：9.00元

美国索格罗漫画集/（美）索格罗（Soglow，O.）绘；方成编.—北京：中国华侨出版公司.1990.5.—125页；24开.—ISBN 7-80074-199-0：1.90元

超时空猴王——孙悟空森林历险 （27）/（美）梁挺编著.—北京：中国少年儿童出版社，1990.11.35页；16开.—（儿童漫画系列）.—ISBN 7-5007-1287-1：1.70元

雅各布生 第一集/（瑞典）雅各布生（Jacobsson，O.）绘.—北京：三联书店，1990.3.—196页；24开.—（外国漫画家丛刊；IX/方成主编）.—ISBN 7-108-00299-X：5.10元

喧闹的沼泽/（澳）加里·克拉克绘；刘新华，盛晓萍译.—南京：译林出版社，1990.5.—80页；20开.—（外国儿童连环画漫画丛书）.—ISBN 7-80567-070-6：2.00元

J238.4　连环画

七个尖角房/（美）纳撒尼尔·霍索恩著；刘少文编译.—长沙：湖南美术出版社，1990.3.—59页；42开.—（世界名著连环画）.—ISBN 7-5356-0369-6：0.60元

三只眼：复活岛之行　（2）/（日）手塚治虫编绘；陈晓逸等译.—北京：中国电影出版社，1990.6.—82页；32开.—ISBN 7-106-00416-2：1.45元

三只眼：复活岛之行　（3）/（日）手塚治虫编绘；陈晓逸等译.—北京：中国电影出版社，1990.10.—90页；32开.—ISBN 7-106-00467-7：1.50元

三只眼：复活岛之行　（4）/（日）手塚治虫编绘；陈晓逸等译.—北京：中国电影出版社，1990.9.—82页；32开.—ISBN 7-106-00469-3：1.45元

三国志：精美白话文大型连环画册/（日）园田光庆画；久保田千太郎配文；续三义等译.—北京：国际文化出版公司，1990.9.—822页；16开.—ISBN 7-80049-648-1：30.00元

飞人　（3）：发现潜艇/（日）藤子不二雄著；于也，于素秋编译.—北京：科学普及出版社，1990.9.94页；32开.—ISBN 7-110-01734-6：1.50元

飞人　（4）：我是明星/（日）藤子不二雄著；于也，吴学敏编译.—北京：科学普及出版社，1990.9.92页；32开.—ISBN 7-110-01735-4：1.50元

太空勇士加森/秦北极等改编；秦立新，付义民制作.—北京：中国社会出版社，1990.6.—20册；24开.—ISBN 7-80088-080-X：19.60元

根据电视连续剧制作。

时间隧道/刘远等编摄.—郑州：河南美术出版社，1990.6.—4册；64开.—（美国跨时空探险科幻系列连环画）.—ISBN 7-5401-0137-7：2.50元

钓鱼迷三平　（1）/（日）矢口高雄编绘.—北京：中国电影出版社，1990.11.—116页；32开.ISBN 7-106-00476-6：2.20元

洛德·吉姆/（波）约瑟夫·康拉德著；曹子纯编译.—长沙：湖南美术出版社，1990.3.—59页；42开.—（世界名著连环画）.—ISBN 7-5356-0367-X：0.60元

空中大战/肖纯等编绘.—天津：天津人民美术出版社，1990.11.—10册；48开.—（10集日本惊险连环画）.—ISBN 7-5305-3280-4：5.60元

根据日本藤子不二雄原作改编。

勇敢的船长/（英）鲁迪阿德·基普林著；刘少文编译.—长沙：湖南美术出版社，1990.3.—59页；42开.—（世界名著连环画）.—ISBN 7-5356-0366-1：0.60元

最后一个莫希干人/（美）詹姆斯·费尼莫尔·库珀著；曹子纯编译.—长沙：湖南美术出版社，1990.3.—59页；42开.—（世界名著连环画）.—ISBN 7-5356-0371-8：0.60元

曾达的囚犯/（英）安东尼·霍普著；刘少文编译.—长沙：湖南美术出版社，1990.3.—59页；42开.—（世界名著连环画）.—ISBN 7-5356-0371-X：0.60元

瑞士家庭的鲁滨逊/（瑞）约翰·怀斯著；曹子纯编译.—长沙：湖南美术出版社，1990.5.—59页；42开.—（世界名著连环画）.—ISBN 7-5356-0368-8：0.60元

蓝莲花：连环漫画《丁丁历险记》/（比）埃尔热编绘；罗佳，张林一编译.—西安：未来出版社，1990.7.—62页；16开.—ISBN 7-5417-0369-9：2.50元

新编米老鼠和唐老鸭系列连环画/陈俊仪编译.—长沙：湖南美术出版社，1990.5.—5册；24开.—ISBN 7-5356-0341-6（盒装）：5.50元

新编米老鼠和唐老鸭系列连环画　（一）/陈俊仪编译.—长沙：湖南美术出版社，1990.5.—5册；24开.—ISBN 7-5356-0342-4（盒装）：2.70元

新编米老鼠和唐老鸭系列连环画　（二）/陈俊仪编译.—长沙：湖南美术出版社，1990.5.—5册；24开.—ISBN 7-5356-0343-2（盒装）：2.70元

J238.5　插图画

世界儿童文学插图/朱铭善，华石编.—杭州：浙江人民美术出版社，1990.5.—189页；24开.—ISBN 7-5340-0191-9：5.80元

外国插图选/高燕编.—武汉：湖北美术出版社，1990.12.—102页；24开.—ISBN 7-5394-0061-7：4.00元

苏联星火杂志最新插图集：1985～1989/李燕生编.西安：陕西人民美术出版社，1990.—89页；16开.ISBN 7-5368-0243-9：5.45元

普希金文学插图/冯春编.—杭州：浙江人民美术出版社，1990.12.—151页；24开.—（世界插图丛书）.—ISBN 7-5340-0233-8：5.40元

J238.7　动画（卡通）

一只笨狼/陈忠编文；黄箐绘.—南宁：广西民族出版社，1990.9.—20页；24开.—（中国卡通系列画库）.—ISBN 7-5363-0926-0：1.30元

一休！一休！：木偶和大仙/肖伟编.—北京：中国少年儿童出版社，1990.12.—36页；40开.—ISBN 7-5007-1078-X：0.75元

一休！一休！：巧辨砚台/马燕编.—北京：中国少年儿童出版社，1990.12.—36页；40开.—ISBN 7-

5007-1083-6：0.75元

一休！一休！：鸟和娇小姐/洪彤编.—北京：中国少年儿童出版社，1990.12.—36页；40开.—ISBN 7-5007-1084-4：0.75元

一休！一休！：华盆和米袋子/陈镔编.—北京：中国少年儿童出版社，1990.12.—36页；40开.—ISBN 7-5007-1079-8：0.75元

一休！一休！：迷信与乌鸦报恩/鲁志友编.—北京：中国少年儿童出版社，1990.12.—36页；40开.ISBN 7-5007-1077-1：0.75元

一休！一休！：倔老头和武士/马燕编.—北京：中国少年儿童出版社，1990.12.—36页；40开.—ISBN 7-5007-1082-8：0.75元

一休！一休！：智囊和葫芦/晓松编.—北京：中国少年儿童出版社，1990.12.—36页；40开.—ISBN 7-5007-1085-2：0.75元

一休！一休！：罪犯和猫爷/陈镔编.—北京：中国少年儿童出版社，1990.12.—36页；40开.—ISBN 7-5007-1080-1：0.75元

丁丁历险记/（比）埃尔热编绘；李秉刚，张磊译；何力描绘.—北京：中国文联出版公司.—〔1990〕.6册；64开.—ISBN 7-5059-1263-1：6.20元

女飞侠：世界最新卡通精选/陈陶然编译.—长沙：湖南美术出版社，1990.4.—1册；36开.—ISBN 7-5356-0376-9：1.00元

小丁当：新版精选本/（日）藤子不二雄编绘.—广州：新世纪出版社，〔1990？〕.—8册；32开.（卡通世界）.—ISBN 7-5405-0474-9：12.00元

小飞龙/林阳，张阳编；硕峰，孙长黎绘.—北京：中国工人出版社，1990.10.—23页；24开.—（世界动画明星精选）.—ISBN 7-5008-0655-8：1.00元

小不点/林阳，张阳编；费维国，张振平绘.—北京：中国工人出版社，1990.10.—23页；24开.—（世界动画明星精选）.—ISBN 7-5008-0660-4：1.00元

飞龙入侵·患难之交/晓学编；路红等绘.—天津：天津教育出版社，1990.11.—1册；24开.—（美国电视系列动画片·"宇宙的巨人——希曼"丛书）.ISBN 7-5309-1053-1：0.85元

马戏团里的动物表演·魔鬼之王/晓学改编；路红等绘.—天津：天津教育出版社，1990.11.—1册；24开.—（美国电视系列动画片·"宇宙的巨人——希曼"丛书）.—ISBN 7-5309-1058-2：0.85元

马良/小衍改编；魏天定等绘.—济南：明天出版社，1990.1.—1册；16开.—（世界著名动画主角故事画丛）.—ISBN 7-5332-0892-7：0.95元

"无畏号"宇宙战舰　（上）/（日）藤川桂介著；冯啸，顾珊译；侯晓民等绘.—上海：上海人民美术出版社，1990.2.—71页；24开.—ISBN 7-5322-0635-1：1.30元

"无畏号"宇宙战舰　（下）/（日）藤川桂介著；冯啸，顾珊译；淑荣等绘.—上海：上海人民美术出版社，1990.2.—71页；24开.—ISBN 7-5322-0652-1：1.30元

无敌金刚　第一集/（美）柯罗特·洛宾斯编绘；陈俊仪，吉文军译.—贵阳：贵州人民出版社，1990.5.—40页；16开.—ISBN 7-221-01835-9：1.70元

无敌金刚　第二集/（美）柯罗特·洛宾斯编绘；陈俊仪，吉文军译.—贵阳：贵州人民出版社，1990.5.—40页；16开.—ISBN 7-221-01835-9：1.70元

太空儿UB　第四集/（日）藤子不二雄著；王振华，陈曼译.—海口：南海出版公司，1990.5.—188页；32开.—ISBN 7-80570-189-X：2.40元

太空儿UB　第五集/（日）藤子不二雄著；王振华，陈曼译.—海口：南海出版公司，1990.5.—190页；32开.—ISBN 7-80570-190-3：2.40元

太空儿UB　第六集/（日）藤子不二雄著；王振华，陈曼译.—海口：海南出版公司，1990.5.—190页；32开.—ISBN 7-80570-191-1：2.40元

太空城·拉普他　（1）/唐桂荣等选编；晓奇编.长春：吉林美术出版社，1990.6.—30页；16开.（日本最新动画故事）.—ISBN 7-5386-0169-4：1.95元

太空城·拉普他　（2）/唐桂荣等选编；晓奇编.长春：吉林美术出版社，1990.6.—30页；16开.（日本最新动画故事）.—ISBN 7-5386-0170-8：1.95元

太空城·拉普他　（3）/唐桂荣等选编；晓奇编.长春：吉林美术出版社，1990.6.—30页，16开.（日本最新动画故事）.—ISBN 7-5386-0171-6：1.95元

太空城·拉普他　（4）/唐桂荣等选编；晓奇编.长春：吉林美术出版社，1990.6.—30页；16开.（日本最新动画故事）.—ISBN 7-5386-0172-4：1.95元

瓦吉和帕吉/维静，林子编；郑军，孙伟绘.—北京：中国工人出版社，1990.10.—23页；24开.（世界动画集锦：美国）.—ISBN 7-5008-0650-7：1.00元

长生不老/陈忠编文；梧磊绘.—南宁：广西民族出版社，1990.9.—1册；24开.—（中外卡通系列画库）.—ISBN 7-5363-0948-1：1.30元

认识你自己吗？：米老鼠和唐老鸭新传/邹连聪，庞晖译.—海口：南海出版公司，1990.7.—1册；16开.—ISBN 7-80570-232-2：1.90元

幻觉月球的女王·蒂拉的秘密/晓学改编；姜书典，李永文绘.—天津：天津教育出版社，1990.9.

1册；24开.—(美国电视系列动画片·"宇宙的巨人——希曼"丛书).—ISBN 7-5309-1009-4：0.85元

巴巴爸爸/林阳，张阳编；荀建华，刘潜绘.—北京：中国工人出版社，1990.10.—23页；24开.(世界动画明星精选).—ISBN 7-5008-0658-2：1.00元

巧遇外星人/付进等译编；何力，群慧绘.—长春：北方妇女儿童出版社，1990.7.—120页；32开.(世界动画连环画精选).—ISBN 7-5383-0283-1：1.75元

世界卡通精选　(上)/叶钢，肖平编；王章富等绘.—上海：上海人民美术出版社，1990.3.—70页；24开.—ISBN 7-5322-0653-X：2.45元

世界卡通精选　(下)/叶钢，肖平编；王章富等绘.—上海：上海人民美术出版社，1990.3.—70页；24开.—ISBN 7-5322-0662-9：2.45元

世界动画精选/梁烈译编.—广州：岭南美术出版社，1990.5.—7册；64开.—ISBN 7-5362-0487-6：5.40元

弗克斯和福克斯/陈美娜，木子编译；晓雾等绘.南昌：21世纪出版社，1990.5.—46页；24开.—(外国著名动画故事精选).—ISBN 7-5391-0374-4：1.80元

皮诺曹童童改编；金雪林等绘.—济南：明天出版社，1990.1.—1册；16开.—(世界著名动画主角故事画丛).—ISBN 7-5332-0891-9：0.95元

机器猫续集：中彩票/立新等译；鹿泉，国珍等复制.—天津：天津人民美术出版社，1990.3.—28页；32开.—ISBN 7-5305-3264-2：0.85元

机器猫续集：反作用器/张秀华，刘万秋等译；跃闽，柱子等复制.—天津：天津人民美术出版社，1990.3.—28页；32开.—ISBN 7-5305-3262-6：0.85元

机器猫续集：地下国探险记/张秀华，刘万秋等译；增仁，建芬等复制.—天津：天津人民美术出版社，1990.3.—28页；32开.—ISBN 7-5305-3260-X：0.85元

机器猫续集：地球制造法/张秀华，刘万秋等译；张强，安吾等复制.—天津：天津人民美术出版社，1990.3.—28页；32开.—ISBN 7-5305-3259-5：0.85元

机器猫续集：海底旅行/立新译；阿征，风岗等复制.—天津：天津人民美术出版社，1990.3.—28页；32开.—ISBN 7-5305-3261-8：0.85元

机器猫续集：家里的游泳池是太平洋/立新等译；新民，惠芬等复制.—天津：天津人民美术出版社，1990.3.—28页；32开.—ISBN 7-5305-3263-4：0.85元

列那狐偷鱼/陈忠改编；小李，小何绘.—南宁：广西民族出版社，1990.9.—20页；24开.—(中外卡通系列画库).—ISBN 7-5363-0917-1：1.30元

多特和袋鼠/姜维静，林子编文；成金生，秦秋等绘.—北京：中国工人出版社，1990.10.—23页；24开.—(世界动画集锦：澳大利亚).—ISBN 7-5008-0652-3：1.00元

宇宙小战争：丁当长篇卡通故事/(日)藤子不二雄编绘.—广州：新世纪出版社，1990.12.—2册；32开.—(卡通世界).—ISBN 7-5405-0472-2：2.65元

宇宙飞超人　(上)：日本电视动画连环画/陈明娟改编；林义君等绘.—南宁：广西美术出版社，1990.8.—1册；24开.—ISBN 7-80582-072-4：1.00元

宇宙飞超人　(下)：日本电视动画连环画/陈明娟改编；梁盈禧等绘.—南宁：广西美术出版社，1990.8.—1册；24开.—ISBN 7-80582-073-2：1.00元

宇宙巨人希曼　(上)/茂秋等改编；王永扬等绘.天津：天津人民美术出版社，1990.10.—10册；48开.—(美国电视动画片).—ISBN 7-5305-3299-5：4.80元

宇宙巨人希曼　(下)/乔克等改编；冀汉等绘.天津：天津人民美术出版社，1990.10.—10册；48开.—(美国电视动画片).—ISBN 7-5305-3308-8：4.80元

宇宙的巨人——希曼/彦一白，王载德文；陈建明等绘.—北京：国际文化出版公司，1990.4.—1册；24开.—(美国系列电视动画片；1).—ISBN 7-80049-599-X：1.10元

宇宙的巨人——希曼/彦一白，王载德文；陈建明等绘.—北京：国际文化出版公司，1990.4.—1册；24开.—(美国系列电视动画片；2).—ISBN 7-80049-599-X：1.10元

宇宙的巨人——希曼/彦一白，王载德文；陈建明等绘.—北京：国际文化出版公司，1990.4.—1册；24开.—(美国系列电视动画片；3).—ISBN 7-80049-599-X：1.10元

宇宙的巨人——希曼/彦一白，王载德文；陈建明等画.—北京：国际文化出版公司，1990.4.—1册；24开.—(美国系列电视动画片；4).—ISBN 7-80049-599-X：1.10元

宇宙巨人——希曼：化石器·奥克叔叔/刘明亮，金强编；宋平等绘.—北京：中国连环画出版社，1990.8.—16页；16开.—ISBN 7-5061-0304-4：1.10元

宇宙巨人——希曼：幻觉月球的女王·寻找希曼/刘明亮，金强编；张振纲等绘.—北京：中国连环画出版社，1990.8.—16页；16开.—ISBN 7-5061-

0303-6：1.10元

宇宙巨人——希曼：石山法师·太阳神庙/刘明亮，金强编，陈英等绘.—北京：中国连环画出版社，1990.8.—16页；16开.—ISBN 7-5061-0305-2：1.10元

宇宙巨人——希曼：隐身头盔·阴谋宝石/刘明亮，金强编；刘义等绘.—北京：中国连环画出版社，1990.8.—16页；16开.—ISBN 7-5061-0302-8：1.10元

宇宙巨人——希曼：滑稽慧星·魔杖/刘明亮，金强编；常幼明等绘.—北京：中国连环画出版社，1990.8.—16页；16开.—ISBN 7-5061-0301-X：1.10元

宇宙巨人希曼：战胜巨石怪.—南京：江苏美术出版社，1990.5.—55页；24开.—ISBN 7-5344-0140-2：2.00元

宇宙巨人希曼：魔鬼之王.—南京：江苏美术出版社，1990.5.—70页；24开.—ISBN 7-5344-0140-2：2.40元

米老鼠：神秘的侯爵夫人/黄珍编译；晓民，婷婷描绘.—北京：中国文联出版公司，1990.2.—125页；64开.—(卡通连环画选).—ISBN 7-5059-1191-0：0.80元

根据联邦德国《米老鼠画刊》编译。

米老鼠：恐龙的奥秘/徐景田编译；韩光，小梅描绘.—北京：中国文联出版公司，1990.2.—126页；64开.—(卡通连环画选).—ISBN 7-5059-1189-9：0.80元

根据联邦德国《米老鼠画刊》编译。

米老鼠日记 第五集：异星之宝/(美)沃特·迪斯尼绘；李绍勤译.—昆明：云南少年儿童出版社，1990.3.—32页；16开.—ISBN 7-5414-0413-2：2.30元

米老鼠日记 第六集：无底井/(美)沃特·迪斯尼绘；李绍勤译.—昆明：云南少年儿童出版社，1990.3.—32页；16开.—ISBN 7-5414-0414-4：2.30元

米老鼠日记 第七集：西部奇遇/(美)沃特·迪斯尼绘；常丽，乔承伟译.—昆明：云南少年儿童出版社，1990.3.—32页；16开.—ISBN 7-5414-0415-2：2.30元

米老鼠日记 第八集：石币的秘密/(美)沃特·迪斯尼绘；陶玉德译.—昆明：云南少年儿童出版社，1990.3.—31页；16开.—ISBN 7-5414-0416-0：2.30元

米老鼠日记 第九集：莫尔道什的风笛/(美)沃特·迪斯尼绘；陶玉德译.—昆明：云南少年儿童出版社，1990.3.—32页；16开.—ISBN 7-5414-0417-9：2.30元

米老鼠和七个幽灵/赵双，罗佳编译；木辛绘.—北京：中国文联出版公司，1990.8.—110页；64开.(卡通连环画选).—ISBN 7-5059-1322-0：0.71元

米老鼠和唐老鸭 (7)/晓良，黄珍编译；晓彤等描绘.—北京：中国文联出版公司，〔1990〕.—6册；64开.—(卡通连环画选).—ISBN 7-5059-1215-1：3.70元

米老鼠智救气象博士/谈工皎编译；成洪，小彬绘.北京：中国文联出版公司，1990.8.—110页；64开.(卡通连环画选).—ISBN 7-5059-1323-9：0.71元

米克罗比：三条腿的机器人/孙力等改编；张葳等绘制.—天津：天津人民美术出版社，1990.3.—4册；24开.—ISBN 7-5305-3258-7(袋装)：3.30元

红魔少女：世界最新卡通精选/陈陶然编译.—长沙：湖南美术出版社，1990.4.—1册；36开.—ISBN 7-5356-0374-2：0.70元

我的小怪物/林阳，张阳编；陈浒，沈碧霞绘.—北京：中国工人出版社，1990.10.—23页；24开.(世界动画明星精选).—ISBN 7-5008-0657-4：1.00元

佐罗/点点改编；孟石初，唐云辉绘.—济南：明天出版社，1990.1.—1册；16开.—(世界著名动画主角故事画丛).—ISBN 7-5332-0929-X：0.95元

佐罗/林阳，张阳编；江东华，牛继升绘.—北京：中国工人出版社，1990.10.—23页；24开.—(世界动画明星精选).—ISBN 7-5008-0659-0：1.00元

佐罗：计谋/宏大等编；信浩等绘.—南昌：21世纪出版社，1990.1.—30页；32开.—ISBN 7-5391-0305-1：0.90元

根据美国同名电视动画片改编。

佐罗：拉蒙要塞/宏大等编；信浩等绘.—南昌：21世纪出版社，1990.1.—30页；32开.—ISBN 7-5391-0304-3：0.90元

佐罗：炸坝夺水/宏大等编；信浩等绘.—南昌：21世纪出版社，1990.1.—30页；32开.—ISBN 7-5391-0300-0：0.90元

佐罗：将军的下场/宏大等编；信浩等绘.—南昌：21世纪出版社，1990.1.—30页；32开.—ISBN 7-5391-0302-7：0.90元

佐罗：神秘的旅客/宏大等编；信浩等绘.—南昌：21世纪出版社，1990.1.—30页；32开.—ISBN 7-5391-0303-5：0.90元

佐罗：真相大白/宏大等编；信浩等绘.—南昌：21世纪出版社，1990.1.—30页；32开.—ISBN 7-5391-0301-9：0.90元

根据美国同名电视动画片改编。

希瑞公主/林阳，张阳编；江东华，孙长黎绘.—北京：中国工人出版社，1990.10.—23页；24开.(世界动画明星精选).—ISBN 7-5005-0654-X：

1.00元

快乐王子/陈忠编；黄卢健绘.—南宁：广西民族出版社，1990.9.—20页；24开.—（中外卡通系列画库）.—ISBN 7-5363-0928-7：1.30元

阿凡提/刘羽等改编，童童绘.—济南：　天出版社，1990.1.—1册；16开.—（世界著名动画主角故事画丛）.—ISBN 7-5332-0896-X：0.95元

非凡的公主希瑞　第一辑/金育青改编；刘靖国等绘.—石家庄：河北美术出版社，1990.3.—10册；64开.—ISBN 7-5310-0315-5（盒装）：4.20元

根据同名动画电视连续剧改编。

非凡的公主希瑞　第二辑/晓园等改编；四化等绘.石家庄：河北美术出版社，1990.3.—10册；64开.ISBN 7-5310-0316-3（盒装）：4.20元

根据同名动画电视连续剧改编。

迪斯尼乐园卡通词典：汉语·拼音·英语三对照/莫明明改编.—成都：四川文艺出版社，1990.2.135页；彩图；32开.—ISBN 7-5411-0637-2：9.80元

金刚战神——百兽王　第2辑/晓红，麦杨改编；龙伟行等复制.—广州：新世纪出版社，1990.12.—3册；64开.—ISBN 7-5405-0470-6：2.80元

爸爸和女儿·战胜巨石怪/晓学改编；高金铭，常如愿绘.—天津：天津教育出版社，1990.11.—1册；24开.—（美国电视系列动画片·"宇宙的巨人——希曼"丛书）.—ISBN 7-5309-1052-3：0.85元

狐狸小姐/陈忠编；黄可绘.—南宁：广西民族出版社，1990.9.—20页；24开.—（中外卡通系列画库）.—ISBN 7-5363-0943-0：1.30元

狐狸打猎人/陈忠编；黄箐绘.—南宁：广西民族出版社，1990.9.—20页；24开.—（中外卡通系列画库）.—ISBN 7-5363-0921-X：1.30元

变形金刚/木易等改编；思民等绘.—天津：天津人民美术出版社，1990.1.—10册；48开.—ISBN 7-5305-3257-9：4.80元

怪物太郎：大怪兽/（日）藤子不二雄著；王振华译.—北京：人民美术出版社，1990.4.—89页；32开.—ISBN 7-102-00680-2：1.20元

怪物太郎：会飞的章鱼/（日）藤子不二雄著；王振华译.—北京：人民美术出版社，1990.4.—89页；32开.—ISBN 7-102-00685-3：1.20元

怪物太郎：非洲的旅行/（日）藤子不二雄著；王振华译.—北京：人民美术出版社，1990.4.—91页；32开.—ISBN 7-102-00682-9：1.20元

怪物太郎：怪物太郎来了/（日）藤子不二雄著；王振华译.—北京：人民美术出版社，1990.4.—85页；32开.—ISBN 7-107-00654-3：1.20元

怪物太郎：怪物部队/（日）藤子不二雄著；王振华译.—北京：人民美术出版社，1990.4.—90页；32开.—ISBN 7-102-00683-7：1.20元

怪物太郎：怪星人/（日）藤子不二雄著；王振华译.—北京：人民美术出版社，1990.4.—85页；32开.—ISBN 7-102-00656-X：1.20元

怪物太郎：神秘的蝇人/（日）藤子不二雄著；王振华译.—北京：人民美术出版社，1990.4.—88页；32开.—ISBN 7-102-00681-0：1.20元

怪物太郎：请上魔法塾/（日）藤子不二雄著；王振华译.—北京：人民美术出版社，1990.4.—90页；32开.—ISBN 7-102-00684-5：1.20元

怪物太郎：雪孩儿/（日）藤子不二雄著；王振华译.—北京：人民美术出版社，1990.4.—92页；32开.—ISBN 7-102-00657-8：1.20元

怪物太郎：棒球比赛/（日）藤子不二雄著；王振华译.—北京：人民美术出版社，1990.4.—87页；32开.—ISBN 7-102-00655-1：1.20元

查克·伯特和水怪/林子，维静编文；李红，辛华绘.—北京：中国工人出版社，1990.10.—23页；24开.—（世界动画集锦：巴西）.—ISBN 7-5008-0651-5：1.00元

哪吒/童童改编；韩伍，王启帆绘.—济南：明天出版社，1990.1.—1册；16开.—（世界著名动画主角故事画丛）.—ISBN 7-5332-0928-1：0.95元

星球大战：全集/王平等改编；学军等绘.—石家庄：河北美术出版社，1990.4.—10册；48开.—ISBN 7-5310-0345-7（盒装）：4.50元

幽默大王——大鼻子皮福　（二）/张燕译.—北京：国际文化出版公司，1990.5.—131页；32开.ISBN 7-80049-607-4：2.50元

版权页题名：幽默大师——大鼻子皮福。

狡猾的蜘蛛/陈忠编；黄江鸣绘.—南宁：广西民族出版社，1990.9.—20页；24开.—（中外卡通系列画库）.—ISBN 7-5363-0716-3：1.30元

济公/童童编；常开，小铮绘.—济南：明天出版社，1990.1.—1册；16开.—（世界著名动画主角故事画丛）.—ISBN 7-5332-0933-8：0.95元

洋葱头/徐奋改编；毛田坤等绘.—济南：明天出版社，1990.1.—1册；16开.—（世界著名动画主角故事画丛）.—ISBN 7-5332-0894-3：0.95元

美人鱼/徐奋编；金诚等绘.—济南：明天出版社，1990.1.—1册；16开.—（世界著名动画主角故事画丛）.—ISBN 7-5332-0898-6：0.95元

美国动物卡通　第二辑/陆久译改；张似棒复制.昆明：云南人民出版社，1990.4.—6册；32开.—ISBN 7-222-00632-X：4.45元

神秘的宫殿/付进等译编；何力，群慧绘.—长春：北方妇女儿童出版社，1990.7.—91页；32开.—（世界动画连环画精选）.—ISBN 7-5385-0284-X：1.45元

娃娃世界：献给儿童们的礼物/曹庆婕，林军编绘.—天津：天津杨柳青画社，1990.1.—108页：彩图；24开.—ISBN 7-80503-076-6：4.20元

本书汇集了大量中外动画片、连环画，以及动物的图案资料。

勇敢的小裁缝/陈忠编；肖已沙绘.—南宁：广西民族出版社，1990.9.—20页；24开.—（中外卡通系列画库）.—ISBN 7-5363-0918-X：1.30元

勇敢的星——布雷斯塔警长：巨齿城之夜/路埜，晓云译；小梅，小明改编；童灵，南韦摄制.—北京：中国连环画出版社，1990.7.—1册；24开.（美国彩色系列动画片）.—ISBN 7-5061-0296-X：1.10元

勇敢的星——布雷塔斯警长：兄弟的保护人/路埜，晓云译；小梅，小明改编；童灵，南韦摄制.北京：中国连环画出版社，1990.7.—1册；24开.（美国彩色系列动画片）.—ISBN 7-5061-0299-4：1.10元

勇敢的星——布雷斯塔警长：宇宙动物园/路埜，晓云译；小梅，小明改编；童灵，南韦摄制.—北京：中国连环画出版社，1990.7.—1册；24开.（美国彩色系列动画片）.—ISBN 7-5061-0298-6：1.10元

勇敢的星——布雷斯塔警长：矿石热病/路埜，晓云译；小梅，小明改编；童灵，南韦摄制.—北京：中国连环画出版社，1990.7.—1册；24开.—（美国彩色系列动画片）.—ISBN 7-5061-0300-1：1.10元

勇敢的星——布雷斯塔警长：熊的力量/路埜，晓云译；小梅，小明改编；童灵，南韦摄制.—北京：中国连环画出版社，1990.7.—1册；24开.—（美国彩色系列动画片）.—ISBN 7-5061-0297-8：1.10元

恐龙金刚覆灭记/梁学谨改编；蒋晓东等绘.—南宁：广西美术出版社，1990.8.—2册；24开.—（日本大型动画连环画）.—ISBN 7-80582-079-1：2.00元

恐龙·特急克塞号/夏仁等改编；马雄等绘.—天津：天津人民美术出版社，1990.4.—6册；48开.（看故事，学画画）.—ISBN 7-5305-3254-5：3.00元

鸭家族的家庭野餐会/徐景田编译；明明描绘.—北京：中国文联出版公司，1990.8.—110页；64开.（卡通连环画选）.—ISBN 7-5059-1324-7：0.71元

根据联邦德国《米老鼠画刊》译绘。

唐老鸭——斗鲨记/韩小编译；张维等描绘.—北京：中国文联出版公司，1990.6.—110页；64开.（卡通连环画选）.—ISBN 7-5059-1289-5：0.71元

根据联邦德国《米老鼠画刊》译绘。

唐老鸭——失踪的游客/胡程悦编译；王同辰，李挺描绘.—北京：中国文联出版公司，1990.8.—94页；64开.—（卡通连环画选）.—ISBN 7-5059-1320-4：0.63元

根据联邦德国《米老鼠画刊》译绘。

唐老鸭——运宝奇案/晓良编译；新华，津平描绘.北京：中国文联出版公司，1990.2.—94页；64开.（卡通连环画选）.—ISBN 7-5059-1188-0：0.63元

根据联邦德国《米老鼠画刊》编译。

唐老鸭——埃菲尔铁塔失踪记/谈工皎编译；赵墨，京京描绘.—北京：中国文联出版公司，1990.8.—109页；64开.—（卡通连环画选辑）.—ISBN 7-5059-1318-2：0.71元

根据联邦德国《米老鼠画刊》译绘。

唐老鸭——倒霉病毒/谈工皎编译；彭朋，丁健描绘.—北京：中国文联出版公司，1990.2.—124页；64开.—（卡通连环画选）.—ISBN 7-5059-1190-2：0.80元

根据联邦德国《米老鼠画刊》编译。

唐老鸭——短暂的盟友/晓良，徐瑾编译；王增地等绘.—北京：中国文联出版公司，1990.8.—158页；64开.—（卡通连环画选）.—ISBN 7-5059-1321-2：0.98元

根据联邦德国《米老鼠画刊》译绘。

唐老鸭和旧金币/徐景田编译；增寅等描绘.—北京：中国文联出版公司，1990.8.—126页；64开.（卡通连环画选）.—ISBN 7-5059-1319-0：0.80元

根据联邦德国《米老鼠画刊》译绘。

海上事故/付进等译编；何力，群慧绘.—长春：北方妇女儿童出版社，1990.7.—102页；32开.—（世界动画连环画精选）.—ISBN 7-5385-0282-3：1.50元

桑季诺和胆小鬼/陈忠改编；湘龙，金泉绘.—南宁：广西民族出版社，1990.9.—20页；24开.—（中外卡通系列画库）.—ISBN 7-5363-0965-1：1.30元

堂·吉诃德/童童改编；赵树云等绘.—济南：明天出版社，1990.3.—1册；16开.—（世界著名动画主角故事画丛）.—ISBN 7-5332-0927-3：0.95元

银河列车999/（日）松本零士编绘；王振华，丁晓玉译；贺卓等复制.—北京：中国文联出版公司，1990.4.—10册；32开.—ISBN 7-5059-1355-7（袋装）：15.00元

渔夫女/陈忠编；朱雪梅绘.—南宁：广西民族出版社，1990.9.—20页；24开.—（中外卡通系列画库）.—ISBN 7-5363-0927-9：1.30元

隐身头盔·隐身宝石/晓学改编；宋玉星，王书朋绘.—天津：天津教育出版社，1990.9.—1册；24开.（美国电视系列动画片·“宇宙的巨人——希曼”丛书）.—ISBN 7-5309-1008-6：0.85元

越野赛/付进等译编；何力，群慧绘.—长春：北方

妇女儿童出版社，1990.7.—99页；32开.—(世界动画连环画精选).—ISBN 7-5385-0281-5：1.50元

超时空斗士：世界最新卡通精选/陈陶然编译.—长沙：湖南美术出版社，1990.4.—1册；36开.—ISBN 7-5356-0372-6：0.70元

超级吸尘器/付进等译编；何力，群慧绘.—长春：北方妇女儿童出版社，1990.7.—108页；32开.(世界动画连环画精选).—ISBN 7-5385-0620-9：1.60元

最新Q太郎系列　(一)：好好狗/(日)藤子不二雄著；郎樱译.—北京：中国妇女出版社，1990.5.85页；32开.—ISBN 7-80016-256-7：1.30元

最新Q太郎系列　(二)：骑士Q太郎/(日)藤子不二雄著；徐超译.—北京：中国妇女出版社，1990.5.—85页；32开.—ISBN 7-80016-256-7：1.30元

最新Q太郎系列　(三)：犯人是谁/(日)藤子不二雄著；夏立新译.—北京：中国妇女出版社，1990.5.—35页；32开.—ISBN 7-80016-256-7：1.30元

最新Q太郎系列　(四)：决斗取消/(日)藤子不二雄著；王树本译.—北京：中国妇女出版社，1990.5.—85页；32开.—ISBN 7-80016-256-7：1.30元

游乐场历险记/谭文光等改编；桑木等绘.—广州：岭南美术出版社，1990.5.—4册；64开.—(加拿大动画选).—ISBN 7-5362-0418-3：5.90元

滑稽慧星·魔杖/晓学改编；何子等绘.—天津：天津教育出版社，1990.9.—1册；24开.—(美国电视系列动画片·"宇宙的巨人——希曼"丛书).ISBN 7-5309-1007-8：0.85元

富弗/陈一昭译编；宁宁摄.—广州：岭南美术出版社，1990.7.—6册；24开.—(彩色系列卡通连环画).—ISBN 7-5362-0542-0：6.90元

跳跃的袋鼠/晓静，林子编文；兆平，赵燕绘.—北京：中国工人出版社，1990.10.—23页；24开.(世界动画明星精选：波兰).—ISBN 7-5008-0653-1：1.00元

蜘蛛人与机灵狗：世界最新卡通精选/陈陶然编译.—长沙：湖南美术出版社，1990.4.—1册；36开.ISBN 7-5356-0375-0：1.00元

聪明的一休/林阳，张阳编；伍小泉，查麒祥绘.北京：中国工人出版社，1990.10.—23页；24开.(世界动画明星精选).—ISBN 7-5008-0661-2：1.00元

聪明的一休：续集/余晓云改编；朱墨等绘.—石家庄：河北美术出版社，1990.4.—10册；64开.—ISBN 7-5310-0358-9(盒装)：5.30元

根据日本动画片改编。

聪明的山村姑娘/(捷克)鲍日娜·聂姆佐娃原著；陈忠改编；梁启德绘.—南宁：广西民族出版社，1990.9.—20页；24开.—(中外卡通系列画库).—ISBN 7-5363-0920-1：1.30元

聪明的傻爸爸：什么都是一半/(日)赤塚不二夫画；黄里译.—北京：中国华侨出版公司，1990.10.96页；32开.—ISBN 7-80074-295-4：1.40元

聪明的傻爸爸：讨厌的牙医生/(日)赤塚不二夫画；黄里译.—北京：中国华侨出版公司，1990.10.92页；32开.—ISBN 7-80074-293-8：1.40元

聪明的傻爸爸：到了马的国家/(日)赤塚不二夫画；黄里译.—北京：中国华侨出版公司，1990.10.95页；32开.—ISBN 7-80074-294-6：1.40元

聪明的傻爸爸：捉强盗/(日)赤塚不二夫画；黄里译.—北京：中国华侨出版公司，1990.10.—93页；32开.—ISBN 7-80074-300-4：1.40元

聪明的傻爸爸：野马的伪装/(日)赤塚不二夫画；黄里译.—北京：中国华侨出版公司，1990.10.96页；32开.—ISBN 7-80074-296-2：1.40元

魔力面具·女巫的阴谋/晓学改编；李世铎绘.—天津：天津教育出版社，1990.11.—1册；24开.—(美国电视系列动画片·"宇宙的巨人——希曼"丛书).—ISBN 7-5309-1056-6：0.85元

魔石的灾害·时间长廊/晓学改编；姜书典，路红绘.—天津：天津教育出版社，1990.9.—1册；24开.(美国电视系列动画片·"宇宙的巨人——希曼"丛书).—ISBN 7-5309-1010-8：0.85元

魔怪小精灵：世界最新卡通精选/陈陶然编译.—长沙：湖南美术出版社，1990.4.—1册；36开.—ISBN 7-5356-0373-4：0.70元

魔法师芬埃德/陈忠编；梁启德绘.—南宁：广西民族出版社，1990.9.—20页；24开.—(中外卡通系列画库).—ISBN 7-5363-0942-2：1.30元

鼹鼠的趣事/小静，林子编；永翔，永岳绘.—北京：中国工人出版社，〔1990？〕.—23页；24开.(世界动画集锦：捷克斯洛伐克).—ISBN 7-5008-0649-3：1.00元

Q太郎：新版精选本/(日)藤子不二雄编绘.—广州：新世纪出版社，1990.12.—4册；32开.—(卡通世界).—ISBN 7-5405-0475-7：4.60元

Q太郎　(1)/(日)藤子不二雄著；陈玲等译.北京：中国戏剧出版社，1990.8.—91页；32开.ISBN 7-104-00201-4：1.20元

Q太郎　(2)/(日)藤子不二雄著；陈玲等译.北京：中国戏剧出版社，1990.8.—93页；32开.ISBN 7-104-00202-2：1.20元

Q太郎　(3)/(日)藤子不二雄著；陈玲等译.北京：中国戏剧出版社，1990.8.—93页；32开.ISBN 7-104-00203-0：1.20元

Q太郎　(4)/(日)藤子不二雄著；陈玲等译北京：中国戏剧出版社，1990.8.—93页；32开.

ISBN 7-104-00204-9：1.20元

Q太郎 (5)/(日)藤子不二雄著；陈玲等译.北京：中国戏剧出版社，1990.8.—92页；32开.ISBN 7-104-00205-7：1.20元

Q太郎 (6)/(日)藤子不二雄著；陈玲等译.北京：中国戏剧出版社，1990.8.—92页；32开.ISBN 7-104-00206-5：1.20元

Q太郎 (7)/(日)藤子不二雄著；陈玲等译.北京：中国戏剧出版社，1990.8.—92页；32开.ISBN 7-104-00207-3：1.20元

Q太郎 (8)/(日)藤子不二雄著；陈玲等译.北京：中国戏剧出版社，1990.8.—92页；32开.ISBN 7-104-00208-1：1.20元

Q太郎 (9)/(日)藤子不二雄著；陈玲等译.北京：中国戏剧出版社，1990.8.—92页；32开.ISBN 7-104-00209-X：1.20元

Q太郎 (10)/(日)藤子不二雄著；陈玲等译.北京：中国戏剧出版社，1990.8.—92页；32开.ISBN 7-104-00210-3：1.20元

J29 书法、篆刻

书法丛刊 第二十一辑/文物编辑委员会编.—北京：文物出版社，1990.2.—91页；大16开.—ISBN 7-5010-0393-9：3.50元

书法丛刊 第二十二辑/文物编辑委员会编.—北京：文物出版社，1990.6.—91页；大16开.—ISBN 7-5010-0395-5(甲种)：3.50元

书法丛刊 第二十二辑/文物编辑委员会编.—北京：文物出版社，1990.6.—91页；大16开.—ISBN 7-5010-0394-7(乙种)：2.40元

书法丛刊 第二十三辑/文物编辑委员会编.—北京：文物出版社，1990.9.—91页；大16开.—ISBN 7-5010-0416-1：2.40元

书法丛刊 第二十四辑/文物编辑委员会编.—北京：文物出版社，1990.12.—91页；16开.—ISBN 7-5010-0449-8(甲种)：3.50元

书法丛刊 第二十四辑/文物编辑委员会编.—北京：文物出版社，1990.12.—91页；16开.—ISBN 7-5010-0448-X(乙种)：2.40元

J292 中国书法、篆刻

中华书法篆刻大辞典/李国钧主编.—长沙：湖南教育出版社，1990.12.—1273页；16开.—ISBN 7-5355-1206-2(精装)：60.00元

中国书法史话/洪丕谟编著.—上海：上海教育出版社，1990.9.—248页；32开.—ISBN 7-5320-1697-8：2.90元

中国书法史简编/滕西奇编著.—济南：山东教育出版社，1990.12.—208页：附图；大32开.—ISBN 7-5328-1084-4：3.25元

书/彭洋著.—南宁：广西民族出版社，1990.12.166页；36开.—(当代青年文化娱乐丛书；第一辑；3/杜云，陈运祐主编).—ISBN 7-5363-1007-2：2.00元

书法与美工/徐银汉主编.—长沙：湖南教育出版社，1990.10.—304页；32开.—中等职业技术学校教材.—ISBN 7-5355-1142-2：3.70元

书法篆刻/黄惇等编著.—北京：高等教育出版社，1990.10.—177页；16开.—ISBN 7-04-003068-3：2.75元

书法篆刻术语辞典/崔尔平撰.—西安：陕西人民出版社，1990.10.—443页；32开.—ISBN 7-224-00579-7(精装)：8.00元

朵云轩藏书法篆刻选/上海书画出版社编.—上海：上海书画出版社，1990.8.—1册；8开.—ISBN 7-80512-436-1(精装)：65.00元

刘孟嘉、段玉鹏书法篆刻选/刘孟嘉，段玉鹏书.济南：山东友谊书社，1990.7.—72页；16开.—ISBN 7-80551-285-X：13.00元

秋实录：傅庞如诗词篆刻书法集/傅庞如著.—武汉：湖北人民出版社，1990.1.—95页；大32开.ISBN 7-216-00529-5：11.50元

简明书法词典/段成桂，陈明兆主编.—长春：吉林文史出版社，1990.8.—584页；32开.—ISBN 7-80528-295-6(精装)：14.00元

J292.1 书法理论和方法

三笔字书法教程：毛笔·粉笔·硬笔/李晏平编.成都：电子科技大学出版社，1990.8.—168页；32开.—ISBN 7-81016-245-4：2.50元

三笔字简明教程/席志强编著.—长沙：湖南师范大学出版社，1990.10.—188页；32开.—ISBN 7-81031-061-5：2.50元

王羲之书法论注/(东晋)王羲之著；江苏美术出版社编.—南京：江苏美术出版社，1990.5.—63页；32开.—(古代书论丛书；2).—ISBN 7-5344-0128-3：1.10元

少年儿童学书法/张旭光编.—北京：测绘出版社，1990.8.—235页；16开.—电视讲座教材.—ISBN 7 5030-0241-7：4.95元

中师书法教程/江吟主编.—杭州：浙江大学出版社，1990.6.—284页；大32开.—ISBN 7-308-00525-9：4.00元

中国历代书法鉴赏大辞典/周倜主编.—北京：北京

燕山出版社，1990.2.—2册（2189，51页）：彩照；16开.—ISBN 7-5402-0111-8（精装）：118.00元

中国书法论著辞典/张潜超主编.—上海：上海书画出版社，1990.12.—1册（590，60页）；16开.—ISBN 7-80512-419-1（精装）：26.00元

中国书法理论体系/熊秉明著.—成都：四川美术出版社，1990.7.—182页：照片；32开.—ISBN 7-5410-0281-X：5.50元

中国书学论著提要/陈滞冬著.—成都：成都出版社，1990.6.—484页；大32开.—ISBN 7-80575-027-0：6.90元

书法/山东省教学研究室编.—济南：山东教育出版社，1990.12.—225页；32开.—山东省中等师范学校试用教材.—ISBN 7-5328-0913-7：1.22元

书法十四讲/王凤鸣主编.—济南：黄河出版社，1990.11.—161页；大32开.—ISBN 7-80558-023-5：2.90元

书法入门/钟明善著.—西安：三秦出版社，1990.12.—184页；大32开.—ISBN 7-80546-304-2：2.90元

书法艺术/邱英生著.—哈尔滨：黑龙江教育出版社，1990.1.—146页；32开.—书法教材.—ISBN 7-5316-1058-2：2.30元

书法自学初阶/戴尧天编著.—北京：人民教育出版社，1990.1.—273页；16开.—小学语文教师进修读物.—ISBN 7-107-10017-3：5.55元

书法论/齐冲天著.—北京：北京大学出版社，1990.10.—248页；大32开.—ISBN 7-301-01136-9：4.80元

书法导艺/邱英生著.—哈尔滨：黑龙江教育出版社，1990.1.—146页；32开.—书法教材.—ISBN 7-5316-1058-2：2.30元

书法初学规范/朱以撒，徐春兴著.—福州：福建教育出版社，1990.8.—220页；大32开.—ISBN 7-5334-0688-5：3.00元

书法知识基础：合订本/韩家鳌主编.—北京：宇航出版社，1990.5.—323页；16开.—ISBN 7-80034-252-2：7.60元

书法学综论/陈振濂著.—杭州：浙江美术学院出版社，1990.4.—208页：附图；16开.—ISBN 7-81019-057-1：7.50元

书法美/天白著.—银川：宁夏人民出版社，1990.8.—448页；大32开.—ISBN 7-227-00543-7：6.90元

书法美学史/萧元著.—长沙：湖南美术出版社，1990.6.—361页；大32开.—ISBN 7-5356-0387-4：5.50元

书法美探奥：论书法欣赏/周俊杰著.—北京：人民美术出版社，1990.6.—108页；36开.—（世纪美术文库）.—ISBN 7-102-00466-4：2.95元

书法津梁/程可达著.—南京：江苏教育出版社，1990.2.—329页；32开.—ISBN 7-5343-0853-4：3.45元

书法结体研究/王颂余，傅以新著.—天津：天津人民美术出版社，1990.5.—132页；16开.—ISBN 7-5305-0186-0：8.60元

书法教学捷要/傅晏风著.—成都：四川教育出版社，1990.5.—124页；大36开.—ISBN 7-5408-1242-7：1.76元

书法教程/倪文东编著.—西安：西北大学出版社，1990.5.—248页；32开.—ISBN 7-5604-0171-6：3.80元

本书论述了篆、隶、楷、行、草五种常用书体的用笔、结构及章法特点等。

书法章法导引/喻建十著.—天津：天津杨柳青画社，1990.10.—1册；16开.—ISBN 7-80503-105-3：9.90元

书法简论/刘如璞著.—济南：山东文艺出版社，1990.12.—142页：图；大32开.—ISBN 7-5329-0586-1：4.40元

书法简明教程/王云朋编著.—北京：中国商业出版社，1990.5.—1册；16开.—ISBN 7-5044-0471-3：3.50元

书学概论/陈康著.—上海：上海书店，1990.12.293页；32开.—ISBN 7-80569-306-4：3.70元

本书据教育书店1946年版影印。

书谱释义/张辛汗释书.—长沙：湖南文艺出版社，1990.10.—92页；12开.—ISBN 7-5404-0602-X：6.40元

本书将唐代大书法家、书法理论家孙过庭的“书谱”用白话文作了诠释，并以行草字体书写。

书概评注/金学智评注.—上海：上海书画出版社，1990.12.—272页；32开.—ISBN 7-80512-467-1：3.50元

古代长安书法/王崇人编著.—上海：上海书画出版社，1990.3.—106，140页；大32开.—ISBN 7-80512-253-9：3.50元

辽宁书法论文集/中国书法家协会辽宁分会，辽宁省书法理论研究会编.—沈阳：辽宁大学出版社，1990.8.—223页；大32开.—ISBN 7-5610-0998-4：9.60元

刘熙载书概签注/王大亨，欧阳恒忠签注.—桂林：广西师范大学出版社：漓江出版社，1990.1.—335页；32开.—ISBN 7-5633-0659-5：4.50元

论书绝句/启功著.—北京：三联书店，1990.6.199页；大32开.—ISBN 7-108-00095-4：4.00元

论书绝句百首/王前著.—沈阳：辽宁大学出版社，

1990.12.—221页；32开.—ISBN 7-5610-1139-3：6.00元

李铎谈书法/李铎著.—长沙：湖南少年儿童出版社，1990.6.—59页：图；大32开.—ISBN 7-5358-0549-3：1.35元

连氏书法作品选论/连昌裔著.—北京：学苑出版社，1990.8.—1册：彩照；大32开.—ISBN 7-5077-0114-X：3.50元

怆蝉书诀/黄呈岳著.—南宁：广西教育出版社，1990.9.—24页；16开.—ISBN 7-5435-1038-3：1.70元

现代书法三步/古干著；胡允桓译.—北京：中国书籍出版社，1990.5.—221页；16开.—ISBN 7-5068-0043-8（精装）：24.00元

实用书法手册/荆鸿编著.—沈阳：辽宁科学技术出版社，1990.5.—360页；32开.—ISBN 7-5381-0589-1：6.85元

实用书法教程/谢光辉主编；潘玉华，英志光编著.桂林：广西师范大学出版社，1990.4.—120页；16开.—ISBN 7-5633-0769-9：2.80元

学书概览/欧阳中石主编.—北京：北京科学技术出版社，1990.12.—210页；16开.—ISBN 7-5304-0693-0：8.30元

本书包括：导引、书体、书论和欣赏4篇。

科学书法.—影印本.—天津：天津市古籍书店，1990.3.—140页；大32开.—1.20元

基础书法学/王海，刘振中主编.—郑州：河南人民出版社，1990.5.—533页；大32开.—ISBN 7-215-00716-2：6.95元

游云惊龙：书法艺术鉴赏/俞建华著.—南宁：广西人民出版社，1990.10.—193页；28开.—（青年艺术鉴赏丛书/高友德主编）.—ISBN 7-219-01706-5：4.20元

繁体书法十诀字帖/彭飞著.—长沙：中南工业大学出版社，1990.1.—118页；32开.—ISBN 7-81020-286-3：2.80元

J292.11　毛笔字写法

《小学生日常行为规范》三字歌大字帖/王正锋编.西安：陕西人民教育出版社，1990.3.—34页；32开.ISBN 7-5419-1431-2：1.00元

毛笔书法艺术自修指导/蒋昌诗编著.—成都：四川人民出版社，1990.7.—298页；大32开.—ISBN 7-220-01028-1：7.25元

毛笔楷书习字帖　第一册：基本笔画练习/李岩选编写.—济南：山东文艺出版社，1990.12.—32页；16开.—ISBN 7-5329-0588-8：1.45元

毛笔楷书实用技法字帖　（一）：基本笔画/田英章著.—北京：中国经济出版社，1990.5.—41页；16开.—（田英章系列书法字帖）.—ISBN 7-5017-0788-X：2.30元

书法入门新导　第一册：笔画与笔顺/韦昌敏著.北京：教育科学出版社，1990.6.—27页；16开.ISBN 7-5041-0566-X：1.50元

书法入门新导　第二册：独体字与用笔特征/韦昌敏著.—北京：教育科学出版社，1990.6.—25页；16开.—ISBN 7-5041-0567-8：1.50元

书法入门新导　第三册：偏旁部首/韦昌敏著.—北京：教育科学出版社，1990.6.—27页；16开.—ISBN 7-5041-0568-6：1.50元

书法入门新导　第四册：间架结构/韦昌敏著.—北京：教育科学出版社，1990.6.—30页；16开.—ISBN 7-5041-0569-4：1.50元

书法初步：辅导讲话/欧阳中石等编写.—北京：高等教育出版社，1990.7.—80页；16开.—ISBN 7-04-002604-X：1.55元

书法初步　第一册：笔画练习/欧阳中石主编；吴秉忠等编写.—北京：高等教育出版社，1990.9.48页；16开.—ISBN 7-04-002734-8：1.35元

书法初步　第二册：结构练习/欧阳中石主编，吴秉忠等编写.—北京：高等教育出版社，1990.9.18页；16开.—ISBN 7-04-002735-6：0.63元

书法初步　第三册：补笔练习/欧阳中石主编；吴秉忠等编写.—北京：高等教育出版社，1990.9.22页；16开.—ISBN 7-04-002736-4：0.72元

书法初步　第四册：丰肌练习/欧阳中石主编；吴秉忠等编写.—北京：高等教育出版社，1990.9.—22页；16开.—ISBN 7-04-002737-2：0.72元

书法初步　第五册：跳格练习/欧阳中石主编；吴秉忠等编写.—北京：高等教育出版社，1990.9.32页；16开.—ISBN 7-04-002738-0：0.96元

书法博览/中国书法家协会河南分会《书法博览》编辑部编.—郑州：河南美术出版社，〔1990〕.278页；16开.—ISBN 7-5401-0135-0：8.20元

四体书道百句歌/石羊撰书.—西安：陕西人民美术出版社，1990.4.—87页；16开.—ISBN 7-5368-0234-X：2.80元

本书通过注释并配上四种书体对书道百句歌作了说明。

当代草圣林散之研究文集/季伏昆等编.—南京：江苏美术出版社，〔1990〕.—142页：照片；大32开.ISBN 7-5344-0178-X：3.50元

行书法图说/骆恒光著.—杭州：浙江少年儿童出版社，1990.6.—204页；大32开.—ISBN 7-5342-0573-5：4.00元

行书·草书技法及书法、章法/杨再春编著.—北京：北京体育学院出版社，1990.7.—206页；32开.中央电视台书法技法讲座教材（4）.—ISBN 7-

81003-417-0：4.25元

欧书入门/张美中编著.—南宁：广西教育出版社，1990.10.—28页；8开.—ISBN 7-5435-1042-1：2.50元

学生隶书练习技法/王宝洛编著.—北京：学苑出版社，1990.12.—96页；16开.—ISBN 7-5077-0302-9：3.60元

隶书写法与汉碑注释/滕西奇著.—北京：中国广播电视出版社，1990.10.—152页；大32开.—ISBN 7-5043-0556-1：3.60元

隶书技法/洪民生著.—北京：北京体育学院出版社，1990.4.—72页；16开.—ISBN 7-81003-354-9：4.10元

隶书·魏碑技法/周持，张书范编著.—北京：北京体育学院出版社，1990.7.—114页；32开.—中央电视台书法技法讲座教材（2）.—ISBN 7-81003-415-4：2.55元

草书的研究与笔法/杨泽，杨再春著.—北京：北京体育学院出版社，1990.1.—124页；32开.—（中国书法系列丛书）.—ISBN 7-81003-199-6：2.10元

草字部首写法/董天庆编.—北京：文化艺术出版社，1990.4.—248页；大32开.—ISBN 7-5039-0549-2：5.40元

章草考/卓定谋编著.—天津：天津古籍书店，1990.8.—74页；16开.—2.80元

楷书行书大字帖：书法秘诀百篇/赵玉亭著.—2版（修订版）.—北京：原子能出版社，1989.12.—1册；16开.—ISBN 7-5022-0244-7：2.80元

本书1985年11月第1版。

楷书技法/孟繁禧等编著.—北京：北京体育学院出版社，1990.7.—171页；32开.—中央电视台书法技法讲座教材（3）.—ISBN 7-81003-416-2：3.70元

楷书间架结构九十二法字帖/（清）黄自元书.—北京：北京出版社，1990.10.—25页；16开.—ISBN 7-200-01140-1：1.20元

篆书入门/李春阳编著.—西安：三秦出版社，1990.4.—123页；16开.—ISBN 7-80546-235-6：4.80元

篆书的辨识与写法/郭恒编著.—北京：北京体育学院出版社，1990.1.—1册；32开.—（中国书法系列丛书）.—ISBN 7-81003-203-8：2.10元

篆书·篆刻技法/张永明，刘振英编著.—北京：北京体育学院出版社，1990.7.—222页；32开.—中央电视台书法技法讲座教材（1）.—ISBN 7-81003-414-6：4.50元

篆隶行草入门/张造时编著.—乌鲁木齐：新疆人民出版社，1990.7.—707页；大32开.—ISBN 7-228-01196-1：6.95元

J292.12 钢笔字写法

一诗一画钢笔书法名家作品集锦/王燕民绘；王立志等书.—北京：北京体育学院出版社，1990.9.141页；24开.—ISBN 7-81003-479-0：5.30元

七绝名篇钢笔毛笔对照字帖/钱沛云书写.—4版.福州：福建人民出版社，1990.7.—61页；16开.ISBN 7-211-01162-9：2.10元

三十六计钢笔书法/王正良书.—杭州：浙江古籍出版社，1990.9.—118页；32开.—ISBN 7-80518-143-8：2.45元

三川钢笔练习帖/李洪川等书.—武汉：长江文艺出版社，1990.11.—30页；16开.—ISBN 7-5354-0378-6：1.20元

三字经、百家姓、千字文、声律启蒙钢笔字帖/骆恒光，姚建杭写.—西安：三秦出版社，1990.12.107页；32开.—ISBN 7-80546-314-X：1.95元

千家诗钢笔圆珠笔字帖/刘大卫书.—北京：测绘出版社，1990.12.—163页；32开.—ISBN 7-5030-0443-6：2.80元

小学生钢笔正楷字帖/丁永康书写.—北京：教育科学出版社，1990.5.—162页；32开.—ISBN 7-5041-0502-3：2.20元

小学生钢笔字帖：小学生写字常见病及纠正方法/曹军编写.—北京：中国工人出版社，1990.5.—112页；32开.—ISBN 7-5008-0577-2：2.00元

小学生铅笔字帖/吴玉生书.—北京：北京师范学院出版社，1990.7.—62页；32开.—ISBN 7-81014-383-2：1.15元

小学语文生字钢笔字帖：三年级/李石文，丰华写.—天津：新蕾出版社，1990.9.—60页；32开.（中小学生钢笔字帖）.—ISBN 7-5307-0689-6：0.96元

小学语文课本生字钢笔字帖：4～6年级/刘潮书.北京：海洋出版社，1990.9.—100页；32开.—ISBN 7-5027-1120-7：1.65元

小学语文2600生字楷行书钢笔字帖/池继林书写.沈阳：沈阳出版社，1990.8.—66页；32开.—ISBN 7-80556-43-9：1.25元

小学课本古诗钢笔字帖/李培隽写.—天津：新蕾出版社，1990.9.—56页；32开.—（中小学钢笔字帖）.—ISBN 7-5307-0695-0：0.96元

马明钢笔书法选/马明书.—南京：河海大学出版社，1990.11.—110页；24开.—ISBN 7-5630-0057-7：10.00元

马金星歌词钢笔字帖/马金星著；张曙光书.—北京：农村读物出版社，1990.10.—154页；32开.ISBN 7-5048-1400-8：2.65元

五体钢笔书对联集锦/王君书.—石家庄：河北人民出版社，1990.2.—216页；32开.—ISBN 7-202-00576-X：2.45元

五体钢笔字宋诗百首/王君书.—石家庄：河北人民出版社，1990.12.—100页；32开.—ISBN 7-202-00811-4：1.30元

五体钢笔字帖：民间应酬交际通用对联大全/刘大卫书.—延吉：延边人民出版社，1990.2.—149页；32开.—ISBN 7-80508-492-0：3.70元

中外名人名言钢笔字帖/铁扣辑；丁永康写.—天津：新蕾出版社，1990.9.—60页；32开.—（中小学生钢笔字帖）.—ISBN 7-5307-0699-3：0.96元

中外名言钢笔习字帖/杨再春书；熊永年，李宪文选编.—北京：北京体育学院出版社，1990.1.—156页；32开.—ISBN 7-81003-340-9：3.10元

中外名诗钢笔字帖/李石文书；许自强选编.—北京：农村读物出版社，1990.10.—122页；32开.ISBN 7-5048-1404-0：2.65元

中外抒情诗选钢笔字帖/李洪川等书.—武汉：长江文艺出版社，1990.10.—142页；32开.—ISBN 7-5354-0371-9：2.10元

中外爱情诗选钢笔字帖/李洪川等书.—武汉：长江文艺出版社，1990.10.—142页；32开.—ISBN 7-5354-0372-7：2.10元

中华硬笔书法精粹/唐嗣田主编；中国现代硬笔书法研究会四川分会编.—成都：电子科技大学出版社，1990.3.—104页；16开.—ISBN 7-81016-214-4：5.90元

中英钢笔字帖/钱沛云，孙群豪书.—昆明：云南人民出版社，1990.7.—80页；32开.—ISBN 7-222-00439-4：1.50元

中国历史三字经钢笔字帖/田正常编；王仁凯书.长春：吉林大学出版社，1990.7.—108页；32开.ISBN 7-5601-0544-0：1.90元

中国古代廉政名言集锦：硬笔书法/中共陕西省榆林地区纪委编；韩亨林选编书写.—西安：陕西人民美术出版社，1990.5.—176页；32开.—ISBN 7-5368-0245-5：3.70元

中国当代青少年硬笔书法选萃/刘金彪，李岩选编.—石家庄：河北少年儿童出版社，1990.2.—120页；16开.—ISBN 7-5376-0508-4：4.30元

中国当代硬笔书法作品集/当代硬笔书法协会编.北京：北京体育学院出版社.1990.6.—332页；16开.—ISBN 7-81003-358-1：17.50元

中国现代抒情诗钢笔字帖/徐技新等书.—上海：复旦大学出版社，1990.8.—152页；32开.—ISBN 7-309-00538-4：2.50元

中国现代硬笔书法大字典/王宝洛编著.—北京：中国城市经济社会出版社，1990.9.—772页；32开.ISBN 7-5074-0470-6（精装）：18.40元

中国青年硬笔书法家优秀作品精萃/施善玉等主编.—北京：长征出版社，1990.6.—151页；大32开.—ISBN 7-80015-124-7：3.90元

中国钢笔书法艺术/沈鸿根编著.—2版.—南昌：江西教育出版社，1990.3.—334页；大32开.—ISBN 7-5392-0846-5（精装）：6.35元

中国格言警句钢笔书法/杨再春书.—北京：北京体育学院出版社，1990.4.—378页；64开.—ISBN 7-81003-355-7：3.60元

中国硬笔书法概论/何满宗著.—长沙：湖南美术出版社，1990.12.—326页；大32开.—ISBN 7-5356-0421-8：5.90元

中国简化繁体汉字钢笔字帖/林文编；弘才，浦深书.—长春：吉林人民出版社，1990.7.—178页；32开.—ISBN 7-206-00837-2：3.50元

中学生成语钢笔字帖：楷书行书对照/况兆鸿书.长春：吉林教育出版社，1990.6.—80页；32开.ISBN 7-5383-1041-X：1.05元

毛泽东诗词钢笔行书字帖/孙宝麟书.—北京：中国人口出版社，1990.7.—91页；36开.—ISBN 7-80079-012-6：1.95元

毛泽东诗词钢笔行草/黎松峭书.—南宁：广西民族出版社，1990.3.—110页；24开.—ISBN 7-5363-0734-9：2.55元

仇寅书外国名诗：钢笔行书字帖/仇寅书.—福州：福建人民出版社，1990.1.—80页；16开.—ISBN 7-211-00920-9：2.00元

毛泽东诗词钢笔字帖/卢中南书；林夕选.—北京：农村读物出版社，1990.10.—122页；32开.—ISBN 7-5048-1402-4：2.65元

六体钢笔字帖续集/袁晓义书.—郑州：河南教育出版社，1990.6.—442页；64开.—ISBN 7-5347-0714-5：1.75元

心声的传递：赠言诗钢笔书法/杨为国等书.—杭州：浙江文艺出版社，1990.8.—189页；大32开.ISBN 7-5339-0303-X：3.30元

孔孟名言钢笔行楷字帖/天祥书.—北京：学苑出版社，1990.10.—128页；32开.—ISBN 7-5077-0256-1：2.40元

书圣故地古代金庭诗选：系列钢笔字帖（行书）/张忠进选编；王正良书写.—北京：中国妇女出版社，1990.9.—108页；16开.—ISBN 7-80016-293-1：3.60元

书苑奇葩：中国现代硬笔书法研究会历次获奖作者作品集萃/黄萱主编.—海口：南海出版公司，1990.5.—180页；16开.—ISBN 7-80570-196-2：7.50元

书法名家人生格言钢笔字帖/吴未淳书.—北京：中国劳动出版社，1990.11.—155页；32开.—ISBN

7-5045-0548-X：2.20元

书法名家人生格言钢笔字帖/袁强书写.—北京：中国劳动出版社，1990.12.—155页；32开.—ISBN 7-5045-0547-1：2.25元

四体钢笔字帖/周丰著.—北京：光明日报出版社，1990.5.—125页；32开.—ISBN 7-80014-747-9：2.00元

冯国语硬笔书法/冯国语书.—昆明：云南民族出版社，1990.3.—158页；32开.—ISBN 7-5307-0252-3：3.25元

汉字简繁体对照硬笔书法集/王登平，熊少军书.北京：长征出版社，1990.8.—142页；32开.—ISBN 7-80015-127-1：2.40元

汉语成语反义词钢笔楷书字帖/张守镇书.—郑州：河南教育出版社，1990.6.—48页；32开.—ISBN 7-5347-0837-0：0.88元

汉语成语同义词钢笔楷书字帖/张守镇书.—郑州：河南教育出版社，1990.6.—48页；32开.—ISBN 7-5347-0836-2：0.88元

写好铅笔字的奥秘/张茹兰著.—长春：吉林人民出版社，1990.8.—46页；32开.—ISBN 7-206-00855-0：2.00元

闪光的名珠：钢笔字帖/殷农书.—上海：上海书画出版社，1990.7.—94页；32开.—ISBN 7-80512-440-X：1.25元

成语四字经钢笔四体字帖/翟鹏编文；张文善，曲舒书写.—延吉：东北朝鲜民族教育出版社，1990.12.—206页；32开.—ISBN 7-5437-0788-8：3.85元

百家格言钢笔字帖/房弘毅书；方石选.—北京：农村读物出版社，1990.10.—122页；32开.—ISBN 7-5048-1403-2：2.65元

当代硬笔书法精萃/慈爱民等编.—沈阳：沈阳出版社，1990.10.—119页；32开.—ISBN 7-80556-314-4：2.80元

优秀新歌词钢笔字帖/陈明辑；任红雨写.—天津：新蕾出版社，1990.9.—38页；32开.—（中小学生钢笔字帖）.—ISBN 7-5307-0693-4：0.65元

优秀歌曲100首钢笔行书字帖/刘大卫书.—成都：四川辞书出版社，1990.8.—96页；32开.—ISBN 7-80543-141-8：2.35元

优秀歌词钢笔字帖/吴玉生书；伦秀伟选.—北京：农村读物出版社，1990.9.—123页；32开.—ISBN 7-5048-1399-0：2.65元

全军第二届硬笔书法"天马凌空"杯大赛获奖作品集/施鲁玉等编.—北京：长征出版社，1990.4.—188页；大32开.—ISBN 7-80015-121-2：3.50元

全国小学生作文大赛获奖作品钢笔字帖/吴新如，张颖琪编.—北京：中国广播电视出版社，1990.11.203页；32开.—ISBN 7-5043-0714-9：3.00元

全国中学生作文大赛获奖作品钢笔字帖/顾仲安主编.—北京：中国广播电视出版社，1990.11.—247页；32开.—ISBN 7-5043-0715-7：3.60元

全国获奖钢笔书法精品选/柯焕德主编.—南宁：广西民族出版社，1990.10.—119页；32开.—ISBN 7-5363-0951-1：2.60元

全国第四届钢笔书法大赛特等奖字帖：中外名著精妙比喻辞典.—北京：中国国际广播出版社，1990.8.252页；32开.—ISBN 7-80035-596-9：3.50元

名人名言钢笔书法/魏开功著.—武汉：华中师范大学出版社，1990.4.—100页；32开.—ISBN 7-5622-0507-8：1.80元

名人情书钢笔字帖/吴玉生书.—北京：学苑出版社，1990.9.—156页；32开.—ISBN 7-80060-927-8：2.80元

名胜古迹楹联钢笔楷书书法/高岚书.—北京：光明日报出版社，1990.8.—120页；32开.—ISBN 7-80014-557-3：3.20元

多体实用钢笔字帖/沈鸿根，王华编.—上海：学林出版社，1990.8.—192页；大32开.—ISBN 7-80510-503-0：2.45元

米字格楷行钢笔字帖/贾启明书.—2版.—乌鲁木齐：新疆人民出版社，1990.1.—56页；32开.—ISBN 7-228-00676-3：1.00元

本书1988年9月第1版。

孙子兵法钢笔字帖/王正良编著.—南宁：广西美术出版社，1990.4.—77页；32开.—ISBN 7-80582-029-5：2.80元

孙文博钢笔字帖：名人名言录/孙文博书.—北京：中国青年出版社，1990.4.—88页；32开.—ISBN 7-5006-0683-4：2.00元

应用字钢笔行书备要/阿蒙编写.—上海：学林出版社，1990.1.—70页；16开.—ISBN 7-80510-435-2：2.20元

沙孟海论书钢笔字帖/祝遂之书.—杭州：浙江美术学院出版社，1990.8.—31页；8开.—ISBN 7-81019-067-9：3.40元

初中钢笔正楷字帖/阎锐敏书；艾平编.—北京：团结出版社，1990.10.—1册；16开.—ISBN 7-80061-359-3：1.50元

初中课本古诗钢笔字帖/卢中南书.—天津：新蕾出版社，1990.9.—61页；32开.—（中小学生钢笔字帖）.—ISBN 7-5307-0696-9：0.96元

启功论书钢笔字帖/曾翔书.—杭州：浙江美术学院出版社，1990.8.—30页；8开.—ISBN 7-81019-068-9：3.40元

张建华硬笔书法/张建华书.—北京：北京燕山出版社，1990.6.—28页；16开.—ISBN 7-5402-0229-7：1.30元

现代抒情散文钢笔字帖/苏健书.—杭州：浙江文艺出版社，1990.11.—220页；32开.—ISBN 7-5339-0329-3：3.20元

现代散文名篇钢笔字帖/钱少敏等书.—杭州：浙江教育出版社，1990.1.—171页；32开.—ISBN 7-5338-0381-7：2.10元

规范钢笔正楷字帖/顾仲安书.—上海：上海文化出版社，1990.12.—125页；32开.—ISBN 7-80511-381-5：2.45元

青少年唐宋词钢笔书法/刘天明编.—合肥：安徽少年儿童出版社，1990.4.—186页；64开.—ISBN 7-5397-0447-0：1.60元

英雄少年赖宁作品录钢笔字帖/张守镇书.—北京：中国妇女出版社，1990.7.—143页；32开.—ISBN 7-80016-197-8：2.90元

雨果诗选/司惠国书.—南宁：广西美术出版社，1990.10.—65页；40开.—(外国名诗硬笔书法丛书/吕洁编).—ISBN 7-80582-094-5：1.80元

罗兰妙语钢笔字帖/周立福书.—武汉：武汉工业大学出版社，1990.11.—180页；32开.—ISBN 7-5629-0427-8：2.90元

实用文书知识钢笔行书字帖/刘大卫书.—北京：知识出版社，1990.4.—160页；23开.—ISBN 7-5015-0371-0：2.40元

实用对联钢笔字帖/高岭等编；朱崇昌书写.—济南：山东文艺出版社，1990.2.—70页；32开.—ISBN 7-5329-0340-0：1.10元

实用钢笔书法自学教材/北京硬笔书法学会编.—北京：北京体育学院出版社，1990.9—110页；16开.1SBN 7-81003-480-4：4.70元

实用钢笔书法教程/邓藉田编著.—北京：中国工人出版社，1990.8.—211页；32开.—ISBN 7-5008-0620-5：2.50元

实用钢笔字速成/孙玉田，孟庆祥编写.—天津：天津教育出版社　1990.11.—92页；32开.—ISBN 7-5309-0987-4：1.40元

实用钢笔字速成法/王宝洺书.—北京：北京少年儿童出版社，1990.11.—136页；32开.—ISBN 7-5301-0294-X：2.70元

学生实用钢笔字帖/任德山，晓赢编写.—北京：中国青年出版社，1990.12.—169页；32开.—ISBN 7-5006-0371-3：3.60元

学生钢笔字帖/崔国强编.—长沙：湖南少年儿童出版社，1990.10.—78页；32开.—ISBN 7-5358-0554-X：0.80元

学生袖珍钢笔字帖及练字诀窍：小楷/史小波书；桃李编选.—北京：原子能出版社，1990.6.—1册；64开.—ISBN 7-5022-0274-9：0.80元

诗词名句钢笔字帖：中小学教师学习辅导/熊瑞锦编写.—成都：四川辞书出版社，1990.9.—118页；32开.—1.95元

诗词名句硬笔字帖/沈道荣编.—北京：北京燕山出版社，1990.9.—122页；32开.—ISBN 7-5402-0211-4：2.10元

革命志士名言诗抄书信钢笔行书字帖/仲河，燕林书.—北京：中国妇女出版社，1990.8.—194页；32开.—ISBN 7-80016-294-X：2.70元

赵朴初诗词钢笔字帖/宗逸山书.—杭州：浙江美术学院出版社，1990.8.—30页；8开.—ISBN 7-81019-069-9：3.40元

钢笔十体书法字帖/崔立信著.—北京：北京教育出版社，1990.9.—106页；32开.—ISBN 7-5303-0172-1：2.20元

本书是专为学生习练钢笔字而写的字帖。

钢笔习篆/陈声远书.—呼和浩特：内蒙古人民出版社，1990.10.—108页；32开.—ISBN 7-204-01232-1：1.65元

钢笔书中国古代楷行名帖/冯涛书.—北京：团结出版社，1990.3.—76页；16开.—ISBN 7-80061-288-0：2.70元

钢笔书法习字帖/田英章著.—北京：中国经济出版社，1990.5.—38页；16开.—(田英章系列书法字帖).—ISBN 7-5017-0786-3：2.70元

钢笔书法中医辨证施治歌诀/赵文炳等编著；王润和书.—天津：天津科学技术出版社，1990.2.—110页；32开.—ISBN 7-5308-0733-1：2.35元

钢笔书法自学指南/中国现代硬笔书法研究会浙江分会编.—北京：中国华侨出版公司，1990.11.—174页；32开.—ISBN 7-80074-289-X：2.50元

钢笔书法字帖：健身格言与谚语/孙文博，孙淑华编写.—北京：中国妇女出版社，1990.9.—82页；32开.—ISBN 7-80016-214-1：2.00元

钢笔书法字帖：唐宋诗词一百首/李枢魁编写.—北京：长城出版社，1990.9.—120页；32开.—ISBN 7-80017-128-0：2.70元

钢笔书法字典/杨建华著.—重庆：重庆出版社，1990.12.—500页；32开.—ISBN 7-5366-1409-8：7.20元

钢笔书法技巧要领/钱沛云编著.—南宁：广西美术出版社，1990.2.—60页；32开.—ISBN 7-80582-023-6：1.50元

钢笔书法学生小字典/张绍山主编.—太原：山西人民出版社，1990.2.—437页；64开.—ISBN 7-203-01399-5(精装)：7.50元

钢笔书法唐宋词帖/董国强，李承孝著.—北京：海潮出版社，1990.11.—144页；32开.—ISBN 7-80054-158-4：2.90元

钢笔书法通论/韩金春著.—青岛：青岛海洋大学出版社，1990.8.—250页；32开.—ISBN 7-81026-078-

2；2.80元

钢笔书法基础/倪文东编著.—西安：西北大学出版社，1990.4.—220页；32开.—ISBN 7-5604-0145-7；3.00元

钢笔正楷字帖/王志华书写.—济南：明天出版社，1990.11.—62页；32开.—ISBN 7-5332-1129-4；1.00元

钢笔正楷字帖/林似春书.—增补本.—上海：上海书画出版社，1990.5.—124页；32开.—ISBN 7-80512-409-4：1.50元

钢笔行书字帖/邢世明书.—合肥：安徽美术出版社，1990.6.—66页；32开.—ISBN 7-5398-0071-2：1.20元

钢笔行书字帖/沈培方书.—成都：巴蜀书社，1990.3.—48页；32开.—ISBN 7-80523-315-2：1.26元

钢笔行书字帖/沈鸿根书；秋实选词笺注.—哈尔滨：北方文艺出版社，1990.12.—149页；32开.—ISBN 7-5317-0422-6：2.55元

钢笔行书字帖：中外名人名言500句/王宝洺书.北京：中国城市经济社会出版社，1990.5.—124页；32开.—ISBN 7-5074-0333-5：2.00元

钢笔行书字帖：世界著名爱情诗选/孙文博，孙淑华编写.—北京：中国妇女出版社，1990.9.—90页；32开.—ISBN 7-80016-213-3：2.20元

钢笔行书字帖：外国爱情诗名篇/王新珍编；黄书权书.—北京：中国妇女出版社，1990.12.—124页；32开.—ISBN 7-80016-304-0：2.80元

钢笔行书字典/梁英世著.—北京：人民交通出版社，1990.11.—200页；32开.—ISBN 7-114-00915-1：3.50元

钢笔行书速成技法/王宝洺编写.—北京：学苑出版社，1990.9.—176页；32开.—ISBN 7-5077-0132-8：3.20元

钢笔行书唐诗绝句200首/杨再春书.—北京：北京体育学院出版社，1990.1.—60页；16开.—ISBN 7-81003-362-X：2.20元

钢笔行书基本技法/肖明夫编著.—南宁：广西民族出版社，1990.6.—96页；32开.—ISBN 7-5363-0810-8：2.00元

钢笔行草书题画诗绝句百首/林辉泮书.—广州：岭南美术出版社，1990.4.—111页；32开.—ISBN 7-5362-0494-9：2.80元

钢笔行楷名人名言录/陈毅明书.—北京：中国广播电视出版社，1990.9.—262页；32开.—ISBN 7-5043-0509-X：3.80元

钢笔字书写技法/王宝洺编著.—北京：中国医药科技出版社，1990.9.—146页；32开.—ISBN 7-5067-0251-7：2.30元

钢笔字写法/邓散木著.—增补本.—上海：上海书画出版社，1990.5.—121页；32开.—ISBN 7-80512-408-6：1.50元

钢笔字自学讲义：钢笔字帖/余驾楼书.—上海：上海书画出版社，1990.7.—109页；32开.—ISBN 7-80512-442-6：1.40元

钢笔字名人名言录/李震编写.—沈阳：辽宁教育出版社，1990.10.—122页；32开.—ISBN 7-5382-1053-9：2.39元

钢笔字快写法/王宝洺编著.—北京：农村读物出版社，1990.2.—136页；32开.—ISBN 7-5048-1237-4：1.95元

钢笔字帖：最新流行金曲歌词精选/牟诚等书.长春：长春出版社，1990.7.—152页；32开.—ISBN 7-80573-258-2：3.50元

钢笔字循序练习册：从楷书到草书/朱涛编写.上海：上海人民出版社，1990.3.—125页；16开.ISBN 7-208-00734-9：3.65元

钢笔隶书小字帖：毛泽东诗词名人名言录/刘业宁书.—南宁：广西民族出版社，1990.12.—152页；32开.—ISBN 7-5363-0992-9：2.80元

钢笔隶书字帖/蔡文强，侯登峰书.—郑州：河南教育出版社，1990.2.—52页；32开.—ISBN 7-5347-0715-3：0.70元

钢笔临古代墓志铭帖五种/陈焕阳书.—北京：知识出版社，1990.10.—63页；32开.—ISBN 7-5015-0471-7：1.20元

钢笔临写历代名帖　（上）/李文采临写.—北京：中国文联出版公司，1990.3.—92页；16开.—ISBN 7-5059-1276-3：3.00元

钢笔临写历代名帖　（下）/李文采临写.—北京：中国文联出版公司，1990.3.—71页；16开.—ISBN 7-5059-1277-1：2.50元

钢笔圆珠笔正楷字帖/王存礼主编.—上海：上海文化出版社，1990.8.—79页；16开.—ISBN 7-80511-310-6：3.50元

钢笔圆珠笔名家书法/庞中华等书.—北京：中国广播电视出版社，1990.12.—182页；32开.—ISBN 7-5043-0756-4：2.95元

钢笔圆珠笔实用技法字帖/张鸿林书.—北京：中国城市经济社会出版社，1990.7.—126页；32开.—ISBN 7-5074-0358-0：2.00元

钢笔常用四体字典/王宝洺等编.—北京：学苑出版社，1990.1.—235页；64开.—ISBN 7-80060-793-3：1.80元

钢笔描影字帖/孙厚琦书.—2版.—济南：山东教育出版社，1990.10.—142页；16开.—山东电视台电教节目专用教材.—ISBN 7-5328-0408-9：2.80元

钢笔楷书字帖/何文卿书.—武汉：长江文艺出版

社，1990.9.—60页；32开.—ISBN 7-5354-0367-0：1.00元

钢笔楷书字帖：汉语成语反义词/张守镇书.—郑州：河南教育出版社，1990.8.—48页；32开.—ISBN 7-5347-0837-0：0.88元

钢笔楷书字帖：新编百家姓/臧开嵌撰文；段相林书.—修订本.—郑州：河南教育出版社，1990.8.52页；32开.—ISBN 7-5347-0829-X：1.05元

本书1987年3月第1版。

钢笔楷书实用技法字帖/田英章著.—北京：中国经济出版社，1990.5.—44页；16开.—(田英章系列书法字帖).—ISBN 7-5017-0785-5：2.70元

钢笔楷书基本技法/张平生编著.—南宁：广西民族出版社，1990.6.—96页；32开.—ISBN 7-5363-0811-6：2.00元

钢笔楷行要领/赵彦良著.—乌鲁木齐：新疆人民出版社，1990.2.—56页；32开.—ISBN 7-228-01173-2：0.90元

钢笔新魏体书写技法/朱永佳著.—北京：中国青年出版社，1990.8.—104页；32开.—ISBN 7-5006-0459-9：2.70元

怎样写好钢笔字/钱沛云著.—西安：陕西人民出版社，1990.12.—53页；32开.—(怎样丛书/沈宝良，袁明仁主编).—ISBN 7-5419-2210-2：1.15元

贺词集锦钢笔字帖/刘大卫书；李庆选辑.—上海：同济大学出版社，1990.12.—169页；32开.—ISBN 7-5608-0691-0：2.70元

绝句百首钢笔书法/刘宝民书.—北京：团结出版社，1990.9.—1册；64开.—ISBN 7-80061-360-7：0.80元

泰戈尔诗选：〔硬笔书法〕/盈禧，廉人书.—南宁：广西美术出版社，1990.11.—85页；40开.—(外国名诗硬笔书法丛书/吕洁编).—ISBN 7-80582-097-X：1.95元

桂林山水诗文钢笔字帖/骆恒光书.—南宁：广西民族出版社，1990.12.—164页；32开.—ISBN 7-5363-1025-0：3.25元

桂林山水诗钢笔字帖/卢桐书.—沈阳：辽宁科学技术出版社，1990.5.—252页；32开.—ISBN 7-5381-0864-5：4.90元

晋阳杯硬笔书法大赛获奖作品选集/徐文达主编.太原：书海出版社，1990.6.—124页；16开.—ISBN 7-80550-023-0：3.90元

速成钢笔行书习字帖/李胜洪编.—武汉：湖北教育出版社，1990.8.—40页；16开.—ISBN 7-5351-0541-6：1.70元

钱沛云最新钢笔字帖：三字经·增广贤文/钱沛云书.—南宁：广西民族出版社，1990.11.—94页：照片；32开.—ISBN 7-5363-0914-7：2.40元

徐志摩爱情书信日记选钢笔书法/劳凡书写.—成都：四川文艺出版社，1990.3.—112页；16开.—ISBN 7-5411-0604-6：2.95元

爱国名诗钢笔字帖/闻莺选；任平书.—杭州：浙江人民出版社，1990.12.—106页；32开.—ISBN 7-213-00594-4：1.85元

席慕蓉诗文硬笔书法字帖：雨中的山林/房弘毅书.—北京：学苑出版社，1990.3.—152页；32开.ISBN 7-80060-886-7：2.35元

席慕蓉诗钢笔字帖/柳长忠等书.—福州：福建美术出版社，1990.6.—186页；64开.—ISBN 7-5393-0108-2：2.40元

席慕蓉诗歌行书钢笔字帖/周立福书.—武汉：长江文艺出版社，1990.7.—120页；32开.—ISBN 7-5354-0347-6：1.80元

席慕蓉爱情诗钢笔字帖/席慕蓉诗；卢桐书.—长沙：湖南文艺出版社，1990.7.—234页；大32开.ISBN 7-5404-0546-5：3.50元

唐宋百家诗钢笔行书字帖/程欣荣书.—南昌：江西美术出版社，1990.9.—30页；32开.—ISBN 7-80580-027-8：0.75元

唐宋词百首钢笔书法/卢桐著.—北京：中国华桥出版公司，1990.8.—180页；16开.—ISBN 7-80074-237-7：8.00元

唐宋诗歌名句钢笔字帖/赵明文辑；袁强书.—天津：新蕾出版社，1990.9.—62页；32开.—(中小学生钢笔字帖).—ISBN 7-5307-0697-7：0.96元

唐诗绝句一百首钢笔隶书字帖/刘旭光书.—石家庄：河北人民出版社，1990.12.—36页；32开.ISBN 7-202-00813-0：0.70元

唐诗绝句八十首七体钢笔字帖/崔立信书.—石家庄：河北人民出版社，1990.12.-161页；64开.—ISBN 7-202-00812-2：1.10元

海涅诗选/齐玉新书.—南宁：广西美术出版社，1990.10.—67页；40开.—(外国名诗硬笔书法丛书/吕洁编).—ISBN 7-80582-095-3：1.80元

流行歌曲硬笔书法/何满宗书.—昆明：云南少年儿童出版社，1990.11.—141页；32开.—ISBN 7-5414-0544-2：2.50元

诸子百家名言钢笔楷书字帖/仲河，燕林编写.—北京：中国妇女出版社，1990.12.—121页；32开.—ISBN 7-80016-442-X：2.40元

雪莱诗选/任平书.—南宁：广西美术出版社，1990.10.—73页；40开.—(外国名诗硬笔书法丛书/吕洁编).—ISBN 7-80582-092-9：1.80元

排行榜金曲钢笔字帖/钱沛云书.—南宁：广西美术出版社，1990.12.—120页；32开.—ISBN 7-80582-108-9：3.60元

描红钢笔练字帖/三川钢笔书院编.—武汉：长江文艺出版社，1990.11.—5册（178页）；16开.—ISBN 7-5354-0379-4：6.80元

常用汉字六体钢笔字帖/顾仲安书.—福州．福建人民出版社，1990.8.—340页；32开.—ISBN 7-211-01164-5：4.75元

常用汉字快写法/唐光志著.—北京：中国青年出版社，1990.7.—363页；32开.—ISBN 7-5006-0705-9：6.40元

本书是一本硬笔字书法帖。

常用汉字繁简对照五体钢笔字帖　上册/张平生编著.—南宁：广西教育出版社，1990.2.—216页；32开.—ISBN 7-5435-0778-1：3.80元

常用汉字繁简对照五体钢笔字帖　下册/张平生编著.—南宁：广西教育出版社，1990.2.—226页；32开.—ISBN 7-5435-0779-X：4.10元

常用字快写法/黄若舟书.—上海：上海教育出版社，1990.2.—92页；32开.—ISBN 7-5320-1842-3：0.82元

常用字钢笔楷书字帖/丁永康书.—北京：人民教育出版社，1990.9.—128页；32开.—ISBN 7-107-10717-8：2.30元

情与爱的通信：钢笔字帖/钱沛云书.—上海：上海书画出版社，1990.7.—110页；32开.—ISBN 7-80512-441-8：1.40元

情诗情言钢笔字帖/柳长忠等书.—福州：福建美术出版社，1990.6.—189页；64开.—（袖珍钢笔字帖丛书）.—ISBN 7-5393-0107-4：2.40元

版权页题名：情诗情言情书钢笔字帖

喜庆楹联钢笔字帖：正楷体/吕常伦，宋修艺编；陈梘桥书.—济南：山东文艺出版社，1990.2.—70页；32开.—ISBN 7-5329-0341-9：1.10元

硬笔书法/刘志伟书.—北京：解放军出版社，1990.2.—274页；32开.—（文娱体育丛书）.—ISBN 7-5065-1149-5：3.15元

硬笔书法/黄若舟著.—上海：上海人民美术出版社，1990.5.—122页；大32开.—ISBN 7-5322-0677-7：2.50元

硬笔书法入门：歇后语钢笔字帖/袁仲熊书.—武汉：武汉出版社，1990.5.—159页；32开.—ISBN 7-5430-0323-6：2.25元

硬笔书法字帖：席慕蓉海涅诗歌摘抄/吴玉生，卢中南书.—北京：海潮出版社，1990.2.—124页；32开.—ISBN 7-80054-126-6：2.20元

硬笔书法作品/张一福书.—长沙：湖南美术出版社，1990.11.—1册；20开.—ISBN 7-5356-0401-3：1.20元

硬笔书法奇葩：中国首届年轻人硬笔书法大赛特等奖获得者杨小健作品选/杨小健书.—太原：北岳文艺出版社，1990.3.—97页；16开.—ISBN 7-5378-0295-5：6.00元

硬笔书法实用字帖　（一）/李岩选编.—济南：山东美术出版社，1990.8.—32页；16开.—ISBN 7-5330-0286-5：1.40元

硬笔书法实用字帖　（二）/李岩选编.—济南：山东美术出版社，1990.8.—32页；16开.—ISBN 7-5330-0287-3：1.40元

硬笔书法实用字帖　（三）/李岩选编.—济南：山东美术出版社，1990.8.—32页；16开.—ISBN 7-5330-0288-1：1.40元

硬笔书法实用字帖　（四）/李岩选编.—济南：山东美术出版社，1990.8.—32页；16开.—ISBN 7-5330-0289-X：1.40元

硬笔书法春联/霍然，杜锡瑞书.—石家庄：河北美术出版社，1990.10.—88页；24开.—ISBN 7-5310-0375-9：4.00元

硬笔书法荟萃/潘履孚主编；中国人民保险公司编.—北京：中国工人出版社，1990.10.—84页：照片；16开.—ISBN 7-5008-0681-7：3.90元

硬笔书法精选/南宁市文联编.—南宁：广西美术出版社，1990.5.—86页；32开.—ISBN 7-80582-035-X：2.00元

鲁迅诗文钢笔字帖/梁英世编写.—北京：中国工人出版社，1990.11.—204页；32开.—ISBN 7-5008-0663-9：3.20元

鲁迅诗文选钢笔字帖/晓月书，龚民选.—北京：农村读物出版社，1990.10.—122页；32开.—ISBN 7-5048-1401-6．2.65元

港台歌词钢笔字帖/陈展等书.—福州：福建美术出版社，1990.6.—188页；64开.—（袖珍钢笔字帖丛书）.—ISBN 7-5393-0106-6：2.40元

普希金诗选/钱沛云书.—南宁：广西美术出版社，1990.11.—72页；40开.—（外国名诗硬笔书法丛书/吕洁编）.—ISBN 7-80582-096-1：1.80元

楷行草三体对照常用汉字钢笔字帖/于天存等书.北京：中国青年出版社，1990.4.—160页；32开.ISBN 7-5006-0689-3：3.60元

赖宁日记选钢笔正楷字帖/黄华生书.—福州：福建少年儿童出版社，1990.7.—91页；32开.—ISBN 7-5395-0421-8：1.50元

赖宁作文选钢笔字帖/刘山户辑；吴玉生写.—天津：新蕾出版社，1990.9.—61页；32开.—（中小学生钢笔字帖）.—ISBN 7-5307-0698-5：0.96元

雷锋日记诗文钢笔四体字帖/池继林书.—沈阳：辽宁美术出版社，1990.3.—102页；32开.—ISBN 7-5314-0729-9：1.65元

雷锋日记诗文选钢笔字帖/冯国语书.—昆明：云南民族出版社，1990.4.—96页；32开.—ISBN 7-

5367-0260-4：1.45元

雷锋日记钢笔行书字帖/黎汝相书.—南宁：广西教育出版社，1990.4.—157页；32开.—ISBN 7-5435-0804-4：3.00元

雷锋日记·钢笔字帖/吴新如等书；浙江美术学院出版社选编.—杭州：浙江美术学院出版社，1990.2.—90页；大32开.—ISBN 7-81019-066-0：1.80元

雷锋日记钢笔字帖/林祥庚书.—福州：福建少年儿童出版社，1990.4.—92页；32开.—ISBN 7-5395-0396-3：1.70元

雷锋日记钢笔字帖/高见书.—西安：三秦出版社，1990.12.—39页；32开.—ISBN 7-80546-325-5：1.35元

雷锋日记钢笔字帖/梁英世书写.—北京：金盾出版社，1990.7.—158页；32开.—ISBN 7-80022-202-0：2.50元

雷锋日记选多体钢笔字帖/霍德敏等书.—太原：希望出版社，1990.6.—38页；32开.—ISBN 7-5379-0650-5：1.50元

雷锋故事三则钢笔字帖/林平文，房弘毅写.—天津：新蕾出版社，1990.9.—62页；32开.—（中小学生钢笔字帖）.—ISBN 7-5307-0694-2：0.96元

新编钢笔字帖/李静等书.—武汉：长江文艺出版社，1990.12.—1册；32开.—ISBN 7-5354-0387-5：3.80元

歌坛巨星金曲钢笔字帖/田英章主编.—北京：国际文化出版公司，1990.9.—118页；32开.—ISBN 7-80049-577-9：2.75元

歌词诗词赠言钢笔圆珠笔字帖/冯宝佳书.—广州：广东高等教育出版社，1990.5.—155页；32开.—ISBN 7-5361-0472-3：3.00元

歌词钢笔行书字帖/李波著.—北京：长征出版社，1990.5.—56页；16开.—ISBN 7-80015-120-4：2.50元

歌德诗选/王传善书.—南宁：广西美术出版社，1990.10.—60页；40开.—（外国名诗硬笔书法丛书/吕洁编）.—ISBN 7-80582-093-7：1.60元

赠言荟萃钢笔字帖/仇寅等书.—福州：福建美术出版社，1990.6.—190页；64开.—ISBN 7-5393-0104-X：2.40元

赠言集锦楷行钢笔字帖/刘大卫书.—上海：上海科学技术文献出版社，1990.8.—153页；32开.—ISBN 7-80513-638-6：1.90元

99天钢笔字速成练习法/王宝心，史小波主编；北京硬笔书法学会编.—北京：北京体育学院出版社，1990.9.—53页；16开.—ISBN 7-81003-428-6：2.60元

3500常用字四体钢笔字帖/王君书.—石家庄：河北人民出版社，1990.8.—147页；32开.—ISBN 7-202-00726-6：1.95元

3500常用字行书钢笔字帖/姚荐杭书.—成都：成都科技大学出版社，1990.6.—52页；32开.—ISBN 7-5617-0426-4：1.10元

3500常用字钢笔楷书字帖/沈鸿根书.—长春：东北师范大学出版社，1990.10.—93页；大32开.—ISBN 7-5602-0444-9：1.80元

J292.13　美术字写法

艺用古文字图案/刘勉怡编.—长沙：湖南美术出版社，1990.7.—208页；16开.—ISBN 7-5356-0393-9：7.80元

中文字体设计/岳昕编著.—合肥：安徽美术出版社，1990.5.—90页；16开.—ISBN 7-5398-0005-4：4.60元

李正元美术字集/李正元绘.—广州：岭南美术出版社，1990.7.—130页；32开.—ISBN 7-5363-0557-0：2.60元

变体美术字/刘钧川等编绘.—郑州：河南美术出版社，1990.9.—1册；32开.—ISBN 7-5401-0132-6：1.80元

变体美术字/谭成俏编绘.—上海：上海人民美术出版社，1990.12.—254页；32开.—ISBN 7-5322-0713-5：3.70元

空心字的写法和字帖/李清德编.—长春：吉林人民出版社，1990.12.—74页；16开.—ISBN 7-206-00932-8：2.50元

美术字绘写练习/高长德编绘.—北京：中国华侨出版公司，1990.12.—93页；32开.—ISBN 7-80074-356-X：3.00元

美术字绘法/常俊生绘.—合肥：安徽美术出版社，1990.3.—126页；32开.—ISBN 7-5398-0109-3：3.90元

美术字集/焦俊华，焦晓橙编.—石家庄：河北美术出版社，1990.6.—123页；24开.—ISBN 7-5310-0344-9：3.50元

圆黑体/童曼之编写.—长沙：湖南美术出版社，1990.6.—232页；24开.—ISBN 7-5356-0386-6：5.60元

海内外艺术字体：香港·台湾·日本/虞刚选编.南京：江苏美术出版社，1990.1.—190页；24开.ISBN 7-5344-0113-5：3.80元

粉笔书法/韩承德等编著.—成都：成都出版社，1990.8.—28页：图版；32开.—ISBN 7-80575-116-1：3.20元

数目美术字实例1000/子叶，黄矜编绘.—北京：北京体育学院出版社，1990.3.—140页；16开.

（实用美术装璜资料大全丛书）.—ISBN 7-81003-089-2：6.25元

J292.2　碑帖、各代书法

三稀珍本/一白编.—南京：江苏教育出版社，1990.7.—1张；6开.—（历代法书精萃丛帖）.—ISBN 7-5343-1068-7：1.00元

中国古代砖文/王镛，李淼编撰.—北京：知识出版社，1990.12.—207页；16开.—ISBN 7-5015-0480-6：11.50元

长安历代名碑/陕西省博物馆编.—西安：陕西人民美术出版社，1990.8.—2册；12开.—陕西博物馆藏本.—ISBN 7-5368-0189-0（精装）：25.00元

古今百家名联墨迹欣赏/洪丕谟，蒋频著.—上海：学林出版社，1990.11.—201页；大32开.—ISBN 7-80510-517-0：3.40元

古今名家楹联室名选/上海人民美术出版社编.影印本.—上海：上海人民美术出版社，1990.9.90页；20开.—ISBN 7-5322-0538-X：3.30元

北京图书馆藏善拓题跋辑录/王敏辑注.—北京：文物出版社，1990.4.—386页；大32开.—ISBN 7-5010-0396-3：13.00元

四川历代碑刻/高文，高成刚编.—成都：四川大学出版社，1990.12.—375页；16开.—ISBN 7-5614-0328-3：13.00元

好太王碑古今集联/叶尔恺，抱翁斋撰句；秦文锦，锲斋编集.—广州：岭南美术出版社，1990.4.38页；16开.—ISBN 7-5362-0491-4：4.40元

全拓中国历代碑刻选：汉苍山元嘉元年画像石题记.—上海：上海书画出版社，1990.12.—1张；2开.—ISBN 7-80512-446-9：5.40元

全拓中国历代碑刻选：汉贤良方正子游残碑.—上海：上海书画出版社，1990.12.—1张；2开.—ISBN 7-80512-448-5：5.40元

全拓中国历代碑刻选：汉治张角残石·汉君子残石.—上海：上海书画出版社，1990.12.—1张；2开.ISBN 7-80512-444-2：5.40元

全拓中国历代碑刻选：汉贾仲武妻马姜墓记.—上海：上海书画出版社，1990.12.—1张；2开.—ISBN 7-80512-445-0：5.40元

全拓中国历代碑刻选：汉朝侯小子残碑.—上海：上海书画出版社，1990.12.—1张；2开.—ISBN 7-80512-443-4：5.40元

全拓中国历代碑刻选：北魏杨大眼造像记.—上海：上海书画出版社，1990.12.—1张；2开.—ISBN 7-80512-452-3：5.40元

全拓中国历代碑刻选：北魏魏灵藏造像记.—上海：上海书画出版社，1990.12.—1张；2开.—ISBN 7-80512-451-5：5.40元

杨守敬评碑评帖记/（清）杨守敬著；陈上岷整理.—北京：文物出版社，1990.9.—145页；大32开.—（湖北省博物馆丛书）.—ISBN 7-5010-0452-8

欧斋石墨题跋/朱翼盦著.—北京：书目文献出版社，1990.5.—149页；大32开.—ISBN 7-5013-0714-8：3.95元

新出土中国历代书法/（日）西林昭一著；陈滞冬译.—成都：成都出版社，1990.12.—215页；大32开.—ISBN 7-80575-045-9：6.50元

墨林集珍/张瑞林主编.—苏州：古吴轩出版社，1990.7.—77页；大16开.—ISBN 7-80574-002-X：19.80元

J292.21　碑帖丛刻

三希堂法帖.—影印本.—上海：上海书店，1990.11.—4册；大64开.—ISBN 7-80569-223-8（函套装）：24.00元

历代书法选/陈文良，董立武编著.—长春：北方妇女儿童出版社，1990.7.—353页；20开.—ISBN 7-5385-0164-9：11.60元

中日高僧书法选/徐利明，董惠宁编著.—南京：江苏美术出版社，1990.7.—170页；12开.—ISBN 7-5344-0159-3：19.80元

中国历代法书墨迹大观　（七）：宋/谢稚柳主编.—上海：上海书店，1990.10.—253页；8开.—ISBN 7-80569-347-1（精装）：58.00元

中国历代法书墨迹大观　（八）：宋·金·元/谢稚柳主编.—上海：上海书店，1990.12.—283页；8开.—ISBN 7-80569-379-X（精装）：58.00元

中国历代法书墨迹大观　（九）：元/谢稚柳主编.上海：上海书店，1990.10.—226页；8开.—ISBN 7-80569-380-3（精装）：50.00元

旁注楷书三希堂草书字帖/北京古籍出版社编辑.北京：北京古籍出版社，1990.9.—276页；大16开.ISBN 7-5300-0040-3：13.75元

旁注楷书三希堂草书字帖/北京古籍出版社编辑.北京：北京古籍出版社，1990.9.—276页；大16开.ISBN 7-5300-0041-1（精装）：18.50元

阅古楼和《三希堂法帖》/北海公园管理处编.—北京：人民美术出版社，1990.3.—62页；16开.—ISBN 7-102-00301-3：3.90元

墓志书法精选　第一册：元腾墓志·唐耀墓志/荣宝斋编.—北京：荣宝斋，1990.6.—22页；12开.ISBN 7-5003-0084-0：2.90元

墓志书法精选　第二册：杨氏墓志·元鉴墓志·

元定墓志/荣宝斋编.—北京：荣宝斋，1990.7.—22页；12开.—ISBN 7-5003-0078-6：2.90元

墓志书法精选　第三册：鞠彦云·显祖成嫔·奚智墓志/荣宝斋编.—北京：荣宝斋，1990.7.—22页；12开.—ISBN 7-5003-0090-5：2.90元

墓志书法精选　第四册：元彬墓志·元绪墓志/荣宝斋编.—北京：荣宝斋，〔1990〕.—22页；12开.—ISBN 7-5003-0085-9：2.90元

墓志书法精选　第五册：吐谷浑墓志·姜敬亲墓志/荣宝斋编.—北京：荣宝斋，〔1990〕.—22页；12开.—ISBN 7-5003-0079-4：2.90元

J292.22　秦汉书法

石门颂集联.—影印本.—天津：天津市古籍书店，1990.5.—42页；12开.—（碑联集拓）.—2.80元

据上海艺苑真赏社印本影印。

东汉封龙山颂/陈复澄著写.—北京：团结出版社，1990.8.—1册；16开.—（名碑实录选刊）.—ISBN 7-80061-299-6：2.90元

东汉鲜于璜碑/陈复澄著写.—北京：团结出版社，1990.8.—1册；16开.—（名碑实录选刊）.—ISBN 7-80061-297-X：4.30元

汉碑研究/中国书法家协会山东分会编.—济南：齐鲁书社，1990.5.—408页；大32开.—ISBN 7-5333-0175-7：7.20元

汉鲜于璜碑/（汉）鲜于璜书；《历代碑帖法书选》编辑组编.—北京：文物出版社，1990.4.—1册；16开.—（历代碑帖法书选）.—ISBN 7-5010-0397-1：1.80元

礼器碑/（东汉）佚名书.—北京：北京出版社，1990.11.—1册；20开.—ISBN 7-200-01194-0：2.30元

苻秦建元四年产碑/陈复澄著写.—北京：团结出版社，1990.8.—1册；16开.—（名碑实录选刊）.—ISBN 7-80061-298-8：2.90元

真赏斋藏宋拓汉娄寿碑.—影印本.—天津：天津市古籍书店，1990.8.—45页；8开.—（历代碑帖集萃）.—6.00元

据民国珂罗版本影印。

曹全碑.—上海：上海书店，1990.3.—1册；16开.—（历代法书自习范本）.—ISBN 7-80569-201-7：1.90元

J292.23　魏、晋、南北朝书法

王羲之小楷习字帖/（东晋）王羲之书.—北京：北京出版社，1990.10.—30页；16开.—ISBN 7-200-01128-2：1.40元

王羲之《兰亭序》/（东晋）王羲之书；一白编.—南京：江苏教育出版社，1990.6.—1张；4开.—（历代法书精萃丛帖）.—ISBN 7-5343-1066-0：1.55元

王羲之行书草书汇编：附释文/（东晋）王羲之书.—北京：北京古籍出版社，1990.12.—356页；大16开.—ISBN 7-5300-0039-X（精装）：23.50元

王羲之行书草书汇编：附释文/（东晋）王羲之书.—北京：北京古籍出版社，1990.12.—356页；大16开.—ISBN 7-5300-0038-1：19.80元

王羲之行书结构习字帖/路振平主编；吴希平，刘树岭编.—长沙：湖南文艺出版社，1990.2.—40页；16开.—ISBN 7-5404-0502-3：1.60元

王羲之草书诀字帖/（东晋）王羲之书.—长沙：湖南美术出版社，1990.3.—1册；16开.—ISBN 7-5356-0348-3：1.48元

王羲之郗耶帖/（东晋）王羲之书；修士良编.—北京：北京燕山出版社，1990.3.—1册；16开.—（燕山书法丛书）.—ISBN 7-5402-0198-3：1.50元

天下第一行书：漫说兰亭/于曙光著.—北京：测绘出版社，1990.8.—158页；大32开.—ISBN 7-5030-0430-4：3.70元

本书从多方面论述了王羲之《兰亭序》的艺术价值和历史作用。

云峰天柱诸山北朝刻石/于书亭编著.—北京：人民美术出版社，1990.4.—80页；16开.—ISBN 7-102-00723-X：6.90元

北魏元略墓志/《历代碑帖法书选》编辑组编.—北京：文物出版社，1990.10.—1册；16开.—（历代碑帖法书选）.—ISBN 7-5010-0419-6：0.55元

四山摩崖刻经/王钧，阿涛编.—北京：知识出版社，1990.10.—144页；16开.—ISBN 7-5015-0437-3：12.00元

佛遗教经.—天津：天津杨柳青画社，1990.3.—34页；20开.—天津艺术博物馆藏.—ISBN 7-80503-096-0：2.40元

本帖为楷书，内容为释迦牟尼临终时对弟子所作的教诫。

宋星凤楼本黄庭经.—天津：天津杨柳青画社，1990.3.—19页；20开.—天津艺术博物馆藏.—ISBN 7-80503-099-5：1.90元

本帖为魏晋南北朝时期楷书法帖。

张黑女墓志：放大本/田绪明编补.—北京：北京出版社，1990.7.—35页；16开.—ISBN 7-200-01052-9：1.55元

《始平公造像记》、《颜氏家庙碑》书法临习指导/孙伯翔等编.—北京：中央广播电视大学出版社，1990.6.—102页；16开.—ISBN 7-304-00481-9：2.50元

封面、书脊题名为：书法临习指导

胡问遂临魏碑四种.—影印本.—上海：上海书店，

1990.3.—1册;8开.—ISBN 7-80569-205-X：4.60元

晋唐书法考：德国学者谈中国书法/(联邦德国)雷德侯著；张观教译.—北京：人民美术出版社，1990.6.—86页；32开.—(世纪美术文库/刘玉山等主编).—ISBN 7-102-00725-6：2.75元

唐拓十七帖/(晋)王羲之书.—影印本.—天津：天津市古籍书店，1990.7.—26页；12开.—(历代碑帖集萃).—1.60元

魏写经残卷一种.—天津：天津杨柳青画社，1990.3.—36页；12开.—(历代书法墨迹选).—天津艺术博物馆藏.—ISBN 7-80503-098-7：3.30元

爨龙颜碑集联/叶尔恺撰句；秦文锦编集.—影印本.—天津：天津市古籍书店，1990.5.—28页；12开.—(碑联集拓).—1.80元

J292.24　隋、唐书法

孙过庭书谱真迹大字本/(唐)孙过庭书；陈复澄，杨永德编选.—北京：团结出版社，1990.12.44页；8开.—ISBN 7-80061-427-1：9.00元

李邕叶有道碑/(唐)李邕书.—上海：上海书店，1990.1.—1册；16开.—(历代法书自习范本).—ISBN 7-80569-187-8：1.56元

灵飞经小楷字帖/(唐)钟绍京书.—北京：北京出版社，1990.12.—1册；20开.—ISBN 7-200-01193-2：1.30元

欧阳询《张翰帖·梦奠帖》/(唐)欧阳询书；一白编.—南京：江苏教育出版社，1990.7.—1张；4开.—(历代法书精萃丛帖).—ISBN 7-5343-1067-9：1.00元

欧阳询虞恭公碑/(唐)欧阳询书.—上海：上海书店，1990.3.—1册；16开.—(历代法书自习范本).ISBN 7-80569-198-3：1.30元

柳公权楷书结构分析字帖/李剑舟编著.—郑州：河南美术出版社，1990.8.—71页；16开.—ISBN 7-5401-0141-5：4.50元

柳体大楷字帖/(唐)柳公权书；左克成编.—南昌：江西美术出版社，1990.8.—1册；16开.—ISBN 7-80580-021-9：2.15元

唐写经残卷三种.—天津：天津杨柳青画社，1990.3.—28页；12开.—(历代书法墨迹选).—天津艺术博物馆藏.—ISBN 7-80503-097-9：3.00元

唐孙过庭书谱墨迹/(唐)孙过庭书.—影印本.天津：天津市古籍书店，1990.3.—48页；8开.(历代碑帖集萃).—4.80元

唐颜真卿书八关斋会报德记/(唐)颜真卿书.—南京：东南大学出版社，1990.2.—135页；8开.—ISBN 7-81023-151-X：14.00元

唐颜真卿多宝塔碑/(唐)颜真卿书.—影印本.—天津：天津市古籍书店，1990.3.—41页;12开.—(历代碑帖集萃).—2.50元

褚遂良书阴符经/(唐)褚遂良书.—上海：上海书店，1990.10.—1册；12开.—ISBN 7-80569-251-3：2.20元

颜体大楷字帖/(唐)颜真卿书；左克成编.—南昌：江西美术出版社，1990.9.—1册；16开.—ISBN 7-80580-022-7：2.15元

颜真卿小麻姑仙坛记/(唐)颜真卿撰并书.—上海：上海书店，1990.1.—1册；16开.—(历代法书自习范本).—ISBN 7-80569-186-X：0.85元

本书据唐云所藏"真宋拓南城原刻本"影印。

颜真卿书干禄字书/(唐)颜真卿书；施安昌编.北京：紫禁城出版社，1990.7.—108页；16开.—ISBN 7-80047-046-6：6.80元

颜真卿书东方朔画赞碑、东方先生墓碑/(唐)颜真卿书；陵县文学艺术界联合会编.—青岛：青岛海洋大学出版社,1990.8.—208页；16开.—(中华书法国萃).—ISBN 7-81026-81-2：16.50元

J292.25　宋、元书法

旧拓米芾小楷千字文.—影印本.—天津：天津市古籍书店，1990.3.—15页;16开.—(历代碑帖集萃).0.80元

朱子大书法帖/(宋)朱熹书.—长沙：湖南文艺出版社，1990.3.—189页；12开.—ISBN 7-5404-0512-0：16.50元

本书封面、书脊、版权页题名为：朱熹大书法帖

米芾的书法艺术/沈鹏编著.—2版.—北京：人民美术出版社，1990.12.—57页；16开.—(中国古代美术作品介绍).—ISBN 7-102-00816-3：5.50元

本书1980年11月第1版。

杨凝式、黄庭坚《题跋两种》/(五代)杨凝式书，(宋)黄庭坚书；辛尘编.—南京：江苏教育出版社，1990.6.—1张；4开.—(历代法书精萃丛帖).—ISBN 7-5343-1063-6：1.55元

苏东坡金刚经字帖/(后秦)鸠摩罗什译；(北宋)苏东坡书；(民国)黄昆山注释.—海口：南海出版公司，1990.9.—90页；16开.—附《金刚经》注释.—ISBN 7-80570-139-3：5.90元

苏轼《寒食诗帖》/(宋)苏轼书；辛尘编.—南京：江苏教育出版社，1990.6.—1张；4开.—(历代法书精萃丛帖).—ISBN 7-5343-1064-4：1.55元

苏轼墨迹大观/朱仲岳编著.—上海：上海人民美术出版社，1990.4.—132页；16开.—ISBN 7-5322-0633-5：7.10元

宋高宗书千字文墨迹/(宋)宋高宗书.—影印本.天津：天津市古籍书店，1990.3.—22页；12开.

1.60元

宋高宗书真草习字帖/（宋）宋高宗书.—天津：天津人民美术出版社，1990.5.—59页；16开.—ISBN 7-5305-0177-1：3.50元

赵松雪六体千字文/（元）赵孟頫著.—北京：中国书店，1990.5.—1册；16开.—ISBN 7-80568-090-6：4.20元

赵孟頫小楷习字帖/（元）赵孟頫书.—北京：北京出版社，1990.10.—41页；16开.—ISBN 7-200-01127-4：1.80元

赵孟頫小楷道德经/（元）赵孟頫书.—上海：上海书店，1990.1.—1册；16开.—（历代法书自习范本）.—ISBN 7-80569-185-1：1.56元

赵孟頫行书玄教宗传碑/(元)赵孟頫书.—影印本.天津：天津市古籍书店，1990.3.—52页；8开.（历代碑帖集萃）.—6.50元

赵孟頫敕藏御服碑/（元）赵孟頫书.—上海：上海书店，1990.8.—1册；16开.—ISBN 7-80569-220-3：0.95元

赵孟頫崑山州淮云院记/（元）赵孟頫书.—上海：上海书店，1990.3.—1册；16开.—（历代法书自习范本）.—ISBN 7-80569-199-1：0.90元

黄山谷小楷金刚经/（宋）黄庭坚书.—影印本.天津：天津市古籍书店，1990.6.—61页；12开.（历代碑帖集萃）.—2.50元

黄庭坚草书《廉颇蔺相如列传》/（宋）黄庭坚书.北京：北京师范大学出版社，1990.10.—54页；8开.—（书法教学参考丛帖/启功主编）.—ISBN 7-303-01055-6，8.00元

黄庭坚墨迹大观/朱仲岳编著.—上海：上海人民美术出版社，1990.6.—180页；16开.—ISBN 7-5322-0645-9：9.20元

蔡襄墨迹大观/（宋）蔡襄书；朱仲岳编.—上海：上海人民美术出版社，1990.6.—84页；16开.—ISBN 7-5322-0562-2：5.00元

J292.26　明、清书法

八大山人翰墨集/丛林编.—北京：知识出版社，1990.6.—111页；16开.—ISBN 7-5015-0414-8：6.00元

文征明行书千字文/(明)文征明书.—影印本.—天津：天津市古籍书店，1990.5.—34页；12开.—2.50元

文征明行书律诗真迹/（明）文征明书.—影印本.天津：天津市古籍书店，1990.7.—20页；16开.（历代碑帖集萃）.—0.90元

文征明诗书真迹/（明）文征明书.—北京：北京出版社，1990.4.—67页；16开.—ISBN 7-200-01219-X：2.05元

这是一套近期发现的明代书法家文征明的书法真迹，内容是文征明写的33首诗，行书飘洒秀逸、是作品中的珍品。

邓石如书法集/（清）邓石如书篆；方绍武编.—合肥：黄山书社，1990.9.—376页；16开.—ISBN 7-80535-175-9（精装）：28.00元

祝枝山写赤壁赋墨宝/（明）祝允明书.—影印本.天津：天津市古籍书店，1990.3.—28页；16开.（历代碑帖集萃）.—1.20元

晚香堂苏帖/（明）陈继儒辑刻.—影印本.—北京：中国书店，1990.5.—2册；16开.—ISBN 7-80568-089-2（精装）：54.00元

黄自元墨迹/（清）黄自元书.—长沙：湖南美术出版社，1990.6.—21页；8开.—安化县文化馆供稿.ISBN 7-5356-0381-5：3.90元

康熙御笔金刚经/（清）康熙书；北京市文物商店编.—影印本.—北京：北京燕山出版社，1990.8.107页；大16开.—（燕山书法丛书）.—ISBN 7-5402-0254-8：3.78元

本书据北京市文物商店旧藏康熙御墨拓本影印。

清吴让之庾信诗墨迹/（清）吴让之书.—上海：上海人民美术出版社，1990.8.—41页；12开.—（国外所藏书法精品丛书）.—ISBN 7-5322-0539-8：3.30元

傅山草书千字文/（清）傅山书；赵和之供稿.—太原：山西人民出版社，1990.9.—1册；长16开.—ISBN 7-203-01762-1：11.00元

J292.27　近代书法

近代名人书林/王春渠编.—影印本.—天津：天津市古籍书店，1990.3.—62页；12开.—4.80元

顾随先生临同州圣教序/顾随书.—天津：天津市古籍书店，1990.3.—44页；12开.—2.50元

J292.28　现代书法

于右任先生书法/于右任书.—影印本.—西安：三秦出版社，1990.11.—303页；8开.—ISBN 7-80546-317-4（精装）：60.00元

王维德书法集/王维德书.—兰州：甘肃人民美术出版社，1990.7.—1册：照片；16开.—ISBN 7-80588-003-4：6.40元

五台山诗百家书法撷英/陈巨锁主编；贺寿长等编.—太原：山西人民出版社.1990.11.—142页；12开.—（中国四大佛教圣地书法丛书；1）.—ISBN 7-203-01409-6：12.60元

中国当代书法名家集萃/张新学，王成钢主编.北京：宇航出版社：奥林匹克出版社，1990.8.—228

页；大16开.—ISBN 7-80067-142-9(精装)：35.00元

中国当代书法名家墨迹/曾仁，戴宗济主编.—北京：职工教育出版社，1990.4.—300页；16开.—ISBN 7-80059-293-6（精装）：28.00元

邓散木楹联墨迹选/邓散木书.—哈尔滨：哈尔滨地图出版社，1990.9.—101页；12开.—ISBN 7-80529-045-8：6.00元

书法百帧/赵翼荣书.—昆明：云南教育出版社，1990.8.—100页；16开.—ISBN 7-5415-0395-9（精装）：12.00元

书法百帧/赵翼荣书.—昆明：云南教育出版社，1990.8.—100页；16开.—ISBN 7-5415-0379-7：8.50元

古今名联五体书/罗永嵩等书.—成都：四川美术出版社，1990.11.—1册；16开.—ISBN 7-5410-0525-8：6.50元

古诗佳联字帖/毛谷风选辑；任平写帖.—长沙：岳麓书社，1990.4.—108页；16开.—ISBN 7-80520-204-4：2.70元

石浦港书法藏品选/象山县书法家协会编.—北京：人民美术出版社，〔1990〕.—65页；32开.—ISBN 7-102-00862-7：7.20元

龙泉青瓷杯全国中师书法大赛获奖作品集/黄尚厚主编.—西安：陕西人民美术出版社，1990.4.—1册；16开.—ISBN 7-5368-0240-4：7.80元

卢有光楹联书法集/卢有光书.—广州：广东人民出版社，1990.6.—90页；大32开.—ISBN 7-218-00513-6：3.60元

朱家济行楷六种/朱家济书.—杭州：西泠印社，1990.3.—31页；12开.—（现代名家法帖丛书）.ISBN 7-80517-055-1：3.50元

伍中一书历代名人咏峨眉/伍中一抄录.—峨眉山：西南交通大学出版社，1990.2.—1册；21开.—ISBN 7-81022-148-5：2.20元

华美现代书法集/华美现代书法研究室编.—厦门：厦门大学出版社，1990.7.—69页；16开.—ISBN 7-5615-0313-X：8.00元

刘健书法作品集/刘犍书.—天津：天津人民美术出版社，1990.7.—81页；16开.—ISBN 7-5305-0253-0：4.40元

刘崇寿书法艺术/刘崇寿书.—广州：岭南美术出版社，1990.12.—98页；16开.—ISBN 7-5362-0630-5：6.50元

刘福寿楹联书法/刘福寿书.—石家庄. 河北美术出版社，1990.10.—96页；20开.—ISBN 7-5310-0377-5：5.50元

杨农生书滕王阁序/杨农生书.—南昌：江西美术出版社，1990.7.—1册；16开.—ISBN 7-80580-010-3：1.90元

李华君书法集：对联集锦/李华君书.—昆明：云南教育出版社，1990.9.—71页；16开.—ISBN 7-5415-0394-0：3.95元

吴丈蜀书法辑/吴丈蜀书.—武汉：湖北人民出版社，1990.10.—175页；8开.—ISBN 7-216-00631-3：16.00元

陈元高书法选/陈元高书.—沈阳：辽宁美术出版社，1990.8.—117页；16开.—ISBN 7-5314-0877-5：10.00元

陈沛彬书法选/陈沛彬书.—广州：岭南美术出版社，1990.11.—93页；大16开.—ISBN 7-5362-0622-4：20.00元

国际文化交流赛克勒杯中国书法竞赛作品集/赵瑞清等编.—北京：国际文化出版公司，1990.12.—134页；12开.—ISBN 7-80049-653-8：17.90元

法制名言书法选/成葆德，康建亭主编.—太原：山西人民出版社，1990.3.—178页；16开.—ISBN 7-203-01299-9：8.50元

诗词名言佳句书法/吴经缘书.—北京：北京体育学院出版社，1990.9.—312页；64开.—ISBN 7-81003-424-3：3.60元

秦锦章书法选/秦锦章书.—上海：华东师范大学出版社，1990.9.—93页；16开.—ISBN 7-5617-0681-2：6.50元

袁斗书法选集/袁斗书.—武汉：湖北美术出版社，1990.12.—110页；16开.—ISBN 7-5394-0209-1：8.00元

聂根升刘洪彪书法作品集/聂根升，刘洪彪书.—北京：文津出版社，1990.10.—91页；16开.—ISBN 7-80554-061-6：4.30元

郭子绪书法选/郭子绪书.—沈阳：辽宁美术出版社，1990.4.—127页；8开.—ISBN 7-5314-0856-2（精装）：56.00元

袖珍古诗书法集　（1）/孙介凡编选.—沈阳：辽宁美术出版社，〔1990〕.—9张；64开.—ISBN 7-5314-0243-2：0.80元

黄宾虹书法集/黄宾虹书；汪孝文选编.—南京：江苏美术出版社，1990.7.—117页；16开.—ISBN 7-5344-0158-5：13.80元

棠湖国际书法邀请展作品精选集/程玉书；沈学方编.—成都：成都科技大学出版社，1990.12.—134页；8开.—ISBN 7-5616-0356-8：28.00元

曾景充书法选/曾景充书.—广州：岭南美术出版社，1990.12.—54页；16开.—ISBN 7-5362-0621-6：4.20元

楹联书法大观/方绍武，黄书权编.—合肥：黄山书社，1990.7.—289页；16开.—ISBN 7-80535-139-

2：15.00元

楹联墨迹集粹/张立选编.—福州：福建美术出版社，1990.8.—300页；16开.—ISBN 7-5393-0119-8：9.50元

醉翁亭记/陈大福书.—兰州：甘肃人民美术出版社，1990.5.—51页，12开.—ISBN 7-80588-002-6：2.85元

醒世恒言名句书法/马华林书.—南宁：广西民族出版社，1990.10.—100页；32开.—ISBN 7-5363-0946-5：3.00元

J292.3 各体书法

历代名句六体字帖 （一）：诗/柳小晴等书.—上海：上海书画出版社，1990.1.—158页；16开.—ISBN 7-80512-411-6：6.00元

四体书格言警句选/焦传生等书写.—北京：人民美术出版社，1990.9.—60页；16开.—（四体书法丛书）.—ISBN 7-102-00768-X：2.80元

规范化书法训练：毛笔钢笔粉笔习字帖/胡明鑫等编.—昆明：云南大学出版社，1990.9.—215页；32开.—ISBN 7-81025-083-3：1.95元

宝文堂五体千字文字帖/宝文堂编辑部编.—北京：宝文堂书店，1990.1.—167页；16开.—ISBN 7-80030-164-8：3.90元

宝文堂五体千字文字帖/宝文堂编辑部编.—新1版.—北京：中国戏剧出版社，1990.12.—167页；16开.—ISBN 7-104-00253-7：5.90元

本书根据宝文堂书店1990年第1版重印。

真行草大字典/书学会编纂.—长沙：岳麓书社，1990.3.—1册（754，75页）；32开.—ISBN 7-80520-189-7（精装）：9.50元

常用字四体书法字典/钱沛云等编书.—北京：知识出版社，1990.7.—250页；大32开.—ISBN 7-5015-0424-5：3.50元

常用字字帖/上海书画出版社编.—增补本.—上海：上海书画出版社，1990.7.—490页；64开.—ISBN 7-80512-423-X（精装）：4.50元

J292.31 篆书书法

习篆一径/陶博吾著.—南宁：广西美术出版社，1990.4.—188页；16开.—ISBN 7-80582-030-9：8.20元

方去疾篆唐诗/方去疾书.—上海：上海书店，1990.8.—1册；16开.—ISBN 7-80569-254-8：2.90元

秦会稽刻石.—上海：上海书店，1990.3.—1册；16开.—（历代法书自习范本）.—ISBN 7-80569-202-5：1.60元

黄葆钺篆书百家姓/黄葆钺书.—上海：上海书店，1990.1.—1册；16开.—（历代法书自习范本）.ISBN 7-80569-189-4：1.10元

景舜逸临石鼓文/舜逸编著.—北京：中国城市经济社会出版社，1990.11.—85页；16开.—ISBN 7-5074-0383-1：4.90元

楷篆便检/李春阳编.—西安：三秦出版社，1990.4.—136页；16开.—ISBN 7-80546-236-4：5.50元

篆书临范：金文三种/钟明善书.—西安：三秦出版社，1990.11.—94页；16开.—ISBN 7-80546-320-2：4.30元

篆字汇/李铁良编著.—银川：宁夏人民出版社，1990.7.—440页：照片；32开.—ISBN 7-227-00544-5：7.10元

J292.32 隶书书法

刘炳森隶书千字文/刘炳森书.—北京：中国和平出版社，1990.12.—46页；16开.—ISBN 7-80037-418-1：3.40元

刘锡铜隶书选/刘锡铜书.—天津：天津人民美术出版社，1990.11.—43页；16开.—ISBN 7-5305-0263-8：3.85元

张森隶书滕王阁序/张森书.—上海：上海书店，1990.1.—1册；12开.—ISBN 7-80569-184-3：2.85元

隶书标准习字帖/任玉玲编.—北京：北京出版社，1990.10.—30页；16开.—ISBN 7-200-01119-3：1.40元

J292.33 楷书书法

小学生日常行为规范楷书帖/蒋思昉书.—南京：江苏美术出版社，1990.7.—46页；16开.—ISBN 7-5344-0104-6：2.40元

王正宇副教授德教医方碑帖/崔敬义书.—西安：陕西人民教育出版社，1990.4.—32页；20开.—ISBN 7-5419-1406-1：1.50元

少儿古诗读与画：〔楷书字帖〕/韩文学书.—哈尔滨：北方文艺出版社，1990.4.—81页：图；16开.ISBN 7-5317-0316-5：3.85元

中国成语毛笔钢笔两用字帖/顾仲安书写.—北京：中国国际广播出版社，1990.8.—218页；20开.—ISBN 7-80035-597-7：5.00元

中学生日常行为规范楷书帖/蒋思昉书.—南京：江苏美术出版社，1990.7.—5页；16开.—ISBN 7-5344-0105-4：0.70元

写字：黄自元楷书帖/黄自元书.—长沙：湖南美术出版社，1990.1.—1册；16开.—ISBN 7-5356-0336-X：0.82元

华世奎先生大小楷/华世奎书.—天津：天津人民美术出版社，1990.5.—24页；12开.—ISBN 7-5305-0210-7：2.60元

刘炳森书包公神道碑/刘炳森书.—北京：紫禁城出版社，1990.9.—74页；16开.—ISBN 7-80047-094-6：5.80元

李天马小楷选/李天马书.—南宁：广西美术出版社，1990.4.—21页；8开.—ISBN 7-80582-031-7：3.75元

欧体简化字雷锋名言字帖/卢中南书.—北京：学苑出版社，1990.6.—1册；16开.—ISBN 7-80060-950-2：2.30元

学生楷行成语字帖/钱沛云书.—南宁：广西民族出版社，1990.7.—82页；32开.—ISBN 7-5363-0847-7：1.30元

柳体实用习字帖/王温良书.—北京：团结出版社，1990.10.—1册；16开.—ISBN 7-80061-365-8：3.00元

胡忠恕小楷/胡忠恕书.—天津：天津大学出版社，1990.11.—13页；16开.—ISBN 7-5618-0211-0：1.00元

顾随先生临同州圣教序/顾随书.—影印本.—天津：天津市古籍书店，1990.3.—44页；12开.—2.50元

徐静波小楷字帖/徐静波书.—杭州：浙江少年儿童出版社，1990.3.—1册；大32开.—ISBN 7-5342-0483-6：1.35元

常用汉字繁简楷行对照字帖/徐子久书.—杭州：浙江大学出版社，1990.6.—137页；16开.—ISBN 7-308-00535-6：5.95元

楷书七言唐诗/黄廷栋编.—北京：北京燕山出版社，1990.3.—63页；16开.—（燕山书法丛书）.—ISBN 7-5402-0199-1：2.50元

楷书宋词二十三首/刘明洲书.—南宁：广西民族出版社，1990.7.—120页；16开.—ISBN 7-5363-0854-X：3.60元

楷书欧颜柳赵四家比较字帖/喻宜编.—北京：北京经济学院出版社，1990.12.—174页；16开.—ISBN 7-5638-0153-7：13.50元

楷书爱我中华三字经/隋学芳书.—北京：华夏出版社，1990.3.—284页；16开.—ISBN 7-80053-342-5：7.20元

J292.34　草书书法

中国历代书法家草字选：续编/董天庆辑.—成都：四川美术出版社，1990.4.—262页；大32开.—ISBN 7-5410-0076-0：8.50元

启功草书千字文/启功书.—北京：中国和平出版社，1990.12.—30页；16开.—ISBN 7-80037-417-3：2.50元

陈肇汉自书诗/陈肇汉书.—武汉：湖北美术出版社，1990.7.—52页；16开.—ISBN 7-5394-0164-8：2.80元

草书要领：字帖/（东晋）王羲之家藏原本；（唐）欧阳询等临.—北京：北京古籍出版社，1990.12.—278页；16开.—ISBN 7-5300-0029-2：10.30元

草书查真大字典/刘凤，刘甫丰编.—长沙：湖南教育出版社，1990.6.—1444页；16开.—ISBN 7-5355-1151-1（精装）：45.00元

简草谱/周善甫编著.—成都：四川美术出版社，1990.3.—110页；16开.—ISBN 7-5410-0442-1：4.70元

J292.35　行书书法

王同顺行书宋词/王同顺书.—影印本.—上海：上海书店，1990.12.—1册；12开.—ISBN 7-80569-313-7：3.50元

中国行书大字典/范韧庵，李志贤编著.—上海：上海书画出版社，1990.5.—1322页；16开.—ISBN 7-80512-412-4（精装）：65.00元

古今对联行书字帖/董晖书.—南宁：广西民族出版社，1990.9.—179页；16开.—ISBN 7-5363-0910-4：4.90元

李雁行草千字文/李雁书.—南宁：广西民族出版社，1990.1.—126页；20开.—ISBN 7-5363-0703-9：4.00元

诗词行楷字帖/杨向阳书.—长沙：湖南文艺出版社，1990.10.—48页；16开.—ISBN 7-5404-0604-6：2.00元

赵玉亭行书诸葛亮出师表（上）/赵玉亭书.—北京：原子能出版社，1990.5.—1册；16开.—ISBN 7-5022-0252-8：3.20元

赵玉亭行书诸葛亮出师表（下）/赵玉亭书.—北京：原子能出版社，1990.5.—1册；16开.—ISBN 7-5022-0272-2：3.20元

郭沫若书毛泽东诗词/郭沫若书.—北京：人民美术出版社，1990.7.—60页；16开.—ISBN 7-102-00758-2：4.50元

唐诗绝句三百首行楷字帖/陶上谷书.—上海：同济大学出版社，1990.9.—121页；16开.—ISBN 7-5608-0640-6：3.15元

J292.39　书法条屏、条幅

三字经/李山泉书.—南京：江苏美术出版社，1990.9.—1张；2开.—1.90元

天下为公/袁乐平作.—杭州：浙江人民美术出版社，1990.8.—1张；2开.—0.55元

为人民服务/陈建民作.—杭州：浙江人民美术出版社，1990.8.—1张；2开.—0.55元

孔孟好学/刘丕举作.—天津：天津人民美术出版社，1990.8.—1张；全开.—2.50元

业精于勤/吴涤生书.—杭州：浙江人民美术出版社，1990.8.—1张；2开.—0.55元

业精于勤/高峡书.—西安：陕西人民美术出版社，〔1990〕.—1张；2开.—0.60元

宁静致远/乐平，韬成作.—杭州：浙江人民美术出版社，1990.8.—1张；2开.—0.55元

宁静致远/刘小晴书.—上海：上海书画出版社，1990.9.—1张；2开.—0.55元

发扬雷锋精神/江显辉书.—上海：上海人民美术出版社，1990.6.—1张；2开.—0.55元

过故人庄/周慧珺书.—上海：上海人民美术出版社，1990.6.—1张；全开.—1.00元

延年益寿/武中奇书.—南京：江苏美术出版社，1990.6.—1张；2开.—9.50元

自胜者强/刘丕举书.—天津：天津人民美术出版社，1990.8.—1张；2开.—0.50元

自强不息/周志高书.—上海：上海书画出版社，1990.9.—1张；2开.—0.55元

自强不息/周国城书.—杭州：浙江人民美术出版社，1990.8.—1张；2开.—0.55元

志存高远/俞建华书.—杭州：浙江人民美术出版社，1990.8.—1张；2开.—0.55元

知足长乐/胡文遂书.—上海：上海书画出版社，1990.9.—1张；2开.—0.55元

知足常乐/周国城书.—杭州：浙江人民美术出版社，1990.8.—1张；2开.—0.55元

念奴娇·赤壁怀古/刘小晴书.—上海：上海人民美术出版社，1990.6.—1张；全开.—1.00元

实践出真知/沈宝龙，韬成作.—杭州：浙江人民美术出版社，1990.8.—1张；2开.—0.55元

学海无涯/王再天书.—呼和浩特：内蒙古人民出版社，1990.7.—1张；全开.—2.60元

学海无涯/高峡书.—西安：陕西人民出版社，1990.1.—1张；2开.—0.60元

学海无涯/谢三中书.—杭州：浙江人民美术出版社，1990.8.—1张；2开.—0.55元

陋室铭/刘丕举书.—天津：天津人民美术出版社，1990.8.—1张；2开.—1.50元

春夏秋冬/（清）叶燮等诗；史穆等书.—长沙：湖南美术出版社，1990.8.—4张；3开.—1.00元

闻鸡起舞/刘海粟书.—南京：江苏美术出版社，1990.6.—1张；2开.—9.50元

莫等闲白了少年头/范曾书.—天津：天津人民美术出版社，1990.8.—1张；2开.—0.50元

莫等闲白了少年头/范曾书.—天津：天津人民美术出版社，1990.6.—1张；2开.—（卷轴）：1.50元

莫道桑榆晚·微霞尚满天/范曾书.—天津：天津人民美术出版社，1990.8.—1张；2开.—0.50元

啊　黄河/顾棣摄；林鹏书.—太原：山西人民出版社，1990.9.—1张；全开.—3.00元

唐诗屏/沙曼翁书.—南京：江苏美术出版社，1990.6.—4张；2开.—5.95元

海内存知己·天涯若比邻/范曾书.—天津：天津人民美术出版社，1990.8.—1张；2开.—0.50元

读万卷书·行万里路/国成，林干书.—杭州：浙江人民美术出版社，1990.8.—1张；2开.—0.55元

读万卷书·行万里路/国城，林干书.—杭州：浙江人民美术出版社，1990.9.—1张；2开.—（卷轴）：2.40元

难得糊涂/郑板桥书.—上海：上海书画出版社，1990.9.—1张；2开.—0.55元

梅花诗屏/武中奇书.—南京：江苏美术出版社，1990.6.—4张；2开.—5.95元

梅花诗屏/武中奇书.—南京：江苏美术出版社，1990.6.—4张；全开.—32.00元

欲穷千里目·更上一层楼/王建，林干书.—杭州：浙江人民美术出版社，1990.8.—1张；2开.—0.55元

欲穷千里目·更上一层楼/王建，林干书.—杭州：浙江人民美术出版社，1990.9.—1张；2开.—（卷轴）：2.40元

望庐山瀑布/及俊海书.—石家庄：河北美术出版社，〔1990〕.—1张；全开.—2.00元

博学多思/王建书.—杭州：浙江人民美术出版社，1990.8.—1张；2开.—0.55元

锲而不舍·金石可镂/范曾书.—天津：天津人民美术出版社，1990.8.—1张；2开.—0.50元

澹泊明志/刘丕举书.—天津：天津人民美术出版社，1990.8.—1张；2开.—0.50元

J292.4　篆刻、治印

中国印章艺术/戴林编著.—北京：北京美术摄影出版社，1990.3.—174页；32开.—ISBN 7-80501-076-5：5.10元

中国篆刻学/吴清辉编著.—杭州：西泠印社，1990.8.—223页；16开.—ISBN 7-80517-061-4：14.00元

正续汉印分韵/（清）袁予三，谢景卿编著.—影印本.—天津：天津市古籍书店，1990.7.—1册；32开.研习篆刻必备的工具书.—2.20元

据上海文瑞楼印本影印。

篆刻学/寿石工著.—影印本.—天津：天津市古籍书店，1990.6.—1册；32开.—0.60元

J292.42　历代印谱

铁云藏印选/徐敦德选编.—杭州：西泠印社，1990.8.—103页；16开.—ISBN 7-80517-060-6：5.70元

董斋古印集/（清）陈介祺编.—北京：中国书店，1990.3.—168页；16开.—ISBN 7-80568-103-1（精装）：29.00元

J292.47　现代印谱

凡将斋印存：马衡印谱/马衡篆刻.—北京：紫禁城出版社，1990.9.—201页；16开.—ISBN 7-80047-093-3：12.00元

马一浮篆刻/夏宗禹编.—北京：华夏出版社，1990.—44页；大32开.—ISBN 7-80053-950-4：5.00元

马丁篆刻集/马丁篆刻.—南京：南京出版社，1990.5.—74页；20开.—ISBN 7-80560-190-9：3.80元

文天祥正气歌印谱/李立刻.—长沙：湖南美术出版社，1990.10.—52页；20开.—ISBN 7-5356-0424-2：17.00元

邓散木印谱/邓散木篆刻.—天津：天津杨柳青画社，1988.2.—93页；大32开.—ISBN 7-80503-029-4：2.85元

左夫刻印选集/陈左夫篆刻.—杭州：西泠印社，1990.8.—62页；20开.—ISBN 7-80517-062-2：3.00元

北京七人印选/熊伯齐等篆刻.—北京：团结出版社，1990.10.—70页：照片；16开.—ISBN 7-80061-426-3：4.80元

本书汇集了熊伯齐、王镛、陈宝全、崔志强、刘恒、陈平、于连成7位中青年篆刻家的篆刻作品300余方。

北疆印社印选/廉信主编.—呼和浩特：内蒙古人民出版社，1990.8.—54页；20开.—ISBN 7-204-01063-9：5.00元

叶潞渊印存/叶潞渊篆刻.—上海：上海书店，1990.9.—96页；16开.—ISBN 7-80569-286-6：5.50元

白山印社作品选集/金意庵等编著.—长春：长春出版社，1990.9.—82页；20开.—ISBN 7-80573-261-2：5.20元

台湾千印选/阎正，程与天编.—太原：山西人民出版社，1990.7.—120页；16开.—ISBN 7-203-01563-7：5.80元

当代印人名鉴/熊伯齐，许延慈主编.—北京：中国书店，1990.4.—249页；32开.—ISBN 7-80568-119-8：8.50元

本书是一部收录我国解放后在世的和活跃于当代印坛的代表人物、金石家、篆刻家以及篆刻青年传略及作品的汇纂。

全国印社篆刻联展作品集.—2版.—杭州：西泠印社，1990.7.—125页；8开.—ISBN 7-80517-063-0：11.00元

刘一闻印稿/刘一闻篆刻.—上海：上海书店，1990.8.—94页；16开.—ISBN 7-80569-285-8：5.50元

现代书斋名印赏/古吴轩出版社编辑.—苏州：古吴轩出版社，1990.7.—218页；20开.—ISBN 7-80574-001-1：11.60元

现代印选/陈寿荣，刘云鹤编.—杭州：西泠印社，1990.3.—138页；16开.—ISBN 7-80517-050-9：9.50元

周哲文篆刻集/周哲文篆刻.—福州：福建美术出版社，1990.8.—277页；12开.—ISBN 7-5393-0118-X（精装）：40.00元

荣宝斋藏三家印选/熊伯齐编著.—北京：荣宝斋，1990.6.—1册；16开.—ISBN 7-5003-0089-1：9.60元

闻一多印选/闻立鹏，张同霞编.—北京：文物出版社，1990.9.—96页；大32开.—ISBN 7-5010-0418-8：7.00元

泰山名胜印谱/安廷山主编.—北京：军事科学出版社，1990.7.—231页；大32开.—ISBN 7-80021-250-5（精装）：20.00元

泰山名胜印谱/安廷山主编.—北京：军事科学出版社，1990.7.—231页；大32开.—ISBN 7-80021-239-4：16.00元

秦兵马俑印谱/秦始皇兵马俑博物馆编.—西安：三秦出版社，1990.8.—155页；24开.—ISBN 7-80546

-285-2：6.00元

高龙现代形拓艺术作品选：汉英对照/刘红编；史济才译.—北京：中国广播电视出版社，1990.8.209页；24开.—ISBN 7-5043-0272-4：7.50元

唐醉石治印选集/湖北省文史研究馆编.—武汉：长江文艺出版社，1990.11.—150页；16开.—ISBN 7-5354-0385-9：5.80元

萃文阁印集/田利河，王雲编.—北京：北京出版社，1990.4.—100页；20开.—ISBN 7-200-00987-3：7.00元

本书汇集了七位篆刻家的479枚篆刻作品。

娇毅生肖印选/娇毅篆刻.—上海：上海书店，1990.8.—61页；16开.—ISBN 7-80569-275-0：4.20元

淮河流域名胜印谱/朱庆亮刻.—北京：学苑出版社，1990.10.—104页；24开.—ISBN 7-5077-0224-3：6.00元

篆刻唐诗三百首/王玺铭篆刻.—西安：三秦出版社，1990.1.—302页；16开.—ISBN 7-80546-266-6：12.50元

J293　外文书法

外文美术字参考/吴之勋作.—北京：朝花美术出版社，1990.7.—16页；16开.—（美术技法画库；19/游允常主编）.—ISBN 7-5056-0127-X：2.20元

外国美术字欣赏与设计/陈信根编著.—上海：上海科学普及出版社，1990.4.—194页；24开.—ISBN 7-5427-0225-4：4.50元

西方书法指南/（英）朱迪·马丁著；王旭，肖君编译.—北京：北京语言学院出版社，1990.12.162页；大32开.—ISBN 7-5619-0104-6：3.50元

设计用外文字体手册/刘春明，伯虔编.—成都：四川美术出版社，1990.3.—153页；16开.—ISBN 7-5410-0485-5：13.50元

英文字母变体精例400/子叶，黄矜编绘.—北京：北京体育学院出版社，1990.3.—140页；16开.（实用美术装璜资料大全丛书）.—ISBN 7-81003-214-3：6.25元

英文商用组字范例1200/小冈，兰清编绘.—北京：北京体育学院出版社，1990.3.—120页；16开.（实用美术装璜资料大全丛书）.—ISBN 7-81003-165-1：5.50元

实用外文字体精选/池民海编.—厦门：鹭江出版社，1990.12.—300页；24开.—ISBN 7-80533-332-7：5.40元

新编英文美术字组2800例/荣官等编绘.—上海：上海科学技术文献出版社，1990.12.—230页；24开.ISBN 7-80513-213-5：4.50元

J3　雕　塑

J30　雕塑理论

生命·神祇·时空：雕塑文化论/孙振华著.—杭州：浙江美术学院出版社，1990.10.—183页：照片；大32开.—ISBN 7-81019-070-9：5.50元

鬼斧神工：中外雕塑艺术鉴赏/杨成寅，黄幼钧著.—南宁：广西人民出版社，1990.7.—258页：彩图；28开.—（青年艺术鉴赏丛书/高友德主编）.ISBN 7-219-01628-X：4.90元

J309　雕塑艺术史

中国古代雕塑艺术/季崇建著.—上海：上海古籍出版社，1990.3.—186页；32开.—（文物鉴赏丛书）.ISBN 7-5325-0574-X：2.10元

中国雕塑史图录（四）/史岩编.—上海：上海人民美术出版社，1990.10.—1901页；16开.—（中国美术史图录丛书）.—ISBN 7-5322-0433-2（精装）：28.00元

J31　雕塑技法

周轻鼎谈动物雕塑/周轻鼎口述；杨成寅记录整理.—上海：上海人民美术出版社，1990.5.—189页：照片；大32开.—ISBN 7-5322-0063-9：5.70元

雕塑/吴少湘，蒋朔著.—北京：解放军出版社，1990.11.—153页：彩照；32开.—（培养军地两用人才技术丛书/吕英主编）.—ISBN 7-5065-1393-5：4.15元

雕塑基础：泥塑/何小兵主编.—长沙：湖南教育出版社，1990.11.—107页；24开.—中等职业技术学校教材.—ISBN 7-5355-1194-5：1.90元

J32　中国雕塑

十二生肖根雕艺术.—天津：天津杨柳青画社，1990.1.—12张；50开.—ISBN 7-80503-305-4

中国宁夏贺兰山岩画拓片精选/许成等编.—银川：宁夏人民出版社，1990.7.—16张；16开.—ISBN 7-227-00592-5：3.50元

中国惠山泥人/无锡泥人研究所编.—北京：北京工艺美术出版社，1990.1.—80页：图版；12开.—ISBN 7-80526-027-3（精装）：33.50元

中国惠山泥人：汉英对照/无锡泥人研究所编.—北京：北京工艺美术出版社，1990.1.—80页：图版；12开.—（中华民族民间艺术史观）.—ISBN 7-80526-029-X（精装）：40.00元

贺兰山岩画：拓本/王系松等编.—银川：宁夏人民出版社，1990.7.—106页；16开.—ISBN 7-227-00581-X：15.00元

福建华安仙字潭摩崖石刻研究/福建省考古博物馆学会编.—北京：中央民族学院出版社，1990.2.326页；32开.—ISBN 7-81001-196-0：4.10元

J33　各国雕塑

世界雕塑全集：西方部分　上册/潘绍棠编著.郑州：河南美术出版社，1990.9.—777页；大16开.ISBN 7-5401-0124-5（精装）：45.00元

世界雕塑全集：东方部分　下册/李学锋，郑觐编著.—郑州：河南美术出版社，1990.9.—550页；大16开.—ISBN 7-5401-0125-3（精装）：45.00元

J4　摄影艺术

现代英汉摄影词典/孙晶璋等编译.—上海：上海人民美术出版社，1990.4.—557页；32开.—ISBN 7-5322-0436-7（精装）：17.00元

摄影/四川老年大学编.—兰州：甘肃人民出版社，1990.2.—173页；大32开.—老年大学试用教材.—ISBN 7-226-00536-0：2.50元

摄影大词典/徐国兴主编.—北京：中国旅游出版社，1990.10.—532页；32开.—ISBN 7-5032-0274-2（精装）：14.00元

摄影手册/徐枫编著.—2版（修订本）.—成都：四川科学技术出版社，1990.5.—643页：彩照；大32开.—ISBN 7-5364-1588-5（精装）：8.90元

摄影术语小辞典/（日）竹村嘉夫著；丁一编译.北京：中国摄影出版社，1990.8.—279页；32开.ISBN 7-80007-055-7：4.55元

摄影术语辞典：日、英、汉对照/郑晓东等译.—北京：中国电影出版社，1990.4.—509页；32开.—ISBN 7-106-00106-6（精装）：8.00元

J40　摄影艺术理论

变焦镜头的选择与使用/苏祖良著.—上海：上海画报出版社，1990.8.—71页：照片；32开.—（未来摄影家小丛书/徐炳兴主编）.—ISBN 7-80530-026-7：1.30元

浅谈彩色摄影/倪永清著.—上海：上海画报出版社，1990.8.—37页；32开.—（未来摄影家小丛书/徐炳兴主编）.—ISBN 7-80530-016-X：1.45元

摄影小经验200条/马椿年著.—南宁：广西美术出版社，1990.6.—241页；32开.—ISBN 7-80582-040-6：3.20元

暗室常用技法/唐光波著.—上海：上海画报出版社，1990.8.—49页：照片；32开.—（未来摄影家小丛书/徐炳兴主编）.—ISBN 7-80530-017-8：1.50元

瞬间凝固的美：摄影艺术/任一权，夏放编著.北京：高等教育出版社，1990.10.—158页：图；大32开.—（艺术教育丛书/于复千主编）.—ISBN 7-04-003189-2：2.25元

J405　摄影评论、欣赏

当代摄影新锐：17位影象新生代/阮义忠著.—北京：中国摄影出版社，1990.3.—253页：照片；大32开.—（摄影家参考丛书/陈申主编）.—ISBN 7-80007-052-2：6.55元

本书对当代17位摄影者的创作理论与风格作了深入的探讨。

朱云风摄影艺术/宣奉华编著.—桂林：漓江出版社，1989.8.—113页：图片；32开.—ISBN 7-5407-0426-8：13.80元

现代主义摄影名家名作/周振德编著.—上海：上海人民美术出版社，1990.8.—149页；大32开.—ISBN 7-5322-0792-7：5.00元

国外摄影佳作赏析/董云章著.—上海：上海画报出版社，1990.8.—81页：照片；32开.—（未来摄影家小丛书/徐炳兴主编）.—ISBN 7-80530-025-9：1.55元

摄影佳作精析/狄源沧编著.—南京：江苏人民出版社，1990.4.—128页；24开.—（光与影摄影艺丛）.ISBN 7-214-00335-X：6.00元

瞬间：林孙杏摄影艺术赏析/林孙杏摄影；郑蔚帆评析.—上海：上海画报出版社，1990.2.—54页：照片；20开.—ISBN 7-80530-012-7：10.30元

J406　摄影造型艺术理论

摄影表现手法/（美）Jacobs，L.Jr.原著；董云章译.—沈阳：辽宁美术出版社，1990.2.—199页：照片；32开.—ISBN 7-5314-0247-4：4.50元

摄影画面构图的形式规律/康大荃著.—成都：成都出版社，1990.10.—114页：照片；32开.—ISBN 7-80575-047-5：2.30元

J409　摄影艺术史

摄影史记：摄影术与摄影文化150年/蒋齐生主编.北京：新华出版社，1990.8.—192页：照片；大16开.—ISBN 7-5011-0878-1：55.00元

摄影150年/王德蓓编译.—上海：上海画报出版社，1990.8.—83页；32开.—（未来摄影家小丛书/徐炳兴主编）.—ISBN 7-80530-011-9：1.40元

本书是根据日本集英社出版的《世界摄影全集》中的附录部分《世界摄影史年表》和日本讲谈社出版的《摄影大百科

事典》中的摄影年表进行编译的。书中介绍了摄影自1840年以来所经过的历程。

摄影150年：1839～1989/谢汉俊编著.—沈阳：辽宁美术出版社，1990.5.—319页；32开.—ISBN 7-5314-0231-9：10.80元

J41　摄影技术

中小学生学摄影/郭志全，史建华主编；高天溪等编.—北京：北京美术摄影出版社，1990.5.—170页：图；32开.—ISBN 7-80501-104-4：3.60元

中学生摄影入门/元子著.—南京：江苏美术出版社，1990.3.—120页；32开.—ISBN 7-5344-0132-1：1.55元

生物科学摄影技术/傅文瑜编著.—上海：复旦大学出版社，1990.1.—164页；32开.—ISBN 7-309-00397-7：1.30元

灯光摄影/张益福著.—上海：上海人民美术出版社，1990.9.—103页；32开.—(实用摄影知识丛书).—ISBN 7-5322-0457-X：1.80元

现代摄影技艺150问/王刃等编著.—北京：金盾出版社，1990.6.—238页；32开.—ISBN 7-80022-170-9：2.90元

青少年摄影/《青少年摄影》编写组编.—上海：上海科技教育出版社，1990.11.—115页：图；32开.ISBN 7-5428-0483-9：1.40元

实用摄影技术技巧　上册/阎宝光，何宝珠编.—北京：印刷工业出版社，1990.10.—275页：彩照；大32开.—ISBN 7-80000-046-X：5.75元

家庭摄影小百科/张锦等编著.—北京：农村读物出版社，1990.6.—163页；32开.—ISBN 7-5048-1309-5：2.60元

家庭摄影的乐趣/杨克林著.—上海：上海画报出版社，1990.8.—29页：照片；32开.—(未来摄影家小丛书/徐炳兴主编).—ISBN 7-80530-013-5：1.05元

家庭摄影指南/晓庭，饮水编.—广州：暨南大学出版社，1990.6.—170页；32开.—ISBN 7-81029-028-2：2.90元

家庭趣味摄影60则/尹力文，李海虹编著.—北京：知识出版社，1990.2.—95页：彩照；32开.—ISBN 7-5015-0352-4：9.50元

摄影入门/刘申五编著.—长春：吉林大学出版社，1990.12.—170页；32开.—(入门丛书；第一辑).ISBN 7-5601-0717-6：2.50元

摄影入门/张苏中著.—杭州：浙江摄影出版社，1990.9.—151页：照片；32开.—(跟我学摄影丛书).—ISBN 7-80536-087-1：2.50元

摄影小诀窍/杭志忠著.—杭州：浙江摄影出版社，1990.9.—108页：照片；32开.—(跟我学摄影丛书).—ISBN 7-80536-089-8：1.98元

摄影小经验200条/马椿年著.—南宁：广西美术出版社，1990.6.—241页：照片；32开.—ISBN 7-80582-040-6：3.20元

摄影艺术技巧/周长泰编著.—沈阳：辽宁美术出版社，1990.2.—344页：照片；32开.—ISBN 7-5314-0230-0：12.00元

摄影艺术的必由之路：关于摄影技艺的交流/(苏)利季娅·帕夫洛芙娜·德克著；施鹏飞，刘杭生译.—杭州：浙江摄影出版社，1990.7.—258页：照片；24开.—(摄影艺术译丛).—ISBN 7-80536-061-8：6.90元

摄影技艺教程/颜志刚著.—上海：复旦大学出版社，1990.3.—500页；大32开.—ISBN 7-309-00364-9：6.50元

摄影技术技巧/钟山编著.—长春：长春出版社，1990.12.—255页；32开.—ISBN 7-80573-383-X：3.60元

摄影初学ABC/金建等编.—北京：学苑出版社1990.10.—265页；32开.—ISBN 7-5077-0103-4：3.50元

摄影基础/刘涤民主编.—北京：高等教育出版社，1990.5.—342页：彩照；大32开.—高等学校试用教材.—ISBN 7-04-002922-7：2.60元

摄影基础与实践/郭万章编写.—北京：气象出版社，1990.6.—82页；32开.—ISBN 7-5029-0371-2：1.60元

摄影常见病解答/陈文襄著.—上海：上海画报出版社，1990.8.—35页：照片；32开.—(未来摄影家小丛书/徐炳兴主编).—ISBN 7-80530-024-0：1.50元

摄影趣谈/李志昭编著.—上海：上海画报出版社，1990.8.—92页：照片；64开.—(知识画库).—ISBN 7-80530-009-7：4.40元

摄影曝光指导/(英)雷纳德·根特著；张汉玺译北京：中国摄影出版社，1990.7.—207页；32开(国际摄影译丛).—ISBN 7-80007-056-5：2.90元

傻瓜照相机拍摄技巧/蔡林编著.—成都：四川科学技术出版社，1990.11.—173页：照片；32开.—ISBN 7-5364-1672-5：5.00元

瞬间构思/(　)理查德·普赖特著；陈斯锜译.杭州：浙江摄影出版社，1990.10.—183页；16开.ISBN 7-80536-091-X：14.00元

翻拍摄影技法/董岩青编著.—天津：天津人民美术出版社，1990.4.—63页：彩照；32开.—ISBN 7-5305-0224-7：2.80元

J411　户外摄影

风光摄影/谭尚忍，包于飞著.—杭州：浙江摄影出版社，1990.9.—80页：照片；32开.—(跟我学摄影丛书).—ISBN 7-80536-088-X：2.90元

自然光与夜间摄影/美国米诺尔塔公司，美国道布尔戴公司著；颜志刚译.—南京：江苏人民出版社，1990.6.—79页：彩图；24开.—(光与影摄影艺丛).—ISBN 7-214-00470-4：5.00元

野外摄影指南/(美)艾伯特·摩德维著；徐世群，邓依铭译.—成都：四川人民出版社，1990.11.125页：彩照；32开.—ISBN 7-220-01008-7：2.70元

J412　室内摄影

广告摄影技巧/李晓东，任绍春译.—沈阳：辽宁美术出版社，1990.6.—254页；32开.—ISBN 7-5314-0721-3：6.30元

现代广告摄影/孙自镁编著.—北京：机械工业出版社，1990.4.—198页；大32开.(现代广告丛书；7/潘大钧，杨荣刚主编).—ISBN 7-111-02182-7：5.90元

本书论述现代广告摄影艺术的理论与技法，并配有260余幅广告摄影实例照片。

拍照，为生命写真：家庭生活摄影实践与思考/陈炼一主编.—北京：中国妇女出版社，1990.11.229页；32开.—ISBN 7-80016-245-1：4.20元

实用广告摄影技法/顾晓鸥，吴维蔚著.—上海：上海翻译出版公司，1990.2.—153页：彩照；16开.ISBN 7-80514-561-X：6.80元

舞台剧照的拍摄/马玲玲编著.—上海：上海画报出版社，1990.8.—26页：照片；32开.—(未来摄影家小丛书/徐炳兴主编).—ISBN 7-80530-018-6：1.10元

J413　人像摄影

人体摄影教程/(德)尼·卡尔夫主编；菲思译.北京：中国电影出版社，1990.12.—125页；大16开.—ISBN 7-106-00471-5：38.50元

书名原文：School of Nude Photography

人像摄影/美国米诺尔塔公司，美国道布尔戴公司著；董云章译.—南京：江苏人民出版社，1990.6.84页：彩图；24开.—(光与影摄影艺丛).—ISBN 7-214-00481-X：5.00元

儿童照片的拍摄秘诀/美国米诺尔塔公司，美国道布尔戴公司著；马有基，张泳艾译.—南京：江苏人民出版社，1990.6.—78页：彩图；24开.—(光与影摄影艺丛).—ISBN 7-214-00465-8：5.00元

风景人像摄影/朱光明著.—上海：上海画报出版社，1990.8.—59页：照片；32开.—(未来摄影家小丛书/徐炳兴主编).—ISBN 7-80530-019-4：1.50元

男性摄影的魅力/杨元昌，寿光武编著.—上海：上海画报出版社，1990.8.—72页：照片；32开.—(未来摄影家小丛书/徐炳兴主编).—ISBN 7-80530-015-1：1.50元

肖像摄影照明技巧/(美)约翰·哈特原著；薛林，杨丽杰译.—沈阳：辽宁美术出版社，1990.8.156页：照片；32开.—ISBN 7-5314-0719-1：2.50元

J419　新闻摄影

东北三省新闻摄影论文集　第三辑/刘洪山主编.哈尔滨：黑龙江人民出版社，1990.12.—310页；32开.—ISBN 7-207-01862-2：4.10元

摄影采访与图片编辑教程/孔繁根著.—北京：中国人民大学出版社，1990.4.—396页：照片；大32开.高等学校文科教材.—ISBN 7-300-00684-1：4.60元

新闻摄影的价值与规律/蒋齐生著.—成都：四川教育出版社，1990.2.—337页：照片；大32开.—ISBN 7-5408-1142-0：5.20元

J42　中国摄影艺术

J426　现代摄影作品集

大地与人：〔摄影集〕/王永强主编；中国画报社《大地与人》编辑部编.—北京：新星出版社，1990.5.—37页；8开.—ISBN 7-80085-179-6

大陆沧桑：〔摄影集〕/段连城等编.—2版.—北京：中国画报出版公司，1990.8.—347页；16开.ISBN 7-80024-070-3(精装)：100.00元

万里长城/严秋白编.—北京：外文出版社，1990.166页；12开.—ISBN 7-119-01331-9(精装)：75.00元

上海一日：〔摄影集〕/邓明主编；许志刚等摄.上海：上海人民美术出版社，1990.8—85页；大16开.—ISBN 7-5322-0818-4：45.00元

历史的脚印：童小鹏摄影资料选集/童小鹏摄.北京：文物出版社，1990.2.—1册；12开.—ISBN 7-5010-0286-X(精装)：36.00元

历史的脚印：童小鹏摄影资料选集/童小鹏摄.—北京：文物出版社，1990.2.—1册；12开.—ISBN 7-5010-0285-1：29.00元

戈壁绿涛：中国·新疆·石河子总场：1950～1990/石少华等摄.—乌鲁木齐：新疆美术摄影出版社，

1990.9.—108页；16开.—ISBN 7-80547-028-6：22.00元

中华风采/人民画报社编.—北京：中国画报出版社，1990.11.—224页；大16开.—ISBN 7-80024-077-0（精装）：140.00元

中华风貌/中华人民共和国国家旅游局编.—北京：中国旅游出版社，1990.9.—279页；8开.—ISBN 7-5032-0313-7（精装）：230.00元

中国风光：第十一届亚运会《中国风光摄影展》作品选/柳成行主编.—深圳：海天出版社，1990.9.1册；大16开.—ISBN 7-80542-120-X：38.00元

中国主要开放港口：〔摄影集〕/高镇都主编.—北京：人民交通出版社，1990.8.—166页；12开.—ISBN 7-114-01038-9（精装）

中国吉林农业：〔摄影集〕/《中国吉林农业》编委会编.—北京：农业出版社，1990.4.—159页；大16开.—ISBN 7-109-01802-4

中国驱逐舰：北海舰队驱逐舰部队掠影/陈先铎，曲卫平编；牟健为摄.—北京：海潮出版社，1990.7.48页；16开.—ISBN 7-80054-146-0：15.00元

中国感受：一个摄影家的1988至1989/初小青摄影；何志云撰文.—杭州：浙江摄影出版社，1990.12.—1册；12开.—ISBN 7-80536-093-6（精装）

中国摄影家看世界作品选/朱宪民，刘雷主编.—北京：中国摄影出版社，1990.4.—106页：彩照；16开.—ISBN 7-80007-060-3：48.00元

长城风光：〔摄影集〕/马绪丰等摄.—北京：新华出版社，1990.9.—1册；12开.—ISBN 7-5011-0810-2：32.00元

古都西安：〔摄影集〕.—北京：外文出版社，人民美术出版社，1990.—189页；8开.—ISBN 7-119-00665-7（精装）：112.00元

可爱的中华：全国摄影比赛作品选/张宗尧，刘雷主编；《可爱的中华》全国摄影比赛组织委员会编辑.—北京：中国摄影出版社，1990.2.—277页；8开.—ISBN 7-80007-045-X（精装）

北京风情：〔摄影集〕/北京市对外文化交流协会编.—北京：北京出版社，1990.8.—121页；大16开.—ISBN 7-200-01177-0：45.00元

北京古树名木：〔摄影集〕/北京市园林局编.北京：北京出版社，1990.9.—125页；大16开.—ISBN 7-200-01197-5：55.00元

北京旧影：〔摄影集〕/傅公钺编写.—2版.—北京：人民美术出版社，1990.9.—1册；12开.—ISBN 7-102-00609-8：25.00元

本书1989年6月第1版。

北京胡同101像：〔摄影集〕/徐勇摄.—杭州：浙江摄影出版社，1990.9.—1册；12开.—ISBN 7-80536-077-4（精装）

本影集汇了1989年初夏至1990年春北京大小胡同的101幅照片。

边地风采：陈志摄影作品选：〔摄影集〕/陈志摄.北京：人民日报出版社，〔1990〕.—58页；大16开.ISBN 7-80002-260-9：21.00元

亚运圣火普照琼州大地：第十一届亚运会南端点火和火炬传递专辑/王越丰，辛业江主编.—海口：海南摄影美术出版社，〔1990〕.—68页；大16开.—ISBN 7-80571-042-2

封面编者为：第十一届亚运会南端点火暨火炬传递活动指导委员会，中国海南省委宣传部

亚洲雄风：第十一届亚运会摄影佳作选/杨绍明主编.—北京：中国摄影出版社，1990.12.—54页；16开.—ISBN 7-80007-068-9

朱天民人像摄影作品选/朱天民摄.—上海：上海人民美术出版社，1990.8.—58页；16开.—ISBN 7-5322-0706-4：12.00元

杨大洲西行写真集/杨大洲摄.—杭州：浙江摄影出版社，1990.8.—1册；12开.—ISBN 7-80536-085-5（精装）

赤子情：台湾同胞在山东/刘鲁民，叶武杰主编；蒲永强，戴明摄.—北京：华艺出版社，〔1990〕.57页；20开.—ISBN 7-80039-242-2：12.00元

时盘棋新闻摄影四十年：1949～1989/时盘棋摄.济南：山东人民出版社，1990.12.—194页；16开.ISBN 7-209-00710-5（精装）：30.00元

邹毅摄影作品选集/邹毅摄；辽宁美术出版社编.沈阳：辽宁美术出版社，1990.9.—64页；12开.—ISBN 7-5314-0855-4：12.50元

张甸摄影集/张甸摄.—沈阳：辽宁美术出版社，1990.10.—77页；12开.—ISBN 7-5314-0740-X（精装）：79.00元

灵魂之光——黄岛油库灭火抢险纪实：〔摄影集〕/高纪明主编.—青岛：青岛出版社，1990.10.—78页；16开.—ISBN 7-5436-0545-7（精装）：45.00元

武夷山：〔摄影集〕/施友义，张经纬主编；刘杰等摄.—北京：华艺出版社，1990.4.—61页；16开.ISBN 7-80039-247-3：16.00元

英雄的丰碑：〔摄影集〕/云南省战备支前领导小组等编辑.—昆明：云南人民出版社，1990.12.—194页；12开.—ISBN 7-222-00715-6（精装）

雨花石精选：〔摄影集〕/上海人民美术出版社编；周祖贻摄.—上海：上海人民美术出版社，1990.8.—1册；12开.—ISBN 7-5322-0794-3：63.00元

京华彩虹：〔摄影集〕/《京华彩虹》画册编委会编辑.—北京：中国建筑工业出版社，1990.8.—159

页；8开.—ISBN 7-112-01176-0（精装）：130.00元

建设者的足迹：金坛建昌建筑安装工程公司成立二十五周年/范德元主编、摄影；江苏省金坛县建昌建筑安装公司，新华出版社三编室编.—北京：新华出版社，〔1990〕—1册；大16开

胡武功摄影作品集/胡武功摄.—杭州：浙江摄影出版社，〔1990〕.—1册；12开.—ISBN 7-80536-086-3（精装）

胡晓泉摄影作品集/胡晓泉摄；中国艺术研究院摄影艺术研究室，中国农垦摄影协会编辑.—北京：中国民族摄影艺术出版社，〔1990〕.—56页；大16开.ISBN 7-80069-018-0：25.00元

南平建设/吕文新主编；南平市建设委员会编.—北京：华艺出版社，〔1990〕.—61页：彩照；16开.ISBN 7-80039-249-X：20.00元

闽南风情：〔摄影集〕/施友义主编；荆强等摄.北京：华艺出版社，1990.6.—127页；大16开.—ISBN 7-80039-237-6：30.00元

姜长庚摄影艺术/姜长庚摄.—上海：上海画报出版社，1990.5.—1册：彩照；12开.—ISBN 7-80530-021-6（精装）：35.00元

哲里木农垦：〔摄影集〕/中华人民共和国农业部农垦司宣传处，内蒙古自治区哲里木盟农牧场管理处编辑.—北京：中国民族摄影艺术出版社，1990.9.—89页；大16开.—ISBN 7-80069-016-4：35.00元

峨眉山/峨眉山佛教协会编.—成都：四川人民出版社，1990.4.—64页；16开.—ISBN 7-220-00968-2：13.50元

俯瞰北京：〔摄影集〕/王立行等撰文；王振民等摄.—北京：北京出版社，1990.6.—91页；12开.ISBN 7-200-01030-8：38.00元

雪山草地风情录：中国四川西北部纪行/胡宝玉摄影；黄宝善撰文.—北京：外文出版社，1990.—121页；12开 —ISBN 7-119-01055-7：50.00元

铜川画册：汉英对照/李春生，史保胜主编；铜川市外事办公室编.—西安：陕西人民美术出版社，1990.10.—33页；32开.—ISBN 7-5368-0255-2：4.50元

第十六届全国摄影艺术展览作品集.—北京：中国摄影出版社，1990.12.—44页：彩照；16开.—ISBN 7-80007-066-2：7.50元

康巴撷珠：〔摄影集〕/周廷铎主编.—昆明：云南人民出版社，1990.1.—1册；12开.—ISBN 7-222-00469-6：40.00元

绿海明珠·明溪：〔摄影集〕/秦荣镛，李大刚主编；刘杰等摄.—福州：海峡文艺出版社，1990.12.87页；16开.—（八闽风光摄影丛书）.—ISBN 7-80534-307-1：15.00元

摄影大师郎静山作品集/郎静山摄；杨绍明主编.北京：中国摄影出版社，1990.11.—100页；大16开.ISBN 7-8007-064-0：38.00元

煤海之光：〔摄影集〕/山西画报社编.—太原：山西科学教育出版社，1990.10.—112页；10开.—ISBN 7-5377-0311-6：95.00元

漳浦：〔摄影集〕/承光大等主编；许扬等摄.—北京：华艺出版社，1990.2.—57页；16开.—ISBN 7-80039-236-8：16.00元

'90亚运：〔摄影集〕/第11届亚运会组委会新闻部编.—北京：奥林匹克出版社，1990.8.—1册；大16开.—ISBN 7-80067-156-9：38.00元

J429 摄影图片、摄影明信片辑

人民的总理——周恩来：〔摄影〕.—北京：人民美术出版社，1990.6.—1张；4开.—0.90元

人体艺术摄影 （1）.—北京：中国民族摄影艺术出版社，〔1990？〕.—10张；50开.—2.50元

人体艺术摄影 （2）.—北京：中国民族摄影艺术出版社，〔1990？〕.—10张；50开.—2.50元

人体艺术摄影 （3）.—北京：中国民族摄影艺术出版社，〔1990？〕.—10张；50开.—2.50元

人体艺术摄影 （4）.—北京：中国民族摄影艺术出版社，〔1990？〕.—10张；50开.—2.50元

大地.—杭州：浙江摄影出版社，〔1990？〕.10张，50开.—2.70元

大地的丰采.—北京：外文出版社，1990.5.—10张；50开.—ISBN 7-119-01286-X：2.00元

大自然.—杭州：浙江摄影出版社，〔1990？〕.10张；50开.—2.70元

万里长城/李长捷摄.—南京：江苏美术出版社，1990.1.—1张；3全张.—24.00元

上海插花艺术/谢新发等摄.—上海：上海人民美术出版社，1990.5.—11张；44开.—ISBN 7-5322-0466-9：1.80元

广东电视台珠江经济台著名主持人明信片.—广州：广东省地图出版社，〔1990？〕.—10张；50开.4.00元

云海青松/王宁平摄.—南京：江苏美术出版社，1990.1.—1张；2全张.—16.00元

五彩缤纷.—杭州：浙江摄影出版社，〔1990〕.10张；50开.—2.70元

今日北京：汉英对照.—北京：今日中国出版社，

1990.—10张；50开.—ISBN 7-5072-0250-X：2.00元

毛泽东同志、周恩来同志、刘少奇同志、朱德同志在一起.—石家庄：河北美术出版社，1990.3.—1张；2开.—1.00元

心曲.—北京：外文出版社，1990.5.—9张，50开.—ISBN 7-119-01287-8：2.00元

世界十大球星.—南京：江苏人民出版社，1990.5.10张；50开.—2.20元

世界名城/建斌摄.—石家庄：河北美术出版社，1990.—10张；50开.—ISBN 7-5310-0352-X：2.00元

世界喷绘艺术.—北京：外文出版社，1990.5.—9张；50开.—ISBN 7-119-01283-5：2.00元

北京颐和园/崔顺才摄.—南京：江苏美术出版社，1990.1.—1张；3全张.—24.00元

四季歌.—杭州：浙江摄影出版社，〔1990？〕.10张；50开.—2.70元

外国时装/王洪增摄.—天津：天津杨柳青画社，1990.1.—10张；50开.—ISBN 7-80503-305-2

白云胜境/群力摄.—西安：陕西人民美术出版社，〔1990〕.—8张；50开.—1.60元

白头山天池/黄范松摄.—延吉：延边人民出版社，1990.6.—1张；全开.—18.00元

兰花　（一）：洋兰.—呼和浩特：内蒙古人民出版社，〔1990〕.—10张；50开.—2.20元

兰花　（二）：国兰.—呼和浩特：内蒙古人民出版社，〔1990〕.—10张；50开.—2.20元

共产主义战士——雷锋.—成都：成都出版社，1990.3.—10张；50开.—1.80元

亚运丹青.—北京：奥林匹克出版社，1990.9.—10张；50开.—ISBN 7-80067-136-4：3.20元

亚运明珠/北京市对外文化交流协会编.—北京：北京美术摄影出版社，1990.9.—10张；50开.—2.80元

亚运舞台　（二）/周源，吴鹏摄.—北京：奥林匹克出版社，1990.9.—10张；50开.—（北京亚运系列明信片·北京新景）.—ISBN 7-80067-134-8：3.20元

吐鲁番·敦煌佛教艺术.—乌鲁木齐：新疆人民出版社，〔1990？〕.—10张；50开

多梦的年华.—福州：福建美术出版社，1990.10张；50开.—2.00元

花.—南宁：广西民族出版社，〔1990？〕.—10张；50开.—ISBN 7-5363-0757-8：2.00元

花.—沈阳：辽宁美术出版社，1990.1.—9张；50开.ISBN 7-5314-0743-X：2.50元

花卉小品　（1）/邓正明摄.—南京：江苏人民出版社，〔1990？〕.—5张；50开.—1.50元

花卉小品　（2）/邓正明摄.—南京：江苏人民出版社，〔1990〕.—5张；50开.—1.50元

芭蕾之梦/翟欣建摄.—北京：外文出版社，1990.5.—10张；50开.—ISBN 7-119-01301-7：2.00元

时空寄情.—福州：福建美术出版社，1990.—10张；50开.—2.00元

牡丹　（一）.—北京：外文出版社，1990.5.—10张；50开.—ISBN 7-119-01299-1：2.00元

牡丹　（二）.—北京：外文出版社，1990.5—10张；50开.—ISBN 7-119-01300-9：2.00元

汪国真爱情诗卡.—北京：中国妇女出版社，〔1990〕.—6张；50开.—3.00元

汽车.—长春：吉林美术出版社，1990.1.—10张；50开.—2.20元

现代家具/仲文绘制.—上海：上海人民美术出版社，1990.5.—8张；32开.—ISBN 7-5322-0455-3：1.80元

武装直升机/《现代军事》编辑部编.—北京：中国民族摄影艺术出版社，〔1990〕.—10张；50开.（武器装备图片精选；1）.—2.60元

国家气象局国家气象中心.—北京：气象出版社，〔1990？〕.—10张；50开.—ISBN 7-5029-0384-4

牧羊女/左汉中摄.—长沙：湖南美术出版社，〔1990〕.—8张；50开.—ISBN 7-5356-1470-X：2.00元

佳丽淑女/晓林摄.—上海：上海人民美术出版社，1990.6.—12张；3开.—9.00元

春的情思.—北京：外文出版社，1990.5.—8张；50开.—ISBN 7-119-01302-5：2.00元

战斗机/《现代军事》编辑部编.—北京：中国民族摄影艺术出版社，〔1990〕.—10张；50开.—（武器装备图片精选；2）.—2.60元

咪咪：人生有真情.—福州：福建美术出版社，1990.—10张；50开.—2.00元

秋的诗韵/谷维恒摄.—南京：江苏美术出版社，1990.9.—1张；全张.—3.50元

美丽的鸟岛/黄继贤摄.—南京：江苏美术出版社，1990.1.—1张；2全张.—16.00元

美国风光.—北京：中国民族摄影艺术出版社，〔1990〕.—10张；50开.—ISBN 7-80069-005-9：2.20元

美国风光.—长春：吉林美术出版社，1990.1.—10张；50开.—2.20元

祝福您.—南宁：广西民族出版社，〔1990？〕.10张；50开.—ISBN 7-5363-0763-2：2.10元

桂林风光/桂林市人民对外友好协会编.—桂林：漓江出版社，〔1990？〕.—10张；50开.—ISBN 7-

5407-0449-7

夏日颐和园/李长捷摄.—南京：江苏美术出版社，1990.1.—1张；2全张.—16.00元

铁甲雄风：中国战车彩色图片/《坦克装甲车辆》编辑部编辑.—北京：兵器工业出版社，〔1990?〕8张；50开.—ISBN 7-80038-258-3：2.20元

俯瞰北京/张连富摄.—北京：奥林匹克出版社，1990.10.—8张；50开.—ISBN 7-80067-169-0：3.00元

海外影星/胡建瑜摄.—南宁：广西美术出版社，1990.7.—10张；50开.—ISBN 7-80582-004-X：1.80元

黄龙金秋/卞志武摄.—南京：江苏美术出版社，1990.1.—1张；2全张.—16.00元

黄河之源/詹国光摄影；王建民配诗.—兰州：甘肃人民美术出版社，〔1990〕.—10张；50开.—2.00元

情侣/胡建瑜摄.—南宁：广西美术出版社，1990.7.—10张；50开.—ISBN 7-80582-005-8：1.80元

情的奉献.—福州：福建美术出版社，1990.—10张；50开.—2.00元

甜梦.—北京：外文出版社，1990.—8张；50开.ISBN 7-119-01303 3：2.00元

深深的情意.—南宁：广西民族出版社，〔1990?〕.10张；50开.—ISBN 7-5363-0756-X：2.00元

寄去一片深情.—福州：福建美术出版社，1990.9张；50开.—2.00元

敬爱的周恩来总理：〔摄影〕.—南昌：江西美术出版社，〔1990〕.—1张；2开.—1.60元

插花艺术.—天津：天津杨柳青画社，1990.1.—11张；50开.—ISBN 7-80503 305 5

智慧之光.—北京：外文出版社，1990.—10张；50开.—ISBN 7-119-01288-6：2.00元

敦煌·吐鲁番佛教艺术.—乌鲁木齐：新疆人民出版社，〔1990?〕.—10张；50开

想念您.—南宁：广西民族出版社，〔1990?〕.10张；50开.—ISBN 7-5363-0065-2：2.00元

锦绣山河/孔艺等摄.—南宁：广西美术出版社，1990.7.—10张；50开.—ISBN 7-80582-008-2：1.80元

韵律/曾汉超摄.—长沙：湖南美术出版社，〔1990?〕.—1张；4开.—2.50元

滇兰拾味：云南兰花（一）/郭希仪编选、摄影.—昆明：云南人民出版社，1990.5.—10张；50开.—2.50元

滕王阁/李子清等摄.—南昌：江西美术出版社，1990.8.—10张；50开.—ISBN 7-80580-028-6：1.95元

影.—杭州：浙江摄影出版社，〔1990?〕.—10张；50开.—2.70元

影星倩影/刘海发等摄.—南宁：广西美术出版社，1990.7.—10张；50开.—ISBN 7-80582-006-6：1.80元

J43　各国摄影艺术

世界艺术摄影图库/何雪峰等编选.—杭州：浙江摄影出版社，1990.7.—139页；16开.—ISBN 7-80536-083-9：17.00元

世界华侨华人摄影佳作选/中国华侨摄影学会编辑.北京：中国华侨出版公司，1990.10.—1册；16开.ISBN 7-80074-314-4：65.00元

目击世界：世界新闻摄影比赛作品选（三）/中国新闻摄影学会编.—沈阳：辽宁美术出版社，1990.3.—166页；24开.—ISBN 7-5314-0240-8：20.00元

亚洲风情：亚洲摄影艺术优秀作品选/朱家实主编.—北京：国际文化出版公司，1990.8.—106页；16开.—ISBN 7-80049-628-7：27.00元

情诗与梦幻：世界大诗人爱情名诗与现代摄影精选/北河编.—成都：四川文艺出版社，1990.7.—1册；32开.—ISBN 7-5411-0661-5：4.80元

摄影文化名人肖像/木甬等编.—杭州：浙江摄影出版社，1990.11.—203页；大32开.—ISBN 7-80536-095-2：9.80元

J5　工艺美术

工艺美术与工艺美术教育/李绵璐著.—北京：人民美术出版社，〔1990〕.—148页：照片；大32开.ISBN 7-102-00604-7：4.60元

J50　工艺美术理论

巧夺天工：中外工艺艺术鉴赏/黄幼钧著.—南宁：广西人民出版社，1990.8.—234页：彩照；28开.(青年艺术鉴赏丛书/高友德主编).—ISBN 7-219-01643-3：4.20元

亚洲工艺美术史/张少侠编著.—西安：陕西人民美术出版社，1990.1.—187页：图版；大32开.—ISBN 7-5368-0114-9：3.75元

妻子的杰作/尹君选编；谢桂芳，秦晶译.—北京：中国经济出版社，1990.6.—1册；16开.—ISBN 7-5017-0586-0：10.00元

J51　图案学

图案丛书（13）：南京艺术学院工艺美术作品集/

《图案》编辑部编辑.—北京：轻工业出版社，〔1990？〕.—56页；16开.—ISBN 7-5019-0916-4：2.45元

图案基础/王宴俊编.—长沙：湖南教育出版社，1990.12.—88页；24开.—中等职业技术学校教材.ISBN 7-5355-1202-X：2.40元

实用装饰图案设计/虞刚，虞亮编著.—石家庄：河北美术出版社，1990.5.—125页：图；16开.—ISBN 7-5310-0246-9：13.50元

基础图案步骤范图/张占甫等编绘.—天津：天津杨柳青画社，1990.11.—9张(8开1张；4开8张).ISBN 7-80503-125-8：7.40元

常用图案作法/徐乃湘编著.—北京：轻工业出版社，1990.2.—1册；32开.—(实用美术小丛书/贾斌主编).—ISBN 7-5019-0656-4：5.20元

装饰与人类文化/(日)海野弘著；陈进海编译.济南：山东美术出版社，1990.?.—227页：图版；大32开.—ISBN 7-5330-0221-0：5.00元

装饰纹样构成法/李景凯著.—太原：山西人民出版社，1990.7.—229页：图版；大32开.—ISBN 7-203-01747-8：4.50元

J52　中国工艺美术

《红楼梦》中的工艺品/都一兵著.—北京：北京工艺美术出版社，1990.3.—134页；32开.—ISBN 7-80526-016-8：2.00元

本书对《红楼梦》中所述及的丝绸、毡毯、木雕、染织、金属工艺等中国传统工艺美术品的历史发展作了分析、研究。

J521　工艺美术作品综合集

苏鲁豫皖工艺美术萃举/王文正，张振华著.—北京：中国文史出版社，1990.9.—268页：彩照；32开.—ISBN 7-5034-0264-4：6.80元

J522　图案集

飞机船舶汽车绘画参考资料/孙聿修编绘.—石家庄：河北美术出版社，1990.3.—141页；24开.—ISBN 7-5310-0303-1：4.20元

云南风情黑白装饰画/何志本，向际纯绘.—昆明：云南人民出版社，1990.11.—212页；24开.—ISBN 7-222-00663-X：5.00元

中国喜庆吉祥图锦/张西秋等编绘.—天津：天津人民美术出版社，1990.7.—206页；32开.—ISBN 7-5305-0150-X：4.20元

实用装饰小品集/沈雪江绘编.—上海：上海科学技术文献出版社，1990.6.—170页；24开.—ISBN 7-80513-621-1：3.80元

美术图案选编：优生·婚姻·人口/赵裕丰编.—北京：中国人口出版社，1990.1.—1册；24开.—ISBN 7-80079-008-8：3.00元

黑白装饰风景/崔兵绘.—成都：四川美术出版社，1990.9.—96页；36开.—ISBN 7-5410-0537-1：3.50元

黑白装饰画/杨长生绘.—西安：陕西人民美术出版社，1990.9.—1册；24开.—ISBN 7-5368-0247-1：3.50元

装饰风景/卢兆祥绘.—西安：陕西科学技术出版社，1990.1.—122页；32开.—ISBN 7-5369-0602-1：2.00元

装饰画/维仁等编绘.—南宁：广西民族出版社，1990.8.—132页；24开.—(现代实用美术丛书).ISBN 7-5363-0868-X：6.00元

题图装饰画集/陈侃编；姬俊尧等绘制.—天津：天津杨柳青画社，1990.10.—151页；24开.—ISBN 7-80503-101-0：5.60元

艺用刊头尾花资料/吴永志等绘.—沈阳：辽宁美术出版社，1990.12.—279页；24开.—ISBN 7-5314-0865-1：6.50元

中小学板报报头画集/刘金成编绘.—石家庄：河北美术出版社，1990.12.—93页；大32开.—ISBN 7-5310-0372-4：2.50元

中小学实用板报图案集/傅廷煦，周洪编绘.南昌：21世纪出版社，1990.3.—64页；32开.—ISBN 7-5391-0353-1：1.30元

中小学实用黑板报：黑板报设计与报头插图集锦/温桂春等编绘.—长春：长春出版社，1990.8.—66页；32开.—ISBN 7-80573-311-2：1.70元

今日报头/周瑞文主编；方学集绘.—杭州：浙江人民美术出版社，1990.12.—103页；大32开.—(今日系列丛书).—ISBN 7-5340-0238-9：3.80元

优生优育报头选编/中国人民解放军总参谋部计划生育领导小组办公室编.—北京：中国广播电视出版社，1990.3.—178页；16开.—ISBN 7-5043-0282-1：6.00元

报刊题花集/庄征编绘.—武汉：湖北人民出版社，1990.10.—72页；24开.—ISBN 7-216-00644-5：2.00元

报头设计手册/肖贝，郁娴编绘.—北京：长城出版社，1990.8.—188页：图；24开.—ISBN 7-80017-112-4：5.90元

实用报头集/陈玉先等著.—北京：海洋出版社，1990.4—116页；36开.—ISBN 7-5027-0864-2：4.85元

实用装饰新报头/方大才，汪新编绘.—上海：上海科学技术文献出版社，1990.1.—142页；24开.—IS

BN 7-80513-477-4：3.20元

校园报头集/陈玉先等编绘.—郑州：海燕出版社，1990.11.—238页；32开.—ISBN 7-5350-0606-X：3.05元

黑板报编绘指南/凡章，小冈编著.—福州：福建美术出版社，1990.11.—1册；24开.—ISBN 7-5393-0136-8：3.20元

J522.1　人　物

人体·动物装饰/吴湘麟等编绘.—上海：上海人民美术出版社，1990.2.—142页；24开.—ISBN 7-5322-0649-1：3.30元

人体黑白装饰画/田黎明等绘.—成都：四川美术出版社，1990.4.—78页；32开.—ISBN 7-5410-0280-1：3.70元

人体装饰/张伟杰绘.—天津：天津人民美术出版社，1990.4.—146页；24开.—ISBN 7-5305-0227-1：6.60元

儿童家庭智力装饰画/飞龙编.—成都：成都出版社，1990.4.—4张；4开.—5.40元

世界人物图案2700例/徐炳兴主编；余新等编绘.上海：上海画报出版社，1990.3.—307页；24开.（知识画库）.—ISBN 7-80530-008-9：4.40元

世界人物装饰画艺术：技法·图集/朱刚编著.—上海：上海书画出版社，1990.6.—164页；24开.（实用美术资料丛书）.—ISBN 7-80512-429-9：4.80元

张一民人物装饰画/张一民绘.—济南：山东美术出版社，1990.10.—10页；18开.—ISBN 7-5330-0299-7：3.90元

模特装饰/诸葛志刚绘.—天津：天津杨柳青画社，1990.10.—60页；36开.—ISBN 7-80503-120-7：2.00元

舞蹈人物装饰/胡连江编绘.—天津：天津人民美术出版社，1990.11.—150页；24开.—ISBN 7-5305-0180-1：3.30元

J522.2　动　物

世界动物图案3300例/徐炳兴主编；余新编绘.—上海：上海画报出版社，1990.2.—373页；24开.—（知识画库）.—ISBN 7-80530-007-0：4.90元

动物图案变化技法/梁敬泗著.—济南：山东美术出版社，1990.4.—90页；24开.—ISBN 7-5330-0235-0：4.20元

动物图案集：水禽/吴誉等编绘.—太原：山西人民出版社，1990.10.—154页；24开.—ISBN 7-203-01745-1：5.50元

动物图案集：狮/施本铭，孙敏绘.—太原：山西人民出版社，1990.10.—94页；24开.—ISBN 7-203-01742-7：4.40元

动物图案集：熊/李家旭等绘.—太原：山西人民出版社，1990.10.—130页；24开.—ISBN 7-203-01744-3：4.80元

动物图案集：猿猴/郝玉明绘.—太原：山西人民出版社，1990.10.—118页；24开.—ISBN 7-203-01743-5：4.50元

动物图案集：蝴蝶/杨本荣编绘.—太原：山西人民出版社，1990.10.—118页；24开.—ISBN 7-203-01746-X：4.50元

动物图案集：鹤/李景阳绘.—太原：山西人民出版社，1990.5.—100页；24开.—ISBN 7-203-00691-3：4.30元

动物器皿造型800图/徐华铛，张立人编绘.—北京：轻工业出版社，1990.5.—154页；24开.—ISBN 7-5019-0757-9：5.55元

J522.3　植　物

适形花卉图案/崔栋良编绘.—石家庄：河北美术出版社，1990.6.—88页；24开.—ISBN 7-5310-0359-7：4.10元

黑白花卉/李松柴编著.—杭州：浙江美术学院出版社，1990.8.—140页；24开.—ISBN 7-81019-102-0：5.20元

装饰花卉/孟新明等编绘.—西安：陕西人民美术出版社，1990.8.—282页；24开.—美术参考资料：4.20元

J522.8　少数民族图案

中国少数民族头饰/田顺新编绘.—北京：博文书社，1990.5.—102页；24开.—ISBN 7-5055-0006-6：7.50元

柯尔克孜族图案集/刘定陵编绘.—北京：民族出版社，1990.12.—204页；20开.—（中国少数民族图案系列丛书）.—ISBN 7-105-01116-5：5.50元

维吾尔建筑艺术图案集/刘定陵编绘.—北京：民族出版社，1990.9.—270页；20开.—（中国少数民族图案系列丛书）.—ISBN 7-105-01117-3：6.80元

J523　染织、刺绣、服装工艺美术

外国童装贴花/王国梁等编绘.—上海：少年儿童出版社，1990.3.—71页；24开.—ISBN 7-5324-0855-8：2.10元

地毯传统纹样/徐维，徐林晞编绘.—天津：天津杨柳青画社，1990.9.—126页；大32开.—ISBN 7-80503-106-1：4.70元

纺织品图案设计基础/黄国松等编著.—北京：纺织

工业出版社，1990.2.—157页；16开.—ISBN 7-5064-0406-0：4.60元

现代女性服饰品制作大全/陈立等编著.—上海：上海科学技术出版社，1990.10.—152页；16开.—ISBN 7-5323-2233-5：7.35元

现代家庭小饰物制作大全/陈立等编著.—上海：上海科学技术出版社，1990.10.—216页；16开.—ISBN 7-5323-2212-2：8.70元

刺绣图案集/缪丽娟，缪丽平编绘.—天津：天津杨柳青画社，1990.3.—100页；16开.—ISBN 7-80503-100-2：4.50元

最新童装图案/陶秀莲等编绘.—天津：天津科技翻译出版公司，1990.7.—127页；12开.—ISBN 7-5433-0132-6：3.90元

童装贴花图案/尹家琅等编绘.—上海：上海科学技术出版社，1990.8.—128页；12开.—ISBN 7-5323-2123-1：6.90元

缝补绣花图案集锦/张媛等编绘.—北京：光明日报出版社，1990.11.—224页；16开.—ISBN 7-80014-795-9：5.95元

缝绣图案集：续/戚晓虹等编绘.—哈尔滨：黑龙江科学技术出版社，1990.9.—216页；24开.—ISBN 7-5388-1195-8：4.95元

J524　工商工艺美术

广告设计技法/王国伦编著.—北京：轻工业出版社，1990.11.—249页：彩图；32开.—ISBN 7-5019-0755-2：9.90元

广告装潢基础知识/劳动部培训司组织编写.—北京：劳动人事出版社，1990.3.—118页：彩照；32开.就业训练广告装潢专业统编教材（试用）.—ISN 7-5045-0437-8：2.80元

平面广告艺术/季阳编著.—杭州：浙江美术学院出版社，1990.3.—224页；大32开.—ISBN 7-81019-030-X：12.50元

现代商场设计入门/刘德荣编著.—上海：上海书画出版社，1990.6.—138页；32开.—（实用美术资料丛书）.—ISBN 7-80512-430-2：4.20元

现代商标徽记图例1500/小冈，兰清编绘.—北京：北京体育学院出版社，1990.3.—144页；16开.—（实用美术装潢资料大全丛书）.—ISBN 7-81003-341-7：6.50元

实用装潢设计手册/严岩编.—北京：学苑出版社，1990.5.—391页；24开.—ISBN 7-80060-427-6：7.60元

商品橱窗设计图例/高德康等编绘.—上海：上海人民美术出版社，1990.4.—1册；24开.—ISBN 7-5322-0661-0：3.50元

跨越六千年/李渔，孙新华著.—长沙：湖南文艺出版社，1990.12.—155页；大32开.—ISBN 7-5404-0617-8（精装）：10.00元

J525　装饰美术

小居室室内设计/罗戟等编著.—南京：江苏美术出版社，1990.7.—134页：彩照；24开.—ISBN 7-5344-0165-8：5.90元

中国插花艺术/上海市园林局插花艺术研究会著上海：上海翻译出版公司，1990.5.—64页：彩照；32开.—（园艺丛书）.—ISBN 7-80514-555-5：3.40元

艺术插花/广州插花艺术研究会编著.—广州：广东科技出版社，1990.10.—102页：彩照及图；32开.ISBN 7-5359-0652-4：4.95元

多彩的居室/陈寿远主编.—天津：天津科技翻译出版公司，1990.12.—33页：彩照；16开.—ISBN 7-5433-0197-0：4.50元

阳台美/北京园林学会，北京日报群工部编.—北京：中国妇女出版社，1990.5.—62页；32开.—ISBN 7-80016-268-0：1.00元

居室布置与装饰美化/张建平等编.—北京：人民军医出版社，1990.2.—94页；32开.—（家庭生活实用丛书；2）.—ISBN 7-80020-147-3：0.75元

居室·家具·装饰　第一辑/胡锦等编绘.—长沙：湖南科学技术出版社，1990.6.—1册；16开.—ISBN 7-5357-0511-1：5.80元

美化房间小窍门/雷毓华，付小燕编.—北京：农村读物出版社，1990.6.—145页；32开.—（东方女性小丛书）.—ISBN 7-5048-1176-9：2.40元

室内设计基础/浙江美术学院环境艺术系编著.杭州：浙江美术学院出版社，1990.2.—116页：彩图；16开.—（美术教材丛书）.—ISBN 7-81019-043-1：7.80元

室内装饰画.—上海：上海人民美术出版社，1990.1.—12张；4开.—14.40元

室内装饰画/姚春明摄.—上海：上海人民美术出版社，1990.1.—8张；8开.—4.80元

室内装饰画.—上海：上海人民美术出版社，1990.6.—22张；8开.—14.00元

室内装饰画.—上海：上海人民美术出版社，1990.7.—14张；6开.—5.60元

室内装饰画.—上海：上海人民美术出版社，1990.7.—34张；8开.—23.80元

室内装饰画.—上海：上海人民美术出版社，1990.7.—6张；4开.—8.40元

客厅·卧室实用布局/菲菲，黎黎编.—成都：四川人民出版社，1990.2.—1册；16开.—ISBN 7-220-

00908-9：8.50元

家庭小饰品制作/刁健等编.—武汉：湖北科学技术出版社，1990.10.—76页；24开.—ISBN 7-5352-0619-0：5.50元

家庭天地：居室布置与设计/羽佳，达仁选编.—北京：中国文联出版公司，1989.10.—1册；16开.ISBN 7-5059-1183-X：2.00元

家庭天地：居室色彩与装饰/羽佳，达仁选编.—北京：中国文联出版公司，1990.2.—1册；16开.—ISBN 7-5059-1186-4：2.00元

家庭天地：居室角落与变化/羽佳，达仁选编.—北京：中国文联出版公司，1990.2.—1册；16开.—ISBN 7-5059-1185-6：2.00元

家庭环境美化：阳台、窗台、窗帘/杨赉丽等编.北京：中国林业出版社，1990.—158页：彩图；28开.ISBN 7-5038-0664-8：7.20元

家庭实用装饰/郑子礼等编著.—上海：上海科学技术文献出版社，1990.11.—164页；32开.—ISBN 7-80513-623-8：1.80元

家庭实用装饰：缝制实例/许文霞，肖燕编译.—北京：轻工业出版社，1990.8.—107页；16开.—ISBN 7-5019-0824-9：5.90元

家庭居室装饰设计200例/薛文广主编；殷申甫等编著.—北京：金盾出版社，1990.7.—92页；16开.ISBN 7-80022-214-4：3.50元

家庭室内装修300例/晓苑等编绘.—北京：中国经济出版社，1990.5.—150页：彩照；16开.—ISBN 7-5017-0664-6：10.50元

家庭美化大全/魏澄中等编写.—杭州：浙江科学技术出版社，1990.8.—342页：彩照；20开.—ISBN 7-5341-0270-7：11.00元

家庭插花与花材培育/傅玉兰编著.—合肥：安徽科学技术出版社，1990.9.—220页；32开.—ISBN 7-5337-0488-6：3.95元

窗帘制作装潢技巧/范能华，陈春舫编写.—上海：上海科学技术出版社，1990.3.—100页；32开.—ISBN 7-5323-1753-6：1.15元

新时代居室布置图集：客厅·卧室·餐厅/潘佐先绘.—济南：山东美术出版社，1989.8.—141页；16开.—ISBN 7-5330-0203-2：6.95元

新房布置与装修艺术/佳隆等编绘.—成都：四川科学技术出版社，1990.5.—190页：彩照；16开.—ISBN 7-5364-1637-7：7.20元

新婚卧房装饰/陈新生等编绘.—天津：天津科学技术出版社，1990.5.—132页：彩照；16开.—ISBN 7-5308-0691-2：12.60元

新婚家庭布置图集/龙平等编绘.—北京：科学技术文献出版社，1990.6.—107页；16开.—ISBN 7-5023-1205-6：6.00元

新颖的布制家庭装饰品制作/陈美英等编著.—南昌：江西科学技术出版社，1990.6.—47页；24开.ISBN 7-5390-0321-9：3.80元

90年代居室新潮/韩鹤松，盛坚编.—上海：上海科技教育出版社，1990.3.—64页；16开.—ISBN 7-5428-0384-0：10.00元

J526　金属工艺美术

古器物造型—中国历代日用器皿图集/刘锡朋编绘.—天津：天津杨柳青画社，1990.11.—275页；16开.—ISBN 7-80503-115-0：16.50元

首饰实用装饰艺术/上海宇宙金银品厂编写组编.上海：上海文化出版社，1990.8.—175页；24开.ISBN 7-80511-329-7：5.65元

J528　民间工艺美术

中国民间工艺/廉晓春，许平著.—杭州：浙江教育出版社，1990.11.—246页：图版；32开.—（中国民间文化丛书/刘魁立主编）.—ISBN 7-5338-0688-3：3.00元

民间美术·丛刊　1990年第6期：陕西民间美术专辑.—南京：江苏美术出版社，1990.7.—48页；16开.—2.00元

民间美术概论/杨学芹，安琪著.—北京：北京工艺美术出版社，1990.8.—251页：彩图；大32开.—ISBN 7-80526-034-6：6.00元

论中国民间美术/潘鲁生著.—北京：北京工艺美术出版社，1990.11.—283页：照片及图；大32开.—ISBN 7-80526-047-8：8.40元

本书主要探讨民间绘画和一般民间美术理论。

姑娘们的手工活/蔡洁，刘莎编.—武汉：武汉出版社，1990.2.—112页；16开.—ISBN 7-5430-0267-1：7.50元

J528.1　剪纸、刻纸

百鸡图/刘启谋绘.—南宁：接力出版社，1990.1.75页；40开.—ISBN 7-80581-009-5：1.30元

吕梁地区中阳民俗剪纸/武一生主编.—北京：北京美术摄影出版社，1990.9.—1册；24开.—ISBN 7-80501-110-9：6.00元

浮山民俗与剪纸/郑洪峨编著.—太原：山西人民出版社，1990.2.—1册；20开.—ISBN 7-203-00995-5：3.80元

剪纸学习辅导/王子淦著.—上海：少年儿童出版社，1990.7.—50页；16开.—ISBN 7-5324-1090-0：1.70元

剪影乐/李建国编著.—上海：上海画报出版社

1990.12.—96页；32开.—（知识画库/徐炳兴主编）.—ISBN 7-80530-030-5：2.60元

J528.2 折纸、扎纸

儿童手工折纸造型：可爱的小动物 （1）/李书英设计绘制.—北京：教育科学出版社，1990.4.—14张；24开.—（儿童手工丛书）.—ISBN 7-5041-0475-2：1.60元

儿童手工折纸造型：可爱的小动物 （2）/李书英设计绘制.—北京：教育科学出版社，1990.4.—14张；24开.—（儿童手工丛书）.—ISBN 7-5041-0491-4：1.60元

儿童手工折纸造型：可爱的小动物 （3）/李书英设计绘制.—北京：教育科学出版社，1990.4.—14张；24开.—（儿童手工丛书）.—ISBN 7-5041-0492-2：1.60元

艺术纸条：挂饰/王家琦设计绘画.—上海：少年儿童出版社，1990.4.—8张；16开.—ISBN 7-5324-0552-4：1.50元

动物王国折纸/张维，杜桂英编.—太原：山西教育出版社，1990.11.—92页；24开.—ISBN 7-80578-365-9：3.80元

亚运会场馆造型折纸/刘凤喻设计.—北京：中国民族摄影艺术出版社，〔1990〕.—22张；16开.—（小小建筑师；一）.—3.90元

折纸大全/朱仰慈，郑菡萍编著.—上海：上海文化出版社，1990.6.—143页；16开.—ISBN 7-80511-371-8：3.80元

折纸艺术/肖晓阳编著.—福州：福建教育出版社，1990.12.—138页；24开.—ISBN 7-5334-0611-7：2.50元

折纸艺术/郭金洲编著.—西安：陕西人民美术出版社，1990.8.—124页：图；32开.—ISBN 7-5368-0118-1：1.65元

折纸游戏 （一）/彻子译；芳子，悠悠绘.—北京：中国少年儿童出版社，1990.8.—36页；24开.ISBN 7-5007-1087-9：0.90元

折纸游戏 （二）/彻子译；周颖绘.—北京：中国少年儿童出版社，1990.8.—36页；24开.—ISBN 7-5007-1088-7：0.90元

折纸游戏 （三）/王骚译；菲菲绘.—北京：中国少年儿童出版社，1990.8.—36页；24开.—ISBN 7-5007-1089-5：0.90元

张坤纸造型艺术 （1）/张坤编绘.—北京：中国和平出版社，1990.4.—46页；16开.—ISBN 7-80037-366-5：2.90元

陆海空纸模型 第二辑/李连营等编.—上海：上海科技教育出版社，1990.6.—7张；16开.—ISBN 7-5428-0457-X：1.00元

趣味折画/大海，海芳设计；娄玮绘.—郑州：海燕出版社，1990.12.—1册；16开.—（儿童动手动脑丛书）.—ISBN 7-5350-0638-8：0.55元

J528.3 面具、脸谱

中国戏剧脸谱/刘金奎绘.—北京：北京美术摄影出版社，〔1990〕.—10张；80开.—ISBN 7-80501-087-0：2.00元

西藏面具艺术/叶星生编.—重庆：重庆出版社，1990.9.—1册；28开.—（中国民间美术丛书；3）.ISBN 7-5366-1321-0（精装）：19.80元

J529 其他工艺美术

中国卵石艺术/黄惕恒著.—北京：中国社会科学出版社，1990.6.—65页：彩照；32开.—ISBN 7-5004-0795-5：2.50元

中国烫画技法/艾秀琪编著.—天津：天津人民美术出版社，1990.2.—110页：图；16开.—ISBN 7-5305-0166-6：19.00元

家庭自制布玩具/肖汉元编著.—北京：轻工业出版社，1990.11.—128页；16开.—ISBN 7-5019-0873-7：6.30元

J53 各国工艺美术

艺用装饰资料：外国部分/邹君文主编；朱照洗等编绘；张桂凤，邓荣先译.—沈阳：辽宁美术出版社，1990.12.—325页；24开.—（艺用资料丛书）.ISBN 7-5314-0864-3：7.00元

世界黑白画集萃 （2）/罗力等编.—成都：四川美术出版社，1990.4.—1册；24开.—ISBN 7-5410-0472-3：4.70元

现代设计 （十三）：欧洲橱窗/浙江人民美术出版社编.—杭州：浙江人民美术出版社，1990.4.—1册；16开.—ISBN 7-5340-0185-4：8.00元

美洲图案集/崔唯编绘.—长沙：湖南美术出版社，1990.8.—93页；24开.—（五大洲图案集/徐中敏主编）.—ISBN 7-5356-0382-3：3.70元

*　　*　　*

蜡染/（印）希丽玛特（Hiremath，V.）著；毛增印译.—北京：纺织工业出版社，1990.12.—55页；彩图；32开.—ISBN 7-5064-0577-6：1.80元

书名原文：Creative Batik

*　　*　　*

世界产品设计商标设计包装设计广告设计精华/张景然主编.—上海：上海交通大学出版社，〔1990〕.2册（560页）；16开.—ISBN 7-313-00691-8（精装）：160.00元

外国广告招贴画精选/曾红选编.—南京：江苏美术出版社，1990.7.—1册；24开.—ISBN 7-5344-0166-6：11.80元

国外标志图案/洪广文编.—重庆：重庆出版社，1990.4.—106页；36开.—ISBN 7-5366-0015-1：5.00元

国外轻工产品外观设计精选/关力，于华夫主编.哈尔滨：黑龙江人民出版社，1990.10.—232页：彩照；16开.—ISBN 7-207-01335-3（精装）：75.00元

实用标志符号百科/戚建平主编.—郑州：河南教育出版社，1990.8.—291页；32开.—ISBN 7-5347-0849-4：3.95元

*　　*　　*

世界精美装饰图集/（日）桑山弥三郎编；施小丽译.—北京：中国连环画出版社，1990.12.—160页；16开.—ISBN 7-5061-0309-5：6.15元

西方现代家具与室内设计/高军，俞寿宾编译.—天津：天津科学技术出版社，1990.5.—198页；16开.（当代建筑、城市设计技术美学丛书）.—ISBN 7-5308-0745-5：16.80元

国外家庭装修与色彩/（美）巴巴拉·浦拉姆著；李青编译.—西安：陕西人民美术出版社，1990.4.1册；12开.—ISBN 7-5368-0179-3：22.00元

国外商品展示橱窗/陈宗舜，刘秀苓编著.—北京：中国对外经济贸易出版社，1990.9.—40页；16开.ISBN 7-80004-176-X：3.80元

最新室内装饰分类指南/舒健等译.—成都：四川人民出版社，1990.11.—86页；16开.—ISBN 7-220-01051-6：14.30元

*　　*　　*

毕加索陶器艺术/（西班牙）毕加索（Picasso.P.）作；卜维勒编.—成都：四川美术出版社，1990.4.—1册：肖像；28开.—ISBN 7-5410-0382-4：6.50元

J6　音　乐

大众学习音乐指南/刘玉书著.—哈尔滨：黑龙江人民出版社，1990.9.—308页；32开.—ISBN 7-207-01608-5：4.30元

大音乐家全书/（英）珀西·艾尔弗雷德·斯科尔斯著；高宁英译.—合肥：安徽文艺出版社，1990.9.285页：照片；32开.—ISBN 7-5396-0307-0：4.60元

本书是为提高儿童的音乐兴趣而写的。书中把音乐的旋律、和声及结构等基本内容与生动的创作实例、音乐家个人经历和艺术素养有机地结合起来。

乐理·和声·手风琴知识词典/张明元编.—乌鲁木齐：新疆大学出版社，1990.4.—362页；32开.—ISBN 7-5631-0105-5：4.50元

音乐之路/周永达编译.—上海：上海教育出版社，1990.1.—188页；32开.—（中学生文库）.—ISBN 7-5320-1672-2：1.55元

音乐火花/德渊等编著.—北京：中国文史出版社，1990.10.—153页：图；32开.—（智慧之星丛书）.ISBN 7-5034-0080-3：3.00元

音乐世界/樊梅丽，叶雷编著.—西安：西安交通大学出版社，1990.3.—223页；32开.—ISBN 7-5605-0343-8：2.95元

音乐典故小辞典/（苏）米赫叶娃著；赵燕等译.延吉：延边大学出版社，1990.9.—266页；32开.ISBN 7-5634-0017-6：4.50元

音乐知识手册　三集/薛良编.—北京：中国文联出版公司，1990.3.—587页；32开.—ISBN 7-5059-1259-3：7.30元

音乐教育的理论与实践/马东风著.—北京：中国广播电视出版社，1990.10.—232页：肖像；大32开.ISBN 7-5043-0716-5：3.50元

音乐智力园/《多来咪》编辑部选编.—上海：上海音乐出版社，1990.5.—232页；32开.—（多来咪少儿音乐系列丛书）.—ISBN 7-80553-225-7：3.30元

音乐趣事/张艳梅，马东风编.—北京：人民音乐出版社，1990.10.—69页；32开.—ISBN 7-103-00650-4：1.30元

本书收音乐趣事、珍闻120则。

简明音乐知识手册/梁德铭著.—北京：中国青年出版社，1990.12.—414页；32开.—（青年娱乐文化丛书）.—ISBN 7-5006-0765-2：5.45元

歌/林红编著.—南宁：广西民族出版社，1990.12.178页；32开.—（当代青年文化娱乐丛书；第1辑7/杜云，陈运祐主编）.—ISBN 7-5363-1004-8：2.20元

J60　音乐理论

音乐与人生/（日）山松质文著，李志平编译.—兰州：甘肃少年儿童出版社，1990.7.—96页；32开.（人与世界丛书）.—ISBN 7-5422-0350-9：1.50元

音乐社会学/人民音乐出版社编辑部编.—北京：人民音乐出版社，1990.5.—196页；大32开.—（音乐辞

典条目汇辑丛书）.—ISBN 7-103-00563-X：3.15元

音乐审美与西方音乐/徐民奇，周小静编著.—北京：高等教育出版社，1990.10.—336页；大32开.（艺术教育丛书）.—ISBN 7-04-002998-7：3.05元

音乐能力心理学/（苏）捷普洛夫（Теплов,B.M.）著；孙晔译.—北京：人民教育出版社，1990.8.—220页；大32开.—ISBN 7-107-10562-0：2.90元

书名原文：Избрнные Труды

音乐散论/张善著.—呼和浩特：内蒙古人民出版社，1990.5.—245页；32开.—ISBN 7-204-00323-1：3.25元

萧友梅音乐文集/萧友梅著；陈聆群等编.—上海：上海音乐出版社，1990.12.—571页；大32开.—ISBN 7-80553-254-0（精装）：16.10元

普通音乐教育学概论/曹理编著.—北京：北京师范学院出版社，1990.6.—344页；32开.—ISBN 7-81014-594-0：4.90元

J605　音乐评论、欣赏

大中学生音乐欣赏/修金堂编著.—哈尔滨：黑龙江人民出版社，1990.3.—185页；16开.—ISBN 7-207-01536-4：4.50元

中外通俗歌曲鉴赏辞典/杨晓鲁，张振涛主编.—北京：世界知识出版社，1990.9.—1039页；大32开.ISBN 7-5012-0298-2（精装）：14.90元

外国音乐作品欣赏/朱之谦著.—长春：时代文艺出版社，1990.12.—483页；大32开.—ISBN 7-5387-0312-8：9.00元

创造音乐的是人民：介绍俄国作曲家格林卡/万昭著.—北京：人民音乐出版社，1990.11.—51页：照片；32开.—（外国音乐欣赏小丛书）.—ISBN 7-103-00601-6：0.85元

本书简要地介绍了俄罗斯音乐之父——格林卡的一生及他为创立俄罗斯乐派而作的不懈努力，并介绍了他的“伊万·苏萨宁”等歌剧、“卡玛林斯卡亚”等器乐作品。

现代音乐概论及欣赏/朱秋华，高蓉编著.—北京：北京大学出版社，1990.9.—409页；大32开.—ISBN 7-301-01271-3：5.50元

现代音乐鉴赏/王凤岐编著.—合肥：安徽文艺出版社，1990.1.—142页；32开.—ISBN 7-5396-0239-2：2.00元

青少年音乐欣赏/简其华编著.—北京：教育科学出版社，1990.11.—466页；32开.—ISBN 7-5041-0313-6：6.00元

春之歌：德国作曲家门德尔逊及其作品/罗小平编著.—北京：人民音乐出版社，1990.10.—73页：照片；32开.—（外国音乐欣赏小丛书）.—ISBN 7-103-00586-9：1.15元

标题音乐大师：法国作曲家柏辽兹的生平及其作品介绍/沈旋等著.—北京：人民音乐出版社，1990.8.65页；32开.—（外国音乐欣赏小丛书）.—ISBN 7-103-00572-9：1.05元

音乐札记/李凌著.—太原：山西教育出版社，1990.12.—628页；大32开.—ISBN 7-80578-214-8：8.00元

音乐欣赏手册/上海音乐出版社编.—上海：上海音乐出版社，1990.12.—700页；大32开.—ISBN 7-80553-305-9（精装）：15.80元

音乐新潮/姚以让，王雪辛著.—成都：四川教育出版社，1990.2.—324页；大32开.—（面向现代化丛书；第3辑）.—ISBN 7-5408-0792-X：3.90元

浪漫主义音诗的巨匠：德国音乐家理查·斯特劳斯的生平和作品简介/刘经树编著.—北京：人民音乐出版社，1990.6.—67页；32开.—（外国音乐欣赏小丛书）.—ISBN 7-103-00558-3：1.05元

唱讲“五歌”/热血编.—杭州：浙江文艺出版社，1990.12.—14页；64开.—ISBN 7-5339-0348-X：0.30元

奥斯卡金像奖电影之声/张宁编著.—北京：高等教育出版社，1990.11.—76页；32开.—（音乐佳作欣赏丛书；第3分册）.—ISBN 7-04-002553-1：1.30元

歌唱与欣赏/兰守德等编著.—石家庄：花山文艺出版社，1990.6.—418页；大32开.—ISBN 7-80505-301-4：6.00元

J607　民族音乐研究

传统是一条河流：音乐论集/黄翔鹏著.—北京：人民音乐出版社，1990.10.—225页；大32开.—ISBN 7-103-00556-7：3.85元

河北民间歌曲研究/乔伦，江玉亭著.—石家庄：花山文艺出版社，1990.5.—491页；大32开.—（河北艺术研究丛书）.—ISBN 7-80505-284-0：6.90元

香港1988中国音乐国际研讨会论文集/香港中文大学中国音乐资料馆，香港民族音乐研究会编；乔建中，曹本冶主编.—济南：山东教育出版社，1990.12.—389页；大32开.—ISBN 7-5328-1021-6：8.70元

J609　音乐史

外国音乐史/赵恕编著.—长春：东北师范大学出版社，1990.6.—343页；16开.—ISBN 7-5602-0364-7：6.50元

西方音乐史略/叶松荣著.—北京：文化艺术出版社，1990.3.—274页；大32开.—ISBN 7-5039-0588-3：3.80元

西洋音乐的风格与流派/人民音乐出版社编辑部编.

北京：人民音乐出版社，1990.7.—239页；大32开.（音乐词典词条汇辑丛书）.--ISBN 7-103-00588-5：4.85元

J609.2 中国音乐史

中国音乐美学史资料注译/蔡仲德注译.—北京：人民音乐出版社，1990.12.—2册（711页）；大32开.ISBN 7-103-00657-1：13.80元

古乐书佚文辑注/吉联抗辑注.—北京：人民音乐出版社，1990.12.—89页；大32开.—（中国古代音乐文献丛刊）.--ISBN 7-103-00666-0：2.00元

戏曲音乐史概述/庄永平著.—上海：上海音乐出版社，1990.7.—480页；大32开.—ISBN 7-80553-173-0：7.00元

J61 音乐技术理论与方法

大学音乐简明教程/蒋振环编著.—天津：南开大学出版社，1990.6.—257页；32开.—ISBN 7-310-00327-6：1.55元

音乐/王和芳主编.—南京：江苏教育出版社，1990.7.—264页；16开.—江苏省普通高等学校教材.—ISBN 7-5343-1106-3：3.50元

J613 基本乐科

五线谱入门：写读训练（一）/王令康等编著；孟石初画.—上海：上海教育出版社，1990.1.—61页；16开.—ISBN 7-5320-1456-8：1.65元

五线谱入门：写读训练（二）/王令康等编著；孟石初，李蓓妮画.—上海：上海教育出版社，1990.1.—86页；16开.—ISBN 7-5320-1593-9：2.20元

初级视唱教程/王湓贤编.—上海：上海音乐出版社，1990.4.—179页；16开.—ISBN 7-80553-217-6：6.40元

视唱与练耳/杨耀华等编著.—长沙：中南工业大学出版社，1990.9.—172页；16开.—高等学校非艺术专业用音乐教材.—ISBN 7-81020-314-2：4.50元

视唱练耳（二）/许敬行编著.—北京：高等教育出版社，1990.4.—184页；16开.—卫星电视教育音乐教材.—ISBN 7-04-003191-4：2.60元

视唱练耳（三）/孙虹编.—北京：高等教育出版社，1990.8.—145页；16开.—卫星电视教育音乐教材.—ISBN 7-04-003261-9：2.75元

视唱练耳（四）/许敬行，孙虹编著.—北京：高等教育出版社，1990.12.—162页；16开.—卫星电视教育音乐教材.—ISBN 7-04-003116-7：2.35元

基本乐理问答/李重光编著.—北京：人民教育出版社，1990.5.—135页；大32开.—ISBN 7-107-10542-6：2.40元

基本乐理教程/张志文编著.—沈阳：辽宁教育出版社，1990.2.—294页；大32开.—ISBN 7-5382-1046-6：3.75元

基本乐理教程/晏成佺等著.—北京：人民音乐出版社，1990.10.—247页；大32开.—（音乐自学丛书：作曲卷/谢功成等主编）.—ISBN 7-103-00660-1：4.70元

基本乐理简明教程/李重光著.—北京：人民音乐出版社，1990.10.—198页；大32开.—ISBN 7-103-00643-1：3.70元

J614 作曲理论

儿童歌曲写作概论/樊祖荫著.—北京：人民音乐出版社，1990.6.—333页；大32开.—ISBN 7-103-00557-5：6.45元

太极作曲系统：赵晓生音乐论集/赵晓生著.—广州：科学普及出版社广州分社，1990.2.—394页；大32开.—ISBN 7-110-01352-9：6.50元

作曲技巧浅谈/秦西炫著.—北京：人民音乐出版社，1990.3.—274页；大32开.—ISBN 7-103-00478-1：4.10元

作曲技法探索/丁善德著.—上海：上海音乐出版社，1990.11.—154页；大32开.—ISBN 7-80553-246-X：3.85元

和声学基础与键盘实践/杨通八编著.—北京：高等教育出版社，1990.3.—160页；16开.—卫星电视教育音乐教材·键盘与和声教程之二.—ISBN 7-04-003105-1：2.55元

新歌曲创作教程/靳卯君著.—新1版.—杭州：浙江文艺出版社，1990.11.—92页；32开.—ISBN 7-5339-0347-1：1.20元

歌词创作艺术/李争光著.—长春：吉林大学出版社，1990.1.—210页；32开.—ISBN 7-5601-0322-7：2.65元

键盘即兴作曲教程：外国音乐理论与技术/（美）鲁特·诺曼·罗伊德著；廖宝生，谢玫瑗译.—上海：上海音乐出版社，1990.4.—377页；大32开.ISBN 7-80553-157-9：5.30元

J616 声乐理论

儿童歌唱发声：怎样训练美好的童声/（日）品川三郎著；吕水深，缪裴言译.—上海：上海音乐出版社，1990.4.—105页；32开.—ISBN 7-80553-212-5：1.35元

自学演唱通俗歌曲辅导/斯琴毕利格编著.—石家庄：花山文艺出版社，1990.8.—173页；32开.—附通俗歌曲84首.—ISBN 7-80505-269-7：2.00元

声乐基础/周小燕著.—北京：高等教育出版社，1990.10.—207页；16开.—卫星电视教育音乐教材.ISBN 7-04-003353-4：2.80元

通向歌星之路：怎样演唱流行歌曲/姚峰，义晓著.—长沙：湖南文艺出版社，1990.5.—186页；32开.—ISBN 7-5404-0532-5：2.05元

童声合唱的训练与指挥/钟维国著.—北京：人民音乐出版社，1990.12.—289页；大32开.—ISBN 7-103-00664-4：4.70元

歌曲创作90题/杨瑞庆著.—太原：北岳文艺出版社，1990.2.—432页；大32开.—ISBN 7-5378-0143-6：4.00元

歌唱语音练习曲/鄢子玲编著.—北京：北京师范学院出版社，1990.2.—103页；32开.—ISBN 7-81014-378-6：1.10元

J617　戏剧音乐理论

简明戏曲音乐词典/何为，王琴编.—北京：中国戏剧出版社，1990.9.—664页；32开.—ISBN 7-104-00071-2（精装）：7.10元

J62　器乐理论与演奏法

琴/蔡定国，钟泽骐编著.—南宁：广西民族出版社，1990.11.—184页；36开.—（当代青年文化娱乐丛书；第一辑之　1/杜云，陈运祐主编）.—ISBN 7-5363-1009-9：2.20元

J621　管乐理论与演奏法

儿童竖笛启蒙教材/许国屏编著.—上海：上海音乐出版社，1990.6.—20页；32开.—ISBN 7-80553-256-7：0.60元

竖笛吹奏与五线谱常识/杨永德，熊寄语编著.—西安：华岳文艺出版社，1990.4.—153页；32开.—ISBN 7-80549-265-4：1.80元

管乐入门/孙有光编著.—沈阳：春风文艺出版社，1990.1.—93页；大32开.—ISBN 7-5313-0314-0：2.80元

J622　弓弦乐理论与演奏法

小提琴经典作品的演奏解释/（匈）奥厄（Ауэр，Л.）谌国璋译.—北京：人民音乐出版社，1990.12.176页；大32开.—ISBN 7-103-00667-9：3.15元

书名原文：Интерпретация Произведений Скрипичной Классики

小提琴基本功强化训练教材/丁芷诺编著.—上海：上海音乐出版社，1990.11.—146页；8开.—ISBN 7-80553-265-6：11.60元

少年儿童小提琴基础教学/金仲平著.—上海：上海音乐出版社，1990.2.—101页；16开.—ISBN 7-80533-183-8：2.60元

学琴之路　第二册/赵薇编著.—北京：人民音乐出版社，1990.11.—72页；8开.—小提琴综合教程.ISBN 7-103-00596-6：5.25元

J623　弹拨乐理论与演奏法

古典吉他演奏教程/张路春，黄文清编.—北京：北京体育学院出版社，1990.8.—2册（202页）；16开.ISBN 7-81003-377-8：7.90元

吉他之友丛书　第二辑　E集：春之歌/陈学娅主编.—上海：上海音乐出版社，〔1990?〕.—88页；16开.—ISBN　7-80553-237-0：2.25元

吉他之友丛书　第二辑　F集：夏日的玫瑰/陈学娅主编.—上海：上海音乐出版社，〔1990?〕.—88页；16开.—ISBN 7-80553-257-5：2.25元

吉他之友丛书　第二辑　G集：秋日的喁语/陈学娅主编.—上海：上海音乐出版社，〔1990?〕.—88页；16开.—ISBN 7-80553-288-5：2.25元

吉他之友丛书　第二辑　H集：秋日的喁语/陈学娅主编.—上海：上海音乐出版社，〔1990?〕.—88页；16开.—ISBN 7-80553-288-5：2.25元

吉他伴唱进阶：现代流行吉他伴唱有声教材/白克编著.—北京：北京师范大学出版社，1990.12.100页；16开.—ISBN 7-303-01060-2：2.60元

吉他演奏百手图集/吴子彪编著；叶为青摄制.—北京：中国广播电视出版社，1990.12.—77页：彩照；16开.—ISBN 7-5043-0590-1：4.20元

封面题名为：助您正确入门的—吉他演奏百手图集

西班牙吉他基础及进阶/毛拯民编著.—西安：西安交通大学出版社，1990.3.—120页；16开.—学习吉他必读.—ISBN 7-5605-0311-X：4.50元

佛拉门哥吉它演奏教程/张杰，黄文清编.—北京：北京体育学院出版社，1990.6.—2册（156页）；16开.—ISBN 7-81003-376-X：6.90元

现代摇滚电贝士演奏教程/张龙等编.—北京：北京体育学院出版社，1990.6.—2册（156页）；16开.ISBN 7-81003-378-6：6.90元

现代摇滚电吉它演奏技巧/郭忠民等编.—北京：北京体育学院出版社，1990.6.—2册（156页）；16开.ISBN 7-81003-375-1：6.90元

现代摇滚电吉它演奏教程/王奎江，黄文清编.—北京：北京体育学院出版社，1990.6.—2册（156页）；16开.—ISBN 7-81003-374-3：6.90元

情调吉他讲座/陈强等编著.—石家庄：河北少年儿童出版社，1990.7.—102页；16开.—电视讲座用书.

ISBN 7-5376-0554-8：3.75元

摇滚电倍司吉他演奏法/郭少斌编著.—上海：上海音乐出版社，1990.10.—52页；16开.—ISBN 7-80553-261-3：3.70元

J624　键盘、簧乐理论与演奏法

儿童钢琴、电子琴演奏入门　上册/郭春东，郭莉萍编著.—长春：吉林教育出版社，1990.4.—90页；8开.—ISBN 7-5383-0987-X：6.50元

风琴手风琴简易伴奏教程/齐小凤编.—合肥：安徽文艺出版社，1990.1.—96页；16开.—ISBN 7-5396-0298-8：3.20元

手风琴电子琴即兴伴奏法　上册/覃式著.—桂林：漓江出版社，1990.8.—116页；16开.—ISBN 7-5407-0578-7：3.50元

本书论述了即兴伴奏知识，并提出了“教”与“学”的新方法。

即兴伴奏实用教程：键盘与和声系列教程/泰尔编著.—北京：高等教育出版社，1990.9.—143页；16开.—卫星电视教育音乐教材.—ISBN 7-04-003294-5：2.20元

J624.1　钢　琴

自修钢琴教程/萧子上编著.—上海：上海交通大学出版社，1990.8.—122页；16开.—ISBN 7-313-00263-7：1.65元

约翰·汤普森幼童钢琴入门教程/(　)约翰·汤普森著.—合肥：安徽文艺出版社，1990.8.—40页；16开.—ISBN 7-5396-0376-3：2.50元

学习钢琴的途径/吴元编.—北京：文化艺术出版社，1990.8.—162页；大32开.—ISBN 7-5039-0411-9：2.30元

钢琴与风琴即兴伴奏法/卢冠华编著.—武汉：湖北教育出版社，1990.3.—70页；16开.—ISBN 7-5351-0445-2：3.00元

钢琴初步教程新编/(苏)尼科拉耶夫主编；陈慧甦译.—北京：人民音乐出版社，1990.11.—190页；8开.—ISBN 7-103-00642-3：10.25元

钢琴即兴伴奏实用教程/徐慧林，林棣华著.—北京：人民音乐出版社，1990.10.—169页；大32开.ISBN 7-103-00671-7：2.80元

钢琴教学法/应诗真著.—北京：人民音乐出版社，1990.10.—155页；大32开.—ISBN 7-103-00565-6：2.95元

钢琴演奏基础训练/周广仁编著.—北京：高等教育出版社，1990.10.—245页；16开.—卫星电视教育音乐教材·键盘与和声系列教程).—ISBN 7-04-003278-3：3.25元

孩子们的拜厄钢琴初级教程　上册/传开译注.—上海：上海音乐出版社，1990.7.—127页；8开.—ISBN 7-80553-253-2：8.40元

500首钢琴初级教材集成/但昭义，郭幼容编.—成都：四川人民出版社，1990.1.—214页；8开.—ISBN 7-220-00817-1：19.50元

J624.3　手风琴

儿童手风琴入门　第四册/马行乾编著.—北京：人民音乐出版社，1990.5.—56页；8开.—ISBN 7-103-00536-0：4.50元

儿童手风琴教材/梁祐成编著.—南宁：广西教育出版社，1990.11.—58页；16开.—ISBN 7-5435-1061-8：1.60元

儿童手风琴教程/郝丕喜编著.—上海：上海音乐出版社，1990.6.—154页；16开.—适用于24倍司.—ISBN 7-80553-250-8：9.10元

少儿实用手风琴伴奏指导/蔡福华著.—上海：三联书店上海分店，1990.1.—66页；32开.—ISBN 7-5426-0290-X：2.00元

手风琴指法训练和检修/陈成达编.—上海：上海科学技术出版社，1990.3.—221页；32开.—ISBN 7-5323-0750-6：3.05元

手风琴基础教程与简易伴奏法/郧明主编.—昆明：云南人民出版社，1990.12.—287页；16开.—ISBN 7-222-00564-1：6.70元

怎样为少儿歌曲编配手风琴伴奏/赵钢著.—北京：中国广播电视出版社，1990.1.—101页；大32开.ISBN 7-5043-0221-X：1.85元

J627　器乐合奏理论和演奏法

业余吹奏乐队的组织与训练/欧阳枫等著.—北京：人民音乐出版社，1990.9.—169页；16开.—ISBN 7-103-00585-0：5.10元

J628　电子乐器

儿童电子琴演奏辅导/李贵宝编.—太原：山西教育出版社，1990.12.—69页；16开.—ISBN 7-80578-220-2：1.55元

少年儿童电子琴高级教程：中外通俗名曲40首/万宝柱，万晓乐编著.—北京：北京体育学院出版社，1990.5.—128页；16开.—ISBN 7-81003-167-8：4.90元

电子琴自学速成/谢志戎编著.—西安：华岳文艺出版社，1990.6.—109页；16开.—ISBN 7-80549-320-0：3.20元

电子琴使用保养及演奏技法/黄进之，黄致音编.

2版(修订本).—杭州：浙江科学技术出版社，1990.8.—76页；16开.—ISBN 7-5341-0078-X：2.00元
本书1988年2月第1版。

电子琴实用教程/麦丁编著.—北京：人民音乐出版社，1990.9.—61页；16开.—ISBN 7-103-00589-3：2.15元

电子琴速成教程/朱作英编.—大连：大连出版社，1990.1.—160页；16开.—ISBN 7-80555-285-1：4.15元

电子琴教程/张弓编著.—南宁：接力出版社，1990.7.—126页；16开.—ISBN 7-80581-097-4：4.00元

电子琴提高级讲座/陈祖馨编著.—北京：中国青年出版社，1990.5.—181页；16开.—ISBN 7-5006-0700-8：8.80元

电子琴演奏法/李其人，李月编著.—北京：解放军出版社，1990.9.—78页；32开.—(文娱体育丛书).—ISBN 7-5065-1381-1：1.90元

新编电子琴教程/麦紫婴，钱磊编著.—上海：上海教育出版社，1990.9.—269页；16开.—ISBN 7-5320-2069-X：5.80元

J63　民族器乐理论与方法

J632　中国民族器乐

二胡教程/丰芳编著.—西安：陕西人民教育出版社，1990.10.—213页；16开.—(青少年中国乐器学习丛书).—ISBN 7-5419-0912-2：6.20元

云南民族器乐荟萃/张兴荣主编；云南艺术学院编.—昆明：云南人民出版社，1990.2.—534页：彩照；16开.—ISBN 7-222-00574-9(精装)：26.80元

云南民族器乐荟萃/张兴荣主编；云南艺术学院编.—昆明：云南人民出版社，1990.2.—534页；16开.—ISBN 7-222-00573-0：25.00元

中国少数民族乐器大观/吴言韪，陈川编著.—成都：四川人民出版社，1990.7.—306页；32开.—ISBN 7-220-01108-3：4.85元

板胡演奏艺术/李恒著.—北京：人民音乐出版社，1990.3.—97页；16开.—ISBN 7-103-00568-0：3.00元

琴操：两种/吉联抗辑.—北京：人民音乐出版社，1990.8.—63页；大32开.—(中国古代音乐文献丛刊).—ISBN 7-103-00578-8：1.95元

爵士鼓演奏法/张荣弟编著.—北京：人民音乐出版社，1990.3.—133页；16开.—ISBN 7-103-00484-6：4.50元

J64　中国音乐作品

中国音乐年鉴：1990/中国艺术研究院音乐研究所，《中国音乐年鉴》编辑部编.—济南：山东教育出版社，1990.12.—737页：照片；大32开.—ISBN 7-5328-1021-6(精装)：11.20元

J641　音乐作品综合集

歌迷　(4).—上海：上海音乐出版社，1990.9.94页；32开.—ISBN 7-80553-273-7：1.20元

歌迷　NO.3：永远的朋友/上海音乐出版社编辑.上海：上海音乐出版社，1990.2.—96页；32开.—ISBN 7-80553-255-9：1.20元

歌迷天地：系列之一/陈川主编.—成都：四川人民出版社，1990.4.—80页；32开.—(音乐欣赏丛书).—ISBN 7-220-00961-5：1.00元

歌迷天地：系列之二/陈川主编.—成都：四川人民出版社，1990.7.—80页；32开.—(音乐欣赏丛书).—ISBN 7-220-01062-1：1.00元

J642　歌　曲

七十年优秀流行歌曲选：1919～1989/刘玉书编.—哈尔滨：黑龙江人民出版社，1990.4.—346页；32开.—ISBN 7-207-01413-9：4.00元

中国当代著名歌星大会唱：歌曲精选300首/刘洪，李晓虹编.—北京：北京出版社，1990.8.—367页；32开.—ISBN 7-200-00907-5：5.80元

中国优秀传统歌曲选/徐敏编.—西安：陕西人民出版社，1990.1.—90页；32开.—ISBN 7-224-01176-2：1.30元

卡拉OK金曲荟萃：镭射100首/骆水编.—北京：新华出版社，1990.10.—182页；32开.—ISBN 7-5011-0902-8：2.70元

永恒卡拉OK金曲大全：珍藏版NO.1/Richard.杜编.—深圳：海天出版社，1990.12.—275页；32开.ISBN 7-80542-297-4：4.80元

吉他弹唱流行歌曲精选/四川省通俗音乐学会编.成都：四川人民出版社，1990.10.—74页；16开.ISBN 7-220-01126-1：2.50元

吉林省校园歌曲集：小学部分/马文铎，张翼健主编.—长春：北方妇女儿童出版社，1990.10.—208页；32开.—ISBN 7-5385-0660-8：1.95元

吉林省校园歌曲集：中学部分/张冠军主编.—长春：北方妇女儿童出版社，1990.7.—293页；32开.ISBN 7-5385-0661-6：2.95元

共和国不会忘记：精选歌曲百首/刘荔，魏霞编.长春：吉林人民出版社，1990.2.—178页；32开.ISBN 7-206-00695-7：2.50元

当代青年喜爱的歌：1985～1989/共青团中央宣传部编.—北京：劳动人事出版社，1990.2.—282页；32开.—ISBN 7-5045-0499-8：3.50元

当代流行歌曲200首/李秋海，傅萍编.—北京：中国青年出版社，1990.2.—296页；32开.—ISBN 7-5006-0712-1：4.75元

优秀校园歌曲选/魏仕健作曲.—济南：济南出版社，1990.5.—131页；32开.—ISBN 7-80572-233-1：1.80元

好歌献给你/陈贵编.—南宁：广西民族出版社，1990.1.—110页；32开.—ISBN 7-5363-0715-2：1.20元

观众点播歌曲荟萃/李维义等编.—海口：南海出版公司，1990.3.—307页；32开.—ISBN 7-80570-171-7：4.00元

抒情歌曲：1990年　（5）/谢必忠主编.—成都：四川文艺出版社，1990.9.—88页；32开.—ISBN 7-5411-0677-1：1.20元

抒情歌曲选：丛书　第2辑/四川省群众艺术馆编.成都：四川人民出版社，1990.2.—30页；32开.ISBN 7-220-00930-5：1.00元

抒情歌曲选：丛书　第6辑/四川省群众艺术馆抒情歌曲编辑部编.—成都：四川人民出版社，1990.12.80页；32开.—ISBN 7-220-01179-2：1.00元

抒情歌曲精选大观　第9集/谢必忠，陈川主编；四川省通俗音乐学会编.—成都：四川人民出版社，1990.4.—90页；32开.—ISBN 7-220-00971-2：1.20元

抒情歌曲精选大观　第12集/四川省通俗音乐学会编.—成都：四川人民出版社，1990.11.—90页；32开.—ISBN 7-220-01133-4：1.20元

听众点播歌曲100首　第三辑/麦展穗编.—南宁：广西人民出版社，1990.1.—175页；32开.—ISBN 7-219-01407-4：2.25元

我的未来不是梦/杨爱伦编.—北京：解放军文艺出版社，1990.8.—32页；32开.—（歌迷之友丛书；8）.—ISBN 7-5033-0159-7：0.60元

我是风：90金曲/宋立中等选编.—太原：北岳文艺出版社，1990.5.—84页；32开.—ISBN 7-5378-0313-7：1.20元

我最爱唱的歌：磁带流行歌曲精选　（一）/云南人民出版社编.—昆明：云南人民出版社，1990.1.92页；32开.—ISBN 7-222-00544-7：1.35元

我最爱唱的歌：磁带流行歌曲精选　（三）/云南人民出版社编.—昆明：云南人民出版社，1990.3.91页；32开.—ISBN 7-222-00544-7：1.57元

这片热情的土地上/马东风主编.—北京：中国广播电视出版社，1990.12.—343页；32开.—（校歌、厂歌、新歌集粹；第一辑）.—ISBN 7-5043-0837-4：3.95元

这是我的校园曲：当代青少年之歌/海峡文艺出版社编.—福州：海峡文艺出版社，1990.4.—57页；32开.—ISBN 7-80534-241-5：0.85元

学生爱唱的歌/共青团广东省委学校部，广东省学生联合会编.—广州：中山大学出版社，1990.3.155页；32开.—（校园文化丛书）.—ISBN 7-306-00300-3：1.80元

春风·大海·热土：企业之歌精粹/房思钊等主编.—北京：中国广播电视出版社，1990.12.—182页；32开.—ISBN 7-5043-0846-3：3.50元

校园歌声/湖南省第四届学生音乐节办公室编.—长沙：湖南教育出版社，1990.5.—32页；32开.—ISBN 7-5355-1134-1：0.35元

逍遥游：最新流行歌曲精选/尹元君，王辉编.哈尔滨：北方文艺出版社，1990.3.—190页；32开.ISBN 7-5317-0335-1：2.30元

流行歌曲精萃　（2）/方旌编.—杭州：浙江大学出版社，1990.5.—123页；32开.—ISBN 7-308-00533-X：1.90元

通俗歌曲精选　第三集/晓帆编.—北京：中国广播电视出版社，1990.1.—158页；32开.—ISBN 7-5043-0247-3：2.50元

通俗歌曲精选　第四集/尧井编.—北京：中国广播电视出版社，1990.9.—153页；32开.—ISBN 7-5043-0450-6：2.30元

甜蜜的韵律：最新流行甜歌74首/郁明编.—广州：广东科技出版社，1990.4.—143页；32开.—ISBN 7-5359-0542-0：1.60元

雄歌劲曲100首/洪音编.—北京：中国文联出版公司，1990.7.—177页；32开.—ISBN 7-5059-1317-4：2.65元

最新流行盒带歌曲100首/丁干贞编选.—兰州：敦煌文艺出版社，1990.9.—123页；32开.—ISBN 7-80587-022-5：1.40元

跨入九十年代的流行歌曲/王志杰编.—长沙：湖南文艺出版社，1990.5.—98页；32开.—ISBN 7-5404-0537-6：1.25元

跨越彩虹：献给亚运会的歌/上海音乐出版社编辑.—上海：上海音乐出版社，1990.12.—64页；32开.（歌迷丛书；5）.—ISBN 7-80553-295-8：1.00元

歌迷点歌100首/湖南文艺出版社编.—长沙.湖南文艺出版社，1990.4.—178页；32开.—ISBN 7-5404-0529-5：2.10元

歌迷点歌100首　第二集/湖南文艺出版社编.—长沙：湖南文艺出版社，1990.12.—246页；32开.ISBN 7-5404-0618-6：2.60元

爆棚热门金曲选/雷维模，革霖编.—成都：四川人民出版社，1990.8.—126页；32开.—ISBN 7-220-01093-1：1.50元

爵士摇滚乐歌曲300首：精选本/郑向群编.—北

京：北京十月文艺出版社，1990.9.—400页；大32开.—ISBN 7-5302-0168-9：6.90元

89抒情歌曲精选/四川省群众艺术馆编.—成都：四川人民出版社，1990.1.—96页；32开.—ISBN 7-220-00887-2：1.20元

90跳动：最新流行歌曲精选/晓玉编.—北京：中国广播电视出版社，1990.9.—122页；32开.—ISBN 7-5043-0621-5：1.96元

J642.1　群众歌曲

中学校园革命歌曲20首/黄纳选编.—福州：福建少年儿童出版社，1990.6.—33页；32开.—(小火炬丛书).—ISBN 7-5395-0397-1：0.50元

圣火点燃的歌：《亚运之声》歌诗精选/第十一届亚运会《亚运之声》群众歌曲演唱大奖赛组织委员会编.—北京：中国经济出版社，1990.6.—133页；32开.—ISBN 7-5017-0864-9：1.80元

亚运之声：第十一届亚运会歌曲集.—北京：中国奥林匹克出版社，1990.3.—42页；32开.—ISBN 7-80067-039-2：0.65元

亚洲雄风：流行歌曲90首/赵随意选编.—太原：北岳文艺出版社，1990.6.—137页；32开.—ISBN 7-5378-0312-9：1.90元

企业恋歌/徐建成，陈川编.—成都：四川人民出版社，1990.4.—130页；32开.—ISBN 7-220-00951-8：2.20元

我爱祖国，我爱党：大家唱的歌曲：续集/人民音乐出版社编辑部编.—北京：人民音乐出版社，1990.5.—122页；32开.—ISBN 7-103-00574-5：1.80元

青春的赞歌：学习雷锋歌曲集/张兴水等编选.—石家庄：河北少年儿童出版社，1990.6.—83页；32开.ISBN 7-5376-0548-3：1.05元

学习雷锋好榜样：歌曲集/济南军区政治部文化部编.—济南：黄河出版社，1990.4.—64页；32开.ISBN 7-80558-117-7：0.60元

学习雷锋好榜样歌曲选/湖南文艺出版社编.—长沙：湖南文艺出版社，1990.2.—62页；32开.—ISBN 7-5404-0505-8：0.88元

学习雷锋歌曲集/河北省群众艺术馆编.—石家庄：花山文艺出版社，1990.3.—68页；32开.—ISBN 7-80505-261-1：0.90元

学习雷锋歌曲集/敦煌文艺出版社编.—兰州：敦煌文艺出版社，1990.4.—22页；32开.—ISBN 7-80587-009-8：0.34元

学雷锋学赖宁歌曲专辑/卞雾编.—杭州：浙江文艺出版社，1990.3.—14页；64开.—ISBN 7-5339-0250-5：0.20元

学雷锋歌曲选/沈阳军区政治部组织部编.—沈阳白山出版社，1990.5.—234页；32开.—ISBN 7-80566-117-0：3.00元

学雷锋歌曲选/常葆恕，王朝君编.—沈阳：春风文艺出版社，1990.3.—43页；32开.—ISBN 7-5313-0359-0：0.70元

学雷锋歌曲集/中山大学出版社编.—广州：中山大学出版社，1990.3.—30页；32开.—ISBN 7-306-00299-6：0.45元

亲心唤我心：献给第十一届亚运会的歌/节仪，影斋编.—武汉：武汉出版社，1990.9.—60页；32开.ISBN 7-5430-0387-2：0.95元

党祖国军队英雄颂歌：优秀歌曲精萃/盛凤麟编.南昌：百花洲文艺出版社，1990.6.—292页；32开.ISBN 7-80579-020-5：3.90元

雷锋之歌：学习雷锋好榜样/山东文艺出版社编.济南：山东文艺出版社，1990.3.—14页；48开.ISBN 7-5329-0392-3：0.28元

雷锋之歌100首/张季良，杨美丽编.—海口：三环出版社，1990.4.—183页；32开.—ISBN 7-80564-108-0：2.25元

雷锋歌曲新选/共青团上海市委宣传部编.—上海：上海交通大学出版社，1990.1.—28页；32开.—ISBN 7-313-00658-6：0.50元

J642.2　各民族歌曲、各地方歌曲

乡音：景颇歌曲选：景、汉文对照/赵恕心，尚德强作曲.—昆明：云南民族出版社，1990.9.—167页；32开.—ISBN 7-5367-0257-4：2.00元

中国民间歌曲集成：山西卷/《中国民间歌曲集成》全国编辑委员会编.—北京：人民音乐出版社，1990.6.—942页：彩照及地图；16开.—ISBN 7-103-00639-3(精装)：68.00元

中国优秀民歌选/陈华卓等编.—广州：中山大学出版社，1990.6.—113页；32开.—(校园文化丛书).ISBN 7-306-00310-0：1.90元

中国音乐会民歌独唱曲精选　(1)：汉英对照/上海音乐出版社编；张永谟译.—上海：上海音乐出版社，1990.6.—72页；8开.—ISBN 7-80553-239-7：5.50元

民族声乐独唱歌曲选/上海音乐学院声乐系编.—上海：上海音乐出版社，1990.6.—120页；16开.ISBN 7-80553-172-2：4.45元

花老虎民族艺术新歌集：苗、土家、汉、蒙、白、藏、哈萨克族歌曲31首：五线谱钢琴伴奏/花老虎作.贵阳：贵州民族出版社，1990.7.—136页；16开.ISBN 7-5412-0109-X：5.00元

花老虎民族艺术新歌集：苗、土家、汉、蒙、白、

藏、哈萨克族歌曲三十五首：简谱本/花老虎作.一贵阳：贵州民族出版社，1990.7.—74页；16开.—ISBN 7-5412-0108-1：4.00元

岫岩满族民间歌曲选/辽宁省民族古籍整理办公室主编；岫岩满族自治县民族事务委员会，岫岩满族自治县文化馆整理.一沈阳：辽宁民族出版社，1990.5.145页；大32开.—（辽宁民族古籍·艺术类；1）.ISBN 7-80527-176-3：4.80元

彝族民间歌曲选　（二）/野震·格波·果各编.成都：四川民族出版社，1990.9.—115页；32开.ISBN 7-5409-0433-X：1.62元

八闽新曲选：1989/孔庆晋编.一福州：海峡文艺出版社，1990.7.—195页；大32开.—ISBN 7-80534-254-7：3.25元

山水情：桂林风光歌曲选/曾宪瑞词.一南宁：广西人民出版社，1990.1.—151页；32开.—ISBN 7-219-01445-7：2.40元

台港1990～1991年排行榜金曲　（上）/《排行榜金曲》编选组编.一呼和浩特：内蒙古人民出版社，1990.12.—156页；32开.—ISBN 7-204-01217-8：2.55元

书脊题名为：排行榜金曲

台港1990～1991年排行榜金曲　（中）/《排行榜金曲》编选组编.一呼和浩特：内蒙古人民出版社，1990.12.—144页；32开.—ISBN 7-204-01216-X：2.40元

书脊题名：排行榜金曲

台港1990～1991年排行榜金曲　（下）/《排行榜金曲》编选组编.一呼和浩特：内蒙古人民出版社，1990.12.—156页；32开.—ISBN 7-204-01217-8：2 55元

台湾歌星金曲/林蔡冰编.一合肥：安徽文艺出版社，1990.8.—151页；32开.—ISBN 7-5396-0250-3：1.80元

百灵鸟飞来了：广州市流行艺术歌曲选/广州市文艺创作研究所音乐创作研究室编.一广州：花城出版社，1990.12.—159页；32开.—ISBN 7-5360-0751-5：2.15元

来自台湾的歌/李苍松编配.一长春：吉林人民出版社，1990.4.—120页；32开.—ISBN 7-206-00710-4：1.98元

我爱吉林歌曲集/韩巍编.一长春：长春出版社，1990.7.—90页；32开.—ISBN 7-80573-092-X：1.90元

劲歌金曲：香港十大劲歌/南咏选编.一广州：花城出版社，1990.3.—175页；32开.—ISBN 7-5360-0650-0：3.30元

春光曲：淄博市文明村（乡　镇）村歌选/刘新德等主编；淄博市精神文明建设委员会办公室，淄博市群众艺术馆编.一青岛：青岛出版社，1990.6.—155页；32开.—ISBN 7-5436-0513-9：2.25元

香港十大中文（85～89年）获奖金曲珍藏本/红影选编.一南宁：广西人民出版社，1990.12.—121页：照片；32开.—ISBN 7-219-01718-9：3.80元

逍遥游：港台流行歌曲选/宋立中编.一太原：北岳文艺出版社，1990.5.—106页；32开.—ISBN 7-5378-0314-5：1.40元

港台金曲100首/汪玲等选编.一合肥：安徽文艺出版社，1990.2.—231页；32开.—（现代生活百题丛书）.—ISBN 7-5396-0237-6：2.60元

港台原版磁带金曲精选/亚子，晓匀编.一北京：中国广播电视出版社，1990.6.—112页；32开.—ISBN 7-5043-0478-6：1.80元

港台最新流行歌曲精萃：吉他弹唱/邹宏权编.一哈尔滨：哈尔滨出版社，1990.6.—162页；32开.—ISBN 7-80557-273-9：2.30元

J642.4　戏剧、电影选曲

中国流行影、视歌曲精华/张前，肖岚编.一石家庄：花山文艺出版社，1990.4.—184页；32开.—ISBN 7-80505-289-1：2.30元

电影歌曲选.一北京：中国电影出版社，1990.3.108页：照片；32开.—43、44期合刊.—ISBN 7-106-00317-4：1.50元

本书收集了中外电影歌曲、电视歌曲、盒式磁带歌曲共70首。

周璇歌曲100首/周伟整理编选.一太原：山西教育出版社，1990.12.—248页；32开.—ISBN 7-80578-215-6：2.80元

琼瑶的歌：琼瑶作品影视插曲/琼瑶著；陈玉立等曲.一北京：作家出版社，1990.4.—136页；16开.ISBN 7-5063-0360-4：3.60元

琼瑶影视金曲集/中国广播电视出版社编.一北京：中国广播电视出版社，1990.4.—46页；32开.—ISBN 7-5043-0357-7：1.50元

琼瑶影视歌曲总集/索力编.一长沙：湖南文艺出版社，1990.4.—99页；32开.—ISBN 7-3404-0523-6：1.35元

影视新歌142首/上海音乐出版社编.一上海：上海音乐出版社，1990.6.—282页；32开.—ISBN 7-80553-228-1：3.75元

影视歌曲　（七）/人民音乐出版社编辑部编.一北京：人民音乐出版社，1990.5.—60页；32开.—ISBN 7-103-00535-4：1.05元

J642.5　创作歌曲

王玉西歌曲选/王玉西曲.—石家庄：花山文艺出版社，1990.6.—273页；大32开.—ISBN 7-80505-306-5：4.00元

王杰张雨生演唱歌曲/四川省群众艺术馆编.—成都：四川人民出版社，1990.1.—89页；32开.—ISBN 7-220-00897-X：1.30元

毛泽东诗词歌曲选/山峰编.—成都：四川人民出版社，1990.6.—38页；32开.—ISBN 7-220-00936-4：0.85元

邓超荣歌曲选/邓超荣曲.—广州：花城出版社，1990.1.—166页：照片；32开.—ISBN 7-5360-0578-4：2.90元

以诚相待：赵志杰作词歌曲集/赵志杰词.—济南：山东文艺出版社，1990.10.—149页；32开.—ISBN 7-5329-0399-0：2.15元

生活多甜蜜歌曲集/王中国作.—长春：时代文艺出版社，1990.1.—123页；32开.—ISBN 7-5387-0218-0：1.70元

刘正亮获奖歌曲集/刘正亮曲；广州军区后勤部政治部，广西军区政治部编.—南宁：广西民族出版社，1990.12.—145页；32开.—ISBN 7-5363-1059-5：2.50元

李叔同——弘一法师歌曲全集/企释，培安编.—上海：上海音乐出版社，1990.9.—90页；8开.—ISBN 7-80553-292-3：11.50元

李学伦歌曲选集/李学伦曲.—南宁：广西民族出版社，1990.3.—114页；32开.—ISBN 7-5363-0314-9：1.50元

李德熙歌曲选/李德熙曲.—昆明：云南民族出版社，1990.11.—199页；32开.—ISBN 7-5367-0342-2：3.50元

时代的旋律：徐恒俊歌曲集/徐恒俊著.—济南：山东文艺出版社，1990.8.—180页；32开.—ISBN 7-5329-0466-0：2.55元

沈传薪歌曲选/上海音乐出版社编.—上海：上海音乐出版社，1990.6.—286页；大32开.—ISBN 7-80553-235-4：4.80元

青春圆舞曲：党永庵作词歌曲选/党永庵词.—西安：陕西人民出版社，1990.4.—86页；32开.—ISBN 7-224-01167-3：0.95元

金曲世界/阿舟，橙子编稿.—杭州：浙江文艺出版社，1990.8.—91页：彩照；32开.—ISBN 7-5339-0302-1：2.00元

金曲精选　（上）/戈文编.—太原：北岳文艺出版社，1990.6.—189页；32开.—ISBN 7-5378-0364-1：3.40元

金曲精选　（下）/戈文编.—太原：北岳文艺出版社，1990.7.—173页；32开.—ISBN 7-5378-0364-1：3.35元

金唱片奖歌曲选：1949～1989/何群茂，顾培幼选编.—福州：海峡文艺出版社，1990.1.—78页；32开.—ISBN 7-80534-221-0：1.00元

诗词歌曲集/田雪夫词；刘玉书曲.—哈尔滨：哈尔滨出版社，1990.7.—120页；32开.—ISBN 7-80557-288-7：1.90元

春歌恋曲醉神州：一组刚出台的最新流行歌曲：90年全国青年歌手电视大奖赛歌曲精萃/中国广播电视出版社编辑.—北京：中国广播电视出版社，1990.6.—120页；32开.—ISBN 7-5043-0507-3：1.95元

指挥家作曲家陈良作品选/陈良著.—南宁：广西人民出版社，1990.12.—132页；32开.—ISBN 7-219-01738-3：2.30元

咱们工人有力量：石油工人喜欢的歌/孟辉主编.济南：山东文艺出版社，1990.10.—332页；32开.ISBN 7-5329-0508-X：4.05元

爱在心窝里：何群茂歌曲选/何群茂曲；河彬编.福州：海峡文艺出版社，1990.1.—120页；32开.ISBN 7-80534-219-9：1.50元

通信兵歌曲集/总参通信部编.—北京：解放军文艺出版社，1990.12.—151页；32开.—ISBN 7-5033-0216-X

悠悠故乡情：周胜利创作歌曲集/周胜利作曲.—武汉：长江文艺出版社，1990.5.—167页；大32开.—ISBN 7-5354-0324-7：2.55元

最新港台大陆金曲精萃/汪里选编.—南京：江苏人民出版社，1990.11.—432页；32开.—ISBN 7-214-00547-6：6.30元

童安格歌曲集：创造九〇流行歌曲奇迹的人/林蔡冰，舍予选编.—北京：旅游教育出版社，1990.7.117页；32开.—ISBN 7-5637-0198-2：2.00元

J642.51　独唱曲

中国歌星歌曲录　（上）/杨文勇主编.—北京：东方出版社，1990.5.—260页；大32开.—ISBN 7-5060-0106-3：4.00元

中国歌星歌曲录　（下）/杨文勇主编.—北京：东方出版社，1990.5.—255页；大32开.—ISBN 7-5060-0106-3：4.00元

再回首：姜育恒演唱专辑.—北京：中国广播电视出版社，1990.10.—38页；32开.—（盒带歌曲系列）.—ISBN 7-5043-0631-2：0.65元

苏芮演唱金曲/谢必忠编.—成都：四川人民出版社，1990.6.—93页；32开.—ISBN 7-220-00984-1：1.30元

排行榜金曲一百首/欧阳诚等选编.—上海：学林出版社，1990.7.—210页；32开.—ISBN 7-80510-573-1：2.60元

歌星成名曲选萃/福生编.—北京：中国广播电视出版社，1990.11.—154页；32开.—内附吉它·电子琴和弦伴奏.—ISBN 7-5043-0725-7：2.45元

歌星的歌：1989年流行歌曲选.—杭州：浙江人民出版社，1990.3.—128页；32开.—ISBN 7-213-00473-5：1.80元

歌星的歌：1990年流行歌曲选/浙江人民出版社编.—杭州：浙江人民出版社，1990.11.—169页；32开.—ISBN 7-213-00582-0：2.00元

J642.53　合唱曲

大学生合唱歌曲选　第一集/清华大学音乐室编.北京：人民音乐出版社，1990.9—229页；16开.—ISBN 7-103-00576-1：6.35元

小虎队/耕耘记谱整理.—北京：中国广播电视出版社，1990.8.—30页；32开.—（盒带歌曲系列）.ISBN 7-5043-0462-X：0.65元

小虎队歌曲/湖南文艺出版社编.—长沙：湖南文艺出版社，1990.5.—1册；48开.—（折叠）：0.80元

小虎队精曲　（1）/江帆记谱、选编.—杭州：浙江文艺出版社，1990.4.—14页；48开.—ISBN 7-5339-0251-3：0.50元

中小学生合唱曲集/北京市教育局编.—北京：人民音乐出版社，1990.9.—94页；16开.—ISBN 7-103-00696-2：3.10元

优秀合唱歌曲精选50首/高伟，邓九明主编.—海口：南海出版公司，1990.8.—244页；32开.—ISBN 7-80570-207-1：3.80元

J642.6　儿童歌曲

1949～1989全国获奖少年儿童歌曲选/郭文林编.长沙：湖南教育出版社，1990.8.—232页；大32开.ISBN 7-5355-1160-0(精装)：4.90元；(平装)：3.00元

七彩的歌：少年儿童新歌之花专辑/广西儿童音乐学会编.—南宁：广西人民出版社，1990.12.—60页；32开.—ISBN 7-219-01748-0：1.00元

七彩的歌：中国少年儿童歌舞会演获奖歌曲选/中国少年儿童歌舞会演办公室编.—北京：人民音乐出版社，1990.6.—71页；32开.—ISBN 7-103-00554-0：1.25元

儿童谜语歌曲/秦克新编.—济南：山东文艺出版社，1990.3.—84页；32开.—ISBN 7-5329-0372-9：1.20元

“小百灵”幼儿歌曲选/吴彦琳编选.—合肥：安徽少年儿童出版社，1990.3.—183页；32开.—ISBN 7-5397-0296-6：2.00元

小学生的歌/广东省教育厅教材编审室编.—广州：广东教育出版社，1990.12.—184页；32开.—ISBN 7-5406-1244-4：1.70元

小学生歌曲精选/维克主编.—北京：中国卓越出版公司，1990.11.—190页；32开.—ISBN 7-80071-110-2：2.60元

小学校园革命歌曲20首/杨华选编.—福州：福建少年儿童出版社，1990.6.—31页；32开.—（小火炬丛书）.—ISBN 7-5395-0389-2：0.48元

少儿金曲100首/黄建军编.—海口：南海出版公司，1990.7.—206页；32开.—ISBN 7-80570-082-6：3.10元

中国儿童民歌选集/何振京编.—上海：上海音乐出版社，1990.8.—107页：插图；18开.—ISBN 7-80553-186-2：4.35元

中国少儿民歌200首/吴岫明选编.—南京：江苏教育出版社，1990.9.—157页；32开.—ISBN 7-5343-1154-3：1.50元

中学语文新编配曲古诗词：初中一年级/李景忠，徐景文编著.—哈尔滨：黑龙江教育出版社，1990.10.—72页；32开.—ISBN 7-5316-1224-0：0.95元

中学语文新编配曲古诗词：初中二年级/李景忠，徐景文编著.—哈尔滨：黑龙江教育出版社，1990.10.—77页；32开.—ISBN 7-5316-1225-9：1.05元

中学语文新编配曲古诗词：初中三年级/李景忠，徐景文编著.—哈尔滨：黑龙江教育出版社，1990.9.—48页；32开.—ISBN 7-5316-1226-7：0.75元

为你喝彩：歌曲集/开宇，冬雨编.—北京：中国少年儿童出版社，1990.9.—57页；32开.—ISBN 7-5007-1192-1：0.70元

幼儿歌曲/马成选编.—合肥：安徽少年儿童出版社，1990.10.—153页；64开.—（幼儿益智小丛书/金波主编）.—ISBN 7-5397-0525-6. 1.00元

优秀少儿队列歌选：’90上海少年儿童队列歌曲演唱活动资料专辑/上海文化发展基金会编.—上海：百家出版社，1990.2.—57页；32开.—ISBN 7-80576-120-5：0.65元

优秀少儿歌曲　第三辑/芮文元，杨瑞庆编选.—南京：江苏教育出版社，1990.6.—187页；32开.—ISBN 7-5343-1081-4：1.80元

我给党来唱支歌：少年儿童歌咏活动推荐歌曲/国家教委基础教育司编.—南宁：接力出版社，1990.12.—77页；16开.—ISBN 7-80581-176-8：1.75元

金色的童年：少儿歌曲100首/华夏文编.—北京：新华出版社，1990.12.—149页；32开.—ISBN 7-5011-1045-X：2.40元

学习赖宁歌曲集/王小民编.—石家庄：花山文艺出版社，1990.3.—72页；32开.—ISBN 7-80505-262

-X：1.00元

祖国在我心中："三热爱"推荐歌曲　（1）/共青团中央宣传部，《多来咪》编辑部编.—上海：上海音乐出版社，1990.1—26页；32开.—ISBN 7-80553-232-X：0.50元

祖国在我心中："三热爱"推荐歌曲　（2）/共青团中央宣传部，《多来咪》编辑部编.—上海：上海音乐出版社，1990.1.—56页；32开.—ISBN 7-80553-233-8：0.85元

祖国在我心中："三热爱"推荐歌曲　（3）/共青团中央宣传部，"多来咪"编辑部编.—上海：上海音乐出版社，1990.1.—74页；32开.—ISBN 7-80553-234-6：1.00元

祖国的春天：寄明少儿歌曲选：钢琴伴奏谱/寄明曲.—北京：人民音乐出版社，1990.1.—26页；16开.—ISBN 7-103-471-4：1.50元

孩子们爱唱的歌/肖岳云，杭威编.—长沙：湖南文艺出版社，1990.4.—32页；32开.—ISBN 7-5404-0520-1：0.50元

唱唱画画/朱康勤，杨东鸣词曲；杨柏玉绘画.—福州：福建美术出版社，1990.9.—24页；24开.—ISBN 7-5393-0120-1：0.80元

彩色的小雨：陈文馥少儿歌曲选/陈文馥作曲.—昆明：云南少年儿童出版社，1990.5.—74页；32开.ISBN 7-5414-0499-3：1.30元

赖宁之歌：文艺宣传资料特辑/全国少工委办公室宣教处，《多来咪》编辑部编.—上海：上海音乐出版社，1990.1.—56页；32开.—ISBN 7-80553-243-5：0.75元

嫩绿的蓓蕾：中学生获奖词曲集/共青团北京市委中学部编.—北京：中国少年儿童出版社，1990.4.280页：图；32开.—ISBN 7-5007-1134-4：2.90元

J642.7　古代歌曲

大理洞经古乐/大理市下关文化馆编.—昆明：云南人民出版社，1990.12.—616页：彩照；大32开.—ISBN 7-222-00730-X(精装)：11.80元；(平装)：9.95元

中国古代歌曲/孙玄龄，刘东升编.—北京：人民音乐出版社，1990.3.—171页；16开.—ISBN 7-103-00488-9：8.40元

中国古典名曲/王朝相，余启新编选评介.—郑州：中州古籍出版社，1990.6.—210页；32开.—ISBN 7-5348-0240-7：3.00元

J643　戏剧音乐

中国歌剧选曲集/中国人民解放军总政治部歌剧团选编.—北京：华艺出版社，1990.9.—534页：剧照；16开.—ISBN 7-80039-358-5：23.00元

本书是我国一部比较齐全的大型歌剧选曲集。收入我国自1920年到1989年不同时期，不同地区具有代表性的139部歌剧中的374首唱段。

叶盛兰叶少兰父子唱腔选/万如泉，万凤姝选编.北京：中国戏剧出版社，1990.8.—231页：照片；大32开.—（戏曲名家唱腔丛书）.—ISBN 7-104-00041-0：3.20元

严凤英唱腔选：黄梅戏/王小亚编著.—上海：上海音乐出版社，1990.5.—171页；32开.—电视连续剧《严凤英》插曲.—ISBN 7-80553-166-8：3.55元

尚小云唱腔选集/尚小云艺术编辑整理委员会主编；许俊德记谱；安志强撰文.—北京：中国戏剧出版社，1990.11.—183页；大32开.—（戏曲名家唱腔丛书）.—ISBN 7-104-00231-6：3.55元

京剧失传剧目唱腔选集/李庆森主编.—北京：中国戏剧出版社，1990.3.—209页；大32开.—（中国戏曲音乐集成：北京卷）.—ISBN 7-104-00170-0：3.80元

歌剧选曲：花腔女高音/中央音乐学院歌剧系编；蒋英等编选译配.—北京：人民音乐出版社，1990.3.—160页；16开.—ISBN 7-103-00493-5：8.90元

J643.5　地方剧音乐

昆明曲剧音乐/栗臻主编.—北京：文化艺术出版社，1990.3.—346页；大32开.—（中国戏曲音乐集成：云南卷）.—ISBN 7-5039-0690-1：5.50元

秦腔著名演员唱腔精选/李田绿编.—西安：陕西人民出版社，1990.7.—265页；大32开.—ISBN 7-224-00184-8：3.85元

粤曲精选　（一）/陈仲琰编.—广州：广东高等教育出版社，1990.12.—100页：剧照；32开.—ISBN 7-5361-0567-3：2.30元

J647　器乐曲

十面埋伏：交响叙事曲：管弦乐总谱/王树曲.—北京：人民音乐出版社，1990.3.—135页；大32开.ISBN 7-103-00483-8：2.20元

成吉思汗陵祭随想曲：民族音诗：总谱、作品(2)/赵星曲.—北京：民族出版社，1990.12.—76页：肖像；16开.—ISBN 7-105-01190-4：8.00元

纳西一奇：音诗总谱/朱践耳作.—北京：人民音乐出版社，1990.3.—62页；大32开.—ISBN 7-103-00489-7：1.60元

谭小麟室内乐作品选/谭小麟作.—北京：人民音乐出版社，1990.11.—37页；大32开.—ISBN 7-103-00598-8：1.05元

J647.2　弓弦乐曲

小提琴入门练习曲/刘连生编著.—长春：北方妇女儿童出版社，1990.11.—128页；16开.—ISBN 7-5385-0655-1：3.10元

J647.3　弹拨乐曲

民谣吉他弹唱曲集/谭晓鹂编著.—南宁：广西民族出版社，1990.8.—119页；16开.—ISBN 7-5363-0774-8：4.65元

吉他演奏歌谱/伍新编.—广州：广东高等教育出版社，1990.9.—76页；16开.—ISBN 7-5361-0535-5：3.50元

来自台湾的歌：吉他弹唱配和弦/李苍松编配.—长春：吉林人民出版社，1990.4.—120页；32开.—ISBN 7-206-00710-4：1.98元

本书所选的是当代台湾著名歌星的成名曲、代表作及最新金曲，所选曲目均配置了和弦和节奏型。

现代民谣吉他弹唱入门/周小虎等编.—北京：中国卓越出版公司，1990.2.—2册（148页）；16开.—ISBN 7-80071-184-6：5.90元

J647.4　键盘、簧乐曲

儿童趣味钢琴曲40首/费承铿编曲.—北京：人民教育出版社，1990.9.—74页；16开.—ISBN 7-107-10626-0：2.60元

口琴重奏合奏曲集/陈剑晨编.—合肥：安徽文艺出版社，1990.3.—80页；32开.—ISBN 7-5396-0238-4：1.50元

少年儿童钢琴曲选　第三集/人民音乐出版社编辑部编.—北京：人民音乐出版社，1990.11.—35页；8开.—ISBN 7-103-00597-4：2.40元

寻找回来的世界：张丕基歌曲选：钢琴伴奏谱/张丕基曲.—北京：人民音乐出版社，1990.9.—28页；16开.—ISBN 7-103-00590-7：1.55元

李遇秋手风琴曲集/李遇秋编.—北京：人民音乐出版社，1990.8.—80页，16开.—ISBN 7-103-00573-7：2.55元

钢琴协奏曲：献给青少年：总谱/饶余燕曲.—北京：人民音乐出版社，1990.2.—104页；8开.—ISBN 7-103-00480-3：7.90元

郭任远声乐钢琴作品选/郭任远作.—沈阳：辽宁教育出版社，1990.1.—175页；10开.—ISBN 7-5382-1077-6：7.00元

梅和樱：肖民歌曲选：钢琴伴奏谱/肖民词曲.—北京：人民音乐出版社，1990.3.—26页；16开.—ISBN 7-103-00495-1：1.50元

J647.6　器乐合奏曲

弦乐五重奏叙事曲/邹辉明曲.—北京：人民音乐出版社，1990.11.—9页；大32开.—ISBN 7-103-00577-X：0.50元

管弦乐总谱小乐队合奏曲选　（三）/人民音乐出版社编辑部编.—北京：人民音乐出版社，1990.4.71页；32开.—ISBN 7-103-00494-3：1.05元

J647.7　电子乐曲

电子琴名曲精选/吴嘉平，吴春楚编著.—杭州：浙江文艺出版社，1990.3.—70页；16开.—ISBN 7-5339-0192-4：2.70元

电子琴伴奏民歌风抒情歌曲选/麦丁编著.—北京：中国广播电视出版社，1990.6.—136页；16开.—ISBN 7-5043-0228-7：3.65元

电子琴练习曲　（1）/王汝源编.—上海：上海音乐出版社，1990.5.—65页；8开.—ISBN 7-80553-190-0：5.00元

美丽的小筒裙：少儿电子琴独奏重奏曲选/何薇曲.—北京：人民音乐出版社，1990.5.—43页；8开.ISBN 7-103-00537-0：3.45元

J648　民族器乐曲

中国少数民族传统乐器独奏曲选　（上）/刘桂英编著.—北京：人民音乐出版社，1990.3.—283页；16开.—ISBN 7-103-00562-1：14.60元

J648.1　吹奏乐曲

笛子曲集　第四集/上海音乐出版社编.—上海：上海音乐出版社，1990.2.—93页；16开.—ISBN 7-80553-174-9：2.20元

笛子曲集　第六集/人民音乐出版社编辑部编.—北京：人民音乐出版社，1990.7.—60页；16开.—ISBN 7-103-00582-6：1.95元

笛子高级练习曲选/曲祥等编著.—北京：人民音乐出版社，1990.11.—150页；16开.—ISBN 7-103-00652-0：4.35元

J648.2　弓弦乐曲

二胡曲集　（五）/人民音乐出版社编辑部编.—北京：人民音乐出版社，1990.3.—105页；16开.—ISBN 7-103-00501-X：2.40元

二胡曲集　第九集/上海音乐出版社编.—上海：上海音乐出版社，1990.3.—104；16开.—ISBN 7-80553-213-3：2.35元

二胡演奏抒情歌曲100首/赵寒阳选编.—北京：人民音乐出版社，1990.7.—70页；16开.—ISBN 7-103-00602-4：2.30元

少年儿童二胡教程/刘逸安，赵寒阳编著.—上海：上海音乐出版社，1990.5.—246页；16开.—ISBN 7-80553-143-9：6.50元

板胡曲集　（一）/人民音乐出版社编辑部编.—北京：人民音乐出版社，1990.8.—70页；16开.—ISBN 7-103-00599-0：2.35元

J648.3　弹拨乐曲

三弦传统乐曲集：周润明演奏谱/白凤岩等传谱；周润明整理.—北京：人民音乐出版社，1990.3.—52页；16开.—ISBN 7-103-00479-X：2.65元

平湖派琵琶曲十三首/朱荇菁，杨少彝传谱；任鸿翔整理.—北京：人民音乐出版社，1990.7.—142页；16开.—ISBN 7-103-00567-2：4.25元

平湖遗韵/杨毓荪编著.—北京：中国文联出版公司，1990.1.—302页；16开.—ISBN 7-5059-1339-5：15.10元

本书是一本平湖派琵琶曲谱集。

琵琶练习曲/李月华编著.—北京：团结出版社，1990.5.—91页；16开.—ISBN 7-80061-095-0：5.40元

J648.5　打击乐曲

扬琴独奏曲选/屈连江编著.—北京：文津出版社，1990.2.—62页；16开.—ISBN 7-80554-039-X：2.45元

J648.7　地方性器乐曲

吕文成广东音乐曲选/吕文成曲；广东省民间音乐研究室编.—北京：人民音乐出版社，1990.12.91页；16开.—ISBN 7-103-00668-7：3.00元

J65　各国音乐作品

中外幼儿歌舞集锦/《幼儿教育》编辑部编.—杭州：浙江少年儿童出版社，1990.8.—64页；16开.ISBN 7-5342-0699-5：2.40元

实用舞厅名曲选/郑德仁编.—上海：上海音乐出版社，1990.7.—132页；16开.—ISBN 7-80553-215-X：3.20元

J652　歌　曲

大学校园歌曲/高惠君，李云柱编.—沈阳：春风文艺出版社，1990.2.—234页；32开.—ISBN 7-5313-0289-9：2.50元

万马奔腾新歌100首/云君，李静编.—沈阳：春风文艺出版社，1990.5.—224页；32开.—ISBN 7-5313-0363-9：2.65元

历史歌曲抒情歌曲影视歌曲外国歌曲精选500首/北京军区政治部文化部编.—沈阳：辽宁人民出版社，1990.6.—764页；32开.—ISBN 7-205-01323-2：10.00元

太阳与月亮的对话/大桩编.—北京：文化艺术出版社，1990.9.—32页；32开.—（中外当代名歌丛书）.—ISBN 7-5039-0698-7：0.60元

中外名歌666首/山立编.—北京：北京十月文艺出版社，1990.10.—2册（1150页）；32开.—ISBN 7-5302-0156-6：16.45元

中外歌曲选/达琴，汪波编.—太原：希望出版社，1990.1.—436页；32开.—ISBN 7-5379-0485-5：4.00元

中学生歌曲选/钟立民，温弘之编.—北京：北京教育出版社，1990.4.—209页；32开.—ISBN 7-5303-0076-8：3.15元

世界流行情歌/杨树亮记谱；陆明译配.—长沙：湖南文艺出版社，1990.3.—79页；32开.—ISBN 7-5404-0514-7：1.35元

世界属于你/大桩编.—北京：文化艺术出版社，1990.9.—32页；32开.—（中外当代名歌丛书）.ISBN 7-5039-0700-2：0.60元

甲壳虫乐队演唱歌曲选：英汉对照：吉他伴奏/黄知真译.—上海：上海音乐出版社，1990.10.—227页；32开.—ISBN 7-80553-248-6：4.50元

吉他伴奏中外通俗歌曲300首：续编/上海音乐出版社编；林宜弩配伴奏.—上海：上海音乐出版社，1990.3.—781页；32开.—ISBN 7-80553-162-5：9.55元

吉他伴奏通俗唱法歌曲集/庄少陵编著.—北京：北京出版社，1990.8.—260页；16开.—ISBN 7-200-01027-8：7.90元

亚洲雄风亚洲歌声/刘玉书编.—哈尔滨：黑龙江人民出版社，1990.7.—177页；32开.—ISBN 7-207-01555-0：2.85元

当代中外流行歌曲大观/马丁等编.—北京：中国国际广播出版社，1990.10.—1426页；32开.—ISBN 7-80035-552-7（精装）：35.90元

当代抒情歌曲：续集/人民音乐出版社编辑部编.北京：人民音乐出版社，1990.6.—398页；32开.ISBN 7-103-534-6：5.60元

当代劲歌：恋曲/蓝天编.—北京：华夏出版社，1990.5.—122页；32开.—ISBN 7-80053-792-7：

2.00元

当代流行歌曲精选　（四）/施樱编.—南昌：江西人民出版社，1990.4.—234页；32开.—ISBN 7-210-00825-X：2.50元

苏联流行歌曲选/江通，骆松漱译配.—上海：上海音乐出版社，1990.7.—150页；32开.—ISBN 7-80553-211-7：1.75元

还我一个幻想/杨爱伦编.—北京：解放军文艺出版社，1990.8.—32页；32开.—（歌迷之友丛书；9）.ISBN 7-5033-0160-0：0.60元

抒情金曲100首/洪音编.—北京：中国文联出版公司，1990.7.—187页；32开.—ISBN 7-5059-1328-X：2.75元

我心中最美的歌：中外优秀歌曲200首/共青团中央宣传部编.—北京：中国青年出版社，1990.5.—343页；32开.—ISBN 7-5006-0717-2：4.90元

我很丑，可是我很温柔/杨爱伦编.—北京：解放军文艺出版社，1990.8.—32页；32开.—（歌迷之友丛书；10）.—ISBN 7-5033-0161-9：0.60元

环球银幕歌声　（4）：日本影视流行歌曲/中国电影出版社编辑.—北京：中国电影出版社，1990.1.74页：照片；32开.—ISBN 7-106-00177-5：1.40元

青苹果的乐园/舒涛编.—北京：文化艺术出版社，1990.9.—32页；32开.—（中外当代名歌丛书）.ISBN 7-5030-0695-2：0.60元

英汉对照甲壳虫乐队演唱歌曲选：吉他伴奏/黄知真译配.—上海：上海音乐出版社，1990.10.—227页；32开.—ISBN 7-80553-248-6：4.50元

畅销盒带歌曲精选/丁干贞，许楚才编.—武汉：武汉出版社，1990.6.—122页；32开.—ISBN 7-5430-0313-9：1.85元

学生爱唱的歌/共青团广东省委学校部，广东省学生联合会编.—广州：中山大学出版社，1990.3.155页；32开.—（校园文化丛书）.—ISBN 7-306-00300-3：1.80元

战士喜爱的歌　第三集/蔡朝东主编.—昆明：云南人民出版社，1990.11.—311页；32开.—ISBN 7-222-00650-8：3.70元

本歌辑包括：传统歌曲、优秀群众歌曲、部队歌曲、外国歌曲等。

战士喜爱的歌　第四集/蔡朝东主编.—昆明：云南人民出版社，1990.11.—312页；32开.—ISBN 7-222-00695-8：3.70元

莫斯科郊外的晚上：俄罗斯·苏联歌曲100首/何天明编.—南昌：百花洲文艺出版社，1990.6.—203页；32开.—ISBN 7-80579-036-1：2.50元

爱的风：最新流行歌曲100首/洪音编.—北京：中国文联出版公司，1990.2.—168页；32开.—ISBN 7-5059-1258-5：2.65元

爱神之箭：中外流行情歌100首/沉舟等编.—哈尔滨：北方文艺出版社，1990.12.—178页；32开.—ISBN 7-5317-0485-4：2.80元

烛光里的妈妈/大桩编.—北京：文化艺术出版社，1990.9.—32页；32开.—（中外当代名歌丛书）.ISBN 7-5039-0699-5：0.60元

最后一朵红玫瑰/杨爱伦编.—北京：解放军文艺出版社，1990.8.—32页；32开.—（歌迷之友丛书；11）.—ISBN 7-5033-0162-7：0.60元

黑头发飘起来/舒涛编.—北京：文化艺术出版社，1990.9.—32页；32开.—（中外当代名歌丛书）.—ISBN 7-5039-0696-0：0.60元

黑色的眼眸/杨爱伦编.—北京：解放军文艺出版社，1990.8.—32页；32开.—（歌迷之友丛书；7）.—ISBN 7-5033-0158-9：0.60元

奥斯卡金像奖电影之声/张宁编著.—北京：高等教育出版社，1990.11.—76页；32开.—（音乐佳作欣赏丛书；第3分册）.—ISBN 7-04-002553-1：1.30元

本书汇集了美国奥斯卡金像奖音乐奖的电影乐曲十余首。

想你的时候/舒涛编.—北京：文化艺术出版社，1990.9.—32页；32开.—（中外当代名歌丛书）.—ISBN 7-5039-0697-9：0.60元

新潮金曲/拓颖编.—西安：陕西人民出版社，1990.4.—128页；32开.—ISBN 7-224-01113-4：1.50元

歌迷点歌100首/湖南文艺出版社编.—长沙：湖南文艺出版社，1990.4.—178页；32开.—ISBN 7-5404-0529-5：2.10元

墨西哥歌曲选/王雪编.—上海：上海音乐出版社，1990.5.—318页；32开.—（外国歌曲丛书）.—ISBN 7-80553-175-7：3.65元

J657　器乐曲

霍拉舞曲：电子琴曲集/张弓编著.—南宁：广西人民出版社，1990.5.—129页；16开.—ISBN 7-219-01538-0：5.00元

J657.2　弓弦乐曲

大提琴独奏练习曲/（苏）斯托哥尔斯基（Стогорский，А.П.）编.—北京：人民音乐出版社，1990.11.—134页；8开.—ISBN 7-103-00654-7：7.25元

书名原文：Этюды Для Виолончели Соло

大提琴教程：练习曲分集　第一册/王连三，宋涛编.北京：人民音乐出版社，1990.3.—146页；8开.ISBN 7-103-00603-2：9.90元

大提琴教程：乐曲分集　第一册/王连三，宋涛编.

北京：人民音乐出版社，1990.3.—139页；8开.—ISBN 7-103-00487-0：9.75元

小提琴曲集　第七集，独奏曲：分谱/上海音乐出版社编.—上海：上海音乐出版社，1990.7.—39页；8开.—ISBN 7-80553-244-3：2.90元

小提琴曲集　第七集：独奏曲：钢琴伴奏谱/上海音乐出版社编.—上海：上海音乐出版社，1990.7.123页；8开.—ISBN 7-80553-245-1：7.90元

少儿小提琴曲集/张杰编著.—长春：吉林教育出版社，1990.2.—38页；8开.—ISBN 7-5383-0920-9：3.00元

布鲁赫小提琴协奏曲：g小调　作品26：小提琴与钢琴/（德）布鲁赫（Bruch，M.）作曲.—北京：人民音乐出版社，1990.11.—35页；8开.—附分谱.ISBN 7-103-00653-9：2.80元

西贝柳斯小提琴协奏曲：d小调　作品47：小提琴与钢琴/（芬）西贝柳斯曲.—北京：人民音乐出版社，1990.12.—54页；8开.—ISBN 7-103-00655-5：4.00元

沃尔法特小提琴练习曲60首：作品45/（德）汉斯·西特编订.—北京：人民音乐出版社，1990.4.51页；8开.—ISBN 7-103-00486-2：3.90元

帕格尼尼24首小提琴随想曲/（美）伊·加拉米安编订.—北京：人民音乐出版社，1990.12.—45页；8开.—ISBN 7-103-00645-8：2.65元

本书据美国纽约版影印。

哈恰图良小提琴协奏曲：小提琴与钢琴：d小调/（苏）哈恰图良（ХачатУрян，А.）曲.—北京：人民音乐出版社，1990.11.—79页；8开.—ISBN 7-103-00656-3：6.00元

海菲兹小提琴曲精选：小提琴和钢琴/（美）海菲兹（Heifetz，J.）作曲；林宜驽选编.—上海：上海音乐出版社，1990.11.—84页：照片；8开.—ISBN 7-80553-269-9：7.90元

J657.3　弹拨乐曲

匹克民谣吉他精选：1990/刘天礼编.—北京：旅游教育出版社，1990.7.—76页；16开.—ISBN 7-5637-0199-0：3.00元

五洲的歌：吉它弹唱曲集/谭晓鹂编著.—南宁：广西人民出版社，1990.4.—121页；16开.—ISBN 7-219-01537-2：5.00元

古典吉它世界名曲精选/陆良祖编.—杭州：浙江人民出版社，1990.7.—167页；16开.—ISBN 7-213-00507-8：6.00元

古典吉他名曲集　/庄少陵编.—北京：中国广播电视出版社，1990.11.—141页；16开.—（庄氏吉他系列丛书；4）.—ISBN 7-5043-0576-6：4.45元

古典吉他名曲50首/王云译.—南昌：百花洲文艺出版社，1990.11.—30页；16开.—ISBN 7-80579-063-9：1.30元

世界著名摇滚乐吉他曲精萃/庄少陵编著.—北京：中国广播电视出版社，1990.12.—180页；16开.（庄氏吉他系列丛书；2）.—ISBN 7-5043-0575-8：4.90元

吉他大师名曲精选/马志敏译注.—上海：上海音乐出版社，1990.4.—46页；8开.—ISBN 7-80553-216-8：4.50元

吉他伴奏流行歌曲新编/庄少陵编著.—北京：中国广播电视出版社，1990.12.—161页；16开.—（庄氏吉他系列丛书；7）.—ISBN 7-5043-0577-4：4.50元

吉他弹唱曲集　第四集/人民音乐出版社编辑部编.北京：人民音乐出版社，1990.12.—64页；16开.ISBN 7-103-00663-6：3.00元

吉他弹唱金曲/谢有略，宇空编.—桂林：广西师范大学出版社，1990.7.—69页；16开.—ISBN 7-5633-0860-1：3.20元

吉它演奏歌谱/伍新编著.—广州：广东高等教育出版社，1990.9.—76页；16开.—ISBN 7-5361-0535-5：3.50元

现代摇滚吉他演奏曲集/周小虎等编.—北京：中国卓越出版公司，1990.2.—2册（188页）：照片；16开.—ISBN 7-80071-186-2：6.00元

夏威夷吉他名曲集/庄少陵编著.—北京：中国广播电视出版社，1990.12.—135页；16开.—（庄氏吉他系列丛书；1）.—ISBN 7-5043-0574-X：3.95元

J657.4　键盘、簧乐曲

车尔尼钢琴手指灵巧初步练习曲：作品636.—北京：人民音乐出版社，1990.11.—47页；8开.—ISBN 7-103-00600-8：2.50元

车尔尼钢琴初级教程：作品599：教学版/方百里注释；李名强审订.—上海：上海音乐出版社，1990.2.—64页；8开.—ISBN 7-80553-205-2：4.30元

车尔尼钢琴流畅练习曲集：作品849：教学版/方百里注释；李名强审订.—上海：上海音乐出版社，1990.7.—55页；8开.—ISBN 7-80553-226-5：4.25元

中外优秀口琴独奏重奏曲集/黄毓千编.—新1版.南昌：百花洲文艺出版社，1990.6.—100页；32开.（群众文化娱乐小丛书）.—附：口琴吹奏法速成.ISBN 7-80579-046-9：1.30元

中外名曲口琴曲集/黄毓千编曲.—南昌：百花洲文艺出版社，1990.10.—99页；16开.—ISBN 7-80579-060-4：3.00元

中外通俗钢琴曲集　（1）/人民音乐出版社编辑部编.—北京：人民音乐出版社，1990.3.—151页；8开.ISBN 7-103-00482-X：10.15元

中外影视口琴曲集　（一）/陈剑晨编.—上海：上海音乐出版社，1990.4.—99页；16开.—ISBN 7-80553-236-2：2.50元

手风琴独奏外国通俗名曲30首/李遇秋改编.—北京：人民音乐出版社，1990.3.—64页；16开.—ISBN 7-103-00555-9：3.35元

世界儿童钢琴曲选/（美）阿尔伯·伊·维尔著；顾连理译注.—上海：上海音乐出版社，1990.3.247页；16开.—ISBN 7-80553-224-9：8.95元

电子琴外国轻音乐轻歌曲简谱曲集/笑曼编著.—北京：海洋出版社，1990.1.—53页；16开.—ISBN 7-5027-0756-5：3.20元

外国浅易钢琴小奏鸣曲集/李素心编.—北京：人民音乐出版社，1990.3.—50页；8开.—ISBN 7-103-00490-0：3.05元

全国钢琴（业余）考级作品集　：试行：第一级～第三级/中国音协全国乐器演奏（业余）考级委员会钢琴专家委员会编.—北京：人民音乐出版社，1990.12.—36页；8开.—ISBN 7-103-00744-6：3.20元

全国钢琴（业余）考级作品集：试行：第四级、第五级/中国音协全国乐器演奏（业余）考级委员会钢琴专家委员会编.—北京：人民音乐出版社，1990.12.—44页；8开.—ISBN 7-103-00745-4：3.45元

杜弗诺伊钢琴练习曲：作品120：教学版/方百里注释.—上海：上海音乐出版社，1990.9.—31页；8开.ISBN 7-80553-268-0：2.60元

苏联手风琴曲选　（1）/上海音乐出版社编.—上海：上海音乐出版社，1990.8.—67页；8开.—ISBN 7-80553-200-1：6.30元

肖邦圆舞曲集/（波）肖邦（Chopin.F.F.）曲；（波）帕德雷夫斯基编.—北京：人民音乐出版社，1990.7.—103页；8开.—ISBN 7-103-00564-8：7.40元

近现代外国钢琴曲选　（上）/李苏眉编.—上海：上海音乐出版社，1990.7.—94页；8开.—ISBN 7-80553-013-0：6.70元

近现代外国钢琴曲选　（下）/李苏眉编.—上海：上海音乐出版社，1990.7.—90页；8开.—ISBN 7-80553-229-X：6.70元

现代通俗钢琴曲选：爵士、摇滚、勃鲁斯风格/（英）戴维·赫勒韦尔曲.—北京：人民音乐出版社，1990.8.—83页；8开.—附磁带1盒.—ISBN 7-103-00691-1：16.80元

哈农练习曲　第一册/（美）汤普森（Thompson，J.）改编；陈学东译.—北京：人民音乐出版社，1990.12.—43页；8开.—《汤普森现代钢琴教程》补充教材.—ISBN 7-103-00648-2：2.50元

书名原文：The Hanon Studies Book I

哈农练习曲　第二册/（美）汤普森（Thompson，J.）改编；陈学东译.—北京：人民音乐出版社，1990.12.—36页；8开.—《汤普森现代钢琴教程》补充教材.—ISBN 7-103-00649-0：2.15元

书名原文：The Hanon Studies Book 2

通俗钢琴曲选/上海音乐出版社选编.—上海：上海音乐出版社，1990.5.—83页；8开.—ISBN 7-80553-214-1：7.65元

根据世界名曲主题改编。

莱蒙钢琴练习曲集：教学版/方百里注释.—上海：上海音乐出版社，1990.5.—77页；8开.—ISBN 7-80553-249-4：5.35元

舒柏特即兴曲和音乐瞬间：钢琴/（德）舒柏特作曲.—2版.—影印本.—北京：人民音乐出版社，1990.11.—91页；8开.—ISBN 7-103-00641-5：5.00元

J7　舞　蹈

现代家政百科：舞艺/褚中毅，褚一训编著.—北京：中国和平出版社，1990.6.—140页；32开.—（中国家政教程丛书/黄建伟主编）.—ISBN 7-80037-303-7：2.50元

舞/张丽璧，吴冠铭编著.—南宁：广西民族出版社，1990.12.—190页；36开.—（当代青年文化娱乐丛书；第1辑　8/杜云，陈运祐主编）.—ISBN 7-5363-1008-0：2.50元

舞蹈艺术：丛刊：一九九〇年　第一辑（总第30辑）/中国艺术研究院舞蹈研究所编.—北京：文化艺术出版社，1990.2.—240页；大32开.—ISBN 7-5039-0645-6：3.00元

本辑为专著《中国舞剧史纲》。

蹈艺术：丛刊：一九九〇年　第二辑（总第31辑）：民间舞蹈古今谈/中国艺术研究院舞蹈研究所编辑.—北京：文化艺术出版社，1990.9.—218页；大32开.—ISBN 7-5039-0663-4：3.00元

舞蹈艺术：丛刊：一九九〇年　第三辑（总第32辑）：外国舞蹈理论译文集/中国艺术研究院舞蹈研究所编辑.—北京：文化艺术出版社，1990.9.—218页；大32开.—ISBN 7-5039-0703-7：3.00元

舞蹈艺术：丛刊：一九九〇年　第四辑（总第33辑）：中国舞蹈四十年专集/中国艺术研究院舞蹈研究所编辑.—北京：文化艺术出版社，1990.11.—218页；大32开.—ISBN 7-5039-0755-X：3.00元

舞蹈论丛：1990第1期/叶宁主编；《舞蹈论丛》编辑部编辑.—北京：中国舞蹈出版社，1990.5.136页；16开.—ISBN 7-80075-009-4：2.50元

舞蹈论丛：1990第2期/叶宁主编；《舞蹈论丛》编辑部编.—北京：中国舞蹈出版社，1990.12.—136页；16开.—ISBN 7-80075-018-3：2.50元

J70 舞蹈理论

人体的诗——舞蹈美/方兴惠，杨璇著.—贵阳：贵州人民出版社，1990.11.—96页；32开.—（青少年美育丛书/伍治国主编）.—ISBN 7-221-02079-5：1.50元

人体律动的诗篇——舞蹈/汪加千等编著.—北京：高等教育出版社，1990.8.—204页：照片；大32开.（艺术教育丛书/于复千主编）.—ISBN 7-04-002924-3：2.05元

社会舞蹈论文集：首届全国社会舞蹈学理论研讨会专辑/李炽强主编.—杭州：浙江文艺出版社，1990.10.—322页；大32开.—ISBN 7-5339-0305-6：4.80元

现代西方艺术美学文选：舞蹈美学卷/朱立人主编.沈阳：春风文艺出版社：辽宁教育出版社，1990.12.335页；大32开.—ISBN 7-5313-0464-3：4.80元

舞梦录/梁伦著.—北京：中国舞蹈出版社，1990.12.—341页：照片；大32开.—ISBN 7-80075-019-1：6.80元

舞蹈创作艺术/（美）多丽丝·韩芙莉著；郭明达，江东译.—北京：中国舞蹈出版社，1990.3.164页；32开.—ISBN 7-80075-006-X：4.50元

书名原文：The art of Making Dances

舞蹈基础/翟昌权著.—成都：四川人民出版社，1990.11.—155页；32开.—ISBN 7-220-01106-7：2.00元

J709 舞蹈艺术史

中国古代舞蹈史纲/彭松，于平主编.—杭州：浙江美术学院出版社，1990.9.—200页；16开.—ISBN 7-81019-084-9：3.40元

全宋词中的乐舞资料/金千秋编.—北京：人民音乐出版社，1990.12.—236页；大32开.—ISBN 7-103-00685-7（精装）：6.70元

J72 中国舞蹈

云南民族舞蹈论集/云南省民族艺术研究所编.—昆明：云南人民出版社，1990.6.—312页：彩图；大32开.（云南地方艺术研究丛书）.—ISBN 7-222-00656-7（精装）：6.85元

云南民族舞蹈论文集/云南省民族艺术研究所编.昆明：云南人民出版社，1990.6.—312页：彩图；大32开.—（云南地方艺术研究丛书）.—ISBN 7-222-00655-9：5.25元

中国古典舞基训 （上）/部大琨等著.—杭州：浙江美术学院出版社，1990.9.—142页；16开.—中国古典舞教程.—ISBN 7-81019-086-5：3.50元

中国民间舞蹈/何健安著.—杭州：浙江教育出版社，1990.11.—175页：图版；32开.—（中国民间文化丛书/刘魁立主编）.—ISBN 7-5338-0714-6：2.20元

中国民族民间舞蹈集成：天津卷/中国民族民间舞蹈集成编辑部编.—北京：中国舞蹈出版社，1990.10.555页：彩照；16开.—本书经全国艺术科学领导小组批准为国家艺术科研重点项目.—ISBN 7-80075-017-5（精装）：30.00元

中国民族民间舞蹈集成：浙江卷/中国民族民间舞蹈集成编辑部编.—北京：中国舞蹈出版社，1990.10.—1119页：彩照；16开.—本书经全国艺术科学领导小组批准为国家艺术科研重点项目.—ISBN 7-80075-014-0（精装）：58.00元

从舞蹈王国中走来：云南少数民族舞蹈探奇/刘金吾著.—昆明：云南民族出版社，1990.1.—182页；32开.—ISBN 7-5367-0253-1：2.50元

优秀舞蹈选集/刘国治，李则琴主编.—南昌：江西教育出版社，1990.2.—444页：剧照；大32开.—ISBN 7-5392-0366-8：5.40元

纳西族古代舞蹈和舞谱/杨德鋆等编.—北京：文化艺术出版社，1990.4.—300页；大32开.—（中国民族民间舞蹈资料丛书）.—ISBN 7-5039-0596-4：4.50元

青春的呼唤：中老年健身舞/王翠英编.—长春：吉林大学出版社，1990.9.—66页；32开.—ISBN 7-5601-0612-9：1.50元

绿野探踪：岷峨、藏族舞蹈采风录/蒋亚雄著.上海：上海音乐出版社，1990.2.—230页：照片；大32开.—ISBN 7-80553-078-5：3.95元

蒙古舞蹈文化/莫德格玛著.—北京：中国妇女出版社，1990.8.—213页；16开.—ISBN 7-80016-320-2：25.00元

新疆民族舞蹈/贾晓玲著.—武汉：湖北教育出版社，1990.7.—84页；32开.—ISBN 7-5351-0498-3：1.50元

舞艺/褚中毅，褚一圳编著.—北京：中国和平出版社，1990.6.—140页；32开.—（现代家政百科/黄建伟主编）.—ISBN 7-80037-303-7：2.50元

J73 各国舞蹈

大众健身舞/李金玲，黄立燊著.—北京：科学普及出版社，1990.10.—47页；16开.—ISBN 7-110-01653-6：2.50元

当代交谊舞花样荟萃：国际标准交谊舞/毕秉森著.—济南：山东文艺出版社，1990.6.—91页；16开.—ISBN 7-5329-0459-8：2.95元

当代国际标准交际舞教程 第一集：现代舞/杨威，袁水海编著.—上海：上海译文出版社，1990.

3.—77页；彩照；16开.—ISBN 7-5327-0900-0：7.50元

交谊舞入门与提高/杜逸华，杨云芳编著.—北京：中国广播电视出版社，1990.6.—32页；16开.—ISBN 7-5043-0547-2：3.80元

国际标准交谊舞/寒夫，朝晖编著.—长沙：湖南文艺出版社，1990.9.—128页；16开.—ISBN 7-5404-0593-7：3.20元

国际标准交际舞拉丁舞大全/王国华，刘梦耋译.北京：中国舞蹈出版社，1990.11.—639页；大32开.—ISBN 7-80075-011-8：9.50元

国际标准交谊舞指南/（日）笹木阳一著；张爱平，冯峰译.—北京：中国工人出版社，1990.11.—152页；32开.—ISBN 7-5008-0674-4：2.15元

霹雳舞入门/武同，武枫编著.—北京：人民体育出版社，1990.2.—134页；32开.—ISBN 7-5009-0396-0：2.20元

J8　戏剧艺术

英汉戏剧辞典/杜定宇编.—成都：四川人民出版社，1990.9.—245页；32开.—ISBN 7-220-00842-2（精装）：26.00元

J80　戏剧艺术理论

艺海扬帆：史行文论集/李光耀，沈祖安主编；中国戏剧家协会浙江分会编.—杭州：浙江文艺出版社，1990.12.—437页：照片；大32开.—ISBN 7-5339-0304-3：5.80元

布莱希特论戏剧/（德）贝·布莱希特著；丁扬忠等译.—北京：中国戏剧出版社，1990.3.—370页；大32开.—ISBN 7-104-00173-5：4.20元

当代戏剧审美论集/王蕴明著.—北京：文化艺术出版社，1990.9.—253页；大32开.—ISBN 7-5039-0653-7：4.75元

戏曲编剧理论与技巧/田雨澍著.—海口：南海出版公司，1990.10.—177页；32开.—（中国戏曲理论丛书）.—ISBN 7-80570-161-X：3.50元

我与写意戏剧观：佐临从艺六十年文选/黄佐临著；江流编.—北京：中国戏剧出版社，1990.11.574页；大32开.—ISBN 7-104-00197-2：8.00元

读剧杂识/胡可著.—北京：解放军文艺出版社，1990.10.—183页；32开.—ISBN 7-5033-0155-4：2.60元

斯坦尼斯拉夫斯基体系精华/（苏）玛·阿·弗烈齐阿诺娃编；史敏徒等译.—北京：中国电影出版社，1990.8.—504页；大32开.—ISBN 7-106-00184-8：5.30元

J805　戏剧评论、欣赏

甘苦集：顾乐真剧论剧评选/顾乐真著；广西艺术研究所编.—南宁：广西人民出版社，1990.9.—471页：照片；32开.—（广西戏剧家丛书）.—ISBN 7-219-01672-7：5.00元

戏迷手册/刘鸿儒编著.—沈阳：春风文艺出版社，1990.4.—126页；大64开.—（文化艺术小丛书；1）.ISBN 7-5313-0327-2：1.00元

戏剧的世界：戏剧功能新探/高鉴著.—北京：知识出版社，1990.7.—161页；32开.—ISBN 7-5015-0393-1：2.50元

品戏斋夜话/徐城北著；丁聪插画.—北京：中国戏剧出版社，1990.11.—201页；32开.—ISBN 7-104-00195-6：2.75元

真假的奥妙：戏剧艺术鉴赏/赵美成，李齐著.南宁：广西人民出版社，1990.10.—156页：彩照；28开.—（青年艺术鉴赏丛书/高友德主编）.—ISBN 7-219-01687-5：3.95元

席明真戏剧文选/席明真著；四川省川剧艺术研究院编.—成都：四川文艺出版社，1990.10.—302页：照片；大32开.—ISBN 7-5411-0687-9：4.00元

探索集/徐棻著.—成都：四川文艺出版社，1990.2.—302页：照片；大32开.—ISBN 7-5411-0562-7：4.00元

J809　戏剧艺术史

中国戏曲与中国宗教/周育德著.—北京：中国戏剧出版社，1990.12.—202页；32开.—（戏剧文化探索丛书/王正主编）.—ISBN 7-104-00175-1：2.50元

中国戏曲志：山西卷/中国戏曲志编辑委员会编.北京：文化艺术出版社，1990.12.—830页：彩照；大32开.—ISBN 7-5039-0726-6（精装）：44.50元

中国戏曲志：天津卷/《中国戏曲志》编辑委员会编.—北京：文化艺术出版社，1990.12.—539页：剧照；16开.—ISBN 7-5039-0583-2(精装)：27.80元

中国戏曲志：河南卷/中国戏曲志编辑委员会，《中国戏曲志·河南卷》编辑委员会编.—北京：文化艺术出版社，1990.12.—790页：彩照；16开.—本书经全国艺术科学规划领导小组批准为国家艺术科研重点项目.—ISBN 7-5039-1037-2（精装）：61.00元

中国戏曲志：湖南卷/《中国戏曲志》编辑委员会编.—北京：文化艺术出版社，1990.5.—764页：剧照；16开.—ISBN 7-5039-0416-X（精装）：41.00元

中国戏剧起源/李肖冰等编.—上海：知识出版社，1990.5.—292页；大32开.—ISBN 7-5015-54226-（精

装）：7.50元

中国京剧史 上卷/北京市艺术研究所，上海艺术研究所编著.—北京：中国戏剧出版社，1990.1.677页：彩照；大32开.—（中国戏曲剧种史丛书/马少波主编）.—ISBN 7-104-00127-1（精装）：9.00元；（平装）：7.60元

中国京剧史 中卷/北京市艺术研究所，上海艺术研究所编著.—北京：中国戏剧出版社，1990.11.858页；大32开.—（中国戏曲剧种史丛书/马少波主编）.—ISBN 7-104-00257-X：11.50元

中国话剧通史/葛一虹主编.—北京：文化艺术出版社，1990.4.—459页：剧照；大32开.—ISBN 7-5039-0611-1：9.30元

延安戏剧图系/钟敬之编.—沈阳：辽宁美术出版社，1990.4.—110页；16开.—ISBN 7-5314-0686-1：30.00元

戏曲史简编/隗芾著.—长春：吉林大学出版社，1990.1.—250页；32开.—ISBN 7-5601-0424-X：3.30元

青楼集笺注/（元）夏庭芝著；孙崇涛，徐宏图笺注.—北京：中国戏剧出版社，1990.11.—248页；大32开.—ISBN 7-104-00140-9：3.30元

松柏庵传奇/仲仁恭著.—北京：北京出版社，1990.12.—257页：照片；32开.—ISBN 7-200-01158-4：4.10元

本书从北京市最初的校舍—松柏庵的变迁中，道出了解放前京剧艺人的辛酸，和解放后人材辈出的可喜成绩。

画角声声掠江淮：新四军抗敌剧团纪程/章洛，胡士平编.—北京：解放军文艺出版社，1990.10.329页；32开.—ISBN 7-5033-0135-X：4.30元

本书全景式地反映了淮南根据地部队的文艺工作。

京剧史照/鲁青等编纂.—北京：北京燕山出版社，1990.7.—295页：剧照；8开.—ISBN 7-5404-0205-X（精装）：198.00元

本书汇集了各个历史时期有关京剧的珍贵照片千余幅，并配以简述。

京剧谈往录三编/中国人民政治协商会议北京市委员会文史资料研究委员会编.—北京：北京出版社，1990.8.—594页：剧照；大32开.—ISBN 7-200-01156-8：9.50元

营口市戏曲志/李德泰主编.—沈阳：春风文艺出版社，1990.2.—319页：彩照；32开.—(辽宁戏曲志丛书/刘效炎主编).—ISBN 7-5313-0306-X：4.50元

J81 舞台艺术

向暖一枝开：记沈小梅的艺术生活/李克因著.—南京：江苏文艺出版社，1990.6.—218页；32开.（江苏文化艺术丛书）.—ISBN 7-5399-0196-9：2.50元

戏比天大：常香玉回忆录/常香玉口述，张黎至整理；陈小玉记录.—北京：中国戏剧出版社，1990.1.—445页；32开.—（舞台生活丛书）.—ISBN 7-104-00158-1：4.80元

戏曲艺术节奏论/姜永泰著.—北京：文化艺术出版社，1990.7.—230页；32开.—ISBN 7-5039-0640-5：2.75元

戏曲声腔剧种研究/余从著.—北京：人民音乐出版社，1990.6.—424页；大32开.—ISBN 7-103-00575-3：5.80元

戏曲表演规律再探/阿甲著.—北京：中国戏剧出版社，1990.11.—316页；大32开.—（戏曲艺术理论丛书）.—ISBN 7-104-00189-1（精装）：6.40元

戏剧化妆/李德权主编；北京蒙妮坦美发美容学校编.—北京：高等教育出版社，1990.5.—228页：图；32开.—（美发美容技术学习丛书）.—ISBN 7-04-003015-2：3.00元

佐临研究/上海艺术研究所话剧室编.—北京：中国戏剧出版社，1990.1.—454页；大32开.—ISBN 7-104-00239-5：5.80元

张云霞表演艺术/李惠康，蓝凡主编.—上海：学林出版社，1990.12.—273页；大32开.—（上海艺术家丛书）.—ISBN 7-80510-649-5：6.50元

J82 中国戏剧艺术

大综合舞台艺术的奥秘：中国戏曲探胜/许祥麟，陆广训编著.—北京：高等教育出版社，1990.9.230页；大32开.—（艺术教育丛书/于复千主编）.ISBN 7-04-003204-X：2.25元

艺苑拾贝/孙华著.—北京：学苑出版社，1990.10.—185页；32开.—ISBN 7-5077-0177-8：3.00元

中国戏曲观众学/赵山林著.—上海：华东师范大学出版社，1990.6.—317页；大32开.—ISBN 7-5617-0554-9：4.90元

中国戏剧年鉴：1989/《中国戏剧年鉴》编辑部编.—北京：中国文联出版公司，1990.1.—319页：剧照；16开.—ISBN 7-5059-1338-7（精装）：28.50元

中国的传统戏/今日中国出版社编辑.—北京：新星出版社，1990.—54页；36开.—（今日神州小丛书；47）.—ISBN 7-80085-204-0：2.53元

J821 京剧艺术

马连良艺术评论集/吴晓铃，马崇仁编.—北京：中国戏剧出版社，1990.10.—353页：照片；大32开.（戏曲流派艺术研究丛书）.—ISBN 7-104-00226-

X：5.10元

中国京剧服装图谱/中国戏曲学院编；谭元杰绘.北京：北京工艺美术出版社，1990.11.—331页：彩照及图；大32开.—ISBN 7-80526-041-9：10.00元

如是我云/倪秋平著.—北京：人民音乐出版社，1990.10.—104页；32开.—ISBN 7-103-00703-9：1.90元

本书记述了作者从艺的经历，并详尽介绍了京剧胡琴各流派的代表人物。

杨小楼艺术评论集/戴淑娟等编.—北京：中国戏剧出版社，1990.9.—310页：剧照；大32开.—（戏曲流派艺术研究丛书）.—ISBN 7-104-00198-0：4.45元

余叔岩艺术评论集/吾群力主编.—北京：中国戏剧出版社，1990.10.—418页：照片；大32开.—（戏曲流派艺术研究丛书）.—ISBN 7-104-00144-1：5.90元

京剧一知录/赵晓东著.—北京：文化艺术出版社，1990.12.—256页：照片；32开.—ISBN 7-5039-0738-X：4.20元

京剧小戏考/上海人民广播电台文艺台戏曲科编.上海：上海文艺出版社，1990.2.—328页：剧照；32开.—ISBN 7-5321-0409-5：4.05元

京剧诀谚辑释/刘琦编著.—天津：百花文艺出版社，1990.12.—160页；32开.—ISBN 7-5306-0586-0：2.45元

京剧知识词典/吴同宾，周亚勋主编.—天津：天津人民出版社，1990.10.—1册：彩照；大32开.—ISBN 7-201-00668-1（精装）：29.00元

本词典共收有关京剧知识条目4500条，分行当、音乐、声腔、念白、化妆、脸谱、表演等20个部类。

京剧脸谱图说/刘曾复著；北京市政协文史资料委员会编.—北京：北京燕山出版社，1990.8.—42页：彩图；12开.—ISBN 7-5402-0219-X（精装）：78.00元

侯喜瑞艺术评论集/张胤德编.—北京：中国戏剧出版社，1990.10.—254页：照片；大32开.—（戏曲流派艺术研究丛书）.—ISBN 7-104-00063-1：3.90元

郝寿臣表演艺术/郝寿臣艺术整理委员会编.—北京：中国戏剧出版社，1990.11.—522页：剧照；大32开.—（戏曲流派艺术研究丛书）.—ISBN 7-104-00211-1：6.10元

萧长华艺术评论集/钮骠编.—北京：中国戏剧出版社，1990.10.—376页；大32开.—（戏曲流派艺术研究丛书）.—ISBN 7-104-00234-0：5.20元

梅兰芳与二十世纪/徐城北著.—北京：三联书店，1990.12.—287页；大32开.—ISBN 7-108-00350-3：5.60元

梅兰芳艺术评论集/中国梅兰芳研究学会，梅兰芳纪念馆编.—北京：中国戏剧出版社，1990.10.778页；大32开.—（戏曲流派艺术研究丛书）.—ISBN 7-104-00172-7：11.00元

梨园一叶/叶盛长叙事；陈绍武撰文.—北京：中国戏剧出版社，1990.2.—496页：照片；32开.—ISBN 7-104-00138-7：5.90元

本书是作者对自己从事京剧艺术的回忆著作。

谭鑫培艺术评论集/戴淑娟等编.—北京：中国戏剧出版社，1990.10.—411页；大32开.—（戏曲流派艺术研究丛书）.—ISBN 7-104-00228-6：5.50元

J822/824　歌剧、话剧艺术

中国话剧研究　第一期/田本相主编.—北京：文化艺术出版社，1990.2.—227页；大32开.—ISBN 7-5039-0507-7：3.20元

中国歌剧艺术文集/田川，荆蓝主编.—北京：国际文化出版公司，1990.10.—720页：照片及剧照；大32开.—ISBN 7-80049-641-4：8.60元

话剧表演艺术概论/叶涛，张马力著.—北京：中国戏剧出版社，1990.7.—378页；大32开.—ISBN 7-104-00185-9：4.90元

J825　地方剧艺术

山西戏曲脸谱/洪丽云编绘；乔寿宁翻译.—太原：山西人民出版社，1990.9.—146页；18开.—ISBN 7-203-01125-9（精装）：65.00元

云南戏剧艺术散论/郭思九著.—昆明：云南人民出版社，1990.11.—252页；大32开.—ISBN 7-222-00486-6：3.60元

东北二人转史：辽宁部分/李微著.—长春：长春出版社，1990.11.—388页；大32开.—（中华说唱文艺丛书）.—ISBN 7-80573-339-2：5.90元

四川藏戏/四川省民委编著.—成都：四川民族出版社，1990.5.—118页：彩图及剧照；大32开.—ISBN 7-5409-0404-6：1.94元

吉剧创建纪实/先程著.—长春：时代文艺出版社，1990.10.—257页；大32开.—ISBN 7-5387-0345-4：8.30元

壮剧艺术研究/韦苇，何凡著.—南宁：广西人民出版社，1990.4.—297页；大32开.—（广西各族民间文艺研究丛书/范阳主编）.—ISBN 7-219-01511-9：4.00元

安顺地戏论文集/沈福馨等编.—北京：文化艺术出版社，1990.9.—154页；大32开.—ISBN 7-5039-0775-4：3.80元

论云南少数民族戏剧/黎方著.—北京：文化艺术出版社，1990.3.—201页；大32开.—ISBN 7-5039-0616-2：2.80元

秦腔戏散论/王学秀著.—兰州：敦煌文艺出版社，1990.8.—317页：照片及剧照；32开.—ISBN 7-80587-013-6：4.05元

粤剧春秋/王文金，梁威主编.—广州：广东人民出版社，1990.12.—353页；大32开.—（广州文史资料；第四辑）.—ISBN 7-218-00554-3：4.80元

越剧戏考/谢中编.—杭州：浙江人民出版社，1990.2.—428页；32开.—ISBN 7-213-00414-X：4.20元

傩戏·少数民族戏剧及其它/曲六乙著.—北京：中国戏剧出版社，1990.7.—380页：照片；大32开.ISBN 7-104-00152-2：5.20元

湖南地方剧种志丛书 （四）：常德花鼓戏志、湖南花灯戏志、湘昆戏志、荆河戏志、武陵戏志/湖南省戏曲研究所编.—长沙：湖南文艺出版社，1990.9.—720页：剧照；大32开.—ISBN 7-5404-0598-8（精装）：10.20元

J826 曲艺艺术

北平俗曲略/李家瑞著.—影印本.—上海：上海文艺出版社，1990.5.—190页；16开.—（民俗、民间文学影印资料；27）.—ISBN 7-5321-0133-9：7.50元

本书据国立中央研究院历史语言研究所1933年1月版影印

相声艺术的奥秘/刘梓钰编著.—天津：百花文艺出版社，1990.3.—320页；32开.—ISBN 7-5306-0456-2：3.90元

J827 其他剧种艺术

青海皮影/青海省群众艺术馆编；赵继光主编；刘相俊摄影.—西宁：青海人民出版社，1990.9.—84页；24开.—ISBN 7-225-00407-7：8.00元

J828 杂技艺术

儿童魔术/王占山编.—南宁：接力出版社，1990.6.—130页：图；44开.—ISBN 7-80581-084-2：1.20元

大众魔术/王玉萍等编译.—西安：未来出版社，1990.4.—127页：图；32开.—ISBN 7-5417-0312-5：1.50元

少年科学杂技100例/傅腾龙，经宝恕编著.—北京：中国少年儿童出版社，1990.8.—222页；32开.ISBN 7-5007-0930-7：2.40元

扑克魔术100例/文丛编著.—北京：农村读物出版社，1990.8.—254页；32开.—ISBN 7-5048-1328-1：6.30元

民间戏法——魔手/秦王克主编；山东省杂技艺术家协会编.—济南：山东友谊书社，1990.12.—275页：插图；36开.—ISBN 7-80551-385-6：4.35元

魔术世界/傅腾龙，陈容光编著.—上海：上海文艺出版社，1990.1.—397页：图；32开.—（娱乐世界丛书）.—ISBN 7-5321-0499-0：3.65元

魔术·戏法/沈小林编著.—北京：海洋出版社，1990.11.—126页；64开.—ISBN 7-5027-0951-7：1.20元

魔术奥秘200例/程德谟等编著.—南京：江苏科学技术出版社，1990.11.—337页；32开.—ISBN 7-5345-1071-6：4.10元

魔绣/白天佑著.—北京：教育科学出版社，1990.6.—32页；24开.—（魔幻丛书）.—ISBN 7-5041-0522-8：1.50元

J83 各国戏剧艺术

扑克魔术/（日）高木重朗著；贾继译.—北京：华夏出版社，1990.11.—159页；32开.—ISBN 7-80053-833-8：3.80元

西洋"迷你"魔术/（墨西哥）安·德柯尔门德拉斯著；刘京胜译.—南宁：广西人民出版社，1990.3.—128页：插图；24开.—ISBN 7-219-01495-3：2.30元

J9 电影、电视艺术

电影画集/中国电影发行放映公司编辑.—北京：中国电影出版社，1990.4.—1册；12开.—ISBN 7-106-00454-5：2.50元

环球影视界奇观 第一卷/吴咸发等主编.—济南：山东友谊书社，1990.10.—243页；32开.—ISBN 7-80551-299-X：3.60元

环球影视界奇观 第二卷/吕咸发等主编.—济南：山东友谊书社，1990.10.—242页；32开.—ISBN 7-80551-300-7：3.60元

影视文化 （3）/中国艺术研究院影视研究室《影视文化》编辑部编.—北京：文化艺术出版社，1990.3.—317页；大32开.—ISBN 7-5039-0586-7：4.50元

影迷大观/郦苏元主编.—石家庄：河北人民出版社，1990.8.—479页；大32开.—ISBN 7-202-00711-8：6.80元

J90 电影、电视艺术理论

电视文艺学/刘树林，李泱主编.—沈阳：辽宁大学出版社，1990.6.—398页；大32开.—（电视文艺丛

书/刘树林等主编）.—ISBN 7-5610-0795-7：5.00元

电影理论文选/邵牧君等译.—北京：中国电影出版社，1990.12.—391页；大32开.—ISBN 7-106-00356-5：6.20元

电影理论概念/（美）达德利·安德鲁著；郝大铮等译.—上海：上海文艺出版社，1990.11.—253页；32开.—ISBN 7-5321-0162-2：3.85元

运动中的艺术/（苏）瓦依斯菲尔德（Вайсфельд，И.В.）著；刘小中译.—北京：中国电影出版社，1990.4.—225页；大32开.—ISBN 7-106-00243-7：2.90元

书名原文：Искусство в Двискении

图象符号和电影语言/（荷兰）彼得斯（Petrs，J.M.）著；一匡译.—北京：中国电影出版社，1990.12.—110页；大32开.—ISBN 7-106-00258-5：2.20元

书名原文：Pictorial Signs and the Language of Film

看见的世界：关于电影本体论的思考/（美）卡维尔（Carell，S.）著；齐宇，利芸译.—北京：中国电影出版社，1990.—238页；大32开.—（外国电影理论名著/富澜，林年同主编）.—ISBN 7-106-00223-2（精装）：3.90元

书名原文：The Worldvicwed

银幕上的声画艺术——电影/郭凤岐编著.—北京：高等教育出版社，1990.9.—229页：图；大32开.（艺术教育丛书/于复千主编）.—ISBN 7-04-002984-7：2.15元

影视基础/曹家正等编.—上海：复旦大学出版社，1990.8.—89页；32开.—ISBN 7-309-00540-6：1.00元

J901　电影、电视美学

电视美学：电视艺术的美及其审美活动/刘隆民著.北京：文化艺术出版社，1990.10.—191页；大32开.ISBN 7-5039-0548-4：3.10元

电影美学/胡安仁编著.—西安：陕西师范大学出版社，1990.7.—294页；大32开.—ISBN 7-5613-0333-5：4.80元

画面，向无限延伸……：影视美的创造与赏析/丁道希著.—北京：知识出版社，1990.8.—397页；32开.—ISBN 7-5015-0197-1：5.20元

怎样欣赏电影：电影审美系列讲座/姜敏著.—北京：中国广播电视出版社，1990.8.—311页；大32开.—ISBN 7-5043-0374-7：4.80元

J904　电影、电视艺术创作方法和经验

上海的早晨：从小说到电视剧/尚弋昌编.—上海：三联书店上海分店，1990.8.—303页：彩照；大32开.—ISBN 7-5426-0348-5：12.00元

电视剧的实践之路/辛述威编.—济南：山东文艺出版社，1990.12.—386页；大32开.—（电视文化丛书/金钊，徐宏主编）.—ISBN 7-5329-0595-0：6.90元

野山：从小说到银幕/雪村等著.—北京：中国电影出版社，1990.2.—405页：照片；大32开.—（中国影片研究丛书）.—ISBN 7-106-00090-6：5.20元

J905　电影、电视的评论、欣赏

十六岁的花季：剧本、评论、信札/张弘，富敏编.—上海：上海人民出版社，1990.8.—324页：彩照；32开.—ISBN 7-208-00960-0：3.80元

大岛渚的世界/（日）佐藤忠男著；张加贝译.—北京：中国电影出版社，1990.8.—321页；大32开.ISBN 7-106-00345-X：3.50元

大岛渚是才华横溢、个性突出的日本导演。他的拍片思想和制作技法都有鲜明的"先锋派"特征。他的作品主题是反体制的，作品的主人公多是社会的牺牲品、罪犯；他注重探索人的内心世界及性的实态。本书是作者对大岛渚大部分重要作品所做的公正、客观、细致的分析和评论。

大潮初动：论中国电影与社会/王忠明著.—北京：中国电影出版社，1990.2.—210页；32开.—电影学新论.—ISBN 7-106-00259-3：2.50元

这是一部由青年业余影评人撰写的、内容侧重于尖锐批评的专著。它从社会学的角度，对新时期的中国电影作了通盘考察和细致研究，论述了电影中存在的弊端、差距，同时也指明了出路。

电影艺术与电影文学/刘金镛，宋家庚编著.—济南：山东文艺出版社，1990.7.—398页；大32开.ISBN 7-5329-0477-6：5.65元

电影新潮/郁兰，陆光著.—沈阳：春风文艺出版社，1990.6.—91页；大64开.—（文化艺术小丛书；1）.—ISBN 7-5313-0321-3：0.90元

让孩子们更喜欢/秦裕权著.—北京：中国电影出版社，1990.4.—207页；大32开.—ISBN 7-106-00404-9：2 40元

本书选收了作者专门研究儿童电影问题的理论、评论文章31篇。

当代电视剧文论选/徐涛编.—济南：山东文艺出版社，1990.5.—293页；大32开.—（电视文化丛书/金钊，徐宏主编）.—ISBN 7-5329-0426-1：4.65元

全国大学生电影评论选/周迪荪，曹永慈编.—武

汉：湖北教育出版社，1990.7.—208页；32开.—ISBN 7-5351-0135-6：2.60元

齐鲁影视评论/山东省电影电视评论学会编.—济南：山东文艺出版社，1990.6.—306页，32开.—ISBN 7-5329-0500-4：3.90元

军营影评家成才之路/汪泾洋编.—北京：海潮出版社，1990.5.—125页；大32开.—ISBN 7-80054-100-2：2.20元

乱云书/汪泾洋著.—北京：海潮出版社，1990.5. 246页；大32开.—ISBN 7-80054-082-0：4.30元

本书所收论文内容有对影视作品展开的论述、漫谈，有从宏观经营、综合治理角度兴发而起的种种建议。

《河殇》百谬/李凤祥编.—北京：中国文联出版公司，1990.6.—199页；32开.—ISBN 7-5059-1314-X：3.00元

《河殇》宣扬了什么/《河殇宣扬了什么》编辑组编.—北京：中国广播电视出版社，1990.1.—258页；32开.—ISBN 7-5043-0355-0：4.50元

陕西省影视评论选/范景伍，肖云儒编著.—西安：三秦出版社，1990.9.—381页；32开.—(新时期陕西文化艺术丛书).—ISBN 7-80546-219-4：4.95元

怎样欣赏电影：电影审美系列讲座/姜敏著.—北京：中国广播电视出版社，1990.8.—311页；大32开.—ISBN 7-5043-0374-7：4.80元

怎样看电影/(美)莫纳科(Mouaco，J.)著；刘安义等译.—上海：上海文艺出版社，1990.3.—339页；32开.—ISBN 7-5321-0400-1：4.40元

书名原文：How Toreaoa Film

辉煌的日出：一九八九年中国电影交响曲/陈昊苏著.—北京：华夏出版社，1990.11.—302页；32开·SBN 7-30053-797-8：4.20元

蓓蕾初绽：延安地区“蓓蕾奖”影评征文获奖作品选编/蔡炎主编.—西安：陕西人民出版社，1990.8· 272页；照片；32开.—ISBN 7-224-01374-9：2.80元

影视艺术审美谈/龚富忠著.—石家庄：河北人民出版社，1990.8.—137页；32开.—(当代文艺纵横小丛书).—ISBN 7-202-00826-2：2.00元

J909　电影、电视艺术史

中国电影简史/许道明，沙似鹏著.—北京：中国青年出版社，1990.11.—508页；照片；32开.—ISBN 7-5006-0366-5：7.90元

北京电影业史迹　上册：1900～1949/田静清编著.—北京：北京出版社，1990.12.—196页；照片；大32开.—ISBN 7-200-01319-6：5.00元

满映——国策电影面面观/胡昶，古泉著.—北京：中华书局，1990.12.—253页；大32开.—(东北沦陷十四年史丛书).—ISBN 7-101-00819-4：6.50元

J91　电影、电视艺术与技术

电视节目制作/沈建平，张盛明编.—南京：东南大学出版社，1990.10.—200页；32开.—(视听设备技术丛书).—ISBN 7-81023-343-2：2.60元

电视报道的艺术/王纪言著.—北京：北京广播学院出版社，1989.12.—360页；32开.—(电视节目制作丛书).—ISBN 7-81004-194-0：3.90元

电影导演的探索　第六集/电影局《电影通讯》编辑室，中国电影出版社中国电影艺术编辑室编.—北京：中国电影出版社，1990.1.—208页；肖像；大32开.—ISBN 7-106-00195-3：2.40元

时代的明星：漫谈电视节目主持人/徐德仁，施天权著.—上海：复旦大学出版社，1990.12.—135页；大32开.—(电视业务系列丛书).—ISBN 7-309-00528-7：2.50元

我对导演艺术的追求/谢晋著.—北京：中国电影出版社，1990.5.—341页；照片；大32开.—ISBN 7-106-00275-5：3.90元

科教电影编导简论/韩韦著.—北京：中国电影出版社，1990.2.—216页；照片；大32开.—ISBN 7-106-00109-0：4.30元

J93　电影、电视摄制技术

电视摄像/迟进军著.—上海：复旦大学出版社，1990.12.—188页；大32开.—(电视业务系列丛书).ISBN 7-309-00573-2：3.50元

电视摄影造型/任金洲著.—北京：北京广播学院出版社，1989.6.—267页；32开.—(电视节目制作丛书).—ISBN 7-81004-152-5：4.50元

电视新闻摄制/巨浪编著.—兰州：兰州大学出版社，1990.12.—229页，大32开.—ISBN 7-311-00366-0：1.86元

电影摄影创作问题/罗晓风选编.—北京：中国电影出版社，1990.6.—405页；大32开.—(外国电影研究资料丛书/郑雪莱等主编).—ISBN 7-106-00269-0：4.30元

本书收入外国著名电影摄影师所写文章三十多篇，按内容分摄影理论、摄影经验和电影摄影师介绍三部分。第一部分涉及摄影的流派风格、摄影造型法则和宽银幕电影中摄影创作的特点等；第二部分涉及《飘》、《公民凯恩》和《外星人》等十多部著名影片的拍摄经验；第三部分介绍了几位电影摄影先驱者的创造精神和重大贡献。

摄像造型表现方法/涂家宽著.—北京：北京大学出版社，1990.9.—282页；大32开.—ISBN 7-301-00124-4：4.15元

J94　电影工作组织与管理

电影发行放映技术资格考试题解　上册/赵桂祥等编著.—长沙：湖南科学技术出版社，1990.1.678页；大32开.—ISBN 7-5357-0723-8（精装）：12.00元

电影发行放映技术资格考试题解　上册/赵桂祥等编著.—长沙：湖南科学技术出版社，1990.1.—678页；大32开.—ISBN 7-5357-0721-1：10.20元

电影发行放映技术资格考试题解　下册/赵桂祥等编著.—长沙：湖南科学技术出版社，1990.1.—473页；大32开.—ISBN 7-5357-0724-6（精装）：9.00元

电影发行放映技术资格考试题解　下册/赵桂祥等编著.—长沙：湖南科学技术出版社，1990.1.—473页；大32开.—ISBN 7-5357-0722-X：7.30元

电影放映网管理基础/鲁善源著.—北京：中国广播电视出版社，1990.10.—331页；32开.—ISBN 7-5043-0675-4：4.20元

银幕面对的世界：电影观众学研究/王世声等著.北京：中国电影出版社，1990.12.—282页；大32开.—（电影学新论丛书）.—ISBN 7-106-00488-X：4.50元

J98　幻　灯

摄影与幻灯教材制作/李培森，李继祯编著.—武汉：华中师范大学出版社，1990.12.—368页；大32开.—ISBN 7-5622-0560-4：3.00元

J99　电影事业

中国电影年鉴：1987/中国电影家协会编纂.—北京：中国电影出版社，1990.4.—1册：照片；16开.ISBN 7-106-00192-9（精装）：40.00元

中国电影金鸡奖文集　（7）/中国电影家协会编•北京：中国电影出版社，1990.4.—193页：照片；大32开.—ISBN 7-106-00289-5：2.30元

荧屏后面的思考：陕西电视台三十周年论文选编/骞国政主编.—西安：西北大学出版社，1990.6.347页；大32开.—ISBN 7-5604-0188-0：4.20元

奥斯卡大观：1927～1989（62届）/姜东．李超编.—长春：吉林文史出版社，1990.9.—659页；16开.—ISBN 7-80528-266-2（精装）：30.00元

K 历 史、地 理

历史/福建省中等师范学校函授部编.—福州：福建教育出版社，1990.5.—276页；32开.—福建省中等师范函授试用课本.—ISBN 7-5334-0743-1：2.70元

汉维对照历史词典/新疆维吾尔自治区地方志编纂委员会编.—乌鲁木齐：新疆人民出版社，1990.11.436页；32开.—ISBN 7-228-01341-7（精装）：6.15元

英汉专名词典：人名、地名、事件/靳平妥主编.北京：外语教学与研究出版社，1990.1.—953页；32开.—ISBN 7-5600-0473-3(精装)：14.50元

K0 史学理论

八十年代的西方史学/《史学理论丛书》编辑部编.—北京：中国社会科学出版社，1990.6.—342页；32开.—（史学理论丛书/陈启能主编）.—ISBN 7-5004-0773-4：5.90元

马克思的历史哲学与社会主义改革/陈荣富著.南昌：江西人民出版社，1990.5.—305页，大32开.ISBN 7-210-00335-5：3.50元

历史与民族精神：近现代中国历史哲学研究/李成蹊著.—沈阳：辽宁教育出版社，1990.2.—360页；大32开.—（当代大学书林：历史学书系）.—ISBN 7-5382-0984-0：4.55元

历史认识的理论与方法/吕锡生主编.—南京：南京出版社，1990.4.—285页；32开.—ISBN 7-80560-203-4：3.60元

历史论文集/于振武，王洪慈主编.—长春：吉林大学出版社，1990.10.—248页；32开.—ISBN 7-5601-0975-6：4.50元

历史学概论/杜经国等著.—北京：高等教育出版社，1990.9.—262页；大32开.—高等学校文科教材.—ISBN 7-04-003194-9：2.10元

历史哲学教程/翦伯赞著.—北京：北京大学出版社，1990.11.—179页；大32开.—ISBN 7-301-01308-6：3.80元

史学理论与方法/王正平著.—杭州：杭州大学出版社，1990.4.—247页；大32开.—ISBN 7-81035-003-X：3.20元

史学概论/赵吉惠著.—西安：陕西师范大学出版社，1990.7.—312页；大32开.—全国高等师范专科学校教材.—ISBN 7-5613-0326-2：2.25元

当代比较史学/范达人著.—北京：北京大学出版社，1990.2.—248页；大32开.—ISBN 7-301-01023-0：3.75元

岑仲勉史学论文集/岑仲勉著.—北京：中华书局，1990.7.—797页；大32开.—ISBN 7-101-00669-8（精装）：16.45元

现代史学的挑战：美国历史协会主席演说集：1961～1988/王建华等译.—上海：上海人民出版社，1990.10.—548页；大32开.—ISBN 7-208-00787-X：9.50元

K02 社会发展理论

社会历史的科学探索/何君康等著.—北京：中国政法大学出版社，1990.1.—436页；32开.—ISBN 7-5620-0404-8：5.00元

本书对历史唯物主义的理论来源、形成过程、人类发展和自然界的关系，历史唯物主义的实质和基础等作了探讨。

《社会发展简史》阅读指导/汪振华等编著.—南京：江苏教育出版社，1990.1.—108页；32开.ISBN 7-5343-0950-6：0.96元

K06 历史研究

历史学方法论/（波）托波尔斯基（Topolski，J.）著；张家哲等译.—北京：华夏出版社，1990.9.—684页；大32开.—（二十世纪文库）.—ISBN 7-80053-602-5：13.50元

书名原文：Methodolgy of History

历史学家与数学：历史研究中的数学方法/（苏）米罗诺夫（Миронов，Б.Н.），斯捷潘诺夫（Степанов，Э.В.）著；黄立茀等译.—北京：华夏出版社，1990.7.—168页；大32开.—（二十世纪文库）.—ISBN 7-80053-623-8：3.65元

书名原文：Историк и Математика

历史科学·方法论问题/苏共中央社会科学院《科学与教学文献》编辑部编；刘心语译.—北京：中国社会科学出版社，1990.4.—308页；大32开.—ISBN 7-5004-0670-3：4.45元

本书是近期苏联历史科学方法论方面一部有代表性的权威著作。

历史科学的理论和方法/苏双碧著.—上海：上海人民出版社，1990.1.—441页；大32开.—ISBN 7-208-00238-X：7.65元

郭沫若史学研究/中国郭沫若研究学会，巴蜀文化研究基金会编.—成都：成都出版社，1990.6.—460页；大32开.—（郭沫若研究系列）.—ISBN 7-80575-070-X：6.50元

郭沫若学术论辩/王锦厚著.—成都：成都出版社，1990.6.—306页；大32开.—（郭沫若研究系列）.ISBN 7-80575-071-8：4.20元

K09 史学史

史学，文化中的文化：文化视野中的西方史学/张广智，张广勇著.—杭州：浙江人民出版社，1990.4.—445页；大32开.—（世界文化丛书/周谷城，田汝康主编）.—ISBN 7-213-00426-3：5.30元

K092 中国史学史

中国古代史学史/魏文清编著.—哈尔滨：黑龙江人民出版社，1990.10.—200页；32开.—ISBN 7-207-01726-X：3.70元

中国古代史学理论：要录/邬贤俊等编.—武汉：湖北人民出版社，1990.3.—517页；大32开.—ISBN 7-216-00538-4：7.35元

中国史学名著评介　第一卷/仓修良主编.—济南：山东教育出版社，1990.2.—611页；大32开.—ISBN 7-5328-0851-3（精装）：9.50元

中国史学名著评介　第二卷/仓修良主编.—济南：山东教育出版社，1990.2.—527页；大32开.—ISBN 7-5328-0852-1（精装）：8.55元

中国史学名著评介　第三卷/仓修良主编.—济南：山东教育出版社，1990.3.—513页；大32开.—ISBN 7-5328-0853-X（精装）：8.40元

史通选译/（唐）刘知几撰；侯昌吉，钱安琪译注.—成都：巴蜀书社，1990.—211页；32开.—（古代文史名著选译丛书：隋唐五代/章培恒等主编）.ISBN 7-80523-357-8

《史通》理论体系研究/赵俊著.—沈阳：辽宁大学出版社，1990.12.—194页；32开.—ISBN 7-5610-1168-7：3.00元

史通新校注/（唐）刘知几撰；赵吕甫校注.—重庆：重庆出版社，1990.8.—1147页；大32开.—ISBN 7-5366-0505-6（精装）：16.00元

K1 世界史

世界史工具书指南/林铁森等编.—北京：高等教育出版社，1990.1.—645页；32开.—高等学校教学参考书.—ISBN 7-04-002039-4：6.85元

世界史论文集/上海世界史学会编.—上海：复旦大学出版社，1990.11.—351页；32开.—ISBN 7-309-00576-7：6.50元

外国历史学习手册/尹世霖等编.—北京：中国少年儿童出版社，1990.11.—242页；32开.—（少年百科丛书）.—ISBN 7-5007-0865-3：2.50元

K10 通 史

中外历史新编　第一卷：中国古代史　下册/吴量恺主编.—贵阳：贵州人民出版社，1990.1.—422页；大32开.—ISBN 7-221-01588-0：5.60元

中外历史新编　第三卷：中国现代史/须力求主编.—贵阳：贵州人民出版社，1990.5.—562页；大32开.—ISBN 7-221-01842-1：6.40元

从分散到整体的世界史：近代分册/周友光等主编.—长沙：湖南出版社，1990.7.—577页；大32开.—高等学校教材.—ISBN 7-5438-0003-9：7.10元

从分散到整体的世界史：现代分册/李植枏等主编.—长沙：湖南出版社，1990.7.—377页；大32开.—高等学校教材.—ISBN 7-5438-0004-7：5.90元

世界历史　上册/江苏省中等师范学校教材编写组编.—南京：江苏教育出版社，1990.1.—288页；32开.—三年制中等师范学校课本.—ISBN 7-5343-0364-8：2.00元

世界历史：近代亚非拉部分/郑家馨，何芳川著.北京：北京大学出版社，1990.8.—475页；大32开.—ISBN 7-301-01202-0：3.30元

世界通史/傅孙铭主编.—长春：东北师范大学出版社，1990.12.—421页；大32开.—全国高等师范专科学校教材.—ISBN 7-5602-0402-3：3.15元

世界通史　第十三卷/（苏）С.Л.齐赫文斯基主编；安徽大学苏联问题研究所译.—北京：东方出版社，1990.12.—2册（1015页）；大32开.—ISBN 7-5060-0089-X（精装）：18.50元

K101 革命史

外国著名战争　（二）：合订本.—北京：商务印书馆，1990.4.—384页；32开.—（外国历史小丛书/陈翰笙主编）.—ISBN 7-100-00425-X：3.60元

K103 文化史

文化悬案探秘/袁立春编著.—广州：广东高等教育出版社，1990.7.—264页；32开.—ISBN 7-5361-0458-8：3.40元

本书集中探讨的是在东方与西方文化之间搭起桥梁的文化交流史上的千古悬案。

世界文化史/陈佛松编.—武汉：华中理工大学出版社，1990.10.—399页；大32开.—ISBN 7-5609-

0483-1：2.60元

外来文化摄取史论：近代西方文化摄取思想史的考察/靳丛林等译.—长春：吉林教育出版社，1990.8.—302页；大32开.—(外国学者研究历史译丛；2).—ISBN 7-5383-1080-0(精装)：4.55元

寻幽探密：古代神奇文化之谜/任嘉亭等编著.—北京：职工教育出版社，1990.6.—189页；32开.(科学与文化之谜丛书/高翔主编).—ISBN 7-80059-321-5：3.00元

远古文化史/(英)柴尔德(Childe, P.V.G.)著；周进楷译.—影印本.—上海：上海文艺出版社，1990.5.—228页；大32开.—(中外文化要籍影印丛书).—ISBN 7-5321-0338-2：4.20元

本书原名：人类创造了自己(Man Makes Himself)

K105　历史事件

世界七千年大事总览/(美)格伦(Grun, B.)主编；雷自学，王迎选译.—北京：东方出版社，1990.8.—1261页；16开.—ISBN 7-5060-0027-X(精装)：40.00元

书名原文：The Timetables of History

影响世界的100件大事/上海图书馆参考部编.—上海：三联书店上海分店，1990.9.—289页；大32开. SBN 7-5476-0349-3：4.00元

K107　研究、考订、评论

中外历史·分析·综合·记忆/戴冠编著.—贵阳：贵州人民出版社，1990.11.—261页；32开.—ISBN 7-221-02117-1：3.00元

中亚学刊　第三辑/中国中亚文化研究协会，中国社会科学院历史研究所中外关系史室编.—北京：中华书局，1990.11.—291页；16开.—ISBN 7-101-00419-9：8.85元

当代欧美史学评析：中国留美历史学者论文集/中国留美历史学会编.—北京：人民出版社，1990.12.375页；大32开.—ISBN 7-01-000806-X：6.40元

K108　年　表

中外历史分类分国线索表解/《中学历史教学参考》编辑部编.—西安：三秦出版社，1990.11.150页；16开.—ISBN 7-80546-336-0：4.00元

K109　普及读物

中外历史名人遇刺纪实/宗竟，沈杨编著.—石家庄：河北人民出版社，1990.11.—281页；32开.—ISBN 7-202-00794-0：3.15元

世界历史提要·选要·撮要/戴冠编著.—贵阳：贵州人民出版社，1990.1.—185页；32开.—ISBN 7-221-01587-2：1.98元

百国历史画册/王萝辉主编.—太原：山西人民出版社，1990.2.—2册(2041页)；16开.—ISBN 7-203-01217-4(精装)：180.00元

K11/12　上古史、古代史

世界上古中世纪史/朱寰主编.—北京：北京大学出版社，1990.3.—601页；大32开.—ISBN 7-301-01079-6：6.30元

世界上古中世纪史学习指导/王建吉等编.—北京：北京大学出版社，1990.5.—107页；32开.—ISBN 7-301-01291-8：1.60元

世界上古中世纪史教学参考手册/朱寰等编.—北京：北京大学出版社，1990.3.—322页；大32开. ISBN 7-301-01080-X：3.90元

世界古代史：上古部分/杨群章主编.—重庆：西南师范大学出版社，1990.9.—321页；大32开.—ISBN 7-5621-0498-0：1.95元

世界著名古国王朝　(一).—北京：商务印书馆，1990.9.—333页：图；32开.—(外国历史小丛书/陈翰笙主编).—ISBN 7-100-00461-6：3.60元

古希腊文化史纲/罗静兰著.—武汉：华中师范大学出版社，1990.4.—233页；32开.—ISBN 7-5622-0515-9：1.65元

希腊罗马古代社会研究/( )古朗士(Coulanges, F.de)著；李玄伯译.—影印本.—上海：上海文艺出版社，1990.11.—334页；大32开.—(中外文化要籍影印丛书).—ISBN 7-5321-0630-6：7.20元

本书据商务印书馆1938年版本影印。

罗马史/(英)格兰特(Grant, M.)著；夏遇南，石彦陶译.—北京：国际文化出版公司，1990.6.368页；大32开.—ISBN 7-80049-247-8：5.30元

原始社会史：一般问题、人类社会起源问题/苏联科学院民族研究所编；蔡俊生，马龙闪译.—杭州：浙江人民出版社，1990.7.—467页；大32开.—ISBN 7-213-00412-5：5.70元

书名原文：История нервобытного общества

K13　中世纪史

新编世界中古史/蒋国维主编.—贵阳：贵州人民出版社，1990.1.—468页；大32开.—ISBN 7-221-01563-5：5.60元

新编世界古代中世纪史/蒋铁生主编.—开封：河南大学出版社，1990.6.—353页；大32开.—ISBN 7-

81018-514-4：4.00元

K14 近代史

世界近代史/屈连璧主编.—北京：北京师范大学出版社，1990.9.—424页；大32开.—全国高等师范专科学校教材.—ISBN 7-303-01034-3：3.00元

世界近代史学术争鸣录/黄尊严主编.—天津：天津社会科学院出版社，1990.11.—419页；大32开.—ISBN 7-80563-118-2：5.95元

世界近现代史/乔明顺主编；田仲文，王建吉编.北京：北京大学出版社，1990.9.—546页；大32开.ISBN 7-301-01224-1：6.15元

世界近现代史纲要/丘少伟，贾东海主编.—兰州：甘肃人民出版社，1990.10.—465页；32开.—ISBN 7-226-00663-4：4.50元

世界近现代史学习指导/田仲文等编.—北京：北京大学出版社，1990.10.—198页；32开.—ISBN 7-301-01226-8：2.40元

世界近现代史教学参考手册/乔明顺主编；田仲文等编.—北京：北京大学出版社，1990.10.—483页；大32开.—ISBN 7-301-01315-9：5.20元

近代世界整体观/夏诚著.—成都：成都出版社，1990.6.—407页；大32开.—ISBN 7-80575-077-7：5.10元

新编世界近代史辞典/程向东主编.—西安：陕西人民教育出版社，1990.10.—424页；32开.—ISBN 7-5419-1420-7：6.30元

K15 现代史

世界当代史：1945～1991/王斯德，钱洪主编.—修订本.—北京：高等教育出版社，1989.2.—575页；大32开.—ISBN 7-04-004015-8：7.90元

世界现代史：1914～1945/卢文璞主编.—北京：北京师范大学出版社，1990.3.—447页；大32开.—ISBN 7-303-00849-7：3.10元

世界现代史文献与要论选编：1900～1988/王春良主编.—北京：东方出版社，1990.6.—749页；大32开.—ISBN 7-5060-0176-4：8.40元

世界现代史教学参考图册/关耐冬，罗晖主编；宋芝兰，罗步环编绘.—广州：广东省地图出版社，1990.8.—121页；大32开.—ISBN 7-80522-071-9：4.50元

当代世界史资料选辑　第一分册/张宏毅主编.—北京：北京师范学院出版社，1990.9.—673页；大32开.—ISBN 7-81014-443-X：4.65元

现代世界史简编/叶伯华，陈英昊主编.—南京：江苏教育出版社，1990.10.—509页；大32开.—ISBN 7-5343-1099-7：5.35元

欧战纪实与反思：巴顿将军日记/（美）乔治·S.巴顿著；蒋伟明，戴瑞辉译.—北京：中国对外翻译出版公司，1990.6.—250页；大32开.—ISBN 7-5001-0123-6：2.80元

书名原文：War as I Knew it

第二次世界大战：专题述评/李巨廉，潘人杰著.上海：华东师范大学出版社，1990.4.—481页；大32开.—高等学校文科教材.—ISBN 7-5617-0525-5（精装）：6.00元；（平装）：3.40元

第二次世界大战：历史与现实/刘思慕著.—北京：国防大学出版社 1990.7.—301页；32开.—ISBN 7-5626-0219-0：3.85元

第二次世界大战大事纪要：起源、进程与结局/军事科学院军事历史研究部世界军事历史研究室编.北京：解放军出版社，1990.5.—1043页；大32开.ISBN 7-5065-1262-9（精装）：26.50元

第二次世界大战中的秘密战场/（苏）别济缅斯基（Безыменский，Л.）著；彭训厚，高洪山译.北京：军事科学出版社，1990.3.—283页；32开.ISBN 7-80021-231-9：4.00元

书名原文：Тайный Фронт против второго фронта

K2 中国史

中国历史大辞典：秦汉史卷/中国历史大辞典·秦汉史卷编纂委员会编.—上海：上海辞书出版社，1990.6.—497页；32开.—ISBN 7-5326-0079-3（精装）：14.00元

中国历史学年鉴：1989/中国史学会《中国历史学年鉴》编辑部编.—北京：人民出版社，1990.7.630页；大32开.—ISBN 7-01-00611-3：11.45元

中国历史便览/张作耀主编.—北京：人民出版社，1990.12.—856页；32开.—ISBN 7-01-000308-4（精装）：16.00元

中国漫记/（罗）尼·斯·米列斯库著；蒋本良，柳凤运译.—北京：中华书局，1990.8.—215页；32开.—（中外关系史名著译丛）.—ISBN 7-101-00505-5：3.90元

K20 通 史

中华五千年/徐立亭等编著.—增订本.—长春：吉林文史出版社，1990.8.—439页；大32开.—ISBN 7-80528-250-6：5.80元

本书1981年2月第1版。

精编廿六史：通俗编/中国永乐文化开发公司编.太原：北岳文艺出版社，1990.7.—898页；大32开.ISBN 7-5378-0381-1（精装）：18.00元

K201 革命史

中国农民战争史：秦汉卷/朱大昀主编.—北京：人民出版社，1990.11.—359页；大32开.—ISBN 7-01-000658-X：6.40元

K203 文化史

历史文化的沉思/共青团中央宣传部编；李春秋主编.—北京：学苑出版社，1990.2.—217页；32开·（中国国情教育丛书/柳斌杰，李维国主编）.—ISBN 7-80060-686-4：2.80元

天玄地黄：中国上古文化溯源/晁福林著.—成都：巴蜀书社，1990.12.—299页；32开.—ISBN 7-80523-338-1：3.35元

中日文化关系史论/周一良著.—南昌：江西人民出版社，1990.6.—264页；大32开.—（东方文化丛书/季羡林等主编）.—ISBN 7-210-00810-1（精装）：5.70元

中华文化史/冯天瑜等著.—上海：上海人民出版社，1990.8.—1180页；大32开.—ISBN 7-208-00876-0（精装）：22.35元

中华文化史/冯天瑜等著.—上海：上海人民出版社，1990.8.—2册（1180页）；大32开.—ISBN 7-208-00876-0：20.95元

中国文化：1990年春季号 （2）/《中国文化》编辑部编.—北京：三联书店，1990.6.—185页；大16开.—ISBN 7-108-00394-9：12.00元

中国文化大博览：五千年中国文化第一部指南/燕中人主编.—海口：南海出版公司，1990.8.—3册（1268，928，1112页）；大32开.—ISBN 7-80570-047-8（精装）：90.00元

中国文化艺术之最/许长志编著.—北京：解放军文艺出版社，1990.3.—728页；32开.—ISBN 7-5033-0112-0：9.50元

本书概括介绍了中华民族在绘画、雕刻、书法、陶瓷、文学、电影、电视、舞蹈、音乐、杂技、建筑、织绣等方面的艺术成就。

中国文化史年表/虞云国等编.—上海：上海辞书出版社，1990.11.—1131页；32开.—ISBN 7-5326-0100-5（精装）：35.00元

中国文化史稿/刘蕙孙著.—北京：文化艺术出版社，1990.12.—620页；大32开.—ISBN 7-5039-0551-4：9.60元

中国文化知识：续编/许树安等编.—北京：北京语言学院出版社，1990.1.—334页；32开.—ISBN 7-5619-0080-5：3.95元

中国文化的特质/刘小枫编.—北京：生活读书新知三联书店，1990.2.—336页；大32开.—（中国文化书院文库：论著集.港台海外中国文化论丛）.—ISBN 7-108-00210-8：5.40元

本书包括《中国哲学的特性》、《天朝型模的世界观》、《中国传统民俗的特质》等15篇论文。

中国文化源流手册/庄福林，张瑞昌编著.—长春：吉林文史出版社，1990.10.—328页；32开.—ISBN 7-80528-305-2：5.00元

中国传统文化奇观/顾太等编著.—长春：吉林文史出版社，1990.6.—443页；32开.—ISBN 7-80528-243-9：5.50元

中国现代文化史/叶青，马怀忠主编.—长春：吉林大学出版社，1990.11.—308页；大32开.—（中国现代史丛书）.—ISBN 7-5601-0663-3：4.60元

文化五千年 （三）/羽人编著.—上海：少年儿童出版社，1990.2.—260页；32开.—ISBN 7-5324-0626-1：2.55元

古代西南丝绸之路研究/伍加伦，江玉祥主编.—成都：四川大学出版社，1990.10.—276页；大32开.ISBN 7-5614-0343-7：3.90元

龙的踪迹/王维堤编著.—大连：大连出版社，1990.1.—176页；大32开.—ISBN 7-80555-294-0（精装）：4.90元

丝绸之路史研究/（日）长泽和俊著；钟美珠译.天津：天津古籍出版社，1990.6.—662页；大32开.ISBN 7-80504-161-X：11.55元

传统意识的现代命运/赵德志编著.—沈阳：辽宁教育出版社，1990.7.—174页；大32开.—ISBN 7-5382-1093-8：3.00元

吴越文化论丛/吴越史地研究会编.—上海：上海文艺出版社，1990.5.—338页；32开.—（中外文化要籍影印丛书）.—ISBN 7-5321-0340-4：5.50元

本书据1937年江苏研究社版影印。

神秘·龙的国度/詹鄞鑫，徐莉莉著.—郑州：中州古籍出版社，1990.6.—331页：图；大32开.—ISBN 7-5348-0260-1：5.80元

本书介绍了中国古文明的源头及其演变，并结合古文献，对龙文化与华夏族的关系等课题做了探讨。

黄色文明：中国文化的功能与模式/张铭远著.—上海：上海文艺出版社，1990.3.—260页；大32开.（中国民俗文化研究丛书）.—ISBN 7-5321-0377-3：4.10元

简明中国古代文化史词典/任道斌等编.—北京：书目文献出版社，1990.4.—568页；大32开.—ISBN 7-5013-0574-9（精装）：15.00元

K204 古代史籍

二十五史纪传人名索引/上海古籍出版社，上海书店编.—上海：上海古籍出版社；上海书店，1990.12.1211页；16开.—ISBN 7-5325-0565-0（精装）：29.50元

历代通鉴辑览/（清）傅恒等编.—上海：上海古籍出版社，1990.7.—5册（3784页）；32开.—ISBN 7-5325-0304-3（精装）：59.00元

中国历史文献简明教程/张传玺主编，张衍田，张何清编.—北京：北京大学出版社，1990.7.—462页；大32开.—ISBN 7-301-01148-2：6.00元

中国历史要籍介绍及选读　（上）/王有录主编.郑州：中州古籍出版社，1990.9.—207页；大32开.ISBN 7-5348-0460-4：2.60元

古本竹书纪年译注/李民等编.—郑州：中州古籍出版社，1990.11.—329页；32开.—ISBN 7-5348-0300-4：4.50元

古微书/（明）孙壳著录.—影印本.—济南：山东友谊书社，1990.9.—766页；16开.—（孔子文化大全：述闻类）.—ISBN 7-80551-268-X（精装）

史记三家注/（汉）司马迁撰；（唐）司马贞等注.—影印本.—扬州：江苏广陵古籍刻印社，1990.11.—2册（526，493页）；16开.—（精装）：103.00元

《史记》与日本文化/覃启勋著.—武汉：武汉大学出版社，1989.6.—230页；大32开.—ISBN 7-307-00463-1：2.95元

史记研究史略/张新科，俞樟华著.—西安：三秦出版社，1990.11.—336页；大32开.—ISBN 7-80546-340-9：5.00元

史记选/来新夏主编.—北京：中华书局，1990.2.459页；大32开.—（中国史学名著选/郑天挺主编）.—ISBN 7-101-00408-3：3.20元

史记选译/（西汉）司马迁著；李国祥等译注.—成都：巴蜀书社，1990.—2册（592页）：插图；32开.（古代文史名著选译丛书.先秦两汉/章培恒等主编）.—ISBN 7-80523-357-8

史记选注汇评/（西汉）司马迁著；韩兆琦编注.郑州：中州古籍出版社，1990.10.—678页；大32开.ISBN 7-5348-0263-6：9.20元

史略/（宋）高似孙撰.—影印本.—扬州：江苏广陵古籍刻印社，1988.11.—2册；20开.—线装：21.00元

现代语文版《资治通鉴》　（26）：淝水之战/（北宋）司马光撰；柏杨译.—北京：中国友谊出版公司，1990.1.—188页；大32开.—ISBN 7-5057-0055-3：1.90元

现代语文版《资治通鉴》　（27）：北魏兴起/（北宋）司马光撰；柏杨译.—北京：中国友谊出版公司，1990.1.—207页；大32开.—ISBN 7-5057-0056-1：2.50元

现代语文版《资治通鉴》　（28）：十国并立/（北宋）司马光撰；柏杨译.—北京：中国友谊出版公司，1990.1.—189页；大32开.—ISBN 7-5057-0076-6：12.50元

现代语文版《资治通鉴》　（29）：刘裕篡晋/（北宋）司马光撰；柏杨译.—北京：中国友谊出版公司，1990.1.—206页；大32开.—ISBN 7-5057-0077-4：2.50元

现代语文版《资治通鉴》　（30）：南北朝始/（北宋）司马光撰；柏杨译.—北京：中国友谊出版公司，1990.1.—210页；大32开.—ISBN 7-5057-0009-1：2.50元

现代语文版《资治通鉴》　（31）：南北大战/（北宋）司马光撰；柏杨译.—北京：中国友谊出版公司，1990.1.—195页；大32开.—ISBN 7-5057-0083-9：2.50元

现代语文版《资治通鉴》　（32）：南齐兴起/（北宋）司马光撰；柏杨译.—北京：中国友谊出版公司，1990.1.—180页；大32开.—ISBN 7-5057-0084-7：2.25元

现代语文版《资治通鉴》　（33）：孝文改革/（北宋）司马光撰；柏杨译.—北京：中国友谊出版公司，1990.1.—190页；大32开.—ISBN 7-5057-0085-5：2.50元

现代语文版《资治通鉴》　（34）：南齐衰亡/（北宋）司马光撰；柏杨译.—北京：中国友谊出版公司，1990.1.—134页；大32开.—ISBN 7-5057-0105-3：2.50元

现代语文版《资治通鉴》　（36）：河阴屠杀/（北宋）司马光撰；柏杨译.—北京：中国友谊出版公司，1990.4.—176页；大32开.—ISBN 7-5057-0084-X：2.50元

资治通鉴/（北宋）司马光编纂.—长沙：岳麓书社，1990.5.—4册；大32开.—ISBN 7-80520-187-0（精装）：60.00元

资治通鉴选译/（北宋）司马光撰；李庆译注.—成都：巴蜀书社，1990.—224页；32开.—（古代文史名著选译丛书：宋元明清/章培恒等主编）.—国家教委古籍整理“七·五”规划重点项目.—ISBN 7-80523-357-8

续资治通鉴长编　第二十一册/（南宋）李焘撰；上海师范大学古籍整理研究所，华东师范大学古籍整理研究所点校.—北京：中华书局，1990.10.7145～7530页；大32开.—ISBN 7-101-00770-8：6.85元

续资治通鉴长编　第二十二册/（南宋）李焘撰；上海师范大学古籍整理研究所，华东师范大学古籍整理研究所点校.—北京：中华书局，1990.10.—7531～7911页；大32开.—ISBN 7-101-00771-6：6.80元

续资治通鉴长编　第二十三册/（南宋）李焘撰，上海师范大学古籍整理研究所，华东师范大学古籍整理研究所点校.—北京：中华书局，1990.10.—7913～8299页；大32开.—ISBN 7-101-00655-8：6.85

元

续资治通鉴长编　第二十四册/(南宋)李焘撰；上海师范大学古籍整理研究所，华东师范大学古籍整理研究所点校.—北京：中华书局，1990.10.—8301～8696页；大32开.—ISBN 7-101-00656-6：7.00元

续资治通鉴长编　第二十五册/(南宋)李焘撰；上海师范大学古籍整理研究所，华东师范大学古籍整理研究所点校.—北京：中华书局，1990.10.8697～9034页；大32开.—ISBN 7-101-00657-4：6.85元

续资治通鉴长编选译/(南宋)李焘撰；徐光烈译注.—成都：巴蜀书社，1990.—390页；32开.—(古代文史名著选译丛书：宋元明清/章培恒等主编).ISBN 7-80523-357-8

K206　史　料

历代方镇年表/吴廷燮撰.—影印本.—扬州：江苏广陵古籍刻印社，1990.12.—22册(2函)；20开.(线装)：375.00元

本书据辽海书社排印本影印。

中华掌故类编　第一辑/朱祖延，张金煌主编；湖北大学古籍研究所编纂.—郑州：河南人民出版社，1990.2.—990页；32开.—ISBN 7-215-00358-2(精装)：12.90元

本书收录我国先秦至民国历史文献和各种文史材料中的掌故839则。

中国宫廷知识词典/何本方，岳庆平主编.—北京：中国国际广播出版社，1990.11.—1117页；32开.ISBN 7-80035-491-1(精装)：19.00元

掌故丛编/故宫博物院辑.—影印本.—扬州：江苏广陵古籍刻印社，〔1990〕.—10册(1函)；20开.(线装)：115.00元

本书据民国排印本影印。

掌故丛编/故宫博物院掌故部编.—北京：中华书局，1990.3.—972页；32开.—ISBN 7-101-00660-4(精装)：35.00元

K207　研究、考订、评论

历史文献研究：北京　新一辑/中国历史文献研究会编.—北京：北京燕山出版社，1990.10.—361页；大32开.—ISBN 7-5402-0283-1：11.00元

历史的峰谷和走向/马伯煌著.—昆明：云南人民出版社，1990.6.—346页；肖像；大32开.—ISBN 7-222-00565-X(精装)：6.60元

本书分析论述了中国封建主义各种体制的历史起落和走向，及其再生力与反作用。

中国历史研究专题述评/景有泉等主编.—哈尔滨：黑龙江人民出版社，1990.9.—678页；大32开.—ISBN 7-207-01722-7：10.70元

中国古代边疆政策研究/马大正主编.—北京：中国社会科学出版社，1990.2.—529页；大32开.—(中国边疆史地研究丛书/中国边疆史地研究中心主编).ISBN 7-5004-0503-0：7.05元

本书共选入14篇论文，大体可分为两大类：(一)以时代为序，对先秦至清代前期的边疆问题和边疆政策分题论述；(二)研究历代边疆政策中一些贯通几代的带有共性的重大问题。

中国皇帝评论/朱星著.—北京：中国国际广播出版社，1990.7.—100页；32开.—ISBN 7-80035-452-0：1.90元

汉唐和亲研究/崔明德著.—青岛：青岛海洋大学出版社，1990.6.—115页；32开.—ISBN 7-81026-053-7：2.80元

本书是我国第一部论述古代和亲的学术专著。

全史吏鉴/(明)徐元太撰.—影印本.—扬州：江苏广陵古籍刻印社，1990.6.—6册(1函)；20开.(线装)：70.00元

本书据清嘉庆刻本影印。本书以“循吏”和“酷吏”分别辑录了各史书中记载的官吏事迹。

纪念顾颉刚学术论文集/尹达等主编.—成都：巴蜀书社，1990.4.—2册(1071页)：肖像；16开.—ISBN 7-80523-022-6(精装)：32.90元

杨玉清文史著述选/中国人民政治协商会议湖北省孝感市委员会编.—北京：中国文史出版社，1990.12.—208页：照片；大32开.—ISBN 7-5034-0312-8：3.29元

陈旭麓学术文存/陈旭麓著.—上海：上海人民出版社，1990.12.—1420册；大32开.—ISBN 7-208-01015-3：23.55元

郑天挺纪念论文集/吴廷璆等编.—北京：中华书局，1990.3.—713页；大32开.—ISBN 7-101-00194-7：12.70元

本书收入为纪念我国当代著名历史学家郑天挺同志而撰写的论文38篇，内容涉及史学、哲学、宗教、语言等各个方面。

帝王风雅生活/向斯著.—海口：南海出版公司，1990.8.—278页：冠图；32开.—ISBN 7-80570-268-6：5.00元

徐中舒先生九十寿辰纪念文集/四川大学历史系编.成都：巴蜀书社，1990.6.—344页；16开.—ISBN 7-80523-295-4：12.00元

翦伯赞史学论文选集　第一辑/翦伯赞著.—北京：人民出版社，1990.12.—409页；大32开.—ISBN 7-01-000091-3(精装)：9.40元

翦伯赞史学论文选集　第二辑/翦伯赞著.—北京：人民出版社，1990.11.—438页；大32开.—ISBN 7-01-000279-7(精装)：9.80元

K209　普及读物

二十四史人物故事/仓阳卿，张企荣编.—杭州：浙

江教育出版社，1990.6.—1253页；32开.—ISBN 7-5338-0445-7（精装）：14.00元

女主干政/左书谔编著.—兰州：甘肃人民出版社，1990.9.—137页；32开.—（中国宫廷丛书/左书谔主编）.—ISBN 7-226-00631-6：1.75元

历史文选/李端美编.—天津：天津古籍出版社，1990.11.—122页；16开.—ISBN 7-80504-160-1：6.40元

历史的启示：开放篇/耿志远主编；周发增编.—天津：新蕾出版社，1990.8.—210页：图；32开.—ISBN 7-5307-0678-0：3.00元

历史的启示：生活篇/耿志远主编；臧嵘编.—天津：新蕾出版社，1990.8.—244页：图；32开.—ISBN 7-5307-0676-4：3.35元

历史的启示：军事篇/耿志远主编；史明星编.天津：新蕾出版社，1990.8.—315页；32开.—ISBN 7-5307-0677-2：4.10元

历史的启示：改革篇/高晨野编写.—天津：新蕾出版社，1990.8.—182页；32开.—ISBN 7-5307-0674-8：2.65元

历史的启示：法制篇/耿志远主编；吴洪印，邓小全编写.—天津：新蕾出版社，1990.8.—158页；32开.—ISBN 7-5307-0684-5：2.40元

历史的启示：科技篇/耿志远主编；左建编.—天津：新蕾出版社，1990.8.—213页；32开.—ISBN 7-5307-0672-1：3.00元

历史的启示：举贤篇/耿志远主编；买群编.—天津：新蕾出版社，1990.8.—151页；32开.—ISBN 7-5307-0683-7：2.30元

历史的启示：娱乐篇/耿志远主编；王宏凯编写.天津：新蕾出版社，1990.8.—188页：图；32开.ISBN 7-5307-0671-3：2.75元

历史的启示：教育篇/耿志远主编；郭景扬编.—天津：新蕾出版社，1990.8.—230页；32开.—ISBN 7-5307-0673-X：3.15元

历史的启示：道德篇/耿志远主编；许中杰编.—天津：新蕾出版社，1990.8.—196页；32开.—ISBN 7-5307-0675-6：2.80元

神州凯歌/宾长初编著.—桂林：广西师范大学出版社，1990.8.—162页；32开.—（我的祖国丛书/钟文典主编）.—ISBN 7-5633-1156-4：1.88元

读史基础手册/汪受宽编著.—长春：吉林文史出版社，1990.10.—591页；32开.—ISBN 7-80528-319-2：7.70元

裙带春秋：中国历史上的外戚干政/谢景芳编著.兰州：甘肃人民出版社，1990.9.—141页；32开.（中国宫廷丛书/左书谔主编）.—ISBN 7-226-00632-4：1.80元

K21/22　原始社会、奴隶社会

中国古代历史知识杂谈/刘国有等编著.—北京：中国文史出版社，1990.8.—124页；32开.—（智慧之星丛书/赵恒启主编）.—ISBN 7-5034-0093-5：2.40元

本书介绍了重要历史人物30多个，史迹20余处，历史知识20条。

中国古代风云录/李福泉编著.—北京：中国广播电视出版社，1990.8.—227页；大32开.—老年人电视大学教材.—ISBN 7-5043-0610-X：3.10元

中国古代文明：从商朝甲骨刻辞看中国史前史/（意）安东尼奥·阿马萨里著；刘儒庭等译.—北京：社会科学文献出版社，1990.10.—203页；大32开.ISBN 7-80050-182-5：3.60元

中国古代史方法论略/关履权著.—广州：广东人民出版社，1990.7.—246页；大32开.—ISBN 7-218-00356-7：3.00元

中国古代史史料要籍概述/何应忠编著.—南宁：广西人民出版社，1990.2.—472页；大32开.—ISBN 7-219-01477-5：5.50元

中国古代史参考图录：三国两晋南北朝时期/中国历史博物馆编.—上海：上海教育出版社，1990.12.192页；16开.—ISBN 7-5320-2068-1（精装）：28.00元

中国古代史参考图录：秦汉时期/中国历史博物馆编.—上海：上海教育出版社，1990.12.—239页；16开.—ISBN 7-5320-2067-3（精装）：32.50元

中国古代史参考图录：隋唐五代时期/中国历史博物馆编.—上海：上海教育出版社，1990.6.—247页；16开.—ISBN 7-5320-1823-7（精装）：33.30元

中国古代史研读要览/胡凡，巴新生主编.—哈尔滨：黑龙江人民出版社，1990.9.—792页；16开.ISBN 7-207-01804-5：19.00元

中国古代物质文化/王玉哲主编；傅玫等著.—北京：高等教育出版社，1990.5.—483页；大32开.高等学校文科教材.—ISBN 7-04-002931-6：3.75元

中国的原始文化/崔嵬编.—太原：山西教育出版社，1990.6.—101页；32开.—（可爱的中国丛书；第二辑）.—ISBN 7-80573-173-7：1.60元

古史研究/卫聚贤著.—影印本.—上海：上海文艺出版社，1990.12.—386页；大32开.—（民俗、民间文学影印资料；50）.—ISBN 7-5321-0664-0：6.50元

据上海商务印书馆1936年版影印。

古史探微/李季平著.—济南：齐鲁书社，1990.6.331页；大32开.—ISBN 7-5333-0178-1：5.50元

先秦史/翦伯赞著.—北京：北京大学出版社，1990.2.—394页；大32开.—ISBN 7-301-00522-9：5.85元

K221　三　代

今古文尚书全译/江灏，钱宗武著；周秉钧审校.贵阳：贵州人民出版社，1990.2.—466页；大32开.ISBN 7-221-01332-2：6.20元

白话尚书/周秉钧译注.—长沙：岳麓书社，1990.8.—357页；32开.—(古典名著今译读本).—ISBN 7-80520-217-6(精装)：5.50元

尚书正义：附校勘记/(汉)孔安国传；(唐)孔颖达等正义；黄侃经文句读.—上海：上海古籍出版社，1990.12.—316页；大32开.—(十三经注疏；二).—ISBN 7-5325-0949-4：4.80元

尚书通检/顾颉刚主编.—影印本.—上海：上海古籍出版社，1990.12.—308页；大32开.—ISBN 7-5325-0874-9(精装)：10.85元

周代家庭形态/谢维扬著.—北京：中国社会科学出版社，1990.6.—347页：照片；大32开.—(中国社会科学博士论文文库/胡绳主编).—ISBN 7-5004-0212-0(精装)：6.00元

周礼注疏：附校勘记/(汉)郑玄注；(唐)贾公彦疏；黄侃经文句读.—上海：上海古籍出版社，1990.12.—668页；大32开.—(十三经注疏；四).ISBN 7-5325-0951-6：9.75元

商周家族形态研究/朱凤瀚著.—天津：天津古籍出版社，1990.8.—636页；大32开.—ISBN 7-80504-167-9：11.30元

K225　春秋史

左传全译/(春秋)左丘明著；王守谦等译注.—贵阳：贵州人民出版社，1990.11.—1612页；大32开.(中国历代名著全译丛书).—ISBN 7-221-01571-6(精装)：24.65元

左传选译/(春秋)左丘明著；陈世饶译注.—成都：巴蜀书社，1990.—300页：插图；32开.—(古代文史名著选译丛书：先秦两汉/章培恒等主编).国家教委古籍整理“七·五”规划重点项目.—ISBN 7-80523-357-8

国语选译/(春秋)左丘明撰；高振铎，刘乾先译注.—成都：巴蜀书社，1990.—308页；32开.—(古代文史名著选译丛书：先秦两汉/章培恒等主编).国家教委古籍整理“七·五”规划重点项目.—ISBN 7-80523-357-8

春秋公羊传注疏：附校勘记/(汉)何休注；(唐)徐彦疏；黄侃经文句读.—影印本.—上海：上海古籍出版社，1990.12.—360页；大32开.—(十三经注疏；八).—ISBN 7-5325-0955-9：5.40元

春秋左传正义：附校勘记/(晋)杜预注；(唐)孔颖达等正义；黄侃经文句读.—上海：上海古籍出版社，1990.12.—2册(1066)页；大32开.—(十三经注疏；七).—ISBN 7-5325-0954-0：15.55元

春秋左传注/杨伯峻编著.—2版(修订本).—北京：中华书局，1990.5.—4册(1736页)；大32开.(中国古典名著译注丛书).—ISBN 7-101-00262-5：32.45元

本书1981年3月第1版。

春秋谷梁传注疏：附校勘记/(晋)范宁注；(唐)杨士勋疏；黄侃经文句读.—上海：上海古籍出版社，1990.12.—206页；大32开.—(十三经注疏；九).—ISBN 7-5325-0956-7：3.25元

K23　封建社会

封建末世的积淀和萌芽/王守稼著.—上海：上海人民出版社，1990.8.—313页；大32开.—ISBN 7-208-00859-0：5.95元

K231　战国史

战国变法运动/黄中业著.—长春：吉林大学出版社，1990.8.—343页；32开.—ISBN 7-5601-0569-6：2.15元

战国策注释/何建章注释.—北京：中华书局，1990.2.—1392页；大32开.—ISBN 7-101-00622-1：27.20元

战国策选译/任重，霍旭东译注.—成都：巴蜀书社，1990.—295页；32开.—(古代文史名著选译丛书：先秦两汉/章培恒等主编).—国家教委古籍整理“七·五”规划重点项目.—ISBN 7-80523-357-8

楚文化寻绎/姚汉荣，姚益心著.—上海：学林出版社，1990.11.—254页；32开.—ISBN 7-80510-499-9：3.20元

楚灭国考/何光岳著.—上海：上海人民出版社，1990.2.—266页；32开.—ISBN 7-208-00172-3：4.10元

K232　秦、汉史

汉书选译/(东汉)班固著；张世俊，任巧珍译注.—成都：巴蜀书社，1990.—329页：插图；32开.(古代文史名著选译丛书：先秦两汉/章培恒等主编).—国家教委古籍整理“七·五”规划重点项目.ISBN 7-80523-357-8

汉书菁华/钱杭译注.—上海：上海教育出版社，1990.7.—231页；32开.—(中学生文库).—ISBN 7-5320-1765-6：1.90元

汉唐事笺/(元)朱礼撰.—扬州：江苏广陵古籍刻印社，1988.11.—4册(1函)；12开.—(线装)：38.00元

后汉书选译/（南朝）范晔撰；李国祥等译注.—成都：巴蜀书社，1990.—372页：插图；32开.—（古代文史名著选译丛书：先秦两汉/章培恒等主编）.国家教委古籍整理“七·五”规划重点项目.—ISBN 7-80523-357-8

后汉书菁华/（南朝）范晔撰；王兴康译注.—上海：上海教育出版社，1990.7.—261页；32开.—（中学生文库）.—ISBN 7-5320-1798-2：2.20元

刘邦·项羽争雄记/李桂海著.—上海：文汇出版社，1990.3.—308页；32开.—ISBN 7-80531-098-X：4.80元

两汉博闻/（宋）杨侃撰；车承瑞点校.—哈尔滨：黑龙江人民出版社，1990.3.—708页；大32开.—国家教委古籍整理“七·五”规划重点项目.—ISBN 7-207-01078-8：9.55元

秦汉史研究概要/周天游编著.—天津：天津教育出版社，1990.10.—225页；大32开.—（学术研究指南丛书）.—ISBN 7-5309-0683-9（精装）：5.50元

K235　三国、晋、南北朝史

三国志/（晋）陈寿撰；（宋）裴松之注；吴金华标点.—长沙：岳麓书社，1990.7.—2册（1181，96页）；大32开.—（古典名著普及文库）.—ISBN 7-80520-215-X（精装）：8.30元

三国志选译/（晋）陈寿著；刘琳译注.—成都：巴蜀书社，1990.—257页：插图；32开.—（古代文史名著选译丛书：魏晋南北朝/章培恒等主编）.—国家教委古籍整理“七·五”规划重点项目.—ISBN 7-80523-357-8

三国志校诂/吴金华著.—南京：江苏古籍出版社，1990.10.—362页；大32开.—（南京师范大学古文献整理研究所专刊；3）.—ISBN 7-80519-197-2：7.50元

三国志菁华/阮廷贵，陈稼禾编著.—上海：上海教育出版社，1990.5.—328页；32开.—（中学生文库）.—ISBN 7-5320-1799-0：2.70元

三国智慧的启示/（日）狩野直祯著；杨耀禄，李星译.—兰州：兰州大学出版社，1990.5.—130页；32开.—ISBN 7-311-00341-5：1.65元

两晋清谈/（清）沈杲之著.—影印本.—扬州：江苏广陵古籍刻印社，1990.8.—6册（1函）；24开.（线装）：85.00元

本书据嘉庆刊本影印。

南史选译/（唐）李延寿修撰；漆泽邦译注.—成都：巴蜀书社，1990.—321页：插图；32开.—（古代文史名著选译丛书：魏晋南北朝/章培恒等主编）.国家教委古籍整理“七·五”规划重点项目.—ISBN 7-80523-357-8

K24　隋、唐至清前期

剑桥中国隋唐史：589～906年/（英）崔瑞德编；中国社会科学院历史研究所西方汉学研究课题组译.—北京：中国社会科学出版社，1990.12.—804页；大32开.—ISBN 7-5004-0561-8（精装）：13.85元

隋唐五代史　下册/王仲荦著.—上海：上海人民出版社，1990.12.—777～1444页；大32开.—高等学校文科教材.—ISBN 7-208-00566-4：11.10元

K242　唐　史

旧唐书札迻/龚向农编著.—成都：四川大学出版社，1990.4.—199页；32开.—ISBN 7-5614-0236-8：2.10元

贞观之治新探：唐太宗政绩兴与衰/陈志贵著.—沈阳：辽宁人民出版社，1990.12.—365页；32开.—ISBN 7-205-01716-5：4.80元

唐代著将/马驰著.—西安：三秦出版社，1990.6.239页；大32开.—（隋唐历史文化丛书/张玉良主编）.—ISBN 7-80546-133-3：3.50元

魏征谏言译注/吕效祖译注.—西安：陕西人民出版社，1990.8.—244页；大32开.—ISBN 7-224-01256-4：4.35元

K244　宋　史

东都事略/（南宋）王称撰.—影印本.—扬州：江苏广陵古籍刻印社，1990.2.—14册（2函）；20开.（线装）：170.00元

本书据清刊本影印。

宋史研究论丛/漆侠主编.—保定：河北大学出版社，1990.4.—353页；大32开.—ISBN 7-81028-002-3：4.50元

宋史选译/淮沛，汤墨译注.—成都：巴蜀书社，1990.—315页；32开.—（古代文史名著选译丛书：宋元明清/章培恒等主编）.—国家教委古籍整理“七·五”规划重点项目.—ISBN 7-80523-357-8

K246/247　辽、金、元史

元史译文证补校注/（清）洪钧著，田虎编著.—石家庄：河北人民出版社，1990.8.—404页；大32开.ISBN 7-202-00709-6：5.50元

辽金契丹女真史译文集　第一集/王承礼主编.长春：吉林文史出版社，1990.9.—434页；大32开.（东北史丛书）.—ISBN 7-80528-251-4：8.00元

韩儒林文集/韩儒林著；南京大学元史研究室编.南京：江苏古籍出版社，〔1990〕.—834页；大32开.—ISBN 7-80519-191-3：15.60元

K248 明史

明实录类纂：人物传记卷/李国祥主编.—武汉：武汉出版社，1990.6.—1290页；大32开.—ISBN 7-5430-0352-X（精装）：25.00元

明通鉴/（清）夏燮编著.—上海：上海古籍出版社，1990.10.—877页；16开.—ISBN 7-5325-0848-X（精装）：29.10元

荆驼逸史/（清）陈湖逸士著.—影印本.—扬州：江苏广陵古籍刻印社，1990.9.—32册（4函）；20开.—（线装）：428.00元

本书为明清之际野史汇编，共收书58种。本书据清刊本影印。

K249 清史

中国第一历史档案馆馆藏：清代朱批奏折财政类目录 第一分册：田赋/中国第一历史档案馆编.—北京：中国财政经济出版社，1990.9.—1060页；16开.—ISBN 7-5005-1071-3（精装）：45.00元

国朝掌故辑要/（清）林春熙辑.—影印本.—扬州：江苏广陵古籍刻印社，1990.6.—2册（1270页）；大32开.—(精装)：68.00元

郎潜纪闻四笔/（清）陈康祺著；褚家伟，张文玲整理.—北京：中华书局，1990.3.—189页；32开.（清代史料笔记丛刊）.—ISBN 7-101-00585-3：3.25元

故宫札记/单士元著.—北京：紫禁城出版社，1990.6.—304页；32开.—（紫禁城丛书）.—ISBN 7-80047-077-6：5.90元

琐记清宫/魏建功等著；刘北汜选编.—北京：紫禁城出版社，1990.9.—186页；32开.—（紫禁城丛书）.—ISBN 7-80047-078-4：4.00元

清人社会生活/冯尔康，常建华著.—天津：天津人民出版社，1990.7.—475页；大32开.—（社会史丛书）.—ISBN 7-201-00427-1：6.55元

清史国际学术讨论会论文集/白寿彝主编.—沈阳：辽宁人民出版社，1990.8.—627页；大32开.—（清史研究丛书）.—ISBN 7-205-01384-4：8.85元

清史治要/黄冕堂著.—济南：齐鲁书社，1990.12.514页；大32开.—ISBN 7-5333-0212-5：8.00元

清史研究集　第七辑/中国人民大学清史研究所编.—北京：光明日报出版社，1990.10.—377页；大32开.—ISBN 7-80014-881-5：5.90元

清史新考/王钟翰著.—沈阳：辽宁大学出版社，1990.7.—332页；大32开.—（满学与清史研究书系：专著类）.—ISBN 7-5610-0908-9（精装）：6.50元

清史满语辞典/商鸿逵等编著.—上海：上海古籍出版社，1990.5.—301页；32开.—ISBN 7-5325-0178-7：4.90元

本书为清代职官制度方面的工具书，主要解释清代史籍中出现的满名汉字音译的衙署、职官、封爵赐号及部分地名、部族名等专门词汇。

清代农民战争史资料选编　第六册/中国人民大学历史系，中国第一历史档案馆合编.—北京：中国人民大学出版社，1990.3.—511页；大32开.—ISBN 7-300-00741-4：6.00元

清代官场百态/李乔编著.—北京：中国人民大学出版社，1990.11.—195页；32开.—（清史知识丛书/罗明主编）.—ISBN 7-300-00958-1：3.25元

清代宫廷史/万依等著.—沈阳：辽宁人民出版社，1990.3.—648页；大32开.—（清史研究丛书）.—ISBN 7-205-00949-9（精装）：15.00元

清代宫廷史/万依等著.—沈阳：辽宁人民出版社，1990.3.—648页；大32开.—（清史研究丛书）.—ISBN 7-205-00953-7：11.50元

清代档案史料丛编　第十三辑/中国第一历史档案馆编.—北京：中华书局，1990.3.—455页；大32开.—ISBN 7-101-00416-4：8.50元

清代档案史料丛编　第十四辑/中国第一历史档案馆编.—北京：中华书局，1990.5.—396页；大32开.ISBN 7-101-00417-2：7.35元

清宫述闻：初、续编合编本/章乃炜，王蔼人编.北京：紫禁城出版社，1990.5.—982页；大32开.ISBN 7-80047-080-6：18.00元

本书所辑史料主要采自清宫档案原件，并以宫廷密籍、文献、实录、达官日记、年谱等为佐证，内容涉及清宫事务的各个方面，是了解清代历史，宫史，典章习俗，故宫沿革，帝后生活，宫廷人物及宫闱轶事的一部极重要的参考书。

清朝文字狱/郭成康，林铁钧著.—北京：群众出版社，1990.10.—404页；大32开.—ISBN 7-5014-0418-6：6.90元

紫禁城之变/李尚英编著.—北京：紫禁城出版社，1990.9.—123页；32开.—（紫禁城丛书）.—ISBN 7-80047-006-7：2.50元

雍正继位之谜/冯尔康著.—北京：中国人民大学出版社，1990.10.—145页；32开.—（清史知识丛书/罗明主编）.—ISBN 7-300-00889-5：2.70元

雍正朝汉文朱批奏折汇编　第11～20册/中国第一历史档案馆编；江苏广陵古籍刻印社整理.—南京：江苏古籍出版社，1990.7.—10册；16开.—ISBN 7-80519-138-7（精装）：1800.00元

满文老档/中国第一历史档案馆，中国社会科学院历史研究所译注.—影印本.—北京：中华书局，1990.3.—2册（1732，206页）；大32开.—ISBN 7-101-00587-X（精装）：84.00元

《满文老档》是清入关前用满文写成的官方编年档案册，始于1607年，终笔于1636年，主要记载了努尔哈赤建立后金

汗国，对明进行战争等内容。

蕉廊脞录/吴庆坻撰；刘承幹校；张文真，刘德麟点校.—北京：中华书局，1990.3.—265页；32开.(清代史料笔记丛刊).—ISBN 7-101-00583-7：4.40元

K25　半殖民地、半封建社会

中国近代史/郭孝义主编.—上海：华东师范大学出版社，1990.11.—405页；大32开.—全国高等师范专科学校教材.—ISBN 7-5617-0617-0：2.84元

中国近代史回顾/欧阳敏，包海卫主编.—武汉：武汉工业大学出版社，1990.4.—142页；32开.—爱国主义读本.—ISBN 7-5629-0348-4：1.75元

中国近代史简明读本/吕秀斌等编著.—银川：宁夏人民出版社，1990.6.—153页；32开.—青年职工政治培训教材.—ISBN 7-227-00573-9：1.50元

中国近代史纲：1840～1989/上海外国语学院出国培训部编.—上海：上海外语教育出版社，1990.8.352页；大32开.—供出国留学人员用.—ISBN 7-81009-573-0：4.80元

中国近现代革命史：1840～1990/戚连城主编.—石家庄：河北人民出版社，1990.8.—271页；32开.基本国情、基本路线政治教育辅导.—ISBN 7-202-00741-X：3.10元

中国革命史/王宏彬主编.—沈阳：辽宁大学出版社，1990.5.—347页；大32开.—ISBN 7-5610-0962-3：3.95元

中国革命史/吉林省高等学校《中国革命史》编写组编.—长春：吉林人民出版社，1990.7.—406页；大32开.—吉林省高等学校本科试用教材.—ISBN 7-206-00809-7：4.90元

中国革命史/庄永淑主编.—修订本.—上海：华东师范大学出版社，1990.5.—295页；32开.—新编教材.—ISBN 7-5617-0556-5：1.78元

中国革命史/刘茂林主编.—北京：北京出版社，1990.9.—350页；大32开.—ISBN 7-200-01218-1：4.50元

中国革命史/孙少华主编.—北京：北京理工大学出版社，1990.7.—324页；32开.—ISBN 7-81013-362-4：3.90元

中国革命史/李刚，袁竞雄主编.—上海：上海人民出版社，1990.6.—360页；32开.—ISBN 7-208-00926-0：4.10元

中国革命史/何沁主编.—武汉：武汉大学出版社，1990.9.—510页；大32开.—高等教育自学考试教材公共课用.—ISBN 7-307-00810-6：5.40元

中国革命史/邱济舟等主编.—长春：吉林人民出版社，1990.6.—244页；大32开.—吉林省高等专科学校政治理论试用教材.—ISBN 7-206-00788-0：3.20元

中国革命史/应尔玉主编.—北京：兵器工业出版社，1990.7.—281页；32开.—ISBN 7-80038-174-9：3.00元

中国革命史/周保同，陈建林主编.—北京：中国计划出版社，1990.9.—304页；大32开.—ISBN 7-80058-139-X：4.50元

中国革命史/段清言主编.—北京：中共中央党校出版社，1990.4.—389页；32开.—ISBN 7-5035-0277-0：4.70元

中国革命史/宫玉书主编.—哈尔滨：黑龙江人民出版社，1990.7.—348页；32开.—ISBN 7-207-01598-4：3.70元

中国革命史/徐玉圻，陈昭铭主编.—乌鲁木齐：新疆大学出版社，1990.9.—398页；32开.—ISBN 7-5631-0152-7：4.50元

中国革命史/唐锡林，孙家骏主编.—青岛：青岛海洋大学出版社，1990.2.—343页；大32开.—ISBN 7-81026-046-4：4.00元

中国革命史/浙江大学《中国革命史》编写组编.2版（修订本）.—杭州：浙江大学出版社，1990.7.405页；大32开.—高等学校教学用书.—ISBN 7-308-00031-1：4.90元

本书1987年8月第1版。

中国革命史/曹铎光，张传伦主编.—2版（修订本）.—昆明：云南教育出版社，1990.7.—340页；32开.—ISBN 7-5415-0403-3：3.50元

本书1987年6月第1版。

中国革命史/薛立，王慧主编.—西安：陕西人民教育出版社，1990.4.—351页；大32开.—ISBN 7-5419-1427-4：3.90元

中国革命史自学指导书/何沁主编.—武汉：武汉大学出版社，1990.10.—221页；32开.—全国高等教育自学考试教材.—ISBN 7-307-00841-6：2.60元

中国革命史讲义/龙维智主编.—昆明：云南大学出版社，1990.5.—357页；32开.—ISBN 7-81025-063-9：3.80元

中国革命史应试指南/梁仁编.—广州：华南理工大学出版社，1990.12.—124页；32开.—ISBN 7-5623-0241-3：2.50元

中国革命史纲/冯毅编著.—天津：南开大学出版社，1990.2.—255页；大32开.—ISBN 7-310-00304-7：3.70元

中国革命史纲/司亚民等主编.—长春：吉林大学出版社，1990.12.—453页；32开.—ISBN 7-5601-0741-9：5.90元

中国革命史纲要/苏毅然主编.—北京：警官教育出版社，1990.8.—304页；32开.—ISBN 7-81027-019-2：4.00元

中国革命史述论/孔令闻主编.—北京：北京航空航天大学出版社，1990.9.—345页；大32开.—ISBN 7-81012-214-2：4.80元

中国革命史学习手册/杨日隆主编.—南宁：广西人民出版社，1990.10.—425页；32开.—ISBN 7-219-01689-1：5.40元

中国革命史参考资料/胡雅各主编.—西安：西北工业大学出版社，1990.6.—370页；32开.—高等理工院校人文社会科学系列教材.—ISBN 7-5612-0244-X：2.06元

中国革命史标准化试题辅导/杨祖培，郝志模主编；孙进等撰稿.—北京：中国人民大学出版社，1990.11.—207页；大32开.—高等教育自学考试用.—ISBN 7-300-01002-4：3.30元

中国革命史理论与现实问题研究/马大群等主编.哈尔滨：哈尔滨船舶工程学院出版社，1990.6.—275页；32开.—ISBN 7-81007-112-2：3.90元

中国革命史教学与考试/姜华宣主编.—北京：华夏出版社，1990.8.—260页；32开.—ISBN 7-80053-746-3：3.60元

中国革命史教学必备/王朝美，王章维主编.—乌鲁木齐：新疆人民出版社，1990.3.—619页；大32开.ISBN 7-228-01021-3：7.00元

中国革命史教学指南/曹志贤主编.—南京：江苏教育出版社，1990.7.—387页；32开.—ISBN 7-5343-1122-5：3.65元

中国革命史教程/马枕戈，张大鸣主编.—济南：济南出版社，1990.1.—391页；32开.—ISBN 7-80572-199-8：4.00元

中国革命史教程/马洪武主编.—南京：江苏人民出版社，1990.4.—414页；大32开.—ISBN 7-214-00475-5：4.50元

中国革命史教程/王树德等主编.—2版.—成都：四川大学出版社，1990.6.—381页；32开.—ISBN 7-5614-0204-X：3.85元

本书1989年2月第1版。

中国革命史教程/朱瑞庚，张西同主编.—上海：同济大学出版社，1990.6.—290页；大32开.—ISBN 7-5608-0615-5：3.15元

中国革命史教程/苏业兴等主编.—厦门：鹭江出版社，1990.7.—407页；32开.—ISBN 7-80533-328-9：4.40元

中国革命史教程/房成祥等主编.—修订本.—西安：陕西人民出版社，1990.7.—471页；32开.—高等院校共同课教材.—ISBN 7-224-01373-0：4.65元

本书1986年8月第1版。

中国革命史常用词典/徐方治主编.—南宁：广西人民出版社，1990.1.—404页；32开.—ISBN 7-219-01461-9（精装）：8.30元

中国革命史释疑/贺彤，张天华主编.—郑州：河南人民出版社，1990.4.—393页；32开.—ISBN 7-215-00951-3：4.90元

中国革命史简明教程/梁小克等主编.—南宁：广西教育出版社，1990.11.—318页；32开.—高等师范专科学校试用教材.—ISBN 7-5435-1058-8：3.10元

中国革命史简编/郭文运，黄国定主编.—3版.—贵阳：贵州人民出版社，1990.7.—426页；32开.—ISBN 7-221-01778-6：4.80元

本书1986年8月第1版。

中国革命史新编/杜兴运，杨吉福主编.—峨嵋山：西南交通大学出版社，1990.7.—387页；32开.—ISBN 7-81022-180-9：2.20元

中国革命史新编/陈富安，万长青主编.—海口：南海出版公司，1990.10.—370页；32开.—ISBN 7-80570-392-2：5.40元

中国革命简史/徐万成主编.—北京：北京工业大学出版社，1990.7.—314页；大32开.—ISBN 7-5639-0091-8：3.00元

吉林省高等学校本科《中国革命史》教材学习指导和重点问题研究/何世芬等主编.—长春：吉林人民出版社，1990.7.—384页；大32开.—ISBN 7-206-00812-7：4.60元

近代中国/陈月清主编；吴云明等编著.—北京：中国青年出版社，1990.7.—439页；大32开.—ISBN 7-5006-0779-2：7.00元

简明中国革命史/刘曙光主编.—天津：天津教育出版社，1990.6.—375页；大32开.—ISBN 7-5309-0988-6：4.40元

简明中国革命史/李必成等主编.—成都：西南财经大学出版社，1990.8.—467页；32开.—ISBN 7-81017-262-X：2.80元

新编中国革命史/姜华宣主编.—北京：人民出版社，1990.10.—420页；大32开.—ISBN 7-01-000739-X：5.40元

K250.5　历史事件

历史的足迹：中华一百五十年大事录/赵世臣，姚秋杰主编.—长春：长春出版社，1990.4.—323页；32开.—ISBN 7-80573-187-X：3.70元

中国近现代暗杀内幕：现代部分/郑淑芬等编著.长春：吉林大学出版社，1990.1.—279页；32开.ISBN 7-5601-0230-1：3.35元

本书搜集了从清末到国民党政权逃到台湾后24个重要历史人物被暗杀的内部材料。

教案与近代中国：近代中国教案学术讨论会文集/冯祖贻等主编.—贵阳：贵州人民出版社，1990.12.348页；大32开.—ISBN 7-221-02110-4：4.90元

K250.6 史　料

中国近代史资料研究与介绍/李正中编.—天津：天津人民出版社，1990.10.—157页；32开.—ISBN 7-201-00690-8：2.85元

中国近代史料学稿/张革非等编著.—北京：中国人民大学出版社，1990.3.—492页；大32开.—ISBN 7-300-00699-X：5.60元

中国革命纪事/郑德荣，王维礼主编.—长春：东北师范大学出版社，1990.6.—791页；大32开.—ISBN 7-5602-0357-4（精装）：15.00元

文史资料选辑　第20辑（总120辑）/中国人民政治协商会议全国委员会文史资料研究委员会《文史资料选辑》编辑部编.—北京：中国文史出版社，1990.4.—219页；大32开.—ISBN 7-5034-0110-9：2.95元

文史资料选辑　第21辑（总121辑）/中国人民政治协商会议全国委员会文史资料委员会《文史资料选辑》编辑部编.—北京：中国文史出版社，1990.9.221页；大32开.—ISBN 7-5034-0169-9：3.30元

文史资料精选/《文史资料选辑》编辑部编.—北京：中国文史出版社，1990.7.—16册；32开.—ISBN 7-5034-0105-2：107.00元

近代史资料　总77号/中国社会科学院近代史研究所近代史资料编辑部编.—北京：中国社会科学出版社，1990.7.—262页；大32开.—ISBN 7-5004-0728-9：4.20元

革命史资料　总第11期/郝盛潮，周琪生主编.—上海：上海人民出版社，1990.6.—160页；大32开.1.00元

曾国藩等往来信稿真迹/太平天国历史博物馆编.影印本.—石家庄：河北人民出版社，1990.12.—8册（1函）；20开.—ISBN 7-202-00873-4（线装）：500.00元

K250.7 研究、考订、评论

中国历史的必由之路/张连起编著.—哈尔滨：黑龙江人民出版社，1990.10.—215页；大32开.—ISBN 7-207-01666-2：3.60元

国外中国近代史研究　第十五辑/中国社会科学院近代史研究所《国外中国近代史研究》编辑部编.北京：中国社会科学出版社，1990.10.—269页；大32开.—ISBN 7-5004-0675-4：4.30元

国外中国近代史研究　第十六辑/中国社会科学院近代史研究所《国外中国近代史研究》编辑部编.北京：中国社会科学出版社，1990.10.—275页；大32开.—ISBN 7-5004-0793-9：4.55元

国外中国近代史研究　第十七辑/中国社会科学院近代史研究所《国外中国近代史研究》编辑部编.北京：中国社会科学出版社，1990.10.—320页；大32开.—ISBN 7-5004-0730-0：5.05元

智者的迷惘：晚清士大夫中西文化观演变的缩影/刘福祥编著.—长春：吉林文史出版社，1990.6.229页；大32开.—（历史反思丛书）.—ISBN 7-80528-191-2：3.50元

誓拼热血振兴中华：近代中国人民反帝爱国斗争/中共天津市委党校文史教研室，中共天津石油化工公司党校编写.—天津：天津社会科学院出版社，1990.4.—232页；32开.—ISBN 7-80563-045-3：2.50元

K250.9 普及读物

中国近现代史之最/黄寿先编著.—广州：华南理工大学出版社，1990.4.—183页；32开.—ISBN 7-5623-0204-9：2.50元

旧中国官场奇闻录/曾炎等编.—郑州：河南人民出版社，1990.4.—147页；32开.—ISBN 7-215-00710-3：1.80元

怎样学习中国革命史/戴泉源，倪国振编著.—厦门：鹭江出版社，1990.7.—83页；32开.—ISBN 7-80533-374-5：1.10元

K251 旧民主主义革命时期

K252 清代后期

中华帝国晚期的叛乱及其敌人：1796～1864年的军事化与社会结构/（美）孔飞力（Kuhn，P.A.）著；谢亮生等译.—北京：中国社会科学出版社，1990.11.—270页；32开.—（中国近代史研究译丛/王庆成主编）.—ISBN 7-5004-0480-8：4.20元

书名原文：Rebellion and its Enemies in late Imperial China

19世纪的中国在内外因素的作用下发生了巨大变革。在诸多因素中，哪些是起决定作用的因素？本书突出"内因"的作用，从分析中国社会的内部结构及其制度入手，强调了中国地方名流的作用，论述了在其影响下的地方组建武装活动的形成和发展，并就此对中国近代史的分期问题提出了新的看法。

奕䜣慈禧政争记/宝成关著.—长春：吉林文史出版社，1990.6.—399页；大32开.—ISBN 7-80528-239-0：5.60元

晚清乡土意识/程歗著.—北京：中国人民大学出版社，1990.12.—353页；大32开.—（清史研究丛书/戴逸主编）.—ISBN 7-300-00931-X：6.45元

K253　第一次鸦片战争及其以后

对西方挑战的首次回应——鸦片战争/陈胜粦等编.—北京：文物出版社，1990.11.—1册；16开.(转变中的近代中国(1840～1949)丛书/金冲及主编).—ISBN 7-5010-0454-4(精装)：45.00元

对西方挑战的首次回应——鸦片战争/陈胜粦等编.—北京：文物出版社，1990.11.—1册；16开.(转变中的近代中国(1840～1949)丛书/金冲及主编).—ISBN 7-5010-0453-6：39.00元

林则徐与鸦片战争论稿/陈胜粦著.—增订本.—广州：中山大学出版社，1990.11.—621页；大32开.(近代中国研究丛书).—ISBN 7-306-00349-6：25.00元

本书1985年12月第1版。

话说鸦片战争/赵润兰等撰述.—天津：新蕾出版社，1990.3.—124页；32开.—(鸦片战争150周年教育丛书).—ISBN 7-5307-0657-8：1.65元

屈辱与奋起：鸦片战争150周年教育活动参考资料/郑云山等编写.—杭州：杭州大学出版社，1990.4.92页；32开.—ISBN 7-81035-019-6：1.00元

鸦片战争风云录/张英明编著.—南昌：江西教育出版社，1990.5.—81页；32开.—ISBN 7-5392-0882-1：0.80元

鸦片战争史论文专集/列岛编.—北京：人民出版社，1990.12.—380页；大32开.—(中国历史研究丛书).—ISBN 7-01-000796-9：4.80元

鸦片战争史话/苗建寅等编.—西安：陕西人民出版社，1990.5.—82页；32开.—ISBN 7-224-01294-7：0.95元

鸦片战争史话/闻始编.—杭州：浙江人民出版社，1990.5.—112页；32开.—ISBN 7-213-00534-0：1.45元

鸦片战争和第二次鸦片战争/尹世霖著.—北京：中国社会出版社，1990.4.—77页；32开.—(鸦片战争150周年教育丛书).—ISBN 7-80088-004-4：1.10元

K254　太平天国革命

清政府镇压太平天国档案史料　第一册/俞炳坤主编；中国第一历史档案馆编.—北京：光明日报出版社，1990.4—542页；大32开.—ISBN 7-20014-610-3：9.50元

清政府镇压太平天国档案史料　第二册/俞炳坤主编；中国第一历史档案馆编.—北京：光明日报出版社，1990.4.—608页；大32开.—ISBN 7-80014-611-1：10.50元

捻军人物传/江地著.—太原：山西教育出版社，1990.5.—246页；大32开.—ISBN 7-80578-213-X：3.85元

K254.42　天地会起义

天地会研究/(荷兰)施列格编.—影印本.—石家庄：河北人民出版社，1990.5.—281页；32开.(民间秘密结社与宗教丛书).—ISBN 7-202-00642-1：5.00元

中国帮会三百年革命史/刘联珂编著.—石家庄：河北人民出版社，1990.5.—216页；32开.—(民间秘密结社与宗教丛书).—ISBN 7-202-00638-3：4.15元

洪门史/戴魏光编著.—石家庄：河北人民出版社，1990.5.—176页；32开.—(民间秘密结社与宗教丛书).—ISBN 7-202-00637-5：3.30元

洪门志/朱琳编著.—影印本.—石家庄：河北人民出版社，1990.5.—237页；32开.—(民间秘密结社与宗教丛书).—ISBN 7-202-00639-1：4.20元

清末广西天地会风云录/徐舸著.—桂林：广西师范大学出版社，1990.4.—170页；32开.—ISBN 7-5633-0784-2：3.10元

K254.43　少数民族起义

清同治年间陕西回民起义研究/冯增烈等编.—西安：三秦出版社，1990.4.—316页；大32开.—(陕西少数民族丛书).—ISBN 7-80546-193-7：3.70元

K256　第二次鸦片战争以后时期

八国联军侵华史/李德征等编著.—济南：山东大学出版社，1990.9.—476页；大32开.—ISBN 7-5607-0361-5：7.20元

八国联军侵华罪行录/孙宗沅，王绍文编写.—北京：中国少年儿童出版社，1990.8.—100页：照片；32开.—(鸦片战争150周年教育丛书).—ISBN 7-5007-1199-9：1.40元

义和团运动在河北/公孙訇著.—石家庄：河北人民出版社，1990.10.—212页；大32开.—ISBN 7-202-00788-6：5.00元

义和团档案史料续编：1896年6月～1901年2月/中国第一历史档案馆编辑部编.—北京：中华书局，1990.8.—2册(2020页)；大32开.—ISBN 7-101-00578-0(精装)：41.60元

义和拳运动起源探索/路遥主编；燕子杰等编.—济南：山东大学出版社，1990.9.—265页；大32开.ISBN 7-5607-0341-0：3.85元

甲午战争与近代社会/戚其章著.—济南：山东教育出版社，1990.4.—519页；大32开.—ISBN 7-5328-

0889-0：6.00元

甲午战争史/戚其章著.—北京：人民出版社，1990.9.—596页；大32开.—ISBN 7-01-000735-7：8.60元

甲午海战与中国近代海军/张炜主编.—北京：中国社会科学出版社，1990.6.—364页；大32开.—ISBN 7-5004-0864-1：6.00元

甲申中法马江战役/郑剑顺著.—厦门：厦门大学出版社，1990.10.—77页；32开.—ISBN 7-5615-0337-7：1.30元

在帝都——八国联军罪行记实/(法)贝野罗蒂著；李金发译.—北京：人民日报出版社，1990.3.159页；32开.—ISBN 7-80002-268-4：2.40元

沙俄侵华史　第四卷　上册/中国社会科学院近代史研究所编.—北京：人民出版社，1990.4.—531页；大32开.—ISBN 7-01-000442-0(精装)：10.50元

沙俄侵华史　第四卷　上册/中国社会科学院近代史研究所编.—北京：人民出版社，1990.4.—531页；大32开.—ISBN 7-01-000444-7：8.80元

沙俄侵华史　第四卷　下册/中国社会科学院近代史研究所编.—北京：人民出版社，1990.4.—533～1083页；大32开.—ISBN 7-01-000443-9(精装)：10.60元

沙俄侵华史　第四卷　下册/中国社会科学院近代史研究所编.—北京：人民出版社，1990.4.—533～1083页；大32开.—ISBN 7-01-000445-5：8.90元

京津蒙难记：八国联军侵华纪实/北京市政协文史资料研究委员会，天津市政协文史资料研究委员会编.—北京：中国文史出版社，1990.12.—323页；大32开.—ISBN 7-5034-0247-4：6.05元

话说八国联军侵北京/佟更等撰述.—天津：新蕾出版社，1990.8.—124页；32开.—(鸦片战争150周年教育丛书).—ISBN 7-5307-0680-2：1.65元

革新派巨人康有为/林克光编著.—北京：中国人民大学出版社，1990.12.—576页；大32开.—(清史研究丛书/戴逸主编).—ISBN 7-300-00905-0：9.50元

乘桴新获：从戊戌到辛亥/汤志钧著.—南京：江苏古籍出版社，1990.10.—782页：肖像；大32开.—ISBN 7-80519-193-X：14.50元

本书是作者在旅居日本期间搜集整理的近代史料、调查访问、讲课记录等论文、札记。

K257　辛亥革命

广东新军庚戌起义资料选编/仇江编.—广州：中山大学出版社，1990.12.—325页；大32开.—(岭南丛书).—ISBN 7-306-00362-3：5.85元

辛亥前后史事论丛/章开沅著.—武汉：华中师范大学出版社，1990.7.—507页；大32开.—ISBN 7-5622-0553-1(精装)：12.95元

K258　中华民国早期

中华民国文化史/史全生主编.—长春：吉林文史出版社，1990.4.—3册(1278页)；32开.—ISBN 7-80528-228-5：17.50元

中华民国史资料丛稿：大事记　第三十一辑：1945年(中华民国三十四年)/中国社会科学院近代史研究所，中华民国史研究室编.—北京：中华书局，1990.12.—238页；16开.—ISBN 7-101-00828-3：7.15元

北洋军阀：1912～1928/章伯锋，李宗一主编；中国史学会，中国社会科学院近代史研究所编.—武汉：武汉出版社，1990.6.—6册；大32开.—ISBN 7-5430-0259-0(精装)：200.00元

北洋军阀天津档案史料选编/天津市档案馆编辑.天津：天津古籍出版社，1990.2.—596页；大32开.(北洋军阀史料；3).—ISBN 7-80504-158-X：18.00元

民国第一案/王作贤等主编.—济南：山东人民出版社，1990.7.—296页；大32开.—ISBN 7-209-00672-9：3.75元

孙中山在日活动密录：1913年8月～1916年4月：日本外务省档案/俞辛焞等编译.—天津：南开大学出版社，1990.12.—796页；大32开.—ISBN 7-310-00221-0：14.20元

孙中山廖仲恺与中国革命/(美)陈福霖著.—广州：中山大学出版社，1990.6.—324页；大32开.(中山大学学术丛书.社会科学系列).—ISBN 7-306-00302-X：7.80元

袁世凯天津档案史料选编/天津市档案馆编.—天津：天津古籍出版社，1990.12.—312页；大32开.ISBN 7-80504-194-7：10.00元

K26　新民主主义革命时期

中国现代史：1919～1949/叶庚主编.—北京：北京师范大学出版社，1990.4.—423页；大32开.—高等师范专科试用教材.—ISBN 7-303-00736-9：2.45元

中国现代史/白砥民主编.—上海：华东师范大学出版社，1990.6.—379页；大32开.—全国高等师范专科学校教材.—ISBN 7-5617-0555-7：2.69元

中国现代史争鸣录：历史事件篇/中国人民解放军南京政治学院历史学系编.—南京：江苏教育出版社，1990.1.—640页；大32开.—ISBN 7-5343-0864-X：7.95元

中国现代史论选　(上)/葛懋春主编.—桂林：广西师范大学出版社，1990.1.—647页；大32开.—高

等学校文科教学参考书.—ISBN 7-5633-0724-9：4.05元

中国现代史研究概览/戴绪恭，谭克绳主编.—武汉：华中师范大学出版社，1990.9.—428页；大32开.—ISBN 7-5622-0518-3：5.70元

中国现代史教程/丛广玉主编.—哈尔滨：黑龙江人民出版社，1990.7.—382页；大32开.—ISBN 7-207-01584-1：4.10元

中国现代史新编　(上)/赵守仁等主编.—大连：大连海运学院出版社，1990.10.—369页；32开.—ISBN 7-5632-0232-3：3.70元

中国现代史新编　(下)/赵守仁等主编.—大连：大连海运学院出版社，1990.10.—316页；32开.—ISBN 7-5632-0232-3：3.70元

K261 "五四"运动和中国共产党成立后

历史的选择：五四、传统文化与马克思主义/国家教育委员会社会科学发展研究中心编.—济南：山东大学出版社，1990.1.—207页；大32开.—ISBN 7-5607-0301-1：2.90元

五四运动和马克思主义的早期传播在陕西/中共陕西省委党史研究室编.—西安：陕西人民出版社，1990.8.—343页；大32开.—(陕西党史资料丛书；16).—ISBN 7-224-01405-2：5.83元

五四爱国运动/李捷编写.—北京：新华出版社，1990.6.—47页；32开.—(中国革命史小丛书/苏双碧主编).—ISBN 7-5011-0708-4：0.85元

中国工人运动史纲/李景华等著.—长春：吉林文史出版社，1990.8.—328页；32开.—ISBN 7-80528-269-7：3.95元

中国工运大事记：民主革命时期/唐玉良，王瑞峰主编.—沈阳：辽宁人民出版社，1990.5.—788页；大32开.—ISBN 7-205-01118-3：10.50元

中国工运史辞典/常凯主编.—北京：劳动人事出版社，1990.3.—878页；大32开.—ISBN 7-5045-0296-0(精装)：18.00元

中国铁路工运史资料选编　第一辑/杨文福主编.郑州：河南人民出版社，1990.10.—486页；大32开.ISBN 7-215-01194-1：9.70元

中国第一次罢工高潮/金凤编写.—北京：新华出版社，1990.9.—49页；32开.—(中国革命史小丛书/苏双碧主编).—ISBN 7-5011-0792-0：1.00元

从"西化"到现代化：五四以来有关中国的文化趋向和发展道路论争文选/罗荣渠主编.—北京：北京大学出版社，1990.3.—997页；大32开.—(世界现代化进程研究丛书).—ISBN 7-301-00749-3：12.15元

北京大学纪念五四运动七十周年论文集/北京大学社会科学处编.—北京：北京大学出版社，1990.3.289页；大32开.—ISBN 7-301-00978-X：4.20元

奉系军阀档案史料汇编/辽宁省档案馆编辑.—南京：江苏古籍出版社；香港：地平线出版社，1990.8.—12册；16开.—ISBN 7-80519-181-6(精装)

国民党人与五四运动/刘永明著.—北京：中国社会科学出版社，1990.10.—389页；32开.—ISBN 7-5004-0738-6：5.60元

指令与自主：共产国际·苏联·中国革命/孙武霞等编著.—上海：上海社会科学院出版社，1990.3.284页；大32开.—ISBN 7-80515-539-9：3.96元

海关职工革命斗争史文集/中国海关学会编.—北京：中国展望出版社，1990.8.—321页：照片；大32开.—(中国海关历史丛书).—ISBN 7-5050-0766-1：6.75元

K262　第一次国内革命战争时期

五卅反帝爱国运动/王玉平编写.—北京：新华出版社，1990.6.—48页；32开.—(中国革命史小丛书/苏双碧主编).—ISBN 7-5011-0711-4：0.85元

中山舰传奇/程浩著.—广州：广东旅游出版社，1990.2.—131页：照片；32开.—ISBN 7-80521-131-X：2.40元

中国大革命史：1924～1927　上册/王宗华主编.北京：人民出版社，1990.9.—590页；大32开.—ISBN 7-01-000400-5：10.25元

中国大革命史：1924～1927　下册/王宗华主编.北京：人民出版社，1990.9.—674页；大32开.—ISBN 7-01-000531-1：11.00元

第一次国内革命战争时期农民运动史/曾宪林，谭克绳主编.—济南：山东人民出版社，1990.8.—267页；大32开.—ISBN 7-209-00661-3：4.30元

第一次国共合作/黄峥编写.—北京：新华出版社，1990.6.—47页；32开.—(中国革命史小丛书/苏双碧主编).—ISBN 7-5011-0710-6：0.85元

粤军史实纪要/广东省政协文史资料研究委员会编.广州：广东人民出版社，1990.1.—295页；大32开.(广东文史丛书).—ISBN 7-218-00324-9：3.35元

K263　第二次国内革命战争时期

八一南昌起义/史凤兰编写.—北京：新华出版社，1990.6.—47页；32开.—(中国革命史小丛书/苏双碧主编).—ISBN 7-5011-0712-2：0.85元

土地革命战争初期若干问题/颜广林编著.—上海：复旦大学出版社，1990.1.—397页；32开.—ISBN 7-309-00351-9：7.00元

国共政权十年对峙史：1927～1937/郑德荣主编.

北京：高等教育出版社，1990.4.—450页；大32开.高等学校文科教材.—ISBN 7-04-002935-9：3.30元

桑植起义/中共桑植县委党史办公室编.—武汉：中国地质大学出版社，1990.1.—396页；32开.—ISBN 7-5625-0338-9：5.50元

渭华起义六十周年纪念册：1928～1988/中国共产党陕西省渭南地区委员会宣传部编.—西安：陕西人民美术出版社，1989.3.—1册；12开.—ISBN 7-5368-0127-0：21.00元

K264　日本帝国主义入侵及全国抗日民主运动

长征日记：1933年12月14日～1936年10月24日/赵镕著.—太原：山西人民出版社，1990.6.—545页；大32开.—ISBN 7-203-01594-7：9.80元

西安事变/李捷编写.—北京：新华出版社，1990.9.—46页；32开.—(中国革命史小丛书/苏双碧主编).—ISBN 7-5011-0787-4：1.00元

红二方面军从湘鄂边到陕北长征纪实/贺彪著.—北京：华夏出版社，1990.3.—308页；大32开.—ISBN 7-80053-751-3：5.20元

抗日战争前夜的延安之行/(美)托马斯·阿瑟·毕森著；张星星，薛鲁夏译.—沈阳：东北工学院出版社，1990.1.—129页；32开.—ISBN 7-81006-175-5：3.40元

抗联一路军在濛江/封志全主编.—长春：吉林大学出版社，1990.11.—301页；大32开.—ISBN 7-5601-0681-1：4.95元

遵义会议/郭军宁编写.—北京：新华出版社，1990.9.—44页；32开.—(中国革命史小丛书/苏双碧主编).—ISBN 7-5011-0788-2：1.00元

K265　抗日战争时期

三光：日本战犯侵华罪行自述/(日)中国归还者联络会编；李亚一译.—北京：世界知识出版社，1990.6.—309页；32开.—ISBN 7-5012-0300-8：3.50元

上海抗敌后援会/上海市档案馆编.—北京：档案出版社，1990.3.—605页：照片；大32开.—(上海档案史料丛编).—ISBN 7-80019-234-2(精装)：9.80元

日军侵华战争：1931～1945/王辅著.—沈阳：辽宁人民出版社，1990.11.—4册(2918页)；大32开.ISBN 7-205-01549-5：50.10元

中日学者对谈录：卢沟桥事变50周年中日学术讨论会文集/刘大年主编；中国人民抗日战争纪念馆编.北京：北京出版社，1990.8.—371页；大32开.—ISBN 7-200-01173-8(精装)：7.30元

中日学者对谈录：卢沟桥事变50周年中日学术讨论会文集/刘大年主编；中国人民抗日战争纪念馆编.北京：北京出版社，1990.8.—371页；大32开.—ISBN 7-200-01171-1：4.95元

中国抗日战争史/(日)石岛纪之著；郑玉纯，纪宏译.—长春：吉林教育出版社，1990.7.—153页；大32开.—(外国学者研究历史译丛；3).—ISBN 7-5383-1075-4(精装)：3.70元

东北沦陷十四年大事编年/王秉忠，孙继英主编.沈阳：辽宁人民出版社，1990.12.—565页；大32开.(东北沦陷十四年史丛书).—ISBN 7-205-01553-8：8.00元

卢沟桥事变与八年抗战/张春祥主编；抗日战争纪念馆编.—北京：北京出版社，1990.10.—426页；大32开.—ISBN 7-200-01246-7：5.45元

汉奸秘闻录/张辅麟编著.—长春：吉林教育出版社，1990.12.—295页；32开.—(伪满史丛书).ISBN 7-5383-1348-6：3.60元

伪满洲国大事记/政协吉林省委文史资料委员会编.—大连：大连出版社，1990.6.—164页；大32开.—(中国的东北丛书).—ISBN 7-80555-313-0：2.60元

论牺盟会和决死队/薄一波著.—北京：中共中央党校出版社，1990.4.—501页；大32开.—ISBN 7-5035-0258-4：7.90元

纪念"皖南事变"50周年专辑/阮世炯，杨立平主编；上海市新四军暨华中抗日根据地历史研究会军部分会编.—上海：同济大学出版社，1990.11.—300页；大32开.—ISBN 7-5608-0734-8：3.30元

远征印缅抗战/刘琦等编.—北京：中国文史出版社，1990.10.—455页；大32开.—(原国民党将领抗日战争亲历记丛书).—ISBN 7-5034-0153-2：9.80元

抚顺地区人民抗日斗争史/尉常荣著；史殿荣编.沈阳：辽宁教育出版社，1990.1.—420页；32开.ISBN 7-5382-0994-8：7.50元

抗日民族统一战线在西南/吴汉家主编；政协西南地区文史资料协作会议编.—成都：四川人民出版社，1990.7.—400页；大32开.—(抗战时期的大西南丛书).—ISBN 7-220-00979-8：3.50元

抗日战争纪事：1937～1945/陈之中，谭剑锋编写.北京：解放军出版社，1990.9.—495页；大32开.ISBN 7-5065-1336-6：7.50元

武汉青年抗日救亡史/徐永昭，刘重阳编.—武汉：武汉工业大学出版社，1990.2.—227页；32开.—IS

BN 7-5629-0323-0：2.25元

呼伦贝尔抗战史话/厉春鹏著.—海拉尔：内蒙古文化出版社，1990.6.—89页；32开.—ISBN 7-80506-074-6：2.00元

济南日特机关罪行录/中国人民政治协商会议山东省济南市委员会文史资料委员会编.—济南：济南出版社，1990.9.—267页；大32开.—ISBN 7-80572-305-2：4.00元

皖南事变/《皖南事变》编纂委员会编.—北京：中共党史出版社，1990.12.—499页；大32开.—（中国共产党历史资料丛书）.—ISBN 7-80023-234-4：8.10元

皖南事变研究与争鸣/童志强主编.—合肥：安徽人民出版社，1990.9.—414页；大32开.—（新四军研究书系）.—ISBN 7-212-00418-9：6.80元

溥仪私藏伪满秘档/辽宁省档案馆编.—北京：档案出版社，1990.6.—207页：照片；大32开.—ISBN 7-80019-231-8（精装）：9.40元

K266　第三次国内革命战争时期

长春起义纪实/韦明，叶家林著.—北京：华艺出版社，1990.1.—217页；32开.—ISBN 7-80039-302-7：3.20元

进军大别山/李勇编写.—北京：新华出版社，1990.9.—33页；32开.—（中国革命史小丛书/苏双碧主编）.—ISBN 7-5011-0786-6：0.85元

走向光明：长春国民党军投诚史料/吉林省军区政治部《长春国民党军投诚》编写组编.—长春：吉林教育出版社，1990.7.—401页；大32开.—ISBN 7-5383-1029-0：5.70元

两种命运的决战和新中国的建立/张永通，苏仲波主编.—徐州：中国矿业大学出版社，1990.3.—362页；32开.—ISBN 7-81021-375-X：3.00元

国民党统治区的民主运动/叶舟编写.—北京：新华出版社，1990.9.—43页；32开.—（中国革命史小丛书/苏双碧主编）.—ISBN 7-5011-0826-6：1.00元

南下日记/赵志平著.—长沙：湖南人民出版社，1990.1.—110页；32开.—ISBN 7-217-00712-7：1.75元

南京解放/南京市档案馆编.—南京：江苏古籍出版社，1990.2.—597页；大32开.—ISBN 7-80519-156-5：9.00元

重庆谈判/李勇编写.—北京：新华出版社，1990.6.—39页；32开.—（中国革命史小丛书/苏双碧主编）.—ISBN 7-5011-0717-3：0.75元

解放战争实录：两种命运的决战/解力夫著.—石家庄：河北人民出版社，1990.8.—2册（615页）；大32开.—ISBN 7-202-00733-9：8.80元

震撼世界的大决战/王道平等著.—北京：解放军出版社，1990.4.—377页；大32开.—ISBN 7-5065-1244-0：6.00元

K269　解放区的革命建设和发展

井冈山革命根据地/颜吾芟编写.—北京：新华出版社，1990.9.—45页；32开.—（中国革命史小丛书/苏双碧主编）.—ISBN 7-5011-0789-0：1.00元

中外人士访延纪实：封锁线内的真相：1944～1945/陈明钦等编.—昆明：云南人民出版社，1990.3.—355页；32开.—ISBN 7-222-00580-3：3.90元

地方武装斗争/中共山西省委党史研究室太行革命根据地史总编委会编.—太原：山西人民出版社，1990.5.—580页；大32开.—（太行革命根据地史料丛书；3）.—ISBN 7-203-01469-X：10.00元

华北抗日根据地史/魏宏运，左志远主编.—北京：档案出版社，1990.5.—352页；大32开.—ISBN 7-80019-228-8：6.50元

江西革命根据地史话/《江西革命根据地史话》编写组编.—南昌：江西教育出版社，1990.7.—214页；32开.—江西省中等师范学校补充教材.—ISBN 7-5392-0872-4：2.00元

红旗十月满天飞/马洪武，陈鹤锦主编.—南京：江苏人民出版社，1990.10.—472页；大32开.—（新四军丛书）.—ISBN 7-214-00570-0：6.20元

苏中抗日根据地/中共江苏省党史工作委员会，江苏省档案馆编.—北京：中共党史资料出版社，1990.4.—635页；大32开.—（中国共产党历史资料丛书）.—ISBN 7-80023-116-X：9.00元

陕甘宁边区/王寅城编写.—北京：新华出版社，1990.9.—48页；32开.—（中国革命史小丛书/苏双碧主编）.—ISBN 7-5011-0793-9：1.10元

陕甘宁边区/薛幸福主编.—北京：兵器工业出版社，1990.8.—385页；大32开.—（革命根据地军工史料丛书）.—ISBN 7-80038-261-3：6.50元

陕甘宁边区大事记述/雷云峰主编.—西安：三秦出版社，1990.5.—438页；大32开.—ISBN 7-80546-243-7：5.60元

陕甘宁边区抗日民主根据地/西北五省区编纂领导小组，中央档案馆编.—北京：中共党史资料出版社，1990.10.—3册；大32开.—（中国共产党历史资料丛书）.—ISBN 7-80023-154-2：29.00元

陕甘宁边区政权建设史/宋金寿，李忠全主编.—西安：陕西人民出版社，1990.12.—512页；大32开.ISBN 7-224-01478-8：7.00元

陕甘宁边区政府文件选编　第九辑/陕西省档案馆，陕西省社会科学院编.—北京：档案出版社，1990.5.—460页；大32开.—ISBN 7-80019-232-6；

8.50元

政权建设/中共山西省委党史研究室编.—太原：山西人民出版社，1990.8.—405页；大32开.—（太行革命根据地史料丛书；4）.—ISBN 7-203-01468-1：7.80元

战斗在中华大地：汉斯·希伯在中国/汉斯·希伯研究会编.—济南：山东人民出版社，1990.11.—740页；照片；大32开.—（国际友人丛书；第1辑/爱泼斯坦，高梁主编）.—ISBN 7-209-00764-4：10.20元

神府革命根据地/中共陕西省委党史资料征集研究委员会等编.—西安：陕西人民出版社，1990.7.466页；大32开.—（陕西党史资料丛书；12）.—ISBN 7-224-01473-7：7.30元

晋冀豫根据地/吴东才主编.—北京：兵器工业出版社，1990.4.—416页；照片；大32开.—（革命根据地军工史料丛书）.—ISBN 7-80038-176-5：7.00元

皖江抗日根据地/《皖江抗日根据地》编审委员会编.—北京：中共党史资料出版社，1990.2.—426页；大32开.—（中国共产党历史资料丛书）.—ISBN 7-80023-108-9：8.10元

湘鄂赣苏区文化史资料/王松州，林兆福主编.—海口：南海出版公司，1990.11.—366页；大32开.—ISBN 7-80570-435-X：5.80元

渭北革命根据地/中共陕西省委党史资料征集研究委员会，中共咸阳市委党史办公室编.—西安：陕西人民出版社，1990.2.—496页；大32开.—（陕西党史资料丛书；11）.—ISBN 7-224-01189-4：7.60元

解放战争中的辽吉根据地/李清霖主编；中共辽宁省委党史研究室编.—北京：中共党史出版社，1990.8.—716页；照片；大32开.—ISBN 7-80023-253-0：10.00元

靖安县革命根据地战斗历程/江西省靖安县史志办公室编；吴健雄，舒敏务主编.—海口：南海出版公司，1990.12.—226页；大32开.—ISBN 7-80570-407-4：6.50元

K27　中华人民共和国：社会主义革命和社会主义建设时期

中华人民共和国四十年/肖效钦，王幼樵主编.—北京：北京师范学院出版社，1990.1.—377页；大32开.—ISBN 7-81014-394-8：5.30元

中华人民共和国史纲/杨勤为等主编.—东营：石油大学出版社，1990.2.—242页；大32开.—ISBN 7-5636-0069-8：3.45元

中华人民共和国40年/蒋辅义等主编.—成都：四川人民出版社，1990.6.—447页；32开.—ISBN 7-220-01005-2：5.80元

世纪风云：历史选择了人民共和国/王淇主编.—北京：中共党史出版社，1990.12.—281页；大32开.ISBN 7-80023-204-2：4.50元

当代中国四十年纪事：1949～1989/虞宝棠，李学昌主编.—上海：上海人民出版社，1990.7.—569页；32开.—ISBN 7-208-00715-2：5.80元

社会主义——中国历史发展的必然：中国革命史学习指南/管文虎等主编.—成都：电子科技大学出版社，1990.8.—258页；32开.—ISBN 7-81016-254-3：3.00元

滑轨与嬗变：新民主主义社会阶段备忘录/庞松，王东著.—郑州：河南人民出版社，1990.6.—324页；照片；32开.—（40年国是反思丛书）.—ISBN 7-215-00635-2：3.90元

K28　民族史志

中国少数民族革命运动史：1919～1949/《中国少数民族革命运动史》编写组编.—成都：四川民族出版社，1990.2.—250页；大32开.—ISBN 7-5409-0118-7：2.78元

中国民族史　（上）/江应梁主编.—北京：民族出版社，1990.10.—507页；大32开.—ISBN 7-105-00810-5（精装）：6.50元

中国民族史　（上）/江应梁主编.—北京：民族出版社，1990.10.—507页；大32开.—ISBN 7-105-00811-3：4.50元

中国民族史　（中）/江应梁主编.—北京：民族出版社，1990.11.—525页；大32开.—ISBN 7-105-01157-2（精装）：6.00元

中国民族史　（中）/江应梁主编.—北京：民族出版社，1990.11.—525页；大32开.—ISBN 7-105-01156-4：4.10元

中国民族史　（下）/江应梁主编.—北京：民族出版社，1990.10.—394页；大32开.—ISBN 7-105-01078-9（精装）：5.20元

中国民族史　（下）/江应梁主编.—北京：民族出版社，1990.10.—394页；大32开.—ISBN 7-105-01079-7：3.20元

中国民族史　（上）/林惠祥著.—影印本.—上海：上海文艺出版社，1990.5.—337页；32开.（中外文化要籍影印丛书）.—ISBN 7-5321-0337-4（精装）：9.90元

本书据商务印书馆中国文化史丛书1937年第5版影印。

中国民族关系史纲要/翁独健主编.—北京：中国社会科学出版社，1990.2.—885页；大32开.—ISBN 7-5004-0607-X（精装）：15.00元

民族历史文化萃要/贾敬颜著.—长春：吉林教育出

版社，1990.7.—274页；32开.—（中国少数民族文库）.—ISBN 7-5383-1062-2（精装）：4.20元

任乃强民族研究文集/任乃强著.—北京：民族出版社，1990.6.—566页；大32开.—ISBN 7-105-00836-9（精装）：5.85元

任乃强民族研究文集/任乃强著.—北京：民族出版社，1990.6.—566页；大32开.—ISBN 7-105-00300-6：4.35元

K280.2/.7　各省区民族总志

元江哈尼族彝族傣族自治县民族志/元江哈尼族彝族傣族自治县民族事务委员会县志办公室编.—昆明：云南大学出版社，1990.3.—295页；32开.—（云南省地方志丛书）.—ISBN 7-81025-027-2：3.88元

云南省个旧市民族志/云南省个旧市民族事务委员会编.—昆明：云南大学出版社，1990.4.—228页；32开.—（云南省地方志丛书）.—ISBN 7-81025-042-6：3.50元

玉溪市民族志/玉溪市民族宗教事务委员会编.—昆明：云南民族出版社，1990.11.—320页；32开.—（云南省地方志丛书）.—ISBN 7-5367-0339-2：5.00元

西山区民族志/《西山区民族志》编写组编.—昆明：云南人民出版社，1990.9.—323页；大32开.（昆明市西山区史志丛书）.—ISBN 7-222-00576-5：3.95元

西北民族关系史/杨建新，马曼丽主编.—北京：民族出版社，1990.9.—507页；大32开.—ISBN 7-105-01061-4：4.00元

传统与发展：云南少数民族现代化研究之二/杜玉亭主编.—北京：中国社会科学出版社，1990.8·587页；大32开.—ISBN 7-5004-0788-2：8.00元

本书是全面研究云南少数民族传统社会、政治、经济、文化与现代化问题的专著。

河南少数民族史稿/马迎洲等编著.—郑州：中州古籍出版社，1990.9.—321页；32开.—ISBN 7-5348-0419-1：5.20元

思茅少数民族/思茅行政公署民委编.—昆明：云南民族出版社，1990.3.—639页；大32开.—ISBN 7-5367-0255-8：6.45元

祥云县少数民族志/祥云县民族事务委员会编；王丽珠撰.—昆明：云南人民出版社，1990.6.—204页；大32开.—(云南省地方志丛书).—ISBN 7-222-00651-6：6.90元

屏边苗族自治县民族志/云南省屏边苗族自治县民族事务委员会县志办公室编.—昆明：云南大学出版社，1990.4.—223页；32开.—（云南省地方志丛书）.—ISBN 7-81025-043-4：3.50元

湖北民族史/吴永章著.—武汉：华中理工大学出版社，1990.3.—195页；大32开.—ISBN 7-5609-0298-7：2.60元

新疆古代民族文化论集/许海生主编.—乌鲁木齐：新疆大学出版社，1990.5.—217页：图；大32开.ISBN 7-5631-0112-8：4.00元

K281/288　各民族史志

八排文化：八排瑶的文化人类学考察/杨鹤书等著.—广州：中山大学出版社，1990.10.—176页；32开.—（中山大学学术丛书·社会科学系列）.—ISBN 7-306-00337-2：4.80元

大理白族史探索/张旭著.—昆明：云南人民出版社，1990.3.—219页；大32开.—ISBN 7-222-00591-9：3.50元

广西恭城瑶族历史资料/李剛等编.—桂林：漓江出版社，1990.10.—72页；32开.—ISBN 7-5407-0591-4

天山深处的人家/宋彦明著.—乌鲁木齐：新疆人民出版社，1990.9.—148页；32开.—（祖国大家庭丛丛）.—ISBN 7-228-01396-4：1.55元

本书介绍了哈萨克族的历史、文化传统、习俗风貌和生活环境等。

车里宣慰使世系集解：汉文、西双版纳傣文对照/刀述仁等译；刀永明集解.—昆明：云南民族出版社，1989.11.—636页，照片；32开.—（中国少数民族古籍丛书·云南省少数民族古籍丛书；第22辑）.ISBN 7-5367-0234-5

贝叶文化论/王懿之，杨世光编.—昆明：云南人民出版社，1990.4.—754页：彩照；大32开.—ISBN 7-222-00609-5（精装）：13.35元

贝叶文化，实际上是傣族文化——象征意义上的提法。本书从考古学、历史学、民族学等不同领域，对傣族文化进行了研究和探索。

母体崇拜：彝族祖灵葫芦溯源/刘小幸著.—昆明：云南人民出版社，1990.5.—180页；大32开.（彝族文化研究丛书/刘尧汉主编）.—ISBN 7-222-00533-1（精装）：5.50元

母体崇拜：彝族祖灵葫芦溯源/刘小幸著.—昆明：云南人民出版社，1990.5.—180页；大32开.—（彝族文化研究丛书/刘尧汉主编）.—ISBN 7-222-00534-X：3.70元

连阳八排风土记/（清）李来章撰；黄志辉校注.广州：中山大学出版社，1990.12.—283页；大32开.（岭南丛书）.—ISBN 7-306-00355-0：11.90元

我在神鬼之间：一个彝族祭司的自述/吉克·尔达·则伙口述；吉克·尔达·史伙记录；刘尧汉整理.—昆明：云南人民出版社，1990.5.—255页；大32开.—（彝族文化研究丛书/刘尧汉主编）.—ISBN 7-222-00560-9（精装）：6.20元

我在神鬼之间：一个彝族祭司的自述/吉克·尔达·则伙口述；吉克·则伙·史伙记录；刘尧汉整

理.—昆明：云南人民出版社，1990.5.—255页；大32开.—(彝族文化研究丛书／刘尧汉主编).—ISBN 7-222-00519-6：4.10元

松花江下游的赫哲族／凌纯声著.—影印本.—上海：上海文艺出版社，1990.12.—694页；32开.(民俗、民间文学影印资料；63).—ISBN 7-5321-0658-6(精装)：15.00元

《拔协》(增补本)译注：附藏文原文／拔塞囊著；佟锦华，黄布凡译注.—成都：四川民族出版社，1990.10.—284页；32开.—ISBN 7-5409-0308-2：2.96元

《拔协》为藏族古典文史名著，书中记述了赤德祖赞和赤松德赞父子两代的事迹，

卓尼杨土司传略／杨士宏著.—成都：四川民族出版社，1990.4.—196页；照片；32开.—ISBN 7-5409-0356-2：2.15元

本书在叙述了卓尼历代杨土司传略的同时，着重记述了自公元1508年明朝皇帝赐卓尼第五代土司旺秀杨洪以后，历代土司与中央政权的亲密关系，此外，对土司衙门的组织系统及其演变，政教合一制度下禅定寺的组织和活动等作了介绍。

物始纪略　第一集：彝文、汉文对照／贵州省毕节地区民族事务委员会编；贵州省毕节地区彝文翻译组译.—成都：四川民族出版社，1990.1.—260页；大32开.—ISBN 7-5409-0274-4：4.20元

《物始纪略》是彝族先民对事物的产生、发展规律的认识的文字记录。

南乡春色：一个壮族乡社会文化的变迁／徐杰舜等著.—南宁：广西人民出版社，1990.9.—264页；大32开.—ISBN 7-219-01664-6：5.10元

贵州瑶族／柏果成等著.—贵阳：贵州民族出版社，1990.4.—154页；大32开.—ISBN 7-5412-0120-0：2.80元

客家学研究　第二辑／吴泽主编；《客家学研究》编委会编.—上海：上海人民出版社，1990.12.—148页；16开.—ISBN 7-208-01052-8：6.00元

勐果占壁及勐卯古代诸王史：汉傣文对照／召帕雅坦玛铁・卡章戛著；龚肃政译.—昆明：云南民族出版社，1990.11.—501页；32开.—(中国少数民族古籍丛书・云南省少数民族古籍译丛；第19辑).—ISBN 7-5367-0352-X：6.40元

勐勐土司世系：汉、傣文对照／宋子皋著；刀永明，薛贤译注.—昆明：云南民族出版社，1990.11.379页；32开.—(中国少数民族古籍丛书・云南省少数民族古籍译丛；第25辑).—ISBN 7-5367-0335-X：8.50元

基诺族普米族社会历史综合调查／《民族问题五种丛书》云南省编辑委员会编.—北京：民族出版社，1990.12.—210页；16开.—(国家民委民族问题五种丛书・中国少数民族社会历史调查资料丛刊).—ISBN 7-105-01181-5：3.85元

朝鲜族文化／金东勋，金昌浩著.—长春：吉林教育出版社，1990.3.—219页；32开.—(中国少数民族文库／史筠主编).—ISBN 7-5383-0930-6(精装)：3.80元

斯批黑遮：汉、哈尼文对照／赵呼基，李七周演唱；李期博，米娜译.—昆明：云南民族出版社，1990.7.—458页；32开.—(中国少数民族古籍丛书・云南少数民族古籍译丛；第31辑).—ISBN 7-5367-0343-0：6.30元

《斯批黑遮》是哈尼族的殡葬祭词，涉及内容比较广泛，是一本研究哈尼族的民俗、宗教方面的可贵资料。

越裔遗俗新探：侗族历史文化论丛／王胜先著.贵阳：贵州人民出版社，1990.4.—201页；32开.ISBN 7-221-01482-5：2.30元

蒙古学十年：1980～1990／乌兰察夫，乌力吉图主编.—呼和浩特：内蒙古人民出版社，1990.7.—299页；大32开.—ISBN 7-204-01031-0：5.25元

蒙古族人民革命武装斗争纪实／乌嫩齐编著.—呼和浩特：内蒙古人民出版社，1990.4.—199页；大32开.—ISBN 7-204-00849-9：3.20元

蒙古族历史纪年表：蒙汉对照／苏达那木道尔吉编著.—呼和浩特：内蒙古教育出版社，1990.6.—288页；16开.—ISBN 7-5311-0931-X：5.30元

锡伯族／嵇南，吴克尧著.—北京：民族出版社，1990.2.—32页；大32开.—(民族知识丛书).—ISBN 7-105-00752-4：1.00元

锡伯族研究／克力等编.—乌鲁木齐：新疆人民出版社，1990.10.—418页；大32开.—ISBN 7-228-01384-0：4.85元

佤人社会历史调查／中国社会科学院民族研究所编.—昆明：云南人民出版社，1990.4.—286页；大32开.—(民族学资料丛编).—ISBN 7-222-00608-7：3.85元

满族大辞典／孙文良主编.—沈阳：辽宁大学出版社，1990.5.—989页；大32开.—ISBN 7-5610-0864-3(精装)：28.00元

满族民间文化论集／孟慧英著.—长春：吉林人民出版社，1990.2.—267页；32开.—ISBN 7-206-00692-2：4.50元

满族研究文集／金基浩，葛荫山主编.—长春：吉林文史出版社，1990.7.—400页；大32开.—ISBN 7-80528-252-2：6.50元

藏族传统文化概述／佟锦华著.—北京：中国藏学出版社，1990.2.—150页；24开.—(西藏知识小丛书／江平主编).—ISBN 7-80057-028-2：2.40元

藏族社会历史调查　(四)／西藏社会历史调查资料丛刊编辑组编.—拉萨：西藏人民出版社，1990.3.224页；16开.—(国家民委民族问题五种丛书・中国少数民族社会历史调查资料丛刊).—ISBN 7-223-

00271-9：5.40元

藏族编年史料集　(二)/陈乃文，陈燮章辑．北京：民族出版社，1990.9.—2册(985页)；大32开.—ISBN 7-105-00784-2：7.20元

K289　古代民族史志

东夷古国史研究　第二辑/刘敦愿，逄振镐主编．西安：三秦出版社，1990.5.—342页；大32开.—ISBN 7-89546-198-8：5.00元

东夷源流史/何光岳著.—南昌：江西教育出版社，1990.8.—549页；大32开.—(中华民族源流史丛书).—ISBN 7-5392-0864-3：6.70元

东胡史/林幹著.—呼和浩特：内蒙古人民出版社，1990.11.—272页；大32开.—(中国古代北方民族史丛书).—ISBN 7-204-00829-4：5.25元

百越民族研究/彭适凡主编.—南昌：江西教育出版社，1990.7.—392页；大32开.—ISBN 7-5392-0877-5：5.50元

夜郎史稿/朱俊明著.—贵阳：贵州人民出版社，1990.5.—260页；大32开.—ISBN 7-221-01521-X：4.65元

南诏野史会证/(明)倪辂辑；(清)王崧校理；(清)胡蔚增订；木芹会证.—昆明：云南人民出版社，1990.3.—410页；大32开.—ISBN 7-222-00541-2：6.90元

K29　地方史志

乡土志丛编/原燕京大学图书馆辑.—影印本.—扬州：江苏广陵古籍刻印社，1990.9.—6册(1函)；12开.—(线装)：100.00元

本书据民国二十六年本影印。

天一阁藏明代方志选刊续编.—影印本.—上海：上海书店，1990.12.—72册；32开.—ISBN 7-80569-374-9(精装)

本书据明嘉靖刻本影印。

中国方志学史/邸富生著.—大连：大连海运学院出版社，1990.4.—237页；大32开.—ISBN 7-5632-0069-X：4.50元

中国方志简史/彭静中编著.—成都：四川大学出版社，1990.8.—457页；32开.—ISBN 7-5614-0267-8：2.58元

方志考稿/(民国)瞿宣颖撰.—影印本.—扬州：江苏广陵古籍刻印社，1990.9.—6册(1函)；20开.(线装)：110.00元

本书据天春书社排印本影印。

方志学/李泰棻编著.—石家庄：河北人民出版社，1990.5.—319页；大32开.—(河北地方志丛刊；2).—ISBN 7-202-00678-2：6.80元

方志学通论/仓修良著.—济南：齐鲁书社，1990.11.—650页；大32开.—ISBN 7-5333-0176-5：10.50元

方志理论研究　第一辑/云南省地方志办公室，云南省地方志学会编.—昆明：云南大学出版社，1990.8.—245页；32开.—ISBN 7-81025-065-5：3.00元

方志编纂新论：贵州省地方志协会第二届年会论文选辑/贵州省地方志协会编；肖先治主编.—贵阳：贵州人民出版社，1990.7.—288页；32开.—ISBN 7-221-01900-2：2.50元

方志新论/杨树民著.—西安：陕西人民出版社，1990.12.—150页；大32开.—ISBN 7-224-01516-4：3.50元

史志专题论辑　(一)/胡珊鹏等著.—北京：中国文史出版社，1990.8.—165页；32开.—ISBN 7-5034-0112-5：6.00元

当代方志学探论/张仲荧著.—成都：巴蜀书社，1990.1.—249页；32开.—ISBN 7-80523-302-0：2.63元

宋元方志丛刊/中华书局编辑部编.—影印本.—北京：中华书局，1990.5.—8册；16开.—ISBN 7-101-00569-1(精装)：650.00元

省市志编纂实用手册/吕武进，吴福林主编.—南京：江苏人民出版社，1990.7.—299页；32开.—ISBN 7-214-00515-8：6.00元

新方志编纂探论/王景玉主编.—北京：学苑出版社，1990.10.—366页；大32开.—(河北地方志丛刊；3).—ISBN 7-5077-0251-0：5.30元

新志书编纂求索/张其卓主编.—沈阳：辽宁人民出版社，1990.6.—312页；32开.—ISBN 7-205-01452-2：3.60元

新志探微/唐明炎等编.—昆明：云南人民出版社，1990.8.—210页；32开.—ISBN 7-222-00684-2：2.50元

新编方志引论/何成顶主编.—兰州：兰州大学出版社，1990.6.—252页；大32开.—ISBN 7-311-00348-2：2.90元

K291/297　各省、市、区史志

K291　北京市

天桥史话/成善卿著.—北京：三联书店，1990.12.—440页：照片及插图；32开.—ISBN 7-108-00321-X：9.90元

文史资料选编　第三十八辑/中国人民政治协商会议北京市委员会文史资料研究委员会编.—北京：北京出版社，1990.3.—349页；大32开.—ISBN 7-200-00981-4：4.95元

文史资料选编　第三十九辑/中国人民政治协商会

议北京市委员会文史资料研究委员会编.—北京：北京出版社，1990.11.—264页；大32开.—ISBN 7-200-01090-1：3.50元

北京乡土史话/郑树民，张显传主编.—北京：兵器工业出版社，1990.8.—254页；32开.—ISBN 7-80038-257-5：3.50元

北京牛街/刘东声，刘盛林等编.—北京：北京出版社，1990.2.—215页；大32开.—ISBN 7-200-01002-2：3.60元

北京牛街志书——《冈志》/北京市政协文史资料研究委员会，北京市民族古籍整理出版规划小组编；刘东声，刘盛林注释.—北京：北京出版社，1990.4.—102页；大32开.—(中国少数民族古籍).—ISBN 7-200-00989-X：2.45元

北京文化综览/丁守和，劳允光主编.—北京：北京师范学院出版社，1990.7.—514页；大32开.—ISBN 7-81014-434-0：10.00元

北京市志稿　(一)：前事志、建置志/吴廷燮等纂.—北京：北京燕山出版社，1990.3.—569页；大32开.—ISBN 7-5402-0164-9：13.00元

北京市志稿　(三)：度支志、货殖志/吴廷燮等纂.—北京：北京燕山出版社，1990.8.—588页；大32开.—ISBN 7-5402-0237-8：12.80元

北京市志稿　(四)：文教志　(上)/吴廷燮等纂.—北京：北京燕山出版社，1990.11.—494页；大32开.—ISBN 7-5402-0290-4：12.00元

北京老天桥/北京市对外文化交流协会，北京市宣武区《北京老天桥》画册编委会编.—北京：北京出版社，1990.9.—152页；12开.—ISBN 7-200-01208-4：41.00元

北京通史：辽代卷/曹子西主编；王玲著.—北京：北京燕山出版社，1990.3.—373页：冠图；大32开.ISBN 7-5402-0206-8：7.50元

花市一条街/北京市政协文史资料研究委员会，北京市崇文区政协文史资料委员会编.—北京：北京出版社，1990.12.—244页；大32开.—ISBN 7-200-01206-8：3.95元

K292　华北地区

天津——个城市的崛起/天津市政协文史资料研究委员会编；王华棠主编.—天津：天津人民出版社，1990.7.—264页：照片；大32开.—ISBN 7-201-00500-6：4.85元

天津文史资料选辑　第四十九辑/中国人民政治协商会议天津市委员会文史资料研究委员会编.—天津：天津人民出版社，1990.1.—172页；大32开.ISBN 7-201-00395-X：2.20元

天津文史资料选辑　第五十一辑/中国人民政治协商会议天津市委员会文史资料研究委员会编.—天津：天津人民出版社，1990.7.—196页；大32开.ISBN 7-201-00507-3：2.50元

丰南县志/丰南县志编纂委员会编纂.—北京：新华出版社，1990.6.—807页；16开.—(中国地方志丛书).—ISBN 7-5011-0655-X(精装)：50.00元

古今涿州志要/杨少山主编.—北京：新华出版社，1990.9.—703页；大32开.—ISBN 7-5011-0781-5：8.50元

石家庄市大事记：1947～1983/河北省石家庄市档案馆编.—石家庄：河北人民出版社，1990.7.—476页；大32开.—(河北省大事记丛书).—ISBN 7-202-00702-9：7.05元

卢龙通览/卢龙县县志编纂委员会办公室编.—石家庄：河北人民出版社，1990.11.—380页；32开.(河北地方史志丛书).—ISBN 7-202-00807-6(精装)：7.00元

迁安县志译注/迁西县地方志编纂委员会办公室编.北京：新华出版社，1990.6.—560页；16开.—ISBN 7-5011-0380-3：20.00元

邯郸文史资料　第七辑：邯郸战役/中国人民政治协商会议河北省邯郸市委员会文史资料委员会编.石家庄：河北人民出版社，1990.12.—248页；大32开.—ISBN 7-202-00848-3：3.60元

邯郸市档案史料选编：1945～1949年/王昌兰主编；邯郸市档案馆编.—石家庄：河北人民出版社，1990.4.—2册(983页)；大32开.—ISBN 7-202-00658-8：15.00元

邯郸简史：远古～1945/孙继民等著.—北京：中国城市经济社会出版社，1990.9.—347页；大32开.ISBN 7-5074-0467-6：7.25元

抚宁县大事记：1945～1987/抚宁县档案馆编.—石家庄：河北人民出版社，1990.6.—209页；大32开.(河北大事记丛书).—ISBN 7-202-00686-3：2.85元

近代河北史要/谢忠厚等编著；政协河北省委员会文史资料委员会，中共河北省委员会党史研究室编.石家庄：河北人民出版社，1990.3.—509页；大32开.—ISBN 7-202-00615-4：6.30元

沧州地区大事记：1949～1985/河北省沧州地区档案馆编.—石家庄：河北人民出版社，1990.10.—306页；大32开.—(河北省大事记丛书).—ISBN 7-202-00797-5：5.60元

河北简史/河北省社会科学院地方史编写组编.—石家庄：河北人民出版社，1990.9.—707页；大32开.ISBN 7-202-00775-4：8.40元

保定市南市区志/白晓津主编；保定市南市区志编

纂委员会编.—北京：新华出版社，1990.4.—356页；16开.—(中华人民共和国地方志丛书).—ISBN 7-5011-0696-7：28.00元

遵化县志/遵化县志编纂委员会编.—石家庄：河北人民出版社，1990.7.—672页；16开.—ISBN 7-202-00703-7(精装)：32.00元

山西市县简志/山西市县简志编写组编.—太原：山西人民出版社，1990.8.—1399页；大32开.—ISBN 7-203-01376-6(精装)：29.00元

山西通志/(清)王轩等纂修；刘克文总点校.—北京：中华书局，1990.11.—22册(12416页)：大32开.—(三晋文化研究丛书/赵雨亭总编).—ISBN 7-101-00700-7(精装)：350.00元

本书共二十二册一百八十四卷，分图、谱、考、略、记、录六门，全面记载了历史上山西或山西有关的政治经济、天文地理、文化教育、风土人情以及各类人物等。

保德县志/保德县志编纂办公室编.—太原：山西人民出版社，1990.11.—489页；16开.—ISBN 7-203-01581-5(精装)：24.50元

雁同文化史话/云波等著.—太原：山西教育出版社，1990.12.—253页；36开.—ISBN 7-80578-212-1：3.55元

巴林右旗志/《巴林右旗志》编纂委员会编.—呼和浩特：内蒙古人民出版社，1990.5.—799页；16开.(内蒙古自治区地方志丛书).—ISBN 7-204-00988-6(精装)：82.00元

呼伦湖志/徐占江主编；内蒙古呼伦贝尔盟达赉湖渔场编.—长春：吉林文史出版社，1989.8.—691页；照片；16开.—(中华人民共和国地方志丛书).ISBN 7-80528-176-9(精装)：45.00元

K293　东北地区

东北近现代史讲座/邢安臣著.—沈阳：辽宁大学出版社，1990.12.—287页；大32开.—ISBN 7-5610-1164-4：3.80元

东北流人史/李兴盛著.—哈尔滨：黑龙江人民出版社，1990.12.—423页；大32开.—ISBN 7-207-01526-7：7.45元

明实录东北史资料辑/吉林省社会科学院历史研究所编.—沈阳：辽沈书社，1990.8.—5册(361，3370页)；大32开.—ISBN 7-80507-022-9：55.00元

可爱的辽西走廊/重以周等编著.—沈阳：辽宁大学出版社，1990.12.—119页；32开.—ISBN 7-5610-1136-9：3.10元

可爱的沈阳/《可爱的沈阳》编写组编.—沈阳：春风文艺出版社，1990.5.—92页；32开.—ISBN 7-5313-0374-4：1.30元

辽宁文史资料　总第27辑：艺海名伶/中国人民政治协商会议辽宁省委员会文史资料委员会编.—沈阳：辽宁人民出版社，1990.5.—176页；大32开.ISBN 7-205-01545-6：2.45元

辽宁文史资料　总第28辑：归侨的记忆/中国人民政治协商会议辽宁省委员会文史委员会编.—沈阳：辽宁人民出版社，1990.11.—192页；大32开.—ISBN 7-205-01600-2：2.80元

辽宁文史资料　总第29辑：鸭绿江畔的丰碑：辽宁抗美援朝纪实/中国人民政治协商会议辽宁省委员会文史资料委员会，丹东市委员会文史资料委员会编.沈阳：辽宁人民出版社，1990.8.—261页；大32开.ISBN 7-205-01565-0：3.55元

兴城县志/安德才主编；兴城市地方志编纂委员会编.—沈阳：辽宁大学出版社，1990.10.—706页；彩照及地图；16开.—(中华人民共和国地方志丛书).ISBN 7-5610-0810-8(精装)：35.00元

法库县志/法库县地方志编纂委员会编.—沈阳：沈阳出版社，1990.10.—626页；16开.—(中华人民共和国地方志丛书).—ISBN 7-80556-455-8(精装)：40.00元

清原满族自治县概况/《清原满族自治县概况》编写组编.—沈阳：辽宁大学出版社，1990.5.—149页；大32开.—(国家民委民族问题五种丛书·中国少数民族自治地方概况丛书).—ISBN 7-5610-0901-1：3.00元

吉林百年/吉林省政协文史资料委员会编.—长春：吉林人民出版社，1990.9.—2册(873页)；大32开.ISBN 7-206-00868-2：16.80元

延边大事记：1712～1988/延边朝鲜族自治州档案馆编.—延吉：延边大学出版社，1990.11.—486页；32开.—ISBN 7-5643-0248-9：8.50元

大庆文史资料　第二辑：大庆石油会战/田润普主编.—北京：中国文史出版社，1990.3.—358页；大32开.—ISBN 7-5034-0130-3：9.00元

巴彦县志/巴彦县志办公室编.—哈尔滨：黑龙江人民出版社，1990.9.—838页；16开.—ISBN 7-207-01815-0(精装)：48.50元

牡丹江文史资料　第六辑：桃李春秋/赵灿坤主编.—哈尔滨：黑龙江人民出版社，1990.12.—227页；大32开.—ISBN 7-207-01843-6：4.20元

哈尔滨文史资料　第十四辑/政协哈尔滨市委员会文史资料编辑部编.—哈尔滨：哈尔滨出版社，1990.6.—217页；大32开.—ISBN 7-80557-283-6：2.90

元

黑龙江政区沿革纪略/高恩林著.—哈尔滨：黑龙江人民出版社，1990.5.—187页；大32开.—ISBN 7-207-00373-0：2.60元

富裕县志/姜成厚，纪永长主编.—北京：中共党史资料出版社，1990.7.—499页；16开.—ISBN 7-80023-158-5（精装）：50.00元

鹤岗市志/鹤岗市地方志编纂委员会办公室编.—哈尔滨：黑龙江人民出版社，1990.11.—829页；16开.ISBN 7-207-01737-5（精装）：70.00元

K294　西北地区

西北历史研究：一九八八年号/西北大学西北历史研究室编.—西安：三秦出版社，1990.3.—292页；大32开.—ISBN 7-80546-186-4：3.50元

解放大西北/范圣予，秦生编.—兰州：甘肃人民出版社，1990.2.—244页；大32开.—ISBN 7-226-00547-6：3.60元

三秦变迁史/杨生枝编著.—北京：中国广播电视出版社，1990.9.—452页；32开.—ISBN 7-5043-0471-9：5.80元

陕西文史资料　第二十三辑/中国人民政治协商会议陕西省委员会文史资料委员会编.—西安：陕西人民出版社，1990.3.—276页；大32开.—ISBN 7-224-01041-3：3.10元

陕西省志　第七十六卷：方言志：陕北部分/陕西省地方志编纂委员会主编；刘育林著.—西安：陕西人民出版社，1990.12.—224页；16开.—（中华人民共和国地方志丛书）.—ISBN 7-224-01157-6（精装）：25.00元

勉县志/《勉县志》编纂委员会主编.—北京：地震出版社，1989.11.—615页：彩照及地图；16开.（陕西地方志丛书）.—ISBN 7-5028-0290-8（精装）：30.00元

类编长安志/（元）骆天骧撰；黄永年点校.—北京：中华书局，1990.8.—349页；大32开.—（中国古代都城资料选刊）.—ISBN 7-101-00576-4：8.60元

唐代长安词典/张永禄主编.—西安：陕西人民出版社，1990.12.—571页；大32开.—（西安地方志丛书）.—ISBN 7-224-00935-0（精装）：13.50元

甘肃文史资料选辑　第三十一辑：民族宗教专辑/中国人民政治协商会议甘肃省委员会文史资料委员会编.—兰州：甘肃人民出版社，1990.4.—194页；大32开.—ISBN 7-226-00592-1：2.55元

甘肃省志　第三十七卷：财税志/韩志德主编.—兰州：甘肃人民出版社，1990.9.—434页；16开.—ISBN 7-226-00606-5（精装）：25.00元

甘肃省志　第四十六卷：计量志/甘肃省地方史志编纂委员会，甘肃省计量志编纂委员会编纂.—兰州：甘肃人民出版社，1990.9.—341页；16开.—ISBN 7-226-00644-8（精装）：30.00元

嘉峪关市志/《嘉峡关市志》编纂委员会编.—兰州：甘肃人民出版社，1990.12.—454页；16开.ISBN 7-266-00577-8（精装）：25.00元

当代宁夏纪事：1949～1988/《当代宁夏纪事》编写组编.—银川：宁夏人民出版社，1990.9.—559页；大32开.—ISBN 7-227-00553-4：6.95元

固原史地文集/宁夏固原地区地方志办公室编.银川：宁夏人民出版社，1990.8.—326页；大32开.（宁夏固原史志丛书/王惲主编）.—ISBN 7-227-00607-7：3.90元

标点注释中卫县志/（清）黄恩锡编纂；（清）郑元吉修纂；宁夏中卫县县志编纂委员会点注.—银川：宁夏人民出版社，1990.12.—403页；大32开.ISBN 7-227-00635-2：5.80元

西宁市志　第十卷：商业志/《西宁市志商业志》编纂委员会编.—兰州：兰州大学出版社，1990.9.291页；16开.—（青海地方志丛书）.—ISBN 7-311-00351-2（精装）：17.50元

湟中县志/湟中县地方志编纂委员会编.—西宁：青海人民出版社，1990.3.—467页；16开.—（青海地方志丛书）.—ISBN 7-225-00325-9：18.00元

西域文化与敦煌艺术/何山著.—长沙：湖南美术出版社，1990.2.—495页；32开.—ISBN 7-5356-0327-0（精装）：12.00元

西域史论丛　第三辑/《西域史论丛》编辑组编.乌鲁木齐：新疆人民出版社，1990.2.—513页；大32开.—ISBN 7-228-00890-1：5.95元

伊犁风物/伊犁地区地方志编纂委员会编.—乌鲁木齐：新疆人民出版社，1990.1.—463页；大32开.ISBN 7-228-01063-9：5.85元

哈密县志/哈密市地方志编纂委员会编.—乌鲁木齐：新疆人民出版社，1990.2.—511页；16开.（新疆维吾尔自治区地方志丛书）.—ISBN 7-228-01332-8（精装）：20.00元

敦煌吐鲁番文献研究论集　第五集/北京大学中国中古史研究中心编.—北京：北京大学出版社，1990.5.—646页；16开.—ISBN 7-301-01022-2：（精装）：27.00元

本集共收论文18篇，资料3篇。主要内容有：对一些敦煌文献的研究，有关历史文书及相关问题的探讨及首次公布的《北京大学图书馆藏敦煌遗书目》。

敦煌吐鲁番学研究论文集/姜亮夫等编纂.—上海：汉语大词典出版社，1990.6.—936页；16开.—ISBN 7-5432-0031-7（精装）：43.00元

新疆纪事/中共新疆维吾尔自治区顾问委员会《当代新疆》丛书编辑委员会编.—乌鲁木齐：新疆人民出版社，1990.1.—258页；大32开.—（当代新疆丛书）.—ISBN 7-228-01156-2：4.30元

新疆和平解放/中共新疆维吾尔自治区委员会党史工作委员会，中国人民解放军新疆军区政治部编.乌鲁木齐：新疆人民出版社，1990.5.—495页；大32开.—（中国共产党新疆历史资料丛书）.—ISBN 7-228-01489-8：6.10元

K295　华东地区

明清江南市镇探微/樊树志著.—上海：复旦大学出版社，1990.9.—534页；大32开.—ISBN 7-309-00355-1：12.50元

上海文史资料选辑　第六十四辑：旧上海的房地产经营/中国人民政治协商会议上海市委员会文史资料委员会编.—上海：上海人民出版社，1990.3.—239页：照片；大32开

上海文史资料选辑　第六十五辑：体育专辑：体坛先锋/中国人民政治协商会议上海市委员会文史资料委员会，上海市体育运动委员会文史委员会编.—上海：上海人民出版社，1990.6.—252页：照片；大32开.—3.95元

上海市青浦县志/冯学文主编；上海市青浦县县志编纂委员会编.—上海：上海人民出版社，1990.4.917页；16开.—（中国地方志）.—ISBN 7-208-00761-6（精装）：34.00元

上海革命简史/卞杏英著.—上海：学林出版社，1990.10.—259页；32开.—ISBN 7-80510-524-3：3.40元

上海研究论丛　第五辑/洪泽主编.—上海：上海社会科学院出版社，1990.5.—308页；大32开.—ISBN 7-80515-595-X：5.00元

川沙县志/上海市川沙县县志编修委员会编；朱鸿伯主编.—上海：上海人民出版社，1990.11.—1001页；16开.—（中国地方志）.—ISBN 7-208-00918-X（精装）：30.00元

百年上海滩/叶树平，郑祖安编.—上海：上海画报社，1990.8.—154页；32开.—（知识画库/徐炳兴主编）.—ISBN 7-80530-020-8：6.20元

本书是一本专事写照旧上海的书。时间是1840～1949百年之事。

安亭志/上海市嘉定县安亭镇修志领导小组编.—上海：上海社会科学院出版社，1990.10.—309页；16开.—ISBN 7-80515-610-7：18.00元

近代上海城市研究/张仲礼主编.—上海：上海人民出版社，1990.12.—1160页；大32开.—ISBN 7-208-01024-2（精装）：21.45元

青浦县志/冯学文主编；上海市青浦县县志编纂委员会编.—上海：上海人民出版社，1990.4.—917页：彩图；16开.—（中国地方志）.—ISBN 7-208-00761-6（精装）：34.00元

松江府续志/（清）博润修；姚光发等纂.—影印本.—扬州：江苏广陵古籍刻印社，1988.7.—7册（1函）：12开.—（线装）：72.00元

松江镇志/车驰，龚福章主编.—上海：上海人民出版社，1990.5.—688页；大32开.—（中国名镇志）.—ISBN 7-208-00669-5：17.50元

金山县志/上海市金山县县志编纂委员会编；朱炎初总纂.—上海：上海人民出版社，1990.10.—1159页；16开.—（中国地方志）.—ISBN 7-208-00914-7（精装）：35.00元

宝山年鉴：1990/上海市宝山区地方志编委会编.上海：上海社会科学院出版社，1990.12.—286页；16开.—ISBN 7-80515-615-8（精装）：20.00元

高南乡志/高南乡人民政府编.—上海：上海社会科学院出版社，1990.12.—292页；16开.—ISBN 7-80515-605-0（精装）：18.00元

崇明西沙田革命风云录/黄斌编著.—上海：上海科学普及出版社，1990.9.—171页；32开.—ISBN 7-5427-0328-5：2.50元

新寺志/翁妙均主编；奉贤新寺乡《新寺志》编写组编.—上海：三联书店上海分店，1989.2.—431页：彩照；16开.—ISBN 7-5426-0171-7（精装）：22.00元

嘉定文化研究/中国历史文献研究会主编.—西安：三秦出版社，1990.5.—490页；大32开.—ISBN 7-80546-283-6：6.50元

山东文史资料选辑　第二十八辑：将军忠勇震瀛寰：纪念张自忠殉国五十周年/山东省政协文史资料委员会编.—济南：山东人民出版社，1990.4.—280页：照片；大32开.—ISBN 7-209-00664-8：5.90元

山东文史资料选辑　第二十九辑/中国人民政治协商会议山东省委员会文史资料委员会编.—济南：山东人民出版社，1990.11.—247页；大32开.—ISBN 7-209-00749-0：3.50元

长岛县志/山东省长岛县志编纂委员会编.—济南：山东人民出版社，1990.5.—447页；16开.

（中华人民共和国地方志丛书）.—ISBN 7-209-00582-X（精装）：24.00元

齐河县志/郝德禄主编；山东省齐河县志编纂委员会编.—北京：中华书局，1990.8.—891页；彩照；16开.—（中华人民共和国地方志丛书）.—ISBN 7-101-00673-6（精装）：58.00元

齐鲁百年风云录/戚其章主编.—济南：山东人民出版社，1990.5.—374页；大32页.—ISBN 7-209-00674-5：4.60元

《青州市志》评介集/青州市史志办公室编.—天津：南开大学出版社，1990.6.—243页；32开.—ISBN 7-310-00341-1：3.50元

莱西县志/山东省莱西县志编纂委员会编.—济南：山东人民出版社，1990.2.—977页；16开.—（中华人民共和国地方志丛书）.—ISBN 7-209-00579-X（精装）：39.50元

崂山县志/山东省崂山县志编纂委员会编；董玉卿主编.—青岛：青岛出版社，1990.4.—959页；16开.—（中华人民共和国地方志丛书）.—ISBN 7-5436-0476-0（精装）：65.00元

高密县志/高密县地方史志编纂委员会编.—济南：山东人民出版社，1990.10.—617页；16开.—ISBN 7-209-00659-1（精装）：35.00元

清丰县志/清丰县地方史志编纂委员会编.—济南：山东大学出版社，1990.12.—592页；16开.—ISBN 7-5607-0421-2（精装）：34.50元

淄川区志/山东省淄博市淄川区志编纂委员会编.济南：齐鲁书社，1990.1.—1008页；16开.—ISBN 7-5333-0142-0（精装）：47.50元

博山区志/山东省淄博市博山区区志编纂委员会编.—济南：山东人民出版社，1990.8.—682页；16开.—ISBN 7-209-00658-3（精装）：35.75元

福山区志/山东省烟台市福山区史志编纂委员会编.—济南：齐鲁书社，1990.12.—657页；16开.（中华人民共和国地方志丛书）.—ISBN 7-5333-0196-X（精装）：48.00元

滕县志/山东省滕州市地方史志编纂委员会编.北京：中华书局，1990.3.—700页；16开.—（中华人民共和国地方志丛书）.—ISBN 7-101-00675-2（精装）：50.00元

玉祁史鉴/无锡县玉祁镇人民政府编.—上海：上海人民出版社，1990.11.—186页；大32开.—ISBN 7-208-01070-6：5.80元

北湖小志/（清）焦循撰.—影印本.—扬州：江苏广陵古籍刻印社，1988.10.—2册；16开.—（线装）：25.00元

至顺镇江志/（元）俞希鲁编纂；杨积庆等点校.南京：江苏古籍出版社，1990.6.—912页；大32开.（江苏地方文献丛书）.—ISBN 7-80519-174-3：9.40元

江宁镇志/中共江宁镇委员会，江宁镇人民政府编.南京：南京出版社，1990.10.—315页；大32开.（江宁县地方志丛书）.—ISBN 7-80560-276-X：8.00元

江阴历史/薛钧和主编.—上海：上海人民出版社，1990.3.—87页；32开.—ISBN 7-208-00850-7：0.75元

江苏历史和现状/张寿春主编.—南京：东南大学出版社，1990.1.—466页；32开.—ISBN 7-81023-297-6：4.50元

苏州历史、文化、经济/董宙宙主编.—上海：上海人民出版社，1990.3.—166页；32开.—ISBN 7-208-00853-1：2.00元

连云港与海上丝绸之路/张殿臣等主编.—北京：海洋出版社，1990.9.—313页；32开.—（海上丝绸之路丛书）.—ISBN 7-5027-0976-2：4.80元

连云港地方史稿/李洪甫著.—上海：上海社会科学院出版社，1990.6.—403页；大32开.—ISBN 7-80515-596-8：8.00元

吴江县大事记：909～1989/吴江县档案馆，吴江县地方志办公室编.—南京：江苏科学技术出版社，1990.5.—439页；32开.—ISBN 7-5345-0934-3：5.00元

吴县革命斗争简史：1919～1949/中共吴县县委党史办公室编.—北京：中共党史出版社，1990.12.210页；大32开.—ISBN 7-80023-256-5（精装）：4.80元

张家港/章艺欣等著.—南京：江苏人民出版社，1990.1.—164页；32开.—（江苏县邑风物丛书/潘震宙主编）.—ISBN 7-214-00386-4：2.10元

昆山县志/昆山市地方志编纂委员会编.—上海：上海人民出版社，1990.12.—962页；16开.—ISBN 7-208-00971-6（精装）：36.00元

泗阳/庄文，庄德新著.—南京：江苏人民出版社，1990.7—187页；32开.—（江苏县邑风物丛书/潘震宙主编）.—ISBN 7-214-00509-3：2.50元

泗洪/蒋中健等著.—南京：江苏人民出版社，1990.10.—158页；32开.—（江苏县邑风物丛书/潘震宙主编）.—ISBN 7-214-000574-3：2.20元

宜兴/於松生等著.—南京：江苏人民出版社，1990.8.—188页；32开.—（江苏县邑风物丛书/潘震宙主编）.—ISBN 7-214-00531-X：2.45元

宜兴县志/韩霞辉主编；江苏省宜兴市地方志编纂委员会编.—上海：上海人民出版社，1990.5.—997页；16开.—ISBN 7-208-00769-1（精装）：31.00元

话说金坛/汤钟音主编.—上海：上海文化出版社，1990.4.—194页；32开.—ISBN 7-80511-383-1：1.80元

姑苏野史/吴趋著.—南京：江苏文艺出版社，1990.3.—554页；大32开.—（野史丛书）.—ISBN 7-5399-0169-1：6.80元

艰难的历程：泰州人民革命斗争纪事/黄家骏撰.南京：南京出版社，1990.3.—86页；大32开.—ISBN 7-80560-160-7：2.18元

胡埭乡志/胡埭乡志办公室编.—南京：江苏科学技术出版社，1990.4.—413页；大32开.—ISBN 7-5345-0914-9：9.50元

南京文史集萃：范鸿仙专辑/中国人民政治协商会议南京市委员会文史资料研究委员会编.—南京：江苏古籍出版社，1990.12.—256页；大32开.—ISBN 7-80519-205-7：4.80元

范鸿仙是辛亥革命先烈，安徽合肥人。

南通文史资料选辑　第十辑：情系南通/祖丁远主编.—北京：中国文史出版社，1990.12.—356页：彩照；大32开.—ISBN 7-5034-0362-4：9.80元

洛社镇志/洛社镇志办公室编著.—南京：江苏科学技术出版社，1990.6.—440页；大32开.—ISBN 7-5045-0955-6：11.00元

"总统府"话旧/江君谟等编写.—南京：江苏人民出版社，1990.1.—89页：图；32开.—ISBN 7-214-00377-5：1.00元

秦淮古今大观/俞允尧著.—南京：江苏科学技术出版社，1990.7.—565页；32开.—ISBN 7-5345-0964-5：6.90元

盐东人民革命史：1941.11～1949.11/李荣锦，戴文主编.—南京：江苏教育出版社，1990.9.—362页；32开.—ISBN 7-5343-1152-7：3.50元

盐城市综述/蒋炳兴编著.—南京：江苏科学技术出版社，1990.8.—283页；32开.—ISBN 7-5345-1002-3：3.80元

徐州史话/邓毓昆，李银德著.—南京：江苏古籍出版社，1990.6.—237页；32开.—ISBN 7-80519-177-8：3.50元

徐州百年大事记：1880～1988/董献吉等编著.上海：复旦大学出版社，1989.12.—481页；大32开.ISBN 7-309-00473-6：4.95元

高邮县志/高邮县编史修志领导小组编.—南京：江苏人民出版社，1990.12.—860页；16开.—（江苏省地方志）.—ISBN 7-214-00623-5（精装）：40.00元

常州武进地区革命斗争史/中共常州市委党史资料征集研究委员会，中共武进县党史资料征集研究委员会编写.—北京：中共党史资料出版社，1990.5.310页；大32开.—ISBN 7-80023-173-9：4.30元

常熟人民革命斗争史：1919～1949/中共常熟市委党史工作委员会编.—北京：中共党史资料出版社，1990.3.—256页；大32开.—ISBN 7-80023-141-0：4.00元

常熟市志/瞿鸿烈主编；江苏省常熟市地方志编纂委员会编.—上海：上海人民出版社，1990.11.1170页；16开.—ISBN 7-208-00912-0（精装）：32.00元

淮阴城镇史话/荀德麟等编著.—南京：江苏科学技术出版社，1990.9.—529页；大32开.—ISBN 7-5345-1022-8：7.00元

溧水县志/溧水县编修县志委员会编.—南京：江苏人民出版社，1990.6.—742页；16开.—（江苏省地方志）.—ISBN 7-214-00463-1（精装）：40.00元

镇江文史资料　第二十辑：桥梁专家茅以升纪念文集/中国人民政治协商会议，江苏省镇江市委员会编.—北京：中国文史出版社，1990.12.—350页；大32开.—ISBN 7-5034-0290-3：11.00元

安徽近代史/翁飞等著.—合肥：安徽人民出版社，1990.1.—519页；大32开.—（安徽历史系列专著）.ISBN 7-212-00286-0：7.50元

安徽近现代史辞典/安徽省政协文史资料委员会《安徽近现代史辞典》编委会编.—北京：中国文史出版社，1990.6.—697页；32开.—ISBN 7-5034-0114-1（精装）：15.00元

安徽掌故/丁剑主编.—合肥：黄山书社，1990.4.1029页；大32开.—ISBN 7-80535-090-6：12.50元

来安县志/安徽省来安县地方志编纂委员会编纂.北京：中国城市经济社会出版社，1990.9.—556页；16开.—（中华人民共和国地方志丛书）.—ISBN 7-5074-0326-2（精装）：37.00元

怀远县志/怀远县地方志编纂委员会编.—上海：上海社会科学院出版社，1990.12.—642页；16开.—（安徽省地方志丛书）.—ISBN 7-80515-604-2（精装）：35.00元

泗县志/泗县地方志编纂委员会编.—杭州：浙江人民出版社，1990.8.—737页；16开.—（安徽省地方志丛书）.—ISBN 7-213-00514-6（精装）：38.00元

（万历）严州府志/（明）杨守仁修；徐楚纂.—北京：书目文献出版社，〔1990〕.—563页；16开.（日本藏中国罕见地方志丛刊）.—ISBN 7-5018-0812-8（精装）：75.00元

元明清名城杭州/周峰主编.—杭州：浙江人民出版社，1990.8.—602页；大32开.—（杭州历史丛编；5）.—ISBN 7-213-00573-1：7.50元

江山市志/江山市志编纂委员会编.—杭州：浙江人民出版社，1990.2.—670页；16开.—ISBN 7-213-00448-4（精装）：36.00元

武林坊巷志　第七册/（清）丁丙著.—杭州：浙江人民出版社，1990.3.—720页；大32开.—（杭州掌故丛书）.—ISBN 7-213-00436-0：8.30元

武林坊巷志　第八册/（清）丁丙著.—杭州：浙江人民出版社，1990.3.—865页；大32开.—（杭州掌故丛书）.—ISBN 7-213-00401-8：9.50元

金华文史资料　第六辑：纪念金华解放40周年专辑/中国人民政治协商会议浙江省金华市委员会文史资料工作委员会编.—杭州：浙江人民出版社，1990.9.155页；大32开.—ISBN 7-213-00581-2：2.60元

浙江一师风潮/沈自强主编；中共浙江省委党史资料征集研究委员会，中共杭州市委党史资料征集研究委员会编.—杭州：浙江大学出版社，1990.6.—555页；大32开.—ISBN 7-308-00539-9（精装）：12.50元

浙江乡镇通览　上卷/《浙江乡镇》丛书编委会编.杭州：浙江大学出版社，1990.11.—553页；大32开.（浙江乡镇丛书/亚曰主编）.—ISBN 7-308-00626-3：7.00元

本书是一本比较详尽地介绍浙江省主要乡镇的自然风貌、历史沿革、风景名胜、名优特产的文集。

浙江文史资料选辑　第四十辑：一代宗师竺可桢/浙江省政协文史资料委员会编.—杭州：浙江人民出版社，1990.3.—170页；大32开.—ISBN 7-213-00497-2：2.95元

浙江文史资料选辑　第四十二辑：新编浙江百年大事记：1840～1949/浙江省政协文史资料委员会编.杭州：浙江人民出版社，1990.2.—485页；大32开.ISBN 7-213-00472-7：5.60元

浙江文史资料选辑　第四十三辑：浙江近代学术名人/浙江省政协文史资料委员会编.—杭州：浙江人民出版社，1990.9.—281页；大32开.—ISBN 7-213-00498-0：4.45元

浙江方志论坛　第二辑/潘一平主编.—杭州：浙江人民出版社，1990.5.—162页；大32开.—ISBN 7-213—00526-3：2.35元

浙江方志论坛　第三辑/潘一平主编.—杭州：浙江人民出版社，1990.10.—110页；大32开.—ISBN 7-213-00600-2：1.90元

海上丝绸之路的著名海港——明州/林士民编.北京：海洋出版社，1990.3.—148页；大32开.（海上丝绸之路丛书）.—ISBN 7-5027-0132-X：2.80元

淳安县志/淳安县志编纂委员会编纂.—上海：汉语大词典出版社，1990.11.—848页；16开.—ISBN 7-5432-0038-4（精装）：40.00元

隋唐名郡杭州/倪士毅等著.—杭州：浙江人民出版社，1990.2.—260页；大32开.—（杭州历史丛编；2/周峰主编）.—ISBN 7-213-00511-1：5.00元

温州文史资料　第五辑：孙诒让遗文辑存/中国人民政治协商会议浙江省温州市委员会文史资料委员会编；张宪文辑.—杭州：浙江人民出版社，1990.5.519页：照片；大32开.—ISBN 7-213-00537-5：7.50元

衢州文史资料　第八辑：衢州历代诗选/傅春龄主编.—上海：复旦大学出版社，1990.12.—249页；32开.—ISBN 7-309-00588-0：4.00元

（万历）新修南昌府志　三十卷/（明）范涞修，章潢纂.—北京：书目文献出版社，〔1990〕.—640页；16开.—（日本藏中国罕见地方志丛刊）.—ISBN 7-5013-0813-6（精装）：86.00元

上高县志/《上高县史志》编委会编.—海口：南海出版公司，1990.12.—552页；16开.—ISBN 7-80570-568-2（精装）：30.00元

江西文史资料选辑　第三十二辑：红土地的曙光/政协江西省委文史资料研究委员会编.—北京：中国文史出版社，1990.4.—294页；大32开.—ISBN 7-5034-0145-1：4.20元

江西文史资料选辑　第三十三辑：黄家驷/政协江西省委文史资料研究委员会编.—北京：中国文史出版社，1990.6.—236页；大32开.—ISBN 7-5034-0144-3：3.60元

江西文史资料选辑　第三十六辑：吴有训/江西省政协，高安县政协文史资料研究委员会编.—北京：中国文史出版社，1990.5.—226页；大32开.—ISBN 7-5034-0143-5：4.60元

江西省宜春市志/宜春市地方志编纂委员会编.—海口：南海出版公司，1990.9.—1005页；16开.—ISBN 7-80570-012-5（精装）：38.00元

安义县人民革命史料　第一辑/中共安义县委党史办公室编.—海口：南海出版公司，1990.9.—176页；32开.—ISBN 7-80570-434-1：4.50元

安义县志/江西省安义县志编纂领导小组编纂.海口：南海出版公司，1990.11.—517页；16开.（江西省地方志丛书/刘希林主编）.—ISBN 7-80570-400-7（精装）：31.00元

南昌县志/南昌县志编纂委员会办公室编.—海口：南海出版公司，1990.10.—658页；16开.—ISBN 7-80570-031-1（精装）：36.00元

铅山县志/郑维维主编；铅山县县志编纂委员会编.—海口：南海出版公司，1990.9.—788页；16开.—ISBN 7-80570-114-8（精装）：30.00元

瓷都纵横：献给首届中国瓷都景德镇国际陶瓷节/吴海云编著.—北京：中国华侨出版公司，1990.9.

212页；32开.—ISBN 7-80074-318-7：3.90元

赣南人民革命史大事纪略：1919.5～1949.9/中共江西省赣州地委党史工作办公室，江西省赣州地区革命老根据地建设委员会办公室编.—厦门：厦门大学出版社，1990.9.—284页；32开.—ISBN 7-5615-0322-9：3.00元

八闽通志　（上）/（明）黄仲昭修纂；福建省地方志编纂委员会旧志整理组，福建省图书馆特藏部整理.—福州：福建人民出版社，1990.5.—910页；大32开.—（福建地方志丛刊）.—ISBN 7-211-00186-0（精装）：12.75元

寻根揽胜漳州府/刘子民著.—北京：华艺出版社，〔1990？〕.—381页；大32开.—（闽台渊源丛书）.—ISBN 7-80039-265-1：11.50元

诏安革命史影册/中共诏安县委党史研究室，诏安县档案馆编.—厦门：厦门大学出版社，1990.10.70页；12开.—ISBN 7-5615-0296-6：26.00元

临汀志/（宋）胡太初修；赵与沐纂；长汀县地方志编纂委员会整理.—福州：福建人民出版社，1990.11.—184页；大32开.—（福建地方志丛刊）.—ISBN 7-211-01376-1：3.20元

闽南革命史/杨锦和，洪卜仁主编.—北京：中国计划出版社，1990.4.—282页；大32开.—ISBN 7-80058-110-1：4.00元

崇武大岞村调查/陈国强，石奕龙主编.—福州：福建教育出版社，1990.9.—202页；大32开.—ISBN 7-5334-0576-5：4.00元

崇武研究/陈国强主编.—北京：中国社会科学出版社，1990.4.—424页；大32开.—ISBN 7-5004-007-9：4.90元

厦门文史资料　第十六辑：厦门的租界/中国人民政治协商会议厦门市委员会文史资料研究委员会编.厦门：鹭江出版社，1990.5.—290页；大32开.—ISBN 7-80533-334-3：3.90元

福建革命纪事/林戬主编；唐闻观等编.—福州：福建教育出版社，1990.6.—276页；大32开.—（革命传统教育丛书）.—ISBN 7-5334-0701-6：3.30元

台湾历史辞典/佟建寅主编.—北京：群众出版社，1990.12.—580页；大32开.—ISBN 7-5014-0505-0（精装）：12.00元

台湾地方史/陈碧笙著.—2版（增订本）.—北京：中国社会科学出版社，1990.7.—338页；大32开.ISBN 7-5004-0031-4：5.20元

本书1982年8月第1版。

台湾通史辨误/邓孔昭编著.—南昌：江西人民出版社，1990.4.—350页；大32开.—（台湾历史研究丛书/孔立，陈在正主编）.—ISBN 7-210-00757-1：5.60元

本书对台湾史学家连横所著《台湾通史》进行了较全面的辨误，共有600余处。

海峡两岸首次台湾史学术交流论文集/厦门大学台湾研究所台湾历史研究室编.—厦门：厦门大学出版社，1990.7.—294页；大32开.—ISBN 7-5615-0277-7：3.85元

清代台湾移民社会研究/陈孔立著.—厦门：厦门大学出版社，1990.10.—293页；大32开.—（南强丛书）.—ISBN 7-5615-0310-5：5.00元

K296　中南地区

安阳市郊区志/《安阳市郊区志》编纂委员会编.北京：中国标准出版社，1990.10.—457页；16开.ISBN 7-5066-0288-1（精装）：39.50元

安阳县志/安阳县志编纂委员会编.—北京：中国青年出版社，1990.12.—1296页：彩图及地图；16开.ISBN 7-5006-0764-4（精装）：50.00元

河南近代大事记：1840～1949年/王天奖等编著.郑州：河南人民出版社，1990.9.—509页；16开.ISBN 7-215-01118-6：14.00元

河南新志　中册/刘景向总纂；鲁锦寰，萧鲁阳校勘.—郑州：中州古籍出版社，1990.1.—507～903页；大32开.—（河南旧志整理丛书）.—ISBN 7-5348-0312-8：8.00元

陕县大营村志/刘照直主编；陕县大营村志编委会编著.—郑州：河南人民出版社，1990.12.—602页；大32开.—ISBN 7-215-01315-4（精装）：15.50元

驻马店今古：驻马店风物文化/张献臣主编.—郑州：河南人民出版社，1990.12.—436页；大32开.ISBN 7-215-01328-6：6.60元

浚县志/浚县地方史志编纂委员会编.—郑州：中州古籍出版社，1990.12.—1144页；16开.—（中华人民共和国地方志丛书）.—ISBN 7-5345-0507-3（精装）：45.00元

千古龙飞地/徐思华等主编.—北京：中国文史出版社，1990.12.—168页；32开.—ISBN 7-5034-0275-X：2.40元

公安县志/公安县志编纂委员会编纂.—上海：汉语大词典出版社，1990.9.—733页；16开.—ISBN 7-5432-0037-6（精装）：42.00元

在江岸这块土地上/韩劲主编.—武汉：武汉出版社，1990.6.—219页：彩照；大32开.—ISBN 7-5430-0337-6（精装）：3.95元

江陵县志/湖北省江陵县县志编纂委员会编纂，浦士培主编.—武汉：湖北人民出版社，1990.5.—863

页；16开.—ISBN 7-216-00565-1（精装）：37.00元

谷城革命史/刘家国，邓有福主编；中共谷城县委党史征集编委会编.—武汉：湖北人民出版社，1990.11.—270页；大32开.—ISBN 7-216-00661-5：5.00元

京山县志/湖北省京山县志编纂委员会编纂.—武汉：湖北人民出版社，1990.10.—796页；16开.ISBN 7-216-00643-7（精装）：36.00元

宜都县志/湖北省枝城市地方志编纂委员会编纂.武汉：湖北人民出版社，1990.9.—725页；16开.ISBN 7-216-00629-1（精装）：35.00元

钟祥县志/湖北省钟祥县县志编纂委员会编纂.—武汉：湖北人民出版社，1990.8.—1006页；16开.—ISBN 7-216-00611-9（精装）：37.00元

钟祥革命斗争纪事/中共钟祥县委党史办公室编.北京：中国文史出版社，1990.8.—279页；大32开.ISBN 7-5034-0217-2：4.50元

监利人民革命史/杨明松主编.—武汉：湖北人民出版社，1990.11.—285页；大32开.—ISBN 7-216-00655-0：5.50元

鄂西土家族苗族自治州来凤县志/湖北省来凤县县志编纂委员会编纂.—武汉：湖北人民出版社，1990.10.—589页；16开.—ISBN 7-216-00630-5（精装）：35.00元

鄂西土家族苗族自治州概况/《鄂西土家族苗族自治州概况》编写组编.—武汉：湖北人民出版社，1990.6.—158页；大32开.—（国家民委民族问题五种丛书·中国少数民族自治地方概况丛书）.—ISBN 7-216-00232-6：4.15元

湖北省志：大事记/湖北省地方志编纂委员会编.武汉：湖北人民出版社，1990.12.—840页；大32开.ISBN 7-216-00699-2（精装）：29.00元

湖北省志：地质矿产/湖北省地方志编纂委员会编.武汉：湖北人民出版社，1990.12.—400页；大32开.—ISBN 7-216-00696-8（精装）：29.00元

湖北省志：体育/湖北省地方志编纂委员会编.—武汉：湖北人民出版社，1990.9.—277页；大32开.ISBN 7-216-00614-3（精装）：18.00元

湖北通志/吕调元，刘承恩修；张仲炘等纂.—影印本.—上海：上海古籍出版社，1990.3.—3册（5182页）；32开.—ISBN 7-5325-0668-1（精装）：250.00元

本书据商务印书馆1934年版本影印。

鹤峰县志/湖北省鹤峰县史志编纂委员会编.—武汉：湖北人民出版社，1990.11.—576页；16开.ISBN 7-216-00660-7（精装）：33.00元

（万历）桃源县志/（明）鄭天佐，李徵纂·**（万历）承天府志**/（明）孙文龙纂辑.—北京：书目文献出版社，1990.2.—485页；16开.—（日本藏中国罕见地方志丛刊）.—ISBN 7-5013-0844-6（精装）：65.00元

广湖南考古略/（清）同德斋主人编.—影印本.扬州：江苏广陵古籍刻印社，1990.—6册（1函）；32开.—（线装）：110.00元

本书据鸿宝斋石印本影印。

凤凰文史资料　第三辑：维新·济世·救亡：纪念熊希龄先生诞辰一百二十周年文集/周少连，吴汉祥编.—北京：中国文史出版社，1990.12.—685页；大32开.—（湖南文史书系；1）.—ISBN 7-5034-0203-2：8.50元

攸县志/攸县志编纂委员会编.—北京：中国文史出版社，1990.5.—794页；大32开.—ISBN 7-5034-0165-6（精装）：24.00元

桃源县志　第十四卷：药业志/文福顺主编.—北京：中国医药科技出版社，1990.12.—101页；大32开.—ISBN 7-5067-0297-5（精装）：6.00元

桃源县志　第十六卷：供销合作志.—北京：中国商业出版社，1990.2.—248页；大32开.—ISBN 7-5044-0492-6（精装）：10.00元

桃源县志　第十七卷：粮食贸易志/高长发等主编.北京：中国商业出版社，1990.5.—ISBN 7-5044-0504-3（精装）：10.00元

桃源县志　第四十一卷：政治协商志/马志亮主编.北京：中国文史出版社，1990.8.—214页；大32开.ISBN 7-5034-0161-3（精装）：10.00元

常德地区志：审计志/刘光华编著.—北京：中国审计出版社，1990.5.—197页；大32开.—ISBN 7-80064-051-5（精装）：4.30元

常德地区志：教育志/《常德地区志》编委会编.北京：中国社会科学出版社，1990.10.—512页；大32开.—ISBN 7-5004-0794-7（精装）：12.00元

麻阳苗族自治县概况/《麻阳苗族自治县概况》编写组编.—长沙：湖南人民出版社，1990.1.—126页；大32开.—（国家民委民族问题五种丛书·中国少数民族自治地方概况丛书）.—ISBN 7-217-00710-0：2.95元

湖南方志文集/湖南省地方志学会编.—北京：中国文史出版社，1990.4.—275页；大32开.—ISBN 7-5034-0164-8：5.00元

湖南省志　第十三卷：贸易志：贸易综述、商业/湖南省地方志编纂委员会编.—长沙：湖南出版社，1990.7.—615页；大32开.—ISBN 7-5438-0006-3（精装）：10.45元

湖南资料手册：1949～1989/《湖南资料手册》编纂委员会编.—北京：中国文史出版社，1990.12.

682页；16开.—ISBN 7-5034-0175-3（精装）：38.00元

湖南通志/（清）卞宝第等修；曾国荃等纂.—影印本.—上海：上海古籍出版社，1990.3.—5册；32开.—ISBN 7-5325-0699-1（精装）：395.00元

（万历）高州府志/（明）曹志遇等纂修·**（万历）雷州府志**/（明）欧阳保等纂修.—北京：书目文献出版社，1990.2.—461页；16开.—（日本藏中国罕见地方志丛刊）.—ISBN 7-5013-0835-7（精装）：62.00元

广东文史资料　第六十一辑/中国人民政治协商会议广东省委员会文史资料研究委员会编.—广州：广东人民出版社，1990.3.—262页；大32开.—ISBN 7-218-00396-6：3.00元

广东文史资料　第六十二辑/中国人民政治协商会议广东省委员会文史资料研究委员会编.—广州：广东人民出版社，1990.5.—225页；大32开.—ISBN 7-218-00405-9：2.70元

广东文史资料　第六十三辑/中国人民政治协商会议广东省委员会文史资料研究委员会编.—广州：广东人民出版社，1990.6.—216页；大32开.—ISBN 7-218-00466-0：2.70元

广东文史资料　第六十四辑：成才之路：广东文化名人录之二/中国人民政治协商会议广东省委员会文史资料研究委员会编.—广州：广东人民出版社，1990.10.—207页；大32开.—ISBN 7-218-00551-9：2.70元

广东通志/（清）阮元修；陈昌齐等纂.—上海：上海古籍出版社，1990.3.—5册（5721，1062页）；32开.—ISBN 7-5325-0698-3（精装）：385.00元

广州文史资料　第四十一辑：食在广州史话/陈基等主编；广州市工商业联合会等编.—广州：广东人民出版社，1990.11.—264页；大32开.—ISBN 7-218-00547-0：3.35元

广州文史资料　第四十二辑：粤剧春秋/王文全，梁威主编；广州市政协文史资料研究委员会，粤剧研究中心编.—广州：广东人民出版社，1990.12.—353页：照片及剧照；大32开.—ISBN 7-218-00554-3：4.80元

佛山史话/佛山市地方志编纂委员会办公室编.—广州：中山大学出版社，1990.1.—380页：图；32开.ISBN 7-306-00280-5：5.50元

南头风物/陈方主编.—深圳：海天出版社，1990.9.—103页；大32开.—ISBN 7-80542-272-9：6.50元

临高县志/《临高县志》编委会编.—广州：广东人民出版社，1990.12.—553页；16开.—ISBN 7-218-00477-6（精装）：30.00元

澳门古今/李鹏翥著.—广州：广东旅游出版社；香港：三联书店（香港）有限公司，1990.3.—211页；32开.—ISBN 7-80521-111-6：3.80元

（万历）琼州府志/（明）欧阳璨等修；陈于宸等纂.—影印本.—北京：书目文献出版社，〔1990〕.639页；16开.—（日本藏中国罕见地方志丛刊）.ISBN 7-5013-0836-5（精装）：84.00元

本书共十二卷，约刻于明万历后期。这是目前尚存的海南岛地区的方志中时代较早的。此志记事翔实，较为全面地反映了海南地区的地理建置沿革，物产风土人情，并专设海黎志着重记载历代政府对这一地区的统治管理以及黎族社会发展的情况，保存了许多宝贵资料，本书在《中国地方志联合目录》中未见著录，现据日本所藏万历后期十二卷刻本影印，较为清晰完善。

琼海革命斗争史/中共琼海县委党史办公室编.—海口：三环出版社，1990.5.—298页；32开.—ISBN 7-80564-072-6：5.00元

八步镇志/八步镇人民政府镇志编纂办公室编.—南宁：广西人民出版社，1990.10.—342页；大32开.ISBN 7-219-01694-4（精装）：12.80元

（万历）宾州志/（明）郭棐纂修·**（嘉靖）南宁府志**/（明）方瑜纂辑·**（万历）太平府志**/（明）蔡迎恩，甘东阳纂.—北京：书目文献出版社，1990.2.—549页；16开.—（日本藏中国罕见地方志丛刊）.—ISBN 7-5018-0845-4（精装）：73.00元

广西方志佚书考录/陈相因，秦邕江编著.—南宁：广西人民出版社，1990.10.—374页；大32开.—（广西史志资料丛书）.—ISBN 7-219-01690-5：4.20元

广西通志：电力工业志/广西壮族自治区地方志编纂委员会编.—南宁：广西人民出版社，1990.10.290页；16开.—ISBN 7-219-01709-X（精装）：20.00元

广西通志：地震志/广西壮族自治区地方志编纂委员会编.—南宁：广西人民出版社，1990.10.—166页；16开.—ISBN 7-219-01703-0（精装）：15.00元

历史上广西各族人民对祖国的贡献/谢永雄，雷坚编撰.—南宁：广西人民出版社，1990.9.—143页；32开.—ISBN 7-219-01658-1：2.00元

邓承修勘界资料汇编/萧德浩，吴国强编.—南宁：广西人民出版社，1990.1.—203页；大32开.—（广西史志资料丛书/莫乃群主编）.—ISBN 7-219-01460-0：3.85元

可爱的兴安/粟自林，秦立伟主编.—南宁：广西人民出版社，1990.5.—89页：照片；32开.—ISBN 7-219-01543-7：1.35元

近代广西社会研究/钟文典主编.—南宁：广西人民

出版社，1990.12.—301页；32开.—ISBN 7-219-01740-5：4.20元

《明实录》广西史料摘录/广西民族研究所编.—南宁：广西人民出版社，1990.10.—865页；大32开. ISBN 7-219-01681-6（精装）：23.00元

桂林文史资料　第十五辑/桂林市政协文史资料委员会编.—桂林：漓江出版社，1990.7.—231页；32开.—ISBN 7-5407-0557-4：2.50元

K297　西南地区

井研县志/四川省井研县志编纂委员会编纂.—成都：四川人民出版社，1990.4.—767页：彩照；16开.—ISBN 7-220-00838-4（精装）：36.00元

仁寿县志/四川省仁寿县志编纂委员会编纂.—成都：四川人民出版社，1990.6.—646页；16开.—ISBN 7-220-00880-5（精装）：33.00元

四川风物志/文闻子主编.—2版.—成都：四川人民出版社，1990.2.—569页；大32开.—（中国风物志丛书）.—ISBN 7-220-00188-6：8.45元

本书1985年7月第1版。

四川近代史稿/隗瀛涛主编；何一民等撰稿.—成都：四川人民出版社，1990.4.—828页；大32开. ISBN 7-220-00872-X：10.20元

名人名胜/王积厚主编.—成都：四川辞书出版社，1990.7.—200页；32开.—（南充地区地方志资料丛书；3）.—ISBN 7-80543-151-5：2.60元

近代康区档案资料选编/四川省档案馆，四川民族研究所编.—成都：四川大学出版社，1990.11.—496页；16开.—ISBN 7-5614-0335-6：9.50元

金堂文史/徐德勋主编；中国人民政治协商会议四川省金堂县委员会文史资料研究委员会编.—成都：巴蜀书社，1990.2.—530页；大32开.—ISBN 7-80523-360-8：4.20元

峨边彝族自治县概况/《峨边彝族自治县概况》编写组编.—成都：四川民族出版社，1989.11.—113页：彩照；32开.—（国家民委民族问题五种丛书·中国少数民族自治地方概况丛书）.—ISBN 7-5409-0195-0：2.14元

射洪县志/陈隆准主编；射洪县县志编纂委员会编.成都：四川大学出版社，1990.12.—1051页；16开. ISBN 7-5614-0370-4（精装）：38.00元

蜀故/（清）彭遵泗著.—影印本.—扬州：江苏广陵古籍刻印社，〔1990〕.—6册（1函）；20开.（线装）：85.00元

本书据清刊本影印。书中收入四川省几千年的掌故。

温江县志/《温江县志》编纂委员会编纂.—成都：四川人民出版社，1990.9.—1040页；16开.—ISBN 7-220-00858-9（精装）：43.00元

解放战争时期四川大事记/四川省文史研究馆，四川省人民政府参事室编.—成都：四川人民出版社，1990.7.—290页；大32开.—ISBN 7-220-00948-8：3.50元

新场乡志/张北平主编.—昆明：云南大学出版社，1990.10.—389页；大32开.—（通江县地方志丛书；24）.—ISBN 7-81025-078-7：4.50元

黔江土家族苗族自治县概况/《黔江土家族苗族自治县概况》编写组编.—成都：四川民族出版社，1990.8.—.149页；32开（国家民委民族问题五种丛书·中国少数民族自治地方概况丛书）.—ISBN 7-5409-0532-8：2.50元

赤水县志/贵州省赤水县编纂委员会编.—贵阳：贵州人民出版社，1990.10.—872页；16开.—ISBN 7-221-02007-8（精装）：25.00元

贵州省志：教育志/任吉麟主编；贵州省地方志编纂委员会编.—贵阳：贵州人民出版社，1990.2. 821页；16开.—ISBN 7-221-01481-7（精装）：27.00元

贵州省志：商业志/唐载阳，张树良主编；贵州省地方志编纂委员会编.—贵阳：贵州人民出版社，1990.11.—573页；16开.—ISBN 7-221-01915-0（精装）：23.00元

黔东南苗族侗族自治州志：人物志/黔东南苗族侗族自治州地方志编纂委员会编.—贵阳：贵州人民出版社，1990.12.—322页；16开.—ISBN 7-221-02482-0（精装）：16.00元

黔东南苗族侗族自治州志：地理志/黔东南苗族侗族自治州地方志编纂委员会编.—贵阳：贵州人民出版社，1990.10.—292页；16开.—ISBN 7-221-01888-X（精装）：20.00元

黔东南苗族侗族自治州志：邮电志/黔东南苗族侗族自治州地方志编纂委员会编.—贵阳：贵州人民出版社，1990.10.—201页；16开.—ISBN 7-221-01887-1（精装）：12.00元

黔东南苗族侗族自治州志：金融志/贵州省黔东南苗族侗族自治州地方志编纂委员会编.—贵阳：贵州人民出版社，1990.10.—338页；16开.—ISBN 7-221-02067-1（精装）：16.00元

黔西县志/黔西县志编写委员会编.—贵阳：贵州人民出版社，1990.8.—716页；16开.—ISBN 7-221-01630-5（精装）：25.00元

元阳县志/云南省元阳县志编纂委员会编纂.—贵阳：贵州民族出版社，1990.2.—703页；16开.—（中华人民共和国地方志丛书）.—ISBN 7-5412-0059-X（精装）：24.00元

云南文史资料选辑　第三十七辑/中国人民政治协商会议云南省委员会文史资料委员会编，—昆明：云

南人民出版社，1990.10.—366页；32开.—ISBN 7-222-00546-3：2.59元

云南文史资料选辑　第三十九辑/中国人民政治协商会议云南省委员会文史资料委员会编.—昆明：云南人民出版社，1990.12.—407页；大32开.—ISBN 7-222-00813-6：5.50元

云南史料丛刊　第1卷/方国瑜主编；徐文德，木芹纂录校订.—昆明：云南人民出版社，1990.4.—421页；大32开.—ISBN 7-222-00604-4(精装)：8.05元

云南史料丛刊　第1卷/方国瑜主编；徐文德，木芹纂录校订.—昆明：云南人民出版社，1990.4.—421页；大32开.—ISBN 7-222-00605-2：6.25元

云南地方沿革史/尤中编著.—昆明：云南人民出版社，1990.8.—450页；大32开.—（云南丛书）.—ISBN 7-222-00606-0：6.00元

双江拉祜族佤族布郎族傣族自治县概况/《双江拉祜族佤族布朗族傣族自治县概况》编写组编.—昆明：云南民族出版社，1990.12.—130页；大32开.（国家民委民族问题五种丛书·中国少数民族自治地方概况丛书）.—ISBN 7-5367-0357-0：2.20元

石屏县志/佘孟良主编；云南省石屏县志编纂委员会编纂.—昆明：云南人民出版社，1990.10.—870页；16开.—（中华人民共和国地方志丛书）.—ISBN 7-222-00718-0（精装）：28.00元

昌宁县志/张金辉主编；云南省昌宁县志编纂委员会编纂.—芒市：德宏民族出版社，1990.10.—792页；16开.—（中华人民共和国地方志丛书）.—ISBN 7-80525-070-7（精装）：25.00元

金平苗族瑶族傣族自治县概况/《金平苗族瑶族傣族自治县概况》编写组编.—昆明：云南民族出版社，1990.3.—144页；大32开.—（国家民委民族问题五种丛书·中国少数民族自治地方概况丛书）.ISBN 7-5367-0259-0：2.20元

保山地区史志文辑　第二辑：抗日战争专辑之二/保山地区行政公署史志办编.—芒市：德宏民族出版社，1990.4.—386页；32开.—ISBN 7-80525-066-9：5.50元

维西傈僳族自治县概况/《维西傈僳族自治县概况》编写组编.—昆明：云南民族出版社，1990.8.147页；大32开.—（国家民委民族问题五种丛书·中国少数民族自治地方概况丛书）.—ISBN 7-5367-0303-1：2.60元

景东彝族自治县概况/《景东彝族自治县概况》编写组编.—昆明：云南民族出版社，1990.4.—131页，大32开.—（国家民委民族问题五种丛书·中国少数民族自治地方概况丛书）.—ISBN 7-5367-0258-2：2.00元

景谷傣族彝族自治县概况/《景谷傣族彝族自治县概况》编写组编写.—昆明：云南民族出版社，1990.7.—142页，大32开.—（国家民委民族问题五种丛书·中国少数民族自治地方概况丛书）.—ISBN 7-5367-0302-3：2.50元

普洱哈尼族彝族自治县概况/《普洱哈尼族彝族自治县概况》编写组编.—昆明：云南民族出版社，1990.7.—154页；大32开.—（国家民委民族问题五种丛书·中国少数民族自治地方概况丛书）.—ISBN 7-5367-0318-9：2.20元

禄劝彝族苗族自治县概况/禄劝彝族苗族自治县概况编写组编.—昆明：云南民族出版社，1990.5.165页；大36开.—（国家民委民族问题五种丛书·中国少数民族自治地方概况丛书）.—ISBN 7-5367-0278-7：2.00元

腾冲县文史资料选辑　第二辑/腾冲县政协文史资料编辑委员会编.—昆明：云南人民出版社，1990.4.305页；32开.—ISBN 7-222-00632-0：3.40元

滇海虞衡志校注/（清）檀萃辑；宋文熙，李东平校注.—昆明：云南人民出版社，1990.12.—368页；32开.—（云南省社会科学院研究丛书）.—ISBN 7-222-00735-0：6.55元

德宏傣族景颇族自治州解放四十周年纪念文集/德宏州史志办公室编.—芒市：德宏民族出版社，1990.7.—356页；32开.—ISBN 7-80525-075-8：3.00元

1728～1959西藏的贵族和政府/（意）毕达克著；沈卫荣，宋黎明译.—北京：中国藏学出版社，1990.12.—445页；大32开.—(汉译国外藏学名著丛书).—ISBN 7-80057-029-0：7.00元

于式玉藏区考察文集/于式玉著.—北京：中国藏学出版社，1990.12.—258页；大32开.—ISBN 7-80057-044-4：4.80元

历史造就的统一体：西藏地方和历代中央政权关系简介/西藏社会科学院《历史造就的统一体》编写组编.—拉萨：西藏人民出版社，1990.6.—48页；32开.—ISBN 7-223-00356-1：0.65元

西藏文史资料选辑　十二/西藏自治区政协文史资料研究委员会编.—北京：民族出版社，1990.8.111页；大32开.—ISBN 7-105-01100-9：1.30元

西藏的贵族和政府：1728～1959/（意）毕达克（Petech，Luciano）著；沈卫荣，宋黎明译.北京：中国藏学出版社，1990.12.—445页；大32开.—（汉译国外藏学名著丛书）.—ISBN 7-80057-029-0：7.50元

书名原文：Aristocracy and government in Tibet

灾异志：水灾篇/西藏历史档案馆等编译.—北京：中国藏学出版社，1990.1.—132页；大32开.—（西藏地方历史档案丛书）.—ISBN 7-80057-026-6：2.40元

灾异志·雹、霜、虫灾篇/西藏历史档案馆等编译. 北京：中国藏学出版社，1990.1.—120页；大32开.（西藏地方历史档案丛书）.—ISBN 7-80057-037-1：2.40元

现代西藏的诞生/（加）戈伦夫（Grunfeld, A. T.）著；伍昆明，王宝玉译.—北京：中国藏学出版社，1990.8.—374页；大32开.—（汉译国外藏学名著丛书）.—ISBN 7-80057-035-5：6.50元

书名原文：The Making of Modern Tibet

国外藏学研究译文集　第七辑/王尧主编.—拉萨：西藏人民出版社，1990.10.—309页；32开.—ISBN 7-223-00362-6：3.20元

钦定巴勒布纪略/（清）方略馆原著；陈家琎主编. 天津：天津古籍出版社，〔1990〕.—12册（2函）；12开.—（西藏学汉文文献汇刻；第一辑）.—ISBN 7-80504-036-2（线装）

雅隆尊者教法史/释迦仁钦德著；汤池安译.—拉萨：西藏人民出版社，1989.6.—229页；大32开.—（西藏历史文库）.—ISBN 7-223-00297-2：1.80元

《雅隆尊者教法史》是继蔡巴《红史》后的又一部著名历史专著。

藏学研究/中央民族学院藏学研究所编.—天津：天津古籍出版社，1990.12.—379页；大32开.—ISBN 7-80504-154-7：4.45元

藏学研究论丛　第二辑/《藏学研究论丛》编委会编.—拉萨：西藏人民出版社，1990.8.—755页；大32开.—ISBN 7-223-00366-9：6.25元

K3　亚洲各国史

归来的幽灵：朝鲜战争俘虏问题内幕/（英）艾伦·温宁顿，（澳）威尔弗雷德·贝却敌著；崔勇列，启羽译.—北京：中国青年出版社，1990.1.—189页；32开.—ISBN 7-5006-0675-3：2.80元

日本学　第二辑/北京大学日本研究中心编.—北京：北京大学出版社，1990.3.—296页；大32开. ISBN 7-301-00130-4：4.60元

日本学辞典/王长新，金峰玉主编.—长春：吉林教育出版社，1990.5.—1098页；32开.—ISBN 7-5383-0927-6（精装）：11.80元

本辞典收词目共3549条。

日本简明地方志/中国日本友好协会编.—北京：世界知识出版社，1990.6.—276页；大32开.—ISBN 7-5012-0290-7：4.30元

中国典籍在日本的流传与影响/陆坚，王勇主编. 杭州：杭州大学出版社，1990.12.—347页；大32开.（日本文化研究丛书/王勇主编）.—ISBN 7-81035-068-4（精装）：8.50元

战争·科学·人/（日）田中正俊著；韩一德译. 哈尔滨：黑龙江人民出版社，1990.7.—86页；大32开.—ISBN 7-207-01445-7：1.90元

儒家思想与日本文化/王家骅著.—杭州：浙江人民出版社，1990.3.—432页；大32开.—（世界文化丛书/周谷城，田汝康主编）.—ISBN 7-213-00441-7：5.20元

中南半岛民族/秦钦峙，赵维扬主编.—昆明：云南人民出版社，1990.6.—352页；32开.—（云南省社会科学院研究丛书）.—ISBN 7-222-00583-8：4.60元

东南亚古代史中文文献提要/顾海编著.—厦门：厦门大学出版社，1990.2.—282页；32开.—ISBN 7-5615-0262-1：3.65元

南洋猎头民族考察记/（英）海顿（Haddon, A. C.）著；吕一舟译.—北京：商务印书馆，1990.10. 386页：照片；32开.—ISBN 7-100-00799-2：4.65元

马科斯王朝/（美）西格雷夫（Sengrave, S.）著；王槐挺等译.—北京：国际文化出版公司，1990.11.—489页；大32开.—ISBN 7-80049-528-0：6.90元

书名原文：The Marcos Dynasty

老挝史/申旭著.—昆明：云南大学出版社，1990.12.—378页；大32开.—ISBN 7-81025-092-2：4.50元

柬埔寨两千年史/陈显泗著.—郑州：中州古籍出版社，1990.4.—635页；大32开.—ISBN 7-5348-0329-2：11.50元

菲律宾史/金应熙主编；刘迪辉等编著.—开封：河南大学出版社，1990.4.—851页；大32开.—高等学校文科教材.—ISBN 7-81018-393-1：5.90元

越战一万天/（加）迈克尔·麦克利尔著；苏克，阎嘉译.—成都：成都出版社，1990.10.—494页：照片；大32开.—ISBN 7-80575-120-X：6.50元

印度古代文明/（印）塔帕尔（Thapar, R.）著；林太译.—杭州：浙江人民出版社，1990.2.—392页；大32开.—（世界文化丛书/周谷城主编）.—ISBN 7-213-00442-5：4.80元

印度古代社会史/刘欣如著.—北京：中国社会科学出版社，1990.8.—322页；32开.—ISBN 7-5004-0739-4：4.60元

印度通史/培伦主编.—哈尔滨：黑龙江人民出版社，1990.3.—946页；大32开.—高等学校文科教材. ISBN 7-207-01143-1（精装）：14.70元

尼泊尔民族志/王宏纬，鲁正华著.—北京：中国藏学出版社.—266页；大32开.—（西藏学参考丛书；第二辑；4/陈家琎主编）.—ISBN 7-80057-027-4：4.90元

斯里兰卡的民族历史文化/（苏）瓦·伊·科奇涅夫著；王兰译.—北京：中国社会科学出版社，1990.3.—363页；32开.—ISBN 7-5004-0446-8：4.35元

土耳其现代史/杨兆钧编.—昆明：云南大学出版社，1990.6.—407页；大32开.—ISBN 7-81025-041-8：5.80元

阿拉伯——伊斯兰文化史 第二册：（一）/（埃）艾哈迈德·爱敏著；朱凯，史希同译.—北京：商务印书馆，1990.1.—385页；大32开.—ISBN 7-100-00622-8：4.55元

本册为全书的第二册，阐述阿拨斯王朝前朝（公元750—847年）百年内的社会和文化的发展历史。

K4 非洲各国史

非洲史教程/陆庭恩，艾周昌编著.—上海：华东师范大学出版社，1990.5.—499页；大32开.—ISBN 7-5617-0534-4：3.46元

K5 欧洲各国史

西方文化之路/罗静兰等编著.—武汉：湖北教育出版社，1990.9.—430页；大32开.—ISBN 7-5351-0532-7：6.80元

欧洲的觉醒/（英）沃尔夫（Wolff，P.）著；郑宇建，顾犇译.—北京：商务印书馆，1990.8.—254页；大32开.—ISBN 7-100-00690-2：2.95元

书名原文：The Awakening of Europe

本书主要以9—12世纪的三个主要人物阿尔克温、热尔贝、阿培拉德为主线，简要地介绍了当时欧洲的政治、经济、文化、艺术、法律等各个领域的发展情况。

新编苏联史：1917～1985/周尚文等著.—上海：上海人民出版社，1990.10.—696页；大32开.—ISBN 7-208-00803-5：10.75元

一九一八年德国十一月革命/邸文选译.—北京：商务印书馆，1990.7.—172页；大32开.—（世界史资料丛刊：现代史部分/齐世荣主编）.—ISBN 7-100-00866-2：2.25元

德国文化史/杜美著.—北京：北京大学出版社，1990.2.—324页；大32开.—ISBN 7-301-01090-7：6.10元

德国国防军大本营：1939～1945/（联邦德国）瓦利蒙特（Warlimont，W.）著；军事科学院外国军事研究部译.—北京：军事科学出版社，1990.6.521页；大32开.—ISBN 7-80021-252-1：7.50元

书名原文：Im Hauptquartier der Deutschen Wehrmacht.

瑞士联邦700年：1291～1991/他石著.—北京：中国国际广播出版社，1990.10.—285页；大32开.ISBN 7-80035-750-3：5.00元

十七世纪英国资产阶级革命 （上）/（苏）科斯明斯基（Косминский，Е.А.），列维茨基（Левицкий，Я.А.）主编；何清等译.—北京：商务印书馆，1990.8.—653页；大32开.—ISBN 7-100-00956-1：8.10元

书名原文：Английская буржуазиая революция XⅧ века

英国史：1688年至今/（美）罗伯兹（Roberts，D.）著；鲁光桓译.—广州：中山大学出版社，1990.9.—547页；大32开.—ISBN 7-306-00311-9：3.70元

书名原文：A History of England 1688 to the Present.

英国现代史：1914～1964/（英）梅德利科特（Medlicott，W.N.）著；张毓文等译.—北京：商务印书馆，1990.9.—686页；大32开.—ISBN 7-100-00787-9：7.55元

书名原文：Conte Mporary England

英国简史/（英）伍德沃德（Woodward，E.L.）著；王世训译.—上海：上海外语教育出版社，1990.10.—250页；32开.—ISBN 7-81009-510-2：400元

书名原文：A History of England

法国通史简编/沈炼之主编.—北京：人民出版社，1990.12.—706页；大32开.—ISBN 7-01-000760-8：11.75元

第三共和国的崩溃：对1940年法国战败的研究/（美）威廉·夏伊勒著；尹元耀等译.—海口：南海出版公司，1990.7.—2册（1238页）；32开.—ISBN 7-80570-255-1：19.70元

K7 美洲各国史

一九一七——一九三九年的美国/黄德禄，黄安年选译.—北京：商务印书馆，1990.6.—176页；大32开.—（世界史资料丛刊：现代史部分/齐世荣主编）.—ISBN 7-100-00788-7：2.25元

美国内战与镀金时代：1861～19世纪末/丁则民主编.—北京：人民出版社，1990.6.—426页；大32开.

（美国通史丛书）.—ISBN 7-01-000621-0：7.00元

美国史新编/杨生茂，陆镜生著.—北京：中国人民大学出版社，1990.4.—609页；大32开.—高等学校文科教材.—ISBN 7-300-00785-6：6.85元

多洛雷斯的呼声：拉美民族解放风云录：合订本.北京：商务印书馆，1990.2.—408页；32开.—（外国历史小丛书）.—ISBN 7-100-00109-9：3.80元

拉丁美洲的文明与文化/（秘）陈-罗德里格斯（Changn-Rodriguez，E.）著；白凤森等译.—北京：商务印书馆，1990.8.—345页；大32开.—ISBN 7-100-00764-X：4.05元

书名原文：Latinoamerica:su civilzacion y sucultura

墨西哥：文化碰撞的悲喜剧/刘文龙著.—杭州：浙江人民出版社，1990.2.—286页；大32开.—（世界文化丛书/周谷城，田汝康主编）.—ISBN 7-213-00382-8：4.10元

本书主要截取了墨西哥文化史上最具认识价值的一段，即欧洲文化与印第安文化激烈碰撞的殖民地时期，从文化的不同领域展示了两种异质文化碰撞和融合的情况。

K81　传　记

K810　传记研究与编写

小宝宝命名术/梁华荣，吕义军编写.—大连：大连出版社，1990.1.—336页；32开.—ISBN 7-80555-178-2. 3.95元

本书介绍了取名的基本常识，命名的主要方法，命名的意义取向，入名美辞的作用，名字的诸多特征。

中国姓氏起源/史国强著.—济南：山东大学出版社，1990.11.—429页；大32开.—ISBN 7-5607-0389-5：6.70元

起名的艺术/晓秦，明星编著.—成都：四川人民出版社，1990.12.—212页；32开.—ISBN 7-220-01084-2：2.60元

K811　世界人物传记

日汉世界名人译名词典/王玉林主编.—北京：电子工业出版社，1990.8.—612页；32开.—ISBN 7-5053-0738-X：13.75元

古今中外人物传记指南录：前编/邵延淼编著.南京：江苏教育出版社，1990.8.—483页；16开.ISBN 7-5343-1125-X（精装）：9.00元

世界人物大辞典/《世界人物大辞典》编辑委员会编著.—北京：国际文化出版公司，1990.12.—2册（1969页）；16开.—ISBN 7-80049-447-0（精装）：115.00元

世界传记名著鉴赏辞典/宗河主编.—北京：中国工人出版社，1990.2.—1319页；32开.—ISBN 7-5008-0447-4：15.40元

外国女名人小辞典/刘荫岛编译.—北京：知识出版社，1990.7.—309页；32开.—ISBN 7-5015-0398-2：4.50元

汉哈外国人名手册/米来提编.—乌鲁木齐：新疆人民出版社，1990.8.—678页；大32开.—ISBN 7-228-01087-6：7.00元

K812　普通总传

女性天地/郭鸿主编.—南宁：广西民族出版社，1990.2.—274页；32开.—（中外文摘精选；2）.ISBN 7-5363-0745-4：3.30元

名人之死　第一卷/宁国仕主编.—沈阳：辽沈书社，1990.3.—368页；大32开.—ISBN 7-80507-035-0：5.00元

名人之死　第二卷/宁国仕主编.—沈阳：辽沈书社，1990.3.—370页；大32开.—ISBN 7-80507-036-9：5.00元

名人之死　第三卷/宁国仕主编.—沈阳：辽沈书社，1990.3.—371页；大32开.—ISBN 7-80507-037-7：5.00元

名人之死　第四卷/宁国仕主编.—沈阳：辽沈书社，1990.3.—460页；大32开.—ISBN 7-80507-037-7：6.00元

诺贝尔奖获得者传略　第一卷/舒虹编著.—长春：吉林人民出版社，1990.12.—276页；大32开.ISBN 7-206-00900-X：4.00元

最后的时刻：世界名人之死/元明等编著.—北京：团结出版社，1990.11.—339页；32开.—ISBN 7-80061-366-6：4.95元

K813　地区总传

东南亚、南亚名人录/现代国际关系研究所世界人物研究室编.—北京：时事出版社，1990.3.—614页；32开.—ISBN 7-80009-0084-1：9.80元

K815　各科总传

中外社会学人物辞典/钟金洪等主编.—北京：光明日报出版社，1990.8.—424页；32开.—ISBN 7-80014-459-3（精装）：7.80元

世界思想家列传/（英）德波诺（Depono，E.）著；高健民等译.—上海：复旦大学出版社，1990.6.—205页；32开.—ISBN 7-309-00373-X：3.70元

书名原文：The Greafest Thinkers

本书对摩西、耶稣、培根、达尔文、马克思、维纳等世界思想家的生平作了介绍。

西方一百个哲学家　下册/谢庆绵等主编.—南昌：江西人民出版社，1990.5.—888页；大32开.—ISBN 7-210-00315-0：5.95元

国际社会学家辞典　下卷/（联邦德国）伯恩斯多夫（Bernsdorf，W.），（联邦德国）克诺斯普（Knospe，H.）主编；王容芳，孙英珠译校.—北京：中国人民大学出版社，1990.11.—1484页；大32开.—ISBN 7-300-00806-2（精装）：22.40元

书名原文：Internationaies Soziidogenlexikon

巨霸小传/（日）砥山典辰著；高延军，高长缨译.上海：上海文化出版社，1990.7.—114页；32开.（五角丛书；第十辑）.—ISBN 7-80511-391-2：1.15元

本书为曾在历史上翻云覆雨、对世界产生过巨大影响的15位巨霸的"小传"。

中外女王列传/海青，雪梅编著.—北京：中国青年出版社，1990.10.—324页；32开.—ISBN 7-5006-0722-9：4.60元

世界女帝王/李平著.—长春：吉林文史出版社，1990.4.—312页；32开.—ISBN 7-80528-219-6：3.80元

外国名将轶事/赵宝华，杨喜兰编著.—北京：国防大学出版社，1990.2.—352页；32开.—ISBN 7-5626-0195-X：4.30元

外国政治军事人物小传/马毓良主编.—北京：教育科学出版社，1990.6.—178页；32开.—（中学课本人物小传丛书/全国华，赵竞华主编）.—ISBN 7-5041-0415-9：2.60元

外国著名政治活动家　（二）：合订本.—北京：商务印书馆，1990.5.—404页；32开.—（外国历史小丛书/陈翰笙主编）.—ISBN 7-100-00623-6：3.40元

政界要人/林瑞发，李希愈编著.—福州：福建教育出版社，1990.11.—210页；32开.—（现代世界风云人物传奇丛书/吴亦仙主编）.—ISBN 7-5334-0643-5：2.35元

本书揭示了现代政治风云人物的奇闻趣事，权力倾轧以及善恶、邪正的斗争。

神秘纱幕下的脚印：外国政坛风云人物趣闻/施伟达编写.—上海：上海人民出版社，1990.4.—173页；32开.—（外国政坛内幕系列）.—ISBN 7-208-00751-9：2.25元

领袖与疾病/（美）伯特·爱德华·帕克著；陈溢新，蒋祖钢译.—北京：群众出版社，1990.4.—306页；32开.—ISBN 7-5014-0459-5：4.10元

书名原文：The impact of Illhess on World Leaders

硝烟中升起的明星/黄永光，周鄂川著.—南宁：广西教育出版社，1990.7.—165页；大32开.—（现代国防知识丛书/王前主编）.—ISBN 7-5435-0906-7：5.30元

本书介绍了43位古今中外著名军事家的事迹。

亿万富翁/陈庆宇等编.—福州：福建教育出版社，1990.11.—205页；36开.—（现代世界风云人物传奇丛书/吴亦仙主编）.—ISBN 7-5334-0705-9：2.30元

现代百名著名经济学家/（英）马克·布劳格著；毕吉耀译.—北京：北京大学出版社，1990.3.—304页；大32开.—ISBN 7-301-01059-1：4.35元

金融家的足迹/石丹林主编.—成都：西南财经大学出版社，1990.5.—443页；32开.—ISBN 7-81017-219-0：4.60元

本书着重介绍部分长期从事金融业务并取得一定成就的人在各自的金融业务实践中取得的成功经验和导致失败的教训。

中外足坛名人辞典/杨立声主编.—北京：北京体育学院出版社，1990.8.—509页；32开.—ISBN 7-81003-009-4：7.00元

世界足球明星列传/严成人，王红芳执笔，《竞技与健美》编辑部编辑.—北京：北京体育学院出版社，1990.4.—185页；32开.—ISBN 7-81003-373-5：3.00元

本书记述了世界足坛不同时期、不同风格流派，不同"角色"的44位著名球星成长的道路及他们超群绝技。

世界体育明星录/（英）克里斯·里斯著；姚毓武等译编.—北京：中国广播电视出版社，1990.7.248页；32开.—ISBN 7-5043-0568-5：3.50元

外国文化人物小传/李国祥等主编.—北京：教育科学出版社，1990.6.—199页；32开.—（中学课本人物小传丛书/全国华，赵竞华主编）.—ISBN 7-5041-0401-8：2.70元

艺术家青年时代/潘肇雄等著.—南京：江苏人民出版社，1990.6.—295：照片；32开.—ISBN 7-214-00459-3：3.50元

世界时装大师/袁仄，胡月编著.—北京．人民美术出版社，〔1990？〕.—291页：图及图版；大32开.ISBN 7-102-00649-7：12.40元

本书收入了世界15位时装大师的评传，介绍了他们各自的设计方法、风格和他们的性格特征审美情趣等。

外国文学家小传　第三分册/杨为珍，刘锡山编写.—南宁：广西教育出版社，1990.2.—293页；32开.—ISBN 7-5435-0768-4：2.80元

外国作家的青少年时代/陈刚，解露曦编著.—上海：上海教育出版社，〔1990〕.—146页；32开.—（中学生文库）.—ISBN 7-5320-1693-5：1.25元

外国著名文学艺术家 （二）：世界文坛英华录：合订本.—北京：商务印书馆，1990.7.—488页；32开.—（外国历史小丛书/陈翰笙主编）.—ISBN 7-100-00689-9：4.55元

外国著名文学艺术家 （三）：合订本/刘志鄂等编著.—北京：商务印书馆，1990.11.—464页；32开.（外国历史小丛书/陈翰笙主编）.—ISBN 7-100-00894-8：4.30元

外国著名文学家评传 第一卷/吴富恒主编.—济南：山东教育出版社，1990.4.—744页；大32开.ISBN 7-5328-0809-2（精装）：10.80元

本卷收入42位外国著名文学家评传。

外国著名文学家评传 第二卷/吴富恒主编.—济南：山东教育出版社，1990.4.—772页；大32开.ISBN 7-5328-0856-4（精装）：10.90元

本卷收入39位外国著名文学家评传。

外国著名文学家评传 第三卷/吴富恒主编.—济南：山东教育出版社，1990.5.—750页；大32开.ISBN 7-5328-0842-4（精装）：10.65元

本卷收入38位外国著名文学家评传。

外国著名文学家评传 第四卷/吴富恒主编.—济南：山东教育出版社，1990.5.—747页；大32开.ISBN 7-5328-0890-4（精装）：10.65元

本卷收入39位外国著名文学家的评传。

外国著名文学家评传 第五卷/吴富恒主编.—济南：山东教育出版社，1990.5.—666页；大32开.ISBN 7-5328-0882-3（精装）：9.70元

本卷收入37位外国著名文学家评传。

外国影人录：西班牙、葡萄牙、拉丁美洲部分/冯由礼编.—北京：中国电影出版社，1990.10.—444页；32开.—ISBN 7-106-00294-1：6.00元

外国影人录：美国部分 （3）/冯由礼编.—北京：中国电影出版社，1990.9.—375页；32开.—ISBN 7-106-00060-4：4.00元

外国影人录：美国部分 （4）/冯由礼编.—北京：中国电影出版社，1990.9.—504页；32开.—ISBN 7-106-00267-4：5.20元

西方著名作家生活与创作/赵炎秋著.—北京：新华出版社，1990.2.—386页；32开.—ISBN 7-5011-0509-X：3.90元

世界著名科学家传记：天文学家 （I）/席泽宗主编.—北京：科学出版社，1990.8.—269页；大32开.ISBN 7-03-001773-0：7.60元

本集收入哥白尼 开普勒等著名天文学家传记17篇。

世界著名科学家传记：化学家 （I）/胡亚东主编.北京：科学出版社，1990.8.—241页；大32开.—ISBN 7-03-001505-3：6.80元

本书共分5集。本集收入诺贝尔化学奖获得者及诺贝尔本人的传记，共计23篇。

世界著名科学家传记：生物学家 （1）/卢良恕主编.—北京：科学出版社，1990.9.—318页；大32开.ISBN 7-03-001790-0：8.90元

本集收入达尔文、孟德尔、摩尔根、巴斯德、弗洛伊德等人的传记26篇。

世界著名科学家传记：物理学家 （I）/钱临照，许良英主编.—北京：科学出版社，1990.8.—245页；大32开.—ISBN 7-03-001339-5：7.00元

本集收入尼耳斯·玻耳、狄拉克、费米等近代物理学家的传记20篇。

世界著名科学家传记：数学家 （I）/吴文俊主编.—北京：科学出版社，1990.8.—266页；大32开.ISBN 7-03-001368-9：7.50元

本集收入著名的世界数学家如希尔伯特、克莱因等人的传记19篇。

世界著名数学家评传/袁小明著.—南京：江苏教育出版社，1990.6.—618页；大32开.—ISBN 7-5343-1036-9：7.25元

本书载录了29位已故的世界著名数学家的传记。

外国科技人物词典：工程技术卷/大连外国语学院编.—南昌：江西科学技术出版社，1990.12.—419页；32开.—ISBN 7-5390-0328-6（精装）：9.90元

本卷共收工程技术及其有关方面的学者词目1583条。

外国科技人物词典：天文学、地理学卷/大连外国语学院编.—南昌：江西科学技术出版社，1990.12.549页；32开.—ISBN 7-5390-0330-8（精装）：11.60元

本卷共收词目1630条，包括天文学家、地理学家和相关学科的学者及专家。

外国科技人物词典：生物学、医学卷/大连外国语学院编.—南昌：江西科学技术出版社，1990.12.—960页；32开.—ISBN 7-5390-0329-4(精装)：18.30元

本卷共收医学、药学、生物学、生理学和农林牧等方面的科技人物词目2719条。

外国科技人物词典：数学、物理学、化学卷/大连外国语学院编.—南昌：江西科学技术出版社，1990.12.—667页；32开.—ISBN 7-5390-0327-8（精装）：13.80元

本卷共收数学、物理学、化学及其有关方面的学者词目1994条。

数学家的性格、思想与功绩/陈守义编著.—北京：北京师范大学出版社，1990.1.—205页；32开.—ISBN 7-303-00871-3：2.30元

数学家辞典/邓宗琦等撰稿.—武汉：湖北教育出版社，1990.5.—950页；32开.—ISBN 7-5351-0413-4（精装）：15.90元

本辞典收入古今中外数学家约3000人，介绍了他们的生平及主要贡献。

K82 中国人物传记

中国人名大词典：历史人物卷/廖盖隆等主编.—上

海：上海辞书出版社，1990.2.—675页；16开.—ISBN 7-5326-0033-5（精装）：35.00元

本卷选收远古至1949年10月1日以前去世的人物，共约14000人。

中国民族史人物辞典/高文德主编.—北京：中国社会科学出版社，1990.5.—805页；16开.—ISBN 7-5004-0649-5（精装）：50.00元

古籍宋元刊工姓名索引/王肇文编.—上海：上海古籍出版社，1990.12.—406页；大32开.—ISBN 7-5325-0349-6：6.25元

华夏名人称号掌故手册/张秀平主编.—北京：华夏出版社，1990.6.—348页；32开.—ISBN 7-80053-645-9：7.10元

异号类编/（清）史梦兰编.—影印本.—扬州：江苏广陵古籍刻印社，〔1990〕.—4册（1函）；20开.（线装）：60.00元

据清同治刊本影印。

辛亥以来人物传记资料索引/王明根主编；复旦大学历史系资料室编.—上海：上海辞书出版社，1990.12.—2497页；16开.—ISBN 7-5326-0068-8（精装）：230.00元

K820　普通总传

历代蒙古族著作家述略/赵相璧著.—呼和浩特：内蒙古人民出版社，1990.11.—266页；大32开.—ISBN 7-204-00921-5：3.75元

中国历史人物述评：古代史部分　上册/李忠慈主编.—天津：天津社会科学院出版社，1990.12.—360页；32开.—ISBN 7-80563-098-4：3.50元

中国名人趣事/寒星编写；何忠绘画.—上海：上海翻译出版公司，1990.2.—145页；32开.—ISBN 7-80514-627-6：1.80元

本书选编古今72位名人的事迹。

中国邮票上的人物/于庆文编.—沈阳：辽宁大学出版社，1990.11.—291页；32开.—ISBN 7-5610-1090-7：4.00元

中国朝鲜族人物传/韩俊光主编.—延吉：延边人民出版社，1990.5.—409页；大32开.—ISBN 7-80508-500-5（精装）：14.45元

民族英杰/李路编写.—哈尔滨：黑龙江教育出版社，1990.4.—119页；32开.—（我爱中华丛书/贾斌主编）.—ISBN 7-5316-1069-8：1.50元

民族的精英中华的骄傲/中共天津市委党校文史教研室，中共天津石油化工公司党校编写.—天津：天津社会科学院出版社，1990.4.—260页；32开.—ISBN 7-80563-044-5：2.50元

本书介绍了55位中华民族的杰出人物。

西南少数民族人物志　第二辑/巴胡母木主编.—成都：四川民族出版社，1990.4.—340页；32开.—ISBN 7-5409-0253-1：3.65元

名人秘闻录/国际文化出版公司编.—北京：国际文化出版公司，1990.10.—231页；大32开.—ISBN 7-80049-539-6：3.50元

杰出的中国人/孙云晓，艾玲编写.—哈尔滨：黑龙江教育出版社，1990.4.—142页；32开.—（我爱中华丛书/贾斌主编）.—ISBN 7-5316-1070-1：1.70元

古代开发西北人物志/西北民族学院历史系，兰州大学古籍整理研究室编.—兰州：兰州大学出版社，1990.1.—322页；32开.—ISBN 7-311-00279-6：3.15元

西汉盛世/李兆成，李家发主编.—兰州：甘肃人民出版社，1990.2.—271页；32开.—（中国历史人物评传丛书/张大可，谭良啸主编）.—ISBN 7-226-00551-4：3.60元

列女传译注/张涛译注.—济南：山东大学出版社，1990.8.—358页；32开.—ISBN 7-5607-0346-1：4.20元

战国风云/刘京华，吴伯生主编.—兰州：甘肃人民出版社，1990.2.—278页；32开.—（中国历史人物评传丛书/张大可，谭良啸主编）.—ISBN 7-226-00552-2：3.50元

复社姓氏传略/（清）吴山嘉辑.—影印本.—北京：中国书店，1990.10.—1册；大32开.—（海王邨古籍丛刊）.—ISBN 7-80568-159-7（精装）：16.00元

复社是明朝由若干文社组成的学术性组织。本书为复社主要成员吴扶九的五世孙在其先哲的《复社姓氏录》基础上重加考证、采辑而成传略十卷。

清代人物传稿　下编　第六卷/清史编委会编；林增平，郭汉民主编.—沈阳：辽宁人民出版社，1990.1.—514页；大32开.—ISBN 7-205-00888-3：6.65元

清代名人传略　（上）/（美）恒慕义（Hummel，A.W.）主编；中国人民大学清史研究所《清代名人传略》翻译组译.—西宁：青海人民出版社，1990.2.—817页；大32开.—ISBN 7-225-00132-9：10.00元

清代名人传略　（中）/（美）恒慕义（Hummel，A.W.）主编；中国人民大学清史研究所《清代名人传略》翻译组译.—西宁：青海人民出版社，1990.2.—506页；大32开.—ISBN 7-225-00207-4：6.20元

清代名人传略　（下）/（美）恒慕义（Hummel，A.W.）主编；中国人民大学清史研究所《清代名人传略》编译组译.—西宁：青海人民出版社，1990.2.—536页；大32开.—ISBN 7-225-00275-9：6.50元

楚汉春秋/翟松天，张嘉选主编.—兰州：甘肃人民

出版社，1990.2.—210页；32开.—（中国历史人物评传丛书/张大可，谭良啸主编）.—ISBN 7-226-00553-0：2.70元

本书共收入秦汉之际的历史人物36个。

二十世纪中华爱国名人辞典/宋德慈主编.—长春：吉林大学出版社，1990.12.—553页；大32开.—ISBN 7-5601-0732-X（精装）：19.50元

中国近现代政治军事人物小传/赵明海，刘高主编.北京：教育科学出版社，1990.6.—175页；32开.（中学课本人物小传丛书/全国华，赵竞华主编）.ISBN 7-5041-0414-0：2.50元

民国名人罗曼史/王邦华等编著.—南京：江苏古籍出版社，1990.6.—454页；36开.—（民国春秋丛书）.—ISBN 7-80519-178-6：6.50元

K820.8　地区总传

三秦杰出人物列传/周德明编著.—西安：陕西人民教育出版社，1990.5.—170页；32开.—ISBN 7-5419-1225-5：2.05元

三秦游子录/王明德，侯丹编著.—西安：陕西人民出版社，1990.8.—233页；32开.—（西安地方志丛书）.—ISBN 7-224-01370-6：5.35元

大连工运著名人物：1923～1989/刘功成总纂.—沈阳：辽宁人民出版社，1990.8.—265页；32开.（大连市工会志：人物篇/王德豹主编）.—ISBN 7-205-01568-5：4.50元

山东历史人物辞典/丁文方等主编.—济南：山东人民出版社，1990.10—770页；大32开.—ISBN 7-209-00503-X（精装）：16.80元

山东社会科学人名辞典/梁自洁主编.—济南：山东人民出版社，1990.10.—740页；16开.—ISBN 7-209-00709-1（精装）：42.00元

东北历史名人传：古代卷　（下）/董玉瑛，丛佩远主编.—长春：吉林文史出版社，1990.10.—485页；大32开.—（东北史丛书）.—ISBN 7-80528-309-5：6.80元

本册收录元、明、清（鸦片战争前止）三朝历史人物60人。

四川近现代人物传　第六辑/四川省地方志编纂委员会，省志人物志编辑组编.—成都：四川大学出版社，1990.3.—599页；大32开.—（四川省地方志资料丛书/任一民主编）.—ISBN 7-5614-0299-6：7.00元

乐山历史人物传略/乐山市志办编.—成都：巴蜀书社，1990.6.—478页；32开.—ISBN 7-80523-370-5：7.20元

江西历代人物辞典/陈荣华等主编.—南昌：江西人民出版社，1990.9.—597页；大32开.—ISBN 7-210-00697-4（精装）：13.00元

安徽高级专家人名词典　第一分册/安徽省职称改革领导小组等主编.—合肥：安徽科学技术出版社，1990.8.—417页；16开.—ISBN 7-5337-0610-3：17.00元

武威历史人物/梁新民著.—兰州：兰州大学出版社，1990.6.—240页；32开.—ISBN 7-311-00314-8：2.75元

南通人物/乔显曾等主编.—上海：上海人民出版社，1990.12.—151页；32开.—ISBN 7-208-01083-3：2.75元

信宜人物传略/陈启著等编撰.—广州：中山大学出版社，1990.1.—162页；32开.—ISBN 7-306-00254-6：2.90元

旅台名人录：湖北卷/陈文学主编.—北京：中国文史出版社，1990.7.—153页；大32开.—ISBN 7-5034-0152-4：8.10元

海上十闻人/陈祖恩，王金海主编.—上海.上海人民出版社，1990.12.—444页：照片；大32开.—ISBN 7-208-00830-2：7.20元

本书描述了混迹在旧上海的十个特殊人物：虞洽卿、黄金荣、闻兰亭、黄楚九、傅筱庵、张啸林、袁履登、王晓籁、杜月笙、万墨林。

海南名人辞典/苏英博主编.—广州：中山大学出版社，1990.11.—587页；大32开.—ISBN 7-306-00358-5（精装）：19.80元

鄂东著作人物荟萃/余彦文编撰.—武汉：湖北科学技术出版社，1990.11.—608页；32开.—ISBN 7-5352-0414-7（精装）：7.50元

黑龙江人物传略　（二）/黑龙江省地方志编纂委员会编.—哈尔滨：黑龙江人民出版社，1990.2.336页；大32开.—ISBN 7-207-00987-9：4.70元

湖州人物志/王克文，余方德主编；张西廷编写.上海：上海社会科学院出版社，1990.3.—390页；32开.—ISBN 7-80515-567-4：4.50元

新疆历史人物　第四集/谷苞主编.—乌鲁木齐：新疆人民出版社，1990.1.—122页；32开.—ISBN 7-228-00198-2：1.20元

黔南名人传/裴汉刚主编.—贵阳：贵州人民出版社，1990.5.—182页；32开.—ISBN 7-221-01851-0：2.85元

K820.9　氏族谱系

天下第一家/孟继新编著.—济南：山东友谊书社，1990.9.—102页；32开.—（山东旅游丛书）.—ISBN 7-80551-296-5；1.50元

本书介绍了孔府的形成、建筑布局、田产、户人、管理机构、嫡系后裔、姻亲、春联、门神等。

中华望族荥阳郑氏/宋国桢，周显才主编.—郑州：中州古籍出版社，1990.8.—180页；大32开.—ISBN 7-5348-0432-9：4.50元

本书介绍和探讨了郑氏的起源、流变和海内外分布的大略情况，并研究了一些历史问题。

孔子世家谱/孔德成总裁；孔庆坤，孔令熙监修.影印本.—济南：山东友谊书社，1990.9.—4册(4602页)；16开.—(孔子文化大全·史志类/苗枫林主编).—(精装)

孔子后裔在大陆/桑双，李中心著.—南京：江苏人民出版社，1990.9.—89页；32开.—ISBN 7-214-00560-3-X：2.80元

辽宁朝鲜族家谱选/辽宁省民族古籍整理办公室主编；姚斌等整理.—沈阳：辽宁民族出版社，1990.3.—326页；大32开.—(辽宁民族古籍历史类；9).ISBN 7-80527-168-2：5.20元

成吉思汗后裔家族：鄂尔多斯三代人/梁冰，贾缨著.—呼和浩特：内蒙古人民出版社，1990.1.—437页；大32开.—(内蒙古地方人物传记丛书).—ISBN 7-204-00910-X：6.15元

兴义刘、王、何三大家族/涂月僧主编；贵州省政协文史资料委员会，黔西南州政协文史资料委员会编.—北京：中国文史出版社，1990.8.—256页；32开.—ISBN 7-5034-0228-8：2.90元

本书主要记述清末、民初和国民党统治时期三个阶段刘王、何三大家族有代表性人物彼此间的关系和兴衰隆替、悲欢离合的过程。

薛氏家族人物志/周国义，周瑾编著.—太原：山西人民出版社，1990.2.—108页；32开.—ISBN 7-203-01219-0：1.70元

K825　各科人物传

中国当代社会科学人物/尹恺德主编.—重庆：重庆大学出版社，1990.8.—607页；32开.—ISBN 7-5624-0254-X：6.10元

中国当代社会科学家传略　第11辑/陈翔华等编.北京：书目文献出版社，1990.7.—340页；大32开.—(传记丛刊).—ISBN 7-5013-0694-X：6.10元

当代山西社会科学人物综览/山西省社会科学院情报研究所编.—太原：山西人民出版社，1990.4.655页；大32开.—ISBN 7-203-01540-8(精装)：19.50元

当代中青年社会科学家辞典/肖国良等主编.—长春：长春出版社，1990.12.—552页；32开.—ISBN 7-80573-367-8(精装)：12.50元

当代中国社会科学学者大辞典/陈荣富，洪永珊主编；—杭州：浙江大学出版社，1990.3.—882页；16开.—ISBN 7-308-00296-9(精装)：45.00元

K825.1　哲　学

中国哲学人物辞典/谷方编.—太原：书海出版社，1990.11.—833页；大32开.—ISBN 7-80550-082-7(精装)：17.10元

本辞典收哲学人物词目1017条。分先秦、两汉、三国、两晋、南北朝等9个断代。

K825.2　军　事

一代英豪：上杭才溪"九军十八师"/黄径福，黄元铭主编.—厦门：厦门大学出版社，1990.10.—172页；大32开.—ISBN 7-5615-0327-X：4.50元

一代英豪：上杭籍老红军名录/陈赛文主编.—厦门：厦门大学出版社，1990.5.—237页；大32开.ISBN 7-5615-0320-2：4.30元

一代英豪：上杭籍将军传/中共上杭县委党史研究室编.—厦门：厦门大学出版社，1990.12.—201页；大32开.—ISBN 7-5615-0358-X：4.05元

大将之恋/王嘉翔著.—北京：中国青年出版社，1990.7.—292页：大32开.—ISBN 7-5006-0718-0：3.65元

本书讲述了解放军十员大将之一许光达饱含血与泪、情与爱，儿女情长的故事。

井岗之子/海岩著.—北京：海洋出版社，1990.7.196页：肖像；大32开.—ISBN 7-5027-1073-6：6.00元

本书叙述了谭家述同志一生坎坷经历及其对党对人民孺子牛的精神。

中山舰长李之龙/吴德才著.—北京：中国青年出版社，1990.8.—238页；32开.—ISBN 7-5006-0682-6：3.00元

中国人民志愿军人物志　第一卷/陈忠龙主编.—南京：江苏人民出版社，1990.10.—511页；大32开.ISBN 7-214-00568-9：9.00元

中国人民革命战争中的33位军事家.—北京：中国大百科全书出版社，1990.8.—113页；大32开.(中国大百科全书选编).—ISBN 7-5000-5011-9：2.00元

中国古代政治军事人物小传/赵竞华主编.—北京：教育科学出版社，1990.6.—145页；32开.—ISBN 7-5041-0413-2：2.10元

中国近代军事人物传/张一文，施渡桥主编.—北京：解放军出版社，1990.11.—453页；大32开.ISBN 7-5065-1401-X：7.90元

中国将相辞典/安作璋主编.—济南：明天出版社，1990.11.—634页；大32开.—ISBN 7-5332-0921-4(精装)：12.00元

石达开/黄剑华著.—北京：军事科学出版社，

1990.9.—138页；36开.—(中国历代名将丛书/高体乾主编).—ISBN 7-80021-243-2：1.90元

左权传/王孝柏，刘元生著.—北京：人民出版社，1990.5.—366页；大32开.—ISBN 7-01-000580-X：5.70元

北国星光　第1集/沈阳军区政治部编研室编.—沈阳：白山出版社，1990.2.—239页；大32开.—ISBN 7-80566-086-7：3.60元

民国高级将领列传　第五集/王成斌等主编.—北京：解放军出版社，1990.11.—579页；大32开.—ISBN 7-5065-1494-X：6.50元

回忆冯玉祥将军/丘权政编.—太原：北岳文艺出版社，1990.8.—616页；大32开.—ISBN 7-5378-0361-7：8.50元

名将陈明仁/钟德灿著.—上海：上海文艺出版社，1990.10.—290页；32开.—(纪实文学丛书).—ISBN 7-5321-0555-5：3.45元

刘文辉史话：1895～1976/彭迪先主编；舒国藩，王维明编纂.—成都：四川大学出版社，1990.5.220页；32开.—ISBN 7-5614-0298-8：2.40元

刘震回忆录/刘震著.—北京：解放军出版社，1990.10.—416页：照片；大32开.—(中共军事人物长篇回忆录丛书).—ISBN 7-5065-0434-0(精装)：11.00元

安徽军事人物　第一集/方心江主编.—合肥：安徽人民出版社，1990.3.—238页；32开.—ISBN 7-212-00378-6：2.90元

纪念罗荣桓/中国人民解放军总政治部《罗荣桓传》编写组编.—北京：文物出版社，1990.11.—1册；12开.—ISBN 7-5010-0370-X(精装)：30.00元

纪念罗荣桓/中国人民解放军总政治部《罗荣桓传》编写组编.—北京：文物出版社，1990.11.—1册；12开.—ISBN 7-5010-0369-6：24.00元

杨成武回忆录　(下)/杨成武著.—北京：解放军出版社，1990.8.—711页：照片；大32开.—ISBN 7-5065-1374-9(精装)：16.80元

本书下卷主要回顾了作者在解放战争、抗美援朝以及建国后重大事件中的亲身经历。

抗日名将翁照垣/黄坤池著.—广州：广东旅游出版社，1990.10.—124页；32开.—ISBN 7-80521-197-3：3.95元

佟麟阁将军/熊先煜，张承钧主编.—北京：北京出版社，1990.12.—209页；大32开.—(抗日战争史丛书).—ISBN 7-200-01313-7：3.35元

张宗逊回忆录/张宗逊著.—北京：解放军出版社，1990.10.—468页：照片；大32开.—ISBN 7-5065-0673-4(精装)：11.00元

张学良在台湾/张魁堂著.—2版.—北京：新华出版社，1990.10.—203页；32开.—ISBN 7-5011-0736-X：3.00元

本书1990年5月第1版。

张学良在溪口/袁绍棠，董有华著.—北京：团结出版社，1990.1.—141页；32开.—ISBN 7-80061-268-6：2.40元

张学良将军：汉英对照/礼广贵主编.—沈阳：辽宁人民出版社，1990.12.—274页；12开.—ISBN 7-205-01633-9(精装)：50.00元

张学良将军生活纪事/刘恩铭等编著.—沈阳：辽宁大学出版社，1990.9.—239页；大32开.—ISBN 7-5610-1024-0：3.80元

国民党抗日爱国将领传/贾绣君，张文玲编著.—北京：中共中央党校出版社，1990.12.—466页；大32开.—ISBN 7-5035-0328-9：5.90元

罗炳辉将军在淮南抗日根据地/宋霖，罗新安主编.合肥：安徽人民出版社，1990.7.—522页；大32开.(新四军研究书系).—ISBN 7-212-00381-6：9.00元

岳飞小传/岳飞研究会，岳飞墓庙文保所主编；龚延明著.—杭州：浙江古籍出版社，1990.3.—122页；32开.—ISBN 7-80518-115-2：1.90元

赵尚志传/赵俊清著.—哈尔滨：黑龙江人民出版社，1990.10.—389页；大32开.—(抗联将领丛书).—ISBN 7-207-01657-3：5.50元

挥戈跃马满征尘：张发奎将军北伐抗战纪实/广东省政协文史资料研究委员会等编.—广州：广东人民出版社，1990.2.—281页；大32开.—(广东文史丛书).—ISBN 7-218-00449-0：3.80元

战将陶勇/《战将陶勇》编委会编.—上海：上海人民出版社，1990.11.—568；大32开.—ISBN 7-208-01062-5：10.20元

烈马雄鹰：海军航空兵英雄飞行员王自重传/沙子亮，蔡干著.—北京：解放军出版社，1990.9.—301页：肖像；32开.—ISBN 7-5065-1425-7：4.90元

鸭绿江边的抗日名将梁世风/曹文奇著.—沈阳：辽宁人民出版社，1990.8.—215页；32开.—ISBN 7-205-01509-X：3.10元

敌营二十年：廖运周将军的非凡经历/张圣芬，牛耕著.—北京：中国青年出版社，1990.6.—321页；大32开.—ISBN 7-5006-0304-5：5.20元

戚继光研究论集/阎崇年主编.—北京：知识出版社，1990.2.—454页：照片；大32开.—ISBN 7-5015-0261-7：9.30元

本书收入三十三篇论文，介绍了戚继光的生平业绩，文韬武略，对其军事思想及其戎马功绩和诗文艺术特色等也有探述。

蒋介石的宠将陈诚/孙宅巍著.—郑州：河南人民出版社，1990.10.—345页；大32开.—(中华民国史丛书).—ISBN 7-215-00595-X：5.95元

解放军将领传　第十二集/星火燎原编辑部编.—北京：解放军出版社，1990.10.—604页：肖像；大32

开.—ISBN 7-5065-1437-0：7.00元

解放军烈士传　第二集：第二次国内革命战争时期/解放军烈士传编委会编.—北京：长征出版社，1990.4.—634页；大32开.—ISBN 7-80015-108-5：8.50元

滕代远传/《滕代远传》写作组编写.—北京：解放军出版社，1990.11.—404页：照片；大32开.—ISBN 7-5065-1380-3：6.90元

豫捻大帅陈大喜/尚景熙著.—郑州：中州古籍出版社，1990.9.—161页；32开.—ISBN 7-5348-0334-9：2.50元

K825.3　财政、经济

人才列传　（1）/山东省经济委员会，山东省企业管理协会编.—北京：企业管理出版社，1990.5.653页；大32开.—ISBN 7-80001-120-8（精装）：42.00元

封面题名：当代山东工业交通财贸系统人才列传

全书介绍山东工业、交通、财贸系统的高级工程师、高级经济师、高级会计师、大中型企业厂长（经理）和部分具有中级专业技术职称并有真才实学的厂长（经理）等。本卷编入1312人。

中国当代经济学家传略　（五）/《经济日报》主编.—沈阳：辽宁人民出版社，1990.4.—638页；大32开.—ISBN 7-205-01220-1（精装）：12.60元

中国当代经济学家传略　（五）/《经济日报》主编.—沈阳：辽宁人民出版社，1990.4.—638页；大32开.—ISBN 7-204-01221-X：9.40元

中国企业家列传　第四册/许涤新主编.—北京：经济日报出版社，1990.5.—350页；大32开.—ISBN 7-80036-225-6：3.50元

中国知名企业家/中国企业家协会编.—北京：企业管理出版社，1990.4.—476页；32开.—（中国知名企业家丛书/沙叶主编）.—ISBN 7-80001-106-2：5.40元

风尘硬汉石山麟/李成权著；陈雪鸿译.—沈阳：辽宁民族出版社，1990.6.—214页；大33开.—ISBN 7-80527-178-X：3.50元

火柴大王刘鸿生/张圻福，韦恒著.—郑州：河南人民出版社，1990.10.—244页：照片；大32开.—（中华民国史丛书/张宪文，黄美真主编）.—ISBN 7-215-00604-2：4.35元

四川当代实业家人名辞典/中国城市经济学会，四川省城市经济学会编.—北京：中国财政经济出版社，1990.6.—135页；32开.—ISBN 7-5005-1086-1（精装）：5.00元

当代中国经济学百家/许玉龙编著.—大连：东北财经大学出版社，1990.12.—345页；32开.—ISBN 7-81005-410-4：6.00元

企事业改革家列传：科技卷/《企事业改革家列传》编委会编.—沈阳：辽宁人民出版社，1990.9.366页；大32开.—ISBN 7-205-01553-7（精装）：7.80元

沈阳企业家传略/于立源主编.—沈阳：沈阳出版社，1990.12.—318页；32开.—ISBN 7-80556-484-1（精装）：12.00元

现代企业家传略　（1）/《现代企业家传略》编写组编.—太原：山西经济出版社，1990.12.—256页；32开.—ISBN 7-80577-083-2（精装）：8.00元

柜台春秋：我的酸甜苦乐/王红著.—北京：经济管理出版社，1990.1.—162页；32开.—ISBN 7-80025-295-7：2.00元

河南当代企业家　第五辑/王宗虞等主编.—郑州：河南人民出版社，1990.7.—520页；大32开.—ISBN 7-215-01021-X：5.00元

商业之星：河南郑州市商业企业家列传/赵保平，李明义主编.—北京：中国城市经济社会出版社，1990.5.—262页；32开.—ISBN 7-5074-0379-3：3.90元

崛起的一代/《当代企业家传记》丛书编委会编.西安：陕西人民出版社，1990.5.—208页；32开.（当代企业家传记丛书/曹爽，杨志烈主编）.—ISBN 7-224-01094-4：2.95元

本书收15位企业家的传记。

K825.4　文化、教育、体育

戈公振年谱/洪惟杰编著.—南京：江苏人民出版社，1990.10.—142页；32开.—ISBN 7-214-00577-8：5.80元

中国县级广播界人物/高旺主编.—北京：中国广播电视出版社，1990.8.—282页；32开.—ISBN 7-5043-0469-7：4.85元

中国近现代文化人物小传/诸天寅主编.—北京：教育科学出版社，1990.6.—103页；32开.—（中学课本人物小传丛书）.—ISBN 7-5041-0411-6：1.70元

中国现代著名编辑家编辑生涯/丁景唐主编.—北京：中国展望出版社，1990.2.—521页；32开.（编辑与出版丛书）.—ISBN 7-5050-0540-5：7.50元

中国群众文化人物录　第一辑/张启范主编.—沈阳：辽宁人民出版社，1990.5.—406页；32开.—ISBN 7-205-01275-9：6.00元

文化灵苗播种人——姜椿芳/王式斌等著.—北京：中国文史出版社，1990.5.—219页；大32开.—ISBN 7-5034-0127-3：3.70元

报人出版家陈翰伯/高崧，胡邦秀编.—北京：人民日报出版社，1990.8.—160页；32开.—ISBN 7-80002-173-4：2.35元

报人生涯：一个新闻工作者的自述/顾执中著.—南京：江苏古籍出版社，〔1990〕.—918页；大32开.—ISBN 7-80519-192-1：15.20元

我的回忆/胡愈之著.—南京：江苏人民出版社，1990.7.—379页；大32开.—ISBN 7-214-00444-5：6.00元

邵飘萍传略/旭文编.—北京：北京师范学院出版社，1990.8.—187页；大32开.—ISBN 7-81014-458-8：2.70元

陕西文化艺术名人录/党荣华等主编；陕西省文化厅编.—西安：华岳文艺出版社，1990.6.—626页；大32开.—ISBN 7-80549-318-9：9.80元

湖南新闻界人物　第一卷/孙南生等主编.—海口：海南人民出版社，1990.6.—463页：照片；大32开.ISBN 7-80541-782-2：6.00元

新闻巨子：羊枣传记/吴德才著.—北京：中共党史资料出版社，1990.3.—238页；大32开.—ISBN 7-80023-112-7：4.05元

新闻生涯四十年/程予著.—北京：新华出版社，1990.2.—125页；32开.—ISBN 7-5011-0532-4：1.35元

上海普通教育系统高级专家名录/《上海高级专家名录》普通教育系统编辑组编.—上海：上海科学技术出版社，1990.1.—278页；16开.—ISBN 7-5323-1935-0：12.00元

广西小学高级教师传略　（一）/黄麟生等编.—南宁：广西人民出版社，1990.7.—630页；32开.—ISBN 7-219-01582-8（精装）：14.00元

马克思主义教育家蒋南翔/蒋行知主编.—上海：上海人民出版社，1990.4.—226页；大32开.—ISBN 7-208-00887-6：3.80元

王瑶先生纪念集/《王瑶先生纪念集》编辑小组编.—天津：天津人民出版社，1990.8.—498页；大32开.—ISBN 7-201-00612-6（精装）：7.00元

中国百位名人学者忆名师/童宗盛主编；童振华等编写.—延吉：延边大学出版社，1990.8.—803页；大32开.—ISBN 7-5634-0238-1：12.00元

中国当代教坛名人辞典/金戈主编；卢昆等编.—太原：山西教育出版社，1990.9.—373页；大32开.ISBN 7-80578-277-6：9.80元

中国高等学校优秀年青学者录　第一辑/国家教育委员会科学技术司编.—南京：南京大学出版社，1990.1.—384页；大32开.—ISBN 7-305-00631-9：3.80元

平民教育家晏阳初/四川省政协，巴中县政协文史资料委员会编.—成都：四川大学出版社，1990.8.317页；大32开.—ISBN 7-5614-0331-3：4.60元

北洋大学人物志/左森，胡如光编.—天津：天津教育出版社，1990.5.—281页；大32开.—ISBN 7-5309-0877-4：5.50元

回忆吴宓先生/黄世坦编.—西安：陕西人民出版社，1990.7.—209页；大32开.—ISBN 7-224-01323-4：3.90元

全国高校编审名录/全国高校编审名录编辑组编.沈阳：辽宁大学出版社，1990.12.—648页；大32开.ISBN 7-5610-1088-5：12.50元

杨贤江传记/金立人，贺世友编著.—南京：江苏教育出版社，1990.3.—313页；大32开.—ISBN 7-5343-0974-3（精装）：4.70元

严修年谱/严修自订；高凌雯补；严仁曾增编.—济南：齐鲁书社，1990.1.—517页；大32开.—（年谱丛刊/吴泽等主编）.—ISBN 7-5333-0155-2：7.90元

园丁情：记全国劳模优秀教师李素静/冯大彪著.北京：科学技术文献出版社，1990.5.—170页；32开.—ISBN 7-5023-1217-X：2.20元

何炳松纪念文集/刘寅生等编.—上海：华东师范大学出版社，1990.6.—601页；大32开.—ISBN 7-5617-0588-3：8.95元

张志新传：1936～1965年部分/张书绅著.—沈阳：辽宁人民出版社，1990.11.—228页；大32开.—ISBN 7-205-01669-X：3.20元

易堂九子年谱/邱国坤著.—南昌：江西高校出版社，1990.5.—160页；32开.—（江西历史人物研究系列）.—ISBN 7-81033-019-5：2.60元

易堂九子是我国明末清初的一个文学集团和教育集团。本书介绍了易堂九子的谱主字号、里贯、生卒，谱主科名仕历、经历、谱主主要功业、谱主的创作成就和学术造诣、谱主家事、恩宠和哀荣等。

蚕丝春秋：记蚕丝教育家、改革家郑辟疆、费达生/余广彤著.—南京：南京出版社，1990.9.—109页；32开.—ISBN 7-80560-259-X：2.30元

浙江大学教授志/林之平等编.—杭州：浙江大学出版社，1990.2.—332页；大32开.—ISBN 7-308-00456-2：6.80元

教泽流长：叶振汉校长纪念集/任镜波主编.—福州：海峡文艺出版社，1990.9.—177页；大32开.ISBN 7-80534-269-5：3.50元

黄炎培/尚丁著.—2版.—北京：人民出版社，1990.5.—221页；32开.—ISBN 7-01-000574-5：2.75元

本书1986年11月第1版。

蒋南翔纪念文集/清华大学《蒋南翔纪念文集》编辑小组编著.—北京：清华大学出版社，1990.4.—ISBN 7-302-00636-9（精装）：9.00元

蒋南翔纪念文集/清华大学《蒋南翔纪念文集》编辑小组编著.—北京：清华大学出版社，1990.4.457页；大32开.—ISBN 7-302-00638-3：6.50元

蔡元培评传/胡国枢著.—郑州：河南教育出版社，1990.8.—390页；大32开.—（近代史人物评传）.ISBN 7-5347-0124-4：4.20元

山西体育名人传/于振江等编.—太原：希望出版社，1990.5.—373页；大32开.—ISBN 7-5379-0615-7：4.50元

世界体坛顶峰的中国人：1949～1990：中国运动员获得世界冠军、打破世界纪录名录/谷丙夫主编.—北京：中国国际广播出版社，1990.9.—228页：彩照；大32开.—ISBN 7-80035-652-3：5.50元

败军之将——曾雪麟传/李超，归群著.—北京：人民体育出版社，1990.9.—300页；32开.—（体育名人列传）.—ISBN 7-5009-0426-6：4.40元

K825.5　语　言

十大语文学家/白冰主编.—上海：上海古籍出版社，1990.7.—217页，32开.—（十大系列丛刊）.ISBN 7-5325-0889-7：2.75元

本书介绍了许慎、扬雄、刘熙、陆德明、陆法言、徐铉、段玉裁、王念孙、马建忠、孙诒让10大语文学家，通过他们的学术业绩以窥视古代语文学发展的历史轨迹。

K825.6　文　学

一代宗师曹靖华传/尚允康著.—南宁：广西人民出版社，1990.12.—189页；大32开.—ISBN 7-219-01644-1：3.70元

八十自叙/林语堂著.—北京：宝文堂书店，1990.11.—183页；32开.—ISBN 7-80030-175-3：2.35元

三人行——鲁迅与许广平、朱安/曾智中著.—北京：中国青年出版社，1990.9.—421页；大32开.—ISBN 7-5006-0647-8：6.50元

大众情人传：多视角下的巴人/王欣荣著.—上海：上海社会科学院出版社，1990.3.—355页；大32开.ISBN 7-80515-512-7：4.80元

本书是文学家王任叔（巴人）的传记。

山西作家群评传/崔洪勋主编.—北京：作家出版社，1990.5.—346页；32开.—ISBN 7-5063-0346-9：4.20元

元好问传/郝树侯　杨国勇著.—太原：山西人民出版社，1990.2.—292页；32开.—（三晋古代名人评传丛书）.—ISBN 7-203-01348-0：3.40元

不残辑：中国古今残疾文艺家评传/张正治等著.北京：华夏出版社，1990.2.—218页；32开.—ISBN 7-80053-655-6：2.60元

本书收录我国从古至今27名残疾文学家、艺术家生平事迹及部分作品评价。

中国历代著名文学家评传：续编　（二）：宋金元明/吕慧鹃等编.—济南：山东教育出版社，1990.12.840页；大32开.—ISBN 7-5328-0479-8（精装）：11.00元

本书编入作家评传59篇。

中国当代名作家小传/何火任主编.—北京：文化艺术出版社，1990.6.—504页；32开.—ISBN 7-5039-0417-8：6.00元

本册收入67名中国当代著名作家的小传。

中国现当代女作家传/魏玉传编.—北京：中国妇女出版社，1990.3.—656页：肖像；大32开.—ISBN 7-80016-258-3：8.50元

文学人物鉴赏辞典/吴伟斌，张兵主编.—上海：复旦大学出版社，1990.9.—1215页；32开.—ISBN 7-309-00372-1（精装）：17.50元

巴人的生平与创作/钱英才著.—杭州：浙江文艺出版社，1990.12.—289页；大32开.—ISBN 7-5339-0354-4：5.00元

冰心传/卓如著.—上海：上海文艺出版社，1990.3.—546页；32开.—ISBN 7-5321-0511-3：6.80元

许钦文评传/钱英才著.—杭州：浙江大学出版社，1990.5.—245页；32开.—ISBN 7-308-00527-5：3.60元

孙犁传/郭志刚，章无忌著.—北京：北京十月文艺出版社，1990.12.—473页；大32开.—（中国现代作家传记丛书）.—ISBN 7-5302-0187-5（精装）：11.80元

孙犁传/郭志刚，章无忌著.—北京：北京十月文艺出版社，1990.12.—473页；大32开.—（中国现代作家传记丛书）.—ISBN 7-5302-0185-9：7.95元

杨文骢传论/白坚著.—上海：上海人民美术出版社，1990.3.—224页；大32开.—ISBN 7-5322-0344-1：6.50元

李广田传/张维著.—昆明：云南大学出版社，1990.12.—256页；32开.—（云南大学中国西南边疆民族经济文化研究丛书）.—ISBN 7-81025-124-4：4.00元

吴梅村年谱/冯其庸，叶君远著.—南京：江苏古籍出版社，1990.5.—618页；大32开.—ISBN 7-80519-170-0：12.50元

吴敬梓评传/陈美林著.—南京：南京大学出版社，1990.12.—566页；大32开.—（中国思想家评传丛书/匡亚明主编）.—ISBN 7-305-00859-1（精装）：14.50元

岑参评传/廖立著.—北京：人民文学出版社，1990.8.—364页；32开.—ISBN 7-02-000992-1：3.70元

沙汀传/吴福辉著.—北京：北京十月文艺出版社，1990.6.—479页；大32开.—(中国现代作家传记丛书).—ISBN 7-5302-0177-8(精装)：10.90元

沙汀传/吴福辉著.—北京：北京十月文艺出版社，1990.6.—479页；大32开.—(中国现代作家传记丛书).—ISBN 7-5302-0172-7：7.90元

沈从文传/(美)金介甫(Kinkley，J.C.)著；符家钦译.—北京：时事出版社，1990.10.—385页；大32开.—ISBN 7-80009-108-2：6.50元

书名原文：The Odyssey of Congwen

评梅女士年谱长编：阳泉文史资料专辑/李庆祥著.—北京：文津出版社，1990.6.—242页；32开.—ISBN 7-80554-030-6：3.35元

张九龄研究论文选集/王镝非主编.—广州：广东高等教育出版社，1990.10.—273页；大32开.—ISBN 7-5361-0545-2：3.90元

茅盾传/李标晶著.—北京：团结出版社，1990.11.293页；肖像；大32开.—ISBN 7-80061-355-0：3.90元

周作人传/钱理群著.—北京：北京十月文艺出版社，1990.9.—590页；大32开.—(中国现代作家传记丛书).—ISBN 7-5302-0175-1：9.05元

郑振铎/郑尔康编.—北京：文物出版社，1990.7.1册；16开.—(转变中的中国(1840～1949)丛书/金冲及主编).—ISBN 7-5010-0302-5：9.00元

赵树理在长治/申双鱼编著.—北京：中国文联出版公司，1990.8.—203页；32开.—ISBN 7-5059-1379-4：3.35元

姚雪垠传/杨建业著.—太原：北岳文艺出版社，1990.10.—349页；大32开.—(作家艺术家文学传记丛书).—ISBN 7-5378-0351-X：5.40元

郭沫若/梁满仓编写.—北京：新华出版社，1990.9.—47页；32开.—(中国革命史小丛书/苏双碧主编).—ISBN 7-5011-0795-5：1.10元

郭沫若自叙/阎焕东编著.—2版(增订本).—太原：山西教育出版社，1990.9.—572页；大32开.(文化名人生涯丛书).—ISBN 7-80578-068-4：9.90元

本书1986年3月第1版。

唐才子传校笺 第三册/傅璇琮主编.—北京：中华书局，1990.5.—539页；大32开.—ISBN 7-101-00395-8：10.00元

唐才子传校笺 第四册/傅璇琮主编.—北京：中华书局，1990.9.—561页；大32开.—ISBN 7-101-00396-6：10.65元

萧军纪念集/梁山丁主编.—沈阳：春风文艺出版社，1990.10.—871页；大32开.—ISBN 7-5313-0364-7：16.00元

鲁迅/宏遂编写.—北京：新华出版社，1990.9.47页；32开.—(中国革命史小丛书/苏双碧主编).ISBN 7-5011-0796-3：1.10元

曾巩评传/王琦珍著.—南昌：江西高校出版社，1990.1.—277页；32开.—(江西历史人物研究系列).ISBN 7-81033-001-2：3.50元

摄魂——戏剧大师曹禺/曹树钧，俞健萌著.—北京：中国青年出版社，1990.5.—492页；大32开.ISBN 7-5006-0578-1：8.10元

福建历代作家评传/陈石怀主编.—福州：福建教育出版社，1990.9.—608页；大32开.—ISBN 7-5334-0612-5：7.70元

K825.7 艺 术

一代宗师吴昌硕/聂征夫著.—杭州：浙江大学出版社，1990.8.—147页；32开.—ISBN 7-308-00417-1：2.65元

十大戏曲家/章培恒主编.—上海：上海古籍出版社，1990.7.—224页；32开.—(十大系列丛刊).ISBN 7-5325-0865-X：2.75元

王羲之研究/山东临沂王羲之研究会编；王汝涛，刘茂辰主编.—济南：山东文艺出版社，1990.7.338页；大32开.—ISBN 7-5329-0488-1：5.05元

无宗无派亦风流：评剧名家尚丽华/岫岭，运风编.石家庄：河北人民出版社，1990.6.—94页；32开.(石家庄人·物·史·地丛书；1).—ISBN 7-202-00679-0：3.30元

中州书家志/翟本宽，孙顺霖主编.—开封：河南大学出版社，1990.12.—171页；32开.—ISBN 7-81018-543-8：2.50元

中国工艺美术大师卢进桥传/王清秀等著.—石家庄：花山文艺出版社，1990.5.—259页；大32开.ISBN 7-80505-276-X：4.30元

中国四大名旦/许姬传等著；宋清江编.—石家庄：河北人民出版社，1990.7.—420页；大32开.—ISBN 7-202-00708-8：7.15元

中国电影明星录/杨文勇，解玺璋主编.—北京：学苑出版社，1990.11.—641页；大32开.—ISBN 7-5077-0260-X：8.20元

中国当代中青年书画三百家/包任武编.—开封：河南大学出版社，1990.2.—251页；24开.—ISBN 7-81018-423-7(精装)：15.60元

中国当代书法家辞典/金通达主编.—杭州：浙江人民出版社，1990.8.—715页；16开.—ISBN 7-213-00532-4(精装)：55.00元

中国当代国画家辞典/金通达主编.—杭州：浙江人民出版社，1990.8.—672页；16开.—ISBN 7-213-00533-2(精装)：85.00元

中国音乐家名录/中国音乐家协会编.—南宁：广西人民出版社，1990.9.—521页；大32开.—ISBN 7-

219-01661-1(精装)：13.00元

中国硬笔书法家辞典/姜东舒主编.—杭州：浙江大学出版社，1990.8.—529页；16开.—ISBN 7-308-00597-6(精装)：35.00元

方荣翔艺术生涯/中国戏剧家协会山东分会编.—济南：山东文艺出版社，1990.4.—310页；大32开.ISBN 7-5329-0413-X：5.40元

功夫之王李小龙/关文明编著.—广州：岭南美术出版社，1990.5.—48页；16开.—ISBN 7-5362-0435-3：1.55元

世纪丹青：艺术大师朱屺瞻传/章涪陵，张纫慈著.上海：三联书店上海分店，1990.2.—343页：彩照及图；大32开.—ISBN 7-5426-0315-9(精装)：12.00元

叫响了绰号的影星：三四十年代中国影星精华录/王文和著.—北京：学苑出版社，1990.11.—296页；32开.—ISBN 7-5077-0208-1：5.00元

扬剧名旦高秀英/石增祥著.—南京：江苏文艺出版社，1990.11.—167页；32开.—(江苏文化艺术丛书/王鸿，李光宇主编).—ISBN 7-5399-0222-1：2.50元

朱明瑛：一个充满欲望的女人/周玉明著.—上海：上海文艺出版社，1990.6.—126页；32开.—(纪实文学丛书).—ISBN 7-5321-0423-0：3.25元

戏迷大观园/张屯著.—南京：南京大学出版社，1990.12.—321页：照片；大32开.—ISBN 7-305-00880-X：5.60元

本书记述了当代我国著名戏曲、曲艺艺术家的趣闻轶事、献艺盛况和生活花絮。

时代艺人喜彩莲/谭志湘，张平著.—北京：中国戏剧出版社，1990.4.—270页；32开.—ISBN 7-104-00168-9：3.40元

武丑张春华/赵晓东著.—北京：北京燕山出版社，1990.9.—145页：照片；32开.—ISBN 7-5402-0241-6：3.00元

金乃千的艺术生活：第一个殉职于南极事业的中国人/北京市语言学会朗诵研究会《人生咨询》杂志社创作中心编.—北京：中国戏剧出版社，1990.4.—34页；32开.—ISBN 7-104-00230-8：4.50元

京剧艺术大师尚小云/中国人民政治协商会议陕西省委员会，河北省南宫市委员会文史资料委员会编.西安：陕西人民出版社，1990.4.—254页；大32开.ISBN 7-224-01395-1：3.80元

怪女孩杨君子/杨君子编.—沈阳：春风文艺出版社，1990.3.—76页；16开.—ISBN 7-5313-0318-3：2.90元

郑虔研究/王晚霞主编.—杭州：浙江古籍出版社，1990.10.—190页；32开.—ISBN 7-80518-146-2：4.00元

郑虔，唐代著名诗人、画家和书法家。

赵子岳传/赵子岳口述；武淑芳整理.—太原：山西教育出版社，1990.10.—280页；大32开.—(文化名人生涯丛书).—ISBN 7-80578-299-7：4.80元

香港影视歌星悲欢录/野艾编.—广州：广州文化出版社，1990.3.—379页：照片；32开.—ISBN 7-5431-0250-1：4.05元

活武松盖叫天传/龚义江著.—北京：中国戏剧出版社，1990.12.—194页；32开.—ISBN 7-104-00235-9：2.45元

聂耳与国歌/崎松，伊人编著.—昆明：云南民族出版社，1990.11.—154页；32开.—ISBN 7-5367-0368-6：2.80元

唐韵笙评传/宁殿弼著.—沈阳：辽宁大学出版社，1990.12.—290页；大32开.—ISBN 7-5610-1006-0：5.50元

陶金影剧生涯五十年/陶白莉，陈健著；广东省政协文史资料研究委员会编.—广州：广东人民出版社，1990.1.—183页；大32开.—(广东文史丛书).ISBN 7-218-00387-7：3.20元

菊海竞渡：李万春回忆录/周桓编著.—北京：中国文史出版社，1990.4.—233页；大32开.—ISBN 7-5034-0111-7：4.30元

情满关山：关山月传/关振东著.—北京：中国文联出版公司，1990.8.—290页；大32开.—(传记文学丛书).—ISBN 7-5059-1293-3：5.50元

摄影大师郎静山/丁彬萱著.—上海：上海画报出版社，1990.9 一1册；32开.—(摄影家丛书/徐炳兴主编).—ISBN 7-80530-028-3：3.20元

蔡襄及其家世/蔡金发主编.—福州：福建人民出版社，1990.10.—290页；大32开.—ISBN 7-211-01116-5：6.00元

影坛巨星——赵丹/徐伟敏著.—北京：中国青年出版社，1990.10.—354页：照片；大32开.—ISBN 7 5006-0631-1：6.00元

颜真卿传/朱关田著.—上海：上海书画出版社，1990.8.—146页；大32开.—ISBN 7-80512-229-6：2.60元

魔术大师曾国珍/樊国安著.—北京：文化艺术出版社，1990.10.—150页：彩照；大32开.—ISBN 7-5039-0702-9：3.50元

K825.8　历史、地理

中国历代地理学家评传　第一卷：秦汉魏晋南北朝唐/谭其骧主编.—济南：山东教育出版社，1990.5.319页；大32开.—ISBN 7-5328-0871-8(精装)：5.70元

中国历代地理学家评传　第二卷：两宋元明/谭其骧主编.—济南：山东教育出版社，1990.5.—427

页；大32开.—ISBN 7-5328-0872-6（精装）：6.50元

中国地方史志主编名录　第一卷/潘喜廷主编.—沈阳：辽宁人民出版社，1990.1.—534页；16开.ISBN 7-205-01372-0（精装）：35.00元

司马光年谱/（明）马峦，（清）顾栋高编著；冯惠民整理.—北京：中华书局，1990.5.—499页；大32开.—（年谱丛刊）.—ISBN 7-101-00446-6：9.00元

司马光传/宋衍申著.—北京：北京出版社，1990.1.—419页；大32开.—ISBN 7-200-00715-3：6.40元

司马迁研究/韩城市司马迁学会编；冯庄，张天恩主编.—西安：三秦出版社，1990.12.—274页；32开.—ISBN 7-80546-338-7：3.90元

吕振羽评传/刘茂林，叶桂生著.—北京：社会科学文献出版社，1990.12.—257页；大32开.—ISBN 7-80050-183-3：4.95元

李心传事迹著作编年/来可泓著.—成都：巴蜀书社，1990.6.—265页；大32开.—ISBN 7-80523-339-X：3.62元

李心传是南宋著名史学家。本书考述了李心传的家世渊源和学术流派，考订了他的生平事迹和大部分著作的成书年代等。

郑和/仲跻荣等著.—南京：南京大学出版社，1990.6.—220页；32开.—（南京市雨花台区文管会文史丛书）.—ISBN 7-305-00753-6：3.80元

故乡的怀念：献给吴晗同志诞辰80周年/中共义乌市委宣传部等编.—北京：光明日报出版社，1990.11.—138页；32开.—ISBN 7-80014-921-8：2.50元

K826.1　科学、技术

丁肇中的科学道路/鲍振元著.—福州：福建教育出版社，1990.6.—245页；32开.—ISBN 7-5334-0537-4：2.70元

广东省专业技术人才咨询录/《广东省专业技术人才咨询录》编辑部编.—广州：华南理工大学出版社，〔1990〕.—191页；大32开.—ISBN 7-5623-0191-3：5.40元

无尽的探索——丁大钊传/丁大钊著.—南宁：广西科学技术出版社，1990.12.—118页；28开.—（当代中华科学英才丛书/陈益升主编）.—ISBN 7-80565-388-7：2.30元

中华之光——王选传/郭洪波，刘堂江著.—南宁：广西科学技术出版社，1990.12.—137页；28开.（当代中华科学英才丛书/陈益升主编）.—ISBN 7-80565-384-4：2.45元

中国工程师辞典/龚代键主编.—大连：大连出版社，1990.4.—492页；16开.—ISBN 7-80555-141-3（精装）：25.00元

中国专利技术人才名录/《中国专利技术人才名录》编委会编.—北京：华夏出版社，1990.7.—783页；大32开.—ISBN 7-80053-777-3：13.20元

中国发明创造与发明人名录选/武汉科学技术馆，湖北专利事务所编.—北京：科学出版社，1990.10.393页；16开.—ISBN 7-03-002153-3(精装)：20.00元

中国当代自然科学人物总传　第一卷/吴仲强主编.—长沙：湖南出版社，1990.12.—706页；大32开.—ISBN 7-5438-0039-X（精装）：11.00元

中国当代自然科学人物总传　第一卷/吴仲强主编.长沙：湖南出版社，1990.12.—706页；大32开.ISBN 7-5438-0038-1：9.00元

中国近代科学先驱徐光启/王瑞明著.—西安：三秦出版社，1990.5.—89页；大32开.—ISBN 7-80546-280-1：1.00元

中国现代地质学家传　第一卷/黄汲清，何绍勋主编.—长沙：湖南科学技术出版社，1990.9.—573页；大32开.—ISBN 7-5357-0775-0（精装）：10.80元

中国现代地质学家传　第一卷/黄汲清，何绍勋主编.—长沙：湖南科学技术出版社，1990.9.—573页；大32开.—ISBN 7-5357-0776-9：8.80元

中国科学院地球科学家名录/中国科学院兰州文献情报中心，中国科学院地学情报网编.—兰州：甘肃科学技术出版社，1990.3.—653页；16开.—ISBN 7-5424-0289-7：24.50元

中国科学院科学家人名录/中国科学院干部局编.北京：科学出版社，1990.10.—1030页；16开.ISBN 7-03-001540-1（精装）：49.50元

发明女杰——徐锦航传/俞清天，赵庚辰著.—南宁：广西科学技术出版社，1990.12.—153页：彩照；32开.—（当代中华科学英才丛书/陈益升主编）.—ISBN 7-80565-389-5：2.75元

本书记录了一个江南水乡的普通孩子成长为中国第一位荣获联合国知识产权组织金质奖章的女科学家的故事。

在人生的斜面上：中年科学家云南化工冶金开拓者戴元宁/丁峻著.—昆明：云南人民出版社，1990.8.299页；32开.—ISBN 7-222-00677-X：3.50元

成功第一步/张玉来主编.—长春：吉林教育出版社，1990.10.—400页；大32开.—ISBN 7-5383-1132-7：6.30元

本书介绍了23位中国科学家、发明家是如何迈出成功道路上的第一步的。

师魂/银剑钊著.—长春：吉林大学出版社，1990.12.—253页；32开.—ISBN 7-5601-0702-8：3.60元

本书记述了我国著名地质学家张秋生为科学事业奋斗的一生。

当代中国建筑师 第二卷/曾昭奋，张在元主编.天津：天津科学技术出版社，1990.11.—203页；12开.—ISBN 7-5308-1016-2（精装）：29.00元

刘仙洲纪念文集/《刘仙洲纪念文集》编辑小组编.北京：清华大学出版社，1990.9.—228页；大32开.—ISBN 7-302-00795-0（精装）：7.00元

江汉油田科技人员名录/周友庭，曾凡信主编.—北京：中国文史出版社，1990.5.—453页；16开.—ISBN 7-0534-0124-9：16.00元

江苏省机械行业高级人才名录/江苏省机械工业厅职称改革办公室编.—南京：江苏人民出版社，1990.4.—835页；32开.—ISBN 7-214-00406-2：9.00元

时代精英录/许志敏，彭继超主编.—北京：军事科学出版社，1990.10.—306页；大32开.—ISBN 7-80021-270-X：4.90元

我是秦大河：第一个横穿南极的中国人/秦大河著.—兰州：甘肃少年儿童出版社，1990.5.—182页；48开.—ISBN 7-5422-0367-3：2.60元

宋应星评传/潘吉星著.—南京：南京大学出版社，1990.12.—681页；大32开.—（中国思想家评传丛书/匡亚明主编）.—ISBN 7-305-00850-8（精装）：16.50元

竺可桢日记 （V）：1966～1974/竺可桢著.—北京：科学出版社，1990.2.—779页；大32开.—ISBN 7-03-001636-X（精装）：12.10元

竺可桢传/《竺可桢传》编辑组著.—北京：科学出版社，1990.2.—369页；大32开.—ISBN 7-03-001738-2：6.50元

竺可桢诞辰百周年纪念文集/浙江大学校友总会，电教新闻中心编.—杭州：浙江大学出版社，1990.2.400页；大32开.—ISBN 7-308-00458-9：6.50元

星光灿烂/王秀柔，周新宇主编.—广州：科学普及出版社广州分社，1990.5.—602页；大32开.—（广东科技人物；1）.—ISBN 7-110-00888-6：12.00元

本书收录159位科技人物的生平事迹。

科技专家名录 （3）/光明日报出版社编.—北京：光明日报出版社，1990.6.—532页；16开.—ISBN 7-80014-814-9（精装）：15.00元

桥梁专家李国豪/丁润龄，林章豪编著.—北京：科学普及出版社，1990.10.—79页；大32开.—（中国科技人物丛书/陈泓，林自新主编）.—ISBN 7-110-01562-9：2.60元

郭永怀纪念文集/郑哲敏主编.—北京：科学出版社，1990.12.—159页；16开.—ISBN 7-03-001878-8：12.90元

探索生命密码的奋进者——洪国藩传/钟锡如，李光羽著.—南宁：广西科学技术出版社，1990.12.—154页；28开.—（当代中华科学英才丛书/陈益升主编）.—ISBN 7-80565-391-7：2.65元

淡淡的星迹——杨桢传/杨桢著.—南宁：广西科学技术出版社，1990.12.—165页；28开.—（当代中华科学英才丛书/陈益升主编）.—ISBN 7-80565-387-9：2.95元

裂变之光：记钱三强/王春江著.—北京：中国青年出版社，1990.1.—264页；大32开.—ISBN 7-5006-0529-3：5.35元

瑰丽的焊弧——潘际銮传/汪广仁著.—南宁：广西科学技术出版社，1990.12.—103页；28开.—（当代中华科学英才丛书/陈益升主编）.—ISBN 7-80565-385-2：2.10元

靳树梁传略/东北工学院院志办公室编.—沈阳：东北工学院出版社，1990.8.—79页；36开.—ISBN 7-81006-259-X：2.90元

K826.2 医学、卫生

十大名医/陈道瑾主编.—上海：上海古籍出版社，1990.8.—235页；32开.—（十大系列丛刊）.—ISBN 7-5325-0798-X：2.85元

马海德/苏平，苏菲著.—沈阳：辽宁人民出版社，1990.12.—206页；大32开.—（国际友人丛书/爱泼斯坦，高梁主编）.—ISBN 7-205-01653-3（精装）：6.80元

中国当代医学家荟萃 第四卷/许文博，赵成杰主编.—长春：吉林科学技术出版社，1990.5.—516页；大32开.—ISBN 7-5384-0518-6（精装）：6.50元

中国当代针灸名家简介/《针灸学报》编辑部编.哈尔滨：黑龙江科学技术出版社，1990.9.—108页；32开.—ISBN 7-5388-1293-1：1.90元

中国现代儿科学奠基人：诸福棠教授的一生/刘文典著.—北京：中国和平出版社，1990.4.—178页；大32开.—ISBN 7-80037-329-0：4.20元

中国高级医师咨询辞典/陈玉谦主编.—北京：知识出版社，1990.12.—1491页；大32开.—ISBN 7-5015-0454-7：22.00元

中国超声医学名人录/陈化民，鲁一民编.—北京：科学技术文献出版社，1990.5.—208页；32开.—ISBN 7-5023-1291-9：5.00元

内蒙古当代医学人物志/李少白主编.—北京：中国医药科技出版社，1990.12.—379页；16开.—ISBN 7-5067-0061-1：28.00元

全国优生优育咨询专家名录 第一集/全国优生优育咨询专家名录编辑组编.—北京：中国医药科技出版社，1990.12.—262页；大32开.—ISBN 7-5067-0285-1：5.00元

杨崇瑞博士：诞辰百年纪念/严仁英等主编.—北京：北京医科大学、中国协和医科大学联合出版社，

1990.8.—170页；32开.—ISBN 7-81034-032-8：3.60元

医务生活六十年：1927～1987：吴英恺回忆录/吴英恺著.—上海：上海科学技术出版社，1990.4.144页；大32开.—ISBN 7-5323-175-9：3.95元

知名中青年中医药师名录/江淑安主编.—北京：中国医药科技出版社，1990.6.—274页；32开.—ISBN 7-5067-0141-3：3.90元

药王孙思邈/赵石麟主编；陕西卫生志编纂委员会办公室编.—西安：陕西科学技术出版社，1990.3.79页；16开.—ISBN 7-5369-0706-0：18.60元

盐城中医人物志/盐城市中医研究所编.—南京：江苏人民出版社，1990.6.—184页；32开.—ISBN 7-214-00460-7：3.30元

本书共收集历代和当今中医人物近700名。

渭南医务人员名录/刘克林，郭红英编.—西安：陕西科学技术出版社，1990.8.—504页；32开.—ISBN 7-5369-0768-0（精装）：11.00元

新安名医考/李济仁主编.—合肥：安徽科学技术出版社，1990.7.—161页；大32开.—ISBN 7-5337-0475-5：2.95元

K826.3　农业、林业

中国林业人名词典/中国林业人名词典编辑委员会编.—北京：中国林业出版社，1990.9.—356页；大32开.—ISBN 7-5038-0636-2（精装）：10.00元

杂交水稻之父——袁隆平/谭士珍著.—长沙：湖南文艺出版社，1990.6.—159页；32开.—ISBN 7-5404-0570-8：2.00元

杂交水稻之父——袁隆平传/谢长江著.—南宁：广西科学技术出版社，1990.12.—141页；28开.—（当代中华科学英才丛书/陈益升主编）.—ISBN 7-80565-386-0：2.60元

江苏农民实业家辞典：1989/江苏农民实业家辞典编委会编.—南京：河海大学出版社，1990.11.—536页；16开.—ISBN 7-5630-0282-0（精装）：25.00元

克难苦学记/沈宗瀚著.—北京：科学出版社，1990.11.—77页；肖像；大32开.—ISBN 7-03-002110-X：3.00元

本书是我国著名农业科学家沈宗瀚生前的自传体著作，自述了作者献身农业科学的主要经历。

神州农子——杨显东博士/吴德才，学农编著.—北京：科学普及出版社，1990.11.—109页；大32开.（中国科技人物丛书/陈泓，林自新主编）.—ISBN 7-110-01662-5：3.75元

K827　社会、政治人物分传

历代名臣传节录/（清）萧元培辑.—影印本.—扬州：江苏广陵古籍刻印社，1990.3.—10册（1函）；20开.—（线装）：120.00元

本书据清同治刊本影印。

历代帝王传记：合订本/周琤杰等编著.—北京：中华书局，1990.1.—433页；32开.—（中国历史小丛书）.—ISBN 7-101-00381-8：6.40元

本书收文13篇，记述了自秦始皇至康熙13个帝王的生平和业绩。

中华帝王大辞典/许阳柘主编.—北京：海洋出版社，1990.1.—351页；32开.—ISBN 7-5027-0665-8（精装）：15.00元

中国历代帝王大观/陈华新编著.—广州：广东人民出版社，1990.10.—568页；大32开.—ISBN 7-218-00347-8：8.00元

本书根据历代政权的更替，除收入全国性政权的帝王外，还酌情收入若干重要的地方政权的帝王，共443位。

中国名君名臣政绩辞典/罗耀九主编.—南昌：江西教育出版社，1990.3.—978页；大32开.—ISBN 7-5392-0851-1（精装）：13.50元

本书选择了2000余名中国古代政治人物的传记。

黄帝与黄帝陵/柏明，李颖科著.—西安：西北大学出版社，1990.9.—245页；大32开.—（陕西省地方志资料丛书/陕西省地方志编纂委员会等主编）.ISBN 7-5604-5：3.40元

黄帝传/柏明，李颖科著.—西安：陕西人民出版社，1990.10.—181页；大32开.—ISBN 7-224-01321-8：3.75元

万历皇帝朱翊钧/何宝善等著.—北京：北京燕山出版社，1990.7.—293页；肖像；32开.—（十三陵帝王史话丛书）.—ISBN 7-5402-0238-6：4.50元

汉光武帝传/张启琛著.—天津：天津人民出版社，1990.7.—324页；大32开.—ISBN 7-201-00210-4：4.30元

孙权传/尹韻公著.—长春：吉林文史出版社，1990.9.—172页；32开.—（中国历史人物丛书）.ISBN 7-80528-314-1（精装）：4.50元

吴三桂大传/李治亭著.—长春：吉林文史出版社，1990.9.—706页；大32开.—（明清史丛书）.—ISBN 7-80528-307-9：10.50元

阿勒坦汗传/珠荣嘎译注.—呼和浩特：内蒙古人民出版社，1990.5.—373页；肖像；大32页.—（蒙古史历史人物丛书）.—ISBN 7-204-00548-1：6.35元

赵匡胤/杨柘棣，龚延明著.—南京：江苏古籍出版

社，1990.7.—107页；32开.—（中国历代名人传丛书）.—ISBN 7-80519-179-4：1.90元

赵武灵王评传/勒生禾著.—太原：山西人民出版社，1990.2.—178页；32开.—ISBN 7-203-01427-4：2.65元

秦始皇大传/郭志坤著.—上海：三联书店上海分店，1990.2.—400页：画像；大32开.—ISBN 7-5426-0202-0：5.30元

徐继畬及其瀛寰志略/（美）德雷克（Dvake，F.W.）著；任复兴译.—北京：文津出版社，1990.7.206页；大32开.—ISBN 7-80554-050-0：4.50元

唐明皇与杨贵妃/许道勋，赵克尧著.—北京：人民出版社，1990.8.—617页；大32开.—ISBN 7-01-00609-1：9.20元

诸葛武侯集/（清）张澍辑录.—影印本.—西安：三秦出版社，1990.2.—450页；32开.—ISBN 7-80546-253-4（精装）：14.90元

本书据民国中原书局原版本影印。

诸葛亮与武侯墓/欧德禄等编著.—西安：西北大学出版社，1990.10.—64页；32开.—ISBN 7-5604-0208-9：1.10元

康熙思想研究/宋德宣著.—北京：中国社会科学出版社，1990.10.—411页；大32开.—ISBN 7-5004-0630-4：6.60元

雍正/钱宗范编著.—南宁：广西人民出版社，1990.11.—228页；32开.—ISBN 7-219-01724-3：3.25元

增订刘伯温年谱/郝兆矩编著.—郑州：中州古籍出版社，1990.6.—218页；32开.—ISBN 7-5348-0364-0：3.80元

刘基年谱，已成书的有王馨一著《刘伯温年谱》（1939年商务印书馆出版），刘耀东《刘文成公年谱》（1936年南田山启亭印）。故本书以《增订刘伯温年谱》名之，“增”，增加了刘基生长的时代背景材料；“订”，对王、刘《年谱》之疏虞误明清有关史料之舛一一作了订正。

王韬评传/忻平著.—上海：华东师范大学出版社，1990.4.—251页；大32开.—ISBN 7-5617-0465-8：4.20元

太平天国诸王传/陈宝辉等著.—广州：广东人民出版社，1990.2.—417页；大32开.—ISBN 7-218-00305-2：4.60元

中国末代皇帝爱新觉罗·溥仪传/孙喆甡编著.—北京：华文出版社，1990.11.—354页；大32开.—ISBN 7-5075-0065-9：5.10元

左宗棠评传/王天奖编著.—郑州：河南教育出版社，1990.8.—389页；32开.—（近代史人物评传）.ISBN 7-5347-0135-X：4.30元

末代皇弟——溥杰：昭和风云录：记实传记文学/（日）船木繁著；战宪斌译.—北京：中国卓越出版公司，1990.3.—243页：照片；32开.—ISBN 7-80071-176-5：4.95元

龙大道传/陆景川编写.—贵阳：贵州人民出版社，1990.5.—142页；32开.—ISBN 7-221-01586-4：2.50元

刘坤一评传/王玉棠著.—广州：暨南大学出版社，1990.12.—202页；大32开.—ISBN 7-81029-046-0：3.80元

刘坤一为清末湘军将领，曾任两广总督。

杜文秀/马毅生编著.—银川：宁夏人民出版社，1990.9.—89页；32开.—（回族历史人物故事丛书）.—ISBN 7-227-00559-3：0.95元

林则徐在新疆/谷苞，蔡锦松编.—乌鲁木齐：新疆人民出版社，1990.3.—278页；大32开.—ISBN 7-228-00347-3：2.85元

林则徐评传/林庆元编著.—郑州：河南教育出版社，1990.8.—430页；32开.—（近代史人物评传）.ISBN 7-5347-0138-4：4.55元

苗族抗法英雄项从周/龙永行著.—昆明：云南民族出版社，1990.12.—58页；32开.—ISBN 7-5367-0380-5：1.10元

洪秀全/（日）小岛晋治著；成之平，罗宇译.—西安：三秦出版社，1990.8.—177页；32开.—（风云人物丛书/张玉良主编）.—ISBN 7-80546-153-8：2.10元

爱新觉罗·溥仪画传/李淑贤，王庆祥编.—上海：上海人民出版社，1990.8.—286页；12开.—ISBN 7-208-00167-7（精装）

马明方传略/强晓初等主编.—西安：陕西人民出版社，1990.10.—124页；大32开.—ISBN 7-224-01290-4：2.15元

北洋政府总统总理生活轶事/刘建国等著.—石家庄：河北教育出版社，1990.12.—180页；32开.ISBN 7-5434-0742-5：1.70元

卢汉传/谢本书，牛鸿宾著.—成都：四川民族出版社，1990.10.—285页：照片；大32开.—ISBN 7-5409-0459-3：3.28元

朱执信评传/张瑛著.—郑州：河南教育出版社，1990.8.—323页；32开.—（近代史人物评传）.ISBN 7-5347-0815-X：3.20元

孙中山与中国近代军阀/段云章，邱捷著.—成都：四川人民出版社，1990.1.—596页；大32开.—（孙中山研究丛书/金冲及主编）.—ISBN 7-220-00827

-9：7.80元

杰出的民主革命家——黄兴/陈以同编著.—上海：学林出版社，1990.10.—111页；32开.—ISBN 7-80510-362-3：2.50元

胡汉民评传/须立求编著.—郑州：河南教育出版社，1990.8.—369页；32开.—（近代史人物评传）.ISBN 7-5347-0176-7：4.50元

黄兴研究/《黄兴研究》编辑委员会编；林增平，杨慎之主编.—长沙：湖南师范大学出版社，1990.10.—417页；大32开.—ISBN 7-81031-040-2：7.60元

章太炎评传/何成轩编著.—郑州：河南教育出版社，1990.8.—362页；32开.—（近代史人物评传）.ISBN 7-5347-0382-4：3.60元

阎锡山研究：一个美国人笔下的阎锡山/（美）季林（Gilin，D.G.）著；牛长岁等译.—哈尔滨：黑龙江教育出版社，1990.7.—326页；大32开.—ISBN 7-5316-0917-X：4.60元

书名原文：Yen Hsi Shan in Shansi Province

三湘英烈传　第六卷/湖南省革命烈士传编纂委员会编.—长沙：湖南出版社，1990.7.—378页；大32开.—ISBN 7-5438-0008-X（精装）：6.00元

三湘英烈传　第六卷/湖南省革命烈士传编纂委员会编.—长沙：湖南出版社，1990.7.—378页；大32开.—ISBN 7-5438-0007-1：4.50元

三湘英烈传　第七卷/湖南省革命烈士传编纂委员会编.—长沙：湖南出版社，1990.7.—377页；大32开.—ISBN 7-5438-0010-1（精装）：6.00元

三湘英烈传　第七卷/湖南省革命烈士传编纂委员会编.—长沙：湖南出版社，1990.7.—377页；大32开.—ISBN 7-5438-0009-8：4.50元

上海英烈传　第六卷/中共上海市委党史资料征集委员会，上海市民政局编.—上海：百家出版社，1990.6.—324页；大32开.—ISBN 7-80576-137-X：4.20元

中共党史人物传　第四十三卷/中共党史人物研究会编，胡华主编.—西安：陕西人民出版社，1990.1.394页；大32开.—ISBN 7-224-01025-1（精装）：5.50元

中共党史人物传　第四十三卷/中共党史人物研究会编；胡华主编.—西安：陕西人民出版社，1990.1.394页；大32开.—ISBN 7-224-01026-X：4.50元

中共党史人物传　第四十四卷/中共党史人物研究会编.—西安：陕西人民出版社，1990.10.—385页；大32开.—ISBN 7-224-01130-4（精装）：5.60元

中共党史人物传　第四十四卷/中共党史人物研究会编.—西安：陕西人民出版社，1990.10.—385页；大32开.—ISBN 7-224-01131-2：4.50元

中共党史人物传　第四十五卷/中共党史人物研究会编.—西安：陕西人民出版社，1990.11.—375页；大32开.—ISBN 7-224-01132-0（精装）：5.70元

中共党史人物传　第四十五卷/中共党史人物研究会编.—西安：陕西人民出版社，1990.10.—375页；大32开.—ISBN 7-224-01133-9：4.60元

中国现代伟人的家事/李凤梧主编.—济南：明天出版社，1990.5.—553页；32开.—ISBN 7-5332-0953-2：5.50元

长阳英烈/中共长阳土家族自治县委党史办公室，长阳土家族自治县老区建设办公室编.—武汉：中国地质大学出版社，1990.12.—240页；32开.—ISBN 7-5625-0487-3：3.40元

长沙英烈　（七）/《长沙市革命烈士传》编纂委员会编.—长沙：国防科技大学出版社，1990.12.312页；大32开.—ISBN 7-81024-130-3：3.60元

为建立新中国而献身：纪念阿合买提江·卡斯米等烈士殉难40周年专集/新疆维吾尔自治区民政厅编.乌鲁木齐：新疆人民出版社，1990.9.—136页；大32开.—ISBN 7-228-01541-X：3.20元

巴陵英烈/湖南省岳阳县革命烈士传编纂委员会编.北京：中国文史出版社，1990.12.—293页；32开.ISBN 7-5034-0274-1：3.00元

左云英烈/孟广华主编.—太原：北岳文艺出版社，1990.11.—277页；32开.—ISBN 7-5378-0374-9：4.00元

平暴英烈传/新疆革命烈士事迹编纂委员会，新疆维吾尔自治区民政厅编.—乌鲁木齐：新疆人民出版社，1990.8.—135页；大32开.—（新疆烈士传丛书）.—ISBN 7-228-01651-3：3.50元

北京英烈传　第一集/北京市民政局编.—北京：军事科学出版社，1990.6.—238页；大32开.—ISBN 7-80021-240-8：4.20元

北京英烈传　第二辑/中共北京市委党史研究室编.北京：北京出版社，1990.5.—278页；大32开.—ISBN 7-200-01135-5：3.80元

生命的价值/连尹主编；中共福建省委党史研究室编.—福州：福建教育出版社，1990.4.—209页；大32开.—（革命传统教育丛书）.—ISBN 7-5334-0694-X：2.80元

本书记述了40多位福建籍的革命先烈斗争的一生。

共和国元勋风范记事/高路主编.—北京：人民出版社，1990.6.—329页；大32开.—ISBN 7-01-000703-9：4.20元

光照千秋：山东革命烈士事迹选　（十）/山东省民政厅编.—济南：山东大学出版社，1990.9.—349页；大32开.—ISBN 7-5607-0386-0：4.50元

华容英烈　（二）/中共华容县委党史办，华容县

民政局编.—北京：中共党史资料出版社，1990.9.210页；大32开.—ISBN 7-80023-155-0：5.00元

江苏革命烈士传选编/中共江苏省委党史工作委员会，江苏省民政厅编.—北京：中共党史出版社，1990.12.—650页；大32开.—ISBN 7-80023-316-2：9.00元

江淮英烈传　第1辑/萧志远主编.—合肥：安徽人民出版社，1990.11.—242页；大32开.—ISBN 7-212-00456-1：4.00元

江淮英烈传　第2辑/萧志远主编.—合肥：安徽人民出版社，1990.12.—241页；大32开.—ISBN 7-212-00468-5：4.00元

红柳/高岳宇，寇国安主编.—赤峰：内蒙古科学技术出版社，1990.12.—183页；大32开.—ISBN 7-5380-0110-7：3.50元

本书记述了赤峰地区26位英烈的简历和事迹。

沂蒙英烈　第四集/山东省临沂地区民政局编.济南：山东人民出版社，1990.5.—359页；32开.—ISBN 7-209-00912-4：4.65元

南湖魂：嘉兴党史人物传/李剑平主编；中共嘉兴市委党史资料征集研究委员会编.—杭州：浙江大学出版社，1990.8.—282页；大32开.—ISBN 7-308-00568-2：5.00元

革命烈士传　第四集/《革命烈士传》编辑委员会编.—北京：中共党史资料出版社，1990.1.—458页；大32开.—ISBN 7-80023-162-3：7.40元

革命烈士传　第五集/《革命烈士传》编辑委员会编.—北京：中共党史资料出版社，1990.2.—396页；大32开.—ISBN 7-30023-164-X：6.00元

桐乡英烈传/中共桐乡县委组织部，中共桐乡县委党史资料征集研究委员会编.—杭州：浙江大学出版社，1990.8.—154页；32开.—ISBN 7-308-00578-X：2.40元

烈士忠魂照千秋/东白主编.—沈阳：辽宁大学出版社，1990.8.—133页；32开.—ISBN 7-5610-1000-1：3.20元

浙江革命英烈传　第二集：不朽的战士/高三山主编；中共浙江省委党史资料征集研究委员会编.—杭州：浙江人民出版社，1990.4.—274页；大32开.ISBN 7-213-00492-1：3.65元

黄土碧血/兰州军区政治部编研室编.—兰州：敦煌文艺出版社，1990.3.—405页；32开.—ISBN 7-80587-003-9：4.30元

常州革命英烈/中共常州市委党史征集研究委员会，常州市民政局编.—北京：中共党史资料出版社，1990.5.—664页；大32开.—ISBN 7-80023-174-7：9.50元

琼崖巾帼英豪/海南省妇女联合会编.—海口：三环出版社，1990.1.—228页；大32开.—(天涯丛书).ISBN 7-80564-133-1：3.50元

琼崖英烈传　第二辑/中共海南省委党史研究室，海南省民政厅编.—海口：三环出版社，1990.3.—238页：肖像；32开.—ISBN 7-80564-078-5：3.50元

缅怀江上青烈士/江苏省民政厅，中共泗洪县委党史工作委员会编.—南京：江苏人民出版社，1990.8.255页；大32开.—ISBN 7-214-00534-4：5.80元

福建革命烈士传　(四)/中共福建省委党史资料征委会，福建省民政厅编.—福州：福建人民出版社，1990.11.—183页；大32开.—ISBN 7-211-01327-3：2.90元

碧血丹心：下川东英烈/中共万县地委党史工委编.—成都：四川人民出版社，1990.4.—569页；32开.—ISBN 7-220-00863-5：5.40元

一代领袖的家风/张民，曹志为主编.—杭州：浙江人民出版社，1990.11.—286页；32开.—ISBN 7-213-00583-9：3.30元

本书介绍了李大钊、毛泽东、周恩来、刘少奇等20位领袖人物的事迹。

无私奉献的人：深切怀念朱平同志/中共蓝田县委党史办公室编.—西安：陕西人民出版社，1990.5.112页；大32开.—ISBN 7-224-01218-1：2.15元

中外学者论周恩来：周恩来研究国际学术讨论会文集/刘焱主编.—天津：南开大学出版社，1990.6.618页；大32开.—ISBN 7-310-00321-7：8.00元

中华人民共和国党政军群领导人名录/《中华人民共和国党政军群人名单》编辑组编.—北京：中共党史出版社，1990.12.—129页；大32开.—ISBN 7-00023-264-6：1.90元

中国人民政治协商会议第七届全国委员会委员名录/刘小萍等主编.—北京：中国文史出版社，1990.4.—885页；32开.—ISBN 7-5034-0070-6(精装)：16.00元

中国当代社会活动家辞典/雍桂良编撰.—北京：学苑出版社，1990.10.—525页；32开.—ISBN 7-80060-934-0(精装)：15.00元

中流砥柱各有千秋：周恩来与邓小平/(美)张大卫著；王宏周第译.—北京：中国广播电视出版社，〔1990〕.—216页；32开.—ISBN 7-5043-0135-3：3.60元

风雨征程/赵展山忆述；张士耕整理.—呼和浩特：内蒙古人民出版社，1990.8.—134页；大32开.—ISBN7-204-1032-9：2.45元

乌兰夫传：1906～1947/郝玉峰著.—呼和浩特：内蒙古人民出版社，1990.2.—486页；大32开.—(乌兰夫研究丛书).—ISBN 7-204-00900-2(精装)：10.00元

乌兰夫纪念文集　第二集/乌兰夫革命史料编研室

编.—呼和浩特：内蒙古人民出版社，1990.9.—368页；大32开.—ISBN 7-204-01235-6：5.35元

方志敏战斗的一生/缪敏著.—北京：工人出版社，1990.5.—90页；32开.—（革命理想革命传统教育丛书）.—ISBN 7-5008-0564-0：1.30元

邓恩铭/李肇年，刘昕编著.—贵阳：贵州人民出版社，1990.6.—96页；32开.—ISBN 7-221-01847-2：1.70元

邓恩铭遗作选/邓恩铭著；柏文熙，黄长和编.—贵阳：贵州人民出版社，1990.6.—106页；32开.—ISBN 7-221-01848-0：1.50元

邓颖超革命活动七十年大事记：1919.5.4～1989.5.4/中华全国妇女联合会编.—北京：中国妇女出版社，1990.2.—163页；大32开.—ISBN 7-80016-180-3：4.80元

可爱的中国/方志敏著.—北京：华艺出版社，1990.4.—178页：照片；32开.—ISBN 7-80039-338-0：2.80元

叶剑英在1976/范硕著.—北京：中共中央党校出版社，1990.1.—334页：照片；大32开.—ISBN 7-5035-0267-3：5.20元

共和国体育元勋/谢武申，王鼎华著.—北京：人民体育出版社，1990.9.—347页；大32开.—ISBN 7-5009-0430-4（精装）：24.00元

本书记述贺龙元帅于战争年代及新中国任国家体委主任，开创、发展社会主义体育事业的传记著作。

朱德元帅/龚希光编写.—北京：新华出版社，1990.9.—51页；32开.—（中国革命史小丛书/苏双碧主编）.—ISBN 7-5011-0821-8：1.15元

朱德轶事/董志英编.—石家庄：河北人民出版社，1990.6.—290页；32开.—ISBN 7-202-00687-1：3.15元

伟大的实践光辉的思想：邓小平革命活动大事记/李新芝，王月宗主编.—北京：华龄出版社，1990.3.—317页；32开.—ISBN 7-80082-011-4：4.50元

任弼时/章学新编写.—北京：新华出版社，1990.9.—51页；32开.—（中国革命史小丛书/苏双碧主编）.—ISBN 7-5011-0790-4：1.15元

何警予传/何鹄志著.—上海：上海人民出版社，1990.4.—210页；大32开.—（中国革命史丛书/李新主编）.—ISBN 7-208-00764-0：2.40元

刘少奇在皖东/《刘少奇在皖东》编审委员会编.北京：中共党史出版社，1990.9.—192页；大32开.ISBN 7-80023-208-5：5.00元

刘谦初/中共平度县委党史办公室编.—北京：中共党史资料出版社，1990.3.—276页；大32开.—ISBN 7-80023-145-3：5.00元

纪念李富春/利广安等编.—北京：中国计划出版社，1990.10.—213页；大32开.—ISBN 7-80058-143-8：4.50元

纪念张闻天/中共中央党史研究室编.—北京：中共党史出版社，1990.11.—67页；大32开.—ISBN 7-80023-235-2：1.20元

纪念季方/中国农工民主党中央党史资料研究委员会编.—北京：中国文史出版社，1990.3.—142页；大32开.—ISBN 7-5034-0120-6：3.50元

李大钊/金风编写.—北京：新华出版社，1990.6.51页；32开.—（中国革命史小丛书/苏双碧主编）.ISBN 7-5011-0713-0：0.95元

李六如/凌辉著；中共湖南平江县委党史办公室编.—北京：海潮出版社，1990.10.—168页：照片；32开.—ISBN 7-80054-174-6：2.90元

李书城传/李新福著；湖北省潜江市政协文史资料委员会编.—北京：中国文史出版社，1990.10.—218页；32开.—ISBN 7-5034-0254-7：2.60元

李敖自传与回忆/李敖著.—北京：人民文学出版社，1990.2.—245页；大32开.—ISBN 7-02-000935-2：3.70元

我与民革四十年/朱学范著.—北京：团结出版社，1990.7.—417，30页：照片；大32开.—ISBN 7-80061-361-5：9.60元

我们的周总理/《我们的周总理》编辑组编.—北京：中央文献出版社，1990.1.—567页：照片；大32开.—ISBN 7-5073-0040-4：7.60元

何功伟烈士纪念文集/中共咸宁市委党史办公室等编.—北京：中国医药科技出版社，1990.10.—450页；大32开.—ISBN 7-5067-0195-2：8.50元

何孟雄传/曹仲彬著.—长春：吉林大学出版社，1990.10.—239页；32开.—ISBN 7-5601-0627-7：3.50元

谷云亭/安岗主编.—天津：天津人民出版社，1990.5.—165页；大32开.—ISBN 7-201-00459-X：3.30元

宋庆龄/崔艳秋编写.—北京：新华出版社，1990.6.—47页；32开.—（中国革命史小丛书/苏双碧主编）.—ISBN 7-5011-0714-9：0.85元

宋庆龄与何香凝/唐瑛绢等著.—北京：中国和平出版社，1990.6.—119页；32开.—ISBN 7-80037-362-2：2.00元

宋庆龄在上海/中共上海市委党史资料征集委员会，上海宋庆龄故居管理处编.—上海：学林出版社，1990.8.—287页；大32开.—ISBN 7-80510-000-0：6.80元

宋庆龄传/尚明轩，唐宝林著.—北京：北京出版社，1990.8.—312页；大32开.—ISBN 7-200-01198-3（精装）：13.50元

宋庆龄传/尚明轩，唐宝林著.—北京：北京出版

社，1990.8.—612页；大32开.—ISBN 7-200-00864-8：9.95元

张志新传：1936～1965年部分/张书绅著.—沈阳：辽宁人民出版社，1990.11.—228页；大32开.—ISBN 7-205-00669-X：3.20元

张闻天/中共中央党史研究室编.—北京：中共党史资料出版社，1990.7.—1册；12开.—ISBN 7-80025-148-8（精装）：45.00元

张闻天与遵义会议/遵义会议纪念馆编.—北京：中共党史资料出版社，1990.8.—191页；大32开.—ISBN 7-80023-157-7：3.00元

张闻天在无锡/中共无锡市委党史工作委员会编.北京：中共党史出版社，1990.7.—165页；大32开.ISBN 7-80023-092-9：3.00元

张闻天在合江/魏燕茹主编；中共佳木斯市委党史研究室编.—北京：中共党史资料出版社，1990.6.436页；大32开.—ISBN 7-80023-184-4：8.00元

张闻天研究文集　第一集/张培森主编.—北京：中共党史资料出版社，1990.6.—436页；大32开.ISBN 7-80023-150-X：6.90元

陈伯达其人/叶永烈著.—长春：时代文艺出版社，1990.3.—486页：照片；32开.—（实录丛书）.ISBN 7-5387-0278-4：5.50元

陈独秀评传/李洪钧著.—沈阳：辽宁大学出版社，1990.3.—361页；大32开.—ISBN 7-5610-0561-0（精装）：7.90元

陈嘉庚/赵力田编写.—北京：新华出版社，1990.6.—50页；32开.—（中国革命史小丛书/苏双碧主编）.—ISBN 7-5011-0715-7：0.90元

林枫传略/穆欣著.—哈尔滨：黑龙江人民出版社，1990.5.—353页；大32开.—ISBN 7-207-01362-0：4.90元

林育南传记/李良明等编.—武汉：华中师范大学出版社，1990.11.—202页；32开.—（湖北中共党史人物传记丛书）.—ISBN 7-5622-0617-1，2.65元

周恩来传/（英）迪克·威尔逊著；封长虹译.—北京：解放军出版社，1990.3.—308页；大32开.—ISBN 7-5065-1234-3（精装）：6.50元

周恩来和他的事业：研究选萃/吕星斗，白云涛主编.—北京：中共党史出版社，1990.9.—737页；大32开.—ISBN 7-80023-152-6：9.75元

战犯改造所见闻/沈醉著.—北京：群众出版社，1990.11.—388页：照片；大32开.—ISBN 7-5014-0542-5：6.80元

笔祭陶铸/《陶铸文集》编辑组编.—北京：人民出版社，1990.3.—628页；大32开.—ISBN 7-01-000532-X：10.60元

诸夏怀霜/罗宁著.—北京：文津出版社，1990.1.101页；32开.—ISBN 7-80554-017-9：1.90元

本书是一本纪念瞿秋白同志的学术性著作。

情满炭子冲——怀念刘少奇同志/中共宁乡县委编.长沙：湖南出版社，1990.12.—147页；32开.—ISBN 7-5438-0042-X：2.00元

景梅九评传/景克宁，赵瞻国著.—太原：山西人民出版社，1990.11.—451页；32开.—ISBN 7-203-01459-2：6.20元

喻杰/凌辉著.—北京：海潮出版社，1990.9.190页；32开.—ISBN 7-80054-166-5：3.10元

傅作义传略/蒋曙晨著.—北京：中国青年出版社，1990.11.—330页；大32开.—ISBN 7-5006-0854-3：5.60元

富贵于我如浮云/陈子谷著；万奕整理.—北京：中国华侨出版公司，1990.11.—250页；32开.—（归国华侨精英传丛书）.—ISBN 7-80074-358-6（精装）：4.50元

富贵于我如浮云/陈子谷著；万奕整理.—北京：中国华侨出版公司，1990.11.—250页；32开.—（归国华侨精英传丛书）.—ISBN 7-80074-248-6：3.50元

蔡畅传/苏平著.—北京：中国妇女出版社，1990.2.—282页；大32开.—ISBN 7-80016-181-1：6.00元

潘自力/中共陕西省委党史研究室编.—西安：陕西人民出版社，1990.10.—310页；大32开.—（中共陕西党史人物丛书）.—ISBN 7-224-01589-X：5.40元

K828　其他人物分传

十大太监/上海古籍出版社编.—上海：上海古籍出版社，1990.8.—212页；32开.—（十大系列丛刊）.ISBN 7-5325-0853-6：2.65元

十大后妃/毛佩琦主编.—上海：上海古籍出版社，1990.7.—213页；32开.—（十大系列丛刊）.—ISBN 7-5325-0845-5：2.65元

十大名妓/秦克，鲍民等著.—上海：上海古籍出版社，1990.8.—187页；32开.—（十大系列丛刊）.ISBN 7-5325-0867-6：2.50元

中国十大名伎/舒畅，王万旭主编.—兰州：甘肃人民出版社，1990.7.—235页；32开.—（中国历史人物评传丛书/张大可，谭良啸主编）.—ISBN 7-226-00650-2

中国十刺客外传/夏冰等编著.—武汉：湖北人民出版社，1990.2.—276页；32开.—ISBN 7-216-00537-6：3.10元

徐福东渡之谜新探/于锦鸿著.—南京：江苏人民出版社，1990.1.—254页；32开.—ISBN 7-214-00388-0：3.20元

K833　亚洲各国人物传记

三星财团元勋李秉哲/商济生编写.—长春：吉林大学出版社，1990.3.—250页；大32开.—(南朝鲜十大企业集团经营秘诀系列丛书/沈海军等主编).ISBN 7-5601-0437-1：3.70元

*　　*　　*

日本新皇后秘史/(日)河原敏明著；王捷，张炳安译.—北京：军事译文出版社，1990.3.—197页；32开.—ISBN 7-80027-102-1：2.50元

丹下健三/马国馨著.—北京：中国建筑工业出版社，1989.3.—414页；16开.—(国外著名建筑师丛书).—ISBN 7-112-00229(精装)：23.80元

世界著名企业家——本田宗一郎/(日)上之乡利昭著；梁俐译.—南宁：广西科学技术出版社，1990.9.—237页；32开.—ISBN 7-80565-344-5：2.60元

归来的燕子：影视歌星陈美龄自述/(日)陈美龄著；逍遥译.—北京：国际文化出版公司，1990.7.208页；32开.—ISBN 7-80049-302-4：2.75元

红色贵族春秋：西园寺公一回忆录/(日)西园寺公一口述；(日)南村志郎记录；田家农等译.—北京：中国和平出版社，1990.12.—237页：照片；大32开.(国际友人丛书；第1辑).—ISBN 7-80037-401-7：5.30元

本书是日本著名…会活动家西园寺公一对自己一生传奇似经历的回顾。

吴清源回忆录/(日)吴清源著；李中南等译.—北京：人民体育出版社，1990.9.—210页；大32开.(体育名人列传).—ISBN 7-5009-0167-4：4.50元

我的半生/(日)山口淑子著；李骥良等译.—长春：吉林文史出版社，1990.4.—356页；32开.—ISBN 7-80528-229-3：4.30元

松前重义：我的昭和史/(日)白井久也整理；李宗惠译.—北京：中国人民大学出版社，1990.6.—202页；大32开.—ISBN 7-300-00888-7：2.70元

经营之神：松下幸之助的生涯/(日)井上宏生著；沈英甲，吕萍萍译.—北京：中国青年出版社，1990.10.—164页；32开.—ISBN 7-5006-0590-0：2.65元

追梦：一个女明星的自传/(日)吉永小百合著；莫邦富，楼志娟译.—南京：译林出版社，1990.4.136页；32开.—ISBN 7-80567-061-7：1.80元

棋魔：藤泽秀行自传/(日)藤泽秀行著；庄玮译.北京：中国广播电视出版社，1990.10.—178页；32开.—ISBN 7-5043-0518-9：2.70元

本书记述了日本围棋界最富个性的棋手藤泽秀行的围棋生涯和生活历程。

*　　*　　*

马科斯传/(美)查理·C.麦克杜格尔德著；何祚康等译.—北京：求实出版社，1990.9.—189页；32开.—ISBN 7-80033-075-3：2.75元

李光耀：新加坡的奠基人/陈岳，陈翠华编著.—北京：时事出版社，1990.8.—223页；32开.—(现代国际人物丛书).—ISBN 7-80009-104-X：3.40元

*　　*　　*

扎耶德传/(埃及)哈姆迪·塔玛姆著；王贵发译.—北京：文化艺术出版社，1990.4.—185页；大32开.—ISBN 7-5039-0673-1(精装)：12.00元

扎耶德言论集/(阿联酋)阿勒纳哈扬著；穆罕默德·哈利勒·萨克萨克收集整理；王贵发译.—北京：文化艺术出版社，1990.4.—293页；大32开.ISBN 7-5039-0674-X(精装)：12.00元

阿拉法特传/(英)哈特(Hart，A.)著；吕乃君等译.—北京：中国社会科学出版社，1990.12.—564页；大32开.—ISBN 7-5004-0872-2(精装)：10.95元

书名原文：Arafat：A Political Biography

波斯诗圣菲尔多西/潘庆舲著.—重庆：重庆出版社，1990.10.—229页，32开.—ISBN 7-5366-1400-4(精装)：4.30元

萨达姆·侯赛因：注定要震惊世界的人/殷罡，秦海波主编.—北京：警官教育出版社，1990.11.347页：照片；大32开.—ISBN 7-81027-025-7：5.60元

K834　非洲各国人物传记

卡扎菲——沙漠之声/(法)比安科(Bianco，M.)著；魏晓荣等译.—厦门：厦门大学出版社，1990.11.—236页；32开.—(国际政坛风云人物传记丛书/胡荣主编).—ISBN 7-5615-0361-X：3.20元

书名原文：Gadafi：Voice From the Desert

纳尔逊·曼德拉传/(南非)玛丽·本森著；杨立华等译.—北京：中国青年出版社，1990.8.—247页；大32开.—ISBN 7-5007-0801-2：5.50元

旅游者的欢乐：中世纪旅行家伊本·拔图塔传/(苏)季莫费耶夫(Тимофеев，И.)著；杨春华，朱荫枝译.—北京：三联书店，1990.2.—334页；32开.—ISBN 7-108-00009-1：5.65元

书名原文：Иън ъаттута

本书描述了伊本·拔图塔在无涯的人生道路上经过不断探索和奋力挣扎之后，为世界文化所作出的重大贡献。

K835 欧洲各国人物传记

K835.12 苏联人物传记

文学巨人托尔斯泰/章海陵著.—上海：上海教育出版社，1990.1.—209页；32开.—(中学生文库).ISBN 7-5320-1757-5：1.70元

巴兰钦传/(美)柏纳德·泰著；魏孟勋，蓝凡译.—上海：上海音乐出版社，1990.5.—260页；大32开.—ISBN 7-80553-192-7：5.50元

皮萨列夫/(苏)普洛特金(Плоткин, Л.)著；高惠群译.—上海：上海外语教育出版社，1990.5.—229页；32开.—ISBN 7-81009-484-X：4.00元

书名原文：Д.И.Писарев

回忆普罗科菲耶夫/(苏)肖斯塔科维奇等著；杨洸等译.—北京：人民音乐出版社，1990.9.—223页；大32开.—ISBN 7-103-00583-4：4.45元

名家之路/(苏)尼·谢·谢尔著；智河，任光宣译.—呼和浩特：内蒙古人民出版社，1990.2.—501页；52开.—ISBN 7-204-00770-0：5.75元

我所了解的勃列日涅夫/(苏)格德维杰夫等著；舟山选编.—北京：世界知识出版社，1990.9.—165页；32开.—ISBN 7-5012-0302-4：2.15元

库普林/宋昌中著.—长春：吉林大学出版社，1990.11.—123页；32开.—ISBN 7-5601-0671-4：0.95元

凯旋与悲剧：斯大林的政治画像/(苏)沃尔科戈诺夫著；赵敏善，段永龙译.—北京：群众出版社，1990.3.—630页；32开.—ISBN 7-5014-0460-3：8.00元

本书阐述了苏联十月革命前到1939年大清洗这段时间斯大林的政治活动。

重见光明：苏联著名眼科教授费奥多罗夫的科学与生平/(苏)弗拉索夫(Влаэов, С.)著；韩模宁，邱钟惠译.—北京：科学技术文献出版社，1990.10.—216页；32开.—ISBN 7-5023-1299-4：5.90元

书名原文：Прозрение

胜利与悲剧：斯大林政治肖像 第二卷/(苏)德·安·沃尔科戈诺夫著；张祖武等译.—北京：世界知识出版社，1990.8.—698页；大32开.—ISBN 7-5012-0314-8：8.90元

谢林传/(苏)古留加(Гулыгb, А.)著；贾泽林等译.—北京：商务印书馆，1990.11.—343页；大32开.—ISBN 7-100-00621-X：4.35元

书名原文：Щеллинг

赫鲁晓夫：同时代人的回忆/(苏)尤阿克秀金编；李树柏等译.—北京：东方出版社，1990.6.379页；大32开.—ISBN 7-5060-0144-6：6.20元

书名原文：Никитта сертеевич хрущев

K835.13 波兰人物传记

密茨凯维奇/林洪亮著.—重庆：重庆出版社，1990.9.—593页；32开.—(东欧文学丛书/戈宝权主编).—ISBN 7-5366-1334-2：6.70元

K835.16 德国人物传记

贝多芬/(德)胡赫(Huch, F.)著；孙则明译.北京：人民音乐出版社，1990.10.—533页；大32开.ISBN 7-103-00587-7：8.85元

书名原文：Beethoven

汉斯·米勒/马模贞，杨大纬著.—沈阳：辽宁人民出版社，1990.12.—286页；大32开.—(国际友人丛书/爱泼斯坦，高梁主编).—ISBN 7-205-01625-8(精装)：7.20元

我们的总统/(德)温特尔(Winter, I.M.)著；罗国文译.—北京：世界知识出版社，1990.12.185页；大32开.—ISBN 7-5012-0338-5：2.90元

本书介绍了自1949年联邦德国建国以来六任总统的出身、社会地位、经历、政见和政绩，描述了他们的家庭、婚姻、个人嗜好、社会以及他们的夫人作为国家“第一夫人”的心态和活动。

希尔伯特/储嘉康著.—成都：四川少年儿童出版社，1990.12.—151页；32开.—(中外著名科学家的故事丛书).—ISBN 7-5365-0611-2：1.79元

希特勒之谜/(美)沃尔特·C.兰格著；单俊毅，佳韵译.—北京：新华出版社，1990.5.—172页；32开.—ISBN 7-5011-0652-5：2.30元

战争魔王的黑暗生涯：希特勒画传/毛德鸣，孙玲编.—上海：上海画报出版社，1990.3.—158页；24开.—(知识画库).—ISBN 7-80530-006-2：7.50元

科尔传/(德)米希勒(Müchler, G.)著；孙秀民译.—上海：上海外语教育出版社，1990.7.—112页；大32开.—ISBN 7-81009-568-4

书名原文：Helmut Kohl

施密特传/(英)卡尔(Carl, J.)著；李晓东等译.—北京：世界知识出版社，1990.6.—200页；大32开.—ISBN 7-5012-0269-9：3.10元

莱布尼茨/傅沖鹏著.—成都：四川少年儿童出版社，1990.12.—185页；32开.—(中外著名科学家的故事丛书).—ISBN 7-5365-0617-1：2.12元

骷髅之谜：“死亡天使”门格勒传/(美)杰拉尔德·波斯纳，(美)约翰·韦尔著；于澄涛等译.北京：中国广播电视出版社，1990.12.—372页；32

开.—ISBN 7-5043-0586-3：5.30元

K835.33/.34　挪威、丹麦人物传记

我在福音岛上的童年：卡尔·尼尔森自传/(丹)卡尔·尼尔森著；王依依译.—长沙：湖南教育出版社，1990.4.—186页；32开.—ISBN 7-5355-1117-1：3.70元

童话大师安徒生/郑孝时，薛培文著.—太原：希望出版社，1990.6.—185页；32开.—ISBN 7-5379-0453-6：2.80元

蒙克/(英)J·P·霍丁著；吕澎译.—北京：人民美术出版社，1990.4.—103页；32开.—ISBN 7-102-00276-9：6.90元

K835.46　意大利人物传记

命运的力量：意大利作曲家威尔第传/(意)塔罗齐(Tarozzi，G.)著；贾明等译.—北京：三联书店，1990.12.—481页；32开.—ISBN 7-108-00096-2：7.50元

书名原文：Verdi

K835.51　西班牙人物传记

西班牙国王胡安·卡洛斯一世/(西)塞尔努达(Cernuda，P.)等著；朱凯译.—北京：商务印书馆，1990.7.—187页：照片；大32开.—ISBN 7-100-00765-8：2.60元

书名原文：Todo un rey

毕加索传：创造者与毁灭者/(美)阿哈芬顿(Huffington，A.S.)著；弘鉴等译.—北京：人民美术出版社，1990.12.—258页；16开.—ISBN 7-102-00800-7(精装)：24.00元

胡安·卡洛斯：共和派的国王/(法)努里(Nourry，P.)著；杨恩瑞，赵铭贤译.—北京：昆仑出版社，1990.4.—420页；大32开.—ISBN 7-80040-196-0：5.80元

书名原文：Juan Carlos：Un rey para los republicanos

萨马兰奇与中国/吴重远主编.—北京：中国奥林匹克出版社，1990.9.—71页；大16开.—ISBN 7-80067-167-4(精装)

K835.61　英国人物传记

艾尔弗雷德·马歇尔传/(英)凯恩斯(Keynes，J.M.)著；滕茂桐译.—北京：商务印书馆，1990.6.—95页；大32开.—ISBN 7-100-00864-6：1.30元

书名原文：Alfred Marshall

亚当·斯密/(英)拉波希尔(Raphael，D.D.)著；李燕晴，汪希宁译.—北京：中国社会科学出版社，1990.6.—150页：肖像；32开.—(外国著名思想家译丛/张晓明主编).—ISBN 7-5004-0585-5：1.85元

书名原文：Adam Smith

张伯伦传/(英)麦克劳德(Macleod，I.)著；西安外语学院英语系译.—北京：商务印书馆，1990.1.—294页；大32开.—ISBN 7-100-00142-0：3.40元

科学伟人趣事：我的一点回忆/(英)弗里施(Frisch，O.R.)著；包宗渝，周思毅译.—北京：中国标准出版社，1990.6.—242页；32开.—ISBN 7-5066-0152-4：2.85元

书名原文：What little p Remember

铁女人撒切尔夫人传/(英)雨果·扬格著；汤玉明等译.—西安：西北大学出版社，1990.7.—540页；大32开.—ISBN 7-5604-0157-0(精装)：10.50元

铁女人撒切尔夫人传/(英)雨果·扬格著；汤玉明等译.—西安：西北大学出版社，1990.7.—540页；大32开.—ISBN 7-5604-0157-0：7.50元

K835.62　爱尔兰人物传记

乔伊斯/(爱尔兰)科斯特洛(Costello，P.)著；何及锋，柳荫译.—北京：中国社会科学出版社，1990.6.—216页；32开.—(外国著名思想家译丛/张晓明主编).—ISBN 7-5004-0655-X：2.45元

书名原文：James Joyce

K835.65　法国人物传记

巨人之情：戴高乐和丘吉尔/(法)凯尔索迪(Kersaudy，F.)著；周以光译.—北京：华夏出版社，1990.1.—489页；大32开.—ISBN 7-80053-684-X：8.10元

书名原文：De Gaulle et Churchill

巴尔扎克传/(奥)茨威格(Zweig，S.)著；吴小如，程毓徵译.—上海：上海译文出版社，1990.7.—425页；大32开.—ISBN 7-5327-0812-8：4.90元

书名原文：Balzac

司汤达传/(美)马修·约瑟夫森著；包承吉译.南昌：百花洲文艺出版社，1990.6.—553页；大32开.—(青年翻译家丛书).—ISBN 7-80579-035-3：6.90元

西蒙娜·德·波伏瓦传/(法)弗兰西斯(Francis，C.)，贡蒂埃(Gontier，F.)著；全小虎等译.北京：中国社会科学出版社，1990.4.—401页；大32开.—ISBN 7-5004-0576-6：5.50元

书名原文：Simone de Beauvoir

乔治·桑自传/(法)乔治·桑(Sand,G.)著；梅斌译.—杭州：浙江文艺出版社，1990.7.—316页；大32开.—(外国作家传记丛书).—ISBN 7-5339-0323-4：4.30元

克雷孟梭传/(法)埃尔朗热(Erlanger，P.)著；周以光等译.—北京：商务印书馆，1990.3.525页；大32开.—ISBN 7-100-00675-9：6.00元

书名原文. Clemenceall

雨果/(苏)穆拉维约娃(Мураbёва，H.)著；冀刚译.—上海：上海译文出版社，1990.12.418页；大32开.—(外国名作家传记丛书).—ISBN 7-5327-0747-4：6.10元

书名原文：Гюго

拿破仑论/(法)福尔(Faure，E.)著；桑谐译.北京：商务印书馆，1990.7.—186页；大32开.ISBN 7-100-00009-2：2.65元

本书从各个角度对拿破仑进行介绍和描述。

爱丽舍宫与总统/刘海如编著.—北京：时事出版社，1990.6.—442页；32开.—ISBN 7-80009-093-2：6.30元

梅叶传/(苏)波尔什涅夫(Поршнев,Б.)著；汪守本，李来译.—北京：商务印书馆，1990.6.227页；大32开.—ISBN 7-100-00680-5：2.80元

书名原文：Meлbe

K837 美洲各国人物传记

K837.11 加拿大人物传记

一代医魂白求恩/上海市卫生局党委宣传部编.—上海：上海交通大学出版社，1990.5.—174页：照片；32开.—ISBN 7-313-00704-3：2.70元

白求恩在唐县/韩海山等编.—石家庄：河北人民出版社，1990.7.—247页；大32开.—ISBN 7-202-00717-7：4.80元

K837.12 美国人物传记

一代天骄：耶格尔将军自传/(美)C.E.耶格尔著；陈开顺，陈脑冲译.—北京：航空工业出版社，1990.4.—436页；32开.—ISBN 7-80046-236-6：4.80元

王安自传/陈尔绍译.—福州：福建教育出版社，1990.8.—207页；大32开.—ISBN 7-5334-0557-9：3.15元

太空舞步：世界超级歌星杰克逊自传/(美)杰克逊著；过国民，鲁民译.—兰州：敦煌文艺出版社，1990.8.—142页；32开.—ISBN 7-80587-005-5：2.05元

尤金·奥尼尔/(美)卡彭特(Carpenter，F.I.)著；赵岑，殷勤译.—沈阳：春风文艺出版社，1990.6.—206页；大32开.—ISBN 7-5313-0319-1：5.00元

书名原文：Eugene o'neill

艾略特传/(英)阿克罗伊德(Ackroyd，P.)著；刘长缨，张筱强译.—北京：国际文化出版公司，1989.12.—325页；大32开.—(二十世纪外国大诗人丛书).—ISBN 7-80049-169-6：5.40元

书名原文：T.S.Eliot

白宫八年：里根夫人南希的回忆/(美)里根(Reagan，N.)著；辛灿译.—北京：新华出版社，1990.5.—314页；大32开.—ISBN 7-5011-0656-8：4.50元

书名原文：My Turn：The Memoirs of Nancy Reagan With William Novak

华盛顿评传/余志森著.—北京：中国社会科学出版社，1990.2.—410页；大32开.—ISBN 7-5004-0574-X：5.45元

杨振宁/徐胜蓝，孟东明编著.—北京：中国卓越出版公司，1990.1.—259页；大32开.—ISBN 7-80071-021-1：8.20元

秀兰·邓波儿：美国公主/(美)安妮·爱德华兹著；高越辉译.—兰州：敦煌文艺出版社，1990.8·272页；大32开.—ISBN 7-80587-015-2：3.60元

秀兰·邓波儿传.超级童星的成长之路/(美)莱斯特·戴维,艾伦·戴维著；张健等译.—北京：中国青年出版社，1990.5.—205页；32开.—ISBN 7-5006-0634-6：3.20元

我怎样设计飞机：美国飞机设计师凯利·约翰逊自传/(美)凯利·约翰逊，玛吉·史密斯著；程不时，赵中译.—北京：航空工业出版社，1990.5.229页；32开.—ISBN 7-80046-235-8：3.70元

我，蒂娜/(美)蒂娜·特纳，柯特·罗德著；姚燕瑾，周仲安译.—北京：中国电影出版社，1990.7.—101页；32开.—ISBN 7-106-00382-4：1.50元

书名原文：I，Tina

希区柯克的生平和创作/(英)泰勒(Taglor，J.R.)著；余士雄等译.—北京：中国电影出版社，1990.12.—337页；大32开.—ISBN 7-106-00413-8：3.90元

书名原文：The Life and Work of Alfred Hitchcock

陈纳德/(美)萨姆森(Samson，J.)著；石继成，许忆宁译.—北京：东方出版社，1990.5.—387页；大32开.—ISBN 7-5060-0110-1：6.10元

书名原文：Chennault

杰斐逊传/刘祚昌著.—北京：中国社会科学出版社，1990.2.—509页；大32开.—ISBN 7-5004-0593

-6：6.95元

轮到我了：南希·里根回忆录/（美）里根（Reagan，N.），诺瓦克（Novak，W.）著；王迈迈等译.—武汉：长江文艺出版社，1990.6.—423页；32开.—ISBN 7-5354-0329-8：4.90元

书名原文：My Turn：The Memorrs of Nancy Reagan

轮到我说了：南希·里根回忆录/（美）里根（Reagan，N.）著；祁阿红，王喜六译.—北京：江苏人民出版社，1990.7.—401页；大32开.—ISBN 7-214-00513-1：6.20元

书名原文：My Turn：The Memoirs of Nancy Reagan

哈默自传/（美）哈默（Hammer，A.）著；周直等译.—天津：天津人民出版社，1990.6.—238页；32开.—ISBN 7-201-00416-6：8.50元

前美国国防部长温伯格回忆录：为和平而战/封长虹译.—北京：新华出版社，1990.10.—343页；大32开.—ISBN 7-5011-0906-0：5.90元

总统们的趣闻轶事/（美）保罗·伯勒著；晓钢等编译.—北京：群众出版社，1990.12.—264页；32开.—ISBN 7-5014-0543-3：3.90元

美国历届总统夫人传/（美）梅利克（Melick，A.D.）著；李德凤，夏业峰译.—北京：江苏人民出版社，1990.3.—215页；32开.—ISBN 7-214-00420-8：4.45元

书名原文：Wives of Presidents

美国企业超级新星特朗普自传/（美）特朗普（Trump，D.J.），施瓦茨（Schwartz，T.）著；刘善红等译.—北京：东方出版社，1990.6.—303页；32开.—ISBN 7-5060-0143-8：4.00元

书名原文：Trump：The art of the deal

美国总统轶闻大观/（美）德格里戈里奥（Degregorio，W.A.）著；李甲等译.—北京：中国青年出版社，1990.12.—2册（948页）；32开.—ISBN 7-5006-0549-8：15.00元

书名原文：The Complete Book of U.S.

埃德加·斯诺传/（美）汉密尔顿（Hamilton，J.M.）著；沈秦等译.—北京：学苑出版社，1990.6.—276页；大32开.—ISBN 7-80060-197-8：3.80元

埃德加·斯诺传/（美）汉密尔顿（Hamilton，J.M.）著；柯为民等译.—沈阳：辽宁大学出版社，1990.10.—341页；大32开.—ISBN 7-5610-1068-0：5.50元

书名原文：Edgar Snow，A Bigraphg

格蕾丝王妃的秘密：好莱坞影星的秘史/（美）詹姆斯·斯巴达著；李晓晰等译.—长春：吉林文史出版社，1990.3.—328页；32开.—ISBN 7-80528-230-7：3.90元

海明威传/（美）杰弗里·迈耶斯著；萧耀光等译.北京：中国卓越出版公司，1990.7.—557页；32开.ISBN 7-80071-224-9：8.95元

梅丽尔·斯特特里普：不愿当明星的超级明星/（美）戴安娜·梅切克著；谢榕津译.—北京：中国电影出版社，1990.3.—168页；32开.—ISBN 7-106-00319-0：2.30元

做生意的艺术：纽约不动产之王特朗普自传/（美）唐纳德·特朗普，托尼·施沃茨著；黎明译.北京：群众出版社，1990.5.—ISBN 7-5014-0471-9：3.80元

欲海浮沉：肯尼迪夫人传/（美）大卫·海曼著；李杏红等译.—北京：作家出版社，1990.12.—320页：照片；32开.—ISBN 7-5063-0386-8：4.00元

书名原文：A Woman Named Jackie

奥尼尔议长自传/（美）蒂普·奥尼尔口述；威庸·诺瓦克执笔；乔国强，王采文译.—北京：知识出版社，1990.7.—410页：照片；大32开.—ISBN 7-5015-0390-7：8.90元

奥德丽·赫本/（　）海厄姆（Higham，C.）著；刘学澄等编译.—北京：中国电影出版社，1990.12.—164页；32开.—ISBN 7-106-00314-X：2.20元

简·怀曼传：《鹰冠庄园》女主角/（美）莫雷拉（Morella，J.），（德）爱泼斯坦（Epstein，E.Z.）著；高健民，黄有斐译.—上海：上海人民出版社，1990.1.—160页：照片；大32开.—ISBN 7-208-00802-7：3.75元

书名原文：Tane Wyman a Blography

影坛怪杰——马龙·白兰度轶闻/（美）凯里（Carey，G.）著；程克雄，吴茜茜译.—北京：中国电影出版社，1990.3.—271页：照片；大32开.—ISBN 7-106-00278-X：4.30元

书名原文：Marlon Brando

K837.5/.7　其他各国人物传记

足坛巨星马拉多纳/（意）迪特里亚（Ditria，M.）著；侯贵信等译.—北京：世界知识出版社，1990.8.—110页：照片；32开.—ISBN 7-5012-0327-X：1.80元

书名原文：Mardona

拉美传奇英雄格瓦拉/（阿根廷）埃内斯托·格瓦拉·林奇著；肖芳琼译.—北京：新华出版社，1990.5.—257页；大32开.—ISBN 7-5011-0640-1：3.90元

K85　文物考古

世界考古学概论/李连等编著.—南京：江苏教育出

版社，1990.4.—398页；大32开.—ISBN 7-5343-0676-0：5.80元

戴葆庭集拓中外钱币珍品/戴葆庭辑.—北京：中华书局，1990.4.—2册（757页）；16开.—ISBN 7-101-00684-1（精装）：115.00元

K87 中国文物考古

中国文物学概论/李晓东编著.—石家庄：河北人民出版社，1990.2.—404页；大32开.—ISBN 7-202-00603-0：4.90元

中国北方考古文集/张忠培编著.—北京：文物出版社，1990.3.—282页；16开.—ISBN 7-5010-0320-3（精装）：32.00元

中国北方考古文集/张忠培编著.—北京：文物出版社，1990.3.—266页；16开.—ISBN 7-5010-0058-1：21.50元

中国考古学年鉴：1989/中国考古学会编.—北京：文物出版社，1990.10.—465页；大32开.—ISBN 7-5010-0368-8：9.50元

中国考古学会第六次年会论文集：1987/中国考古学会编辑.—北京：文物出版社，1990.6.—218页；16开.—ISBN 7-5010-0307-6：9.50元

中国考古学通论/孙英民，李友谋主编.—开封：河南大学出版社，1990.8.—384页；大32开.—ISBN 7-81018-444-X：2.80元

中国重大考古发现/文物出版社编.—北京：文物出版社；台北：锦绣出版社，〔1990〕.—1册；12开.ISBN 7-5010-0379-3（精装）：250.00元

纪念北京大学考古专业三十周年论文集：1952～1982/北京大学考古系编.—北京：文物出版社，1990.6.—372页；16开.—（北京大学考古学丛书；第1号）.—ISBN 7-5010-0062-X：15.00元

李济考古学论文选集/李济著；张光直，李光谟编.北京：文物出版社，1990.6.—994页；16开.—ISBN 7-5010-0300-9（精装）：70.00元

李济考古学论文选集/李济著；张光直，李光谟编.北京：文物出版社，1990.6.—994页；16开.—ISBN 7-5010-0299-1：55.00元

裴文中科学论文集/裴文中著.—北京：科学出版社，1990.3.—388页；16开.—ISBN 7-03-001440-5：28.10元

K871 各代文物考古

中国青铜时代 二集/张光直著.—北京：三联书店，1990.5.—142页，大32开.—ISBN 7-108-00289-2：3.60元

K872 地区文物考古

三秦胜迹考绎/景道榲著.—西安：陕西人民教育出版社，1990.8.—272页；大32开.—ISBN 7-5416-1640-4：4.00元

广州市文物志/《广州市文物志》编委会编著.—广州：岭南美术出版社，1990.2.—441页；16开.—ISBN 7-5362-0475-2：40.00元

北京考古四十年/北京市文物研究所编.—北京：北京燕山出版社，1990.1.—221页：图版；16开.ISBN 7-5402-0156-8：50.00元

辽宁重大文化史迹：〔画册〕/辽宁省文物保护与长城基金会（筹备），辽宁省文物考古研究所编著.沈阳：辽宁美术出版社，1990.8.—1册；12开.—ISBN 7-5314-0866-X

本书内容包括营口金牛山旧石器时代洞穴遗址和金牛山人化石；红山文化坛、庙、冢、秦始皇碣石宫；辽宁古长城等。

西域史地文物丛考/马雍著.—北京：文物出版社，1990.6.—253页；16开.—ISBN 7-5010-0048-4：15.20元

当代陕西文博/陈全方编著.—西安：三秦出版社，1990.4.—235页；大32开.—（当代陕西丛书/郭琦等主编）.—ISBN 7-80546-181-3：5.00元

旬阳县文物志/张沛主编.—西安：三秦出版社，1990.2.—230页；大32开.—ISBN 7-80546-224-0：3.95元

河洛文化论丛 第一辑/洛阳市历史学会，洛阳市海外联谊会编.—开封：河南大学出版社，1990.8.321页；大32开.—ISBN 7-81018-536-5：3.90元

保定市文物志/穆强主编.—北京：中国社会科学出版社，1990.6.—177页；32开.—ISBN 7-5004-0757-2：4.10元

宣威县文物志/浦恩宁主编.—昆明：云南民族出版社，1990.10.—188页；大32开.—ISBN 7-5367-0320-2：5.00元

高昌楼兰研究论集/侯灿著.—乌鲁木齐：新疆人民出版社，1990.7.—358页；大32开.—ISBN 7-228-01055-8：13.00元

琼山县文物志/郭克辉主编.—广州：中山大学出版社，1990.2.—240页；32开.—ISBN 7-306-00242-2：4.50元

嘉峪关市文物志/嘉峪关市志办公室编.—兰州：甘肃人民出版社，1990.12.—154页；大32开.—ISBN 7-226-00668-5（精装）：5.65元

K873 出土文物图录

广东文物普查成果图录：出土文物部分/广东省文物管理委员会办公室，广东省博物馆编.—广州：广

东科技出版社，1990.3.—104页；16开.—ISBN 7-5359-0600-1：20.00元

中国文物精华：1990/中国文物交流服务中心《中国文物精华》编委会编.—北京：文物出版社，1990.9.—1册；大16开.—ISBN 7-5010-0446-3

文物纵横谈/郭伯南著.—北京：文物出版社，1990.12.—400页；32开.—ISBN 7-5010-0399-8：12.50元

本书收集文物鉴赏文章100篇，内容涉及近年发现的从原始社会至清代的陶瓷器、玉石器等各类文物。

贵州省博物馆藏品志　（一）/《贵州省博物馆藏品志》编辑委员会编.—贵阳：贵州人民出版社，1990.2.—481页；大32开.—ISBN 7-221-01549-X：9.00元

本书收录贵州省博物馆文物藏品395件，分为古生物、出土文物、传世文物、民族文物等6类。

绝世奇珍/顾文炳著.—沈阳：辽宁教育出版社，1990.7.—192页：彩照；32开.—（人间透视大型书系·中国古代五大奇观/贾非贤主编）.—ISBN 7-5382-1111-X（精装）：4.50元

旅游文物艺术/安旭编著.—天津：南开大学出版社，1990.6.—403页；大32开.—ISBN 7-310-00179-6：6.90元

K874　民族文物考古

中国西南民族考古/张增祺著.—昆明：云南人民出版社，1990.9.—379页；大32开.—（云南省博物馆研究丛书）.—ISBN 7-222-00693-1（精装）：7.85元

中国西南民族考古/张增祺著.—昆明：云南人民出版社，1990.9.—379页；大32开.—（云南省博物馆研究丛书）.—ISBN 7-222-00698-2：5.90元

中国西南民族考古论文集/童恩正著.—北京：文物出版社，1990.6.—301页；16开.—ISBN 7-5010-0198-7（精装）：29.00元

中国西南民族考古论文集/童恩正著.—北京：文物出版社，1990.6.—301页；16开.—ISBN 7-5010-0060-3：21.00元

南方民族考古　第二辑：1989/四川大学博物馆，中国古代铜鼓研究学会编.—成都：四川科学技术出版社，1990.2.—314页；16开.—ISBN 7-5364-1584-2：9.80元

K875　各种用品器物

中国历代货币　第一卷：先秦部分/天津历史博物馆藏.—天津：天津杨柳青画社，1990.4.—462页；16开.—ISBN 7-80503-078-2：33.00元

中国历代器物图册/高丰，程晓平编绘.—上海：上海人民美术出版社，1990.8.—94页；24开.—ISBN 7-5322-0713-7：2.50元

中国古代文房四宝/刘绍刚著.—济南：山东教育出版社，1990.10.—113页；32开.—（中国文化史知识丛书/王绍曾，罗青主编）.—ISBN 7-5328-1062-3：1.16元

中国古代兵器图集/成东，钟少异编著；张博智，张涛绘.—北京：解放军出版社，1990.9.—303页：彩图；16开.—ISBN 7-5065-0646-7（精装）：107.00元

本书介绍了自原始社会至清朝末年中国古代兵器的发展历史。

中国古代货币的起源和发展/王毓铨著.—北京：中国社会科学出版社，1990.2.—210页；大32开.—ISBN 7-5004-0260-0：3.85元

中国古代度量衡论文集/河南省计量局主编；丘光明等编.—郑州：中州古籍出版社，1990.2.—456页；大32开.—ISBN 7-5348-0091-9（精装）：8.00元

文房四宝纵横谈/谢德萍，孙敦秀著.—北京：文津出版社，1990.3.—272页；32开.—ISBN 7-80554-024-1：3.60元

古今钱略/（清）倪模著.—影印本.—扬州：江苏广陵古籍刻印社，1990.6.—20册（2函）；20开.（线装）：260.00元

本书据光绪刊本影印。

古钱/孙仲汇著.—上海：上海古籍出版社，1990.4.—235页；32开.—（文物鉴赏丛书）.—ISBN 7-5325-0107-8：2.35元

吉林出土铜镜/张英编.—北京：文物出版社，1990.6.—171页；16开.—ISBN 7-5010-0376-9：18.00元

钦定钱录/（清）纪昀等编纂.—西安：三秦出版社，1990.10.—1册；大32开.—ISBN 7-80546-316-6（精装）：9.50元

本书据《墨海金壶》本影印。

程氏墨苑/（明）程大约撰.—影印本.—北京：中国书店，1990.10.—12册（2函）；10开.—ISBN-80568-152-X（线装）：480.00元

程大约是明万历年间的大制墨家。本书是他汇集的别人为他所制墨作的题辞。

简明古钱词典/高汉铭编著.—南京：江苏古籍出版社，1990.5.—785页；32开.—ISBN 7-80519-173-5（精装）：14.00元

本书收辞目700条、钱图2214幅。

新疆黑汗朝钱币/蒋其祥著.—乌鲁木齐：新疆人民出版社，1990.11.—166页；大32开.—ISBN 7-228-01366-2：3.65元

器物文化纪趣/金维新等编著.—上海：上海古籍出版社，1990.12.—116页；32开.—（文化春秋丛书）.—ISBN 7-5325-0740-8：1.55元

衡门百泉谱/蔡养吾编.—上海：上海书店，1990.2.—1册；20开.—ISBN 7-80569-135-5：4.30元

本书编者为台湾著名的钱币收藏家、鉴赏家。本书分图版和文字两部分。图版部分系编者从自己的藏品中精选出的100组钱币，起自周代刀币，终于中华民国开国铜币。文字部分系32篇谈泉说币的论文。

K876　各种材料器物

中国古代陶瓷艺术/刘凤君著.—济南：山东教育出版社，1990.12.—141页；32开.—（中国文化史知识丛书/王绍曾，罗青主编）.—ISBN 7-5328-1063-1：1.40元

中国古代陶瓷鉴赏/陈文平著.—上海：上海科学普及出版社，1990.7.—307页；大32开.—ISBN 7-5427-0297-1：17.00元

中国的陶瓷/杨静荣，杨永善编著.—北京：人民出版社，1990.9.—247页；32开.—（祖国丛书）.ISBN 7-01-00457-9：3.00元

中国陶瓷与中国文化/熊寥著.—杭州：浙江美术学院出版社，1990.11.—489页；肖像；大32开.—ISBN 7-81019-072-5：12.50元

本书对中国陶瓷艺术的起源、发展、提出了许多新的符合历史真貌的独创性见解，并探讨中国陶瓷历史事实和艺术神韵的进程，揭示了中国陶瓷与中国文化的内在关系。

古瓷新探/李刚著.—杭州：浙江人民出版社，1990.12.—176页；大32开.—ISBN 7-213-00613-4：7.00元

玉宝和中国文化/姚士奇著.—南京：江苏古籍出版社，1990.7.—206页；大32开.—ISBN 7-80519-180-8：4.50元

北流型铜鼓探秘/姚舜安等编著.—南宁：广西人民出版社，1990.2.—150页；32开.—ISBN 7-219-01474-0：3.00元

朱伯谦论文集/朱伯谦著.—北京：紫禁城出版社，1990.10.—310页；大32开.—ISBN 7-80047-088-1：8.00元

本书共收文章20篇，介绍了浙江地区的陶瓷、瓷窑。

齐故城瓦当/李发林著.—北京：文物出版社，1990.2.—191页；大32开.—ISBN 7-5010-0315-7：7.00元

良渚文化玉器/浙江省文物考古研究所等编著.北京：文物出版社；〔日本〕：两木出版社，1990.2.—235页；大16开.—ISBN 7-5010-0398-X（精装）：200.00元

新出齐铜器研究/李学勤著.—北京：文物出版社，1990.6.—318页；16开.—ISBN 7-5010-0065-4：13.00元

K877　古书契

《山右石刻丛编》、《山西通志·金石记》石刻分域目录/刘舒侠编.—太原：山西人民出版社，1990.7.119，284，23页；32开.—ISBN 7-203-01340-0：6.40元

中国翰园碑林/屈春山编.—郑州：河南美术出版社，1990.9.—323页；彩照；32开.—ISBN 7-5401-0164-4：8.00元

中国翰园碑林，为开封市李公涛先生自筹资金创建的中国历史上第一座民办碑林。本书选编了海内外发表的有关翰园碑林的文章、图片和题词墨迹。系统地介绍了该碑林的建设过程与全面情况。

古陶文汇编/高明编著.—北京：中华书局，1990.3.—1册；16开.—ISBN 7-101-00659-0（精装）：121.50元

北京图书馆藏善拓题跋辑录/王敏辑注.—北京：文物出版社，1990.4.—386页；大32开.—ISBN 7-5010-0396-3：13.00元

北京图书馆藏墓志拓片目录/徐自强主编；冀亚平，王巽文编辑.—北京：中华书局，1990.3.—493页；16开.—ISBN 7-101-00175-0（精装）：19.70元

北魏墓志二十品/辽宁省博物馆编.—北京：文物出版社，1990.6.—221页；16开.—ISBN 7-5010-0388-2：9.50元

甲骨文字考释/李实著.—兰州：甘肃人民出版社，1990.12.—476页；16开.—ISBN 7-226-00677-4（精装）：18.25元

西周金文选编/侯志文主编.—西安：西北大学出版社，1990.3.—327页；16开.—ISBN 7-5604-0155-4：8.50元

吐鲁番出土文书　第九册/国家文物局古文献研究室等编.—北京：文物出版社，1990.4.—256页；大32开.—ISBN 7-5010-0385-8：11.00元

金文选释/王宏文字选释.—影印本.—天津：天津市古籍书店，1990.8.—112页；16开.—4.10元

周王孙钟集联.—影印本.—天津：天津市古籍书店，1990.5.—36页；12开.—（彝聊集拓；1）.2.50元

居延新简：甲渠候官与第四燧/甘肃省文物考古研究所等编.—北京：文物出版社，1990.7.—568页；大32开.—秦汉魏晋出土文献.—ISBN 7-5010-0017-4：13.00元

1972～1982年间，甘肃省考古工作者调查并发掘了肩水金关、甲渠候官（破城子）、甲渠塞第四燧遗址出土汉简1万余枚。本书所收即是这批汉简中的甲渠候官、甲渠塞第四燧出土部分。

陕西石刻文献目录集存/陕西省古籍整理办公室

编；李慧主编.—西安：三秦出版社，1990.4.—385页；16开.—（陕西金石文献丛书）.—ISBN 7-80546-162-7：13.00元

陕西出土历代玺印选编/王翰章编著.—西安：三秦出版社，1990.4.—1册（114，48页）；大32开.（陕西金石文献汇集/吴钢主编）.—ISBN 7-80546-239-9：8.00元

封泥考略/（清）陈介祺，（清）吴式芬辑.—影印本.—北京：中国书店，1990.10.—1册；大32开.ISBN 7-80568-139-2（精装）：28.00元

据清光绪三十年版影印。

本书是研究封泥最早的一部专著，书中收入秦汉官私封泥八百四十九枚，逐枚进行了考释。

咸阳碑石/陕西省古籍整理办公室编；张鸿杰主编.—西安：三秦出版社，1990.12.—177页；16开.（陕西金石文献汇集/吴钢主编）.—ISBN 7-80546-284-4：10.00元

济宁全汉碑/宫衍兴编著.—影印本.—济南：齐鲁书社，1990.12.—246页；16开.—ISBN 7-5333-0215-X（精装）：26.00元

秦汉碑述/袁维春撰.—北京：北京工艺美术出版社，1990.12.—698页；大32开.—ISBN 7-80526-046-X：20.00元

秦汉魏晋出土文献散见简牍合辑/李均明，何双全编.—北京：文物出版社，1990.7.—159页；大32开.ISBN 7-5010-0375-0：6.90元

秦铜器铭文编年集释/王辉编著.—西安：三秦出版社，1990.7.—203页；16开.—ISBN 7-80546-271-2（精装）：25.00元

殷周金文集成　第十册/中国社会科学院考古研究所编.—北京：中华书局，1990.4.—1册；8开.ISBN 7-101-00686-8（精装）

商甲骨文选/濮茅左，徐谷甫编纂.—影印本.—上海：上海书店，1990.10.—437页；12开.—ISBN 7-80569-192-4（精装）：39.00元

商周青铜器铭文选　（四）/马承源主编.—北京：文物出版社，1990.4.—363～615页；8开.—ISBN 7-5010-0374-2（精装）：65.00元

商周金文选/曹锦炎编.—杭州：西泠印社，1990.3.—152页；8开.—ISBN 7-80517-053-3：22.00元

本书是商周时代青铜器铭文的选本，年代下限断至秦统一以前，共收入拓片266件。

绿色史料札记：巴山林木碑碣文集/张浩良编著.昆明：云南大学出版社，1990.1.—136页：图；32开.—ISBN 7-81025-040-X：2.00元

本书以收集、整理、研究历代碣碑为中心，再现了巴山地区数百年来保护森林、培植林木、经营林特产品和利用森林的历史过程。

睡虎地秦墓竹简/睡虎地秦墓竹简整理小组编.北京：文物出版社，1990.9.—255页；8开.—ISBN 7-5010-0386-6（精装）：80.00元

镌字岩彝文摩崖释译/禄劝县民族事务委员会古籍办，楚雄彝族文化研究所编.—昆明：云南民族出版社，1990.12.—130页；32开.—ISBN 7-5367-0367-8：2.00元

K878 遗址

大连古龙山遗址研究/周信学等著.—北京：北京科学技术出版社，1990.4.—94页；16开.—ISBN 7-5304-0483-0：3.00元

元大都宫殿图考/朱偰著.—北京：北京古籍出版社，1990.3.—74页：图；32开.—ISBN 7-5300-0071-9：2.65元

龙岗寺：新石器时代遗址发掘报告/陕西省考古研究所编著.—北京：文物出版社，1990.8.—230页；16开.—ISBN 7-5010-0378-5（精装）：28.00元

龙岗寺：新石器时代遗址发掘报告/陕西省考古研究所编.著—北京：文物出版社，1990.8.—230页；16开.—ISBN 7-5010-0377-5：23.00元

东家杂记/（宋）孔传撰.—影印本.—济南：山东友谊书社，1990.9.—718页；16开.—（孔子文化大全：史志类）.—ISBN 7-80551-267-1（精装）

本书与“孔宅志/（清）孔毓圻等编撰·增补孔庭摘要/（清）孔昭玺编集，孔昭璠参订”两书合订。

圣域述闻/（清）黄本骥辑.—影印本.—济南：山东友谊书社，1990.9.—798页；16开.—（孔子文化大全：史志类）.—ISBN 7-80551-263-9（精装）

西汉京师仓/陕西省考古研究所编.—北京：文物出版社，1990.12.—82页：图版；16开.—ISBN 7-5010-0443-9（精装）：20.00元

京师仓遗址位于陕西省华阴县境内，它是西汉的国家粮仓。本书对京师仓进行建筑技术方面的探讨和复原工作。

西汉京师仓/陕西省考古研究所编.—北京：文物出版社，1990.12.—85页：图版；16开.—ISBN 7-5010-0442-0：12.00元

西关志/（明）王士翘著.—北京：北京古籍出版社，1990.12.—597页：地图；大32开.—ISBN 7-5300-0035-7（精装）：13.80元

《西关志》是明代关于居庸关、紫荆关、倒马关、故关等四个长城关口的志书。书中详细记载了四个关口的地理环境、历史沿革、风俗物产，特别是明朝在四个关口的军事设防状况。

西关志/（明）王士翘著.—北京：北京古籍出版社，1990.12.—597页；大32开.—ISBN 7-5300-0007-1：10.60元

安阳：殷商古都发现、发掘、复原记/李济著；苏秀菊等校.—北京：中国社会科学出版社，1990.7.197页；照片；大32开.—ISBN 7-5004-0614-2：3.60元

本书叙述了殷商古都15次科学发掘的原因、过程、主要收获和尔后40年对遗迹、遗物深入研究的概况和学术总结。

赤壁战地考/贺亚先等编著.—武汉：武汉出版社，1990.7.—201页；32开.—ISBN 7-5430-0362-7：3.85元

兖州西吴寺/国家文物局考古领队培训班编著.—北京：文物出版社，1990.12.—263页：图版；16开.ISBN 7-5010-0436-6（精装）：30.00元

兖州西吴寺/国家文物局考古领队培训班编著.—北京：文物出版社，1990.12.—263页：图版；16开.ISBN 7-5010-0435-8：22.00元

泗水尹家城/山东大学历史系考古专业教研室编.北京：文物出版社，1990.11.—363页：图版；16开.—ISBN 7-5010-0415-3（精装）：40.00元

本书介绍了1973年至1986年间先后五次对山东省泗水县尹家城遗址发掘的收获。

泗水尹家城/山东大学历史系考古专业教研室编.北京：文物出版社，1990.11.—363页：图版；16开.ISBN 7-5010-0414-5：30.00元

阎家岗：旧石器时代晚期古营地遗址/黑龙江省文物管理委员会等编著.—北京：文物出版社，1990.6.—133页；16开.—ISBN 7-5010-0424-2（精装）：16.00元

德化窑/福建省博物馆编.—北京：文物出版社，1990.7.—160页；16开.—ISBN 7-5010-0383-1：12.50元

甑皮岩遗址研究/张子模主编.—桂林：漓江出版社，1990.12.—359页；32开.—ISBN 7-5407-0639-2：4.60元

K878.2　革命纪念地

中华之魂：上海市青少年教育基地指南/共青团上海市委编.—上海：上海人民出版社，1990.3.—144页；32开.—ISBN 7-208-00795-X：2.25元

浩气长存：中美合作所集中营旧址/厉华著.—重庆：重庆大学出版社，1990.11.—68页；32开.—ISBN 7-5624-0380-5：0.98元

韶山：毛泽东同志革命活动纪念地简介/韶山毛泽东同志纪念馆编.—长沙：湖南美术出版社，1990.9.30页：照片；32开.—ISBN 7-5356-0408-0：0.80元

K 878.8　墓　葬

中国古代的人牲人殉/黄展岳著.—北京：文物出版社，1990.2.—302页；大32开.—（文物考古研究）.ISBN 7-5010-0318-1：8.50元

平洋墓葬/杨志军等编.—北京：文物出版社，1990.6.—257页：图版；16开.—ISBN 7-5010-0313-0（精装）：26.00元

本书为黑龙江省泰来县平洋墓葬的发掘报告。

平洋墓葬/杨志军等编.—北京：文物出版社，1990.6.—257页：图版；16开.—ISBN 7-5010-0312-2：17.00元

民和阳山/青海省文物考古研究所编.—北京：文物出版社，1990.12.—228页：图版；16开.—ISBN 7-5010-0408-0（精装）：30.00元

民和阳山/青海省文物考古研究所编著.—北京：文物出版社，1990.12.—228页：图版；16开.—ISBN 7-5010-0407-0：20.00元

定陵/中国社会科学院考古研究所等编辑.—北京：文物出版社，1990.5.—2册：图版；8开.—（中国田野考古报告集·考古学专刊，丁种第36号）.—ISBN 7-5010-0075-1（精装）：200.00元

南越王墓与南越王国/吕烈丹著.—广州：广州文化出版社，1990.1.—196页；32开.—（羊城书系/杨钦泉主编）.—ISBN 7-5431-0239-0：2.80元

本书分上、下两篇。上篇介绍了西汉时期南越国第二代王的陵墓，下篇则根据历史记载和岭南地区解放以来的出土文物勾勒出南越国的主要轮廓。

贵溪崖墓/李科友著.—北京：文物出版社，1990.7.—101页；32开.—ISBN 7-5010-0291-0：2.10元

神奇的马王堆汉墓/侯良编著.—广州：中山大学出版社，1990.5.—115页；32开.—ISBN 7-306-00258-9：1.40元

秦始皇帝陵/武伯纶，张文立著.—上海：上海人民出版社，1990.3.—107页；32开.—ISBN 7-208-00601-6：2.75元

秦始皇陵兵马俑研究/袁仲一著.—北京：文物出版社，1990.12.—385页：图版；16开.—385页：图版；16开.—ISBN 7-5010-0432-3（精装）：28.00元

秦始皇陵兵马俑研究/袁仲一著.—北京：文物出版社，1990.12.—ISBN 7-5010-0431-3：18.00元

秦俑纵横谈/张占民著.—西安：西北大学出版社，1990.3.—208页；32开.—ISBN 7-5604-0175-9：2.80元

本书对秦始皇兵马俑对中国古代军事史，美术史、兵器史、科技史方面的学术价值作了阐述。

秦俑研究文集/袁仲一，张占民主编.—西安：陕西人民美术出版社，1990.6.—686页；大32开.—ISBN 7-5368-0038-X：11.00元

潞王与潞王墓/杜彤华著.—郑州：中州古籍出版社，1990.9.—62页；32开.—ISBN 7-5348-0438-8：1.30元

K879　美术考古

大足石窟艺术/黎方银著.—重庆：重庆出版社，1990.11.—296页；32开.—ISBN 7-5366-1343-1：

5.40元

云冈石窟/昝凯编著.一太原：山西人民出版社，1990.8.—87页；16开.—ISBN 7-203-00819-3：10.00元

中国佛教与安岳石刻艺术/江毅著.一北京：中国旅游出版社，1989.8.—103页；32开.—ISBN 7-5032-0229-7：1.35元

本书包括石刻论列篇和艺术杂俎篇两部分。

中国岩画艺术图式/宁克平编著；包青林绘图.一长沙：湖南美术出版社，1990.11.—169页；16开.—ISBN 7-5356-0400-5：9.00元

中岳汉三阙/河南省博物馆等主编；吕品编著.一北京：文物出版社，1990.8.—174页；16开.—ISBN 7-5010-0405-6：15.00元

阙是我国古代设置在城门、宫殿、祠庙、陵墓前的建筑物。本书以阙为单位，每阙分沿革、结构、画像、铭文四部分。

孔望山造像研究　第一集：全国首届孔望山造像学术研讨会文集/王其泰，李洪甫主编.一北京：海洋出版社，1990.7.—229页；大32开.—ISBN 7-5023-1365-4：4.50元

石窟艺术/天水麦积山石窟艺术研究所编.一西安：陕西人民出版社，1990.11.—130页；16开.—ISBN 7-224-01255-6：5.85元

吐鲁番柏孜克里克石窟壁画艺术/吐鲁番地区文物保管所编.一乌鲁木齐：新疆人民出版社，1990.5.100页；16开.—ISBN 7-228-01346-8：32.00元

安平东汉壁画墓/河北省文物研究所编.一北京：文物出版社，1990.12.—1册；8开.—ISBN 7-5010-0203-7：65.00元

龟兹石窟/朱英荣，韩翔著.一乌鲁木齐：新疆大学出版社，1990.10.—495页；大32开.—（龟兹文化研究丛书；1）.—ISBN 7-5631-0090-3（精装）：35.00元

南阳汉代画像砖/南阳文物研究所编.一北京：文物出版社，1990.5.—172页；8开.—ISBN 7-5010-0319-X（精装）：50.00元

南阳两汉画像石/王建中，闪修山著.一北京：文物出版社，1990.6.—1册；16开.—ISBN 7-5010-0371-8：16.00元

海州石刻：将军崖岩画与孔望山摩崖造像/李洪甫，武可荣著；连云港市博物馆编.一北京：文物出版社，1990.9.—48页：图版；大32开.—ISBN 7-5010-0230-4：6.00元

敦煌艺术丛书/敦煌研究院编.一兰州：甘肃人民美术出版社，〔1990〕.—16册；24开.—40.00元

敦煌石窟研究国际讨论会文集：石窟艺术编：1987/段文杰主编.一沈阳：辽宁美术出版社，1990.10.377页；大32开.—ISBN 7-5314-0241-6（精装）：21.00元

敦煌石窟研究国际讨论会文集：石窟考古编：1987/段文杰主编.一沈阳：辽宁美术出版社，1990.10.569页；大32开.—ISBN 7-5314-0242-4（精装）：24.00元

敦煌石窟鉴赏丛书　（一）/敦煌研究院编.一兰州：甘肃人民美术出版社，1990.12.—10册；20开.100.00元

敦煌画像砖/殷光明编著.一北京：人民美术出版社，1990.12.—35页：图；16开.—ISBN 7-102-00850-3：4.20元

敦煌装饰画/田虎编绘.一北京：北京工艺美术出版社，1990.8.—98页；24开.—ISBN 7-80526-035-4：3.00元

K883/887　各国文物考古

美索不达米亚考古：从旧石器时代至波斯征服/（英）劳埃德（Lioyd，S.）著；杨建华译.一北京：文物出版社，1990.10.—257页；大32开.—（外国考古学译丛）.—ISBN 7-5010-0384-X：6.50元

书名原文：The Archaedogy of Mesopotamia

朝鲜旧石器文化研究/冯宝胜编译.一北京：文津出版社，1990.10.—159页；大32开.—ISBN 7-80554-055-1：2.90元

K89　风俗习惯

世界民俗学/（美）邓迪斯（Dundes，A.）编；陈建宪，彭海斌译.一上海：上海文艺出版社，1990.7.—674页；大32开.—（世界民间文化译丛）.—ISBN 7-5321-0520-2：9.30元

民俗学与中外民俗/彭兆春编著.一广州：广东高等教育出版社，1990.4.—256页；32开.—管理系列教材.—ISBN 7-5361-0477-4：3.80元

K891　世界风俗习惯

中外节日掌故/汪金友编著.一北京：中国社会出版社，1990.12.—327页；32开.—（中国县镇丛书）.ISBN 7-80088-083-4：4.50元

中外禁忌与礼俗/焦宏昌主编.一北京：中国人民大学出版社，1990.4.—241页；大32开.—ISBN 7-300-00778-3：2.70元

中西礼仪拾萃/彭世轩编著.一广州：广东人民出版

社，1990.8.—160页；32开.—ISBN 7-218-00492-X：1.90元

古今中外万事通民俗辞典/李鹤等编译.—海口：三环出版社，1990.8.—302页：彩图；32开.—ISBN 7-80564-223-0：6.40元

世界习俗面面观/杨淑华等编著.—北京：中国国际广播出版社，1990.12.—229页；32开.—（奇妙世界丛书/晓蓓，晓理主编）.—ISBN 7-80035-626-4：3.00元

世界风俗概览/赵锦元主编.—南宁：广西人民出版社，1990.10.—382页；32开.—ISBN 7-219-01682-4：4.20元

世界风俗辞典/张宪周主编.—南昌：江西教育出版社，1990.6.—611页；大32开.—ISBN 7-5392-0805-5（精装）：9.50元

世界节日大观/过世杰，戴学仁编.—上海：上海文艺出版社，1990.7.—278页；32开.—（娱乐世界丛书）.—ISBN 7-5321-0552-0：2.75元

世界节日纪念日辞典/唐进修，孟宪谟主编.—北京：中国对外翻译出版公司，1990.6.—371页；大32开.—ISBN 7-5001-0077-9：7.70元

本书共收条目2000余条，分国际性节日及各国节日两大类。

外国人请客趣谈/刘洪潮等著.—北京：长征出版社，1990.5.—172页；32开.—ISBN 7-80015-119-0：2.80元

色彩斑斓的外国节日/郭泽民，许高瑜编著.—成都：四川人民出版社，1990.8.—210页；32开.—ISBN 7-220-00953-4：2.65元

异国风情/郭鸿主编.—南宁：广西民族出版社，1990.2.—265页；32开.—（中外文摘精选；一）.ISBN 7-5363-0744-6：3.30元

忌讳趣谈/过世杰编著.—武汉：湖北少年儿童出版社，1990.12.—216页；32开.—（小博士丛书）.ISBN 7-5353-0779-5：2.15元

说吻：物事记趣/张演生著.—广州：广东旅游出版社，1990.12.—209页；32开.—ISBN 7-80521-165-5：2.80元

涉外礼俗知识必读/刘玉学，刘振强编著.—北京：中国旅游出版社，1990.10.—333页；32开.—（旅游文化生活丛书）.—ISBN 7-5032-0287-4：5.80元

海外交往习俗/宋绍光著.—北京：海洋出版社，1990.5.—220页；32开.—ISBN 7-5027-0984-3：2.80元

365天：中外节日纪念日大全/贺锡翔编著.—北京：中国卓越出版公司，1990.2.—494页；32开.ISBN 7-80071-152-3：5.95元

K892　中国风俗习惯

中华全国风俗志/胡朴安编.—影印本.—郑州：中州古籍出版社，1990.5.—1册；32开.—ISBN 7-5348-0305-4（精装）：21.50元

中国风俗辞典/叶大兵，乌丙安主编.—上海：上海辞书出版社，1990.1.—911页：彩照；16开.—ISBN 7-5326-0095-5（精装）：36.00元

本辞典共收词目12157条，分为总类、岁时、节日、婚姻、生育、寿诞、交际、礼仪、服饰、饮食、居住、宗族、娱乐、禁忌等19类。

中国的节日·饮食·服饰/殷秀民编.—太原：山西教育出版社，1990.6.—105页；32开.—（可爱的中国丛书；第2辑）.—ISBN 7-80578-169-9：1.40元

民俗与民间美术/陈瑞林编.—长沙：湖南美术出版社，1990.10.—289页；32开.—ISBN 7-5356-0331-9：4.50元

现代民俗流变/仲富兰著.—上海：三联书店上海分店，1990.9.—239页；大32开.—（中华本土文化丛书）.—ISBN 7-5426-0299-3：7.50元

K892.1　节日、节令

中华之节·中华之食/过世杰主编.—北京：光明日报出版社，1990.8.—179页；32开.—（思想教育知识读物丛书）.—ISBN 7-80014-930-7：2.00元

中华民族传统节日辞典/唐祈等编著.—成都：四川辞书出版社，1990.9.—323页；32开.—ISBN 7-80543-069-1：3.90元

中国节庆及其起源/陈久金，卢莲蓉著.—2版.上海：上海科技教育出版社，1990.7.—200页；大32开.—ISBN 7-5428-0167-8：2.85元

本书1989年5月第1版。

中国民间节日文化辞典/莫福山主编.—北京：职工教育出版社，1990.5.—426页：彩照；32开.—ISBN 7-80059-351-7（精装）：10.30元

节气节日小常识/李兴春等编写.—北京：农村读物出版社，1990.10.—134页；32开.—（实惠小丛书）.—ISBN 7-5048-1424-5：2.20元

农历年节趣谈/李昕，马慧编著.—北京：农村读物出版社，1990.4.—147页；32开.—ISBN 7-5048-1260-9：2.60元

K892.2　各种习俗专志

马背上歌来的新娘：庚午（马）年话马俗/柳陆，喜山编著.—沈阳：辽宁大学出版社，1990.6.—167页；32开.—（中国民俗百科丛书/乌丙安主编）.ISBN 7-5610-0994-1：1.90元

中国少数民族服饰文化/尼跃红著.—沈阳：辽宁美

术出版社，1990.10.—182页；大32开.—ISBN 7-5314-0728-0：5.90元

中国少数民族婚趣/奇泽华等编著.—西宁：青海人民出版社，1990.5.—342页；大32开.—ISBN 7-225-00343-7：4.30元

中国古代婚姻/张涛著.—济南：山东教育出版社，1990.12.—138页；32开.—（中国文化史知识丛书/王绍曾，罗青主编）.—ISBN 7-5328-1060-7：1.32元

中国民间禁忌/任骋编著.—北京：作家出版社，1990.12.—631页；大32开.—ISBN 7-5063-0375-2：8.60元

中国吉祥图说/王庆丰等编著.—沈阳：辽宁大学出版社，1990.5.—331页：图；大32开.—ISBN 7-5610-0905-4：5.50元

本书对中国吉祥图饰表现方法作了详实的解说。

中国吉祥物/乔继堂著.—天津：天津人民出版社，1990.6.—311页：图；32开.—ISBN 7-201-00567-7：4.20元

中国鱼文化/陶思炎著.—北京：中国华侨出版公司，1990.5.—208页；32开.—（中华本土文化丛书）.—ISBN 7-80074-190—7：4.00元

本书是一本论述中国鱼文化的民俗学新著。

中国酒令300种/麻国钧，麻淑云著.—北京：农村读物出版社，1990.6.—254页；32开.—ISBN 7-5048-1290-0：3.80元

中国婚俗文化/杨正文，马成俊著.—沈阳：辽宁大学出版社，1990.6.—294页；32开.—（中国民俗百科丛书/乌丙安主编）.—ISBN 7-5610-0957-7：3.20元

中国婚姻史稿/陈鹏著.—北京：中华书局，1990.8.—788页；大32开.—ISBN 7-101-00572-1（精装）：16.30元

中国婚姻发展史/朗太岩，张一兵编著.—哈尔滨：黑龙江教育出版社，1990.5.—342页；大32开.—ISBN 7-5316-1122-8：3.95元

中国彝族服饰/中国彝族服饰画册编写组编.—北京：北京工艺美术出版社，1990.6.—190页；8开.ISBN 7-80526-032-X（精装）：125.00元

龙/华惠伦等编.—上海：上海科学技术出版社，1990.2.—100页；32开.—（十二生肖丛书）.—ISBN 7-5323-1710-2：1.45元

生死·饮食·男女：清代民俗趣谈/凌力著.—北京：中国人民大学出版社，1990.9.—187页；32开.（清史知识丛书/罗明主编）.—ISBN 7-300-00917-4：2.90元

生肖珍闻语词大观/穆子敏，方舟主编.—北京：蓝天出版社，1990.12.—413页；32开.—ISBN 7-80081-151-4：6.00元

本书把从古至今的有关十二生肖知识、语言、典故、传说进行了广泛的收集整理，按十二生肖常排列顺序分为12章每章又分为名句语词、成语、谚语、歇后语等8部分。

共夫制与共妻制/宋兆麟著.—上海：三联书店上海分店，1990.7.—229：照片；大32开.—（中华本土文化丛书）.—ISBN 7-5426-0222-5：7.20元

本书调查了以俄亚纳西族为主的西南少数民族的婚姻习俗，对其共妻共夫制这一复杂的文化现象作出了详尽的分析。

昭陵唐人服饰/介眉编著.—西安：三秦出版社，1990.6.—160页；16开.—ISBN 7-80546-292-5：8.50元

怎样操办红白喜事/杨业荣，陈富槐编著.—南宁：广西人民出版社，1990.12.—132页；32开.—ISBN 7-219-01747-2：1.95元

蛇/华惠伦，吴焱煌编.—上海：上海科学技术出版社，1990.3.—99页；32开.—（十二生肖丛书）.ISBN 5-5323-1933-4：1.50元

婚俗文化：中国婚俗的轨迹/鲍宗豪著.—上海：上海人民出版社，1990.7.—237页；大32开.—ISBN 7-208-00786-1：3.95元

馈赠礼俗/许平著.—北京：中国华侨出版公司，1990.12.—440页；32开.—（中华本土文化丛书）.ISBN 7-80074-240-7：6.80元

舞会礼仪与服饰/周蕴琴编著.—武汉：长江文艺出版社，1990.6.—174页；32开.—ISBN 7-5354-0330-1：2.40元

K892.3　民族风俗习惯总志

云南少数民族生产习俗志/杨知勇等编.—昆明：云南民族出版社，1990.12.—414页；32开.—ISBN 7-5367-0390-2：6.45元

本书介绍了云南23个少数民族的生产习俗。

少数民族习惯法/范宏贵著.—长春：吉林教育出版社，1990.8.—232页；32开.—（中国少数民族文库）.—ISBN 7-5383-1086-X（精装）：3.80元

少数民族生活方式/杨国才，龚友德编著.—兰州：甘肃科学技术出版社，1990.9.—226页；大32开.（生活方式丛书）.—ISBN 7-5424-0246-3：3.75元

中国苗族风情/潘光华编.—贵阳：贵州民族出版社，1990.12.—418页；大32开.—ISBN 7-5412-149-9：6.20元

中国苗族民俗/杨昌才主编；黔东南州民族研究所编.—贵阳：贵州人民出版社，1990.12.—580页；32开.—ISBN 7-221-02097-3：7.50元

生活中的禁忌/周绍麟等主编.—桂林：广西师范大学出版社，1990.5.—244页；32开.—ISBN 7-5633-0778-8：3.00元

汉族四时八节风俗/胡敏编著.—南宁：广西教育出

版社：1990.6.—193页；32开.—（汉族民间风俗丛书）.—ISBN 7-5435-0928-8：3.10元

汉族生养益寿风俗/陈顺宣编著.—南宁：广西教育出版社，1990.6.—191页；彩图；32开.—（汉族民间风俗丛书）.—ISBN 7-5435-0927-X：3.05元

汉族民间经济风俗/徐杰舜编著.—南宁：广西教育出版社，1990.6.—198页；32开.—（汉族民间风俗丛书）.—ISBN 7-5435-0936-9：3.10元

汉族红白喜事风俗/徐桂兰编著.—南宁：广西教育出版社，1990.6.—249页；32开.—（汉族民间风俗丛书）.—ISBN 7-5435-0929-6：3.60元

民族心态与居室文化/黎小龙著.—南宁：广西人民出版社，1990.12.—256页；大32开.—（中国少数民族文化专题研究丛书）.—ISBN 7-219-01756-1：4.40元

清代满族风情/韩耀旗，林乾著.—长春：吉林文史出版社，1990.10.—287页；大32开.—ISBN 7-80528-264-6：4.50元

蒙古族风俗志（上）/王迅，苏赫巴鲁编著.—北京：中央民族学院出版社，1990.3.—170页；32开.（民俗文库；10）.—ISBN 7-81001-192-8：2.40元

K892.4　各地方风俗习惯总志

大瑶山风情/胡德才，苏胜兴编.—南宁：广西民族出版社，1990.2.—393页；32开.—ISBN 7-5363-0732-2：4.50元

元阳民俗/元阳县民族事务委员会编.—昆明：云南民族出版社，1990.9.—285页；大32开.—ISBN 7-5367-0315-4：4.50元

巴山民俗/孟学范编著.—西安：西北大学出版社，1990.4.—139页；32开.—ISBN 7-5604-0149-X：1.70元

水摆夷风土记/姚荷生著.—上海：上海文艺出版社，1990.2.—282页；32开.—（民俗、民间文学影印资料；45）.—ISBN 7-5321-0475-3：5.25元

龙岩风情录/李中坚，郑元福主编.—北京：中国华侨出版公司，1990.11.—276页；32开.—ISBN 7-80074-350-0：3.80元

北京四合院/邓云乡著.—北京：人民日报出版社，1990.3.—182页；32开.—（万象丛书）.—ISBN 7-80002-209-9：2.70元

北京民间儿童娱乐/王文宝搜集编写.—北京：北京燕山出版社，1990.1.—166页；32开.—ISBN 7-5402-0155-X：3.30元

本书包括哄耍类、玩具类、养玩类、制作类、嬉戏类、锻炼类以及集体类等儿童娱乐。

老北京的风俗/常人春著.—北京：北京燕山出版社，1990.4.—356页；32开.—ISBN 7-5402-0192-4：4.85元

西北风情大观/刘枫，钱中立主编.—西安：陕西人民出版社，1990.3.—455页；大32开.—ISBN 7-224-01079-0：7.45元

峡谷风情录/赵鉴新等编著.—北京：民族出版社，1990.11.—131页；32开.—ISBN 7-105-01166-1：2.20元

奕车风情/毛佑全，傅光宇著.—昆明：云南民族出版社，1990.12.—189页；36开.—ISBN 7-5367-0387-2：2.60元

桂林风情/苏韶芬，王晓树著.—南宁：广西人民出版社，1990.9.—157页；36开.—（桂林揽胜丛书/刘英主编）.—ISBN 7-219-01666-2：1.75元

福建民俗研究/（日）铃木满男主编.—杭州：浙江人民出版社，1990.12.—189页；大32开.—（越系文化新探丛书/王勇主编）.—ISBN 7-213-00580-4：2.90元

K892.9　古代礼制

大唐开元礼/（唐）萧嵩撰.—影印本.—扬州：江苏广陵古籍刻印社，1990.7.—20册（2函）；20开.—（线装）：270.00元

本书据清光绪刊本影印。

中华传统礼仪礼文：新旧文体古今对照/郑久平等编著.—海口：三环出版社，1990.6.—282页；彩图；32开.—（三环出版社民俗系列丛书）.—ISBN 7-80564-156-0：3.60元

本书内容包括：婚姻礼仪、网祭礼仪、交际礼仪、婚嫁礼文、贺寿礼文、丧祭礼文、交际礼文、商业应酬礼文等。

风俗通义/（东汉）应劭撰.—影印本.—上海：上海古籍出版社，1990.10.—1册；大32开.—（诸子百家丛书）.—ISBN 7-5325-0822-6：2.25元

本书与"独断/（东汉）蔡邕撰·人物志/（三国）刘劭撰；刘昞注"两书合订。

仪礼注疏：附校勘记/（汉）郑玄注；（唐）贾公彦疏；黄侃经文句读.—影印本.—上海：上海古籍出版社，1990.12.—610页；大32开.—（十三经注疏；五）.—ISBN 7-5325-0952-4：8.85元

礼记正义：附校勘记/（汉）郑玄注；（唐）孔颖达等正义；黄侃经文句读.—影印本.—上海：上海古籍出版社，1990.12.—2册（1036页）；大32开.—（十三经注疏；六）.—ISBN 7-5325-0953-2：15.10元

礼记选译/（西汉）戴圣撰集；朱正义，林开甲译注.—成都：巴蜀书社，1990.—281页；32开.（古代文史名著选译丛书：先秦两汉/章培恒等主编）.国家教委古籍整理"七·五"规划重点项目.—ISBN 7-80523-357-8

K892.98　专类礼制

中华之礼·中华之艺/过世杰主编.—北京：光明日报出版社，1990.10.—178页；32开.—（思想教育知

识读物丛书).—ISBN 7-80091-006-7：2.00元

礼的精神：礼乐文化与中国政治/柳肃著.—长春：吉林教育出版社，1990.8.—259页；大32开.—(中国政治文化丛书).—ISBN 7-5383-1078-9：4.15元

民间礼仪应酬指南/赵松茂等编著.—北京：华夏出版社,1990.11.—190页；32开.—ISBN 7-80053-834-6：3.50元

实用礼仪手册/江朝栋，吴福春编著.—南昌：百花洲文艺出版社，1990.3.—226页；32开.—ISBN 7-80579-015-9：2.20元

称谓录/(清)梁章鉅撰；李延沛等整理.—哈尔滨：黑龙江人民出版社，1990.12.—747页；32开.—ISBN 7-207-01386-8(精装)：14.15元

婚礼司仪词选萃/孙士民等著.—哈尔滨：黑龙江人民出版社，1990.8.—66页；32开.—ISBN 7-207-01672-7：1.50元

K9　地　理

青少年地理考察与旅游手册/曾浩然主编.—北京：科学普及出版社，1990.9.—379页；32开.—ISBN 7-110-01331-6：5.20元

K90　地理学

人文地理学词典/宋家泰，金其铭主编.—武汉：湖北教育出版社，1990.5.—571页；32开.—ISBN 7-5351-0434-7(精装)：11.30元

人文地理学词典/张文奎主编.—西安：陕西人民出版社，1990.2.—530页；32开.—ISBN 7-224-00384-0(精装)：8.75元

乡村地理学/金其铭等编著.—南京：江苏教育出版社，1990.5.—353页；大32开.—(人文地理学丛书/吴传钧主编).—ISBN 7-5343-1021-0：4.10元

中德地理学发展与地理教育/许学强，(德)多姆勒斯(Domroes，M.)主编.—广州：中山大学出版社，1990.8.—279页；16开.—ISBN 7-306-00339-9：8.00元

地理学与生态学/(苏)格拉西莫夫(Gerasimov.I.P.)著；李世玢,黎勇奇译.—北京:高等教育出版社，1990.7.—154页；32开.—ISBN 7-04-002404-7：1.45元

书名原文：Geography and Ecology

地理学名词：1988：海外版/地理学名词审定委员会编.—北京：科学出版社，1990.8.—85页；16开.ISBN 7-03-002144-4

地理学思想史/刘盛佳编著.—武汉：华中师范大学出版社,1990.11.—517页；大32开.—ISBN 7-5622-0597-3：5.60元

现代地理学辞典/左大康主编.—北京：商务印书馆，1990.7.—863页；大32开.—ISBN 7-100-00851-4(精装)：15.00元

理论地理学进展/《青年地理学家》编委会编；王铮主编.—济南：山东省地图出版社，1990.7.—218页；32开.—ISBN 7-80532-032-2：2.50元

K91　世界地理

世界历史地名辞典/孙文范编著.—长春：吉林文史出版社，1990.6.—598页；16开.—ISBN 7-80528-262-X(精装)：25.00元

环球地名趣谈/万方祥，李希平著.—北京：测绘出版社，1990.6.—665页；32开.—ISBN 7-5030-0272-7：8.60元

俄汉世界地名译名手册/知识出版社编.—北京：知识出版社，1990.9.—1140页；32开.—ISBN 7-5015-0195-5(精装)：21.00元

K917　名胜古迹

世界公园漫步/王毅编.—上海：同济大学出版社，1990.4.—363页；32开.—ISBN 7-5608-0504-3：5.20元

K919　旅行、游记

世界旅游珍奇录/马世元编著.—北京：旅游教育出版社，1990.1.—280页；32开.—ISBN 7-5637-0112-5：3.50元

环球航海游记/(俄)冈察洛夫(Гончаров.И.А.)著;黄倬汉译.—北京：海洋出版社，1990.12.814页；大32开.—ISBN 7-5027-0848-0：14.70元

K92　中国地理

中华人民共和国地名词典：台湾省/朱天顺主编；《台湾省》编纂委员会编.—北京：商务印书馆，1990.5.—499页；彩照；大32开.—ISBN 7-100-00624-4(精装)：11.20元

中华人民共和国地名词典：湖北省/梁希杰主编；《湖北省》编辑部编.—北京：商务印书馆，1990.5.—627页；彩照；大32开.—ISBN 7-100-00463-2(精装)：13.00元

中国人文地理概论/金其铭等编著.—西安：陕西人民教育出版社,1990.1.—505页；大32开.—ISBN 7-5419-1383-9：7.45元

中国古代地理学史略/于希贤编.—石家庄：河北科学技术出版社，1990.4.—219页；大32开.—(古代科学史略丛书).—ISBN 7-5375-0305-2：4.20元

中国地名词典/云南省社会科学院民族学研究所等编.—上海：上海辞书出版社，1990.4.—975；33页；

16开.—ISBN 7-5326-0084-X（精装）：40.00元

本词典共收录我国地名21240条。

我国古代对中亚的地理考察和认识/钮仲勋著.—北京：测绘出版社，1990.2.—116页；32开.—ISBN 7-5030-0366-9：4.20元

K921/927　区域地理、地理志

中国首都地理位置考/郭俛伟，胡淑珍著.—延吉：延边大学出版社，1990.7.—95页；32开.—ISBN 5634-0226-8：2.00元

北京地名漫谈/北京市地名办公室，北京史地民俗学会编.—北京：北京出版社，1990.8.—187页；32开.—ISBN 7-200-01224-6：2.55元

*　　*　　*

大同美/徐世信编著.—北京：中国卓越出版公司，1990.7.—316页：彩照；大32开.—ISBN 7-80071-261-3：7.00元

山西历史地名通检/刘纬毅编著.—太原：山西教育出版社，1990.2.—280页；大32开.—（三晋文化研究丛书/赵雨亭主编）.—ISBN 7-80578-298-9：4.20元

天津手册/《天津手册》编写组编.—天津：天津人民出版社；北京：海潮出版社，1990.6.—112页；32开.—ISBN 7-201-00599-5：4.10元

太原市便民办事指南/杨季春主编.—北京：中国城市经济社会出版社，1990.12.—418页；大32开.（中国城市生活系列丛书）.—ISBN 7-5074-0516-8：5.85元

今日呼和浩特/《今日中国历史文化名城丛书》编委会编.—上海：三联书店上海分店，1990.2.—156页：彩照；16开.—（今日中国历史文化名城丛书/应天士，林耀琛主编）.—ISBN 7-5426-0303-5：23.00元

石家庄地区地名录/石家庄地区行政公署地名办公室编.—石家庄：河北科学技术出版社，1990.12.271页；16开.—（河北省地名录全集；五）.—ISBN 7-5375-0615-9：9.50元

可爱的唐山/郑祥五，孙国辉主编.—石家庄：河北教育出版社，1990.9.—163页；32开.—ISBN 7-5434-0845-7：1.65元

迁西县地名志/迁西县地名委员会办公室编.—北京：新华出版社，1990.11.—669页；大32开.—ISBN 7-5011-0829-3：20.00元

邯郸市地名志/邯郸市地名办公室编.—石家庄：河北人民出版社，1990.2.—389页；大32开.—ISBN 7-202-00604-9：5.10元

保定市地名录/保定市地名办公室编.—石家庄：河北科学技术出版社，1990.9.—124页；16开.—（河北省地名录全集；六）.—ISBN 7-5375-0641-X：6.50元

唐山市东矿区地名志/唐山市东矿区地名志编写领导小组编.—石家庄：河北科学技术出版社，1990.1.452页；32开.—（河北县级地名志丛书）.—ISBN 7-5375-0461-X：7.35元

富饶美丽的草原——锡林郭勒/夏连仲主编.—呼和浩特：内蒙古人民出版社，1990.6.—144页；大32开.—ISBN 7-204-01006-X：3.70元

*　　*　　*

吉林市山水地名志略/邢国志主编.—北京：气象出版社，1990.7.—467页；32开.—ISBN 7-5029-0381-X（精装）：16.00元

吉林省情概述/王文捷，胡振山主编.—长春：吉林教育出版社，1990.7.—252页；大32开.—ISBN 7-5383-1072-X：3.15元

话说黑龙江/张殿民，李秀兰著.—哈尔滨：黑龙江科学技术出版社，1990.11.—196页；32开.—ISBN 7-5388-1131-1：3.90元

树海金城——嘉荫/沈志成，顾曾编著.—哈尔滨：北方文艺出版社，1990.10.—131页；32开.—ISBN 7-5317-0405-6：2.70元

*　　*　　*

甘肃省地理/孙永清，郑宝喜主编.—兰州：甘肃教育出版社，1990.10.—311页：照片；大32开.—（中国地理丛书）.—ISBN 7-5423-0164-0：4.25元

丝路庭州/池宝嘉著.—乌鲁木齐：新疆人民出版社，1990.11.—144页；36开.—ISBN 7-228-01407-3：3.30元

西北地名/于建文主编.—兰州：甘肃人民出版社，1990.9.—246页；32开.—ISBN 7-226-00686-3：3.30元

陕西省铜川市地理志/陕西师范大学地理系《铜川市地理志》编写组编.—西安：陕西人民出版社，1990.5.—297页；16开.—ISBN 7-224-01286-6：14.00元

陕西省渭南地区地理志/陕西师范大学地理系《渭南地区地理志》编写组编.—西安：陕西人民出版社，1990.1.—387页；16开.—ISBN 7-224-00562-2：9.90元

柴达木盆地/伍光和等编著.—兰州：兰州大学出版社，1990.8.—392页；大32开.—ISBN 7-311-00332-6：7.50元

*　　*　　*

上海市民必备/上海《支部生活》编辑部，《青年一代》编辑部编.—上海：上海人民出版社，1990.7.202页；40开.—ISBN 7-208-00875-2：3.50元

山东省地名录：淄博市/淄博市地名委员会办公室

编.—济南：山东省地图出版社，1990.12.—491页；16开.—ISBN 7-80532-043-8（精装）：32.00元

千古龙飞地：可爱的家乡 沛县/马培封，周 沛生著.—南京：江苏人民出版社，1990.12.—216页；大32开.—ISBN 7-214-00609-X：2.70元

无锡词典/《无锡词典》编委会 编.—上 海：复旦大学出版社，1990.9.—597页；大32开.—ISBN 7-309-00539-6（精装）：29.00元

今日曲阜/《今日曲阜》编委会编；许传俊主编.海口：南海出版公司，1990.8.—236页；大32开.ISBN 7-80570-278-0：3.50元

今日绍兴/王贤芳主编.—上海：三联书店上海分店，1990.3.—185页；彩照；16开.—（今日中国历史文化名城丛书/应天士，林耀琛主编）.—ISBN 7-5426-0259-4：23.00元

今日济南/王见展等编辑.—北京：华艺出版社，1990.—141页；36开.—ISBN 7-80039-255-4：4.00元

今日淮安/《今日淮安》编委会编.—北京：三联书店，1990.8.—149页；彩照；16开.—（今日中国历史文化名城丛书/应天士，林耀琛主编）.—ISBN 7-5426-0286-1：23.00元

可爱的永新/段勇军主编.—南昌：江西人民出版社，1990.12.—110页；32开.—（可爱的家乡丛书；第一辑/张会村，李立功主编）.—ISBN 7-210-00912-4：1.20元

可爱的会昌/沈运煊主编.—南昌：江西人民出版社，1990.9.—92页；32开.—（可爱的家乡丛书；第一辑/张会村，李立功主编）.—ISBN 7-210-00884-5：1.10元

可爱的家乡——大丰/徐一山主编.—南京：南京出版社，1990.8.—137页；32开.—ISBN 7-80560-224-7：1.50元

可爱的家乡——绍兴/浙江省绍兴县教育委员会编.上海：复旦大学出版社，1990.4.—155页；32开.（爱国主义教育读物）.—ISBN 7-309-00507-4：1.20元

可爱的家乡——嘉兴/嘉兴市教育委员会编.—上海：上海文化出版社，1990.8.—151页；32开.—ISBN 7-80511-334-3：1.45元

可爱的家乡——嘉定/嘉定县教育局乡土教材编写组编.—上海：上海科学技术文献出版社，1990.12.73页；32开.—ISBN 7-80513-775-7：1.55元

亚欧大陆桥东桥头堡连云港概览/宋开智主编.—北京：海洋出版社，1990.11.—310页；32开.—ISBN 7-5027-1234-8：3.80元

在海的那一边：话说台湾/吴乐平，郭化夷编著.武汉：湖北少年儿童出版社，1990.8.—164页；32开.—ISBN 7-5353-0721-3：1.65元

舟山概览/周敬中编著.—上海：上海人民出版社，1990.9.—224页；彩照；大32开.—ISBN 7-208-01029-3：8.00元

运河名城临清/高志超主编.—济南：山东友谊书社，1990.9.—296页；32开.—（山东省县域丛书/聊城编）.—ISBN 7-80531-301-5：3.85元

苏州概览/周鸿度主编.—上海：上海人民出版社，1990.12.—315页；大32开.—ISBN 7-208-01115-X：14.00元

青岛市民办事指南/青岛市人民政府办公厅编.—青岛：青岛出版社，1990.11.—255页；32开.—ISBN 7-5436-0543-0：1.50元

青岛概况：汉英对照/青岛市对外文化交流协会，青岛市对外开放办公室编.—3版.—青岛：青岛出版社，1990.4.—24页；40开.—ISBN 7-5436-0436-8：2.50元
本书1988年9月第1版。

松江概览/傅纪新主编.—上海：上海人民出版社，1990.11.—226页；32开.—ISBN 7-208-01064-1：8.20元

南通地理：大专版/朱骥德，顾斌主编.—南京：南京大学出版社，1990.8.—337页；大32开.—ISBN 7-305-00770-6：4.55元

临沂大全/中共临沂地委宣传部，山东省临沂地区文联编.—济南：山东人民出版社，1990.3.—657页；大32开.—ISBN 7-209-00646-X（精装）：21.00元

临沂纵横/唐士文等主编.—济南：山东人民出版社，1990.1.—272页；32开.—（沂蒙山区好地方丛书/唐士文等主编）.—ISBN 7-209-00635-4：3.50元

泉州/陈泗东，庄炳章主编.—北京：中国建筑工业出版社，1990.12.—266页；大16开.—（中国历史文化名城丛书）.—ISBN 7-112-01181-7（精装）：175.00元

济南地理/济南市考文学研究室编.—修订版.—济南：济南出版社，1990.4.—123页；32开.—ISBN 7-80572-020-7：1.20元

莆田/福建对外文化交流协会，莆田对外文化交流协会编.—北京：新世界出版社，1990.—64页；24开.—（福建开放城市丛书）.—ISBN 7-80005-123-4：5.00元

绿海明珠——明溪：汉英对照/秦荣镛，李大刚主编.—福州：海峡文艺出版社，1990.12.—87页；16开.—（入闽风光摄影丛书）.—ISBN 7-80534-307-1：15.00元

厦门经济特区办事指南/中共厦门市委政策研究室编.—厦门：鹭江出版社，1990.2.—392页；大32开.ISBN 7-80533-274-6：7.00元

鲁北明珠——德州市/中共德州市委宣传部著；何立升摄影.—济南：山东友谊书社，1990.7.—21页；照

片；24开.—ISBN 7-80551-289-2：5.50元

溪口：汉英对照/王舜祁撰文；李荣宝英译.—北京：华艺出版社，1990.10.—45页；36开.—ISBN 7-80039-257-0：5.00元

*　　*　　*

广东省台山县地情通览/黄剑云编著.—广州：暨南大学出版社，1990.10.—311页；32开.—ISBN 7-81029-045-2：6.50元

广州地名古今谈　第一辑/广州市地名学研究会，广州市地名委员会办公室编.—广州：中山大学出版社，1990.10.—190页；32开.—（广州地名丛书）.ISBN 7-306-00357-7：4.30元

广州城市便览/郑海明主编.—广州：广东省地图出版社，1990.12.—119页：折图；32开.—3.00元

天涯海南岛/符祥瑞等编著.—上海：上海教育出版社，1990.12.—238页；32开.—（江山多娇丛书）.ISBN 7-5320-1892-X：2.20元

古都新城——鄂州/叶贤恩主编.—武汉：中国地质大学出版社，1990.11.—206页；32开.—ISBN 7-5625-0463-6：6.90元

可爱的百色/百色地区教育局编.—南宁：广西人民出版社，1990.4.—189页；32开.—（乡土读物丛书）.—ISBN 7-219-01508-9：1.60元

可爱的武鸣/覃万平主编.—南宁：广西人民出版社，1990.8.—128页；32开.—（乡土读物丛书）.ISBN 7-219-01641-7：1.60元

可爱的侨乡容县/《可爱的侨乡容县》编写委员会编著.—桂林：广西师范大学出版社，1990.11.—150页；32开.—（可爱的家乡丛书）.—ISBN 7-5633-0936-5：2.00元

名城广州常识/广州历史文化名城研究会，广州古都学会秘书处编.—广州：中山大学出版社，1990.11.—210页；大32开.—ISBN 7-306-00347-X：2.90元

佛山便览/佛山市国土局测绘地名办公室，南方日报社驻佛山办事处编.—广州：广东省地图出版社，1990.12.—62页；大48开.—2.50元

武汉地名志/武汉市地名委员会编.—武汉：武汉出版社，1990.12.—803页；16开.—ISBN 7-5430-0334-1（精装）：52.00元

洛阳/黎承贤等主编.—北京：中国建筑工业出版社，1990.4.—245页；10开.—（中国历史文化名城丛书）.—ISBN 7-112-01053-5（精装）：163.00元

湘潭市/彭铁干主编.—北京：光明日报出版社，1990.6.—102页：彩照；12开.—（中国城市百科丛书/殷毅总编）.—ISBN 7-80014-684-7（精装）：16.50元

港澳概览/刘泽生编著.—广州：广东人民出版社，1990.2.—352页；32开.—ISBN 7-218-00402-4（精装）：4.20元

*　　*　　*

万县地区历代县级以上政区地名今释/邓显皇编著.成都：成都地图出版社，1990.3.—100页；32开.ISBN 7-80544-094-8：1.30元

个旧市/武万兴主编.—北京：光明日报出版社，1990.11.—135页：彩照；16开.—（中国城市百科丛书/殷毅总编）.—ISBN 7-80014-988-9（精装）：22.00元

云南风采/赵廷光主编.—北京：人民日报出版社，1990.4.—433页：彩照；大32开.—（全国各省市自治区概况丛书）.—ISBN 7-80002-273-0：4.80元

云南省地理/云南省地理研究所主编.—昆明：云南教育出版社，1990.12.—196页；大32开.—（中国地理丛书）.—ISBN 7-5415-0375-4：3.00元

今日自贡/《今日自贡》编委会编.—北京：中国国际广播出版社，1990.12.—288页；32开.—ISBN 7-80035-776-7：4.50元

今日重庆/萧秧主编.—上海：三联书店上海分店，1990.4.—205页：彩照；16开.—（今日中国历史文化名城丛书/应天士，林耀琛主编）.—ISBN 7-5426-0329-9：23.00元

成都市民办事指南/黄寅逵等编著.—成都：四川人民出版社，1990.5.—245页；32开.—ISBN 7-220-00941-0（精装）：3.35元

贵州省地理/贵州师范大学地理系编.—贵阳：贵州人民出版社，1990.12.—282页；大32开.—（中国地理丛书）.—ISBN 7-221-02094-9：6.50元

重庆市地名词典/《重庆市地名词典》编辑委员会编.—重庆：科学技术文献出版社重庆分社，1990.1.422页；大32开.—ISBN 7-5023-1084-3（精装）：11.50元

K928　专类地理

万里海疆/刘佩军编著.—北京：海洋出版社，1990.8.—202页：照片；32开.—ISBN 7-5027-0855-3：2.80元

K928.2　政治区划

中华人民共和国行政区划简册：1990年版/中华人民共和国民政部编.—北京：中国地图出版社，1990.3.—152页；32开.—ISBN 7-5031-0528-3：1.50元

陕西省行政区划简册：1990/陕西省民政厅编.—西安：西安地图出版社，1990.6.—156页；32开.—ISBN 7-80545-069-2：3.00元

清代政区沿革综表/牛平汉主编.—北京：中国地图

出版社，1990.6.—593页；16开.—ISBN 7-5031-0530-5：25.00元

本书详录了清代268年（1644～1911）的省、府、州厅、县以及道、卫所、土司等行政机构的建置，裁并、徙治、异名、归属等情况，以省级政区为单位、加上帝国主义在中国的权利，共分28章。

K928.3/.4 山、水

广雁荡山志/（清）曾唯辑；胡永在点校.—杭州：浙江摄影出版社，1990.11.—588页；大32开.—ISBN 7-80536-043-X：10.50元

天子山奇观/姚子珩主编.—北京：中国旅游出版社，1990.5.—85页；32开.—ISBN 7-5032-0256-4：1.60元

中国名湖志典/刘华训著.—北京：中国旅游出版社，1990.12.—220页；32开.—（中国名胜志典丛书；1）.—ISBN 7-5032-0285-8：4.50元

北京的山水/王永昌，王冰编著.—北京：中国城市经济社会出版社，1990.8.—194页；32开.—（北京旅游文化丛书/李佐贤主编）.—ISBN 7-5074-0448-X：2.80元

四大佛教名山志/江苏广陵古籍刻印社辑.—影印本.—扬州：江苏广陵古籍刻印社，1990.4.—10册（1函）；20开.—（线装）：195.00元

本书包括清凉山志、峨眉山志、普陀洛迦新志、九华山志四部分。据民国弘化社刊本影印。

名山天台/周荣初编写.—杭州：浙江摄影出版社，1990.9.—145页；32开.—ISBN 7-80536-080-4：1.90元

名川集锦/陈上奎，李志华编著.—上海：上海教育出版社，1990.9.—232页；照片；32开.—ISBN 7-5320-1910-1：1.85元

卦山/解光启编.—太原：山西人民出版社，1990.8.—67页；32开.—ISBN 7-203-01694-3：2.00元

话说长江/中央电视台编.—北京：中国青年出版社，1990.8.—394页；彩照；32开.—（青年文库：新编本；19）.—ISBN 7-5006-0734-2

话说运河/中央电视台编.—北京：中国青年出版社，1990.8.—210页；彩照；32开.—（青年文库：新编本；21）.—ISBN 7-5006-0734-2

南岳志/（清）李元度撰.—影印本.—北京：中国书店，1990.12.—629页；大32开.—（海王邨古籍丛刊）.—ISBN 7-80568-172-4（精装）：16.00元

哈伦阿尔山/白德林，于振志编著.—呼和浩特：内蒙古少年儿童出版社，1990.5.—107页；彩照；32开.—ISBN 7-5312-0223-9：4.50元

泰山研究论丛　（二）/李正明，张杰主编.—青岛：青岛海洋大学出版社，1990.8.—251页；大32开.—ISBN 7-81026-082-0：3.90元

黄河/中央电视台编.—北京：中国青年出版社，1990.8.—243页；彩照；32开.—（青年文库：新编本；20）.—ISBN 7-5006-0734-2

焦山/程兆群，李守静著.—南京：江苏人民出版社，1990.3.—58页；32开.—（江苏旅游景点文库）.—ISBN 7-214-00398-8：1.00元

普陀洛迦新志/王亨彦辑；苏云，梅重点校.—杭州：浙江摄影出版社，1990.6.—543页；大32开.—ISBN 7-80536-019-7：9.50元

道教圣地武当山：英汉对照/汪傅树摄；关师等撰文；国耀，恒旭英译.—北京：华艺出版社，〔1990〕.—1册；28开.—ISBN 7-80039-245-7：6.50元

新繁东湖：唐代园林/新繁东湖管理所编.—成都：四川人民出版社，1990.3.—141页；32开.—ISBN 7-220-00843-1：1.80元

K928.5 城市、村落

1989年新设市概况/民政部行政区划和地名管理司编.—北京：中国社会出版社，1990.11.—207页；32开.—ISBN 7-80088-079-6：2.90元

本书介绍了1989年18个新设城市的历史、现状和未来的发展等各个方面的情况，并对这些城市的经济门类、旅游资源、风景名胜、文化传统、风俗习惯等作了详尽介绍。

广东名镇　（一）/《中国历史文化名城丛书》编辑部编.—广州：华南理工大学出版社，1990.11.64页；大32开.—ISBN 7-5623-0230-8（精装）：16.00元

广西壮族自治区城镇乡村名手册/广西壮族自治区地名委员会，广西壮族自治区民政厅编.—南宁：广西科学技术出版社，1990.1.—238页；大32开.—ISBN 7-80565-255-4：4.35元

中国沿海港口城市/胡序威，杨冠雄主编.—北京：科学出版社，1990.6.—252页；16开.—ISBN 7-03-001898-2：15.60元

中国城市概览/黄文编著.—广州：广东省地图出版社，1990.12.—504页；32开.—ISBN 7-80552-077-8：5.95元

长城沿线城市/王长升，傅崇兰主编.—北京：东方出版社，1990.8.—260页；大32开.—ISBN 7-5060-0194-2：5.00元

河南城市/《河南城市》编委会编著.—北京：中国城市经济社会出版社，1990.3.—505页；32开.—ISBN 7-5074-0292-4：7.50元

K928.6 历史地理

大唐西域记导读/章巽，芮传明著.—成都：巴蜀书社，1990.1.—270页；大32开.—（中华文化要籍导读

丛书/蔡尚思主编）.—ISBN 7-80523-160-5：3.14元

本书包括玄奘的生平和《大唐西域记》的产生、《大唐西域记》的内容介绍和地理解说、《大唐西域记》选注等内容。

历史地理　第七辑/中国地理学会历史地理专业委员会《历史地理》编辑委员会编.—上海：上海人民出版社，1990.6.—203页；16开.—ISBN 7-208-00359-2：5.60元

历史地理　第八辑/中国地理学会历史地理专业委员会《历史地理》编辑委员会编.—上海：上海人民出版社，1990.7.—283页；16开.—ISBN 7-208-00723-3：7.80元

历史地理　第九辑：庆贺谭其骧先生八十寿辰专辑/中国地理学会历史地理专业委员会《历史地理》编辑委员会编.—上海：上海人民出版社，1990.10.320页；16开.—ISBN 7-208-00902-3：9.15元

历史地理研究　（2）/复旦大学中国历史地理研究所编.—上海：复旦大学出版社，1990.9.—407页；大32开.—ISBN 7-309-00400-0：6.50元

太平寰宇记/（宋）乐史著.—影印本.—扬州：江苏广陵古籍刻印社，1990.9.—46册（5函）；20开.（线装）：576.00元

本书为北宋地理总志。据清嘉庆刊本影印。

水经注/（北魏）郦道元撰；陈桥驿点校.—上海：上海古籍出版社，1990.9.—770页；大32开.—ISBN 7-5325-0122-1（精装）：13.25元

《水经注》山西资料辑释/谢鸿喜辑释.—太原：山西人民出版社，1990.8.—183页；32开.—ISBN 7-203-01669-2：3.00元

水经注选译/（北魏）郦道元著；赵望秦等译注.成都：巴蜀书社，1990.—282页；32开.—（古代文史名著选译丛书：魏晋南北朝/章培恒等主编）.—国家教委古籍整理“七·五”规划重点项目.—ISBN 7-80523-357-8

史记地名索引/嵇超等编.—北京：中华书局，1990.3.—212页；大32开.—ISBN 7-101-00363-X：4.05元

汉书地名索引/陈家麟，王仁康编.—北京：中华书局，1990.4.—260页；大32开.—ISBN 7-101-00361-3：4.85元

李氏五种合刊/（清）李兆洛撰.—影印本.—扬州：江苏广陵古籍刻印社，1990.8.—15册（2函）；20开.—（线装）：195.00元

本书主要考证各地（县、郡等）建置沿革。据清同治刊本影印。

清人文集地理类汇编　第六册/谭其骧主编.—杭州：浙江人民出版社，1990.8.—1068页；大32开.ISBN 7-213-00260-0（精装）：15.50元

清人文集地理类汇编　第七册/谭其骧主编.—杭州：浙江人民出版社，1990.8.—605页；大32开.—ISBN 7-213-00450-6（精装）：11.10元

K928.7　历代名胜古迹

十大名胜/陆谷著.—上海：上海古籍出版社，1990.7.—219页；32开.—（十大系列丛刊）.ISBN 7-5325-0847-1：3.60元

中国文化名人名胜/任宝根，黄成军编著.—成都：西南交通大学出版社，1990.8.—328页；32开.—ISBN 7-81022-173-6：4.60元

中国名胜古迹之谜/吴泓，刘江编著.—北京：中国和平出版社，1990.11.—346页；32开.—ISBN 7-80037-367-3：5.00元

中国名胜图册/中国地图出版社编制.—北京：中国地图出版社，1990.—93页；24开.—ISBN 7-5031-0546-1：4.00元

名山胜水游/曾浩然主编.—北京：中国建筑工业出版社，1990.10.—325页；32开.—ISBN 7-112-01178-7：6.50元

K928.70　各地名胜古迹汇编

北京城——营国之最/朱祖希著.—北京：中国城市经济社会出版社，1990.8.—180页；32开.—（北京旅游文化丛书/李佐贤主编）.—ISBN 7-5074-0447-1：2.60元

承德名优特/甄成维，白育英编著.—北京：海洋出版社，1990.5.—181页，32开.—ISBN 7-5027-1118-X：2.90元

*　*　*

大连海滨——旅顺口风景名胜/杜炜垠主编.—大连：大连理工大学出版社，1990.7.—115页；彩照；32开.—ISBN 7-5611-0294-1：3.65元

千山景观/于利人主编.—沈阳：辽宁人民出版社，1990.4.—181页；大32开.—ISBN 7-205-01356-9：5.00元

长白山古今揽胜/卓昕，柏莽主编.—长春：吉林人民出版社，1990.8.—291页；大32开.—ISBN 7-206-00835-6：6.00元

辽宁胜迹：汉、日、英对照/徐玲主编.—沈阳：辽宁美术出版社，1990.10.—210页；24开.—ISBN 7-5314-0750-7：18.00元

*　*　*

甘肃名胜古迹录/李传永，雷华编著.—兰州：甘肃科学技术出版社，1990.8.—254页；大32开.—（甘肃丛书）.—ISBN 7-5424-0139-4：3.25元

西安揽胜：名胜·古迹·传说：汉德对照/陕西省旅游局编.—北京：新世界出版社，1990.—71页；12

开.—ISBN 7-80005-104-8（精装）：35.00元

西安揽胜：名胜·古迹·传说：汉法对照/陕西省旅游局编.—北京：新世界出版社，1990.—71页；12开.—ISBN 7-80005-088-2：30.00元

韩信与拜将坛/陈心锦，李培英编著.—西安：陕西人民美术出版社，1990.7.—134页；32开.—ISBN 7-5368-0054-1：2.40元

* * *

曲阜：孔子的故乡/山东省曲阜市文物管理委员会编.—北京：文物出版社，1990.12.—172页；16开.ISBN 7-5010-0391-2：45.00元

武夷胜境理学遗迹考/武夷山朱熹研究中心编.—上海：三联书店上海分店，1990.9.—465页：照片；大32开.—（闽学研究丛书/杨青主编）.—ISBN 7-5426-0421-X：7.80元

采石话源/李子龙著.—南京：江苏古籍出版社，1990.6.—186页；36开.—ISBN 7-80519-172-7：3.20元

济宁胜迹概览/丁冲等编.—济南：山东友谊书社，1990.12.—172页；32开.—ISBN 7-80551-242-6，3.80元

徐州胜迹/邓毓昆主编.—上海：上海人民出版社，1990.12.—286页；大32开.—ISBN 7-208-01119-2：4.15元

福建风景名胜　上册/孙宝坤，苏淡光主编.—福州：华艺出版社，1990.3.—236页；32开.—ISBN 7-80039-246-5：3.50元

* * *

七星岩志/刘明安主编.—广州：广东省地图出版社，1990.9.—304页；16开.—ISBN 7-80522-072-7：10.05元

风景游览城市、历史文化名城桂林/李长杰主编.桂林：广西师范大学出版社；香港：亚洲出版社，1990.5.—156页；16开.—ISBN 7-5633-0759-1（精装）：86.00元

名人与桂林/刘英著.—南宁：广西人民出版社，1990.9.—244页：彩照；32开.—（桂林揽胜丛书/刘英主编）.—ISBN 7-219-01665-4：2.80元

本书收集了截至1949年以前去世的60名来过桂林或为桂林籍的有名人物的事迹。

名人与桂林/周其若主编；陈永源等编著.—深圳：海天出版社，1990.9.—200页；32开.—ISBN 7-80542-294-X：3.60元

安阳/林楠撰文；王月昇摄.—北京：华艺出版社，1990.4.—44页；32开.—（中国七大古都；1）.—ISBN 7-80039-036-5：6.00元

灵渠风光/蒋太福，罗廷坤著.—南宁：广西人民出版社，1990.7.—88页；36开.—（桂林揽胜丛书/刘英主编）.—ISBN 7-219-01594-1：1.75元

奇山异洞/刘克嘉等著.—南宁：广西人民出版社，1990.9.—112页；36开.—（桂林揽胜丛书/刘英主编）.—ISBN 7-219-01686-7：2.10元

洛阳名胜与农村特产/唐陆生，李武云主编.—北京：气象出版社，1990.8.—84页；32开.—ISBN 7-5029-0441-7：5.00元

鼓浪屿揽胜/厦门市鼓浪屿区人民政府编.—福州：福建人民出饭社，1990.10.—64页；32开.—ISBN 7-211-00996-9：1.90元

漓江画廊/刘寿保著.—南宁：广西人民出版社，1990.9.—79页；32开.—（桂林揽胜丛书/刘英主编）.—ISBN 7-219-01668-9：1.95元

* * *

川中名胜金华山/田老泉著.—成都：四川人民出版社，1990.1.—98页：照片；32开.—ISBN 7-220-00915-1：1.30元

石宝山/剑川县文化局编.—昆明：云南民族出版社，1990.—217页：彩照；32开.—ISBN 7-5367-0273-6：2.50元

蜀都揽胜：中英文对照/陶懋林撰文；杨大武，陶懋元摄影；李荣宝英译.—北京：华艺出版社，1990.—47页；24开.—ISBN 7-80039-254-6：6.50元

K928.71　古建筑

万里长城古今/张帆编著.—石家庄：河北少年儿童出版社，1990.8.—142页；大32开.—(中国万里长城丛书）.—ISBN 7-5376-0567-X：3.00元

山海关长城/张立辉著.—北京：文物出版社，1990.12.—94页；16开.—ISBN 7-5010-0387-4：9.50元

明代陕西四镇长城/艾冲著.—西安：陕西师范大学出版社，1990.6.—159页；32开.—ISBN 7-5613-0331-9：2.30元

举世闻名的万里长城/罗哲文，大宇编.—西安：未来出版社，1990.10.—69页；32开.—(青少年德育文库）.—ISBN 7-5417-0385-0：1.15元

K928.73　苑囿、园林

一代名园圆明园/何重义，曾昭奋著.—北京：北京出版社，1990.12.—221页；大32开.—ISBN 7-200-01278-5：4.30元

十大名园/刘天华主编.—上海：上海古籍出版社，1990.7.—216页；32开.—（十大系列丛刊）.—ISBN 7-5325-0844-7：3.55元

大观园/顾平旦编.—修订本.—北京：华夏出版

社，1990.6.—495页；大32开.—ISBN 7-80053-631-9：7.80元
本书1981年1月第1版。

中国古典园林史/周维权著.—北京：清华大学出版社，1990.12.—344页；16开.—ISBN 7-302-00712-8：18.00元

北京的园林/林宏编著.—北京：中国城市经济社会出版社，1990.8.—133页；32开.—（北京旅游文化丛书/李佐贤主编）.—ISBN 7-5074-0449-8：2.20元

立体诗画：中国园林艺术鉴赏/阮浩耕著.—南宁：广西人民出版社，1990.8.—149页；28开.—（青年艺术鉴赏丛书/高友德主编）.—ISBN 7-219-01631-X：2.95元

杨州园林品赏录/朱江著.—2版.—上海：上海文化出版社，1990.2.—472页：照片；大32开.—ISBN 7-80511-238-X：9.70元

秋霞圃志/侯旭，吴义主编.—上海：三联书店上海分店，1990.12.—123页；32开.—ISBN 7-5426-0434-1：3.80元

圆明园全景图：汉英对照/王劲枝，张得翔绘.乌鲁木齐：新疆人民出版社，1990.3.—32页；8开.ISBN 7-228-01003-5：25.00元

圆明园兴衰史/常润华编著.—北京：燕山出版社，1990.8.—86页：彩照；32开.—（可爱的北京小丛书）.—ISBN 7-5402-0255-6：2.00元

K928.74　宫殿、楼阁

北京宫阙图说/朱偰著.—北京：北京古籍出版社，1990.3.—111页；32开.—ISBN 7-5300-0019-5：3.95元

永定土楼/《永定土楼》编写组著.—福州：福建人民出版社，1990.12.—48页；16开.—（福建风物系列；第一辑）.—ISBN 7-211-01589-6：20.00元

明清两代宫苑建置沿革图考/朱偰著.—北京：北京古籍出版社，1990.3.—118页；32开.—ISBN 7-5300-0018-7：2.85元

浔阳楼/吴清汀编.—南昌：江西美术出版社，1990.10.—126页；36开.—（江西旅游丛书）.—ISBN 7-80580-036-7：1.60元

滕王阁：西江第一楼/吴金，九奇编著.—南昌：江西人民出版社，1990.4.—83页；36开.—ISBN 7-210-00789-X：1.40元

K928.75　寺庙、祠堂

大明寺与平山堂/蔡起著.—南京：江苏人民出版社，1990.3.—60页；32开.—（江苏旅游景点文库）.—ISBN 7-214-00402-X：1.00元

中国寺庙大观　（Ⅰ）/刘珂理主编.—北京：北京燕山出版社，1990.3.—283页；8开.—ISBN 7-5402-0179-7（精装）：286.00元

古刹瑰宝——智化寺/许惠利编著.—北京：北京燕山出版社，1990.11.—74页：彩照；32开.—（可爱的北京小丛书）.—ISBN 7-5402-0294-7：2.00元

司马迁与太史祠/吉春，徐兴海编著.—西安：陕西人民出版社，1990.8.—90页：照片；大32开.—（陕西历史文物丛书）.—ISBN 7-224-01029-4：2.00元

西安的名刹古寺/韩保全编著.—西安：陕西人民出版社，1990.11.—128页；32开.—（丝路丛书）.ISBN 7-224-01261-0：2.35元

承德外八庙/承德市外八庙管理处编；张占生，刘爱民撰文.—北京：地质出版社，1990.8.—116页；32开.—ISBN 7-116-00774-X：1.85元

晋祠名胜/魏国祚编著.—太原：山西人民出版社，1990.7.—147页；32开.—ISBN 7-203-01688-9：2.20元

超凡世界：中国寺庙200神/马书田著.—北京：中国文史出版社，1990.6.—242页；32开.—ISBN 7-5034-0181-8：3.60元

寒山寺志/（清）叶昌炽撰；张维明校补.—2版.（修订本）.—南京：江苏古籍出版社，1990.1.173页：书影；大32开.—（江苏地方文献丛书）.ISBN 7-80519-157-3：2.90元

静安古寺/高振农，静华著.—上海：华东师范大学出版社，1990.4.—129页；大32开.—ISBN 7-5617-0620-0：4.50元

繁峙岩山寺/柴泽俊，张丑良编著.—北京：文物出版社，1990.10.—228页：图版；8开.—（三晋文化研究丛书/赵雨亭主编）.—ISBN 7-5010-0438-2（精装）：200.00元

K928.76　陵　墓

北京的皇陵与王坟/王德恒著.—北京：中国城市经济社会出版社，1990.9.—253页；32开.—（北京旅游文化丛书/李佐贤主编）.—ISBN 7-5074-0443-9：3.50元

轩辕黄帝与黄帝陵/任景信编著.—西安：陕西人民美术出版社，1990.3.—88页；32开.—ISBN 7-5368-0145-9：1.10元

明代第一陵/蒋中健著.—南京：江苏古籍出版社，1990.3.—104页；32开.—ISBN 7-80519-158-1：2.00元

盛京三陵：汉、英、日文对照/王佩环撰文；高亚雄等摄.—沈阳：辽宁美术出版社，1990.5.—59页；12开.—ISBN 7-5314-0683-7（精装）：55.00元

K928.9　旅行、游记

中华旅游辞典/石伟民等编.—西安：陕西人民教育出版社，1990.5.—733页；32开.—ISBN 7-5419-1117-8（精装）：15.00元

中国导游知识大全/张包镐主编.—上海：上海文化出版社，1990.10.—675页；32开.—ISBN 7-80511-382-3：6.80元

本书介绍了旅游概论知识、导游业务知识、旅游生物学知识等，以及全国主要风景区、旅游特色、文化娱乐等。

中国旅游大全：西北册/国家旅游局宣传司，中国旅游学院旅游科学研究所编.—北京：中国青年出版社，1990.5.—373页；大32开.—ISBN 7-5006-0523-4：8.20元

中国旅游大全：西北册/国家旅游局宣传司，中国旅游学院旅游科学研究所编.—北京：中国青年出版社，1990.5.—373页；大32开.—ISBN 7-5006-0657-5（精装）：12.70元

中国旅游大全：西南册/国家旅游局宣传司，中国旅游学院旅游科学研究所编.—北京：中国青年出版社，1990.12.—398页；大32开.—ISBN 7-5006-0609-5：8.60元

中国旅游城市指南/苏萌编著.—西安：西安地图出版社，1990.8.—182页；32开.—ISBN 7-80545-066-8：11.00元

长江旅游大观/郭予等编.—武汉：湖北人民出版社，1990.11.—360页；大32开.—ISBN 7-216-00659-3：5.10元

故国神游/施立学著.—长春：吉林文史出版社，1990.12.—259页：肖像；32开.—ISBN 7-80528-321-4：4.90元

本书所收游记记述了我国众多的风光名胜。

"独行侠"谈骑车旅行/傅庆胜著.—上海：上海文化出版社，1990.4.—111页；32开.—ISBN 7-80511-301-7：2.55元

祖国的旅游胜地：旅游资源集锦/过宝兴，王浩清编著.—北京：科学普及出版社，1990.6.—318页；32开.—（中国自然资源科普丛书/李文华主编）.ISBN 7-110-01243-3：4.35元

神州漫游/新疆维吾尔自治区中国旅行社编.—乌鲁木齐：新疆人民出版社，1990.—1册；32开.—ISBN 7-228-01577-0：1.30元

铁路旅游指南/夏景贤，刘凤梧编.—北京：中国医药科技出版社，1990.8.—244页；32开.—ISBN 7-5067-0200-2：3.60元

徐霞客游记选注/洪建新注释.—郑州：河南教育出版社，1990.8.—360页；大32开.—ISBN 7-5347-0310-7：5.60元

旅游文化/复旦大学文博学院编.—昆明：云南人民出版社，1990.6.—223页；32开.—ISBN 7-222-00634-6：2.85元

旅游文萃/旅游杂志社编.—北京：海洋出版社，1990.1.—483页；大32开.—ISBN 7-5027-0830-8：5.20元

旅游在长江上/中国水利电力文学艺术协会，长江水利委员会分会编.—北京：中国旅游出版社，1990.8.—257页；大32开.—（万里长江文艺丛书）.—ISBN 7-5032-0283-1：4.90元

旅游知识千题解：中国导游大赛试题集/李东岗主编；李浦江等撰稿.—北京：地质出版社，1990.2.168页；32开.—附：1987中国旅游知识大奖赛试题及答案.—ISBN 7-116-00677-X：2.50元

*　　*　　*

北京山水旅游指南/北京地质学会科普委员会萧宗正等编著.—北京：地质出版社，1990.7.—298页；32开.—ISBN 7-116-00720-2：3.50元

北京导游/李登科编著.—北京：北京燕山出版社，1990.3.—323页；大32开.—ISBN 7-5402-0213-0：8.50元

北京旅行指南/北京旅行指南编辑组编写.—北京：中国铁道出版社，1990.9—316页；32开.—ISBN 7-113-00969-7：4.70元

北京旅游图解指南：汉英对照/赵明德编著.—北京：今日中国出版社，1990.—231页；36开.—ISBN 7-5072-0238-0：9.20元

北京旅游指南：汉英对照.—西安：西安地图出版社，〔1990〕.—68页；24开.—ISBN 7-80545-023-4

旅京指南/左麟书主编.—北京：北京旅游出版社，1990.5.—79页；32开.—ISBN 7-80500-045-X：1.70元

新编北京旅游指南：中英文对照/蒙宪，冯利编著.北京：华艺出版社，1990.8.—157页；32开.—ISBN 7-80039-354-2：5.40元

*　　*　　*

山西旅游必读/杨建峰主编.—太原：山西人民出版社，1990.4.—315页；大32开.—ISBN 7-203-01696-X：6.40元

内蒙古导游基础知识/内蒙古旅游局编.—呼和浩特：内蒙古人民出版社，1990.5.—268页；大32开.ISBN 7-204-01017-5：3.90元

双塔游览志/柯夫，倩青编著.—太原：山西人民出版社，1990.4.—119页；32开.—ISBN 7-203-01528-9：1.90元

北戴河疗养指南/李锦堂等编著.—石家庄：河北科学技术出版社，1990.5.—154页；32开.—ISBN 7-

5375-0504-7：2.30元

秦皇岛旅游/孙志升，董耀会编著.—石家庄：河北人民出版社，1990.2.—158页；32开.—ISBN 7-202-00605-7：2.00元

* * *

大连旅游手册/杜炜根主编；大连市《旅游手册》编委会编著.—大连：大连理工大学出版社，1990.6.—144页；32开.—ISBN 7-5611-0180-5：3.85元

伴您游沈阳/李应福主编.—沈阳：沈阳出版社，〔1990〕.—72页；32开.—ISBN 7-80556-321-7

* * *

甘肃导游基础知识/甘肃省旅游局编.—兰州：甘肃教育出版社，1990.3.—200页；36开.—ISBN 7-5423-0162-4：2.05元

西安旅游/陈兰州等编著.—西安：陕西科学技术出版社，1990.3.—178页；32开.—ISBN.7-5369-0663-3：2.75元

伊犁，阿力麻里/郭从远著.—乌鲁木齐：新疆人民出版社，1990.4.—139页；32开.—（丝路丛书）.ISBN 7-228-01232-1：2.60元

本书以游记漫话的形式，介绍了伊犁的自然风光、名胜古迹、名人轶事、民俗风情、神话传说等。

咸阳访古/张旭，王兆麟编著.—西安：陕西人民出版社，1990.7.—219页；32开.—（丝路丛书）.—ISBN 7-224-01150-9：3.15元

* * *

上海大观园导游/上海市国内旅行社协会，上海淀山湖大观园游览区管理处编；夏治淦执笔.—上海：上海人民出版社，1990.3.—88页；32开.—（上海名胜导游）.—ISBN 7-208-00799-3：1.20元

上海乘车指南/《上海乘车指南》编写组编写.—上海：上海科学技术出版社，1990.3.—375页；64开.ISBN 7-5323-1762-5：2.30元

上海旅游事典：中英文对照/夏新根主编.—上海：上海社会科学院出版社，1990.10.—162页；32开.ISBN 7-80515-550-X：2.50元

天堂之旅：杭州导游/陈洁行编著.—上海：上海文化出版社，1990.9.—144页；32开.—（中国旅游生活丛书）.—ISBN 7-80511-372-6：2.70元

五泄游/石裕堂编著.—杭州：浙江摄影出版社，1990.9.—60页；32开.—ISBN 7-80536-094-4：1.70元

台湾人看台湾：台湾风光记实/江西人民出版社编.—南昌：江西人民出版社，1990.9.—301页；36开.—ISBN 7-210-00881-0：3.30元

绍兴游/谢德铣编写.—杭州：浙江摄影出版社，1990.6—118页；32开.—（浙江旅游丛书）.—ISBN 7-80536-073-1：1.95元

淮阴帝旅游服务指南/陈坚等编著.—南京：江苏人民出版社，1990.4.—95页；32开.—ISBN 7-214-00433-X：0.90元

* * *

三游洞/屈定富等编.—武汉：湖北人民出版社，1990.11.—19页；48开.—（导游丛书）.—ISBN 7-216-00657-7：0.75元

大庸旅游指南/田贵君，胡逢金编著.—上海：上海人民美术出版社，1990.9.—145页；32开.—ISBN 7-5322-0829-X：2.90元

广东导游基础知识手册/裴逊初编著.—广州：广东旅游出版社，1990.4.—257页；32开.—ISBN 7-80521-153-1：4.00元

广东旅游：汉英对照/中山大学遥感应用中心：广州市旅游局编制.—广州：广东省地图出版社，1990.10.—97页；24开.—ISBN 7-80522-079-4：9.50元

广西旅游基础知识/甘恒彩主编.—南宁：广西人民出版社，1990.3.—151页；32开.—ISBN 7-219-01516-X：2.50元

广州交通指南/广东省地图出版社，广州市交通管理科学研究所编.—广州：广东省地图出版社，1990.12.—48页；24开.—ISBN 7-80522-084-0：3.80元

天下第一美山水/袁鼎生著.—桂林：漓江出版社，1990.9.—256页：照片；32开.—（大桂林旅游审美书系/伍纯道，袁鼎生主编）.—ISBN 7-5407-0589-2：3.70元

中原导游/周到主编.—郑州：海燕出版社，1990.12.—331页；32开.—ISBN 7-5350-0212-9：3.20元

长沙旅游手册/曾昭宣主编；佘明辉等撰文；谢金庭摄.—福州华艺出版社，1990.1.—79页；40开.ISBN 7-80039-240-6：2.98元

南宁交通向导/黄柱贤等编.—南宁：广西科学技术出版社，1990.12.—241页：彩照及折图；32开.ISBN 7-80565-395-X：6.50元

粤东闻见录/（清）张渠撰；程明校点·**南越游记**/（清）陈徽言撰；谭赤子校点.—广州：广东高等教育出版社，1990.1.—206页；32开.—（岭南丛书）.ISBN 7-5361-0380-8：3.60元

《粤东闻见录》对广东地区的高山大川，名胜古迹、遗闻轶事、人情风俗、物产多有描述；《南越游记》是地理游记散文。

湖南旅游指南/傅新安等编.—长沙：湖南地图出版社，1990.12.—94页；36开.—ISBN 7-80552-060-7：1.00元

漓江情/河井著.—桂林：漓江出版社，1990.10.122页；32开.—ISBN 7-5407-0592-2：2.80元

*　*　*

天府旅游之友/四川晚晴文化服务社编.—成都：成都地图出版社，1990.—145页；80开.—ISBN 7-80544-102-2：1.50元

西南丝绸之路考察札记/邓廷良著.—成都：成都出版社，1990.8.—332页；大32开.—ISBN 7-80575-105-6：5.90元

成都旅游指南/四川省旅游局，成都市旅游局市场处编.—成都：四川人民出版社，1990.6.—95页；32开.—ISBN 7-220-01011-7：3.00元

贵州文化旅游指南/贵州省文管会办公室，贵州省文化厅文物处编.—贵阳：贵州人民出版社，1990.7.491页；32开.—ISBN 7-221-01547-3：4.95元

贵阳指南/醒木主编.—成都：四川民族出版社，1990.3.—89，59页；32开.—ISBN 7-5409-0438-0：5.00元

K93/97　各国地理

发展中的"新大陆"——拉丁美洲/陈芝芸等著.北京：世界知识出版社，1990.10.—450页；大32开.ISBN 7-5012-0303-2：5.10元

英国地名录/邢维琳等编.—北京：中国地图出版社，1990.1—193页；16开.—ISBN 7-5031-0377-9：7.40元

非洲地理趣闻录/董文娟等编.—上海：上海教育出版社，1990.6.—248页；32开.—（中学生文库）.ISBN 7-5320-1800-8：2.10元

赴南朝鲜探亲旅游指南/刘绍周，胡乃涛编.—长春：吉林人民出版社，1990.5.—125页；32开.—ISBN 7-206-00752-X：1.80元

迷人的澳大利亚/吴同恕等编.—桂林：漓江出版社，1990.9.—235页；32开.—ISBN 7-5407-0580-9：4.10元

本书介绍了澳大利亚的历史、地理、政治、军事、科技、文化、教育、旅游、新闻出版等方面的情况。

维也纳——迷人的城/王志民著.—北京：东方出版社，1990.8.—213页；32开.—ISBN 7-5060-183-7：3.25元

瑞士/李念培著.—北京：世界知识出版社，1990.4.—278页；大32开.—（外国习俗丛书/武坚达主编）.—ISBN 7-5012-0257-5：4.00元

蒙古地名译名手册/张蒙主编；王亚非等编纂.呼和浩特：内蒙古人民出版社，1990.2.—553页；32开.—ISBN 7-204-01094-9（精装）：7.50元

新编苏联知识手册/宋魁主编.—哈尔滨：黑龙江人民出版社，1990.1.—564页；32开.—ISBN 7-207-01305-1：6.00元

横跨黑非洲/冯建伟主编.—北京：新华出版社，1990.5.—251页；32开.—ISBN 7-5011-0259-7：2.60元

K99　地　图

K991　世界地图

大学用世界地理填充图/东北师范大学地理系编；张力果等主编；.—北京：测绘出版社，1990.6.—1册；4开.—高等学校实验教材.—ISBN 7-5030-0351-0：6.20元

世界地图册/中国地图出版社编制.—2版.—北京：中国地图出版社，1990.3.—1册；36开.—ISBN 7-5031-0326-4：4.80元

本书1972年2月第1版。

出国及涉外实用地图册/哈尔滨地图出版社编制.哈尔滨：哈尔滨地图出版社，1990.12.—363页；32开.—ISBN 7-80529-110-1：9.50元

最新世界地图集/中国地图出版社编制.—北京：中国地图出版社，1999.12.—1册；16开.—ISBN 7-5031-0711-1（精装）：24.00元

K992　中国地图

中华人民共和国分省地图集/中国地图出版社编制.4版.—北京：中国地图出版社，1990.3.—252页；16开.—ISBN 7-5031-0747-2（精装）：18.20元

本书1974年10月第1版。

中学教师地图集：中国地图分册/中国地图出版社编制.—2版.—北京：中国地图出版社，1990.12.80页；16开.—ISBN 7-5031-0840-1：6.00元

本书1989年6月第1版。

K992.2　行政区域图、行政区划图

中华人民共和国行政区划图/中国地图出版社编制.—北京：中国地图出版社，1990.10.—1张；2全张.—ISBN 7-5031-0550-X：3.80元

山东省地图/山东省地图出版社编.—济南：山东省地图出版社，1990.7.—1张；2开.—ISBN 7-80532-016-0：0.90元

内蒙古自治区地图/中国地图出版社编制.—北京：中国地图出版社，1990.3.—1张；4开.—ISBN 7-5031-0500-3：0.40元

北京市地图/中国地图出版社编制.—北京：中国地图出版社，1990.3.—1张；4开.—ISBN 7-5031-0492-9：0.40元

西藏自治区地图：1∶2200000/西藏自治区测绘局编制.—成都：成都地图出版社，1990.12.—1张；全开.—ISBN 7-80544-090-5：2.00元

江西省地图/中国地图出版社编制.—北京：中国地图出版社，1990.3.—1张；4开.—ISBN 7-5031-0476-7：0.40元

江西省地图册/江西省测绘局编制.—北京：中华地图学社，1990.11.—1册；32开.—ISBN 7-80031-032-9：8.00元

江苏省地图/中国地图出版社编制.—2版.—北京：中国地图出版社，1990.3.—1张；4开.—ISBN 7-5031-0475-9：0.40元

江苏省地图册/江苏省测绘局编制.—广州：广东省地图出版社，1990.7.—96页；32开.—ISBN 7-80522-074-3：4.80元

安徽省地图/安徽省测绘局制印队编绘.—2版.—济南：山东省地图出版社，1990.4.—1张；全开.—ISBN 7-80532-026-8：2.00元

1987年5月第1版。

海南省综合地图册/广东省地图出版社，广州地理研究所编.—广州：广东省地图出版社，1990.8.—82页；24开.—ISBN 7-80522-050-6：6.50元

黑龙江省地图/中国地图出版社编制.—北京：中国地图出版社，1990.3.—1张；4开.—ISBN 7-5031-0366-3：0.40元

湖南省地图/中国地图出版社编制.—北京：中国地图出版社，1990.3.—1张；4开.—ISBN 7-5031-0495-3：0.40元

福建省地图册/王莉莉等编绘.—福州：福建省地图出版社，1990.10.—140页；24开.—ISBN 7-80516-079-1：6.50元

大悟县地图/湖北省测绘局编绘.—长沙：湖南省地图出版社，1990.11.—1张；2开.—ISBN 7-80552-039-9：1.80元

五峰土家族自治县地图/湖北省测绘局编绘.—长沙：湖南省地图出版社，1990.11.—1张；2开.ISBN 7-80552-040-2：1.80元

四川省南充地区地图册/南充地区地名办公室编制.—成都：成都地图出版社，1989.1.—104页；32开.—6.00元

秭归县地图/湖北省测绘局编制.—长沙：湖南省地图出版社，1990.11.—1张；2开.—ISBN 7-80552-037-2：1.80元

K992.5　城市图

上海浦东新区图：汉英对照/上海市测绘院编制.上海：中华地图学社，1990.10.—1张；2开.—ISBN 7-80031-035-3：1.00元

广州市商务地图册/中国地图出版社地图科学研究所编制.—北京：中国地图出版社，1990.8.—71页；48开.—ISBN 7-5031-0629-8：3.80元

中山市地图/广东省地图出版社编.—广州：广东省地图出版社，〔1990〕.—1张；全张.—ISBN 7-80522-076-X：5.00元

中国·岳阳市工商企业分布图/东亚书店，湖南地图出版社编.—长沙：湖南地图出版社，1990.2.—1张；4开.—0.70元

北京市城区邮政编码地图/北京市邮政局编制.哈尔滨：哈尔滨地图出版社，1990.8.—7张；4开.ISBN 7-80529-114-4：4.70元

宁波市区图/浙江省测绘局综合测绘大队编.—广州：广东地图出版社，1990.6.—1张；全张.—3.00元

老河口市地图/湖北省测绘局编绘.—长沙：湖南省地图出版社，1990.11.—1张；2开.—ISBN 7-80552-036-4：1.80元

枣阳市地图/湖北省测绘局编制.—长沙：湖南省地图出版社，1990.11.—1张；2开.—ISBN 7-80552-038-0：1.80元

昆明市街区图/成都地图出版社编制.—成都：成都地图出版社，1990.4.—1张；2开.—ISBN 7-80544-097-2：0.80元

南京市区图/江苏省测绘局编制.—上海：中华地图学社，1990.1.—1张；2全开.—ISBN 7-80031-027-2：3.50元

济宁市市中区商用图.—济南：山东省地图出版社，1990.7.—1张；全开.—ISBN 7-80532-028-4：3.30元

济南市地图/山东省地图出版社编制.—济南：山东省地图出版社，1990.6.—1张；全开.—ISBN 7-80532-019-5：1.50元

浙江省城市地图册/浙江省测绘局综合测绘大队编制.—上海：中华地图学社，1990.12.—1册；32开.ISBN 7-80031-030-2：4.80元

K992.6　历史地理图

中国古代历史地图集/王雅轩等主编.—沈阳：辽宁教育出版社，1990.12.—172，74页；16开.—ISBN 7-5382-1102-0（精装）：45.00元

中国古代地图集：战国～元/曹婉如等编.—北京：文物出版社，1990.7.—119页；8开.—ISBN 7-5010-0304-1（精装）

中国史稿地图集　下册/郭沫若主编.—北京：中国地图出版社，1990.12.—116页；16开.—ISBN 7-5031-1013-0（精装）：16.20元

皇舆表.—天津：天津古籍出版社，〔1990〕.—24册（4函）；20开.—（线装）

K992.9　游览图、交通图

中华人民共和国交通图：1：4000000：最新版/成都地图出版社编制.—成都：成都地图出版社，1989.7.—1张；2全开.—ISBN 7-80544-035-2（套装）：2.80元

中国历史文化名城导游图册/陈敬新，吉丽青编著.西安：西安地图出版社，1990.7.—227页；40开.ISBN 7-80545-060-9：5.20元

中国交通旅游图册/李伟雄编著.—西安：西安地图出版社，1990.5.—138页；36开.—ISBN 7-80545-041-2：4.50元

中国交通游览图册/王莉莉等编绘.—福州：福建省地图出版社，1990.10.—57页；24开.—ISBN 7-80516-086-4：6.50元

中国汽车司机地图册/《中国汽车司机地图手册》编辑组编绘.—2版（修订本）.—北京：测绘出版社，1990.4.—116页；24开.—行车必备.—ISBN 7-5030-0406-1：7.00元

本书1986年3月第1版。

中国旅行游览图/孙仲明主编.—北京：旅游教育出版社，〔1990〕.—1张；全开.—ISBN 7-5637-0148-6：3.60元

中国旅游交通图册/章成主编.—长春：东北师范大学出版社，1990.8.—279页；48开.—（旅游丛书）.ISBN 7-5602-0451-1：5.50元

中国旅游图/中国地图出版社编制.—北京：中国地图出版社，1990.6.—1张；2开.—ISBN 7-5031-0601-8：0.80元

袖珍中国交通图册/王秀德等编绘.—北京：测绘出版社，1990.12.—124页；64开.—ISBN 7-5030-0466-5：2.70元

最新实用中国交通旅游图册/施友义主编.—北京：华艺出版社，1990.10.—140页；24开.—ISBN 7-80039-256-2：11.50元

*　　*　　*

北京卫星影象旅游地图：汉英对照/北京市测绘院，中国遥感卫星地面站编制.—北京：中国奥林匹克出版社，1990.6.—1张；2开.—ISBN 7-80067-143-7：5.00元

北京体育观光图/中国地图出版社，体育博览杂志社编制.—北京：中国地图出版社，1990.3.—1张；2开.—ISBN 7-5031-0568-2：1.50元

北京汽车司机地图册/隋亚刚主编；北京交通工程学会秘书处编.—北京：测绘出版社，1990.8.—147页；24开.—ISBN 7-5030-0405-3：6.50元

北京旅游图集/中国科学院国家计划委员会地理研究所大地公司，北京市旅游事业管理局编.—北京：科学出版社，1990.7.—84页；16开.—ISBN 7-03-002059-6：20.00元

北京最新街道交通图/北京市测绘院编绘.—北京：北京出版社，1990.5.—1张；2开.—1.00元

第十一届亚运会场馆交通旅游图/亚运会组委会新闻部编.—北京：中国奥林匹克出版社，1990.8.—1张；2开.—ISBN 7-80067-005-8：2.80元

第十一届亚运会交通指南图/徐根才等编绘.—北京：中国奥林匹克出版社，1990.1.—1张；4开.ISBN 7-80067-144-5：4.00元

最新北京交通游览图/北京市测绘院编制.—北京：奥林匹克出版社，1990.4.—1张；2开.—ISBN 7-80067-129-1：0.80元

90北京亚运会场馆交通图/北京市测绘院编.—北京：奥林匹克出版社，1990.6.—1张；2开.—ISBN 7-80067-148-8：1.00元

*　　*　　*

邯郸旅游图/武图等编制.—北京：地质出版社，1990.4.—1张；4开.—ISBN 7-116-00625-7：0.60元

卦山：〔导游图〕.—太原：山西人民出版社，1990.8.—1张；9开.—0.45元

呼和浩特交通游览图：汉英对照/中国地图出版社编制.—北京：中国地图出版社，1990.6.—1张；4开.—ISBN 7-5031-0445-7：0.50元

*　　*　　*

大庆交通游览图/哈尔滨地图出版社编制.—哈尔滨：哈尔滨地图出版社，1990.1.—1张；4开.—ISBN 7-80529-083-0：0.50元

老虎滩公园导游图/《大连经济研究》编辑部，大连老虎滩公园编制.—沈阳：辽宁科学技术出版社，1990.4.—1张；12开.—0.40元

哈尔滨交通指南图册/胡光荣主编.—哈尔滨：哈尔滨地图出版社，1990.2.—63页；32开.—ISBN 7-80529-109-8：2.50元

*　　*　　*

汉中：〔游览图〕/陕西省汉中地区文化文物局编.西安：陕西人民美术出版社，〔1990〕.—1张；4开.1.80元

宁夏回族自治区交通图/宁夏回族自治区测绘局编制.—西安：西安地图出版社，1990.1.—1张；2开.

1.80元

阿克苏交通图/赵建强，张李刚主编；赵欣等编绘.—西安：西安地图出版社，1990.11.—1张；4开.0.70元

*　*　*

上海市市区交通图/上海市测绘院编绘.—6版.—上海：中华地图出版社，1990.10.—1张；2开.—ISBN 7-80031-008-6：0.80元

本书1985年8月第1版。

上海购物交通图/《上海购物交通图》编绘组绘.上海：上海科学技术出版社，1990.1.—1张；2开.ISBN 7-5323-1861-3：1.00元

义乌市交通图/义乌市城乡建设委员会，浙江省测绘局综合测绘大队编制.—广州：广东省地图出版社，1990.5.—1张；4开.—0.60元

中山陵园旅游图/郭浩，田立编文；童天立摄.—南京：江苏人民出版社，1990.—1张；4开

宁波交通旅游图/浙江省测绘局，宁波旅游公司编制.—成都：成都地图出版社，1990.2.—1张；4开.0.60元

扬州旅游图/潘林绘图；王虹军，华康森摄.—南京：江苏人民出版社，1990.4.—1张；4开.—0.60元

江苏交通图/江苏省测绘局编制.—成都：成都地图出版社，〔1990〕.—1张；2开.—ISBN 7-80544-089-1：1.00元

苏州交通旅游图/宋尚明编制.—西安：西安地图出版社，1990.5.—1张；4开.—0.60元

杭州市交通游览图/浙江省测绘大队制.—广州：广东省地图出版社，〔1990〕.—1张；2开.—1.00元

杭州市游览图/浙江省测绘科技咨询服务部测绘局机关学组编绘.—2版.—上海：中华地图学社，1990.5.—1张；4开.—ISBN 7-80031-010-8：0.40元

本书1983年1月第1版。

杭州行车指南图/浙江省测绘局综合测绘大队编.广州：广东省地图出版社，1990.3.—1张；4开.0.80元

金华交通游览图/浙江省测绘局综合测绘大队编.广州：广东省地图出版社，1990.6.—1张；4开.0.60元

南昌市工商企业交通图/江西省工商企业交通图集编辑部编制.—成都：成都地图出版社，1990.—1张；3开.—1.00元

南京旅游图/南京市旅游局宣传处，南京海外旅游公司供稿，田立，仲纯摄.—南京：江苏人民出版社，1990.5.—1张；4开

秦淮风光旅游图/韦立平编文；童天立摄.—南京：江苏人民出版社，1990.—1张；4开

铜陵市区交通图/铜陵市建设委员会编绘.—上海：中华地图学社，1990.10.—1张；4开.—ISBN 7-80031-57-4：0.50元

猛洞河风景区导游图：英汉对照/王习年等摄影；石远书等撰文；邓路平英译.—北京：华艺出版社，1990.2.—1册；16开.—ISBN 7-80039-243-0（折叠装）：3.90元

厦门、闽南三角地区游览图/福建省地质测绘队编绘；福建省测绘学会，厦门市测量队编.—福州：福建省地图出版社，〔1990〕.—1张；3开.—ISBN 7-80516-067-8：1.00元

普陀山导游图/史云高编绘.—上海：中华地图学社，1990.12.—1张；4开.—ISBN 7-80031-034-5：0.80元

瑞安交通旅游图/浙江省测绘局综合测绘大队编.成都：成都地图出版社，1990.11.—1张；4开.—ISBN 7-80544-122-7：0.60元

福州交通游览图/王秀斌编辑；张雅风编绘.—3版.—福州：福建省地图出版社，1990.4.—1张；4开.—ISBN 7-80516-012-0：0.50元

本书1989年第1版。

潍坊交通游览图/潍坊市城市规划处供稿.—济南：山东省地图出版社，1990.1.—1张；4开.—0.45元

*　*　*

广东省游览图：中英对照/广东省测绘技术公司编制.—广州：广东省地图出版社，〔1990〕.—1张；2开.—1.00元

广州交通游览图/广东省地图出版社编制.—广州：广东省地图出版社，1990.4.—1张；2开.—1.50元

广州实用地图册/中国地图出版社编制.—北京：中国地图出版社；广州：广东省地图出版社，1990.12.38页；32开.—ISBN 7-5031-0558-5：1.50元

广州道路行车图/广州市交通管理科学研究所，广东省地图出版社编.—广州：广东省地图出版社，1990.10.—1张；2开.—1.50元

广州影像交通旅游图/广东国土与测绘研究所编制.—西安：西安地图出版社，1990.2.—1张；4开.ISBN 7-80545-057-9：0.88元

广州影像旅游图：汉英对照/叶常珍主编；广州市城市规划勘测设计研究院编制.—广州：广东省地图出版社，1990.9.—1张；2开.—ISBN 7-80522-070-0：1.50元

开平县交通游览图/广东省地地出版社，开平县国土局编.—广州：广东省地图出版社，1990.10.—1张；4开.—0.80元

中山市交通游览图/张书欣编；龙焕宾摄影.—广州：广东省地图出版社，1990.8.—1张；4开.—0.80元

长沙市区交通图/湖南地图出版社编制.—长沙：湖南地图出版社，1990.4.—1张；4开.—0.60元

江门交通游览图/广东省地图出版社编.—广州：广东省地图出版社，1990.4.—1张；4开.—0.70元

阳江市交通游览图/阳江市国土局，广东省地图出版社编.—广州：广东省地图出版社，1990.12.—1张；4开.—0.80元

佛山地区旅游图/朱亮果编.—西安：西安地图出版社，1990.4.—1张；2开.—1.10元

怀化市交通工商地图/怀化市建设委员会编绘.—广州：科学普及出版社广州分社，〔1990〕.—1张；4开.—ISBN 7-110-01357-X：0.78元

武汉市旅差交通图/武汉测绘科技大学地图制图系86061班编制.—北京：地质出版社，1990.4.—1张；4开.—ISBN 7-116-00673-7：0.60元

郑州市工商金融旅游交通图/河南省地理研究所编制.—西安：西安地图出版社，1990.10.—1张；2开.2.00元

南岳衡山导游图/湖南省测绘局第二测绘院编.—长沙：湖南地图出版社，1990.—1张；6开.—ISBN 7-80552-029-1：0.30元

贵港市交通游览图/贵港市政府办公室交通局编制.广州：广东省地图出版社，〔1990〕.—1张；8开.0.55元

食在广州导游图/中华地图学社编制.—上海：中华地图学社，1990.9.—1张；2开.—ISBN 7-80031-038-8：0.85元

娄底市工商交通地图/达式文，大旗编绘.—广州：科学普及出版社广州分社，〔1990〕.—1张；4开.ISBN 7-110-01480-0：0.78元

珠江三角洲交通物产旅游图/广州地理研究所地图室编制.—成都：成都地图出版社，1990.4.—1张；2开.—ISBN 7-80544-161-8：1.25元

桂林旅游图/徐伯清，秦天寿编绘.—西安：西安地图出版社，1990.3.—1张，4开.—ISBN 7-80545-063-3：0.95元

株洲交通旅游图/湖南地图出版社编制.—长沙：湖南地图出版社，1990.7.—1张；4开.—0.50元

蛇口交通游览图：汉英文对照/广东地图出版社，蛇口交通科技公司广告部编.—广州：广东省地图出版社，1990.2.—1张；4开.—1.00元

深圳交通游览图/唐新华编；邓映霞绘.—广州：广东省地图出版社，1990.4.—1张；4开.—0.80元

深圳香港旅游交通图/广州地理研究所地图室编.广州：广东旅游出版社，1990.—1张；2开.—ISBN 7-80521-229-5：1.80元

深圳通/广东地图出版社等编.—广州：广东地图出版社，1990.1.—48页；24开.—ISBN 7-80522-069-7：3.80元

惠州交通游览图/潘爱珍编绘.—广州：广东省地图出版社，1990.11.—1张；4开.—0.80元

湖南交通图/湖南地图出版社编.—长沙：湖南地图出版社，1990.7.—1张；4开.—0.50元

湖南省交通图/湖南地图出版社编辑.—长沙：湖南地图出版社，1990.9.—1张；全开.—ISBN 7-80552-011-9：25.00元

湖南省交通图/湖南地图出版社编辑.—长沙：湖南地图出版社，1990.9.—1张；全开.—ISBN 7-80552-011-9：1.80元

湘潭交通旅游图/湖南地图出版社编制.—长沙：湖南地图出版社，1990.12.—1张；4开.—0.60元

鹤山县交通游览图/广东省地图出版社，鹤山县国土局编.—广州：广东省地图出版社，1990.9.—1张；4开.—0.80元

衡阳交通旅游图/陈和平编绘；湖南地图出版社编制.—长沙：湖南地图出版社，1990.5.—1张；4开.0.50元

*　*　*

九乡风景区/宜良县九乡风景区管理处编.—昆明：云南民族出版社，〔1990〕.—1张；8开.—旅游必备.—0.80元

三峡风光游览图/成都地图出版社编制.—成都：成都地图出版社，1990.12.—1张；4开.—ISBN 7-80544-148-0：0.70元

四川省工商企业交通图集　（1）：成都市工商企业交通图/成都地图出版社编制.—成都：成都地图出版社，1990.3.—1张；2开.—1.40元

四川省工商企业交通图集　（3）：重庆市工商企业交通图/成都地图出版社编制.—成都：成都地图出版社，1990.10.—1张；2开.—1.40元

乐山市旅游交通图册：中英文对照/蒋云志编制.成都：成都地图出版社，1990.11.—24页；32开.ISBN 7-80544-100-6：1.00元

西藏自治区交通图/西藏自治区测绘局编制.—成都：成都地图出版社，1990.12.—1张；全开.—ISBN 7-80544-031-X：1.80元

成都市旅差图册/成都地图出版社编制.—成都：成都地图出版社，1990.11.—31页；40开.—ISBN 7-80544-086-7：1.50元

成都市旅游交通图/成都地图出版社编制.—成都：成都地图出版社，1990.6.—1张；4开.—0.65元

昆明行车指南图/陈秀华编绘.—福州：福建省地图

出版社，1990.7.—1张；4开.—ISBN 7-80516-094-5：1.00元

昆明旅游·交通图/重庆建筑工程学院昆明分院编制.—成都：成都地图出版社，1990.12.—1张；4开.ISBN 7-80544-163-4：0.70元

凉山州西昌市旅游交通图/凉山彝族自治州地名办公室，西昌市地名办公室编制.—成都：成都地图出版社，1990.9.—1张；4开.—ISBN 7-80544-121-9：0.70元

绵阳市旅游交通图/成都地图出版社编制.—成都：成都地图出版社，1990.6.—1张；4开.—0.70元

K993/997　各国地图

美国地图册：英中文对照/中国地图出版社编制.北京：中国地图出版社，1990.8.—55页；32开.ISBN 7-5031-0564-X：4.50元

挪威·瑞典·芬兰/中国地图出版社编制.—北京：中国地图出版社，1990.9.—1张；2开.—ISBN 7-5031-0637-9：1.00元

澳大利亚/中国地图出版社编制.—北京：中国地图出版社，1990.6.—1张；2开.—ISBN 7-5031-0501-1：1.10元

N 自然科学总论

N0 自然科学理论与方法论

挑战与发展：马克思主义与现代科学技术 革命/林可济，陈紫明主编.一福州：福建教育出版社，1990.6.—284页；大32开.—ISBN 7-5334-0581-1：3.45元

科学技术论：关于科学技术的整体规律/任殿雷等编著.一南京：江苏科学技术出版社，1990.2.—427页；大32开.—ISBN 7-5345-0843-6：5.80元

N02 科学的哲学原理

马克思主义哲学与当代自然科学/黎德扬等主编.武汉：华中理工大学出版社，1990.6.—336页；32开.—ISBN 7-5609-0479-3：4.00元

历史的足迹：苏联自然科学领域哲学争论的历史资料/龚育之，柳树滋主编.一哈尔滨：黑龙江人民出版社，1990.3.—590页；大32开.—（苏联自然科学哲学丛书/龚育之主编）.— ISBN 7-207-01276-4：8.25元

自由社会中的科学/（美）法伊尔阿本德（Feyerabend，P.）著；兰征译.一上海：上海译文出版社，1990.3.—257页；大32开.—（二十世纪西方哲学译丛）.—ISBN 7-5327-0225-1：4.85元

自然的观念/（英）柯林武德（Collingwood，R.G.）著；吴国盛，柯映红译.一北京：华夏出版社，1990.9.—192页；大32开.—（二十世纪文库）.ISBN 7-80053-622-X：4.60元

书名原文：The Idea of Nature

自然哲学/萧焜焘著.—南京：江苏人民出版社，1990.7.—482页；大32开.—ISBN 7-214-00517-4（精装）：12.00元

物理学家的自然观/（联邦德国）海森伯（Heisenberg，W.）著；吴忠译.一北京：商务印书馆，1990.2.—135页；大32开.—ISBN 7-100-00037-8：1.75元

书名原文：The Physicist' s Conception of Narune

科学思维与科学认识：关于物理学结构的认识/刘奎林，（日）山本悟等著.一哈尔滨：黑龙江科学技术出版社，1990.9.—200页；大32开.—ISBN 7-5388-1271-7：3.50元

科学哲学手册/戚进勤，王淼洋主编.一上海：上海科学技术出版社，1990.1.—264页；大32开.—（交叉学科手册丛书/舒文主编）.—ISBN 7-5323-1412-X：5.70元

科学哲学和科学方法论/江天骥主编；（美）卡尔纳普等著；黄亚林等译.一北京：华夏出版社，1990.5.—401页；大32开.—（二十世纪文库）.—ISBN 7-80053-223-2：6.90元

偶然性与科学：一份科学哲学的提纲/郑玉玲著.北京：中国社会科学出版社，1990.2.—193页；32开.—ISBN 7-5004-0672-X：2.50元

N03 科学的方法论

人·自然·社会/孙小礼，楼格主编.一2版.一北京：北京大学出版社，1990.10.—206页；大32开.（北京大学科学与社会丛书）.— ISBN 7-301-01356-6：3.25元

本书1988年4月第1版。

大动力：科学技术动力论/黄顺基，李庆臻主编；北京：中国人民大学出版社，1990.11.—428页；大32开.—ISBN 7-300-00908-5：6.70元

本书论述了科学技术作为动力如何推动自然界的发展，促进生产力的发展、经济结构的变化和上层建筑的进步等内容。

失败的科学/梁国钊著.一南宁：广西科学技术出版社，1990.5.—313页；32开.—ISBN 7-80565-289-9：3.25元

自然的逻辑/郑焜著.一西安：西北大学出版社，1990.5.—226页；32开.— ISBN 7-5604-0200-3：3.00元

自然科学方法研究（Ⅱ）：系统·信息·控制/袁运开主编；李继宗等编.一上海：华东师范大学出版社，1990.6.—311页；大32开.— ISBN 7-5617-0470-4：5.20元

科学方法/孙小礼等主编.一北京：知识出版社，1990.8.—2册（1055页）；32开.—（自然科学哲学问题资料译丛）.—ISBN 7-5015-0422-0：15.00元

科学推理的逻辑/（英）特拉斯特德（Trusted，J.）著；刘钢等译.一北京：科学出版社，1990.9.151页；32开.—（科学文化书系）.—ISBN 7-03-001784-6：3.80元

书名原文：The Logic of Scientific Inference

本书是一本系统介绍现代自然科学推理方法的科学哲学著作。

逻辑与历史：现代科学方法论的嬗变/张巨青，吴寅华著.—杭州：浙江科学技术出版社，1990.9.223页；32开.—（认知与方法丛书/张巨青，刘文君主编）.—ISBN 7-5341-0277-4：3.15元

辩证世界观和现代自然科学方法论/（苏）弗罗洛夫（Фролов，И.Т.）主编；孙慕天等译.—哈尔滨：黑龙江人民出版社，1990.3.—459页；大32开.—（苏联自然科学哲学丛书/龚育之主编）.—ISBN 7-207-01277-2：6.40元

N031　自然辩证法

自然的辩证法/（苏）彼特连科（Лэтлэнко，В.Л.）主编；赵璧如等译.—北京：东方出版社，1990.5.—306页；大32开.—（唯物主义辩证法；第三卷）.—ISBN 7-5060-0092-X：4.70元

自然辩证法论纲/侯建民等编著.—天津：天津社会科学院出版社，1990.7.—336页；大32开.—ISBN 7-80563-040-2：4.60元

自然辩证法范畴论/沈小峰，王德胜著.—修订本.北京：北京师范大学出版社，1990.6.—336页；大32开.—ISBN 7-303-00874-8（精装）：7.20元；（平装）：4.70元

本书1986年1月第1版。

自然辩证法总论/曾近义等主编.—济南：山东人民出版社，1990.6.—693页；大32开.—ISBN 7-209-00686-9：8.25元

自然辩证法基础教程/刘猷桓等编著.—兰州：兰州大学出版社，1990.2.—456页；大32开.—ISBN 7-311-00287-7：3.34元

自然辩证法概论/王永华，窦照月主编.—西安：西安交通大学出版社，1989.3.—466页；32开.—ISBN 7-5605-0241-5：4.20元

自然辩证法概论/宋传玉等主编.—上海：上海医科大学出版社，1990.8.—408页；大32开.—ISBN 7-5627-0055-9：4.50元

自然辩证法概论/满达主编.—呼和浩特：内蒙古大学出版社，1990.9.—344页；大32开.—ISBN 7-81015-132-0：1.00元

自然辩证法概论教程/刘端直主编.—成都：成都科技大学出版社，1990.6.—463页；32开.—ISBN 7-5616-0647-8：4.65元

N09　自然科学史

世界自然科学史话/谢邦同等编著.—沈阳：辽宁教育出版社，1990.11.—295页；大32开.—ISBN 7-5382-1224-8：4.20元

世界近代科学技术发展史　上册/童鹰著.—上海：上海人民出版社，1990.9.—451页；大32开.—ISBN 7-208-00118-9：7.95元

世界近代科学技术发展史　下册/童鹰著.—上海：上海人民出版社，1990.9.—561页；大32开.ISBN 7-208-00253-2：9.75元

科技史的启示/林自新主编.—呼和浩特：内蒙古人民出版社，1990.6.—358页；32开.—ISBN 7-204-00538-4：3.90元

科学技术史教程/任永堂，王子彦主编.—哈尔滨：黑龙江科学技术出版社，1990.5.—445页；32开.ISBN 7-5388-1130-3：4.70元

科学技术的起源　二：铜铁时代的科技进展/吴声功著.—上海：上海社会科学出版社，1990.11.—669页；32开.—ISBN 7-80515-580-1：7.00元

书脊题名为：铜铁时代的科技进展

科学的历史研究/（美）萨顿（Sarton，G.）著；刘兵等编译.—北京：科学出版社，1990.12.—240页；32开.—（科学文化书系）.—ISBN 7-03-001827-3：6.70元

科学思想史论集/（美）霍耳顿（Holton，G.J.）著；许良英编；范岱年等译.—石家庄：河北教育出版社，1990.12.—371页；大32开.—ISBN 7-5434-0757-4（精装）：7.60元

简明科学技术史话/申漳著.—北京：中国青年出版社，1990.8.—467页；图；32开.—（青年文库：新编本；40）.—ISBN 7-5006-0734-2

N092　中国自然科学史

二十四史科学技术问题/吕变庭等编著.—北京：北京出版社，1990.2.—276页；大32开.—ISBN 7-200-01031-6：3.55元

中国上古时期科学技术史话/容镕编著.—北京：中国环境科学出版社，1990.6.—202页；32开.—ISBN 7-80010-637-3：3.20元

中国少数民族科技史研究　第五辑/李迪主编.—呼和浩特：内蒙古人民出版社，1990.7.—216页；大32开.—ISBN 7-204-01018-3：3.35元

中国古代科技/晁中辰著.—济南：山东教育出版社，1990.12.—154页；32开.—（中国文化史知识丛书/王绍曾，罗青主编）.—ISBN 7-5328-1064-X：1.45元

中国古代科技文选注/王泉声注.—石家庄：河北科学技术出版社，1990.4.—274页；大32开.—ISBN 7-5375-0484-9：4.20元

中国古代科学思想史/（英）李约瑟（Needham，J.）著；陈立夫等译.—南昌：江西人民出版社，1990.6.460页；大32开.—（东方文化丛书/季羡林等主编）.ISBN 7-210-00726-1（精装）：8.20元

中国的重大科技成就/刘瑞祥编.—太原：山西教育

出版社，1990.6.—140页；32开.—（可爱的中国丛书；第二辑）.—ISBN 7-80578-171-0：1.80元

中国科技史话　（下）/杨文衡等编著.—北京：中国科学技术出版社，1990.6.—310页；大32开.ISBN 7-5046-0159-4：6.90元

中国科学技术史　第一卷：导论/（英）李约瑟（Needham，J.）著.—北京：科学出版社；上海：上海古籍出版社，1990.7.—336页；照片；16开.ISBN 7-03-001883-4（精装）：19.60元

书名原文：Science and Civilisation in China

中国科学技术史　第一卷：导论/（英）李约瑟（Needham，J.）著；王铃协助.—北京：科学出版社；上海：上海古籍出版社，1990.7.—336页；16开.—ISBN 7-03-002084-7（精装）：25.80元

中国科学技术史　第二卷：科学思想史/（英）李约瑟（Needham，J.）著；何兆武等译.—北京：科学出版社；上海：上海古籍出版社，1990.8.—739页；16开.—ISBN 7-03-002151-6（精装）：47.20元

中国科学技术史　第二卷：科学思想史/（英）/李约瑟（Needham，J.）著；何兆武等译.—北京：科学出版社；上海：上海古籍出版社，1990.8.—739页；16开.—ISBN 7-03-002016-2（精装）：35.90元

书名原文：Science and Civilisation in China

中国科学技术史　第五卷：化学及相关技术　第一分册：纸和印刷/（英）李约瑟（Needham，J.）著；钱存训译.—北京：科学出版社；上海：上海古籍出版社，1990.7.—472页；16开.—ISBN 7-5325-0805-6（精装）：34.00元

中国科学思想史/董英哲著.—西安：陕西人民出版社，1990.12.—612页；大32开.—ISBN 7-224-01249-1（精装）：12.10元

中国科学神话宗教的协合：以李冰为中心/罗开玉编著.—成都：巴蜀书社，1990.3.—293页；大32开.—ISBN 7-80523-157-5：13.90元

中国基础研究百例/中国科学院科技政策与管理科学研究所《中国基础研究百例》课题组编.—北京：能源出版社，1990.3.—545页；32开.—（中国人民大学丛书）.—ISBN 7-80018-232-0：13.00元

中国蒙古族科学技术史简编/李汶忠编著.—北京：科学出版社，1990.5.—382页；32开.—ISBN 7-03-001678-5：13.70元

宋辽夏金元科学技术史/管成学著.—长春：吉林科学技术出版社，1990.4.—314页；大32开.—ISBN 7-5384-0523-2：5.80元

第三届国际中国科学史讨论会论文集/杜石然主编.北京：科学出版社，1990.3.—313页；16开.—ISBN 7-03-000488-4：20.00元

本书汇集了1984年在北京召开的第三届国际中国科学史讨论会中文论文48篇，内容涉及中国数学史、物理学史、地学史、生物学史、农学史、医学史以及中国古代技术史。

楚国科学技术史稿/后德俊著.—武汉：湖北科学技术出版社，1990.5.—198页；照片；32开.—ISBN 7-5352-0551-8：5.00元

简明中国科学技术史话/陈美东等编著.—北京：中国青年出版社，1990.8.—397页；图；32开.—（青年文库；新编本；41）.—ISBN 7-5006-0734-2

山东省科学技术志/山东省科学技术委员会编.—济南：山东大学出版社，1990.12.—994页；16开.ISBN 7-5607-0401-8（精装）：67.50元

自贡市科学技术志/自贡市科委编纂.—成都：巴蜀书社，1990.11.—279页；大32开.—（自贡市地方志丛书；2）.—ISBN 7-80523-378-0（精装）：10.00元

安徽科学技术史稿/张秉伦等编著.—合肥：安徽科学技术出版社，1990.3.—529页；大32开.—ISBN 7-5337-0562-9：12.00元

定州市科学技术志/盛志杰等著.—北京：社会科学文献出版社，1990.9.—270页；16开.—（河北省地方志系列丛书）.—ISBN 7-80050-188-4（精装）：12.20元

萍乡市科学技术志/萍乡市科学技术委员会编.—海口：南海出版公司，1990.12.—236页；16开.—ISBN 7-80570-399-X（精装）：16.50元

福建科学技术史研究/周济主编.—厦门：厦门大学出版社，1990.9.—310页；大32开.—ISBN 7-5615-0326-1：4.25元

N1　自然科学现状、概况

九十年代前沿科学新视野/王梓坤主编.—北京：北京出版社，1990.9.—234页；32开.—ISBN 7-200-01024-3：3.40元

中国与各国（地区）科技实力比较分析/华长明主编.—北京：科学技术文献出版社，1990.12.—210页；16开.—ISBN 7-5023-1359-1：7.80元

当代世界新科技知识/王重农主编.—武汉：湖北人民出版社，1990.9.—257页；32开.—企业党员教育系列教材.—ISBN 7-216-00616-X：2.65元

光辉的历程：新科学与新技术述评/（美）帕帕科斯塔（Papacosta，P.）著；谢华等译.—成都：四川科学技术出版社，1990.3.—267页；图；大32开.ISBN 7-5364-1420-X（精装）：6.00元

现代科技与社会发展/罗任兴，胡怀默主编.—广

州：科学普及出版社广州分社，1990.1.—238页；32开.—ISBN 7-110-01421-5：3.80元

现代科学技术发展纲要/吴声功等编著.—上海：华东师范大学出版社，1990.12.—251页；32开.—ISBN 7-5617-0445-3：3.15元

现代科学技术的发展与前景/谭晨编.—北京：兵器工业出版社，1990.5.—162页；32开.—ISBN 7-80038-22419-1：2.50元

超级竞争：美日欧高技术角逐概览/武欣，王晓龙著.—成都：四川人民出版社，1990.2.—206页；大32开.—ISBN 7-220-00629-2：2.90元

80年代日美欧科学技术水平与研究开发潜力比较/日本政府科学技术厅研究开发潜力委员会编；辽宁省人民政府经济技术社会发展研究中心译.—沈阳：东北工学院出版社，1990.2.—596页；16开.—（科技进步与经济发展丛书）.—ISBN 7-81006-220-4：16.30元

中国自然科学的现状与未来/全国基础性研究状况调研组，中国科学院科技政策局编著.—重庆：重庆出版社，1990.6.—268页；大32开.—ISBN 7-5366-1222-2（精装）：6.45元

中国科学技术蓝皮书　第3号：生物技术发展政策/国家科学技术委员会编.—北京：科学技术文献出版社，1990.1.—157页；16开.—ISBN 7-5023-0962-4（精装）：12.00元

中国科学技术蓝皮书　第5号：气候/国家科学技术委员会编.—北京：科学技术文献出版社，1990.11.367页；16开.—ISBN 7-5023-1324-9（精装）：25.00元

中国科学技术蓝皮书　第5号：气候：节本/国家科学技术委员会编.—北京：气象出版社，1990.10.57页；16开.—ISBN 7-5029-0556-1：3.30元

中南工业大学科学技术成果选编：1986～1987/中南工业大学科研处编.—长沙：中南工业大学出版社，1990.1.—88页；16开.—ISBN 7-81020-271-5：2.00元

东北工学院科技成果·专利选编：1987～1989/《成果·专利选编》编委会编.—沈阳：东北工学院出版社，1990.9.—235页；16开.—ISBN 7-81006-252-2：8.70元

江苏省高新技术及其产业化发展战略与政策研究/江苏省科学技术协会编.—南京：东南大学出版社，1990.11.—232页；大32开.—ISBN 7-81023-268-1：4.00元

江苏科技年鉴：1990/江苏科技年鉴编辑部编.—北京：科学技术文献出版社，1990.11.—630页；16开.—ISBN 7-5023-1373-3（精装）：30.00元

苏联当代科技纵览/廖纲煊，和宝彩编.—北京：中国科学技术出版社，1990.10.—224页；32开.—ISBN 7-5046-0178-0：6.00元

N18　专　利

中国专利局专利复审委员会决定选编（2）：1989/中国专利局专利复审委员会编.—北京：专利文献出版社，1990.1.—199页；16开.—ISBN 7-80011-060-5：7.50元

中国专利索引：分类年度索引：1989/专利文献出版社编辑.—北京：专利文献出版社，1990.—1615页；16开.—ISBN 7-80011-040-0：28.80元

中国专利索引：申请人、专利权人年度索引：1989/专利文献出版社编辑.—北京：专利文献出版社，1990.—1305页；16开.—ISBN 7-80011-041-9：24.00元

发明与专利：专利实践指南/张元忠等编.—北京：科学技术文献出版社，1990.6.—213页；大32开.—ISBN 7-5023-1201-3：5.40元

实用专利技术精选/宁云龙，段志武主编.—沈阳：辽宁科学技术出版社，1990.10.—313页；16开.ISBN 7-5381-0996-X（精装）：14.00元

N19　创造发明、先进经验

1987年国家级科技进步奖授奖项目汇编/国家科学技术奖励工作办公室编.—北京：北京科学技术出版社，1990.6.—635页；16开.—ISBN 7-5304-0659-0：30.00元

小发明家：第四届全国青少年科学创造发明比赛获奖作品选/专利文献编辑室编.—北京：专利文献出版社，1990.7.—211页；32开.—ISBN 7-80011-050-8：3.00元

中外创造发明知识手册/黄发云编著.—武汉：武汉工业大学出版社，1990.1.—465页；32开.—ISBN 7-5629-0293-3（精装）：5.95元

发明奇径探/李正明著.—天津：天津科学技术出版社，1990.3.—208页；大32开.—（实用发明丛书）.ISBN 7-5308-0727-7：3.95元

发明的艺术和技术/谭勇军编著.—长沙：中南工业大学出版社，1990.1.—182页；32开.—ISBN 7-81020-270-7：1.80元

科技发明成果信息　第四集/全国发明者联谊会编.北京：中国广播电视出版社，1990.5.—264页；32开.—（全国星火计划丛书）.—ISBN 7-5043-0513-7：3.50元

科学技术的进化/黎德扬，李怀忠主编.—武汉：湖北教育出版社，1990.8.—351页；大32开.—ISBN 7-5351-0509-2（精装）：7.30元

第四届全国青少年科学创造发明比赛得奖作品集/全国青少年科技活动领导小组编.—上海：上海科学普及出版社，1990.6.—255页；大32开.—ISBN 7-5427-0286-6：4.00元

N2　自然科学机关、团体、会议

中国职工技术协会名录：1989/邹瑞禄主编.—北京：中国工人出版社，1990.5.—564页；大32开.ISBN 7-5008-0628-0(精装)：14.00元

北京自然博物馆研究报告　第47期/许维枢，马丁·威廉编.—北京：北京科学技术出版社，1990.11.—11页；16开.—ISBN 7-5304-0783-X：1.50元

N3　自然科学研究方法

图解少年科学实验200例/(美)布朗(Broten,R.J.)著；张学军等译.—北京：中国林业出版社，1990.5.—239页：图；32开.—ISBN 7-5038-0627-3：3.50元

书名原文：200 Illustrated Science Experiments for Children

实验科学与技术：1990年　第1期(总第10期)/四川、云南、贵州、广西、西藏五个省区高等学校实验室管理研究会编.—成都：电子科技大学出版社，1990.—100页；16开.—ISBN 7-81016-198-9：2.00元

实验科学与技术：1990年　第2期(总第11期)/四川、云南、贵州、广西、西藏五省区高等学校实验室管理研究会编.—成都：电子科技大学出版社，1990.—105页；16开.—ISBN 7-81016-204-3：2.00元

实验科学与技术：1990年　第3期(总第12期)/《实验科学与技术》编辑部编辑.—成都：电子科技大学出版社，1990.—96页；16开.—ISBN 7-81016-272-1：2.00元

实验科学与技术：1990年　第4期(总第13期)/《实验科学与技术》编辑部编辑.—成都：电子科技大学出版社，〔1990〕.—94页；16开.—ISBN 7-81016-279-9：2.00元

科技统计基础/王宝琛主编.—上海：上海社会科学院出版社，1990.10.—470页；大32开.—ISBN 7-80515-599-2：6.90元

科学实验导论/许定奇，孙荣文编著.—东营：石油大学出版社，1990.3.—142页；大32开.—ISBN 7-5636-0058-2：1.16元

美国理科研究方向/刘述尧主编.—北京：航空工业出版社，1990.5.—200页；16开.—(美国理科专业指南).—ISBN 7-80046-239-0：7.00元

混料试验设计/关颖男编著.—上海：上海科学技术出版社，1990.4.—389页；大32开.—ISBN 7-5323-0759-X：5.45元

解自生之谜/陈克晶，王贵友著.—杭州：浙江科学技术出版社，1990.9.—397页；32开.—(认知与方法丛书/张巨青，刘文君主编).—ISBN 7-5341-0280-4：5.05元

N4　自然科学教育与普及

身边科学　第一辑/中国科协普及工作部主编.—北京：中国科学普及出版社，〔1990〕.—20张；4开.城镇科普系列挂图.—8.90元

身边科学　第二辑/中国科协普及工作部主编.—北京：中国科学普及出版社，1990.9.—20张；4开.城镇科普系列挂图.—8.90元

身边科学　第三辑/中国科协普及工作部主编.—北京：中国科学普及出版社，1990.11.—20张；4开.城镇科普系列挂图.—8.90元

身边科学　第四辑/中国科协普及工作部主编.北京：中国科学普及出版社，1990.12.—20张；4开.城镇科普系列挂图.—8.90元

青少年科技教育：生物·环保/宋小勤等著.—上海：上海科学普及出版社，1990.12.—90页；32开.ISBN 7-5427-0406-0：2.00元

青少年趣味科技制作/刘崇学编著.—北京：机械工业出版社，1990.10.—171页；32开.—ISBN 7-111-02472-9：2.90元

金钥匙：《少年科普报》十年选粹/王世民主编.沈阳：辽宁科学技术出版社，1990.10.—309页；32开.—ISBN 7-5381-0980-3：5.00元

N49　科学普及读物

人与自然：人体篇/青年报社读物编辑室编.—上海：上海科技教育出版社，1990.4.—108页；16开.ISBN 7-5428-0447-2：2.60元

儿童的疑问——说不完的为什么：幼儿一万个为什么图画本/蔡字征，汤振华编文；曹小卉等绘画.—福州：福建少年儿童出版社，1990.12.—159页；16开.—ISBN 7-5395-0481-1：9.60元

山海寻踪：世界怪兽之谜/王平贞等编著.—北京：职工教育出版社，1990.6.—205页；32开.—(科学与文化之谜丛书).—ISBN 7-80059-323-1：3.22元

天下之奇　(5)/上海科学技术出版社编.—上海：上海科学技术出版社，1990.1.—116页；32开.ISBN 7-5323-1773-0：1.25元

未来的太空城/刘晖等编著.—北京：海洋出版社，1990.8.—300页；32开.—ISBN 7-5027-0304-7：3.90元

动手做：缩印本：1988～1989年　总83～106期/《动手做》编辑部编.—上海：上海科学普及出版社，1990.7.—1册；16开.—ISBN 7-5427-0334-X：2.40元

动脑筋爷爷　(11)/少年儿童出版社编；陈永镇画.—上海：少年儿童出版社，1990.11.—1册；32开.—ISBN 7-5324-1150-8：1.10元

动脑筋爷爷　(12)/少年儿童出版社编；陈永镇画.—上海：少年儿童出版社，1990.11.—1册；32开.—ISBN 7-5324-1205-9：1.10元

亚运科技之光/北京科技记者编辑协会编.—北京：科学普及出版社，1990.8.—283页；32开.—ISBN 7-110-01601-3：5.90元

百万个为什么/赵福中等主编；马星垣等编.—北京：光明日报出版社，1990.6.—5册；32开.—ISBN 7-80014-903-X(套装)：22.00元

自然宇宙之谜/(美)赫斯(Hess，K.)著；张丁周，宋忻译.—济南：明天出版社，1990.2.—486页；16开.—(少男少女丛书/刘宪之主编).—ISBN 7-5332-0962-1(精装)：22.60元

自然界之神奇/张春波编著.—兰州：甘肃少年儿童出版社，1990.3.—132页；32开.—(奇事珍闻大观；2).—ISBN 7-5422-0293-6：1.50元

自然界奇趣/禹云裘编.—北京：中国国际广播出版社，1990.7.—177页；32开.—ISBN 7-80035-594-2：2.50元

自然界的奇闻趣事/(英)约翰·米切尔，(英)罗伯特·理查德著；贾齐暋等译.—北京：东方出版社，1990.10.—402页；大32开.—ISBN 7-5060-0153-5：5.60元

书名原文：Phenomena a Took of Wonders

自然科学启蒙百问/林景辉，余玮明编译；中中，定志绘.—南昌：江西少年儿童出版社，1990.2.—78页；20开.—ISBN 7-5391-0327-2：1.40元

名人们喜爱的智力题/吴振奎编著.—沈阳：辽宁少年儿童出版社，1990.9.—181页；32开.—(智力开发丛书).—ISBN 7-5315-0682-3：1.95元

本书收集了150多道智力题，它们出自81位名人之手。这些题目，有的来自民间，但经过名人点化后得以广泛流传；有的则是这些名人苦心研究的成果。

芙蓉科苑之声：湖南人民广播电台科普广播佳作荟萃/谢凤阳主编.—长沙：湖南科学技术出版社，1990.7.—531页；32开.—ISBN 7-5357-0817-X：6.70元

走出"常识"的误区/周镇宏，杨移贻编著.—广州：科学普及出版社广州分社，1990.6.—278页；32开.—ISBN 7-110-01409-6：3.80元

别了，地球——50位幻想家的幻想：七星杯科学幻想征文获奖作品/张爱学，(日)还田宏主编.—北京：军事译文出版社，1990.1.—122页；36开.ISBN 7-80027-108-0：1.80元

告诉我为什么/(美)阿尔卡迪·莱奥克著；何乃欣译.—沈阳：辽宁少年儿童出版社，1990.12.—287页；16开.—ISBN 7-5315-0589-4：5.20元

我发现了　(3)/李丹主编.—北京：科学普及出版社，1990.12.—347页；32开.—ISBN 7-110-01636-6：8.40元

本书共收短文174篇，介绍当今世界在天文、理学、医学、生物、能源及应用技术等领域里的新发现、新动态、新成就。

你知道它们的来历吗？/禹成明，陈静波编.—合肥：安徽少年儿童出版社，1990.3.—189页；32开.ISBN 7-5397-0287-7：1.65元

物质科学：物理学、化学、天文学、气象学、地质学/(美)哈尔彭(Halpern，R.P.)著；毕颖等译.—北京：科学出版社，1990.10.—289页；32开.ISBN 7-03-001885-0：5.00元

书名原文：Physical Science

科技示范户手册/向进青主编；湖北省科学技术协会普及工作部编.—武汉：湖北科学技术出版社，1990.1.—556页；32开.—ISBN 7-5352-0528-3：5.65元

科学与世界二十大怪谜/(美)乔治·阿贝尔等著；多人译.—北京：宝文堂书店，1990.2.—448页；大32开.—ISBN 7-80030-167-2：5.80元

科学的魅力/(日)田中实，(日)芦原伸之著；张学成，马冠英译.—北京：科学普及出版社，1990.2.—140页：图；32开.—ISBN 7-110-01035-X：3.50元

科学家的头脑：假想的与伽利略、牛顿、赫歇尔、达尔文及巴斯德的谈话/(英)霍斯金(Hoskin，M.)著，郭贵春等译.—北京：华夏出版社，1990.7.—111页：照片；32开.—ISBN 7-80053-745-5：1.90元

科学365天：合订本/魏以成，麦群忠编.—杭州：浙江科学技术出版社，1990.9.—959页；32开.ISBN 7-5341-0130-1：8.00元

信不信由你/郝勇编写.—杭州：浙江少年儿童出版社，1990.3.—174页；32开.—ISBN 7-5342-0499-2：1.90元

迷离的未知世界/傅海山编译.—北京：华龄出版社，1990.6.—113页；24开.—ISBN 7-80082-041-6：2.20元

神·奇·秘：21世纪/孙光成，陈育真译.—重庆：

重庆大学出版社，1990.9.—180页；32开.—ISBN 7-5624-0317-0：1.95元

本书介绍世界著名科学家谈关于自己的专业、科学的地位和作用、创造发明的新技术等。

神秘大观/（美）阿维德·门罗著；冯单研，林碁娱编译.—广州：广东旅游出版社，1990.7.—168页；32开.—ISBN 7-80521-172-8：2.60元

神秘的世界　第一辑/黄宏等改编；华丁等绘.—武汉：湖北少年儿童出版社，1990.7.—82页；24开.ISBN 7-5353-0722-1：1.70元

神秘的世界　第二辑/楚风等编文；王祥林等绘.武汉：湖北少年儿童出版社，1990.11.—82页；24开.—ISBN 7-5353-0723-X：1.70元

钱三强科普著作选集/钱三强著.—上海：上海教育出版社，1990.5.—254页；大32开.—ISBN 7-5320-1723-0（精装）：5.10元

谈天说地/孔宪璋编.—郑州：河南科学技术出版社，1990.10.—338页；32开.—ISBN 7-5349-0642-3：4.35元

望衡对宇：外星人之谜/任意，赵崴编著.—北京：职工教育出版社，1990.6.—182页；32开.—（科学与文化之谜丛书/高翔主编）.—ISBN 7-80059-324-5：2.88元

奥妙世界：日本十万个为什么精选/（日）宇田川龙男等著；吴绵季，肖伯慈编译.—武汉：中国地质大学出版社，1990.8.—176页；24开.—ISBN 7-5625-0417-2：2.95元

新编十万个为什么图画本：天空与地球/郭廉夫等编文；陈大元等绘.—上海：少年儿童出版社，1990.10.—63页；16开.—ISBN 7-5324-1190-7：3.60元

新编十万个为什么图画本：我们的身体/忻趵等编文；陈大元等绘.—2版.—上海：少年儿童出版社，1990.12.—63页；16开.—ISBN 7-5324-1000-5：3.60元

新编十万个为什么图画本：我们周围的事物/鲍正衷等编文；陈大元等绘.—上海：少年儿童出版社，1990.2.—63页；16开.—ISBN 7-5324-0841-8：3.60元

新编十万个为什么图画本：奇异的绿色世界/裘树平等编文；陈大元等绘.—上海：少年儿童出版社，1990.10.—63页；16开.—ISBN 7-5324-1093-5：3.60元

愿你实现书中的梦想/胡洪庆，藤建强编著.—上海：上海文化出版社，1990.6.—120页；32开.（五角丛书；第十辑）.—ISBN 7-80511-225-8：1.20元

漫游科学世界/（美）/克鲁斯（Crouse，W.H.）著；蔡广，伊敏译.—北京：三联书店，1989.12.228页；32开.—（美国文化丛书）.—ISBN 7-108-00325-2（精装）：13.85元

书名原文：Understanding Science

藏着错误的故事/中国儿童报学习知识组编写.—石家庄：河北少年儿童出版社，1990.3.—54页；32开.—ISBN 7-5376-0284-0：0.70元

N5　自然科学文集、连续性出版物

天津自然博物馆论文集　（7）：1990年/天津自然博物馆丛刊编辑委员会编.—北京：海洋出版社，1990.12.—74页；16开.—ISBN 7-5027-1306-9：4.20元

中国博士后科学论文集/王志石等著.—北京：清华大学出版社，1990.1.—205页；16开.—ISBN 7-302-00559-1：6.00元

自然科学年鉴：1989：纪念创刊十周年专辑/自然科学年鉴编辑部编.—上海：上海翻译出版公司，1990.9.—1册；16开.—ISBN 7-80514-548-2（精装）：26.70元

严济慈科技言论集/严济慈著.—上海：上海教育出版社，1990.11.—440页；大32开.—ISBN 7-5320-2200-5（精装）：7.20元

青年科学文集：地质科学篇/彭建兵等主编.—西安：西北大学出版社，1990.12.—169页；16开.（青年科学文集丛书）.—ISBN 7-5604-0237-2：6.00元

科学年鉴：1989/（美）泽伦尼（Zeleny，R.O.）主编.—北京：科学出版社，1990.12.—189页；16开.—ISBN 7-03-001884-2：8.80元

书名原文：Science Year

首届科星奖作品选/张云岗主编.—北京：新华出版社，1990.10.—425页；大32开.—ISBN 7-5011-0944-3：5.95元

清华大学1987年硕士学位论文摘要汇编　第一分册/清华大学研究生院编.—北京：清华大学出版社，1990.9.—111页；16开.—ISBN 7-302-00722-5：2.50元

书脊题名为：硕士学位论文摘要汇编

清华大学1987年硕士学位论文摘要汇编　第二分册/清华大学研究生院编.—北京：清华大学出版社，1990.9.—99页；16开.—ISBN 7-302-00723-3：2.00元

清华大学1987年硕士学位论文摘要汇编　第三分册/清华大学研究生院编.—北京：清华大学出版社，1990.9.—179页；16开.—ISBN 7-302-00724-1：4.00元

清华大学1987年硕士学位论文摘要汇编　第四分册/清华大学研究生院编.—北京：清华大学出版社，1990.9.—69页；16开.—ISBN 7-302-00725-X：

1.50元

清华大学1987年硕士学位论文摘要汇编　第五分册/清华大学研究生院编.—北京：清华大学出版社，1990.9.—108页；16开.—ISBN 7-302-00726-8：2.80元

新技术研究与应用论文集　（3）/清华大学核能技术研究所、应用技术研究所编.—北京：能源出版社，1990.2.—160页；16开.—ISBN 7-80018-149-9：5.20元

N6　自然科学参考工具书

汉维简明科技词典：试用本/吐尔逊·热依木等编纂.—乌鲁木齐：中国科普出版社新疆维、哈分社，1990.9.—1116页；大32开.—ISBN 7-110-00554-2：11.20元

本词典例入物理、化学、数学、生物、医学、机械等学科的词汇共28000多条。

汉蒙名词术语分类词典：自然科学部分/《汉蒙名词术语分类词典》编纂委员会编.—呼和浩特：内蒙古人民出版社，1990.7.—2218页；大32开.—ISBN 7-204-01136-8（精装）：28.00元

国外科技期刊刊名缩略语辞典：西文部分/黄家秀主编.—北京：科学技术文献出版社，1990.11.—248页；16开.—ISBN 7-5023-1289-7（精装）：16.00元

国外基本科技工具书指南/（美）E.P.希伊编；邵献图等译.—北京：北京大学出版社，1990.3.—417页；大32开.—ISBN 7-301-0942-9：6.65元

科学技术百科全书　第十三卷：古生物学、古人类学.—北京：科学出版社，1990.2.—233页：图；16开.—ISBN 7-03-001226-7（精装）：18.30元

科学技术百科全书　第十六卷：医学与兽医学.北京：科学出版社，1990.12.—492页；16开.—ISBN 7-03-000523-6：31.00元

俄汉科技大词典/王槐曼主编.—北京：商务印书馆，1990.10.—1774页；16开.—ISBN 7-100-01012-8（精装）：47.50元

简明自然科学小词典　第一分册：数学/夏兆扬主编.—北京：水利电力出版社，1990.10.—269页；32开.—ISBN 7-120-01160-X：6.00元

简明自然科学小词典　第二分册：物理学/夏兆扬主编.—北京：水利电力出版社，1990.10.—219页；32开.—ISBN 7-120-01161-8：5.00元

简明自然科学小词典　第三分册：化学/夏兆扬主编.—北京：水利电力出版社，1990.10.—144页；32开.—ISBN 7-120-01162-6：3.70元

简明自然科学小词典　第四分册：生物学/夏兆扬主编.—北京：水利电力出版社，1990.10.—180页；32开.—ISBN 7-120-01163-4：4.20元

简明法汉科技词典/张世鉴等著.—北京：商务印书馆，1990.11.—407页；大64开.—ISBN 7-100-00839-5（精装）：2.65元

N8　自然科学调查、考察

考察与研究：一九八九年　总第九辑/上海自然博物馆编.—上海：上海科学技术文献出版社，1990.6.—87页；16开.—ISBN 7-80513-498-7：5.00元

考察与研究：一九八九年　总第十辑/上海自然博物馆编.—上海：上海科学技术文献出版社，1990.10.—144页；16开.—ISBN 7-80513-557-6：7.50元

自然资源评价与决策研究：全国首届自然资源青年研讨会论文集/中国自然资源研究会青年协会编辑.北京：科学出版社，1990.3.—192页；16开.—ISBN 7-03-001537-1：13.30元

本书内容包括：自然资源基础理论研究；自然资源评价的定量化研究；资源考察和资源开发、规划、利用、保护研究等。

冰雪王国探险记：考察探险·游记见闻/金涛著.天津：新蕾出版社，1990.5.—153页；32开.—ISBN 7-5307-0534-2：2.05元

青少年地理考察与旅游手册/曾浩然主编.—北京：科学普及出版社，1990.9.—378页；32开.—ISBN 7-110-01331-6：5.20元

南方山区综合科学考察专辑：赣江流域丘陵山区自然资源开发治理/中国科学院南方山区综合科学考察队第二分队，江西省人民政府山江湖开发治理领导小组办公室编.—北京：北京科学技术出版社，1990.4.347页；16开.—ISBN 7-5304-0606-X：9.20元

黄文弼蒙新考察日记：1927～1930/黄文弼遗著；黄烈整理.—北京：文物出版社，1990.9.—577页；大32开.—ISBN 7-5010-0402-1：13.00元

N94　系统论（系统学、系统工程）

区域规划系统工程应用指南/廖鸿志等编著.—昆明：云南大学出版社，1990.9.—200页；32开.—ISBN 7-81025-052-3：3.80元

协同学原理和应用/吴大进等编著.—武汉：华中理工大学出版社，1990.11.—382页；大32开.—研究生用书.—ISBN 7-5609-0412-2：2.74元

灰色系统理论的数学方法及其应用/王清印等编著.—成都：西南交通大学出版社，1990.6.—299页；32开.—ISBN 7-81022-152-3：3.80元

灰色系统理论教程/邓聚龙著.—武汉：华中理工大学出版社，1990.11.—428页；大32开.—ISBN 7-5609-0447-5：2.92元

系统工程与社会/邓三瑞，李建国编著.—哈尔滨：哈尔滨船舶工程学院出版社，1990.2.—174页；32开.—ISBN 7-81007-083-5：0.88元

系统工程及其应用/汪应洛，陶谦坎编著.—北京：科学出版社，1990.2.—234页；32开.—ISBN 7-03-001507-X：4.20元

系统工程范例集/天津市系统工程学会编.—天津：天津科技翻译出版公司，1990.6.—264页；32开.ISBN 7-5433-0152-0：4.00元

系统工程研讨文集/航空航天部科学技术研究院系统工程研究室编.—北京：国际文化出版公司，1990.12.—361页；大32开.—ISBN 7-80049-665-1：6.50元

系统工程基础/顾昌耀等编.—北京：国防工业出版社，1990.9.—470页；16开.—ISBN 7-118-00703-X：5.80元

系统工程基础：现代化管理方法/林平等编著.—南宁：广西科学技术出版社，1990.2.—215页；16开.ISBN 7-80565-257-0：4.45元

系统与信号/（美）勒范（Levan，N.）著；刁式华译.—北京：中国计量出版社，1990.5.—131页；32开.—ISBN 7-5026-0330-1：3.50元

书名原文：Systems and Signals

系统论的思想与实践/（英）切克兰德（Checkland，P.）著；左晓斯，史然译.—北京：华夏出版社，1990.8.—402页；大32开.—（二十世纪文库）.ISBN 7-80053-767-6：7.25元

书名原文：Systems Thinking，Systems Practice

系统的建模与响应/钱祥生编著.—北京：机械工业出版社，1990.10.—168页；16开.—高等学校试用教材.—ISBN 7-111-02303-X：2.25元

系统科学入门/邵光远，张纪川撰稿：中央人民广播电台《科技与社会》节目组编.—北京：知识出版社，1990.4.—243页；32开.—ISBN 7-5015-0399-0：3.00元

系统科学与社会系统/魏宏森著.—长春：吉林教育出版社，1990.8.—325页；32开.—（科技教育与社会进步丛书/杨沛霆主编）.—ISBN 7-5383-1091-6（精装）：5.50元

系统科学原理/苗东升编著.—北京：中国人民大学出版社，1990.5.—666页；大32开.—ISBN 7-300-00832-1：7.15元

系统科学概论/赵树智等主编.—长春：吉林大学出版社，1990.1.—314页；大32开.—ISBN 7-5601-0420-7：3.85元

系统科学概论/徐继生等编著.—北京：科学技术文献出版社，1990.2.—287页；32开.—ISBN 7-5023-1243-9：3.90元

系统科学新论/姜璐等编著.—北京：华夏出版社，1990.8.—303页；大32开.—ISBN 7-80053-724-2：6.50元

系统理论与区域规划论文选/乌杰主编.—徐州：中国矿业大学出版社，1990.6.—303页；大32开.—ISBN 7-81021-397-0：3.90元

系统辨识/杨玉钦，陈亚陵编著.—厦门：厦门大学出版社，1990.4.—311页；32开.—ISBN 7-5615-0177-3：2.00元

思维与方法新科学：系统科学论/杨缦琳等著.—北京：中国青年出版社，1990.5.—228页；32开.—ISBN 7-5006-0628-1：3.15元

简明实用系统工程/康继鼎编著.—成都：四川教育出版社，1990.10.—180页；大32开.—ISBN 7-5408-1311-3：2.26元

横断学科简论/徐孺英主编.—济南：山东大学出版社，1990.6.—472页；大32开.—ISBN 7-5607-0368-2：3.15元

本书介绍了横断学科这支交叉学科群，包括系统论、信息论、控制论、耗散结构理论、协同学和突变论。

O　数理科学和化学

大学数理化实用手册：无机化学/王汉章等编.—上海：上海科学技术出版社，1990.2.—494页；32开.ISBN 7-5323-1088-4：8.15元

物理化学力学进展：1990年卷/《物理化学力学进展》编委会编.—长沙：湖南科学技术出版社，1990.7.—155页；16开.—ISBN 7-5357-0743-2：4.40元

01　数　学

01-0　数学理论

归纳、递归、迭代/吴之季等编.—北京：人民教育出版社，1990.3.—127页；32开.—ISBN 7-107-10512-4：1.45元

发现的数学：数学研究的艺术/(　)卡丁(Gardiner，A.)著；黄元正，毛正中译.—成都：四川教育出版社，1990.10.—265页；大32开.—ISBN 7-5408-1337-7：3.50元

形象、灵感、审美与数学创造/郑隆炘著.—武汉：湖北教育出版社，1990.8.—260页；32开.—ISBN 7-5351-0507-6：2.40元

泛系理论与数学方法/吴学谋著.—南京：江苏教育出版社，1990.7.—122页；大28开.—(数学方法论丛书/徐利治主编).—ISBN 7-5343-1052-0：1.65元

科学之王：数学的历史、思想与方法/张柏平，朱家生编著.—郑州：河南教育出版社，1990.8.—341页；大32开.—ISBN 7-5347-0595-9：3.85元

数形结合解题思路分析/周志文，陈威编著.—福州：福建人民出版社，1990.12.—248页；32开.ISBN 7-211-00758-3：2.50元

数学与人类文明/王宪昌著.—延吉：延边大学出版社，1990.12.—177页；32开.—(数学教育系列理论丛书/王玉启等主编).—ISBN 7-5634-0268-3：2.80元

数学与文化/邓东皋等编.—北京：北京大学出版社，1990.5.—360页；大32开.—(北京大学科学与社会丛书).—ISBN 7-301-01013-3：4.95元

数学与创造/张楚廷著.—长沙：湖南教育出版社，1990.11.—197页；大32开.—(数学·我们·数学丛书).—ISBN 7-5355-1198-8：3.80元

数学与思维/徐利治，王前著.—长沙：湖南教育出版社，1990.1.—123页；大32开.—(数学·我们·数学丛书).—ISBN 7-5355-1045-0：3.00元

数学与哲学/张景中著.—长沙：湖南教育出版社，1990.1.—154页；大32开.—(数学·我们·数学丛书).—ISBN 7-5355-1053-1：3.40元

数学中的美学方法/徐本顺，殷启正著.—南京：江苏教育出版社，1990.7.—140页；大28开.—(数学方法论丛书/徐利治主编).—ISBN 7-5343-1094-6：1.80元

数学形态学方法及其应用/唐常青等编著.—北京：科学出版社，1990.8.—179页；32开.—ISBN 7-03-001742-0：2.50元

数学证明/萧文强著.—南京：江苏教育出版社，1990.7.—195页；大28开.—(数学方法论丛书/徐利治主编).—ISBN 7-5343-1097-0：2.40元

数学抽象方法及抽象度分析法/徐利治，郑毓信著.—南京：江苏教育出版社，1990.11.—124页；大32开.—(数学方法论丛书/徐利治主编).—ISBN 7-5343-1171-3：1.65元

数学思维论/任樟辉著.—南宁：广西教育出版社，1990.9.—327页；大32开.—(数学教育丛书/马忠林主编).—ISBN 7-5435-1034-0：4.85元

数学哲学新论/郑毓信著.—南京：江苏教育出版社，1990.10.—257页；大32开.—ISBN 7-5343-1161-6：3.20元

数学家言行录/(美)莫里兹(Moritz，R.E.)编著；朱剑英编译.—南京：江苏教育出版社，1990.7.—127页；大28开.—(数学方法论丛书/徐利治主编).—ISBN 7-5343-1100-4：1.70元

数学猜想：它的思想与方法/徐本顺，解恩泽编著.—长沙：湖南科学技术出版社，1990.3.—242页；大32开.—(潜科学丛书).—ISBN 7-5357-0654-4：4.60元

数学智慧的横向渗透：数学思想方法论/查有梁，李以渝著.—成都：四川教育出版社，1990.10.—258页；大32开.—ISBN 7-5408-1291-5：3.52元

数学解题方法论/王振鸣主编.—海口：南海出版公司，1990.12.—314页；大32开.—(数学教育丛书).ISBN 7-80570-355-8：4.80元

数学谬误与悖论/(美)布赖恩·H.本奇著；陈国君，姚竭译.—呼和浩特：内蒙古人民出版社，1990.8.—250页；32开.—ISBN 7-204-00862-6：2.60元

O 1-4　数学教育与普及

中专数学学习指南/梁传富等主编.—南宁：广西教育出版社，1990.9.—408页；32开.—ISBN 7-5435-1031-6：3.80元

中专数学标准化题精选/郑明松主编.—武汉：武汉测绘科技大学出版社，1990.12.—179页；32开.ISBN 7-81030-060-1：2.40元

中专数学选择题练习册/广东省中专数学教研会题库研究组编.—修订本.—广州：广东高等教育出版社，1990.12.—121页；32开.—ISBN 7-5361-0365-4：1.60元

本书1989年7月第1版。

中专数学选择题练习册答案/广东省中专数学教研会题库研究组编.—广州：广东高等教育出版社，1990.12.—61页；32开.—ISBN 7-5361-0365-4：0.90元

中学数学解题思维方法与技巧/李森主编.—北京：中国物资出版社，1990.1.—257页；32开.—ISBN 7-5047-0144-0：2.50元

今日数学中的趣味问题/吴振奎，俞晓群编.—天津：天津科学技术出版社，1990.1.—175页；32开.ISBN 7-5308-0452-9：2.35元

打开你的数学思路/刘云章，潘慰高编著.—南京：江苏科学技术出版社，1990.2.—197页；32开.—ISBN 7-5345-0853-3：2.25元

电工数学/劳动部培训司组织编写.—北京：中国劳动出版社，1990.9.—125页；32开.—中级电工培训教材.—ISBN 7-5045-0520-X：1.50元

外国趣味数学题荟萃/霍光利，聂丽编译.—北京：北京科学技术出版社，1990.2.—152页；32开.—ISBN 7-5304-0554-3：2.30元

亚运与数学/中国少年报社编.—杭州：浙江大学出版社，1990.7.—133页；照片；32开.—ISBN 7-308-00546-1：2.00元

全苏数学奥林匹克试题/（苏）Василбев，Н.Б.，（　）ЕГоров，А.А.著；李墨卿等译.—济南：山东教育出版社，1990.12.—378页；32开.—ISBN 7-5328-1020-8：3.40元

近代数学教育史话/张奠宙等著.—北京：人民教育出版社，1990.12.—248页；大32开.—ISBN 7-107-10682-1：3.50元

现代数学与中学数学/张奠宙，邹一心编著.—上海：上海教育出版社，1990.9.—524页；大32开.ISBN 7-5320-1913-3：5.85元

国际展望：九十年代的数学教育/张奠宙等编译.上海：上海教育出版社，1990.12.—188页；16开.（ICMI研究丛书；1）.—ISBN 7-5320-2082-7：4.90元

怎样解数学竞赛题/周士藩等编著.—南京：南京出版社，1990.5.—340页；32开.—ISBN 7-80560-195-X：3.20元

等周问题与夫妇入座问题/丁石孙主编.—北京：北京大学出版社，1990.2.—199页；32开.—（数学小丛书·智慧之花）.—ISBN 7-301-01002-8：2.85元

数学天方夜谭：续/陈永明等著.—北京：中国少年儿童出版社，1990.4.—186页；32开.—ISBN 7-5007-0892-0：1.90元

数学——启迪智慧/张国栋著.—北京：中国文史出版社，1990.8.—127页；32开.—（智慧之星丛书）.ISBN 7-5034-0091-9：2.40元

数学的学习方法/吕传汉编著.—北京：高等教育出版社，1990.11.—174页；大32开.—ISBN 7-04-002522-1：1.45元

数学的魅力/曾晓新著.—重庆：科学技术文献出版社重庆分社，1990.5.—208页；32开.—ISBN 7-5023-1111-4：2.40元

数学学习辅导　下册/李祥伦主编.—北京：高等教育出版社，1990.3.—201页；32开.—成人中专教学参考书.—ISBN 7-04-002758-5：1.40元

数学标准化试题库　第三集/侯昭群主编.—徐州：中国矿业大学出版社，1990.6.—365页；32开.—中等专业学校教学参考书.—ISBN 7-81021-415-2：3.60元

数学科普学/李毓佩编.—成都：四川教育出版社，1990.9.—140页；大32开.—ISBN 7-5408-1292-3：1.84元

数学（文科）教与学指导书.—济南：济南出版社，1990.6.—320页；32开.—职工中等专业学校教材.ISBN 7-80572-197-1：3.30元

数学（第一册）教学参考书/财经类中专数学教材编写组编.—北京：高等教育出版社，1990.3.—157页；32开.—中等专业学校试用教材　财经类专业通用.—ISBN 7-04-002727-5：1.10元

数学（第三册）教学参考书/财经类中专数学教材编写组编.—北京：高等教育出版社，1990.3.208页；32开.—中等专业学校试用教材　财经类专业通用.—ISBN 7-04-002842-5：1.40元

数学（第三册）教学参考书/上海市中专数学教材编写组编.—北京：高等教育出版社，1990.10.—328页；32开.—中等专业学校教材　工科专业通用.ISBN 7-04-003155-8：2.10元

数学奥林匹克：1989，30届国际数学竞赛预选题/单墫等编.—北京：北京大学出版社，1990.10.—187页；32开.—ISBN 7-301-01379-5：3.10元

数学趣题与智力开发/李调琴，郭志敏编.—北京：

教育科学出版社，1990.6.—120页；32开.—ISBN 7-5041-0505-8：1.60元

漫游自然数王国/贾庆祥编.—济南：明天出版社，1990.8.—301页；32开.—ISBN 7-5332-1058-1：3.20元

趣味智力题解/（美）J.A.H.亨特著；李学植，李向恕译.—北京：中国妇女出版社，1990.12.—128页；32开.—ISBN 7-80016-391-1：2.10元

本书编撰了150道撩人的智力数学题。每道题以措词幽默的故事出现，将现代数学知识寄寓其中，富有哲理性与科学性。

1，2，3…，以外/萧文强著.—广州：广东教育出版社，1990.7.—202页；32开.—ISBN 7-5406-0793-9：2.15元

GRE数学800分：应试技巧及试题详解/唐金龙编著.—上海：上海外语教育出版社，1990.9.—282页；32开.—ISBN 7-81009-540-4：4.00元

O 1-61　数学参考工具书

递增（减）速度计算手册/宋宗义编著.—北京：化学工业出版社，1990.9.—46页；大32开.—计划、统计工作用.—ISBN 7-5025-0748-5：1.20元

常用统计数表/钟守洋等编.—北京：中国统计出版社，1990.11.—247页；16开.—ISBN 7-5037-0414-4（精装）：20.00元

数学手册/（英）伯德（Bird，J.O.）著；方开文，华玉清译.—北京：科学出版社，1990.12.—322页；32开.—（新技术、科学系列）.—ISBN 7-03-001840-0：7.20元

书名原文：Newnes Mathematics Pocket Book for Engineers

O 11　古典数学

九章算术今译/白尚恕译.—济南：山东教育出版社，1990.12.—483页；大32开.—ISBN 7-5328-0952-8（精装）：8.00元

中国古典数学名著《九章算术》今解/肖作政编译.—沈阳：辽宁人民出版社，1990.5.—223页；32开.—ISBN 7-205-01347-X：3.10元

东方数学典籍《九章算术》及其刘徽注研究/李继闵著.—西安：陕西人民教育出版社，1990.3.—492页；大32开.—ISBN 7-5419-1449-5（精装）：13.00元

早期数学史选篇/（丹麦）艾鲍（Aaboe，A.）著；周民强译.—北京：北京大学出版社，1990.3.—149页；32开.—（美国新数学丛书）.—ISBN 7-301-00779-5：1.90元

书名原文：Episodes From the Early History of Mathe Maties

本书介绍了巴比伦数学、欧几里得的《几何原本》、阿基米德的数学著作和托勒密的《天文大全》，作者不仅考察了这些古代数学成就的来源及其产生的历史背景，而且阐明了这些古代杰出数学家的思维模式。

初等数学简史/袁小明编著.—北京：人民教育出版社，1990.2.—270页；32开.—ISBN 7-107-10430-6：2.95元

明清数学史论文集：繁体字本/梅荣照主编.—南京：江苏教育出版社，1990.8.—479页；大32开.ISBN 7-5343-1133-0（精装）：7.75元

周髀算经/赵爽注；甄鸾重述；李淳风注释·**九章算术**/刘徽注；李淳风注释.—上海：上海古籍出版社，1990.9.—104页；大32开.—（诸子百家丛书）.ISBN 7-5325-0813-7：2.60元

数学史上的里程碑/（美）伊夫斯（Eves，H.）著；欧阳绛等译.—北京：北京科学技术出版社，1990.10.—443页；大32开.—ISBN 7-5304-0651-5：6.60元

书名原文：Great Moments in Mathematics

数学思想史/王玉启等主编.—长春：吉林大学出版社，1990.11.—181页；32开.—（数学教育学系列理论丛书/王玉启等主编）.—ISBN 7-5601-0682-X：2.55元

数学竞赛史话/单墫著.—南宁：广西教育出版社，1990.5.—203页；32开.—ISBN 7-5435-0818-4：2.75元

O 12　初等数学

初等数学方法/郭祖坤主编.—大连：大连理工大学出版社，1990.12.—336页；32开.—ISBN 7-5611-0336-0：3.80元

初等数学的由来/陈竹如编著.—长春：吉林大学出版社，1990.8.—176页；32开.—ISBN 7-5601-0563-7：2.30元

初等数学研究/赵慈庚主编.—北京：北京师范大学出版社，1990.6.—710页；32开.—ISBN 7-303-00155-7：7.05元

初等数学概论/钟善基主编.—北京：知识出版社，1990.6.—789页；32开.—ISBN 7-5015-0290-0：14.00元

数学/山东省乡镇企业职工中等专业学校组编.—济南：山东大学出版社，1990.8.—372页；32开.—乡镇企业职工中专教材.—ISBN 7-5607-0369-0：4.70元

数学/机械电子工业部统编.—北京：机械工业出版社，1990.7.—389页；32开.—机械类技工学校教改试用教材.—ISBN 7-111-02226-2：5.40元

数学/施沛霪主编.—杭州：浙江教育出版社，1990.2.—163页；16开.—中等卫生学校教材　供护士、助

产士专业用.—ISBN 7-5338-0644-1：2.85元

数学/徐淑娟主编.—北京：中国财政经济出版社，1990.3.—556页；32开.—成人中等专业学校自学函授试用教材.—ISBN 7-5005-0924-3：6.30元

数学　上册/劳动部培训司组织编写.—2版.—北京：劳动人事出版社，1990.3.—283页；32开.—全国技工学校通用教材.—ISBN 7-5045-0446-7：2.45元

本书1985年3月第1版。

数学　下册/劳动部培训司组织编写.—2版.—北京：劳动人事出版社，1990.3.—225页；32开.—全国技工学校通用教材.—ISBN 7-5045-0447-5：1.95元

本书1985年3月第1版。

数学　上册/项复民主编.—南京：江苏教育出版社，1990.6.—374页；32开.—江苏省成人中专试用教材.—ISBN 7-5343-1089-X：2.85元

数学　上册/解长令等编.—长春：吉林大学出版社，1990.8.—220页；32开.—经济类成人中专教材.ISBN 7-5601-0579-3：3.20元

数学　第二册.—北京：中国物资出版社，1990.1.183页；32开.—全国中等物资学校试用教材.—ISBN 7-5047-0130-0：2.00元

O 121　算　术

小明学整数：整数花园探秘/方金秋编著.—广州：广东教育出版社，1990.7.—146页；32开.—ISBN 7-5406-0861-7：1.70元

四则运算准、快、巧/乔永洁，冯夏编写.—郑州：河南教育出版社，1990.11.—196页；32开.—ISBN -5347-0785-4：1.40元

笔算速算珠算三式心算法/徐思众编著.—北京：机械工业出版社，1990.10.—180页；32开.—ISBN 7-111-02547-4：2.90元

算术基础理论/福建省中等师范学校函授部编.—福州：福建教育出版社，1990.11.—354页；32开.福建省中等师范函授试用课本.—ISBN 7-5334-0774-1：3.25元

O 121.4　心算法、速算法

速算秘诀/李世杰编.—北京：北京师范大学出版社，1990.6.—144页；32开.—ISBN 7-303-00991-4：1.80元

125凑调速算法/黄光明著.—南宁：接力出版社，1990.12.—85页；32开.—ISBN 7-80581-160-1：1.20元

O 121.5　珠算、筹算

大学珠算/张雪芬著.—上海：复旦大学出版社，1990.10.—193页；32开.—ISBN 7-309-00583-X：3.30元

中国珠算大全/余宁旺主编.—天津：天津科学技术出版社，1990.5.—904页；大32开.—ISBN 7-5308-0817-6（精装）：19.50元

内蒙古珠算协会志/《内蒙古珠算协会志》编写组编.—呼和浩特：内蒙古人民出版社，1990.3.—221页；32开.—ISBN 7-204-00945-2：3.00元

计算技术/邵振山，刘达权编.—北京：高等教育出版社，1990.8.—238页；32开.—中等职业技术学校试用教材.—ISBN 7-04-002923-5：1.40元

计算技术习题集/邵振山，刘达权编.—北京：高等教育出版社，1990.11.—163页；16开.—中等职业技术学校试用教材.—ISBN 7-04-003033-0：2.05元

计算技术练习册/上海市第一商业局教育处，上海市教育局职业技术教育处主编.—上海：上海科技教育出版社，1990.4.—173页；32开.—（商业经营专业系列读本）.—ISBN 7-5428-0387-5：1.60元

全国珠算技术等级练习题/韦丙申等编著.—南宁：广西教育出版社，1990.6.—78页；16开.—ISBN 7-5435-0891-5：1.55元

全国珠算技术等级鉴定标准练习题/华千文编.—牡丹江：黑龙江朝鲜民族出版社，1990.8.—84页；16开.—ISBN 7-5389-0263-5：2.50元

全国珠算技术鉴定标准练习题集/刘善堂，王宏智编.—长春：吉林教育出版社，1990.4.—89页；16开.—ISBN 7-5383-0982-9：2.40元

财经计算技术教程/陕西财政专科学校中算研究室编.—西安：陕西人民出版社，1990.7.—377页；32开.—ISBN 7-224-01247-5：4.10元

实用计算技术：珠算与电子计算器的应用/姜士贤，康绍迪编.—北京：电子工业出版社，1990.8.249页；32开.—ISBN 7-5053-0879-3：2.80元

实用财经珠算/习咏霞等编.—北京：经济科学出版社，1990.2.—152页；32开.—ISBN 7-5058-0294-1：1.90元

实用珠算：城乡珠算一看通/朱永远编著.—北京：机械工业出版社，1990.8.—362页；32开.ISBN 7-111-02384-6：5.20元

珠算/熊发业编.—广州：广东高等教育出版社，1990.7.—94页；16开.—广东省电视中专教材.ISBN 7-5361-0502-9：2.00元

珠算习题集/杨国瑞，陶漱泉编.—2版.—上海：立信会计图书用品社，1990.10.—267页；16开.—（立信财经丛书）.—ISBN 7-5429-0078-1：5.60元

本书1984年10月第1版。

珠算科技知识/全国珠算科技知识竞赛组织委员会编.—上海：立信会计图书用品社，1990.8.—330

页；32开.—ISBN 7-5429-0075-7：3.00元

珠算科技知识辅导/新疆珠算科技知识竞赛专家评审组编.—乌鲁木齐：新疆人民出版社，1990.9.149页；32开.—ISBN 7-228-01616-5：2.50元

珠算科技知识提要与问答/河南省珠算科技知识竞赛组织委员会编.—郑州：河南教育出版社，1990.12.—200页；32开.—ISBN 7-5347-0945-8：1.90元

珠算速算技术/呼所义等主编.—西安：陕西人民出版社，1990.10.—111页；32开.—ISBN 7-224-01324-2：1.50元

珠算通级速成法/韩德水编著.—北京：中国青年出版社，1990.5.—205页；32开.—ISBN 7-5006-0595-1：2.85元

简便珠算速算法/徐思众，彭世杰编著.—北京：机械工业出版社，1990.8.—184页；32开.—ISBN 7-111-02490-7：2.90元

O 122　初等代数

不等式/严镇军编.—北京：人民教育出版社，1990.3.—164页；32开.—ISBN 7-107-10434-9：1.80元

代数与初等函数（上册）形成性测验手册/江苏省中等师范学校数学中心组编.—南京：江苏教育出版社，1990.5.—145页；32开.—三年制中等师范学校数学课本.—ISBN 7-5343-1030-X：1.20元

《代数与初等函数》教学辅导/陈俊斌等编写.—西安：陕西人民出版社，1990.11.—128页；32开.—陕西省卫星电视教育·小学教师培训教材.—ISBN 7-224-01385-4：1.75元

初等代数教材教法/曹才翰编.—北京：高等教育出版社，1990.9.—323页；大32开.—高等师范专科学校教材.—ISBN 7-04-003127-2：2.25元

解极值与最值问题的方法与技巧/黄戈编著.—南宁：广西教育出版社，1990.6.—156页；32开.（中学数学专题辅导丛书）.—ISBN 7-5435-0930-X：1.60元

O 123　初等几何

几何解题技巧和训练/门树慧，门树敏编著.—北京：科学技术文献出版社，1990.6.—169页；32开.ISBN 7-5023-1206-4：3.50元

勾股数及其推广/蒋声，陈瑞琛编著.—北京：人民教育出版社，1990.2.—86页；32开.—ISBN 7-107-10511-6：1.00元

平面几何巧解/徐名亮，粤山编著.—上海：同济大学出版社，1990.12.—365页；32开.—ISBN 7-5608-0684-8：4.00元

平面几何的论证思维/郭思乐，郭伟才编著.—南宁：广西教育出版社，1990.9.—207页；32开.—ISBN 7-5435-1033-2：2.25元

平面几何解题指导：平移、旋转法解几何题/费林北，柴夏芬编者.—上海：同济大学出版社，1990.11.—323页；32开.—ISBN 7-5608-0603-0：3.85元

初等几何教材教法/钟善基，孙瑞清编.—北京：高等教育出版社，1990.9.—211页；大32开.—高等师范专科学校教材.—ISBN 7-04-003128-0：1.50元

圆——数学的窗口/（美）佩多（Pedoe，D.）著；柳长翥，龚如义译.—哈尔滨：黑龙江科学技术出版社，1990.8.—112页；36开.—ISBN 7-5388-1114-1：1.90元

逻辑初步与立体几何形成性测验手册/江苏省中等师范学校数学中心组编.—南京：江苏教育出版社，1990.4.—119页；32开.—三年制中等师范学校数学课本.—ISBN 7-5343-1029-6：1.05元

O 13　高等数学

1991年全国工学、经济学硕士研究生入学考试数学考试大纲/中华人民共和国国家教育委员会制订.—北京：高等教育出版社，1990.10.—93页；32开.—ISBN 7-04-002636-8：0.75元

大学文科基础数学　第一册/姚孟臣编.—北京：北京大学出版社，1990.3.—392页；大32开.—北京大学教材.—ISBN 7-301-01075-3：3.05元

大学文科基础数学　第二册/姚孟臣编.—北京：北京大学出版社，1990.10.—262页；大32开.—北京大学教材.—ISBN 7-301-01231-4：3.90元

大学数学习题精编/汪光顺等编.—北京：机械工业出版社，1990.10.—648页；32开.—ISBN 7-111-021215-5：12.90元

上海工科院校高等数学试题汇解：1978～1989/王荷芬等编.—上海：同济大学出版社，1990.5.—1082页；大32开.—ISBN 7-5608-0263-X：13.10元

中等专业学校教材工科专业通用数学第三册教学参考书/上海市中专数学教材编写组编.—北京：高等教育出版社，1990.10.—328页；32开.—ISBN 7-04-003155-8：2.10元

成人自学高等数学复习指南/李毓芳，杜虎才编.乌鲁木齐：新疆大学出版社，1990.6.—323页；32开.—ISBN 7-5631-0141-1：3.90元

纪念闵嗣鹤教授学术报告会论文选集.—济南：山东大学出版社，1990.11.—176页；16开.—ISBN 7-5607-0392-8：8.50元

本书内容涉及数论、代数、拓扑、分析与函数论、概率统计等数学分支，反映了我国数学工作者所取得的具有国际水平的成果。

高等工科数学　第二册：多元微积分/陈雄南主编.上海：上海科学技术文献出版社，1990.7.—521页；

32开.—ISBN 7-80513-636-X：5.90元

高等数学/山东建筑工程学院等编写组编.—济南：山东大学出版社，1990.6.—540页；大32开.—高等工业学校试用教材.—ISBN 7-5607-0363-1：5.40元

高等数学/四川大学数学系高等数学教研室编.—2版.—北京：高等教育出版社，1990.5.—509页；大32开.—高等学校教材　物理类专业用.—ISBN 7-04-002843-3：3.45元

本书1979年3月第1版。

高等数学/朱学炎等编.—上海：复旦大学出版社，1990.4.—433页；大32开.—生物和化学类专业用.ISBN 7-309-00326-8：3.30元

高等数学/李远聆等编著.—武汉：武汉测绘科技大学出版社，1990.5.—405页；16开.—ISBN 7-81030-030-X：8.30元

高等数学/李健主编.—厦门：鹭江出版社，1990.5.—422页；32开.—华东地区经济管理干部学院统编教材.—ISBN 7-80533-286-X：4.60元

高等数学/李崇孝主编.—昆明：云南科技出版社，1990.6.—2册（904页）；32开.—高等学校试用教材专科用.—ISBN 7-5416-0306-6：11.80元

高等数学/沈永欢等编.—北京：高等教育出版社，1990.6.—879页；大32开.—（硕士生入学考试基础课自学丛书）.—ISBN 7-04-000898-X：6.35元

高等数学/张范荪，王作英编著.—北京：测绘出版社，1990.5.—625页；16开.—高等学校函授教材.ISBN 7-5030-0023-6：7.80元

高等数学/金井平主编.—长春：东北师范大学出版社,1990.6.—494页；大32开.—全国高等师范专科学校教材　供化学专业用.—ISBN 7-5602-0399-X：3.75元

高等数学/郑丽谦主编.—北京：机械工业出版社，1990.8.—409页；大32开.—高等学校适用.—ISBN 7-111-02590-3：7.50元

高等数学/哈尔滨大学等编.—哈尔滨：黑龙江科学技术出版社，1990.1.—389页；16开.—职业大学试用教材.—ISBN 7-5388-0765-9：9.50元

高等数学/潘鹊屏主编.—南京：江苏科学技术出版社，1990.2.—832页；大32开.—ISBN 7-5345-0834-7：10.00元

高等数学/潘鹊屏主编.—南京：江苏科学技术出版社，1990.2.—832页；大32开.—ISBN 7-5345-0835-5（精装）：13.20元

高等数学　上册/王友梧主编；高文森，李凤琴编写.—长春：吉林大学出版社，1990.9.—397页；32开.—ISBN 7-5601-0586-6：3.95元

高等数学　下册/王友梧主编；冯鹏起，曹尔璞编写.—长春：吉林大学出版社，1990.12.—465页；32开.—ISBN 7-5601-0737-0：4.95元

高等数学　上册/王存喜，宣体佐编.—北京：北京师范大学出版社，1990.4.—445页；大32开.—高等学校教学用书　化、生、地专业用.—ISBN 7-303-00826-8：3.45元

高等数学　下册/王存喜，宣体佐编.—北京：北京师范大学出版社，1990.7.—466页；大32开.—高等学校教学用书　化、生、地专业用.—ISBN 7-303-00872-1：3.55元

高等数学　上册/华东六省工科数学系列教材编委会主编.—沈阳：辽宁科学技术出版社，1990.6.495页；32开.—高等学校工科数学系列教材.—ISBN 7-5381-0862-9：6.30元

高等数学　上册/华东师范大学数学系编.—北京：高等教育出版社，1990.5.—365页；大32开.—高等师范专科学校教材.—ISBN 7-04-002840-9：2.65元

高等数学　下册/华东师范大学数学系编.—北京：高等教育出版社，1990.9.—234页；大32开.—高等师范专科学校教材.—ISBN 7-04-003156-6：1.65元

高等数学　上册/刘颖主编.—北京：北京理工大学出版社，1990.6.—504页；32开.—ISBN 7-81013-327-6：4.50元

高等数学　下册/余以寿，王德民编著.—武汉：武汉测绘科技大学出版社，1990.1.—273页；16开.专科试用教材.—ISBN 7-81030-021-0：3.00元

高等数学　下册/陆庆乐，马知恩编.—北京：高等教育出版社，1990.12.—249页；大32开.—全国高等教育自学考试教材　机械类专业.—ISBN 7-04-002657-0：1.95元

高等数学　下册/《高等数学》编写组编.—东营：石油大学出版社，1990.9.—430页；32开.—高等学校教学用书：专科版.—ISBN 7-5636-0084-1：4.90元

高等数学　上册/能源部（水力电力系统）部属高校数学教学研究协作组编.—北京：北京科学技术出版社，1990.6.—405页；32开.—水利电力系统高等院校专科教学用书.—ISBN 7-5304-0670-1：4.10元

高等数学　下册/能源部（水利电力系统）部属高校数学教学研究协作组编.—北京：北京科学技术出版社，1990.9.—305页；32开.—水利电力系统高等院校专科教学用书.—ISBN 7-5304-0704-X：3.40元

高等数学　第一册/吴满等编.—广州：华南理工大学出版社，1990.7.—511页；32开.—成人高等教育教材.—ISBN 7-5623-0189-1：7.20元

高等数学　第二册/吴满等编.—广州：华南理工大学出版社，1990.12.—514页；32开.—成人高等教育

教材.—ISBN 7-5623-0203-0：7.40元

高等数学　第二册/文丽，吴良大编.—北京：北京大学出版社，1990.2.—391页；大32开.—北京大学教材：物理类.—ISBN 7-301-01048-6：3.05元

高等数学　第三册/文丽，吴良大编.—北京：北京大学出版社，1990.10.—343页；大32开.—北京大学教材：物理类.—ISBN 7-301-01230-6：2.70元

高等数学一题多题/陈祥生编著.—北京：中国经济出版社，1990.6.—373页；32开.—ISBN 7-5017-0731-6：5.40元

高等数学习题课讲义/王友梧主编；高仪新，赵忠柏编写.—长春：吉林大学出版社，1990.11.—506页；32开.—ISBN 7-5601-0679-X：5.50元

高等数学习题课讲义/周建莹，李正元编.—北京：北京大学出版社，1990.7.—686页；大32开.—生化类.—ISBN 7-301-01108-3：9.15元

高等数学习题课讲义/姜广良等编.—沈阳：东北工学院出版社，1990.8.—294页；16开.—高等学校教材.—ISBN 7-81006-241-7：5.10元

高等数学习题课指导书/李云甫等编.—长沙：中南工业大学出版社，1990.1.—556页；32开.—高等学校教学参考书.—ISBN 7-81020-287-1：5.40元

高等数学习题课教程/西安公路学院数学教研室主编.—西安：西北工业大学出版社，1990.9.—389页；16开.—ISBN 7-5612-0285-7：8.00元

高等数学习题课30讲/徐兵编著.—北京：北京航空航天大学出版社，1990.3.—205页；大32开.—ISBN 7-81012-157-X：3.30元

高等数学习题集/华东六省工科数学系列教材编委会主编.—沈阳：辽宁科学技术出版社，1990.6.424页；32开.—高等学校工科数学系列教材.—ISBN 7-5381-0878-5：5.40元

高等数学成人自学指南/河海大学函授数学组编著.南京：河海大学出版社，1990.2.—539页；32开.ISBN 7-5630-0251-0：5.40元

《高等数学》自学及解题指导/同济大学函授数学教研室编著.—上海：同济大学出版社，1990.8.551页；大32开.—高等学校函授教材.—ISBN 7-5608-0555-8：6.50元

高等数学例题与习题/同济大学高等数学教研室编.上海：同济大学出版社，1990.8.—628页；大32开.ISBN 7-5608-0580-9：7.95元

高等数学学习指导书　上册/华东六省工科数学系列教材编委会主编.—沈阳：辽宁科学技术出版社，1990.7.—446页；32开.—高等学校工科数学系列教材.—ISBN 7-5381-0860-2：5.70元

高等数学复习指导/甘以炎主编.—武汉：武汉工业大学出版社，1990.8.—336页；32开.—高等专科学校教学参考书.—ISBN 7-5629-0425-1：4.30元

高等数学复习指导　下册/郭豫敏，姜培润编.—石家庄：河北教育出版社，1990.12.—422页；大32开.（报考硕士研究生复习参考丛书）.—ISBN 7-5434-0637-3：4.15元

高等数学教与学/詹元亮等编著.—呼和浩特：内蒙古人民出版社，1990.6.—738页；32开.—ISBN 7-204-00572-4：7.90元

高等数学教程/张汉英主编.—大连：大连海运学院出版社，1990.8.—362页；16开.—ISBN 7-5632-0260-9：9.00元

高等数学辅导材料　上册/王作英编.—武汉：武汉测绘科技大学出版社，1990.4.—144页；16开.—ISBN 7-81030-039-3：1.70元

高等数学辅导材料　下册/王作英编.—武汉：武汉测绘科技大学出版社，1990.4.—130页；16开.—ISBN 7-81030-040-7：1.54元

高等数学解题方法研究/郝同壬等编.—广州：华南理工大学出版社，1990.11.—300页；32开.—ISBN 7-5623-0223-5：3.70元

高等数学题解指导/吴满等编.—广州：华南理工大学出版社，1990.10.—468页；32开.—成人高等教育教学参考书.—ISBN 7-5623-0194-8：6.70元

新编高等数学　第三册：线性代数部分/刘义循，徐军民编著.—兰州：兰州大学出版社，1990.6.233页；大32开.—ISBN 7-311-00298-2：2.00元

新编高等数学基础　上册/张岳生等主编.—武汉：湖北教育出版社，1990.7.—252页；大32开.—高等学校教材.—ISBN 7-5351-0467-3：2.15元

新编高等数学基础　中册/王启泰等主编.—武汉：湖北教育出版社，1990.6.—177页；大32开.—高等学校教材.—ISBN 7-5351-0468-1：1.65元

新编高等数学基础　下册/黄守德等主编.—武汉：湖北教育出版社，1990.7.—389页；大32开.—高等学校教材.—ISBN 7-5351-0469-X：3.30元

新编高等数学基础：解题导引/王大智等编.—武汉：湖北教育出版社，1990.6.—627页；大32开.高等学校教材.—ISBN 7-5351-0470-3：5.25元

O 14　数理逻辑、数学基础

反应扩散方程引论/叶其孝，李正元著.—北京：科学出版社，1990.2.—488页；大32开.—（现代数学基础丛书）.—ISBN 7-03-001500-2：19.00元

原始递归算术/沈百英著.—上海：华东化工学院出版社，1990.10.—433页；16开.—ISBN 7-5628-0081-2：5.55元

集合论导引/耿素云，屈婉玲编.—北京：北京大学出版社，1990.2.—222页；32开.—ISBN 7-301-00334-X：3.10元

数理逻辑/俞瑞钊编著.—杭州：浙江大学出版社，1990.11.—287页；大32开.—ISBN 7-308-00486-4：2.45元

数理逻辑/(苏)Ю.Л.叶尔绍夫，( )E.A.巴鲁金著；沈百英，叶瑞芬译.—上海：华东化工学院出版社，1990.5.—274页；大32开.—ISBN 7-5628-0080-4：2.15元

数理逻辑：离散数学原理之三/汪芳庭编著.—合肥：中国科学技术大学出版社，1990.9.—273页；大32开.—ISBN 7-312-00200-5：2.20元

数理逻辑与集合论/石纯一，王家廞编著.—北京：清华大学出版社，1990.2.—300页；大32开.—ISBN 7-302-00557-5：2.30元

数理逻辑与数学基础习题集/（法）马克（Marek，W.），（法）奥尼茨凯维奇（Onyszkiewioz，J.）著；张金马，李进译.—北京：中国人民大学出版社，1990.5.—342页；大32开.—ISBN 7-300-00671-X：4.00元

书名原文：Elements of Logiec and Foundat-ions of Mathematics in Problems

数理逻辑导引/张尚水著.—北京：中国社会科学出版社，1990.4.—326页；大32开.—ISBN 7-5004-0203-1：4.40元

数理逻辑基础/张振华编著.—沈阳：辽宁大学出版社，1990.9.—206页；32开.—ISBN 7-5610-0971-2：3.00元

O 141.4　模型理论

长期预测的数学模型及其应用/魏凤英，曹鸿兴著.—北京：气象出版社，1990.12.—157页；32开.ISBN 7-5029-0433-6：3.70元

数学模型/杨启帆，边馥萍编.—杭州：浙江大学出版社，1990.5.—343页；大32开.—ISBN 7-308-00522-4：2.85元

数学模型/董加礼等编著.—北京：北京工业大学出版社，1990.8.—201页；32开.—ISBN 7-5639-0109-4：3.90元

O 15　代数、数论、组合理论

代数思考题/邹庭荣主编.—西安：西北工业大学出版社，1990.7.—319页；32开.—ISBN 7-5612-0265-2：3.50元

近世代数简明教程/马达才等编著.—郑州：河南教育出版社，1990.12.—209页；大32开.—高等师范院校教材.—ISBN 7-5347-0939-3：2.60元

高等代数/杨子胥编.—北京：高等教育出版社，1990.4.—473页；大32开.—全国高等师范专科学校教材.—ISBN 7-04-002844-1：3.05元

高等代数/利广才，夏应祥编.—长沙：湖南教育出版社，1990.5.—403页；大32开.—师专试用教材.ISBN 7-5355-1129-5：5.40元

高等代数/陈重穆主编.—北京：高等教育出版社，1990.2.—493页；大32开.—高等学校试用教材.ISBN 7-04-002106-4：3.25元

高等代数/魏献祝主编.—上海：华东师范大学出版社，1990.10.—330页；大32开.—高等师专教材.ISBN 7-5617-0575-1：2.59元

高等代数方法选讲/钱芳华主编；和福生等编.—桂林：广西师范大学出版社，1990.9.—363页；大32开.—ISBN 7-5633-0938-1：3.50元

高等代数的内容与方法/孙宗明主编.—兰州：兰州大学出版社，1990.9.—464页；大32开.—ISBN 7-311-00325-3：5.20元

高等代数教程/穆大禄，裴惠生编.—济南：山东大学出版社，1990.8.—418页；大32开.—高等学校试用教材.—ISBN 7-5607-0373-9：6.10元

O 151　代数方程式论、线性代数

二阶矩阵群的表示与自守形式/黎景辉，蓝以中著.—北京：北京大学出版社，1990.2.—230页；大32开.—（北京大学数学丛书/程民德主编）.—ISBN 7-301-01101-6：5.45元

广义逆矩阵/崔玉亭，李淑霞编著.—青岛：青岛海洋大学出版社，1990.4.—303页；大32开.—ISBN 7-81026-021-9：2.50元

广义逆矩阵引论/何旭初，孙文瑜编著.—南京：江苏科学技术出版社，1990.12.—506页；大32开.ISBN 7-5345-1075-9：6.50元

线性代数/王友梧主编；戴天时编写.—长春.吉林大学出版社，1990.7.—182页；32开.—ISBN 7-5601-0536-X：2.10元

线性代数/金子瑜主编.—北京：农业出版社，1990.12.—287页；32开.—ISBN 7-109-01926-8：4.70元

线性代数/赵德修编.—北京：高等教育出版社，1990.8.—338页；大32开.—高等学校试用教材.—ISBN 7-04-003071-3：2.35元

线性代数及其应用/（美）斯特让（Strang，G.）著；侯自新等译.—天津：南开大学出版社，1990.4.—474页；大32开.—ISBN 7-310-00223-7：3.90元

书名原文：Linear Algebra and Its Applications

线性代数习题课讲义/任化民等编.—长春：吉林大学出版社，1990.9.—517页；大32开.—ISBN 7-5601-0610-2：3.45元

线性代数学习指导书/梁映森，李林曙编.—北京：中央广播电视大学出版社，1990.3.—145页；32开.ISBN 7-304-00668-1：1.00元

线性代数基本解题方法和技巧/毛纲源编著.—武汉：武汉工业大学出版社，1990.11.—273页；32开.线性代数学习指导.—ISBN 7-5629-0429-4：3.50元

矩阵理论与应用/陈公宁编著.—北京：高等教育出版社，1990.9.—384页；16开.—高等学校试用教材.ISBN 7-04-003044-6：4.35元

矩阵理论和矩阵不等式概要/（美）明（Minc, H.），（美）马库斯（Marcus, M.）著；张福振，杜吉佩译.—大连：大连理工大学出版社，1990.2.—229页；32开.—ISBN 7-5611-0273-9：3.20元

书名原文：A Survey of Marix Theory and matrix Inequalities

矩阵谱论/逄明贤编著.—长春：吉林大学出版社，1990.12.—270页；32开.—ISBN 7-5601-0725-7：3.75元

递推数列的特征方程/徐世震著.—杭州：浙江大学出版社，1990.3.—137页；32开.—ISBN 7-308-00492-9：1.65元

控制不等式基础/王伯英编著.—北京：北京师范大学出版社，1990.4.—133页；32开.—高等学校教学用书　附矩阵上的应用.—ISBN 7-303-00868-3：1.15元

新编线性代数/张乃书编著.—合肥：安徽科学技术出版社，1990.9.—265页；32开.—ISBN 7-5337-0362-6：3.15元

O 152　群　论

群及其表示/丁培柱，王毅编.—北京：高等教育出版社，1990.5.—469页；大32开.—ISBN 7-04-002830-1：3.55元

O 153　抽象代数

抽象代数基础/刘云英等编.—北京：北京师范大学出版社，1990.11.—198页；大32开.—高等学校教学用书.—ISBN 7-303-00985-X：1.60元

抽象代数基础与应用/屈家淦，赵可祥编.—西安：西安电子科技大学出版社，1990.12.—269页；32开.ISBN 7-5606-0158-8：1.75元

抽象代数概貌/曹锡华著.—北京：科学技术文献出版社，1990.2.—53页；大32开.—（数学概貌丛书）.ISBN 7-5023-0659-5：0.96元

格论基础/胡长流，宋振明编.—开封：河南大学出版社，1990.3.—317页；32开.—ISBN 7-81018-339-7：2.20元

域论/戴执中著.—北京：高等教育出版社，1990.7.—336页；大32开.—ISBN 7-04-002069-6：2.90元

O 156　数　论

数论入门/（英）布恩（Burn, R.P.）著；于秀源译.—北京：高等教育出版社，1990.7.—321页；大32开.—ISBN 7-04-000884-X：3.00元

书名原文：A Pathway into Number Theory

数论概貌/陈景润著.—北京：科学技术文献出版社，1990.2.—60页；大32开.—（数学概貌丛书）.ISBN 7-5023-0660-9：1.00元

O 157　组合理论

组合设计与编码/靳蕃编著.—峨眉山：西南交通大学出版社，1990.5.—456页；32开.—ISBN 7-81022-146-9：3.05元

组合数学/赵大宇，刘闰立编著.—大连：大连理工大学出版社，1990.10.—338页；32开.—ISBN 7-5611-0324-7：3.90元

组合数学基础/毛经中编著.—武汉：华中师范大学出版社，1990.6.—401页；大32开.—ISBN 7-5622-0514-0：3.25元

O 157.5　图　论

运筹图论：图、网络理论中的运筹问题/杜端甫编.—北京：北京航空航天大学出版社，1990.1.310页；16开.—ISBN 7-81012-129-4：3.95元

应用图论：图和电网络/（美）陈惠开著；范定松，张玲玲译.—北京：人民邮电出版社，1990.12.—612页；大32开.—ISBN 7-115-04265-9：9.40元

图论/陈子岐等编.—北京：高等教育出版社，1990.5.—240页；大32开.—ISBN 7-04-007838-7：1.90元

图论与网络最优化/宋增民编著.—南京：东南大学出版社，1990.12.—247页；32开.—ISBN 7-81023-401-3：3.50元

图论及其算法：离散数学原理之二/王树禾编著.合肥：中国科学技术大学出版社，1990.10.—334页；大32开.—ISBN 7-312-00216-1：2.60元

图论引论/陈光迪，方名编著.—南京：南京大学出版社，1990.5.—170页；32开.—ISBN 7-305-00286-0：2.95元

图论概要/杨炳儒编著.—天津：天津科学技术出版社，1990.7.—241页；16开.—ISBN 7-5308-0617-3：5.90元

O 158　离散数学

离散数学/孙怀民主编.—北京：北京航空航天大学出版社，1990.1.—361页；16开.—ISBN 7-81012-139-1：4.60元

离散数学：方法导引/李为鑑编著.—上海：复旦大学出版社，1990.1.—300页；大32开.—（大学数学学习指导）.—ISBN 7-309-00362-4：2.55元

离散数学习题集：抽象代数分册/张立昂编著.—北京：北京大学出版社，1990.8.—270页；32开.—ISBN 7-301-01106-7：3.85元

离散数学习题集：图论分册/耿素云编著.—北京：北京大学出版社，1990.3.—247页；32开.—ISBN 7-301-01092-3：3.15元

O 159　模糊数学

中国系统工程学会模糊数学与模糊系统委员会第五届年会论文选集/《中国系统工程学会模糊数学与模糊系统委员会第五届年会论文选集》编辑组编.—峨眉山：西南交通大学出版社，1990.8.—639页；16开.ISBN 7-81022-195-7：16.00元

模糊子集引论/（美）考夫曼著；王植槐等译.—南昌：江西教育出版社，1990.3.—331页；16开.—ISBN 7-5392-0697-0：6.00元

模糊矩阵理论及其应用/何平，王鸿绪著.—大连：大连理工大学出版社，1990.11.—387页；大32开.ISBN 7-5611-0337-9：6.30元

模糊数学方法/邹开其，靳正大编著.—大连：大连海运学院出版社，1990.9.—315页；32开.—ISBN 7-5632-0143-2：1.70元

O 17　数学分析

简明数学分析/欧阳光中编著.—上海：复旦大学出版社，1988.11.—522页；大32开.—（大学应用数学丛书）.—ISBN 7-309-00133-8：4.15元

数学分析/毛信实，董延新编.—北京：北京师范大学出版社，1990.5.—480页；大32开.—全国高等师范专科学校教材　物理专业用.—ISBN 7-303-00865-9：3.30元

数学分析　上册/王慕三，庄亚栋编.—北京：高等教育出版社，1990.4.—233页；大32开.—ISBN 7-04-002739-9：1.85元

数学分析　中册/庄亚栋，王慕三编著.—北京：高等教育出版社，1990.4.—308页；大32开.—ISBN 7-04-002850-6：2.40元

数学分析　下册/庄亚栋，王慕三编著.—北京：高等教育出版社，1990.9.—307页；大32开.—ISBN 7-04-003046-2：2.35元

数学分析　上册/郑英元等编.—北京：高等教育出版社，1990.3.—379页；大32开.—高等师范专科学校教材.—ISBN 7-04-002759-3：2.55元

数学分析　下册/郑英元等编.—北京：高等教育出版社，1990.3.—241页；大32开.—高等师范专科学校教材.—ISBN 7-04-002839-5：1.60元

数学分析入门　第一卷　第一分册/（日）杉浦光夫著；文小西，于琛译.—北京：高等教育出版社，1990.6.—302页；大32开.—ISBN 7-04-001993-0：2.35元

数学分析习题课讲义　下册/吕凤等编著.—长春：东北师范大学出版社，1990.9.—286页；大32开.ISBN 7-5602-0453-8：3.15元

数学分析习题课教材/方企勤，林源渠编著.—北京：北京大学出版社，1990.11.—448页；大32开.北京大学教材.—ISBN 7-301-01152-0：6.80元

数学分析中的问题和反例/汪林编.—昆明：云南科技出版社，1990.2.—572页；大32开.—ISBN 7-5416-0255-8：5.60元

数学分析方法选讲/周忠群主编.—重庆：西南师范大学出版社，1990.9.—486页；32开.—ISBN 7-5621-0410-7：3.05元

数学分析讲义　下册/刘玉琏，傅沛仁编.—2版.北京：高等教育出版社，1990.4.—452页；大32开.高等学校教材　本科用.—ISBN 7-04-001211-1：3.25元

本书1986年3月第1版。

数学分析的理论与方法/崔宝同等编著.—北京：科学技术文献出版社，1990.10.—452页；32开.—ISBN 7-5023-1298-6：7.50元

数学分析的概念与方法　下册/王向东，熊道统主编.—上海：上海科学技术文献出版社，1990.12.447页；大32开.—ISBN 7-80513-565-7：7.30元

数学分析学习指导　下册/烟台师范学院等院校编.济南：山东大学出版社，1990.7.—442页；32开.ISBN 7-5607-0279-1：4.70元

数学分析新讲　第一册/张筑生编著.—北京：北京大学出版社，1990.1.—304页；大32开.—北京大学教材.—ISBN 7-301-00846-5：2.50元

数学分析新讲　第二册/张筑生编著.—北京：北京大学出版社，1990.10.—386页；大32开.—北京大学教材.—ISBN 7-301-01228-4：6.30元

O 172　微积分

一元函数微积分学习辅导/赫爱英编著.—呼和浩特：内蒙古人民出版社，1990.4.—165页；32开.ISBN 7-204-00979-7：1.80元

积分学/鹿立江，牛亚轩编著.—兰州：兰州大学出

版社，1990.1.—298页；32开.—ISBN 7-311-00281-8：1.92元

微积分/何仁杰主编.—南京：东南大学出版社，1990.9.—470页；大32开.—大专高等数学.—ISBN 7-81023-387-4：4.95元

微积分/张积永，姜天来主编.—大连：大连理工大学出版社，1990.3.—288页；32开.—经济数学基础教材.—ISBN 7-5611-0279-8：3.50元

微积分 下册/（美）埃利斯(Ellis, R.),（ ）格里克(Gulick, D.)著；章平译.—南京：江苏科学技术出版社，1990.10.—606页；32开.—ISBN 7-5345-1055-4：6.75元

书名原文：Calculus With Analytic Geometry

微积分习题解析/刘海江主编.—长春：吉林大学出版社，1990.2.—318页；32开.—ISBN 7-5601-0422-3：3.80元

微积分多题型习题集/赵树嫄主编.—北京：高等教育出版社，1990.12.—429页；大32开.—经济管理应用数学基础参考书.—ISBN 7-04-003056-X：3.25元

微积分初步：学习与指导/于祥生，孙洪年编著.青岛：青岛海洋大学出版社，1990.12.—181页；32开.—成人中专教材.—ISBN 7-81026-104-5：2.50元

微积分学讲义 第三册/邝荣雨等编.—北京：北京师范大学出版社，1990.3.—339页；大32开.—高等学校教学用书.—ISBN 7-303-00844-6：2.75元

微积分标准化试题/刘书田，葛振三编著.—北京：学苑出版社，1990.9.—459页；32开.—高等学校教学参考书.—ISBN 7-5077-0163-8：6.00元

微积分客观性试题选编与解答/刘宝琪编.—长春：吉林教育出版社，1990.5.—173页；32开.—ISBN 7-5383-1024-X：2.20元

微积分（修订本）解题指导及高等教育自学考试历届试题分析/裴雪重主编.—北京：中国工人出版社，1990.—638页；32开.—（经济应用数学基础；1）.ISBN 7-5008-0579-9：7.45元

O 174 函数论

凸分析/史树中编著.—上海：上海科学技术出版社，1990.4.—194页；大32开.—ISBN 7-5323-1758-7：4.00元

凸分析导论/（荷）J.V.蒂尔著；王琦译.—长沙：中南工业大学出版社，1990.1.—183页；32开.—ISBN 7-81020-282-0：1.20元

多元复分析/钟同德，黄沙编著.—石家庄：河北教育出版社，1990.8.—370页；大32开.—ISBN 7-5434-0738-8：4.40元

李文清科学论文集/李文清著.—厦门：厦门大学出版社，1990.10.—193页；16开.—（南强丛书）.—ISBN 7-5615-0245-1：7.45元

本书主要收入作者的函数的零点分布、函数逼近论、泛函分析和有关变差函数等方面的论文。

应用傅里叶变换/刘培森编著.—北京：北京理工大学出版社，1990.12.—223页；32开.—ISBN 7-81013-375-6：1.65元

实分析基础/丁善瑞编著.—杭州：浙江大学出版社，1990.11.—378页；大32开.—ISBN 7-308-00408-2：3.20元

实用判别分析/孙尚拱，潘恩沛编著.—北京：科学出版社，1990.1.—391页；32开.—ISBN 7-03-001279-8：9.50元

实变函数与应用泛函分析讲义/吴卓人等编.—长沙：湖南教育出版社，1990.4.—364页；大32开.ISBN 7-5355-1119-8：5.00元

实变函数与泛函分析引论/龚怀云等编.—西安：西安交通大学出版社，1990.5.—410页；32开.—ISBN 7-5605-0254-7：2.60元

实变函数与泛函分析教程/张学莲编著.—北京：北京理工大学出版社，1990.3.—312页；32开.—ISBN 7-81013-309-8：2.20元

函数逼近论 下册/孙永生，房艮孙著.—北京：北京师范大学出版社，1990.1.—658页；大32开.（北京师范大学现代数学丛书/张禾瑞主编）.—ISBN 7-303-00595-1（精装）：15.00元；（平装）：12.80元

复变函数/肖荫庵主编.—长春：东北师范大学出版社，1990.12.—391页；大32开.—大学数学函授教材.—ISBN 7-5602-0519-4：3.20元

复变函数百题多解法/沈燮昌，顾莜英编著.—南宁：广西教育出版社，1990.5.—388页；大32开.（数学百题多解法丛书）.—ISBN 7-5435-0820-6：4.55元

复变函数选论/周正中编著.—南宁：广西教育出版社，1990.9.—278页；大32开.—ISBN 7-5435-1035-9：3.70元

椭圆型方程组理论和边值问题/李明忠等编著.—上海：复旦大学出版社，1990.9.—502页；大32开.（理科研究生丛书/李大潜主编）.—ISBN 7-309-00350-0：4.00元

最新实用三角函数不定积分手册/彭日昌著.—北京：水利电力出版社，1990.2.—840页；16开.—ISBN 7-120-00582-0：35.25元

数值逼近引论/王德人，杨忠华编.—北京：高等教育出版社，1990.6.—387页；大32开.—高等学校试用教材.—ISBN 7-04-002244-3：3.35元

O 175 微分方程、积分方程

仿微分算子引论/陈恕行等编.—北京：科学出版

社，1990.2.—205页；大32开.—(现代数学基础丛书/程民德主编).—ISBN 7-03-001501-0：7.50元

奇异积分方程论及其应用/侯宗义等著.—上海：上海科学技术出版社，1990.11.—344页；大32开.ISBN 7-5323-2023-5：6.10元

孤立子理论与应用/谷超豪等著.—杭州：浙江科学技术出版社，1990.8.—475页；大32开.—(应用数学丛书).—ISBN 7-5341-0217-0(精装)：10.00元

本书对孤立子的若干最基本概念，如物理背景、反散射方法、Bäcklund变换、有限维完全可积系、对称性、Kac-Moody代数、孤立子与微分几何、非线性波的数值研究、引力波孤立子等，作了详细介绍。

积分方程论/路见可，钟寿国编.—北京：高等教育出版社，1990.10.—350页；大32开.—ISBN 7-04-003157-4：2.70元

积分变换/熊大国编著.—北京：北京理工大学出版社，1990.5.—229页；大32开.—ISBN 7-81013-333-0：3.50元

积分变换理论及其应用/宫子吉等编著.—长春：吉林大学出版社，1990.12.—248页；32开.—ISBN 7-5601-0727-3：3.65元

常微分方程/蔡伟编著.—兰州：兰州大学出版社，1990.9.—421页；大32开.—ISBN 7-311-00307-5：3.38元

常微分方程数值方法及其在力学中的应用/凌复华等编著.—重庆：重庆大学出版社，1990.1.—202页；16开.—ISBN 7-5642-0190-X：2.66元

微分方程/(苏)吉洪诺夫(Тихонов, А.Н.)等著；张德荣译.—北京：高等教育出版社，1990.7.264页；大32开.—ISBN 7-04-000251-5：2.10元

微分方程数值方法/汤怀民，胡健伟编著.—天津：南开大学出版社，1990.1.—466页；大32开.—ISBN 7-310-00237-7：3.90元

数理方程　HILBERT空间方法　(上)：广义函数和СОБОЛЕВ空间/李开泰，马逸尘著.—西安：西安交通大学出版社，1990.10.—249页；大32开.—研究生教材.—ISBN 7-5606-0418-3：3.50元

O 176/177　变分法、泛函分析

变分不等式及其应用/史金松主编.—南京：河海大学出版社，1990.7.—220页；32开.—ISBN 7-5630-0140-9：1.44元

应用泛函分析基础/王康廷，何淑芷编.—广州：华南理工大学出版社，1990.12.—226页；32开.—ISBN 7-5623-0211-1：1.45元

应用泛函分析基础/葛锁网编.—北京：高等教育出版社，1990.10.—242页；16开.—高等学校试用教材.ISBN 7-04-003134-5：3.15元

应用泛函基础/李延保，楼宇同编著.—2版.—南京：东南大学出版社，1990.1.—281页；32开.—ISBN 7-81023-141-3：1.85元

本书1986年12月第1版。

泛函分析/王振鹏编.—长春：吉林大学出版社，1990.12.—289页；大32开.—ISBN 7-5601-0760-5：2.45元

泛函分析/(美)W.卢丁著；康宜钧译.—哈尔滨：黑龙江科学技术出版社，1990.1.—560页；32开.—ISBN 7-5388-0159-6：9.50元

泛函分析及其应用/吴绍平编.—杭州：浙江大学出版社，1990.12.—265页；大32开.—ISBN 7-308-00636-0：2.30元

泛函分析讲义　下册/张恭庆，郭懋正编著.—北京：北京大学出版社，1990.10.—323页；大32开.北京大学教材.—ISBN 7-301-01261-6：2.55元

《泛函分析讲义》附册/蒋铎，洪吉昌编.—北京：北京师范大学出版社，1990.8.—88页；32开.—ISBN 7-303-00265-0：0.70元

拉普拉斯变换与傅里叶变换：工程数学/周肇锡编.修订版.—北京：国防工业出版社，1990.11.—161页；大32开.—ISBN 7-118-00544-4：4.20元

随机泛函分析及应用/卢同善编著.—青岛：青岛海洋大学出版社，1990.9.—196页；大32开.—ISBN 7-81026-034-0：1.80元

O 18　几何、拓扑

几何基础/李云普，任国朝编.—北京：高等教育出版社，1990.3.—158页；大32开.—全国高等师范专科学校教材.—ISBN 7-04-002729-1：1.10元

计算几何导论/(美)普雷帕拉塔(Preparata, F.P.)，( )沙莫斯(Shamos, M.I.)著；庄心谷译.—北京：科学出版社，1990.11.—494页；32开.ISBN 7-03-001836-2：15.00元

应用几何教程/苏步青，华宣积编著.—上海：复旦大学出版社，1990.12.—270页；大32开.—(大学应用数学丛书).—ISBN 7-309-00562-7：2.30元

高等几何/李修睦等编.—武汉：华中师范大学出版社，1990.12.—204页；大32开.—ISBN 7-5622-0614-7：2.15元

高等几何/魏耀华，杨鼎文编.—兰州：甘肃科学技术出版社，1990.12.—204页；32开.—高等师范院校试用教材.—ISBN 7-5424-0274-9：2.50元

O 182　解析几何

平面解析几何解题基础/王文龙，李允嘉编.—天

津：天津科学技术出版社，1990.3.—168页；32开.ISBN 7-5308-0522-3：2.20元

空间解析几何百题多解法/莫光强编著.—南宁：广西教育出版社，1990.5.—312页；大32开.—(数学百题多解法丛书).—ISBN 7-5435-0819-2：3.70元

空间解析几何解题指导/萧永震等编著.—天津：天津科学技术出版社，1990.1.—666页；32开.—ISBN 7-5308-0310-7：12.00元

解析几何/帅绪之主编.—武汉：华中师范大学出版社，1990.5.—336页；大32开.—全国高等师范专科学校教材.—ISBN 7-5622-0516-7：2.20元

解析几何/吕林根编.—北京：高等教育出版社，1990.4.—291页；大32开.—高等师范专科学校教材.—ISBN 7-04-002837-9：1.95元

解析几何/刘海蔚，邓御寇编著.—重庆：科学技术文献出版社重庆分社，1990.9.—308页；32开.—ISBN 7-5023-1159-9：3.30元

解析几何与线性代数/王东达，沈景清编.—长春：东北师范大学出版社，1990.7.—180页；大32开.全国高等师范专科学校教材　供物理专业用.—ISBN 7-5602-0392-2：1.65元

解析几何与线性代数/王坚定主编；张成仪等编.重庆：西南师范大学出版社，1990.6.—230页；32开.—高等师范专科学校教育学院协编教材　物理专业用.—ISBN 7-5621-0272-4：1.55元

解析几何与简易微积分形成性测验手册/江苏省中等师范学校数学中心组编.—南京：江苏教育出版社，1990.6.—154页；32开.—三年制中等师范学校数学课本.—ISBN 7-5343-1031-8：1.30元

解析几何解题分析/丰宁欣等编.—南京：江苏科学技术出版社，1990.4.—642页；32开.—(大学生之友).—ISBN 7-5345-0887-8：5.90元

O 185 射影(投影)几何、画法几何

计算画法几何/汪保华著.—北京：国防工业出版社，1990.5.—232页；16开.—ISBN 7-118-00186-4：6.20元

苏联新画法几何题册/(苏)布边尼柯夫(Бубенников，А.В.)著；谭锁明译.—南京：东南大学出版社，1990.7.—290页；16开.—ISBN 7-81023-380-4：10.50元

投影与方程/严仕俊编著.—成都：成都科技大学出版社，1990.7.—214页；32开.—ISBN 7-5616-0395-9：1.50元

画法几何习题集/薛天佑编.—北京：机械工业出版社，1990.9.—40页；8开.—ISBN 7-111-02662-4：3.50元

画法几何学/陈英梁主编.—2版.—北京：国防工业出版社，1990.9.—223页；16开.—ISBN 7-118-00608-4：7.45元

画法几何学/简召全等编.—北京：北京理工大学出版社，1990.2.—192页；16开.—高等教育基础课教材　机械类各专业用.—ISBN 7-81013-042-0：4.50元

画法几何学习题集/陈英梁主编.—2版.—北京：国防工业出版社，1990.5.—124页；16开.—ISBN 7-118-00609-2：4.10元

高等画法几何学/叶玉驹等编著.—北京：国防工业出版社，1990.6.—753页；16开.—ISBN 7-118-00371-9(精装)：26.90元

O 186 微分几何

画法微分几何学/陈锦昌编著.—广州：华南理工大学出版社，1990.6.—232页；16开.—ISBN 7-5623-0145-X：3.05元

圆与曲线的直观度量/周仪著.—长春：吉林科学技术出版社，1990.4.—171页；大32开.—(青年科学家著作丛书).—ISBN 7-5384-0506-2：3.90元

O 189 拓扑(形势几何学)

不动点理论和计算/陈开周等编著.—西安：西安电子科技大学出版社，1990.12.—401页；大32开.ISBN 7-5606-0149-9：2.60元

分析拓扑引论/寿纪麟，王绵森编著.—西安：西安交通大学出版社，1988.12.—229页；大32开.—研究生教材.—ISBN 7-5605-0169-9：2.00元

代数拓扑/(美)格林伯格(Greenberg，M.J.)，(　)哈普尔(Harper，J.R.)著；刘亚星等译.北京：高等教育出版社，1990.6.—309页；大32开.ISBN 7-04-000271-X：2.45元

同伦方法引论/王则柯，高堂安著.—重庆：重庆出版社，1990.10.—287页；大32开.—ISBN 7-5366-1374-1(精装)：6.95元

拓扑分子格理论/王国俊等著.—西安：陕西师范大学出版社，1990.8.—546页；大32开.—ISBN 7-5613-0339-4(精装)：9.70元

拓扑空间/(法)伯尔奇(Berge，C.)著；孙荣光，傅熙如译.—郑州：河南教育出版社，1990.8.372页；32开.—(国外数学译丛).—ISBN 7-5347-0279-8：3.85元

拓扑学/余玄冰等编.—北京：北京师范大学出版社，1990.4.—228页；32开.—高等学校教学用书.ISBN 7-303-00866-7：1.55元

微分拓扑要义与题解/郭友中，杨亦松编著.—北京：中国华侨出版公司，1990.6.—153页；32开.ISBN 7-80074-264-4：2.80元

O 21　概率论、数理统计

应用概率统计/大连理工大学等概率统计教材编写组编.—上海：上海科学技术出版社，1990.8.—312页；32开.—ISBN 7-5323-2238-6：3.35元

应用概率统计/天津大学数学系概率统计教研室编.—天津：天津大学出版社，1990.8.—456页；大32开.—(工科大学数学丛书).—ISBN 7-5618-0203-X：5.95元

应用概率统计　下册/马逢时等编.—北京：高等教育出版社，1990.8.—328页；大32开.—ISBN 7-04-003070-5：2.50元

概率与统计学习指导书/徐信之，高尚华编.—北京：高等教育出版社，1990.3.—148页；大32开.中学教师培训教材　数学专业.—ISBN 7-04-002851-4：1.20元

概率论与数理统计/朱显海编.—长春：东北师范大学出版社，1990.6.—487页；大32开.—大学数学函授教材.—ISBN 7-5602-0384-1：4.90元

概率论与数理统计/刘文主编.—天津：南开大学出版社，1990.12.—441页；大32开.—ISBN 7-310-00387-X：5.50元

概率论与数理统计/严士健等编.—北京：高等教育出版社，1990.4.—432页；大32开.—高等学校试用教材.—ISBN 7-04-002836-0：3.15元

概率论与数理统计/张廷杰，陈秀媛编.—北京：机械工业出版社，1990.7.—276页；32开.—成人高等学校大专教学参考书.—ISBN 7-111-02354-4：5.00元

概率论与数理统计/林昆编著.—哈尔滨：黑龙江科学技术出版社，1990.3.—207页；32开.—ISBN 7-5388-1049-8：3.80元

概率论与数理统计/金子瑜主编.—北京：农业出版社，1990.4.—383页；32开.—ISBN 7-109-01538-6：4.80元

概率论与数理统计/周城璧等编著.—成都：四川大学出版社，1990.10.—316页；大32开.—经济类专业用.—ISBN 7-5614-0316-X：2.04元

概率论与数理统计/樊修睦，徐兆强编.—北京：高等教育出版社，1990.9.—339页；大32开.—高等师范专科学校教材.—ISBN 7-04-003154-X：2.35元

概率论与数理统计　第一册：概率论/李英杰编著.北京：能源出版社，1990.3.—412页；32开.—高等学校教材.—ISBN 7-80018-083-2：6.00元

概率统计与预测技术/裴文华，徐明编著.—沈阳：辽宁人民出版社，1990.5.—326页；32开.—ISBN 7-205-01464-6：3.90元

概率统计学习指导/王正荣编著.—北京：北京科学技术出版社，1990.1.—516页；32开.—广播电视大学辅导用书·工程数学.—ISBN 7-5304-0263-3：5.90元

概率统计基本概念160题/王祖裕编著.—北京：国防工业出版社，1990.9.—199页；32开.—ISBN 7-118-00595-9：3.35元

O 211　概率论

不分明概率论/张朝金编著.—西安：陕西师范大学出版社，1990.8.—234页；32开.—ISBN 7-5613-0338-6：1.55元

巴氏空间上的概率论/吴智泉，王向忱编著.—长春：吉林大学出版社，1990.12.—498页；大32开.ISBN 7-5601-0761-3：3.95元

基础概率论/龚伯阶编著.—成都：四川教育出版社，1990.2.—190页；32开.—ISBN 7-5408-1222-2：2.20元

概率论/陈裕光编.—北京：气象出版社，1990.10.—345页；32开.—ISBN 7-5029-0364-X：7.90元

概率论解题分析/许刘俊，杨维权编著.—广州：广东科技出版社，1990.10.—398页；32开.—ISBN 7-5359-0629-X：4.80元

概率统计简明教程/骆振华编著.—厦门：厦门大学出版社，1990.10.—212页；16开.—ISBN 7-5615-0365-3：4.00元

O 211.6　随机过程

时间序列分析/谢衷洁编著.—北京：北京大学出版社，1990.9.—359页；大32开.—ISBN 7-301-00849-X：6.00元

应用随机过程论基础/冯士英编著.—大连：大连海运学院出版社，1990.9.—202页；32开.—ISBN 7-5632-0134-3：1.35元

科学与工程中的基本突变理论/(美)R·吉尔莫雷著；湛垦华，刘秉钧译.—西安：西安交通大学出版社，1989.2.—177页；大32开.—ISBN 7-5605-0043-9：3.90元

随机过程/王自果，田铮编.—西安：西北工业大学出版社，1990.3.—485页；大32开.—高等学校教材.ISBN 7-5612-0248-2：3.48元

随机过程/申鼎煊编著.—武汉：华中理工大学出版社，1990.5.—239页；大32开.—研究生用书.—ISBN 7-5609-0367-3：1.90元

随机过程引论/钱敏平编著.—北京：北京大学出版社，1990.10.—385页；大32开.—ISBN 7-301-01109-1：6.65元

O 212　数理统计

曲线回归优选/朱松成等编著.—南京：江苏科学技术出版社，1990.12.—106页；16开.—ISBN 7-5345-1065-1：3.90元

多元统计分析方法/蒋耀淞编.—武汉：中国地质大学出版社，〔1990〕.—246页；32开.—ISBN 7-5625-0201-3：1.50元

应用线性回归模型/（美）内特（Neter，J.）等著；张勇等译.—北京：中国统计出版社，1990.6.628页；大32开.—ISBN 7-5037-0335-0：9.70元

实用回归分析方法/周纪芗编著.—上海：上海科学技术出版社，1990.3.—165页；大32开.—ISBN 7-5323-1323-9：2.95元

实用多元统计分析/王学仁，王松桂编译.—上海：上海科学技术出版社，1990.9.—433页；大32开.ISBN 7-5323-0373-X：11.95元

实用多变量统计方法与计算程序/孙尚拱编著.—北京：北京医科大学，中国协和医科大学联合出版社，1990.12.—331页；16开.—高等医药院校教材.—ISBN 7-81034-037-9：4.20元

实验统计学/（美）纳特雷拉著；毛镇道，蒋子刚译.—上海：上海翻译出版公司，1990.12.—448页；16开.—（现代概率统计丛书）.—ISBN 7-80514-334-X：15.50元

统计推断思想/袁卫著.—北京：中国统计出版社，1990.4.—177页；32开.—ISBN 7-5037-0418-7：3.50元

数理统计/朱燕堂等编.—西安：西北工业大学出版社，1990.5.—239页；16开.—高等学校教材.—ISBN 7-5612-0242-3：3.12元

数理统计/茆诗松，王静龙编著.—上海：华东师范大学出版社，1990.3.—354页；大32开.—（数理统计丛书）.—ISBN 7-5617-0376-7：2.90元

数理统计/滕素珍编著.—大连：大连理工大学出版社，1990.2.—360页；32开.—研究生教材.—ISBN 7-5611-0264-X：4.50元

数理统计导论/（　）R.V.豪格，（　）A.T.克莱格著；朱铉道等译.—北京：高等教育出版社，1990.6.—552页；大32开.—ISBN 7-04-000307-3：5.40元

数据处理与误差分析基础/孙炳耀编著.—开封：河南大学出版社，1990.6.—202页；32开.—ISBN 7-81018-448-2：1.50元

O 213　应用统计数学

可靠性基础入门/翁朝曦，周源泉编著.—北京：中国统计出版社，1990.4.—295页；32开.—ISBN 7-5037-0504-3：7.80元

可靠性数学/李玉亚编.—武汉：华中理工大学出版社，1990.12.—240页；32开.—ISBN 7-5609-0474-2：1.56元

系统可靠性、故障诊断及容错/唐泳洪编著.—重庆：重庆大学出版社，1990.2.—303页；16开.—ISBN 7-5624-0264-7：3.97元

O 22　运筹学

运筹学/关柏辉等编.—北京：高等教育出版社，1990.4.—260页；大32开.—财经类专科试用教材·经济数学基础.—ISBN 7-04-002848-4：2.10元

运筹学/罗荣桂主编.—武汉：武汉工业大学出版社，1990.7.—335页；16开.—高等学校试用教材.ISBN 7-5629-0378-6：4.30元

运筹学/钱颂迪主编.—2版（修订版）.—北京：清华大学出版社，1990.1.—466页；16开.—高等学校试用教材.—ISBN 7-302-00490-0：6.20元

本书1982年2月第1版。

运筹学/徐士钰著.—南京：东南大学出版社，1990.10.—409页；16开.—ISBN 7-81023-336-X：6.90元

运筹学：管理科学基础/李向东主编.—北京：北京理工大学出版社，1990.10.—278页；大32开.—ISBN 7-81013-356-X：5.00元

运筹学主要分支及基本方法/李树仁主编.—西安：西安电子科技大学出版社，1990.6.—408页；16开.ISBN 7-5606-0144-8：5.10元

运筹学基础/卢何华，郭锡伯编.—北京：国防工业出版社，1990.11.—486页；32开.—ISBN 7-118-00616-5：9.35元

运筹学基础与应用/李吉桂等编著.—广州：广东高等教育出版社，1990.8.—464页；32开.—ISBN 7-5361-0520-7：6.15元

统筹方法：网络计划技术/谷冠如，李超英编.—徐州：中国矿业大学出版社，1989.8.—208页；32开.继续工程教育教材.—ISBN 7-81021-231-1：1.40元

O 221　规划论

动态规划：确定性和随机模型/（美）柏塞克斯（Bertsekas D.P.）著；李人厚，韩崇昭译.—西安：西安交通大学出版社，1990.1.—287页；16开.ISBN 7-5605-0308-X：4.10元

书名原文：Dynamic Programming：Deterministic and Stochastic Models

先行一步，胜人一筹：数学规划初步/章宗鉴编.武汉：湖北教育出版社，1990.5.—151页；32开.ISBN 7-5351-0504-1：2.20元

非线性规划/朱儒楷等编著.—徐州：中国矿业大学出版社，1990.5.—256页；16开.—高等学校教学用书.—ISBN 7-81021-225-7：3.30元

非线性规划/胡毓达主编.—北京：高等教育出版社，1990.4.—305页；大32开.—高等学校试用教材.ISBN 7-04-002840-9：2.40元

线性规划/张建中，许绍吉著.—北京：科学出版社，1990.12.—508页；大32开.—（运筹学丛书）.ISBN 7-03-001833-8：18.00元

线性规划/魏国华，王芬编著.—北京：高等教育出版社，1990.3.—303页；大32开.—高等学校试用教材.—ISBN 7-04-002273-7：2.85元

线性规划方法与应用/（美）索尔·加斯著；王建华等译.—北京：高等教育出版社，1990.6.—526页；大32开.—ISBN 7-04-000268-X：4.85元

书名原文：Linear Programming Methods and Applications

线性规划方法及应用模型/《线性规划》编写组编著；徐信主编.—北京：北京科学技术出版社，1990.12.—343页；32开.—ISBN 7-5304-0731-7：5.00元

线性规划和整数规划/傅远德编著.—成都：成都科技大学出版社，1990.3.—269页；32开.—ISBN 7-5616-0394-0：1.91元

线性规划基本方法与模型设计/宋长青，刘红梅编著.—哈尔滨：黑龙江教育出版社，1990.11.—288页；大32开.—ISBN 7-5316-1156-2：4.25元

O 224　最优化的数学理论

实用多目标最优化/胡毓达著.—上海：上海科学技术出版社，1990.4.—293页；大32开.—ISBN 7-5323-0781-6：4.95元

实用最优化方法/（英）弗莱彻（Fletcher，R.）著；游兆永等译.—天津：天津科技翻译出版公司，1990.7.—461页；32开.—ISBN 7-5433-0067-2：8.50元

最优化与工业实验/（美）W.E.拜尔斯，（　）J.J.斯温著；谢国瑞等译.—上海：华东化工学院出版社，1990.12.—387页；大32开.—ISBN 7-5628-0109-6：2.95元

O 226/229　排队论、搜索理论

排队模型及其应用/罗荣桂编著.—武汉：华中理工大学出版社，1990.12.—285页；32开.—ISBN 7-5699-0459-9：1.85元

最优搜索理论/（美）斯通（Stone，L.D.）著；吴晓锋译.—北京：海潮出版社，1990.12.—321页；32开.—ISBN 7-80054-066-9：5.20元

O 23　控制论、信息论（数学理论）

现代控制理论简明教程/汪声远编.—北京：北京航空航天大学出版社，1990.10.—235页；16开.—ISBN 7-81012-198-7：3.10元

非线性分布参数控制系统理论/赵怡，黄煜编著.广州：广东科技出版社，1990.11.—478页；32开.ISBN 7-5359-0558-7：6.50元

变结构控制理论基础/高为炳著.—北京：中国科学技术出版社，1990.3.—284页；16开.—ISBN 7-5046-0106-3：7.80元

线性系统控制理论/陈福祥，朱家万编著.—武汉：武汉工业大学出版社，1990.4.—418页；16开.—ISBN 7-5629-0333-6：5.25元

项目控制论/王金良著.—天津：天津科技翻译出版公司，1990.8.—215页；32开.—ISBN 7-5433-0133-4：3.80元

控制理论设计计算实例及题选/赵守忠，周建民编.合肥：中国科学技术大学出版社，1990.11.—310页；大32开.—ISBN 7-312-00199-8：4.80元

随机控制/贺允东编著.—北京：中国铁道出版社，1990.8.—239页；16开.—高等学校试用教材.—ISBN 7-113-00800-3：3.10元

最优系统基础/张德昌编著.—西安：西北工业大学出版社，1990.2.—252页；32开.—高等学校教材.ISBN 7-5612-0247-4：1.66元

最优控制/秦寿康，张正方编著.—北京：电子工业出版社，1990.8.—180页；16开.—高等学校教材.ISBN 7-5053-0870-X：2.50元

O 24　计算数学

计算方法引论及例题选讲/朱水根，龚时霖编.—天津：天津科学技术出版社，1990.6.—710页；32开.ISBN 7-5308-0314-X：13.00元

计算机算法与应用/陈礼义编.—天津：天津大学出版社，1990.2.—196页；16开.—ISBN 7-5618-0226-9：2.60元

O 241　数值计算的理论和方法

分岔理论和耗散结构的计算方法/（　）库比切克（Kubicek，M.），（　）马雷克（Marck，M.）著；刘式达，刘式适译.—北京：科学出版社，1990.3.

276页；大32开.—ISBN 7-03-001617-3：10.10元

光弹性矩阵原理和方法/肖永谦，段自力编著.—武汉：华中理工大学出版社，1990.12.—436页；大32开.—ISBN 7-5609-0528-5：2.80元

并行计算与偏微分方程数值解/李晓梅等编著.—长沙：国防科技大学出版社，1990.9.—387页；16开.ISBN 7-81024-112-5：4.85元

现代舍入误差分析/张元继，黄开斌编著.—南京：南京大学出版社，1990.5.—268页；32开.—ISBN 7-305-00223-2：1.90元

非线性发展方程与孤立子/王明亮编著.—兰州：兰州大学出版社，1990.5.—330页；32开.—ISBN 7-311-00305-9：2.11元

实用偏微分方程数值解法/徐长发编.—武汉：华中理工大学出版社，1990.12.—500页；大32开.—研究生用书.—ISBN 7-5609-0511-0：3.48元

线性多变量系统频域法/古孝鸿，周立峰编.—上海：上海交通大学出版社，1990.11.—397页；32开.高等学校教材.—ISBN 7-313-00716-7：2.50元

矩阵数值分析与最优化/（法）西阿尔莱（Ciarlet，P.G.）著；胡健伟译.—北京：高等教育出版社，1990.5.—519页；大32开.—ISBN 7-04-001068-2：5.25元

误差理论与数据处理习题集/李书富主编.—北京：机械工业出版社，1990.5.—119页；32开.—ISBN 7-111-01840-0：0.86元

微分方程近似解/徐自新编著.—上海：华东化工学院出版社，1990.12.—311页；大32开.—ISBN 7-5628-0106-1：2.40元

解病态线性方程组的奇异值分解法及其应用/何昌礼编著.—武汉：中国地质大学出版社，1990.5.168页；32开.—ISBN 7-5625-0395-8：1.50元

数值分析/郑苏民编.—昆明：云南大学出版社，1990.4.—295页；16开.—ISBN 7-81025-013-2：7.50元

数值分析　上册/孙庆新等编著.—沈阳：东北工学院出版社，1990.3.—313页；16开.—高等学校教材.ISBN 7-81006-104-6：4.35元

数值分析　下册/孙庆新等编著.—沈阳：东北工学院出版社，1990.5.—326页；16开.—高等学校教材.ISBN 7-81006-239-5：4.49元

数值计算方法/关治，陈景良编.—北京：清华大学出版社，1990.8.—549页；大32开.—ISBN 7-302-00626-1：3.50元

数值计算方法/聂铁军等编著.—西安：西北工业大学出版社，1990.6.—443页；大32开.—高等学校教材.—ISBN 7-5612-0246-6：3.15元

数值方法/（瑞典）达尔奎斯特（Dahlqist，G.），（瑞典）比约克（Björck，A.）著；包雪松译.—北京：高等教育出版社，1990.6.—698页；大32开.—ISBN 7-04-001075-5：6.40元

数值解高维偏微分方程的分裂法/康立山等编著.上海：上海科学技术出版社，1990.11.—286页；32开.—（计算数学丛书）.—ISBN 7-5323-2022-7：4.60元

Padé逼近概论/徐献瑜等编著.—上海：上海科学技术出版社，1990.10.—399页；32开.—（计算数学丛书）.—ISBN 7-5323-1887-7：6.25元

O 242/243　数学模拟、近似计算、图算数学

有限元法基础及应用/王生洪等编.—长沙：国防科技大学出版社，1990.5.—358页；32开.—高等学校教材.—ISBN 7-81024-094-3：2.30元

非线性有限元分析/张汝清，詹先义编著.—重庆：重庆大学出版社，1990.1.—203页；16开.—ISBN 7-5624-0246-9：2.66元

线性估计与随机控制/卢伯英，陈宗基编著.—北京：国防工业出版社，1990.12.—309页；大32开.（应用数学丛书）.—ISBN 7-118-00700-5：7.40元

摄动方法导引/（美）奈弗（Nayfeh，A.H.）著；宋家骕编译.—上海：上海翻译出版公司，1990.9.—592页；大32开.—ISBN 7-80514-187-8：12.90元

书名原文：Introduction to Perturbation Techniques

简明有限元法及其应用/张铜生，张富德编著.—北京：地震出版社，1990.8.—318页；32开.—清华大学土木工程系　按新规范编写专业用书.—ISBN 7-5028-0399-8：5.50元

算图/徐本顺，徐水法主编.—上海：上海科学普及出版社，1990.9.—189页；32开.—ISBN 7-5427-0332-3：2.00元

O 29　应用数学

应用数学/陈有恒编.—北京：煤炭工业出版社，1990.3.—226页；16开.—煤矿技工学校试用教材.ISBN 7-5020-0393-2：4.20元

应用数学/郑丽谦主编.—北京：机械工业出版社，1990.7.—425页；大32开.—高等学校适用.—ISBN 7-111-02693-4：8.00元

应用数学例题演习　（三）：概率·统计·矩阵篇/（日）道胁义正等著；郑毓德等译.—天津：南开大学出版社，1990.6.—456页；大32开.—ISBN 7-310-00285-7：3.70元

应用数学基础/天津大学数学系《应用数学基础》编写组编.—天津：天津大学出版社，1990.9.—696

页；大32开.—工科硕士研究生数学用书.—ISBN 7-5618-0214-5：5.15元

应用数学题库/刘建华，顾志仪编.—重庆：科学技术文献出版社重庆分社，1990.9.—382页；32开.中专教学参考书.—ISBN 7-5023-1169-6：3.90元

现代应用数学手册：计算方法分册/清华大学应用数学系《现代应用数学手册》编委会编.—北京：北京出版社，1990.3.—891页；大32开.—ISBN 7-200-00161-9（精装）：16.20元

现代应用数学手册：计算方法分册/清华大学应用数学系《现代应用数学手册》编委会编.—北京：北京出版社，1990.3.—891页；大32开.—ISBN 7-200-00160-0：12.65元

油田应用数学　第二卷：多元函数微积分学/曾慕蠡编著.—东营：石油大学出版社，1990.10.—456页；16开.—ISBN 7-5636-0064-7：5.71元

经济应用数学基础：线性代数/李伯经主编.—长沙：中南工业大学出版社，1990.9.—228页；32开.ISBN 7-81020-308-8：3.00元

经济应用数学基础：微积分/苏醒主编.—长沙：中南工业大学出版社，1990.12.—2册（625页）；32开.—ISBN 7-81020-316-9：8.00元

经济应用数学基础　（一）：微积分/王吉春主编.长春：吉林大学出版社，1990.8.—395页；大32开.ISBN 7-5601-0552-1：6.50元

经济应用数学基础　（二）：线性代数/苟玉玺主编.—长春：吉林大学出版社，1990.9.—223页；大32开.—ISBN 7-5601-0589-0：4.30元

经济类专科应用数学　（一）：微积分/李国良等著.—北京：中国商业出版社，1990.6.—308页；32开.—ISBN 7-5044-0641-4：3.00元

经济类专科应用数学　（二）：概率与数理统计/于忠文等主编.—北京：中国商业出版社，1990.6.227页；32开.—ISBN 7-5044-0642-2：2.50元

经济类专科应用数学　（三）：线性代数与线性规划/杜铮等著.—北京：中国商业出版社，1990.9.199页；32开.—ISBN 7-5044-0643-0：2.70元

O 3　力　学

力学词典/《力学词典》编辑部编.—北京：中国大百科全书出版社，1990.6.—790页；大32开.—ISBN 7-5000-5009-7（精装）：22.00元

力学学报：1989：增刊/力学学报编辑委员会编.北京：中国铁道出版社，1990.2.—259页；16开.ISBN 7-113-00653-1：7.00元

大自然中神秘的力/（苏）B.格里哥里也夫，Г.苗洁雪夫著；苏永福，赖晓霞编译.—成都：成都科技大学出版社，1990.3.—212页；32开.—ISBN 7-5616-0215-4：2.20元

从猫下落谈起/贾书惠编著.—北京：高等教育出版社，1990.7.—145页；32开.—（力学纵横丛书）.ISBN 7-04-002435-7：1.65元

相似理论与模型试验/崔广心编著.—徐州：中国矿业大学出版社，1990.9.—173页；大32开.—高等学校教学用书.—ISBN 7-81021-378-4：1.20元

研究生入学考试力学试题精选精解390题/夏志皋，吴家龙主编.—上海：同济大学出版社，1990.5.470页；大32开.—ISBN 7-5608-0535-3：8.90元

普通物理·力学/王正清主编.—北京：高等教育出版社，1990.5.—447页；大32开.—全国高等师范专科学校教材.—ISBN 7-04-002858-1：3.25元

普通物理学：力学/吴伟文编.—北京：北京大学出版社，1990.2.—314页；大32开.—北京大学教材.ISBN 7-301-00678-0：2.55元

O 302　力学中的数学方法

华东计算力学论文选集/马文华等主编.—上海：复旦大学出版社，1990.8.—346页；16开.—ISBN 7-309-00577-5：20.00元

体积力法：一种以叠加原理为基础的数值解析方法/（日）西俗弘信，（日）陈玳珩著；杨槐堂，王景美译.—杭州：浙江大学出版社，1990.12.—391页；大32开.—ISBN 7-308-00647-6：5.80元

积分方程及其在力学中的应用/云天铨编著.—广州：华南理工大学出版社，1990.5.—434页；大32开.—ISBN 7-5623-0151-4：3.55元

微分动力系统导引/罗定军，滕利邦编著.—北京：高等教育出版社，1990.4.—216页；大32开.—ISBN 7-04-002746-1：2.00元

O 31　理论力学（一般力学）

力学　下册/郑永令，贾起民编著.—上海：复旦大学出版社，1990.9.—442页；大32开.—（普通物理学教程丛书）.—ISBN 7-309-00491-4：3.55元

工科一般力学/（日）中川宪治著；庄立球，蒋鉴译.—北京：高等教育出版社，1990.6.—272页；大32开.—ISBN 7-04-002392-X：2.85元

工科理论力学解题分析/方汉英等编著.—南京：江苏科学技术出版社，1990.7.—579页；32开.—ISBN 7-5345-0884-3：5.90元

理论力学/王烈主编；官飞等编.—北京：清华大学出版社，1990.10.—362页；16开.—ISBN 7-302-00671-7：4.15元

理论力学/叶谋仁等编.—北京：国防工业出版社，1990.10.—358页；16开.—高等专科教育.—ISBN 7-118-00805-2：8.40元

理论力学/华中农业大学，北京农业工程大学主编．2版(修订本)．—北京：农业出版社，1990.6.—539页；16开．—全国高等农业院校教材．—ISBN 7-109-00323-X：6.75元

本书1980年5月第1版。

理论力学/刘书振，杭桂生主编．—开封：河南大学出版社，1990.6.—293页；大32开．—ISBN 7-81018-428-8：2.45元

理论力学/苏云荪编．—北京：高等教育出版社，1990.6.—527页；大32开．—高等学校教学参考书．ISBN 7-04-001024-0：4.85元

理论力学/肖家鑫编．—北京：高等教育出版社，1990.4.—422页；大32开．—高等学校试用教材．—ISBN 7-04-002725-9：3.00元

理论力学/张振华主编．—北京：烃加工出版社，1990.9.—367页；16开．—石油化工大专院校统编教材．—ISBN 7-80043-151-7：4.95元

理论力学　上册/白景岭，张建民主编．—武汉：中国地质大学出版社，1990.12.—281页；32开．—高等学校教材．—ISBN 7-5625-0469-5：1.70元

理论力学　下册/张建民，白景岭主编．—武汉：中国地质大学出版社，1990.9.—384页；32开．—高等学校教材．—ISBN 7-5625-0469-5：3.30元

理论力学　上册/同济大学理论力学教研室编．—上海：同济大学出版社，1990.8.—511页；大32开．高等学校试用教材．—ISBN 7-5608-0213-4：3.85元

理论力学　下册/同济大学理论力学教研室编．—上海：同济大学出版社，1990.11.—656页；大32开．高等学校试用教材．—ISBN 7-5608-0549-3：4.90元

理论力学　下册/吴永祯等编．—南京：河海大学出版社，1990.12.—330页；大32开．—ISBN 7-5630-0305-3：2.14元

理论力学　下册/吴镇编著．—上海：上海交通大学出版社，1990.2.—350页；大32开．—ISBN 7-313-00235-1：2.50元

理论力学　下册/汪厚礼等编．—北京：水利电力出版社，1990.10.—395页；16开．—高等学校函授教材．—ISBN 7-120-01118-9：11.50元

理论力学复习指南/康滋荣等编．—北京：气象出版社，1990.2.—316页；16开．—ISBN 7-5029-0332-1：14.50元

理论力学教学参考书/臧尔信主编．—北京：高等教育出版社，1990.9.—378页；大32开．—中等专业学校教学参考书．—ISBN 7-04-003171-X：2.90元

理论力学教程/谢文林，王宗德编．—北京：北京理工大学出版社，1990.8.—628页；32开．—ISBN 7-81013-324-1：7.50元

理论力学教程　上册/李树焕，戴泽墩编著．—北京：北京理工大学出版社，1990.8.—403页；32开．ISBN 7-81013-354-3：3.50元

理论力学教程　下册/李树焕，戴泽墩编著．—北京：北京理工大学出版社，1990.10.—532页；32开．ISBN 7-81013-355-1：4.45元

理论力学简明教程/孙庆元等主编．—天津：天津教育出版社，1990.2.—244页；大32开．—高等专科学校教学用书．—ISBN 7-5309-0910-2：3.80元

理论力学题解/陈咸华编著．—成都：四川科学技术出版社，1990.2.—569页；32开．—供电大、职大、函大、刊大、夜大、自修大学、理工科学生用．—ISBN 7-5364-1476-5：5.95元

O 312/313　静力学、动力学

动力学/(美)金斯伯格(Ginsberg，J.H.)，(美)格尼(Genin，J.)著；吴家骥等译．—北京：高等教育出版社，1990.6.—433页；16开．—ISBN 7-04-002368-7：7.30元

多刚体静力分析及程序设计/徐妙新著．—上海：同济大学出版社，1990.7.—215页；大32开．—ISBN 7-5608-0537-X：5.50元

转子动力学理论基础/张文著．—北京：科学出版社，1990.12.—283页；大32开．—ISBN 7-03-001851-6：10.40元

神奇的摩擦/刘国锡编．—北京：高等教育出版社，1990.7.—90页；32开．—(中专力学小丛书)．—ISBN 7-04-002774-7：0.73元

高等动力学/吴永祯编．—北京：水利电力出版社，1990.3.—188页；16开．—高等学校教材．—ISBN 7-120-01041-7：2.50元

高等动力学/洪善桃编著．—上海：同济大学出版社，1990.4.—230页；大32开．—ISBN 7-5608-0506-X：1.85元

混沌动力学/卢侃等编译．—上海：上海翻译出版公司，1990.6.—394页；大32开．—ISBN 7-80514-149-5：7.80元

静力学与材料力学/刘相臣等编著．—重庆：重庆大学出版社，1990.2.—192页；16开．—ISBN 7-5624-0236-1：2.52元

本书内容有静力学、力和变形、弯曲、扭转、能量法和静不定、压杆稳定、材料的主要机械性能等。

摩擦学导论/肖祥麟主编；石利英等编．—上海：同济大学出版社，1990.5.—113页；16开．—ISBN 7-5608-0582-5：3.00元

摩摩学原理/温诗铸著．—北京：清华大学出版社，1990.1.—492页；大32开．—ISBN 7-302-00481-1(精装)：7.50元

摩擦学原理/温诗铸著.—北京：清华大学出版社，1990.1.—492页；大32开.—ISBN 7-302-00476-5：3.90元

O 314/318　引力理论、陀螺力学

引力理论和引力效应/王永久，唐智明著.—长沙：湖南科学技术出版社，1990.7.—794页；大32开.ISBN 7-5357-0711-4（精装）：15.20元

引力理论和引力效应/王永久，唐智明著.—长沙：湖南科学技术出版社，1990.7.—794页；大32开.ISBN 7-5357-0712-2：13.30元

挠性陀螺挠性支承刚度强度分析/王佩纶编著.—南京：东南大学出版社，1990.4.—249页；32开.—ISBN 7-81023-252-5：1.95元

稳定性基本理论与Lyapunov函数构造/段魁臣编著.—乌鲁木齐：新疆大学出版社，1990.6.—236页；大32开.—ISBN 7-5631-0115-2：4.80元

O 32　振动理论

冲击和振动手册/（　）哈里斯（Harris，C.M.），（　）克瑞德（Credc，C.E.）主编；众师译.—北京：科学出版社，1990.12.—919页；16开.ISBN 7-03-000925-8（精装）：51.20元

非线性振动　上册/（美）奈弗（Nayfeh，A.H.），（美）穆克（Mook，D.T.）著；宋家骕等译.—北京：高等教育出版社，1990.6.—431页；大32开.—ISBN 7-04-000097-0：4.65元

书名原文：Nonlinear Oscillations

非线性振动　下册/（美）奈弗（Nayfeh，A.H.），（美）穆克（Mook，D.T.）著；宋家骕等译.—北京：高等教育出版社，1990.6.—430页；大32开.—ISBN 7-04-000785-1：4.60元

书名原文：Nonlinear Oscillations

线性振动基础/俞德孚，李晓雷编著.—北京：兵器工业出版社，1990.5.—112页；16开.—ISBN 7-80038-157-9：6.10元

结构随机振动/（美）Yang，C.Y.著；邱法维等译.—哈尔滨：哈尔滨工业大学出版社，1990.9.341页；32开.—ISBN 7-5603-0228-9：4.95元

书名原文：Random Vibration of Structures

振动与冲击手册　第二卷：振动与冲击测试技术/《振动与冲击手册》编辑委员会编著.—北京：国防工业出版社，1990.11.—402页；16开.—ISBN 7-118-00672-6（精装）：22.20元

振动分析基础/臧建华，方蕴文编著.—成都：电子科技大学出版社，1990.1.—310页；16开.—高等学校教学用书.—ISBN 7-81016-128-8：6.25元

振动学基础/张世基主编.—北京：北京航空航天大学出版社，1990.2.—228页；16开.—ISBN 7-81012-144-8：3.00元

振动理论/（日）大崎顺彦著；谢礼立等译.—北京：地震出版社，1990.10.—250页；16开.—ISBN 7-5028-0273-8：9.00元

振动量测与分析/石沅编著.—上海：同济大学出版社，1990.4.—209页；16开.—ISBN 7-5608-0391-1：2.90元

振动模态分析与参数辨识/傅志方主编.—北京：机械工业出版社，1990.9.—464页；大32开.—ISBN 7-111-02109-6：15.00元

随机振动/徐昭鑫编著.—北京：高等教育出版社，1990.5.—353页；大32开.—高等学校教材.—ISBN 7-04-002821-2：2.75元

O 34　固体力学

固体力学基础/胡增强等编.—南京：东南大学出版社，1990.3.—273页；16开.—ISBN 7-81023-282-7：3.50元

结构弹塑性有限元分析法/姜晋庆，张铎编著.—北京：宇航出版社，1990.3.—538页；大32开.—ISBN 7-80034-195-X：9.20元

弹性与塑性力学基础教程/蒋国宾主编.—成都：成都科技大学出版社，1990.8.—172页；16开.—高等学校试用教材.—ISBN 7-5616-0578-1：2.67元

弹性固体力学/王俊奎，丁立祚编.—北京：中国铁道出版社，1990.5.—464页；16开.—ISBN 7-113-00564-0：12.65元

O 342　结构力学

开口薄壁杆理论基础及程序/朱渝春编.—重庆：重庆大学出版社，1990.6.—160页；16开.—ISBN 7-5624-0274-4：2.14元

计算结构力学：杆件结构/钟万勰等编著.—北京：高等教育出版社，1990.3.—387页；16开.—高等学校教材.—ISBN 7-04-002520-5：5.50元

板壳力学/刘人怀编著.—北京：机械工业出版社，1990.10.—216页；大32开.—ISBN 7-111-02378-1：8.50元

结构力学/（苏）日安尼村（Ежитицын，А.П.）著；刘孝平译.—北京：人民交通出版社，1990.5.—569页；32开.—ISBN 7-114-00800-7：10.30元

书名原文：Стронтелbная механика

结构力学习题集/王殿臣主编.—北京：机械工业出版社，1990.10.—120页；16开.—ISBN 7-111-

02293-9：1.95元

结构力学解题方法/刘尔烈编.—北京：人民交通出版社，1990.9.—456页；大32开.—ISBN 7-114-00898-8：9.80元

样条函数与结构力学/刘效尧编著.—北京：人民交通出版社，1990.5.—428页；大32开.—ISBN 7-114-00807-4：9.00元

O 343 弹性力学

圆薄板大挠度理论及应用/郑晓静著.—长春：吉林科学技术出版社，1990.4.—359页；大32开.—（青年科学家著作丛书）.—ISBN 7-5384-0503-8：6.80元

弹性力学/万德连编.—徐州：中国矿业大学出版社，1990.10.—142页；16开.—高等学校教学用书.ISBN 7-81021-392-X：1.90元

弹性力学/贾乃文，云天铨编著.—广州：华南理工大学出版社，1990.7.—480页；32开.—ISBN 7-5623-0168-9：3.10元

弹性力学 上册/徐芝纶编著.—3版.—北京：高等教育出版社，1990.5.—397页；大32开.—高等学校教材.—ISBN 7-04-002892-1：2.95元

本书1978年1月第1版。

弹性力学及有限元/史述昭主编.—北京：水利电力出版社，1990.3.—245页；16开.—函授大学教材.ISBN 7-120-01018-2：6.55元

弹性力学中的几个空间问题/（苏）拜达（Банда, Э.Н.）著；佘颖禾译.—南京：东南大学出版社，1990.5.—339页；32开.—ISBN 7-81023-126-10：2.19元

弹性力学例题及习题指导/林家骥主编.—西安：西北工业大学出版社，1990.12.—173页；大32开.ISBN 7-5612-0327-6：2.50元

弹性力学教程/刘凤君主编.—太原：山西科学教育出版社，1990.7.—407页；32开.—ISBN 7-5377-0274-8：6.60元

弹性理论/（苏）铁摩辛柯（Timoshenko, S. T.），（苏）古地尔（Goodier, J.N.）著；徐芝纶译.—北京：高等教育出版社，1990.6.—670页；大32开.—ISBN 7-04-001147-6：5.60元

弹性理论基础/陆明万，罗学富编著.—北京：清华大学出版社，1990.2.—690页；大32开.—国家教委高等工业学校工程力学专业教材委员会推荐教材.ISBN 7-302-00432-3：5.15元

O 344 塑性力学

土塑性力学/龚晓南编著.—杭州：浙江大学出版社，1990.11.—318页；大32开.—ISBN 7-308-00409-0：2.65元

弹塑性力学/殷绥域编.—武汉：中国地质大学出版社，1990.4.—286页；16开.—高等学校教材.—ISBN 7-5625-0418-0：3.35元

超塑性力学/张德荣编译.—北京：航空工业出版社，1990.1.—184页；16开.—ISBN 7-80046-178-5：7.80元

塑性力学：基础及其一般结果/（ ）马丁（Martin, J.B.）著；余同希等译.—北京：北京理工大学出版社，1990.12.—426页；16开.—ISBN 7-81013-372-1：19.75元

塑性力学和地球动力学文集/余同希，王大钧编.北京：北京大学出版社，1990.12.—245页；16开.ISBN 7-301-01444-9：12.00元

蠕变力学/穆霞英编著.—西安：西安交通大学出版社，1990.6.—306页；32开.—ISBN 7-5605-0310-1：2.00元

O 345 粘弹塑性介质力学

粘弹性力学/杨挺青编著.—武汉：华中理工大学出版社，1990.6.—267页；大32开.—研究生用书.ISBN 7-5609-0387-8：2.05元

粘弹性力学引论/（美）克里斯坦森（Christensen, R.M.）著；郝松林，老亮译.—北京：科学出版社，1990.11.—392页；大32开.—ISBN 7-03-001823-0：15.20元

O 346 强度理论

损伤力学/吴鸿遥编著.—北京：国防工业出版社，1990.9.—128页；32开.—ISBN 7-118-00365-4：2.25元

脆性断裂力学/（苏）切列帕诺夫（Черепанов, Г.П.）著；黄克智等译.—北京：科学出版社，1990.12.—397页；16开.—ISBN 7-03-001211-9：43.40元

断裂力学/张行等编著.—北京：宇航出版社，1990.5.—319页；16开.—ISBN 7-80034-262-X：4.05元

断裂力学及应用/杨广里等编著.—北京：中国铁道出版社，1990.6.—425页；32开.—ISBN 7-113-00624-8：6.45元

断裂力学原理/赖祖涵编著.—北京：冶金工业出版社，1990.11.—179页；16开.—高等学校教学用书.ISBN 7-5024-0773-1：2.30元

断裂动力学引论/范天佑著.—北京：北京理工大学出版社，1990.6.—398页；大32开.—ISBN 7-81013-314-4：3.25元

O 347/348　变形固体动力学、实验应力分析

应力实验分析/（日）管野昭等著；杨秉宪等译．北京：中国铁道出版社，1990.3.—260页；大32开．ISBN 7-113-00513-6：3.95元

现代光测力学/戴福隆等编著．—北京：科学出版社，1990.10.—441页；大32开．—ISBN 7-03-001623-8：17.10元

密栅云纹实验选编/清华大学机械工程学密栅云纹科研组编著．—北京：中国铁道出版社，1990.3.85页；32开．—ISBN 7-113-00723-6：1.45元

弹性波理论/杨宝俊等编著．—长春：东北师范大学出版社，1990.1.—298页；大32开．—ISBN 7-5602-0315-9：2.60元

O 35　流体力学

流体力学/李士豪主编．—北京：高等教育出版社，1990.4.—522页；大32开．—高等学校教材．—ISBN 7-04-002823-9：4.20元

流体力学　下册/（苏）朗道（ЛандаУ，Л.Д.），（苏）栗弗席茨（Лифщиц，Е.М.）著；孔祥言等译．—北京：高等教育出版社，1990.6.—373页；大32开．—ISBN 7-04-000087-3：3.70元

流体力学与叶栅理论/刘天宝，程兆雪编．—北京：机械工业出版社，1990.10.—387页；16开．—高等学校试用教材．—ISBN 7-111-02319-6：4.90元

流体力学习题集/沈钧涛，鲍慧芸编．—北京：北京大学出版社，1990.12.—354页；大32开．—ISBN 7-301-01222-5：6.30元

流体力学基础/朱一锟主编．—北京：北京航空航天大学出版社，1990.5.—473页；大32开．—ISBN 7-81012-169-3：3.45元

流体力学基础/周传南编．—北京：中国建筑工业出版社，1990.6.—111页；16开．—建筑安装技工学校试用教材．—ISBN 7-112-01007-1：2.45元

流体力学基础/常理民，董超编．—北京：中国计量出版社，1990.7.—155页；16开．—计量中专试用教材．—ISBN 7-5026-0326-3：7.50元

流体力学基础：风机和泵/宋长超主编．—武汉：武汉工业大学出版社，1990.7.—283页；16开．—中等专业学校试用教材．—ISBN 7-5629-0363-8：3.30元

基础流体实验/徐有恒，穆晟编著．—上海：复旦大学出版社，1990.10.—261页；16开．—ISBN 7-309-00474-4：3.70元

O 351　普通流体力学

一维非定常流体力学/周毓麟著．—北京：科学出版社，1990.10.—419页；大32开．—（计算方法丛书/冯康主编）．—ISBN 7-03-001772-2：14.90元

流体动力学/陈玉璞等编著．—南京：河海大学出版社，1990.6.—465页；大32开．—ISBN 7-5630-0164-6：3.10元

流体动力稳定性/（英）德拉津（Drazin，P.G.），（美）雷德（Reid，W.H.）著；周祖巍，顾德炜译．—北京：宇航出版社，1990.8.—512页；大32开．—ISBN 7-80034-323-5：9.20元

书名原文：Hydrodynamic Stability

理论流体动力学　上册/（英）兰姆（Lamb，H.）著；游镇雄，牛家玉译．—北京：科学出版社，1990.9.—458页；大32开．—（力学名著译丛）．—ISBN 7-03-001751-X（精装）：16.60元

理论流体动力学　上册/（英）兰姆（Lamb，H.）著；游镇雄，牛家玉译．—北京：科学出版社，1990.9.—458页；大32开．—（力学名著译丛）．—ISBN 7-03-001750-1：15.00元

O 352/354　水动力学、气体动力学

气体动力学/童秉纲等编．—北京：高等教育出版社，1990.5.—411页；16开．—高等学校教材．—ISBN 7-04-002895-6：5.25元

气体动力学计算方法/李文绚，金保侠编著．—北京：机械工业出版社，1990.7.—281页；大32开．ISBN 7-111-01603-3：10.00元

水动力学基础/刘岳元等编．—上海：上海交通大学出版社，1990.3.—341页；16开．—ISBN 7-313-00262-9：4.35元

水波引论/陶明德编著．—上海：复旦大学出版社，1990.11.—347页；大32开．—ISBN 7-309-00512-0：2.85元

O 357　粘性流体力学

多孔介质：流体渗移与孔隙结构/（加）Dullien，F.A.L.著；杨富民，黎用启译．—北京：石油工业出版社，1990.8.—268页；16开．—ISBN 7-5021-0481-6：4.20元

粘性流体动力学/王致清主编．—哈尔滨：哈尔滨工业大学出版社，1990.12.—259页；16开．—哈尔滨工业大学研究生教材．—ISBN 7-5603-0270-X：3.65元

O 369　物理力学

喷射理论及其应用/韩惠霖编著.—杭州：浙江大学出版社，1990.11.—289页；大32开.—ISBN 7-308-00620-4：2.40元

普通物理·力学/王正清主编.—北京：高等教育出版社，1990.5.—447页；大32开.—全国高等师范专科学校教材.—ISBN 7-04-002858-1：3.25元

O 37　流变学

英汉流变学词汇.—北京：科学出版社，1990.9.295页，32开.—ISBN 7-03-001628-9：9.30元

流变学进展：1990第三届全国流变学学术会议论文集/江体乾主编.—上海：华东化工学院出版社，1990.11.—537页；16开.—ISBN 7-5628-0120-7：31.00元

O 4　物理学

大学物理　上册/孙朝义主编.—徐州：中国矿业大学出版社，1990.12.—354页；大32开.—高等学校教学用书.—ISBN 7-81021-423-3：4.40元

大学物理　上册/吴百诗主编.—西安：西安交通大学出版社，1990.5.—317页；16开.—ISBN 7-5605-0291-1：3.50元

大学物理　下册/吴百诗主编.—西安：西安交通大学出版社，1990.12.—268页；16开.—ISBN 7-5605-0374-8：3.00元

大学物理学　第一册：力学/张三慧，王虎珠编著.北京：清华大学出版社，1990.8.—288页；大32开.清华大学教材.—ISBN 7-302-00640-7：2.15元

大学物理学　第一册/邵炳珠主编.—长春：吉林大学出版社，1990.12.—341页；32开.—高等学校教学用书.—ISBN 7-5601-0706-0：3.60元

大学物理学　第一册/林润生，彭知难主编.—兰州：甘肃教育出版社，1990.11.—233页；大32开.—高等学校教学用书.—ISBN 7-5423-0172-X：3.40元

大学物理学　第二册/林润生，彭知难主编.—兰州：甘肃教育出版社，1990.11.—196页；大32开.高等学校教学用书.—ISBN 7-5423-0173-X：3.00元

大学物理学　第一分册：力学、分子物理和热力学/何世湘主编.—2版.—重庆：重庆大学出版社，1990.2.—319页；32开.—ISBN 7-5624-0028-8：3.15元

本书1987年11月第1版。

大学物理学　第四分册：近代物理基础/何世湘主编.—2版.—重庆：重庆大学出版社，1990.7.—202页；32开.—ISBN 7-5624-0031-8：2.15元

本书1987年12月第1版。

中专物理/机电部中专物理课程组编.—南昌：江西科学技术出版社，1990.6.—454页；32开.—ISBN 7-5390-0332-4：4.55元

物理/劳动部培训司组织编写.—2版.—北京：劳动人事出版社，1990.3.—286页；32开.—全国技工学校通用教材.—ISBN 7-5045-0448-3：2.45元

本书1985年5月第1版。

物理　上册/工科中专物理教材编写组编；陕西省中专物理教材编写组修订.—3版.—北京：高等教育出版社，1990.4.—228页；32开.—中等专业学校教材　工科各专业通用.—ISBN 7-04-002852-2：1.40元

本书1979年12月第1版。

物理　上册/江苏省中等师范学校教材编写组编.2版.—南京：江苏教育出版社，1990.4.—322页；32开.—三年制中等师范学校课本.—ISBN 7-5343-0347-8：2.55元

物理　上册/唐端方主编.—上海：上海科学普及出版社，1990.6.—224页；32开.—中等专业学校教材.ISBN 7-5427-0281-5：2.75元

物理　下册/唐端方主编.—上海：上海科学普及出版社，1990.6.—234页；32开.—中等专业学校教材.ISBN 7-5427-0283-1：2.95元

物理　上册/蒋先觉，樊孝达主编.—乌鲁木齐：新疆教育出版社，1990.6.—236页；32开.—新疆中等专业学校教材　供民族学生用　工科各专业通用.—ISBN 7-5379-1283-0：2.35元

物理学/王林森主编.—南京：江苏科学技术出版社，1990.6.—218页；16开.—高等医学院校检验专业专科教材.—ISBN 7-5345-0969-6：4.90元

物理学/北京林业大学等编.—北京：中国林业出版社，1990.1.—351页；16开.—ISBN 7-5038-0673-7：6.70元

物理学　第三册/缪源等编.—北京：高等教育出版社，1990.3.—506页；大32开.—高等学校教学参考书.—ISBN 7-04-002343-1：3.90元

物理学概论　下册/祝家清著.—武汉：湖北教育出版社，1990.2.—689页；大32开.—ISBN 7-5351-0400-2：7.55元

普通物理专题研究/佟盛勋等编著.—北京：北京师范学院出版社，1990.6.—569页；大32开.—ISBN 7-81014-117-1：11.00元

普通物理学　上册/吕振明，陈沛芬编.—北京：人民邮电出版社，1990.6.—347页；大32开.—邮电高等函授教材.—ISBN 7-115-04204-7：2.40元

普通物理学　下册/吕振明，陈沛芬编.—北京：人民邮电出版社，1990.12.—483页；大32开.—邮电高等函

授教材.—ISBN 7-115-04348-5：3.20元

普通物理学：电磁学/钟采池等编著.—北京：科学技术文献出版社，1990.1.—473页；32开.—ISBN 7-5023-0981-0：7.00元

普通物理学：光学和近代物理/胡望雨，李衡芝编.—北京：北京大学出版社，1990.12.—590页；大32开.—北京大学教材.—ISBN 7-311-01124-5：8.85元

普通物理程序设计/夏辅，张航著.—昆明：云南大学出版社，1990.3.—273页；32开.—ISBN 7-81025-032-9：3.50元

O 4-09　物理学史

中国古代物理学史略/王锦光，洪震寰编.—石家庄：河北科学技术出版社，1990.4.—191页；大32开.—（古代科学史略丛书）.—ISBN 7-5375-0365-6：4.00元

从落体到无线电波：经典物理学家和他们的发现/（美）埃米里奥·赛格雷著；陈以鸿等译.—上海：上海科学技术文献出版社，1990.10.—294页；大32开.—ISBN-7-80513-665-3：6.50元

物理五千年/朱恒足著.—2版.—武汉：湖北少年儿童出版社，1990.12.—265页；32开.—（少年自然科学史丛书）.—ISBN 7-5353-0582-2：2.55元

本书1987年3月第1版。

物理学史/季柏青主编.—沈阳：辽宁大学出版社，1990.11.—396页；32开.—ISBN 7-5610-1111-3：5.00元

物理学史简编/谷世义主编.—天津：天津科学技术出版社，1990.7.—310页；32开.—物理教学参考.ISBN 7-5308-0674-2：5.00元

物理学的发展/蔡健光，葛华强编著.—北京：光明日报出版社，1990.12.—208页；32开.—ISBN 7-80014-936-6：2.95元

物理学简史/李兆友主编.—长春：吉林大学出版社，1990.10.—314页；32开.—ISBN 7-5601-0640-4：4.50元

O 4-33　物理学实验方法与设备

大学物理实验/王诗进主编.—北京：航空工业出版社，1990.4.—231页；16开.—ISBN 7-80046-230-7：3.10元

大学物理实验/张兆奎等编著.—上海：华东化工学院出版社，1990.3.—314页；16开.—ISBN 7-5628-0073-1：4.50元

大学物理实验/傅吉孝编著.—长春：吉林大学出版社，1990.12.—252页；大32开.—ISBN 7-5601-0723-0：4.00元

大学物理实验：电磁学部分/云南师范大学等编.重庆：西南师范大学出版社，1990.9.—162页；16开.—ISBN 7-5621-0446-8：3.40元

大学物理实验：光学部分/云南师范大学等编.重庆：西南师范大学出版社，1990.12.—140页；16开.—ISBN 7-5621-0458-0：2.95元

中专物理实验册/机电部中专物理课程组编.—南昌：江西科学技术出版社，1990.6.—88页；16开.ISBN 7-5390-0335-9：2.30元

近代物理发展中的著名实验/郭奕玲等编著.—长沙：湖南教育出版社，1990.12.—487页；大32开.ISBN 7-5355-1207-0：7.00元

物理实验/工科中专物理教材编写组编.—3版.—北京：高等教育出版社，1990.4.—120页；32开.—中等专业学校教材　工科各专业通用.—ISBN 7-04-002854-9：0.79元

本书1979年12月第1版。

物理实验/皇甫练真主编.—西安：陕西科学技术出版社，1990.8.—220页；16开.—高等学校教学用书.ISBN 7-5369-0758-3：5.10元

物理实验/潘其勋主编.—大连：大连理工大学出版社，1990.10.—190页；32开.—ISBN 7-5611-0333-6：2.60元

物理实验与数据处理/李明怀等编著.—武汉：武汉测绘科技大学出版社，1990.12.—181页；16开.—高校教材.—ISBN 7-81030-056-3：4.00元

物理实验手册/（英）F.泰勒著；张雄等译.—昆明：云南科技出版社，1990.12.—364页；32开.—ISBN 7-5416-0320-1：4.25元

物理实验方法论/（英）斯奎尔斯（Squires，G.L.）著；张韬译.—昆明：云南教育出版社，1990.3.—226页；大32开.—ISBN 7-5415-0358-4：3.15元

物理实验能力的培养与检测/覃必清等编.—武汉：武汉测绘科技大学出版社，1990.1.—104页；32开.ISBN 7-81030-029-6：1.40元

物理实验教学参考书/潘人培，董宝昌主编.—北京：高等教育出版社，1990.10.—414页；16开.—高等学校教学参考书.—ISBN 7-04-003161-2：5.20元

物理学中的常用方法/王继春，唐述曾编著.—重庆：科学技术文献出版社重庆分社，1990.1.—240页；32开.—中学生智力开发读物.—ISBN 7-5023-0310-3：2.70元

物理教学仪器制作指南/何圣静主编.—北京：科学出版社，1990.12.—467页；32开.—ISBN 7-03-001548-7（精装）：28.30元

基础物理实验/林良楼，张待勉主编.—武汉：中国地质大学出版社，1990.12.—187页；16开.—高等工

科院校试用教材.—ISBN 7-5625-0510-1：12.95元

普通物理实验/刘尚晋主编.—武汉：武汉工业大学出版社，1990.8.—259页；16开.—高等学校试用教材.—ISBN 7-5629-0406-5：6.40元

普通物理实验/孟韵池主编.—大连：大连理工大学出版社，1990.3.—432页；32开.—高等师范院校物理专业实验教材.—ISBN 7-5611-0272-0：4.98元

普通物理实验/管寿沧，戴宗武主编.—太原：山西高校联合出版社，1990.8.—260页；16开.—高等学校试用教材.—ISBN 7-81032-006-8：5.00元

普通物理实验指导：力学、热学和分子物理学/龚镇雄，刘雪林主编.—北京：北京大学出版社，1990.9.—254页；大32开.—ISBN 7-301-01110-5：3.80元

普通物理实验指导：光学/陈怀琳，邵义全主编.北京：北京大学出版社，1990.7.—320页；大32开.ISBN 7-301-01111-3：5.10元

O 4-42　物理教学及教学参考书

大学物理问题讨论集/王燕生编著.—沈阳：东北工学院出版社，1990.12.—222页；32开.—高等学校教学用书.—ISBN 7-81006-240-9：1.60元

大学物理学习指导　下册/吕之森等编著.—北京：北京工业大学出版社，1990.1.—345页；32开.—ISBN 7-5639-0069-1：2.10元

大学物理学习指导/周愉等编.—西安：西北工业大学出版社，1990.6.—139页；16开.—高等学校教材.ISBN 7-5612-0240-7：1.88元

中专物理练习册/机电部中专物理课程组编.—南昌：江西科学技术出版社，1990.6.—140页；16开.ISBN 7-5390-0323-5：3.20元

中等师范物理基本训练　第三册/华东地区中等师范物理教学研究组编.—上海：上海科技教育出版社，1990.8.—97页；32开.—ISBN 7-5428-0477-4：1.00元

技工学校物理教学大纲：1990/劳动部培训司修订.—北京：劳动人事出版社，1990.3.—19页；32开.—ISBN 7-5045-0461-0：0.35元

物理学基本教程教学参考书/李行一等编.—重庆：重庆大学出版社，1990.5.—413页；32开.—ISBN 7-5624-0346-5：3.50元

物理教与学指导书/房玉堂等编.—济南：济南出版社，1990.6.—281页；32开.—职工中等专业学校教材.—ISBN 7-80572-198-X：2.95元

物理教学参考书　上册/陕西省中专物理教材编写组编.—3版.—北京：高等教育出版社，1990.9.249页；32开.—中等专业学校工科各专业通用.—ISBN 7-04-003159-0：1.65元

本书1980年12月第1版。

物理教学参考书　下册/陕西省中专物理教材编写组编.—3版.—北京：高等教育出版社，1990.9.428页；32开.—中等专业学校工科各专业通用.—ISBN 7-04-003160-4：1.20元

本书1980年12月第1版。

基础物理简明教程/李大才，马伯福编.—济南：山东大学出版社，1990.10.—358页；32开.—哲学专业物理教材.—ISBN 7-5607-0435-2：2.30元

O 4-44　物理学习题、问题解答

大学物理学习题集/许荣和主编.—武汉：华中理工大学出版社，1990.4.—295页；32开.—ISBN 7-5609-0487-4：3.50元

大学物理学辅导与习题/任兰亭等编.—东营：石油大学出版社，1990.2.—582页；大32开.—ISBN 7-5636-0070-1：5.90元

中专物理标准化习题集/褚孟似主编.—北京：中国铁道出版社，1990.5.—1册；32开.—ISBN 7-113-00696-5：1.75元

动量、热量与质量传递习题解/王绍亭等编.—北京：化学工业出版社，1990.4.—346页；16开.—ISBN 7-5025-0336-6：12.65元

物理技术习题集/(苏)伏·阿·鲍恩利达等著；宋家第译.—哈尔滨：黑龙江科学技术出版社，1990.12.—213页；32开.—ISBN 7-5388-1019-6：3.25元

基础物理学习提要与习题详解/(日)後藤宪一等编；张汝栋编译.—济南：山东教育出版社，1990.5.—904页；32开.—ISBN 7-5328-0894-7：8.50元

普通物理习题集/(苏)Г.Н.雷巴高娃著；戴先渥译.—长沙：中南工业大学出版社，1990.1.—189页；32开.—ISBN 7-81020-283-9：1.25元

错在哪里？：普通物理学习题错解分析：续/谭树杰，纽吉尔编著.—北京：科学技术文献出版社，1990.10.—271页；32开.—ISBN 7-5023-1295-1：3.70元

O 4-49　物理学普及读物

中师生物理小制作/江西省中师物理中心教研组编.—南昌：江西教育出版社，1990.7.—144页；32开.—江西省中等师范学校补充教材.—ISBN 7-5392-0848-1：1.30元

生活·遐想·物理/关堰等编著.—北京：中国文史出版社，1990.10.—97页；32开.—(智慧之星丛书).—ISBN 7-5034-0092-7：2.00元

现代生活与物理/陈培林等主编.—杭州：浙江教育出版社，1990.5.—143页；32开.—ISBN 7-5338-0668

-9；1.10元

物理学习指南/刘化君等编著.—北京：北京邮电学院出版社，1990.4.—371页；32开.—ISBN 7-5635-0047-2：3.70元

物理学的千奇百怪/张溉，张淑燕编著.—北京：中国文史出版社，1990.10.—123页；32开.—（智慧之星丛书）.—ISBN 7-5034-0094-3：2.40元

物理学家是怎样工作的?/（美）兰本达著；胡文静等译.—北京：人民教育出版社，1990.10.—192页：照片；大32开.—ISBN 7-107-10703-8：3.15元

兔子撞在树桩上：身边的物理故事/沈宁华，高立民编写.—石家庄：河北教育出版社，1990.—164页：图；32开.—（小博士文库）.—ISBN 7-5434-0686-1：2.25元

O 4-53　物理学论文集

尼耳斯·玻尔集　第三卷：对应原理：1918～1923/（　）罗森菲耳德（Rosenfeld，L.）主编；（　）尼耳森（Nielsen，J.R.）编；戈革译.—北京：科学出版社，1990.5.—722页；大32开.—ISBN 7-03-001627-0（精装）：29.90元

尼耳斯·玻尔集　第四卷：周期系：1920～1923/（　）罗森菲耳德（Rosenfeld，L.）主编；（　）尼耳森（Nielsen，J.R.）编；戈革译.—北京：科学出版社，1990.10.—647页；大32开.—ISBN 7-03-001870-2（精装）：29.50元

现代物理学的概念革新与哲学精神/顾毓忠著.—长春：吉林大学出版社，1990.8.—345页；大32开.ISBN 7-5601-0554-8：2.55元

O 4-6　物理学参考工具书

物理量单位及公式：单位制变换指南/袁方主编.北京：地质出版社，1990.5.—190页；32开.—高等学校教学参考书.—ISBN 7-116-00589-7：1.45元

基础物理学手册/（苏）科什金（Кошкин，Н.И.），（苏）什尔克维奇（Щиркевич，М.Г.）著；张禄荪译.—北京：教育科学出版社，1990.7.—248页；32开.—ISBN 7-5041-0341-1：4.00元

O 41　理论物理学

天体物理　电路分析　脉冲分析/周又元等编著.—合肥：中国科学技术大学出版社，1990.7.—199页；大32开.—（高等物理精编；卷5/尹鸿钧主编）.—ISBN 7-312-00151-3：3.00元

反常规范理论导论/张耀中著.—长春：吉林科学技术出版社，1990.4.—179页；大32开.—（青年科学家著作丛书）.—ISBN 7-5384-0505-4：4.00元

光学　原子物理/郭光灿等编著.—合肥：中国科学技术大学出版社，1990.10.—353页；大32开.—（高等物理精编；卷3/尹鸿钧主编）.—ISBN 7-312-00149-1：4.50元

近代物理学基础/孙庆元等主编.—东营：石油大学出版社，1990.7.—336页；大32开.—高等专科学校教学用书.—ISBN 7-5636-0108-2：5.10元

现代物理学进展/（美）威尔特（Weart，S.R.），（　）裴利普（Phillips，M.）编；魏凤文等编译.—长沙：湖南教育出版社，1990.2.—499页；大32开.—ISBN 7-5355-1055-8：6.20元

物理学的方法论原理/（苏）凯德洛夫，（苏）奥夫钦尼科夫主编；柳树滋等译.—北京：知识出版社，1990.12.—511页；32开.—（自然科学哲学问题译丛）.—ISBN 7-5015-0452-0：6.20元

物理学基础新论：非相对性理论/徐来自著.—呼和浩特：内蒙古人民出版社，1990.5.—273页；32开.ISBN 7-204-00235-0：3.35元

实用理论物理：概要与例题/强元棨等编.—合肥：安徽科学技术出版社：中国科学技术大学出版社，1990.11.—491页；大32开.—ISBN 7-312-00224-2：7.05元

经典力学　电磁学　电动力学/程稼夫等编著.—合肥：中国科学技术大学出版社，1990.7.—468页；大32开.—（高等物理精编；卷9/尹鸿钧主编）.—ISBN 7-312-00147-5：4.90元

相对论物理　热力学　统计物理/张家铝等编著.—合肥：中国科学技术大学出版社，1990.8.—296页；大32开.—（高等物理精编；卷2/尹鸿钧主编）.—ISBN 7-312-00148-3：3.80元

理论物理选择题错解分析/罗绍凯等编著.—北京：科学技术文献出版社，1990.12.—389页；32开.ISBN 7-5023-1307-9：7.50元

理论物理简明教程　第二卷：量子力学/（苏）Л.Д朗道，（　）E.M.栗弗席茨著；李复龄译.—北京：高等教育出版社，1990.7.—332页；大32开.—ISBN 7-04-001950-7：2.70元

量子力学　核物理　粒子物理/朱栋培等编著.—合肥：中国科学技术大学出版社，1990.9.—352页；大32开.—（高等物理精编；卷4/尹鸿钧主编）.—ISBN 7-312-00150-5：4.40元

微观世界与物之本质/张金潭，古树惠著.—北京：学术书刊出版社，1990.3.—99页；32开.—（物理学新理论；1）—ISBN 7-80045-689-7：1.65元

戴维·玻姆的科学思想与方法/洪定国著.—北京：光明日报出版社，1990.6.—237页；32开.—（潜科学文库/申先甲主编）.—ISBN 7-80014-892-0：2.95元

O 411　物理学的数学方法

物理学家用微分几何/侯伯元,侯伯宇著.—北京:科学出版社,1990.8.—500页;大32开.—(现代物理学丛书/周光召主编).—ISBN 7-03-001531-2:18.10元

突变理论/(苏)阿诺尔德(Arnold,V.I.)著;周燕华译.—北京:高等教育出版社,1990.6.—109页;32开.—ISBN 7-04-002505-1:1.15元

微机在大学物理中的应用/包荫鸾等编.—西安:西北工业大学出版社,1990.5.—180页;16开.—高等学校教材.—ISBN 7-5612-0258-X:2.38元

数学物理中的微分形式/(　)威斯顿霍尔兹(Westenholz,C.V.)著;叶以同译.—北京:北京大学出版社,1990.3.—626页;大32开.—ISBN 7-301-00992-5:9.25元

数学物理方法/刘连寿,王正清编.—北京:高等教育出版社,1990.9.—397页;大32开.—高等学校教材.—ISBN 7-04-003038-1:2.75元

数学物理方法/梁昆淼编著.—北京:电子工业出版社,1990.12.—421页;大32开.—(理论物理自学丛书/喀兴林等主编).—全国高等教育自学考试指导委员会物理专业委员会建议试用教材.—ISBN 7-5053-480-1:6.30元

数学物理方程/严子谦等编.—长春:吉林大学出版社,1990.12.—244页;大32开.—ISBN 7-5601-0759-1:2.15元

数学物理方程/张自立等编.—西安:西安交通大学出版社,1989.3.—222页;32开.—ISBN 7-5605-0126-5:1.50元

数学物理方程/陈志浩著.—北京:高等教育出版社,1990.4.—372页;大32开.—ISBN 7-04-002845-X:2.90元

数学物理方程的例题与习题/扬振德等编.—郑州:河南教育出版社,1990.12.—528页;大32开.—ISBN 7-5347-0677-7:6.30元

APPLEⅡ微机在物理实验中的应用基础/龙传安,童世栋著.—北京:高等教育出版社,1990.7.—182页;16开.—ISBN 7-04-000904-8:2.80元

O 412　相对论、场论

广义相对论基础/赵之弦编.—长沙:中南工业大学出版社,1990.1.—152页;32开.—ISBN 7-81020-280-4:1.00元

什么是相对论/王立杰,侯双印编译.—石家庄:河北科学技术出版社,1990.1.—72页;32开.—ISBN 7-5375-0322-2:1.15元

时间的简明历史:从大爆炸到黑洞/(　)郝京(Hawking,S.W.)著;张礼译.—北京:清华大学出版社,1990.6.—174页;32开.—ISBN 7-302-00642-3:2.30元

书名原文:A Brief History of Time

时间简史/(　)斯蒂芬霍金著;入梦译.—石家庄:河北教育出版社,1990.12.—151页;大32开.ISBN 7-5434-0679-9:2.25元

近代物理学问题:相对论质疑/郑铨著.—北京:学术书刊出版社,1990.1.—109页;大32开.—ISBN 7-80045-638-2:2.00元

相对论入门/(美)巴涅特(Barnett,L.)著;仲子译.—北京:生活·读书·新知三联书店,1989.4·132页;32开.—ISBN 7-108-00204-3(精装):12.25元

书名原文:The Universe and Dr.Einstein

相对论电动力学/全泽松著.—成都:电子科技大学出版社,1990.5.—228页;32开.—高等学校教材·ISBN 7-81016-195-4:1.50元

狭义相对论与航天器飞行/竺苗龙著.—青岛:青岛海洋大学出版社,1990.5.—103页;大32开.—ISBN 7-81026-050-2:3.20元

爱因斯坦的梦/(美)派克(Parker,B.)著;易心洁译.—长沙:湖南师范大学出版社,1990.3.226页;大32开.—ISBN 7-81031-012-7:3.40元

O 413　量子论

高等量子力学/胡诗可等编著.—成都:四川大学出版社,1990.12.—327页;16开.—ISBN 7-5614-0309-7:4.14元

量子力学　卷Ⅰ/曾谨言著.—北京:科学出版社,1990.9.—721页;大32开.—(现代物理学丛书/周光召主编).—ISBN 7-03-001663-7:16.30元

量子力学　卷Ⅰ/曾谨言著.—北京:科学出版社,1990.9.—721页;大32开.—(现代物理学丛书/周光召主编).—ISBN 7-03-001664-5(精装):18.50元

量子力学/蔡凤鑫,王海志主编;文先俊等编.—开封:河南大学出版社,1990.5.—370页;大32开.高等学校函授试用教材.—ISBN 7-81018-338-9:3.35元

量子力学习题集/(　)特哈尔(Terhaar,D.)选编;王正清等译.—3版.—北京:高等教育出版社,1990.7.—538页;大32开.—ISBN 7-04-002303-2:4.90元

本书1965年第1版。

量子力学专题分析　上册/曾谨言,钱伯初编著.北京:高等教育出版社,1990.6.—257页;大32开.(理论物理学专题丛书).—ISBN 7-04-002901-4(精装):4.70元

量子力学专题分析　上册/曾谨言,钱伯初编著.

北京：高等教育出版社，1990.6.—257页；大32开.（理论物理学专题丛书）.—ISBN 7-04-000596-4：2.60元

量子力学中的近似方法/孔繁梅，刘浩然编著.—福州：福建科学技术出版社，1990.12.—304页；32开.（量子力学教学丛书/喀兴林主编）.—ISBN 7-5335-0312-0：3.60元

量子力学中的氢原子/卓崇培编著.—福州：福建科学技术出版社，1990.10.—212页；32开.—（量子力学教学丛书/喀兴林主编）.—ISBN 7-5335-0394-5：2.40元

量子力学图解/（德）伯朗特（Brandt，S.），（德）塔曼（Dahmen，H.D.）著；陆浩聪，苏清茂译.—北京：宇航出版社，1990.5.—242页；大32开.—ISBN 7-80034-270-0：4.80元

书名原文：The Picture Book of Quantum Mechanics

量子力学的基本原理与表象理论/岑业森编著.—福州：福建科学技术出版社，1990.3.—103页；32开.（量子力学教学丛书/喀兴林主编）.—ISBN 7-5335-0331-7：1.40元

量子力学的基本概念/关洪著.—北京：高等教育出版社，1990.8.—271页；大32开.—高等学校教学参考书.—ISBN 7-04-002980-4：2.40元

量子力学原理及应用导论/（美）亚里夫（Yariv，A.）著；张永恩等译.—南京：南京大学出版社，1990.6.—391页；32开.—ISBN 7-305-00030-2：5.10元

量子力学概论/李梧龄著.—上海：同济大学出版社，1990.10.—474页；大32开.—ISBN 7-5608-0345-8：15.00元

量子场论导论/何宝鹏，熊钰庆编著.—广州：华南理工大学出版社，1990.11.—332页；大32开.—ISBN 7-5623-0226-X：5.50元

量子规范场论/曹昌祺著.—北京：高等教育出版社，1990.11.—552页；大32开.—ISBN 7-04-002510-8：5.60元

量子物理学导论/（美）弗伦奇（French，A.P.），（ ）泰勒（Taylor，E.F.）著；徐绪笃，吴颐译.—北京：高等教育出版社，1990.6.—655页；大32开.—（美国M.I.T.物理学导论丛书）.—ISBN 7-04-000002-4：5.70元

量子理论的历史发展　第一卷　第一分册：普朗克、爱因斯坦、玻尔和索末菲的量子理论：它的奠立及其困难的兴起：1900～1925/（美）梅拉（Mehra，J.），（ ）雷琴堡（Rechenberg，H.）著；戈革等译.—北京：科学出版社，1990.5.—504页；大32开.—ISBN 7-03-000673-9：19.50元

O 414　热力学与统计物理学

不可逆热力学及现代反应动力学导论　下册/郑重知主编.—北京：高等教育出版社，1990.3.—485～945页；大32开.—高等学校教学参考书.—ISBN 7-04-002532-9：3.70元

从有序到混沌：介绍热力学第二定律/（美）爱特金（Atkins，P.W.）著；李思一译.—北京：科学技术文献出版社，1990.1.—254页；32开.—（科学美国人丛书）.—ISBN 7-5023-0943-8：4.45元

分子热力学/金家骏等编著.—北京：科学出版社，1990.12.—505页；大32开.—ISBN 7-03-001834-6：19.50元

应用统计力学：流体物性的研究基础/胡英等编著.—北京：化学工业出版社，1990.4.—447页；大32开.—ISBN 7-5025-0348-X：10.00元

结构、稳定与涨落的热力学理论/（ ）P.葛兰斯多夫，（ ）L.普里高津著；海彦合等译.—西安：陕西人民教育出版社，1990.4.—318页；大32开.ISBN 7-5419-1187-9：4.25元

统计物理学/苏汝铿编著.—上海：复旦大学出版社，1990.6.—584页；大32开.—（理论物理学基础教程丛书）.—ISBN 7-309-00413-2：4.60元

热力学词典/（美）詹姆斯（James，A.M.）著；蒋馥华，蒋国礼译.—哈尔滨：哈尔滨工业大学出版社，1990.8.—404页；32开.—ISBN 7-5603-0289-0：4.90元

书名原文：A Dictionary of Thermodynamics

热力学原理及应用/蒋汉文，邱信立编著.—上海：同济大学出版社，1990.6.—388页；大32开.—ISBN 7-5608-0559-0：3.00元

流体流动、传热传质和燃烧过程的计算机模拟/范维澄主编.—合肥：安徽科学技术出版社，1990.8.303页；大32开.—ISBN 7-5337-0357-X：4.90元

O 42　声　学

水声原理/（美）R.J.尤立克著；洪申译.—哈尔滨：哈尔滨船舶工程学院出版社，1990.2.—339页；16开.—ISBN 7-81007-069-X：3.65元

声音"特异功能"/明代都，章昌和编著.—成都：四川少年儿童出版社，1989.3.—95页；32开.—（大世界小窗口丛书）.—ISBN 7-5365-0298-2：1.31元

现代生活中的声音/吕如榆，高彦良著.—北京：人民教育出版社，1990.2.—197页；32开.—（现代科

学技术丛书）.—中学生课外读物.—ISBN 7-107-10391-1：2.15元

超声学/应崇福主编.—北京：科学出版社，1990.12.—585页；大32开.—ISBN 7-03-001791-9：20.70元

O 43 光　学

光学/王延魁等主编.—长春：东北师范大学出版社，1990.3.—438页；大32开.—高等师范院校《普通物理》试用教材.—ISBN 7-5602-0377-9：4.20元

光学/宣桂鑫，张治国编.—上海：上海科学技术文献出版社，1990.7.—185页；32开.—（普通物理学标准化考试丛书）.—ISBN 7-80513-548-7：3.10元

光学中若干容易混淆的问题/盛特杰等编.—上海：上海教育出版社，1990.1.—108页；32开.—（中学生文库）.—ISBN 7-5320-1795-8：1.10元

光学世界奇观/宋广礼，雪仕湛编著.—武汉：湖北少年儿童出版社，1990.10.—198页；32开.—（少年科学瞭望台丛书）.—ISBN 7-5353-0763-9：2.20元

光学设计手册/李士贤，郑乐年编.—北京：北京理工大学出版社，1990.8.—332页；16开.—ISBN 7-81013-330-3：12.55元

光学原理及发展/程路编著.—北京：科学出版社，1990.4.—588页；大32开.—ISBN 7-03-001364-6：18.90元

光学基础　上册/（　）詹金斯（Jenkins，F.A.），（　）怀特（White，H.E.）著；杨光熊，郭永康译.—北京：高等教育出版社，1990.6.—456页；大32开.—ISBN 7-04-000836-X：3.60元

书名原文：Fundamentals of Optics

近代光学基础/谢建平，明海编.—合肥：中国科学技术大学出版社，1990.4.—259页；大32开.—ISBN 7-312-00118-1：2.70元

现代光学教程/朱自强等编著.—成都：四川大学出版社，1990.9.—412页；16开.—ISBN 7-5614-0300-3：5.20元

O 431/432　光本性的理论、光辐射、光度学、色度学

光计算/陈益新等编著.—上海：上海交通大学出版社，1990.3.—185页；16开.—ISBN 7-313-00260-2：2.35元

色度学/汤顺青主编.—北京：北京理工大学出版社，1990.6.—286页；大32开.—ISBN 7-81013-317-9：2.60元

量子光学/郭光灿著.—北京：高等教育出版社，1990.6.—616页；大32开.—ISBN 7-04-002508-6：6.25元

辐射度学和光度学/车念曾，阎达远编.—北京：北京理工大学出版社，1990.2.—487页；32开.—ISBN 7-81013-254-7：3.25元

O 433　光谱学

有机波谱学教程/张友杰，李念平主编.—武汉：华中师范大学出版社，1990.11.—290页；16开.—ISBN 7-5622-0610-4：5.70元

波谱分析/王学琳，孙淑萍编著.—沈阳：辽宁大学出版社，1990.6.—479页；大32开.—高等学校试用教材.—ISBN 7-5610-0985-2：5.80元

高分辨电子能量损失谱/杨玉琨编著.—长春：吉林大学出版社，1990.12.—149页；大32开.—ISBN 7-5601-0744-3：1.45元

旋光谱和圆二色光谱/（英）Legrand，M.，（　）Rougier，M.J.著；陈荣峰等译.—开封：河南大学出版社，1990.6.—181页；16开.—ISBN 7-81018-519-5：5.50元

书名原文：The Optical Rotatory Dispersion and Circular Dichroism

傅里叶变换光谱/（法）Guelachvili，G.讲授；张知廉编译.—北京：北京大学出版社，1990.5.121页；32开.—ISBN 7-301-01121-0：2.10元

O 434　X射线、紫外线、红外线

应用红外与光电子学　第9辑/《应用红外与光电子学》编辑委员会编辑.—上海：上海科学技术文献出版社，〔1990〕.—40页；16开.—ISBN 7-80513-549-5：1.40元

实用红外光谱学/王宗明等编著.—2版.—北京：石油工业出版社，1990.10.—588页；大32开.—ISBN 7-5021-0332-5（精装）：7.65元

本书1982年4月第1版。

实用红外光谱学/王宗明等编著.—2版.—北京：石油工业出版社，1990.10.—588页；大32开.—ISBN 7-5021-0029-6：6.25元

本书1982年4月第1版。

真空紫外光谱学/（　）A.N.扎伊德尔，（　）E.Ya.希赖德著；李孝昌，张碧华译.—成都：成都科技大学出版社，1990.9.—437页；32开.—ISBN 7-5616-0529-3：2.95元

X射线应力测定方法/安正植，王文宇编著.—长春：吉林大学出版社，1990.9.—256页；32开.—ISBN 7-5601-0609-9：1.85元

O 436/437　物理光学、非线性光学

光电子学中的波和场/（　）赫尔曼·A·豪斯著；陈东培译.—上海：上海翻译出版公司，1990.

11.—426页；大32开.—ISBN 7-80514-335-8：7.20元

光弹性中的矩阵理论和散光法/钱振明编著.—重庆：科学技术文献出版社重庆分社，1990.10.—328页；32开.—ISBN 7-5023-1182-3：4.50元

应用物理光学/严瑛白编.—北京：机械工业出版社，1990.11.—430页；16开.—ISBN 7-111-02311-0：5.75元

非线性光学/费浩生著.—北京：高等教育出版社，1990.5.—352页；大32开.—ISBN 7-04-002857-3：2.90元

物理光学/范少卿，郭富昌编.—北京：北京理工大学出版社，1990.5.—264页；16开.—ISBN 7-81013-348-9：3.10元

衍射光栅/（英）M.C.哈特雷著；贾惟义，秦小梅译.—贵阳：贵州人民出版社，1990.5.—359页；32开.—ISBN 7-221-01448-5：4.50元

O 44　电磁学、电动力学

O 441　电磁学

工程电磁场与电磁波/陈国瑞等编.—西安：西北工业大学出版社，1990.6.—353页；16开.—高等学校教材.—ISBN 7-5612-0253-9：4.47元

电学基础：修订版/（美）范瓦尔肯堡（Van Valkenburg）著；吕国泰译.—北京：高等教育出版社，1990.7.—475页；16开.—ISBN 7-04-000794-0：7.40元

电磁场与电磁波/徐绳均编.—北京：水利电力出版社，1990.4.—357页；16开.—函授大学教材.—ISBN 7-120-01040-9：9.45元

电磁场与电磁波实验指导书/饶克谨主编.—北京：电子工业出版社，1990.4.—82页；32开.—高等学校教材.—ISBN 7-5053-0712-6：0.85元

电磁场与电磁波基础/卢荣章编.—2版.—北京：高等教育出版社，1990.1.—390页；大32开.—ISBN 7-04-002755-0：2.60元

本书1985年1月第1版。

电磁场理论/林德云等编著.—北京：电子工业出版社，1990.2.—281页；16开.—高等学校教材.—ISBN 7-5053-0713-4：3.75元

电磁场理论/高炜烈等编.—北京：人民邮电出版社，1990.11.—536页；大32开.—邮电高等函授试用教材.—ISBN 7-115-04349-3：4.00元

电磁场理论的数学方法/连汉雄编著.—北京：北京理工大学出版社，1990.2.—378页；大32开.—高等学校教材.—ISBN 7-81013-291-1：3.10元

电磁场理论基础/林德云，李国定编著.—北京：清华大学出版社，1990.2.—321页；16开.—ISBN 7-302-00556-7：4.15元

电磁环境与生活/都世民，吴毅编著.—北京：中国计量出版社，1990.1.—175页；32开.—ISBN 7-5026-0291-7：3.00元

电磁波的应用/时振栋等编.—北京：高等教育出版社，1990.7.—289页；大32开.—高等学校教学参考书.—ISBN 7-04-000947-1：2.95元

电磁学/张炎勋等主编.—长春：东北师范大学出版社，1990.4.—490页；大32开.—高等师范院校《普通物理》试用教材.—ISBN 7-5602-0381-7：4.50元

电磁学教学随笔/钟锡华，潘仲麟编.—成都：成都科技大学出版社，1990.11.—449页；32开.—ISBN 7-5616-0560-9：2.98元

近代电磁理论/龚中麟，徐承和编著.—北京：北京大学出版社，1990.12.—410页；大32开.—北京大学教材.—ISBN 7-301-01319-1：3.15元

O 442　电动力学

电动力学/王宗田主编.—长春：东北师范大学出版社，1990.4.—460页；大32开.—大学物理函授教材.—ISBN 7-6502-0430-9：3.50元

电动力学学习提要与习题详解/耿效辙，贺金玉编.—济南：山东教育出版社，1990.5.—352页；32开.—ISBN 7-5328-0814-2：2.80元

电动力学教学指导/张维埙等主编.—西安：西安交通大学出版社，1990.5.—287页；32开.—ISBN 7-5605-0302-0：1.95元

O 45　无线电物理学

表面电磁波和介质波导/黎滨洪编.—上海：上海交通大学出版社，1990.9.—312页；32开.—高等学校教材.—ISBN 7-313-00681-0：2.00元

非正弦电磁波的传播/（美）哈尔姆斯（Harmuth，H.F.）著；沈士团，藕锋译.—北京：人民邮电出版社，1990.6.—302页；32开.—ISBN 7-115-04041-9：4.15元

书名原文：Propagation of Nansinusoidal Electromagnetic Waves

线性与非线性波导论/郭秉荣编著.—北京：气象出版社，1990.9.—346页；大32开.—ISBN 7-5029-0427-1：2.30元

O 46/47　真空电子学、半导体物理学

半导体导质结物理/虞丽生编著.—北京：科学出版

社，1990.5.—325页；大32开.—ISBN 7-03-001604-1：12.60元

半导体物理学/王印月编.—兰州：兰州大学出版社，1990.12.—409页；大32开.—ISBN 7-311-00390-3：4.23元

光电导物理及其应用/应根裕编著.—北京：电子工业出版社，1990.2.—289页；16开.—高等学校教材.ISBN 7-5053-0707-X：3.90元

强流带电粒子束物理学导论/（美）R.B.米勒著；刘锡三等译.—北京：原子能出版社，1990.3.—400页；32开.—ISBN 7-5022-0201-3：12.85元

O 48　固体物理学

电介质物理导论/李翰如编著.—成都：成都科技大学出版社，1990.6.—451页：大32开.—ISBN 7-5616-0342-8：5.80元

光学薄膜原理/林永昌，卢维强编著.—北京：国防工业出版社，1990.5.—366页；16开.—ISBN 7-118-00543-6：12.00元

固体物理/徐毓龙，阎西林编著.—西安：西安电子科技大学出版社，1990.6.—369页；大32开.—高等学校教材.—ISBN 7-5606-0118-9：2.85元

固体物理实验方法/王华馥，吴自勤主编.—北京：高等教育出版社，1990.6.—488页；16开.—高等学校教学参考书.—ISBN 7-04-000083-0：7.00元

固体物理教程/吕世骥，范印哲编.—北京：北京大学出版社，1990.12.—400页；大32开.—高等学校教材.—ISBN 7-301-01274-8：3.50元

固体物理基础/蔡伯壎编.—北京：高等教育出版社，1990.9.—558页；大32开.—高等学校教学参考书.—ISBN 7-04-003075-6：4.45元

固体X射线学　（二）/黄胜涛主编.—北京：高等教育出版社，1990.10.—541页；大32开.—高等学校教学参考书.—ISBN 7-04-002990-1：4.25元

新功能膜/（日）清水刚夫等著；李福绵，陈双基译.—北京：北京大学出版社，1990.3.—183页；大32开.—ISBN 7-301-00957-7：3.10元

磁光材料和磁光器件/刘湘林等编著.—北京：北京科学技术出版社，1990.1.—227页；32开.—ISBN 7-5304-0502-0：3.50元

穆斯堡尔谱学、方法学与数据处理/李士著.—兰州：兰州大学出版社，1990.3.—484页；大32开.—ISBN 7-311-00303-2：9.30元

穆斯堡尔谱学常用数据手册/夏元复，刘荣川编译.南京：江苏科学技术出版社，1990.7.—260页；32开.—ISBN 7-5345-0981-5（精装）：6.00元

穆斯堡尔谱学常用数据手册/夏元复，刘荣川编译.南京：江苏科学技术出版社，1990.7.—260页；32开.—ISBN 7-5345-0982-3：3.50元

O 51　低温物理学

神奇的超导体/（日）片方善治著；沈电洪，王冀洪译.—北京：机械工业出版社，1990.9.—109页；32开.—ISBN 7-111-01890-7：3.40元

O 55　热学与物质运动论

气体输运理论及应用/应纯同编著.—北京：清华大学出版社，1990.8.—392页；大32开.—ISBN 7-302-00634-2：3.20元

物质结构/（英）Bausor，J.等著；杨佩卿译.北京：高等教育出版社，1990.6.—125页；大32开.（物理学自学指导丛书）.—ISBN 7-04-00849-1：1.25元

物质结构目标教学指导/徐森编.—上海：上海科学技术文献出版社，1989.12.—381页；32开.—ISBN 7-80513-440-5：6.25元

物质结构导论/李俊清等编.—合肥：中国科学技术大学出版社，1990.10.—636页；大32开.—ISBN 7-312-00194-7：4.80元

热学/徐行编著.—北京：高等教育出版社，1990.4.—506页；大32开.—高等学校教学参考书.—ISBN 7-04-002587-6：3.95元

热学/曹清喜主编；申永帆等编.—北京：北京师范大学出版社，1990.3.—307页；大32开.—师范专科学校试用教材.—ISBN 7-303-00863-2：2.35元

热学基础/罗蔚茵，许煜寰编.—广州：中山大学出版社，1990.8.—424页；大32开.—ISBN 7-306-00293-7：3.60元

O 56　分子物理学、原子物理学

分子振动光谱学基础/吴国祯编著.—北京：化学工业出版社，1990.7.—183页；32开.—ISBN 7-5025-0742-6：4.20元

分子振动和振动光谱/梁映秋，赵文运编.—北京：北京大学出版社，1990.2.—327页；大32开.—ISBN 7-301-00824-4：2.60元

原子光谱学导论/林美荣，张包铮编著.—北京：科学出版社，1990.10.—326页；大32开.—ISBN 7-03-001832-X：10.80元

原子物理学/杨福家著.—2版.—北京：高等教育出版社，1990.4.—638页；大32开.—高等学校教材.ISBN 7-04-002859-X：4.15元
本书1985年8月第1版。

原子物理学/周绍森，范成编.—上海：华东师范大

学出版社，1990.3.—292页；大32开.—全国高等师范专科学校教材.—ISBN 7-5617-0476-3：2.54元

原子物理学　上册/殷传宗，莫敦庸主编.—2版（修订本）.—桂林：广西师范大学出版社，1990.9.320页；大32开.—高等师范院校试用教材.—ISBN 7-5633-0002-3：3.85元

原子物理学　下册/殷传宗，莫敦庸主编.—2版（修订版）.—桂林：广西师范大学出版社，1990.11.—245页；大32开.—高等师范院校试用教材.—ISBN 7-5633-0002-3：3.20元

本书1987年6月第1版。

原子物理学/喻身启等主编.—长春：东北师范大学出版社，1990.4.—372页；大32开.—高等师范院校《普通物理》试用教材.—ISBN 7-5602-0394-9：3.80元

原子物理学习指导/赵信编.—开封：河南大学出版社，1990.5.—251页；32开.—ISBN 7-81018-429-6：1.65元

原子结构理论　上册/王治文编著.—长春：吉林大学出版社，1990.12.—390页；大32开.—ISBN 7-5601-0771-0：3.15元

O 57　原子核物理学、高能物理学

兰州重离子研究装置进展报告　第八卷：兰州重离子加速器研制报告专集：1989/中国科学院近代物理研究所编辑.—北京：科学出版社，1990.8.—130页；16开.—ISBN 7-03-002185-1：8.40元

光辉的篇章——从原子到基本粒子/(　)斯蒂芬·温伯格著；吴丹迪等译.—武汉：华中师范大学出版社，1990.3.—231页；32开.—ISBN 7-5622-0618-X：3.80元

近代原子核模型/廖继志编著.—成都：四川大学出版社，1990.12.—365页；16开.—ISBN 7-5614-0323-2：4.60元

放射性世界/喻焕森，陈丽姝编.—北京：中国计量出版社，1990.4.—94页；32开.—ISBN 7-5026-0306-9：2.10元

核子-核子相互作用与核反应/高道国编著.—成都：四川大学出版社，1990.2.—277页；16开.—ISBN 7-5614-0230-9：5.90元

核谱学及其在化学中的应用/王友桐编著.—福州：福建科学技术出版社，1990.9.—361页；大32开.ISBN 7-5335-0407-0：5.60元

原子核物理学/颜一鸣主编；陈泽民等编写.—北京：原子能出版社，1990.6.—631页；16开.—高等学校教学参考书.—ISBN 7-5022-0240-4：7.75元

粒子物理与核物理讲座/高崇寿，曾谨言著.—北京：高等教育出版社，1990.10.—448页；大32开.—ISBN 7-04-003153-1：3.60元

O 6　化　学

化学/王立忠主编.—北京：中国商业出版社，1990.1.—340页；32开.—中等专业学校教学用书.ISBN 7-5044-0592-2：3.40元

化学/机械电子工业部统编.—北京：机械工业出版社，1990.7.—214页；32开.—机械类技工学校教改试用教材.—ISBN 7-111-02251-3：3.35元

化学/江汉良主编.—北京：纺织工业出版社，1990.12.—356页；16开.—高等纺织院校教材.—ISBN 7-5064-0528-8：6.70元

化学/湖南省长沙农业学校主编.—北京：农业出版社，1990.5.—493页；32开.—全国中等农业学校教材.—ISBN 7-109-01139-9：3.05元

化学　下册.—北京：中国物资出版社，1990.1.262页；32开.—全国中等物资学校试用教材.—ISBN 7-5047-0124-6：2.70元

化学基础/李庭梅，阮慎康编著.—北京：中国人民大学出版社，1990.11.—335页；大32开.—高等学校哲学专业试用教材　自然科学基础之六.—ISBN 7-300-00855-0：4.95元

基础化学/丁绪亮主编.—3版.—北京：人民卫生出版社，1990.6.—346页；16开.—高等医药院校教材　供基础、预防、临床、口腔医学类专业用.—ISBN 7-117-00017-1：4.70元

本书1978年7月第1版。

基础化学/周兆金主编.—重庆：西南师范大学出版社，1990.4.—395页；16开.—高等师范专科学校统编教材.—ISBN 7-5621-0255-4：5.50元

普通化学/刘波涛主编.—南宁：广西教育出版社，1990.6.—412页；大32开.—高等农林牧院校教材.ISBN 7-5435-0924-5：5.35元

普通化学/何大刚等编著.—上海：同济大学出版社，1990.6.—405页；大32开.—ISBN 7-5608-0556-6：3.20元

C_1化学：创造未来的化学/日本催化学会编；陆世维译.—北京：宇航出版社，1990.5.—198页；大32开.—ISBN 7-80034-191-7：3.80元

C_1化学工业技术就是构想以CO和H_2作为基础原料来生产化学品和燃料的化学工业体系。本书介绍了C_1化学的基本情况。

O 6-0　化学原理和方法

* **化学及水化学**/冯鼎铭主编.—北京：水利电力出版社，1990.4.—340页；16开.—职工中等专业学校教材.—ISBN 7-120-01045-X：8.95元

化学计量学/(美)考瓦斯基(Kowalski,B.R.)著；刘世庆等译.—沈阳：辽宁大学出版社，1990.6.315页；大32开.—ISBN 7-5610-0931-3：4.50元

书名原文：Chemome Trics

现代分离科学理论导引/耿信笃著.—西安：西北大学出版社，1990.6.—358页；大32开.—ISBN 7-5604-0189-9：6.00元

复杂化学平衡计算/赵慕愚，徐宝琨编著.—长春：吉林大学出版社，1990.10.—100页；大32开.—ISBN 7-5601-0628-5：1.05元

普通化学原理和结构/(美)詹姆斯·E.布雷迪，( )杰勒德·E.休米斯编著；刘志滨等译.—合肥：中国科学技术大学出版社，1990.9.—411页；16开.—ISBN 7-312-00218-8：9.50元

O 6-09 化学史

化学元素周期系的发现和发展/凌永乐编著.—北京：化学工业出版社，1990.5.—168页；32开.—ISBN 7-5025-0630-6：3.40元

化学五千年/王德胜著.—武汉：湖北少年儿童出版社，1990.11.—203页；32开.—(少年自然科学史丛书).—ISBN 7-5353-0653-5：2.10元

化学通史/赵匡华编著.—北京：高等教育出版社，1990.5.—464页；16开.—ISBN 7-04-002799-2：8.25元

探索者之路/钮泽富，盛根玉编.—上海：上海教育出版社，1990.2.—143页；32开.—(中学生文库).ISBN 7-5320-1774-5：1.40元

O 6-1 化学现状

化学中的机会：今天和明天/(美)Pimentel，G.C.，( )Coonrod，J.A.编；华彤文等译.—北京：北京大学出版社，1990.10.—333页；大32开.—ISBN 7-301-01312-4：6.90元

全书分7章，介绍了化学与人类生存的环境、健康、食物、能源、新型材料和生物工程等方面的密切关系。

未来化学：第29届IUPAC大会专集/(联邦德国)Grünewald，H.编；南京大学译.—南京：江苏教育出版社，1990.8.—330页；16开.—ISBN 7-5343-1140-3：6.70元

固态化学的新方向：结构、合成、性质、反应性材料设计/( )C.N.R.Rao FRS.J.Gopalakrishnan著；刘新生译.—长春：吉林大学出版社，1990.9.—548页；大32开.—ISBN 7-5601-0600-5：4.30元

O 6-3 化学实验(实验化学)

大学化学新实验/大学化学实验改革课题组编.—杭州：浙江大学出版社，1990.9.—333页；大32开.高等学校教学用书.—ISBN 7-308-00550-X：2.80元

化学反应图解/张明刚，杜增昌主编.—北京：北京师范学院出版社，1990.4.—126页；32开.—ISBN 7-81014-598-3：1.50元

化学实验/工科中专化学教材编写组编；樊铮，经宝年修订.—3版.—北京：高等教育出版社，1990.3.—63页；32开.—中等专业学校教材　工科非化工专业通用.—ISBN 7-04-002862-X：0.47元

本书1979年12月第1版。

化学实验/浙江省台州农业学校主编.—北京：农业出版社，1990.5.—172页；32开.—全国中等农业学校教材.—ISBN 7-109-01218-2：1.05元

化学实验室知识问答/刘哲人编著.—北京：中国环境科学出版社，1990.10.—226页；大32开.—ISBN 7-80010-634-9：4.50元

化学实验教学研究/王希通主编.—北京：高等教育出版社，1990.3.—190页；大32开.—高等学校教材.ISBN 7-04-002580-9：1.65元

化学实验基础/王夔主编.—北京：人民卫生出版社，1990.6.—148页；16开.—ISBN 7-117-01301-X：7.00元

化验员必读/徐昌华编.—2版(修订本).—南京：江苏科学技术出版社，1990.7.—376页；32开.ISBN 7-5345-0548-8：3.90元

本书1982年4月第1版。

基础化学实验/江世益主编；王春荣等编写.—北京：人民卫生出版社，1990.7.—78页；16开.—供基础、预防、临床、口腔医学类专业用.—ISBN 7-117-01306-0：2.75元

O 6-4 化学教育与普及

中专化学学习指导/马广环主编.—济南：山东大学出版社，1990.10.—237页；32开.—ISBN 7-5607-0403-4：3.20元

化学一题多解与解题分析/邹月香，方圆编.—郑州：河南科学技术出版社，1990.12.—276页；32开.ISBN 7-5349-0590-7：3.40元

化学与现代生活/曹振宇，程顺达编.—北京：科学出版社，1990.6.—257页；32开.—ISBN 7-03-001674-2：5.80元

化学习题/王立忠主编.—北京：中国商业出版社，1990.4.—150页；32开.—中等专业学校教学用书.ISBN 7-5044-0593-0：1.50元

化学的捷径/莫昌嘉著.—南宁：广西民族出版社，1990.12.—270页；32开.—ISBN 7-5363-1045-5：2.80元

化学学科教学基本要求/国家教育委员会师范教育司组编.—长春：东北师范大学出版社，1990.7.113页；32开.—高等师范学校本科化学专业.—ISBN 7-5602-0358-2：1.80元

化学科普集萃/罗盛祖，李朝略主编.—长沙：湖南科学技术出版社，1990.9.—285页；32开.—ISBN 7-5357-0793-9：3.95元

化学教学论/刘知新主编.—北京：高等教育出版社，1990.4.—360页；大32开.—高等学校试用教材.ISBN 7-04-002860-3：2.85元

化学趣谈/吕峻峡编著.—西安：陕西科学技术出版社，1990.12.—127页；32开.—ISBN 7-5369-0830-X：1.80元

打开你的化学思路/张德钧等编著.—南京：江苏科学技术出版社，1990.2.—166页；32开.—ISBN 7-5345-0852-5：2.00元

在化学世界中遨游/郭宝荣等编著.—北京：中国文史出版社，1990.10.—141页；32开.—（智慧之星丛书）.—ISBN 7-5034-0089-7：2.60元

技工学校化学教学大纲：1990/劳动部培训司修订.北京：劳动人事出版社，1990.3.—21页；32开.—ISBN 7-5045-0460-2：0.40元

现代生活与化学/窦杏珍，傅愈康主编.—杭州：浙江教育出版社，1990.5.—176页；32开.—ISBN 7-5338-0665-4：1.25元

美国研究生入学资格模拟考试（GRE）：化学卷：1988/（美）M.福基尔编辑；张祖德等译.—合肥：中国科学技术大学出版社，1990.6.—303页；大32开.—ISBN 7-312-00144-0：4.90元

高等师范学校本科化学专业化学学科教学基本要求/国家教育委员会师范教育司编.—长春：东北师范大学出版社，1990.7.—113页；32开.—ISBN 7-5602-0358-2：1.80元

高等学校化学类外国教材研究成果交流会论文集/邹明珠等编.—长春：吉林大学出版社，1990.12.189页；32开.—ISBN 7-5601-0739-7：2.60元

《普通化学》学习指导书/浙江大学普通化学教研组编.—2版.—北京：高等教育出版社，1990.3.297页；大32开.—高等学校教学参考书.—ISBN 7-04-002028-9：2.35元

本书1981年2月第1版。

《普通化学》答疑问题选/何翊寅，李秀仪编著.西安：西北工业大学出版社，1990.1.—105页；32开.—高等学校教材.—ISBN 7-5612-0228-8：0.76元

O 6-6　化学参考工具书

汉、英、日简明化学辞典/王治华，崔昌亿编.—石家庄：河北教育出版社，1990.12.—548页；大32开.ISBN 7-5434-0722-1：7.50元

O 61　无机化学

无机及分析化学/郭学申主编.—开封：河南大学出版社，1990.7.—391页；大32开.—ISBN 7-81018-480-6：3.25元

无机化学/丁绪亮，胡继岳主编.—南京：东南大学出版社，1990.6.—309页；16开.—高等医学院校试用教材　供检验专业用.—ISBN 7-81023-344-8：6.90元

无机化学　上册/大连理工大学无机化学教研室编.—3版.—北京：高等教育出版社，1990.4.—462页；大32开.—高等学校教材.—ISBN 7-04-002603-1：3.60元

本书1978年3月第1版。

无机化学　下册/大连理工大学无机化学教研室编.—3版.—北京：高等教育出版社，1990.4.—463～887页；大32开.—高等学校教材.—ISBN 7-04-002869-7：3.00元

本书1978年3月第1版。

无机化学/马祥志主编.—长沙：中南工业大学出版社，1990.9.—268页；16开.—ISBN 7-81020-315-0：5.70元

无机化学/王汉章等编.—上海：上海科学技术出版社，1990.2.—494页；32开.—大学数理化实用手册.ISBN 7-5323-1088-4：8.15元

无机化学　下册/四川师范大学主编；西南地区高师《无机化学》编写组编.—成都：四川教育出版社，1990.1.—398页；大32开.—高等学校教材.—ISBN 7-5408-1244-3：4.50元

无机化学/邹京等编著.—北京：北京师范大学出版社，1990.4.—677页；大32开.—全国高等专科师范学校教材.—ISBN 7-303-00858-6：4.55元

无机化学/陈希贤主编.—北京：中国医药科技出版社，1990.6.—260页；16开.—全国高等医学院校检验专业专科教材.—ISBN 7-5067-0221-5：7.10元

无机化学　下册/河南省高等学校教材编写组编.郑州：河南教育出版社，1990.2.—430页；大32开.大专理科教材.—ISBN 7-5347-0278-X：5.45元

无机化学　第四分册/（美）珀塞尔（Purcell，K.F.），（　）科茨（Kotz，J.C.）著；曹倩莹等译.北京：高等教育出版社，1990.7.—1157～1648页；大32开.—ISBN 7-04-001057-7：4.55元

无机化学：四年制　下册/董敬芳主编.—2版，

北京：化学工业出版社，1990.5.—267页；32开.—中等专业学校教材.—ISBN 7-5025-0708-6：1.70元

本书1986年6月第1版。

无机化学：四年制　下册/董敬芳主编.—2版.—北京：化学工业出版社，1990.6.—273页；32开.—中等专业学校教材.—ISBN 7-5025-0709-4：1.70元

无机化学：二年制/蒋鑑平主编.—北京：化学工业出版社，1990.6.—257页；32开.—中等专业学校教材.—ISBN 7-5025-0713-2：1.60元

无机化学丛书　第二卷：铍、碱土金属 硼、铝、镓分族/顾学民等编著.—北京：科学出版社，1990.2.713页；大32开.—ISBN 7-03-001254-2（精装）：21.10元

无机化学丛书　第二卷：铍、碱土金属 硼、铝、镓分族/顾学民等编著.—北京：科学出版社，1990.2.713页；大32开.—ISBN 7-03-001253-4：19.40元

无机化学丛书　第五卷：氧、硫、硒分族/姚凤仪等编著.—北京：科学出版社，1990.6.—518页；大32开.—ISBN 7-03-001633-5（精装）：24.00元

无机化学丛书　第十卷：锕系、锕系后元素/唐任寰等编著.—北京：科学出版社，1990.11.—419页；大32开.—ISBN 7-03-001808-7（精装）：18.00元

无机化学丛书　第十卷：锕系、锕系后元素/唐任寰等编著.—北京：科学出版社，1990.11.—419页；大32开.—ISBN 7-03-001806-0：16.40元

无机化学合成和技术/（美）Angelici，R.J.著；郑汝骊，郑志宁译.—北京：高等教育出版社，1990.7.—168页；16开.—ISBN 7-04-000843-3：2.75元

无机化学实验/大连理工大学无机化学教研室编.北京：高等教育出版社，1990.3.—166页；16开.高等学校试用教材.—ISBN 7-04-002588-4：2.00元

无机化学实验/山东大学《无机化学实验》编写组编.—济南：山东大学出版社，1990.12.—247页；16开.—ISBN 7-5607-0431-X：3.10元

无机化学实验/华东化工学院无机化学教研组编.3版.—北京：高等教育出版社，1990.8.—172页；16开.—高等学校教材.—ISBN 7-04-002835-2：2.45元

本书1979年2月第1版。

无机化学实验/华南理工大学无机化学教研室编.广州：华南理工大学出版社，1990.6.—114页；16开.—ISBN 7-5623-0192-1：1.60元

无机化学概要/赵思忠编著.—北京：中国科学技术出版社，1990.11.—261页；32开.—ISBN 7-5046-0289-2：3.20元

无机化学解疑与思考/大连理工大学无机化学教研室编.—大连：大连理工大学出版社，1990.6.—406页；32开.—ISBN 7-5611-0314-X：4.65元

中级无机化学/吴自慎，严振寰主编.—武汉：华中师范大学出版社，1990.11.—386页；大32开.—ISBN 7-5622-0563-9：4.05元

O 611　化学元素与无机化合物

无机元素化学实验现象剖析/黄佩丽编.—北京：北京师范大学出版社，1990.4.—184页；32开.—ISBN 7-303-00247-2：1.35元

无机反应化学——系统化学分离/（英）伯恩斯（Burns，D.T.）等著；吴乾文等译.—北京：化学工业出版社，1990.11.—221页；大32开.—ISBN 7-5025-0239-4：5.20元

应用无机化学实验方法/马肇曾主编.—北京：高等教育出版社，1990.4.—421页；大32开.—高等学校试用教材.—ISBN 7-04-002870-0：3.25元

现代酸-碱理论概论/（美）H.L.芬斯顿，（　）A.C.雷赫特曼著；翟伦玉等译.—长春：东北师范大学出版社，1990.10.—235页；大32开.—ISBN 7-5602-0491-2：2.10元

趣谈化学元素　（一）：氢、氦、锂、铍/刘崇志编译.—北京：冶金工业出版社，1990.12.—68页；32开.—ISBN 7-5024-0801-0：1.20元

O 613　非金属元素及其化合物

气体物质的歌/周锡钧编著.—长春：吉林大学出版社，1990.11.—115页；32开.—（尝试集·化学）.ISBN 7-5601-0686-2：1.60元

空气敏感化合物的操作/（美）雪维尔（Shriver，D.F.），（　）德莱兹佐（Drezdon，M.A.）著；计亮年等译.—兰州：兰州大学出版社，1990.6.—243页；16开.—ISBN 7-311-00313-X：5.90元

砷化镓的性质/（　）亚当斯（Adams，A.R.）等著；周章文等译.—北京：科学出版社，1990.10.290页；大32开.—ISBN 7-03-001796-X：13.30元

书名原文：Properties of Gallium Arsenide

O 614　金属元素及其化合物

过渡元素化学/陈智主编；刘克权编.—北京：原子能出版社，1990.6.—274页；16开.—高等学校试用教材.—ISBN 7-5022-0242-0：3.50元

金的分析化学/薛光著.—北京：宇航出版社，1990.4.—579页；大32开.—ISBN 7-80034-192-5：10.80元

O 615　放射性元素、放射化学

放射化学基础/谢式南编著.—青岛：青岛海洋大学出版社，1990.5.—176页；大32开.—ISBN 7-81026-037-5：1.20元

钚及有关元素的代谢：国际放射防护委员会第2专门委员会工作小组报告/董柳灿等译.—北京：原子能出版社，1990.8.—215页；32开.—(国际放射防护委员会第48号出版物).—ISBN 7-5022-0275-7：4.35元

核化学及核技术应用/郑成法等主编.—北京：原子能出版社，1990.6.—415页；16开.—高等学校试用教材.—ISBN 7-5022-0246-3：5.20元

O 62　有机化学

有机化学/王泪滨主编.—北京：海洋出版社，1990.10.—334页；16开.—高等医学院校教材.—ISBN 7-5027-1070-1：7.90元

有机化学：中级本/王敏，边绿漪编.—北京：烃加工出版社，1990.6.—382页；32开.—石油化工工人技术培训教材.—ISBN 7-80043-111-8：4.00元

有机化学/尹玉英主编.—北京：烃加工出版社，1990.4.—330页；16开.—石油化工大专院校统编教材.—ISBN 7-80043-147-9：4.30元

有机化学/杨东初等编.—沈阳：辽宁科学技术出版社，1990.1.—324页；16开.—高等农业院校试用教材.ISBN 7-5381-0816-5：7.00元

有机化学/李自元主编；李大石等编.—天津：南开大学出版社，1990.3.—493页；16开.—成人高等教育理工科试用教材.—ISBN 7-310-00187-7：9.50元

有机化学/谷亨杰等编.—北京：高等教育出版社，1990.10.—588页；16开.—高等师范专科学校教材.ISBN 7-04-003027-6：7.00元

有机化学　(一)/陈光旭主编.—北京：北京师范大学出版社，1990.4.—365页；16开.—高等学校教学用书.—ISBN 7-303-00859-4：5.10元

有机化学　(二)/陈光旭主编.—北京：北京师范大学出版社，1990.3.—392页；16开.—高等学校教学用书.—ISBN 7-303-00860-8：5.40元

有机化学　上册/胡宏纹主编.—2版.—北京：高等教育出版社，1990.5.—397页；16开.—高等学校教材.—ISBN 7-04-002713-5：4.80元

本书1978年9月第1版。

有机化学　下册/胡宏纹主编.—2版.—北京：高等教育出版社，1990.10.—759页；16开.—高等学校教材.—ISBN 7-04-003131-0：4.45元

有机化学/胡宪金主编.—开封：河南大学出版社，1990.7.—301页；大32开.—ISBN 7-81018-459-8：2.55元

有机化学/恽魁宏主编.—2版.—北京：高等教育出版社，1990.5.—614页；16开.—高等学校教材.—ISBN 7-04-002866-2：7.30元

本书1982年3月第1版。

有机化学：基本内容·自学指导·实验/袁履冰，牛瑞珍主编；温泽润等编.—北京：中央广播电视大学出版社，1990.10.—645页；16开.—ISBN 7-304-00535-1：11.00元

有机化学/浙江农业大学主编.—北京：农业出版社，1990.5.—359页；16开.—全国高等农业院校教材　农、林、牧、渔各专业用.—ISBN 7-109-00584-4：4.70元

有机化学　下册/黄志桂主编.—重庆：西南师范大学出版社，1990.6.—398页；16开.—ISBN 7-5621-0375-5：7.65元

有机化学/焦明杰主编.—北京：北京师范大学出版社，1990.4.—421页；16开.—师范专科学校试用教材.—ISBN 7-303-00862-4：4.90元

有机化学/黎春南主编.—北京：化学工业出版社，1990.11.—405页；32开.—中等专业学校教材：二年制.—ISBN 7-5025-0769-8：2.30元

有机化学实验/北京大学化学系有机教研室编.—北京：北京大学出版社，1990.2.—320页；大32开.ISBN 7-301-01003-6：2.70元

有机化学学习指导/关光日编.—武汉：华中师范大学出版社，1990.3.—285页；32开.—ISBN 7-5622-0554-X：3.30元

有机化学教程　上册/张黯主编.—北京：高等教育出版社，1990.3.—529页；16开.—高等学校试用教材.—ISBN 7-04-002547-7：5.85元

有机化学简明教程/陈韶，丁辰元编著.—北京：北京师范大学出版社，1990.6.—650页；16开.—高等学校教学用书.—ISBN 7-303-00854-3：6.90元

有机电子理论解说：有机化学基础/(日)井本稔著；程能林等译.—北京：化学工业出版社，1990.9.—362页；32开.—ISBN 7-5025-0661-6：6.80元

高等有机化学：反应、机理和结构　下册/(美)马奇(March，J.)著；陶慎熹译.—北京：高等教育出版社，1990.7.—475页；16开.—ISBN 7-04-001982-5：6.95元

高等有机化学选论/杜诗初编著.—开封：河南大学出版社，1990.2.—410页；16开.—ISBN 7-81018-073-8：5.10元

理论有机化学/(美)金长振著.—北京：中国友谊

出版公司，1990.2.—321页；16开.—ISBN 7-5057-0012-X：9.20元

基础有机化学人名反应100例/齐立权编著.—沈阳：辽宁大学出版社，1990.8.—512页；大32开.—ISBN 7-5610-0899-6：6.50元

基础有机化学疑难解析/杨琍苹等编著.—上海：上海科学技术出版社，1990.3.—240页；32开.—ISBN 7-5323-1694-7：3.50元

O 621　有机化学一般性问题

立体化学/袁云程编著.—大连：大连理工大学出版社，1990.3.—369页；32开.—ISBN 7-5611-0221-6：2.49元

有机反应机理概论/陈锡如编.—成都：成都科技大学出版社，1990.6.—254页；32开.—ISBN 7-5616-0530-7：1.82元

有机反应活性中间体/洪琳编.—北京：高等教育出版社，1990.6.—363页；大32开.—高等学校教学参考书.—ISBN 7-04-002536-1：3.10元

有机合成：概念 方法 原料/（联邦德国）富尔赫朴（Fuhrhop，J.），（　）彭茨林（Penzlin，G.）著；韩长日等译.—北京：化学工业出版社，1990.4.313页；16开.—ISBN 7-5025-0649-7：11.00元

书名原文：Organic Synthesis：Concepts，Metnods，Starting Materials

现代有机合成方法/（英）Carruthers，W.著；钱佐国等译.—青岛：青岛海洋大学出版社，1990.4.—520页；大32开.—ISBN 7-81026-014-6：16.70元

取代反应/陈腾龙编著.—广州：广东高等教育出版社，1990.10.—162页；32开.—ISBN 7-5361-0547-9：1.30元

重排反应/金寄春编.—北京：高等教育出版社，1990.7.—285页；大32开.—高等学校教学参考书.ISBN 7-04-002044-0：2.25元

O 622/629　各类有机化合物

中国冠醚文献题录：包括冠醚、开链冠醚、叶啉、酞菁和环糊精/谭干祖，焦天权编.—兰州：兰州大学出版社，1990.2.—247页；16开.—ISBN 7-311-00312-1：5.75元

有机杂环化合物/陈敏为，甘礼骓编.—北京：高等教育出版社，1990.6.—242页；16开.—高等学校教学参考书.—ISBN 7-04-001122-0：3.60元

有机硅化学/杜作栋主编；陈剑华等编著.—北京：高等教育出版社，1990.6.—360页；16开.—高等学校教学参考书.—ISBN 7-04-002219-2：5.60元

杂环化学/花文廷编著.—北京：北京大学出版社，1990.12.—537页；大32开.—ISBN 7-301-01145-8：9.45元

金属有机化合物在有机合成中的应用/黄耀曾等编著.—上海：上海科学技术出版社，1990.6.—640页；大32开.—（近代化学丛书）.—ISBN 7-5323-0602-X：12.70元

黄酮类化合物结构鉴定技术/（美）马卡姆（Markham，K.R.）著；张宝琛，唐崇实译.—北京：科学出版社，1990.6.—119页；32开.—ISBN 7-03-001724-2：4.10元

O 63 高分子化学（高聚物）

电工高分子物理/谢大荣　巫松桢编.—西安：西安交通大学出版社，1990.6.—202页；16开.—ISBN 7-5605-0321-7：2.70元

仿生化学/郭奇珍，陈明德编著.—北京：化学工业出版社，1990.7.—403页；32开.—ISBN 7-5025-0599-7：8.60元

高分子化学及物理学/尚金山，郑菊英编.—北京：兵器工业出版社，1990.8.—269页；16开.—高等学校教材.—ISBN 7-80038-230-3：3.50元

高分子化学习题及解答/焦书科，孙以实主编.—北京：清华大学出版社，1990.5.—186页；大32开.ISBN 7-302-00637-7：2.90元

高分子表面的基础和应用/（日）筏义人编；徐德恒等译.—北京：化学工业出版社，1990.6.—574页；32开.—ISBN 7-5025-0546-6：10.60元

O 631　高分子物理

高分子物理/何曼君等编写.—修订版.—上海：复旦大学出版社，1990.10.—462页；16开.—ISBN 7-309-00468-X：6.15元

本书1983年3月第1版。

高分子物理学/李良训主编.—北京：烃加工出版社，1990.9.—212页；16开.—石油化工大专院校统编教材.—ISBN 7-80043-153-3：3.35元

高分子物理学/吴和融，王彬芳编.—上海：华东化工学院出版社，1990.12.—476页；大32开.—ISBN 7-5628-0112-6：3.65元

高分子实验与专论/北京大学化学系高分子教研室编.—北京：北京大学出版社，1990.7.—610页；大32开.—ISBN 7-301-00897-X：8.70元

高聚物的结构与电性能/雷清泉编.—武汉：华中理工大学出版社，1990.12.—291页；32开.—ISBN 7-5609-0504-8：1.88元

高聚物结构分析/夏笃祎，张肇熙编译.—北京：化学工业出版社，1990.7.—298页；16开.—ISBN 7-5025-0672-1：11.00元

聚合过程的传热与传质/（苏）布托夫（Бутов，

B.П.）等著；魏同成译.—北京：烃加工出版社，1990.1.—184页；16开.—ISBN 7-80043-073-1：5.50元

聚合物的电性和磁性/顾振军，王寿泰编著.—上海：上海交通大学出版社，1990.12.—359页；16开.ISBN 7-313-00763-9：4.55元

O 634　元素有机聚合物

有机硅及其应用/吴森纪编著.—北京：科学技术文献出版社，1990.5.—658页；32开.—ISBN 7-5023-0992-6：12.80元

O 64　物理化学、化学物理学

1989年硕士研究生物理化学试题选解/薛荣书，赵家凤编解.—重庆：重庆大学出版社，1990.2.—322页；32开.—（硕士研究生丛书）.—ISBN 7-5624-0309-0：3.70元

庆祝唐敖庆教授执教五十年学术论文专集/高等学校化学学报编辑部编.—长春：吉林大学出版社，1990.5.—258页；16开.—ISBN 7-5601-0485-1（精装）：10.00元

应用物理化学实验/冯仰婕，邹文樵主编.—北京：高等教育出版社，1990.3.—327页；大32开.—高等学校试用教材.—ISBN 7-04-002756-9：2.60元

物理化学/邓国刚主编.—成都：成都科技大学出版社，1990.5.—333页；16开.—ISBN 7-5616-0640-0：5.55元

物理化学　上册/（英）阿特金斯（Atkins，P.W.）著；天津大学物理化学教研室译.—北京：高等教育出版社，1990.7.—465页；大32开.—ISBN 7-04-000332-5：3.85元

书名原文：Physical Chemistry

物理化学　中册/（英）阿特金斯（Atkins，P.W.）著；天津大学物理化学教研室译.—北京：高等教育出版社，1990.7.—612页；大32开.—ISBN 7-04-000605-7：4.90元

物理化学　下册/（英）阿特金斯（Atkins，P.W.）著；天津大学物理化学教研室译.—北京：高等教育出版社，1990.6.—282页；大32开.—ISBN 7-04-000248-5：2.35元

物理化学/罗义贤编.—2版（修订版）.—北京：冶金工业出版社，1990.11.—337页；大32开.—中等专业学校教学用书.—ISBN 7-5024-0759-6：2.35元

本书1979年9月第1版。

物理化学/曹汉瑾等编.—长春：东北师范大学出版社，1990.7.—640页；大32开.—大学化学函授教材.ISBN 7-5602-0412-0：8.00元

物理化学/蒋如铭主编；陈恕华等编写.—上海：华东师范大学出版社，1990.3.—448页；大32开.—高等师专教材.—ISBN 7-5617-0497-6：3.62元

物理化学　上册/傅献彩等编.—4版.—北京：高等教育出版社，1990.5.—504页；大32开.—高等学校教材.—ISBN 7-04-002868-9：3.65元

本书1961年8月第1版。

物理化学　下册/傅献彩等编.—4版.—北京：高等教育出版社，1990.10.—505～1100页；大32开.—高等学校教材.—ISBN 7-04-003163-9：4.20元

本书1961年8月第1版。

物理化学　上册/薛方渝主编.—北京：中央广播电视大学出版社，1990.5.—235页；16开.—ISBN 7-304-00467-3：3.10元

物理化学　下册/薛方渝，陈如彪编.—北京：中央广播电视大学出版社，1990.10.—168页；16开.—ISBN 7-304-00536-X：3.10元

物理化学与胶体化学实验/山东大学编.—2版.—北京：高等教育出版社，1990.4.—214页；大32开.高等学校教材.—ISBN 7-04-002812-7：1.95元

本书1982年3月第1版。

物理化学实验/吴肇亮等编著.—东营：石油大学出版社，1990.5.—343页；大32开.—高等学校教学用书.—ISBN 7-5636-0078-7：4.00元

物理化学实验/浙江农业大学，北京农业大学主编.北京：农业出版社，1990.10.—164页；16开.—全国高等农业院校教材　土化、农药、环保、植生、动生、食品专业用.—ISBN 7-109-01573-4：2.30元

物理化学实验/（美）休梅尔（Shoemaker，D.P.）等著；俞鼎琼，廖代伟译.—北京：化学工业出版社，1990.4.—807页；大32开.—ISBN 7-5025-0295-5：17.40元

物理化学实验与技术/邹文樵，陈大勇编.—上海：华东化工学院出版社，1990.5.—177页；16开.—ISBN 7-5628-0084-7：2.35元

物理化学学习指导/王权，张善昭编.—北京：冶金工业出版社，1990.9.—373页；16开.—ISBN 7-5024-0730-8：12.80元

物理化学原理/（英）阿特金斯（Atkins，P.W.），（英）克吕斯顿（Clugston，M.J.）著；庄宏鑫，王和春译.—北京：化学工业出版社，1990.3.—207页；16开.—ISBN 7-5025-0332-3：8.00元

书名原文：Principles of Physical Chemistry

物理化学渗流微观机理/郭尚平等著.—北京：科学出版社，1990.2.—213页：图；大32开.—ISBN 7-03-002291-2（精装）：34.20元

物理化学概念问题与解答/张善昭编.—武汉：华中理工大学出版社，1990.8.—248页；32开.—ISBN

7-5609-0358-4：2.95元

物理化学数据查阅指南/王琨编.—上海：上海科学技术文献出版社，1990.6.—249页；32开.—(物理化学丛书/胡英主编).—ISBN 7-80513-574-6：4.25元

O 641　结构化学

化学反应量子理论：兼分子反应动力学基础/赵成大编著.—长春：东北师范大学出版社，1990.4.508页；大32开.—ISBN 7-5602-0339-6(精装)：7.50元

有机金属络合物化学/日本化学会编；张正之译.北京：化学工业出版社，1990.4.—374页；大32开.ISBN 7-5025-0407-9：8.25元

单质的结构/施开良著.—北京：高等教育出版社，1990.7.—123页；32开.—(结构化学丛书).—ISBN 7-04-002546-9：1.05元

活泼中间体结构的研究方法　(1)/唐有祺，徐广智主编.—昆明：云南科技出版社，1990.11.—203页；大32开.—ISBN 7-5416-0307-4：3.90元

配位化学/宋廷耀编.—成都：成都科技大学出版社，1990.4.—289页；32开.—ISBN 7-5616-0324-X：2.06元

配位化学简明教程/朱声逾等编著.—天津：天津科学技术出版社，1990.6.—474页；大32开.—ISBN 7-5308-0697-1：8.80元

探赜索隐　立志创新：中国科学院福建物质结构研究所建所三十周年论文选集：结构化学与晶体材料科学部分：1960～1990.—福州：福建科学技术出版社，1990.10.—381页；16开.—ISBN 7-5335-0436-4(精装)：12.95元

量子化学中的不可约张量方法/孙家钟等著.—长春：吉林大学出版社，1990.12.—323页；16开.ISBN 7-5601-0758-4(精装)：4.30元

量子化学中的数学方法/李学奎，卢喜观编.—长春：吉林大学出版社，1990.9.—238页；大32开.ISBN 7-5601-0596-3：3.50元

量子化学原理/江逢霖著.—上海：复旦大学出版社，1990.1.—342页；大32开.—ISBN 7-309-00288-1：2.85元

O 642　化学热力学、热化学、平衡

无机化学热力学/唐宗薰著.—西安：西北大学出版社，1990.10.—314页；大32开.—ISBN 7-5604-0186-4：4.40元

不可逆过程热力学导论/(日)妹尾学著；廖晓垣译.—长沙：中南工业大学出版社，1990.1.—161页；大32开.—ISBN 7-81020-275-8：1.50元

化学统计热力学基础/杜清枝编著.—重庆：重庆大学出版社，1990.8.—191页；32开.—ISBN 7-5624-0306-6：1.28元

化学热力学/姚志健编.—北京：地震出版社，1990.9.—323页；16开.—ISBN 7-5028-0394-7：8.70元

流体相平衡原理及其应用/朱自强等编著.—杭州：浙江大学出版社，1990.4.—574页；大32开.—ISBN 7-308-00270-5：4.50元

O 643　化学动力学、催化作用

化学反应动力学原理　下册/赵学庄等编著.—北京：高等教育出版社，1990.7.—1203页；大32开.—高等学校教学参考书.—ISBN 7-04-000853-X：5.80元

化学反应速率理论/宋世谟，香雅正编.—北京：高等教育出版社，1990.7.—154页；大32开.—(物理化学专题丛书).—ISBN 7-04-000358-9：1.30元

匀相催化与多相催化入门：未来的催化化学/(日)干鲷真信，(日)市川胜著；陆世维译.—北京：宇航出版社，1990.2.—203页；大32开.—ISBN 7-80034-197-6：4.80元

多相催化反应动力学基础/李作骏编著.—北京：北京大学出版社，1990.2.—275页；大32开.—(北京大学物理化学丛书).—ISBN 7-301-01031-1：4.50元

均相催化进展/钱延龙，廖世健主编.—北京：化学工业出版社，1990.6.—638页；大32开.—(化学进展丛书).—ISBN 7-5025-0648-9：14.30元

催化化学　上册/吴越著.—北京：科学出版社，1990.7.—508页；大32开.—ISBN 7-03-001763-3(精装)：18.10元

催化化学　上册/吴越著.—北京：科学出版社，1990.7—508页；大32开.—ISBN 7-03-001595-9：16.50元

催化作用基础/李荣生等编著.—2版.—北京：科学出版社，1990.9.—370页；大32开.—ISBN 7-03-001785-4：13.50元

本书1980年3月第1版。

催化剂的失活/(英)休斯(Hughes，R.)著；丁富新，袁乃驹译.—北京：科学出版社，1990.12.—280页；大32开.—ISBN 7-03-001855-9：10.10元

书名原文：Deactivation of Catalysts

燃烧理论：化学反应流动系统的基础理论：第二版/(美)威廉斯(Williams，F.A.)著；庄逢辰，杨本濂译.—北京：科学出版社，1990.6.—696页；大32开.—ISBN 7-03-001594-0：27.60元

书名原文：Combustion Theory

燃烧理论基础/张斌全编著.—北京：北京航空航天

大学出版社，1990.8.—334页；大32开.—ISBN 7-81012-184-7：2.45元

O 644/645　光化学、溶液

光聚合高分子材料及应用/（英）罗菲（Roffey，C.G.）著；黄毓礼等译.—北京：科学技术文献出版社，1990.2.—433页；32开.—ISBN 7-5023-0939-X：7.00元

书名原文：Photpolymerization of Surface Coatings

熔盐化学：原理和应用/段淑贞，乔芝郁主编.—北京：冶金工业出版社，1990.2.—413页；16开.—ISBN 7-5024-0370-1（精装）：19.15元

精馏计算的现状与发展/高为辉编.—北京：高等教育出版社，1990.6.—144页；大32开.—高等学校教学参考书.—ISBN 7-04-001949-3：1.35元

激光化学/马兴孝，孔繁敖编著.—合肥：中国科学技术大学出版社，1990.9.—316页；大32开.—ISBN 7-312-00186-6：2.50元

O 646　电化学、磁化学

电化学中的光学方法/林仲华等编著.—北京：科学出版社，1990.11.—555页；32开.—ISBN 7-03-001557-6：16.50元

电泳/何忠效，张树政主编.—北京：科学出版社，1990.3.—274页；16开.—（生物化学实验技术丛书）.—ISBN 7-03-001525-8：17.50元

磁化学/（美）卡林（Carlin，R.L.）著；万纯娣等译.—南京：南京大学出版社，1990.9.—409页；大32开.—ISBN 7-305-00672-6：7.50元

书名原文：Magnetochemistry

O 647　表面现象的物理化学

表面与界面/崔国文编著.—北京：清华大学出版社，1990.11.—192页；大32开.—（固体材料物理化学丛书）.—ISBN 7-302-00675-X：1.75元

表面化学基础/张河哲，吴子生编著.—长春：东北师范大学出版社，1990.3.—223页；大32开.—ISBN 7-5602-0292-6：1.90元

界面化学/段世铎，谭逸玲编.—北京：高等教育出版社，1990.6.—247页；大32开.—高等学校教学参考书.—ISBN 7-04-001977-9：2.10元

O 648　胶体化学

应用胶化原理/王镜和编著.—广州：广东高等教育出版社，1990.1.—300页；32开.—ISBN 7-5361-0425-1：2.00元

胶体稳定性/王果庭著.—北京：科学出版社，1990.8.—212页；大32开.—ISBN 7-03-001534-7（精装）：9.30元

胶体稳定性/王果庭编著.—北京：科学出版社.1990.8.—212页；大32开.—ISBN 7-03-001533-9：7.60元

傅鹰选集/傅鹰著；中国南方图书公司北京编辑部组编；顾惕人选编.—北京：冶金工业出版社.1990.3.—287页；大32开.—（中国现代自然科学家选集丛书）.—ISBN 7-5024-0584-4（精装）：10.80元

傅鹰（1902—1979），我国著名化学家，是我国现代胶体和表面化学的主要奠基人。本书选编其代表性论文11篇，著名科学通论1篇，以及两本优秀教材的精华章节。

O 65　分析化学

化学分析/于良等编著.—南京：江苏教育出版社，1990.1.—475页；32开.—ISBN 7-5343-0944-1：4.20元

化学分析/许哲珠主编.—北京：烃加工出版社，1990.2.—488页；32开.—石油化工大专院校统编教材.—ISBN 7-80043-125-8：3.25元

分析化学　上册/于如嘏主编.—2版.—北京：人民卫生出版社，1990.9.—302页；16开.—高等医药院校教材　供药学、药化、中药专业用.—ISBN 7-117-00011-2：3.60元

本书1979年1月第1版。

分析化学/王明德主编；赵清泉，刘廉泉编.—2版.—北京：高等教育出版社，1990.5.—412页；大32开.—全国高等师范专科学校教材.—ISBN 7-04-002864-6：2.90元

本书1986年10月第1版。

分析化学/朱亚琦主编.—北京：海洋出版社，1990.10.—270页；16开.—全国高等医学院校检验专业专科教材.—ISBN 7-5027-1068-X：6.20元

分析化学/赵锡瑞主编；赵锡瑞等编著.—北京：北京师范大学出版社，1990.3.—393页；大32开.—师范专科学校试用教材.—ISBN 7-303-00856-X：2.90元

分析化学/徐葆筠，仇淑秋主编.—2版.—青岛：青岛海洋大学出版社，1990.6.—236页；16开.—高等医药院校教材　供医学检验专业用.—ISBN 7-81026-049-9：5.45元

本书1987年第1版。

分析化学/陶增宁，白桂蓉编.—北京：中央广播电视大学出版社，1990.9.—223页；16开.—ISBN 7-304-00532-7：4.10元

分析化学习题集/浙江大学分析化学教研组编.—2版.—北京：高等教育出版社，1990.4.—413页；大32开.—高等学校教学参考书.—ISBN 7-04-002800-X：3.55元

本书1980年1月第1版。

分析化学学习指导书/白桂蓉编.—北京：中央广播电视大学出版社，1990.10.—104页；16开.—ISBN 7-304-00533-5：2.05元

O 651 分析化学基础理论

信息论在分析化学中的应用/姚松年编译.—北京：科学出版社，1990.12.—246页；32开.—ISBN 7-03-001881-8：6.80元

基础定量化学分析/陶德祥等编著.—上海：华东师范大学出版社，1990.4.—427页；16开.—ISBN 7-5617-0492-5：4.90元

O 652 分析作业方法和技术

分析化学中的数值方法：计算机在分析化学中的应用/李克安，童沈阳编著.—北京：北京大学出版社，1990.2.—273页；大32开.—ISBN 7-301-01021-4：3.95元

分析化学中常用数理统计方法/焦云飞编著.—贵阳：贵州人民出版社，1990.1.—254页；32开.—ISBN 7-221-01365-9：2.70元

分析化学实验/王中柱等编.—青岛：青岛海洋大学出版社，1990.8.—224页；大32开.—高等学校教材.ISBN 7-81026-038-3：1.80元

分析化学实验/冯成武等编.—北京：中央广播电视大学出版社，1990.9.—222页；16开.—ISBN 7-304-00534-3：4.00元

分析化学实验/李雄志，杨仁柱编.—北京：北京师范大学出版社，1990.3.—152页；大32开.—师范专科学校试用教材.—ISBN 7-303-00855-1：1.35元

分析测试数据统计处理中计算机的应用/秦建侯等编著.—北京：化学工业出版社，1990.10.—432页；32开.—国家自然科学基金资助项目.—ISBN 7-5025-0734-5：8.00元

泡沫塑料富集金/薛光编著.—北京：北京大学出版社，1990.10.—161页；32开.—ISBN 7-301-00412-5：3.05元

本书介绍了泡沫塑料的合成、结构、性质、吸附金的机理以及在金分析中的应用。

溶剂萃取在分析化学中的应用/刘克本编.—2版.北京：高等教育出版社，1990.6.—264页；大32开.高等学校教学参考书.—ISBN 7-04-000833-5：2.05元

本书1965年10月第1版。

聚类分析法解析分析化学数据/（比）马萨特（Massart，D.L.），（比）考夫曼（kaufman，L.）著；刘昆元译.—北京：化学工业出版社，1990.4.246页；32开.—ISBN 7-5025-0530-X：4.80元

书名原文：The Interpretation of Analytical Chemical Data by the Use of Cluster Analysis

O 653 无机分析

无机及有机物定性分析手册/张铁垣，张永安编著.北京：水利电力出版社，1990.11.—369页；32开.ISBN 7-120-01256-8：8.70元

示波滴定/高鸿著.—南京：南京大学出版社，1990.3.—571页；大32开.—ISBN 7-305-00467-7：6.70元

O 656 有机分析

半微量有机制备实验/顾炳鸿编.—天津：天津科学技术出版社，1990.2.—133页；32开.—ISBN 7-5308-0587-8：2.75元

有机化学中的相关分析：线性自由能关系引论/（英）肖特（Shorter，J.）著；何宗士译.—北京：化学工业出版社，1990.4.—82页；32开.—ISBN 7-5025-0517-2：3.30元

有机官能团定量分析/张志贤，张瑞镐编著.—北京：化学工业出版社，1990.7.—644页；16开.—ISBN 7-5025-0691-8：24.00元

数理统计理论与方法在痕量分析中的应用/（罗）C.利特安努，（罗）I.里卡著；吴乾文等译.—北京：原子能出版社，1990.2.—475页；大32开.—ISBN 7-5022-0092-4：15.00元

本书全面系统地论述了分析化学所应用的数理统计理论与方法，并介绍了与统计方法有关的信号检测理论和信息论。

O 657 仪器分析

气相色谱分析/王永华编著.—北京：海洋出版社，1990.8.—259页；32开.—ISBN 7-5027-1056-6：4.50元

电子探针分析原理/徐萃章编著.—北京：科学出版社，1990.10.—510页；大32开.—ISBN 7-03-001766-8：22.10元

仪器分析/王崇尧主编.—北京：兵器工业出版社，1990.4.—308页；16开.—ISBN 7-80038-188-9：3.95元

仪器分析/方禹之主编；金利通等编.—上海：华东师范大学出版社，1990.4.—420页；16开.—ISBN 7-5617-0441-0：5.40元

仪器分析/刘立行主编.—北京：烃加工出版社，1990.7.—513页；16开.—石油化工大专院校统编教材.—ISBN 7-80043-148-7：6.95元

仪器分析/李启隆等编.—北京：北京师范大学出版

社，1990.9.—314页；大32开.—高等学校教学用书.—ISBN 7-303-00977-9：3.35元

仪器分析/陈体清编著.—上海：上海科学技术文献出版社，1990.3.—373页；16开.—ISBN 7-80513-518-5：12.30元

仪器分析/赵藻藩等编.—北京：高等教育出版社，1990.5.—428页；16开.—高等学校试用教材.—ISBN 7-04-002871-9：5.20元

有机质谱解析/练振琼，王正富编著.—成都：四川大学出版社，1990.12.—146页；32开.—ISBN 7-5614-0363-1：1.17元

光化学分析法/郭德济主编.—重庆：重庆大学出版社，1990.2.—205页；16开.—全国轻化工类高等学校工业分析专业系列教材.—ISBN 7-5624-0271-X：2.71元

吸光光度法的发展及其应用/冯胜编著.—广州：广东科技出版社，1990.4.—274页；32开.—ISBN 7-5359-0488-2：3.20元

色谱分析法/史景江主编.—重庆：重庆大学出版社，1990.3.—233页；16开.—全国轻化工类高等学校工业分析专业系列教材.—ISBN 7-5624-0272-8：3.06元

实用热分析/于伯龄，姜胶东编著.—北京：纺织工业出版社，1990.3.—252页；32开.—ISBN 7-5064-0390-0：3.40元

荧光分析法/陈国珍等编著.—2版.—北京：科学出版社，1990.10.—599页；大32开.—ISBN 7-03-001729-3（精装）：14.40元

荧光分析法/陈国珍等编著.—2版.—北京：科学出版社，1990.10.—599页；大32开.—ISBN 7-03-001728-5：12.80元

本书1975年4月第1版。

原子吸收分析应用手册/李玉珍，邓宏筠编著.—北京：北京科学技术出版社，1990.2.—371页；32开.ISBN 7-5304-0489-X：4.50元

原子吸收光谱分析/（英）坎特尔（Cantle，J.E.）编；黄德玲译.—北京：科学技术文献出版社，1990.8.—233页；16开.—ISBN 7-5023-0985-3：12.00元

书名原文：Atomic Absorbtion Spectrometry

高速液体色谱法及应用/王跃生等编著.—北京：兵器工业出版社，1990.10.—531页；大32开.—ISBN 7-80038-192-7：11.20元

理化分析数据处理手册/漆德瑶等编著.—北京：中国计量出版社，1990.4.—359页；大32开.—ISBN 7-5026-0294-1：5.50元

旋光谱和圆二色光谱/（英）勒格朗（Legrand，M.），（英）鲁吉耶（Rougier，M.J.）著；陈荣峰等译.—开封：河南大学出版社，1990.6.—181页；16开.—ISBN 7-81018-519-5：5.50元

书名原文：The Optical Rotatory Dispersion and Circular Dichroism

最新仪器分析技术全书/（美）布朗（Braun，R.D.）著；北京大学化学系等译.—北京：化学工业出版社，1990.9.—650页；16开.—ISBN 7-5025-0656-X：24.00元

书名原文：Introduction to Instrumental Analysis

O 658　元素及化合物的分离方法

无机色谱分析法/（　）施韦特（Schwedt，G.）著；贺尊诗，李青山译.—北京：中国环境科学出版社，1990.6.—250页；32开.—ISBN 7-80010-501-6：3.50元

书名原文：Chromatographic Methods in Inorganic Analysis

气相色谱实用手册/顾蕙祥，阎宝石主编.—2版北京：化学工业出版社，1990.11.—646页；16开.ISBN 7-5025-0746-9：28.30元

本书1980年第1版。

离子色谱/（美）J.S.弗里茨等著；陈体清译.上海：上海科学技术文献出版社，1990.5.—197页；32开.—ISBN 7-80513-634-3：3.50元

离子色谱原理/张振森，陶恭益编著.—北京：北京大学出版社，1990.2.—279页；32开.—ISBN 7-301-00530-X：5.00元

薄层层析法和薄层扫描法/章育中，郭希圣编著.北京：中国医药科技出版社，1990.2.—514页；32开.—ISBN 7-5067-0080-8：9.50元

O 661　液体分析、水分析

水化学/（美）斯诺英克（Snoeyink，V.L.），（美）詹金斯（Jenkins，D.）著；蒋展鹏，刘希曾译.—北京：中国建筑工业出版社，1990.10.—330页；16开.—ISBN 7-112-00745-3：13.65元

书名原文：Water Chemistry

水的分析/地质矿产部水文地质工程地质研究所编著.—北京：地质出版社，1990.6.—240页；16开.ISBN 7-116-00620-6：10.35元

O 69　应用化学

应用化学教程/（印）卡尔斯（Kalsi，P.S.），（印）曼拉（Manrao，M.R.）著；吴美芳等译，

兰州：兰州大学出版社，1990.5.—288页；16开．ISBN 7-311-00277-X：6.00元
　书名原文：A Text of Applied Chemistry

0 7　晶体学

现代晶体学　第一卷/（苏）伐因斯坦（Вайнштейн，Б.К.）著；吴自勤译.—合肥：中国科学技术大学出版社，1990.6.—389页；大32开.—ISBN 7-312-00140-8：8.00元

晶体学中的对称群/王仁卉，郭可信著.—北京：科学出版社，1990.10.—429页；16开.—ISBN 7-03-001732-3（精装）：24.00元

晶体学中的对称群/王仁卉，郭可信著.—北京：科学出版社，1990.10.—429页；16开.—ISBN 7-03-001731-5：21.80元

晶体X射线衍射学基础/李树棠编.—北京：冶金工业出版社，1990.5.—234页；16开.—高等学校教学用书.—ISBN 7-5024-0693-X：3.05元

0 73　晶体物理

液晶物理学/（　）盖恩斯（Gennes，P.G.de）著；孙政民，王新久译.—上海：上海翻译出版社，1990.7.—477页：附图；大32开.—ISBN 7-80514-322-6：10.50元

晶体光学/王汉生编.—沈阳：东北工学院出版社，1990.1.—364页；32开.—高等学校教材.—ISBN 7-81006-209-3：2.13元

晶体光学原理/李恭亮，郭继华编著.—北京：国防工业出版社，1990.4.—373页；大32开.—ISBN 7-118-00185-6：9.40元

0 77　晶体缺陷

位错导论/（　）赫尔（Hull，D.），（　）培根（Bacon，D.J.）著；丁树深，李齐译.—北京：科学出版社，1990.8.—302页；32开.—ISBN 7-03-001771-4：9.90元

P 天文学、地球科学

世界地学工具书指南/中国科学院兰州文献情报中心编.—兰州：兰州大学出版社，1990.7.—703页；16开.—ISBN 7-311-00184-6：35.90元

地学与智慧/余谋昌，王子贤主编.—北京：地质出版社，1990.5.—219页；32开.—ISBN 7-116-00679-6：3.20元

本书是1988年10月全国第二届地学哲学学术讨论会的论文选辑。

地学的探索 第一卷：地理学/陈述彭著.—北京：科学出版社，1990.7.-320页；16开.—ISBN 7-03-001977-6：12.00元

地学的探索 第二卷：地图学/陈述彭著.—北京：科学出版社，1990.7.—336页；16开.—ISBN 7-03-001978-4：12.00元

地学的探索 第三卷：遥感应用/陈述彭著.—北京：科学出版社，1990.7.—176页；16开.—ISBN 7-03-001979-2：8.00元

地学哲学概论/王子贤主编.—武汉：中国地质大学出版社，1989.10.—371页；32开.—ISBN 7-5625-0403-2：2.00元

全书共分5篇16章：对地学哲学的起点、地球物质客体、地学方法论、地学理论的发展规律及地学哲学的归宿作了论述。

地学探索 （3）/中国地质学会青年工作委员会，中国地质大学编.—武汉：中国地质大学出版社，1990.6.—120页；16开.—ISBN 7-5625-0439-3：3.00元

遥感地学分析/陈述彭，赵英时著.—北京：测绘出版社，1990.5.—297页；16开.—ISBN 7-5030-0385-5（精装）：18.00元

P1 天文学

天文学及其应用/喻传赞等编著.—昆明：云南大学出版社，1990.7.—383页；32开.—ISBN 7-81025-050-7：5.00元

普通天文学/朱光华等编著.—北京：北京师范大学出版社，1990.10.—344页；大32开.—高等学校教学用书 地学用.—ISBN 7-303-00978-7：2.80元

简明天文学/周体健编.—北京：高等教育出版社，1990.9.—440页；大32开.—ISBN 7-04-002981-2：3.70元

戴文赛文集/戴文赛著；南京大学档案馆编.—南京：南京大学出版社，1990.5.—375页；大32开.—ISBN 7-305-00391-3（精装）：8.20元

P1-09 天文学史

中国古代天文学史略/刘金沂，赵澄秋编.—石家庄：河北科学技术出版社，1990.4.—247页；大32开.（古代科学史略丛书）.—ISBN 7-5375-0366-4：4.50元

中国的天文·历法·数学/薛蔚原，赵卡丽编.—太原：山西教育出版社，1990.6.—83页；32开.—（可爱的中国丛书；第2辑）.—ISBN 7-80578-170-2：1.90元

管窥辑要/（清）黄鼎辑.—影印本.—扬州：江苏广陵古籍刻印社，〔1990〕.—40册（4函）；20开.（线装）：498.00元

本书据清刊本影印。

P1-49 天文学科普读物

天体是怎样演化的/李启斌著.—北京：中国青年出版社，1990.8.—140页：图；32开.—（青年文库：新编本；42）.—ISBN 7-5006-0734-2

为何星星会闪闪发亮/鲁易，诗境主编.—沈阳：沈阳出版社，1990.4.—87页；32开.—（衣袋丛书）.ISBN 7-80556-363-2：1.15元

宇宙探谜/苏文芳，田冬梅编著.—成都：四川教育出版社，1990.12.—232页；大36开.—（面向现代化丛书；第四辑）.—ISBN 7-5408-1317-2：2.81元

宇宙奥秘之一窥/陈惟溦著.—北京：科学技术文献出版社，1990.2.—104页；32开.—ISBN 7-5023-0972-1：2.20元

走向空间：探索空间的昨天、今天、明天/中国空间科学学会著.—长春：吉林教育出版社，1990.7.202页；32开.—（走向21世纪中学生丛书）.—ISBN 7-5383-1073-8：3.00元

活动星盘/李代明制作.—南京：江苏教育出版社，1990.12.—1册；24开.—1.00元

趣味天文学/杭之著.—长春：吉林教育出版社，1990.5.—129页；32开.—（中小学生课外读物）.ISBN 7-5383-1001-0：1.55元

P11 天文观测设备与观测资料

天文测量数据的处理方法/丁月蓉，郑大伟编著.

南京：南京大学出版社，1990.4.—454页；大32开.ISBN 7-305-00392-1：6.00元

天文爱好者观测手册/经历编.—北京：学苑出版社，1990.5.—206页；32开.—ISBN 7-5077-0003-8：3.00元

中国科学院上海天文台年刊：1989年　总第10期/赵铭主编.—上海：上海科学技术出版社，1990.1.282页；16开.—ISBN 7-5323-1459-6：6.15元

中国科学院上海天文台年刊：1990年　总第11期/赵铭主编.—上海：上海科学技术出版社，1990.7.235页；16开.—ISBN 7-5323-2026-X：5.05元

P12　天体测量学

矢量天体测量学/（英）默里（Murray，C.A.）著；童傅等译.—北京：科学出版社，1990.3.—412页；32开.—ISBN 7-03-000396-9：11.30元

P13/14　天体力学、天体物理学

天体物理方法/胡景耀著.—北京：科学出版社，1990.2.—345页；32开.—ISBN 7-03-001360-3：12.30元

摄动方法习题集/（美）奈弗（Nayfeh，A.H.）著；宋家骕，戴世强译.—上海：上海翻译出版公司，1990.10.—485页；大32开.—ISBN 7-80514-415-X：9.50元

P15　恒星天文学、星系天文学、宇宙学

恒星振动理论/黄润乾，李焱编著.—北京：科学出版社，1990.9.—360页；32开.—ISBN 7-03-001666-1：12.90元

基本星表和天球参考系/冒蔚等著.—北京：科学出版社，1990.9.—409页；32开.—ISBN 7-03-001805-2：14.60元

银河/（美）博克（Bok，B.J.），（美）博克（Bok，P.F.）著；胡文瑞等译.—北京：科学出版社，1990.3.—218页；16开.—ISBN 7-03-000265-2：15.60元

P16　射电天文学

射电天文观测/向德琳编著.—北京：科学出版社，1990.6.—255页；32开.—ISBN 7-03-001512-6：8.90元

P18　太阳系

一九八七年九月二十三日中国日环食观测研究文集/《中国日环食观测研究文集》编委会编.—北京：科学出版社，1990.12.—553页；16开.—ISBN 7-03-001955-5：38.00元

太阳家族的故事/周日新编著.—杭州：浙江少年儿童出版社，1990.1.—156页：图；16开.—ISBN 7-5342-0485-2：1.55元

地球/（美）弗兰克·普内斯，雷蒙德·西弗尔著；卢焕章等译.—重庆：重庆出版社，1990.7.—451页；16开.—ISBN 7-5366-0829-2（精装）：20.00元

地球是怎样演变的/何国琦著.—北京：中国青年出版社，1990.8.—253页：图；32开.—（青年文库：新编本；43）.—ISBN 7-5006-0734-2

吉林陨石雨/宗普和，周小霞著.—长春：吉林科学技术出版社，1990.3.—254页；大32开.—ISBN 7-5384-0526-7（精装）：8.50元

全球变化/（美）马隆（Malone，T.F.），罗德尔（Roederer，J.G.）主编；曹可珍等译.—北京：地震出版社，1990.9.—215页；16开.—ISBN 7-5028-0355-6：7.50元

随州陨石综合研究/王人镜，李肇辉主编.—武汉：中国地质大学出版社，1990.5.—143页；16开.—ISBN 7-5625-0448-2：7.50元

P19　时间、历法

现代时间系统及参考坐标系/宋文尧，张儒杰编著.北京：测绘出版社，1990.6.—159页；32开.—ISBN 7-5030-0107-0：2.85元

P194　历　法

三千五百年历日天象/张培瑜编著.—郑州：河南教育出版社，1990.7.—1086页；16开.—ISBN 7-5347-0822-2（精装）：50.00元

唐代的历/（日）平冈武夫编.—上海：上海古籍出版社，1990.9.—381页；大32开.—（唐代研究指南；一）.—ISBN 7-5325-0042-X（精装）：8.20元

通书民俗知识/池尚英等编.—南宁：广西教育出版社，1990.1.—228页；32开.—ISBN 7-5435-0697-1：2.80元

P195　历　书

1989～2010年农历/春阳，夏夜编.—太原：山西科

学教育出版社，1990.5.—96页；32开.—ISBN 7-5377-0247-0：1.55元

1991、1992年历书新编.—西宁：青海人民出版社，1990.6.—74页；16开.—ISBN 7-225-00350-X：1.30元

1991～1993农历/陈铭主编；山西省气象学会编.北京：气象出版社，1990.8.—1册；32开.—ISBN 7-5029-0472-7：2.00元

1991～1995 五年袖珍月历/中国科学院紫金山天文台，江苏教育出版社编.—南京：江苏教育出版社，1990.8.—62页；64开.—ISBN 7-5343-1124-1：0.30元

1991～2000十年袖珍月历/中国科学院紫金山天文台编.—上海：上海科学技术出版社，1990.8.—78页；64开.—ISBN 7-5323-2071-5：0.50元

1991（羊年）～2000（龙年）文化通历/江尔实著.南京：江苏文艺出版社，1990.7.—221页；大32开.ISBN 7-5399-0192-6：2.80元

十年早知道：1990～2000年历书/田虹编.—西安：陕西人民出版社，〔1989〕.—62页；36开.—ISBN 7-224-01070-7：1.10元

十年袖珍日历：1991～2000/湖南科学技术出版社编.—长沙：湖南科学技术出版社，1990.7.—1册；64开.—0.80元

大众万年历：1900～2050/逸岚等编.—石家庄：河北人民出版社，1990.1.—349页；大32开.—ISBN 7-202-00538-7：4.80元

万年历：1840～2060年/上海市气象科学研究所编.—北京：气象出版社，〔1990?〕.—222页；32开.—ISBN 7-5029-0436-0：2.60元

万年历：1900～2020/霍玉川编写.—2版.—沈阳：沈阳出版社，1990.5.—207页；32开.—ISBN 7-80556-181-2：2.40元

本书1988年11月第1版。

万年袖珍历：1990～2050/姜昌植著.—延吉：延边人民出版社，1990.6.—138页；64开.—ISBN 7-80508-453-X：1.90元

中国民历：1900～2000/浩庆主编.—牡丹江：黑龙江朝鲜民族出版社，1990.1.—246页；16开.—ISBN 7-5389-0225-2（精装）：8.90元

民间实用历书：1991～2000/洪焰，晓春编.—济南：济南出版社，1990.6.—103页；32开.—ISBN 7-80572-237-4：1.50元

民俗通书万年历/三环出版社编.—海口：三环出版社，1990.10.—474页：冠图；32开.—ISBN 7-80564-286-9：5.50元

吉祥通书：1991年～2000年.—广州：花城出版社，1990.10.—280页；32开.—ISBN 7-5360-0800-7：3.85元

美术实用万年历/云南人民出版社编.—2版（增订本）.—昆明：云南人民出版社，1990.3.—390页；32开.—ISBN 7-222-00572-2：4.85元

新编万年农历：1840～2050/万霆，纪军编.—郑州：中原农民出版社，1990.12.—425页；16开.—ISBN 7-80538-141-0：12.00元

200年日历：1840～2050年/王健民等编.—北京：中国工人出版社，1990.4.—433页；32开.—ISBN 7-5008-0523-3：5.95元

1991历书/刘殿昭，常树辑.—天津：天津人民美术出版社，1990.8.—80页；16开.—ISBN 7-5305-8114-7：3.00元

1991年人口知识日历书/董友涛，莫龙编.—南宁：广西人民出版社，1990.8.—367页；32开.—ISBN 7-219-01676-X：3.55元

1991年万事通月历.—昆明：云南科技出版社，1990.9.—128页；64开.—ISBN 7-5416-0293-0：0.90元

一九九一年历书.—北京：北京出版社，1990.10.64页；32开.—ISBN 7-200-01148-7：0.75元

一九九一年历书.—合肥：安徽科学技术出版社，1990.9.—48页；32开.—0.60元

1991年历书.—合肥：安徽科学技术出版社，1990.9.—94页；64开.—0.55元

一九九一年历书.—南昌：江西科学技术出版社，1990.8.—64页；64开.—0.40元

一九九一年历书.—福州：福建科学技术出版社，1990.8.—48页；32开.—0.60元

一九九一年历书.—成都：四川人民出版社，〔1990〕.32页；64开.—ISBN 7-220-01020-6：0.25元

一九九一年历书.—贵阳：贵州科技出版社，1990.7.—32页；32开.—ISBN 7-80584-005-9：0.40元

一九九一年历书/云南科技出版社编辑.—昆明：云南科技出版社，1990.8.—32页；32开.—ISBN 7-5416-0292-2：0.40元

1991年历代工艺珍品台历/文物出版社编辑.—北京：文物出版社，1990.4.—8张；32开.—2.80元

一九九一年中国农历（辛未年）.—北京：农业出版社，〔1990〕.—47页；32开.—ISBN 7-109-01768-0：0.60元

1991年气象与农业历书/济宁市气象局历书编写组编.—北京：气象出版社，〔1990〕.—64页；64开.ISBN 7-5029-0495-6：0.50元

1991年气象科技历书/浙江省湖州朝阳气象科技信息社编.—北京：气象出版社，1990.7.—64页；64开.—ISBN 7-5029-0473-5：0.50元

1991年农历/河北科学技术出版社编.—石家庄：河

北科学技术出版社，1990.9.—43页；32开.—ISBN 7-5375-0501-2：0.60元

1991年农历/甘肃教育出版社编.—兰州：甘肃教育出版社，1990.9.—32页；32开.—0.40元

一九九一年(农历辛未年)通书/广东科技出版社编.—广州：广东科技出版社，1990.9.—80页；32开.—ISBN 7-5359-0603-9：1.00元

1991年农家历/金铎新编.—沈阳：沈阳出版社，1990.10.—48页；24开.—ISBN 7-80556-467-1：0.90元

一九九一年农家历.—郑州：河南科学技术出版社，〔1990?〕.—32页；32开.—ISBN 7-5349-0621-0：0.50元

一九九一年农家植保历/郑现敏等编.—郑州：河南科学技术出版社，1990.—48页；32开.—ISBN 7-5349-0670-9：0.60元

一九九一年(辛未年)历书/上海科学技术出版社编.—上海：上海科学技术出版社，1990.9.—56页；32开.—ISBN 7-5323-1677-7：0.80元

1991年(辛未)农家百科历书/《农村大世界》杂志社编.—北京：新华出版社，1990.3.—112页；32开.—ISBN 7-5011-0641-X：1.50元

1991年河北省天文气候农历/周万福主编.—石家庄：河北科学技术出版社，1990.9.—56页；32开.ISBN 7-5375-0546-2：1.40元

一九九一年实用通书(辛未年).—南昌：江西科学技术出版社，1990.8.—64页；32开.—ISBN 7-5390-0311-1：0.75元

一九九一年爱情诗历：当代闺中诗荟萃/安徽文艺出版社编.—合肥：安徽文艺出版社，〔1990〕.191页；48开.—ISBN 7-5396-0383-6：2.90元

1991农历.—太原：山西科学教育出版社，〔1990〕.64页；32开.—ISBN 7-5397-0256-X：0.70元

一九九一(辛未)年历书.—南京：江苏科学技术出版社，〔1990?〕.—32页；32开.—ISBN 7-5345-0951-3：0.50元

1991辛未年民历/曾强吾编写.—北京：气象出版社，1990.9.—72页；64开.—ISBN 7-5029-0526-X：0.50元

一九九一(辛未)年民俗历书.—南京：江苏人民出版社，1990.6.—32页；32开.—ISBN 7-214-00500-X：0.60元

一九九一(辛未年)百科历书/枫桦，红林编写.南京：江苏科学技术出版社，〔1990?〕.—40页；32开.—ISBN 7-5345-0966-1：0.55元

一九九一(辛未)年农家历/湖南科学技术出版社编.—长沙：湖南科学技术出版社，〔1990〕.—96页；64开.—0.50元

1991(辛未)年通书.—南宁：广西科学技术出版社，1990.9.—64页；32开.—ISBN 7-80565-253-8：0.68元

小学生日历：1990.9.1.～1991.2.28/袁靖圻，袁靖平主编.—南昌：江西教育出版社，1990.7.—1册；64开.—低年级上学期.—ISBN 7-5392-0865-1：1.80元

小学生日历/袁靖圻，袁靖平主编.—南昌：江西教育出版社，1990.7.—1册；64开.—中高年级上学期.ISBN 7-5392-0858-9：1.80元

中国农历91/刘彦汉，常一武编.—北京：海洋出版社，1990.8.—32页；32开.—ISBN 7-5027-0934-7：0.50元

气象月历1990：汉英对照.—北京：气象出版社，1990.—1册；16开.—ISBN 7-5029-0226-7

书法神品五年历/刘增兴编.—北京：北京体育学院出版社，1990.6.—1册；16开.—ISBN 7-81003-440-5(精装)：13.80元

农家之友：1991年科技农历.—西安：西安交通大学出版社，1990.—150页；32开.—ISBN 7-5605-0359-4：1.60元

农家历：一九九一年(辛未年)/辽宁人民出版社编辑.—沈阳：辽宁人民出版社，1990.8.—72页；32开.—ISBN 7-205-01330-5：1.25元

阴阳历书：1991.—南宁：广西人民出版社，1990.9.—96页；64开.—ISBN 7-219-01494-5：0.50元

辛未农家历：1991年/张牟勤，王振阁编写.—北京：气象出版社，1990.7.—66页；32开.—ISBN 7-5029-0447-6：1.00元

城乡生活历书：1991辛未年/《城乡生活历书》编写组编.—北京：气象出版社，1990.8.—140页；32开.—ISBN 7-5029-0383-6：1.70元

钢笔书法怀历/司马武当书写.—郑州：河南美术出版社，1990.9.—1册；48开.—ISBN 7-5401-0120-2(精装)：4.00元

襄樊气象农历：1991(辛未)/襄樊市气象学会编写.—北京：气象出版社，1990.9.—64页；64开.ISBN 7-5029-0462-X：0.50元

P197　天文年历

一九九一年天文测量简历/中国科学院紫金山天文台编.—北京：科学出版社，1990.11.—70页；16开.ISBN 7-03-001686-6：7.70元

本书主要内容有：世界时和恒星时，太阳和日出日没，自塞耳日数，恒星视位置等。

1991年中国天文年历/中国科学院紫金山天文台编.—北京：科学出版社，1990.12.—540页；16开.ISBN 7-03-001685-8(精装)：75.00元

天文普及年历：1990/紫金山天文台，北京天文馆编.—北京：科学出版社，1990.12.—220页；32开.

ISBN 7-03-001985-7：3.80元

P2　测绘学

俄汉测绘词汇/《俄汉测绘词汇》编辑组编.—北京：测绘出版社，1990.11.—633页；32开.—ISBN 7-5030-0144-5（精装）：24.00元

测绘学名词：1990/测绘学名词审定委员会编.—北京：科学出版社，1990.12.—140页；16开.—ISBN 7-03-002105-3：7.20元

测量与地球物理集刊　第10号/中国科学院测量与地球物理研究所编辑.—北京：科学出版社，1990.3.—149页；16开.—ISBN 7-03-001569-X：9.70元

测量与地球物理集刊　第11号/中国科学院测量与地球物理研究所编辑.—北京：科学出版社，1990.12.—98页；16开.—ISBN 7-03-001938-5：6.60元

概率统计原理和在测量中的应用/李庆海，陶本藻编著.—2版（修订本）.—北京：测绘出版社，1990.6.—370页；16开.—高等学校教学参考书.—ISBN 7-5030-0322-7：4.80元

本书1982年6月第1版。

P20　一般性问题

测量平差原理/於宗俦，于正林编著.—武汉：武汉测绘科技大学出版社，1990.1.—381页；16开.—ISBN 7-81030-022-9：4.85元

误差理论与测量平差/金学林等编.—北京：煤炭工业出版社，1990.10.—324页；16开.—高等学校教学用书.—ISBN 7-5020-0448-3：4.10元

数据探测与抗差估计/黄幼才编著.—北京：测绘出版社，1990.11.—388页；大32开.—ISBN 7-5030-0404-5：15.00元

P21　普通测量学、地形测量学

实用测量学/徐时涛，夏英宣编著.—重庆：重庆大学出版社，1990.5.—359页；16开.—ISBN 7-5624-0296-5：4.54元

测量学/合肥工业大学等编.—3版.—北京：中国建筑工业出版社，1990.6.—251页；16开.—高等学校教学用书.—ISBN 7-112-01000-4：3.25元

本书1979年9月第1版。

测量学/何瑶民，沈春妹编.—长沙：中南工业大学出版社，1990.9.—168页；16开.—ISBN 7-81020-322-3：2.20元

测量学/陈兰金编.—北京：水利电力出版社，1990.4.—275页；16开.—函授大学教材.—ISBN 7-120-01043-3：7.35元

测量学/顾孝烈主编.—上海：同济大学出版社，1990.11.—350页；16开.—ISBN 7-5608-0690-2：4.50元

测量学习题集/李国荣等编.—北京：煤炭工业出版社，1990.11.—225页；16开.—高等学校教学用书.ISBN 7-5020-0447-5：2.95元

测量学思考题与习题集/师玉兰主编.—北京：人民交通出版社，1990.12.—98页；大32开.—ISBN 7-114-00950-X：0.86元

测量学课间实习指导书/张保成编.—北京：人民交通出版社，1990.6.—109页；16开.—交通系统中等专业学校配套教材　公路与桥梁专业用.—ISBN 7-114-00885-6：1.35元

测量学理论与实践　下册/（美）戴维斯（Davis，R.E.）等著；郑州测绘学院测量学教研室译.—北京：测绘出版社，1990.8.—419页；16开.—ISBN 7-5030-0340-5：19.50元

普通测量/清华大学土木工程系测量教研组编.—4版.—北京：中国建筑工业出版社，1990.7.—285页；16开；—ISBN 7-112-01078-0：7.50元

本书1973年11月第1版。

P22　大地测量学

卫星大地测量学/王昆杰等编著.—北京：测绘出版社，1990.5.—280页；16开.—高等学校教材.—ISBN 7-5030-0105-4：3.70元

四维大地测量定位/（加）瓦尼切克（Vanicek，P.）主编；黄立人等译.—北京：地震出版社，1990.7.—122页；大32开.—ISBN 7-5028-0282-7：3.00元

空间大地测量/沈镜祥等编著.—武汉：中国地质大学出版社，1990.6.—303页；16开.—ISBN 7-5625-0396-6：3.95元

P27　地籍学

地籍测量/孙祖述等编著.—武汉：武汉测绘科技大学出版社，1990.4.—112页；16开.—土地管理与地籍测量专业适用.—ISBN 7-81030-038-5：1.58元

地籍测量/孙祖述等编著.—北京：测绘出版社，1990.5.—400页；32开.—ISBN 7-5030-0109-7：6.50元

地籍测量与管理/邢永昌等编著.—徐州：中国矿业大学出版社，1990.12.—152页；16开.—高等学校教学用书.—ISBN 7-81021-433-0：2.10元

农村地籍调查　上册/浙江省土地管理局编著.—杭州：浙江大学出版社，1990.3.—570页；大32开.ISBN 7-308-00365-5：6.50元

城乡地籍　（4）：第二次地籍学术研讨会论文选编专辑/中国土地勘测规划院地籍所，北京市土地管理局编.—北京：地震出版社，1990.11.—211页；16开.—ISBN 7-5028-0443-9：8.00元

P28　地图学

地图投影变换原理与方法/杨启和著.—北京：解放军出版社，1990.2.—545页；16开.—ISBN 7-5065-1158-4：13.00元

地图学/许耿，梁义冰编著.—长春：东北师范大学出版社，1990.10.—229页；大32开.—全国高等师范专科学校教材.—ISBN 7-5602-0407-4：4.00元

地图集设计研究/温长恩主编.—北京：科学出版社，1990.3.—134页；16开.—ISBN 7-03-001409-X：7.00元

普通地图制图中的数学方法/祝国瑞，徐肇忠编著.—北京：测绘出版社，1990.6.—194页；16开.高等学校教材.—ISBN 7-5030-0104-6：2.60元

微机地理制图/张文忠，谢顺平编著.—北京：高等教育出版社，1990.9.—256页；16开.—高等学校教学用书.—ISBN 7-04-003065-9：3.35元

遥感图象专题制图/邹尚辉编著.—武汉：华中师范大学出版社，1990.10.—291页；大32开.—ISBN 7-5622-0595-7：3.20元

遥感制图/华瑞林编著.—南京：南京大学出版社，1990.4.—265页；16开.—ISBN 7-305-00582-7：9.50元

P285　专门地图编制

《中国1：100万土地资源图》编图制图规范/《中国1：100万土地资源图》编图委员会编.—北京：科学出版社，1990.11.—115页；32开.—ISBN 7-03-002373-0：3.60元

北京市卫星遥感影像地图集/北京市测绘院，中国遥感卫星地面站编制.—北京：奥林匹克出版社，1990.9.—32页；6开.—ISBN 7-80067-168-2（精装）：60.00元

环境地图应用/褚广荣编著.—福州：福建地图出版社，1990.6.—156页；16开.—高等学校教材.—ISBN 7-80516-081-3：3.80元

矿井地质制图/袁崇孚，张子戌编.—北京：煤炭工业出版社，1990.10.—145页；16开.—高等学校教学用书.—ISBN 7-5020-0445-9：3.55元

P3　地球物理学

中国地球物理学会年刊：1990/中国地球物理学会编辑.—北京：地震出版社，1990.9.—453页；16开.ISBN 7-5028-0422-6：19.00元

地球物理学报　第31卷：专辑：1988：中国地球物理研究进展文集/中国地球物理学会编辑.—北京：地震出版社，1990.7.—218页；16开.—ISBN 7-5028-0333-5：9.00元

地球物理学报　第33卷：专辑Ⅱ：1990：计算地球物理研究文集/地球物理学报编辑委员会编.—北京：地震出版社，1990.12.—556页；16开.—ISBN 7-5028-0330-0：19.00元

地球物理研究所四十年：1950～1990/地球物理研究所四十年编委会编.—北京：地震出版社，1990.10.—230页：彩照；16开.—ISBN 7-5028-0430-7（精装）：15.00元

全球变化：地球四大圈异常变化及其天文成因/任振球著.—北京：科学出版社，1990.9.—225页；16开.—ISBN 7-03-001765-X（精装）：17.00元

宇宙线环境研究/虞震东著.—重庆：重庆出版社，1990.10.—204页；大32开.—ISBN 7-5366-1403-9（精装）：6.00元

P31　大地（岩石界）物理学

地球内部物理/周蕙兰编著.—北京：地震出版社，1990.4.—314页；大32开.—（固体地球物理进展丛书）.—ISBN 7-5028-0186-3：6.00元

地球流体力学中的数学问题/刘式达，刘式适编著.北京：海洋出版社，1990.7.—565页；32开.—ISBN 7-5027-0810-3：13.00元

P312/313　重力学、大地构造物理学

区域重磁异常图的应用效果/（美）欣兹（Hinze，W.J.）著；陈维雄等译.—北京：地质出版社，1990.10.—251页；16开.—高等学校教学参考书.ISBN 7-116-00671-0：4.00元

地壳中的电磁现象/（苏）阿勃杜拉别可夫著；蒋宏耀译.—北京：学术书刊出版社，1990.3.—195页；大32开.—ISBN 7-80045-690-0：5.00元

地球重力场模型理论/宁津生等主编.—武汉：武汉测绘科技大学出版社，1990.10.—119页；32开.—ISBN 7-81030-043-1：3.00元

第二届构造物理学术讨论会文集/马瑾，王绳祖主编.—北京：地震出版社，1990.7.—202页；16开.ISBN 7-5028-0267-3：7.00元

P314　地热学

中国地温分布的基本特征/王钧等著.—北京：地震出版社，1990.7.—231页；16开.—ISBN 7-5028-

0288-6：9.50元

沉积盆地中的热现象/(法)B·杜兰德编；高瑞琪等译.—哈尔滨：黑龙江科学技术出版社，1990.11 282页；大32开.—ISBN 7-5388-1375-6：4.50元

P315 地震学

地震工作手册/时振梁等编著.—北京：地震出版社，1990.4.—633页；大32开.—ISBN 7-5028-0318-1：11.00元

地震·防灾·科普/江中主编.—北京：地震出版社,1990.8.—150页；32开.—ISBN 7-5028-0406-4：2.00元

地震序列概论/吴开统等编著.—北京：北京大学出版社，1990.3.—250页；大32开.—ISBN 7-301-00939-9：4.20元

地震知识板报宣传漫画集/辽宁省地震局编绘.—沈阳：辽宁科学技术出版社，1990.10.—64幅；32开.ISBN 7-5381-1047-X：4.40元

地震研究文集/湖北省地震学会编.—北京：地震出版社，1990.7.—151页；16开.—ISBN 7-5028-0344 0：5.50元

地震科普知识挂图/陈和山等编写；孙象伯绘画.北京：地震出版社,1990.5.—12张；4开.—ISBN 7-5028-0384-X：9.60元

地震谣言/陈焕新编写.—北京：地震出版社，1990.4.—136页；32开.—ISBN 7-5028-0383-1：1.80元

话说地震/张进京，苗真理编著.—西宁：青海人民出版社，1990.6.—72页；32开.—ISBN 7-225-00391-7：0.80元

数理地震学：地震学数理统计模型研究会成果报告/(日)斋藤正德等著；魏淳等译.—北京：地震出版社，1990.3.—126页；16开.—ISBN 7-5028-0294-0：5.00元

P315.2 地震与地球构造

地应力场综合研究：国家地震局地震地质研究专辑/宋惠珍等编著.—北京：石油工业出版社，1990.3.477页；16开.—ISBN 7-5021-0476-3，9.95元

地震地层学解释基础/徐怀大等编著.—武汉：中国地质大学出版社，1990.8.—181页；16开.—ISBN 7-5625-0457-1：2.80元

华北地震水文地球化学研究/国家地震局华北地球化学背景场课题组编.—上海：上海科学技术文献出版社，1990.8.—215页；16开.—ISBN 7-80513-610-0：9.80元

苏联弱震区深部结构/(苏)舒金(Щукин，Ю.К.)等著；林中洋，张魁林译.—北京：地震出版社，1990.11.—185页；16开.—ISBN 7-5028-0366-1：8.00元

书名原文：Глубинное строенис слабосейсмичных регионов СССР

应用层序地层学：地震、钻井和露头资料的层序地层解释/(　)Sangree，J.B.，(　)Vail，P.著；张宏逵等译.—东营：石油大学出版社，1990.9.123页；16开.—ISBN 7-5636-0103-1：2.46元

P315.3/.4 地震波、地球的震动与脉动

地球中地震波的传播：摘译/(波)汉尼加(Hanyga，A.)编；何樵登，杨宝俊译.—北京：地质出版社，1990.4.—236页；16开.—高等学校教学参考书.—ISBN 7-116-00585-4：3.05元

地震强地面运动合成/(美)Bolt，B.A.著；张雪亮，顾瑾平译.—北京：地震出版社，1990.6.—224页；16开.—ISBN 7-5028-0375-0：9.50元

书名原文：Seismic Strong Motion Synthetics

深井观测地震波典型记录与分析应用/冯德益等编著.—北京：地震出版社，1990.10.—204页；16开.ISBN 7-5028-0400-5：7.00元

P315.5 地震活动性、地震区域划分

地震小区划概论/蒋溥等著.—北京：地震出版社，1990.2.—281页；16开.—ISBN 7-5028-0337-8：8.00元

青海省1：150万地震烈度区划图说明书/青海省地震局主编；孙亚平等编写.—兰州：兰州大学出版社，1990.1.—29页；16开.—ISBN 7-311-00289-3：7.00元

滇西北地区活动断裂：中国活断层研究专辑/国家地震局地质研究所，云南省地震局编.—北京：地震出版社，1990.12.—321页；16开.—ISBN 7-5028-0480-3(精装)：20.00元

滇西北地区活动断裂：中国活断层研究专辑/国家地震局地质研究所,云南省地震局编.—北京：地震出版社，1990.12.—321页；16开.—ISBN 7-5028-0432-3：18.00元

P315.6 测震学

中国地震震源机制/张诚等编著.—北京：学术书刊出版社，1990.5.—466页；16开.—ISBN 7-80045-677-3：10.00元

中国763型长周期地震仪地震记录图集/琴朝智，赵荣国编.—北京：地震出版社，1990.2.—154页；16开.—ISBN 7-5028-0257-6：5.50元

地震中期预报的观测和物理基础/美国地质调查局

编；马丽等译.—北京：地震出版社，1990.10.—438页；16开.—ISBN 7-5028-0361-0：15.00元

书名原文：Physical and Observational Basis for Intermediate-term Earfhquake Prediction

地震危险性分析中的综合概率法/胡聿贤主编.—北京：地震出版社，1990.8.—185页；16开.—ISBN 7-5028-0247-9：6.60元

地震学分析预报方法程式指南/国家地震局科技监测司编.—北京：地震出版社，1990.5.—87页；16开.—ISBN 7-5028-0389-0：3.50元

地震监测与预报方法清理成果汇编：大地形变分册/国家地震局科技监测司编.—北京：地震出版社，1990.8.—196页；16开.—ISBN 7-5028-0322-X：7.00元

P315.7　地震观测预报

地震台站观测规范/国家地震局编制.—北京：地震出版社，1990.5.—152页；32开.—ISBN 7-5028-0316-5：2.50元

地震预报方法实用化研究文集：水位水化专辑/国家地震局科技监测司编.—北京：地震出版社，1990.7.—458页；16开.—ISBN 7-5028-0378-5：15.00元

地震预报方法实用化研究文集：地磁地电专辑/国家地震局科技监测司.—北京：学术书刊出版社，1990.5.—444页；16开.—ISBN 7-80045-687-0：12.00元

中国地震台网观测报告：1983/国家地震局地球物理研究所编.—北京：地震出版社，1990.2.—2册（1338页）；16开.—ISBN 7-5028-0149-9：34.00元

中国数字地震台网文集/中国数字地震台网编.—北京：学术书刊出版社，1990.5.—489页；16开.—ISBN 7-80045-688-9：10.00元

地震的教训：1989年美国洛马·普里埃塔地震/中国石油化工总公司抗震办公室编译.—北京：地震出版社，1990.10.—168页；16开.—ISBN 7-5028-0409-9：6.00元

苏联地震预报研究文集　（一）/（苏）萨多夫斯基（Садовский，M.A.）主编；占巴扎布译.—北京：地震出版社，1990.7.—119页；16开.—ISBN 7-5028-0356-4：5.00元

苏联地震预报研究文集　（二）/（苏）萨多夫斯基（Садовский，M.A.）主编；梅世蓉等译.—北京：地震出版社，1990.12.—152页；16开.—ISBN 7-5028-0390-4：5.50元

书名原文：Прогное Землетрясений

灾害来临之前：加利福尼亚的地震监视/（美）特纳（Tuner，R.H.）等著；邹其嘉等译.—北京：学术书刊出版社，1990.5.—384页；大32开.—（灾害学和地震社会学研究丛书；6）.—ISBN 7-80045-685-4：6.50元

书名原文：Waiting for Disaster

本书通过实际调查研究论述了地震预报引起的各种社会问题。

P315.9　工程地震

地震与石化企业抗震防灾/孙树学主编.—北京：地震出版社，1990.9.—153页；32开.—抗震防灾基本知识.—ISBN 7-5028-0419-6：1.98元

抗震防震科普知识/云南省城乡建设委员会，云南省抗震防震指挥部办公室编.—昆明：云南科技出版社，1990.10.—109页；32开.—ISBN 7-5416-0316-3：3.80元

P316　地震调查、地震志

地震现场工作大纲和震情分析指南/国家地震局科技监测司编.—北京：地震出版社，1990.10.—109页；大32开.—ISBN 7-5028-0421-8：5.20元

地震辜典/（日）宇津德治主编；李裕彻等译.—北京：地震出版社，1990.12.—596页；大32开.—ISBN 7-5028-0398-X：10.00元

中国历史地震图集：远古至元时期/国家地震局地球物理研究所，复旦大学中国历史地理研究所主编.北京：中国地图出版社，1990.12.—174页；16开.ISBN 7-5031-1012-2（精装）：50.00元

中国历史地震图集：清时期/国家地震局地球物理研究所，复旦大学中国历史地理研究所主编.—北京：中国地图出版社，1990.3.—244页；16开.—ISBN 7-5031-0574-7（精装）：60.00元

中国地震台志　第一卷　第二分册/国家地震局科技监测司编.—北京：地震出版社，1990.10.—489页；16开.—ISBN 7-5028-0327-0（精装）：18.00元

中国地震地下水动态观测网/汪成民主编.—北京：地震出版社，1990.7.—344页；16开.—ISBN 7-5028-0335-1：11.50元

中国地震考察　第二卷/国家地震局地球物理研究所编.—北京：地震出版社，1990.3.—374页：照片；16开.—ISBN 7-5028-0199-5（精装）：20.00元

中国地震年鉴：1949～1981/《中国地震年鉴》编辑部编.—北京：地震出版社，1990.3.—868页；16开.—ISBN 7-5028-0295-9（精装）：35.00元

中国地震年鉴：1988/《中国地震年鉴》编辑委员会编.—北京：地震出版社，1990.2.—509页；16开.—ISBN 7-5028-0285-1（精装）：25.00元

中国地震灾害损失预测研究专辑　（一）：中国地震灾害损失预测研究/国家地震局震害防御司，未来地震灾害损失预测研究组编.—北京：地震出版社，1990.12.—50页；16开+图6幅.—ISBN 7-5028-0433-1：10.00元

中国地震详目：1982/国家地震局分析预报中心编.北京：地震出版社，1990.11.—281页；16开.—ISBN 7-5028-0380-7：9.50元

中国强震记录汇报　第一集　第三卷：唐山地震加速度记录反应谱：1976年7月28日至1976年12月31日/国家地震局工程力学研究所编.—北京：地震出版社，1990.12.—217页；16开.—ISBN 7-5028-0362-9：7.50元

中国强震记录汇报　第一集　第四卷：唐山地震加速度记录傅里叶振幅谱：1976年7月28日至1976年12月31日/国家地震局工程力学研究所编.—北京．地震出版社，1990.12.—299页；16开.—ISBN 7-5028-0363-7：10.00元

中国震例：1976～1980/张肇诚主编.—北京：地震出版社，1990.10.—421页；16开.—ISBN 7-5028-0352-1（精装）：25.00元

中国震例：1981～1985/张肇诚主编.—北京：地震出版社，1990.12.—294页；16开.—ISBN 7-5028-0359-9（精装）：18.00元

大连市地震志/张学敏主编.—大连：大连出版社，1990.3.—188页；大32开.—ISBN 7-80555-319-X：4.00元

飞来的天祸　不屈的人民：云南临沧地区"11.6"大地震画册：汉英对照/云南临沧地区抗震救灾指挥部，临沧行政公署文化局编.—昆明：云南人民出版社，〔1990〕.—1册；12开.—ISBN 7-222-00551-X（精装）：40.00元；（平装）：25.00元

河北省地震资料汇编/张秀梅主编；河北省地震局编．北京：地震出版社，1990.5.—488页；16开.ISBN 7-5028-0252-5：14.00元

唐山地震的社会经济影响/邹其嘉等著.—北京：学术书刊出版社，1990.4.—380页；16开.—ISBN 7-80045-686-2：10.00元

新疆维吾尔自治区地震目录：1980～1984/新疆维吾尔自治区地震局编.—北京：地震出版社，1990.7.—227页；16开.—ISBN 7-5028-0367-X：10.00元

P317/318　火山学、地磁学

中国的火山、温泉和地热资源/廖志杰编著.—北京：科学普及出版社，1990.8.—210页：彩照；大32开.—（中国地理丛书）.—ISBN 7-110-00277-2：4.70元

长白山火山研究/宋海远主编.—延吉：延边大学出版社，1990.7.—212页；32开.—ISBN 7-5634-0232-2：8.00元

火山研究与发展：1989年全国火山・地震研讨会文集/任锦章主编.—北京：地震出版社，1990.11.196页；16开.—ISBN 7-5028-0392-0：6.50元

地磁台站观测规范/国家地震局编制.—北京：地震出版社，1990.5.—65页；32开.—ISBN 7-5028-0357-2：1.20元

地磁学简明教程/倪永生编.—北京：地震出版社，1990.8.—349页；大32开.—成人高等教育教材.—ISBN 7-5028-0254-1：2.00元

P33　水文学

水文及水文预报应用论文选编/陈绳甲著.—武汉：武汉测绘科技大学出版社，1990.6.—173页；16开.ISBN 7-81030-047-4：4.00元

水文学/郭雪宝编著.—上海：同济大学出版社，1990.6.—241页；16开.—ISBN 7-5608-0607-4：3.20元

模糊水文学与水资源系统模糊优化原理/陈守煜著.—大连：大连理工大学出版社，1990.8.—202页；32开.—ISBN 7-5611-0266-6：1.50元

P343　陆地水文学、水文地理学

西昆仑山崇测冰川图：汉英对照/中日联合西昆仑冰川考察队测制.—西安：西安地图出版社，1990.5.—1张；2开.—ISBN 7-80545-070-6

珠江河口演变/赵焕庭著.—北京：海洋出版社，1990.9.—357页；16开.—ISBN 7-5027-0493-0（精装）：16.00元

喀喇昆仑山叶尔羌河冰川湖突发洪水研究/张祥松，周聿超等著.—北京：科学出版社，1990.8.—256页；16开+图2张.—ISBN 7-03-002093-6：12.00元

湖泊水库水文学/崔广柏编著.—南京：河海大学出版社，1990.7.—162页；16开.—ISBN 7-5630-0298-7：2.15元

凝固的水库——冰川资源/王宗太等编著.—北京：科学普及出版社，1990.2.—176页；32开.—（中国自然资源科普丛书/李文华主编）.—ISBN 7-110-00980-7：3.50元

P344　区域水文地理

中国北方地区若干蒸发实验研究/王积强著.—北京：科学出版社，1990.12.—176页；大32开.—ISBN 7-03-002312-9（精装）：9.30元

乌鲁木齐地区水资源若干问题研究　（Ⅱ）：新疆柴窝堡盆地第四纪气候环境变迁和水文地质条件/施雅风等编著.—北京：海洋出版社，1990.9.—157页；16开.—ISBN 7-5027-1208-9：5.00元

青海水文/张家桢等编著.—北京：测绘出版社，1990.5.—102页；16开.—ISBN 7-5030-0358-8：3.90元

P4　气象学

大气微波遥感/张瑞生著.—济南：山东科学技术出版社，1989.12.—241页；大32开.—ISBN 7-5331-0538-9：4.75元

车贝雪夫多项式及其在气象中的应用/周家斌著.北京：气象出版社，1990.3.—262页；16开.—ISBN 7-5029-0345-3：12.25元

中国和世界气象组织/王才芳编.—北京：气象出版社，1990.3.—98页；16开.—ISBN 7-5029-0418-2：4.00元

气象学/梁流霖编著.—延吉：延边人民出版社，.990.1.—292页；32开.—黑龙江省林业技工学校教材.—ISBN 7-50805-249-9：3.80元

辽宁省气象科技获奖成果公报：1979～1989/辽宁省气象局科教处编.—北京：气象出版社，1990.10.202页；32开.—ISBN 7-5021-0553-7：3.80元

汕头北回归线标志/黄赞发等编著.—北京：气象出版社，1990.8.—77页；32开.—ISBN 7-5029-0469-7：1.10元

本书简述了人类生活的地球、北回归线经过的潮汕地区、汕头北回归线标志的建立以及到潮汕地区旅游等方面的内容。

国外南极气象科学考察研究/陈善敏等编著.—北京：气象出版社，1990.3.—115页；16开.—ISBN 7-5029-0440-9：5.60元

P41　气象观测

卫星云图接收机原理和方法/戴理铭等编著.—北京：气象出版社，1990.4.—308页；16开.—ISBN 7-5029-0343-7：14.20元

气象电子设备元器件专用件实用手册/国家气象局技术装备司编.—北京：气象出版社，1990.7.—385页；16开.—ISBN 7-5029-0506-5：20.00元

风云一号气象卫星图集/范天锡等选编.—北京：气象出版社，1990.6.—61页；16开.—ISBN 7-5029-0486-7：20.00元

臭氧观测手册：Dobson分光光度计/（美）Komhyr，W.D.著；郭世昌，段晓燕译.—昆明：云南科技出版社，1990.4.—100页；32开.—ISBN 7-5416-0367-8：1.80元

湿度测量/李英干，范金鹏编著.—北京：气象出版社，1990.4.—505页；大32开.—ISBN 7-5029-0253-8：13.70元

P42　气象基本要素、大气现象

大气科学文集：1990/《大气科学》编辑部编.—北京：科学出版社，1990.12.—319页；16开.—ISBN 7-03-002143-6：14.40元

大气科学概论/周发琇编.—青岛：青岛海洋大学出版社，1990.11.—450页；大32开.—ISBN 7-81026-028-6：3.65元

俄汉大气科学缩略语词汇/气象出版社编辑.—北京：气象出版社，1990.6.—402页；32开.—ISBN 7-5029-0073-X：9.30元

P421　大气物理性质及结构

大气臭氧层研究简介/王贵勤编著.—北京：气象出版社，1990.12.—54页；32开.—ISBN 7-5029-0437-9：1.40元

大气辐射学/刘长盛，刘文保编著.—南京：南京大学出版社，1990.5.—455页；32开.—ISBN 7-305-00626-2：3.00元

电磁波测距与大气/萧安家编著.—武汉：湖北科学技术出版社，1990.7.—188页；大32开.—ISBN 7-5352-0601-8：3.80元

应用大气光学基础：光波在大气中的传输与遥感应用/宋正方编著.—北京：气象出版社，1990.10.230页；16开.—ISBN 7-5029-0605-3：10.00元

臭氧层空洞的报告/曹凤中编著.—北京：中国环境科学出版社，1990.7.—122页；32开.—ISBN 7-80010-641-1：2.40元

P425/426　风、水气和凝结

中距离湍流扩散特征的数值研究及污染模式/中国科学院大气物理研究所编辑.—北京：科学出版社，1990.6.—180页；16开.—（中国科学院大气物理研究所集刊；第14号）.—ISBN 7-03-001687-4：12.90元

长江中下游梅雨锋暴雨的研究：华东中尺度天气试验成果（2）/张丙辰主编.—北京：气象出版社，1990.3.—269页；16开.—ISBN 7-5029-0339-9：

12.00元

甘肃冰雹云结构研究/廖远程编著.—北京：气象出版社，1990.1.—99页；32开.—ISBN 7-5029-0380-1：2.45元

实用暴雨洪水预报理论与方法/张文华编著.—北京：水利电力出版社，1990.11.—366页；32开.—ISBN 7-120-01189-8：8.95元

P43 动力气象学

大气边界层探测/（ ）兰肖考（Lanschow，D.H.）主编；周秀骥等译.—北京：气象出版社，1990.9.—295页；16开.—ISBN 7-5029-0334-8：3.40元

书名原文：Probing the Atmospheric Boundary Layer

大气动力学/伍荣生编著.—北京：气象出版社，1990.10.—338页；大32开.—ISBN 7-5029-0429-8：2.40元

大气动力学的新进展/丑纪范著.—兰州：兰州大学出版社，1990.12.—214页；大32开.—ISBN 7-311-00375-X：3.95元

大气热力学基础/陈章益编著.—北京：气象出版社，1990.10.—132页；16开.—ISBN 7-5029-0426-3：1.60元

中尺度气象模拟/（美）皮尔克（Pielke，R.A.）著；张杏珍，杨长新译.—北京：气象出版社，1990.5.—677页；大32开.—ISBN 7-5029-0242-2：4.50元

书名原文：Mesoscale Meteorological Modeling

动力气象学教程/吕美仲，彭永清编著.—北京：气象出版社，1990.10.—453页；大32开.—ISBN 7-5029-0430-1：3.15元

动力气象学基础/黄安丽，贾吉柱编著.—杭州：杭州大学出版社，1990.6.—369页；大32开.—ISBN 7-81035-034-X：6.00元

P44 天气学

台风业务手册和业务试验记事/方维膜等译.—北京：气象出版社，1990.5.—149页；16开.—ISBN 7-5029-0359-3：7.00元

台风年鉴：1988/国家气象局编.—北京：气象出版社，〔1990?〕.—109页；16开.—ISBN 7-5029-0320-8（精装）

热带气象学/梁必骐等编著.—广州：中山大学出版社，1990.12.—383页；16开.—ISBN 7-306-00284-8：5.60元

P45 天气预报

气象统计分析与预报方法/黄嘉佑编著.—北京：气象出版社，1990.4.—385页；大32开.—ISBN 7-5029-0316-X：2.60元

气象预报专家系统文集/气象预报专家系统技术组编.—北京：气象出版社，1990.2.—389页；32开.ISBN 7-5029-0322-4：8.70元

P456 预报方法

山东中长期天气预报研究文集/杨洪昌主编.—北京：气象出版社，1990.9.—355页；32开.—ISBN 7-5029-0385-2：8.20元

中尺度天气分析和预报译文集/长江三角洲短时灾害性天气预警系统课题组译.—北京：气象出版社，1990.2.—268页；16开.—ISBN 7-5029-0217-1：12.10元

长期天气预报论文集/“长期天气预报理论、方法和资料库建立”研究项目总课题组编.—北京：气象出版社，1990.3.—334页；16开.—ISBN 7-5029-0312-7：13.80元

运用雷达作强对流天气短时预报研究文集/运用雷达作强对流天气短时预报研究文集课题组编.—北京：气象出版社，1990.2.—153页；16开.—ISBN 7-5029-0333-X：7.10元

首次全国短时天气预报经验交流会议文集/国家气象局天气预报警报管理司编.—北京：气象出版社，1990.12.—179页；16开.—ISBN 7-5029-0568-5：8.30元

暴雨预报/章淹等编著.—北京：气象出版社，1990.10.—424页；大32开.—ISBN 7-5029-0365-8：11.70元

P458 天气过程的分析

天气分析/乔全明，阮旭春主编.—北京：气象出版社，1990.2.—327页；大32开.—ISBN 7-5029-0313-5：2.30元

《天气分析》附图 （Ⅰ）：实习分析图/乔全明，阮旭春主编.—北京：气象出版社，1990.2.—46张；4开.—ISBN 7-5029-0411-5：30.00元

《天气分析》附图 （Ⅱ）：分析实习参考图/乔全明，阮旭春主编.—北京：气象出版社，1990.12.1册；4开.—ISBN 7-5029-0616-9：30.00元

《天气分析》附图 （Ⅲ）：中国主要天气过程图例/乔全明，阮旭春主编.—北京：气象出版社，1990.12.—117页；8开.—ISBN 7-5029-0617-7：60.00元

P46 气候学

山区地形气候/翁笃鸣，罗哲贤编著.—北京：气象出版社，1990.8.—541页；32开.—ISBN 7-5029-

0372-0：12.20元

气候变化四问：变了吗？如何变？为什么？怎么办？/张家诚，王立编.—北京：气象出版社，1990.3.—134页；32开.—ISBN 7-5029-0341-0：2.30元

气候资源学/李克煌编著.—开封：河南大学出版社，1990.3.—424页；大32开.—ISBN 7-81018-379-6：3.40元

旱涝气候研究进展：灾害性气候研究进展/叶笃正，黄荣辉主编.—北京：气象出版社，1990.3.156页；16开.—（灾害性气候研究系列书刊）.—ISBN 7-5029-0357-7：7.80元

高空气候学/邹进上等编著.—北京：气象出版社，1990.10.—349页；大32开.—ISBN 7-5029-0428-X：2.45元

P468　气候资料

气候统计/么枕生，丁裕国编著.—修订本.—北京：气象出版社，1990.5.—954页；大32开.—ISBN 7-5029-0315-1：6.10元

本书1963年12月科学出版社第1版。

世界气候/林正云编著.—福州：福建教育出版社，1990.10.—226页；32开.—ISBN 7-5334-0620-3：2.40元

世界气候资料计划文件汇集/吴忠义，马尚风译.—北京：气象出版社，1990.7.—239页；32开.—ISBN 7-5029-0487-5：4.50元

世界异常气象事件及其影响：1967～1985/北京气象中心气候资料室编译.—北京：海洋出版社，1990.5.—201页；16开.—ISBN 7-5027-0888-X：7.50元

热带太平洋物理气候图集：汉英对照/符淙斌等编著.—北京：科学出版社，1990.8.—190页；12开.ISBN 7-03-002123-1：40.00元

1991～2000年中国国家气候计划纲要/国家气候委员会编.—北京：气象出版社，〔1990〕.—25页；16开.—ISBN 7-5029-0480-8：1.70元

内蒙古气候/王文辉主编.—北京：气象出版社，1990.9.—273页；大32开.—（中国气候丛书/张家诚主编）.—ISBN 7-5029-0391-7：7.60元

北京生活气候366天/北京军区空军气象资料室编.北京：气象出版社，1990.9.—375页；32开.—ISBN 7-5029-0439-5：9.50元

华南气候/鹿世瑾主编.—北京：气象出版社，1990.6.—336页；大32开.—（中国气候丛书/张家诚主编）.—ISBN 7-5029-0389-5：9.45元

青藏高原气候/戴加洗主编.—北京：气象出版社，1990.7.—356页；大32开.—（中国气候丛书）.—ISBN 7-5029-0355-0：9.80元

河南历史气候研究/盛福尧，周克前编著.—北京：气象出版社，1990.7.—196页；大32开.—ISBN 7-5029-0488-3：3.50元

河南省气象统计资料汇编：1981～1985/河南省气象局计财处编.—北京：气象出版社，1990.7.—166页；16开.—ISBN 7-5029-0422-0（精装）

海河流域旱涝冷暖史料分析/汤仲鑫等编著.—北京：气象出版社，1990.4.—128页；16开.—ISBN 7-5029-0461-1：6.10元

新疆气候之最/李江风，马淑红编著.—乌鲁木齐：新疆人民出版社，1990.10.—156页；32开.—（地理知识读物）.—ISBN 7-228-01487-1：1.60元

P48/49　人工控制天气、应用气象学

世界人工影响天气新进展译文集/内蒙古自治区人工降雨防雹办公室编.—北京：气象出版社，1990.2.—167页；16开.—ISBN 7-5029-0413-1：8.00元

应用气象译文集/国家气象局国家气象中心气候资料室编译.—北京：气象出版社，1990.5.—125页；16开.—ISBN 7-5029-0368-2：4.30元

P5　地质学

中华人民共和国地质矿产部地质专报　（一）：区域地质　第20号：湖北省区域地质志/湖北省地质矿产局编.—北京：地质出版社，1990.4.—705页；16开+附图.—ISBN 7-116-00411-4（盒装）：50.20元

中华人民共和国地质矿产部地质专报　（一）：区域地质　第21号：云南省区域地质志/云南省地质矿产局编著.—北京：地质出版社，1990.4.—728页；16开+附图10张.—ISBN 7-116-00567-6（盒装）：79.80元

中华人民共和国地质矿产部地质专报　（一）：区域地质　第22号：宁夏回族自治区区域地质志/宁夏回族自治区地质矿产局编著.—北京：地质出版社，1990.10.—522页；16开+附图6张.—ISBN 7-116-00615-X（盒装）：49.85元

中华人民共和国地质矿产部地质专报　（二）：地层·古生物　第10号：浙江二叠系冷坞组及其腕足动物群/梁文平著.—北京：地质出版社，1990.3.—522页：图版；16开.—ISBN 7-116-00470-X（精装）：21.70元

中华人民共和国地质矿产部地质专报：　（三）：岩石·矿物·地球化学　第11号：喜马拉雅岩石圈构造演化：西藏变质岩及火成岩/中国地质科学院主编；刘国惠等著.—北京：地质出版社，1990.3.—380页：图版；16开 —ISBN 7-116-00526-9（精装）：

14.00元

中华人民共和国地质矿产部地质专报　（三）：岩石·矿物·地球化学　第12号：西藏特提斯沉积地质/余光明，王成善等著.—北京：地质出版社，1990.12.—185页：图版；16开.—ISBN 7-116-00745-8（精装）：10.85元

中华人民共和国地质矿产部地质专报　（四）：矿床与矿产　第15号：云南大红山古火山岩铁铜矿/钱锦和，沈远仁编著.—北京：地质出版社，1990.3.236页：图版；16开.—ISBN 7-116-00561-7（精装）：10.15元

中华人民共和国地质矿产部地质专报　（四）：矿床与矿产　第16号：周边国家金矿地质与我国金矿展望/段瑞焱等著.—北京：地质出版社，1990.8.120页：图版；16开.—ISBN 7-116-00643-5（精装）：7.20元

中华人民共和国地质矿产部地质专报　（五）：构造地质·地质力学　第8号：青藏高原的构造体系特征与高原的形成演化/张长华等著.—北京：地质出版社，1990.2.—161页；16开+附图1袋.—ISBN 7-116-00572-2（精装）：15.40元

中华人民共和国地质矿产部地质专报　（五）：构造地质·地质力学　第9号：青藏高原新生代构造演化/潘桂棠等著.—北京：地质出版社，1990.7.190页；16开+附图1张.—ISBN 7-116-00642-7（精装）：12.30元

中华人民共和国地质矿产部地质专报　（五）：构造地质·地质力学　第10号：青藏高原大地构造与形成演化/刘增乾等著.—北京：地质出版社，1990.12.—174页；16开+附图1袋.—ISBN 7-116-00746-6（精装）：11.40元

中华人民共和国地质矿产部地质专报　（六）：水文地质·工程地质　第7号：中国固体矿床工程地质工作研究/全国矿产储量委员会矿床开采技术条件研究组编著.—北京：地质出版社，1990.8.—184页：图版；16开.—ISBN 7-116-00644-3（精装）：8.70元

中华人民共和国地质矿产部地质专报　（七）：普查勘探技术与方法　第6号：喜马拉雅岩石圈构造演化西藏古地磁与大地电磁研究/中国地质科学院主编；袁学诚等著.—北京：地质出版社，1990.9.188页；16开.—ISBN 7-116-00662-1（精装）：10.80元

中国地质矿产年鉴：1988/《中国地质矿产年鉴》编审委员会编.—北京：地质出版社，1990.4.—326页：彩照；16开.—ISBN 7-116-00602-8（精装）：16.10元

中国地质矿产年鉴：1989/汪熊麟主编.—北京：地质出版社，1990.10.—355页：彩照；16开.—ISBN 7-116-00676-1（精装）：21.60元

中国地质科学院天津地质矿产研究所所刊　第22号：张宣地区太古代变质岩中脉金的成矿作用/胡小蝶等编著.—北京：地质出版社，1990.2.—116页；16开.—ISBN 7-116-00577-3：4.10元

中国地质科学院天津地质矿产研究所所刊　第23号.—北京：地质出版社，1990.6.—163页；16开.ISBN 7-116-00628-1：6.35元

中国地质科学院地质研究所所刊　第21号：内蒙古中南部太古宙变质岩专辑/沈其韩等编著.—北京：地质出版社，1990.1.—192页；16开.—ISBN 7-116-00614-1：5.70元

中国地质科学院地质研究所所刊　第22号.—北京：地质出版社，1990.8.—150页；16开.—ISBN 7-116-00714-8：6.75元

中国地质科学院成都地质矿产研究所所刊　第12号.—北京：地质出版社，1990.6.—135页；16开.ISBN 7-116-00647-8：5.25元

中国地质科学院年报：1988.—北京：地质出版社，1990.12.—143页：彩照；16开.—ISBN 7-116-00763-6：7.25元

中国地质科学院沈阳地质矿产研究所所刊　第21号/沈阳地质矿产研究所编.—沈阳：辽宁科学技术出版社，1990.7.—191页；16开.—3.00元

中国地质科学院宜昌地质矿产研究所所刊　第15号：滇东黔西晚二叠世煤系成煤模式.—北京：地质出版社，1990.8.—166页：图版；16开.—ISBN 7-116-00641-9：7.75元

中国地质科学院院报　第20号：1979～1989.—北京：地质出版社，1990.7.—192页；16开.—ISBN 7-116-00616-8：7.05元

中国地质科学院院报　第21号：青藏高原亚东——格尔木地学断面研究论文集.—北京：地质出版社，1990.9.—308页；16开.—ISBN 7-116-00648-6：9.75元

中国科学院地质研究所集刊　第4号.—北京：科学出版社，1990.10.—205页；16开.—ISBN 7-03-001856-7：15.30元

中国数学地质　（2）/中国地质学会数学地质专业委员会主编.—北京：地质出版社，1990.12.—34页；16开.—ISBN 7-116-00762-8：4.00元

冯景兰教授诞辰90周年纪念文集/《纪念文集》编委会编.—北京：地质出版社，1990.11.—300页；16开.—ISBN 7-116-00724-5：13.50元

汉英地质词典/吴树仁主编；《汉英地质词典》编辑组编.—北京：地质出版社，1990.11.—582页；32开.—ISBN 7-116-00201-4（精装）：14.50元

地质学基础/华南农业大学主编.—2版.—北京：农业出版社，1990.11.—353页；16开.—全国高等农业院校教材　土壤农化专业用.—ISBN 7-109-01410

-X：4.55元

本书1980年7月第1版。

地质统计学及其应用/孙洪泉编.—徐州：中国矿业大学出版社，1990.10.—282页；16开.—高等学校教学用书.—ISBN 7-81021-380-6：3.65元

地质统计学的理论与方法/侯景儒，黄竞先编译.北京：地质出版社，1990.3.—353页；大32开.—ISBN 7-116-00556-0：5.80元

地质趋势面分析/张启锐编著.—北京：科学出版社，1990.10.—194页；16开.—ISBN 7-03-001901-6：11.70元

地质管理论丛 （19）/《地质管理论丛》编辑部编.—武汉：中国地质大学出版社，1990.4.—82页；16开.—ISBN 7-5625-0402-X：1.00元

地质管理论丛 （20）/《地质管理论丛》编辑部编.—武汉：中国地质大学出版社，1990.10.—129页；16开.—ISBN 7-5625-0446-6：2.00元

当今世界地球科学动向：中国科学家谈第28届国际地质大会/中国地质学会主编.—北京：地质出版社，1990.4.—239页；16开.—ISBN 7-116-00655-9：6.75元

基础地质学教程/徐秀登编著.—北京：高等教育出版社，1990.10.—331页；16开.—ISBN 7-04-003165-5：4.30元

普通地质学/许至平编著.—北京：煤炭工业出版社，1990.5.—290页；16开.—高等学校教学用书.ISBN 7-5020-0394-0：3.75元

数学地质专辑 （3）/王世称等编.—北京：地质出版社，1990.7.—213页；16开.—ISBN 7-116-00659-1：6.00元

P5-09 地质学史

日本近代地学思想史/（日）土井正民著；张驰，何往译.—北京：地质出版社，1990.5.—160页；大32开.—ISBN 7-116-00619-2：2.90元

中国地质事业早期史/王鸿祯主编.—北京：北京大学出版社，1990.7.—294页：照片；大32开.—ISBN 7-301-01283-7：4.95元

本书论文和史料共36篇，均从中国地质事业早期史学术研讨会论文中精选而成。

P5-39 新技术的应用

当代地质科学技术进展：1989/程恩华主编.—武汉：中国地质大学出版社，1990.6.—162页；16开.ISBN 7-5625-0414-8：5.00元

阴极发光技术在地质学中的应用/王英华等著.—北京：地质出版社，1990.11.—104页；16开.—ISBN 7-116-00728-8：10.70元

遥感地质学/李永颐等主编.—重庆：重庆大学出版社，1990.6.—229页；16开.—高等学校教材.—ISBN 7-5624-0297-3：3.11元

遥感地质学基础文集/刘燕君等著.—北京：科学技术文献出版社，1990.12.—115页；16开.—ISBN 7-5023-1360-5：5.00元

P53 历史地质学、地层学

地史学实习指导书/金秋琦等编.—北京：地质出版社，1990.3.—78页；16开.—高等学校教材.—ISBN 7-116-00574-9：1.15元

地层压力理论和评价：压力计算参考书/陈永生译.—北京：石油工业出版社，1990.1.—157页；16开.—ISBN 7-5021-0367-8：2.60元

地层学和古地理学原理与方法/（法）鲍梅罗尔（Pomerol，C.）等著；芮仲清，袁相国译.—北京：科学出版社，1990.5.—208页；16开.—ISBN 7-03-000584-8：15.30元

沉积地层工作指南/杨逢清等编.—武汉：中国地质大学出版社，1990.4.—130页；16开.—ISBN 7-5625-0410-5：1.95元

事件地层学概论/齐文同编著.—北京：地质出版社，1990.6.—119页；16开.—ISBN 7-116-00627-3：3.80元

国际地层时代对比表/王鸿祯，李充岑编译.—北京：地质出版社，1990.9.—1张；4开.—ISBN 7-116-00653-2：0.80元

P534 各时代地史及其地层

上扬子西南缘泥盆纪构造格局与岩相古地理/张锦泉，郑荣才著.—成都：成都科技大学出版社，1990.12.—76页；16开.—（中国南方岩相古地理系列丛书；1）.—ISBN 7-5616-0760-1：2.00元

广东田洋火山湖第四纪地质/陈俊仁等著.—北京：地质出版社，1990.9.—197页；16开＋附图1袋.ISBN 7-116-00668-0：14.20元

中国及邻区构造古地理和生物古地理/王鸿祯等著.—武汉：中国地质大学出版社，1990.8.—347页；16开.—ISBN 7-5625-0452-0（精装）：19.20元；（平装）：14.20元

中国中新生代沉积盆地/朱夏，徐旺主编.—北京：石油工业出版社，1990.5.—319页；16开.—ISBN 7-5021-0343-0（精装）：8.60元

中国东北平原第四纪自然环境形成与演化/《东北平原第四纪自然环境形成与演化》课题组编.—哈尔滨：哈尔滨地图出版社，1990.3.—267页；16开.ISBN 7-81529-086-5：9.80元

东南沿海地区晚第三纪——第四纪大陆裂谷型火山作用及深部作用过程/赵海玲著.—武汉：中国地质大学出版社，1990.5.—163页；16开.—ISBN 7-5625-

0363-X：7.45元

安徽淮北平原第四系/金权等著.—北京：地质出版社，1990.3.—170页；16开.—ISBN 7-116-00605-2：5.50元

河北早前寒武纪变质作用/张春华等编著.—北京：地质出版社，1990.10.—178页；16开.—ISBN 7-116-00721-0：7.25元

前寒武纪地质　第4号：北方前寒武纪地质及成矿论文选集/地质矿产部《前寒武纪地质》编辑委员会编.—北京：地质出版社，1990.3.—211页；16开.ISBN 7-116-00579-X：6.35元

黄土·第四纪地质·全球变化　第一集兼1987～1988年报/刘东生主编.—北京：科学出版社，1990.5.—171页；16开.—ISBN 7-03-001816-0：9.90元

黄土·第四纪地质·全球变化　第二集兼1988～1989年报/刘东生主编.—北京：科学出版社，1990.5.—151页；16开.—ISBN 7-03-001817-6：8.60元

第四纪地质学概论/景才瑞等编著.—北京：地质出版社，1990.6.—115页；16开.—ISBN 7-116-00664-8：4.65元

第四纪冰川与第四纪地质论文集　第六集：碳十四专集/中国第四纪研究委员会碳十四年代学组编.北京：地质出版社，1990.12.—236页；16开.—ISBN 7-116-00663-X：8.60元

康滇地区前震旦纪地质与成矿/冯本智等著.—北京：地质出版社，1990.5.—202页；16开.—ISBN 7-116-00637-0：6.00元

湖北省震旦纪岩相古地理/瞿乐生等著.—武汉：中国地质大学出版社，1990.3.—89页；16开.—（湖北省各时代岩相古地理研究）.—ISBN 7-5625-0411-3：8.00元

黔桂地区二叠系综合研究：兼论含油气性/沙庆安等主编.—北京：科学出版社，1990.6.—215页；16开.—ISBN 7-03-001502-9（精装）：21.20元

1：2500000中华人民共和国及其毗邻海区第四纪地质图说明书/张宗祜主编.—北京：中国地图出版社，1990.—61页；8开+地图1袋.—ISBN 7-5031-0751-0：98.00元

P535　区域地层学

中国地层　（8）：中国的石炭系/王增吉等著.—北京：地质出版社，1990.6.—419页：图版；16开.ISBN 7-116-00611-7：13.40元

四川盐边哇落地区石炭纪——早二叠世早期地层及古生物/佟正祥等著.—重庆：重庆出版社，1990.5.118页：附图；16开.—ISBN 7-5366-1152-8：5.00元

宁夏及其邻近地区奥陶纪、志留纪笔石地层及笔石群/葛梅钰等著.—南京：南京大学出版社，1990.9.190页；16开.—ISBN 7-305-00657-2：12.30元

华北地台西南缘的上前寒武系/王学仁等著.—西安：西北大学出版社，1990.4.—135页：图版；16开.—（造山带与盆地；4）.—ISBN 7-5604-0213-5：5.00元

昆明盆地晚新生代地质与沉积演化/刘宝珺等著.重庆：重庆出版社，1990.12.—203页；16开.—ISBN 7-5366-1287-7：7.40元

新疆古生界：新疆地层总结之二　（上）/新疆地质矿产局地质矿产研究所，新疆地质矿产局第一区调大队著.—乌鲁木齐：新疆人民出版社，1990.4.221页；16开.—ISBN 7-228-01414-6：5.90元

P54　构造地质学

板块内部动力学/（美）巴利（Bally，A.W.）等编；贺明静等译.—北京：地震出版社，1990.6.154页；大32开.—ISBN 7-5028-0281-9：3.00元

构造地质学/朱志澄，宋鸿林主编.—武汉：中国地质大学出版社，1990.11.—331页；16开+附图1册.高等学校教材.—ISBN 7-5625-0425-2：5.20元

典型构造分析/（日）植村武，（日）水谷伸治郎著；邵济安编译.—北京：地质出版社，1990.4.187页；大32开.—ISBN 7-116-00623-0：3.20元

国际大陆岩石圈构造演化与动力学讨论会·第三届全国构造地质会议论文集　（Ⅰ）：造山带·盆地·环太平洋构造/中国地质学会构造专业委员会编.—北京：地质出版社，1990.1.—179页；16开.—ISBN 7-116-00550-1：5.10元

国际大陆岩石圈构造演化与动力学讨论会·第三届全国构造地质会议论文选集　（Ⅱ）：前寒武纪构造，活动构造与地震以及其他.—北京：科学出版社，1990.10.—192页；16开.—ISBN 7-03-001804-4：13.70元

被动大陆边缘地质学/（美）贝利（Bally，A.W.）等著；刘和甫，姚梅生译.—北京：石油工业出版社，1990.3.—196页；16开.—（美国石油地质学家协会进修丛书；十九）.—ISBN 7-5021-0330-9：3.35元

碰撞构造/（英）考沃德（Coward，M.P.），里斯（Ries，A.C.）编；徐贵忠等译.—北京：地质出版社，1990.4.—140页；16开.—ISBN 7-116-00622-2：4.00元

P548　区域大地构造学

天山多旋回构造演化及成矿/王作勋等执笔.—北京：科学出版社，1990.6.—217页；16开.—ISBN 7-03-001603-3（精装）：18.60元

中华人民共和国安徽省大地构造图：1：500000：汉英对照/向缉熙主编；朱延华等编辑.—武汉：中国

地质大学出版社，〔1990〕.—1幅；2全开.—(袋装

中国东部大陆边缘地带的岩石圈结构与动力学/魏斯禹等著.—北京：科学出版社，1990.6.—188页；16开.—ISBN 7-03-001656-4：14.20元

北山板块构造及成矿规律/左国朝等著.—北京：北京大学出版社，1990.11.—226页：图；16开.—(中国北方板块构造丛书；3).—ISBN 7-301-01361-2：13.10元

吉林中部环形构造/刘占声等著.—长春：吉林大学出版社，1990.11.—38页；16开.—ISBN 7-5601-0662-5：3.00元

华北地台北缘早古生代大陆边缘演化/胡骁等著.北京：北京大学出版社，1990.8.—215页：图版；16开.—(中国北方板块构造丛书；2/崔广振主编)·ISBN 7-301-01146-6：7.35元

华南沿海新构造运动与地质环境/张虎男等著.—北京：地震出版社，1990.9.—295页；16开.—ISBN 7-5028-0401-3：10.00元

青藏高原地质演化：1985年中国科学院-英国皇家学会青藏高原综合地质考察报告/中-英青藏高原综合地质考察队编.—北京：科学出版社，1990.10.415页；16开.—ISBN 7-03-001803-6(精装)：34.60元

海原活动断裂带：中国活断层研究专辑/国家地震局地质研究所，宁夏回族自治区地震局编.—北京：地震出版社，1990.4.—286页：彩图；16开.—ISBN 7-5028-0331-9(精装)：32.00元

海原活动断裂带：中国活断层研究专辑/国家地震局地质研究所，宁夏回族自治区地震局编.—北京：地震出版社，1990.4.—286页：彩图；16开.—ISBN 7-5028-0332-7：30.00元

喜马拉雅岩石圈构造演化：西藏地球物理文集/中国地质科学院主编.—北京：地质出版社，1990.2.206页；16开.—ISBN 7-116-00541-2(精装)：8.55元

P55 地质力学

中国地壳应力状态/曾秋生编著.—北京：地震出版社，1990.9.—107页；16开.—ISBN 7-5028-0371-8：4.00元

世界地应力实测资料汇编/陈彭年等编译.—北京：地震出版社，1990.7.—241页；16开.—ISBN 7-5028-0377-7：6.65元

地壳应力研究的新进展/国家地震局地壳应力研究所情报资料室编译.—北京：北京出版社，1990.6.235页；16开.—ISBN 7-200-01137-1：6.65元

地壳构造与地壳应力文集 (四)/国家地震局地壳应力研究所编.—北京：地震出版社，1990.12.—201页；16开.—ISBN 7-5028-0445-5：7.50元

P56 区域地质学

太平洋地质科学调查 (一)/地质矿产部广州海洋地质调查局著.—北京：地质出版社，1990.12.175页；16开.—ISBN 7-116-00751-2：6.70元

中-南天山下古生界/(苏)阿赫麦贾诺夫(Ахмеджанов，М.А.)等著；毛贻康译.—乌鲁木齐：新疆人民出版社，1990.11.—217页；32开.—ISBN 7-228-01538-X：3.50元

书名原文：Нижий палеоэой срединного н южнoто тянь щаня

云南昆阳群地质/吴懋德等著.—昆明：云南科技出版社，1990.2.—265页；16开.—地质矿产部中国晚前寒武纪地质科研成果之十三.—ISBN 7-5416-0266-3：5.60元

中国上地幔特征与动力学论文集/中国矿物岩石地球化学学会，地幔矿物岩石地球化学专业委员会编.北京：地震出版社，1990.12.—182页；16开.—ISBN 7-5028-0412-9：8.00元

中国区域地质/夏天亮，刘衍伦编.—北京：地质出版社，1990.10.—176页；16开.—中等专业学校教材.—ISBN 7-116-00682-6：2.10元

中国地质图：1:5000000/中华人民共和国地质矿产部《中国地质图》编辑委员会编.—北京：地质出版社，1990.12.—1张；2全开.—ISBN 7-116-00809-8：25.10元

中国黄土的结构特征及物理力学性质/王永焱等著.北京：科学出版社，1990.3.—251页；16开.—ISBN 7-03-001452-9(精装)：26.10元

内蒙古渣尔泰山群与白云鄂博群时代对比及含矿性/王楫等著.—呼和浩特：内蒙古人民出版社，1990.10.—171页；16开.—ISBN 7-204-00807-3：9.60元

甘肃地质 (11)/甘肃省地质矿产局主编.—兰州：兰州大学出版社，1990.10.—118页；16开.ISBN 7-311-00346-6：2.00元

北京西山地质研究/张吉顺，单文琅主编.—武汉：中国地质大学出版社，1990.11.—172页；16开.—ISBN 7-5625-0432-6：8.65元

华北克拉通沉积盆地形成与演化及其油气赋存/赵重远等著.—西安：西北大学出版社，1990.4.—189页；16开.—(造山带与盆地丛书).—ISBN 7-5604-0107-4：5.00元

青藏高原地质文集 (20)："三江"论文专辑/

地质矿产部青藏高原地质文集编委会 编.—北京：地质出版社，1990.11.—244页；16开.—ISBN 7-116-00723-7：10.15元

松辽盆地粘土矿物研究/王行信等著.—哈尔滨：黑龙江科学技术出版社，1990.3.—223页；16开.—ISBN 7-5388-1112-5：5.20元

河北省北京市天津市变质地质图：1：1000000/河北省地质矿产局区域地质调查大队编制.—北京：地质出版社，1990.1.—1张；全开＋说明1册.—ISBN 7-116-00640-0（袋装）：12.00元

陕西省遥感地质图集/地矿局遥感图集编辑组编.西安：陕西人民美术出版社，1990.9.—236页；16开.—ISBN 7-5368-0148-3：36.00元

秦岭-大巴山地质文集　（一）：变质地质/刘国惠，张寿广主编.—北京：北京科学技术出版社，1990.11.—261页；16开.—ISBN 7-5304-0863-1：15.00元

新疆地质科学　第1辑/305项目《新疆地质科学》编委会编.—北京：地质出版社，1990.6.—167页；16开.—ISBN 7-116-00636-2：6.20元

新疆地质科学　第2辑/305项目《新疆地质科学》编委会编.—北京：地质出版社，1990.12.—169页；16开.—ISBN 7-116-00757-1：7.50元

P57　矿物学

工艺矿物学/周乐光主编.—北京：冶金工业出版社，1990.5.—178页；16开.—高等学校教学用书.ISBN 7-5024-0717-0：2.30元

矿石学　下编：各论/陈正主编.—北京：北京科学技术出版社，1990.1.—412页；16开.—ISBN 7-5304-0637-X：22.00元

矿石学/韩德颖主编.—北京：冶金工业出版社，1990.9.—195页；16开.—中等专业学校教学用书.ISBN 7-5024-0760-X：2.30元

矿石学基础/周乐光主编.—北京：冶金工业出版社，1990.5.—244页；16开.—高等学校教学用书.ISBN 7-5024-0714-6：3.10元

矿物岩石学/徐志远编.—北京：地质出版社，1990.4.—307页；大32开.—中等专业学校教材.—ISBN 7-116-00601-X：2.15元

矿物学岩石学论丛　（6）/中国地质大学矿物学岩石学论丛编辑部主编.—北京：地质出版社，1990.10.—205页；16开.—ISBN 7-116-00727-X：8.50元

流体包裹体研究实践指南/（英）谢佛德（Shepherd，T.J.）等著；张恩世等译.—武汉：中国地质大学出版社，1990.12.—154页；16开.—ISBN 7-5625-0449-0：2.20元

书名原文：Apractical Guide to Fluid Inclusion Studies

P575　矿物的鉴定及分析

激光显微发射光谱岩矿分析法/王昭宏主编.—北京：科学出版社，1990.7.—191页；16开.—ISBN 7-03-001695-5（精装）：16.20元

激光显微发射光谱岩矿分析法/王昭宏主编.—北京：科学出版社，1990.7.—191页；16开.—ISBN 7-03-001694-7：14.00元

P58　岩石学

工业岩石学/翁润生编著.—武汉：中国地质大学出版社，1990.10.—162页；16开.—ISBN 7-5625-0429-6：2.30元

化石岩石学/王英华等编著.—徐州：中国矿业大学出版社，1990.4.—123页；16开.—高等学校教学用书.—ISBN 7-81021-292-3：1.95元

岩石学词典/吴树仁编译.—北京：地质出版社，1990.8.—871页；32开.—ISBN 7-116-00117-4：15.00元

岩石破碎学/屠厚泽，高森编.—北京：地质出版社，1990.11.—353页；大32开.—高等学校教材.ISBN 7-116-00686-9：2.70元

岩石圈地质科学/北京大学地质学系编.—北京：北京大学出版社，1990.3.—233页；16开.—ISBN 7-301-01063-X：8.80元

岩石圈研究基本问题和方法/中国地质科学院编.北京：冶金工业出版社，1990.5.—370页；16开.ISBN 7-5024-0634-4：13.90元

P583/584　岩石产状、结构和构造、岩石物理和化学

岩石与矿物的物理性质/（　）托鲁基安（Touloukian，Y.S.）等著；单家增等译.—北京：石油工业出版社，1990.7.—400页；16开.—ISBN 7-5021-0385-6：6.40元

书名原文：Physical Properties of Rocks and Minerals

实验岩石变形与构造成岩成矿/岳石，马瑞著.—长春：吉林大学出版社，1990.11.—339页；大32开.ISBN 7-5601-0650-1：6.90元

P587　岩石分布、区域岩石志

长江中下游中酸性侵入岩与成矿/毛建仁等编著.北京：地质出版社，1990.6.—191页；16开.—ISBN 7-116-00629-X：5.95元

西藏玉龙斑岩铜矿带花岗岩类与成矿/马鸿文著.武汉：中国地质大学出版社，1990.5.—158页；16开.

ISBN 7-5625-0424-5：6.00元

华北地台早古生代岩相古地理/冯增昭等著.—北京：地质出版社，1990.1.—270页；16开.—（中国岩相古地理丛书/马增昭主编）.—ISBN 7-116-00536-6（精装）：11.25元

鄂尔多斯盆地周缘的牙形石/安太庠，郑昭昌著.北京：科学出版社，1990.8.—201页；16开.—ISBN 7-03-001716-1：15.40元

燕山早前寒武纪岩石退变质作用/高凡，高励著.北京：地质出版社，1990.12.—224页；16开.—ISBN 7-116-00742-3：11.95元

P588　岩石分类

中国矽卡岩矿床/赵一鸣等著.—北京：地质出版社，1990.4.—354页；16开.—ISBN 7-116-00564-1：10.30元

火成岩与变质岩岩石学　上册：火成岩部分/（美）海因德曼（Hyndman，D.W.）著；邱家骧等译.—武汉：中国地质大学出版社，1990.8.—299页；16开.ISBN 7-5625-0398-2：6.05元

火成岩与变质岩岩石学　下册：变质岩部分/（美）海因德曼（Hyndman，D.W.）著；王方正等译.武汉：中国地质大学出版社，1990.4.—208页；16开.ISBN 7-5625-0385-0：2.85元

火成岩的野外描述/（英）索普（Thorpe，P.S.），布朗（Bown，G.C.）著；王章俊，郑长胜译.—北京：地质出版社，1990.8.—190页；32开.—ISBN 7-116-00262-5：4.00元

书名原文：The Field Description of Igneous Rocks

本书研究了在野外研究火成岩的情况。阐述了手标本、露头描述，以及火成岩产出形式与接触关系等。

沉积岩石学/张鹏飞主编.—北京：煤炭工业出版社，1990.10.—252页；16开.—高等学校教学用书.ISBN 7-5020-0446-7：3.25元

沉积岩实习/李文厚等编译.—西安：西北大学出版社，1990.6.—116页；16开.—ISBN 7-5604-0205-X：5.00元

变质岩岩石学实习指导书/陈能松编.—武汉：中国地质大学出版社，1990.11.—33页；16开.—ISBN 7-5625-0486-5：0.85元

变质岩岩石学实验指导书/陈曼云，刘喜山编.—北京：地质出版社，1990.5.—85页；16开.—高等学校教材.—ISBN 7-116-00590-0：1.25元

硅酸盐岩石和矿物分析/中国地质大学（北京）化学分析室编著.—北京：地质出版社，1990.9.—311页；大32开.—（矿石分析丛书）.—ISBN 7-116-00716-4：8.05元

隐伏花岗岩预测及深部找矿/袁奎荣主编.—北京：科学出版社，1990.3.—214页；16开.—ISBN 7-03-001172-4（精装）：14.95元

碳酸盐岩成岩作用控制的地层圈闭：以威利斯顿盆地为例/（　）朗曼（Longman，M.W.）著；李祜佑，赵幼航译.—北京：石油工业出版社，1990.1.—98页；16开.—（美国石油地质学家协会进修丛书；21）.ISBN 7-5021-0344-9：1.75元

P59　地球化学

八十年代地质地球化学进展/欧阳自远，章振根主编.—重庆：科学技术文献出版社重庆分社，1990.10.—447页；16开.—ISBN 7-5023-1077-0：16.00元

中国科学院地球化学研究所有机地球化学开放研究实验室研究年报：1988.—北京：科学出版社，1990.3.—296页；16开.—ISBN 7-03-001361-1：21.20元

包裹体地球化学/卢焕章等编著.—北京：地质出版社，1990.5.—242页；16开.—ISBN 7-116-00613-3：7.20元

地学无机化学/罗淑仪等编著.—北京：北京大学出版社，1990.9.—484页；大32开.—（北京大学地质教学丛书）.—ISBN 7-301-01156-3：7.30元

地球化学简明教程/饶筑平编.—重庆：重庆大学出版社，1990.4.—216页；16开.—ISBN 7-5624-0298-1：2.92元

地球和地壳的化学元素丰度/黎彤，倪守斌著.—北京：地质出版社，1990.4.—136页；大32开.—（地球化学教学参考丛书）.—ISBN 7-116-00575-7：1.45元

构造地球化学/杨国清编著.—桂林：广西师范大学出版社，1990.3.—120页；16开.—高等学校教学参考书.—ISBN 7-5633-0837-7：6.70元

第四届全国有机地球化学会议论文集/中国地质学会等编.—武汉：中国地质大学出版社，1990.12.281页；16开.—ISBN 7-5625-0482-2：14.65元

P593　生物地球化学

生物标志物地球化学研究/王铁冠等著.—武汉：中国地质大学出版社，1990.10.—154页；16开.—ISBN 7-5625-0436-9（精装）：7.00元

微生物地球化学/（　）克伦宾（Krumbein，W.E.）编；杨承运等译.—北京：地质出版社，1990.9.—189页；16开.—高等学校教学参考书.—ISBN 7-116-00661-3：2.50元

P595　个别元素地球化学

实用稀土元素地球化学/陈德潜，陈刚编著.—北京：冶金工业出版社，1990.4.—268页；大32开.ISBN 7-5024-0402-3：5.90元

稀土地球化学演化　(3)/郭承基著.—贵阳：贵州人民出版社，1990.11.—1270页；16开.—ISBN 7-221-01271-7：28.40元

P596　区域地球化学

华北平原化学元素的表生迁移/王景华，饶莉丽著.—北京：科学出版社，1990.8.—192页；16开.（华北平原农业自然条件与区域开发研究/左大康主编）.—ISBN 7-03-001568-1：14.70元

环境地球化学简明原理/林炳营编著.—北京：冶金工业出版社，1990.6.—464页；32开.—ISBN 7-5024-0612-3：8.60元

秦巴区域地球化学文集/张本仁等著.—武汉：中国地质大学出版社，1990.5.—226页；16开.—ISBN 7-5625-0426-1：9.85元

P597　同位素地质学与地质年代学

中国^{14}C年代学研究/仇士华主编.—北京：科学出版社，1990.12.—366页；16开.—ISBN 7-03-001821-4（精装）：22.20元

P61　矿床学

中国地质科学院矿床地质研究所所刊：1990年　第1号（总第23号）.—北京：地质出版社，1990.6.267页；16开.—ISBN 7-116-00604-4：11.00元

矿床及其构造背景/（英）赫奇逊（Hutchison，C.S.）著；张炳熹，李文达译.—北京：地质出版社，1990.3.—302页；16开.—ISBN 7-116-00563-3：8.40元

矿床地质与矿床地球化学研究新进展：全国矿床地质矿床地球化学理论与方法学术讨论会文集/中国科学院矿床地球化学开放研究实验室主编.—兰州：兰州大学出版社，1990.11.—346页；16开.—ISBN 7-311-00345-8：12.00元

本书收1990年该会论文详细摘要192篇。内容分矿床地质与矿床地球化学理论综述；矿床的地球化学特征；矿床成因和成矿作用；同位素与物质来源研究；构造与成矿；新方法等9大类。

矿床模式/（美）考克斯（Cox，D.P.），辛格（Singer，D.A.）编；宋伯庆等译.—北京：地质出版社，1990.5.—378页；16开.—ISBN 7-116-00646-X：14.00元

P611　矿床成因

中国东部构造岩浆演化及成矿规律　（五）：中国东部及邻区大陆岩石圈的构造演化与成矿/任纪舜等著.—北京：科学出版社，1990.8.—205页；图版；16开.—ISBN 7-03-001647-5（精装）：18.20元

内生成矿建造成因模式/苏联《内生成矿建造成因模式》编委会编；石准立等译.—北京：地质出版社，1990.6.—229页；16开.—ISBN 7-116-00635-4：9.55元

成矿作用实验研究/刘玉山等著.—北京：北京科学技术出版社，1990.10.—377页；大32开.—ISBN 7-5304-0828-3：7.50元

全球成矿规律研究：未来到何处去找金属/（法）鲁蒂埃（Routhier，P.）著；卢星等译.—北京：地质出版社，1990.8.—136页；16开.—ISBN 7-116-00660-5：6.00元

书名原文：On Sont Les Metaux Pourl' Avenir

P617　区域矿产、矿产分布

加拿大矿床类型地质概要/（　）埃克斯特兰德（Eckstrand，O.R.）主编；黄典豪，聂凤军译.—北京：地质出版社，1990.5.—111页；大32开.—高等学校教学参考书.—ISBN 7-116-00576-5：0.95元

矿产专辑　（九）：国外金矿地质.—北京：地质出版社，1990.11.—183页；16开.—ISBN 7-116-00447-5：7.65元

P618　矿床分类

P618.1　燃料矿床

瓦斯地质概论/焦作矿业学院瓦斯地质研究室编著.—北京：煤炭工业出版社，1990.8.—250页；32开.—ISBN 7-5020-0407-6：3.50元

中国石油地质志　卷十四：青藏油气区/翟光明主编；青藏油气区石油地质志编写组编.—北京：石油工业出版社，1990.9.—483页；16开.—ISBN 7-5021-0480-1（精装）：19.00元

中国石油地质志　卷十六：沿海大陆架及毗邻海域油气区　上册/沿海大陆架及毗邻海域油气区石油地质志编写组编.—北京：石油工业出版社，1990.11.616页；16开.—ISBN 7-5021-0468-2（精装）：20.00元

中国北方含油气区白垩系/叶得泉等编著.—北京：石油工业出版社，1990.12.—354页；16开＋图1袋.（中国油气区地层古生物丛书）.—ISBN 7-5021-0368-6（精装）：10.20元

中国主要煤田的浅层煤成气/李明潮，张五侪主编.—北京：科学出版社，1990.2.—225页；16开.ISBN 7-03-001385-9：20.50元

中国油气藏研究/中国石油学会石油地质委员会编.北京：石油工业出版社，1990.12.—294页；16开.（石油地质进展丛书；5）.—ISBN 7-5021-0444-5：4.90元

中国南部第三纪地洼型聚煤盆地的形成与演化/彭格林等著.—北京：科学出版社，1990.6.—151页：图；16开.—ISBN 7-03-001577-0：12.50元

石油天然气地质译文集 （1）/地质矿产部石油地质研究所选编.—北京：地质出版社，1990.9.—138页；16开.—ISBN 7-116-00735-0：4.60元

石油地质学基础/姚长绸主编.—北京：石油工业出版社，1990.6.—381页；16开.—中等专业学校教学用书.—ISBN 7-5021-0375-9：4.30元

石油地球化学/曾国寿，徐梦虹主编.—北京：石油工业出版社，1990.1.—287页；16开.—高等学校教学用书.—ISBN 7-5021-0247-7：3.75元

石油地球化学进展 第一卷/（ ）J.布鲁克斯，D.威尔特主编；赵迺淼，郝先锋译.—北京：石油工业出版社，1990.7.—326页；大32开.—ISBN 7-5021-0377-5：3.05元

石油地球化学和盆地评价/（美）德麦森（Demaison,G.），默里（Murris,R.J.）主编；汪龙文等译.北京：石油工业出版社，1990.7.—322页；16开.ISBN 7-5021-0351-1：5.45元

石油勘探开发科学研究院研究生部学位论文摘要汇编 第一集：石油天然气地质与勘探部分/任子琪主编.—北京：石油工业出版社，1990.11.—149页；16开.—ISBN 7-5021-0460-7：2.70元

石油勘探构造分析/王燮培等编著.—武汉：中国地质大学出版社，1990.5.—274页；16开.—高等学校教材.—ISBN 7-5625-0415-6：3.65元

世界大气田概论/张子枢编.—北京：石油工业出版社，1990.8.—286页；16开.—ISBN 7-5021-0388-0：4.40元

有机地球化学和荧光显微镜技术/尚慧芸等编著.北京：石油工业出版社，1990.12.—287页；16开.石油地质勘探技术培训教材.—ISBN 7-5021-0417-8：4.95元

扫描电镜在石油地质上的应用/陈丽华等编著.北京：石油工业出版社，1990.8.—165页；大32开.（储集岩研究方法丛书）.—ISBN 7-5021-0451-8：1.80元

华北北部中-上元古界石油地质学/郝石生等著.东营：石油大学出版社，1990.5.—163页；16开.—ISBN 7-5636-0094-9：3.40元

两淮地区成煤地质条件及成煤预测/韩树棻主编.北京：地质出版社，1990.3.—234页；16开.—ISBN 7-116-00573-0：10.70元

泥炭地学/柴岫主编.—北京：地质出版社，1990.3.—312页；16开.—ISBN 7-116-00554-4：9.30元

沉积盆地中的热现象/（法）B.杜兰德编；高瑞琪等译.—哈尔滨：黑龙江科学技术出版社，1990.11.282页；大32开.—ISBN 7-5388-1375-6：4.50元

油气田勘探及实例分析/胡朝元等编著.—北京：石油工业出版社，1990.3.—353页；16开.—石油地质勘探技术培训教材.—ISBN 7-5021-0320-1：6.00元

油矿地质学/朱佳聪主编.—北京：石油工业出版社，1990.7.—423页；16开.—中等专业学校教学用书.—ISBN 7-5021-0427-5：4.75元

油藏描述与油藏模型/信荃麟，张一伟主编.—东营：石油大学出版社，1990.6.—234页；16开.—ISBN 7-5636-0029-9：3.50元

美国煤层甲烷资源/（ ）赖特迈尔（Rightmire,C.T.）等编.—北京：地质出版社，1990.12.—364页；16开.—ISBN 7-116-00741-5：13.15元

书名原文：Coalbed Methane Resources of the United States

柴达木盆地地温基本特征及其与油气关系/张业成等编著.—北京：中国建筑工业出版社，1990.3.—94页；16开.—ISBN 7-112-01056-X：5.60元

鄂尔多斯盆地西缘掩冲带构造与油气/杨俊杰主编.—兰州：甘肃科学技术出版社，1990.9.—160页；16开.—ISBN 7-5424-0277-3（精装）：12.00元

第二届国际储层表征技术研讨会译文集/刘孟慧等编译.—东营：石油大学出版社，1990.12.—413页；16开.—ISBN 7-5636-0139-2：5.90元

塔里木油气地质 （1）：塔里木油气地质总论/范璞，马宝林主编.—北京：科学出版社，1990.12.258页；16开.—ISBN 7-03-002186-X（精装）：17.80元

塔里木油气地质 （3）：塔里木构造分析/周清杰，郑建京主编.—北京：科学出版社，1990.12.144页；16开.—ISBN 7-03-002188-6（精装）：10.10元

塔里木油气地质 （4）：塔里木生物地层和地质演化/周志毅，陈丕基主编；王玉净等著.—北京：科学出版社，1990.12.—366页；16开.—ISBN 7-03-002189-4（精装）：22.20元

塔里木油气地质 （6）：塔里木古地温与油气/范善发，周中毅主编.—北京：科学出版社，1990.12.77页；16开.—ISBN 7-03-002191-6（精装）：7.00元

塔里木油气地质 （7）：塔里木油气地球化学/范璞主编.—北京：科学出版社，1990.12.—72页；16开.—ISBN 7-03-002192-4（精装）：6.20元

斯塔赫煤岩学教程/（联邦德国）斯塔赫（Stach,E.）等著；杨起等译.—北京：煤炭工业出版社，1990.4.—433页；16开.—ISBN 7-5020-0256-1：12.50元

遥感技术及其在泥炭资源调查中的应用/煤炭科学

研究总院西安分院编.—西安：陕西人民出版社，1990.1.—160页；16开.—ISBN 7-224-00799-4：6.50元

煤田电法勘探/李志聃编.—徐州：中国矿业大学出版社，1990.6.—328页；16开.—高等学校教学用书.—ISBN 7-81021-338-5：4.20元

煤田地质填图学/谢仁海，瓮立平编.—徐州：中国矿业大学出版社，1990.8.—117页；大32开.—高等学校教学用书.—ISBN 7-81021-379-2：0.85元

煤田地球物理勘探/李兴坤等编.—北京：煤炭工业出版社，1990.6.—256页；16开.—中等专业学校教学用书.—ISBN 7-5020-0385-1：2.95元

煤成烃地球化学/傅家谟等主编.—北京：科学出版社，1990.12.—371页；16开.—ISBN 7-03-002279-3（精装）：26.00元

煤质分析/白浚仁等编.—2版（修订本）.—北京：煤炭工业出版社，1990.9.—702页；大32开.—ISBN 7-5020-0397-7：9.65元

本书1982年8月第1版。

煤炭科学研究总院西安分院文集　第三集：1989/煤炭科学研究总院西安分院编.—西安：陕西科学技术出版社，1990.9.—127页；16开.—ISBN 7-5369-0775-3：4.00元

碳酸盐岩石油地球化学及生油潜力/（美）帕拉卡斯（Palacas，J.G.）主编；周堃等译.—北京：科学出版社，1990.5.—251页；16开.—ISBN 7-03-001631-9：14.00元

P618.2　金属矿床

中条山式热液喷气成因铜矿床/孙海田，葛朝华著.北京：北京科学技术出版社，1990.5.—136页；16开.ISBN 7-5304-0700-7：6.40元

内蒙古白乃庙金矿矿物学找矿标志/薛君治等著.北京：地质出版社，1990.11.—106页；16开.—ISBN 7-116-00813-6：5.80元

世界斑岩铜矿床/（苏）克里未佐夫（Кривецов，А.И.）等著；王肇芬等译.—北京：地质出版社，1990.5.—265页；大32开.—高等学校教学参考书.ISBN 7-116-00581-1：2.05元

芒场层控型锡多金属矿/王思源等著.—武汉：中国地质大学出版社，1990.5.—215页；16开.—ISBN 7-5625-0303-6：9.80元

岩溶型铝土矿：碳酸盐岩石上的铝土矿矿床/（匈）G.巴多西著；项仁杰等译.—北京：冶金工业出版社，1990.8.—369页；16开.—ISBN 7-5024-0369-8：15.80元

典型有色金属矿床地球化学异常模式/欧阳宗圻等主编.—北京：科学出版社，1990.5.—178页；16开.ISBN 7-03-001762-5：20.20元

国外金矿地质研究新进展　第二集/中国科学院地球化学研究所等编译.—兰州：甘肃科学技术出版社，1990.2.—282页；16开.—ISBN 7-5424-0285-4：13.50元

金矿地质论文选集　第1辑/沈阳地质矿产研究所编.—北京：地质出版社，1990.8.—277页；16开.ISBN 7-116-00645-1：11.75元

金矿重砂工作方法/徐海江，孟祥本编著.—北京：原子能出版社，1990.3.—303页；32开.—ISBN 7-5022-0200-5：3.90元

金矿资源综合信息评价方法/王世称等著.—长春：吉林科学技术出版社，1990.9.—441页；大32开.ISBN 7-5384-0549-6：5.90元

变成热液金矿的生成条件/（苏）科诺瓦洛夫（Коновалов，И.В.）著；董智慧，邓乃达译.—北京：原子能出版社，1990.12.—105页；32开.—ISBN 7-5022-0343-5：3.55元

河南省土壤可溶态稀土分布图/河南省科学院计经委地理研究所稀土组编制.—北京：气象出版社，1990.3.—1张；全开.—ISBN 7-5029-0408-5：2.50元

桂北地区地层及锡矿带地球化学/胡云中等著.—北京：北京科学技术出版社，1990.9.—122页；16开.ISBN 7-5304-0778-0：6.00元

浙江金矿及其形成机制/李培铮著.—北京：地质出版社，1990.12.—58页；16开.—（地洼学说丛书；金成矿学1号）.—ISBN 7-116-00849-7：3.85元

粤西南锡矿床成矿规律/俞受鋆等著.—广州：中山大学出版社，1990.12.—108页；16开.—国家自然科学基金资助项目.—ISBN 7-306-00375-5：4.50元

黔北铝土矿成矿地质特征及成矿规律/刘巽锋等著.—贵阳：贵州人民出版社，1990.4.—164页；16开.—（地质矿产部贵州省地质矿产局地质资料成果专著；6）.—ISBN 7-221-01415-9：5.00元

赣西北铜矿/季绍新等著.—北京：地质出版社，1990.5.—167页；16开.—ISBN 7-116-00621-4：5.50元

P619.1　放射性元素

内生铀矿床及其研究方法/章邦桐主编；张祖还，倪琦生著.—北京：原子能出版社，1990.6.—538页；32开.—高等学校教学参考书.—ISBN 7-5022-0224-2：3.45元

华南东部陆壳地球化学演化与铀的区域成矿/刘继顺等著.—长沙：中南工业大学出版社，1990.10.115页；16开.—（博士丛书）.—ISBN 7-81020-406-8：5.00元

铀成矿原理/罗朝文，王剑锋编著.—北京：原子能出版社，1990.6.—310页；16开.—高等学校试用教材.—ISBN 7-5022-0228-5：3.95元

铀矿找矿勘探地质学/徐增亮，隆盛银主编；徐绍谱等编.—北京：原子能出版社，1990.9.—326页；16开.—高等学校试用教材.—ISBN 7-5022-0269-2：4.15元

铀矿物化探数据处理方法/张锦由编.—北京：原子能出版社，1990.6.—600页；32开.—高等学校试用教材.—ISBN 7-5022-0245-5：3.75元

P619.2　非金属矿床

非金属矿床勘查与评价/李齐白，胡治宪主编.武汉：武汉工业大学出版社，1990.12.—191页；16开.—高等学校试用教材.—ISBN 7-5629-0402-2：2.55元

非金属矿物原料特性与应用/古阶祥主编.—武汉：武汉工业大学出版社，1990.10.—287页；16开.高等学校试用教材.—ISBN 7-5629-0376-X：3.75元

宝石鉴定手册/阎一宏，何乃华编译.—呼和浩特：内蒙古人民出版社，1990.11.—165页；大32开.ISBN 7-204-00765-4：4.00元

粘土矿物研究方法/张乃娴等著.—北京：科学出版社，1990.1.—229页：图；16开.—ISBN 7-03-001257-7：17.60元

P62　地质、矿产普查与勘探

找矿勘探地质学实习/白士俊主编.—北京：地质出版社，1990.3.—101页；16开+附图1袋.—高等学校教材.—ISBN 7-116-00588-9：2.70元

找矿勘探学实习指导书/胡国璋主编.—北京：地质出版社，1990.5.—62页；16开+附图1袋.—中等专业学校教材.—ISBN 7-116-00584-6：1.80元

矿产的普查与勘探：普查勘探的理论基础/（苏）卡日丹（Каждан，А.Б.）著；袁宝华等译.—武汉：中国地质大学出版社，1990.5.—157页；16开.高等学校教学参考书.—iSBN 7-5625-0336-2：2.40元

矿产勘查　第一辑/赵鹏大主编.—武汉：中国地质大学出版社，1990.10.—66页；16开.—ISBN 7-5625-0460-1：3.00元

P621　普查、勘探组织与管理

地质勘查单位应用现代化管理方法/赵成功主编；许庆丰等编.—北京：地质出版社，1990.4.—372页；16开.—干部岗位培训教材.—ISBN 7-116-00638-9：10.20元

苏联建立和开发矿物原料基地的主要科研方向/（苏）洛巴诺夫（ЛаБанов，Л.П.）等著；汤凤林等译.—武汉：中国地质大学出版社，1990.11.—259页；大32开.—ISBN 7-5625-0470-9：3.60元

P623　地质测量与制图

地质测试样品采集及送测指南/闵茂中，白南静编著.—北京：科学出版社，1990.2.—241页；32开.ISBN 7-03-001506-1：7.60元

重砂测量与分析/马婉仙主编.—北京：地质出版社，1990.10.—206页；16开.—高等学校试用教材.ISBN 7-116-00683-4：2.65元

P624　地质勘探

地质勘探工程与施工安全/李德仁主编.—武汉：中国地质大学出版社，1990.10.—274页；32开.（地质勘探职工安全教育系列丛书；2）.—安全培训教程.—ISBN 7-5625-0468-7：3.40元

地质勘探中的统计分析/赵鹏大等著.—武汉：中国地质大学出版社，1990.2.—288页；16开.—ISBN 7-5625-0444-X（精装）：12.55元

地质勘探劳动保护管理/李德仁主编.—武汉：中国地质大学出版社，1990.10.—185页；32开.—（地质勘探职工安全教育系列丛书；1）.—安全培训教程.ISBN 7-5625-0468-7：2.40元

地质野外交通运输安全/李德仁主编.—武汉：中国地质大学出版社，1990.10.—128页；32开.—（地质勘探职工安全教育系列丛书；5）.—安全培训教程.ISBN 7-5625-0468-7：1.70元

地质野外作业安全/李德仁主编.—武汉：中国地质大学出版社，1990.10.—139页；32开.—（地质勘探职工安全教育系列丛书；4）.—安全培训教程.—ISBN 7-5625-0468-7：1.90元

安全管理简明教程/李德仁主编.—武汉：中国地质大学出版社，1990.8.—465页；32开.—供地勘行业基层领导安全培训用.—ISBN 7-5625-0437-7：5.95元

试验室与工厂作业安全/李德仁主编.—武汉：中国地质大学出版社，1990.10.—220页；32开.—（地质勘探职工安全教育系列丛书；3）.—安全培训教程.ISBN 7-5625-0468-7：2.60元

SD储量计算法/唐义，蓝运蓉著.—北京：地质出版社，1990.7.—176页；大32开.—ISBN 7-116-00719-9：4.20元

P631　地球物理勘探

地球物理勘探基础/顾功叙编著.—北京：地质出版社，1990.7.—386页；16开.—ISBN 7-116-00612-5：16.30元

勘查地球物理勘查地球化学文集　第10集：测井和井中物探/訾繁超等主编.—北京：地质出版社，1990.2.—261页；16开.—ISBN 7-116-00545-5：7.40元

勘查地球物理勘查地球化学文集　第11集：化探找矿案例专辑/孙焕振，李善芳主编.—北京：地质出版社，1990.10.—267页；16开.—ISBN 7-116-00689-3：11.30元

勘探地球物理百科词典/（美）谢里夫（Sheriff，R.E.）编；黄绪德，吴晖译.—北京：地质出版社，1990.3.—330页；16开.—ISBN 7-116-00273-1：10.20元

书名原文：Encyclopedic Dictionary of Exploration Geophysics

勘探地球物理译文集：重力资料解释推断/李九亮，蔡尚中等译.—北京：地质出版社，1990.3.205页；16开.—ISBN 7-116-00580-3：5.55元

P631.1/.2　重力勘探、磁法勘探

大地电磁测深法/陈乐寿，王光锷编著.—北京：地质出版社，1990.10.—309页；16开.—ISBN 7-116-00734-2：12.70元

可控源音频大地电磁法/何继善等编译.—长沙：中南工业大学出版社，1990.12.—169页；16开.—ISBN 7-81020-320-7：4.00元

电磁测深法原理/朴化荣编著.—北京：地质出版社，1990.5.—282页；16开.—高等学校教学参考书.—ISBN 7-116-00583-8：3.90元

重磁异常场及其高阶导数的正演公式与程序/侯重初，刘奎俊著.—北京：地质出版社，1990.7.—231页；16开.—ISBN 7-116-00650-8：9.85元

煤田重力与磁法勘探/高培泽，岳建华编.—北京：煤炭工业出版社，1990.5.—200页；16开.—高等学校教学用书.—ISBN 7-5020-0389-4：2.60元

磁（重力）异常的变换及滤波技术/熊光楚著.—北京：冶金工业出版社，1990.6.—399页；大32开.ISBN 7-5024-0505-4：9.00元

P631.3/.4　电法勘探、地震勘探

电法勘探/（苏）日丹诺夫（Жданов，М.С.）著；潘玉玲，王守坦译.—武汉：中国地质大学出版社，1990.12.—408页；32开.—ISBN 7-5625-0456-3：2.75元

电法勘探用边界单元法/田宪谟，黄兰珍著.—北京：地质出版社，1990.12.—181页；大32开.—ISBN 7-116-00765-2：4.20元

地震勘探导论/刘馥主编.—北京：地质出版社，1990.3.—261页；大32开.—ISBN 7-116-00603-6：4.40元

地震勘探原理和野外工作方法/聂勋碧，钱宗良编著.—北京：地质出版社，1990.9.—251页；16开.高等学校函授教材.—ISBN 7-116-00651-6：5.70元

地震勘探资料数字处理/黄德济等编著.—北京：地质出版社，1990.6.—216页；16开.—高等学校函授教材.—ISBN 7-116-00678-8：4.95元

P631.6/.8　放射性勘探、地下地球物理勘探

井中磁测物理：地质模型及其应用/蔡柏林等著.北京：地质出版社，1989.12.—220页；大32开.ISBN 7-116-00532-3：3.85元

气测井/姚汉光等编著.—北京：石油工业出版社，1990.4.—271页；16开.—ISBN 7-5021-0164-0：4.85元

放射性方法勘查/章晔等编著.—北京：原子能出版社，1990.6.—447页；16开.—高等学校试用教材.ISBN 7-5022-0238-2：5.55元

测井分析家协会第二十七、二十八届年会论文集/测井分析家协会编；王日才等译.—北京：石油工业出版社，1990.10.—517页；16开.—ISBN 7-5021-0412-7：8.40元

CLS数控测井系统/尉中良编.—北京：石油工业出版社，1990.1.—474页；16开.—ISBN 7-5021-0312-0：9.90元

P632　地球化学勘探

生物探矿法/（英）布鲁克斯（Brooks，R.R.）著；顾连兴等译.—北京：冶金工业出版社，1990.10.—339页；大32开.—ISBN 7-5024-0647-6：8.70元

勘查地球化学手册　第二卷：化探中的统计学和数据分析/（　）R.J.豪沃思主编；地质矿产部情报研究所译.—北京：冶金工业出版社，1990.3.—415页；大32开.—ISBN 7-5024-0446-5：9.40元

P634　钻探工程

地质勘探孔钻探工程师手册　第一册/（苏）科兹洛夫斯基（Козиовский，Е.А.）等著；赵国隆等译.—北京：地质出版社，1990.10.—659页；大32开.—ISBN 7-116-00658-3：14.25元

机械钻探硬质合金钻头图谱：φ46—φ150mm/王云成主编.—北京：地质出版社，1990.7.—356页；大32开.—ISBN 7-116-00670-2：7.95元

钻井实习指导书/章影主编.—北京：石油工业出版社，1990.2.—231页；16开.—石油技工学校试用教材.—ISBN 7-5021-0355-4：3.05元

钻探技术/赵运兴编著.—北京：煤炭工业出版社，1990.3.—431页；32开.—（煤田地质勘探干部技术知识丛书）.—ISBN 7-5020-0295-2：5.75元

P64 水文地质学与工程地质学

中国地质科学院水文地质工程地质研究所所刊 第6号.—北京：地质出版社，1990.6.—202页；16开.ISBN 7-116-00639-7：5.70元

水文地质工程地质选辑 第二十五辑：第二松花江流域地下水环境背景值检测技术/谢明武，区祖鉴主编.—北京：地质出版社，1990.9.—255页；大32开.ISBN 7-116-00657-5：6.35元

P641 水文地质学

中国喀斯特发育规律典型研究：贵州普定南部地区喀斯特水资源评价及其开发利用/俞锦标等著.—北京：科学出版社，1990.10.—266页：图版；16开.ISBN 7-03-001992-X：18.30元

中国蓄水构造类型/钱学溥著.—北京：科学出版社，1990.2.—431页；16开.—ISBN 7-03-001234-8：30.50元

水文地球化学基础/王德明主编.—北京：地质出版社，1990.10.—152页；16开.—中等专业学校教材.ISBN 7-116-00681-8：1.85元

地下水动力学习题集/徐启昆等编.—北京：地质出版社，1990.5.—113页；16开.—中等专业学校教材.ISBN 7-116-00586-2：1.40元

地下水运移模型/朱学愚，谢春红著.—北京：中国建筑工业出版社，1990.9.—299页；16开.—ISBN 7-112-01092-6：10.00元

地下水非稳定渗流解析法/李佩成著.—北京：科学出版社，1990.5.—333页；大32开.—ISBN 7-03-001632-7：11.00元

地下水流动问题数值方法/陈崇希，唐仲华编著.武汉：中国地质大学出版社，1990.6.—240页；16开.—高等学校教材.—ISBN 7-5625-0443-1：3.20元

岩溶地下水系统的研究——以太原地区为例/赵永贵，蔡祖煌主编.—北京：科学出版社，1990.10.229页；16开.—ISBN 7-03-001789-7：15.30元

注浆加固与堵水/何修仁等编著.—沈阳：东北工学院出版社，1990.3.—312页；大32开.—高等学校教材.—ISBN 7-81006-168-2：2.58元

洗井工艺/刘建刚等编著.—武汉：中国地质大学出版社，1990.5.—118页；16开.—ISBN 7-5625-0428-8：2.70元

美国军用水井施工手册/美国军事工程学校编著；王让甲，戴智长译.—北京：地质出版社，1990.5.224页；大32开.—ISBN 7-116-00555-2：3.75元

核技术在水文地质中的应用指南/李大通编译.—北京：地质出版社，1990.6.—287页；16开.—（联合国国际原子能机构技术报告丛书·NO.91）.—ISBN 7-116-00458-0：10.40元

铀水文地球化学原理/史维浚编著.—北京：原子能出版社，1990.12.—440页；大32开.—高等学校试用教材.—ISBN 7-5022-0256-0：3.40元

黄淮海平原地下水人工补给/田园等主编.—北京：水利电力出版社，1990.10.—234页；16开.—ISBN 7-120-01188-X：11.80元

深部地下径流的研究方法/（苏）久宁（Дюнин，В.И.）著；杨立中主译.—北京：地质出版社，1990.8.—142页；大32开.—ISBN 7-116-00715-3：3.65元

书名原文：Методика изучения глубокого подземного стока

普通水文地质学实验实习指导书/郑州地质学校普通水文地质教研组编.—北京：地质出版社，1990.3.53页；16开.—中等专业学校教材.—ISBN 7-116-00570-6：0.95元

P642 工程地质学

工程地质与岩土工程/（英）贝尔（Bell，F.G.）著；汪时敏等译.—北京：中国建筑工业出版社，1990.10.—359页；16开.—ISBN 7-112-00547-7：16.00元

工程地质学基础/李智毅等编.—武汉：中国地质大学出版社，1990.12.—270页；16开.—高等学校教材水文地质与工程地质专业用.—ISBN 7-5625-0440-7：3.70元

工程地质学基础/罗国煜等编著.—南京：南京大学出版社，1990.11.—509页；16开.—ISBN 7-305-00661-0：6.80元

工程岩土学/（苏）谢盖耶夫（Сергеев，E.M.）主编；孔德坊等译.—北京：地质出版社，1990.5.294页；16开.—高等学校教学参考书.—ISBN 7-116-00534-X：3.75元

书名原文：Грунтоведение

中国科学院地质研究所工程地质力学开放研究实验室1989年报/中国科学院地质研究所工程地质力学开放研究实验室编.—北京：地震出版社，1990.12.148页；16开.—ISBN 7-5028-0453-6：6.00元

近代土质学/高国瑞著.—南京：东南大学出版社，1990.2.—322页；大32开.—ISBN 7-81023-302-2：6.20元

岩土工程地质研究方法手册 第1册：野外方法/

（苏）谢尔盖耶夫（Сергеев，Е.М.）主编；李生林，刘蕙兰译.—北京：地质出版社，1990.7.—256页；16开.—ISBN 7-116-00634-6：9.25元

DPP—100型汽车钻机在工程地质勘查中的使用/宋大任编著.—长春：吉林科学技术出版社，1990.6.200页；32开.—ISBN 7-5384-0590-5：3.10元

云南蒋家沟泥石流观测研究/吴积善等主编.—北京：科学出版社，1990.2.—251页；16开.—ISBN 7-03-001371-9（精装）：17.20元

云南蒋家沟泥石流观测研究/吴积善等主编.—北京：科学出版社，1990.2.—251页；16开.—ISBN 7-03-001370-0：15.00元

中国南方岩溶塌陷/康彦仁等著.—南宁：广西科学技术出版社，1990.4.—136页；16开.—ISBN 7-80565-283-X：7.00元

冻土的温度水分应力及其相互作用/中国科学院兰州冰川冻土研究所编著.—兰州：兰州大学出版社，1990.2.—292页；大32开.—ISBN 7-311-00031-9：7.80元

黄土地区工程地质/乔平定，李增钧主编.—北京：水利电力出版社，1990.2.—358页；32开.—ISBN 7-120-00966-4：7.30元

第四届全国冰川冻土学术会议论文选集：冻土学/中国科学院兰州冰川冻土研究所编著.—北京：科学出版社，1990.5.—199页；16开.—ISBN 7-03-001837-0：14.00元

本书收入23篇论文，内容主要包括冻土环境和预报、冻土物理力学和工程冻土等方面的研究成果，以及关于冻土环境、土冻胀研究，冻土改造和利用三篇综述论文。

滑坡文集　第七集/滑坡文集编委会主编.—北京：中国铁道出版社，1990.7.—208页；16开.—ISBN 7-113-00775-9：7.10元

P7　海洋学

奇妙的深海世界/（日）岛村英纪著；宋文瑞译.北京：地震出版社，1990.10.—113页；32开.—ISBN 7-5028-0368-8：2.50元

海洋/（日）友田好文，（日）高野健三著；李若钝，井传才译.—北京：海洋出版社，1990.3.—340页；32开.—ISBN 7-5027-0519-8：5.50元

海洋奇观/刘文峰著.—长春：吉林教育出版社，1990.5.—159页；32开.—（中小学生课外读物）.ISBN 7-5383-1007-X：1.75元

海洋科学集刊　第31集/中国科学院海洋研究所编辑.—北京：科学出版社，1990.10.—273页；16开.ISBN 7-03-002096-0：21.20元

海洋探秘/李文华编译.—石家庄：河北科学技术出版社，1990.11.—92页；32开.—ISBN 7-5375-0513-6：1.20元

海洋综合管理：献给首次全国海洋工作会/郑白燕主编.—南宁：广西科学技术出版社，1990.11.—398页；32开.—ISBN 7-80565-382-8：3.80元

P72　区域海洋学

太平洋纵横谈/丛淑媛，胡欣编著.—福州：福建人民出版社，1990.6.—518页；大32开.—ISBN 7-211-00619-6：6.30元

太平洋海面热平衡图集/白德宝等著.—北京：海洋出版社，1990.1.—181页；16开.—ISBN 7-5027-0499-X：8.00元

世界大洋自然地理/（苏）列昂季耶夫（Леонтьев，О.К.）著；李志国，汪安祥译.—北京：高等教育出版社，1990.6.—258页；大32开.—ISBN 7-04-000094-6：2.65元

书名原文：Фиэическая теография мирового океана

伶仃洋遥感应用研究/古秋森等著.—北京：科学出版社，1990.5.—108页；16开.—ISBN 7-03-001216-X：4.80元

南海及邻近大洋地势图：1：4000000/中国科学院南海海洋研究所，中国科学院南沙综合科学考察队编制；陈明锐主编.—北京：测绘出版社，1990.10.9张；2开.—ISBN 7-5030-0400-2：45.00元

本图是彩色图。

南海及邻近大洋地势图：1：4000000/中国科学院南沙综合科学考察队，中国科学院南海海洋研究所编制；陈明锐主编.—北京：测绘出版社，1990.5.—9张；2开.—ISBN 7-5030-0401-0：30.00元

本图是黑白单色图。

南海北部陆架邻近水域十年水文断面调查报告/马应良主编.—北京：海洋出版社，1990.1.—254页；16开.—ISBN 7-5027-0837-5：8.50元

消逝的圣地：大西洲之谜/辛向阳等编著.—北京：职工教育出版社，1990.6.—203页；32开.—（科学与文化之谜丛书/高翔主编）.—ISBN 7-80059-322-3：3.18元

渤海航空遥感冰情图集/国家海洋局等编.—北京：海洋出版社，1990.10.—102页；16开.—ISBN 7-5027-1233-X：20.00元

渤海　黄海　东海海洋图集：地质地球物理/海洋图集编委会编.—北京：海洋出版社，1990.8.—1册（82，16页）；8开.—ISBN 7-5027-0904-5（精装）

P73　海洋基础科学

P731　海洋水文学

动力海洋学导论/（　）S.庞德，G.L.皮卡德著；

伊增欣，李茂和译.—北京：海洋出版社，1990.1.448页；32开.—ISBN 7-5027-0175-3：8.80元

（国家海洋局）1991潮汐表　第1册：鸭绿江口——长江口/海洋科技情报研究所编.—北京：海洋出版社，1990.6.—409页；16开.—ISBN 7-5027-1017-X：9.61元

（国家海洋局）1991潮汐表　第2册：长江口——台湾海峡/海洋科技情报研究所编.—北京：海洋出版社，1990.6.—501页；16开.—ISBN 7-5027-1093-0：11.95元

（国家海洋局）1991潮汐表　第3册：台湾海峡——北部湾/海洋科技情报研究所编.—北京：海洋出版社，1990.6.—533页；16开.—ISBN 7-5027-1103-1：12.12元

（国家海洋局）1991潮汐表　第4册：太平洋及其邻近海域/海洋科技情报研究所编.—北京：海洋出版社，1990.4.—651页；16开.—ISBN 7-5027-1054-X：15.10元

黑潮调查研究论文选　（一）/国家海洋局科技司编.北京：海洋出版社，1990.5.—433页；16开.—ISBN 7-5027-817-0：21.00元

P732　海洋气象学

大洋气候/（美）H.范隆主编；许启望等译.—北京：海洋出版社，1990.9.—581页；16开.—ISBN 7-5027-0009-9：35.00元

海洋气象服务手册与指南/崔玉玺等译.—北京：气象出版社，1990.10.—375页；16开.—ISBN 7-5029-0249-X：17.50元

WCRP中长尺度海洋学试验译文集：ISC/CCCO 1983年研讨会学术报告文集/海气相互作用译文编委会译.—北京：气象出版社，1990.7.—294页；16开.ISBN 7-5029-0386-0：13.50元

P734　海洋化学

同位素海洋化学/（美）戈德堡，（日）堀部纯男，猿桥胜子编；黄奕普等译.—北京：海洋出版社，1990.1.—312页；16开.—ISBN 7-5027-0018-8：12.30元

海水痕量元素分析/陈国珍主编.—北京：海洋出版社，1990.5.—1114页；大32开.—ISBN 7-5027-0012-9（精装）：20.00元

P736　海洋地质学

广西隆林二叠纪生物礁/范嘉松等著.—北京：地质出版社，1990.6.—128页：图版；16开.—国家自然科学基金会资助项目.—ISBN 7-116-00624-9：6.10元

近海地质风险/（美）博曼（Bouma，A.）等编著；孙惠文等译.—北京：石油工业出版社，1990 1.—201页；16开.—（美国石油地质学家协会进修丛书；十八）.—ISBN 7-5021-0249-3：3.45元

南海主要海山海槽的地形地貌特征/鲍才旺，薛万俊著.—广州：广东省地图出版社，1990.9.—70页；16开.—ISBN 7-80522-075-1

洋脊与岛弧：地球动力学过程研究/（　）特克泽茨（Toksöz，M.N.）等编；李增全等译.—北京：海洋出版社，1990.10.—384页；16开.—ISBN 7-5027-0019-6：17.50元

书名原文：Oceanic Ridges and Arcs

氧同位素地质学及其原理/钱建兴编著.—北京：海洋出版社，1990.9.—286页；32开.—ISBN 7-5027-0728-X：8.50元

海岸河口研究/中国海洋湖沼学会海岸河口学会编.北京：海洋出版社，1990.1.—321页；16开.—ISBN 7-5027-0173-7：13.00元

P74　海洋资源与开发

山东省海岸带和海涂资源综合调查报告集综合调查报告/刘瑞玉，陈吉士主编；山东省科学技术委员会编.—北京：中国科学技术出版社，1990.12.—793页；16开.—ISBN 7-5046-0320-1：48.00元

中国海洋开发战略/杨金森等著.—武汉：华中理工大学出版社，1990.11.—252页；大32开.—（中国软科学丛书/马宾主编）.—ISBN 7-5601-0510-2：3.90元

海洋开发的今天和明天/陈国新主编.—上海：复旦大学出版社，1990.3.—222页；32开.—ISBN 7-309-00336-5：2.55元

本书共14章，内容包括开发未来海洋的伟大工程，海洋成因之谜、海洋空间的利用、海底矿产资源的开发、海水化学资料开发、向海洋要能源、海洋的生物资源和海洋农牧化、面向世界的海运业、海洋气象的发展、海洋观测和探测技术的发展、海洋环境污染与保护、发展中的我国海洋事业、世界海平面的变化和二十一世纪将是“太平洋世纪”等。

P75　海洋工程

英汉潜水技术与潜水医学词汇/杨德恭，龚国川主编.—北京：海洋出版社，1990.9.—685页；32开.ISBN 7-5027-0852-9：18.00元

潜水系统与潜水模拟装置入级规范/（德）劳氏船级社编；李锡驹，王冲权译.—上海：上海交通大学出版社，1990.8.—134页；32开.—（潜水技术丛书）.—ISBN 7-313-00706-X：4.00元

P9　自然地理学

地理集刊　（21）：自然区划方法论/中国科学院地理研究所编.—北京：科学出版社，1990.3.—213页；16开.—ISBN 7-03-001536-3：16.40元

综合自然地理学/程伟民，谢炳庚编著.—长沙：湖南师范大学出版社，1990.11.—403页；大32开.—ISBN 7-81031-028-3：5.75元

P91　数理地理学

区域地理信息分析方法与应用：以腾冲航空遥感试验区为例/陈述彭主编.—北京：科学出版社，1990.6.—100页；16开.—ISBN 7-03-001725-0：7.30元

计量地理学基础实习与计算程序/张超等编著.—2版.—北京：高等教育出版社，1990.4.—165页；16开.—高等学校教材.—ISBN 7-04-002875-1：2.40元

本书1985年4月第1版。

地理信息系统概论/黄杏元，汤勤编著.—北京：高等教育出版社，1990.9.—211页；16开.—高等学校试用教材.—ISBN 7-04-003067-5：3.15元

P93　部门自然地理学

中国的冰川/任炳辉编著.—兰州：甘肃教育出版社，1990.9.—229页；大32开.—（中国地理丛书）.ISBN 7-5423-0166-7：3.45元

中国的冻土/郭东信著.—兰州：甘肃教育出版社，1990.9.—98页；大32开.—（中国地理丛书）.—ISBN 7-5423-0165-9：1.80元

中国湿地/陆健健编著.—上海：华东师范大学出版社，1990.10.—177页；16开.—ISBN 7-5617-0698-7：7.10元

喀斯特地貌与洞穴研究/中国地理学会地貌专业委员会《喀斯特地貌与洞穴研究》编辑组编辑.—北京：科学出版社，1990.8.—221页；16开.—ISBN 7-03-001743-9：15.10元

P94　区域自然地理学

P941　世界自然地理

世界自然地理通论/李旭旦著；汪永泽整理.—南京：江苏教育出版社，1990.5.—540页；大32开.ISBN 7-5343-0873-9：7.40元

自然地理区划概论/李万著.—长沙：湖南科学技术出版社，1990.12.—298页；大32开.—（当代科技重要著作·农业领域）.—ISBN 7-5357-0800-5（精装）：7.00元

河流演变工程学/（美）张海燕著；方铎等译.—北京：科学出版社，1990.7.—304页；16开.—ISBN 7-03-001715-3（精装）：21.90元

P942　中国自然地理

中国干旱、半干旱地区气候、环境与区域开发研究论文集/李江风主编.—北京：气象出版社，1990.6.238页；16开.—ISBN 7-5029-0414-X：11.00元

中国江河冰图：汉、英、俄对照/中华人民共和国水利部水文司编.—北京：科学出版社，1990.3.—141页；10开.—ISBN 7-03-000367-5（精装）

中国地理信息系统检索地图集　第二卷：洞庭湖区资源与环境信息系统：汉英对照/中国科学院资源与环境信息系统国家重点实验室等编制.—北京：科学出版社，1990.8.—161页；16开.—ISBN 7-03-002158-4

中国自然地理图解/张治勋编著.—西安：陕西师范大学出版社，1990.7.—324页；16开.—ISBN 7-5613-0320-3：7.90元

中国的干旱区/赵松乔等编著.—北京：科学出版社，1990.1.—213页；大32开.—（中国地理丛书）.ISBN 7-03-001503-7：10.30元

中国的世界纪录：地理资源卷/方克主编.—长沙：湖南教育出版社，1990.4.—180页；大32开.—ISBN 7-5355-1122-8：4.20元

中国科学院南京地理与湖泊研究所集刊　第7号/蔡启铭等著.—北京：科学出版社，1990.8.—133页；16开.—ISBN 7-03-002039-1：8.70元

内蒙古高原湖泊与环境变迁/李容全等著.—北京：北京师范大学出版社，1990.9.—219页；照片；大32开.—国家自然科学基金资助项目.—ISBN 7-303-00999-X：6.10元

自然地理学与中国区域开发/陈传康主编.—武汉：湖北教育出版社，1990.8.—229页；大16开.—ISBN 7-5351-0531-9：5.25元

华南热带亚热带地理研究/广州地理研究所编.—北京：科学出版社，1990.7.—190页；16开.—ISBN 7-03-002045-6：6.00元

江苏北部沂沭河流域湖泊演变的研究/黄志强等著.徐州：中国矿业大学出版社，1990.3.—155页；32开.—ISBN 7-81021-368-7：3.00元

江源首次考察记/石铭鼎著.—北京：水利电力出版社，1990.4.—182页；32开.—ISBN 7-120-01020-4：4.35元

抚仙湖/中国科学院南京地理与湖泊研究所编.—北京：海洋出版社，1990.5.—317页；16开.—ISBN 7-5027-0495-7：15.50元

青海省综合自然区划/《青海省综合自然区划》编写组编著.—兰州：兰州大学出版社，1990.2.—184

页；16开.—ISBN 7-311-00265-6：4.70元

青海省植被图：1:1000000/周立华主编.—北京：中国科学技术出版社，1990.6.—2张；双全张.—ISBN 7-5046-0144-6：18.00元

岱海：湖泊环境与气候变化/王苏民等著.—合肥：中国科学技术大学出版社，1990.9.—191页；16开.（中国湖泊系列研究；1）.—ISBN 7-312-00195-5：7.00元

黄土高原遥感专题研究论文集/林培主编.—北京：北京大学出版社，1990.12.—319页；16开.—ISBN 7-301-00143-6：41.00元

黄河下游河流地貌/叶青超等著.—北京：科学出版社，1990.8.—268页；16开.—ISBN 7-03-001841-9：17.80元

黄河口遥感研究/许殿元著.—北京：气象出版社，1990.6.—208页；16开.—ISBN 7-5029-0346-1：7.00元

黄河流域典型地区遥感动态研究/田国良主编.—北京：科学出版社，1990.12.—267页；16开.—ISBN 7-03-002338-2：15.00元

巢湖：富营养化研究/屠清瑛等著.—合肥：中国科学技术大学出版社，1990.9.—226页；16开.—（中国湖泊系列研究；2）.—ISBN 7-312-00208-0：8.00元

新疆哈纳斯湖科学考察/冯敏，任慕莲主编.—北京：科学出版社，1990.9.—142页；32开.—ISBN 7-03-002044-8：3.20元

P943/947 各地区自然地理

北美洲地理环境的结构/李春芬编著.—北京：高等教育出版社，1990.5.—284页；16开.—ISBN 7-04-002601-5：5.45元

第七大陆-资源时代的南极洲/（美）沙普利（Shapley, D.）著；张辉旭等译.—北京：中国环境科学出版社，1990.12.—266页；大32开.—ISBN 7-80010-767-1：4.80元

书名原文：The Seventh Continent Antarctica in a Resource Age

Q 生 物 科 学

Q-0 生物科学的理论与方法

生物学史/李难主编.—北京：海洋出版社，1990.5.—753页；大32开.—ISBN 7-5027-0326-8：14.50元

生物学思想发展的历史/（美）迈尔（Mayr，E.）著；涂长晟等译.—成都：四川教育出版社，1990.8.—1144页；大32开.—ISBN 7-5408-1246-X：13.40元

书名原文：The Growth of Biological Thought Diversity Evolution and Inheritance

生物学思想的发展：多样性、进化与遗传/（美）迈尔（Mayr，E.）著；刘珺珺等译.—长沙：湖南教育出版社，1990.7.—1096页；大32开.—ISBN 7-5355-1154-6（精装）：17.20元

生物科学发展史/尹淑媛，陈麟书编著.—成都：成都科技大学出版社，1990.3.—392页；32开.—ISBN 7-5616-0460-2：4.65元

Q-1 生物科学现状、概况

中国生物技术机构和人员名录/薛攀皋主编.—北京：科学出版社，1990.12.—543页；16开.—ISBN 7-03-002364-1：25.00元

生物技术的现状与未来/顾方舟，卢圣栋主编.—北京：北京医科大学、中国协和医科大学联合出版社，1990.11.—234页；16开.—ISBN 7-81034-005-0：9.50元

第一届国际全息生物学学术讨论会文集：1990/（新加坡）T.T.Ang，史宇广编.—北京：高等教育出版社，1990.3.—440页；大32开.—ISBN 7-04-003114-0：19.80元

Q-3 生物科学的研究与实验

电子探针X射线微区分析技术在生物学中的应用/刘发义编.—北京：科学出版社，1990.3.—135页；32开.—ISBN 7-03-001575-4：4.60元

生物工作者的物理化学计算/张朝章编.—合肥：安徽科学技术出版社，1990.9.—478页；大32开.ISBN 7-5337-0349-2：7.50元

生物电子显微镜实验技术/曹汉民编著.—上海：华东师范大学出版社，1990.3.—196页；32开.—ISBN 7-5617-0593-X：2.20元

生物科学中的微量方法手册/（ ）凯莱蒂（Keleti，G.），（ ）莱德勒（Lederer，W.H.）著；毛德寿译.—大连：大连理工大学出版社，1990.7.116页；32开.—ISBN 7-5611-0282-8：1.53元

生物科学实验/张新力编译.—沈阳：辽宁大学出版社，1990.11.—222页；32开.—ISBN 7-5610-1177-6：2.30元

生物统计题解/高明尉等编.—南昌：江西科学技术出版社，1990.9.—351页；32开.—ISBN 7-5390-0339-1：3.90元

应用生物统计/胡能书，朱泽瑞编.—长沙：湖南教育出版社，1990.3.—321页；32开.—中等职业技术学校教材.—ISBN 7-5355-1070-1：2.70元

基础生物例析/王松文主编.—北京：中国医药科技出版社，1990.10.—260页；32开.—ISBN 7-5067-0320-5：3.80元

Q-49 生物学的科学普及读物

生物的奥秘/吕灿良等编著.—北京：中国文史出版社，1990.10.—150页；32开.—（智慧之星丛书）.ISBN 7-5034-0095-1：2.70元

生物是怎样进化的/刘后一等著.—北京：中国青年出版社，1990.8.—475页：图；32开.—（青年文库：新编本；44）.—ISBN 7-5006-0734-2

生物趣闻/谢成侠编.—北京：中国国际广播出版社，1990.2.—434页；32开.—ISBN 7-80035-365-6：5.70元

漫谈生物圈/（苏）弗托罗夫（Второв，П.П.），（苏）德罗兹多夫（Дроздов，Н.Н.）著；孙秀峰，张贵铨译.—北京：教育科学出版社，1990.9.98页；32开.—中学生课外读物.—ISBN 7-5041-0306-3：1.70元

书名原文：Рассказы о биосфере

Q-9 生物资源调查

云南生物资源开发战略研究/云南省科学技术委员会，中国科学院昆明分院编.—昆明：云南科技出版社，1990.12.—319页；16开.—ISBN 7-5416-0319-8：15.50元

Q1 普通生物学

生物学引论/钟安环编著.—2版.—北京：中国人民

大学出版社，1990.8.—375页；大32开.—高等学校哲学专业试用教材　自然科学基础.—ISBN 7-300-00950-6：4.85元

本书1983年9月第1版。

高原生物学集刊　第九集/中国科学院西北高原生物研究所编辑.—北京：科学出版社，1990.7.—262页；16开.—ISBN 7-03-001696-3：17.00元

基础生物学/杨婀娜主编.—北京：中国商业出版社，1990.12.—425页；32开.—商业专科烹饪专业试用教材.—ISBN 7-5044-0563-9：2.70元

普通生物学实验指导/黄诗笺，杨代淑编著.—武汉：武汉大学出版社，1990.12.—280页；32开.—ISBN 7-307-00489-5：1.45元

简明生物学/钟贻诚等编.—天津：南开大学出版社，1990.5.—436页；大32开.—ISBN 7-310-00296-2：3.60元

Q11　生物演化与发展

行为的进化/李难编著.—上海：上海科技教育出版社，1990.1.—89页；32开.—（当代科学丛书）.ISBN 7-5428-0372-7：1.05元

进化论教程/李难编著.—北京：高等教育出版社，1990.9.—441页；大32开.—ISBN 7-04-003164-7：3.60元

现代综合进化理论/（美）阿亚拉（Ayala，F.J.），（美）瓦伦丁（Valentine，J.W.）著；胡楷译.北京：高等教育出版社，1990.6.—427页；大32开.ISBN 7-04-002009-2：4.35元

Q14　生物生态学

中国古今物候学/王梨村著.—成都：四川大学出版社，1990.7.—228页；大32开.—ISBN 7-5614-0308-9：2.80元

生态学数学模型/张炳根编著.—青岛：青岛海洋大学出版社，1990.10.—261页；大32开.—ISBN 7-81026-023-5：2.40元

曲仲湘论文集/曲仲湘著.—北京：中国环境科学出版社，1990.2.—338页；大32开.—ISBN 7-80010-549-0：6.50元

现代生态学透视/马世骏主编.—北京：科学出版社，1990.8.—322页；16开.—（生态学研究系列专著；1/马世骏主编）.—ISBN 7-03-001825-7（精装）：17.30元

现代生态学透视/马世骏主编.—北京：科学出版社，1990.8.—322页；16开.—（生态学研究系列专著；1/马世骏主编）.—ISBN 7-03-001824-9：15.10元

能量生态学引论/祖元刚著.—长春：吉林科学技术出版社，1990.8.—388页；32开.—（青年科学家著作丛书）.—ISBN 7-5384-0589-5：6.90元

群体生态学/赵惠勋主编.—哈尔滨：东北林业大学出版社，1990.8.—183页；16开.—ISBN 7-81008-154-3：5.40元

大亚湾海洋生态文集　（Ⅱ）/国家海洋局第三海洋研究所编.—北京：海洋出版社，1990.12.—507页；16开.—ISBN 7-5027-1302-6：19.50元

中国海洋浮游桡足类幼体/李松，方金钏著.—北京：海洋出版社，1990.10.—141页；16开.—ISBN 7-5027-0872-3：6.40元

水生生物与养殖：包括淡水、咸淡水、海洋/李明德等著.—天津：南开大学出版社，1990.6.—285页；16开.—ISBN 7-310-00219-9：7.75元

海洋生态学/沈国英，施并章编著.—厦门：厦门大学出版社，1990.4.—299页；大32开.—ISBN 7-5615-0267-2：2.30元

海洋生态学导论/（英）巴恩斯（Barnes，R.S.K.），休斯（Hughes，R.N.）著；王珍如等译.北京：地质出版社，1990.10.—228页；16开.—高等学校教学参考书.—ISBN 7-116-00684-2：2.90元

Q2　细胞学

医学细胞生物学实验指导/蒋左庶，王肖鹏编著.上海：上海科学技术出版社，1990.2.—138页；32开.—ISBN 7-5323-1676-9：2.20元

固定化细胞技术及其应用/马子骏，陆志号编著.银川：宁夏人民出版社，1990.10.—241页；32开.ISBN 7-227-00610-7：2.50元

组织化学理论和实用　卷二：分析技术/（英）A.G.E.皮尔斯著；马仲魁主译.—北京：中国医药科技出版社，1990.12.—641页；16开.—ISBN 7-5067-0145-6：25.00元

细胞工程浅说/潘重光，缪戎音编著.—上海：上海教育出版社，1990.3.—88页；32开.—（中学生文库）.—ISBN 7-5320-1766-4：0.95元

细胞分子生物学　上册/（美）艾伯茨（Alberts，B.）等著；赵寿元等译.—北京：科学出版社，1990.2.—777页；16开.—ISBN 7-03-000833-2（精装）：51.40元

细胞分子生物学　下册/（美）艾伯茨（Alberts，B.）等著；庞诗宜等译.—北京：科学出版社，1990.12.—379页；16开.—ISBN 7-03-001802-8（精装）：27.90元

细胞生物学/汪堃仁等主编.—北京：北京师范大学

出版社，1990.4.—611页；16开.—高等学校教学用书.—ISBN 7-303-00601-X：8.10元

细胞生物学实用方法与技术/章静波主编.—北京：高等教育出版社，1990.7.—286页；大32开.—ISBN 7-04-002594-9：2.45元

细胞生物学研究方法与技术/刘鼎新，吕证宝主编.北京：北京医科大学、中国协和医科大学联合出版社，1990.6.—299页；32开.—高等医药院校教材.—ISBN 7-81034-023-9：1.95元

细胞形态立体计量学/郑富盛著.—北京：北京医科大学、中国协和医科大学联合出版社，1990.4.—249页；大32开.—ISBN 7-81034-017-4：4.85元

细胞形态计量学是对细胞及其结构成分的形态进行定量分析的学科。本书是我国第一本系统介绍这一学科的专著。

细胞膜离子通道/刘安西等编译.—北京：中央民族学院出版社，1990.12.—420页；32开.—ISBN 7-81001-202-9：2.90元

Q3　遗传学

人类基因组的作图与测序/美国国家科学研究委员会著；朱景德等译.—上海：上海科学技术出版社，1990.8.—156页；32开.—ISBN 7-5323-2213-0：3.80元

细胞遗传学/解生勇编著.—北京：北京农业大学出版社，1990.10.—384页；大32开.—全国高等农业院校教材　遗传及畜牧专业用.—ISBN 7-81002-127-3：2.50元

遗传分析导论/(　)D.T.铃木等著；兰斌等译.西安：陕西人民教育出版社，1990.8.—1260页；大32开.—ISBN 7-5419-0461-9：15.90元

遗传学/王亚馥等编著.—兰州：兰州大学出版社，1990.3.—567页；16开.—ISBN 7-311-00209-5：7.14元

遗传学　上册/刘祖洞编著.—2版.—北京：高等教育出版社，1990.5.—296页；大32开.—高等学校教材.ISBN 7-04-002310-5：2.60元

本书1979年3月第1版。

遗传学名词：1989/遗传学名词审定委员会编.—北京：科学出版社，1990.6.—104页；16开.—全国自然科学名词审定委员会公布.—ISBN 7-03-001780-3：4.10元

本书是全国自然科学名词审定委员会审定公布的第一批遗传学名词，包括总论，基础遗传学，分子遗传学，数量、群体、进化遗传学等4大类，共1519条。

遗传学实验原理和方法/蓝泽蘧，梁学礼主编.—成都：四川大学出版社，1990.2.—382页；32开.—ISBN 7-5614-0270-8：2.40元

Q4　生理学

生理学/张长城等主编；王文德等编.—北京：北京师范学院出版社，〔1990〕.—341页；16开.—ISBN 7-81014-290-9：5.40元

生理学名词：1989/生理学名词审定委员会编.—北京：科学出版社，1990.12.—109页；16开.—ISBN 7-03-002177-0：6.50元

动物生理学/李荣慧等编.—北京：中央广播电视大学出版社，1990.4.—267页；16开.—ISBN 7-304-00470-3：3.50元

动物生理学导论/(　)斯文森(Svendsen,P.)，(　)卡特(Carter，A.M.)著；邢军译.—青岛：青岛海洋大学出版社，1990.12.—198页；32开.ISBN 7-81026-087-1：2.80元

书名原文：An Introduction to Animal Physiology

动物生理学实验及自学指导/王文荪等编.—北京：中央广播电视大学出版社，1990.4.—62页；16开.ISBN 7-304-00499-1：1.00元

系统生理学/周希贤，周佳音编著.—兰州：兰州大学出版社，1990.4.—347页；16开.—ISBN 7-311-00343-1：4.78元

适应的机理：寒冷生理学/(日)伊藤真次著；方爽译.—北京：中国环境科学出版社，1990.6.—198页；32开.—ISBN 7-80010-644-6：3.50元

Q5　生物化学

生化/陈俊杰主编；刘宗定，吴兆丰编.—北京：人民卫生出版社，1990.8.—212页；32开.—(护士晋升自学丛书；4).—ISBN 7-117-00891-1：3.65元

生化过程模型化与控制：中国第二届生化过程模型化与控制学术报告会论文集/王树青主编.—杭州：浙江大学出版社，1990.10.—168页；16开.—ISBN 7-308-00619-0：8.00元

生物无机化学概要/郭德威编著.—天津：天津科学技术出版社，1990.1.—329页；大32开.—ISBN 7-5308-0387-5：6.20元

生物化学/刘孝民主编.—北京：轻工业出版社，1990.4.—327页；大32开.—中等专业学校轻工专业试用教材　适用于工业发酵专业.—ISBN 7-5019-0783-8：2.50元

生物化学/李建武编著.—北京：北京大学出版社，1990.3.—301页；16开.—ISBN 7-301-00955-0：5.20元

生物化学/辛涛主编；王德玉等编.—南京：江苏科学技术出版社，1990.11.—242页；16开.—全国中等中医药学校教材　供中医士、针灸医士及中医护士专业用.—ISBN 7-5345-0872-X：3.85元

生物化学/张子健主编.—上海：华东师范大学出版社，1990.5.—324页；大32开.—全国高等师范专科学校教材.—ISBN 7-5617-0496-8：2.59元

生物化学/宓怀风编著.—天津：南开大学出版社，

1990.6.—692页；大32开.—ISBN 7-310-00238-5：5.50元

生物化学/赵海清主编.—沈阳：辽宁科学技术出版社，1990.12.—197页；16开.—北方四省区中等卫生学校教材　供各类医士、护士、助产士专业用.—ISBN 7-5381-1001-1：5.80元

生物化学/黄济群等主编.—广州：广东科技出版社，1990.8.—475页；16开.—全国十二所高等医学院校协编教材.—ISBN 7-5359-0619-2：9.70元

生物化学/（美）斯特赖尔（Stryer，L.）著；唐有祺等译校.—北京：北京大学出版社，1990.5.1092页：图版；16开.—ISBN 7-301-00405-2：29.60元

书名原文：Biochemistry

生物化学仪器分析及技术/张承圭等编.—北京：高等教育出版社，1990.4.—506页；16开.—ISBN 7-04-000896-3：6.90元

生物化学复习考试指南/（美）莫里斯·西弗曼著；杨国玲等译.—兰州：兰州大学出版社，1990.5.260页；16开.—ISBN 7-311-00294-X：6.70元

生物化学题库/吴广义，赵学海主编.—青岛：青岛出版社，1990.4.—381页；16开.—高等医药院校教材.—ISBN 7-5436-0419-1：6.80元

生物反应工程原理/贾士儒编.—天津：南开大学出版社，1990.6.—254页；32开.—ISBN 7-310-00326-8：1.90元

本书从酶促反应过程、微生物反应过程和动植物细胞培养过程三个方面，系统介绍生物反应工程的基本理论。

生物电化学：生物氧化还原反应/（意）米拉佐（Milazzo，G.），（美）布兰克（Blank，M.）编；肖科等译.—天津：天津科学技术出版社，1990.4.—379页：图版；大32开.—ISBN 7-5308-0458-8：9.25元

书名原文：Bioelectrochemistry Biological redox Reactions

生物有机化学专论/王汝聪等著.—济南：山东科学技术出版社，1990.5.—290页；大32开.—ISBN 7-5331-0674-1：3.70元

生命化学基础：化学与健康/王光国编著.—厦门：厦门大学出版社，1990.8.—349页；32开.—ISBN 7-5615-0290-7：3.70元

生命科学中的化学问题/王夔主编.—北京：北京大学出版社，1990.2.—93页；32开.—ISBN 7-301-01030-3：1.70元

生理化学　下册/梁之彦主编.—上海：上海科学技术出版社，1990.12.—722页；16开.—ISBN 7-5323-0695-X（精装）：40.90元

基础生物化学题解/郭静成编著.—北京：北京农业大学出版社，1990.9.—382页；32开.—全国高等农业院校参考教材　农学类专业用.—ISBN 7-81002-108-7：2.50元

DNA重组技术：实验室操作手册/徐洵，刘震乾主编.—北京：科学出版社，1990.2.—210页；16开.（生物化学实验技术丛书）.—ISBN 7-03-001112-0：13.10元

Q51/52/55　蛋白质、核酸、酶

核酸研究技术　下册/蔡良琬主编.—北京：科学出版社，1990.7.—299页；16开.—ISBN 7-03-001650-5：16.50元

基因表达调控与生物技术中的酶学/杨开宇，孟广震主编.—北京：科学出版社，1990.7.—211页；16开.—ISBN 7-03-001697-1：13.70元

蛋白质结构基础/李惟，刘兰英主编.—长春：吉林大学出版社，1990.12.—472页；大32开.—ISBN 7-5601-0767-2：3.75元

酵母生物化学/陈思妘，萧熙佩著.—济南：山东科学技术出版社，1990.1.—350页；大32开.—ISBN 7-5331-0632-6：5.75元

Q6　生物物理学

生物力学入门/（瑞典）Wiktorin，C.H.，（美）Nordin，M.著；戴力扬译.—沈阳：沈阳出版社，1990.12.—168页；32开.—ISBN 7-80556-504-X：2.40元

生物电磁学概论/李缉熙，牛中奇编著.—西安：西安电子科技大学出版社，1990.6.—390页；大32开.ISBN 7-5606-0131-6：2.95元

生物学与量子力学/（苏）达维多夫（Давыдов，А.С.）著；李培廉等译.—北京：科学出版社，1990.6.—320页；32开.—ISBN 7-03-001673-4：10.30元

书名原文：Биология и квантовая механика

生命与磁/幸夫，印平编.—北京：新时代出版社，1990.2.—108页；32开.—ISBN 7-5042-0084-0：1.90元

Q7　分子生物学

分子生物学习题集/（美）弗雷费尔德（Freifelder，D.）著；刘承健，蔡武城译.—北京：科学出版社，1990.7.—309页；32开.—ISBN 7-03-001563-0：8.40元

分子生物学方法/（美）戴维斯（Davis，L.G.）等编著；田勇泉，江国健主译.—长沙：湖南科学技术出版社，1990.1.—332页；大32开.—ISBN 7-5357

-0599-5：5.80元

分子生物学技术原理——基因工程入门/周昌奎编著.—西安：西北大学出版社，1990.12.—123页；32开.—ISBN 7-5604-0218-6：2.00元

分子生物学实验手册/（美）戴维斯（Davis，L.G.）等著；戴长伯，郭仁等编译.—昆明：云南科技出版社，1990.5.—243页；16开.—ISBN 7-5416-0288-4：8.50元

分子生物学实验技术/（美）戴维斯（Davis，L.）等编著；姚志建等译.—北京：科学出版社，1990.5.244页；16开.—ISBN 7-03-001596-7：16.10元

书名原文：Methods in Molecular Biology

分子细胞生物学/郭仁等主编.—北京：北京医科大学、中国协和医科大学联合出版社，1990.2.—395页；16开.—ISBN 7-81034-004-2：9.00元

分子遗传学概论/刘振刚编著.—合肥：中国科学技术大学出版社，1990.4.—453页；大32开.—ISBN 7-312-00136-X：3.50元

未来的"上帝"：现代生物学启示录/张大卫著.北京：中信出版社，1990.8.—229页；36开.—（21世纪中国与世界丛书/王建新，常永青主编）.—ISBN 7-80073-016-6：3.70元

代谢调控/王鄂生编著.—北京：高等教育出版社，1990.2.—411页；16开.—ISBN 7-04-002099-8：6.30元

生物大分子离心分离技术/叶正祥编著.—长沙：湖南科学技术出版社，1990.1.—251页；大32开.（生物工程文库/谈家桢主编）.—ISBN 7-5357-0445-X：4.90元

生物技术的现状与未来/顾方舟，卢圣栋主编.—北京：北京医科大学、北京协和医科大学联合出版社，1990.11.—234页；16开.—ISBN 7-81034-005-0：9.50元

基因工程浅说/毕东海，张克荣编著.—上海：上海教育出版社，1990.3.—92页；32开.—（中学生文库）.—ISBN 7-5320-1750-8：0.96元

基因工程学入门/赵奕等编著.—北京：农业出版社，1990.5.—142页；32开.—ISBN 7-109-01498-3：2.50元

超循环论/（联邦德国）艾根（Eigen，M.），舒斯特尔（Sehuster，P.）著；曾国屏，沈小峰译.—上海：上海译文出版社，1990.5.—428页；大32开.—（当代学术思潮译丛）.—ISBN 7-5327-0487-4：7.15元

量子生物学及其应用/刘次全主编.—北京：高等教育出版社，1990.12.—577页；16开.—ISBN 7-04-003216-3：7.20元

PCR技术的原理和应用/黄培堂等编译.—北京：中国科学技术出版社，1990.12.—172页；32开.—ISBN 7-5046-0256-6：3.95元

Q81　生物工程学

人体生物钟百年历/陈信永，冯光远著.—乌鲁木齐：新疆人民出版社，1990.4.—626页；32开.—ISBN 7-228-00978-9：5.80元

人体生物钟趣谈/宋为民，陆月莲著.—上海：上海中医学院出版社，1990.12.—204页；32开.—ISBN 7-81010-076-9：2.20元

生物技术的商品化/美国国会技术评价局编著；王作明等译.—北京：化学工业出版社，1990.6.—565页；大32开.—ISBN 7-5025-0280-7：8.00元

Q91　古生物学

理论古生物学文集/戎嘉余等主编.—南京：南京大学出版社，1990.5.—447页；16开.—ISBN 7-305-00544-4：16.00元

Q911　普通古生物学

山东莱阳盆地地层古生物/山东省地质矿产局区域地质调查队编.—北京：地质出版社，1990.10.255页；16开.—ISBN 7-116-00667-2：13.20元

中国古生物志　总号第179册　新乙种第26号：四川城口志留纪笔石/葛梅钰著.—北京：科学出版社，1990.8.—157页：图版；16开.—ISBN 7-03-001718-8：12.80元

中国古生物志　总号第179册　新乙种第26号：四川城口志留纪笔石/葛梅钰著.—北京：科学出版社，1990.8.—157页：图版；16开.—ISBN 7-03-001719-6（精装）：14.90元

中国油气区地层古生物论文集　（二）：山东油气区专辑/《中国油气区地层古生物》编辑委员会编.北京：石油工业出版社，1990.2.—210页；16开.ISBN 7-5021-0338-4（精装）：7.75元

内蒙准格尔旗晚古生代含煤地层与生物群/何锡麟等著.—徐州：中国矿业大学出版社，1990.12.—407页：图；16开.—ISBN 7-81021-218-4：25.00元

古遗迹学/杨式溥著.—北京：地质出版社，1990.9.—179页；16开.—自然科学基金资助项目.—ISBN 7-116-00666-4：8.60元

地层古生物论文集　第二十三辑/中国地质科学院地层古生物论文集编委会编.—北京：地质出版社，1990.8.—272页；16开.—ISBN 7-116-00672-9：11.85元

西藏阿里古生物/杨遵仪等著.—武汉：中国地质大学出版社，1990.4.—380页；16开.—ISBN 7-5625-0413-X：25.00元

西藏侏罗·白垩·第三纪生物地层/徐钰林等著.

武汉：中国地质大学出版社，1990.8.—147页；16开.—ISBN 7-5625-0268-4：6.45元

福建二叠纪含煤地层及古生物群/朱彤著.—北京：地质出版社，1990.3.—127页；16开.—ISBN 7-116-00559-5：6.40元

Q913　微体古生物学

华南地区晚古生代有孔虫/林甲兴等著.—北京：科学出版社，1990.7.—297页；图版；16开.—ISBN 7-03-001693-9：25.00元

南海及沿岸地区第四纪孢粉藻类与环境/王开发等著.—上海：同济大学出版社，1990.10.—161页；16开.—ISBN 7-5608-0591-4：8.90元

塔里木盆地轮藻化石/卢辉楠，罗其鑫著.—北京：科学技术文献出版社，1990.7.—261页；16开.—ISBN 7-5023-1262-5：20.00元

微体古生物学简明教程/魏沐潮主编.—北京：地质出版社，1990.4.—217页；16开.—高等学校教材.ISBN 7-116-00591-9：2.80元

Q914/915　古植物学、古动物学

中国古生代珊瑚分类演化及生物古地理/王鸿祯等著.—北京：科学出版社，1989.6.—391页：图版；16开.—国家自然科学基金资助项目.—ISBN 7-03-001404-0（精装）：48.20元

化石藻类学导论/刘志礼编著.—北京：高等教育出版社，1990.10.—491页；16开.—ISBN 7-04-002222-2：7.50元

孢子植物名词及名称/郑儒永等编.—北京：科学出版社，1990.6.—961页；32开.—ISBN 7-03-000457-4（精装）：35.50元

浙西、湘西及陕南寒武纪至早奥陶世的高肌虫/舒德干著.—西安：西北大学出版社，1990.4.—1册（95，20页）：图版；16开.—ISBN 7-5604-0119-8（精装）：8.00元

Q93　微生物学

今日的微生物学　第2集/焦瑞身等编.—上海：复旦大学出版社，1990.10.—133页；大32开.—ISBN 7-309-00548-1：3.00元

水生微生物学实验法（下）/郑福寿，陈绍铭编著.—北京：海洋出版社，1990.1.—316页；32开.ISBN 7-5027-0086-2：6.00元

动物微生物学/吉林省农业学校主编.—北京：农业出版社，1990.10.—342页；32开.—全国中等农业学校教材　畜牧兽医专业用.—ISBN 7-109-01236-0：2.00元

普通微生物学/（联邦德国）施莱杰（Schlegel，H.G.）著；陆卫平等译.—上海：复旦大学出版社，1990.6.—545页；大32开.—ISBN 7-309-00268-7：4.40元

微生物/中国科协青少年工作部主编.—北京：科学普及出版社，1990.4.—152页；32开.—（青少年生物百项科技活动丛书/卢良恕主编）.—ISBN 7-110-01476-2：2.70元

微生物生理代谢实验技术/焦瑞身，周德庆主编.北京：科学出版社，1990.5.—312页；32开.—（微生物学技术丛书）.—ISBN 7-03-001597-5：10.50元

微生物初筛实验技术/张国政，刘文涛编著.—郑州：河南科学技术出版社，1990.3.—162页；32开.ISBN 7-5349-0239-1：2.10元

微生物学/华中农业大学，南京农业大学主编.—4版.—北京：农业出版社，1990.5.—205页；16开.全国高等农业院校教材　植物生产各专业用.—ISBN 7-109-00175-X：2.80元

本书1979年1月第1版。

微生物学/张惠康主编.—北京：轻工业出版社，1990.4.—310页；大32开.—中等专业学校轻工专业试用教材　适用于工业发酵专业.—ISBN 7-5019-0777-3：2.40元

微生物学/林梦藻主编.—长春：东北师范大学出版社，1990.6.—308页；大32开.—全国高等师范专科学校教材.—ISBN 7-5602-0403-1：2.60元

微生物学词典/王祖农主编.—北京：科学出版社，1990.9.—484页；16开.—ISBN 7-03-000456-6（精装）：36.00元

Q933　微生物遗传学

普通微生物遗传学/丁友昉，陈宁编.—天津：南开大学出版社，1990.6.—416页；大32开.—ISBN 7-310-00313-6：3.45元

微生物遗传学导论/陈永青，王文华编著.—上海：复旦大学出版社，1990.6.—259页；大32开.—（遗传学丛书）.—ISBN 7-309-00433-7：2.25元

Q939　微生物分类学

分子病毒学/侯云德著.—北京：学苑出版社，1990.7.—687页；16开.—ISBN 7-80060-848-4（精装）：35.00元

分子病毒学/侯云德著.—北京：学苑出版社，1990.7.—687页；16开.—ISBN 7-80060-259-1：25.00元

苏云金杆菌/喻子牛主编.—北京：科学出版社，1990.6.—505页；16开.—ISBN 7-03-001580-0：32.90元

放线菌研究及应用/阮继生等编著.—北京：科学出版社，1990.4.—490页；32开.—ISBN 7-03-001499-5：18.00元

细菌代谢生理学/（西德）Gottschalk, G.著；高树升，卢铁栋译.—大连：大连理工大学出版社，1990.11.—268页；大32开.—ISBN 7-5611-0301-8：4.30元

粤北山区大型真菌志/毕志树等著.—广州：广东科技出版社，1990.2.—450页；16开.—ISBN 7-5359-0418-1：18.00元

微生物分类学/张纪忠主编.—上海：复旦大学出版社，1990.12.—428页；16开.—ISBN 7-309-00545-7：5.80元

Q939.9　应用微生物学

工业微生物学基础/章名春编著.—上海：上海科技教育出版社，1990.8.—374页；32开.—ISBN 7-5428-0364-6：4.00元

防霉学/马振瀛等编著.—昆明：云南科技出版社，1990.2.—515页；32开.—ISBN 7-5416-0226-4：8.75元

Q94　植物学

中国科学院华南植物研究所集刊　第6集/中国科学院华南植物研究所编.—北京：科学出版社，1990.12.—70页：图版；16开.—ISBN 7-03-001971-7：13.00元

中国科学院武汉植物园栽培植物名录/王诗云等编写.—武汉：华中理工大学出版社，1990.9.—165页；大32开.—ISBN 7-5609-0455-6：2.30元

中国科学院武汉植物园植物科普导游手册/王诗云等编写.—武汉：华中理工大学出版社，1990.9.107页；32开.—ISBN 7-5609-0512-9：1.60元

本书是以武汉植物园30多年来引种驯化成果和现有栽培植物为依据而编写的，主要分三部分：武汉植物园导游图、部分植物解说、部分植物花果期简介。

识别园林植物的一把钥匙/尹祖棠等编著.—北京：中国林业出版社，1990.5.—519页；大32开.—ISBN 7-5038-0595-1：7.30元

珍稀植物大观/鲁星等编著.—武汉：湖北少年儿童出版社，1990.9.—311页；32开.—（少年科学瞭望台丛书）.—ISBN 7-5353-0755-3：3.10元

怎样做个业余的植物采集家/毕列爵等编著.—上海：上海科技教育出版社，1990.9.—188页；32开.ISBN 7-5428-0314-X：2.05元

俞大绂论文集/俞大绂著；俞大绂论文集编委会编.北京：北京农业大学出版社，1990.8.—862页：照片；16开.—ISBN 7-81002-185-0（精装）：70.00元

植物/中国科协青少年工作部主编.—北京：科学普及出版社，1990.4.—170页；32开.—（青少年生物百项科技活动丛书/卢良恕主编）.—ISBN 7-110-01475-4：2.95元

植物生物技术原理与方法/李宝健，曾庆平编.—长沙：湖南科学技术出版社，1990.10.—491页；大32开.—ISBN 7-5357-0774-2：7.80元

植物名释札记/夏纬瑛著.—北京：农业出版社，1990.12.—320页；大32开.—（中国农史研究丛书）.—ISBN 7-109-00348-5：10.50元

植物园植物记录计算机管理系统/顾姻，贺善安主编.—南京：河海大学出版社，1990.11.—106页；16开.—ISBN 7-5630-0329-0：6.50元

植物学/北京市园林学校主编.—北京：北京科学技术出版社，1990.12.—455页；32开.—全国园林技工学校教材.—ISBN 7-5304-0706-6：5.40元

植物学/北京市园林学校编.—北京：中国环境科学出版社，1990.10.—269页；32开.—ISBN 7-80010-794-9：4.50元

植物学　下册/李扬汉著.—2版.—北京：高等教育出版社，1990.9.—344页；16开.—高等学校教学参考书.—ISBN 7-04-003014-3：4.40元

本书1982年10月第1版。

植物学　上册/滕崇德主编.—长春：东北师范大学出版社，1990.9.—286页；大32开.—全国高等师范专科学校教材.—ISBN 7-5602-0406-6：2.40元

植物学实验技术/辛孝贵，田德昌主编.—沈阳：辽宁科学技术出版社，1990.3.—332页；16开.—高等农业院校试用教材.—ISBN 7-5381-0859-9：7.95元

植物组织培养实验技术/李世承主编.—大连：大连理工大学出版社，1990.12.—186页；32开.—ISBN 7-5611-0302-6：2.60元

Q942/943　植物细胞学、植物遗传学

植物体细胞胚胎发生和人工种子/郭仲琛，桂耀林主编.—北京：科学出版社，1990.10.—191页；16开.—ISBN 7-03-002120-7：15.10元

植物细胞分类学/洪德元编著.—北京：科学出版社，1990.6.—439页；大32开.—ISBN 7-03-001579-7：16.00元

植物细胞和体细胞遗传学技术与原理/张自立，俞新大编著.—北京：高等教育出版社，1990.8.—537页；大32开.—ISBN 7-04-002301-6：4.10元

植物辐射遗传育种研究进展/赵孔南等编著.—北京：原子能出版社，1990.2.—337页；32开.—ISBN 7-5022-0248-X：10.14元

Q944　植物形态学

花粉的采集与利用/蒋立科编著.—合肥：安徽科学技术出版社，1990.2.—134页；32开.—ISBN 7-5337-0292-2：2.40元

现代花粉应用研究/张金淡等著.—北京：科学出版社，1990.4.—147页：图版；16开.—ISBN 7-03-001520-7（精装）：22.90元

实用种子生理学/郑光华等编著.—北京：农业出版社，1990.9.—494页；大32开.—ISBN 7-109-01344-8：11.35元

植物人工种子研究/李修庆主编.—北京：北京大学出版社，1990.10.—150页：图版；16开.—ISBN 7-301-01411-2：16.45元

植物组织培养手册/颜昌敬编著.—上海：上海科学技术出版社，1990.1.—482页；大32开.—ISBN 7-5323-1434-0：9.80元

植物解剖学/（以色列）法恩（Fahn，A.）著；吴衬明，刘德仪译.—天津：南开大学出版社，1990.1.497页；16开.—ISBN 7-310-00205-9：6.20元

Q945/946　植物生理学、植物生物化学

植物化学分类学/陈孝泉编著.—北京：高等教育出版社，1990.7.—482页；大32开.—高等学校教材.ISBN 7-04-002100-5：3.70元

植物生长模式与形态的数理研究方法/（加拿大）琼（Jean，R.V.）著；王本楠等译.—北京：学术书刊出版社，1990.3.—224页：照片；大32开.—ISBN 7-80045-626-9：11.20元

植物生理生化：《中国农业百科全书·生物学》卷分册/沈康等主编.—北京：农业出版社，1990.4.326页；大32开.—ISBN 7-109-01245-X：7.75元

植物生理学实验/朱广廉等编.—北京：北京大学出版社，1990.5.—269页；32开.—ISBN 7-301-01062-1：1.80元

植物生理学实验指导/张志良主编.—2版.—北京：高等教育出版社，1990.3.—352页；大32开.—高等学校教材.—ISBN 7-04-002723-X：3.05元

本书1981年5月第1版。

植物的气体代谢/殷宏章著.—北京：科学出版社，1990.2.—271页；32开.—ISBN 7-03-001527-4：7.40元

植物的抗寒生理/张石城编著.—北京：农业出版社，1990.10.—174页；32开.—ISBN 7-109-01631-5：2.75元

植物逆境生理学基础/庞士铨主编.—哈尔滨：东北林业大学出版社，1990.8.—181页；16开.—ISBN 7-81008-133-0：4.90元

植物衰老过程和调控/（以）莱谢姆（Leshem，Y.Y.）等著；胡文玉等译.—沈阳：辽宁科学技术出版社，1990.4.—233页；32开.—ISBN 7-5381-0828-9：3.55元

书名原文：Processes and Control of Plant Senescence

简明植物生理学/吴相钰，赵国凡编.—大连：大连理工大学出版社，1990.2.—257页；16开.—ISBN 7-5611-0259-3：5.80元

Q948　植物生态学和植物地理学

柴达木地区植被及其利用/杜庆，孙世洲著.—北京：科学出版社，1990.8.—129页；16开.—ISBN 7-03-001133-3：11.00元

湖南植被/祁承经主编.—长沙：湖南科学技术出版社，1990.8.—420页；16开.—ISBN 7-5357-0733-5（精装）：15.00元

福建植被/林鹏等编著.—福州：福建科学技术出版社，1990.8.—350页；16开.—ISBN 7-5335-0369-4：9.90元

Q948.5　植物的地区分布

中国植物志　第三卷　第一分册/中国科学院中国植物志编辑委员会编；邢公侠等编著.—北京：科学出版社，1990.6.—305页；16开.—ISBN 7-03-001522-3（精装）：21.00元

中国植物志　第三卷　第一分册/中国科学院中国植物志编辑委员会编；邢公侠等编著.—北京：科学出版社，1990.6.—305页；16开.—ISBN 7-03-001521-5：18.00元

中国植物志　第十卷　第一分册/中国科学院中国植物志编辑委员会编.—北京：科学出版社，1990.6.—445页；16开.—ISBN 7-03-001282-8（精装）：32.80元

中国植物志　第十卷　第一分册/中国科学院中国植物志编辑委员会编.—北京：科学出版社，1990.6.—445页；16开.—ISBN 7-03-001281-X：29.80元

中国植物志　第五十卷　第二分册/中国科学院中国植物志编辑委员会编.—北京：科学出版社，1990.1.—201页；16开.—ISBN 7-03-001259-3（精装）：16.20元

中国植物志　第五十卷　第二分册/中国科学院中国植物志编辑委员会编著.—北京：科学出版社，1990.1.—201页；16开.—ISBN 7-03-001258-5：13.20元

中国植物志　第五十六卷：被子植物门·双子叶植

物纲/中国科学院中国植物志编辑委员会编；胡文光等编著.—北京：科学出版社，1990.12.—240页；16开.—ISBN 7-03-001284-4（精装）：17.20元

中国植物志　第五十六卷：被子植物门·双子叶植物纲/中国科学院中国植物志编辑委员会编；胡文光等编著.—北京：科学出版社，1990.12.—240页；16开.—ISBN 7-03-001283-6：14.40元

中国植物志　第五十九卷　第二分册/中国科学院中国植物志编辑委员会编.—北京：科学出版社，1990.1.—321页；16开.—ISBN 7-03-001285-2：21.30元

中国植物志　第六十九卷/中国科学院中国植物志编辑委员会编.—北京：科学出版社，1990.3.—648页；16开.—ISBN 7-03-001206-2（精装）：43.20元

中国植物志　第六十九卷/中国科学院中国植物志编辑委员会编.—北京：科学出版社，1990.3.—648页；16开.—ISBN 7-03-001205-4：40.30元

汉魏六朝岭南植物"志录"辑释/缪启愉，邱泽奇辑释.—北京：农业出版社，1990.5.—249页；大32开.—ISBN 7-109-01077-5：6.50元

辑徐衷南方草物状/石声汉辑.—北京：农业出版社，1990.5.—50页；大32开.—ISBN 7-109-01197-6：1.90元

《南方草木状》是我国最早的植物学文献之一。

广西植物资源/李树刚，梁畴芬主编.—北京：北京科学技术出版社，1990.12.—427页；大32开.—（广西农业（史）丛书）.—ISBN 7-5304-0759-7：6.80元

太原植物志　第一卷/《太原植物志》编辑委员会编.—北京：学术书刊出版社，1990.8.—688页；16开.—ISBN 7-80045-662-5（精装）：65.00元

内蒙古植物志　第三卷/内蒙古植物志编辑委员会编；马毓泉主编.—2版.—呼和浩特：内蒙古人民出版社，1990.2.—716页；16开.—ISBN 7-204-00926-6（精装）：48.00元

本书1985年9月第1版。

河南省珍稀濒危保护植物/卢炯林，王磐基主编.开封：河南大学出版社，1990.9.—256页；大32开.ISBN 7-81018-544-6：3.40元

新疆草地植物名录/新疆维吾尔自治区畜牧厅编.乌鲁木齐：新疆人民出版社，1990.4.—86页；16开.—ISBN 7-228-01278-X：3.40元

福建植物志　第四卷：种子植物/福建省科学技术委员会《福建植物志》编写组编著.—福州：福建科学技术出版社，1990.3.—669页；16开.—ISBN 7-5335-0260-4：15.30元

本卷记载种子植物的双被花类，从堇菜科至唇形科，计45科，275属，736种及60亚种、变种和3变型，并附插图476幅。

Q948.8　水生植物学

中国水生杂草/刁正俗著.—重庆：重庆出版社，1990.6.—501页；16开.—ISBN 7-5366-1173-0（精装）：15.55元

Q949　植物分类学

植物分类学入门/（英）杰弗里（Jeffrey，C.）著；胡征宇等译.—上海：上海科技教育出版社，1990.11.—150页；32开.—ISBN 7-5428-0326-3：1.70元

吉林省中东部食用药用有毒蘑菇/杨成录等编著.长春：吉林人民出版社，1990.2.—328页；32开.ISBN 7-206-00687-6：3.50元

本书封面作者为"杨承录"。

西藏硅藻图集/迟若文编著.—拉萨：西藏人民出版社，1990.5.—218页；大32开.—ISBN 7-223-00351-0（精装）：5.50元

红树林研究论文集：1980～1989/林鹏编.—厦门：门厦大学出版社，1990.5.—231页；16开.—ISBN 7-5615-0294-X：5.50元

贵州芳香植物/袁家谟等编著.—贵阳：贵州科技出版社，1990.9.—179页；16开.—ISBN 7-80584-030-X：5.80元

黑龙江省蕨类植物/敖志文，李国范编.—哈尔滨：东北林业大学出版社，1990.10.—173页；32开.ISBN 7-81008-112-8：3.50元

Q949.9　应用植物学（经济植物学）

山西省经济植物志/李惠民主编；山西省农业区划委员会编著.—北京：中国林业出版社，1990.12.346页：图；16开.—ISBN 7-5038-0692-3：11.50元

长白山东北部野生经济植物志/李春光等编写.—延吉：延边人民出版社，1990.6.—343页；16开.—ISBN 7-80508-527-7（精装）：15.35元

北京山区野生经济植物资源手册/北京市农村经济研究中心，北京市农业区划委员会办公室编.—北京：科学技术文献出版社，1990.12.—497页；大32开.—ISBN 7-5023-1442-3：7.20元

西藏经济植物/倪志城等编著.—北京：北京科学技术出版社，1990.12.—860页；16开.—ISBN 7-5304-0676-0（精装）：45.00元

安徽经济植物志　上册/安徽经济植物志增修编写

办公室，安徽省人民政府经济文化研究中心编.—合肥：安徽科学技术出版社，1990.3.—817页：彩图；16开.—ISBN 7-5337-0184-5（精装）：17.00元

秦巴山区经济动植物/陕西省森林工业管理局编著.西安：陕西师范大学出版社，1990.11.—569页；16开.—ISBN 7-5613-0341-6：17.00元

新疆石河子饲用植物志/李正春等编著.—乌鲁木齐：新疆人民出版社，1990.6.—463页；32开.—ISBN 7-228-01488-X：4.70元

新疆主要饲用植物志　第一册/崔乃然主编；新疆维吾尔自治区畜牧厅编.—乌鲁木齐：新疆人民出版社，1990.3.—228页：彩图；16开.—ISBN 7-228-01436-7（精装）：21.00元

Q95　动物学

从水到陆：刘承钊教授诞辰九十周年纪念文集/赵尔宓主编.—北京：中国林业出版社，1990.9.—454页：照片及图；16开.—ISBN 7-5038-0738-5（精装）：30.00元

动物学实验指导/潘炯华等主编.—广州：广东高等教育出版社，1990.1.—215页；16开.—ISBN 7-5361-0471-5：3.50元

动物学集刊　第七集/中国科学院动物研究所编辑.北京：科学出版社，1990.9.—338页；16开.—ISBN 7-03-001720-X：23.90元

国家重点保护野生动物图谱/中国野生动物保护协会秘书处等主编.—哈尔滨：东北林业大学出版社，1990.12.—297页；大32开.—ISBN 7-81008-196-9：14.00元

实验动物医学/潘光炎编著.—兰州：甘肃科学技术出版社，1990.12.—385页；32开.—甘肃省高等学校教材.—ISBN 7-5424-0322-2：3.60元

Q95-49　动物学的科普读物

上海动物园/上海动物园编.—上海：上海科学普及出版社，1990.10.—58页；32开.—ISBN 7-5427-0345-5：1.60元

世界动物趣闻/方克逸编.—合肥：安徽文艺出版社，1990.6.—214页；32开.—ISBN 7-5396-0064-0：2.40元

幼儿趣味动物学/李家诚著.—北京：中国广播电视出版社，1990.5.—263页；32开.—ISBN 7-5043-0397-6：3.70元

动物·人类·战争/吴长庆，杨美新编.—北京：中国林业出版社，1990.5.—174页；32开.—（动物趣闻）.—ISBN 7-5038-0639-7：2.20元

动物之冬/王德兴编；胡志奇绘.—西安：陕西人民教育出版社，1990.3.—44页；24开.—（春夏秋冬丛书）.—ISBN 7-5419-1401-0：1.25元

动物之春/董建，王德兴编；胡志奇绘.—西安：陕西人民教育出版社，1990.3.—40页；24开.—（春夏秋冬丛书）.—ISBN 7-5419-1399-5：1.25元

动物之秋/董建，王德兴编；胡志奇绘.—西安：陕西人民教育出版社，1990.3.—39页；24开.—（春夏秋冬丛书）.—ISBN 7-5419-1400-4：1.25元

动物之夏/柳建仪编；胡志奇绘.—西安：陕西人民教育出版社，1990.3.—39页；24开.—（春夏秋冬丛书）.—ISBN 7-5419-1398-7：1.25元

动物世界　（2）/赵肯堂等编.—上海：上海教育出版社，1990.2.—130页：彩照；32开.—（中学生文库）.—ISBN 7-5320-1713-3：1.35元

动物世界　（3）/郑光美等编著.—上海：上海教育出版社，1990.3.—168页：彩照；32开.—（中学生文库）.—ISBN 7-5320-1708-7：1.70元

动物园的内幕：游览指南/余振富编著.—北京：中国林业出版社，1990.11.—256页；32开.—ISBN 7-5038-0686-9：3.80元

动物奇趣录集图册/香港小树苗教育出版社供稿；曾立展摄.—石家庄：河北美术出版社，1990.4.—2册（24页）；12开.—ISBN 7-5310-0363-5：5.90元

动物奇趣博览/孙建伟编著.—哈尔滨：黑龙江少年儿童出版社，1990.3.—204页；32开.—（益智小丛书；5）.—ISBN 7-5319-0597-3：2.40元

动物的智能/任仁眉，胡丹编著.—北京：科学出版社，1990.4.—185页；32开.—（现代心理学普及丛书/潘菽主编）.—ISBN 7-03-001677-7：6.00元

动物趣谈/姚大均编著.—南京：江苏少年儿童出版社，1990.9.—508页；32开.—ISBN 7-5346-0584-9（精装）：5.95元

动物48计/王志强编著.—北京：中国社会出版社，1990.3.—81页；32开.—ISBN 7-80088-019-2：1.20元

我爱小动物/梁泊著.—北京：知识出版社，1990.5.—157页；32开.—（金色童年书库/马光复主编）.—ISBN 7-5015-0411-3：1.80元

奇妙的动物世界/曹玉菇等编著.—北京：农业出版社，1990.9.—233页；32开.—ISBN 7-109-01666-8：3.65元

迷离的动物世界/铁源，王洋编著.—北京：华龄出版社，1990.6.—113页；24开.—ISBN 7-80082-042-4：2.80元

绘图儿童动物辞典/谈家桢主编.—上海：上海辞书出版社，1990.6.—355页；32开.—ISBN 7-5326-0093-9（精装）：10.00元

野生动物/中国科协青少年工作部主编.—北京：科学普及出版社，1990.4.—155页；32开.—（青少年生物百项科技活动丛书/卢良恕主编）.—ISBN 7-

110-01473-8：2.90元

Q953/954 动物遗传学、动物形态学

动物遗传学实验方法/王宗仁等编著.—北京：北京大学出版社，1990.12.—230页；32开.—ISBN 7-301-01151-2：4.00元

动物解剖学与组织胚胎学/胡再丽，轩庆丰主编.郑州：河南科学技术出版社，1990.8.—255页；16开.—高等农业院校试用教材.—ISBN 7-5349-0376-5：7.80元

常用实验动物脑立体定向图谱/中国人民解放军第二军医大学生理学教研室编.—北京：科学出版社，1990.8.—559页；16开.—ISBN 7-03-000479-5（精装）：200.00元

Q958 动物生态学和动物地理学

动物地理学/王才安主编.—开封：河南大学出版社，1990.3.—179页；16开.—ISBN 7-81018-452 0：3.50元

大连地区国家重点保护野生动物图谱/大连市野生动物保护协会编.—沈阳：辽宁科学技术出版社，1990.3.—1张；4开.—ISBN 7-5381-0915-3：1.00元

西南武陵山地区动物资源的合理利用和保护/中国科学院西南武陵山地区动物资源考察队编.—北京：中国医药科技出版社，1990.1.—132页；32开.—ISBN 7-5067-0131-6：2.50元

本书内容是中国科学院西南武陵山地区动物资源考察报告的一部分，主要介绍西南武陵山地区动物资源和濒危物种的现状，并提出了合理开发利用和保护的具体建议。

浙江动物志：鸟类/浙江动物志编辑委员会编.—杭州：浙江科学技术出版社，1990.11.—461页，16开.—ISBN 7-5341-0287-1（精装）：26.40元

浙江动物志：两栖类 爬行类/黄美华主编.—杭州：浙江科学技术出版社，1990.6.—306页；16开.ISBN 7-5341-0214-6（精装）：18.40元

湖南珍稀动物的历史变迁/何业恒著.—长沙：湖南教育出版社，1990.9.—171页；32开.—ISBN 7-5355-1182-1：3.00元

Q959 动物分类学

Q959.1 无脊椎动物

无脊椎动物学 上册/任淑仙编著.—北京：北京大学出版社，1990.10.—425页；大32开.—ISBN 7-301-01301-9：6.05元

中国海滨无脊椎动物采集指南：北方篇/赵汝翼等编著.—北京：海洋出版社，1990.4.—393页；16开.ISBN 7-5027-0223-7（精装）：21.00元

原生动物生物化学/沈锡祺编著.—上海：华东师范大学出版社，1990.12.—273页；大32开.—ISBN 7-5617-0557-3：4.40元

珊瑚和珊瑚礁的奥秘/齐文同编著.—北京：地质出版社，1990.5.—146页；32开.—（青少年科学丛书）.—ISBN 7-116-00649-4：3.30元

Q959.21 软体动物门

贝类学论文集 第三辑/中国贝类学会编辑.—北京：科学出版社，1990.7.—193页：图版；16开.ISBN 7-03-001688-2：14.30元

海洋浮游动物生态学的研究方法/（日）大森信，池田勉著；陈青松，曹秀珍译.—北京：农业出版社，1990.10.—355页；大32开.—ISBN 7-109-01148-8（精装）：10.70元

鱿鱼/欧瑞木编著.—北京：海洋出版社，1990.5.159页；32开.—ISBN 7-5027-0220-2：3.00元

Q959.22 节枝动物门

中国蜘蛛：园蛛科：漏斗蛛科新种及新记录种100种/尹长民，王家福著.—长沙：湖南师范大学出版社，1990.10.—256页；大32开.—ISBN 7-81031-042-9：12.50元

中国蜘蛛原色图鉴/冯钟琪著.—长沙：湖南科学技术出版社，1990.12.—256页：图版86页；16开.—ISBN 7-5357-0465-4（精装）：26.00元

甲壳动物学论文集 第二辑/中国甲壳动物学会编辑.—北京：科学出版社，1990.3.—134页；16开.ISBN 7-03-001528-2：9.00元

神秘的蜘蛛/尹长民著.—长沙：湖南少年儿童出版社，1990.6.—112页；32开.—（动物世界丛书）.ISBN 7-5358-0552-3：1.80元

Q959.3 脊椎动物

Q959.4 鱼 纲

上海鱼类志/中国水产科学研究院东海水产研究所，上海市水产研究所编著.—上海：上海科学技术出版社，1990.12.—402页；16开.—ISBN 7-5323-2048-0：15.00元

云南鱼类志 下册/褚新洛等编著.—北京：科学出版社，1990.2.—313页；16开.—ISBN 7-03-001241-0（精装）：22.20元

拉汉鱼类名称/江苏省海洋水产研究所等编.—南京：南京大学出版社，1990.10.—362页；32开.—ISBN 7-305-00866-4：9.50元

鱼类生态学/李明德编著.—天津：天津科技翻译出版公司，1990.12.—393页；32开.—ISBN 7-5433-0186-5：5.60元

鱼类生理学/王义强等编著.—上海：上海科学技术出版社，1990.4.—260页；16开.—ISBN 7-5323-1480-4：5.60元

淡水鱼类种群生态学/李思发编著.—北京：农业出版社，1990.2.—291页；大32开.—ISBN 7-109-00621-2（精装）：5.90元

Q959.5/.6　两栖纲、爬行纲

万物生灵第一声/宗愉编.—上海：上海教育出版社，1990.3.—62页；32开.—（中学生文库）.—ISBN 7-5320-1794-X：0.70元

中华大蟾蜍的系统解剖/冯孝义著.—北京：高等教育出版社，1990.6.—164页；大32开.—ISBN 7-04-001071-2：1.75元

中国两栖动物检索/费梁等编著.—重庆：科学技术文献出版社重庆分社，1990.12.—364页；32开.ISBN 7-5023-1177-7：4.70元

中国蛇岛/李继宣，栾永贵编著.—北京：中国环境科学出版社，1990.4.—85页：彩照；32开.—ISBN 7-80010-669-1：2.00元

Q959.7　鸟　纲

山西省黑鹳的生态和生物学研究/刘焕金等著.—北京：科学出版社，1990.4.—124页；32开.—ISBN 7-03-001546-0：5.50元

中国鸟类种别概要/范忠民编.—沈阳：辽宁科学技术出版社，1990.4.—470页；16开.—ISBN 7-5381-0829-7：12.10元

国际鹤类保护与研究/黑龙江省林业厅主编.—北京：中国林业出版社，1990.6.—285页；16开.—ISBN 7-5038-0613-3：11.50元

珍禽褐马鸡/山西省自然保护区管理站等编著.—太原：山西科学教育出版社，1990.7.—120页；16开.ISBN 7-5377-0269-1：15.00元

爱鸟与养鸟/王德兴等编著.—北京：中国旅游出版社，1990.3.—207页；32开.—ISBN 7-5032-0257-2：3.30元

爱鸟周活动手册/范忠民，刘明玉主编.—沈阳：辽宁大学出版社，1990.12.—251页；32开.—ISBN 7-5610-1224-1：4.50元

Q959.8　哺乳纲

大灵猫的驯养与取香/中国科学院昆明动物研究所主编.—北京：中国林业出版社，1990.1.—146页；32开.—ISBN 7-5038-0500-5：2.40元

中国羚牛/吴家炎等著.—北京：中国林业出版社，1990.2.—192页：彩照；16开.—ISBN 7-5038-0516-1：10.50元

中缅树鼩广西猕猴脑立体定位图谱：中英文对照/杨文光主编.—南宁：广西科学技术出版社，1990.12.—183页；16开.—ISBN 7-80565-417-4（精装）

世界动物百科图谱　（1）：哺乳类动物/燕民等编；晓夫等绘.—太原：山西人民出版社，1990.5.224页；24开.—ISBN 7-203-01456-8：5.40元

世界兽类图谱/傅珏，黄世强编；于恒希绘图.—北京：科学普及出版社，1990.6.—404页；15开.—ISBN 7-110-01660-9：15.50元

百兽知识/黄圯，黄成编著.—南京：南京大学出版社，1990.10.—280页；32开.—ISBN 7-305-00875-3：3.60元

安徽兽类志/王岐山主编.—合肥：安徽科学技术出版社，1990.3.—315页；16开.—ISBN 7-5337-0410-5：10.00元

斑海豹/王者茂，王丕烈著.—北京：海洋出版社，1990.9.—139页；16开.—ISBN 7-5027-0990-8：4.70元

鼠类生态学及鼠害防治/陈荣海主编.—长春：东北师范大学出版社，1990.12.—239页；大32开.—ISBN 7-5602-0478-3：2.00元

Q96　昆虫学

昆虫电生理学实验研究法/刘安西，陈守同编著.北京：科学出版社，1990.2.—179页；32开.—ISBN 7-03-001524-X：5.50元

昆虫学研究集刊　第八集：1988/中国科学院上海昆虫研究所编.—上海：上海科学技术出版社，1990.4.—245页；16开.—ISBN 7-5323-1747-1：6.10元

Q969　昆虫分类学

中国观赏昆虫/邓振华，文平洋编著.—桂林：漓江出版社，1990.11.—129页；32开.—ISBN 7-5407-0603-1：3.10元

中国细颚姬蜂属志：膜翅目·姬蜂科·瘦姬蜂亚科/汤玉清著.—重庆：重庆出版社，1990.12.—208页：图57页；16开.—ISBN 7-5366-1385-7（精装）：14.60元

甘肃蚜蝇科图志/李兆华，李亚哲编著.—北京：中国展望出版社，1990.1.—127页：图版；16开.—ISBN 7-5050-0556-1：14.40元

幼虫分类学/钟觉民编著.—北京：农业出版社，1990.5.—308页；大32开.—ISBN 7-109-01287-5（精装）：9.60元

吸血双翅目昆虫调查研究集刊　第二集/虞以新主编.—上海：上海科学技术出版社，1990.12.—118页；16开.—ISBN 7-5323-2272-6：5.90元

河南蝶类志/王治国等编著.—郑州：河南科学技术出版社，1990.4.—69页：图45页；16开.—ISBN 7-5349-0576-1：19.00元

球虫生物学/（美）彼得·L.朗主编；蒋金书等译.南宁：广西科学技术出版社，1990.1.—266页；16开.—ISBN 7-80565-227-9：8.20元

粘虫生理生态学/林昌善主编.—北京：北京大学出版社，1990.10.—526页；大32开.—ISBN 7-301-01213-6：14.80元

新疆蚤目志/于心等编著.—乌鲁木齐：新疆人民出版社，1990.9.—542页；16开.—ISBN 7-228-00859-6（精装）：20.20元

蟋蟀世界/姚克明著.—上海：三联书店上海分店，1990.8.—194页；32开.—（万象丛书）.—ISBN 7-5426-0265-9：2.50元

蟋蟀的选、养、斗：六十年经验谈/火光汉著.—上海：上海人民出版社，1990.8.—97页；32开.—ISBN 7-208-00931-7：2.40元

蟋蟀的养斗技巧/李嘉春编著.—上海：上海科学技术出版社，1990.8.—112页；32开.—（上海滩康健园丛书）.—ISBN 7-5323-2203-3：1.85元

Q969.9　应用昆虫学（经济昆虫学）

广西经济昆虫图册：捕食性昆虫/李永禧等编著.南宁：广西科学技术出版社，1990.2.—153页；16开.—ISBN 7-80565-215-5：7.90元

广西经济昆虫图册：植食性昆虫/尤其儆等编著.南宁：广西科学技术出版社，1990.8.—199页；16开.—ISBN 7-80565-343-7：8.90元

资源昆虫/张传溪，许文华编著.—上海：上海科学技术出版社，1990.1.—168页；32开.—ISBN 7-5323-1932-6：3.50元

Q98　人类学

人类生态学/王忠康著.—成都：四川大学出版社，1990.4.—259页；32开.—ISBN 7-5614-0279-1：3.50元

人类遗传学/（美）约翰·B.詹金斯著；刘国瑞，赵景春译.—北京：中国医药科技出版社，1990.2.378页；16开.—ISBN 7-5067-0072-7：12.50元

人类属于地球/联合国教科文组织编；王传钰等译.北京：北京出版社，1990.5.—170页；大16开.—ISBN 7-200-01021-9：8.00元

中国人体质调查：续集/中国解剖学会体质调查委员会编.—上海：上海科学技术出版社，1990.8.634页；16开.—ISBN 7-5323-1423-5：20.00元

古猿怎样变成人/方宗熙著.—北京：中国青年出版社，1990.8.—168页；32开.—（青年文库：新编本；45）.—ISBN 7-5006-0734-2

世界奇人趣闻/倪树春编著.—北京：中国旅游出版社，1990.12.—474页；32开.—ISBN 7-5032-0266-1：8.10元

高级生态学/王业蘧著.—哈尔滨：东北林业大学出版社，1990.5.—204页；16开.—ISBN 7-81008-128-4：2.60元

野人之谜/李建编著.—武汉：中国地质大学出版社，1990.6.—511页；大32开.—ISBN 7-5625-0441-5：9.50元

R 医药、卫生

R-0 一般理论

医学方法概论/常青，邓平修主编.—广州：广东科技出版社，1990.1.—567页；大32开.—ISBN 7-5359-0536-6：6.50元

医学科研方法与管理/张青林，咸日金主编.—北京：人民卫生出版社，1990.2.—673页；32开.ISBN 7-117-01227-7：9.70元

实用医学科研方法学/管遵信编著.—上海：上海中医学院出版社，1990.9.—423页；32开.—ISBN 7-81010-121-8：4.80元

R-05 医学与其他学科的关系

当代医学伦理学/曹开宾主编.—上海：上海人民出版社，1990.1.—279页；32开.—ISBN 7-208-00796-9：3.80元

伦理选择/范以农等著.—北京：北京科学技术出版社，1990.7.—137页；32开.—（卫生改革与发展丛书/崔月犁主编）.—ISBN 7-5304-0683-3：2.80元

行为医学/杨德森主编.—长沙：湖南师范大学出版社，1990.12.—296页；16开.—ISBN 7-81031-047-X：7.70元

医学伦理学/邱世昌等编著.—上海：上海科学技术出版社，1990.2.—143页；32开.—（上海市住院医师培养指导丛书）.—ISBN 7-5323-1894-X：1.60元

医学社会学/（美）蓝采风等编著.—杭州：浙江大学出版社，1990.6.—268页；大32开.—ISBN 7-308-00574-7：3.50元

医学统计学/倪宗瓒主编.—北京：人民卫生出版社，1990.6.—328页；16开.—高等医药院校选修教材 供基础、临床、口腔医学类专业用.—ISBN 7-117-00122-4：4.35元

医学道德/张显立主编.—重庆：科学技术文献出版社重庆分社，1990.8.—164页；32开.—ISBN 7-5023-1138-6：2.20元

医院思想政治工作学/方天人，熊木兰主编.—武汉：武汉出版社，1990.9.—430页；32开.—ISBN 7-5430-0402-X：5.60元

医德学/杜绍忠，赵可亮主编.—石家庄：河北科学技术出版社，1990.5.—208页；32开.—供军医学校用.—ISBN 7-5375-0512-8：2.80元

医德学/黎群武等主编.—北京：中国妇女出版社，1990.12.—314页；大32开.—ISBN 7-80016-399-7：4.20元

医德学教程/袁利廷主编.—厦门：鹭江出版社，1990.8.—288页；32开.—ISBN 7-80533-380-7：3.30元

医德学概论/丘祥兴等编写.—北京：人民卫生出版社，1990.4.—159页；16开.—高等医药院校选修教材 供基础、预防、临床、口腔医学类专业用.—ISBN 7-117-00169-0：2.20元

社会医学/杨建伯，董情主编.—北京：人民卫生出版社，1990.3.—322页；16开.—ISBN 7-117-01308-7：7.50元

社会医学/顾杏元，龚幼龙主编.—上海：上海医科大学出版社，1990.9.—153页；16开.—高等医药院校教材.—ISBN 7-5627-0032-X：2.25元

社会医学/梁浩材主编.—广州：广东科技出版社，1990.12.—174页；大32开.—广东省中等卫生学校教材.—ISBN 7-5359-0738-5：2.20元

社会医学教程/卢希谦等主编.—北京：光明日报出版社，1990.6.—410页；大32开.—ISBN 7-80014-457-7：5.20元

拉丁语在医药学中的应用/娄全寅主编.—开封：河南大学出版社，1990.5.—247页；32开.—ISBN 7-81018-508-X：2.95元

实用医学伦理学/董炳良等主编.—上海：上海人民出版社，1990.7.—311页；32开.—ISBN 7-208-00828-0：3.50元

新编医学伦理学/牟来忠等主编.—武汉：华中师范大学出版社，1990.8.—278页；32开.—ISBN 7-5622-0568-X：3.00元

新编医学伦理学/张世嵘主编.—青岛：青岛出版社，1990.11.—277页；大32开.—ISBN 7-5436-0529-5：4.10元

R-09 医学史

历代医德论述选译/王治民主编.—天津：天津大学出版社，1990.9.—338页；大32开.—ISBN 7-5618-0192-0：5.05元

中国古代医学史略/李经纬，李志东编著.—石家

庄：河北科学技术出版社，1990.2.—385页；大32开.—（古代科学史略丛书）.—ISBN 7-5375-0294-3：5.80元

中国医学史/傅维康主编；吴鸿洲等编.—上海：上海中医学院出版社，1990.1.—579页；大32开.（中医基础理论系列丛书）.—ISBN 7-81010-093-9：6.90元

医学五千年：中医部分/赵友琴编著.—北京：原子能出版社，1990.1.—265页；32开.—ISBN 7-5022-0214-5：5.50元

医药工作十年大事记：1978～1988/齐谋甲，金同珍主编；国家医药管理局编著.—北京：中国医药科技出版社，1989.10.—425页；16开.—ISBN 7-5067-0109-X：18.00元

本书记述了1978年6月至1988年12月期间医药工作的重要事项。

简明医学史/程之范，宋之琪编著.—北京：北京医科大学、中国协和医科大学联合出版社，1990.4.138页；32开.—高等医药院校教材.—ISBN 7-81034-019-0：1.04元

新中国医学教育史/朱潮，张慰丰编著.—北京：北京医科大学、中国协和医科大学联合出版社，1990.5.—450页；大32开.—ISBN 7-81034-003-4：7.00元

R-1　医学概况、现状

中国现代医学1989：中英对照/《中国现代医学》编辑委员会主编.—北京：人民卫生出版社，1990.6.—231页；16开.—ISBN 7-117-01255-2：8.30元

台湾中医药概览/杜建主编.—北京：中国医药科技出版社，1990.12.—311页；16开.—ISBN 7-5067-0226（精装）：11.00元

当代世界医学：1989/上海铁道医学院《当代世界医学》编辑委员会主编.—北京：人民卫生出版社，1990.7.—114页；16开.—ISBN 7-117-01341-9：4.75元

名医·良药·新医械/孔欣主编.—哈尔滨：黑龙江科学技术出版社，1990.9.—297页；32开.—ISBN 7-5388-1209-1：4.70元

本书荟萃全国医学界500多名精英，以及大量新药、特药、新医械。是一部全国性医学成果之精选。

医学前沿纵横谈/中国病理生理学会科普委员会编写；徐隆绍，夏辉明主编.—北京：中国医药科技出版社，1990.9.—169页；32开.—ISBN 7-5067-0198-7：2.70元

医学新学科研究进展/焦春荣，奚尧生主编.—桂林：广西师范大学出版社，1990.7.—472页；大32开.—ISBN 7-5633-0752-4：6.00元

医药科技发展的现状与趋势/边振甲，赵知中著.—北京：北京科学技术出版社，1990.7.—183页；32开.—（卫生改革与发展丛书/崔月犁主编）.—ISBN 7-5304-0682-5：2.80元

现代医疗与保健/李玉山，傅正恺编.—昆明：云南科技出版社，1990.2.—145页；32开.—ISBN 7-5416-0106-3：1.60元

健康大趋势/梁浩材著.—北京：北京科学技术出版社，1990.7.—182页；32开.—（卫生改革与发展丛书/崔月犁主编）.—ISBN 7-5304-0684-1：2.80元

R-33　医学实验

人类疾病的动物模型　第二辑/郭鹞编.—北京：人民卫生出版社，1990.6.—273页；32开.—（病理生理学丛书）.—ISBN 7-117-01279-X：6.05元

实用医学检验计算/林龙顺，温畅编.—上海：上海科学技术文献出版社，1990.4.—372页；32开.—ISBN 7-80513-647-5：6.15元

临床实验室建设与管理/冯仁丰等主编.—上海：上海科学技术出版社，1990.11.—280页；32开.—ISBN 7-5323-2188-6：4.65元

R-4　医学教育与普及

1991年全国硕士研究生入学考试医学综合科目考试大纲：西医·中医/中华人民共和国国家教育委员会制订.—北京：高等教育出版社，1990.10.—120页；32开.—ISBN 7-04-002637-6：0.93元

上海医科大学年鉴：1990/汤钊猷，萧俊主编.—上海：上海医科大学出版社，1990.9.—180页；16开.ISBN 7-5627-0089-3（精装）：18.00元

卫生部国家医学考试中心基础医学多选题：药理学/孙家钧，金正均主编.—北京：人民卫生出版社，1990.2.—449页；32开.—供高等医学院校本科生自学用.—ISBN 7-117-01218-8：7.00元

乡村医生教材：内科学、儿科学、基础护理学/云南省卫生厅科教处编.—昆明：云南科技出版社，1990.9.—741页；16开.—ISBN 7-5416-0312-0：19.00元

乡村医生教材：医学微生物学、人体寄生虫学、病理学、药理学/云南省卫生厅科教处编.—昆明：云南科技出版社，1990.2.—514页；16开.—ISBN 7-5416-0262-0：13.75元

中国医学生成功之路/关勋添主编.—广州：广东高等教育出版社，1990.5.—865页；大32开.—ISBN 7-5361-0680-7：9.80元

外国医学教材研究：生理学·药理学·流行病学/伍贻经主编.—北京：北京医科大学、中国协和医科大学联合出版社，1990.9.—108页；大32开.—ISBN 7-81034-034-4：3.00元

村级卫生技术人员职务晋升考试复习大纲题解/张源茂主编.—福州：福建科学技术出版社，1990.9.429页；16开.—ISBN 7-5335-0416-X：9.75元

医士专业自学辅导丛书：内科学分册/陈龙根，朱国光主编.—北京：中国医药科技出版社，1990.12.87页；16开.—ISBN 7-5067-0352-1：2.30元

医学考试的理论与实践/梅人朗，李春昌主编.—上海：上海医科大学出版社，1990.4.—295页；32开.ISBN 7-5627-0061-3：2.90元

文明与疾病/王廷兆编著.—郑州：河南科学技术出版社，1990.11.—161页；32开.—ISBN 7-5349-0754-3：2.10元

医用小秘方/文祥编.—北京：农村读物出版社，1990.3.—110页；32开.—(最佳生活技巧丛书/韩振峰主编).—ISBN 7-5048-1227-7：1.60元

医疗自助/潘承荣等编著.—北京：科学技术文献出版社，1990.10.—139页；32开.—ISBN 7-5023-1326-5：1.90元

本书主要介绍：小伤小病自诊自治，急症疾病就医前的处理，基本药物的临床指导和使用与药盒配用。

现代文明病/杨任民编著.—北京：人民卫生出版社，1990.11.—62页：图；32开.—(健康小丛书/黄树则主编).—ISBN 7-117-01444-X：0.80元

残疾防治基本知识/李哲生主编.—北京：北京医科大学、中国协和医科大学联合出版社，1990.10.301页；大32开.—ISBN 7-81034-039-5：4.30元

美国医学科普小品精选：英汉对照/林耀寰编.—北京：人民卫生出版社，1990.8.—220页；32开.—ISBN 7-117-01351-6：5.55元

《健康之友》荟萃：健康专家答疑/《健康之友》编辑部编.—北京：中国医药科技出版社，1990.7.122页；16开.—ISBN 7-5067-0256-8：3.40元

病从哪里来？/黄树则著.—北京：人民卫生出版社，1990.4.—70页；32开.—(健康小丛书/黄树则主编).—ISBN 7-117-01326-5：0.86元

家庭实用医药指南/张建平编著.—北京：人民军医出版社，1990.2.—355页；32开.—(家庭生活实用丛书；四).—ISBN 7-80020-150-3：3.10元

本书包括医药常识、家庭常见病处理、妇幼保健、妊娠生育等内容。

R-5 文集、连续性出版物

大众医学：1989年合订本/上海科学技术出版社编.—上海：上海科学技术出版社，1990.3.—1册；16开.—ISBN 7-5323-1904-0：9.80元

中国医药荟萃 第三辑：《心血管疾病》专辑/成都市分部，重庆总部主编.—北京：北京科学技术出版社，1990.7.—124页；16开.—ISBN 7-5304-0727-9：2.50元

中国医药荟萃 第四辑：恶性肿瘤专辑/中国医药荟萃编辑委员会编.—北京：北京科学技术出版社，1990.11.—122页；16开.—ISBN 7-5304-0811-9：2.50元

世界卫生论坛：1989年 第10卷 第2期/世界卫生组织编.—北京：人民卫生出版社，1990.6.—213页；16开.—ISBN 7-117-01405-9：4.40元

世界卫生论坛：1989年 第10卷 第3～4期/世界卫生组织编.—北京：人民卫生出版社，1990.9.373页；16开.—ISBN 7-117-01437-7：4.40元

世界卫生组织通报：选译：1989年 第2期/世界卫生组织总部编.—北京：人民卫生出版社，1990.2.298页；16开.—ISBN 7-117-01304-4：4.40元

世界卫生组织通报：选译：1990年 第1期/世界卫生组织编.—北京：人民卫生出版社，1990.9.—145页；16开.—ISBN 7-117-01429-6：4.40元

希波克拉底文集：世界古典医学名著/(古希腊)希波克拉底(Hippocrates)著；赵洪钧，武鹏译.合肥：安徽科学技术出版社，1990.10.—314页；大32开.—ISBN 7-5337-0428-3：5.50元

《希波克拉底全集》是希波克拉底的学生和两个学医的儿子及女婿等人汇集希氏的医学学术和思想而成的，曾被译成多国文字出版，本文集代表了古代西方医学的主要成就。

R-6 医学参考工具书

工厂医生手册/陆伟杰，夏泉源主编.—南京：江苏科学技术出版社，1990.1.—1007页；32开.—ISBN 7-5345-0837-1：11.40元

本书主要介绍预防保健和疾病防治两大内容。

中国医学百科全书：营养性疾病/中国医学百科全书编辑委员会编；张孝骞主编.—上海：上海科学技术出版社，1990.11.—82页；16开.—ISBN 7-5323-2011-1：2.95元

汉法英日医学用语1000句/刘名顺，王古玺编著.北京：科学普及出版社，1990.6.—148页；32开.ISBN 7-110-00906-8：5.50元

汉法常用医学词汇/孙良生编.—北京：人民卫生出版社，1990.1.—461页；32开.—ISBN 7-117-00666-8(精装)：10.00元

汉俄医学大词典/汉英、汉法、汉德、汉日、汉俄医学大词典编纂委员会编.—北京：人民卫生出版社，1990.12.—1763页；16开.—ISBN 7-117-01318-4(精装)：85.00元

全国医药卫生科研机构及高级人员名录/薛志福，李忠泽编.—北京：人民卫生出版社，1990.6.—292页；大16开.—ISBN 7-117-01329-X：4.45元

农家保健手册/张明玉等编 —济南：济南出版社，1990.10.—189页；32开.—ISBN 7-80572-321-4：

2.50元

医用拉丁语/曹煊主编.—东营：石油大学出版社，1990.12.—80页；16开.— ISBN 7-5636-0113-9：2.00元

医护实用英语百科：汉英对照/陈文喈等编.—天津：天津人民出版社，1990.8.—707页；大32开.ISBN 7-201-00414-X：8.95元

医疗卫生英汉分类词汇/游斌主编.—福州：福建科学技术出版社，1990.3.—357页；32开.—ISBN 7-5335-0301-5：5.40元

医学小百科：护理/钱信忠主编.—天津：天津科学技术出版社，1990.4.—279页；32开.—ISBN 7-5308-0439-1：5.35元

医学小百科：针灸/钱信忠主编.—天津：天津科学技术出版社，1990.4.—218页；32开.—ISBN 7-5308-0430-8：3.90元

医学小百科：健美/钱信忠主编.—天津：天津科学技术出版社，1990.5.—291页；32开.—ISBN 7-5308-0469-3：5.50元

医学小百科：营养/钱信忠主编.—天津：天津科学技术出版社，1990.5.—287页；32开.—ISBN 7-5308-0429-4：5.50元

医学小百科：推拿/钱信忠主编.—天津：天津科学技术出版社，1990.4.—167页；32开.—ISBN 7-5308-0431-6：3.05元

医学名词：1989/医学名词审定委员会编.—北京：科学出版社，1990.1.—145页；16开.—全国自然科学名词审定委员会公布　国家自然科学基金资助项目.—ISBN 7-03-001711-0：11.00元

本书包括妇产科学、耳鼻咽喉科学、风湿病学、血液病学、呼吸病学、内分泌病学等学科的基本名词，共2112条。

医学通俗百科/王赞舜主编.—上海：上海科学技术出版社，1990.3.—983页；大32开.—ISBN 7-5323-1839-7（精装）：19.70元

医学常用缩写符号与代号/邓桂珍等编.—桂林：广西师范大学出版社，1990.1.—192页；64开.—ISBN 7-5633-0703-6：1.75元

现代英汉医学、药学、卫生学略语词典/王懿，曹金盛主编.—北京：北京科学技术出版社，1990.4.1076页；32开.— ISBN 7-5304-0130-0（精装）：23.40元

英汉双解精选医学词典/祝希媛等译.—北京：人民卫生出版社，1990.11.—1392页；32开.—ISBN 7-117-01398-2：20.55元

英汉医学检验词汇与缩略语辞典/马汉英主编.—哈尔滨：哈尔滨船舶工程学院出版社，1990.11.—840页；32开.—ISBN 7-81007-096-7：16.00元

实习医师手册/唐春林，周洸主编.—济南：山东大学出版社，1990.12.— 531页；32开.—ISBN 7-5607-0427-1：6.20元

实用医学大词典/吴之理主编.—北京：人民军医出版社，1990.4.—1129页；16开.—ISBN 7-80020-093-0（精装）：48.50元

本书包括基础医学、临床医学、预防医学、祖国医学和军事医学等5713学科，全书共2261条。

实用医学词典/中国医科大学主编.—北京：人民卫生出版社，1990.5.—1313页；大32开.—ISBN 7-117-00787-7（精装）：29.70元

实用医学词典　（2）/张俊武主编.—哈尔滨：黑龙江科学技术出版社，1990.5.—880页；32开.—ISBN 7-5388-1174-5：18.00元

实用医学新旧计量值对照表/罗振智等编.—南宁：广西科学技术出版社，1990.7.—240页；32开.ISBN 7-80565-179-5：2.80元

实用英汉医学词汇/陈维益等编.—上海：上海科学技术出版社，1990.10.—1107页；32开.—ISBN 7-5323-1721-8（精装）：13.50元

俄英汉医药学词汇/周德湘等主编.—南昌：江西科学技术出版社，1990.10.—998页；大32开.—ISBN 7-5390-0345-6（精装）：18.50元

家庭实用中西医手册/胡响亮等编著.—上海：上海科学技术文献出版社，1990.7.—174页；32开.—ISBN 7-80513-613-0：2.50元

简明英汉医学词典/孟挺主编.—北京：地质出版社，1990.8.—270页；56开.— ISBN 7-116-00674-5（塑精装）：2.95元

新编家庭医学/（日）小林太刀夫等著；尹少奇等译.—南宁：广西民族出版社，1990.4.—1443页；大32开.—ISBN 7-5363-0770-5（精装）：22.00元

R1　预防医学、卫生学

卫生学/王翔朴主编.—3版.—北京：人民卫生出版社，1990.3.—345页；16开.—高等医药院校教材　供基础、临床、口腔医学类专业用.—ISBN 7-117-00155-0：4.60元

卫生管理词典/王春然，石长吉主编.—北京：经济管理出版社，1990.7.—696页；32开.—ISBN 7-80025-291-4（精装）：11.80元

社会主义卫生经济学/高伟鑫，朱凯主编.—济南：山东人民出版社，1990.8.—297页；大32开.—ISBN 7-209-00706-7：3.85元

科学生活与健康/秦天编.—北京：中国医药科技出版社，1990.9.—98页；16开.—ISBN 7-5067-0234-7：2.75元

预防医学/沈志谦主编.—北京：中国医药科技出版社，1990.1.—282页；16开.—中等卫生学校试用教材　供护士、助产士、医士类专业用.—ISBN 7-

5067-0120-0：6.90元

R12　环境卫生

公共场所卫生监督与管理/李才广主编.—北京：中国医药科技出版社，1990.7.—604页；32开.—ISBN 7-5067-0169-3：8.35元

水质标准手册/夏青，张旭辉主编.—北京：中国环境科学出版社，1990.10.—402页；16开.—ISBN 7-80010-670-5：13.50元

本书内容包括我国地面水环境质量和各类专业用水水质标准及修订说明，世界卫生组织制订的水质标准，欧洲共同体的水质保护指令和标准以及美、英、德等国家的水质标准等。

各种环境和作业条件下的卫生保健/陈旭主编.—北京：人民军医出版社，1990.8.—130页；32开.（青年健康知识系列读物）.—ISBN 7-80020-165-1：2.55元

环境医学/蔡宏道，鲁业生主编.—北京：中国环境科学出版社，1990.7.—208页；16开.—在职干部环境保护专业高等教育教材.—ISBN 7-80010-620-9：5.90元

R13　劳动卫生

工业卫生与职业病学/王世俊主编.—北京：化学工业出版社，1990.7.—563页；16开.—化工企业医师高级培训教材.—ISBN 7-5025-5343-1：17.50元

工业卫生知识讲座/刘世杰等主编.—北京：中央广播电视大学出版社，1990.10.—378页；大32开.ISBN 7-304-00575-0：5.25元

工业企业防毒技术/王淑荪编著.—北京：北京出版社，1990.2.—312页；32开.—ISBN 7-200-00750-1：4.30元

工业企业防职业病必读/崔力争，郭华章主编.—北京：北京科学技术出版社，1990.5.—158页；32开.ISBN 7-5304-0661-2：2.00元

工业防毒/劳动部职业安全卫生监察局主编.—北京：中国劳动出版社，1990.7.—484页；32开.—职业安全卫生通用基础系列教材.—ISBN 7-5045-0500-5：7.50元

工业劳动安全手册/（苏）特卡丘克（Ткачук，K.H.）等著；祝存钦等译.—北京：冶金工业出版社，1990.11.—324页；大32开.—ISBN 7-5024-0735-9：6.40元

书名原文：Справочник беионапасности труд-ав иромы щленности

上海市工厂企业卫生保健学术论文选编集/邵浩奇主编.—上海：上海科学技术出版社，1990.3.—134页；16开.—ISBN 7-5323-2126-6：5.45元

乡镇企业劳动卫生与职业病防治/崔力争，陈增良主编.—北京：北京科学技术出版社，1990.5.—319页；32开.—ISBN 7-5304-0671-X：3.80元

车间空气监测检验方法/中国预防医学科学院劳动卫生与职业病研究所主编.—3版.—北京：人民卫生出版社，1990.6.—559页；大32开.—ISBN 7-117-00734-6：7.50元

本书1980年1月第1版。

今日尘肺　第3卷：防尘技术与尘肺研究/白云亭，杨德昌主编.—北京：能源出版社，1990.3.—275页；32开.—ISBN 7-80018-081-6：3.70元

生产环境粉尘测定/李烈勋等编.—北京：冶金工业出版社，1990.12.—162页；32开.—ISBN 7-5024-0800-5：3.50元

机械工业企业工业卫生工作手册/机械电子工业部质量安全司编；李传斌主编.—北京：机械工业出版社，1990.12.—506页；32开.—ISBN 7-111-02288-2：9.00元

有机磷中毒的诊断抢救与管理：基础与临床/彭树楠，李潭溪编著.—北京：群众出版社，1990.5.304页；32开.—ISBN 7-5014-0498-3：3.95元

危害童工健康的特殊因素/世界卫生组织编；许侠译.—北京：人民卫生出版社，1990.10.—50页；32开.—（技术报告丛书；756）.—ISBN 7-117-01474-1：1.45元

农药中毒手册/黄星培主编.—成都：四川科学技术出版社，1990.4.—494页；32开.—ISBN 7-5364-1427-7：5.00元

金属尘肺/张辉明主编.—北京：冶金工业出版社，1990.11.—338页；大32开.—ISBN 7-5024-0729-4（精装）：10.50元

实用工业卫生工作手册/刚葆琪主编；王兴邦等编.北京：人民卫生出版社，1990.4.—339页；16开.ISBN 7-117-01231-5：11.30元

急性化学中毒抢救手册/上海市化工职业病防治研究所编.—上海：上海科学普及出版社，1990.5.329页；64开.—ISBN 7-5427-0242-4：2.80元

职业中毒病例研究/孙维生主编；马伯琍等编.—北京：化学工业出版社，1990.6.—294页；16开.—ISBN 7-5025-0685-3：8.90元

常见职业中毒/王世俊，董家蕙编著.—北京：人民卫生出版社，1990.1.—52页；32开.—（健康小丛书/黄树则主编）.—ISBN 7-117-01237-4：0.68元

煤工尘肺的防治/孟玉峰，王华君编.—北京：煤炭工业出版社，1990.8.—109页；大32开.—（煤矿安全技术培训丛书；12）.—ISBN 7-5020-0472-6：2.00元

橡胶助剂的毒害/（英）纳特（Nutt，R.A.）著；阎家宾，郑孝廉译.—北京：化学工业出版社，1990.8.—137页；32开.—ISBN 7-5025-0478-8：4.00元

R14 放射卫生

工作人员摄入放射性核素的个人监测：设计和解释：国际放射防护委员会第4专门委员会工作组报告/李树德译.—北京：原子能出版社，1990.6.—338页；32开.—国际放射防护委员会第54号出版物　1987年3月通过.—ISBN 7-5022-0253-6

中华人民共和国放射性同位素与射线装置放射防护条例.—北京：人民卫生出版社，1990.8.—28页；32开.—一九八九年十月二十四日国务院发布.—ISBN 7-117-01464-4：0.53元

医用X射线防护技术与管理/张丹枫编著.—太原：山西科学教育出版社，1990.10.—247页；32开.ISBN 7-5377-0310-3：3.10元

制定统一危害指数的定量基础/周永增译.—北京：原子能出版社，1990.3.—112页；32开.—国际放射防护委员会第45号出版物.—ISBN 7-5022-0213-7：1.95元

放射性同位素应用卫生防护/谢复成主编.—长沙：湖南科学技术出版社，1990.12.—211页；32开.ISBN 7-5357-0888-9：3.50元

某些放射性核素/联合国环境规划署等编；徐根林等译.—北京：中国环境科学出版社，1990.4.—223页；32开.—（环境卫生基准；25）.—ISBN 7-80010-448-6：3.50元

书名原文：Selected Radionuclides

食物中放射性核素容许值：由大规模辐射事故造成广泛污染后的实用指南/世界卫生组织编；刘文魁等译.—北京：人民卫生出版社，1990.6.—43页；10开.—ISBN 7-117-01395-8：1.30元

探伤用射线防护技术/石磊主编.—北京：机械工业出版社，1990.3.—362页；32开.—ISBN 7-111-01818-4：9.70元

R15 营养卫生、食品卫生（饮食卫生）

自然医食与健康长寿/（日）森下敬一著；姚力译.北京：新华出版社，1990.9.—165页；32开.—ISBN 7-5011-0857-9：2.40元

饮食/过竹编著.—南宁：广西民族出版社，1990.11.—194页；36开.—（当代青年文化娱乐丛书；第二辑；10/杜云，陈运祐主编）.—ISBN 7-5363-1010-2：2.25元

饮食与营养/胡珍珠编著.—北京：人民卫生出版社，1990.1.—62页；32开.—（健康小丛书/黄树则主编）.—ISBN 7-117-01246-3：0.80元

饮食小顾问/雷毓华编.—北京：农村读物出版社，1990.3.—72页；32开.—（实惠小丛书）.—ISBN 7-5048-0791-5：1.60元

饮食诀窍101则/（法）马丹-维尔维埃耶（Martin-Villevielle，S.）著；方裕贵，韦巍译.—北京：新华出版社，1990.6.—158页；32开.—ISBN 7-5011-0665-7：2.05元

饮食宜忌200问/朱玫编著.—北京：中国农业科技出版社，1990.8.—126页；32开.—ISBN 7-80026-185-9：2.40元

饮食·保健/范正祥，骆勤方主编.—北京：人民体育出版社，1990.9.—277页；32开.—（家庭保健大全系列）.—ISBN 7-5009-0480-0：3.70元

饮食解愁小经验/卢大修等著.—北京：农村读物出版社，1990.4.—33页；32开.—（解忧消愁小丛书）.—ISBN 7-5048-1281-1：1.40元

实用饮食知识：吃的学问/（英）萨姆纳（Sumner，M.）著；李金鸣等译.—上海：上海科学技术文献出版社，1990.10.—124页；32开.—ISBN 7-80513-685-3：1.65元

家庭饮食必备实用手册：危险吃法230解/陈英华等编.—北京：华龄出版社，1990.6.—172页；32开.ISBN 7-80082-056-4：3.20元

R151 营养学

中外膳食结构比较与合理膳食/毛礼钟，赵美松编著.—北京：中国食品出版社，1990.2.—252页；32开.—ISBN 7-80044-268-3：3.40元

本书集中介绍若干具有代表性国家的膳食结构情况及发展前景等。

来自西方的知识——营养与食物/（美）李湞等著；陈春英，普贤译.—北京：科学普及出版社，1990.5.—139页；大32开.—ISBN 7-110-01032-5（精装）：10.40元

饮食保健三百忌/孔欣主编；王树山等编.—哈尔滨：哈尔滨出版社，1990.4.—189页；32开.—（生活艺术丛书）.—ISBN 7-80557-226-7：3.20元

饮食营养与长寿/（美）戴维斯（Davis，A.）著；屠敏珠译.—北京：社会科学文献出版社，1990.1.—293页；32开.—（健康长寿译丛）.—ISBN 7-80050-114-0：3.80元

书名原文：Let's Eat Right to Keep Fit

饮食营养指南：预防医学问答/彭恕生，李珏声主编.—北京：人民卫生出版社，1990.1.—219页；16开.—ISBN 7-117-01183-1：7.25元

现代家政百科：营养/徐国良，范基农编著.—北京：中国和平出版社，1990.6.—212页；32开.（中国家政教程丛书/黄建伟主编）.—ISBN 7-80037-309-6：3.20元

奇妙减肥法/（日）和田静郎著；徐艺峰译.—延吉：延边人民出版社，1990.5.—169页；32开.—ISBN 7-80508-428-9：2.80元

法国减肥术/张润青编译.—北京：三联书店，1990.6.—150页；32开.—(大众文库).—ISBN 7-108-00252-3：2.60元

实用营养与代谢支持手册/岳茂兴，杨忠瑾编.—北京：华夏出版社，1990.2.—382页；32开.—ISBN 7-80053-626-2：5.70元

实用营养手册/吴德才等主编.—天津：天津科学技术出版社，1990.4.—802页；32开.—ISBN 7-5308-0591-6：11.75元

实用营养减肥法/王美岭等编著.—济南：山东大学出版社，1990.7.—109页；32开.—ISBN 7-5607-0406-9：1.35元

怎样吃才能健身去病/孙恭恒，李延编著.—重庆：科学技术文献出版社重庆分社，1990.2.—145页；32开.—ISBN 7-5023-0356-1：2.55元

食物营养成分表：北京地区/北京市卫生防疫站等编.—北京：轻工业出版社，1990.9.—306页；16开.—ISBN 7-5019-0850-8：20.00元

食物营养成分测定法/中国预防医学科学院营养与食品卫生研究所编著.—3版.—北京：人民卫生出版社，1990.3.—259页；32开.—ISBN 7-117-01200-5：4.10元

本书1954年12月第1版。

食物营养素最新检测数据/北京市卫生防疫站等编.—北京：北京科学技术出版社，1990.7.—162页；32开.—ISBN 7-5304-0768-6：2.40元

食品营养/邱雁临编写.—武汉：湖北科学技术出版社，1990.6.—246页；32开.—(食品工业丛书/唐乘骐，汪履绥主编).—ISBN 7-5352-0404-X：2.85元

速效减肥法/(日)中村钋一原著；王家，白雁编译；柏子编著.—北京：学苑出版社，1990.5.—259页；32开.—ISBN 7-80060-987-1：3.50元

海味营养与药用指南/何一骏编著.—广州：广东科技出版社，1990.3.—174页；32开.—ISBN 7-5359-0477-7：2.20元

家庭营养小百科/宁先云，亦木主编；刘芳琴，李连德编写.—长春：吉林文史出版社，1990.9.—316页；32开.—ISBN 7-80528-299-9：4.80元

菜篮子与全家福：家庭饮食与营养科学/陈光新，朱清华主编.—北京：中国商业出版社，1990.10.309页；32开.—ISBN 7-5044-0560-4：5.50元

营养/徐国良，范基农编著.—北京：中国和平出版社，1990.6.—212页；32开.—(现代家政百科/黄建伟主编).—ISBN 7-80037-309-6：3.20元

营养与健康/(美)D.A.文乃克等著；王满君等编译.—石家庄：河北科学技术出版社，1990.10.—362页；32开.—ISBN 7-5375-0582-9：4.70元

营养及食品卫生/王笃圣等编.—北京：人民卫生出版社，1990.7.—254页；32开.—(护士晋升自学丛书；9/庞文贞主编).—ISBN 7-117-00896-2：5.00元

营养饮食与食物疗法/何东兰编著.—海口：南海出版公司，1990.10.—269页；32开.—ISBN 7-80570-292-6：3.80元

营养调查与电脑处理/徐臻荣等编著.—乌鲁木齐：新疆人民出版社，1990.4.—117页；32开.—ISBN 7-228-00992-4：1.15元

常吃蔬菜的营养价值/曹强编著.—北京：知识出版社，1990.7.—74页；32开.—ISBN 7-5015-0301-X：1.20元

本书共介绍70多种常吃蔬菜的营养价值。

减肥的奥秘与妙法/郑霄阳等编.—郑州：河南科学技术出版社，1990.6.—235页；32开.—ISBN 7-5349-0527-3：3.10元

减肥健美食品研制、配方与工艺：国家体委体育科学技术成果专辑/僧松龄著.—北京：人民体育出版社，1990.8.—251页；大32开.—ISBN 7-5009-0676-5：4.96元

最新实用减肥大全/漆浩等编写.—北京：农村读物出版社，1990.10.—175页；32开.—ISBN 7-5048-1373-7：2.90元

膳食与营养基础知识/毛礼钟编著.—北京：中国食品出版社，1990.1.—301页；32开.—ISBN 7-80044-280-2：3.90元

R153　各类型人群的营养

大众食品营养素便览/殷毅编著.—南京：江苏科学技术出版社，1990.10.—160页；32开.—ISBN 7-5345-1052-X：2.40元

R153.1　妇女营养

孕产妇及婴儿的营养与保健/北京妇产医院编.—北京：中国商业出版社，1990.9.—119页；32开.—ISBN 7-5044-0480-2：2.35元

孕妇营养指南/济南市计划生育委员会，济南市计划生育协会编.—济南：济南出版社，1990.10.—251页；32开.—ISBN 7-80572-342-7：2.85元

年轻夫妇必读：科学喂养婴幼儿/刘琦编.—西安：陕西科学技术出版社，1990.1.—98页；32开.—ISBN 7-5369-0590-4：1.50元

怎样哺育好你的幼苗：和妈妈谈胎婴儿营养（二）/李瑞芬主编.—北京：北京师范大学出版社，1990.4.—160页；32开.—(中国营养丛书/于若木主编).ISBN 7-303-00940-X：2.25元

R153.2 儿童、少年营养

人乳中的少量和微量元素：世界卫生组织·国际原子能机构协作研究的联合报告/世界卫生组织编；赵金扣译.—北京：人民卫生出版社，1990.12.—144页；大32开.—ISBN 7-117-01496-2：2.50元

儿童少年营养卫生知识读本/杭州市学生营养促进会编.—杭州：浙江科学技术出版社，1990.8.—121页；32开.—ISBN 7-5341-0302-9：1.80元

儿童合理营养问答/张保民等编译.—济南：山东科学技术出版社，1990.5.—172页；32开.—ISBN 7-5331-0407-2：2.40元

儿童饮食保健手册/李书良编著.—桂林：广西师范大学出版社，1990.4.—150页；32开.—ISBN 7-5633-0801-6：1.60元

儿童饮食营养问答/钱剑海，吴升华编著.—南京：江苏科学技术出版社，1990.4.—346页；32开.—ISBN 7-5345-0910-6：3.90元

小儿家庭营养配餐与食疗名方/南光编著.—太原：山西科学教育出版社，1990.6.—185页；32开.—ISBN 7-5377-0264-0：2.80元

中小学生营养配餐/王慕同等编著.—北京：学术书刊出版社，1990.6.—263页；32开.—（中华营养配餐系列丛书）.—ISBN 7-80045-167-4：3.80元

幼儿食谱/（法）玛尔伽台（Marcadé，B.），（法）布歇（Bouchet，H.）著；谢桂芳译.—北京：中国商业出版社，1990.9.—152页；32开.—ISBN 7-5044-0581-7：2.40元

书名原文：La Nouvelle Cuisine de Bébé

本书用与母亲谈心的方式将婴幼儿饮食知识平易地传授给读者，凡拥有一个宝宝的母亲都可以从这本书中得到喂养孩子应遵循的规律和方法。

幼儿营养与保健/汪南平，朱壮勇编译.—济南：明天出版社，1990.8.—196页；32开.—ISBN 7-5332-1050-6：2.35元

幼儿营养知识问答/李汉华编著.—成都：四川教育出版社，1990.8.—82页；32开.—ISBN 7-5408-1306-7：1.25元

青少年营养健美须知/高云升主编.—北京：中国食品出版社，1990.1.—141页；32开.—ISBN 7-80044-287-X：1.95元

宝宝康：独生子女的营养与保健/梅东，亦员编.重庆：科学技术文献出版社重庆分社，1990.3.140页；32开.—ISBN 7-5023-1058-4：2.45元

实用小儿营养食谱/魏晓鹏编著.—北京：科学普及出版社，1990.11.—157页；32开.—ISBN 7-110-01818-0：2.45元

怎样合理安排儿童营养/柳启沛，朱朝勇编.—上海：上海科学技术文献出版社，1990.11.—98页；32开.—ISBN 7-80513-696-3：1.30元

怎样安排儿童科学膳食/蒋安惠编著.—北京：中国工人出版社，1990.7.—69页；32开.—（好家长丛书）.—ISBN 7-5008-0605-1：1.20元

婴儿营养/（加）杨必伟（Yeung，D.L.）著；黄令玲等译.—杭州：浙江大学出版社，1990.10.178页；大32开.—ISBN 7-308-00623-9：3.00元

书名原文：Infaut Nutrition

婴幼儿饮食与营养/魏承生，孙逢万编著.—上海：上海科学技术出版社，1990.2.—218页；32开.—ISBN 7-5323-1723-4：2.35元

婴幼儿食谱/叶连海，郝淑秀编著.—北京：金盾出版社，1990.12.—211页：彩照；32开.—ISBN 7-80022-262-4：2.70元

喂养小儿营养配餐/王慕同主编.—北京：学术书刊出版社，1990.·.—232页；32开.—（中华营养配餐系列丛书）.—ISBN 7-80045-637-4：3.10元

0—18岁孩子的营养与健康/岳济编著.—上海：三联书店上海分店，1990.12.—145页：插图；32开.—ISBN 7-5426-0364-7：1.60元

R153.3 老年人营养

老年人营养与锻炼/吉海旺，姚淑莲编著.—西安：陕西人民出版社，1990.6.—186页；32开.—ISBN 7-224-01225-4：2.20元

老年营养与食疗/安徽老年大学，广西老年大学编.—兰州：甘肃人民出版社，1990.5.—199页；大32开.—老年大学试用教材.—ISBN 7-226-00570-0：2.80元

老年营养食疗/骆勤方主编；夕逸等撰稿.—北京：人民体育出版社，1990.9.—206页；32开.—（老年保健精要丛书；3）.—ISBN 7-5009-0324-3：3.20元

R153.4 特种工作人员营养

冶金工人营养与保健/齐书谦，刘铁夫主编.—沈阳：辽宁科学技术出版社，1990.2.—385页；32开.ISBN 7-5381-0843-2：5.10元

高原营养/方允中，顾景范主编.—北京：人民军医出版社，1990.4.—265页；32开.—ISBN 7-80020-157-0：4.50元

本书包括高原地理环境、缺氧与人体的生理影响、高原热能、蛋白质、无机盐、维生素营养，以及高原适应不全症、指甲凹陷症及营养等。

R153.9 其他人营养

大学生体育锻炼与营养饮食卫生/柳新义，张延主编.—开封：河南大学出版社，1990.7.—272页；32

开.—(大学生健康教育丛书).—ISBN 7-81018-500-4：2.70元

新婚夫妻营养配餐/王慕同等编著.—北京：学术书刊出版社，1990.6.—227页；32开.—(中华营养配餐系列丛书).—ISBN 7-80045-166-6：3.80元

R154 食物的调配、烹饪

烹饪营养/朱良银主编；李清爱等编著.—北京：人民军医出版社，1990.12.—179页；大32开.—(烹饪技术丛书；一).—ISBN 7-80020-212-7：3.80元

本书阐述了烹饪营养的基础理论、基本知识与基本技能及常用食物的营养价值、在烹饪过程中的变化和影响、保护营养素少受损失的措施等。

烹饪营养入门/李子厚等编著.—北京：中国旅游出版社，1990.5.—256页；32开.—(中国美食丛书).ISBN 7-5032-0273-4：4.10元

烹饪营养学/刘铭主编.—北京：中国商业出版社，1990.4.—292页；32开.—商业专科烹饪专业试用教材.—ISBN 7-5044-0469-1：1.90元

R155 饮食卫生与食品检验

肉蛋乳鱼类食品卫生指南/王彦学等编.—兰州：甘肃科学技术出版社，1990.2.—254页；32开.—ISBN 7-5424-0250-1：3.35元

食品卫生/江伟珣等编写.—北京：农业出版社，1990.5.—152页；16开.—中央农业广播电视学校试用教材　农产品贮藏与加工专业用.—ISBN 7-109-01515-7：2.75元

食品卫生知识问答/苏新生，傅德成主编.—北京：中国食品出版社，1990.1.—302页；32开.—ISBN 7-80044-285-3：3.80元

食品卫生检验方法注解：微生物学部分/孟昭赫主编.—北京：人民卫生出版社，1990.6.—1018页；16开.—ISBN 7-117-01099-1(精装)：45.00元

食品卫生教育指导/白光大主编.—长春：长春出版社，1990.5.—213页；32开.—ISBN 7-80573-240-X：2.90元

食品从业人员卫生监测和管理程序/世界卫生组织编；刘宏杰译.—北京：人民卫生出版社，1990.10.43页；32开.—(技术报告丛书；785).—ISBN 7-117-01473-3：1.00元

食品生产经营卫生/王瑞卿主编.—长春：吉林人民出版社，1990.9.—315页；32开.—ISBN 7-206-00709-0：4.50元

食品检验技术手册/赵传孝等编著.—北京：中国食品出版社，1990.3.—827页；32开.—ISBN 7-80044-253-5：11.90元

解酒食品与解酒方法/刘博纯编著.—沈阳：辽宁大学出版社，1990.12.—133页；32开.—ISBN 7-5610-1120-2：2.30元

新编食品卫生必读/赖威民主编；冯先荣等编.广州：中山大学出版社，1990.6.—340页；32开.ISBN 7-306-00317-8：3.45元

R16 个人卫生

生命与健康/(美)马文·R.莱维等著；轩玉，杨杜芳编译.—北京：中国国际广播出版社，1990.8.440页；32开.—ISBN 7-80035-483-0：5.90元

生活习惯与健康/韩绍安编写.—北京：人民卫生出版社，1990.5.—70页；32开.—(健康小丛书/黄树则主编).—ISBN 7-117-01303-6：0.87元

生活中的禁忌/周绍麟等主编.—桂林：广西师范大学出版社，1990.5.—244页；32开.—ISBN 7-5633-0778-8：3.00元

生活健康精荟/文可编.—北京：中国医药科技出版社，1990.7.—93页；16开.—ISBN 7-5067-0231-2：2.75元

优生·健美·长寿　上册/关训良，王天顺主编.北京：中国医药科技出版社，1990.6.—426页；32开.—ISBN 7-5067-0124-3：5.70元

农村初级卫生保健手册/张福瑞主编.—北京：北京医科大学、中国协和医科大学联合出版社，1990.11.639页；32开.—ISBN 7-81034-050-6：6.50元

R161 一般保健法

一分钟健身法/(日)铃木弘文等著；张来舜译.北京：人民体育出版社，1990.2.—78页；32开.ISBN 7-5009-0411-8：1.20元

一分钟健康诊断/(日)石川恭三著；王彦良等译.—天津：天津人民出版社，1990.12.—145页；32开.—ISBN 7-201-00631-2：2.30元

人人健康与初级卫生保健/杨重光等编著.—济南：山东大学出版社，1990.8.—118页；32开.—(初级卫生保健丛书).—ISBN 7-5607-0377-1：1.40元

小病不求医：家用偏方大全/吉爽编著.—海口：南海出版公司，1990.7.—217页；32开.—ISBN 7-80570-134-2：3.30元

夫妻·孕育/范正祥，骆勤方主编；王亚平等撰写.—北京：人民体育出版社，1990.9.—296页；32开.—(家庭保健大全系列).—ISBN 7-5009-0395-2：3.90元

太极健身舞/许大嘉编著.—北京：中国林业出版社，1990.4.—61页；照片；32开.—ISBN 7-5038-0541-2：1.30元

可怕的错误健康常识/李晓虹等编译.—天津：天津科技翻译出版公司，1990.8.—157页；32开.—ISBN 7-5433-0161-X：2.70元

只需十分钟/（美）本森（Benson, H.）著；陈仁椁等编译.—北京：中国人民大学出版社，1990.9.99页；32开.—ISBN 7-300-00891-7：1.85元

书名原文：The Relaxation Response

书中介绍了自我松驰的身体保建方法。

年轻十岁的秘诀/程方编.—海口：南海出版公司，1990.8.—181页；32开.—ISBN 7-80570-178-4：3.20元

自我保健诊所/佘桂爵编著.—广州：广东高等教育出版社，1990.12.—300页；32开.—ISBN 7-5361-0656-4：4.50元

自然健美法/（　）戴蒙夫妇著；李庆坤，杨松译.北京：三联书店，1990.3.—148页；32开.—（大众文库）.—ISBN 7-108-00254-X：2.40元

名医谈保健/赵艳主编.—北京：华龄出版社，1990.3.—360页；32开.—（人类健康丛书）.—ISBN 7-80082-015-7：4.50元

防病·用药/范正祥，骆勤方主编.—北京：人民体育出版社，1990.9.—314页；32开.—（家庭保健大全系列）.—ISBN 7-5009-0479-7：4.10元

孙思邈健身法/元树郡，任春荣编著.—西安：陕西科学技术出版社，1990.1.—58页；插图；32开.—ISBN 7-5369-0653-6：1.15元

本书对孙思邈健身法的动作要领及长寿经验作了介绍。

每日健康秘法/畅帆编译.—延吉：延边人民出版社，1990.8.—236页；32开.—ISBN 7-80508-122-0：3.50元

现代保健/田令群等编.—重庆：重庆大学出版社，1990.5.—266页；32开.—ISBN 7-5624-0338-4：3.20元

现代保健科学/中国保健科学技术学会，中国现代设计法研究会编.—北京：中国建筑工业出版社，1990.8.—300页；32开.—（现代设计法丛书）.—ISBN 7-112-00757-7：3.20元

现代美容保健法/杨锦森等编著.—广州：广东科技出版社，1990.12.—119页；32开.—ISBN 7-5359-0620-6：2.20元

现代健身指导/（英）库珀（Cooper, H.）著；王兴杨，邱锡镖译.—上海：上海翻译出版公司，1990.10.—138页；32开.—ISBN 7-80514-272-6：1.95元

书名原文：Get Fit for Life

呼气健身/张荣楫著.—台北：徐氏基金会（北京：世界图书出版公司，1990.8重印）.—158页；照片；32开.—ISBN 7-5062-2215-9：3.60元

怎样观察自己的健康/叶桂荟，高振都编译.—北京：新时代出版社，1990.8.—167页；32开.—ISBN 7-5042-0101-4：3.50元

怎样松弛你的身体/（美）高尔曼著；宋晓明编译.北京：中国卓越出版公司，1990.10.—258页；32开.—ISBN 7-80071-211-7：4.10元

保你在三周内减肥健美/（日）广池秋子著；李连鹏译.—太原：山西科学教育出版社，1990.8.—151页；32开.—ISBN 7-5377-0282-9：2.30元

保健与就医指南/徐荣奎等编.—南京：河海大学出版社，1990.7.—332页；32开.—ISBN 7-5630-0311-8：3.50元

保健集锦/陈瑞华主编.—上海：上海科学技术出版社，1990.6.—194页；32开.—ISBN 7-5323-1840-0：2.95元

保健新论：养身健体　珍重人生/（南非）巴纳德（Barnard, C.）等著；汤志华，刘舟译.—太原：山西人民出版社，1990.12.—136页；32开.—（人与管理丛书）.—ISBN 7-203-01724-9：2.50元

书名原文：All About Good Health

胖人解忧小妙方/李亚民，丁雪琴著.—北京：农村读物出版社，1990.4.—37页；32开.—（解尤消愁小丛书）.—ISBN 7-5048-1278-1：1.40元

养身长寿保健法/韦鉴芳，吴佩颖编著.—南宁：广西民族出版社，1990.7.—291页；32开.—ISBN 7-5363-0845-0：3.80元

健与美精粹/《健与美》杂志编辑部编著.—北京：奥林匹克出版社，1990.8.—522页；32开.—ISBN 7-80067-127-5：8.20元

健身/尹帮云等编著.—南宁：广西民族出版社，1990.11.—177页；32开.—（当代青年文化娱乐丛书；第二辑；9/杜云，陈运佑主编）.—ISBN 7-5363-1018-8：2.20元

健身与康复：介绍国外几种简便有效的体育锻炼方法/叶渭泉等编译.—广州：广东科技出版社，1990.4.—129页；32开.—ISBN 7-5359-0532-3：1.50元

这是一本专门介绍国外自我锻炼的方法，并介绍在运动受伤后谋求康复而如何进行训练的书。

健身长寿术/薛清源编著.—太原：山西人民出版社，1990.3.—139页；32开.—ISBN 7-203-00370-2：2.40元

健身防身术/崔向前等编.—北京：农村读物出版社，1990.6.—245页；32开.—ISBN 7-5048-1197-1：3.50元

健身秘诀/（美）库珀（Cooper, K.）著；胡大一等编译.—北京：中国广播电视出版社，1990.2.174页；32开.—ISBN 7-5043-0249-X：2.80元

健美之友：容貌体态的保健与矫治/《健康之友》

编辑部编.—北京：科学出版社，1990.5.—110页；16开.—ISBN 7-03-001778-1：2.80元

健康长寿途径/卢祥之，张玉芬编著.—北京：中国医药科技出版社，1989.2.—123页；32开.—ISBN 7-5067-0052-2：1.75元

健康长寿探秘/黄良编著.—北京：军事科学出版社，1990.12.—288页；32开.—ISBN 7-80021-303-X：4.40元

本书从环境、饮食等方面探讨了健康长寿的问题。

健康圣径：有病不求人/(日)石川恭三著；(日)山口三男绘；航山译.—北京：光明日报出版社，1990.5.—230页；32开.—ISBN 7-80014-872-6：3.25元

家庭保健妙法手册/罗宙主编.—长春：长春出版社，1990.9.—396页；32开.—ISBN 7-80573-320-1：5.70元

家庭健身小经验200例/李洪涛，晓强编著.—北京：农村读物出版社，1990.6.—147页；32开.—ISBN 7-5048-1362-1：2.60元

教师保健手册/杨立新主编.—北京：中国城市经济社会出版社，1990.6.—313页；32开.—ISBN 7-5074-0302-5：3.80元

教师保健指南/《教师保健指南》编写组编著.—重庆：重庆出版社，1990.8.—391页；32开.—ISBN 7-5366-1358-X：5.70元

禁忌：疾病药物、饮食起居禁忌/朱砂等编著.—海口：南海出版公司，1990.7.—246页；32开.—ISBN 7-80570-133-4：3.90元

愿你生活更幸福：家庭实用保健手册/密乃竑，江映月编著.—北京：轻工业出版社，1990.8.—245页；32开.—ISBN 7-5019-0854-0：4.20元

28天瑜伽健身美体法/(美)理查德·希特尔曼著；张晗，曾妮译.—上海：上海科学技术出版社，1990.2.—319页；32开.—ISBN 7-5323-1304-2：6.80元

R161.5　青年卫生

大学生生理与心理卫生/席子明，荣金玉主编.—开封：河南大学出版社，1990.6.—241页；32开.(大学生健康教育丛书).—ISBN 7-81018-499-7：2.40元

大学生保健/张德生编著.—兰州：兰州大学出版社，1990.7.—163页；32开.—ISBN 7-311-00340-7：1.85元

大学生常见病防治/李庆方主编.—开封：河南大学出版社，1990.7.—245页；32开.—(大学生健康教育丛书).—ISBN 7-81018-498-9：2.50元

中小学生健康指南/王士龙，王廷珍主编.—沈阳：白山出版社，1990.7.—284页；32开.—ISBN 7-80566-123-5：3.20元

长个的秘诀/金日石等编著.—牡丹江：黑龙江朝鲜民族出版社，1990.12.—59页；32开.—ISBN 7-5389-0265-1：0.85元

当代青少年保健/崔安熙主编；王军等编.—北京：中国广播电视出版社，1990.9.—148页；32开.—ISBN 7-5043-0699-1：1.90元

青年卫生保健手册/彭建芝主编；吴汉文等编.—北京：中国商业出版社，1990.11.—263页；32开.—ISBN 7-5044-0832-8：3.80元

青年自我保健问答/唐建华，姚德鸿主编.—上海：上海教育出版社，1990.12.—255页；32开.—ISBN 7-5320-2120-3：2.40元

青年保健手册/吴凌宇，张沧海编著.—上海：同济大学出版社，1990.5.—230页；32开.—ISBN 7-5608-0501-9：2.55元

青春期知识与健康150问答/叶广俊主编.—北京：学苑出版社，1990.9.—157页；32开.—ISBN 7-80060-611-2：2.70元

青春期的奥秘/李培芳等编著.—北京：科学出版社，1990.2.—220页；32开.—ISBN 7-03-001657-2：3.00元

R161.6　中年卫生

中老年人保持青春活力指南：生命的自我管理/季友明编著.—天津：天津科学技术出版社，1990.4.299页；32开.—ISBN 7-5308-0695-5：4.90元

中老年人保健指南/孙天祥主编.—北京：人民军医出版社，1990.9.—264页；32开.—ISBN 7-80020-161-9：3.80元

中老年自我保健/山西老年大学编.—太原：山西高校联合出版社，1990.11.—276页；16开.—ISBN 7-81032-011-4：6.50元

中老年自我保健/何英，林子通编著.—北京：轻工业出版社，1990.—75页；32开.—ISBN 7-5019-0756-0：1.75元

中老年自我保健/甄永存等编著.—北京：学苑出版社，1990.12.—254页；32开.—ISBN 7-5077-0324-X：3.20元

中老年自我保健100/郭莲舫等编著.—合肥：安徽文艺出版社，1990.12.—190页；32开.—(现代生活百题丛书/孙厚璞主编).—ISBN 7-5396-0429-8：2.80元

中老年保健/彭桦编.—桂林：广西师范大学出版社，1990.10.—133页；32开.—ISBN 7-5633-0959-4：1.40元

中老年养生妙术：自养、自防、自测、自诊、自

治/漆浩，刘硕编著.—北京：中国妇女出版社，1990.12.—176页；32开.—ISBN 7-80016-243-5：2.80元

中老年健康指南/房亚军，杨敏主编.—济南：山东大学出版社，1990.8.—380页；32开.—ISBN 7-5607-0385-2：5.10元

中老年康复娱乐健身操/王朝琮等编著；雷咏时插图.—成都：四川科学技术出版社，1990.6.—192页；32开.—ISBN 7-5364-1574-5：2.85元

中老年晨间锻炼指南/伍后胜，缪钦编著.—北京：人民军医出版社，1990.4.—315页；32开.—ISBN 7-80020-155-4：4.95元

中年保健指南/苏兆强，段学蕴编著.—西安：陕西科学技术出版社，1990.1.—415页；32开.—ISBN 7-5369-0539-4：4.90元

让中年充满活力：一个医生的忠告/（美）牛顿（Newton，K.D.）著；郭肇姮，李舜伟译.—北京：科学出版社，1990.12.—102页：图；32开.ISBN 7-03-001981-4：3.00元

书名原文：Making the Mid-years the Prime of Life

迎接金色的晚年：献给四十岁以上的中老年人/（日）荒井保男著；庄庆德译.—南京：东南大学出版社，1990.7.—143页；36开.—ISBN 7-81023-236-3：2.20元

40岁以后的身体锻炼与保健：健康地生活在21世纪/隋文萍，邵佩译.—北京：北京师范大学出版社，1990.5.—136页；32开.—ISBN 7-303-00904-3：1.55元

R161.7　老年卫生

人类的寿命有多长/（苏）纳·阿·加夫里洛夫著；杨更生译.—上海：上海教育出版社，1990.6.101页；32开.—ISBN 7-5320-1846-6：0.91元

本书介绍了人类寿命的生理机制与生物学特征，人类寿命的社会因素，人类寿命与地理环境和家庭生活的关系，人类寿命与遗传和饮食的关系，人类未来可以期望的寿命等等。

人能活多久/（苏）列昂捷耶娃（Леонтьева，Л.П.）著；王景芬等译.—北京：中国环境科学出版社，1990.10.—165页；32开.—ISBN 7-80010-667-5：3.00元

书名原文：Сколько жить человеку

少林长寿秘诀/德虔，德炎编著.—北京：北京体育学院出版社，1990.8.—242页；32开.—（少林功夫丛书）.—ISBN 7-81003-360-3：3.15元

长寿之谜/马广安编著.—大连：大连出版社，1990.3.—226页；32开.—ISBN 7-80555-268-1：2.95元

长寿养生小锦囊/翟立云等编.—北京：农村读物出版社，1990.10.—166页；32开.—（实惠小丛书）.ISBN 7-5048-1431-8：2.40元

世界长寿秘诀/（美）巴博亚罗拉著；李明编译.太原：山西科学教育出版社，1990.11.—113页；32开.—ISBN 7-5377-0284-5：2.00元

老年人保健/世界卫生组织编；刘梓荣，周清华译.北京：人民卫生出版社，1990.9.—92页；32开.（技术报告丛书；779）.—ISBN 7-117-01457-1：1.85元

老年中医保健/晁恩祥等撰稿.—北京：人民体育出版社，1990.9.—160页；32开.—（老年保健精要丛书/骆勤方主编）.—ISBN 7-5009-0357-X：2.60元

老年生活卫生.—北京：人民体育出版社，1990.9.188页；32开.—（老年保健精要丛书/骆勤方主编）.ISBN 7-5009-0531-9：2.95元

老年生活小参谋/李兴春等编.—北京：农村读物出版社，1990.10.—145页；32开.—（实惠小丛书）ISBN 7-5048-1433-6：2.30元

老年生活保健指南/华宇编著.—杭州：浙江大学出版社，1990.11.—238页；32开.—ISBN 7-308-00608-5：2.70元

老年传统健身/杨有为编.—北京：人民体育出版社，1990.9.—380页；32开.—（老年保健精要丛书/骆勤方主编）.—ISBN 7-5009-0487-8：5.30元

老年医疗保健按摩/王友仁编著.—北京：北京出版社，1990.7.—299页；32开.—ISBN 7-200-00990-3：4.25元

老年保健/何慧德主编.—北京：中国广播电视出版社，1990.12.—247页；大32开.—ISBN 7-5043-0722-X：3.90元

老年保健和老年病防治/边齐编著.—北京：人民军医出版社，1990.5.—234页；32开.—ISBN 7-80020-162-7：3.50元

老年保健趣谈/许烈烽编著.—西安：陕西科学技术出版社，1990.6.—193页；32开.—ISBN 7-5369-0690-0：2.50元

老年养生妙术/吕维善主编.—北京：北京出版社1990.2.—370页；32开.—ISBN 7-200-00737-4：5.65元

当代抗衰老与养生进展　第一集/许士凯主编；中国老年学学会抗衰老科技学会编.—北京：中国科学技术出版社，1990.10.—340页；32开.—ISBN 7-5046-0239-6：5.95元

向中老年发出健康黄牌警告/（日）吉川博通著；李之桂等编译.—北京：中国经济出版社，1990.1.87页；32开.—ISBN 7-5017-0483-1：2.00元

抗老延寿/阎熙丰，崔岩编.—沈阳：辽宁科学技术出版社，1990.3.—197页；32开.—ISBN 7-5381-0842-4：2.70元

抗老防衰指南150例/田文谋，田玉冰编著.—北

京：中国旅游出版社，1990.10.—212页；32开.（旅游文化生活丛书）.—ISBN 7-5032-0292-0：3.50元

身心健康与长寿/杨健身主编.—上海：上海科学技术出版社，1990.7.—77页；32开.—ISBN 7-5323-2079-0：1.25元

青春的呼唤：中老年健身舞/王翠英编.—长春：吉林大学出版社，1990.9.—66页；32开.—ISBN 7-5601-0612-9：1.50元

实用老年保健/皮敦厚编著.—北京：中国广播电视出版社，1990.10.—108页；32开.—湖南老年人电视大学教材.—ISBN 7-5043-0627-4：2.40元

活到百岁的秘诀/孙恭恒，李延编著.—北京：中国医药科技出版社，1990.8.—154页；32开.—ISBN 7-5067-0182-0：2.65元

活到99/陈庆树，黄渭铭编著.—北京：中国经济出版社，1990.12.—384页；32开.—ISBN 7-5017-0768-5：4.95元

健身长寿之道/张志洁，高品诗编著.—北京：中国医药科技出版社，1990.6.—249页；32开.—ISBN 7-5067-0134-0：3.80元

健康长寿经：咏老诗谚集锦/张亮清编.—太原：北岳文艺出版社，1990.10.—98页；32开.—ISBN 7-5378-0382-X：1.20元

离退休干部保健手册/方正主编.—上海：上海科技教育出版社，1990.9.—471页；32开.—ISBN 7-5428-0492-8（精装）：7.20元

离退休干部保健手册/方正主编.—上海：上海科技教育出版社，1990.9.—471页；32开.—ISBN 7-5428-0446-4：5.20元

第三年龄：人类长寿之道/（苏）塔尔纳夫斯基（Тарнавский，Ю.Б.）著.—北京：新华出版社，1990.11.—109页；32开.—ISBN 7-5011-0763-7：1.45元

超长寿的秘密/陈星烨，张宏造译.—长沙：湖南出版社，1990.12.—253页；32开.—ISBN 7-5438-0046-2：3.60元

R163　生活制度与卫生

吸烟与健康/田本淳编著.—北京：人民卫生出版社，1990.3.—54页；32开.—ISBN 7-117-01381-8：0.87元

休息的科学/韩绍安编著.—北京：人民卫生出版社，1990.11.—77页；32开.—（健康小丛书/黄树则主编）.—ISBN 7-117-01454-7：0.95元

戒烟有方：30天的成功戒烟计划/露眠，知秋编.北京：北京体育学院出版社，1990.5.—89页；32开.—（健康万花筒丛书）.—ISBN 7-81003-295-X：1.50元

饮酒·健康·疾病/杨磊，苏长海主编.—北京：中国广播电视出版社，1990.6.—204页；32开.—ISBN 7-5043-0372-0：2.90元

催眠法入门/（日）守部昭夫著；许金生译.—上海：复旦大学出版社，1990.3.—154页；32开.（复旦小丛书·人生智慧之辑）.—ISBN 7-309-00313-6：2.15元

趣味戒烟70法/张保国等编.—重庆：科学技术文献出版社重庆分社，1990.1.—75页；32开.—ISBN 7-5023-1101-7：1.44元

R165　文体生活卫生

机动车驾驶员自我保健手册/张家栋等主编.—沈阳：辽宁科学技术出版社，1990.2.—280页；32开.ISBN 7-5381-0876-9：3.90元

运动卫生与康复锻炼100问/浦钧宗编著.—北京：北京医科大学、中国协和医科大学联合出版社，1990.5.—190页；32开.—ISBN 7-81034-018-2：2.40元

家庭保健体育实用手册：防病治病体育疗法指南/王则珊，杨一庄编著.—北京：海潮出版社，1990.12.—272页；32开.—ISBN 7-80054-136-3：3.90元

简明旅游保健手册/赵桂馨，贺海山编著.—长春：东北师范大学出版社，1990.5.—230页；32开.（旅游丛书）.—ISBN 7-5602-0324-8：3.00元

R167　性卫生

四十岁以后的性生活问题/白水等编译.—青岛：青岛出版社，1989.4.—154页；32开.—ISBN 7-5436-0364-0：2.40元

老年期性问题咨询/杨文质主编.—北京：科学出版社，1990.6.—257页；32开.—（老年生活丛书/钱信忠，王照华主编）.—ISBN 7-03-001649-1（精装）：4.90元；（平装）：3.90元

性卫生手册/赵西苑，王炳强编译.—北京：中国医药科技出版社，1990.7.—150页；32开.—ISBN 7-5067-0204-5：3.10元

性生活与人体健康/（苏）И·ф·尤恩达著；刘利民，张雨田译.—北京：教育科学出版社，1990.3.150页；32开.—ISBN 7-5041-0314-4：2.30元

性生活咨询/胡廷溢编著.—南昌：江西科学技术出版社，1990.6.—168页；32开.—（性知识咨询丛书）.—ISBN 7-5390-0301-4：2.20元

性科学·性健康/焦玉江等著.—长春：北方妇女儿童出版社，1990.7.—164页；32开.—ISBN 7-5385-0319-6：2.30元

性健康教育/王效道等编著.—北京：中国医药科技出版社，1990.9.—224页；32开.—ISBN 7-5067-0171-7：3.30元

恋爱婚姻性卫生/陈仲文等编著.—福州：福建科学技术出版社，1990.7.—405页；32开.—ISBN 7-5335-0375-4：4.75元

家庭婚育导引/甘富勇编著.—成都：四川人民出版社，1990.12.—325页：照片；32开.—ISBN 7-220-01172-5：3.80元

羞于启齿的"？"/俞承谋著.—石家庄：河北少年儿童出版社，1990.3.—111页；32开.—（当代少男少女丛书）.—ISBN 7-5376-0504-1：1.40元

新婚幸福指南/毕雪楼主编.—石家庄：河北科学技术出版社，1990.12.—178页；32开.—ISBN 7-5375-0579-9：2.80元

新婚130问/王晓航主编.—北京：中国青年出版社，1990.5.—320页；32开.—ISBN 7-5006-0618-4：4.25元

愿您新婚幸福：新婚实用手册/李健主编.—北京：中国国际广播出版社，1990.5.—459页；32开.—ISBN 7-80035-403-2：6.00元

R169　计划生育与卫生

人口与计划生育基础知识十讲/金海峰主编.—南京：江苏人民出版社，1990.6.—144页；32开.—ISBN 7-214-00485-2：1.80元

人口与计划生育基础知识读本/聂观石主编；王春林等编著.—南宁：广西教育出版社，1990.12.198页；32开.—ISBN 7-5435-1105-3：2.60元

"人口与优生"广播文选　（1）/国家计划生育委员会宣传教育司，中国计划生育宣传教育中心选编.北京：科学普及出版社，1990.9.—80页；32开.ISBN 7-110-01674-9：1.00元

广西计划生育好新闻汇编：1988～1989/广西计生委宣传处，广西人口报编.—南宁：广西人民出版版，1990.11.—191页；32开.—ISBN 7-219-01720-0：2.50元

女性节育术后盆腔痛/王振海，葛杏林主编.—石家庄：河北科学技术出版社，1990.6.—291页；32开.ISBN 7-5375-0530-6：3.85元

中国计划生育年鉴：1988/《中国计划生育年鉴》编辑委员会编.—北京：人民卫生出版社，1990.9.363页；16开.—ISBN 7-117-01122-X（精装）：19.00元

中国计划生育年鉴：1990/《中国计划生育年鉴》编辑委员会编.—北京：学苑出版社，1990.12.—479页：彩照；16开.—ISBN 7-80060-040-8（精装）：25.00元

计划生育知识基础读物/金其洪，李珩主编.—北京：中国人口出版社，1990.3.—156页；32开.—ISBN 7-80079-021-5：2.50元

计划生育药具管理站会计核算与财务管理/杨忠党主编.—沈阳：辽宁大学出版社，1990.12.—233页；32开.—ISBN 7-5610-1100-8：3.50元

计划生育基础知识与实践/苗霞主编.—兰州：甘肃科学技术出版社，1990.4.—454页；32开.—ISBN 7-5424-0282-X：5.90元

计划生育管理/刘长江等编著.—呼和浩特：内蒙古人民出版社，1990.10.—509页；32开.—ISBN 7-204-00753-0：6.75元

古今中外优生优育故事选/方伟，王中仁编.—福州：福建教育出版社，1990.9.—120页；24开.—ISBN 7-5334-0658-3：1.80元

生与育的科学/尚丽新编著.—沈阳：沈阳出版社，1990.7.—311页；32开.—ISBN 7-80556-428-0：4.00元

生育的知识/楼象编.—修订版.—北京：科学普及出版社，1990.8.—186页；32开.—ISBN 7-110-01605-6：3.50元

本书1981年1月第1版。

吉林省计划生育基层工作实践/董殿华等主编.—长春：东北师范大学出版社，1990.11.—333页；32开.—ISBN 7-5602-0504-6：4.50元

优生与计划生育/周湘华编.—北京：中国人口出版社，1990.9.—74页；32开.—（人人健康丛书/郑心校主编）.—ISBN 7-80079-035-5：1.10元

优生与婴儿保健/中国科协普及工作部等编.—北京：科学普及出版社，1990.5.—125页；大32开.中央电视台教育用书.—ISBN 7-110-01440-1：2.50元

优生优育优教/王家光等主编.—北京：中国妇女出版社，1990.9.—120页；32开.—（妇女儿童世界丛书）.—ISBN 7-80016-170-6：1.80元

优生优育指导/唐钧等编著.—哈尔滨：黑龙江科学技术出版社，1990.5.—74页；32开.—ISBN 7-5388-1166-4：1.30元

优育问答/石焕华，王爱兰编著.—南宁：广西民族出版社，1990.11.—175页；32开.—ISBN 7-5363-0983-X：2.40元

自然避孕法/麦庭福著.—广州：广东科技出版社，1990.10.—49页；32开.—ISBN 7-5359-0668-0：1.50元

自然避孕法指导/（美）Kippley，J.著；戴齐章等编译.—上海：上海翻译出版公司，1990.1.—245页；32开.—ISBN 7-80514-473-7：2.95元

农村计划生育宣传教育指南/李俊喜主编.—北京：科学普及出版社，1990.5.—406页；32开.—ISBN 7-110-01456-8：5.80元

男性避孕节育/李顺强，刘小章编.—北京：中国人口出版社，1990.8.—108页；32开.—ISBN 7-80079-027-4：1.60元

爸爸必读/周正猷，唐引荣编著.—北京：人民卫生出版社，1990.10.—211页；32开.—ISBN 7-117-01393-1：3.70元

实用优生优育知识1000题/丁振东主编.—呼和浩特：内蒙古人民出版社，1990.6.—2册(847页)；32开.—ISBN 7-204-00951-7：12.00元

基层计划生育工作评价/高尔生等编著.—北京：中国人口出版社，1990.9.—368页；32开.—ISBN 7-80079-028-2：4.80元

综合避孕法/江泽国编著.—2版.—兰州：甘肃科学技术出版社，1990.12.—132页；32开.—ISBN 7-5424-0174-2：2.00元

本书1988年9月第1版。

遗传优生/郑增淳主编.—南京：江苏科学技术出版社，1990.5.—214页；大32开.—ISBN 7-5345-0946-7：3.65元

避孕方法指南/印玉湖编著.—北京：科学技术文献出版社，1990.7.—200页；32开.—ISBN 7-5023-1221-8：3.00元

R17　妇幼卫生

儿童成长与教育/中国儿童发展中心编.—北京：民族出版社，1990.10.—219页；32开.—(儿童发展系列丛书).—ISBN 7-105-01203-X：2.50元

本书主要介绍了0～6岁的儿童保健、儿童营养、儿童心理教育3方面的知识。

母子健康指南：生命知识的普及/中国儿童发展中心编.—上海：上海科学技术出版社，1990.6.—122页；32开.—(儿童发展系列丛书；1).—ISBN 7-5323-2120-7：1.95元

年轻妈妈手册/夏凤祥等编写.—石家庄：河北人民出版社，1990.2.—390页；32开.—ISBN 7-202-00608-1：4.50元

妇幼保健/郑惠连主编.—南京：江苏科学技术出版社，1990.7.—196页；大32开.—ISBN 7-5345-0976-9：3.45元

妇幼保健学/冯国银主编.—济南：山东科学技术出版社，1990.3.—461页；16开.—七省市妇幼保健培训中心教材.—ISBN 7-5331-0650-4：9.45元

妇幼保健学/贵州省卫生厅编.—贵阳：贵州人民出版社，1990.8.—431页；32开.—乡村医生教材.ISBN 7-221-01583-X：4.60元

妇幼保健流行病学基础/李竹主编.—北京：北京医科大学、中国协和医科大学联合出版社，1990.4.208页；大32开.—ISBN 7-81034-002-6：3.30元

独生子女生活指南大全/金世和主编；于勇等编.长春：长春出版社，1990.5.—751页；大32开.—ISBN 7-80573-198-5：9.90元

R173　妇女保健与卫生

女性卫生知识问答/谢慧珍主编.—南宁：广西民族出版社，1990.9.—353页；32开.—ISBN 7-5363-0863-9：4.50元

少女日记——生理的记录/(日)荻野博著；林湖译.—济南：明天出版社，1990.12.—40页；40开.ISBN 7-5332-1052-2：1.00元

中老年妇女保健/(美)费尔廷(Feltin, M.)著；张焱等译.—北京：中国华侨出版公司，1990.12.—307页；32开.—ISBN 7-80074-276-8：4.35元

妇女保健365问/陆曙民，唐建华主编.—北京：中国人口出版社，1990.7.—306页；32开.—ISBN 7-80079-031-2：4.90元

浅谈妇女卫生/雷慧中编写.—北京：人民卫生出版社，1990.5.—73页；32开.—(健康小丛书/黄树则主编).—ISBN 7-117-01336-2：0.90元

怎样做一个未来的母亲：孕产妇保健指南/蒋建国编译.—西安：陕西人民教育出版社，1990.6.—122页；32开.—ISBN 7-5419-1507-6：1.75元

R174　小儿(婴幼儿)保健卫生

人生最初的十二个月/邢少颖，杜康宁编.—太原：希望出版社，1990.8.—100页；32开.—ISBN 7-5379-0621-1：1.60元

儿童保健100问：续集/王振熹编著.—南宁：广西民族出版社，1990.8.—137页；32开.—ISBN 7-5363-0879-5：1.80元

从小培养好习惯/韩棣华编著.—北京：人民卫生出版社，1990.10.—86页；32开.—(妇儿保健丛书/高淑芬主编).—ISBN 7-117-01431-8：1.00元

幼儿卫生学/朱家雄等编著.—南京：江苏教育出版社，1990.7.—310页；32开.—高校文科教材.—ISBN 7-5343-1108-X：2.70元

幼儿卫生保健手册/云初等主编；周文美等编写.福州：福建人民出版社，1990.10.—156页；32开.ISBN 7-211-01463-6：1.40元

幼儿卫生读本/杭州市健康教育所编绘.—杭州：浙江科学技术出版社，1990.5.—40页；24开.—ISBN 7-5341-0267-7：2.50元

如何抚育0～6岁的孩子/(意)佩内洛普·莉奇著；赵劲译.—南京：江苏教育出版社，1990.6.222页；32开.—(家庭教育丛书).—ISBN 7-5343-

1055-5：2.20元

育儿小百科：孩子的家庭医生/刘敏琼编译.—台北：书泉出版社（北京：世界图书出版公司，1990.7重印）.—412页；32开.—（亲子天地系列；15/沙永玲主编）.—ISBN 7-5062-0722-2：5.40元

育儿小秘诀/雷毓华编.—北京：农村读物出版社，1990.3.—70页；32开.—（实惠小丛书）.—ISBN 7-5048-1084-3：1.60元

育儿百科：新版重译本/（日）松田道雄著；李永连等译.—2版.—北京：人民卫生出版社，1990.2.950页：照片；大32开.—ISBN 7-117-00815-6（精装）：14.00元

育儿问答288/程方编.—海口：南海出版公司，1990.8.—288页；32开.—ISBN 7-80570-174-1：3.60元

育儿知识/李贵主编.—北京：中国人口出版社，1990.9.—95页；32开.—（人人健康丛书/郑心校主编）.—ISBN 7-80079-036-3：1.30元

育儿咨询500问/许积德，顾菊美主编.—上海：上海科学技术出版社，1990.2.—404页；32开.—ISBN 7-5323-0280-4：4.85元

育婴妙法1000例/佳媛编著.—呼和浩特：内蒙古人民出版社，1990.2.—194页；32开.—ISBN 7-204-00944-4：2.50元

宝宝养育手册/包英第编著.—上海：华东化工学院出版社，1990.1.—74页；32开.—ISBN 7-5628-0074-X：1.20元

宝宝养育500问答：妈妈是最好的保姆/蒋华编著.海口：南海出版公司，1990.9.—357页；32开.—ISBN 7-80570-251-9：5.20元

宝宝健康问答/唐建华，张锦蓉编.—北京：科学技术文献出版社，1990.10.—115页；32开.—ISBN 7-5023-0634-X：1.70元

宝宝健康顾问/李呈瑞编著.—厦门：厦门大学出版社，1990.2.—120页；32开.—ISBN 7-5615-0257-5：1.80元

实用育儿百科/陈幅眉主编.—北京：农业出版社，1990.5.—712页；大32开.—ISBN 7-109-01501-7：14.60元

实用育儿指南/朗景和主编.—2版.—福州：福建少年儿童出版社，1990.6.—614页；大32开.—ISBN 7-5395-0422-6：7.80元

本书1983年4月第1版。

学前卫生学/李林静等编著.—重庆：科学技术文献出版社重庆分社，1990.9.—466页；32开.—ISBN 7-5023-1149-1：5.60元

科学育儿500问/夏章主编.—北京：农村读物出版社，1990.1.—254页；32开.—ISBN 7-5048-0793-1：3.98元

科学育婴100问/孙光远主编.—沈阳：辽宁科学技术出版社，1990.7.—187页；32开.—ISBN 7-5381-0891-2：2.80元

家庭科学育儿知识300问/徐田芝主编.—南京：江苏少年儿童出版社，1990.6.—118页；32开.—ISBN 7-5346-0475-3：1.55元

婴儿哺乳/金祥祺编译.—北京：农村读物出版社，1990.3.—50页；32开.—ISBN 7-5048-1069-X：1.05元

婴儿智力发育月月观/林庆编著.—上海：上海科学技术出版社，1990.7.—108页；32开.—ISBN 7-5323-1838-9：1.55元

婴幼儿抚养与教育：农村版/王运芳等编.—成都：四川科学技术出版社，1990.11.—282页；32开.—广播父母学校教材.—ISBN 7-5364-1777-2：3.00元

婴幼儿保健/孙美珍，田永峰编著.—重庆：科学技术文献出版社重庆分社，1990.1.—110页；32开.（家庭保健丛书/卢祥之，梅虎主编）.—ISBN 7-5023-1100-9：1.95元

婴幼儿保健三百问/吴复苍，阎慧卿编著.—太原：山西科学教育出版社，1990.9.—142页；32开.（家庭医药小丛书）.—ISBN 7-5377-0280-2：2.45元

婴幼儿保健新知/（日）松田道雄著；齐东明，申光译.—长春：吉林科学技术出版社，1990.3.—157页；大32开.—ISBN 7-5384-0457-0：2.10元

婴幼儿养育知识/施文勤，王莱著.—上海：上海画报出版社，1990.3.—64页：照片；36开.—（知识画库）.—ISBN 7-80530-010-0：3.00元

婴幼儿健身操/盛晓德，刘明诚编译；邓荣宝摄.北京：中国少年儿童出版社，1990.3.—30页；16开.—ISBN 7-5007-0956-0：1.00元

婴幼儿喂养与教育/江凤，申平编写.—太原：希望出版社，1990.7.—283页；32开.—ISBN 7-5379-0629-7：3.80元

断奶期喂养指导/世界卫生组织编；孟昭美译.—北京：人民卫生出版社，1990.4.—37页；32开.—ISBN 7-117-01383-4：0.68元

最新幼儿智商测验/丛丛编.—南昌：21世纪出版社，1990.5.—128页；32开.—ISBN 7-5391-0413-9：1.65元

最新实用婴幼儿保健/佘继林，刘文元著.—北京：国际文化出版公司，1990.10.—159页；32开.—ISBN 7-80049-598-1：2.70元

简明育儿知识手册/肖维等编.—太原：山西科学教育出版社，1990.9.—279页；32开.—ISBN 7-5377-0272-1：3.30元

R179　儿童、少年卫生

儿童才能的测试/朱家雄，杨宗华编.—上海：上海

科技教育出版社，1990.3.—39页；32开.—（了解你的孩子）.—ISBN 7-5428-0347-6：0.56元

儿童发育与安全/陆文民，胡伯渊编著；周闻绘.上海：上海科学技术出版社，1990.2.—96页；24开.ISBN 7-5323-1816-8：1.95元

儿童动作发育的测试/朱家雄，陆建身编.—上海：上海科技教育出版社，1990.3.—68开；32开•（了解你的孩子）.—ISBN 7-5428-0346-8：0.81元

儿童智力开发与培养/刘振华，孙敏编著.—北京：人民军医出版社，1990.10.—176页；32开.—ISBN 7-80020-174-0：2.90元

儿童智力开发的科学方法：0～6岁儿童最佳“学习期”的测试/区慕洁主编.—北京：北京师范大学出版社，1990.4.—255页；32开.—ISBN 7-303-00923-X：2.65元

本书作者总结了作者自己多年进行测试实验的结果和国外最新资料，提出了如何测试婴幼儿智力发展水平及婴幼儿发育的几个关键年龄。

儿童智力的测试/朱家雄，陆建身编.—上海：上海科技教育出版社，1990.3.—59页；32开.—（了解你的孩子）.—ISBN 7-5428-0343-3：0.74元

小学生健康之窗/袁占山编著.—北京：中国妇女出版社，1990.7.—107页；32开.—ISBN 7-80016-303-2：1.45元

少年儿童卫生问答/王锦雯，马捷编著.—沈阳：辽宁科学技术出版社，1990.8.—244页；32开.—（医药卫生知识丛书）.—ISBN 7-5381-0894-7：3.95元

少年儿童心理卫生咨询手册/陶国泰等主编.—南昌：21世纪出版社，1990.10.—318页；32开.—ISBN 7-5391-0315-9：3.15元

少年身心健康顾问/柳英萍主编；陈德荣等编著.成都：四川少年儿童出版社，1990.3.—170页；32开.—ISBN 7-5365-0532-9：1.77元

中国4～6岁儿童智力、体格测试与训练/张嘉玮等主编.—长春：长春出版社，1990.8.—252页：图；24开.—ISBN 7-80573-221-3：4.30元

内蒙古青少年儿童体质研究：1983～1986/内蒙古教育厅编.—呼和浩特：内蒙古教育出版社，1990.9.533页；16开.—ISBN 7-5311-0806-7：10.20元

长个的秘诀/金日石等编著.—牡丹江：黑龙江朝鲜民族出版社，1990.12.—59页；32开.—ISBN 7-5389-0265-1：0.85元

家庭实用儿童保健知识大全/郑国有主编；徐乃军等撰稿.—长春：吉林大学出版社，1990.7.—414页；32开.—ISBN 7-5601-0501-7：5.65元

难忘的儿童智能追踪研究/茅于燕编著.—长春：北方妇女儿童出版社，1990.7.—227页；32开.—ISBN 7-5385-0630-6：3.00元

智商测验200题：续/王家民，王友珍编著.—上海：同济大学出版社，1990.7.—156页；插图；32开.—ISBN 7-5608-0577-9：2.25元

R18　流行病学与防疫

临床流行病学：临床科研设计、衡量与评价/王家良主编；王觉生等编著.—上海：上海科学技术出版社，1990.11.—344页；16开.—（医师文库）.—ISBN 7-5323-2125-8：11.00元

流行病学/王正伦主编.—北京：人民卫生出版社，1990.8.—150页；32开.—（护士晋升自学丛书；8）.ISBN 7-117-00895-4：3.20元

流行病学/耿贯一主编.—3版.—北京：人民卫生出版社，1990.4.—157页；16开.—高等医药院校教材供基础、临床、口腔医学类专业用.—ISBN 7-117-00156-9：2.15元

本书1979年6月第1版。

流行病学进展　第六卷/吴系科等主编.—北京：人民卫生出版社，1990.6.—244页；16开.—ISBN 7-117-01259-5：11.60元

流行病学基本理论方法和应用/徐慧文编著.—西安：陕西科学技术出版社，1990.2.—386页；16开.ISBN 7-5369-0393-3：8.70元

R183　传染病预防

传染病防治问答300题/韩起编著.—哈尔滨：黑龙江科学技术出版社，1990.9.—293页；32开.—ISBN 7-5388-1292-X：3.90元

法定传染病防治手册/《法定传染病防治手册》编委会编.—济南：山东大学出版社，1990.5.—351页；32开.—ISBN 7-5607-0345-3：4.40元

R184　防疫措施和管理

“灭鼠大王”之谜：关于农民灭鼠专家邱满囤的报告/禚沪光主编.—石家庄：河北科学技术出版社，1990.5.—97页；32开.—ISBN 7-5375-0483-0：1.60元

灭鼠技术实用手册/祁明常，朱中炳主编.—北京：人民军医出版社，1990.8.—154页；32开.—ISBN 7-80020-164-2：2.70元

东北地区主要医学动物与疾病/金理华等编著.—沈阳：白山出版社，1990.5.—623页；16开.—ISBN 7-80566-060-3（精装）：33.00元

农村实用灭鼠技术/蒋光藻等编著.—成都：四川科学技术出版社，1990.12.—77页；32开.—（科技兴农适用技术丛书）.—ISBN 7-5364-1802-7：1.10元

我国滇桂边境地区的吸血蚊蠓及其防治/安继尧等

编著.—北京：人民军医出版社，1990.11.—35页；32开.—ISBN 7-80020-206-2：0.65元

玩赏动物与人类健康/王长安编著.—上海：上海科学技术出版社，1990.12.—154页；32开.—ISBN 7-5323-2129-0：3.05元

实用家庭虫害杀灭方法精选/梁铁麟等编著.—上海：上海翻译出版公司，1990.2.—109页；32开.ISBN 7-80514-598-9：1.55元

家庭害虫防治问答/冯绍泉编著.—重庆：科学技术文献出版社重庆分社，1990.8.—94页；32开.—ISBN 7-5023-1153-X：1.30元

鼠害及其防治/宋长和，于清华编著.—福州：福建教育出版社，1990.10.—79页；32开.—(燎原计划丛书).—ISBN 7-5334-0646-X：0.85元

R186　防疫接种、注射与服药

计划免疫理论与实施/江尧琥著.—南京：南京出版社，1990.3.—468页；32开.—ISBN 7-80560-179-8：5.00元

灾区卫生防疫手册/周绍聪等主编.—北京：中国医药科技出版社，1990.9.—239页；32开.—ISBN 7-5067-0244-4：3.40元

实用计划免疫手册/李鑫等编著.—哈尔滨：黑龙江科学技术出版社，1990.11.—171页；32开.—ISBN 7-5388-1309-8：2.60元

趣谈疾病与免疫/金慰鄂，夏泽民编.—北京：北京科学技术出版社，1990.1.—47页；32开.—ISBN 7-5304-0488-1：0.70元

R188　医学地理学

云南德宏傣、景颇、阿昌、德昂族先天性遗传性疾病及健康情况调查研究/骆毅主编.—芒市：德宏民族出版社，1990.10.—178页；32开.—ISBN 7-80525-083-9：5.00元

中国人口主要死因地图集：汉英对照/同济医科大学公共卫生学院主编.—北京：中国地图出版社，1990.3.—264页；16开.—ISBN 7-5031-0456-2(精装)：50.00元

中国鼠疫自然疫源地/方喜业主编.—北京：人民卫生出版社，1990.3.—291页：图版；16开.—ISBN 7-117-01097-5：15.00元

四川省遗传病流行病学调查研究/张思霖主编.—成都：成都科技大学出版社，1990.8.—173页；16开.ISBN 7-5616-0585-4：4.20元

高原保健指南/《高原保健指南》编辑委员会编.拉萨：西藏人民出版社，1990.4.—455页；大32开.ISBN 7-223-00347-2：4.10元

R19　保健组织与事业（卫生事业管理）

卫生发展研究/杜乐勋著.—北京：北京科学技术出版社，1990.7.—157页；32开.—(卫生改革与发展丛书/崔月犁主编).—ISBN 7-5304-0685-X：2.80元

卫生管理教学案例/毛磊，戴志澄主编.—北京：科学普及出版社，1990.12.—209页；32开.—ISBN 7-110-01792-3：2.40元

社会卫生管理/戴宝柱，李源喆主编.—延吉：延边人民出版社，1990.5.—206页；32开.—ISBN 7-80508-523-6：2.70元

群众办事指南：医疗卫生分册/哈尔滨市监察局，哈尔滨市人民政府法制办公室编写.—哈尔滨：黑龙江人民出版社，1990.11.—179页；32开.—ISBN 7-207-01706-5：3.00元

R192　卫生医务人员

乡村医生医德学/施榕主编.—上海：上海科学技术出版社，1990.7.—184页；32开.—ISBN 7-5323-2093-6：2.10元

护理伦理/邱世昌编.—北京：人民卫生出版社，1990.7.—157页；32开.—(护士晋升自学丛书；25).—ISBN 7-117-00912-8：3.00元

医生成功之路/刘振华等编著.—北京：科学技术文献出版社，1990.12.—209页；32开.—ISBN 7-5023-1309-5：3.50元

医院疗养院科主任必备/杨在春主编.—北京：人民军医出版社，1990.10.—795页；32开.—ISBN 7-80020-180-5：12.10元

社区卫生工作者工作指南、培训准则、改编准则/世界卫生组织编；宋允孚等译.—北京：人民卫生出版社，1990.6.—354页；16开.—ISBN 7-117-01386-9：8.35元

提高初级卫生保健中社区卫生工作者的素质/世界卫生组织编；汪培山译.—北京：人民卫生出版社，1990.12.—50页；32开.—(技术报告丛书；780).ISBN 7-117-01502-0：1.40元

R193　卫生宣传教育

农民健康教育读本/江西省爱国卫生运动委员会办公室编.—南昌：江西科学技术出版社，1990.12.32页；32开.—ISBN 7-5390-0380-4：0.35元

农民健康教育读本/吴庆玉等编著.—南京：江苏科学技术出版社，1990.5.—60页；32开.—ISBN 7-5345-0933-5：0.54元

健康教育手册/蒋野萍，胡锦华主编.—上海：上

海科学技术出版社，1990.5.—100页；32开.—ISBN 7-5323-1830-3：1.75元

健康教育发展研究/戴宝柱，李源喆主编.—长春：吉林人民出版社，1990.12.—525页；32开.—ISBN 7-206-00971-9：7.40元

健康教育读本/黄荣魁主编.—上海：上海医科大学出版社，1990.4.—377页；32开.—ISBN 7-5627-0076-1：3.70元

R195　卫生调查与统计

医用多元分析/史秉璋，杨琦编著.—北京：人民卫生出版社，1990.5.—266页；32开.—（卫生统计应用丛书）.—ISBN 7-117-01277-3：2.65元

医学正常值的统计研究方法/田凤调主编.—北京：人民卫生出版社，1990.10.—278页；16开.—ISBN 7-117-01362-1：12.00元

寿命表编制方法及应用/王仁安，陈育德编著.—北京：人民卫生出版社，1990.2.—248页；32开.（卫生统计应用丛书）.—ISBN 7-117-01189-0：3.05元

数理统计方法在计划免疫中的应用/章扬熙编著.北京：人民卫生出版社，1990.3.—106页；32开.（卫生统计应用丛书）.—ISBN 7-117-01198-X：1.40元

R197　医疗卫生制度与机构

卫生区域发展的道路/卫生区域发展研究所编.—北京：北京科学技术出版社，1990.7.—166页；32开.—（卫生改革与发展丛书/崔月犁主编）.—ISBN 7-5304-0681-7：2.80元

卫生行政管理学/陈海峰主编.—上海：上海科学技术出版社，1990.2.—509页；32开.—ISBN 7-5323-1853-2：5.45元

卫生事业财务管理/卫生部计划财务司组织编写.北京：中国财政经济出版社，1990.6.—275页；32开.—ISBN 7-5005-1081-0：3.20元

卫生事业经济活动分析/卫生部计划财务司组织编写.—北京：中国财政经济出版社，1990.2.—349页；32开.—ISBN 7-5005-0950-2：4.00元

卫生经济学概论/曹培文等主编.—北京：科学技术文献出版社，1990.1.—329页；32开.—ISBN 7-5023-0996-9：3.60元

R197.3　医院、综合医院管理

当代医院经营管理/刘纯铭等主编.—保定：河北大学出版社，1990.7.—284页；32开.—ISBN 7-81028-022-8：3.60元

医院成本核算/卫生部计划财务司组织编写.—北京：中国财政经济出版社，1990.8.—242页；32开.ISBN 7-5005-1100-0：2.85元

医院会计/卫生部计划财务司组织编写.—北京：中国财政经济出版社，1990.10.—270页；32开.—ISBN 7-5005-1148-5：3.10元

医院审计学/孟杰编著.—北京：中国中医药出版社，1990.11.—371页；32开.—ISBN 7-80089-062-7：5.40元

医院经济管理概论/邵浩奇，蔡仁华编.—上海：上海科学普及出版社，1990.3.—350页；大32开.—ISBN 7-5427-0279-3：4.70元

医院经营管理/孙卫编著.—西安：陕西科学技术出版社，1990.11.—231页；32开.—ISBN 7-5369-0823-7：3.60元

医院管理纲要/那天龙主编.—北京：光明日报出版社，1990.6.—424页；16开.—ISBN 7-80014-817-3：10.50元

医院管理学/郭子恒主编.—3版.—北京：人民卫生出版社，1990.9.—689页；16开.—高等医学院校卫生事业管理专业本科教材　各省市医院管理进修班通用教材.—ISBN 7-117-01441-5：14.50元

本书1983年8月第1版。

实用医院后勤管理/山东省卫生厅，山东省医院管理学会编.—济南：山东大学出版社，1990.6.—465页；16开.—ISBN 7-5607-0313-5：9.90元

实用医院管理手册/阎惠中，朱名媛主编.—北京：北京科学技术出版社，1990.3.—208页；32开.—ISBN 7-5304-0678-7：3.00元

R197.323　业务管理

医事文书写作与管理/张鸿铸等主编.—天津：天津教育出版社，1990.11.—477页；大32开.—ISBN 7-5309-1181-3：5.00元

医院内感染—监控与管理/贾辅忠主编.—南京：江苏科学技术出版社，1990.2.—308页；32开.—江苏省卫生厅医政规范；七.—ISBN 7-5345-1084-8：3.60元

医院质量管理标准　上册/山西省卫生厅编.—太原：山西科学教育出版社，1990.9.—830页；大32开.—ISBN 7-5377-0291-8：9.50元

医院感染学/王枢群，张邦燮主编.—重庆：科学技术文献出版社重庆分社，1990.10.—654页；16开.ISBN 7-5023-1135-1：17.50元

住院病人300问/韩绍安主编.—沈阳：辽宁科学技术出版社，1990.2.—258页；32开.—（就医教育丛书）.—ISBN 7-5381-0836-X：3.50元

看病须知/燕山等编著.—2版.—上海：上海科学技术出版社，1990.12.—341页；32开.—ISBN 7-5323-2248-3：4.00元

本书1983年10月第1版。

看病就医指南1000例/刘宝蕙，南宇编.—北京：中国妇女出版社，1990.5.—370页；32开.—ISBN 7-80016-182-X：7.50元

病人求医指南/俞纯山编著.—广州：广东科技出版社，1990.11.—210页；32开.—ISBN 7-5359-0640-0：2.80元

R197.39　医疗机械与设备

医学仪器　上册/齐颁扬主编.—北京：高等教育出版社，1990.9.—334页；16开.—高等学校试用教材.ISBN 7-04-003002-0：4.70元

现代医学与现代医用仪器/朱翠玲主编.—北京：中国医药科技出版社，1990.12.—525页；大32开.ISBN 7-5067-0449-8：7.50元

家用医疗保健电子器具/钱如竹，张学龙编.—北京：人民邮电出版社，1990.8.—219页；32开.—ISBN 7-115-04239-X：2.80元

R197.4/.7　中医院及其他医疗卫生机构

中医医院管理/许志仁编著.—贵阳：贵州人民出版社，1990.6.—397页；32开.—ISBN 7-221-00021-2：4.10元

中国农村中医医疗服务研究/国家中医药管理局医政司编著.—北京：中医古籍出版社，1990.5.—168页；16开.—ISBN 7-80013-286-2：5.00元

北戴河疗养指南/李锦堂等著.—石家庄：河北科学技术出版社，1990.5.—154页；32开.—ISBN 7-5375-0504-7：2.30元

疗养之家：中国人民解放军临潼第一疗养院掠影：汉英对照/辛方智主编.—西安：陕西人民美术出版社，1990.4.—40页；16开.—ISBN 7-5368-0193-9：12.00元

R199　各国卫生保健事业概况

日本医疗医药企业年鉴：1990.—北京：人民卫生出版社；日本国株式会社日中社，1990.6.—138页；16开.—ISBN 7-117-01382-6：6.40元

世界卫生组织概况/世界卫生组织编；袁波，马涛译.—北京：人民卫生出版社，1990.12.—33页；16开.—ISBN 7-117-01498-9：1.40元

若月俊一与农村医学/张自宽等译著.—长春：吉林科学技术出版社，1990.11.—103页：彩照；大32开.ISBN 7-5384-0633-6：2.50元

本书介绍了著名的日本农村医学专家若月俊一的生平事迹。

R199.2　中国卫生保健事业

中国卫生年鉴：1989/《中国卫生年鉴》编辑委员会编.—北京：人民卫生出版社，1990.2.—619页；16开.—ISBN 7-117-01243-9（精装）：20.00元

新中国预防医学历史经验　第二卷/《新中国预防医学历史经验》编委会编.—北京：人民卫生出版社，1990.3.—395页；16开.—ISBN 7-117-00562-9（精装）：18.60元

新中国预防医学历史经验　第四卷/《新中国预防医学历史经验》编委会编.—北京：人民卫生出版社，1990.8.—335页：照片；16开.—ISBN 7-117-01321-4（精装）：19.00元

2000年上海卫生发展战略研究/王立本主编.—上海：上海医科大学出版社，1990.7.—538页；大32开.—ISBN 7-5627-0072-9：14.90元

大理卫生四十年/李文泰主编；大理白族自治州卫生局编.—昆明：云南民族出版社，1990.1.—74页；12开.—ISBN 7-5367-0228-0

卫生志/《秦皇岛市卫生志》编纂委员会编.—石家庄：河北人民出版社，1990.9.—295页；16开.（秦皇岛市地方志丛书）.—ISBN 7-202-00776-2（精装）：14.80元

无锡医疗指南/许国忠等编.—北京：科学技术文献出版社，1990.6.—120页；36开.—ISBN 7-5023-1306-0：1.40元

石家庄地区卫生志/《石家庄地区卫生志》编纂委员会编.—石家庄：河北人民出版社，1990.8.—594页；16开.—ISBN 7-202-00756-8（精装）：16.95元

西吉县卫生志/海生云，李炬主编.—银川：宁夏人民出版社，1990.2.—213页；32开.—ISBN 7-227-00498-8：2.50元

曲靖市卫生志/曲靖市卫生志编纂委员会编.—昆明：云南科技出版社，1990.7.—296页；16开.—ISBN 7-5416-0299-X（精装）：20.00元

江苏卫生年鉴：1990/《江苏卫生年鉴》编辑委员会编.—南京：南京大学出版社，〔1990〕.—484页；16开.—ISBN 7-305-00962-8（精装）：24.00元

连云港医疗指南/李焕新等主编.—北京：海洋出版社，1990.12.—122页；32开.—ISBN 7-5027-1418-9：2.50元

沈阳看病指南/《沈阳看病指南》编委会编.—沈阳：沈阳出版社，1990.8.—371页；32开.—ISBN 7-80556-450-7：3.95元

河南省预防医学历史经验/河南省预防医学历史经

验编辑委员会编.—南京：江苏科学技术出版社，1990.9.—772页；16开.—ISBN 7-5345-1007-4（精装）：32.00元

南京卫生年鉴：1990/南京市卫生局《南京卫生年鉴》编辑委员会主编.—北京：北京科学技术出版社，1990.10.—246页；16开.—ISBN 7-5304-0856-9（精装）：24.00元

浙江省黄岩县卫生志/黄岩县卫生志编纂办公室编；林希欧主编.—上海：上海人民出版社，1990.5.—217页；16开.—ISBN 7-208-00797-7：11.25元

灌云县卫生志/吴继敏主编.—南京：江苏科学技术出版社，1990.6.—373页；16开.—ISBN 7-5345-0877-0：12.00元

R2　中国医学

中医学/云南省卫生厅科教处编.—昆明：云南科技出版社，1990.3.—439页；16开.—乡村医生教材.ISBN 7-5416-0263-9：11.85元

中医学/孔秀媞主编.—合肥：安徽科学技术出版社，1990.12.—375页；16开.—高等医药院校教材供医学、药学、卫生管理、卫生专业用.—ISBN 7-5337-0624-3：7.30元

中医学/刘长江，王忠江主编；陈振球等编著.—北京：中医古籍出版社，1990.10.—281页；16开.全国高等医学院校医疗专科教材.—ISBN 7-80013-327-2：6.90元

中医学/贺志光主编.—3版.—北京：人民卫生出版社，1990.9.—557页；16开.—高等医药院校教材供基础、预防、临床、口腔医学类专业用.—ISBN 7-117-00142-9：7.15元

本年1983年11月第1版。

国内外中医药科技进展：1990/国家中医药管理局科学技术司，上海市医学科学技术情报研究所主编.上海：上海科学技术出版社，1990.5.—232页；16开.—ISBN 7-5323-2097-9：5.80元

扁鹊和扁鹊学派研究/李伯聪著.—西安：陕西科学技术出版社，1990.4.—413页；大32开.—ISBN 7-5369-0500-9：5.80元

R2-03　中医现代化研究

中医工程学概论/谈正卿，顾启秀主编.—上海：上海中医学院出版社，1990.8.—451页；16开.—ISBN 7-81010-108-0：9.60元

传统中医理论现代研究/蔡光先主编.—长沙：湖南科学技术出版社，1990.12.—280页；大32开.—ISBN 7-5357-0902-8：4.50元

核技术在中草药研究中的应用/蔡锡麟编著.—北京：原子能出版社，1990.8.—218页；16开.—ISBN 7-5022-0223-4：8.70元

R2-05　中医与其它学科的关系

中医系统论/祝世纳，孙桂莲著.—重庆：重庆出版社，1990.9.—218页；32开.—（当代中医丛书/董建华等主编）.—ISBN 7-5366-1308-3：3.30元

本书以系统论为理论武器，分析了东西方两种不同的文化传统及其孕育的两种医学的巨大差别；深刻地揭示了中医学特色的实质是其系统论思想等。

中医思维学/王庆宪著.—重庆：重庆出版社，1990.9.—228页；32开.—（当代中医丛书/董建华等主编）.—ISBN 7-5366-1309-1：3.40元

本书系统地论述了中医思维学的概念、研究对象、内容与方法；探讨了中医思维的发生、发展历史、思维途径和具备的特点；着重讨论了中医临床思维一诊断思维、治则思维及治疗思维的方法，等等。

中国传统文化与医学/李良松，郭洪涛编著.—厦门：厦门大学出版社，1990.5.—358页；16开.—ISBN 7-5615-0276-1：12.90元

周易与中医学/杨力著.—2版.—北京：北京科学技术出版社，1990.8.—731页；大32开.—ISBN 7-5304-0435-0（精装）：14.50元；（平装）：12.50元

本书1989年8月第1版。

R2-4　中医教学与普及

中医之最/汪佩琴，周长发编著.—北京：人民卫生出版社，1990.2.—97页；32开.—ISBN 7-117-01236-6：1.95元

中医古籍典故/方文辉编.—广州：广东科技出版社，1990.2.—452页；32开.—ISBN 7-5359-0362-2：6.00元

中医外科学、中医伤科学、中医妇科学、针灸学/湖南中医学院自考办公室主编；尹志远等编.—长沙：湖南科学技术出版社，1990.5.—300页；16开.（湖南省高等教育·中医专业自考指导丛书）.—ISBN 7-5357-0783-1：7.30元

中医考试题集：内经/方毅主编.—合肥：安徽科学技术出版社，1990.12.—120页；32开.—ISBN 7-5337-0238-7：1.95元

中医各科习题汇讲/马照寰，王明来主编.—北京：中国医药科技出版社，1990.8.—2册（399，287页）；16开.—ISBN 7-5067-0148-0：18.50元

中国药传奇/王金育，朱封鳌编著.—北京：中国医药科技出版社，1990.8.—101页；32开.—ISBN 7-5067-0163-4：1.80元

古医籍词义辨别法/段逸山编著.—上海：上海科学技术出版社，1990.3.—103页；32开.—ISBN 7-5323-1352-2：1.75元

医古文/孔春正主编.—北京：中国商业出版社，1990.9.—360页；大32开.—中药中等专业学校通用教材.—ISBN 7-5044-0726-7：2.80元

医古文/《医古文》编写组编.—北京：中国商业出版社，1990.9.—360页；大32开.—中药中等专业学校通用教材.—ISBN 7-5044-0726-7：2.80元

医古文/段逸山主编.—台北：知音出版社；北京：人民卫生出版社，1990.4.—760页；16开.—（高等中医研究参考丛书；5）.—30.00元

医古文/钱超尘，王育麟编写.—贵阳：贵州人民出版社，1990.9.—661页；大32开.—供高等中医药专业自学考试及函授班学员使用.—ISBN 7-221-01599-6：9.90元

医古文习题集/段逸山主编.—北京：人民卫生出版社，1990.12.—430页；大32开.—ISBN 7-117-01389-3：11.35元

学中医/王洪图等著.—北京：科学普及出版社，1990.4.—294页；32开.—ISBN 7-110-01343-X：3.90元

家庭中医顾问　（一）：药草·诊法·食疗篇/马有度编著.—北京：人民卫生出版社，1990.—300页；大32开

R2-52　全书（古代综合性医书）

中国医学大成/曹炳章编纂.—长沙：岳麓书社，1990.10.—6册；16开.—ISBN 7-80520-219-2（精装）：480.00元

本书据三十年代中期上海大东书局32开本影印。

中国医学大成：重刊订正本/曹炳章辑集.—上海：上海科学技术出版社，1990.6.—50册；32开.—ISBN 7-5323-2171-1（精装）：950.00元

中国医学大成：重刊订正本/曹炳章辑.—上海：上海科学技术出版社，1990.6.—1册；32开.—ISBN 7-5323-2177-0：24.40元

中国医学大成　（四）：伤寒/（宋）成无己等著.上海：上海科学技术出版社，1990.6.—1册；32开.ISBN 7-5323-2109-6（精装）：14.90元

中国医学大成　（六）：伤寒/（清）张卿子等著.上海：上海科学技术出版社，1990.6.—1册；32开.ISBN 7-5323-2108-8（精装）：14.90元

中国医学大成　（七）：伤寒/（清）柯琴著.—上海：上海科学技术出版社，1990.6.—1册；32开.ISBN 7-5323-2111-8（精装）：18.10元

中国医学大成　（八）：金匮/（宋）赵义德等著.上海：上海科学技术出版社，1990.6.—1册；32开.ISBN 7-5323-2112-6（精装）：24.40元

中国医学大成　（九）：金匮/（清）尤在泾等著.上海：上海科学技术出版社，1990.6.—1册；32开.ISBN 7-5323-2113-4（精装）：23.20元

中国医学大成　（十）：诊断/（晋）王叔和等著.上海：上海科学技术出版社，1990.6.—1册；32开.ISBN 7-5323-2114-2（精装）：18.30元

中国医学大成　（十一）：诊断/（明）王绍隆著.上海：上海科学技术出版社，1990.6.—1册；32开.ISBN 7-5323-2118-5（精装）：23.20元

中国医学大成　（十二）：诊断/（清）叶子雨等著.—上海：上海科学技术出版社，1990.6.—1册；32开.—ISBN 7-5323-2166-5（精装）：20.00元

中国医学大成　（十三）：温病/（明）吴有性等著.—上海：上海科学技术出版社，1990.6.—1册；32开.—ISBN 7-5323-2119-3（精装）：15.10元

中国医学大成　（十四）：温病/（清）戴天章等著.—上海：上海科学技术出版社，1990.6.—1册；32开.—ISBN 7-5323-2152-5（精装）：18.10元

中国医学大成　（十五）：温病/（清）叶秀岩等著.—上海：上海科学技术出版社，1990.6.—1册；32开.—ISBN 7-5323-2130-4（精装）：16.60元

中国医学大成　（十六）：温病/（清）张凤逵等著.—上海：上海科学技术出版社，1990.6.—1册；32开.—ISBN 7-5323-2131-2（精装）：16.40元

中国医学大成　（十七）：温病/（清）柳宝诒等著.—上海：上海科学技术出版社，1990.6.—1册；32开.—ISBN 7-5323-2132-0（精装）：17.30元

中国医学大成　（十八）：温病/（清）吴鞠通等著.—上海：上海科学技术出版社，1990.6.—1册；32开.—ISBN 7-5323-2155-X（精装）：24.70元

中国医学大成　（二十三）：五官科/（清）邓苑等著.—上海：上海科学技术出版社，1990.6.—1册；32开.—ISBN 7-5323-2135-5（精装）：13.70元

中国医学大成　（二十四）：五官科/（明）薛已等著.—上海：上海科学技术出版社，1990.6.—1册；32开.—ISBN 7-5323-2193-2（精装）：14.60元

中国医学大成　（二十五）：外科/（明）薛己等著.—上海：上海科学技术出版社，1990.6.—1册；32开.—ISBN 7-5323-2136-3（精装）：19.50元

中国医学大成　（二十六）：外科/（明）陈实功，（清）徐灵胎著.—上海：上海科学技术出版社，1990.6.—1册；32开.—ISBN 7-5323-2167-3（精装）：21.50元

中国医学大成　（二十八）：妇科/（唐）昝殷等著.—上海：上海科学技术出版社，1990.6.—1册；32开.—ISBN 7-5323-2138-X（精装）：16.40元

中国医学大成　（二十九）：妇科/（宋）陈自明等著.—上海：上海科学技术出版社，1990.6.—1册；32开.—ISBN 7-5323-2177-0（精装）：24.40元

中国医学大成　（三十）：儿科/（明）程凤泾等著.—上海：上海科学技术出版社，1990.6.—1册；32开.—ISBN 7-5323-2154-1（精装）：15.60元

中国医学大成　（三十一）：儿科/（元）曾世荣等著.—上海：上海科学技术出版社，1990.6.—1册；32开.—ISBN 7-5323-2161-4（精装）：16.10元

中国医学大成　（三十五）：医案/（清）叶天士等著.—上海：上海科学技术出版社，1990.6.—1册；32开.—ISBN 7-5323-2160-6（精装）：14.40元

中国医学大成　（三十八）：医案/（清）吴瑭著.上海：上海科学技术出版社，1990.6.—1册；32开.ISBN 7-5323-2172-X（精装）：13.60元

中国医学大成　（四十一）：医论/（隋）巢元方著.—上海：上海科学技术出版社，1990.6.—1册；32开.—ISBN 7-5323-2189-4（精装）：28.60元

中国医学大成　（四十二）：医论/（金）张从正著.—上海：上海科学技术出版社，1990.6.—1册；32开.—ISBN 7-5323-2186-X（精装）：17.80元

中国医学大成　（四十三）：医论/（明）王肯堂等著.—上海：上海科学技术出版社，1990.6.—1册；32开.—ISBN 7-5323-2182-7（精装）：13.90元

中国医学大成　（四十四）：医论/（清）尤在泾等著.—上海：上海科学技术出版社，1990.6.—1册；32开.—ISBN 7-5323-2183-5（精装）：14.90元

中国医学大成　（四十五）：医论/（清）叶天士等著.—上海：上海科学技术出版社，1990.6.—1册；32开.—ISBN 7-5323-2187-8（精装）：15.40元

中国医学大成　（四十六）：医论/（清）程锺龄著.—上海：上海科学技术出版社，1990.6.1册；32开.—ISBN 7-5323-2194-0（精装）：14.40元

中国医学大成　（四十七）：本草/（魏）吴普等著.—上海：上海科学技术出版社，1990.6.—1册；32开.—ISBN 7-5323-2190-8（精装）：18.60元

中国医学大成　（四十八）：本草/（宋）寇宗爽等著.—上海：上海科学技术出版社，1990.6.—1册；32开.—ISBN 7-5323-2195-9（精装）：16.10元

中国医学大成　（五十）：医方/（清）程云来著.上海：上海科学技术出版社，1990.6.—1册；32开.ISBN 7-5323-2197-5（精装）：38.60元

医述/（清）程杏轩撰.—2版.—合肥：安徽科学技术出版社，1990.8.—1121页；大32开.—ISBN 7-5337-0581-5（精装）：17.50元

本书1983年7月第1版。

近代中医珍本集：医经分册/陆拯主编；包来发等编.—杭州：浙江科学技术出版社，1990.2.—1103页；大32开.—ISBN 7-5341-0190-5（精装）：17.50元

英汉实用中医药大全　（8）：医学气功/毕永升，于文平主编.—北京：高等教育出版社，1990.10.406页；大32开.—ISBN 7-04-002060-2：3.50元

黄元御医书十一种　（上）：素问悬解（附校余偶识）、灵枢悬解、难经悬解/（清）黄元御撰；麻瑞亭等点校.—北京：人民卫生出版社，1990.7.—675页；16开.—（中医古籍整理丛书）.—ISBN 7-117-00711-7（精装）：34.95元

黄元御医书十一种　（中）：伤寒悬解、金匮悬解、伤寒说意/（清）黄元御撰；麻瑞亭等点校.—北京：人民卫生出版社，1990.8.—625页；16开.（中医古籍整理丛书）.—ISBN 7-117-00865-2（精装）：32.75元

黄元御医书十一种　（下）：四圣心源、四圣悬枢、素灵微蕴、长沙药解、玉楸药解/（清）黄元御撰；麻瑞亭等点校.—北京：人民卫生出版社，1990.8.—535页；16开.—（中国古籍整理丛书）.—ISBN 7-117-00938-1（精装）：28.55元

R2-53　论文集

上海名医学术精华/裘沛然，凌耀星主编.—上海：上海中医学院出版社，1990.3.—237页；32开.—ISBN 7-81010-096-4：3.70元

医学求真/吴考槃著.—北京：中国医药科技出版社，1990.4.—186页；32开.—ISBN 7-5067-0113-8：2.90元

本书分医承、医纪、医论及医案4部分。

医药丛谈/谢海州编著.—北京：中医古籍出版社，1990.4.—269页；32开.—ISBN 7-80013-275-7：4.90元

壶天散记/李浩然著.—上海：复旦大学出版社，1990.12.—406页；大32开.—ISBN 7-309-00575-9：7.00元

萧辅周研究/李兴培主编.—乌鲁木齐：新疆人民出版社，1990.5.—288页；大32开.—ISBN 7-228-01357-3：4.00元

R2-6　参考工具书

中华古文献大辞典：医药卷/庄树藩主编.—长春：吉林文史出版社，1990.3.—368页；16开.—ISBN 7-80528-223-4（精装）：18.00元

中医经典字典/刘世昌等编著.—重庆：重庆出版社，1990.12.—300页；32开.—ISBN 7-5366-0058-5（精装）：6.55元

中医经典字典/刘世昌等编著.—重庆：重庆出版社，1990.12.—300页；32开.—ISBN 7-5366-0057-7：5.30元

中国中医药年鉴：1989/《中国中医药年鉴》编辑委员会主编.—北京：人民卫生出版社，1990.8.—550页；彩照；16开.—ISBN 7-117-01252-8（精装）：20.00元

中国医籍通考　第一卷/严世芸主编.—上海：上海中医学院出版社，1990.6.—1629页；大32开.—ISBN 7-81010-107-2（精装）：67.50元

新安医籍丛刊：综合类　第一册/（清）许豫和等著.—合肥：安徽科学技术出版社，1990.12.—221页；大32开.—ISBN 7-5337-0107-9（精装）：14.40元

R21　中医预防、卫生学

中医防治学总论/王自强主编.—上海：上海科学技术出版社，1990.1.—155页；16开.—中医基础系列教材之九.—ISBN 7-5323-1749-8：2.80元

中医健脑益智疗法/倪健伟，钟雷编著.—北京：中国医药科技出版社，1990.2.—424页；32开.—ISBN 7-5067-0114-6：6.50元

中医预防学/柯新桥，刘凤云著.—重庆：重庆出版社，1990.9.—247页；32开.—（当代中医丛书/董建华等主编）.—ISBN 7-5366-1306-7：3.70元

实用中医保健/王正芳编著.—北京：中国医药科技出版社，1990.2.—323页；32开.—ISBN 7-5067-0138-3：4.60元

R212　养　生

三元延寿参赞书/（元）李鹏飞编.—上海：上海古籍出版社，1990.7.—1册；32开.—（气功·养生丛书/马济人主编）.—ISBN 7-5325-0831-5：2.10元

本书与“修龄指要/（明）冷谦撰·医先/（明）王文禄撰·摄生三要/（明）袁黄撰·养生肤语/（明）陈继儒撰”合订。

太平御览：养生/（宋）李昉等编.—上海：上海古籍出版社，1990.7.—1册；32开.—（气功·养生丛书/马济人主编）.—ISBN 7-5325-0828-5：1.65元

本书与“苏沈良方：养生类/（宋）苏轼撰·保生要录/（宋）蒲虔贯撰·摄生消息论/（元）邱处机撰”合订。

中华养生大辞典/春湖养生研究所编纂；王者悦主编.—大连：大连出版社，1990.3.—882页；16开.ISBN 7-80555-315-7（精装）：36.00元

中医养生大全/白永波，孙光荣主编.—北京：北京科学技术出版社；香港：香港雪谷出版社，1990.9.773页；16开.-ISBN 7-5304-0762-7（精装）：38.00元

中医养生法/张奇文，尹常健编著.—济南：山东大学出版社，1990.11.—127页；32开.—（初级卫生保健丛书/张青林主编）.—ISBN 7-5607-0399-2：1.50元

中医养生康复名著选读：医经分册/张湖德主编.上海：上海中医学院出版社，1990.11.—285页；大32开.—（中医养生康复系列丛书）.—ISBN 7-81010-110-3：8.00元

中医养生康复学：英汉对照/孙广仁等编著；李学珍等译.—上海：上海中医学院出版社，1990.6.529页；大32开.—（英汉对照实用中医文库/张恩勤主编）.—ISBN 7-81010-122-6：16.00元

中国古代养生之道/郑杰义著.—济南：山东教育出版社，1990.10.—148页；32开.—（中国文化史知识丛书/王绍曾，罗青主编）.—ISBN 7-5328-1061-5：1.42元

中国古代养生长寿秘法/浙江省当代国际问题研究会主编.—增订本.—杭州：浙江科学技术出版社，1990.3.—403页；32开.—ISBN 7-5341-0246-4：4.00元

本书1987年初版。

中国古代养生术/洪丕谟编著.—上海：上海人民出版社，1990.7.—177页；32开.—（古今世俗研究；2）.—ISBN 7-208-00821-3：2.30元

中国传统健身养生图说/李经纬，朱建平编著.—北京：中国书店，1990.7.—289页；大32开.—ISBN 7-80568-094-9：10.00元

古今养生秘法/王丽等编写.—西安：三秦出版社，1990.12.—348页；32开.—ISBN 7-80546-250-X：4.65元

古代名家养生箴言/丁青艾，侯又白编著.—北京：华夏出版社，1990.12.—233页；大32开.—ISBN 7-80053-823-0：4.50元

东方养生法/黄渭铭，陈庆树编著.—北京：中国国际广播出版社，1990.7.—305页；32开.—ISBN 7-80035-430-X：4.50元

名老中医谈养生/关幼波等编著.—北京：北京科学技术出版社，1990.1.—337页；大32开.—（老年保健丛书）.—ISBN 7-5304-0567-5：5.40元

寿亲养老新书四卷/（宋）陈直撰；（元）邹铉续增.—上海：上海古籍出版社，1990.7.—444页；32开.—（气功·养生丛书/马济人主编）.—ISBN 7-5325-0829-3：5.65元

本书首卷宋陈直撰，原书名《养志奉亲书》，第二至四卷元邹铉续增，并改名《寿亲养老新书》。全书以《内经》理论为依据，结合老年人特点，提出各种养生原则、措施。

实用养生保健自疗手册/周志杰，雷跻九主编.西安：陕西人民出版社，1990.12.—619页；32

开.—ISBN 7-224-00399-9：7.95元

实用健身养生大全/汪早立等编.—北京：中国科学技术出版社，1990.9.—721页；32开.—ISBN 7-5046-0148-9：10.80元

本书根据我国历代医家、养生学家的著作及大量的医学文献资料整理编写而成。

养生三字经/郎丰勋等编著.—济南：山东大学出版社，1990.10.—89页；32开.—（初级卫生保健丛书）.—ISBN 7-5607-0448-4：1.25元

养生五百忌/郭申元编译.—上海：上海科技教育出版社，1990.9.—251页；32开.—ISBN 7-5428-0442-1：2.60元

养生长寿诗歌诀/徐霖主编.—北京：中国星星出版公司：华艺出版社，1990.1.—858页；大32开.—ISBN 7-80039-078-X：11.80元

养生长寿辞典/姚品荣，姚丽明编著.—南京：江苏古籍出版社，1990.10.—224页；32开.—ISBN 7-80519-186-7：5.00元

养生导引秘籍/陶弘景等撰；韦溪，张苌编校.—北京：中国人民大学出版社，1990.12.—208页；32开.—（修真颐生者文丛）.—ISBN 7-300-00927-1：3.40元

调燮类编/撰者不详；张珍玉等点校.—北京：人民卫生出版社，1990.2.—144页；大32开.—（中医古籍整理丛书）.—ISBN 7-117-01062-2：3.20元

本书共分四卷：卷一分总纲、乾栋、坤维、时令、宫室五篇；卷二分身体、器用、衣服、宝玩、文苑、秘方六篇；卷三分粒食、清饮、蔬供、荤馔、果品五篇；卷四分花竹、草木、鸟兽、鱼虫、杂著五篇。

R22　中医基础理论

中医升降学/寇华胜编著.—南昌：江西科学技术出版社，1990.9.—255页；32开.—ISBN 7-5390-0348-0：3.50元

中医思想方法与基本观点/王大鹏著.—天津：南开大学出版社，1990.6.—218页；32开.—ISBN 7-310-00384-9：3.50元

中医理论渊薮/孟庆云著.—重庆：重庆出版社，1990.9.—146页；大32开.—（当代中医丛书/董建华等主编）.—ISBN 7-5366-1305-9：2.40元

中医理论辩/瞿岳云编著.—长沙：湖南科学技术出版社，1990.11.—318页；大32开.—ISBN 7-5357-0798-X：4.60元

中医基础理论　下册/史兰华等编著；胡兆云，韩毓昉译.—上海：上海中医学院出版社，1990.4.117页；大32开.—（英汉对照实用中医文库/张恩勤主编）.—ISBN 7-81010-105-6：5.50元

中医基础理论研究进展/程锡箴，王建华主编；王幼芳等编.—广州：华南理工大学出版社，1990.5.355页；16开.—ISBN 7-5623-0213-8：12.80元

中藏经语译/李聪甫主编.—北京：人民卫生出版社，1990.5.—127页；大32开.—（中医古籍整理丛书）.—ISBN 7-117-01281-1：3.00元

中藏经校注/李聪甫主编.—北京：人民卫生出版社，1990.8.—162页；大32开.—（中医古籍整理丛书）.—ISBN 7-117-01197-1：5.15元

圣济经/（宋）赵佶撰；（宋）吴禔注；刘淑清点校.—北京：人民卫生出版社，1990.2.—192页；大32开.—ISBN 7-117-01080-0：4.30元

本书又名《宋徽宗圣济经》，共10卷，42篇，翔实地论述了阴阳五行、天人相应、孕育胎教、察色诊脉、脏腑经络、疾机治法、五运六气、食疗养生、药性方义等诸多方面的理论问题。

研经言/（清）莫枚士述；王绪鳌，毛雪静点校.北京：人民卫生出版社，1990.11.—154页；大32开.—（中医古籍整理丛书）.—ISBN 7-117-01407-5：4.00元

本书共四卷，合156篇，对《内经》《难经》《伤寒》《金匮》《脉经》《千金》《外台》，及明清温热学说均有评述。

R221　内　经

内经与临证/杨智孚编著.—广州：广东科技出版社，1990.7.—388页；大32开.—ISBN 7-5359-0435-1：4.80元

内经五运六气学：中医时间气象医学/徐振林编著.上海：上海科学技术文献出版社，1990.5.—226页；大32开.—ISBN 7-80513-392-1：5.00元

《内经》多学科研究/雷顺群主编.—南京：江苏科学技术出版社，1990.6.—342页；16开.—（中医现代研究丛书）.—ISBN 7-5345-0962-9：8.00元

内经词典/张登本，武长春主编.—北京：人民卫生出版社，1990.9.—591页；大32开.—ISBN 7-117-01384-2（精装）：18.50元

内经语言研究/钱超尘著.—北京：人民卫生出版社，1990.6.—473页；大32开.—ISBN 7-117-01249-8：13.90元

本书从音韵、语法、词义（训诂）三方面对《内经》作了全面研究和分析。

R221.9　难　经

难经正义/（清）叶霖著；吴考槃点校.—北京：人民卫生出版社，1990.7.—156页；大32开.—（中医古籍整理丛书）.—ISBN 7-117-01251-X：3.90元

难经语译/凌耀星主编.—北京：人民卫生出版社，1990.12.—115页；大32开.—（中医古籍整理丛书）.—ISBN 7-117-01397-4：3.55元

R222　伤寒、金匮

伤寒六书/（明）陶节庵撰；黄瑾明，傅锡钦点校.—北京：人民卫生出版社，1990.7.—271页；大32开.—（中医古籍整理丛书）.—ISBN 7-117-01154-8：6.70元

伤寒六经病证治验选录/黄卿发编著.—上海：上海中医学院出版社，1990.9.—200页；32开.—ISBN 7-81010-104-8：2.40元

《伤寒论》词语解释/严育斌编著.—西安：陕西科学技术出版社，1990.5.—116页；32开.—ISBN 7-5369-0680-3：2.15元

伤寒论析疑：疑难解答百题/沈济苍编著.—上海：上海科学技术出版社，1990.12.—221页；大32开.—ISBN 7-5323-0565-X：3.50元

伤寒论临床应用/王占玺主编.—北京：科学技术文献出版社，1990.11.—442页；32开.—ISBN 7-5023-1294-3：6.60元

伤寒论语译/刘渡舟主编；毛雨泽等编.—北京：人民卫生出版社，1990.4.—275页；大32开.—（中医古籍整理丛书）.—ISBN 7-117-00947-0：6.00元

金匮玉函经二注/（明）赵以德衍义；（清）周扬俊补注；王旭东，周衡点校.—北京：人民卫生出版社，1990.1.—1册（26，356页）；大32开.—（中医古籍整理丛书）.—ISBN 7-117-01003-7：10.00元

金匮要略语译/何任主编；范永昇等编写.—北京：人民卫生出版社，1990.5.—173页；大32开.—（中医古籍整理丛书）.—ISBN 7-117-01244-7：5.00元

金匮要略校注/何任主编；范永昇等编写.—北京：人民卫生出版社，1990.8.—302页；大32开.—（中医古籍整理丛书）.—ISBN 7-117-01245-5：7.90元

经方使用标准/王克穷编著.—兰州：甘肃科学技术出版社，1990.3.—198页；32开.—ISBN 7-5424-0263-3：2.45元

曹氏伤寒金匮发微合刊/曹颖甫著；顾瑞生校点.上海：上海科学技术出版社，1990.11.—256页；32开.—ISBN 7-5323-0424-8：7.05元

简明金匮要略校释与临床应用/赵凌云编著.—北京：中国科学技术出版社，1990.12.—496页；大32开.—ISBN 7-5046-0258-2：7.80元

R223　中医生理

十论中医生理学与中西医结合/季钟朴著.—北京：中国医药科技出版社，1989.10.—249页；大32开.ISBN 7-5067-0062-X：4.10元

气血论/李德新主编.—沈阳：辽宁科学技术出版社，1990.1.—704页；32开.—ISBN 7-5381-0750-9：19.10元

气血证治/张问渠，赵孟华著.—北京：科学技术文献出版社，1990.3.—253页；32开.—ISBN 7-5023-0983-7：4.60元

气血病论治学/程绍恩等主编.—北京：北京科学技术出版社，1990.3.—342页；32开.—ISBN 7-5304-0583-7：4.10元

命门学说应用荟萃/张鑫华，黄宣能编著.—上海：上海中医学院出版社，1990.10.—79页；32开.—ISBN 7-81010-109-9：1.20元

脾胃学说与临床/王淑兰主编.—北京：人民卫生出版社，1990.9.—333页；大32开.—ISBN 7-117-01346-X：7.35元

脾胃理论与临床/徐夏霖等编著.—长沙：湖南科学技术出版社，1990.6.—367页；大32开.—ISBN 7-5357-0667-3：5.40元

R224　经络、孔穴

中医经络现代研究/胡翔龙等主编.—北京：人民卫生出版社，1990.10.—271页；16开.—ISBN 7-117-01415-6（精装）：24.20元

中国针灸十四穴图/靳瑞编；林志生绘.—3版.—广州：广东科技出版社，1990.1.—4张；2开.—ISBN 7-5359-0194-8：3.80元

《奇经八脉考》校注/（明）李时珍撰辑；王罗珍，李鼎校注.—上海：上海科学技术出版社，1990.2.—161页；32开.—ISBN 7-5323-0796-4：1.85元

经穴部位文献考与解剖：中华人民共和国国家标准《经穴部位》的编制说明/国家中医药管理局编.北京：中国中医药出版社，1990.11.—140页；16开.ISBN 7-80089-000-7：5.00元

经穴断面解剖图解：头颈·胸部/严振国编.—上海：上海科学技术出版社，1990.12.—261页；16开.—ISBN 7-5323-0888-X（精装）：63.20元

经穴解：附针灸阐岐幼科阐岐/（清）岳含珍撰；张灿玾，柳长华点校.—北京：人民卫生出版社，1990.9.—610页；大32开.—（中医古籍整理丛书）.ISBN 7-117-01230-7：13.50元

经络学/曲衍海主编；冯如珍等编.—济南：山东科学技术出版社，1990.2.—131页；16开.—全国中等中医药学校教材.—ISBN 7-5331-0655-5：2.00元

标准针灸经穴挂图/中国中医研究院针灸研究所编绘.—北京：中国医药科技出版社，1990.11.—3张；全开.—附说明书1册.—ISBN 7-5067-0288-6：13.00元

标准针灸经穴部位图谱/中国中医研究院针灸研究所编制.—北京：中国标准出版社，1990.11.—1册；大16开.—ISBN 7-5066-0335-7：23.80元

常用穴位解剖基础：针灸必读/严振国主编.—上

海：上海中医学院出版社，1990.3.—169页；16开.ISBN 7-81010-092-0：3.80元

腧穴学/汪灏乐主编；杨永峰等编写.—南京：江苏科学技术出版社，1990.11.—221页；16开.—全国中等中医药学校教材　供针灸医士专业用.—ISBN 7-5345-0871-1：3.60元

R226　中医阴阳五行运气学说

西方的中医五行学说：英汉对照/(加)陈慰中著；俞昌正译.—北京：学苑出版社，1990.6.—214页；32开.—ISBN 7-80060-808-5：3.00元

运气与临床/汪德云编著.—合肥：安徽科学技术出版社，1990.12.—100页；32开.—ISBN 7-5337-0495-9：1.85元

R228　中医病理

中医时间医学/胡剑北等编著.—合肥：安徽科学技术出版社，1990.4.—289页；大32开.—ISBN 7-5335-0423-2：4.50元

时间医学是一门以时间生物学为基础发展起来的新学科。本书探讨了中医学中丰富的时间医学内容，并应用现代时间生物学、时间医学理论，结合作者临床研究体会深入探讨有关机理，总结了中医时间医学的丰富内涵。

中医革新——病机论疗法/朱振华编著.—北京：人民军医出版社，1990.6.—177页；32开.—ISBN 7-80020-166-X：2.90元

古今时间医学：择时诊病·服药·针灸/刘炳权，苏祥编著.—广州：广东科技出版社，1990.12.208页；32开.—ISBN 7-5359-0641-9：2.80元

阴虚证治/田维君，魏桂芝编著.—南昌：江西科学技术出版社，1990.9.—284页；32开.—ISBN 7-5390-0343-X：3.50元

R24　中医临床学

中医药临床科研指南/李开兴，黄星垣主编；成都军区后勤部卫生部编著.—成都：四川科学技术出版社，1990.3.—596页；32开.—ISBN 7-5364-1582-8：5.85元

中医临床各科　上册/张恩勤等著译；左连君等主译.—上海：上海中医学院出版社，1990.5.—455页；大32开.—(英汉对照实用中医文库/张恩勤主编).—ISBN 7-81010-129-2：12.80元

中医临床各科　下册/张恩勤等著译；左连君等主译.—上海：上海中医学院出版社，1990.7.—456～1091页；大32开.—(英汉对照实用中医文库/张恩勤主编).—ISBN 7-81010-138-2

中医临床诊治续集/贺升效著.—成都：四川大学出版社，1990.12.—245页；32开.—ISBN 7-5614-0349-6：2.90元

中医临床科研选题设计分析/林平等编著.—开封：河南大学出版社，1990.8.—341页；大32开.—ISBN 7-81018-445-8：2.85元

中医临床200解/于天星著；林孟丽整理.—北京：中医古籍出版社，1990.6.—207页；32开.—ISBN 7-80013-298-6：2.85元

中医临证三字诀/胡翘武，胡国俊编著.—2版(修订版).—合肥：安徽科学技术出版社，1990.1.211页；32开.—ISBN 7-5337-0133-6：2.60元

本书1988年6月第1版。

中医临证录/高兆彤等编著.—北京：中医古籍出版社，1990.3.—158页；32开.—ISBN 7-80013-297-8：2.00元

中医临证席谈/江淑安著.—北京：中国中医药出版社，1990.10.—42页；32开.—ISBN 7-80089-065-1：1.00元

中医病证诊疗标准/王立恒等编.—济南：黄河出版社，1990.4.—255页；32开.—ISBN 7-80558-118-5：3.20元

中医难证奇验/史方奇著.—重庆：科学技术文献出版社重庆分社，1990.8.—122页；32开.—ISBN 7-5023-1144-0：1.55元

古今名医临证秘诀/路振平主编.—昆明：云南大学出版社，1990.10.—322页；大32开.—(古今名医临证精华丛书).—ISBN 7-81025-068-X：4.50元

炎症的中医辨治/王凤岐，孙光荣主编.—北京：中国医药科技出版社，1990.2.—600页；16开.—ISBN 7-5067-0088-3(精装)：18.00元

临症荟萃/赵洪斌等主编.—北京：学苑出版社，1990.7.—475页；大32开.—ISBN 7-5077-0084-4：7.50元

R241　中医诊断学

八纲与八法/北京中医学院主编.—天津：天津科学技术出版社，1990.3.—97页；32开.—(自学中医之路丛书).—ISBN 7-5308-0721-8：1.80元

人可貌像：您的心理、生理、病理/宋乃光，张年顺编著.—重庆：科学技术文献出版社重庆分社，1990.2.—149页；32开.—ISBN 7-5023-1051-7：2.60元

中医问诊/王宗殿编著.—合肥：安徽科学技术出版社，1990.11.—173页；32开.—ISBN 7-5337-0509-3：2.75元

中医医疗事故纠纷的防范与处理/詹文涛主编.—北京：人民卫生出版社，1990.10.—392页；大32开.ISBN 7-117-01471-7：7.00元

中医证候规范/邓铁涛主编.—广州：广东科技出版社，1990.8.—424页；32开.—(中医自学丛书).ISBN 7-5359-0540-4：5.20元

中医诊疗阐微/王少年，王卫中著.—天津：天津科学技术出版社，1990.6.—237页；32开.—ISBN 7-5308-0879-6：3.20元

中医诊断学/刘家义等编著；杨敏，杨杰译.—上海：上海中医学院出版社，1990.6.—384页；大32开.—（英汉对照实用中医文库/张恩勤主编）.—ISBN 7-81010-125-0：13.85元

中医诊断学/李丽霞等编写.—北京：中医古籍出版社，1990.7.—118页；16开.—高等中医药院校外国进修生教材.—ISBN 7-80013-006-1：3.35元

中医诊断学自学指导/张崇孝主编.—西安：陕西科学技术出版社，1990.1.—454页；16开.—（中医自学指导丛书）.—ISBN 7-5369-0657-9：10.55元

中医脉诊学/赵恩俭主编.—天津：天津科学技术出版社，1990.12.—1053页；大32开.—ISBN 7-5308-0663-7（精装）：26.10元

中医疾病诊疗纂要/张震主编.—昆明：云南科技出版社，1990.9.—416页；16开.—ISBN 7-5416-0309-0（精装）：15.00元；（平装）：12.50元

手掌与疾病：疾病预测与最佳治疗时间选择/梁秋湖等编著.—南宁：广西科学技术出版社，1990.8.114页；32开.—ISBN 7-80565-346-1：1.60元

本书即干支配属、年、月、日、时干支掌上推算法，疾病预测、子午流注掌上推算法等。

六经辨证/天津中医学院主编.—天津：天津科学技术出版社，1990.3.—117页；32开.—（自学中医之路丛书）.—ISBN 7-5308-0478-2：2.05元

耳穴诊断学/《耳穴诊断学》编委会著.—北京：人民卫生出版社，1990.7.—274页；32开.—ISBN 7-117-01325-7：4.35元

指甲诊病/王文华，李漩珈著.—上海：上海中医学院出版社，1990.5.—113页：照片；32开.—ISBN 7-81010-100-5：1.60元

指甲诊病彩色图谱/李学诚著.—太原：山西科学教育出版社，1990.8.—168页；32开.—ISBN 7-5377-0283-7：7.00元

症因脉治/（明）秦景明著；冷方南，王齐南点校.上海：上海科学技术出版社，1990.7.—299页；大32开.—ISBN 7-5323-1380-8：5.70元

R242　中医治疗学

中医系统治则学/张永骅著.—成都：四川科学技术出版社，1990.12.—328页；32开.—ISBN 7-5364-1745-4：3.65元

中医治疗学/孙国杰，涂晋文主编.—北京：中国医药科技出版社，1990.12.—689页；16开.—ISBN 7-5067-0174-X（精装）：24.00元

中医治疗学原理/孙孝洪编著.—成都：四川科学技术出版社，1990.3.—709页；32开.—ISBN 7-5364-1511-7（精装）：10.00元

中医常见病自疗指南/华良才，温丽芬编.—兰州：甘肃科学技术出版社，1990.1.—120页；32开.—ISBN 7-5424-0258-7：1.50元

中国医学疗法大全/麻仲学主编.—济南：山东科学技术出版社，1990.8.—864页；16开.—ISBN 7-5331-0738-1（精装）：26.50元

民间治病小手册/牙廷艺编著.—南宁：广西民族出版社，1990.8.—169页；32开.—ISBN 7-5363-0873-6：2.10元

西药毒副反应的中医治疗/袁世华等编著.—上海：上海中医学院出版社，1990.9.—178页；32开.—ISBN 7-81010-103-X：2.20元

百万人的家庭中医：自己的健康自己维护/赵蕴坤，张文钊编译.—太原：山西科学教育出版社，1990.1.—245页；32开.—ISBN 7-5377-0227-6：3.50元

怪病怪治/刘道清编.—郑州：中原农民出版社，1990.2.—339页；32开.—ISBN 7-80538-140-2：3.70元

实用中医美容/雷振萍等编著.—南宁：广西科学技术出版社，1990.12.—123页；32开.—ISBN 7-80565-393-3：1.65元

实用针灸推拿治疗学/夏治平等编著.—上海：上海中医学院出版社，1990.4.—841页；大32开.—（中医临床医学大系）.—ISBN 7-81010-078-5（精装）：12.00元

秘方治疗17种顽固病/汪伟生等编著.—北京：中国中医药出版社，1990.9.—173页；32开.—ISBN 7-80089-056-2：2.95元

R244　外治法（物理疗法）

人人实用按摩术/施峰等编著.—上海：上海文化出版社，1990.4.—282页；32开.—ISBN 7-80511-354-8：3.50元

儿童推拿与食疗健康法/米延，赵秉翥著.—北京：学术书刊出版社，1990.4.—173页；32开.—ISBN 7-80045-298-0：3.35元

小儿家庭保健推拿/焦平编著.—北京：中国广播电视出版社，1990.7.—192页；32开.—ISBN 7-5043-0425-5：2.90元

子午流注气功点穴法/罗振宇著.—北京：科学普及出版社，1990.10.—141页；32开.—ISBN 7-110-01637-4：2.30元

中医外治法集要/张建德编著.—西安：陕西科学技术出版社，1989.12.—424页；32开.—ISBN 7-5369-0424-X：5.00元

中国医用点穴学/马秀棠著；马建民整理.—西安：

陕西科学技术出版社，1990.4.—474页；大32开.ISBN 7-5369-0628-5：7.40元

中国推拿/王国才等编著；于文平等译.—上海：上海中医学院出版社，1990.6.—762页；大32开.(英汉对照实用中医文库/张恩勤主编).—ISBN 7-81010-139-0

中国推拿练功学/金宏柱主编.—上海：上海中医学院出版社，1990.12.—254页；大32开.—(推拿学系列丛书).—ISBN 7-81010-118-8：3.60元

内科按摩学/杨永谦编写.—北京：华夏出版社，1990.1.—94页；16开.—全国盲人按摩专业统编教材.—ISBN 7-80053-656-4：3.90元

内病外治精要/薛涛，薛印彦编著.—西安：陕西科学技术出版社，1990.4.—231页；32开.—ISBN 7-5369-0633-1：3.20元

气功点穴按摩术/杨树文著.—北京：华夏出版社，1990.8.—226页；32开.—ISBN 7-80053-781-1：3.50元

穴道指压术：治疗·保健/吴熙，周金伙编著.福州：福建科学技术出版社，1990.5.—105页：图；32开.—ISBN 7-5335-0365-1：1.40元

百病自我按摩保健/康锁彬等编.—石家庄：河北科学技术出版社，1990.7.—274页；32开.—ISBN 7-5376-0409-1：3.65元

自我按摩与家庭按摩/韩贵满编著.—乌鲁木齐：新疆人民出版社，1990.4.—161页；36开.—ISBN 7-228-01279-3：2.05元

自我按摩保健法/焦顺发著.—北京：中医古籍出版社，1989.12.—23页；32开.—ISBN 7-80013-285-4：0.65元

自我按摩集锦/骆勤方主编.—北京：人民体育出版社，1990.9.—437页，32开.—ISBN 7-5009-0524-6：5.50元

自学推拿图说/张义炯主编.—合肥：安徽科学技术出版社，1990.4.—364页；32开.—ISBN 7-5337-0407-X：4.95元

足反射疗法/伍锐敏等编译.—北京：中国医药科技出版社，1990.2.—197页；32开.—ISBN 7-5067-0064-6：4.20元

本书阐述了在足部反射区做按摩治疗全身疾病的足反射疗法。

足底反射刺激健康法/邹志东，王军编译.—北京：农村读物出版社，1990.10.—194页；32开.—ISBN 7-5048-1068-1：2.95元

足道养生/(新加坡)吴星莹编著.—北京：中国人口出版社，1990.8.—103页；32开.—ISBN 7-80079-023-1：1.70元

现代推拿法/李会生编著.—北京：北京科学技术出版社，1990.9.—235页；32开.—ISBN 7-5304-0675-2：3.10元

宝宝推拿/孙德仁编著.—重庆：科学技术文献出版社重庆分社，1990.2.—139页；32开.—ISBN 7-5023-1091-5：2.20元

实用经穴按摩/王传贵著.—北京：外文出版社，1990.—223页；32开.—ISBN 7-119-01151-0：3.95元

实用按摩手册/熊同学等编著.—北京：科学普及出版社，1990.9.—202页；32开.—ISBN 7-110-01886-5：3.30元

实用按摩推拿大全/李茂林编著.—北京：中医古籍出版社，1990.7.—683页；大32开.—ISBN 7-80013-292-7：12.00元

实用美容按摩/张建华，孙安达编著.—合肥：安徽科学技术出版社，1990.3.—105页：彩照；32开.ISBN 7-5337-0474-6：1.60元

实用推拿手法图解/费季翔等编著；黄原摄影.上海：上海翻译出版公司，1990.9.—192页；16开.ISBN 7-80514-574-1：7.80元

实用推拿治病百法/骆竞洪著；骆仲逵等编.—北京：人民体育出版社，1990.9.—315页；32开.—ISBN 7-5009-0512-2：4.20元

厘正按摩要术/(清)张振鋆编辑；曲祖贻点校.北京：人民卫生出版社，1990.8.—129页；大32开.(中医古籍整理丛书).—ISBN 7-117-01332-X：2.90元

本书是治疗小儿疾患的按摩专书。

特效点穴祛病健身法/徐建军编译.—北京：学苑出版社，1990.3.—176页：图；32开.—ISBN 7-80060-867-0：2.80元

健身自我按摩/孙树椿等编.—北京：清华大学出版社，1990.10.—124页；32开.—中央电视台教育节目用书.—ISBN 7-302-00717-9：2.00元

脐疗/韩文领等编著.—重庆：科学技术文献出版社重庆分社，1990.8.—126页；32开.—ISBN 7-5023-1147-5：1.70元

家庭小儿推拿/(日)永谷义文著；汤一新，熊维美编译.—成都：四川科学技术出版社，1990.1.218页；32开.—(家庭保健推拿丛书).—ISBN 7-5364-1564-8：2.75元

家庭穴位按摩/伍后胜主编.—北京：中国广播电视出版社，1990.10.—302页；32开.—ISBN 7-5043-0525-1：4.60元

家庭自我保健实用按摩术：百病防治疗法手册/臧福科主编.—北京：华龄出版社，1990.6.—287页；32开.—ISBN 7-80082-054-8：4.20元

家庭按摩/刘银萍，王林义编著.—重庆：科学技术文献出版社重庆分社，1990.1.—125页；32开.(家庭保健丛书/卢祥之，梅虎主编).—ISBN 7-5023

-1091-5：1.95元

家庭按摩图谱/王家栋，富渭熊编著.—北京：农村读物出版社，1990.4.—61页；32开.—ISBN 7-5048-1288-9：1.30元

家庭保健按摩/潘崇海主编.—上海：百家出版社，1990.1.—86页；16开.—电视系列讲座.—ISBN 7-80576-101-9：2.70元

家庭保健按摩术/王中衡等编著.—重庆：科学技术文献出版社重庆分社，1990.1.—142页；32开.ISBN 7-5023-1023-1：2.50元

家庭推拿按摩/金宏柱编著.—北京：金盾出版社，1990.6.—159页；32开.—ISBN 7-80022-190-3：2.30元

家庭脚部按摩疗法/(瑞士)玛萨弗雷特(Masafret，H)著；李百龄译.—北京：学苑出版社，1990.2.—157页；32开.—ISBN 7-80060-727-3：2.40元

家庭强身去病按摩术/刘金生，李金田编著.—北京：中国中医药出版社，1990.10.—195页；32开.ISBN 7-80098-058-1：3.20元

推拿问答/严隽陶等编著.—上海：上海科学技术出版社，1990.1.—202页；32开.—ISBN 7-5323-1823-0：2.55元

常见病自我推拿图解/庄元明等编写.—上海：上海科学技术出版社，1990.8.—152页；32开.—ISBN 7-5323-2058-8：2.00元

常见病按摩图谱/纪石时等编写.—深圳：海天出版社，1990.8.—149页；32开.—ISBN 7-80542-185-4：4.25元

常见腰腿痛病与推拿疗法/栾长业，李冬生编著.北京：人民卫生出版社，1990.1.—213页；32开.ISBN 7-117-01184-X.2.75元

脚部按摩疗法/汤叔梁，杨秉元编著.—南京：东南大学出版社，1990.11.—129页；32开.—ISBN 7-81023-395-5：2.70元

简易家庭按摩与导引术/李乐德编著.—长沙：湖南科学技术出版社，1990.10.—195页；32开.—(小家庭丛书).—ISBN 7-5357-0799-8：3.20元

R245　针灸学，针灸疗法

中医学基础及针灸学/罗德安主编.—武汉：湖北科学技术出版社，1990.7.—184页；16开.—中等卫生学校教材.—ISBN 7-5352-0729-4：4.90元

中国民间灯火灸疗法/谭支绍著.—南宁：广西科学技术出版社，1990.12.—233页；32开.—ISBN 7-80565-380-1：2.75元

中国针灸/吕建平等编著；孙衡山，朱胜利译.—上海：上海中医学院出版社，1990.5.—624页；大32开.—(英汉对照实用中医文库/张恩勤主编).—ISBN 7-81010-128-5：17.25元

中国针灸针麻科研概况：1977～1987/王德深编.北京：中国中医药出版社，1990.11.—132页；16开.—ISBN 7-80089-013-9：6.50元

中国实用刺血疗法/谭德福等编著.—重庆：科学技术文献出版社重庆分社，1990.4.—273页；32开.ISBN 7-5023-1002-9：3.40元

手针新疗法/朱振华编著.—北京：人民军医出版社，1990.4.—107页；32开.—ISBN 7-80020-158-9：1.85元

出国人员实用针灸推拿/薛程远等编著.—北京：中国环境科学出版社，1990.8.—329页；32开.—ISBN 7-80010-663-2：4.90元

汉英对照针灸手册/许小萍等编著.—北京：中国医药科技出版社，1990.9.—203页；32开.—ISBN 7-5067-0167-7：3.20元

头针与耳针/宋一同等编著.—北京：中国医药科技出版社，1990.3.—138页；32开.—ISBN 7-5067-0107-3：2.20元

耳穴疗法/植兰英，蒙贵清编著.—南宁：广西科学技术出版社，1990.4.—198页；32开.—ISBN 7-80565-287-2：2.30元

耳压疗法/吴锡强编著.—西安：陕西科学技术出版社，1990.1.—263页；32开.—ISBN 7-5369-0598-X：3.25元

当代中外针灸/孙国杰等编著.—武汉：湖北科学技术出版社，1990.6.—366页；32开.—(中医现代研究丛书/王琦主编).—ISBN 7-5352-0609-3：4.80元

针灸文献概论/李复峰编著.—哈尔滨：黑龙江科学技术出版社，1990.10.—217页；32开.—ISBN 7-5388-1371-3：3.50元

针灸问答/王卜雄等编著.—上海：上海科学技术出版社，1990.9.—244页；32开.—ISBN 7-5323-2092-8：3.05元

针灸时间治疗概论/靳瑞等编著.—上海：上海翻译出版公司，1990.5.—159页；大32开.—ISBN 7-80514-467-2：3.70元

针灸疗法歌诀/曾昭旺等编著.—哈尔滨：黑龙江科学技术出版社，1990.6.—364页；32开.—ISBN 7-5388-1027-7：4.50元

针灸证治精要/章逢润编著.—西安：陕西科学技术出版社，1990.10.—290页；32开.—ISBN 7-5369-0618-8：8.90元

针灸明理与临证/刘冠军著；刘芳，刘虹整理.—北京：人民卫生出版社，1990.5.—386页；32开.—ISBN 7-117-01265-X：8.55元

针灸易学/(清)李守先撰；董晋宝点校.—北京：

人民卫生出版社，1990.11.—73页；大32开.—(中医古籍整理丛书).—ISBN 7-117-01416-4：1.85元

针灸治疗学/王诗铭等编.—济南：山东科学技术出版社，1990.8.—274页；16开.—全国中等中医药学校教材　供针灸医士专业用.—ISBN 7-5331-0703-9：3.75元

针灸按摩补泻解说/靳瑞，杨锦森编著.—广州：科学普及出版社广州分社，1990.5.—106页；16开. ISBN 7-110-01270-0：3.80元

针灸配方概论/于致顺主编.—哈尔滨：黑龙江科学技术出版社，1990.3.—219页；32开.—ISBN 7-5388-1062-5：2.80元

针灸推拿医籍选/李继福主编；刘维等编.—济南：山东科学技术出版社.1990.3.—169页；16开.—全国中等中医药学校教材　供针灸、推拿医士专业用. ISBN 7-5331-0667-9：2.55元

针灸锦囊/邵经明编著；邵素霞，邵素菊整理.—郑州：河南科学技术出版社，1990.7.—264页；32开. ISBN 7-5349-0048-4：3.50元

针灸新义/祁越著.—乌鲁木齐：新疆大学出版社.1990.8.—217页；32开.—ISBN 7-5631-0146-2：3.50元

针灸歌赋集成/张应泰编.—兰州：甘肃科学技术出版社，1990.3.—176页；32开.—ISBN 7-5424-0257-9：2.10元

现代时辰针灸学理论与临床应用/陈少宗著.—济南：黄河出版社，1990.8.—111页；16开.—(中医学、针灸学走向未来丛书；2/陈少宗主编).—ISBN 7-80558-144-4：2.38元

现代针灸师手册/胡伯虎等主编.—北京：北京出版社，1990.10.—751页；大32开.—ISBN 7-200-00964-4(精装)：15.30元

现代针灸师手册/胡伯虎等主编.—北京：北京出版社，1990.10.—751页；大32开.—ISBN 7-200-00963-6：11.45元

本书分上、中、下三篇，共十六章。上篇主要介绍针灸临床基本理论及各腧穴的部位、功能及主治。中篇介绍70余种针法、灸法，阐述各种手法的应用。下篇介绍200余种疾病的诊断要点和针灸疗法。

现代针灸学理论与临床应用/陈少宗著.—济南：黄河出版社，1990.8.—149页；32开.—(中医学、针灸学走向未来丛书；1/陈少宗主编).—ISBN 7-80558-143-6：2.86元

本书第一次运用有别于“经络学说”的新理论对腧穴的主治症候及其临床应用等问题作了介绍。

现代针灸学概论/袁其伦编著.—重庆：科学技术文献出版社重庆分社，1990.12.—418页；32开.—ISBN 7-5023-1157-2：4.40元

杵针治疗学/李仲愚著；钟枢才，李淑仁整理.成都：四川科学技术出版社，1990.5.—350页；32开.—ISBN 7-5364-1595-8：4.15元

本书系统介绍了杵针疗法的源流、基本理论、常用穴与特殊穴位、杵针工具、杵针手法，并列举了中医临床上常见的60多种疾病的杵针治疗。

刺灸学/张智信主编；王永千等编写.—南京：江苏科学技术出版社，1990.11.—111页；16开.—全国中等中医药学校教材　供针灸医士专业用.—ISBN 7-5345-0874-6：1.75元

明代针灸学家杨继洲/纪晓平，郜树义编著.—北京：中国科学技术出版社，1990.2.—66页；32开.(中国历代名医学术经验荟萃丛书).—ISBN 7-5046-0119-5：0.95元

实用子午流注针法、灵龟八法手册/郑士钢著.—郑州：中原农民出版社，1989.6.—192页；32开.(家庭医生丛书).—ISBN 7-80538-092-9：2.20元

实用针灸选穴手册/杨兆民等编著.—北京：金盾出版社，1990.11.—288页；32开.—ISBN 7-80022-217-9：3.70元

实用针灸辞典/《实用针灸辞典》编委会编.—北京：知识出版社，1990.2.—617页；16开.—ISBN 7-5015-0277-3：19.00元

实用针灸解剖挂图/严振国主编.—上海：上海中医学院出版社，〔1990〕.—12张；全开.—附说明书1册.—ISBN 7-81010-106-5(袋装)：27.00元

实用针灸解剖挂图/严振国主编.—上海：上海中医学院出版社，〔1990〕.—12张；4开.—附说明书1册.—ISBN 7-81010-147-1(袋装)：9.00元

实用毫针刺法手册/刘万成编著.—南京：江苏科学技术出版社，1990.5.—169页；32开.—ISBN 7-5345-0931-9：2.30元

精du学针灸/徐宏勋等编著.—北京：科学出版社，1990.7.—174页；32开.—ISBN 7-03-001807-9：2.50元

保健针灸与按摩/李学武编著.—北京：科学技术文献出版社，1990.1.—461页；32开.—ISBN 7-5023-0951-9：7.20元

神应经/(明)陈会撰；刘瑾补辑·**扁鹊神应针灸玉龙经**/(元)王国瑞撰；李宁点校.—北京：中医古籍出版社，1990.6.—131页；32开.—(珍本医籍丛刊/傅景华主编).—ISBN 7-80013-287-0：1.80元

黄帝针灸甲乙经：新校本/黄龙祥校注.—北京：中国医药科技出版社，1990.3.—566页；32开.—ISBN 7-5067-0065-4：7.80元

粗针疗法/李复峰主编.—哈尔滨：黑龙江科学技术出版社，1990.9.—181页；32开.—ISBN 7-5388-1315-2：2.50元

最新针灸疗法/(日)前田昌司著；王旭，王超凡译.—郑州：河南科学技术出版社，1990.5.—172页；32开.—ISBN 7-5349-0573-7：2.40元

腕踝针疗法/张心曙著.—2版.—北京：人民军医出版社，1990.4.—91页；32开.—ISBN 7-80020-173-2：3.20元

本书1978年8月第1版。

蜂刺疗法/陈伟编著.—长沙：中南工业大学出版社，1990.9.—156页；32开.—ISBN 7-81020-307-X：2.50元

新编西方子明堂灸经/(　)西方子撰；方吉庆等点校.—北京：人民卫生出版社，1990.1.—1册(13，103页)；大32开.—(中医古籍整理丛书).ISBN 7-117-01065-7：2.45元

蟒针疗法/王实古著.—沈阳：沈阳出版社，1990.7.—189页；32开.—ISBN 7-80556-442-6：2.95元

R246　针灸疗法临床应用

中国针灸处方大成/王立早主编.—南昌：江西科学技术出版社，1990.9.—785页；大32开.—ISBN 7-5390-0324-3(精装)：19.80元

中国针灸急症验案/周志杰，殷克敬主编.—西安：陕西科学技术出版社，1990.8.—587页；32开.—ISBN 7-5369-0764-3：8.10元

气功针疗与减肥/淳于家平著.—广州：广东高等教育出版社，1990.7.—198页；32开.—ISBN 7-5361-0519-3：4.30元

古今针灸医案医话荟萃/高忻洙等编著.—合肥：安徽科学技术出版社，1990.1.—263页；32开.—ISBN 7-5337-0321-9：3.30元

古代针灸配穴验方集/焦顺发集.—北京：中医古籍出版社，1990.3.—31页；32开.—ISBN 7-80013-296-X：0.75元

石学敏针灸临证集验/石学敏主编；天津中医学院第一附属医院针灸科编.—天津：天津科学技术出版社，1990.11.—536页：肖像；大32开.—ISBN 7-5308-0791-9(精装)：16.40元

本书全面论述了石学敏教授二十多年来所积累的针灸临床经验，内容涉及内、外、妇、儿等各科疾病。

针灸三法的应用：刺血、燔针、发泡灸/南正九编著.—兰州：甘肃科学技术出版社，1990.11.—113页；32开.—ISBN 7-5424-0293-5：1.45元

针灸处方学/王岱主编.—北京：北京出版社，1990.6.—196页；16开.—ISBN 7-200-00747-1：7.10元

针灸有效病症/方幼安，陈业孟编著.—上海：上海翻译出版公司，1990.5.—413页；32开.—ISBN 7-80514-468-0(精装)：7.95元；(平装)：6.20元

针灸治疗阳萎/张洪度，杨秦编著.—上海：上海中医学院出版社，1990.3.—51页；32开.—ISBN 7-81010-084-X：0.80元

针刺事故类案选析/刘玉书编著.—呼和浩特：内蒙古人民出版社，1990.5.—223页；32开.—ISBN 7-204-00530-9：2.35元

针刺治疗功血病/刘万成，张晓彬著.—哈尔滨：黑龙江科学技术出版社，1990.8.—96页；32开.—ISBN 7-5388-1075-7：1.80元

现代针灸临床聚英/王振坤，肖淑春编著.—北京：中医古籍出版社，〔1990〕.—438页；32开.—ISBN 7-80013-087-8：3.25元

肩周炎—针治疗法/王文远编著.—北京：中国医药科技出版社，1990.1.—106页；大32开.—ISBN 7-5067-0133-2：2.50元

临床针灸手册/蒋利，姜梅英编著.—济南：山东科学技术出版社，1990.2.—252页；32开.—ISBN 7-5331-0634-2：2.65元

骨伤康复按摩疗法/姜云和等著.—北京：中国医药科技出版社，1990.3.—82页；32开.—ISBN 7-5067-0121-9：1.50元

急症针灸治疗手册/朱明清，程晓明编著.—杭州：浙江科学技术出版社，1990.8.—155页；32开.—ISBN 7-5341-0268-5：2.20元

袖珍针灸成方手册/杨子雨，李小娣编著.—北京：中医古籍出版社，1990.3.—203页；64开.—ISBN 7-80013-306-2：1.95元

常见百病针灸点按穴法图解/王毅刚，赵鸿鸣编著.北京：科学技术文献出版社，1990.11.—236页；32开.—ISBN 7-5023-1165-3：3.90元

常见病针灸疗法/阮少南等编著.—福州：福建科学技术出版社，1990.1.—154页；32开.—ISBN 7-5335-0322-8：1.95元

常见眼病针刺疗法/曹仁方编著.—北京：人民卫生出版社，1990.3.—130页；32开.—ISBN 7-117-01209-9：2.50元

眼针疗法/彭静山著.—沈阳：辽宁科学技术出版社，1990.11.—115页；32开.—ISBN 7-5381-0971-4(精装)：7.50元

R247　其他疗法

R247.1　食养、食疗

儿童食补食疗手册/杨晓生等编著.—合肥：安徽科学技术出版社，1990.9.—333页；32开.—ISBN 7-5337-0438-X：4.90元

大众食疗及保健顾问/江淑安，叶琼花主编.—北京：中医古籍出版社，1990.12.—388页；32开.ISBN 7-80013-328-1：4.80元

山珍滋补养生食谱/陈英武等编写.—北京：农村读物出版社，1990.6.—85页；32开.—ISBN 7-5048-1192-2：2.15元

女性美容、食疗与保健/姜坤等编.—北京：科学普

及出版社，1990.2.—161页；32开.—ISBN 7-110-01253-0：2.10元

中华食物疗法大全/窦国祥主编.—南京：江苏科学技术出版社，1990.6.—1582页；32开.—ISBN 7-5345-0968-8(精装)：19.00元

中医保健食谱/徐岩春等编著.—北京：学术书刊出版社，1990.2.—268页；32开.—ISBN 7-80045-679-X：4.00元

中医营养学/申却骄，姚鸣春编著.—北京：中医古籍出版社，1990.7.—335页；32开.—(中国食疗学/谢永新，雷载权主编).—ISBN 7-80013-081-9：5.80元

中国药膳/张文高等编著；张来修等译.—上海：上海中医学院出版社，1990.6.—753页；大32开.(英汉对照实用中医文库/张恩勤主编).—ISBN 7-81010-124-2：22.20元

六畜滋补养生食谱/陈英武等编写.—北京：农村读物出版社，1990.6.—89页；32开.—ISBN 7-5048-1191-2：2.20元

水果的药用与忌口/何悦飞，费幼画编写.—南昌：江西科学技术出版社，1990.12.—106页；32开.ISBN 7-5390-0386-3：1.60元

水果营养食疗方剂/齐永清，文磊著.—北京：中国展望出版社，1990.12.—243页；肖像；32开.—ISBN 7-5050-0795-5：3.50元

古今家庭食疗方法精选：治病·美容·健身/万德芬编.—天津：天津科学技术出版社，1990.9.—570页；32开.—ISBN 7-5308-0873-7：7.35元

百果滋补养生食谱/陈英武等编写.—北京：农村读物出版社，1990.6.—75页；32开.—ISBN 7-5048-1186-6：2.00元

吃能治病/杨国财，杨承编著.—重庆：科学技术文献出版社重庆分社，1990.3.—161页；32开.—ISBN 7-5023-1026-7：2.75元

吃能治病：续/惠芳等编著.—重庆：科学技术文献出版社重庆分社，1990.2.—177页；32开.—ISBN 7-5023-1061-4：2.95元

华夏药膳保健顾问/王仙舟等编.—北京：华夏出版社，1990.6.—285页；大32开.—ISBN 7-80053-727-7：6.10元

防癌食品/阎金海等编著.—太原：山西科学教育出版社，1990.9.—100页；32开.—(家庭医药小丛书).—ISBN 7-5377-0290-X：1.70元

饮膳正要/(元)忽思慧撰.—上海：上海古籍出版社，1990.7.—324页；32开.—(气功·养生丛书/马济人主编).—ISBN 7-5325-0830-7：4.50元

鸡蛋养生食谱/王纯义编著.—北京：中医古籍出版社，1990.7.—133页；32开.—ISBN 7-80013-293-5：2.20元

实用健儿药膳/王焕华等编著.—南京：江苏科学技术出版社，1990.1.—241页；32开.—ISBN 7-5345-0841-X：2.90元

茶的保健功能与药用便方/刘强编著.—北京：金盾出版社，1990.6.—74页；32开.—ISBN 7-80022-198-9：1.30元

俩情饮食奇方录/王佑民，易简编著.—上海：上海科学技术出版社，1990.1.—199页；32开.—ISBN 7-5323-2055-3：3.40元

本书是婚姻生活的食疗方集。分俩情篇、孕产篇、强身篇、美容篇和珍馐篇几部分。

食疗·药膳/蔡东联，裴振生主编.—北京：华艺出版社，1990.12.—308页；大32开.—ISBN 7-80039-351-8：5.40元

本书介绍食疗、药膳、健身美容及祛病、治病的各种方法1000余条。

食物养生200题/孟庆轩，陈国珍编著.—2版.—北京：金盾出版社，1990.10.—212页；32开.—ISBN 7-80022-240-3：3.00元

本书1989年2月第1版。

斋食药膳/蔡元海编著.—福州：福建科学技术出版社，1990.11.—184页；32开.—ISBN 7-5335-0410-0：5.10元

健身热饮配制700例/王淑珍，白晨编著.—北京：轻工业出版社，1990.12.—221页；32开.—ISBN 7-5019-0881-8：3.95元

健身益寿食谱/陈国明，修显红著.—福州：福建科学技术出版社，1990.12.—139页；32开.—ISBN 7-5335-0419-4：1.90元

健美·祛病·食物疗法/林孟良，王发友编著.—北京：经济管理出版社，1990.9.—347页；32开.—ISBN 7-80025-353-4：4.60元

健脑食谱/程尔曼，姜润泉编著.—北京：纺织工业出版社，1990.6.—248页；32开.—ISBN 7-5064-0442-7：4.40元

畜·禽·鱼·药膳食用指南/罗时淦编著.—北京：轻工业出版社，1990.7.—184页；32开.—ISBN 7-5019-0793-5：2.90元

疾病食疗900方/王明陵等编.—北京：中国医药科技出版社，1990.4.—142页；32开.—ISBN 7-5067-0146-4：2.05元

海鲜滋补养生食谱/陈英武等编写.—北京：农村读物出版社，1990.6.—98页；32开.—ISBN 7-5048-1187-4：2.35元

家庭药膳100种/阎金海等编著.—太原：山西科学教育出版社，1990.9.—118页；32开.—(家庭医药小丛书).—ISBN 7-5377-0279-0：2.00元

家庭保健食疗菜谱/谢永新等编.—北京：学苑出版社，1990.6.—202页；32开.—ISBN 7-80060-206-0：2.95元

家庭保健美味饮食制作500样：防病治病偏方秘方/丑松亮主编.—北京：华龄出版社，1990.6.314页；32开.—ISBN 7-80082-052-X：4.70元

家庭保健膳食精选/刘瑞彩等编.—石家庄：河北科学技术出版社，1990.9.—261页；32开.—ISBN 7-5375-0247-1：3.60元

家庭食疗/王仲举等编著.—重庆：科学技术文献出版社重庆分社，1990.1.—137页；32开.—(家庭保健丛书；4/卢祥之，梅虎主编).—ISBN 7-5023-1096-7：1.93元

家庭食疗选/李景文，李建伟编著.—北京：中国商业出版社，1990.12.—159页；32开.—ISBN 7-5044-0661-9：2.65元

家庭食疗秘方900例/孔繁芝编.—北京：北京科学技术出版社，1990.9.—272页；32开.—ISBN 7-5304-0823-2：4.50元

家庭食补与药补手册/张然等编著.—哈尔滨：黑龙江人民出版社，1990.7.—301页；32开.—ISBN 7-207-01125-3：4.35元

家庭食物疗法/王文斗等编.—沈阳：辽宁科学技术出版社，1990.7.—206页；32开.—ISBN 7-5381-0899-8：3.20元

婴幼儿中医食疗食补/张达旭著.—南宁：广西科学技术出版社，1990.4.—91页；32开.—ISBN 7-80565-276-7：1.15元

禽畜类药膳/叶学锋等编著.—福州：福建科学技术出版社，1990.2.—133页；32开.—ISBN 7-5335-0332-5：1.45元

滋阴壮阳食谱/陈国明，修显红编著.—福州：福建科学技术出版社，1990.9.—103页；32开.—ISBN 7-5335-0396-0：1.35元

强身健脑饮食宝典/温桐，石戈编著.—长春：长春出版社，1990.5.—288页；32开.—ISBN 7-80573-163-2：3.90元

粮菜瓜果肉食家庭疗法/郭教礼，胡凿著.—西安：西北大学出版社，1990.10.—185页；32开.—ISBN 7-5604-0173-2：2.50元

蔬菜水果食用指导/李之桂等编译.—北京：中国经济出版社，1990.1.—103页；32开.—ISBN 7-5017-0619-0：2.00元

R247.4　导引、气功

人体信息气功诊治法：浑圆功修炼与诊断/叶芳杨编著.—西安：陕西科学技术出版社，1990.3.—198页；32开.—ISBN 7-5369-0652-8：2.80元

九转还丹功/裴锡荣，施祖谷编著.—西安：三秦出版社，1990.6.—175页；32开.—(中华气功丛书).—ISBN 7-80546-251-8：2.10元

大成功/李平编著.—北京：中国华侨出版公司，1990.9.—209页：照片；32开.—ISBN 7-80074-249-0：3.50元

大众气功/胡斌著.—北京：人民体育出版社，1990.9.—108页；32开.—ISBN 7-5009-0592-0：1.60元

大众气功按摩/《实用气功保健》丛书编委会主编；张福增，黄晓春编著.—天津：天津科学技术出版社，1990.6.—84页；32开.—(实用气功保健丛书/王国良，韩秀岗主编).—ISBN 7-5308-0844-3：1.60元

千钧坠底功：功家秘法宝藏　卷二：硬形气功/范克平整理注释.—呼和浩特：内蒙古人民出版社，1990.4.—146页；32开.—ISBN 7-204-00839-1：2.85元

千家气功精粹/藏单飞编.—北京：奥林匹克出版社，1990.8.—316页；32开.—ISBN 7-80067-123-2：4.80元

千家妙功/王敬，杜杰慧编.—北京：中国医药科技出版社，1990.4.—363页；32开.—(中国医疗气功丛书/王敬，郑少贤主编).—ISBN 7-5067-0147-2：4.95元

广远无极功/莫汉璋编创；周道红，莫安庆整理.贵阳：贵州人民出版社，1990.—170页；32开.—ISBN 7-221-01227-X：3.00元

女丹合编选注/邱小波，蒋红选编.—上海：上海翻译出版公司，1990.12.—111页；32开.—ISBN 7-80514-585-7：2.50元

本书系据光绪丙午年重刊二仙巷藏版贺龙骧氏所编《女丹合编》选注，作者精选其中“壶天性果女丹十则”、“女金丹上下卷”、“樵阳经女丹修炼”、“女功炼己还丹图说”、“女丹要言”、“西池集”六篇加以点校注释。

小功法治百病宝典：简易省时显效自疗的神通术/李和生编著.—太原：山西科学教育出版社，1990.6.—196页；32开.—(气功宝典丛书：神通术；3/林国灿主编).—ISBN 7-5377-0236-5：3.40元

子午流注与气功健身/刘宝海，郭利生编著.—济南：山东科学技术出版社，1990.3.—286页；32开.ISBN 7-5331-0652-0：3.95元

马礼堂养生新功法集粹/马礼堂等编著.—北京：奥林匹克出版社，1990.7.—214页；32开.—ISBN 7-80067-139-9：3.20元

天罡桶子功：功家秘法宝藏　卷二：硬形气功/范克平整理注释.—呼和浩特：内蒙古人民出版社，1990.4.—97页；32开.—ISBN 7-204-00840-5：2.25元

五育随行功法/田同春著.—石家庄：河北科学技术出版社，1990.4.—100页；照片；32开.—ISBN

7-5375-0503-0：2.80元

本书包括3章：五育随行功概论、动功、静功。

少林内劲一指禅中级功法/姚金圣编著.—上海：同济大学出版社，1990.8.—110页；大32开.—ISBN 7-5608-0532-9：1.85元

少林内劲一指禅功法图解（二）/胡吉甫编著.上海：上海中医学院出版社，1990.6.—40页；50开.ISBN 7-81010-116-1：0.60元

少林长寿秘诀/德虔，德炎编著.—北京：北京体育学院出版社，1990.8.—242页；32开.—（少林功夫丛书）.—ISBN 7-81003-360-3：3.65元

少林达摩易筋经/井玉兰著.—郑州：河南科学技术出版社，1990.6.—204页；32开.—（中华医疗保健气功丛书）.—ISBN 7-5349-0600-8：2.90元

中华气功精萃/许绍廷编著.—大连：大连理工大学出版社，1990.12.—216页：照片；32开.—ISBN 7-5611-0342-5：3.60元

中华百子元神功/王树伯著.—西安：三秦出版社，1990.3.—137页；32开.—（中华气功丛书）.—ISBN 7-80546-255-0：1.80元

中华医疗气功/张有寯等编著.—天津：天津人民出版社，1990.8.—260页；32开.—ISBN 7-201-00514-6：4.00元

中华美容气功/杨一工编著.—天津：天津人民出版社，1990.12.—234页；32开.—ISBN 7-201-00568-5：4.05元

中华道家气功/张有寯等编著.—天津：天津人民出版社，1990.7.—258页；32开.—ISBN 7-201-00543-X：3.40元

中华简易气功功法精选/祝跃平等编著.—北京：学苑出版社，1990.11.—185页；32开.—ISBN 7-5077-0045-3：2.90元

中国元明气功：天罡神功·中国传统上乘密法/张元明，田来科编著.—西安：西安交通大学出版社，1990.5.—268页；32开.—ISBN 7-5605-0361-6：4.95元

中国气功/毕永升等编著.—上海：上海中医学院出版社，1990.4.—463页；大32开.—（英汉对照实用中医文库/张恩勤主编）.—ISBN 7-81010-126-9：14.50元

中国气功　第五辑：精源气功与"外气"导引疗法/黄瑞森演述；马大成等整理.—杭州：浙江科学技术出版社，1990.1.—138页；32开.—ISBN 7-5341-0226-X：1.30元

中国气功　第六辑：太湖气功/陈诚献编.—杭州：浙江科学技术出版社，1990.7.—105页；32开.—ISBN 7-5341-0269-3：1.20元

中国气功十大名著讲解/浙江省气功科学研究会《气功》杂志编辑部编.—北京：中医古籍出版社，1990.4.—304页；大32开.—ISBN 7-80013-263-3：5.00元

中国气功功法精选/赵宝峰，田宏计编著.—南京：江苏科学技术出版社，1990.3.—495页；32开.—ISBN 7-5345-0883-5：5.60元

中国气功图谱/余功保编著.—北京：人民体育出版社，1990.9.—259页；32开.—ISBN 7-5009-0590-4：3.50元

中国气功经典：先秦至南北朝部分（上）/吕光荣主编.—北京：人民体育出版社，1990.9.—331页；32开.—ISBN 7-5009-0452-5：5.40元

中国气功经典：先秦至南北朝部分（下）/吕光荣主编.—北京：人民体育出版社，1990.9.—286页；32开.—ISBN 7-5009-0525-4：4.80元

中国气功经典：唐朝部分（下）/吕光荣主编.北京：人民体育出版社，1990.9.—208页；32开.ISBN 7-5009-0526-2：3.80元

中国气功经典：宋朝部分（上）/吕光荣主编.北京：人民体育出版社，1990.9.—369页；32开.ISBN 7-5009-0454-1：6.00元

中国气功经典：金元朝部分（上）/吕光荣主编.北京：人民体育出版社，1990.9.—448页；32开.ISBN 7-5009-0457-6：7.10元

中国气功经典：金元朝部分（下）/吕光荣主编.北京：人民体育出版社，1990.9.—444页；32开.ISBN 7-5009-0528-9：7.10元

中国气功经典：明朝部分（下）/吕光荣主编.北京：人民体育出版社，1990.9.—232页；32开.ISBN 7-5009-0529-7：4.10元

中国气功经典：清朝部分/吕光荣主编.—北京：人民体育出版社，1990.9.—267页；32开.—ISBN 7-5009-0456-8：4.60元

中国气功超人神功大观/《文化娱乐》杂志社编.杭州：浙江大学出版社，1990.6.—247页；32开.ISBN 7-308-00558-5：2.75元

中国当代气功精论/宁远编.—北京：人民体育出版社，1990.1.—570页；大32开.—ISBN 7-5009-0428-2：8.50元

中国传统气功学词典/张文江，常近编著.—太原：山西人民出版社，1989.8.—800页；32开.—ISBN 7-203-01011-2：13.00元

中国传统保健体育/虞定海，吴京梅编著.—上海：上海科学技术出版社，1990.7.—263页；大32开.ISBN 7-5323-2021-9：4.65元

中国传统健身术/阎海，马凤阁编.—北京：人民体育出版社，1990.9.—513页；32开.—ISBN 7-5009-0466-5：6.40元

中国传统健身养生图说/李经纬，朱建平编著.—北京：中国书店，1990.7.—289页；大32开.—ISBN

7-80568-094-9：10.00元

本书从中医、藏医、道藏、诸子等古籍文献以及文物考古资料中，精选出春秋战国至1911年间历代有关气功导引、饮食起居等养生图片26套，近700幅。

中国自控气功：防治肿瘤疑难症快速功法/张明武编著；王守信，王中凯整理.—北京：人民体育出版社，1990.9.—222页；32开.—ISBN 7-5009-0496-7：4.00元

中国医学气功/薛立功等编著.—哈尔滨：黑龙江科学技术出版社，1990.8.—583页；16开.—ISBN 7 5388-0909-0（精装）：22.00元

中国神功揭秘/纪一著.—北京：华龄出版社，1990.9.—300页；32开.—ISBN 7-80082-105-6：4.50元

中国秘传气功治病法/唐一寺编著.—海口：南海出版公司，1990.4.—356页；32开.—ISBN 7-80570-037-6：4.80元

中国硬气功/安在峰编著.—北京：北京体育学院出版社，1990.10.—243页；32开.—ISBN 7-81003-392-1：3.70元

内丹养生功法指要/王沐著.—北京：东方出版社，1990.5.—295页；大32开.—ISBN 7-5060-0133-0：5.50元

内功养生秘诀/邓宏逖著.—长沙：湖南科学技术出版社，1990.10.—278页；大32开.—ISBN 7-5357-0499-9（精装）：6.20元

内功养生秘诀/邓宏逊著.—长沙：湖南科学技术出版社，1990.10.—278页；大32开.—ISBN 7-5357-0787-4：4.40元

内外功图说辑要/席裕康纂辑.—上海：上海古籍出版社，1990.10.—502页；32开.—（气功养生丛书/马济人主编）.—ISBN 7-5325-0892-7：6.30元

内外功图说精要/王西平，王永吉点注.—西安：三秦出版社，1990.12.—181页；32开.—（中华气功丛书）.—ISBN 7-80546-299-2：2.80元

气功：健美减肥/宋乃光，张年顺编.—北京：中国中医药出版社，1990.9.—174页；32开.—ISBN 7-80089-055-4：2.90元

本书共汇集了峨嵋健美功、自强功、瑜珈健美功等24种功法。

气功入门/辅声编.—长春：吉林大学出版社，1990.12.—114页；32开.—（入门丛书：第一辑）.ISBN 7-5601-0718-4：2.00元

气功入静之门/刘天君著.—北京：人民体育出版社，1990.9.—226页；32开.—ISBN 7-5009-0449-5：3.50元

气功大辞典：繁体字版/吕光荣主编.—北京：人民卫生出版社，1990.9.—668页；16开.—（精装）

气功与气功仪器/储维忠编著.—上海：上海中医学院出版社，1990.10.—63页；32开.—ISBN 7-81010-114-5：1.00元

气功与特异功能之谜/徐才章等著.—济南：山东大学出版社，1990.9.—274页；32开.—ISBN 7-5607-0375-5：3.50元

气功与骗术/刘正，司马南著.—北京：中国医药科技出版社，1990.10.—272页；32开.—（神秘现象探索系列丛书/林大中，刘正主编）.—ISBN 7-5067-0282-7：4.25元

气功天地/龚启莘编著.—贵阳：贵州人民出版社，1990.8.—146页；32开.—ISBN 7-221-01440-X：5.00元

气功心法/孔宪德著.—上海：复旦大学出版社，1990.12.—204页；大32开.—ISBN 7-309-00595-3：3.50元

气功外气探诊/颜真源著.—成都：四川科学技术出版社，1990.3.—123页；32开.—ISBN 7-5364-1625-3：1.35元

气功用语手册/颜仁熙，颜建军编著.—北京：中国医药科技出版社，1990.3.—469页；大64开.—ISBN 7-5067-0112-X：4.20元

气功穴位指南/张耀忠，傅志强编著.—北京：学苑出版社，1990.1.—214页；32开.—ISBN 7-80060-837-9：3.15元

气功自我疗法/黄光华等编.—南京：江苏科学技术出版社，1990.7.—294页；32开.—ISBN 7-5345-0990-4：3.40元

气功问答/马济人编著.—上海：上海科学技术出版社，1990.2.—143页；32开.—ISBN 7-5323-1822-2：2.05元

气功治疗绝症纪实/皋永利，田存爱编.—重庆：科学技术文献出版社，1990.1.—240页；32开.—ISBN 7-5023-1052-5：3.98元

气功治疗疑难杂症/王寅，王艳丽编著.—北京：中国医药科技出版社，1990.12.—246页；32开.ISBN 7-5067-0329-7：4.95元

气功治病全书/明治国，刘飞编.—北京：职工教育出版社，1990.5.—606页；大32开.—ISBN 7-80059-357-6：9.50元

气功、科学与现代文明/陶祖莱著.—北京：华夏出版社，1990.8.—374页；大32开.—（中国气功丛书/张震寰主编）.—ISBN 7-80053-736-6：7.15元

气功修炼经穴图说/刘福信，刘渺编.—呼和浩特：内蒙古人民出版社，1990.9.—174页；32开.—ISBN 7-204-01231-3：2.80元

气功·养生·医论/乔鸿儒著.—济南：济南出版社，1990.6.—302页；32开.—ISBN 7-80572-232-3：4.20元

气功健身八法保健按摩/赵仲毅编著.—太原：山西科学教育出版社，1990.1.—90页；32开.—(实用气功丛书).—ISBN 7-5377-0184-9：1.65元

气功健身指南/沈福道，张德云编著.—北京：科学技术文献出版社，1990.7.—264页；32开.—ISBN 7-5023-1214-5：3.90元

气功-健美减肥/宋乃光，张年顺编.—北京：中国中医药出版社，1990.9.—174页；32开.—ISBN 7-80089-0554-0：2.90元

气功理法一点通/山中道人编著.—兰州：甘肃人民出版社，1990.6.—119页；32开.—(一点通百科丛书).—ISBN 7-226-00583-2：1.50元

气功冥想健康法/悟真编译.—北京：北京体育学院出版社，1990.8.—157页；32开.—ISBN 7-81003-393-X：2.70元

长寿健身功：《长寿》功法选粹/闻毅编选.—天津：天津科学技术出版社，1989.9.—314页；32开.ISBN 7-5308-0481-2：3.95元

丹道养生功：中国传统生命哲学/李锡堃传授；丹道养生功研究组编；陈冠华执笔.—北京：北京出版社，1990.2.—146页；32开.—ISBN 7-200-00933-4：2.05元

古本伍柳仙宗全集/(明)伍守阳，(清)柳华阳撰.—影印本.—上海：上海古籍出版社，1990.3.2册(726页)；32开.—(气功·养生丛书/马济人主编).—ISBN 7-5325-0744-0：8.90元

本书为伍守阳《天仙正理直话》、《仙佛合宗》与柳华阳《金仙证论》、《慧命经》的合刊本。

古代气功治病法：诸病源侯论导引新解/赵邦柱主编.—贵阳：贵州人民出版社，1990.8.—322页；32开.—ISBN 7-221-01409-4：4.50元

东方神功/(日)广池秋子著；李连鹏译.—太原：山西科学教育出版社，1990.5.—179页；32开.—ISBN 7-5377-0252-7：4.80元

仙家秘传祛病功/李远国编著；吴伯钧绘图.—北京：人民体育出版社，1990.9.—162页；32开.—ISBN 7-5009-0591-2：2.50元

生物控制论与气功/黄秉宪编著.—北京：华夏出版社，1990.12.—247页；大32开.—(中国气功丛书/张震寰主编).—ISBN 7-80053-806-0：4.60元

生命自控光流气功/《实用气功保健》丛书编委会主编；徐岱，徐巍编著.—天津：天津科学技术出版社，1990.6.—41页；32开.—(实用气功保健丛书/王国良，韩秀岚主编).—ISBN 7-5308-0828-7：1.80元

乐育堂语录/(清)黄裳讲述.—上海：上海古籍出版社，1990.3.—284页；32开.—(气功·养生丛书/马济人主编).—ISBN 7-5325-0746-7：3.65元

本书据泰国赞化宫、复圆堂版重刊，补入卷五。

玄机直讲/(明)张三丰撰.—影印本.—上海：上海古籍出版社，1990.3.—140页；32开.—(气功·养生丛书/马济人主编).—ISBN 7-5325-0747-5：3.00元

本书与"道言浅近说、玄要篇"合订。

玄肤论/(明)陆西星撰.—影印本.—上海：上海古籍出版社，1990.3.—1册；32开.—(气功·养生丛书/马济人主编).—ISBN 7-5325-0748-3：2.50元

本书与"道窍谈/(清)李西月撰·三车秘旨/(清)李西月撰"合订。

台湾气功精选/邱陵编.—广州：广东科技出版社，1990.5.—264页；32开.—ISBN 7-5359-0552-8：3.40元

老子气功/孔庆连编著；朱胜武整理.—太原：山西科学教育出版社，1990.8.—152页；32开.—ISBN 7-5377-0289-6：2.95元

达摩长寿秘功：自我气功点穴按摩法/李藏山编著.—北京：北京体育学院出版社，1990.5.—224页；32开.—ISBN 7-81003-351-4：3.30元

达摩洗髓易筋经：少林空悟禅师嫡传/项杨惠等编.重庆：科学技术文献出版社重庆分社，1990.9.—200页；32开.—ISBN 7-5023-1143-2：2.70元

本书分原理源流、功法、辅助功法附录功法3篇。

百病气功防治/毕永升主编.—济南：山东科学技术出版社，1990.2.—387页；32开.—ISBN 7-5331-0628-8：4.90元

当代中国有效气功/黄鹤举，董耀会编著.—天津：天津科学技术出版社，1990.6.—429页；大32开.ISBN 7-5308-0741-2：6.90元

延陵先生集新旧服气经/(唐)延陵先生集.—上海：上海古籍出版社，1990.3.—1册；32开.—(气功·养生丛书/马济人主编).—ISBN 7-5325-0743-2：2.05元

本书与"天隐子/(唐)司马承顺撰·玉清金笥青华秘文金宝内炼丹诀/(宋)张伯端撰·丹阳真人语录/(元)王颐中集·大丹直指/(元)邱处机述"合订。

自学气功入门/张年顺，宋乃光编著.—重庆：科学技术文献出版社重庆分社，1990.3.—129页；32开.ISBN 7-5023-1048-7：2.55元

自练气功法/陆恒主编.—武汉：湖北科学技术出版社，1990.9.—326页；32开.—ISBN 7-5352-0596-8：3.95元

论气功长功与防偏/赵金香著.—北京：北京出版社，1990.6.—124页；32开.—ISBN 7-200-01163-0：2.15元

导引(气功)自我按摩/叶子刚著.—北京：中国医药科技出版社，1989.10.—68页；32开.—ISBN 7-5067-0070-0：1.20元

导引养生功功理/张广德编著.—北京．北京体育学

院出版社，1990.10.—256页；32开.—ISBN 7-81003-427-8：3.70元

导引养生功全书：答疑卷（七）/张广德编著.济南：山东文艺出版社，1990.3.—232页；32开.(炎黄文化丛书).—ISBN 7-5329-0359-1：3.25元

如意健美气功/《实用气功保健》丛书编委会主编；邹金华编著.—天津：天津科学技术出版社，1990.6.102页；32开.—(实用气功保健丛书/王国良，韩秀岚主编).—ISBN 7-5308-0829-X：1.80元

寿世青编/(清)尤乘纂·**老老恒言**/(清)曹庭栋撰.—上海：上海古籍出版社，1990.7.—53，133页；32开.—(气功·养生丛书/马济人主编).—ISBN 7-5325-0836-6：2.85元

走火入魔/孔融著.—北京：中国医药科技出版社，1990.10.—232页；32开.—ISBN 7-5067-0257-6：4.60元

本书以气功导致的各种偏差为中心，阐述了气功偏差的原因、病理、各种表现及有关防治措施等。

严新与严新气功：画册/林彤编.—北京：中国电影出版社，1990.2.—82页；大32开.—ISBN 7-106-00322-0：3.00元

严新气功/前新，培金编著.—北京：人民体育出版社，1990.2.—244页；32开.—ISBN 7-5009-0431-2：5.00元

医、巫与气功：神秘的中国养生治病术/漆浩著.北京：人民体育出版社，1990.9.—243页；32开.ISBN 7-5009-0584-X：3.50元

医疗气功精粹/刘文清著.—北京：人民体育出版社，1990.9.—217页；32开.—ISBN 7-5009-0458-4：4.00元

医疗健身气功/张六通主编.—武汉：湖北科学技术出版社，1990.5.—301页；32开.—ISBN 7-5352-0463-5：3.70元

听心斋客问/(明)万尚父撰.—上海：上海古籍出版社，1990.10.—130页；32开.—(气功·养生丛书/马济人主编).—ISBN 7-5325-0893-5：2.60元

本书与"尹真人寥阳殿问答编/(明)尹真人传；(清)闵一得订正·梅华问答编/(清)薛阳桂述"合订。

应时通灵歌：用音律开发超功能的神通术/隆影著.—太原：山西科学教育出版社，1990.10.—219页；彩照；32开.—(气功宝典丛书/林国灿主编).ISBN 7-5377-0237-3：3.80元

灵妙三十六无上至尊道引术/鲁海星著.—北京：中国青年出版社，1990.4.—171页；32开.—ISBN 7-5006-0664-8：3.15元

灵宝毕法/(唐)钟离权著；(唐)吕洞宾传；曹志清等点校.—太原：山西人民出版社，1990.6.—81页；32开.—ISBN 7-203-01465-7：1.70元

本书包括《灵宝毕法》、《玄宗内指经》、《子午针》等编。

陈撄宁(圆顿子)气功论集/姚雨山编注.—北京：高等教育出版社，1990.7.—307页；32开.—(气功系列).—ISBN 7-04-002719-9：2.85元

武当太乙天鹰气功/杨瑞甫传授；刘彦骅，田嵩岭整理.—郑州：河南科学技术出版社，1990.12.—158页；32开.—(中华医疗保健气功丛书).—ISBN 7-5349-0673-3：2.65元

武当气功/刘玉增编著；阎夫立绘图.—郑州：河南科学技术出版社，1990.12.—227页；32开.—(武当功夫丛书).—ISBN 7-5349-0669-7：2.90元

武当气功/谭大江编著.—北京：北京体育学院出版社，1990.4.—288页；32开.—(武当系列丛书).ISBN 7-81003-329-8：4.30元

本书共选入了武当气功联诀174幅，按学习功理功法的顺序分为16个篇目，包括大道篇、普度篇、门派篇等。

苗真道人吐纳功/王光辉原著；钱嗣杰摄影；史克明编著.—北京：国际文化出版公司，1990.7.—87页；照片；32开.—ISBN 7-80049-343-1：3.00元

软气功减肥/冯树新，叶定奎编著.—上海：上海科学技术出版社，1990.4.—99页；32开.—ISBN 7-5325-2074-X：1.75元

周易气功/天南逸叟著.—长春：长春出版社，1990.6.—238页；32开.—ISBN 7-80573-106-3：4.60元

本书包括以乾坤为首的上下两经，周公作爻辞，孔子作十翼，并配有河图、洛书图、先天卦配合图等。

性命功/任阳泰著.—北京：中国中医药出版社，1990.11.—302页；大32开.—ISBN 7-80089-053-8：6.90元

性命圭旨/(　)尹真人秘授.—北京：中医古籍出版社，1990.6.—1册；16开.—(古本气功经典丛书/傅景华主编).—ISBN 7-80013-291-9(精装)：66.00元

本书是明代以来最有影响的丹家要籍，其通过诸图说阐述性命双修的秘诀。

性命要旨/(清)汪启濩撰.—上海：上海古籍出版社，1990.7.—100页；32开.—(气功·养生丛书/马济人主编).—ISBN 7-5325-0834-X：1.75元

实用气功小辞典/漆浩主编.—北京：北京出版社，1990.4.—235页；32开.—ISBN 7-200-00923-7：3.95元

实用气功手册/张天戈，薛近芳编著.—上海：上海科学技术出版社，1990.8.—274页；32开.—ISBN 7-5323-2051-0(精装)：5.35元

实用气功学/吕选民，于莉莉编著.—西安：陕西科学技术出版社，1990.3.—450页；32开.—ISBN 7-5369-0611-0：5.50元

实用保健气功/李成银编著.—兰州：甘肃人民出版社，1990.10.—196页；大32开.—老年大学试用教材.—ISBN 7-226-00636-7：2.75元

参同直指悟真直指/(清)刘一民著；程文俊，智文标点.—太原：山西人民出版社，1990.2.—221页；32开.—ISBN 7-203-01471-1：3.25元

《参同契》为东汉魏伯阳撰，论述了炼丹、修性、养命的理论。《悟真篇》为宋张伯端著，也是一本养生学经典著作。本书是对以上两种道学气功养生名著及其笺注逐字逐句作了详细解释说明。

经络功法：古代秘传长寿术/彭静山编著.—沈阳：辽宁科学技术出版社，1990.7.—94页；32开.—ISBN 7-5381-0888-2：2.75元

轻功绝技与硬气功秘窍/谭斌棣编著.—南宁：广西民族出版社，1990.8.—354页；32开.—ISBN 7-5363-0883-3：4.60元

轻身辟谷术/施仁潮著.—杭州：浙江古籍出版社，1990.8.—304页；大32开.—ISBN 7-80518-129-2：4.80元

保健气功推拿/黄玉培编著.—上海：上海科学技术文献出版社，1990.3.—88页；32开.—ISBN 7-80513-506-1：1.20元

修真辨难/(清)刘一明著；曹志清，曹雨标点.太原：山西人民出版社，1990.2.—245页；32开.ISBN 7-203-01316-2：3.30元

前后六十四式大雁气功/杨梅君编著.—北京：人民体育出版社，1990.9.—99页；32开.—ISBN 7-5009-0519-X：1.50元

养生保健功：骨质增生、肩周炎、失眠防治功/苗子庆著.—济南：山东科学技术出版社，1990.1.96页；32开.—ISBN 7-5331-0593-1：1.15元

养生类要/(明)吴正伦辑.—上海：上海古籍出版社，1990.7.—368页；32开.—(气功·养生丛书/马济人主编).—ISBN 7-5325-0833-1：4.85元

养生神明功：大、中、小学生健身益智法/杨运良编著.—兰州：甘肃少年儿童出版社，1990.7.—90页；32开.—ISBN 7-5422-0330-4：1.10元

神奇的智能功：记庞明大师的智能气功进修学院/宣德著.—北京：中国国际广播出版社，1990.9.321页；32开.—ISBN 7-80035-648-5：4.80元

素问：摄生类/(　)不著撰人.—影印本.—上海：上海古籍出版社，1990.7.—1册；32开.—(气功·养生丛书/马济人主编).—ISBN 7-5325-0827-7：1.70元

本书与"养生论/(魏)嵇康撰·养性延命录/(南朝梁)陶弘景撰·备急千金要方：养性/(唐)孙思邈撰·千金翼方：养性/(唐)孙思邈撰"合订。

速成硬气功与金刚指点穴术/殷永洲著.—广州：广东科技出版社，1990.3.—88页；彩图；32开.—ISBN 7-5359-0521-8：1.80元

秘传道家筋经内丹功/王庆余著.—北京：人民体育出版社，1990.9.—250页；大32开.—ISBN 7-5009-0516-5：4.50元

旅游健身气功/夏双全编著.—北京：人民体育出版社，990.9.—78页；32开.—ISBN 7-5009-0430-4：1.60元

海灯法师养生之道/(释)海灯述；范应莲整理.成都：四川人民出版社，1990.2.—54页；48开.(海灯法师绝技).—ISBN 7-220-00571-3：1.40元

益寿五法初学指南/线青海编著.—北京：北京理工大学出版社，1990.1.—227页；32开.—ISBN 7-81013-320-9：3.50元

益寿保健气功咨询/赵怀庆等编著.—南昌：江西科学技术出版社，1990.11.—258页；32开.—ISBN 7-5390-0373-1：3.50元

黄庭经/(唐)务成子，梁邱子注.—上海：上海古籍出版社，1990.3.—77页；32开.—(气功·养生丛书/马济人主编).—ISBN 7-5325-0745-9：1.55元

常见病气功疗法：中国三宝太和功长寿养生法/李向明，燕山编著.—北京：学苑出版社，1990.11.—120页；照片；32开.—ISBN 7-5077-0111-5：2.50元

眸子还神功/郑育民，渊华荃编著.—西安：陕西科学技术出版社，1990.5.—73页；32开.—ISBN 7-5369-0671-4：1.25元

清·黄元吉养生静功心法注释/邱陵编注.—北京：中国文史出版社，1990.8.—142页；32开.—ISBN 7-5034-0202-4：2.50元

超人神功大观/《文化娱乐》杂志社编.—杭州：浙江大学出版社，1990.6.—247页；照片；32开.(中国气功).—ISBN 7-308-00558-5：2.75元

硬气功点穴术/安在峰编著.—北京：北京体育学院出版社，1990.11.—258页；32开.—ISBN 7-81003-402-2：3.90元

智能动功功法普及教材/庞明主编.—石家庄：河北人民出版社，1990.10.—217页；大32开.—ISBN 7-202-00795-9：3.00元

敦煌石窟气功·一分钟脐密功/张弘强，杜文杰著.兰州：甘肃科学技术出版社，1990.10.—172页；32开.—ISBN 7-5424-0292-5：2.80元

道枢/(宋)曾慥编.—影印本.—上海：上海古籍出版社，1990.3.—471页；32开.—(气功·养生丛书/马济人主编).—ISBN 7-5325-0742-4：5.70元

道家气功宝典/俸怀邦，周晓云编著.—太原：山西科学教育出版社，1990.12.—231页；32开.—(气功宝典丛书；5).—ISBN 7-5377-0254-3：3.80元

道家传统气功精萃/刘静平等编.—北京：学苑出版社，1990.10.—227页；32开.—ISBN 7-5077-0088-7：3.60元

道家真气功/胡玉兰著.—北京：人民军医出版社，1990.4.—159页；彩照；32开.—ISBN 7-80020-172-4：5.50元

道教观相导引术与健康/(日)早岛正雄著；郑言译.—北京：华文出版社，1990.9.—225页；32开.

ISBN 7-5075-0069-1：2.80元

瑜伽大全/（印度）斯瓦密·维希纽特瓦纳 达著；李小青译.—上海：上海中医学院出版社，1990.3.208页；大32开.—ISBN 7-81010-094-7：2.90元

简易强身祛病气功/萨仲冉等编.—福州：福建科学技术出版社，1990.5.—280页；大32开.—ISBN 7-5335-0364-3：3.80元

新刻养生导引法/（明）胡文焕编·**静坐要诀**/（明）袁黄撰.—影印本.—上海：上海古籍出版社，1990.7.—69页；32开.—（气功·养生丛书/马济人主编）.—ISBN 7-5325-0832-3：2.40元

新编气功知识问答/张青编著.—北京：学苑出版社，1990.6.—267页；32开.—ISBN 7-5077-0154-9：3.45元

意拳气功/王安平编著.—合肥：安徽科学技术出版社，1990.4.—95页；32开.—ISBN 7-5337-0497-6：1.65元

静动气功/王觉民编著.—太原：山西科学教育出版社，1990.7.—79页；32开.—（实用气功丛书）.ISBN 7-5377-0275-6：1.70元

静坐气功：因是子静坐法汇编/蒋维乔著；侯汉初注释.—成都：四川科学技术出版社，1990.4.—153页；32开.—ISBN 7-5364-1604-0：1.70元

静坐法精义/丁福保编·**指道真诠**/杨践形述.—上海：上海古籍出版社，1990.10.—148页；32开.（气功·养生丛书/马济人主编）.—ISBN 7-5325-0891-9：3.15元

静坐养生功法/周国远讲授；朱胜武整理.—太原：山西科学教育出版社，1990.7.—50页；32开.ISBN 7-5377-0278-0：1.00元

精选名家气功60种/漆浩主编.—北京：北京出版社，1990.8.—378页；32开.—ISBN 7-200-00998-9：5.50元

慧通丹田气功/邸占雄，王国良编著.—天津：天津科学技术出版社，1990.6.—55页；32开.—（实用气功保健丛书/王国良，韩秀岚主编）.—ISBN 7-5308-0845-1：2.20元

德心斋客问/（明）万尚父撰.—上海：上海古籍出版社，1990.10.—1册；32开.—（气功·养生丛书/马济人主编）.—ISBN 7-5325-0893-5：2.60元

本书与“尹真人寥阳殿问答编/（明）尹真人传；（清）闵一得订正·梅华问答编/（清）薛阳桂述”合订。

鹤翔庄文选/赵金香主编.—北京：北京邮电学院出版社，1990.7.—508页；32开.—ISBN 7-5635-0054-5：7.00元

本书是中国鹤翔庄气功第三届学术交流会论文选辑。

R247.9　中国康复医学

中医康复治疗法/潘新民编著.—武汉：湖北科学技术出版社，1990.8.—556页：肖像；大32开.ISBN 7-5352-0587-9：7.50元

中医康复学/张子游，高鹤亭主编.—上海：上海科学技术出版社，1990.2.—337页；16开.—高等医学院校选用教材.—ISBN 7-5323-1497-9：7.25元

R248　中医护理学

中医护理/彭佳珍主编.—北京：人民卫生出版社，1990.5.—354页；32开.—（护士晋升自学丛书；20）.—ISBN 7-117-00907-1：5.80元

中医护理学/周平安主编.—北京：北京出版社，1990.2.—153页；16开.—中国农村智力开发函授学院试用教材.—ISBN 7-200-01037-5：3.40元

中医基础护理学/张宝忠等编著.—哈尔滨：黑龙江科学技术出版社，1990.9.—141页；16开.—ISBN 7-5388-1279-2：4.80元

R249　医案、医话（临床经验）

上海地区名老中医临床特色经验集　（1）/金明渊，张骏主编.—上海：上海科技教育出版社，1990.3.147页；32开.—ISBN 7-5428-0399-9：1.70元

山西民间中医集萃/《山西民间中医集萃》编写组编.—太原：山西科学教育出版社，1990.10.—120页；32开.—ISBN 7-5377-0288-8：1.90元

历代名医临证经验精华/卢祥之主编.—重庆：科学技术文献出版社重庆分社，1990.1.—364页；16开.ISBN 7-5023-0372-3：13.50元

中国历代医话选/王新华，潘秋翔编.—南京：江苏科学技术出版社，1990.7.—1287页；大32开.ISBN 7-5345-0978-5（精装）：19.00元

中国现代名中医医案精华/董建华主编.—北京：北京出版社，1990.7.—3册（2268）；大32开.—ISBN 7-200-00919-9（精装）：52.70元

中国现代名中医医案精华/董建华主编.—北京：北京出版社，1990.7.—3册（2268页）；大32开.—ISBN 7-200-00710-2：40.30元

古今医鉴/（明）龚信纂辑；（明）龚廷贤续编；王立等校注.—南昌：江西科学技术出版社，1990.2.—486页；大32开.—ISBN 7-5390-0280-8（精装）：9.00元

当代名医证治汇粹/宋祖敬主编.—石家庄：河北科学技术出版社，1990.9.—878页；大32开.—ISBN 7-5375-0408-3（精装）：18.00元

当代名医证治汇粹/宋祖敬主编.—石家庄：河北科学技术出版社，1990.9.—878页；大32开.—ISBN 7-5375-0407-5：14.50元

名医珍言录/孟景春主编.—上海：上海科学技术出版社，1990.4.—119页；32开.—ISBN 7-5323-

1665-3：2.00元

杏林妙法/夏德君，惠广喜编.—北京：人民卫生出版社，1990.8.—340页；32开.—ISBN 7-117-01377-X：5.55元

医门真传/石国璧主编.—北京：人民卫生出版社，1990.7.—322页；32开.—ISBN 7-117-01309-5：5.25元

本书介绍了44位中医老前辈的临床经验。

现代名医医案选析/马继松等编著.—呼和浩特：内蒙古人民出版社，1990.3.—327页；32开.—ISBN 7-204-00762-X：3.55元

河北历代名医学术思想研究/马新云，王其飞主编.北京：中国科学技术出版社，1990.10.—318页；16开.—ISBN 7-5046-0215-9：18.00元

浙江名中医临床经验选辑　第一辑/浙江省中医管理局编.—杭州：浙江科学技术出版社，1990.6.332页；32开.—ISBN 7-5341-0247-2：3.40元

清宫医案研究/陈可冀主编.—北京：中医古籍出版社，1990.5.—2416页；16开.—ISBN 7-80013-239-0（精装）：350.00元

R249.2/.7　个人医案、医话

王静安临症精要/王静安著.—成都：电子科技大学出版社，1990.6.—117页；大32开.—ISBN 7-81016-238-4：2.50元

中医经方学家夏仲方专辑/陈玉英主编.—北京：化学工业出版社，1990.6.—168页；32开.—ISBN 7-5025-0697-7：4.00元

医林一介/汪济美著；俞长荣审正.—福州：福建科学技术出版社，1990.7.—223页；32开.—ISBN 7-5335-0424-0：2.55元

本书包括医论、临床临证实践、医案医话和家传验方4部分。

易水学派宗师张元素/白兆芝编著.—北京：中国科学技术出版社，1990.2.—126页；32开.—（中国历代名医学术经验荟萃丛书）.—ISBN 7-5046-0120-9：1.50元

金代医家张元素是易水学派的创始人。本书对张氏的学术思想和临证经验作了介绍。

罗元恺论医集/罗元恺编著.—北京：人民卫生出版社，1990.7.—204页；大32开.—ISBN 7-117-01274-9：5.00元

赵文魁医案选/赵文魁著；赵绍琴整理.—北京：人民卫生出版社，1990.3.—197页；32开.—ISBN 7-117-01081-9：3.00元

首创温补的薛己/李林，李玉玲编著.—北京：中国科学技术出版社，1990.3.—76页；32开.—（中国历代名医学术经验荟萃丛书）.—ISBN 7-5046-0118-7：1.05元

悬壶漫录/任继学著.—北京：北京科学技术出版社，1990.3.—362页；大32开.—ISBN 7-5304-0550-0：4.80元

本书是作者40年来有关医论、医话、经验方药的集录。

脾胃学说大师李东垣/胡荫奇，赵佐仁编著.—北京：中国科学技术出版社，1990.2.—110页；32开.（中国历代名医学术经验荟萃丛书）.—ISBN 7-5046-0122-5：1.40元

路志正医林集腋/路志正编著.—北京：人民卫生出版社，1990.3.—236页；大32开.—ISBN 7-117-01199-8：5.90元

精于辨证的徐灵胎/高铎编著.—北京：中国科学技术出版社，1990.2.—90页；32开.—（中国历代名医学术经验荟萃丛书）.—ISBN 7-5046-0121-7：1.20元

R25　中医内科

中医内科手册/孙建芝主编.—郑州：河南科学技术出版社，1990.6.—606页；32开.—ISBN 7-5349-0561-3：8.50元

中医内科学/王寿生等编写.—北京：中医古籍出版社，1990.7.—284页；16开.—高等中医药院校外国进修生教材.—ISBN 7-80013-007-X：6.95元

内科临证识见/黄星楼编著.—南京：江苏科学技术出版社，1990.5.—368页；32开.—（江苏中医集存）.—ISBN 7-5345-0940-8：3.90元

仲景内科学/张谷才编著.—上海：上海中医学院出版社，1990.6.—334页；32开.—ISBN 7-81010-045-9：3.60元

R254　外感病证

中医外感三部六经说：《伤寒论》医理探源/田合禄著.—太原：山西科学教育出版社，1990.4.—108页；32开.—ISBN 7-5377-0245-4：1.80元

中医温病三字经/段苦寒编.—天津：天津科学技术出版社，1990.4.—62页；32开.—ISBN 7-5308-0742-0：1.00元

外感热病诊治/梁运通主编.—北京：中医古籍出版社，1989.12.—453页；32开.—ISBN 7-80013-276-5：8.50元

汗症：中医病证专辑/陶御风，贺静松编.—北京：中医古籍出版社，1990.12.—278页；32开.—ISBN 7-80013-299-4：5.00元

热性病医案/王直卿编著.—西安：陕西科学技术出版社，1990.2.—120页；32开.—ISBN 7-5369-0497-5：1.70元

热病学/万友生著.—重庆：重庆出版社，1990.9.198页；32开.—（当代中医丛书）.—ISBN 7-5366-1307-5：2.90元

温疫论/（明）吴有性著；孟树江，杨进点校.—北京：人民卫生出版社，1990.4.—120页；大32开.（中医古籍整理丛书）.—ISBN 7-117-01064-9：3.15元

温病自学辅导/史定文等主编；于世良等编著.—北京：中医古籍出版社，1990.9.—92页；16开.—ISBN 7-80013-310-9：2.60元

温病学/彭胜权，李惠德主编.—广州：广东高等教育出版社，1990.6.—182页；16开.—中医院校系列教材.—ISBN 7-5361-0552-5：3.25元

温病学纲要/沈家祥编.—兰州：甘肃科学技术出版社，1990.7.—99页；64开.—ISBN 7-5424-0307-9：1.78元

温病教学一得/林可华编著.—北京：人民卫生出版社，1990.1.—313页；32开.—ISBN 7-117-01117-3：5.00元

R255　一般病证

血证论/（清）唐宗海著；魏武英，曹健生点校.北京：人民卫生出版社，1990.10.—154页；大32开.（中医古籍整理丛书）.—ISBN 7-117-01364-8：4.60元

血瘀证与活血化瘀研究/陈可冀等主编.—上海：上海科学技术出版社，1990.2.—650页；大32开.（中西医结合研究丛书）.—ISBN 7-5323-0184-2：10.60元

血瘀证与活血化瘀研究：全国第三届活血化瘀研究学术会议论文集/中国中西医结合学会活血化瘀研究学会编.—北京：学苑出版社，1990.9.—281页；16开.—ISBN 7-5077-0175-1：8.40元

活血化瘀研究新编/姜春华主编.—上海：上海医科大学出版社，1990.2.—565页；大32开.—ISBN 7-5627-0036-2：4.45元

R256　脏腑病证

中医肾脏病学/申志强主编.—郑州：河南科学技术出版社，1990.10.—470页；16开.—ISBN 7-5349-0739-X（精装）：14.50元

中医脾胃通论/李树楷编著.—兰州：甘肃科学技术出版社，1990.4.—390页；32开.—ISBN 7-5424-0268-4：4.70元

气功防治心血管疾病/王崇行主编.—北京：华夏出版社，1990.12.—193页；大32开.—（中国气功丛书/张震寰主编）.—ISBN 7-80053-731-5：4.10元

失眠嗜卧专辑/方肇勤编.—上海：上海科学技术出版社，1990.12.—204页；32开.—（常见病证中医文献专辑）.—ISBN 7-5323-1118-X：3.15元

肾的研究：续集/沈自尹主编.—上海：上海科学技术出版社，1990.3.—351页；大32开.—（祖国医学）.—ISBN 7-5323-1138-4：5.85元

实用中医肾病学/张大宁编著.—北京：中国医药科技出版社，1990.5.—688页；16开.—ISBN 7-5067-0180-4（精装）：22.00元

实用中医肾病学/张天，陈以平主编.—上海：上海中医学院出版社，1990.2.—923页；大32开.—（中医临床医学大系）.—ISBN 7-81010-115-3（精装）：16.00元

哮喘与慢支的防治和康复/王正公著.—上海：学林出版社，1990.5.—119页：照片；32开.—ISBN 7-80510-448-4：2.20元

韩哲仙治肝经验录/莫锦明等撰.—上海：百家出版社，1990.12.—118页；32开.—ISBN 7-80576-169-8：2.50元

脾胃理论与临床/徐复霖等编著.—长沙：湖南科学技术出版社，1990.6.—367页；大32开.—ISBN 7-5357-0667-3：5.40元

慢性肾功能衰竭的中医疗法/贺永清编著.—西安：陕西科学技术出版社，1990.6.—88页；32开.—ISBN 7-5369-0640-4：1.35元

R26　中医外科

中医外科学/顾伯康主编.—台北：知音出版社，1990.4.—500页；16开.—（高等中医研究参考丛书；4）.—25.00元

本书原由人民卫生出版社1987年第1版。

外科精义/（元）齐德之著；裘钦豪点校.—北京：人民卫生出版社，1990.1.—103页；大32开.—（中医古籍整理丛书）.—ISBN 7-117-01063-0：2.50元

R261/269　外科各论

疮疡证治/林祖庚编著.—杭州：浙江科学技术出版社，1990.10.—68页；32开.—ISBN 7-5341-0304-5：1.10元

本书从疮疡的分类到辨证施治，各种常见的疮疡内外治法均有系统介绍。

痔全息系列疗法/杨里颖著.—太原：山西科学教育出版社，1990.7.—199页；32开.—ISBN 7-5377-0246-2：2.85元

痔瘘病/江杰编著.—重庆：重庆出版社，1990.11.—358页；32开.—ISBN 7-5366-1353-9：4.85元

R271　中医妇产科

女科临证集要/刘长天，贺升效编著.—兰州：甘肃科学技术出版社，1990.10.—243页；32开.—ISBN

7-5424-0291-9：2.95元

不孕症治验/胡龙才编著.—北京：中医古籍出版社，1990.6.—162页；32开.—ISBN 7-80013-294-3：2.50元

中医生育知识/贝润浦著.—上海：知识出版社，1990.4.—332页；32开.—ISBN 7-5015-5430-7：4.00元

中医妇科三字经/段苦寒编.—天津：天津科学技术出版社，1990.4.—73页；32开.—ISBN 7-5308-0743-9：1.00元

中医妇科学/罗元恺主编.—台北：知音出版社，1990.4.—485页；16开.—（高等中医研究参考丛书；3）.—25.00元

本书原由人民卫生出版社出版。

中医妇科临床手册/戴德英，乐秀珍编.—2版.—上海：上海科学技术出版社，1990.8.—291页；32开.ISBN 7-5323-1967-9：3.20元

本书1981年7月第1版。

妇科精华/崔孟乾主编.—北京：中国医药科技出版社，1990.10.—330页；32开.—ISBN 7-5067-0184-7：5.00元

经带证治：陈雨苍妇科经验/陈雨苍著；谢德聪，陈应钟编.—福州：福建科学技术出版社，1990.7.79页；32开.—ISBN 7-5335-0381-3：1.00元

R272　中医儿科

儿科证治心法/程绍恩等编著.—北京：北京科学技术出版社，1990.3.—292页；32开.—（中医心法丛书）.—ISBN 7-5304-0584-5：3.50元

儿科常见病证　（上）/张奇文主编.—济南：山东科学技术出版社，1990.5.—529页；32开.—（儿科医籍辑要丛书）.—ISBN 7-5331-0708-X：7.50元

儿科常见病证　（下）/张奇文主编.—济南：山东科学技术出版社，1990.4.—570页；32开.—（儿科医籍辑要丛书）.—ISBN 7-5331-0641-5：7.50元

小儿卫生总微论方/（宋）不著撰者；吴康健点校.北京：人民卫生出版社，1990.10.—602页；大32开.—（中医古籍整理丛书）.—ISBN 7-117-01305-2（精装）：14.50元

小儿疳积民间疗法/李昌仪，黄毓珍编著.—南宁：广西科学技术出版社，1990.7.—48页；64开.—ISBN 7-80565-340-2：0.40元

小儿常见病哮喘厌食的辨证施治/汪受传著.—北京：中国医药科技出版社，1990.12.—102页；32开.—ISBN 7-5067-6239-8：2.00元

不用服药治儿病/乔模等编写.—太原：希望出版社，1990.8.—178页；32开.—ISBN 7-5379-0628-9：2.20元

中医儿科证治/周天心著.—广州：广东科技出版社，1990.3.—212页；32开.—ISBN 7-5359-0428-9：2.50元

中医儿科学/江育仁主编.—台北：知音出版社，1990.3.—341页；16开.—（高等中医研究参考丛书；2）.—20.00元

本书原由人民卫生出版社初版。

中医儿科学/何珉主编.—贵阳：贵州人民出版社，1990.2.—406页；大32开.—供高等中医药专业自学考试及函授班学员使用.—ISBN 7-221-01467-1：5.70元

中医儿科临床手册/王骏彧，程家正主编.—2版.上海：上海科学技术出版社，1990.7.—293页；32开.—ISBN 7-5323-1893-1：3.20元

幼科三字经/罗磐真编著.—西安：陕西科学技术出版社，1990.11.—84页；32开.—ISBN 7-5369-0816-4：1.40元

幼科折衷/（明）秦昌遇编著；俞景茂点校.—北京：中医古籍出版社，1990.5.—136页；32开（珍本医籍丛刊/傅景华主编）.—ISBN 7-80013-282-X：2.10元

孙谨臣儿科集验录/孙浩著.—兰州：甘肃科学技术出版社，1990.12.—173页；32开.—ISBN 7-5424-0323-0：3.10元

初生儿病证/张奇文主编.—济南：山东科学技术出版社，1990.2.—342页；32开.—（儿科医籍辑要丛书）.—ISBN 7-5331-0563-X：5.50元

本书包括3个部分：初生总括、病证证治和附录。

婴儿论/（清）周士祢撰；陈熠编选.—影印本上海：上海科学技术出版社，1990.6.—234页；32开.—（明清中医珍善孤本精选；5）.—ISBN 7-5323-1759-5：4.25元

董廷瑶《幼科撮要》/宋知行，王霞芳主编.—上海：百家出版社，1990.12.—271页；32开.—ISBN 7-80576-168-X：3.50元

《幼科撮要》为已出版的《幼科刍言》之续集，汇集了当代名医、中医儿科专家董廷瑶的学术思想和临床经验。

R273　中医肿瘤科

中医治愈肿瘤五十例/梁秀清著.—哈尔滨：哈尔滨出版社，1990.9.—211页；32开.—ISBN 7-80557-241-0：2.90元

中医治癌之光/郑文友编著.—北京：科学普及出版社，1990.10.—179页；大32开.—ISBN 7-110-01773-7：7.50元

中药治愈癌症良方/李云祥主编.—济南：山东大学出版社，1990.4.—179页；32开.—ISBN 7-5607-0329-1：2.20元

名老中医肿瘤验案辑按/李济仁主编.—上海：上海科学技术出版社，1990.6.—511页；32开.—ISBN

7-5323-1353-0：7.90元

著名中医治疗癌症方药及实例/卢祥之，张年顺编.—重庆：科学技术文献出版社重庆分社，1990.3.—322页；32开.—ISBN 7-5023-1047-9：3.95元

癌症中医治验/史兰陵，史培泉编著.—济南：山东科学技术出版社，1990.8.—235页；大32开.—ISBN 7-5331-0748-9：4.75元

本书对食管癌、贲门、胃、肝、肺等13种不同癌症的中医证治，作了概述，介绍了一百多例医案的辨证论治方法。书末附有方剂320种。

R274　中医骨伤科

中医伤科学/周善民主编.—南京：江苏科学技术出版社，1990.10.—197页；16开.—全国中等中医药学校教材　供针灸医士、中医士专业用.—ISBN 7-5345-0873-8：3.25元

中医骨伤科基础/丁继华，汤邦杰主编.—北京：人民卫生出版社，1990.5.—290页；16开.—高等中医药院校教材　供骨伤专业用.—ISBN 7-117-00121-6：3.80元

中医骨病学/蒋位庄，王和鸣主编.—北京：人民卫生出版社，1990.5.—380页；16开.—高等中医药院校教材　供骨伤专业用.—ISBN 7-117-00168-2：5.00元

中医筋伤学/孙树椿，孙之镐主编.—北京：人民卫生出版社，1990.6.—246页；16开.—高等中医药院校教材　供骨伤专业用.—ISBN 7-117-00171-2：3.25元

伤科疑难析释/杨德仁编著.—重庆：科学技术文献出版社重庆分社，1990.12.—729页；32开.—ISBN 7-5023-1168-8：8.90元

本书介绍伤科的源流、病因病机、辨证施治、整复手法，骨折的急救、诊断、整复固定及治疗，关节脱位的诊疗方法，错缝的机理及鉴别诊断，述肩、颈、腰、腿伤筋疾患的诊断和要点治疗原则，中医内伤的诊疗特点。

现代中医骨伤科流派菁华/丁继华主编.—北京：中国医药科技出版社，1990.10.—296页；32开.—ISBN 7-5067-0216-9：5.00元

本书对1911年以来在我国中医骨伤科界影响较大的30家流派，分别从流派概况、学术思想及专长、传人等方面进行了全面、系统的整理、总结和研究。

林如高正骨经验荟萃/林子顺，王和鸣主编.—北京：人民卫生出版社，1990.3.—486页；16开.—ISBN 7-117-01111-4（精装）：23.80元

骨伤手术学/郭维淮，娄多峰主编.—郑州：河南科学技术出版社，1990.6.—295页；16开.—高等中医院校骨伤科系列教材供骨伤专业用.—ISBN 7-5349-0630-X：7.10元

骨伤简史及医籍选/韦贵康主编.—郑州：河南科学技术出版社，1990.4.—168页；16开.—高等中医药院校骨伤科系列教材　供骨伤专业用.—ISBN 7-5349-0548-6：4.35元

骨科生物力学基础/唐显钦主编.—郑州：河南科学技术出版社，1990.1.—186页；16开.—高等中医药院校骨伤科系列教材　供骨伤专业用.—ISBN 7-5349-0556-7：4.55元

董万鑫骨科秘验/隋书义等整理.—北京：北京出版社，1990.9.—259页；32开.—ISBN 7-200-01000-6：4.55元

R275　中医皮科

中医皮肤美容学/（日）佐藤好司著；于淞等主译.—哈尔滨：哈尔滨出版社，1990.11.—524页；32开.—ISBN 7-80557-235-6：7.40元

封面书脊题名：东方美容集萃

实用中医美容/雷振萍等编著.—南宁：广西科学技术出版社，1990.12.—123页；32开.—ISBN 7-80565-393-3：1.65元

疯门全书/（清）萧晓亭撰；赵石麟，王怡点校.—北京：人民卫生出版社，1990.6.—75页；大32开.—（中医古籍整理丛书）.—ISBN 7-117-01257-9：2.40元

晨苗子——白癜风的防治/李鸣等编著.—北京：清华大学出版社，1990.8.—141页；32开.—ISBN 7-302-00648-2：3.00元

R276　中医五官科

中医口腔科学概要/凤存安主编.—北京：人民卫生出版社，1990.2.—309页；32开.—ISBN 7-117-01152-1：8.00元

中医耳鼻喉科/李书良编著.—北京：人民卫生出版社，1990.11.—133页；32开.—（中医入门丛书）.—ISBN 7-117-01422-9：2.85元

中医耳鼻喉科学/王德鉴主编.—台北：知音出版社，1990.1.—375页；16开.—（高等中医研究参考丛书；1）.—20.00元

本书原由人民卫生出版社初版。

针灸眼科学/李复峰主编.—哈尔滨：黑龙江科学技术出版社，1990.11.—211页；32开.—ISBN 7-5388-1399-3：2.90元

角膜炎证治经验/李传课编著.—北京：人民卫生出版社，1990.7.—194页；32开.—ISBN 7-117-01378-8：4.30元

喉科正宗/耿鉴庭撰述；耿刘同等整理.—南宁：广

西科学技术出版社，1990.4.—258页；32开.—ISBN 7-80565-277-5：3.35元

R277　中医其他学科

R277.5　中医泌尿学

不孕不育证治/盛文彦等著.—北京：中医古籍出版社，1990.1.—137页；32开.—(常见病中医防治).—ISBN 7-80013-284-6：1.96元

中医男性病学/张登本，周志杰主编.—西安：陕西科学技术出版社，1990.6.—499页；大32开.—ISBN 7-5361-0684-6：7.60元

中医男科百问/吴银根，沈庆法主编.—上海：上海科学技术出版社，1990.12.—182页；32开.—ISBN 7-5323-2191-6：2.35元

中医男科临床手册/曹开镛主编.—北京：中国医药科技出版社，1990.12.—139页；大32开.—(中医男科丛书；2).—ISBN 7-5067-0266-5：2.30元

中医男科辑要/张敏建，李小平编著.—上海：上海中医学院出版社，1990.4.—121页；32开.—ISBN 7-81010-087-4：1.40元

中医诊治男性不育与性功能障碍/王玉英主编.—北京：中国医药科技出版社，1990.2.—344页；32开.ISBN 7-5067-0118-9：4.80元

古今男科医案选按/戴西湖，刘建华主编.—北京：华夏出版社，1990.10.—330页；32开.—(中华中医男科学丛书/王琦主编).—ISBN 7-80053-774-9：4.50元

男女不孕不育症的中医诊治/张淑亭编著.—石家庄：河北科学技术出版社，1990.8.—199页；32开.ISBN 7-5375-0418-0：3.40元

男女不育症的中医治疗/薛光耀编著.—兰州：甘肃科学技术出版社，1990.11.—132页；32开.—ISBN 7-5424-0303-6：1.70元

男性性功能障碍治疗与保健/曹开镛主编；殷娃丽，丁炳儒编.—北京：中国医药科技出版社，1990.12.84页；大32开.—(中医男科丛书；1).—ISBN 7-5067-0265-7：1.60元

男科名医曹开镛/张树藩编著.—北京：中国医药科技出版社，1990.4.—103页；32开.—ISBN 7-5067-0144-8：2.00元

男科证治指南/李彪，何耀荣主编.—长沙：湖南科学技术出版社，1990.9.—360页；32开.—ISBN 7-5357-0581-2：4.80元

现代中医男科荟萃/王琦，秦国政编著.—北京：华夏出版社，1990.10.—210页；32开.—(中华中医男科学丛书/王琦主编).—ISBN 7-80053-793-5：3.40元

实用男科大全/张有寯主编.—天津：天津人民出版社，1990.11.—722页；大32开.—ISBN 7-201-00502-2：9.50元

R277.7　中医神经病学与精神病学

脑炎后遗症和大脑发育不全/宋祚民等著.—北京：人民卫生出版社，1990.7.—78页；32开.—(百病中医自我疗养丛书).—ISBN 7-117-01376-1：1.80元

癫狂痫/上海中医学院，上海中医药研究院中医文献研究所编.—北京：中医古籍出版社，1990.12.294页；32开.—(中医病证专辑).—ISBN 7-80013-300-1：4.85元

R28　中药学

中药与免疫：祛痰平喘类药/骆和生编著.—广州：广东科技出版社，1990.4.—111页；32开.—ISBN 7-5359-0501-3：1.50元

中药小辞典/田吉生，王满恩编.—北京：中医古籍出版社，1990.3.—357页；64开.—供家庭用.—ISBN 7-80013-305-2：3.35元

中药学/中国药材公司中级技术培训教材编写组编.—北京：中国商业出版社，1990.9.—626页；大32开.—中级技术培训系列教材.—ISBN 7-5044-0724-0：3.60元

中药学/曲京峰等编著.—上海：上海中医学院出版社，1990.4.—476页；大32开.—(英汉对照实用中医文库/张恩勤主编).—ISBN 7-81010-111-X：14.50元

中药学/张明心主编.—北京：中国商业出版社，1990.9.—626页；大32开.—中级技术培训系列教材.—ISBN 7-5044-0724-0：3.60元

中药学/高学敏主编.—北京：中国医药科技出版社，1990.9.—462页；16开.—高等中医院校协编教材.—ISBN 7-5067-0161-8：12.00元

中药研究进展/张洪魁，李华祥主编.—北京：中国医药科技出版社，1990.2.—374页；大32开.—ISBN 7-5067-0086-7：7.00元

实用中药手册/孔增科编著.—天津：天津科学技术出版社，1990.6.—495页；32开.—ISBN 7-5308-0520-7：6.55元

实用延寿中药学/宋建贵等编著.—北京：北京出版社，1990.10.—445页；大32开.—ISBN 7-200-01015-6(精装)：11.25元；(平装)：7.30元

实用临证中药指南/林通国编著.—成都：四川科学技术出版社，1990.6.—489页；32开.—ISBN 7-5364-1504-4：5.50元

R281 本 草

中国本草图录 卷九/《中国本草图录》编写委员会编写；赵素云，李永江主编.—香港：商务印书馆有限公司；北京：人民卫生出版社，1990.12.—226页；10开.—ISBN 962-07-3086-0(精装)

中国本草图录 卷十/《中国本草图录》编写委员会编写；黄燮才，夏光成主编.—香港：商务印书馆有限公司；北京：人民卫生出版社，1990.12.—226页；10开.—ISBN 962-07-3087-9(精装)

中药古今应用指导/臧堃堂，吴克强编著.—广州：广东科技出版社，1990.3.—449页；32开.—ISBN 7-5359-0442-4：5.40元

本草从新/(清)吴仪洛辑；窦钦鸿，曲京峰点校.—北京：人民卫生出版社，1990.1.—294页；大32开.—(中医古籍整理丛书).—ISBN 7-117-00853-9：5.50元

《本草纲目》精要/湖北省中医药研究院医史文献研究室编.—广州：广东科技出版社，1990.10.466页；大32开.—ISBN 7-5359-0445-9(精装)：12.00元；(平装)：7.00元

本草经义疏/王大观主编.—北京：人民卫生出版社，1990.3.—403页；16开.—ISBN 7-117-00953-5(精装)：21.00元

本草衍义/(宋)寇宗奭撰；颜正华等点校.—北京：人民卫生出版社，1990.3.—190页；大32开.(中医古籍整理丛书).—ISBN 7-117-01058-4：5.00元

食物本草/(元)李杲编辑；(明)李时珍参订；(明)姚可成补辑；郑金生等校点.—北京：中国医药科技出版社，1990.2.—457页；16开.—ISBN 7-5067-0083-2(精装)：16.00元

新华本草纲要 第三册/江苏省植物研究所等编著.—上海：上海科学技术出版社，1990.12.—953页；16开.—ISBN 7-5323-1421-9(精装)：34.60元

R281.4 地方本草

云南中药志 第1卷/黎光南主编.—昆明：云南科技出版社，1990.8.—628页；16开.—ISBN 7-5416-0301-5(精装)：30.00元

青海中药资源及开发利用研究/邹寒雁等编著.—北京：东方出版社，1990.9.—203页；大32开.—ISBN 7-5060-0157-8(精装)：6.00元

R282 中药材

中国名贵药材/张恩勤主编.—上海：上海中医学院出版社，1990.4.—273页；大32开.—(英汉对照实用中医文库/张恩勤主编).—ISBN 7-81010-123-4：9.00元

中药形性鉴别歌诀/朱志峰，张淑英编著.—西安：陕西科学技术出版社，1990.9.—372页；32开.—ISBN 7-5369-0699-4：4.90元

中药材仓虫图册/中国药材公司编著.—天津：天津科学技术出版社，1990.6.—188页；16开.—ISBN 7-5308-0797-8：10.85元

中药材手册/中华人民共和国卫生部药政管理局，中国药品生物制品检定所主编.—2版.—北京：人民卫生出版社，1990.10.—925页：图版；大32开.ISBN 7-117-01280-3(精装)：20.40元

本书1959年10月第1版。

中药材品种论述 上册/谢宗万编著.—2版.—上海：上海科学技术出版社，1990.11.—543页；16开.—ISBN 7-5323-0772-7：17.90元

本书1964年3月第1版。

中药的妙用 (一)：肿瘤药/张谷才主编.—南京：南京出版社，1990.4.—335页；32开.—ISBN 7-80560-175-5：4.80元

中药采购技术手册/李世全编著.—西安：陕西科学技术出版社，1990.8.—297页；32开.—ISBN 7-5369-0723-0：4.10元

中药新用 第二集/王辉武等编著.—重庆：科学技术文献出版社重庆分社，1990.4.—264页；32开.ISBN 7-5023-1112-2：3.20元

叶类生药鉴定图说/楼之岑，童玉懿主编.—北京：人民卫生出版社，1990.10.—121页；16开.—ISBN 7-117-01345-1：6.90元

民间常用草药/浙江科学技术出版社编.—杭州：浙江科学技术出版社，1990.5.—608页；32开.—ISBN 7-5341-0240-5：6.00元

实用中药鉴定学/张贵君编著.—哈尔滨：黑龙江科学技术出版社，1990.9.—553页；32开.—ISBN 7-5388-1342-X：7.50元

贵州省中药材质量标准：1988/贵州省卫生厅编贵阳：贵州人民出版社，1990.3.—317页；16开.(贵州省地方标准·黔D/WS-001～217-88).—ISBN 7-221-01475-2(精装)：15.00元

济南中药材/张振平等编著.—济南：济南出版社，1990.2.—315页；32开.—ISBN 7-80572-138-6：4.90元

家用中药一百味/李玉和编著.—北京：中医古籍出版社，1990.3.—169页；32开.—ISBN 7-80013-283-8：2.45元

R282.7 各类药材

人工培植牛黄技术/段文增等编著.—哈尔滨：黑龙江科学技术出版社，1990.7.—226页；32开.—ISBN 7-5388-1215-6：3.50元

人参的药用与食用/陈治烈编著.—广州：广东科技出版社，1990.6.—144页；32开.—ISBN 7-5359-0565-X：1.90元

天花粉蛋白/汪猷主编.—北京：科学出版社，1990.6.—197页；16开.—中国科学院科学出版基金资助项目.—ISBN 7-03-001691-2（精装）：13.10元

本书共分十五章、一附篇及补遗。正章内容包括天花粉研究的历史和生药学，其有效成分天花粉蛋白的分离、理化性质，一级结构、空间结构、药理、病理、临床中期引产及其机理，临床抗早孕及其机理等，附篇扼要论述葫芦科其他植物的引产蛋白质的性质。

中国滋补名药/王金秋主编.—北京：中国中医药出版社，1990.9.—1册；大16开.—ISBN 7-80089-068-6：13.00元

贝母/王文杰主编.—北京：中国医药科技出版社，1990.12.—248页；32开.—（常用中药现代研究丛书）.—ISBN 7-5067-0188-X：4.00元

实用补养中药/赵一，黄国钧编著.—南宁：广西科学技术出版社，1990.7.—167页；32开.—ISBN 7-80565-338-0：1.80元

药用矿物/谢崇源，黄汉强主编；谬瑞生等编写.—南宁：广西科学技术出版社，1990.6.—110页；32开.—ISBN 7-80565-333-X：1.35元

益寿中草药/陆钦尧，黎明编著.—台北：渡假出版社有限公司，〔1990〕.—191页；16开.—（中医实用丛书）.—ISBN 957-623-018-7

本书原由人民卫生出版社出版。

R283　中药炮制、制剂

生脉散口服液的综合研究/严永清主编.—北京：中国医药科技出版社，1990.9.—414页；32开.—（常用中药现代研究丛书）.—ISBN 7-5067-0158-8：6.90元

常用中药炮制新探/张学周，张继元编著.—开封：河南大学出版社，1990.1.—299页；32开.—ISBN 7-81018-335-4：3.20元

樟树中药炮制全书/樟树中药研究会编；龚千锋主编.—南昌：江西科学技术出版社，1990.10.—396页；大32开.—ISBN 7-5390-0367-7（精装）：9.50元

R285　中药药理学

中成药分析/孟宪纾，陈发奎编著.—北京：人民卫生出版社，1990.4.—600页；16开.—ISBN 7-117-01139-4：25.00元

中药性状鉴别歌诀/郑万功编著.—北京：华夏出版社，1990.12.—418页；32开.—ISBN 7-80053-809-5：5.40元

张仲景对药的临床应用/王玉芝等编著.—北京：北京科学技术出版社，1990.7.—208页；32开.—ISBN 7-5304-0656-6：2.80元

R286　中药品

广东实用中成药/吴丹媛，贝进凯主编.—广州：广东高等教育出版社，1990.3.—525页；32开.—ISBN 7-5361-0491-X：7.60元

中成药实用手册/张炳鑫主编.—北京：人民卫生出版社，1990.12.—439页；大32开.—ISBN 7-117-01418-0：8.00元

中成药临床手册/刘汉清主编.—南京：江苏科学技术出版社，1990.4.—731页；64开.—ISBN 7-5345-0904-1（精装）：4.40元

中成药新用/贺振泉编著.—上海：上海中医学院出版社，1990.4.—269页；32开.—ISBN 7-81010-098-X：2.60元

中国中成药保健品集粹/冉小峰主编.—北京：科学出版社，1990.12.—348页：图；16开.—ISBN 7-03-002208-4（精装）：34.00元

中国名优中成药/.—上海：上海中医学院出版社，1990.5.—448页；大32开.—（英汉对照实用中医文库/张恩勤主编）.—ISBN 7-81010-127-9：12.50元

中国常用中成药大全/刘树三主编.—哈尔滨：哈尔滨出版社，1990.8.—1519页；大32开.—ISBN 7-80557-211-9（精装）：25.00元

中药鉴定问题解答/张贵君主编；王振月等编写.—哈尔滨：哈尔滨出版社，1990.4.—578页；32开.—ISBN 7-80557-173-2：8.50元

中药鉴定实验技术/杨启德编著.—杭州：浙江科学技术出版社，1990.1.—454页；大32开.—ISBN 7-5341-0196-4：4.50元

医院基本常用中成药集释/吴焕才等编.—西宁：青海人民出版社，1990.10.—290页；32开.—ISBN 7-225-00377-X：3.20元

常用保健滋补品知识/鲍迪富等编著.—上海：上海科学技术出版社，1990.10.—108页；32开.—ISBN 7-5323-1999-7：1.75元

R288　中药药事组织

中医药管理研究/江淑安主编.—北京：中医古籍出版社，1990.12.—408页；32开.—ISBN 7-80013-326-5：5.50元

中药养护保管/中国药材公司中级技术培训教材编写组编.—北京：中国商业出版社，1990.9.—287页；大32开.—中级技术培训系列教材.—ISBN 7-5004-0759-3：2.10元

R289　方剂学

广济方研究/王永庆等编著.—哈尔滨：黑龙江科学技术出版社，1990.5.—270页；32开.—ISBN 7-5388-1170-2：3.80元

中医方剂的药理与应用/邓文龙编写.—重庆：重庆出版社，1990.5.—956页；大32开.—ISBN 7-5366-1065-3(精装)：15.95元

中医方剂诠解/李嵩山等编著.—石家庄：河北科学技术出版社，1990.10.—654页；32开.—ISBN 7-5375-0261-7：8.00元

中医百症用药配伍指南/杨思澍编著.—北京：中医古籍出版社，1990.3.—994页；32开.—ISBN 7-80013-262-5(精装)：27.00元

中药方剂基本知识问答/朱海玉等编著.—增订本.西安：陕西科学技术出版社，1990.6.—452页；32开.—ISBN 7-5369-0689-7：6.20元

本书1982年初版。

中药配伍文献集要/叶显纯，陶御风编著.—北京：人民卫生出版社，1990.3.—399页；32开.—ISBN 7-117-01207-2：8.05元

方名释义/洪文旭，苏礼编著.—北京：中国医药科技出版社，1990.12.—121页；32开.—ISBN 7-5067-0238-X：2.50元

方剂学/李敦清等编著.—上海：上海中医学院出版社，1990.4.—558页；大32开.—(英汉对照实用中医文库/张恩勤主编).—ISBN 7-81010-112-9：16.50元

方剂学/陈伟，路一平主编；陈学勤等编写.—上海：上海中医学院出版社，1990.1.—650页；大32开.—(中医基础理论系列丛书).—ISBN 7-81010-080-7：8.50元

R289.2　医方汇编

小品方辑录笺注/汤万春辑注.—合肥：安徽科学技术出版社，1990.3.—281页；32开.—ISBN 7-5337-0203-5：3.90元

中华名医方剂大全/彭怀仁主编.—北京：金盾出版社，1990.12.—789页；16开.—ISBN 7-80022-189-X(精装)：26.00元

世医得效方/(元)危亦林撰；王育学点校.—北京：人民卫生出版社，1990.3.—685页；16开.(中医古籍整理丛书).—ISBN 7-117-00939-X(精装)：38.00元

民族民间方剂选/方文才，龚继民编著.—昆明：云南民族出版社，1990.5.—214页；32开.—ISBN 7-5367-0270-1：3.50元

成方便读/(清)张秉成编著；李飞，瞿融点注.南京：江苏科学技术出版社，1990.3.—271页；32开.—(中医古籍小丛书).—ISBN 7-5345-0889-4：3.10元

当代妙方/李世文编.—北京：人民军医出版社，1990.11.—457页；32开.—ISBN 7-80020-189-9：8.50元

华佗神医秘方真传/葛孔舜编校.—北京：学苑出版社，1990.12.—191页；32开.—ISBN 7-5077-0130-1：3.30元

本书汇集了十几个门类数百种常见疾病和疑难杂症，附有通俗的病理说明和传统治疗丹方。

医方考/(明)吴崐著；傅衍魁等点校.—北京：人民卫生出版社，1990.1.—516页；大32开.—(中医古籍整理丛书).—附：脉语.—ISBN 7-117-01010-X：10.00元

良方集腋/(清)谢元庆编；张志华，沈舒文点校.北京：人民卫生出版社，1990.5.—137页；大32开.(中医古籍整理丛书).—ISBN 7-117-01268-4：2.85元

妙药奇方/(南朝鲜)曹圭亨著；朴哲等译.—牡丹江：黑龙江朝鲜民族出版社，1990.1.—576页；32开.—ISBN 7-5389-0176-0：6.80元

常用良方便览/卢祥之，郝玉明编著.—重庆：科学技术文献出版社重庆分社，1990.2.—199页；32开.ISBN 7-5023-0375-8：3.20元

增补神效集/(清)不著撰人；刘宏伟，张瑞贤点校.—北京：中医古籍出版社，1990.12.—132页；32开.—(珍本医籍丛刊).—ISBN 7-80013-317-6：1.90元

400种病症民间验方/崔豪著.—太原：山西科学教育出版社，1990.5.—110页；32开.—(民间医疗经验小丛书).—ISBN 7-5377-0258-6：1.65元

R289.4　方　歌

中药心法/程绍恩等编著.—北京：北京科学技术出版社，1990.3.—465页；32开.—(中医心法丛书).ISBN 7-5304-0585-3：5.60元

实用中药歌诀/温长路编著.—北京：中国医药科技出版社，1990.7.—299页；32开.—ISBN 7-5067-0215-0：3.50元

骨伤方歌白话解/黄荣宗，吴大真编著.—北京：中医古籍出版社，1990.4.—256页；大32开.—ISBN 7-80013-280-3：4.00元

便读速记新编方歌300首/何足道编著.—呼和浩特：内蒙古人民出版社，1990.8.—277页；32开.ISBN 7-204-00795-6：3.70元

常用方歌阐释/何炎燊编著.—广州：广东高等教育出版社，1990.1.—209页；大32开.—ISBN 7-5361-0419-7：3.80元

温病方歌一百首/彭述宪编著.—西安：陕西科学技

术出版社，1990.2.—51页；32开.—ISBN 7-5369-0615-3：1.00元

新编方剂歌诀/于克俊编著.—西安：陕西科学技术出版社，1990.7.—208页；32开.—ISBN 7-5369-0676-5：2.80元

新编汤头歌诀/程宝书等编.—增订本.—哈尔滨：黑龙江科学技术出版社，1990.7.—367页；32开.ISBN 7-5388-1217-2：4.85元

穆氏本草启蒙录/陕西省中医学会办公室编著.—西安：三秦出版社，1990.12.—104页；32开.—ISBN 7-80546-125-2：1.50元

R289.5　验方与单方

中国当代名医验方大全/杜怀棠主编.—石家庄：河北科学技术出版社，1990.11.—927页；大32开.ISBN 7-5375-0475-X(精装)：21.00元

古今名方验方/安力，张冰编.—哈尔滨：黑龙江科学技术出版社，1990.7.—202页；32开.—ISBN 7-5388-1231-8：3.20元

古今名医验方秘方/路振平主编.—昆明：云南大学出版社，1990.10.—316页；大32开.—(古今名医验证精华丛书).—ISBN 7-81025-069-8：4.50元

古代验方大全/傅景华主编.—北京：中医古籍出版社，1990.10.—1164页；32开.—ISBN 7-80013-304-4(精装)：22.00元

台湾香港名医秘方/杨柱星等编著.—南宁：广西科学技术出版社，1990.3.—240页；32开.—ISBN 7-80565-275-9：2.55元

民间偏方秘方精选/郑庆良编著.—北京：人民军医出版社，1990.10.—383页；32开.—ISBN 7-80020-171-6：7.50元

百治百验效方集/卢祥之著.—北京：中国医药科技出版社，1989.12.—163页；大32开.—ISBN 7-5067-0123-5：2.65元

当代中医验方精选/郭桃美编著.—上海：上海科学技术出版社，1990.12.—302页；32开.—ISBN 7-5323-2205-X：3.75元

奇效简便良方/(清)丁尧臣撰；谢耀汉，林晶点校.—北京：学苑出版社，1990.5.—185页；32开.ISBN 7-80060-826-3：2.50元

单方验方偏方应用必备/朱进忠主编；王象礼，许逸民编著.—重庆：科学技术文献出版社重庆分社，1990.3.—123页；32开.—(家庭必备中医丛书).ISBN 7-5023-1062-2：2.20元

驻颜有术偏验方/孙文奇编著.—北京：中国医药科技出版社，1990.7.—154页；32开.—ISBN 7-5067-0250-9：2.70元

经效验方四百八/成大权编著.—太原：山西科学教育出版社，1990.12.—269页；32开.—ISBN 7-5377-0266-7：3.90元

祖传秘方大全/李德斯等编著.—北京：北京科学技术出版社，1990.1.—416页；32开.—ISBN 7-5304-0572-1：5.60元

神医奇功秘方录/黄魂编著.—南宁：广西民族出版社，1990.8.—241页；32开.—ISBN 7-5363-0889-2：3.80元

秘方集验/(清)王梦兰纂集；张遂辰鉴定；王玉英，王作林点校.—北京：中医古籍出版社，1990.6.139页；32开.—(珍本医籍丛刊/傅景华主编).—ISBN 7-80013-295-1：1.80元

家用小偏方/白云升，苏学明编著.—长春：吉林人民出版社，1990.3.—122页；32开.—ISBN 7-206-00691-4：1.80元

家用偏方/刘建中，刘银萍编著.—重庆：科学技术文献出版社重庆分社，1990.1.—144页；32开.—(家庭保健丛书；2/卢祥之，梅虎主编).—ISBN 7-5023-1099-1：1.97元

家用偏方2300/申鸿砚编著.—石家庄：河北科学技术出版社，1990.11.—223页；32开.—ISBN 7-5375-0506-3：3.40元

家庭自疗简便方/袁立人等编著.—北京：中国医药科技出版社，1990.7.—212页；32开.—ISBN 7-5067-0165-0：3.00元

家庭实用小验方200例/应士华编.—北京：农村读物出版社，1990.6.—186页；32开.—ISBN 7-5048-1350-8：3.00元

家庭实用百病自治秘方/漆浩主编；刘硕等编写.北京：中国广播电视出版社，1990.12.—284页；32开.—(家庭保健丛书).—ISBN 7-5043-0617-7：6.00元

家庭实用百病良方/朱亚楼，朱砂编著.—长春：长春出版社，1990.1.—226页；32开.—ISBN 7-80573-109-8：3.20元

家庭实用偏方/黄永春，佑村编.—石家庄：河北科学技术出版社，1990.1.—139页；32开.—ISBN 7-5375-0440-7：2.00元

家庭常用验方/范正祥，刘德山编著.—北京：人民卫生出版社，1990.9.—73页；32开.—(健康小丛书/黄树则主编).—ISBN 7-117-01404-0：0.91元

验方新编　上册/(清)鲍相璈编辑；(清)梅启照增辑；周光优等点校.—北京：人民卫生出版社，1990.12.—509页；大32开.—(中医古籍整理丛书).—ISBN 7-117-01260-9：8.30元

验方新编　下册/(清)鲍相璈编辑；(清)梅启照增辑；周光优等点校.—北京：人民卫生出版社，1990.12.—673页；大32开.—(中医古籍整理丛书).—ISBN 7-117-01261-7：10.50元

偏方妙用/赵志春编著.—太原：山西科学教育出版社，1990.4.—178页；32开.—(民间医疗经验丛

书）.—ISBN 7-5377-0213-6：2.20元

偏方验方500首/《偏方验方500首》编写组编.—天津：天津科学技术出版社，1990.9.—124页；大64开.—ISBN 7-5308-0868-0：1.20元

简易良方/程宝书等编.—哈尔滨：黑龙江科学技术出版社，1990.7.—250页；32开.—ISBN 7-5388-1221-0：3.50元

新编民间方/迟钝，迟昭编著.—北京：中国医药科技出版社，1990.11.—306页；32开.—ISBN 7-5067-0287-8：4.70元

新编全国大众验方精选/陈琳贤等主编.—南宁：广西民族出版社，1990.10.—393页；32开.—ISBN 7-5363-0860-4：4.90元

新编验方秘方大全　第一分册：内科/马洪文主编；马育光等编.—北京：学苑出版社，1990.10.697页；32开.—ISBN 7-5077-0170-0：10.10元

女科仙方/（清）傅山撰；刘国正点校.—北京：中医古籍出版社，1990.11.—128页；32开.—（珍本医籍丛刊/傅景华主编）.—ISBN 7-80013-311-7：1.85元

不知医必要/梁廉夫编著；黄瑾明点校.—南宁：广西民族出版社，1990.12.—200页；32开.—ISBN 7-5363-1026-9：2.50元

不育症验方精萃/董自强主编.—北京：北京科学技术出版社，1990.12.—297页；32开.—ISBN 7-5304-0790-2：4.00元

本书分男性不育和女性不孕两部分，涉及不育病40余种，共收验方近500余条。

中西贯通民间医独特疗法/梁兴才，沈成英编著.南宁：广西民族出版社，1990.1.—214页；32开.ISBN 7-5363-0694-6：2.50元

中医男科名方选议/刘采倩编著.—北京：华夏出版社，1990.9.—264页；32开.—（中华中医男科学丛书/王琦主编）.—ISBN 7-80053-775-7：4.15元

古今长寿妙方/王雨亭等编著.—北京：人民军医出版社，1990.4.—180页；32开.—ISBN 7-80020-160-0：3.45元

延年益寿妙方/南方编.—北京：学术书刊出版社，1990.4.—305页；32开.—ISBN 7-80045-664-1：3.50元

抗衰壮阳与进补/朱大年等编著.—上海：上海科技教育出版社，1990.4.—171页；32开.—ISBN 7-5428-0386-7：12.10元

《医心方》男科奇览/陈和亮编著.—北京：华夏出版社，1990.12.—134页；32开.—（中华中医男科学丛书/王琦主编）.—ISBN 7-80053-803-6：2.35元

补肾益寿药酒方/朱君波编著.—重庆：科学技术文献出版社重庆分社，1990.2.—175页；32开.—ISBN 7-5023-1054-1：3.15元

奇难杂症效方精选/潘文昭，玉振熹编著.—南宁：广西科学技术出版社，1990.9.—194页；32开.ISBN 7-80565-350-X：2.35元

实用补剂手册/伍后胜，范桥主编.—北京：中国广播电视出版社，1990.11.—528页；32开.—ISBN 7-5043-0573-1：7.60元

骨伤方剂学/黄荣宗主编.—北京：人民卫生出版社，1990.5.—166页；16开.—高等中医药院校教材　供骨伤专业用.—ISBN 7-117-00167-4：2.40元

宫庭美容长寿方/张金鼎，薄立宏编著.—郑州：河南科学技术出版社，1990.9.—252页；32开.—ISBN 7-5349-0672-5：3.75元

顽症良方　（一）/李庆升等编.—北京：中国医药科技出版社，1990.7.—196页；32开.—ISBN 7-5067-0202-9：3.55元

顽症良方　（二）/李庆升等编.—北京：中国医药科技出版社，1990.10.—200页；32开.—ISBN 7-5067-0236-3：3.55元

桂枝汤的临证应用/严育斌，赵敏霞编著.—西安：陕西科学技术出版社，1990.12.—276页；32开.ISBN 7-5369-0922-5：3.90元

健美长寿妙方/刘正才等编著.—成都：四川科学技术出版社，1990.9.—193页；32开—ISBN 7-5364-1335-1：2.10元

脏腑病证常用方药/天津中医学院主编.—天津：天津科学技术出版社，1990.5.—252页；32开.—（自学中医之路丛书）.—ISBN 7-5308-0720-X：4.90元

眼病妙方精选/潘开明编.—重庆：科学技术文献出版社重庆分社，1990.2.—267页；32开.—ISBN 7-5023-0312-X：2.95元

崩漏·带下·不孕特效方/郭维峰等编著.—北京：中国中医药出版社，1990.10.—156页；32开.—ISBN 7-80089-057-0：2.65元

强身延年膏滋良方/周克振编著.—北京：金盾出版社，1990.10.—58页；32开.—ISBN 7-80022-218-7：1.00元

疑难病证名验方辑要/尚炽昌主编.—北京：华龄出版社，1990.7.—2册（1006页）；大32开.—ISBN 7-80082-034-3：16.00元

R289.6　外治方

中医外治方药手册/韩家驹编著.—西安：陕西科学技术出版社，1990.2.—170页；32开.—ISBN 7-5369-0636-6：2.30元

中医膏方经验选/胡建华著.—北京：人民卫生出版社，1990.7.—76页；32开.—ISBN 7-117-01375-3：1.60元

中国中医骨伤科百家方技精华/施杞主编.—北京：中国中医药出版社，1990.12.—538页；大32开. ISBN 7-80089-054-6(精装)：15.00元

精选八百外用验方/王家忠主编.—长春：吉林科学技术出版社，1990.8.—446页；32开.—ISBN 7-5384-0544-5：6.20元

R29　中国少数民族医学

中国民族药志　第二卷/中国药品生物制品检定所等编.—北京：人民卫生出版社，1990.4.—640页：彩照；16开.—ISBN 7-117-00990-X(精装)：40.00元

中国佤族医药　(一)：〔佤文、汉文对照〕/郭绍荣等编著；陈学明，郭大昌译.—昆明：云南民族出版社，1990.4.—295页：图；32开.—ISBN 7-5367-0261-2：3.30元

贵州少数民族药物集　第一册/贵州省民委文教处编.—贵阳：贵州民族出版社，1990.7.—287页；32开.—(贵州少数民族传统医药丛书).—ISBN 7-5412-0121-9：3.80元

贵州彝族医药验方选编/王荣辉翻译整理.—贵阳：贵州民族出版社，1990.7.—120页；32开.—ISBN 7-5412-0113-8：1.60元

湘西苗药汇编/湖南少数民族古籍办公室，湖南凤凰县民族事务委员会主编；欧志安编撰.—长沙：岳麓书社，1990.11.—822页；大32开.—(中国少数民族古籍：苗族古籍；3).—ISBN 7-80520-232-X：11.50元

蒙藏汉合璧药名/于庆祥，于尽忠编著.—赤峰：内蒙古科学技术出版社，1990.10.—190页；大64开. ISBN 7-5380-0113-1：1.30元

德宏民族药名录/李荣兴主编.—芒市：德宏民族出版社，1990.10.—213页；32开.—ISBN 7-80525-092-8：5.00元

德昂族药集/方茂琴主编；德宏州卫生局药品检验所编.—芒市：德宏民族出版社，1990.11.—369页；32开.—ISBN 7-80525-071-5：2.40元

R3　基础医学

医学基础/张光武主编.—南京：江苏科学技术出版社，1990.2.—259页；大32开.—ISBN 7-5345-0859-2：3.80元

医学基础　上册/牛信智，任其刚主编.—南京：南京大学出版社，1990.7.—266页；32开.—ISBN 7-305-00756-0：3.65元

医学基础　下册/牛信智，任其刚主编.—南京：南京大学出版社，1990.7.—267～695页；32开.—ISBN 7-305-00756-0：4.20元

R31　医用一般科学

R311　医用数学

生物医学数学模型/青义学编著.—长沙：湖南科学技术出版社，1990.1.—313页；32开.—ISBN 7-5357-0577-4：4.35元

医用生物数学/周怀梧主编.—北京：人民卫生出版社，1990.1.—358页；16开.—ISBN 7-117-01045-2：17.50元

医药应用概率统计/周怀梧主编.—上海：百家出版社，1990.2.—456页；大32开.—ISBN 7-80576-039-X：6.00元

医药应用数学/郭必贵主编.—重庆：科学技术文献出版社重庆分社，1990.8.—617页；32开.—ISBN 7-5025-1185-8：7.40元

状态风险分析及其在生物医学中的应用　上册：定常协变量问题/刘韵源著.—北京：科学出版社，1990.7.—538页；16开.—ISBN 7-03-001626-2：34.20元

实用多变量统计方法与计算程序/孙尚洪编著.—北京：北京医科大学、中国协和医科大学联合出版社，1990.12.—331页；16开.—高等医药院校教材.—ISBN 7-81034-037-9：4.20元

微积分初步与生物医学应用/方积乾主编.—北京：北京医科大学、中国协和医科大学联合出版社，1990.5.—312页；16开.—高等医药院校教材.—ISBN 7-81034-020-4：4.10元

SYSTAT医学统计例解/马斌荣，俞建明主编.—北京：北京工业大学出版社，1990.8.—122页；16开. ISBN 7-5639-0120-5：8.00元

书脊、封面题名为：医学统计例解SYSTAT软件包

R312　医用物理学

电磁场在生物医学中的应用/王保义等编著.—北京：国防工业出版社，1990.8.—169页；16开.—高等学校教材.—ISBN 7-118-00675-0：2.25元

医用物理实验/秦任甲等主编.—桂林：广西师范大学出版社，1990.8.—110页；16开.—高等医学院校试用教材　供临床、预防、基础医学类各专业用. ISBN 7-5633-0880-6：2.30元

医用物理实验教程/同济医科大学等编.—武汉：华中理工大学出版社，1990.7.—134页；16开.—高等医药院校实验教材.—ISBN 7-5609-0509-9：2.75元

医用物理学/张泽宝主编.—沈阳：辽宁科学技术出版社，1990.7.—327页；16开.—ISBN 7-5381-0920-X：9.40元

医用物理学/秦任甲，明纪堂主编；马德和等编.桂林：广西师范大学出版社，1990.7.—326页；16开.—高等医学院校试用教材　供临床、预防、基础医学类各专业用.—ISBN 7-5633-0879-2：5.85元

医用物理学/秦任甲主编；尤旭升等编.—桂林：广西师范大学出版社，1990.8.—188页；大16开.—高等医学专科类院校试用教材　供临床、预防、基础医学类各专业用.—ISBN 7-5633-0881-4：3.60元

医药物理学实验/顾启秀，方荣福主编.—上海：华东化工学院出版社，1990.6.—142页；16开.—供中医、针灸、推拿、骨伤、中药、药学等专业用.—ISBN 7-5628-0100-2：2.00元

物理学/王林森主编.—南京：江苏科学技术出版社，1990.6.—218页；16开.—全国高等医学院校检验专业专科教材.—ISBN 7-5345-0969-6：4.90元

实用激光医学/徐国祥主编；哈献文等编著.—广州：广东高等教育出版社，1990.5.—223页；16开.（激光医学系列丛书）.—ISBN 7-5361-0489-8：6.80元

激光医疗实用技术/朱平等编.—北京：电子工业出版社，1990.6.—301页；32开.—ISBN 7-5053-0370-8：4.80元

激光医疗基础/王慕珍编.—哈尔滨：黑龙江科学技术出版社，1990.6.—227页；32开.—ISBN 7-5388-1202-4：3.40元

激光医学基础/史宏敏主编；谭延康，王之光编著.—广州：华南理工大学出版社，1990.6.—222页；16开.—ISBN 7-5623-0205-7：7.00元

R313　医用化学

医学化学实验　上册/韩振茂等编.—南京：东南大学出版社，1990.6.—86页；16开.—ISBN 7-81023-351-0：2.40元

医学细胞化学与细胞生物技术/杨景山主编.—北京：北京医科大学、中国协和医科大学联合出版社，1990.6.—509页；大32开.—高等医药院校教材.ISBN 7-81034-024-7：4.00元

医检有机化学/王惠宁，王丽平主编；王羽中等编.上海：上海医科大学出版社，1990.2.—444页；16开.—ISBN 7-5627-0064-8：9.50元

免疫组织化学/刘彦仿主编.—北京：人民卫生出版社，1990.4.—343页；16开.—ISBN 7-117-01118-1：11.50元

环保、医学中的离子选择电极/薛效贤，陈山林编著.—西宁：青海人民出版社，1990.3.—365页；32开.—ISBN 7-225-00297-X：4.60元

实用临床化学/王美岭编著.—济南：山东大学出版社，1990.5.—499页；大32开.—ISBN 7-5607-0342-9：8.00元

R318　生物医学工程

人体力学基础/李松山，翟光玫主编.—开封：河南大学出版社，1990.12.—185页；16开.—ISBN 7-81018-647-7：5.40元

生医热力学/谢仲华编.—杭州：浙江大学出版社，1990.2.—236页；大32开.—ISBN 7-308-00215-2：2.05元

生物材料检验/鲁长豪等编.—成都：四川科学技术出版社，1990.2.—157页；16开.—全国高等医药院校教材　供卫生检验专业用.—ISBN 7-5364-1552-4：3.45元

本书介绍常用仪器分析方法、生物材料中无机毒物的检验，有机毒物及其代谢的检验等知识。

生物医学电子学/张唯真编著.—北京：清华大学出版社，1990.10.—271页；16开.—ISBN 7-302-00658-X：3.90元

医用生物学/李春生主编.—沈阳：辽宁科学技术出版社，1990.6.—150页；16开.—北方四省区中等卫生学校教材　供各类医士、护士、助产士专业用.ISBN 7-5381-0893-9：4.55元

医学生物物理学　第一辑/上海市生物物理学会主编.—上海：上海科学技术文献出版社，1990.1.80页；16开.—ISBN 7-80513-661-0：10.00元

金属植入材料及其腐蚀/浦素云编.—北京：北京航空航天大学出版社，1990.8.—263页；32开.—ISBN 7-81012-189-8：4.00元

本书介绍了金属植入材料历史、人体环境及其对金属植入材料的要求、常用金属植入材料、人体环境中可能发生的腐蚀形态等。

R319　其他科学在医学上的应用

计算机医学应用软件设计基础/张慧云主编.—成都：四川科学技术出版社，1990.11.—442页；16开.—ISBN 7-5364-1811-6：9.00元

医用计算机基础/徐礼维、王乃康主编.—北京：电子工业出版社，1990.8.—383页；16开.—ISBN 7-5053-1057-7：8.90元

基因工程技术在基础与临床医学中的应用/蔡良琬主编；顾健人等编写.—北京：人民卫生出版社，1990.1.—193页；16开.—ISBN 7-117-01220-X：6.80元

R32　人体形态学

人体科学研究/杨玉辉著.—重庆：科学技术文献出版社重庆分社，1990.7.—231页；32开.—ISBN 7-5023-1131-9：3.30元

男女人体器官自述录/(美)J·D·拉特克利夫著；贺天同译.—成都：四川科学技术出版社，1990.4.—193页；32开.—ISBN 7-5364-1616-4：2.30元

奇特的人体现象及解释/李志民，裘琛富主编.—济南：山东科学技术出版社，1990.8.—333页；32开.ISBN 7-5331-0758-6：4.30元

R321　人体胚胎学

先天畸形——早期诊断与出生后的处理/(日)铃木雅洲等著；杜明熹译.—北京：中国医药科技出版社，1990.6.—262页；16开.—ISBN 7-5067-0087-5：11.50元

体外受精与胚胎移植/刘斌主编.—北京：人民卫生出版社，1990.9.—477页；32开.—ISBN 7-117-01352-4：10.00元

R322　人体解剖学

人体解剖学/丁士海，韩棣主编.—上海：上海科学普及出版社，1990.6.—408页；16开.—高等医学专科学校教材　供医学专业用.—ISBN 7-5427-0302-1：8.50元

人体解剖学/王亚威等主编.—武汉：湖北科学技术出版社，1990.7.—340页；16开.—全国十二所高等医学院校协编教材.—ISBN 7-5352-0613-1：7.60元

人体解剖学/王根本，王云祥主编.—修订本.—长春：吉林科学技术出版社，1990.1.—355页；16开.高等医学院校试用教材　供医学、儿科、口腔、卫生专业试用.—ISBN 7-5384-0476-9：6.60元

人体解剖学/卢义锦主编.—桂林：广西师范大学出版社，1990.7.—405页；大32开.—高等师范院校体育专业专科试用教材.—ISBN 7-5633-0825-3：5.20元

人体解剖学作业/朱培志主编；罗克忱，朱培志编著；丁誉声，丁山绘图.—北京：人民卫生出版社，1990.7.—152页；16开.—ISBN 7-117-01315-X：6.00元

人体解剖彩色图谱/(英)Mcminn，R.M.H.，Hutchings，R.T.H.著；万选才主译.—北京：人民卫生出版社，1990.8.—358页；5开.—ISBN 7-117-01380-X(精装)：180.00元

系统解剖学/郑思竞主编.—3版.—北京：人民卫生出版社，1990.11.—439页；16开.—高等医药院校教材　供基础、预防、临床、口腔医学类专业用.ISBN 7-117-00001-5：10.45元

本书1978年12月第1版。

应用解剖学/卫生部护理中心组织编写；张宝琳主编.—北京：化学工业出版社，1990.1.—234页；16开.—成人护理专修科教材.—ISBN 7-5025-0678-0：5.80元

实用麻醉解剖学/薛振东，王振华主编.—西安：陕西科学技术出版社，1990.6.—198页；16开.—ISBN 7-5369-0064-3：4.85元

解剖学及组织胚胎学/王振亚主编.—南京：江苏科学技术出版社，1990.4.—285页；16开.—全国中等中医药学校教材　供针灸医士、中医士、中医护士、中药士专业用.—ISBN 7-5345-0919-X：4.65元

解剖学及组织胚胎学/叶美因主编；施长友等编写.杭州：浙江科学技术出版社，1990.7.—244页；16开.—中等卫生学校教材.—ISBN 7-5341-0253-7：4.50元

解剖学及组织胚胎学/朱万鹏主编.—沈阳：辽宁科学技术出版社，1990.7.—410页；16开.—北方四省区中等卫生学校教材　供各类医士、护士、助产士专业用.—ISBN 7-5381-0895-5：11.35元

解剖组胚/于频，王彦主编.—北京：人民卫生出版社，1990.5.—366页；32开.—(护士晋升自学丛书；1).—ISBN 7-117-00888-1：6.40元

R323　局部解剖学

口腔科解剖图谱/王有伟编著.—长春：长春出版社，1990.3.—236页；32开.—ISBN 7-80573-180-2(精装)：14.00元

刑事诉讼实用解剖图谱/(美)威廉·依·洛切尔著；樊延桢，邓乃封译.—北京：中国医药科技出版社，1990.8.—229页；32开.—ISBN 7-5067-0154-5：4.20元

医用局部解剖学/王根本主编.—北京：人民卫生出版社，1990.6.—284页；16开.—ISBN 7-117-01348-6：6.70元

局部解剖学纲要与实习/韩子玉主编.—沈阳：辽宁科学技术出版社，1990.12.—224页；16开.—ISBN 7-5361-1074-7：5.70元

R324　解剖生理学

人体解剖生理学/北京师范大学等编.—2版.—北京：高等教育出版社，1990.3.—278页；16开.—高等学校教材.—ISBN 7-04-002590-6：3.50元

本书1983年4月第1版。

人体解剖生理学　上册/胡集荣主编.—长春：东北师范大学出版社，1990.6.—325页；大32开.—全国高等师范专科学校教材.—ISBN 7-5602-0404-X：2.70元

R329　人体组织学

人体组织学胚胎学彩色挂图　(1)：组织学总论/李珍年，王序主编；中国医科大学编绘.—北京：人民卫生出版社，1990.5.—40张；全开+说明书1册.ISBN 7-117-01151-3：91.70元

人体组织学胚胎学彩色挂图　（4）：胚胎学/李珍年，王序主编；中国医科大学编绘.—北京：人民卫生出版社，1990.5.—40张；全开+说明书1册.—ISBN 7-117-01076-2：91.70元

人体基本组织/刘维璞著.—福州：福建人民出版社，1990.1.—186页；大32开.—ISBN 7-211-00972-1：2.35元

组织学与胚胎学/李培基主编.—沈阳：辽宁科学技术出版社，1990.11.—202页；16开.—成人高等医学院校教材　供医疗、卫生、营养、儿科、护理等专业用.—ISBN 7-5381-1038-0：5.65元

组织学图解/李福祥，孙宝田主编.—上海：上海医科大学出版社，1990.5.—324页；16开.—ISBN 7-5627-0063-X：12.00元

组织胚胎学/南京医学院等编.—3版.—南京：江苏科学技术出版社，1990.9.—244页；16开.—ISBN 7-5345-0020-6：5.60元

本书1981年9月初版。

R33　人体生理学

人为何是人：基于生理人类学的构想/（日）佐藤方彦著；高崇明，张爱琴译.—北京：北京大学出版社，1990.12.—174页；36开.—（人·科学·自然丛书/钟和主编）.—ISBN 7-301-01297-7：1.95元

人体生理节律与生理节律速查尺应用知识/袁诚编.—北京：中国铁道出版社，1990.9.—70页；32开.—ISBN 7-113-00945-X：1.30元

人体生理奇闻趣谈/黄延训编.—沈阳：白山出版社，1990.12.—228页；32开.—ISBN 7-80566-162-6：2.60元

人体医学珍奇/王晓明，王俊祥编著.—石家庄：河北科学技术出版社，1990.4.—275页；32开.—ISBN 7-5375-0481-4：3.20元

人的生命历程/邵慧珍，吕卫编.—上海：上海教育出版社，1990.1.—114页；32开.—（中学生文库）.—ISBN 7-5320-1773-7：1.15元

人类肤色为何有深浅之别/鲁易，诗境主编.—沈阳：沈阳出版社，1990.4.—107页；32开.—（衣袋丛书）.—ISBN 7-80556-365-9：1.35元

生理/李昆华，华大慰主编.—北京：人民卫生出版社，1990.5.—297页；32开.—（护士晋升自学丛书；3）.—ISBN 7-117-00890-3：4.35元

生理卫生教学指导与习题精选/丁龙传主编.—桂林：广西师范大学出版社，1990.3.—66页；16开.ISBN 7-5633-0731-1：1.10元

生理系统分析：自噪声方法/（　）马默雷斯（Marmarelis，P.Z.），马默雷斯（Marmarelis，V.Z.）著；钟延炯等译.—北京：科学出版社，1990.1.—561页；32开.—ISBN 7-03-001246-1：19.90元

生理学/王复周等主编.—西安：陕西科学技术出版社，1990.2.—231页；16开.—高等医药院校教材.ISBN 7-5369-0709-5：5.50元

生理学/胡琦主编；江让炳等编.—南京：江苏科学技术出版社，1990.8.—191页；16开.—全国中等中医药学校教材　供中医士、针灸医士、中医护士、中药士专业用.—ISBN 7-5345-0870-3：3.20元

生理学/徐琳主编.—沈阳：辽宁科学技术出版社，1990.12.—196页；16开.—北方四省区中等卫生学校教材　供各类医士、护士、助产士专业用.—ISBN 7-5381-0991-9：5.65元

生理学/黄作福主编.—长沙：湖南科学技术出版社，1990.8.—296页；16开.—全国高等中医院校函授教材.—ISBN 7-5357-0674-6：6.20元

生理学名词：1989/生理学名词审定委员会编.北京：科学出版社，1990.12.—109页；16开.—国家自然科学基金资助项目.—ISBN 7-03-002177-0：6.50元

医学生理学　下册/（美）蒙卡斯尔（Mountcastle，V.B.）主编；陈尚恭等译.—北京：科学出版社，1990.11.—2082页；16开.—ISBN 7-03-000646-1（精装）：72.70元

书名原文：Medical Physiology

系统生理学/周希贤，周佳音编著.—兰州：兰州大学出版社，1990.4.—347页；16开.—ISBN 7-311-00343-1：4.78元

基础与临床生理试题选集/黎海蒂，张问德编译.重庆：科学技术文献出版社重庆分社，1990.6.163页；32开.—ISBN 7-5023-1074-6：2.20元

R331　血液与循环生理

心血管血流动力学/陈君楷著.—成都：四川教育出版社，1990.8.—465页；大32开.—（生物医学工程丛书；Ⅱ/康振黄主编）.—ISBN 7-5408-1313-X（精装）：8.50元

血气分析临床应用/张瑞祥编著.—上海：上海科学技术出版社，1990.1.—190页；32开.—ISBN 7-5323-1956-3：3.40元

血液学与血液检验学/王棠海主编.—北京：学苑出版社，1990.9.—326页；16开.—全国高等医学院检验专业专科教材.—ISBN 7-5077-0109-3：7.90元

血液学及血液学检验/潘瑞彭，王鸿利主编.—北京：人民卫生出版社，1990.10.—239页；16开.高等医药院校教材　供临床医学类医学检验专业用.ISBN 7-117-00123-2：3.45元

血液细胞学/王凤计编著.—2版.—天津：天津科学技术出版社，1990.5.—222页：图版；16开. 附：彩色图谱.—ISBN 7-5308-0339-5（精装）：124.00元

血液循环力学/王鸿儒，文宗曜编著.—北京：中国协和医科大学、北京医科大学联合出版社，1990.7.310页；32开.—高等医药院校教材.—ISBN 7-81034-028-X：2.00元

实用微循环学/蔡锡麟主编.—北京：中国医药科技出版社，1990.12.—326页；16开.—ISBN 7-5067-0262-2：8.90元

R332/333　呼吸、消化及吸收生理

全国肺功能正常值汇编/穆魁津，刘世琬主编.—北京：北京医科大学、中国协和医科大学联合出版社，1990.6.—86页；32开.—ISBN 7-81034-021-2：2.25元

消化道生理学/张经济主编.—广州：中山大学出版社，1990.12.—262页；16开.—ISBN 7-306-00376-3：8.90元

消化道生理学与临床/梅懋华等编著.—北京：人民卫生出版社，1990.1.—280页；16开.—ISBN 7-117-01141-6：11.50元

R335　内分泌生理

临床内分泌生理学/张家驹编译.—北京：中国医药科技出版社，1990.2.—424页；32开.—ISBN 7-5067-0106-5：5.90元

神经内分泌学/谢启文主编.—沈阳：辽宁科学技术出版社，1990.9.—401页；16开.—ISBN 7-5381-0890-4（精装）：13.70元

R338　神经生理学

合理使用与保护大脑：脑科学新进展的启示/宋采编著.—哈尔滨：黑龙江人民出版社，1990.9.—137页；32开.—ISBN 7-207-01060-5：2.55元

神经生物学/许绍芬主编.—上海：上海医科大学出版社，1990.12.—345页；16开.—ISBN 7-5627-0068-0：4.45元

R339.1　分析器生理学（感官生理学）

人体感觉的奥秘/曹磊编译.—北京：中国少年儿童出版社，1990.11.—70页；32开.—ISBN 7-5007-1120-4：0.85元

今日怪谈：生命与人体科学之谜/小魔编译.—北京：北京出版社，1990.4.—395页；32开.—ISBN 7-200-00960-1：5.00元

心灵战：威胁还是幻觉/（美）约翰·怀特，马丁·埃本编著；袁品荣等译.—北京：中国友谊出版公司，1990.7.—436页；32开.—（人体特异功能译丛/张震寰主编）.—ISBN 7-5057-0242-4：5.70元

平衡医疗方法学：人体健康的钥匙/王佑三著.—北京：北京出版社，1990.6.—155页；32开.—ISBN 7-200-01154-1：1.85元

史实觅真：人类正在求索的另一个宇宙/（日）井村宏次著；吴辉，陈少锐译.—北京：中国友谊出版公司，1990.4.—198页；32开.—（人体特异功能译丛/张震寰主编）.—ISBN 7-5057-0243-2：3.00元

生物节律与安全/于志利编著.—北京：劳动人事出版社，1990.3.—252页；32开.—ISBN 7-5045-0415-7：3.70元

向超自然挑战：对人体特异功能的探索/（英）约翰·泰勒著；周莲译.—北京：北京大学出版社，1990.12.—156页；36开.—（人·科学·自然丛书/钟和主编）.—ISBN 7-301-01298-5：1.95元

灵魂·气功·特异功能之谜/王林编著.—2版.—长春：吉林人民出版社，1990.6.—233页；32开.—ISBN 7-206-00384-2：2.60元

现代人体特异功能研究/（英）奎内斯编；沈英丁等译.—北京：中国友谊出版公司，1990.7.—422页；32开.—（人体特异功能译丛/张震寰主编）.—ISBN 7-5057-0244-0：5.70元

特异心理学纵横谈/王雷泉等编译.—北京：华夏出版社，1990.4.—159页；大32开.—（中国气功丛书/张震寰主编）.—ISBN 7-80053-646-7：3.90元

特异功能与超心理学/申振玉著.—西安：陕西科学技术出版社，1990.9.—198页；32开.—（三原色丛书/董光壁主编）.—ISBN 7-5369-0428-2：3.15元

探索神秘事物的真相/（美）乔治·阿贝尔，巴里·辛格著；李豫生等译.—北京：中国友谊出版公司，1990.10.—370页；32开.—（人体特异功能译丛/张震寰主编）.—ISBN 7-5057-0240-8：5.70元

R36　病理学

临床细胞学/刘树范主编.—北京：人民卫生出版社，1990.6.—137页：彩图；16开.—ISBN 7-117-01288-9（精装）：27.00元

本书共15章，介绍细胞学基本概念，肿瘤、临床细胞学概论，女性生殖器、食管与贲门部、肺、浆膜腔积液，泌尿道以及鼻咽癌的脱落细胞学，胸腹腔肿物、淋巴结、乳腺和其他组织器管穿刺细胞学、细胞图像的自动识别。

病理/吴中立等主编；刘振华等编.—北京：人民卫

生出版社，1990.5.—284页；32开.—（护士晋升自学丛书；2）.—ISBN 7-117-00889-X：4.55元

病理学/千高峰主编.—北京：中国医药科技出版社，1990.11.—422页；16开.—高等医学院校协编教材　供医疗、儿科、口腔、卫生五年制专业用.—ISBN 7-5067-0283-5：7.90元

病理学/孔锡鲲主编.—上海：上海科学技术出版社，1990.10.—422页；16开.—ISBN 7-5323-2060-X：8.95元

病理学/李宇萍主编.—长沙：湖南科学技术出版社，1990.8.—250页；16开.—全国高等中医院校函授教材.—ISBN 7-5357-0675-4：5.90元

超微病理学基础/武忠弼主编.—北京：人民卫生出版社，1990.9.—381页；16开.—ISBN 7-117-01302-8：23.95元

R363　病理生理学

体表变化与疾病/邢绍发编著.—上海：上海科技教育出版社，1990.9.—97页；32开.—ISBN 7-5428-0370-0：0.94元

临床病理生理学　上册/李楚杰等主编.—广州：广东科技出版社，1990.7.—436页；16开.—ISBN 7-5359-0269-3：12.00元

临床病理生理学　下册/李楚杰等主编.—广州：广东科技出版社，1990.8.—435页；16开.—ISBN 7-5359-0432-7：12.00元

病理生理学/杨永宗等主编.—上海：上海科学技术出版社，1990.7.—347页；16开.—全国十二所高等医学院校协编教材.—ISBN 7-5323-1984-9：7.40元

病理生理学复习指南/周其全编.—兰州：兰州大学出版社，1990.7.—200页；32开.—ISBN 7-311-00321-0：1.98元

R37　医学微生物学

医学微生物学/时常仁等主编.—长春：吉林科学技术出版社，1990.12.—273页；16开.—高等医学院校试用教材　供基础、预防、临床、口腔医学专业用.ISBN 7-5384-0643-5：5.45元

医学微生物学及人体寄生虫学/李功信主编.—沈阳：辽宁科学技术出版社，1990.11.—234页；16开.—北方四省区中等卫生学校教材　供各类医士、护士、助产士专业用.—ISBN 7-5381-0951-X：6.65元

临床微生物学/张颖悟主编.—大连：大连出版社，1990.10.—2册（797页）；16开.—高等医学院校试用教材　供医学检验专业用.—ISBN 7-80555-303-3：18.00元

微生物与寄生虫学/周祖钊主编；马树栋等编.—南京：江苏科学技术出版社，1990.8.—212页；16开.全国中等中医药学校教材　供中医士、中药士、中医护士、针灸医士专业用.—ISBN 7-5345-0875-4：4.10元

微生物、寄生虫及免疫/黄彩贤主编.—北京：人民卫生出版社，1990.8.—342页；32开.—（护士晋升自学丛书；6）.—ISBN 7-117-00893-8：7.00元

R373　人体病毒学（致病病毒）

中国登革热媒介及其防治/陆宝麟等编写.—贵阳：贵州人民出版社，1990.1.—257页；大32开.—ISBN 7-221-01408-6：4.00元

登革热，包括登革出血热是现时最重要的虫媒病毒病。本书阐述了对该病防治的知识。

医用病毒学/（澳）怀特（White，D.O.），（澳）芬纳（Fenner，F.J.）著；郑志明等译.—北京：科学出版社，1990.8.—701页；32开.—ISBN 7-03-001624-6：16.20元

书名原文：Medical Virology

本书包括动物病毒学原理和人类病毒两部分。

医学分子病毒学/闻玉梅主编.—北京：人民卫生出版社，1990.1.—220页；16开.—ISBN 7-117-01059-2：10.00元

医学病毒学基础及实验技术/黄祯祥主编.—北京：科学出版社，1990.2.—1002页；16开.—ISBN 7-03-001749-8（精装）：25.50元

R38　医学寄生虫学

人体寄生虫学/孙怀宝主编.—石家庄：河北科学技术出版社，1990.8.—135页；16开.—高等中医院校教材　供中医院校各专业用.—ISBN 7-5375-0538-1：4.20元

人体寄生虫学多选题/陈佩惠主编.—北京：人民卫生出版社，1990.1.—438页；32开.—ISBN 7-117-00875-X：5.00元

中国西北细蠓研究/刘增加等著.—上海：上海科学技术出版社，1990.4.—55页；16开.—ISBN 7-5323-1938-5：3.06元

吸血双翅目昆虫调查研究集刊　第一集：1989/虞以新主编.—上海：上海科学技术出版社，1990.4.242页；16开.—ISBN 7-5323-1835-4：11.50元

医学昆虫学/柳支英，陆宝麟主编.—北京：科学出版社，1990.4.—514页；16开.—ISBN 7-03-001509-6（精装）：29.00元

我国东南沿海地区的吸血蚊蠓及其防治/虞以新等编著.—北京：人民军医出版社，1990.7.—31页；32开.—ISBN 7-80020-184-8：0.65元

寄生虫学与寄生虫检验学/白功懋主编.—北京：中国医药科技出版社，1990.1.—144页；16开.—全国高等医学院校检验专业专科教材.—ISBN 7-5067

-0137-3：4.10元

R392 医学免疫学

白细胞介素2的基础与临床/曾雪涛编著.—北京：北京科学技术出版社，1990.12.—271页；16开.ISBN 7-5304-0858-5：9.80元

血型血清学及物证检验/吴梅筠主编；孙光云等编.—昆明：云南民族出版社，1990.2.—266页；16开.—ISBN 7-5367-0245-0：9.80元

本书分血型血清学、亲子鉴定、DNA分析及物证检验等4大部分。

医学免疫学/何俊森等主编.—郑州：河南科学技术出版社，1990.1.—242页；16开.—十二所高等医学院校协编教材.—ISBN 7-5349-0641-5：4.95元

医学免疫学/张绍伦等主编.—长春：吉林科学技术出版社，1990.11.—174页；16开.—高等医学院校试用教材　供基础、预防、临床、口腔医学专业用.ISBN 7-5384-0637-9：3.90元

医学基础免疫学/林飞卿等主编.—上海：上海医科大学出版社，1990.6.—383页；16开.—高等医药院校教材.—ISBN 7-5627-0052-4：5.15元

免疫学基础/安云庆主编.—北京：光明日报出版社，1990.12.—221页；16开.—全国高等教育自学考试教材　护理专业.—ISBN 7-80091-064-4：5.70元

变态反应实验技术/乔秉善编著.—北京：科学出版社，1990.7.—373页；32开.—ISBN 7-03-001676-9：12.00元

实用免疫化学/（英）Johnstone，A.，Thorpe，R.著；童明庆，孙南雄译.—南京：南京出版社，1990.5.—415页；32开.—ISBN 7-80560-189-5：6.00元

书名原文：Immunochemistry in Practice

临床细胞免疫学/顾长海主编.—重庆：重庆出版社，1990.12.—381页；大32开.—ISBN 7-5366-1352-0：6.65元

本书从临床应用出发，简明地介绍了细胞免疫基本知识。重点阐述了细胞免疫在临床各科中的应用。

神经免疫细胞化学/朱长庚等编写.—北京：科学出版社，1990.7.—269页；16开.—ISBN 7-03-001692-0：17.50元

R394 医学遗传学

医用分子遗传学/宋后燕，朱运松主编.—上海：上海医科大学出版社，1990.12.—228页；16开.—高等医学院校研究生教材.—ISBN 7-5627-0034-6：3.00元

医学分子遗传学/俞民澍等编著.—北京：科学出版社，1990.2.—531页；32开.—（医学遗传学丛书/刘祖洞主编）.—ISBN 7-03-001290-9：12.00元

医学遗传学/李志道等主编.—沈阳：辽宁科学技术出版社，1990.2.—159页；16开.—成人高等医学院校教材.—ISBN 7-5381-0856-4：4.80元

医学遗传学多选题集/丁克清，胡国明主编.—武汉：湖北科学技术出版社，1990.8.—201页；32开.ISBN 7-5352-6625-5：2.60元

细菌分子遗传学分类鉴定法/林万明主编.—上海：上海科学技术出版社，1990.9.—268页；32开.ISBN 7-80555-2094-4：4.55元

R395 医学心理学、病理心理学

人生心理发展与培育/杨健身主编.—哈尔滨：黑龙江科学技术出版社，1990.5.—139页；32开.—ISBN 7-5388-1177-X：1.95元

人生幸福指南：精神卫生200问/陈斌，冯桃莉著.北京：海洋出版社，1990.5.—409页；32开.—ISBN 7-5027-0763-8：4.80元

儿童行为障碍与矫正/郑晓边编译.—南宁：广西科学技术出版社，1990.9.—270页；32开.—ISBN 7-80565-348-8：3.10元

本书是儿童病理心理学方面的专著。它从生物——心理——社会角度探讨了行为障碍的发生机制，提出了儿童行为障碍的诊治技术与方法。

中老年心理健康顾问/李德敏主编.—北京：中国环境科学出版社，1990.9.—304页；32开.—ISBN 7--80010-795-7：4.00元

中学生生理心理与健康：青春期的困惑/孙逊著.北京：学苑出版社，1990.6.—166页；32开.—ISBN 7-5077-0029-1：2.50元

心理卫生/王效道主编.—杭州：浙江科学技术出版社，1990.7.—319页；大32开.—ISBN 7-5341-0271-5：3.80元

心理的自我调节：做你想做的人/（美）杰里·格林伍德著；刘建军等译.—上海：同济大学出版社，〔1990〕.—284页；32开.—ISBN 7-5608-0404-7：2.70元

心理健美操/谢天振等编译.—杭州：浙江人民出版社，1990.1.—250页；64开.—（家庭小书匣）.ISBN 7-213-00418-2：2.00元

心理调节术/未艾编著.—延吉：延边大学出版社，1990.10.—215页；32开.—ISBN 7-5634-0240-3：3.00元

本书对心理控制、工作、学习心理，交际心理，爱情婚姻心理的调节作了介绍。

老年心理卫生/牛德福编著.—北京：人民卫生出版社，1990.4.—134页；32开.—ISBN 7-117-01119-X：2.15元

老年心理卫生/骆勤方主编.—北京：人民体育出版社，1990.9.—211页；32开.—(老年保健精要丛书).—ISBN 7-5009-0358-8：3.20元

自我设计的新天地：给你带来成功和幸福的心理技术/(美)米歇尔(Mischell, P.L.)著；林春译.—北京：中国工人出版社，1990.3.—171页；32开.—(星星丛书).—ISBN 7-5008-0526-8：2.30元

书名原文：Beyond Positive Thinking

本书为美国著名超心理学家帕特丽克·米歇尔的代表作。作者以她自亲身经历和经验系统而生动地告诉读者如何摆脱昔日失败的阴影而重新开始全部的自我设计，如何克服生活中的种种阻力而发挥出生命中蕴藏的潜能，走上成功之路。

医用心理学/胡浴桓等编著.—乌鲁木齐：新疆大学出版社，1990.9.—148页；大32开.—ISBN 7-5631-0186-1：3.50元

医生心理学/霍仲厚主编.—上海：上海医科大学出版社，1990.2.—275页；32开.—ISBN 7-5627-0043-5：3.00元

医护心理学/安之璧等编.—上海：上海科学技术文献出版社，1990.4.—96页；32开.—ISBN 7-80513-587-8：1.30元

医学心理学/王友平，李恩昌主编.—北京：科学技术文献出版社，1990.10.—383页；大32开.—ISBN 7-5023-1368-0：5.80元

医学心理学/李鸣杲著.—长春：吉林教育出版社，1990.5.—182页；32开.—(应用心理学丛书/车文博主编).—ISBN 7-5383-1036-3：2.80元

医学心理学/徐俊冕等编.—上海：上海医科大学出版社，1990.3.—225页；16开.—ISBN 7-5627-0029-X：3.05元

医学心理学教程/杜文东主编.—南京：南京出版社，1990.10.—193页；16开.—ISBN 7-80560-279-4：4.50元

疗养心理学/伍后胜，陈孔斌编著.—南昌：江西科学技术出版社，1990.4.—243页；32开.—ISBN 7-5390-0290-5：2.70元

灵与肉的默契/张曦明，许其潮编译.—广州：广东人民出版社，1990.6.—248页；32开.—ISBN 7-218-00438-5：2.70元

现代自我身心修养/王仁欣，陈礼贤编著.—厦门：鹭江出版社，1990.12.—315页；32开.—ISBN 7-80533-367-X：3.70元

本书吸收了心理学、生理学、医学和体育的最新成就，从自我意识，情绪情感，性格，睡眠等方面进行论述。

学生心理卫生/赵国秋等编著.—北京：中国医药科技出版社，1990.4.—163页；32开.—ISBN 7-5067-0155-3：2.30元

指点迷津：防治"心病"系列/杨仲明著.—南昌：江西人民出版社，1990.3.—194页；32开.—ISBN 7-210-00786-5：2.60元

本书介绍了有关轻微情绪失调和常见心理疾病的预防和治疗。

养心之道：心理的自我保健技术/连长贵编著.—杭州：杭州大学出版社，1990.10.—146页；大32开.ISBN 7-81035-046-3：2.60元

积极生存法：献给一陷于苦恼而难以自拔的人/(美)大卫·雷诺兹著；汤宜朗译.—北京：旅游教育出版社，1990.12.—147页；32开.—ISBN 7-5637-0201-6：2.50元

积极家庭心理治疗/(联邦德国)佩塞施基安(P-esesoh kian, N.)著；李舜伟等译.—北京：国际文化出版公司，1990.3.—321页；32开.—ISBN 7-80049-486-1：3.70元

解除内心压力的秘诀：消除压力，享受愉悦/林美羽编著.—厦门：鹭江出版社，1990.5.—180页；32开.—(大众生活丛书).—ISBN 7-80533-207-X：2.40元

R4　临床医学

汉英日临床常用分类词汇/李恩生编.—北京：人民卫生出版社，1990.8.—588页；16开.—ISBN 7-117-00716-8(精装)：34.75元

军中名医谈百病/汪曾炜，郑斯聚主编.—沈阳：辽宁科学技术出版社，1990.12.—244页；大32开.—献给被疾病困扰的人们.—ISBN 7-5381-1005-4：4.95元

现代医学诊疗精编/王国斌等主编.—开封：河南大学出版社，1990.4.—838页；16开.—ISBN 7-81018-477-6：19.00元

现代物理与临床医学/傅昌余等编著.—重庆：重庆大学出版社，1990.4.—219页；32开.—ISBN 7-5624-0324-4：1.44元

现代临床医学伦理学/吴咸中，温克勤主编.—天津：天津人民出版社，1990.5.—360页；32开.—ISBN 7-201-00512-X：3.80元

实用临床科研方法学：设计·衡量·评价/傅莳宇主编.—北京：北京医科大学、中国协和医科大学联合出版社，1990.10.—355页；32开.—ISBN 7-81034-051-4：4.00元

临床认识方法概论/肖进主编.—北京：人民军医出版社，1990.3.—289页；32开.—ISBN 7-80020-156-2：5.30元

临床心理学/黄怀钧，王凤霞编著.—武昌：华中师范大学出版社，1990.12.—264页；32开.—ISBN 7-5622-0662-7：2.20元

临床心理学又称诊疗心理学。其内容包括临床医疗过程中有关诊断、治疗、护理等心理因素问题。

临床医学继续教育教材：儿科分册/浙江省卫生厅等主编.—上海：上海科学技术出版社，1990.8，

211页；32开.—供住院医师用.—ISBN 7-5323-1968-7：3.30元

临床医学继续教育教材：内科分册/浙江省卫生厅等主编.—上海：上海科学技术出版社，1990.11.428页；32开.—供住院医师用.—ISBN 7-5323-2128-2：6.50元

临床医学继续教育教材：外科分册/浙江省卫生厅等主编.—上海：上海科学技术出版社，1990.12.315页；32开.—供住院医师用.—ISBN 7-5323-2198-3：4.90元

临床医学继续教育教材：妇产科分册/浙江省卫生厅等编.—上海：上海科学技术出版社，1990.11.228页；32开.—供住院医师用.—ISBN 7-5323-2090-1：3.55元

临床常用诊疗数据手册/李绍魁，李新民编.—郑州：河南科学技术出版社，1990.5.—469页；64开.ISBN 7-5349-0595-8（精装）：3.40元

症状与临床检查指南/许国瑄，阎佩珩主编.—沈阳：辽宁科学技术出版社，1990.2.—320页；16开.ISBN 7-5381-0748-7：8.80元

疾病临床诊断和疗效标准/江苏省卫生厅编.—南京：江苏科学技术出版社，1990.1.—983页；32开.（医政规范；五）.—ISBN 7-5345-0783-9（精装）：16.00元

袖珍诊疗数据手册：法定单位与非法定单位对照/杨兆琪等编.—2版（增订本）.—福州：福州科学技术出版社，1990.7.—923页；64开.—ISBN 7-5335-0004-0：5.60元

本书1987年7月第1版。

常见病防治/王振忠主编.—济南：山东科学技术出版社，1990.9.—539页，32开.—（油田知识丛书）.ISBN 7-5331-0783-7：6.80元

本书介绍了内、外、妇、儿等科常见病200余种，讲述了医学实验、特殊检查等问题。

常见病防治大全/谢宝玙主编.—北京：中国和平出版社，1990.11.—529页；大32开.—ISBN 7-80037-397-5：9.60元

新编诊疗常规/张学庸主编.—北京：金盾出版社，1990.9.—772页；16开.—ISBN 7-80022-150-4：（精装）：25.00元

R44　诊断学

大众识病手册/王辉武，庞国荣主编.—重庆：科学技术文献出版社重庆分社，1990.11.—401页；32开.ISBN 7-5023-1156-4：5.35元

西医诊断学基础/王汝琨主编.—长沙：湖南科学技术出版社，1990.8.—422页；16开.—全国高等中医院校函授教材.—ISBN 7-5357-0677-0：9.80元

自我健康诊断：22个确认点/（日）石浜淳美，石滨贞著；张葆春，王振宇译.—北京：北京大学出版社，1990.12.—182页；36开.—（人·科学·自然丛书/钟和主编）.—ISBN 7-301-01299-3：2.50元

多系统器官衰竭的诊断与救治/房文彬等编著.—石家庄：河北科学技术出版社，1990.8.—52页；32开.ISBN 7-5375-0549-7：0.85元

医学特殊检查问答/严忠浩，燕山编写.—北京：人民卫生出版社，1990.5.—63页；32开.—（健康小丛书/黄树则主编）.—ISBN 7-117-01319-2：0.80元

诊断学/戚仁铎主编.—3版.—北京：人民卫生出版社，1990.5.—502页：图版；16开.—高等医药院校教材　供基础、预防、临床、口腔医学类专业用.ISBN 7-117-00147-X：6.70元

诊断学/魏太星等主编.—郑州：河南科学技术出版社，1990.6.—488页；16开.—十二所高等医学院校协编教材.—ISBN 7-5349-0651-2：14.80元

诊断学基础/陈经宇主编；王廷珍等编.—济南：山东科学技术出版社，1990.4.—189页；16开.—全国中等中医药学校教材　供中医士、中药士、中医护士、针灸医士专业用.—ISBN 7-5331-0661-X：2.70元

临床心电·超声·脑电·脉象诊断手册/王志良主编.—北京：中国医药科技出版社，1990.10.—276页；大32开.—ISBN 7-5067-0186-3：4.80元

R441/442　症状诊断学

头痛的识别与治疗/汤正才，刘晋萍编著.—昆明：云南大学出版社，1990.12.—190页；32开.—ISBN 7-81025-061-2：2.40元

休克/张卫华等主编.—哈尔滨：黑龙江科学技术出版社，1990.6.—197页；32开.—ISBN 7-5388-1159-1：3.00元

实用炎症手册：中医西医结合统一诊断标准/罗仁，郑吉民编著.—广州：华南理工大学出版社，1990.2.561页；大32开.—ISBN 7-5623-0130-1：8.00元

疼痛的分类与诊断/黄煜敏等编译.—乌鲁木齐：新疆大学出版社，1990.6.—189页；32开.—ISBN 7-5631-0120-9：3.00元

黄疸/全国爱国卫生运动委员会，中华人民共和国卫生部主编；田庚善编著.—北京：人民卫生出版社，1990.4.—53页；32开.—（健康小丛书/黄树则主编）.—ISBN 7-117-01208-0：0.71元

R443　物理诊断学

发光分析与医学/胡天喜等编著.—上海：华东师范大学出版社，1990.2.—241页；大32开.—ISBN 7-5617-0543-3：4.05元

腱反射测定与临床应用研究/梁学仁等编著.—北京：原子能出版社，1990.10.—154页；16开.—IS

BN 7-5022-0403-2：6.40元

R445　影象诊断学

小器官与内分泌腺的超声诊断/张缙熙，苏占福主编.—呼和浩特：内蒙古人民出版社，1990.3.—280页：图；32开.—ISBN 7-204-00965-7：5.90元

医学超声技术词典/寿文德，燕山主编.—上海：上海交通大学出版社，1990.4.—166页；32开.—ISBN 7-313-00633-0：3.15元

医学超声原理与仪器/郑德连编著.—上海：上海交通大学出版社，1990.2.—285页；大32开.—高等学校教材.—ISBN 7-313-00521-0：2.15元

临床介入性超声学/董宝玮主编.—北京：中国科学技术出版社，1990.10.—310页；16开.—ISBN 7-5046-0207-8：20.00元

本书由我国十余名著名超声专家撰写，汇集了80年代以来国内外有关介入性超声的最新资料。

超声波诊断仪的原理、应用及维修/陈传元，李健编著.—北京：中国医药科技出版社，1990.10.—226页；16开.—ISBN 7-5067-0177-4：9.50元

R446　实验室诊断

生物化学检验技术/陈惠黎主编；王继贵等编著.北京：人民卫生出版社，1990.5.—329页；16开.高等医药院校教材　供临床医学类检验专业用.—ISBN 7-117-00170-4：4.30元

发光分析与医学/胡天喜等编著.—上海：华东师范大学出版社，1990.2.—241页；大32开.—ISBN 7-5617-0543-3：4.05元

英汉医学检验词汇与缩略语辞典/马汉英等编.—哈尔滨：哈尔滨船舶工程学院出版社，1990.11.—840页；32开.—ISBN 7-81007-096-7：16.00元

法定计量单位在检验中的应用/李竹成主编.—沈阳：东北工学院出版社，1990.12.—104页；32开.ISBN 7-81006-264-6：1.80元

实用临床生物化学/王明运主编.—北京：科学技术文献出版社，1990.10.—614页；32开.—ISBN 7-5023-1256-0：10.00元

本书在简要介绍人体正常代谢的基础上，密切结合临床医学实际，对某些疾病的代谢变化及其生化诊断作了比较系统的论述。

实用临床检验手册/孙茵等主编.—上海：上海科技教育出版社，1990.7.—504页；32开.—ISBN 7-5428-0398-0：5.60元

临床化学分析仪导论/韩志钧，郭兑山主编.—沈阳：辽宁科学技术出版社，1990.5.—461页：图版；16开.—ISBN 7-5381-0869-6：9.50元

临床化学诊断方法大全/丁学潮等译.—北京：北京大学出版社，1990.1.—1080页；16开.—ISBN 7-301-01034-6：40.00元

本书讨论了肾病、电解质紊乱和酸碱平衡失调病、高血脂症等19类疾病的化学实验诊断方法。

临床实验室建设与管理/冯仁丰等主编.—上海：上海科学技术出版社，1990.11.—280页；32开.—ISBN 7-5323-2188-6：4.65元

怎样看医院的化验和检查报告/沈钧堂，叶于丰编.上海：上海科学技术文献出版社，1990.3.—105页；32开.—ISBN 7-80513-546-0：1.45元

理化检验质量控制/赵素强，李发生主编.—郑州：河南科学技术出版社，1990.11.—213页；32开.—ISBN 7-5349-0807-8：3.90元

感染症免疫诊断技术/李之桂，范明远主编.—北京：科学出版社，1990.3.—603页；32开.—（微生物学技术丛书）.—ISBN 7-03-001645-9：17.80元

R45　治疗学

中西医结合诊疗浅说/韩加馗编著.—哈尔滨：黑龙江科学技术出版社，1990.2.—310页；32开.—ISBN 7-5388-0537-0：3.95元

今日治疗/余瑛等主编.—北京：人民卫生出版社，1990.1.—383页；32开.—ISBN 7-117-01219-6：5.30元

百病自我简易疗法/王云凯主编.—石家庄：河北科学技术出版社，1990.4.—517页；32开.—ISBN 7-5375-0360-5：6.95元

治病要法/安浚等编著.—重庆：科学技术文献出版社，1990.8.—247页；32开.—ISBN 7-5023-1092-3：3.30元

实用疼痛治疗学/孙成华编著.—重庆：科学技术文献出版社重庆分社，1990.8.—285页；32开.—ISBN 7-5023-1145-9：3.50元

实用感染性疾病手册/罗振辉，吴道权主编.—上海：上海科技教育出版社，1990.5.—376页；32开.ISBN 7-5428-0320-4：4.25元

特效疗法100种：家庭必备/（日）小林三刚，佐藤久三著；高云岫，谢贵章译.—北京：煤炭工业出版社，1990.10.—181页；32开.—ISBN 7-5020-0437-8：2.70元

R452　投药法、用药法

小儿用药常识/王天雍编著.—北京：人民卫生出版社，1990.1.—78页；32开.—（妇儿保健丛书/高淑芬主编）.—ISBN 7-117-01247-1：0.94元

护士用药监护/王开贞主编.—青岛：青岛出版社，1990.12.—377页；32开.—ISBN 7-5436-0542-2：4.20元

临床药物剂量手册/张生理主编.—北京：北京科学技术文献出版社，1990.11.—665页；32开.—ISBN 7-5023-1175-0：9.50元

R453　药物疗法、化学疗法

计算机医疗咨询系统：MYCIN/（美）肖特利夫（Shortliffe,E.H.）著；张小云等译.—北京：人民军医出版社，1990.5.—253页；32开.—ISBN 7-80020-143-0：5.00元

书名原文：Computer-Based Medical Consultaions：MYCIN

R454　物理疗法、自然疗法

电疗与光疗/缪鸿石编著.—2版.—上海：上海科学技术出版社，1990.2.—569页；16开.—ISBN 7-5323-0287-3：17.20元

本书1979年11月第1版。

场效应治疗法/沈存正编著.—北京：科学出版社，1990.9.—52页；32开.—ISBN 7-03-002276-9：1.50元

场效应治疗法：中英双语本/沈存正编著.—北京：科学出版社，1990.12.—116页；36开.—ISBN 7-03-002384-6

实用冷冻疗法/郭玉德主编.—北京：人民卫生出版社，1990.8.—397页；32开.—ISBN 7-117-01340-0：9.00元

实用理疗学/李维礼主编.—2版.—北京：人民卫生出版社，1990.2.—420页；16开.—ISBN 7-117-01202-1：17.90元

R455　体育疗法（医疗体育）

医疗体育/黄美光，陈健华编著.—北京：科学普及出版社，1990.8.—394页；32开.—（亚运体育丛书/张彩珍主编）.—ISBN 7-710-01666-8：9.90元

体疗康复/杨静宜编著.—2版.—北京：北京体育学院出版社，1990.11.—143页；32开.—ISBN 7-81003-120-1：1.25元

疗效神奇的健身健脑功/毕春风编著.—哈尔滨：黑龙江科学技术出版社，1990.6.—141页：插图；32开.—ISBN 7-5388-1121-4：2.00元

残疾病人体育疗法/王玉琴编著.—上海：上海科学技术出版社，1990.11.—133页；32开.—ISBN 7-5323-2087-1：1.55元

健身益寿防病术：体育疗法荟萃/李言顺，黄真喜编.—福州：福建科学技术出版社，1990.12.—290页；大32开.—ISBN 7-5335-0417-8：3.90元

简明医疗体育手册/范振华，周士枋主编.—北京：人民卫生出版社，1990.10.—430页；32开.—ISBN 7-117-01372-9：8.50元

R457　血液疗法

大输液知识问答/张耀志编著.—哈尔滨：黑龙江科学技术出版社，1990.9.—373页；32开.—ISBN 7-5388-1287-3：4.90元

胎肝造血细胞输注与移植/孟沛霖，刘本俶主编.—上海：上海科学技术出版社，1990.8.—165页；32开.—ISBN 7-5323-1890-7：2.90元

输血新技术/肖星甫等译.—成都：四川科学技术出版社，1990.8.—296页；32开.—ISBN 7-5364-1691-1：5.00元

R459.3　饮食疗法、临床营养学

女性疾病与饮食疗法：饮食与美容/（日）落合敏著；何希泉等译.—北京：中国工人出版社，1990.6.—134页；32开.—（家庭卫生保健丛书）.—ISBN 7-5008-0547-0：2.45元

临床营养学/顾景范，邵继智主编.—上海：上海科学技术出版社，1990.12.—778页；16开.—ISBN 7-5323-1478-2（精装）：36.40元

食物疗法/上海食疗研究会编著.—杭州：浙江人民出版社，1990.7.—339页；32开.—（迷你书系；第1辑）.—ISBN 7-213-00508-1：3.65元

特效食疗法/（美）莫里森著；周岐才编译.—北京：人民体育出版社，1990.1.—232页；32开.—ISBN 7-5009-0397-9：3.00元

R459.6　氧疗法、高压氧疗法

实用高压氧医学/刘子藩，易治主编.—广州：广东科技出版社，1990.7.—587页；32开.—ISBN 7-5359-0624-9：6.50元

R459.7　急症、急救处理

医疗保健应急手册/李德敏，王德苓主编.—天津：天津科学技术出版社，1990.4.—292页；64开.—ISBN 7-5308-0833-8：2.25元

现代急诊医学治疗手册/（美）迈克尔·J.卡拉汉主编；丁恩深等译.—成都：成都出版社，1990.12.1199页；16开.—ISBN 7-80575-061-0（精装）：48.00元

现代家庭急救大全/于才千，刘轼译.—北京：学苑出版社，1990.10.—327页；32开.—ISBN 7-5077-0176-X：4.50元

现代家庭急救手册/稚庆，家德编.—北京：中国商业出版社，1990.8.—160页；32开.—ISBN 7-5044-0543-4：3.00元

现场急救手册/夏玉光编著.—北京：人民军医出版社，1990.10.—91页；32开.—ISBN 7-80020-175-9：2.10元

驾驶员急救手册/曹连甲等编.—南昌：江西科学技术出版社，1990.12.—92页；32开.—ISBN 7-5390-0389-8：1.30元

临床危重病急救手册/范国辉等主编.—北京：中国医药科技出版社，1990.9.—212页；32开.—ISBN 7-5067-0245-2：3.50元

急诊医学原理与实践/（美）施瓦茨（Schwartz，G.R.）等编著；蒋健等编译.—上海：上海翻译出版公司，1990.10.—340页；16开.—（当代主治医师丛书）.—ISBN 7-80514-644-6：9.70元

书名原文：Principles and Practice of Emergency Medicine

急救与自救/邵孝铁，郎景和主编.—北京：华夏出版社，1990.2.—488页；32开.—ISBN 7-80053-662-9：7.15元

急救·护理：家庭保健大全系列/范正祥，骆勤方主编；王亚平等撰稿.—北京：人民体育出版社，1990.9.—233页；32开.—ISBN 7-5009-0465-7：3.30元

家庭急救/梅虎，郭继玲编著.—重庆：科学技术文献出版社重庆分社，1990.1.—114页；32开.—（家庭保健丛书；3/卢祥之，梅虎主编）.—ISBN 7-5023-1098-3：1.92元

家庭急救手册/王国干编译.—北京：煤炭工业出版社，1990.9.—242页；大32开.—ISBN 7-5020-0421-1：4.10元

家庭急救必备/杨子雨等主编.—太原：山西科学教育出版社，1990.9.—176页；32开.—（家庭医药小丛书）.—ISBN 7-5377-0292-6：2.80元

家庭急救自救100例/甄来威编.—石家庄：河北科学技术出版社，1990.6.—141页；32开.—ISBN 7-5375-0524-1：2.30元

家庭救护手册：家庭救护一百个怎么办？/孙静明等编著.—北京：北京科学技术出版社，1990.8.210页；32开.—ISBN 7-5304-0689-2：3.00元

常用急症抢救/陈治国主编.—武汉：武汉大学出版社，1990.3.—536页；32开.—ISBN 7-307-00700-2：6.40元

常见急救技术/中国红十字会主编；范雨田等编.北京：人民卫生出版社，1990.11.—20页；48开.ISBN 7-117-01206-4：1.85元

R459.9　其它疗法

神奇疗法——笑/杨香龙等编译.—石家庄：河北科学技术出版社，1990.2.—136页；32开.—ISBN 7-5375-0329-7：2.30元

本书对怎样采用“笑疗”恢复健康做了全面的剖析。

常见内科病家庭疗养/张传义等编著.—济南：山东大学出版社，1990.5.—118页；32开.—（初级卫生保健丛书）.—ISBN 7-5607-0353-4：1.35元

R47　护理学

护士工作手册/黄人健主编.—2版（修订本）.—北京：科学普及出版社，1990.4.—151页；32开.—ISBN 7-110-01069-4：3.00元

本书1989年初版。

护士常用英语手册/王美德等编.—2版.—北京：人民卫生出版社，1990.9.—378页；64开.—ISBN 7-117-00689-7：2.75元

本书1983年8月第1版。

护理/胡琴华等编著.—北京：中国和平出版社，1990.6.—232页；32开.—（现代家政百科/黄建伟主编）.—ISBN 7-80037-306-1：3.70元

本书介绍了家庭护理的措施、各种常见病的护理方法以及这些疾病的病因、症状、用药须知等。

护理专业试题精选/殷冬生，夏泉源主编.—南京：江苏科学技术出版社，1990.10.—288页；16开.—ISBN 7-5345-1059-7，5.95元

护理失误、意外与防范/靳士英，高万良主编；靳士英等编.—北京：人民军医出版社，1990.2.—223页；32开.—供医护人员及婴幼儿父母、病人陪伴阅读.—ISBN 7-80020-119-8：3.25元

护理知识竞赛题解/任莉莉主编.—北京：中国医药科技出版社，1990.12.—155页；32开.—ISBN 7-5067-0258-4：2.60元

护理学基础/吕式媛主编.—北京：光明日报出版社，1990.12.—210页；16开.—全国高等教育自学考试教材　护理专业.—ISBN 7-80091-027-X：5.40元

护理学综论/卫生部护理中心组织编写；陈淑坚主编.—北京：化学工业出版社，1990.1.—116页；16开.—成人护理专修科教材.—ISBN 7-5025-0675-6：3.00元

护理管理/周宗顺主编.—北京：人民卫生出版社，1990.5.—242页；32开.—（护士晋升自学丛书；23）.—ISBN 7-117-00910-1：3.65元

现代家政百科：护理/胡琴华等编著.—北京：中国和平出版社，1990.6.—232页；32开.—（中国家政教程丛书/黄建伟主编）.—ISBN 7-80037-306-1：3.70元

实习护士手册/周家梁，王菊吾主编.—广州：广东科技出版社，1990.7.—750页；32开.—ISBN 7-5359-0546-3：8.50元

美国注册护士考试试题解答：英汉对照/（　）刘易斯编著；卫生部护理中心编；胡洁等编译.—北京：

学苑出版社，1990.9.—776页；16开.—ISBN 7-80060-883-2：22.00元

家庭小护士/翟立云等编.—北京：农村读物出版社，1990.10.—160页；32开.—（实惠小丛书）.-SBN 7-5048-1430-X：2.40元

R471 护理学基础科学

内科学·儿科学基础护理学/云南省卫生厅科教处编.—昆明：云南科技出版社，1990.9.—741页；16开.—乡村医生教材—ISBN 7-5416-0312-0：19.00元

护理心理学/马文元，那文彬主编.—大连：东北财经大学出版社，1990.7.—232页；32开.—ISBN 7-81005-413-9：2.70元

护理心理学/葛慧坤著.—长春：吉林教育出版社，1990.5.—222页；32开.—（应用心理学丛书/车文博主编）.—ISBN 7-5383-1034-7：3.10元

临床护理观察学基础/邹立志，谭寿莱著.—西安：西安交通大学出版社，1990.5.—217页；32开.—ISBN 7-5605-0354-3：3.40元

新护理诊断手册/邹恂主编译；张成葆等编译.—北京：北京医科大学、中国协和医科大学联合出版社，1990.10.—279页；32开.—ISBN 7-81034-033-6：4.60元

R472 护理一般技术

手术室护理工作手册/陈从贞，张蕊贞主编.—3版.—上海：上海科学技术出版社，1990.2.—822页；32开.—ISBN 7-5323-1498-7（精装）：13.10元

本书1963年第1版。

危重病护理学/王丽华，崔素雯编著.—北京：人民军医出版社，1990.4.—305页；16开.—ISBN 7-80020-142-2：9.80元

护理诊断及其应用/钟秀玲等编著.—北京：人民军医出版社，1990.2.—117页；32开.—ISBN 7-80020-118-X：2.20元

诊疗护理技术/张子文主编.—北京：人民卫生出版社，1990.5.—459页；32开.—（护士晋升自学丛书；10）.—ISBN 7-117-00897-0：6.80元

R473 专科护理学

儿科护理学/卫生部护理中心组织编写；郑桂兰主编.—北京：化学工业出版社，1990.1.—262页；16开.—成人护理专修科教材.—ISBN 7-5025-0680-2：6.30元

外科护理实习指导/刘庭忠等主编.—郑州：河南科学技术出版社，1990.1.—425页；32开.—中等专业学校用.—ISBN 7-5349-0626-1：5.50元

外科护理学/王瑶主编.—北京：化学工业出版社，1990.8.—400页；16开.—成人护理专修科教材.ISBN 7-5025-0797-3：13.50元

耳鼻咽喉科护理/汪广平主编.—北京：人民卫生出版社，1990.7.—129页；32开.—（护士晋升自学丛书；18）.—ISBN 7-117-00905-5：2.50元

创伤护理学/孔禄生，王庆林主编.—北京：人民军医出版社，1990.9.—390页；16开.—ISBN 7-80020-163-5：11.80元

妇产科护理学/臧运敏主编.—北京：化学工业出版社，1990.8.—241页；16开.—成人护理专修科教材.ISBN 7-5025-0790-6：8.80元

实用内科护理学/屠振华主编.—济南：济南出版社，1990.9.—488页；16开.—高等护理专业教材.ISBN 7-80572-219-6：11.50元

眼科护理/秦爱龄主编.—北京：人民卫生出版社，1990.5.—169页；32开.—（护士晋升自学丛书；17）.—ISBN 7-117-00904-7：2.80元

麻风护理手册/马海德主编.—北京：科学普及出版社，1990.6.—101页；32开.—ISBN 7-110-01360-X：1.70元

R49 康复医学

中国康复医学/卓大宏主编.—北京：华夏出版社，1990.9.—1123页；16开.—ISBN 7-80053-795-1：40.00元

克氏康复医学/（美）克鲁逊（Krusen，F.H.）主编；南登崑等编译.—长沙：湖南科学技术出版社，1990.6.—529页；16开.—ISBN 7-5357-0700-9（精装）：15.30元

疗养与保健/辛万智主编.—西安：陕西人民出版社，1990.4.—314页；32开.—ISBN 7-224-00953-9：2.70元

英汉康复医学词汇/丁涵章编写.—杭州：浙江科学技术出版社，1990.7.—349页；32开.—ISBN 7-5341-0248-0：4.20元

实用康复医学/周士枋主编.—南京：东南大学出版社，1990.5.—379页；16开.—ISBN 7-81023-273-8：7.50元

实用康复保健操/（日）小野泰正，河野光信著；冯金梅等译.—北京：军事译文出版社，1990.11.243页；32开.—ISBN 7-80027-104-8：3.50元

常见慢性病疗养康复指南/中国职工疗养学会筹备组编写；周汝翔，赵士仁主编.—沈阳：辽宁人民出版社，1990.8.—2册（1128页）；32开.—ISBN 7-205-01355-0：13.40元

常见慢性病的自我康复疗法/郭光宇编著.—北京：

北京出版社，1990.9.—339页；32开.—ISBN 7-200-00999-7：4.65元

康复医学入门/陈道蕴编著.—北京：华夏出版社，1990.6.—148页；32开.—ISBN 7-80053-711-0：2.70元

康复医学词典/卓大宏主编.—北京：人民卫生出版社，1990.1.—124页；32开.—ISBN 7-117-01142-4（精装）：3.35元

慢性病疗养康复手册/张宪安，徐维主编；王原儒等编.—北京：人民军医出版社，1990.12.—465页；32开.—ISBN 7-80020-194-5：6.95元

R5　内科学

中西医结合内科诊疗手册/吴宝森主编；洪周森等编写.—杭州：浙江科学技术出版社，1990.5.—1141页；32开.—ISBN 7-5341-0224-3（精装）：18.00元

中西医结合实用内科门诊手册/韩国栋等主编.—天津：天津科技翻译出版公司，1990.9.—474页；16开.—ISBN 7-5433-0113-X：19.00元

中华内科疑难病例讨论选编　第二辑/孙华宇等编.天津：天津科学技术出版社，1990.5.—527页；32开.—ISBN 7-5308-0557-6：9.85元

中国内科年鉴：1989/《中国内科年鉴》编辑委员会编.—北京：人民卫生出版社，1990.8.—628页；16开.—ISBN 7-117-01217-X（精装）：27.00元

内科手册/邝安堃主编.—2版（修订本）.—上海：上海科学技术出版社，1990.10.—1382页；32开.ISBN 7-5323-1921-0（精装）：16.20元

本书1981年4月第1版。

内科治疗手册/祝惠民主编.—南京：江苏科学技术出版社，1990.2.—534页；32开.—ISBN 7-5345-0858-4：5.90元

内科学/陈灏珠主编.—3版.—北京：人民卫生出版社，1990.10.—886页；16开.—高等医药院校教材供基础、预防、临床、口腔医学类专业用.—ISBN 7-117-00134-8：11.10元

本书1984年10月第2版。

内科学/林郁华等主编.—南宁：广西科学技术出版社，1990.6.—606页；16开.—全国十二所高等医学院校协编教材.—ISBN 7-80565-334-8：12.40元

内科学与儿科学/赵如璞主编.—北京：人民卫生出版社，1990.—387页；16开.—全国中等卫生学校教材　供放射医士、放射技士专业用.—ISBN 7-117-00224-7：4.60元

内科学分册/陈龙根，朱国光主编.—北京：中国医药科技出版社，1990.12.—87页；16开.—（医士专业自学辅导丛书）.—ISBN 7-5067-0352-1：2.30元

内科临床问答/邓似云，张根廷编著.—2版.—广州：广东科技出版社，1990.10.—1017页；大32开.ISBN 7-5359-0412-2：14.00元

本书1980年8月第1版。

内科临床新进展/中华医学会河南分会内科学会主编.—北京：中国医药科技出版社，1990.8.—191页；16开.—ISBN 7-5067-0110-3：5.50元

内科疑难病百例/王爱霞，纪宝华主编.—北京：北京医科大学、中国协和医科大学出版社，1990.10.258页；32开.—ISBN 7-81034-006-9：4.75元

西医内科学/南京中医学院主编.—长沙：湖南科学技术出版社，1990.9.—459页；16开.—全国高等中医院校函授教材.—ISBN 7-5357-0676-2：9.80元

现代急诊内科学/陈国伟主编.—广州：广东科技出版社，1990.9.—691页；16开.—ISBN 7-5359-0434-3：18.00元

实用内科手册/赵宪邮主编；王子骥等编.—上海：上海科技教育出版社，1990.7.—484页；32开.—ISBN 7-5428-0375-1：5.30元

实用内科诊疗常规/骆继杰主编；王小娟等编.—长沙：湖南科学技术出版社，1990.9.—542页；32开.ISBN 7-5357-0808-0：6.00元

实用内科学　上册/上海医科大学《实用内科学》编辑委员会编.—8版.—北京：人民卫生出版社，1990.8.—1257页；16开.—ISBN 7-117-00723-0（精装）：28.40元

本书1952年9月第1版。

实用内科学　下册/上海医科大学《实用内科学》编辑委员会编.—8版.—北京：人民卫生出版社，1990.8.—1259～2314页；16开.—ISBN 7-117-00724-9（精装）：25.45元

本书1952年9月第1版。

实用内科临床问答/王树德主编；于尔杰等编写.哈尔滨：黑龙江科学技术出版社，1990.3.—323页；32开.—（临床医师晋级丛书）.—ISBN 7-5388-0003-4：4.80元

实用内科急症诊治图览/刘成福主编.—石家庄：河北科学技术出版社，1990.1.—405页；16开.—ISBN 7-5375-0387-7：14.00元

实用内科急救指南/施丽君编著.—哈尔滨：黑龙江科学技术出版社，1990.4.—348页；32开.—ISBN 7-5388-1091-9：5.30元

疾病的早察早治/杨树喜主编；卢祥之等编写.—重庆：科学技术文献出版社重庆分社，1990.1.—144页；32开.—ISBN 7-5023-1051-3：2.55元

袖珍内科手册/刘文钦等编著.—2版.—兰州：甘肃科学技术出版社，1990.5.—441页；64开.—ISBN 7-5424-0220-X（精装）：3.20元

本书1982年9月第1版。

常见内科疾病的中西医结合诊疗/孔文新主编.—南宁：广西民族出版社，1990.2.—346页；16开.—ISBN 7-5363-0642-3：7.20元

新编内科急症手册/廖二元，赵水平编著.—长沙：湖南科学技术出版社，1990.4.—539页；32开.—ISBN 7-5357-0655-X（精装）：8.50元

R51 传染病

传染病学/彭文伟等编写.—3版.—北京：人民卫生出版社，1990.5.—316页；16开.—高等医药院校教材 供基础、预防、临床、口腔医学类专业用.—ISBN 7-117-00157-7：4.20元

传染病学新进展 第Ⅱ卷/顾长海，李梦东主编.重庆：科学技术文献出版社重庆分社，1990.11.327页；16开.—ISBN 7-5023-1137-8：8.90元

本书重点介绍1986年以来国内外传染病学研究的新进展。

实用临床传染病学/黄玉兰主编.—北京：人民军医出版社，1990.6.—629页；16开.—ISBN 7-80020-139-2（精装）：23.00元

实用临床传染病学/黄玉兰主编.—北京：人民军医出版社，1990.6.—629页；16开.—ISBN 7-80020-145-7：18.50元

R511/512 病毒传染病

人类乙型肝炎防治问答/王树声主编.—南宁：广西民族出版社，1990.9.—56页；32开.—ISBN 7-5363-0909-0：1.00元

艾滋病：一种疾病的故事/（英）格林（Green，J.），米勒（Miller，D.）著；徐钢，陈赩译.—北京：知识出版社，1990.11.—278页；32开.—ISBN 7-5015-0458-X：3.50元

艾滋病的中医治疗/钟达锦等编著.—济南：山东科学技术出版社，1990.9.—84页；32开.—ISBN 7-5331-0778-0：1.80元

艾滋病临床简明教程/贾敏江等编著.—西安：陕西科学技术出版社，1990.7.—100页；32开.—ISBN 7-5369-0780-X：2.30元

狂犬病问答/赵春媛，赵玉霞编.—沈阳：沈阳出版社，1990.10.—74页；32开.—ISBN 7-80556-463-9：1.20元

怎样对付艾滋病/世界卫生组织编；林长胜译.—北京：人民卫生出版社，1990.10.—80页；大32开.（世界卫生组织艾滋病丛书；1～3）.—ISBN 7-117-01469-5：1.50元

重症肝炎/沈耕荣，余书文主编.—天津：天津科学技术出版社，1990.6.—237页；16开.—ISBN 7-5308-0602-5（精装）：14.45元

病毒性肝炎/姚希贤编著.—石家庄：河北科学技术出版社，1990.7.—357页；大32开.—ISBN 7-5375-0410-5：6.50元

消灭脊髓灰质炎工作手册/李方军等编著.—合肥：安徽科学技术出版社，1990.6.—79页；32开.—ISBN 7-5337-0579-4：1.10元

消灭脊髓灰质炎工作指南/顾瑞明等编.—成都：四川科学技术出版社，1990.11.—89页；32开.—ISBN 7-5364-1855-8：1.10元

R516/517 杆菌传染病及其它

虫媒传染病学/徐肇玥等主编.—银川：宁夏人民出版社，1990.3.—432页；16开.—ISBN 7-227-00437-6：9.50元

伤寒·副伤寒防治手册/曹庆主编；中华人民共和国卫生部卫生防疫司编.—北京：华夏出版社，1990.6.—142页；32开.—ISBN 7-80053-780-3：2.45元

军团菌病/武建国主编.—南京：东南大学出版社，1990.3.—150页；32开.—ISBN 7-81023-310-3：2.95元

肠道感染/骆成榆等编著.—上海：同济大学出版社，1990.10.—315页；16开.—ISBN 7-5608-0433-0：9.40元

本书共分31章，内容包括伤寒和副伤寒，细菌性痢疾，中毒型细菌性痢疾等，及胃肠道感染的抗生素治疗；治疗细菌性肠道感染的新抗生素。

鼠伤寒沙门氏菌病/曹敏瑾，宋路明编著.—西安：陕西科学技术出版社，1990.4.—215页；32开.—ISBN 7-5369-0309-X：2.70元

R52 结核病

小儿肺结核的预防与治疗/丘犹兴编著.—北京：学苑出版社，1990.9.—59页；32开.—ISBN 7-5077-0035-6：1.20元

加拿大结核病规范/加拿大肺科联合会编；谢江江，马曾鲁译.—北京：清华大学出版社，1990.9.97页；大32开.—ISBN 7-302-00755-1：2.40元

结核病人百题问答/李新，李守娟主编.—济南：济南出版社，1990.4.—175页；32开.—ISBN 7-80572-186-6：2.45元

结核病防治指南/王开敏等主编.—郑州：中原农民出版社，1990.11.—249页；32开.—ISBN 7-80538-180-1：3.40元

R53 寄生虫病

中国人体寄生虫病文献提要：1949～1986/毛守白

主编.—北京：人民卫生出版社，1990.2.—937页；16开.—ISBN 7-117-01240-4（精装）：80.00元

中国丝虫病防治研究论文集/中华人民共和国卫生部卫生防疫司编.—福州：福建科学技术出版社，1990.12.—425页；16开.—ISBN 7-5335-0376-7（精装）：16.50元；（平装）：13.30元

华容县血防志/华容县血防志编纂组编.—上海：华东师范大学出版社，1990.4.—178页：照片；大32开.—ISBN 7-5617-0613-8：5.00元

血吸虫生物学与血吸虫病的防治/毛守白主编.—北京：人民卫生出版社，1990.12.—751页；16开.ISBN 7-117-01451-2（精装）：30.00元

血吸虫病防治手册/中华人民共和国卫生部地方病防治司编.—上海：上海科学技术出版社，1990.6.269页；32开.—ISBN 7-5323-2089-8：3.20元

湖南省血吸虫病地图资料集/湖南省人民政府血防领导小组办公室等编.—长沙：湖南地图出版社，1990.10.—2册（391页）；32开.—ISBN 7-80552-047-X：15.00元

R54　心脏、血管疾病

中西医结合防治老年心血管病/陈可冀主编.—北京：人民卫生出版社，1990.7.—252页；32开.（中西医结合防治老年病丛书/侯灿，卓大宏主编）.ISBN 7-117-01343-5：5.35元

心血管健康指南/姚易健编著.—长沙：湖南科学技术出版社，1990.2.—140页；32开.—ISBN 7-5357-0665-7：2.50元

心血管病防治指南/程文杰编著.—石家庄：河北科学技术出版社，1990.8.—129页；32开.—ISBN 7-5375-0536-5：2.15元

心血管病诊疗的新概念/张文博主编.—济南：黄河出版社，1990.10.—336页；32开.—ISBN 7-80558-194-0：3.90元

心血管病临床疑难病100例分析/葛德元编.—北京：科学技术文献出版社，1990.9.—674页；大32开.—ISBN 7-5023-1278-1：12.50元

心血管病保健咨询/吴英恺，胡旭东主编.—北京：科学普及出版社，1990.4.—194页；32开.—ISBN 7-110-01356-1：3.60元

心血管疾病基础·临床：全国心血管病研究的新进展、新思路、新方法、新战略研讨会论文集/汤健等编.—北京：北京医科大学、中国协和医科大学联合出版社，1990.12.—307页；大32开.—ISBN 7-81034-054-9：6.20元

老年心血管疾病的防治/（　）斯特拉瑟（Strasser，T.）著；郭云赓译.—福州：福建科学技术出版社，1990.11.—174页；32开.—ISBN 7-5335-0408-9：2.30元

R540.4　诊断学

内科疾病的心血管表现及其治疗/黄诙齐主编.—合肥：安徽科学技术出版社，1990.2.—332页；32开.ISBN 7-5337-0445-3：4.50元

心电图诊断手册/李三波，陈涛编.—太原：山西科学教育出版社，1990.9.—168页；64开.—ISBN 7-5377-0299-3：1.60元

心血管疾病的适用诊断技术/世界卫生组织编；刘梓荣，王绍军译.—北京：人民卫生出版社，1990.8.34页；大32开.—（技术报告丛书；772）.—ISBN 7-117-01425-3：0.97元

心血管新区听诊/岳玉飞等编著.—重庆：科学技术文献出版社重庆分社，1990.7.—153页；32开.—ISBN 7-5023-1094-0：1.95元

心肺脑复苏/（美）萨法（Safar），（美）伯彻（Bivcher）著；徐鑫荣译.—北京：科学技术文献出版社，1990.3.—425页；32开.—ISBN 7-5023-1242-0：5.40元

书名原文：Cardiopulmonary Cerebral Resus-citation

心脏血管急诊/龚兰生主编.—上海：上海科学技术出版社，1990.2.—403页；32开.—ISBN 7-5323-1422-7：6.30元

心脏血管疾病诊治图表解/桑振亚编著.—郑州：河南科学技术出版社，1990.5.—449页；16开.—ISBN 7-5349-0341-6：13.00元

实用心导管诊疗学/杨鼎颐，崔长琮主编.—西安：西北大学出版社，1990.3.—314页；16开.—ISBN 7-5604-0139-2：9.00元

临床心电图诊断与鉴别诊断手册/陆毓华，潘如宝编著.—南宁：广西科学技术出版社，1990.4.—394页；32开.—ISBN 7-80565-288-0：5.50元

临床心电图学/黄宛主编；王思让等编.—4版.—北京：人民卫生出版社，1990.2.—537页；16开.—ISBN 7-117-01066-5（精装）：16.95元

本书1956年3月第1版。

临床心电图学及图谱/魏太星著.—2版（修订本）.郑州：河南科学技术出版社，1990.5.—553页；16开.—ISBN 7-5349-0417-X（精装）：23.50元

本书1976年第1版。

临床心电图学及图谱/魏太星著.—修订本.—郑州：河南科学技术出版社，1990.5.—553页；16开.ISBN 7-5349-0417-X：16.50元

本书1976年8月第1版。

临床心脏电生理和心脏起搏/胡大一，许玉韵主编.—北京：科学普及出版社，1990.6.—190页；大32开.—ISBN 7-110-01632-X：3.50元

疑难心电图分析200例/王开迎等主编.—合肥：安

徽科学技术出版社，1990.7.—267页；16开.—ISBN 7-5337-0432-0：7.20元

R541 心脏疾病

少见心脏疾病/耿洪业主编.—青岛：青岛出版社，1990.2.—419页；大32开.—ISBN 7-5436-0446-9：5.50元

心律失常的近代概念/杨钧国等编著.—上海：上海科学技术出版社，1990.10.—199页；16开.—ISBN 7-5323-2036-7：6.80元

心脏急症/姚震，高尚志主编.—北京：人民卫生出版社，1990.10.—336页；大32开.—ISBN 7-117-01334-6：5.90元

心脏病知识/戴瑞鸿主编.—上海：上海科学技术出版社，1990.8.—288页；32开.—（卫生知识丛书）.—ISBN 7-5323-1888-5：3.50元

心脏病试题及详解/陈秉良等编.—北京：人民卫生出版社，1990.11.—188页；16开.—ISBN 7-117-01411-3：5.00元

心脏骤停的抢救及有关问题的处理/苟普仁编著.贵阳：贵州人民出版社，1990.2.—290页；32开.ISBN 7-221-01346-2：3.60元

现代老年心脏病学/金春和等编著.—沈阳：白山出版社，1990.4.—649页；大32开.—ISBN 7-80566-054-9（精装）：13.10元

复杂心律失常心电图分析/常振华编著.—太原：山西科学教育出版社，1990.6.—81页；16开.—ISBN 7-5377-0270-5：3.25元

冠心病的预防：危险因素的实际处理/（美）卡普兰（Kaplan，N.M.），斯坦勒（Stamler，J.）编著；张安玉等译.—天津：天津科学技术出版社，1990.9.—205页；16开.—ISBN 7-5308-0523-1：8.05元

冠心病的预防和治疗/李永安，饶邦复编著.—重庆：科学技术文献出版社重庆分社，1990.9.—290页；32开.—ISBN 7-5023-1154-8：3.60元

冠心病怎么办/李天德著.—北京：中国广播电视出版社，1990.10.—117页：彩图；32开.—ISBN 7-5043-0515-4：1.95元

冠心病监护手册/（澳）亨特（Hunt，D.）等著；包世宏等编译.—上海：复旦大学出版社，1990.3.559页；大32开.—ISBN 7-309-00312-8：8.00元

书名原文：Coronary Care-work Book

冠状循环与临床/孙廷魁，柯若仪主编.—上海：上海科学技术出版社，1990.4.—345页；16开.—ISBN 7-5323-1206-2：9.10元

袖珍心律失常心电图卡/黄伟民，任建英编.—上海：上海科学技术出版社，1990.8.—1张；16开.ISBN 7-5323-1986-5：0.20元

遗传性心血管疾病/张开滋等编著.—北京：科学出版社，1990.3.—312页；32开.—（医学遗传学丛书/刘祖洞主编）.—ISBN 7-03-001555-X：8.60元

R543 血管疾病

中西医结合治疗周围血管疾病/尚德俊，秦红松著.北京：人民卫生出版社，1990.2.—198页：照片；32开.—ISBN 7-117-01195-5：3.00元

临床高血压病学/刘力生等主编.—天津：天津科学技术出版社，1990.8.—402页；16开.—ISBN 7-5308-0822-2：11.05元

R55 血液及淋巴系疾病

血液病的现代治疗/敖忠芳，林宝爵主编.—南京：江苏科学技术出版社，1990.4.—243页；16开.—ISBN 7-5345-0920-3：6.20元

血液病骨髓组织病理学彩色图谱/浦权编著.—天津：天津科学技术出版社，1990.3.—76页：图版；16开.—ISBN 7-5308-0827-3（精装）：45.00元

血液病综合征/徐克惠编著.—青岛：青岛出版社，1990.5.—345页；32开.—ISBN 7-5436-0493-0：4.50元

简明血液学/浦权编.—重庆：重庆出版社，1990.3.—382页；大32开.—ISBN 7-5366-1166-8：6.40元

R56 呼吸系及胸部疾病

机械通气与临床/刘又宁，李峻亨编著.—北京：科学出版社，1990.8.—176页；16开.—ISBN 7-03-001769-2：12.80元

呼吸系统疾病的家庭防治/李襄五编著.—济南：山东大学出版社，1990.12.—144页；32开.—（初级卫生保健丛书）.—ISBN 7-5607-0467-0：1.85元

呼吸系统常见病防治320问/李峻亨主编.—北京：金盾出版社，1990.12.—190页；32开.—ISBN 7-80022-247-0：2.50元

呼吸急诊与急救/陶仲为主编.—济南：山东大学出版社，1990.11.—371页；大32开.—ISBN 7-5607-0419-0：5.75元

胸腔积液/齐景宪主编.—北京：中国医药科技出版社，1990.2.—262页：图版；32开.—ISBN 7-5067-0115-4：3.90元

R57 消化系及腹部疾病

中西医结合实用消化病学/王冠庭主编.—上海：上

海科技教育出版社，1990.5.—446页；大32开.—ISBN 7-5428-0368-9：4.90元

内科急腹症/朱龙南主编；沈润增，吴文英编著.上海：上海科学技术文献出版社，1990.5.—379页；32开.—ISBN 7-80513-509-6：4.40元

临床消化病的营养与食疗学/( )弗洛赫(Floch，M.H.)著；陆汉明等译.—上海：上海翻译出版公司，1990.3.—275页；16开.—(当代主治医师丛书).—ISBN 7-80514-105-3：11.10元

书名原文：Nutrition and Diet Therapy in Gastrointestinal Disease

遗传与消化、呼吸系统疾病/陈士葆等编著.—北京：科学出版社，1990.12.—276页；32开.—(医学遗传学丛书).—ISBN 7-03-001966-0：9.00元

腹部疼痛学/钱寒山著.—北京：中国科学技术出版社，1990.3.—496页；32开.—ISBN 7-5046-0065-2：6.70元

R573/574　胃、肠疾病

中华肛肠病学/李雨农主编.—重庆：科学技术文献出版社重庆分社，1990.7.—866页；16开.—ISBN 7-5023-1127-0：21.30元

纤维结肠镜临床应用技术/于皆平，雷亨朗编著.长沙：湖南科学技术出版社，1990.6.—419页；大32开.—ISBN 7-5357-0703-3：7.60元

肛门保健/王秋霖，吴亚辉编著.—上海：上海中医学院出版社，1990.3.—139页；32开.—ISBN 7-81010-101-4：1.60元

胃及十二指肠疾病/王传家主编.—修订本.—兰州：甘肃科学技术出版社，1990.10.—364页；大32开.—ISBN 7-5424-0284-6：5.55元

本书1975年5月第1版。

胃肠B超诊断学/汤志平编著.—北京：北京出版社，1990.5.—233页；32开.—ISBN 7-200-01131-2：2.80元

消化性溃疡/邝贺龄主编.—北京：人民卫生出版社，1990.9.—372页；32开.—ISBN 7-117-01379-6：5.95元

消化性溃疡的最新治疗/潘伯荣主编.—哈尔滨：黑龙江科学技术出版社，1990.12.—251页；32开.—ISBN 7-5388-1416-7：4.50元

斯堪的那维亚胃肠病学杂志：1990　(1)/江绍基主编.—上海：上海科学技术文献出版社，1990.1.64页；16开.—ISBN 7-80513-692-0

斯堪的那维亚胃肠病学杂志：1990　(2)/上海市消化疾病研究所，上海第二医科大学编.—上海：上海科学技术文献出版社，〔1990〕.—128页；16开.ISBN 7-80513-693-9

斯堪的那维亚胃肠病学杂志：1990　(3)/上海市消化疾病研究所，上海第二医科大学编.—上海：上海科学技术文献出版社，〔1990〕.—192页；16开.ISBN 7-80513-694-7

腹泻与便秘/李世俊，江汉才编著.—北京：人民卫生出版社，1990.2.—47页；32开.—(健康小丛书/黄树则主编).—ISBN 7-117-01256-0：0.64元

R575　肝及胆疾病

人体里的石头/严忠浩，燕山编著.—北京：人民卫生出版社；香港：得利书局，1990.5.—112页；32开.—(城市健康丛书).—ISBN 962-15-0171-7

肝胆病的自我保健/戴良科，钟力编著.—济南：山东大学出版社，1990.12.—126页；32开.—(初级卫生保健丛书).—ISBN 7-5607-0418-2：1.60元

肝脏病学/孙宏训编著.—南京：江苏科学技术出版社，1990.7.—816页；16开.—ISBN 7-5345-0965-3(精装)：20.00元

肝脏疾病的食疗与药疗/庄昌贵编.—上海：文汇出版社，1990.4.—261页；32开.—ISBN 7-80531-090-4：3.00元

实用肝脏病手册/王季午，何南祥主编.—杭州：浙江科学技术出版社，1990.4.—506页；32开.—ISBN 7-5341-0234-0(精装)：7.50元；(平装)：5.20元

胆、肾结石患者必读：体外震波碎石问答/王文忠等编著.—北京：人民军医出版社，1990.8.—42页；32开.—ISBN 7-80020-176-7：0.95元

R576　胰腺疾病

临床胰腺病学/徐家裕主编.—上海：上海科学技术出版社，1990.12.—266页；16开.—(医师文库).ISBN 7-5323-1587-8(精装)：14.10元

R58　内分泌腺疾病及代谢病

内分泌代谢疾病鉴别诊断学/刘新民主编.—北京：科学出版社，1990.3.—788页；16开.—ISBN 7-03-001369-7(精装)：35.90元

话说矮身材/戴帜主编.—重庆：科学技术文献出版社重庆分社，1990.10.—125页；32开.—ISBN 7-5023-1166-1：1.95元

R587　胰岛疾病

糖尿病及其主要合并症/胡英华，贾刚田编译.—北京：中国环境科学出版社，1990.10.—306页；32开.ISBN 7-80010-619-5：4.60元

糖尿病的防治/池芝盛等编著.—北京：人民卫生出版社，1990.1.—48页；32开.—(健康小丛书/黄树

则主编）.—ISBN 7-117-01221-8：0.69元

糖尿病的防治及自我护理/池芝盛编著.—上海：上海科学技术出版社，1990.6.—280页；32开.—ISBN 7-5323-1828-1：3.60元

糖尿病患者自我管理手册/徐晨主编.—长春：北方妇女儿童出版社，1990.3.—270页；32开.—ISBN 7-5385-0316-1：3.15元

糖尿病患者的自我疗养/（美）彼德森（Peterson，C.M.），乔瓦诺维克（Jovanovic，L.）著；纪英如，邢政译.—北京：科学普及出版社，1990.12.—98页；32开.—ISBN 7-110-01669-2：1.50元

书名原文：The Diabetes Self-Care Metnod

R589　代谢病

现代肥胖症与减肥疗法/张雪亮，于文明编著.—北京：学苑出版社，1990.8.—180页；32开.—（中国世俗文化丛书/刘小灿，吴宝良主编）.—ISBN 7-5077-0158-1：3.00元

肥胖与减肥术/府强等编著.—北京：学苑出版社，1990.10.—235页；32开.—ISBN 7-5077-0207-3：3.00元

肥胖的防治/吕维善编著.—广州：广东科技出版社，1990.4.—219页；32开.—ISBN 7-5359-0537-4：2.80元

肥胖症的防治/徐爱华，秦正誉编.—2版(增订本).西安：陕西科学技术出版社，1987.6.—130页；32开.—0.95元

本书1981年7月第1版。

高脂血症的防治/杨瑞合等编著.—天津：天津科学技术出版社，1990.4.—136页；32开.—ISBN 7-5308-0715-3：1.95元

R59　全身性疾病

R592　老年病学

中老年抗老防病法：医师谈话录/萧德桢编译.—北京：学术书刊出版社，1990.6.—217页；大32开.ISBN 7-80045-428-2：5.40元

本书分为“如何理解衰老和对抗衰老？”和“如何对付老年病？”两部分，共收译文28篇。

老年内科保健/汪家瑞等编著.—北京：北京科学技术出版社，1990.2.—358页；大32开.—（老龄知识丛书·老年保健丛书）.—ISBN 7-5304-0523-3：5.00元

老年内科疾病/成其迅主编.—青岛：青岛海洋大学出版社，1990.2.—496页；32开.—ISBN 7-81026-040-5：5.60元

老年内科常见疾病/张远慧，杨宗才主编.—重庆：重庆出版社，1990.10.—337页；16开.—ISBN 7-5366-1567-1：9.20元

老年外科与妇科保健/王澍寰等编著.—北京：北京科学技术出版社，1990.2.—265页；大32开.（老年保健丛书·老年知识丛书）.—ISBN 7-5304-0561-6：4.60元

老年病人的家庭康复/严忠浩，储宏明编著.—北京：人民卫生出版社，1990.11.—86页；32开.（健康小丛书/黄树则主编）.—ISBN 7-117-01445-8：1.05元

老年病症自我防治指导/谈运良编著.—上海：上海科学技术出版社，1990.10.—192页；32开.—ISBN 7-5323-2041-3：3.25元

老年病理及保健/黄卓垣，杨学皆编著.—广州：暨南大学出版社，1990.12.—207页；32开.—ISBN 7-81029-041-X：3.20元

老年家庭康复/骆勤方主编.—北京：人民体育出版社，1990.9.—187页；32开.—（老年保健精要丛书）.—ISBN 7-5009-0323-5：2.90元

老年常见疾病/杨德惠主编.—北京：华龄出版社，1990.10.—256页；32开.—（老龄科学知识丛书；1）.—ISBN 7-80082-080-7：4.00元

老年常见病的家庭饮食调治/李津香，李晓敏编著.北京：中国医药科技出版社，1990.1.—149页；32开.—ISBN 7-5067-0094-8：2.15元

老年常见疾病/骆勤方主编.—北京：人民体育出版社，1990.9.—346页；32开.—（老年保健精要丛书）.—ISBN 7-5009-0325-1：4.70元

实用老年病症诊疗手册/王赞舜，王传馥主编.—上海：上海科技教育出版社，1990.12.—300页；32开.—ISBN 7-5428-0443-X：3.50元

R595　中毒及化学性损害

农药中毒与防治/方克美，祝惠民编.—北京：人民卫生出版社，1990.1.—99页；32开.—（健康小丛书/黄树则主编）.—ISBN 7-117-01239-0：1.15元

常见中毒的诊断与治疗/王万忠著.—呼和浩特：内蒙古人民出版社，1990.5.—296页；32开.—ISBN 7-204-00816-2：3.70元

煤气中毒/刘镜愉编著.—北京：人民卫生出版社，1990.11.—28页；32开.—（健康小丛书/黄树则主编）.—ISBN 7-117-01446-6：0.46元

R599　地方病学

中国地方病防治四十年/《中国地方病防治四十年》编委会编.—北京：中国环境科学出版社，1990.4.—424页；大32开.—ISBN 7-80010-655-8

德宏地方病论文集：疟疾及其它专辑/张学良主编.—芒市：德宏民族出版社，1990.6.—246页；16开.—ISBN 7-80525-069-3：6.00元

德宏地方病论文集：鼠疫专辑/张学良主编.—芒市：德宏民族出版社，1990.3.—291页；16开.—ISBN 7-80525-068-5：8.00元

R6 外科学

小外科学/吕福林等主编；于惠霞等编.—北京：人民卫生出版社，1990.11.—901页；16开.—ISBN 7-117-01367-2（精装）：35.00元

中国外科年鉴：1989/中国外科年鉴编辑委员会编.北京：人民卫生出版社，1990.4.—635页；16开.ISBN 7-117-01110-6（精装）：27.00元

外科体征和综合征手册/（苏）И.М.马佳申等编；余忠江译.—北京：人民军医出版社，1990.2.290页；32开.—ISBN 7-80020-1220-8：4.10元

外科学　上册/谢志征等主编.—郑州：河南科学技术出版社，1990.8.—211页；16开.—十二所高等医学院校协编教材.—ISBN 7-5349-0644-X：5.30元

外科学　下册/谢志征等主编.—郑州：河南科学技术出版社，1990.10.—680页；16开.—十二所高等医学院校协编教材.—ISBN 7-5349-0643-1：15.00元

外科学与妇产科学/丁友亮主编.—北京：人民卫生出版社，1990.10.—343页；16开.—全国中等卫生学校教材　供放射医士、放射技士专业用.—ISBN 7-117-00225-5：4.20元

外科学概要/李成芳主编.—济南：山东科学技术出版社，1990.7.—168页；16开.—全国中等中医药学校教材　供中医士专业用.—ISBN 7-5331-0712-8：2.45元

吴英恺学术论文集：1936～1989年/吴英恺著.北京：中国科学技术出版社，1990.5.—566页；16开.—ISBN 7-5046-0162-4（精装）：40.00元

本书共收118篇论文，内容包括外科、胸外科、食管外科、心血管外科、心血管病流行学及人群防治工作的建立等。

实用外科手册/华积德主编.—上海：上海科技教育出版社，1990.6.—683页；32开.—ISBN 7-5428-0262-3：7.50元

简明普通外科资料库/（美）斯蒂尔汀（Stillman，R.M.）著；冯变喜译.—太原：山西科学教育出版社，1990.6.—252页；32开.—ISBN 7-5377-0257-8：3.60元

R604 外科诊断学

外科医嘱手册/许洪福，张学琦主编.—上海：上海科学技术出版社，1990.7.—467页；32开.—ISBN 7-5323-2143-6（精装）：6.90元；（平装）：5.40元

外科理学诊断/吴孟超，李殿柱主编.—北京：人民军医出版社，1990.3.—165页；32开.—ISBN 7-80020-140-6：4.50元

R61 外科手术学

人体循环系统与麻醉学/石毓澍，邓迺封主编.—北京：中国医药科技出版社，1990.8.—411页；16开.ISBN 7-5067-0179-0：11.00元

人胎脏器移植进展/崔莳等主编.—哈尔滨：黑龙江科学技术出版社，1990.3.—207页；大32开.—ISBN 7-5388-1081-1：3.80元

中心静脉插管术/（英）罗森（Rosen，M.）著；何孔源译.—北京：中国医药科技出版社，1990.3.189页；32开.—ISBN 7-5067-0119-7：2.90元

手术室供应室技术/金均，张国琇编.—北京：人民卫生出版社，1990.9.—277页；32开.—（护士晋升自学丛书；22）.—ISBN 7-117-00909-8：4.80元

外科手术学/顾明辉主编.—长沙：湖南科学技术出版社，1990.4.—293页；16开.—高等医学院校试用教材.—ISBN 7-5357-0688-6：6.95元

外科手术学基础/韩子玉主编.—沈阳：辽宁科学技术出版社，1990.12.—157页；16开.—ISBN 7-5381-1029-1：4.30元

外科引流/韩学德主编.—北京：人民卫生出版社，1990.6.—279页；16开.—ISBN 7-117-01284-6：11.95元

外科围手术期处理/陈易人主编；丁义涛等编著.南京：江苏科学技术出版社，1990.2.—217页；16开.—ISBN 7-5345-0854-1：5.20元

麻醉与内分泌/林桂芳主编.—北京：人民卫生出版社，1990.12.—370页；32开.—ISBN 7-117-01448-2：8.35元

麻醉手册/谢柏樟编著.—2版.—北京：人民卫生出版社，1990.5.—725页；32开.—ISBN 7-117-01248-X：10.75元

本书1960年3月第1版。

麻醉生理学/闵龙秋，徐启明主编；孙秀泓等编著.—北京：中国医药科技出版社，1990.12.—139页：插图；16开.—高等医药院校麻醉学专业试用教材　第三册.—ISBN 7-5067-0270-3：4.60元

本书主要阐述与临床麻醉学、重症监测治疗与复苏等学科相关的生理学基础理论，并扼要叙述病理生理学的知识。

R62 整形外科学(修复外科学)

医学美容与生活美容/陈兆红，杜家彦编著.—乌鲁木齐：新疆人民出版社，1990.11.—278页；36开. ISBN 7-228-01599-1：4.50元

实用美容外科学/张涤生主编.—上海：上海科学技术出版社，1990.2.—204页；16开.—ISBN 7-5323-1618-1：6.40元

美的塑造：手术美容浅谈/周孝麟编著.—北京：轻工业出版社，1990.2.—143页；32开.—ISBN 7-5019-0626-2：6.50元

美容整形外科学/宋儒耀主编.—北京：北京出版社，1990.8.—406页；16开.—ISBN 7-200-00950-4(精装)：16.60元

R64 创伤外科学

人体要害暴力损伤与救治/王爱博著.—北京：警官教育出版社，1990.9.—220页；32开.—ISBN 7-81027-011-7：3.40元

创伤急救/冯剑平等编.—北京：煤炭工业出版社，1990.10.—117页；大32开.—(煤矿安全技术培训丛书；13/沈继庚主编).—ISBN 7-5020-0477-7：2.10元

交通事故创伤现场急救手册/重庆市机动车驾驶员卫生救护训练办公室编.—成都：四川辞书出版社，1990.12.—107页；32开.—ISBN 7-80543 167-1：1.50元

武术散打损伤防治/刘鸿宾，蒋继武编著.—北京：北京体育学院出版社，1990.5.—221页；32开.—ISBN 7-81003-257-1：2.95元

蛇伤防治与蛇的养殖利用/杨东镇编著.—北京：中国医药科技出版社，1990.2.—166页；32开.—ISBN 7-5067-0104-9：2.50元

R65 外科学各论

心脏外科指南/朱晓东，薛淦兴主编.—北京：世界图书出版公司，1990.10.—706页；16开.—ISBN 7-5062-0789-3(精装)：38.00元

外科急腹症/颜道真编著.—海口：三环出版社，1990.3.—137页；32开.—ISBN 7-80564-030-0：2.90元

本书包括概论和常见外科急腹症两部分，阐述了外科急腹症的临床表现、诊断及处理。

现代脾脏外科学/夏穗生主编；丁焕新等编著.—南京：江苏科学技术出版社，1990.12.—191页；16开. ISBN 7-5345-1077-5：5.70元

乳房/任应波，陈耀华编著.—西安：陕西科学技术出版社，1990.4.—144页；32开.—ISBN 7-5369-0763-X：2.10元

实用手外科学/(日)津下健哉原著；李炳万主编译.—长春：吉林人民出版社，1990.7.—2册(702，743页)；16开.—ISBN 7-206-00818-6(精装)：83.50元

实用神经外科手术学/蒋大介，杨国源编著.—上海：上海科学技术出版社，1990.10.—585页；16开.—(医师文库).—ISBN 7-5323-1954-7(精装)：22.90元

显微神经外科学/蔡振通主编.—北京：中国医药科技出版社，1989.8.—253页：图版；16开.—ISBN 7-5067-0047-6(精装)：22.00元

急腹症的早期诊断/骆明义，孔庆治主编.—北京：人民卫生出版社，1990.8.—221页；32开.—ISBN 7-117-01363-X：4.50元

神经外科学/薛庆澄主编.—天津：天津科学技术出版社，1990.4.—687页；16开.—ISBN 7-5308-0519-3(精装)：29.80元

神经外科疾病诊断和鉴别诊断/孟广远主编.—北京：人民卫生出版社，1990.5.—484页；16开.—ISBN 7-117-01232-3：14.00元

辅助循环与心脏置换/叶椿秀，高晓东主编；王一山等编撰.—上海：上海科学技术出版社，1990.5. 210页；16开.—ISBN 7-5323-1781-1(精装)：11.40元

常用胆道外科疾病诊疗手册/郭学仁等编著.—兰州：甘肃科学技术出版社，1990.1.—184页；32开. ISBN 7-5424-0266-8：2.20元

痔瘘防治要诀/凌朝坤等著.—2版(修订本).—南宁：广西民族出版社，1990.2.—179页；32开.—ISBN 7-5363-0170-7：2.70元

腹部外科实践/吴咸中，黄耀权主编.—北京：中国医药科技出版社，1990.10.—882页；16开.—ISBN 7-5067-0173-1(精装)：35.00元

腹部外科复杂问题的处理/张秋月等编译.—长沙：湖南科学技术出版社，1990.4.—513页；32开.—ISBN 7-5357-0666-5：6.20元

R68 骨科学

实用骨科封闭疗法/于虎著.—北京：科学出版社，1990.2.—104页；32开.—ISBN 7-03-001761-7：1.90元

骨及软组织流变学概论/李晋唐编著.—成都：成都科技大学出版社，1990.11.—178页；32开.—ISBN

7-5616-0606-0：2.90元

骨伤生物力学基础/顾志华，高瑞亭主编.—天津：天津大学出版社，1990.12.—297页；16开.—ISBN 7-5618-0221-8：3.85元

骨伤科临床检查法/郭效东编.—北京：人民卫生出版社，1990.7.—250页；16开.—ISBN 7-117-01233-1：8.60元

骨科急诊手册/卢传新主编.—北京：北京科学技术出版社，1990.1.—223页；32开.—ISBN 7-5304-0545-4：2.75元

R681　骨骼疾病

下腰痛/赵定麟等主编.—上海：上海科学技术文献出版社，1990.8.—460页；大32开.—ISBN 7-80513-664-5：6.35元

实用脊柱外科学/汤华丰编著.—上海：上海科学普及出版社，1990.12.—338页；大32开.—ISBN 7-5427-0361-7：7.00元

肩痛的快速康复/雷亨朗等编.—北京：北京科学技术出版社，1990.1.—89页；32开.—ISBN 7-5304-0497-0：1.10元

脊柱侧凸与后凸诊治的新进展/姜洪和等编著.—哈尔滨：黑龙江科学技术出版社，1990.8.—116页；32开.—ISBN 7-5388-1250-4：3.95元

颈肩痛与腰腿痛/沈志祥等编.—北京：人民卫生出版社，1990.5.—46页；32开.—（健康小丛书/黄树则主编）.—ISBN 7-117-01316-8：0.64元

颈肩腰腿痛封闭疗法/张卫华，刘步先编著.—哈尔滨：黑龙江科学技术出版社，1990.6.—154页；32开.—ISBN 7-5388-1160-5：2.80元

颈椎病及其练功疗法/赵大权编著.—西安：陕西科学技术出版社，1990.9.—84页；32开.—ISBN 7-5369-0724-9：1.50元

颈椎综合征/倪文才主编.—北京：人民卫生出版社，1990.12.—362页；32开.—ISBN 7-117-01335-4：6.70元

腰椎间盘突出症的诊治　姜氏图谱/姜元栋著.北京：今日中国出版社，1990.7.—182页；16开.ISBN 7-5072-0184-8：12.00元

腰腿痛的手法和中药治疗/吕凤祥，姚连兴编著.杭州：浙江科学技术出版社，1990.10.—103页；32开.—ISBN 7-5341-0303-7：1.40元

R682　骨的畸形

斜颈病学/左玉增著.—太原：山西科学教育出版社，1990.12.—331页；大32开.—ISBN 7-5377-0315-9：7.50元

R684　关节疾病及损伤

骨与关节损伤/王亦璁等主编.—2版.—北京：人民卫生出版社，1990.7.—768页；16开.—ISBN 7-117-01098-5（精装）：26.50元

漫谈骨与关节损伤/张玉岭等编著.—南京：南京出版社，1990.12.—154页；32开.—ISBN 7-80560-312-X：2.25元

膝关节外科学/（英）杰克逊（Jackson，J.P.），沃（Waugh，W.）原著；金惠生，朱汉章编译.北京：中国医药科技出版社，1990.12.—231页；16开.—ISBN 7-5067-0240-1：6.50元

书名原文：Surgery of the knee Joint

R685　肌肉疾病及损伤

软组织损伤学/董亦明，宋一同主编.—北京：人民卫生出版社，1990.4.—424页；16开.—ISBN 7-117-01085-1：16.85元

R69　泌尿科学

老年泌尿外科学/刘国栋主编.—兰州：甘肃人民出版社，1990.2.—290页；16开.—ISBN 7-226-00575-1：6.70元

R691　泌尿生殖系一般疾病

男女生殖系畸形/肖凤云编著.—北京：人民卫生出版社，1990.6.—234页；32开.—ISBN 7-117-01337-0：5.35元

尿石症基础与临床研究/曹履诚，章绍舜主编.—济南：山东科学技术出版社，1990.10.—634页：图版；大32开.—ISBN 7-5331-0750-0：10.45元

R692/693　肾疾病、输尿管疾病

血液净化内科学/于宗周著.—武汉：湖北科学技术出版社，1990.1.—534页：照片；32开.—ISBN 7-5352-0370-1：6.95元

血液净化属于不完全性肾替代疗法。

血液透析/（ ）古奇（Gutch，C.F.），（ ）斯托纳（Stoner，M.H.）著；管德林，狄华编译.—北京：北京科学技术出版社，1990.5.—278页；32开.ISBN 7-5304-0643-4：4.00元

肾脏病学/钱桐荪主编.—南京：江苏科学技术出版社，1990.2.—642页；16开.—ISBN 7-5345-0856-8（精装）：18.00元

肾脏疾病千题解/谢福安，陈建编著.—北京：人民卫生出版社，1990.6.—401页；32开.—ISBN 7-

117-01286-2：5.25元

肾脏疾病的防治与康复/姚德鸿著.—上海：上海科学普及出版社，1990.10.—133页；32开.—ISBN 7-5427-0330-7：2.70元

R697 男性生殖器疾病

男子的生育不育和避孕/张永康，王国民编著.—上海：上海科学技术文献出版社，1990.11.—89页；32开.—ISBN 7-80513-687-4：1.10元

男性不育/黄平治，李永海主编.—北京：科学技术文献出版社，1990.9.—348页；16开.—ISBN 7-5023-1344-3：8.80元

男性学咨询/张桂元主编.—2版.—北京：科学出版社，1990.10.—443页；32开.—ISBN 7-03-001668-8：6.10元

本书1987年10月第1版。

性功能障碍的防治/黄育万编著.—上海：上海科学技术出版社，1990.6.—120页；32开.—ISBN 7-5323-1483-9：1.35元

性功能障碍咨询/葛根等编著.—南昌：江西科学技术出版社，1990.9.—130页；32开.—（性知识咨询丛书）.—ISBN 7-5390-0364-2：1.90元

性治疗指南/（英）霍顿（Hawton，K.）著；章锦南等译.—郑州：河南科学技术出版社，1990.9.294页；32开.—ISBN 7-5349-0516-8：3.80元

R71 妇产科学

妇产科学/郑怀美主编.—3版.—北京：人民卫生出版社，1990.10.—527页；16开.—高等医药院校教材供基础、预防、临床、口腔医学类专业用.—ISBN 7-117-00136-4：6.75元

本书1980年1月第1版。

妇产科学/高岳生等主编.—上海：上海科学技术出版社，1990.7.—366页；16开.—全国十二所高等医学院校协编教材.—ISBN 7-5323-1966-0：7.80元

妇产科学进展讲座/周郅隆，戴钟英主编.—上海：上海科学技术出版社，1990.9.—179页；32开.（上海市住院医师培养指导丛书）.—ISBN 7-5323-2150-9：3.15元

妇产科临床手册/于兰馥等编.—2版.—北京：人民卫生出版社，1990.5.—663页；32开.—ISBN 7-117-01047-9（精装）：11.00元

妇产科病理学/吴盛祚主编.—北京：中国医药科技出版社，1990.6.—226页；16开.—高等医学院校协编教材.—ISBN 7-5067-0153-7：8.50元

妇产科疾病诊断治愈标准/罗惠文编著.—兰州：甘肃科学技术出版社，1990.4.—181页；32开.—ISBN 7-5424-0269-2：2.20元

医疗护理技术常规：妇产科/吴葆桢等主编.—北京：科学出版社，1990.3.—420页；32开.—ISBN 7-03-001476-6（精装）：7.00元

实用中西医结合妇产科学/高耀洁主编.—郑州：河南科学技术出版社，1990.4.—286页；16开.—ISBN 7-5349-0598-2：7.00元

实用妇产科急症手册/周郅隆，刘棣临主编；蔡希蕙等编.—上海：上海科技教育出版社，1990.1.228页；32开.—ISBN 7-5428-0365-4：2.70元

实用妇产科急症指南/刘棣临，张惜阴主编.—沈阳：沈阳出版社，1990.5.—517页；32开.—（实用医学丛书）.—ISBN 7-80556-427-2：6.00元

实用妇产科超声诊断学/吴钟瑜著.—天津：天津科技翻译出版公司，1990.8.—207页；16开.—ISBN 7-5433-0077-X：7.00元

食疗治女病/卢祥之编著.—重庆：科学技术文献出版社重庆分社，1990.2.—173页；32开.—ISBN 7-5023-1055-X：2.75元

R711 妇科学

女性外阴疾病及性病的防治/严仁英主编；夏纫洁等编.—北京：学苑出版社，1990.10.—151页；大32开.—（学苑科学技术丛书）.—ISBN 7-5077-0136-0：5.00元

女性疾病防治/雷毓华编.—北京：农村读物出版社，1990.11.—152页；32开.—（东方女性小丛书）.—ISBN 7-5048-1179-3：2.45元

女性常见病/如海，春子编著.—香港：香港得利书局；北京：世界图书出版公司，1990.4.—111页；32开.—（女性医学丛书）.—ISBN 7-5062-0673-0：1.90元

子宫脱垂的防治/周济海，韩文玲编著.—北京：人民卫生出版社，1990.11.—46页；32开.—（妇儿保健丛书/高淑芬主编）.—ISBN 7-117-01465-2：0.64元

妇女更年期：一个医生的忠告/张以文，吴宜勇编译.—北京：科学出版社，1990.12.—81页；32开.ISBN 7-03-001982-2：2.50元

妇科病的鉴别诊断与治疗/（美）波尔斯坦（Pauerstein，C.J.）主编；黄良娟等译.—上海：上海翻译出版公司，1990.1.—498页；32开.—ISBN 7-80514-475-3：6.75元

妇科常见病家庭防治法/高金亮编著.—太原：山西科学教育出版社，1990.9.—74页；32开.—（家庭医药小丛书）.—ISBN 7-5377-0289-6：1.35元

R714 产科学

中华围产医学论文集/严仁英，黄德珉主编.—北京：北京医科大学、中国协和医科大学联合出版社，1990.10.—328页；16开.—ISBN 7-81034-031-X：10.20元

孕产中的戒与忌/王洪编著.—南昌：江西科学技术出版社，1990.9.—140页；36开.—ISBN 7-5390-0360-X：1.80元

孕产妇用药须知/（英）R.S.莱沃德，D.F.霍金斯著；王秀毓等译.—哈尔滨：黑龙江科学技术出版社，1990.5.—171页；32开.—ISBN 7-5388-1009-9：2.40元

孕产妇生活须知/于载畿等编著.—太原：山西科学教育出版社，1990.4.—162页；32开.—ISBN 7-5377-0234-9：2.45元

孕产妇保健操/郭芝兰等编.—太原：山西科学教育出版社，1990.11.—31页；32开.—ISBN 7-5377-0308-6：0.70元

孕产妇健美与优生/孟昭庆等编译.—天津：新蕾出版社，1990.2.—192页；32开.—（母与子丛书）.ISBN 7-5307-0466-4：2.30元

孕妇必读/康健祥编著.—南宁：广西民族出版社，1990.2.—72页；16开.—ISBN 7-5363-0712-8：2.40元

头位难产/凌萝达，顾美礼主编.—重庆：重庆出版社，1990.10.—356页；16开.—ISBN 7-5366-1360-1（精装）：15.80元

在您即将当妈妈的时候：分娩知识与分娩训练/吴白涛编著.—重庆：科学技术文献出版社重庆分社，1990.6.—129页；32开.—ISBN 7-5023-1115-7：1.65元

产科急症诊断及其处理/胡志林，祝国光编著.—北京：中国医药科技出版社，1990.9.—275页；32开.ISBN 7-5067-0127-8：3.90元

妈妈读/（日）若月俊一著；陈霞芬译.—北京：华夏出版社，1990.5.—59页；32开.—ISBN 7-80053-722-6：1.35元

本书叙述了孕妇在妊娠期间的卫生保健和营养，以及婴儿的沐浴方法、步骤等。

怀孕与分娩/谢培珍著.—上海：上海科学普及出版社，1990.4.—104页；32开.—ISBN 7-5427-0245-9：1.50元

妊产妇女营养配餐/王慕同主编；冬梅等编著.—北京：学术书刊出版社，1990.2.—222页；32开.（中华营养配餐系列丛书）.—ISBN 7-80045-603-X：3.45元

妊产妇营养食谱/曹怀潍编著.—长春：吉林科学技术出版社，1990.8.—246页；32开.—ISBN 7-5384-0465-1：3.10元

妊娠·分娩·产后/如海，春子编著；蔡康非绘图.—香港：香港得利书局；北京：世界图书出版公司，1990.4.—87页；32开.—（女性医学丛书）.ISBN 7-5062-0672-2：1.70元

怎样才能生个好宝宝/孙桂新编著.—西安：陕西科学技术出版社，1990.7.—95页；32开.—ISBN 7-5369-0701-X：1.70元

胎儿都是天才：向你揭示神童的诞生之谜/（美）实子·斯瑟蒂克著；张志军编译.—上海：学林出版社，1990.5.—126页；32开.—（人的奥秘：X与Y丛书）.—ISBN 7-80510-0439-5：2.50元

胎儿超声心动图/（英）爱兰（Allan，L.D.）著，李树林等译.—长春：吉林科学技术出版社，1990.11.—140页；大32开.—ISBN 7-5384-0571-2：4.80元

胎心率及其监护/程志厚等编著.—北京：北京出版社，1990.1.—144页；16开.—ISBN 7-200-01028-6：4.50元

高危妊娠处理原则/北京医科大学第一临床医学院妇产科教研组编译.—北京：中国人口出版社，1990.9.—183页；32开.—ISBN 7-80079-030-4：3.50元

臀先露改良倒转术/单家治著.—济南：山东科学技术出版社，1990.7.—132页；32开.—ISBN 7-5331-0727-6：3.60元

R72 儿科学

儿科手册/齐家仪主编.—3版.—上海：上海科学技术出版社，1990.11.—803页；32开.—ISBN 7-5323-2053-7（精装）：10.75元

本书1984年7月第1版。

儿科治疗学/袁承文主编.—北京：中国医药科技出版社，1990.2.—858页；16开.—ISBN 7-5067-0055-7（精装）：35.00元

儿科病家庭防治/陆恒主编.—武汉：湖北科学技术出版社，1990.2.—206页；32开.—ISBN 7-5352-0527-5：2.45元

本书介绍了儿科疾病的家庭预防和家庭治疗、家庭用药和家庭护理等知识。

儿科病理学/黄陵主编.—天津：天津科学技术出版社，1990.9.—312页；16开.—ISBN 7-5308-0810-9（精装）：17.35元

儿科疾病中西医比较诊疗手册/周淑娴编著.—济南：山东科学技术出版社，1990.5.—624页；32开.ISBN 7-5331-0729-2：6.50元

儿科疾病的临床检验/魏书珍主编；丛志强等编著.—北京：人民卫生出版社，1990.4.—700页；16开.—ISBN 7-117-01073-8（精装）：28.30元

儿童免疫知识问答/王理编著.—西安：陕西科学技

术出版社，1990.1.—182页；32开.—ISBN 7-5369-0610-2：2.45元

小儿常见病防治与家庭护理/陈润华主编.—北京：中国广播电视出版社，1990.12.—457页；32开.—ISBN 7-5043-0648-7：5.90元

小儿常见病症状与家庭护理/阎明编著.—太原：山西科学教育出版社，1990.6.—182页；32开.—ISBN 7-5377-0267-5：2.70元

妈妈在家治儿病/梅虎等编.—北京：中国医药科技出版社，1990.8.—138页；32开.—ISBN 7-5067-0248-7：2.30元

妈妈是最好的医生/(日)小池麒一郎著；冯宛兰等编译.—长春：长春出版社，1990.1.—205页：图；32开.—ISBN 7-80573-084-9：2.90元

实用小儿液体疗法/宋广林编著.—北京：海洋出版社，1990.11.—168页；大32开.—ISBN 7-5027-0677-1：3.50元

孩子发烧怎么办：年轻父母的对策/陶玉琴主编；任镜等编写.—北京：中国人口出版社，1990.9.127页；32开.—ISBN 7-80079-037-1：2.60元

婴幼儿生理卫生解剖图谱/人民教育出版社幼儿教育室编.—北京：人民教育出版社，1990.1.—64页：彩图；16开.—幼儿师范学校补充教材.—ISBN 7-107-09163-8：2.20元

简明儿科学/马沛然等主编.—北京：人民卫生出版社，1990.7.—383页；16开.—ISBN 7-117-01278-1：12.45元

影象诊断在儿科的合理应用/世界卫生组织编；王汉卿，王建民译.—北京：人民卫生出版社，1990.1.—98页；32开.—(技术报告丛书；757).—ISBN 7-117-01289-7：1.30元

R722　新生儿、早产儿疾病

实用新生儿学/金汉珍等主编.—北京：人民卫生出版社，1990.9.—652页；16开.—ISBN 7-117-01275-7(精装)：26.45元

袖珍新生儿临床手册/宋韶鸣主编.—南京：江苏科学技术出版社，1990.6.—496页；64开.—ISBN 7-5345-0956-4(精装)：3.10元

新生儿诊疗护常规/秦振庭主编.—北京：北京医科大学、中国协和医科大学联合出版社，1990.7.—371页；32开.—ISBN 7-81034-030-1：5.10元

新生儿奇妙的行为/鲍秀兰等编著.—北京：人民卫生出版社，1990.7.—64页：照片；32开.—ISBN 7-117-01323-0：1.25元

本书论述了新生儿的听力、触觉、味觉、嗅觉、运动、表情、模仿等各种能力。

新生儿学表解/吴静梅，朱贞美编著.—沈阳：辽宁科学技术出版社，1990.12.—464页；32开.—ISBN 7-5381-0721-5：8.80元

R723　婴儿的营养障碍

儿童肥胖病的防治常识/杨成功，姚伟民编译.—合肥：安徽科学技术出版社，1990.1.—80页；32开.(家庭育儿顾问丛书；第1辑).—ISBN 7-5337-0423-2：1.15元

怎样防治佝偻病/薛沁冰等编著.—北京：人民卫生出版社，1990.6.—44页；32开.—(妇儿保健丛书/高淑芬主编).—ISBN 7-117-01373-7：0.60元

急性腹泻婴幼儿患者的膳食管理：地区规划管理人员实用手册/(　)杰利夫(Jelliffe, D.B.)，(　)杰利夫(Jelliffe, E.F.D.)著；樊京娜译.北京：人民卫生出版社，1990.1.—26页；32开.—ISBN 7-117-01450-4：0.89元

婴幼儿腹泻/侯俊阁编著.—北京：人民卫生出版社，1990.11.—49页；32开.—(妇儿保健丛书/高淑芬主编).—ISBN 7-117-01467-9：0.68元

婴幼儿腹泻的饮食防治/谢连云，徐星编译.—石家庄：河北科学技术出版社，1990.7.—28页；32开.ISBN 7-5375-0488-1：0.55元

R725　小儿内科学

儿童支气管哮喘/孙荟琴等主编.—北京：人民卫生出版社，1990.7.—260页；32开.—ISBN 7-117-01326-1：4.80元

小儿血液病临床手册/黄绍良编著.—北京：人民卫生出版社，1990.2.—743页；32开.—ISBN 7-117-01121-1：13.80元

小儿病毒性呼吸道感染与病毒性肺炎/张梓荆主编；宋国维等编.—北京：中国医药科技出版社，1990.2.—382页；32开.—ISBN 7-5067-0111-1：5.50元

急性腹泻防治指南：第二版/世界卫生组织编；刘秀珍译.—北京：人民卫生出版社，1990.8.—50页；16开.—ISBN 7-117-01412-1：1.45元

夏秋季小儿易患的传染病/杜裕生编著.—北京：人民卫生出版社，1990.9.—61页；32开.—(妇儿保健丛书/高淑芬主编).—ISBN 7-117-01420-2：0.80元

基层医院儿童呼吸道感染处理手册/世界卫生组织编；倪若愚译.—北京：人民卫生出版社，1990.2.39页；大40开.—ISBN 7-117-01317-6：0.65元

R726　小儿外科学

小儿尿频尿痛和尿血/王天雍编著.—北京：人民卫生出版社，1990.6.—69页；32开.—(妇儿保健丛书

/高淑芬主编）.—ISBN 7-117-01368-0：0.86元

小儿原发性肾病综合征/张文晖，俞鹤皋编著.—西安：陕西科学技术出版社，1990.7.—151页；32开.ISBN 7-5369-0651-X：2.25元

小儿麻痹后遗症外科治疗手册/黎云青等编著.—南昌：江西科学技术出版社，1990.9.—260页；32开.ISBN 7-5390-0355-3：3.60元

R729 小儿其它疾病

儿童多动症临床治疗学/冷方南等主编.—北京：中国医药科技出版社，1990.12.—171页；32开.—ISBN 7-5067-0175-8：2.80元

儿童多动症40问/厉夫，张文琴编著.—沈阳：沈阳出版社，1990.12.—35页；32开.—ISBN 7-80556-477-9：0.90元

R73 肿瘤学

中国常见恶性肿瘤诊治规范 第一分册：食管癌和贲门癌/全国肿瘤防治研究办公室，中国抗癌协会编.北京：北京医科大学、中国协和医科大学联合出版社，1990.10.—50页；大32开.—ISBN 7-81034-007-7：1.60元

中国常见恶性肿瘤诊治规范 第二分册：原发性肝癌/全国肿瘤防治研究办公室，中国抗癌协会编.—北京：北京医科大学、中国协和医科大学联合出版社，1990.10.—66页；大32开.—ISBN 7-81034-008-5：2.20元

中国常见恶性肿瘤诊治规范 第三分册：大肠癌/全国肿瘤防治研究办公室.中国抗癌协会编.—北京：北京医科大学、中国协和医科大学联合出版社，1990.10.—63页；大32开.—ISBN 7-81034-009-3：2.20元

中国常见恶性肿瘤诊治规范 第四分册：胃癌/全国肿瘤防治研究办公室.中国抗癌协会编.—北京：北京医科大学、中国协和医科大学联合出版社，1990.10.—94页；附图版；大32开.—ISBN 7-81034-010-7：2.20元

中国常见恶性肿瘤诊治规范 第五分册：鼻咽癌/全国肿瘤防治研究办公室，中国抗癌协会编.—北京：北京医科大学、中国协和医科大学联合出版社，1990.10.—90页；附图版；大32开.—ISBN 7-81034-011-5：2.20元

中国常见恶性肿瘤诊治规范 第六分册：原发性支气管肺癌/全国肿瘤防治研究办公室，中国抗瘤协会编.—北京：北京医科大学、中国协和医科大学联合出版社，1990.10.—60页；附图版；大32开.—ISBN 7-81034-012-3：2.00元

中国常见恶性肿瘤诊治规范 第七分册：宫颈癌/全国肿瘤防治研究办公室，中国抗癌协会编.—北京：北京医科大学、中国协和医科大学联合出版社，1990.10.—66页；附图版；大32开.—ISBN 7-81034-013-1：2.00元

中国常见恶性肿瘤诊治规范 第八分册：乳腺癌/全国肿瘤防治研究办公室，中国抗癌协会编.—北京：北京医科大学、中国协和医科大学联合出版社，1990.10.—92页；附图版；大32开.—ISBN 7-81034-014-X：2.20元

中国常见恶性肿瘤诊治规范 第九分册：肿瘤诊治工作常用统计指标和统计方法/全国肿瘤防治研究办公室，中国抗癌协会编.—北京：北京医科大学、中国协和医科大学联合出版社，1990.10.—39页；大32开.—ISBN 7-81034-015-8：1.40元

抗癌咨询：肿瘤专家答疑/俞鲁谊等主编.—上海：上海科学普及出版社，1990.3.—209页；大32开.ISBN 7-5427-0253-X：3.20元

第四次全国肿瘤学术会议文摘/中华医学会肿瘤学会编.—北京：万国学术出版社，1990.12.—650页；16开.—ISBN 7-80003-131-4（精装）

R730.1 预防与控制

老年肿瘤防治知识/郁仁存等编著.—北京：北京科学技术出版社，1990.2.—318页；大32开.—（老年保健丛书·老龄知识丛书）.—ISBN 7-5304-0568-3：4.60元

征服癌症之路/丁生主编.—上海：上海科学普及出版社，1990.9.—49页；32开.—ISBN 7-5427-0352-8：1.50元

营养与癌/张月明主编译.—乌鲁木齐：新疆大学出版社，1990.6.—272页；32开.—ISBN 7-5631-0131-4：4.50元

揭开癌症之谜的旅行/（日）平山雄著；马焕璞译.合肥：中国科学技术大学出版社，1990.9.—191页；32开.—ISBN 7-312-00061-4：4.70元

癌症问答：病因、早期发现及预防/谢文编著.—北京：中国华侨出版公司，1990.12.—250页；32开.ISBN 7-80074-311-X：3.75元

癌症防治指南/李宗彦等编译.—北京：北京理工大学出版社，1990.4.—43页；32开.—ISBN 7-81013-293-8：1.15元

癌症的认识和征服/鲁中原编著.—合肥：安徽科学技术出版社，1990.1.—91页；32开.—ISBN 7-5337-0290-6：1.40元

R730.2　病理学、病因学

环境致癌物：多环芳烃研究/程元恺，（美）杨宪桂主编.—北京：中国科学技术出版社，1990.12.407页；16开.—ISBN 7-5046-0211-6：30.00元

肿瘤生物学/江希明等主编.—杭州：浙江科学技术出版社，1990.12.—348页；16开.—国家自然科学基金资助项目.—ISBN 7-5341-0228-X（精装）：11.00元

癌基因/（　）皮门特尔（Pimentel，E.）著；贾立斌译.—上海：上海医科大学出版社，1990.8.415页；大32开.—ISBN 7-5627-0074-5：7.50元

本书集近年来各国学者在癌基因领域中的研究成果之大成，系统地介绍了肿瘤起源和发展的各种学说，病毒与肿瘤的关系，细胞和病毒癌基因，癌基因蛋白产物的功能以及癌基因和癌症等。

R730.4　诊断学

肿瘤与血液病诊断治疗手册/（德）海德曼（Heidemann，E.）等著；刘通顺编译.—武汉：华中师范大学出版社，1990.11.—177页；32开.—ISBN 7-5622-0615-5：2.75元

恶性肿瘤的诊断与治疗/贺国辉主编.—南昌：江西科学技术出版社，1990.9.—339页；32开.—ISBN 7-5390-0359-6：4.45元

R730.5　治疗学

肿瘤外科学/（美）科普兰（Copeland Ⅲ，Edward，M.）主编；李国材主译.—上海：上海翻译出版公司，1990.12.—491页；16开.—（当代主治医师丛书）.—ISBN 7-80514-583-0：14.80元

书名原文：Surgical Oncology

肿瘤的中西医结合治疗与康复/高国俊等编.—南京：东南大学出版社，1990.8.—372页；32开.—ISBN 7-81023-316-2：4.95元

肿瘤放射治疗增敏药物的研究与应用/郑秀龙，金一尊主编.—上海：上海医科大学出版社，1990.9.227页；大32开.—ISBN 7-5627-0067-3：1.95元

实用肿瘤放射治疗学/胡自省主编.—长沙：湖南教育出版社，1990.5.—254页；32开.—ISBN 7-5355-1133-3：2.90元

恶性肿瘤的化学治疗与免疫治疗/李振主编；王化洲等编写.—北京：人民卫生出版社，1990.3.—444页；16开.—ISBN 7-117-01238-2：8.45元

常见肿瘤放疗简明手册/李鼎九，李元敏主编.—北京：中国科学技术出版社，1990.12.—320页；32开.ISBN 7-5046-0176-4：7.90元

癌瘤治疗的策略/（法）勒·布尔乔亚主编；胡志林总编译.—北京：中国人口出版社，1990.9.—617页；32开.—ISBN 7-80079-029-0：9.50元

R732/733　心血管、造血器肿瘤

骨髓增生异常综合征：白血病前期/浦权编.—南宁：广西科学技术出版社，1990.2.—130页；32开.ISBN 7-80565-261-9：1.55元

原癌基因与心血管疾病/汤健，周爱儒编著.—北京：北京医科大学、中国协和医科大学联合出版社，1990.6.—254页；大32开.—ISBN 7-81034-022-0：5.35元

R735　消化系肿瘤

直肠癌/（法）杜布瓦（Dubois，J.B.）等著；顾胜德编译.—上海：上海医科大学出版社，1990.10.165页；彩照；大32开.—ISBN 7-5627-0077-X：6.30元

本书是杜布瓦教授多年来直肠癌治疗的总结。从直肠癌的流行病学国际分型、分期，一直讨论到它的放疗、化疗和外科治疗。特别介绍了直肠腔内照射和放射性植入照射技术，“三明治”治疗及直肠内超声诊断等新技术。

食管贲门癌手术早期并发症/陈维鹏编著.—青岛：青岛出版社，1990.7.—207页；32开.—ISBN 7-5436-0518-X：2.80元

食管癌和贲门癌/黄国俊，吴英恺主编.—上海：上海科学技术出版社，1990.12.—300页；16开.—ISBN 7-5323-1905-9（精装）：20.50元

原发性肝癌的研究与进展/汤钊猷，杨秉辉主编.上海：上海医科大学出版社，1990.10.—359页；大32开.—ISBN 7-5627-0086-9：7.50元

R736　内分泌腺肿瘤

甲状腺和乳腺肿瘤/韩书恩著.—兰州：兰州大学出版社，1989.10.—116页；32开.—ISBN 7-311-00246-X：1.36元

R737　泌尿生殖器肿瘤

早期乳腺癌的诊断与治疗/沈明主编；汤慧等编写.南宁：广西科学技术出版社，1990.7.—141页；32开.—ISBN 7-80565-339-9：1.55元

妇科肿瘤浅谈/李诚信等编著.—北京：人民卫生出版社，1990.6.—71页；32开.—（妇儿保健丛书/高淑芬主编）.—ISBN 7-117-01360-5：0.86元

乳腺癌/沈镇宙主编.—上海：上海科学技术文献出

版社，1990.10.—487页；32开.—（常见恶性肿瘤研究进展丛书）.—ISBN 7-80513-669-6：8.00元

乳腺癌的研究　第二集/金显宅主编.—北京：学苑出版社，1990.6.—270页；大32开.—（九三学社高科技丛书）.—ISBN 7-80060-264-8：6.50元

宫颈癌控制中的细胞学普查技术指南/世界卫生组织编；吴爱如等译.—北京：人民卫生出版社，1990.9.—45页；大32开.—ISBN 7-117-01458-X：1.60元

R739.9　其他部位肿瘤

头颈部恶性肿瘤/余树观，沙永慧主编.—郑州：河南科学技术出版社，1990.9.—476页；16开.—ISBN 7-5349-0735-7（精装）：21.50元

R74　神经病学与精神病学

老年神经与精神科保健/陈学诗，孟家眉等编著.北京：北京科学技术出版社，1990.2.—222页；大32开.—（老年保健丛书·老年知识丛书）.—ISBN 7-5304-0557-8：4.00元

神经精神疾病综合征/徐占兴等主编.—北京：中国科学技术出版社，1990.10.—350页；32开.—（临床医学综合征丛书）.—ISBN 7-5046-0259-0：8.00元

R741　神经病学

老年神经系统疾病诊治荟萃/闻立斗等编著.—武汉：武汉出版社，1990.5.—497页；32开.—ISBN 7-5430-0335-X：5.80元

老年神经病学/王新德主编.—北京：人民卫生出版社，1990.8.—297页；16开.—ISBN 7-117-01314-1（精装）：15.05元

临床神经心理学/王荪，蒲道学编著.—昆明：云南科技出版社，1990.5.—252页；32开.—ISBN 7-5416-0287-6：3.50元

临床脑电图手册/周昌贵编著.—成都：四川辞书出版社，1990.1.—292页；32开.—ISBN 7-80543-121-3：6.00元

神经病学/黄友岐主编.—2版.—北京：人民卫生出版社，1990.11.—253页；16开.—高等医药院校教材供基础、预防、临床、口腔医学类专业用.—ISBN 7-117-00138-0：3.30元

本书1984年11月第1版。

神经病学/韩仲岩主编.—上海：上海科学技术出版社，1990.7.—223页；16开.—供高等医学院校医学、儿科、卫生、口腔、放射、麻醉等专业用.—ISBN 7-5323-2158-4：4.80元

R742　脑部疾病

脑病/祁衍等编著.—哈尔滨：黑龙江科学技术出版社，1990.2.—254页；32开.—ISBN 7-5388-1060-0：3.50元

颅内感染性疾病/赵明伦主编；王振忠等编.—青岛：青岛出版社，1990.4.—400页；32开.—ISBN 7-5436-0444-2：5.00元

癫痫发作时的脑电图图谱/（日）和田丰治，八木和一著；吴立文，肖淮海译.—北京：中国医药科技出版社，1990.12.—168页；16开.—ISBN 7-5067-0201-0（精装）：13.00元

癫痫诊治100问/王德权，关凤桐编.—沈阳：辽宁科学技术出版社，1990.7.—147页；32开.—ISBN 7-5381-0903-X：2.60元

R743　脑血管疾病

中风病的防治与康复/卢尚岭等编著.—青岛：青岛出版社，1990.1.—154页；32开.—ISBN 7-5436-0423-X：2.00元

脑血管疾病/叶文翔编著.—北京：中国医药科技出版社，1990.3.—189页；16开.—ISBN 7-5067-0092-1：6.30元

偏瘫的现代评价与治疗/王茂斌主编；汪立等编.北京：华夏出版社，1990.8.—273页；大32开.—ISBN 7-80053-761-7：5.85元

R749　精神病学

实用精神医学/夏镇夷等编著.—上海：上海科学技术出版社，1990.2.—493页；16开.—（医师文库）.ISBN 7-5323-0366-7（精装）：15.90元；（平装）：13.95元

实用精神病学/陈传曾，马登岱主编.—青岛：青岛出版社，1990.1.—569页；32开.—ISBN 7-5436-0417-5：6.00元

精神病学/沈渔邨主编.—2版.—北京：人民卫生出版社，1990.3.—912页；16开.—ISBN 7-117-00649-8（精装）：21.10元

本书1980年10月第1版。

R749.05　精神病治疗法

心理治疗讲座/（英）悉尼·布洛克等著；刘平等译.—天津：天津科技翻译出版公司，1990.4.—277页；32开.—ISBN 7-5433-0087-7：4.00元

心理治疗指南/车文博主编.—长春：吉林人民出版社，1990.2.—1022页；大32开.—ISBN 7-206-00694-9（精装）：15.50元

让您的感觉更良好/（美）伯恩斯（Burns，D.D.）著；梁小谦译.—南宁：广西人民出版社，1990.8.—224页；32开.—ISBN 7-219-01660-3：2.75元

本书是治疗各种忧郁症的临床医疗用书。

安眠有术/露眠，知秋编著.—北京：北京体育学院出版社，1990.6.—94页；32开.—（健康万花筒丛书）.—ISBN 7-81003-294-1：1.60元

睡眠之谜/李志平编译.—兰州：甘肃少年儿童出版社，1990.7.—97页；32开.—（人与世界丛书）.ISBN 7-5422-0351-7：1.50元

催眠术汇编/王德强编.—北京：北京燕山出版社，1990.6.—401页；大32开.—（中华气功丛书/陈秉才，王冀泉主编）.—ISBN 7-5402-0224-6：7.50元

催眠探奇/邰启扬，杨志芳编著.—北京：知识出版社，1990.9.—161页；32开.—（日常生活心理学丛书/乐国安，谢曙光主编）.—ISBN 7-5015-0438-5：2.35元

R749.1/.9　各种精神障碍、心身疾病

人性的畸变/汤宜朗等编著.—北京：农村读物出版社，1990.5.—134页；32开.—ISBN 7-5048-1018-5：2.20元

本书从医学心理学、病理心理学及精神病学的角度，阐述了人格、人格异常以及各种类型人格障碍的概念、成因、行为表现、预防及处置方法等。

儿童行为障碍与矫正/郑晓边编译.—南宁：广西科学技术出版社，1990.9.—270页；32开.—ISBN 7-80565-348-8：3.10元

本书是儿童病理心理学方面的专业书。书中从生物—心理—社会角度探讨了行为障碍的发生机制及诊治技术与方法等。

心身医学：心理生理医学的基础与临床/徐斌，王效道主编.—北京：中国医药科技出版社，1990.7.252页；16开.—ISBN 7-5067-0156-1：8.00元

心身医学与心身疾病/余展飞著.—北京：华夏出版社，1990.3.—382页；32开.—ISBN 7-80053-681-5：5.20元

心身医学与心身疾病是一门研究精神与躯体，即用心身相关的立场研究人类健康和疾病的新兴医学科学。本书共6章，系统地介绍了心身医学理论、诊治方法和实际病例。

心身医学概论/何裕民，叶锦先主编.—上海：上海中医学院出版社，1990.5.—385页；大32开.—ISBN 7-81010-091-2：5.30元

积极家庭心理治疗/（联邦德国）佩塞施基安（Peseschkian，N.）著；李舜伟等译.—北京：国际文化出版公司，1990.3.—321页；32开.—ISBN 7-80049-486-1：3.70元

书名原文：Positive Family Therapy

R75　皮肤病学与性病学

R751　皮肤病学

人体皮肤电镜图谱/《人体皮肤电镜图谱》编写组编著.—南京：东南大学出版社，1990.8.—105页；16开.—ISBN 7-81023-252-2（精装）：24.00元

小儿皮肤病防治问答/李元文，杨景海编著.—济南：山东科学技术出版社，1990.9.—156页；32开.ISBN 7-5331-0767-5：2.20元

日本医师国家考试题：皮肤科专业/王树椿译.—天津：天津科技翻译出版公司，1990.12.—141页；32开.—ISBN 7-5433-0184-9：2.50元

皮肤与皮肤病的家庭保健/陈贤丰编著.—广州：华南理工大学出版社，1990.12.—183页；32开.—（家庭生活科学丛书）.—ISBN 7-5623-0215-4：3.20元

皮肤卫生与皮肤病/苗德云编著.—济南：山东大学出版社，1990.5.—123页；32开.—（初级卫生保健丛书）.—ISBN 7-5607-0354-2：1.35元

皮肤保健与美容/（加）多恩斯基（Donsky，H.J.）著；翟志瑞，佘建一译.—北京：科学技术文献出版社，1990.11.—180页；32开.—ISBN 7-5023-1310-9：3.30元

书名原文：Beauty is Skin Deep

皮肤病防治常识/郭长洲编著.—北京：学苑出版社，1990.6.—79页；32开.—ISBN 7-5077-0081-X：1.90元

皮肤病研究/秦万章主编.—上海：上海科学技术出版社，1990.2.—604页；大32开.—（中西医结合研究丛书）.—ISBN 7-5323-1128-7：7.70元

全身病与皮肤病/（日）今村贞夫，小川秀兴主编；陈祖培，张春波编译.—北京：科学技术文献出版社，1990.10.—246页；32开.—ISBN 7-5023-1355-9：5.00元

英汉皮肤科学词典/顾伟程编写.—西安：陕西人民出版社，1990.3.—803页；32开.—ISBN 7-224-00874-5：12.00元

实用皮肤病诊疗手册/王侠生主编.—上海：上海科技教育出版社，1990.4.—261页；32开.—ISBN 7-5428-0389-1：3.10元

实用医学美容/谢统鹏，陈玉秀编著.—广州：科学普及出版社广州分社，1990.4.—238页；32开.—ISBN 7-110-01412-6：3.50元

临床皮肤病学/赵辨主编.—2版.—南京：江苏科学技术出版社，1990.7.—1155页；16开.—ISBN 7-5345-0524-0（精装）：22.50元

本书1981年11月第1版。

临床皮肤病鉴别诊断学/傅志宜编著.—北京：中国医药科技出版社，1990.8.—360页；16开.—ISBN 7-5067-0160-X（精装）：98.00元

临床各科疾病的皮肤表现/钱戍春编著.—乌鲁木齐：新疆人民出版社，1990.3.—369页；32开.—ISBN 7-228-01053-1：4.00元

麻风病实验室工作手册/马海德主编.—北京：科学普及出版社，1990.10.—201页；32开.—ISBN 7-110-01359-6：4.00元

影响美容的皮肤病/谭仲楷，祝连庆编著.—太原：山西科学教育出版社，1990.11.—230页；32开.—ISBN 7-5377-0312-4：3.20元

R759　性病学

现代性传染病及其预防/马复兴著.—上海：上海中医学院出版社，1990.6.—275页；32开.—ISBN 7-81010-097-2：3.30元

性传播性疾病与防护/何继亮，王晓冬主编.—北京：华夏出版社，1990.12.—264页；32开.—ISBN 7-80053-819-2：5.20元

性传播疾病/杨树笙编文；仲刚绘画.—昆明：云南人民出版社，1990.6.—32页；64开.—ISBN 7-222-00645-1

性传播疾病防治100问/郑佛洲等编著.—北京：金盾出版社，1990.6.—120页；32开.—ISBN 7-80022-179-2：2.00元

性传播疾病诊疗手册/祝兆如，王椿森主编.—武汉：湖北科学技术出版社.1990.2.—114页：图版；32开.—ISBN 7-5352-0558-5：2.50元

性传播疾病的防治/孙芝斋，庄亦仁编著.—北京：中国医药科技出版社，1990.2.—84页；32开.—ISBN 7-5067-0091-3：2.20元

性传播疾病的防治/李容，李学熹著.—北京：北京出版社，1990.10.—142页；32开.—ISBN 7-200-01043-X：2.05元

性传播疾病临床与实验诊断/陈民钧，李世泰主编.北京：科学出版社，1990.11.—160页；32开.—ISBN 7-03-001990-6：2.50元

性传播疾病咨询/朱景委，马世俊编著.—南昌：江西科学技术出版社，1990.6.—99页；32开.—（性咨询丛书）.—ISBN 7-5390-0302-2：1.40元

性医学与性传播疾病研究进展/刘金刚主编；丁曼琳等编.—青岛：青岛海洋大学出版社，1990.12.462页；16开.—ISBN 7-81026-075-8：11.50元

性病防治手册/中华人民共和国卫生部卫生防疫司编.—南京：江苏科学技术出版社，1990.1.—137页；36开.—ISBN 7-5345-0815-0：1.80元

性病证治/杨建葆著.—北京：中国妇女出版社，1990.2.—150页；32开.—ISBN 7-80016-174-9：2.90元

性病的预防与治疗/王石等编著.—郑州：中原农民出版社，1990.8.—177页；32开.—ISBN 7-80538-160-7：3.00元

怎样防治性病/赵天恩等编著.—济南：山东大学出版社，1990.12.—91页；32开.—（初级卫生保健丛书）.—ISBN 7-5607-0417-4：1.20元

R76　耳鼻咽喉科学

老年五官科保健/张晓楼，赵应时等编著.—北京：北京科学技术出版社，1990.2.—213页；大32开.（老年保健丛书·老龄知识丛书）.—ISBN 7-5304-0562-4：4.00元

耳鼻咽喉科学/黄选兆主编.—3版.—北京：人民卫生出版社，1990.10.—353页；16开.—高等医药院校教材　供基础、预防、临床、口腔医学类专业用.ISBN 7-117-00140-2：4.75元

本书1979年12月第1版。

临床耳科学/王荣光主编.—石家庄：河北科学技术出版社，1990.11.—225页；16开.—ISBN 7-5375-0515-2（精装）：12.50元

怎样使嗓音更甜美/常淑贤编著.—北京：海潮出版社，1990.10.—138页；36开.—ISBN 7-80054-092-8：2.45元

常见鼻病知识/王冠龄，张敬德编著.—北京：人民卫生出版社，1990.3.—50页；32开.—（健康小丛书/黄树则主编）.—ISBN 7-117-01272-2：0.69元

常用耳显微手术图谱/陈著声，周重新编著.—福州：福建科学技术出版社，1990.7.—107页：16开.ISBN 7-5335-0427-5：3.90元

R77　眼科学

实用眼科手册/奚渭清主编.—上海：上海科技教育出版社，1990.6.—400页；32开.—ISBN 7-5428-0412-X：4.55元

标准对数视力表/缪天荣创制.—杭州：浙江科学技术出版社，1990.2.—4张；3开.—ISBN 7-5341-0260-X：2.20元

眼科学/毛文书主编.—3版.—北京：人民卫生出版社，1990.3.—224页；16开.—高等医药院校教材　供基础、预防、临床、口腔医学类专业用.—ISBN 7-117-00151-8：3.30元

R771　眼的一般性疾病

儿童眼卫生与戴镜知识/潘佩琨著.—重庆：科学技

术文献出版社重庆分社，1990.8.—67页；32开.ISBN 7-5023-1146-7：1.10元

青少年视力保护必读/杨绍杭，周道伐编著.—北京：北京科学技术出版社，1990.5.—76页；32开.ISBN 7-5304-0632-9：1.10元

常见眼病知识/赵光喜编著.—北京：人民卫生出版社，1990.5.—63页；32开.—（健康小丛书/黄树则主编）.—ISBN 7-117-01333-8：0.79元

眼的先天异常/李凤鸣，罗成仁编著.—北京：人民卫生出版社，1990.3.—270页；大32开.—ISBN 7-117-01186-6（精装）：5.65元

R777 眼附属器官疾病

临床低视力学/孙葆忱主编.—青岛：青岛出版社，1989.8.—631页；32开.—ISBN 7-5436-0350-0：8.05元

本书共分16章，主要内容包括低视力的检查与处理、助视器的应用及其光学原理、儿童及老年低视力的检查处理与康复、低视力与智力低下、低视力与耳聋、低视力与遗传等。

R778 眼屈光学

近视眼的气功疗法/崔金先，段国广编著.—南宁：广西人民出版社：广西美术出版社，1990.2.—60页；32开.—ISBN 7-80582-012-0：0.95元

近视眼的防治/白文斗，白虹编.—2版（增订本）.长沙：湖南科学技术出版社，1990.4.—160页；32开.—ISBN 7-5357-0221-X：2.30元

青少年近视的体育疗法/（苏）Э.С.阿维季索夫等著；孙光成译.—重庆：科学技术文献出版社重庆分社，1990.12.—99页；32开.—ISBN 7-5023-1198-X：1.50元

青少年近视预测防治新法/沙洛，王苒编著.—2版.太原：山西科学教育出版社，1990.5.—105页；32开.—ISBN 7-5377-0218-7：1.75元

本书1985年11月第1版。

青少年近视眼综合自我防治法/黄茂武编.—广州：华南理工大学出版社，1990.12.—47页；32开.—ISBN 7-5623-0232-4：1.00元

实用眼镜屈光学/江苏省防盲指导组编.—南京：江苏科学技术出版社，1990.8.—240页；32开.—ISBN 7-5345-0997-1：4.10元

验光与配镜/虞启琏主编.—天津：天津大学出版社，1990.12.—403页；大32开.—ISBN 7-5618-0215-3：6.35元

R779.6 眼外科手术学

白内障手术学/龚启荣主编.—南京：南京大学出版社，1990.5.—528页；大32开.—ISBN 7-305-00853-2：5.80元

眼成形外科学/宋琛编著，杨贵舫绘图.—北京：人民军医出版社，1990.4.—249页；16开.—ISBN 7-80020-169-4（精装）：15.30元

眼成形外科学/宋琛编著；杨贵舫绘图.—北京：人民军医出版社，1990.4.—249页；16开.—ISBN 7-80020-168-6：10.60元

眼整形手术技术/徐乃江主编；范秋曦，郑靖编译.上海：同济大学出版社，1990.10.—312页；大32开.ISBN 7-5608-0602-3：6.95元

R78 口腔科学

口腔卫生的监测与评价/世界卫生组织编；魏怡等译.—北京：人民卫生出版社，1990.10.—70页；32开.—（技术报告丛书；782）.—ISBN 7-117-01477-6：1.20元

口腔劳动卫生学/陈正刚主编；雷世雄等编.—成都：四川科学技术出版社，1990.6.—323页；32开.ISBN 7-5364-1647-4：4.10元

口腔组织胚胎学/于秦曦编著.—广州：广东科技出版社，1990.7.—229页；32开.—ISBN 7-5359-0551-X：2.85元

口腔科护理/张国萍主编.—北京：人民卫生出版社，1990.6.—156页；32开.—（护士晋升自学丛书；19）.—ISBN 7-117-00906-3：3.95元

口腔科学/毛祖彝主编；邓典智等编.—3版.—北京：人民卫生出版社，1990.3.—155页；16开.—高等医药院校教材 供基础、预防、临床医学类专业用.—ISBN 7-117-00153-4：2.15元

R781 口腔内科学

口腔急症/李武修主编.—东营：石油大学出版社，1990.8.—296页；大32开.—ISBN 7-5636-0115-5：4.50元

牙体病误诊误治/赵皿，肖明振编著.—西安：陕西科学技术出版社，1990.8.—89页；32开.—ISBN 7-5369-0715-X：1.50元

舌疾病学/杜希哲等编著.—西安：陕西科学技术出版社，1990.8.—216页；32开.—ISBN 7-5369-0683-8：3.00元

实用牙周病学/陈殿廉编著.—乌鲁木齐：新疆人民出版社，1990.9.—1册（328，43页）；16开.—ISBN 7-228-01382-4：13.50元

实用殆学/徐樱华主编.—成都：四川大学出版社，1990.11.—325页；16开.—高等医药院校教材.—ISBN 7-5614-0301-1：4.30元

涎腺疾病影像学诊断/邹兆菊主编.—北京：北京医科大学、中国协和医科大学联合出版社，1990.11.

130页；16开.—ISBN 7-81034-027-1（精装）：15.30元；（平装）：10.80元

遗传性口腔疾病/陆可望等编著.—北京：科学出版社，1990.10.—374页；32开.—（医学遗传学丛书）.—ISBN 7-03-001838-9：10.10元

R782　口腔颌面部外科学

口腔颌面外科及头颈部整形外科临床实践/吴廷椿主编.—天津：天津科学技术出版社，1990.12.297页；16开.—ISBN 7-5308-0553-3：11.15元

R783　口腔矫形学

口腔正畸方丝弓细丝弓矫治技术/傅民魁等编著.北京：人民卫生出版社，1990.4.—129页；16开.ISBN 7-117-01344-3：6.00元

口腔矫形铸造设计120例/封振生，王有伟著.—长春：长春出版社，1990.2.—148页；32开.—ISBN 7-80573-064-4：4.00元

临床口腔正畸学/王邦康主编.—北京：北京科学技术出版社，1990.2.—126页；16开.—ISBN 7-5304-0635-3：3.80元

R787　老年口腔疾病

中老年人口腔病及牙病的防治/北京医科大学口腔医院编.—北京：煤炭工业出版社，1990.4.—77页；32开.—（人体五官保健知识丛书）.—ISBN 7-5020-0403-3：1.30元

R788　儿童口腔疾病

儿童口腔卫生/朱希涛主编.—北京：科学普及出版社，1990.11.—69页；32开.—ISBN 7-110-01668-4：1.95元

儿童牙齿保健知识手册/湖北医学院口腔医院预防科，湖北省牙病防治指导组编.—武汉：华中师范大学出版社，1990.8.—65页；32开.—ISBN 7-5622-0570-1：1.00元

儿童牙病的防治/北京医科大学口腔医院儿童牙科编.—北京：煤炭工业出版社，1990.3.—46页；32开.—（人体五官保健知识丛书）.—ISBN 7-5020-0364-9：0.80元

青少年儿童牙病的防和治/汪承宗，何德文主编.郑州：河南科学技术出版社，1990.12.—142页；32开.—（9.20全国爱牙日系列丛书；1）.—ISBN 7-5349-0751-9：2.20元

R8　特种医学

R81　放射医学

实用临床核医学/马寄晓，刘秀杰主编.—北京：原子能出版社，1990.5.—366页；16开.—ISBN 7-5022-0273-0：15.80元

临床介入放射学/李麟荪主编.—南京：江苏科学技术出版社，1990.9.—263页；16开.—ISBN 7-5345-1010-4：6.20元

核医学/周申主编；王浩丹等编.—3版.—北京：人民卫生出版社，1990.4.—212页；16开.—高等医药院校教材　供基础、预防、临床、口腔医学类专业用.—ISBN 7-117-00162-3：2.85元

本书1979年5月第1版。

核医学/梁仁等主编.—广州：广东科技出版社，1990.7.—248页；16开.—高等医学院校教材　供五年制医学、儿科专业用.—ISBN 7-5359-0608-7：5.50元

核医学与核生物学基础及应用/王世真等主编.北京：科学出版社，1990.12.—389页；16开.—ISBN 7-03-001752-8：27.00元

核医学漫谈/项景德等编著.—北京：科学普及出版社，1990.4.—224页；32开.—ISBN 7-110-01251-4：3.20元

简明核医学/潘中允主编.—北京：北京医科大学、中国协和医科大学联合出版社，1990.7.—150页；16开.—高等医学院校教材　供基础、临床、预防、口腔、儿科医学类专业用.—ISBN 7-81034-026-3：3.60元

R812　放射线学（X线学）

辐射研究与辐射工艺学术论文集/林念芸主编；辐射研究与辐射工艺学报编委会编.—上海：上海医科大学出版社，1990.3.—124页；16开.—ISBN 7-5627-0066-4：4.50元

X线物理与防护/马延洪主编.—北京：人民卫生出版社，1990.4.—275页；16开.—全国中等卫生学校教材　供放射医士、放射技士专业用.—ISBN 7-117-00222-0：3.25元

X线摄影化学与暗室技术/袁聿德主编.—北京：人民卫生出版社，1990.10.—141页；16开.—全国中等卫生学校教材　供放射技士专业用.—ISBN 7-117-00227-1：1.80元

R814　X线诊断学

医用诊断X射线的合理应用/张丹枫，李学成编著.太原：山西科学教育出版社，1990.12.—115页；32开.—ISBN 7-5377-0333-7：1.75元

放射诊断学/吴恩惠主编；华伯勳等编写.—2版.北京：人民卫生出版社，1990.6.—242页；16开.高等医药院校教材　供基础、预防、临床、口腔医学类专业用.—ISBN 7-117-00152-6：3.30元

临床X线诊断防护技术/宋聚忠等主编.—沈阳：白山出版社，1990.7.—286页；大32开.—ISBN 7-80566-128-6：4.80元

临床X线诊断技术/胡永新编写.—上海：上海交通大学出版社，1990.7.—212页；16开.—ISBN 7-313-00640-3：5.00元

X线诊断基础/蓝琦主编.—北京：人民卫生出版社，1990.10.—349页；16开.—全国中等卫生学校教材　供放射医士、放射技士专业用.—ISBN 7-117-00223-9：4.25元

X线鉴别诊断手册/刘赓年编著.—福州：福建科学技术出版社，1990.3.—433页；32开.—ISBN 7-5335-0337-6：5.40元

R816　各部及各科疾病的X线诊断与疗法

呼吸放射诊断学/李铁一主编.—北京：北京医科大学、中国协和医科大学联合出版社，1990.12.—202页；16开.—（临床放射学丛书）.—ISBN 7-81034-035-2：7.45元

泌尿系统影像诊断学/吴恩惠主编.—北京：人民卫生出版社，1990.8.—514页；16开.—ISBN 7-117-00919-5（精装）：23.75元

选择性血管造影/陈星荣主编.—上海：上海科学技术出版社，1990.2.—287页：图；16开.—ISBN 7-5323-0737-9（精装）：46.40元

消化系X线诊断图谱/苏庆章编著.—长沙：湖南科学技术出版社，1990.8.—308页；16开.—ISBN 7-5357-0336-4（精装）：25.00元

R817　放射性同位素在医学上的应用

甲状腺核医学/周前等编著.—北京：科学出版社，1990.9.—240页；32开.—（核技术及其在生物医学中的应用丛书）.—ISBN 7-03-001770-6：5.80元

放射免疫及其应用/孙荣光等编著.—呼和浩特：内蒙古人民出版社，1990.10.—219页；32开.—ISBN 7-204-00830-8：3.80元

R818　放射病、放射损伤

辐照对胚胎和胎儿脑发育的影响/国际放射防护委员会第1专门委员会工作小组报告；李元敏译.—北京：原子能出版社，1990.5.—85页；32开.—国际放射防护委员会第49号出版物.—ISBN 7-5022-0212-9：1.80元

书名原文：Developmental Effects of Irradiation on the Brain of the Embryo

R82　军事医学

英汉军事医学词汇/金汝煌主编.—上海：上海科学技术出版社，1990.12.—528页；32开.—ISBN 7-5323-1090-6（精装）：13.80元

R821　军队卫生学

卫生勤务学/谢华著.—北京：解放军出版社，1990.10.—397页；32开.—ISBN 7-5065-1475-3

军队卫生及防护医学/谢德利等主编.—北京：人民军医出版社，1990.3.—271页；16开.—供护士、医士专业用.—ISBN 7-80020-170-8：5.60元

武警卫生防疫手册/杨造成主编.—太原：山西科学教育出版社，1990.2.—417页；32开.—ISBN 7-5377-0229-2：5.80元

官兵健康应急手册/王开明，王贵臣主编.—太原：山西科学教育出版社，1990.12.—223页；32开.—ISBN 7-5377-0334-5：3.50元

空勤饮食管理手册/邢序木主编.—南宁：广西人民出版社，1990.5.—452页；32开.—ISBN 7-219-01528-3：5.80元

R827　特种武器所致损伤

城市核爆炸医学效应/赵泽坤等编著.—上海：上海科学技术出版社，1990.8.—266页；16开.—ISBN 7-5323-1975-X：12.40元

R85　航空航天医学

失重生理学/庄祥昌，裴静琛编著.—北京：人民军医出版社，1990.8.—274页；32开.—ISBN 7-80020-167-8：5.30元

航空航天医学基础/（美）德哈特（Dehart，R.L.）主编；《航空航天医学基础》翻译组译.—北京：解放军出版社，1990.2.—799页；16开.—ISBN 7-5065-1447-8

书名原文：Fundamentals of Aerrospace Medicine

R87　运动医学

运动医学/全国体育学院教材委员会审定.—北京：人民体育出版社，1990.6.—408页；32开.—体育学院通用教材.—ISBN 7-5009-0437-1：2.85元

运动员·金牌·兴奋剂/周同惠等编著.—北京：中国环境科学出版社，1990.6.—108页：彩照；32开.ISBN 7-80010-708-6：3.90元

徒手肌力检查法/（美）Daniels，L.，（　）Worthingham，C.，著；王颖，金翊译.—西安：陕西科学技术出版社，1990.3.—148页；16开.—ISBN 7-5369-0664-1：3.75元

书名原文：Muscle Testing

R9 药 学

中国药学年鉴：1988～1989/彭司勋主编；《中国药学年鉴》编辑委员会编.—北京：人民卫生出版社，1990.9.—392页；16开.—ISBN 7-117-01287-0（精装）：17.65元

社会药学/刘永斌，吴崇武主编.—北京：学苑出版社，1990.5.—351页；32开.—ISBN 7-80060-997-9：4.95元

实用临床药物手册/张希德主编；刘泽玲等编.—上海：上海科技教育出版社，1990.3.—427页；32开.ISBN 7-5428-0329-8：4.85元

本书收入各科常用药物约1200余种、对每种药物的药理作用、用法、用量、用途、不良反应以及临床注意事项均作了详细介绍。

新编药物学/陈新谦，金有豫主编.—12版.—北京：人民卫生出版社，1990.9.—812页；16开.—ISBN 7-117-00730-3（精装）：19.30元

本书1951年6月第1版。

R91 药物基础科学

计算药学/相秉仁编著.—北京：中国医药科技出版社，1990.12.—356页；16开.—ISBN 7-5067-0343-2：9.80元

生物药物分析/曾经泽编著.—北京：中国医药科技出版社，1990.2.—360页；32开.—ISBN 7-5067-0081-6：4.90元

苯妥英——一种被忽视的良药/（美）杰克·德赖富斯著；杨光华主编；刘协和，王浴生译.—成都：四川辞书出版社，1990.11.—174页；32开.—（药物编译手册　；1）.—ISBN 7-80543-162-0（精装）：5.80元

药用物理学/余国建，李德才主编.—北京：中医古籍出版社，1990.6.—318页；16开.—高等医药院校试用教材　供中药、制药鉴定、药学专业用.—ISBN 7-80013-319-2：5.95元

药物设计的基本原理/张其楷主编.—北京：中国医药科技出版社，1990.4.—298页；16开.—ISBN 7-5067-0085-9：9.80元

药物动力学/奚念朱主编.—上海：上海医科大学出版社，1990.11.—152页；16开.—ISBN 7-5627-0079-6：2.10元

薄层扫描法及其在药物分析中的应用/孙毓庆主编.北京：人民卫生出版社，1990.10.—222页；16开.ISBN 7-117-01361-3：10.05元

R92 药典及药物鉴定

中华人民共和国药典：1989年　二部：临床用药须知/中华人民共和国卫生部药典委员会编.—北京：中国医药科技出版社，1990.3.—632页；16开.—ISBN 7-5067-0135-9：25.00元

中华人民共和国药典：1990年版：一部/中华人民共和国卫生部药典委员会编.—北京：人民卫生出版社：化学工业出版社，1990.10.—1册（535，109，45页）；16开.—ISBN 7-117-01410-5（精装）：21.00元

中华人民共和国药典：1990年版：二部/中华人民共和国卫生部药典委员会编.—北京：化学工业出版社：人民卫生出版社，1990.11.—1册（882，187，53页）；16开.—ISBN 7-5025-0812-0（精装）：32.00元

中国药典中的生物检定统计法/裴雪重，张书编著.北京：中国医药科技出版社，1989.8.—238页；32开.—ISBN 7-5067-0045-X：4.10元

药物处方手册/陈星荣，戴瑞鸿主编.—上海：上海科学技术出版社，1990.9.—322页；32开.—ISBN 7-5323-2030-8：5.65元

药品红外光谱集：1990年/中华人民共和国卫生部药典委员会编.—北京：化学工业出版社，1990.11.1册（582，27页）；16开.—ISBN 7-5025-0750-7（精装）：33.00元

药品检查技术手册/韩世儒主编.—天津：天津科学技术出版社，1990.11.—173页；32开.—ISBN 7-5308-0905-9：2.40元

R93 生药学

大兴安岭药用植物/李永江编著.—呼和浩特：内蒙古人民出版社，1990.3.—613页；16开.—ISBN 7-204-00947-9：14.75元

中国矿物药图鉴/杨松年主编.—上海：上海科学技术文献出版社，1990.11.—157页：彩图；16开.—ISBN 7-80513-690-4（精装）：28.00元

丹参：生物学及其应用/徐任生主编.—北京：科学出版社，1990.10.—185页：图版；16开.—ISBN 7-03-001795-1：14.20元

国内外大黄研究论文题录/王翘楚等编.—上海：上海科学技术文献出版社，1990.4.—97页；32开.—ISBN 7-80513-563-0：1.70元

海药的采集与加工/王书和编写.—北京：海洋出版

社，1990.10.—46页；32开.—（沿海农村实用科技文库）.—ISBN 7-5027-0110-9：1.30元

R94 药剂学

医院药剂分析/麦维岐，冉懋雄主编.—2版.—北京：人民卫生出版社，1990.10.—683页；32开.ISBN 7-117-01327-3：12.60元

本书1965年3月第1版。

实用注射剂配伍变化300例/杨大魁，王宏图编译.上海：上海翻译出版公司，1990.12.—264页；16开.—（当代主治医师丛书）.—ISBN 7-80514-084-7：9.80元

药物透皮吸收新剂型/（美）基多尼厄斯（Kydonieus，A.F.）主编；郑俊民译.—北京：科学出版社，1990.8.—148页；16开.—ISBN 7-03-001384-0：9.75元

输液药物配伍化学/周维书编著.—北京：中国医药科技出版社，1990.4.—323页；32开.—ISBN 7-5067-0132-4：7.00元

R95 药事组织

世界卫生组织药物依赖专家委员会第二十五个报告/世界卫生组织编；张守杰译.—北京：人民卫生出版社，1990.9.—49页；32开.—（技术报告丛书；775）.—ISBN 7-117-01396-6：1.45元

本报告汇集了世界卫生组织（MHO）药物依赖专家委员会对一些精神活性物质如何进行国际控制的集体观点。

医药仓储技术/总后勤部卫生部编.—北京：人民军医出版社，1990.2.—808页；32开.—ISBN 7-80020-123-6（精装）：13.00元

医院药品管理核算/蒋谷诒编著.—长沙：湖南出版社，1990.11.—254页；32开.—ISBN 7-5438-0031-4：4.00元

国际条约中麻醉药品与精神药物管制的指导原则/（ ）雷克塞德（Rexed，B.）等编；蔡志基等译.北京：人民卫生出版社，1990.4.—114页；大32开.ISBN 7-117-01339-7：3.00元

药品监督管理手册/张瑜主编.—济南：济南出版社，1990.10.—399页；32开.—ISBN 7-80572-302-8：4.40元

R96 药理学

吃药小常识/雷毓华编.—北京：农村读物出版社，1990.3.—56页；32开.—（实惠小丛书）.—ISBN 7-5048-1087-8：1.45元

药理学/刘维新主编.—济南：山东科学技术出版社，1990.6.—375页；16开.—全国中等中医药学校教材 供中医药学校各专业用.—ISBN 7-5331-0663-6：5.00元

药理学/殷善堂主编.—济南：山东科学技术出版社，1990.3.—323页；16开.—中等卫生学校教材 供护士专业用.—ISBN 7-5331-0658-X：6.70元

药理学多选题/丁全福主编.—北京：海洋出版社，1990.5.—278页；32开.—ISBN 7-5027-0926-6：3.70元

药理学实验指导/包定元主编.—成都：成都科技大学出版社，1990.1.—116页；16开.—ISBN 7-5616-0543-9：2.35元

高等药理学实验教程/刘发，王晓雯主编.—乌鲁木齐：新疆人民出版社，1990.7.—122页；16开.—ISBN 7-228-01438-3：2.90元

新编药理学/容健材，廖锡麟主编.—南京：江苏科学技术出版社，1990.6.—721页；16开.—ISBN 7-5345-0963-7：16.00元

R962/969 药理学各论

分子药理学/金荫昌主编.—天津：天津科学技术出版社，1990.2.—874页；16开.—ISBN 7-5308-0307-7（精装）：33.85元

免疫药理学/张罗修主编；庄庆琪等编写.—上海：上海医科大学出版社，1990.6.—221页；16开.高等医药院校教材.—ISBN 7-5627-0051-6：3.15元

放射药理学/孙祺薰编著.—北京：人民卫生出版社，1990.10.—325页；32开.—ISBN 7-117-00720-6：8.25元

药疗监护手册/罗素琴，亓永禄编著.—北京：中国医药科技出版社，1990.4.—648页；大32开.—ISBN 7-5067-0090-5：14.00元

药物不良反应处理手册/（美）柯林斯（Collins，R.D.）著；刘君实等主译.—贵阳：贵州科技出版社，1990.7.—364页；32开.—ISBN 7-80584-009-1：4.40元

本手册介绍了临床常用药物的不良反应、药物相互作用、用药注意事项和不良反应的处理。

药物代谢研究：意义、方法、应用/宋振玉主编.—北京：人民卫生出版社，1990.7.—323页；16开.—IBBN 7-117-01258-7：15.65元

药物相互作用：原理和生化基础/周维书等编著.北京：科学出版社，1990.7.—362页；32开.—ISBN 7-03-001513-4：9.20元

临床精神药理学/王祖诉等主编.—北京：北京医科大学、中国协和医科大学联合出版社，1990.10.257页；16开.—高等医药院校教材.—ISBN 7-81034-029-8：3.35元

麻醉药理学/郑斯聚，段世明主编.—北京：中国医药科技出版社，1990.9.—188页；16开.—高等医药院

校麻醉学专业试用教材　第四册.—ISBN 7-5076-0172-3：5.15元

R97　药　品

乡村医生药品知识手册/黄祚钦编著.—南宁：广西民族出版社，1990.5.—457页；32开.—ISBN 7-5363-1055-2：5.10元

中成药应用必备/朱进忠主编；胡兰贵，王旭中编著.—北京：中国中医药出版社，1990.9.—176页；32开.—（家庭必备中医丛书）.—ISBN 7-80089-059-7：3.25元

中成药临床手册/刘汉清主编.—南京：江苏科学技术出版社，1990.4.—731页；64开.—ISBN 7-5345-0904-1（精装）：4.40元

中国化学药品大全/赵克健编.—北京：新时代出版社，1990.4.—1108页；16开.—ISBN 7-5042-0065-4（精装）：41.00元

世界药物指南/国家医药管理局医药工业情报中心站，国际医药服务公司编.—上海：上海医科大学出版社，1990.1.—267页；16开.—ISBN 7-5627-0065-6：9.50元

用药与饮食/吴玉成编著.—北京：人民卫生出版社，1990.3.—37页；32开.—（健康小丛书/黄树则主编）.—ISBN 7-117-01267-6：0.57元

汉英药物词汇/刘有常主编.—广州：广东科技出版社，1990.5.—786页；大32开.—ISBN 7-5359-0414-9（精装）：15.00元

本书汇入合成药物、天然药物、生物制剂等词目约3万余条。

老年用药顾问/骆勤方主编.—北京：人民体育出版社，1990.9.—200页；32开.—（老年保健精要丛书）.—ISBN 7-5009-0322-7：3.10元

进口药英文说明书阅读指南/杨维濂主编.—沈阳：辽宁科学技术出版社，1990.10.—500页；32开.—ISBN 7-5381-0889-0：9.00元

河南中西药/马文飞主编.—南京：南京大学出版社，1990.5.—122页：照片；大32开.—ISBN 7-305-00800-1：14.00元

实用临床药物手册/张希德主编；刘泽玲等编.—上海：上海科技教育出版社，1990.3.—427页；32开.ISBN 7-5428-0329-8：4.85元

药品医学/（英）伯利（Burley, D.W.），（英）宾斯（Binns, T.B.）著；宋涛能，陆培民译.—北京：中国医药科技出版社，1990.11.—417页；32开.—ISBN 7-5067-0187-1：5.80元

药品营业员必读/李麟主编.—北京：中国医药科技出版社，1990.7.—505页；32开.—ISBN 7-5067-0140-5：7.00元

临床最佳用药指南/（美）沃尔特·穆德尔（Walter Modell, M.D.）著；王齐亮译.—济南：山东科学技术出版社，1990.1.—1129页；大32开.—ISBN 7-5331-0423-4（精装）：51.00元

书名原文：Drugs of Choice 1984～1985

急救药物手册/王家栋等编译.—北京：农村读物出版社，1990.4.—66页；32开.—ISBN 7-5048-1291-9：1.30元

家庭用药必读/王开贞等编著.—济南：山东大学出版社，1990.8.—196页；32开.—（初级卫生保健丛书）.—ISBN 7-5607-0398-4：2.45元

家庭实用自学用药法/朱砂等编著.—长春：长春出版社，1990.5.—224页；32开.—ISBN 7-80573-162-4：3.20元

家庭常用药物使用手册/沈钧棠主编.—上海：上海科学技术文献出版社，1990.10.—343页；32开.ISBN 7-80513-630-0：4.35元

袖珍实用药物手册/柯则龙等编.—福州：福建科学技术出版社，1990.5.—865页；64开.—ISBN 7-5335-0352-X：4.80元

袖珍药物手册/南京医学院第一附属医院《袖珍药物手册》编写组编.—2版.—南京：江苏科学技术出版社，1990.9.—950页；64开.—ISBN 7-5343-0007-9（精装）：5.60元

本书1983年4月第1版。

常用西药用药指南：药物的使用禁忌/李福涛主编.重庆：重庆大学出版社，1990.10.—171页；32开.ISBN 7-5624-0347-3：1.95元

新编临床药物手册/金有豫，王汝龙主编.—重庆：重庆出版社，1990.10.—615页；32开.—ISBN 7-5366-1288-5（精装）：9.75元

R971/978　各系统、各科疾病用药物

心血管药物十讲/陈全林编.—2版（修订再版本）.重庆：重庆出版社，1990.10.—506页；32开.—ISBN 7-5366-1304-0：6.70元

本书1982年10月第1版。

心血管药物临床应用指南/（美）施内韦斯（Schneeweiss, A.），（美）谢特勒（Schettler, G.）著；董长城等译.—北京：人民军医出版社，1990.10.—368页；32开.—ISBN 7-80020-183-X：5.80元

书名原文：Cardiovascular Drug Therapy in the Elderly

孕妇及婴幼儿用药指南/张安年主编.—北京：科学技术文献出版社，1990.5.—277页；32开.—ISBN 7-5023-0980-2：3.80元

抗生素/（日）米原弘著；方常福，王天哲译.—北京：中国医药科技出版社，1990.9.—459页；32开.

ISBN 7-5067-0159-6：8.00元

苯妥英钠临床广泛应用：生物电调节剂/（美）Barry H.Smith等著；黄明生等译.—成都：四川辞书出版社，1990.10.—212页；16开.—（药物编译手册；2）.—ISBN 7-80543-172-8（精装）：7.20元

鱼腥草酒健美法/（日）巴巴拉寺岡著；倪信兴等译.北京：科学技术文献出版社，1990.7.—96页；32开.—ISBN 7-5023-1224-2：2.15元

眼科实用药物手册/王国军主编；华龙山等编.—天津：天津科学技术出版社，1990.5.—273页；32开.ISBN 7-5308-0835-4：3.40元

辐射防护药及其作用机制/（美）J.C.利夫西等著；王培仁等译.—北京：中国科学技术出版社，1990.11.—142页；32开.—ISBN 7-5046-0282-5：3.50元

精神活性药物处方实践/（英）戈德（Ghodse，H.），（瑞士）卡恩（Khan，I.）编著；张岱，陈荔子译.—北京：人民卫生出版社，1990.8.—87页；18开.—ISBN 7-117-01419-9：2.00元

R99　毒物学（毒理学）

毒害品防护知识问答/丛金铎编.—沈阳：白山出版社，1990.10.—147页；32开.—ISBN 7-80566-160-X：2.30元

药物与化学物质毒性数据/温玉麟编.—天津：天津科学技术出版社，1989.12.—576页；16开.—ISBN 7-5308-0321-2：20.60元

S 农业科学

农业流变学导论/李瀚如，潘君拯著.—北京：农业出版社，1990.10.—212页；32开.—ISBN 7-109-01210-7：3.95元

农学伦理概论/刘龙驹，王志行主编.—济南：山东教育出版社，1990.4.—95页；32开.—ISBN 7-5328-0937-4：1.06元

本书探讨了中国历史上的农学、农业工作者的传统伦理思想、着重研究了现代农业科技、农业工作者的伦理问题。

绿色的哲理：对农业的起源、演化、体系及农耕文化、农业社会学的新探索/邹德秀著.—北京：农业出版社，1990.2.—289页；大32开.—ISBN 7-109-01294-8：5.85元

S-09 农学史

太湖地区农业史稿/中国农业科学院、南京农业大学中国农业遗产研究室太湖地区农业史研究课题组编著.—北京：农业出版社，1990.10.—476页；大32开.—ISBN 7-109-01318-9：15.20元

《耒耜经》和陆龟蒙/周昕编著.—北京：农业出版社，1990.4.—34页；32开.—ISBN 7-109-00333-7：1.20元

论农业考古/徐文华著.—南昌：江西教育出版社，1990.7.—344页；大32开.—ISBN 7-5392-0883-X：5.00元

农史研究　第九辑/华南农业大学农业历史遗产研究室编.—北京：农业出版社，1990.10.—153页；16开.—ISBN 7-109-00689-1：8.40元

农史研究　第十辑/华南农业大学农业历史遗产研究室编.—北京：农业出版社，1990.10.—193页；16开.—ISBN 7-109-01088-0：10.40元

《农说》的整理与研究/宋湛庆编著.—南京：东南大学出版社，1990.12.—137页；大32开.—ISBN 7-81023-342-4：2.85元

S-1 农业技术现状、概况

中国农业科学技术四十年/中国农业科学院主编.北京：农业出版社，1990.6.—544页；16开.—ISBN 7-109-01604-8：30.00元

农业技术概论/吕东升，边琴兰主编.—长春：吉林大学出版社，1990.12.—257页；32开.—ISBN 7-5601-0713-3：3.60元

农业综合技术/翟满屯主编.—石家庄：河北人民出版社，1990.3.—453页；32开.—ISBN 7-202-00626-X：4.60元

实用农业技术/山西省农业科学院编.—太原：山西科学教育出版社，1990.12.—213页；32开.—ISBN 7-5377-0324-8：3.10元

面向21世纪的日本农林水产业：研究方向及目标/日本农林水产技术会议事务局编；魏景芳等译.—北京：中国科学技术出版社，1990.11.—125页；32开.—ISBN 7-5046-0301-5：3.00元

S-3 农业科学研究、试验

世界自然农法/（日）来米速水编著；黄细喜，顾克礼译.—北京：中国环境科学出版社，1990.12.93页；32开.—ISBN 7-80010-744-2：1.80元

农业实验技术/艾力·吐尔地著.—喀什：喀什维吾尔文出版社，1990.12.—458页；32开.—2.90元

农业情报研究与预测/薛紫华编著.—北京：农业出版社，1990.5.—196页；32开.—ISBN 7-109-01664-1：3.50元

汾阳科技兴农研究/董锡铭主编.—太原：山西人民出版社，1990.11.—206页；32开.—ISBN 7-203-01776-1：3.90元

科技兴农项目精选　(1)/蔡毅主编.—北京：光明日报出版社，1990.9.—177页；32开.—（连续出版物；1）.—ISBN 7-80014-890-4：2.50元

S-4 农业科学教育与普及

乡村经济开发实用技术精选/吕振涛主编.—哈尔滨：黑龙江科学技术出版社，1990.7.—378页；16开.—ISBN 7-5388-1214-8：12.00元

农业实用技术问答：黑龙江省农民科学种田知识大奖赛赛题/孙甲主编.—哈尔滨：黑龙江科学技术出版社，1990.11.—269页；32开.—ISBN 7-5388-1398-5：3.70元

农业科技谚语/梁军编著.—西安：陕西人民教育出版社，1990.8.—121页；32开.—ISBN 7-5419-1635-8：1.20元

农民百科知识日读/裴浩林主编.—北京：中国社会出版社，1990.10.—600页；大32开.—ISBN 7-

80088-008-7：8.10元

农村实用科技/董树平主编.—北京：中国商业出版社，1990.12.—213页；32开.—惠民地区初中阶段劳动技术课补充教材.—ISBN 7-5044-0753-4：2.20元

农村致富技术集锦/袁吉林主编.—北京：农业出版社，1990.12.—189页；32开.—ISBN 7-109-02036-3：2.50元

本书内容包括种植、养殖和农副产品加工3部分。

农科教学法/周长春等编著.—北京：农业出版社，1990.6.—380页；32开.—(农业教育科学丛书).ISBN 7-109-01545-9：5.70元

农家科学致富400法/赵庆华主编.—2版.—北京：金盾出版社，1990.11.—468页；32开.—ISBN 7-80022-236-5：5.90元

本书1986年10月第1版，又名：退伍军人科学致富手册

庭院实用技术/麻时宽，张炳宣主编.—北京：农业出版社，1990.5.—338页；32开.—ISBN 7-109-01598-X：4.80元

庭院经济实用技术手册/刘有恒主编.—长沙：湖南科学技术出版社，1990.11.—463页；32开.—ISBN 7-5357-0801-3：4.80元

版权页题名：庭院经济实用手册

庭院致富手册/丁长奎等编.—南昌：江西科学技术出版社，1990.10.—242页；32开.—ISBN 7-5390-0371-5：3.00元

庭院致富指南：庭院养殖业/河南省科学技术协会主编.—郑州：河南科学技术出版社，1990.5.—329页；32开.—ISBN 7-5349-0361-0：3.50元

S-6　农业科学参考工具书

中国农业百科全书：昆虫卷/中国农业百科全书总编辑委员会昆虫卷编辑委员会，中国农业百科全书编辑部编.—北京：农业出版社，1990.6.—598页；16开.—ISBN 7-109-01263-8(精装)：50.00元

中国农业百科全书：蔬菜卷/中国农业百科全书总编辑委员会蔬菜卷编辑委员会，中国农业百科全书编辑部编.—北京：农业出版社，1990.11.—379页；16开.—ISBN 7-109-01658-7(精装)：45.00元

汉英农业科技词典/杨易等编著.—北京：中国农业科技出版社，1990.5.—839页；32开.—ISBN 7-80026-174-3(精装)：18.00元

农业技术推广工作手册/全国农业技术推广总站主编.—北京：农业出版社，1990.10.—466页；大32开.—ISBN 7-109-01391-X(精装)：9.45元

致富新技术手册/湖南科学技术出版社编.—长沙：湖南科学技术出版社，1990.3.—509页；32开.—ISBN 7-5357-0635-5：6.10元

S1　农业基础科学

农业基础/赵正泰主编.—长春：东北师范大学出版社，1990.6.—388页；大32开.—全国高等师范专科学校教材.—ISBN 7-5602-0405-8：3.30元

农牧学基础/沈昌蒲　周忠主编.—北京：机械工业出版社，1990.10.—191页；16开.—高等学校试用教材.—ISBN 7-111-02305-6：2.50元

S11/13　农业数学、物理学和化学

农业化学：总论/北京农业大学主编.—2版.—北京：农业出版社，1990.5.—317页；16开.—全国高等农业院校教材　土化专业用.—ISBN 7-109-01454-1：4.15元

本书1980年1月第1版。

农业科学中的物理学/胡一飞编著.—上海：上海教育出版社，1990.3.—124页；32开.—(中学生文库).—ISBN 7-5320-1714-1：1.20元

农业遥感/林培主编.—北京：北京农业大学出版社，1990.8.—301页；16开.—全国高等农业院校教材　土地资源、土化、草原、农学、植保专业用·ISBN 7-81002-172-9：4.00元

农科物理学　上册/章志刚等编.—上海：上海交通大学出版社，1990.11.—350页；32开.—高等农、林、牧、水产院校试用教材.—ISBN 7-313-00732-9：3.65元

农科物理学　下册/章志刚等编.—上海：上海交通大学出版社，1990.12.—208页；32开.—高等农、林、牧、水产院校试用教材.—ISBN 7-313-00746-9：2.25元

线性规划、目标规划及其农业应用/裴鑫德编著.北京：科学技术文献出版社，1990.6.—442页；32开.ISBN 7-5023-1219-6：9.90元

核技术与农业环境保护/陈传群编著.—北京：原子能出版社，1990.11.—44页；32开.—(全国星火计划丛书·农林业应用核技术系列书；6).—ISBN 7-5022-0332-X：0.95元

S14　肥料学

S141　农家肥料

叶面肥在农业上的应用/张丕方，赵庆华主编.—上海：上海科学技术文献出版社，1990.8.—257页；32开.—ISBN 7-80513-723-4：4.65元

城市垃圾堆肥原理与工艺/陈世和，张所明编著.上海：复旦大学出版社，1990.7.—215页；32开.

ISBN 7-309-00467-1：2.45元

堆肥工程与堆肥工厂/蔡建成等编译.—北京：机械工业出版社，1990.4.—310页；16开.—ISBN 7-111-02013-8：20.35元

本书重点阐述了堆肥过程所涉及的各个学科领域的有关概念及数学模型的建立，也论述了堆肥工厂建设中的有关系统、设备和有害物控制诸问题。

S143/144 化学肥料、细菌肥料

高效涂层氮肥及其施用技术/陈大昭等编著.—广州：广东科技出版社，1990.12.—150页；32开.—ISBN 7-5359-0743-1：2.30元

植物生长调节剂与保鲜剂/沈岳清，马永文编.—北京：化学工业出版社，1990.10.—377页；32开.（农药使用技术大全）.—ISBN 7-5025-0698-5：7.00元

植物生长调节剂实用技术/周守详主编.—北京：中国文史出版社，1990.4.—183页；32开.—ISBN 7-5034-0166-4：3.60元

植物激素在蔬菜上的应用/郭清秀等编著.—郑州：中原农民出版社，1990.9.—42页；32开.—（农业新技术丛书）.—ISBN 7-80538-210-7：0.70元

新型作物增产剂——小麦根际联合固氮菌剂/王龙俊，陈子威编著.—南京：江苏科学技术出版社，1990.8.—68页；32开.—ISBN 7-5345-0975-0：0.80元

ABT增产灵在农作物上的应用技术手册/王涛，普宗道编著.—北京：中国林业出版社，1990.4.—58页；32开.—ISBN 7-5038-0693-1：1.20元

S147 积肥与施肥

农民施肥新技术/浙江省土壤肥料学会编.—杭州：浙江科学技术出版社，1990.11.—89页；32开.—ISBN 7-5341-0343-6：0.95元

农作物的科学施肥/广东省农业委员会科教处，广东省科学技术协会普及部编.—北京：科学普及出版社，1990.9.—40页；32开.—（科技兴农丛书）.ISBN 7-110-01724-9：0.67元

如何提高施肥效率：天气与肥效/（苏）Федосеев，А.П.著；王书裕译.—北京：气象出版社，1990.8.—165页；32开.—ISBN 7-5029-0377-1：4.40元

作物营养与施肥/浙江农业大学主编.—北京：农业出版社，1990.5.—427页；16开.—全国高等农业院校教材.—ISBN 7-109-01268-9：5.40元

肥料施用常规技术/刘藏珍等编.—北京：教育科学出版社，1990.11.—43页；32开.—（农村实用技术丛书/周治华主编）.—ISBN 7-5041-0563-5：0.90元

配方施肥/农业部农业司编.—北京：农业出版社1990.5.—244页；32开.—（全国农业实用技术丛书/农业部等主编）.—ISBN 7-109-01832-6：3.35元

S15 土壤学

土壤与农作/曹境云主编.—2版.—北京：水利电力出版社，1990.10.—162页；16开.—中等专业学校教材.—ISBN 7-120-01139-1：1.95元

本书1979年7月第1版。

土壤与植物生长的数学研究/杨芳霖编著.—西安：陕西科学技术出版社，1990.4.—159页；32开.—ISBN 7-5369-0708-7：2.50元

陈恩凤文集/《陈恩凤文集》编委会编.—沈阳：辽宁科学技术出版社，1990.11.—383页；大32开.ISBN 7-5381-1064-X（精装）：12.00元

S152/153 土壤物理学、土壤化学

土壤化学/袁可能主编.—北京：农业出版社，1990.5.—137页；16开.—全国高等农业院校教材土壤与植物营养专业用.—ISBN 7-109-01211-5：1.95元

土壤发生中的化学过程/于天仁，陈志诚主编.—北京：科学出版社，1990.2.—498页；32开.—ISBN 7-03-001439-1：16.20元

土壤胶体　第三册：土壤胶体的性质/熊毅等编著.—北京：科学出版社，1990.2.—575页；32开.ISBN 7-03-001289-5：18.90元

河北土壤微量元素研究与微肥应用/孙祖琰，丁鼎治主编.—北京：农业出版社，1990.12.—225页；16开.—ISBN 7-109-01808-3：13.60元

微波遥感土壤水分/杜文才等编译.—南京：江苏科学技术出版社，1990.6.—174页；32开.—ISBN 7-5345-0967-X：2.30元

S154/156 土壤生物学、土壤改良

土地开发利用与盐碱化防治/宁夏世界银行贷款项目办公室编.—银川：宁夏人民出版社，1990.7.73页；32开.—（农业科技普及丛书/王洪深主编）.ISBN 7-227-00584-4：1.00元

土壤和环境微生物学/陈文新主编.—北京：北京农业大学出版社，1990.9.—288页；16开.—全国高等农业院校统编教材　微生物专业用.—ISBN 7-81002-164-8：3.80元

吉林省中西部沙化土地景观生态建设/东北师范大学地理系自然资源研究室《吉林省中西部沙化土地景观生态建设》课题组编.—长春：东北师范大学出版

社，1990.8.—109页；16开.—ISBN 7-5602-0510-0：5.00元

低洼地渍害与治理试验研究/刘昌明等编.—大连：大连出版社，1990.12.—225页；16开.—ISBN 7-80555-345-9：8.50元

治沙/赵能乃编著.—呼和浩特：内蒙古教育出版社，1990.6.—134页；32开.—ISBN 7-5311-1064-4：1.30元

S157　水土保持

中国—加拿大　晋西黄土高原土壤侵蚀规律实验研究文集/山西省水土保持科学研究所等编.—北京：水利电力出版社，1990.7.—147页；16开.—ISBN 7-120-01158-3：8.00元

水土保持工程/刘松林编.—北京：水利电力出版社，1990.4.—145页；16开.—高等学校教材　专科适用.—ISBN 7-120-01051-4：2.00元

水土保持线性规划/陶鸿钧编.—北京：水利电力出版社，1990.6.—116页；16开.—高等学校教材　专科适用.—ISBN 7-120-00884-6：1.60元

休闲耕地留秆　防止水土流失　提高农作物产量/王铁生，王铁铭著.—北京：农村读物出版社，1990.6.—30页；32开.—ISBN 7-5048-1094-0：0.45元

S158　土壤肥力(土壤肥沃性)

土地培肥保养的理论与实践/费云良等主编.—济南：山东人民出版社，1990.1.—220页；32开.—ISBN 7-209-00593-5：2.80元

土壤与肥料/宁夏世界银行贷款项目办公室编.—银川：宁夏人民出版社，1990.4.—95页；32开.—(农业科技普及丛书/王洪深主编).—ISBN 7-227-01535-6：1.05元

土壤肥力物质基础及其调控/陈恩凤编著.—北京：科学出版社，1990.4.—379页；大32开.—ISBN 7-03-001514-2：14.50元

土壤肥料/广东省教育厅教材编审室编.—广州：广东教育出版社，1990.6.—208页；32开.—广东省农业职业中学试用课本　高中一年级用.—ISBN 7-5406-1130-3：1.70元

土壤肥料/黑龙江省教育委员会桦南县农村教育整体改革实验区课题组主编.—哈尔滨：黑龙江科学技术出版社，1990.5.—99页；32开.—(农业科学技术普及读物系列丛书).—黑龙江省农村初级职业技术教育实验实施教育燎原计划培训教材.—ISBN 7-5388-1050-1：1.60元

土壤肥料学/华孟主编；段孟联，陆景陵编著.—北京：农业出版社，1990.5.—270页；16开.—中央农业广播电视学校教材.—ISBN 7-109-01688-9：4.45元

土壤肥料学/张景略，徐本生主编.—郑州：河南科学技术出版社，1990.9.—400页；16开.—高等农业院校试用教材.—ISBN 7-5349-0699-7：9.40元

土壤肥料学　上册/刘念祖，陆景陵编.—北京：中央广播电视大学出版社，1990.5.—211页；16开.ISBN 7-304-00471-1：2.80元

土壤肥料学　下册/刘念祖，陆景陵编.—北京：中央广播电视大学出版社，1990.5.—186页；16开.ISBN 7-304-00528-9：2.50元

土壤肥料学　上册/胡景赓等编著.—上海：上海科学技术出版社，1990.1.—211页；16开.—农学类专业用.—ISBN 7-5323-1865-6：5.30元

土壤肥料学　下册/胡景赓等编著.—上海：上海科学技术出版社，1990.1.—156页；16开.—农学类专业用.—ISBN 7-5323-1866-4：3.95元

黑土肥力与耕作施肥/李庆民等编著.—哈尔滨：黑龙江科学技术出版社，1990.10.—165页；32开.ISBN 7-5388-1359-4：2.50元

S159　土壤地理、土壤调查

卫星图象土地资源解译制图/徐盛荣主编.—北京：农业出版社，1990.7.—204页；16开.—ISBN 7-109-01700-1：6.96元

生物地理和土壤地理研究/中国地理学会自然地理专业委员会编.—北京：科学出版社，1990.3.—212页；16开.—ISBN 7-03-001535-5：13.80元

中国土壤元素背景值/国家环境保护局主持；中国环境监测总站主编.—北京：中国环境科学出版社，1990.8.—501页；16开.—ISBN 7-80010-772-8(精装)：27.00元

中国土壤地理/张俊民等编著.—南京：江苏科学技术出版社，1990.10.—302页；大32开.—(中国地理丛书).—ISBN 7-5345-1061-9：5.40元

开封土壤/李相军等编著.—北京：海洋出版社，1990.6.—205页；16开.—ISBN 7-5027-1830-3：25.00元

井陉土壤/高斌海等编著.—大连：大连理工大学出版社，1990.11.—95页；16开.—ISBN 7-5611-0209-7：3.00元

天津土种志/天津市土壤普查办公室等编著；蒋德勤主编.—天津：天津科学技术出版社，1990.3.76页：图；16开.—ISBN 7-5308-0586-X(精装)：25.00元

乌兰察布盟土壤/乌兰察布盟土壤普查办公室编著.—呼和浩特：内蒙古人民出版社，1990.9.—627

页；16开.—ISBN 7-204-00925-8：20.00元

宁夏土壤/宁夏农业勘查设计院编.—银川：宁夏人民出版社，1990.9.—544页；16开.—ISBN 7-227-00488-0：11.70元

辽宁省第二次土壤普查专题研究文选/贾文锦，李文科主编.—沈阳：辽宁大学出版社，1990.6.—464页；16开.—ISBN 7-5610-1034-6：20.00元

延边朝鲜族自治州土壤志/刘忠杰主编.—延吉：延边大学出版社，1990.12.—287页；16开.—ISBN 7-5634-0217-9(精装)：72.00元

江苏省淮阴市土壤志/黄启武，王克孟主编.—北京：科学技术文献出版社，1990.3.—744页；16开.ISBN 7-5023-1265-X(精装)：36.00元

安阳土壤/曾庆芳等主编.—北京：海洋出版社，1990.1.—248页；16开.—ISBN 7-5027-0919-3(精装)：15.00元

赤峰市土壤/赤峰市土壤普查办公室编著.—呼和浩特：内蒙古人民出版社，1990.11.—268页；16开.ISBN 7-204-00746-8：9.50元

赤峰市土壤侵蚀沙化及治理/姜占荣，赵恒志主编.赤峰：内蒙古科学技术出版社，1990.9.—194页；大32开.—ISBN 7-5380-0115-8：1.90元

拉萨菜地土壤/王浩清编著.—南京：江苏科学技术出版社，1990.8.—40页；16开.—ISBN 7-5345-0996-3：4.30元

河北土壤/河北省土壤普查办公室编；李承绪主编.石家庄：河北科学技术出版社，1990.12.—500页；16开.—ISBN 7-5375-0584-5(精装)：18.60元

河北土壤/河北省土壤普查办公室编；李承绪主编.石家庄：河北科学技术出版社，1990.12.—500页；16开.—ISBN 7-5375-0340-0：13.60元

河北省土地类型图：1：500000/河北省科学院地理研究所主编.—北京：测绘出版社，1990.2.—4张；全开+说明书1册.—ISBN 7-5030-0420-7：40.00元

河南省土壤可溶态稀土分布图/河南省科学院、计经委地理研究所稀土组编制.—北京：气象出版社，1990.3.—1张；全开.—ISBN 7-5089-0408-5：2.50元

济宁市土壤/谷明兰，李纯玉主编.—济南：山东省地图出版社，1990.3.—249页；16开.—ISBN 7-80532-024-1：8.00元

海南岛土壤植被系统的地球化学/曾水泉著.—广州：广东科技出版社，1990.1.—115页；16开.—ISBN 7-5359-0592-7：3.30元

S16　农业气象学

气象中等专业学校农业气象专业(四年制)教学计划、教学大纲/国家气象局科教司编.—北京：气象出版社，1990.6.—141页；16开.—ISBN 7-5029-0445-X：1.65元

气象学与农业气象学/易明晖编著.—北京：农业出版社，1990.6.—235页；16开.—ISBN 7-109-01439-8：7.15元

气象基础与农业气象/徐祝龄等编写.—北京：农业出版社，1990.5.—267页；16开.—中央农业广播电视学校试用教材.—ISBN 7-109-01687-0：4.30元

各行各业用气象：六畜兴旺/袁建新编著.—北京：气象出版社，1990.10.—113页；32开.—(应用气象丛书).—ISBN 7-5029-0419-0：2.10元

农业气象/广东省教育厅教材编审室编.—广州：广东教育出版社，1990.6.—207页；32开.—广东省农业职业中学试用课本　高中一年级用.—ISBN 7-5406-1129-4：1.65元

农业气象/黑龙江省教育委员会桦南县农村教育整体改革实验区课题组主编.—哈尔滨：黑龙江科学技术出版社，1990.3.—98页；32开.—(农业科学技术普及读物系列丛书).—黑龙江省农村初级职业技术教育实验实施教育燎原计划培训教材.—ISBN 7-5388-1051-X：1.60元

农业产量气象模拟与模型引论/王馥棠等著.—北京：科学出版社，1990.11.—257页；32开.—ISBN 7-03-002018-9：6.20元

普通农业气象学/刘汉中主编.—北京：北京农业大学出版社，1990.5.—532页；大32开.—全国高等农业院校教材.—ISBN 7-31002-194-X：5.25元

S162　农业气候

农业气候条件及其指标/丘宝剑，卢其尧著.—北京：测绘出版社，1990.1.—94页；16开.—ISBN 7-5030-0306-5：6.00元

农业气候学/欧阳海等编著.—北京：气象出版社，1990.3.—535页；大32开.—ISBN 7-5029-0314-3：3.50元

山西省农业气候资源图集/山西省气象档案馆编绘.—北京：气象出版社，1990.1.—134页；16开.ISBN 7-5029-0370-4(精装)：40.00元

云南农业气候图集/王宇主编.—北京：气象出版社，1990.10.—152页；16开.—ISBN 7-5029-0497-2：25.00元

云南省农业气候资源及区划/王宇等编著.—北京：气象出版社，1990.10.—250页；16开.—ISBN 7-5029-0479-4：12.00元

中国亚热带东部山区农业气候/中国亚热带东部丘陵山区农业气候资源及其合理利用研究课题协作组

编．—北京：气象出版社，1990.12.—376页；16开．ISBN 7-5029-0564-2：17.20元

吉林省农业气候长期预测研究/潘铁夫著．—北京：中国农业科技出版社，1990.1.—68页；32开．—ISBN 7-80026-169-7：1.15元

华北平原旱涝气候：华北平原农业自然条件与区域开发研究/李克让等著．—北京：科学出版社，1990.2.—192页；16开．—ISBN 7-03-001504-5：14.70元

黄土高原地区农业气候资源图集/中国科学院黄土高原综合科学考察队气候组编绘．—北京：气象出版社，1990.9.—137页；16开．—ISBN 7-5029-0542-1：14.00元

福建农业气候资源与区划/福建省气象局，福建省农业区划委员会办公室编．—福州：福建科学技术出版社，1990.2.—181页；16开．—ISBN 7-5335-0323-6：4.45元

S18 农业生物学

英汉农业生物学词典/徐祥浩主编．—北京：农业出版社，1990.5.—726页；32开．—ISBN 7-109-00042-7（精装）：55.60元

S181 农业生态学

中国农村庭院生态学概论/云正明等编著．—石家庄：河北科学技术出版社，1990.2.—219页；32开．ISBN 7-5375-0469-5：2.40元

北方庭院生态农业模式/王京平，魏丕斌著．—大连：大连出版社，1990.12.—132页；32开．—ISBN 7-80555-374-2：2.50元

生态农业设计方法/云正明著．—北京：农业出版社，1990.5.—150页；大32开．—ISBN 7-109-01298-0：3.55元

生态农业实用技术/沈桂才主编．—南京：江苏科学技术出版社，1990.11.—221页；32开．—ISBN 7-5345-1068-6：3.00元

农业生态广播讲座汇编/杜竞一主编．—石家庄：河北科学技术出版社，1990.8.—143页；32开．—ISBN 7-5375-0535-7：1.95元

S2 农业工程

农业工程手册 第一册：农业工程项目可行性研究/中国农业工程研究设计院，北京农业工程大学编．—北京：农业出版社，1990.10.—589页；大32开．—ISBN 7-109-01505-X（精装）：13.65元

S21 农业动力、能源

华北平原区农村能源的开发与利用/河间农村能源综合试点课题组编著．—北京：中国科学技术出版社，1990.10.—304页；16开．—ISBN 7-5046-0247-7：15.00元

农村能源建设综合规划方法及其应用/顾树华等编著．—北京：北京出版社，1990.3.—197页；32开．ISBN 7-200-01067-7：3.25元

河南省农村能源区域规划/河南省农村能源环保管理总站，河南大学河南自然地理研究室编．—开封：河南大学出版社，1990.11.—163页；16开．—ISBN 7-81018-562-4：4.80元

S216 生物能的应用

沼气综合利用技术问答/王则武主编．—合肥：安徽科学技术出版社，1990.10.—62页；32开．—ISBN 7-5337-0633-2：0.95元

新型家用水压式沼气池/白廷弼著．—兰州：甘肃科学技术出版社，1990.8.—128页；32开．—ISBN 7-5424-0311-7：2.50元

S219 拖拉机

小四轮拖拉机驾驶员必读/金银主编．—北京：科学普及出版社，1990.12.—274页；32开．—ISBN 7-110-01772-9：3.80元

小四轮拖拉机驾驶员实用读本/王浩，张旭东主编．—北京：学苑出版社，1990.10.—249页；32开．（科技兴农丛书）．—ISBN 7-5077-0009-7：3.80元

小四轮拖拉机200解/黄锦天主编．—哈尔滨：黑龙江科学技术出版社，1990.7.—144页；32开．—ISBN 7-5388-1211-3：2.65元

小型拖拉机的维护及节能技术/青海省农牧机械管理局编．—西宁：青海人民出版社，1990.10.—63页；32开．—（全国星火计划丛书）．—ISBN 7-225-00403-4：1.10元

小型拖拉机驾驶员作业练习册/安徽省农机局管理处编．—合肥：安徽科学技术出版社，1990.6.—90页；32开．—ISBN 7-5337-0618-8：1.20元

小型拖拉机驾驶员读本/甘肃省农业机械学会兰州市农牧局编．—北京：机械工业出版社．1990.12．767页；32开．—ISBN 7-111-02728-0：6.50元

小型拖拉机故障分析与排除/姚凤凯，曹春斌编著．北京：机械工业出版社，1990.7.—182页；32开．ISBN 7-111-02546-6：3.00元

小型拖拉机故障检修图解/赵次顺等主编．—大连：大连出版社，1990.12.—260页；32开．—ISBN 7-80555-062-X：4.10元

小型拖拉机故障排除/赵云龙，金艮编著．—北京：中国科学技术出版社，1990.6.—202页；32开．—IS

BN 7-5046-0183-7；3.00元

小型拖拉机检测与调修/刘银拴等编.—北京：中国农业机械出版社，1990.4.—227页；32开.—ISBN 7-80032-069-3：2.50元

小型拖拉机维修指南/绿茵主编.—北京：科学普及出版社，1990.6.—180页；32开.—ISBN 7-110-01671-4：3.00元

手扶拖拉机驾驶员读本/支杏珍等编.—北京：北京出版社，1990.11.—357页；32开.—ISBN 7-200-01315-3：4.55元

东方红履带拖拉机推土机驾驶员读本/第一拖拉机制造厂，农业机械图书编辑部编.—北京：北京科学技术出版社，1990.11.—296页；16开.—ISBN 7-5304-0756-2：9.50元

东方红履带拖拉机推土机零部件图册/第一拖拉机制造厂，农业机械图书编辑部编.—北京：北京科学技术出版社，1990.1.—233页；16开.—ISBN 7-5304-0657-4：8.30元

农用小型柴油机使用与维修/吴万盛等主编.—北京：学苑出版社，1990.4.—222页；32开.—ISBN 7-5077-0010-0：3.20元

农牧用拖拉机驾驶员考试问答/内蒙古自治区公安厅车辆管理所，内蒙古自治区农牧机械监理总站编.呼和浩特：内蒙古人民出版社，1990.12.—154页；32开.—ISBN 7-204-01201-1：3.90元

拖拉机安全使用指南/李银主编.—北京：科学普及出版社，1990.12.—168页：图；32开.—ISBN 7-110-01617-X：3.40元

拖拉机安全驾驶350问/姚平民，王复英编著.—北京：科学普及出版社，1990.10.—143页；32开.ISBN 7-110-01616-1：3.00元

拖拉机的安全驾驶/姚凤凯等编著.—北京：机械工业出版社，1990.7.—124页；32开.—ISBN 7-111-02545-8：3.00元

拖拉机驾驶员实用技术/山西省农机管理局《山西农机》杂志社编.—太原：山西科学教育出版社，1990.2.—316页；32开.—复训教材.—ISBN 7-5377-0231-4：4.50元

神牛——25型拖拉机/湖北省农业机械管理局编.武汉：湖北科学技术出版社，1990.9.—362页；32开.—ISBN 7-5352-0633-6：4.20元

铁牛——55C型拖拉机使用与保养/天津拖拉机制造厂产品研究所编.—新1版.—北京：机械工业出版社，1990.9.—121页；16开.—ISBN 7-111-02526-1：3.30元

本书中国农业机械出版社1936年11月第1版。

12型手扶拖拉机驾驶员读本/余保华等编.—合肥：安徽科学技术出版社，1990.11.—189页；32开.—ISBN 7-5337-0494-X：2.80元

25型拖拉机驾驶员读本/机械电子工业部工程农机司科技处，农业机械杂志社编.—北京：机械工业出版社，1990.12.—209页；16开.—ISBN 7-111-02771-X：5.40元

802拖拉机/董克俭主编.—哈尔滨：黑龙江科学技术出版社，1990.11.—235页；32开.—ISBN 7-5388-1377-2：3.90元

S22　农业机械及农具

小型农业机械的操作使用/戴连发主编.—北京：科学技术文献出版社，1990.5.—308页；32开.—ISBN 7-5023-1247-1：3.90元

小型农机具的简易修理/赵世忠，包莫华编著.—天津：天津科学技术出版社，1990.5.—248页；32开.（机械设备维修丛书）.—ISBN 7-5308-0641-6：4.70元

中小农具、耕牛商品知识/广东省供销合作联社教育处，广东省农业生产资料公司编.—广州：华南理工大学出版社，1990.7.—88页；32开.—ISBN 7-5623-0206-5：1.50元

水田小井配套柴油机使用技术/长春市农业机械管理局，长春市水利局编.—长春：吉林科学技术出版社，1990.2.—112页；32开.—ISBN 7-5384-0530-5：2.00元

农业机械/肖尊辉，扶爱民编.—长沙：湖南教育出版社，1990.1.—132页；16开.—中等职业技术学校教材.—ISBN 7-5355-1038-8：2.30元

农业机械/黑龙江省教育委员会桦南县农村教育整体改革实验区课题组主编.—哈尔滨：黑龙江科学技术出版社，1990.3.—137页；32开.—（农业科学技术普及读物系列丛书）.—黑龙江省农村初级职业技术教育实验实施教育燎原计划培训教材.—ISBN 7-5388-1089-7：1.80元

农业机械田间作业规程/新疆生产建设兵团机务处编.—乌鲁木齐：新疆人民出版社，1990.10.—266页；32开.—ISBN 7-228-01534-7：3.10元

农业机械设计手册　下册/中国农业机械化科学研究院编.—北京：机械工业出版社，1990.11.—891页；16开.—ISBN 7-111-00742-5（精装）：44.20元

农用机器可靠性技术/（苏）叶尔莫洛夫（Ермолов，Л.С.）等著；高行方，华国柱译.—北京：农业出版社，1990.12.—256页；32开.—ISBN 7-109-01299-9：5.25元

农民农机技术人员必读/农业部农业机械化管理司编.—南京：东南大学出版社，1990.6.—381页；大32开.—ISBN 7-81023-346-4：5.60元

农机实用技术问答/山西省临汾地区农机学会编.北京：机械工业出版社，1990.6.—322页；32开.

ISBN 7-111-02286-6：6.35元

农机监理之声　(上)/葛仲昆等编著.—北京：机械工业出版社，1990.12.—189页；32开.—(农机安全监理丛书).—ISBN 7-111-02767-1：1.95元

高级农机修理工技术考核/农业部农业机械化管理司编.—北京：机械工业出版社，1990.6.—328页；32开.—ISBN 7-111-02411-7：7.00元

S23　农业机械化

乡、村农机管理服务组织建设/姚凤凯，高志新编著.北京：机械工业出版社，1990.10.—211页；32开.ISBN 7-111-02699-3：3.80元

农业根本之路：前进中的安徽农机化/郭子超主编.—南京：江苏科学技术出版社，1990.9.—297页；32开.—ISBN 7-5345-1028-7：3.50元

现代农业机械化技术/(联邦德国)文内尔(Wenner，H.L.)等著；《现代农业机械化技术》翻译组译.—北京：机械工业出版社，1990.7.—473页；16开.—ISBN 7-111-02287-4(精装)：25.00元

油料知识与管理/辽宁省农机局编.—沈阳：辽宁科学技术出版社，1990.8.—106页；32开.—ISBN 7-5381-0973-0：2.00元

道路正在开拓：农业机械化综合试点工作经验选/农业部农业机械化管理司编.—北京：机械工业出版社，1990.11.—408页；32开.—ISBN 7-111-02740-X：6.00元

S232　农业机械与拖拉机运用学

小四轮拖拉机配套农具/农业部农业机械化管理司编.—北京：机械工业出版社，1990.12.—312页；32开.—全国统编农机成人教育教材.—ISBN 7-111-02757-4：4.00元

农业机械运用学原理/吴相淦，张松明编著.—北京：中国农业机械出版社，1990.5.—411页；16开.ISBN 7-80032-035-9：20.00元

农用油料知识与管理/谢安石，王浩主编.—北京：学苑出版社，1990.12.—145页；32开.—ISBN 7-5077-0266-9：2.00元

农机节油技术/栗剑华，王华平主编.—太原：山西高校联合出版社，1990.12.—233页；32开.—ISBN 7-81032-013-0：3.60元

农机事故一百例和安全行车常识/章金荣，吴福明编.—昆明：云南科技出版社，1990.4.—160页；64开.—ISBN 7-5416-0278-7：1.50元

农机油料常识与节油技术/余保华等编写.—合肥：安徽科学技术出版社，1990.4.—87页；32开.—ISBN 7-5337-0467-4：1.20元

实用小型拖拉机及其农具故障分析与排除/俞启田编著.—北京：科学普及出版社，1990.10.—169页；32开.—ISBN 7-110-01819-9：2.50元

S24　农业电气化

农村电气化规划优化方法/邓秉礼等编著.—杭州：浙江大学出版社，1990.10.—282页；32开.—ISBN 7-308-00621-2：5.40元

S27　农田水利

中国农田水利史/汪家伦，张芳编著.—北京：农业出版社，1990.12.—477页；大32开.—ISBN 7-109-01621-8(精装)：17.75元

中国灌排泵站/水利部农村水利水土保持司，能源部水利部水利电力情报研究所编.—北京：农业出版社，1990.1.—84页；8开.—ISBN 7-109-01586-8：20.00元

节水型农业灌溉技术/徐国郎等著.—北京：气象出版社，1990.10.—318页；大32开.—ISBN 7-5029-0489-1：7.60元

机井试验研究技术成果选编/水利部农村水利水土保持司编.—北京：水利电力出版社，1990.8.—186页；16开.—ISBN 7-120-01159-6：7.10元

农田水分与能量试验研究/唐登银，谢贤群主编.北京：科学出版社，1990.1.—225页；16开.—ISBN 7-03-001399-9：15.20元

农田水利与泵站工程/皮积瑞主编.—北京：水利电力出版社，1990.5.—299页；16开.—高等学校教材.—ISBN 7-120-00889-7：3.85元

农用井泵/栾鸿儒主编.—2版.—北京：水利电力出版社，1990.3.—439页；32开.—ISBN 7-120-00697-5：9.00元

本书1978年1月第1版。

农村水资源合理利用/沈秀英，曲中甲主编.—北京：北京科学技术出版社，1990.8.—239页；32开.ISBN 7-5304-0695-7：3.50元

改水技能/王光全，沈学方编著.—成都：成都出版社，1990.12.—253页；32开.—(智慧农民丛书/李守凡主编).—ISBN 7-80575-093-9：2.53元

灌溉原理与应用/粟宗嵩主编.—北京：科学普及出版社，1990.9.—487页；16开.—ISBN 7-110-01618-8：26.90元

S29　土地测量

土地面积查对表/王运领等编.—郑州：河南科学技术出版社，1990.5.—296页；32开.—ISBN 7-5349-0550-8：4.50元

S3 农学（农艺学）

发展中的山东立体种植业：山东省立体农业论文选集/山东省农学会等编.—济南：济南出版社，1990.12.—351页；大32开.—ISBN 7-80572-371-0：6.00元

全国农业实用技术推广信息：1990/农业部农科教统筹与协调指导小组等主编.—北京：农业出版社，1990.5.—70页；32开.—ISBN 7-109-01809-1：1.00元

高效益种植技术/李家福，高崇学主编.—北京：农业出版社，1990.2.—266页；32开.—（中学生回乡科技致富丛书）.—ISBN 7-109-01342-1：3.60元

高等教育自学考试农学专业专科专业课自学考试大纲：合订本/全国高等教育自学考试指导委员会编.北京：高等教育出版社，1990.12.—260页；大32开.—ISBN 7-04-002753-4：2.40元

S31 作物栽培技术与方法

无土栽培原理与技术/邢禹贤编著.—北京：农业出版社，1990.8.—277页；大32开.—ISBN 7-109-01555-6：4.60元

农林特产作物栽培技术/李顺望主编.—昆明：云南科技出版社，1990.4.—252页；32开.—（农村实用技术大全）.—ISBN 7-5416-0281-5：8.50元

作物栽培/杨曼霞等编.—昆明：云南教育出版社等，1990.5.—489页；32开.—职业高中教材.—ISBN 7-5415-0327-4：3.85元

作物栽培　上册/广东省教育厅教材编审室编.—广州：广东教育出版社，1990.6.—313页；32开.—广东省农业职业中学试用课本　高中一年级用.—ISBN 7-5406-1124-3：2.25元

作物栽培　下册/广东省教育厅教材编审室编.—广州：广东教育出版社，1990.6.—263页；32开.—广东省农业职业中学试用课本　高中三年级用.—ISBN 7-5406-1125-1：1.90元

S32 作物品种与品种资源

农作物品种资源信息处理规范/张贤珍主编.—北京：农业出版社，1990.8.—863页；16开.—ISBN 7-109-01999-3：50.00元

农作物种子贮藏技术/高贵公等编著.—呼和浩特：内蒙古人民出版社，1990.10.—233页；32开.—ISBN 7-204-00815-4：2.60元

福建粮油作物新品种/福建省种子公司编.—福州：福建科学技术出版社，1990.8.—47页；32开.—ISBN 7-5335-0403-8：0.70元

S33 作物遗传育种与良种繁育

台湾的植物育种/谢顺景等主编；薛德榕等译.—北京：农业出版社，1990.5.—330页；32开.—ISBN 7-109-00768-5：6.80元

农作物良种选用和繁育/蔡文言，李盛祥著.—济南：山东科学技术出版社，1990.9.—101页；32开.（中国农民教育丛书/张仲诚等主编）.—ISBN 7-5331-0763-2：1.40元

农作物育种的发展战略/黄佩民编.—北京：农业出版社，1990.10.—170页；32开.—ISBN 7-109-01672-2：2.70元

作物育种与良种繁育/广东省教育厅教材编审室编.广州：广东教育出版社，1990.6.—206页；32开.广东省农业职业中学试用课本　高中三年级用.—ISBN 7-5406-1114-6：1.55元

作物育种的生物学原理/（苏）奥布拉兹佐夫（Oбразцов，A.C.）著；董钻译.—北京：农业出版社，1990.9.—248页；32开.—ISBN 7-109-01334-0：5.40元

英汉作物遗传资源词汇/郑殿升编.—北京：海洋出版社，1990.12.—319页；32开.—ISBN 7-5027-1254-2：6.00元

遗传及作物育种/米景九，张树榛主编.—修订本.北京：农业出版社，1990.7.—356页；16开.—中央农业广播电视学校教材.—ISBN 7-109-01686-2：5.70元

本书1988年6月第1版。

S330 作物遗传育种

人工种子/陈正华，（美）Keith Redenbaugh主编.—北京：高等教育出版社，1990.7.—162页；大32开.—ISBN 7-04-003007-1：1.90元

种子生理实验手册/黄学林等编.—北京：农业出版社，1990.5.—199页；32开.—ISBN 7-109-01385-5：3.45元

种子活力/周爱清，罗顺编著.—北京：农业出版社，1990.5.—127页；32开.—ISBN 7-109-01493-2：2.10元

种子萌发的生理生化　第二卷：生活力、休眠与环境控制/（联邦德国）比尤利（Bewley，J.），布莱克（Black，M.）著；何泽瑛等译.—南京：东南大学出版社，1990.7.—311页；16开.—ISBN 7-81023-187-1：7.50元

基因库与世界食物/(美)普拉克内特(Plucknett, D.L.)等著；许运天，庄巧生译.—北京：世界图书出版公司，1990.8.—277页；32开.—ISBN 7-5062-0757-5：7.80元

植物细胞工程与育种/胡含，王恒立主编.—北京：北京工业大学出版社，1990.11.—420页；16开.—ISBN 7-5639-0110-8：16.00元

S332/339　抗逆品种的育种、良种繁育

主要农作物抗病性遗传研究进展：农业部"七五"项目农02—01—01专题：1986～1990/朱立宏主编.南京：江苏科学技术出版社，1990.8.—289页；16开.—ISBN 7-5345-1001-5：14.00元

作物抗性生理/赵可夫，王韶唐主编.—北京：农业出版社，1990.5.—342页；大32开.—ISBN 7-109-00623-9：6.95元

良种繁育/黑龙江省教委桦南县农村教育整体改革实验区课题组主编.—哈尔滨：黑龙江科学技术出版社，1990.7.—134页；32开.—(农业科学技术普及读物系列丛书).—黑龙江省农村初级职业技术教育实验实施教育燎原计划培训教材.—ISBN 7-5388-1237-7：1.60元

种衣剂开发与应用/徐彬杰等编著.—太原：山西科学教育出版社，1990.10.—111页；32开.—ISBN 7-5377-0285-3：2.00元

S34/36　耕作学、田间管理

立体农业高产组合技术浅说/裕钊编著.—北京：气象出版社，1990.9.—157页；32开.—中国农村致富技术函授大学农民技术员培训教材.—ISBN 7-5029-0565-0

农业立体开发技术集锦/朱自均等著.—重庆：科学技术文献出版社重庆分社，1990.10.—210页；32开.—ISBN 7-5023-1174-2：2.65元

农业实用栽培模式/王耕溪等主编.—太原：山西科学教育出版社，1990.11.—183页；32开.—ISBN 7-5377-0309-4：2.65元

农田作物环境实验研究/中国科学院北京农业生态系统试验站编.—北京：气象出版社，1990.8.—292页；16开.—ISBN 7-5029-0388-7：14.00元

旱作农业适用技术/河北省张家口地区行政公署农业局等编.—北京：气象出版社，1990.10.—132页；32开.—ISBN 7-5029-0535-9：1.40元

作物田间用水与产量经济核算模型/(荷)R.A.费德新，(波)P.J.柯瓦利克，H.B.扎拉德内著；管宗玉等编译.—哈尔滨：黑龙江科学技术出版社，1990.6.—254页；32开.—ISBN 7-5388-1196-6：4.50元

种植基础/王莲池等编著.—北京：气象出版社，1990.9.—368页；32开.—中国农村致富技术函授大学农民技术员培训教材.—ISBN 7-5029-0545-6

S37　农产品收获、加工及贮藏

农产物料干燥技术/胡景川，沈锦林编著.—杭州：浙江大学出版社，1990.2.—240页；16开.—ISBN 7-308-00327-2：6.30元

农产品加工和深度利用/席玙芳，应铁进编著.—上海：上海科学技术出版社，1990.10.—309页；32开.—ISBN 7-5323-2222-X：4.15元

农产品贮藏运销学/李效静，陈秀伟编写.—北京：农业出版社，1990.7.—131页；16开.—中央农业广播电视学校试用教材　农产品贮藏加工专业用.—ISBN 7-109-01800-8：2.45元

储粮害虫与防治/湖北省粮食局《储粮害虫与防治》编写组编.—北京：中国商业出版社，1990.11.238页；32开.—ISBN 7-5044-0751-8：3.05元

储粮通风技术/左进良等编著.—北京：轻工业出版社，1990.11.—309页；32开.—ISBN 7-5019-0891-5：5.00元

粮油储藏/湖北省粮食局《粮油储藏》编写组编.北京：中国商业出版社，1990.10.—214页；32开.ISBN 7-5044-0752-6：2.90元

粮食仓储技术问答/王成然，崔基方主编.—郑州：河南科学技术出版社，1990.1.—346页；32开.—ISBN 7-5349-0596-9：4.70元

S4　植物保护

日英汉植保词典/季良编.—北京：农业出版社，1990.11.—1753页；32开.—ISBN 7-109-01087-2(精装)：60.00元

系统科学在植物保护研究中的应用/曾士迈，庞雄飞主编.—北京：农业出版社，1990.5.—384页；大32开.—ISBN 7-109-01497-5：11.95元

植物保护/广东省教育厅教材编审室编.—广州：广东教育出版社，1990.6.—410页；32开.—广东省农业职业中学试用课本　高中三年级用.—ISBN 7-5406-1195-2：2.80元

植物保护/黑龙江省教育委员会桦南县农村教育整体改革实验区课题组主编.—哈尔滨：黑龙江科学技术出版社，1990.3.—183页；32开.—(农业科学技术普及读物系列丛书).—黑龙江省农村初级职业技术教育实验实施教育燎原计划培训教材.—ISBN 7-5388-1090-0：2.60元

植物保护实用新技术/农业部全国植物保护总站信息处编.—北京：农业出版社，1990.1.—293页；32开.—ISBN 7-109-01588-2：4.50元

S42　气象灾害及其预防

内蒙古自治区主要气象灾害分析：1947～1987/吴鸿宾等编著.—北京：气象出版社，1990.12.—219页；16开.—ISBN 7-5029-0478-6：5.50元

S43　病虫害及其防治

广西农作物病虫测报技术规范手册/广西植保总站编.—南宁：广西科学技术出版社，1990.12.—183页；16开.—ISBN 7-80565-396-8：4.60元

S432　植物病害及其防治

虫传植物病毒及其媒介名称/叶炳元编.—北京：农业出版社，1990.12.—144页；32开.—ISBN 7-109-01358-8：5.90元

英汉植物病理学词汇/《英汉植物病理学词汇》编辑委员会编.—北京：农业出版社，1990.8.—556页；大32开.—ISBN 7-109-01799-0（精装）：45.60元

植物病毒学/（英）赫尔（Hull，R.）等著；赖素聪，许宏毅译.—厦门：厦门大学出版社，1990.7.197页；32开.—ISBN 7-5615-0308-3：1.30元

S433　植物虫害及其防治

四川农业害虫天敌图册/西南农业大学等编著.—成都：四川科学技术出版社，1990.3.—1册（256，82页）：彩色图版；16开.—ISBN 7-5364-1096-4（精装）：18.00元

种群数量的时空动态：对温室白粉虱的系统探讨/徐汝梅著.—北京：北京师范大学出版社，1990.12.337页；32开.—ISBN 7-303-00687-7：6.80元

浙江植物病虫志：昆虫篇　第一集/陈其瑚主编.上海：上海科学技术出版社，1990.8.—264页；16开.—ISBN 7-5323-1854-0：11.70元

害虫防治：策略与方法/张宗炳，曹骥主编.—北京：科学出版社，1990.8.—611页；16开.—ISBN 7-03-001690-4（精装）：35.80元

害虫防治：策略与方法/张宗炳，曹骥主编.—北京：科学出版社，1990.8.—611页；16开.—ISBN 7-03-001689-0：33.60元

S435　农作物病虫害及其防治

农作物地下害虫及其防治：果树腐烂病、禾谷类黑穗病/丁玲芝编.—呼和浩特：内蒙古教育出版社，1990.9.—41页；32开.—（农牧林适用技术丛书）.ISBN 7-5311-1208-6：0.45元

农作物病虫害防治学各论：北方本/陕西省农林学校主编.—2版.—北京：农业出版社，1990.12.—686页；32开.—全国中等农业学校教材.—ISBN 7-109-00296-9：3.80元

本书1980年12月第1版。

农作物害虫管理数学模型与应用/蒲蛰龙主编.—广州：广东科技出版社，1990.8.—504页；16开.—ISBN 7-5359-0582-X（精装）：17.00元

作物病虫害防治/江西省教育委员会职业教育处编.南昌：江西科学技术出版社，1990.6.—504页；32开.—职业高中专业教材：试用本.—ISBN 7-5390-0307-3：4.30元

作物病虫害防治手册/沈阳农业大学植保系编著.2版（修订本）.—沈阳：辽宁科学技术出版社，1990.2.—781页；32开.—ISBN 7-5381-0850-5：9.50元

本书1986年6月第1版。

植物保护彩色挂图（二）：麦类作物病虫害/河南农业大学植物保护系编绘.—修订版.—郑州：河南科学技术出版社，1990.6.—6张；2开.—ISBN 7-5349-0677-6：9.70元

本书1984年10月第1版。

植物保护彩色挂图（三）：水稻病虫害/河南农业大学植物保护系编绘.—修订版.—郑州：河南科学技术出版社，1990.6.—4张；2开.—ISBN 7-5349-0683-0：8.60元

本书1984年10月第1版。

植物保护彩色挂图（四）：旱粮作物病虫害/河南农业大学植物保护系编绘.—修订版.—郑州：河南科学技术出版社，1990.6.—5张；2开.—ISBN 7-5349-0680-6：8.70元

1984年10月第1版。

植物保护彩色挂图（五）：棉花病虫害/河南农业大学植物保护系编绘.—修订版.—郑州：河南科学技术出版社，1990.6.—5张；2开.—ISBN 7-5349-0678-4：8.20元

本书1984年10月第1版。

植物保护彩色挂图（六）：油料作物病虫害/河南农业大学植物保护系编绘.—修订版.—郑州：河南科学技术出版社，1990.6.—6张；2开.—ISBN 7-5349-0679-2：11.20元

本书1984年10月第1版。

植物保护彩色挂图（八）：烟草病虫害/河南农业大学植物保护系编绘.—修订版.—郑州：河南科学技术出版社，1990.6.—3张；2开.—ISBN 7-5349-0682-2：5.80元

本书1984年10月第1版。

S435.1 禾谷类作物病虫害

小麦病虫草鼠害综合治理/李光博等主编.—北京：中国农业科技出版社，1990.9.—601页；32开.—ISBN 7-80026-197-2：8.00元

水稻主要病虫害防治/福建省农业厅植保处主编. 2版（修订本）.—福州：福建科学技术出版社，1990.5.—47页；32开.—ISBN 7-5335-0389-9：1.80元

本书1983年9月第1版。

稻瘟病与抗病育种/（日）山崎义人，高坂淖尔编著；凌忠专，孙昌其译.—北京：农业出版社，1990.5.—604页；大32开.—ISBN 7-109-00193-8：12.35元

S435.6 经济作物病虫害

山西经济植物真菌病害志/孙树权等编著.—太原：山西科学教育出版社，1990.5.—203页；16开.—ISBN 7-5377-0238-1：6.80元

经济作物病虫害防治　上册/王长盛主编；唐耀光，吕国勇编.—长沙：湖南教育出版社，1990.1.270页；32开.—中等职业技术学校教材.—ISBN 7-5355-1032-9：2.30元

经济作物病虫害防治　下册/王长盛主编；唐耀光，吕国勇编.—长沙：湖南教育出版社，1990.1.628页；32开.—中等职业技术学校教材.—ISBN 7-5355-1033-7：3.10元

药用和观赏植物病虫害防治/李秀生等主编.—北京：气象出版社，1990.12.—345页；32开.—ISBN 7-5029-0536-7：5.60元

棉花病虫害综合防治及研究进展/陈其煐等主编.北京：中国农业科技出版社，1990.8.—510页；16开.—ISBN 7-80026-195-6：13.50元

棉花病害的防治/姚耀文编著.—福州：福建教育出版社，1990.9.—71页；32开.—（燎原计划丛书）.ISBN 7-5334-0674-5：0.75元

S435.71 饮料作物病虫害

茶树病害的诊断和防治/陈宗懋，陈雪芬编著.—上海：上海科学技术出版社，1990.6.—275页；16开.ISBN 7-5323-1441-3：9.80元

烟草病虫害及其天敌/陈家骅等编著.—福州：福建科学技术出版社，1990.1.—150页：图；32开.—ISBN 7-5335-0390-8：5.10元

S436 园艺作物病虫害及其防治

园林植物保护学　上册：虫害部分/上海园林学校主编.—北京：中国林业出版社，1990.2.—476页；大32开.—ISBN 7-5038-0395-9：6.90元

园林植物保护学　下册：病害部分/上海市园林学校主编.—北京：中国林业出版社，1990.2.—404页；大32开.—ISBN 7-5038-0396-7：4.60元

果蔬病虫害防治学　上册/肖健民主编.—长沙：湖南教育出版社，1990.6.—329页；32开.—中等职业技术学校教材.—ISBN 7-5355-1073-6：2.90元

果蔬病虫害防治学　下册/肖健民主编.—长沙：湖南教育出版社，1990.6.—595页；32开.—中等职业技术学校教材.—ISBN 7-5355-1074-4：2.30元

S436.3 蔬菜病虫害

主要蔬菜病虫害综合防治实用技术/朱国仁等编著.北京：农业出版社，1990.9.—175页；32开.—（菜篮子工程丛书）.—ISBN 7-109-01718-4：2.50元

青海蔬菜病虫害防治/杨海田，杨玉洁编著.—西宁：青海人民出版社，1990.12.—143页；32开.ISBN 7-225-00404-2：1.80元

实用蔬菜病虫害防治高产技术/孙秋良编著.—北京：气象出版社，1990.7.—65页；32开.—ISBN 7-5029-0311-9：1.25元

保护地蔬菜病虫害防治/易齐等编.—北京：农业出版社，1990.4.—179页；32开.—（菜篮子工程丛书）.—ISBN 7-109-01614-5：8.00元

新编蔬菜病虫害防治手册/朱国仁等编著.—北京：金盾出版社，1990.5.—140页；32开.—ISBN 7-80022-183-0：1.80元

蔬菜病虫害防治/王就光主编.—重庆：科学技术文献出版社重庆分社，1990.10.—121页；32开.—（长江蔬菜丛书）.—ISBN 7-5023-1172-6：1.70元

蔬菜病虫害防治问答/陈一衡等编著.—沈阳：辽宁科学技术出版社，1990.5.—181页；32开.—ISBN 7-5381-0872-6：2.90元

蔬菜病虫害防治学/北京市农业学校，苏州农业学校主编.—2版.—北京：农业出版社，1990.10.—419页；32开.—全国中等专业学校教材　蔬菜专业用.ISBN 7-109-00203-9：2.40元

本书1980年10月第1版。

蔬菜病害症状识别与防治/李春藻编著.—北京：北京科学技术出版社，1990.9.—76页；32开.—ISBN 7-5304-0804-6：1.70元

S436.42/.46 瓜类、菌类病虫害

西瓜蔬菜病害图解/刘秀芳编著.—合肥：安徽科学技术出版社，1990.6.—64页：彩图；32开.—ISBN 7-5337-0425-8：3.00元

食用菌病虫螨害防治实用技术/刘克均编著.—北

京：农业出版社，1990.7.—191页；32开.—(菜篮子工程丛书).—ISBN 7-109-01617-6：2.75元

S436.6　果树病虫害

苹果树主要病虫害综合防治/苑郑民主编.—太原：山西科学教育出版社，1990.12.—1张；2开.—农业实用技术系列挂图.—1.80元

苹果病虫害防治/孙益如等编著.—西安：陕西科学技术出版社，1990.10.—361页；32开.—ISBN 7-5369-0742-7：5.20元

苹果病虫害防治技术/龙兴桂等编著.—北京：农业出版社，1990.8.—440页；32开.—ISBN 7-109-01717-6：5.60元

苹果、梨、桃、葡萄主要病虫草害防治技术/唐欣甫等编著.—北京：农业出版社，1990.5.—180页；32开.—(全国农业实用技术丛书).—ISBN 7-109-01845-8：2.55元

苹果、梨、桃、葡萄病虫草害防治手册/王金友等主编；王金友等编著.—北京：金盾出版社，1990.2.—122页；32开.—ISBN 7-80022-160-1：1.80元

果树昆虫学　上册/北京农业大学等主编.—2版.北京：农业出版社，1990.5.—240页；16开.—全国高等农业院校教材.—ISBN 7-109-01212-3：3.20元

本书1980年9月第1版。

果树昆虫学　下册/北京农业大学等主编.—2版.北京：农业出版社，1990.10.—398页；16开.—全国高等农业院校教材.—ISBN 7-109-01213-1：5.10元

本书1981年5月第1版。

果树病虫害防治问答/郭石山等编.—郑州：河南科学技术出版社，1990.6.—235页；32开.—(全国星火计划丛书).—ISBN 7-5349-0619-9：3.00元

果树病虫害防治疑难问题解答/王克等编著.—沈阳：辽宁科学技术出版社，1990.12.—332页；32开.—ISBN 7-5381-1043-7：5.35元

柑桔病虫防治彩色图册/肖建民主编；尹建强绘图.长沙：湖南科学技术出版社，1990.12.—155页：图；32开.—(农业病虫防治丛书).—ISBN 7-5357-0757-2：3.70元

柑桔病虫害防治彩色图册/朱文灿，黄群言编写.2版.—南昌：江西科学技术出版社，1990.9.—48页：图；32开.—ISBN 7-5390-0131-3：2.80元

本书1988年5月第1版。

柑桔病虫害综合防治图册/邓国荣等编著.—南宁：广西科学技术出版社，1990.3.—228页；32开.—ISBN 7-80565-270-3：8.75元

葡萄病虫害防治技术/张凯斌等编著.—沈阳：辽宁大学出版社，1990.9.—94页；32开.—ISBN 7-5610-1021-4：1.50元

S436.8　观赏园艺类病虫害

花木病虫害防治问答/李尚志编著.—重庆：科学技术文献出版社重庆分社，1990.4.—162页；32开.ISBN 7-5023-1065-5：2.20元

S44　鸟兽害及其防治

农田害鼠的综合治理技术/广东省农业委员会科教处，广东省科学技术协会普及部编.—北京：科学普及出版社，1990.9.—30页；32开.—(科技兴农丛书).—ISBN 7-110-01732-X：0.57元

S45　有害植物及其清除

中国农田杂草原色图谱/《中国农田杂草原色图谱》编委会编.—北京：农业出版社，1990.7.—506页：图版；16开.—ISBN 7-109-01874-7(精装)：95.00元

本图谱共收集我国各地常见或较常见的农田杂草562种(包括变种)，隶属73科、309属。所录的大多数杂草都有单株或群体、花或花序、果实或种子、幼苗或根部的原色照片3～5幅。

内蒙古农田杂草志/内蒙古农田杂草志编委会编著.—呼和浩特：内蒙古人民出版社，1990.12.—333页；大32开.—ISBN 7-204-00966-5：4.95元

水田杂草幼苗原色图谱/颜玉树著.—北京：科学技术文献出版社，1990.5.—288页；32开.—ISBN 7-5023-0979-9：8.50元

果园化学除草技术/张殿京编.—福州：福建教育出版社，1990.10.—72页；32开.—(燎原计划丛书).ISBN 7-5334-0684-2：0.75元

S48　农药防治(化学防治)

农药使用手册/姚浩然等编著.—哈尔滨：黑龙江科学技术出版社，1990.10.—451页；64开.—ISBN 7-5388-1297-0：3.80元

农药使用常规技术/傅凯廉等编.—北京：教育科学出版社，1990.11.—48页；32开.—(农村实用技术丛书/周治华主编).—ISBN 7-5041-0563-5：1.00元

农药毒理学各论/(美)小海斯(Hayes，W.J.)编著；陈炎磐，夏世钧主译.—北京：化学工业出版社，1990.6.—684页；16开.—ISBN 7-5025-0686-1：19.20元

农药残留量分析手册/美国食品药物管理局编辑；国家商检局FDA-PAM编译组编译.—长沙：湖南科学技术出版社，1990.5.—753页；大32开.—ISBN 7-5357-0657-6：14.50元

农药高效使用技术/薛福绥等编.—济南：山东科学技术出版社，1990.9.—172页；32开.—(中国农民教育丛书/张仲诚等主编).—ISBN 7-5331-0786-1：1.65元

常用农药/云南省农资公司编.—昆明：云南科技出版社，1990.3.—81页；32开.—ISBN 7-5416-0271-X：1.00元

常用农药应用技术/何立等编.—北京：农业出版社，1990.5.—147页；32开.—(全国农业实用技术丛书).—ISBN 7-109-01850-4：2.15元

植物化学保护/华南农业大学主编.—2版.—北京：农业出版社，1990.5.—521页；16开.—全国高等农业院校教材 植保专业用.—ISBN 7-109-01078-3：6.55元

本书1983年5月第1版。

植保药方手册/何立主编.—上海：上海科学技术出版社，1990.8.—434页；32开.—ISBN 7-5323-1770-6：5.00元

蔬菜中农药残毒配套监测技术/梁同庭主编.—北京：北京农业大学出版社，1990.11.—137页；32开.—全国高等农业院校教学参考书 环保植保蔬菜专业用.—ISBN 7-81002-196-6：1.00元

S482 各种农药

无公害杀虫剂及应用技术/苗建才编著.—哈尔滨：黑龙江科学技术出版社，1990.4.—349页；32开.—ISBN 7-5388-1103-6：4.70元

恶草灵使用技术问答/薛光，宋顺祖编.—南京：江苏科学技术出版社，1990.4.—43页；32开.—(除草剂一药一书小丛书).—ISBN 7-5345-0930-0：0.61元

绿僵菌的研究与应用/郭好礼等编著.—北京：中国农业科技出版社，1990.12.—84页；32开.—ISBN 7-80026-142-5：1.60元

微生物农药的应用/陈亥生编著.—福州：福建教育出版社，1990.10.—88页；32开.—(燎原计划丛书).—ISBN 7-5334-0685-0：0.88元

S49 植物保护机械

背负式机动弥雾喷粉机的构造与使用/康光亮等编著.—合肥：安徽科学技术出版社，1990.1.—122页；32开.—ISBN 7-5337-0235-3：1.95元

植保机械学/王荣编著.—北京：机械工业出版社，1990.9.—864页；大32开.—ISBN 7-111-02375-7：26.70元

S5 农作物

主要农作物优良推广品种介绍/农业部全国种子总站编著.—北京：农业出版社，1990.5.—87页；32开.—(全国农业实用技术丛书/农业部等主编).ISBN 7-109-01840-7：1.40元

主要农作物栽培/上海市嘉定县教育局，农业局编.—上海：上海科学技术出版社，1990.9.—272页；32开.—ISBN 7-5323-2275-0：3.30元

主要农作物高产栽培技术/刁家连等编.—济南：山东科学技术出版社，1990.9.—158页；32开.—(中国农民教育丛书/张仲诚等主编).—ISBN 7-5331-0769-1：2.05元

农作物模式化栽培技术/李济正，贾跃峰编.—呼和浩特：内蒙古教育出版社，1990.8.—53页；32开.(农牧林实用技术丛书).—ISBN 7-5311-1192-6：0.64元

棉麦两熟栽培/王寿元主编.—北京：农业出版社，1990.9.—275页；32开.—ISBN 7-109-01879-2：4.70元

棉麦两熟栽培技术/杜连恩等编著.—石家庄：河北科学技术出版社，1990.7.—153页；32开.—ISBN 7-5376-0531-4：2.25元

黑龙江省小麦、大豆、玉米、水稻生产技术规程.哈尔滨：黑龙江科学技术出版社，1990.9.—60页；64开.—ISBN 7-5388-1354-3：0.59元

S51 禾谷类作物

旱粮作物/浙江省农学会组编.—杭州：浙江科学技术出版社，1990.11.—107页；32开.—(农业实用新技术丛书).—ISBN 7-5341-0319-3：1.35元

亩产吨粮技术/佟屏亚编著.—北京：金盾出版社，1990.10.—64页；32开.—(全国星火计划丛书).ISBN 7-80022-238-1：0.90元

贵州主要粮食作物栽培技术/贵州农民技术培训教材编委会编.—贵阳：贵州科技出版社，1990.9.223页；32开.—贵州农民技术培训教材.—ISBN 7-80584-012-1：3.00元

S511 稻

中低产田综合治理技术/陈昭声著；广东省农业委员会科教处，广东省科学技术协会普及部编.—北京：科学普及出版社，1990.9.—23页；32开.—(科技兴农丛书).—ISBN 7-110-01725-7：0.47元

水稻/浙江省农学会组编.—杭州：浙江科学技术出版社，1990.11.—130页；32开.—(农业实用新技术丛书).—ISBN 7-5341-0318-5：1.55元

水稻千斤技术规程/广东省农业委员会科教处，广东省科学技术协会普及部编.—北京：科学普及出版社，1990.10.—36页；32开.—(科技兴农丛书).ISBN 7-110-01719-2：0.62元

水稻生产作业历/白城地区水田开发办公室编.—长春：吉林科学技术出版社，1990.2.—69页；32开.ISBN 7-5384-0486-4：0.90元

水稻半旱式栽培/刘开树等编写.—南昌：江西科学技术出版社，1990.1.—54页；32开.—ISBN 7-5390-2273-5：0.80元

水稻旱种概述与栽培技术/张金刚等编著.—天津：天津科学技术出版社，1990.3.—135页；32开.—ISBN 7-5308-0826-5：2.40元

水稻良种性状与栽培要点/广东省农业委员会科教处，广东省科学技术协会普及部编.—北京：科学普及出版社，1990.—59页；32开.—（科技兴农丛书）.—ISBN 7-110-01720-6：0.97元

水稻的旱种技术/巫伯舜，谢秀光先编.—北京：农业出版社，1990.5.—79页；32开.—（全国农业实用技术丛书/农业部等主编）.—ISBN 7-109-01868-7：1.30元

水稻育秧法/桂慕文编著.—北京：农业出版社，1990.5.—163页；32开.—（全国农业实用技术丛书/农业部等主编）.—ISBN 7-109-01867-9：2.35元

水稻育秧新技术图解/史书仁等编著.—沈阳：辽宁科学技术出版社，1990.3.—112页；32开.—ISBN 7-5381-0870-X：2.00元

水稻空秕粒形成的原因及其防止措施/李水和著.南昌：江西科学技术出版社，1990.11.—144页；32开.—ISBN 7-5390-0063-5：1.85元

水稻研讨论文集：水稻研讨会创建三周年论文选集：1986～1989/左震东主编.—合肥：中国科学技术大学出版社，1990.8.—152页；32开.—ISBN 7-312-00234-X：2.50元

水稻施肥/尤德敏，邱嘉璋编著.—北京：农业出版社，1990.5.—95页；32开.—（全国农业实用技术丛书/农业部等主编）.—ISBN 7-109-01849-0：1.50元

水稻根际联合固氮/尤崇杓主编.—北京：农业出版社，1990.12.—418页；16开.—ISBN 7-109-02070-3：12.00元

水稻栽培实用技术/梁国新，成文志主编.—长春：吉林教育出版社，1990.8.—162页；32开.—（农村实用技术丛书/郭女等主编）.—ISBN 7-5383-1083-5：1.50元

水稻高产技术问答/黄铁城编.—广州：广东科技出版社，1990.1.—198页；32开.—ISBN 7-5359-0495-5：2.40元

水稻高产栽培及高产育种论丛/杨守仁著.—北京：农业出版社，1990.9.—231页；32开.—ISBN 7-109-01606-4：3.95元

水稻高产综合栽培技术/戴谟安主编.—哈尔滨：黑龙江科学技术出版社，1990.1.—38页；32开.（科技兴农小丛书）.—ISBN 7-5388-0998-8：0.65元

水稻营养与施肥/奚振邦编著.—上海：上海科学技术文献出版社，1990.10.—88页；32开.—ISBN 7-80513-701-3：1.10元

再生稻栽培原理与技术/施能浦主编.—福州：福建科学技术出版社，1990.6.—142页；32开.—（全国星火计划丛书）.—ISBN 7-5335-0406-2：1.85元

杂交水稻制种和栽培技术/万崇翠编著.—北京：农业出版社，1990.5.—189页；32开.—（全国农业实用技术丛书/农业部等主编）.—ISBN 7-109-01833-4：2.65元

杂交水稻繁殖制种低量高效喷施920技术/胡前毅等编辑.—北京：农业出版社，1990.1.—8页；28开.ISBN 7-109-01786-9：1.50元

杂交稻生产技术/毛昌祥，周上游编著.—北京：农业出版社，1990.5.—96页；32开.—（全国农业实用技术丛书/农业部等主编）.—ISBN 7-109-01837-7：1.50元

杂交稻种子生产新技术/汪良成编著.—合肥：安徽科学技术出版社，1990.4.—109页；32开.—ISBN 7-5337-0572-6：1.60元

盐碱地番图种稻：蒙汉文对照/严哲洙编著；张宝成，塔木扎布编译.—北京：农业出版社，1990.12.148页；大32开.—ISBN 7-109-02118-1：3.90元

野生稻资源研究论文选编/吴妙燊主编.—北京：中国科学技术出版社，1990.10.—194页；16开.—ISBN 7-5046-0235-3：8.50元

黑龙江稻作发展史/吕长文著.—牡丹江：黑龙江朝鲜民族出版社，1990.12.—467页；大32开.—ISBN 7-5389-0241-4：4.20元

寒地稻作/张矢，徐一戎主编.—哈尔滨：黑龙江科学技术出版社，1990.9.—493页；大32开.—ISBN 7-5388-1204-0：9.00元

滇型杂交水稻论文集/李铮友著.—昆明：云南科技出版社，1990.12.—206页；16开.—ISBN 7-5416-0324-4：6.95元

滩涂种稻技术问答/高佩文编写.—北京：海洋出版社，1990.10.—46页；32开.—（沿海农村实用科技文库）.—ISBN 7-5027-0109-5：1.30元

数量遗传学与水稻育种/徐静斐等编著.—合肥：安徽科学技术出版社，1990.7.—377页；大32开.—ISBN 7-5337-0236-6：5.20元

稻田亩产吨粮配套栽培技术/湖南省粮油生产局编著.—北京：农业出版社，1990.5.—78页；32开.（全国农业实用技术丛书/农业部等主编）.—ISBN 7-109-01865-2：1.25元

S512 麦

大麦的栽培与综合利用/仇志荣，陆美英编著.—北京：科学技术文献出版社，1990.6.—188页；32开.（星火计划丛书）.—ISBN 7-5023-1222-6：3.50元

山东小麦/山东省农业厅编著.—北京：农业出版社，1990.7.—577页；16开.—ISBN 7-109-01803-2（精装）：18.00元

小麦生态研究/金善宝主编.—杭州：浙江科学技术出版社，1990.8.—452页；16开.—ISBN 7-5341-0257-X（精装）：12.65元

小麦育种学/吴兆苏编著.—北京：农业出版社，1990.5.—394页；大32开.—ISBN 7-109-01289-1（精装）：9.95元

小麦新品种及栽培/师长俭著；广东省农业委员会科教处，广东省科学技术协会普及部编.—北京：科学普及出版社，1990.9.—32页；32开.—（科技兴农丛书）.—ISBN 7-110-01722-2：0.55元

北农2号小麦节水高产栽培技术研究/翟凤林等编著.—北京：北京科学技术出版社，1990.8.—152页；32开.—ISBN 7-5304-0192-9：2.00元

辽宁春小麦高产栽培技术/任玉山等编著.—沈阳：辽宁科学技术出版社，1990.12.—72页；32开.—ISBN 7-5381-1055-0：1.15元

江苏省小（大）麦高产模式栽培/小（大）麦高产模式栽培协作组编著.—南京：江苏科学技术出版社，1990.3.—141页；16开.—ISBN 7-5345-0879-7：3.60元

麦田生态系统的计算机模拟及最优控制/夏北成著.—北京：北京大学出版社，1990.5.—170页；大32开.—ISBN 7-301-01293-4：3.10元

旱地小麦耕作与栽培/蒋纪芸，阎世理编著.—北京：农业出版社，1990.5.—60页；32开.—（全国农业实用技术丛书/农业部等主编）.—ISBN 7-109-01866-0：1.05元

春小麦生态育种/肖步阳编著.—北京：农业出版社，1990.10.—270页；16开.—ISBN 7-109-01227-1（精装）：11.75元

怎样种好春小麦/宁夏世界银行贷款项目办公室编.—银川：宁夏人民出版社，1990.10.—73页；32开.—（农业科技普及丛书）.—ISBN 7-227-00586-0：1.00元

晚播小麦高产栽培研究论文集：兼论亩产吨粮途径/恽友兰等著.—北京：农业出版社，1990.8.—99页；16开.—ISBN 7-109-02015-0：3.50元

新型作物增产剂——小麦根际联合固氮菌剂/王龙俊，陈子威编著.—南京：江苏科学技术出版社，1990.8.—68页；32开.—ISBN 7-5345-0975-0：0.80元

S513 玉米

玉米形态与超微结构图谱/戴俊英主编.—沈阳：辽宁科学技术出版社，1990.12.—113页；16开.—ISBN 7-5381-0984-6（精装）：14.00元

玉米施肥/任其云编著.—北京：农业出版社，1990.5.—66页；32开.—（全国农业实用技术丛书/农业部等主编）.—ISBN 7-109-01848-2：1.30元

玉米栽培技术：玉米地膜覆盖、小麦套覆膜/王贵平，贾跃峰编.—呼和浩特：内蒙古教育出版社，1990.8.68页；32开.—（农牧林实用技术丛书/李济正主编）.—ISBN 7-5311-1189-6：0.77元

玉米栽培技术问答/傅万鑫等编.—石家庄：河北科学技术出版社，1990.3.—159页；32开.—ISBN 7-5375-0480-6：1.85元

玉米高产综合栽培技术/戴谟安主编.—哈尔滨：黑龙江科学技术出版社，1990.1.—41页；32开.（科技兴农小丛书）.—ISBN 7-5388-0997-X：0.75元

全国玉米种质资源目录 第二集/中国农业科学院作物品种资源研究所，山东省农业科学院玉米研究所主编.—北京：农业出版社，1990.6.—193页；16开.—ISBN 7-109-01973-X：13.00元

杂交玉米地膜覆盖栽培技术/高广金，李宗信编著.北京：农业出版社，1990.5.—42页；32开.—（全国农业实用技术丛书/农业部等主编）.—ISBN 7-109-01838-5：0.90元

黄淮海玉米高产理论与技术/李伯航等主编.—北京：学术书刊出版社，1990.5.—243页；32开.—ISBN 7-80045-663-3：3.00元

S515/516 粟、黍

中国黍稷论文选/魏仰浩等主编.—北京：农业出版社，1990.3.—372页；32开.—ISBN 7-109-01456-8：5.50元

中国黍稷（糜）品种志/山西省农业科学院作物品种资源研究所，内蒙古伊克昭盟农业科学研究所主编.—北京：农业出版社，1990.10.—302页；16开.ISBN 7-109-01452-5（精装）：18.60元

中国黍稷品种资源特性鉴定集/王星玉主编.—北京：农业出版社，1990.9.—173页；16开.—ISBN 7-109-01904-7：5.95元

谷类作物品质性状遗传研究进展/莫惠栋等著.—南京：江苏科学技术出版社，1990.8.—202页；16开.ISBN 7-5345-0995-5：10.00元

种谷农谚解/张树森编著.—北京：中国农业科技出版社，1990.6.—95页；32开.—ISBN 7-80026-194-8：1.50元

S52/53　豆类作物、薯类作物

马铃薯茎尖脱毒与微型薯生产/王炳君，刘宗楙编著.—北京：高等教育出版社，1990.11.—152页；32开.—（全国星火计划丛书·植物组织培养及其应用丛书；第七分册）.—ISBN 7-04-003042-X：1.25元

中国马铃薯和甘薯合作研究进展：1986～1989/宋伯符主编.—北京：中国农业科技出版社，1990.11.269页；32开.—ISBN 7-80026-053-4：4.85元

中国食用豆类品种资源目录　第二集/中国农业科学院作物品种资源研究所主编.—北京：农业出版社，1990.10.—617页；16开.—ISBN 7-109-01998-5：20.00元

S54　饲料作物、牧草

中国多年生草种栽培技术/洪绂曾等编著.—北京：中国农业科技出版社，1990.8.—221页；大32开.ISBN 7-80026-151-4：7.00元

辽宁省饲料资源/辽宁省畜牧兽医科学研究所编.沈阳：辽宁科学技术出版社，1990.3.—321页；16开.—ISBN 7-5381-0502-6：8.00元

发展热带亚热带优良牧草/广东省畜牧局编.—广州：广东人民出版社，1990.3.—144页；32开.—ISBN 7-218-00474-1：2.20元

优良牧草的栽培与利用/陈绍萍编写；晋筑云绘图.贵阳：贵州人民出版社，1990.1.—113页；32开.（贵州农业科学技术丛书/本丛书编委会主编）·ISBN 7-221-01519-8：1.30元

牧草及饲料作物栽培学/内蒙古农牧学院主编.—2版.—北京：农业出版社，1990.10.—397页；16开.全国高等农业院校教材　草原专业用.—ISBN 7-109-01239-5：5.05元

本书1981年5月第1版。

饲料生产学/朱成校主编.—长沙：湖南教育出版社，1990.6.—229页；32开.—中等职业技术学校教材.—ISBN 7-5355-1145-7：2.00元

S56　经济作物

经济作物/浙江省农学会组编.—杭州：浙江科学技术出版社，1990.11.—116页；32开.—（农业实用新技术丛书）.—ISBN 7-5341-0320-7：1.45元

经济作物新品种选育论文集/白堃元等编著.—上海：上海科学技术出版社，1990.12.—126页；16开.ISBN 7-5323-2402-8：4.90元

经济植物开发指南/陈燕等编著.—合肥：中国科学技术大学出版社，1990.6.—295页；32开.—ISBN 7-312-00180-7：4.00元

S561　纤维作物

无毒棉/王忠义等编.—石家庄：河北科学技术出版社，1990.4.—59页；32开.—ISBN 7-5375-0493-8：0.90元

优质棉丰产栽培与种子加工/中国农业科学院棉花研究所主编.—石家庄：河北科学技术出版社，1990.11.—427页；32开.—ISBN 7-5375-0592-6：5.35元

国外棉花种植及其病虫害防治/周建业译.—上海：上海科学技术文献出版社，1990.3.—139页；32开.ISBN 7-80513-512-6：2.40元

棉花/丁诺主编.—济南：山东科学技术出版社，1990.2.—375页；32开.—ISBN 7-5331-0636-9：4.50元

本书阐述了棉花的主要生物学特性及优质高产栽培技术。

棉花施肥/喻永熹，刘宗衡编著.—北京：农业出版社，1990.5.—64页；32开.—（主要农作物施肥丛书）.—ISBN 7-109-01532-7：1.15元

棉花检验技术/郭思成主编.—青岛：青岛出版社，1990.2.—207页；32开.—ISBN 7-5436-0457-4：3.00元

棉花营养钵薄膜育苗移栽技术/端木鑫等编著.—北京：农业出版社，1990.5.—96页；32开.—（全国农业实用技术丛书/农业部等主编）.—ISBN 7-109-01839-3：1.50元

S565　油料作物

大豆育种应用基础和技术研究进展/盖钧镒主编.南京：江苏科学技术出版社，1990.10.—265页；16开.—ISBN 7-5345-1050-3：10.50元

大豆科学种植实用技术/杨云鹏，刘丽君编著.—福州：福建教育出版社，1990.11.—73页；32开.（燎原计划丛书）.—ISBN 7-5334-0642-7：0.98元

大豆施肥/李淑贞编著.—北京：农业出版社，1990.5.—97页；32开.—（全国农业实用技术丛书/农业部等主编）.—ISBN 7-109-01829-6：1.55元

大豆高产综合栽培技术/戴谟安主编.—哈尔滨：黑龙江科学技术出版社，1990.1.—46页；32开.—（科技兴农小丛书）.—ISBN 7-5388-1001-3：0.85元

中国芝麻品种志/中国农业科学院油料作物研究所主编.—北京：农业出版社，1990.12.—195页；16开.—ISBN 7-109-01557-2（精装）：13.45元

中国野生大豆资源目录/中国农业科学院作物品种资源所主编.—北京：农业出版社，1990.6.—335页；16开.—ISBN 7-109-01918-7：14.00元

花生施肥/郭瑞廉等编著.—北京：农业出版社，1990.5.—88页；32开.—（全国农业实用技术丛

书/农业部等主编).—ISBN 7-109-01846-6:1.40元

花生栽培生理/山东省花生研究所主编.—上海:上海科学技术出版社,1990.11.—250页;32开.—ISBN 7-5323-2209-2:2.75元

花生高产原理与技术/罗葆兴,苏少武编写.—广州:广东高等教育出版社,1990.10.—192页;32开.ISBN 7-5361-0525-8:2.50元

油料和豆类作物/浙江省农学会组编.—杭州:浙江科学技术出版社,1990.11.—67页;32开.—(农业实用新技术丛书).—ISBN 7-5341-0322-3:1.05元

特用油源作物——蓖麻/傅福勤编著.—北京:中国环境科学出版社,1990.5.—95页;32开.—(全国星火计划丛书).—ISBN 7-80010-695-0:1.80元

S566　糖料作物

甘蔗育种学/彭绍光编著.—北京:农业出版社,1990.5.—392页;大32开.—ISBN 7-109-01098-8(精装):11.40元

本书共分六章,分别论述甘蔗分类、甘蔗开花、甘蔗育种的遗传基础、甘蔗育种方法、甘蔗育种程序、甘蔗品种及其系谱等。

甜菜生理学/曲文章编著.—哈尔滨:黑龙江科学技术出版社,1990.11.—456页;大32开.—ISBN 7-5388-1391-8:6.50元

蔗地综合利用技术/夏汇泉编著.—重庆:重庆出版社,1990.11.—122页;32开.—ISBN 7-5366-1356-3:1.35元

S567　药用作物

木本药用植物栽培与加工/常自立,彭德纯主编.北京:科学出版社,1990.8.—291页;32开.—ISBN 7-03-001760-9:5.30元

西洋参引种栽培技术/宛志沪等编著.—合肥:安徽科学技术出版社,1990.11.—164页;32开.—ISBN 7-5337-0505-X:2.65元

名贵中草药栽培手册/徐乃良,岑丽华编著.—南宁:广西民族出版社,1990.9.—243页;32开.—ISBN 7-5363-0911-2:3.40元

名贵中药材高产栽培技术/陆善旦等编著.—南宁:广西科学技术出版社,1990.2.—213页;32开.—ISBN 7-80565-256-2:2.70元

灵芝:健康食品之冠/刘波等编著.—北京:学苑出版社,1990.9.—49页;32开.—ISBN 7-5077-0095-X:1.00元

拉汉药用植物名称和检索手册/汪纪武主编.—北京:中国医药科技出版社,1990.10.—1815页;32开.—ISBN 7-5067-0125-1(精装):35.00元

药用植物种子手册/孙昌高主编.—北京:中国医药科技出版社,1990.6.—734页;大32开.—ISBN 7-5067-0178-2:15.00元

短缺药材栽培技术/徐立编.—北京:农业出版社,1990.5.—185页;32开.—ISBN 7-109-01581-5:2.85元

S571　饮料作物

中国茶树优良品种集/农业部农业司,中国农业科学院茶叶研究所编.—上海:上海科学技术出版社,1990.4.—107页;16开.—ISBN 7-5323-2020-0(精装):25.00元

茶叶/浙江省农学会组编.—杭州:浙江科学技术出版社,1990.11.—131页;32开.—(农业实用新技术丛书).—ISBN 7-5341-0324-X:1.55元

茶叶·蚕桑/李广新主编.—合肥:中国科学技术大学出版社,1990.11.—160页;32开.—(农村科技致富丛书;2/李广新主编).—ISBN 7-312-00182-3:2.10元

茶树形态结构与品质鉴定/严学成著.—北京:农业出版社,1990.7.—272页;大32开.—ISBN 7-109-01623-4:6.00元

茶树高产优质栽培新技术/俞永明等编著.—北京:金盾出版社,1990.10.—170页;32开.—(全国星火计划丛书).—ISBN 7-80022-182-2:2.20元

种茶与制茶技术/施嘉璠等编.—成都:四川教育出版社,1990.4.—295页;32开.—职业高中农业专业试用教材.—ISBN 7-5408-1273-9:1.77元

福建乌龙茶/张天福等编著.—福州:福建科学技术出版社,1990.1.—246页;32开.—ISBN 7-5335-0326-0:3.10元

S572　烟　草

烤烟优质适产栽培烘烤技术/洪其琨编著.—上海:上海科技教育出版社,1990.9.—126页;32开.—职业技术教育课本.—ISBN 7-5428-0363-8:1.45元

烟草:栽培加工与化学/(坦桑尼亚)阿克赫斯特(Akehurst,P.K.)著;訾天镇等译.—上海:上海交通大学出版社,1990.1.—429页;32开.—ISBN 7-313-00635-7:4.95元

烟草育种学/杨铁钊等编著.—郑州:河南科学技术出版社,1990.12.—245页;大32开.—高等农业院校试用教材.—ISBN 7-5349-0745-4:5.20元

简明烟草工程技术辞典/林世能等编撰.—贵阳:贵州科技出版社,1990.10.—386页;32开.—ISBN 7-8058-0036-9(精装):7.50元

S573　香料作物

花椒栽培/常剑文,田玉堂编著.—北京:中国林

业出版社，1990.2.—142页；32开.—ISBN 7-5038-0520-X：2.00元

花椒栽培技术/萧河龙等著.—重庆：科学技术文献出版社重庆分社，1990.7.—53页；32开.—ISBN 7-5023-0492-4：0.85元

S58/59 野生植物、热带、亚热带作物

抚顺山野菜/抚顺市农业区划办公室，清原县农业区划办公室编.—沈阳：辽宁人民出版社，1990.12.182页：彩图；32开.—ISBN 7-205-01718-1：12.00元

陕南三宝刺梨、山茱萸、龙须草/郭军文，翟培宗编著.—西安：陕西科学技术出版社，1990.8.—92页；32开.—ISBN 7-5369-0783-4：1.60元

热带作物产品加工/华南热带作物学院编.—北京：农业出版社，1990.5.—394页；32开.—全国中等农业学校教材　热带作物加工专业用.—ISBN 7-109-00673-5：2.30元

S6 园　艺

中国园艺学会成立六十周年纪念暨第六届年会论文集　(1)：果树/中国园艺学会编.—北京：万国学术出版社，1990.12.—289页；16开.—ISBN 7-80003-123-3：8.00元

中国园艺学会成立六十周年纪念暨第六届年会论文集　(3)：观赏园艺/中国园艺学会编.—北京：万国学术出版社，1990.12.—51页；16开.—ISBN 7-80003-123-3：2.00元

阳台瓜果栽培技术/刘刚编著.—成都：成都科技大学出版社，1990.4.—137页；32开.—ISBN 7-5616-0545-6：1.70元

庭院种植业/河南省科学技术协会主编.—郑州：河南科学技术出版社，1990.5.—341页；32开.—(庭院致富指南).—ISBN 7-5349-0362-9：3.50元

庭院种植技术指南/曹本光，毛菊芳编.—乌鲁木齐：新疆人民出版社，1990.8.—408页；32开.(庭院经济丛书).—ISBN 7-228-01469-3：3.70元

庭院植物栽培/河南省教育委员会中小学教材教学研究室编.—郑州：河南科学技术出版社，1990.5.—256页；32开.—河南省中学劳动技术课教材：试用本.—ISBN 7-5349-0629-6：2.60元

S60 一般性问题

园艺统计学/杨永年等编著.—哈尔滨：东北林业大学出版社，1990.12.—341页；32开.—(农业技术干部统计学自学丛书).—ISBN 7-81008-188-8：4.40元

果树及蔬菜栽培技术/云南省教委教研室主编.—昆明：云南教育出版社，1990.8.—268页；32开.—初中后职业技术教材.—ISBN 7-5415-0388-6：1.94元

果蔬遗传育种学　第一分册：遗传学基础/浙江省台州农业学校主编.—北京：农业出版社，1990.10.182页；32开.—全国中等农业学校教材　园艺专业用.—ISBN 7-109-01512-2：1.15元

果蔬遗传育种学　第三分册：蔬菜育种学/黑龙江省佳木斯农业学校主编.—北京：农业出版社，1990.5.—317页；32开.—全国中等农业学校教材　园艺蔬菜专业用.—ISBN 7-109-01257-3：1.90元

高效益果菜栽培技术/张秀峰主编.—石家庄：河北科学技术出版社，1990.11.—181页；32开.—ISBN 7-5375-0327-3：2.50元

S609 收获、初加工、贮藏

水果蔬菜贮藏保鲜技术/桂耀林主编.—北京：科学出版社，1990.5.—318页；32开.—ISBN 7-03-001667-X：5.30元

瓜果贮鲜/王仲田，王兰竹编著.—乌鲁木齐：新疆人民出版社，1990.1.—188页；32开.—ISBN 7-228-00962-2：1.65元

果品与蔬菜加工/吴永娴编著.—重庆：重庆出版社，1990.11.—258页；32开.—(农副产品加工丛书).—ISBN 7-5336-1355-5：2.35元

果蔬气调保鲜技术/郑厚芬编著.—北京：中国商业出版社，1990.12.—263页；32开.—ISBN 7-5044-0649-X：4.20元

果蔬贮藏与加工/王雅娟主编.—长沙：湖南教育出版社，1990.7.—521页；32开.—中等职业技术学校教材.—ISBN 7-5355-1146-5：4.50元

果蔬贮藏加工学/陕西省仪祉农业学校主编.—北京：农业出版社，1990.5.—421页；32开.—全国中等农业学校教材　园艺专业用.—ISBN 7-109-01258-1：2.30元

果蔬采后生理与贮藏保鲜/黄邦彦，杨谦编著.—北京：农业出版社，1990.7.—153页；32开.—ISBN 7-109-01567-X：2.25元

果蔬保鲜/庄虚之，袁艳春编著.—成都：成都出版社，1990.12.—316页；32开.—(智慧农民丛书，李守凡主编).—ISBN 7-80575-098-X：2.95元

S61 苗圃学

果菜类蔬菜新法育苗技术/肖日新编著.—长沙：湖南科学技术出版社，1990.4.—48页；32开.—ISBN 7-5357-0732-7：0.75元

嫁接的原理与应用/李继华编著.—2版.—上海：上

海科学技术出版社，1990.8.—198页；32开.—ISBN 7-5323-2065-0：3.10元
本书1980年1月第1版。

蔬菜花卉无土栽培技术/郑光华等编著.—上海：上海科学技术出版社，1990.11.—298页；32开.—ISBN 7-5323-2083-9：4.60元

S62　温室园艺（保护地栽培）

双层塑料棚蔬菜生产/陈文哲编著.—西宁：青海人民出版社，1990.11.—78页；32开.—（全国星火计划丛书）.—ISBN 7-225-00409-3：1.10元

保护地蔬菜栽培技术问答/辽宁省农牧业厅园艺处编.—北京：农业出版社，1990.9.—332页；32开.（菜篮子工程丛书）.—ISBN 7-109-01690-0：4.70元

温室塑料棚环境管理/吴毅明，徐师华编著.—北京：农业出版社，1990.8.—234页；32开.—（菜篮子工程丛书）.—ISBN 7-109-01720-6：3.25元

精细蔬菜大棚栽培/黎世昌，汪维云编.—合肥：安徽科学技术出版社，1990.4.—85页；32开.—（蔬菜高产优质栽培技术丛书）.—ISBN 7-5337-0421-6：1.15元

蔬菜早熟高产优质栽培技术：蔬菜保护地栽培/吴志行编著.—合肥：安徽科学技术出版社，1990.5.234页；32开.—ISBN 7-5337-0397-9：3.00元

蔬菜保护地栽培/兰州市农牧局编.—兰州：甘肃科学技术出版社，1990.10.—130页；32开.—（农业技术丛书）.—ISBN 7-5424-0300-1：1.60元

S63　蔬菜园艺

上海名特优蔬菜/上海市蔬菜经济研究会，上海市蔬菜技术推广站编.—上海：上海科学技术出版社，1990.12.—133页；32开.—ISBN 7-5323-2236-X：3.40元

山东名产蔬菜/何启伟等主编；刘文英等撰写.—济南：山东科学技术出版社，1990.2.—426页；大32开.—ISBN 7-5331-0638-5：8.00元

山东蔬菜优良品种/何启伟，周光华主编.—济南：济南出版社，1990.9.—257页；大32开.—ISBN 7-80572-335-4：3.80元

主要蔬菜新品种介绍/江苏省农业科学院蔬菜研究所编著.—南京：江苏科学技术出版社，1990.2.109页；32开.—ISBN 7-5345-0857-6：1.65元

宁夏瓜菜品种介绍/李海燕编.—银川：宁夏人民出版社，1990.7.—159页；32开.—ISBN 7-227-00551-3：1.60元

全国高等教育自学考试指导委员会高等教育自学考试蔬菜专业专业课程自学考试大纲：合订本.—北京：高等教育出版社，1990.8.—252页；大32开.ISBN 7-04-003277-5：2.00元

南方蔬菜栽培技术/蔡俊德等编著.—北京：农业出版社，1990.8.—506页；32开.—（菜篮子工程丛书）.—ISBN 7-109-01650-1：6.70元

哈尔滨市蔬菜优良品种/黄世珍主编.—哈尔滨：黑龙江科学技术出版社，1990.12.—108页；32开.—ISBN 7-5388-1406-X：1.85元

科学种菜技术问答/马新立编著.—北京：科学出版社，1990.8.—253页；32开.—ISBN 7-03-001893-1：3.80元

菜田除草/张殿京，王贵编著.—天津：天津科学技术出版社，1990.5.—126页；32开.—ISBN 7-5308-0772-2：2.65元

蔬菜/浙江省农学会组编.—杭州：浙江科学技术出版社，1990.11.—140页；32开.—（农业实用新技术丛书）.—ISBN 7-5341-0321-5：1.60元

蔬菜节水栽培/丁正熙，郑大玮编著.—北京：农业出版社，1990.9.—132页；32开.—（菜篮子工程丛书）.—ISBN 7-109-01739-7：2.15元

蔬菜生产常见问题解答/万云章编著.—沈阳：辽宁科学技术出版社，1990.4.—179页；32开.—ISBN 7-5381-0854-8：2.65元

蔬菜优良品种/刘瀚之等编.—济南：济南出版社，1990.6.—443页；32开.—ISBN 7-80572-217-X：4.85元

蔬菜优良品种/周永健，徐和金编著.—北京：农业出版社，1990.9.—201页；32开.—（菜篮子工程丛书）.—ISBN 7-109-01669-2：4.30元

蔬菜良种和育苗技术问答/郑甲盛等编著.—济南：山东科学技术出版社，1990.2.—461页；32开.—ISBN 7-5331-0618-0：4.95元

蔬菜良种繁育技术/高义昌主编.—石家庄：河北科学技术出版社，1990.10.—272页；大32开.—ISBN 7-5375-0570-5：4.25元

蔬菜贮藏保鲜/陆美英编著.—北京：金盾出版社，1990.7.—106页；32开.—ISBN 7-80022-180-6：1.80元

蔬菜贮藏期病虫害/（苏）夫·斯·季亚琴科著；赵杰三译.—乌鲁木齐：新疆人民出版社，1990.5.180页；32开.—ISBN 7-228-01202-0：1.65元

蔬菜育苗技术/刘兴国，刘素芬编著.—重庆：科学技术文献出版社重庆分社，1990.8.—84页；32开.（长江蔬菜丛书）.—ISBN 7-5023-1151-3：1.30元

蔬菜育苗技术/陈友编著.—北京：农业出版社，1990.8.—152页；32开.—（菜篮子工程丛书）.—ISBN 7-109-01706-0：2.30元

蔬菜育种学/西南农业大学主编.—2版.—北京：农业出版社，1990.9.—346页；16开.—全国高等农业院校教材　蔬菜专业用.—ISBN 7-109-00239-X：4.40元

本书1980年10月第1版。

蔬菜实用贮藏技术/赵华等编著.—北京：农业出版社，1990.9.—210页；32开.—（菜篮子工程丛书）.ISBN 7-109-01681-1：2.95元

蔬菜施肥技术/王统正，姚乃华编著.—北京：农业出版社，1990.7.—102页；32开.—（菜篮子工程丛书）.—ISBN 7-109-01719-2：1.80元

蔬菜配方施肥/全国土壤肥料总站肥料处编著.—北京：农业出版社，1990.9.—166页；32开.—（菜篮子工程丛书）.—ISBN 7-109-01709-5：2.55元

蔬菜栽培学/陕西省农林学校主编.—北京：农业出版社，1990.5.—355页；16开.—全国中等农业学校教材　园艺、蔬菜专业用.—ISBN 7-109-01226-3：4.10元

蔬菜高产优质栽培/王统正编著.—北京：农业出版社，1990.10.—205页；32开.—（菜篮子工程丛书）.—ISBN 7-109-01674-9：3.25元

蔬菜高产良种/周永健，徐和金编著.—北京：金盾出版社，1990.1.—120页；32开.—ISBN 7-80022-164-4：1.80元

蔬菜高产栽培技术/李宝树，唐业筠等主编.—长春：吉林科学技术出版社，1990.4.—274页；32开.（科技兴农丛书）.—ISBN 7-5384-0517-8：4.10元

蔬菜简易保鲜加工技术/河南省蔬菜商品化生产配套技术研究协作组编.—郑州：中原农民出版社，1990.10.—200页；32开.—ISBN 7-80538-211-5：2.30元

蔬菜新品种与高产栽培/黑龙江省种子管理局编.哈尔滨：黑龙江科学技术出版社，1990.3.—189页；32开.—ISBN 7-5388-1097-8：2.95元

S631/632　直根类、块茎类

生姜与大蒜/张正国编著.—重庆：科学技术文献出版社重庆分社，1990.7.—124页；32开.—（长江蔬菜丛书）.—ISBN 7-5023-1129-7：1.55元

萝卜与胡萝卜/汪隆植等编著.—重庆：科学技术文献出版社重庆分社，1990.10.—115页；32开.—（长江蔬菜丛书）.—ISBN 7-5023-1173-4：1.65元

魔芋科学/（日）冲增哲等编著；古明选译.—成都：四川大学出版社，1990.6.—348页；32开.—ISBN 7-5614-0100-0：3.90元

S634　白菜类

山东大白菜杂交育种及栽培/张焕家，洪榴丹编著.北京：科学技术文献出版社，1990.9.—234页；32开.—（全国星火计划丛书）.—ISBN 7-5023-1271-4：3.50元

中国油菜栽培学/中国农业科学院油料作物研究所主编.—北京：农业出版社，1990.12.—556页；16开.—（当代科技重要著作：农业领域）.—ISBN 7-109-01308-1（精装）：31.90元

白菜栽培/杨善庆著.—合肥：安徽科学技术出版社，1990.9.—56页；32开.—（蔬菜高产优质栽培技术丛书）.—ISBN 7-5337-0565-4：0.95元

杂交油菜秦油二号生产问答/李殿荣等编著.—西安：陕西科学技术出版社，1990.3.—24页；32开.ISBN 7-5369-0700-1：0.80元

芥菜/林冠伯编著.—重庆：科学技术文献出版社重庆分社，1990.2.—85页；32开.—（长江蔬菜丛书）.—ISBN 7-5023-1003-7：1.20元

油菜生态和遗传育种研究/官春云主编.—长沙：湖南科学技术出版社，1990.9.—482页；32开.—ISBN 7-5357-0839-0：5.75元

油菜施肥/刘昌智等编著.—北京：农业出版社，1990.5.—79页；32开.—（全国农业实用技术丛书）.—ISBN 7-109-01847-4：1.30元

S635　甘蓝类

结球甘蓝/张文邦编著.—重庆：科学技术文献出版社重庆分社，1990.7.—111页；32开.—（长江蔬菜丛书）.—ISBN 7-5023-0315-4：1.40元

莲花菜/兰州市农牧局编.—兰州：甘肃科学技术出版社，1990.10.—99页；32开.—（农业技术丛书）.ISBN 7-5424-0301-X：1.30元

S641/642　茄果类、瓜类

冬瓜/关佩聪编著.—重庆：科学技术文献出版社重庆分社，1990.7.—61页；32开.—（长江蔬菜丛书）.—ISBN 7-5023-1095-0：0.95元

茄子良种与栽培/郭清秀编著.—郑州：中原农民出版社，1990.9.—88页；32开.—（农业新技术丛书）.—ISBN 7-80538-199-2：1.25元

保护地黄瓜、番茄和辣椒栽培技术/吴国兴等编著.北京：农业出版社，1990.5.—109页；32开.—（全国农业实用技术丛书/农业部等主编）.—ISBN 7-109-01841-5：1.65元

黄瓜/许启新编著.—重庆：科学技术文献出版社重庆分社，1990.7.—101页；32开.—（长江蔬菜丛书）.—ISBN 7-5023-1130-0：1.30元

黄瓜早熟高产栽培技术/周裕荣主编；重庆市教育委员会编.—北京：高等教育出版社，1990.8.—5[illegible]页；32开.—（农村实用技术教育丛书）.—ISBN 7-04-002564-7：1.00元

黄瓜的营养与生理障害/日本全农肥料农药部编著；张有山译.—北京：北京科学技术出版社，1990.12.—1册（35，36页）：图；32开.—ISBN 7-5304-0869-0：5.20元

黄瓜高产栽培/尹彦编著.—北京：金盾出版社，1990.10.—74页；32开.—ISBN 7-80022-186-5：1.00元

黄瓜嫁接高产栽培新技术/陈海燕等编著.—郑州：中原农民出版社，1990.3.—98页；32开.—（农业新技术丛书）.—ISBN 7-80535-146-1：1.30元

番茄良种与栽培/郭清秀编著.—郑州：中原农民出版社，1990.9.—71页；32开.—（农业新技术丛书）.ISBN 7-80538-198-4：1.00元

S644/645　多年生菜类、水生菜类

水生蔬菜/赵有为，曹碚生编著.—重庆：科学技术文献出版社重庆分社，1990.3.—116页；32开.（长江蔬菜丛书）.—ISBN 7-5023-1126-2：1.50元

芦笋栽培/鲍建宏编.—合肥：安徽科学技术出版社，1990.8.—56页；32开.—（蔬菜高产优质栽培技术丛书）.—ISBN 7-5337-0508-5：0.95元

芦笋栽培技术和加工利用/安志信，李季兰编著.天津：天津科学技术出版社，1990.6.—156页；32开.—（蔬菜栽培技术丛书）.—ISBN 7-5308-0666-1：3.20元

S646　菌类（食用菌）

山珍猴头菌栽培技术与烹饪/徐序坤，王林编著.上海：上海科学普及出版社，1990.1.—112页；32开.—ISBN 7-5427-0124-X：1.60元

中国菇类栽培手册/赵根楠等主编.—北京：科学普及出版社，1990.1.—511页；32开.—ISBN 7-110-01247-6：7.00元

气生型蘑菇栽培技术/曾容毅，卫治民编著.—上海：上海科学技术文献出版社，1990.10.—128页；32开.—ISBN 7-80513-743-9：2.00元

平菇生产/陈宗昭编著.—北京：农业出版社，1990.8.—93页；32开.—（菜篮子工程丛书）.—ISBN 7-109-01727-3：1.85元

代料栽培食用菌/陈亥生，陈成基编著.—福州：福建教育出版社，1990.10.—88页；32开.—（燎原计划丛书）.—ISBN 7-5334-0651-6：0.88元

竹荪栽培/陈可义等编著.—北京：农业出版社，1990.5.—61页；32开.—（农家种植业丛书）.—ISBN 7-109-01348-0：1.00元

金针菇栽培/李志超，杨珊珊编著.—北京：科学普及出版社，1990.6.—135页；32开.—ISBN 7-110-01455-X：2.90元

金针菇栽培与利用/黄文芳，刘庆茂编著.—广州：广东科技出版社，1990.2.—81页；32开.—（农村副业生产丛书）.—ISBN 7-5359-0549-8：1.00元

草菇 金针菇 猴头菌/向华编著.—北京：农业出版社，1990.9.—144页；32开.—（菜篮子工程丛书）.ISBN 7-109-01675-7：2.65元

香菇黑木耳高产栽培技术/孙华瑜，何园素编著.北京：农业出版社，1990.5.—116页；32开.—（全国农业实用技术丛书/农业部等主编）.—ISBN 7-109-01830-X：1.75元

食用菌制种与栽培/上海市嘉定县教育局编.—上海：上海科学技术出版社，1990.8.—101页；32开.ISBN 7-5323-2274-2：1.50元

食用菌制种技术/贾身茂编著.—北京：中国林业出版社，1990.1.—188页；32开.—ISBN 7-5038-0434-3：2.80元

食用菌制种栽培和毒菌识别/李建宗，彭寅斌编著.长沙：湖南师范大学出版社，1990.4.—223页；大32开.—ISBN 7-81031-013-5：3.15元

食用菌育种栽培加工技术/黄日明等编著.—长沙：湖南科学技术出版社，1990.8.—301页；32开.—ISBN 7-5357-0768-8：3.70元

食用菌栽培/杨曙湘主编.—长沙：湖南教育出版社，1990.5.—273页；32开.—中等职业技术学校教材.—ISBN 7-5355-1135-X：2.40元

食用菌栽培技术/崔志有编.—呼和浩特：内蒙古教育出版社，1990.6.—149页；32开.—ISBN 7-5311-1065-2：1.45元

食用菌高产栽培新技术/王永田等编.—北京：教育科学出版社，1990.11.—76页；32开.—（农村实用技术丛书/周治华主编）.—ISBN 7-5041-0579-1：1.30元

食用菌新技术汇编/朱世瑛，卢铁栋主编.—大连：大连理工大学出版社，1990.7.—297页；16开.—ISBN 7-5611-0283-6：7.10元

食用菌新法生产实用技术/叶淑静，卢致源编著.南昌：江西科学技术出版社，1990.6.—231页；32开.—ISBN 7-5390-0313-8：2.60元

黑木耳代用料栽培/邹兼金等编写.—南昌：江西科学技术出版社，1990.3.—61页；32开.—ISBN 7-5390-0297-2：0.90元

猴头栽培与食用/武金钟编著.—北京：中国林业出版社，1990.4.—91页；32开.—ISBN 7-5038-0575-7：1.40元

蘑菇栽培新技术/孔祥君，宋德瑜编著.—上海：上海科技教育出版社，1990.7.—194页；32开.—ISBN 7-5428-0338-7：2.15元

S65 蓏果园艺

西瓜生产技术大全/刘德先等主编.—北京：农业出版社，1990.12.—315页；大32开.—ISBN 7-109-02052-5：6.50元

西瓜早熟优质高产栽培技术/傅好，习仕忠编著.南昌：江西科学技术出版社，1990.12.—165页；32开.—ISBN 7-5390-0385-5：2.40元

西瓜早熟栽培/郑世杰等编著.—北京：农业出版社，1990.5.—131页；32开.—(全国农业实用技术丛书/农业部等主编).—ISBN 7-109-01836-9：1.95元

西瓜早熟高产栽培技术/余文炎编著.—天津：天津科学技术出版社，1990.2.—90页；32开.—(蔬菜栽培技术丛书).—ISBN 7-5308-0676-9：1.30元

西瓜特早熟栽培/全国农业技术推广总站，山东省淄博市农业局主编.—北京：农业出版社，1990.5.91页；32开.—ISBN 7-109-01587-4：1.40元

西瓜高产栽培技术/贺洪军，李和平编著.—北京：气象出版社，1990.12.—90页；32开.—(全国星火计划丛书·农村致富技术丛书).—ISBN 7-5029-0525-1：1.65元

西瓜 甜瓜/浙江省农学会组编.—杭州：浙江科学技术出版社，1990.11.—120页；32开.—(农业实用新技术丛书).—ISBN 7-5341-0325-8：1.45元

怎样种好西瓜与籽瓜/宁夏世界银行贷款项目办公室编.—银川：宁夏人民出版社，1990.4.—60页；32开.—(农业科技普及丛书/王洪深主编).—ISBN 7-227-00536-4：0.75元

S66 果树园艺

山西省果树种质资源及区划/山西省农业区划委员会等编著；傅耕夫主编.—北京：中国林业出版社，1990.12.—575页：图；16开.—ISBN 7-5038-0711-3：28.50元

内蒙古果树品种及野生资源/《内蒙古果树品种及野生资源》编辑委员会编.—呼和浩特：内蒙古人民出版社，1990.8.—295页；16开.—ISBN 7-204-00523-6(精装)：30.00元

北京果树志/曲泽洲主编.—北京：北京出版社，1990.10.—721页；16开.—ISBN 7-200-00922-9(精装)：35.00元

全国高等教育自学考试指导委员会高等教育自学考试果树专业专业课程自学考试大纲：合订本.—北京：高等教育出版社，1990.9.—210页；大32开.ISBN 7-04-003280-5：1.65元

红壤荒坡种果树图册/朱文灿编写.—南昌：江西科学技术出版社，1990.11.—169页；32开.—ISBN 7-5390-0372-3：2.20元

英汉果树词汇/曲泽洲等编.—北京：中国林业出版社，1990.7.—409页；32开.—ISBN 7-5038-0515-3：7.50元

果园管理技术/唐勇，勇仁蕊编著.—济南：山东科学技术出版社，1990.10.—387页：彩照；32开.ISBN 7-5331-0757-8：4.90元

果树/浙江省农学会组编.—杭州：浙江科学技术出版社，1990.11.—192页；32开.—(农业实用新技术丛书).—ISBN 7-5341-0327-4：2.05元

果树四季管理/赵印立，王长命编著.—太原：山西科学教育出版社，1990.12.—349页；32开.—ISBN 7-5377-0297-7：5.00元

果树育种学/罗光实编写.—长沙：湖南教育出版社，1990.10.—303页；32开.—中等职业技术学校教材.—ISBN 7-5355-1163-5：2.60元

果树种质资源描述符：记载项目及评价标准/蒲富慎主编.—北京：农业出版社，1990.11.—301页；16开.—ISBN 7-109-02000-2：12.00元

果树种类论/曲泽洲，孙云蔚主编.—北京：农业出版社，1990.8.—558页；16开.—ISBN 7-109-00733-2(精装)：20.75元

果树栽培/黑龙江省教育委员会桦南县农村教育整体改革实验区课题组主编.—哈尔滨：黑龙江科学技术出版社，1990.7.—142页；32开.—(农业科学技术普及读物系列丛书).—黑龙江省农村初级职业技术教育实验实施教育燎原计划培训教材.—ISBN 7-5388-1236-9：1.80元

果树栽培实用技术/张殿高编著.—沈阳：辽宁科学技术出版社，1990.4.—686页；32开.—ISBN 7-5381-0583-2：9.60元

果树栽培学/刘远鹏，曾伟光编著.—成都：成都科技大学出版社，1990.1.—531页；16开.—农业广播电视学校教材.—ISBN 7-5616-0533-1：7.70元

果树栽培学各论：北方本/北京市农业学校主编.北京：农业出版社，1990.5.—401页；32开.—全国中等农业学校教材 果树、园艺专业用.—ISBN 7-109-01252-2：2.35元

果树栽培学各论：南方本/福建省漳州市农业学校主编.—北京：农业出版社，1990.5.—399页；32开.—全国中等农业学校教材 果树、园艺专业用.ISBN 7-109-01120-8：2.30元

果品贮藏加工学/北京农业大学主编.—2版.—北京：农业出版社，1990.10.—362页；16开.—全国高等农业院校教材 果树专业用.—ISBN 7-109-01306-5：4.80元

果品贮藏保鲜实用技术/王仲田，王兰竹编著.—北京：科学技术文献出版社，1990.9.—82页；32开.—(星火计划丛书).—ISBN 7-5023-1334-6：

1.20元

实用果树栽培技术手册/王厚臣等编.—青岛：青岛出版社，1990.9.—301页；32开.—ISBN 7-5436-0535-X：3.60元

柑橘荔枝香蕉菠萝优质丰产栽培法/甘廉生等编著.—北京：金盾出版社，1990.1.—234页；32开.ISBN 7-80022-124-5：4.00元

南方果树修剪技术/刘权主编.—北京：农业出版社，1990.5.—418页；大32开.—ISBN 7-109-01386-3：7.80元

贵州主要水果栽培技术/贵州农民技术培训教材编委会编.—贵阳：贵州科技出版社，1990.9.—281页；32开.—贵州农民技术培训教材.—ISBN 7-80584-015-6：3.70元

常见果树整形修剪/张克俊等编著.—济南：山东科学技术出版社，1990.4.—396页；32开.—（果树生产技术丛书）.—ISBN 7-5331-0670-9：4.10元

落叶果树修剪技术图说/熊晋三等编著.—北京：中国林业出版社，1990.6.—332页；32开.—（果农必读丛书）.—ISBN 7-5038-0592-7：4.00元

植物生长调节剂在果树生产中的应用/王涌清，刘秀奇编著.—北京：中国林业出版社，1990.5.—183页；32开.—ISBN 7-5038-0615-X：2.60元

落叶果树整形修剪图解/傅耕夫，李泽编；段良骅，贾秀英绘.—北京：农业出版社，1990.9.—651页；大32开.—ISBN 7-109-00921-1：12.80元

S661 仁果类

乔砧苹果矮化栽培技术/张友功，齐志琴编著.—北京：农业出版社，1990.12.—118页；32开.—（果树实用技术丛书）.—ISBN 7-109-01788-5：1.80元

优质苹果密植栽培技术/冯永利著.—西宁：青海人民出版社，1990.10.—94页；32开.—（全国星火计划丛书）.—ISBN 7-225-00400-X：1.40元

红富士苹果栽培技术/邱毓斌等编著.—北京：农业出版社，1990.5.—105页；32开.—（全国农业实用技术丛书/农业部等主编）.—ISBN 7-109-01864-4：1.60元

苹果树剪枝问答/张殿高编著.—沈阳：辽宁科学技术出版社，1990.10.—214页；32开.—3.70元

苹果栽培技术/宁夏世界银行贷款项目办公室编.银川：宁夏人民出版社，1990.5.—97页；32开.（农业科技普及丛书/王洪深主编）.—ISBN 7-227-00577-1：1.10元

苹果短枝型品种与丰产栽培技术/汪景彦主编.北京：农业出版社，1990.12.—413页；32开.—（果树实用技术丛书）.—ISBN 7-109-01795-8：6.50元

梨的栽培/何凤仁等编著.—南京：江苏科学技术出版社，1990.9.—133页；32开.—（果树栽培技术丛书）.—ISBN 7-5345-1021-X：1.55元

梨树栽培技术问答/胡承宏，董廷棋编著.—天津：天津科学技术出版社，1990.11.—202页；32开.（果树栽培技术丛书）.—ISBN 7-5308-0820-6：3.90元

短枝型苹果栽培技术/刘启荣等编.—北京：科学普及出版社，1990.9.—60页；32开.—ISBN 7-110-01673-0：1.20元

矮化苹果100问/李丙智等编.—西安：西北大学出版社，1990.2.—82页；32开.—ISBN 7-5604-0154-6：1.05元

S662 核果类

杏树/兰州市农牧局编.—兰州：甘肃科学技术出版社，1990.10.—65页；32开.—（农业技术丛书）.ISBN 7-5424-0299-4：0.91元

杏树栽培/贾克礼，吴燕民编著.—北京：农业出版社，1990.5.—236页；32开.—（果树栽培丛书）.—ISBN 7-109-01460-6：3.25元

杏树栽培与杏加工/吕增仁编著.—北京：科学技术文献出版社，1990.1.—306页；32开.—（星火计划丛书）.—ISBN 7-5023-0944-6：4.20元

桃/钟家煌，徐忠传编著.—合肥：安徽科学技术出版社，1990.4.—160页；32开.—（农家果树栽培丛书）.—ISBN 7-5337-0427-5：2.00元

桃树丰产栽培/周慧文编著.—北京：金盾出版社，1990.12.—130页；32开.—ISBN 7-80022-184-9：1.70元

桃品种/汪祖华编著.—北京：农业出版社，1990.12.—303页；大32开.—ISBN 7-109-01987-X：6.00元

樱桃栽培/史传铎，李伯真编著.—北京：农业出版社，1990.10.—85页；32开.—（果树栽培丛书）.—ISNN 7-109-01574-2：1.40元

S663 浆果类

上海葡萄栽培及病虫防治/葛根编著.—上海：上海科学技术出版社，1990.8.—488页；32开.—ISBN 7-5323-1979-2：6.20元

实用葡萄技术问答/施献举，吕湛编著.—北京：气象出版社，1990.8.—106页；32开.—（农村致富技术丛书）.—ISBN 7-5029-0375-5：2.00元

庭院葡萄栽培/白容权，蔺科安编.—沈阳：辽宁科学技术出版社，1990.7.—174页；32开.—（庭院农业生产实用技术丛书）.—ISBN 7-5381-0901-3：2.75元

猕猴桃的栽培/丁蒲孙，卫行楷编著.—南京：江苏科学技术出版社，1990.4.—88页；32开.—（果树栽培技术丛书）.—ISBN 7-5345-0903-3：1.05元

葡萄早结、高产栽培与加工/彭绍民编著.—福州：福建教育出版社，1990.9.—83页；32开.—（燎原计划丛书）.—ISBN 7-5334-0627-3：0.82元

葡萄组织培养及应用/曹孜义，齐与枢编著.—北京：高等教育出版社，1990.11.—223页；32开.（全国星火计划丛书·植物组织培养及其应用丛书；第五分册）.—ISBN 7-04-002344-X：1.85元

葡萄速生丰产实用技术/吴中，滕小绵编著.—北京：人民军医出版社，1990.2.—183页；32开.—ISBN 7-80020-124-4：2.90元

葡萄栽培/傅望衡主编.—北京：农业出版社，1990.5.—319页；32开.—（果树栽培丛书）.—ISBN 7-109-01264-6：4.25元

葡萄栽培技术/李翊远编著.—北京：农业出版社，1990.5.—144页；32开.—（全国农业实用技术丛书/农业部等主编）.—ISBN 7-109-01834-2：2.10元

葡萄栽培实用技术/杨国，徐殿臣主编.—长春：吉林教育出版社，1990.8.—148页；32开.—（农村实用技术丛书/郭友等主编）.—ISBN 7-5383-1085-1：1.50元

鲜食葡萄丰产栽培技术/邹慎机编著.—重庆：科学技术文献出版社重庆分社，1990.2.—131页；32开.ISBN 7-5023-0313-8：1.60元

S664　坚果类

坚果栽培/（美）L.H.麦克丹尼尔斯主编；朱金兆等译.—北京：中国林业出版社，1990.6.—544页；大32开.—ISBN 7-5038-0506-4：8.50元

核桃园经营/（美）雷蒙斯（Ramos，D.E.）主编；奚声珂，花晓梅译.—北京：中国林业出版社，1990.2.—317页；32开.—ISBN 7-5038-0464-5：3.70元

S665　杂果类

枣和山楂的栽培/齐与枢编.—兰州：甘肃科学技术出版社，1990.10.—53页；32开.—（脱贫致富丛书/任继周主编）.—ISBN 7-5424-0309-5：0.62元

枣的栽培与加工/杨丰年，刘彩莉编著.—石家庄：河北科学技术出版社，1990.3.—274页；32开.（全国星火计划丛书）.—ISBN 7-5375-0344-3：3.35元

S666　柑桔类

无核蜜柑栽培技术/邵阳地区农业局编.—3版（修订本）.—长沙：湖南科学技术出版社，1990.6.180页；32开.—ISBN 7-5357-0000-4：2.30元

冰糖橙栽培技术/李顺望等编著.—长沙：湖南科学技术出版社，1990.9.—215页；32开.—ISBN 7-5357-0756-4：2.60元

江西柑桔/沈廷厚主编.—南昌：江西科学技术出版社，1990.1.—435页；大32开.—ISBN 7-5390-0277-8：5.80元

实用柑橘栽培技术/何天富主编.—上海：上海科学技术出版社，1990.10.—325页；32开.—ISBN 7-5323-2066-9：3.50元

柑桔/浙江省农学会组编.—杭州：浙江科学技术出版社，1990.11.—160页；32开.—（农业实用新技术丛书）.—ISBN 7-5341-0326-6：1.85元

柑桔山地栽培/龚钧智编.—2版（修订本）.—福州：福建科学技术出版社，1990.5.—148页；32开.ISBN 7-5335-0371-5：1.70元

本书1981年12月第1版。

柑桔丰产新技术/王焕纪编著.—南宁：广西科学技术出版社，1990.12.—129页；32开.—（热带亚热带经济水果栽培丛书）.—ISBN 7-80565-397-6：1.50元

柑桔现代化基地建设/佘正之著.—成都：四川科学技术出版社，1990.2.—128页；32开.—ISBN 7-5364-1536-2：2.50元

柑桔的整形修剪/李学柱编著.—重庆：重庆出版社，1990.11.—153页；32开.—（全国星火计划丛书·柑桔优质丰产技术；11）.—ISBN 7-5366-1029-7：1.40元

柑桔栽培二百题/何天富等编著.—北京：农业出版社，1990.10.—219页；32开.—（果树实用技术丛书）.—ISBN 7-109-01781-8：3.10元

柑桔栽培技术图说/林大盛等编著.—上海：上海科学普及出版社，1990.10.—195页；32开.—（全国星火计划丛书）.—ISBN 7-5427-0331-5：2.40元

柑橘营养失调诊断与防治/欧阳洮，俞立达编著.上海：上海科学技术出版社，1990.1.—133页；32开.—ISBN 7-5323-1566-5：2.55元

椪柑栽培技术/潘文力，冼星彩编著.—广州：广东科技出版社，1990.9.—192页；32开.—（全国星火计划丛书·果树生产技术丛书）.—ISBN 7-5359-0594-3：2.60元

S667　热带及亚热带果类

荔枝栽培/郝素琴编.—北京：气象出版社，1990.9.—80页；32开.—中国农村致富技术函授大学农民技术员培训教材.—ISBN 7-5029-0559-6

荔枝栽培/倪耀源，吴素芬编著.—北京：农业出版社，1990.9.—271页；32开.—（果树栽培丛书）.ISBN 7-109-01608-0：3.75元

S668　多年生草本果类

无病毒良种草莓苗的培育及栽培管理/覃兰英，徐光霞编著.—北京：高等教育出版社，1990.8.—72页；32开.—（全国星火计划丛书·植物组织培养及其应用丛书；第四分册）.—ISBN 7-04-002260-5：0.76元

草莓/孟昭清，闵观全编著.—北京：农业出版社，1990.5.—107页；32开.—（全国农业实用技术丛书/农业部等主编）.—ISBN 7-109-01835-0：1.65元

香蕉栽培及试管苗工厂化生产技术/熊兆宽等编著.—北京：高等教育出版社，1990.11.—98页；32开.—（全国星火计划丛书·植物组织培养及其应用丛书；第三分册）.—ISBN 7-04-002259-1：1.05元

菠萝栽培/郝素琴编.—北京：气象出版社，1990.9.—76页；32开.—中国农村致富技术函授大学农民技术员培训教材.—ISBN 7-5029-0560-X

S68　观赏园艺

中国十大名花/李祖清编著.—成都：西南交通大学出版社，1990.9.—394页；32开.—ISBN 7-81022-058-6：4.45元

西宁市的市花市树/刘更喜主编.—西宁：青海人民出版社，1990.10.—140页；32开.—ISBN 7-225-00385-2：2.00元

名花栽培诀窍/朱秀珍编著.—北京：中国旅游出版社，1990.10.—105页；32开.—（旅游文化生活丛书）.—ISBN 7-5032-0291-2：1.50元

阳台养花/陶有法等编著.—增订版.—合肥：安徽科学技术出版社，1990.4.—212页；32开.—ISBN 7-5337-0418-6：3.25元

本书1983年初版。

花/黄礼义编著.—南宁：广西民族出版社，1990.11.—169页；36开.—（当代青年文化娱乐丛书；第一辑；五/杜云，陈运祐主编）.—ISBN 7-5363-1001-3：2.50元

园林植物开花生理与控制/黄蓉编著.—北京：农业出版社，1990.2.—182页；大32开.—ISBN 7-109-00743-X：3.95元

园林植物学/上海市园林学校主编.—北京：中国林业出版社，1990.6.—325页；大32开.—中等园林职业技术教学用书.—ISBN 7-5038-0418-1：5.10元

现代家庭养花与长寿/周百宜，黄天本编著.—南昌：江西科学技术出版社，1990.5.—296页；32开.ISBN 7-5390-0294-8：3.50元

青海花卉/阎翠兰，顾良编著.—西宁：青海人民出版社，1990.8.—391页；32开.—ISBN 7-225-00388-7：5.50元

实用养花小百科/冯天哲主编.—郑州：河南科学技术出版社，1990.10.—532页；大32开.—ISBN 7-5349-0638-5：9.50元

养花问答　（3）：阳台养花/陈显修编著.—北京：中国林业出版社，1990.1.—219页；32开.—ISBN 7-5038-0545-5：2.85元

养花技术问答：续集/蔡顺清等编著.—上海：上海科学技术出版社，1990.9.—199页；32开.—ISBN 7-5323-2037-5：2.30元

家庭小花匠/翟立云等编.—北京：农村读物出版社，1990.10.—120页；32开.—（实惠小丛书）.ISBN 7-5048-1435-0：2.10元

常见花卉栽培/黄智明，黄佩环编.—广州：广东科技出版社，1990.1.—286页；32开.—ISBN 7-5359-0502-1：3.20元

S682　多年生花卉类

兰花栽培入门/卢思聪编著.—北京：金盾出版社，1990.9.—138页；32开.—ISBN 7-80022-188-1：2.70元

花卉的花期调节/黄章智编译.—北京：中国林业出版社，1990.2.—289页；32开.—ISBN 7-5038-0519-6：4.00元

康乃馨茎尖培养工厂化生产/张丕方编著.—北京：高等教育出版社，1990.9.—110页；32开.—（全国星火计划丛书·植物组织培养及其应用丛书；第二分册）.—ISBN 7-04-002220-6：1.20元

宿根花卉的栽培与应用/杜莹秋著.—北京：中国林业出版社，1990.5.—194页；32开.—ISBN 7-5038-0579-X：3.20元

厦门兰谱/严楚江著.—厦门：厦门大学出版社，1990.12.—117页；大16开.—（南强丛书）.—ISBN 7-5615-0346-6：40.00元

S685　观花树木类

丁香/臧淑英，刘更喜编著.—北京：中国林业出版社，1990.4.—172页；32开.—ISBN 7-5038-0624-0：3.00元

梅花漫谈/陈俊愉编著.—上海：上海科学技术出版社，1990.2.—158页；32开.—ISBN 7-5323-1841-9：1.80元

S686　观果树木类

盆栽桃树/张寅，李英玺编著.—北京：农业出版社，1990.2.—83页；32开.—ISBN 7-109-01393-6：1.30元

盆栽葡萄/郝春英编著.—福州：福建教育出版社，

1990.6.—31页；32开.—(燎原计划丛书).—ISBN 7-5334-0680-X：0.41元

S687　观叶树木类

观叶花卉/姬君兆，黄玲燕编著.—北京：中国建筑工业出版社，1990.12.—421页；大32开.—ISBN 7-112-00772-0：10.55元

室内观叶植物/向其柏等编著.—上海：上海科学技术出版社，1990.1.—182页；32开.—ISBN 7-5323-1348-4：2.90元

室内观叶植物及装饰/戴志棠等编著.—北京：中国林业出版社，1990.8.—205页；大32开.—ISBN 7-5033-5066-8：6.50元

S688　园林植物栽培

中国草坪植物栽培/萧文一等编著.—哈尔滨：黑龙江教育出版社，1990.1.—355页；16开.—ISBN 7-5316-0713-1：10.00元

园林植物育种学/张敦方等编.—哈尔滨：东北林业大学出版社，1990.10.—178页；16开.—ISBN 7-81008-086-5：2.30元

S688.1/.2　盆景、花卉装饰

上海盆景欣赏与制作/胡运骅主编.—北京：金盾出版社，1990.2.—214页；32开.—ISBN 7-80022-151-2：3.30元

阳春山水盆景/林举英，朱兆文编.—广州：广东人民出版社，1990.1.—72页：照片；24开.—ISBN 7-218-00471-7：9.00元

花卉盆景/江苏省中学劳技教材编委会编.—南京：江苏教育出版社，1990.5.—115页；32开.—ISBN 7-5343-1051-2：0.98元

花野情海：花卉与盆景艺术鉴赏/陈大卫等著.—南宁：广西人民出版社，1990.9.—223页；28开.(青年艺术鉴赏丛书/高友德主编).—ISBN 7-219-01667-0：4.30元

岭南盆景艺术与技法/刘仲明，刘小翎编著.—广州：广东科技出版社，1990.2.—86页；16开.—ISBN 7-5359-0459-9：8.00元

盆景入门/孙耀良等编.—上海：上海科技教育出版社，1990.1.—120页；32开.—ISBN 7-5428-0335-2：1.60元

盆景手册/《园林》杂志社主编.—上海：上海文化出版社，1990.1.—167页；大32开.—ISBN 7-80511-299-1：5.85元

盆景制作/彭春生，李淑萍编著.—北京：解放军出版社，1990.6.—190页：彩照；32开.—(培养军地两用人才技术丛书/吕英主编).—ISBN 7-5065-1375-7：4.30元

S7　林　业

中等林业教育史：1949～1986/《中等林业教育史》编写委员会编.—北京：中国林业出版社，1990.12.—279页；大32开.—ISBN 7-5038-0727-X：4.70元

东北林业大学校史：1952～1987/《东北林业大学校史》编辑组编.—哈尔滨：东北林业大学出版社，1990.5.—287页：照片；大32开.—(黑龙江省高等学校校史集).—ISBN 7-81008-122-5：4.20元

现代林业知识/中国林学会科普部编.—北京：中国林业出版社，1990.1.—770页；大32开.—干部必读.—ISBN 7-5038-0427-0：12.50元

林业/李广新主编.—合肥：中国科学技术大学出版社，1990.9.—144页；32开.—(农村科技致富丛书；1).—ISBN 7-312-00181-5：1.95元

林业专业调查主要技术规定/中华人民共和国林业部编.—北京：中国林业出版社，1990.7.—239页；32开.—ISBN 7-5038-0571-4：2.90元

林业手册/(美)卡尔·温格编；林业部华东林业调查规划设计院译.—北京：国际文化出版公司，1990.3.—700页；16开.—ISBN 7-80049-414-4(精装)：35.00元

林业员工作手册/刘滨，王树清主编；新疆维吾尔自治区林业厅编.—乌鲁木齐：新疆人民出版社，1990.10.—411页；大32开.—ISBN 7-228-01579-7：9.50元

林业科技成果推广图解　(一)/黄应钦等编；黄应钦，张汝欧绘图.—南宁：广西科学技术出版社，1990.11.—202页；32开.—ISBN 7-80565-373-9：2.25元

林业部推广100项科技成果项目指南：1990/林业部科技司主编.—北京：中国林业出版社，1990.12.172页；32开.—(科技兴林丛书).—ISBN 7-5038-0789-X：2.80元

林业管理/冯贵宗等编.—呼和浩特：内蒙古教育出版社，1990.6.—91页；32开.—内蒙古自治区职业中学试用教材.—ISBN 7-5311-1036-9：0.69元

国外林业教育/《出国教师科研论文选编》编委会主编.—哈尔滨：东北林业大学出版社，1990.10.268页；大32开.—ISBN 7-81008-160-8：5.00元

实用林业词典/姚庆渭主编.—北京：中国林业出版社，1990.12.—1004页；大32开.—ISBN 7-5038-0311-8(精装)：25.50元

原始森林的植树者/姚中嵋著.—哈尔滨：黑龙江科学技术出版社，1990.11.—222页；32开.—ISBN 7-5388-1381-0：3.70元

塔河县优秀论文集　第一集/荆家良主编.—哈尔

滨：东北林业大学出版社，1990.12.—200页；16开.
ISBN 7-81008-179-9：3.70元

本书是一本林业科技论文集。

S71　林业基础科学

林学概论/易宗文主编.—长沙：湖南教育出版社，1990.10.—426页；32开.—中等职业技术学校教材.—ISBN 7-5355-1162-7：3.75元

树木年轮与气候变化/吴祥定等著.—北京：气象出版社，1990.4.—369页；32开.—ISBN 7-5029-0342-9：8.80元

S714　森林土壤学

水土保持林草/雷明德等编.—西安：西北大学出版社，1990.3.—264页；32开.—ISBN 7-5604-0190-2：3.00元

林木土壤肥料学.—呼和浩特：内蒙古教育出版社，1990.6.—250页；32开.—内蒙古自治区职业中学试用教材.—ISBN 7-5311-1163-2：1.60元

林业土壤/臧芳英主编；张枚成，李慰萱编.—长沙：湖南教育出版社，1990.6.—286页；32开.—中等职业技术学校教材.—ISBN 7-5355-1148-1：2.50元

森林土壤改良学/（捷）里德尔（Riedl, O.）等著；王礼先等译.—北京：中国林业出版社，1990.5.—443页；大32开.—ISBN 7-5038-0261-8（精装）：11.50元

森林与土壤：第四次全国森林土壤学术讨论会论文选编/中国林学会森林土壤专业委员会，中国土壤学会森林土壤专业委员会编.—北京：中国林业出版社，1990.1.—142页；16开.—ISBN 7-5038-0584-6：3.85元

S717　森林地理学、森林分布

神奇的热带雨林/张天来著.—天津：新蕾出版社，1990.2.—253页；32开.—（保护大自然丛书）.—ISBN 7-5307-0485-0：2.50元

大兴安岭森林与树木/丁炳录，王银主编.—呼和浩特：内蒙古人民出版社，1990.12.—470页；32开.
ISBN 7-204-00813-8：5.90元

广东森林/《广东森林》编委会编著.—广州：广东科技出版社；北京：中国林业出版社，1990.12.
552页；16开.—ISBN 7-5359-0869-1（精装）：40.00元

云南树木图志　中册：汉英对照/西南林学院，云南省林业厅编著.—昆明：云南科技出版社，1990.5.—1080页；16开.—ISBN 7-5416-0256-6（精装）：26.50元

中国的森林/周以良等著.—北京：科学出版社，1990.7.—550页：彩图；大32开十图1张.—（中国地理丛书）.—ISBN 7-03-001598-3：33.20元

宁夏森林/《宁夏森林》编辑委员会编著.—北京：中国林业出版社，1990.9.—292页：附图；16开.
ISBN 7-5038-0501-3（精装）：15.50元

辽宁树木志/李延生主编.—北京：中国林业出版社，1990.9.—483页：彩图；16开.—ISBN 7-5038-0675-3（精装）：33.00元

辽宁森林/《辽宁森林》编辑委员会编著.—北京：中国林业出版社；沈阳：辽宁科学技术出版社，1990.9.
396页；16开.—ISBN 7-5381-0830-0（精装）：18.90元

安徽森林/《安徽森林》编委会编.—合肥：安徽科学技术出版社；北京：中国林业出版社，1990.7.
471页；16开.—ISBN 7-5337-0363-5（精装）：23.00元

邵武市林业志/邵武市林业委员会编.—厦门：鹭江出版社，1990.9.—521页；大32开.—ISBN 7-80533-388-2：9.70元

陕西树木志/牛春山主编.—北京：中国林业出版社，1990.3.—1261页；16开.—ISBN 7-5038-0421-1（精装）：44.00元

黄土高原水土保持林区遥感综合研究/中国科学院遥感应用研究所，华东师范大学地理系编.—北京：中国科学技术出版社，1990.12.—402页：彩图；16开.—ISBN 7-5046-0319-8：15.00元

嵩明县林业志/嵩明县林业局编.—昆明：云南民族出版社，1990.1.—187页；16开.—（云南地方志丛书）.—ISBN 7-5367-0293-0：18.00元

新疆森林/陆平，严赓雪主编；《新疆森林》编辑委员会编著.—乌鲁木齐：新疆人民出版社；北京：中国林业出版社，1990.2.—577页；16开.—ISBN 7-228-00812-X（精装）：24.60元

S718　森林生物学

中国落叶树木冬态/任宪威等著.—北京：中国林业出版社，1990.8.—406页；16开.—ISBN 7-5038-0512-9：12.00元

四川森林生态研究：1984～1990/李承彪主编.—成都：四川科学技术出版社，1990.6.—1册；16开.
ISBN 7-5364-1569-9（精装）：14.00元

生存的思考：林业生态环境调查报告/谢联辉著.
哈尔滨：东北林业大学出版社，1990.12.—351页；32开.—ISBN 7-81008-173-X（精装）：7.90元

全国林木遗传育种第五次学术报告会论文汇编/徐纬英，张培杲主编.—哈尔滨：东北林业大学出版社，1990.5.—247页；16开.—ISBN 7-81008-101-2：5.70元

园林树木学.—北京：中国环境科学出版社，1990.

10.—465页；32开.—ISBN 7-80010-793-0：6.00元

园林树木学/葛文瑞主编.—北京：中国建筑工业出版社，1990.12.—225页；16开.—中等专业学校试用教材.—ISBN 7-112-00959-6：2.65元

林木遗传学基础/朱之悌主编.—北京：中国林业出版社，1990.4.—191页；16开.—全国高等林业院校试用教材.—ISBN 7-5038-0521-8：2.55元

林业微生物学/黄健屏，朱桃英编著.—长沙：湖南科学技术出版社，1990.8.—342页；16开.—ISBN 7-5357-0826-9：8.20元

林奇木粹/孟祥林等编著.—哈尔滨：黑龙江科学技术出版社，1990.10.—358页；32开.—ISBN 7-5388-1341-1：4.50元

热带亚热带森林生态系统研究　第6集：1990/中国科学院鼎湖山森林生态系统定位研究站编.—北京：科学出版社，1990.12.—178页；16开.—ISBN 7-03-002023-5：11.70元

热带亚热带森林生态系统研究　第7集：1990/中国科学院鼎湖山森林生态系统定位研究站编.—北京：科学出版社，1990.12.—175页；16开.—ISBN 7-03-002271-8：12.00元

森林生态系统中的生物固氮/（美）Gordon，J.C.，（英）Wlulor，C.T.编；王沙生，刘纪昌译.—北京：中国林业出版社，1990.5.—281页；大32开.—ISBN 7-5038-0550-1：4.00元

森林生态学实验实习方法/王义弘等编著.—哈尔滨：东北林业大学出版社，1990.3.—203页；16开.ISBN 7-81008-088-1：2.60元

森林植物学/白玉花等编.—呼和浩特：内蒙古教育出版社，1990.7.—313页；32开.—内蒙古自治区职业中学试用教材.—ISBN 7-5311-1164-0：2.05元

S72　造林学、造林技术

林木栽培技术/何家伟主编.—长沙：湖南教育出版社，1990.4.—252页；32开.—中等职业技术学校教材.—ISBN 7-5355-0557-0：2.20元

造林学/谢虎风，王克馨编著.—延吉：延边人民出版社，1990.12.—398页；32开.—黑龙江省林业技工学校教材.—ISBN 7-80508-255-3：4.10元

S722　树木育种、良种繁育

林木良种壮苗/何家伟编.—长沙：湖南教育出版社，1990.5.—296页；32开.—中等职业技术学校教材.—ISBN 7-5355-1125-2：2.60元

林木育种学/沈熙环编著.—北京：中国林业出版社，1990.2.—207页；16开.—全国高等林业院校试用教材.—ISBN 7-5038-0504-8：2.70元

林木种子区划/徐化成主编.—北京：中国林业出版社，1990.7.—316页；32开.—ISBN 7-5038-0563-3：3.70元

实用林木改良/（美）B.J佐贝尔等著；王章荣等译.—哈尔滨：东北林业大学出版社，1990.12.539页；大32开.—ISBN 7-81008-150-0：7.30元

实用育林学/（美）史密斯（Smith,D.M.）著；王志明等译.—北京：中国林业出版社，1990.1.568页；大32开.—ISBN 7-5038-0438-6：8.00元

书名原文：The Practice of Silviculture

树木引种驯化概论/王名金等编著.—南京：江苏科学技术出版社，1990.5.—586页；32开.—ISBN 7-5345-0939-4：6.40元

S725　造林技术

几种不正常树的修剪方法/苑郑民主编；董育才，陈克亮编绘.—太原：山西科学教育出版社，1990.12.—8张；2开.—8.00元

东北森林立地/仲崇淇等著.—哈尔滨：东北林业大学出版社，1990.10.—403页；大32开.—ISBN 7-81008-158-6：5.00元

造林技术与管理/林洪硕主编.—长春：东北师范大学出版社，1990.1.—348页；32开.—ISBN 7-5602-0383-3：5.00元

S727　各林种造林

中国主要能源树种/高尚武，马文元主编.—北京：中国林业出版社，1990.12.—397页；大32开.—ISBN 7-5038-0754-7：6.50元

园林树木1000种/张天麟编著.—北京：学术书刊出版社，1990.1.—540页；32开.—ISBN 7-80045-620-X：6.80元

经济林木栽培与利用/刘中汉编著.—兰州：甘肃科学技术出版社，1990.8.—547页；32开.—ISBN 7-5424-0283-8：6.50元

经济林基地技术手册/朱健主编.—西安：陕西科学技术出版社，1990.5.—874页；大32开.—ISBN 7-5369-0852-0：14.20元

速生丰产林生产基地建设/戴克明，高文才主编.长春：吉林大学出版社，1990.5.—186页；大32开.ISBN 7-5601-0481-0：3.50元

速生丰产林栽培技术/张华嵩，李绳武主编.—北京：农村读物出版社，1990.8.—187页；32开.—ISBN 7-5048-1331-1：3.80元

速生丰产桉树良种与营造技术/谢声信，陈祖沛著；广东省农业委员会科教处，广东省科学技术协会普及部编.—北京：科学普及出版社，1990.9.—35页；32开.—（科技兴农丛书）.—ISBN 7-110-01729-X：0.68元

S728　特殊地区造林

太行山低山丘陵区立体林业工程研究　第一集/中国科学院石家庄农业现代化研究所《立体林业工程》课题组编.—北京：中国林业出版社，1990.3.—356页；32开.—ISBN 7-5038-0713-X：4.20元

毛乌素沙地立地分类评价和适地适树研究榆林市芹河乡造林立地类型典型图/中国科学院兰州沙漠研究所编制.—成都：成都地图出版社，1990.12.—1张；全开.—ISBN 7-80544-162-6：5.00元

甘肃黄土高原立地分类与适地适树/李嘉珏，于洪波编著.—北京：北京科学技术出版社，1990.3. 204页；32开.—ISBN 7-5304-0616-7：2.70元

华北石质山风沙防护林区：再生资源遥感研究/赵宪文主编.—北京：中国林业出版社，1990.12.—175页；16开.—ISBN 7-5038-0768-7：10.00元

治沙造林学/李滨生主编.—北京：中国林业出版社，1990.8.—243页；16开.—全国高等林业院校试用教材　林业、水保专业用.—ISBN 7-5038-0647-8：3.15元

S73　绿化建设

一城绿化万户春/马会春主编.—沈阳：辽宁人民出版社，1990.8.—421页；32开.—ISBN 7-205-01517-0：6.90元

园林绿化/林媛编著.—呼和浩特：内蒙古教育出版社，1990.5.—233页；32开.—内蒙古自治区职业中学试用教材.—ISBN 7-5311-1120-9：1.50元

城镇园林绿化/宁夏回族自治区绿化委员会办公室，银川市园林管理局编.—银川：宁夏人民出版社，1990.1.—317页；32开.—ISBN 7-227-00226-8：3.20元

庭园与室内绿化/胡长龙编著.—上海：上海科学技术出版社，1990.2.—225页；32开.—ISBN 7-5323-1479-0：2.40元

植树养花与健康/韩绍安，方铁钰编著.—北京：人民卫生出版社，1990.11.—64页；32开.—(健康小丛书/黄树则主编).—ISBN 7-117-01453-9：0.80元

绿色丰碑：山西省青年黄河防护林建设纪实/郭良孝主编；刘安新等摄影.—北京：新华出版社，1990.10.—45页；大16开.—ISBN 7-5011-0956-7

绿染黄河/蒲长城，姚毅主编；陕西省青年营造黄河防护林工程指挥部办公室编.—西安：陕西人民出版社，1990.6.—1册；大16开.—ISBN 7-224-01235-1：7.00元

S75　森林经营学、森林计测学(测树学)、森林经理学

林业多种经营管理入门/林洪硕等编著.—长春：东北师范大学出版社，1990.1.—437页；32开.—ISBN 7-5602-0378-7：5.60元

林业综合集约经营/黑龙江省朗乡林业局编.—北京：中国林业出版社，1990.12.—473页；大32开. ISBN 7-5038-0746-6(精装)：10.00元

实用森林经营技术/王建民主编.—沈阳：辽宁科学技术出版社，1990.1.—134页；32开.—ISBN 7-5381-1002-X：2.30元

营林工程师手册/周正主编.—哈尔滨：黑龙江科学技术出版社，1990.7.—797页；16开.—ISBN 7-5388-1227-1(精装)：34.00元

S752　森林主伐

择伐/曹新孙编著.—北京：中国林业出版社，1990.5.—243页；32开.—ISBN 7-5038-0622-2：3.70元

S758　森林计测学(测树学)

林业测量学/胡安泰，宋先觉编.—长沙：湖南教育出版社，1990.6.—219页；32开.—中等职业技术学校教材.—ISBN 7-5355-1147-3：1.95元

测量测树学/连美，云生编著.—呼和浩特：内蒙古教育出版社，1990.7.—344页；32开.—内蒙古自治区职业中学试用教材.—ISBN 7-5311-1016-4：2.20元

袖珍木材材积表/福建省林业厅编.—3版(增订本).—福州：福建科学技术出版社，1990.5.—294页；64开.—ISBN 7-5335-0031-8：1.90元

本书1986年12月第2版。

袖珍新木材材积表汇编手册/祝俊新等编.—南宁：广西民族出版社，1990.3.—325页；64开.—ISBN 7-5363-0731-4(精装)：3.10元

森林测计和森林经理/甄世武，邵永礼主编.—北京：中国林业出版社，1990.8.—380页；32开.—ISBN 7-5038-0744-X：6.00元

S759　各林种及林副产品经营

林副业生产技术/马玉明等编著.—呼和浩特：内蒙古教育出版社，1990.6.—258页；32开.—内蒙古自治区职业中学试用教材.—ISBN 7-5311-1037-7：1.65元

S759.9　自然保护区

六盘水野钟黑叶猴自然保护区科学考察集/贵州省环境保护局，六盘水市环境保护局编.—贵阳：贵州民族出版社，1990.7.—195页；16开.—ISBN 7-5412-0111-1（精装）：12.00元

在大自然的博物馆里：自然保护区见闻/吴彧编著.—北京：中国少年儿童出版社，1990.11.—173页；32开.—（少年百科丛书）.—ISBN 7-5007-1118-2：1.85元

自然保护区工作指南/王梦虎等编著.—北京：中国林业出版社，1990.5.—297页；32开.—ISBN 7-5038-0433-5：4.00元

赤水桫椤自然保护区科学考察集/贵州省环境保护局编.—贵阳：贵州民族出版社，1990.7.—312页；16开.—ISBN 7-5412-0116-2（精装）：15.00元

青海省孟达自然保护区/青海省林业局编著.—西宁：青海人民出版社，1990.2.—76页；16开.—ISBN 7-225-00304-6：2.10元

河南省自然保护区/河南省林业厅自然保护区管理站编写.—郑州：河南科学技术出版社，1990.4.124页；32开.—ISBN 7-5349-0637-7：1.80元

宝岛神韵：海南岛自然保护区散记/郭泽福，陈人栋著.—海口：三环出版社，1990.8.—108页：图；大32开.—（天涯丛书）.—ISBN 7-80564-218-4：3.50元

神秘的高原盆地/阿尔金山国家自然保护区管理处编.—乌鲁木齐：新疆人民出版社，1990.3.—119页；32开.—ISBN 7-228-01178-3：2.60元

梵净山研究/周政贤主编.—贵阳：贵州人民出版社，1990.7.—525页；16开.—ISBN 7-221-01372-1（精装）：24.00元

S76　森林保护学

S762　林　火

林火管理知识问答/金可参等编著.—哈尔滨：黑龙江科学技术出版社，1990.10.—347页；32开.—ISBN 7-5388-1344-6：4.60元

英汉林火管理词典/柴瑞海主编.—哈尔滨：东北林业大学出版社，1991.9.—234页；40开.—ISBN 7-81008-228-0：4.75元

综合森林防火体系/郑焕能著.—哈尔滨：东北林业大学出版社，1990.3.—116页；32开.—ISBN 7-81008-113-6：1.80元

森林防火学/胡振武等编著.—哈尔滨：黑龙江科学技术出版社，1990.6.—316页；32开.—ISBN 7-5388-1201-6：4.50元

S763　森林病虫害及其防治

中华人民共和国森林病虫害防治条例.—北京：中国林业出版社，1990.1.—17页；32开.—ISBN 7-5038-0674-5：0.70元

林木病虫害防治学/何达松主编.—长沙：湖南教育出版社，1990.6.—347页；32开.—中等职业技术学校教材.—ISBN 7-5355-1143-0：3.10元

林木病理学/周仲铭主编.—修订版.—北京：中国林业出版社，1990.1.—250页；16开.—全国高等林业院校教材.—ISBN 7-5038-0435-1：3.25元

松毛虫综合管理/陈昌洁主编.—北京：中国林业出版社，1990.12.—401页；16开.—ISBN 7-5038-0752-0（精装）：19.00元

落叶松真菌病害/苑健羽编著.—北京：科学出版社，1990.3.—108页；16开.—ISBN 7-03-001523-1（精装）：23.50元

樟子松种实害虫研究（一）/岳书奎主编.—哈尔滨：东北林业大学出版社，1990.7.—110页；16开.ISBN 7-81008-149-7：3.50元

樟子松种实害虫研究（二）/岳书奎主编.—哈尔滨：东北林业大学出版社，1990.12.—230页；16开.ISBN 7-81008-180-2：5.90元

S767　防治药品及其使用

林木化学保护/苗建才主编.—哈尔滨：东北林业大学出版社，1990.12.—293页；16开.—ISBN 7-81008-170-5：3.70元

林用杀虫烟剂和油剂/霍士操等编著.—北京：中国林业出版社，1990.5.—227页；32开.—ISBN 7-5038-0590-0：3.00元

S77　森林工程、林业机械

中国林道网研究/熊超主编.—北京：中国林业出版社，1990.4.—232页；大32开.—ISBN 7-5038-0498-8：3.60元

林区工程地质/杨润田，张福臻编.—北京：中国林业出版社，1990.3.—217页；16开.—全国高等林业院校试用教材　土木建筑专业用.—ISBN 7-5038-0522-6：2.85元

林业遥感/李芝喜编.—哈尔滨：东北林业大学出版社，1990.6.—317页；16开.—ISBN 7-81008-124-1：4.10元

治沙原理与技术/张奎壁，邹受益主编.—北京：中国林业出版社，1990.9.—226页；16开.—全国高等林业院校试用教材　沙漠治理专业用.—ISBN 7-

5038-0641-9：2.90元

森林工程运筹技术/郑登旋，王立海编.—北京：中国林业出版社，1990.11.—296页；大32开.—林业院校教学参考书.—ISBN 7-5038-0609-5：2.35元

S776　林业机械

苏联木材采运机械/王德惠等编译.—北京：中国林业出版社，1990.5.—388页；大32开.—ISBN 7-5038-0538-2：5.50元

美国国家标准油锯安全要求：ANSI B175.1—1985/吴英良等译.—北京：中国林业出版社，1990.9.133页；大32开.—ISBN 7-5038-0604-4：2.40元

常用架空索道承载索实用数值表/林嘉庆编著.—北京：中国林业出版社，1990.9.—279页；16开.—ISBN 7-5038-0616-8：9.50元

S78　森林采运与利用

木材采运生产统筹调度/傅恩林编著.—北京：中国林业出版社，1990.8.—243页；32开.—ISBN 7-5038-0606-0：3.50元

木材树种识别材性及用途/谢福惠等编著.—北京：学术书刊出版社，1990.5.—651页；32开.—ISBN 7-80045-495-9（精装）：8.20元

贮木场生产工艺/巫儒俊编.—北京：中国林业出版社，1990.1.—218页；32开.—木材采运工人技术理论教材.—ISBN 7-5038-0556-0：2.60元

集材安全技术/黑龙江省森林工业总局劳动安全监察处编.—哈尔滨：东北林业大学出版社，1990.11.83页；32开.—林业安全培训系列教材.—ISBN 7-81008-174-8：1.25元

S789　森林副产品的综合利用

林副业生产技术/马玉明等编.—呼和浩特：内蒙古教育出版社，1990.6.—258页；32开.—内蒙古自治区职业中学试用教材.—ISBN 7-5311-1037-7：1.65元

桉树叶的利用/宋永芳编著.—北京：中国林业出版社，1990.2.—100页；32开.—（全国星火计划丛书·林特产加工利用丛书）.—ISBN 7-5038-0457-2：1.50元

S79　森林树种

马尾松种子园建立技术论文集/全国马尾松种子园课题协作组著.—北京：学术书刊出版社，1990.5.329页；16开.—ISBN 7-80045-114-3：6.00元

红松人工林开花结实的研究/刘继国等编著.—哈尔滨：东北林业大学出版社，1990.12.—101页；32开.—ISBN 7-81008-178-0：1.55元

杜仲/张康健编著.—北京：中国林业出版社，1990.7.—118页；32开.—（经济林生产技术丛书）.ISBN 7-5038-0703-2：2.20元

杉木无性系育种和良种繁殖新技术/周天相著.—北京：中国林业出版社，1990.12.—80页；32开.（科技兴林丛书）.—ISBN 7-5038-0736-9：1.70元

沙棘的栽培和管理/张廓玉编著.—北京：气象出版社，1990.2.—101页；32开.—ISBN 7-5029-0323-2：1.50元

泡桐栽培学/蒋建平主编.—北京：中国林业出版社，1990.2.—410页：彩照；16开.—ISBN 7-5038-0560-9（精装）：13.00元

胡杨/魏庆莒编著.—北京：中国林业出版社，1990.7.—195页；32开.—ISBN 7-5038-0574-9：2.80元

桉树花蕾果实图谱/（奥）G.M.奇佩思达勒著；钟坚译.—南宁：广西科学技术出版社，1990.10.96页：图；16开.—ISBN 7-80565-367-4：3.50元

书名原文：Eucalyptus Buds and Fruits

银杉生物学/王伏雄主编.—北京：科学出版社，1990.8.—105页：图；16开.—（裸子植物系统发育丛书）.—ISBN 7-03-001768-4：11.20元

S8　畜牧、兽医、狩猎、蚕、蜂

电子计算机在畜牧业上的应用/陈幼春，张子仪编著.—北京：农业出版社，1990.12.—279页；16开.ISBN 7-109-01081-3：9.30元

全国高等教育自学考试指导委员会高等教育自学考试畜牧专业课程自学考试大纲：合订本.—北京：高等教育出版社，1990.8.—476页；大32开.—ISBN 7-04-003284-8：3.60元

养殖致富技术顾问/杨成兴，俞慎编.—上海：上海科学技术文献出版社，1990.5.—380页；32开.—ISBN 7-80513-513-4：4.20元

封面、版权页、书脊题名：农村养殖技术手册：致富顾问

秦巴山区家畜家禽及经济动物品种志/邓银才主编.北京：中国农业科技出版社，1990.9.—258页；16开.—ISBN 7-80026-182-4：13.40元

畜牧兽医实用技术手册/赵刚等主编.—哈尔滨：黑龙江人民出版社，1990.6.—697页；32开.—ISBN 7-207-01641-7：6.00元

S81　普通畜牧学

畜牧学/黄启贤主编.—北京：中央广播电视大学出版社，1990.11.—389页；16开.—ISBN 7-304-00541-6：6.80元

畜牧学各论实验实习指导/辽宁省锦州畜牧兽医学校主编.—北京：农业出版社，1990.5.—190页；32开.—全国中等农业学校教材　畜牧兽医专业适用.ISBN 7-109-00594-1：1.15元

畜牧统计学/杨永年等编著.—哈尔滨：东北林业大学出版社，1990.8.—240页；32开.—（农业技术干部统计学自学丛书）.—ISBN 7-81008-155-1：2.55元

S812　草原学

中国北方草原与畜牧发展项目文集/本书编辑委员会编.—北京：中国科学技术出版社，1990.1.—549页；16开.—ISBN 7-5046-0129-2：30.00元

中国的草原/李博等著.—北京：科学出版社，1990.8.—248页；大32开.—（中国地理丛书）.—ISBN 7-03-001736-6：14.60元

中国草场资源图集/农业部畜牧兽医司北方草场资源调查办公室编.—北京：中国农业科技出版社，1990.8.—1册；大32开.—ISBN 7-80026-200-6（精装）：98.00元

辽宁草地/吴孤樵主编.—沈阳：辽宁大学出版社，1990.6.—251页；大32开.—ISBN 7-5610-0883-X：3.80元

赤峰草地/扈明阁主编.—北京：农业出版社，1990.8.—263页；16开.—ISBN 7-109-02087-8（精装）：25.20元；（平装）：22.50元

阿拉善荒漠草地类初级营养型研究/甘肃草原生态研究所，内蒙古阿拉善盟草原站编.—兰州：甘肃科学技术出版社，1990.11.—187页；16开.—ISBN 7-5424-0320-6：12.75元

和田草地资源及其利用/和田地区草地资源调查队编著.—乌鲁木齐：新疆人民出版社，1990.4.—201页；16开.—ISBN 7-228-01190-2：5.00元

河北草地资源/河北省畜牧水产局，河北省农业区划委员会办公室编著.—石家庄：河北科学技术出版社，1990.3.—108页：地图；16开.—ISBN 7-5375-0262-5：6.40元

草地改良技术/刘立军等编著.—哈尔滨：东北林业大学出版社，1990.12.—132页；32开.—（草原饲料生产技术丛书/张秀芝主编）.—ISBN 7-81008-184-5：1.90元

草地经营/内蒙古农牧学院草原管理教研室编著.呼和浩特：内蒙古大学出版社，1989.11.—276页；16开.—高等学校教材.—ISBN 7-81015-063-4：4.70元

家庭牧场技术应用手册/云生彩等编.—呼和浩特：内蒙古人民出版社，1990.3.—126页；32开.—ISBN 7-204-00773-5：1.60元

灌木草场的建立与利用/胡琏等编著.—呼和浩特：内蒙古教育出版社，1990.3.—164页；32开.—ISBN 7-5311-1078-4：1.55元

S813/814　遗传、选种、育种、繁殖

长期选择与群体某些参数的变化规律/姜志华主持.—南京：江苏科学技术出版社，1990.1.—150页；16开.—ISBN 7-5345-0944-0：4.00元

畜禽繁育基础/邢猷忠，张静逸编.—长沙：湖南教育出版社，1990.3.—287页；32开.—中等职业技术学校教材.—ISBN 7-5355-1069-8：2.50元

家畜育种学/内蒙古农牧学院主编.—2版.—北京：农业出版社，1990.11.—282页；16开.—全国高等农业院校教材　畜牧专业用.—ISBN 7-109-00638-7：3.65元

本书1981年1月第1版。

家畜遗传育种学/赖志杰主编.—北京：农业出版社，1990.10.—277页；32开.—全国中等农业学校教材　畜牧兽医专业用.—ISBN 7-109-00736-7：1.65元

S815　饲养、管理

反刍家畜饲喂原理及应用/（英）奥斯科夫（Orskov,B.）著；郭庭双等译.—北京：农业出版社，1990.3.—94页；32开.—ISBN 7-109-01702-8：1.40元

主要畜禽与水产养殖/上海市嘉定县教育局、畜牧水产局编.—上海：上海科学技术出版社，1990.9.113页；32开.—ISBN 7-5323-2279-3：2.20元

苏联家畜饲养标准和日粮/（苏）克拉什尼科夫（Калашников, А. П.）等著；颜礼复译.—北京：中国农业科技出版社，1990.8.—266页；16开.（中国动物营养研究会译丛）.—ISBN 7-80026-187-5：3.95元

经济小动物饲养/吴高升主编.—北京：中央广播电视大学出版社，1990.11.—172页；16开.—ISBN 7-304-00538-6：3.20元

草食家畜饲养/王剑农，刘宗荼编.—长沙：湖南教育出版社，1990.9.—383页；32开.—中等职业技术学校教材.—ISBN 7-5355-1161-9：3.40元

书名页作者之一为“刘荣宗”。

畜禽饲养/江西教育委员会职业教育处编写.—南昌：江西科学技术出版社，1990.6.—488页；32开.—职业中学专业教材：试用本.—ISBN 7-5390-0308-1：4.20元

畜禽饲养实用技术/尹向利等主编.—哈尔滨：黑龙江科学技术出版社，1990.5.—290页；32开.—ISBN 7-5388-1163-X：3.90元

家畜饲养学实习指导/甘肃省畜牧学校主编.—北京：农业出版社，1990.5.—163页；32开.—全国中等农业学校教材.—ISBN 7-109-01487-8：1.55元

塑料暖棚养畜技术/甘肃省畜牧技术推广总站编.兰州：甘肃民族出版社，1990.9.—175页；32开.甘肃省"星火"实用技术培训教材.—ISBN 7-5421-0069-6：2.50元

S816.1 饲料

山西配合饲料资源成分及营养价值表/山西省配合饲料资源调查课题组编著.—太原：山西科学教育出版社，1990.7.—207页；16开.—ISBN 7-5377-0281-0(精装)：16.00元

中国饲用植物化学成分及营养价值表/中国农业科学院草原研究所编著.—北京：农业出版社，1990.10.—217页；16开.—ISBN 7-109-01250-6：14.90元

农户巧用海产饲料问答/李维民编写.—北京：海洋出版社，1990.10.—43页；32开.—(沿海农村实用科技文库).—ISBN 7-5027-0104-4：1.30元

育粗饲料/邢玉龙等编著.—哈尔滨：东北林业大学出版社，1990.12.—132页；32开.—(草原饲料生产技术丛书/张秀芝主编).—ISBN 7-81008-185-3：1.90元

非谷物饲料生产技术/饶应昌等编著.—北京：科学技术文献出版社，1990.11.—436页；32开.—(全国星火计划丛书).—ISBN 7-5023-1296-X：5.90元

饲料：原料、添加剂、配方、标准/安捷等编著.北京：农业出版社，1990.8.—277页；32开.—(菜篮子工程丛书).—ISBN 7-109-01689-7：3.85元

饲料工业手册/刘继业主编.—北京：新华出版社，1990.12.—761页；16开.—ISBN 7-5011-0929-X：28.00元

饲料工业统计/高学源主编.—北京：中国财政经济出版社，1990.3.—326页；32开.—ISBN 7-5005-0990-1：4.00元

饲料加工/王继成编.—长沙：湖南教育出版社，1990.6.—252页；32开.—中等职业技术学校教材.ISBN 7-5355-1139-2：2.20元

饲料加工学/谷文英，过世东编写.—北京：农业出版社，1990.7.—120页；16开.—中央农业广播电视学校试用教材　农产品贮藏与加工专业用.—ISBN 7-109-01558-0：2.20元

饲料添加剂基础知识/李凤双主编.—青岛：青岛海洋大学出版社，1990.11.—462页；大32开.—ISBN 7-81026-086-3：6.30元

配合饲料配制技术/王和民，叶浴浚编著.—北京：农业出版社，1990.5.—469页；大32开.—ISBN 7-109-01209-3：9.70元

新疆主要粮食、饲料、饲草氨基酸分析数据手册/王云芳等编.—北京：科学技术文献出版社，1990.9.94页；32开.—ISBN 7-5023-1311-7：2.00元

S82 家畜

S821/825 马、牛、骆驼、鹿

中国黄牛生态种特征及其利用方向：汉英对照/中国农业科学院畜牧研究所编.—北京：农业出版社，1990.12.—278页；16开.—ISBN 7-109-01920-9：20.00元

中国麋鹿/曹克清等编著.—上海：学林出版社，1990.12.—188页；16开.—ISBN 7-80510-135-3：9.80元

牛羊人工授精技术/顾铁光编.—呼和浩特：内蒙古教育出版社，1990.6.—58页；32开.—(农牧林实用技术丛书).—ISBN 7-5311-1165-9：0.70元

四川牦牛/蔡立著.—成都：四川民族出版社，1990.8.—223页；大32开.—ISBN 7-5409-0393-7：3.95元

牦牛科学研究论文集/中国农业科学院兰州畜牧研究所编.—兰州：甘肃民族出版社，1990.9.—251页；16开.—ISBN 7-5421-0067-X：6.50元

科学养牛问答/邱怀主编.—北京：农业出版社，1990.2.—384页；32开.—ISBN 7-109-01291-3：4.40元

养马学/甘肃农业大学主编.—2版.—北京：农业出版社，1990.10.—350页；16开.—全国高等农业院校教材　畜牧专业用.—ISBN 7-109-00611-5：4.50元

本书1981年10月第1版。

养驼学/宁夏农学院主编.—2版.—北京：农业出版社，1990.10.—216页；16开.—全国高等农业院校教材　畜牧专业用.—ISBN 7-109-01382-0：2.95元

本书1983年5月第1版。

酒糟肥育牛/(苏)B.M.古特，B.Г.梅利尼科夫著；郁成连译.—北京：农业出版社，1990.11.—124页；32开.—ISBN 7-109-01787-7：2.25元

S826 羊

山羊及其产品加工/魏怀方，葛文华编著.—北京：北京科学技术出版社，1990.4.—342页；32开.—ISBN 7-5304-0603-5：4.00元

小尾寒羊/宁夏世界银行贷款项目办公室编.—银川：宁夏人民出版社，1990.10.—97页；32开.（农业科技普及丛书）.—ISBN 7-227-00585-2：1.20元

应用奶山羊生产学/刘荫武，曹斌云编.—北京：轻工业出版社，1990.3.—586页；大32开.—ISBN 7-5019-0705-6：11.80元

养羊技术指导/范涛等编著.—2版.—北京：金盾出版社，1990.10.—136页；32开.—（全国星火计划丛书）.—ISBN 7-80022-237-3：1.80元

本书1986年12月第1版。

羔羊育肥技术/刘益香，张文亮编著.—呼和浩特：内蒙古教育出版社，1990.6.—50页；32开.—（农牧林实用技术丛书）.—ISBN 7-5311-1166-7：0.61元

S828　猪

云南农村八改养猪技术/云南省畜牧局编.—昆明：云南科技出版社，1990.11.—142页；32开.—ISBN 7-5416-0314-7：1.95元

中国工厂化养猪/朱尚雄主编.—北京：科学出版社，1990.3.—453页；32开.—ISBN 7-03-001670-X：6.00元

中国工厂化猪场/朱尚雄主编.—北京：农业出版社，1990.11.—264页；32开.—ISBN 7-109-01790-7：3.70元

中国实用养猪学/张仲葛等编著.—郑州：河南科学技术出版社，1990.6.—642页；16开.—ISBN 7-5349-5046-X（精装）：25.00元

汤厚林节粮养猪法/汤厚林编著.—成都：四川科学技术出版社，1990.10.—236页；32开.—ISBN 7-5364-1699-7：2.35元

实用养猪手册/施玉麟等编著.—上海：上海科学技术出版社，1990.4.—398页；32开.—ISBN 7-5323-1517-7（精装）：5.70元

实用瘦肉猪生产技术/张华等编著.—南昌：江西科术出版社，1990.3.—214页；32开.—ISBN 7-5390-0287-5：2.40元

养猪生产技术手册/李炳坦等主编.—北京：农业出版社，1990.8.—589页；32开.—ISBN 7-109-01431-2：8.75元

养猪问答/李树德，张广烈编著.—2版.—沈阳：辽宁科学技术出版社，1990.7.—247页；32开.—（副业生产丛书）.—ISBN 7-5381-0892-0：3.70元

本书1982年9月第1版。

养猪技术/朱福珍编著.—呼和浩特：内蒙古人民出版社，1990.2.—124页；32开.—（畜牧兽丛书）.ISBN 7-204-00432-6：1.50元

养猪的技术进步与经营发展：猪饲养的技术结构与稳定经营的发展方向/（日）村田富夫著；张鼎超等译.—北京：北京出版社，1990.9.—199页；大32开.ISBN 7-200-01217-3：3.15元

猪的饲料和饲养/吴晋强编著.—合肥：安徽科学技术出版社，1990.1.—281页；32开.—ISBN 7-5337-0327-8：3.30元

猪育种的理论与实践/陈效华著.—北京：农业出版社，1990.8.—160页；大32开.—ISBN 7-109-01590-4：3.10元

瘦肉型猪的饲养管理技术/谢勤婉，宋宣明编.—福州：福建教育出版社，1990.9.—62页；32开.（燎原计划丛书）.—ISBN 7-5334-0687-7：0.66元

瘦肉猪生产配套技术/解春亭编著.—北京：农业出版社，1990.5.—188页；32开.—（全国农业实用技术丛书/农业部等主编）.—ISBN 7-109-01857-1：2.65元

瘦肉猪的繁育和饲养技术/曹文杰等编著.—南京：江苏科学技术出版社，1990.2.—163页；32开.（星火计划丛书）.—ISBN 7-5345-0845-2：1.90元

瘦肉猪饲养问答/赖以斌，李丽珍编写.—2版（修订本）.—南昌：江西科学技术出版社，1990.3.—316页；32开.—ISBN 7-5390-0096-1：3.40元

本书原名《瘦肉猪的饲养》。

瘦型猪饲养及猪病防治/许木群主编.—天津：天津科学技术出版社，1990.5.—238页；32开.—ISBN 7-5208-0684-X：4.60元

S829　兔、犬、猫

肉兔生产/朱瑾佳编著.—北京：农业出版社，1990.9.—176页；32开.—（菜篮子工程丛书）.—ISBN 7-109-01639-0：2.50元

实用养兔技术/魏敬桓等编著.—哈尔滨：黑龙江科学技术出版社，1990.10.—85页；32开.—ISBN 7-5388-1379-9：1.50元

怎样养家兔/张宝庆等编著.—北京：科学普及出版社，1990.11.—281页；32开.—ISBN 7-110-01770-2：4.00元

庭院养兔新法/陈一夫编著.—西安：陕西科学技术出版社，1990.2.—146页；32开.—ISBN 7-5369-0609-9：2.00元

养兔生产综合配套技术/沈幼章，董亚芳主编.—南京：江苏科学技术出版社，1990.10.—221页；32开.ISBN 7-5345-1058-9：2.60元

家兔生产指南/（德）Schlolaut，W.等著；冯强等译.—兰州：甘肃科学技术出版社，1990.10.169页；32开.—ISBN 7-5424-0310-9：2.80元

獭兔实用养殖技术/张自强，袁汉卿主编.—成都：成都科技大学出版社，1990.3.—106页；32开.—ISBN 7-5615-0583-8：1.35元

犬的训养/徐汉坤，付锦华编译.—南京：东南大学出版社，1990.2.—142页；32开.—ISBN 7-81023-238-X：1.95元

犬趣/魏以伦著.—南京：江苏人民出版社，1990.1.—172页；32开.—ISBN 7-214-00352-X：2.00元

世界名犬宝典/（英）斯坎齐尼著；王国锋等译.大连：大连出版社，1990.12.—352页：照片；大32开.—ISBN 7-80555-338-6：7.00元

怎样驯犬/（联邦德国）曼弗雷德·米勒著；安天柱，龚凤林译.—北京：群众出版社，1990.10.—311页；32开.—ISBN 7-5014-0347-3：4.90元

养狗与训狗/赵晋正著.—南宁：广西民族出版社，1990.6.—136页；32开.—ISBN 7-5363-0749-7：1.80元

养猫手册/美国波瑞娜养猫中心著；张晓宏译.—北京：北京科学技术出版社，1990.9.—75页；32开.ISBN 7-5304-0698-1：1.10元

家庭养猫/郑雅文等编著.—北京：科学普及出版社，1990.3.—140页；32开.—ISBN 7-110-01252-2：2.00元

家庭养猫/（联邦德国）乌尔克里·缪勒等著；江仁明，王金玲编译.—南京：江苏人民出版社，1990.8.—127页；24开.—ISBN 7-214-00526-3：4.80元

家庭养猫与猫病防治/王元林主编.—上海：上海科学技术出版社，1990.4.—119页；32开.—乡镇畜牧兽医培训教材.—ISBN 7-5323-1860-5：1.35元

S83 家禽

中国水禽/陈育新主编.—北京：农业出版社，1990.5.—523页；大32开.—ISBN 7-109-01341-3（精装）：15.00元

养禽与禽病防治/张景文等编著.—哈尔滨：黑龙江科学技术出版社，1990.10.—365页；32开.—ISBN 7-5388-1313-6：5.20元

畜禽史话/佟屏亚，赵国磐编著.—北京：学术书刊出版社，1990.1.—272页；32开.—ISBN 7-80045-554-8：7.40元

家禽孵化与雏禽雌雄鉴别/王庆民编著.—北京：金盾出版社，1990.6.—137页；32开.—ISBN 7-80022-181-4：1.80元

S831/834 鸡、鸭

三黄鸡生产/吴素琴编著.—南京：东南大学出版社，1990.5.—302页；32开.—（全国星火计划丛书）.—ISBN 7-81023-281-9：3.60元

乌骨鸡饲养技术/康裕鑫，康恭浩编著.—北京：农业出版社，1990.10.—77页；32开.—ISBN 7-109-01711-7：1.40元

火鸡饲养技术/王峰编著.—北京：农业出版社，1990.4.—111页；32开.—（菜篮子工程丛书）.—ISBN 7-109-01668-4：1.70元

肉用仔鸡生产指南/刘国泽等编.—上海：上海科学技术出版社，1990.9.—209页；32开—（农村专业户养殖丛书）.—ISBN 7-5323-1864-8：3.20元

优良肉鸡饲养管理/叶南编著.—上海：上海科学技术出版社，1990.9.—220页；32开.—ISBN 7-5323-1941-5：3.10元

优质三黄鸡饲养技术/缪宪纲等编著.—广州：广东科技出版社，1990.10.—191页；32开.—（全国星火计划丛书）.—ISBN 7-5359-0645-1：2.40元

伊莎蛋鸡生产技术/徐章龙等编著.—上海：上海科学技术出版社，1990.9.—270页；32开.—ISBN 7-5323-2081-2：3.30元

快速养鸡200问/刘子权，亢霞生编著.—南昌：江西科学技术出版社，1990.3.—199页；32开.—ISBN 7-5390-0288-3：2.20元

良种鸡饲养技术/杜世铭主编；重庆市教委职教处编.—北京：高等教育出版社，1990.10.—140页；32开.—（农村实用技术教育丛书）.—ISBN 7-04-002566-3：1.20元

鸡鸭饲养和疾病防治：汉文、西双版纳傣文对照/吕光明编；玉拉罕，刀桂英译.—昆明：云南民族出版社，1990.6.—82页；32开.—ISBN 7-5367-0285-X：0.85元

现代肉鸡饲养与经营/黄松滨等编著.—南京：江苏科学技术出版社，1990.10.—300页；32开.—ISBN 7-5345-1003-1：3.50元

养鸡技术大全/刘科主编.—北京：中国旅游出版社，1990.4.—401页；32开.—（中国美食丛书）.ISBN 7-5032-0271-8：6.30元

笼养鸡综合实用技术/徐柏园，王珍美主编.—北京：农业出版社，1990.12.—448页；32开.—ISBN 7-109-01780-X：5.55元

瘦肉型北京鸭饲养/贺程浩，吴武千编著.—北京：农业出版社，1990.5.—50页；32开.—（全国农业实用技术丛书/农业部等主编）.—ISBN 7-109-01854-7：0.90元

S835 鹅

优良鹅生产技术/王恬，陈耀王编著.—北京：农业出版社，1990.5.—103页；32开.—（全国农业实用技术丛书/农业部等主编）.—ISBN 7-109-01853-9：1.60元

实用养鹅技术/陈耀王等编著.—北京：农业出版社，1990.7.—151页；32开.—（菜篮子工程丛书）.ISBN 7-109-01676-5：2.20元

科学养鹅/王雩编著.—福州：福建教育出版社，1990.10.—49页；32开.—(燎原计划丛书).—ISBN 7-5334-0675-3：0.56元

科学养鹅与鹅产品加工/陈宏智等编.—郑州：中原农民出版社，1990.7.—128页；32开.—ISBN 7-80538-204-8：1.70元

养鹅技术/焦骅等编著.—沈阳：辽宁科学技术出版社，1990.9.—168页；32开.—ISBN 7-5381-0926-9：2.35元

鹅的饲养与活拔毛技术/方厚生等编著.—上海：上海科学技术出版社，1990.8.—103页；32开.—(全国星火计划丛书).—ISBN 7-5323-2068-5：1.20元

S836/839　鸽、鹌鹑

巨型肉鹌鹑饲养技术问答/胡仁良编著.—上海：上海科学普及出版社，1990.11.—110页；32开.—(全国星火计划丛书).—ISBN 7-5427-0336-6：1.80元

肉鸽/剑山，张肇英编著.—北京：农村读物出版社，1990.4.—122页；32开.—(野味山珍饲养实用技术丛书).—ISBN 7-5048-1029-0：1.80元

肉鸽饲养新技术/沈忠辙等编著.—南京：江苏科学技术出版社，1990.2.—108页；32开.—ISBN 7-5345-0855-X：1.60元

实用养鸽大全/《实用养鸽大全》编写组编.—上海：上海科学技术文献出版社，1990.4.—505页；32开.—ISBN 7-80513-421-9：5.80元

科学养鹌鹑/陈厚洪编著.—福州：福建教育出版社，1990.10.—80页；32开.—(燎原计划丛书).ISBN 7-5334-0686-9：0.82元

养肉鸽/张裕南编.—北京：农业出版社，1990.7.144页；32开.—ISBN 7-109-01511-4：2.50元

养鸽技术及鸽病防治/赵德明，朱小平编.—北京：北京农业大学出版社，1990.5.—143页；32开.—ISBN 7-81002-126-5：2.20元

鹌鹑生产技术/王峰，凌敏编著.—北京：农业出版社，1990.4.—104页；32开.—(菜篮子工程丛书).ISBN 7-109-01693-5：1.55元

S85　兽医学

农村简明兽医/广东省教育厅教材编审室编.—广州：广东教育出版社，1990.6.—258页；32开.—广东省农业职业中学试用课本　选修课用.—ISBN 7-5406-1132-4：1.90元

实用兽医手册/项大实主编.—北京：北京出版社，1990.6.—1523页；32开.—ISBN 7-200-00258-5(精装)：21.00元

实用兽医手册/项大实主编.—北京：北京出版社，1990.6.—2册(1523页)；32开.—ISBN 7-200-00257-7：19.30元

核素在兽医学中的应用/张淑俭，王继英编著.—北京：农业出版社，1990.2.—123页；32开.—(家畜内科丛书/王洪章等主编).—ISBN 7-109-01220-4：1.95元

激光兽医学/于船，黄志渊主编.—北京：农业出版社，1990.12.—252页；16开.—ISBN 7-109-01607-2：12.00元

S851　家畜卫生及病疫防治

实用畜禽疫病防治/杨明编著.—北京：农业出版社，1990.7.—179页；32开.—(菜篮子工程丛书).—ISBN 7-109-01697-8：2.50元

畜禽疫病防治　上册/刘思慎主编；叶先桂等编.长沙：湖南教育出版社，1990.3.—258页；32开.中等职业技术学校教材.—ISBN 7-5355-1071-X：2.25元

畜禽疫病防治　下册/刘思慎主编；叶先桂等编.长沙：湖南教育出版社，1990.3.—256页；32开.中等职业技术学校教材.—ISBN 7-5355-1072-8：2.25元

畜禽疾病防治/江西教育委员会教育处编.—南昌：江西科学技术出版社，1990.6.—597页；32开.—ISBN 7-5390-0306-5：5.10元

畜禽疾病防治法精选/于匆著.—北京：中国农业科技出版社，1990.12.—215页；32开.—ISBN 7-80026-055-0：3.90元

畜禽疾病识别与防治彩色图册/刘鑫等编写.—南昌：江西科学技术出版社，1990.9.—139页；32开.ISBN 7-5390-0344-8：4.60元

畜禽检疫手册/艾矗编著.—北京：农业出版社，1990.5.—435页；64开.—ISBN 7-109-01292-1(精装)：5.50元

畜禽常见病防治/王元林主编.—上海：上海科学技术出版社，1990.8.—336页；32开.—乡镇畜牧兽医培训教材.—ISBN 7-5323-1834-6：3.65元

家畜环境卫生学/东北农学院主编.—2版.—北京：农业出版社，1990.10.—323页；16开.—全国高等农业院校教材　供畜牧、兽医专业用.—ISBN 7-109-01657-9：4.15元

本书1981年5月第1版。

家畜环境卫生学/辽宁省锦州畜牧兽医学校主编.北京：农业出版社，1990.5.—312页；32开.—全国中等农业学校教材　畜牧兽医专业用.—ISBN 7-109-01223-9：1.80元

家畜疾病防治与用药/张元凯等编.—济南：山东科学技术出版社，1990.6.—251页；32开.—(中国农民教育丛书/张仲诚等主编).—ISBN 7-5331-0717-9：3.25元

家畜疾病的防治/盛佩良等编著.—福州：福建教

育出版社，1990.9.—102页；32开.—(燎原计划丛书).—ISBN 7-5334-0608-7：1.05元

家畜疾病的防治/盛佩良等编著.—福州：福建教育出版社，1990.9.—80页；32开.—(燎原计划丛书).—ISBN 7-5334-0606-0：0.82元

兽医卫生检疫检验专业教学与辅导　第一辑/中央农业广播电视学校主办.—北京：农业出版社，1990.6.—48页；16开.—ISBN 7-109-01901-2：0.90元

兽医卫生检疫检验专业教学与辅导　第二辑/中央农业广播电视学校主办.—北京：农业出版社，1990.9.—43页；16开.—ISBN 7-109-02002-9：0.90元

兽医检疫学/杨明编写.—北京：农业出版社，1990.10.—144页；16开.—中央农业广播电视学校试用教材　兽医卫生检疫检验专修班.—ISBN 7-109-01961-6：2.70元

微量元素与家畜健康问答200题/张才骏编著.—上海：上海科学普及出版社，1990.9.—99页；32开.ISBN 7-5427-0323-4：2.00元

新疆畜禽常见病防治/薛贡来等编著.—乌鲁木齐：新疆人民出版社，1990.3.—147页；32开.—(农村科普小丛书).—ISBN 7-228-00528-2：1.35元

S852　兽医基础科学

基础兽医学　第一册/杨英主编.—呼和浩特：内蒙古人民出版社，1990.8.—359页；16开.—ISBN 7-224-00566-X：5.50元

S852.1　家畜解剖学、组织学、胚胎学

畜禽解剖生理/伍云波等编.—长沙：湖南教育出版社，1990.3.—288页；32开.—中等职业技术学校教材.—ISBN 7-5355-1068-X：2.50元

家畜解剖学/刘济伍等编.—北京：农业出版社，1990.5.—199页；16开.—中央农业广播电视学校试用教材　兽医卫生检疫检验专修班用.—ISBN 7-109-01662-5：3.50元

家畜解剖学及组织胚胎学/内蒙古农牧学院，安徽农学院主编.—2版.—北京：农业出版社，1990.10.360页；16开.—全国高等农业院校教材　畜牧专业用.—ISBN 7-109-01146-1：5.40元

本书1980年5月第1版。

S852.2/.3　家畜生理学、病理学

动物病理组织学彩色图谱/刘宝岩，邱震东编著.长春：吉林科学技术出版社，1990.11.—306页：彩照；16开.—ISBN 7-5384-0587-9(精装)：97.50元

农村兽医病理诊断/广东省教育厅教材编审室编.广州：广东教育出版社，1990.6.—216页；32开.广东省农业职业中学试用课本　选修课用.—ISBN 7-5406-1171-5：1.60元

家畜生理学入门/(丹麦)Anthong，P.S.，Carter，M.著；刘耳等译.—重庆：科学技术文献出版社重庆分社，1990.8.—181页；32开.—ISBN 7-5023-1158-0：2.20元

家畜生理学原理/向涛编著.—北京：农业出版社，1990.6.—575页；16开.—ISBN 7-109-00688-3：23.10元

家畜病理学　下册/内蒙古农牧学院，华南农业大学主编.—2版.—北京：农业出版社，1990.5.—395页；16开.—全国高等农业院校教材　兽医专业用.ISBN 7-109-00931-9：9.40元

本书1981年12月第1版。

兽医病理解剖学实验指导/湖南农学院，甘肃农业大学主编.—北京：农业出版社，1990.5.—115页；16开.—全国高等农业院校教材　兽医专业用.—ISBN 7-109-01301-4：1.65元

S852.5/.6　家畜微生物学、血清学

动物微生物：畜禽部分/丁骅孙，刘荫武编.—昆明：云南大学出版社，1990.5.—219页；32开.—职业高级中学教材.—ISBN 7-81025-018-3：2.30元

家畜传染病与寄生虫病学/甘孟侯等编写.—北京：农业出版社，1990.7.—222页；16开.—中央农业广播电视学校试用教材　兽医卫生检疫检验专修班.ISBN 7-109-01699-4：3.90元

家畜血型及其应用/邹峄等著.—济南：山东科学技术出版社，1990.7.—294页；大32开.—ISBN 7-5331-0721-7：5.50元

兽医动物病毒病/王克恭编.—呼和浩特：内蒙古大学出版社，1989.8.—402页；32开.—ISBN 7-81015-045-6：3.90元

兽医微生物与病理学/曹澍泽等编写.—北京：农业出版社，1990.5.—243页；16开.—中央农业广播电视学校试用教材　兽医卫生检疫检验专修班.—ISBN 7-109-01638-2：4.15元

S853　中国兽医学

中兽医基础/董华富，李显林编.—成都：四川教育出版社等，1990.5.—312页；32开.—职业高级中学农业专业教材.—ISBN 7-5408-1315-6：1.93元

中兽医辨证论治/李贵兴编著.—北京：农村读物出版社，1990.3.—255页；32开.—ISBN 7-5048-0959-4：6.00元

现代兽医方药手册/林藩平主编；林藩平等编写.福州：福建科学技术出版社，1990.2.—621页；32开.—ISBN 7-5335-0334-1：6.50元

S854　兽医临床医学

临床兽医学/山东省畜牧兽医学校，黑龙江省畜牧兽医学校主编.—北京：农业出版社，1990.5.—568页；16开.—全国中等农业学校教材　畜牧兽医专业用.—ISBN 7-109-00766-9：6.40元

畜禽危症急救/周维翰等编著.—合肥：安徽科学技术出版社，1990.8.—274页；32开.—ISBN 7-5337-0477-0：4.00元

家畜症状鉴别诊断/卢惟本编著.—广州：广东科技出版社，1990.10.—421页；32开.—ISBN 7-5359-0602-8：4.80元

兽医诊疗技术/丁衡君等编.—成都：四川教育出版社等，1990.6.—173页；32开.—职业高中（农业专业）教材.—ISBN 7-5408-1299-0：1.13元

兽医诊疗操作技术/崔中林等编著.—北京：农业出版社，1990.3.—94页；32开.—（家畜内科丛书/王洪章等编）.—ISBN 7-109-01253-0：1.45元

兽医临床诊疗数值/崔中林，熊道焕编著.—北京：农业出版社，1990.5.—117页；32开.—（家畜内科丛书/王洪章等编）.—ISBN 7-109-01351-0：2.00元

兽医临床诊断学/东北农学院主编.—2版.—北京：农业出版社，1990.5.—435页；16开.—全国高等农业院校教材　兽医专业用.—ISBN 7-109-00402-3：7.60元

本书1980年9月第1版。

兽医临诊基础/王元林主编.—上海：上海科学技术出版社，1990.6.—321页；32开.—乡镇畜牧兽医培训教材.—ISBN 7-5323-1684-X：3.50元

568　兽医内科学

畜禽呼吸器官疾病鉴别诊断/谭学诗，段得贤著.北京：农业出版社，1990.2.—102页；32开.—（家畜内科丛书/王洪章等编）.—ISBN 7-109-01405-3：1.70元

畜禽饲料中毒/张德群著.—北京：农业出版社，1990.3.—81页；32开.—（家畜内科丛书/王洪章等主编）.—ISBN 7-109-01397-9：1.40元

家畜中毒的诊断及防治/关亚农，杨桂云编.—呼和浩特：内蒙古人民出版社，1990.12.—256页；32开.（畜牧兽医丛书）.—ISBN 7-204-00905-3：3.50元

家畜动物毒中毒的诊治/李光宗，郭成裕编著.北京：农业出版社，1990.2.—45页；32开.—（家畜内科丛书/王洪章等编）.—ISBN 7-109-01321-9：0.85元

S857　兽医外科学、产科学

分娩与接产/李增莒，谭礼编著.—北京：农业出版社，1990.5.—40页；32开.—（兽医产科丛书/陈北亨，王建辰主编）.—ISBN 7-109-01333-2：0.85元

生殖激素及其在兽医产科中的应用/王建辰，王光亚编.—北京：农业出版社，1990.12.—143页；32开.—（兽医产科丛书/陈北亨，王建辰主编）.—ISBN 7-109-01712-5：2.35元

抗生素在兽医外科的应用/王树诚著.—北京：农业出版社，1990.5.—42页；32开.—（兽医外科丛书）.—ISBN 7-109-01542-4：0.85元

兽医产科学/甘肃农业大学主编.—2版.—北京：农业出版社，1990.10.—397页；16开.—全国高等农业院校教材　兽医专业用.—ISBN 7-109-01447-9：5.05元

本书1980年5月第1版。

S858　各种家畜、家禽的疾病

小动物疾病防治手册/谢慧胜等编著.—北京：北京农业大学出版社，1990.4.—439页；大32开.—ISBN 7-81002-113-3：5.80元

反刍动物的瘤病和妊娠毒血症/肖定汉，王小龙编著.—北京：农业出版社，1990.5.—61页；32开.（家畜内科丛书/王洪章等主编）.—ISBN 7-109-01949-7：1.20元

经济动物病诊断/康世良等编.—北京：农业出版社，1990.9.—98页；32开.—（家畜内科丛书/王洪章等编）.—ISBN 7-109-01641-2：1.70元

野生动物传染病学/王金生主编.—哈尔滨：东北林业大学出版社，1990.12.—512页；16开.—ISBN 7-18008-153-5：6.35元

S858.2　家　畜

马的胃肠外科学/丁正华，张德寿编著.—兰州：甘肃科学技术出版社，1990.5.—139页；32开.ISBN 7-5424-0278-1：1.80元

马骡瘤病/阎贺编著.—北京：农业出版社，1990.2.—67页；32开.—（兽医外科丛书）.—ISBN 7-109-01345-6：1.15元

犬病防治手册/徐汉坤编著.—北京：科学技术文献出版社，1990.3.—164页；32开.—ISBN 7-5023-0997-7：3.50元

牛中毒与抢救百题答/章炘炎编著.—长沙：湖南科学技术出版社，1990.9.—131页；32开.—ISBN 7-5357-0758-1：1.75元

牛病诊断/马清海等著.—北京：农业出版社，1990.9.—88页；32开.—（家畜内科丛书/王洪章等主编）.—ISBN 7-109-01627-7：1.55元

奶牛产科学/郑星道著.—长春：吉林大学出版社，1990.5.—366页；16开.—ISBN 7-5601-0457-6：9.10元

乳牛健康与疾病/林藩平主编；林立中等编译.—福州：福建科学技术出版社，1990.5.—310页；32开.ISBN 7-5335-0387-2：3.35元

兔病防治/王永坤等编著.—2版.—上海：上海科学技术出版社，1990.9.—280页；32开.—ISBN 7-5323-1953-9：4.70元

本书1981年4月第1版。

实用牛羊常见疾病防治手册/蓝兴昌编著.—北京：人民军医出版社，1990.1.—272页；32开.—ISBN 7-80020-144-9：3.80元

实用牛病中西医验方/戴杏庭等编著.—南京：江苏科学技术出版社，1990.9.—170页；32开.—ISBN 7-5345-1020-1：2.40元

猪病防治与临床图解/林保忠等主编；四川省养猪研究所编译.—成都：四川科学技术出版社，1990.11.—552页；16开.—ISBN 7-5364-1762-4（精装）：47.00元

猪流行病防治/林大木等编写.—长沙：湖南科学技术出版社，1990.1.—314页；32开.—ISBN 7-5357-0653-3：3.80元

猪瘟防制/范国雄，高福编.—北京：农业出版社，1990.8.—1张；4开.—ISBN 7-109-01616-1：1.50元

绵羊疾病诊断/李祚煌等编.—北京：农业出版社，1990.6.—104页；32开.—（家畜内科丛书/王洪章等主编）.—ISBN 7-109-01580-7：1.80元

禽病防治/朱坤熹，李俊宝编著.—2版.—上海：上海科学技术出版社，1990.8.—258页；32开.—ISBN 7-5323-2067-7：4.45元

本书1975年初版。

S858.3　家　禽

鸡的防疫问答/王淑茹等编.—郑州：河南科学技术出版社，1990.5.—75页；32开.—ISBN 7-5349-0592-3：1.22元

鸡鸭鹅病防治/张泽黎等编.—3版.—北京：金盾出版社，1990.12.—167页；32开.—ISBN 7-80022-244-6：2.00元

本书1984年初版。

鸡病中药防治/陆钢等编著.—北京：北京农业大学出版社，1990.11.—64页；32开.—ISBN 7-81002-204-0：1.20元

鸡病防治/日本农林水产省家畜卫生试验场主编；孙长城等译.—沈阳：白山出版社，1990.2.—109页：图53页；32开.—ISBN 7-80566-095-6：13.00元

鸡病防治实用手册/叶岐山等编著.—合肥：安徽科学技术出版社，1990.5.—242页；32开.—ISBN 7-5337-0493-3：3.90元

鸡新城疫防制/范国雄，高福编.—北京：农业出版社，1990.8.—1张；4开.—ISBN 7-109-01617-X：1.50元

实用家禽疾病防治手册/李子文，刘庆祥编著.—北京：人民军医出版社，1990.2.—233页；32开.—ISBN 7-80020-133-3：3.40元

养鸡十大疫病防治/辽宁农垦辉山祖代鸡场编.—沈阳：辽宁科学技术出版社，1990.10.—232页；16开.—ISBN 7-5381-0995-1：6.40元

养鸡场鸡病防治技术/傅先强，崔文才主编.—北京：金盾出版社，1990.11.—122页；32开.—ISBN 7-80022-239-X：1.60元

S859　兽医药物学

中华人民共和国兽药典：一九九〇年版　二部/中国兽药典委员会编.—北京：农业出版社，1990.12.341页；16开.—ISBN 7-109-01449-5（精装）：20.55元

畜禽药物手册/阎继业等编著.—北京：金盾出版社，1990.8.—472页；32开.—（全国星火计划丛书）.—ISBN 7-80022-187-3：6.00元

畜禽常用药物/广东省畜牧兽医学会编.—广州：广东科技出版社，1990.12.—174页；32开.—ISBN 7-5351-0642-7：2.30元

兽医实用生物药品/史家传编.—合肥：安徽科学技术出版社，1990.1.—80页；32开.—ISBN 7-5337-0322-7：1.40元

S86　狩猎、野生动物驯养

珍贵动物养殖技术/向前等编.—郑州：河南科学技术出版社，1990.9.—186页；32开.—ISBN 7-5349-0729-2：2.30元

特种经济动物饲养/张立新，李连业主编.—济南：山东科学技术出版社，1990.11.—234页；32开.（全国星火计划丛书）.—ISBN 7-5331-0793-4：2.50元

野生动物营养学/邹兴淮主编.—哈尔滨：东北林业大学出版社，1990.11.—259页；16开.—ISBN 7-81008-152-7：2.80元

野生动物管理学/马建章，贾竞波编著.—哈尔滨：东北林业大学出版社，1990.12.—320页；16开.—ISBN 7-81008-087-3：4.15元

S865　各种野生动物驯养

大熊猫：世界珍奇动物/欧阳淦，张国诚编著.—北京：光明日报出版社，1990.7.—122页；32开.—ISBN 7-80014-635-9：2.10元

中国毛皮兽饲养技术大全/佟煜人等编著.—北京：中国农业科技出版社，1990.11.—766页；32开.ISBN 7-80026-192-1（精装）：12.00元

石鸡·果子狸·绿毛龟饲养技术/黄旭坚等编著.北京：农村读物出版社，1990.11.—78页；32开.ISBN 7-5048-0940-3：1.50元

鸟/郭克编著.—南宁：广西民族出版社，1990.11.—166页；36开.—（当代青年文化娱乐丛书 第一辑；6/杜云，陈运祐主编）.—ISBN 7-5363-1003-X：2.20元

鸟经/汤建德等著.—南宁：广西美术出版社，1990.4.—223页；32开.—ISBN 7-80582-028-7：4.50元

养鸟技术问答/何宝庆编著.—上海：上海科学技术出版社，1990.5.—139页；32开.—ISBN 7-5323-1766-8：1.90元

捕蛇、养蛇及蛇伤防治/李怀鹏，柳志荣编著.南宁：广西科学技术出版社，1990.4.—176页；32开.—ISBN 7-80565-284-8：1.95元

本书内容包括蛇类的综合利用、蛇的形态特征和生活习性、毒蛇的养殖、蛇病的防治、怎样捕蛇、蛇产品加工、蛇伤防治及危重蛇伤病人的抢救等知识。

家庭笼养鸟/王增年编著.—北京：金盾出版社，1990.8.—92页；32开.—ISBN 7-80022-219-5：1.50元

蛇的饲养与利用/宗愉等编著.—上海：上海科学技术出版社，1990.8.—134页；32开.—（全国星火计划丛书）.—ISBN 7-5323-1598-3：2.15元

蛇类的养殖与利用/劳伯勋著.—合肥：安徽科学技术出版社，1990.3.—271页；32开.—ISBN 7-5337-0472-X：4.90元

S87　畜产品的综合利用

农畜产品加工/云南省教育委员会教研室编.—昆明：云南教育出版社，1990.8.—205页；32开.—初中后职业技术教材.—ISBN 7-5415-0398-4：1.47元

畜产品加工/何炳迁等编.—成都：四川教育出版社等，1990.4.—209页；32开.—职业高级中学农业专业教材.—ISBN 7-5408-1314-8：1.34元

S88　蚕　桑

中国三蚕解剖图谱/周仙美，徐照宏编著.—南宁：广西科学技术出版社，1990.6.—115页：彩图；16开.—ISBN 7-80565-329-1：3.80元

中国蚕桑书录/华德公编著.—北京：农业出版社，1990.9.—135页；大32开.—ISBN 7-109-01336-7：2.75元

蚕桑/浙江省农学会组编.—杭州：浙江科学技术出版社，1990.11.—113页；32开.—（农业实用新技术丛书）.—ISBN 7-5341-0323-1：1.40元

蚕桑高产技术/舒惠国编著.—南昌：江西高校出版社，1990.10.—177页；32开.—ISBN 7-81033-032-2：3.20元

栽桑养蚕实用技术/黄龙德等编著.—南昌：江西科学技术出版社，1990.5.—215页；32开.—ISBN 7-5390-0314-6：2.60元

栽桑养蚕实用技术/梁长俭，段传章编著.—郑州：河南科学技术出版社，1990.9.—320页；32开.—ISBN 7-5349-0686-5：4.00元

栽桑养蚕新技术/日本农林水产省农蚕园艺局编；舒惠国，徐红琳译.—南昌：江西科学技术出版社，1990.4.—181页；32开.—ISBN 7-5390-0283-2：2.10元

S881/886　养蚕技术

养蚕技术/李圣，王海林编著.—北京：气象出版社，1990.2.—112页；32开.—中国农村致富技术函授大学农民技术员培训教材.—ISBN 7-5029-0453-3

蚕丝的形成和结构/（日）北条舒正主编；徐俊良等译.—北京：农业出版社，1990.12.—386页；32开.—ISBN 7-109-01243-3：6.40元

蚕丝副产物的综合利用/王天予编著.—重庆：重庆大学出版社，1990.4.—231页；16开.—ISBN 7-5624-0286-8：4.70元

蚕病防治/杜经元等编著.—北京：气象出版社，1990.2.—120页；32开.—中国农村致富技术函授大学农民技术员培训教材.—ISBN 7-5029-0452-2

本书内容包括蚕病的基本知识、病毒病、细菌病、真菌病、节肢动物危害、农药中毒和蚕病的检查与诊断、消毒及综合防治等问题。

S888　桑

速成丰产桑园栽培技术/凌川保等编著.—南京：江苏科学技术出版社，1990.2.—104页；32开.（星火计划丛书）.—ISBN 7-5345-0848-7：1.50元

桑树栽培/张乾德，王海林编.—北京：气象出版社，1990.3.—133页；32开.—中国农村致富技术函授大学农民技术员培训教材.—ISBN 7-5029-0457-3

桑树病虫害防治/钱纪放编著.—北京：气象出版社，1990.6.—137页；32开.—中国农村致富技术函授大学农民技术员培训教材.—ISBN 7-5029-0492-1

S89 养蜂、益虫饲养

五倍子丰产技术/赖永祺编著.—北京：中国林业出版社，1990.3.—112页；32开.—（全国星火计划丛书·林特产加工利用丛书）.—ISBN 7-5038-0424-6：1.70元

花粉食品生产技术/王秉谦，巩淑英编著.—济南：山东大学出版社，1990.7.—313页；32开.—ISBN 7-5607-0349-6：4.00元

实用卤虫养殖及应用技术/卞伯仲编著.—北京：农业出版社，1990.9.—277页；32开.—ISBN 7-109-01535-1：4.25元

养蜂指南/（美）Steelley，D.G.著；陈盛禄译.杭州：浙江科学技术出版社，1990.1.—78页；32开.—ISBN 7-5341-0227-8：0.97元

新的长寿因子：蜂王浆、蜂花粉、蜂蜜/史伯伦，王崇喜编著.—北京：农业出版社，1990.12.—99页；44开.—ISBN 7-109-02039-8：1.20元

S9 水产、渔业

水产/中国科协青少年工作部主编.—北京：科学普及出版社，1990.5.—174页；32开.—（青少年生物百项科技活动丛书）.—ISBN 7-110-01474-6：3.00元

水产生物统计/山东省水产学校编.—北京：农业出版社，1990.5.—215页；16开.—全国中等水产学校教材　海淡水养殖专业用.—ISBN 7-109-01536-X：2.60元

水科学和渔业情报系统数据库标引与用户指南/盖明举等编著.—北京：海洋出版社，1990.11.—234页；16开.—（参考丛书；13）.—ISBN 7-5027-1017-5：12.00元

海南岛海鱼寄生复殖吸虫/申纪伟著.—北京：科学出版社，1990.7.—228页；16开.—ISBN 7-03-001675-0：16.20元

渔业生物数学：资源的评估与管理/叶昌臣，黄斌等编著.—北京：农业出版社，1990.12.—307页；大32开.—ISBN 7-109-01259-X：6.25元

淡水养殖水化学/曾训江主编；刘素文等编.—长沙：湖南教育出版社，1990.6.—209页；32开.—中等职业技术学校教材.—ISBN 7-5355-1149-X：1.90元

S92 水产地区分布、水产志

中国内陆水域渔业区划/《中国内陆水域渔业区划》编写组编著.—杭州：浙江科学技术出版社，1990.10.—95页；16开.—（中国渔业资源调查和区划；8）.—ISBN 7-5341-0301-0（精装）：5.90元

中国内陆水域渔业资源/张觉民主编.—北京：农业出版社，1990.5.—329页；16开.—（中国渔业资源调查和区划；7）.—ISBN 7-109-01286-7：14.35元

中国海洋渔业区划/《中国海洋渔业区划》编写组编著.—杭州：浙江科学技术出版社，1990.10.234页；16开.—（中国渔业资源调查和区划；2）.ISBN 7-5341-0300-2（精装）：9.85元

中国海洋渔业资源/赵传絪主编.—杭州：浙江科学技术出版社，1990.2.—178页；16开.—（中国渔业资源调查和区划；6）.—ISBN 7-5341-0216-2（精装）：8.30元

长江水系渔业资源：全国渔业资源调查和区划专集/曾祥琮主编；长江水系渔业资源调查协作组编.—北京：海洋出版社，1990.8.—281页；16开.—ISBN 7-5027-0985-1：9.20元

长江、珠江、黑龙江鲢、鳙、草鱼种质资源研究/李思发等著.—上海：上海科学技术出版社，1990.12.—228页；16开.—ISBN 7-5323-2019-7（精装）：15.00元

珠江水系渔业资源/陆奎贤主编.—广州：广东科技出版社，1990.7.—271页；16开.—ISBN 7-5359-0485-8：7.00元

钱塘江鱼类资源/陈马康等著.—上海：上海科学技术文献出版社，1990.12.—267页；16开.—ISBN 7-80503-458-8：9.80元

黄、渤海区渔业资源调查和区划：全国渔业资源调查和区划专集/农业部水产局，农业部黄海区渔业指挥部编.—北京：海洋出版社，1990.6.—295页；16开.—ISBN 7-5027-0733-6：9.45元

渤黄海的对虾及其资源管理/邓景耀等编著.—北京：海洋出版社，1990.5.—283页；32开.—ISBN 7-5027-0808-1：5.50元

山东近海渔业资源开发与保护/唐启升等著.—北京：农业出版社，1990.5.—214页；16开.—ISBN 7-109-01919-5：10.00元

广东省浅海滩涂增养殖渔业环境及资源/余勉余等著.—北京：科学出版社，1990.4.—232页；16开.ISBN 7-03-001469-3：12.00元

广东省潮间带生物调查报告/余勉余等著.—北京：科学出版社，1990.5.—232页；16开.—ISBN 7-03-001217-8：12.00元

天津鱼类/天津市水产学会编.—北京：海洋出版社，1990.6.—114页；16开.—ISBN 7-5027-0307-1：4.80元

云南湖泊鱼类资源/高礼存等编著.—南京：江苏科学技术出版社，1990.8.—78页；图版；16开.—ISBN 7-5345-1014-7：3.20元

新疆的渔业生产与气候/于锡基编著.—乌鲁木齐：新疆人民出版社，1990.1.—43页；32开.—ISBN 7-228-01112-0：0.60元

S93　水产资源

水产资源学/费鸿年，张诗全著.—北京：中国科学技术出版社，1990.10.—787页；大32开.—ISBN 7-5046-0177-2：23.00元

鱼类早期生活史/（美）布拉克特尔（Blaxter，J.H.S.）编著；唐小曼等译.—北京：农业出版社，1990.10.—247页；16开.—ISBN 7-109-00698-0：8.50元

S94　水产保护学

鱼类寄生虫学/潘炯华等编著.—北京：科学出版社，1990.5.—443页；16开.—ISBN 7-03-001526-6：31.30元

鱼病识别与防治彩色图册/雷涌编著.—南昌：江西科学技术出版社，1990.10.—111页；32开.—ISBN 7-5390-0439-9：3.95元

常见鱼病防治手册/左文功，陈锦富编著.—北京：农业出版社，1990.5.—168页；32开.—（全国农业实用技术丛书/农业部等主编）.—ISBN 7-109-01860-1：2.40元

本书同年3月出版第3版。

S96　水产养殖技术

鱼苗鱼种培育/庄佩兰编著.—南京：江苏科学技术出版社，1990.3.—116页；32开.—（水产养殖技术丛书）.—ISBN 7-5345-0892-4：1.35元

实用养鱼技术400问/赵乃刚，沈菊人主编.—合肥：安徽科学技术出版社，1990.11.—261页；32开.—ISBN 7-5337-0500-9：4.00元

养鱼/凌熙和编著.—北京：农业出版社，1990.9.—294页；32开.—（菜篮子工程丛书）.—ISBN 7-109-01680-3：4.05元

养鱼问答/史为良编著.—2版（修订本）.—沈阳：辽宁科学技术出版社，1990.10.—104页；32开.（副业生产丛书）.—ISBN 7-5381-0927-7：1.55元

本书1983年5月第1版。

养殖技术　（一）/云南省教委教研室主编.昆明：云南教育出版社，1990.8.—288页；32开.初中后职业术技教材.—ISBN 7-5415-0387-8：2.05元

家庭养鱼技巧/陈山青编著.—北京：农村读物出版社，1990.4.—350页；32开.—ISBN 7-5048-1240-4：5.00元

S963　鱼类饵料和营养

鱼虾饲料营养及营养性疾病/庄健隆著.—北京：海洋出版社，1990.8.—97页；32开.—（水产动物饲养技术手册）.—ISBN 7-5027-0900-2：2.50元

鱼类营养与配合饲料/吴遵霖编著.—北京：农业出版社，1990.12.—298页；32开.—ISBN 7-109-01603-X：4.55元

怎样培养海产单胞藻饵料生物/徐淑凤，刘志芳编写.—北京：海洋出版社，1990.10.—47页；32开.（沿海农村实用科技文库）.—ISBN 7-5027-1041-9：1.30元

饵料浮游动物培养/刘卓，王为祥编译.—北京：农业出版社，1990.8.—252页；32开.—ISBN 7-109-01290-5：4.95元

特效钓饵200种/少牛编著.—长沙：湖南文艺出版社，1990.5.—105页；32开.—ISBN 7-5404-0534-1：1.50元

温水鱼类和甲壳类的营养需要/美国国家研究委员会等编著；许民强译.—北京：农业出版社，1990.5.—90页；16开.—ISBN 7-109-01347-2：3.80元

S964　淡水鱼养殖方式

小水面养鱼/刘逢阁等编著.—北京：海洋出版社，1990.8.—200页；32开.—ISBN 7-5027-0097-8：2.60元

水库养鱼与捕鱼实用技术/李长春等编著.—南昌：江西科学技术出版社，1990.9.—376页；大32开.ISBN 7-5390-0363-4：4.35元

池塘养鱼实用新技术/王杏明等编著.—北京：农业出版社，1990.7.—179页；32开.—（菜篮子工程丛书）.—ISBN 7-109-01660-9：2.60元

池塘高产养鱼新技术/谭玉钧，徐尚达主编.—上海：上海科学技术出版社，1990.10.—277页；32开.—ISBN 7-5323-2069-3：3.05元

高原淡水养鱼技术/蒋卓群，王基琳编著.—西宁：青海人民出版社，1990.10.—169页；32开.—（全国星火计划丛书）.—ISBN 7-225-00406-9：2.00元

淡水名特优良种实用养殖技术大全/王玉堂编.—北京：海洋出版社，1990.9.—271页；32开.—ISBN 7-5027-1174-0：3.00元

淡水珍品养殖技术/胡保同，周汉书主编.—北京：科学普及出版社，1990.4.—368页；32开.—ISBN 7-110-01180-1：5.10元

淡水养鱼致富必读/张金等编著.—北京：气象出版社，1990.12.—84页；32开.—（全国星火计划

丛书/杨浚主编）.—ISBN 7-5029-0524-3：1.55元

淡水渔业技术问答/朱林庾等主编.—2版（修订本）.—北京：农业出版社，1990.9.—587页；32开. ISBN 7-109-01458-4：8.90元

本书1982年12月第1版。

淡水渔业研究文集/中国水产科学研究院淡水渔业研究中心编辑.—北京：科学出版社，1990.5.—112页：图版；16开.—ISBN 7-03-002042-1：10.00元

稻田养鱼技术问答/银丕振编著.—北京：农业出版社，1990.5.—68页；32开.—（全国农业实用技术丛书/农业部等主编）.—ISBN 7-109-01859-8：1.20元

稻田养鱼技术新进展/中国农业科学院，中国水产科学研究院编.—北京：农业出版社，1990.10.371页；32开.—ISBN 7-109-01914-4：6.15元

稻田养鱼的理论与实践/倪达书，汪建国编著.—北京：农业出版社，1990.8.—291页；大32开.—ISBN 7-109-01300-6：5.85元

S965 各种鱼类养殖

金鱼 锦鲤 热带鱼/张绍华等编著.—北京：金盾出版社，1990.1.—159页；32开.—ISBN 7-80022-166-0：2.90元

虹鳟养殖技术/刘雄等编著.—北京：农业出版社，1990.5.—212页；32开.—ISBN 7-109-01130-5：3.65元

热带鱼观赏与养殖/唐复安编著.—北京：海洋出版社，1990.12.—156页：彩照；32开.—ISBN 7-5027-1288-7：5.40元

鲻鱼养殖/吴琴瑟编著.—北京：农业出版社，1990.3.—151页；32开.—（海水养殖丛书）.—ISBN 7-109-01323-5：2.85元

鳗鲡养殖/韩先朴编著.—北京：农业出版社，1990.5.—199页；32开.—ISBN 7-109-01453-3：3.10元

S966 其他水产养殖

牛蛙及高产养殖技术/曾中平编著.—北京：中国医药科技出版社，1990.9.—189页；32开.—ISBN 7-5067-0193-6：2.98元

水产经济动物养殖/施正峰等编写.—北京：农业出版社，1990.5.—84页；16开.—中央农业广播电视学校试用教材 淡水养鱼专业用.—ISBN 7-109-01705-2：1.50元

对虾配合饵料学/侯文璞，汪哲夫编著.—北京：海洋出版社，1990.8.—240页；32开.—ISBN 7-5027-0809-X：4.60元

名贵水生动物养殖/郑一勇编著.—北京：农业出版社，1990.7.—124页；32开.—（菜篮子工程丛书）.ISBN 7-109-01694-3：1.80元

龟鳖等水生动植物养殖/周仰濠等编.—北京：农业出版社，1990.5.—189页；32开.—（全国农业实用技术丛书/农业部等主编）.—ISBN 7-109-01858-X：2.70元

虾、蟹养殖技术/李涛编著.—福州：福建教育出版社，1990.11.—116页；32开.—（燎原计划丛书）.—ISBN 7-5334-0650-8：1.11元

科学养殖河蟹/朱文祥等编著.—上海：上海科学技术出版社，1990.2.—119页；32开.—ISBN 7-5323-1565-7：1.95元

食用蜗牛饲养指南/龚泉福编著.—修订本.—上海：上海科学技术文献出版社，1990.4.—95页；32开.—ISBN 7-80513-575-4：1.30元

本书原名《食用蜗牛—褐云玛瑙螺》，1984年10月第1版。

食用蜗牛养殖技术/陈德牛编著.—北京：金盾出版社，1990.5.—95页；32开.—ISBN 7-80022-185-7：1.40元

埃及江鳅养殖技术/云南省科委星火计划办公室编.—昆明：云南科技出版社，1990.8.—77页；32开.—（云南星火丛书）.—ISBN 7-5416-0300-7：1.40元

特种水产养殖/广东省教育厅教材编审室编.—广州：广东教育出版社，1990.6.—321页；32开.—广东省农业职业中学试用课本·选修课用.—ISBN 7-5406-1170-7：2.30元

特种水产养殖技术问答/上海市水产技术推广站编著.—上海：上海科学技术出版社，1990.9.—275页；32开.—ISBN 7-5323-1886-9：4.00元

淡水虾养殖：青虾、罗氏沼虾、海南沼虾/李文杰等编著.—上海：上海科学技术出版社，1990.11.—90页；32开.—ISBN 7-5323-1649-1：1.55元

绿毛龟/伍惠生，江洁明编著.—北京：农业出版社，1990.12.—78页；32开.—ISBN 7-109-01939-X：1.40元

鳖和牛蛙的人工养殖/刘筠，刘楚吾编著.—北京：农业出版社，1990.2.—98页；32开.—ISBN 7-109-01255-7：1.60元

S967 海水养殖方式

网箱养真鲷、石斑鱼技术/游克仁编著.—福州：福建科学技术出版社，1990.12.—80页；32开.—ISBN 7-5335-0418-6：1.05元

怎样开展港塭养殖/吴琴瑟编写.—北京：海洋出版社，1990.10.—54页；32开.—（沿海农村实用科技文库）.—ISBN 7-5027-1034-6：1.30元

S968　各种海产动植物养殖

青蟹养殖/赖庆生编著.—北京：农业出版社，1990.5.—219页；32开.—(海水养殖丛书).—ISBN 7-109-01381-2：3.50元

怎样养殖江蓠/刘思俭编写.—北京：海洋出版社，1990.10.—36页；32开.—(沿海农村实用科技文库).—ISBN 7-5027-0107-9：1.30元

怎样养殖海珍珠/庞振有编写.—北京：海洋出版社，1990.10.—38页；32开.—(沿海农村实用科技文库).—ISBN 7-5027-1033-8：1.30元

怎样养殖缢蛏/王如才编写.—北京：海洋出版社，1990.10.—39页；32开.—(沿海农村实用科技文库).—ISBN 7-5027-0101-X：1.30元

唐海县对虾养殖高产实用技术/刘东波，王云鹏主编.—北京：农业出版社，1990.11.—220页；32开.ISBN 7-109-02037-1：5.00元

海水珍品养殖技术/中国水产学会普及与教育工作委员会主编.—北京：科学普及出版社，1990.2.205页；32开.—ISBN 7-110-01308-1：3.60元

海参人工育苗与增殖/隋锡林，孙日东编写.—北京：海洋出版社，1990.10.—49页；32开.—(沿海农村实用科技文库).—ISBN 7-5027-0102-8：1.30元

海参增养殖/隋锡林编著.—北京：农业出版社，1990.5.—288页；32开.—(海水养殖丛书).—ISBN 7-109-01261-1：4.35元

鲍鱼人工育苗与增殖/刘永峰等编写.—北京：海洋出版社，1990.10.—51页；32开.—(沿海农村实用科技文库).—ISBN 7-5027-1035-4：1.30元

缢蛏养殖/张云飞编著.—北京：农业出版社，1990.8.—159页；32开.—(海水养殖丛书).—ISBN 7-109-01311-1：2.80元

S97　渔　捞

捕捞概论/赵达康，吴菊生编著.—北京：科学普及出版社，1990.7.—243页；32开.—ISBN 7-110-01640-4：4.20元

海洋捕捞手册/黄锡昌编.—北京：农业出版社，1990.5.—501页；16开.—ISBN 7-109-00633-6(精装)：16.00元

S972　捕鱼器具

山东省海洋渔具图集/山东省海洋水产研究所，山东省水产学校编.—北京：农业出版社，1990.12.197页；16开.—ISBN 7-109-02478-4(精装)：18.00元

中国海洋渔具调查和区划/《中国海洋渔具调查和区划》编写组编.—杭州：浙江科学技术出版社，1990.10.—578页；16开.—(中国渔业资源调查和区划；9).—ISBN 7-5341-0273-1(精装)：19.80元

常用渔具渔法问答/那俨之，李铭五编写.—北京：海洋出版社，1990.10.—56页；32开.—(沿海农村实用科技文库).—ISBN 7-5027-0105-2：1.30元

S973　捕鱼技术

钓鱼技巧/许今刚，侯伟编著.—长春：长春出版社，1990.5.—231页；32开.—ISBN 7-80573-237-X：3.00元

怎样打甲鱼/卢金兆著.—武汉：湖北科学技术出版社，1990.7.—127页；32开.—ISBN 7-5352-0593-3：1.70元

怎样钓海螺/应治平编写.—北京：海洋出版社，1990.10.—38页；32开.—(沿海农村实用科技文库).—ISBN 7-5027-1036-2：1.30元

怎样使用探鱼仪/邵克玉编写.—北京：海洋出版社，1990.10.—50页；32开.—(沿海农村实用科技文库).—ISBN 7-5027-1039-7：1.30元

S98　水产物保鲜、贮藏、加工

水产品如何冷冻保鲜/高峰编写.—北京：海洋出版社，1990.10.—28页；32开.—(沿海农村实用科技文库).—ISBN 7-5027-0108-7：1.30元

出口水产品的加工与检验/朱秉权，车文毅主编.南京：江苏科学技术出版社，1990.7.—334页；32开.—ISBN 7-5345-0988-2：3.80元

T 工 业 技 术

T-0 工业技术理论

工艺与新技术革命/国防工业出版社编.—北京：国防工业出版社，1990.7.—245页；大32开.—ISBN 7-118-00767-6：6.20元

工业技术基础/谢世龙主编.—沈阳：辽宁大学出版社，1990.12.—472页；32开.—劳动经济管理专业系列教材.—ISBN 7-5610-1134-2：6.00元

技术学辞典/姜振寰等主编.—沈阳：辽宁科学技术出版社，1990.12.—642页；大32开.—ISBN 7-5381-1063-1（精装）：28.50元

本书共收录技术史、技术哲学、技术社会学、技术科学、技术能力学、技术方法学、技术创造学、技术管理、技术转移、技术法学等方面的词条1150条。

T-29 工程技术人员

工程师管理指南/（美）乌尔曼（Ullman，J. E.）主编；徐海初等译.—北京：科学技术文献出版社，1990.7.—350页；32开.—ISBN 7-5023-1225-0：6.50元

如何成为一名合格的工程师：大学生成才之路/张剑波编著.—上海：上海交通大学出版社，1990.1.195页；32开.—ISBN 7-313-00611-X：2.20元

T-63 产品目录、样本

建设部生产许可证产品全集：电梯：1989/本书编辑部编.—北京：中国建筑工业出版社，1990.10.210页；16开.—ISBN 7-112-01108-6（精装）：16.80元

建设部生产许可证产品全集：城市客车：1989/本书编辑部编.—北京：中国建筑工业出版社，1990.10.—182页；16开.—ISBN 7-112-01106-X（精装）：15.30元

建设部生产许可证产品全集：混凝土搅拌机：1989/本书编辑部编.—北京：中国建筑工业出版社，1990.10.—89页；16开.—ISBN 7-112-01094-2（精装）：9.65元

T-65 工业规程、标准

标准化词典/赵全仁，崔壬午主编.—北京：中国标准出版社，1990.6.—419页；大32开.—ISBN 7-5066-0242-3（精装）：10.10元

标准物质及其应用技术/全浩主编.—北京：中国标准出版社，1990.9.—471页；大32开.—ISBN 7-5066-0211-7：6.35元

T-651 国际标准

1988年ASTM标准年鉴 第四卷：屋面材料·防水材料·沥青材料专辑/陈健，王丽华译.—武汉：武汉工业大学出版社，1990.12.—230页；16开.—ISBN 7-5629-0449-9：15.00元

水与大气质量分析方法国际标准/国际标准化组织汇编；刘振庄等译.—北京：中国环境科学出版社，1990.6.—382页；16开.—ISBN 7-80010-625-X：10.50元

水质标准手册/夏青，张旭辉主编.—北京：中国环境科学出版社，1990.10.—402页；16开.—ISBN 7-80010-670-5：13.50元

国内外水泥标准选编/杨斌等编.—北京：中国标准出版社，1990.4.—653页；大16开.—ISBN 7-5066-0059-5：18.80元

塑料工业国际标准：ISO/TC-61/化工部晨光化工研究院一分院编译.—北京：轻工业出版社，1990.7.1285页；16开.—ISBN 7-5019-0638-6（精装）：87.00元

T-652 中国标准

中国标准化年鉴：1989/中华人民共和国国家技术监督局编.—北京：中国标准出版社，1990.2.—360页；大16开.—ISBN 7-5066-0236-9：11.70元

本书是一本介绍中国标准化工作发展情况的综合性资料，也是使用国家标准不可少的检索工具。

中国标准化年鉴：1990/中华人民共和国国家技术监督局编.—北京：中国标准出版社，1990.9.—360页；大16开.—ISBN 7-5066-0296-2：12.00元

标准化工作导则汇编/程准编.—北京：中国标准出版社，1990.4.—112页；大16开.—ISBN 7-5066-0256-3：3.80元

T-652.1 国家标准（汇编）

中国国家标准汇编 （41）：GB4302～4362/中国标准出版社总编室编.—北京：中国标准出版社，

1990.1.—742页；大16开.—ISBN 7-5066-0234-2（精装）：25.70元

中国国家标准汇编　（41）：GB4302～4362/中国标准出版社总编室编.—北京：中国标准出版社，1990.1.—741页；大16开.—ISBN 7-5066-0235-0：21.40元

中国国家标准汇编　（42）：GB4363～4450/中国标准出版社总编室编.—北京：中国标准出版社，1990.2.—731页；大16开.—ISBN 7-5066-0228-8：（精装）：25.40元

中国国家标准汇编　（42）：GB4363～4450/中国标准出版社总编室编.—北京：中国标准出版社，1990.2.—731页；大16开.—ISBN 7-5066-0229-6：21.10元

中国国家标准汇编　（44）：GB4515～4590/中国标准出版社总编室编.—北京：中国标准出版社，1990.2.—767页；大16开.—ISBN 7-5066-0238-5（精装）：26.40元

中国国家标准汇编　（44）：GB4515～4590/中国标准出版社总编室编.—北京：中国标准出版社，1990.2.—767页；大16开.—ISBN 7-5066-0239-3：22.10元

中国国家标准汇编　（45）：GB4591～4679/中国标准出版社总编室编.—北京：中国标准出版社，1990.3.—739页；大16开.—ISBN 7-5066-0247-4（精装）：25.50元

中国国家标准汇编　（45）：GB4591～4679/中国标准出版社总编室编.—北京：中国标准出版社，1990.3.—739页；大16开.—ISBN 7-5066-0248-2：21.20元

中国国家标准汇编　（46）：GB4687～4709/中国标准出版社总编室编.—北京：中国标准出版社，1990.5.—719页；大16开.—ISBN 7-5066-0260-1（精装）：25.50元

中国国家标准汇编　（46）：GB4687～4709/中国标准出版社总编室编.—北京：中国标准出版社，1990.5.—719页；大16开.—ISBN 7-5066-0261-X：21.20元

中国国家标准汇编　（47）：GB4710～4749/中国标准出版社总编室编.—北京：中国标准出版社，1990.5.—747页；大16开.—ISBN 7-5066-0266-0（精装）：26.50元

中国国家标准汇编　（47）：GB4710～4749/中国标准出版社总编室编.—北京：中国标准出版社，1990.5.—747页；大16开.—ISBN 7-5066-0267-9：22.20元

中国国家标准汇编　（48）：GB4750～4791/中国标准出版社总编室编.—北京：中国标准出版社，1990.5.—730页；大16开.—ISBN 7-5066-0268-7（精装）：25.30元

中国国家标准汇编　（48）：GB4750～4791/中国标准出版社总编室编.—北京：中国标准出版社，1990.5.—730页；大16开.—ISBN 7-5066-0269-5：21.00元

中国国家标准汇编　（49）：GB4792～4857/中国标准出版社总编室编.—北京：中国标准出版社，1990.6.—758页；大16开.—ISBN 7-5066-0270-9（精装）：26.30元

中国国家标准汇编　（49）：GB4797～4857/中国标准出版社总编室编.—北京：中国标准出版社，1990.6.—758页；大16开.—ISBN 7-5066-0271-7：22.00元

中国国家标准汇编　（50）：GB4858～4935/中国标准出版社总编室编.—北京：中国标准出版社，1990.6.—730页；大16开.—ISBN 7-5066-0272-5（精装）：25.70元

中国国家标准汇编　（50）：GB4858～4935/中国标准出版社总编室编.—北京：中国标准出版社，1990.6.—730页；大16开.—ISBN 7-5066-0273-3：21.40元

中国国家标准汇编　（51）：GB4936～4992/中国标准出版社总编室编.—北京：中国标准出版社，1990.7.—735页；大16开.—ISBN 7-5066-0277-6（精装）：25.50元

中国国家标准汇编　（51）：GB4936～4992/中国标准出版社总编室编.—北京：中国标准出版社，1990.7.—735页；大16开.—ISBN 7-5066-0278-4：21.20元

中国国家标准汇编　（52）：GB4993～5027/中国标准出版社总编室编.—北京：中国标准出版社，1990.6.—726页；大16开.—ISBN 7-5066-0279-2（精装）：25.30元

中国国家标准汇编　（52）：GB4993～5027/中国标准出版社总编室编.—北京：中国标准出版社，1990.6.—726页；大16开.—ISBN 7-5066-0280-6：21.00元

中国国家标准汇编　（53）：GB5028～5097/中国标准出版社总编室编.—北京：中国标准出版社，1990.9.—730页；大16开.—ISBN 7-5066-0281-4（精装）：25.40元

中国国家标准汇编　（53）：GB5028～5097/中国标准出版社总编室编.—北京：中国标准出版社，1990.9.—730页；大16开.—ISBN 7-5066-0282-2：21.10元

中国国家标准汇编　（54）：GB5098～5169/中国标准出版社总编室编.—北京：中国标准出版社，1990.9.—744页；大16开.—ISBN 7-5066-0283-0（精装）：25.70元

中国国家标准汇编　（54）：GB5098～5169/中国标准出版社总编室编.—北京：中国标准出版社，

1990.9.—744页；大16开.—ISBN 7-5066-0284-9：21.40元

中国国家标准汇编 （55）：GB5170～5227/中国标准出版社总编室编.—北京：中国标准出版社，1990.10.—706页，大16开.—ISBN 7-5066-0285-7（精装）：24.70元

中国国家标准汇编 （55）：GB 5170～5227/中国标准出版社总编室编.—北京：中国标准出版社，1990.10.—706页；大16开.—ISBN 7-5066-0286-5：20.40元

中国国家标准汇编 （56）：GB5228～5287/中国标准出版社总编室编.—北京：中国标准出版社，1990.11.—724页；大16开.—ISBN 7-5066-0305-5（精装）：25.20元

中国国家标准汇编 （56）：GB5228～5287/中国标准出版社总编室编.—北京：中国标准出版社，1990.11.—724页；大16开.—ISBN 7-5066-0306-3：20.90元

中国国家标准汇编 （57）：GB 5288～5358/中国标准出版社总编室编.—北京：中国标准出版社，1990.11.—717页；大16开.—ISBN 7-5066-0307-1（精装）：25.00元

中国国家标准汇编 （57）：GB5288～5358/中国标准出版社总编室编.—北京：中国标准出版社，1990.11.—717页；大16开.—ISBN 7-5066-0308-X：20.70元

中国国家标准汇编 （58）：GB5359～5464/中国标准出版社总编室编.—北京：中国标准出版社，1990.12.—724页；大16开.—ISBN 7-5066-0309-8（精装）：25.20元

中国国家标准汇编 （58）：GB5359～5464/中国标准出版社总编室编.—北京：中国标准出版社，1990.12.—724页；大16开.—ISBN 7-5066-0310-1：21.00元

中国国家标准汇编 （59）：GB5465～5486/中国标准出版社总编室编.—北京：中国标准出版社，1990.12.—709页；大16开.—ISBN 7-5066-0311-X（精装）：24.70元

中国国家标准汇编 （59）：GB5465～5486/中国标准出版社总编室编.—北京：中国标准出版社，1990.12.—709页；大16开.—ISBN 7-5066-0312-8：20.40元

中国国家标准汇编 （60）：GB5487～5619/中国标准出版社总编室编.—北京：中国标准出版社，1990.12.—700页；大16开.—ISBN 7-5066-0313-6（精装）：24.70元

中国国家标准汇编 （60）：GB5487～5619/中国标准出版社总编室编.—北京：中国标准出版社，1990.12.—700页；大16开.—ISBN 7-5066-0314-4：20.40元

中华人民共和国进出口商品检验标准汇编：化工品类/裴山，钱忠明主编.—北京：中国标准出版社，1990.5.—147页；16开.—ISBN 7-5066-0301-2：7.20元

中华人民共和国进出口商品检验标准汇编：金属材料、矿产品类/裴山，钱忠明主编.—北京：中国标准出版社，1990.5.—224页；16开.—ISBN 7-5066-0302-0：11.00元

中华人民共和国进出口商品检验标准汇编：轻工品、家用电器、公证鉴定类/裴山，钱忠明主编.—北京：中国标准出版社，1990.5.—151页；16开.—ISBN 7-5066-0304-7：8.10元

中华人民共和国进出口商品检验标准汇编：食品卫生类/裴山，钱忠明主编.—北京：中国标准出版社，1990.5.—438页；16开.—ISBN 7-5066-0299-7：18.00元

中华人民共和国进出口商品检验标准汇编：畜产及制品类/裴山，钱忠明主编.—北京：中国标准出版社，1990.5.—143页；16开.—ISBN 7-5066-0300-4：7.20元

中华人民共和国进出口商品检验标准汇编：粮油食品类/裴山，钱忠明主编.—北京，中国标准出版社，1990.5.—546页；16开.—ISBN 7-5066-0298-9：22.00元

中华人民共和国国家标准：工程建设标准规范汇编（一）：建筑制图标准部分/中国计划出版社编.—北京：中国计划出版社，1990.8.—232页；大32开.ISBN 7-80058-125-X：4.50元

中华人民共和国国家标准：工程建设标准规范汇编（二）：建筑模数协调标准部分/中国计划出版社编.北京：中国计划出版社，1990.7.—104页；大32开.SBN 7-80058-126-8：2.50元

中华人民共和国国家标准：工程建设标准规范汇编（三）：道路工程规范部分/中国计划出版社编.—北京：中国计划出版社，1990.7.—385页；大32开.ISBN 7-80058-127-6：7.50元

中华人民共和国国家标准：工程建设标准规范汇编（四）：建筑结构设计规范部分/中国计划出版社编.北京：中国计划出版社，1990.7.—426页；大32开.ISBN 7-80058-128-4：8.50元

中华人民共和国国家标准：工程建设标准规范汇编（五）：建筑防火规范部分/中国计划出版社编.—北京：中国计划出版社，1990.5.—230页；大32开.ISBN 7-80058-129-2：5.00元

中华人民共和国国家标准：工程建设标准规范汇编（六）：建筑给排水设计规范部分/中国计划出版社编.—北京：中国计划出版社，1990.7.—246页；大32开.—ISBN 7-80058-130-6：5.00元

中华人民共和国国家标准：工程建设标准规范汇编

（七）：建筑隔声规范部分/中国计划出版社编.—北京：中国计划出版社，1990.7.—150页；大32开.ISBN 7-80058-131-4：3.00元

中华人民共和国国家标准：工程建设标准规范汇编（九）：建筑抗震设计规范部分/中国计划出版社编.—北京：中国计划出版社，1990.12.—428页；大32开.—ISBN 7-80058-176-4：7.80元

中华人民共和国国家标准：工程建设标准规范汇编（十）：民用建筑设计规范部分/中国计划出版社编.—北京：中国计划出版社，1990.12.—702页；大32开.—ISBN 7-80053-177-2：12.00元

中华人民共和国国家标准：广播、电视国家标准合订本：1989.—北京：中国标准出版社，1990.2.—80页；大16开.—2.60元

中华人民共和国国家标准和专业标准目录：1990/国家技术监督局标准化司编.—北京：中国标准出版社，1990.8.—273页；大16开.—ISBN 7-5066-0287-3：8.90元

化学工业标准汇编　第13册：化学试剂/化学工业部科技局标准处编.—北京：中国标准出版社，1990.9.—1380页；大16开.—ISBN 7-5066-0241-5：43.10元

化学工业标准汇编　第14册：化工综合标准/化学工业部科技局标准处编.—北京：中国标准出版社，1990.10.—383页；大16开.—ISBN 7-5066-0219-9：11.20元

六项互换性基础标准汇编：续编.—北京：中国标准出版社，1990.9.—957页，大16开.—ISBN 7-5066-0255-5：30.90元

电气传动和低压配电成套设备标准汇编/电气传动自动化成套设备标准化技术委员会编.—北京：中国标准出版社，1990.11.—475页；大16开.—ISBN 7-5066-0321-7：15.90元

电动工具标准汇编/电工行业标准汇编组编.—北京：中国标准出版社，1990.12.—493页；大16开.ISBN 7-5066-0291-1：16.40元

电镀热处理标准汇编/机械工艺专业化标准选编组编.—北京：中国标准出版社，1990.12.—471页；大16开.—ISBN 7-5066-0293-8：16.50元

环境保护国家标准汇编.—北京：中国标准出版社，1990.6.—568页；大16开.—ISBN 7-5066-0254-7：16.60元

林业标准汇编　（二）/中华人民共和国林业部科技司编.—北京：中国林业出版社，1990.12.—534页；16开.—ISBN 7-5038-0755-5（精装）：21.00元

轴承国家标准汇编　（上）/机械电子工业部洛阳轴承研究所，国家技术监督局标准化司机械交通处编.—北京：中国标准出版社，1990.6.—461页；大16开.—ISBN 7-5066-0232-6：15.10元

轴承国家标准汇编　（下）/机械电子工业部洛阳轴承研究所，国家技术监督局标准化司机械交通处编.—北京：中国标准出版社，1990.6.—477页；大16开.—ISBN 7-5066-0233-4：15.60元

绝缘材料标准汇编：1989.—北京：中国标准出版社，1990.1.—485页；大16开.—ISBN 7-5066-0191-5：15.10元

消防技术标准汇编　（二）/全国消防标准化技术委员会秘书处编.—北京：中国标准出版社，1990.8.—173页；大16开.—ISBN 7-5066-0289-X：6.30元

量具刃具国家标准汇编/量刃具汇编组编.—北京：中国标准出版社，1990.7.—1021页；大16开.—ISBN 7-5066-0218-0：30.90元

编辑作者常用国家标准/中国高等学校自然科学学报研究会，中华人民共和国新闻出版署编；朱诚选编.—北京：中国标准出版社，1990.1.—208页；大16开.—ISBN 7-5066-0196-6：7.00元

本书共收集了国家标准34项，专业标准1项。还收录了有关编辑工作的规范7项。

粮油标准资料汇编　（三）：名词术语专辑/林贤明编.—北京：中国标准出版社，1990.3.—400页；大16开.—ISBN 7-5066-0265-2：11.90元

T-652.1　国家标准（单行本）

下列国家标准、规程、规范按标准顺序号依次排序。

使用硫酸亚铁剂量计测量水中吸收剂量的标准方法　GB 139-89.—北京：中国标准出版社，1990.7.—9页；大16开.—0.75元

锥度与锥角系列　GB157-89.—北京：中国标准出版社，1990.2.—4页；大16开.—0.36元

工业碳酸钠　GB210-89.—北京：中国标准出版社，1990.1.—3页；大16开.—0.50元

煤对二氧化碳化学反应性及煤的结渣性　热稳定性测定方法　GB220-89　GB1572～1573-49.—北京：中国标准出版社，1990.10.—12页；大16开.—1.00元

钢铁及合金化学分析方法铬天青S光度法测定铝量　GB223.9-89.—北京：中国标准出版社，1990.5.4页；大16开.—0.36元

钢铁及合金化学分析方法硫酸亚铁铵容量法测定钒量　GB223.13-89.—北京：中国标准出版社，1990.5.—3页；大16开.—0.36元

钢铁及合金化学分析方法钽试剂萃取光度法测定钒量　GB223.14-89.—北京：中国标准出版社，1990.5.—3页；大16开.—0.36元

钢铁及合金化学分析方法二安替比林甲烷光度法测定钛量　GB223.17-89.—北京：中国标准出版社，1990.5.—3页；大16开.—0.36元

钢铁及合金化学分析方法新亚铜灵—三氯甲烷萃取光度法测定铜量　GB223.19-89.—北京：中国标准出版社，1990.5.—3页；大16开.—0.36元

钢铁及合金化学分析方法硫氰酸盐直接光度法测定钼量 GB223.26-89.—北京：中国标准出版社，1990.5.—4页；大16开.—0.36元

钢铁及合金化学分析方法2—安息香肟重量法测定钼量 GB223.28-89.—北京：中国标准出版社，1990.5.—4页；大16开.—0.36元

钢铁及合金化学分析方法蒸馏分离—靛酚蓝光度法测定氮量 GB223.37-89.—北京：中国标准出版社，1990.5.—5页；大16开.—0.36元

钢铁及合金化学分析方法火焰原子吸收光谱法测定镁量 GB223.46-89.—北京：中国标准出版社，1990.5.—4页；大16开.—0.36元

钢铁及合金化学分析方法硫氰酸盐—盐酸氯丙嗪—三氯甲烷萃取光度法测定钨量 GB223.66-89.—北京：中国标准出版社，1990.5.—5页；大16开.0.36元

钢铁及合金化学分析方法还原蒸馏—次甲基蓝光度法测定硫量 GB223.67-89.—北京：中国标准出版社，1990.6.—5页；大16开.—0.36元

钢铁及合金化学分析方法燃烧—碘酸钾容量法测定硫量 GB223.68-89.—北京：中国标准出版社，1990.5.—7页；大16开.—0.54元

钢铁及合金化学分析方法燃烧气体容量法测定碳量 GB223.69-89.—北京：中国标准出版社，1990.7.21页；大16开.—1.10元

钢铁及合金化学分析方法邻菲啰啉分光光度法测定铁量 GB223.70-89.—北京：中国标准出版社，1990.5.—4页；大16开.—0.36元

煤油 GB253-89.—北京：中国标准出版社，1990.5.—2页；大16开.—0.36元

工业合成苯酚 GB339-89.—北京：中国标准出版社，1990.3.—4页；大16开.—0.50元

钢丝分类及术语 GB341-89.—北京：中国标准出版社，1990.5.—9页；大16开.—0.54元

润滑油产品标准：1989 GB443-89 GB11118～11123-89.—北京：中国标准出版社，1990.4.—31页；大16开.—1.20元

车用汽油 GB484-89.—北京：中国标准出版社，1990.4.—2页；大16开.—0.36元

钠基润滑脂 GB492-89.—北京：中国标准出版社，1990.3.—2页；大16开.—0.18元

载重汽车和轿车斜交轮胎 GB516-89 GB1191-89.—北京：中国标准出版社，1990.3.—19页；大16开.—1.50元

普通平带、普通Y带 GB524-89 GB1171-89.北京：中国标准出版社，1990.7.—13页；大16开.0.72元

织物芯输送带外观质量规定 GB526-89.—北京：中国标准出版社，1990.6.—3页；大16开.—0.50元

工业硫酸 GB534-89 GB11198.1～11198.15-89.北京：中国标准出版社，1990.7.—49页；大16开.1.65元

拱形金属爆破片技术条件 GB567-89.—北京：中国标准出版社，1990.1.—16页；大16开.—1.25元

标准件用碳素钢热轧圆钢 GB715-89.—北京：中国标准出版社，1990.2.—4页；大16开.—0.36元

包装标准化经济效果的评价和计算方法 GB857-19.—北京：中国标准出版社，1990.10.—12页；大16开.—0.72元

碳素结构钢和低合金结构钢热轧、冷轧薄钢板及钢带 GB912-89 GB11253-89.—北京：中国标准出版社，1990.2.—6页；大16开.—0.54元

公路路线命名编号和编码规则 GB917.1～917.2-89.—北京：中国标准出版社，1990.5.—6页；大16开.—0.54元

道路车辆分类与代码 GB918.1～918.2-89.—北京：中国标准出版社，1990.5.—13页；大16开.0.72元

公路等级代码、公路路面等级与面层类型代码 GB919～920-89.—北京：中国标准出版社，1990.5.4页；大16开.—0.36元

高温作业环境气象条件测定方法 GB934-89.北京：中国标准出版社，1990.1.—13页；大16开.1.00元

区域地质图图例：1：50000 GB958-89.—北京：中国标准出版社，1990.2.—99页；大16开.—3.20元

城市无轨电车运行耗电计算通则 GB1010-89.北京：中国标准出版社，1990.3.—4页；大16开.0.50元

家用电器包装通则 GB1019-89.—北京：中国标准出版社，1990.2.—8页；大16开.—0.54元

管道元件公称压力 GB1048—90.—北京：中国标准出版社，1990.12.—2页；大16开.—0.18元

辐条用钢丝 GB1201-89.—北京：中国标准出版社，1990.4.—2页；大16开.—0.50元

图形符号箭头及其应用 GB1252-89.—北京：中国标准出版社，1990.4.—7页；大16开.—0.54元

螺口式灯头的型式和尺寸 GB1406-89.—北京：中国标准出版社，1990.7.—13页；大16开.—1.00元

螺口式灯头的量规 GB1483-89.—北京：中国标准出版社，1990.7.—7页；大16开.—0.75元

信息处理—数据流程图、程序流程图、系统流程图、程序网络图和系统资源图的文件编制符号及约定 GB1526-89.—北京：中国标准出版社，1990.5.25页；大16开.—1.30元

硅晶体中间隙氧含量的红外吸收测量方法　GB 1557-89.—北京：中国标准出版社，1990.3.—4页；大16开.—0.50元

圆柱形和圆锥形轴伸　GB 1569～1570-90.—北京：中国标准出版社，1990.12.—10页；大16开.—0.72元

多层热压机参数　GB1571-88.—北京：中国林业出版社，1990.6.—2页；大16开.—0.25元

体温计　GB1588-89.—北京：中国标准出版社，1990.3.—8页；大16开.—0.75元

工业冰乙酸　GB1628-89.—北京：中国标准出版社，1990.2.—8页；大16开.—0.54元

环氧树脂命名　GB1630-89.—北京：中国标准出版社，1990.12.—3页；大16开.—0.36元

2-萘酚　GB1646-89.—北京：中国标准出版社，1990.3.—7页；大16开.—0.75元

颜料在烘干型漆料中热稳定性的比较　GB1711-89.—北京：中国标准出版社，1990.3.—2页；大16开.—0.25元

颜料密度的测定比重瓶法　GB1713-89.—北京：中国标准出版社，1990.3.—3页；大16开.—0.50元

圆弧圆柱齿轮模数　GB1840—89.—北京：中国标准出版社，1990.7.—1页；大16开.—0.18元

氧化铁红颜料　GB1863-89.—北京：中国标准出版社，1990.5.—5页；大16开.—0.50元

颜料颜色的比较　GB1864-89.—北京：中国标准出版社，1990.3.—3页；大16开.—0.50元

字典纸　GB1912-89.—北京：中国标准出版社，1990.7.—4页；大16开.—0.50元

电子管型号命名方法　GB1956-89.—北京：中国标准出版社，1990.12.—11页；大16开.—0.72元

食品添加剂单硬脂酸甘油酯(40%)　GB1986-89.—北京：中国标准出版社，1990.3.—4页；大16开.—0.50元

信息处理信息交换用七位编码字符集　GB1988-89.—北京：中国标准出版社，1990.12.—16页；大16开.—0.90元

焦炭试样的采取和制备　GB 1997-89.—北京：中国标准出版社，1990.6.—9页；大16开.—0.75元

军用柴油　GB2021—89.—北京：中国标准出版社，1990.5.—3页；大16开.—0.36元

石油修井机型式与基本参数　GB2034-89.—北京：石油工业出版社，1990.5.—2页；大16开.0.23元

铝粉　GB2082～2086-89.—北京：中国标准出版社，1990.1.—14页；大16开.—0.90元

型钢验收包装标志及质量证明书的一般规定　GB 2101-89.—北京：中国标准出版社，1990.4.—4页；大16开.—0.36元

邻甲酚间对甲酚　GB2279～2280-89.—北京：中国标准出版社，1990.5.—4页；大16开.—0.50元

纱线捻度的测定　GB2543.1～2543.2-89.—北京：中国标准出版社，1990.7.—11页；大16开.—0.72元

玻璃纤维增强塑料老化试验方法　GB2573～2575-89　GB 10703-89.—北京：中国标准出版社，1990.2.—12页；大16开.—0.72元

纤维增强塑料树脂不可溶分含量试验方法　GB 2576-89.—北京：中国标准出版社，1990.1.—4页；大16开.—0.50元

玻璃纤维增强塑料树脂含量试验方法　GB2577-89.—北京：中国标准出版社，1990.1.—2页；大16开.—0.25元

纤维缠绕增强塑料环形试样制作方法　GB2578-89.—北京：中国标准出版社，1990.2.—4页；大16开.—0.50元

安瓿　GB2637-90.—北京：中国标准出版社，1990.10.—8页；大16开.—0.75元

玻璃输液瓶　GB2639-90.—北京：中国标准出版社，1990.10.—8页；大16开.—0.75元

模制抗生素玻璃瓶　GB2640-90.—北京：中国标准出版社，1990.10.—7页；大16开.—0.75元

管制抗生素玻璃瓶　GB2641-90.—北京：中国标准出版社，1990.10.—4页；大16开.—0.50元

焊接接头机械性能试验方法　GB2649～2655-89.北京：中国标准出版社，1990.4.—32页；大16开.1.20元

衬衫　GB2660-89.—北京：中国标准出版社，1990.7.—13页；大16开.—0.72元

安全帽及其试验方法　GB 2811～2812-89.—北京：中国标准出版社，1990.12.—14页；大16开.1.25元

硝酸铵　GB2945-89.—北京：中国标准出版社，1990.5.—12页；大16开.—0.72元

铸造碳化钨　GB2967-89.—北京：中国标准出版社，1990.6.—3页；大16开.—0.50元

载重汽车和轿车轮胎系列　GB2977～2978-89.北京：中国标准出版社，1990.7.—46页；大16开.1.65元

船舶管路附件的标志　GB3032-89.—北京：中国标准出版社，1990.3.—5页；大16开.—0.50元

手术器械唇头齿　GB3055-89.—北京：中国标准出版社，1990.3.—4页；大16开.—0.50元

单圈式不锈钢宫内节育器　GB 3156-89.—北京：中国标准出版社，1990.2.—4页；大16开.—0.50元

钼精矿技术条件　GB3200-89.—北京：中国标准

出版社，1990.1.—3页；大16开.—0.50元

汽车大梁用热轧钢板 GB3273-89.—北京：中国标准出版社，1990.2.—4页；大16开.—0.36元

200升油桶用热轧碳素结构钢薄钢板 GB3276-89.北京：中国标准出版社，1990.5.—5页；大16开.0.50元

弹簧钢热轧薄钢板 GB3279-89.—北京：中国标准出版社，1990.5.—3页；大16开.—0.36元

医用剪通用技术条件 GB3335-89.—北京：中国标准出版社，1990.4.—5页；大16开.—0.50元

普通手术剪 组织剪 综合组织剪 GB3336～3338-89.—北京：中国标准出版社，1990.3.—10页；大16开.—1.00元

拆线剪 纱布绷带剪 GB3339～3340-89.—北京：中国标准出版社，1990.3.—4页；大16开.—0.50元

心脏手术剪 GB3341-89.—北京：中国标准出版社，1990.3.—5页；大16开.—0.50元

脐带剪 GB3342-89.—北京：中国标准出版社，1990.3.—3页；大16开.—0.50元

眼用手术剪 眼球摘出剪 角膜剪 虹膜剪 GB3343～3346-89.—北京：中国标准出版社，1990.3.—12页；大16开.—1.00元

拖拉机和农业、林业机械用轮辋系列 GB3372-89.北京：中国标准出版社，1990.5.—13页；大16开.1.00元

手动套筒扳手 GB3390.1～3390.5-89.—北京：中国标准出版社，1990.11.—22页；大16开.—1.30元

石油苯 GB3405-89.—北京：中国标准出版社，1990.5.—2页；大16开.—0.18元

汽车轮辋规格系列 GB3437-89.—北京：中国标准出版社，1990.3.—12页；大16开.—1.00元

手表用碳素工具钢冷轧钢带 GB3528-89.—北京：中国标准出版社，1990.6.—4页；大16开.0.50元

标准化经济效果的评价原则和计算方法 GB3533.1-83 GB3533.2～3533.3-84.—北京：中国标准出版社，1990.8.—35页；大16开.—1.80元

食品包装用原纸卫生标准的分析方法 GB3561 89.—北京：中国标准出版社，1990.6.—2页；大16开.—0.25元

量具用硬质合金毛坯 GB3612-89.—北京：中国标准出版社，1990.5.—12页；大16开.—1.00元

钢球冷镦模具用硬质合金毛坯 GB3613-89.—北京：中国标准出版社，1990.6.—4页；大16开.0.50元

铝及铝合金花纹板 GB3618-89.—北京：中国标准出版社，1990.3.—11页；大16开.—0.72元

自行车用冷轧碳素钢宽钢带和钢板 GB3644-89.北京：中国标准出版社，1990.6.—5页；大16开.0.50元

自行车用热轧碳素钢和低合金钢宽钢带及钢板 GB3645-89.—北京：中国标准出版社，1990.5.—5页；大16开.—0.50元

自行车用冷轧钢带 GB3646-89.—北京：中国标准出版社，1990.5.—4页；大16开.—0.50元

自行车用热轧钢带 GB3647-89.—北京：中国标准出版社，1990.6.—5页；大16开.—0.50元

V带试验方法 GB3687-89 GB10714～10715-89.北京：中国标准出版社，1990.4.—14页；大16开.1.25元

纯吡啶α—甲基吡啶 β—甲基吡啶馏分 GB3694～3696-89.—北京：中国标准出版社，1990.5.—7页；大16开.—0.75元

煤焦油 GB3701-89.—北京：中国标准出版社，1990.5.—2页；大16开.—0.25元

橡胶用炭黑标准分类命名系统 GB3777-89.—北京：中国标准出版社，1990.7.—4页；大16开.0.36元

橡胶用炭黑技术条件 GB3778—89.—北京：中国标准出版社，1990.8.—14页；大16开.—0.72元

炭黑包装、贮运、采样及验收方法 GB3779—89.北京：中国标准出版社，1990.12.—4页；大16开.0.50元

硅铬合金 GB4009-89.—北京：中国标准出版社，1990.7.—2页；大16开.—0.18元

塔式多效蒸汽蒸馏水器 GB4212-89.—北京：中国标准出版社，1990.9.—5页；大16开.—0.50元

农药安全使用标准 GB4285-89.—北京：中国标准出版社，1990.10.—14页；大16开.—1.00元

固体古马隆—茚树脂 GB4316-89.—北京：中国标准出版社，1990.5.—2页；大16开.—0.25元

碳素弹簧钢丝 GB4357-89.—北京：中国标准出版社，1990.5.—4页；大16开.—0.36元

家用和类似用途电器的安全、特殊要求（二） GB4706.18～4706.23-88.—北京：中国标准出版社，1990.3.—87页；大16开.—2.85元

医用镊通用技术条件 GB4747.1-89.—北京：中国标准出版社，1990.3.—8页；大16开.—0.75元

敷料镊 组织镊 GB4747.2～4747.3-89.—北京：中国标准出版社，1990.4.—6页；大16开.—0.75元

耳用膝状镊 鼻用枪状镊 GB4747.4～4747.5-89.北京：中国标准出版社，1990.3.—4页；大16开.0.50元

食品卫生微生物学检验 罐头食品商业无菌的检验 GB4789.26-89.—北京：中国标准出版社，1990.7.

8页；大16开.—0.75元

多道幅度分析器测试方法　GB4833-89.—北京：中国标准出版社，1990.10.—16页；大16开.—1.25元

运输包装件基本试验倾翻试验方法 运输包装件基本试验可控水平冲击试验方法　GB4857.14～4857.15—89.北京：中国标准出版社，1990.3.—11页；大16开.—0.72元

色漆和清漆 词汇 第四部分：涂料及涂膜物化性能术语　GB5206.4-89.—北京：中国标准出版社，1990.5.—13页；大16开.—0.72元

高压用无缝钢管圆管坯　GB5311-89.—北京：中国标准出版社，1990.3.—4页；大16开.—0.36元

城市公共交通标志、公共汽车、无轨电车、有轨电车路牌　GB5845.13-89.—北京：中国建筑工业出版社，1990.1.—6页；大16开.—1.10元

工业丙酮　GB6026-89.—北京：中国标准出版社，1990.4.—9页；大16开.—0.54元

工业正丁醇　GB6027-89.—北京：中国标准出版社，1990.2.—4页；大16开.—0.50元

信息交换用汉字32×32点阵字模集及数据集　GB6345.1～6345.2-86　GB12034～12036-89.—北京：中国标准出版社，1990.9.—102页；大16开.—3.35元

船舶安全开航技术要求·通信与导航　GB6551-89.—北京：中国标准出版社，1990.3.—12页；大16开.—1.00元

质量管理和质量保证　GB6583.1—86 GB/T10300.1～10300.5-88.—北京：中国标准出版社，1990.2.44页；大16开.—1.55元

液化石油气蒸气压测定法（LPG法）　GB6602-89.—北京：中国标准出版社，1990.6.—7页；大16开.—0.75元

焦化苯酚　GB6705-89.—北京：中国标准出版社，1990.5.—3页；大16开.—0.50元

充气轮胎内胎　GB7036-89.—北京：中国标准出版社，1990.6.—20页；大16开.—1.25元

信息交换用蒙古文16×12、16×8、16×4点阵字模集及点阵数据集　GB7422.1～7422.2-87.—北京：中国标准出版社，1990.6.—15页；大16开.—1.25元

信息交换用汉字编码字符集第二辅助集　GB7589-87.—北京：中国标准出版社，1990.9.—31页；大16开.—2.45元

信息交换用汉字编码字符集第四辅助集　GB7590-87.—北京：中国标准出版社，1990.9.—29页；大16开.—2.45元

润滑剂和有关产品（L类）的分类　GB7631.3～7631.6-89.—北京：中国标准出版社，1990.2.—12页；大16开.—0.72元

润滑剂和有关产品（L类）的分类第7部分：C组（齿轮）　GB7631.7-89.—北京：中国标准出版社，1990.8.—3页；大16开.—0.50元

纺织玻璃纤维纱线性能的测定　GB7690.4～7690.6-89.—北京：中国标准出版社，1990.12.—8页；大16开.—0.75元

锌精矿化学分析方法火焰原子吸收分光光度法测定银量　GB8151.12-89.—北京：中国标准出版社，1990.6.—4页；大16开.—0.50元

铅精矿化学分析方法火试金法测定金量和银量 火焰原子吸收分光光度法测定银量　GB8152.9～8152.10-8.—北京：中国标准出版社，1990.6.—9页；大16开.—0.75元

农药合理使用准则（三）　GB8321.3-89.—北京：中国标准出版社，1990.6.—14页；大16开.—1.00元

石油钻采设备及专用管材名词术语　GB8423-87.—北京：石油工业出版社，1990.8.—89页；大16开.—2.50元

信息处理文本通信用编码字符集 第一部分总则 第二部分图形字符集　GB8565.1～8565.2-88.—北京：中国标准出版社，1990.1.—37页；大16开.—1.65元

信息处理文本通信用编码字符集 第三部分：按页成象格式用控制功能　GB8565.3-88.—北京：中国标准出版社，1990.6.—28页；大16开.—1.55元

交流接触器 节电器及其应用技术条件　GB8871-88.—北京：中国标准出版社，1990.1.—12页；大16开.—1.00元

感光材料分辨率的测定　GB9045-88.—北京：中国标准出版社，1990.7.—8页；大16开.—0.75元

供交换用影片及其录音磁片（带）素材容器标签的最低限内容　GB9046-88.—北京：中国标准出版社，1990.7.—4页；大16开.—0.50元

70mm电影发行拷贝上六轨磁性声迹的位置和尺寸　GB9047-88.—北京：中国标准出版社，1990.7.—3页；大16开.—0.50元

65mm和70mm电影摄影机片窗所形成的影像和70mm电影拷贝最大可放映画面的位置和尺寸　GB9048-88.—北京：中国标准出版社，1990.7.—3页；大16开.—0.50元

已加工电影安全胶片的贮存技术　GB9049-88.北京：中国标准出版社，1990.7.—6页；大16开.0.50元

活塞式电动计量加油机　GB9081-88.—北京：中国标准出版社，1990.10.—4页；大16开.—0.50元

低中水平放射性固体废物的浅地层处置规定　GB9132-88.—北京：中国标准出版社，1990.9.—8页；大16开.—0.75元

放射性废物分类标准　GB9133-88.—北京：中国标准出版社，1990.9.—4页；大16开.—0.50元

轻水堆核电厂放射性废物处理系统技术规定　GB9134～9136-88.—北京：中国标准出版社，1990.12.52页；大16开.—3.50元

集成电路术语　GB9178-88.—北京：中国标准出版社，1990.5.—99页；大16开.—3.20元

色漆流挂性的测定　GB9264-88.—北京：中国标准出版社，1990.7.—3页；大16开.—0.36元

色漆和清漆标准试板　GB9271-88.—北京：中国标准出版社，1990.7.—4页；大16开.—0.36元

色漆和清漆巴克霍尔兹压痕试验　GB9275-88.北京：中国标准出版社，1990.7.—4页；大16开.0.50元

渗透仪　GB9357-88.—北京：水利电力出版社，1990.4.—3页；大16开.—0.40元

应变控制式无侧限压缩仪　GB9358-88.—北京：水利电力出版社，1990.4.—4页；大16开.—0.40元

水文仪器总技术条件　GB9359-88.—北京：水利电力出版社，1990.4.—46页；大16开.—2.50元

皮蛋　GB9694-88.—北京：中国标准出版社，1990.10.—4页；大16开.—0.50元

文书档案案卷格式　GB9705-88.—北京：中国标准出版社，1990.4.—12页；大16开.—0.72元

子午线轮胎　GB9743～9744-88.—北京：中国标准出版社，1990.3.—12页；大16开.—1.00元

普通导爆索　GB9786-88.—北京：中国标准出版社，1990.5.—7页；大16开.—0.75元

家用及类似用途的熔断器　GB 9815-88.—北京：中国标准出版社，1990.7.—26页；大16开.—2.00元

热熔断体　GB9816-89.—北京：中国标准出版社，1990.7.—8页；大16开.—0.75元

香蕉　GB9827-88.—北京：中国标准出版社，1990.12.—7页；大16开.—0.75元

方便面　GB9848-88.—北京：中国标准出版社，1990.2.—4页；大16开.—0.50元

再生橡胶术语及定义　GB9882-88.—北京：中国标准出版社，1990.1.—4页；大16开.—0.50元

胶鞋术语　GB9883-88.—北京：中国标准出版社，1990.6.—27页；大16开.—2.00元

抽出式难燃橡胶导风筒　GB9900-88.—北京：中国标准出版社，1990.2.—12页；大16开.—1.00元

保温救生服　GB9953～9954-88.—北京：中国标准出版社，1990.4.—12页；大16开.—1.00元

板栗丰产林　GB9982-88.—北京：中国林业出版社，1990.10.—7页；大16开.—0.45元

锥齿轮承载能力计算方法　GB10062-88.—北京：中国标准出版社，1990.2.—45页；大16开.—1.55元

通用机械渐开线圆柱齿轮承载能力简化计算方法　GB10063-88.—北京：中国标准出版社，1990.2.30页；大16开.—1.20元

振动、冲击数据分析和表示方法　GB10084-88.北京：中国标准出版社，1990.2.—21页；大16开.1.10元

圆柱蜗杆、蜗轮　GB10085～10089-88.—北京：中国标准出版社，1990.1.—76页；大16开.—2.50元

事物特性表　钢铁和有色金属产品及其外形尺寸　GB10091.2～10091.9-89.—北京：中国标准出版社，1990.10.—26页；大16开.—1.45元

测试结果的多重比较　GB10092-88.—北京：中国标准出版社，1990.2.—23页；大16开.—1.30元

渐开线圆柱齿轮精度和齿条精度　GB10095～10096-88.—北京：中国标准出版社，1990.2.—40页；大16开.—1.40元

浮筒卸扣　GB10101-88.—北京：中国标准出版社，1990.2.—15页；大16开.—1.25元

造船　船载驳系列3　通风系统主要配合尺寸　GB10102-88.—北京：中国标准出版社，1990.2.—3页；大16开.—0.50元

船用千斤索掣索器　GB10103-88.—北京：中国标准出版社，1990.2.—7页；大16开.—0.75元

船用导缆滚轮　GB10105-88.—北京：中国标准出版社，1990.2.—12页；大16开.—1.00元

铁矿石(烧结矿、球团矿)物理试验用试样的取样和制样方法　GB10122-88.—北京：中国标准出版社，1990.2.—17页；大16开.—1.25元

传真机技术要求　GB10198.1～10198.3-88.—北京：中国标准出版社，1990.12.—22页；大16开.1.75元

海岸带综合地质勘查规范　GB10202-88.—北京：中国标准出版社，1990.10.—11页；大16开.—1.00元

小模数锥齿轮、圆柱蜗杆　GB10224～10227-88.北京：中国标准出版社，1990.7.—52页；大16开.1.80元

油井水泥　GB10238-88.—北京：中国标准出版社，1990.1.—29页；大16开.—1.45元

船舶电气与电子设备的电磁兼容　GB10250-88.北京：中国标准出版社，1990.6.—43页；大16开.2.10元

核仪器与核辐射探测器质量检验规则　GB10257-88.—北京：中国标准出版社，1990.6.—55页；大16开.—3.80元

标准核仪器插件用数字总线(NIM/GPIB)　GB10258-88.—北京：中国标准出版社，1990.2.—8

页；大16开.—0.75元

个人和环境监测用热释光剂量测量系统 GB10264-88.—北京：中国标准出版社，1990.2.—28页；大16开.—2.00元

便携式风力灭火机 GB10280～10284-88.—北京：中国林业出版社，1990.7.—25页；大16开.1.20元

油锯使用安全规程 GB10285-88.—北京：中国林业出版社，1990.12.—2页；大16开.—0.20元

集装箱在铁路上的装卸和拴固 GB10290-88.北京：中国标准出版社，1990.2.—6页；大16开.0.50元

绝热材料稳态热阻及有关特性的测定防护热板法和热流计法 GB10294～10295-88.—北京：中国标准出版社，1990.7.—44页；大16开.—2.10元

食用酒精 GB10343-89.—北京：中国标准出版社，1990.12.—3页；大16开.—0.50元

饮料酒标签标准 GB10344-89.—北京：中国标准出版社，1990.12.—3页；大16开.—0.50元

白酒检验规则 GB10346-89.—北京：中国标准出版社，1990.12.—2页；大16开.—0.18元

食品添加剂乙酸芳樟酯　己酸烯丙酯 GB10348～10349-89.—北京：中国标准出版社，1990.5.—9页；大16开.—0.75元

食品添加剂丁酸苄酯　桉叶素含量80％的桉叶油 GB10350～10351—89.—北京：中国标准出版社，1990.6.—11页；大16开.—1.00元

食品添加剂α-戊基肉桂醛松油醇 GB10352～10353-89.—北京：中国标准出版社，1990.2.—8页；大16开.—0.75元

食品添加剂苯甲醇 GB10354-89.—北京：中国标准出版社，1990.2.—4页；大16开.—0.50元

食品添加剂　乳化香精 GB10355-89.—北京：中国标准出版社，1990.2.—4页；大16开.—0.50元

油料饼粕含油量测定法 GB10359-89.—北京：中国标准出版社，1990.1.—4页；大16开.—0.50元

油料饼粕扦样法 GB10360-89.—北京：中国标准出版社，1990.2.—8页；大16开.—0.75元

谷物降落数值测定法 GB10361-89.—北京：中国标准出版社，1990.3.—7页；大16开.—0.75元

饲料原料标准 GB10363～10385-89. GB10387～10392-89.—北京：中国标准出版社，1990.10.—58页；大16开.—2.90元

入侵探测器 GB10408.1～10408.5-89.—北京：中国标准出版社，1990.2.—30页；大16开.—1.60元

人工煤气、天然气和液化石油气组分气相色谱分析法 GB10410.1～10410.3-89.—北京：中国建筑工业出版社，1990.1.—20页；大16开.—2.60元

地铁直流牵引供电系统 GB10411-89.—北京：中国建筑工业出版社，1990.1.—7页；大16开.—1.40元

纸浆模塑蛋托盘 GB10443-89.—北京：中国标准出版社，1990.2.—7页；大16开.—0.75元

柔性集装袋 GB10454-89.—北京：中国标准出版社，1990.1.—11页；大16开.—1.00元

辣椒干 GB10465-89.—北京：中国标准出版社，1990.2.—8页；大16开.—0.75元

蔬菜、水果形态学和结构学术语（一） GB10466-89.—北京：中国标准出版社，1990.6.—19页；大16开.—1.50元

水果、蔬菜粗纤维的测定方法 GB10469-89.—北京：中国标准出版社，1990.1.—3页；大16开.0.50元

番茄汁 GB10474-89.—北京：中国标准出版社，1990.5.—4页；大16开.—0.50元

铁路货运钢制平托盘 GB10486-89.—北京：中国标准出版社，1990.1.—4页；大16开.—0.50元

糖料甜菜　糖料甜菜试验方法 GB10496～10497-89.—北京：中国标准出版社，1990.6.—6页；大16开.—0.75元

糖料甘蔗　糖料甘蔗试验方法 GB10498～10499-89.—北京：中国标准出版社，1990.7.—7页；大16开.—0.75元

多菌灵原药　40％多菌灵胶悬剂 GB10501～10502-89.—北京：中国标准出版社，1990.7.—13页；大16开.—1.00元

注塑鞋 GB10506-89.—北京：中国标准出版社，1990.1.—4页；大16开.—0.50元

橡塑冷粘鞋　橡塑凉拖鞋 GB10507～10508-89.北京：中国标准出版社，1990.3.—10页；大16开.1.00元

胶鞋整鞋屈挠试验方法 GB10509-89.—北京：中国标准出版社，1990.5.—3页；大16开.—0.50元

橡胶配合剂沉淀水合二氧化硅 GB10517～10530-89.—北京：中国标准出版社，1990.6.—46页；大16开.—2.25元

水处理剂 GB10531～10537-89.—北京：中国标准出版社，1990.1.—54页；大16开.—1.90元

近海停泊排吸油橡胶软管的分类、规格和基本技术要求 GB10541-89.—北京：中国标准出版社，1990.1.—4页；大16开.—0.50元

飞机地面加油和泄油用橡胶软管 GB10543-89.北京：中国标准出版社，1990.3.—11页；大16开.1.00元

液化石油气（LPG）橡胶软管 GB10546-89.—北京：中国标准出版社，1990.3.—5页；大16开.0.50元

柑桔储藏 GB10547-89.—北京：中国标准出版社，1990.12.—4页；大16开.—0.50元

聚合物增强热塑性材料排吸软管 GB10548-89.北京：中国标准出版社，1990.1.—8页；大16开.0.75元

照相级化学药品 GB10549～10556-89 GB11180-89.—北京：中国标准出版社，1990.3.—32页；大16开.—1.60元

感光材料均方根颗粒度测定方法 GB10558-89.北京：中国标准出版社，1990.2.—5页；大16开.0.50元

乐器用钢丝 GB10559-89.—北京：中国标准出版社，1990.2.—4页；大16开.—0.50元

精制铝箔 GB10570-89.—北京：中国标准出版社，1990.2.—5页；大16开.—0.36元

铝及铝合金焊接管 GB10571-89.—北京：中国标准出版社，1990.1.—7页；大16开.—0.54元

有色金属细丝拉伸试验方法 GB10573-89.—北京：中国标准出版社，1990.3.—4页；大16开.0.36元

锡铅焊料化学分析方法 GB10574.1～10574.14-89.—北京：中国标准出版社，1990.6.—47页；大16开.—1.65元

无水氯化锂、高纯碳酸锂和工业碳酸锂 GB10575～10576-89 GB11075-89.—北京：中国标准出版社，1990.1.—7页；大16开.—0.75元

高纯五氧化二钽、高纯五氧化二铌 GB10577～10578-89.—北京：中国标准出版社，1990.1.—4页；大16开.—0.50元

锑矿地质勘探规范 GB10583-89.—北京：中国标准出版社，1990.10.—20页；大16开.—1.50元

甜椒 GB10594-89.—北京：中国标准出版社，1990.1.—4页；大16开.—0.50元

技术制图标题栏 GB10609.1-89.—北京：中国标准出版社，1990.2.—3页；大16开.—0.36元

技术制图明细栏 GB10609.2-89.—北京：中国标准出版社，1990.2.—6页；大16开.—0.36元

技术制图复制图的折叠方法 GB10609.3-89.北京：中国标准出版社，1990.1.—11页；大16开.0.72元

触针式仪器测量表面粗糙度的规则和方法 GB10610-89.—北京：中国标准出版社，1990.2.—7页；大16开.—0.54元

食品添加剂 GB10615～10621-89.—北京：中国标准出版社，1990.1.—38页；大16开.—1.90元

放射性矿产地质术语分类与代码 GB10630-89.北京：中国标准出版社，1990.12.—234页；大16开.—10.30元

钢卷尺 GB10633-89.—北京：中国标准出版社，1990.5.—10页；大16开.—0.75元

螺钉旋具 GB10634～10641-89.—北京：中国标准出版社，1990.7.—31页；大16开.—1.20元

列管式多效蒸馏水器 GB10643-89.—北京：中国标准出版社，1990.4.—4页；大16开.—0.50元

鲜梨 GB10650-89.—北京：中国标准出版社，1990.5.—9页；大16开.—0.75元

鲜苹果 GB10651-89.—北京：中国标准出版社，1990.5.—12页；大16开.—1.00元

高聚物多孔弹性材料物理性能试验方法 GB10652～10655-89.—北京：中国标准出版社，1990.4.—12页；大16开.—1.00元

邻氨基苯甲醚 GB10659-89.—北京：中国标准出版社，1990.3.—8页；大16开.—0.75元

工业碳酸锶 GB10660-89.—北京：中国标准出版社，1990.2.—16页；大16开.—1.25元

荧光增白剂VBL GB10661-89.—北京：中国标准出版社，1990.4.—4页；大16开.—0.50元

分散深蓝S-3BG（分散深蓝H-GL） GB10662-89.—北京：中国标准出版社，1990.7.—4页；大16开.—0.50元

分散染料移染性测试方法 GB10663-89.—北京：中国标准出版社，1990.1.—2页；大16开.—0.25元

涂料印花色浆色光、着色力及颗粒细度测定法 GB10664-89.—北京：中国标准出版社，1990.3.—4页；大16开.—0.50元

工业乙酸酐 GB10668-89.—北京：中国标准出版社，1990.4.—7页；大16开.—0.75元

工业环己酮 GB10669-89.—北京：中国标准出版社，1990.2.—6页；大16开.—0.50元

工业用氟代甲烷类中微量水分的测定电解法 GB10670-89.—北京：中国标准出版社，1990.3.—3页；大16开.—0.50元

固体材料产烟的比光密度试验方法 GB10671-89.—北京：中国标准出版社，1990.1.—16页；大16开.—1.25元

塔式起重机车轮、司机室技术条件 GB10672～10673-89.—北京：中国建筑工业出版社，1990.4.6页；大16开.—1.40元

振动压路机用橡胶减振器技术条件 GB10680-89.—北京：中国建筑工业出版社，1990.4.—7页；大16开.—1.40元

灯丝型号的命名方法　绞合钨丝线圈 GB10683～10684-89.—北京：中国标准出版社，1990.7.—18页；大16开.—1.50元

羊毛纤维直径试验方法　投影显微镜法 GB10685-89.—北京：中国标准出版社，1990.4.—10页；大16开.—0.75元

防爆工具　（一）GB10686～10693-89.—北京：中国标准出版社，1990.3.—49页；大16开.—2.25元

建筑材料窑炉热平衡术语　GB10697-89.—北京：中国标准出版社，1990.7.—15页；大16开.—1.25元

硅酸钙绝热制品　GB10699-89.—北京：中国标准出版社，1990.2.—15页；大16开.—0.90元

蜂窝型芯子胶条分离强度试验方法　GB10702-89.—北京：中国标准出版社，1990.1.—4页；大16开.—0.50元

水闸橡胶密封件　GB10706-89.—北京：中国标准出版社，1990.7.—15页；大16开.—1.25元

橡胶燃烧性能测定　氧指数法　GB10707-89.—北京：中国标准出版社，1990.7.—11页；大16开.0.72元

往复运动橡胶密封圈结构尺寸系列（第1、2、3部分）　GB10708.1～10708.3.—北京：中国标准出版社，1990.7.—42页；大16开.—1.55元

110℃以下热水输送管橡胶密封圈材料规范　GB10709-89.—北京：中国标准出版社，1990.7.—4页；大16开.—0.36元

混凝土道路伸缩缝用预成型硫化橡胶压缩密封件材料规范　GB10710-89.—北京：中国标准出版社，1990.7.—5页；大16开.—0.36元

建筑橡胶密封垫　预成型实心硫化的结构密封垫用材料规范　GB10711-89.—北京：中国标准出版社，1990.7.—9页；大16开.—0.75元

建筑橡胶密封垫　密封玻璃窗和镶板的预成型　实心硫化橡胶材料规范　GB10712-89.—北京：中国标准出版社，1990.7.—4页；大16开.—0.36元

同步带试验方法　GB10716～10719-89.—北京：中国标准出版社，1990.1.—10页；大16开.—1.00元

橡胶或塑料涂覆织物涂覆层粘附强度的测定　GB10720-89.—北京：中国标准出版社，1990.6.—4页；大16开.—0.36元

橡胶或塑料涂覆织物柔软性测定扁环法　CB10721-89.—北京：中国标准出版社，1990.4.—3页；大16开.—0.50元

炭黑比表面积的测定氮吸附方法　GB10722-89.北京：中国标准出版社，1990.6.—13页；大16开·0.72元

用ASTM标准参比炭黑改善炭黑试验再现性的标准方法　GB10723-89.—北京：中国标准出版社，1990.7.—7页；大16开.—0.54元

第一基准试剂（容量）（1990）　GB10730～10735-89.—北京：中国标准出版社，1990.12.—60页；大16开.—4.00元

水运商务名词术语　GB10743-89.—北京：中国标准出版社　1990.6.—16页；大16开.—1.25元

船用法兰（四进位）　GB10745～10751-89　GB2501～2508-89.—北京：中国标准出版社，1990.7.84页；大16开.—4.10元

碱锰扣式电池　GB10758-89.—北京：中国标准出版社，1990.3.—4页；大16开.—0.50元

R03、R1型锌—锰干电池　GB10759-89.—北京：中国标准出版社，1990.3.—8页；大16开.—0.75元

婴幼儿食品　GB10765～10780-89.—北京：中国标准出版社，1990.4.—128页；大16开.—5.65元

浓香型、清香型、米香型白酒　GB10781.1～10781.3-89.—北京：中国标准出版社，1990.2.—6页；大16开.—0.75元

罐头食品分类　GB10784-89.—北京：中国标准出版社，1990.2.—3页；大16开.—0.50元

开顶金属圆罐规格系列　GB10785-89.—北京：中国标准出版社，1990.2.—3页；大16开.—0.50元

罐头食品的PH测定、罐头食品中干燥物的测定　GB10786～10787-89.—北京：中国标准出版社，1990.2.—4页；大16开.—0.50元

罐头食品中可溶性固形物含量的测定　折光计法　GB10788-89.—北京：中国标准出版社，1990.3.—4页；大16开.—0.50元

软饮料的分类　GB10789-39.—北京：中国标准出版社，1990.3.—4页；大16开.—0.50元

软饮料的检验规则、标志、包装、运输、贮存　GB10790-89.—北京：中国标准出版社，1990.4.3页；大16开.—0.50元

软饮料原辅材料的要求　GB10791-89.—北京：中国标准出版社，1990.4.—13页；大16开.—1.00元

碳酸饮料　GB10792-89.—北京：中国标准出版社，1990.4.—13页；大16开.—1.00元

心电图机专用安全要求　GB10793-89.—北京：中国标准出版社，1990.6.—11页；大16开.—1.00元

食品添加剂 L-赖氨酸盐酸盐　GB10794-89.—北京：中国标准出版社，1990.5.—7页；大16开·0.75元

食品添加剂呈味核苷酸二钠　GB10795-89.—北京：中国标准出版社，1990.2.—6页；大16开.0.50元

食品添加剂5'—鸟苷酸二钠　GB10796-89.—北京：中国标准出版社，1990.7.—6页；大16开.0.50元

食品添加剂酪蛋白酸钠　GB10797-89.—北京：中国标准出版社，1990.5.—6页；大16开.—0.50元

热塑性塑料管材通用壁厚表　GB10798-89.—北京：中国标准出版社，1990.9.—4页；大16开.0.36元

建筑物隔热用硬质聚氨酯泡沫塑料　GB10800-89.北京：中国标准出版社，1990.9.—4页；大16开.0.36元

隔热用聚苯乙烯泡沫塑料 GB10801-89.—北京：中国标准出版社，1990.9.—4页；大16开.—0.36元

软质聚氨酯泡沫塑料 GB10802-89.—北京：中国标准出版社，1990.9.—4页；大16开.—0.50元

复合塑料编织布 GB10803-89.—北京：中国标准出版社，1990.5.—5页；大16开.—0.50元

硬聚氯乙烯(PVC)内门 GB10804-89.—北京：中国标准出版社，1990.10.—7页；大16开.—0.75元

食品包装用硬质聚氯乙烯薄膜 GB10805-89.—北京：中国标准出版社，1990.10.—7页；大16开.0.75元

塑料网眼袋 GB10806-89.—北京：中国标准出版社，1990.10.—7页；大16开.—0.75元

软质泡沫聚合材料压陷硬度试验方法 GB10807-89.—北京：中国标准出版社，1990.9.—3页；大16开.—0.50元

软质泡沫塑料撕裂性能试验方法 GB10808-89.北京：中国标准出版社，1990.9.—2页；大16开.0.25元

玻璃容器冠形瓶口尺寸 GB10809-89.—北京：中国标准出版社，1990.12.—2页；大16开.—0.25元

眼镜镜片 GB10810-89.—北京：中国标准出版社，1990.10.—7页；大16开.—0.75元

青花日用细瓷器 青花玲珑日用细瓷器 GB10811～10812-89.—北京：中国标准出版社，1990.7.—21页；大16开.—1.50元

青瓷器系列标准 GB10813.1～10813.4-89.—北京：中国标准出版社，1990.9.—16页；大16开.1.25元

建白高级日用细瓷器 GB10814-89.—北京：中国标准出版社，1990.7.—3页；大16开.—0.50元

日用精陶器 紫砂陶器 GB10815～10816-89.—北京：中国标准出版社，1990.8.—10页；大16开.1.00元

普通陶器园林陶 普通陶器砂锅 普通陶器包装坛类 GB10817.1～10817.3-89.—北京：中国标准出版社，1990.8.—12页；大16开.—1.00元

运输包装用木制底盘 GB10819-89.—北京：中国标准出版社，1990.7.—19页；大16开.—1.10元

燃煤生活锅炉热效率 GB10820-89.—北京：中国标准出版社，1990.3.—8页；大16开.—0.54元

农业机械用变速(半宽)V带尺寸 GB10821-89.北京：中国标准出版社，1990.4.—4页；大16开.0.50元

一般用途难燃输送带 GB10822-89.—北京：中国标准出版社，1990.5.—5页；大16开.—0.50元

实心轮胎系列实心轮胎 GB10823～10824-89.北京：中国标准出版社，1990.5.—8页；大16开.0.75元

ZY-6锚的型式和基本参数 GB10829-89.—北京：中国标准出版社，1990.1.—4页；大16开.—0.50元

汽车制动液使用技术条件 GB10830-89.—北京：中国标准出版社，1990.3.—4页；大16开.—0.36元

船用电动单螺杆泵 GB10831-89.—北京：中国标准出版社，1990.5.—9页；大16开.—0.75元

船用离心泵、旋涡泵通用技术条件 GB10832-89.—北京：中国标准出版社，1990.2.—12页；大16开.—1.00元

船舶机械术语轴系及传动装置 GB10835-89.北京：中国标准出版社，1990.1.—8页；大16开.0.75元

船用辅锅炉燃烧器性能试验方法 GB10837-89.北京：中国标准出版社，1990.2.—12页；大16开.1.00元

船用移动式滤油装置 GB10838-89.—北京：中国标准出版社，1990.1.—4页；大16开.—0.50元

部分封闭救生艇型式和基本参数 GB10839-89.北京：中国标准出版社，1990.2.—2页；大16开.0.25元

船用大气冷凝器 GB10842-89.—北京：中国标准出版社，1990.2.—17页；大16开.—1.25元

船用电液伺服阀通用技术条件 GB10844-89.—北京：中国标准出版社，1990.3.—29页；大16开.2.00元

铸造铝合金金相 GB10849～10852-89.—北京：中国标准出版社，1990.2.—13页；大16开.—0.72元

机器理论与机构学术语 GB10853-89.—北京：中国标准出版社，1990.2.—82页；大16开.—2.75元

船用电动往复泵 GB11034-89.—北京：中国标准出版社，1990.5.—13页；大16开.—1.00元

船用电动双螺杆泵 GB11035-89.—北京：中国标准出版社，1990.5.—12页；大16开.—1.00元

船用油污水分离装置管状电加热器技术条件 GB11036-89.—北京：中国标准出版社，1990.2.—6页；大16开.—0.50元

船用辅锅炉及受压容器液压试验方法 GB11037-89.—北京：中国标准出版社，1990.1.—3页；大16开.—0.50元

船用辅锅炉受压元件焊接技术条件 GB11038-89.北京：中国标准出版社，1990.4.—11页；大16开.1.00元

纺织品色牢度试验方法 GB11039～11046-89.北京：中国标准出版社，1990.5.—27页；大16开.1.45元

织物勾丝试验方法 GB11047-89.—北京：中国标准出版社，1990.5.—8页；大16开.—0.54元

纺织品保温性能试验方法　GB11048-89.—北京：中国标准出版社，1990.5.—4页；大16开.—0.50元

铺地纺织品燃烧性能在室温下片剂试验　GB11049-89.—北京：中国标准出版社，1990.5.—3页；大16开.—0.50元

机织物断裂强力的测定抓样法　GB11050-89.—北京：中国标准出版社，1990.5.—7页；大16开.0.54元

毛针织物经机洗后的松弛及毡化收缩试验方法　GB11051-89.—北京：中国标准出版社，1990.5.5页；大16开.—0.50元

锻造生产能源消耗标准　GB11056-89.—北京：中国标准出版社，1990.3.—12页；大16开.—0.72元

离心式、混流式、轴流式水泵运行管理　GB11057-89.—北京：中国标准出版社，1990.2.—4页；大16开.—0.36元

原油饱和蒸气压测定法　参比法　GB11059-89.北京：石油工业出版社，1990.4.—5页；大16开.0.38元

天然气中硫化氢含量的测定　碘量法　GB11060.1-89.—北京：石油工业出版社，1990.4.—7页；大16开.—0.45元

天然气中硫化氢含量的测定　亚甲蓝法　GB11060.2-89.—北京：石油工业出版社，1990.4.—7页；大16开.—0.45元

天然气中总硫的测定　氧化微库仑法　GB11061-89.—北京：石油工业出版社，1990.10.—5页；大16开.—0.38元

天然气发热量、密度和相对密度的计算方法　GB11062-89.—北京：石油工业出版社，1990.5.—8页；大16开.—0.45元

聚酰胺片基平带　GB11063-89.—北京：中国标准出版社，1990.5.—8页；大16开.—0.75元

碳酸锂、单水氢氧化锂、氯化锂化学分析方法　GB11064.1～11064.18-89.—北京：中国标准出版社，1990.6.—67页；大16开.—3.10元

钐铕钆富集物化学分析方法　GB11065.1～11065.3-89.—北京：中国标准出版社，1990.5.11页；大16开.—1.00元

金化学分析方法　GB11066.1～11066.5-89.—北京：中国标准出版社，1990.5.—18页；大16开.1.50元

银化学分析方法　GB11067.1～11067.7-89.—北京：中国标准出版社，1990.7.—27页；大16开.2.00元

砷化镓外延层载流子浓度电容—电压测量方法　GB11068-89.—北京：中国标准出版社，1990.4.4页；大16开.—0.50元

高纯二氧化锗　GB11069-89.—北京：中国标准出版社，1990.4.—4页；大16开.—0.50元

还原锗锭和区熔锗锭　GB11070～11071-89.—北京：中国标准出版社，1990.4.—8页；大16开.0.75元

锑化铟多晶、单晶及切割片　GB11072-89.—北京：中国标准出版社，1990.4.—7页；大16开.0.75元

硅片径向电阻率变化的测量方法　GB11073-89.北京：中国标准出版社，1990.4.—12页；大16开.1.00元

氧化钐化学分析方法　GB11074.1～11074.7-89.北京：中国标准出版社，1990.5.—23页；大16开.1.75元

白色油和液体石蜡试验法　GB11079～11084-89.北京：中国标准出版社，1990.7.—17页；大16开.0.90元

散装液态石油产品损耗　GB11085-89.—北京：中国标准出版社，1990.4.—4页；大16开.—0.50元

铜及铜合金术语　GB11086-89.—北京：中国标准出版社，1990.7.—12页；大16开.—0.72元

黄铜焊接管　GB11092-89.—北京：中国标准出版社，1990.6.—6页；大16开.—0.36元

液封直拉法砷化镓单晶及切割片　GB11093-89.北京：中国标准出版社，1990.7.—5页；大16开.0.50元

水平法砷化镓单晶及切割片　GB11094-89.—北京：中国标准出版社，1990.7.—7页；大16开.0.75元

霍尔器件和甘氏器件用砷化镓液相外延片　GB11095-89.—北京：中国标准出版社，1990.7.—4页；大16开.—0.50元

贵金属及其合金铆钉型复合电触点材料　GB11096-89.—北京：中国标准出版社，1990.6.—13页；大16开.—1.00元

标准螺栓、螺母模具用硬质合金毛坯　GB11097～11099-89.—北京：中国标准出版社，1990.5.—25页；大16开.—1.30元

冲压电池壳用硬质合金毛坯　GB11100-89.—北京：中国标准出版社，1990.7.—4页；大16开.0.50元

硬质合金圆棒毛坯　GB11101-89.—北京：中国标准出版社，1990.6.—8页；大16开.—0.54元

工具用硬质合金制品　GB11102～11104-89.—北京：中国标准出版社，1990.6.—20页；大16开.1.10元

金属粉末压坯的拉托拉试验　GB11105-89.—北京：中国标准出版社，1990.5.—3页；大16开.0.50元

金属粉末用圆柱形压坯的压缩测定压坯强度的方法　GB11106-89.—北京：中国标准出版社，1990.5.—2

页；大16开.—0.25元

金属及其化合物粉末比表面积和粒度测定 空气透过法 GB11107-85.—北京：中国标准出版社，1990.7.—6页；大16开.—0.50元

硬质合金热扩散率的测定方法 GB11108-89.—北京：中国标准出版社，1990.7.—3页；大16开.0.50元

铝及铝合金阳极氧化术语 GB11109-89.—北京：中国标准出版社，1990.7.—15页；大16开.—0.90元

铝及铝合金阳极氧化，阳极氧化膜的封孔质量的测定方法 导纳法 GB11110-89.—北京：中国标准出版社，1990.6.—3页；大16开.—0.50元

钨丝电阻连续测量方法 GB11111-89.—北京：中国标准出版社，1990.7.—4页；大16开.—0.50元

有色金属大气腐蚀试验方法 GB11112-89.—北京：中国标准出版社，1990.7.—8页；大16开.0.54元

低密度聚乙烯树脂 高密度聚乙烯树脂 GB11115～11116-89.—北京：中国标准出版社，1990.3.—24页；大16开.—1.30元

爆震试验参比燃料 GB11117.1～11117.3-89.北京：中国标准出版社，1990.5.—6页；大16开.0.75元

7014-1号高温润滑脂 GB11124-89.—北京：中国标准出版社，1990.5.—3页；大16开.—0.36元

汽油铅含量测定法（一氯化碘法） GB11127-89.—北京：中国标准出版社，1990.6.—4页；大16开.—0.36元

喷气燃料水分离指数测定法 GB11129-89.—北京：中国标准出版社，1990.6.—14页；大16开.1.00元

轻质烯烃中微量硫的测定氧化微库仑法 GB11141-89.—北京：中国标准出版社，1990.12.—6页；大16开.—0.50元

石油沥青取样法 GB11147-89.—北京：中国标准出版社，1990.6.—4页；大16开.—0.36元

船用按钮通用技术条件 GB11154-89.—北京：中国标准出版社，1990.3.—14页；大16开.—1.25元

船用指示灯通用技术条件 GB11155-89.—北京：中国标准出版社，1990.3.—13页；大16开.—1.00元

不锈钢的光电发射光谱分析方法 GB11170-89.北京：中国标准出版社，1990.5.—4页；大16开.0.36元

合金结构钢圆管坯 GB11171-89.—北京：中国标准出版社，1990.4.—4页；大16开.—0.36元

优质碳素钢圆管坯 GB11172-89.—北京：中国标准出版社，1990.4.—3页；大16开.—0.36元

液化石油气 GB11174-89.—北京：中国标准出版社，1990.4.—4页；大16开.—0.36元

聚乙酸乙烯酯乳液试验方法 GB11175-89.—北京：中国标准出版社，1990.8.—10页；大16开.1.00元

无机胶粘剂套接压缩剪切强度试验方法 GB11177-89.—北京：中国标准出版社，1990.7.—4页；大16开.—0.50元

聚乙酸乙烯酯乳液木材胶粘剂 GB11178-89.—北京：中国标准出版社，1990.7.—5页；大16开.0.50元

橡胶试验数据分布类型检验规定 GB11179-89.北京：中国标准出版社，1990.8.—12页；大16开.1.00元

子午线轮胎用钢丝帘线 GB11181-89.—北京：中国标准出版社，1990.7.—11页；大16开.—1.00元

橡胶软管增强用钢丝 GB11182-89.—北京：中国标准出版社，1990.8.—8页；大16开.—0.75元

自行车用面漆、底漆 GB11183～11184-89.—北京：中国标准出版社，1990.3.—8页；大16开.0.75元

漆膜弯曲试验（锥形轴） GB11185-89.—北京：中国标准出版社，1990.5.—3页；大16开.—0.36元

涂膜颜色的测量方法 GB11186.1～11186.3-89.北京：中国标准出版社，1990.5.—17页；大16开.0.90元

颜料抗渗色性的比较 GB11187-89.—北京：中国标准出版社，1990.4.—2页；大16开.—0.25元

颜料密度的测定（用离心机排除夹带空气） GB11188-89.—北京：中国标准出版社，1990.5.—3页；大16开.—0.50元

非金属材料曝露试验用的有水和无水光曝露设备（氙弧、碳弧型）及实施方法 GB11189.1～11189.2-89.—北京：中国标准出版社，1990.5.—19页；大16开.—1.50元

色漆、清漆、喷漆及有关产品的光—水曝露设备（碳弧型）及实施方法 GB11190-89.—北京：中国标准出版社，1990.4.—3页；大16开.—0.50元

航空轮胎试验方法 GB11191～11196-89.—北京：中国标准出版社，1990.4.—14页；大16开.1.25元

海上船舶无线电通话标准用语 GB11197-89.—北京：中国标准出版社，1990.3.—56页；大16开.2.60元

离子交换膜法氢氧化钠及其试验方法 GB/T11199-89 GB/T11200.1～11200.3-89.—北京：中国标准出版社，1990.7.—11页；大16开.—1.00元

硫化橡胶中金属含量的测定 火焰原子吸收光谱法 第四部分：铁含量的测定 GB11201-89.—北京：中国标准出版社，1990.7.—3页；大16开.—0.36元

橡胶中铁含量的测定 1，10—非啰啉光度法 GB11202-89.—北京：中国标准出版社，1990.7.—3

页；大16开.—0.36元

硫化橡胶中锌含量的测定 EDTA滴定法 GB11203-89.—北京：中国标准出版社，1990.7.—3页；大16开.—0.50元

橡胶国际硬度（30～90IRHD）的测定袖珍硬度计法 GB11204-89.—北京：中国标准出版社，1990.7.—3页；大16开.—0.36元

橡胶热导率的测定 瞬态热丝法 GB11205-89.—北京：中国标准出版社，1990.6.—3页；大16开.0.50元

硫化橡胶老化表面龟裂试验方法 GB11206-89.北京：中国标准出版社，1990.10.—9页；大16开.0.54元

高硬度（85～100 IRHD）硫化橡胶硬度的测定 GB11207-89.—北京：中国标准出版社，1990.7.5页；大16开.—0.36元

硫化橡胶滑动磨耗的测定 GB11208-89.—北京：中国标准出版社，1990.11.—7页；大16开.—0.75元

磁性橡胶磁性能的测定方法 GB11209-89.—北京：中国标准出版社，1990.7.—6页；大16开.0.50元

硫化橡胶抗静电和导电制品电阻的测定 GB11210-89.—北京：中国标准出版社，1990.7.—6页；大16开.—0.50元

硫化橡胶与金属粘合强度的测定拉伸法 GB11211-89.—北京：中国标准出版社，1990.7.—3页；大16开.—0.36元

化纤用氢氧化钠及其试验方法 GB11212-89 GB11213.1～11213.7—89.—北京：中国标准出版社，1990.7.—22页；大16开.—1.75元

水中镭的分析测定 GB11214-89 GB11218-89.北京：中国标准出版社，1990.10.—12页；大16开.1.00元

核辐射环境质量评价一般规定 GB11215-89.—北京：中国标准出版社，1990.9.—9页；大16开.0.75元

核设施流出物和环境放射性监测质量保证计划的一般要求 GB11216-89.—北京：中国标准出版社，1990.9.—5页；大16开.—0.50元

核设施流出物监测的一般规定 GB11217-89.—北京：中国标准出版社，1990.9.—11页；大16开.1.00元

土壤中钚和铀的测定法 GB11219.1～11219.2-89 GB11220.1～11220.2-89.—北京：中国标准出版社，1990.5.—18页；大16开.—1.50元

生物样品灰中铯-137、锶-90和铀的分析方法 GB11221～11223-89.—北京：中国标准出版社，1990.10.—22页；大16开.—1.75元

水中钍、钚和钾-40的分析方法 GB 11224～11225-89 GB11338-89.—北京：中国标准出版社，1990.7.—18页；大16开.—1.50元

住宅厨房及相关设备基本参数 GB11228-89.—北京：中国建筑工业出版社，1990.3.—4页；大16开.0.85元

持针钳通用技术条件 GB11229-89.—北京：中国标准出版社，1990.4.—4页；大16开.—0.50元

普通持针钳 GB11230-89.—北京：中国标准出版社，1990.4.—4页；大16开.—0.50元

精细持针钳 小儿持针钳 小血管持针钳 GB11231～11233-89.—北京：中国标准出版社，1990.4.—8页；大16开.—0.75元

宫腔形不锈钢宫内节育器 GB11234-89.—北京：中国标准出版社，1990.3.—4页；大16开.—0.50元

VCu宫内节育器 TCuC宫内节育器 GB11235～11236.—89.—北京：中国标准出版社，1990.8.—11页；大16开.—1.00元

听诊器 GB11237-89.—北京：中国标准出版社，1990.7.—11页；大16开.—1.00元

压陷式眼压计 GB11238-89.—北京：中国标准出版社，1990.3.—7页；大16开.—0.75元

手术显微镜 GB11239-89.—北京：中国标准出版社，1990.3.—8页；大16开.—0.75元

电热恒温水浴锅 恒温水槽 GB11240～11241-89.—北京：中国标准出版社，1990.4.—12页；大16开.—1.00元

婴儿培养箱 婴儿培养箱专用安全要求 GB11242～11243.—89.—北京：中国标准出版社，1990.4.—14页；大16开.—1.25元

麻醉呼吸设备 圆锥接头锥体和锥套 GB11245-89.—北京：中国标准出版社，1990.4.—9页；大16开.—0.75元

人用持续气流吸入式麻醉机技术要求 GB11246-89.—北京：中国标准出版社，1990.4.—11页；大16开.—1.00元

合金结构钢热轧厚钢板 GB11251-89.—北京：中国标准出版社，1990.5.—4页；大16开.—0.36元

犁壁用热轧三层钢板和宽钢带 GB11252-89.—北京：中国标准出版社，1990.5.—3页；大16开.0.50元

压缩机阀片用热轧薄钢板 GB11254-89.—北京：中国标准出版社，1990.7.—4页；大16开.—0.36元

晶粒取向硅钢薄带 GB11255-89.—北京：中国标准出版社，1990.5.—5页；大16开.—0.36元

粗直径钢丝绳 GB11256-89.—北京：中国标准出版社，1990.7.—15页；大16开.—0.90元

双层卷焊钢管 GB11258-89.—北京：中国标准出版社，1990.7.—7页；大16开.—0.54元

超声波检验用钢制对比试块的制作与校验方法 GB11259-89.—北京：中国标准出版社，1990.7.5页；大16开.—0.36元

冷拉圆钢穿过式涡流检验方法 GB11260-89.—北京：中国标准出版社，1990.5.—4页；大16开.0.50元

高碳铬轴承钢化学分析法 脉冲加热惰气熔融红外线吸收法测定氧量 GB11261-89.—北京：中国标准出版社，1990.7.—4页；大16开.—0.50元

汽车车轮轮辋用热轧型钢 GB11262-89.—北京：中国标准出版社，1990.5.—6页；大16开.—0.36元

热轧H型钢尺寸、外形、重量及允许偏差 GB11263-89.—北京：中国标准出版社，1990.5.—10页；大16开.—0.54元

轻轨及配件 GB11264～11266-89.—北京：中国标准出版社.1990.4.—25页；大16开.—1.30元

表面活性剂含水量的测定 共沸蒸馏法 GB11275-89.—北京：中国标准出版社，1990.5.—3页；大16开.—0.50元

阳离子表面活性剂（氢氯化物和氢溴化物）临界胶束浓度的测定 反离子活度测量法 GB11276-89.—北京：中国标准出版社，1990.5.—4页；大16开.0.50元

表面活性剂 非离子表面活性剂浊点指数（水数）的测定 容量法 GB11277-89.—北京：中国标准出版社，1990.5.—3页；大16开.—0.50元

阴离子和非离子表面活性剂临界胶束浓度的测定 圆环测定表面张力法 GB11278-89.—北京：中国标准出版社，1990.5.—3页；大16开.—0.50元

医用纤维内窥镜通用技术条件 GB11299-89.—北京：中国标准出版社，1990.10.—7页；大16开.0.75元

食品用橡胶管卫生标准 食品用橡胶管卫生检验方法 GB11331～11332-89.—北京：中国标准出版社，1990.5.—4页；大16开.—0.50元

铝制食具容器卫生标准 GB11333-89.—北京：中国标准出版社，1990.5.—1页；大16开.—0.25元

圆锥公差 GB11334-89.—北京：中国标准出版社，1990.8.—11页；大16开.—0.72元

未注公差角度的极限偏差 GB11335-89.—北京：中国标准出版社，1990.8.—1页；大16开.—0.25元

直线度、平面度误差检测 GB11336～11337-89.北京：中国标准出版社，1990.9.—97页；大16开.3.10元

城市港口及江河两岸区域环境噪声标准 GB11339-89.—北京：中国标准出版社，1990.5.—2页；大16开.—0.25元

汽车曲轴箱排放物测量方法及限值 GB11340-89.—北京：中国标准出版社，1990.7.—5页；大16开.—0.50元

接触式超声斜射探伤方法 GB11343-89.—北京：中国标准出版社，1990.5.—4页；大16开.—0.36元

接触式超声波脉冲回波法测厚 GB11344-89.—北京：中国标准出版社，1990.7.—5页；大16开.0.36元

钢焊缝手工超声波探伤方法和探伤结果分级 GB11345-89.—北京：中国标准出版社，1990.11.—28页；大16开.—1.45元

铝合金铸件X射线照相检验针孔（圆形）分级 GB11346-89.— 附照相标准底片2张.—北京：中国标准出版社，1990.10.—2页；大16开.—120.00元

大型旋转机械振动烈度现场测量与评定 GB11347-89.—北京：中国标准出版社，1990.7.—5页；大16开.—0.36元

旋转机械转轴径向振动的测量和评定第一部分总则 GB11348.1-89.—北京：中国标准出版社，1990.7.11页；大16开.—0.72元

机械导纳的试验确定 GB11349.1～11349.2-89.北京：中国标准出版社，1990.6.—36页；大16开.1.30元

一般工程用铸造碳钢件 GB11352-89.—北京：中国标准出版社，1990.7.—9页；大16开.—0.54元

钢铁零件渗氮层深度测定和金相组织检验 GB11354-89.—北京：中国标准出版社，1990.6.—13页；大16开.—0.72元

V带传动额定功率的计算 GB11355-89.—北京：中国标准出版社，1990.5.—2页；大16开.—0.18元

普通及窄V带传动用带轮槽形检验 GB11356-89.北京：中国标准出版社，1990.6.—9页；大16开.0.54元

带轮的材质、表面粗糙度及平衡 GB11357-89.北京：中国标准出版社，1990.6.—5页；大16开.0.36元

平带传动 GB11358～11360-89.—北京：中国标准出版社，1990.5.—6页；大16开.—0.54元

同步带传动 GB11361～11362-89.—北京：中国标准出版社，1990.6.—28页；大16开.—1.45元

钎焊接头强度试验方法 GB11363-89.—北京：中国标准出版社，1990.6.—5页；大16开.—0.36元

钎料铺展性及填缝性试验方法 GB11364-89.—北京：中国标准出版社，1990.5.—3页；大16开.0.50元

锥齿轮和准双曲面齿轮精度 GB11365-39.—北京：中国标准出版社，1990.8.—40页；大16开.1.80元

行星传动基本术语 GB11366-89.—北京：中国标准出版社，1990.6.—8页；大16开.—0.54元

齿轮传动装置清洁度　GB11368-89.—北京：中国标准出版社，1990.6.—3页；大16开.—0.36元

轻型燃气轮机排气冒烟测量和气态污染物测量　GB11369～11370-89.—北京：中国标准出版社，1990.7.—10页；大16开.—1.00元

轻型燃气轮机使用与维护　GB11371-89.—北京：中国标准出版社，1990.7.—4页；大16开.—0.36元

防锈术语　GB11372-89.—北京：中国标准出版社，1990.5.—10页；大16开.—0.54元

热喷涂金属件表面预处理通则　GB11373-89.—北京：中国标准出版社，1990.5.—4页；大16开.0.36元

热喷涂涂层厚度的无损测量方法　GB11374-89.北京：中国标准出版社，1990.7.—3页；大16开.0.36元

热喷涂操作安全　GB11375-89.北京：中国标准出版社，1990.5.—7页；大16开.—0.54元

金属的磷酸盐转化膜　GB11376-89.—北京：中国标准出版社，1990.5.—9页；大16开.—0.54元

金属和其他无机覆盖层储存条件下腐蚀试验的一般规则　GB11377-89.—北京：中国标准出版社，1990.5.—5页；大16开.—0.36元

金属覆盖层厚度轮廓尺寸测量方法　GB11378-89.—北京：中国标准出版社，1990.5.—4页；大16开.—0.36元

金属覆盖层工程用铬电镀层　GB11379-89.—北京：中国标准出版社，1990.5.—9页；大16开.0.54元

客车车身涂层技术条件　GB11380-89.—北京：中国标准出版社，1990.3.—8页；大16开.—0.75元

客车顶部静载试验方法　GB11381-89.—北京：中国标准出版社，1990.2.—5页；大16开.—0.50元

客车前保险杠效能试验方法正面固定式障壁碰撞试验　GB11382-89.—北京：中国标准出版社，1990.2.—2页；大16开.—0.25元

信息处理信息交换用八位代码结构和编码规则　GB11383-89.—北京：中国标准出版社，1990.12.24页；大16开.—1.30元

压电陶瓷材料静态弯曲强度试验方法　GB11387-89.—北京：中国标准出版社，1990.3.—3页；大16开.—0.50元

脱盐乳清粉　GB11388-89.—北京：中国标准出版社，1990.5.—3页；大16开.—0.50元

服装用衬布　GB11339～11402-39.—北京：中国标准出版社，1990.2.—56页；大16开.—1.90元

纺织品色牢度试验用标准贴衬织物规格　GB11403～11404-89.—北京：中国标准出版社，1990.1.—6页；大16开.—0.54元

工业邻苯二甲酸二丁酯 工业邻苯二甲酸二辛酯　GB11405～11406-89.—北京：中国标准出版社，1990.5.—7页；大16开.—0.75元

硫化促进剂M 硫化促进剂DM　GB11407～11408-89.—北京：中国标准出版社，1990.5.—12页；大16开.—0.72元

橡胶防老剂、硫化促进剂的测定方法　GB11409.11～11409.9-89.—北京：中国标准出版社，1990.5.—70页；大16开.—1.10元

短波广播网覆盖技术规定　GB11410-89.—北京：中国标准出版社，1990.7.—19页；大16开.—1.50元

发播航行警告、气象信息和紧急信息系统（NAVTEX）技术条件和使用要求　GB11411-89.—北京：中国标准出版社，1990.4.—4页；大16开.—0.50元

海上运输船舶安全开航技术要求　GB11412.1～11412.3-89.—北京：中国标准出版社，1990.1.28页；大16开.—2.00元

皮鞋后跟结合强度试验方法　GB11413-89.—北京：中国标准出版社，1990.3.—2页；大16开.0.25元

实验室玻璃仪器：瓶　GB11414-89.—北京：中国标准出版社，1990.8.—5页；大16开.—0.50元

实验室烧结（多孔）过滤器孔径、分级和牌号　GB11415-89.—北京：中国标准出版社，1990.9.5页；大16开.—0.50元

日用保温容器　GB11416-89.—北京：中国标准出版社，1990.7.—20页；大16开.—1.50元

硬性角膜接触镜 软性亲水接触镜　GB11417.1～11417.2-89.—北京：中国标准出版社，1990.7.11页；大16开.—1.00元

搪瓷耐热性测试方法 搪瓷耐温急变性测试方法　GB11418～11419-89.—北京：中国标准出版社，1990.7.—7页；大16开.—0.75元

搪瓷光泽测试方法　GB11420-89.—北京：中国标准出版社，1990.7.—4页；大16开.—0.50元

日用普通瓷器日用细炻器　GB11421～11422-89.北京：中国标准出版社，1990.7.—13页；大16开.1.00元

日用陶瓷纸箱包装技术条件　GB11423-89.—北京：中国标准出版社，1990.7.—3页；大16开.0.50元

山苍子油 肉桂油　GB11424～11425-89.—北京：中国标准出版社，1990.7.—10页；大16开.—1.00元

香叶油　GB11426-89.—北京：中国标准出版社，1990.7.—3页；大16开.—0.50元

松油醇　GB11427-89.—北京：中国标准出版社，1990.7.—3页；大16开.—0.50元

头发用冷烫液　GB11428-89.—北京：中国标准出版社，1990.7.—4页；大16开.—0.50元

发乳　GB11429-89.—北京：中国标准出版社，1990.6.—5页；大16开.—0.50元

唇膏　GB11430-89.—北京：中国标准出版社，1990.7.—5页；大16开.—0.50元

润肤乳液　GB11431-89.—北京：中国标准出版社，1990.6.—5页；大16开.—0.50元

洗发液　GB11432-89.—北京：中国标准出版社，1990.6.—8页；大16开.—0.75元

卫星电视地球接收站通用技术条件　GB11442-89.北京：中国标准出版社，1990.6.—23页；大16开.1.75元

国内卫星通信地球站总技术要求　GB11443.1～11443.3-89.—北京：中国标准出版社，1990.4.40页；大16开.—1.40元

国内卫星通信地球站发射、接收和地面通信设备技术要求　GB11444.1～11444.3-89.—北京：中国标准出版社，1990.6.—42页；大16开.—2.10元

国内卫星通信地球站终端设备技术要求　GB11445.1～11445.2-89.—北京：中国标准出版社，1990.4.—19页；大16开.—1.50元

助听器标准的指南　GB11452-89.—北京：中国标准出版社，1990.3.—15页；大16开.—1.25元

模拟实际工作条件下的助听器性能测量方法　GB11453-89.—北京：中国标准出版社，1990.4.—10页；大16开.—0.75元

助听器用音频感应回路的磁场强度　GB11454-89.北京：中国标准出版社，1990.1.—2页；大16开.0.25元

不完全佩戴在听者身上的助听设备　GB11455-89.—北京：中国标准出版社，1990.1.—3页；大16开.—0.50元

信息处理用汉字15×16点阵字模集及数据集通信子集　GB11458.1～11458.2-89.—北京：中国标准出版社，1990.6.—10页；大16开.—0.72元

信息处理用汉字24×24点阵字模集及数据集通信子集　GB11459.1～11459.2-89.—北京：中国标准出版社，1990.6.—10页；大16开.—0.72元

信息处理设备中汉字点阵字模数据的检测方法　GB11460-89.—北京：中国标准出版社，1990.5.3页；大16开.—0.36元

石英卤钨灯夹封部位温度的标准测量方法　GB11471-89.—北京：中国标准出版社，1990.9.—3页；大16开.—0.50元

投光灯具通用技术条件　GB11472-89.—北京：中国标准出版社，1990.8.—5页；大16开.—0.50元

摄影透射密度测量的几何条件　GB11500-89.—北京：中国标准出版社，1990.6.—5页；大16开.0.50元

摄影密度测量的光谱条件　GB11501-89.—北京：中国标准出版社，1990.4.—12页；大16开.—1.00元

职业病诊断标准及处理原则　GB11502～11515-89.—北京：中国标准出版社，1990.6.—52页；大16开.—1.80元

劳动卫生标准(二)　GB11516～11532-89.—北京：中国标准出版社，1990.5.—54页；大16开.1.90元

标准对数视力表　GB11533-89.—北京：中国标准出版社，1990.5.—8页；大16开.—0.75元

留兰香油　GB11534-89.—北京：中国标准出版社，1990.4.—4页；大16开.—0.50元

广藿香油　GB11535-89.—北京：中国标准出版社，1990.3.—3页；大16开.—0.50元

葵子麝香　GB11536-89.—北京：中国标准出版社，1990.4.—3页；大16开.—0.50元

二甲苯麝香　GB11537-89.—北京：中国标准出版社，1990.4.—3页；大16开.—0.50元

精油毛细管柱气相色谱分析通用法　GB11538-89.—北京：中国标准出版社，1990.4.—8页；大16开.—0.75元

单离及合成香料填充柱气相色谱分析通用法　GB11539-89.—北京：中国标准出版社，1990.4.—8页；大16开.—0.75元

单离及合成香料相对密度的测定　GB11540-89.北京：中国标准出版社，1990.3.—3页；大16开.0.50元

照相原纸　GB11541-89.—北京：中国标准出版社，1990.3.—4页；大16开.—0.50元

风雨衣　GB11542-89.—北京：中国标准出版社，1990.4.—7页；大16开.—0.75元

表面活性剂中、高粘度乳液的特性测试及其乳化能力的评定方法　GB11543-89.—北京：中国标准出版社，1990.7.—4页；大16开.—0.50元

普通V带和窄V带尺寸　GB11544-89.—北京：中国标准出版社，1990.7.—9页；大16开.—0.54元

汽车V带疲劳试验方法　GB11545-89.—北京：中国标准出版社，1990.12.—5页；大16开.—0.50元

塑料拉伸蠕变测定方法　GB11546-89.—北京：中国标准出版社，1990.4.—6页；大16开.—0.50元

塑料耐液体化学药品(包括水)性能测定方法　GB11547-89.—北京：中国标准出版社，1990.5.10页；大16开.—0.75元

硬质塑料板材耐冲击性能试验方法：落锤法　GB11548-89.—北京：中国标准出版社，1990.4.—8页；大16开.—0.75元

汽车安全带总成性能要求和试验方法　GB11549-89.—北京：中国标准出版社，1990.6.—14页；大16开.—1.00元

汽车座椅头枕　GB/T11550-89.—北京：中国标准出版社，1990.5.—4页；大16开.—0.50元

汽车乘员碰撞保护　GB/T 11551-89.—北京：中国标准出版社，1990.6.—3页；大16开.—0.50元

汽车内部凸出物　GB11552-89.—北京：中国标准出版社，1990.6.—5页；大16开.—0.75元

汽车正面碰撞时对燃油泄漏的规定　GB11553-89.—北京：中国标准出版社，1990.5.—2页；大16开.—0.25元

汽车及挂车后雾灯配光性能　GB/T11554-89.—北京：中国标准出版社，1990.5.—3页；大16开.0.50元

轿车风窗玻璃除雾装置、除霜装置性能要求　GB 11555～11556-89.—北京：中国标准出版社，1990.5.—4页；大16开.—0.50元

防止汽车转向机构对驾驶员伤害的规定　GB/T 11557-89.—北京：中国标准出版社，1990.6.—4页；大16开.—0.50元

汽车安全带用卷收器性能要求和试验方法　GB 11558-89.—北京：中国标准出版社，1990.5.8页；大16开.—0.75元

汽车室内尺寸测量用三维H点装置　GB/T11559-89.—北京：中国标准出版社，1990.6.—9页；大16开.—0.75元

汽车自动变速器操纵装置的要求　GB11560-89.北京：中国标准出版社，1990.5.—1页；大16开.0.25元

汽车加速器控制系统的技术要求　GB 11561-89.北京：中国标准出版社，1990.5.—2页；大16开.0.25元

轿车驾驶员前方视野　GB11562-89.—北京：中国标准出版社，1990.5.—8页；大16开.—0.75元

汽车H点确定程序　GB/T11563-89.—北京：中国标准出版社，1990.6.—5页；大16开.—0.50元

轿车风窗玻璃刮水器刮刷面积　GB11565-89.—北京：中国标准出版社，1990.5.—3页；大16开.0.50元

汽车外部凸出物　GB11566-89.—北京：中国标准出版社，1990.5.—5页；大16开.—0.50元

汽车下部防护装置　GB11567-89.—北京：中国标准出版社，1990.5.—2页；大16开.—0.25元

气缸镗磨机技术条件　GB11569-89.—北京：中国标准出版社，1990.7.—8页；大16开.—0.75元

气动气门研磨器技术条件　GB11570-89.—北京：中国标准出版社，1990.5.—4页；大16开.—0.50元

移动式气缸镗床技术条件　GB11571-89.—北京：中国标准出版社，1990.7.—7页；大16开.—0.75元

船用齿轮箱台架试验方法　GB11572-89.—北京：中国标准出版社，1990.5.—4页；大16开.—0.50元

全封闭救生艇技术条件　GB11573-89.—北京：中国标准出版社，1990.6.—12页；大16开.—1.00元

全封闭救生艇型式和基本参数　GB11574-89.—北京：中国标准出版社，1990.5.—3页；大16开.0.50元

海洋运输船舶机修设备配备基本定额　GB11575-89.—北京：中国标准出版社，1990.7.—2页；大16开.—0.25元

中小型船舶压缩空气、舱底水、淡水及卫生水系统自动控制装置试验方法　GB11576-89.—北京：中国标准出版社，1990.5.—3页；大16开.—0.50元

船用集装箱紧固件　GB11577-89.—北京：中国标准出版社，1990.7.—15页；大16开.—1.25元

圣劳伦斯航道登岸吊杆　GB11578-89.—北京：中国标准出版社，1990.7.—3页；大16开.—0.50元

轻量型锚　GB11579-89.—北京：中国标准出版社，1990.7.—5页；大16开.—0.50元

小艇锚链　GB11580-89.—北京：中国标准出版社，1990.7.—4页；大16开.—0.50元

单爪锚　GB11581-89.—北京：中国标准出版社，1990.7.—3页；大16开.—0.50元

内河船用滚轮导缆器　GB11582-89.—北京：中国标准出版社，1990.7.—5页；大16开.—0.50元

船用厨房污物粉碎机　GB11583-89.—北京：中国标准出版社，1990.7.—4页；大16开.—0.50元

舷窗矩形窗密封垫料　GB11584-89.—北京：中国标准出版社，1990.7.—4页；大16开.—0.50元

港作及海洋拖船性能质量分级指标　GB11585-89.—北京：中国标准出版社，1990.7.—5页；大16开.—0.50元

巴拿马运河导缆孔　GB11586-89.—北京：中国标准出版社，1990.7.—6页；大16开.—0.50元

船用一般吊杆　GB11587-89.—北京：中国标准出版社，1990.7.—11页；大16开.—1.00元

浮标安全卸扣　GB11588-89.—北京：中国标准出版社，1990.6.—5页；大16开.—0.50元

集装箱港站检查口检查交接标准　GB11601-89.北京：中国标准出版社，1990.5.—8页；大16开.0.75元

集装箱港口装卸作业安全规程　GB11602-89.—北京：中国标准出版社，1990.5.—8页；大16开.0.75元

渔业水质标准　GB11607-89.—北京：中国标准出版社，1990.10.—4页；大16开.—0.50元

重型汽车柴油机技术条件　GB11608-89.—北京：中国标准出版社，1990.5.—3页；大16开.—0.50元

汽车制动器衬片材料内抗剪强度试验方法　GB/T 11610-89.—北京：中国标准出版社，1990.7.—4页；大16开.—0.50元

汽车液压制动系金属管、内外螺蚊管接头和软管端部接头 GB11611-89.—北京：中国标准出版社，1990.6.—6页；大16开.—0.50元

客车空气悬架用高度控制阀 GB11612-89.—北京：中国标准出版社，1990.5.—5页；大16开.0.50元

客车用硅酮密封剂 GB11613-89.—北京：中国标准出版社，1990.6.—19页；大16开.—1.50元

浮法玻璃 GB11614-89.—北京：中国标准出版社，1990.7.—5页；大16开.—0.50元

地热资源地质勘查规范 GB11615-89.—北京：中国标准出版社，1990.8.—19页；大16开.—1.10元

辞书编纂符号 GB11617-89.—北京：中国标准出版社，1990.8.—4页；大16开.—0.50元

铜管接头 GB11618.1～11618.8-89.—北京：中国标准出版社，1990.6.—25页；大16开.—1.30元

游艇滑轨互换性尺寸 GB11619-89.—北京：中国标准出版社，1990.5.—2页；大16开.—0.25元

船用中压双作用叶片泵 GB11620-89.—北京：中国标准出版社，1990.6.—16页；大16开.—1.25元

船用高压双作用叶片泵 GB 11621-89.—北京：中国标准出版社，1990.6.—13页；大16开.—1.00元

船用高压横梁顶杆式叶片马达 GB11622-89.—北京：中国标准出版社，1990.7.—17页；大16开.1.25元

船用中压圆弧顶杆式叶片马达 GB11623-89.—北京：中国标准出版社，1990.7.—15页；大16开1.25元

甲板机械一般要求 GB11624-89.—北京：中国标准出版社，1990.5.—3页；大16开.—0.50元

船用载货电梯 GB11625-89.—北京：中国标准出版社，1990.6.—12页；大16开.—1.00元

救助艇绞车 GB11626-89.—北京：中国标准出版中社，1990.5.—6页；大16开.—0.50元

船用混油装置技术条件 GB11627-89.—北京：国标准出版社，1990.5.—3页；大16开.—0.50元

船用人孔盖 GB11628-89.—北京：中国标准出版社，1990.6.—9页；大16开.—0.75元

三级铸造锚链钢技术条件 GB11629-89.—北京：中国标准出版社，1990.5.—3页；大16开.—0.50元

三级铸钢锚链补焊技术要求 GB11630-89.—北京：中国标准出版社，1990.5.—3页；大16开.0.50元

潜水器和水下装置耐压结构制造技术条件 GB11631-89.—北京：中国标准出版社，1990.5.—5页；大16开.—0.50元

潜水器和水下装置耐压结构材料技术条件 GB11632-89.—北京：中国标准出版社，1990.7.—5页；大16开.—0.50元

船舶机舱集控台通用技术条件 GB11633-89.—北京：中国标准出版社，1990.6.—9页；大16开.0.75元

船用交流低压配电板通用技术条件 GB11634-89.北京：中国标准出版社，1990.5.—14页；大16开.1.00元

船用针形管油加热器 GB11635-89.—北京：中国标准出版社，1990.6.—8页；大16开.—0.75元

柱塞式液压舵机安装技术条件 GB 11636-89.—北京：中国标准出版社，1990.6.—7页；大16开.0.75元

船用液压臂架起重机工厂试验方法 GB11637-89.—北京：中国标准出版社，1990.5.—4页；大16开.—0.50元

铝合金无缝气瓶 GB11640-89.—北京：中国标准出版社，1990.12.—12页；大16开.—1.00元

轻型汽车排气污染物排放标准和测试方法 GB 11641～11642-89.—北京：中国标准出版社，1990.12.—35页；大16开.—2.50元

游梁式抽油机 GB11649-89.—北京：中国标准出版社，1990.10.—16页；大16开.—1.25元

劳动防护用品选用规则 GB11651-89.—北京：中国标准出版社，1990.7.—8页；大16开.—0.54元

烟花爆竹劳动安全技术规程 GB11652-89.—北京：中国标准出版社，1990.7.—9页；大16开.0.75元

除尘机组技术性能及测试方法 GB11653-89.—北京：中国标准出版社，1990.9.—8页；大16开.0.75元

工业企业卫生防护距离标准(一) GB11654～11666-89.—北京：中国标准出版社，1990.7.—13页；大16开.—0.72元

居住区大气中可吸入颗粒物卫生标准 GB11667-89.—北京：中国标准出版社，1990.7.—2页；大16开.—0.18元

图书和其它出版物的书脊规则 GB11668-89.—北京：中国标准出版社，1990.5.—3页；大16开.0.36元

果蔬类罐头食品卫生标准 GB11671-89.—北京：中国标准出版社，1990.10.—3页；大16开.—0.50元

含乳饮料卫生标准 GB11673-89.—北京：中国标准出版社，1990.7.—2页；大16开.—0.25元

脱盐乳清粉卫生标准 GB11674-89.—北京：中国标准出版社，1990.7.—2页；大16开.—0.25元

银耳卫生标准 GB11675-89.—北京：中国标准出版社，1990.12.—4页；大16开.—0.50元

食品容器有机硅防粘涂料卫生标准 GB11676-89.北京：中国标准出版社，1990.7.—2页；大16开.0.25元

水基改性环氧易拉罐内壁涂料卫生标准 GB11677-89.—北京：中国标准出版社，1990.12.—3页；大16开.—0.50元

食品容器内壁聚四氟乙烯涂料卫生标准 GB11678-89.—北京：中国标准出版社，1990.7.—2页；大16开.—0.25元

食品容器内壁聚四氟乙烯涂料卫生标准的分析方法 GB11679-89.—北京：中国标准出版社，1990.7.2页；大16开.—0.25元

食品包装用原纸卫生标准 GB11680-89.—北京：中国标准出版社，1990.7.—2页；大16开.—0.25元

不锈钢食具容器卫生标准的分析方法 GB11681-89.—北京：中国标准出版社，1990.12.—4页；大16开.—0.50元

应急辐射防护用携带式高量程X,γ和β辐射剂量与剂量率仪 GB11683-89.—北京：中国标准出版社，1990.10.—10页；大16开.—1.00元

堆用核仪器电磁干扰特性和检验方法 GB11684-89.—北京：中国标准出版社，1990.10.—22页；大16开.—1.75元

半导体X射线能谱仪的测试方法 GB11685-89.北京：中国标准出版社，1990.10.—13页；大16开.1.00元

小艇厕所污水的处理集存和再循环系统 GB11686-89.—北京：中国标准出版社，1990.7.—4页；大16开.—0.50元

钢质弯头 GB11687-89.—北京：中国标准出版社，1990.7.—6页；大16开.—0.36元

船用法兰铸钢截止止回阀（四进位） GB11688～11690-89.—北京：中国标准出版社，1990.7.—14页；大16开.—1.25元

铸钢、青铜吸入通海阀（四进位） GB11691～11692-89.—北京：中国标准出版社，1990.7.—7页；大16开.—0.75元

船用管路法兰焊接单、双面座板（四进位） GB11693～11694-89.—北京：中国标准出版社，1990.7.—9页；大16开.—0.75元

甲板漏水口（四进位） GB11695-89.—北京：中国标准出版社，1990.7.—7页；大16开.—0.75元

船用铸钢竖形止回阀（四进位） GB11696-89.北京：中国标准出版社，1990.7.—4页；大16开.0.50元

海洋运输船舶主要性能水平评级 GB11697-89.北京：中国标准出版社，1990.7.—6页；大16开.0.50元

船用法兰连接金属阀门的结构长度 GB11698-89.—北京：中国标准出版社，1990.7.—5页；大16开.—0.50元

小艇舷内机桨轴端和桨毂 GB11699-89.—北京：中国标准出版社，1990.7.—4页；大16开.—0.50元

小艇船用推进发动机及其装置的功率测定及报告书 GB11700-89.—北京：中国标准出版社，1990.7.—4页；大16开.—0.50元

船用舷梯的基本规定 GB11701-89.—北京：中国标准出版社，1990.7.—4页；大16开.—0.50元

小艇污水接头 GB11702-89.—北京：中国标准出版社，1990.7.—2页；大16开.—0.25元

船用青铜带锁扣旋塞 GB11703-89.—北京：中国标准出版社，1990.7.—3页；大16开.—0.50元

船用舱口盖液压缸 GB11704-89.—北京：中国标准出版社，1990.7.—20页；大16开.—1.50元

船用电动三螺杆泵试验方法 GB11705-89.—北京：中国标准出版社，1990.7.—9页；大16开.0.75元

家用电动洗衣机定时器、电动机式定时器 GB11707-89.—北京：中国标准出版社，1990.7.—11页；大16开.—1.00元

公路桥梁命名编号和编码规则 GB11708-89.—北京：中国标准出版社，1990.10.—3页；大16开.0.50元

粘土瓦 GB11710-89.—北京：中国标准出版社，1990.8.—7页；大16开.—0.54元

船用自动雷达标绘仪性能要求、测试方法及测试结果 GB11711-89.—北京：中国标准出版社，1990.7.—12页；大16开.—1.00元

用于X、γ线外照射放射防护的剂量转换因子 GB11712-89.—北京：中国标准出版社，1990.8.—13页；大16开.—1.00元

用半导体γ谱仪分析低比活度γ放射性样品的标准方法 GB11713-89.—北京：中国标准出版社，1990.9.—10页；大16开.—0.75元

原油洗舱机 GB11715-89.—北京：中国标准出版社，1990.8.—11页；大16开.—1.00元

小径原木 GB11716-89.—北京：中国标准出版社，1990.7.—2页；大16开.—0.25元

造纸用原木 GB11717-89.—北京：中国标准出版社，1990.7.—2页；大16开.—0.25元

中密度纤维板 GB11718.1～11718.10-89.—北京：中国标准出版社，1990.8.—32页；大16开.1.60元

劳动卫生标准（三） GB11719～11726-89.—北京：中国标准出版社，1990.7.—18页；大16开.1.10元

住宅居室容积卫生标准 GB11727-89.—北京：中国标准出版社，1990.9.—1页；大16开.—0.18元

土壤中铜的卫生标准 GB11728-89.—北京：中国标准出版社，1990.9.—9页；大16开.—0.75元

水源水中百菌清卫生标准 GB11729-89.—北京：中国标准出版社，1990.8.—3页；大16开.—0.50元

农村生活饮用水量卫生标准　GB11730-89.—北京：中国标准出版社，1990.8.—4页；大16开.0.50元

居住区大气卫生检验标准方法　GB11731～11742-89.—北京：中国标准出版社，1990.10.—54页；大16开.—2.70元

土壤中放射性核素的γ能谱分析方法　GB11743-89.—北京：中国标准出版社，1990.8.—10页；大16开.—0.75元

真空练泥机　GB11744-89.—北京：中国标准出版社，1990.7.—4页；大16开.—0.50元

剖层机　GB11745-89.—北京：中国标准出版社，1990.9.—3页；大16开.—0.50元

簇绒地毯　GB11746-89.—北京：中国标准出版社，1990.7.—13页；大16开.—1.00元

二氧化碳激光治疗机　GB11748-89.—北京：中国标准出版社，1990.10.—12页；大16开.—1.00元

牙科复合树脂充填材料　GB11749-89.—北京：中国标准出版社，1990.10.—17页；大16开.—1.25元

牙科磷酸锌水门汀　GB11750-89.—北京：中国标准出版社，1990.10.—9页；大16开.—0.75元

医用高分子软管尺寸系列　GB11751-89.—北京：中国标准出版社，1990.9.—3页；大16开.—0.50元

压汽式蒸馏水机　GB11752-89.—北京：中国标准出版社，1990.9.—3页；大16开.—0.50元

安瓿超声波清洗、杀菌干燥、灌装封口、印字机　GB11754.1～11754.4-89.—北京：中国标准出版社，1990.12.—16页；大16开.—1.25元

医用诊断X射线机管电压和管电流测试方法　GB11755.1～11755.2-89.—北京：中国标准出版社，1990.11.—6页；大16开.—0.75元

医用诊断X射线管组件通用技术条件　GB11756-89.—北京：中国标准出版社，1990.10.—4页；大16开.—0.50元

医用诊断X射线机曝光时间测试方法　GB11757-89.—北京：中国标准出版社，1990.1.—2页；大16开.—0.25元

牛皮　GB11759-89.—北京：中国标准出版社，1990.12.—7页；大16开.—0.54元

米大麦　GB11760-89.—北京：中国标准出版社，1990.7.—3页；大16开.—0.50元

芝麻　GB11761-89.—北京：中国标准出版社，1990.7.—3页；大16开.—0.50元

油菜籽　GB11762-89.—北京：中国标准出版社，1990.7.—2页；大16开.—0.18元

棉籽　GB11763-89.—北京：中国标准出版社，1990.7.—2页；大16开.—0.25元

葵花籽　GB11764-89.—北京：中国标准出版社，1990.7.—2页；大16开.—0.25元

油茶籽油　GB11765-89.—北京：中国标准出版社，1990.7.—3页；大16开.—0.50元

小米　GB11766-89.—北京：中国标准出版社，1990.7.—4页；大16开.—0.50元

茶树种子和苗木　GB11767-89.—北京：中国标准出版社，1990.7.—8页；大16开.—0.75元

东海、黄海区拖网网囊最小网目尺寸·南海区拖网网囊最小网目尺寸　GB11779～11780-89.—北京：中国标准出版社，1990.9.—2页；大16开.—0.50元

渔业船舶基本术语　GB11781-89.—北京：中国标准出版社，1990.12.—12页；大16开.—1.00元

水产及水产加工品分类与名称　GB11782-89.—北京：中国标准出版社，1990.7.—3页；大16开.0.50元

淡菜　GB11783-89.—北京：中国标准出版社，1990.8.—5页；大16开.—0.50元

速食海带　GB11784-89.—北京：中国标准出版社，1990.10.—4页；大16开.—0.50元

设备及管道保冷技术通则　GB11790-89.—北京：中国标准出版社，1990.12.—6页；大16开.—0.36元

PVC塑料窗建筑物理性能分级　GB11793.1-89.北京：中国标准出版社，1990.7.—2页；大16开.0.25元

PVC塑料窗力学性能、耐候性技术条件　GB11793.2-89.—北京：中国标准出版社，1990.7.—3页；大16开.—0.50元

PVC塑料窗力学性能、耐候性试验方法　GB11793.3-89.—北京：中国标准出版社，1990.7.—7页；大16开.—0.75元

地质钻探用往复式泥浆泵技术条件及试验方法　GB11794～11795-89.—北京：中国标准出版社，1990.11.—22页；大16开.—1.75元

核用真空阀门技术条件　GB11796-89.—北京：中国标准出版社，1990.7.—9页；大16开.—0.75元

道路交通事故现场图形符号　GB11797-89.—北京：中国标准出版社，1990.12.—18页；大16开·1.10元

汽车安全检测设备检定技术条件　GB11798.1～11798.6-89.—北京：中国标准出版社，1990.12.32页；大16开.—1.65元

船用防爆通风机　GB11799～11800-89.—北京：中国标准出版社，1990.7.—18页；大16开.—1.50元

船舶电蒸汽两用饭锅　GB11802-89.—北京：中国标准出版社，1990.7.—11页；大16开.—1.00元

电工电子产品环境条件术语　GB11804-89.—北京：中国标准出版社，1990.7.—16页；大16开.0.90元

大中型水电机组自动化元件及其系统基本技术条件 GB11805-89.—北京：中国标准出版社，1990.9.—15页；大16开.—1.25元

放射性物质安全运输规定 GB11806-89.—北京：中国标准出版社，1990.7.—40页；大16开.—1.90元

X射线荧光分析用镅-241源和钚-238源 GB11808-89 GB11815-89.—北京：中国标准出版社，1990.8.—10页；大16开.—1.00元

核燃料棒焊缝金相检验 GB11809-89.—北京：中国标准出版社，1990.9.—3页；大16开.—0.50元

医用铟-113m放射性核素发生器 GB11810-89.北京：中国标准出版社，1990.8.—5页；大16开.0.50元

氦—3气 GB11811-89.—北京：中国标准出版社，1990.9.—8页；大16开.—0.75元

氚辐射发光粉 GB11812-89.—北京：中国标准出版社，1990.9.—3页；大16开.—0.50元

核燃料棒的氦质谱检漏 GB11813-89.—北京：中国标准出版社，1990.9.—5页；大16开.—0.50元

钴-57穆斯堡尔源 GB11814-89.—北京：中国标准出版社，1990.10.—7页；大16开.—0.75元

八轮连续式路面平整度测量仪通用技术条件 GB11816-89.—北京：中国标准出版社，1990.7.—6页；大16开.—0.50元

稳定土强度测试仪技术条件 GB11817-89.—北京：中国标准出版社，1990.7.—5页；大16开.0.50元

混凝土钻孔取芯机技术条件 GB11818-89.—北京：中国标准出版社，1990.7.—7页；大16开.0.75元

市内光缆通信系统进网要求 GB11820-89.—北京：中国标准出版社，1990.12.—11页；大16开.1.00元

旋桨式流速仪 GB11826-89.—北京：中国标准出版社，1990.10.—8页；大16开.—0.75元

旋杯式流速仪 GB11827-89.—北京：中国标准出版社，1990.10.—7页；大16开.—0.75元

明渠水流测量，浮子式水位计 GB11828-89.—北京：中国标准出版社，1990.10.—8页；大16开.0.75元

E601型系列水面蒸发器 GB11829-89.—北京：中国标准出版社，1990.10.—4页；大16开.—0.50元

水文测报装置遥测雨量计 GB11831-89.—北京：中国标准出版社，1990.10.—6页；大16开.—0.50元

翻斗式雨量计 GB11832-89.—北京：中国标准出版社，1990.10.—4页；大16开.—0.50元

绝热材料稳态传热性质的测定 圆球法 GB11833-89.—北京：中国标准出版社，1990.8.—9页；大16开.—0.75元

工业机械用石棉摩擦片 GB11834-89.—北京：中国标准出版社，1990.7.—7页；大16开.—0.75元

绝热用岩棉、矿渣棉及其制品 GB11835-89.—北京：中国标准出版社，1990.9.—13页；大16开.1.00元

混凝土和钢筋混凝土排水管混凝土管用混凝土抗压强度试验方法 GB11836～11837-89.—北京：中国标准出版社，1990.8.—24页；大16开.—1.30元

二氧化铀芯块水蒸气腐蚀试验方法 GB11838-89.北京：中国标准出版社，1990.8.—4页；大16开.0.50元

二氧化铀芯块中硼和水分含量的测定 GB11839～11840-89.—北京：中国标准出版社，1990.9.—6页；大16开.—0.75元

二氧化铀粉末和芯块中铀、氮、氟、钨和硅的测定 GB11841-89 GB11843～11846-89.—北京：中国标准出版社，1990.10.—18页；大16开.—1.50元

二氧化铀粉末比表面积测定多点BET法 GB11847-89.—北京：中国标准出版社，1990.9.—5页；大16开.—0.50元

重水罐 GB11849-89.—北京：中国标准出版社，1990.9.—8页；大16开.—0.75元

反应堆退役辐射防护规定 GB11850-89.—北京：中国标准出版社，1990.9.—5页；大16开.—0.50元

核燃料棒焊缝X射线照相检验方法 GB11851-89.北京：中国标准出版社，1990.9.—4页；大16开.0.50元

圆锥量规公差与技术条件 GB11852-89.—北京：中国标准出版社，1990.10.—8页；大16开.—0.54元

圆锥量规 GB11853～11855-89.—北京：中国标准出版社，1990.11.—20页；大16开.—1.10元

白兰地 威士忌 俄得克（伏特加） GB11856～11858-89.—北京：中国标准出版社，1990.9.—7页；大16开.—0.75元

低度浓香型白酒 低度清香型白酒 低度米香型白酒 GB11859.1～11859.3-89.—北京：中国标准出版社，1990.9.—6页；大16开.—0.54元

蜜饯食品理化检验方法 GB11860-89.—北京：中国标准出版社，1990.10.—7页；大16开.—0.75元

连杆轴瓦镗床和气缸体轴瓦镗床 GB11861～11862-89.—北京：中国标准出版社，1990.9.—16页；大16开.—1.25元

制动蹄摩擦片切削机 GB11863-89.—北京：中国标准出版社，1990.9.—7页；大16开.—0.75元

船用通风机 GB11864～11866-89.—北京：中国标准出版社，1990.9.—26页；大16开.—2.00元

救生艇轴系技术条件 GB 11867-89.—北京：中国标准出版社，1990.7.—3页；大16开.—0.50元

救生艇用柴油机组 GB 11868-89.—北京：中国标准出版社，1990.7.—7页；大16开.—0.75元

远洋船用拖曳绞车 GB11869-89.—北京：中国标准出版社，1990.9.—8页；大16开.—0.75元

船用立式行星减速器 GB11870-89.—北京：中国标准出版社，1990.9.—5页；大16开.—0.50元

船用柴油机辐射的空气噪声限值 GB11871-89.北京：中国标准出版社，1990.7.—3页；大16开.0.50元

船用柴油机清洁度限值和测定方法 GB11872～11873-89.—北京：中国标准出版社，1990.9.—6页；大16开.—0.75元

船用门和窗开启方向和符号标志 GB11874-89.—北京：中国标准出版社，1990.7.—6页；大16开.0.50元

船用航向变化率指示器通用技术条件 GB11875-89.—北京：中国标准出版社，1990.8.—6页；大16开.—0.50元

船用随动操舵仪通用技术条件 GB11876-89.—北京：中国标准出版社，1990.7.—8页；大16开.0.75元

船用陀螺罗经组合操舵仪技术条件 GB 11877-89.北京：中国标准出版社，1990.8.—9页；大16开.0.75元

船用锅炉离心送风机 GB11878-89.—北京：中国标准出版社，1990.8.—7页；大16开.—0.75元

电动稳索绞车 GB11879-89.—北京：中国标准出版社，1990.7.—7页；大16开.—0.75元

模锻锤和大型机械锻压机用模块技术条件 GB 11880-89.—北京：中国标准出版社，1990.12.—4页；大16开.—0.36元

羽毛球 GB11881-89.—北京：中国标准出版社，1990.9.—7页；大16开.—0.75元

绘图机 GB11882-89.—北京：中国标准出版社，1990.12.—11页；大16开.—1.00元

电子吊秤动态电子轨道衡技术条件 GB11883-89.GB11885-89.—北京：中国标准出版社，1990.9.13页；大16开.—1.00元

首饰含银量化学分析方法 GB11886-89.—北京：中国标准出版社，1990.8.—3页；大16开.—0.50元

贵金属首饰纯度命名方法 首饰指环尺寸的定义、测量和命名 GB11887～11888-89.—北京：中国标准出版社，1990.8.—4页；大16开.—0.50元

焊接材物理力学性能试验方法 GB11916-89.—北京：中国标准出版社，1990.10.—11页；大16开.1.00元

制材工艺术语 GB11917-89.—北京：中国标准出版社，1990.9.—15页；大16开.—0.90元

工业用插头插座和耦合器 GB11918～11919-89.北京：中国标准出版社，1990.9.—74页；大16开.3.70元

电站电气部分集中控制装置通用技术条件 GB 11920-89.—北京：中国标准出版社，1990.8.—10页；大16开.—0.54元

复印机械安全保护 GB11921-89.—北京：中国标准出版社，1990.9.—16页；大16开.—0.90元

工业过程测量和控制系统用电动执行机构 GB 11922-89.—北京：中国标准出版社，1990.8.—14页；大16开.—1.25元

电离辐射料位计 GB11923-89.—北京：中国标准出版社，1990.9.—15页；大16开.—1.25元

辐射安全培训规定 GB11924-89.—北京：中国标准出版社，1990.9.—6页；大16开.—0.50元

压水堆核燃料棒设计导则 GB11925-89.—北京：中国标准出版社，1990.9.—6页；大16开.—0.50元

二氧化铀粉末和芯块中磷的测定：钼蓝分光光度法 GB11926-89.—北京：中国标准出版社，1990.9.2页；大16开.—0.25元

二氧化铀芯块密度和开口孔隙度的测定：液体浸渍法 GB11927-89.—北京：中国标准出版社，1990.9.—5页；大16开.—0.50元

低中水平放射性固体废物暂时贮存规定 GB11928-89.—北京：中国标准出版社，1990.9.—6页；大16开.—0.50元

高水平放射性废液贮存厂房设计规定 GB11929-89.—北京：中国标准出版社，1990.9.—7页；大16开.—0.75元

操作开放型放射性物质的辐射防护规定 GB11930-89.—北京：中国标准出版社，1990.9.—7页；大16开.—0.75元

保证所收集的核电厂可靠性数据质量的导则·核电厂可靠性数据交换导则 GB11931～11932-89.—北京：中国标准出版社，1990.9.—17页；大16开.1.25元

地质仪器术语 通用术语 GB11933.1-89.—北京：中国标准出版社，1990.10.—16页；大16开.—1.25元

地质仪器术语 重力勘探仪器术语 GB11933.2-89.—北京：中国标准出版社，1990.10.—14页；大16开.—1.25元

地质仪器术语 磁法勘探仪器术语 GB11933.3-89.—北京：中国标准出版社，1990.12.—12页；大16

开.—1.00元

地质仪器术语 地震勘探仪器术语 GB11933.4-89.北京：中国标准出版社，1990.10.—32页；大16开.2.25元

地质仪器术语 电法勘探仪器术语 GB11933.5-89.北京：中国标准出版社，1990.10.—28页；大16开.2.00元

地质仪器术语 放射性勘探仪器术语 GB11933.6-89.—北京：中国标准出版社，1990.10.—26页；大16开.—2.00元

地质仪器术语 地球物理勘探测井仪器术语 GB11933.7-89.—北京：中国标准出版社，1990.10.16页；大16开.—1.25元

地质仪器术语 地质分析仪器及岩石物性测试仪器术语 GB11933.8-89.—北京：中国标准出版社，1990.12.—16页；大16开.—1.50元

地质仪器术语 地质物探资料数据处理设备术语 GB11933.9-89.—北京：中国标准出版社，1990.7.—24页；大16开.—1.75元

地质仪器术语 海洋地质仪器术语 GB11933.10～89.—北京：中国标准出版社，1990.9.—10页；大16开.—1.00元

地质仪器术语 泥浆仪器术语 GB11933.11-89.北京：中国标准出版社，1990.10.—14页；大16开.1.25元

地质仪器术语 地质遥感遥测仪器术语 GB11933.12-89.—北京：中国标准出版社，1990.12.—26页；大16开.—2.00元

水源水卫生检验标准方法(一) GB11934～11941-89.—北京：中国标准出版社，1990.12.—28页；大16开.—1.45元

彩色建筑材料色度测量方法 GB11942-89.—北京：中国标准出版社，1990.12.—21页；大16开.1.50元

中空玻璃 GB11944-89.—北京：中国标准出版社，1990.12.—5页；大16开.—0.50元

蒸压灰砂砖 GB11945-89.—北京：中国标准出版社，1990.8.—5页；大16开.—0.50元

纺织品 天然纤维术语 GB11951-89.—北京：中国标准出版社，1990.8.—9页；大16开.—0.75元

钢板网 GB11953-89.—北京：中国标准出版社，1990.7.—11页；大16开.—1.00元

指接材 GB11954-89.—北京：中国标准出版社，1990.11.—28页；大16开.—2.00元

毛边锯材 GB11955-89.—北京：中国标准出版社，1990.9.—3页；大16开.—0.50元

高速复制录音磁带 GB11956-89.—北京：中国标准出版社，1990.12.—11页；大16开.—1.00元

煤中腐植酸产率测定方法 GB11957-89.—北京：中国标准出版社，1990.9.—4页；大16开.—0.50元

食品添加剂肉桂油，食品添加剂香叶油 GB11958～11959-89.—北京：中国标准出版社，1990.8.6页；大16开.—0.75元

食品添加剂留兰香油，食品添加剂广藿香油 GB11960～11961-89.—北京：中国标准出版社，1990.8.—5页；大16开.—0.50元

食品添加剂丁酸，食品添加剂乙酸 GB11962～11963-89.—北京：中国标准出版社，1990.8.—6页；大16开.—0.75元

石油沥青蒸发损失测定法 GB11964-89.—北京：中国标准出版社，1990.9.—3页；大16开.—0.50元

纺织品 变形长丝纱术语 GB11965-89.—北京：中国标准出版社，1990.8.—2页；大16开.0.25元

纺织玻璃纤维含水率的测定 GB11966-89.—北京：中国标准出版社，1990.12.—3页；大16开.0.50元

建筑外窗采光性能分级及其检测方法 GB11976-89.—北京：中国标准出版社，1990.9.—4页；大16开.—0.50元

住宅卫生间功能和尺寸系列 GB11977-89.—北京：中国标准出版社，1990.7.—18页；大16开.1.10元

表面活性剂润湿力的测定：浸没法 GB11983-89.北京：中国标准出版社，1990.10.—6页；大16开.0.50元

氯气安全规程 GB11984-89.—北京：中国标准出版社，1990.9.—5页；大16开.—0.50元

表面活性剂粉体和颗粒休止角的测量 GB11986-89.—北京：中国标准出版社，1990.8.—4页；大16开.—0.50元

表面活性剂 工业烷烃磺酸盐 总烷烃磺酸盐含量的测定，表面活性剂 工业烷烃磺酸盐 烷烃单磺酸盐平均相对分子量及含量的测定 GB11987～11988-89.—北京：中国标准出版社，1990.9.—7页；大16开.—0.75元

阴离子表面活性剂石油醚溶解物含量的测定 GB11989-89.—北京：中国标准出版社，1990.9.—3页；大16开.—0.50元

糊状挤塑用聚四氟乙烯树脂 GB11990-89.—北京：中国标准出版社，1990.8.—4页；大16开.0.50元

离子交换树脂转型膨胀率测定方法 GB11991-89.北京：中国标准出版社，1990.8.—3页；大16开.0.50元

氯型强碱性阴离子交换树脂交换容量测定方法 GB11992-89.—北京：中国标准出版社，1990.8.

4页；大16开.—0.50元

乙酸纤维素模塑时粘度下降测定方法 GB11993-89.—北京：中国标准出版社，1990.9.—4页；大16开.—0.50元

乙酸纤维素不溶性颗粒测定方法 GB11994-89.北京：中国标准出版社，1990.8.—2页；大16开.0.25元

聚对苯二甲酸烃酯中灰分测定方法 GB11995-89.—北京：中国标准出版社，1990.9.—3页；大16开.—0.50元

三聚氰胺甲醛模塑制品中可提取甲醛测定方法 GB11996-89.—北京：中国标准出版社，1990.9.4页；大16开.—0.50元

塑料多用途试样的制备和使用 GB11997-89.—北京：中国标准出版社，1990.9.—4页；大16开.0.50元

塑料玻璃化温度测定方法 热机械分析法 GB11998-89.—北京：中国标准出版社.1990.9.—3页；大16开.—0.50元

塑料薄膜和薄片耐撕裂性试验方法 埃莱门多夫法 GB11999-89.—北京：中国标准出版社，1990.9.5页；大16开.—0.50元

塑料在恒定湿热条件下曝露试验方法 GB12000-89.—北京：中国标准出版社，1990.12.—7页；大16开.—0.75元

未增塑聚氯乙烯窗用模塑料命名、质量规格及性能试验方法 GB12001.1～12001.3-89.—北京：中国标准出版社，1990.12.—10页；大16开.—1.00元

塑料门窗用密封条 GB12002-89.—北京：中国标准出版社，1990.12.—8页；大16开.—0.75元

聚氯乙烯糊树脂杂质粒子数及粘度测定方法 GB12004.1-12004.4-89.—北京：中国标准出版社，1990.11.—12页；大16开.—1.00元

聚丙烯酰胺理化性能测定方法 GB12005.1～12005.8-89.—北京：中国标准出版社，1990.12.26页；大16开.—2.00元

聚酰胺粘数、含水量、灰分及沸腾甲醇可提取物测定方法 GB12006.1～12006.4-89.—北京：中国标准出版社，1990.12.—20页；大16开.—1.50元

环氧树脂理化性能测定方法 GB12007.1～12007.7-89.—北京：中国标准出版社，1990.12.—26页；大16开.—2.00元

聚醚多元醇命名、规格及其试验方法 GB12008.1～12008.6-89.—北京：中国标准出版社，1990.12.—22页；大16开.—1.75元

异氰酸酯中氯含量测定方法多亚甲基多苯基异氰酸酯粘度、异氰酸根含量测定方法 GB12009.1～12009.4-89.—北京：中国标准出版社，1990.12.12页；大16开.—1.00元

聚乙烯醇树脂命名、规格及其试验方法 GB12010.1～12010.12-89.—北京：中国标准出版社，1990.12.—28页；大16开.—1.45元

防酸工作服及其性能试验方法 GB12012～12013-89.—北京：中国标准出版社，1990.11.—18页；大16开.—1.50元

防静电工作服 GB12014-89.—北京：中国标准出版社，1990.10.—10页；大16开.—0.75元

防刺穿鞋的抗刺穿技术条件及试验方法 GB12017-89.—北京：中国标准出版社，1990.10.—4页；大16开.—0.50元

耐酸碱鞋（靴） GB12018～12020-89.—北京：中国标准出版社，1990.10.—10页；大16开.—1.00元

家用和类似用途电器电耗（效率）限定值及测试方法编制通则 GB12021.1-89.—北京：中国标准出版社，1990.12.—3页；大16开.—0.36元

家用电冰箱电耗限定值及测试方法 GB12021.2-89.—北京：中国标准出版社，1990.12.—7页；大16开.—0.75元

彩色及黑白电视广播接收机电耗限定值及测试方法 GB12021.7-89.—北京：中国标准出版社，1990.12.4页；大16开.—0.50元

收录音机效率限定值及测量方法 GB12021.8-89.—北京：中国标准出版社，1990.12.—3页；大16开.—0.50元

电风扇电耗限定值及测试方法 GB12021.9-89.北京：中国标准出版社，1990.12.—3页；大16开.0.50元

工业六氟化硫 GB12022-89.—北京：中国标准出版社，1990.8.—12页；大16开.—1.00元

塑料打包带 GB12023-89.—北京：中国标准出版社，1990.7.—6页；大16开.—0.50元

高密度聚乙烯吹塑薄膜塑料薄膜尺寸变化率试验方法 GB12025-89 GB12027-89.—北京：中国标准出版社，1990.7.—10页；大16开.—1.00元

热封型双轴拉伸聚丙烯薄膜 GB12026-89.—北京：中国标准出版社，1990.8.—2页；大16开.0.50元

洗涤剂用羧甲基纤维素钠及其试验方法 GB12028-89 GB12029.1—12029.6-89.—北京：中国标准出版社，1990.8.—13页；大16开.—1.00元

粉状洗涤剂颗粒度的测定 GB12030-89.—北京：中国标准出版社，1990.8.—2页；大16开.—0.25元

洗涤剂中总五氧化二磷含量的测定 磷钼酸喹啉重量法 GB12031-89.—北京：中国标准出版社，1990.8.—3页；大16开.—0.50元

信息交换用汉字36×36点阵字模集及数据集 GB12037～12040-89.—北京：中国标准出版社，1990.10.—98页；大16开.—3.20元

信息交换用汉字48×48点阵字模集及数据集 GB12041～12044-89.—北京：中国标准出版社，1990.10.—96页；大16开.—3.10元

船用防爆灯技术条件 GB12045-89.—北京：中国标准出版社，1990.12.—10页；大16开.—0.75元

无线电发射的标识及必要带宽的确定 GB12046-89.—北京：中国标准出版社，1990.12.—17页；大16开.—1.25元

多节目静止图像广播系统 GB12047-89.—北京：中国标准出版社，1990.12.—4页；大16开.—0.50元

数字网内时钟和同步设备的进网要求 GB12048-89.—北京：中国标准出版社，1990.12.—7页；大16开.—0.75元

鲜龙眼 GB12049-89.—北京：中国标准出版社，1990.12.—4页；大16开.—0.50元

数据处理转义序列的登记规程 GB12054-89.—北京：中国标准出版社，1990.12.—7页；大16开.0.75元

声系统设备一般术语解释和计算方法 GB12060-89.—北京：中国标准出版社，1990.12.—14页；大16开.—1.25元

电子元器件用镀锡圆引线通用技术条件 GB12061-89.—北京：中国标准出版社，1990.12.—5页；大16开.—0.50元

气缸珩磨机 GB12063-89.—北京：中国标准出版社，1990.8.—9页；大16开.—0.75元

制动鼓切削机 GB12064-89.—北京：中国标准出版社，1990.8.—8页；大16开.—0.75元

制动蹄摩擦片钻铆磨机 GB12065-89.—北京：中国标准出版社，1990.8.—8页；大16开.—0.75元

半轴套管拆装机 GB12066-89.—北京：中国标准出版社，1990.9.—5页；大16开.—0.50元

磨气门机 GB12067-89.—北京：中国标准出版社，1990.9.—6页；大16开.—0.50元

气门座修磨机 GB12068-89.—北京：中国标准出版社，1990.9.—4页；大16开.—0.50元

液压连杆校验台 GB12069-89.—北京：中国标准出版社，1990.9.—5页；大16开.—0.50元

中、低速瓦楞纸板生产线 GB12070-89.—北京：中国标准出版社，1990.7.—5页；大16开.—0.50元

皮革机械 噪声声功率级限值 GB12071-89.—北京：中国标准出版社，1990.8.—4页；大16开.0.50元

乳品设备安全卫生 GB12073-89.—北京：中国标准出版社，1990.8.—6页；大16开.—0.50元

服装机械 直刀裁剪机 GB12074-89.—北京：中国标准出版社，1990.8.—7页；大16开.—0.75元

食品工业用不锈钢管与配件不锈钢管 GB12075-89.—北京：中国标准出版社，1990.8.—2页；大16开.—0.25元

家用缝纫机线迹长度重现性的测定 GB12077-89.北京：中国标准出版社，1990.8.—6页；大16开.0.50元

X射线管总规范 GB12078-89.—北京：中国标准出版社，1990.12.—5页；大16开.—0.50元

真空电容器引出环尺寸系列 GB12080-89.—北京：中国标准出版社，1990.12.—20页；大16开.1.50元

可变真空电容器转动圈数系列 GB12081-89.—北京：中国标准出版社，1990.12.—5页；大16开.0.50元

气体激光器电源系列 GB12083-89.—北京：中国标准出版社，1990.12.—3页；大16开.—0.50元

光学和光学仪器环境试验方法 GB12085.1～12085.14-89.—北京：中国标准出版社，1990.12.83页；大16开.—3.80元

电子琴通用技术条件 电子琴的环境试验要求和试验方法 GB12105～12106-89.—北京：中国标准出版社，1990.8.—11页；大16开.—1.00元

键盘乐器键宽尺寸系列 GB12107-89.—北京：中国标准出版社，1990.7.—2页；大16开.—0.25元

日用陶瓷工业用球磨机 GB12109-89.—北京：中国标准出版社，1990.7.—7页；大16开.—0.75元

管螺纹铰板及板牙 GB12110-89.—北京：中国标准出版社，1990.7.—9页；大16开.—0.75元

接触电流和接地线电流的测量 GB12113-89.—北京：中国标准出版社，1990.9.—20页；大16开.1.10元

模拟电子电压表通用技术条件和测试方法 GB12116～12117-89.—北京：中国标准出版社，1990.9.—22页；大16开.—1.75元

数据处理词汇21部分：过程计算机系统和技术过程间的接口 GB12118-89.—北京：中国标准出版社，1990.10.—9页；大16开.—0.54元

船用导航雷达湖岸试验方法 GB12119-89.—北京：中国标准出版社，1990.10.—7页；大16开.0.75元

空中交通管制航路监视一次雷达通用技术条件 GB12120-89.—北京：中国标准出版社，1990.10.11页；大16开.—1.00元

核仪器图形符号、文字代号、参数符号 GB12125-89.—北京：中国标准出版社，1990.10.—12页；大16开.—1.00元

核辐射探测器型号命名方法 GB12126-89.—北京：中国标准出版社，1990.9.—7页；大16开.0.75元

核仪器产品包装总技术条件 GB12127-89.—北

京：中国标准出版社，1990.9.—5页；大16开.0.50元

用于核准表面污染监测仪的参考源β发射体和α发射体 GB12128-89.—北京：中国标准出版社，1990.9.—5页；大16开.—0.50元

医用高压氧舱 GB12130-89.—北京：中国标准出版社，1990.11.—12页；大16开.—1.00元

牙科综合治疗机 GB12131-89.—北京：中国标准出版社，1990.11.—7页；大16开.—0.75元

高速涡轮牙钻机和手机 GB12132～12133-89.北京：中国标准出版社，1990.12.—10页；大16开.1.00元

高速牙科车针 GB12134-89.—北京：中国标准出版社，1990.11.—7页；大16开.—0.75元

气瓶定期检验站技术条件 GB12135-89.—北京：中国标准出版社，1990.10.—3页；大16开.—0.36元

溶解乙炔气瓶用回火防止器 GB12136-89.—北京：中国标准出版社，1990.10.—7页；大16开.0.54元

气瓶气密性试验方法 GB12137-89.—北京：中国标准出版社，1990.10.—2页；大16开.—0.18元

袋式除尘器性能测试方法 GB12138-89.—北京：中国标准出版社，1990.12.—18页；大16开.—1.50元

纺织机械与附件下罗拉轴承和有关尺寸 GB12139-89.—北京：中国标准出版社，1990.11.—6页；大16开.—0.50元

软饮料中可溶性固形物的测定方法 折光计法 GB12143.1-89.—北京：中国标准出版社，1990.9.—4页；大16开.—0.50元

果蔬汁饮料中氨基态氮的测定方法甲醛值法 果蔬汁饮料中L—抗坏血酸的测定方法乙醚萃取法 GB12143.2～12143.3-89.—北京：中国标准出版社，1990.9.—8页；大16开.—0.75元

火力发电机组及蒸汽动力设备水汽质量标准 GB12145-89.—北京：中国标准出版社，1990.9.—6页；大16开.—0.50元

锅炉用水和冷却水分析方法 GB12146～12157-89.—北京：中国标准出版社，1990.10.—40页；大16开.—2.00元

机械仪表用游丝 GB12159-90.—北京：中国标准出版社，1990.12.—21页；大16开.—1.50元

引伸计标定与分级方法 GB12160-90.—北京：中国标准出版社，1990.12.—8页；大16开.—0.75元

盒式磁带录音机可靠性要求和试验方法 GB12165-90.—北京：中国标准出版社，1990.12.—7页；大16开.—0.54元

舰船起动用铅酸蓄电池 GB12169-90.—北京：中国标准出版社，1990.12.—8页；大16开.—0.75元

船舶通讯、照明用铅酸蓄电池 GB12170-90.—北京：中国标准出版社，1990.12.—7页；大16开.0.75元

次氯酸钠发生器 GB12176-90.—北京：中国标准出版社，1990.12.—10页；大16开.—0.75元

数字控制机床的数控处理程序输出逻辑结构 GB12177-90.—北京：中国标准出版社，1990.12.—12页；大16开.—1.00元

城市无轨电车和有轨电车供电线网电杆 GB12178-90.—北京：中国标准出版社，1990.2.—20页；大16开.—1.50元

船用导航雷达波导馈电系统驻波系数测试方法 GB12201-90.—北京：中国标准出版社，1990.12.7页；大16开.—0.75元

人工燃气主组分的化学分析方法 GB12205-90.北京：中国标准出版社，1990.12.—7页；大16开.0.75元

城市燃气热值测定方法 GB12206-90.—北京：中国标准出版社，1990.12.—12页；大16开.—1.00元

城市燃气相对密度测定方法 GB12207-90.—北京：中国标准出版社，1990.12.—4页；大16开.0.50元

城市燃气中焦油和灰尘含量的测定方法 GB12208-90.—北京：中国标准出版社，1990.12.—3页；大16开.—0.50元

城市燃气中氨含量测定 GB12210-90.—北京：中国标准出版社，1990.12.—7页；大16开.—0.75元

一般通风用空气过滤器性能试验方法 GB12218-89.—北京：中国标准出版社，1990.12.—14页；大16开.—0.75元

通风阀门标志 GB12220-89.—北京：中国标准出版社，1990.12.—2页；大16开.—0.18元

法兰连接金属阀门结构长度 GB12221-89.—北京：中国标准出版社，1990.12.—14页；大16开.0.72元

多回转和部分回转阀门驱动装置的连接 GB12222～12223-89.—北京：中国标准出版社，1990.12.—12页；大16开.—0.72元

阀门铸钢件外观质量要求 GB12231-89.—北京：中国标准出版社，1990.12.—37页；大16开.—1.80元

通用阀门法兰连接铁制闸阀 GB12232-89.—北京：中国标准出版社，1990.12.—13页；大16开.0.72元

通用阀门铁制截止阀与升降式止回阀 GB12233-89.—北京：中国标准出版社，1990.12.—8页；大16开.—0.54元

通用阀门法兰和对焊连接钢制闸阀 GB12234-89.北京：中国标准出版社，1990.12.—11页；大16开.0.72元

通用阀门法兰连接钢制截止阀和升降式止回阀 GB12235-89.—北京：中国标准出版社，1990.12.8页；大16开.—0.54元

通用阀门钢制旋启式止回阀 GB12236-89.—北京：中国标准出版社，1990.12.—7页，大16开.0.54元

通用阀门法兰和对夹连接蝶阀 GB 12238-89.—北京：中国标准出版社，1990.12.—11页；大16开.0.72元

通用阀门隔膜阀 GB12239-89.—北京：中国标准出版社，1990.12.—9页；大16开.—0.54元

通用阀门铁制旋塞阀 GB12240-89.—北京：中国标准出版社，1990.12.—5页；大16开.—0.36元

减压阀 GB12244～12246-89.—北京：中国标准出版社，1990.12.—18页；大16开.—1.10元

药用沸腾制粒器 GB12254-90.—北京：中国标准出版社，1990.12.—4页；大16开.—0.50元

注射针针管刚度试验方法 GB12256-90.—北京：中国标准出版社，1990.12.—2页；大16开.—0.25元

医用低速离心机 GB12258-90.—北京：中国标准出版社，1990.12.—5页；大16开.—0.50元

机械加工设备一般安全要求 GB12266-90.—北京：中国标准出版社，1990.12.—5页；大16开.0.36元

石英晶体振荡器型号命名方法 GB12275-90.—北京：中国标准出版社，1990.12.—2页；大16开.0.25元

经穴部位 GB12346-90.—北京：中国标准出版社，1990.9.—80页；大16开.—4.00元

药用玻璃管 GB12414-90.—北京：中国标准出版社，1990.10.—4页；大16开.—0.50元

药用玻璃容器内应力检验方法 GB12415-90.—北京：中国标准出版社，1990.10.—2页；大16开.0.25元

药用玻璃容器的耐水性试验方法和分级 GB 12416.1-90.—北京：中国标准出版社，1990.10.4页；大16开.—0.50元

玻璃颗粒在121°C耐水性的试验方法和分级 GB 12416.2-90.—北京：中国标准出版社，1990.10.4页；大16开.—0.50元

建筑地基基础设计规范 GBJ7-89/中华人民共和国原城乡建设环境保护部主编.—北京：中国建筑工业出版社，1990.4.—109页；大32开.—2.20元

混凝土结构设计规范 GBJ 10-89/中华人民共和国原城乡建设环境保护部主编.—北京：中国建筑工业出版社，1990.4.—186页；大32开.—3.30元

建筑抗震设计规范 GBJ 11-89/中华人民共和国原城乡建设环境保护部主编.—北京：中国建筑工业出版社，1990.4.—103页；大32开.—1.90元

冷库设计规范 GBJ72-84/中华人民共和国商业部主编.—北京：中国计划出版社，1990.1.—68页；大32开.—1.50元

石油库设计规范 GBJ74-84/中国石油化工总公司，中华人民共和国石油工业部主编.—北京：中国计划出版社，1990.1.—48页；大32开.—1.10元

工业企业通信接地设计规范 GBJ79-85/中华人民共和国邮电部主编.—北京：中国计划出版社，1990.1.—18页；大32开.—0.50元

普通混凝土拌合物性能试验方法 GBJ80-85/城乡建设环境保护部主编.—北京：中国计划出版社，1990.1.—23页；大32开.—0.60元

自动喷水灭火系统设计规范 GBJ 84-85/中华人民共和国公安部主编.—北京：中国计划出版社，1990.1.—22页；大32开.—0.60元

自动喷水灭火系统设计规范(GBJ84-85)条文说明/中华人民共和国公安部编.—北京：中国计划出版社，1990.1.—87页；大32开.—1.60元

喷灌工程技术规范 GBJ85-85/中华人民共和国水利电力部主编.—北京：中国计划出版社，1990.1.35页；大32开.—0.95元

锚杆喷射混凝土支护技术规范 GBJ86-85/中华人民共和国冶金工业部主编.—北京：中国计划出版社，1990.1.—61页；大32开.—1.40元

工业构筑物抗震鉴定标准 GBJ117-88/中华人民共和国冶金工业部主编.—北京：中国计划出版社，1990.11.—96页；大32开.—2.00元

自动化仪表安装工程质量检验评定标准 GBJ131-90/中华人民共和国化学工业部主编.—北京：中国计划出版社，1990.12.—125页；大32开.—2.70元

预制混凝土构件质量检验评定标准 GBJ 321-90/原城乡建设环境保护部主编.—北京：中国计划出版社，1990.11.—71页；大32开.—1.80元

纺织玻璃纤维机织物性能的测定 GBJ689.4～J689.6-89.—北京：中国标准出版社，1990.12.—9页；大16开.—0.75元

贵金属及其合金箔材 GBn66-89.—北京：中国标准出版社，1990.5.—4页；大16开.—0.50元

出口羽毛 出口水洗羽毛 GBn289～290-89.—北京：中国标准出版社，1990.2.—10页；大16开.1.00元

精密合金牌号 GBn291-89.—北京：中国标准出版社，1990.4.—14页；大16开.—1.00元

快淬金属的分类和牌号 GBn 292-89.—北京：中国标准出版社，1990.6.—9页；大16开.—0.75元

金属铈、氧化钆 GB/T2525～2526-89.—北京：中国标准出版社，1990.12.—4页；大16开.—0.50元

铸件机械加工余量 GB/T11350-89.—北京：中国标准出版社，1990.7.—11页；大16开.—0.72元

铸件重量公差 GB/T11351-89.—北京：中国标准出版社，1990.5.—3页；大16开.—0.36元

振动发生器辅助台设备特性的描述方法 GB/T11353-89.—北京：中国标准出版社，1990.5.—11页；大16开.—1.00元

软件工程术语 GB/T11457-89.—北京：中国标准出版社，1990.5.—64页；大16开.—2.15元

汽车及挂车用回复反射器技术条件 GB/T11564-89.—北京：中国标准出版社，1990.5.—7页；大16开.—0.75元

汽车罩锁装置 GB/T11568-89.—北京：中国标准出版社，1990.5.—2页；大16开.—0.25元

汽车制动器衬片耐水、盐水、油和制动液性能试验方法 GB/T11609-89.—北京：中国标准出版社，1990.6.—4页；大16开.—0.50元

测井绞车 GB/T11644-89.—北京：中国标准出版社，1990.7.—10页；大16开.—0.75元

钻井液固相控制设备 GB/T11645～11648-89.北京：中国标准出版社，1990.9.—26页；大16开.2.00元

钻井液振动筛 钩边筛网 GB/T11650-89.—北京：中国标准出版社，1990.7.—7页；大16开.0.75元

鲢鱼、鳙鱼、草鱼、青鱼亲鱼培育、催产技术要求 GB/T11768～11771-89 GB/T11774～11775-89.北京：中国标准出版社，1990.7.—19页；大16开.1.50元

虾片 GB/T11772-89.—北京：中国标准出版社，1990.8.—5页；大16开.—0.50元

鲟、鳇鱼籽 GB/T11773-89.—北京：中国标准出版社，1990.10.—3页；大16开.—0.50元

草鱼鱼苗、鱼种质量标准 GB/T11776-89.—北京：中国标准出版社，1990.8.—3页；大16开.0.50元

鲢鱼鱼苗、鱼种质量标准 GB/T11777-89.—北京中国标准出版社，1990.8.—3页；大16开.—0.50元

鳙鱼鱼苗、鱼种质量标准 GB/T11788-89.—北京：中国标准出版社，1990.8.—3页；大16开.0.50元

照片档案管理规范 GB/T11821-89.—北京：中国标准出版社，1990.9.—6页；大16开.—0.36元

科学技术档案案卷构成的一般要求 GB/T11822-89.—北京：中国标准出版社，1990.6.—11页；大16开.—0.72元

沥青混合料马歇尔试验仪 GB/T11823-89.—北京：中国标准出版社，1990.8.—6页；大16开.0.50元

贝克曼梁路面弯沉仪技术要求及试验方法 GB/T11824～11825-89.—北京：中国标准出版社，1990.8.—7页；大16开.—0.75元

纸和纸板印刷光泽度印样的制备 GB/T12032-89.—北京：中国标准出版社，1990.8.—3页；大16开.—0.50元

造纸原料和纸浆中糖类组分的气相色谱法测定 GB/T12033-89.—北京：中国标准出版社，1990.8.4页；大16开.—0.50元

包装容器质量保证体系 GB/T12121-89.—北京：中国标准出版社，1990.12.—4页；大16开.—0.36元

销售包装设计程序 GB/T12123-89.—北京：中国标准出版社.1990.12.—5页；大16开.—0.36元

氯化钕 GB/T12144-89.—北京：中国标准出版社，1990.12.—2页；大16开.—0.25元

通用阀门供货要求 GB/T12252-89.—北京：中国标准出版社，1990.12.—3页；大16开.—0.36元

海船声号器具的声压级测量 GB/T12303-90.—北京：中国标准出版社，1990.12.—4页；大16开.0.50元

T-652.1 专业标准、行业标准

含藻水给水处理设计规范 CJJ32-89/中国市政工程中南设计院主编.—北京：中国建筑工业出版社，1990.4.—9页；大32开.—ISBN 7-112-01068-3：0.38元

城镇燃气输配工程施工及验收规范 CJJ33-89/建设部城市建设研究院主编.—北京：中国建筑工业出版社，1990.8.—28页；大32开.—ISBN 7-112-01124-8：0.70元

城市热力网设计规范 CJJ34-90/北京市煤气热力工程设计院主编.—北京：中国建筑工业出版社，1990.8.—54页；大32开.—ISBN 7-112-01144-2：1.10元

钢渣石灰类道路基层施工及验收规范 CJJ35-90/武汉市市政工程设计研究院主编.—北京：中国建筑工业出版社，1990.11.—32页；大32开.—ISBN 7-112-01199-X：1.00元

轻集料混凝土技术规程 JGJ51-90.—北京：中国建筑工业出版社，1990.8.—44页；大32开.—ISBN 7-112-01163-9：1.15元

液压滑动模板施工安全技术规程 JGJ65-89/中华人民共和国劳动部主编.—北京：中国建筑工业出版社，1990.5.—22页；大32开.—ISBN 7-112-01074-8：0.89元

办公建筑设计规范 JGJ67-89/浙江省建筑设计院主编.—北京：中国建筑工业出版社，1990.5.16页；大32开.—ISBN 7-112-01086-1：0.45元

工程地质编图规范(1:50万～1:100万) ZB 14001-89.—北京：中国标准出版社，1990.3.—29页；大16开.—2.00元

工业用1-J烯纯度及烃类杂质的测定气相色谱法 工业用1-J烯中微量羰基化合物含量的测定 分光光度法 ZB16016～16017-89.—北京：中国标准出版社，1990.2.—11页，大16开.—1.00元

海洋行业标准体系表 ZBA45001-88.—北京：中国标准出版社，1990.4.—19页；大16开.—1.50元

醋酸乙烯合成触媒载体活性炭 ZBB13001-88.北京：中国林业出版社，1990.4.—9页；大16开.0.45元

蓬子 ZBB 31027-89.—北京：中国标准出版社，1990.4.—4页；大16开.—0.50元

刨花板生产综合能耗 ZBB 60004-89.—北京：中国林业出版社，1990.10.—6页；大16开.—0.40元

水杉速生丰产用材林 ZBB 64010-89.—北京：中国标准出版社，1990.7.—4页；大16开.—0.50元

湿地松速生丰产用材林 ZBB 64011-89.—北京：中国标准出版社，1990.7.—5页；大16开.—0.50元

鸟枪 ZBB65003-88.—北京：中国林业出版社，1990.7.—7页；大16开.—0.45元

原木·原条 ZBB 68006～013-89.—北京：中国标准出版社，1990.9.—16页；大16开.—1.25元

剖开材检验 ZBB68014-89.—北京：中国标准出版社，1990.12.—3页；大16开.—0.50元

乐器锯材 钢琴用材 ZBB69002-89.—北京：中国标准出版社，1990.9.—4页；大16开.—0.50元

探鱼仪压电换能器简易测试方法 ZBB 94001-88.—北京：中国标准出版社，1990.4.—3页；大16开.—0.50元

植树机 ZBB95019.1～95019.4-89.—北京：中国标准出版社，1990.7.—18页；大16开.—1.50元

集材捆木索 ZBB96021-88.—北京：中国林业出版社，1990.7.—10页；大16开.—0.55元

集材-80型拖拉机大修验收技术条件 集材-50型拖拉机大修验收技术条件 ZBB96024～025-89.—北京：中国标准出版社，1990.7.—8页；大16开.0.75元

绞盘机缠绕卷筒型式与尺寸 ZBB96026-89.—北京：中国标准出版社，1990.7.—6页；大16开.0.50元

林业机械联接装置尺寸 ZBB96027-89.—北京：中国标准出版社，1990.7.—2页；大16开.—0.25元

双排钻孔机 ZBB97039～97041-88.—北京：中国林业出版社，1990.6.—7页；大16开.—0.45元

牙根尖挺 ZBC33022-89.—北京：中国标准出版社，1990.2.—6页；大16开.—0.50元

印模托盘技术条件 ZBC33023-89.—北京：中国标准出版社，1990.4.—3页；大16开.—0.50元

牙科白合金片 ZBC33024-89.—北京：中国标准出版社，1990.6.—3页；大16开.—0.50元

牙科模型蜡 ZBC 33025-89.—北京：中国标准出版社，1990.7.—7页；大16开.—0.75元

持骨钳 ZBC35006-89.—北京：中国标准出版社，1990.1.—6页；大16开.—0.50元

骨锤·三翼钉打拔器 ZBC35007～008-90.—北京：中国标准出版社，1990.12.—8页；大16开.0.75元

宫腔测量器 ZBC36002-89.—北京：中国标准出版社，1990.4.—4页；大16开.—0.50元

纤维导光膀胱镜 ZBC 40005-89.—北京：中国标准出版社，1990.2.—6页；大16开.—0.50元

医用激光设备电气安全 ZBC41011-89.—北京：中国标准出版社，1990.6.—22页；大16开.—1.75元

超声治疗设备 ZBC41012-89.—北京：中国标准出版社，1990.9.—5页；大16开.—0.50元

超声妊娠检查仪 ZBC41013-89.—北京：中国标准出版社，1990.10.—5页；大16开.—0.50元

表型磁疗器 ZBC42001-89.—北京：中国标准出版社，1990.5.—3页；大16开.—0.50元

中频电疗仪·音乐电疗仪 ZBC42002～003-89.北京：中国标准出版社，1990.10.—11页；大16开.1.00元

肌电生物反馈仪 温度生物反馈仪 ZBC42004～005-89.—北京：中国标准出版社，1990.10.—10页；大16开.—1.00元

电动按摩椅 ZBC42006-90.—北京：中国标准出版社，1990.12.—4页；大16开.—0.50元

医用X射线防护屏、防护室、防护裙、防护手套 ZBC43017～43020-89.—北京：中国标准出版社，1990.6.—12页；大16开.—1.00元

X射线屏蔽用铅橡胶板及铅塑料板物理性能和试验方法 ZBC43021-89.—北京：中国标准出版社，1990.6.—2页；大16开.—0.25元

医用X射线防护用品铅当量试验方法 ZBC43022-89.—北京：中国标准出版社，1990.6.—2页；大16开.—0.25元

稀释器 ZBC44008-89.—北京：中国标准出版社，1990.4.—7页；大16开.—0.75元

头部、侧面操纵式综合手术台 ZBC46004～46005-89.—北京：中国标准出版社，1990.2.—19页；大16开.—1.50元

气动呼吸机 ZBC46008-89.—北京：中国标准出版社，1990.6.—16页；大16开.—1.25元

麻醉机专用安全要求 ZBC 46009-89.—北京：中

国标准出版社，1990.1.—8页；大16开.—0.75元

医用电热式蒸汽发生器技术条件 ZBC47009-89.北京：中国标准出版社，1990.2.—3页；大16开.0.50元

医用低温箱 ZBC47010-89.—北京：中国标准出版社，1990.1.—8页；大16开.—0.75元

尸体冷藏箱 ZBC47011-89.—北京：中国标准出版社，1990.6.—7页；大16开.—0.75元

医用拼装式冷库 ZBC47012-89.—北京：中国标准出版社，1990.7.—7页；大16开.—0.75元

医用高分子制品术语 ZBC48005-89.—北京：中国标准出版社，1990.5.—10页；大16开.—1.00元

医用高分子产品包装、标志、运输和贮存 ZBC48006-89.—北京：中国标准出版社，1990.5.—3页；大16开.—0.50元

蛋白泡沫灭火剂和氟蛋白泡沫灭火剂 ZBC84007-88.—北京：中国标准出版社，1990.5.—10页；大16开.—0.75元

安瓿拉丝灌封机 ZBC92007-89.—北京：中国标准出版社，1990.9.—4页；大16开.—0.50元

分粒型粉碎机 ZBC93002-89.—北京：中国标准出版社，1990.9.—4页；大16开.—0.50元

溶出试验仪 ZBC95001-89.—北京：中国标准出版社，1990.7.—7页；大16开.—0.75元

地层岩浆岩代号字模板 ZBD10002-89.—北京：中国标准出版社，1990.5.—15页；大16开.—1.25元

工程地质调查规范（1：10万～1：20万） ZBD14002-89.—北京：中国标准出版社，1990.1.—23页；大16开.—1.75元

工程地质调查规范（1：2.5万～1：5万） ZBD14003-89.—北京：中国标准出版社，1990.4.—36页；大16开.—1.30元

进口铜精矿化学分析方法碘量法测定铜量 ZBD40001-89.—北京：中国标准出版社，1990.10.—3页；大16开.—0.50元

明矾石矿石 ZBD51007-89.—北京：中国标准出版社，1990.7.—3页；大16开.—0.50元

蛇纹石矿石 ZBD51008-90.—北京：中国标准出版社，1990.12.—4页；大16开.—0.50元

HYX-3型微机X射线荧光仪 ZBD82008-89.—北京：中国标准出版社，1990.12.—7页；大16开.0.75元

煤矿井下用带式输送机技术条件 ZBD93008-90.北京：中国标准出版社，1990.12.—14页；大16开.1.25元

煤矿井下用带式输送机托辊技术条件 ZBD93009-90.—北京：中国标准出版社，1990.12.—22页；大16开.—1.75元

岩石荧光显微镜鉴定方法 ZBE11002-89.—北京：石油工业出版社，1990.5.—8页；大16开.0.45元

钻井井下事故处理基本原则 ZBE13005-90.—北京：石油工业出版社，1990.12.—2页；大16开.0.23元

用dc指数法预测监测地层孔隙压力作法 ZBE13006-90.—北京：石油工业出版社，1990.12.—4页；大16开.—0.30元

静液压封隔器 ZBE14001-89.—北京：石油工业出版社，1990.9.—9页；大16开.—0.60元

滑套喷砂器 ZBE14002-89.—北京：石油工业出版社，1990.9.—5页；大16开.—0.38元

钢球投送器 ZBE14003-89.—北京：石油工业出版社，1990.9.—3页；大16开.—0.30元

水力锚 ZBE14004-89.—北京：石油工业出版社，1990.8.—8页；大16开.—0.45元

采油采气用井下工具分类及型号编制方法 ZBE14005-89.—北京：石油工业出版社，1990.5.—4页；大16开.—0.30元

石油产品硫含量测定法（高温法） ZBE30013-9.—北京：中国标准出版社，1990.3.—9页；大16开.—0.75元

玻璃毛细管粘度计技术条件 ZBE30014-89.—北京：中国标准出版社，1990.7.—5页；大16开.0.50元

润滑脂氧化安定性测定法 ZBE36022-89.—北京：中国标准出版社，1990.4.—5页；大16开.0.50元

汽车轮轴承润滑脂漏失量测定法 ZBE36023-89.北京：中国标准出版社，1990.2.—8页；大16开.0.54元

润滑脂与合成橡胶相容性测定法 ZBE36024-89.—北京：中国标准出版社，1990.4.—4页；大16开.—0.50元

液压油过滤性试验法 ZBE39008-89.—北京：中国标准出版社，1990.1.—3页；大16开.—0.36元

液压油热稳定性测定法 L-HG液压油 ZBE39007-89 ZB E39009-89.—北京：中国标准出版社，1990.3.—9页；大16开.—0.75元

防锈油脂低温附着性试验法 ZBE41003-89.—北京：中国标准出版社，1990.4.—2页；大16开.0.25元

防锈油脂试验方法 ZBE41004～41010-89.—北京：中国标准出版社，1990.3.—23页；大16开.1.30元

石油蜡类四项试验方法 ZBE42009～42012-89.—北京：中国标准出版社，1990.2.—13页；大16开.—1.00元

液化石油气总硫含量测定法(电量法) ZBE46002-89.—北京：中国标准出版社，1990.1.—6页；大16开.—0.36元

润滑油中钡、钙、锌含量测定法(原子吸收光谱法) ZBE60007-89.—北京：中国标准出版社，1990.1.—4页；大16开.—0.50元

石油添加剂四项标准 ZBE61005～61008-89.北京：中国标准出版社，1990.3.—16页；大16开.1.25元

海洋试井绞车 ZBE91001-89.—北京：石油工业出版社，1990.5.—5页；大16开.—0.38元

吊环 ZB E92005-89.—北京：石油工业出版社，1990.8.—4页；大16开.—0.30元

套管扶正器 ZBE92006-89.—北京：石油工业出版社，1990.9.—6页；大16开.—0.38元

柴油机计时器技术条件 ZBE92013-89.—北京：石油工业出版社，1990.5.—4页；大16开.—0.30元

低能源原油含水分析仪 ZBE92014-89.—北京：石油工业出版社，1990.7.—4页；大16开.—0.30元

φ15mm掺水电子水表 ZBE92015-89.—北京：石油工业出版社，1990.5.—4页；大16页.—0.30元

试井车 ZBE92016-90.—北京：石油工业出版社，1990.12.—6页；大16开.—0.45元

立放运井架车 ZBE92017-90.—北京：石油工业出版社，1990.12.—4页；大16开.—0.30元

抽油光杆密封盒 ZBE92019-90.—北京：石油工业出版社，1990.12.—6页；大16开.—0.45元

抽油杆使用与维护 ZBE92020-90.—北京：石油工业出版社，1990.12.—5页；大16开.—0.45元

管式加热炉技术条件 ZBE97001-90.—北京：石油工业出版社，1990.12.—9页；大16开.—0.60元

石油工业加热炉型式与基本参数 ZBE97003-90.北京：石油工业出版社，1990.12.—4页；大16开.0.30元

冲击电压测量实施细则 ZBF24001-90.—北京：水利电力出版社，1990.10.—34页；大16开.—1.95元

现场直流和交流耐压试验电压测量装置(系统)的使用导则 ZBF24002-90.—北京：水利电力出版社，1990.9.—7页；大16开.—0.60元

便携式直流高压发生器通用技术条件 ZBF24003-90.—北京：水利电力出版社，1990.9.—6页；大16开.—0.60元

工业次磷酸钠 ZBG12018-89.—北京：中国标准出版社，1990.7.—4页；大16开.—0.50元

电子工业用水合锑酸钠(锑白为原料) ZBG12019-89.—北京：中国标准出版社，1990.7.—11页；大16开.—1.00元

工业氟化钠 ZBG12020-90.—北京：中国标准出版社，1990.11.—4页；大16开.—0.50元

牙膏工业用磷酸氢钙 ZBG12023-90.—北京：中国标准出版社，1990.12.—8页；大16开.—0.75元

工业二氧化硫脲 ZBG13003-90.—北京：中国标准出版社，1990.12.—4页；大16开.—0.50元

非颜料用二氧化钛 ZBG13004-90.—北京：中国标准出版社，1990.12.—7页；大16开.—0.75元

石油对二甲苯及其测定法 ZBG16010-89 ZBG16013～16014-89.—北京：中国标准出版社，1990.4.—14页；大16开.—1.25元

高纯度芳烃中非芳烃的测定气相色谱法 ZBG16012-89.—北京：中国标准出版社，1990.2.—4页；大16开.—0.50元

高纯度烃类结晶点测定法 ZBG16015-89.—北京：中国标准出版社，1990.6.—12页；大16开.1.00元

工业用叔丁醇及其测定法 ZBG16019～16021-89.—北京：中国标准出版社，1990.4.—11页；大16开.—1.00元

工业磺胺 ZBG17018-89.—北京：中国标准出版社，1990.6.—4页；大16开.—0.50元

工业用乙醇胺 ZBG17019～17021-89.—北京：中国标准出版社，1990.4.—13页；大16开.—1.00元

硝酸胍 ZBG17022-89.—北京：中国标准出版社，1990.4.—4页；大16开.—0.50元

农业用硫酸钾 ZBG21006-89.—北京：中国标准出版社，1990.3.—8页；大16开.—0.75元

粉状磷酸一铵 ZBG21009-90.—北京：中国标准出版社，1990.12.—3页；大16开.—0.50元

多菌灵可湿性粉剂 ZBG25002-89.—北京：中国标准出版社，1990.7.—7页；大16开.—0.75元

丁草胺原药 丁草胺乳油 ZBG25003～25004-89.北京：中国标准出版社，1990.7.—12页；大16开.1.00元

三唑酮原药、乳油、可湿性粉剂 ZBG25005～25007-89.—北京：中国标准出版社，1990.7.—21页；大16开.—1.50元

三乙膦酸铝原药 三乙膦酸铝可湿性粉剂 ZBG25008～25009-89.—北京：中国标准出版社，1990·7.—9页；大16开.—0.75元

久效磷原药、乳油、可溶性浓剂 ZBG25012～014-90.—北京：中国标准出版社，1990.12.—8页；大16开.—0.75元

三氯杀螨砜原药 ZBG25015-90.—北京：中国标准出版社，1990.12.—4页；大16开.—0.50元

稻瘟灵原药、乳油　ZBG25016～017-90.—北京：中国标准出版社　1990.12.—10页；大16开.—1.00元

兀型橡胶护舷　ZBG47001-89.—北京：中国标准出版社，1990.1.—9页；大16开.—0.75元

1-萘酚　ZBG56005-89.—北京：中国标准出版社，1990.2.—9页；大16开.—0.75元

对氨基乙酰苯胺　ZBG56006-89.—北京：中国标准出版社，1990.1—3页；大16开.—0.50元

三聚氯氰　ZBG56007-90.—北京：中国标准出版社，1990.12.—4页；大16开.—0.50元

分散红E-4B（分散红3B）　ZBG57010-89.—北京：中国标准出版社，1990.7.—4页；大16开.0.50元

荧光增白剂DT　ZBG57011-89.—北京：中国标准出版社，1990.3.—3页；大16开.—0.50元

分散艳蓝E-4R（分散蓝2B LN）分散金黄E-3R L（分散黄RGF L）　ZBG57012～57013-89.—北京：中国标准出版社，1990.7.—8页；大16开.—0.75元

反应橙K-ZRL（活性黄棕K-GR）　反应艳黄K-4GL（活性嫩黄K-6G）　反应艳红K-4BC（活性艳红K-2BP）　ZBG57014～57016-89.—北京：中国标准出版社，1990.4.—12页；大16开.—1.00元

还原艳绿S-3B(溶蒽素绿IB)　还原桃红S-3B（溶靛素桃红IR）　ZB G57018-89　ZBG57020-89.—北京：中国标准出版社，1990.5.—8页；大16开.0.75元

硫化黑2BR、3B(200％)（双倍硫化黑BR、B）　ZBG57019-89.—北京：中国标准出版社，1990.2.4页；大16开.—0.50元

分散红S-R（分散大红S-BWFL,H-BG L）　ZBG57021-90.—北京：中国标准出版社，1990.12.—4页；大16开.—0.50元

酸性绿P-3B（弱酸性艳绿GS）　ZBG57027-90.北京：中国标准出版社，1990.12.—3页；大16开.0.50元

还原艳黄2GC（还原黄GCN）　ZBG57029-90.北京：中国标准出版社，1990.12.—3页；大16开.0.50元

十八胺　ZBG71005-89.—北京：中国标准出版社，1990.1.—4页；大16开.—0.50元

工业癸二酸二辛酯　ZBG71006-89.—北京：中国标准出版社，1990.1.—3页；大16开.—0.50元

表面活性剂皂化值的测定　ZBG72001-89.—北京：中国标准出版社，1990.4.—3页；大16开.0.50元

表面活性剂试验用水或水溶液电导率的测定　ZBG72002-89.—北京：中国标准出版社，1990.5.—4页；大16开.—0.50元

乳化剂T-30和乳化剂NP-10　ZBG73005～73006-89.—北京：中国标准出版社，1990.1.—5页；大16开.—0.50元

渗透剂JFC　ZBG73007-89.—北京：中国标准出版社，1990.1.—2页；大16开.—0.25元

分散剂WA　ZBG73010-90.—北京：中国标准出版社，1990.12.—3页；大16开.—0.50元

水处理剂结晶氯化铝　ZBG77001-90.—北京：中国标准出版社，1990.12.—4页；大16开.—0.50元

黑白电影正片5143型　2143型　6143型　7143型　ZB G81006-89.—北京：中国标准出版社，1990.4.9页；大16开.—0.75元

35mm电影录音磁片　ZBG83001-89.—北京：中国标准出版社，1990.10.—8页；大16开.—0.75元

照相级对异辛基苯酚聚氧乙烯醚（表面活性剂1283）　ZBG85003-89.—北京：中国标准出版社，1990.9.—6页；大16开.—0.50元

刮料机技术条件　ZBG92003-89.—北京：中国标准出版社，1990.4.—4页；大16开.—0.50元

尿素高压设备堆焊工艺评定和焊工技能评定　ZBG93008-88.—北京：中国标准出版社，1990.1.—15页；大16开.—1.50元

高频电阻焊螺旋翅片管　ZBG93010-89.—北京：中国标准出版社，1990.10.—4页；大16开.—0.50元

内胎硫化机检测方法　ZBG95013-89.—北京：中国标准出版社，1990.4.—5页；大16开.—0.50元

垫带硫化机　ZBG95018-89.—北京：中国标准出版社，1990.10.—2页；大16开.—0.25元

销钉式冷喂料橡胶单螺杆挤出机基本参数　ZBG95019-89.—北京：中国标准出版社，1990.10.—1页；大16开.—0.25元

冶金产品分析用标准样品技术条件　ZBH04001-89.—北京：中国标准出版社，1990.7.—13页；大16开.—0.72元

家用电器用热轧硅钢薄钢板　ZBH46002-90.—北京：中国标准出版社，1990.8.—3页；大16开.0.50元

烧结钕铁硼永磁材料　ZBH58003-90.—北京：中国标准出版社，1990.12.—4页；大16开.—0.50元

重熔用铝稀土合金锭　ZBH61001-88.—北京：中国标准出版社，1990.1.—9页；大16开.—0.75元

建筑机械与设备　ZBJ04007～J04008-88.—北京：中国建筑工业出版社，1990.1.—64页；16开.—3.25元

出口百分表检验规程　ZBJ42029-89.—北京：中国标准出版社，1990.1.—5页；大16开.—0.50元

化工用泵名词术语　ZBJ71002-87.—北京：中国标准出版社，1990.3.—16页；大16开.—1.25元

氟塑料衬里单级单吸化工离心泵技术条件 ZBJ 71011-89.—北京：中国标准出版社，1990.4.—7页；大16开.—0.75元

铲运机刀片形状和尺寸 ZBJ85020-89.—北京：中国建筑工业出版社，1990.1.—4页；16开.—0.42元

入炉煤机械采制样装置系列型谱 ZBJ98018-90. 北京：水利电力出版社，1990.8.—5页；大16开. 0.65元

入炉煤机械采制样装置技术条件 ZBJ98019-90. 北京：水利电力出版社，1990.8.—3页；大16开. 0.45元

水处理设备系列型谱 ZBJ98020-90.—北京：水利电力出版社，1990.8.—7页；大16开.—0.65元

电力系统无线电通信运行管理规程 ZBM00001-89.—北京：水利电力出版社，1990.8.—5页；大16开.—0.60元

海洋仪器基本环境试验方法导则 ZBN92004.1～92004.11-88.—北京：中国标准出版社，1990.2. 30页；大16开.—1.60元

海洋仪器（设备）水下部件涂料涂覆技术条件 ZBN92007-90.—北京：中国标准出版社，1990.10. 7页；大16开.—0.75元

拆装式钢木结构活动房屋 ZBP33001.1～001.2-89.—北京：中国标准出版社，1990.9.—14页；大16开.—1.25元

城市公共交通主要保修设备配备 ZBP52001.1～3-89.，北京：中国建筑工业出版社，1990.8.—31页；16开.—1.45元

预应力混凝土空心板挤压成型机 ZBP95001.1～P95001.3-89.—北京：中国建筑工业出版社，1990.1.—29页；16开.—1.65元

电动外部式混凝土振动器 ZBP95002-89.—北京：中国建筑工业出版社，1990.1.—10页；16开. 0.77元

转子式混凝土喷射机 ZBP95003～P95004-89. 北京：中国建筑工业出版社，1990.1.—5页；16开. 0.59元

机具用软轴软管 ZBP95005-89.—北京：中国建筑工业出版社，1990.1.—8页；16开.—0.59元

振动桩锤耐振三相异步电动机 ZBP95006-89. 北京：中国建筑工业出版社，1990.1.—14页；16开.—0.94元

钢筋切断机刀片 ZBP95007-89.—北京：中国建筑工业出版社，1990.1.—6页；16开.—0.59元

铝镁耐火浇注料 ZBQ43001-90.—北京：中国标准出版社，1990.12.—3页；大16开.—0.50元

石墨阳极耐腐蚀试验方法 ZBQ51001-90.—北京：中国标准出版社，1990.9.—4页；大16开.—0.50元

铝炭块 ZBQ52001-90.—北京：中国标准出版社，1990.9.—3页；大16开.—0.50元

电极糊延伸率试验方法 ZBQ52002-90.—北京：中国标准出版社，1990.9.—3页；大16开.—0.50元

高炉炭块铁水渗透性、导热系数和氧化性试验方法 ZBQ52003～005-90.—北京：中国标准出版社，1990.9.—11页；大16开.—1.00元

渔船修理优质工程考核细则渔船修理优质工程考核标准 ZBR30001～30002-89.—北京：中国标准出版社，1990.4.—5页；大16开.—0.50元

民用钢质海船修船交验项目 ZBR30003-90.—北京：中国标准出版社，1990.10.—10页；大16开

修船经营管理术语 ZBR30004-90.—北京：中国标准出版社，1990.12.—4页；大16开

导流管修理技术要求 ZBR31001-89.—北京：中国标准出版社，1990.7.—4页；大16开

船用火焰喷焊操作规程 ZBR32001-39.—北京：中国标准出版社，1990.12.—4页；大16开

船用电机修理技术要求 ZBR34001-90.—北京：中国标准出版社，1990.12.—20页；大16开

森林铁路车辆强度设计规范 ZBS04001-89.—北京：中国标准出版社，1990.7.—3页；大16开. 0.50元

森林铁路车辆无导框滑动轴承铸钢轴箱体技术条件 ZBS34006-88.—北京：中国林业出版社，1990.7. 2页；大16开.—0.20元

出口汽车检验规程 ZBT40001-88.—北京：中国标准出版社，1990.9.—18页；大16开.—1.25元

梳棉胎　弹棉胎 ZB/TB32002～003-89.—北京：中国标准出版社，1990.10.—8页；大16开.—0.54元

城市地区区域地质调查工作技术要求（1：50000） ZB/TD10004-89.—北京：中国标准出版社，1990. 12.—7页；大16开.—0.75元

泥页岩理化性能试验方法 ZB/TE11001-89.—北京：石油工业出版社，1990.5.—6页；大16开. 0.38元

套管用浮箍、浮鞋 ZB/TE13001-89.—北京：石油工业出版社，1990.8.—3页；大16开.—0.30元

定向井下部钻具组合设计作法 ZB/TE13002—89. 北京：石油工业出版社，1990.7.—14页；大16开. 0.75元

SGZ系列示功仪 ZB/TE92007—89.—北京：石油工业出版社，1990.8.—4页；大16开.—0.30元

JZ系列指重表 ZB/TE92008—89.—北京：石油工业出版社，1990.5.—4页；大16开.—0.30元

SDZ型读卡仪 ZB/TE92009—89.—北京：石油工业出版社，1990.5.—2页；大16开.—0.23元

套管刮削器 ZB/TE92010-89.—北京：石油工业出版社，1990.9.—5页；大16开.—0.38元

石油钻采设备用气动元件旋转导气接头式试验 ZB/TE92011-89.—北京：石油工业出版社，1990.8.—4页；大16开.—0.30元

偏心辊子整形器 ZB/TE92012-89.—北京：石油工业出版社，1990.9.—4页；大16开.—0.30元

工程船用液压元件修理技术要求 ZB/TR32003-90.—北京：中国标准出版社，1990.12.—16页；大16开

机械基础标准使用指南 ZB/TU 04004-89.—北京：中国标准出版社，1990.8.—72页；大16开

船舶电缆敷设工艺 ZB/TU06002-89.—北京：中国标准出版社，1990.7.—32页；大16开

船舶电气设备安装工艺 ZB/TU06003-89.—北京：中国标准出版社，1990.7.—24页；大16开

海船系泊设备配置设计通则 ZB/TU13001-89.北京：中国标准出版社，1990.7.—20页；大16开

船用铸造阀件壁厚 ZB/TU52001-89.—北京：中国标准出版社，1990.7.—3页；大16开

渔船产品质量评级标准 ZBU00001-89.—北京：中国标准出版社，1990.7.—7页；大16开.0.75元

渔船建造质量评级标准 ZBU00002.1～00002.8-89.—北京：中国标准出版社，1990.6.—41页；大16开.—1.90元

渔船技术经济效益评价方法 ZBU02001-89.—北京：中国标准出版社，1990.6.—8页；大16开.0.75元

船用安全标志 ZBU04002-89.—北京：中国标准出版社，1990.9.—16页；大16开

铜-钴-铍(Cu Coz Be)合金焊接电极 ZBU05001—89.—北京：中国标准出版社，1990.12.—4页；大16开

不锈钢复合钢板铜及铜合金复合钢板 ZBU05002～003-89.—北京：中国标准出版社，1990.12.14页；大16开

中、大功率柴油机离心铸造气缸套金相检验 ZBU05004-89.—北京：中国标准出版社，1990.7.—17页；大16开

中、大功率柴油机离心铸造气缸套铸铁件技术条件 ZBU05005-89.—北京：中国标准出版社，1990.7.—6页；大16开

锡基轴承合金化学分析方法 ZBU05006.1～006.16-89.—北京：中国标准出版社，1990.7.—35页；大16开

船用球墨铸铁金相检验 ZBU05007-90.—北京：中国标准出版社，1990.12.—9页；大16开

船用锻钢件超声波探伤 ZBU05008—90.—北京：中国标准出版社，1990.12.—19页；大16开.

海洋调查船系泊及海上试验通则 ZBU16001-90.—北京：中国标准出版社，1990.12.—8页；大16开

A型框架系列参数 ZBU16 002-90.—北京：中国标准出版社，1990.10.—3页；大16开

渔船尾部长滚筒 ZBU20001-89.—北京：中国标准出版社，1990.7.—4页；大16开.—0.50元

易脱链环 ZBU21001—89.—北京：中国标准出版社，1990.7.—4页；大16开

船用交流电动起货绞车控制设备技术条件 ZBU22001—89.—北京：中国标准出版社，1990.7.—7页；大16开

钢索压扣 ZBU24001-90.—北京：中国标准出版社，1990.12.—4页；大16开

天窗 ZBU26001—89.—北京：中国标准出版社，1990.12.—4页；大16开

铝合金双层中空玻璃隔声窗 ZBU26003—89.北京：中国标准出版社，1990.12.—4页；大16开

船用水幕喷头 ZBU32001-89.—北京：中国标准出版社，1990.—3页；大16开

船用颠倒采水器架 ZBU35001-89.—北京：中国标准出版社，1990.7.—7页；大16开

船用辅锅炉螺纹管 ZBU41001-90.—北京：中国标准出版社，1990.12.—3页；大16开

舰船用橡胶隔振器技术条件 ZBU47001-89.北京：中国标准出版社，1990.7.—10页；大16开

船用铜管简选系列 ZBU50001-90.—北京：中国标准出版社，1990.10.—4页；大16开

支管螺纹接头 ZBU55001-89.—北京：中国标准出版社，1990.7.—8页；大16开

渔船中高压液压系统安装、调试通用技术条件 ZBU57001-89.—北京：中国标准出版社，1990.6.—6页；大16开.—0.50元

船用手动比例流量方向复合阀 ZBU057002-89.—北京：中国标准出版社，1990.—8页；大16开

铝合金船体对接接头X射线照相及质量分级 ZBU60001-89.—北京：中国标准出版社，1990.7.—8页；大16开

渔船小型电气号灯 ZBU63001-89.—北京：中国标准出版社，1990.6.—11页；大16开.—1.00元

渔船雷达性能要求 ZBU65001-89.—北京：中国标准出版社，1990.4.—3页；大16开.—0.50元

船用轻型三杆分度仪 ZBU65002-90.—北京：中国标准出版社，1990.12.—4页；大16开

船用收信多路耦合器技术条件　ZBU66001-89.—北京：中国标准出版社，1990.7.—17页；大16开

纺织纤维鉴别试验方法　ZBW04004.1～04004.11-89.—北京：中国标准出版社，1990.1.—74页；大16开.—3.60元

温度与回潮率对棉及化纤纯纺、混纺制品断裂强力的修正方法　ZB W04006.1～04006.3-89.—北京：中国标准出版社，1990.1.—198页；大16开.8.70元

织物摩擦静电测定方法　ZBW04007～04009-89.北京：中国标准出版社，1990.3.—13页；大16开.1.00元

织物拉伸弹性试验方法　ZBW04010-89　ZB W60001-89.—北京：中国标准出版社，1990.4.8页；大16开.—0.75元

涂层织物测定方法　ZBW04011～04015-89.北京：中国标准出版社，1990.4.—14页；大16开.1.25元

评定纺织品白度用样卡　ZBW04016-89.—北京：中国标准出版社，1990.2.—2页；大16开.0.25元

纱线直径测定方法 CCD测定仪法　ZBW04017-89.—北京：中国标准出版社，1990.7.—6页；大16开.—0.50元

棉及化纤纯纺混纺织品交付验收抽样方案　ZBW10001～10002-89　ZBW70001—89.—北京：中国标准出版社，1990.3.—14页；大16开.—0.90元

棉经平绒　ZBW13005-89　ZBW71003-89.—北京：中国标准出版社，1990.3.—29页；大16开.2.00元

柞蚕绵条　ZBW41002-89.—北京：中国标准出版社，1990.2.—8页；大16开.—0.75元

进出口棉、涤棉机织物的线密度测定方法　ZBW53008-89.—北京：中国标准出版社，1990.4.—3页；大16开.—0.50元

针织涤棉交织运动服 针织T恤衫　ZBW63004～63005-89.—北京：中国标准出版社，1990.5.—16页；大16开.—0.90元

豆浆晶　ZBX11014-89.—北京：中国标准出版社，1990.7.—4页；大16开.—0.50元

精炼米糠油　ZBX14014-89.—北京：中国标准出版社，1990.5.—3页；大16开.—0.50元

出口冻扇贝柱、冻煮蛏肉、冻煮田螺肉检验规程　ZBX20012～014-90.—北京：中国标准出版社，1990.12.—8页；大16开.—0.75元

鱼露　ZBX20015-90.—北京：中国标准出版社，1990.10.—2页；大16开.—0.25元

出口猪肉制品检验规程　ZBX22012～014-90.北京：中国标准出版社，1990.12.—8页；大16开.0.75元

出口牛肉干检验规程　ZBX22015-90.—北京：中国标准出版社，1990.12.—3页；大16开.—0.50元

出口活梭子蟹检验规程 出口冻梭子蟹检验规程　ZBX51002-89　ZBX20011-89.—北京：中国标准出版社，1990.5.—6页；大16开.—0.75元

游艺机技术条件与试验方法　ZBY57008～57014-89.—北京：中国标准出版社，1990.2.—40页；大16开.—1.90元

使用粘合衬服装理化性能测试方法　ZBY75015～018-89.—北京：中国标准出版社，1990.7.—17页；大16开.—1.25元

缝制帽术语　ZBY75019-89.—北京：中国标准出版社，1990.7.—8页；大16开.—0.75元

T-652.2　部颁标准

包括含部级建制的专业公司标准、部颁行业标准及部属司局级颁布的标准。

下列部颁标准（包括规程、规范），均按标准序号排列，先按拉丁字母字顺排列，再按数序排列。

中华人民共和国部标准和专业标准目录.—北京：中国标准出版社，1990.10.—1047页；16开.—ISBN 7-5066-0250-4：23.30元

中国船舶工业总公司标准

外螺纹钢制直角截止阀　CB596-90.—北京：中国标准出版社，1990.10.—4页；大16开

外螺纹钢制直角截止止回阀　CB597-90.—北京：中国标准出版社，1990.10.—3页；大16开

有色金属锻件技术条件　CB862.1～862.2-88.北京：中国标准出版社，1990.4.—10页；大16开

外螺纹不锈钢截止阀　CB1010-90.—北京：中国标准出版社，1990.10.—4页；大16开

SY-1型生氯罐　CB1199-90.—北京：中国标准出版社，1990.12.—14页；大16开

舰用微光夜视仪技术条件　CB1211-90.—北京：中国标准出版社，1990.10.—9页；大16开

公安部标准

道路标线漆(常温型)　GN47-89.—北京：人民交通出版社，1990.7.—5页；大16开.—ISBN 7-114-00910-0：0.48元

道路标线涂料(热塑型)　GN48-89.—北京：人民交通出版社，1990.7.—9页；大16开.—ISBN 7-114-00911-9：0.80元

国家建筑材料工业局标准

钢管混凝土结构设计与施工规程　JCJ01-89/国家建材工业局苏州混凝土水泥制品研究院，中国船舶总公司第九设计研究院主编.—上海：同济大学出版社，1990.2.—136页；大32开.—ISBN 7-5608-0464-0：2.40元

交通部标准

公路试验规程汇编.—北京：人民交通出版社，1990.10.—1073页；大32开.—ISBN 7-114-00903-8（精装）：18.00元

公路勘测规程汇编.—北京：人民交通出版社，1990.6.—1册；大32开.—ISBN 7-114-00904-6（精装）：12.10元

船用柴油机配件代码　JT0021-89.—北京：人民交通出版社，1990.3.—17页；大16开.—ISBN 7-114-00824-4：1.20元

溢油分散剂技术条件　JT2013-89.—北京：人民交通出版社，1990.3.—7页；大16开.—ISBN 7-114-00823-6：0.72元

长江船用短波单边带电台性能要求　JT4605-89.北京：人民交通出版社，1990.2.—2页；大16开.ISBN 7-114-00805-8：0.24元

公路通信术语　JT4606-89.—北京：人民交通出版社，1990.3.—7页；大16开.—ISBN 7-114-00822-8：0.72元

公路工程抗震设计规范　JTJ004-89/交通部公路规划设计院主编.—北京：人民交通出版社，1990.8.64页；大32开.—ISBN 7-114-00975-5：2.00元

公路桥涵设计通用规范　JTJ021-89/交通部公路规划设计院主编.—北京：人民交通出版社，1990.1.40页；大32开.—ISBN 7-114-00835-X：0.85元

公路桥涵钢结构及木结构设计规范（JTJ 025-86）条文说明/交通部公路规划设计院编.—北京：人民交通出版社，1990.6.—129页；大32开.—ISBN 7-114-00899-6：2.20元

公路桥涵施工技术规范　JTJ041-89/交通部第一公路工程总公司主编.—北京：人民交通出版社，1990.10.—398页；大32开.—ISBN 7-114-00941-0：8.00元

港口工程质量检验评定标准　JTJ242-89.—北京：人民交通出版社，1990.7.—166页；大32开.ISBN 7-114-00900-3：4.00元

疏浚工程测量技术规范　JTJ283-88/交通部天津航道局主编.—北京：人民交通出版社，1990.9.108页；大32开.—ISBN 7-114-00963-1：3.50元

疏浚工程施工技术规范　JTJ284-89.—北京：人民交通出版社，1990.7.—38页；大32开.—ISBN 7-114-00914-3：1.30元

能源部标准

煤矿用液压凿岩机、液压钻车通用技术条件　MT198～199-89.—北京：中国标准出版社，1990.3.14页；大16开.—1.25元

煤矿水质测定方法　MT201～206-89.—北京：中国标准出版社，1990.4.—14页；大16开.—1.25元

电力建设施工及验收技术规范：热工仪表及控制装置篇：SDJ279-90/能源部基本建设司主编.—北京：水利电力出版社，1990.11.—62页；32开.—ISBN 7-120-01307-6：1.20元

能源部、水利部标准

水电站进水口设计规范　SD303-88：试行.—北京：水利电力出版社，1990.11.—33页；32开.0.90元

水电站进水口设计规范　SD303—88（试行）编写说明.—北京：水利电力出版社，1990.11.—40页；32开.—1.00元

水电站厂房设计规范　SD335-89：试行.—北京：水利电力出版社，1990.6.—112页；32开.2.50元

水电站厂房设计规范　SD335-89（试行）编制说明.—北京：水利电力出版社，1990.6.—98页；32开.—2.60元

水利水电基本建设工程单元工程质量等级评定标准·金属结构及启闭机械安装工程　SDJ249.2-88：试行/原水利电力部水利水电建设局主编.—北京：水利电力出版社，1990.2.—75页；32开.—1.70元

水利水电基本建设工程单元工程质量等级评定标准水轮发电机组安装工程　SDJ249.3-88：试行/能源部水电开发司，水利部建设开发司主编.—北京：水利电力出版社，1990.5.—84页；32开.—1.60元

水利水电基本建设工程单元工程质量等级评定标准水力机械辅助设备安装工程　SDJ249.4-88：试行/能源部水电开发司，水利部建设开发司主编.—北京：水利电力出版社，1990.1.—22页；32开.—0.60元

水利水电基本建设工程单元工程质量等级评定标准发电电气设备安装工程　SDJ249.5-88：试行/原水利电力部水力水电建设局主编.—北京：水利电力出版社，1990.1.—79页；32开.—1.45元

水利水电基本建设工程单元工程质量等级评定标准升压变电电气设备安装工程　SDJ249.6-88：试行/原水利电力部水利水电建设局主编.—北京：水利电力出版社，1990.1.—67页；32开.—1.30元

架空电力线外爆压接施工工艺规程　SDJ276-90/长沙电业局全国爆炸压接培训中心主编.—北京：水

利电力出版社，1990.9.—80页；32开.—ISBN 7-120-01279-7；1.55元

架空电力线内爆压接施工工艺规程 SDJ277-90：试行/长沙电业局全国爆炸压接培训中心编.—北京：水利电力出版社，1990.9.—20页；32开.—ISBN 7-120-01276-2；0.55元

水利水电工程环境影响评价规范 SDJ302-88：试行/能源部水利部水利水电规划设计总院主编.—北京：水利电力出版社，1990.2.—20页；32开.—ISBN 7-120-01126-X；0.55元

水利水电工程环境影响评定规范SDJ302-88（试行）编制说明.—北京：水利电力出版社，1990.3.106页；32开.—ISBN 7-120-01127-8；1.90元

混凝土大坝安全监测技术规范：SDJ336-89：试行/《混凝土大坝安全监测技术规范》编制组主编.北京：水利电力出版社，1990.2.—125页；32开.ISBN 7-120-01093-X：2.80元

水利水电工程施工组织设计规范 SDJ338-89：试行/原水利电力部成都勘测设计院主编.—北京：水利电力出版社，1990.1.—118页；32开.—2.15元

水利水电工程施工组织设计规范SDJ338-89（试行）编制说明.—北京：水利电力出版社，1990.1.148页；32开.—2.60元

溢洪道设计规范 SDJ341-89/中南勘测设计院主编.—北京：水利电力出版社，1990.9.—89页；32开.—ISBN 7-120-01274-6；2.05元

溢洪道设计规范SDJ341-89编制说明.—北京：水利电力出版社，1990.9.—124页；32开.—ISBN 7-120-01275-4；3.15元

水利电力部标准

水利电力部标准汇编：水利水电工程 （1）：地质.北京：水利电力出版社，1990.4.—722页；32开.ISBN 7-120-01002-6；15.50元

水利电力部标准汇编：水利水电工程 （2）：水文.北京：水利电力出版社，1990.5.—869页；32开.ISBN 7-120-01003-4；20.60元

水利电力部标准汇编：水利水电工程 （4）：水工设计.—北京：水利电力出版社，1990.6.—943页；32开.—ISBN 7-120-01004-2；19.90元

水利电力部标准汇编：水利水电工程 （4）：水工设计编制说明.—北京：水利电力出版社，1990.5.—719页；32开.—ISBN 7-120-01005-0；15.00元

水利电力部标准汇编：水利水电工程 （6）：厂房机电编制说明.—北京：水利电力出版社，1990.11.—245页；32开.—ISBN 7-120-01301-7；6.35元

额定电压IKV及以下架空绝缘电线 SD 237-87.北京：水利电力出版社，1990.6.—11页；16开.0.85元

碾压式土石坝设计规范SDJ 218-84编制说明.—北京：水利电力出版社，1990.7.—113页；32开.—ISBN 7-120-01258-4；2.95元

水利部标准

水文测验铅鱼 SL06-89.—北京：水利电力出版社，1990.1.—5页；16开.—0.55元

瞬时式悬移质泥沙采样器 SL07-89.—北京：水利电力出版社，1990.1.—5页；16开.—0.55元

积时式悬移质泥沙采样器 SL08-89.—北京：水利电力出版社，1990.1.—6页；16开.—0.55元

水文测杆 SL09-89.—北京：水利电力出版社，1990.1.—6页；16开.—0.55元

水文仪器术语 SL10-89.—北京：水利电力出版社，1990.1.—56页；16开.—2.60元

橡胶坝技术指南 SLJ03-88/水利水电科学研究院主编.—北京：水利电力出版社，1990.2.—43页；32开.—1.20元

橡胶坝技术指南SLJ 03-88编制说明/水利水电科学研究院主编.—北京：水利电力出版社，1990.2.—49页；32开.—1.25元

石油工业部标准

下井仪器外径尺寸系列 SY 5032-87.—北京：石油工业出版社，1990.3.—7页；大16开.—0.23元

油井防砂砾石性能评价推荐方法 SY 5184-87.北京：石油工业出版社，1990.3.—13页；大16开.0.75元

砾石充填防砂水基携砂液性能评价推荐方法 SY 5185-87.—北京：石油工业出版社，1990.3.—23页；大16开.—1.20元

转换接头 SY5200-87.—北京：石油工业出版社，1990.3.—25页；大16开.—1.20元

游梁式抽油机质量分等 SY5212-87.—北京：石油工业出版社，1990.3.—16页；大16开.—0.75元

闭式下击器 SY5213-87.—北京：石油工业出版社，1990.3.—3页；大16开.—0.30元

JZ-Y型液压减震器 SY5214-87.—北京：石油工业出版社，1990.3.—3页；大16开.—0.30元

常规取心工具 SY5216-87.—北京：石油工业出版社，1990.4.—10页；大16开.—0.60元

金刚石钻头及金刚石取心钻头 SY5217-87.—北京：石油工业出版社，1990.4.—6页；大16开.0.38元

CJT系列抽油机节能拖动装置 SY5226-87.—北京：石油工业出版社，1990.3.—12页；大16开

0.60元

石油钻采机械产品用碳素钢和普通合金钢铸件通用技术条件 SY 5301-87.—北京：石油工业出版社，1990.3.—9页；大16开.—0.60元

地震勘探资料采集 SY5330-88.—北京：石油工业出版社，1990.3.—30页；大16开.—1.35元

出矿原油技术条件 SY7513-88.—北京：石油工业出版社，1990.3.—13页；大16开.—0.75元

天然气 SY7514-88.—北京：石油工业出版社，1990.5.—3页；大16开.—0.30元

铁道部标准

铁路工程岩土化学分析方法 TBJ103-87/铁道部第二勘测设计院主编.—北京：中国铁道出版社，1990.2.—98页；大32开.—ISBN 7-113-00433-4：1.30元

对外经济贸易部标准

经贸系统软件工程设计规范 WM3028-88.—北京：中国标准出版社，1990.3.—134页；大16开.6.65元

冶金工业部标准

机器动荷载作用下建筑物承重结构的振动计算和隔振设计规程 YBJ55-90 YSJ009-90：试行/冶金工业部建筑研究总院主编.—北京：冶金工业出版社，1990.12.—135页；大32开.—ISBN 7-5024-0792-8：3.45元

压型金属板设计施工规程 YBJ216-88/冶金工业部建筑研究总院主编.—北京：冶金工业出版社，1990.1.—61页；大32开.—ISBN 7-5024-0592-5：1.75元

冶金矿山井巷工程质量检验评定标准 YBJ218-89/冶金工业部华北冶金矿山建设公司主编.—北京：冶金工业出版社，1990.4.—42页；大32开.—ISBN 7-5024-0701-4：1.00元

钢铁工业建（构）筑物可靠性鉴定规程 YBJ219-89/冶金工业部建筑研究总院主编.—北京：冶金工业出版社，1990.12.—51页；大32开.—ISBN 7-5024-0809-6：1.70元

邮电部标准

市内通信全塑电缆线路工程设计规范 YDJ9-90/邮电部基本建设司主编.—北京：人民邮电出版社，1990.10.—58页；大32开.—ISBN 7-115-04419-8：2.30元

通信管道工程施工及验收技术规范 YDJ39-90/邮电部基本建设司编.—北京：人民邮电出版社，1990.9.—56页；大32开.—ISBN 7-115-04414-7：2.30元

电信网光纤数字传输系统工程施工及验收暂行技术规定 YDJ44-89/邮电部基建司主编.—北京：人民邮电出版社，1990.3.—82页；大32开.—ISBN 7-115-04255-1：2.95元

中国有色金属工业总公司标准

铅锌冶炼厂工艺设计规范 YSJ005-90：试行/长沙有色冶金设计研究院主编.—北京：中国计划出版社，1990.10.—34页；大32开.—1.00元

铜冶炼厂工艺设计规范 YSJ006-90：试行/南昌有色冶金设计研究院主编.—北京：中国计划出版社，1990.10.—27页；大32开.—0.90元

有色金属选矿厂试验室、化验室及技术检查站工艺设计标准 YSJ007-90：试行/兰州有色冶金设计研究院主编.—北京：中国计划出版社，1990.10.12页；大32开.—0.70元

有色金属矿山生活福利设施建筑设计标准 YSJ008-90：试行/长沙有色冶金设计研究院主编.—北京：中国计划出版社，1990.10.—11页；大32开.0.70元

注水试验规程 YSJ214-89 YBJ14-89/中国有色金属工业总公司西安勘察院主编.—西安：西安交通大学出版社，1990.3.—26页；32开.—ISBN 7-5605-0338-1：0.95元

抽水试验规程 YSJ215-89 YBJ15-89/中国有色金属工业总公司西安勘察院主编.—西安：西安交通大学出版社，1990.3.—45页；32开.—ISBN 7-5605-0339-X：1.40元

压水试验规程 YSJ216-89 YBJ 16-89/中国有色金属工业总公司西安勘察院主编.—西安：西安交通大学出版社，1990.3.—24页；32开.—ISBN 7-5605-0340-3：0.85元

岩土静力载荷试验规程 YSJ218-90 YBJ 17-90/中国有色金属工业总公司西安勘察院主编.—西安：西安交通大学出版社，1990.9.—18页；32开.—ISBN 7-5605-0369-1：0.70元

动力触探试验规程 YSJ219-90 YBJ 18-90/中国有色金属工业总公司西安勘察院主编.—西安：西安交通大学出版社，1990.9.—10页；32开.—ISBN 7-5605-0371-3：0.50元

十字板剪切试验规程 YSJ220-90 YBJ 19-90/中国有色金属工业总公司西安勘察院主编.—西安：西安交通大学出版社，1990.9.—7页；32开.—ISBN 7-5605-0370-5：0.50元

野外大面积直剪试验规程 YSJ221-90 YBJ 20-90/中国有色金属工业总公司西安勘察院主编.—西安：西安交通大学出版社，1990.9.—17页；32开.ISBN 7-5605-0372-1：0.70元

部颁行业标准

汽车大修企业开业技术条件　JT3135-89.—北京：人民交通出版社，1990.6.—4页；大16开.—ISBN 7-114-00867-8：0.48元

全挂车转盘基本参数系列　JT3136.1-89.—北京：人民交通出版社，1990.6.—2页；大16开.—ISBN 7-114-00869-4：0.36元

全挂车转盘通用技术条件　JT3136.2-89.—北京：人民交通出版社，1990.6.—2页；大16开.—ISBN 7-114-00864-3：0.36元

半挂车牵引座基本参数系列　JT3137.1-89.—北京：人民交通出版社，1990.6.—2页；大16开.—ISBN 7-114-00866-X：0.36元

半挂车牵引座通用技术条件　JT3137.2-89.—北京：人民交通出版社，1990.6.—2页；大16开.—ISBN 7-114-00868-6：0.36元

半挂车支承装置基本参数系列　JT3138.1-89.北京：人民交通出版社，1990.6.—2页；大16开.ISBN 7-114-00870-8：0.36元

半挂车支承装置通用技术条件　JT3138.2-89.—北京：人民交通出版社，1990.6.—2页；大16开.—ISBN 7-114-00865-1：0.36元

挂车车轴总成基本参数系列　JT3139.1-89.—北京：人民交通出版社，1990.6.—2页；大16开.—ISBN 7-114-00872-4：0.36元

挂车车轴通用技术条件　JT3139.2-89.—北京：人民交通出版社，1990.6.—4页；大16开.—ISBN 7-114-00871-6：0.48元

路面机械类组划分　JT3140.1-89.—北京：人民交通出版社，1990.6.—3页；大16开.—ISBN 7-114-00892-9：0.48元

路面机械主参数系列　JT3140.2-89.—北京：人民交通出版社，1990.6.—2页；大16开.—ISBN 7-114-00893-7：0.36元

路面机械产品型号编制方法　JT3140.3-89.—北京：人民交通出版社，1990.6.—6页；大16开.—ISBN 7-114-00894-5：0.60元

船用锅炉安全阀修理技术要求　JT4536-89.—北京：人民交通出版社，1990.6.—6页；大16开.—ISBN 7-114-00891-0：0.60元

135和160系列船用柴油机消声器技术条件　JT4537-89.—北京：人民交通出版社，1990.6.—3页；大16开.—ISBN 7-114-00890-2：0.50元

港口起重机金属结构静载及动载试验方法　JT5024-89.—北京：人民交通出版社，1990.2.—11页；大16开.—ISBN 7-114-00849-X：0.96元

粮食房式仓库设计标准　SBJ 03-89：试行/商业部郑州粮食科学研究设计所，上海市粮食局基建处主编.—郑州：河南科学技术出版社，1990.1.—52页；大32开.—ISBN 7-5349-0854-X：1.20元

喷灌用自应力钢丝网水泥管　SL11-90.—北京：水利电力出版社，1990.8.—7页；大16开.—0.65元

喷灌用自应力水泥管铸铁管件　SL12-90.—北京：水利电力出版社，1990.8.—24页；大16开.—1.50元

灌溉试验规范　SL13-90/水利部农村水利水土保持司主编.—北京：水利电力出版社，1990.12.51页；32开.—1.05元

灌溉试验规范SL13-90条文说明/水利部农村水利水土保持司主编.—北京：水利电力出版社，1990.12.—16页；32开.—0.50元

农田排水技术规程：南方农田暗管排水部分　SL15-90/水利水电科学研究院水利研究所主编.—北京：水利电力出版社，1990.12.—85页；32开.2.20元

疏浚工程施工技术规范　SL17-90/水利水电第十三工程局主编.—北京：水利电力出版社，1990.12.39页；32开.—1.20元

疏浚工程施工技术规范SL17-90条文说明.北京：水利电力出版社，1990.12.—37页；32开.1.25元

碎屑岩油藏注水水质推荐指标及分析方法　SY5329-88.—北京：石油工业出版社，1990.3.—28页；大16开.—1.20元

炮眼冲洗器　SY5335-88.—北京：石油工业出版社，1990.3.—6页；大16开.—0.45元

常规岩心分析推荐作法　SY5336-88.—北京：石油工业出版社，1990.4.—51页；大16开.—3.25元

砾石充填工具　SY5337-88.—北京：石油工业出版社，1990.3.—4页；大16开.—0.30元

酚醛树脂加固井壁防砂推荐作法　SY5338-88.北京：石油工业出版社，1990.3.—13页；大16开.0.75元

酚醛树脂人工井壁防砂推荐作法　SY5339-88.北京：石油工业出版社，1990.3.—20页；大16开.0.90元

油井套管内绕丝筛管砾石充填防砂工艺推荐作法　SY5340-88.—北京：石油工业出版社，1990.11.26页；大16开.—1.20元

滤液侵入岩心量的测定方法　SY5343-88.—北京：石油工业出版社，1990.3.—6页；大16开.0.45元

毛管压力曲线的测定离心机法　SY5344-88.—北京：石油工业出版社，1990.3.—7页；大16开.0.45元

油水相对渗透率测定方法　非稳态法　SY5345-89.北京：石油工业出版社，1990.6.—7页；大16开，

0.45元

毛管压力曲线的测定压汞法 SY5346-89.—北京：石油工业出版社，1990.3.—3页；大16开.0.30元

钻井密闭取心作业推荐作法 SY5347-89.—北京：石油工业出版社，1990.5.—4页；大16开.0.30元

钻井液电阻率仪技术条件 SY5348-89.—北京：石油工业出版社，1990.5.—4页；大16开.—0.30元

滚子烘箱技术条件 SY5349-89.—北京：石油工业出版社，1990.5.—4页；大16开.—0.30元

可钻式桥塞 SY5352-89.—北京：石油工业出版社，1990.5.—9页；大16开.—0.60元

注解卡液计算及安全作业规则 SY5357-89.—北京：石油工业出版社，1990.5.—6页；大16开.0.45元

单井测井资料数字处理流程 SY5360-89.—北京：石油工业出版社，1990.5.—17页；大16开.0.90元

测井电缆穿心打捞操作规程 SY5361-89.—北京：石油工业出版社，1990.5.—8页；大16开.0.45元

生产测井模拟试验装置 SY5362-89.—北京：石油工业出版社，1990.5.—6页；大16开.—0.45元

含油、气岩系的划分 SY5363-89.—北京：石油工业出版社，1990.5.—3页；大16开.—0.30元

岩石含油级别的划分 SY5364-89.—北京：石油工业出版社，1990.5.—2页；大16开.—0.23元

石油天然气地质岩心与岩屑管理规则 SY5365-89.—北京：石油工业出版社，1990.7.—11页；大16开.—0.60元

砂岩油藏密闭取心资料技术要求 SY5366-89.北京：石油工业出版社，1990.5.—9页；大16开.0.60元

油田可采储量标定方法 SY5367-89.—北京：石油工业出版社，1990.7.—23页；大16开.—1.20元

岩石薄片鉴定方法 SY5368.1～5368.5-89.—北京：石油工业出版社，1990.7.—42页；大16开.1.80元

石油钻具的使用与维护方钻标、钻杆、钻铤 SY5369-89.—北京：石油工业出版社，1990.8.—28页；大16开.—1.35元

油气分离器规范 SY7515-89.—北京：石油工业出版社，1990.5.—15页；大16开.—0.90元

油田注水设计规范 SYJ5-89/大庆石油勘察设计研究院主编.—北京：石油工业出版社，1990.5.19页；大32开.—0.39元

本标准1989年10月1日起实行。

油田含油污水处理设计规范 SYJ6-89/大庆石油勘察设计院主编.—北京：石油工业出版社，1990.5.—21页；大32开.—0.44元

本标准1989年10月1日实行。

油田含油污水处理设计规范SYJ6-89条文说明.北京：石油工业出版社，1990.5.—38页；大32开.0.62元

电力线路对埋地钢质管道交流电干扰测试方法 SYJ32-88/中国石油天然气总公司，四川石油勘察设计研究院主编.—北京：石油工业出版社，1990.3.12页；大32开.—0.30元

电力线路对埋地钢质管道交流电干扰测试方法SYJ32-88条文说明.—北京：石油工业出版社，1990.3.13页；大32开.—0.35元

油田和原油长输管道变配电设计规定 SYJ33-88：试行/中国石油天然气总公司石油规划设计总院等主编.—北京：石油工业出版社，1990.5.—31页；大32开.—0.57元

本标准1989年10月1日试行。

油气管道工程地质勘察规范 SYJ 53-89/中国石油天然气总公司管道勘察设计院主编.—北京：石油工业出版社，1990.3.—43页；大32开.—0.66元

油气管道工程地质勘察规范SYJ53-89条文说明.北京：石油工业出版社，1990.5.—36页；大32开.0.57元

静力触探技术规定SYJ 58-89条文说明.—北京：石油工业出版社，1990.5.—19页；大32开.0.39元

油田集输管道施工及验收规范 SYJ4022-88.—北京：石油工业出版社，1990.9.—36页；大32开.0.71元

油田集输管道施工及验收规范SYJ4022-88 条文说明.—北京：石油工业出版社，1990.9.—27页；大32开.—0.55元

石油工程建设基本术语 SYJ4039-81/中国石油天然气总公司基建工程部，中国石油天然气总公司石油规划设计总院主编.—北京：石油工业出版社，1990.5.—108页；大32开.—1.40元

T-652.6 规范、规程

工程建设规范汇编 (30)：建筑施工操作规程/中国建筑工业出版社编.—北京：中国建筑工业出版社，1990.6.—371页；32开.—ISBN 7-112-01042-X：4.85元

工程建设规范汇编 (31)：建筑施工操作规程/中国建筑工业出版社编.—北京：中国建筑工业出版社，1990.6.—418页；32开.—ISBN 7-112-01043-8：5.30元

工程建设规范汇编 (34)：建筑设计规范/中国

建筑工业出版社编.—北京：中国建筑工业出版社，1990.10.—469页；32开.—ISBN 7-112-01105-1：5.95元

工程建设规范汇编（35）：建筑安装工程质量检验评定标准/中国建筑工业出版社编.—北京：中国建筑工业出版社，1990.9.—398页；32开.—ISBN 7-112-01159-0：5.80元

工程建设规范汇编（36）：结构设计规范/中国建筑工业出版社编.—北京：中国建筑工业出版社，1990.9.—459页；32开.—ISBN 7-112-01158-2：6.75元

工程建设规范汇编（37）：工业与民用电力装置设计规范/中国建筑工业出版社编.—北京：中国建筑工业出版社，1990.9.—344页；32开.—ISBN 7-112-01157-4：5.20元

工程建设规范汇编（38）：建筑材料与设备规程/中国建筑工业出版社编.—北京：中国建筑工业出版社，1990.12.—335页；32开.—ISBN 7-112-01212-0：5.15元

工程建设规范汇编（39）：采暖通风与空气调节规范/中国建筑工业出版社编.—北京：中国建筑工业出版社，1990.12.—429页；32开.—ISBN 7-112-01213-9：6.20元

工程建设规范汇编（40）：结构设计规范/中国建筑工业出版社编.—北京：中国建筑工业出版社，1990.12.—573页；32开.—ISBN 7-112-01221-X：9.85元

工程建设规范汇编（41）：结构设计规范/中国建筑工业出版社编.—北京：中国建筑工业出版社，1990.12.—572页；32开.—ISBN 7-112-01222-8：9.85元

中华人民共和国机械电子工业部电子计量器具检定规程：1990年.—北京：电子工业出版社，1990.10.898页；大32开.—ISBN 7-5053-1045-3（精装）：18.50元

中华人民共和国能源部部门计量检定规程：石油钻杆接头螺纹工作量规JJG：石油 01-89.—北京：石油工业出版社，1990.8.—21页；大32开.—0.50元

中华人民共和国能源部火力发电厂锅炉、压力容器焊接工艺评定规程 SD340-89.—北京：水利电力出版社，1990.2.—52页；32开.—ISBN 7-120-01207-X：1.05元

化学工业部计量器具检定规程：DDZ-Ⅱ系列电动单元组合仪表JJG（化）15～27-89.—北京：化学工业出版社，1990.9.—177页；32开.—ISBN 7-5025-0793-0：3.50元

化学工业部计量器具检定规程：DDZ-Ⅱ系列电动单元组合仪表JJG（化）1～14-89.—北京：化学工业出版社，1990.9.—215页；32开.—ISBN 7-5025-0794-9：4.30元

国家计量检定规程汇编：无线电（一）：信号源、波形、频谱类：1989/国家技术监督局计量司量传处编.—北京：中国计量出版社，1990.8.—567页；大32开.—ISBN 7-5026-0363-8：12.20元

国家计量检定规程汇编：无线电（三）：衰减、相位、场强、干扰、微波网络和综合参数类：1989/国家技术监督局计量司量传处编.—北京：中国计量出版社，1990.8.—315页；大32开.—ISBN 7-5026-0378-6：7.00元

国家计量检定规程汇编：无线电（四）：电子元器件参数类：1989/国家技术监督局计量司量传处编.—北京：中国计量出版社，1990.8.—165页；大32开.—ISBN 7-5026-0365-4：4.00元

国家计量检定规程汇编：长度（六）：综合类：1987～1989/国家技术监督局计量司量传处编.—北京：中国计量出版社，1990.7.—390页；大32开.ISBN 7-5026-0353-0：8.50元

国家计量检定规程汇编：电磁（一）：直流器具类：1989/国家技术监督局计量司量传处编.—北京：中国计量出版社，1990.7.—448页；大32开.—ISBN 7-5026-0358-1：9.70元

国家计量检定规程汇编：电磁（二）：交流器具类：1989/国家技术监督局计量司量传处编.—北京：中国计量出版社，1990.8.—545页；大32开.—ISBN 7-5026-0359-X：11.70元

国家计量检定规程汇编：电磁（三）：磁学计量器具和磁材料标准样品类：1989/国家技术监督局计量司量传处编.—北京：中国计量出版社，1990.8.249页；大32开.—ISBN 7-5026-0377-8：5.50元

国家计量检定规程汇编：光学（一）：1989/国家技术监督局计量司量传处编.—北京：中国计量出版社，1990.9.—408页；大32开.—ISBN 7-5026-0362-X：9.00元

国家计量检定规程汇编：测力（一）：1989/国家技术监督局计量司量传处编.—北京：中国计量出版社，1990.10.—318页；大32开.—ISBN 7-5026-0375-1：7.00元

TB　一般工业技术

TB1　工程基础科学

专业技术职务考试习题集：工程类/陈正英主编.北京：中国财政经济出版社，1990.7.—345页；32开.—ISBN 7-5005-1095-0：4.00元

质量工程学讲座（1）：开发、设计阶段的质量工程学/（日）田口玄一著；中国兵器工业质量管理协会译.北京：兵器工业出版社，1990.3.—374页；32开.ISBN 7-80038-211-7：6.00元

TB11 工程数学

工业试验设计技术：数理统计在工业技术中的应用/虞鸿祉等编著.—南京：东南大学出版社，1990.1.—232页；16开.—高等学校教材.—ISBN 7-81023-200-2：3.00元

工程数学 第一册/陆传务主编.—武汉：华中理工大学出版社，1990.11.—441页；大32开.—ISBN 7-5609-0394-0：2.80元

工程数学 第二册/陆传务主编；林昇旭等编.—武汉：华中理工大学出版社，1990.12.—453页；大32开.—ISBN 7-5609-0530-7：2.84元

工程数学：复变函数/西安交通大学高等数学教研室编.—3版.—北京：高等教育出版社，1990.4.226页；大32开.—高等学校教材.—ISBN 7-04-002847-3：1.95元

本书1981年4月第2版。

工程数学：积分变换/南京工学院数学教研组编.3版.—北京：高等教育出版社，1990.1.—117页；大2开.—高等学校教材.—ISBN 7-04-002571-X：0.89元

本书1978年12月第1版。

现代工程数学手册 第Ⅴ卷/现代工程数学手册编委会编.—武汉：华中理工大学出版社，1990.8.1392页；大32开.—ISBN 7-5609-0270-7（精装）：22.30元

实用工程数学/卢名高，金海林编著.—东营：石油大学出版社，1990.6.—401页；大32开.—ISBN 7 5636-0090-6：4.80元

TB114 概率论、数理统计的应用

工程优化原理及应用/（美）雷欧（Rao，S.S.）著；祁载康等译.—北京：北京理工大学出版社，1990.10.—547页；16开.—ISBN 7-81013-332-2：7.15元

工程控制理论/顾瑞龙编著.—北京：北京科学技术出版社，1990.9.—475页；16开.—ISBN 7-5304-0481-4：16.50元

工程最优化：方法与应用/（美）G.V.雷克莱狄斯等编；孙彦兵等译.—北京：北京航空航天大学出版社，1990.2.—431页；16开.—ISBN 7-81012-165-0：14.20元

可靠性工程/黄祥瑞编著.—北京：清华大学出版社，1990.10.—297页；16开.—ISBN 7-302-00649-0：4.20元

可靠性工程学/蔡俊编.—哈尔滨：黑龙江科学技术出版社，1990.10.—187页；16开.—高等学校教材.ISBN 7-5388-1086-2：2.50元

可靠性评定/周源泉，翁朝曦著.—北京：科学出版社，1990.3.—419页；16开.—ISBN 7-03-001584-3：21.70元

多元质量控制/王成斌著.—北京：宇航出版社，1990.12.—180页；32开.—ISBN 7-80034-330-8：3.00元

系统可靠性与维修性的分析与设计/章国栋等编著.—北京：北京航空航天大学出版社，1990.7.395页；16开.—ISBN 7-81012-181-2：5.35元

实验设计法概论/（日）田口玄一著；中国兵器工业质量管理协会译.—北京：兵器工业出版社，1990.3.—114页；32开.—ISBN 7-80038-210-9：2.00元

常规控制图与累积和控制图/王淑君编著.—北京：国防工业出版社，1990.6.—187页；大32开.—（可靠性与质量管理丛书）.—ISBN 7-118-00545-2：3.90元

维修性设计/牟致忠编著.—上海：上海科学技术文献出版社，1990.2.—255页；32开.—ISBN 7-80513-464-2：4.20元

TB115 计算数学的应用

工程数据处理/王广铨，罗传义编著.—长春：吉林大学出版社，1990.8.—229页；32开.—ISBN 7-5601-0567-X：3.05元

工程数据处理及其微机电算/肖作善编.—北京：水利电力出版社，1990.3.—240页；32开.—ISBN 7-120-00975-3：5.40元

工程管理网络图论/王焕雄，耿瑞萍编著.—延吉：延边人民出版社，1990.4.—341页；大32开.ISBN 7-80508-314-2：7.50元

边界单元法及工程应用/魏兆正编.—大连：大连理工大学出版社，1990.12.—162页；32开.—研究生教材.—ISBN 7-5611-0350-6：1.25元

有限元法及其应用/孙菊芳主编.—北京：北京航空航天大学出版社，1990.7.—329页；16开.—ISBN 7-81012-163-4：4.20元

微型计算机及其在工业生产中的应用/（英）考克哈尔（Kochhar，A.K.），布恩斯（Burns，N.p.）著；吕景瑜，曹家驹译.—北京：国防工业出版社，1990.11.—227页；16开.—ISBN 7-118-00582-7：9.25元

书名原文：Microprocessors and their Marufacturing Applicatins

数值方法在工程中的应用/（美）费尔齐格（Ferqiger，J.H.）著；潘任先，王晖夫译.—北京：机械工业出版社，1990.11.—266页；大32开.—ISBN 7-111-01647-5：8.80元

TB12 工程力学

工程力学/宁阿寿编.—北京：煤炭工业出版社，1990.11.—229页；16开.—煤矿技工学校试用教材.ISBN 7-5020-0439-4：4.40元

工程力学/吴曾谅等编著.—西安：西北大学出版社，1990.2.—188页；16开.—ISBN 7-5604-0127-9：4.30元

工程力学/徐克家编写.—2版.—北京：劳动人事出版社，1990.2.—161页；16开.—全国技工学校机械类通用教材.—ISBN 7-5045-0452-1：2.90元
本书1984年11月第1版。

工程力学/萧兴彬，王振发主编.—北京：机械工业出版社，1990.6.—440页；32开.—ISBN 7-111-02227-0：4.80元

工程力学/龚秀英主编.—郑州：河南科学技术出版社，1990.9.—309页；16开.—ISBN 7-5349-0748-9：7.45元

工程气固多相流动的理论及计算/岑可法，樊建人著.—杭州：浙江大学出版社，1990.3.—666页；16开.—ISBN 7-308-00406-6：8.55元

工程结构抗断设计基础/刘再华等编著.—武汉：华中理工大学出版社，1990.10.—262页；大32开.—ISBN 7-5609-0527-7：1.72元

工程流体力学/王淑莲编.—沈阳：东北工学院出版社，1990.12.—357页；大32开.—高等学校教材.ISBN 7-81006-265-4：2.92元

工程流体力学/郭春光主编.—北京：水利电力出版社，1990.5.—299页；16开.—函授大学教材.—ISBN 7-120-01144-8：8.90元

工程流体力学/（苏）Б.Т.叶姆采夫著；关醒凡，于华译.—北京：高等教育出版社，1990.6.—543页；大32开.—ISBN 7-04-002004-1：4.75元

工程流体力学 上册：水力学/闻德荪等编.—北京：高等教育出版社，1990.9.—362页；大32开.—高等学校教材.—ISBN 7-04-003170-1：3.00元

工程断裂力学/李洪升，周承芳编.—大连：大连理工大学出版社，1990.3.—323页；32开.—ISBN 7-5611-0280-1：2.24元

工程断裂力学基础/黎振兹编著.—长沙：中南工业大学出版社，1990.1.—321页；32开.—ISBN 7-81020-272-3：2.00元

工程弹性理论与应用/（美）Reismann, H., Aawlik, P.S.著；韩祖南等译.—长沙：国防科技大学出版社，1990.12.—488页；32开.—ISBN 7-81024-117-6：5.00元

换算刚度法及其在结构中的应用/李清森，王国鼎著.—北京：人民交通出版社，1990.3.—668页；大32开.—ISBN 7-114-00785-X（精装）：16.90元

第三届（1990年）全国风工程及工业空气动力学学术会议论文集/中国空气动力学研究会工业空气动力学专业委员会编.—北京：万国学术出版社，1990.8.662页；16开.—ISBN 7-80003-120-9（精装）：80.00元

液流与气流的微处理机控制/（苏）扎尔曼索恩（Залманзон, Л.А.）著；张义海译.—北京：科学出版社，1990.3.—399页；32开.—ISBN 7-03-001365-4：13.00元

弹性工程力学/何福照著.—北京：人民交通出版社，1990.4.—427页；大32开.—（高等结构力学丛书；一）.—ISBN 7-114-00721-3（精装）：11.60元

键合图在工程建模中的应用/（英）A.J.布伦德尔著；叶松柏等译.—上海：上海科学技术文献出版社，1990.9.—171页；32开.—ISBN 7-80513-654-8：3.00元

键合图概论：一种系统动力学方法/潘亚东编著.重庆：重庆大学出版社，1990.1.—144页；16开.ISBN 7-5624-0283-3：1.95元

TB13 工程物理学

工程物理中的张量场论/张启南，涂侯杰编著.北京：北京航空航天大学出版社，1990.1.—296页；32开.—ISBN 7-81012-128-6：1.90元

TB18 人体工程学

人机工程学/陈毅然主编.—北京：航空工业出版社，1990.8.—317页；16开.—ISBN 7-80046-269-2：4.10元

人机学/马秉衡，戎诚兴编著.—北京：冶金工业出版社，1990.8.—399页；32开.—（职工安全教育丛书）.—ISBN 7-5024-0723-5：5.90元

人体功效学：发现你的潜能/孙柏枫，董琼编著.长春：吉林教育出版社，1990.12.—314页；大32开.—ISBN 7-5383-1176-9（精装）：5.70元

人的可靠性/（加）迪隆（Dhillon, B.S.）著；牟致忠等译.—上海：上海科学技术出版社；加拿大：培格曼出版公司，1990.12.—224页；大32开.ISBN 7-5323-2078-2：6.30元
书名原文：Human Reliability

人类工效学/卢煊初，李广燕编译.—北京：轻工业出版社，1990.10.—355页；32开.—ISBN 7-5019-0636-X：5.70元

工程心理学/朱祖祥主编.—上海：华东师范大学出版社，1990.5.—522页；大32开.—高等学校文科教材.—ISBN 7-5617-0537-9：3.56元

什么是人体工程学/（日）小原二朗著；罗筠筠，

樊美筠译.—北京：三联书店，〔1990？〕.—226页：图；32开.—（大众文库）.—ISBN 7-108-00313-9：4.20元

TB2　工程设计与测绘

工业产品装饰技术手册/杨廷祖主编.—南京：江苏科学技术出版社，1990.7.—391页；16开.—ISBN 7-5345-0987-4：9.60元

TB21　工程设计

工程实验设计/沈邦兴主编.—北京：测绘出版社，1990.12.—371页；16开.—高等学校教材.—ISBN 7-5030-0402-9：4.80元

工程建设中智能辅助决策系统：1989年度论文汇编/刘西拉等编.—北京：电子工业出版社，1990.10.—241页；16开.—ISBN 7-5053-1232-4：20.00元

产品·人·环境——浅谈工业设计/陈淑卿编著.广州：华南理工大学出版社，1990.1.—172页；32开.—ISBN 7-5623-0119-0：3.40元

TB22　工程测量

工程测量/陈龙飞，金其坤编著.—上海：同济大学出版社，1990.8.—256页；16开.—ISBN 7-5608-0619-8：3.40元

工程测量学/江宝波，黄德芳编.—北京：地质出版社，1990.10.—282页；16开.—中等专业学校教材.—ISBN 7-116-00680-X：3.55元

工程勘察全面质量管理/林文俏编著.—桂林：广西师范大学出版社，1990.1.—196页；32开.—ISBN 7-5633-0671-4：3.20元

地球重力场在工程测量中的应用/管泽霖，宁津生编.—北京：测绘出版社，1990.6.—283页；32开.高等学校教材.—ISBN 7-5030-0348-0：1.90元

第九届工程测量国际学术讨论会论文选译/中国测绘学会，武汉测绘科技大学编译.—武汉；武汉测绘科技大学出版社，1990.3.—173页；16开.—教学参考书.—ISBN 7-81030-027-X：2.30元

TB23　工程制图

工业技术基础：工程制图习题集/李洪恩编.—北京：地震出版社，1990.8.—2册；16开.—ISBN 7-5028-0418-8：11.60元

工程制图/李爱华，沈润斋主编.—武汉：武汉测绘科技大学出版社，1990.3.—260页；16开.—工科、应用理科类各专业用.—ISBN 7-81030-061-X：5.40元

工程制图/张春元主编.—长沙：中南工业大学出版社，1990.9.—237页；16开.—高等学校教材.—ISBN 7-81020-309-6：3.10元

工程制图/樊昌文主编.—北京：中国林业出版社，1990.3.—378页；16开.—ISBN 7-5038-0630-3：9.00元

工程制图习题集/于鸿恕主编.—长沙：中南工业大学出版社，1990.9.—93页；8开.—高等学校教材.—ISBN 7-81020-310-X：6.00元

工程制图习题集/刘志发，陈宝焜主编.—北京：中国林业出版社，1990.1.—115页；16开.—ISBN 7-5038-0603-6：3.00元

工程制图基础/邱岳等主编.—哈尔滨：黑龙江科学技术出版社，1990.7.—260页；16开.—ISBN 7-5388-1226-1：4.70元

工程制图基础习题集/王庆基等主编.—哈尔滨：黑龙江科学技术出版社，1990.7.—120页；16开.ISBN 7-5388-1206-7：2.60元

工程制图基础练习：画法几何综合题集/樊文萱编.—北京：北京出版社，1990.7.—322页；大32开.ISBN 7-200-00940-7：5.35元

计算机绘图/应道宁等编著.—杭州：浙江大学出版社，1990.6.—270页；16开.—ISBN 7-308-00405-8：3.90元

画法几何及工程制图/巩永龄，魏福平主编.—北京：中国铁道出版社，1990.5.—188页；16开.—高等学校教材　电类及技术管理等专业适用.—ISBN 7-113-00711-2：2.50元

画法几何及工程制图/秦惟敏，尹溪云主编.—长沙：湖南科学技术出版社，1990.9.—247页；16开.ISBN 7-5357-0778-5：5.65元

画法几何及工程制图：非机械类用/齐信民等编.2版（修订本）.—北京：北京理工大学出版社，1990.6.—331页；16开.—ISBN 7-81013-307-1：6.25元

本书1989年6月初版。

画法几何及工程制图习题集/尹溪云，秦惟敏主编.—长沙：湖南科学技术出版社，1990.8.—103页；16开.—ISBN 7-5357-0779-3：3.00元

画法几何及工程制图习题集/巩永龄，魏福平主编.—北京：中国铁道出版社，1990.6.—105页；16开.—高等学校教材　电类、技术管理类以及应用理科类等专业适用.—ISBN 7-113-00754-6：2.70元

画法几何及工程制图习题集：非机械类用/齐信民等编.—2版（修订本）.—北京：北京理工大学出版社，1990.6.—148页；16开.—ISBN 7-81013-308-X：3.10元

本书1989年6月初版。

制图字体练习/李一鸣，朱宪卿编.—南京：河海大学出版社，1990.10.—42页；32开.—ISBN 7-5630-0325-8：1.20元

制图思考题200例/(苏)A.C.普加切夫著；叶蕊译.—北京：冶金工业出版社，1990.11.—123页；大32开.—ISBN 7-5024-0765-0：2.95元

TB3　工程材料学

工业企业材料、特种工艺、理化测试标准化/戚道纬主编.—北京：北京航空航天大学出版社，1990.4.—309页；16开.—ISBN 7-81012-103-0：9.20元

工程材料/王果然主编.—北京：中国铁道出版社，1990.11.—156页；16开.—中等专业学校试用教材.—ISBN 7-113-00821-6：1.90元

工程材料/张鲁阳主编.—武汉：华中理工大学出版社，1990.7.—373页；32开.—高等工程专科学校教材.—ISBN 7-5609-0454-8：2.42元

工程材料/饶孝权主编.—北京：中央广播电视大学出版社，1990.10.—236页；16开.—ISBN 7-304-00539-4：4.20元

工程材料的选择与应用/(英)克兰(Crane, F. A.A.),查尔斯(Charles, J.A.)著；王庆绥等译.北京：科学出版社，1990.8.—431页；32开.—ISBN 7-03-001558-4：12.10元

书名原文：Selection and Use of Engineering Materials

工程材料实用手册　(8)：铸铁、铸钢、碳钢、低合金钢/夏恭忱主编.—北京：中国标准出版社，1990.9.—820页；16开.—ISBN 7-5066-0119-2(精装)：22.70元

工程材料学/张菊水，李波主编.—北京：机械工业出版社，1990.7.—268页；16开.—ISBN 7-111-02463-X：5.00元

工程材料学习指导书/李鸿珠等编.—北京：中央广播电视大学出版社，1990.10.—121页；16开.—ISBN 7-304-00540-8：2.40元

计算机在材料科学中的应用/邱大年等编著.—北京：北京工业大学出版社，1990.1.—163页；16开.ISBN 7-5639-0023-3：4.70元

未来的材料科学/王维平等编译.—北京：北京航空航天大学出版社，1990.11.—233页；大32开.ISBN 7-81012-185-5：1.75元

材料与设计：工程设计中材料失效的分析、预测和预防/杨杰章等编译.—北京：机械工业出版社，1990.4.—499页；16开.—ISBN 7-111-01618-1：24.40元

材料表面与界面/李恒德，肖纪美主编.—北京：清华大学出版社，1990.6.—321页；16开.—ISBN 7-302-00665-2：7.80元

材料科学与工程基础/吴云书等编著.—北京：机械工业出版社，1990.10.—289页；32开.—ISBN 7-111-02193-2：6.45元

材料家族奇观/吴笙阳，刘多敏编著.—武汉：湖北少年儿童出版社，1990.11.—270页；32开.—(少年科学瞭望台丛书).—ISBN 7-5353-0764-7：2.40元

神秘的材料世界/俞祖元著.—杭州：浙江少年儿童出版社，1990.10.—126页；32开.—(少年新技术丛书).—ISBN 7-5342-0376-7：1.30元

常用材料手册/王彬主编.—南昌：江西科学技术出版社，1990.3.—1112页；16开.—ISBN 7-5390-0260-3(精装)：25.00元

新型材料与表面改性技术/张小诚编.—广州：华南理工大学出版社，1990.12.—307页；32开.—ISBN 7-5623-0239-1：2.59元

新型材料与特种加工技术的应用/陈良治编著.西安：西北工业大学出版社，1990.6.—132页；32开.—ISBN 7-5612-0268-7：4.20元

新型材料及其应用/刘云旭编著.—武汉：华中理工大学出版社，1990.5.—241页；大32开.—ISBN 7-5609-0127-0：1.80元

TB301　工程材料力学

材料力学/王笃之主编.—北京：烃加工出版社，1990.3.—270页；16开.—石油化工大专院校统编教材.—ISBN 7-80043-071-5：3.60元

材料力学/李庆华主编.—峨眉山：西南交通大学出版社，1990.2.—324页；16开.—ISBN 7-81022-130-2：4.45元

材料力学/顾志荣，吴永生编.—上海：同济大学出版社，1990.10.—500页；大32开.—ISBN 7-5608-0643-0：7.50元

材料力学/臧修亮主编.—北京：国防工业出版社，1990.10.—405页；16开.—高等专科教育.—ISBN 7-118-00765-X：9.45元

材料力学：法定计量单位制版/(美)S.铁摩辛柯，J.盖尔著；韩耀新译.—北京：科学出版社，1990.12.—548页；大32开.—ISBN 7-03-001530-4：18.40元

材料力学计算机应用/杨桂生编著.—昆明：云南科技出版社，1990.1.—159页；16开.—ISBN 7-5416-0257-4：4.60元

材料力学思考题集/老亮等编.—北京：高等教育出版社，1990.6.—224页；大32开.—高等学校教学参考书.—ISBN 7-04-002197-8：1.80元

材料强度学/李庆生编著.—太原：山西科学教育出版社，1990.9.—484页；大32开.—ISBN 7-5377-0298-5：8.00元

TB302　工程材料试验

材料土壤腐蚀试验方法/国家科学技术委员会，国家自然科学基金委员会全国土壤腐蚀试验网站编．北京：科学出版社，1990.3.—176页；32开.—ISBN 7-03-001615-7：4.50元

材料电子显微分析实验技术/洪班德，崔约贤主编．哈尔滨：哈尔滨工业大学出版社，1990.12.—149页；16开.—哈尔滨工业大学研究生教材.—ISBN 7-5603-0272-6：2.35元

材料的磨料磨损/材料耐磨抗蚀及其表面技术丛书编委会主编.—北京：机械工业出版社，1990.8.342页；32开.—(材料耐磨抗蚀及其表面技术丛书/刘家濬主编).—ISBN 7-111-00391-8：9.20元

材料试验和质量分析的数学方法/王永逵，陆吉祥编.—北京：中国铁道出版社，1990.6.—239页；16开；—ISBN 7-113-00718-X：6.50元

低循环疲劳/谢济洲著.—北京：能源出版社，1990.2.—412页；32开.—ISBN 7-80018-239-8：5.20元

TB303　材料结构及物理性质

缺陷、扩散与烧结/崔国文编著.—北京：清华大学出版社，1990.11.—226页；大32开.—(固体材料物理化学丛书).—ISBN 7-302-00689-X：2.00元

TB304　材料腐蚀与保护

合理的防腐蚀设计/(联邦德国)毕勒(Bühler, H.E.)，维斯腾贝格(Wüstenberg, D.)著；赵克清译.—北京：化学工业出版社，1990.6.—309页；大32开.—ISBN 7-5025-0381-1：7.10元

书名原文：Korrosionsschutzgevechte Konstruktion

现代物理研究方法及其在腐蚀科学中的应用/中国腐蚀与防护学会主编；顾濬祥等编著.—北京：化学工业出版社，1990.3.—301页；大32开.—(腐蚀与防护全书).—ISBN 7-5025-0393-5：7.10元

TB32　非金属材料

无机非金属材料测试方法/杨南如主编.—武汉：武汉工业大学出版社，1990.8.—372页；16开.—高等学校试用教材.—ISBN 7-5629-0162-7：4.65元

非金属材料及其现代测试技术/陈慧敏编.—西安：西北工业大学出版社．1990.6.—215页；32开.—ISBN 7-5612-0273-3：5.50元

非金属材料手册：续篇/程能林等编.—长沙：湖南科学技术出版社，1990.12.—428页；32开.—ISBN 7-5357-0804-8：5.15元

非金属材料概论/于肇波主编.—北京：中国物资出版社，1990.12.—348页；32开.—全国中专教育物资类专业统编教材.—ISBN 7-5047-0244-7：5.00元

塑料材料/(英)布赖德森(Brydson，J.A.)著；张玉崑等译.—北京：化学工业出版社，1990.7.—985页；大32开.—ISBN 7-5025-0507-5：21.90元

书名原文：Plastics Materials

TB324　高分子材料

功能性高分子材料/(日)加藤顺主编；陈桂富，吴贵芬译.—北京：烃加工出版社，1990.3.—452页；32开.—ISBN 7-80043-067-7：5.90元

功能高分子材料及应用/孙酣经主编.—北京：化学工业出版社，1990.7.—201页；32开.—(化工新技术知识普及丛书).—ISBN 7-5025-0689-6：3.85元

高分子工程材料/徐修成编著.—北京：北京航空航天大学出版社，1990.10.—303页；大32开.—ISBN 7-81012-178-2：2.25元

高分子材料热分析曲线集/高家武等编著.—北京：科学出版社，1990.1.—265页；16开.—ISBN 7-03-001707-2(精装)：20.70元

高分子材料热分析曲线集/高家武等编著.—北京：科学出版社，1990.1.—265页；16开.—ISBN 7-03-001706-4：17.80元

TB33　复合材料

合成材料/戈洪主编.—北京：中国铁道出版社，1990.3.—123页；16开.—高等学校教材.—ISBN 7-113-00774-0：1.65元

纤维-树脂复合材料技术与应用/姜作义，张和善编著.—北京：中国标准出版社，1990.10.—484页；大32开.—ISBN 7-5066-0161-3：5.95元

纤维增强复合材料实验力学/(美)惠特尼(Whitney, J.M.)等著；王弘生，刘方龙译.—北京：科学出版社，1990.4.—271页；32开.—ISBN 7-03-001644-0：8.30元

复合材料力学/蒋咏秋等编著.—西安：西安交通大学出版社，1990.3.—222页；16开.—ISBN 7-5605-0221-0：2.90元

TB4　工业通用技术与设备

设备技术基础问答500例/司斌兴等主编.—北京：机械工业出版社，1990.11.—490页；16开.—ISBN 7-111-02735-3：19.00元

金属水剂清洗技术/伍崇荫等编著.—北京：新时代出版社，1990.6.—387页；大32开.—ISBN 7-5042

-0093-X：7.60元

TB41　爆破技术

地面与地下工程控制爆破/王廷武等编著.—北京：煤炭工业出版社，1990.8.—447页；32开.—ISBN 7-5020-0257-X：6.05元

爆破工程/李成伟等编.—北京：中国劳动出版社，1990.6.—192页；16开.—ISBN 7-5045-0517-X：6.95元

TB42/43　密封技术、薄膜技术

流体动密封/顾永泉编.—东营：石油大学出版社，1990.8.—528页；大32开.—ISBN 7-5636-0100-7：3.94元

流体动密封　上册/顾永泉著.—北京：烃加工出版社，1990.3.—294页；16开.—ISBN 7-80043-066-9：8.00元

密封件与密封手册/（英）R.H.沃林著；宋学义，张尔正译.—北京：国防工业出版社，1990.5.—311页；16开.—ISBN 7-118-00252-6：10.10元

密封技术与应用/叶万水主编.—上海：华东化工学院出版社，1990.12.—527页；32开.—ISBN 7-5628-0137-1：6.00元

薄膜技术/顾培夫编著.—杭州：浙江大学出版社，1990.11.—272页；16开.—ISBN 7-308-00593-3：3.85元

TB48　包装工程

中国包装年鉴：1990/中国包装技术协会主编.—北京：中国物资出版社，1990.12.—497页；16开.—ISBN 7-5047-0223-4（精装）：28.00元

包装动力学/关陌哲等编.—北京：北京科学技术出版社，1990.9.—419页；32开.—ISBN 7-5304-0605-1：6.80元

包装动力学基础/（美）布朗敦布格（Brandenburg，R.K.），林立（Ling-Lee，J.J.）著；孙永德，邱世荣译.—北京：兵器工业出版社，1990.6.—196页；32开.—ISBN 7-80038-167-6：4.45元

TB485　包装类型

可发性聚苯乙烯包装设计与生产/张荣祥编著.上海：上海科学普及出版社，1990.6.—206页；32开.—ISBN 7-5427-0210-6：3.45元

机电产品防锈、包装手册/张康夫等编.—北京：航空工业出版社，1990.10.—701页；16开.—ISBN 7-80046-212-9：25.00元

运输包装设计手册/范文高等编译.—北京：机械工业出版社，1990.9.—720页；大32开.—ISBN 7-111-01658-0：22.50元

储运包装技术：机械、电工、电子、仪器、仪表产品/徐国葆主编.—北京：机械工业出版社，1990.4.547页；32开.—ISBN 7-111-01747-1：12.60元

箱包设计/陈兰芬编译.—北京：轻工业出版社，1990.9.—316页；32开.—ISBN 7-5019-0541-X：8.50元

TB49　工厂、车间

TB492　设备安装与运行

工矿企业典型设备电气维修/上海市电机工程学会《电世界》编辑委员会编.—上海：上海科学技术出版社，1990.3.—210页；16开.—（电世界丛书）.ISBN 7-5323-1774-9：4.60元

设备安装测试基础/张锡璋主编.—北京：中国建筑工业出版社，1990.12.—252页；16开.—中等专业学校试用教材.—ISBN 7-112-01057-8：2.90元

设备故障诊断技术/沈水福，高大勇编著.—北京：科学出版社，1990.4.—313页；32开.—（冶金继续工程教育丛书）.—ISBN 7-03-001682-3：6.60元

设备监测与诊断技术/温继圆等编.—广州：华南理工大学出版社，1990.11.—250页；32开.—设备管理培训教材.—ISBN 7-5623-0210-3：3.80元

设备管理工程/朱明道编著.—北京：水利电力出版社，1990.2.—234页；16开.—ISBN 7-120-00999-0：7.15元

TB494　空调与照明

现代工业照明管理指南/（英）莱昂斯（Lyons，S.L.）著；彭明元译.—北京：中国建筑工业出版社，1990.3.—201页；32开.—ISBN 7-112-00990-1：5.40元

TB496　安全与卫生

工厂安全性评价标准应用与实践/江苏省机械工业安全卫生协会编著.—南京：江苏科学技术出版社，1990.9.—377页；32开.—ISBN 7-5345-1013-9：5.40元

工厂防尘100例/中国劳动保护科学技术学会工厂防尘学组编；李强民，陈安琦主编.—北京：劳动人事出版社，1990.4.—370页；32开.—ISBN 7-5045-0481-5：5.60元

工业粉尘防爆与治理：全国工业粉尘防爆与治理学术讨论会论文集/中国科学技术协会学会工作部编.北京：中国科学技术出版社，1990.6.—587页；16

开.—ISBN 7-5046-0204-3（精装）：40.00元

安全工程学实验法/（日）福山，郁生主编；丁瑞生等译.—北京：北京理工大学出版社，1990.6.258页；32开.—ISBN 7-81013-329-2：1.90元

TB497 技术管理

技术开发方法概论/廖德文等主编.—南昌：江西科学技术出版社，1990.9.—394页；大32开.—ISBN 7-5390-0382-0：5.00元

技术监督行业技师技术考核标准/国家技术监督局人事劳动司编写.—北京：中国标准出版社，1990.2.—89页；大32开.—ISBN 7-5066-0259-8：1.40元

技术监督行业技师技术考核复习题例/刘早生主编；国家技术监督局人事劳动司编著.—北京：中国标准出版社，1990.12.—374页；大32开.—ISBN 7-5066-0356-7：5.20元

技术监督论文集/东征，杨发旺主编；国家技术监督局宣传教育司编.—北京：中国标准出版社，1990.6.—205页；大32开.—ISBN 7-5066-0246-6：3.10元

技术监督管理指南/宋达顺主编.—沈阳：辽宁大学出版社，1990.6.—1037页；大32开.—ISBN 7-5610-0904-6（精装）：18.50元

TB5 声学工程

噪声名词术语辞典/（日）守田栄等著；张云鹏译.北京：中国计量出版社，1990.6.—415页；32开.ISBN 7-5026-0272-0：9.00元

TB53 振动噪声及其控制

木工机械噪声及其控制/王国才主编.—北京：中国林业出版社，1990.9.—173页；16开.—全国高等林业院校试用教材 林业机械、木工机械专业用.—ISBN 7-5038-0599-4：2.25元

纺织工业噪声测量和控制/胡华康，杜晓军编著.北京：纺织工业出版社，1990.1.—367页；32开.ISBN 7-5064-0366-8：4.60元

铁路环境噪声控制/焦大化等编.—北京：中国铁道出版社，1990.3.—272页；大32开.—ISBN 7-113-00824-0（精装）：6.65元

铁路环境噪声控制/焦大化等编.—北京：中国铁道出版社，1990.3.—272页；大32开.—ISBN 7-113-00744-9：4.60元

粘弹阻尼减振降噪应用技术/刘棣华编著.—北京：宇航出版社，1990.4.—343页；大32开.—ISBN 7-80034-309-X：7.90元

噪声控制理论/王伯良主编.—武汉：华中理工大学出版社，1990.8.—329页；大32开.—ISBN 7-5609-0458-0：2.12元

TB6 制冷工程

制冷与空调技术/（美）米勒（Miller, R.）著；邬振耀等译.—上海：上海交通大学出版社，1990.3.—312页；16开.—制冷技术培训教材.—ISBN 7-313-00513-X：6.80元

制冷作业安全技术/辽宁省劳动局机械工业沈阳教材编委会主编.—沈阳：东北工学院出版社，1990.4.202页；16开.—特种作业人员安全技术培训统编教材.—ISBN 7-81006-230-1：5.00元

空调与制冷技术手册/陈沛霖，岳孝方主编.—上海：同济大学出版社，1990.7.—958页；大32开.ISBN 7-5608-0594-9：15.00元

TB651/655 制冷机、膨胀机、低温泵

两效溴化锂吸收式制冷机及应用/郑玉清等编著.北京：机械工业出版社，1990.4.—292页；16开.ISBN 7-111-02234-3：10.50元

现代低温泵/高香院著.—西安：西安交通大学出版社，1990.5.—263页；16开.—ISBN 7-5605-0269-5：3.45元

活塞膨胀机/丑一鸣编.—2版（修订本）.—北京：机械工业出版社，1990.4.—199页；16开.—高等学校适用.—ISBN 7-111-01944-X：6.35元

本书1982年1月第1版。

透平膨胀机中的三元流动与两相流动/计光华编著.—西安：西安交通大学出版社，1990.1.—236页；32开.—ISBN 7-5605-0203-2：1.60元

TB657 制冷设备

小冷库的建造和使用/高峰编写.—北京：海洋出版社，1990.10.—44页；32开.—（沿海农村实用科技文库）.—ISBN 7-5027-0106-0：1.30元

小型制冷设备制造工艺/北京雪花电器集团公司教育培训中心组编.—北京：科学出版社，1990.3.258页；32开.—（小型制冷设备丛书/刘东主编）.ISBN 7-03-001964-4：3.30元

小型全封闭制冷压缩机/北京雪花电器集团公司教育培训中心组编.—北京：科学出版社，1990.6.357页；32开.—（小型制冷设备丛书/刘东主编）.ISBN 7-03-001988-1：4.70元

电冰箱·空调器·冷藏库安装、使用、维修/陈宝琦，傅锦芳主编.—北京：北京科学技术出版社，1990.12.—314页；16开.—ISBN 7-5304-0781-3：

9.50元

制冷器/吴业正，韩宝琦编著.—北京：机械工业出版社，1990.8.—166页；32开.—ISBN 7-111-02120-7：4.20元

空调用制冷设备/李树林编.—北京：机械工业出版社，1990.2.—226页；16开.—ISBN 7-111-01681-5：10.90元

空调制冷设备消声与隔振实用设计手册/项端祈编著.—北京：中国建筑工业出版社，1990.1.—276页；16开.—ISBN 7-112-00923-5：7.30元

TB66　制冷技术

冷冻干燥技术/赵鹤皋，林秀诚编著.—武汉：华中理工大学出版社，1990.5.—233页；大32开.—高等学校试用教材.—ISBN 7-5609-0400-9：1.70元

TB7　真空技术

真空物理和技术/（美）G.L.威斯勒，R.W.卡尔森主编；国强等译.—北京：原子能出版社，1990.10.—349页；16开.—ISBN 7-5022-0216-1：22.45元

密封系统材料学导论/（苏）彼雷（Белый，В.А.），毕秋克（Пинчук，Л.С.）著；沈锡华译.北京：机械工业出版社，1990.3.—260页；大32开.ISBN 7-111-01744-7：8.50元

TB8　摄影技术

摄影技艺教程/颜志刚著.—上海：复旦大学出版社，1990.3.—500页；大32开.—ISBN 7-309-00364-9：6.50元

摄影禁忌一百条/谷威著.—太原：山西科学教育出版社，1990.6.—100页；32开.—ISBN 7-5377-0265-9：5.00元

照相百科词典/宋勇，徐晶主编.—北京：知识出版社，1990.8.—680页；32开.—ISBN 7-5015-0380-X：8.50元

TB85　摄影机具、设备

中外照相机选购使用200问/程铿编著.—上海：上海科学技术出版社，1990.11.—167页；32开.—ISBN 7-5323-2077-4：2.45元

现代摄影滤镜的使用/（美）米诺尔塔公司，道布尔戴公司著；颜志刚译.—南京：江苏人民出版社，1990.6.—65页：彩图；24开.—（光与影摄影艺丛）.ISBN 7-214-00478-X：5.00元

国外新颖照相机　第三集/黄小英等编译.—上海：上海科学技术文献出版社，1990.4.—200页；32开.ISBN 7-80513-510-X：3.50元

实用相机大全：1990年版/王少君编著.—北京：长城出版社，1990.11.—357页；32开.—ISBN 7-80017-123-X：4.70元

照相机的使用保养与维修/孔令德编著.—郑州：河南科学技术出版社，1990.4.—271页；32开.—ISBN 7-5349-0523-0：3.30元

135相机摄影指南/（美）伊斯曼·柯达公司著；熊大成译.—南京：江苏人民出版社，1990.7.—80页：彩图；24开.—（光与影摄影艺丛）.—ISBN 7-214-00507-7：6.90元

TB871/872　卫星摄影、高速摄影

卫星摄影的秘密：星球大战内幕/（日）西尾元充著；李绿江译.—北京：航空工业出版社，1990.8.154页；32开.—ISBN 7-80046-295-1：3.00元

光学高速摄影测试技术/谭显祥编著.—北京：科学出版社，1990.2.—275页；大32开.—（中国工程物理研究院科技丛书；第002号）.—ISBN 7-03-001515-0：10.50元

变像管高速摄影/徐大纶主编.—北京：科学出版社，1990.1.—338页；32开.—（高速摄影；4）—ISBN 7-03-001295-X：10.90元

高速流逝过程摄影记录/（苏）杜鲍维克（Дубовик，А.С.）著；李德熊译.—2版.—北京：科学出版社，1990.2.—430页；32开.—ISBN 7-03-000066-8：15.50元

本书1976年5月第1版。

高速摄影技术/谭显祥，韩立石等编著.—北京：原子能出版社，1990.9.—204页；16开.—ISBN 7-5022-0265-X：8.95元

TB878　电影摄影

电影还音设备测量与仪器/徐柏春，王金星著.—北京：中国电影出版社，1990.8.—382页；折图；16开.—（中级电影放映技术丛书）.—ISBN 7-106-00465-0：12.50元

电影放映整流器的原理与维修/李维文著.—北京：中国电影出版社，1990.4.—190页；16开.—ISBN 7-106-00210-0：4.90元

TB88　洗印技术

彩色冲扩暗房技术/朱红编著.—南宁：广西科学技术出版社，1990.5.—284页；32开.—ISBN 7-80565-294-5：3.50元

TB9　计量学

1979～1989年全国计量科技成果选编/国家技术监

督局科技司编.—北京：中国计量出版社，1990.10.227页；16开.—ISBN 7-5026-0339-5：15.00元

工业计量管理/陈渭等编著.—北京：中国计量出版社，1990.12.—638页；16开.—ISBN 7-5026-0322-0：19.80元

工程计量检测技术/李孟源主编.—西安：西北工业大学出版社，1990.4.—452页；16开.—ISBN 7-5612-0266-0：10.33元

中国法定计量技术机构概况/《中国法定计量技术机构概况》编辑委员会编.—西安：陕西科学技术出版社，1990.8.—988页；16开.—ISBN 7-5369-0807-5（精装）：33.00元

计量工作者手册/（苏）阿尔切米耶夫（Артемьев，Б.Г.），（苏）高鲁别耶夫（Голубев，С.М.）著；杜方炯等译.—北京：中国计量出版社，1990.3.—448页；16开.—ISBN 7-5026-0289-5：19.00元

书名原文：Справочное пособие для работников метрологических служб

计量工作实用手册/钱少明等编著.—南昌：江西科学技术出版社，1990.2.—835页；大32开.—ISBN 7-5390-0282-4：10.80元

计量与计量管理/周文兴等编著.—南京：南京出版社，1990.7.—384页；大32开.—ISBN 7-80560-250-6：5.80元

计量技术和质量保证手册/（民主德国）霍夫曼（Mofmann，D.）著；杨永刚等译.—北京：中国计量出版社，1990.8.—471页；16开.—ISBN 7-5026-0309-3：20.00元

书名原文：Handbuch Mebtechnik und Qualitätssicherung

计量保证方案/MAP编译组编.—北京：中国计量出版社，1990.4.—341页；32开.—ISBN 7-5026-0313-1：6.00元

现代计量测试技术/王江主编.—北京：中国计量出版社，1990.12.—967页；16开.—ISBN 7-5026-0319-0（精装）：45.00元

实用计量全书/《实用计量全书》编写组编著.—武汉：武汉出版社，1990.11.—1249页；16开.—ISBN 7-5430-0316-3（精装）：43.50元

TB91　计量单位与单位制

计量与标准化实用知识/孙素华等编.—北京：学苑出版社，1990.3.—469页；32开.—ISBN 7-80060-716-X：6.00元

计量基础知识/徐维洪等编.—北京：中国计量出版社，1990.9.—89页；32开.—（企业计量检定员资格考核参考丛书；1/王建培主编）.—ISBN 7-5026-0343-3：2.50元

法定计量单位在检验中的应用/李竹成主编.—沈阳：东北工学院出版社，1990.12.—104页；32开.ISBN 7-81006-264-6：1.80元

法定计量单位问答/赵素环，张铁男编.—长春：长春出版社，1990.5.—128页；32开.—ISBN 7-80573-228-0：1.90元

法定计量单位学习指南/李正雄，朴春云编.—延吉：延边人民出版社，1990.5.—131页；32开.—ISBN 7-80508-518-8：1.80元

科技计量单位新词典/李慎安编.—北京：机械工业出版社，1990.5.—711页；32开.—ISBN 7-111-01734-X：13.00元

科技计量单位新词典/李慎安编.—北京：机械工业出版社，1990.5.—711页；32开.—ISBN 7-111-01746-3（精装）：15.00元

常用法定计量单位袖珍手册/中国计量出版社总编室编.—北京：中国计量出版社，1990.5.—51页；64开.—ISBN 7-5026-0333-6：1.20元

量和单位国家标准名词解释/俞斯昶主编.—北京：中国计量出版社，1990.6.—537页；32开.—ISBN 7-5026-0284-4：12.00元

TB92/99　各种计量

1990年国际温标宣贯手册/国家技术监督局计量司编.—北京：中国计量出版社，1990.12.—232页；大32开.—ISBN 7-5026-0400-6：8.00元

几何量计量/王建培等编.—北京：中国计量出版社，1990.11.—335页；32开.—（企业计量检定员资格考核参考丛书；2/王建培主编）.—ISBN 7-5026-0344-1：7.50元

力学计量/辽宁省计量局干部培训中心，中国计量出版社组编.—北京：中国计量出版社，1990.7.341页；32开.—企业计量技术培训教材.—ISBN 7-5026-0325-5：7.00元

力学计量·化学计量/王安吉等编.—北京：中国计量出版社，1990.10.—170页；32开.—（企业计量检定员资格考核参考丛书；3/王建培主编）.—ISBN 7-5026-0345-X：4.40元

无线电计量/苏盛津，陈必耀编.—北京：中国计量出版社，1990.10.—134页；32开.—（企业计量检定员资格考核参考丛书；6/王建培主编）.—ISBN 7-5026-0348-4：2.60元

化学计量学/（美）考瓦斯基（Kowalski，B.R.）著；刘世庆等译.—沈阳：辽宁大学出版社，1990.6.—315页；大32开.—ISBN 7-5610-0931-3：4.50元

书名原文：Chemometrics

长度计量技术问答/谭庆永主编.—北京：中国计量出版社，1990.10.—273页；16开.—ISBN 7-5026-0324-7：11.50元

水表及其检定/张泰丰编著.—北京：中国计量出版

社，1990.12.—220页；32开.—（计量检定参考丛书/王建培主编）.—ISBN 7-5026-0388-9：4.20元

低温测量/李湜然编著.—北京：中国计量出版社，1990.2.—284页；32开.—（温度计量测试丛书；13）.—ISBN 7-5026-0290-9：4.10元

质量计量/黄锦材编.—北京：中国计量出版社，1990.4.—280页；16开.—计量职工中专试用教材.ISBN 7-5026-0293-3：10.50元

热工计量/陈贵英等编.—北京：中国计量出版社，1990.10.—202页；32开.—（企业计量检定员资格考核参考丛书；4/王建培主编）.—ISBN 7-5026-0339-5：4.40元

热物理测量技术/朱德忠主编；清华大学等编.—北京：清华大学出版社，1990.1.-263页；16开.—ISBN 7-302-00477-3：3.45元

热物理激光测试技术/朱德忠主编.—北京：科学出版社，1990.8.—475页；大32开.—ISBN 7-03-001908-3（精装）：11.00元

流量计/刘欣荣编著.—2版.—北京：水利电力出版社，1990.3.—551页；大32开.—ISBN 7-120-00935-4：11.95元

本书1984年5月第1版。

流量测量工程手册/（美）米勒（Miller，R.W.）编著；孙延祚译.—北京：机械工业出版社，1990.5.—931页；大32开.—ISBN 7-111-01711-0（精装）：32.00元

书名原文：Flow Measurement Engineering Handbook

容量与密度计量/廉育英，柯瑞刚编著.—北京：机械工业出版社，1990.5.—555页；大32开.—ISBN 7-111-02158-4（精装）：15.00元

散斑计量学/（美）厄夫（Erf，R.K.）主编；余官正等译.—北京：中国计量出版社，1990.5.—357页；32开.—ISBN 7-5026-0321-2：7.50元

书名原文：Speckle Metrology

TD　矿业工程

汉英矿业词典/阜新矿业学院《汉英矿业词典》编委会编.—北京：煤炭工业出版社，1990.2.—839页；32开.—ISBN 7-5020-0068-2（精装）：22.00元

矿业系统工程/邢中光主编.—徐州：中国矿业大学出版社，1990.12.—179页；16开.—高等学校教学参考书.—ISBN 7-81021-499-1：4.50元

矿业系统工程/况礼澄主编.—重庆：重庆大学出版社，1990.1.—208页；16开.—ISBN 7-5624-0303-1：2.76元

TD1　矿山地质与测量

矿山测量/白裕良等编.—北京：煤炭工业出版社，1990.10.—268页；16开.—中等专业学校教学用书.ISBN 7-5020-0434-3：3.10元

矿山测量/李兰勋编.—武汉：中国地质大学出版社，1990.11.—164页；16开.—高等学校教材　掘进、采矿、矿山管理、煤田地质专业用.—ISBN 7-5625-0459-8：2.20元

矿区复土中的矿山测量/（苏）波波夫（Попов，И.И.），聂姆金（Немкин，А.Ф.）著；王金庄，单礼明译.—北京：煤炭工业出版社，1990.12.—173页；32开.—ISBN 7-5020-0453-X：2.50元

矿区控制测量：习题、实习、设计部分/邢永昌等编著.—北京：煤炭工业出版社，1990.3.—194页；16开.—高等学校教学用书.—ISBN 7-5020-0383-5：2.50元

矿图/李春甫编.—北京：冶金工业出版社，1990.10.—104页；16开.—中等专业学校教学用书.—ISBN 7-5024-0772-3：1.30元

测量与矿山测量/陈社杰主编.—北京：冶金工业出版社，1990.11.—192页；16开.—中等专业学校教学用书.—ISBN 7-5024-0758-8：2.25元

误差理论与测量平差/金学林等编.—北京：煤炭工业出版社，1990.10.—324页；16开.—高等学校教学用书.—1SBN 7-5020-0448-3：4.10元

煤矿地下结构/（英）法默（Farmer，I.W.）著；田家裕等译.—北京：煤炭工业出版社，1990.11.—200页；16开.—高等学校教学参考书.—ISBN 7-5020-0444-0：2.55元

书名原文：Coal Mine Struetures

煤矿构造学兼工作手册/刘志刚主编.—北京：世界图书出版公司，1990.12.—299页；16开.—ISBN 7-5062-0879-2：6.90元

煤矿测量手册　上册/中国统配煤矿总公司生产局组织修订.—2版（修订本）.—北京：煤炭工业出版社，1990.12.—545页；16开.—ISBN 7-5020-0397-5（精装）：16.90元

本书1979年12月第1版。

煤矿测量手册　下册/中国统配煤矿总公司生产局组织修订.—2版（修订本）.—北京：煤炭工业出版社，1990.12.—516页；16开.—ISBN 7-5020-0398-3（精装）：16.10元

本书1979年12月第1版。

《煤矿测量规程》若干问题的说明/中国统配煤矿总公司生产局组织编写.—北京：煤炭工业出版社，1990.10.—154页；32开.—ISBN 7-5020-0497-1：2.30元

TD2　矿山设计与建设

井巷工程基础知识/巩复翔，龙占海编.—徐州：中

国矿业大学出版社，1990.9.—188页；16开.—中等专业学校教学用书.—ISBN 7-81021-227-3：2.20元

井巷设计基础/史天生等编.—徐州：中国矿业大学出版社，1990.12.—177页；16开.—高等学校教学用书.—ISBN 7-81021-421-7：2.35元

立井与车场工程/孙兆鹏等编.—徐州：中国矿业大学出版社，1990.10.—263页；16开.—中等专业学校教学用书.—ISBN 7-81021-383-0：3.05元

立井施工操作技术问答/王玉凤等编.—北京：煤炭工业出版社，1990.2.—268页；32开.—ISBN 7-5020-0146-8：3.90元

矿井井底车场的设计与施工/（苏）丘丘尼克（Тютюник, Я.И.）等著；王石民，尉振民译.北京：煤炭工业出版社，1990.3.—298页；大32开.ISBN 7-5020-0033-X：4.85元

矿井技术改造/王焕文主编.—北京：煤炭工业出版社，1990.11.—530页；大32开.—ISBN 7-5020-0409-2：8.75元

岩石爆破机理/钮强编著.—沈阳：东北工学院出版社，1990.8.—151页；16开.—高等学校教学用书.ISBN 7-81006-235-2：2.40元

放炮员技术培训指南/（美）迪克（Dick, R.A.）等著；陈正衡译.—北京：煤炭工业出版社，1990.3.—235页；32开.—ISBN 7-5020-0360-6：3.25元

书名原文：Explosives and Blasting Procedures Manual

煤炭工业五项设计编制内容：试行.—北京：煤炭工业出版社，1990.12.—372页；32开.—ISBN 7-5020-0496-3：4.80元

TD3　矿山压力与支护

井工开采矿山压力与控制/任德惠编著.—重庆：重庆大学出版社，1990.3.—218页；16开.—ISBN 7-5624-0277-9：2.81元

地下岩石力学实用手册/（联邦德国）斯塔西（Stacey, T.R.），佩吉（Poge, C.H.）著；朱浮声译.—北京：煤炭工业出版社，1990.3.—130页；32开.—ISBN 7-5020-0185-9：1.85元

书名原文：Practical Handbook for Underground Rock Mechanics

矿井支护论文集/王继良等编著.—北京：煤炭工业出版社，1990.6.—366页；大32开.—ISBN 7-5020-0371-1：5.00元

矿用菱形格子金属网/陈维国，朱鹤勇编著.—北京：煤炭工业出版社，1990.2.—65页；32开.—ISBN 7-5020-0395-9：1.15元

缓倾斜厚煤层开采矿山压力控制/（苏）Ю.В.格罗莫夫等著；赵宏珠等译.—徐州：中国矿业大学出版社，1990.6.—272页；大32开.—高等学校教学参考书.—ISBN 7-81021-080-7：1.80元

锚杆支护实用手册/（挪威）施查克（Schach, R.）等著；张卫国，吴红译.—北京：煤炭工业出版社，1990.1.—70页；32开.—ISBN 7-5020-0319-3：1.30元

书名原文：Rock Bolting: a Practical Handbook

TD4　矿山机械

矿山机械/梁兴义，韩晓奇编.—修订本.—北京：煤炭工业出版社，1990.3.—598页；32开.—（煤矿干部技术知识丛书）.—ISBN 7-5020-0310-X：7.95元

本书1979年8月第1版。

矿山机械习题集/胡应曦等编.—重庆：重庆大学出版社，1990.4.—170页；16开.—ISBN 7-5624-0302-3：2.24元

矿山压气设备使用维修/李世华编.—北京：机械工业出版社，1990.6.—197页；大32开.—（矿山机械使用维修丛书）.—ISBN 7-111-02139-8：5.90元

矿山流体机械/齐允平编.—北京：煤炭工业出版社，1990.3.—173页；16开.—煤矿技工学校试用教材.—ISBN 7-5020-0382-7：3.40元

矿井钻孔设备使用维修/李世华编.—北京：机械工业出版社，1990.11.—208页；大32开.—（矿山机械使用维修丛书）.—ISBN 7-111-02345-5：6.90元

矿井装载设备使用维修/李世华，苏秋文编.—北京：机械工业出版社，1990.12.—190页；大32开.（矿山机械使用维修丛书）.—ISBN 7-111-02348-X：5.65元

采掘机械/孙九如等编.—徐州：中国矿业大学出版社，1990.5.—266页；16开.—中等专业学校教学用书.—ISBN 7-81021-226-5：3.05元

采掘机械和运输/朱嘉安主编.—2版（修订版）.北京：冶金工业出版社，1990.6.—428页；16开.中等专业学校教学用书.—ISBN 7-5024-0718-9：4.80元

本书1980年8月第1版。

采煤机/李昌熙，于慕松主编.—徐州：中国矿业大学出版社，1990.2.—174页；16开.—高等学校教学用书.—ISBN 7-81021-267-2：2.30元

采煤机械/刘德喜主编.—北京：煤炭工业出版社，1990.3.—239页；16开.—煤矿技工学校试用教材.ISBN 7-5020-0392-4：4.55元

通风机司机/张旭葵，蒋协和主编.—北京：煤炭工业出版社，1990.4.—95页；16开.—（矿山机电工培训技术问答丛书）.—ISBN 7-5020-0366-5：2.55元

掘进机械化成套设备选型手册　上册/《掘进机械

化成套设备选型手册》编委会编.—北京：煤炭工业出版社，1990.9.—328页；16开.—ISBN 7-5020-0405-X：8.95元

液压传动与采掘机械/裴惕元主编.—徐州：中国矿业大学出版社，1990.12.—319页；16开.—高等学校教学用书.—ISBN 7-81021-395-4：4.05元

综采电气设备/杨文，周培华编.—北京：煤炭工业出版社，1990.11.—220页；16开.—煤矿技工学校试用教材.—ISBN 7-5020-0450-5：4.40元

腭式破碎机设计与检修/郎宝贤，郎世平著.—北京：机械工业出版社，1990.3.—275页；32开.—ISBN 7-111-02175-4：5.50元

煤矿机械产品学/沈慧芬等编.—徐州：中国矿业大学出版社，1990.6.—340页；16开.—高等学校教学用书.—ISBN 7-81021-373-3：4.30元

煤矿爆破器材应用与管理/东北内蒙古煤炭工业联合公司物资供应公司火工处编.—长春：吉林科学技术出版社，1990.6.—354页；32开.—ISBN 7-5384-0531-3：3.90元

TD5　矿山运输与设备

矿山运输机械设计/黄万吉主编.—沈阳：东北工学院出版社，1990.11.—219页；16开.—高等学校教材.—ISBN 7-81006-251-4：3.21元

矿井轨道运输设备使用维修/李世华编.—北京：机械工业出版社，1990.11.—213页；大32开.—(矿山机械使用维修丛书).—ISBN 7-111-02406-0：6.40元

矿井提升机调试维修问答/洛阳矿山机器厂科协，河南省矿山机械学会编.—北京：机械工业出版社，1990.10.—160页；32开.—ISBN 7-111-02525-3：3.50元

提升机司机/李时海编.—北京：煤炭工业出版社，1990.2.—557页；大32开.—煤矿安全技术培训教材.ISBN 7-5020-0297-9：7.90元

TD6　矿山电工

本质安全型设备及电路/(英)贺尔(Hall，J.R.)著；郁继裳等译.—北京：煤炭工业出版社，1990.10.—464页；大32开.—ISBN 7-5020-0429-7：6.50元

书名原文：Intrinsic Safety

地方煤矿供电与电气化/赖昌干，刘湘元编.—北京：煤炭工业出版社，1990.8.—278页；大32开.(小煤矿技术丛书).—ISBN 7-5020-0415-7：4.15元

煤矿机电安全技术/万长慈等编.—北京：煤炭工业出版社，1990.6.—615页；大32开.—煤矿安全技术培训教材.—ISBN 7-5020-0367-3：8.55元

TD7　矿山安全与劳动保护

乡镇煤矿安全生产技术/王祥麟，杨富主编；劳动部矿山安全监察局编.—北京：劳动人事出版社，1990.1.—676页；大32开.—ISBN 7-5045-0488-2：9.40元

天字号的大事/李淑才主编.—北京：企业管理出版社，1990.12.—420页；大32开.—(煤矿安全教育普及读物).—ISBN 7-80001-146-1：6.70元

防治煤与瓦斯突出基础知识/张天恩等编.—北京：煤炭工业出版社，1990.9.—198页；大32开.—煤矿安全技术培训教材.—ISBN 7-5020-0480-7：2.70元

矿工井下避灾/吴余超主编.—北京：煤炭工业出版社，1990.7.—224页；64开.—ISBN 7-5020-0460-2(塑精装)：2.35元

矿山安全卫生管理/辽宁省劳动局等编.—沈阳：东北工学院出版社，1990.8.—369页；32开.—矿山安全卫生系列培训教材.—ISBN 7-81006-256-5：7.50元

矿山安全监察手册/劳动部矿山安全卫生监察局，安徽省劳动局编.—北京：劳动人事出版社，1990.4.—448页；32开.—ISBN 7-5045-0495-5：5.80元

矿井火灾防治/王省身，张国枢编著.—北京：中国矿业大学出版社，1990.4.—116页；16开.—高等学校教学用书.—ISBN 7-81021-286-9：1.60元

矿井岩溶水防治/李金凯等著.—北京：煤炭工业出版社，1990.3.—366页；16开.—ISBN 7-5020-0314-2：8.45元

矿井监测与控制/孙继平编著.—北京：北京工业大学出版社，1990.12.—196页；32开.—ISBN 7-5639-0124-8：4.00元

矿井通风与空气调节/赵以蕙主编.—徐州：中国矿业大学出版社，1990.12.—313页；16开.—高等学校教学用书.—ISBN 7-81021-287-7：4.00元

矿井通风设备使用维修/李世华，向健编.—北京：机械工业出版社，1990.6.—142页；大32开.—(矿山机械使用维修丛书).—ISBN 7-111-02128-2：4.45元

矿井排水设备使用维修/李世华编.—北京：机械工业出版社，1990.6.—158页；大32开.—(矿山机械使用维修丛书).—ISBN 7-111-02143-6：4.95元

矿井排水装置运行与选择设计/白铭声编著.—北京：煤炭工业出版社，1990.9.—196页；大32开.ISBN 7-5020-0416-5：2.90元

实用露天矿通风学/时裕谦编.—北京：煤炭工业出版社，1990.9.—217页；16开.—高等学校教学用书.ISBN 7-5020-0443-2：2.80元

通风网路直线图解法/李尚宽著.—郑州：河南科学

技术出版社，1990.1.—97页；32开.—ISBN 7-5349-0623-7：2.30元

煤矿安全手册 第一篇：矿井通风与空调/赵全福主编.—北京：煤炭工业出版社，1990.10.—369页；16开.—ISBN 7-5020-0411-4：9.70元

煤矿安全心理趣谈/钱传清，皇新海著.—徐州：中国矿业大学出版社，1990.10.—223页；大32开.—ISBN 7-81021-432-2：3.00元

煤矿安全监察员/何乃岗编著.—北京：煤炭工业出版社，1990.5.—199页；32开.—ISBN 7-5020-0370-3：2.65元

煤矿职工安全知识手册/张生忠，于维国主编.—沈阳：辽宁科学技术出版社，1990.6.—404页；32开.ISBN 7-5381-0884-X：5.70元

露天矿通风设计/（苏）B.C.尼基京，H.З.比特科洛夫著；陆国荣，吕乃璧译.—北京：冶金工业出版社，1990.9.—192页；32开.—ISBN 7-5024-0786-3：4.20元

书名原文：Проэктирование Вентиляции В Карьерах

TD8 矿山开采

井筒与工业广场煤柱开采/吕泰和主编.—北京：煤炭工业出版社，1990.8.—331页；16开.—ISBN 7-5020-0404-1：8.75元

中小型矿山地下开采基础/史维祥等编著.—沈阳：东北工学院出版社，1990.3.—408页；16开.—高等学校教材.—ISBN 7-81006-121-6：5.44元

中小露天矿开采技术/杨福海主编.—北京：冶金工业出版社，1990.5.—684页；32开.—（全国星火计划丛书/杨浚主编）.—ISBN 7-5024-0650-6：8.30元

中国采煤方法图集/徐永圻主编.—徐州：中国矿业大学出版社，1990.5.—708页；16开.—ISBN 7-81021-354-7（精装）

石材开采及其机械设备/周润宇编.—武汉：武汉工业大学出版社，1990.7.—208页；16开.—高等学校试用教材.—ISBN 7-5629-0232-1：2.75元

地下采矿岩石力学/（澳）布雷迪（Brady，B.H.G.），（英）布朗（Brown，E.T.）著；冯树仁等译.—北京：煤炭工业出版社，1990.6.—420页；16开.—ISBN 7-5020-0118-2：11.00元

书名原文：Rock Mechanics for Undergrownd Mining

地质统计学及其在煤炭资源开发中的应用/王俊庸等编著.—北京：煤炭工业出版社，1990.11.—340页；32开.—ISBN 7-5020-0414-9：4.80元

现代露天开采理论与实践/牛成俊编著.—北京：科学出版社，1990.6.—392页；32开.—（冶金继续工程教育丛书）.—ISBN 7-03-001746-3：8.00元

矿区及建筑基坑疏干手册/（苏）斯坦琴科（Станченко，И.К.）主编；胡丹九译.—北京：煤炭工业出版社，1990.11.—458页；32开.—ISBN 7-5020-0436-X：6.00元

书名原文：Справочник по Осущению Горных Пород

矿床地下开采理论与实践/解世俊主编.—北京：冶金工业出版社，1990.12.—256页；32开.—（冶金继续工程教育丛书）.—ISBN 7-5024-0720-0：6.60元

岩体力学在硬岩开采中的应用/（加）M.L.杰里米克著；赵玉学，胡潮华译.—北京：冶金工业出版社，1990.5.—376页；16开.—高等学校教学用书.ISBN 7-5024-0719-7：4.70元

金属矿床开采/钟义旃主编.—北京：冶金工业出版社，1990.5.—450页；16开.—中等专业学校教学用书.—ISBN 7-5024-0715-4：5.00元

黄金矿山实用手册/《黄金矿山实用手册》编写组编.—北京：中国工人出版社，1990.12.—1741页；16开.—ISBN 7-5008-0689-2（精装）：55.00元

采矿工程/王刚主编.—北京：中国劳动出版社，1990.9.—434页；16开.—ISBN 7-5045-0516-1：13.90元

采矿手册 第二卷/《采矿手册》编辑委员会编.北京：冶金工业出版社，1990.12.—788页；16开.ISBN 7-5024-0648-4（精装）：33.30元

采矿手册 第四卷/《采矿手册》编辑委员会编.北京：冶金工业出版社，1990.4.—655页；16开.ISBN 7-5024-0571-2（精装）：28.65元

煤矿地下开采 上册/王刚主编.—徐州：中国矿业大学出版社，1990.10.—242页；16开.—高等学校教学用书.—ISBN 7-81021-279-6：6.70元

煤矿地下开采 下册/王刚主编.—徐州：中国矿业大学出版社，1990.10.—243～519页；16开.—高等学校教学用书.—ISBN 7-81021-279-6：6.70元

煤矿职工知识手册/王景晏主编.—石家庄：河北科学技术出版社，〔1990〕.—394页；大32开.—ISBN 7-5375-0348-6（精装）：11.50元

溶浸采矿/邹佩麟，王惠英编.—长沙：中南工业大学出版社，1990.8.—172页；16开.—ISBN 7-81020-304-5：2.25元

薄煤层开采技术/（英）克拉克（Clark，J.）等著；海国治，李成杰译.—北京：煤炭工业出版社，1990.6.—321页；32开.—ISBN 7-5020-0201-4：4.35元

露天矿特种作业/郑一方，叶五岳等编.—杭州：浙江大学出版社，1990.7.—471页；32开.—ISBN 7-308-00555-0：4.80元

露天转地下开采/徐长佑编著.—武汉：武汉工业大

学出版社，1990.8.—207页；32开.—高等学校试用教材.—ISBN 7-5629-0234-8（精装）：1.45元

露天采矿学　下册/杨荣新主编.—徐州：中国矿业大学出版社，1990.12.—300页；16开.—高等学校教学用书.—ISBN 7-81021-388-1：3.80元

TD9 选　矿

化学选矿/黄尔君主编.—北京：冶金工业出版社，1990.5.—218页；大32开.—中等专业学校教学用书.ISBN 7-5024-0702-2：1.55元

化学选矿/黄礼煌编著.—北京：冶金工业出版社，1990.6.—494页；大32开.—ISBN 7-5024-0523-2：11.10元

矿物颗粒分选工程/卢寿慈主编.—北京：冶金工业出版社，1990.10.—350页；32开.—（冶金继续工程教育丛书）.—ISBN 7-5024-0741-3：8.60元

选矿手册　第八卷　第二分册/《选矿手册》编辑委员会编.—北京：冶金工业出版社，1990.6.—463页；大32开.—ISBN 7-5024-0460-0（精装）：12.85元

选矿手册　第八卷　第三分册/《选矿手册》编辑委员会编.—北京：冶金工业出版社，1990.11.—413页；大32开.—ISBN 7-5024-0638-7（精装）：11.95元

选矿手册　第八卷　第四分册/《选矿手册》编辑委员会编.—北京：冶金工业出版社，1990.12.—502页；大32开.—ISBN 7-5024-0646-8（精装）：13.80元

选矿方法与工艺实践/郭秉文，肖云编.—武汉：中国地质大学出版社，1990.5.—210页；32开.—ISBN 7-5625-0438-5：1.50元

选矿数学模拟及模型/任天忠编著.—长沙：中南工业大学出版社，1990.2.—248页；32开.—ISBN 7-81020-321-5：1.60元

选矿数学模型/陈炳辰编著.—沈阳：东北工学院出版社，1990.6.—237页；16开.—高等学校教材.—ISBN 7-81006-222-0：3.45元

选煤厂工艺流程与设备选型计算/顾民兆等编.—北京：煤炭工业出版社，1990.6.—227页；32开.—ISBN 7-5020-0303-7：2.95元

选煤厂电气设备及自动化/陈纯等编.—徐州：中国矿业大学出版社，1990.12.—214页；16开.—高等学校教学用书.—ISBN 7-81021-413-6：2.75元

选煤厂生产技术管理/王振生，李寻编.—北京：煤炭工业出版社，1990.3.—179页；16开.—高等学校学用书.—ISBN 7-5020-0386-X：2.35元

选煤厂技术检查规程/中华人民共和国统配煤矿总公司制定.—北京：煤炭工业出版社，1990.4.—347页；32开.—ISBN 7-5020-0369-X（精装）：6.80元

选煤与选矿过程参数的测试技术/杨毅，吴力心编.徐州：中国矿业大学出版社，1990.10.—278页；16开.—高等学校教学用书.—ISBN 7-81021-394-6：3.55元

选煤过程工艺参数自动测控技术/任清晨等编著.北京：煤炭工业出版社，1990.11.—207页；32开.ISBN 7-5020-0463-7：3.05元

选煤数学模型/冯绍灌编.—北京：煤炭工业出版社，1990.10.—285页；16开.—高等学校教学用书.ISBN 7-5020-0442-4：3.65元

氯化和复合铁矿石联合选矿法/（苏）乌瓦罗夫（Уваров, В.С.），沃夫克（Вовк, Н.К.）著；万起等译.—北京：冶金工业出版社，1990.6.—199页；大32开.—ISBN 7-5024-0573-9：4.80元

粉碎工程/雷季纯主编.—北京：冶金工业出版社，1990.11.—200页；16开.—中等专业学校教学用书.ISBN 7-5024-0774-X：2.35元

强化脱水过程/（苏）加敏斯基（Каминский, В.С.）等著；薛问亚，罗茜译.—北京：煤炭工业出版社，1990.2.—259页；32开.—ISBN 7-5020-0129-8：3.50元

书名原文：Инте сиф йкация процессов обеэвоживания

碎磨回路的设计和装备/（美）A.L.穆拉尔，G.V.杰根森编；《碎磨回路的设计和装备》翻译组译.北京：冶金工业出版社，1990.9.—619页；16开.ISBN 7-5024-0624-7：22.60元

磁选设备磁系设计基础/王常任等编著.—北京：冶金工业出版社，1990.11.—312页；大32开.—ISBN 7-5024-0732-4：8.00元

锡石浮选/田忠诚编著.—北京：冶金工业出版社，1990.5.—210页；大32开.—ISBN 7-5024-0626-3：4.35元

TE 石油、天然气工业

石油勘探开发科学研究院研究生部学位论文摘要汇编　第二集：油气田钻井、开发工程及石油机械工程部分/任子琪主编.—北京：石油工业出版社，1990.12.—246页；16开.—ISBN 7-5021-0461-5：4.80元

石油勘探开发概论/余守德等编.—东营：石油大学出版社，1990.8.—357页；大32开.—ISBN 7-5636-0099-X：4.79元

TE1 石油、天然气地质与勘探

石油及天然气储量计算方法/杨通佑等编著.—北京：石油工业出版社，1990.4.—262页；16开.—ISBN7-5021-0225-6：5.85元

石油测井/郝金泽，刘国范主编.—北京：石油工业出版社，1990.7.—180页；16开.—中等专业学校教学用书.—ISBN 7-5021-0350-3：2.20元

石油测井中的核物理基础/郭余峰等编.—北京：石油工业出版社，1990.3.—406页；32开.—ISBN 7-5021-0345-7：3.65元

油气测井地质/陈立官编著.—成都：成都科技大学出版社，1990.3.—189页；32开.—ISBN 7-5616-0569-2：1.80元

油气藏工程计算方法/陈元千著.—北京：石油工业出版社，1990.5.—349页；16开.—ISBN 7-5021-0354-6：5.30元

油矿地质学/朱佳聪主编.—北京：石油工业出版社，1990.7.—423页；16开.—中等专业学校教学用书.—ISBN 7-5021-0427-5：4.75元

测井分析家协会第二十五届年会论文集/测井分析家协会编.—北京：石油工业出版社，1990.6.—631页；16开.—ISBN 7-5021-0336-8：9.35元

数控测井简明教程/殷修刚编.—东营：石油大学出版社，1990.6.—199页；16开.—ISBN 7-5636-0104-X：2.65元

TE2　钻井工程

井控问题100例/马兴峙等编.—北京：石油工业出版社，1990.5.—178页；32开.—ISBN 7-5021-0386-4：1.15元

井控技术/姜仁编著.—东营：石油大学出版社，1990.9.—106页；16开.—ISBN 7-5636-0106-6：1.51元

井斜控制理论与实践/白家祉，苏义脑著.—北京：石油工业出版社，1990.4.—401页；大32开.—ISBN 7-5021-0370-8（精装）：4.40元

水平井钻井技术/陈生瑄主编；魏芳友等编.—北京：机械工业出版社，1990.8.—243页；16开.—ISBN 7-111-02432-X：12.40元

钻井手册（甲方）　上册/《钻井手册（甲方）》编写组编.—北京：石油工业出版社，1990.6.—977页；16开.—ISBN 7-5021-0478-X：20.00元

钻井手册（甲方）　下册/《钻井手册（甲方）》编写组编.—北京：石油工业出版社，1990.11.—547页；16开.—ISBN 7-5021-0522-0（精装）：15.00元

钻井技术手册　（三）：固井/徐惠峰主编.—北京：石油工业出版社，1990.7.—547页；32开.—ISBN 7-5021-0313-9（精装）：6.00元

钻柱/徐国贤编.—东营：石油大学出版社，1990.4.—111页；16开.—ISBN 7-5636-0075-2：1.58元

TE3　油气田开发与开采

一九八七年石油工业部油田开发建设工作会议文集/中国石油天然气总公司油气田开发生产部编.—北京：石油工业出版社，1990.4.—281页；16开.—ISBN 7-5021-0347-3（精装）：7.75元

三次采油最优控制理论的应用/（美）W.F.拉米雷著；周显民，田保成译.—哈尔滨：黑龙江科学技术出版社，1990.2.—225页；大32开.—（石油科学进展；21）.—ISBN 7-5388-1031-5：5.00元

天然气开采工程/（美）伊克库（Ikoku，C.U.）著；冈秦麟等译.—北京：石油工业出版社，1990.3.383页；16开.—ISBN 7-5021-0333-3：6.10元

书名原文：Natuval gas Production Engineering

升举法采油工艺　卷四：用节点分析法使油气井最佳化生产/（美）布朗（Brown，K.E.）主编；孙学龙等译.—北京：石油工业出版社，1990.1.—642页；16开.—ISBN 7-5021-0226-4（精装）：14.70元

书名原文：The Technology of Artificial Lift Methods

石油大学稠油研究论文集/杨光华主编.—东营：石油大学出版社，1990.6.—256页；16开.—ISBN 7-5636-0107-4：13.90元

石油及天然气的开采和输送　A册：开采/（匈）西拉斯（Szilas，A.P.）著；蒋琪等译.—北京：石油工业出版社，1990.12.—295页；16开.—（石油科学进展；18）.—ISBN 7-5021-0439-9：4.60元

压力不稳定试井方法/美国石油工程师学会编；武若霞等译.—北京：石油工业出版社，1990.6.—270页；16开.—（美国石油工程师学会重印丛书）.—ISBN 7-5021-0254-X：4.80元

低渗透油气田开发译文集　上册.油藏描述/伺维庄等译.—北京：石油工业出版社，1990.4.—147页；16开.—ISBN 7-5021-0408-9：2.40元

采油化学剂应用指南/（苏）易卜拉基莫夫（Ибрагимов，Г.З.），(苏)希萨穆季诺夫(Хисамугдинов，Н.И.）著；魏淑娟，孙明朗译.—北京：石油工业出版社，1990.7.—345页；大32开.—ISBN 7-5021-0383-X：2.80元

书名原文：Справочное пособие по применению химических реагентов в добыче нефти

采油技术手册　第六分册：增产措施设备技术/万仁溥，罗英俊主编；陈国章，袁吉诚编.—修订本.北京：石油工业出版社，1990.6.—373页；大32开.ISBN 7-5021-0329-5（精装）：6.20元

本书1977年6月第1版。

油气田开发系统工程方法专辑　（1）/刘威等译.

北京：石油工业出版社，1990.8.—193页；16开.
ISBN 7-5021-0403-8：3.75元

重质高粘原油的开采／（苏）И.М.阿梅托夫等著；陈宝来，卢学成译.—北京：石油工业出版社，1990.1.—265页；32开.—ISBN 7-5021-0443-7：2.10元

深井泵防气与防砂／（苏）皮尔维尔江（Пирвердян，А.М.）著；冯少太译.—北京：石油工业出版社，1990.7.—152页；32开.—ISBN 7-5021-0379-1：1.25元

书名原文：Защита скважинного насоса от газа и песка

TE5　海上油气田开发与开采

近海边际油田开发技术／（比）菲（Fee，D.A.），（爱尔兰）奥戴（O'dea，J.）著；马志良等译.—北京：石油工业出版社，1990.6.—235页；大32开.—ISBN 7-5021-0419-4：2.70元

书名原文：Technology for Developing Marginal offshore Oilfields

海洋石油钻采装备与结构／方华灿编著.—北京：石油工业出版社，1990.11.—196页；16开.—高等学校教学用书.—ISBN 7-5021-0432-1：2.55元

TE6　石油、天然气加工工业

二氧化碳分离技术：石油伴生气处理工艺／叶懋权，陈全福编译.—上海：上海交通大学出版社，1990.11.—260页；16开.—ISBN 7-313-00728-0：5.50元

天然气处理工艺理论基础／李延平，孟萍编.—北京：石油工业出版社，1990.11.—527页；32开.（气田工人自学丛书）.—ISBN 7-5021-0434-8：3.50元

天然气加工过程原理与技术／罗光熹，周安主编；大庆天然气公司，大庆石油学院编.—哈尔滨：黑龙江科学技术出版社，1990.6.—403页；16开.—ISBN 7-5388-1100-1：9.80元

天然气浅冷装置操作手册／李福成，王素芸主编.哈尔滨：黑龙江科学技术出版社，1990.4.—260页；16开.—（油气初加工技术丛书；3）.—ISBN 7-5388-1098-6：13.10元

天然气预处理和加工　第三卷：先进技术及应用／（美）马道克斯（Maddox，R.N.），（美）埃巴（Erbar，J.H.）著；蔡尔范等译.—北京：石油工业出版社，1990.12.—294页；16开.—ISBN 7-5021-0231-0：5.10元

书名原文：Gas Conditioning and Processing

天然气预处理和加工　第四卷：气体与液体脱硫／（美）马道克斯（Maddox，R.N.）著；朱利凯等译.—北京：石油工业出版社，1990.2.—242页；16开.—ISBN 7-5021-0341-4：3.80元

书名原文：Gas Conditioning and Processing

石油工人安全技术操作规程：试行／大庆石油管理局编著.—哈尔滨：黑龙江人民出版社，1990.1.896页；32开.—ISBN 7-207-01289-6：9.55元

石油化工工艺学／（苏）阿杰尔松（Адельсон，С.В.）等著；梁源修等译.—北京：中国石化出版社，1990.12.—374页；16开.—ISBN 7-80043-117-7：10.50元

书名原文：Технология нефтехимического Синтеза

石油化工分析方法：RIPP试验方法／杨翠定等编.北京：科学出版社，1990.9.—486页；16开.—ISBN 7-03-001894-X：12.40元

石油化工实用最优化计算方法／徐亦方等编著.—东营：石油大学出版社，1990.12.—231页；16开.—ISBN 7-5636-0124-4：3.41元

石油化学工业技术与经济／林华主编.—北京：中国石化出版社，1990.12.—430页；大32开.—ISBN 7-80048-176-2：6.00元

石油炼制技术便览：第3版／（日）川濑义和等著；《石油炼制技术便览》翻译组译.—北京：烃加工出版社，1990.7.—748页；16开.—ISBN 7-80043-057-X：19.50元

近代物理分析方法及其在石油工业中的应用　下册／陆婉珍，汪燮卿编著.—北京：烃加工出版社，1990.3.—270页；大32开.—ISBN 7-80043-131-2：3.80元

沥青材料性能学／严家伋编著.—北京：人民交通出版社，1990.6.—293页；16开.—ISBN 7-114-00877-5：5.75元

乳化油和金属轧制用油／王永根编.—北京：烃加工出版社，1990.6.—464页；32开.—（石油产品应用知识丛书）.—ISBN 7-80043-078-2：6.20元

油田原油脱水／张鸿仁编著.—北京：石油工业出版社，1990.8.—296页；大32开.—（油田油气处理技术丛书）.—ISBN 7-5021-0422-4：2.40元

重油加工译文集／石油化工科学研究院情报组译.北京：中国石化出版社，1990.12.—638页；16开.ISBN 7-80043-103-7：16.70元

重油和渣油脱硫／（美）斯佩特（Speight，J.G.）著；方怡中，晁可绳译.—北京：烃加工出版社，1990.9.—202页；32开.—ISBN 7-80043-093-6：2.90元

书名原文：The Desulfurization of Heavy oils and Residua

炼油厂机器与维护修理／李景忠编.—北京：烃加工出版社，1990.10.—706页；32开.—石油化工工人技

术培训教材　中级本.—ISBN 7-80043-094-4：6.90元

炼油技术问答/锦西炼油化工总厂教育培训中心编.北京：轻工业出版社，1990.4.—576页；16开.—工人岗位培训教学用书.—ISBN 7-5019-0825-7：21.00元

美国石油炼制者协会年会报告选集：1988.—北京：烃加工出版社，1990.4.—351页；16开.—ISBN 7-80043-120-7：8.20元

润滑剂及其有关产品/(联邦德国)克拉曼(Klamann, D.)著；张溥译.—北京：烃加工出版社，1990.7.—319页；16开.—ISBN 7-80043-096-0：8.70元

书名原文：Lubricants and Relatea Products

微型计算机及其在蒸馏控制中的应用/苏永宏编译.北京：中国石化出版社，1990.10.—331页；16开.ISBN 7-80043-099-5：9.40元

TE8　石油、天然气储存与运输

石油储存原理/(加)马克斯(Marks, A.)著；白鹏飞，张志廉译.—北京：石油工业出版社，1990.3.—309页；大32开.—ISBN 7-5021-0349-X：2.80元

书名原文：Petroleum Storage Principles

油气集输/蔡春知等编.—北京：石油工业出版社，1990.8.—285页；16开.—中等专业学校教学用书.ISBN 7-5021-0372-4：3.30元

炼油厂油品储运/李国富，解学义编.—北京：烃加工出版社，1990.5.—277页；32开.—石油化工工人技术培训教材：初级本.—ISBN 7-80043-095-2：3.00元

TE9　石油机械设备与自动化

石油矿场水力机械/卫晓亭主编；万邦烈，李继志编.—北京：石油工业出版社，1990.5.—377页；16开.—高等学校教学用书.—ISBN 7-5021-0376-7：4.70元

立式储罐抗震/项忠权，李清林主编.—北京：地震出版社，1990.7.—198页；16开.—ISBN 7-5028-0441-2(精装)：10.00元

抽油机及其节能技术/兆文清编著.—北京：北京科学技术出版社，1990.2.—146页；32开.—ISBN 7-5304-0500-4：1.90元

油田常用测量仪表/汤学炳编.—东营：石油大学出版社，1990.12.—362页；16开.—高等学校教学用书.—ISBN 7-5636-0145-7：4.59元

油品储运仪表及自动化/杨名滨主编.—北京：烃加工出版社，1990.6.—280页；32开.—石油化工工人技术培训教材：中级本.—ISBN 7-80043-076-6：3.95元

油罐灭火技术基础/郑学志编著.—北京：烃加工出版社，1990.7.—115页；32开.—ISBN 7-80043-121-5：1.70元

定向钻井测量仪器/王斌编著.—北京：石油工业出版社，1990.8.—256页；16开.—ISBN 7-5021-0428-3：4.80元

钢丝设备及其操作程序：第2版/美国石油研究所生产部培训及发展执行委员会编；吴孟君译.—北京：石油工业出版社，1990.1.—109页；大32开.—ISBN 7-5021-0384-8：1.40元

书名原文：Wireline Operations and Procedures

换热器　下册/兰州石油机械研究所主编.—北京：烃加工出版社，1990.5.—563页；16开.—ISBN 7-80043-013-8：14.80元

钻井工具使用手册/刘景伊等主编.—北京：科学出版社，1990.10.—1523页；32开.—ISBN 7-03-002220-3(精装)：35.70元

钻井机械/王锡光编.—北京：石油工业出版社，1990.7.—293页；16开.—中等专业学校教学用书.ISBN 7-5021-0470-4：3.35元

钻井往复泵原理与设计/沈学海编著.—北京：机械工业出版社，1990.6.—158页；16开.—ISBN 7-111-02296-3：9.00元

球形储罐建造技术/王嘉麟主编.—北京：中国建筑工业出版社，1990.5.—422页；16开.—ISBN 7-112-01002-0：15.10元

管式加热炉/穆文俊主编.—武汉：华中理工大学出版社，1990.12.—106页；16开.—ISBN 7-5609-0519-6：1.56元

TF　冶金工业

中国金属学会1985～1987年优秀论文摘要集/中国金属学会编.—北京：冶金工业出版社，1990.3.144页；16开.—ISBN 7-5024-0585-2：6.65元

中国-瑞典冶金科技合作第二阶段共同研究论文集/中华人民共和国冶金工业部，瑞典国家技术发展局编.—北京：冶金工业出版社，1990.6.—541页；16开.—ISBN 7-5024-0752-9：35.30元

论文集：庆祝魏寿昆教授八十寿辰暨从事冶金教育工作五十七周年/北京钢铁学院编.—北京：冶金工业出版社，1990.1.—227页；16开.—ISBN 7-5024-0508-9(精装)：22.65元

本文集共收集魏寿昆教授本人及其同事和学生撰写的论文37篇，包括冶金热力学、动力学、冶金过程工艺研究

等。

冶金科学导游 （2）/冶金报社，冶金部科技司编.—北京：北京科学技术出版社，1990.10.—306页；32开.—（冶金科普读物）.—ISBN 7-5304-0755-4：3.80元

首届全国青年冶金学术交流会论文集/论文集编委会编.—北京：冶金工业出版社，1990.3.—260页；16开.—ISBN 7-5024-0526-7：9.20元

魏寿昆选集/中国南方图书公司北京编辑部组编；魏寿昆选；许家仪编.—北京：冶金工业出版社，1990.7.—387页；大32开.—（中国现代自然科学家选集丛书）.—ISBN 7-5024-0628-X（精装）：13.00元

本书精选了魏寿昆教授有关冶金工程、冶金物理化学等方面的代表性论文16篇。

TF0　一般性问题

冶金工程施工组织设计基础资料精选/穆士夔等主编.—上海：上海科学技术文献出版社，1990.6.503页；16开.—ISBN 7-80513-699-8（精装）：30.00元

冶金反应工程问题数值解析：BASIC语言/马志，肖兴国编著.—沈阳：辽宁科学技术出版社，1990.4.211页；32开.—ISBN 7-5381-0855-6：3.55元

冶金电化学研究方法/舒余德，陈自珍编著.—长沙：中南工业大学出版社，1990.4.—301页；32开.ISBN 7-81020-295-2：1.90元

冶金物理化学例题及习题/张显鹏主编.—北京：冶金工业出版社，1990.11.—338页；16开.—高等学校教学用书.—ISBN 7-5024-0767-7：4.20元

冶金炉热工与构造/陈鸿复主编.—北京：冶金工业出版社，1990.5.—234页；16开.—高等学校教学用书.—ISBN 7-5024-0711-1：3.05元

冶金炉热工基础/贺成林编.—2版（修订本）.—北京：冶金工业出版社，1990.5.—312页；16开.—中等专业学校教学用书.—ISBN 7-5024-0706-5：3.55元

冶金热力学及动力学/梁连科等编著.—沈阳：东北工学院出版社，1990.9.—326页；16开.—高等学校教材.—ISBN 7-81006-237-9：4.50元

实用冶金分析：方法与基础/鞍钢钢铁研究所，沈阳钢铁研究所编.—沈阳：辽宁科学技术出版社，1990.12.—1538页；16开.—ISBN 7-5381-0812-2（精装）：42.00元

TF1　冶金技术

电渣重熔译文集 （2）/李正邦等译.—北京：冶金工业出版社，1990.11.—232页；16开.—ISBN 7-5024-0694-8：12.50元

电渣重熔原理与实践/（英）G·霍伊尔著；陆锡才，赵渭国译.—沈阳：东北工学院出版社，1990.10.—207页；大32开.—ISBN 7-81006-237-7：3.00元

国外冶金新技术选萃/许广湘编著.—北京：冶金工业出版社，1990.7.—174页；32开.—ISBN 7-5024-0630-1：3.50元

烧结设计手册/冶金工业部长沙黑色冶金矿山设计研究院编.—北京：冶金工业出版社，1990.2.—500页；16开.—ISBN 7-5024-0527-5（精装）：22.45元

粉末冶金实验技术/姚德超主编.—北京：冶金工业出版社，1990.5.—296页；大32开.—高等学校教学用书.—ISBN 7-5024-0695-6：2.30元

TF3　冶金机械、冶金生产自动化

有色金属生产过程自动化/刘元扬主编.—长沙：中南工业大学出版社，1990.5.—268页；16开.—ISBN 7-81020-292-8：3.40元

冶金机械修理/蔺文友编著.—石家庄：河北人民出版社，1990.3.—577页；16开.—ISBN 7-202-00630-8：13.50元

本书内容包括冶金机械设备管理、维修工作基础知识、维修操作工艺、维修质量技术标准等内容。

冶金机械修理习题与指导/蔺文友，李虹著.—石家庄：河北人民出版社，1990.6.—161页；大32开.ISBN 7-202-00694-4：3.00元

国际冶金机电设备手册　第二卷：采矿、选矿、炼铁、炼钢/中国冶金设备总公司编著.—北京：知识出版社，1990.10.—749页；16开.—ISBN 7-5015-0483-0：45.00元

炼铁机械/严允进主编.—2版（修订版）.—北京：冶金工业出版社，1990.5.—332页；16开.—高等学校教学用书.—ISBN 7-5024-0710-3：4.15元

本书1981年7月第1版。

粉末冶金电炉及设计/徐润泽主编.—长沙：中南工业大学出版社，1990.11.—219页；16开.—ISBN 7-81020-324-X：2.85元

TF4　钢铁冶炼

钢铁产品标准化工作手册/冶金工业部情报标准研究总所钢铁标准室编.—北京：中国标准出版社，1990.11.—807页；32开.—ISBN 7-5066-0243-1：8.55元

钢铁冶金物理化学/陈襄武编.—北京：冶金工业出版社，1990.10.—336页；16开.—高等学校教学用书.—ISBN 7-5024-0771-5：4.25元

钢铁冶金学：炼钢部分/陈家祥主编.—北京：冶金工业出版社，1990.5.—328页；16开.—高等学校教学用书.—ISBN 7-5024-0707-3：4.10元

钢铁冶金原理/黄希祜编.—2版.—北京：冶金工业出版社，1990.11.—339页；16开.—高等学校教学用书.—ISBN 7-5024-0779-0：4.25元

本书1981年12月第1版。

TF5 炼铁

国外铁矿石直接还原厂/刘树立编.—北京：冶金工业出版社，1990.6.—380页；16开.—ISBN 7-5024-0632-8（精装）：15.90元

铁合金及合金添加剂手册/陆友琪等编.—北京：冶金工业出版社，1990.12.—540页；16开.—ISBN 7-5024-0644-1（精装）：23.80元

高炉过程气体动力学/傅世敏等编译.—北京：冶金工业出版社，1990.7.—370页；大32开.—ISBN 7-5024-0627-1：7.75元

高温烟气袋滤除尘技术：振打式玻纤扁袋除尘器/胡源编著.—北京：冶金工业出版社，1990.12.—207页；大32开.—ISBN 7-5024-0770-7：7.30元

TF7 炼钢

电炉炼钢技术/关玉龙等编译.—北京：科学出版社，1990.10.—403页；32开.—（冶金继续工程教育丛书）.—ISBN 7-03-002067-7. 7.50元

电炉炼钢学/马廷温主编.—北京：冶金工业出版社，1990.5.—292页；16开.—高等学校教学用书.ISBN 7-5024-0712-X：3.65元

电炉炼钢学/徐世铮编著.—沈阳：东北工学院出版社，1990.2.—216页；大32开.—高等学校教材.ISBN 7-81006-214-X：1.90元

连续铸钢/蔡开科主编.—北京：科学出版社，1990.3.—529页；32开.—（冶金继续工程教育丛书）.—ISBN 7-03-001704-8：10.05元

钢锭质量/卢盛意编.—北京：冶金工业出版社，1990.5.—106页；16开.—高等学校教学用书.—ISBN 7-5024-0703-0：1.45元

TF8 有色金属冶炼

世界黄金科学技术发展现状和趋势以及我国对策的建议/刘全根等编.—兰州：甘肃科学技术出版社，1990.9.—142页；16开.—ISBN 7-5424-0313-3：8.50元

侧插自焙铝电解/抚顺铝厂教育培训处编.—沈阳：辽宁大学出版社，1990.6.—134页；32开.—铝冶炼工人岗位培训教材之一.—ISBN 7-5610-0984-4：1.60元

贵金属冶金学/卢宜源，宾万达编.—长沙：中南工业大学出版社，1990.3.—532页；32开.—ISBN 7-81020-294-4：3.35元

钛技术与应用/石玉峰等主编.—西安：陕西科学技术出版社，1990.8.—715页；大32开.—ISBN 7-5369-0703-6：9.50元

铂族金属：性质·冶金·材料·应用/谭庆麟，阙振寰主编.—北京：冶金工业出版社，1990.7.—648页；大32开.—ISBN 7-5024-0510-0：16.50元

铝的性能及物理冶金/（美）哈奇（Hatch，J. E.）主编；刘静安等译.—重庆：科学技术文献出版社重庆分社，1990.9.—236页；16开.—ISBN 7-5023-1152-1：4.90元

书名原文：Alumnium Properties and Physical Metallurgy

铜冶金物理化学/刘纯鹏编著.—上海：上海科学技术出版社，1990.6.—682页；大32开.—（现代冶金丛书）.—ISBN 7-5323-0407-8：8.25元

硫化矿冶炼的进展 上册：基本原理/（美）H.Y.索恩等编；包晓波，邓文基等译.—北京：冶金工业出版社，1990.12.—391页；大32开.—ISBN 7-5024-0736-7：9.50元

书名原文：Advaces in Sulfide Smelting

稀有金属冶金学/李洪桂主编.—北京：冶金工业出版社，1990.5.—325页；16开.—高等学校教学用书.ISBN 7-5024-0713-8：4.10元

镍冶金学/黄其兴等编著.—北京：中国科学技术出版社，1990.8.—490页；大32开.—ISBN 7-5046-0164-0：31.30元

TG 金属学、金属工艺

工艺金属学/钱剑晨编著.—北京：国防工业出版社，1990.5.—144页；16开.—ISBN 7-118-00495-2：4.95元

工程材料及工艺学 第一分册：金属材料热处理及材料强韧化基础/赵一善主编.—北京：机械工业出版社，1990.4.—129页；16开.—ISBN 7-111-02314-5：4.95元

工程材料及工艺学 第二分册：实用工程材料及选材基础/赵一善主编.—北京：机械工业出版社，1990.9.—197页；16开.—ISBN 7-111-02538-5：4.95元

工程材料及工艺学 第三分册：热加工工艺基础/赵一善主编.—北京：机械工业出版社，1990.9.252页；16开.—ISBN 7-111-02537-7：6.15元

工程材料及工艺学 第四分册：机械加工工艺基础/赵一善主编.—北京：机械工业出版社，1990.3.161页；16开.—ISBN 7-111-02315-5：5.95元

工程材料及机械制造基础/曾晔昌等主编.—北京：机械工业出版社，1990.1.—550页；16开.—ISBN 7-111-01984-9：13.20元

工程材料及机械制造基础　(Ⅱ)：机械加工工艺基础/吴桓文主编.—北京：高等教育出版社，1990.4.—163页；16开.—高等学校教材.—ISBN 7-04-002773-9：2.00元

机械工程材料工艺学，又名，**金属工艺学**/罗会昌主编.—3版.—北京：高等教育出版社，1990.10.—353页；16开.—中等专业学校教材　工科非机械类专业通用.—ISBN 7-04-003031-4：4.05元

本书1979年7月第1版。

机械工程材料及热加工工艺/张德惠主编.—北京：机械工业出版社，1990.5.—359页；32开.—机械电子工业部机电行业专业管理人员岗位培训教材　主管专业管理人员.—ISBN 7-111-02102-9：5.80元

机械工程材料及热加工工艺学/王淑珍主编.—北京：机械工业出版社，1990.5.—298页；32开.—机械电子工业部机电行业专业管理人员岗位培训教材　一般专业管理人员.—ISBN 7-111-02110-X：5.60元

金工实习报告/西南金工研究会实习分会编.—成都：成都科技大学出版社，1990.3.—28页；16开.ISBN 7-5616-0568-4：0.65元

金工实习教材/郑州航院《金工实习教材》编写组编；来守正，常光清主编.—北京：新华出版社，1990.12.—138页；16开.—ISBN 7-5011-1065-4：3.95元

金属工艺实习/北京农业工程大学主编.—北京：农业出版社，1990.5.—143页；16开.—全国高等农业院校教材·《机械制造基础》辅助教材.—ISBN 7-109-01238-7：2.00元

金属工艺实习/唐裕源主编.—北京：纺织工业出版社，1990.12.—155页；大32开.—高等纺织院校试用教材　近机械类专业用.—ISBN 7-5064-0510-5：2.00元

金属工艺学/苏芳庭主编.—北京：高等教育出版社，1990.11.—280页；16开.—高等学校教材　近机械类各专业用.—ISBN 7-04-002339-3：3.25元

金属工艺学　上册/邓文英主编.—3版.—北京：高等教育出版社，1990.3.—232页；16开.—高等学校教材.—ISBN 7-04-002757-7：2.80元

本书1964年10月第1版。

金属工艺学　下册/邓文英主编.—3版.—北京：高等教育出版社，1990.3.—142页；16开.—高等学校教材.—ISBN 7-04-002887-5：1.85元

本书1964年12月第1版。

金属工艺学作业题集/黑龙江省金工研究会编.—哈尔滨：哈尔滨工业大学出版社，1990.11.—30页；16开.—ISBN 7-5603-0317-X：1.20元

结构材料工艺学，又名，**金属工艺学**/(苏)达利斯基(Дальскии，A.M.)主编；张学仁等译.—北京：高等教育出版社，1990.6.—335页；16开.—ISBN 7-04-002281-8：5.80元

书名原文：Технология конструкционных материалов

职业教育标准化习(考)题集丛书题解综合/万能武主编.—峨眉山：西南交通大学出版社，1990.10.190页；16开.—ISBN 7-81022-079-9：3.90元

最新实用五金手册/黎桂英等编.—广州：广东科技出版社，1990.11.—885页；32开.—ISBN 7-5359-0579-X：16.00元

TG1　金属学、热处理

技工学校金属材料与热处理课教学参考书/陈明深编.—2版.—北京：中国劳动出版社，1990.6.—175页；32开.—ISBN 7-5045-0489-0：1.90元

本书1986年7月第1版。

金属材料与热处理/劳动部培训司组织编写.—2版.北京：劳动人事出版社，1990.3.—130页；16开.全国技工学校机械类通用教材.—ISBN 7-5045-0438-6：2.55元

本书1983年7月第1版。

金属材料与热处理/劳动部培训司组织编写.—3版.北京：中国劳动出版社，1990.3.—152页；16开.全国技工学校机械类通用教材.—ISBN 7-5045-1111-0：3.90元

本书1985年4月第1版。

金属学及热处理/慈军等编.—沈阳：东北工学院出版社，1990.6.—256页；16开.—高等学校教材.—ISBN 7-81006-098-8：3.73元

金属学及热处理词典/程肃之编著.—北京：机械工业出版社，1990.11.—1185页；32开.—ISBN 7-111-00984-3(精装)：28.00元

金属热加工/张鲁阳，朱起凡主编.—武汉：华中理工大学出版社，1990.7.—231页；32开.—高等工程专科学校教材.—ISBN 7-5609-0452-1：1.52元

热加工工艺学/刘振康主编.—北京：机械工业出版社，1990.6.—272页；16开.—高等工科院校适用.ISBN 7-111-02279-3：7.45元

TG11　金属学(物理冶金)

金属学/陆景贤编.—北京：机械工业出版社，1990.5.—229页；16开.—中等专业学校试用教材.ISBN 7-111-02049-9：2.70元

金属学实验指导书/韩德伟等编.—长沙：中南工业大学出版社，1990.3.—164页；16开.—ISBN 7-81020-297-9：2.15元

金属学原理/侯增寿，卢光熙主编.—上海：上海科学技术出版社，1990.7.—239页；16开.—ISBN 7-5323-2014-6：5.25元

金属学原理实验/何明，赵文英编.—北京：机械工业出版社，1990.5.—84页；16开.—ISBN 7-111-01942-3：1.25元

TG111　金属物理学

快速凝固技术与新型合金/程天一，章守华编著.—北京：宇航出版社，1990.11.—346页；大32开.—ISBN 7-80034-334-0：6.90元

金属物理学　第二卷：相变/冯端等著.—北京：科学出版社，1990.1.—543页；大32开.—（凝聚物理学丛书/葛庭燧主编）.—ISBN 7-03-001231-3：21.00元

金属物理学　第二卷：相变/冯端等著.—北京：科学出版社，1990.1.—543页；大32开.—（凝聚物理学丛书/葛庭燧主编）.—ISBN 7-03-001232-1（精装）：23.20元

金属的凝固理论、实践及应用/（日）大野笃美著；邢建东译.—北京：机械工业出版社，1990.8.—151页；32开.—ISBN 7-111-02177-0：3.90元

TG113　金相学

金相原理与实践/屠世润等编译.—北京：机械工业出版社，1990.2.—401页；16开.—ISBN 7-111-01720-X：15.40元

金属机械性能基础知识问答/杨道明编著.—北京：机械工业出版社，1990.3.—167页；32开.—ISBN 7-111-01755-2：3.90元

金属物理性能分析/宋学孟编.—2版（修订本）.北京：机械工业出版社，1990.5.—137页；16开.高等学校试用教材.—ISBN 7-111-02070-7：1.90元

本书1981年8月第1版。

金属组织、性能和热处理/（英）戴维斯（Davies, D.J.），（英）奥尔门（Oelmann, L.A.）著；陈行康，黄德山译.—北京：中国科学技术出版社，1990.11.216页；大32开.—ISBN 7-5046-0224-8：7.80元

书名原文：The Structure, Properties and Heat Treatment of Metals

金属超塑性成形原理及应用/林兆荣主编.—北京：航空工业出版社，1990.11.—218页；16开.—ISBN 7-80046-268-4：2.90元

郑建宣合金相图论文选集/郑建宣著.—南宁：广西科学技术出版社，1990.12.—201页；16开.—ISBN 7-80565-410-7：9.40元

相图与相变/陆学善著.—合肥：中国科学技术大学出版社，1990.7.—579页；大32开.—ISBN 7-312-00143-2（精装）：11.50元

疲劳强度/程育仁等编著.—北京：中国铁道出版社，1990.11.—230页；大32开.—ISBN 7-113-00883-6（精装）：6.60元

塑性加工变形物理场/张强著.—沈阳：东北工学院出版社，1990.9.—336页；16开.—高等学校教材.ISBN 7-81006-113-5：4.59元

TG115　金属的分析试验

无损探伤工/曹发美编写.—北京：化学工业出版社，1990.12.—756页；32开.—（化工和石油化工检修工人技术等级标准自学丛书）.—ISBN 7-5025-0821-X：13.60元

无损探伤工必读/天津市机械工业管理局主编.—北京：机械工业出版社，1990.12.—304页；32开.（工人技术等级标准自学丛书）.—ISBN 7-111-01874-5：6.25元

扫描电镜分析技术与应用/材料耐磨抗蚀及其表面技术丛书编委会主编；廖乾初，蓝芬兰编著.—北京：机械工业出版社，1990.3.—410页；32开.（材料耐磨抗蚀及其表面技术丛书/刘家濬主编）.ISBN 7-111-01660-2：10.90元

材料电子显微分析/魏全金编.—北京：冶金工业出版社，1990.5.—223页；16开.—高等学校教学用书.ISBN 7-5024-0692-1：2.90元

宏观断口学及显微断口学/（法）亨利（Henry, G.），（联邦德国）豪斯特曼（Horstmann, D.）著；曾华祥等译.—北京：机械工业出版社，1990.7.371页；16开.—ISBN 7-111-00690-9（精装）：29.00元

书名原文：De Ferri Metallographia

金相分析基础/汪守朴主编.—北京：机械工业出版社，1990.10.—253页；16开.—中等专业学校试用教材.—ISBN 7-111-02266-1：2.95元

金属损伤图谱：金属失效的扫描电子显微镜研究/（联邦德国）恩格（Engel, L.），（联邦德国）克林格（Klingele, H.）著；孟锡明译.—北京：机械工业出版社，1990.6.—234页；16开.—ISBN 7-111-00430-2（精装）：20.00元

书名原文：Anatlas of Metal Damage

实用金属材料分析方法/徐盘明，赵祥大主编.—合肥：中国科学技术大学出版社，1990.3.—785页；16开.—ISBN 7-312-00153-X：22.00元

钢中缺陷的超声波定性探伤/牛俊民编著.—北京：冶金工业出版社，1990.7.—462页；大32开.—ISBN 7-5024-0363-9：10.40元

磨损金属学/李建明编著.—北京：冶金工业出版社，1990.11.—343页；大32开.—ISBN 7-5024-0733-2：8.90元

TG13　合金学、各种性质合金

合金价电子结构与成分设计/刘志林著.—长春：吉林科学技术出版社，1990.5.—279页；大32开.（青年科学家著作丛书）.—ISBN 7-5384-0521-6：5.30元

高温合金晶界间隙相/李玉清，刘锦岩著.—北京：冶金工业出版社，1990.3.—380页；大32开.—ISBN 7-5024-0489-9：7.90元

硬质合金的强度和寿命/（苏）洛沙克（Лощак，М.Г.）著；黄鹤翥译.—北京：冶金工业出版社，1990.6.—299页；大32开.—ISBN 7-5024-0594-1：7.35元

书名原文：Прочность и долговечность твёрдых сплавов

铸造金属典型显微组织/英国铸造协会主编；赵忠义等译.—北京：国防工业出版社，1990.10.—232页；16开.—ISBN 7-118-00382-4：9.40元

书名原文：Typical Microstructures of Cast Metals

TG14 金属材料

五光十色：金属、材料科学文学作品选/阎启翔著.—长沙：中南工业大学出版社，1990.4.—184页；32开.—ISBN 7-81020-288-X：2.50元

本书是一本以金属学和金属材料学为题材的科学文学作品集。

功能性金属材料/（日）伊藤邦夫等著；蒋正行，孟宪玲译.—北京：科学出版社，1990.11.—265页；32开.—ISBN 7-03-001826-5：7.70元

电厂金属材料/宋琳生主编.—北京：水利电力出版社，1990.10.—179页；16开.—高等学校教材.—ISBN 7-120-01146-4：2.40元

机电工程金属材料手册/万嘉礼主编.—上海：上海科学技术出版社，1990.12.—1105页；16开.—ISBN 7-5323-1108-2（精装）：24.50元

材料/机械电子工业部统编.—北京：机械工业出版社，1990.6.—254页；32开.—机械类技工学校教改试用教材.—ISBN 7-111-02192-4：3.75元

金属材料及加工工艺/机电工业考评技师复习丛书编审委员会编.—北京：机械工业出版社，1990.5.155页；32开.—（机电工业考评技师复习丛书）.ISBN 7-111-01911-3：3.20元

金属材料及其缺陷和失效分析100例/侯公伟等编著.—北京：机械工业出版社，1990.6.—96页；大32开.—ISBN 7-111-01982-2：3.70元

金属材料学/仇铣主编.—北京：经济科学出版社，1990.10.—351页；32开.—（物资管理丛书）.—ISBN 7-5058-0380-8：4.90元

金属材料基础知识问答/陈宝田，屈波编.—北京：中国铁道出版社，1990.11.—106页；32开.—ISBN 7-113-00929-8：1.90元

TG142 钢

世界钢材订购检验投保指南　下册/曾华强主编.上海：百家出版社，1990.8.—763～1566页；16开.ISBN 7-80576-120-2：30.00元

国际结构钢实用手册/李雁津编.—北京：中国对外经济贸易出版社，1990.6.—397页；大32开.—ISBN 7-80004-115-8：7.50元

钢中贝氏体/康沫狂等著.—上海：上海科学技术出版社，1990.6.—434页；大32开.—（材料科学丛书）.—ISBN 7-5323-1405-7：7.40元

钢的相变实验及组织分析/门学勇主编.—哈尔滨：哈尔滨工业大学出版社，1990.12.—123页；16开.ISBN 7-5603-0275-0：2.05元

钢的强韧化理论与设计/俞德刚编著.—上海：上海交通大学出版社，1990.5.—248页；16开.—ISBN 7-313-00651-9：3.15元

TG146 有色金属及其合金

云南省有色金属深度加工进展/解德汝等编著.—昆明：云南科技出版社，1990.11.—199页；16开.—ISBN 7-5416-0317-1：5.80元

有色金属科学技术/《有色金属科学技术》编委会编.—北京：冶金工业出版社，1990.9.—450页；大32开.—ISBN 7-5024-0726-X（精装）：13.65元

这里风月无边：有色金属知识小品集/李沛云著.长沙：中南工业大学出版社，1990.9.—214页；32开.—ISBN 7-81020-303-7：2.50元

黄金生产知识/徐敏时等编著.—北京：冶金工业出版社，1990.6.—194页；大32开.—ISBN 7-5024-0617-4：8.95元

TG15 热处理

工人考工晋级试题与答案：热处理工/辽宁省工人技术考核委员会统编.—沈阳：沈阳出版社，1990.11.—261页；32开.—ISBN 7-80556-397-7：3.50元

电子显微术在热处理质量检验中的应用/洪班德，崔约贤编著.—北京：机械工业出版社，1990.4.—229页；32开.—（金属热处理丛书/中国机械工程学会热处理学会主编）.—ISBN 7-111-00717-4：5.60元

国外热处理新技术/熊剑主编.—北京：冶金工业出版社，1990.7.—683页；大32开.—ISBN 7-5024-0513-5：15.00元

热处理工/辽宁省工人技术考核委员会统编.—沈阳：沈阳出版社，1990.11.—261页；32开.—（工人考工晋级试题与答案）.—ISBN 7-80556-397-7：3.50元

热处理工/机电工业考评技师复习丛书编审委员会编.—北京：机械工业出版社，1990.5.—243页；32开.—（机电工业考评技师复习丛书）.—ISBN 7-111-01914-8：5.15元

热处理工/劳动部培训司组织编写.—北京：中国劳动出版社，1990.8.—447页；32开.—全国工人中级技术考核培训教材.—ISBN 7-5045-0554-4：5.00元

热处理工：机械工业工人中级操作技能考评试题集/机械工业工人中级操作技能考评试题集编审委员会编.—北京：机械工业出版社，1990.8.—81页；16开.—ISBN 7-111-02116-9：3.15元

热处理工必读/天津市机械工业管理局主编.—2版.北京：机械工业出版社，1990.3.—556页；32开.（工人技术等级标准自学丛书）.—ISBN 7-111-01862-1：9.20元

本书1981年11月第1版。

简明热处理工手册/简明热处理工手册编写组编.北京：机械工业出版社，1990.1.—1521页；大64开.ISBN 7-111-00656-9（精装）：15.40元

JIS热处理技术/（日）大和久重雄著；栾淑芳译.北京：国防工业出版社，1990.2.—170页；32开.ISBN 7-118-00386-7：2.90元

TG156　热处理工艺

热加工安全技术/曾周良编.—北京：航空工业出版社，1990.4.—176页；16开.—ISBN 7-80046-244-7：2.40元

淬火介质/杨淑范，陈守介编著.—北京：机械工业出版社，1990.8.—122页；32开.—（机械工人学习材料：热处理）.—ISBN 7-111-01870-2：2.65元

等离子体热处理技术/周孝重，陈大凯主编.—北京：机械工业出版社，1990.4.—405页；32开.—ISBN 7-111-01861-3：8.20元

感应热处理问答/沈庆通编著.—北京：机械工业出版社，1990.12.—222页；32开.—ISBN 7-111-02229-7：4.70元

TG157　热处理质量检查

热处理质量控制/钟华仁编著.—北京：国防工业出版社，1990.9.—224页；大32开.—ISBN 7-118-00645-9：5.35元

热处理炉的温度测量与控制/陈宗浩编著.—北京：机械工业出版社，1990.12.—140页；32开.—（机械工人学习材料：热处理）.—ISBN 7-111-02242-4：3.20元

TG161/166　各种金属的热处理

细长零件热处理/许大维等编著.—北京：机械工业出版社，1990.6.—267页；32开.—ISBN 7-111-01951-2：5.10元

钢铁热处理/安正昆主编.—北京：机械工业出版社，1990.6.—331页；16开.—中等专业学校试用教材.—ISBN 7-111-02068-5：3.75元

粉末钢的热处理/（苏）古里维契（Гуревич，Ю.Г.），拉赫玛诺夫（Рахманов，В.и.）著；高后秀译.—天津：天津大学出版社，1990.11.—91页；大32开.—ISBN 7-5618-0210-2：2.55元

常见零件热处理变形与控制/朱培瑜编著.—北京：机械工业出版社，1990.12.—349页；32开.—ISBN 7-111-02092-8：7.10元

铜及铜合金热处理/刘淑云编.—北京：机械工业出版社，1990.10.—194页；32开.—（机械工人学习材料：热处理）.—ISBN 7-111-02164-9：4.40元

TG17　金属腐蚀与保护、金属表面处理

阴极保护手册/（德）贝克曼（Baeckmann，W.V.），施文克（Schwenk，W.）著；胡士信等译.北京：人民邮电出版社，1990.3.—433页；大32开.ISBN 7-115-04052-4：6.40元

应力作用下的金属腐蚀：应力腐蚀·氢致开裂·腐蚀疲劳·摩耗腐蚀/中国腐蚀与防护学会主编；肖纪美编著.—北京：化学工业出版社，1990.4.—472页；大32开.—（腐蚀与防护全书）.—ISBN 7-5025-0665-9：10.50元

金属防护工艺原理/于芝兰主编.—北京：国防工业出版社，1990.8.—274页；16开.—ISBN 7-118-00687-4：3.50元

离子镀及溅射技术/陈宝清主编.—北京：国防工业出版社，1990.11.—389页；大32开.—ISBN 7-118-00577-0：7.35元

腐蚀与防护手册：耐蚀金属材料及防蚀技术/化学工业部化工机械研究院主编.—北京：化学工业出版社，1990.8.—1045页；大32开.—ISBN 7-5025-0641-1：23.00元

腐蚀基础/（瑞典）马特松（Mattsson，E.）著；黄建中等译.—北京：冶金工业出版社，1990.1.194页；大32开.—ISBN 7-5024-0593-3（精装）：16.35元

书名原文：Elektrokemioch Korrosionslara

TG2　铸　造

简明实用铸造手册/张东亮等编著.—太原：山西科学教育出版社，1990.5.—510页；16开.—ISBN 7-5377-0213-7（精装）：25.00元

TG21　铸造理论

铸工技能培训理论/机械电子工业部统编.—北京：机械工业出版社，1990.6.—233页；32开.—机械类

技工学校教改试用教材.—ISBN 7-111-02026-X：3.50元

铸件形成理论/安阁英主编.—北京：机械工业出版社，1990.6.—250页；16开.—高等学校教材.—ISBN 7-111-02072-3：3.25元

TG22　铸造原材料及配制

河北铸造材料/周福隽等编著.—石家庄：河北科学技术出版社，1990.4.—102页；32开.—ISBN 7-5375-0499-7：1.40元

铸型材料化学/朱纯熙，何培之编.—北京：机械工业出版社，1990.10.—156页；16开.—高等学校教材.—ISBN 7-111-02253-X：2.15元

TG23　铸造机械设备

冲天炉手册/刘幼华，胡起萱主编.—北京：机械工业出版社，1990.4.—710页；16开.—ISBN 7-111-00768-9（精装）：40.00元

铸造机械设计基础/刘树藩主编.—北京：机械工业出版社，1990.10.—159页；16开.—高等学校试用教材.—ISBN 7-111-02129-0：2.15元

铸造机械基础/阎荫槐主编.—沈阳：东北工学院出版社，1990.8.—171页；16开.—高等学校教材.—ISBN 7-81006-244-1：2.65元

铸造设备自动控制系统设计/任天庆编著.—北京：国防工业出版社，1990.11.—236页；16开.—ISBN 7-118-00454-5：9.25元

铸造设备选用手册/曹善堂主编.—北京：机械工业出版社，1990.10.—926页；16开.—ISBN 7-111-01943-1（精装）：50.00元

铸造测试仪器的原理及应用/余篤武等编著.—北京：机械工业出版社，1990.6.—617页；大32开.ISBN 7-111-01294-1：17.30元

本书介绍了目前我国铸造行业的90种仪器。

TG24　铸造工艺

大型铸锻件缺陷分析图谱/大型铸锻件行业协会，大型铸锻件缺陷分析图谱编委会编著.—北京：机械工业出版社，1990.10.—336页；16开.—ISBN 7-111-02500-8（精装）：20.00元

木模结构图册/《木模结构图册》编写组编.—北京：机械工业出版社，1990.1.—423页；16开.—ISBN 7-111-01979-2：19.80元

化铁工/劳动部培训司组织编写.—北京：中国劳动出版社，1990.8.—354页；32开.—全国工人中级技术考核培训教材.—ISBN 7-5045-0562-5：3.85元

机械工业工人中级操作技能考评试题集：木模工/机械工业工人中级操作技能考评试题集编审委员会编.—北京：机械工业出版社，1990.7.—107页；16开.—ISBN 7-111-02029-4：4.10元

机械工业工人中级操作技能考评试题集：造型、化铁工/机械工业工人中级操作技能考评试题集编审委员会编.—北京：机械工业出版社，1990.8.—122页；16开.—ISBN 7-111-02108-8：4.40元

金属的凝固：理论、实践及应用/（日）大野篤美著；邢建东译.—北京：机械工业出版社，1990.8.151页；32开.—ISBN 7-111-02177-0：3.90元

铸工工艺学/机械电子工业部统编.—北京：机械工业出版社，1990.12.—265页；16开.—机械类技工学校教改试用教材.—ISBN 7-111-02436-2：7.90元

铸造工/机电工业考评技师复习丛书编审委员会编.北京：机械工业出版社，1990.10.—224页；32开.（机电工业考评技师复习丛书）.—ISBN 7-111-02186-X：5.00元

铸造小辞典/张世祥主编.—北京：机械工业出版社，1990.6.—451页；64开.—ISBN 7-111-01995-4（精装）：6.10元

铸造实验技术/王祥生主编.—南京：东南大学出版社，1990.6.—262页；16开.—高等学校试用教材.ISBN 7-81023-306-5：3.30元

模样工/机电工业考评技师复习丛书编审委员会编.—北京：机械工业出版社，1990.10.—185页；32开.—（机电工业考评技师复习丛书）.—ISBN 7-111-02237-8：4.60元

TG249　特种铸造

实型铸造/梁光泽编著.—3版.—上海：上海科学技术出版社，1990.12.—449页；32开.—ISBN 7-5323-2232-7：4.65元

本书上海人民出版社1974年4月第1版。

特种铸造/曾昭昭主编.—杭州：浙江大学出版社，1990.5.—272页；大32开.—高等工业学校教学用书.ISBN 7-308-00520-8：2.40元

熔模精密铸造工艺学：初、中级/机械工业部农机工业局统编.—北京：机械工业出版社，1990.2.223页；16开.—农机工人技术培训教材.—ISBN 7-111-01683-1：7.95元

熔模精密铸造问答/吴光华，陈晋公编著.—太原：山西科学教育出版社，1990.3.—276页；32开.ISBN 7-5377-0240-3：3.80元

TG25　铸铁件铸造

球墨铸铁管/王振宇编著.—北京：冶金工业出版社，1990.8.—405页；大32开.—ISBN 7-5024-

0633-6：8.45元

铬系耐磨白口铸铁/苏俊义编著.—北京：国防工业出版社，1990.11.—203页；大32开.—ISBN 7-118-00661-0：4.75元

铸铁件手册/(美)Walton, C.F., Opar, T.J.编；童本行等编译.—北京：清华大学出版社，1990.12.—433页；16开.—ISBN 7-302-00250-9(精装)：24.00元

TG29 有色金属铸造

铝镁合金铸造工艺及质量控制/胡忠等编著.—北京：航空工业出版社，1990.4.—288页；32开.—ISBN 7-80046-238-2：6.15元

TG3 金属压力加工

金属压力加工中的摩擦与润滑/姚若浩编著.—北京：冶金工业出版社，1990.4.—327页；大32开.ISBN 7-5024-0373-6：7.50元

TG31 锻造、锻压与锻工

日汉锻压技术词汇/王焱山等编.—北京：机械工业出版社，1990.10.—882页；64开.—ISBN 7-111-01435-9(精装)：11.00元

机械工业工人中级操作技能考评试题集：锻压工/机械工业工人中级操作技能考评试题集编审委员会编.—北京：机械工业出版社，1990.7.—120页；16开.—ISBN 7-111-02086-3：4.40元

实用锻工手册/李家枢等编.—北京：中国劳动出版社，1990.10.—591页；大32开.—ISBN 7-5045-0491-2(精装)：8.40元

锻压工/机电工业考评技师复习丛书编审委员会编.—北京：机械工业出版社，1990.11.—336页；32开.—(机电工业考评技师复习丛书).—ISBN 7-111-02245-9：7.20元

锻压参数测试技术/黄吕权，尚保忠编.—西安：西北工业大学出版社，1990.6.—241页；16开.—高等学校教材.—ISBN 7-5612-0243-1：3.12元

锻造工艺学/农业部乡镇企业司编.—沈阳：辽宁科学技术出版社，1990.10.—264页；32开.—乡镇企业初中级技术工人培训教材.—ISBN 7-5381-1015-1：3.81元

TG315 锻造用机械与设备

机械压力机的基础知识/杨群译.—北京：电子工业出版社，1990.6.—262页；大32开.—ISBN 7-5053-0843-2：4.50元

机械压力机的操作与安全/杨群译.—北京：电子工业出版社，1990.6.—225页；大32开.—ISBN 7-5053-0844-0：4.00元

曲柄压力机译文集/李作有等译.—北京：机械工业出版社，1990.12.—252页；16开.—ISBN 7-111-01956-3：14.20元

折板机技术/卢时平，杨振宇编.—上海：上海科学技术文献出版社，1990.8.—217页；32开.—ISBN 7-80513-637-8：3.70元

热模锻压力机/李忠民等编著.—北京：机械工业出版社，1990.11.—371页；16开.—ISBN 7-111-02095-2：18.00元

液压机/俞新陆等编著.—北京：机械工业出版社，1990.5.—159页；16开.—高等学校试用教材.—ISBN 7-111-02065-0：2.15元

锻压机械产品样本/机械电子工业部编.—北京：机械工业出版社，1990.11.—1249页；16开.—ISBN 7-111-00781-6：91.00元

TG316 锻造工艺

钢质液态模锻/何绍元，罗守靖著.—哈尔滨：哈尔滨工业大学出版社，1990.8.—389页；16开.—ISBN 7-5603-0267-X：10.50元

锻压新工艺与新设备/于连仲主编.—哈尔滨：哈尔滨工业大学出版社，1990.10.—233页；16开.—ISBN 7-5603-0304-8：9.50元

TG33 轧制、轧造

小型无缝钢管生产　下册/韩观昌，李连诗编著.北京：冶金工业出版社，1990.8.—474页；大32开.ISBN 7-5024-0689-1：9.35元

轧钢生产基础知识/劳动部培训司组织编写.—北京：中国劳动出版社，1990.7.—221页；32开.—就业训练轧钢专业统编教材.—ISBN 7-5045-0502-1：2.40元

轧钢生产增益与节能/李连诗编著.—北京：冶金工业出版社，1990.2.—135页；32开.—ISBN 7-5024-0616-6：2.35元

板材与型材弯曲回弹控制原理与方法/陈毓勋著.北京：国防工业出版社，1990.6.—201页；16开.ISBN 7-118-00441-3：6.70元

板带轧制科学与技术：第四届国际轧钢会议论文选集/中国金属学会轧钢专业学术委员会科教组译.—北京：冶金工业出版社，1990.7.—605页；16开.—ISBN 7-5024-0514-3：20.10元

板带轧制理论与实践/日本钢铁协会编；王国栋等译.—北京：中国铁道出版社，1990.12.—411页；16开.—ISBN 7-113-00914-X：11.75元

板带钢生产工艺学/冯光纯编.—重庆：重庆大学出版社，1990.4.—176页；16开.—ISBN 7-5624-0141-1：3.75元

钢的控制轧制和控制冷却技术手册/李曼云，孙本荣主编.—北京：冶金工业出版社，1990.9.—321页；16开.—ISBN 7-5024-0690-5：13.30元

型钢生产实习指导/劳动部培训司组织编写.—北京：中国劳动出版社，1990.5.-58页；32开.—就业训练轧钢专业统编教材.—ISBN 7-5045-0501-3：0.80元

TG37 挤 压

轻合金挤压工具与模具 上册/刘静安编著.—北京：冶金工业出版社，1990.2.—474页；大32开. ISBN 7-5024-0512-7（精装）：11.65元

轻合金挤压工具与模具 下册/刘静安编著.—北京：冶金工业出版社，1990.7.—409页；大32开.—ISBN 7-5024-0637-9（精装）：10.65元

TG38 冷冲压（钣金加工）

中华人民共和国机械电子工业部机械类技工学校生产实习教学大纲：冷作工：试行/机械电子工业部编.—北京：机械工业出版社，1990.5.—10页；16开.—适用于初中毕业生学制三年.—ISBN 7-111-02295-5：1.30元

冲压工艺学/肖景容，姜奎华主编.—北京：机械工业出版社，1990.5.—243页；16开.—高等学校试用教材.—ISBN 7-111-02018-9：3.20元

冲压手册/王孝培主编.—2版（修订本）.—北京：机械工业出版社，1990.11.—688页；16开.—ISBN 7-111-02337-4：9.20元

本书1983年11月第1版。

冲压机械化与自动化/成虹主编.—南京：江苏科学技术出版社；北京：电子工业出版社，1990.9.—185页；16开.—中等专业学校教材.—ISBN 7-5345-0866-5：2.90元

冲压模具设计师手册/成都模具工业协会《冲压模具设计师手册》编译组编.—北京：机械工业出版社，1990.4.—1020页；大32开.—ISBN 7-111-02390-0（精装）：25.00元

冷冲压及模具设计/华玉培，李恒权主编.—济南：山东科学技术出版社，1990.9.—303页；16开. ISBN 7-5331-0725-X：5.95元

冷冲模设计/赵孟栋主编.—北京：机械工业出版社，1990.10.—185页；16开.—中等专业学校试用教材.—ISBN 7-111-02254-8：2.20元

冷作工工艺学/机械电子工业部统编.—北京：机械工业出版社，1990.12.—234页；16开.—机械类技工学校教改试用教材.—ISBN 7-111-02504-0：6.60元

冷作工技能培训图册/机械电子工业部统编.—北京：机械工业出版社，1990.6.—119页；8开.—机械类技工学校教改试用教材.—ISBN 7-111-02106-1：13.00元

冷作工技能培训理论/机械电子工业部统编.—北京：机械工业出版社，1990.7.—309页；32开.—机械类技工学校教改试用教材.—ISBN 7-111-02240-8：4.40元

实用冲压模具设计手册/郑可锽，张弘编著.—北京：宇航出版社，1990.5.—375页；16开.—ISBN 7-80034-321-9：11.00元

实用板料冲模设计/杜东福编著.—北京：能源出版社，1990.2.—297页；32开.—ISBN 7-80018-227-4：6.50元

简易精密冲裁/刘渭贤等编著.—上海：上海科学技术出版社，1990.6.—281页；32开.—ISBN 7-5323-1882-6：3.00元

精冲技术/涂光祺编著.—北京：机械工业出版社，1990.4.—327页；大32开.—ISBN 7-111-01657-2：10.60元

TG4 焊接、金属切割及粘接

焊工技术/上海高级职业技术培训中心主编.—上海：上海科学技术出版社，1990.1.—306页；32开.职业技术教育军地两用人才培训教材.—ISBN 7-5323-1555-X：3.25元

焊工技能培训图册/机械电子工业部统编.—北京：机械工业出版社，1990.6.—242页；8开.—机械类技工学校教改试用教材.—ISBN 7-111-02119-3：13.80元

焊工技能培训理论/机械电子工业部统编.—北京：机械工业出版社，1990.6.—249页；32开.—机械类技工学校教改试用教材.—ISBN 7-111-02166-5：3.70元

焊工词典/九江市焊接学会编.—北京：中国工人出版社，1990.3.—331页；32开.—ISBN 7-5008-0512-8（精装）：8.00元

焊接基础与实践/韩佳泉编著.—哈尔滨：黑龙江科学技术出版社，1990.10.—268页；16开.—ISBN 7-5388-1331-4：9.50元

TG40 焊接一般性问题

焊接过程的现代控制分析与设计/张裕明，吴林编著.—哈尔滨：哈尔滨工业大学出版社，1990.12. 215页；16开.—ISBN 7-5603-0332-3：9.50元

焊接自动控制基础/赵家瑞，董挺合编.—北京：机械工业出版社，1990.10.—288页；16开.—高等学校试用教材.—ISBN 7-111-02340-4：3.65元

焊接安全/劳动部职业安全卫生监察局主编.—北京：中国劳动出版社，1990.6.—309页；32开.—职业安全卫生通用基础系列教材.—ISBN 7-5045-0565-X：4.20元

焊接连续冷却转变图及其应用/顾钰熹，王宗杰编．北京：机械工业出版社，1990.5.—440页；大32开．ISBN 7-111-01402-2：13.90元

焊接结构安全评定技术/张宝昌编著．—北京：机械工业出版社，1990.12.—224页；大32开．—ISBN 7-111-02650-0：7.00元

焊接结构设计手册/中国机械工程学会焊接学会，焊接结构设计与制造（XV）委员会编．—北京：机械工业出版社，1990.3.—748页；16开．—ISBN 7-111-01285-2（精装）：39.50元

焊接热过程数值分析/武传松编著．—哈尔滨：哈尔滨工业大学出版社，1990.12.—177页；16开．—ISBN 7-5603-0311-0：7.50元

焊接断裂力学/孙志雄编．—西安：西北工业大学出版社，1990.4.—228页；16开．—高等学校教材．—ISBN 7-5612-0250-4：3.02元

焊接最优化基础/张炳范，李午申编．—天津：天津大学出版社，1990.11.—386页；32开．—ISBN 7-5618-0204-8：2.45元

TG42/43　焊接材料、设备

电焊条与应用知识/李志清等编．—北京：中国铁道出版社，1990.8.—117页；32开．—ISBN 7-113-00864-4：2.00元

各类电焊机使用维修指南/崔信昌主编．—上海：上海科学技术文献出版社，1990.2.—354页；16开．ISBN 7-80513-386-7：8.70元

焊工益友：焊接材料及钢铁焊接/尹士科等编．—北京：机械工业出版社，1990.11.—298页；32开．—ISBN 7-111-02485-0：6.20元

TG44　焊接工艺

中华人民共和国机械电子工业部机械类技工学校生产实习教学大纲：焊工：试行/机械电子工业部编．北京：机械工业出版社，1990.6.—15页；16开．—适用于初中毕业生学制三年．—ISBN 7-111-02281-5：1.35元

电、气焊工：机械工业工人中级操作技能考评试题集/机械工业工人中级操作技能考评试题集编审委员会编．—北京：机械工业出版社，1990.7.—121页；16开．—ISBN 7-111-02080-4：4.55元

焊工工艺学/机械电子工业部统编．—北京：机械工业出版社，1990.12.—236页；16开．—机械类技工学校教改试用教材．—ISBN 7-111-02442-7：6.70元

焊工考工题解/李致焕等编．—北京：兵器工业出版社，1990.7.—263页；32开．—（机械工人技术培训辅导丛书）．—ISBN 7-80038-238-9：5.85元

焊接方法与设备/周兴中主编．—北京：机械工业出版社，1990.11.—394页；16开．—中等专业学校试用教材．—ISBN 7-111-02275-0：4.45元

焊接质量的检验/国家机械工业委员会质量安全监督司编．—北京：机械工业出版社，1990.3.—262页；32开．—（机械制造检验员丛书）．—ISBN 7-111-01901-6：5.35元

熔焊原理及金属材料焊接/英若采主编．—北京：机械工业出版社，1990.6.—422页；16开．—中等专业学校试用教材．—ISBN 7-111-02066-9：4.80元

TG443　电　焊

电焊工/机电工业考评技师复习丛书编审委员会编．—北京：机械工业出版社，1990.5.—245页；32开．—（机电工业考评技师复习丛书）．—ISBN 7-111-01912-1：4.40元

电焊工/劳动部培训司组织编写．—北京：中国劳动出版社，1990.6.—410页；32开．—全国工人中级技术考核培训教材．—ISBN 7-5045-0498-X：4.60元

电焊工必读/天津市机械工业管理局主编．—2版（修订版）．—天津：天津科学技术出版社，1990.6.—574页；32开．—（工人技术等级标准自学丛书）．—ISBN 7-5308-0593-2：7.20元

本书1981年10月第1版。

电焊工实践/上海市焊接技术协会编．—上海：上海科学技术出版社，1990.10.—424页；大32开．—ISBN 7-5323-2009-X：5.30元

电焊安全技术/张应立编．—北京：中国铁道出版社，1990.7.—151页；32开．—ISBN 7-113-00748-1：2.15元

高级电焊工应知应会问答/张静政等编．—上海：上海交通大学出版社，1990.3.—215页；32开．—ISBN 7-313-00532-6：2.55元

TG446　气　焊

气焊工/劳动部培训司组织编写．—北京：中国劳动出版社，1990.7.—292页；32开．—全国工人中级技术考核培训教材．—ISBN 7-5045-0553-6：3.40元

气焊工必读/天津市机械工业管理局主编．—2版（修订版）．—天津：天津科学技术出版社，1990.6.—363页；32开．—（工人技术等级标准自学丛书）．—ISBN 7-5308-0501-0：4.90元

本书1981年10月第1版。

初级气焊工应知应会问答/张静政等编．—上海：上海交通大学出版社，1990.5.—312页；大32开．—ISBN 7-813-00842-2：4.60元

TG457　各种金属材料和构件的焊接

电焊钢管生产知识问答/张弘人编．—北京：冶金工

业出版社，1990.6.—283页；大32开.—（轧钢工人应知应会丛书）.—ISBN 7-5024-0596-8：6.00元

机器软钎焊手册/（美）伍德盖特（Woodgate, R.W.）编；张寿，梅仲勤译.—北京：机械工业出版社，1990.1.—271页；32开.—ISBN 7-111-01676-9：7.50元

异种材料的焊接/刘中青，邸斌编著.—北京：科学出版社，1990.12.—386页；32开.—ISBN 7-03-001888-5：10.80元

国产低合金钢焊接CCT图册/机械电子工业部哈尔滨焊接研究所编.—北京：机械工业出版社，1990.5.—134页；16开.—ISBN 7-111-01741-2（精装）：14.00元

钢筋气压焊工艺指南/陈英辉，刘子健编著.—北京：宇航出版社，1990.3.—141页；32开.—ISBN 7-80034-322-7：2.80元

铝及铝合金与其它金属的焊接/（苏）里亚博夫（Рябов, В.Р.）著；王义衡，赵瑞湘译.—北京：宇航出版社，1990.3.—237页；大32开.—ISBN 7-80034-234-4：4.00元

书名原文：Сварка алюминия и Его сплавовс Другими металлами

铸铁加热减应区焊接法/郭占林，魏胜利编著.—天津：天津科学技术出版社，1990.2.—136页；32开.（机械设备维修丛书）.—ISBN 7-5308-0540-1：3.25元

TG49　粘接、胶接

胶接与密封材料/季德俊，范太炳编著.—北京：机械工业出版社，1990.3.—187页；32开.—（机械工程材料丛书）.—ISBN 7-111-01204-6：4.60元

粘接和粘接技术手册/高学敏等编著.—成都：四川科学技术出版社，1990.2.—855页；16开.—ISBN 7-5364-1170-7：18.80元

TG496　金属与非金属粘接

陶瓷-金属封接技术指南/刘联宝等编著.—北京：国防工业出版社，1990.6.—355页；16开.—ISBN 7-118-00372-2（精装）：31.60元

TG5　金属切削加工及机床

加工中心的实用技术/日本东芝机械加工中心研究会著；阎太忱，刘昌祺译.—北京：机械工业出版社，1990.10.—312页；32开.—ISBN 7-111-02388-9：7.00元

加工常识/机械电子工业部统编.—北京：机械工业出版社，1990.6.—186页；32开.—机械类技工学校教改试用教材.—ISBN 7-111-02217-3：2.85元

本书介绍了铸造、压力加工、焊接、钳加工、车、铣、刨、插、拉　磨以及特种加工的基本知识和加工方法。

机床附件产品样本/机械电子工业部编.—北京：机械工业出版社，1990.5.—440页；16开.—ISBN 7-111-01429-4：28.40元

金属切削机床/方元青主编.—徐州：中国矿业大学出版社，1990.12.—303页；16开.—高等学校教学用书.—ISBN 7-81021-284-2：3.90元

金属切削机床/李铁尧主编.—北京：机械工业出版社，1990.5.—365页；16开.—中等专业学校试用教材.—ISBN 7-111-02054-5：4.15元

金属切削机床/（苏）普罗尼柯夫（Проников, А.С.）著；贾亚洲译.—北京：北京科学技术出版社，1990.3.—228页；16开.—ISBN 7-5304-0602-7：6.00元

书名原文：Металлорежущие станки и автоматы

金属加工技术　下册/(联邦德国)法耳克（Falk, D.）等著；第二汽车制造厂技工学校组织翻译.北京：劳动人事出版社，1990.4.—452页；16开.职业技术基础教材.—ISBN 7-5045-0402-5：13.30元

金属机械加工工艺人员手册/赵如福主编.—3版.上海：上海科学技术出版社，1990.10.—1274页；16开.—ISBN 7-5323-1384-0（精装）：30.60元

本书1965年6月第1版。

就业训练机械加工专业教学计划及教学大纲：试用/劳动部培训司制订.—北京：中国劳动出版社，1990.8.—175页；32开.—ISBN 7-5045-0509-9：2.10元

TG50　一般性问题

金属切削加工知识及应用/谢建三，刘华明编著.北京：科学普及出版社，1990.12.—334页；32开.ISBN 7-110-01580-7：6.80元

金属切削原理与刀具/陆剑中，孙家宁主编.—2版.北京：机械工业出版社，1990.11.—333页；16开.高等专科学校试用教材.—ISBN 7-111-02327-7：4.30元

本书1985年12月第1版。

金属切削原理及刀具/张幼桢主编.—北京：国防工业出版社，1990.9.—324页；16开.—ISBN 7-118-00686-8：4.10元

金属切削原理实验及刀具设计实例/安承业，宋明义主编.—北京：机械工业出版社，1990.10.—160页；16开.—ISBN 7-111-02734-5：4.80元

难加工材料切削用量手册：第2版/（苏）古列维契（Гуревичидр, Я.Л.）等著；周家宝译.—上海：上海科学技术出版社，1990.4.—256页；32开.ISBN 7-5323-1494-4：2.80元

书名原文：Режимы резания труднообрабатываемых материалов, справочник издание второе, переработанное и дополненное

TG502　机床设计、制造与维修

机床振动学/徐耀信编.—南昌：江西高校出版社，1990.12.—286页；32开.—ISBN 7-81033-029-2：4.50元

机床课程设计答辩指南/东北工学院机械工业沈阳教材编委会编.—沈阳：东北工学院出版社，1990.5.255页；32开.—ISBN 7-81006-231-X：5.00元

机床液压传动习题集/黄谊，章宏甲主编.—北京：机械工业出版社，1990.10.—135页；16开.—高等学校试用教材.—ISBN 7-111-02326-9：1.85元

机床辅具生产图册/机械电子工业部机械标准化研究所主编.—北京：机械工业出版社，1990.7.—615页；16开.—ISBN 7-111-01217-8：28.00元

机床摩擦、磨损与润滑/李传乾主编.—北京：机械工业出版社，1990.10.—168页；16开.—高等学校试用教材.—ISBN 7-111-02256-4：2.20元

自动切入装置/（苏）科斯秋科夫（Костюков，К.М.）等著；杨宗信译.—北京：机械工业出版社，1990.3.—160页；32开.—ISBN 7-111-01469-3：4.90元

设备修理精度检验技术手册：金切·锻压/张宝兴，何品贤主编.—北京：机械工业出版社，1990.10.—707页；16开.—ISBN 7-111-02250-5（精装）：29.00元

设备维修手册/倪惠新，范国良主编.—北京：宇航出版社，1990.3.—382页；32开.—ISBN 7-80034-198-4：5.90元

金属切削机床设计/（苏）塔尔基曼诺夫（Тарзманов，Г.А.）著；于富斌，李洪译.—北京：机械工业出版社，1990.2.—281页；大32开.—ISBN 7-111-01699-8：8.50元

书名原文：Проектирование металлорежущих станков

金属压力加工中的摩擦和润滑手册/（苏）А.П.格鲁捷夫等著；焦明山，袁瑞琛译.—北京：航空工业出版社，1990.5.—518页；32开.—ISBN 7-80046-210-2：7.30元

金属塑性加工中摩擦润滑原理及应用/叶茂编著.沈阳：东北工学院出版社，1990.1.—406页；32开.ISBN 7-81006-101-1：2.33元

常用机床电气检修/刘光源，钱季宝编著.—上海：上海科学技术出版社，1990.3.—215页；32开.—ISBN 7-5323-1789-0：2.35元

TG506　金属切削加工工艺

切屑折断机理及其应用/李振加等编著.—大连：大连理工大学出版社，1990.3.—142页；32开.—ISBN 7-5611-0222-4：1.15元

机械工人实用手册：车、钳、铣镗、刨插、磨/徐英南等编.—北京：中国劳动出版社，1990.12.—1418页；大32开.—ISBN 7-5045-0490-4（精装）：19.50元

机械加工工艺手册/李洪主编.—北京：北京出版社，1990.12.—1492页；16开.—ISBN 7-200-00813-3（精装）：48.00元

机械加工工艺学/孙桐章主编.—北京：航空工业出版社，1990.11.—294页；16开.—ISBN 7-80046-271-4：3.75元

机械加工工艺基础/金问楷主编.—北京：清华大学出版社，1990.9.—165页；16开.—ISBN 7-302-00643-1：2.40元

机械加工工艺基础/徐嘉元主编.—北京：机械工业出版社，1990.6.—232页；16开.—高等工科院校适用.—ISBN 7-111-02278-5：6.50元

机械加工自动化/卢庆熊，姚永璞主编.—北京：机械工业出版社，1990.9.—408页；32开.—（机械工业自动化技术丛书）.—ISBN 7-111-01965-2：9.50元

机械加工系统试验数据实时采集与处理/吴盛济，姚国兰编著.—北京：机械工业出版社，1990.11.280页；32开.—ISBN 7-111-02093-6：6.60元

机械加工窍门集粹/富保利编.—北京：北京出版社，1990.8.—347页；32开.—ISBN 7-200-01044-8：5.30元

易切削钢/刘永铨编著.—沈阳：东北工学院出版社，1990.6.—314页；32开.—高等学校教材.—ISBN 7-81006-226-3：2.20元

TG51　车削加工及车床

车工/北京市工业系统工人培训考核协调委员会编.北京：中国工人出版社，1990.5.—627页；16开.ISBN 7-5008-0334-6：13.95元

车工/机电工业考评技师复习丛书编审委员会编.北京：机械工业出版社，1990.7.—233页；32开.（机电工业考评技师复习丛书）.—ISBN 7-111-02038-3：4.00元

车工/劳动部培训司组织编写.—北京：中国劳动出版社，1990.7.—288页；32开.—全国工人中级技术考核培训教材.—ISBN 7-5045-0511-0：3.35元

车工：机械工业工人中级操作技能考评试题集/机械工业工人中级操作技能考评试题集编审委员会编.北京：机械工业出版社，1990.7.—80页；16开.ISBN 7-111-02035-9：3.15元

车工工艺学/机械电子工业部统编.—北京：机械工业出版社，1990.12.—285页；16开.—机械类技工学校教改试用教材.—ISBN 7-111-02434-6：7.90元

车工工艺学/劳动部培训司组织编写.—2版.—北京：中国劳动出版社，1990.12.—251页；16开.—全国技工学校机械类通用教材.—ISBN 7-5045-0622-2：4.20元

车工必读/天津市机械工业管理局主编.—2版.—北京：机械工业出版社，1990.1.—566页；32开.—（工人技术等级标准自学丛书）.—ISBN 7-111-00790-5：8.10元

本书1981年12月第1版。

车工考工题解/陈榕林，张学询编.—北京：兵器工业出版社，1990.7.—293页；32开.—（机械工人技术培训辅导丛书）.—ISBN 7-80038-236-0：6.35元

车工技能培训理论/机械电子工业部统编.—北京：机械工业出版社，1990.6.—257页；32开.—机械类技工学校教改试用教材.—ISBN 7-111-02014-6：3.75元

机械工业中级工技术培训考评复习题与答案：车工：理论部分/河南省优选法统筹法与经济数学研究会编.—郑州：河南科学技术出版社，1990.5.—170页；32开.—ISBN 7-5349-0692-X：3.00元

TG53　镗削加工及镗床

镗铣工/《机电工业考评技师复习丛书》编审委员会编.—北京：机械工业出版社，1990.10.—229页；32开.—（机电工业考评技师复习丛书）.—ISBN 7-111-02216-5：4.60元

镗铣工：机械工业工人中级操作技能考评试题集/机械工业工人中级操作技能考评试题集编审委员会编.—北京：机械工业出版社，1990.7.—95页；16开.—ISBN 7-111-02077-4：3.65元

TG54　铣削加工及铣床

铣工/劳动部培训司组织编写.—北京：中国劳动出版社，1990.6.—349页；32开.—全国工人中级技术考核培训教材.—ISBN 7-5045-0556-0：3.90元

铣工工艺学/机械电子工业部统编.—北京：机械工业出版社，1990.12.—254页；16开.—机械类技工学校教改试用教材.—ISBN 7-111-02435-4：7.10元

铣工工艺学/农业部乡镇企业司编.—沈阳：辽宁科学技术出版社，1990.10.—284页；32开.—乡镇企业初中级技术工人培训教材.—ISBN 7-5381-1026-7：3.81元

铣工技能培训理论/机械电子工业部统编.—北京：机械工业出版社，1990.6.—380页；32开.—机械类技工学校教改试用教材.—ISBN 7-111-02176-2：5.30元

铣工实践/《铣工实践》编写组编.—上海：上海科学技术出版社，1990.2.—616页；大32开.—ISBN 7-5323-1485-5（精装）：10.40元

铣床结构与装配调整/姚永璞等编.—北京：机械工业出版社，1990.8.—126页；16开.—ISBN 7-111-02012-X：4.95元

TG55　刨削加工、刨床与插床

刨工/劳动部培训司组织编写.—北京：中国劳动出版社，1990.7.—409页；32开.—全国工人中级技术考核培训教材.—ISBN 7-5045-0510-2：4.50元

刨工：机械工业工人中级操作技能考评试题集/机械工业工人中级操作技能考评试题集编审委员会编.北京：机械工业出版社，1990.7.—84页；16开.—ISBN 7-111-02087-1：3.30元

TG58　磨削加工与磨床

磨工/机电工业考评技师复习丛书编委会编.—北京：机械工业出版社，1990.10.—277页；32开.（机电工业考评技师复习丛书）.—ISBN 7-111-02259-9：5.90元

磨工/劳动部培训司组织编写.—北京：中国劳动出版社，1990.8.—342页；32开.—全国工人中级技术考核培训教材.—ISBN 7-5045-0563-3：3.95元

磨工：机械工业工人中级操作技能考评试题集/机械工业工人中级操作技能考评试题集编审委员会编.北京：机械工业出版社，1990.7.—90页；16开.—ISBN 7-111-02132-0：3.60元

磨削加工与磨具选择/池震宇编著.—北京：兵器工业出版社，1990.12.—212页；32开.—ISBN 7-80038-142-0：4.20元

TG61　齿轮加工及齿轮机床

齿轮工/机电工业考评技师复习丛书编审委员会编.北京：机械工业出版社，1990.10.—246页；32开.（机电工业考评技师复习丛书）.—ISBN 7-111-0223-0：5.20元

齿轮工：机械工业工人中级操作技能考评试题集/机械工业工人中级操作技能考评试题集编审委员会编.—北京：机械工业出版社，1990.8.—115页；16开.—ISBN 7-111-02112-6：4.30元

TG62　螺纹加工及螺纹加工机床

螺纹加工新工艺/计志孝等编著.—北京：兵器工业出版社，1990.5.—330页；32开.—ISBN 7-80038-121-8：4.60元

螺纹滚压加工技术/王秀伦编著.—北京：中国铁道出版社，1990.7.—268页；32开.—ISBN 7-113-00678-7：3.65元

TG659　数控机床及其加工

机床的微机控制/王福来，王仲东编著.—北京：机

械工业出版社，1990.3.—455页；32开.—ISBN 7-111-01717-X：12.00元

机床的微机控制技术/裴仁清，华卫平编.—上海：上海科学技术文献出版社，1990.7.—199页；16开.ISBN 7-80513-538-X：6.60元

数控机床的结构与应用/张振国主编.—北京：机械工业出版社，1990.10.—181页；16开.—中等专业学校试用教材.—ISBN 7-111-02329-3：2.25元

MNC系列微型计算机控制线切割/李熜华主编.北京：国防工业出版社，1990.1.—348页；大32开.ISBN 7-118-00387-5：6.90元

TG66　特种加工机床及其加工

钛合金电解加工手册/杨怡生等编著.—北京：国防工业出版社，1990.1.—240页；32开.—ISBN 7-118-00137-6：4.00元

等离子体加工技术/甄汉生编著.—北京：清华大学出版社，1990.10.—159页；16开.—高等学校教材.ISBN 7-302-00664-4：2.20元

激光精密加工/朱企业等编著.—北京：机械工业出版社，1990.7.—259页；32开.—（精密加工丛书）.ISBN 7-111-01038-8：6.40元

TG7　刀具、夹具、模具

TG71　刀具

刀具材料及其合理选择/肖诗纲编.—2版.—北京：机械工业出版社，1990.4.—592页；16开.—ISBN 7-111-01226-7：26.90元

本书1981年8月第1版。

刀具的检查与测量/国家机械工业委员会质量安全监督司编.—北京：机械工业出版社，1990.12.—426页；32开.—（机械制造检验员丛书）.—ISBN 7-111-01971-7：8.60元

孔加工刀具/朱祖良编著.—北京：国防工业出版社，1990.1.—571页；16开.—ISBN 7-118-00161-9（精装）：21.20元

拉刀设计与使用/楼希翱，薄化川主编.—北京：机械工业出版社，1990.10.—264页；16开.—ISBN 7-111-02300-5：3.60元

非金属切削刀具/范忠仁等编著.—北京：机械工业出版社，1990.9.—329页；32开.—ISBN 7-111-01978-4：7.80元

硬质合金刀具断续切削破损理论/于彦波等编著.武汉：华中理工大学出版社，1990.11.—162页；大32开.—ISBN 7-5609-0508-0：1.12元

TG75　夹具

机床夹具设计/宋殷主编.—武汉：华中理工大学出版社，1990.3.—149页；16开.—高等工程专科学校教材.—ISBN 7-5609-0410-6：2.00元

机床夹具设计/蔡光耀主编.—北京：机械工业出版社，1990.5.—265页；16开.—中等专业学校试用教材.—ISBN 7-111-02078-2：3.10元

机床夹具设计/戴陆武主编.—西安：西北工业大学出版社，1990.3.—190页；16开.—高等学校教材.ISBN 7-5612-0255-5：2.50元

机床夹具设计习题集/林家兰，梁明初编.—北京：机械工业出版社，1990.7.—27页；16开.—ISBN 7-111-02408-7：1.20元

机床夹具零件及部件生产图册/朱奇志主编.—北京：机械工业出版社，1990.6.—330页；16开.—ISBN 7-111-02596-2：27.50元

组合夹具：组装·应用·理论/朱耀祥主编.—北京：机械工业出版社，1990.1.—518页；16开.—ISBN 7-111-01245-3：23.70元

检验夹具典型结构应用图册/朱奇志，马贤智主编.北京：机械工业出版社，1990.5.—113页；8开.—ISBN 7-111-01843-5：14.70元

TG76　模具

模具计算机辅助设计/李志刚等编著.—武汉：华中理工大学出版社，1990.11.—193页；16开.—高等学校教材.—ISBN 7-5609-0514-5：2.60元

模具计算机辅助设计与制造/肖景容等编.—北京：国防工业出版社，1990.9.—232页；16开.—ISBN 7-118-00580-0：7.70元

模具设计/徐炜炯主编.—北京：轻工业出版社，1990.5.—256页；16开.—中等专业学校轻工业专业试用教材.—ISBN 7-5019-0781-1：3.40元

模具实用技术200例/王德文，朱雅年编著.—北京：冶金工业出版社，1990.7.—349页；大32开.ISBN 7-5024-0629-8：8.15元

模型工必读/天津市机械工业管理局主编.—北京：机械工业出版社，1990.7.—336页；32开.—（工人技术等级标准自学丛书）.—ISBN 7-111-01945-8：6.90元

TG78　手工具

电动工具/李邦协编著.—北京：中国计量出版社，1990.8.—292页；16开.—ISBN 7-5026-0332-8：11.50元

TG8　公差与技术测量及机械量仪

公差与测量技术/王玉荣，张应昌主编.—2版(修订本).—西安：陕西科学技术出版社，1990.8.323页；16开.—ISBN 7-5369-0797-4：7.40元

本书1986年7月第1版。

公差与配合：过盈配合计算和选用指南/俞汉清等编著.—北京：中国标准出版社，1990.9.—268页；大32开.—ISBN 7-5066-0190-7：4.75元

公差与配合手册/任嘉卉主编.—北京：机械工业出版社，1990.10.—646页；16开.—ISBN 7-111-01844-3(精装)：29.00元

公差与配合图解手册/卢景洪编著.—北京：中国标准出版社，1990.6.—87页；16开.—ISBN 7-5066-0245-8：2.50元

公差配合与技术测量/吕帆主编.—哈尔滨：哈尔滨船舶工程学院出版社，1990.6.—216页；16开.—ISBN 7-81007-086-X：2.10元

公差配合与技术测量/姜明德，杨福泉编写.—2版(修订本).—长沙：湖南科学技术出版社，1990.4.—245页；16开.—中等专业学校教材.—ISBN 7-5357-0107-8：6.00元

公差配合与技术测量实验指导书/吕帆，郭连湘编.哈尔滨：哈尔滨船舶工程学院出版社，1990.6.—80页；32开.—ISBN 7-81007-091-6：0.48元

公差配合与测量/机械电子工业部统编.—北京：机械工业出版社，1990.7.—153页；16开.—机械类技工学校教改试用教材.—ISBN 7-111-02210-6：4.60元

公差配合与测量技术/忻良昌主编.—北京：机械工业出版社，1990.11.—319页；16开.—中等专业学校试用教材.—ISBN 7-111-02330-7：2.85元

公差配合实用技术手册/吴尚斌编著.—沈阳：辽宁科学技术出版社，1990.10.—623页；32开.—ISBN 7-5381-0844-0(精装)：11.20元

量规设计手册/刘巽尔主编.—北京：机械工业出版社，1990.5.—592页；32开.—ISBN 7-111-02183-5：19.00元

TG80　一般性问题

互换性与技术测量基础实验指导书/刘惠敏等编.峨眉山：西南交通大学出版社，1990.7.—47页；16开.—ISBN 7-81022-165-5：1.20元

互换性与测量/鄂峻峤主编.—沈阳：辽宁科学技术出版社，1990.6.—214页；16开.—ISBN 7-5381-0939-0：5.00元

互换性与测量技术/何贡主编.—天津：天津科学技术出版社，1990.9.—238页；16开.—ISBN 7-5308-0882-6：5.60元

互换性与测量技术基础/刘水华主编.—长沙：中南工业大学出版社，1991.8.—133页；16开.—ISBN 7-81020-381-9：2.35元

互换性与测量技术基础/展学舜主编.—北京：烃加工出版社，1990.9.—284页；16开.—石油化工大专院校统编教材.—ISBN 7-80043-150-9：3.95元

六项互换性基础标准简明宣贯教材/水青编.—北京：科学技术文献出版社，1990.6.—79页；16开.ISBN 7-5023-1218-8：3.10元

机械工程测试技术/刘金环，任玉田编.—北京：北京理工大学出版社，1990.6.—248页；16开.—ISBN 7-81013-331-4：3.60元

机械工程测试技术基础/严普强，黄长艺主编.—北京：机械工业出版社，1990.2.—227页；16开.—ISBN 7-111-02233-5：3.50元

机械工程测试技术基础实验/杜润生，王崇义编.北京：机械工业出版社，1990.5.—77页；16开.—ISBN 7-111-02008-1：1.20元

机械工程测试·信息·信号分析/卢文祥，杜润生编著.—武汉：华中理工大学出版社，1990.3.—481页；大32开.—研究生用书.—ISBN 7-5609-0368-1：3.42元

机械检测技术基础/田保祥等编.—成都：西南交通大学出版社，1990.12.—108页；16开.—ISBN 7-81022-189-0：1.80元

空间角度和尺寸计算的程序法/陈荣廉著.—北京：航空工业出版社，1990.11.—358页；32开.—ISBN 7-80046-290-0：7.50元

测试技术基础/何自强主编.—北京：水利电力出版社，1990.6.—228页；16开.—职工大学教材.—ISBN 7-120-01019-0：6.15元

统计公差与机械精度/李纯甫编著.—北京：机械工业出版社，1990.2.—283页；32开.—ISBN 7-111-01705-6：7.50元

精密测试技术/杨俊等编.—南京：江苏科学技术出版社；北京：电子工业出版社，1990.9.—238页；16开.高等学校教材.—ISBN 7-5345-0867-3：3.70元

精密测量技术/花国梁主编.—北京：中国计量出版社，1990.4.—207页；16开.—高等学校试用教材.ISBN 7-5026-0312-3：5.50元

TG81　长度测量及其量仪

尺寸链分析与计算/李纯甫著.—北京：中国标准出版社，1990.9.—143页；大32开.—ISBN 7-5066-0222-9：2.15元

尺寸链理论及应用/刘之生主编.—北京：兵器工业

出版社，1990.7.—281页；16开.—高等学校教材.ISBN 7-80038-221-4：3.60元

TG83 形位误差测量及量仪

形位误差检测技术问答/傅成昌编著.—北京：机械工业出版社，1990.8.—297页；32开.—ISBN 7-111-01962-8：6.25元

形状和位置误差的检查与测量/国家机械工业委员会质量安全监督司编.—北京：机械工业出版社，1990.3.—226页；32开.—（机械制造检验员丛书）.ISBN 7-111-01926-1：4.40元

TG84 表面光洁度测量及其量仪

表面粗糙度应用指南/吴松青编著.—北京：机械工业出版社，1990.3.—390页；32开.—ISBN 7-111-01701-3：7.90元

表面粗糙度图解手册/孙可求编著.—北京：中国标准出版社，1990.9.—126页；16开.—ISBN 7-5066-0223-7：3.20元

TG9 钳工工艺、装配工艺

工人考工晋级试题与答案：钳工/辽宁省工人技术考核委员会统编.—沈阳：沈阳出版社，1990.11.431页；32开.—ISBN 7-80556-399-3：5.95元

工具钳工/机电工业考评技师复习丛书编审委员会编.—北京：机械工业出版社，1990.7.—259页；32开.—（机电工业考评技师复习丛书）.—ISBN 7-111-02020-0：4.60元

工具钳工：机械工业工人中级操作技能考评试题集/机械工业工人中级操作技能考评试题集编审委员会编.—北京：机械工业出版社，1990.7.—81页；16开.—ISBN 7-111-02034-0：3.15元

工具钳工必读/天津市机械工业管理局主编.—2版（修订版）.—天津：天津科学技术出版社，1990.6.537页；32开.—（工人技术等级标准自学丛书）.ISBN 7-5308-0466-9：7.40元

本书1982年2月第1版。

板金工下料基础知识/陈万里编.—3版.—北京：中国建筑工业出版社，1990.1.—273页；16开.—ISBN 7-112-00908-1：6.40元

本书1976年8月第1版。

板金工看图下料入门/唐顺钦，唐忠库著.—2版.北京：冶金工业出版社，1990.6.—181页；32开.ISBN 7-5024-0620-4：3.10元

本书1971年12月第1版。

板金展开作图法/李采编.—北京：中国建筑工业出版社，1990.2.—164页；16开.—ISBN 7-112-00894-8：4.00元

制图与钳工工艺基础/石雪年等编.—北京：电子工业出版社，1990.12.—178页；16开.—职业学校教材实用电子技术专业.—ISBN 7-5053-1050-X：4.80元

修理钳工：机械工业工人中级操作技能考评试题集/机械工业工人中级操作技能考评试题集编审委员会编.—北京：机械工业出版社，1990.7.—88页；16开.—ISBN 7-111-02047-2：3.40元

配件/陈玉华主编.—北京：石油工业出版社，1990.8.—235页；16开.—中等专业学校教学用书.ISBN 7-5021-0441-0：2.75元

钳工/机电工业考评技师复习丛书编审委员会编.北京：机械工业出版社，1990.10.—286页；32开.（机电工业考评技师复习丛书）.—ISBN 7-111-02257-2：4.80元

钳工：机械工业工人中级操作技能考评试题集/机械工业工人中级操作技能考评试题集编审委员会编.北京：机械工业出版社，1990.7.—80页；16开.—ISBN 7-111-02027-8：3.15元

钳工工艺学/机械电子工业部统编.—北京：机械工业出版社，1990.12.—267页；16开.—机械类技工学校教改试用教材.—ISBN 7-111-02425-7：7.50元

钳工工艺学/王正石主编；农业部乡镇企业司编.沈阳：辽宁科学技术出版社，1990.12.—253页；32开.—乡镇企业初中级技术工人培训教材.—ISBN 7-5381-1000-3：3.81元

钳工工艺学标准化习（考）题集/万能武编著.—峨眉山：西南交通大学出版社，1990.6.—74页；16开.（职工教育标准化习（考）题集丛书）.—ISBN 7-81022-078-0：1.60元

钳工工艺基础与实习/赵长祥主编.—重庆：科学技术文献出版社重庆分社，1990.7.—143页；16开+附《钳工工艺基础与实习》工艺卡片汇集1册.—技工学校生产技能教学体化教材.—ISBN 7-5023-1082-7：5.20元

钳工必读/天津市机械工业管理局主编.—2版（修订版）.—天津：天津科学技术出版社，1990.6.636页；32开.—（工人技术等级标准自学丛书）.ISBN 7-5308-0434-0：7.90元

本书1981年10月第1版。

钳工考工题解/陈榕林等编.—北京：兵器工业出版社，1990.7.—221页；32开.—（机械工人技术培训辅导丛书）.—ISBN 7-80038-237-0：5.00元

钳工技能培训理论/机械电子工业部统编.—北京：机械工业出版社，1990.6.—186页；32开.—机械类技工学校教改试用教材.—ISBN 7-111-01991-1：2.90元

钳工基础/韩道圻等编.—3版.—北京：中国铁道出版社，1990.7.—275页；32开.—ISBN 7-113-00394-X：3.80元

本书1975年第1版。

铆工/机电工业考评技师复习丛书编审委员会编.北京：机械工业出版社，1990.10.—269页；32开.(机电工业考评技师复习丛书).—ISBN 7-111-02215-7：5.80元

铆工：机械工业工人中级操作技能考评试题集/机械工业工人中级操作技能考评试题集编审委员会编.北京：机械工业出版社，1990.7.—80页；16开.—ISBN 7-111-02041-3：3.15元

铆工必读/天津市机械工业管理局主编.—2版.(修订版).—天津：天津科学技术出版社，1990.6.382页；32开.—(工人技术等级标准自学丛书).ISBN 7-5308-0706-4：5.60元

本书1981年12月1版。

铆工生产实习/劳动部培训司组织编写.—北京：中国劳动出版社，1990.10.—130页；16开.—全国技工学校机械类通用教材.—ISBN 7-5045-0611-7：2.30元

维修钳工/劳动部培训司组织编写.—北京：中国劳动出版社，1990.7.—440页；32开.—全国工人中级技术考核培训教材.—ISBN 7-5045-0555-2：4.85元

TH 机械、仪表工业

中华人民共和国机械电子工业部机械工人初级操作技能培训大纲：通用工种部分：试行.—北京：机械工业出版社，1990.12.—250页；16开.—ISBN 7-111-02697-7：8.40元

中华人民共和国机械电子工业部机械类技工学校教改教学计划教学大纲：试行/机械电子工业部编.—北京：机械工业出版社，1990.5.—131页；16开.—适用于初中毕业生学制三年.—ISBN 7-111-02377-3：4.65元

机电一体化技术及其应用/李正吾等编著.—北京：机械工业出版社，1990.11.—373页；大32开.—ISBN 7-111-02299-8：8.20元

机电产品讲义/祁国经编.—2版.—北京：人民交通出版社，1990.6.—331页；16开.—交通系统中等专业学校教材 物资管理专业用.—ISBN 7-114-00851-1：3.60元

本书1984年6月第1版。

机电产品质量检验/陶宗智主编.—南京：江苏科学技术出版社，1990.12.—613页；16开.—ISBN 7-5345-1170-4：12.99元

机械工人考工基础知识题解/华克勤等编.—北京：兵器工业出版社，1990.7.—110页；32开.—(机械工人技术培训辅导丛书).—ISBN 7-80038-235-4：2.60元

机械工程学基础/范崇洛主编.—北京：机械工业出版社，1990.6.—593页，16开.—中等专业学校试用教材.—ISBN 7-111-01966-0：6.90元

机械专业技术基础知识问答/李新江主编.—北京：机械工业出版社，1990.8.—403页；32开.—ISBN 7-111-02115-0：8.45元

机械控制工程基础/朱骥北主编.—北京：机械工业出版社，1990.10.—142页；16开.—高等学校试用教材.—ISBN 7-111-02310-2：1.95元

英汉机电工程词典/林栋梁主编；王豪行等编写.北京：机械工业出版社，1990.10.—2260页；32开.ISBN 7-111-01387-5(精装)：38.00元

简明机械工程词典/《简明机械工程词典》编写组编.—北京：中国农业机械出版社，1990.5.—579页；16开.—ISBN 7-80032-080-4(精装)：29.60元

TH11 机械学(机械设计基础理论)

机械基础/机电工业考评技师复习丛书编审委员会编.—北京：机械工业出版社，1990.5.—340页；32开.—(机电工业考评技师复习丛书).—ISBN 7-111-01918-0：5.85元

机械基础/徐英南主编.—2版.—北京：劳动人事出版社，1990.3.—216页；16开.—全国技工学校机械类通用教材.—ISBN 7-5045-0457-3：3.80元

本书1985年5月第1版。

机械基础/新疆农垦中等专业学校主编.—北京：农业出版社，1990.5.—585页；32开.—全国中等农业学校教材 加工和农机化专业用.—ISBN 7-109-01390-1：3.30元

机械基础与机械设备/杨艳翔主编.—北京：中国铁道出版社，1990.5.—269页；16开.—高等学校试用教材.—ISBN 7-113-00704-X：3.45元

机械基础题解/王擎忠主编.—北京：机械工业出版社，1990.9.—168页；32开.—ISBN 7-111-02489-3：2.60元

实用机械学/(英)麦克多纳(McDonagh，I.)著；张德智译.—北京：兵器工业出版社，1990.12.—250页；16开.—ISBN 7-80038-244-3：11.60元

书名原文：Mechanical science for teehnicians

TH111 机械原理

机械原理与机械零件/李天声等主编.—合肥：中国科学技术大学出版社，1990.1.—294页；16开.—ISBN 7-312-00164-5：6.00元

机械原理及机械零件/洪孟仁，汪信远编著.—上海：同济大学出版社，1990.2.—461页；32开.—高等学

校函授教材　兼作高等教育自学用书，非机械类专业用书.—ISBN 7-5608-0510-8：3.05元

《机械原理及机械零件》课程设计指导：圆柱齿轮减速器设计/丘季清编.—西安：西北工业大学出版社，1990.9.—111页；16开.—中等专业学校教材.—ISBN 7-5612-0274-1：1.22元

机械原理复习和解题指导/董师予，邹慧君主编.上海：同济大学出版社，1990.6.—237页；16开.ISBN 7-5608-0525-6：8.50元

高等机械原理/楼鸿棣，邹慧君主编.—北京：高等教育出版社，1990.6.—428页；16开.—高等学校教学参考书.—ISBN 7-04-001096-8：6.20元

TH112　机构学

工程机械构造图册/刘希平主编.—北京：机械工业出版社，1990.11.—291页；8开.—ISBN 7-111-01809-5：8.35元

平面连杆机构综合/曹龙华，蒋希成编.—北京：高等教育出版社，1990.6.—217页；16开.—高等学校教学参考书.—ISBN 7-04-001005-4：2.85元

机构设计实用构思图册/（日）藤森洋三著；贺相译.—北京：机械工业出版社，1990.8.—164页；16开.—ISBN 7-111-02104-5：7.10元

机构和机械手分析/（美）J.达菲著；廖启征等译.北京：北京邮电学院出版社，1990.7.—413页；16开.—ISBN 7-5635-0037-5：5.20元

机构学教程/（民主德国）弗尔梅（Volmer，J.）主编；孙可宗，周有强译.—北京：高等教育出版社，1990.6.—457页；大32开.—ISBN 7-04-002230-3：8.60元

机械结构有限元分析/赵汝嘉编.—西安：西安交通大学出版社，1990.3.—309页；大32开.—研究生教材.—ISBN 7-5605-0267-9：2.70元

TH113　机械动力学

机械振动学：非线性系统·弹性体/程耀东编著.杭州：浙江大学出版社，1990.9.—325页；大32开.ISBN 7-308-00485-6：2.70元

机械振动理论及应用/林鹤编.—北京：冶金工业出版社，1990.10.—240页；16开.—高等学校教学用书.ISBN 7-5024-0777-4：3.10元

转子动力学理论基础/张文著.—北京：科学出版社，1990.12.—283页；大32开.—ISBN 7-03-001851-6：10.40元

试验模态分析/杨景义，王信义编著.—北京：北京理工大学出版社，1990.12.—243页；大32开.—ISBN 7-81013-374-8：2.15元

常用机构的计算机辅助设计/郑鎔之等编著.—北京：机械工业出版社，1990.4.—293页；大32开.ISBN 7-111-01302-6：9.50元

TH117　机械摩擦、磨损及润滑

气体润滑技术/党根茂主编.—南京：东南大学出版社，1990.6.—264页；32开.—高等学校教材.—ISBN 7-81023-315-4：1.70元

设备的润滑技术与管理/范中志主编.—广州：华南理工大学出版社，1990.3.—447页；32开.—设备管理培训教材.—ISBN 7-5623-0153-0：4.90元

流体润滑理论/周桂如等编著.—杭州：浙江大学出版社，1990.9.—318页；大32开.—ISBN 7-308-00482-1：2.65元

静压气体润滑/刘暾等著.—哈尔滨：哈尔滨工业大学出版社，1990.4.—294页；16开.—ISBN 7-5603-0285-3：4.50元

摩擦学导论/陆大雄编著.—北京：北京出版社，1990.8.—422页；32开.—高等教育用书.—ISBN 7-200-00736-6：4.95元

摩擦学原理及应用/王松年等编著.—北京：中国铁道出版社，1990.8.—364页；32开.—ISBN 7-113-00877-1：4.30元

摩擦学概论/王学浩主编.—北京：水利电力出版社　1990.10.—163页；16开.—高等学校教材.—ISBN 7-120-01230-4：2.10元

TH12　机械设计、计算与制图

机械设计制图习题集/徐凤禄，刘淑春主编.—北京：高等教育出版社，1990.10.—91页；8开.—高等学校试用教材.—ISBN 7-04-003168-X：2.45元

TH122　机械设计

计算机辅助机械设计/章一鸣主编.—北京：北京理工大学出版社，1990.9.—386页；大32开.—ISBN 7-81013-347-0：3.10元

电子机械设计/成其荣主编.—沈阳：辽宁科学技术出版社，1990.3.—212页；16开.—中等专业学校教材.—ISBN 7-5381-0811-4：2.90元

机械可靠性设计基础/齐良编.—大连：大连理工大学出版社，1990.6.—191页；32开.—研究生教材.ISBN 7-5611-0262-3：1.31元

机械优化设计/孙靖民主编.—北京：机械工业出版社，1990.5.—185页；16开.—高等学校试用教材.ISBN 7-111-02067-7：2.45元

机械优化设计/严大考主编.—北京：水利电力出版社，1990.4.—220页；16开.—函授大学教材.—ISBN 7-120-01029-8：5.95元

本书内容包括：优化方法的数学基础；常用的无约束优化、约束优化及混合离散变量的优化设计方法；机械优化设计实例及常用的算法程序。

机械优化设计基础/张九明编著.—北京：煤炭工业出版社，1990.11.—249页；32开.—ISBN 7-5020-0417-3：3.40元

机械设计/王庆祺主编.—长沙：中南工业大学出版社，1990.9.—416页；16开.—ISBN 7-81020-306-1：5.20元

机械设计/刘贵富，赵中宰主编.—北京：蓝天出版社，1990.6.—254页；16开.—高等学校试用教材.ISBN 7-80081-135-2：7.53元

机械设计/高明信主编.—武汉：华中理工大学出版社，1990.11.—543页；32开.—高等工程专科学校教材.—ISBN 7-5609-0456-4：3.38元

机械设计：课程设计课题及指南/沈继飞主编.—北京：高等教育出版社，1990.9.—324页；16开.—高等学校教材.—ISBN 7-04-003069-1：4.10元

机械设计习题与指导/丁振华编.—上海：上海交通大学出版社，1990.3.—150页；16开.—ISBN 7-313-00518-0：3.20元

机械设计手册：教学用/蔡春源等编.—沈阳：辽宁科学技术出版社，1990.12.—219页；16开.—ISBN 7-5381-1007-0：6.45元

机械设计手册：教学用/蔡春源等编.—沈阳：辽宁科学技术出版社，1990.12.—219页；16开.—ISBN 7-5381-1008-9（精装）：9.30元

机械设计方法学/（联邦德国）柯勒（Koller，R.）著；党志梁等译.—北京：科学出版社，1990.1.—243页；16开.—ISBN 7-03-001296-8：13.40元

书名原文：Konstruktionslehre fur den Maschinenbau

机械设计自测题集/赵贵富，赵洪志主编.—长春：吉林大学出版社，1990.10.—124页；32开.—ISBN 7-5601-0634-X：1.95元

机械设计课程设计/宋景文，刘贵富主编.—北京：蓝天出版社，1990.6.—140页；16开.—高等学校试用教材.—ISBN 7-80081-124-7：4.35元

机械设计课程设计/鄂中凯等主编.—沈阳：东北工学院出版社，1990.5.—171页；16开.—ISBN 7-81006-246-8：4.75元

机械设计基础/王金等主编.—2版（修订版）.—沈阳：东北工学院出版社，1990.7.—276页；16开.高等学校教材.—ISBN 7-81006-005-8：4.90元

机械设计基础/丘季清主编.—西安：西北工业大学出版社，1990.9.—336页；16开.—中等专业学校教材.—ISBN 7-5612-0275-X：3.22元

机械设计基础/刘贵富，刘大维主编.—北京：蓝天出版社，1990.5.—264页；16开.—高等学校试用教材.—ISBN 7-80081-123-9：6.28元

机械设计基础/岳平山主编.—北京：石油工业出版社，1990.4.—289页；16开.—中等专业学校教学用书.—ISBN 7-5021-0253-1：3.35元

机械设计基础/赵学镛主编.—北京：北京理工大学出版社，1990.8.—420页；16开.—ISBN 7-81013-373-X：9.65元

机械设计基础/章定民主编.—南宁：广西教育出版社，1990.8.—450页；16开.—西南七省（区）、市电大教材.—ISBN 7-5435-0962-8：11.90元

机械设计基础　上册：机械原理部分/胡西樵主编.—北京：高等教育出版社，1990.5.—162页；16开.—高等学校教材.—ISBN 7-04-002879-6：2.00元

机械设计基础　下册：机械设计部分/胡西樵主编.—北京：高等教育出版社，1990.5.—267页；16开.—高等学校教材.—ISBN 7-04-002880-8：3.15元

机械设计基础学习指导书/程光蕴等编.—2版.—北京：高等教育出版社，1990.4.—138页；大32开.高等学校函授教材　兼作高等教育自学用书.—ISBN 7-04-002771-2：1.15元

机械的有限寿命设计和试验/石来德编著.—上海：同济大学出版社，1990.11.—249页；大32开.—ISBN 7-5608-0586-8：5.60元

机械最优化设计及应用实例/张济川主编.—北京：新时代出版社，1990.7.—331页；大32开.—ISBN 7-5042-0076-X：6.50元

现代机械设计理论与方法/邹家祥主编.—北京：科学出版社，1990.4.—348页；32开.—（冶金继续工程教育丛书）.—ISBN 7-03-001705-6：7.00元

新编机械设计手册/路永明，武汉民编.—东营：石油大学出版社，1990.1.—245页；16开.—ISBN 7-5636-0053-1：4.95元

TH123　机械计算

机械公式集/（日）大石正昭，稻见辰夫著；马殿举等译.—北京：轻工业出版社，1990.3.—334页；32开.—ISBN 7-5019-0120-1：8.90元

应力集中系数手册/航空工业部科学技术委员会编.北京：高等教育出版社，1990.6.—278页；16开.ISBN 7-04-002051-3（精装）：8.60元

线弹性结构静动态有限元法/丁耀武主编.—沈阳：东北工学院出版社，1990.4.—376页；16开.—高等学校教材.—ISBN 7-81006-095-3：5.06元

球面三角在机械工业中的应用/金凤久编.—北京：国防工业出版社，1990.6.—137页；大32开.—ISBN

7-118-00541-X：2.85元

TH126 机械制图

机械识图/卢文民主编.—大连：大连海运学院出版社，1990.10.—219页；16开.—交通系统技工学校通用教材 汽车驾驶专业用.—ISBN 7-5632-0227-7：5.20元

机械识图/任译勋编著.—长沙：湖南教育出版社，1990.12.—166页；16开.—中等职业技术学校教材.ISBN 7-5355-1200-3：3.10元

机械识图习题集/任泽勋编.—长沙：湖南教育出版社，1990.12.—154页；16开.—中等职业技术学校教材.—ISBN 7-5355-1201-1：2.85元

机械图尺寸的合理标注/吴永健，董国耀编著.—北京：国防工业出版社，1990.1.—370页；32开.—ISBN 7-118-00067-1：6.30元

机械图的设计与校对/吴柏枝编著.—北京：国防工业出版社，1990.3.—137页；16开.—ISBN 7-118-00427-8：4.70元

机械制图/王嘉章，应植芸主编.—2版.—峨眉山：西南交通大学出版社，1990.1.—304页；16开.—ISBN 7-81022-150-7：4.90元

本书1987年1月第1版。

机械制图/石光源等主编；清华大学工程图学及计算机辅助设计教研室编.—3版.—北京：高等教育出版社，1990.5.—506页；16开.—高等学校教材.ISBN 7-04-002832-8：6.35元

本书1975年5月第1版。

机械制图/机电工业考评技师复习丛书编审委员会编.—北京：机械工业出版社，1990.10.—271页；16开.—（机电工业考评技师复习丛书）.—ISBN 7-111-02042-1：8.50元

机械制图/任家兰等编.—长沙：湖南教育出版社，1990.6.—211页；16开.—中等职业技术学校教材.ISBN 7-5355-1066-3：3.60元

机械制图/张永高，范雅琴编.—北京：人民交通出版社，1990.4.—153页；16开.—汽车修理工高级技术培训教材：试用.—ISBN 7-114-00925-9：3.90元

机械制图/梁德本，高政一著.—北京：清华大学出版社，1990.9.—369页；16开.—中专非机械制造类专业用.—ISBN 7-302-00621-0：8.50元

机械制图/蒋知民，张洪德主编.—北京：国防工业出版社，1990.4.—270页；16开.—机械类教材.—ISBN 7-118-00619-X：3.45元

机械制图/鞍山钢铁学校等七校编.—2版.—北京：机械工业出版社，1990.6.—346页；16开.—中等专业学校机械类专业适用.—ISBN 7-111-02057-X：3.95元

本书1986年12月第1版。

机械制图 上册/机械电子工业部统编.—北京：机械工业出版社，1990.6.—147页；16开.—机械类技工学校教改试用教材.—ISBN 7-111-02187-8：4.50元

机械制图 下册/机械电子工业部统编.—北京：机械工业出版社，1990.12.—58页；16开.—机械类技工学校教改试用教材 冷加工用.—ISBN 7-111-02420-6：2.20元

机械制图 下册/机械电子工业部统编.—北京：机械工业出版社，1990.12.—152页；16开.—机械类技工学校教改试用教材 冷作、焊接工用.—ISBN 7-111-02413-3：4.70元

机械制图 下册/机械电子工业部统编.—北京：机械工业出版社，1990.12.—88页；16开.—机械类技工学校教改试用教材 铸造工用.—ISBN 7-111-02404-4：3.60元

机械制图与识图/张端主编.—北京：机械工业出版社，1990.5.—197页；16开.—机械电子工业部机电行业专业管理人员岗位培训教材 主管专业管理人员用.—ISBN 7-111-02142-8：6.00元

机械制图与识图/施复主编.—北京：机械工业出版社，1990.5.—148页；16开.—机械电子工业部机电行业专业管理人员岗位培训教材 一般专业管理人员用.—ISBN 7-111-02149-5：4.80元

机械制图与识图习题集/施复主编.—北京：机械工业出版社，1990.5.—46页；16开.—机械电子工业部机电行业专业管理人员岗位培训教材 一般专业管理人员用.—ISBN 7-111-02204-4：3.40元

机械制图与识图习题集/张端主编.—北京：机械工业出版社，1990.4.—67页；16开.—机械电子工业部机电行业专业管理人员岗位培训教材 主管专业管理人员用.—ISBN 7-111-02136-3：4.60元

机械制图习题集/王嘉章，应植芸主编.—2版.—峨眉山：西南交通大学出版社，1990.1.—86页；16开.ISBN 7-81022-151-5：2.85元

本书1987年1月第1版。

机械制图习题集/交通部部属院校专科制图教材协编组编.—北京：人民交通出版社，1990.12.—126页；16开.—ISBN 7-114-00837-6：2.60元

机械制图习题集/技工学校电子类专业教材编审委员会组织编写.—北京：中国劳动出版社，1990.8.96页；16开.—技工学校电子类通用教材.—ISBN 7-5045-0506-4：3.50元

机械制图习题集/林公奎主编.—北京：石油工业出版社，1990.11.—163页；16开.—石油技工学校试用教材.—ISBN 7-5021-0464-X：4.10元

机械制图习题集/梁德本，高政一主编.—北京：清华大学出版社，1990.8.—76页；8开.—中专非机械制造类专业用.—ISBN 7-312-00491-9：3.80元

机械制图习题集/彭福荫，周积义主编；清华大学工程图学及计算机辅助设计教研室编.—2版.—北京：高等教育出版社，1990.4.—127页；8开.—高等学校教材.—ISBN 7-04-002888-3：3.65元

本书1980年初版。

机械制图习题集/蒋知民，张洪锺主编.—北京：国防工业出版社，1990.7.—110页；16开.—机械类教材.—ISBN 7-118-00617-3：1.60元

机械制图习题集/鞍山钢铁学校等编.—2版.—北京：机械工业出版社，1990.6.—210页；16开.—中等专业学校机械类专业适用.—ISBN 7-111-02056-1：2.50元

本书1986年11月第1版。

机械制图习题集　上册/机械电子工业部统编.—北京：机械工业出版社，1990.7.—101页；16开.—机械类技工学校教改试用教材.—ISBN 7-111-02308-0：3.30元

机械制图习题集　下册/机械电子工业部统编.—北京：机械工业出版社，1990.12.—51页；16开.—机械类技工学校教改试用教材　冷加工用.—ISBN 7-111-02419-2：2.10元

机械制图习题集　下册/机械电子工业部统编.—北京：机械工业出版社，1990.12.—82页；16开.—机械类技工学校教改试用教材　冷作、焊接工用.—ISBN 7-111-02417-6：2.90元

机械制图习题集　下册/机械电子工业部统编.—北京：机械工业出版社，1990.12.—71页；16开.—机械类技工学校教改试用教材　铸造工用.—ISBN 7-111-02418-4：2.60元

机械制图手册/梁德本，叶玉驹主编.—北京：机械工业出版社，1990.9.—555页；16开.—ISBN 7-111-01639-4：16.70元

机械制图拆图图集/范文斌等编.—北京：高等教育出版社，1990.10.—131页；8开.—高等学校教学参考书.—ISBN 7-04-003073-X：3.65元

《机械制图》学习辅导及习题分析/邹南辰主编.兰州：兰州大学出版社，1990.12.—56页；32开.ISBN 7-311-00371-7：0.80元

机械制图简明手册/赵振起编.—北京：水利电力出版社，1990.12.—448页；大32开.—ISBN 7-120-00087-X：8.20元

机械制图新旧国家标准对照手册/葛守本编.—北京：兵器工业出版社，1990.7.—263页；16开.—ISBN 7-80038-239-7：10.35元

画法几何及机械制图/王兴球等主编.—北京：兵器工业出版社，1990.8.—2册；16开.—高等学校适用教材机械类专业适用.—ISBN 7-80038-263-X：13.98元

画法几何及机械制图/湘潭机电专科学校，长沙色金属专科学校编.—北京：机械工业出版社，1990.6.—365页；16开.—ISBN 7-111-02381-1：7.98元

画法几何及机械制图习题集/邵莲芬等主编.—北京：兵器工业出版社，1990.8.—1册；8开.—高等学校轻工机械类专业适用教材.—ISBN 7-30038-263-X：5.98元

本书封面题名：画法几何及工程制图习题集

画法几何及机械制图习题集/湘潭机电专科学校，长沙有色金属专科学校编.—北京：机械工业出版社，1990.7.—129页；16开.—ISBN 7-111-02382-X：3.98元

画法几何及机械制图习题集/熊人礼等编.—2版.重庆：重庆大学出版社，1990.2.—68页；8开.—高等学校教材　电子、应用理科及非机类各专业用.ISBN 7-5624-0004-0：4.70元

本书1987年3月第1版。

画法几何及机械制图学习指导书/李耀群，关震荣编.—2版.—北京：高等教育出版社，1990.3.—66页；大32开.—高等学校函授教材　兼作高等教育自学用书　非机械非土建类各专业用.—ISBN 7-04-002890-5：0.67元

本书1983年3月第1版。

制图基础/景守文，杨绪萍编.—北京：人民邮电出版社，1990.9.—316页；16开.—邮电技工学校试用教材.—ISBN 7-115-04253-5：7.40元

制图基础习题集/景守文，杨绪萍编.—北京：人民邮电出版社，1990.10.—57页；16开.—邮电技工学校试用教材.—ISBN 7-115-04254-3：3.60元

TH13　机械零件及传动装置

机械与机械零件/马永林主编.—2版.—北京：高等教育出版社，1990.8.—312页；16开.—中等专业学校教材.—ISBN 7-04-003013-6：3.60元

本书1978年11月第1版。

机构和机械零部件优化设计/王文博主编；王启等编.—北京：机械工业出版社，1990.3.—306页；32开.—ISBN 7-111-01902-4.7.50元

机械零件设计手册　下册/东北工学院《机械零件设计手册》编写组编.—2版.—北京：冶金工业出版社，1990.6.—938页；16开.—ISBN 7-5024-0499-6（精装）：22.95元

本书1979年12月第1版。

机械零件课程设计/汤慧瑾主编.—北京：高等教育出版社，1990.5.—288页；16开.—中等专业学校教材.—ISBN 7-04-002886-7：3.40元

机械零件强度的现代设计方法/张祖明编著.—北京：航空工业出版社，1990.7.—280页；16开.—ISBN 7-80046-247-1：7.40元

实用机械零件设计程序/罗圣国主编.—北京：机械

工业出版社，1990.3.—311页；16开.—ISBN 7-111-00847-2：16.20元

新型精密机械零件与部件/丁伯瑜主编.—北京：国防工业出版社，1990.8.—357页；大32开.—ISBN 7-118-00514-2：8.20元

TH131 联接及联接零件

紧固件连接设计手册/《紧固件连接设计手册》编写委员会编.—北京：国防工业出版社，1990.12.489页；16开.—ISBN 7-118-00741-2（精装）：25.00元

紧固件应用手册/时一勤，鲁东编.—北京：科学技术文献出版社，1990.10.—195页；16开.—ISBN 7-5023-1267-6：17.00元

TH132 机械传动机构

工程机械履带——地面附着力矩理论基础/杨红旗著.—北京：机械工业出版社，1990.9.—180页；16开.—ISBN 7-111-02666-7：6.50元

自动机械的凸轮机构设计/彭国勋，肖正扬编著.北京：机械工业出版社，1990.12.—388页；大32开.ISBN 7-111-01468-5：11.00元

齿轮手册 上册/齿轮手册编委会编.—北京：机械工业出版社，1990.11.—1册；16开.—ISBN 7-111-01624-6（精装）：62.00元

齿轮手册 下册/齿轮手册编委会编.—北京：机械工业出版社，1990.11.—1册；16开.—ISBN 7-111-01697-1（精装）：65.00元

齿轮精度国家标准应用指南/齿轮精度国家标准宣贯工作组编.—北京：兵器工业出版社，1990.11.706页；16开.—ISBN 7-80038-280-X：25.00元

特种胶带传动的设计与使用手册/张静菊等编.—北京：化学工业出版社，1990.12.—207页；16开.—ISBN 7-5025-0830-9：8.90元

渐开线外啮合圆柱齿轮传动/朱景梓等编著.—北京：国防工业出版社，1990.12.—387页；大32开.ISBN 7-118-00669-6：9.90元

渐开线齿轮与蜗杆传动几何计算手册/（苏）И.A.鲍洛托夫斯基主编；张展，张国瑞译.—上海：华东化工学院出版社，1990.12.—521页；大32开.—ISBN 7-5628-0113-4：7.00元

蜗杆传动手册/杨兰春等编著.—上海：华东化工学院出版社，1990.12.—544页；16开.—ISBN 7-5628-0062-6：19.80元

新型蜗杆传动/傅则绍等编著.—西安：陕西科学技术出版社，1990.9.—318页；16开.—ISBN 7-5369-0665-X：7.60元

滚珠丝杠副及自锁装置/饶振纲，王勇卫编著.—北京：国防工业出版社，1990.2.—252页；大32开.ISBN 7-118-00262-3：5.10元

TH133 转动机件

世界轴承型号对照手册/李传武主编.—北京：中国物资出版社，1990.5.—1184页；16开.—ISBN 7-5047-0165-3：38.00元

滚动轴承的检查与测量/国家机械工业委员会质量安全监督司编.—北京：机械工业出版社，1990.3.297页；32开.—（机械制造检验员丛书）.—ISBN 7-111-01919-9：7.10元

TH136 其 他

机械密封手册/徐祥发，沈兆乾编.—南京：东南大学出版社，1990.10.—390页；16开.—ISBN 7-81023-359-9：12.00元

TH137 液压传动

电液集成块液路：设计·控制·计算/陈城书著.武汉：华中理工大学出版社，1990.5.—142页；32开.—ISBN 7-5609-0468-8：2.60元

电液集成块是一种全新的液压控制元件，它能取代所有传统的液压阀，包括电液伺服阀和电液比例阀。本书全面、简要地讲述了电液集成块技术的理论。

英汉液压气动技术词汇/宋学义编.—北京：机械工业出版社，1990.2.—217页；64开.—ISBN 7-111-01297-6：2.95元

液压工程手册/雷天觉主编.—北京：机械工业出版社，1990.4.—2183页；16开.—ISBN 7-111-01724-2（精装）：74.00元

液压元件的寿命试验/段长宝等编.—北京：国防工业出版社，1990.5.—153页；大32开.—ISBN 7-118-00598-3：3.15元

液压气动故障诊断与处理技术/（美）A.H.海恩著；宋琦等译.—徐州：中国矿业大学出版社，1990.10.—555页；大32开.—高等学校教学参考用书.—ISBN 7-81021-134-X：3.55元

液压传动/石熙年，万拍群编.—徐州：中国矿业大学出版社，1990.11.—266页；16开.—中等专业学校教学用书.—ISBN 7-81021-384-9：3.05元

液压传动/俞启荣主编.—北京：机械工业出版社，1990.5.—242页；16开.—中等专业学校试用教材.ISBN 7-111-01989-X：2.85元

液压传动与控制/上海第二工业大学液压教研室编著.—2版.—上海：上海科学技术出版社，1990.6.352页；16开.—ISBN 7-5323-1786-2：7.30元

本书1981年9月第1版。

液压传动与控制习题集/阎祥安，焦秀稳编.—天

津：天津大学出版社，1990.10.—149页；16开.--ISBN 7-5618-0208-0：4.00元

液压传动技术/曾贤启主编；王全斌编著.—北京：北京航空航天大学出版社，1990.8.—255页；16开.（成人高等教育教程丛书）.—ISBN 7-81012-195-2：3.30元

液压传动系统/蔡文彦，詹永麒编.—上海：上海交通大学出版社，1990.5.—191页；16开.—ISBN 7-313-00643-8：2.45元

液压传动实验指导书/凌更成，罗金堂编.—北京：机械工业出版社，1990.11.—97页；16开.—ISBN 7-01-02575-X：2.90元

液压传动学习指导/左健民主编.—南京：河海大学出版社，1990.5.—214页；32开.—ISBN 7-5630-0221-9：2.50元

液压设备故障诊断分析/齐英杰等编著.—哈尔滨：东北林业大学出版社，1990.12.—436页；32开.—ISBN 7-81008-167-5：5.50元

液压伺服理论与实践/李连升，刘绍球著.—北京：国防工业出版社，1990.11.—581页；大32开.—ISBN 7-118-00773-0（精装）：16.80元

液压系统故障诊断与维修技术/史纪定，嵇光国编著.—北京：机械工业出版社，1990.7.—281页；32开.—ISBN 7-111-02438-9：4.50元

液控原理/杨文华编著.—北京：学术书刊出版社，1990.8.—376页；大32开.—ISBN 7-80045-682-X：12.00元

TH138　气压传动

气动元件和系统/（苏）盖尔茨（Герц, Е.В.）主编；李建藩等译.—北京：机械工业出版社，1990.10.—510页；大32开.—ISBN 7-111-00753-0：16.20元

书名原文：Пневматические устройства и системы в машиностроении

气压传动/徐永生编.—北京：机械工业出版社，1990.5.—96页；16开.—中等专业学校试用教材.ISBN 7-111-02040-5：1.25元

TH14　机械制造用材料

机械工程材料/何世禹主编.—哈尔滨：哈尔滨工业大学出版社，1990.5.—282页；16开.—高等学校教材.—ISBN 7-5603-0233-5：3.95元

机械工程材料/沈莲编.—北京：机械工业出版社，1990.11.—256页；16开.—高等学校试用教材.—ISBN 7-111-02325-0：3.35元

TH16　机械制造工艺

大量生产机器的可靠性/（苏）库格里（Кугель, Р.В.）著；赵淳媛译.—北京：机械工业出版社，282页；32开.—ISBN 7-111-01284-4：6.70元

书名原文：Надежность машин массового производства

机械制造工艺与设备/劳动部培训司编.—北京：劳动人事出版社，1990.6.—390页；16开.—机械类高级技工培训教材：试用.—ISBN 7-5045-0398-3：10.35元

机械制造工艺及设备/司乃钧，卢汝贵编.—北京：机械工业出版社，1990.5.—155页；16开.—机械电子工业部机电行业专业管理人员岗位培训教材　一般专业管理人员用.—ISBN 7-111-02153-3：5.10元

机械制造工艺及设备/唐胜治主编.—北京：机械工业出版社，1990.4.—162页；16开.—机械电子工业部机电行业专业管理人员岗位培训教材　主管专业管理人员用.—ISBN 7-111-02075-8：5.90元

机械制造工艺及设备设计手册/机械制造工艺及设备设计手册编写组编.—北京：机械工业出版社，1990.11.—459页；16开.—ISBN 7-111-02331-5：5.60元

机械制造工艺及夹具/周栋隆主编.—北京：轻工业出版社，1990.4.—287页；16开.—中等专业学校轻工专业试用教材.—ISBN 7-5019-0782-X：3.65元

机械制造工艺系统学/张恩生，申铁固编著.—上海：上海交通大学出版社，1990.8.—222页；16开.ISBN 7-313-00693-4：4.65元

机械制造工艺学/王启平主编.—2版（修订本）.哈尔滨：哈尔滨工业大学出版社，1990.12.—387页；16开.—ISBN 7-5603-0284-X：7.80元

本书1988年9月初版。

机械制造工艺学/王信义等编.—北京：北京理工大学出版社，1990.12.—428页；16开.—ISBN 7-81018-394-2：5.70元

机械制造工艺学/辽宁省农业工程学校主编.—北京：农业出版社，1990.10.—236页；16开.—全国中等农业学校教材　农机制造专业用.—ISBN 7-109-01426-6：2.95元

机械制造工艺学/华瑞敖主编.—北京：中国铁道出版社，1990.11.—169页；16开.—高等学校试用教材.—ISBN 7-113-00859-3：2.25元

机械制造工艺学/张才芳主编.—哈尔滨：哈尔滨船舶工程学院出版社，1990.6.—275页；16开.—ISBN 7-81007-101-7：3.20元

机械制造工艺学/陈冠方主编.—成都：电子科技大学出版社，1990.11.—253页；16开.—高等学校教

材.—ISBN 7-81016-267-5：5.50元

机械制造工艺学/姜兴序主编.—武汉：华中理工大学出版社，1990.12.—274页；16开.—ISBN 7-5609-0535-8：3.58元

机械制造工艺学/顾崇衔等编著.—3版.—西安：陕西科学技术出版社，1990.12.—356页；16开.—高等学校教材.—ISBN 7-5369-0745-1：8.90元

机械制造工艺学/柴文枢主编.—武汉：武汉工业大学出版社，1990.7.—253页；16开.—中等专业学校试用教材.—ISBN 7-5629-0365-4：2.95元

机械制造工艺学/宾鸿赞，曾庆福主编.—2版(修订本).—北京：机械工业出版社，1990.11.—338页；16开.—高等学校教材.—ISBN 7-111-02324-2：4.30元

本书1982年1月第1版。

机械制造工艺概论/农业部乡镇企业司编.—沈阳：辽宁科学技术出版社，1990.11.—270页；32开.—乡镇企业初中级技术工人培训教材.—ISBN 7-5381-0989-7：4.12元

机械制造检验员须知/国家机械工业委员会质量安全监督司编.—北京：机械工业出版社，1990.9.240页；32开.—(机械制造检验员丛书).—ISBN 7-111-02140-1：5.00元

机械制造基础　上册/北京农业工程大学主编.—2版.—北京：农业出版社，1990.5.—258页；16开.全国高等农业院校教材.—ISBN 7-109-01113-5：3.40元

本书1981年5月第1版。

机械制造基础：零件工艺结构设计/涂发越主编.南宁：广西教育出版社，1990.10.—462页；16开.高等学校试用教材.—ISBN 7-5435-1045-6：9.80元

TH17　运行与维修

失效分析与故障预防/何德芳等编.—北京：冶金工业出版社，1990.12.—236页；大32开.—(机械故障诊断丛书).—ISBN 7-5024-0740-5：4.80元

失效分析基础知识/中国机械工程学会材料学会主编；钟群鹏，田永江编著.—北京：机械工业出版社，1990.4.—469页；大32开.—(机械产品失效分析丛书基础：2).—ISBN 7-111-01213-5：13.30元

机械设备泄漏防治技术咨询大全/周雍鑫编著.—上海：上海科学技术文献出版社，1990.5.—831页；32开.—ISBN 7-80513-536-3：8.50元

机械设备修理学/高来阳主编.—北京：中国铁道出版社，1990.11.—232页；16开.—中等专业学校试用教材.—ISBN 7-113-00879-8：2.70元

机械设备维修技术文集/徐滨士主编.—北京：人民交通出版社，1990.2.—165页；16开.—ISBN 7-114-00777-9：9.20元

机械故障诊断FORTRAN源程序汇编/沈玉娣等编.西安：西安交通大学出版社，1990.6.—262页；32开.—(机械故障诊断丛书；4).—ISBN 7-5605-0337-3：3.90元

机械维护修理与安装/杨祖孝主编.—北京：冶金工业出版社，1990.5.—232页；16开.—中等专业学校教学用书.—ISBN 7-5024-0708-1：2.65元

机械装备失效分析图谱/刘正义等编.—广州：广东科技出版社，1990.10.—642页；16开.—ISBN 7-5359-0518-8(精装)：40.00元

机器故障的分析与监测/(美)米切尔(Mitchell，J.S.)著；林明邦等译.—北京：机械工业出版社，1990.2.—229页；16开.—ISBN 7-111-00990-8：11.20元

书名原文：Machinery Analysis and Monitoring

机器维修工程学/东北农学院主编.—北京：农业出版社，1990.10.—378页；16开.—全国高等农业院校教材.—ISBN 7-109-01572-6：4.80元

TH18　机械工厂(车间)

机械工厂安全性评价实施方法/上海汽车工业总公司劳动保护教育中心编.—太原：山西科学教育出版社，1990.12.—211页；32开.—ISBN 7-5377-0322-1：2.50元

机械安全工程学/张建平，潘素珍编著.—长春：吉林大学出版社，1990.12.—169页；16开.—ISBN 7-5601-0757-5：4.80元

机械制造厂电能的合理使用/(苏)特莱霍夫(Трехов，М.И.)著；江泽民译.—上海：上海翻译出版公司，1990.1.—183页；大32开.—ISBN 7-80514-573-3(精装)：4.80元

书名原文：Рациональное использование электроэнергии на машиностроительных заводах

TH2　起重运输机械

底盘设计习题集/靖德权，曹金海主编.—北京：机械工业出版社，1990.10.—168页；16开.—ISBN 7-111-02138-X：2.60元

轮胎的使用与维修/《机械设备维修丛书》编辑委员会主编；梁守智，苏慧青编著.—天津：天津科学技术出版社，1990.5.—272页；32开.—(机械设备维修丛书).—ISBN 7-5308-0584-3：5.20元

起重运输机械/李铮主编.—2版(修订版).—北京：冶金工业出版社，1990.5.—316页；16开.—中等专业学校教学用书.—ISBN 7-5024-0709-X：

3.55元
本书1982年6月第1版。

起重运输机械试验技术/徐长生，陶德馨主编.—北京：人民交通出版社，1990.2.—268页；16开—高等学校试用教材.—ISBN 7-114-00809-0：3.40元

TH21 起重机械

天车、起重工：机械工业工人中级操作技能考评试题集/机械工业工人中级操作技能考评试题集编审委员会编.—北京：机械工业出版社，1990.8.—114页；16开.—ISBN 7-111-07117-7：4.15元

设备起重与搬运/张锡璋主编.—北京：中国建筑工业出版社，1990.12.—240页；16开.—中等专业学校试用教材.—ISBN 7-112-00881-6：2.80元

建设部生产许可证产品全集：塔式起重机/《建设部生产许可证产品全集》编辑部编.—北京：中国建筑工业出版社，1990.10.—110页；16开.—ISBN 7-112-01095-0（精装）：10.85元

架空索道/曹龙海，全培涛编.—北京：机械工业出版社，1990.11.—275页；32开.—（起重运输机械使用与维修丛书）.—ISBN 7-111-02194-0：7.50元

起重机典型结构图册/管彤贤等编.—北京：人民交通出版社，1990.6.—269页；8开.—ISBN 7-114-00871-1：25.00元

起重机械/倪庆兴，王焕勇编著.—上海：上海交通大学出版社，1990.7.—220页；16开.—高等工业学校教材.—ISBN 7-313-00660-8：2.80元

胶带输送机结构、原理与计算　下册/杨复兴编译.北京：煤炭工业出版社，1990.3.—413页；大32开.ISBN 7-5020-0203-1：6.60元

TH24 装卸机械

装卸安全须知/钟永祺，张慧兰编.—北京：人民交通出版社，1990.8.—363页；32开.—ISBN 7-114-00829-5：7.00元

TH3 泵

泵与风机/杨诗成，王喜魁编.—北京：水利电力出版社，1990.10.—161页；16开.—高等学校教材专科适用.—ISBN 7-120-01135-9：2.20元

泵与压缩机零件修复技术/于卫平编著.—哈尔滨：黑龙江科学技术出版社，1990.1.—383页；32开.ISBN 7-5388-0995-3：5.30元

泵和压缩机　上册/王世厚主编.—北京：烃加工出版社，1990.6.—268页；32开.—石油化工工人技术培训教材：中级本.—ISBN 7-80043-089-8：3.40元

热泵　第四卷：电动热泵的安装、运转和保养/（联邦德国）艾肯霍尔斯特（Eickenhorst，H.）著；耿惠彬译.—北京：机械工业出版社，1990.8.—140页；大32开.—ISBN 7-111-02113-4：4.80元

TH31 叶片式泵

水泵设计教程/李世煌等编译.—北京：机械工业出版社，1990.7.—337页；大32开.—ISBN 7-111-02309-9：9.60元

水泵风机的节电及技术改造/叶汝裕编著.—重庆：重庆大学出版社，1990.8.—262页；32开.—ISBN 7-5624-0323-6：1.77元

叶片泵的磨损/（苏）卡列林（Карелин，В.Я.）著；郎继兴译.—石家庄：河北科学技术出版社，1990.4.—224页；32开.—ISBN 7-5375-0222-6：2.80元
书名原文：Изнашивание лопасьных инасосов

离心泵结构与部件/杨诗成等编著.—北京：水利电力出版社，1990.3.—87页；16开.—ISBN 7-120-01072-7：3.10元

喷射泵技术及其应用/胡湘韩，阚瑞清著.—哈尔滨：黑龙江科学技术出版社，1990.5.—275页；32开.—ISBN 7-5388-1172-9：4.35元

TH38 各种用途泵

大型电动调速给水泵/龚若虚，宋元明主编.—北京：水利电力出版社，1990.6.—183页；16开.—ISBN 7-120-00878-1：6.60元

手动泵实验室和田间试验/（马来西亚）吴清瑶（Goh Sing Yau）著；郑小英译.—北京：兵器工业出版社，1990.7.—119页；32开.—ISBN 7-80038-206-0：5.50元
书名原文：Laboratory and Field Testing

电泵的使用与修理/上海人民电机厂电泵研究所编著.—上海：上海科学技术出版社，1990.7.—425页；32开.—ISBN 7-5323-1939-3：4.70元

TH4 气体压缩与输送机械

风机节能与降噪/聂能光，李福忠编著.—北京：科学出版社，1990.5.—351页；32开.—（冶金继续工程教育丛书）.—ISBN 7-03-001748-X：6.00元

压力容器手册　（下）/张康达，洪起超主编.—北京：劳动人事出版社，1990.8.—605页；16开.—ISBN 7-5045-0404-1（精装）：18.50元

压力容器安全/劳动部职业安全卫生监察局主编.北京：劳动人事出版社，1990.3.—348页；32开.职业安全卫生通用基础系列教材.—ISBN 7-5045-0439-4：5.10元

压力容器安全技术基础/钱逸，吕忠良主编.—北

京：中国劳动出版社，1990.11.—359页；16开.—ISBN 7-5045-0594-3：10.00元

压力容器安全技术550题/宋鸿铭，高永新主编.北京：北京科学技术出版社，1990.12.—300页；16开.—ISBN 7-5304-0870-4：8.80元

压力容器制造质量监督检验/南通市锅炉压力容器检验所编.—北京：中国劳动出版社，1990.8.—108页；32开.—ISBN 7-5045-0578-1：1.60元

压缩机测试技术/屈宗长等编著.—北京：兵器工业出版社，1990.11.—229页；16开.—ISBN 7-80038-248-6：14.50元

空气压缩机司机/张旭葵，蒋协和主编.—北京：煤炭工业出版社，1990.8.—127页；16开.—（矿山机电工培训技术问答丛书）.—ISBN 7-5020-0423-8：3.75元

活塞式压缩机结构/王迪生，杨乐之编.—北京：机械工业出版社，1990.11.—311页；16开.—高等学校试用教材.—ISBN 7-111-02265-3：4.20元

离心式压缩机原理/徐忠主编.—2版（修订本）.北京：机械工业出版社，1990.5.—261页；16开.高等学校教材.—ISBN 7-111-02062-6：3.40元

本书1980年9月第1版。

TH7　仪器、仪表

仪器管理/黄铭编.—北京：水利电力出版社，1990.11.—177页；32开.—ISBN 7-120-01253-3：4.10元

检测技术及仪表/邓贻云主编.—北京：轻工业出版社，1990.4.—166页；16开.—中等专业学校轻工专业试用教材.—ISBN 7-5019-0779-X：2.35元

TH70　一般性问题

仪表结构设计基础/初允绵主编.—2版（修订本）.—北京：机械工业出版社，1990.5.—351页；16开.—高等学校教材.—ISBN 7-111-02064-2：4.50元

本书1979年11月第1版。

仪器仪表可靠性设计/邹桂根主编.—上海：上海交通大学出版社，1990.4.—321页；16开.—ISBN 7-313-00261-0：4.05元

精密仪器装配通用工艺/方亚龙，高婉书编著.北京：兵器工业出版社，1990.9.—167页；32开.ISBN 7-80038-245-1：4.40元

TH71　计量仪器

手表大全/陈家昌，郑定华编著.—上海：上海科学技术出版社，1990.3.—967页；32开.—ISBN 7-5323-1788-9（精装）：12.60元

电子钟表：选购、使用、检修/李钟实编.—北京：人民邮电出版社，1990.8.—200页；32开.—ISBN 7-115-04364-7：2.50元

自动手表结构原理与维修/许耀南，石文礼编著.北京：轻工业出版社，1990.11.—268页；16开.ISBN 7-5019-0860-5：14.50元

杠杆秤/刘鑑等编著.—北京：中国计量出版社，1990.12.—254页；32开.—（质量计量丛书）.—ISBN 7-5026-0367-0：4.70元

TH74　光学仪器

光学仪器产品样本/机械电子工业部编.—北京：机械工业出版社，1990.2.—1040页；16开.—ISBN 7-111-00723-9：60.00元

光学仪器装校工艺学　下册/机械工业部仪器仪表工业局统编.—北京：机械工业出版社，1990.4.362页；32开.—仪器仪表工人技术培训教材.—ISBN 7-111-01817-6：7.35元

接触式干涉仪原理与使用/徐孝恩编著.—北京：中国计量出版社，1990.5.—127页；32开.—ISBN 7-5026-0329-8：3.00元

TH77　医药卫生器械

医学仪器　上册/齐颁扬主编.—北京：高等教育出版社，1990.9.—334页；16开.—高等学校试用教材.—ISBN 7-04-003002-0：4.70元

医学仪器原理与设计/俞仁康，寿文德编著.—上海：上海交通大学出版社，1990.1.—259页；16开.高等学校教材.—ISBN 7-313-00607-1：3.35元

TH81　热工量的测量仪表

压力表/许正国主编.—北京：水利电力出版社，1990.10.—274页；32开.—ISBN 7-120-01194-4：5.50元

过程参数检测/师克宽等编著.—北京：中国计量出版社，1990.1.—334页；16开.—ISBN 7-5026-0259-9：9.50元

光电、红外、比色温度计原理与检定/李吉林等编.—北京：中国计量出版社，1990.10.—170页；32开.—（计量检定参考丛书）.—ISBN 7-5026-0341-7：3.70元

热工仪表工：机械工业工人中级操作技能考评试题集/机械工业工人中级操作技能考评试题集编审委员会编.—北京：机械工业出版社，1990.7.—61页；16开.—ISBN 7-111-02031-6：2.60元

温度测量与仪表：热电偶和热电阻/游伯坤等编著.—北京：科学技术文献出版社，1990.9.—321页；16开.—ISBN 7-5023-1260-9：13.00元

辐射测温仪原理及其检定/由富恩等编著.—北京：中国计量出版社，1990.3.—278页；32开.—（温度计量测试丛书；7）.—ISBN 7-5026-0310-7：3.80元

TH83　成分分析仪器

分析仪器/张达英等编.—重庆：重庆大学出版社，1990.6.—241页；16开.—全国轻化工类高等学校工业分析专业系列教材.—ISBN 7-5624-0270-1：3.21元

分析仪器产品样本/机械电子工业部编.—北京：机械工业出版社，1990.5.—487页；16开.—ISBN 7-111-01829-X：31.40元

分析仪器原理与应用/马树芳等编著.—上海：华东化工学院出版社，1990.5.—323页；16开.—ISBN 7-5628-0027-8：4.20元

气相色谱仪维修技术/刘仲明编.—北京：化学工业出版社，1990.9.—325页；大32开.—ISBN 7-5025-0704-3：7.00元

现代仪器联用分析/张志荣等编著.—成都：成都科技大学出版社，1990.6.—180页；大32开.—ISBN 7-5616-0446-7：2.10元

常用热分析仪器/徐国华，袁靖编著.—上海：上海科学技术出版社，1990.10.—182页；16开.—ISBN 7-5323-2207-6：4.75元

精密分析仪器及应用　下册/陈复生主编.—成都：四川科学技术出版社，1990.6.—353页；16开.—ISBN 7-5364-0354-2：9.00元

TH86　工业自动化仪表

天津市自动化仪表选型手册：1990/解胜利主编.北京：中国国际广播出版社，1990.7.—764页；16开.—ISBN 7-80035-606-X（精装）：29.00元

自动控制仪表/李家昌主编.—武汉：武汉工业大学出版社，1990.7.—383页；16开.—中等专业学校试用教材.—ISBN 7-5629-0370-0：4.45元

智能仪器原理及设计/赵新民主编.—哈尔滨：哈尔滨工业大学出版社，1990.12.—293页；16开.—高等学校教材.—ISBN 7-5603-0277-7：4.05元

智能仪器检修技术/林其鎏编著.—北京：人民邮电出版社，1990.11.—147页；32开.—ISBN 7-115-04365-5：2.00元

TH87　材料试验机与仪器

X射线定向仪的应用技术/刘来保编著.—北京：科学出版社，1990.6.—272页；32开.—（材料科学及测试技术丛书/严东生主编）.—ISBN 7-03-001662-9：9.90元

TJ　武器工业

中外兵器大观/朱永来等编写.—北京：蓝天出版社，1990.10.—172页；32开.—ISBN 7-80081-146-8：3.80元

世界军事工业概览/国防科学技术工业委员会科技情报局编.—北京：国防工业出版社，1990.9.—2149页；16开.—ISBN 7-118-00674-2（精装）：120.00元

军械管理专业专科考试计划及课程自学考试大纲：合订本/全国高等教育自学考试指导委员会编.—北京：蓝天出版社，1990.9.—422页；32开.—ISBN 7-80081-129-8

英汉兵工词典/赵南陔主编.—北京：国防工业出版社，1990.6.—1303页；16开.—ISBN 7-118-00396-4（精装）：57.00元

新俄汉兵工词典/《新俄汉兵工词典》编辑委员会编.—北京：国防工业出版社，1990.6.—950页；16开.—ISBN 7-118-00256-9（精装）：51.10元

TJ0　一般性问题

自动武器设计新编/戴成勋等主编.—北京：国防工业出版社，1990.11.—385页；16开.—ISBN 7-118-00779-X：11.80元

自动武器学：固体力学分册/于道文等编著.—北京：国防工业出版社，1990.11.—711页；大32开.ISBN 7-118-00681-5：16.50元

外弹道气象学/汤晓云等编著.—北京：兵器工业出版社，1990.5.—322页；16开.—高等学校教材.—ISBN 7-80038-187-0：4.10元

实用两相流内弹道学/周彦煌，王升晨著.—北京：兵器工业出版社，1990.3.—338页；16开.—ISBN 7-80038-164-1：15.40元

航弹外弹道学/（苏）A.Г.波斯特尼科夫，B.C.丘伊科著；薛晓中译.—北京：国防工业出版社，1990.8.—296页；大32开.—ISBN 7-118-00725-8：6.00元

弹道基础/（英）法勒（Farrar，C.L.），利明（Leeming，D.W.）著；周兰庭等译.—北京：兵器工业出版社，1990.12.—212页；32开.—（现代兵器与技术丛书；X）.—ISBN 7-80038-268-0：5.00元

弹箭飞行稳定性理论及其应用/董亮等编著.—北京：兵器工业出版社，1990.5.—489页；16开.ISBN 7-80038-197-8：21.90元

TJ3/6 火炮、水中兵器

火炮及火箭/（英）Ryan，J.W.著；孙志安等译.—北京：兵器工业出版社，1990.6.—190页；32开.—（现代兵器与技术丛书；Ⅱ）.—ISBN 7-80038-205-2：5.00元

鱼雷航行力学/詹致祥，陈景熙主编.—西安：西北工业大学出版社，1990.2.—207页；16开.—高等学校教材.—ISBN 7-5612-0207-5：2.73元

航空自动武器设计手册/何志强等编著.—北京：国防工业出版社，1990.8.—637页；16开.—ISBN 7-118-00571-1（精装）：29.10元

TJ7/8 导弹、战车、航天武器

军事卫星：卫星间谍战和尖端装器/（日）坂田俊文著；秦荣斌译.—北京：军事科学出版社，1990.9.—95页；32开.—ISBN 7-80021-343-9：1.50元

导弹引论/吴文正主编；周慧钟等编著.—北京：国防工业出版社，1990.4.—275页；16开.—航空航天高等院校教材.—ISBN 7-118-00632-7：3.50元

本书介绍了导弹系统，着重叙述了导弹各部分的工作原理和组成特点。

坦克及车辆/（英）Tytler，I.F.B.等著；蒋昌群，朱丽均译.—北京：兵器工业出版社，1990.6.274页；32开.—（现代兵器与技术丛书；Ⅰ）.—ISBN 7-80038-232-X：5.00元

TJ9 核武器

核武器手册 第二卷：美国的核弹头生产/（美）科克伦（Gochran，T.B.）等著；王连奎等译.—北京：国防工业出版社，1990.1.—239页；16开.—ISBN 7-118-00358-1：8.10元

书名原文：Nuclear Weapons Databook

原子弹出世记/（美）罗兹（Rhocles，R.）著；李汇川等译.—北京：世界知识出版社，1990.12.898页；大32开.—ISBN 7-5012-0328-8：10.50元

书名原文：The Marking of the Atomic Bomb

TK 动力工程

TK0 一般性问题

工业节能技术手册/（美）节夫脱帕罗斯（Gyftopoulos，E.P.）主编；朱亚杰译.—北京：化学工业出版社，1990.11.—796页；16开.—ISBN 7-5025-0775-2（精装）：35.40元

书名原文：Industrial Energy-Conservation Manuals

工业节能的热力学基础和应用/蒋楚生等编著.—北京：化学工业出版社，1990.11.—318页；16开.—ISBN 7-5025-0758-2：13.80元

节能控制系统及仪表/杨火荣，柳惠泉编著.—重庆：科学技术文献出版社重庆分社，1990.6.—361页；16开.—ISBN 7-5023-1071-1：12.00元

节能管理和预测模型/国家计委资源节约和综合利用司主编.—北京：中国科学技术出版社，1990.12.213页；32开.—ISBN 7-5046-0321-X：4.00元

动力机械强度/王明武主编.—北京：国防工业出版社，1990.10.—259页；16开.—高等学校统编教材.ISBN 7-118-00691-2：3.35元

国家节能文件汇编/国家技术监督局中国计量技术开发总公司组编.—北京：中国计量出版社，1990.8.—338页；16开.—ISBN 7-5026-0379-4：8.90元

能量平衡与㶲分析计算/袁希兴编著.—沈阳：辽宁大学出版社，1990.11.—383页；大32开.—ISBN 7-5610-1479-1：7.00元

能量转换与新能源/徐业鹏编著.—北京：冶金工业出版社，1990.9.—241页；32开.—（冶金继续工程教育丛书）.—ISBN 7-5024-0688-3：4.70元

能源与节能100知/赵炎成编.—上海：上海科学普及出版社，1990.6.—32页；32开.—ISBN 7-5427-0335-8：0.50元

能源概论/叶大均编著.—北京：清华大学出版社，1990.2.—264页；大32开.—ISBN 7-302-00512-5：1.90元

TK1 热力工程、热机

TK11 热　能

载热质热物性计算程序及数据手册/居怀明等编著.—北京：原子能出版社，1990.6.—358页；16开.高等学校教学参考书.—ISBN 7-5022-0247-1：4.55元

热能利用与节能工程/孙泽权，石文卿主编.—重庆：重庆大学出版社，1990.7.—244页；16开.—高等学校试用教材.—ISBN 7-5624-0313-9：3.21元

温度场的数值模拟/刘高琠编著.—重庆：重庆大学出版社，1990.1.—147页；16开.—ISBN 7-5624-0282-5：2.07元

TK12 热力工程理论

绝热技术/徐烈等编著.—北京：国防工业出版社，1990.7.—366页；大32开.—ISBN 7-118-00409-X：7.25元

热工原理/赵玉珍编.—哈尔滨：哈尔滨工业大学出版社，1990.12.—473页；32开.—ISBN 7-5603-

0283-1：2.80元

高等学校工程热物理第三届全国学术会议工程热物理论文集/中国高等学校工程热物理研究会编.—西安：西安交通大学出版社，1990.10.—634页；16开.ISBN 7-5605-0411-6：28.00元

TK123　工程热力学

工程㶲分析方法/项新耀编著.—北京：石油工业出版社，1990.5.—350页；大32开.—ISBN 7-5021-0353-8：3.05元

工程热力学/齐起主主编.—峨眉山：西南交通大学出版社，1990.8.—170页；16开.—ISBN 7-81022-164-7：2.65元

工程热力学原理/李斯特主编.—北京：化学工业出版社，1990.6.—282页；16开.—高等学校教材.—ISBN 7-5025-0716-7：3.80元

TK124　传热学

工程传热学/于承训主编.—峨眉山：西南交通大学出版社，1990.9.—220页；16开.—ISBN 7-81022-103-5：3.00元

传热应用与分析/罗棣庵编著.—北京：清华大学出版社，1990.3.—425页；大32开.—ISBN 7-302-00452-8：3.20元

传热学/程尚模主编.—北京：高等教育出版社，1990.4.—449页；大32开.—高等学校试用教材.—ISBN 7-04-002883-2：3.70元

传热学/（日）西川兼康，藤田恭伸著；孙业斌等译.—北京：兵器工业出版社，1990.10.—366页；16开.—高等学校教材.—ISBN 7-80038-216-8：4.70元

传热学自学指导/李斌主编.—北京：高等教育出版社，1990.3.—286页；大32开.—高等学校教学参考书.—ISBN 7-04-002741-0：2.25元

传热基础600题详解/厉家尚等编译.—北京：宇航出版社，1990.7.—658页；16开.—ISBN 7-80034-333-2：28.00元

两相流动和热交换/周强泰编著.—北京：水利电力出版社，1990.6.—259页；16开.—高等学校教材.ISBN 7-120-00613-4：3.45元

图解传热学/（日）北山直方著；翟贵立译.—天津：天津大学出版社，1990.10.—243页；32开.ISBN 7-5618-0195-5：3.75元

相似理论及其在传热学中的应用/王丰编著.—北京：高等教育出版社，1990.6.—255页；大32开.高等学校教学参考书.—ISBN 7-04-001997-3：2.70元

热辐射传热/（美）西格尔（Siegel，R.），（美）豪厄尔（Howell，J.R.）著；曹玉璋等译.—北京：科学出版社，1990.7.—668页；16开.—ISBN 7-03-001574-6：47.00元

书名原文：The Tmal Radiation Heat Transfer

强化传热/顾维藻等著.—北京：科学出版社，1990.8.—669页；大32开.—ISBN 7-03-001601-7（精装）：25.70元

强化传热/顾维藻等著.—北京：科学出版社，1990.8.—669页；大32开.—ISBN 7-03-001237-2：24.00元

辐射换热基础/余其铮编.—北京：高等教育出版社，1990.9.—258页；大32开.—（传热学丛书）.—高等学校教学参考书.—ISBN 7-04-003041-1：2.25元

微控制器在传热学中的应用/俞忠原编著.—北京：科学出版社，1990.8.—301页；32开.—ISBN 7-03-001739-0：9.60元

TK16　燃料与燃烧

燃烧技术/曾汉才等编著.—武汉：华中理工大学出版社，1990.5.—236页；大32开.—ISBN 7-5609-0439-4：1.58元

燃烧学/许晋源，徐通模编.—2版（修订本）.—北京：机械工业出版社，1990.5.—261页；16开.—高等学校教材.—ISBN 7-111-01972-5：3.45元

本书1980年12月第1版。

燃烧测量技术/韩才元著.—武汉：华中理工大学出版社，1990.12.—272页；大32开.—（燃烧丛书）.—ISBN 7-5609-0488-2：2.10元

燃烧理论与燃烧设备/徐旭常等编.—北京：机械工业出版社，1990.11.—388页；16开.—高等学校试用教材.—ISBN 7-111-02322-6：4.85元

TK17　工业用热工设备

工业炉及其节能/吴德荣等编著.—北京：机械工业出版社，1990.3.—589页；大32开.—ISBN 7-111-01813-3：18.60元

工业炉选用图册/王秉铨主编.—北京：机械工业出版社，1990.11.—343页；8开.—ISBN 7-111-01873-7：33.50元

换热器/靳明聪等编著.—重庆：重庆大学出版社，1990.5.—211页；16开.—ISBN 7-5624-0310-4：2.76元

换热器原理·结构·设计/邱树林，钱滨江著.—上海：上海交通大学出版社，1990.7.—187页；16开.ISBN 7-313-00692-6：2.45元

高粘度液体传热设备/（苏）马斯洛夫（МасЛоВ，А.М.）著；谢丰毅译.—北京：化学工业出版社，1990.9.—236页；32开.—ISBN 7-5025-0752-

3：4.40元

管壳式换热器设计原理：换热器结构动力学/钱颂文编著.—广州：华南理工大学出版社，1990.3.295页；32开.—ISBN 7-5623-132-8：1.90元

TK2　蒸汽动力工程

小型供热发电机组的安装、调试和运行/张学华等编著.—北京：水利电力出版社，1990.9.—287页；16开.—ISBN 7-120-01204-5：11.05元

TK21　蒸汽理论

蒸汽的发生与应用/(加拿大)巴布科克·威尔科斯公司编著；恽肇强等译.—北京：兵器工业出版社，1990.6.—712页：照片；16开.—ISBN 7-80038-195-1：20.00元

TK22　蒸汽锅炉

工业锅炉与炉窑节能技术/顾学岐等编著.—北京：宇航出版社，1990.1.—214页；32开.—(节能技术丛书；4).—ISBN 7-80034-196-8：3.60元

工业锅炉司炉工读本/吴文浩，吴来兴主编.—天津：天津科学技术出版社，1990.9.—602页；32开.锅炉司炉工培训教材.—ISBN 7-5308-0880-X：6.00元

工业锅炉安装/李同德等主编.—北京：劳动人事出版社，1990.2.—467页；16开.—ISBN 7-5045-0390-8：12.00元

工业锅炉设备安装/韩效鸿编.—北京：中国建筑工业出版社，1990.2.—307页；32开.—ISBN 7-112-00978-2：5.60元

工业锅炉技术大全/江红辉主编.—北京：科学普及出版社，1990.12.—1145页；16开.—ISBN 7-110-01690-0(精装)：52.80元

工业锅炉热工试验和测试技术/顾念祖，张子馨编著.—南京：江苏科学技术出版社，1990.1.—295页；32开.—ISBN 7-5345-0839-8：2.95元

工业锅炉原理与设计/张季珠主编.—北京：水利电力出版社，1990.10.—197页；16开.—高等学校教材.—ISBN 7-120-01131-6：2.60元

工业锅炉常见事故的预防、处理及技术改造/毛惠文编著.—北京：机械工业出版社，1990.7.—155页；32开.—ISBN 7-111-02101-0：3.50元

工业锅炉微机控制/张亮明，夏桂娟编.—北京：中国建筑工业出版社，1990.2.—352页；大32开.—ISBN 7-112-00974-X：9.75元

全国锅炉产品样本汇编/《全国锅炉产品样本汇编》编辑部编.—郑州：河南科学技术出版社，1990.7.—672页；16开.—ISBN 7-5349-0702-0(精装)：30.00元

低压锅炉水处理技术/李春友等编.—大连：大连理工大学出版社，1990.5.—337页；32开.—ISBN 7-5611-0329-8：4.10元

层燃锅炉司炉工培训教材/孟广春编著.—长春：长春出版社，1990.6.—410页；32开.—ISBN 7-80573-263-9：3.90元

英日汉锅炉压力容器词典/丁士文，谢之城编著.沈阳：辽宁科学技术出版社，1990.2.—362页；32开.—ISBN 7-5381-0704-5(精装)：8.90元

英汉锅炉词汇/戈宗英等编.—上海：上海科学技术出版社，1990.4.—330页；32开.—ISBN 7-5323-1369-7：5.50元

锅内过程/林宗虎，陈立勋编著.—西安：西安交通大学出版社，1990.7.—267页；16开.—ISBN 7-5605-0352-7：3.50元

锅炉工/段锡古，林志宏编著.—2版(修订本).沈阳：辽宁科学技术出版社，1990.2.—482页；32开.—司炉工培训教材.—ISBN 7-5381-0795-9：5.65元

锅炉与压力容器焊工/章燕谋，张天礼编.—北京：机械工业出版社，1990.4.—161页；32开.—锅炉压力容器技工培训教材.—ISBN 7-111-02219-X：2.60元

锅炉习题实验及及课程设计/同济大学等院校编.2版.—北京：中国建筑工业出版社，1990.6.—253页；16开.—高等学校试用教材.—ISBN 7-112-00996-0：3.65元

本书1984年12月第1版。

锅炉节煤与经济运行/张明月编著.—北京：煤炭工业出版社，1990.7.—302页；大32开.—ISBN 7-5020-0373-8：4.30元

锅炉本体布置及计算/陈立勋，曹子栋编著.—西安：西安交通大学出版社，1990.10.—310页；16开.—ISBN 7-5605-0353-5：3.95元

锅炉压力容器无损检测考试复习题及解答/潘荣宝，康纪黔主编.—北京：机械工业出版社，1990.5.—334页；32开.—ISBN 7-111-02284-X：6.50元

锅炉压力容器焊工考试复习题解/佟振芳，戈兆文主编.—北京：中国劳动出版社，1990.7.—282页；32开.—ISBN 7-5045-0514-5：3.90元

锅炉压力容器焊工培训讲义/张广令，马君主编.北京：中国铁道出版社，1990.7.—293页；32开.ISBN 7-113-00770-8：4.15元

锅炉安全/劳动部职业安全卫生监察局主编.—北京：劳动人事出版社，1990.3.—299页；32开.—职业安全卫生通用基础系列教材.—ISBN 7-5045-0478-5：4.25元

锅炉安全管理/马德林主编；劳动部培训司组织编写.—长春：吉林人民出版社，1990.6.—464页；32

开.—企业劳动管理岗位专业培训试用教材.—ISBN 7-206-00777-5：6.50元

锅炉运行与锅炉房管理/辛广路编著.—哈尔滨：黑龙江科学技术出版社，1990.1.—325页；16开.—ISBN 7-5388-1013-7：7.70元

本书阐述了工业锅炉及其燃烧设备、附属设备、附件、除渣除尘设备的运行与操作方面的知识，以及在运行中故障的排除方法。同时还介绍了与运行有关的锅炉检修、改装、水质监督等方面的知识。

锅炉附属设备启动调试/杨佐林编著.—北京：水利电力出版社，1990.3.—268页；大32开.—（大型火电机组启动调试丛书）.—ISBN 7-120-00850-1：6.90元

锅炉制造工艺与检验/高广安等编.—2版.—哈尔滨：哈尔滨工业大学出版社，1990.4.—239页；16开.—（工业锅炉丛书）.—ISBN 7-5603-0257-2：5.95元

本书1987年12月第1版。

锅炉制造工艺学/章燕谋编.—2版（修订本）.—北京：机械工业出版社，1990.10.—206页；16开.—高等学校教材.—ISBN 7-111-02282-3：2.70元

本书1980年9月第1版。

锅炉例题习题集/贾鸿祥编.—北京：水利电力出版社，1990.10.—123页；16开.—高等学校教材.—ISBN 7-120-01130-8：1.65元

锅炉实验/金维强主编.—北京：水利电力出版社，1990.10.—119页；16开.—高等学校教材.—ISBN 7-120-01141-3：1.65元

锅炉房管理人员培训教材/胡兆勤编.—郑州：河南科学技术出版社，1990.4.—288页；32开.—ISBN 7-5349-0625-3：3.45元

锅炉除垢与水处理/方铎荣，吴季茂编著.—北京：宇航出版社，1990.6.—160页；32开.—（节能技术丛书；5）.—ISBN 7-80034-313-8：2.50元

锅炉燃烧设备/徐通模等编著.—西安：西安交通大学出版社，1990.1.—366页；16开.—ISBN 7-5605-0309-8：4.70元

蒸汽锅炉安全技术监察规程解析/刘福仁著.—北京：劳动人事出版社，1990.3.—328页；32开.—ISBN 7-5045-0436-X：4.90元

煤粉锅炉技术问答/王胜利编著.—哈尔滨：黑龙江科学技术出版社，1990.5.—2册（654页）；32开.ISBN 7-5388-1175-3：8.70元

TK26　蒸汽轮机

叶轮机内流场数值计算/焦德勇，冯国泰主编.—哈尔滨：哈尔滨工业大学出版社，1990.12.—230页；16开.—ISBN 7-5603-0234-3：3.30元

电站凝汽设备和冷却系统/齐复东等编著.—北京：水利电力出版社，1990.5.—341页；16开.—ISBN 7-120-01009-3：12.55元

汽轮机/曹则益主编.—北京：水利电力出版社，1990.11.—336页；16开.—职工大学教材.—ISBN 7-120-01134-0：9.90元

汽轮机设计基础/石道中编.—北京：机械工业出版社，1990.11.—350页；16开.—ISBN 7-111-02336-6：5.10元

汽轮机油系统漏油渗油的消除/周礼泉编.—北京：水利电力出版社，1990.10.—153页；32开.—ISBN 7-120-01220-7：3.75元

汽轮机热工监视与保护/谢柏曾编著.—修订版.北京：水利电力出版社，1990.6.—303页；16开.ISBN 7-120-00967-2：13.65元

本书1978年4月第1版。

20万千瓦汽轮机的运行/朝阳发电厂，西安热工研究所编.—北京：水利电力出版社，1990.9.—149页；16开.—ISBN 7-120-01186-3：6.55元

TK3　热工量测和热工自动控制

热工仪表工/机械工业工人中级操作技能考评试题集编审委员会编.—北京：机械工业出版社，1990.7.—61页；16开.—（机械工业工人中级操作技能考评试题集·动力表/郭洪泽主编）.—ISBN 7-111-02031-6：2.60元

热工自动控制仪表/李玉华，陶承志编.—北京：水利电力出版社，1990.4.—344页；16开.—高等学校教材.—ISBN 7-120-01050-6：4.40元

热工参数测量与处理/吕崇德等编著.—北京：清华大学出版社，1990.3.—403页；16开.—ISBN 7-302-00591-5：5.45元

热工参数测量及仪表/何适生主编.—北京：水利电力出版社，1990.4.—402页；16开.—高等学校教材.ISBN 7-120-01032-8：5.10元

TK4　内燃机工程

内燃机/廖佩金主编.—2版.—北京：石油工业出版社，1990.8.—352页；16开.—中等专业学校教学用书.—ISBN 7-5021-0346-5：3.95元

TK40　一般性问题

内燃机动力学/王长荣主编.—北京：中国铁道出版社，1990.11.—222页；16开.—高等学校教材.—ISBN 7-113-00811-9：2.85元

内燃机设计/吴兆汉等编.—北京：北京理工大学出版社，1990.4.—425页；16开.—ISBN 7-81013-117-6：5.70元

内燃机构造/谭正三主编.—2版（修订本）.—北京：中国农业机械出版社，1990.5.—285页；16开.高等学校教材.—ISBN 7-80032-116-9：3.60元

本书1981年3月第1版。

内燃机的代用燃料/崔心存编著.—北京：机械工业出版社，1990.8.—351页；32开.—ISBN 7-111-02191-6：9.30元

内燃机结构设计/谈荣望主编.—北京：中国铁道出版社，1990.5.—247页；16开.—高等学校教材.—ISBN 7-113-00693-0：3.20元

内燃机配气凸轮机构设计与计算软件FDCAM1.00版用户手册/尚汉冀等编.—上海：复旦大学出版社，1990.11.—46页；大32开.—ISBN 7-309-00607-0：5.00元

内燃机原理及公路工程机械理论/陈克敏主编.—北京：人民交通出版社，1990.6.—228页；16开.—交通系统中等专业学校试用教材　公路工程机械运用与修理专业用.—ISBN 7-114-00873-2：2.65元

内燃机涡轮增压器原理/（英）华琛（Watson，N.），（英）嘉诺塔（Janota，M.S.）著；王新才等译.—北京：中国铁道出版社，1990.11.—157页；16开.—高等学校教学参考书.—ISBN 7-113-00259-5：2.10元

书名原文：Turbocharging the Internal Combustion Engine

内燃机排放与净化/李约上编.—大连：大连理工大学出版社，1990.7.—292页；32开.—ISBN 7-5611-0321-2：2.05元

内燃机增压技术/沈权编.—北京：中国铁道出版社，1990.11.—215页；32开.—高等学校教学参考书.—ISBN 7-113-00876-3：1.60元

内燃机燃烧学/何学良，李疏松编著.—北京：机械工业出版社，1990.5.—519页：图；16开.—ISBN 7-111-01433-2（精装）：37.40元

低散热发动机译文集/周贻荃主编.—北京：兵器工业出版社，1990.6.—253页；32开.—ISBN 7-80038-213-3：6.00元

国外内燃机铝活塞金相组织及断口分析/王汝耀，鲁薇华编著.—北京：机械工业出版社，1990.2.114页；32开.—ISBN 7-111-01731-5：3.60元

TK41　汽油机

发动机转速自动控制/邵家骧编著.—北京：人民交通出版社，1990.1.—256页；16开.—ISBN 7-114-00773-6：10.30元

TB型调速器使用保养说明书/第一拖拉机制造厂编.—北京：机械工业出版社，1990.11.—27页；16开.—ISBN 7-111-02681-0：1.75元

165F/770F型汽油机使用与维修/王世臣编著.—北京：北京科学技术出版社，1990.11.—80页；16开.ISBN 7-5304-0782-1：3.00元

TK42　柴油机

柴油机/刘学敏编.—北京：石油工业出版社，1990.1.—102页；16开.—石油技工学校试用教材.ISBN 7-5021-0162-4：1.45元

柴油机工作过程数值计算/周俊杰等编.—大连：大连理工大学出版社，1990.6.—228页；16开.—高等学校教材.—ISBN 7-5611-0260-7：3.30元

柴油机构造、使用与维修/曾传智等编著.—长沙：湖南科学技术出版社，1990.9.—537页；16开.—ISBN 7-5657-0741-6：12.50元

柴油机结构与使用/济南柴油机厂编.—修订本.北京：石油工业出版社，1990.10.—507页；16开.ISBN 7-5021-0423-2：6.85元

本书1979年12月第1版。

J285、J485型柴油机的结构、使用和维修/江西拖拉机厂发动机分厂编.—北京：机械工业出版社，1990.5.—73页；16开.—ISBN 7-111-02343-9：3.45元

PB86J型喷油器使用保养说明书/第一拖拉机制造厂编.—北京：机械工业出版社，1990.11.—10页；16开.—ISBN 7-111-02680-2：1.10元

135系列柴油机使用保养说明书/上海柴油机厂编.3版.—北京：人民交通出版社，1990.5.—181页；16开.—ISBN 7-114-01014-1：5.15元

本书1979年5月初版。

TK45　旋转活塞式内燃机

三角转子发动机/卢法等编著.—北京：国防工业出版社，1990.6.—583页；大32开.—ISBN 7-118-00455-3：14.10元

TK47　燃气轮机（燃气透平）

燃气轮机燃烧室/焦树建编著.—2版（修订本）.北京：机械工业出版社，1990.10.—384页；16开.高等学校教材.—ISBN 7-111-02291-2：4.80元

本书1981年5月第1版。

燃气涡轮发动机材料和零件的结构强度/（苏）伊·阿·毕尔盖尔等著；陈石卿，焦明山译.—北京：航空工业出版社，1990.8.—283页；32开.—ISBN 7-80046-264-1：6.50元

TK5　特殊热能及其机械

太阳热水器技术成果汇编/罗振涛主编.—北京：机械工业出版社，1990.9.—132页；16开.—ISBN 7-111-02657-3：6.00元

太阳能——未来能源之星/王炳忠编.—北京：气象出版社，1990.12.—172页；32开.—（应用气象丛书/周琳主编）.—ISBN 7-5029-0520-0：3.05元

太阳能工程：原理和应用/葛新石等编著.—北京：学术期刊出版社，1990.3.—617页；大32开.—ISBN 7-80045-006-6：8.00元

太阳能技术/杨廷柱主编.—沈阳：东北工学院出版社，1990.12.—239页；32开.—ISBN 7-81006-266-2：3.80元

太阳能的热利用/项立成等编著.—北京：宇航出版社，1990.4.—207页；32开.—（全国星火计划丛书·节能技术丛书；8）.—ISBN 7-80034-310-3：2.90元

太阳能采暖和热水系统的设计与安装/（美）威廉斯（Williams，J.R.）著；赵玉文等译.—北京：新时代出版社，1990.9.—376页；大32开.—ISBN 7-5042-0094-8：7.35元

书名原文：Design Andinstallation of Solar Heating and Hot Water Systems

太阳能热利用原理与计算机模拟/张鹤飞等编.—西安：西北工业大学出版社，1990.3.—257页；16开.高等学校教材.—ISBN 7-5612-0245-8：3.35元

TK6　生物能及其利用

沼气发酵微生物及厌氧技术/刘聿太编著.—北京：科学出版社，1990.2.—139页；32开.—ISBN 7-03-001556-8：4.60元

沼气的制取和利用：广播对话集/汪志编著.—北京：农村读物出版社，1990.1.—89页；32开.—ISBN 7-5048-0952-7：1.35元

TK7　水能、水力机械

水斗式水轮机/（苏）埃杰尔（Эдель，Ю.Y.）著；黄益生译.—北京：机械工业出版社，1990.7.300页；大32开.—ISBN 7-111-01391-3：10.40元

书名原文：Ковшовые гидротурбины

水轮机及辅助设备运行与维修/陈建农，方勇耕编.—南京：河海大学出版社，1990.6.—158页；16开.—小型水电站培训教材　（一）.—ISBN 7-5630-0276-6：4.00元

水轮机原理及水力设计/曹鹍，姚志民编著.—北京：清华大学出版社，1990.6.—259页；16开.—高等学校试用教材.—ISBN 7-302-00825-6：4.40元

TK8　风能、风力机械

风力机设计与应用/陈云程等编.—上海：上海科学技术出版社，1990.5.—438页；32开.—ISBN 7-5323-1949-0：4.90元

风能设备/（英）沃恩（Warne，D.F.）著；林景尧译.—北京：机械工业出版社，1990.8.—288页；16开.—ISBN 7-111-02364-1：13.40元

书名原文：Wind Power Equipment

TK91　氢能及其利用

氢能/陈丹之编著.—西安：西安交通大学出版社，1990.11.—206页；16开.—ISBN 7-5605-0356-X：3.30元

TL　原子能技术

中国核科技报告：CNIC-00385　IAE-0073：快中子吸收剂量测量装置和方法的研究及国际比对/郑金英等著；中国核情报中心编.—北京：原子能出版社，1990.5.—18页；16开.—ISBN 7-5022-0288-9

中国核科技报告：CNIC-00391　IAAE-HN-0030：辐射交联聚氯乙烯及其应用/蓝俊明等著；中国核情报中心编.—北京：原子能出版社，1990.4.13页；16开.—ISBN 7-5022-0291-9

中国核科技报告：CNIC-00393　SUINST-0001：天然Fe、A1中子总截面实验编评/刘世瑞等著；中国核情报中心编.—北京：原子能出版社，1990.5.—18页；16开.—ISBN 7-5022-0293-5

中国核科技报告：CNIC-00395　TU-0010：二氧化铀氢氟化新工艺的探索/赵珺等著；中国核情报中心编.—北京：原子能出版社，1990.4.—11页；16开.—ISBN 7-5022-0295-1

中国核科技报告：CNIC-00397　BINE-0010：旋转辐照台/张赫瑚，王传祯著；中国核情报中心编.北京：原子能出版社，1990.5.—5页；16开.—ISBN 7-5022-0297-8

中国核科技报告：CNIC-00398　IAPCM-0014：激光与金属靶蒸汽相互作用的简化物理模型和激光维持爆震波/刘成海等著；中国核情报中心编.—北京：原子能出版社，1990.5.—15页；16开.—ISBN 7-5022-0298-6

中国核科技报告：CNIC-00399　SUINST-0002：天然铅核数据编评/马功桂等著；中国核情报中心编.—北京：原子能出版社，1990.4.—12页；16开.—ISBN 7-5022-0299-4

中国核科技报告：CNIC-00401　IAPCM-0016：制止空间武器：军备控制的紧迫任务/杜祥琬等著；中国核情报中心编.—北京：原子能出版社，1990.

5.—18页；16开.—ISBN 7-5022-0319-2

中国核科技报告：CNIC-00402 IAE-0077：用于大气腐蚀加速试验的氧化研究仪/张锡麟著；中国核情报中心编.—北京：原子能出版社，1990.6.—6页；16开.—ISBN 7-5022-0304-4

中国核科技报告：CNIC-00419：磷肥中的放射性核素及其在土壤和作物中的积累规律/陈景坚等编著.北京：原子能出版社，1990.6.—16页；16开.—ISBN 7-5022-0302-8

中国核科技报告：CNIC-00421 IAE-0079：252fc自发裂变电荷分布研究：133mTe和133gTe分累计产额测定/张艳玲等著；中国核情报中心编.—北京：原子能出版社，1990.11.—12页；16开.—ISBN 7-5022-0317-6

中国核科技报告：CNIC-00423 IAE-0080：252cf自发裂变电荷分布研究：127gSn和128Sn累计产额测定/赵欣等著；中国核情报中心编.—北京：原子能出版社，1990.7.—12页；16开.—ISBN 7-5022-0318-4

中国核科技报告：CNIC-00425 SIP-0041：双会切串级镜MM-4U的首批实验结果/明林洲等著；中国核情报中心编.—北京：原子能出版社，1990.10.10页；16开.—ISBN 7-5022-0358-3

中国核科技报告：CNIC-00426 BRIUOP-0011：提取铀过程中树脂的钼中毒/张国维，赵桂荣著；中国核情报中心编.—北京：原子能出版社，1990.9.—13页；16开.—ISBN 7-5022-0307-9

中国核科技报告：CNIC-00436 IAE-0081：分配色谱分离—光谱法测定四水硫酸钚中22种杂质元素/孟兰香等著；中国核情报中心编.—北京：原子能出版社，1990.8.—10页；16开.—ISBN 7-5022-0301-X

中国核科技报告：CNIC-00441 SNAS-0037：核爆炸产生的放射性落下灰对农作物的危害及其防护/赵文虎著；中国核情报中心编.—北京：原子能出版社，1990.10.—14页；16开.—ISBN 7-5022-0391-5

中国核科技报告：CNIC-00443 IAE-0083：环境水中钚的测定/颜启民，刘寿荪著；中国核情报中心编.—北京：原子能出版社，1990.11.—8页；16开.ISBN 7-5022-0393-1

中国核科技报告：CNIC-00444 SINRE-0023：利用宽频相位幅度分析技术无损检验低浓铀元件结合质量/何凤歧著；中国核情报中心编.—北京：原子能出版社，1990.9.—10页；16开.—ISBN 7-5022-0359-1

中国核科技报告：CNIC-00445 SMC-0048：放射自显影研究中枢性3H—5—羟色胺在针刺镇痛中的作用/朱寿彭等著；中国核情报中心编.—北京：原子能出版社，1990.10.—12页；16开.—ISBN 7-5022-0392-3

中国核科技报告：CNIC-00448 IAPCM-0017：激光高压状态方程铝铜阻抗匹配靶的理论研究/赖东显等著；中国核情报中心编.—北京：原子能出版社，1990.10.—12页；16开.—ISBN 7-5022-0321-4

中国核科技报告：CNIC-00449 NEGE-0001：地电化学提取铀及其它金属的研究/高云龙著；中国核情报中心编.—北京：原子能出版社，1990.10.—11页；16开.—ISBN 7-5022-0360-5

中国核科技报告：CNIC-00450 SMC-0050：花粉抗辐射效应的作用/蒋滢等著；中国核情报中心编.北京：原子能出版社，1990.10.—7页；16开.—ISBN 7-5022-0388-5

中国核科技报告：CNIC-00451 CNNC-0001：中国军用核技术发明概略/肖兴寿著；中国核情报中心编.—北京：原子能出版社，1990.11.—5页；16开.ISBN 7-5022-0418-0

中国核科技报告：CNIC-00452 IAE-0085：真空蒸馏—原子吸收法测定金属中微量钙/文希孟等著；中国核情报中心编.—北京：原子能出版社，1990.11.—12页；16开.—ISBN 7-5022-0407-5

中国核科技报告：CNIC-00453 CSNAS-0038：作物吸收稀土元素的研究/朱永懿，陈景坚著；中国核情报中心编.—北京：原子能出版社，1990.11.10页；16开.—ISBN 7-5022-0409-1

中国核科技报告：CNIC-00454 CSNAS-0039：苏联切尔诺贝利核电站事故对环境及农业的影响/杨学先著；中国核情报中心编.—北京：原子能出版社，1990.12.—13页；16开.—ISBN 7-5022-0408-3

中国核科技报告：CNIC-00455 XNIF-0002：核电厂辐射监测仪表系统/武秉哲，郭树生著；中国核情报中心编.—北京：原子能出版社，1990.12.15页；16开.—ISBN 7-5022-0413-X

中国核科技报告：CNIC-00456 CSNAS-0040：辐射诱发籼稻早熟突变和双向突变的研究/杨鹤峰等著；中国核情报中心编.—北京：原子能出版社，1990.12.—12页；16开.—ISBN 7-5022-0384-2

中国核科技报告：CNIC-00457 SUINST-0004：天然镍中子核数据编评/马功桂等著；中国核情报中心编.—北京：原子能出版社，1990.11.—17页；16开.—ISBN 7-5022-0356-7

中国核科技报告：CNIC-00458 SMC-0051：60C。辐射对人血管内皮细胞纤溶和抗凝功能的影响/周泉生等著；中国核情报中心编.—北京：原子能出版社，1990.12.—10页；16开.—ISBN 7-5022-0383-4

中国核科技报告：CNIC-00459 IAE-0089：北京市食品辐射保鲜技术的开发研究/张红娣等著；中国核情报中心编.—北京：原子能出版社，1990.12.8页；16开.—ISBN 7-5022-0415-6

中国核科技报告：CNIC-00460 SIP-0044：多重积分数值方法研究/牟宗泽等著；中国核情报中心

编.—北京：原子能出版社，1990.12.—14页；16开.ISBN 7-5022-0410-5

中国核科技报告：CNIC-00461 SMC-0052：小鼠体内147Pm主要沉积器官的剂量模型研究/陶峰，朱寿彭著；中国核情报中心编.—北京：原子能出版社，1990.12.—8页；16开.—ISBN 7-5022-0425-3

中国核科技报告：CNIC-00462 SMC-0053：147Pm经胎盘、乳汁向子代转移及其在母鼠体内的分布/陶峰，朱寿彭著；中国核情报中心编.—北京：原子能出版社，1990.12.—10页；16开.—ISBN 7-5022-0426-1

中国核科技报告：CNIC-00464 ASIPP-0021：磁扰动引起的托卡马克中的反常输运/汪茂泉著；中国核情报中心编.—北京：原子能出版社，1990.12.16页；16开.—ISBN 7-5022-0421-0

中国核科技报告：CNIC-00465 IAE-0087：中重离子焦面探测器系统的研制/万裕德，李忠珍著；中国核情报中心编.—北京：原子能出版社，1990.12.—10页；16开.—ISBN 7-5022-0389-3

中国核科技报告：CNIC-00466 ASIPP-0022：HT-6B托卡马克低q放电特性/李国相等著；中国核情报中心编.—北京：原子能出版社，1990.12.—8页；16开.—ISBN 7-5022-0419-9

中国核科技报告：CNIC-00467 SMC-0054：宏观和微观放射自显影术对35S—蛋氨酸掺入机体不同组织蛋白比较研究/朱寿彭等著；中国核情报中心编.北京：原子能出版社，1990.12.—9页；16开.—ISBN 7-5022-0441-5

中国核科技报告：CNIC-00479 SINRE-0024：长棒束临界热流密度实验研究/张伯义著；中国核情报中心编.—北京：原子能出版社，1990.2.—11页；16开.—ISBN 7-5022-0433-4

中国核科技报告：CNIC-00483 SMC-0057：60Cor射线对小鼠腹腔巨噬细胞和人外周血单核细胞骨架系统的影响/陈晓梅等著；中国核情报中心编.北京：原子能出版社，1990.3.—15页；16开.—ISBN 7-5022-0423-7

中国原子能科学研究院年报：1989/孙祖训主编；中国原子能科学研究院编.—北京：科学出版社，1990.12.—317页；16开.—ISBN 7-03-002184-3：9.00元

漫画解说原子能的秘密/（日）林乔雄著；宓培庆，顾汉文译.—北京：原子能出版社，1990.5.281页；32开.—ISBN 7-5022-0182-3：4.50元

TL2　核燃料及其生产

化学法分离同位素原理/邱陵编著.—北京：原子能出版社，1990.6.—261页；16开.—高等学校试用教材.—ISBN 7-5022-0235-8：3.35元

乏燃料后处理新进展：1987年巴黎会议译文集/李庆芳等译.—北京：原子能出版社，1990.6.—297页；32开.—ISBN 7-5022-0263-3：9.40元

TL3　核反应堆工程

核反应堆热工流体力学术语/中国核能动力学会反应堆热工流体专业委员会编.—北京：原子能出版社，1990.12.—103页；16开.—ISBN 7-5022-0405-9：6.00元

核电厂热工水力设计和安全研究/中国核能动力学会反应堆热工流体专业委员会编写.—北京：原子能出版社，1990.12.—211页；16开.—ISBN 7-5022-0395-8：12.00元

TL4/5　各种核反应堆、加速器

核能动力装置/薛汉俊主编.—北京：原子能出版社，1990.12.—368页；16开.—高等学校试用教材.ISBN 7-5022-0281-1：4.70元

加速器理论/刘迺泉主编.—北京：原子能出版社，1990.12.—409页；32开.—高等学校（试用）教材.ISBN 7-5022-0262-5：2.65元

TL7　辐射防护

核辐射测量与防护/王汝赡，卓韵裳主编.—北京：原子能出版社，1990.6.—460页；大32开.—高等学校试用教材.—ISBN 7-5022-0232-3：3.50元

辐射防护手册　第三分册：辐射安全/李德平，潘自强主编；龙尚翼等编写.—北京：原子能出版社，1990.3.—599页；16开.—ISBN 7-5022-0163-7：23.80元

TL8　辐射探测技术

核辐射探测器及其实验技术手册/汲长松编著.—北京：原子能出版社，1990.10.—562页；16开.—ISBN 7-5022-0205-6：22.80元

常用核辐射数据手册/强亦忠译.—北京：原子能出版社，1990.7.—502页；32开.—ISBN 7-5022-0087-8：16.50元

TL99　原子能技术的应用

放射性示踪技术及应用/（英）埃文斯（Evans，E.A.），（日）村松光雄编；赵阿金等译.—北京：原子能出版社，1990.7.—320页；16开.—ISBN 7-5022-0249-8：20.10元

书名原文：Radiotracer Techiques and Applications

核能：现实与未来的选择/郭星渠著.—北京：中信出版社，1990.8.—224页；36开.—（21世纪中国与世界丛书/王建新，常永青主编）.—ISBN 7-80073-018-2：3.60元

TM　电工技术

工厂常用电气设备手册：补充本/《工厂常用电气设备手册》编写组编.—北京：水利电力出版社，1990.7.—1387页；16开.—ISBN 7-120-00923-0（精装）：41.45元

电工与电子学词典/李双庆等编译.—北京：电子工业出版社，1990.4.—892页；32开.—ISBN 7-5053-0553-0：14.70元

电工手册/《电工手册》编写组编.—2版.—上海：上海科学技术出版社，1990.8.—1册；32开.—ISBN 7-5323-2116-9（精装）：18.00元

本书1973年9月上海人民出版社第1版。

电工手册/张士林，屈文莺编.—修订本.—北京：石油工业出版社，1990.8.—2745页；大32开.—ISBN 7-5021-0446-1（精装）：33.50元

本书1980年5月新1版。

电工及电子技术手册/朱承高主编.—北京：高等教育出版社，1990.6.—732页；16开.—ISBN 7-04-001101-8（精装）：18.85元

电工电力技术与管理/杨域疆，郑嘉信主编.—北京：电子工业出版社，1990.10.—163页；16开.—经济管理院校用书.—ISBN 7-5053-1037-2：4.75元

电工电子技术学习手册/梁淑贤编.—北京：农业出社版，1990.9.—433页；32开.—ISBN 7-109-00697-2：7.30元

电工产品学/曾宪林等编.—徐州：中国矿业大学出版社，1990.6.—307页；16开.—高等学校教学用书.—ISBN 7-81021-339-3：3.90元

机电工业教育发展战略研究/任耀先等编著.—北京：北京理工大学出版社，1990.9.—241页；大32开.—ISBN 7-81013-387-X：4.70元

TM0　一般性问题

乡村电工实用技术/王俊才等编.—长沙：湖南科学技术出版社，1990.6.—377页；32开.—ISBN 7-5357-0747-5：4.80元

乡镇企业电工技术/闵有毅等编.—上海：上海科学技术文献出版社，1990.12.—264页；16开.—ISBN 7-80513-698-X：8.80元

电的基本知识与触电预防/齐立新，万千云编著.郑州：中原农民出版社，1990.7.—91页；32开.—农村电工培训教材.—ISBN 7-80538-164-X：1.40元

现代家庭实用电工知识问答/耿新暖，赖庆来编著.—北京：电子工业出版社，1990.3.—237页；32开.—ISBN 7-5053-0752-5：3.00元

家庭小电工/雷毓华编.—北京：农村读物出版社，1990.3.—71页；32开.—（实惠小丛书）.—ISBN 7-5048-1092-4：1.60元

家庭用电小百科/吴成康，陈玉玲编著.—合肥：安徽科学技术出版社，1990.12.—193页；32开.—ISBN 7-5337-0569-6：2.75元

TM02　电工设计、制图

电力电子设备设计和应用手册/张明勋主编.—北京：机械工业出版社，1990.6.—843页；16开.—ISBN 7-111-02016-2（精装）：42.00元

电力电子装置的微型计算机化设计/梁汉滨，钟彦儒编著.—北京：机械工业出版社，1990.4.—327页；32开.—ISBN 7-111-01740-4：7.75元

电气制图和技术文件/孝感机床厂等编；陈强华主编.—武汉：武汉工业大学出版社，1990.10.—224页；16开.—ISBN 7-5629-0426-X：4.90元

TM05　电工安装技术

内外线电工/机电工业考评技师复习丛书编审委员会编.—北京：机械工业出版社，1990.10.—309页；32开.—（机电工业考评技师复习丛书）.—ISBN 7-111-02255-6：5.80元

内外线电工：机械工业工人中级操作技能考评试题集/机械工业工人中级操作技能考评试题集编审委员会编.—北京：机械工业出版社，1990.7.—93页；16开.—ISBN 7-111-02147-9：3.60元

内外线电工工艺学/劳动部培训司组织编写.—北京：中国劳动出版社，1990.10.—433页；32开.—中级电工培训教材.—ISBN 7-5045-0573-0：5.20元

内外线电工必读/天津市机械工业管理局主编.—2版（修订版）.—天津：天津科学技术出版社，1990.9.—760页；32开.—（工人技术等级标准自学丛书）.ISBN 7-5308-0717-X：9.35元

本书1982年2月第1版。

电气实习/徐君贤主编.—北京：机械工业出版社，1990.10.—267页；16开.—中等专业学校试用教材.ISBN 7-111-02335-8：3.10元

电气基础：试用/劳动部培训司组织编写.—北京：劳动人事出版社，1990.3.—165页；32开.—就业训练造纸专业统编教材.—ISBN 7-5045-0408-4：2.20元

用电监察与装表接电/《工人技术岗位考工指导丛书》编写组编.—北京：机械工业出版社，1990.9.506页；32开.—（电力企业供电类工人技术岗位考工指导丛书）.—ISBN 7-111-02218-1：7.00元

安装电工/孙左一等编译.—北京：水利电力出版社，1990.10.—139页；32开.—(电知识小百科全书；8).—ISBN 7-120-00808-0：2.20元

TM07 电工保养、维修

工厂电气设备故障的分析与处理200例/陈荣章，孔云英编.—北京：化学工业出版社，1990.9.—333页；32开.—ISBN 7-5025-0744-2：5.30元

电气试验工/化学工业部劳资司，中国石油化工总公司人事部编.—北京：化学工业出版社，1990.6.818页；32开.—(化工和石油化工检修工人技术等级标准自学丛书).—ISBN 7-5025-0651-9：12.30元

维修电工/化学工业部劳资司，中国石油化工总公司人事部编.—北京：化学工业出版社，1990.3.705页；32开.—(化工和石油化工检修工人技术等级标准自学丛书).—ISBN 7-5025-0578-4：9.20元

维修电工/机电工业考评技师复习丛书编审委员会编.—北京：机械工业出版社，1990.7.—318页；32开.—(机电工业考评技师复习丛书).—ISBN 7-111-02052-9：5.00元

维修电工/劳动部培训司组织编写.—北京：中国劳动出版社，1990.7.—484页；32开.—全国工人中级技术考核培训教材.—ISBN 7-5045-0512-9：5.50元

维修电工：工人考工晋级试题与答案/辽宁省工人技术考核委员会统编.—沈阳：沈阳出版社，1990.11.—382页；32开.—ISBN 7-80556-420-5：5.10元

维修电工：机械工业工人中级操作技能考评试题集/机械工业工人中级操作技能考评试题集编审委员会编.—北京：机械工业出版社，1990.7.—115页；16开.—ISBN 7-111-02148-7：4.30元

维修电工工艺学/劳动部培训司组织编写.—北京：中国劳动出版社，1990.9.—518页；32开.—中级电工培训教材.—ISBN 7-5045-0507-2：6.15元

维修电工必读/天津市机械工业管理局主编.—2版(修订本).—天津：天津科学技术出版社，1990.6.—683页；32开.—(工人技术等级标准自学丛书).—ISBN 7-5308-0752-8：8.45元

维修电工技术/白春章等编.—北京：电子工业出版社，1990.9.—344页；32开.—职业学校教材　实用电子技术专业.—ISBN 7-5053-0882-3：4.00元

TM08 电工安全

1985年电力事故选编：发供电人身事故/能源部安全环保司编.—北京：水利电力出版社，1990.6.141页；32开.—ISBN 7-120-01197-9：3.55元

供电事故：1985年电力事故选编/能源部安全环保司编.—北京：水利电力出版社，1990.7.—155页；32开.—ISBN 7-120-01196-0：3.60元

TM1 电工基础理论

工程电学　(1)：电工技术/石利英等编著.—武汉：武汉工业大学出版社，1990.11.—191页；16开.高等学校试用教材.—ISBN 7-5629-0431-6：3.60元

电力电子技术基础/林渭勋等编著.—北京：机械工业出版社，1990.12.—367页；16开.—ISBN 7-111-01977-6：14.70元

电力电子学与交流传动/(美)鲍斯(Bose，B.K.)著；朱仁初等译.—西安：西安交通大学出版社，1990.6.—300页；16开.—(外国教材精选).ISBN 7-5605-0298-9：4.35元

电工与电子技术基础/丘立尚，张琳编.—广州：华南理工大学出版社，1990.9.—478页；32开.—高等工业专科学校教材.—ISBN 7-5623-0188-3：6.90元

电工与电子基础/劳动部培训司组织编写.—北京：中国劳动出版社，1990.9.—339页；32开.—中级电工培训教材.—ISBN 7-5045-0513-7：4.00元

电工技术/王之泰主编.—长沙：中南工业大学出版社，1990.7.—357页；32开.—高等学校本科教材.ISBN 7-81020-300-2：2.25元

电工技术/毕绍光主编.—北京：机械工业出版社，1990.6.—338页；32开.—高等院校适用.—ISBN 7-111-02494-X：4.40元

电工技术/张保郁主编.—哈尔滨：哈尔滨船舶工程学院出版社，1990.6.—315页；16开.—ISBN 7-81007-106-8：6.00元

电工技术/傅恩锡主编.—北京：机械工业出版社，1990.12.—210页；16开.—高等工科学校适用.—ISBN 7-111-02677-2：5.50元

电工技术/焦长祖主编.—长春：长春出版社，1990.12.—160页；16开.—ISBN 7-80573-406-4：4.90元

电工技术：电工学　(I)/西北工业大学，北京航空航天大学编；陈麟章主编.—北京：国防工业出版社，1990.5.—349页；16开.—ISBN 7-118-00633-5：4.40元

电工技术：电工学　(I)/伍爱莲编.—北京：高等教育出版社，1990.10.—414页；大32开.—ISBN 7-04-003172-8：3.20元

电工技术与电子技术　上册/王鸿明编.—北京：清华大学出版社，1990.10.—410页；大32开.—ISBN 7-302-00672-5：3.00元

电工技术基础/机电工业考评技师复习丛书编审委员会编.—北京：机械工业出版社，1990.7.—214页；32开.—(机电工业考评技师复习丛书).—ISBN 7-111-02005-7：3.70元

电工技能培训理论/机械电子工业部编.—北京：机械工业出版社，1990.12.—303页；32开.—机械类技

工学校教改试用教材.—ISBN 7-111-02244-0：4.35元

电工学/屈义襄主编.—北京：化学工业出版社，1990.6.—383页；16开.—中等专业学校教材　化工仪表及自动化专业适用.—ISBN 7-5025-0700-0：4.40元

电工学/耿长柏等编.—北京：航空工业出版社，1990.6.—294页；16开.—ISBN 7-80046-286-2：6.50元

电工学/唐益龄，张固编写.—2版.—北京：劳动人事出版社，1990.2.—215页；16开.—全国技工学校机械类通用教材.—ISBN 7-5045-0453-X：3.85元

本书1985年4月第1版。

电工学/廖来成，戚焕松主编.—济南：山东大学出版社，1990.12.—302页；32开.—ISBN 7-5607-0446-8：4.20元

电工学/（苏）卡萨特金（Касаткин，А.С.），涅姆佐夫（Немцов，М.В.）著；黄正中译.—北京：高等教育出版社，1990.8.—322页；16开.—ISBN 7-04-000778-9：4.95元

书名原文：Электротехника

电工学　上册/方汉生主编.—北京：人民卫生出版社，1990.10.—290页；16开.—全国中等卫生学校教材　供放射技士专业用.—ISBN 7-117-00226-3：3.40元

电工学　上册：电工技术/秦曾煌主编.—4版.—北京：高等教育出版社，1990.5.—528页；大32开.高等学校教材.—ISBN 7-04-002898-0：3.80元

本书1964年4月第1版。

电工学　下册：电子技术/秦曾煌主编.—4版.—北京：高等教育出版社，1990.9.—394页；大32开.高等学校教材.—ISBN 7-04-003141-8：2.90元

本书1965年2月第1版。

电工学与工业电子学/毕绍光主编.—北京：机械工业出版社，1990.5.—340页；32开.—机械电子工业部机电行业专业管理人员岗位培训教材　一般专业管理人员用.—ISBN 7-111-02135-5：6.50元

电工学与工业电子学/娄兴棠，张炳谦主编.—北京：机械工业出版社，1990.5.—396页；32开.—机械电子工业部机电行业专业管理人员岗位培训教材主管专业管理人员用.—ISBN 7-111-02130-4：8.10元

电工学与电子学/陕西省农业机械化学校主编.—北京：农业出版社，1990.6.—354页；16开.—全国中等农业学校教材　农业机械化专业用.—ISBN 7-109-01508-4：4.05元

电工学与电子学实验/王俊岳，夏衡如编.—重庆：重庆大学出版社，1990.5.—82页；16开.—全国高等教育自学考试用书.—ISBN 7-5624-0325-2：1.08元

电工学与电子学实验/陕西省农业机械化学校主编.—北京：农业出版社，1990.10.—140页；32开.全国中等农业学校教材.—ISBN 7-109-01509-2：0.90元

电工学与实验/程定涛等编.—北京：北京师范大学出版社，1990.9.—279页；大32开.—全国高等师范专科学校教材.—ISBN 7-303-00994-9：2.00元

电工学习题与解题范例/张金运等编.—大连：大连理工大学出版社，1990.2.—291页；16开.—ISBN 7-5611-0144-9：3.29元

电工学实用知识　第一册：电工学·电工实践·材料学/（联邦德国）鲍曼（Baumann，A.D.）等著；吉崇庆译.—北京：中国劳动出版社，1990.9.514页；16开.—ISBN 7-5045-0494-7：15.00元

书名原文：Fachkenntnisse Elektrotechnik

电工学实用知识　第二册：电工学·电工实践/（联邦德国）鲍曼（Baumann，A.D.）等著；吉崇庆译.—北京：中国劳动出版社，1990.9.—510页；16开.—ISBN 7-5045-0486-6：14.80元

电工学实验/罗挺前主编.—北京：化学工业出版社，1990.5.—134页；32开.—中等专业学校教材化工仪表及自动化专业适用.—ISBN 7-5025-0718-3：0.95元

电工学实验指导书/胡永华等编.—武汉：武汉工业大学出版社，1990.8.—106页；16开.—ISBN 7-5629-0404-9：2.60元

电工学（第2版）学习指导书/郭木森等编.—北京：高等教育出版社，1990.3.—234页；大32开.ISBN 7-04-002715-1：1.85元

电工学基础知识：电工学、电工实践、材料学/（联邦德国）F·贝茨等著；第二汽车制造厂技工学校组织翻译.—北京：中国劳动出版社，1990.10.432页；16开.—ISBN 7-5045-0474-2：12.70元

电工理论基础　上册/（苏）聂孟（Нейман，Л.Р.），（苏）捷米尔强（Демирчян，К.С.）著；哈尔滨工业大学电工基础教研室译.—北京：高等教育出版社，1990.6.—376页；16开.—ISBN 7-04-000877-7：4.95元

书名原文：Теоретические осносы электротехники

电工基础/王运哲主编.—2版.—北京：高等教育出版社，1990.10.—544页；大32开.—中等专业学校教材.—ISBN 7-04-003173-6：3.90元

本书1978年9月第1版。

电工基础/东北三省职业技术教育教材编写组编.2版（修订本）.—沈阳：辽宁科学技术出版社，1990.5.—218页；16开.—职业中学教材.—ISBN 7-5381-0837-8：4.85元

本书1985年8月第1版。

电工基础/沙石心主编.—2版（修订版）.—北京：冶金工业出版社，1990.11.—525页；16开.—中等专

业学校教学用书.—ISBN 7-5024-0775-8：5.85元
本书1980年1月第1版。

电工基础/张洪让编.—北京：高等教育出版社，1990.4.—470页；大32开.—中等专业学校教材.—ISBN 7-04-002896-4：3.20元

电工基础/廖运策主编.—西安：陕西科学技术出版社，1990.11.—318页；32开.—职业技术教育教材.ISBN 7-5369-0834-2：4.40元

电工基础　第三册：电路实验与量计/哈尔滨船舶工程学院电工教研室编.—北京：国防工业出版社，1990.11.—386页；32开.—ISBN 7-118-00655-6：7.50元

电工基础研究生入学试题分析/刘光丽等编.—成都：成都科技大学出版社，1990.12.—382页；32开.—ISBN 7-5616-0564-1：4.20元

机械电工电子学/瞿祖庚等编.—北京：机械工业出版社，1990.8.—457页；16开.—高等工科院校适用.ISBN 7-111-02793-0：13.30元

微机在电工技术教学中的应用/陈麟章，史仪凯编著.—西安：西北工业大学出版社，1990.4.—369页；16开.—高等学校教材.—ISBN 7-5612-0256-3：4.68元

TM11　电工单位、电工计算

实用电工计算手册/周励志编.—沈阳：辽宁科学技术出版社，1990.12.—509页；32开.—ISBN 7-5381-0930-7：7.30元

游动型电气工程技术速算卡/张恩耀编.—北京：兵器工业出版社，1990.12.—1册；大32开.—ISBN 7-80038-259-1：27.00元

TM13　电路理论

电路与电机/韩大同主编.—北京：中国劳动出版社，1990.10.—206页；16开.—高等学校教材.—ISBN 7-5045-0545-5：6.50元

电路及磁路概念检测题集/寇仲元主编.—北京：高等教育出版社，1990.3.—183页；16开.—ISBN 7-04-002833-6：2.55元

电路分析理论/徐光藻，陈洪亮编著.—合肥：中国科学技术大学出版社，1990.7.—426页：16开.—ISBN 7-312-00168-8：5.40元

电路理论：现代部分/周欣荣主编.—北京：机械工业出版社，1990.1.—260页；大32开.—高等学校适用教材.—ISBN 7-111-01961-X：4.50元

电路理论学习指导/张斯湜主编.—北京：机械工业出版社，1990.1.—309页；大32开.—高等学校适用教材.—ISBN 7-111-01953-9：5.90元

《电路》（第三版）教学辅导/刘国柱主编.—北京：高等教育出版社，1990.3.—183页；大32开ISBN 7-04-002897-2：1.45元

电路基础/吕天祥，魏绍芬编.—2版.—峨眉山：西南交通大学出版社，1990.6.—163页；16开.—ISBN 7-81022-160-4：3.00元
本书1987年1月第1版。

TM15　电磁场理论的应用

电磁场工程教学/时振栋编.—成都：电子科技大学出版社，1990.7.—147页；16开.—高等学校教学用书.—ISBN 7-81016-252-7：3.60元

电磁场与微波技术/赵家陞，黄尚锐编.—武汉：华中理工大学出版社，1990.12.—311页；16开.—高等学校教材.—ISBN 7-5609-0440-8：4.08元

静电实用技术手册/罗宏昌等主编.—上海：上海科学普及出版社，1990.12.—363页；16开.—ISBN 7-5427-0333-1（精装）：14.80元

静电控制指南/范焕章，许春芳译.—上海：上海科学技术文献出版社，1990.4.—113页；32开.—ISBN 7-80513-503-7：2.05元

TM2　电工材料

电工材料与电子器件/孙左一等编译.—北京：水利电力出版社，1990.11.—138页；32开.—（电知识小百科全书；2）.—ISBN 7-120-00802-1：3.15元

电工　绝缘手册/《电工绝缘手册》编审委员会编.—北京：机械工业出版社，1990.11.—1册；16开.—ISBN 7-111-00712-3（精装）：98.00元

电绝缘阻燃性手册/美国产品安全协会编；盛世豪，杨师慎译.—上海：上海科学技术文献出版社，1990.12.—165页；32开.—ISBN 7-80513-689-0：2.85元

压电铁材料与器件/刘梅冬，许毓春著.—武汉：华中理工大学出版社，1990.11.—361页；大32开.—高等学校教材.—ISBN 7-5609-0491-2：2.30元

绝缘子/日本电气学会通信教育会编；靳宝丰等译.—北京：机械工业出版社，1990.3.—431页；大32开.—ISBN 7-111-01307-7：12.25元

稀土永磁材料及其应用/周寿增等编著.—北京：冶金工业出版社，1990.12.—462页；大32开.—ISBN 7-5024-0739-1：12.00元

TM3　电　机

电机与电器/孙左一等编译.—北京：水利电力出版社，1990.10.—135页；32开.—（电知识小百科全书；5）.—ISBN 7-120-00805-6：2.95元

电机学/牛秀岩主编.—北京：冶金工业出版社，1990.5.—261页；16开.—高等学校教学用书.—IS

BN 7-5024-0716-2：3.30元

电机学/孔昌平主编.—哈尔滨：哈尔滨工业大学出版社，1990.12.—356页；16开.—ISBN 7-5603-0143-6：4.35元

电机学/杨传箭编著.—北京：水利电力出版社，1990.4.—193页；16开.—高等学校教材 专科适用.—ISBN 7-120-01035-2：2.55元

电机学/郑朝科，唐顺华编著.—上海：同济大学出版社，1990.6.—250页；16开.—高等学校试用教材.—ISBN 7-5608-0585-X：3.30元

电机学 上册/王毓东主编；浙江大学电机教研室编著.—杭州：浙江大学出版社，1990.6.—432页；大32开.—高等学校教学用书.—ISBN 7-308-00497-X：3.50元

电机学 下册/王毓东主编；浙江大学电机教研室编著.—杭州：浙江大学出版社，1990.6.—433～817页；大32开.—高等学校教学用书.—ISBN 7-308-00498-8：3.10元

TM30 一般性问题

计算机辅助电机设计/关恩禄编著.—北京：机械工业出版社，1990.12.—166页；16开.—ISBN 7-111-02635-7：7.90元

电动机绕组改接与计算/姜孝定编著.—北京：机械工业出版社，1990.10.—99页；32开.—机械工人学习材料：电工.—ISBN 7-111-02015-4：2.00元

电机与控制/赵桐等编.—2版.—峨眉山：西南交通大学出版社，1990.1.—111页；16开.—ISBN 7-81022-163-9：2.15元

本书1987年1月第1版。

电机设计/陈世坤主编.—2版（修订本）.—北京：机械工业出版社，1990.10.—409页；16开.—高等学校教材.—ISBN 7-111-02061-8：5.20元

本书1982年1月第1版。

电机的工业试验/冯雍明主编.—北京：机械工业出版社，1990.4.—450页；16开.—ISBN 7-111-01424-3（精装）：29.80元

电机修理工：机械工业工人中级操作技能考评试题集/机械工业工人中级操作技能考评试题集编审委员会编.—北京：机械工业出版社，1990.7.—91页；16开.—ISBN 7-111-02118-5：3.40元

电机量测/徐伯雄，窦玉琴编著.—北京：清华大学出版社，1990.1.—271页；16开.—ISBN 7-302-00500-1：3.90元

步进电机控制技术入门/王鸿钰编著.—上海：同济大学出版社，1990.9.—228页；大32开.—ISBN 7-5608-0393-8：4.90元

TM34 交流电机

交流电机的计算机仿真/贺益康编著.—北京：科学出版社，1990.3.—456页；大32开.—ISBN 7-03-001516-9：14.70元

交流调速系统及其应用/徐银泉主编.—北京：纺织工业出版社，1990.6.—271页；16开.—高等纺织院校教材.—ISBN 7-5064-0399-4：3.85元

单相串激电动机：原理及在家用电器上的应用/徐文宪编著.—广州：华南理工大学出版社，1990.2.196页；32开.—ISBN 7-5623-0126-3：2.90元

家用电器用单相电动机原理与维修/秦崎，潘恬编著.—北京：机械工业出版社，1990.7.—175页；32开.—机械工人学习材料：电工.—ISBN 7-111-01964-4：2.70元

感应电动机的双馈调速和串级调速/秦晓平，王克成编著.—北京：机械工业出版社，1990.11.—298页；32开.—ISBN 7-111-02081-2：7.20元

TM38 微电机

小功率电动机应用技术手册/庞启淮主编.—北京：机械工业出版社，1990.11.—627页；大32开.—ISBN 7-111-02145-2（精装）：19.00元

中小微型电机修理手册/上海市电子电器技术协会主编.—上海：上海科学技术出版社，1990.5.1148，136页；32开.—ISBN 7-5323-1449-9（精装）：20.00元

控制电机/杨渝钦主编.—2版（修订本）.—北京：机械工业出版社，1990.5.—207页；16开.—高等学校教材.—ISBN 7-111-01688-2：2.75元

本书1981年8月第1版。

控制电机/黄建西主编.—北京：水利电力出版社，1990.3.—228页；16开.—函授大学教材.—ISBN 7-120-01037-9：6.15元

微电机/高敬德编.—北京：石油工业出版社，1990.5.—134页；16开.—中等专业学校教学用书.ISBN 7-5021-0429-1：1.65元

TM4 变压器、变流器及电抗器

电子变压器及应用/王瑞华，王乔编著.—北京：国防工业出版社，1990.4.—298页；32开.—（电子元件应用丛书）.—ISBN 7-118-00100-7：4.90元

TM41 电力变压器

电力变压器手册/《变压器手册》编写组编.—沈阳：辽宁科学技术出版社，1990.5.—537页；16开.ISBN 7-5381-0815-7（精装）：24.30元

电力变压器手册/《变压器手册》编写组编.—沈阳：辽宁科学技术出版社，1990.5.—537页；16开.ISBN 7-5381-0814-9：21.50元

变压器全书：电力变压器实用技术/（英）夫兰克林（Franklin, A.C.），夫兰克林（Franklin, D.P.）编；崔立君等译.—北京：机械工业出版社，1990.7.—810页；大32开.—ISBN 7-111-01706-4：18.00元

变压器的理论计算与优化设计/李湘生，陈乔夫编著.—武汉：华中理工大学出版社，1990.12.—311页；32开.—ISBN 7-5609-0451-3：2.00元

怎样计算和绕制小功率电源变压器/陈杰编著.—北京：人民邮电出版社，1990.9.—123页；32开.—ISBN 7-115-04318-3：1.70元

TM44/46　稳定器、互感器、变流器

电流互感器/赵修民编著.—2版.—太原：山西科学教育出版社，1990.4.—122页；32开.—（互感器丛书）.—ISBN 7-5377-0242-X：1.10元

本书1980年2月第1版。

电源变换技术/王桂英编著.—北京：人民邮电出版社，1990.6.—428页；大32开.—ISBN 7-115-04229-2：6.15元

简明集成稳压器应用手册/赵保经，李龙文编著.北京：科学出版社，1990.12.—394页；大32开.ISBN 7-03-001786-2：13.60元

整流与变换设备电路图集/汪天元编.—北京：人民邮电出版社，1990.12.—68页；8开.—ISBN 7-115-04272-1：5.05元

TM5　电　器

电器控制/李仁主编.—北京：机械工业出版社，1990.5.—178页；16开.—高等学校教材.—ISBN 7-111-01981-4：2.35元

环境条件与试验环境试验应用指南/电工电子产品环境技术标准化技术委员会编著.—北京：中国标准出版社，1990.1.—196页；16开.—ISBN 7-5066-0130-3：4.40元

本书叙述了温度、湿度、低气压、腐触、霉变、振动、冲击和恒加速度等各种环境因素对电工电子产品性能影响的一般规律、作用机理、合理的试验程序、试验方法中严酷等级的选择以及试验操作有关注意事项等。

高低压电器选用和维修600问/丁明道主编.—北京：兵器工业出版社，1990.10.—571页；32开.ISBN 7-80038-250-8：11.00元

触电漏电保护电器及其应用/司徒兴汉编著.—广州：广东科技出版社，1990.4.—234页；16开.—ISBN 7-5359-0396-7：6.00元

TM53/54　电容器、电阻器

电阻器/刘涛编.—北京：电子工业出版社，1990.1.—293页；32开.—中等专业学校教材.—ISBN 7-5053-0706-1：1.90元

电容器/成建生，陈鸣编著.—沈阳：辽宁科学技术出版社，1990.6.—192页；16开.—中等专业学校教材.—ISBN 7-5381-0817-3：2.65元

TM56/57　开关电器、电磁铁

开关液压机构/施文耀著.—北京：机械工业出版社，1990.11.—335页；大32开.—ISBN 7-111-01871-0：9.60元

电磁铁优化设计/任耀先主编.—北京：机械工业出版社，1990.10.—256页；16开.—高等学校试用教材.—ISBN 7-111-02010-3：3.30元

晶体管与计算机继电保护原理/贺威俊等编著.—峨眉山：西南交通大学出版社，1990.3.—275页；16开.—ISBN 7-81022-115-9：3.90元

TM6　发电、发电厂

电力生产常识/水利电力科学技术情报研究所编.2版.—北京：水利电力出版社，1990.10.—219页；32开.—ISBN 7-120-01227-4：5.00元

本书1980年2月第1版。

超临界压力火力发电技术/杨立洲主编.—上海：上海交通大学出版社，1990.6.—358页；16开.—ISBN 7-313-00557-1：14.00元

TM62　发电厂

大型电站锅炉事故分析及预防措施/张光纯编著.北京：机械工业出版社，1990.2.—238页；32开.ISBN 7-111-01287-9：6.80元

发电厂及电力系统/柳瑞禹主编.—武汉：武汉测绘科技大学出版社，1990.12.—318页；16开.—ISBN 7-81030-066-0：14.00元

发电厂用水与节水/刘汝义，黄玉坤编著.—北京：水利电力出版社，1990.5.—123页；32开.—ISBN 7-120-01013-1：2.75元

现代电厂建设/英国中央发电局CEGB著；王瑞梁等译.—北京：水利电力出版社，1990.11.—389页；16开.—ISBN 7-120-01212-6：19.30元

TM621　火力发电厂、热电站

化学诊断技术/窦照英著.—北京：水利电力出版社，1990.4.—158页；32开.—（设备诊断技术丛书）.—ISBN 7-120-01064-6：3.75元

本书主要讲述火力发电厂水汽质量监测和设备化学故障诊断技术

火力发电厂厂址选择手册/能源部东北电力设计院编著.—北京：水利电力出版社，1990.6.—486页；

16开.—ISBN 7-120-00825-0：20.10元

火力发电厂水质净化/施燮钧主编.—北京：水利电力出版社，1990.4.—293页；16开.—高等学校教材.—ISBN 7-120-01025-5：3.80元

火电施工现代技术/武汉水利电力学院主编.—南京：河海大学出版社，1990.8.—352页；16开.—水利电力系统领导干部岗位培训教材.—ISBN 7-5630-0268-5：6.95元

热力发电厂/田金玉主编.—北京：水利电力出版社，1990.9.—219页；16开.—职工中等专业学校教材.—ISBN 7-120-01263-0：4.10元

TM623 核电厂（核电站）

核电厂的安全与环境/徐志成等编著.—北京：原子能出版社，1990.12.—113页；32开.—（核技术丛书）.—ISBN 7-5022-0268-4：3.80元

TM63 变电所

发电厂变电所电气部分/李学博主编.—西安：西北工业大学出版社，1990.12.—516页；16开.—职工中等专业学校教材.—ISBN 7-5612-0314-4：8.40元

变电运行值班工/《工人技术岗位考工指导丛书》编写组编.—北京：机械工业出版社，1990.2.—570页；32开.—（电力企业供电类工人技术岗位考工指导丛书）.—ISBN 7-111-01917-2：7.80元

变电检修技术培训与考工试题/《电力工人技术培训与考工试题》丛书编委会编.—青岛：青岛出版社，1990.11.—540页；32开.—（电力工人技术培训与考工试题丛书）.—ISBN 7-5456-0521-X：5.00元

牵引变电所运行与检修/何其光等编.—北京：中国铁道出版社，1990.6.—424页；32开.—ISBN 7-113-00687-6：5.60元

TM64 配电设备和电气接线

工厂配电设计施工手册/日本电气学会工厂配电常设专业委员会编；张新等译.—北京：机械工业出版社，1990.7.—663页；16开.—ISBN 7-111-01727-7：19.00元

小型变配电简易设计与安装/陈云发，阮国器编著.—南京：江苏科学技术出版社，1990.7.—360页；32开.—ISBN 7-5345-0979-3：4.15元

配电设备/刘用瑞主编.—西安：西北大学出版社，1990.10.—302页；16开.—职工中等专业学校教材.ISBN 7-5604-0196-1：5.50元

TM7 输配电工程、电力网及电力系统

电力工程与工厂供电/苑文叔，薛世杰编.—西安：西安交通大学出版社，1990.3.—186页；16开.—ISBN 7-5605-0330-6：4.15元

送变电施工现代技术/武汉水利电力学院主编.—南京：河海大学出版社，1990.11.—334页；16开.—水利电力系统领导干部岗位培训教材.—ISBN 7-5630-0269-3：6.75元

TM71 理论与分析

电力系统习题集/陆敏政主编.—北京：水利电力出版社，1990.3.—138页；16开.—高等学校教材.ISBN 7-120-00914-1：1.90元

电力系统无功功率控制/（ ）米勒（Miller，T.J.E.）主编；胡国根译.—北京：水利电力出版社，1990.1.—435页；32开.—ISBN 7-120-00778-5：7.60元

书名原文：Reactive Power Controlin Electric Systems

电力系统分析 下册/方富淇等编.—北京：水利电力出版社，1990.10.—257页；16开.—中央广播电视大学、电业职工大学教材.—ISBN 7-120-01145-6：7.70元

电力系统优化规划/王锡凡主编.—北京：水利电力出版社，1990.3.—329页；16开.—ISBN 7-120-00980-X（精装）：17.65元

电力系统优化的理论基础/杨毅刚等编.—北京：水利电力出版社，1990.5.—211页；16开.—高等学校教材.—ISBN 7-120-01048-4：2.75元

线损知识问答/翟世隆编著.—北京：水利电力出版社，1990.4.—205页；32开.—ISBN 7-120-01056-5：3.75元

TM72 输配电技术

工厂供电/苏文成主编.—2版（修订本）.—北京：机械工业出版社，1990.10.—336页；16开.—高等学校教材.—ISBN 7-111-02316-1：4.30元

本书1981年2月第1版。

电气设备诊断技术及其自动化/（日）和田昱二等编著；张家元等译.—北京：机械工业出版社，1990.7.—275页；16开.—ISBN 7-111-01694-7：13.90元

本书系统地整理了有关电气设备自动诊断的文章共计37篇。其中包括了架空线路和地下线路的诊断，变电设备、旋转电机的诊断、绝缘老化的诊断和工厂与配电系统中谐波的联机诊断等内容。

地区电网规划与监控/陈章潮主编.—北京：水利电力出版社，1990.10.—127页；16开.—高等学校教材.—ISBN 7-120-01138-3：1.80元

直流输电基础/戴熙杰主编.—北京：水利电力出版社，1990.1.—392页；32开.—ISBN 7-120-00776-9：8.00元

供电系统中的谐波分析测量与抑制/陆延信编著.北京：机械工业出版社，1990.8.—231页；大32开.

ISBN 7-111-02074-X：7.70元

架空输电线路运行/麻石玉，林玉清著.—北京：水利电力出版社，1990.10.—118页；32开.—ISBN 7-120-00896-X：2.60元

高压架空输电线路架线施工/王运祥编著.—北京：水利电力出版社，1990.11.—307页；大32开.—ISBN 7-129-01228-2：5.95元

10～110KV架空电力线路运行技术问答/唐师论编著.—北京：水利电力出版社，1990.11.—285页；32开.—ISBN 7-120-01206-1：4.90元

TM73　电力系统的调度、管理

电力系统优化运行/骆济寿，张川编著.—武汉：华中理工大学出版社，1990.11.—113页；16开.—高等学校教材.—ISBN 7-5609-0453-X：1.60元

电力系统事故：1985年电力事故选编/能源部安全环保司编.—北京：水利电力出版社，1990.7.—92页；32开.—ISBN 7-120-01195-2：2.00元

用电监察技术培训与考工试题/电力工人技术培训与考工试题丛书编委会编.—北京：水利电力出版社，1990.7.—582页；32开.—（电力工人技术培训与考工试题丛书/陈鼎瑞主编）.—ISBN 7-120-01165-0：5.25元

供用电技术管理/陆荣华编.—南京：河海大学出版社，1990.8.—212页；16开.—ISBN 7-5630-0299-5：5.80元

TM74　电力系统的模拟与计算

电力系统潮流计算/宋文南等编.—天津：天津大学出版社，1990.8.—251页；32开.—ISBN 7-5618-0193-9：1.65元

输配电计算/陈琴生编译.—天津：天津科学技术出版社，〔1990〕.—106页；32开.—（实用电工计算丛书）.—ISBN 7-5308-0239-9：1.15元

TM75　线路及杆塔

线路运行与架设/《工人技术岗位考工指导丛书》编写组编.—北京：机械工业出版社，1990.4.—401页；32开.—（工人技术岗位考工指导丛书）.—ISBN 7-111-02085-5：5.95元

架空输电线路运行和检修基础知识/杜玉清著.—北京：水利电力出版社，1990.9.—214页；32开.—ISBN 7-120-01128-6：3.85元

架空输电线路检修/高治祥，杜玉清编著.—北京：水利电力出版社，1990.6.—133页；32开.—ISBN 7-120-01193-6：2.50元

输电线路施工与检修/王文源编.—北京：水利电力出版社，1990.10.—233页；16开.—职工大学教材.ISBN 7-120-01143-X：7.00元

TM76　电力系统的自动化

电力系统自动控制与装置/孙雅明主编.—北京：水利电力出版社，1990.4.—289页；16开.—电视大学、职工大学教材.—ISBN 7-120-01026-3：7.60元

电力系统自动装置/许正亚主编.—北京：水利电力出版社，1990.4.—294页；16开.—高等学校教材·专科适用.—ISBN 7-120-01052-2：3.75元

电力系统运行控制与调度自动化/王士政编.—南京：河海大学出版社，1990.8.—358页；16开.ISBN 7-5630-0219-7：7.80元

电力定量器和电力时控开关原理与维修/能源部计划用电办公室组织编写.—长春：吉林大学出版社，1990.6.—384页；16开.—ISBN 7-5601-0520-5（精装）：10.50元

现代控制理论及其在电力系统控制中的应用/汪寿基，王贵德编著.—成都：成都科技大学出版社，1990.3.—273页；16开.—ISBN 7-5616-0520-X：3.90元

TM77　电力系统继电保护

四统一高压线路继电保护装置原理设计/王梅义主编.—北京：水利电力出版社，1990.3.—165页；16开.—ISBN 7-120-01061-1：7.85元

电力系统继电保护　下册/高永昌主编.—北京：水利电力出版社，1990.6.—311页；16开.—中等专业学校教材.—ISBN 7-120-00948-6：3.60元

导引线纵联电流差动保护/苏宁镲编著.—北京：水利电力出版社，1990.2.—217页；32开.—ISBN 7-120-01006-9：4.45元

继电保护及自动装置/周德义主编.—西安：西安交通大学出版社，1990.12.—313页；16开.—职工中等专业学校教材.—ISBN 7-5605-0376-4：5.70元

继电保护技术培训与考工试题/电力工人技术培训与考工试题丛书编委会编.—北京：水利电力出版社，1990.7.—523页；32开.—（电力工人技术培训与考工试题丛书）.—ISBN 7-120-01167-7：4.50元

超高压电网继电保护专题分析/高中德主编.—北京：水利电力出版社，1990.3.—159页；16开.—高等学校教材.—ISBN 7-120-00947-8：2.15元

微处理机式继电器和保护系统/（美）IEEE电力工程委员会，IEEE电力系统继电保护委员会编；孙军等译.—重庆：重庆大学出版社，1990.1.—177页；16开.—ISBN 7-5624-0232-9：1.67元

书名原文：Microprocessor Relays and Proteetion Systems

TM8　高电压技术

高电压技术 (苏)斯捷潘楚克(Степанчук, К.Ф.), 基那可夫(Тиняков, Н.А.)著; 姜公超译.—北京: 机械工业出版社, 1990.9.—459页; 32开.—ISBN 7-111-02032-4: 11.50元

书名原文: Техника высоких напряжений

高电压技术中的气体放电及其应用/冯允平编.—北京: 水利电力出版社, 1990.3.—102页; 16开.—高等学校教材.—ISBN 7-120-01046-8: 1.45元

高压试验技术培训与考工试题/电力工人技术培训与考工试题丛书编委会编.—北京: 水利电力出版社, 1990.7.—620页; 32开.—(电力工人技术培训与考工试题丛书).—ISBN 7-120-01164-2: 6.75元

高压静电场数值计算/谈克雄, 薛家麒编.—北京: 水利电力出版社, 1990.3.—166页; 16开.—高等学校教材.—ISBN 7-120-01017-4: 2.20元

数理统计在高电压技术中的应用/王秉钧等编.—北京: 水利电力出版社, 1990.10.—246页; 16开.—高等学校教材.—ISBN 7-120-01142-1: 3.25元

TM85　高电压绝缘技术

电力系统的污秽绝缘/顾乐观, 孙才新编著.—重庆: 重庆大学出版社, 1990.5.—176页; 16开.—ISBN 7-5624-0304-X: 2.38元

高电压绝缘基础/沈其工编著.—南京: 江苏科学技术出版社, 1990.5.—379页; 32开.—ISBN 7-5345-0941-6: 4.30元

本书系统地论述发生在高电压绝缘中的各种物理过程, 着重阐明各种绝缘物质在各种不同性质电压作用下击穿放电的物理过程, 深入讨论了影响击穿电压的各种因素及提高击穿电压的各种方法, 也较详细地讨论了绝缘物质的老化规律及改善措施。

TM91　独立电源技术(直接发电)

电源设备的使用维修与检修/杨同洲等编著.—北京: 人民邮电出版社, 1990.4.—328页; 32开.—ISBN 7-115-04191-1: 4.40元

TM912/914　蓄电池、光电池

太阳电池/(美)胡晨明, (美)怀特(White, R.M.)著; 李采华译.—北京: 北京大学出版社, 1990.1.—292页; 大32开.—ISBN 7-301-00958-5: 4.80元

书名原文: Solar Cells

太阳电池及其应用/(日)桑野幸德著; 钟伯强译.—北京: 科学出版社, 1990.2.—189页; 32开.—ISBN 7-03-001363-8: 5.20元

太阳能电源/郑守琛, 余杰编著.—北京: 人民邮电出版社, 1990.4.—123页; 32开.—ISBN 7-115-04220-9: 1.50元

蓄电池/徐曼珍编.—北京: 人民邮电出版社, 1990.6.—345页; 32开.—邮电中等专业学校教材.ISBN 7-115-04206-3: 2.00元

TM92　电气化、电能应用

区域电气化建模技术/罗高荣著.—杭州: 浙江大学出版社, 1990.11.—231页; 32开.—ISBN 7-308-00622-0: 4.50元

电气节能措施/日本节能中心编; 高光润, 王炳聚译.—北京: 中国计量出版社, 1990.3.—176页; 32开.—ISBN 7-5026-0305-0: 2.80元

电气安全/劳动部职业安全卫生监督局主编.—北京: 劳动人事出版社, 1990.2.—453页; 32开.—职业安全卫生通用基础系列教材.—ISBN 7-5045-0409-2: 6.10元

电气安全技术手册/王胡兰, 王平编著.—北京: 兵器工业出版社, 1990.11.—297页; 32开.—ISBN 7-80038-252-4: 8.40元

自发电电气技术/王德编.—南京: 河海大学出版社, 1990.12.—147页; 32开.—ISBN 7-5630-0327-4: 2.00元

安全用电/王岷, 张军编著.—西安: 西安交通大学出版社, 1990.6.—128页; 16开.—职工中等专业学校教材.—ISBN 7-5605-0360-8: 2.50元

安全用电技术/袁连生编.—北京: 电子工业出版社, 1990.3.—177页; 32开.—(劳动保护实用丛书/林明清主编).—ISBN 7-5053-0688-X: 2.50元

农村电气安全技术问题/亦家翼编著.—北京: 水利电力出版社, 1990.12.—184页; 32开.—ISBN 7-120-01272-X: 2.80元

农村安全用电/梁淑贤, 黄季平编.—北京: 电子工业出版社, 1990.2..—138页; 32开.—(劳动保护实用丛书/林明清主编).—ISBN 7-5053-0689-8: 2.10元

实用节电技术/许业清编.—合肥: 中国科学技术大学出版社, 1990.10.—301页; 32开.—ISBN 7-312-00233-1: 4.00元

TM921　电力拖动(电气传动)

电力拖动/周绍英编.—北京: 冶金工业出版社, 1990.5.—214页; 16开.—高等学校教学用书.—ISBN 7-5024-0700-6: 2.75元

电力拖动基础/海定广主编.—北京: 机械工业出版

社，1990.5.—156页；16开.—中等专业学校试用教材.—ISBN 7-111-02069-3：1.90元

电力拖动控制系统数字仿真/毛宗源，温钢云编著.广州：华南理工大学出版社，1990.8.—270页；16开.—ISBN 7-5623-0180-8：3.50元

电气传动控制系统/王耀德，冷增祥编.—南京：东南大学出版社，1990.6.—324页；16开.—ISBN 7-81023-254-1：4.15元

交流调速系统/姜泓，赵洪恕主编.—武汉：华中理工大学出版社，1990.7.—293页；大32开.—高等工程专科学校教材.—ISBN 7-5609-0431-9：1.94元

现代伺服系统的分析与设计/冯国楠著.—北京：机械工业出版社，1990.4.—275页；32开.—ISBN 7-111-01925-3：6.60元

液压伺服控制系统/马长水等编.—北京：煤炭工业出版社，1990.5.—335页；16开.—高等学校教学用书.ISBN 7-5020-0391-6：4.20元

TM923/924　电气照明、电热

灯用荧光粉的工艺和理论/（美）巴特勒（Butler，K.H.）著；周太明等译.—上海：复旦大学出版社，1990.12.—489页；大32开.—ISBN 7-309-00569-4：9.80元

书名原文：Fluorescent Lamp Phosphors Technology and Theory

图说装修电灯/周萃初等编著.—上海：上海科学技术出版社，1990.7.—174页；32开.—ISBN 7-5323-2045-6：2.05元

钠灯原理和应用/方道腴，蔡祖泉编著.—上海：上海交通大学出版社，1990.11.—365页；大32开.—ISBN 7-313-00752-3：6.50元

微波能应用/刘岐山编.—北京：电子工业出版社，1990.8.—180页；16开.—高等学校教材.—ISBN 7-5053-0864-5：2.50元

TM925　家用电器及其他电器设备

日汉家用电器工业词汇/张友良等编.—北京：轻工业出版社，1990.2.—381页；32开.—ISBN 7-5019-0359-X（精装）：19.95元

现代家用电器使用指南/宋东生等编.—北京：中国环境科学出版社，1990.10.—321页；32开.—ISBN 7-80010-703-5：5.90元

现代家政百科：家电/顾兆石，徐宽仁编著.—北京：中国和平出版社，1990.6.—284页；32开.（中国家政教程丛书/黄建伟主编）.—ISBN 7-80037-308-8：4.00元

家电选用/蔡恒，巫鸿宾编著.—成都：成都出版社，1990.12.—214页；32开.—（智慧农民丛书/李守凡主编）.—ISBN 7-80575-094-7：2.20元

家用电器/杨尚威编.—北京：高等教育出版社，1990.8.—528页；大32开.—高等学校试用教材.—ISBN 7-04-003057-8：4.20元

家用电器元器件手册/张士炯主编.—北京：电子工业出版社，1990.6.—728页；16开.—（电子工具丛书）.—ISBN 7-5053-0794-0：51.00元

家用电器术语英汉对照手册/李莉，梁婧编著.—北京：中国广播电视出版社，1990.11.—304页；32开.ISBN 7-5043-0566-9：6.50元

家用电器技术基础教学参考书/益宝清编.—北京：高等教育出版社，1990.3.—267页；32开.—职业高中〔适用〕.—ISBN 7-04-002937-5：1.75元

职业高中家用电器技术基础教学参考书/益宝清编.北京：高等教育出版社，1990.3.—267页；32开.ISBN 7-04-002937-5：1.75元

TM925.0　一般性问题

日用电器自修自改自制/任致程编著.—北京：科学技术文献出版社，1990.4.—515页；32开.—ISBN 7-5023-1208-0：6.60元

日常家用电器维修自检·难题详解/陈永甫编著.北京：电子工业出版社，1990.7.—194页；32开.（全国家用电器维修培训补充读物；4）.—ISBN 7-5053-1023-2：3.20元

机电式家用电器原理及维修技术/谢昌明等编.—成都：电子科技大学出版社，1990.11.—275页；16开.ISBN 7-81016-247-0：6.30元

自制家用电器电路200例/刘朴等编.—2版（修订本）.—太原：山西科学教育出版社，1990.8.—300页；大32开.—ISBN 7-5377-0122-9：5.00元

本书1986年8月第1版。

农村实用电器使用与维修/郑寿安编著.—福州：福建教育出版社，1990.10.—103页；32开.—（燎原计划丛书）.—ISBN 7-5334-0618-4：1.05元

现代家庭用电器具使用与维修手册/沈大林等著.北京：学术书刊出版社，1990.6.—1122页；16开+附图一袋.—ISBN 7-80045-674-9：36.35元

家用电器电动机原理结构与维修/雷通和编著.—北京：科学出版社，1990.5.—291页；32开.—ISBN 7-03-001618-1：3.60元

家用电器的正确使用与维修/李崇恕编著.—2版.上海：上海文化出版社，1990.3.—190页；32开.ISBN 7-80511-366-1：2.15元

本书1985年11月第1版。

家用电器的妙用与巧作/潘啸皋编著.—2版.—上海：上海科学普及出版社，1990.3.—236页；32开，ISBN 7-5427-0240-8：2.70元

本书1987年9月第1版。

家用电器的使用与维护/株洲老龄大学南方公司分校编；易泽洪编写.—兰州：甘肃人民出版社，1990.12.—249页；大32开.—ISBN 7-266-00687-1：3.45元

家用电器选购与使用保养/郑春迎主编.—济南：山东科学技术出版社，1990.10.—276页；32开.—（中国农民教育丛书/张仲诚主编）.—ISBN 7-5331-0764-0：2.50元

家用电器维修技术/刘天成主编.—北京：高等教育出版社，1990.9.—143页；16开.—职业高中试用教材.—ISBN 7-04-003146-9：2.20元

家用电器维修1000问/龙仲文主编.—北京：轻工业出版社，1990.2.—652页；32开.—ISBN 7-5019-0790-0：8.40元

家用电器简易维修/张建平等编.—北京：人民军医出版社，1990.2.—67页；32开.—（家庭生活实用丛书；6）.—ISBN 7-80020-151-1：1.20元

TM925.1　空气调节电器

上菱电冰箱使用指南/上菱电冰箱总厂编.—上海：上海科学技术出版社，1990.5.—116页；32开.—ISBN 7-5323-2073-1：2.00元

电风扇：台扇·吊扇·转页扇·冷风扇/徐文宪编.广州：华南理工大学出版社，1990.6.—185页；32开.—（新式家用电器丛书；1/徐文宪主编）.—ISBN 7-5623-0165-4：2.90元

电风扇　电热器维修/农业部教育司主编；王文超，赵伟坤著.—北京：农业出版社，1990.5.—278页；32开.—职业技术教育读本.—ISBN 7-109-01340-5：4.25元

电风扇用户指南200题/家用电器使用丛书编写组编.—沈阳：辽宁科学技术出版社，1990.2.—111页；32开.—（家用电器使用丛书）.—ISBN 7-5381-0754-1：1.95元

电风扇·空调器/邱兴永，邹子敏编写.—沈阳：辽宁科学技术出版社，1990.12.—169页；32开.—（现代家电消费实用指导丛书/卫家保，陈瑛璋主编）.ISBN 7-5381-0958-7：2.95元

实用空调、制冷设备维修大全：电冰箱、冷藏箱（冷藏库）、空调机……/冯玉琪，卢道卿主编.—北京：电子工业出版社，1990.12.—610页；16开.—ISBN 7-5053-1139-5：16.20元

家用空调器120问/家用电器使用丛书编写组编.沈阳：辽宁科学技术出版社，1990.2.—153页；32开.—（家用电器使用丛书）.—ISBN 7-5381-0755-X：2.40元

TM925.2　冷藏用电器

电冰箱/陈炜编写.—沈阳：辽宁科学技术出版社，1990.12.—158页；32开.—（现代家电消费实用指导丛书/卫家保，陈瑛璋主编）.—ISBN 7-5381-0957-9：2.90元

电冰箱用户指南200题/谭利剑，王荣华主编.—沈阳：辽宁科学技术出版社，1990.2.—241页；32开.（家用电器使用丛书）.—ISBN 7-5381-0813-0：3.40元

电冰箱设计使用维修/单大可编著.—北京：宇航出版社，1990.3.—432页；32开.—ISBN 7-80034-236-0：6.60元

电冰箱保护器和温控器的原理与制作/陈有卿编著.北京：科学出版社，1990.12.—77页；32开.—（电子文库；9）.—ISBN 7-03-001941-5：1.10元

电冰箱检修必备/郑银华编著.—杭州：浙江大学出版社，1990.3.—233页；32开.—ISBN 7-308-00403-1：2.90元

图解电冰箱修理/孟宪达编著.—福州：福建科学技术出版社，1990.3.—152页；32开.—ISBN 7-5335-0342-2：1.70元

家用、商用电冰箱和小型冷库的制冷维修技术/陈嘉庚，张剑主编.—北京：北京出版社，1990.2.447页；32开.—ISBN 7-200-00874-5：6.25元

得贝电冰柜的使用与维修/青岛电冰柜总厂编.—青岛：青岛出版社，1990.6.—84页；32开.—（青岛市名优产品丛书）.—ISBN 7-5436-0501-5：2.35元

TM925.3　清洁卫生用电器

吸尘器：微型吸尘器·地板打腊机/钟连方编.—广州：华南理工大学出版社，1990.12.—156页；32开.（新式家用电器丛书；4/徐文宪主编）.—ISBN 7-5623-0181-6：2.90元

吸尘器的使用与维修/孙东方，王元庆编著.—上海：上海科学技术出版社，1990.9.—108页；32开.ISBN 7-5323-2181-9：1.10元

洗衣机/姚舜封编写.—沈阳：辽宁科学技术出版社，1990.12.—185页；32开.—（现代家电消费实用指导丛书/卫家保，陈瑛璋主编）.—ISBN 7-5381-0959-5：3.25元

家用洗衣机的使用和维护/姚舜封编著.—北京：中国财政经济出版社，1990.4.—116页；32开.—ISBN 7-5005-0884-0：1.45元

家用洗衣机的保养、使用与维修/上海新江机器厂技术服务部编.—上海：上海翻译出版公司，1990.6.—79页；32开.—ISBN 7-80514-441-9：1.00元

TM925.4/.5　整容及厨房用电器

电热饮具：微波炉·电磁灶·电饭锅·电烤箱/张渭贤编.—广州：华南理工大学出版社，1990.8.287页；32开.—（新式家用电器丛书；3/徐文宪主编）.—ISBN 7-5623-0167-0：4.80元

美容与保健电器/何志伟编.—广州：华南理工大学出版社，1990.6.—170页；32开.—（新式家用电器丛书；2/徐文宪主编）.—ISBN 7-5623-0166-2：2.80元

TM93　电气测量技术及仪器

电工仪表产品样本　上册/机械电子工业部编.—北京：机械工业出版社，1990.3.—784页；16开.—ISBN 7-111-01827-3：40.70元

电工仪表产品样本　下册/机械电子工业部编.—北京：机械工业出版社，1990.3.—420页；16开.—ISBN 7-111-01828-1：21.80元

电子仪器与测量技术/（美）库珀（Cooper，W.D.）著；徐荣林等译.—北京：国防工业出版社，1990.11.—504页；大32开.—ISBN 7-118-00494-4：9.75元

电气测量与电工仪表/孙左一等编译.—北京：水利电力出版社，1990.10.—88页；32开.—（电知识小百科全书；4）.—ISBN 7-120-00804-8：2.10元

TM930　一般性问题

电工仪表修理工/机电工业考评技师复习丛书编审委员会编.—北京：机械工业出版社，1990.12.—261页；32开.—（机电工业考评技师复习丛书）.—ISBN 7-111-02476-1：5.70元

测量误差及数据处理原理/李桂成等编著.—长春：吉林大学出版社，1990.6.—217页；32开.—ISBN 7-5601-0516-5：3.00元

常用电子仪器及装置电路图集　（一）/陈邦涛，张连云编.—北京：人民邮电出版社，1990.12.—124页；16开.—ISBN 7-115-04319-1：3.40元

常用电子仪器使用手册/赵忠卫编.—上海：上海科技教育出版社，1990.7.—485页；大32开.—ISBN 7-5428-0130-9：6.30元

常用电信测试仪表的使用与维护　第六辑/诸顺根等编著.—北京：人民邮电出版社，1990.5.—234页；32开.—ISBN 7-115-04177-6：3.10元

微机化测试系统/雷丽文，缪均达编.—北京：国防工业出版社，1990.4.—333页；16开.—高等学校教材.—ISBN 7-118-00606-8：4.30元

TM931　微波测量和仪表

微波自动测量技术/赵希尧等编.—成都：电子科技大学出版社，1990.10.—136页；16开.—高等学校教材.—ISBN 7-81010-215-2：1.85元

微波阻抗测量/（澳）索姆洛（Somlo，P.I.），亨特（Hunter，J.D.）著；陈成仁，徐燕清译.—北京：人民邮电出版社，1990.6.—238页；大32开.ISBN 7-115-04095-8：3.60元

书名原文：Microwave Impedance Measurement

TM933　电数量的测量及仪表

电能计量手册/《电能计量手册》编辑委员会编.郑州：河南科学技术出版社，1990.12.—1052页；16开.—ISBN 7-5349-0571-0（精装）：35.80元

交流电度表错误接线百例解析/邱炳正编著.—北京：中国计量出版社，1990.5.—360页；32开.—ISBN 7-5026-0304-2：7.50元

TM935　频率、波形参数的测量及仪表

示波器的测量和扩展应用/左育春编著.—北京：机械工业出版社，1990.6.—176页；32开.—ISBN 7-111-01952-0：4.70元

示波器原理、维修与检定/赵中义主编.—北京：电子工业出版社，1990.11.—505页；16开.—ISBN 7-5053-0999-4：16.00元

怎样检修示波器/王晓元编著.—修订本.—北京：人民邮电出版社，1990.2.—313页；32开.—ISBN 7-115-04176-8：4.05元

本书1981年10月第1版。

新型电子示波器/张乃国主编.—北京：中国计量出版社，1990.7.—184页；16开.—ISBN 7-5026-0314-X：8.10元

数字式频率计的使用与维修/王荣章编著.—上海：上海科学技术出版社，1990.10.—155页；32开.—ISBN 7-5323-2015-4：1.90元

群时延测量技术/李德儒编.—北京：电子工业出版社，1990.9.—235页；大32开.—ISBN 7-5053-1144-4：6.00元

本书讨论群时延和群时延测量技术。书中对群时延的基础知识、群时延测量原理、仪器和标准设计、群时延测量方法应用等理论和技术问题作了较系统、详细的论述。

TM936　磁数量测量及仪器

材料磁性的冲击法和电桥法测量/陈笃行著.—北

京：中国计量出版社，1990.1.—572页；32开.—ISBN 7-5026-0262-3：8.30元

磁测量/王德芳，叶妙元编.—北京：机械工业出版社，1990.10.—146页；16开.—高等学校试用教材.ISBN 7-111-02304-8：2.00元

TM938 复用、较量、记录和模拟测试装置

电动控制仪表及装置/吴勤勤主编.—北京：化学工业出版社，1990.11.—337页；16开.—高等学校教材.—ISBN 7-5025-0774-4：4.60元

直流电位差计的原理与检定/王珏编著.—2版.—北京：中国计量出版社，1990.1.—187页；32开.—ISBN 7-5026-0282-8：2.80元

本书1981年9月第1版。

非电量电测技术/刘地利编著.—长沙：国防科技大学出版社，1990.4.—291页；16开.—ISBN 7-81024-051-X：3.70元

非电量电测技术/吴道悌编.—西安：西安交通大学出版社，1990.6.—438页；大32开.—(研究生系列).—研究生教材.—ISBN 7-5605-0346-2：3.60元

非电量检测/黄应川编.—北京：中国计量出版社，1990.9.—318页；16开.—计量中专试用教材.—ISBN 7-5026-0335-2：9.50元

微机非电量测量仪器的实用设计/张德有主编.—北京：水利电力出版社，1990.6.—283页；16开.—ISBN 7-120-00956-7：12.85元

TN 无线电电子学、电信技术

无线电电子工程师手册/(　)穆尔希德(Moorshead，H.W.)等编；张望生译.—北京：科学出版社，1990.11.—177页；32开.—(新技术、科学系列).—ISBN 7-03-001877-X：2.60元

书名原文：Newnes Radio and Electronics Engineer's Pocket Book

无线电、电子、计算机和通讯技术手册/(美)乔丹(Jordan，E.C.)主编；胡华旦等译.—北京：宇航出版社，1990.7.—721页；16开.—ISBN 7-80034-320-0：27.70元

书名原文：Reference Data For Engineers：radio，elecfronics，computer，and communications

五光十色的电子世界/杨钟谦，杨放春编著.—北京：电子工业出版社，1990.4.—202页；32开.—ISBN 7-5053-0800-9：2.50元

电子工业生产技术手册　(1)：电子元件卷/《电子工业生产技术手册》编委会编.—北京：国防工业出版社，1990.2.—1015页；16开.—ISBN 7-118-00320-4(精装)：35.60元

电子工业生产技术手册　(3)：电子元件卷/《电子工业生产技术手册》编委会编.—北京：国防工业出版社，1990.3.—759页；16开.—ISBN 7-118-00384-0(精装)：27.60元

电子工业生产技术手册　(4)：电真空器件卷/《电子工业生产技术手册》编委会编.—北京：国防工业出版社，1990.2.—1005页；16开.—ISBN 7-118-00220-8(精装)：35.10元

现代实用电子技术手册/罗初东等编.—广州：广东科技出版社，1990.10.—1387页；16开.—ISBN 7-5359-0058-5(精装)：55.00元

俄汉电子与计算技术词典/米鹤颐主编.—北京：世界图书出版公司，1990.5.—1591页；32开.—ISBN 7-5062-0669-2(精装)：39.50元

音频、射频与视频辞典：英汉名词对照/(英)罗伯特(Roberts，R.S.)著；姚珈林译.—上海：上海科学技术出版社，1990.4.—191页；32开.—ISBN 7-80513-483-9：3.50元

书名原文：Dictionary of Audio，Radio and Video

精选无线电小制作24例/孙指乐，郁景祉编著.—北京：人民邮电出版社，1990.4.—161页；32开.(无线电爱好者丛书/孟昭英主编).—ISBN 7-115-04172-5：1.95元

TN0 一般性问题

TN01 基础理论

工业电子学/王祥鋆等编.—北京：高等教育出版社，1990.10.—335页；大32开.—中等专业学校教材非电专业通用.—ISBN 7-04-003088-8：2.45元

工业电子学/(苏)扎布罗金(Эабродин，Ю.С.)著；李青山等译.—北京：高等教育出版社，1990.6.—569页；大32开.—ISBN 7-04-001153-0：5.05元

书名原文：Промыщленная электроника

电子学习题指南/翟钰，马积勋主编.—北京：人民邮电出版社，1990.9.—436页；大32开.—ISBN 7-115-04267-5：6.20元

电子学手册/(英)帕尔(Parr，E.A.)编；王昌泰译.—北京：科学出版社，1990.4.—347页；32开.(新技术、科学系列).—ISBN 7-03-001583-5：8.40元

模拟电子技术/刘正清，杨国涛编.—北京：水利电力出版社，1990.11.—437页；16开.—函授大学教材.—ISBN 7-120-01132-4：12.80元

模拟电子技术/姚茂龙，叶辉编著.—沈阳：辽宁科

学技术出版社；北京：电子工业出版社，1990.5.203页；16开.—高等专科学校教材.—ISBN 7-5381-0857-2：2.70元

模拟电子技术基础/李采劭等编.—北京：高等教育出版社，1990.8.—695页；大32开.—中等专业学校试用教材　工科电工类（多学时）专业通用.—ISBN 7-04-002997-9：4.90元

TN011　电波传播、传播机理

电波传播：超短波·微波·毫米波/谢益溪等编著.北京：电子工业出版社，1990.10.—385页；16开.高等学校教学用书.—ISBN 7-5053-0867-X：5.20元

等离子体中的波/袁敬闳，莫怀德编著.—成都：电子科技大学出版社，1990.11.—297页；大32开.—高等学校教材.—ISBN 7-81016-217-9：2.30元

TN015　微波与超高频技术

毫米波技术及其应用/黎滨洪，周希朗编著.—上海：上海交通大学出版社，1990.10.—248页；16开.ISBN 7-313-00718-3：3.20元

微波反馈理论及其应用/朱雄国著.—成都：电子科技大学出版社，1990.3.—116页；大32开.—ISBN 7-81016-226-8：1.70元

微波功率合成技术/邓绍范等编著.—哈尔滨：哈尔滨工业大学出版社，1990.10.—296页；32开.—ISBN 7-5603-0308-0：3.95元

微波电子线路/陈忠嘉，陈英娟编.—北京：兵器工业出版社，1990.2.—153页；16开.—高等学校教材.ISBN 7-80038-166-8：2.05元

微波电路分析与计算机辅助设计/吕善伟等编译.北京：北京航空航天大学出版社，1990.12.—477页；大32开.—ISBN 7-81012-217-7：4.70元

微波电路的计算机辅助设计/沈楚玉编著.—西安：西安交通大学出版社，1990.6.—429页；32开.—高等学校教材.—ISBN 7-5605-0358-6：2.80元

微波有源电路/赵国湘，高葆新编著.—北京：国防工业出版社，1990.4.—263页；16开.—高等学校教材.—ISBN 7-118-00623-8：3.40元

微波网络/梁联倬编.—北京：电子工业出版社，1990.3.—289页；16开.—高等学校教材.—ISBN 7-5035-0711-8：3.90元

微波测量技术/董树义编著.—北京：北京理工大学出版社，1990.5.—343页；16开.—高等学校教材.ISBN 7-81013-313-6：4.80元

微波测湿实用技术/罗秉铎，刘重光编著.—北京：电子工业出版社，1990.3.—169页；32开.—ISBN 7--5053-0697-9：2.95元

TN02　设计、制图

电子专用设备设计/王崇道，兰越前编著.—北京：国防工业出版社，1990.8.—226页；16开.—中等专业学校教材.—ISBN 7-118-00684-X：2.60元

电子电气制图/梁鼎猷，何方文编.—北京：高等教育出版社，1990.5.—139页；16开.—高等学校试用教材.—ISBN 7-04-002889-1：2.10元

电子设备造型设计/陈士旺编著.—南京：江苏科学技术出版社；北京：电子工业出版社，1990.9.—180页；16开.—高等学校教材.—ISBN 7-5345-0865-7：3.35元

电子设备造型设计/韩满林主编.—南京：江苏科学技术出版社；北京：电子工业出版社，1990.10.228页；16开.—中等专业学校教材.—ISBN 7-5345-0876-2：3.50元

TN03　结　构

电子设备结构与造型设计/沈惠源编著.—南京：东南大学出版社，1990.3.—176页；16开.—高等学校教材.—ISBN 7-81023-290-8：2.35元

电磁兼容性结构设计/吕仁清，蒋全兴编著.—南京：东南大学出版社，1990.9.—200页；16开.—高等学校教材.—ISBN 7-81023-374-2：2.65元

TN04　材　料

电子材料与工艺学/黄运添，郑德修编.—西安：西安交通大学出版社，1990.6.—277页；16开.—ISBN 7-5605-0347-0：3.60元

电子信息材料/万群，钟俊辉主编.—北京：冶金工业出版社，1990.12.—270页，大32开.—ISBN 7-5024-0746-4：6.20元

TN05/07　制造工艺及维修

电子工艺实习/俞家琦主编.—天津：天津科学技术出版社；北京：电子工业出版社，1990.8.—104页；16开.—中等专业学校教材.—ISBN 7-5308-0840-0：1.75元

电子机械可靠性与维修性/庄夔等编.—哈尔滨：黑龙江科学技术出版社；北京：电子工业出版社，1990.10.—232页；16开.—高等学校教材.—ISBN 7-5388-1085-4：3.25元

电子机械制造工艺学课程设计指导书/薛立锵编.南京：东南大学出版社，1990.4.—165页；16开.中等专业学校教材.—ISBN 7-81023-199-5：2.20元

电子机械零部件制造工艺学/宋福生主编.—南京：东南大学出版社，1990.5.—333页；16开.—中等专

业学校教材.—ISBN 7-81023-198-7：4.20元

电子设备制造工艺/陈冠方主编.—成都：电子科技大学出版社，1990.11.—224页；16开.—高等学校教材.—ISBN 7-81016-216-9：5.10元

电子技术工艺基础/于润发，孟贵华编.—北京：电子工业出版社，1990.7.—284页；32开.—职业学校教材　实用电子技术专业用.—ISBN 7-5053-0883-1：3.25元

电子系统故障查找手册/（美）福克贝利（Faulkenberry，L.M.）主编；张伦，丁明清译.—北京：科学出版社，1990.8.—452页；大32开.—ISBN 7-03-001721-8：13.30元

TN1　真空电子技术

电子技术/易沅屏主编.—北京：机械工业出版社，1990.12.—193页；16开.—高等工科学校适用.—ISBN 7-111-02706-X：5.10元

电子技术/赵阜南主编.—长沙：中南工业大学出版社，1990.8.—265页；32开.—高等学校本科教材.ISBN 7-81020-302-9：1.75元

电子技术/秦胜华主编.—北京：机械工业出版社，1990.10.—312页；32开.—高等院校适用.—ISBN 7-111-02705-1：4.40元

电子技术/魏之馨主编.—北京：机械工业出版社，1990.3.—212页；16开.—高等学校适用教材.—ISBN 7-111-02365-X：4.29元

电子技术：电工学（Ⅱ）/李郁分主编；北京航空航天大学，西北工业大学编.—北京：国防工业出版社，1990.4.—258页；16开.—ISBN 7-118-00624-6：3.30元

电子技术实习/杨兴德编.—西安：西安交通大学出版社，1990.3.—76页；16开.—高等学校试用教材.ISBN 7-5605-0362-4：1.90元

电子技术（电工学Ⅱ）例题习题集/吕砚山主编；北京化工学院电气工程学科编.—北京：高等教育出版社，1990.2.—277页；大32开.—高等学校教学参考书.—ISBN 7-04-002534-5：2.15元

电子技术基础/李德润等编.—北京：高等教育出版社，1990.3.—454页；16开.—中等专业学校试用教材　工科电工类（少时学）专业通用.—ISBN 7-04-002722-4：5.40元

电子技术基础/张培谦主编.—东营：石油大学出版社，1990.7.—290页；16开.—全国高等师范专科学校试用教材.—ISBN 7-5636-0110-4：5.85元

电子技术基础：计算机辅助教学/西安交通大学电子学教研室CAI研制小组编.—西安：西安交通大学出版社，1990.2.—294页；大32开.—（计算机辅助教学丛书）.—ISBN 7-5605-0297-0：2.50元

电子技术基础实验：模拟电子技术部分/刘钰，王北香编.—徐州：中国矿业大学出版社，1990.5.—92页；16开.—高等学校教学用书.—ISBN 7-81021-276-1：1.35元

电子技术基础学习指导书/王圣正等编.—北京：高等教育出版社，1990.3.—221页；16开.—ISBN 7-04-002767-4：3.10元

电子技术基础学习指导书/陈婉儿主编；王岩等编.2版.—北京：高等教育出版社，1990.3.—509页；大32开.—ISBN 7-04-002768-2：4.15元

本书1984年5月第1版。

电子实验技术/江衡青主编.—天津：天津科学技术出版社；北京：电子工业出版社，1990.8.—290页；16开.—中等专业学校教材.—ISBN 7-5308-0841-9：4.00元

应用电子技术基础/张维廉，巢培德编.—2版.—峨眉山：西南交通大学出版社，1990.8.—166页；16开.—ISBN 7-81022-162-0：3.50元

本书1987年7月第1版。

实用电子技术基础教学参考书/陈金铁编.—北京：高等教育出版社，1990.5.—254页；32开.—职业高中教学参考书.—ISBN 7-04-002327-X：1.70元

第一届电子技术应用会议文集/陈正清等著.—北京：万国学术出版社，1990.11.—2册（917页）；16开.—ISBN 7-80003-130-6（精装）：

TN14　电子束器件、X射线管、阴极射线管

电子光学计算机辅助设计/童林夙等编著.—北京：国防工业出版社，1990.3.—597页；大32开.—（电子束管丛书/吴祖诣主编）.—ISBN 7-118-00323-9：12.40元

扫描电镜原理及应用技术/廖乾初，蓝芬兰编著.北京：冶金工业出版社，1990.7.—331页；大32开.ISBN 7-5024-0395-7：7.70元

彩色、黑白显像管使用手册/郝春礼编.—北京：中国计量出版社，1990.4.—276页；16开.—ISBN 7-5026-0303-4：9.00元

液晶电视显示技术/（日）金子英二著；刘维民，田辉译.—南京：江苏科学技术出版社，1990.7.338页；32开.—ISBN 7-5345-0985-8：5.70元

黑白显像管和显示管/张树钧等编著.—北京：国防工业出版社，1990.4.—449页；大32开.—（电子束管丛书/吴祖诣主编）.—ISBN 7-118-00521-4：9.60元

像管的设计与分析/冯炽焘等编著.—北京：国防工业出版社，1990.6.—434页；32开.—ISBN 7-118-00540-1：8.75元

TN2　光电子技术、激光技术

光电子技术/杨经国等编著.—成都：四川大学出版社，1990.12.—381页；大32开.—ISBN 7-5614-0362-3：2.90元

光电子学/徐淦卿编著.—南京：东南大学出版社，1990.6.—294页；16开.—高等学校教材.—ISBN 7-81023-249-5：3.80元

光电技术/刘振玉编.—北京：北京理工大学出版社，1990.8.—494页；32开.—ISBN 7-81013-358-6：3.25元

光电信号检测/吴杰编.—哈尔滨：哈尔滨工业大学出版社，1990.12.—291页；16开.—ISBN 7-5603-0278-5：4.05元

信息光电子学基础/朱祖华编著.—杭州：浙江大学出版社，1990.7.—686页；大32开.—ISBN 7-308-00396-5：5.25元

量子电子学/刘树杞等编.—天津：天津科学技术出版社；北京：电子工业出版社，1990.10.—295页，16开.—高等学校教材.—ISBN 7-5308-0838-9：3.85元

TN24　激光技术、微波激射技术

半导体注入型激光器　（1）：当代“科技重要著作、信息领域”/（美）Tsang，W.T.主编；江剑平等译.—北京：清华大学出版社：电子工业出版社，1990.9.—369页；大32开.—（半导体光电子技术丛书）.—ISBN 7-302-00686-5：8.50元

神奇的激光王国/王绿苹编.—重庆：重庆大学出版社，1990.5.—70页；32开.—ISBN 7-5624-0342-2：1.20元

氦—氖激光器实验教程/（印）瑟罗希（Sirohi，R.S.）著；伍钧锵，谢沧译.—广州：中山大学出版社，1990.4.—147页；32开.—ISBN 7-306-00249-X：2.90元

书名原文：A Course of Experiments With He-Ne Laeer

准分子激光微细加工技术/张玉书，张庆有著.—长春：吉林大学出版社，1990.10.—277页；大32开.ISBN 7-5601-0619-6：2.10元

激光与红外技术手册/杨臣华等主编.—北京：国防工业出版社，1990.5.—1117页；16开.—ISBN 7-118-00063-9（精装）：50.00元

激光扫描和光盘技术/王本，沈树群编著.—北京：北京邮电学院出版社，1990.12.—393页；大32开.ISBN 7-5635-0045-6：3.05元

激光应用：散斑技术、电视唱片、激光印刷/（美）古德曼（Goodman，J.W.），（美）罗斯（Ross，M.）主编；庞立等译.—北京：国防工业出版社，1990.6.—186页；大32开.—ISBN 7-118-00435-9：4.60元

激光物理/钱梅珍等编.—北京：电子工业出版社，1990.9.—269页；16开.—高等学校教材.—ISBN 7-5053-0863-7：3.60元

激光物理导论/（日）霜田光一著；朱大勇，叶乃群译.—成都：电子科学大学出版社，1990.10.—266页；大32开.—ISBN 7-81016-264-0：3.90元

激光物理学/冯启元，冯璐编著.—呼和浩特：内蒙古教育出版社，1990.7.—376页；大32开.—ISBN 7-5311-0845-3：4.60元

TN25　波导光学与集成光学

光导波电子学/张伟贤译.—北京：电子工业出版社，1990.2.—408页；16开.—高等学校教学用书.ISBN 7-5053-0715-0：5.30元

光导波电子学/（日）柳井久羲，牧本利夫编著；张伟贤译.—北京：电子工业出版社，1990.2.—408页；16开.—高等学校教学用书.—ISBN 7-5053-0715-0：5.30元

光波导及其应用/徐森禄等编.—杭州：浙江大学出版社，1990.10.—327页；大32开.—ISBN 7-308-00484-8：2.75元

纤维光学与光隔离器/（美）乔哥保罗斯（Georgopoulos，C.J.）著；李波，仇维礼译.—北京：宇航出版社，1990.8.—248页；32开.—ISBN 7-80034-254-9：3.90元

书名原文：Fiber Optics and Optical Isolators

集成光学/蔡伯荣主编；蔡伯荣等编著.—成都：电子科技大学出版社，1990.5.—294页；16开.—高等学校教材.—ISBN 7-81016-192-X：3.70元

TN3　半导体技术

TN30　一般性问题

双极型与MOS半导体器件原理/黄均鼐，汤庭鳌编著.—上海：复旦大学出版社，1990.8.—445页；大32开.—ISBN 7-309-00492-2：3.40元

巧用晶体管与集成电路300例/《家电维修》杂志社组编；胡学明编著.—北京：科学技术文献出版社，1990.4.—338页；32开.—ISBN 7-5023-1207-2：4.40元

半导体材料/王季陶，刘明登主编.—北京：高等教育出版社，1990.5.—638页；大32开.—高等学校教材.—ISBN 7-04-002817-4：4.50元

半导体器件/美国希思基特公司著；马明刚等编译.北京：人民邮电出版社，1990.3.—210页；16开.

ISBN 7-115-04143-1：5.75元

半导体器件：电力、敏感、光子、微波器件/刘刚等编著.—北京：电子工业出版社，1990.8.—276页；16开.—高等学校教材.—ISBN 7-5053-0865-3：3.70元

GaInAsP合金半导体/（美）皮尔索尔（Peersall，T.P.）编；于金荣译.—北京：人民邮电出版社，1990.7.—483页；大32开.—ISBN 7-115-04241-1：7.50元

书名原文：Galnasp Alloy Semiconductors

TN305.7　光刻、掩膜

气相光刻技术/韩阶平等著.—北京：海洋出版社，1990.3.—157页；32开.—ISBN 7-5027-0530-9：2.50元

微细加工技术/蒋欣荣编著.—北京：电子工业出版社，1990.6.—405页；大32开.—高等学校教材.—ISBN 7-5053-0861-0：3.35元

TN32　半导体三极管（晶体管）

世界晶体管参数与代换手册　第一分册：西欧及北美国家晶体三极管参数/家电维修丛书编译组编.—成都：电子科技大学出版社，1990.7.—283页；16开.ISBN 7-81016-228-4：6.90元

世界晶体管参数与代换手册　第二分册：西欧及北美国家晶体三极管参数/家电维修丛书编译组编.—成都：电子科技大学出版社，1990.7.—256页；16开.ISBN 7-81016-229-2：5.90元

世界晶体管参数与代换手册　第三分册：西欧及北美国家晶体三极管参数/家电维修丛书编译组编.—成都：电子科技大学出版社，1990.7.—250页；16开.ISBN 7-81016-230-6：5.80元

世界晶体管参数与代换手册　第四分册.西欧及北美国家晶体三极管参数/家电维修丛书编译组编.—成都：电子科技大学出版社，1990.7.—240页；16开.ISBN 7-81016-231-4：5.60元

世界晶体管参数与代换手册　第五分册：西欧及北美国家场效应管参数/家电维修丛书编译组编.—成都：电子科技大学出版社，1990.7.—171页；16开.ISBN 7-81016-232-2：4.20元

世界晶体管参数与代换手册　第六分册：日本晶体三极管参数/家电维修丛书编译组编.—成都：电子科技大学出版社，1990.7.—403页，16开.—ISBN 7-81016-233-0：9.20元

世界晶体管参数与代换手册　第七分册：世界晶体三极管代换参数/家电维修丛书编译组编.—成都：电子科技大学出版社，1990.7.—387页；16开.—ISBN 7-81016-234-9：8.80元

世界晶体管参数与代换手册　第八分册：日本晶体三极管代换/家电维修丛书编译组编译.—成都：电子科技大学出版社，1990.5.—262页；16开.—ISBN 7-81016-235-7：5.90元

最新日本功率控制用晶体管及复合管大全/陈清山，陈燕科编译.—长沙：中南工业大学出版社，1990.1.—527页；16开.—ISBN 7-81020-289-8（精装）：15.00元

最新日本晶体二极管及复合管大全/陈清山，陈燕科编译.—长沙：中南工业大学出版社，1990.5.446页；16开.—ISBN 7-81020-293-6（精装）：14.00元

最新日本晶体管及其复合管大全：日本1989年最新版/罗崇德等编译.—长沙：湖南科学技术出版社，1990.4.—461页；16开.—ISBN 7-5357-0727-0（精装）：14.70元

最新日本晶体管互换和日本管代换欧美管手册/陈清山编译.—长沙：中南工业大学出版社，1990.1.316页；16开.—附美英法西德荷兰著名公司晶体管参数.—ISBN 7-81020-274-X（精装）：17.00元

最新世界场效应晶体管手册/陈清山编译.—南昌：江西科学技术出版社，1990.2.—583页；大32开.ISBN 7-5390-0275-1：9.80元

VDMOS场效应晶体管应用手册/王守武主编.—北京：科学出版社，1990.4.—227页；32开.—ISBN 7-03-001989-X：2.95元

TN34　晶闸管（可控硅）

电力半导体变流装置的调试与维修/姜化善等编著.北京：机械工业出版社，1990.1.—314页；32开.ISBN 7-111-01636-X：7.50元

电力半导体器件中间测试技术/王益成，苏文成编著.—北京：机械工业出版社，1990.5.—415页；32开.—ISBN 7-111-01745-5：11.00元

TN36　半导体光电器件

日本美国最新发光和受光半导体器件手册/陈清山编译.—长沙：中南工业大学出版社，1990.1.—425页；16开.—ISBN 7-81020-277-4（精装）：13.00元

TN384　铁电及压电器件

压电换能器和换能器阵　上册/栾桂冬等编著.—北京：北京大学出版社，1990.7.—276页；大32开.ISBN 7-301-01094-X：4.80元

压电换能器和换能器阵　下册/栾桂冬等编著.—北京：北京大学出版社，1990.9.—327页；大32开.ISBN 7-301-01095-8：5.15元

压电铁电材料与器件/刘梅冬，许毓春编著.—武

汉：华中理工大学出版社，1990.11.—361页；大32开.—高等学校教材.—ISBN 7-5609-0491-2：2.30元

TN4 微电子学、集成电路（IC）

电视、音响、录像集成电路代换大全/陈郁发等编著.—福州：福建科学技术出版社，1990.10.—571页，16开.—ISBN 7-5335-0384-8（精装）：15.85元；（平装）：13.85元

标准集成电路数据手册：运算放大器/崔忠勤等编.—北京：电子工业出版社，1990.9.—431页；16开.—（电子工具丛书）.—ISBN 7-5053-0793-2：27.00元

最新简明中外集成电路互换型号手册：线性电路、数字电路、光电器件、彩电及音响电路、元件/互换手册编写组编；杨生庚等编.—北京：电子工业出版社，1990.9.—527页；16开.—ISBN 7-5053-1040-2：18.00元

微电子学器件　（Ⅰ）数字器件和工艺/（日）菅野卓雄等著；杨沁清，韦琳译.—北京：科学出版社，1990.11.—312页；大32开.—（微电子学讲座，1）ISBN 7-03-001835-4：12.40元

TN40 一般性问题

集成电路计算机辅助设计/蔡世俊编著.—南京：南京大学出版社，1990.6.—115页；16开.—ISBN 7-305-00723-4：4.50元

集成电路应用入门/王德沅编著.—北京：科学出版社，1990.12.—241页；32开.—（电子文库；10）.ISBN 7-03-00211-8：3.20元

集成电路应用设计手册/（美）威廉斯（Williams，A.B.）主编；陈国栋等译.—沈阳：辽宁科学技术出版社：辽宁教育出版社，1990.12.—1002页；大32开.—ISBN 7-5381-0292-2：18.00元

微电子系统设计导论：专用芯片设计/童勤义编著.南京：东南大学出版社，1990.7.—444页；32开.ISBN 7-81023-219-3：2.85元

微电子焊接技术/金德宣编.—北京：电子工业出版社，1990.8.—365页；16开.—高等学校教学用书.ISBN 7-5053-0866-1：4.80元

数据域测试及仪器/张世箕，陈光禹编.—北京：电子工业出版社，1990.7.—304页；16开.—高等学校教材.—ISBN 7-5053-0872-6：4.10元

数据域测试技术及仪器/杨吉祥编著.—北京：科学出版社，1990.11.—303页；16开.—ISBN 7-03-001809-5：17.30元

本书论述和介绍数字系统（包括LSI/MSI/SSI电路、印制电路板及计算机等）的测试理论、测试设备及测试系统。反映了近几年国内外该领域科研、生产的最新发展状况。

TN43 半导体集成电路（固体电路）

少年集成电路制作精选/陈有卿编著.—上海：少年儿童出版社，1990.3.—200页；32开.—（少年科技活动丛书）.—ISBN 7-5324-0903-1：2.25元

最新世界集成模数和数模转换器及接口器手册：日本1989年最新版/陈清山，陈燕科编译.—长沙：中南工业大学出版社，1990.12.—256页；16开.—ISBN 7-81020-312-6（精装）：18.00元

功率MOSFET与高压集成电路/陈星弼著.—南京：东南大学出版社，1990.5.—373页；大32开.—高等学校教材.—ISBN 7-81023-322-7：2.70元

音响集成电路大全/陈郁发等编著.—2版.—福州：福建科学技术出版社，1990.12.—1196页；16开.ISBN 7-5335-0258-2：27.75元

本书1989年7月第1版。

集成门电路及其应用/潘宗福，刘小光编著.—北京：人民邮电出版社，1990.12.—310页；32开.—ISBN 7-115-04384-1：4.10元

微机常用集成电路手册/来文占主编.—北京：电子工业出版社，1990.10.—856页；16开.—（电子工程手册系列丛书）.—ISBN 7-5053-1479-3（精装）：64.00元

数字集成电路应用与实验/徐建仁编.—长沙：国防科技大学出版社，1990.2.—276页；32开.—高等学校教材.—ISBN 7-81024-099-4：1.85元

数字集成电路应用与实验/韩振振等编著.—北京：国防工业出版社，1990.4.—201页；16开.—高等学校教材.—ISBN 7-118-00625-4：2.60元

模拟集成电路/谭新韶等编.—北京：国防工业出版社，1990.4.—214页；16开.—高等学校教材.—ISBN 7-118-00599-1：2.81元

模拟集成电路分析与设计/谢沅清，解月珍编著.武汉：华中理工大学出版社，1990.5.—312页；大32开.—高等学校教材.—ISBN 7-5609-0407-6：2.04元

CCD及其应用原理/刘贤德主编.—武汉：华中理工大学出版社，1990.11.—312页；大32开.—高等学校教材.—ISBN 7-5607-0438-6：2.02元

TN45 混合集成电路

厚膜混合集成电路/吕乃康，樊百昌编著.—西安：

西安交通大学出版社，1990.6.—316页；32开.—高等学校教材.—ISBN 7-5605-0341-1：2.05元

TN47　大规模和超大规模集成电路

大规模集成电路工厂洁净技术/（日）铃木道夫等著；陈衡等译.—北京：电子工业出版社，1990.9.522页；16开.—ISBN 7-5053-0667-7：24.00元

大规模集成电路工艺原理/詹娟等编.—南京：东南大学出版社，1990.10.—282页；大32开.—高等学校教材.—ISBN 7-81023-324-6：1.80元

大规模集成电路计算机辅助设计/庄镇泉等编著.合肥：中国科学技术大学出版社，1990.9.—220页；16开.—ISBN 7-312-00165-3：2.90元

大规模集成电路设计基础/蔡永昭编著.—西安：西安电子科技大学出版社，1990.12.—207页；16开.高等学校教材.—ISBN 7-5606-0127-8：2.75元

中大规模模拟集成电路及其应用/严隆兴编译.—北京：科学出版社，1990.12.—377页；32开.—ISBN 7-03-001844-3：10.30元

超大规模集成电路电子学/蒋建飞等编著.—上海：上海交通大学出版社，1990.4.—326页；大32开.ISBN 7-313-00637-3：2.35元

超大规模集成电路设计方法学导论/杨之廉著.—北京：清华大学出版社，1990.12.—206页；16开.—高等学校教材.—ISBN 7-302-00684-9：3.15元

MOS大规模集成电路设计导论/（英）马弗（Mavor，J.）等著；王以铭，蔡景河译.—北京：科学出版社，1990.2.—298页；32开.—ISBN 7-03-001559-2：9.00元

书名原文：Introduction to MOS LSI Design

MOS数字大规模及超大规模集成电路/徐葭生编.北京：清华大学出版社，1990.9.—229页；大32开.高等学校教材.—ISBN 7-302-00659-8：2.05元

TN6　电子元件、组件

电子元件测量/严晓华编著.—南京：江苏科学技术出版社；北京：电子工业出版社，1990.8.—146页；16开.—高等学校教材.—ISBN 7-5343-0869-X：2.40元

电子元器件的可靠性/李能贵编著.—西安：西安交通大学出版社，1990.6.—173页；16开.—高等学校教材.—ISBN 7-5605-0296-2：2.45元

新型特种电子元器件应用手册/本书编写组编.—杭州：浙江科学技术出版社，1990.10.—1189页；16开.—ISBN 7-5341-0290-1（精装）：25.00元

新编无线电元器件应用手册/唐道济，康叔同编著.南京：江苏科学技术出版社，1990.10.—516页；32开.—ISBN 7-5345-1043-0：5.30元

本书主要介绍收音机、扩音机、录音机、电视机以及其它无线电、电子设备中的常用元器件的原理、结构、特性参数、使用维护和制作要点。

TN64　电声器件

录放磁头的原理与应用/李传钟编著.—上海：上海翻译出版公司，1990.2.—242页；16开.—（音响与电视丛书/吴延祺主编）.—ISBN 7-80514-382-X：7.60元

录像机用户指南/陈世金著.—福州：福建科学技术出版社，1990.5.—112页；32开.—ISBN 7-5335-0357-0：1.30元

音响电器应急修理200例/高春雨编著.—北京：轻工业出版社，1990.7.—245页；32开.—ISBN 7-5019-0861-3：4.50元

音响技术知识入门/（日）出原真澄著；冯继志译.北京：人民邮电出版社，1990.5.—159页；32开.ISBN 7-115-03979-8：2.00元

音响系统设计参考手册/（美）埃格尔（Eargle，J.）著；陈永旭编译.—北京：电子工业出版社，1990.10.—196页；32开.—ISBN 7-5053-1044-5：3.50元

常用电声器件原理与应用/赵克勤编著.—北京：人民邮电出版社，1990.3.—464页；32开.—ISBN 7-115-04149-0：5.40元

数字音响：基础理论和最新技术/（日）土井利忠，伊贺章著；袁橹林等译.—北京：电子工业出版社，1990.1.—445页；32开.—ISBN 7-5053-0566-2：6.30元

TN7　基本电子电路

电路与系统理论解题指导/徐慧芬编.—北京：高等教育出版社，1990.4.—516页；大32开.—高等学校教学参考书.—ISBN 7-04-002801-8：3.95元

电路电机技术/方德政主编.—上海：同济大学出版社，1990.12.—305页；16开.—ISBN 7-5608-0609-0：6.70元

电路和电子技术/孙文卿，许鸿量编著.—上海：上海交通大学出版社，1990.7.—368页；16开.—ISBN 7-313-00480-X：4.60元

TN70　一般性问题

电路分析导论/熊炳焜编著.—上海：同济大学出版社，1990.6.—590页；大32开.—ISBN 7-5608-0500-0：4.60元

电路、信号与系统实验及应用/王继森等编著.—重庆：科学技术文献出版社重庆分社，1990.1.—144页；16开.—高等学校电子类技术基础课实验系列教

材（二）.—ISBN 7-5023-0458-4：3.20元

动态电路的时域分析/钟佐华等编著.—北京：知识出版社，1990.8.—408页；32开.—（电路原理基础知识讲座；2）.—ISBN 7-5015-0111-4：6.00元

TN710 电子电路

电工与电子线路习题解析/郑慎，陈金铁编译.—上海：同济大学出版社，1990.6.—270页；大32开.ISBN 7-5608-0540-X：5.20元

电子与微电脑实用电路133例/王懋庆等编译.—北京：电子工业出版社，1990.1.—154页；16开.—ISBN 7-5053-0620-0：5.50元

电子电路集 第五集/钱艾文，白永辉编译.—北京：人民邮电出版社，1990.6.—246页；大32开.ISBN 7-115-04148-2：3.70元

电子线路与数字逻辑/裴昌幸，陈继纯编.—西安：西安电子科技大学出版社.1990.3.—407页；16开.ISBN 7-5606-0134-0-1：5.10元

电子线路与数字逻辑实验与题解/张军等编.—西安：西安电子科技大学出版社，1990.12.—186页；16开.—ISBN 7-5606-0135-9：2.50元

电子线路实验/汪忠仁等编.—重庆：科学技术文献出版社重庆分社，1990.11.—170页；16开.—高等学校电子类技术基础课实验系列教材（三）.—ISBN 7-5023-1183-1：4.15元

电子线路试题集题解/宋文涛主编.—南京：东南大学出版社，1990.4.—519页；大32开.—ISBN 7-81023-291-6：5.90元

电子线路原理：器件、电路和系统 上册/彭龙商，邓亚美编.—北京：高等教育出版社，1990.5.301页；16开.—高等学校试用教材.—ISBN 7-04-002834-4：4.05元

电路及电子线路计算机辅助分析/康尔林，林其娜编著.—成都：成都科技大学出版社，1990.5.—255页；32开.—ISBN 7-5616-0554-4：1.86元

时序电路逻辑设计与特殊组合函数/（美）Hill，F.J.，（　）Peterson，G.R.著；郑友明，江太辉译.—北京：高等教育出版社，1990.7.—263页；16开.—ISBN 7-04-01997-3：4.95元

现代电子电路参考手册/（美）马库斯（Markus，J.）著；林伯华等译.—北京：机械工业出版社，1990.2.—1195页；16开.—ISBN 7-111-00694-1（精装）：53.80元

书名原文：Modern Electronic Ciruits Reference Manual

实用电子线路集 第一集/胡正荣，马菊仙编.—北京：新时代出版社，1990.3.—611页；32开.—ISBN 7-5042-0047-6：10.60元

实用电源电路设计手册/（日）户川治朗著；何伟仁译.—北京：中国计量出版社，1990.7.—220页；32开.—ISBN 7-5026-0331-X：4.50元

高频电子电路/王旭编.—北京：人民邮电出版社，1990.10.—495页；32开.—邮电中等专业学校教材.ISBN 7-115-04352-3：3.00元

家用电器常用控制电路/家用电器使用丛书编写组编.—沈阳：辽宁科学技术出版社，1990.2.—294页；32开.—（家用电器使用丛书）.—ISBN 7-5381-0803-3：3.95元

最新实用电子线路500图/陆殿发，孙慧敏编.—长春：长春出版社，1990.7.—282页；16开.—ISBN 7-80573-233-7：7.90元

晶体管脉冲与数字电路/技工学校电子类专业教材编审委员会组织编写.—2版.—天津：天津科学技术出版社，1990.4.—237页；16开.—ISBN 7-5308-0085-X：6.05元

本书1983年12月第1版。

模拟电子线路实验/陆撰璋等编.—上海：复旦大学出版社，1990.8.—167页；16开.—（无线电实验丛书）.—ISBN 7-309-00500-7：2.60元

TN711 网　络

网络分析与综合原理/曾凡刊主编.—武汉：华中理工大学出版社，1990.6.—347页；大32开.—研究生用书.—ISBN 7-5609-0363-0：2.58元

非线性电路分析/胡建栋编.—北京：高等教育出版社，1990.6.—346页；大32开.—ISBN 7-04-002217-6：3.00元

非线性电路原理/吴景棠编著.—北京：国防工业出版社，1990.11.—278页；大32开.—ISBN 7-118-00776-5（精装）：9.25元

非线性网络与系统/丘水生编著.—成都：电子科技大学出版社，1990.4.—201页；16开.—高等学校教材.—ISBN 7-81016-197-0：4.30元

TN713 滤波技术、滤波器

开关电容电路及MOSFET C连续时间电路：原理与应用/魏志源编.—北京：高等教育出版社，1990.4.—158页；32开.—ISBN 7-04-002223-0：1.10元

自适应滤波器/（英）科恩（Cowan，C.F.N.），（英）格兰特（Grant，P.M.）主编；邵祥义等译.—上海：复旦大学出版社，1990.4.—318页；大32开.—ISBN 7-309-00349-7：2.50元

书名原文：Adaptive Filters

波数字滤波器/黄大卫编著.—北京：中国铁道出版社，1990.2.—482页；32开.—ISBN 7-113-00553-5：7.30元

数字滤波与快速傅里叶变换/程佩青编著.—北京：

清华大学出版社，1990.10.—323页；16开.—ISBN 7-302-00641-5：4.15元

TN72 放大技术、放大器

运算放大器应用手册/曾新民，曾天剑编著.—北京：电子工业出版社，1990.3.—256页；16开.—ISBN 7-5053-0761-4：6.00元

集成运算放大器及其应用/张慎旃编.—北京：高等教育出版社，1990.9.—281页；32开.—中等专业学校系列教材　非电专业通用.—ISBN 7-04-003026-8：1.85元

集成运算放大器应用手册/（美）荣格（Jung, W.G.）著；张熠中等译.—北京：世界图书出版公司，1990.7.—581页；大32开.—ISBN 7-5062-0755-9：12.40元

书名原文：Ic op-Amp Cookbook

集成运算放大器的使用技巧和应用/林萌森编著.北京：人民邮电出版社，1990.12.—218页；32开.ISBN 7-115-04303-5：3.00元

集成运算放大器型保护原理及应用/梁懋编著.—北京：水利电力出版社，1990.9.—347页；32开.—ISBN 7-120-01203-7：7.10元

TN75 振荡技术、振荡器

振荡器的频率稳定度及其对电子系统的影响/臧其源，林时昌编著.—北京：宇航出版社，1990.5.307页；32开.—ISBN 7-80034-289-1：4.50元

微波固态振荡原理/潘儒沧，刁育才编著.—北京：北京理工大学出版社，1990.2.—208页；32开.—高等学校教材.—ISBN 7-81013-382-9：1.55元

TN78 脉冲技术、脉冲电路

脉冲与数字电路实验教程/陈振新等编.—上海：复旦大学出版社，1990.8.—227页；16开.—（无线电实验丛书）.—ISBN 7-309-00471-X：3.35元

脉冲与数字电路试题集/《脉冲与数字电路试题集》编写组编.—北京：高等教育出版社，1990.4.—344页；大32开.—ISBN 7-09-002772-0：2.65元

脉冲数字电路过渡过程分析/逮昭义编著.—兰州：兰州大学出版社，1990.3.—291页；16开.— ISBN 7-311-00175-7：3.76元

高速脉冲技术/何小艇编著.—杭州：浙江大学出版社，1990.10.—399页；大32开.—ISBN 7-308-00625-5：3.25元

TN79 数字电路

二进制逻辑元件图形符号/李占先编著.—北京：宇航出版社，1990.2.—311页；大32开.—ISBN 7-80034-193-3：5.40元

数字电子技术/陈一尧编.—北京：水利电力出版社，1990.11.—283页；16开.—函授大学教材.—ISBN 7-120-01137-5：8.40元

数字电子技术基础/李守成，张志波编.—2版.—峨眉山：西南交通大学出版社，1990.1.—141页；16开.—ISBN 7-81022-161-2：3.00元

本书1987年7月第1版。

数字电子技术基础/郑慰萱主编；郑慰萱，王忠庆编.—北京：高等教育出版社，1990.10.—611页；大32开.—中等专业学校试用教材　工科电工类（多学时）专业通用.—ISBN 7-04-003176-0：4.35元

数字电路与逻辑设计/徐惠民等编著.—北京：人民邮电出版社，1990.11.—545页；大32开.—邮电高等学校教材.—ISBN 7-115-04347-7：4.15元

数字电路与逻辑设计课程设计/蒋璇编.—北京：高等教育出版社，1990.8.—256页；大32开.—高等学校教学参考书.—ISBN 7-04-002977-4：2.00元

数字电路手册/（美）兰克（Lenk, J.D.）著；袁忠长译.—北京：机械工业出版社，1990.3.—434页；32开.—ISBN 7-111-01696-3：11.50元

数字电路实验/曹国清等编.—徐州：中国矿业大学出版社，1990.5.—125页；16开.—高等学校教学用书.—ISBN 7-81021-336-9：1.70元

数字技术基础/李志俊主编.—西安：西北工业大学出版社，1990.4.—212页；16开.—高等学校教材.ISBN 7-5612-0209-1：2.76元

TN8 无线电、电信设备

无线电工程中的电磁兼容/（波兰）维尔海尔姆·罗特基耶维兹编；冯竞，兰得春译.—北京：人民邮电出版社，1990.10.—348页；大32开.—ISBN 7-115-04298-5：5.20元

无线电与电视：1989年合订本/《无线电与电视》编辑部编.—上海：上海科学技术出版社，1990.2.1册；16开.—ISBN 7-5323-1925-3：6.00元

无线电爱好者实用资料图表集/黄继昌编.—北京：人民邮电出版社，1990.7.—664页；16开.—ISBN 7-115-04096-6：19.60元

无线电整机装配工艺基础/技工学校电子类专业教材编审委员会组织编写.—2版.—天津：天津科学技术出版社，1990.3.—270页；16开.—技工学校电子类通用教材.—ISBN 7-5308-0082-5：6.85元

本书1983年第1版。

近代无线电实验系统/施蕴陵主编.—北京：北京大学出版社，1990.3.—330页；大32开.—ISBN 7-301-01011-7：4.80元

TN81/82　波导、天线

导波中不连续性问题/张钧编著.—长沙：国防科技大学出版社，1990.9.—351页；32开.—高等学校教材.—ISBN 7-81024-116-8：2.30元

本书内容包括格林函数法、场分量匹配法、准静场法、变分法、积分变换法与威纳——霍普法、简正波法、积分方程法和谱域法等。

天线/徐之华编著.—长沙：国防科技大学出版社，1990.12.—180页；16开.—高等学校教材.—ISBN 7-81024-113-3：2.40元

电小天线/周朝栋，杨恩耀编著.—西安：西安电子科技大学出版社，1990.12.—149页；16开.—高等学校教材.—ISBN 7-5606-0128-6：2.10元

加载与媒质中天线/谢处方等编著.—成都：电子科技大学出版社，1990.5.—237页；大32开.—高等学校教材.—ISBN 7-81016-196-2：3.10元

近代天线设计/林昌禄等编著.—北京：人民邮电出版社，1990.8.—819页；大32开.—ISBN 7-115-04242-X：11.50元

非正弦波天线与波导/（美）哈尔姆斯（Harmutn，H.F.）著；邵定蓉，梁剑译.—北京：人民邮电出版社，1990.4.—350页；32开.—ISBN 7-115-04101-6：4.60元

书名原文：Antennas and Waveguides For Nonsinu Soidal Waves

TN83　发送设备、发射机

无线电发送设备/（苏）切尔诺科夫（Челноков，О.А.）主编；孙文治译.—北京：高等教育出版社，1990.6.—348页；大32开.—（集成微电路无线电电子设备设计丛书）.—ISBN 7-04-000737-1：3.80元

TN85　接收设备、无线电收音机

少年集成电路收音机/鹏程编著.—上海：少年儿童出版社，1990.6.—140页；32开.—（少年科技活动丛书）.—ISBN 7-5324-0905-8：1.60元

收音机巧用200例/家用电器使用丛书编写组编.沈阳：辽宁科学技术出版社，1990.2.—267页；32开.—（家用电器使用丛书）.—ISBN 7-5381-0782-7：3.70元

收音机电唱机及立体声音响装置用户指南300题/家用电器使用丛书编写组编.—沈阳：辽宁科学技术出版社，1990.10.—347页；32开.—（家用电器使用书丛）.—ISBN 7-5381-0921-8：5.05元

TN86/87　电源、终端设备

开关稳压电源/叶慧贞，杨兴洲编著.—北京：国防工业出版社，1990.11.—377页；大32开.—ISBN 7-118-00460-X：8.90元

电源/颜兆鹏编.—北京：海洋出版社，1990.12.335页；32开.—（渔业电子技术丛书）.—ISBN 7-5027-0846-4：6.50元

收音机、扩音机、录音机和电视机用稳压电源的制作/张连春编著.—北京：人民邮电出版社，1990.6.187页；32开.—ISBN 7-115-04236-5：2.20元

时间同步与校频/林昌华编.—北京：国防工业出版社，1990.5.—265页；32开.—ISBN 7-118-00375-1：4.35元

转换式电源供给器原理与设计/梁适安编译.—北京：世界图书出版公司，1990.6.—217页；大32开.ISBN 7-5062-0726-5：4.70元

本书据香港金华科技图书公司版重印。

新型电源/施重芳等编著.—北京：中国广播电视出版社，1990.11.—220页；32开.—ISBN 7-5043-0658-4：4.00元

稳定电源及其电路实例/薛学明，王志宏编.—北京：中国铁道出版社，1990.7.—236页；16开.—ISBN 7-113-00580-2：7.20元

TN91　通　信

电信工程设计手册　（7）：长途明线线路/刘锡才编著.—北京：人民邮电出版社，1990.6.—683页；16开.—ISBN 7-115-04173-3（精装）：27.00元

电信工程设计手册　（18）：电信建筑/邮电部设计院编.—北京：人民邮电出版社，1990.12.—782页；16开.—ISBN 7-115-04266-7（精装）：30.00元

现代电信技术/（英）布鲁斯特（Brewster，R.L.）著；上官文，辛新平译.—北京：人民邮电出版社，1990.5.—230页；32开.—ISBN 7-115-04166-0：2.95元

书名原文：Telecommunications Technology

现代通信的奥秘/刘胜著.—长春：吉林教育出版社，1990.5.—142页；32开.—（中小学生课外读物）.—ISBN 7-5383-1006-1：1.65元

英汉通信业务技术词典/《英汉通信业务技术词典》编写组编.—北京：人民邮电出版社，1990.12.876页；32开.—ISBN 7-115-04336-1（精装）：14.10元

通信技术/王钧铭编.—天津：天津科学技术出版社；北京：电子工业出版社，1990.9.—166页；16

开.—中等专业学校教材.—ISBN 7-5308-0804-4：2.45元

通信技术经济学概论/黄宙航编著.—北京：人民邮电出版社，1990.10.—406页；大32开.—邮电高等函授试用教材.—ISBN 7-115-04350-7：3.15元

微机在通信中的应用/林孝康等编著.—哈尔滨：黑龙江科学技术出版社；北京：电子工业出版社，1990.9.—164页；16开.—高等学校教材.—ISBN 7-5388-1024-2：2.25元

TN911 通信理论

近代通信技术/周廷显主编.—哈尔滨：哈尔滨工业大学出版社，1990.12.—248页；16开.—哈尔滨工业大学研究生教材.—ISBN 7-5603-0301-3：3.50元

信号理论与应用/林茂庸编著.—北京：电子工业出版社，1990.3.—236页；16开.—高等学校教材.—ISBN 7-5053-0708-8：3.20元

信号检测与估计/向敬成等编著.—北京：国防工业出版社，1990.4.—223页；16开.—高等学校教材.ISBN 7-118-00621-1：2.90元

信号检测与估值/田婉逸，张效民编.—西安：西北工业大学出版社，1990.3.—206页；16开.—高等学校教材.—ISBN 7-5612-0239-3：2.69元

通信电路/张欲敏编.—北京：北京航空航天大学出版社，1990.9.—516页；16开.—ISBN 7-81012-179-0：6.45元

通信顺序进程/（英）霍尔（Hoare，C.A.R.）著；周巢尘译.—北京：北京大学出版社，1990.1.285页；大32开.—ISBN 7-301-00813-9：3.95元

通信原理/冯子裘主编.—西安：西北工业大学出版社，1990.1.—280页；16开.—高等学校教材.—ISBN 7-5612-0169-9：3.59元

TN911.6 信号分析

动态信号分析和仪器/周舒梅编.—北京：机械工业出版社，1990.10.—218页；16开.—高等学校试用教材.—ISBN 7-111-02084-7：2.85元

信号与系统/程相君，陈生潭编著.—西安：西安电子科技大学出版社，1990.6.—403页；16开.—高等学校教材.—ISBN 7-5606-0132-4：5.10元

信号分析与处理导论/（英）林恩（Lynn，P.A.）著；刘庆普，沈允春译.—北京：宇航出版社，1990.5.—348页；32开.—ISBN 7-80034-291-3：5.80元

随机信号与系统/（美）莫廷森（Mortensen，R.E.）著；毛自灿，何有福译.—成都：电子科技大学出版社，1990.10.—261页；32开.—ISBN 7-81016-244-6：3.10元

随机信号分析/朱华等编.—北京：北京理工大学出版社，1990.12.—463页；大32开.—ISBN 7-81013-379-9：3.70元

随机信号分析/杨福生编著.—北京：清华大学出版社，1990.7.—348页；大32开.—ISBN 7-302-00610-5：2.90元

随机信号分析及工程应用/李在铭等编.—成都：电子科技大学出版社，1990.9.—247页；16开.—高等学校教学用书.—ISBN 7-81016-257-8：5.40元

随机信号分析解题指南/李永庆，梅文博编.—北京：北京理工大学出版社，1990.12.—324页；大32开.—ISBN 7-81013-381-0：2.70元

TN911.7 信号处理

现代模拟信号处理技术及其应用/耿富录编著.—北京：国防工业出版社，1990.5.—305页；16开.—ISBN 7-118-00374-3：10.80元

波动信号处理/（日）青木由直著；尉迟颙颐编译.大连：大连理工大学出版社，1990.12.—328页；32开.—ISBN 7-5611-0365-4：2.25元

实用FFT信号处理技术/侯朝焕等编著.—北京：海洋出版社，1990.10.—312页；16开.—ISBN 7-5027-0562-7：16.00元

信号处理器/谢承锟编著.—北京：国防工业出版社，1990.3.—109页；16开.—（微处理器与微计算机在通信中的应用丛书；4）.—ISBN 7-118-00399-9：3.85元

《离散时间信号处理导论》的习题详解/何东光等编著.—北京：高等教育出版社，1990.6.—349页；大32开.—高等学校教学参考书.—ISBN 7-04-000813-0：2.65元

随机信号处理/黄俊钦著.—北京：北京航空航天大学出版社，1990.3.—278页；16开.—ISBN 7-04-81012-137-5：3.60元

智能仪器与信号处理技术/沈兰荪编著.—北京：科学出版社，1990.6.—322页；16开.—ISBN 7-03-001792-7：15.90元

数字信号处理/董大群，黄建国编著.—西安：西北工业大学出版社，1990.6.—200页；16开.—高等学校教材.—ISBN 7-5612-0254-7：2.64元

数字信号处理的基本方法/徐定策编.—成都：成都科技大学出版社，1990.4.—205页；16开.—ISBN 7-5616-0435-1：3.07元

VLSI与数字信号处理系统设计/周良柱编著.—长沙：国防科技大学出版社，1990.10.—251页；16开.ISBN 7-81024-124-9：3.30元

TN911.8　相位锁定、锁相技术

锁相与频率合成技术/张冠百编.—北京：电子工业出版社，1990.8.—193页；16开.—高等学校教材.ISBN 7-5053-0862-9：2.70元

锁相技术及其应用/罗伟雄等编.—北京：北京理工大学出版社，1990.8.—324页；32开.—ISBN 7-81013-337-3：2.10元

锁相环路原理及应用/陈世伟编著.—北京：兵器工业出版社，1990.6.—327页；16开.—ISBN 7-80038-240-9：14.80元

集成锁相环路：原理、特性、应用/万心平，张厥盛编著.—北京：人民邮电出版社，1990.12.—407页；大32开.—ISBN 7-115-04397-3：7.20元

数字锁相环路原理与应用/胡华春，石玉编著.—上海：上海科学技术出版社，1990.10.—299页；32开.ISBN 7-5323-1980-6：4.20元

TN912　电声技术和语音信号处理

录音与放音/（英）阿金（Alkin, G.）著；何毅华译.—北京：中国广播电视出版社，1990.1.—213页；大32开.—ISBN 7-5043-0102-7：3.30元

书名原文：Sound Recording and Reproduction

TN912.2　电声技术与设备

全立体声收录机原理与维修技术/陆伟良，朱滇生主编.—长沙：湖南科学技术出版社，1990.2.—289页；16开.—ISBN 7-5357-0656-8：9.00元

收录机使用维修常识200问/陈国华编著.—北京：机械工业出版社，1990.2.—290页；32开.—ISBN 7-111-02100-2：6.50元

收录机原理及电路分析/王军伟主编.—北京：高等教育出版社，1990.4.—179页；16开.—职业高中试用教材.—ISBN 7-04-002938-3：2.35元

收录机调测与维修技术/蒋思泽等编.—北京：高等教育出版社，1990.9.—234页；16开.—职业高中试用教材.—ISBN 7-04-003196-5：3.25元

收录机维修入门/张祖祥编著.—合肥：安徽科学技术出版社，1990.2.—138页；32开.—ISBN 7-5337-0324-4：1.55元

收录机维修技术大全/胡斌编著.—北京：机械工业出版社，1990.10.—650页；32开.—ISBN 7-111-02444-3：10.00元

国产收录机电路图集　（4）/刘宪坤等编.—北京：人民邮电出版社，1990.12.—104页；8开.—ISBN 7-115-04417-1：7.75元

国产收录机电路图集　（5）/刘宪坤等编.—北京：人民邮电出版社，1990.12.—104页；8开.—ISBN 7-115-04427-9：7.75元

录音机修理图集：立体声多功能型　中集/徐存仁编.—郑州：河南科学技术出版社，1990.6.—211页；8开.—ISBN 7-5349-0529-X：13.00元

录音机新技术/梁华编著.—北京：新时代出版社，1990.10.—383页；大32开.—ISBN 7-5042-0100-6：10.00元

家用组合音响选购、使用与维护300问/刘信圣编著.—北京：中国广播电视出版社，1990.12.—361页；32开.—ISBN 7-5043-0659-2：5.60元

盒式录音机原理与电路分析/梁华，徐虹编著.—上海：上海科学技术文献出版社，1990.1.—352页；16开.—ISBN 7-80513-396-4：8.20元

激光唱机的实用知识/蔡林海，瞿巍编.—上海：上海科学技术出版社，1990.1.—163页；32开.—ISBN 7-5323-1381-6：2.50元

TN912.3　语音信号处理

语言信号处理/陈永彬，王仁华编著.—合肥：中国科学技术大学出版社，1990.5.—286页；16开.—ISBN 7-312-00131-9：3.70元

语音与图象的波形编码原理及应用/（美）杰因特（Jayant, N.S.），（德）诺尔（Noll, P.）著；钱亚生，诸庆麟译.—北京：人民邮电出版社，1990.6.—844页；大32开.—ISBN 7-115-03684-5：12.00元

语音处理/（美）帕森斯（Parsons, T.W.）著；文成义等译.—北京：国防工业出版社，1990.4.279页；16开.—ISBN 7-118-00604-1：9.20元

书名原文：Voice and Speech Processing

TN913　通信线路工程、通信网

计算机通信与网络原理/丁正铨，许祖谦编著.—成都：四川大学出版社，1990.3.—142页；16开.—ISBN7-5614-0280-5：3.20元

计算机通信网络/张绍诚编著.—北京：北京理工大学出版社，1990.1.—411页；大32开.—ISBN 7-81013-286-5：3.30元

本书对广域网和局域网的体系结构、工作原理及其主要技术进行了全面系统的阐述。

计算机通信网络原理/詹汉强，胡怡红编著.—北京：北京邮电学院出版社，1990.1.—304页；16开.ISBN 7-5635-0042-1：3.90元

通信电缆线路/杨继浦编.—北京：人民邮电出版社，1990.6.—628页；32开.—邮电中等函授试用教材.—ISBN 7-115-04212-8：3.60元

通信明线线路设备/刘玉书编著.—北京：人民邮电

出版社，1990.6.—540页；32开.—邮电中等函授试用教材.—ISBN 7-115-04211-X：3.00元

通信线路测量/贾玉明编.—北京：人民邮电出版社，1990.11.—412页；32开.—邮电中等函授试用教材.—ISBN 7-115-04354-X：2.40元

综合业务数字网（ISDN）/李津生，涂国防编著.合肥：中国科学技术大学出版社，1990.1.—226页；16开.—ISBN 7-312-00130-0：4.80元

TN914 通信系统

扩频通信/查光明，熊贤祚编著.—西安：西安电子科技大学出版社，1990.12.—198页；16开.—高等学校教材.—ISBN 7-5606-0093-X：2.65元

脉码调制通信技术/杜国信编.—北京：中国铁道出版社，1990.2.—316页；32开.—ISBN 7-113-00469-5：4.70元

通信系统/洪福明等编著.—西安：西安电子科技大学出版社，1990.6.—270页；16开.—高等学校教材.ISBN 7-5606-0113-8：3.50元

TN915 有线通信

中同轴电缆载波通信系统维护测试调整手册/邮电部电信总局编.—北京：人民邮电出版社，1990.5.356页；大32开.—ISBN 7-115-04194-6：5.40元

有线电信测量/程经华，沈道镛编.—北京：人民邮电出版社，1990.11.—239页；16开.—邮电中等专业学校教材.—ISBN 7-115-04355-8：3.30元

有线电维修工必读/天津市机械工业管理局主编.天津：天津科学技术出版社，1990.6.—462页；32开.—（工人技术等级标准自学丛书）.—ISBN 7-5308-0400-6：6.40元

有线通信测量/赵连城主编.—北京：中国铁道出版社，1990.8.—260页；16开.—中等专业学校试用教材.—ISBN 7-113-00855-0：3.15元

TN916 电话

人工电话/李琛，于良编.—北京：人民邮电出版社，1990.4.—528页；32开.—邮电技工学校试用教材.—ISBN 7-115-04190-3：6.00元

无线电话机：原理·使用·维修/喻安如编.—上海：上海科学技术出版社，1990.6.—163页；16开.ISBN 7-5323-1883-4：4.20元

长途通信设备测试方法/铁道部电务局主编.—北京：中国铁道出版社，1990.10.—191页；32开.（通信设备测试方法丛书）.—ISBN 7-113-00873-9：2.60元

电话交换 上册/郑开绪编著.—北京：人民邮电出版社，1990.6.—326页；16开.—邮电中等函授试用教材.—ISBN 7-115-04213-6：3.95元

电话知识问答/中国通信学会科普读物研究会主编；季卜枚，李冬明编著.—2版（修订本）.—北京：人民邮电出版社，1990.6.—423页；32开.—ISBN 7-115-04131-8：4.95元

汽车电话/鲍春喜，王忠才编著.—北京：人民交通出版社，1990.2.—209页；32开.—ISBN 7-114-00784-1：3.75元

按键电话机的原理与维修/陈万复，张怀仁编著.北京：人民邮电出版社，1990.10.—169页；32开.ISBN 7-115-04271-3：2.20元

载波电话 （上）/王岂凡，高玉祥编.—北京：人民邮电出版社，1990.6.—464页；大32开.—邮电中等函授试用教材.—ISBN 7-115-04214-4：3.30元

载波电话 （下）/王岂凡，高玉祥编.—北京：人民邮电出版社，1990.10.—359页；大32开.—邮电中等函授试用教材.—ISBN 7-115-04353-1：2.65元

载波电话学 （中）/胡秀英编.—北京：人民邮电出版社，1990.9.—359页；16开.—邮电技工学校试用教材..—ISBN 7-115-04238-1：8.65元

调度电话/吴达金等编著.—北京：人民邮电出版社，1990.2.—329页；32开.—ISBN 7-115-04184-9：4.30元

程控交换技术/（荷兰）胡宏基著；杨再同编译.北京：人民邮电出版社，1990.4.—332页；大32开.ISBN 7-115-04171-7：5.05元

程控数字交换原理/吴小可主编.—峨眉山：西南交通大学出版社，1990.6.—220页；16开.—ISBN 7-81022-126-4：3.20元

数字程控交换原理/史君文，蔡悠华编著.—上海：上海交通大学出版社，1990.8.—252页；16开.ISBN 7-313-00678-0：3.25元

CHILL高级语言自修教程/（荷兰）瓦尔克费（Vaik-Fai，T.）著；张理，邹勉力译.—北京：人民邮电出版社，1990.4.—328页；16开.—ISBN 7-115-04167-9：8.15元

书名原文：CHILL A Self-Instructional Manual

HJ905型纵横制小交换机电路分析与故障处理/王锦河，张天佑编.—北京：人民邮电出版社，1990.12.—365页；大32开.—ISBN 7-115-04357-4：5.70元

JZHO—4型纵横制用户电话交换机原理图/北京有线电厂编著.—北京：人民邮电出版社，1990.2.—77页；8开.—ISBN 7-115-03702-7：12.00元

TN917 电报、传真

传真三类机电路分析及维护调整/周子耀编.—北京：中国广播电视出版社，1990.5.—217页；16开.ISBN 7-5043-0405-0：7.20元

TN919　数据通信、图象通信

英汉数据通信技术辞典/周锡卫，王勤民主编.—北京：电子工业出版社，1990.1.—670页；32开.（现代英汉信息处理技术辞典；2）.—ISBN 7-5053-0461-5：15.00元

图象通信/吴成柯等编著.—西安：西安电子科技大学出版社，1990.6.—232页；16开.—高等学校教材.ISBN 7-5606-0114-6：3.05元

编码选址通信/俞文君，王永恕编著.—北京：国防工业出版社，1990.11.—357页；32开.—ISBN 7-118-00398-0：7.00元

编码理论/张鸣瑞，邹世开编著.—北京：北京航空航天大学出版社，1990.3.—296页；大32开.—ISBN 7-81012-147-2：2.20元

数字图象处理/陈廷标，夏良正编著.—北京：人民邮电出版社，1990.5.—581页；大32开.—邮电高等学校教材.—ISBN 7-115-04201-2：4.40元

数字图象处理/（苏）雅罗斯夫斯基著；施有秋，袁述译.—北京：电子工业出版社，1990.9.—268页；大32开.—高等学校教学用书.—ISBN 7-5053-0868-8：2.30元

数字图象处理与模式识别/余英林编著.—广州：华南理工大学出版社，1990.10.—387页；16开.—ISBN 7-5623-0201-4：4.90元

数字图像通信/（日）釜江尚彦，吹拔敬彦著；杨兵，梁家新译.—西安：西安电子科技大学出版社.1990.10.—271页；32开.—（数字通信丛书）.—ISBN 7-5606-0091-3：1.80元

数字通信：传输原理及应用/欧阳长月编著.—北京：北京航空航天大学出版社，1990.1.—261页；16开.—ISBN 7-81012-124-3：3.35元

数字通信和编码原理/（美）A.J.维特比，J.k.小村著；蒋慧清译.—北京：人民邮电出版社，1990.5.680页；大32开.—ISBN 7-115-04064-8：9.75元

数字通信终端/（日）松田亮一，渡边昭则著；谭淑贞译.—西安：西安电子科技大学出版社，1990.12.324页；32开.—（数字通信丛书）.—ISBN 7-5606-0080-8：2.15元

数字通信原理/张传生编.—西安：西安交通大学出版社，1990.3.—223页；16开.—ISBN 7-5605-0283-0：2.95元

数字通信原理/侯志勋编.—北京：人民邮电出版社，1990.6.—386页；32开.—邮电中等专业学校试用教材.—ISBN 7-115-04208-X：2.20元

数字通信原理/徐台松，李在铭编.—北京：电子工业出版社，1990.8.—235页；16开.—高等学校教材.ISBN 7-5053-0714-2：3.10元

数字通信原理/董兆鑫等编.—长沙：国防科技大学出版社，1990.3.—463页；16开.—ISBN 7-81024-102-8：5.75元

数据与计算机通信/（美）斯托林斯（Stallings，W.）著；史月华等编译.—北京：科学技术文献出版社，1990.8.—558页；16开.—ISBN 7-5023-1301-X：18.00元

书名原文：Data and Computer Communication

数据压缩/许织新编著.—北京：国防工业出版社，1990.1.—325页；16开.—ISBN 7-118-00268-2：10.70元

数据压缩/戴善荣编著.—西安：西安电子科技大学出版社，1990.12.—238页；16开.—ISBN 7-5606-0143-X：3.15元

数据通信工程/汪润生等编著.—北京：人民邮电出版社，1990.4.—643页；大32开.—（通信工程丛书：数据通信；3/中国通信学会主编）.—ISBN 7-115-04144-X：9.15元

数据通信与微型计算机局部网络/谢启江编著.—北京：电子工业出版社，1990.6.—294页；16开.—高等学校教学用书.—ISBN 7-5053-0876-9：4.00元

数据通信系统设计与故障检测/（美）凯伦（Killen，H.B.）著；陈培，张勇译.—北京：人民邮电出版社，1990.5.—318页；大32开.—ISBN 7-115-04187-3：4.65元

书名原文：Tele Communications and Data Communication System Design

模拟与数字通信电路/董荔真等编著.—北京：北京理工大学出版社，1990.8.—460页；大32开.—ISBN 7-81013-360-360-8：3.70元

TN92　无线通信

无线电通信设备维修/黄振华编.—北京：海洋出版社，1990.11.—280页；16开.—（渔业电子技术丛书）.—ISBN 7-5027-0928-2：13.90元

短波通信电路设计/冯锡生等编著.—北京：国防工业出版社，1990.3.—328页；16开.—ISBN 7-118-00418-9：10.70元

TN924/925　移动通信、微波通信

移动通信设计原理/（美）李（Lee，W.C.Y.）著；邱兆详译.—北京：科学技术文献出版社，1990.8.—241页；16开.—（移动通信系列书；1）.ISBN 7-5023-0873-3：8.00元

书名原文：Mobile Communications Design Fundamentals

移动通信系统/田翠云等编著.—北京：人民邮电出版社，1990.8.—610页；大32开.—（通信工程丛

书：移动通信；2/中国通信学会主编）.—ISBN 7-115-04228-4（精装）；12.00元

微波通信系统设计与电路测试/姚永炀著.—北京：人民邮电出版社，1990.12.—215页；大32开.—ISBN 7-115-04477-5；3.85元

微波通信新技术/邵文昌著.—北京：北京邮电学院出版社，1990.10.—197页；32开.—ISBN 7-5635-0050-2；1.35元

微波接力通信/郑继禹主编.—北京：宇航出版社，1990.1.—440页；32开.—中国电子学会电子技术自修班教材.—ISBN 7-80034-276-0；6.40元

数字微波中继通信工程/姚彦等编著.—北京：人民邮电出版社，1990.8.—851页；大32开.—（通信工程丛书/中国通信学会主编）.—ISBN 7-115-04375-2；12.00元

TN927/929　宇宙通信、光波通信

卫星通信/刘国梁，荣昆璧编著.—西安：西安电子科技大学出版社，1990.6.—237页；16开.—高等学校教材.—ISBN 7-5606-0112-X；3.05元

光纤和光器件的测量/（意）坎切列里（Cancellieri, G.），（意）拉瓦约利（Rauaioli, u.）著；于耀明，王洪生译.—北京：宇航出版社，1990.10.286页；16开.—ISBN 7-80034-339-1；11.00元

书名原文：Measure Ment of Optical Fibers and Devices

光纤通信技术词典/张煦主编.—上海：上海交通大学出版社，1990.2.—366页；32开.—ISBN 7-313-00337-4；7.00元

光纤通信技术基础/王延恒编著.—天津：天津大学出版社，1990.10.—294页；16开.—ISBN 7-5618-0202-1；3.80元

光纤理论与技术/曾浦泉编著.—西安：西安交通大学出版社，1990.10.—323页；32开.—高等学校教材.—ISBN 7-5605-0350-0；2.10元

光缆施工与维护技术/（日）渡边高信等编著；赵灵基等译.—北京：人民邮电出版社，1990.4.—225页；16开.—ISBN 7-115-04102-4；6.30元

TN93　广　播

广播电视技术手册　第1分册：系统与覆盖网/何大中主编.—北京：国防工业出版社，1990.5.—562页；16开.—ISBN 7-118-00591-6；15.20元

广播电影电视工程建设标准规范汇编　（4）/广播电影电视部计划财务司编.—北京：中国国际广播出版社，1990.12.—106页；32开.—ISBN 7-80035-749-X；3.00元

广播发射新技术/罗松筠著.—成都：电子科技大学出版社，1990.10.—232页；大32开.—ISBN 7-81016-219-5；3.20元

英汉广播电视技术词汇/郭立芳，庞宣明编.—北京：中国广播电视出版社，1990.5.—327页；32开.ISBN 7-5043-0277-5；6.00元

英汉广播、电影、电视技术辞典/马维加等编写.天津：天津科技翻译出版公司，1990.3.—332页；32开.—ISBN 7-5433-0085-0；8.00元

本辞典收录有关英文单词、词组和缩语一万余条。

调频立体声广播发射机/岑伟德编著.—北京：国防工业出版社，1990.4.—309页；16开.—ISBN 7-118-00367-X；10.20元

TN94　电　视

电视功能新解/钟大年著.—北京：知识出版社，1990.10.—185页；32开.—ISBN 7-5015-0432-6；2.80元

电视原理/王莉芬编著.—北京：人民邮电出版社，1990.6.—249页；大32开.—邮电高等函授试用教材.ISBN 7-115-04203-9；2.10元

第11届亚洲运动会广播技术手册/中国中央电视台编.—海口：南海出版公司，1990.8.—66页；16开.ISBN 7-80570-328-0

TN946　录象系统

电视摄像录像系统原理及维修技术/王石，郭英楼编.—北京：国防工业出版社，1990.5.—417页；16开.—ISBN 7-118-00426-X；13.90元

现代流行家用录像机电路图集　第十集/刘学达等编.—北京：科学技术文献出版社，1990.9.—107页；8开.—ISBN 7-5023-1275-7；9.80元

现代流行家用录像机电路图　第十一集/刘学达等编.—北京：科学技术文献出版社，1990.9.—150页；8开.—ISBN 7-5023-1276-5；12.50元

录像机/梁瑞铿，薛俊岩编写.—沈阳：辽宁科学技术出版社，1990.12.—270页；32开.—（现代家电消费实用指导丛书/卫家保，陈瑛璋主编）.—ISBN 7-5381-0960-9；4.15元

录像机电路图集：松下系列/王军伟，田耕等汇编.—北京：电子工业出版社，1990.3.—198页；8开.—ISBN 7-5053-0671-5；15.40元

录像机电路图集：松下系列：续集/田耕等汇编.北京：电子工业出版社，1990.3.—100页；8开.—ISBN 7-5053-0836-0；9.50元

录像机图集与维修指南：日立系列　（1）/田耕等编.—北京：电子工业出版社，1990.12.—125页；8开.—ISBN 7-5053-1140-9；12.50元

录像机图集与维修指南：日立系列　（2）/田耕等

编.—北京：电子工业出版社，1990.12.—123页；8开.—ISBN 7-5053-1141-7：12.50元

录像机使用·维修图集 (7)/徐维良等编.—北京：电子工业出版社，1990.7.—124页；8开.—ISBN 7-5053-0847-5：14.00元

录像机的选购使用技巧与维护/张策文编著.—北京：清华大学出版社，1990.9.—213页；32开.—ISBN 7-302-00695-4：2.95元

录像机原理与维修/马效先等编.—北京：电子工业出版社，1990.4.—254页；32开.—职业高中教材 实用电子技术专业.—ISBN 7-5053-0850-5：3.20元

录像机原理与新型录像机的维修技术/黄刚等编译.北京：北京科学技术出版社，1990.6.—390页；32开.—ISBN 7-5304-0649-3：5.20元

录像机原理及维修/王新田，邵士宽编著.—合肥：安徽科学技术出版社，1990.9.—180页；32开.—ISBN 7-5337-0468-2：2.85元

录像机调试与维修图册/金志刚，沈一主编.—上海：上海交通大学出版社，1990.11.—735页；8开.ISBN 7-313-00725-6（精装）：58.00元

录像技术/张鑫镜等编著.—成都：电子科技大学出版社，1990.11.—239页；16开.—ISBN 7-81016-258-6：6.50元

录像制作设备入门/严钧民编.—南京：东南大学出版社，1990.5.—290页；32开.—（视听设备技术丛书/夏逸华主编）.—ISBN 7-81023-216-9：3.70元

家用录像机用户指南400题/家用电器使用丛书编写组编.—沈阳：辽宁科学技术出版社，1990.12.—391页；32开.—（家用电器使用丛书）.—ISBN 7-5381-0947-1：5.90元

家用录像机实用技术问答：选购、使用与保养/严钧民编.—上海：上海科学技术出版社，1990.8.—254页；32开.—ISBN 7-5323-2088-X：2.80元

家用录像机实用维修技术/家用电器维修丛书编写组编.—沈阳：辽宁科学技术出版社，1990.7.—268页；16开.—（家用电器维修丛书）.—ISBN 7-5381-0852-1：7.75元

家用录像机线路图集 (1)/丘衡，朱水修编.广州：广东科技出版社，1990.1.—137页；8开.ISBN 7-5359-0450-5：12.00元

家用录像机线路图集 (2)/丘衡编.—广州：广东科技出版社，1990.6.—170页；8开.—ISBN 7-5359-0557-9：15.00元

家用录像机线路图集 (3)/丘衡，丘晓华编.广州：广东科技出版社，1990.9.—176页；8开.—ISBN 7-5359-0661-3：17.00元

家用录像机选购、使用与维修300问/刘信圣编著.北京：中国广播电视出版社，1990.6.—275页；32开.—ISBN 7-5043-0428-X：4.80元

家用录像机原理与电路分析/业国初编著.—长沙：湖南师范大学出版社，1990.12.—272页；16开.—ISBN 7-81031-050-X：7.20元

家用录像机原理·使用·维修/陈洪诚编.—北京：电子工业出版社，1990.2.—481页；32开.—全国家用电器维修教材(17).—ISBN 7-5053-0806-8：6.90元

家用盒式录像机维修手册 (1)/田耕等编译.北京：人民邮电出版社，1990.5.—172页；8开.—ISBN 7-115-04068-0：11.20元

家庭录像机用户手册/吴树翘，刘战生编著.—北京：学苑出版社，1990.6.—333页；32开.—ISBN 7-80060-757-7：4.20元

彩色录像机的原理和使用/林守杰编.—天津：天津大学出版社，1990.5.—209页；32开.—ISBN 7-5618-0159-9：2.95元

最新录像机电路图集 第二集/骆伟等编.—北京：电子工业出版社，1990.2.—152页；8开.—ISBN 7-5053-0657-X：15.00元

最新录像机检修大全/李育祥等编著.—2版.—北京：电子工业出版社，1990.4.—615页；16开.—ISBN 7-5053-0476-3：16.00元

新型家用录像机电路图集与维修 上册/本书编写组编.—北京：中国广播电视出版社，1990.8.—139页；8开.—ISBN 7-5043-0424-7：16.00元

磁带录像机/肖克昌等编.—北京：中国广播电视出版社，1990.5.—213页；16开.—广播电视中等专业学校试用教材.—ISBN 7-5043-0293-7：6.40元

VHS家用录像机使用与维修/莫德清编著.—南京：江苏科学技术出版社，1990.2.—158页；附电路图；16开.—ISBN 7-5345-0844-4：7.80元

TN948　电视中心、电视设备

国内外视听设备集成电路互换手册 (二)/冼有佳，杨光宗编译.—广州：广东科技出版社，1990.12.—576页；32开.—ISBN 7-5359-0683-4：11.00元

彩色电视设备原理与分析/余兆明等编著.—北京：中国广播电视出版社，1990.1.—291页；16开.—ISBN 7-5043-0329-1：9.00元

彩色摄像机与录像机/郝庆文，杜侠编.—北京：宇航出版社，1990.5.—188页；32开.—ISBN 7-80034-287-5：2.80元

摄像机、录像机的使用与维护/潘宗福等编著.—北京：新时代出版社，1990.10.—281页；16开.—(学一门手艺丛书).—ISBN 7-5042-0104-9：11.10元

TN948.5　电视发射、接收设备

电视发射机检修与测量/邢君九等编著.—北京：人民邮电出版社，1990.4.—237页；16开.—ISBN

7-115-04193-8：6.80元

电视机电路图大全/安徽科学技术出版社编.—合肥：安徽科学技术出版社，1990.5.—446页；16开.ISBN 7-5337-0587-5：38.00元

电视机电源/张国峰，张杰编著.—北京：人民邮电出版社，1990.3.—291页；32开.—（无线电爱好者丛书）.—ISBN 7-115-04090-7：3.50元

电视机原理/廖峥嵘主编.—南宁：广西教育出版社，1990.8.—340页；16开.—西南七省（区）、市电大教材.—ISBN 7-5435-0967-9：9.40元

电视接收机中的数字技术/（英）菲斯尔（Fisher，R.）著；张元莉，胡先河译.—北京：电子科技大学出版社，1990.10.—191页；16开.—ISBN 7-81016-243-8：4.75元

书名原文：Sevvicing Digital Dircuits in TV Receivers

电视接收机原理与维修/刘庆祥等编.—武汉：武汉测绘科技大学出版社，1990.8.—341页；16开.—ISBN 7-81030-035-0：6.60元

电视接收机原理与维修实验/刘庆祥等编.—武汉：武汉测绘科技大学出版社，1990.10.—104页；16开.ISBN 7-81030-058-X：3.10元

共用天线电视/吴名江，陈崇光编著.—修订本.北京：电子工业出版社，1990.11.—263页；32开.ISBN 7-5053-0948-X：3.35元

本书1985年8月第1版。

VHF/UHF电视差转机原理与电路分析/孙庆有，陈建国编著.—北京：人民邮电出版社，1990.6.—166页；16开.—ISBN 7-115-04235-7：4.30元

TN949.1　各种体制的电视

电缆电视/张万书等编著.—北京：电子工业出版社，1990.12.—423页；32开.—ISBN 7-5053-1130-1：7.00元

进口电视机收录机电路图选集（十）/杨光宗等编.—广州：广东科技出版社，1990.9.—62页；8开.ISBN 7-5359-0615-X：5.00元

进口电视机收录机维修经验汇编（二）/冼有佳，杨光宗编.—广州：广东科技出版社，1990.11.275页；32开.—ISBN 7-5359-0626-5：3.80元

进口索尼电视机电路图集：PALD制彩色·黑白·投影/陈忆东编著.—北京：电子工业出版社，1990.4.—82页；8开.—ISBN 7-5053-0756-8：7.00元

TN949.11　黑白电视

国内流行中外黑白电视机电路大全（1）/本书编写组编.—北京：中国广播电视出版社，1990.6.114页；8开.—ISBN 7-5043-0379-8：8.40元

国内流行中外黑白电视机电路大全（2）/本书编写组编.—北京：中国广播电视出版社，1990.6.—112页；8开.—ISBN 7-5043-0380-1：8.40元

国内流行中外黑白电视机电路大全（3）/本书编写组编.—北京：中国广播电视出版社，1990.6.—108页；8开.—ISBN 7-5043-0381-X：8.40元

国内流行中外黑白电视机电路大全（4）/本书编写组编.—北京：中国广播电视出版社，1990.6.—114页；8开.—ISBN 7-5043-0382-8：8.40元

黑白彩色电视机原理与维修自检难题详解/穆云书，杨荫彪编著.—北京：电子工业出版社，1990.7.218页；32开.—全国家用电器维修培训补充读物5.ISBN 7-5053-1024-0：3.70元

TN949.12　彩色电视

中外红外遥控彩色电视机电路图及维修　上册/梁千等编.—北京：中国广播电视出版社，1990.5.—129页；8开.—ISBN 7-5053-0358-5：10.50元

中外红外遥控彩色电视机电路图及维修　下册/梁千等编.—北京：中国广播电视出版社，1990.5.—138页；8开.—ISBN 7-5043-0359-3：10.80元

中外彩色电视机电路图及维修要领/俞传定，王冬宝编著.—郑州：河南科学技术出版社，1990.1.—135页；8开.—ISBN 7-5349-0222-3：22.50元

中外彩色电视机行输出变压器代换大全/袁光明著.—北京：人民邮电出版社，1990.11.—258页；16开.—ISBN 7-115-04470-8：7.80元

国产进口14英寸彩色电视机电路图集与维修指南/苏鸣，杨淑英编著.—北京：中国广播电视出版社，1990.11.—123页；16开.—ISBN 7-5043-0560-X：7.50元

彩电自修读本/王庆林等编.—太原：山西科学教育出版社，1990.4.—470页；32开.—ISBN 7-5377-0209-8：6.20元

彩色电视机/马善廷等编著.—石家庄：河北科学技术出版社，1990.2.—345页；16开.—ISBN 7-5375-0283-8：9.00元

彩色电视机开关电源电路分析与检修/袁光明编.北京：宇航出版社，1990.5.—128页；16开.—ISBN 7-80034-347-2：4.00元

彩色电视机专用集成电路分析/刘胜利，安永成编著.—北京：人民邮电出版社，1990.6.—408页；16开.—ISBN 7-115-03692-6：10.50元

彩色电视机选择、使用和维修100问/高雨春编著.北京：中国广播电视出版社，1990.6.—243页；32开.—ISBN 7-5043-0452-2：4.00元

彩色电视机原理与维修/李福祥，王世杰编著.—北京：科学普及出版社，1990.5.—550页；32开.—全

国家用电器维修培训教材　（16）.—ISBN 7-110-01597-1：8.90元

MU机芯彩色电视机线路分析与维修/张熹等编著.合肥：安徽科学技术出版社，1990.12.—189页；32开.—ISBN 7-5337-0566-8：3.10元

47、56厘米彩色电视机电路图集/朴群编.—北京：人民邮电出版社，1990.8.—32页；8开.—（全国电视机电路图集；8）.—ISBN 7-115-04100-8：5.70元

TN949.7　电视接收机的维修

中外彩色电视机维修图解大全/李兴民，郭先琼编著.—北京：中国广播电视出版社，1990.10.—230页；16开.—ISBN 7-5043-0562-6：7.50元

中外黑白彩色电视机故障修理500例/常青等编著.北京：电子工业出版社，1990.9.—421页；16开.ISBN 7-5053-1035-6：12.90元

中外黑白彩色电视机维修实例1000　（1）：1～500例/家电维修丛书编译组编.—成都：电子科技大学出版社，1990.7.—228页；16开.—（家用电器维修丛书）.—ISBN 7-81016-269-1：6.50元

中外黑白彩色电视机维修实例1000　（2）：501～1000例/家电维修丛书编译组编.—成都：电子科技大学出版社，1990.8.—268页；16开.—（家用电器维修丛书）.—ISBN 7-81016-271-3：7.00元

电视机使用、维护与保养/高雨春编.—北京：海洋出版社，1990.7.—190页；32开.—ISBN 7-5027-0937-1：4.50元

电视机故障速修精要342例/刘武编著.—北京：学苑出版社，1990.8.—356页；32开.—ISBN 7-80060-778-X：7.00元

电视机速修400例/归大晰编著.—南宁：广西科学技术出版社，1990.1.—161页；32开.—ISBN 7-80565-225-2：1.90元

电视机维修手册/吴耕等编写.—重庆：重庆出版社，1990.10.—549页；16开＋电视机维修手册图集1册.—ISBN 7-5366-1020-3（精装）：18.65元

电视机维修技术　下册/章夔主编.—北京：高等教育出版社，1990.5.—238页；16开.—职业高中试用教材.—ISBN 7-04-002803-4：4.40元

进口 国产 彩色 黑白电视机修理1000例/清泉等编.—北京：中国广播电视出版社，1990.7.—408页；16开.—ISBN 7-5043-0451-4：12.00元

国内外彩色电视机修理经验300例：续集　（一）/林春阳等编著.—北京：科学技术文献出版社，1990.11.408页；16开.—ISBN 7-5023-1313-3：11.50元

国内外彩色电视机特殊故障检修333例/谭进等编著.—成都：成都出版社，1990.7.—305页；16开.（家电维修丛书/谭进主编）.—ISBN 7-80575-051-3：8.60元

国内外黑白电视机特殊故障检修333例/谭进等编著.—成都：成都出版社，1990.6.—289页；16开.（家电维修丛书/谭进主编）.—ISBN 7-80575-050-5：7.95元

彩色电视机图解检修法/高雨春编著.—北京：中国广播电视出版社，1990.12.—337页；16开.—ISBN 7-5043-0649-5：10.00元

彩色电视机故障分析与检修捷径/曾泗斌编著.—南宁：广西民族出版社，1990.7.—381页；32开.（现代家庭必备丛书；2）.—ISBN 7-5363-0842-6：4.50元

黑白电视机维修实用图集大全/袁春江编.—北京：原子能出版社，1990.10.—205页；8开.—ISBN 7-5022-0351-6：19.00元

TN95　雷　达

机载脉冲多普勒雷达/（美）莫里斯（Morris，G.V.）等著；季节等译.—北京：航空工业出版社，1990.12.—257页；16开.—ISBN 7-80046-301-X：10.00元

脉冲多普勒雷达/毛士艺等编著.—北京：国防工业出版社，1990.2.—401页；16开.—ISBN 7-118-00267-4：13.00元

雷达观测与标绘/徐德兴等编.—北京：人民交通出版社，1990.4.—275页；32开.—（海员专业训练丛书）.—ISBN 7-114-00782-5：5.00元

微波成像术/张直中著.—北京：科学出版社，1990.2.—332页；32开.—ISBN 7-03-001560-6：10.60元

TN96　无线电导航

无线电导航仪器/张家智编.—北京：海洋出版社，1990.12.—243页；16开.—（渔业电子技术丛书）.ISBN 7-5027-0927-8：12.30元

本书介绍了雷达导航系统、芬兰A导航系统、芬兰C导航系统及卫星导航系统。

TN99　无线电电子学的应用

业余电子仪器制作/叶苗康编著.—上海：上海科技教育出版社，1990.3.—196页；32开.—（初级电子技术丛书）.—ISBN 7-5428-0366-2：2.30元

趣味电子小制作/袁辉，刘群编译.—天津：天津科技翻译出版公司，1990.7.—317页；32开.—（自己动手译丛）.—ISBN 7-5433-0076-1：3.95元

TP 自动化技术、计算技术

TP1 自动化基础理论

TP11 自动化系统理论

计算机操作人员实用技术手册：专家系统200解/喻小林等编著.—北京：海潮出版社，1990.12.—405页；大32开.—ISBN 7-80054-138-X：7.80元

系统灵敏度理论导论/罗键编著.—西安：西北工业大学出版社，1990.3.—199页；16开.—高等学校教材.—ISBN 7-5612-0179-6：2.64元

本书系统地介绍控制理论中的重要分支——动态系统灵敏度理论的基本内容及研究方法。

系统构成技术/（日）加藤满左夫等著；刘福滋，党理真译.—北京：科学出版社，1990.3.—280页；大32开.—（微电子学讲座；10）.—ISBN 7-03-001571-1：9.80元

线性系统/金西岳编著.—西安：西北工业大学出版社，1989.12.—332页；16开.—高等学校教材.—ISBN 7-5612-0198-2：4.20元

TP13 自动控制理论

双线性系统建模与控制/华向明著.—上海：华东化工学院出版社，1990.9.—285页；大32开.—ISBN 7-5628-0050-2：2.25元

自动控制工程　第一册/（德）H·翁勃豪恩著；吴启迪，黄圣乐译.—上海：同济大学出版社，1990.11.—263页；16开.—ISBN 7-5608-0670-8：3.85元

自动控制系统/裴聿修编著.—北京：轻工业出版社，1990.11.—406页；大32开.—ISBN 7-5019-0859-1：9.80元

自动控制系统分析与综合/姚立强等编.—哈尔滨：哈尔滨船舶工程学院出版社，1990.6.—467页；16开.—ISBN 7-81007-105-X：5.80元

自动控制原理/杨自厚主编.—2版（修订本）.—北京：冶金工业出版社，1990.10.—393页；16开.—高等学校教学用书.—ISBN 7-5024-0040-0：4.90元

本书1980年10月第1版。

自动控制原理　上册/吴麒主编；吴麒等编著.—北京：清华大学出版社，1990.3.—334页；16开.《信息、控制与系统》系列教材.—ISBN 7-302-00581-8：4.20元

自动控制原理　下册/李友善主编.—修订版.—北京：国防工业出版社，1990.4.—314页；16开.—高等学校统编教材.—ISBN 7-118-00620-3：3.95元

本书1981年8月第1版。

自动控制原理习题集/胡寿松主编.—北京：国防工业出版社，1990.10.—558页；16开.—ISBN 7-118-00705-6：6.85元

自动控制原理实验/郭维藩主编.—哈尔滨：哈尔滨工业大学出版社，1990.12.—104页；16开.—ISBN 7-5603-0273-4：1.65元

自动控制理论/夏德钤主编.—北京：机械工业出版社，1990.5.—351页；16开.—高等学校教材.—ISBN 7-111-02043-X：4.45元

自适应控制/吴士昌，臧瀛芝编著.—北京：机械工业出版社，1990.10.—286页；16开.—高等学校试用教材.—ISBN 7-111-02313-7：3.65元

全系数自适应控制理论及其应用/吴宏鑫著.—北京：国防工业出版社，1990.11.—332页；大32开.ISBN 7-118-00774-9（精装）：10.70元

现代控制理论基础/许世范，李春阳编著.—徐州：中国矿业大学出版社，1990.11.—396页；16开.—高等学校教学用书.—ISBN 7-81021-381-4：4.95元

本书系统论述了线性系统理论及最优控制理论。书中给出了一些实用的分析与综合的方法，并备有工程应用实例及习题。

现代控制理论基础/范崇託，孟繁华编.—上海：上海交通大学出版社，1990.7.—443页；32开.—高等学校教材.—ISBN 7-313-00666-7：2.80元

现代控制理论基础/胡家耀，赵雅君编.—北京：轻工业出版社，1990.4.—317页；16开.—高等学校轻工专业试用教材.—ISBN 7-5019-0780-3：4.35元

TP14 自动信息理论

图象信息系统设计原理/（美）张系国著；吴健康译.—北京：科学出版社，1990.8.—284页；16开.ISBN 7-03-001712-9：17.40元

书名原文：Principles of Pictorial Information

信息论与编码方法在计算机·通信中的应用/靳蕃编著.—北京：中国铁道出版社，1990.8.—405页；32开.—ISBN 7-113-00699-X：6.00元

信息系统工程　上册/徐余年主编.—北京：科学出版社，1990.4.—240页；16开.—ISBN 7-03-001733-1：13.70元

信息系统开发新技术/（美）康诺(Connor, D.)著；顾鼎铭，周希明译.—上海：上海翻译出版公司，1990.12.—262页；大32开.—ISBN 7-80514-188-6：6.25元

书名原文：Information System Specification and Design Road Map

信息系统管理的实践/（美）斯普拉格（Sprague, R.H.），麦克纳林（Mcnurlin, B.C.）著；刘永华等译.—西安：西安电子科技大学出版社，1990.4.—345页；16开.—ISBN 7-5606-0037-9：4.45元

书名原文：Information Systems Management in practice

TP15 自动模拟理论(自动仿真理论)

计算机仿真技术/黄文谊主编.—北京：中国铁道出版社，1990.10.—327页；16开.—高等学校试用教材.—ISBN 7-113-00801-1：4.15元

系统可靠性数字仿真/杨为民，盛一兴编著.—北京：北京航空航天大学出版社，1990.5.—568页；大32开.—ISBN 7-81012-170-7：4.25元

全书共分八章，主要内容包括：系统数字仿真概述、蒙特卡罗方法、数字仿真的基本方法、系统可靠性数字仿真、人一机系统数字仿真、复杂可维修系统数字仿真、可靠性数据处理和评估中数字仿真的应用和数字仿真软件设计等。

系统模拟/宋华编著.—北京：电子工业出版社，1990.4.—300页；32开.—高等学校教材.—ISBN 7-5053-0709-3：2.20元

CINEMA动画模拟/李树良，师清木编.—峨眉山：西南交通大学出版社，1990.3.—166页；32开.—ISBN 7-81022-144-2：1.80元

TP18 人工智能理论

人工智能与诊断专家系统/杨叔子，郑晓军编.—西安：西安交通大学出版社，1990.6.—155页；32开.(机械故障诊断丛书；12).—ISBN 7-5605-0351-9：2.90元

人工智能与社会进步/张玉志，魏宏森著.—长春：吉林教育出版社，1990.3.—332页；32开.—(科技、教育与社会进步丛书/杨沛霆主编).—ISBN 7-5383-0925-X(精装)：4.60元

人工智能中的逻辑/(英)雷蒙德(Roymond，T.)著；赵沁平译.—北京：北京大学出版社，1990.2.—126页；32开.—ISBN 7-301-01020-6：2.50元

书名原文：Logics for Artificial Intelligtnle

专家系统/施鸿宝，王秋荷编.—西安：西安交通大学出版社，1990.3.—253页；大32开.—(研究生系列).—研究生教材.—ISBN 7-5605-0275-X：2.25元

专家系统与现代管理/朱稼兴编.—北京：北京航空航天大学出版社，1990.3.—431页；大32开.—ISBN 7-81012-146-4：3.15元

专家系统及专家系统开发工具VP-EXPERT/张晓帆等编著.—乌鲁木齐：新疆大学出版社，1990.2.326页；大32开.—ISBN 7-5631-0124-1：4.50元

专家系统设计/吴信东编著.—合肥：中国科学技术大学出版社，1990.4.—196页；大32开.—ISBN 7-312-0 0070-3：4.00元

专家系统基础与实现/蔡连成等编著.—天津：天津大学出版社，1990.12.—197页；16开.—ISBN 7-5618-0227-7：2.65元

中国人工智能90：第一届中国人工智能联合学术会议论文集/刘叙华主编.—长春：吉林大学出版社，1990.6.—495页，16开.—ISBN 7-5601-0495-9：35.00元

认知科学和计算机/史忠植，余志华编著.—北京：科学普及出版社，1990.3.—387页；大32开.ISBN 7-110-01231-X：8.50元

用Prolog和Turbo Prolog语言开发专家系统/杨冀宏等编译.—北京：航空工业出版社，1990.8.209页；16开.—ISBN 7-80046-263-5：9.00元

机器学习新方法/徐立本等编.—长春：吉林大学出版社，1990.6.—271页；32开.—ISBN 7-5601-0515-7：5.00元

问题求解理论及应用/梁鋑，张铃著.—北京：清华大学出版社，1990.12.—476页；大32开.—(人工智能及其应用丛书).—ISBN 7-302-00789-6：6.40元

知识工程进展：1990：中国第三届知识工程研讨会论文选集/许卓群主编.—武汉：中国地质大学出版社，1990.8.—255页；16开.—ISBN 7-5625-0445-8：25.00元

知识处理与专家系统/何新贵编著.—北京：国防工业出版社，1990.9.—623页；大32开.—ISBN 7-118-00754-4：15.00元

智能技术与系统基础/高庆狮主编.—北京：北京大学出版社，1990.2.—519页；大32开.—ISBN 7-301-00704-3：8.85元

智能预测系统设计及应用/王耀生著.—北京：气象出版社，1990.2.—142页；32开.—ISBN 7-5029-0330-5：3.50元

智能控制/蔡自兴编著.—北京：电子工业出版社，1990.7.—206页；16开.—高等学校教材.—ISBN 7-5053-0869-3：2.95元

模糊控制和智能控制理论与应用/李士勇等编著.哈尔滨：哈尔滨工业大学出版社，1990.12.—381页；16开.—哈尔滨工业大学研究生教材.—ISBN 7-5603-0280-7：5.30元

INSIGHT 2+专家系统开发工具/王辅敏等编.天津：天津大学出版社，1990.12.—160页；16开.ISBN 7-5618-0092-4：2.20元

TP2 自动化技术及设备

法汉自动化词典/蓝超文，何善堉编.—北京：知识出版社，1990.7.—630页；32开.—ISBN 7-5051-0244-7(精装)：13.00元

TP21 自动化元件、部件

化学传感器/(日)清山哲郎著；董万堂译.—北京：化学工业出版社，1990.4.—98页；32开.—ISBN 7-5025-0529-6：2.00元

传感器电子学及其应用/张福学编著.—北京：国防工业出版社，1990.11.—468页；大32开.—ISBN 7-118-00603-3：12.00元

传感器选用指南：科技新潮/耿文学编.—昆明：云南科技出版社，1990.2.—263页；32开.—ISBN 7-5416-0160-8：3.00元

《传感器原理》习题与实践指导书/余瑞芬主编.北京：航空工业出版社，1990.5.—61页；16开.—ISBN 7-80046-229-3：1.10元

传感器敏感元器件大全/张福学等编著.—北京：电子工业出版社，1990.7.—972页；16开.—(电子工具丛书).—ISBN 7-5053-0792-4：58.00元

负荷传感器检定测试技术/李庆忠编著.—北京：中国计量出版社，1990.10.—187页；32开.—(计量检定参考丛书).—ISBN 7-5026-0371-9：4.30元

图解传感器入门/(日)雨宫好文著；陈怀祥，诸静译.—上海：上海科学普及出版社，1990.11.—149页；大32开.—ISBN 7-5427-0211-4：3.75元

感应同步器及其数显技术/端木时夏等编著.—上海：同济大学出版社，1990.11.—212页；16开.—ISBN 7-5608-0608-2：5.25元

TP24 机器人技术

工业机器人与机器人学/杨公朴著.—西安：西安交通大学出版社，1989.9.—211页；32开.—ISBN 7-5605-0230-X：1.40元

机器人在招手/孙述庆编著.—合肥：安徽少年儿童出版社，1989.4.—167页；32开.—ISBN 7-5397-0139-0：1.40元

机器人运动学及动力学/王庭树编著.—西安：西安电子科技大学出版社，1990.12.—197页；16开.—高等学校教材.—ISBN 7-5606-0126-X：2.65元

机器人技术导论/(法)菲利浦·科依费特，米歇尔·奇罗兹著；匡兴华，陈元兴译.—长沙：国防科技大学出版社，1990.11.—174页；大32开.—ISBN 7-81024-122-2：4.45元

机器人学/李自茂编译.—成都：四川科学技术出版社，1990.11.—265页；32开.—ISBN 7-5364-1329-7：3.60元

操作机器人动力学：理论与应用/(南)武科布拉托维奇(Vukobratovic, M)，波特柯涅克(Potkonjak, V.)著；周起钊，殷金生译.—北京：科学出版社，1990.9.—293页；32开.—ISBN 7-03-000018-8：9.70元

书名原文：Dynamics of Manipulation Robots Theory and Application

TP27 自动化系统

TP271 一般自动化理论

自适应控制导论/史维等编著.—南京：东南大学出版社，1990.11.—149页；16开.—高等学校教材.ISBN 7-81023-337-5：2.00元

自适应控制系统理论、设计与应用/李清泉编著.北京：科学出版社，1990.3.—516页；16开.—ISBN 7-03-001562-2：24.50元

多变量线性控制系统/程鹏编.—北京：北京航空航天大学出版社，1990.11.—366页；大32开.—ISBN 7-81012-205-3：2.70元

多变量控制系统实践/庞国仲等著.—合肥：中国科学技术大学出版社，1990.2..—469页；大32开.—ISBN 7-312-00145-9：6.90元

应用最优控制/刘培玉编著.—大连：大连理工大学出版社，1990.2.—312页；16开.—ISBN 7-5611-0155-4：4.30元

非线性控制系统分析与设计/冯纯伯编著.—南京：东南大学出版社，1990.9.—375页；大32开.—高等学校教材.—ISBN 7-81023-313-0：2.80元

本书从系统特性分析和综合设计两个方面阐述非线性控制系统的一般问题，探讨其分析方法及进行设计的工程途径。

线性时变系统分析与最优控制综合的谱方法/曾向秋编著.—北京：兵器工业出版社，1990.4.—255页；32开.—高等学校教材.—ISBN 7-80038-165-X：1.60元

线性系统理论/郑大钟编著.—北京：清华大学出版社，1990.3.—422页；16开.—《信息、控制与系统》系列教材.—ISBN 7-302-00569-9：5.70元

线性系统理论基础/吕碧湖编著.—合肥：中国科学技术大学出版社，1990.2.—263页；大32开.—ISBN 7-312-00156-4：2.00元

线性系统控制理论/陈福祥，朱家万编著.—武汉：武汉工业大学出版社，1990.4.—418页；16开.ISBN 7-5629-0333-6：5.25元

线性控制系统的分析与设计/(美)德埃佐(D'Azzo, J.J.)，霍佩斯(Houpis, C.H.)著；黄炼译.—重庆：科学技术文献出版社重庆分社，1990.2.—469页；16开.—ISBN 7-5023-0363-4：9.60元

适应控制系统：理论、设计与应用/王秀峰等编著.—北京：化学工业出版社，1990.6.—445页；32

开.—(化工自动化丛书).—ISBN 7-5025-0519-9：9.55元

适应控制系统理论与实际/(法)郎道(Landau，I.D.)，(日)富塚诚义著；俞安然，葛祖光译.上海：华东化工学院出版社，1990.5.—206页；大32开.—ISBN 7-5628-0086-3：1.70元

液压控制系统/李洪人主编.—修订本.—北京：国防工业出版社，1990.8.—265页；16开.—高等学校统编教材.—ISBN 7-118-00671-8：3.40元

本书1981年初版。

离散时间控制系统/(日)绪方胜彦著；刘君华等译.—西安：西安交通大学出版社，1990.5.—708页；16开.—外国教材精选.—ISBN 7-5605-0229-6：9.05元

最优控制及应用/刘兴良编著.—北京：科学出版社，1990.1.—210页；32开.—(自动化基础知识丛书/宋健主编).—ISBN 7-03-001294-1：5.20元

新型控制系统/俞金寿编著.—北京：化学工业出版社，1990.11.—287页；32开.—化工继续工程教育系列教材.—ISBN 7-5025-0813-9：6.80元

TP272　自动调节、自动调节系统

自动控制工程/范振武主编.—北京：中国铁道出版社，1990.11.—320页；16开.—高等学校试用教材.ISBN 7-113-00740-6：4.05元

单回路数字调节器/中国化工学会教育工作委员会组织编写；夏焕彬等编.—北京：化学工业出版社，1990.12.—463页；32开.—化工继续工程教育系列教材.—ISBN 7-5025-0837-6：8.60元

TP273　自动控制、自动控制系统

中华学习机汉字软件/朱国江编著.—北京：气象出版社，1990.2.—460页；32开.—ISBN 7-5029-0329-1：7.40元

中华学习机使用技巧与检修360问/沈大林等编.北京：电子工业出版社，1990.6.—437页；16开.ISBN 7-5033-0661-8：11.00元

中华学习机实用手册/高文秦，张雨时编著.—成都：成都科技大学出版社，1990.10.—448页；32开.ISBN 7-5616-0699-0：5.00元

中华学习机普及教程/邱达生编.—广州：中山大学出版社，1990.1.—118页；32开.—ISBN 7-306-00282-1：2.95元

中华学习机CEC-I苹果机软件大全　(1)/陈星火等编.—北京：电子工业出版社，1990.10.—223页；32开.—ISBN 7-5053-0846-7：3.00元

中华学习机CEC-IA用户使用手册/中国教育电子公司编.—北京：清华大学出版社，1990.2.—326页；32开.—ISBN 7-302-00661-X：9.50元

中华学习机CEC-PC用户使用手册/中国教育电子公司编.—北京：清华大学出版社，1990.2.—118页；32开.—ISBN 7-302-00667-9：3.40元

计算机应用中的控制理论/李训经等编著.—上海：复旦大学出版社，1987.3.—237页；32开.—(大学数学丛书).—ISBN 7-309-00134-6：1.30元

计算机控制/郭学礼等编.—北京：北京航空航天大学出版社，1990.3.—256页；16开.—ISBN 7-81012-150-2：3.35元

计算机控制技术/冯培悌编著.—杭州：浙江大学出版社，1990.6.—316页；大32开.—高等学校教学用书.—ISBN 7-308-00541-0：2.65元

计算机控制技术/陈金醮编.—长沙：中南工业大学出版社，1990.9.—160页；16开.—ISBN 7-81020-305-3：2.10元

计算机遥控系统分析与设计/王菊贞编著.—北京：中国铁道出版社，1990.2.—326页；32开.—高等学校教学参考书.—ISBN 7-113-00680-9：2.10元

多微机系统及其在控制中的应用/李人厚，管晓宏编著.—西安：西安交通大学出版社，1990.10.154页；16开.—ISBN 7-5605-0366-7：2.10元

应用微处理机的数字控制/(　)凯茨(Katz，p.)著；宋建成译.—北京：化学工业出版社，1990.10.340页；32开.—ISBN 7-5025-0737-X：7.50元

现代数字设计/陈耀奎编著.—武汉：华中理工大学出版社，1990.1.—229页；大32开.—研究生用书.ISBN 7-5609-0370-3：1.65元

控制系统计算机辅助设计/叶庆凯编著.—北京：北京大学出版社，1990.4.—494页；大32开.—ISBN 7-301-01012-5：8.40元

控制系统的计算机辅助设计：CADCS/王子平编著.—北京：北京理工大学出版社，1990.5.—251页；16开.—ISBN 7-81013-315-2：3.60元

随机智能控制/胡恒章，傅丽编著.—哈尔滨：哈尔滨工业大学出版社，1990.12.—209页；16开.—ISBN 7-5603-0321-8：5.75元

集散系统基础及其应用/张新薇编.—北京：冶金工业出版社，1990.2.—529页；大32开.—ISBN 7-5024-0520-8：9.70元

本书主要介绍近十几年出现的以微处理机为基础的集散系统。

微型计算机控制技术/赵文忠主编.—北京：机械工业出版社，1990.3.—208页；16开.—ISBN 7-111-02312-9：7.00元

数字控制/日本松下电器制造技术研修所编著；郭景新，郭肇方译.—北京：机械工业出版社，1990.12.—285页；大32开.—(控制基础丛书；4：按程序方式学习).—ISBN 7-111-02247-5：9.40元

数字控制系统原理：分析与设计/刘明俊编.—长沙：国防科技大学出版社，1990.7.—348页；16开.

ISBN 7-81024-114-1：4.45元

TP274 数据处理、数据处理系统

电脑控制的测试与设备：通用接口总线导论/（英）考尔诺摩斯（Colloms，M.）著；李中年等译.—武汉：武汉测绘科技大学出版社，1990.12.—200页；32开.—ISBN 7-81030-052-0：2.70元

书名原文：Computer Controlled Testing and Instrumentation

自动测试系统/孙家琪编.—北京：机械工业出版社，1990.4.—250页；16开.—高等学校适用.—ISBN 7-111-01993-8：7.00元

自动测试系统/张世箕等编著.—成都：电子科技大学出版社，1990.6.—212页；16开.—高等学校教材.—ISBN 7-81016-200-4：4.50元

自动测试系统与可程控仪器/孙续编著.—北京：电子工业出版社，1990.8.—430页；大32开.—高等学校教材.—ISBN 7-5053-0873-4：3.50元

自动检测与转换技术/阮智利等编.—北京：机械工业出版社，1990.10.—138页；16开.—中等专业学校试用教材.—ISBN 7-111-02333-1：1.70元

自动检测系统实践/张是勉，关山编著.—合肥：中国科学技术大学出版社，1990.10.—361页；大32开.—ISBN 7-312-00220-X：5.90元

军用数据处理及微机/（英）Ward，J.W.D.著；卫洁，郑晓平译.—北京：兵器工业出版社，1990.6.—218页；32.—（现代兵器与技术丛书；IX）.ISBN 7-80038-198-6：5.00元

检测技术与智能仪表/陈润泰，许琨编著.—长沙：中南工业大学出版社，1990.9.—269页；16开.—ISBN 7-81020-317-7：3.50元

数据处理/赵庆河等编.—北京：海洋出版社，1990.9.—180页；32开.—粮农统计培训教材.—ISBN 7-5027-1249-6：3.70元

TP3 计算技术、计算机

汉英计算机综合词典/邱国华主编.—上海：上海科学技术文献出版社，1990.12.—920页；32开.—ISBN 7-80513-651-3（精装）：24.00元

英汉计算机词汇大全/《英汉计算机词汇大全》编委会编.—石家庄：河北教育出版社，1990.8.—1728页；16开.—ISBN 7-5434-0785-X（精装）：49.00元

英汉计算机综合词典/邱国华主编.—上海：上海科学技术文献出版社，1990.12.—787页；32开.—ISBN 7-80513-658-0（精装）：20.00元

俄汉计算机词汇/于桂芝，张伟编.—北京：科学出版社，1990.12.—1148页；32开.—ISBN 7-03-001218-6（精装）：31.40元

新编计算机小词典：CAD/CAM/（　）爱德华·杰·普雷斯顿等著；陈士龙等译.—北京：北京大学出版社，1990.10.—155页；36开.—ISBN 7-301-01321-3：2.85元

TP30 一般性问题

TP301 理论与方法

计算机引论/于占涛等主编.—沈阳：辽宁科学技术出版社，1990.10.—245页；16开.—ISBN 7-5381-0982-X：8.40元

计算机引论/章群，马桂祥编.—北京：中国铁道出版社，1990.10.—307页；大32开.—高等学校试用教材.—ISBN 7-113-00866-6：2.65元

计算机导论/曹豫莪编著.—西安：陕西师范大学出版社，1990.11.—400页；大32开.—ISBN 7-5613-0357-2：3.10元

计算机教程/对外经济贸易部人事教育劳动司《计算机教程》编写组编.—北京：中国对外经济贸易出版社，1990.12.—359页；32开.—对外经济贸易成人教育统编教材.—ISBN 7-80004-171-9：4.80元

计算机基础/胡礼和主编.—武汉：武汉测绘科技大学出版社，1990.9.—252页；32开.—ISBN 7-81030-053-9：3.30元

计算机常识/胡礼和，肖作钧编写.—北京：中国青年出版社，1990.8.—129页；32开.—ISBN 7-5006-0785-7：1.65元

计算机概论/谢柏青主编.—北京：北京大学出版社，1990.9.—288页；大32开.—ISBN 7-301-01161-X：4.70元

电子计算机速成讲座/四川人民广播电台等编.—成都：电子科技大学出版社，1990.7.—159页；32开.ISBN 7-81016-251-9：1.90元

电子计算基础/陶然主编.—西安：西北大学出版社，1990.8.—349页；16开.—职工中等专业学校教材.—ISBN 7-5604-0197-X：5.80元

TP301.1/.6 自动机理论、算法理论

计算机科学中的离散数学/（美）D.F.斯坦那特，D.F麦考利斯特著；叶新铭等译.—呼和浩特：内蒙古教育出版社，1990.2.—307页；16开.—ISBN 7-5311-0413-X：5.80元

向量化理论/范植华著.—北京：科学出版社，1990.7.—291页；16开.—ISBN 7-03-001655-6（精装）：20.80元

自动机理论及其应用/何成武著.—北京：科学出版社，1990.8.—317页；大32开.—（计算机科学丛书/王湘浩主编）.—ISBN 7-03-001561-4：10.40元

并行算法：排序和选择/陈国良编著.—合肥：中国

科学技术大学出版社，1990.6.—248页；16开.—ISBN 7-312-00135-1：7.00元

超高精度超大数算法与程序设计/王永祥著.—西安：西安交通大学出版社，1990.6.—267页；16开.ISBN 7-5605-0299-7：3.50元

最优化问题的计算机实用算法/夏念凌著.—北京：水利电力出版社，1990.12.—167页；32开.—ISBN 7-120-01175-8：3.65元

TP302 设计和性能分析

计算机纠错编码/宋焕章编著.—长沙：国防科技大学出版社，1990.6.—231页；16开.—ISBN 7-81024-110-9：3.00元

计算机系统实践教程/张吉锋等编著.—北京：国防工业出版社，1990.9.—262页；16开.—高等学校教材.—ISBN 7-118-00704-8：3.35元

计算机系统硬件软件可靠性理论及其应用/傅佩琛等编著.—北京：国防工业出版社，1990.4.—294页；16开.—ISBN 7-118-00613-0：8.60元

用频谱法和插值法在计算机上设计控制系统的基本理论/（苏）索洛多夫尼柯夫（Солодовников，В.）等著；高景观，曹本富译.—北京：国防工业出版社，1990.12.—760页；大32开.—ISBN 7-118-00009-4：14.70元

书名原文：Расчет систем управления на цвм спектральный и интерполяционный методы

逻辑设计/毛法尧等编写.—武昌：华中理工大学出版社，1990.12.—285页；16开.—计算机大专系列教材.—ISBN 7-5609-0443-2：3.72元

数字系统的测试与容错/陈廷槐主编.—南京：东南大学出版社，1990.4.—233页；16开.—高等学校教材.—ISBN 7-81023-255-X：3.05元

TP303 结构、构造

计算机组成与结构/王爱英主编.—北京：清华大学出版社，1990.10.—362页；16开.—ISBN 7-302-00673-3：4.95元

计算机结构与并行处理/（美）黄铠（Huang，K.）布里格斯（Briggs，F.A.）著；金兰等译.—北京：科学出版社，1990.6.—671页；16开.—ISBN 7-03-001538-X：39.80元

书名原文：Computer Architecture and Parallel Processing

计算机辅助设备管理/陈德元，陈家锭主编.—西安：西北工业大学出版社，1990.8.—460页；16开.ISBN 7-5612-0283-0：8.95元

计算机硬件：程序员级/徐拾义主编.—北京：清华大学出版社，1990.10.—155页；16开.—中国计算机应用软件人员专业技术职务任职资格（水平）考试培训系列教材.—ISBN 7-302-00716-0：5.00元

计算机硬件/软件系统结构/（美）温·托伊，（美）本杰明·齐著；方存正等译.—上海：上海科学技术文献出版社，1990.9.—485页；32开.—ISBN 7-30513-618-1：7.90元

电子计算机外部设备产品样本/机械电子工业部编.北京：机械工业出版社，1990.3.—301页；16开.—ISBN 7-111-01475-8：20.00元

TP305/306 制造、调整、测试

计算机测试与控制/李行善编著.—北京：北京航空航天大学出版社，1990.1.—299页；16开.—ISBN 7-81012-145-6：3.85元

计算机集成制造系统/田雨华主编；国家高技术计划自动化领域CIMS情报研究课题组编.—北京：兵器工业出版社，1990.6.—128页；16开.—ISBN 7-80038-231-1：4.30元

TP307/308 检修、维护、机房

计算机机房建设/常秀增等编.—北京：水利电力出版社，1990.12.—113页；32开.—ISBN 7-120-01254-1：3.35元

计算机设备故障维修135例/黎对贞等编著.—武汉：武汉测绘科技大学出版社，1990.10.—173页；32开.—ISBN 7-81030-051-2：3.50元

TP309 安全保密

计算机反病毒技术/唐常杰，胡军著.—北京：电子工业出版社，1990.6.—179页；16开.—ISBN 7-5053-1116-6：5.50元

计算机加密算法/张泽增，赵霖编著.—西安：西安电子科技大学出版社，1990.11.—197页；16开.国家自然科学基金资助课题.—ISBN 7-5606-0137-5：2.60元

计算机安全/张文典等编译.—北京：高等教育出版社，1990.7.—365页；大32开.—ISBN 7-04-003236-8：3.85元

计算机安全必读/公安部计算机管理监察司编.—北京：群众出版社，1990.3.—229页；32开.—ISBN 7-5014-0318-7：3.70元

计算机病毒防护/（美）凯恩（Cohen，p.）著；毋笃强，杨福缘译.—北京：兵器工业出版社，1990.12.—258页；16开.—ISBN 7-80038-277-X：13.40元

计算机病毒防治实用教程/何江安，梁新宇著.—北京：清华大学出版社，1990.11.—173页；32开.—IS

BN 7-302-00753-5：2.50元

计算机病毒的诊治与免疫/高忠等编.—广州：中山大学出版社，1990.4.—213页；32开.—ISBN 7-306-00319-4：4.00元

计算机病毒的原理及防治/林宣雄，叶涛编著.—西安：西安交通大学出版社，1990.3.—227页；32开.ISBN 7-5605-0344-6：4.20元

计算机病毒原理分析及防治方法/吴万钊等编著.长春：吉林大学出版社，1990.10.—169页；16开.ISBN 7-5601-0621-8：5.00元

计算机常见病毒的诊断与消除/董小国等编著.—北京：科学普及出版社，1990.10.—110页；24开+软磁盘1张.—ISBN 7-110-01624-2：100.00元

计算机密码学：通信中的保密与安全/卢开澄编著.北京：清华大学出版社，1990.3.—230页；大32开.高等学校教材.—ISBN 7-302-00607-5：1.80元

微型计算机病毒百题问答：《电子与电脑》杂志专辑/王路敬编.—北京：电子工业出版社，1990.9.76页；16开.—ISBN 7-5053-1111-5：2.50元

TP31　计算机软件

中国计算机应用软件人员水平考试暂行规定与考试大纲/中国计算机应用软件人员水平考试中心编.—北京：清华大学出版社，1990.4.—58页；32开.—ISBN 7-302-00705-5：0.95元

计算机软件：程序员级/唐毅主编.—北京：清华大学出版社，1990.7.—414页；16开.—中国计算机应用软件人员专业技术职务任职资格（水平）考试培训系列教材.—ISBN 7-302-00718-7：9.80元

计算机软件水平考试问题及解答：日本　1985～1989年/梁建湘等编译.—北京：电子工业出版社，1990.11..—462页；16开.—ISBN 7-5053-1021-6：13.50元

计算机软件基础：数据结构及计算机算法/梁振珊等编著.—长春：吉林大学出版社，1990.12.—241页；大32开.—ISBN 7-5601-0747-8：2.80元

计算机实时控制软件设计导论/严隽薇，严隽永编著.—北京：清华大学出版社，1990.2.—306页；16开.—ISBN 7-302-00416-1：3.90元

全国计算机应用软件人员水平考试应试方法与技巧/韩仲清等编著.—成都：电子科技大学出版社，1990.8.—155页；16开.—ISBN 7-81016-246-2：3.40元

软件质量及其评价技术/中国软件行业协会上海分会，上海计算机软件技术开发中心编.—北京：清华大学出版社，1990.2.—249页；16开.—ISBN 7-302-00582-6：6.40元

软件维护：问题与解答/（美）马丁（Martin，J.），麦克克劳埃（McClure，C.）著；谢莎莉等译.—北京：机械工业出版社，1990.5.—262页；16开.—ISBN 7-111-01948-2：14.00元

TP311　程序设计、软件工程

高级程序员级软件知识/张然等编著.—上海：复旦大学出版社，1990.8.—373页；大32开.—软件人员水平考试辅导教材.—ISBN 7-309-00438-8：5.40元

微机编程入门/（英）彼得·C.桑德生著；丘顺隆，王苑祥译.—石家庄：河北教育出版社，1990.12.—185页；32开.—ISBN 7-5434-0646-2：2.15元

微机编程与应用/娄庆增等编.—天津：天津科技翻译出版公司，1990.9.—191页；16开.—ISBN 7-5433-0177-6：5.40元

微型计算机辅助管理软件基础/姚卿达，湛浩健编.广州：广东科技出版社，1990.9.—384页；32开.ISBN 7-5359-0370-3：4.80元

TP311.1　理论方法

有限元法程序设计/杨菊生，揽生瑞编著.—西安：西安交通大学出版社，1990.6.—280页；大32开.ISBN 7-5605-0348-9：2.40元

软件工程原理、方法与应用/史济民主编.—北京：高等教育出版社，1990.5.—226页；16开.—高等学校计算机基础教育系列教材.—ISBN 7-04-002903-0：3.05元

怎样编写有限元法程序/张允真编.—北京：中国铁道出版社，1990.8.—170页；16开.—ISBN 7-113-00857-7：5.30元

程序设计技巧及其应用/缪经良著.—北京：轻工业出版社，1990.4.—355页；16开.—ISBN 7-5019-0461-8：7.50元

程序设计的结构化方法与风格/陈保华著.—广州：广东科技出版社　1990.3.—517页；大32开.—ISBN 7-5359-0480-7：8.00元

编程·解题：国内外程序设计竞赛试题解析/胡礼和，周裕金编.—北京：中国青年出版社，1990.12.247页；16开.—ISBN 7-5006-0725-4：6.50元

微型计算机应用程序设计/赵鹤君编著.—北京：国防工业出版社，1990.6.—220页；大32开.—（微型计算机应用丛书）.—ISBN 7-118-00318-2：5.20元

TP311.12　数据结构

数据结构/严蔚敏，陈文博编著.—北京：机械工业出版社，1990.2.—339页；大32开.—（计算机基础自学丛书）.—ISBN 7-111-01723-4：11.10元

数据结构教程/窦延平等编著.—上海：上海交通大学出版社，1990.4.—312页；16开.—ISBN 7-313-

000636-5：4.00元

数据结构 数据库与编程/冯博琴等编.—西安：西安交通大学出版社，1990.12.—376页；32开.—高等学校教材.—ISBN 7-5605-0407-8：2.40元

TP311.13 数据库系统与理论

汉字处理与数据库技术/韩仲清主编.—北京：电子工业出版社，1990.12.—360页；32开.—（中华学习机实用大全；2）.—ISBN 7-5053-1047-X：4.60元

数据库应用基础/孙良贻，范馨编.—北京：电子工业出版社，1990.4.—276页；32开.—职业高中教材 计算机技术专业.—ISBN 7-5053-0881-5：3.50元

数据库原理与应用/张健沛，王槐珍编.—北京：机械工业出版社，1990.6.—259页；16开.—高等学校试用教材.—ISBN 7-111-02073-1：3.40元

数据库理论及新领域/施伯乐等著.—北京：高等教育出版社，1990.9.—368页；大32开.—高等学校试用教材.—ISBN 7-04-003135-3：3.05元

数据库DBASE教程/刘百惠等编著.—大连：大连理工大学出版社，1990.8.—311页；32开.—ISBN 7-5611-0300-X：3.75元

数据采集技术/沈兰荪编著.—合肥：中国科学技术大学出版社，1990.8.—225页；16开.—ISBN 7-312-00205-6：3.00元

TP311.5 软件工程

开发管理效益的技巧：软件VA/VE/余信庭主编.—上海：上海科学技术文献出版社，1990.5.242页；32开.—ISBN 7-80513-617-3：4.10元

长城系列微型计算机常用软件/赵悦平等编.—北京：电子工业出版社，1990.1.—184页；16开.—（微计算机丛书）.—ISBN 7-5053-0683-9：5.20元

系统软件与软件工程技术基础/林国璋，张雪兰编著.—北京：北京理工大学出版社，1990.9.—602页；大32开.—ISBN 7-81013-351-9：4.70元

软件工程经济学/（美）贝姆（Boehm，B.W.）著；赵越等译.—北京：中国铁道出版社，1990.9.82页；16开.—（软件工程丛书）.—ISBN 7-113-00712-0：19.50元

书名原文：Software Engineering Economics

本书4部分：第1部分介绍软件工程诸目标的内容、形成原因以及关系结构；第2、3部分探讨软件生存周期的定量模型和将工程经济学的原则应用于软件项目的基础知识；第4部分介绍软件生存周期成本估算的详细技术。

软件开发者必读/（美）利夫菲克（Liffick，B.W.）著；潘正伯等译.—北京：科学出版社，1990.11.—226页；16开.—ISBN 7-03-002013-8：8.50元

书名原文：The Software Developer's Source book

本书内容包括：系统分析，结构化设计思想，结构化编程方法，软件的测试与调试，文档的编制以及系统的维护。

软件技术基础/王人骅，唐梓荣编著.—北京：北京航空航天大学出版社，1990.12.—362页；16开.—ISBN 7-81012-182-0：4.65元

实用软件工程/郑人杰编著.—重庆：科学技术文献出版社重庆分社，1990.2.—317页；32开.—（计算机科学与技术丛书）.—ISBN 7-5023-1120-3：3.60元

实用软件开发手册/徐宝文编译.—北京：中国铁道出版社，1990.10.—497页；32开.—ISBN 7-113-00812-7：7.60元

TP312 程序语言、算法语言

少年LOGO语言/陈文慧，李璞编著.—北京：北京大学出版社，1990.6.—151页；32开.—ISBN 7-301-01212-8：1.90元

中华机LOGO语言/戴锷，张志良编著.—重庆：科学技术文献出版社重庆分社，1990.7.—202页；32开.—ISBN 7-5023-1091-6：2.25元

本书介绍如何在国内最普及的家庭型微电脑——中华学习机上利用LOGO语言进行画图、编程及操作。

从BASIC到FORTRAN程序设计简明教程/孙绍周编.—沈阳：东北工学院出版社，1990.6.—326页；32开.—高等学校教材.—ISBN 7-81006-219-0：2.25元

计算机语言汉字处理及数据库管理/王继清等编著.西安：西北工业大学出版社，1990.1.—311页；16开.ISBN 7-5612-0142-7：6.50元

本书分三篇共十四章，主要内容包括：计算机概论、BASIC程序设计、操作系统与文件、汉字处理与汉字软件、汉字关系数据库C-dBASEⅢ。

计算机算法语言/朱家骥等编.—北京：中国广播电视出版社，1990.8.—2册（512页）；32开.—ISBN 7-5043-0620-7：6.70元

计算机算法语言/吉全祥等编.—北京：高等教育出版社，1990.4.—258页；大32开.—全国高等师范专科学校教材.—ISBN 7-04-002815-3：2.00元

计算机算法语言/黄璞生主编.—西安：陕西师范大学出版社，1990.11.—353页；大32开.—全国高等师范专科学校教材.—ISBN 7-5613-0324-6：2.70元

计算机算法语言/廖荣鉴，陈世樵主编.—重庆：西南师范大学出版社，1990.3.—202页；16开.—高等师范专科学校统编教材 数学专业用.—ISBN 7-5621-0251-1：2.95元

计算机BASIC语言词典/傅教智，陈月编著.—哈尔滨：黑龙江科学技术出版社，1990.9.—1082页；32开.—ISBN 7-5388-1065-X（精装）：22.90元

计算语言学引论：计算机理解自然语言的基本方

法/钱锋著.—上海：学林出版社，1990.6.—374页；大32开.—ISBN 7-80510-550-2（精装）：9.85元

计算语言学导论/陆致极著.—上海：上海教育出版社，1990.12.—508页；大32开.—ISBN 7-5320-1681-1：6.20元

电子计算机软件结构COBOL程序设计：商业实用程序53例详解/陈常仁，聂彦美译.—长沙：湖南科学技术出版社，1990.1.—383页；16开.—ISBN 7-5357-0634-7：9.00元

并行处理语言OCCAM及其应用/陈宝根，李清编著.—南京：东南大学出版社，1990.6.—316页；大32开.—（系统科学丛书）.—ISBN 7-81023-295-9：2.40元

并行处理程序设计语言OCCAM/诸昌钤，马永强编.—峨眉山：西南交通大学出版社，1990.9.140页；32开.—ISBN 7-81022-198-1：1.15元

现代BASIC/林美雄，吴振庆主编；全国十三所高校联合编写.—南京：江苏科学技术出版社，1990.5.—310页；16开.—ISBN 7-5345-0905-X：5.80元

标准pascal程序设计/丘玉圃编著.—2版.—北京：北京科学技术出版社，1990.3.—244页；16开.—ISBN 7-5304-0577-2：6.00元

本书1985年10月第1版。

面向对象语言smalltalk与程序设计/贾维嘉编著.长沙：中南工业大学出版社，1990.4.—342页；32开.—ISBN 7-81020-298-7：2.15元

语言结构化程序设计/李省耕等编著.—长沙：中南工业大学出版社，1991.5.—205页；16开.—ISBN 7-81020-364-9：3.45元

结构化程序设计语言Turbo BASIC/曾培梁，董小国编著.—北京：科学普及出版社，1990.5.—234页；16开.—ISBN 7-110-01583-1：7.00元

结构化BASIC程序设计教程：True BASIC/高永泉主编.—北京：电子工业出版社，1990.7.—224页；16开.—ISBN 7-5053-0946-3：5.30元

结构化 TRUE BASIC程序设计/（美）凯梅尼（Kemeny，J.G.），库尔茨（Kurtz，T.E.）著；秦篤烈译.—北京：北京大学出版社，1990.1.—370页；16开.—ISBN 7-301-01001-X：11.00元

书名原文：Structured BASIC Programming

最新C语言程序设计/徐德民编著.—北京：电子工业出版社，1990.8.—255页；16开.—（微计算机丛书）.—ISBN 7-5053-1025-9：7.80元

最新 Turbo BASIC实用大全/秦笃烈等编译.—北京：海洋出版社，1990.3.—261页；16开.—（中国科学院希望高级电脑技术公司程序设计丛书）.ISBN 7-5027-0898-7：11.50元

程序设计语言：语法与语义/赖少庆等著.—成都：四川教育出版社，1990.1.—234页；32开.—ISBN 7-5408-1129-3：2.67元

程序设计语言基础/（美）Ellis Horowitz，E.著；裘宗燕译.—北京：北京大学出版社，1990.2.439页；大32开.—ISBN 7-301-00760-4：5.95元

微电脑基础：BASIC语言与应用/谢楠柱，吴紫标主编.—广州：广东高等教育出版社，1990.2.—161页；32开.—ISBN 7-5361-0436-7：2.80元

微机BASIC和汉字dBASEⅢ/韩福基，李秀英编著.—北京：中国人民大学出版社，1990.7.—266页；16开.—ISBN 7-300-00874-7：7.50元

微型计算机常用的十种高级语言及其比较/陈敏修，朱德锋编译.—北京：旅游教育出版社，1990.7.—378页；16开.—ISBN 7-5637-0135-4：12.00元

微型计算机BASIC程序设计/源建华等主编.—北京：高等教育出版社，1990.7.—331页；16开.—ISBN 7-04-003130-2：5.05元

新编工程实用算法与FORTAN77程序/刘德贵等编.—北京：国防工业出版社，1990.11.—910页；16开.—ISBN 7-118-00640-8：35.80元

新编BASIC实用教程/马强等主编.—长春：吉林大学出版社，1990.12.—334页：16开.—ISBN 7-5601-0734-6：8.95元

新编BASIC结构化程序设计教程/汪明霓主编.上海：上海交通大学出版社，1990.8.—222页；16开.—ISBN 7-313-00705-1：4.80元

ADA程序设计/（美）J.G.P.巴恩斯著；娄宾译.北京：高等教育出版社，1990.8.—324页；16开.ISBN 7-04-002006-8：5.35元

Ada程序设计风格与范例/（美）P.希伯特等著；童长忠，黄征编译.—北京：北京航空航天大学出版社，1990.5.—142页；大32开.—（软件工程系列丛书）.—ISBN 7-81012-191-X：2.60元

Ada程序设计语言/殷月康，张志贤编著.—北京：科学技术文献出版社，1990.6.—276页；32开.—ISBN 7-5023-1215-3：7.00元

BASIC与LOGO语言/韩仲清主编—北京：电子工业出版社，1990.9.—344页；32开.—（中华学习机实用大全；1）.—ISBN 7-5053-1046-1：4.40元

BASIC实习指导与习题集/王树清主编.—呼和浩特：内蒙古人民出版社，1990.7.—310页；32开.中等专业学校试用教材.—ISBN 7-204-01030-2：3.60元

BASIC实习操作指导/王新民等编.—太原：山西科学教育出版社，1990.5.—126页；32开.—ISBN 7-5377-0255-1：2.00元

BASIC语言/许铭诏主编.—北京：高等教育出版社，1990.9.—205页；16开.—全国高等农林专科统编教材 农林牧渔专业用.—ISBN 7-04-003180-9：2.45元

BASIC语言/李平主编.—北京：机械工业出版社，

1990.10.—188页；16开.—中等专业学校试用教材.ISBN 7-111-02289-0：2.20元

BASIC语言：结构化程序设计教程/谭浩强主编.北京：中国科学技术出版社，1990.6.—277页；16开.—ISBN 7-5046-0160-8：5.00元

BASIC语言与操作/刘安亭主编.—北京：高等教育出版社，1990.9.—386页；大32开.—高等学校试用教材.—ISBN 7-04-003177-9：3.15元

BAS C语言上机实习指导/刘学军主编.—北京：机械工业出版社，1990.10.—101页；16开.—ISBN 7-111-02298-X：1.35元

BASIC语言及其应用/白英彩，张玉轩编.—上海：上海交通大学出版社，1990.11.—240页；16开.—ISBN 7-313-00734-5：3.10元

BASIC语言实验指导/黄崇椴主编.—武汉：武汉工业大学出版社，1990.4.—143页；32开.—ISBN 7-5629-0353-0：2.50元

BASIC语言实践：上机操作与程序设计/汪明霓主编.—合肥：中国科学技术大学出版社，1990.8.184页；大32开.—ISBN 7-312-00229-3：3.30元

BASIC语言辅导教程/孙家启等编著.—北京：机械工业出版社，1990.6.—135页；16开.—ISBN 7-111-02433-8：4.20元

BASIC语言程序设计/马玉书，仝兆岐编.—东营：石油大学出版社，1990.11.—287页；16开.—ISBN 7-5636-0027-2：4.07元

BASIC语言程序设计/王庆华主编.—哈尔滨：哈尔滨工业大学出版社，1990.12.—365页；16开.—ISBN 7-5603-0271-8：4.45元

BASIC语言程序设计/任义信等编.—北京：电子工业出版社，1990.8.—273页；32开.—职业高中教材 计算机技术专业.—ISBN 7-5053-0945-5：3.40元

BASIC语言简明教程/顾乃学主编.—北京：机械工业出版社，1990.12.—195页；16开.—高等学校适用.—ISBN 7-111-02700-5：5.30元

BASIC程序设计/于万征主编.—大连：大连理工大学出版社，1990.6.—332页；32开.—ISBN 7-5611-0315-8：5.00元

BASIC程序设计/何迺淇主编.—武汉：武汉测绘科技大学出版社，1990.8.—346页；16开.—ISBN 7-81030-042-3：4.50元

BASIC程序设计教程/李杰猷等编著.—北京：北京理工大学出版社，1990.9.—268页；16开.—ISBN 7-81013-385-3：5.20元

BASIC程序设计基础教程/王新民等编著.—太原：山西科学教育出版社，1990.5.—356页；32开.—ISBN 7-5377-0249-7：4.90元

BASIC FORTRAN程序设计题解/郭淑芬编著.北京：机械工业出版社，1990.5.—398页；16开.ISBN 7-111-01243-7：21.00元

BASIC、TRUE BASIC程序设计与应用/王圣中，曹宝香编著.—海口：南海出版公司，1990.1.—458页；16开.—ISBN 7-80570-098-2：9.20元

C语言大全：0500/0600系列微型机应用开发人员工作手册/（美）Schildt，H.著；郭兴社等编译.北京：电子工业出版社，1990.6.—769页；32开.ISBN 7-5053-0805-X：12.35元

C语言习题与解答/王鹰翔等编译.—北京：清华大学出版社，1990.4.—166页；16开.—北京科海培训中心系列教材.—ISBN 7-302-00682-2：6.50元

C语言问题及习题解答/刘乃琦编.—成都：电子科技大学出版社，1990.1.—197页；16开.—高等学校教学用书.—ISBN 7-81016-211-X：4.00元

C语言程序设计方法/（日）河西朝雄著；刘峰译.长沙：湖南科学技术出版社，1990.12.—219页；32开.—ISBN 7-5357-0887-0：3.50元

C语言程序设计600例/申在明，刘岩编著.—北京：人民邮电出版社，1990.3.—513页；大32开.ISBN 7-115-04192-X：7.60元

C程序设计高级教程/金茂忠主编.—北京：北京航空航天大学出版社，1990.6.—398页；16开.—（软件工程系列丛书）.—ISBN 7-81012-192-8：11.20元

dBASE程序设计技巧/陈宏明编著.—长沙：湖南科学技术出版社，1990.3.—96页；16开.—ISBN 7-5357-0713-0：3.50元

dBASE Ⅱ Ⅲ及其应用/陈国珍，蒋新儿编著.—哈尔滨：哈尔滨船舶工程学院出版社，1990.2.—392页；16开.—ISBN 7-81007-078-9：4.20元

dBASE Ⅲ与dBASE Ⅲ PLUS程序设计/佟震亚等编.西安：西安交通大学出版社，1990.4.—363页；16开.—ISBN 7-5605-0307-1：4.65元

DBASE Ⅲ程序设计/王秀坤，任大勇主编.—大连：大连理工大学出版社，1990.12.—366页；32开.—ISBN 7-5611-0355-7：2.50元

dBASE Ⅳ及其程序设计：关系数据库管理系统/周苏等编写.—天津：天津科学技术出版社，1990.6.552页；16开.—ISBN 7-5308-0831-1（精装）：17.30元

FACOM-FORTRAN77语言/刘淦澄，李兰萍编著.—上海：华东师范大学出版社，1990.2.—386页；大32开.—ISBN 7-5617-0521-2：3.05元

FORTRAN与Pascal语言/韩仲清主编.—北京：电子工业出版社，1990.9.—302页；32开.—（中华学习机实用大全；4）.—ISBN 7-5053-1108-5：3.80元

FORTRAN习题集/谢柏青，周芝英编.—北京：高

等教育出版社，1990.9.—248页；16开.—高等学校教学参考书　数理类专业.—ISBN 7-04-003136-1：3.25元

FORTRAN语言：FORTRAN77结构化程序设计/谭浩强，田淑清编著.—北京：清华大学出版社，1990.3.—340页；16开.—(计算机基础教育丛书/谭浩强等主编).—ISBN 7-302-00623-7：4.75元

FORTRAN语言习题集与上机指导/谭浩强，唐永炎等编.—北京：高等教育出版社，1990.3.—346页；16开.—高等学校计算机基础教育系列教材.—ISBN 7-04-002905-7：5.00元

FORTRAN语言程序设计导引/李续武编.—西安：西北工业大学出版社，1990.5.—280页；大32开.高等学校教材.—ISBN 7-5612-0263-6：2.32元

FORTRAN77和结构化程序设计/宋士华，钟美清编著.—杭州：浙江大学出版社，1990.6.—335页；大32开.—ISBN 7-308-00398-1：2.75元

FORTRAN77语言/冯楼台等编.—北京：煤炭工业出版社，1990.2.—211页；16开.—高等学校教学用书.—ISBN 7-5020-0387-8：2.75元

GW0520　BASIC语言与操作/王鸿玉等编.—哈尔滨：哈尔滨航舶工程学院出版社，1990.2.—235页；16开.—ISBN 7-81007-108-4：5.50元

IBM PC混合语言编程技术/刘乃奇编著.—北京：电子工业出版社，1990.9.—176页；16开.—ISBN 7-5053-1056-9：4.50元

IBM PC C语言例题　习题　库函数/李文兵，年璿潮编著.—北京：清华大学出版社，1990.5.—368页；大32开.—ISBN 7-302-00633-4：5.00元

LISP语言/马希文，宋柔编著.—北京：高等教育出版社，1990.7.—316页；16开.—高等学校试用教材.ISBN 7-04-002261-3：4.40元

Modula-2语言程序设计/(联邦德国)罗尔夫林-布罗译尔(Rohlfing-Brosell,H.)，周炳生著；周炳生译.—杭州：浙江大学出版社，1990.9.—441页；大32开.—ISBN 7-308-00503-8：3.55元

书名原文：Modula-2：Eine Systematiche Darstellung für den Praktiker

PASCLJ语言习题集与上机指导/谭浩强主编.—北京：高等教育出版社，1990.3.—315页；16开.—高等学校计算机基础教育系列教材.—ISBN 7-04-002716-8：4.20元

PASCAL语言程序设计/袁蒲佳等编写.—武汉：华中理工大学出版社，1990.12.—354页；16开.计算机大专系列教材.—ISBN 7-5609-0478-5：4.58元

PASCAL程序设计/姜文清等编著.—西安：西安电子科技大学出版社，1990.6.—255页；16开.—高等专科学校教材.—ISBN 7-5606-0117-0：3.30元

PASCAL程序设计及实用技术：长城系列微机IBM-PC　WANG-PC/王诚编著.—北京：清华大学出版社，1990.4.—444页；16开.—ISBN 7-302-00630-X：8.00元

PASCAL程序设计教程/肖金声，李师贤编著.—北京：科学出版社，1990.7.—438页；32开.—ISBN 7-03-001854-0：5.60元

PCS　BASIC　结构化程序设计/杨锡成主编.—重庆：重庆大学出版社，1990.8.—192页；16开.—ISBN 7-5624-0349-X：4.50元

PL/M程序设计语言及其应用/袁涛，孙腾湛编著.北京：清华大学出版社，1990.8.—188页，16开.—ISBN 7-302-00739-3：7.90元

PROLOG语言及其应用/侯丰胜编著.—兰州：兰州大学出版社，1990.12.—183页；32开.—ISBN 7-311-00362-8：2.65元

PROLOG语言，它的应用与实现/刘椿年，曹德和著.—北京：科学出版社，1990.8.—302页；大32开.—ISBN 7-03-001740-4：12.20元

REOUCE语言简明教程：用计算机推导公式/陈之江等编著.—天津：南开大学出版社，1990.2.—375页：大32开.—ISBN 7-310-00136-2：2.90元

Prolog高级程序设计/(美)斯特林(Sterling,L.)，夏皮罗(Shapiro,E.)著；刘家佺，邓佑译.西安：西安交通大学出版社，1990.6.—285页；16开.—(外国教材精选).—ISBN 7-5605-0249-0：4.10元

书名原文：The Art of Prolog

QUTCK BASIC最新高级程序设计：4.5版/(美)Inman.D.等著；秦笃烈译.—北京：中国科学技术出版社，1990.9.—296页；大32开.—北京科海培训中心系列教材.—ISBN 7-5046-02086：8.00元

TJZB通用制表程序的原理与使用/赵瑞庚，李慧捷著.—沈阳：辽宁科学技术出版社，1990.7.—333页，16开.—ISBN 7-5381-0908-0：12.00元

True　BASIC程序设计教程/李世民等编著.—北京：北京工业大学出版社，1990.12.—227页；16开.ISBN 7-5639-0119-1：7.00元

TUrbo　Pascal4.0语言、技巧及应用/姚庭宝编著.长沙：国际科技大学出版社，1989.10.—344页；16开.—ISBN 7-81024-080-3：7.80元

TURBO PROLOG实用指南：IBN-PC(0520)系统/邱建设编著.—武汉：武汉工业大学出版社，1990.9.—376页：大32开.—ISBN 7-5629-0368-9：4.95元

XENIX开发系统　C语言用户指南/中国科学院软件研究所编译.—北京：北京科学技术出版社，1990.

4.—213页；16开.—（XENIX系统V丛书；7）.ISBN 7-5304-0650-7：13.50元

XENIX开发系统 C语言参考手册与库指南/中国科学院软件研究所编译.—北京：北京科学技术出版社，1990.4.—247页；16开.—（XENIX系统V丛书；8）.—ISBN 7-5304-0648-5：15.00元

TP313　汇编程序

专业编辑器/吴德珉，吴民译.—北京：学苑出版社，1990.4.—96页；16开.—（IBM个人计算机专业人员丛书）.—ISBN 7-80060-791-7：3.50元

汇编语言程序设计/韩仲清主编.—北京：电子工业出版社，1990.9.—194页；32开.—（中华学习机实用大全；5）.—ISBN 7-5053-1052-6：2.50元

快速富氏变换库程序：算法汇编与程序设计/颜宝勇编著.—长沙：国防科技大学出版社，1990.2.—274页；大32开.—ISBN 7-81024-073-0：2.00元

特征值特征向量库程序：算法汇编与程序设计/颜宝勇等编著.—长沙：国防科技大学出版社，1990.11.—526页；大32开.—ISBN 7-81024-115-X：3.80元

IBM-PC及长城0520（INTEL8088/8086）宏汇编语言程序设计/于春凡，朱耀庭编著.—天津：南开大学出版社，1990.6.—405页；16开.—ISBN 7-310-00314-4：10.50元

IBM-PC宏汇编语言程序设计/王元珍，韩宗芬编.武汉：华中理工大学出版社，1990.12.—387页；16开.—计算机大专系列教材.—ISBN 7-5609-0471-8：4.90元

VAX-11汇编语言程序设计/陈怀义编.—长沙：国防科技大学出版社，1990.2.—431页；16开.—ISBN 7-81024-092-7：5.40元

6502汇编语言程序设计手册/区益善编著.—广州：广东科技出版社，1990.7.—536页；32开.—ISBN 7-5359-0015-1：10.00元

68000汇编语言程序设计/（美）凯恩（Kane，G.）等著；张洪等译.—北京：国防工业出版社，1990.8.—529页；16开.—ISBN 7-118-00311-5：17.00元

书名原文：68000 Assembly Language Programming

TP314　编译程序、解释程序

编译原理及编译程序构造/高仲仪，金茂忠编.—北京：北京航空航天大学出版社，1990.12.—461页；16开.—ISBN 7-81012-186-3：5.80元

编译程序设计原理/杜淑敏，王永宁编著.—北京：北京大学出版社，1990.11.—417页；大32开.—ISBN 7-301-01210-1：7.30元

TP315　管理程序、管理系统

汉化dBASEⅢ管理软件分析与设计/李一智等编著.—北京：清华大学出版社，1990.9.—329页；16开.—中国计算机技术服务公司全国计算机技术培训网统编教材.—ISBN 7-302-00820-5：13.00元

DB2指南/（美）戴特（Date，C.J）著；刘伶，张秉训译.—北京：科学出版社，1990.9.—326页；大32开.—ISBN 7-03-001654-8：12.30元

UNIFY数据库管理系统/胡希明，邬屹松编著.杭州：浙江大学出版社，1990.6.—235页；16开.ISBN 7-308-00395-7：6.65元

TP316　操作系统

计算机键盘录入指法技术/汲伟民等编著.—长春：吉林大学出版社，1990.12.—105页；16开.—ISBN 7-5601-0764-3：3.00元

微机操作系统PC-DOS/尹以森，朱益清编著.—武汉：武汉工业大学出版社，1990.7.—187页；16开.ISBN 7-5629-0394-8：4.85元

微型计算机CP/M操作系统结构分析/郭嵩山编著.—广州：中山大学出版社，1990.12.—258页；16开.—ISBN 7-306-00294-5：7.80元

操作系统/韩仲清主编.—北京：电子工业出版社，1990.9.—160页；32开.—（中华学习实用机大全；3）.—ISBN 7-5053-1048-8：2.20元

操作系统课程设计教程/杭诚方，谈宏编.—上海：上海交通大学出版社，1990.11.—111页；32开.—ISBN 7-313-00729-9：0.80元

操作系统教程：MINIX的设计和实现/（美）坦南鲍姆（Tanenbaum，A.S.）著；陆佑珊，施振川译.—北京：世界图书出版公司，1990.4.—476页；16开.—ISBN 7-5062-0756-7：19.60元

书名原文：Operating Systems Design and Implementation

CYBER NOS/VE用户实用手册/国家气象中心编.—北京：气象出版社，1990.4.—98页；16开.ISBN 7-5029-0460-3：4.50元

IBM-PC计算机简明上机指导书/王金保等编.—武汉：华中理工大学出版社，1990.6.—391页；32开.ISBN 7-5609-0395-9：2.48元

IBM PC DOS V3.20磁盘操作系统使用手册/韩玉彬等编译.—修订本.—北京：电子工业出版社，1990.5.—493页；32开.—（微型计算机软件丛书）.ISBN 7-5053-0417-8：5.80元

本书1988年8月第1版。

MC-DOS多文种操作系统使用手册/钱跃良，杨丽编写.—北京：科学出版社，1990.9.—98页；32开.

ISBN 7-03-002142-8：3.00元

MS-DOS4.0磁盘操作系统使用手册/来文占等编译.—北京：电子工业出版社，1990.10.—281页；16开.—ISBN 7-5053-1000-3：9.00元

UNIX SYSTEM V 内核剖析：研究报告/杨学良等编著.—北京：电子工业出版社，1990.1.—290页；16开.—技术资料.—ISBN 7-5053-0674-X：35.00元

VSE/SP操作系统应用开发指南/黄乐等编.—长沙：国防科技大学出版社，1990.4.—212页；16开.—ISBN 7-81024-111-7：13.90元

XENIX开发系统安装与管理/中国科学院软件研究所编译.—北京：北京科学技术出版社，1990.4.195页；16开.—(XENIX系统V丛书；1).—ISBN 7-5304-0660-4：11.00元

XENIX操作系统　用户参考手册/中国科学院软件研究所编译.—北京：北京科学技术出版社，1990.4.—380页；16开.—(XENIX系统V丛书；3).ISBN 7-5304-0664-7：20.00元

XENIX操作系统　用户指南/中国科学院软件研究所编译.—北京：北京科学技术出版社，1990.4.193页；16开.—(XENIX系统V丛书；2).—ISBN 7-5304-0655-8：12.00元

XENIX操作系统　安装和管理/中国科学院软件研究所编译.—北京：北京科学技术出版社，1990.4.195页；16开.—(XENIX系统V丛书；1).—ISBN 7-5304-0660-4：11.00元

XENIX操作系统　系统管理员指南/中国科学院软件研究所编译.—北京：北京科学技术出版社，1990.4.—284页；16开.—(XENIX系统V丛书；4).—ISBN 7-5304-0663-X：17.00元

TP317　程序包(应用软件)

微机常用管理应用软件包/朱大公等编著.—西安：西安电子科技大学出版社，1990.6.—226页；16开.高等专科学校教材.—ISBN 7-5606-0116-2：2.95元

Quick BASIC高级软件开发工具包/秦笃烈编译.北京：海洋出版社，1990.2.—401页；16开.—(中国科学院希望高级电脑技术公司程序设计丛书).ISBN 7-5027-0877-4：15.50元

SAS软件包应用指南/中国粮食及农业统计中心编.北京：中国统计出版社，1990.4.—226页；16开.(粮农统计丛书；1).—ISBN 7-5037-0363-6：6.40元

SAS(Statistical Analysis System)，大型数据统计分析软件包，用于进行信息存储和检索、数据加工，文件处理、报表生成、统计分析。

XENIX开发系统程序员参考手册/中国科学院软件研究所编译.—北京：北京科学技术出版社，1990.4.—316页；16开.—(XENIX系统V丛书；6).ISBN 7-5304-0647-7：18.50元

XENIX开发系统程序员指导与宏汇编/中国科学院软件研究所编译.—北京：北京科学技术出版社，1990.4.—265页；16开.—(XENIX系统V丛书；5).—ISBN 7-5304-0641-8：16.00元

TP319　各种专用程序

游戏与绘图/韩沖清主编.—北京：电子工业出版社，1990.9.—196页；32开.(中华学习机实用大全：6).—ISBN 7-5053-1058-5：2.50元

BASIC游戏程序30例/苏芳来等编.—南宁：广西教育出版社，1990.2.—330页；32开.—ISBN 7-5435-0773-0：3.10元

MND L软盘：微机模拟教学实验电子电路：模拟部分/刘振江等设计制做.—北京：北京邮电学校出版社，1990.5.—5页；32开.—ISBN 7-5635-0049-9

TP32　一般计算器和计算机

TP323　电子计算器

电子计算器的科学应用/罗少农，罗少彤编译.—广州：广东科技出版社，1990.12.—404页；32开.—ISBN 7-5359-0451-3：5.50元

电子计算器原理与应用/湖北省农机职业技术教育研究会组编；王世仪主编.—武汉：武汉工业大学出版社，1990.12.—205页；32开.—计算技术用书.ISBN 7-5629-0397-2：2.60元

液晶电子计算器的原理与维修/丁筑生编著.—贵阳：贵州科技出版社，1990.8.—163页；32开.—ISBN 7-80584-035-0：2.00元

最新计算器程序及其设计/王震武，许卫编著.—南京：江苏科学技术出版社，1990.6.—162页；32开.ISBN 7-5345-0949-1：2.90元

TP33　电子数字计算机

电子数字计算机原理/唐朔飞编.—2版.—哈尔滨：哈尔滨工业大学出版社，1990.6.—372页；16开.—ISBN 7-5603-0290-4：6.50元

本书1987年4月第1版。

TP331　基本电路

逻辑电路设计方法/张赛毅编著.—北京：北京科学技术出版社，1990.1.—334页；32开.—ISBN 7-5304-0478-4：4.50元

数字电路与逻辑设计课程设计/蒋璇编.—北京：高等教育出版社，1990.8.—256页；大32开.—高等学校教学参考书.—ISBN 7-04-002977-4：2.00元

数字电路及应用/陈景谦编.—北京：高等教育出版社，1990.3.—220页；32开.—中等专业学校系列教材

非电专业通用.—ISBN 7-04-002765-8：1.75元

数字电路手册/(美)兰克(Lenk, J.D.)著；袁忠长译.—北京：机械工业出版社，1990.3.—434页；32开.—ISBN 7-111-01696-3：11.50元

书名原文：Handbook of Digital Electronics

TP332 运算器和控制器

可编程阵列逻辑PAL应用技术/周建民等编著.合肥：中国科学技术大学出版社，1990.10.—212页；16开.—ISBN 7-312-00221-8：8.00元

可编程序调节器及其应用/陈启铎，梁杰申编.—广州：华南理工大学出版社，1990.12.—394页；32开.ISBN 7-5623-0236-7：2.60元

可编程逻辑器件PLD：基本原理·设计技术·应用实例/丁嘉种等编著.—北京：学苑出版社，1990.3.—492页；16开.—ISBN 7-80060-656-2：13.00元

可编程逻辑器件PAL和GAL/孙涵芳，徐爱卿编著.—北京：北京航空航天大学出版社，1990.2.—249页；大32开.—ISBN 7-81012-160-X：4.05元

TP333 存贮器

光盘与光记录材料/王敬义，王长安编著.—武汉：华中理工大学出版社，1990.11.—255页；32开.—ISBN 7-5609-0496-3：1.66元

MOS存储系统及技术/郑筠编著.—北京：科学出版社，1990.3.—431页；大32开.—ISBN 7-03-001498-7：13.80元

TP334/335 外部设备、信息转换

计算机外部设备接口技术及应用/娄田心等编著.长沙：湖南科学技术出版社，1990.2.—289页；16开.—ISBN 7-5357-0642-8：7.30元

汉字终端技术入门/周关兴编著.—北京：人民邮电出版社，1990.2.—435页；32开.—(电信技术普及丛书).—ISBN 7-115-04161-X：5.40元

常用汉字编码字典/周冰洋等编.—北京：宇航出版社，1990.9.—1330页；32开.—ISBN 7-80034-102-X(精装)：19.80元

TP338 各种电子数字计算机

巨型计算机和小巨型计算机/詹文岛编.—北京：石油工业出版社，1990.8.—282页；16开.—(国际数据集团爱奇信息丛书；3).—ISBN 7-5021-0511-5：20.00元

分布式计算机系列/刘键著.—北京：人民邮电出版社，1990.4.—429页；大32开.—ISBN 7-115-03948-8：6.45元

并行处理机与应用/刘重庆编著.—上海：上海交通大学出版社，1990.12.—221页；16开.—ISBN 7-313-00717-5：2.85元

TP34 电子模拟计算机

随机模型与计算机模拟/吴新瞻，吴新垣编著.—北京：电子工业出版社，1990.9.—359页；大32开.高等学校教学用书.—ISBN 7-5053-0875-0：2.95元

TP36 微型计算机

视频设备与微电脑/段玉平主编.—北京：中国广播电视出版社，1990.12.—215页；16开.—ISBN 7-5043-0660-6：7.50元

微电脑检测与控制/陈匡极编著.—上海：上海交通大学出版社，1990.4.—156页；16开.—ISBN 7-313-00613-6：6.00元

微处理机系统设计与实践/夏永平等编著.—上海：上海科学技术文献出版社，1990.6.—447页；16开.ISBN 7-80513-487-1：14.40元

微机实用经验集粹/刘炳文，尹庆德编.—北京：清华大学出版社，1990.8.—367页；32开.—ISBN 7-302-00674-1：5.00元

微机基础与BASIC语言/邬军等主编.—沈阳：辽宁人民出版社，1990.6.—189页；16开.—ISBN 7-205-01259-7：4.60元

微型、小型计算机组成原理/康乃真主编.—北京：机械工业出版社，1990.6.—414页；16开.—高等学校试用教材.—ISBN 7-111-02060-X：5.25元

微型计算机开发系统/雷自强编著.—南京：江苏科学技术出版社；北京：电子工业出版社，1990.8.161页；16开.—高等学校教材.—ISBN 7-5345-0868-1：2.65元

微型计算机技术/刘国荣主编.—北京：机械工业出版社，1990.12.—203页；16开.—高等工科学校适用.—ISBN 7-111-02665-9：5.30元

微型计算机的维修和保养/孙炳荣编著.—上海：同济大学出版社，1990.5.—245页；16开.—ISBN 7-5608-0538-8：5.20元

微型计算机信息管理系统/张毅编著.—北京：国防工业出版社，1990.5.—291页；大32开.—(微型计算机应用丛书).—ISBN 7-118-0053-1：6.55元

微型计算机原理与应用/朱仲英编.—2版(修订本).—上海：上海交通大学出版社，1990.8.—490页；16开.—ISBN 7-313-00697-7：10元

微型计算机原理与应用/赵文忠，李及主编.—北京：机械工业出版社，1990.12.—298页；16开.—高等学校适用.—ISBN 7-111-02764-7：9.50元

微型计算机原理与实验/李慧明等编.—北京：电子工业出版社，1990.4.—250页；16开.—职业高中教

材 计算机技术专业.—ISBN 7-5053-0753-3：5.70元

微型计算机教程/董书圣主编.—北京：蓝天出版社，1990.7.—343页；16开.—ISBN 7-80081-089-5：6.50元

微型计算机基础/唐瑞庭编.—北京：人民邮电出版社，1990.6.—528页；32开.—邮电中等专业学校试用教材.—ISBN 7-115-04210-1：3.00元

微型计算机基础与应用/陈永赋等编.—北京：高等教育出版社，1990.5.—304页；大32开.—中等职业技术学校试用教材.—ISBN 7-04-003159-7：2.35元

微型计算机维修指南/马道钧等编著.—北京：中国广播电视出版社，1990.10.—343页；16开.—ISBN 7-5043-0561-8：12.00元

微型计算机硬件/(日)森下岩著；田友臣译.—北京：科学出版社，1990.11.—250页；大32开.—(微电子学讲座；5).—ISBN 7-03-001889-3：8.70元

微型计算机数据传输基础与实践：RS232C·高级规程·远程技术/(日)宫崎诚一著；陆玉库，于翼译.北京：人民邮电出版社，1990.4.—294页；大32开.ISBN 7-115-03806-6：4.30元

新编微型计算机原理及应用/傅景义，范贻明主编.北京：海洋出版社，1990.7.—365页；16开.—ISBN 7-5027-0658-8：11.00元

IBM-PC兼容机及其应用/王成健等编著.—北京：机械工业出版社，1990.1.—433页；32开.—ISBN 7-111-01414-6：9.80元

IBM-PC/AT及兼容机的构造与硬盘处理/张兴等编著.—合肥：中国科学技术大学出版社，1990.12.164页；16开+附图1册.—ISBN 7-312-00277-7：9.50元

IBM-PS/Z系统软件与硬件/钱培德，董庭辉编著.北京：北京师范学院出版社，1990.9.—256页；16开.ISBN 7-81014-469-3：8.85元

MCS-51系列单片机应用系统设计：系统配置与接口技术/何立民编著.—北京：北京航空航天大学出版社，1990.1.—495页；16开.—ISBN 7-81012-136-7：12.00元

MCS-51单片微型计算机原理与开发/王树勋等编著.—北京：机械工业出版社，1990.9.—272页；16开.—ISBN 7-111-02469-9：8.33元

MCS-96系列8098单片微型计算机/李勋等编著.北京：北京航空航天大学出版社，1990.5.—186页；大32开.—ISBN 7-81012-194-4：3.00元

PC软硬件技术资料大全/(美)Hogan，T.著；计帆译.—北京：清华大学出版社，1990.6.—525页；16开.—ISBN 7-302-00719-5：20.00元

TP361/362　基本电路、控制器

电路图集　第二册：长城系列微型计算机/电子工业出版社编.—北京：电子工业出版社，1990.1.—94页；8开.—(微型计算机电路分析与维修丛书；9).—ISBN7-5053-0549-2：185元

苹果-Ⅱ微型计算机电路原理与故障维修/荣树熙编著.—北京：北京师范大学出版社，1990.4.—245页；大32开.—ISBN 7-303-00720-2：1.95元

微机与电子线路误动作跟踪：硬件故障的彻底解决办法/姚传胤，刘小刚编译.—哈尔滨：哈尔滨工业大学出版社，1990.3.—169页；16开.—ISBN 7-5603-0255-6：4.90元

微型机辅助分析常用电子线路/汪源浚，陶益之著.—北京：科学出版社，1990.12.—200页；32开 ISBN 7-03-002061-8：5.40元

实用微型计算机控制系统设计导论/仇仪杰编著.北京：机械工业出版社，1990.6.—320页；16开.ISBN 7-111-01248-8：16.80元

微电脑可编程序控制器/王东意等编.—上海：上海科学技术文献出版社，1990.7.—134页；16开.—ISBN 7-80513-608-4：4.60元

微机可编程序控制器原理·使用及应用实例/耿文学，华熔编.—北京：电子工业出版社，1990.11.159页；16开.—中国电子学会继续教育教材 CIE-6.—ISBN 7-5053-1148-4：5.00元

TP363/364　存贮器、外部设备

磁盘BASIC入门：微型计算机使用指南/(日)户内顺一著；王玉珊译.—北京：化学工业出版社，1990.1.—133页；16开.—ISBN 7-5025-0264-5：5.20元

电源：中小型UPS不间断电源及直流稳压电源/李成章编著.—北京：电子工业出版社，1990.4.—232页；16开.—(微型计算机电路分析与维修丛书；7).—ISBN 7-5053-0839-4：7.50元

本书比较系统地介绍了最近十几年迅速发展起来的适合于微型计算机用的中、小型UPS不间断电源及微型计算机直流稳压电源。

过程控制系统微机接口技术/任德官主编.—南京：东南大学出版社，1990.12.—592页；大32开.—ISBN 7-81023-224-X：4.20元

微处理机系统的实用接口技术/(美)J.W.科弗龙，W.E.朗著；王先华等译.—北京：人民邮电出版社，1990.9.—389页；大32开.—ISBN 7-115-03971-2：6.10元

微机接口和IBM-PC编程应用实验/朱世鸿编.—合肥：中国科学技术大学出版社，1990.9.—267页；16开.—ISBN 7-312-00169-6：3.50元

微型计算机外设结构与维护：针式打印机/李海田等编.—北京：电子工业出版社，1990.11.—161页；32开.—职业学校教材　计算机技术专业.—ISBN 7-5053-1113-1：2.60元

微型计算机外设结构与维护：软磁盘驱动器/王文培主编.—北京：电子工业出版社，1990.10.—96页；32开.—职业学校教材　计算机技术专业.—ISBN 7-5053-1126-3：1.60元

微型计算机外设结构与维护：显示器与键盘/宋宏斌，杨伟明编.—北京：电子工业出版社，1990.6.—95页；32开.—职业学校教材　计算机技术专业.—ISBN 7-5053-1117-4：1.50元

微型计算机实用测控接口技术/高登芳等编著.—北京：北京科学技术出版社，1990.5.—284页；16开.ISBN 7-5304-0615-9：9.10元

微型计算机接口技术/李大友主编.—北京：高等教育出版社，1990.9.—362页；16开.—全国计算机基础教育系列教材.—ISBN 7-04-003072-1：4.60元

微型计算机接口技术/徐洪吉，李焕平编.—北京：电子工业出版社，1990.3.—284页；32开.—职业高中教材　计算机技术专业.—ISBN 7-5053-0754-1：3.40元

微型计算机接口技术/黎康保，朱宏兴编.—北京：高等教育出版社，1990.10.—301页；16开.—高等学校教学用书.—ISBN 7-01-002908-1：4.25元

IBMPC系列微机接口与通讯原理及实例/李克春主编.—大连：大连理工大学出版社，1990.6.—161页；16开.—ISBN 7-5611-0311-5：2.51元

IBM PC/XT（长城0520）接口技术及其应用/王士元，吴芝芳编著.—天津：南开大学出版社，1990.4.—648页；16开.—ISBN 7-310-00282-2：8.65元

TP368　各种微型计算机

苹果机和中华学习机应用实验与实用制作/胡礼和，周卓伦编著.—北京：清华大学出版社，1990.5.—224页；32开.—（全国星火计划丛书·青少年计算机学习与应用丛书）.—ISBN 7-302-00458-7：2.80元

单片微机MCS-51用户手册/涂时亮，张友德编译.上海：复旦大学出版社，1990.9.—392页；16开.ISBN 7-309-00515-5：10.00元

单片微型计算机应用实例/王晓棠，张开天主编.南京：江苏科学技术出版社，1990.8.—207页；32开.—（微型计算机应用丛书/孙钟秀主编）.—ISBN 7-5345-0993-9：3.60元

单片微型计算机原理与应用/丁志刚，李刚民编.北京：电子工业出版社，1990.5.—366页；32开.职业学校教材　计算机实用电子技术专业.—ISBN 7-5053-0947-1：4.50元

单片微型计算机原理及应用/宋宏远，杨天怡编著.重庆：重庆大学出版社，1990.6.—187页；16开.—ISBN 7-5624-0326-0：4.25元

单片微型计算机原理、接口、应用/徐惠民，安德宁编著.—北京：北京邮电学院出版社，1990.6.—162页；16开.—ISBN 7-5635-0010-3：3.40元

APPLEⅡ微电脑使用方法与技巧/林卓然，莫日华编.—修订本.—广州：中山大学出版社，1990.11.316页；32开.—ISBN 7-306-00225-2：4.80元

本书1986年10月第1版。

IBM个人计算机及兼容机BASIC手册/罗耀光等译.北京：北京邮电学院出版社，1990.6.—299页；大32开.—ISBN 7-5635-0044-8：2.35元

IBM微机系统及其汇编语言程序设计/陈叔瑄编著.厦门：厦门大学出版社，1990.4.—194页；16开.—ISBN 7-5615-0292-3：5.40元

MCS-51系列单片机接口电路与应用程序实例/沈德金等编著.—北京：北京航空航天大学出版社，1990.4.—407页；大32开.—ISBN 7-81012-188-X：5.80元

MCS-51单片机应用设计/张毅刚等编.—哈尔滨：哈尔滨工业大学出版社，1990.8.—387页；16开.ISBN 7-5603-0291-2：9.50元

MCS-51单片微型计算机/时天保，姚琨岚编.—峨眉山：西南交通大学出版社，1990.2.—182页；16开.—ISBN 7-81022-154-X：3.70元

本书介绍了MCS—51系列单片微型计算机的系统结构、存储器和布尔处理器、指令系统、汇编程序与汇编语言程序设计、外部功能扩展和应用实例等。

MCS-51单片微型计算机原理与开发/王树勋等编著.—北京：机械工业出版社，1990.9.—272页；16开.—ISBN 7-111-02469-9：8.33元

MCS-51、96系列单片微型计算机及其应用/薛钧义，张彦斌编.—西安：西安交通大学出版社，1990.6.—284页；16开.—ISBN 7-5605-0293-8：3.65元

PC1500系统分析扩展技术及应用集锦/彭毅编著.北京：清华大学出版社，1990.8.—152页；16开.ISBN 7-302-00678-4：5.80元

8098单片机原理及系统设计技术/赵依军，胡戎编.武汉：华中理工大学出版社，1990.3.—256页；16开.—ISBN 7-5609-0463-7：9.50元

TP39　计算机的应用

大学生常用数学微机计算/（日）平田光穗等著；孔蜀江，宋湘河译.—长沙：中南工业大学出版社，1990.2.—230页；16开.—ISBN 7-81020-296-0：

3.00元

计算机与社会发展/陈厚云著.—长春：吉林教育出版社，1990.3.—242页；32开.—(科技·教育与进步丛书/杨沛霆主编).—ISBN 7-5383-0924-1(精装)：4.00元

计算机及应用专业评估实践与理论探讨/姚志清主编.—西安：西安电子科技大学出版社，1990.6.—310页；16开.—ISBN 7-5606-0121-9：5.90元

计算机应用人才培训规范/机械电子工业部计算机技术培训中心编.—北京：科学出版社，1990.8.—106页；16开.—ISBN 7-03-002234-3：4.50元

计算机应用与通信知识/《计算机应用与通信知识》编写组编.—北京：群众出版社，1990.8.—330页；32开.—人民警察学校统编试用教材.—ISBN 7-5014-0509-3：3.40元

计算机应用基础/王利，徐孝凯编.—北京：中央广播电视大学出版社，1990.10.—336页；16开.—ISBN 7-304-00543-2：5.90元

计算机应用基础/刘执中主编.—长春：吉林大学出版社，1990.12.—272页；16开.—ISBN 7-5601-0726-5：6.20元

计算机应用基础：高等学校财经类专业核心课程教学大纲/魏晴宇主编.—成都：四川人民出版社，1990.6.—35页；32开.—ISBN 7-220-00942-9：0.65元

计算机应用基础实验/徐孝凯编.—北京：中央广播电视大学出版社，1990.10.—112页；16开.—ISBN 7-304-00542-4：2.20元

计算机普及与应用精要/任重远编著.—北京：海洋出版社，1990.1.—337页；32开.—ISBN 7-5027-0648-8：5.50元

微计算机应用基础/叶其寿，陈玉彬编著.—武汉：武汉工业大学出版社，1990.6.—269页；16开.—ISBN 7-5629-0357-3：5.00元

本书介绍Z80微处理机及STD工业控制机，6502微处理机及APPLEⅡ微计算机，Intel8088微处理机及IBM—PC微计算机，MCS—51单片机，A/D，D/A转换等结构原理及应用技术。

微机应用/能源部电力司组编.—北京：水利电力出版社，1990.9.—299页；16开.—用电管理培训教材.—ISBN 7-120-01210-X：12.40元

微型计算机应用/湖南省技术教育计算机教研会编.—北京：机械工业出版社，1990.—221页；16开.ISBN 7-111-02044-8：4.55元

TP391　信息处理(信息加工)

工程信号处理技术/雷维尧等编著.—重庆：重庆大学出版社，1990.5.—191页；16开.—ISBN 7-5624-0301-5：2.52元

分布式数据处理/谢立，孙钟秀编著.—北京：国防工业出版社，1990.6.—270页；大32开.—(微型机算机应用丛书).—ISBN 7-118-00590-8：6.10元

计算机文字处理与信息管理/吴良占等编写.—杭州：杭州大学出版社，1990.9.—266页；16开.—华东高校计算机基础教学研究会推荐教材.—ISBN 7-81035-051-X：7.50元

计算机矢量汉字的制作与应用/舒代宁等编著.—北京：科学出版社，1990.4.—90页；32开.—ISBN 7-03-001813-3：2.50元

汉字信息处理/王绪龙等编著.—北京：国防工业出版社，1990.4.—224页；16开.—高等学校教材.ISBN 7-118-00626-2：2.90元

实用汉字信息处理技术/韩仲清主编.—成都：电子科技大学出版社，1990.5.—187页；16开.—ISBN 7-81016-194-6：4.40元

微型计算机汉字处理与录入/李瑞龙等编.—北京：电子工业出版社，1990.9.—90页；32开.—职业高中教材　计算机技术专业.—ISBN 7-5053-1125-5：1.50元

IBM-PC微型计算机及其兼容机汉字信息处理实用技术/楼瑞生，程美雯编.—峨眉山：西南交通大学出版社，1990.11.—178页；16开.—ISBN 7-81022-191-4：2.75元

XENIX正文处理系统与VP/IX系统/中国科学院软件研究所编译.—北京：北京科学技术出版社，1990.4.—460页；16开.—(XENIX系统V丛书；10).—ISBN 7-5304-0667-1：22.00元

TP391.4　模式识别装置

工程计算机图形学/孟大强，朱喜林主编.—北京：机械工业出版社，1990.2.—202页；16开.—ISBN 7-111-01955-5：9.70元

计算机图形学/陈真，孙伟编译.—北京：北京航空航天大学出版社，1990.1.—306页；16开.—ISBN 7-81012-046-8：3.95元

计算机图形学及CAD/杨名生著.—北京：中国科学技术出版社，1990.10.—338页；16开.—ISBN 7-5046-0117-9：8.50元

计算机图形学教程/唐崇锡等编著.—北京：科学出版社，1990.4.—478页；大32开.—ISBN 7-03-001517-7：9.30元

计算机图形学算法和实践/何援军著.—长沙：湖南科学技术出版社，1990.8.—291页；16开.—ISBN 7-5357-0525-1：8.80元

计算机图形显示技术/杨彭基等编著.—北京：国防工业出版社，1990.1.—129页；大32开.—(飞机制造技术丛书/罗时大主编).—ISBN 7-118-00428-6：3.05元

计算机图形显示原理：硬件/余理富等编著.—长沙：国防科技大学出版社，1990.12.—318页；32开.

ISBN 7-81024-125-7：2.30元

计算机图学/贾本立，石美岭主编.—西安：西北工业大学出版社，1990.4.—240页；16开.—高等学校教材.—ISBN 7-5612-0237-7：3.12元

计算机图像处理/荆仁杰等编.—杭州：浙江大学出版社，1990.6.—568页；大32开.—ISBN 7-308-00541-0：4.45元

计算机视觉/罗宇华编著.—北京：人民邮电出版社，1990.8.—182页；32开.—（电信技术普及丛书）.—ISBN 7-115-04223-3：2.20元

计算机绘图/应道宁等编著.—杭州：浙江大学出版社，1990.6.—270页；16开.—ISBN 7-308-00405-8：3.90元

实用微计算机图形学/查良琦等编著.—北京：电子工业出版社，1990.6.—251页；16开.—ISBN 7-5053-0702-9：5.95元

微计算机制图原理及应用/琚建华编著.—昆明：云南大学出版社，1990.7.—234页；16开.—ISBN 7-81025-066-3：4.50元

微机绘图原理与程序设计/赵家惠主编.—北京：北京理工大学出版社，1990.8.—419页；16开.—ISBN 7-81013-322-5：5.65元

微型机自动绘图系统AUTO　CAD/夏泽政编著.北京：中国铁道出版社，1990.2.—359页；32开.ISBN 7-113-00471-7：5.30元

模式识别与图像处理/戚飞虎等译.—上海：上海交通大学出版社，1990.2.—467页；16开.—ISBN 7-313-00621-7：5.80元

模式识别应用/傅京孙主编；程民德等译.—北京：北京大学出版社，1990.2.—423页；大32开.—ISBN 7-301-00562-8：5.45元

IBM-PC图形处理入门/金连甫，王泽兵著.—重庆：科学技术文献出版社重庆分社，1990.11.—333页；32开.—（计算机科学与技术丛书）.—ISBN 7-5023-1186-6：3.70元

IBM-PC/LASER310　图形集/庄志荣著.—北京：科学普及出版社，1990.6.—147页；16开.—ISBN 7-110-01613-7：12元

XENIX开发系统图形界面CGI/中国科学院软件研究所编译.—北京：北京科学技术出版社，1990.4.239页；16开.—（XENIX系统V丛书；9）.—ISBN 7-5304-0646-9：15.00元

TP391.7　机器辅助技术

计算机辅助几何造型技术/孙家广等编著.—北京：清华大学出版社，1990.2.—316页；16开.—（计算机辅助设计丛书）.—ISBN 7-302-00570-2：4.40元

计算机辅助工艺过程设计原理/杜裴，黄乃康编.北京：北京航空航天大学出版社，1990.12.—223页；16开.—ISBN 7-81012-176-6：3.75元

计算机辅助可靠性工程/周广涛著.—北京：宇航出版社，1990.10.—636页；大32开.—ISBN 7-80034-349-9：11.20元

计算机辅助机械制造/吴锡英编.—南京：东南大学出版社，1990.5.—242页；16开.—ISBN 7-81023-271-1：3.10元

计算机辅助设计及图形学入门/金瑞椿等编著.—上海：同济大学出版社，1990.10.—269页；16开.—ISBN 7-5608-0583-3：7.80元

计算机辅助设计技术基础/孙家广等编著.—北京：清华大学出版社，1990.9.—322页；16开.—（计算机基础教育丛书）.—ISBN 7-302-00654-7：4.15元

计算机辅助设计（CAD）原理及应用/（　）巴尔（Barr，P.C.）等著；王洪才等译.—北京：冶金工业出版社，1990.5.—197页；大32开.—ISBN 7-5024-0635-2：4.55元

书名原文：CAD Principles and Applications

计算机辅助教学/万嘉若，祝智庭编著.—北京：科学普及出版社，1990.4.—314页；32开.—ISBN 7-110-01030-9：6.50元

机械CAD基础与应用/张锡安等编著.—北京：兵器工业出版社，1990.6.—190页；16开.—ISBN 7-80038-208-7：7.50元

真三维CAD系统—CADKEY及其应用/陆发兴等编著.—成都：四川科学技术出版社，1990.2.—319页；16开.—ISBN 7-5364-1576-1：6.90元

VLSI计算机辅助设计理论方法/唐璞山主编.—上海：复旦大学出版社，1990.5.—403页；16开.—ISBN 7-309-00306-3：5.45元

TP392　各种专用数据库

分布式数据库/杨成忠，郑怀远编著.—哈尔滨：黑龙江科学技术出版社，1990.10.—271页；16开.—高等学校教材.—ISBN 7-5388-1026-9：3.50元

汉字dBASEⅢ及ⅢPLUS应用程序实例集锦/福通等编著.—北京：清华大学出版社，1990.5.—680页；32开.—ISBN 7-302-00600-8：8.40元

汉字dBASEⅢ原理与应用/王云宜等编.—修订版.北京：电子工业出版社，1990.10.—254页；16开.ISBN 7-5053-1024-4：5.20元

汉字dBASEⅢ教程/李淑华主编.—沈阳：辽宁人民出版社，1990.1.—172页；16开.—ISBN 7-205-01260-0：4.95元

汉字dBASEⅢ数据库管理系统/孙家启，吴国凤主编；王晓立等编.—北京：兵器工业出版社，1990.1.

291页；16开.—ISBN 7-80038-170-6：7.10元

汉字dBASEⅣ实用手册/北方交通大学计算所编.—北京：电子工业出版社，1990.6.—746页；16开.ISBN 7-5053-0757-6：25.00元

汉字dBASEⅢ程序设计/邵存蓓主编.—上海：上海科学技术文献出版社，1990.8.—231页；16开.—ISBN 7-80513-653-X：5.40元

汉字dBASEⅢ⁺FOXBASE⁺及其应用/陈光中等编著.—广州：华南理工大学出版社，1990.6.—303页；16开.—ISBN 7-5623-0112-3：3.85元

关系型数据库汉字FOXBASE⁺原理及应用/许俊杰等编著.—北京：北京科学技术出版社，1990.10.295页；16开.—ISBN 7-5304-0819-4：9.80元

关系数据库/(美)杨超植著；刘动天等译.—北京：电子工业出版社，1990.1.—217页；16开.—ISBN 7-5053-0668-5：5.30元

本书共九章，内容包括：关系数据库中的基本数学概念，关系数据库模型，关系代数，关系谓词演算，函数依赖，多值依赖，联接依赖，规范化，查询语言与数据库管理系统。

关系数据库管理系统/江向东编著.—北京：机械工业出版社，1990.12.—552页；大32开.—ISBN 7-111-01814-1：17.40元

实用汉字dBASEⅢ教程/吴洪森编著.—杭州：浙江大学出版社，1990.1.—321页；大32开.—ISBN 7-308-00397-3：3.95元

实用数据库管理系统汇编　(一)/萨师煊，王珊编.—北京：高等教育出版社，1990.4.—295页；16开.—高等学校试用教材.—ISBN 7-04-002733-4：4.20元

高速关系数据库管理系统：汉字FoxBASE plus教程/宗振铎主编；夏新华等编写.—西安：西安交通大学出版社，1990.1.—1册(360，24页)；16开.ISBN 7-5605-0304-7：7.50元

本书介绍了汉字FoxBASE plus的特点，及其应用于财务、物资等信息管理系统的方法和技巧。

新一代高性能关系数据库系统：汉字dBASE Ⅳ/沈金发，郑甫京编著.—北京：清华大学出版社，1990.7.—527页；16开.—ISBN 7-302-00669-5：11.50元

数据库设计和管理基础/崔巍，于志钧编著.—北京：高等教育出版社，1990.9.—301页；16开.—高等学校试用教材.—ISBN 7-04-002907-3：4.25元

数据库管理系统实现技术/周龙骧编著.—武汉：中国地质大学出版社，1990.12.—243页；16开.—ISBN 7-5625-0472-5：4.20元

C-dBASEⅢ数据库应用/何宗琦，张志刚编.—北京：高等教育出版社，1990.4.—274页；16开.—中等专业学校试用教材.—ISBN 7-04-002904-9：3.00元

dBASE的使用与操作实验指导书/翁瑞琪，高天真编.—天津：天津大学出版社，1990.8.—61页；16开.—(计算机实验指导丛书).—ISBN 7-5618-0064-9：1.00元

SQL语言与关系数据库管理系统DB2/(美)C.J戴特著；潘正伯等译.—北京：电子工业出版社，1990.1.—320页；大32开.—(微计算机丛书).—ISBN 7-5053-0695-2：4.50元

VAX Rdb/VMS关系数据库使用入门/林卓然编.广州：中山大学出版社，1990.6.—105页；16开.ISBN 7-306-00321-6：4.20元

TP393　计算机网络

互连网络结构分析/王鼎兴，陈国编著.—北京：科学出版社，1990.10.—493页；大32开.—ISBN 7-03-001621-1：18.00元

计算机网络：协议、标准与接口/(美)布莱克(Black，U)著；汤毅坚译.—北京：人民邮电出版社，1990.10.—491页；大32开.—ISBN 7-115-04345-0：7.35元

书名原文：Computer Networks

计算机网络及其接口分析/胡世熙，王达恩编著.重庆：科学技术文献出版社重庆分社，1990.10.—450页；16开.—ISBN 7-5023-1176-9：10.40元

计算机网络问答200例/高传善编著.—北京：国防工业出版社，1990.1.—178页；32开.—ISBN 7-118-00516-9：3.00元

计算机网络通信与协议/梁振军编.—北京：石油工业出版社，1990.2.—520页；16开.—ISBN 7-5021-0230-2：10.50元

计算机网络基础研究论文集/李华天，刘积仁编.沈阳：东北工学院出版社，1990.4.—163页；16开.ISBN 7-81006-238-7：10.50元

计算机局域网/胡道元编著.—北京：清华大学出版社，1990.9.—210页；16开.—高等学校教材.—ISBN 7-302-00668-7：3.15元

局部网的结构与协议/熊发骥编著.—北京：兵器工业出版社，1990.9.—231页；16开.—高等学校教材.ISBN 7-80038-228-1：3.05元

局部网络基础/陈良宽编著.—北京：电子工业出版社，1990.7.—241页；16开.—高等学校教材.—ISBN 7-5053-0874-2：3.35元

神经网络系统理论/焦李成著.—西安：西安电子科技大学出版社，1990.12.—284页；16开.—ISBN 7-5606-0157-X：8.00元

宽带计算机网络设计与实现/王光兴主编.—沈阳：东北工学院出版社，1990.10.—472页；大32开.(计算机·通信·自动控制·系统工程丛书；2).ISBN 7-81006-117-8：3.76元

数据保护与加密 计算机网络的安全性/（日）一松信主编；周保太译.—重庆：西南师范大学出版社，1990.4.—255页；32开.—ISBN 7-5621-0363-1：2.70元

DECnet计算机网络的结构与实现：DECnet-VAX软件分析/中国电子设备系统工程公司研究所编著.—北京：电子工业出版社，1990.9.—754页；16开.—ISBN 7-5053-0737-1：40.00元

DECnet网络及其应用/冯杰等编著.—北京：科学出版社，1990.12.—318页；16开.—ISBN 7-03-002219-X：10.30元

IBM PC联网原理及应用/应吉康等编著.—北京：清华大学出版社，1990.1.—175页；16开.—中国计算机服务公司全国技术培训网统编教材.—ISBN 7-302-00558-3：5.50元

TP7 遥感技术

中国典型地物波谱及其特征分析/童庆禧等编著.北京：科学出版社，1990.7.—632页；16开.—ISBN 7-03-002030-8：32.00元

中国遥感技术系统的软科学研究/阎守邕等编.—北京：中国科学技术出版社，1990.10.—99页；16开.ISBN 7-5046-0277-9：4.00元

航天遥感CCD推帚式成象系统/韩心志编.—哈尔滨：哈尔滨工业大学出版社，1990.12.—117页；16开.—哈尔滨工业大学研究生教材.—ISBN 7-5603-0298-X：2.00元

遥感大辞典/陈述彭主编.—北京：科学出版社，1990.10.—1057页；彩图24页；16开.—ISBN 7-03-002031-6（精装）：78.00元

遥感应用的实践与创新：中国科学院遥感应用研究所十周年：1980～1990/童庆禧，周上益编.—北京：测绘出版社，1990.2.—297页；16开.—ISBN 7-5030-0407-X：9.50元

遥感图象专题制图/邬尚辉编著.—武汉：华中师范大学出版社，1990.10.—291页；大32开.—ISBN 7-5622-0595-7：3.20元

本书论述遥感图象专题制图的理论和方法，论述地表主要覆盖类型的遥感图象判读与制图。

遥感图象信息处理/许殿元，丁树柏著.—北京：宇航出版社，1990.12.—290页；16开.—ISBN 7-80034-377-4：11.00元

遥感遥测及计算机应用/中国科学院地理研究所新技术室编.—北京：气象出版社，1990.8.—206页；16开.—ISBN 7-5029-0485-9：10.50元

遥感数字制图原理与方法/赵锐编著.—北京：测绘出版社，1990.2.—149页；32开.—ISBN 7-5030-0339-1：5.90元

TQ 化学工业

工人岗位规范手册：能力、知识：化工、医药、炼油卷/上海市经济委员会编.—上海：上海科学普及出版社，1990.7.—956页；16开.—ISBN 7-5427-0320-X（精装）：35.00元

化工百科全书 第1卷：锕系元素和锕系后元素—丙烯酰胺聚合物/《化工百科全书》编辑委员会编.—北京：化学工业出版社，1990.12.—910页；16开.—ISBN 7-5025-0838-4（精装）：39.80元

英汉日用化学工业词汇/张余善主编.—北京：轻工业出版社，1990.5.—483页；32开.—ISBN 7-5019-0648-3（精装）：15.00元

实用化学和小化工/张立新，涂长信主编.—北京：中国商业出版社，1990.12.—216页；32开.—ISBN 7-5044-0756-9：2.50元

TQ0 一般性问题

TQ01 基础理论

工厂化学分析计算/王绍模编.—北京：国防工业出版社，1990.11.—202页；32开.—ISBN 7-118-00377-8：3.35元

化工工艺学/崔英德编著.—广州：广东高等教育出版社，1990.8.—216页；32开.—高等院校教学参考书.—ISBN 7-5361-0526-6：1.60元

化工计算/郁浩然，鲍浪编著.—北京：中国石化出版社，1990.12.—409页；16开.—ISBN 7-80043-113-4：11.20元

化工计算/葛婉华，陈鸣德编.—北京：化学工业出版社，1990.6.—272页；16开.—高等学校教材.—ISBN 7-5025-0699-3：3.70元

化工节能热力学原理/骆赞椿，徐汛编著.—北京：烃加工出版社，1990.1.—359页；32开.—ISBN 7-80043-036-7：4.80元

化工动力学解题指南/（美）史密斯（Smith，J.M.）著；夏代宽等译.—北京：化学工业出版社，1990.3.—385页；16开.—ISBN 7-5025-0373-0：14.60元

化工热力学/中国化工学会教育工作委员会组织编写；黄承遇等编著.—北京：化学工业出版社，1990.6.—501页；32开.—化工继续工程教育系列教材.—ISBN 7-5025-0705-1：9.30元

化工热力学/金克新等编.—天津：天津大学出版社，1990.12.—289页；16开.—ISBN 7-5618-0217-X：3.80元

化工基础/李再资等编.—广州：华南理工大学出版社，1990.2.—365页；32开.—ISBN 7-5623-0149-

2：2.30元

化工基础热力学/褚毓桐主编.—北京：烃加工出版社，1990.10.—365页；32开.—石油化工大专院校统编教材.—ISBN 7-80043-152-5：3.20元

化学工艺学/崔恩选主编.—2版.—北京：高等教育出版社，1990.5.—313页；16开.—全国高等师范专科学校教材.—ISBN 7-04-002867-0：4.00元

本书1985年4月第1版。

计算机化学方法及应用/许禄，郭传杰编著.—北京：化学工业出版社，1990.10.—334页；32开.—ISBN 7-5025-0736-1：6.40元

TQ02　化工过程

工程流体流动与热交换/（美）利文斯皮尔（Leevnspiel，O.）著；王绍亭等译.—天津：天津大学出版社，1990.8.—371页；大32开.—ISBN 7-5618-0188-2：3.10元

化工工艺设计概论/王广铨等编.—长春：吉林大学出版社，1990.6.—330页；32开.—ISBN 7-5601-0507-6：4.20元

化工工艺设计概论/赵国方编著.—北京：原子能出版社，1990.10.—217页；大32开.—ISBN 7-5022-0279-X：5.50元

化工动态学/王骧程编.—北京：化学工业出版社，1990.9.—323页；32开.—（化工自动化丛书）.ISBN 7-5025-0696-9：6.00元

化工过程控制/（日）橡田荣一，中西英二著；陶林，陶兴文译.—北京：化学工业出版社，1990.6.262页；32开.—ISBN 7-5025-0695-0：5.00元

化工过程最优控制/邵惠鹤编.—北京：化学工业出版社，1990.4.—513页；32开.—（化工自动化丛书）.—ISBN 7-5025-0667-5：9.30元

化工系统分析与模拟/彭秉璞编.—北京：化学工业出版社，1990.11.—218页；16开.—高等学校教材.—ISBN 7-5025-0773-6：3.00元

化工原理　上册/谭天恩等编著.—2版.—北京：化学工业出版社，1990.6.—356页；16开.—高等学校教材.—ISBN 7-5025-0717-5：4.80元

本书1984年6月第1版。

化工原理例题与习题/姚玉英主编.—2版.—北京：化学工业出版社，1990.6.—501页；16开.—高等学校教学用书.—ISBN 7-5025-0539-3：6.55元

本书1983年12月第1版。

化工原理课程设计/汤金石编.—北京：化学工业出版社，1990.6.—345页；16开.—中等专业学校教材.—ISBN 7-5025-0707-8：3.95元

化工原理基础理论　上册：流体流动/于震江，傅振英编著.—徐州：中国矿业大学出版社，1990.9.198页；16开.—高等学校教学用书.—ISBN 7-81021-283-4：2.65元

化学工程/陆震维编著.—北京：化学工业出版社，1990.3.—163页；32开.—（化工新技术知识普及丛书）.—ISBN 7-5025-0360-9：3.50元

化学工程概论/日本化学工程协会编；陈松茂，楼益明译.—上海：上海科技文献出版社，1990.3.—261页；32开.—ISBN 7-80513-537-1：4.40元

基础化学工程　上册/江体乾等编.—2版（修订版）.—上海：上海科学技术出版社，1990.3.—481页；16开.—ISBN 7-5323-1136-8：18.90元

基础化学工程　下册/江体乾等编.—2版（修订版）.—上海：上海科学技术出版社，1990.8.—410页；16开.—ISBN 7-5323-1471-5：16.00元

TQ021　基础理论

过程系统优化/沈静珠编著.—北京：机械工业出版社，1990.9.—450页；32开.—ISBN 7-111-02046-4：9.80元

传质-反应过程/谭天恩等编著.—杭州：浙江大学出版社，1990.2.—227页；大32开.—ISBN 7-308-00228-4：1.80元

传递动力学/（日）国井大藏，古琦新太郎著；张克，张立平译.—北京：烃加工出版社，1990.7.—293页；32开.—ISBN 7-80043-088-X：3.90元

本书介绍了传递过程的基本知识和物性参数，介绍了流体力学的基本理论，讨论了层流场、边界层和湍流场的传递动力学，还通过应用实例，介绍了一些复合传递过程。

传递过程原理/刘谦编.—北京：高等教育出版社，1990.6.—387页；大32开.—高等学校教学参考书.IBSN 7-04-001972-8：3.05元

本书内容包括传递过程微分方程，不可压缩流体运动，边界层理论，湍流，导热，对流换热，传质的基本概念，分子扩散，对流传质等方面的基本内容。

传递现象/（美）伯德（Bird，R.B.）等著；袁一等译.—北京：化学工业出版社，1990.6.—886页；大32开.—ISBN 7-5025-0610-1：19.00元

书名原文：Transport Phenomena

流体相平衡的分子热力学/（美）普劳斯尼茨（Prausnitz，J.M.）等著；骆赞椿等译.—北京：化学工业出版社，1990.6.—671页；大32开.—ISBN 7-5025-0400-1：14.50元

TQ028　分离过程

化学工程中的平衡级分离操作/（美）享利（Henley，E.J.），希德（Seader，J.D.）著；许锡恩等译.—北京：化学工业出版社，1990.4.—814页；大32开.—ISBN 7-5025-0294-7：18.40元

书名原文：Equilibrium-Stage Sepantion Operation in Chemical Engineering

固液分离/(英)斯瓦罗夫斯基(Svarovsky, L.)著；朱企新等译.—北京：化学工业出版社，1990.4.—580页；大32开.—ISBN 7-5025-0394-3：13.30元
书名原文：Solid Tiquid Separation

离子交换应用技术/王方编译.—北京：北京科学技术出版社，1990.2.—349页；16开.—ISBN 7-5304-0578-0：11.50元

精馏计算的现状与发展/高为辉编.—北京：高等教育出版社，1990.6.—144页；大32开.—高等学校教学参考书.—ISBN 7-04-001949-3：1.35元

TQ03　化学反应过程

工业应用催化　第一卷/(美)利奇(Leach, B. E.)主编；朱洪法译.—北京：烃加工出版社，1990.4.—341页；32开.—ISBN 7-80043-101-0：4.70元

工业催化过程导论/顾伯锷，吴震霄编著.—北京：高等教育出版社，1990.6.—537页；大32开.—ISBN 7-04-002330-X：4.80元

化学反应工程/陈甘棠主编.—2版.—北京：化学工业出版社，1990.11.—281页；16开.—高等学校教材.—ISBN 7-5025-0785-X：3.80元
本书1982年7月第1版。

化学反应工程基本原理/毛之侯等编著.—北京：化学工业出版社，1990.11.—422页；32开.—化工继续工程教育系列教材.—ISBN 7-5025-0810-4：9.30元

反应工程/李绍芬主编.—北京：化学工业出版社，1990.6.—423页；大32开.—高等学校教材.—ISBN 7-5025-0712-4：3.50元

精细有机合成单元反应/张铸勇等编.—上海：华东化工学院出版社，1990.6.—471页；大32开.—ISBN 7-5628-0078-1：3.70元

TQ04　化工原料、辅助物料

助剂品种手册/黄茂福主编.—北京：纺织工业出版社，1990.5.—419页；32开.—ISBN 7-5064-0446-X：5.85元

TQ05　化工机械与设备

化工机械/谢丰毅等编.—2版.—北京：化学工业出版社，1990.4.—310页；32开.—ISBN 7-5025-0493-1：5.70元
本书1964年10月第1版。

化工机械力学基础/黄载生主编.—北京：化学工业出版社，1990.11.—241页；16开.—高等学校教材.—ISBN 7-5025-0768-X：3.30元

化工机械材料腐蚀与防护/陈匡民主编.—北京：化学工业出版社，1990.11.—187页；16开.—高等学校教材.—ISBN 7-5025-0784-1：2.60元

化工机械技术辞典/曹桂馨等编.—上海：华东化工学院出版社，〔1990〕.—1册(349，18页)；32开.—ISBN 7-5628-0035-9(精装)：9.95元

化工机械制造/姚慧珠，郑海泉编.—北京：化学工业出版社，1990.6.—263页；16开.—高等学校教材.—ISBN 7-5025-0719-1：3.55元

化工机械制造工艺学/萧前主编.—北京：烃加工出版社，1990.9.—349页；16开.—石油化工大专院校统编教材.—ISBN 7-80043-137-8：4.80元

化工机械基础　上册/韩叶象主编.—2版.—北京：高等教育出版社，1990.4.—194页；16开.—中等专业学校教材.—ISBN 7-04-002884-0：2.35元
本书1980年2月第1版。

化工机械基础　下册/韩叶象主编.—2版.—北京：高等教育出版社，1990.4.—494页；16开.—高等专业学校教材.—ISBN 7-04-002885-9：3.20元
本书1980年2月第1版。

化工机械基础辅导与练习/曾正宇，周应胜主编；四川省化工职业技术教育研究会编.—成都：四川科学技术出版社，1990.12.—167页；16开.—化工中等职业技术教育通用.—ISBN 7-5364-1883-3：4.50元

化工机械维修/赵振山编.—北京：化学工业出版社，1990.5.—207页；16开.—化工技工学校生产实习(试用)教材.—ISBN 7-5025-0670-5：4.95元

化工自动化及仪表/张蕴端主编.—2版.—上海：华东化工学院出版社，1990.12.—384页；大32开.ISBN 7-5628-0107-X：2.95元
本书1987年6月第1版。

化工自动化仪表维检修基本知识问答/刘焕辉编.北京：化学工业出版社，1990.6.—339页；32开.ISBN 7-5025-0688-8：6.40元

化工设备及设计/钱颂文，吴家声主编.—武汉：华中理工大学出版社，1990.11.—148页；16开.ISBN 7-5609-0475-0：2.04元

化工制图/江会保主编.—北京：化学工业出版社，1990.6.—259页；16开.—中等专业学校教材化工类各专业适用.—ISBN 7-5025-0714-0：3.05元

化工制图习题集/李华主编.—北京：化学工业出版社，1990.5.—1册；8开.—中等专业学校教材　化工类各专业适用.—ISBN 7-5025-0715-9：2.95元

化工制图基础/武汉大学化学系化工教研室编.—2版.—北京：高等教育出版社，1990.5.—180页；16开.—高等学校教材.—ISBN 7-04-002863-8：2.45元

化工容器设计/王志文主编.—北京：化学工业出版社，1990.11.—269页；16开.—高等学校教材.—ISBN 7-5025-0770-1：3.70元

化工腐蚀与防护/丁丕治主编.—北京:化学工业出版社,1990.11.—751页;16开.—中等专业学校教材.—ISBN 7-5025-0772-8:1.90元

分离机械产品样本/机械电子工业部编.—北京:机械工业出版社,1990.6.—508页;16开.—ISBN 7-111-02022-7:33.40元

石油化工容器及设备/赵克勤等编.—武汉:华中理工大学出版社,1990.12.—246页;16开.—高等学校试用教材.—ISBN 7-5609-0430-0:3.30元

现代塔器技术/兰州石油机械研究所主编.—北京:烃加工出版社,1990.5.—959页;16开.—ISBN 7-80043-015-4(精装):26.50元

真空设备设计/樊丽秋主编.—上海:上海科学技术出版社,1990.1.—350页;16开.—(化工设备设计全书).—ISBN 7-5323-0785-9(精装):14.15元

美国国家腐蚀工程师协会标准选编/中国化工防腐蚀技术协会,化工部化工防腐蚀科技情报中心站组织翻译.—北京:化学工业出版社,1990.10.—245页;大32开.—ISBN 7-5025-0789-2:6.50元

TQ06　化工生产过程、最后处理及包装

小化工生产技术指导/陈康宁主编;林纪筠等编写.—上海:上海科学技术出版社,1990.12.—394页;32开.—ISBN 7-5323-2237-8:4.50元

化工密封技术/胡国桢等主编.—北京:化学工业出版社,1990.9.—605页;大32开.—ISBN 7-5025-0743-4:11.60元

精细化工后处理装备/洪家宝主编.—北京:化学工业出版社,1990.11.—310页;16开.—ISBN 7-5025-0807-4:15.00元

TQ07　化工产品与副产品

乡镇化工:(Ⅱ):建材·塑料·酿酒·日用化工/郭同宽编著.—福州:福建教育出版社,1990.6.74页;32开.—(燎原计划丛书/钱伟长,马大猷主编).—ISBN 7-5334-0679-6:0.76元

日用化学与精细化工配方　上册/相宝英编著.—北京:轻工业出版社,1990.12.—508页;32开.—ISBN 7-5019-0812-5:12.60元

化工小产品实用技术/张文富主编.—天津:天津科学技术出版社,1990.3.—464页;32开.—ISBN 7-5308-0613-0:6.20元

化工小商品生产法　第四集:纺织、印染、电镀、塑胶助剂专集/唐振球等编著.—长沙:湖南科学技术出版社,1990.4.—462页;32开.—ISBN 7-5357-0682-7:5.60元

化工小商品生产法　第五集/黄圣恒编著.—长沙:湖南科学技术出版社,1990.4.—220页;32开.—ISBN 7-5337-0683-5:2.70元

化工产品应用手册:涂料·颜料/上海市化轻公司第二化工供应部,油漆供应部编.—上海:上海科学技术出版社,1990.4.—989页;32开.—ISBN 7-5323-1977-6(精装):12.00元

化工产品应用手册:塑料·橡胶·粘合剂/上海市化轻公司第二化工供应部,化工胶粘剂供应部编.上海:上海科学技术出版社,1990.5.—832页;32开.—ISBN 7-5323-2007-3(精装):10.90元

化工产品实用手册　(三)/陈松茂,翁世伟主编.上海:上海科学技术文献出版社,1990.10.—700页;32开.—ISBN 7-80513-649-1(精装):14.25元

本书汇编了上海市化工轻工供应公司经销、代销为主的有机中间体化工产品,较详细地介绍了每个产品的性状、生产工艺及流程、消耗定额、质量规格、用途、包装贮运及危险特性、生产厂家。

国外最新精细化工产品配方及工艺/王道等编译.北京:北京科学技术出版社,1990.8.—334页;32开.—ISBN 7-5304-0628-0:4.50元

实用化工产品配方工艺手册/郭延福编.—2版.(修订版).—长春:吉林科学技术出版社,1990.1.876页;32开.—ISBN 7-5384-0470-8:9.20元

本书原名《实用化学化工配方手册》,1986年1月第1版。

实用精细化工药剂/肖子英编著.—天津:南开大学出版社,1990.6.—207页;32开.—ISBN 7-310-00345-4:1.60元

精细化工应用配方3000例/黄志超,许栋强主编.广州:广东科技出版社,1990.3.—1008页;32开.ISBN 7-5359-0449-1:12.80元

43种实用化学产品制造技术/李东光,翟怀凤编著.北京:金盾出版社,1990.10.—170页;32开.—ISBN 7-80022-222-5:2.40元

TQ08　化工厂

化学物质的安全性和毒性/王所荣编著.—北京:中国展望出版社,1990.5.—244页;32开.—ISBN 7-5050-0675-4:3.70元

双曲线自然通风冷却塔的检修/郑长钧,李大光编著.—北京:水利电力出版社,1990.4.—145页;32开.—ISBN 7-120-00792-0:4.80元

石油化工企业用水及管理/王良均等编.—北京:烃加工出版社,1990.6.—298页;16开.—ISBN 7-80043-134-7:8.20元

最常用化学危险品安全使用手册/杨富明,郑永隆编.—太原:山西科学教育出版社,1990.8.—276页;32开.—ISBN 7-5377-0103-2:3.30元

TQ11　基本无机化学工业

无机化工专业实习教材/陕西兴平化工技工学校等编；赵育祥主编.—北京：化学工业出版社，1990.6.—316页；16开.—化工技工学校试用教材.—ISBN 7-5025-0711-6：7.30元

无机反应化学—系统化学分离/（英）伯恩斯（Burns，D.T.）等著；吴乾文等译.—北京：化学工业出版社，1990.11.—221页；大32开.—ISBN 7-5025-0239-4：5.20元

书名原文：Inorganic Reaction Chemistry：System atic chemical Separation

无机盐/丁翼主编.—北京：化学工业出版社，1990.7.—183页；32开—化工工人安全卫生培训教材.—ISBN 7-5025-0738-8：3.50元

纯碱工学/中国纯碱工业协会主编.—北京：化学工业出版社，1990.7.—833页；16开.—ISBN 7-5025-0783-3（精装）：37.40元

现代氯碱技术　第二卷/（英）杰克逊（Jackson，C.），沃尔（Wall，K.）编；中国氯碱工业协会组织翻译.—北京：化学工业出版社，1990.5.—508页；32开.—ISBN 7-5025-0576-8：9.60元

制碱工艺/赵师琦编.—北京：化学工业出版社，1990.5.—248页；16开.—化工技工学校教材.—ISBN 7-5025-0720-5：5.90元

制碱工艺学/化工部制碱工业研究所译.—北京：北京科学技术出版社，1990.3.—339页；大32开.ISBN 7-5304-0665-5：4.90元

侯德榜选集/中国南方图书公司北京编辑部组编；李祉川选，陈歆文编.—北京：冶金工业出版社，1990.7.—359页；大32开.—（中国现代自然科学家选集丛书）.—ISBN 7-5024-0751-0（精装）：12.55元

氯碱工艺学/方度等主编.—北京：化学工业出版社，1990.7.—527页；16开.—ISBN 7-5025-0702-7：20.00元

TQ12　非金属元素及其无机化合物化学工业

金属氮化物的性质与应用/（日）大角泰章著；吴永宽，苗艳秋译.—北京：化学工业出版社，1990.9.—428页；32开.—ISBN 7-5025-0751-5：7.80元

碳-化学工业生产技术/（日）加藤顺等编著；金草等译.—北京：化学工业出版社，1990.11.—667页；16开.—ISBN 7-5025-0733-7：29.35元

TQ15　电化学工业

电镀工：机械工业工人中级操作技能考评试题集/机械工业工人中级操作技能考评试题集编审委员会编.—北京：机械工业出版社，1990.7.—80页，16开.—ISBN 7-111-02030-8：3.15元

实用电镀工艺/李鸿年等编著.—北京：国防工业出版社，1990.6.—728页；大32开.—ISBN 7-118-00512-6：14.20元

氧化铝膜的形成与应用/巢振威编译.—北京：人民交通出版社，1990.11.—114页；大32开.—ISBN 7-114-01054-0：2.50元

镀铁技术/谭玉芳，孙桂香编著.—北京：人民交通出版社，1990.7.—253页；32开.—ISBN 7-114-00839-2：7.00元

镀镍和镀铬新技术/（英）丹尼斯（Dennis，J.K.），萨奇（Such，T.E.）著；孙大梁等译.北京：科学技术文献出版社，1990.6.—448页；大32开.—ISBN 7-5023-1202-1：15.00元

书名原文：Nickel and Chromlum Plating

TQ16　电热工业、高温制品工业

电石产品/黄俊虎主编.—北京：化学工业出版社，1990.9.—87页；32开.—化工工人安全卫生培训教材.—ISBN 7-5025-0739-6：1.65元

新炭素工业　上册/（日）石川敏功，长冲通著；陆玉峻等译.—哈尔滨：哈尔滨工业大学出版社，1990.8.—208页；32开.—ISBN 7-5603-0281-5：6.05元

本书在概述了炭素工业的历史、现状及未来之后，对炭素材料的基础理论，炭素制品的生产、性能及用途作了详尽的阐述。

新炭素工业　下册/（日）石川敏功，长冲通著；陆玉峻等译.—哈尔滨：哈尔滨工业大学出版社，1990.8.—278页；32开.—ISBN 7-5603-0282-3：7.95元

TQ17　硅酸盐工业

胶凝材料：水泥、石灰、石膏的生产和性能/刘巽伯等编.—上海：同济大学出版社，1990.4.—175页；16开.—ISBN 7-5608-0508-6：5.00元

TQ171　玻璃工业

日英汉玻璃词汇/于国成编.—北京：中国建筑工业出版社，1990.9.—530页；32开.—ISBN 7-112-00237-0（精装）：12.20元

有色光学玻璃及其应用/郑国培编著.—北京：轻工业出版社，1990.7.—386页；32开.—ISBN 7-5019-0696-3：7.90元

现代玻璃科学技术　下册：特种玻璃与工艺/干福熹主编.—上海：上海科学技术出版社，1990.8.

481页；16开.—ISBN 7-5323-1930-X（精装）：14.40元

玻璃专业实习指导/劳动部培训司组织编写.—北京：劳动人事出版社，1990.2.—127页；16开.—就业训练玻璃制造专业统编教材：试用.—ISBN 7-5045-0455-6：3.75元

玻璃专业基础知识/宫毅光主编.—北京：劳动人事出版社，1990.2.—138页；16开.—就业训练玻璃制造专业统编教材：试用.—ISBN 7-5045-0397-5：4.00元

TQ172　水泥工业

水泥厂机械设备安装/韩芳等编著.—北京：中国建筑工业出版社，1990.12.—400页；大32开.—ISBN 7-112-00829-8：10.00元

水泥工业自动控制预加水成球技术及装备/阎瑞敏等编著.—南京：江苏科学技术出版社，1990.10.457页；16开.—ISBN 7-5345-1103-8：12.60元

水泥工业热工设备及热工测量/韩梅祥主编.—武汉：武汉工业大学出版社，1990.11.—319页；16开.—中等专业学校试用教材.—ISBN 7-5629-0385 9：3.70元

水泥生产中的质量分析和控制/严生编著.—重庆：科学技术文献出版社重庆分社，1990.12.—333页；32开.—ISBN 7-5023-1167-X：4.20元

水泥生产基本知识/詹健雄，唐明晞编.—武汉：武汉工业大学出版社，1990.8.—177页；16开.—水泥中技电视录像教材.—ISBN 7-5629-0407-3：4.20元

立窑水泥煅烧工艺技术/李雄飞主编.—武汉：武汉工业大学出版社，1990.3.—341页；16开.—水泥技术工人培训试用教材.—ISBN 7-5629-0336-0：8.50元

英汉水泥与混凝土词典/祁兴元等主编.—北京：中国建筑工业出版社，1990.9.—546页；32开.—ISBN 7-112-01046-2（精装）：14.65元

湖北散装水泥/杨荣主编.—武汉：湖北人民出版社，1990.10.—472页；大32开.—ISBN 7-216-00645-3：6.65元

TQ174　陶瓷工业

中国陶瓷技术概论/万千等编著.—北京：学苑出版社，1990.8.—162页；32开.—ISBN 7-5077-0110-7：2.40元

现代陶瓷及其应用/殷声编著.—北京：北京科学技术出版社，1990.10.—223页；16开.—ISBN 7-5304-0752-X：8.20元

特种陶瓷工艺学/李世普主编.—武汉：武汉工业大学出版社，1990.12.—337页；16开.—高等学校试用教材.—ISBN 7-5609-0384-0：4.35元

陶瓷工艺原理/刘康时等编著.—广州：华南理工大学出版社，1990.12.—387页；16开.—高等学校试用教材.—ISBN 7-5623-0182-4：4.90元

陶瓷机械设备管理和使用维修/葛竺君主编.—上海：上海科学普及出版社，1990.6.—317页；32开.ISBN 7-5427-0324-2：5.00元

陶瓷设备热平衡计算/于丽达，陈庆本编著.—北京：轻工业出版社，1990.8.—430页；大32开.—ISBN 7-5019-0697-1：9.50元

陶瓷纵横/漆德三著.—北京：轻工业出版社，1990.9.—147页；大32开.—ISBN 7-5019-0842-7：3.50元

陶瓷釉技术/（英）J·R·Taylor，J.R.，（英）Bull，A.C.著；郭少明译.—厦门：鹭江出版社，1990.12.—304页；32开.—ISBN 7-80533-389-0：5.00元

最新精密陶瓷：从材料、制法到应用/（日）坂野久夫著；厉仁玉译.—上海：同济大学出版社，1990.11.—187页；大32开.—（同济大学图书馆丛书）.ISBN 7-5608-0650-7：7.00元

TQ175　耐火材料工业

砖瓦机械的使用与维护/黄连顺编著.—北京：中国建筑工业出版社，1990.6.—206页；32开.—ISBN 7-112-01050-0：4.90元

碳复合耐火材料/张文杰，李楠主编.—北京：科学出版社，1990.6.—364页；32开.—（冶金继续工程教育丛书）.—ISBN 7-03-001896-6：6.00元

TQ177　人造石、石灰

石灰窑气的回收与利用/李文澍等编著.—北京：中国建筑工业出版社，1990.12.—205页；32开.—ISBN 7-112-00552-3：4.15元

TQ2　基本有机化学工业

半微量有机制备/顾可权等编.—北京：高等教育出版社，1990.6.—281页；16开.—高等学校教学参考书.—ISBN 7-04-000015-6：5.15元

有机化工分离工程/许其佑等编著.—上海：华东化工学院出版社，1990.6.—275页；大32开.—ISBN 7-5628-0083-9：2.70元

有机化工原料大全　第三卷/魏文德主编；中国化工学会，石油化工学会组织编写.—北京：化学工业出版社，1990.8.—702页；16开.—ISBN 7-5025-0684-5（精装）：26.85元

有机化工原料大全　第三卷/魏文德主编；中国化工学会，石油化工学会组织编写.—北京：化学工业出版社，1990.8.—702页；16开.—ISBN 7-5025-0683-7：25.80元

有机合成：概念 方法 原料/（联邦德国）富尔赫朴（Fuhrhop，J.），彭茨林（Penzlin，G.）著；韩长日等译.—北京：化学工业出版社，1990.4.313页；16开.—ISBN 7-5025-0649-7：11.00元

基本有机化工工艺学/吴指南主编；华东化工学院等编.—修订版.—北京：化学工业出版社，1990.6.359页；16开.—高等学校教材.—ISBN 7-5025-0701-9：4.80元

本书1981年1月第1版。

裂解理论和工业实践/（美）奥尔布赖特（Albright，L.F.）等著；黄立钧等译.—北京：烃加工出版社，1990.9.—522页；32开.—ISBN 7-80043-105-3：7.50元

书名原文：Pyrolysiy：Theory and Industria Ipractice

TQ211　烃（碳氢化合物）

烃类物理化学数据手册/汪文虎，秦延龙编著.—北京：烃加工出版社，1990.5.—610页；16开.—ISBN 7-80043-106-1（精装）：17.90元

TQ223　脂肪族醇及其衍生物

甲醇生产技术及进展/房鼎业等编著.—上海：华东化工学院出版社，1990.10.—344页；大32开.—ISBN 7-5628-0105-3：2.65元

脂肪醇制造与应用/关鹏搏主编.—北京：轻工业出版社，1990.5.—503页；16开.—ISBN 7-5019-0634-3：22.10元

酒精蒸馏技术/许开天编著.—北京：轻工业出版社，1990.3.—678页；大32开.—ISBN 7-5019-0759-5：15.40

液蜡氧化制取仲醇及其聚氧乙基醚：兼论直馏煤油馏分的化工利用/吴震霄，顾伯锷编著.—东营：石油大学出版社，1990.5.—194页；大32开.—ISBN 7-5636-0080-9：1.62元

TQ264　硅有机化合物

有机硅及其应用/吴森纪编著.—北京：科学技术文献出版社，1990.5.—358页；32开.—ISBN 7-5023-0992-6：12.80元

本书介绍化工新型材料——有机硅的性能及用途。

TQ31　高分子化合物工业

互穿网络聚合物/张留成，刘玉龙编著.—北京：烃加工出版社，1990.8.—205页；32开.—ISBN 7-80043-112-6：2.95元

计算机在应用聚合物科学中的应用/（美）普罗伍德（Prouder，T.）编；黄庙由译.—北京：化学工业出版社，1990.4.—386页；大32开.—ISBN 7-5025-0369-2：8.60元

阴离子聚合的理论与应用/金关泰，（美）薛联宝著.—北京：中国友谊出版公司，1990.12.—346页；16开.—ISBN 7-5057-0011-1：11.70元

聚合物加工原理/（　）塔德莫尔（Tadmor，Z.），戈戈斯（Gogas，C.G.）著；耿孝正等译.北京：化学工业出版社，1990.7.—862页；大32开.ISBN 7-5025-0364-1：18.70元

书名原文：Principles of Polymer Processing

聚合物加工原理/（英）芬纳（Fenner，R.T.）著；钟平泽.—北京：轻工业出版社，1990.5.—246页；32开.—ISBN 7-5019-0711-0：8.80元

书名原文：Principles of Polymer Procsesing

TQ32　合成树脂与塑料工业

英俄汉塑料技术词典/李泰森等编著.—兰州：甘肃人民出版社，1990.8.—716页；大32开.—ISBN 7-226-00567-0（精装）：26.50元

塑料技术标准大全/上海市模具技术协会编.—杭州：浙江科学技术出版社，1990.6.—1466页；大32开.—ISBN 7-5341-0222-7（精装）：21.00元

TQ320　一般性问题

日用塑料/李洪耀编著.—北京：新时代出版社，1990.8.—253页；32开.—ISBN 7-5042-0066-2：5.00元

冷冲压与塑料成型：工艺及模具设计　上册/翁其金主编.—北京：机械工业出版社，1990.5.—440页；16开.—中等专业学校试用教材.—ISBN 7-111-02024-3：4.95元

冷冲压与塑料成型：工艺及模具设计　下册/翁其金主编.—北京：机械工业出版社，1990.5.—303页；16开.—中等专业学校试用教材.—ISBN 7-111-02055-3：3.50元

非线性有限元法及其在塑性加工中的应用/乔端，钱仁根编著.—北京：冶金工业出版社，1990.6.365页；大32开.—ISBN 7-5024-0568-2：7.30元

注射模塑技术/（联邦德国）菲恩费尔特（Rheinfeld，D.）等著；徐定宇，夏廷文译.—北京：轻工业出版社，1990.6.—249页；大32开.—ISBN 7-5019-0736：6.90元

注塑模设计102例/(联邦德国)盖斯特罗(Gastrow, H.)编著；王文展等译.—北京：国防工业出版社，1990.5.—233页；16开.—ISBN 7-118-00406-5：7.85元

实用塑料注塑工艺/烟台北极星钟表集团公司编著.—北京：农业出版社，1990.6.—390页；32开.ISBN 7-109-01609-9：5.90元

塑料工艺/曹福民编.—北京：化学工业出版社，1990.6.—311页；32开.—化工技工学校教材.—ISBN 7-5025-0710-8：3.60元

塑料与复合材料/苏玳译.—南京：东南大学出版社，1990.12.—191页；32开.—ISBN 7-81023-397-1：3.95元

塑料加工安全生产问答/郑德成编.—北京：轻工业出版社，1990.6—465页；32开.—ISBN 7-3019-0707-2：11.20元

塑料机械/陈维民编.—哈尔滨：哈尔滨工业大学出版社，1990.12.—159页；16开.—ISBN 7-5603-0337-4：3.60元

塑料成型工艺学/轻工业部广州轻工业学校编.—北京：轻工业出版社，1990.4.—440页；大32开.—中等专业学校轻工专业试用教材.—ISBN 7-5019-0774-9：3.20元

塑料成型加工实用手册/龚浏澄等编著.—北京：北京科学技术出版社，1990.2.—435页；16开.—ISBN 7-5304-0516-0：11.50元

塑料成型模具设计/李德群，肖景容编著.—武汉：华中理工大学出版社，1990.7.—141页；16开.—ISNB 7-5609-0477-7：1.94元

塑料材料/(英)布赖德森(Brydson, J.A.)著；张玉崑等译.—北京：化学工业出版社，1990.7.—985页；大32开.—ISBN 7-5025-0507-5：21.90元

书名原文：Plastics Materials

塑料制品设计工程手册/(美)Levy, S.，(美)Dubois, J.H.著；黄棋尤译.—北京：轻工业出版社，1990.6.—392页；32开.—ISBN 7-5019-0818-4：9.80元

书名原文：Plastics Product Design Engineering Handbook

塑料性能评定/黄德余主编.—北京：中国标准出版社，1990.12.—258页；大32开.—ISBN 7-5066-0290-3：3.80元

塑料挤出成型技术/张小文，沈莉莉编著.—北京：金盾出版社，1990.8.—136页；32开.—(塑料加工企业丛书/叶蕊主编).—ISBN 7-80022-178-4：2.00元

塑料真空镀膜/李颜霞编著.—北京：化学工业出版社，1990.4.—203页；32开.—ISBN 7-5025-0612-8：4.10元

塑料模具制造工艺/魏万壁编著.—广州：广东科技出版社，1990.4.—220页；16开.—ISBN 7-5359-0547-1：5.00元

TQ323　缩聚类树脂及塑料

酚醛树脂及其应用/殷荣忠等编.—北京：化学工业出版社，1990.6.—297页；大32开.—(合成树脂及应用丛书).—ISBN 7-5025-0692-6：6.90元

TQ325　聚合类树脂及塑料

实用聚氯乙烯/罗河胜编著.—广州：广东科技出版社，1990.12.—261页；32开.—(新型塑料材料丛书).—ISBN 7-5359-0591-9：3.80元

热塑性塑料及其复合材料/邢玉清编.—哈尔滨：哈尔滨工业大学出版社，1990.12.—265页；32开.ISBN 7-5603-0274-2：1.85元

常用塑料配方集/杨丽编译.—北京：化学工业出版社，1990.4.—115页；32开.—ISBN 7-5025-0660-8：2.05元

聚氯乙烯工艺学/严福英等主编.—北京：化学工业出版社，1990.6.—412页；16开.—ISBN 7-5025-0642-X：12.50元

聚氯乙烯加工手册/《聚氯乙烯加工手册》编写组编.—北京：轻工业出版社，1990.2.—714页；大32开.—ISBN 7-5019-0502-9(精装)：23.50元

TQ327　增强、填充塑料

纤维缠绕原理/冷兴武著.—济南：山东科学技术出版社，1990.2.—366页；大32开.—ISBN 7-5331-0615-6：6.85元

玻璃钢实用技术　(一)：玻璃钢应用/刘雄亚等编.—北京：中国建筑工业出版社，1990.3.—360页；32开.—(全国星火计划丛书).—ISBN 7-112-00286-9：8.30元

玻璃钢实用技术　(二)：玻璃钢原材料/闻荻江，张垣编.—北京：中国建筑工业出版社，1990.3.—34页；32开.—(全国星火计划丛书).—ISBN 7-112-00591-4：4.30元

玻璃钢实用技术　(三)：玻璃钢结构设计基础/刘德安，郁铁澄编.—北京：中国建筑工业出版社，1990.3.—285页；32开.—(全国星火计划丛书).ISBN 7-112-00671-6：6.65元

玻璃钢实用技术　(四)：玻璃钢成型工艺/刘雄亚，张垣编.—北京：中国建筑工业出版社，1990.3.—265页；32开.—(全国星火计划丛书).—ISBN 7-112-00614-7：6.30元

玻璃钢实用技术　(五)：玻璃钢成型机械/陈仁善等编.—北京：中国建筑工业出版社，1990.5.

199页；32开.—(全国星火计划丛书).—ISBN 7-112-00672-4：4.70元

玻璃钢实用技术 （六）：玻璃钢机械加工/穆惠民著.—北京：中国建筑工业出版社，1990.3.—265页；32开.—(全国星火计划丛书).—ISBN 7-112-00447-0：6.20元

玻璃钢实用技术 （七）：玻璃钢性能测试及产品检验/刘雄亚等编.—北京：中国建筑工业出版社，1990.5.—178页；32开.—(全国星火计划丛书).ISBN 7-112-00687-2：4.30元

玻璃钢管道与容器/李卓球，岳红军主编.—北京：科学出版社，1990.9.—383页；大32开.—ISBN 7-03-001899-0：16.50元

增强塑料：细观结构与力学性能/孙曼灵编.—西安：西北工业大学出版社，1990.1.—143页；16开.高等学校教材.—ISBN 7-5612-0249-0：1.97元

TQ33　橡胶工业

橡胶工业手册　第五分册：胶带、胶管与胶布/李延林等主编.—修订版.—北京：化学工业出版社，1990.12.—562页；16开.—ISBN 7-5025-0780-9(精装)：21.60元

橡胶工业手册　第七分册：生活橡胶制品和胶乳制品/赵光贤等编著.—修订版.—北京：化学工业出版社，1990.10.—487页；16开.—ISBN 7-5025-0690-X(精装)：22.50元

本手册1973年初版，现由原来九个分册增订为十二个分册。

橡胶助剂的毒害/(英)纳特(Nutt, A.R.)著；阎家宾，郑孝廉等译.—北京：化学工业出版社，1990.8.—203页；32开.—ISBN 7-5025-0478-8：4.00元

书名原文：Toxic Hazards of Rubber Chemicals

橡胶的技术性能和工艺性能/(苏)Д.П.费久金等著；刘约翰译.—北京：中国石化出版社，1990.12.272页；32开.—ISBN 7-80043-156-8：4.45元

TQ331　胶　乳

天然胶乳的性质与商品胶乳工艺/华南热带作物学院编.—北京：农业出版社，1990.9.—164页；16开.全国高等农业院校教材　橡胶加工专业用.—ISBN 7-109-01554-8：2.30元

胶乳应用技术/胡又牧，魏邦柱主编.—北京：化学工业出版社，1990.10.—695页；大32开.—ISBN 7-5025-0747-7：15.60元

TQ34　化学纤维工业

中国纤维手册＝CHINA FIBER YEARBOOK：1990/纺织工业部经济研究中心编.—北京：文津出版社，1990.12.—448页；32开.—ISBN 7-80554-067-5(精装)：12.00元

合成纤维生产基本知识：初级本/蓝清华，吴文莺编.—北京：烃加工出版社，1990.3.—351页；32开.石油化工工人技术培训教材.—ISBN 7-80043-092-8：3.90元

合成纤维机械原理与设计/郭英主编.—北京：纺织工业出版社，1990.12.—352页；16开.—高等纺织院校教材.—ISBN 7-5064-0469-9：6.60元

纤维素醚基础与应用/杨之礼等编著.—广州：华南理工大学出版社，1990.6.—292页；16开.—ISBN 7-5623-0175-1：3.70元

耐火纤维生产与应用/丁力，周育林编著.—上海：上海科学技术出版社，1990.4.—256页；32开.—ISBN 7-5323-1764-1：4.40元

高速纺丝—科学与工程/(波)齐亚别斯基(Ziabicki, H.K.)等编；施祖培等编.—北京：中国石化出版社，1990.12.—615页；32开.—ISBN 7-80043-124-X：9.10元

TQ35　纤维素质的化学加工工业

林产化工自动化及仪表/南京林业大学主编.—北京：中国林业出版社，1990.1.—341页；16开.—全国高等林业院校试用教材　林产化学加工专业用.ISBN 7-5038-0494-7：4.35元

TQ41　溶剂与增塑剂的生产

实用溶剂手册/穆光照主编.—上海：上海科学技术出版社，1990.9.—511页；16开.—ISBN 7-5323-1476-6：10.80元

聚合物增塑原理及工艺/(苏)科兹洛夫(Козлов, П.В.)，巴勃科夫(Папков, С.П.)著；张留诚译.—北京：轻工业出版社，1990.12.—247页；32开.—ISBN 7-5019-0811-7：6.80元

书名原文：физико-химические основы пластификации полимеров

TQ42　试剂与纯化学品的生产

现代化学试剂手册　第三分册：生化试剂（一）/谭佩幸等编.—北京：化学工业出版社，1990.8.667页；16开.—ISBN 7-5025-0613-3(精装)：25.50元

现代化学试剂手册　第三分册：生化试剂（一）/谭佩幸等编.—北京：化学工业出版社，1990.8.

667页；16开.—ISBN 7-5025-0614-4：23.60元

TQ423　表面活性剂

两性表面活性剂/汪祖模，徐玉珮编.—北京：轻工业出版社，1990.10.—273页；大32开.—ISBN 7-5019-0726-9：7.90元

表面活性剂化学与应用/陈荣圻编.—北京：纺织工业出版社，1990.6.—266页；大32开.—纺织专科学校教材.—ISBN 7-5064-0421-4：2.10元

表面活性剂合成与工艺/李宗石，徐明新编.—北京：轻工业出版社，1990.9.—283页；16开.—ISBN 7-5019-0858-3：9.80元

表面活性剂和洗涤剂：制备·性质·应用/梁梦兰编著.—北京：科学技术文献出版社，1990.8.—491页；16开.—ISBN 7-5023-1241-2：16.00元

非离子表面活性剂/段世铎，王万兴编.—北京：中国铁道出版社，1990.6.—281页；32开.—ISBN 7-113-00677-9：4.20元

非离子表面活性剂的制造、性能和分析/（联邦德国）勋弗尔特（Schönfeldt，N.）编著；苏聚汉等译.—北京：轻工业出版社，1990.6.—916页；大32开.—ISBN 7-5019-0699-8：23.60元

书名原文：Grenzflöchenaktive Athylenoxid-Addukte

TQ424　吸附剂

吸附树脂及其应用/钱庭宝等编.—北京：化学工业出版社，1990.10.—795页；大32开.—ISBN 7-5025-0483-4：17.20元

TQ426　催化剂（触媒）

工业催化剂分析测试表征/刘希尧等编著.—北京：烃加工出版社，1990.5.—420页；16开.—ISBN 7-80043-091-X：11.40元

沸石分子筛催化/陈连璋编著.—大连：大连理工大学出版社，1990.12.—323页；32开.—ISBN 7-5611-0354-9：2.24元

催化科学与技术：催化剂新材料/梁娟，王善鋆主编.—北京：化学工业出版社，1990.1.—211页；32开.—ISBN 7-5025-0362-5：3.90元

C_1化学：创造未来的化学/日本催化学会编；陆世维译.—北京：宇航出版社，1990.5.—198页；大32开.—ISBN 7-80034-191-7：3.80元

TQ43　胶粘剂工业

交联剂手册/（日）山下晋三，金子東助编；纪奎江等译.—北京：化学工业出版社，1990.7.—642页；16开.—ISBN 7-5025-0188-6：23.40元

常用粘合剂/黄福堂编.—北京：烃加工出版社，1990.3.—91页；32开.—ISBN 7-80043-122-3：1.55元

TQ44　化学肥料工业

小氮肥安全操作与事故/化学工业部劳动安全司，江苏省石油化学工业厅组织编写.—北京：化学工业出版社，1990.6.—1022页；32开.—ISBN 7-5025-0806-6：13.30元

肥料检测实用手册/何平安主编；农业部全国土壤肥料总站肥料处编.—北京：农业出版社，1990.12.417页；32开.—ISBN 7-109-01959-4：5.90元

复混肥料生产技术培养教材/河北省硫酸磷肥协会编.—北京：科学技术文献出版社，1990.12.—199页；32开.—ISBN 7-5023-1358-3：3.50元

磷、磷肥和磷酸盐生产工艺/汤德元，瞿德泸主编.贵阳：贵州科技出版社，1990.8.—442页；16开.ISBN 7-80584-034-2：11.70元

TQ45　农药工业

农药污染物残留分析方法汇编　第一集/张乔编译.北京：化学工业出版社，1990.10.—521页；16开.ISBN 7-5025-0669-1：22.20元

农药的设计与开发指南　第一册：农药的生物活性和作用机制及今后的农药/（日）山本出，深见顺一主编；尚尔才等译.—北京：化学工业出版社，1990.5.—720页；32开.—ISBN 7-5025-0386-2：13.15元

农药毒理学各论/（美）小海斯（Hayes，W.J.）编著；陈炎磐，夏世均译.—北京：化学工业出版社，1990.6.—684页；16开.—ISBN 7-5025-0686-1：19.20元

书名原文：Pesticides Studied in Man

国外农药进展　（三）/南开大学元素有机化学所编译.—北京：化学工业出版社，1990.8.—242页；16开.—ISBN 7-5025-0263-7：10.80元

TQ46　制药化学工业

中国化工医药产品大全　第二卷/奚若明，张明国主编.—北京：科学出版社，1990.12.—994页；16开.—ISBN 7-03-000592-9（精装）：55.00元

近代输液剂的制备/陆鼎燮编著.—北京：中国医药科技出版社，1990.8.—421页；大32开.—ISBN 7-5067-0128-6：8.50元

TQ52　炼焦化学工业

武钢煤焦图册/林立成等编著.—武汉：中国地质大

学出版社，1990.3.—48页：彩图；16开.—ISBN 7-5625-0405-9：20.00元

焦化生产症结50例/倪九华，石文彬编著.—北京：冶金工业出版社，1990.10.—224页；大32开.—ISBN 7-5024-0731-6：5.90元

焦化产品试验方法专用玻璃仪器图册/冶金工业部鞍山热能研究所编.—北京：中国标准出版社，1990.4.—58页；大16开.—ISBN 7-5066-0214-8：2.95元

TQ53　煤化学及煤的加工利用

煤化学及煤质评价/杨焕祥等编.—武汉：中国地质大学出版社，1990.12.—141页；16开.—高等学校试用教材.—ISBN 7-5625-0442-3：2.05元

煤的燃烧理论与技术/（波）Zelkowski，J.著；袁钧卢，张佩芳译.—上海：华东化工学院出版社，1990.11.—321页；大32开.—ISBN 7-5628-0110-X：2.50元

煤炭工业材料学/徐有恒编著.—徐州：中国矿业大学出版社，1990.6.—225页；16开.—ISBN 7-81021-401-2：5.20元

煤炭加工利用论文集：建国40周年征文选/中国煤炭综合利用开发公司，中国煤炭加工利用协会编.北京：煤炭工业出版社，1990.4.—319页；16开.ISBN 7-5020-0412-2：8.75元

TQ54　煤炭气化工业

煤气安全生产常识/邢同春，王希芳编.—青岛：青岛出版社，1990.12.—112页；32开.—ISBN 7-5436-0556-2：2.00元

煤气净化系统的运行与维修/孙斌厚，王岳恒编著.—北京：煤炭工业出版社，1990.1.—157页；32开.—ISBN 7-5020-0311-8：2.35元

煤气燃烧装置：设计参考手册/（苏）马伊西斯（Майзельс，Л.Б.），维格多罗契克（Вигдорчик，Д.Я.）著；唐曾乐译.—天津：天津科学技术出版社，1990.2.—195页；16开.—ISBN 7-5308-0454-5：7.30元

煤的气化动力学和矿物质的作用/谢克昌等著.—太原：山西科学教育出版社，1990.7.—373页；大32开.—ISBN 7-5377-0248-9：8.00元

TQ56　爆炸物工业

火工品原理与设计/陈福梅编著.—北京：兵器工业出版社，1990.1.—231页；16开.—高等学校教材.ISBN 7-80038-129-3：2.95元

火化工系统工程/侯克复编著.—北京：兵器工业出版社，1990.1.—262页；16开.—高等学校教材.—ISBN 7-80038-097-1：3.35元

灭火剂与灭火器使用技术/史静波等编著.—北京：中国广播电视出版社，1990.5.—106页；32开.—ISBN 7-5043-0511-1：1.80元

卤代烷1301灭火系统/刘国祝著.—北京：群众出版社，1990.10.—119页；大32开.—ISBN 7-5014-0530-1：3.00元

国外炸药性能手册/钟一鹏等编.—北京：兵器工业出版社，1990.6.—193页；16开.—ISBN 7-80038-191-9：15.00元

炸药的性能及测试技术/郑孟菊等编著.—北京：兵器工业出版社，1990.6.—302页；16开.—ISBN 7-80038-102-1：12.80元

TQ57　感光材料工业

感光材料与磁记录材料/朱光伟，张强编.—北京：化学工业出版社，1990.9.—122页；32开.—（化工新技术知识普及丛书）.—ISBN 7-5025-0721-3：2.40元

感光材料基础/孙扬远，黄冠华编著.—杭州：浙江大学出版社，1990.6.—313页；大32开.—ISBN 7-308-00544-5：2.65元

TQ58　磁性记录材料工业

国内外磁带用户手册/徐海波等编.—北京：电子工业出版社，1990.9.—583页；大32开.—ISBN 7-5053-0568-9：14.50元

磁记录物理与材料/金秀中，鲍元恺编著.—武汉：华中理工大学出版社，1990.11.—392页；32开.—高等学校教材.—ISBN 7-5609-0445-9：2.50元

磁记录的记录理论/（日）中村庆久著；程君实译.上海：上海交通大学出版社，1990.3.—167页；大32开.—ISBN 7-313-00628-4：1.25元

磁记录原理与技术/章吉良编.—上海：上海交通大学出版社，1990.12.—315页；32开.—ISBN 7-313-00733-7：2.15元

TQ61　染料及中间体工业

染料化学/胡祖懋主编.—北京：化学工业出版社，1990.6.—369页；32开.—化工技工学校教材.—ISBN 7-5025-0723-X：4.80元

染料化学基础/（瑞士）里斯（Rys，P.），佐林格（Zollinger，H.）著；陈水林译.—北京：纺织

工业出版社，1990.11.—224页；32开.—ISBN 7-5064-0509-1：2.90元

书名原文：Farbstoffchemie ein Leitfadem

TQ62/63　颜料工业、涂料工业

直接法氧化锌生产/王振岭编著.—长沙：湖南科学技术出版社，1990.9.—332页；32开.—ISBN 7-5357-0838-2：5.20元

特种涂料的制造与应用/胡宁先等编译.—上海：上海科学技术文献出版社，1990.4.—420页；32开.ISBN 7-80513-507-X：6.85元

涂料助剂：品种和性能手册/钱逢麟，竺玉书主编.北京：化学工业出版社，1990.11.—677页；大32开.ISBN 7-5025-0816-3：18.00元

TQ64/65　油脂工业、香料及化妆品工业

油脂生产工艺基础/李文忠主编.—北京：中国商业出版社，1990.4.—224页；16开.—ISBN 7-5044-0595-7：5.60元

化妆品化学/韦尔立主编；北京市职业技术教育教材编审委员会组织编写.—北京：高等教育出版社，1990.5.—266页；32开.—（美发美容技术学习丛书）.—ISBN 7-04-003016-0：3.35元

化妆品学/赵维蓉等编著.—合肥：安徽科学技术出版社，1990.12.—564页；大32开.—ISBN 7-5337-0561-0：8.05元

实用化妆品手册/日本化妆品科学研究会编；陆光崇等译.—上海：上海翻译出版公司，1990.2—441页；16开.—ISBN 7-80514-570-9：10.30元

本书介绍了化妆品的品种、功能、制法、配方及设备；对油脂、蜡、表面活性剂、色素、香料等主要原料以及特殊成分作了论述；对化妆品的物性、安全性、质量管理、分析检验作了讨论。并选编了多国的有关化妆品法规资料。

香料及其应用/范成有编.—北京：化学工业出版社，1990.9.—392页；16开.—ISBN 7-5025-0631-4：14.40元

提高玫瑰精油出油率新技术/刘钧巨等编著.—乌鲁木齐：新疆人民出版社，1990.7.—65页；32开.—ISBN 7-228-01295-0：0.80元

TQ9　其他化学工业

工业中的生物技术：应用及单元操作实例/（美）乔格莱卡（Toglekar，R.）等著；严子纲，郭铨译.—北京：化学工业出版社，1990.5.—164页；大32开.—ISBN 7-5025-0241-6：3.80元

书名原文：Biotechnology in Industry

TQ92　发酵工业

发酵工程ABC/毕东海编.—上海：上海教育出版社，1990.4.—115页；32开.—（中学生文库）.—ISBN 7-5320-1623-4：1.20元

微生物生长与发酵工程/高培基等编著.—济南：山东大学出版社，1990.6.—356页；大32开.—ISBN 7-5607-0351-8：2.65元

微生物学/无锡轻工业学院编.—2版.—北京：轻工业出版社，1990.5.—602页；大32开.—高等学校轻工专业试用教材　适用于工业发酵专业.—ISBN 7-5019-0776-5：4.70元

本书1980年9月第1版。

酵母解剖/（日）柳岛直彦等编；王岳五译.—天津：南开大学出版社，1990.5.—311页；大32开.—ISBN 7-310-00280-6：2.65元

TS　轻工业、手工业

轻工业机器及设备/梁熙正主编.—北京：轻工业出版社，1990.10.—369页；16开.—中等专业学校轻工专业试用教材.—ISBN 7-5019-0849-4：4.70元

TS1　纺织工业、染整工业

工人岗位规范手册：能力·知识，纺织卷/上海市经济委员会编.—上海：上海科学普及出版社，1990.8.—772页；16开.—ISBN 7-5427-300-5（精装）：27.00元

纺织工业实用手册/吴雪刚，曹承露编.—北京：纺织工业出版社，1990.10.—550页；32开.—ISBN 7-5064-0461-3：7.55元

纺织工程测试技术/曾光奇等编.—武汉：华中理工大学出版社，1990.7.—176页；16开.—ISBN 7-5109-0482-3：2.40元

国内外纺织工业技术的现状与前景/曹瑞等主编.北京：纺织工业出版社，1990.3.—330页；32开.ISBN 7-5064-0402-8：4.50元

第一届陈维稷优秀论文奖论文汇编/中国纺织工程学会编.—北京：纺织工业出版社，1990.10.—369页；16开.—ISBN 7-5064-0564-4：5.00元

本书共收论文58篇，内容包括棉纺织、毛纺织、麻纺织、丝绸、针织、染整、纺机器材、机电自动化和计算机、新产品开发、服饰等方面。

TS10　一般性问题

纺织品大全：非织造布分册/上海市纺织工业局编.北京：纺织工业出版社，1990.10.—53页；32开.ISBN 7-5064-0526-1：1.20元

微波在纺织工业中的应用/何伟方编.—北京：纺织工业出版社，1990.5.—156页；32开.—ISBN 7-5064-0434-6：2.30元

TS102　纺织纤维（纺织原材料）

中国纤维手册：1990/纺织部经济研究中心编.—北京：文津出版社，1990.12.—448页；32开.—ISBN 7-80554-067-5（精装）：12.00元

纤维材料学导论/严灏景编著.—北京：纺织工业出版社，1990.12.—364页；大32开.—高等纺织院校教材.—ISBN 7-5064-0530-X：3.85元

阻燃纤维及织物/眭伟民等编著.—北京：纺织工业出版社，1990.4.—290页；32开.—ISBN 7-5064-0427-3：4.30元

纺织衣料知识大全/张伯福编著.—合肥：安徽人民出版社，1990.3.—302页；32开.—ISBN 7-212-00338-7：3.80元

纺织材料学/姚穆等编.—2版.—北京：纺织工业出版社，1990.6.—645页；大32开.—高等纺织院校教材.—ISBN 7-5064-0083-9：4.80元

棉纤维成熟度测试/陈黎曦编.—北京：纺织工业出版社，1990.6.—119页；32开.—（纺织材料性能测试技术丛书）.—ISBN 7-5064-0464-8：1.70元

棉纤维检验技术问答/刘万青主编.—石家庄：河北科学技术出版社，1990.7.—462页；大32开.—ISBN 7-5375-0381-8：7.30元

本书阐述了棉纤维感官检验与仪器检测的理论依据及基本方法。

TS103　纺织工业机械与设备

纺织工业企业设备管理制度：毛纺织部分：原毛/中华人民共和国纺织工业部制订.—北京：纺织工业出版社，1990.10.—79页；32开.—ISBN 7-5064-0539-3：2.05元

纺织工业企业设备管理制度：毛纺织部分：精织/中华人民共和国纺织工业部制订.—北京：纺织工业出版社，1990.10.—36页；32开.—ISBN 7-5064-0549-0：1.35元

纺织工业企业设备管理制度：丝织部分/中华人民共和国纺织工业部制订.—北京：纺织工业出版社，1990.6.—1册；32开.—ISBN 7-5064-0471-0：1.35元

纺织工业企业设备管理制度：色织部分：漂染工序/中华人民共和国纺织工业部制订.—北京：纺织工业出版社，1990.7.—62页；32开.—ISBN 7-5064-0463-X：1.75元

纺织工业企业设备管理制度：制丝部分/中华人民共和国纺织工业部制订.—北京：纺织工业出版社，1990.11.—42页；32开.—ISBN 7-5064-0502-4：1.40元

纺织机械制造工艺学/谢澄，赵增坪主编.—北京：纺织工业出版社，1990.6.—511页；大32开.—高等纺织院校教材.—ISBN 7-5064-0410-9：5.35元

纺纱锭子的理论与实践/陈瑞琪等编著.—北京：纺织工业出版社，1990.6.—302页；16开.—高等纺织院校教学参考书.—ISBN 7-5064-0398-6：3.85元

金属针布的设计制造和使用/费青等编著.—北京：纺织工业出版社，1990.7.—406页；32开.—ISBN 7-5064-0468-0：5.05元

TS104　纺纱理论与工艺

气流纺纱工艺过程/（苏）普列汉诺夫（Плеханов，Ф.М.）著；沈天培译.—北京：纺织工业出版社，1990.12.—136页；32开.—ISBN 7-5064-0544-X：2.05元

书名原文：Технологические процессы пневмомеханического прядения

转杯纺纱/张百祥等编著.—北京：纺织工业出版社，1990.9.—160页；32开.—ISBN 7-5064-0486-9：2.15元

棉与化纤纺纱工程　下册/（苏）И.Г.鲍尔茹诺夫等著；梅自强，孙传己译.—北京：纺织工业出版社，1990.10.—502页；32开.—ISBN 7-5064-0503-2：6.75元

TS105　机织（织造工艺）

机织比较教程/刘培民编著.—北京：纺织工业出版社，1990.12.—295页；16开.—中等纺织专业学校教材.—ISBN 7-5064-0470-2：5.70元

机织物结构设计原理/吴汉金，郑佩芳著.—上海：同济大学出版社，1990.2.—231页；大32开.—ISBN 7-5608-0511-3：1.90元

机织实验教程/刘华实，刘学锋编.—北京：纺织工业出版社，1990.12.—259页；32开.—中等纺织专业学校教材.—ISBN 7-5064-0525-3：2.55元

纹板轧制技术/陆业农编著.—北京：纺织工业出版社，1990.8.—223页；大32开.—ISBN 7-5064-0466-4：2.80元

非织造布概论/杨汝楫主编.—北京：纺织工业出版社，1990.6.—258页；大32开.—高等纺织院校教材.ISBN 7-5064-0392-7：2.00元

TS106　混纺织物

手帕织物生产技术/任青年编著.—北京：纺织工业出版社，1990.5.—235页；32开.—ISBN 7-5064-0432-X：3.05元

TS108　纺织工厂

纺织厂空气调节/郁履方，戴元熙主编.—2版.—北京：纺织工业出版社，1990.6.—400页；16开.—高等纺织院校教材.—ISBN 7-5064-0397-8：4.40元

TS11　棉纺织

计算机花型准备系统/许鹤群，杨家明著.—北京：纺织工业出版社，1990.6.—277页；大32开.—高等纺织院校教学参考书.—ISBN 7-5064-0435-4：2.35元

织疵分析/过念薪等编.—北京：纺织工业出版社，1990.4.—222页；32开.—ISBN 7-5064-0492-3：2.80元

棉纺质量控制与产品设计/任秀芳，郝凤鸣编.—北京：纺织工业出版社，1990.6.—217页；大32开.高等纺织院校教材.—ISBN 7-5064-0422-2：1.70元

棉纺实验/耿绍琪，顾行方等编.—北京：纺织工业出版社，1990.5.—187页；大32开.—高等纺织院校教材.—ISBN 7-5064-0408-7：1.50元

棉纺织工艺简明手册：纺纱部分/《棉纺织工艺简明手册》编写组编.—北京：纺织工业出版社，1990.3.—546页；64开.—ISBN 7-5064-0330-7（塑精装）：5.25元

棉纺织工艺简明手册：织造部分/《棉纺织工艺简明手册》编写组编.—北京.纺织工业出版社，1990.3.—701页；64开.—ISBN 7-5064-0460-5（塑精装）：6.40元

TS12/13　麻纺织、毛纺织

毛毡制造/上海市毛麻纺织工业公司编.—北京：纺织工业出版社，1990.4.—130页；32开.—ISBN 7-5064-0445-1：2.50元

绒线质量与测试/陈增存，王康编.—北京：纺织工业出版社，1990.7.—180页；32开.—ISBN 7-5064-0462-1：2.40元

黄麻纺纱/王景葆，杨启明编著.—北京：纺织工业出版社，1990.4.—469页；32开.—ISBN 7-5064-0386-2：5.80元

TS15　化学纤维纺织

合成纤维机械原理与设计/郭英主编.—北京：纺织工业出版社，1990.2.—352页；16开.—高等纺织院校教材.—ISBN 7-5064-0469-9：4.50元

涤纶仿真丝绸织造和印染/周宏湘编著.—北京：纺织工业出版社，1990.9.—231页；32开.—ISBN 7-5064-0537-7：5.00元

TS18　针　织

台车花色织物设计基础/朱国和编著.—北京：纺织工业出版社，1990.12.—210页；32开.—ISBN 7-5064-0573-3：3.10元

机织羊毛衫集锦/张齐静编著.—合肥：安徽科学技术出版社，1990.1.—125页：图；32开.—ISBN 7-5337-0269-7：6.65元

针织生产工艺基础/（苏）奥菲尔曼（Офферман.П.），达乌什-马尔顿（ТаУш-мартон，Х.）著；许吕崧等译.—北京：纺织工业出版社，1990.6.290页；32开.—ISBN 7-5064-0444-3：4.20元

书名原文：Основы Технологии Трикотажного Производства.

针织衣料制造与消费/陆彩丽等编译.—北京：纺织工业出版社，1990.9.—294页；32开.—ISBN 7-5064-0393-5：3.80元

经编针织物设计与生产　上册/程育才编著.—北京：纺织工业出版社，1990.12.—271页；32开.—ISBN 7-5064-0540-7：3.85元

经编针织物设计与生产　下册/程育才编著.—北京：纺织工业出版社，1990.12.—446页；32开.—ISBN 7-5064-0543-1：5.95元

家用编织机：结构·使用·维修/吕伟编著.—上海：上海科学技术出版社，1990.8.—178页；16开.ISBN 7-5323-2013-8：3.95元

TS19　染整工业

毛织物染整理论与实践/孔繁超等编著.—北京：纺织工业出版社，1990.11.—521页；大32开.—ISBN 7-5064-0467-2：7.75元

针织物染整工艺学/刘昌龄，杨佩珍编.—北京：纺织工业出版社，1990.12.—438页；32开.—中等纺织专业学校教材.—ISBN 7-5064-0534-2：4.00元

泡沫整理/顾德中，郁文辉编著.—北京：纺织工业出版社，1990.3.—121页；32开.—ISBN 7-5064-0405-2：1.70元

织物起绒技术/牛家宝编译.—北京：纺织工业出版社，1990.9.—153页；32开.—ISBN 7-5064-0485-0：2.10元

染整工艺与管理/（日）堀川明主编；杨叔铭译.北京：纺织工业出版社，1990.8.—450页；32开.

ISBN 7-5064-0453-2：5.60元

染整工程　第二册/陶乃杰主编.—北京：纺织工业出版社，1990.12.—424页；大32开.—纺织专科学校教材.—ISBN 7-5064-0481-8：4.60元

染整设备/陈任重编.—北京：纺织工业出版社，1990.6.—284页；32开.—中等纺织专业学校教材. ISBN 7-5064-0401-X：1.65元

TS2　食品工业

日汉食品工业词汇/郭成勋等编.—北京：轻工业出版社，1990.11.—1182页；32开.—ISBN 7-5019-0119-8（精装）：49.00元

中国食品工业年鉴：1989/《中国食品工业年鉴》编辑部编辑.—北京：轻工业出版社，1990.8.—773页：彩照；16开.—ISBN 7-5019-0839-7（精装）：42.00元

计算机技术在食品工业中的应用/（以色列）Sague编；裴珉等译.—北京：轻工业出版社，1990.11. 439页；32开.—ISBN 7-5019-0817-6：13.50元

书名原文：Computer-Aided Technigues in Food Technology

现代家政百科：茶点/白秋，田静编著.—北京：中国和平出版社，1990.6.—396页；32开.—ISBN 7-80037-301-0：5.70元

食品开发指南/陈中伦编著.—北京：轻工业出版社，1990.6.—269页；32开.—ISBN 7-5019-0786-2：7.50元

食品科学/（美）波特（Potter, N.N.）著；葛文镜等译.—北京：轻工业出版社，1990.6.—389页；16开.—ISBN 7-5019-0748-X：26.00元

书名原文：Food Science

食品科学与工艺学简明教程　中册/美国食品焙烤学院编；无锡轻工业学院培训部与食品教研室译. 北京：轻工业出版社，1990.5.—269页；16开.—ISBN 7-5019-0882-6：17.80元

书名原文：Food Science and Technology Correspondence Course

食品科学与工艺学简明教程　下册/美国食品焙烤学院编；无锡轻工业学院培训部与食品教研室译. 北京：轻工业出版社，1990.12.—295页；16开.—ISBN 7-5019-0815-X：19.80元

食品科学基础/（英）霍索恩（Hawthorn, J.）著；朱哲保等译.—成都：四川大学出版社，1990.4. 273页；32开.—ISBN 7-5614-0276-7：3.40元

书名原文：Foundations of Food Science

副食品趣味大观/邓其慰编著.—北京：中国经济出版社，1990.1.—349页；32开.—ISBN 7-5017-0209-8：5.00元

TS20　一般性问题

TS201　基础科学

食品工业技术与质量管理/钟昌锦，方震编译.—兰州：甘肃人民出版社，1990.1.—608页；32开.—ISBN 7-226-00568-9：15.00元

TS201.1　食品工程学、食品工艺学

中国食品工艺配方大全/河北省商业厅编.—石家庄：河北科学技术出版社，1990.12.—782页；16开. ISBN 7-5375-0604-3（精装）：36.00元

食品工艺/梁继周，程云辉编.—长沙：湖南教育出版社，1990.5.—505页；32开.—中等职业技术学校教材.—ISBN 7-5355-1124-4：4.50元

食品工程与化学工程中的设计计算：理论、设计举例与习题/（英）杰克逊（Jackson, A.T.），拉姆（Lamb, J.）著；寿明道译.—上海：上海翻译出版公司，1990.2.—228页；32开.—ISBN 7-80514-569-5：6.00元

新兴食品加工实用手册/郑友军主编.—北京：中国农业科技出版社，1990.7.—396页；32开.—ISBN 7-80026-189-1：5.50元

TS201.2　食品化学

食品化学/隋咸山编著.—北京：中国商业出版社，1990.2.—236页；32开.—商业技工学校试用教材. ISBN 7-5044-0472-1：3.05元

食品化学/顾沛新，金荣亮编写.—北京：农业出版社，1990.5.—234页；16开.—中央农业广播电视学校试用教材　农产品贮藏与加工专业用.—ISBN 7-109-01444-4：4.05元

食品化学基础知识/彭培勤等编著.—北京：中国食品出版社，1990.1.—259页；32开.—ISBN 7-80044-281-0：3.70元

食品分析/四川省南充农业学校编.—北京：农业出版社，1990.10.—349页；32开.—全国中等农业学校教材　农产品加工、畜产品加工、果蔬产品加工专业用.—ISBN 7-109-01534-3：2.05元

食品分析/《食品分析》编写组编.—北京：轻工业出版社，1990.10.—362页；大32开.—中等专业学校轻工专业试用教材.—ISBN 7-5019-0848-6：2.94元

食品分析法/钱毅，赵国君译.—上海：上海科学普及出版社，1990.11.—347页；16开.—ISBN 7-5427-0326-0（精装）：30.00元

食品分析原理与检验　上册/江小梅等编著.—北京：中国人民大学出版社，1990.5.—355页；大32开.—ISBN 7-300-00768-6：4.15元

食品风味化学/孙君社编.—武汉：华中理工大学出版社，1990.11.—268页；32开.—ISBN 7-5609-0350-9：1.76元

食品感官分析入门/朱红等编.—北京：轻工业出版社，1990.12.—192页；32开.—ISBN 7-5019-0968-7：4.70元

简明食品化学/殷绍辉，萧安民编.—上海：上海科学技术出版社，1990.12.—268页；32开.—ISBN 7-5323-2151-7：4.30元

TS201.3　食品微生物学

食品微生物学/王绍树，丁友昉编写.—北京：农业出版社，1990.4.—131页；16开.—中央农业广播电视学校试用教材　农产品贮藏与加工专业用.—ISBN 7-109-01408-8：2.45元

食品微生物学/傅述敏主编.—北京：中国商业出版社，1990.12.—324页；32开.—商业专科烹饪专业试用教材.—ISBN 7-5044-0501-9：2.10元

食品微生物学/湖南省长沙农业学校主编.—北京：农业出版社，1990.10.—266页；32开.—全国中等农业学校教材　农产品加工、果蔬产品加工、畜产品加工专业适用.—ISBN 7-109-01593-9：1.55元

食品酶学/王璋编.—北京：轻工业出版社，1990.4.—338页；大32开.—高等学校轻工专业试用教材.ISBN 7-5019-0767-6：2.80元

TS201.6　食品安全与卫生

食物中放射性核素容许值：由大规模辐射事故造成广泛污染后的实用指南/世界卫生组织编；刘文魁等译.—北京：人民卫生出版社，1990.6.—43页；大32开.—ISBN 7-117-01395-8：1.30元

食品卫生/江伟珣等编写.—北京：农业出版社，1990.5.—152页；16开.—中央农业广播电视学校试用教材　农产品贮藏与加工专业用.—ISBN 7-109-01515-7：2.75元

新编食品杀菌工艺学/（日）芝崎勋著；许有成译.北京：农业出版社，1990.11.—556页；大32开.—ISBN 7-109-01541-6：10.95元

TS202　食品原料及添加剂

食品添加剂与人体健康/（日）西冈一著；陈文麟等译.—北京：中国食品出版社，1989.10.—203页；32开.—ISBN 7-80044-252-7：2.65元

新食品添加剂/（美）J.C.约翰逊编著；罗旋，章凭译.—北京：中国商业出版社，1990.3.—481页；32开.—ISBN 7-5044-0458-6：9.75元

TS205　食品加工与保藏

中央农业广播电视学校中等农产品贮藏与加工专业教学计划及教学辅导大纲汇编　下册/中央农业广播电视学校主编.—北京：农业出版社，1990.8.—60页；16开.—ISBN 7-109-01876-8：1.25元

农畜产品加工/云南省教育委员会教研室编.—昆明：云南教育出版社，1990.8.—205页；32开.—初中后职业技术教材.—ISBN 7-5415-0389-4：1.47元

农副土特产品加工技术/曹德明主编；甘肃省科协普及部编.—2版.—兰州：甘肃科学技术出版社，1990.12.—246页；32开.—ISBN 7-5424-0063-0：3.10元

本书1987年12月第1版。

农副产品加工技术/黄健榕编著.—福州：福建教育出版社，1990.11.—70页；32开.—（燎原计划丛书·农村实用生产技术丛书）.—ISBN 7-5334-0641-9：0.75元

实用食品加工新技术　(5)/周奇文，于静云编译.北京：中国食品出版社，1990.3.—384页；32开.ISBN 7-80044-277-2：4.80元

食品加工/李朝林编.—贵阳：贵州科技出版社，1990.8.—153页；32开.—ISBN 7-80584-010-5：2.10元

食品加工技术、工艺和配方大全　上册/刘宝家等编.—北京：科学技术文献出版社，1990.2.—441页；16开.—ISBN 7-5023-0958-6：13.00元

食品加工技术、工艺和配方大全　中册/刘宝家等编.—北京：科学技术文献出版社，1990.2.—441页；16开.—ISBN 7-5023-0959-4：12.60元

食品加工技术、工艺和配方大全　下册/刘宝家等编.—北京：科学技术文献出版社，1990.2.—487页；16开.—ISBN 7-5023-0960-8：13.80元

食品辐照在中国的发展学术讨论会文集/王传祯等编.—北京：原子能出版社，1990.6.—394页；16开.ISBN 7-5022-0282-X：15.60元

家庭小加工/雷毓华编.—北京：农村读物出版社，1990.3.—55页；32开.—（实惠小丛书）.—ISBN 7-5048-1090-8：1.45元

TS205.7　冷藏与冻藏

电冰箱食品保藏法/杨少桧，林志成编著.—北京：北京科学技术出版社，1990.11.—107页；32开.ISBN 7-5304-0728-7：1.70元

冷冻食品的品质管理/史维一编著.—上海：上海交通大学出版社，1990.10.—177页；32开.—ISBN 7-313-00702-7：2.50元

TS207　食品标准与检验

食品感官鉴定方法及实践/李衡等编著.—上海：上海科学技术文献出版社，1990.10.—186页；32开.ISBN 7-80513-688-2：3.30元

TS21　粮食加工工业

粮油加工工艺/姚惠源等编写.—北京：农业出版社，1990.7.—144页；16开.—中央农业广播电视学校试用教材　农产品贮藏与加工专业用.—ISBN 7-109-01531-9：2.60元

粮油加工手册/中国粮油学会编.—北京：北京科学技术出版社，1990.8.—727页；16开.—ISBN 7-5304-0674-4（精装）：21.00元

粮油盐检验图解/孙占余等主编.—长春：长春出版社，1990.5.—286页；32开.—ISBN 7-80573-200-0：4.60元

粮油检验基础知识/李树国等主编.—长春：长春出版社，1990.5.—262页；32开.—ISBN 7-80573-201-9：4.20元

粮食深加工技术/王梦奇主编.—长春：吉林大学出版社，1990.12.—296页；16开.—ISBN 7-5601-0765-6：7.90元

TS211　面粉工业

农村小麦制粉设备与维修/徐文华等编著.—北京：机械工业出版社，1990.10.—230页；32开.—ISBN 7-111-02495-8：3.80元

燕麦降脂研究论文集/陆大彪主编.—北京：中国科学技术出版社，1990.10.—109页；16开.—ISBN 7-5046-0219-1：10.00元

TS213　谷类制食品

名优特糕点生产法/贺珏编写.—长沙：湖南科学技术出版社，1990.11.—542页；32开.—ISBN 7-5357-0761-0：6.00元

罗坤点心选　第三辑：星期美点/黄辉等整理.—广州：广东科技出版社，1990.3.—146页：彩照；32开.—ISBN 7-5359-0506-4：2.30元

面点制作/鲍治平等编.—北京：高等教育出版社，1990.8.—239页；32开.—旅游中等职业技术学校试用教材.—ISBN 7-04-002325-3：1.60元

面点制作集锦/张建幸编著.—上海：上海科学技术出版社，1990.8.—178页；32开.—ISBN 7-5323-1998-9：2.00元

饼干烤炉的设计和计算/滕均编著.—北京：轻工业出版社，1990.5.—232页；32开.—ISBN 7-5019-0744-7：5.95元

美味面点400种/中国人民解放军空军后勤部军需部编.—2版.—北京：金盾出版社，1990.6.—292页；32开.—ISBN 7-80022-200-4：5.00元

本书1989年6月第1版。

特色糕饼点心制作百例/沈佳福编著.—杭州：浙江大学出版社，1990.1.—212页；32开.—ISBN 7-308-00288-8：3.10元

家庭儿童点心一百例/（美）吉尔·伯姆斯特著；本德康编译.—北京：中国旅游出版社，1990.4.—91页；32开.—（中国美食丛书）.—ISBN 7-5032-0251-3：2.00元

家庭面点制作/王度毅编著.—上海：上海科学技术出版社，1990.4.—146页；32开.—ISBN 7-5323-1974-1：2.55元

糕点制作技艺/许柯编著.—兰州：甘肃科学技术出版社，1990.8.—112页；32开.—ISBN 7-5424-0280-3：1.75元

TS214　豆类制食品

大豆加工与综合利用/费家骍等编著.—南宁：广西科学技术出版社，1990.3.—290页；32开.—ISBN 7-80565-273-2：3.05元

本书阐述了大豆的营养价值及国内外大豆加工利用的现状、工艺技术和发展趋势。

豆制品生产工艺与深加工技术/郝永德等编著.—北京：农业出版社，1990.7.—181页；32开.—（菜篮子工程丛书）.—ISBN 7-109-01670-6：2.90元

TS22　食用油脂加工工业

油脂加工工艺/（苏）H.C.阿鲁楚尼亚恩编；郑泽贤，刘岳峰译.—北京：轻工业出版社，1990.6.352页；大32开.—ISBN 7-5019-0764-1：9.60元

植物油料的加工和利用/过祥鳌，左青主编.—郑州：河南科学技术出版社，1990.9.—478页；大32开.—ISBN 7-5349-0740-3：8.40元

TS23　淀粉工业

淀粉的深度加工与综合利用/邱瑞钦等编著.—南京：东南大学出版社，1990.3.—135页；32开.（全国星火计划丛书）.—ISBN 7-81023-272-X：1.60元

淀粉科学手册/（日）二国二郎主编；王薇青等译.北京：轻工业出版社，1990.10.—761页；大32开.ISBN 7-5019-0605-X：21.00元

植物淀粉及其利用/何照范等编著.—贵阳：贵州人民出版社，1990.3.—273页；大32开.—ISBN 7-221-01419-1：3.40元

TS24 制糖工业

中国食糖史稿/李治寰编著.—北京：农业出版社，1990.5.—221页；大32开.—ISBN 7-109-01510-6：5.50元

TS251 屠宰及肉类加工工业

风味鸡加工/周政敏，周衡生编.—兰州：甘肃科学技术出版社，1990.1.—52页；32开.—（脱贫致富丛书/任继周主编）.—ISBN 7-5424-0276-5：0.60元

出口畜产品的加工与利用/陈效谦等编.—合肥：安徽科学技术出版社，1990.7.—199页；32开.—ISBN 7-5337-0469-X：2.80元

动物性食品理化检验学/李增宝主编.—北京：中国农业科技出版社，1990.10.—509页；大32开.—ISBN 7-80026-056-9：8.50元

肉制品加工工艺及配方/（日）高坂和久著；张向生译.—北京：轻工业出版社，1990.9.—452页；32开.—ISBN 7-5019-0803-6：12.70元

肉品加工学/山西省畜牧兽医学校主编.—北京：农业出版社，1990.10.—294页；32开.—全国中等农业学校教材　畜产品加工专业用.—ISBN 7-109-01549-1：1.70元

畜产品加工/何炳迁等编.—成都：四川教育出版社等，1990.4.—209页；32开.—职业高中教材.—ISBN 7-5408-1314-8：1.34元

畜产品加工技术/张居农编著.—乌鲁木齐：新疆人民出版社，1990.4.—136页；32开.—（农村科普小丛书）.—ISBN 7-228-00418-3：1.30元

畜产品加工学/东北农学院主编.—2版.—北京：农业出版社，1990.10.—230页；16开.—全国高等农业院校教材　畜牧专业用.—ISBN 7-109-01496-7：3.00元

本书1980年10月第1版。

畜禽产品加工技术问题/张青化编.—天津：天津科学技术出版社，1990.2.—186页；32开.—ISBN 7-5308-0615-7：3.70元

TS252 乳品加工工业

奶牛机器挤奶技术/孟继森编著.—天津：天津科学技术出版社，1990.3.—71页；32开.—ISBN 7-5308-0757-9：1.95元

乳品加工技术/崔景泰等编.—北京：农业出版社，1990.9.—257页；32开.—（菜篮子工程丛书）.—ISBN 7-109-01683-8：3.55元

乳品加工学/山西省畜牧兽医学校主编.—北京：农业出版社，1990.10.—315页；32开.—全国中等农业学校教材.—ISBN 7-109-01566-1：1.85元

TS253 蛋品加工工业

实用蛋品加工技术/周永昌等编.—北京：农业出版社，1990.2.—159页；32开.—ISBN 7-109-01332-4：2.25元

蛋品加工技术/刘仪初，张世安编.—北京：农业出版社，1990.7.—164页；32开.—（菜篮子工程丛书）.—ISBN 7-109-01635-8：2.35元

TS254 水产加工工业

出口水产品的加工与检验/朱秉权，车文毅主编.南京：江苏科学技术出版社，1990.7.—334页；32开.—ISBN 7-5345-0988-2：3.80元

渔业加工机械使用常识/刘锦清编写.—北京：海洋出版社，1990.10.—54页；32开.—（沿海农村实用科技文库）.—ISBN 7-5027-1037-0：1.30元

TS255 水果、蔬菜加工工业

日本酱腌菜/冯雨泉，赵沂编译.—哈尔滨：黑龙江科学技术出版社，1990.5.—206页；32开.—ISBN 7-5388-1025-0：2.95元

水果加工知识与技术/王瑞龙编著.—北京：中国经济出版社，1990.9.—232页；32开.—ISBN 7-5017-0718-9：3.50元

名优酱菜腌菜家庭制法300种/仇志荣编著.—北京：金盾出版社，1990.6.—122页；32开.—ISBN 7-80022-197-0：2.20元

果品加工实用技术/田林森编著.—北京：轻工业出版社，1990.12.—218页；32开.—ISBN 7-5019-0880-X：3.80元

果品食谱二百例/陈可石，黄仪编著.—北京：中国旅游出版社，1990.1.—216页；32开.—（中国美食丛书）.—ISBN 7-5032-0250-5：4.00元

果蔬蜜饯加工技术/谢知坚，刘公礼编.—福州：福建教育出版社，1990.10.—89页；32开.—（燎原计划丛书·农村实用生产技术丛书）.—ISBN 7-5334-0605-2：0.91元

家庭泡菜100例/肖亚成编著.—北京：金盾出版社，1990.12.—86页；32开.—ISBN 7-80022-256-X：1.60元

野生果品加工及利用/王学理编.—北京：中国林业出版社，1990.1.—84页；32开.—（全国星火计划丛书·林特产加工利用丛书/程芝主编）.—ISBN 7-5038-0555-2：1.20元

酱腌菜制作技术问答/张健安编著.—上海：上海科学技术出版社，1990.9.—146页；32开.—ISBN 7-5323-2062-3：1.70元

TS26 酿造工业

酿造工艺学/高年发等编写.—北京：农业出版社，1990.7.—303页；16开.—中央农业广播电视学校试用教材 农产品贮藏与加工专业用.—ISBN 7-109-01735-4：5.10元

TS261 酿酒工业

中华酒典：酒与酒文化/侯云章，王鸿宾主编.—哈尔滨：黑龙江人民出版社，1990.10.—671页；大32开.—ISBN 7-207-01619-0：10.75元

中国名酒.—北京：新星出版社，1990.—20页；36开.—(中国简况).—ISBN 7-30085-065-X

中国名酒典故大成/王金秋主编.—北京：学苑出版社，1990.8.—425页；16开.—ISBN 7-5077-0167-0：20.00元

中国绍兴酒文化/吴国群主编；王致涌等著.—杭州：浙江摄影出版社，1990.10.—359页；大32开.ISBN 7-80536-077-4：8.90元

中国酒类名录大全/胡德仁主编.—杭州：浙江科学技术出版社，1990.3.—1090页；大32开.—ISBN 7-5341-0235-9(精装)：16.70元

绍兴酒文化/绍兴市政协文史资料委员会编.—上海：中国大百科全书出版社上海分社，1990.11.204页；大32开.—ISBN 7-5000-0306-4：5.50元

酿酒技师指南/(英)贝利(Berry，C.J.J.)，特纳(Turner，B.C.A.)著；金其荣等译.—北京：轻工业出版社，1990.8.—225页；32开.—ISBN 7-5019-0802-8：3.90元

书名原文：Winemaker's Companion

TS262 各种酒及其制造

大曲酒生产问答/李大和编著.—北京：轻工业出版社，1990.5.—296页；32开.—ISBN 7-5019-0765-X：7.40元

山东名优酒包装精选：汉英对照/陈育星等主编；逄国成摄影.—济南：山东人民出版社，〔1990〕.1册；大16开.—ISBN 7-209-00587-0：10.00元

世界蒸馏酒的风味：香味来源与开发/(　)皮戈特(Piggott，J.R.)编；郑学翔等译.—贵阳：贵州科技出版社，1990.10.—361页；32开.—ISBN 7-80584-43-1：4.90元

传统和最新的酒精生产技术/陈驹声等著.—北京：化学工业出版社，1990.5.—189页；32开.—(农副产品化学加工丛书/陈驹声主编).—ISBN 7-5025-0516-4：4.15元

鸡尾酒及调制/卢深环编著.—上海：上海科学技术出版社，1990.9.—239页；32开.—ISBN 7-5323-1884-2：2.55元

药用酒谱/邓家刚编.—南宁：广西科学技术出版社，1990.9.—109页；32开.—ISBN 7-80565-352-6：1.60元

啤酒酵母和微生物管理/杜绿君，袁惠民编著.—北京：轻工业出版社，1990.10.—260页；32开.—ISBN 7-5019-0792-7：5.80元

啤酒酵母实用技术/王治权等编著.—上海：上海科学普及出版社，1990.5.—250页；16开.—上海市"星火计划"培训教材.—ISBN 7-5427-0213-0：9.00元

啤酒酿造/康明官，唐是雯编著.—北京：轻工业出版社，1990.10.—344页；32开.—ISBN 7-5019-0801-X：6.90元

家庭自制益寿药酒/卢祥之编著.—北京：中国医药科技出版社，1990.8.—150页；32开.—ISBN 7-5067-0181-2：2.50元

TS264 调味品的生产

中小型酱油厂实用技术/(日)福崎幸藏著；宋刚等译.—北京：轻工业出版社，1990.10.—264页；32开.—ISBN 7-5019-0189-9：5.80元

味苑：献给调味品的生产者和经营者/尹桂茂等编.北京：中国华侨出版公司.—1990.12.—363页；32开.—ISBN 7-80074-228-8：5.60元

味精生产工艺学/陈卓贤等编.—北京：轻工业出版社，1990.11.—323页；大32开.—中等专业学校轻工专业试用教材.—ISBN 7-5019-0847-8：2.45元

食醋的健康功效/(日)滝野吉雄主编；赵清慧等译.—哈尔滨：哈尔滨工业大学出版社，1990.5.—95页；32开.—ISBN 7-5613-0259-9：1.50元

本书内容包括醋的健康功效，醋对健康的作用，醋的基本知识，醋的最佳食用方法，以及我们喜欢醋和食醋的妙用等内容。

调味品生产技术问答/赵玉莲，郑学翔编著.—北京：农业出版社，1990.10.—380页；32开.—(菜篮子工程丛书).—ISBN 7-109-01710-9：5.15元

酱油及酱类的酿造/陈驹声主编.—北京：化学工业出版社，1990.2.—262页；32开.—(农副产品化学加工丛书).—ISBN 7-5025-0249-1：5.80元

TS27 饮料冷食制造工业

中小型饮料灌装设备及其维修/赵志新编著.—北京：轻工业出版社，1990.12.—200页；大32开.—ISBN 7-5019-0892-3：4.40元

软饮料工艺学/赵晋府，张林编写.—北京：农业出版社，1990.8.—195页；16开.—中央农业广播电视学校试用教材 农产品贮藏与加工专业用.—ISBN 7-109-01871-7：3.55元

软饮料生产与家庭自制冷饮/胡增颐编著.—北京：金盾出版社，1990.1.—168页；32开.—ISBN 7-80022-149-0：2.80元

家制清凉、营养健身饮料800方/赵齐川等编.—合肥：安徽科学技术出版社，1990.9.—206页；32开.ISBN 7-5337-0507-6：3.55元

家庭自制饮料冷食大全/段金云主编.—天津：天津科技翻译出版公司，1990.7.—414页；32开.—ISBN 7-5433-0122-9：5.90元

家庭自制健身饮料/梁砭编.—北京：新华出版社，1990.9.—77页；32开.—ISBN 7-5011-0722-X：1.10元

家庭饮料制作/汪国钧，杜清编著.—上海：上海科学技术出版社，1990.2.—312页；32开.—ISBN 7-5323-1775-7：3.80元

家庭冷食冷饮大全/章金寿等编.—北京：科学普及出版社，1990.5.—270页；32开.—ISBN 7-110-01477-0：3.60元

TS272　茶

名优茶加工技术/刘勤晋主编；重庆市教育委员会编.—北京：高等教育出版社，1990.8.—77页；32开.—(农村实用技术教育丛书).—ISBN 7-04-002576-0：0.71元

茶与文化/孔宪乐主编；茶人之家编.—沈阳：春风文艺出版社，1990.6.—151页；大32开.—ISBN 7-5313-0375-2：4.30元

茶叶加工机械/龚琦等编著.—上海：上海科学技术出版社，1990.6.—228页；16开.—ISBN 7-5323-2002-2：6.60元

茶叶精制技术/周茂荣编著.—合肥：安徽科学技术出版社，1990.5.—272页；32开.—ISBN 7-5337-0501-7：3.80元

速溶茶生物化学/阎守和编著.—北京：北京大学出版社，1990.10.—214页；32开.—ISBN 7-301-01256-X：3.70元

家庭保健茶霜谱/栗健，王滨编.—北京：农村读物出版社，1990.5.—79页；32开.—(烹饪大世界丛书).—ISBN 7-5048-1259-5：1.45元

TS3　制盐工业

中国古代井盐工具研究/刘德林，周志征著.—济南：山东科学技术出版社，1990.5.—317页；16开.ISBN 7-5331-0693-8(精装)：16.50元

TS4　烟草工业

中国烟草文化集林/杨国安编著.—西安：西北大学出版社，1990.10.—376页；大32开.—ISBN 7-5604-0180-5(精装)：12.00元；(平装)：9.00元

卷烟配套材料/杨厚民主编.—合肥：中国科学技术大学出版社，1990.11.—314页；大32开.—ISBN 7-312-00231-5：4.10元

烤烟调制学/贾琪光，宫长荣编著.—郑州：河南科学技术出版社，1990.9.—333页；大32开.—ISBN 7-5349-0746-2：6.20元

烟叶烘烤理论与实践/侯文华等编著.—北京：农业出版社，1990.7.—335页；32开.—ISBN 7-109-01968-3：4.50元

本书内容包括：烟叶成熟的理论及其应用、烟叶烘烤的生物化学过程和物理过程、普通烤房的设计和建造、烟叶烘烤工艺的制定和实施、烟叶烘烤的实际操作与工艺检验等。

TS5　皮革工业

中国山羊皮革组织学图谱：英汉对照/魏世林等著.—北京：轻工业出版社，1990.6.—198页；16开.ISBN 7-5019-0734-X(精装)：82.00元

毛皮化学及工艺学/韩清标主编.—北京：轻工业出版社，1990.5.—345页；16开.—高等学校轻工专业试用教材.—ISBN 7-5019-0778-1：4.80元

皮革的染整/(苏)И.Л.斯特拉霍夫等著；张廷有，王照临译.—成都：成都科技大学出版社，1990.3.—404页；32开.—ISBN 7-5616-0550-1：5.00元

书名原文：Отделка кож

TS6　木材加工工业、家具制造工业

林产学概论/杨敏娟，吴定新编.—北京：中国林业出版社，1990.2.—271页；16开.—高等林业院校干部专修科试用教材.—ISBN 7-5038-0440-8：3.60元

英汉木材工业词汇/汪秉全编.—2版.—北京：科学出版社，1990.2.—303页；32开.—ISBN 7-03-000039-0(精装)：11.10元

本书1976年9月第1版。

TS64　加工机具与设备

木工机床结构/李志仁主编.—哈尔滨：东北林业大学出版社，1990.12.—397页；16开.—ISBN 7-81008-090-3：4.95元

木工机械噪声及其控制/王国才主编.—北京：中国林业出版社，1990.9.—173页；16开.—全国高等林业院校试用教材.—ISBN 7-5038-0599-4：2.25元

TS65　加工工艺

木工安全技术/杨美鑫，高志华编.—北京：电子工

业出版社，1990.10.—199页；32开.—（劳动保护实用丛书/林明清主编）.—ISBN 7-5053-1114-X：3.10元

木材特种切削加工/朴永守主编.—哈尔滨：东北林业大学出版社，1990.3.—128页；16开.—ISBN 7-81008-091-1：1.70元

木制品生产工艺/王晓纯，孙世良编.—北京：中国林业出版社，1990.9.—306页；16开.—木材加工工人技术理论教材.—ISBN 7-5038-0397-5：8.00元

农村木工实用技术/陈建穆等编.—济南：山东科学技术出版社，1990.7.—129页；16开.—（中国农民教育丛书/张仲诚等主编）.—ISBN 7-5331-0718-7：3.55元

TS66　各种制品

木器家具的设计与制作/山东省科学技术协会主编；许成龙等编著.—北京：中国青年出版社，1990.9.—240页；32开.—（青年学艺指南丛书）.—ISBN 7-5006-0850-0：3.80元

中外图书馆·办公室·学校·家庭现代专用家具精萃/陈霭轩主编.—北京：中国林业出版社，1990.1.207页；大16开.—ISBN 7-5038-0540-4（精装）：47.00元

世界新潮家具精选/王家瑞主编.—北京：轻工业出版社，1990.6.—208页；16开.—ISBN 7-5019-0805-2：6.50元

东西方流行组合家具精选/方华编译.—南宁：广西科学技术出版社，1990.2.—303页；16开.—ISBN 7-80565-262-7：7.50元

西方历代家具风格/董玉库主编.—哈尔滨：东北林业大学出版社，1990.7.—335页；32开.—ISBN 7-81008-162-4：3.80元

时尚家具图册/文安，巴山编译.—成都：四川人民出版社，1990.12.—94页；16开.—ISBN 7-220-01137-7：13.00元

现代专用家具精萃/陈霭轩主编.—北京：中国林业出版社，1990.1.—207页；16开.—ISBN 7-5038-0540-4（精装）：47.00元

现代家具/李萍年，方和锡编绘.—天津：天津科学技术出版社，1990.5.—112页；20开.—ISBN 7-5308-0749-8：11.15元

现代家具之王：木制家具/和平等编绘.—沈阳：辽宁人民出版社，1990.9.—72页；16开.—ISBN 7-205-01512-X：6.00元

现代家具之王：软色家具/和平等编绘.—沈阳：辽宁人民出版社，1990.9.—70页；16开.—ISBN 7-205-01533-2：6.00元

实用家具图精选/《家具》编辑部编.—上海：上海科学技术出版社，1990.1.—118页；16开.—ISBN 7-5323-1845-1：4.00元

积木式组合家具：立体图解木工技法/徐锡华，吴旭明著.—上海：上海科学技术出版社，1990.4.140页；16开.—ISBN 7-5323-1761-7：5.00元

家具世界　第2辑：卧室家具专辑/胡景初编绘.长沙：湖南科学技术出版社，1990.9.—118页：彩图；16开.—ISBN 7-5357-0740-8：3.50元

彩色家具涂饰技术/邓背阶等编著.—上海：上海科学技术出版社，1990.8.—131页；16开.—ISBN 7-5323-2016-2：5.20元

新一代盒式家具/武星宽，张晶编著.—南昌：江西科学技术出版社，1990.11.—143页；16开.—ISBN 7-5390-0369-3：7.65元

新型家具制作与室内装修/佳隆等编绘.—北京：金盾出版社，1990.2.—122页；16开.—ISBN 7-80022-163-6：4.40元

新型家具制作与室内装修/佳隆等编绘.—2版.—北京：金盾出版社，1990.9.—122页；16开.—ISBN 7-80022-223-3：4.50元

本书1990年2月第1版。

新潮组合家具精选/冯晓来等编著.—北京：金盾出版社，1990.12.—122页；16开.—ISBN 7-80022-277-2：4.50元

新潮家具荟萃/李伟国等编译.—沈阳：辽宁人民出版社，1990.7.—72页：彩照；16开.—（现代生活用品丛书）.—ISBN 7-205-01460-3：6.00元

160种家具款式及其布置/乐嘉龙等编绘.—北京：金盾出版社，1990.1.—108页：彩照；16开.—ISBN 7-80022-156-3：5.00元

TS7　造纸工业

汉英造纸工业词典/谈硕颀编.—成都：成都科技大学出版社，1990.7.—496页；16开.—ISBN 7-5616-0310-X：28.00元

制浆造纸工艺/劳动部培训司组织编写.—北京：劳动人事出版社，1990.2.—373页；32开.—就业训练造纸专业统编教材：试用.—ISBN 7-5045-0399-1：4.80元

制浆造纸工艺基本理论与应用　上册：制浆/潘福池主编.—大连：大连理工大学出版社，1990.9.452页；16开.—ISBN 7-5611-0331-X：9.40元

制浆造纸手册　第十二分册：供水与供气/《制浆造纸手册》编写组编.—北京：轻工业出版社，1990.12.—266页；大32开.—ISBN 7-5019-0148-1（精装）：11.50元

制浆造纸实验/屈维均主编；陈佩蓉等编.—北京：轻工业出版社，1990.5.—324页；16开.—高等学校轻工专业试用教材.—ISBN 7-5019-0717-1：4.45元

蔡伦造纸术的发明与发展/荣元恺编著.—北京：轻

工业出版社，1990.4.—71页；32开.—ISBN 7-5019-0548-7：2.60元

TS74　制浆工艺

甘蔗渣制浆造纸/窦正远主编；邱玉桂等编.—广州：华南理工大学出版社，1990.4.—297页；16开.ISBN 7-5623-0148-4：3.80元

制浆化学/陈嘉翔编著.—北京：轻工业出版社，1990.6.—481页；大32开.—ISBN 7-5019-0720-X（精装）：12.70元

制浆原理与工程/陈嘉翔主编.—北京：轻工业出版社，1990.10—410开；16开.—高等学校轻工专业试用教材.—ISBN 7-5019-0846-X：5.55元

废纸制浆与造纸/安建华编.—北京：轻工业出版社，1990.5.—220页；32开.—ISBN 7-5019-0493-6：5.40元

TS76/77　产品及产品检验

中国书画用纸浅谈/王志维编著.—北京：世界知识出版社，1990.11.—99页；32开.—ISBN 7-5012-0297-4：1.40元

纸和纸板物理特性及其试验方法/夏丽峰，马忻编著.—北京：轻工业出版社，1990.6.—417页；大32开.—ISBN 7-5019-0830-3：6.80元

制浆造纸生产过程的化验与检查/劳动部培训司组织编写.—北京：劳动人事出版社，1990.3.—145页；32开.—就业训练造纸专业统编教材（试用）.ISBN 7-5045-0456-4：2.00元

TS8　印刷工业

中国印刷业大全/袁是德主编.—上海：百家出版社，1990.4.—866页；16开.—ISBN 7-80576-051-9（精装）：39.50元

活字印刷源流/上海新四军历史研究会印刷印钞分会编.—北京：印刷工业出版社，1990.8.—276页；大32开.—（中国印刷史料选辑；2）.—ISBN 7-80000-054-0：4.90元

TS80　一般性问题

中外印刷设备手册/张树声主编.—北京：科学出版社，1990.6.—2册（10095页）；大32开.—ISBN 7-03-001634-3（精装）：42.00元

印刷化学基础/李羽葆主编.—北京：测绘出版社，1990.10.—310页；16开.—高等学校教材.—ISBN 7-5030-0258-1：4.00元

印刷实用电工入门/徐燕青编著.—北京：印刷工业出版社，1990.9.—354页；大32开.—ISBN 7-80000-056-7：6.35元

色谱/上海市美术印刷厂，上海油墨厂编.—上海：上海科学技术出版社，1990.6.—93页；48开.—ISBN 7-5323-1862-1（精装）：21.00元

油墨的调配和印刷故障处理/王治德编著.—西安：陕西科学技术出版社，1990.8.—330页；32开.—ISBN 7-5369-0563-7：4.40元

轻印刷系统/黄亚声等编著.—北京：印刷工业出版社，1990.10.—475页；大32开.—ISBN 7-80000-055-9：9.35元

科技·出版·广告设计用标准字符集/浙江大学出版社出版科编.—杭州：浙江大学出版社，1990.3.71页；16开.—ISBN 7-308-00471-6：4.95元

特殊印刷技术/智文广编.—北京：机械工业出版社，1990.3.—191页；16开.—ISBN 7-111-02127-4：6.80元

TS81　凸版印刷

凸图版零件印刷问答/段成德编.—北京：印刷工业出版社，1990.11.—173页；32开.—ISBN 7-80000-038-9：2.00元

铸字工艺与备设/徐昌权，杨化军编著.—北京：印刷工业出版社，1990.2.—382页；32开.—ISBN 7-80000-039-7：5.70元

TS82　平版印刷

计算机排版：理论与实践/韩玉瑄编著.—大连：大连理工大学出版社，1990.10.—364页；大32开.ISBN 7-5611-0340-9：7.00元

平版制版照相工艺/殷幼若，魏文亮编.—北京：印刷工业出版社，1990.8.—346页：图版；大32开.平制专业用.—ISBN 7-80000-044-3：6.20元

平版胶印印刷工艺/范凌群编.—北京：印刷工业出版社，1990.5.—265页；大32开.—平印专业用.—ISBN 7-80000-042-7：4.85元

胶印质量控制：从晒版到印刷的标准化/（联邦德国）格哈尔德·维尔纳尔著；蔡立民，殷克译.—北京：印刷工业出版社，1990.9.—197页；大32开.ISBN 7-80000-040-0：3.75元

胶印晒版原理/万裕全，朱梅生编.—上海：上海交通大学出版社，1990.11.—122页；16开.—高等专科学校试用教材.—ISBN 7-313-00708-6：2.80元

照相平印术/（美）普鲁斯特著；武汉测绘科技大学照相制版教研室、印刷教研室译.—武汉：武汉测绘科技大学出版社，1990.3.—190页；16开.—教学参考书.—ISBN 7-81030-028-8：2.50元

TS83　凹版印刷

卷筒纸胶印机/齐福斌编著.—北京：印刷工业出版社，1990.4.—337页；16开.—ISBN 7-80000-026-5：10.00元

雕版印刷源流/上海新四军历史研究会印刷印钞分会编.—北京：印刷工业出版社，1990.9.—500页；大32开.—（中国印刷史料选辑；1）.—ISBN 7-80000-051-6：8.70元

TS87　其他印刷

不干胶标签印刷/傅强编著.—北京：印刷工业出版社，1990.4.—246页；32开.—ISBN 7-80000-052-4：3.75元

包装印刷概论/张荫余等编.—北京：印刷工业出版社，1990.4.—235页；大32开.—ISBN 7-80000-043-5：4.30元

丝网印刷技术问答/曹振英，丘淙编.—北京：印刷工业出版社，1990.4.—265页；32开.—ISBN 7-80000-045-1：4.20元

TS875　静电印刷

国内流行复印机电路图集与维修：续集/本书编写组编.—北京：科学技术文献出版社，1990.9.—130页；8开.—ISBN 7-5023-1277-3：10.50元

复印机使用和维修大全/邹忠民编著.—长沙：湖南科学技术出版社，1990.12.—511页；16开.—ISBN 7-5357-0803-X（精装）：14.50元

复印机使用维修200例/厉玉全等编著.—北京：中国广播电视出版社，1990.6.—372页；16开.—ISBN 7-5043-0351-8：14.00元

静电复印机的使用与维修/李维民编著.—北京：中国青年出版社，1990.11.—158页；32开.—ISBN 7-5006-0794-6：2.05元

静电复印机的使用与维修/陈东等编.—广州：广东科技出版社，1990.7.—205页；16开.—ISBN 7-5359-0527-7：5.00元

静电复印机原理与维修指南/吴树勇编著.—徐州：中国矿业大学出版社，1990.12.—303页；大32开.—ISBN 7-81021-448-9：6.50元

静电复印技术基础与应用/日本电子写真学会编；岳佐军等译.—武汉：武汉测绘科技大学出版社，1990.12.—231页；16开.—教学参考书.—ISBN 7-81030-071-7：5.40元

TS879　打字技术

中外文电子打字技术/北京市职业技术教育教材编审委员会组织编写；吴跃等编.—北京：高等教育出版社，1990.10.—217页；16开.—ISBN 7-04-003063-2：2.60元

英文打字及计算机键盘输入入门/陈炳旭编.—北京：清华大学出版社，1990.9.—190页；32开.—ISBN 7-302-00653-9：2.20元

怎样练习英文打字/赵德明，苗青编.—2版（修订版）.—北京：北京出版社，1990.11.—143页；32开.—ISBN 7-200-00755-2：1.85元

本书1984年8月第1版。

最新英文打字范本/杨曾茂等编.—北京：金盾出版社，1990.6.—106页；16开.—ISBN 7-80022-168-7：3.00元

TS88　装订技术

日本现代图书设计/宁成春编；王振华，李晓武译.北京：三联书店，1990.8.—159页；16开.—ISBN 7-108-00290-6：68.00元

书刊装订技术问答/张鑫炎编.—北京：印刷工业出版社，1990.12.—324页；32开.—ISBN 7-80000-033-8：3.45元

书籍装帧艺术史/邱陵编著.—重庆：重庆出版社，1990.5.—248页：彩图；大32开.—ISBN 7-5366-1161-7：5.00元

章桂征书籍装帧艺术/章桂征装帧设计.—长春：时代文艺出版社，1990.2.—84页；24开.—ISBN 7-5387-0203-2：15.00元

TS91　五金制品工业

五金选用手册/《五金选用手册》编写组编.—北京：轻工业出版社，1990.11.—1102页；16开.—ISBN 7-5019-0770-6（精装）：36.00元

锁具基本知识/上海锁具技术教材编写组编.—上海：上海科学普及出版社，1990.2.—66页；32开.锁具中级工技术培训教材.—ISBN 7-5427-0252-1：1.90元

TS93　工艺美术制品工业

TS934　金属工艺美术制品

首饰佩戴艺术、鉴别与保护/王同春，刘丹枫编著武汉：华中理工大学出版社，1990.3.—125页：彩照；32开.—ISBN 7-5609-0449-1：3.30元

首饰实用装饰艺术/陈信燕执笔；上海宇宙金银饰品厂编写组编.—上海：上海文化出版社，1990.8.175页：彩图；32开.—ISBN 7-80511-329-7：5.65元

首饰鉴别与欣赏/曾一兵等著.—北京：宝文堂书

店，1990.7.—96页：彩照；32开.—（文化生活丛书）.—ISBN 7-80030-173-7：1.40元

珠宝鉴赏/杜晓辉编著.—北京：国际文化出版公司，1990.3.—262页；32开.—ISBN 7-80049-507-8：9.60元

TS935 刺绣、编结、制毯

日用刺绣技艺/李凤书编著.—福州：福建教育出版社，1990.10.—75页；32开.—（燎原计划丛书）.ISBN 7-5334-0671-0：0.78元

地毯/杜仑山编著.—北京：中国对外经济贸易出版社，1990.11.—141页；32开.—ISBN 7-80004-030-5：2.60元

机绣入门/熊小同编.—北京：农业出版社，1990.5.—94页；32开.—职业技术教育教材.—ISBN 7-109-01565-3：1.40元

实用机绣方法与设计/张漪溪编著.—西安：陕西科学技术出版社，1990.3.—103页；16开.—ISBN 7-5369-0518-1：3.20元

TS935.5 编结

大流行——新棒针编织：初夏、春秋篇/杨君编译.长春：吉林人民出版社，1990.11.—40页：彩照；16开.—ISBN 7-206-00911-5：10.80元

上海新棒针花样530：《上海棒针花样500种》续编/上海文化出版社编.—上海：上海文化出版社，1990.7.—186页；16开.—ISBN 7-80511-380-7：5.30元

上海新编棒针钩针花样500种/卢月琴，应美萍主编.—上海：上海科学技术出版社，1990.8.—151页：彩图；16开.—ISBN 7-5323-2251-3：5.95元

上海新潮棒针编结图案/钱祥荣，徐培英编.—上海：三联书店上海分店，1990.1.—68页：彩图；16开.—ISBN 7-5426-0061-3：4.20元

东方最新编织100例/史维平编.—石家庄：河北人民出版社，1990.1.—114页；16开.—ISBN 7-202-00564-6：3.60元

冯秋萍绒线编织新作/冯秋萍主编.—天津：天津科学技术出版社，1990.6.—212页：彩图；16开.—ISBN 7-5308-0707-2：13.40元

丽人棒针编织大潮/蕴娴，妍红编译.—北京：中国妇女出版社，1990.10.—48页；16开.—ISBN 7-816-215-X：7.65元

现代流行编织/申获编.—上海：上海文化出版社，1990.1.—121页；16开.—ISBN 7-80511-368-8：6.00元

欧美绒线编织/林娜编.—北京：轻工业出版社，1990.3.—119页；16开.—ISBN 7-5019-0763-3：6.90元

国外毛线编结技巧与花样1500/李铁英，李松梅编译.—北京：科学普及出版社，1990.6.—178页；大16开.—ISBN 7-110-00891-6：15.00元

国外时髦棒针编织/胥敏等编译.—沈阳：辽宁人民出版社，1990.3.—112页：彩照；16开.—ISBN 7-205-01299-6：7.50元

国外编织花样精选/贺佳编.—北京：轻工业出版社，1990.8.—170页：彩照；16开.—ISBN 7-5019-0826-5：7.60元

国外新潮编织集粹/竹涛编；朱平译.—沈阳：辽宁教育出版社，1990.4.—112页：彩照；16开.—ISBN 7-5382-1149-7：9.85元

钩针编织技巧.—北京：中国商业出版社；台北：台湾海风出版社，1990.11.—128页：彩图；16开+附图1张.—ISBN 7-5044-0568-X：8.80元

绒线钩织大全（1）/冀信福，石岫编绘.—北京：轻工业出版社，1990.4.—120页：彩图；16开.ISBN 7-5019-0807-9：6.80元

绒线钩织大全（2）/冀信福，石岫编绘.—北京：轻工业出版社，1990.11.—120页：彩图；16开.ISBN 7-5019-0887-7：6.90元

绒线棒针编织法/程晋荣编.—呼和浩特：内蒙古教育出版社，1990.6.—172页；16开.—内蒙古职业中学试用教材.—ISBN 7-5311-1141-1：4.15元

绒线编织图案167例/楚人等编绘.—武汉：长江文艺出版社，1990.5.—124页：彩图；16开.—ISBN7-5354-0306-9：6.50元

绒线编织彩色图案/阴光等编绘.—北京：科学普及出版社，1990.12.—95页：彩图；16开.—ISBN 7-110-01862-8：7.50元

配色编织200/浙江人民出版社编.—杭州：浙江人民出版社，1990.9.—50页：彩图；16开.—ISBN 7-213-00572-3：9.00元

彩色棒针图案200款/林然等编.—福州：福建科学技术出版社，1990.8.—123页：彩图；16开.—ISBN 7-5335-0414-3：6.80元

情侣天地：海外编织精萃/张淑萍，冯文义编辑.北京：新华出版社，1990.11.—87页：彩图；16开.ISBN 7-5011-0987-7：8.95元

棒针编织技巧.—北京：中国商业出版社；台北：台湾海风出版社，1990.11.—96页：彩照；16开.ISBN 7-5044-0569-8：6.95元

最新现代绒线编结/袁莉萍编译.—北京：国际文化出版公司，1990.11.—96页：彩图；16开.—ISBN 7-80049-481-0：8.60元

最新钩针花样500种/安安夫人编.—北京：轻工业出版社；台北：台湾海风出版社，1990.8.—110页：彩照；16开.—ISBN 7-5019-0821-4：5.50元

最新绒线编织图案艺术/吴运安编制.—武汉：长江文艺出版社，1990.11.—112页：彩图；16开.—ISBN 7-5354-0374-3：6.50元

最新绒线编织款式/王凤平编.—南昌：江西美术出版社，1990.12.—87页；16开.—ISBN 7-80580-038-3：6.80元

最新棒针花样400种/安安夫人编.—北京：轻工业出版社；台北：台湾海风出版社，1990.8.—112页：彩图；16开.—ISBN 7-5019-0822-2：5.50元

新款编织世界/筱真编译.—北京：中国广播电视出版社，1990.8.—122页：彩图；16开.—ISBN 7-5043-0486-7：7.90元

新编上海钩针编结300例/乔以以编著.—北京：金盾出版社，1990.2.—100页：彩照；16开.—ISBN 7-80022-172-5：3.90元

新编上海钩针编结300例/乔以以编著.—2版.—北京：金盾出版社，1990.10.—108页：彩照；16开.ISBN 7-80022-242-X：3.90元

本书1990年2月第1版。

新编上海棒针编结500例/翁亚敏等主编.—2版.北京：金盾出版社，1990.10.—140页：彩照；16开.ISBN 7-80022-088-5：4.90元

本书1988年8月第1版。

新编绒线花色编结（2）/陈红，沈志文编著.上海：上海科学技术出版社，1990.2.—84页；16开.ISBN 7-5323-1844-3：5.70元

新潮多色棒针编织法/蕴娴，妍红编译.—北京：中国妇女出版社，1990.11.—48页：彩照；16开.—ISBN 7-80016-396-2：7.80元

摩登棒针编织世界：夏的风采/夏锦华编译.—上海：上海科学普及出版社，1990.6.—94页；16开.ISBN 7-5427-0305-6：6.90元

摩登棒针编织世界：秋的温馨/吴华，夏锦华编译.上海：上海科学普及出版社，1990.10.—106页；16开.—ISBN 7-5427-0306-4：7.50元

90手编绒线款式集锦/上海电视台二台编.—北京：轻工业出版社，1990.10.—1册；16开.—ISBN 7-5019-0806-0：6.80元

90年代世界最新棒针编织法/徐晓阳编译.—长春：吉林人民出版社，1990.12.—63页：彩图；16开.ISBN 7-206-00924-7：11.50元

90年代棒针编织新潮/志刚等译编.—沈阳：辽宁科学技术出版社，1990.9.—56页：彩图；16开.—ISBN 7-5381-0893-X：6.10元

90年代编结新潮/梁黛奇，洁璇编.—上海：上海科技教育出版社，1990.3.—80页：彩图；16开.—ISBN 7-5428-0385-9：10.00元

TS939 其他工艺美术制品

手工精品制作.—北京：中国海洋出版社，1990.8.88页：彩图；16开.—ISBN 7-5027-1061-2：6.60元

现代家庭饰物制作/南雁等编著.—南昌：江西科学技术出版社，1990.11.—152页：彩照；16开.—ISBN 7-5390-0370-7：8.20元

家庭装饰苑/刘冠峰等编译.—杭州：浙江人民出版社，1990.9.—71页；16开.—ISBN 7-213-00567-7：5.00元

TS94 服装工业、制鞋工业

TS941 服装工业

时装·潮流·设计/蔡俊才编著.—福州：福建美术出版社，1990.2.—157页；16开.—款式设计参考资料手册.—ISBN 7-5393-0040-1：6.00元

家庭服装知识手册/袁观洛，吴月主编.—杭州：浙江人民出版社，1990.10.—251页；16开.—ISBN 7-213-00568-5：6.50元

裁剪缝制·烹调技术/云南省教委教研室主编.—昆明：云南教育出版社，1990.8.—362页；32开.—初中后职业技术教材.—ISBN 7-5415-0386-X：2.52元

潮：时装·面料·装饰/李增光主编.—北京：国际文化出版社，1990.9.—79页；16开.—ISBN 7-80049-619-8：7.80元

TS941.1 基础理论

人体美与服装模特训练/中国艺术研究院舞蹈研究所编.—北京：文化艺术出版社，1990.4.—204页，大32开.—ISBN 7-5039-0590-5：7.00元

女性实用时装搭配艺术/刘昌宝，史福亭编.—武汉：长江文艺出版社，1990.6.—128页；16开.—ISBN 7-5354-0325-5：9.00元

女性着装配色指南/（日）高桥エミ，涉川育由著；沈明林等译.—北京：中国商业出版社，1990.12.—117页；大32开.—ISBN 7-5044-0645-7：8.50元

女性装扮艺术/赖小勤，贺定君编.—福州：福建教育出版社，1990.10.—128页：图版；24开.—ISBN 7-5334-0672-0：2.50元

打扮得体的学问：服饰心理漫谈/黄煜烽，张菊英著.—北京：知识出版社，1990.11.—241页；32开.（日常生活心理学丛书/乐国安，谢曙光主编）.—ISBN 7-5015-0470-9：3.30元

世界服装画流派技法/保艺编绘.—北京：轻工业出版社，1990.4.—128页；24开.—ISBN 7-5019-0766

8；4.30元

成熟美 中老年人穿着打扮/张天丽，李大鸿编著.北京：北京出版社，1990.5.—150页；16开.—ISBN 7-200-01108-8；4.95元

现代女装与配色/(日)高桥由美，澁川育由著；《现代女装与配色》编辑组编译.—北京：中国商业出版社，1990.10.—109页；32开.—ISBN 7-5044-0583-3；8.50元

国外服装标准手册/国外服装标准翻译组编译.—天津：天津科技翻译出版公司，1990.4.—258页；16开.—ISBN 7-5433-0111-3；15.00元

服饰与着装/华惠主编.—沈阳：辽宁科学技术出版社，1990.8.—129页；32开.—大连市第二届服装节普及读物.—ISBN 7-5381-1040-2；2.40元

服饰心理学：兼析赶时髦及其动机/(美)赫洛克(Hurlock，E.B.)著；孔凡军等译.—北京：中国人民大学出版社，1990.2.—195页；大32开.—ISBN 7-300-00782-1；2.60元

服装与美/谭颖等编著.—天津：天津大学出版社，1990.9.—202页；32开.—ISBN 7-5618-0199-8；3.05元

服装与室内装饰/罗筠筠编.—北京：北京大学出版社，1990.5.—200页；32开.—(现代家庭学丛书/施德福，徐明主编).—ISBN 7-301-01144-X；2.50元

服装色彩搭配/袁毅琳等编.—上海：上海科学技术出版社，1990.8.—82页；32开.—ISBN 7-5323-2260-2；8.15元

服装的搭配与欣赏/林志远等编著.—长春：吉林科学技术出版社，1990.8.—160页；32开.—ISBN 7-5384-0466-X；2.30元

服装学概论/李当岐编著.—北京：高等教育出版社，1990.4.—248页；16开.—ISBN 7-04-002939-1；6.30元

服装美与着装美/李辛凯编著.—西安：陕西科学技术出版社，1990.2.—151页；16开.—ISBN 7-5369-0571-8；4.60元

服装搭配技巧：怎样穿最出色/李常兴编译.—北京：中国友谊出版公司，1990.7.—120页；16开.ISBN 7-5057-0297-1；14.00元

怎样穿最漂亮：服装色彩搭配技巧/阿立编译.沈阳：辽宁人民出版社，1990.5.—110页；32开.ISBN 7-205-01370-4；7.00元

首届北京国际服装基础理论研讨会文集/中国服装研究设计中心《中国服装》杂志社编.—北京：轻工业出版社，1990.10.—223页；16开.—ISBN 7-5019-0926-1；16.00元

模特装饰/诸葛志刚绘.—天津：天津杨柳青画社，1990.10.—60页；24开.—ISBN 7-80503-120-7；2.00元

TS941.2　设计、计算与图解

成功的服饰/孔敏芳编译.—上海：上海科学技术文献出版社，1990.9.—51页；16开.—ISBN 7-80513-629-7；6.80元

全国中学生服装设计电视大赛获奖款式/李金熔等编辑.—南宁：广西科学技术出版社，1990.2.—194页；16开.—ISBN 7-80565-254-6；4.65元

时装设计原理与技巧/吴坚编著.—南京：江苏科学技术出版社，1990.2.—156页；16开.—ISBN 7-5345-0794-4；4.50元

时装设计款式手册/黄国松编著；黄国松，李利安绘图.—上海：上海科学技术出版社，1990.3.—558页；24开.—ISBN 7-5323-1824-9；12.00元

现代时装设计与裁剪/陈玉兰，程建新编绘.—上海：上海交通大学出版社，1990.6.—155页；16开.ISBN 7-313-00465-6；6.10元

服装设计手册/金泰钧主编.—上海：上海文化出版社，1990.7.—260页；16开.—ISBN 7-80511-364-5；6.60元

服装画典：配饰篇/陈莉平，宣信明编著.—南京：江苏人民出版社，1990.6.—37页；16开.—ISBN 7-214-00450-X；3.30元

服装制图工艺/陈新跃，谭进英编写.—北京：中国财政经济出版社，1990.10.—144页；32开.—商业部系统中等技工学校试用教材.—ISBN 7-5005-1079-9；1.00元

服装美术设计基础/由淑文，毕瑞兰编.—北京：农业出版社，1990.5.—118页；32开.—职工技术教育教材.—ISBN 7-109-01563-7；2.55元

美国现代时装设计剪裁技巧/(美)B.赞姆考夫，J.皮尔斯著；杨江海等编译.—北京：电子工业出版社，1990.7.—168页；16开.—ISBN 7-5053-0944-7；8.70元

美的畅想：新潮服装设计300幅/李希金绘.—北京：中国国际广播出版社，1990.3.—100页；16开.ISBN 7-80035-380-X；5.40元

新潮服装设计120款/袁杰英著.—北京：金盾出版社，1990.8.—98页；16开.—ISBN 7-80022-243-8；3.90元

TS941.3　零件、配件、装饰件

时装·配饰组合实例精选/鲁闽编.—北京：轻工业出版社，1990.6.—94页；16开.—ISBN 7-5019-0832-X；12.50元

TS941.4　原材料与辅料

服装材料/东北三省职业技术教材编写组编.—2版

（修订本）.—沈阳：辽宁科学技术出版社，1990.4.154页；16开.—职业技术培训教材.—ISBN 7-5381-0796-7：3.40元
本书1984年9月第1版。

服装材料/刘钟瑜编.—北京：农业出版社，1990.2.—106页；32开.—职业技术教育教材.—ISBN 7-109-01564-5：1.55元

服装材料知识/《服装材料知识》编写组编写.—北京：中国财政经济出版社，1990.12.—135页；32开.商业部系统中等技工学校试用教材.—ISBN 7-5005-1177-9　2.00元

TS941.5　加工机具与设备

服装机械原理/辉殿臣等编.—北京：纺织工业出版社，1990.12.—189页；16开.—高等纺织院校教材 ISBN 7-5064-0482-6：3.95元

缝纫机电知识/李济民编写.—北京：中国财政经济出版社，1990.8.—188页；32开.—商业部系统中等技工学校试用教材.—ISBN 7-5005-0354-7：1.30元

缝纫机的维修使用保养/北京市职业技术教育教材编审委员会组编；李永孝编.—北京：农业出版社，1990.9.—94页，32开.—职业技术教育教材.—ISBN 7-109-01561-0：1.45元

TS941.6　加工工艺

上海服装款式与裁剪/范永法主编；范永法，陈文兴编著.—2版.—北京：金盾出版社，1990.1.—170页；16开.—ISBN 7-80022-165-2：5.90元
本书1989年1月第1版。

上海服装款式与裁剪/范永法主编.—3版.—北京：金盾出版社，1990.9.—170页；16开.—ISBN 7-80022-241-1：5.90元
本书1989年1月第1版。

上海服装裁剪与缝纫技术/马德馨等编.—上海：上海科学技术出版社，1990.8.—201页；32开.—ISBN 7-5323-2061-8：2.60元

日本速成服装裁剪与缝纫/黄爱耕等编译.—南昌：江西科学技术出版社，1990.9.—346页；大32开.ISBN 7-5390-0347-2：6.20元

日本最新时装裁剪/吉子编著.—广州：广东人民出版社，1990.10.—229页；图；16开.—ISBN 7-218-00562-4：12.80元

东方新潮时装裁剪：款式150种/史维平编.—石家庄：河北人民出版社，1990.1.—152页；彩照；16开.—ISBN 7-202-00565-4：4.75元

四季新潮时装裁剪/徐晓虹等编著.—南昌：江西科学技术出版社，1990.5.—247页；16开.—ISBN 7-5390-0303-0：5.70元

时装简易裁剪法：新潮流行夏装/冯健辉编绘.—广州：广东科技出版社，1990.4.—110页；16开.—ISBN 7-5359-0575-7：5.80元

男女服装弊病修正大全/陆根芳编著.—上海：上海科学普及出版社，1990.1.—194页；彩照；16开.ISBN 7-5427-0159-3：6.20元

坐标式最新服装裁剪速成/旺旭，晓滨编著；跃来译.—海口：南海出版公司，1990.8.—76页；图；16开.—ISBN 7-80570-256-X：9.90元

国际获奖流行服装款式与裁剪/吴世椿等编.—合肥：安徽科学技术出版社，1990.2.—235页；16开.ISBN 7-5337-0240-9：6.90元

图解服装缝纫/朱海福等编著.—福州：福建科学技术出版社，1990.3.—94页；16开.—ISBN 7-5335-0367-8：2.60元

服装工艺学：结构设计分册/张文斌等编.—北京：纺织工业出版社，1990.12.—274页；16开.—高等纺织院校教材.—ISBN 7-5064-0529-6：5.25元

服装设计量裁工艺/李文轩著.—济南：山东科学技术出版社，1990.5.—163页；彩照；16开.—ISBN 7-5331-0644-X：5.85元

服装剪裁与工艺/北京市职业技术教育教材编审委员会组编；杨京圃主编.—北京：农业出版社，1990.8.—280页；32开.—职业技术教育教材.—ISBN 7-109-01562-9：3.80元

服装裁剪与穿衣打扮/张建平等编.—北京：人民军医出版社，1990.2.—56页；32开.—（家庭生活实用丛书；1）.—ISBN 7-80020-146-5：1.05元

服装裁剪速成/王占富，王春辉编著.—长春：吉林科学技术出版社，1990.7.—199页；16开.—ISBN 7-5384-0552-6：4.70元

服装缝纫技艺100法/李大鸿等编绘.—3版.—北京：金盾出版社，1990.8.—122页；16开.—ISBN 7-80022-220-9：5.00元
本书1989年6月第1版。

查坐标定点裁剪法/王世海，屈凤双编著.—北京：中国商业出版社，1990.4.—148页；16开.—ISBN 7-5044-0476-4：5.50元

流行大衣款式与裁剪/林兰金等编.—福州：福建科学技术出版社，1990.6.—158页；插图；16开.—（四季摩登时装；1）.—ISBN 7-5335-0373-2：6.35元

最新时装配领技术/吴经熊编著.—上海：上海科学技术出版社，1990.12.—235页；16开.—ISBN 7-5323-2304-8：6.80元

跟我学裁缝：儿童服装裁剪缝纫速成/耀华等编译.沈阳：辽宁科学技术出版社，1990.10.—78页；16开.—ISBN 7-5381-1012-7：6.00元

缝纫技术与服装裁剪/董广瑞等编著.—济南：山东科学技术出版社，1990.10.—131页；16开.—（中国农民教育丛书/张仲诚主编）.—ISBN 7-5331-0807

-8：2.25元

333款现代服装裁剪图/林美琴等编译.—北京：轻工业出版社，1990.5.—222页；16开.—ISBN 7-5019-0827-3：6.50元

TS941.7　各种服装

九十年代新潮服装大世界/周琴丽选编.—太原：山西科学教育出版社，1990.9.—40页；16开.—ISBN 7-5377-0303-5：8.00元

大众时装　（1）/张柯编.—北京：中国妇女出版社，1990.5.—32页；16开.—ISBN 7-80016-236-2：5.40元

上海时装博览/康志华等编.—上海：上海科学技术出版社，1990.1.—53页；16开.—ISBN 7-5323-1842-7：5.05元

上海流行时装纸样　（1）：长袖连衣裙/上海市服饰协会编.—上海：上海科学技术出版社，1990.9.—2张；全开.—2.00元

上海流行时装纸样　（2）：女式长衬衫/上海市服饰协会编.—上海：上海科学技术出版社，1990.1.—2张；全开.—2.00元

上海流行时装纸样　（3）：裙裤　（1）/上海市服饰协会编.—上海：上海科学技术出版社，1990.9.2张；全开.—2.00元

上海流行时装纸样　（4）：裙裤　（2）/上海市服饰协会编.—上海：上海科学技术出版社，1990.9.—2张；全开.—2.00元

上海流行时装纸样　（5）：短袖连衣裙/上海市服饰协会编.—上海：上海科学技术出版社，1990.9.—2张；全开.—2.00元

上海流行时装纸样　（6）：女式短衬衫/上海市服饰协会编.—上海：上海科学技术出版社，1990.9.2张；全开.—2.00元

上海流行时装纸样　（7）：咪咪童装　(1)/上海市服饰协会编.—上海：上海科学技术出版社，1990.9.—2张；全开.—2.00元

上海流行时装纸样　（8）：咪咪童装　(2)/上海市服饰协会编.—上海：上海科学技术出版社，1990.9.—2张；全开.—2.00元

上海流行时装纸样　（9）：咪咪童装　(3)/上海市服饰协会编.—上海：上海科学技术出版社，1990.9.—2张；全开.—2.00元

上海流行时装纸样　（10）：咪咪童装　(4)/上海市服饰协会编.—上海：上海科学技术出版社，1990.9.—2张；全开.—2.00元

日本时装100/罗立纯，陈同斌编译.—北京：农业出版社，1990.5.—50页；16开.—ISBN 7-109-01729-X：4.95元

日本服装最新流行款式：夏　（2）/张芝等编译.成都：四川科学技术出版社，1990.7.—106页.彩照；16开.—ISBN 7-5364-1358-0：8.00元

日本服装最新款式：冬/张芝，绿萍编译.—成都.四川科学技术出版社　1990.4.—63页：彩照；16开.ISBN 7-5364-1446-3：4.95元

日本春秋装精选/张妙夫，骆大圭编.—杭州：浙江文艺出版社，1990.2.—141页；16开.—ISBN 7-5339-0222-X：9.60元

日本夏装精选/张妙夫编；汪幸尔译.—杭州：浙江文艺出版社，1990.4.—141页；16开.—ISBN 7-5339-0246-7：9.60元

中国时装精品/郭建南主编.—杭州：浙江科学技术出版社，1990.1.—126页；16开.—ISBN 7-5341-0212-X：9.80元

中国流行时装/吴世椿等编.—合肥：安徽科学技术出版社，1990.4.—225页；16开.—ISBN 7-5337-0412-6：7.20元

风靡世界的时装：中老年篇/金文，殷志聪编.—南京：江苏美术出版社，1990.6.—142页；16开.—ISBN 7-5344-0151-8：9.80元

风靡世界的时装：青年篇/殷志聪，金文编.—南京：江苏美术出版社，1990.6.—142页；16开.—ISBN 7-5344-0149-6：9.80元

风靡世界的时装：童年篇/殷志聪，金文编.—南京：江苏美术出版社，1990.6.—137页；16开.—ISBN 7-5344-0150-X：9.85元

巴黎时装　（6）/巴黎L'OFFICIEL时装杂志社编.—北京：中国轻工业出版社，1990.9.—96页：彩图；16开.—ISBN 7-5019-0787-0：6.80元

世纪新潮时装/何榕等编.—福州：福建美术出版社，1990.1.—112页；16开.—ISBN 7-5393-0091-4：8.00元

世界时装之苑　第五集/骆兆添主编.—上海：上海译文出版社；法国：阿歇特·菲利帕契出版社，1990.—115页：彩照；8开.—8.00元

世界时装之苑　第六集/骆兆添主编.—上海：上海译文出版社；法国：阿歇特·菲利帕契出版社，1990.—115页：彩照；8开.—ISBN 7-5327-0728-8

世界流行服饰款式大全/徐高春等编译.—杭州：浙江大学出版社，1990.6.—242页；16开.—ISBN 7-308-00549-6：9.50元

东方时装　第九集/湖南科学技术出版社编；沙沙译.—长沙：湖南科学技术出版社，1990.5.—48页：图；16开.—ISBN 7-5357-0744-0：5.30元

东方时装　第十集/湖南科学技术出版社编；莎莎译.—长沙：湖南科学技术出版社，1990.5.—48页：图；16开.—ISBN 7-5357-0745-9：5.30元

东南亚地区流行新潮时装50款/岳晓纹等编.—长春：吉林科学技术出版社，1990.5.—79页；16开.ISBN 7-5384-0533-X：5.50元

时装新世界：春秋时装专辑/曲学民等著.—哈尔滨：哈尔滨出版社，1990.8.—104页；16开.—ISBN 7-80557-303-4：6.80元

现代风采时装　（1）/胥敏等编译.—沈阳：辽宁人民出版社，1990.5.—72页：彩照；16开.—ISBN 7-205-01350-X：5.80元

现代风采时装　（2）/高松等编译.—沈阳：辽宁人民出版社，1990.5.—72页：彩照；16开.—ISBN 7-205-01351-3：5.80元

现代风采时装　（3）/张丽丽等编译.—沈阳：辽宁人民出版社，1990.5.—72页：彩照；16开.—ISBN 7-205-01352-6：5.80元

现代风采时装　（4）/吴铭等编译.—沈阳：辽宁人民出版社，1990.5.—72页：彩照；16开.—ISBN 7-205-01353-4：5.80元

现代服饰：服装点缀/王庆珍编.—沈阳：辽宁科学技术出版社，1990.5.—62页；16开.—ISBN 7-5381-0918-8：9.20元

国外时装精选/魏莉编.—哈尔滨：黑龙江科学技术出版社，1990.7.—100页：彩照；16开.—ISBN 7-5388-1208-3：8.50元

服装名城时装荟萃：巴黎·伦敦·米兰·马德里·东京·纽约/人可，文华编.—上海：上海文化出版社，1990.2.—78页；16开.—ISBN 7-80511-363-7：9.35元

法国时髦/刘一铭编.—上海：上海人民美术出版社，1990.6.—34页；16开.—ISBN 7-5322-0622-X：18.00元

实用夏装/田地，程远编著.—西安：陕西人民出版社，1990.7.—122页；16开.—ISBN 7-224-01230-0：8.95元

香港便装50款/沙梅等编.—北京：海洋出版社，1990.1.—101页；16开.—（实用时装新款系列）.ISBN 7-5027-0886-3：3.80元

迷人的夏装/郁汉冲译；辛兵编.—北京：中国妇女出版社，1990.6.—60页：彩照；16开.—ISBN 7-80016-190-0：4.80元

夏装.—南宁：广西美术出版社，1990.3.—112页：彩照；16开+附裁剪图.—ISBN 7-80582-024-4：8.00元

海外流行时装/汪义等编.—武汉：长江文艺出版社，1990.1.—96页：彩照；16开.—ISBN 7-5354-0275-5：6.80元

情侣装/顾惠生，包昌法编；刘小刚绘.—合肥：安徽科学技术出版社，1990.12.—183页：图；16开.ISBN 7-5337-0480-0：6.40元

最新日本时装/广西图书出版进出口公司编.—南宁：广西科学技术出版社，1990.2.—175页：彩照；16开.—ISBN 7-80565-264-3：9.80元

最新日本时装　（2）/琳　编.—南宁：广西科学技术出版社，1990.10.—111页：彩照；16开.—ISBN 7-80565-359-3：7.30元

最新日本时装精选/蓝南妮，叶菁编.—南宁：广西美术出版社，1990.4.—1册；彩照；16开.—ISBN 7-80582-022-8：9.80元

最新东方四季服装：夏/林志远等编.—天津：天津科技翻译出版公司，1990.6.—154页：彩照；16开.ISBN 7-5433-0119-9：8.90元

最新南洋时装精选/吴曾伟编著.—南宁：广西民族出版社，1990.7.—103页：彩照；16开.—（现代家庭必备丛书）.—ISBN 7-5363-0841-8：9.80元

最新流行时装120款/史小娟等编.—长春：吉林科学技术出版社，1990.6.—96页；16开.—ISBN 7-5384-0535-6：6.60元

新款东方时装选萃：春夏秋/张占全等编译.—石家庄：河北科学技术出版社，1990.6.—120页；16开.ISBN 7-5375-0472-5：9.80元

新潮时装255例/彭景荣编译.—郑州：河南科学技术出版社，1990.5.—124页：彩照；16开.—ISBN 7-5349-0594-X：9.80元

魅力时装/李喻军，陶慧编译.—西安：陕西科学技术出版社，1990.4.—47页；16开.—ISBN 7-5369-0687-0：7.50元

摩登大衣/彭永茂等编译.—沈阳：辽宁人民出版社，1990.9.—104页；16开.—（现代生活用品丛书）.—ISBN 7-205-01523-5：9.00元

90'日本新潮夏装/永力等编译.—成都：四川人民出版社，1990.4.—80页；16开.—ISBN 7-220-00934-8：9.50元

90年代时装新潮　第1辑：〔意大利〕米兰/沙莎文字翻译.—长沙：湖南美术出版社，1990.6.—1册：彩照；16开.—ISBN 7-5356-0357-2：6.80元

90年代时装新潮　第2辑：〔意大利〕米兰/沙莎文字翻译.—长沙：湖南美术出版社，1990.6.—1册：彩照；16开.—ISBN 7-5356-0358-0：6.80元

90年代新潮服装大世界/周琴丽选编.—太原：山西科学教育出版社，1990.9.—90页：彩照；16开.ISBN 7-5377-0303-5：8.00元

儿童服装设计与裁剪/王强，高铃编著.—天津：新蕾出版社，1990.3.—105页；32开.—ISBN 7-5307-0552-0：1.50元

上海系列童装/孙熊编著.—上海：三联书店上海分店，1990.4.—170页；16开.—ISBN 7-5426-0292-6：6.90元

上海流行童装裁剪100例/陈超主编.—上海：上海科学普及出版社，1990.3.—100页；16开.—ISBN 7-5427-0239-4：4.70元

上海新颖童装：设计·裁剪·缝纫/孙熊主编.—上

海：上海科学技术出版社，1990.10.—139页；16开.—ISBN 7-5323-2223-8：4.20元

日本童装精选/张妙夫编；汪幸尔译.—杭州：浙江文艺出版社，1990.6.—152页；16开.—ISBN 7-5339-0278-5：8.20元

世界童装新潮/白木，白塔编绘.—上海：少年儿童出版社，1990.7.—43页；8开.—ISBN 7-5324-0977-5：7.90元

可爱的童装：1990春夏/日本镰仓书房编.—北京：轻工业出版社，1990.4.—98页；16开.—ISBN 7-5019-0810-9：5.30元

可爱的童装：1990秋冬/日本镰仓书房编.—北京：轻工业出版社，1990.9.—98页；16开.—ISBN 7-5019-0893-1：6.00元

可爱的童装　第四辑/日本镰仓书房编.—北京：轻工业出版社，1990.1.—50页：图；16开.—ISBN 7-5019-0791-9：2.60元

国外新潮童装/刘恒宁，石科鸿编.—上海：上海译文出版社，1990.6.—146页；12开.—ISBN 7-5327-0955-8：15.85元

国际最新童装裁剪精选/上海市服装研究所编.—北京：中国商业出版社，1990.5.—112页；16开.—ISBN 7-5044-0477-2：4.95元

实用婴幼服家庭裁剪/华南女子学院服装设计工程系编.—福州：福建科学技术出版社，1990.5.—77页；16开.—ISBN 7-5335-0359-7：2.05元

最新童装：春夏秋冬时装/刘霞等编译.—北京：中国商业出版社，1990.12.—44页；16开.—ISBN 7-5044-0673-2：6.80元

童装世界/朱泽等编译.—哈尔滨：黑龙江科学技术出版社，1990.6.—158页；16开.—ISBN 7-5388-1096-X：12.80元

童装世界/彭永茂等编译.—沈阳：辽宁人民出版社，1990.7.—72页；16开.—（现代生活用品丛书）.—ISBN 7-205-01457-3：6.00元

童装世界：海外编织精萃/张淑萍，冯文义编辑.北京：新华出版社，1990.11.—80页；16开.—ISBN 7-5011-0951-6：8.90元

新款日本童装/吴泉声，刘秋供稿.—南宁：广西教育出版社，1990.9.—47页；16开.—ISBN 7-5435-0999-7：5.60元

新颖童装与裁剪/金映红，宋琳樑编著.—上海：上海科学技术出版社，1990.8.—69页；16开.—ISBN 7-5323-2049-9：4.90元

0～3岁婴幼儿服装/余慧珠，何智明编写.—上海：上海科学技术出版社，1990.4.—83页；24开.—ISBN 7-5323-1950-4：2.05元

90童装/魏刚，潘书佳编译.—沈阳：辽宁少年儿童出版社，1990.7.—72页；16开.—ISBN 7-5315-0836-2：4.50元

海外新潮青年时装/彭永茂等编译.—沈阳：辽宁人民出版社，1990.7.—72页；16开.—（现代生活用品丛书）.—ISBN 7-205-01459-X：6.00元

日本中老年时装/白锡尧编译.—杭州：浙江人民出版社，1990.3.—78页；16开.—ISBN 7-213-00502-2：6.50元

中老年服装款式与裁剪/仓石，夏雨编.—北京：金盾出版社，1990.10.—91页；16开.—（现代服装系列丛书）.—ISBN 7-80022-213-6：4.80元

新时代中老年时装/彭永茂等编译.—沈阳：辽宁人民出版社，1990.7.—72页；16开.—（现代生活用品丛书）.—ISBN 7-205-01458-1：6.00元

上海女性实用生活时装/杨志毅等编.—北京：轻工业出版社，1990.7.—66页；16开.—ISBN 7-5019-0834-6：5.50元

上海女套装裁剪100款/陈超主编.—上海：上海科学普及出版社，1990.3.—100页；16开.—ISBN 7-5427-0238-6：4.70元

女士春夏时装/晓萍编译.—沈阳：辽宁人民出版社，1990.4.—108页；16开.—ISBN 7-205-01300-3：8.95元

女装乐园/晓爽编绘.—北京：农村读物出版社，1990.6.—1册；16开.—ISBN 7-5048-0983-7：7.00元

女裙新款/孟宪文，纪谊编译.—北京：轻工业出版社，1990.4.—111页：图；16开.—ISBN 7-5019-0758-7：7.80元

日本女子最新流行时装　第一集/姚力鸣编译.—北京：中国商业出版社，1990.6.—118页；16开.—ISBN 7-5044-0533-7：6.95元

日本女子最新流行时装　第二集/刘长祥编译.—北京：中国商业出版社，1990.7.—104页；16开.—ISBN 7-5044-0565-5：8.20元

日本女子最新流行时装　第三集/刘长祥编译.—北京：中国商业出版社，1990.12.—80页；16开.—ISBN 7-5044-0695-3：8.00元

日本流行女装精选/杨晓惠等编.—2版（修订本）.—北京：北京出版社，1990.7.—176页；16开.ISBN 7-200-00345-X：6.55元

本书1988年1月第1版。

日本潇洒女装/白锡尧编译.—杭州：浙江人民出版社，1990.3.—141页；16开.—ISBN 7-213-00500-6：9.50元

风行女士短毛衣/马德龙等编译.—沈阳：辽宁人民出版社，1990.9.—96页；16开.—（现代生活用品丛书）.—ISBN 7-205-01529-4：8.30元

世界新潮裙装258款/刘晓等编绘.—北京：中国妇

女出版社，1990.6.—227页；20开.—ISBN 7-80016-193-5：6.80元

东方女子衬衫/宏达等著.—福州：福建科学技术出版社，1990.8.—94页；16开.—ISBN 7-5335-0400-3：4.25元

东方女性服饰世界/《东方女性服饰世界》编写组编写.—北京：农村读物出版社，1990.6.—157页：彩照；32开.—（东方女性小丛书）.—ISBN 7-5048-1175-0：4.20元

东方女性套装/湖北人民出版社编.—武汉：湖北人民出版社，1990.9.—1册；16开.—ISBN 7-216-00620-8：6.40元

东方时新女装/章乐等编.—福州：福建科学技术出版社，1990.5.—132页：图版；16开.—ISBN 7-5335-0349-X：7.10元

四季女装/叶欣编译.—北京：轻工业出版社，1990.2.—127页；16开.—ISBN 7-5019-0762-5：6.90元

四季女装精选115款/郑一琼，王建辉编译.—北京：学苑出版社，1990.10.—122页；16开.—ISBN 7-80060-996-0：8.90元

生活便装/柯稷编.—北京：农村读物出版社，1990.3.—72页：照片；16开.—（太太俱乐部）.ISBN 7-5048-1017-7：5.80元

多美妇女儿童时装/郭鸿华等编译.—北京：华龄出版社，1990.1.—96页；32开.—ISBN 7-80082-037-8：7.80元

围巾、腰带技法精选/牟虹编译.—重庆：重庆大学出版社，1990.3.—37页；32开.—ISBN 7-5624-0328-7：1.75元

现代女青年服饰艺术/晨曦编.—武汉：长江文艺出版社，1990.7.—112页；16开.—ISBN 7-5354-0348-4：8.50元

现代女性服饰品制作大全/陈立等编著.—上海：上海科学技术出版社，1990.10.—152页：彩照；16开.ISBN 7-5323-2233-5：7.35元

国外当代女裤裁剪200例/蔡康编.—上海：上海翻译出版公司，1990.3.—120页；16开.—ISBN 7-80514-424-9：5.00元

国外新潮女装款式与裁剪/靳一乃编译.—北京：金盾出版社，1990.11.—67页；16开.—（现代服装系列丛书）.—ISBN 7-80022-250-0：4.80元

实用新潮女装剪裁/王昕编.—广州：花城出版社，1990.9.—76页；16开.—ISBN 7-5360-0706-X：2.90元

春·夏·秋：90年女性新潮装/菲菲，黎黎编译.成都：四川文艺出版社，1990.2.—1册：彩照；16开.—ISBN 7-5411-0638-0：7.50元

俏丽的裙子.—北京：学苑出版社，1990.12.—63页；16开.—ISBN 7-5077-0284-7：3.40元

夏令女装新潮/辽宁科学技术出版社编.—沈阳.辽宁科学技术出版社，1990.5.—95页；16开.—ISBN 7-5381-0913-7：11.50元

钱慧群连衣裙/钱慧群设计制作.—南昌：江西科学技术出版社，1990.1.—32页：彩照；24开.—（中央电视台《我的连衣裙》系列节目：《钱慧群连衣裙》专辑）.—ISBN 7-5390-0268-9：3.80元

海外流行套裙精选/路明编.—北京：中国妇女出版社，1990.8.—72页：彩图；16开.—ISBN 7-80016-355-5：12.70元

流行大衣100式/刘珺等编.—北京：北京科学技术出版社，1990.10.—102页；16开.—ISBN 7-5304-0771-6：4.80元

本书汇集了日本1989年流行的妇女新款大衣。

流行裙服款式60例/宋摅槺，徐浩编著.—上海：上海科学技术出版社，1990.8.—68页；16开.—ISBN 7-5323-2038-3：5.80元

梦——马羚时装/马羚著.—上海：上海科学普及出版社，1990.6.—20页；16开.—ISBN 7-5427-0322-6：12.90元

随意多变裙/张杰著.—北京：国际文化出版公司，1990.4.—71页：彩图；32开.—ISBN 7-80049-413-6：3.20元

最佳自制女装/杨向辉，王超伦编著.—北京：中国工人出版社，1990.6.—58页；16开+裁剪图1袋.ISBN 7-5008-0642-6：6.00元

最新四季裙装120款/刘家城等编.—福州：海峡文艺出版社，1990.12.—127页；16开.—ISBN 7-80534-299-7：6.50元

最新青年女装精选110款/晓丹等编.—福州：福建科学技术出版社，1990.8.—108页：彩照；16开.ISBN 7-5335-0412-7：5.60元

最新流行女装/上海科学普及出版社编.—上海：上海科学普及出版社，1990.2.—49页：彩照；16开.ISBN 7-5427-0193-2：5.85元

裙子背心/杨红明等编.—北京：纺织工业出版社，1990.4.—56页；16开.—（简易时装快速裁剪丛书）.—ISBN 7-5064-0458-3：2.25元

裙装1001例：九十年代世界最新流行裙装/静月，寒日编.—长春.长春出版社，1990.7.—264页：彩照；16开.—ISBN 7-80573-057-1：28.50元

新女性时装/华文人编.—上海：上海文化出版社，1990.11.—54页；16开.—ISBN 7-80511-386-6：4.15元

新女性服装：春夏/支洪峰等著.—成都：四川科学技术出版社，1989.6.—113页；16开.—ISBN 7-5364-1284-3：3.20元

新女装　(5)：春夏专辑：日本登丽美时装/清杰译.北京：轻工业出版社；日本：镰仓书房，1990.2.136页：彩照；16开.—ISBN 7-5019-0800-1：6.90元

新女装 (6)：秋冬专辑：日本登丽美时装.北京：中国轻工业出版社；日本：镰仓书房，1990.10.—136页：彩照；16开.—ISBN 7-5019-0874-5：6.90元

新优美女套装/施君理等编.—上海：上海科学技术出版社，1990.1.—232页；16开.—ISBN 7-5323-1836-2：5.50元

新潮女裤/李联烽编著.—北京：中国妇女出版社，1990.6.—123页；16开.—ISBN 7-80016-189-7：3.60元

新潮青年女装款式与裁剪/林美琴等编.—福州：福建科学技术出版社，1990.11.—174页；16开.—ISBN 7-5335-0409-7：6.30元

新潮典雅内衣裙裁剪/徐晓虹，高松萍编著.—南昌：江西科学技术出版社，1990.5.—226页；16开.ISBN 7-5390-0296-4：6.10元

新潮裙装巧剪裁/梁荣凤等编.—天津：天津科技翻译出版公司，1990.6.—111页：彩图；16开.—ISBN 7-5433-0081-8：6.50元

90年代国际流行裙服/陈吉林等编.—沈阳：辽宁科学技术出版社，1990.8.—74页：彩照；16开.—ISBN 7-5381-0986-2：8.00元

90年代流行女装/王葆娟编.—沈阳：辽宁科学技术出版社，1990.3.—80页：彩照；16开.—ISBN 7-5381-0873-4：9.90元

他：男装世界/赵为国编.—上海：上海人民美术出版社，1990.6.—79页：彩照；16开.—ISBN 7-5322-0614-9：19.00元

让男士更美：男式服装裁剪编织百例/李康等编著.哈尔滨：黑龙江人民出版社，1990.9.—107页：彩照；16开.—ISBN 7-201-01220-9：5.80元

男子服饰新世界/妍红，东方编译.—长春：长春出版社，1990.7.—123页；16开.—ISBN 7-80573-059-8：7.90元

儿童毛衣花样编织/容伟，秦泰编著.—成都：电子科技大学出版社，1990.2.—88页；16开.—ISBN 7-81016-183-0：5.80元

儿童毛衣图案精选/靳一石主编.—北京：金盾出版社，1990.12.—96页；16开.—(现代服装系列丛书).—ISBN 7-80022-268-3：4.70元

儿童毛衣编结100列/王逢主编.—北京：金盾出版社，1990.12.—93页；16开.—(现代服装系列丛书).—ISBN 7-80022-269-1：5.40元

儿童毛衫/冯湛然编.—北京：纺织工业出版社，1990.8.—104页：彩图；16开.—ISBN 7-5064-0483-4：6.20元

儿童钩棒针织物/陈丽香等编.—福州：福建科学技术出版社，1990.8.—172页；16开.—ISBN 7-5335-0435-6：6.80元

儿童编织图案：儿童毛衣编织精选/戴幼元，左平编.—石家庄：河北科学技术出版社，1990.9.—52页；16开.—ISBN 7-5375-0557-4：5.80元

九十年代男士流行毛衣/丁苗，尹彦编译.—成都：四川科学技术出版社，1990.6.—26页：彩照；16开.—ISBN 7-5364-1724-1：5.95元

上海东京流行毛衣新款/李黎明编著.—上海：上海科学技术文献出版社，1990.10.—84页；16开.—ISBN 7-80513-622-X：6.80元

上海钩针衫/俞卫民等编著.—上海：三联书店上海分店，1990.5.—86页；16开.—ISBN 7-5426-0309-4：7.80元

上海绒线时装/李黎明等编.—上海：上海科学技术出版社，1990.8.—68页；16开.—ISBN 7-5323-2246-7：4.65元

上海新颖儿童毛衣编织/唐伟如等编著.—上海：上海科学技术出版社，1990.12.—76页；16开.—ISBN 7-5323-2306-4：7.50元

女子春夏线衫编织/郑秀琴等编著.—福州：福建科学技术出版社，1990.1.—126页：图；16开.—ISBN 7-5335-0336-8：5.10元

女装绒线花样编织/桃蓝主编.—石家庄：河北科学技术出版社，1990.3.—216页；16开.—ISBN 7-5375-0343-5：6.00元

小星星·儿童花色绒线衫/顾金龙等编.—杭州：浙江科学技术出版社，1990.8.—86页；16开.—ISBN 7-5341-0298-7：7.50元

马海毛棒针衫/高群，王倩兮编译.—北京：中国华侨出版公司，1990.1.—93页；16开.—ISBN 7-80074-142-7：5.20元

马海毛棒针衫精选/黄强，陈秀华编.—上海：上海科学技术出版社，1990.3.—132页：图；16开.—ISBN 7-5323-1826-5：7.30元

马海毛编织大全/邝忠谦，周文范译.—北京：轻工业出版社，1990.6.—141页：彩图；16开.—ISBN 7-5019-0829-X：6.80元

少女、夫人毛衣棒针编织/石莹莹，张强译编.—成都：四川人民出版社，1990.12.—64页；16开.—ISBN 7-220-01183-0：9.50元

日本儿童最新棒针编织/(日)生芳博子等编著；任华，李文彬编译.—北京：北京科学技术出版社，1990.2.—97页：彩图；16开.—ISBN 7-5304-0587-X：7.50元

中外儿童毛衣编织荟萃/贵州人民出版社编；曾祥禄，徐建华译.—贵阳：贵州人民出版社，1990.9.62页；16开.—ISBN 7-221-01866-9：6.50元

中外服饰编织精华/于明，晨滨主编；王民等编

译.—沈阳：辽宁科学技术出版社，1990.6.—86页：彩照；16开.—ISBN 7-5381-0906-4：10.00元

中外流行毛衣编织/阿菊编.—北京：华艺出版社，1990.11.—32页：彩照；16开.—ISBN 7-80039-391-7：6.50元

中外最新毛衣编织法/云岚等编著.—太原：山西科学教育出版社，1990.4.—123页；16开.—ISBN 7-5377-0244-6：5.00元

手工格板毛衫编织/俊慧，国忠编.—哈尔滨：黑龙江科学技术出版社，1990.1.—103页：彩图；32开.（世界新潮编织丛书）.—ISBN 7-5388-0343-2：1.95元

毛线衣新款式精选/刘洁，孙易编著.—北京：学苑出版社，1990.4.—98页；16开.—ISBN 7-80060-904-9：5.50元

毛线帽编结方法100种/翁亚敏，沈霞丽主编；翁亚敏等编绘.—北京：金盾出版社，1990.4.—102页；16开.—ISBN 7-80022-195-4：3.90元

世界儿童毛衣欣赏与编织/赵永力，胡进帆编译.兰州：甘肃少年儿童出版社，1990.6.—62页；16开.—ISBN 7-5422-0298-7：7.60元

世界流行毛线衣编织集锦/车伟等编；葛晓林译.北京：朝花美术出版社，〔1990〕.—48页：彩图；16开.—ISBN 7-5056-0128-8：14.50元

世界棒针童装大全/徐佳虹，陈达编绘.—上海：少年儿童出版社，1990.10.—105页；16开.—ISBN 7-5324-1230-X：7.65元

世界新潮儿童编织衣撷萃/殷志聪，金文编译.—南京：江苏美术出版社，1990.6.—185页；16开.—ISBN 7-5344-0152-6：9.90元

时新凉爽棒针衫编织：春·夏·秋/方丽等编著.福州：福建科学技术出版社，1990.2.—156页；16开.—ISBN 7-5335-0325-2：5.20元

针织服装设计/李文杰编著.—北京：轻工业出版社，1990.9.—207页；16开.—ISBN 7-5019-0789-7：6.50元

现代美姿毛衫/冯湛然编.—北京：纺织工业出版社，1990.5.—87页；16开.—ISBN 7-5064-0425-7：7.45元

现代流行毛衣最新织法：新颖·迷人/姜兰选编.海口：南海出版公司，1990.6.—118页；16开.—ISBN 7-80570-180-6：9.80元

英、美、法、日最新儿童绒线衫编织/江苏人民出版社编.—南京：江苏人民出版社，1990.3.—64页；16开.—ISBN 7-214-00369-4：7.00元

欧美新潮棒针衫100款/郑卫编选.—福州：海峡文艺出版社，1990.9.—128页：彩图；16开.—ISBN 7-80534-253-9：7.20元

国外棒针编织童装/金姗姗等编译.—沈阳：辽宁人民出版社，1990.2.—143页；16开.—ISBN 7-205-01285-6：8.20元

国外新潮棒针衫100例/永明，石敏译；凤宝等改编.—南宁：广西科学技术出版社，1990.12.—70页；16开.—ISBN 7-80565-392-5：6.50元

国际流行棒针衫500款/孙玉华等主编.—延吉：延边人民出版社，1990.2.—104页：彩照；16开.—ISBN 7-80508-433-6：9.55元

宝宝毛衣新款/伊群等编.—北京：纺织工业出版社，1990.3.—133页；32开.—ISBN 7-5064-0347-1：6.60元

秋冬女装编织/郑明编.—长春：长春出版社，1990.9.—48页；16开.—ISBN 7-80573-289-2：5.50元

情侣毛衣棒针编织/石莹莹，张强译编.—成都：四川人民出版社，1990.12.—80页；16开.—ISBN 7-220-01184-0：9.20元

最新儿童棒针衫编织/桑桑，杰尼主编.—上海：学林出版社，1990.4.—80页；16开.—ISBN 7-80510-486-7：5.80元

最新国际流行毛衣编结/肖鸿等编.—上海：学林出版社，1990.9.—146页：彩图；16开.—ISBN 7-80510-542-1：7.60元

最新流行男子棒针衫/饶肖等编.—福州：福建科学技术出版社，1990.8.—123页；16开.—ISBN 7-5335-0426-7：5.90元

最新款式棒针衫/贺定君等编著.—福州：福建科学技术出版社，1990.1.—174页：彩照；16开.—ISBN 7-5335-0333-3：5.35元

童话世界系列毛衣编织图案.—北京：中国卓越出版公司，1990.11.—76页；16开.—ISBN 7-80071-330-X：6.50元

童装绒线花样编织/桃蓝主编.—石家庄：河北科学技术出版社，1990.4.—151页；16开.—ISBN 7-5375-0357-5：5.00元

编织服装专辑：春秋合订本.—北京：轻工业出版社，1990.6.—1册；16开.—ISBN 7-5019-0808-7：5.90元

编织新款精选：女子专辑/斯文编译.—北京：轻工业出版社，1990.8.—110页；16开.—ISBN 7-5019-0819-2：6.90元

编识新款精选：男子专辑/斯文编译.—北京：轻工业出版社，1990.3.—160页：图；16开.—ISBN 7-5019-0795-1：6.90元

新颖棒针衫100款（三）：冬装/何丽琴，杨美玉编.—上海：上海科学技术文献出版社，1990.9.111页；16开.—ISBN 7-80513-027-0：6.50元

新颖棒针衫100款（四）：中老年专辑/张丽英，何丽琴编.—上海：上海科学技术文献出版社，1990.9.—141页；16开.—ISBN 7-80513-628-9：6.80元

新潮男女棒针衫：款式·花样·配色/《新潮男女

棒针衫》编写组编.—郑州：河南科学技术出版社，1990.8.—220页：彩照；16开.—ISBN 7-5349-0634-2：9.00元

新潮编织衫/肖燕等编.—北京：中国广播电视出版社，1990.8.—120页；16开.—ISBN 7-5043-0517-0：7.00元

精美棒针衫/王坚勇等编译.—北京：轻工业出版社，1990.8.—100页；16开.—ISBN 7-5019-0844-3：5.90元

90年代世界流行儿童毛衣编织/燕燕，丁丁编译.成都：四川人民出版社，1990.4.—63页；16开.—ISBN 7-220-00992-5：6.00元

90年代新款编织服装/《现代生活用品》杂志社编.—沈阳：沈阳出版社，1990.4.—96页：彩照；16开.—ISBN 7-80556-313-6：7.90元

90"S新潮手编马海毛时装衫/陈红主编.—上海：上海人民出版社，1990.4.—177页：彩图；16开.ISBN 7-208-00858-8：8.00元

流行绒线帽120种：棒针钩针编结技法/叶舟，刘华主编.—延吉：延边人民出版社，1990.11.—107页：彩图；16开.—ISBN 7-80508-573-0：5.80元

编织新款精选：绒帽披肩辑/斯文，郑雅筠编译.北京：轻工业出版社，1990.9.—184页；16开.—ISBN 7-5019-0796-X：6.90元

新颖帽子围巾/马德龙等编译.—沈阳：辽宁人民出版社，1990.9.—80页；16开.—（现代生活用品丛书）.—ISBN 7-205-01530-8：6.50元

新潮窗帘集锦/赵申生，俊人编绘.—上海：文汇出版社，1990.4.—72页；32开.—ISBN 7-80531-100-5：4.50元

TS943 制鞋工业

中国鞋文化史/骆崇骐著.—上海：上海科学技术出版社，1990.9.—143页；大32开.—ISBN 7-5323-2235-1：2.65元

胶鞋生产工艺基础知识/劳动部培训司组织编写.北京：劳动人事出版社，1990.3.—98页；32开.就业训练胶鞋制造专业统编教材：试用.—ISBN 7-5045-0396-7：1.60元

TS95 其他轻工业、手工业

乡镇致富门路400条/丁湖广主编.—北京：金盾出版社，1990.1.—371页；32开.—ISBN 7-80022-155-5：5.90元

庭院手工业：庭院致富指南/河南省科学技术协会主编.—郑州：河南科学技术出版社，1990.8.—382页；32开.—ISBN 7-5349-0513-3：4.50元

TS953 乐器制造工业

电子琴电路大全/苗毅编.—北京：人民邮电出版社，1990.8.—172页；8开.—ISBN 7-115-04185-7：12.00元

电子琴检修大全/张万春编著.—福州：福建科学技术出版社，1990.1.—297页：附图20页；16开.—ISBN 7-5335-0328-7：8.00元

TS956 灯具制造

中国灯烛/李仁溥编.—广州：广东科技出版社，1990.7.—76页；32开.—ISBN 7-5359-0526-9：1.00元

TS958 玩具制造工业

布玩具设计与制作/郭亮著.—长春：吉林美术出版社，1990.8.—83页；16开.—ISBN 7-5386-0188-0：4.50元

电动玩具和电子玩具/何关善编著.—上海：上海科技教育出版社，1990.7.—246页；32开.—（初级电子技术丛书）.—ISBN 7-5428-0341-7：3.60元

玩偶·小摆设编织/赵锐，景毅编.—哈尔滨：黑龙江科学技术出版社，1990.5.—83页：彩图；32开.（世界新潮编织丛书）.—ISBN 7-5388-1017-X：1.85元

TS959 其　他

工艺编织/刘鹏，杨松梅编著.—北京：中国青年出版社，1990.10.—214页；32开.—（青年学艺指南丛书）.—ISBN 7-5006-0484-X：3.40元

本书介绍了竹、藤、柳、麦、玉米皮、棕、麻等我国传统工艺编织的基本知识和技术，以及小型编织厂的生产经营问题。

TS959.3 油漆工艺

木材涂饰原理/张广仁主编.—哈尔滨：东北林业大学出版社，1990.7.—286页；16开.—ISBN 7-81008-151-9：6.80元

油漆涂装技术1000问/俞磊，周永祥编.—杭州：浙江科学技术出版社，1990.3.—786页；32开.—ISBN 7-5341-0237-5：7.00元

家具油漆技艺/杨子光，钟菊英编著.—福州：福建科学技术出版社，1990.1.—137页；32开.—ISBN 7-5335-0324-4：1.60元

家具油漆新工艺/曾延放，陈宝珍编著.—南宁：广西科学技术出版社，1990.7.—165页；32开.—ISBN 7-80565-341-0：1.80元

漆艺髹饰学/何豪亮，陶世智著.—福州：福建美术

出版社，1990.10.—188页；16开.—ISBN 7-5393-0090-6：9.50元

TS97 生活供应技术

广州实用生活消费指南/杨荣主编.—广州：广东高等教育出版社，1990.10.—256页；32开.—ISBN 7-5361-0555-X：3.10元

化学知识在家庭生活中的应用/范杰主编.—上海：上海科学技术出版社，1990.3.—262页；32开.—ISBN 7-5323-1752-8：2.90元

生活当用妙方助/周范林编著.—海口：三环出版社，1990.7.—279页；32开.—ISBN 7-80564-131-5：3.45元

生活环境保护百科/徐忠远编著.—北京：中国环境科学出版社，1990.5.—184页；32开.—ISBN 7-80010-696-8：3.00元

衣食住行小顾问/赵向勇编著.—武汉：湖北科学技术出版社，1990.8.—275页；32开.—ISBN 7-5352-0618-2：3.25元

衣食住行用300则/高彩文编.—北京：北京理工大学出版社，1990.10.—195页；32开.—ISBN 7-81013-364-0：2.40元

饮食起居一年365忌/胡晓林编.—北京：中国国际广播出版社，1990.9.—439页；32开.—ISBN 7-80035-489-9：6.50元

现代生活百题/《北京晚报》、《北京科技报》编.—北京：华夏出版社，1990.4.—237页；32开.ISBN 7-80053-720-X：3.30元

国内风味特产精要/碧奇，钟渊编写.—南昌：江西科学技术出版社，1990.12.—401页；32开.—ISBN 7-5390-0383-9：5.95元

实用生活知识手册/谢守春，于宇编.—北京：轻工业出版社，1990.10.—534页；32开.—ISBN 7-5019-0702-1：4.90元

教你致富140例/陈家珍，陈仲良编.—2版.—西安：陕西人民出版社，1990.3.—128页；32开.—ISBN 7-224-01125-8：1.85元

本书原名为《日用生活品简易制法》，1987年9月第1版。

TS972 饮 食

上海传统食品/《中华传统食品大全》编辑委员会上海分编委会编.—北京：中国食品出版社，1990.3.—336页：彩图；大32开.—（中华传统食品大全）.—ISBN 7-80044-160-1：7.50元

川菜杂谈/车辐著.—重庆：重庆出版社，1990.8.—161页；32开.—（川菜大全丛书/张富儒主编）.ISBN 7-5366-1022-X：2.50元

中西餐厨师晋级考试习题/狄瑞和主编.—北京：轻工业出版社，1990.6.—589页；32开.—ISBN 7-5019-0884-2：8.50元

中国风味食品大全/仇尼主编.—石家庄：河北科学技术出版社，1990.1.—800页；大32开.—ISBN 7-5375-0286-2：9.80元

中国旅游名特食品指南/王永桢编著.—长春：吉林科学技术出版社，1990.4.—144页；32开.—ISBN 7-5384-0385-X：2.00元

中国烹饪史话/陈光新著.—武汉：湖北科学技术出版社，1990.3.—397页；大32开.—ISBN 7-5352-0482-1（精装）：8.70元

北京名厨名菜名店/李涤主编.—北京：中国食品出版社，1990.1.—386页；32开.—ISBN 7-80044-265-9：4.95元

吃/《中国食品》编辑部主编.—修订本.—北京：科学普及出版社，1990.2.—1026页；大32开.—ISBN 7-110-01179-8：9.80元

本书1983年2月第1版。

吃与喝/杜福祥，刘景文主编.—沈阳：辽宁科学技术出版社，1990.1.—643页；32开.—ISBN 7-5381-0778-9：7.30元

吃在杭州/戴国强主编.—杭州：浙江人民出版社，1990.5.—194页；32开.—ISBN 7-213-00487-5：5.95元

吃的艺术：饮食科学漫谈/宓宇平编著.—北京：中国工人出版社，1990.7.—198页；32开.—ISBN 7-5008-0557-8：2.95元

吃的学问/马立新著.—北京：中国旅游出版社，1990.12.—342页；32开.—ISBN 7-5032-0335-8：5.95元

男子汉的饮食/卢大修，栗健著.—北京：农村读物出版社，1990.6.—33页；大32开.—（男子汉丛书）.—ISBN 7-5048-1160-2：1.10元

现代家庭营养饮食大全/邢渤涛主编.—北京：中国工人出版社，1990.8.—979页；32开.—ISBN 7-5008-0588-0：11.90元

怎样办家宴/王树华等编.—郑州：河南科学技术出版社，1990.4.—176页；32开.—ISBN 7-5349-0537-0：2.30元

食经 第五辑/李秀松等整理.—广州：广东科技出版社，1990.10.—546页；32开.—（饮食系列丛书）.—ISBN 7-5359-0599-4：6.50元

食品雕刻与花色拼盘制作/戚应昊编著.—合肥：安徽科学技术出版社，1990.5.—100页：彩照；32开.ISBN 7-5337-0479-7：2.60元

食品雕刻技法与运用/大连市人民政府交际处编.沈阳：辽宁科学技术出版社，1990.11.—70页：彩照；16开.—ISBN 7-5381-0917-X（精装）：8.00元

食品雕刻法/齐欣著.—沈阳：辽宁民族出版社，1990.12.—253页；大32开.—ISBN 7-80527-171-

2：6.40元

食品雕刻70例/龚林祥编写.—北京：中国商业出版社，1990.5.—147页；32开.—ISBN 7-5044-0400-4：2.60元

食宪鸿秘/（清）朱彝尊撰.—上海：上海古籍出版社，1990.7.—235页；32开.—（气功·养生丛书/马济人主编）.—ISBN 7-5325-0835-8：3.55元

美食佳话/吴正格著.—沈阳：春风文艺出版社，1990.4.—111页；大64开.—（文化艺术小丛书）.ISBN 7-5313-0328-0：0.90元

烹饪专业用英语/沈祖润编.—上海：上海科学技术出版社，1990.3.—409页；32开.—高级烹饪系列教材.—ISBN 7-5323-1673-4：7.00元

烹饪化学/梁旭昇等编.—北京：中国商业出版社，1990.4.—481页；32开.—商业专科烹饪专业试用教材.—ISBN 7-5044-0308-3：3.00元

烹饪原料/王玉长等编著.—北京：人民军医出版社，1990.12.—210页；大32开.—（烹饪技术丛书；2/朱良银主编）.—ISBN 7-80020-213-5：4.30元

烹饪原料知识/曹红卫等编.—北京：高等教育出版社，1990.9.—262页；32开.—旅游中等职业技术学校试用教材.—ISBN 7-04-003087-X：1.75元

烹饪营养/李清爱等编著.—北京：人民军医出版社，1990.12.—179页；大32开.—（烹饪技术丛书；1/朱良银主编）.—ISBN 7-80020-212-7：3.80元

烹饪营养入门/李子厚等编著.—北京：中国旅游出版社，1990.5.—256页；32开.—（中国美食丛书）.ISBN 7-5032-0273-4：4.10元

烹饪营养学/刘铭主编.—北京：中国商业出版社，1990.4.—292页；32开.—商业专科烹饪专业试用教材.—ISBN 7-5044-0469-1：1.90元

烹调入门/唐文编著.—长春：吉林大学出版社，1990.12.—102页；32开.—（入门丛书；第一辑）.ISBN 7-5601-0716-8：2.00元

清代饮食文化研究：美食·美味·美器/林永匡，王熹著.—哈尔滨：黑龙江教育出版社，1990.5.511页；大32开.—（开放丛书·思想文化系列）.ISBN 7-5316-1010-8：7.80元

厨师技艺/贾吉祥编.—2版.—兰州：甘肃科学技术出版社，1990.9.—239页；32开.—ISBN 7-5424-0290-0：3.15元

本书1979年12月第1版。

厨房小技/薛全荣主编.—长春：吉林人民出版社，1990.12.—166页；32开.—ISBN 7-206-00933-6：2.90元

新编家庭饮食指南/屠朝阳主编；周洪星等编著.北京：科学普及出版社，1991.8.—236页；32开.ISBN 7-110-01980-2：4.60元

TS972.1 烹饪法、食品调味法

下酒菜·小菜巧制作/江叶等编.—哈尔滨：黑龙江科学技术出版社，1990.12.—188页；32开.—（家常科学饮食丛书）.—ISBN 7-5388-1280-6：3.10元

大白菜烹饪100例/索达吉编.—北京：中国妇女出版社，1990.9.—66页；32开.—ISBN 7-80016-332-6：1.40元

大众食谱/巫德华编.—2版.—石家庄：河北科学技术出版社，1990.11.—271页；32开.—ISBN 7-5375-0500-4：3.50元

本书1984年2月第1版。

大众素菜500种/思霞等编著.—北京：中国城市经济社会出版社，1990.11.—361页；32开.—ISBN 7-5074-0481-1：4.90元

大众菜谱/孟士信等编.—2版（修订版）.—天津：天津科学技术出版社，1990.11.—401页；32开.—ISBN 7-5308-0258-5：5.55元

本书1980年5月第1版。

大众常用菜谱丛书/文山编.—长春：吉林大学出版社，1990.8.—5册；32开.—ISBN 7-5601-0562-9：6.00元

本书包括：《鸡鸭鱼肉烹制百例》、《蔬菜烹调百例》、《豆腐菜谱百例》、《汤菜百例》和《酱腌菜百例》，共5册。

上海功德林素食/罗来耀著.—上海：上海科学技术出版社，1990.12.—186页；32开.—ISBN 7-5323-2290-4：3.25元

上海家常菜/程尔曼，姜润泉编.—上海：上海科学技术文献出版社，1990.11.—331页；24开.—ISBN 7-80513-631-9：5.50元

川菜烹调入门/刘自华著.—北京：中国旅游出版社，1990.1.—280页；32开.—（中国美食丛书）.ISBN 7-5032-0248-3：4.00元

广东菜/广州市服务局烹饪教研组编.—修订本.广州：广东科技出版社，1990.7.—225页；32开.ISBN 7-5359-0556-0：2.70元

本书1973年8月第1版。

广东菜系实习菜谱/劳动部培训司组织编写.—北京：中国劳动出版社，1990.8.—171页；32开.—就业训练烹饪专业统编教材：试用.—ISBN 7-5045-0487-4：2.00元

广州菜三百款/樊衍锡编.—广州：花城出版社，1990.8.—283页；32开.—ISBN 7-5360-0664-0：3.90元

小吃巧吃名吃制作/魏大波编著.—海口：南海出版公司，1990.6.—244页；32开.—（超级丛书·古今中外知识宝库；第一辑/温愠主编）.—ISBN 7-80570-199-7：3.65元

小家庭百菜谱　（A）/时中编.—北京：学苑出版

社，1990.1.—234页；32开.—ISBN 7-80060-834-4：3.00元

小家庭百菜谱 （B）/万力编.—北京：学苑出版社，1990.1.—203页；32开.—ISBN 7-80060-835-2：2.70元

小家庭菜食谱：西餐类/淑芳等编著.—北京：华龄出版社，1990.7.—171页；32开.—（小家庭饮食丛书）.—ISBN 7-80082-107-2：2.45元

小家庭菜食谱：汤粥类/高夏编著.—北京：华龄出版社，1990.7.—196页；32开.—（小家庭饮食丛书）.—ISBN 7-80082-109-9：2.60元

小家庭菜食谱：冷食类/张小雄编著.—北京：华龄出版社，1990.7.—166页；32开.—（小家庭饮食丛书）.—ISBN 7-80082-098-X：2.40元

小家庭菜食谱：炒货、果品及小吃/林秀玉等编著.—北京：华龄出版社，1990.7.—172页；32开.（小家庭饮食丛书）.—ISBN 7-80082-110-2：2.35元

小家庭菜食谱：面食类/何川等编著.—北京：华龄出版社，1990.7.—181页；32开.—（小家庭饮食丛书）.—ISBN 7-80082-079-3：2.45元

小家庭菜食谱：食疗类/林秀玉编著.—北京：华龄出版社，1990.7.—188页；32开.—（小家庭饮食丛书）.—ISBN 7-80082-111-0：2.50元

小家庭菜食谱：热菜类/陆槐等编著.—北京：华龄出版社，1990.7.—237页；32开.—（小家庭饮食丛书）.—ISBN 7-80082-099-8：3.15元

小家庭菜食谱：凉菜类/晏阳等编著.—北京：华龄出版社，1990.7.—237页；32开.—（小家庭饮食丛书）.—ISBN 7-80082-045-9：3.20元

小家庭菜食谱：腌菜类/滏鑫等编著.—北京：华龄出版社，1990.7.—158页；32开.—（小家庭饮食丛书）.—ISBN 7-80082-112-9：2.25元

五谷滋补养生食谱/陈英武等编写.—北京：农村读物出版社，1990.6.—70页；32开.—ISBN 7-5048-1188-2：1.95元

五菜系家宴谱：特级厨师谈做菜/王文光编.—北京：华夏出版社，1990.1.—402页；彩照；32开.ISBN 7-80053-617-3：5.05元

少年儿童增智食谱/陈若兰著.—长春：吉林科学技术出版社，1990.8.—205页；32开.—ISBN 7-5384-0481-3：2.70元

日本四季美食荟萃/高虹编译.—北京：轻工业出版社，1990.12.—148页；32开.—（实用外国风味菜肴烹饪指南丛书：厨师实用手册/王仁兴，侯开宗主编）.—ISBN 7-5019-0921-0：3.80元

中国八大菜系家庭实用菜谱/丽新，晓东编.—长春：长春出版社，1990.1.—215页；32开.—ISBN 7-80573-113-6：2.98元

中国节日菜谱/蓝音等编.—2版.—石家庄：河北科学技术出版社，1990.8.—288页；32开.—ISBN 7-5375-0389-3：4.50元

中国全素名菜谱/上官宪民编写.—2版.—北京：中国旅游出版社，1990.7.—100页；32开.—（中国美食丛书）.—ISBN 7-5032-0142-8：1.50元

中国名菜大观/郭希谦，何荣显主编.—沈阳：辽宁科学技术出版社，1990.3.—772页；32开.—ISBN 7-5381-0585-9：13.00元

中国名菜精萃/周三金编著.—长沙：湖南科学技术出版社，1990.12.—318页；彩照；大32开.—ISBN 7-5357-0781-5：6.90元

中国名菜谱：山东风味/杨东起主编；北京市饮食服务总公司，北京市旅游事业管理局编写.—北京：中国财政经济出版社，1990.6.—286页：彩照；16开.—ISBN 7-5005-1059-4：15.20元

中国名菜谱：江苏风味/杨东起主编；北京市饮食服务总公司，北京市旅游事业管理局编写.—北京：中国财政经济出版社，1990.6.—317页：彩照；16开.—ISBN 7-5005-1050-0：16.40元

中国名菜谱：河南风味/杨东起主编；河南省商业管理委员会，河南省烹饪学会编写.—北京：中国财政经济出版社，1990.9.—266页：彩照；16开.—ISBN 7-5005-1116-7：14.70元

中国名菜谱：湖北风味/杨东起主编；湖北省饮食服务公司，湖北省烹饪协会编写.—北京：中国财政经济出版社，1990.5.—236页：彩照；16开.—ISBN 7-5005-0855-7：13.10元

中国南北名菜谱/中国人民解放军空军后勤部军需部编.—3版.—北京：金盾出版社，1990.6.—528页；32开.—ISBN 7-80022-199-7：6.00元

本书1986年6月第1版。

中国素菜：南北风味600例/江边，梅林编.—长春：长春出版社，1990.7.—143页；16开.—ISBN 7-80573-060-1：8.50元

中国凉菜大全/冉先德主编.—哈尔滨：哈尔滨出版社，1990.10.—965页；彩照；大32开.—ISBN 7-80557-244-5：21.00元

中国浙菜/徐海荣主编.—北京：中国食品出版社，1990.3.—151页；大32开.—ISBN 7-80044-283-7：3.60元

中国烹调工艺学/罗长松主编.—北京：中国商业出版社，1990.12.—446页；32开.—商业专科烹饪专业试用教材.—ISBN 7-5044-0497-7：3.65元

中国烹调大全/中国烹调大全编委会编.—哈尔滨：黑龙江科学技术出版社，1990.4.—956页：彩照；16开.—ISBN 7-5388-0390-4（精装）：54.00元

中国淮扬菜/章仪明主编.—北京：轻工业出版社，1990.7.—170页；32开.—ISBN 7-5019-0820-6：8.00元

中国鲁菜/陈学真主编.—北京：中国食品出版社，1990.2.—201页：照片；32开.—ISBN 7-80044-

284-5：3.50元

中国粥汤饮精选/马树桐主编.—北京：中国旅游出版社，1990.10.—283页；32开.—（中国美食丛书）.—ISBN 7-5032-0319-6：5.50元

中国潮州名菜谱/汕头市饮食服务公司潮州菜谱研究会编写.—广州：岭南美术出版社，1990.4.—200页：彩照；32开.—ISBN 7-5362-0517-1：6.50元

水产菜肴家庭制作大全（上）：烧焖熥炒熘/方雅等编著.—北京：经济日报出版社，1990.7.—284页；32开.—（吃在中国系列丛书）.—ISBN 7-80036-243-4：3.50元

水产菜肴家庭制作大全（中）：蒸煮炖烩煨汤/方雅等编著.—北京：经济日报出版社，1990.9.264页；32开.—（吃在中国系列丛书）.—ISBN 7-80036-244-2：3.50元

水产菜肴家庭制作大全（下）：炸煎烤凉菜熏腌水产品知识/方雅，莫难等编著.—北京：经济日报出版社，1990.11.—326页；32开.—（吃在中国系列丛书）.—ISBN 7-80036-245-0：3.50元

巧做"下货"菜500例/黄永进等编.—北京：中国华侨出版公司，1990.2.—394页；32开.—ISBN 7-80074-148-6：4.30元

巧作瓜菜200例/栗健，王滨编.—北京：农村读物出版社，1990.5.—93页；32开.—（烹饪大世界丛书）.—ISBN 7-5048-1247-1：1.50元

巧做白菜、萝卜300例/栗健，王滨编.—北京：农村读物出版社，1990.5.—97页；32开.—（烹饪大世界丛书）.—ISBN 7-5048-1241-2：1.70元

巧做杂碎、下水300例/栗健，王滨编.—北京：农村读物出版社，1990.5.—133页；32开.—（烹饪大世界丛书）.—ISBN 7-5048-1245-5：2.10元

巧做米面300例/栗健，王滨编.—北京：农村读物出版社，1990.5.—135页；32开.—（烹饪大世界丛书）.—ISBN 7-5048-1242-0：2.10元

巧做豆菜200例/栗健，王滨编.—北京：农村读物出版社，1990.5.—104页；32开.—（烹饪大世界丛书）.—ISBN 7-5048-1246-3：1.70元

巧做鸡菜400例/《巧做鸡菜400例》编写组编著.北京：农村读物出版社，1990.6.—290页；32开.ISBN 7-5048-1182-3：4.30元

巧做果菜300例/栗健，王滨编.—北京：农村读物出版社，1990.5.—104页；32开.—ISBN 7-5048-1300-1：1.70元

巧做家常菜300款：肉/章谊，孟冀主编.—北京：海潮出版社，1990.10.—225页；32开.—ISBN 7-80054-078-2：3.40元

巧做家常菜300款：海鲜/章谊，孟冀主编.—北京：海潮出版社，1990.10.—309页；32开.—ISBN 7-80054-085-5：4.10元

巧做家常菜300款：禽/章羽，孟冀主编.—北京：海潮出版社，1990.10.—190页；32开.—ISBN 7-80054-088-X：3.15元

巧做野味飞禽150例/《巧做野味飞禽150例》编写组编著.—北京：农村读物出版社，1990.6.—141页；32开.—ISBN 7-5048-1183-1：2.20元

巧烹妙饪大白菜/张扬编.—天津：天津科技翻译出版公司，1990.2.—47页；32开.—ISBN 7-5433-0083-4：1.15元

正宗川菜/熊四智，李晓荣编著.—北京：中国旅游出版社，1990.10.—288页；32开.—（中国美食丛书）.—ISBN 7-5032-0280-7：5.00元

东南亚最新正宗风味名菜/于金姝等编译.—北京：轻工业出版社，1990.12.—356页；32开.—（实用外国风味菜肴烹饪指南丛书：厨师实用手册/王仁兴，侯开宗主编）.—ISBN 7-5019-0922-9：7.70元

北京饭店的广东菜/康辉，王志坚编著.—2版.—北京：经济日报出版社，1990.3.—178页；大32开.（北京饭店菜点丛书；3/程清祥主编）.—ISBN 7-80036-042-3：4.80元

北京饭店的四川菜/黄子云，张志国编著.—2版.北京：经济日报出版社，1990.3.—261页；大32开.（北京饭店菜点丛书；2/程清祥主编）.—ISBN 7-80036-000-8：4.60元

北京饭店的素菜/林月生编著.—2版.—北京：经济日报出版社，1990.3.—112页；大32开.—（北京饭店菜点丛书；6/程清祥主编）.—ISBN 7-80036-043-1：3.10元

北京饭店的淮扬菜/竺恒丰，郑秀生编著.—2版.北京：经济日报出版社，1990.3.—166页；大32开.（北京饭店菜点丛书；4/程清祥主编）.—ISBN 7-80036-041-5：4.20元

北京饭店的谭家菜/彭长海编著.—2版.—北京：经济日报出版社，1990.3.—125页；大32开.—（北京饭店菜点丛书；5/程清祥主编）.—ISBN 7-80036-035-0：3.40元

四川菜系实习菜谱/劳动部培训司组织编写.—北京：劳动人事出版社，1990.6.—123页；32开.—就业训练烹饪专业统编教材：试用.—ISBN 7-5045-0504-8：1.50元

四季蔬菜中西式烹调300法/陈青霞，魏开庭等编.北京：中国华侨出版公司，1990.11.—208页；32开.ISBN 7-80074-307-1：2.65元

辽宁名馔/张旭辉编著.—沈阳：辽宁科学技术出版社，1990.9.—110页；16开.—ISBN 7-5381-0904-8（精装）：20.00元

老通城酒楼/老通城酒楼编写.—北京：轻工业出版社，1990.1.—81页；32开.—（中国食府四名丛书）.—ISBN 7-5019-0749-8：8.00元

百吃大白菜/晏岷，杨健编著.—北京：轻工业出版

社，1990.9.—161页；32开.—（大众饮食丛书）. ISBN 7-5019-0877-X：2.60元

百吃萝卜/晏岷，杨健编著.—北京：轻工业出版社，1990.9.—166页；32开.—（大众饮食丛书）. ISBN 7-5019-0878-8：2.60元

百家菜/宓乃竑，汪映月编.—北京：经济日报出版社，1990.5.—204页；32开.—ISBN 7-80036-227-2：2.90元

尧乡风味美食/张成基主编.—太原：山西人民出版社，1990.10.—411页；大32开.—ISBN 7-203-01726-5：6.50元

仿荤素食/曾亚光等编写.—重庆：重庆出版社，1990.8.—179页；32开.—（川菜大全丛书/张富儒主编）.—ISBN 7-5366-1025-4：2.75元

创新菜选编/北京市饮食服务总公司，北京市饮食业烹饪服务研究会编.—北京：中国商业出版社，1990.7.—141页；32开.—ISBN 7-5044-0621-X：4.50元

全聚德菜谱/北京前门全聚德烤鸭店著.—北京：新世界出版社，1990.10.—258页；32开.—ISBN 7-80005-131-5：5.40元

各地风味小吃/玉柱等编.—北京：海洋出版社，1990.11.—199页；32开.—ISBN 7-5027-1257-7：3.50元

各地风味大众菜谱/玉清等编著.—哈尔滨：黑龙江科学技术出版社，1990.12.—428页；32开.—ISBN 7-5388-1462-0：5.90元

本书包括京、川、粤、鲁、苏、湘、皖、闽8个地方菜系的大众菜谱580多种。

江苏风味菜点/陈忠明编著.—上海：上海科学技术出版社，1990.3.—295页；32开.—高级烹饪系列教材.—ISBN 7-5323-1672-6：3.30元

汤菜巧制作/江叶等编.—哈尔滨：黑龙江科学技术出版社，1990.12.—204页；32开.—（家常科学饮食丛书）.—ISBN 7-5388-1284-9：3.30元

关东菜肴荟萃/吉林省饮食服务公司等编著.—沈阳：辽宁科学技术出版社，1990.2.—184页：彩照；16开.—ISBN 7-5381-0819-X（精装）：10.00元

关东菜肴荟萃/吉林省饮食服务公司等编著.—沈阳：辽宁科学技术出版社，1990.2.—185页：彩照；16开.—ISBN 7-5381-0818-1：8.00元

苏州教学菜谱/张祖根等编著.—天津：天津科学技术出版社，1990.9.—359页；32开.—ISBN 7-5308-0871-0：4.90元

苏联现代佳肴烹调艺术/刘来石，孟昭恩编译.—北京：轻工业出版社，1990.12.—174页；32开.—（实用外国风味菜肴烹饪指南丛书：厨师实用手册/王仁兴，侯开宗主编）.—ISBN 7-5019-0917-2：4.90元

每日学一菜：家庭营养滋补美味菜谱365/付祥，蔡武承主编.—北京：华龄出版社，1990.6.—258页；32开.—ISBN 7-80082-055-6：3.90元

冷菜花拼制百例/李凤兰等著.—北京：知识出版社，1990.7.—161页：彩照；32开.—ISBN 7-5015-0349-4：3.50元

阿拉伯正宗烹调大全/马葳编译.—北京：轻工业出版社，1990.12.—114页；32开.—（实用外国风味菜肴烹饪指南丛书：厨师实用手册/王仁兴，侯开宗主编）.—ISBN 7-5019-0923-7：3.20元

妊产妇营养食谱/曾怀滩编著.—长春：吉林科学技术出版社，1990.8.—246页；32开.—ISBN 7-5384-0465-1：3.10元

现代家庭便宴/渼渧渎编著.—石家庄：河北人民出版社，1990.5.—243页；32开.—ISBN 7-202-00643-X：2.70元

拉美流行美食制作/程珠，纪吉恩编译.—北京：轻工业出版社，1990.12.—118页；32开.—（实用外国风味菜肴烹饪指南丛书：厨师实用手册/王仁兴，侯开宗主编）.—ISBN 7-5019-0919-9：3.20元

金陵冷盘经/杨继林编著.—南京：江苏人民出版社，1990.7.—212页：彩照；大32开.—（江苏菜系丛书）.—ISBN 7-214-00512-3：3.80元

鱼香味菜肴100例/田振龙编著.—北京：农业出版社，1990.12.—106页；32开.—ISBN 7-109-01932-2：1.90元

鱼菜巧做600例/臧怡民等主编.—北京：农村读物出版社，1990.4.—416页；32开.—ISBN 7-5048-1043-3：4.95元

鱼菜200种/邓义编著.—南昌：江西科学技术出版社，1990.2.—155页；32开.—ISBN 7-5390-0285-9：2.10元

法国现代名菜烹调艺术/章郇人编译.—北京：轻工业出版社，1990.12.—260页；32开.—（实用外国风味菜肴烹饪指南丛书：厨师实用手册/王仁兴，侯开宗主编）.—ISBN 7-5019-0924-5：5.80元

实用小儿营养食谱/魏晓鹏编著.—北京：科学普及出版社，1990.11.—157页；32开.—ISBN 7-110-01818-0：2.45元

实用冷拼图碟/张国栋编著.—北京：中国商业出版社，1990.8.—98页：彩照；大32开.—ISBN 7-5044-0574-4：5.95元

实用图解菜谱　（二）/湖南科学技术出版社编.长沙：湖南科学技术出版社，1990.12.—44页：彩照；16开.—ISBN 7-5357-0795-5：4.30元

陕西传统风味小吃/吴国栋编著.—西安：三秦出版社，1990.12.—172页；32开.—ISBN 7-80546-252-6：2.50元

陕菜正宗——西安饭庄/《陕菜正宗》编辑委员会编.—西安：三秦出版社，1990.9.—94页；32开. ISBN 7-80546-223-2：4.80元

绍兴民间传统菜谱/绍兴县文联编.—北京：中国国

际广播出版社，1990.6.—212页；32开.—ISBN 7-80035-507-1：6.20元

南轩酒家名菜谱/柳进林编著.—沈阳：辽宁科学技术出版社，1990.7.—214页；32开.—ISBN 7-5381-0902-1：3.80元

面条/任力群编著.—北京：农村读物出版社，1990.11.—229页；32开.—ISBN 7-5048-1495-4：3.50元

食品巧制作/亚威，西文编.—北京：农村读物出版社，1990.12.—72页：图；16开.—(太太俱乐部).ISBN 7-5048-1301-X：2.90元

食堂烹饪指南/叶连海，郝淑秀编著.—北京：金盾出版社，1990.11.—255页；32开.—ISBN 7-80022-224-1：3.50元

美味鱼菜/刘大东编写.—重庆：重庆出版社，1990.8.—246页；32开.—(川菜大全丛书/张富儒主编).—ISBN 7-5366-1026-2：3.45元

美味家庭食谱/杜兆生等编著.—沈阳：辽宁科学技术出版社，1990.8.—307页；32开.—ISBN 7-5381-0953-6：4.30元

美味蛋类菜200种/刘长生编著.—哈尔滨：黑龙江科学技术出版社，1990.8.—136页；32开.—ISBN 7-5388-0927-9：2.10元

素菜巧制作/江叶等编.—哈尔滨：黑龙江科学技术出版社，1990.12.—200页；32开.—(家常科学饮食丛书).—ISBN 7-5388-1282-2：3.30元

夏令小食品制作/纪元瑶等编.—北京：中国妇女出版社，1990.6.—237页；32开.—ISBN 7-80016-194-3：4.50元

鸭菜/胥元诚口述；张建幸整理.—上海：上海文化出版社，1990.1.—111页；32开.—ISBN 7-80511-355-6：1.65元

高压锅制作佳肴美点/潘玉泉，苏志娟编.—天津：天津科学技术出版社，1990.6.—233页；32开.—ISBN 7-5308-0714-5：3.20元

海鲜巧作/戴书经编著.—沈阳：辽宁科学技术出版社，1990.12.—238页；32开.—ISBN 7-5381-1032-1：4.35元

益智健脑菜谱/董淑炎等编著.—北京：中国旅游出版社，1990.1.—272页；32开.—(中国美食丛书).—ISBN 7-5032-0249-1：4.80元

家庭儿童西餐二百例/焦守正编著.—北京：中国旅游出版社，1990.5.—195页；32开.—(中国美食丛书).—ISBN 7-5032-0272-6：3.40元

家庭川味百鸭宴/李乐清编著.—北京：中国旅游出版社，1990.3.—67页；32开.—(中国美食丛书).ISBN 7-5032-0247-5：1.80元

家庭川味凉菜谱/李乐清编著.—北京：中国旅游出版社，1990.12.—158页；32开.—(中国美食丛书).—ISBN 7-5032-0294-7：2.30元

家庭小吃/赵非，卞雯编著.—杭州：浙江人民出版社，1990.7.—188页；32开.—(迷你书系).—ISBN 7-213-00513-8：2.45元

家庭小点心/柳林根等撰稿；上海电视二台社教科编.—上海：上海文化出版社，1990.6.—25页：彩照；16开.—ISBN 7-80511-295-9：2.50元

家庭日常菜谱/赵树荣，李媛英编.—北京：中国医药科技出版社，1990.6.—152页；32开.—ISBN 7-5067-0150-2：2.00元

家庭牛肉食谱/刘涛，陈长安著.—北京：中国商业出版社，1990.10.—179页；32开.—ISBN 7-5044-0566-3：3.20元

家庭四季美味快餐/刘自华编著.—北京：金盾出版社，1990.5.—129页；32开.—ISBN 7-80022-196-2：2.70元

家庭电烤箱食谱/雨辰等编著.—北京：电子工业出版社，1990.9.—232页；32开.—ISBN 7-5053-1049-6：3.05元

家庭主妇烹饪顾问/张灵春，郭霞编.—北京：农村读物出版社，1990.6.—172页；32开.—(东方女性小丛书).—ISBN 7-5048-1177-7：2.50元

家庭西菜/上海电视台国际部《上海电视》编辑部编.—上海：上海人民美术出版社，1990.12.—182页；32开.—(电视饮食文化丛书).—ISBN 7-5322-0849-4：2.70元

家庭西菜/湖南科学技术出版社编.—长沙：湖南科学技术出版社，1990.11.—138页；32开.—ISBN 7-5357-0794-7：3.10元

家庭汤菜制作/王致福编著.—上海：上海科学技术出版社，1990.2.—130页；32开.—ISBN 7-5323-1755-2：1.85元

家庭快速早餐/陈鹰等编著.—北京：兵器工业出版社，1990.12.—140页；32开.—ISBN 7-80038-264-8：2.30元

家庭快餐/陈小林，吴洛加编写.—重庆：重庆出版社，1990.8.—230页；32开.—(川菜大全丛书/张富儒主编).—ISBN 7-5366-1028-3：3.35元

家庭冷菜制作/周月林，丁海良编著.—上海：上海科学技术出版社，1990.2.—184页；32开.—ISBN 7-5323-1789-7：2.35元

家庭法式西餐及营养/全权编著.—上海：上海科学技术出版社，1990.11.—171页；32开.—ISBN 7-5323-1969-5：3.05元

家庭实用西餐菜谱/李殿庆，李惠玲编著.—北京：中国旅游出版社，1990.10.—215页；32开.—(中国美食丛书).—ISBN 7-5032-0316-1：3.60元

家庭实用菜食谱/薛军，钮允襄编著.—北京：北京出版社，1990.9.—152页；32开.—ISBN 7-200-01035-9：2.85元

家庭实用烹饪窍门/永乐，长信编写.—太原：山西

科学教育出版社，1990.12.—260页；32开.—（家庭饮食丛书）.—ISBN 7-5377-0335-3：3.20元

家庭实用烹调技巧/张建平等编.—北京：人民军医出版社，1990.2.—138页；32开.—（家庭生活实用丛书；3）.—ISBN 7-80020-148-1：0.85元

家庭美味佳肴制作指南/晓恩等编.—北京：北京科学技术出版社，1990.8.—272页；32开.—ISBN 7-5304-0690-6：3.80元

家庭菜点大观/祝宝钧主编.—杭州：浙江科学技术出版社，1990.9.—755页；32开.—ISBN 7-5341-0256-1：6.50元

家庭菜谱300式/高云升等编.—北京：农业出版社，1990.3.—168页；32开.—ISBN 7-109-01529-7：2.90元

家庭湘菜：湖南风味/许人毅等编.—北京：中国商业出版社，1990.12.—204页；32开.—（地方家庭菜谱丛书）.—ISBN 7-5044-0672-4：2.70元

家庭蔬菜烹调350种/叶连海，郝淑秀编著.—北京：金盾出版社，1990.2.—192页；32开.—ISBN 7-80022-167-9：2.50元

家庭蔬菜烹调350种/叶连海，郝淑秀编著.—2版.北京：金盾出版社，1990.6.—192页；32开.—ISBN 7-80022-203-9：3.20元

本书1990年2月第1版。

家宴西菜谱精选/侯根全编著.—上海：上海科学技术文献出版社，1990.12.—190页；32开.—ISBN 7-80513-625-4：2.85元

家常风味菜肴200种/张兴玉等编著.—北京：金盾出版社，1990.6.—120页；32开.—ISBN 7-80022-171-7：1.80元

家常四季菜谱/朱传平，彭志明编.—合肥：安徽科学技术出版社，1990.2.—188页：彩照；32开.—ISBN 7-5337-0431-3：3.60元

家常饭200例/刘家田，赵正松编著.—合肥：安徽科学技术出版社，1990.12.—190页；32开.—ISBN 7-5337-0601-X：3.25元

家常点心与小吃制作/沈国华，李树敏编著.—上海：上海科学技术出版社，1990.8.—130页；32开.（家庭食谱）.—ISBN 7-5323-1891-5：1.80元

家常菜/达章，华剑编.—修订本.—石家庄：河北科学技术出版社，1990.2.—416页；32开.—ISBN 7-5375-0151-3：5.30元

本书1986年11月初版。

梅方烹饪大全：图解四大风味菜/梅方著.—南宁：广西民族出版社，1990.8.—504页；32开.—（梅方烹饪大全丛书）.—ISBN 7-5363-0878-7：5.60元

乾隆皇帝御膳考述：仿制乾隆御膳127例/吴正格著.—北京：中国食品出版社，1990.2.—141页：书影；32开.—（中国历代饮食考述）.—ISBN 7-80044-242-X：2.30元

菜肴创新之路/熊四智编著.—重庆：重庆出版社，1990.8.—186页；32开.—（川菜大全丛书/张富儒主编）.—ISBN 7-5366-1024-6：2.75元

菜点烹调技艺/祝宝钧，张方义编著.—北京：科学技术文献出版社，1990.11.—150页；32开.—ISBN 7-5023-0875-X：3.00元

菜谱：中外海鲜四百味/王祖衍等编.—广州：广东科技出版社，1990.8.—277页；32开.—（食在广州丛书）.—ISBN 7-5359-0589-7：3.80元

菜谱：鸡280味/王光编.—修订本.—广州：广东科技出版社，1990.12.—246页；32开.—ISBN 7-5359-0650-8：3.20元

婴幼儿食谱/叶连梅，郝淑秀编著.—北京：金盾出版社，1990.12.—211页；32开.—ISBN 7-80022-262-4：2.70元

甜味菜制作300例/刘川等编.—深圳：海天出版社，1990.8.—191页；32开.—ISBN 7-80542-186-2：3.35元

烹坛荟萃：第二届全国烹饪大赛获奖作品集/商业部饮食服务业管理司，中国烹饪协会编.—北京：中国商业出版社，1990.8.—152页；16开.—ISBN 7-5044-0527-2：29.50元

减肥菜谱/刘敬贤，孙启凤编.—沈阳：辽宁科学技术出版社，1990.4.—55页；32开.—ISBN 7-5381-0865-3：1.20元

清代离宫膳食：离宫菜点400品/侯广江等编著.北京：中国食品出版社，1990.1.—323页：彩照；32开.—ISBN 7-80044-279-9：5.20元

清真菜谱/金凤，宝森主编.—北京：海洋出版社，1990.12.—164页；32开.—ISBN 7-5027-1258-5：3.20元

朝鲜正宗风味菜精选/胡蕴坚，陈池编译.—北京：轻工业出版社，1990.12.—229页；32开.—（实用外国风味菜肴烹饪指南丛书：厨师实用手册/王仁兴，侯开宗主编）.—ISBN 7-5019-0920-2：5.20元

朝鲜族辣菜100种/李光莲编.—长春：吉林大学出版社，1990.10.—72页；32开.—ISBN 7-5601-0582-3：1.50元

湖南菜谱/湖南省商业局副食品公司，湖南省长沙市饮食公司编.—2版.—长沙：湖南科学技术出版社，1990.10.—360页；32开.—ISBN 7-5357-0094-2：4.50元

本书1976年11月第1版。

湘菜技术问答370例/长沙市湘菜技术培训中心，长沙市烹饪协会编.—长沙：湖南科学技术出版社，1990.4.—144页；32开.—ISBN 7-5357-0699-1：2.80元

普通菜的高级烹饪法/徐惠明，张玲编著.—北京：科学普及出版社，1990.4.—316页；32开.—ISBN 7-110-01364-2：3.90元

蜗牛菜及烹调法/张进辉编著.—北京：中国商业出版社，1990.10.—82页；32开.—ISBN 7-5044-0617-1：2.10元

新编大众菜谱/苗大林编著.—北京：金盾出版社，1990.6.—136页；32开.—ISBN 7-80022-192-X：2.70元

福建菜系实习菜谱/劳动部培训司组织编写.—北京：劳动人事出版社，1990.6.—94页；32开.—就业训练烹饪专业统编教材：试用.—ISBN 7-5045-0505-6：1.15元

蔬菜滋补养生食谱/陈英武等编写.—北京：农村读物出版社，1990.6.—89页；32开.—ISBN 7-5048-1190-4：2.30元

德意匈现代名菜精选/王韶楣等编译.—北京：轻工业出版社，1990.12.—414页；32开.—（实用外国风味菜肴烹饪指南丛书：厨师实用手册/王仁兴，侯开宗主编）.—ISBN 7-5019-0925-3：8.90元

雕刻与拼摆/何庆保等编著.—北京：人民军医出版社，1990.12.—139页；大32开.—（烹饪技术丛书；12/朱良银主编）.—ISBN 7-80020-223-2：5.50元

TS972.2　饮食设备与管理

节煤炉灶/彭景勋等编.—北京：农村读物出版社，1990.12.—156页；32开.—ISBN 7-5048-1357-5：2.40元

现代厨房设备技术/（　）米尔逊，（　）肯柯著；刘凡非等译.—北京：中国城市经济社会出版社，1990.10.—241页：彩照；16开.—ISBN 7-5074-0126-X：6.80元

厨房小经验/雷毓华编.—北京：农村读物出版社，1990.3.—50页；32开.—（实惠小丛书）.—ISBN 7-5048-1091-6：1.30元

餐台技艺/蒲桂珍主编.—北京：轻工业出版社，1990.9.—201页：彩照；大32开.—ISBN 7-5019-0895-8：13.00元

TS972.3　饮食管理

饮食业服务知识/南昌市烹饪协会编.—南昌：江西人民出版社，1990.5.—238页；32开.—ISBN 7-210-00843-8：3.50元

酒店饮食管理学/杜力行编著.—广州：广东高等教育出版社，1990.3.—363页；32开.—管理系列教材.ISBN 7-5361-0504-5：5.00元

宴席服务常识/王新权编著.—北京：中国旅游出版社，1990.1.—324页；32开.—ISBN 7-5032-0217-3：5.50元

烹饪卫生学/崔生发主编.—北京：中国商业出版社，1990.4.—305页；32开.—商业专科烹饪专业试用教材.—ISBN 7-5044-0460-8：2.00元

TS973　洗染、缝补

家庭科学洗衣法/日本家庭科学研究所编；张华宗译.—北京：中国广播电视出版社，1990.8.—155页；32开.—ISBN 7-5043-0422-0：2.60元

TS974　清洁、理容

女子新潮化妆与健美/郭誉镰，周耀华编.—北京：国际文化出版公司，1990.7.—184页；32开.—ISBN 7-80049-551-5：2.50元

中国美容之秘/徐泽，蔡虹编著.—西安：三秦出版社，1990.5.—210页；32开.—ISBN 7-80546-206-2：2.80元

化妆与健美/王高松编著.—上海：上海科学技术文献出版社，1990.7.—132页；32开.—ISBN 7-80513-545-2：2.35元

巧用丝巾添魅力：中外丝巾系法精选/胥佩娜等编著.—上海：上海科学技术出版社，1990.12.—167页：彩照；16开.—ISBN 7-5323-2307-2：10.40元

世界最新流行发型/一圳等选编.—上海：上海社会科学院出版社，1990.2.—64页；16开.—ISBN 7-80515-534-8：8.90元

世界最新流行发型300例/陈东华主编.—武汉：湖北美术出版社，1990.8.—1册；16开.—（美化生活丛书）.—ISBN 7-5394-0206-7：16.60元

东方女性美发精华/付小燕编.—北京：农村读物出版社，1990.6.—96页：彩图；32开.—（东方女性小丛书）.—ISBN 7-5048-1173-4：2.40元

东方女性美容化妆/雷毓华，付小燕编.—北京：农村读物出版社，1990.6.—146页；32开.—（东方女性小丛书）.—ISBN 7-5048-1174-2：2.40元

令你风姿绰约/左翎编.—广州：花城出版社，1990.5.—167页；32开.—ISBN 7-5360-0594-6：2.45元

本书分5部分：服饰配搭技巧；饰物与魅力；简易化妆知识；女性日常美容；一把秀发多种形象，共选编了190多条有关知识。

皮肤美容101法/（法）若塞（Jossay，M.）著；王北予译.—北京：新华出版社，1990.7.—213页；32开.—ISBN 7-5011-0689-4：2.70元

发型设计100例/叶子，响铃编.—北京：中国文联出版公司，1990.5.—72页；16开.—ISBN 7-5059-1316-6：4.00元

发型300例/金逊，王彭编译.—北京：农村读物出版社，1990.12.—64页：图；16开.—（太太俱乐部）.

ISBN 7-5048-1054-1：6.80元

自己动手梳理发型/粒子编译.—北京：北京工艺美术出版社，1990.8.—58页；24开.—(现代女士生活艺术丛书).—ISBN 7-80526-039-7：4.50元

如何装扮才漂亮/(美)卡露·杰克森著；迪威编译.—哈尔滨：哈尔滨出版社，1990.5.—108页；32开.—(生活艺术丛书).—ISBN 7-80557-222-4：3.40元

现代女性着装指南/(美)约翰·T.莫利著；张兴苑等译.—北京：中国工人出版社，1990.3.—124页；32开.—ISBN 7-5008-0545-4：3.15元

现代发型制作技术/上海市美发美容协会编.—北京：中国商业出版社，1990.11.—159页；32开.—ISBN 7-5044-0639-2：3.50元

现代美容化妆400题/徐家华主编.—北京：金盾出版社，1990.12.—172页；16开.—ISBN 7-80022-215-2：5.90元

现代家庭护发美发指南/王文斌，陈月明编译.—济南：山东科学技术出版社，1990.9.—42页：彩照；32开.—ISBN 7-5331-0777-2：2.50元

青春美发：青春发型精选与做法/叶步雨编译.—北京：轻工业出版社，1990.4.—148页；24开.—ISBN 7-5019-0760-9：8.50元

青春常在的奥秘/裴京荣等编著.—北京：轻工业出版社，1990.11.—90页；16开.—ISBN 7-5019-0828-1：3.50元

国际新潮发型设计100例/(日)大内十二郎著.—北京：中国商业出版社，1990.9.—1册；16开.—ISBN 7-5044-0570-1：16.00元

实用东方美容化妆术/于明，晨滨主编；杨姝妹等译.—沈阳：辽宁科学技术出版社，1990.7.—92页；16开.—ISBN 7-5381-0912-9：12.00元

实用美容化妆指南/美妮编著.—广州：花城出版社，1990.10.—237页；32开.—ISBN 7-5360-0738-8：3.25元

实用装扮技巧/(　)卡露·杰克森著；荷燕译.北京：中国商业出版社，1990.12.—124页；32开.ISBN 7-5044-0637-6：5.50元

姑娘简便美容化妆/张建平等编.—北京：人民军医出版社，1990.2.—355～423页；32开.—(家庭生活实用丛书；5).—ISBN 7-80020-149-X：1.20元

看图化妆手册/林亮仪编著.—北京：经济日报出版社，1990.12.—167页；32开.—ISBN 7-80036-263-9：7.80元

美发巧技/刘红鬃，杨加编著.—北京：学苑出版社，1990.9.—153页；32开.—ISBN 7-80060-916-2：3.00元

美发世界：90年代世界流行发式555例/华杰，梅花编.—长春：长春出版社，1990.7.—112页：照片；16开.—ISBN 7-80573-058-X：13.50元

美丽100分——谈美容奥秘/刘志恂等编著.—南宁：广西民族出版社，1990.8.—192页；32开.—(现代家庭必备丛书；3).—ISBN 7-5363-0881-7：2.40元

美容入门/乔尚志编著.—长春：吉林大学出版社，1990.12.—170页；32开.—(入门丛书；第一辑).ISBN 7-5601-0714-1：2.20元

美容化妆400问/刘玹主编.—北京：纺织工业出版社，1990.4.—270页：彩图；32开.—ISBN 7-5064-0440-0：4.65元

美容为妳添魅力/(保)科兹洛夫斯基等著；秦英，施鹏飞译.—北京：民族出版社，1990.5.—246页；大32开.—ISBN 7-105-01030-4：2.55元

美容技巧荟萃/王德开主编.—沈阳：辽宁科学技术出版社，1990.8.—207页；32开.—ISBN 7-5381-0979-X：3.20元

美容·美姿·美发/林明美编译；唐千惠校订.—台湾：台湾星光出版社；北京：轻工业出版社，1990.7.136页；大32开.—ISBN 7-5019-0823-0：5.70元

美容秘诀/(苏)西科尔斯卡娅等著；王先睿译.北京：学术书刊出版社，1990.5.—149页；32开.ISBN 7-80045-514-9：2.50元

美容·健美·礼仪/孙晓梅，张慧编.—北京：北京大学出版社，1990.5.—169页；32开.—(现代家庭学丛书/施德福，徐明主编).—ISBN 7-301-01142-3：2.50元

美容新潮/李遵训，易明慧编著.—北京：中国青年出版社，1990.1.—164页；32开.—ISBN 7-5006-0565-X：2.90元

穿戴打扮小参谋/雷毓华编.—北京：农村读物出版社，1990.3.—73页；32开.—(实惠小丛书).—ISBN 7-5048-1083-5：1.60元

淡雅化妆术/韩景超等编著.—哈尔滨：哈尔滨出版社，1990.4.—204页；32开.—(生活艺术丛书).ISBN 7-80557-224-0：3.20元

最新美容术/郭鲁民，王彦玲编著.—石家庄：河北科学技术出版社，1990.10.—205页；32开.—ISBN 7-5375-0548-9：3.80元

普琳丝葆美容术/(美)维多丽娅·普琳丝葆著；盛学文等译.—南昌：江西人民出版社，1990.4.141页：照片；32开.—ISBN 7-210-00824-1：3.90元

书脊.封面题名为：全美小姐普琳丝葆美容术

新发型：国外现代发型设计/王永年等编译.—北京：中国商业出版社，1990.10.—64页，照片；16开.—ISBN 7-5044-0588-4：14.00元

新潮发型/李福元等主编；四川美发厅，港蜀美容美发有限公司编著.—成都：四川科学技术出版社，1990.7.—60页；16开.—ISBN 7-5364-1651-2，

9.50元

新潮发型与护发/赵长敏编著.—北京：中国食品出版社，1990.3.—131页；24开.—ISBN 7-80044-266-7：6.50元

新潮发型百种/勒长缨，刘腾腾编译.—北京：学苑出版社，1990.7.—138页；32开.—ISBN 7-5077-0188-3：2.40元

新潮发型操作大全/《新潮发型操作大全》编写组编.—北京：科学技术文献出版社，1990.10.—357页；16开.—ISBN 7-5023-1302-8：13.00元

新潮发型100例/何俊良主编；艾可等编写.—上海：学林出版社，1990.10.—59页；20开.—ISBN 7-80510-377-4：5.90元

新潮发辫编梳/（日）三上峰绪著；刘鲁群编译.杭州：浙江摄影出版社，1990.4.—136页：彩图；16开.—（摩登丛书/应善昌主编）.—ISBN 7-80536-074-X：7.90元

本书介绍了日本三上峰绪女士多年潜心研究的，被誉为"梦幻般的编梳"中数十种最新潮的编梳技法。

摩登发型200例/晓晓编.—杭州：浙江人民出版社，1990.7.—134页；32开.—（迷你书系）.—ISBN 7-213-00499-9：2.60元

90年世界新潮发型精粹/阿杂编著.—北京：学苑出版社，1990.6.—1册：彩图；16开.—ISBN 7-80060-767-4：6.50元

TS975　居住管理

现代家庭小饰物制作大全/陈立等编.—上海：上海科学技术出版社，1990.10.—216页：彩照；16开.ISBN 7-5323-2212-2：8.70元

卧室里的学问/鲁人编.—哈尔滨：北方文艺出版社，1990.9.—246页；32开.—ISBN 7-5317-0382-3：3.80元

室内服饰和室内布饰/包昌法，冯杰编绘.—合肥：安徽科学技术出版社，1990.6.—128页；16开.—ISBN 7-5337-0411-8：5.20元

器皿家具小常识/雷毓华编.—北京：农村读物出版社，1990.3.—70页；32开.—（实惠小丛书）.ISBN 7-5048-1082-7：1.60元

TS976　家庭管理

小家庭小窍门/林秀玉等编.—北京：学苑出版社，1990.9.—212页；32开.—ISBN 7-5077-0147-6：3.00元

小家庭巧安排/滏鑫等编.—北京：学苑出版社，1990.9.—145页；32开.—ISBN 7-5077-0155-7：2.00元

小家庭的情趣/何川等编.—北京：学苑出版社，1990.9.—191页；32开.—ISBN 7-5077-0121-2：2.60元

日常生活300忌/王登云，白萍编.—北京：北京理工大学出版社，1990.10.—188页；32开.—ISBN 7-81013-365-9：2.70元

用品/过剑飞，窦秋娟编著.—北京：中国和平出版社，1990.6.—160页；32开.—（现代家政百科/黄建伟主编）.—ISBN 7-80037-302-9：2.90元

本书包括家用纺织物品以及家用综合用具两部分。

生活万事通/王晓明，王跃明编著.—石家庄：河北科学技术出版社，1990.1.—378页；32开.—ISBN 7-5375-0441-5：4.20元

生活万宝全书/王福祥主编.—沈阳：辽宁科学技术出版社，1990.9.—670页；32开.—ISBN 7-5381-1019-4：8.80元

生活小窍门：续/普亮，竹青编.—西安：陕西人民教育出版社，1990.3.—129页；32开.—ISBN 7-5419-1462-2：1.95元

生活百科向导/王凤梧等编.—长春：长春出版社，1990.9.—233页；32开.—ISBN 7-80573-324-4：3.80元

生活百科诀窍/左剑强等编著.—延吉：延边大学出版社，1990.8.—166页；32开.—ISBN 7-5634-0235-7：2.50元

生活妙术/志和，云梅编.—北京：新华出版社，1990.11.—213页；32开.—（现代家庭生活丛书）.ISBN 7-5011-0823-4：4.00元

生活知识小品/池尚英等编.—南宁：广西人民出版社，1990.3.—166页；32开.—ISBN 7-219-01454-6：2.20元

生活窍门荟萃/金峰，云祥编.—北京：中国商业出版社，1990.12.—142页；32开.—ISBN 7-5044-0698-8：2.65元

生活警言警事——忌讳大全/王凌云等编.—北京：中国经济出版社，1990.11.—492页；32开.—ISBN 7-5017-0691-3：7.50元

主妇四季二十八天/袁念琪编著.—福州：福建人民出版社，1990.10.—191页；32开.—（家庭主妇丛书/李俊杰主编）.—ISBN 7-211-01318-4：2.25元

主妇家事小窍门999/晓瑞，玉红主编.—北京：中国环境科学出版社，1990.12.—333页；32开.—ISBN 7-80010-902-X：6.00元

当代家庭科学知识实用手册/福双编著.—北京：农村读物出版社，1990.3.—691页；大32开.—ISBN 7-5048-1057-7：7.50元

现代家庭生活实用手册/秦海玲等主编；舒杏英等编写.—北京：农村读物出版社，1990.6.—521页：图；32开.—ISBN 7-5048-1198-X：6.90元

现代家庭生活指南/李志儒主编.—北京：中国林业出版社，1990.5.—402页；32开.—ISBN 7-5038-0513-7：5.00元

现代家庭实用手册/黑龙江省民政厅编；曹力群等执笔.—哈尔滨：黑龙江科学技术出版社，1990.2.294页；32开.—ISBN 7-5388-1018-8：3.95元

现代家庭消费手册/雪音等主编.—太原：山西教育出版社，1990.12.—925页；大32开.—ISBN 7-80578-290-3（精装）：13.10元

柜台前的商品鉴别/张卫星等编.—北京：中国广播电视出版社，1990.8.—263页；32开.—ISBN 7-5043-0423-9：3.70元

购物小窍门/雷毓华编.—北京：农村读物出版社，1990.3.—57页；32开.—（实惠小丛书）.—ISBN 7-5048-1086-X：1.45元

实用去污大全：最简单和最有效的家庭及办公室去污法/文彬彬等编.—北京：兵器工业出版社，1990.4.—274页；32开.—ISBN 7-80038-212-5：4.55元

持家小秘诀/雷毓华编.—北京：农村读物出版社，1990.3.—54页；32开.—（实惠小丛书）.—ISBN 7-5048-1085-1：1.45元

美好家庭百事录/（日）田中伕子著；朱毅译.—北京：轻工业出版社，1990.10.—153页；32开.—ISBN 7-5019-0886-9：3.10元

家计簿：记时、记事、记帐、中医验方、偏方集成/周德等编著.—上海：少年儿童出版社，1990.10.1册；大32开.—ISBN 7-5324-1085-4：4.50元

家计簿：记时、记事、记帐、家庭生活大全/钟和编写.—上海：少年儿童出版社，1990.11.—1册；18开.—ISBN 7-5324-1060-9：7.90元

家务生活百日通/范墨昌，张先民主编.—北京：中国城市经济社会出版社，1990.6.—327页；32开.—ISBN 7-5074-0249-5：4.50元

家事小秘诀/复庆编绘.—上海：上海书画出版社，1990.6.—113页；40开.—ISBN 7-80512-433-7：2.50元

家政指导/董宜斌主编.—长春：北方妇女儿童出版社，1990.7.—243页；32开.—ISBN 7-5385-0479-6：2.98元

家庭小仓库/雷毓华编.—北京：农村读物出版社，1990.3.—69页；32开.—（实惠小丛书）.—ISBN 7-5048-1081-9：1.60元

家庭日常用具简易维修/张建平等编.—北京：人民军医出版社，1990.2.—497～534页；32开.—（家庭生活实用丛书；7）.—ISBN 7-80020-152-X：0.85元

家庭日常生活禁忌/王晓维等编著.—北京：北京科学技术出版社，1990.9.—268页；32开.—ISBN 7-5340-0810-0：3.70元

家庭去污手册：居家必备/雅洁编著.—厦门：鹭江出版社，1990.6.—139页；32开.—ISBN 7-80533-323-8：2.20元

家庭生活一点通/关生编著.—北京：科学普及出版社，1990.12.—187页；32开.—ISBN 7-110-01661-7：2.60元

家庭生活卫生小百科/杨守平编著.—北京：北京科学技术出版社，1990.11.—195页；32开.—ISBN 7-5304-0701-5：2.80元

家庭生活小窍门/关兰新编.—天津：天津科学技术出版社，1990.11.—199页；32开.—（生活小丛书）.—ISBN 7-5308-0824-9：2.75元

家庭生活实用小窍门/周范林编著.—郑州：河南科学技术出版社，1990.11.—212页；32开.—ISBN 7-5349-0591-5：3.10元

家庭生活科学与艺术/东力田主编.—哈尔滨：黑龙江人民出版社，1990.12.—402页；16开.—ISBN 7-207-01787-1：8.50元

家庭主妇必读：厨房常识1000例/梁殿佑主编.—沈阳：辽宁科学技术出版社，1990.4.—368页；32开.ISBN 7-5381-0730-4：4.80元

家庭饮食必备实用手册：危险吃法230解/陈毕英等编著.—北京：华龄出版社，1990.6.—172页；32开.ISBN 7-80082-056-4：3.20元

家庭幸福秘诀400法/刘其仁主编.—北京：蓝天出版社，1990.12.—450页；32开.—ISBN 7-80081-130-6：4.90元

家庭制作一点通/陈淮民，陈士斌编著.—合肥：安徽科学技术出版社，1990.12.—146页；32开.—ISBN 7-5337-0602-2：2.20元

家庭实用小窍门/中国工人出版社编.—北京：中国工人出版社，1990.8.—597页；32开.—ISBN 7-5008-0581-0：7.10元

家庭实用维修百科问答/《家庭实用维修百科问答》编写组编.—上海：上海科学技术出版社，1990.12.—518页；16开.—ISBN 7-5323-2170-3：11.80元

家庭选购食品的诀窍/李俐，刘霭馨编著.—北京：中国食品出版社，1990.1.—208页；32开.—（新编家庭饮食丛书）.—ISBN 7-80044-228-4：2.80元

常遇家事答疑/黄宁宁，周行编著.—南宁：广西民族出版社，1990.10.—164页；32开.—ISBN 7-5363-0966-X：2.40元

做家务事半功倍的技巧/张建平等编著.—北京：人民军医出版社.1990.2.—63页；32开.—（家庭生活实用丛书；8）.—ISBN 7-80020-153-8：1.20元

锅·碗·瓢·盆：家庭生活小窍门/张红力编著.北京：华龄出版社，1990.8.—287页；32开.—ISBN 7-80082-047-5：4.60元

新编现代家庭日用大全/王秀云等编.—长春：长春出版社，1990.8.—356页；32开.—ISBN 7-80573-235-3：7.60元

TU 建筑科学

中国建筑年鉴：1988～1989/《中国建筑年鉴》编委会编.—北京：中国建筑工业出版社，1990.2. 644页：彩照；16开.—ISBN 7-112-01069-1（精装）：40.00元

建筑师 （37）：中青年学者中国建筑传统与理论研讨会论文专刊/《建筑师》编辑部编辑.—北京：中国建筑工业出版社，1990.7.—141页：图；16开. ISBN 7-112-00903-0：4.85元

建筑师 （38）/《建筑师》编辑部编辑.—北京：中国建筑工业出版社，1990.7.—179页：图；16开. ISBN 7-112-00982-0：6.05元

建筑师 （39）/《建筑师》编辑部编辑.—北京：中国建筑工业出版社，1990.6.—170页：图；16开. ISBN 7-112-01047-0：6.30元

建筑师 （40）/《建筑师》编辑部编辑.—北京：中国建筑工业出版社，1991.3.—158页；16开.—ISBN 7-112-01104-3：4.70元

简明实用建筑工程手册/马越主编.—沈阳：沈阳出版社，1990.5.—868页；16开.—ISBN 7-80556-433-7（精装）：25.00元

TU-0 建筑理论

建筑体验/（丹麦）拉斯姆森（Rasmussen,S.E.）著；刘亚芬译.—北京：中国建筑工业出版社，1990.4.—223页；大32开.—（建筑理论译丛/汪坦主编）. ISBN 7-112-00725-9（精装）：8.50元

书名原文：Experiencing Architecture

建筑环境心理学/常怀生编译.—北京：中国建筑工业出版社，1990.12.—304页；大32开.—ISBN 7-112-01010-1：7.90元

TU-09 建筑史

世界建筑艺术史/（英）帕瑞克·纽金斯著；顾孟潮，张百平译.—合肥：安徽科学技术出版社，1990.4.—401页：图版；32开.—ISBN 7-5337-0446-0：11.50元

建筑七千年/杨深著.—天津：天津科技翻译出版公司，1990.7.—354页；32开.—ISBN 7-5433-0069-9：6.50元

天津近代建筑/高仲林主编；《天津近代建筑》编写组编.—天津：天津科学技术出版社，1990.4. 325页：彩照；16开.—（天津城市建设丛书/刘文藩总编）.—ISBN 7-5308-0703-X(精装)：41.40元

中华大厦/《中华大厦》编委会编.—北京：新时代出版社，1990.10.—300页；16开.—ISBN 7-5042-0122-7（精装）：126.00元

本书汇集了全国各省、市、自治区和港、澳、台有代表性的大厦或重要工程共309个。

中华古建筑/中国科学院中华古建筑研究社编；张驭寰，郭湖生主编.—北京：中国科学技术出版社，1990.6.—349页；16开.—ISBN 7-5046-0125-X：18.90元

中国古代木结构建筑技术：战国～北宋/陈明达著. 北京：文物出版社，1990.10.—68页：图版；16开. ISBN 7-5010-0390-4：18.00元

中国古代建筑/罗哲文主编.—上海：上海古籍出版社，1990.8.—613页；大32开.—文物教材.—ISBN 7-5325-0750-5：6.75元

中国古楼阁/宓风光，孙音编绘.—北京：轻工业出版社，1990.5.—130页：图；16开.—ISBN 7-5019-0735-8：5.95元

中国的古建筑/许冰，河东编.—太原：山西教育出版社，1990.9.—97页：图；32开.—（可爱的中国丛书；第2辑）.—ISBN 7-80578-182-6：1.35元

中国建筑与中华民族/龙庆忠著.—广州：华南理工大学出版社，1990.10.—274页：照片；16开.—ISBN 7-5623-0161-1（精装）：12.00元

中国建筑与中华民族/龙庆忠著.—广州：华南理工大学出版社，1990.10.—274页：照片；16开.—ISBN 7-5623-0161-1. 9.00元

中国居住建筑简史：城市、住宅、园林/刘致平著；王其明增补.—北京：中国建筑工业出版社，1990.10.—295页；16开+附四川住宅建筑.—ISBN 7-112-01119-1（精装）：14.20元

巧构奇筑：中国古代建筑杰构纵横/刘天华著.—沈阳：辽宁教育出版社，1990.8.—261页：彩照；32开.（人间透视大型书系）.—ISBN 7-5382-1161-6（精装）：7.00元

北京八十年代十大建筑.—北京：北京日报出版社，1990.2.—163页：照片；32开+附画册.—ISBN 7-80502-359-X：3.50元

桂北民间建筑/李长杰主编.—北京：中国建筑工业出版社，1990.5.—541页；大16开.—ISBN 7-112-01148-5（精装）：59.80元

桂北民间建筑/李长杰主编.—北京：中国建筑工业出版社，1990.5.—541页；大16开.—ISBN 7-112-01147-7：55.00元

贝聿铭/王天锡著.—北京：中国建筑工业出版社，1990.8.—287页：图；16开.—（国外著名建筑师丛书）.—ISBN 7-112-00788-7：13.70元

苏维埃建筑/（苏）利亚布申（Рябушин, А. В.），谢什金娜（Щишкина,И.В.）著；吕富珣译. 北京：中国建筑工业出版社，1990.10.—294页；大

32开.—ISBN 7-112-00558-2：7.05元

书名原文：Советская архитекгура

矶崎新/邱秀文等编译.—北京：中国建筑工业出版社，1990.4.—174页：图；16开.—(国外著名建筑师丛书；第二辑/张钦楠主编).—ISBN 7-112-00892-1：14.00元

菲利浦·约翰逊/张钦哲，朱纯华编译.—北京：中国建筑工业出版社，1990.12.—209页：彩照及图；16开.—(国外著名建筑师丛书).—ISBN 7-112-01024-1：11.00元

TU-8　建筑艺术

伊斯兰教建筑艺术：维汉对照/艾山·阿布都热衣木编.—乌鲁木齐：新疆人民出版社，1990.8.—178页；16开.—ISBN 7-228-00983-5：25.00元

建筑艺术与室内设计：1990/(意)马里奥·贝利尼主编；吴正仁等译.—北京：中国建筑工业出版社，1990.9.—92页；8开.—ISBN 7-112-01184-1：29.00元

建筑素描/吴昊编著.—西安：陕西人民美术出版社，1990.7.—1册；16开.—(建筑美术系列丛书).ISBN 7-5368-0242-0：5.95元

框架中的魅力：中外建筑艺术鉴赏/张科等著.—南宁：广西人民出版社，1990.10.—159页；28开.(青年艺术鉴赏丛书/高友德主编).—ISBN 7-219-01688-3：3.80元

TU-88　建筑艺术图集

世界建筑画表现技法精选/郭春光，梅洪元主编.哈尔滨：哈尔滨出版社，1990.12.—172页；16开.ISBN 7-80557-232-5(精装)：50.00元

现代建筑画选　(8)：齐康钢笔画/齐康编.—天津：天津科学技术出版社，1990.10.—176页；20开.建筑设计参考资料.—ISBN 7-5308-0762-5：9.90元

国外古典建筑图谱/(美)斯特吉斯(Sturgis，R.)著；中光译.—北京：世界图书出版公司，1990.10.—438页；大16开.—ISBN 7-5062-0793-1：29.00元

书名原文：Architeeture Sourcebook

国外现代建筑表现图精选/王昀编译.—哈尔滨：黑龙江科学技术出版社，1990.12.—80页；16开.—ISBN 7-5388-1148-6：19.50元

国外建筑绘画图集：续集/顾欣，李振宇编.—西安：陕西人民美术出版社，1990.3.—223页；16开.ISBN 7-5368-0176-9：17.00元

建筑画　第九期/刘玉琦主编；《建筑画》编辑部编.—北京：中国建筑工业出版社，1990.9.—64页；16开.—ISBN 7-112-01146-9：4.50元

建筑画　第十期/刘玉琦主编；《建筑画》编辑部编.—北京：中国建筑工业出版社，1990.12.—64页；16开.—高等学校教学参考书.—ISBN 7-112-01248-1：4.50元

哈尔滨建筑艺术：〔摄影集〕/常怀生编著.—哈尔滨：黑龙江科学技术出版社，1990.6.—298页；16开.—ISBN 7-5388-1173-7(精装)：80.00元

美国建筑画/(美)林(Lin，M.W.)著；司小虎译.—北京：中国建筑工业出版社，1990.7.—108页；16开.—ISBN 7-112-01076-4：19.50元

书名原文：Architectural Rendering Technques

TU1　建筑基础科学

建筑工程概论/刘俊儒主编.—大连：东北财经大学出版社，1990.8.—311页；16开.—ISBN 7-81005-325-6：3.50元

建筑化学/叶斌主编.—武汉：武汉工业大学出版社，1990.8.—242页；32开.—ISBN 7-5629-0283-6：2.90元

建筑概论/杨永祥，赵素芳编.—2版.—北京：中国建筑工业出版社，1990.6.—115页；16开.—高等学校教学用书　给水排水专业用.—ISBN 7-112-00999-5：2.05元

本书1981年9月第1版。

TU11　建筑物理学

TU113　建筑光学

工业与民用建筑供电照明设计/吴伟明编著.—武汉：武汉工业大学出版社，1990.12.—549页；32开.ISBN 7-5629-0446-4：8.75元

建筑灯具/陈小丰编著.—北京：中国建筑工业出版社，1990.7.—285页；32开.—(建筑装饰材料丛书).—ISBN 7-112-01075-6：4.45元

本书介绍了建筑照明光与色的基础知识；建筑灯具的种类和性能；建筑照明设计的程序及住宅、商店、工厂、学校、图书馆、医院、博物馆等的照明设计；建筑灯具的安装和维护。附录中，还收集了高大建筑灯、投光灯、射灯、防潮灯、防爆灯和荧光灯等十多类百余种灯具的光、电参数。

混光照明设计手册/李恭慰等编著.—北京：中国建筑工业出版社，1990.10.—348页：彩照；16开.—ISBN 7-112-01089-6(精装)：15.40元

TU12/18　数学及其他科学技术在建筑中的应用

工程数据库/(荷兰)伯斯特拉(Boerstra，M.L.)著；裘春航译.—北京：人民交通出版社，1990.8.—187页；32开.—ISBN 7-114-00862-7：5.05元

书名原文：Engineering

个人建筑师系统原理及应用/郭平平，张金屏编译.北京：北京航空航天大学出版社，1990.12.—325页；16开.—ISBN 7-81012-232-0：13.20元

土木工程系统分析/(美)P.J.奥森布勒根著；陈庚译.—北京：人民交通出版社，1990.2.—620页；大32开.—ISBN 7-114-00772-8：14.80元

系统模型与计算机算法/林少培，杨晓峰编著.—上海：上海交通大学出版社，1990.6.—200页；32开.(土木工程系统分析与经营决策丛书).—ISBN 7-313-00654-3：1.30元

建筑物·气候·能量/(英)T.A.马克斯，E.N.莫里斯著；陈士麟译.—北京：中国建筑工业出版社，1990.10.—414页；16开.—ISBN 7-112-00723-2：17.10元

建筑施工应用数学入门/傅钟鹏编.—北京：中国建筑工业出版社，1990.4.—509页；16开.—ISBN 7-112-00954-5：21.95元

袖珍计算机土木工程程序/陈和群，王德信编.—北京：人民交通出版社，1990.2.—257页；大32开.(计算机在土木工程中的应用丛书/龙驭球主编).—ISBN 7-114-00775-2(精装)：9.10元

TU19　建筑勘测

放线工手册/王永臣编.—北京：中国建筑工业出版社，1990.7.—376页；32开.—ISBN 7-112-01073-X：7.35元

建筑工程测量/张国忠主编；李国栋等编.—沈阳：辽宁科学技术出版社，1990.12.—185页；16开.—职工高等学校教材.—ISBN 7-5381-1044-5：5.00元

建筑工程测量/谢伟雅，李东启编.—广州：广东科技出版社，1990.5.—95页；32开.—建筑工人中级技术理论培训教材.—ISBN 7-5359-0320-7：1.50元

测量/黄浩编.—北京：中国建筑工业出版社，1990.3.—183页；16开.—基层施工技术员岗位培训教材　土建综合工长.—ISBN 7-112-00887-5：5.20元

测量放线工/陕西省建筑工程总公司编.—西安：陕西科学技术出版社，1990.10.—168页；32开.—建设部高级工人技术理论培训教材.—ISBN 7-5369-0876-8：2.50元

TU2　建筑设计

工民建专业毕业设计指南/周果行编著.—北京：中国建筑工业出版社，1990.9.—653页；16开.—ISBN 7-112-00811-5：25.50元

大、中专土木建筑工程类毕业设计指导实例/杨延余主编.—南京：江苏科学技术出版社，1990.4.382页；16开.—ISBN 7-5345-0912-2：9.80元

为残疾人及老年人的建筑安全设计/(日)野村欢编；北京市建筑设计院技术情报所摘译.—北京：中国建筑工业出版社，1990.10.—101页；16开.—ISBN 7-112-00432-2：4.30元

存在·空间·建筑/(挪威)舒尔兹(Norberg-Schulz，C.)著；尹培桐译.—北京：中国建筑工业出版社，1990.6.—153页；32开.—(建筑师丛书).ISBN 7-112-01040-3：3.70元

书名原文：Existence Space and Architecture

建筑师设计手册：建筑类型集　上册/(美)希阿拉(Chiara，J.D.)，卡伦德(Callendar，J.)，著；建设部建筑设计院等编译.—北京：中国建筑工业出版社，1990.4.—647页；16开.—ISBN 7-112-00621-X(精装)：22.15元

书名原文：Time-Saver Standards for Building Types

建筑师设计手册：建筑类型集　中册/(美)希阿拉(Chiara，J.D.)，卡伦德(Callendar，J)著；建设部建筑设计院等编译.—北京：中国建筑工业出版社，1990.9.—617页；16开.—ISBN 7-112-01102-7(精装)：23.30元

建筑设计与人文科学/(英)勃罗德彭特(Broadbert，G.)著；张韦译.—北京：中国建筑工业出版社，1990.3.—551页；大32开.—(建筑理论译丛/汪坦主编).—ISBN 7-112-00991-X(精装)：17.40元

书名原文：Desion in Architecture

TU20　一般性问题

现代室内设计与人体工学/曹辅銮编著.—南京：江苏美术出版社，1990.8.—390页；大32开.—ISBN 7-5344-0168-2：5.20元

建筑识图/江克明，苏桦编.—广州：广东科技出版社，1990.5.—152页；32开.—建筑工人中级技术理论培训教材.—ISBN 7-5359-0559-5：1.60元

建筑识图与制图/张素竹主编.—北京：中国建筑工业出版社，1990.3.—198页；16开.—基层施工技术员岗位培训教材　土建综合工长.—ISBN 7-112-00942-1：4.70元

建筑构成/南舜薰，辛华泉编著.—北京：中国建筑工业出版社，1990.12.—230页：图版；16开.—ISBN 7-112-00546-9：11.60元

建筑制图/钟训正等编著.—南京：东南大学出版社，1990.8.—188页；12开.—ISBN 7-81023-363-4：5.95元

TU22　房屋构造设计

房屋构造/黄展东主编.—北京：中国建筑工业出版

社，1990.3.—262页；16开.—基层施工技术员岗位培训教材　土建综合工长.—ISBN 7-112-00951-0：6.55元

房屋建筑学/同济大学等编；傅信祁，广士奎主编.2版.—北京：中国建筑工业出版社，1990.12.—576页；16开.—高等学校教学用书.—ISBN 7-112-01041-1：7.10元

本书1980年12月第1版。

房屋建筑学　下册/叶佐豪编著.—上海：同济大学出版社，1990.5.—285页；16开.—高等学校函授教材　兼作高等教育自学用书.—ISBN 7-5608-0564-7：6.00元

钢筋混凝土特种楼梯/程文瀼编著.—北京：中国铁道出版社，1990.12.—360页；32开.—（建筑结构设计示例丛书）.—ISBN 7-113-00697-3：5.00元

烟囱抗震设计/文良谟等编著.—北京：地震出版社，1990.3.—148页；大32开.—（抗震设计丛书/叶耀先主编）.—ISBN 7-5028-0346-7：3.50元

墙板荷载排架计算手册/潘鸿儒著.—长春：吉林大学出版社，1990.1.—86页；32开.—ISBN 7-5601-0376-6：1.45元

TU234　特种构造

中庭建筑：开发与设计/（英）萨克森（Saxon，R.）著；戴复东等译.—北京：中国建筑工业出版社，1990.11.—228页；16开.—ISBN 7-112-01001-2：10.20元

书名原文：Atrium Buildings：developmont and design

TU238　建筑装饰

中外建筑室内设计效果图/张绮曼，王海洲编著.天津：天津人民美术出版社，1990.7.—77页；16开.ISBN 7-5305-0232-8：15.20元

中国古建筑装饰图案/辛克靖，李静淑编绘.—郑州：河南美术出版社，1990.7.—366页；20开.—ISBN 7-5401-0042-7：11.80元

世界室外装饰设计全集/谭学明等主编；鲁英等编写；陈克超等译.—哈尔滨：黑龙江科学技术出版社，1990.12.—4册；16开.—（装饰丛书）.—ISBN 7-5388-1109-5（精装）：188.00元

本书共4册，第1、2、3册为建筑造形与设计，第4册介绍橱窗、招示牌、广告牌、霓虹灯、大门拦板、围墙、雕塑、室外建筑小品设计。

现代住房装潢图说/张玉明等编.—上海：上海科学技术出版社，1990.3.—93页；16开.—ISBN 7-5323-2039-1：9.80元

香港现代室内设计/史庆堂著.—广州：广东科技出版社，1990.5.—69页；20开.—ISBN 7-5359-0489-0：6.50元

室内设计/朱小平著.—天津：天津人民美术出版社，1990.12.—242页；16开.—ISBN 7-5305-0234-4：14.50元

室内设计透视图和表现技巧/（美）Leach，S.P.著；杨运均等编译.—天津：天津科学技术出版社，1990.2.—202页；16开.—（当代建筑·城市设计·技术美学丛书）.—ISBN 7-5308-0575-4（精装）：18.80元

室内环境设计与装饰装修/董海泉主编.—济南：山东科学技术出版社，1990.8.—157页：彩照；16开.ISBN 7-5331-0686-5：17.50元

TU24　民用建筑

TU241　居住建筑

广东民居/陆元鼎，魏彦钧编.—北京：中国建筑工业出版社，1990.12.—359页：彩照；12开.—ISBN 7-112-00567-1（精装）：39.60元

小住宅建筑与欣赏/张子生，冠庆民著.—北京：人民美术出版社，1990.10.—105页；32开.—ISBN 7-102-00513-X：6.90元

全国村镇住宅优秀设计图集/王训政，周金祥编.北京：北京出版社，1990.5.—419页；16开.—ISBN 7-200-00948-2：14.95元

农村商品住宅优秀方案汇编/国家建材工业局苏州混凝土水泥制品研究院编.—武汉：武汉工业大学出版社，1990.1.—133页；16开.—ISBN 7-5629-0302-6：5.80元

我心目中的家：全国首届城镇商品住宅设计中奖方案选编/中国建筑标准设计研究所，全国城镇住宅设计研究网主编.—北京：学苑出版社，1990.5.—215页；16开.—ISBN 7-80060-991-X：9.50元

现代城乡住宅建筑设计50例/陈凯峰编著.—福州：福建科学技术出版社，1990.4.—129页；16开.—ISBN 7-5335-0360-0：4.10元

TU242　公共建筑

全国部分档案馆建筑图纸汇编/杨世诚等编.—北京：档案出版社，1990.11.—283页；16开.—ISBN 7-80019-225-3：9.50元

图书馆建筑与设备/单行主编.—沈阳：东北工学院出版社，1990.12.—380页；16开.—高等学校教材.ISBN 7-81006-247-6：5.11元

剧场建筑声学设计实践/项端祈编著.—北京：北京大学出版社，1990.11.—427页；16开.—ISBN 7-301-01340-X：17.75元

TU244/245　教育及体育建筑

中小学校舍建筑质量通病防治100例/杨长喜，李玉亭主编.—延吉：延边大学出版社，1990.7.—191页；32开.—ISBN 7-5634-0223-3：2.50元

半圆式四百米标准田径场径赛项目画法大全　第一分册/吴大松著.—北京：北京农业大学出版社，1990.1.—190页；16开.—ISBN 7-81002-175-3：4.50元

亚运会工程荟萃：亚运会工程建设、科技、QC成果/王慧仪主编.—北京：中国建筑工业出版社，1990.8.—225页；彩照；16开.—ISBN 7-112-01138-8：8.60元

第十一届亚运会建设科技集锦/北京市科学技术委员会，北京市城乡建设委员会编.—北京：北京科学技术出版社，1990.8.—271页：彩照；16开.—ISBN 7-5304-0732-5：18.00元

TU247　商业和服务性行业建筑

国外城市中心商业区与步行街/李雄飞等编著.—天津：天津大学出版社，1990.2.—228页：图；12开.（人·建筑·艺术丛书）.—ISBN 7-5618-0073-8：15.00元

店面设计与装修/黄居祯等编著.—北京：中国建筑工业出版社，1990.12.—61页：彩照；16开.—ISBN 7-112-01156-6：10.00元

TU26/27　农业建筑、工业建筑

养鸡场建筑设计/李铮生等编著.—上海：同济大学出版社，1990.5.—176页；大32开.—ISBN 7-5608-0446-2：4.90元

厂房结构的装配化与抗震设计手册/范良干等编著.北京：水利电力出版社，1990.4.—379页；大32开.ISBN 7-120-00976-1：7.60元

工厂建设测量手册/《工厂建设测量手册》编写组编.—北京：测绘出版社，1990.10.—584页；16开.ISBN 7-5030-0417-7（精装）：26.00元

印染厂设计/李瑞恒，崔淑玲编.—北京：纺织工业出版社，1990.12.—185页；32开.—中等纺织专业学校教材.—ISBN 7-5064-0531-8：1.90元

机织厂设计/熊耀良编.—北京：纺织工业出版社，1990.12.—221页；16开.—中等纺织专业学校教材.ISBN 7-5064-0533-4：4.60元

多层、高层生产性建筑图集/朱可英、高莲娣主编.上海：同济大学出版社，1990.10.—100页；16开.ISBN 7-5608-0642-1：3.30元

单层工业厂房结构设计/罗福午等编.—2版.—北京：清华大学出版社，1990.9.—366页；16开.—ISBN 7-302-00635-0：7.50元

食品工厂设计基础/无锡轻工业学院，轻工业部上海轻工业设计院编.—北京：轻工业出版社，1990.5.382页；大32开.—高等学校轻工专业试用教材.—ISBN 7-5019-0775-7：3.30元

陶瓷工厂设计手册/郑岳华主编.—广州：华南理工大学出版社，1990.8.—277页；16开.—ISBN 7-5623-0177-8：3.70元

TU3　建筑结构

中大跨建筑结构体系及选型/虞季森编.—北京：中国建筑工业出版社，1990.12.—323页；16开.—高等学校教学用书.—ISBN 7-112-01145-0：4.10元

现代建筑结构/（美）舒勒尔（Schueller，W.）著；高伯扬等译.—北京：中国建筑工业出版社，1990.8.—462页；16开.—建筑师与结构工程师用.ISBN 7-112-01101-9：17.90元

书名原文：Horizontal-span Building

建筑师力学与结构选型/熊华复编著.—武汉：华中理工大学出版社，1990.12.—155页；16开.—ISBN 7-5609-0532-3：2.55元

建筑结构/赵盛云，王成祥主编.—北京：地震出版社，1990.8.—424页；16开.—ISBN 7-5028-0387-4：14.00元

建筑结构构造资料集　上册/《建筑结构构造资料集》编委会编.—北京：中国建筑工业出版社，1990.5.—467页；8开.—ISBN 7-112-00976-6（精装）：28.00元

建筑结构构造资料集　下册/《建筑结构构造资料集》编委会编.—北京：中国建筑工业出版社，1990.12.—356页；10开.—ISBN 7-112-01207-4（精装）：24.50元

TU31　结构理论

结构可靠度分析/吴世伟编著.—北京：人民交通出版社，1990.8.—273页；大32开.—ISBN 7-114-00854-6：7.00元

结构模型的振动台试验研究/清华大学抗震抗爆工程研究室编著.—北京：清华大学出版社，1990.4.170页；16开.—（科学研究报告集；第5集）.—ISBN 7-302-00611-3：3.50元

本论文集选编了结构模型振动台试验研究方面的论文，共13篇。

TU311　结构力学

建筑力学/山东省建筑工程总工司编.—济南：山东科学技术出版社，1990.2.—146页；16开.—建筑工

人中级技术培训教材.—ISBN 7-5331-0635-0：3.15元

建筑力学/郑名乾编.—广州：广东科技出版社，1990.5.—212页；32开.—建筑工人中级技术理论培训教材.—ISBN 7-5359-0469-6：2.50元

建筑力学 上册：静力学、材料力学/陈大堃等主编.—北京：高等教育出版社，1990.4.—358页；16开.—中等专业学校教材.—ISBN 7-04-002891-3：4.20元

建筑力学 下册：结构力学/陈大堃等主编.—北京：高等教育出版社，1990.4.—243页；16开.—中等专业学校教材.—ISBN 7-04-002959-6：2.90元

结构力学/(苏)日安尼村(Ежаницын，А.Р.)著；刘孝平译.—北京：人民交通出版社，1990.5.—567页；32开.—ISBN 7-114-00800-7：10.30元

结构力学难题分析/王兰生等编.—北京：高等教育出版社，1989.5.—573页；大32开.—高等学校教学参考书.—ISBN 7-04-002163-3：5.00元

结构分析程序设计/宋雅桐，朱继澄编著.—南京：东南大学出版社，1990.6.—275页；大32开.—ISBN 7-81023-162-6：2.10元

TU312　结构荷载与结构承载力

工程结构风荷载理论和抗风计算手册/张相庭编著.上海：同济大学出版社，1990.10.—416页；大32开.ISBN 7-5608-0587-6：8.20元

结构分析的荷载效应组合及图形绘制的计算机方法/梁琨编著.—重庆：重庆大学出版社，1990.2.—174页；16开.—ISBN 7-5624-0280-9：2.28元

TU318　结构设计

房屋与构筑物动力计算设计手册/(苏)科列涅夫(Коренев，Б.Г.)，拉比诺维奇(Рабинович，И.М.)主编；沈聚敏等译.—北京：科学出版社，1990.5.—573页；大32开.—ISBN 7-03-001570-3：17.90元

建筑结构设计综合手册/《建筑结构设计综合手册》编制委员会编著.—郑州：河南科学技术出版社，1990.12.—951页；16开.—ISBN 7-5349-0570-2(精装)：27.00元

建筑结构常见疑难设计：续篇/莫沛锵等编著.—长沙：湖南大学出版社，1990.12.—455页；大32开.ISBN 7-314-00291-6：6.50元

建筑结构概率极限状态设计/李继华等编著.—北京：中国建筑工业出版社，1990.10.—426页；32开。ISBN 7-112-00926-X：8.90元

TU32/33　杆件系统结构和薄壳结构

杆系结构程序设计/周廷藩，杨国贤编著.—北京：人民交通出版社，1990.7.—288页；大32开.—ISBN 7-114-00859-7：8.85元

板壳力学/刘人怀编著.—北京：机械工业出版社，1990.10.—216页；大32开.—ISBN 7-111-02378-1：8.50元

弹性薄壁杆件翘曲/李开禧著.—北京：中国建筑工业出版社，1990.12.—202页；大32开.—ISBN 7-112-01195-7：4.85元

薄壁杆件结构力学/包世华，周坚编著.—北京：中国建筑工业出版社，1991.3.—393页；16开.—ISBN 7-112-01003-9：16.05元

TU35　特殊形式结构

民用建筑抗震基础/吴玉祥等编.—福州：福建科学技术出版社，1990.3.—85页；32开.—ISBN 7-5335-0362-7：1.20元

抗震结构设计/韦定国等编.—北京：地震出版社，1990.9.—216页；16开.—ISBN 7-5028-0391-2：7.50元

构筑物抗震/姚伯英，侯忠良主编.—北京：测绘出版社，1990.11.—361页；16开.—ISBN 7-5030-0415-0：12.00元

房屋结构抗震设计/翁义军，冯世平编著.—北京：地震出版社，1990.12.—179页；16开.—清华大学土木工程系按新规范编写专业用书.—ISBN 7-5028-0311-4：6.50元

建筑抗震与结构选型构造/李瑞林编著.—北京：中国建筑工业出版社，1990.12.—374页；16开.—ISBN 7-112-01173-6：14.25元

建筑抗震设计：按新规范/郭继武编.—北京：高等教育出版社，1990.10.—254页；16开.—(建筑结构教学丛书).—ISBN 7-04-002968-5：3.70元

建筑抗震设计规范(GBJ11-89)统一培训教材/建设部抗震办公室编.—北京：地震出版社，1990.10.272页；大32开.—ISBN 7-5028-0427-7：5.20元

建筑物抗震设计/梁发云等编著.—长春：长春出版社，1990.3.—429页；大32开.—(抗震防灾丛书).ISBN 7-80573-077-6(精装)：7.40元

建筑物抗震设计法/(日)大崎顺彦编著；毛春茂，刘忠译.—北京：冶金工业出版社，1990.8.601页；大32开.—ISBN 7-5024-0610-7：13.80元

高层及多层钢筋混凝土建筑抗震设计手册/魏琏主编.—北京：地震出版社，1990.7.—462页；16开.

ISBN 7-5028-0360-2：20.00元

TU36 土、砖、石、竹、木结构

实用砌体结构设计手册/施岚青主编.—北京：冶金工业出版社，1990.2.—554页；16开.—ISBN 7-5024-0725-1（精装）：18.50元

砌体结构/东南大学，郑州工学院编.—北京：中国建筑工业出版社，1990.12.—180页；16开.—高等学校教学用书.—ISBN 7-112-01131-0：2.35元

砌体结构设计计算/金芷生编.—南京：东南大学出版社，1990.4.—145页；32开.—ISBN 7-81023-321-9：2.80元

TU37 混凝土、钢筋混凝土结构

后张预应力混凝土手册/美国后张预应力混凝土学会著；华东预应力混凝土技术开发中心译.—南京：东南大学出版社，1990.5.—289页；16开.—ISBN 7-81023-274-6：8.80元

抗扭/殷芝霖等著.—北京：中国铁道出版社，1990.11.—511页；32开.—（钢筋混凝土结构设计理论丛书）.—ISBN 7-113-00839-9：7.85元

实用钢筋混凝土结构设计手册/国振喜，施岚青编.沈阳：辽宁科学技术出版社，1990.5.—775页；16开.—ISBN 7-5381-0851-3（精装）：28.00元

钢筋混凝土与砖石特种结构/华南理工大学建筑结构教研组编.—广州：华南理工大学出版社，1990.2.—337页；16开.—ISBN 7-5623-0139-5：4.30元

钢筋混凝土及砌体结构 上册/王振东等编著.—北京：中国建筑工业出版社，1990.8.—256页；16开.ISBN 7-112-01188-4：7.40元

钢筋混凝土及砌体结构设计/北京建筑工程学院编.北京：地震出版社，1990.9.—277页；16开.—ISBN 7-5028-0286-X：7.90元

钢筋混凝土房屋结构：钢筋混凝土结构原理（下）/戴自强编著.—天津：天津大学出版社，1990.9.—396页；16开.—ISBN 7-5618-0223-4：5.35元

钢筋混凝土结构/李棫，兰嘉宏编.—北京：中国铁道出版社，1990.9.—241页；16开.—中等专业学校试用教材.—ISBN 7-113-00841-0：2.80元

钢筋混凝土结构原理 上册/车宏亚主编.—天津：天津大学出版社，1990.3.—307页；16开.—ISBN 7-5618-0183-1：4.20元

钢筋混凝土基本构件设计/庄崖屏等编著.—北京：地震出版社，1990.11.—201页；16开.—清华大学土木工程系按新规范编写专业用书.—ISBN 7-5028-0315-7：6.80元

配筋混凝土结构设计原理/袁国干主编.—上海：同济大学出版社，1990.12.—543页；16开.—ISBN 7-5608-0713-5：11.20元

混凝土的收缩/黄国兴，惠荣炎编著.—北京：中国铁道出版社，1990.8.—142页；32开.—（混凝土现代技术丛书）.—ISBN 7-113-00722-8：2.55元

混凝土结构与砌体结构：按新规范/郭继武主编.北京：高等教育出版社，1990.10.—389页；16开.（建筑结构教学丛书）.—ISBN 7-04-002970-7：5.30元

混凝土结构设计规范计算用表/施岚青，傅德炫编.北京：地震出版社，1990.10.—589页；16开.—ISBN 7-5028-0370-X：20.00元

混凝土结构设计规范应用指南/施岚青等主编.—北京：地震出版社，1990.4.—628页；大32开.—ISBN 7-5028-0244-4：12.00元

混凝土结构新的设计方法/黄成若编著.—北京：宇航出版社，1990.1.—213页；16开.—ISBN 7-80034-295-6：7.00元

混凝土结构截面计算实例/黄成若主编.—北京：宇航出版社，1990.10.—138页；16开.—ISBN 7-80034-396-0：4.50元

简明混凝土结构设计手册/施岚青，国振喜编.—北京：冶金工业出版社，1990.12.—1,269页；大32开.ISBN 7-5024-0742-1（精装）：23.40元

TU39 金属结构

扣件式钢管架支模：建筑与安装经验谈/陈鸿来编著.—北京：中国建筑工业出版社，1990.1.—189页；32开.—ISBN 7-112-01174-4：4.35元

冷弯薄壁型钢结构构件/陈雪庭，张中权编著.—北京：中国铁道出版社，1990.8.—276页；32开.（建筑结构设计示例丛书）.—ISBN 7-113-00708-2：3.70元

钢结构/钟善桐编.—2版（修订本）.—北京：中央广播电视大学出版社，1990.3.—281页；16开.—ISBN 7-304-00505-X：3.70元

本书1986年7月第1版。

钢结构：按新规范/黎钟，高云虹编.—北京：高等教育出版社，1990.11.—299页；16开.—（建筑结构教学丛书）.—ISBN 7-04-002969-3：4.30元

钢结构设计手册/陈胜颐编.—北京：烃加工出版社，1990.5.—535页；16开.—ISBN 7-80043-032-4：14.10元

本书对中、小型钢结构构架的材料、结构布置、荷载计算、内力分析以及构架的梁、柱、斜撑和节点设计进行了详细叙述。

钢结构的变形与矫正/张家旭编著.—北京：中国铁道出版社，1990.10.—97页；16开.—ISBN 7-113-00835-6：3.25元

钢结构学习指导/曹平周编.—西安：陕西科学技术出版社，1990.12.—180页；32开.—ISBN 7-5369-0953-5：2.60元

钢结构学习指导/程瑞棣编.—2版（修订本）.—北京：中央广播电视大学出版社，1990.5.—118页；16开.—ISBN 7-304-00514-9：1.70元

本书1988年4月第1版。

钢结构疑难释义/刘声扬编著.—武汉：武汉工业大学出版社，1990.8.—345页；大32开＋附解题指导.ISBN 7-5629-0272-0：4.60元

TU4　土力学、地基基础工程

土力学与地基工程/史如平，韩选江主编.—上海：上海交通大学出版社，1990.6.—468页；大32开.ISBN 7-313-00315-3：5.45元

土力学与地基基础/周萍等编.—北京：水利电力出版社，1990.4.—397页；16开.—函授大学教材.—ISBN 7-120-01044-1：10.35元

中国土木工程学会第五届土力学及基础工程学术会议论文选集/卢肇钧等编.—北京：中国建筑工业出版社，1990.2.—720页；16开.—ISBN 7-112-00698-8：32.35元

地基工程学：可靠性设计的理论和实际/（日）松尾稔著；万国朝等译.—北京：人民交通出版社，1990.2.—325页；16开.—ISBN 7-114-00711-6：12.30元

地基与基础/黄熙龄等编.—北京：中国建筑工业出版社，1990.3.—152页；16开.—基层施工技术员岗位培训教材土建综合工长用.—ISBN 7-112-01005-5：4.00元

TU41　土工试验

动三轴试验的原理与方法/李松林编.—北京：地质出版社，1990.12.—96页；大32开.—ISBN 7-116-00752-0：2.45元

TU43　土力学

土力学/罗家枢主编.—北京：水利电力出版社，1990.3.—201页；16开.—职工大学教材.—ISBN 7-120-01012-3：5.45元

土力学/周萍编.—北京：水利电力出版社，1990.3.—306页；16开.—函授大学教材.—ISBN 7-120-01031-X：8.05元

计算土力学/朱百里等编著.—上海：上海科学技术出版社，1990.8.—348页；16开.—ISBN 7-5323-1837-0：7.40元

TU443　膨胀性土与地基

全国首届膨胀土科学研讨会论文集/廖世文等主编.峨眉山：西南交通大学出版社，1990.4.—322页，16开.—ISBN 7-81022-158-2：9.10元

TU45　岩石（岩体）力学及岩石测试

工程岩体声波探测技术/陈成宗编著.—北京：中国铁道出版社，1990.10.—184页；32开.—ISBN 7-113-00808-9：3.15元

本书介绍工程岩体声波探测技术的基本原理、仪器装置、基本工作方法和在工程中的应用。

岩土力学弹性解/（澳）波尔斯（Poulos，H.G.），戴维斯（Dayis，E.H.）著；孙钧兰译.—徐州：中国矿业大学出版社，1990.11.—438页；16开.—高等学校教学参考书.—ISBN 7-81021-024-6：5.80元

岩石力学的进展/重庆建筑工程学院建筑工程系等编.—重庆：重庆大学出版社，1990.10.—318页；16开.—ISBN 7-5624-0276-0：7.25元

岩石力学原理及其应用/（英）古德曼（Goodman，R.E.）著；王鸿儒等译.—北京：水利电力出版社，1990.5.—361页；16开.—ISBN 7-120-01008-5：14.90元

岩石、混凝土损伤力学/谢和平著.—徐州：中国矿业大学出版社，1990.2.—308页；大32开.—高等学校教学用书.—ISBN 7-81021-298-2：2.20元

岩体力学性质/李先炜编著.—北京：煤炭工业出版社，1990.3.—518页；大32开.—ISBN 7-5020-0340-1：7.20元

岩体工程地质力学问题（九）/中国科学院地质研究所编.—北京：科学出版社，1990.9.—203页；16开.—ISBN 7-03-001774-9：12.20元

高等岩石力学/周维垣主编.—北京：水利电力出版社，1990.6.—435页；16开.—高等学校教材.—ISBN 7-120-01042-5：5.40元

第二届全国岩石动力学学术会议论文选集/中国岩石力学与工程学会，岩石动力学专业委员会编.—武汉：武汉测绘科技大学出版社，1990.10.—514页；16开.—ISBN 7-81030-055-5：28.60元

TU47　地基基础

地基基础/重庆建筑工程学院等编写.—贵阳：贵州科技出版社，1990.5.—334页；16开.—ISBN 7-80584-007-5：6.80元

地基基础/黄求顺，杨世忠主编.—贵阳：贵州科技出版社，1990.5.—334页；16开.—ISBN 7-80584-

007-5：6.80元

场地·地基·设计地震/周锡元等编著.—北京：地震出版社，1990.4.—237页；大32开.—（抗震设计丛书/叶耀光主编）.—ISBN 7-5028-0349-1：4.00元

房屋基础工程/周京华，夏永承主编.—峨眉山：西南交通大学出版社，1990.10.—201页；16开.—ISBN 7-81022-168-X：3.05元

建筑地基基础/郭继武等编.—北京：高等教育出版社，1990.10.—271页；16开.—（建筑结构教学丛书）.—ISBN 7-04-002965-0：3.95元

建筑场地与地基评价/王锺琦等编著.—北京：中国建筑工业出版社，1990.1.—198页；大32开.—（土木建筑工程继续教育丛书）.—ISBN 7-112-00940-5：4.70元

高层建筑工程地质/匡有为编著.—武汉：中国地质大学出版社，1990.4.—154页；16开.—高等学校教材.—ISBN 7-5625-0353-2：2.10元

基础工程学/陈仲颐，叶书麟主编.—北京：中国建筑工业出版社，1990.10.—722页；16开.—ISBN 7-112-01025-X（精装）：31.55元

TU471/472　天然地基、人工加固地基

加固土原理/张登良编著.—北京：人民交通出版社，1990.12.—136页；大32开.—ISBN 7-114-00979-8：1.15元

软土地基加固/高宏兴编著.—上海：上海科学技术出版社，1990.9.—267页；16开.—ISBN 7-3323-2052-9：5.65元

强夯法地基加固/左名麒，朱树森编.—北京：中国铁道出版社，1990.2.—171页；32开.—ISBN 7-113-00205-6：2.70元

TU473　桩基及深基础

桩的抗震设计/（日）矢作枢，和田克哉著；万世昌译.—北京：人民交通出版社，1990.5.—135页；大32开.—ISBN 7-114-00794-9：3.10元

桩基础设计与计算/刘金砺编著.—北京：中国建筑工业出版社，1990.7.—305页；大32开.—（土木建筑工程继续教育丛书）.—ISBN 7-112-01067-5：5.05元

TU5　建筑材料

建材力学/秦荣，温日雄编.—南宁：广西教育出版社，1990.11.—284页；16开.—中等专业学校试用教材.—ISBN 7-5435-1057-X：6.70元

建筑材料/吴钟瑾编.—北京：水利电力出版社，1990.3.—231页；16开.—函授大学教材.—ISBN 7-120-01047-6：6.25元

建筑材料/陈伟编.—北京：中国建筑工业出版社，1990.3.—136页；16开.—基层施工技术员岗位培训教材 土建综合工长用.—ISBN 7-112-00895-6：3.90元

建筑材料机械设计　（一）/许林发主编.—武汉：武汉工业大学出版社，1990.8.—380页；16开.—高等学校试用教材.—ISBN 7-5629-0231-3：4.85元

建筑材料机械设计　（二）/史新主编.—武汉：武汉工业大学出版社，1990.7.—331页；16开.—高等学校试用教材.—ISBN 7-5629-0231-3：4.20元

建筑材料的腐蚀及控制设计/杨崇豪编.—北京：水利电力出版社，1990.6.—67页；16开.—高等学校教材.—ISBN 7-120-01016-6：1.05元

建筑材料微观测试分析基础/秦力川，杨峻峰编著.—重庆：重庆大学出版社，1990.6.—162页；16开.—ISBN 7-5624-0300-7：2.14元

常用建筑材料手册/裘炽昌主编.—北京：中国建筑工业出版社，1990.6.—427页；32开.—ISBN 7-112-01028-4（精装）：6.30元

新型建筑围护材料与施工/李书田编著.—北京：中国建筑工业出版社，1990.10.—641页；16开.—ISBN 7-112-01072-1：23.20元

TU52　非金属材料

TU522　砖、瓦及砌块

免烧砖/吴煦编著.—福州：福建教育出版社，1990.10.—68页；32开.—（燎原计划丛书·农村实用生产技术丛书）.—ISBN 7-5334-0677-X：0.72元

砖瓦机械的使用与维护/黄连顺编著.—北京：中国建筑工业出版社，1990.6.—206页；32开.—ISBN 7-112-01050-0：4.90元

TU528　混凝土

部分预应力混凝土/杜拱辰编著.—北京：中国建筑工业出版社，1990.5.—163页；大32开.—（土木建筑工程继续教育丛书）.—ISBN 7-112-01097-7：4.70元

部分预应力混凝土：理论、设计及专题研究/张士铎编著.—北京：人民交通出版社，1990.6.—166页；16开.—高等学校试用教材 桥梁工程、结构工程专业用.—ISBN 7-114-00876-7：2.25元

混凝土手册/美国内务部垦务局编；王圣培等译.北京：水利电力出版社，1990.1.—421页；16开.ISBN 7-120-01028-X：15.25元

混凝土快速硬化/宫文权编著.—北京：中国铁道出版社，1990.8.—225页；32开.—（混凝土现代技术丛书）.—ISBN 7-113-00854-2：3.80元

混凝土制品工艺学/庞强特主编.—武汉：武汉工业大学出版社，1990.1.—323页；16开.—高等学校试用教材.—ISBN 7-5629-0327-1：4.20元

混凝土的耐久性及其防护修补/龚洛书，柳春圃编著.—北京：中国建筑工业出版社，1990.10.—162页；大32开.—（土木建筑工程继续教育丛书）.ISBN 7-112-01098-5：3.95元

喷射混凝土/程良奎编著.—北京：中国建筑工业出版社，1990.2.—347页；大32开.—ISBN 7-112-00980-4：10.00元

简明混凝土手册/李松林编著.—石家庄：河北科学技术出版社，1990.10.—524页；大32开.—ISBN 7-5375-0573-X：9.60元

新拌混凝土/（美）波波维克斯（Popovics，S.）著；陈志源等译.—北京：中国建筑工业出版社，1990.10.—478页；大32开.—ISBN 7-112-00688-0：11.90元

膨胀混凝土/吴中伟，张鸿直著.—北京：中国铁道出版社，1990.10.—249页；32开.—（混凝土现代技术丛书）.—ISBN 7-113-00881-X：4.10元

TU53　有机材料、建筑化工材料

塑料建筑材料与树脂应用手册/彭康珍等编著.—广州：广东科技出版社，1990.6.—618页；16开.—ISBN 7-5359-0541-2：16.00元

TU54　耐高温及防火材料

建筑防火材料与设备大全/中华人民共和国公安部消防局防火监督处，中国建筑科学研究院科技干部培训中心编.—北京：地震出版社，1990.9.—1213页；16开.—ISBN 7-5028-0381-5（精装）：60.00元

TU6　建筑施工机械和设备

建筑机械/冼锡衡编.—广州：广东科技出版社，1990.5.—282页；32开.—建筑工人中级技术理论培训教材.—ISBN 7-5359-0422-X：3.80元

建筑机械使用手册　下册/《建筑机械使用手册》编写组编.—2版.—北京：中国建筑工业出版，1990.5.869页；16开.—ISBN 7-112-00893-X（精装）：42.20元

本书1979年4月第1版。

建筑机械基础/山东省建筑工程总公司编.—济南：山东科学技术出版社，1990.1.—110页；16开.—建筑工人中级技术培训教材.—ISBN 7-5331-0637-7：2.50元

铲运机/韩歧山编著.—北京：中国建筑工业出版社，1990.5.—514页；32开.—ISBN 7-112-00438-1：8.50元

TU7　建筑施工

建筑施工/江景波等编著.—2版.—上海：同济大学出版社，1990.8.—426页；16开.—ISBN 7-5608-0661-9：9.15元

建筑施工经理工长必读/孟嘉善等编著.—北京：农业出版社，1990.5.—499页；16开.—ISBN 7-109-01150-X：16.30元

TU71　施工管理

土木施工管理工程师考试必读/冯秉明，吴旭襄译.北京：人民交通出版社，1990.8.—229页；32开.ISBN 7-114-00907-0：8.20元

四十年施工技术管理经验：老一代总工程师的论述/夏行时，张哲民主编.—北京：中国建筑工业出版社，1990.12.—292页；大32开.—ISBN 7-112-01243-0：5.70元

辽宁省人防工程预算定额/辽宁省人民防空办公室编.—沈阳：辽宁科学技术出版社，1990.7.—713页；32开.—ISBN 7-5381-0992-7：16.00元

安全管理/冶金工业部建设司编著.—上海：上海科学技术文献出版社，1990.9.—301页；32开.—施工企业中级以上干部岗位培训教材（九）.—ISBN 7 80513-597-5：4.60元

技术管理/冶金工业部建筑司编著.—上海：上海科学技术文献出版社，1990.7.—280页；32开.—施工企业中级以上干部岗位培训教材（四）.—ISBN 7-80513-592-4：3.40元

质量检查员手册：建筑企业专业管理人员系列工作手册/张学维，朱维益编.—北京：中国建筑工业出版社，1990.9.—236页；32开.—ISBN 7-112-01140-X：3.85元

建设监理合同：监理工程师项目管理合同国际通用条款：中英对照/徐绳墨等编译.—北京：中国卓越出版社，1990.7.—68页；16开.—ISBN 7-80071-291 5：3.20元

建筑工程质量事故分析与防治/王赫编著.—南京：江苏科学技术出版社，1990.1.—386页；16开.—ISBN 7-5345-0789-8：8.35元

建筑工程质量通病防治手册/彭圣浩主编.—2版.北京：中国建筑工业出版社，1990.7.—864页；16开.—ISBN 7-112-01049-7（精装）：23.20元

本书1984年12月第1版。

建筑工程质量检验手册/沈英主编.—南京：江苏科学技术出版社，1990.4.—539页；32开.—ISBN 7-

5345-0922-X(精装):7.95元

建筑施工安全法规标准手册 第二册/《建筑安全》编辑部选编.—成都:四川科学技术出版社,1990.11.—518页;16开.—(建筑安全丛书).—ISBN 7-5364-1688-1:11.50元

建筑施工质量监督与验收简明手册/杨生茂,吴艳兰编著.—北京:中国计划出版社,1990.2.—698页;大32开.—ISBN 7-80058-092-X:9.50元

建筑施工重大伤亡事故800例/樊锡仁主编.—成都:四川科学技术出版社,1990.11.—455页;16开.(建筑安全丛书).—ISBN 7-5364-1723-3:9.50元

经营管理/冶金工业部建设司编.—上海:上海科学技术文献出版社,1990.7.—388页;32开.—施工企业中级以上干部岗位培训教材 (二).—ISBN 7-80513-590-8:6.35元

TU72/73　施工组织、施工设备

建筑登高架设安全技术培训教材/湖南省劳动厅职业安全卫生监察处编.—长沙:湖南科学技术出版社,1990.8.—301页;32开.—ISBN 7-5357-0827-7:3.85元

项目法施工原理/叶毅,秦安民主编.—北京:中国人民大学出版社,1990.3—297页;大32开.—ISBN 7-300-00843-7:3.95元

TU74　施工技术

建筑工程防水施工手册/叶林标等编著.—北京:中国建筑工业出版社,1990.4.—324页;16开.—ISBN 7-112-01004-7(精装):14.00元

建筑分项工程施工工艺标准/北京市建筑工程总公司编.—北京:中国建筑工业出版社,1990.9.—570页;32开.—ISBN 7-112-01179-5:7.95元

建筑物缺陷观测与修理/金正芳编译.—南京:河海大学出版社,1990.7.—149页;32开.—ISBN 7-5630-0224-3:2.50元

建筑施工技术300问/丛传书编著.—哈尔滨:黑龙江科学技术出版社,1990.8.—357页;32开.—ISBN 7-5388-1016-1:4.70元

建筑登高架设安全读本/劳动部职业安全卫生监察局主编.—北京:劳动人事出版社,1990.3.—201页;32开.—职业安全卫生通用基础系列教材.—ISBN 7-5045-0480-7:2.60元

城乡建筑实用施工技术/魏久成,郭胜编著.—乌鲁木齐:新疆人民出版社,1990.11.—405页,16开.ISBN 7-228-01428-6:8.60元

提升法施工技术/苏洪雯编著.—北京:中国建筑工业出版社,1990.6.—298页;32开.—ISBN 7-112-00975-8:7.40元

TU75　各项工程与工种

考考你:建筑工人技术考核题解汇编 第四集/《建筑工人》编辑部汇编.—北京:科学普及出版社,1990.6.—88页;32开.—ISBN 7-110-01406-1:1.50元

TU753　基础工程

钻孔灌注桩施工技术/李世京等编著.—北京:地质出版社,1990.11.—300页;大32开.—ISBN 7-116-00736-9:5.60元

基础工程/汤康民主编.—峨眉山:西南交通大学出版社,1990.6.—245页;16开.—ISBN 7-81022-167-1:3.60元

混凝土桩的设计及检测/首培烋编.—北京:地震出版社,1990.12.—213页;32开.—ISBN 7-5028-0402-1:4.00元

TU754/755　砖、石及混凝土工程

农村瓦工实用技术/许泓,王崇杰编.—济南:山东科学技术出版社,1990.8.—251页;32开.—(中国农民教育丛书/张仲诚等主编).—ISBN 7-5331-0747-0:3.10元

抗拔力锚/(美)R.J.泰勒等著;张永西等编译.青岛:青岛海洋大学出版社,1990.7.—166页;32开.—ISBN 7-81026-125-8:3.50元

抹灰工手册/徐化玉编.—北京:中国建筑工业出版社,1990.3.—446页;32开.—ISBN 7-112-01009-8:7.70元

砖瓦工工艺学/山东省建筑工程总公司编.—济南:山东科学技术出版社,1990.2.—151页;16开.—建筑工人中级技术培训教材.—ISBN 7-5331-0643-1:3.30元

钢筋混凝土工艺学/万泰根,王荣扬编.—北京:中国建筑工业出版社,1990.6.—232页;16开.—建筑安装技工学校试用教材.—ISBN 7-112-00993-6:4.75元

混凝土工/铁道部基本建设总局组织编写.—北京:中国铁道出版社,1990.6.—190页;16开.—工人岗位培训教材.—ISBN 7-113-00694-9:4.60元

混凝土工手册/李立权编.—北京:中国建筑工业出版社,1990.9.—508页;32开.—ISBN 7-112-01099-3:8.30元

混凝土预制构件生产技术与管理/河北省建筑管理局科技教育处编.—石家庄:河北科学技术出版社,1990.8.—582页;16开.—建筑企业专业管理人员岗位培训教材.—ISBN 7-5375-0552-7:17.50元

TU758　安装工程

安装工程质量检验评定手册/程协瑞主编.—北京：中国建筑工业出版社，1990.9.—316页；16开.—ISBN 7-112-01096-9（精装）：11.65元

实用建筑装修手册/（日）吉田辰夫等著；余荣汉等译.—北京：中国建筑工业出版社，1990.10.—475页；16开.—ISBN 7-112-01064-0：13.55元

建筑安装工程质量预控法/陈季春编著.—2版.—北京：中国建筑工业出版社，1990.3.—865页；16开.ISBN 7-112-00859-X：25.55元

建筑安装工程常用技术资料/黎自强编著.—重庆：科学技术文献出版社重庆分社，1990.1.—741页；32开.—ISBN 7-5023-1087-8：8.00元

TU759　竹、木结构工程

木工手册/王寿华，王北君编.—北京：中国建筑工业出版社，1990.8.—540页；32开.—ISBN 7-112-01115-9：8.15元

木工技术/刘建邦，张非非编著.—上海：上海科学技术出版社，1990.3.—239页；32开.—（专业户万有问答丛书：建筑业）.—ISBN 7-5323-1693-9：2.65元

TU767　建筑装饰工程

世界室内设计装修工艺精华/张景然主编.—石家庄：河北科学技术出版社，1990.5.—341页：彩照；16开.—ISBN 7-5375-0478-4（精装）：88.00元

现代住房装潢图说/张玉明等编；蔡康非等绘图.上海：上海科学技术出版社，1990.3.—93页；16开.—（文化·科学·生活·社会实用文库）.—ISBN 7-5323-2039-1：9.80元

实用油漆涂装大全/周长庚主编.—太原：山西科学教育出版社，1990.5.—557页；32开.—ISBN 7-5377-0228-4：7.90元

建筑装饰工程质量管理/吕凤举，吴松勤编著.—北京：中国建筑工业出版社，1990.2.—367页；大32开.—ISBN 7-112-00901-4：8.80元

居室小制作118例/张豫湘，王小辉编著.—长沙：湖南美术出版社，1990.11.—131页；32开.—ISBN 7-5356-0403-X：3.90元

居室巧装修/建筑时报编辑部编.—上海：上海科学技术文献出版社，1990.11.—124页：图；24开.—ISBN 7-80513-624-6：2.40元

装饰工程施工/杨崇永，郑明编.—上海：上海科学技术出版社，1990.3.—200页；16开.—ISBN 7-5323-1732-3：4.20元

TU8　房屋建筑设备

建筑设备与电气工程/王继明等编著.—北京：地震出版社，1990.8.—603页；32开.—ISBN 7-5028-0407-2：9.80元

建筑和建筑设备的节能：设计、管理技术的基础和应用/（日）中原信生著；龙惟定等译.—北京：中国建筑工业出版社，1990.10.—449页；16开.—ISBN 7-112-00950-2：18.45元

TU81/82　管道设备、卫生设备

建筑卫生技术设备/萧正辉，高明远主编；（日）井上宇市等编著.—北京：中国建筑工业出版社，1990.5.—467页；16开.—ISBN 7-112-00977-4：15.30元

管道工艺学/机械工业部农机工业局统编.—北京：机械工业出版社，1990.2.—264页；16开.—农机工人技术培训教材：初、中级.—ISBN 7-111-01704-8：8.90元

管道施工简明手册/王旭编.—上海：上海科学技术出版社，1990.12.—506页；16开.—ISBN 7-5323-2029-4：10.30元

TU83　空气调节、采暖、通风及其设备

采暖系统运行、维修与管理/王哲显编.—北京：中国建筑工业出版社，1990.6.—383页；32开.—ISBN 7-112-01048-9：8.75元

采暖通风与空气调节设计规范СНиП2·04·05-86：苏联建设法规/石云志，张克崧译.—北京：中国计划出版社，1990.7.—139页；大32开.—ISBN 7-80058-144-6：3.30元

实用土暖气指南/王星魁编著.—北京：农业出版社，1990.2.—154页；32开.—ISBN 7-109-01463-0：2.40元

空调动态负荷与计算机运算理论及实务/张乐法编著.—济南：济南出版社，〔1990〕.—276页；16开.—ISBN 7-80572-132-7：14.90元

本书阐述有限差分法，运用变换手段对谐波反应法，热反应系数法，Z传递函数法作基础理论引导，并介绍了传递函数法和热反应系数法的应用等。

建筑水暖材料与器材/王震国编.—南宁：广西教育出版社，1990.11.—249页；16开.—中等专业学校试用教材.—ISBN 7-5435-1051-0：6.65元

高层建筑空调与节能/钱以明编著.—上海：同济大学出版社，1990.2.—657页；大32开.—（高层建筑设计丛书：3）.—ISBN 7-5608-0478-0：11.00元

家用暖气的安装与使用/蔡敏学编著.—北京：清华大学出版社，1990.10.—97页；32开.—中央电视台教育节目用书.—ISBN 7-302-00812-4：2.00元

暖通空调设计规范专题说明选编/暖通规范管理组主编.—北京：中国计划出版社，1990.2.—556页；大32开.—ISBN 7-80058-094-6：8.00元

TU85 机电设备

建筑电工/山东省建筑工程总公司编.—济南：山东科学技术出版社，1990.1.—154页；16开.—建筑工人中级技术培训教材.—ISBN 7-5331-0627-X：3.40元

建筑电工技术/徐秀娥，吴康棠编著.—武汉：武汉测绘科技大学出版社，1990.12.—205页；16开.ISBN 7-81031-059-8：5.10元

建筑电气工程/胡子刚，耿化民编著.—成都：四川科学技术出版社，1990.7.—187页；32开.—ISBN 7-5364-1663-6：2.10元

建筑电气设计基础知识/朱庆元，商文怡编.—北京：中国建筑工业出版社，1990.2.—411页；16开.ISBN 7-112-00912-X：12.15元

建筑电气设备手册/《建筑电气设备手册》编写组编.—北京：中国建筑工业出版社，1990.10.—2册（1811页）；16开.—ISBN 7-112-01238-4（精装）：39.50元

建筑电气技术 下册/杜先智，李育才编著.—上海：同济大学出版社，1990.6.—322页；16开.—ISBN 7-5608-0584-1：4.15元

建筑的节能/庄涛声编著.—上海：同济大学出版社，1990.2.—111页；16开.—ISBN 7-5608-0509-4：1.65元

常用建筑电气工程作法·符号·代号/刘宝林主编.北京：中国计划出版社，1990.10.—191页；32开.ISBN 7-80058-142-X：3.40元

简明建筑电工手册/刘元敏等编.—上海：上海科学技术文献出版社，1990.5.—763页；32开.—ISBN 7-80513-501-0：8.80元

简明建筑电气设计图册/刘宝林主编.—北京：中国建筑工业出版社，1990.12.—654页；8开.—ISBN 7-112-01154-X：40.00元

TU857 电梯工程

电梯与自动扶梯入门/（日）浜正太郎著；曾荣基译.—广州：华南理工大学出版社，1990.10.—105页；16开.—ISBN 7-5623-0179-4：5.50元

电梯的使用与保养/李秩耕主编.—北京：中国劳动出版社，1990.11.—263页；32开.—ISBN 7-5045-0585-4：3.50元

电梯结构原理及安装维修/陈家盛编.—北京：机械工业出版社，1990.2.—166页；16开.—ISBN 7-111-01913-X：6.50元

TU89 安全设备

防火设计中的烟控/（英）巴舍（Butcher，E.G.），帕尼尔（Parnell，A.C.）著；王磊译.—北京：中国建筑工业出版社，1990.7.—209页；32开.ISBN 7-112-01113-2：4.75元

书名原文：Smoke Control in Fire Safety Design

TU9 地下建筑

建筑防灾设计/陈保胜编著.—上海：同济大学出版社，1990.12.—238页；16开.—ISBN 7-5603-0604-X：7.50元

人民防空地下室施工/《人民防空地下室施工》编写组编.—北京：中国建筑工业出版社，1990.12.245页；16开.—ISBN 7-112-01249-X：13.00元

地下工程防潮除湿/程绍仁编著.—北京：国防工业出版社，1990.6.—118页；16开.—ISBN 7-118-00149-X：4.10元

TU97 高层建筑

高层建筑电气设计手册/陈一才编著.—北京：中国建筑工业出版社，1990.7.—378页；16开.—ISBN 7-112-01071-3（精装）：13.65元

高层建筑结构力学分析/黄本才编著.—北京：中国建筑工业出版社，1990.3.—336页；16开.—高等工科院校自学函授教材.—ISBN 7-112-00952-9：11.05元

高层建筑结构分析/李君如等编著.—北京：人民交通出版社，1990.2.—415页；大32开.—（高等结构力学丛书；1）.—ISBN 7-114-00774-4（精装）：10.50元

高层建筑结构设计/方鄂华编著.—北京：地震出版社，1990.8.—163页；16开.—清华大学土木工程系按新规范编写专业用书.—ISBN 7-5028-0314-9：6.00元

高层建筑结构设计/包世华，方鄂华编著.—2版.北京：清华大学出版社，1990.10.—465页；16开.ISBN 7-302-00666-0：5.85元

本书1985年7月第1版。

高层建筑结构的选型、构造及简化计算/赵西安，徐培福编著.—北京：中国建筑工业出版社，1990.1.—208页；大32开.—（土木建筑工程继续教育丛书）.—ISBN 7-112-00925-1：4.30元

高层钢结构设计/孙钢廷，严兆坤编著.—大连：大

连理工大学出版社，1990.6.—160页；16开.—ISBN 7-5611-0293-3：2.12元

TU98　区域规划、城镇规划

村镇建设知识挂图/王光辉，彭世明主编；高丕基，朱玉群绘图.—北京：中国建筑工业出版社，〔1990？〕.—8张；2开.—ISBN 7-112-00981-2：8.80元

城乡规划管理概论/刘鲲编著.—哈尔滨：黑龙江人民出版社，1990.6.—295页；32开.—ISBN 7-207-01547-X：3.74元

城乡建设研究：建设行业高级工程师评审论文选集/《城乡建设研究》编辑委员会编.—乌鲁木齐：新疆人民出版社，1990.7.—300页；16开.—ISBN 7-228-01532-0：10.00元

TU984　城镇规划

应用微机BASIC程序进行城市规划分析/（美）奥特斯曼（Ottensmann，J.R.）著；杨明瑞，余柏椿译.—北京：中国建筑工业出版社，1990.10.—282页；大32开.—ISBN 7-112-00943-X：7.30元

城市生长的分析研究：兼论历史文化名城漳州的产生和发展/胡德瑞，何建清编著.—天津：天津大学出版社，1990.11.—137页；大32开.—ISBN 7-5618-0236-6：4.95元

城市的印象/（美）林奇（Lynch，K.）著；项秉仁译.—北京：中国建筑工业出版社，1990.7.—160页；32开.—（建筑师丛书）.—ISBN 7-112-01079-9：4.35元

书名原文：The Image of the City

城市环境艺术：景观与设施/于正伦著.—天津：天津科学技术出版社，1990.6.—274页；16开.—（当代建筑·城市设计·技术美学丛书）.—ISBN 7-5308-0793-5（精装）：22.75元

城市建设艺术：遵循艺术原则进行城市建设/（奥）西特（Sitte，C.）著；（美）斯图尔特（Stewart，C.T.）英译；仲德昆译.—南京：东南大学出版社，1990.6.—140页；20开.—（城市与建筑译丛/齐康主编）.—ISBN 7-81023-248-7：7.40元

TU984.1　城市规划布局

城市交通规划/肖秋生，徐慰慈编.—北京：人民交通出版社，1990.12.—346页；大32开.—高等学校试用教材　交通工程专业用.—ISBN 7-114-00978-X：2.85元

城市交通规划：有关决策的方法/（美）迈耶（Meyer，M.D.），（加）米勒（Miller，E.J.）著；曹锡隽等译.—北京：中国建筑工业出版社，1990.7.—570页；大32开.—ISBN 7-112-01063-2：14.05元

书名原文：Urban Transportation Planning

城市设计美学/张承安著.—武汉：武汉工业大学出版社，1990.8.—207页：图；32开.—ISBN 7-5629-0388-3（精装）：6.70元

城市规划与管理信息系统/曹桂发等编著.—北京：测绘出版社，1990.12.—140页；16开.—ISBN 7-5030-0414-2：8.00元

城市建设综合开发指南/黄重光主编.—北京：中国建筑工业出版社，1990.7.—232页；大32开.—ISBN 7-112-01161-2：5.60元

城市街政管理/北京市人事局，北京市西城区人事局著.—北京：中国工人出版社，1990.9.—272页；32开.—ISBN 7-5008-0686-8：4.60元

城市管理学/董俊山著.—长春：吉林大学出版社，1990.6.—341页；大32开.—吉林大学政治学系教材.—ISBN 7-5601-0508-4：2.55元

城镇竖向设计/李锡然编.—北京：中国建筑工业出版社，1990.9.—160页；32开.—（城市规划知识小丛书；23）.—ISBN 7-112-01132-9：2.90元

跨世纪城市规划师的思考：青年规划师获奖优秀论文集/鲍世行主编.—北京：中国建筑工业出版社，1990.3.—326页；32开.—ISBN 7-112-00798-4：7.50元

煤矿城市规划与建设/煤矿城市发展预测与合理布局科研组编著.—北京：煤炭工业出版社，1990.7.237页；32开.—ISBN 7-5020-0438-6：3.40元

TU984.2　中国城市规划及建设

中国城市形态、结构、特征及其演变/武进著.—南京：江苏科学技术出版社，1990.6.—362页；大32开.—ISBN 7-5345-0960-2：6.50元

中国城市建设年鉴：1988～1989/中国城市建设年鉴编委会编.—北京：中国城市出版社，1990.10.565页：彩照；16开.—ISBN 7-5074-0269-X（精装）：42.00元

中国城市基础设施的建设与发展/郭功佺主编；中国市政工程华北设计院，中国城乡建设经济研究所编.—北京：中国建筑工业出版社，1990.9.—387页；16开.—ISBN 7-112-01164-7（精装）：18.60元

当代中国的城市建设/《当代中国》丛书编辑部编辑.—北京：中国社会科学出版社，1990.3.—650页；大32开.—（当代中国丛书/邓力群等主编）.ISBN 7-5004-0615-0：17.50元

全国城市规划获奖作品集：1989/汪德华等编.—北京：学术书刊出版社，1990.5.—118页；16开.—ISBN 7-80045-681-1：38.00元

天津村镇建设/刘玉麟主编.—天津：天津科学技术出版社，1990.3.—239页；16开.—(天津城市建设丛书).—ISBN 7-5308-0794-3(精装)：38.80元

江南水乡一个点：乡镇规划的理论与实践/齐康等编著.—南京：江苏科学技术出版社，1990.2.—129页：照片；16开.—ISBN 7-5345-0850-9：5.90元

佛山市城市建设志/佛山市城乡建设局编志组编.广州：广东科技出版社，1990.4.—187页：彩照；16开.—ISBN 7-5359-0986-2

福建省城镇发展与布局/邢文信主编.—福州：福建科学技术出版社，1990.3.—468页；大32开.—ISBN 7-5335-0378-3(精装)：11.00元

TU986 园林规划与建设

大众行为与公园设计/(美)拉特利奇(Rutledge，A.J.)著；王求是，高峰译.—北京：中国建筑工业出版社，1990.2.—202页；大32开.—ISBN 7-112-00972-3：6.60元

书名原文：A Visual Approach to Park Design

风景景观工程体系化/刘滨谊著.—北京：中国建筑工业出版社，1990.12.—204页；16开.—ISBN 7-112-01183-3：9.65元

造园施工/(日)福富久夫等著；苏思普等译.—哈尔滨：东北林业大学出版社，1990.12.—162页；32开.—ISBN 7-81008-163-2：2.20元

高效益庭院美化设计模式/吴遗成编著.—南京：江苏科学技术出版社，1990.11.—326页；32开.—(全国星火计划丛书).—ISBN 7-5345-1060-0：3.80元

喷泉设计/毛培琳编著.—北京：中国建筑工业出版社，1990.10.—222页；32开.—ISBN 7-112-00523-X：4.10元

TU986.6 各国园林

中国的园林/杜顺宝编著.—北京：人民出版社，1990.2.—199页；32开.—(祖国丛书).—ISBN 7-01-000590-7：2.40元

西湖风景园林：1949～1989/杭州市园林文物管理局编.—上海：上海科学技术出版社，1990.7.—503页；16开.—ISBN 7-5323-2156-8：25.40元

杜甫草堂/濮禾章编著.—北京：中国建筑工业出版社，1990.9.—124页：照片；32开.—ISBN 7-112-01054-3：2.60元

本书详细叙述了杜甫草堂的兴衰变迁和杜甫在草堂的交往与诗作，并对草堂景物及园林艺术特色作了饶有趣味的介绍。

园林与中国文化/王毅著.—上海：上海人民出版社，1990.5.—747页；大32开.—(中国文化史丛书/周谷城主编).—ISBN 7-208-00692-X(精装)：21.85元；(平装)：17.45元

保定市园林志/杨淑秋主编.—北京：新华出版社，1990.6.—124页；大32开.—ISBN 7-5011-0827-7：3.70元

清代御苑撷英：中英对照/天津大学建筑系，北京市园林局编著.—天津：天津大学出版社，1990.9.192页；12开.—(北京园林古建筑丛书).—ISBN 7-5618-0206-4(精装)：38.00元

TU99 市政工程

群众办事指南：市政公用分册/哈尔滨市监察局，哈尔滨市人民政府法制办公室编写.—哈尔滨：黑龙江人民出版社，1990.12.—171页；32开.—ISBN 7-207-01701-4：2.90元

天津城市设施/刘玉麟主编.—天津：天津科学技术出版社，1990.2.—150页：彩照；16开.—(天津城市建设丛书/毛昌五主编).—ISBN 7-5308-0795-1(精装)：38.00元

TU991 给水工程

天然水和污水净化过程的最优化/(苏)纳伊坚科(Найденко，B.B.)等著；陈积福，袁维颖译.北京：化学工业出版社，1990.9.—181页；32开.ISBN 7-5025-0740-X：3.40元

书名原文：Оптимизация процессов очистки природных и сточных вод

中国农村给水工程施工技术手册/全国爱国卫生运动委员会办公室主编.—北京：农村读物出版社，1990.1.—841页；16开.—(中国农村给水工程技术丛书).—ISBN 7-5048-0665-X：25.20元

水处理机械安装与修理/纪士斌编.—南宁：广西教育出版社，1990.11.—144页；16开.—中等专业学校试用教材.—ISBN 7-5435-1051-3：3.90元

合理利用城市水资源/袁铭道编著.—北京：中国环境科学出版社，1990.3.—204页；32开.—ISBN 7-80010-369-2：2.90元

供水钻井常见事故处理案例/机械电子工业部勘察研究院等编著.—北京：机械工业出版社，1990.3.152页；32开.—ISBN 7-111-02317-X：3.00元

城市水源保护：太原西山水源保护研究/《太原西山水源保护研究》编写组编.—北京：中国环境科学出版社，1990.4.—223页；大32开.—ISBN 7-80010-561-X：3.50元

城镇供水工程/袁世荃，李鸿禧主编.—长沙：湖南科学技术出版社，1990.6.—504页；16开.—ISBN 7-5357-0811-0：18.00元

给水工程/吴烈超等编.—北京：中国建筑工业出版社，1990.12.—333页；16开.—中等专业学校试用教材.—ISBN 7-112-00960-X：3.80元

给水系统可靠性/（苏）阿布拉莫夫（Абрамов, Н.Н.）著；董辅祥，刘灿生译.—北京：中国建筑工业出版社，1990.10.—271页；32开.—ISBN 7-112-00803-4：5.95元

给水净化新工艺/陈培康，裘本昌主编.—北京：学术书刊出版社，1990.4.—252页；16开.—ISBN 7-80045-624-2：15.00元

TU991.3　配水工程

中小自来水厂管理维护手册/洪觉民等编著.—北京：中国建筑工业出版社，1990.7.—546页；大32开.—ISBN 7-112-01058-6：12.30元

冷却塔运行与试验/史佑吉主编.—北京：水利电力出版社，1990.6.—313页；32开.—ISBN 7-120-01121-9：7.00元

泵站设计与抽水装置试验/（苏）切巴耶夫斯基（Чебаевский, В.Ф.）主编；窦以松等译.—北京：水利电力出版社，1990.2.—295页；16开.—ISBN 7-120-00946-X：12.65元

书名原文：Проектирование насосных станций

TU992　排水工程

简明排水设计手册/北京市市政设计研究院主编.北京：中国建筑工业出版社，1990.9.—996页；大32开.—ISBN 7-112-01121-3：16.00元

TU996　城市煤气供应

天津市煤气化工程/天津市重点工程指挥部编.—天津：渤海湾出版公司，1990.2.—506页；16开.—ISBN 7-80561-000-2（精装）：32.00元

家用燃气具的使用与维修/赵士滨，章润萍编.—广州：广东科技出版社，1990.12.—423页；32开.—ISBN 7-5359-0576-5：5.20元

家用燃气知识大全/石家庄市公安消防支队，石家庄市液化气公司编.—石家庄：河北科学技术出版社，1990.12.—296页；大32开.—ISBN 7-5375-0562-4：4.80元

家庭燃气安全知识/杨佑豪等编著.—哈尔滨：黑龙江科学技术出版社，1990.3.—174页；32开.—ISBN 7-5388-1072-2：2.30元

液化石油气及其用具/河南省城市煤气协会，河南省煤气学术委员会编.—郑州：河南科学技术出版社，1990.4.—66页；32开.—ISBN 7-5349-0636-9：1.05元

TU998　其他市政工程及公用设备

工业企业防火技术/蒋永琨，朱嘉福编.—北京：水利电力出版社，1990.9.—546页；32开.—ISBN 7-120-01201-0（精装）：12.10元

公共场所消防安全检查表/姜迪宁等编著.—北京：北京出版社，1990.8.—137页；32开.—ISBN 7-200-01184-3：2.60元

防火干部工作指南/金河龙主编.—长春：吉林科学技术出版社，1990.3.—404页；32开.—ISBN 7-5384-0490-2：5.00元

实用消防知识/韩建生等编著.—桂林：广西师范大学出版社，1990.10.—262页；32开.—ISBN 7-5633-0940-3：2.80元

建筑消防设备和防火材料手册/黄芝庭编著.—沈阳：辽宁科学技术出版社，1990.8.—508页；32开.ISBN 7-5381-0950-1：7.60元

建筑消防实例/（日）冈田光正著；慕春暖译.—天津：天津科学技术出版社，1990.12.—97页，16开.建筑设计参考资料.—ISBN 7-5308-0830-3：4.20元

城市消防规划与管理技术/蒋永琨等编著.—北京：地震出版社，1990.12.—300页；16开.—ISBN 7-5028-0420-X：12.00元

消防必读/《消防必读》编委会编.—北京：科学技术文献出版社，1990.6.—359页；32开.—ISBN 7-5023-1308-7：4.90元

本书全面叙述了各个领域的消防知识，从易发生火灾的实际情况入手，分别介绍了电工、焊工、建筑、装饰、家用电器、化学危险品、仓库保管、厂区内部、村民生活、日常用电等方面的防火及灭火知识。

消防系列挂图　（一）：常用灭火器的使用与保养/上海市公安局消防处等主编；傅海鹏撰文；蔡传生，丁德武绘图.—上海：上海科学技术出版社，1990.10.—6张；2开.—ISBN 7-5323-2276-9：5.00元

消防系列挂图　（二）：怎样处置初起火灾/傅海鹏撰文；蔡传生，丁德武绘图.—上海：上海科学技术出版社，1990.11.—6张；2开.—ISBN 7-5323-2299-8：5.00元

家庭防火安全知识/李海编.—上海：上海科学技术出版社，1990.11.—125页；32开.—ISBN 7-5323-2220-3：1.35元

TV　水利工程

水电科技论文集/张镜剑，魏群主编.—石家庄：河北科学技术出版社，1990.8.—347页，16开.—ISBN 7-5375-0530-3：12.70元

水利水电科学研究院科学研究论文集　第31集：水

资源、灌溉与排水、水利史/水利水电科学研究院编.—北京：水利电力出版社，1990.11.—208页；16开.—ISBN 7-120-01218-5：9.95元

水利水电科学研究院科学研究论文集　第33集：水力学、泥沙、冷却水/水利水电科学研究院编.—北京：水利电力出版社，1990.11.—208页，16开.—ISBN 7-120-01226-6：9.55元

水利史研究会第二次会员代表大会暨学术讨论会论文集/中国水利学会水利史研究会编.—北京：水利电力出版社，1990.1.—184页；16开.—ISBN 7-120-01011-5：7.80元

水科学青年学术论文集　（一）：水力学、水文水资源、泥沙、水环境/刘清朝主编；丁留谦等编.—北京：水利电力出版社，1990.11.—464页；16开.—ISBN 7-120-01262-2：14.10元

同位素技术在水利工程中的应用/李樟苏等编著.北京：水利电力出版社，1990.12.—305页；16开.ISBN 7-120-01213-4：14.50元

农村水利技术人员培训录像教材教学指导书/张世儒等编.—北京：水利电力出版社，1990.7.—492页；32开.—ISBN 7-120-01157-X：6.70元

现代英汉水利水电科技词典/洪庆余主编.—武汉：武汉出版社，1990.6.—1518页；32开.—ISBN 7-5430-0330-9（精装）：28.00元

英汉水利水电技术词典/张泽祯主编.—2版.—北京：水利电力出版社，1990.9.—842页；32开.—ISBN 7-120-01202-9（精装）：19.00元

本书1981年2月第1版。

TV-092　中国水利史

二十五史河渠志注释/周魁一等注释.—北京：中国书店，1990.1.—711页；大32开.—ISBN 7-80568-067-1：16.30元

本书汇编了《史记》、《汉书》、《宋史》、《金史》《明史》、《清史稿》的水利专篇。

山西水利史论集/李乾泰，啸虎主编.—太原：山西人民出版社，1990.12.—423页；大32开.—ISBN 7-203-01622-6：9.50元

丰城县水利志/皮恒垣主编；丰城县水利电力局编.上海：上海人民出版社，1990.6.—243页；彩照；16开.—ISBN 7-208-00695-4（精装）：30.00元

丰南县水利志/丰南县水利局编.—石家庄：河北人民出版社，1990.11.—190页；彩照及地图；16开.（河北省水利史志丛书）.—ISBN 7-202-00802-5：5.40元

内江地区水利电力志/四川省内江市水利电力局编.成都：巴蜀书社，1990.11.—274页；照片及地图；16开.—（内江地区地方志丛书；11）.—ISBN 7-80523-367-5：5.10元

常熟水利志/常熟市水利志编纂委员会编.—北京：水利电力出版社，1990.11.—365页；16开.—ISBN 7-120-01251-7（精装）：24.50元

遂溪县水利志/广东省遂溪县水利志编写组编.—广州：广东高等教育出版社，1990.11.—135页；照片；16开.—ISBN 7-5361-0540-1：7.50元

滇池水利小史/樊西宁编著.—北京：水利电力出版社，1990.3.—82页；32开.—（中国水利史小丛书）.—ISBN 7-120-01039-5：2.05元

漕河图志/（明）王琼撰；姚汉源，谭徐明点校.北京：水利电力出版社，1990.2.—354页；大32开.（中国水利古籍丛刊）.—ISBN 7-120-00606-1（精装）：10.45元

本书点校底本为日本前田氏尊经阁所藏闽中蒋氏三径藏书复印本。

TV1　水利工程基础科学

TV12　工程水文学

工程水文学/袁作新主编.—北京：水利电力出版社，1990.5.—281页；16开.—函授大学教材.—ISBN 7-120-01001-8：7.50元

流域水文模型/袁作新主编.—北京：水利电力出版社，1990.3.—198页；16开.—高等学校教材.—ISBN 7-120-01021-2：2.60元

TV13　水力学

水力机械强度计算/徐纪方等编著.—北京：机械工业出版社，1990.10.—263页；16开.—高等学校试用教材.—ISBN 7-111-02107-X：3.45元

水力学/吕文舫等编著.—上海：同济大学出版社，1990.9.—314页；16开.—ISBN 7-5608-0653-8：4.10元

水力学/许荫椿等主编.—3版.—北京：科学出版社，1990.8.—694页；大32开.—ISBN 7-03-002024-3：11.60元

水力学/吴增栋，邵平江编.—北京：水利电力出版社，1990.11.—338页；16开.—职工大学教材.—ISBN 7-120-01149-9：9.90元

水力学/胡重民等编.—北京：水利电力出版社，1990.4.—618页；16开.—函授大学教材.—ISBN 7-120-01054-9：15.95元

水力学/侯廷信等编.—西安：陕西科学技术出版社，1990.8.—240页；16开.—职工中等专业学校教材.—ISBN 7-5369-0787-7：4.30元

水力学/（苏）康士坦丁诺夫（Констатинов，Ю.М.）著；钟用升译.—南昌：江西高校出版社，1990.7.—424页；32开.—ISBN 7-81033-005-5：5.30元

水力学计算公式程序/刘思光等编著.—大连：大连理工大学出版社，1990.3.—135页；32开.—ISBN 7-5611-0278-X：1.80元

水动力学基础/刘岳元等编.—上海：上海交通大学出版社，1990.2.—314页；16开.—ISBN 7-313-00262-9：4.35元

现代水力学 （一）：控制流动的原理/夏震寰编著.—北京：高等教育出版社，1990.12.—472页；大32开.—（工程力学丛书）.—ISBN 7-04-001067-4（精装）：6.65元

现代水力学 （二）：分析流动的理论/夏震寰编著.—北京：高等教育出版社，1990.12.—498页；大32开.—（工程力学丛书）.—ISBN 7-04-001627-3（精装）：6.85元

TV14　泥沙与河流动力学

河口工程泥沙数学模型/王尚毅等著.—北京：海洋出版社，1990.5.—256页；16开.—ISBN 7-5027-0569-4：8.50元

河床演变及整治/谢鉴衡等编著.—北京：水利电力出版社，1990.6.—315页；16开.—高等学校教材.ISBN 7-120-00949-4：4.00元

河流模拟/谢鉴衡主编.—北京：水利电力出版社，1990.4.—283页；16开.—高等学校教材.—ISBN 7-120-01038-7：3.65元

泥沙研究/唐日长主编.—北京：水利电力出版社，1990.8.—223页；16开.—（葛洲坝工程丛书；2）.ISBN 7-120-00970-2：11.30元

钱宁论文集/《钱宁论文集》编辑委员会编.—北京：清华大学出版社，1990.4.—938页；16开.—ISBN 7-302-00560-5（精装）：35.00元

本论文集是我国著名的河流泥沙问题专家钱宁教授一生科研成果的精华，共收入论文61篇。内容为泥沙运动力学方面和河床演变学两大类。

TV21　水资源调查与水利规划

区域水资源供需分析方法/黄永基，马滇珍编著.南京：河海大学出版社，1990.10.—266页；32开.ISBN 7-5630-0343-6：5.00元

中国水利与环境/张天曾编著.—北京：科学出版社，1990.8.—231页；大32开.—ISBN 7-03-002055-3（精装）：10.80元

中国喀斯特发育规律典型研究：贵州普定南部地区喀斯特水资源评价及其开发利用/俞锦标等著.北京：科学出版社，1990.10.—266页；16开+图1袋5幅.—ISBN 7-03-001992-X：18.30元

水资源工程系统分析/方乐润编著.—北京：水利电力出版社，1990.6.—177页；16开.—高等学校教材.—ISBN 7-120-00888-9：2.35元

水资源导论/沈灿燊编著.—北京：高等教育出版社，1990.5.—169页；16开.—高等学校教材.—ISBN 7-04-002876-X：2.65元

黄土高原地区地下水资源合理利用/中国科学院黄土高原综合科学考察队水资源组地下水研究组编.北京：学苑出版社，1990.10.—93页；16开.—黄土高原地区综合治理开发考察系列研究.—ISBN 7-5077-0195-6：3.00元

TV213　水资源开发

水资源开发与环境/李宝庆等主编.—北京：科学出版社，1990.7.—194页；16开.—ISBN 7-03-001991-1：13.30元

华北地区水资源合理开发利用：中国科学院地学部研讨会文集/中国科学院地学部编.—北京：水利电力出版社，1990.6.—368页；16开.—ISBN 7-120-01156-1（精装）：16.50元

各行各业用气象——合理开发利用水资源/宋乃公编.—北京：气象出版社，1990.2.—135页；32开.ISBN 7-5029-0178-7：1.80元

江河·多目标·政策：中国江河多目标开发经济政策高级研讨班文献/武韶英，孙伯泉主编.—南京：河海大学出版社，1990.11.—222页；16开.—ISBN 7-5630-0338-X（精装）：25.00元

TV214　水利计算

水文水利计算/毛启平主编.—北京：水利电力出版社，1990.11.—233页；16开.—职工中等专业学校教材.—ISBN 7-120-01147-2：7.00元

水利计算及水库调度/陈锦华主编.—北京：水利电力出版社，1990.4.—280页；16开.—职工中等专业学校教材.—ISBN 7-120-01023-9：7.45元

TV22　水工勘测、设计

水利工程测量/吴子安，吴栋材编.—北京：测绘出版社，1990.12.—199页；16开.—高等学校教材.ISBN 7-5030-0408-8：2.70元

坝基岩体工程地质力学分析/王思敬著.—北京：科学出版社，1990.5.—371页；16开.—（工程地质学丛书/谷德振主编）.—ISBN 7-03-001625-4（精装）：25.80元

坝基岩体工程地质力学分析/王思敬著.—北京：科学出版社，1990.5.—371页；16开.—（工程地质学丛书/谷德振主编）.—ISBN 7-03-001622-X：23.60元

渗流计算分析与控制/毛昶熙主编.—北京：水利电力出版社，1990.5.—567页；16开.—ISBN 7-120-00944-3：10.35元

TV4　水工材料

大体积混凝土/水利水电科学研究院结构材料研究所编.—北京：水利电力出版社，1990.1.—311页；16开.—ISBN 7-120-00961-3：13.30元

大体积碾压混凝土/魏朝坤编著.—北京：水利电力出版社，1990.4.—272页；32开.—（水利水电施工丛书/纪云生主编）.—ISBN 7-120-01063-8：5.35元

水工沥青混凝土材料选择与配合比设计/丁朴荣编著.—北京：水利电力出版社，1990.6.—196页；32开.—（水利水电施工丛书/纪云生主编）.—ISBN 7-120-01055-7：4.15元

水工混凝土外加剂的选择与应用/吴绍章，胡玉初编著.—北京：水利电力出版社，1990.12.—163页；32开.—（水利水电施工丛书/纪云生主编）.—ISBN 7-120-01171-5：4.05元

TV5　水利工程施工

水利工程施工/倪庚祥主编.—北京：水利电力出版社，1990.6.—345页；16开.—技工学校教材.ISBN 7-120-01022-0：4.30元

水利水电工程施工组织设计手册　第二卷：施工技术/水利电力部水利水电建设总局编著.—北京：水利电力出版社，1990.2.—1181页；16开.—ISBN 7-120-00742-4（精装）：45.70元

地下洞室原位观测/黄仁福，吴铭江编著.—北京：水利电力出版社，1990.6.—157页；32开.—（水利水电施工丛书/纪云生主编）.—ISBN 7-120-01198-7：3.40元

爆破安全与防护/朱传统，梅锦煜编著.—北京：水利电力出版社，1990.7.—158页；32开.—（水利水电施工丛书/纪云生主编）.—ISBN 7-120-01215-0：3.95元

TV6　水利枢纽、水工建筑物

水工建筑物：基本部分/王宏硕主编.—北京：水利电力出版社，1990.10.—335页；16开.—高等学校教材.—ISBN 7-120-01133-2：4.30元

水工建筑物的温度控制/郭之章，傅华编著.—北京：水利电力出版社，1990.11.—506页；32开.（水工建筑物设计丛书）.—ISBN 7-120-01185-5：11.75元

TV63　世界各国水利枢纽、水库

白莲河水库志/黄冈地区白莲河水库志编纂委员会编.—武汉：湖北人民出版社，1990.10.—229页：地图及彩照；16开.—ISBN 7-216-00650-X（精装）：25.00元

南水北调——东线第一期工程图片集/水利部南水北调规划办公室，治淮委员会编.—上海：上海翻译出版公司，〔1990〕.—1册；12开.—ISBN 7-80514-560-1：21.00元

TV64　挡水坝

土石坝观测仪器埋设与测试/曹健人编著.—北京：水利电力出版社，1990.12.—97页；32开.—（水利水电施工丛书/纪云生主编）.—ISBN 7-120-01176-6：2.50元

坝工手册/（美）高尔泽（Golze，A.R.）等著；陆焕生等译.—北京：水利电力出版社，1990.3.730页；16开.—ISBN 7-120-00450-6：31.20元

钢筋混凝土面板堆石坝/马君寿编著.—北京：水利电力出版社，1990.12.—187页；32开.—ISBN 7-120-01255-X：4.45元

重力坝的应力、稳定与可靠性/吴媚玲，姚耀武著.北京：中国科学技术出版社，1960.6.—193页；16开.—ISBN 7-5046-0167-5：5.10元

混凝土面板堆石坝会议论文集/中国水利学会施工专业委员会面板堆石坝学组等编.—南京：河海大学出版社，1990.9.—317页；16开.—ISBN 7-5630-0322-3：7.00元

碾压混凝土筑坝：设计与施工/能源部、水利部碾压混凝土筑坝推广领导小组编著.—北京：电子工业出版社，1990.1.—402页；16开.—ISBN 7-5053-0790-8：12.75元

TV65/66　泄水建筑物、水闸

水利水电工程露顶式弧形钢闸门典型设计图册：JJT-A/水利水电规划设计管理局编.—北京：水利电力出版社，1990.9.—144页；16开.—ISBN 7-120-01187-1：7.55元

溢洪道设计规范专题文集/中南勘测设计院编.—北京：水利电力出版社，1990.4.—256页；16开.—ISBN 7-120-01075-1：7.90元

TV67/68　取水、引水及调水工程

水工隧洞和调压室：水工隧洞部分/段乐斋等编著.北京：水利电力出版社，1990.6.—516页；32开.（水工建筑物设计丛书/潘家铮主编）.—ISBN 7-

120-01062-X：10.50元

水工隧洞的设计理论和计算/汪胡祯原著；顾慰慈修订.—2版（修订本）.—北京：水利电力出版社，1990.2.—488页；16开.—ISBN 7-120-00937-0：20.40元

本书1977年9月第1版。

低水头引水防沙枢纽/严晓达等编著.—北京：水利电力出版社，1990.11.—375页；32开.—ISBN 7-120-01221-5：8.80元

TV697 水库管理

中小型水库控制运用/李英志编著.—大连：大连理工大学出版社，1990.9.—212页；32开.—ISBN 7-5611-0307-7：3.00元

水库运行调度/陈宁珍编.—北京：水利电力出版社，1990.5.—165页；16开.—高等学校教材.—ISBN 7-120-00887-0：2.20元

水库综合经营管理/张儒生主编.—北京：水利电力出版社，1990.4.—111页；16开.—职工中等专业学校教材.—ISBN 7-120-00882-X：3.25元

水库模糊优化调度/王本德编著.—大连：大连理工大学出版社，1990.7.—272页；32开.—ISBN 7-5611-0328-X：1.91元

实用水库调节计算/张元禧编著.—北京：水利电力出版社，1990.11.—237页；32开.—ISBN 7-120-01225-8：6.00元

综合利用水库调度/水利部长江流域规划办公室等编.—北京：水利电力出版社，1990.3.—273页；16开.—（水利经济丛书）.—ISBN 7-120-00668-1：11.30元

TV698 水工建筑物管理

水工建筑物安全监控理论及其应用/吴中如等著.—南京：河海大学出版社，1990.8.—374页；16开.—ISBN 7-5630-0289-3：10.00元

水工建筑物检查观测与养护修理/周仲孟主编.—北京：水利电力出版社，1990.11.—262页；16开.—职工中等专业学校教材.—ISBN 7-120-01148-0：7.80元

建筑物及其基础的安全监测/曹乐安主编.—北京：水利电力出版社，1990.7.—191页；16开.—（葛洲坝工程丛书；7）.—ISBN 7-120-01177-4：8.75元

TV7 水能利用、水电站工程

TV73 水电站建筑设备

水电站动力设备设计手册/骆如蕴主编.—北京：水利电力出版社，1990.6.—416页；16开.—高等学校教材.—ISBN 7-120-00938-9：6.10元

水电站进水口设计/杨欣先，李彦硕主编.—大连：大连理工大学出版社，1990.6.—298页；32开.—ISBN 7-5611-0327-1：2.05元

水电站钢管道/（苏）弗列依谢斯特（Фрейщист，А.Р.）等著；诸葛睿鉴，黄伟译.—北京：水利电力出版社，1990.3.—503页；32开.—ISBN 7-120-00587-1：10.40元

书名原文：Стальные трубопроводы гидроэлектростанций

电力生产现代技术：水电厂近代技术/武汉水利电力学院主编.—南京：河海大学出版社，1990.3.425页；16开.—水利电力系统领导干部岗位培训教材.—ISBN 7-5630-0267-7：8.30元

TV74 各种水电站建筑设备

小水电优化运行：理论与方法/水利部农村水电司，农村电气化研究所编.—杭州：浙江大学出版社，1990.12.—201页；16开.—ISBN 7-308-00680-8：6.80元

小型水电站/王永年主编.—北京：水利电力出版社，1990.4.—233页；16开.—高等学校教材.—ISBN 7-120-01053-0：3.05元

小型水电站发电设备手册：辅机部分/白林主编.—成都：成都科技大学出版社，1990.4.—536页；16开.—ISBN 7-5616-0499-8：10.50元

小型水电站运行规程与管理/唐文品编.—南京：河海大学出版社，1990.6.—125页；16开.—小型水电站培训教材（六）.—ISBN 7-5630-0281-2：3.00元

水电站电气一次部分/何开杰，雷家兰编著.—北京：水利电力出版社，1990.1.—348页；大32开.小型水电站运行工人培训教材.—ISBN 7-120-01027-1：7.00元

电气一次设备运行与维修/虞放编.—南京：河海大学出版社，1990.6.—188页；16开.—小型水电站培训教材（三）.—ISBN 7-5630-0278-2：4.80元

电气二次回路运行与维护/虞放，张新干编.—南京：河海大学出版社，1990.6.—166页；16开.—小型水电站培训教材（四）.—ISBN 7-5630-0279-0：4.80元

低压水轮发电设备运行与维修/程泾川编.—南京：河海大学出版社，1990.6.—144页；16开.—小型水电站培训教材（五）.—ISBN 7-5630-0280-4：4.20元

调速器的调试与故障处理/李永国编.—南京：河海大学出版社，1990.6.—159页；16开.—小型水电站培训教材（二）.—ISBN 7-5630-0277-4：4.50元

TV8　治河工程与防洪工程

TV87　防洪工程

中国海塘工程简史/张文彩编著.—北京：科学出版社，1990.8.—151页；32开.—ISBN 7-03-001189-9：5.60元

优化技术在防洪中的应用/许自达编著.—南京：河海大学出版社，1990.10.—244页；大32开.—ISBN 7-5630-0332-0：2.10元

TV88　世界各国河流治理

天津治水的思考/杨志华著.—天津：天津社会科学院出版社，1990.1.—112页；大32开.—ISBN 7-80563-028-3：2.50元

长江水利史论文集/姚汉源等选编.—南京：河海大学出版社，1990.2.—215页；16开.—ISBN 7-5630-0256-1：8.00元

当代治黄论坛/黄河水利委员会《当代治黄论坛》编辑组编.—北京：科学出版社，1990.10.—297页；大32开.—ISBN 7-03-001946-6：7.30元

江汉命脉录：荆州地区水利建设40年/湖北省荆州地区行政公署水利局编.—北京：水利电力出版社，1990.9.—218页：彩照；大32开.—ISBN 7-120-01261-9：8.00元

论红水河开发/翁长溥著.—南宁：广西科学技术出版社，1990.2.—161页；32开.—ISBN 7-80565-267-8：1.75元

京杭运河治理与开发/邹宝山等编著.—北京：水利电力出版社，1990.5.—250页；大32开.—ISBN 7-120-01155-3：6.90元

珠江水利简史/珠江水利委员会《珠江水利简史》编纂委员会编.—北京：水利电力出版社，1990.8.278页；大32开.—ISBN 7-120-01250-9：7.60元

黄河水利委员会水利科学研究所科学研究论文集第二集：泥沙、水土保持/李保如主编.—郑州：河南科学技术出版社，1990.9.—286页；16开.—ISBN 7-5349-0738-1：7.00元

黄河纵横谈/邹乾印著.—北京：水利电力出版社，1990.2.—74页；32开.—（水与人类丛书）.—ISBN 7-120-00952-4：1.75元

淮河水利简史/水利部淮河水利委员会《淮河水利简史》编写组编.—北京：水利电力出版社，1990.8.—372页；大32开.—ISBN 7-120-00969-9（精装）：11.40元

U 交通运输

U1 综合运输

工业运输/郝克智主编.—北京：中国铁道出版社，1990.11.—257页；16开.—高等学校试用教材.—ISBN 7-113-00834-8：3.30元

U17 管道运输

地下管线抗震/侯忠良主编.—北京：学术书刊出版社，1990.7.—400页；16开.—ISBN 7-80045-673-0：13.00元

流体传输管道动力学/蔡亦钢编著.—杭州：浙江大学出版社，1990.6.—293页；32开.—ISBN 7-308-00421-X：2.05元

浆体与密封容器输送技术手册/日本浆体输送研究会编著；《浆体与密封容器输送技术手册》翻译组译.—北京：冶金工业出版社，1990.4.—787页；16开.—ISBN 7-5024-0497-X（精装）：29.40元

塑料管道工程设计与施工/杨绿乔等编著.—北京：中国建筑工业出版社，1990.1.—308页；大32开.ISBN 7-112-00826-3：7.95元

U2 铁路运输

法汉铁路词典/《法汉铁路词典》编辑组编.—2版（增订本）.—北京：中国铁道出版社，1990.5.1140页；大32开.—ISBN 7-1113-00254-4（精装）：20.20元

本书1975年12月第1版。

铁道概论/铁路中等专业学校，铁道概论教学研究会编.—成都：西南交通大学出版社，1990.11.—296页；32开.—ISBN 7-81022-218-X：3.20元

U21 铁路线路工程

内外线电力工配电所值班工 上册/铁道部机务局组织编写.—2版.—北京：中国铁道出版社，1990.11.—475页；32开.—（铁路电力工人技术问答丛书）.—ISBN 7-113-00875-5：5.75元

本书1987年4月第1版。

电算技术在铁路线路平面设计中的应用/陈斌，李桂珍主编.—北京：中国铁道出版社，1990.1.—188页；16开.—ISBN 7-113-00548-9：5.70元

线路工/铁道部基本建设总局组织编写.—北京：中国铁道出版社，1990.9.—364页；16开.—工人岗位培训教材.—ISBN 7-113-00728-7：7.35元

铁路工务技术手册：采石/税国勤主编.—2版（修订本）.—北京：中国铁道出版社，1990.1.—284页；16开.—ISBN 7-113-00597-7（精装）：10.00元

本书1980年7月第1版。

铁路整体道床：设计、施工和保养/范霆等主编.北京：中国铁道出版社，1990.5.—184页；大32开.ISBN 7-113-00516-0：3.90元

崩塌与防治/曾廉编著.—峨眉山：西南交通大学出版社，1990.12.—377页；32开.—ISBN 7-81022-188-4：2.55元

U26 机车工程

内燃机车电传动/赵敬超，王明安主编.—北京：中国铁道出版社，1990.10.—286页；16开.—中等专业学校教材.—ISBN 7-113-00823-2：3.50元

火车车轮的制造/（苏）Г.А.比比克等著；苏星译.—北京：冶金工业出版社，1990.7.—253页；大32开.—ISBN 7-5024-0639-5：5.15元

东风8型内燃机车结构及运用保养/戚墅堰机车车辆工厂科研所编写组编.—北京：中国铁道出版社，1990.7.—218页；16开.—ISBN 7-113-00950-6：11.35元

电力机车概论/马开国主编.—北京：中国铁道出版社，1990.9.—158页；16开.—高等学校试用教材.ISBN 7-113-00845-3：2.10元

电牵引基础/朱世麟，蒋影斐主编.—北京：中国铁道出版社，1990.8.—203页；16开.—高等学校试用教材.—ISBN 7-113-00846-1：2.65元

机车动力学/詹斐生编著.—北京：中国铁道出版社，1990.9.—412页；16开.—ISBN 7-113-00539-X（精装）：15.00元

铁路机车滚动轴承手册/龙洙，权中太编著.—北京：中国铁道出版社，1990.9.—295页；16开.—ISBN 7-113-00741-4：11.10元

蒸汽机车牵引及操纵/吴宏勋主编.—2版.—北京：中国铁道出版社，1990.8.—247页；32开.—ISBN

7-113-00905-0：2.60元

U27　车辆工程

车辆业务/王Ԁ主编.—北京：中国铁道出版社，1990.11.—283页；16开.—中等专业学校试用教材.ISBN 7-113-00783-X：3.40元

车辆修造专用设备电气控制/胡振绥，孙树才编.峨眉山：西南交通大学出版社，1990.10.—186页；16开.—ISBN 7-81022-133-7：2.85元

客车设备/赵文祥主编.—北京：中国铁道出版社，1990.5.—238页；16开.—中等专业学校试用教材.ISBN 7-113-00689-2：2.80元

铁路客车　下册/邵承宁主编.—北京：中国铁道出版社，1990.7.—220页；16开.—ISBN 7-113-00706-6：5.85元

U28　铁路通信信号

车站信号/林引清编.—北京：中国铁道出版社，1990.2.—315页；16开+附件1袋.—中等专业学校教材.—ISBN 7-113-00714-7：4.70元

轨道传感器、计轴器及其应用/毛俊杰主编.—北京：中国铁道出版社，1990.11.—214页；32开.—ISBN 7-113-00856-9：3.35元

通信电源/伍素琦主编.—北京：中国铁道出版社，1990.6.—129页；16开.—中等专业学校教材.—ISBN 7-113-00705-8：1.60元

检修所信号工/铁道部电务局主编.—北京：中国铁道出版社，1990.8.—292页；32开.—(铁路电务工人技术问答丛书).—ISBN 7-113-00891-7：4.60元

最新的国铁通信技术/日本铁道通信协会著；铁道部通信信号公司研究设计院译.—北京：中国铁道出版社，1990.7.—235页；16开.—ISBN 7-113-00732-5：7.75元

T.JK系列车辆减速器/李岱峰，郭祥熹编著.—北京：中国铁道出版社，1990.6.—486页；32开.(驼峰信号技术学习丛书).—ISBN 7-113-00756-2：8.85元

U29　铁路运输管理工程

辽宁铁道论文选萃/王景志主编.—沈阳：辽宁人民出版社，1990.10—356页；大32开.—ISBN 7-205-01608-8：6.00元

铁路运输质量管理方法/朱耀年等编著.—北京：中国铁道出版社，1990.3.—306页；16开.—ISBN 7-113-00710-4：8.80元

U291　车站及枢纽

铁路站场设计常用数据手册/铁道部第三勘测设计院编著.—3版.—北京：中国铁道出版社，1990.4.512页；32开.—ISBN 7-113-00596-9：7.00元

本书1976年7月第1版。

铁路道口设备及安全管理/金福麟等编.—北京：中国铁道出版社，1990.12.—440页；32开.—ISBN 7-113-00911-5：6.20元

U292　行车组织

地方铁路设备及运营/谭金宇主编.—北京：中国铁道出版社，1990.2.—293页；32开.—ISBN 7-113-00245-5：2.20元

列车重量速度密度/王启锽主编.—北京：中国铁道出版社，1990.9.—322页；大32开.—ISBN 7-113-00736-8(精装)：7.95元

铁路军事运输知识/杨首道主编.—北京：中国铁道出版社，1990.5.—140页；32开.—ISBN 7-113-00885-2：2.40元

U293/294　旅客运输、货物运输

现代客运管理技术/韩杼滨主编.—上海：上海科学普及出版社，1990.10.—330页；32开.—ISBN 7-5427-0299-8：3.50元

货物装卸工艺/吴宏智，刘国湘主编.—北京：中国铁道出版社，1990.2.—332页；32开.—ISBN 7-113-00511-X：4.10元

货损预防/张云鹏等译.—大连：大连理工大学出版社，1990.5.—357页；32开.—ISBN 7-5611-0287-9：4.20元

放射性物质的卫生防护与运输安全/刘学成，韩开春编.—北京：中国铁道出版社，1990.8.—330页；32开.—ISBN 7-113-00790-2：4.35元

铁路委外装卸管理基础/《铁路委外装卸管理基础》编写组编.—北京：中国铁道出版社，1990.7.282页；32开.—ISBN 7-113-00943-3：3.20元

铁路货运知识大全/缪仁鹤主编.—合肥：安徽人民出版社，1990.12.—793页；32开.—ISBN 7-212-00469-3：11.50元

铁路货运管理与计费/周隽等编写.—杭州：浙江大学出版社，1990.12.—519页；32开.—ISBN 7-308-00645-X：6.40元

液化气体罐车的运输与管理/张仰明编著.—北京：中国铁道出版社，1990.6.—373页；32开.—ISBN 7-113-00805-4：6.45元

U298 安全技术

中华人民共和国国务院特别重大事故调查程序暂行规定·中华人民共和国铁道部铁路行车事故处理规则.—2版.—北京：中国铁道出版社，1990.7.—99页；64开.—ISBN 7-113-00968-9：0.75元
本书1975年7月第1版。

中华人民共和国铁道部铁路采石管理规则.—北京：中国铁道出版社，1990.10.—43页；32开.—ISBN 7-113-00985-9：0.70元

行车安全系统控制/张文玉主编.—北京：中国铁道出版社，1990.9.—121页；32开.—ISBN 7-113-00995-6：2.20元

铁路公安工作的理论与实践/李文彬著.—沈阳：辽宁人民出版社，1990.11.—292页；32开.—ISBN 7-205-01592-8：3.70元

铁路行车安全实用心理学/孟宪珠主编.—北京：中国铁道出版社，1990.5.—398页；32开.—ISBN 7-113-00918-2：5.00元

铁路运输安全心理/吴绍林，冯绍兴编著.—北京：中国铁道出版社，1990.10.—171页；32开.—ISBN 7-113-00944-1：2.60元

U4 公路运输

日英汉交通工程词典/日本高速公路调查会，日本交通工程研究会著；周庆桐编译.—北京：中国建筑工业出版社，1990.1.—254页；32开.—ISBN 7-112-00575-2（精装）：8.10元

U41 道路工程

中国土木工程学会第五届年会暨第二次全国城市桥梁学术会议论文集/于麟等编著.—天津：天津大学出版社，1990.4.—623页；16开.—ISBN 7-5618-0196-3（精装）：30.00元

道路交通工程系统分析方法/王炜编著.—南京：东南大学出版社，1990.9.—190页；16开.—ISBN 7-81023-379-3：2.70元

简明公路工程/朱永明主编.—南宁：广西教育出版社，1990.6.—311页；16开.—公路养护工高级技术培训教材.—ISBN 7-5435-0860-5：7.65元

U412 规划、勘测与设计

公路工程地质/李斌主编.—2版.—北京：人民交通出版社，1990.12.—209页；16开.—高等学校教材.ISBN 7-114-00754-X：2.80元

公路曲线测设用表　第一册/交通部第二公路勘察设计院编.—2版.—北京：人民交通出版社，1990.10.—576页；32开.—ISBN 7-114-00985-2（精装）：10.55元
本书1975年12月第1版。

公路设计规范汇编.—北京：人民交通出版社，1990.6.—1册；大32开.—ISBN 7-114-00902-X（精装）：12.10元

公路施工手册：桥涵　下册/交通部第一公路工程局编著.—北京：人民交通出版社，1990.12.—941页；大32开.—ISBN 7-114-00163-0（精装）：19.45元

公路航测选线/冯桂炎主编.—北京：人民交通出版社，1990.12.—161页；16开.—ISBN 7-114-00951-8：2.10元

城市道路规划与设计/（日）松下胜二等著；万国朝，杨付成译.—北京：中国建筑工业出版社，1990.10.—430页；大32开.—ISBN 7-112-00467-5：10.70元

城市道路美学：城市道路景观与环境设计/熊广忠著.—北京：中国建筑工业出版社，1990.6.—431页；大32开.—ISBN 7-112-01029-2：12.45元

道路路线设计/张廷楷等编著.—上海：同济大学出版社，1990.9.—377页；16开.—ISBN 7-5608-0618-X：4.85元

U414 道路建筑材料

公路建筑材料/袁国炜编著.—南宁：广西教育出版社，1990.4.—250页；大32开.—公路养护工高级技术培训教材.—ISBN 7-5335-0786-2：3.40元

沥青材料性能学/严家伋编著.—北京：人民交通出版社，1990.6.—293页；16开.—ISBN 7-114-00877-5：3.75元

道路建筑材料/严家伋编.—2版.—北京：人民交通出版社，1990.12.—267页；16开.—高等学校教材　公路与城市道路、桥梁工程专业用.—ISBN 7-114-00275-0：3.40元
本书1979年8月第1版。

U415 道路建筑施工

日本高速公路的施工管理：土石方路面工程应用篇/杨志杰，季锦城编译.—哈尔滨：黑龙江科学技术出版社，1990.9.—193页；32开.—ISBN 7-5388-1249-0：2.90元

公路工程机械台班费用定额/交通部公路工程定额站主编.—北京：人民交通出版社，1990.10.—37页；大32开.—ISBN 7-114-01055-9：2.50元

公路施工及验收规范汇编.—北京：人民交通出版社，1990.11.—158页；大32开.—ISBN 7-114-01004-4（精装）：12.90元

道路施工组织与管理/廖正环主编.—北京：人民交通出版社，1990.12.—184页；16开.—ISBN 7-114-00958-5：2.80元

路灯技术/胡培生等编著.—北京：科学技术文献出版社，1990.6.—190页；16开.—ISBN 7-5023-1288-9：10.00元

简明公路施工手册/杨文渊，徐犇编.—北京：人民交通出版社，1990.6.—1215页；32开.—ISBN 7-114-00840-6(精装)：27.60元

U416　路面路基工程

太阳能加热沥青/经德良主编.—北京：人民交通出版社，1990.10.—191页；16开.—ISBN 7-114-00964-X：7.05元

日本路面废料再生利用技术指南：草案/日本道路协会编；王元勋，张文魁译.—北京：人民交通出版社，1990.5.—88页；32开.—ISBN 7-114-00804-X：1.90元

刚性路面设计/邓学钧，陈荣生编著.—北京：人民交通出版社，1990.3.—596页；大32开.—ISBN 7-114-00789-2(精装)：14.25元

刚性路面设计/邓学钧，陈荣生编著.—北京：人民交通出版社，1990.3.—596页；大32开.—ISBN 7-114-00790-6：12.95元

道路路基工程/邴文山编著.—哈尔滨：哈尔滨工业大学出版社，1990.6.—435页；32开.—ISBN 7-5603-0261-0：3.90元

U418　道路养护与维修

山区道路雪害防治/胡汝骥等编著.—北京：科学技术文献出版社，1990.3.—104页；16开.—ISBN 7-5023-1249-8：6.00元

本书是对近30年来我国山区道路雪害防治研究的总结。书中主要论述了雪崩和风吹雪的形成、物理学特征、分类及其对道路的危害，以及道路雪害防治的方法和措施。

公路养护工人技术等级标准考核提要/交通部工程管理司，人事劳动司主编.—北京：人民交通出版社，1990.11.—429页；大32开.—ISBN 7-114-01015-X：6.65元

公路养护工人实用手册/李德新等编.—石家庄：河北人民出版社，1990.1.—382页；大32开.—ISBN 7-202-00578-3：4.80元

养路技术/黑龙江省公路局编.—哈尔滨：黑龙江科学技术出版社，1990.11.—243页；32开.—黑龙江省公路养护职工培训教材.—ISBN 7-5388-1386-1：3.30元

道班管理/黑龙江省公路局编.—哈尔滨：黑龙江科学技术出版社，1990.11.—124页；32开.—黑龙江省公路养护职工培训教材.—ISBN 7-5388-1387-X：1.95元

U421　特种道路

高速公路/张廷楷主编.—北京：人民交通出版社，1990.6.—247页；大32开.—高等学校试用教材　公路与城市道路专业用.—ISBN 7-114-00875-9：1.60元

U44　桥涵工程

林区桥梁工程/王春发，熊家财主编.—哈尔滨：东北林业大学出版社，1990.11.—431页；16开.—ISBN 7-81008-137-3：5.40元

桥梁工程　上册/范立础主编.—2版.—北京：人民交通出版社，1990.12.—453页；16开.—高等学校教材　桥梁工程专业用.—ISBN 7-114-00264-5：5.65元

桥梁工程　下册/范立础主编.—2版.—北京：人民交通出版社，1990.12.—286页；16开.—高等学校教材　桥梁工程专业用.—ISBN 7-114-00263-7：3.60元

简明桥涵工程/范治身编著.—南宁：广西教育出版社，1990.6.—373页；16开.—公路养护工高级技术培训教材.—ISBN 7-5435-0972-5：7.95元

U441　结构原理、结构力学

交通结构物设计/(苏)吉勃施曼(Гибщимàн, M.E.)著；袁国干等译.—北京：人民交通出版社，1990.4.—413页；大32开.—ISBN 7-114-00791-4：9.80元

桥梁结构力学/李明昭，万国宏编著.—北京：人民交通出版社，1990.6.—221页；16开.—ISBN 7-114-00834-1：2.85元

U442　勘测、设计与计算

公路小桥涵勘测设计/孙家驷编.—北京：人民交通出版社，1990.1.—123页；16开.—ISBN 7-114-00741-8：4.70元

水力学与桥涵水文/宋广尧主编.—北京：中国铁道出版社，1990.2.—237页；16开.—中等专业学校试用教材.—ISBN 7-113-00667-1：2.75元

桥涵水文/张学龄主编.—2版.—北京：人民交通出版社，1990.12.—185页；16开.—高等学校教材　公路与城市道路、桥梁工程专业用.—ISBN 7-114-00268-8：2.40元

本书1980年5月第1版。

桥梁计算示例集：拱桥　(一)/王国鼎主编.—北京：人民交通出版社，1990.10.—184页；16开.—ISBN

7-114-00441-9：6.05元

梁桥理论与计算/程翔云编著.—北京：人民交通出版社，1990.1.—572页；大32开.—ISBN 7-114-00393-5：12.80元

U443/445　桥梁构造、养护及维修

计算推力桩的综合刚度原理和双参数法/吴恒立编著.—北京：人民交通出版社，1990.3.—188页；32开.—ISBN 7-114-00795-7：3.50元

本书较系统地阐述了计算推力桩的综合刚度原理和双参数法，基于对推桩的桩—土共同作用的机理研究，通过三个可供调整的参数，可较为满意地计算推力桩。

桥梁的防撞保护系统及其设计/杨渡军编译.—北京：人民交通出版社，1990.7.—257页；大32开.ISBN 7-114-00850-3：9.10元

桥梁养护维修及改建/(苏)奥西波夫(Осипов, B.O.)主编；刘桂云译.—北京：中国铁道出版社，1990.11.—329页；大32开.—ISBN 7-113-00793-7：7.95元

书名原文：Сопержание и рсконструкция мостов

U448　各种桥梁

公路桥梁荷载横向分布计算/李国豪，石洞著.—2版.—北京：人民交通出版社，1990.11.—536页；大32开.—ISBN 7-114-00995-X(精装)：13.95元

考虑塑性变形的钢桥设计/(苏)波塔普金(Потапкин, А.А.)著；赵嘉行，文德云译.—北京：人民交通出版社，1990.9.—234页；大32开.—ISBN 7-114-00918-6：7.95元

现代混凝土公路桥设计/(美)汉斯(Heins, C.P.)，劳里(Lawrie, R.A.)著；万国朝等译.北京：人民交通出版社，1990.2.—714页；大32开.ISBN 7-114-00412-5：15.90元

哈尔滨松花江公路大桥施工技术与组织管理/黑龙江省公路桥梁公司编.—哈尔滨：黑龙江人民出版社，1990.6.—392页；16开.—ISBN 7-207-01397-3：12.00元

弯梁桥设计/吴西伦编著.—北京：人民交通出版社，1990.7.—146页；32开.—ISBN 7-114-00836-8：3.10元

铁路桥梁/王承礼，徐名枢主编.—北京：中国铁道出版社，1990.11.—465页；16开.—高等学校教材.ISBN 7-113-00852-6：6.95元

道路桥梁维修的设计与施工/(日)冈田郁生主编；(日)柳田和朗等著；李泽生译.—北京：人民交通出版社，1990.8.—213页；大32开.—ISBN 7-114-00828-7：5.05元

U45　隧道工程

洞门/铁道部专业设计院等编.—北京：中国铁道出版社，1990.3.—304页；32开.—(铁路隧道结构物设计计算丛书).—ISBN 7-113-00577-2：4.50元

隧道/李天财，张攀柱主编.—北京：中国铁道出版社，1990.7.—292页；16开.—中等专业学校教材.ISBN 7-113-00742-2：3.35元

U452　勘测与设计

交通隧道规划与设计/崔之鉴编著.—峨眉山：西南交通大学出版社，1990.3.—158页；16开.—ISBN 7-81022-132-9：2.45元

军都山隧道快速施工超前地质预报指南/中国科学院地质研究所铁道部隧道工程局编.—北京：中国铁道出版社，1990.7.—118页；32开.—ISBN 7-113-00863-1：2.10元

U455/456　隧道施工与观测

盾构施工技术/程骁，潘国庆编著.—上海：上海科学技术文献出版社，1990.12.—259页；32开.—ISBN 7-80513-702-1：4.50元

隧道工程监测和信息化设计原理/王建宇编著.—北京：中国铁道出版社，1990.11.—159页；大32开.ISBN 7-113-00917-4：3.25元

U46　汽车工程

汽车图解词典：中、俄、英、法、德、意对照/《汽车图解词典》编译组编.—北京：世界图书出版公司，1990.12.—117页；16开.—ISBN 7-5062-0859-8：11.70元

现代汽车新技术/李志强，魏汝仲编.—北京：人民交通出版社，1990.5.—147页；32开.—汽车驾驶员高级技术培训教材：试用.—ISBN 7-114-00936-4：1.80元

拖拉机汽车学　第一册：拖拉机汽车构造(上)/华中农业大学主编.—2版.—北京：农业出版社，1990.5.—250页；16开.—全国高等农业院校教材.ISBN 7-109-01369-3：3.30元

本书1981年7月第1版。

基础汽车工程学　下集/(日)近藤政市著；崔靖译.—西安：陕西科学技术出版社，1990.11.—343页；大32开.—ISBN 7-5369-0728-1：6.60元

U461　汽车理论

汽车运用工程/高延龄主编.—北京：人民交通出版社

版社，1990.6.—310页；16开.—高等学校试用教材　汽车运用工程专业用.—ISBN 7-114-00874-0：3.95元

汽车振动学/何渝生等编著.—北京：人民交通出版社，1990.5.—392页；16开.—ISBN 7-114-00797-3：15.10元

汽车理论/余志生主编.—2版（修订本）.—北京：机械工业出版社，1990.5.—247页；16开.—高等学校教材.—ISBN 7-111-02076-6：3.30元

本书1981年8月第1版。

汽车理论基础/单成昕编著.—北京：人民交通出版社，1990.4.—123页；32开.—汽车驾驶员高级技术培训教材：试用.—ISBN 7-114-00928-2：1.55元

U462　整车设计与计算

汽车可靠性设计/武汉工学院，吉林工业大学编.北京：机械工业出版社，1990.5.—170页；16开.高等学校试用教材.—ISBN 7-111-01987-3：2.25元

汽车设计/（日）小田柿浩三著；徐逢源译.—北京：机械工业出版社，1990.6.—222页；16开.—ISBN 7-111-02394-3：9.40元

汽车技术标准汇编/日本汽车认证制度协会编；长春汽车研究所试验部译.—长春：吉林科学技术出版社，1990.8.—286页；16开.—ISBN 7-5384-0578-X：7.10元

U463　汽车结构部件

进口汽车结构图册：英汉对照/简占甫，刘林编译.—广州：广东科技出版社，1990.2.—834页；16开.—ISBN 7-5359-0474-2：28.00元

汽车及摩托车构造原理/吉林省公安厅交通管理局编.—北京：机械工业出版社，1990.1.—216页；16开.—ISBN 7-111-02270-X：5.90元

汽车构造与原理/张锦星，原勇编.—北京：人民交通出版社，1990.4.—410页；32开.—汽车修理工高级技术培训教材：试用.—ISBN 7-114-00933-X：4.65元

汽车构造习题集/徐志刚主编.—北京：人民交通出版社，1990.12.—74页；16开.—交通系统技工学校通用教材　汽车驾驶和汽车修理专业用.—ISBN 7-114-01048-6：2.70元

汽车构造习题集答案/徐志刚主编.—北京：人民交通出版社，1990.12.—62页；32开.—交通系统技工学校通用教材　汽车驾驶和汽车修理专业用.—ISBN 7-114-01049-4：1.20元

汽车构造图册：解放CAIOB型载重汽车/第一汽车制造厂编.—2版.—北京：人民交通出版社，1990.9.29页；8开.—ISBN 7-114-00466-4：3.35元

本书1971年5月第1版。

汽车构造实习教材/徐志刚主编.—北京：人民交通出版社，1990.12.—143页；16开.—交通系统技工学校通用教材　汽车驾驶和汽车修理专业用.—ISBN 7-114-01047-8：4.60元

汽车轮胎工、技师技术考核问答/云南省交通厅编.北京：人民交通出版社，1990.1.—337页；32开.（汽车维修行业定级考核参考丛书/张世德主编）.ISBN 7-114-00811-2：6.15元

汽车配件常识/袁志荣编.—北京：人民交通出版社，1990.4.—420页；32开.—ISBN 7-114-00786-8：5.45元

汽车排气分析仪及柴油车烟度计使用维护技术一百问/庞抗美，邓德化编著.—北京：中国环境科学出版社，1990.12.—72页；32开.—ISBN 7-80010-799-X：2.50元

汽车常用零件设计基础与汽车材料/彭侃，尚兰福编.—北京：人民交通出版社，1990.4.—456页；32开.—汽车修理工高级技术培训教材：试用.—ISBN 7-114-00935-6：5.90元

汽车零部件失效分析及改进：东风牌汽车/第二汽车制造厂，中国汽车技术研究中心编.—长春：吉林科学技术出版社，1990.3.—118页；16开.—ISBN 7-5384-0502-X：5.00元

汽车零部件验收规范及职工技术等级标准/中国汽车贸易总公司编.—长沙：湖南科学技术出版社，1990.10.—210页；32开.—ISBN 7-5357-0843-9：5.00元

现代汽车铝铸件/李应堂等主编.—上海：上海科学技术出版社，1990.12.—253页；16开.—ISBN 7-5323-2257-2：13.20元

国产汽车零部件实用互换手册/《国产汽车零部件实用互换手册》编写组编.—合肥：安徽科学技术出版社，1990.10.—648页；16开.—ISBN 7-5337-0621-8：20.00元

提高汽车零件的耐磨性/（苏）拉符里诺维奇（Лавринович，М.Ф.），舒斯捷尔尼亚克（Шустерняк，М.М.）著；谭玉芳，谭奈林译.—北京：机械工业出版社，1990.10.—106页；32开.—ISBN 7-111-02037-5：2.90元

U463.6　电气设备及附件

日本汽车电器设备和皇冠牌轿车电器设备的维修/《日本汽车电器设备和皇冠牌轿车电器设备的维修》编译组编.—北京：电子工业出版社，1990.1.274页；16开.—ISBN 7-5053-0624-3：10.00元

机动车安全检测自动控制系统/马强骏等编著.—西安：西北工业大学出版社，1990.10.—89页；32开.ISBN 7-5612-0305-5：4.50元

汽车电子仪表/王洪编译.—北京：北京科学技术出版社，1990.5.—103页；32开.—ISBN 7-5304-0626

-4：1.40元

汽车点火系的故障与排除/宋森编著.—哈尔滨：黑龙江科学技术出版社，1990.3.—171页；32开.—ISBN 7-5388-0906-6：2.30元

国内外汽车电路图集　第一集/《国内外汽车电路图集》编辑委员会编.—长沙：国防科技大学出版社，1990.9.—242页；8开.—ISBN 7-81024-131-1：14.50元

国内外流行汽车电路原理及维修图集　第五集/《国内外流行汽车电路原理及维修图集》编写组编.—北京：电子工业出版社1,990.12.—232页；8开.—ISBN 7-5053-1142-5：16.80元

U463.8　驾驶室及车身设备

汽车空调的原理与维修/王久生等编著.—武汉：武汉测绘科技大学出版社，1990.10.—200页；32开.ISBN 7-81030-026-1：2.80元

汽车空调原理、结构与维修/郑明华编著.—重庆：科学技术文献出版社重庆分社，1990.2.—164页；32开.—ISBN 7-5023-1119-X：2.00元

汽车空调维修/熊国维等编译.—北京：北京科学技术出版社，1990.7.—138页；16开.—ISBN 7-5304-0703-1：4.00元

U464　汽车发动机

车辆用涡轮增压器：构造、原理、使用与维修/袁玉和等编著.—北京：国防工业出版社，1990.8.—238页；大32开.—ISBN 7-118-00521-5：5.50元

进口汽车发动机维修图册/楼鹏年，谢绍发编写.杭州：浙江科学技术出版社，1990.10.—235页；16开.—ISBN 7-5341-0284-7：9.00元

汽车化油器的使用与检修/赵琢，宋乃宝编著.—哈尔滨：黑龙江科学技术出版社，1990.3.—271页；32开.—ISBN 7-5388-0907-4：3.15元

汽车发动机设计　第一册/陆际清，孟嗣宗编著.北京：清华大学出版社，1990.10.—312页；16开.ISBN 7-302-00655-5：4.35元

汽车发动机的修理/刘廷振编.—北京：人民交通出版社，1990.4.—636页；大32开.—ISBN 7-114-00771-X：8.80元

拖拉车汽车及农用内燃机/金农主编；罗学愚等编.长沙：湖南教育出版社，1990.5.—323页；16开.—中等职业技术学校教材.—ISBN 7-5355-1131-7：5.40元

U469　各种用途汽车

机动车技术资料图册/郭宣武主编.—长沙：湖南出版社，1990.10.—92页；16开.—ISBN 7-5438-0023-3（精装）：35.00元

解放系列汽车技术性能手册/解放汽车工业企业联营公司，中国解放汽车贸易公司编.—北京：机械工业出版社，1990.1.—796页；16开.—ISBN 7-111-02082-0（精装）：38.00元

U469.1　客　车

上海桑塔纳轿车维修手册/《汽车车型及汽车配件目录》丛书编委会编.—修订版.—北京：中国物资出版社，1990.11.—107页；16开.—（汽车车型及汽车配件目录丛书/夏俊博主编）.—ISBN 7-5047-0270-6：5.00元

本书1989年12月第1版。

国产110系列微型汽车使用维修手册/沈国华编著.南昌：江西科学技术出版社，1990.12.—109页；32开.—ISBN 7-5390-0384-7：1.95元

轿车实用技术手册/（联邦德国）里德尔（Riedl，H.）著；李相群译.—西安：西安交通大学出版社，1990.3.—357页；16开.—ISBN 7-5605-0318-7（精装）：23.00元

书名原文：Handbuch Praktische Autotechnik

SY622C型旅行客车维修配件目录/金杯汽车销售总公司技术服务中心编.—沈阳：辽宁科学技术出版社，1990.5.—160页；16开.—ISBN 7-5381-0875-0：5.80元

U469.2　载货汽车

三菱重型汽车结构性能、维修数据及配件互换目录/《汽车车型及汽车配件目录》丛书编委会编.—北京：中国物资出版社，1990.6.—891页；16开.（汽车车型及汽车配件目录丛书/夏俊博主编）.—ISBN 7-5047-0168-8：27.00元

天津雁牌TJ1040系列轻型载货汽车构造使用保养与维修/天津市汽车制造厂编.—武汉：华中理工大学出版社，1990.7.—393页；32开.—（国产汽车丛书）.ISBN 7-5609-0501-3：4.86元

太脱拉815型载货汽车维修手册/《汽车车型及汽车配件目录》丛书编委会编.—北京：中国物资出版社，1990.10.—378页；16开.—（汽车车型及汽车配件目录丛书/夏俊博主编）.—ISBN 7-5047-0209-9：15.00元

东风牌载货汽车的保养与维修问答/肖永清编.—北京：机械工业出版社，1990.10.—230页；32开.—ISBN 7-111-02189-4：4.30元

北京BJ130系列轻型载货汽车零件目录/北京轻型汽车有限公司编.—北京：科学普及出版社，1990.11.—180页；16开.—ISBN 7-110-01672-2：7.50元

国产中型载货汽车车型及配件目录/《汽车车型及

汽车配件目录》丛书编委会编.—北京：中国物资出版社，1990.6.—830页；16开.—（汽车车型及汽车配件目录丛书/夏俊博主编）.—ISBN 7-5047-0180-7：29.00元

国产轻型汽车的故障与排除/田耀文，宋政军编著.北京：金盾出版社，1990.10.—179页；32开.—ISBN 7-80022-221-7：2.50元

国产轻型载货汽车车型及配件目录/《汽车车型及汽车配件目录》丛书编委会编.—北京：中国物资出版社，1990.8.—968页；16开.—（汽车车型及汽车配件目录丛书/夏俊博主编）.—ISBN 7-5047-0204-8：31.00元

解放CA141东风EQ140型汽车使用保养指南/肖伯英等编著.—北京：金盾出版社，1990.8.—217页；32开.—ISBN 7-80022-191-1：3.00元

解放CA141KZ载货汽车构造图册/第一汽车制造厂编.—长春：吉林科学技术出版社，1990.5.—1册；8开.—ISBN 7-5384-0485-6：18元.0C

BJ1041、BJ1050（BJ136）系列轻型载货汽车使用说明书/北京轻型汽车有限公司编.—北京：机械工业出版社，1990.7.—118页；大32开.—ISBN 7-111-02249-1：2.80元

EQ140-1型东风汽车使用问答/李维谔主编.—武汉：湖北人民出版社，1990.10.—473页；32开.—ISBN 7-216-00633-X：6.30元

EQ140-1型东风汽车维修手册/李维谔主编.—2版.武汉：湖北人民出版社，1990.9.—691页；32开.ISBN 7-216-00627-5：7.20元

本书1988年1月第1版。

U469.6 专用汽车

消防车的结构与使用/李炳泉主编；范强强，李恩祥编.—北京：机械工业出版社，1990.6.—241页；16开.—ISBN 7-111-01845-1：12.40元

散装水泥汽车运输技术与管理/石天庸主编.—武汉：湖北人民出版社，1990.1.—424页；大32开.—ISBN 7-216-00527-9：5.95元

U471 汽车驾驶与使用

汽车及摩托车驾驶与维修/吉林省公安厅交通管理局编.—北京：机械工业出版社，1990.1.—197页；16开.—ISBN 7-111-02522-9：5.80元

汽车应用经验集锦/甘前友编著.—上海：上海科学技术文献出版社，1990.3.—100页；32开.—ISBN 7-80513-555-X：1.50元

U471.1 汽车驾驶

汽车驾驶与运用/上海市交通学校编著.—上海：上海科学技术出版社，1990.5.—315页；大32开.—（汽车驾驶员培训读本）.—ISBN 7-5323-1931-8：4.00元

汽车驾驶安全指南/刘代文，白建生主编.—北京：海洋出版社，1990.8.—267页；大32开.—ISBN 7-5027-1222-4：4.50元

汽车驾驶教练方法/交通技工教育研究会，汽车专业华东区委员会主编.—北京：人民交通出版社，1990.11.—183页；32开.—交通系统技工学校通用教材 汽车驾驶专业用.—ISBN 7-114-00980-1：2.50元

拖拉机汽车驾驶技术与行车安全/蒋昌孝编.—长沙：湖南教育出版社，1990.2.—148页；32开.—中等职业技术学校教材.—ISBN 7-5355-1040-X：1.40元

U471.2 汽车使用

与汽车驾驶员谈节油/魏自荣编.—北京：人民交通出版社，1990.7.—241页；32开.—ISBN 7-114-00787-6：4.00元

汽车节能基础理论及其应用/边耀璋主编.—北京：人民交通出版社，1990.1.—198页；16开.—ISBN 7-114-00820-1：4.65元

汽车使用管理/黄日铜，李振洋编.—北京：人民交通出版社，1990.4.—273页；32开.—汽车驾驶员高级技术培训教材：试用.—ISBN 7-114-00932-1：3.20元

U471.3 驾驶员

中高级汽车驾驶员标准化晋级考试指南/冯西宁编.西安：陕西人民出版社，1990.7.—187页；32开.ISBN 7-224-01348-X：2.30元

机动车驾驶员自我保健手册/张家栋等主编.—沈阳：辽宁科学技术出版社，1990.2.—280页；32开.ISBN 7-5381-0876-9：3.90元

汽车驾驶员技术等级标准：试行/中华人民共和国交通部编.—北京：人民交通出版社，1990.7.—16页；64开.—ISBN 7-114-00927-5：0.20元

汽车驾驶员指南：安全行车·考试问答·交通法规/唐春荣编著.—兰州：甘肃科学技术出版社，1990.11.—359页；32开.—ISBN 7-5424-0294-3：4.95元

汽车驾驶员培训教材/广西区公安厅车辆管理所，柳州市公安局车辆管理所编著.—南宁：广西科学技术出版社，1990.9.—528页；32开.—ISBN 7-80565-375-7：5.90元

汽车驾驶员培训教材/黑龙江省公安交通管理局编.—哈尔滨：黑龙江人民出版社，1990.5.—506页；附图；32开.—ISBN 7-207-01495-3：7.40元

汽车驾驶员操作技能训练教程/马德俊，许富安编.

北京：人民交通出版社，1990.4.—268页；32开.汽车驾驶员高级技术培训教材：试用.—ISBN 7-114-00921-6：2.70元

驾驶员之友/孙勇等编著.—海口：南海出版公司，1990.11.—310页；32开.—ISBN 7-80570-242-X：4.20元

驾驶员安全向导/陈根华主编.—上海：上海人民出版社，1990.6.—309页；32开.—ISBN 7-208-00867-1：3.65元

驾驶员实用手册/杨立起主编.—哈尔滨：黑龙江科学技术出版社，1990.10.—452页；32开.—ISBN 7-5388-1338-1（精装）：7.50元

银行驾驶员实用手册/田忠华等编写；中国工商银行基本建设部编.—济南：济南出版社，1990.6.176页；32开.—ISBN 7-80572-263-3：3.45元

U472　汽车保养与修理

汽车技术使用/上海汽车驾驶专业技校联合部编.上海：百家出版社，1990.9.—184页；32开.—ISBN 7-80576-113-2：2.60元

汽车构造与修理/劳动部培训司组织编写.—北京：中国劳动出版社，1990.8.—383页；32开.—就业训练汽车修理专业统编教材：试用.—ISBN 7-5045-0503-X：4.40元

汽车的使用与保养维修500答疑：越野车及轻型载货汽车/彭标兴等编.—北京：人民交通出版社，1990.12.—306页；32开.—ISBN 7-114-01050-8：5.30元

汽车保养与故障排除/张则曹编著.—上海：上海科技教育出版社，1990.6.—112页；16开.—职业技术教育课本.—ISBN 7-5428-0242-9：2.10元

汽车保养调整图册.—2版.—北京：人民交通出版社，1990.1.—123页；16开.—ISBN 7-114-00793-0：3.80元

本书增添了解放CA141、东风EQ140、跃进NJ136以及一些小客车的有关保养调整资料。

汽车保养维修知识/张克健编.—北京：机械工业出版社，1990.11.—316页；32开.—ISBN 7-111-02181-9：6.00元

U472.4　汽车维修工艺与方法

二级汽车修理工必读/宋森主编.—长春：吉林科学技术出版社，1990.7.—416页；32开.—（汽车修理工人技术等级标准丛书）.—ISBN 7-5384-0510-0：4.90元

三级汽车修理工必读/宋森，柴兴芝主编.—长春：吉林科学技术出版社，1990.7.—411页；32开.（汽车修理工人技术等级标准丛书）.—ISBN 7-5384-0511-9：4.80元

四级汽车修理工必读/徐守业，柴兴芝主编.—长春：吉林科学技术出版社，1990.7.—302页，32开.（汽车修理工人技术等级标准丛书）.—ISBN 7-5384-0512-7：3.70元

五级汽车修理工必读/刘国富主编.—长春：吉林科学技术出版社，1990.7.—451页；32开.—（汽车修理工人技术等级标准丛书）.—ISBN 7-5384-0513-5：5.20元

六级汽车修理工必读/张福双，洪炜主编.—长春：吉林科学技术出版社，1990.7.—271页；32开.（汽车修理工人技术等级标准丛书）.—ISBN 7-5384-0514-3：3.40元

七级汽车修理工必读/汪彦杰，高福恩编著.—长春：吉林科学技术出版社，1990.7.—526页；32开.（汽车修理工人技术等级标准丛书）.—ISBN 7-5384-0515-1：6.10元

八级汽车修理工必读/关文达等编著.—长春：吉林科学技术出版社，1990.7.—559页；32开.—（汽车修理工人技术等级标准丛书）.—ISBN 7-5384-0516-X：6.40元

工人考工晋级试题与答案：汽车修理工/辽宁省工人技术考核委员会统编.—沈阳：沈阳出版社，1990.12.—385页；32开.—（工人考工晋级试题与答案丛书）.—ISBN 7-80556-480-9：4.80元

日本丰田汽车维修手册：发动机篇/周宏湖，徐沪生编译.—北京：中国物资出版社，1990.1.—235页；32开.—（汽车车型及汽车配件目录丛书/夏俊博主编）.—ISBN 7-5047-0183-1：7.00元

机动车修理工必读/天津市机械工业管理局主编.天津：天津科学技术出版社，1990.6.—647页；32开.—（工人技术等级标准自学丛书）.—ISBN 7-5308-0550-9：8.45元

进口汽车使用维修400问/白照华，曹秀玉著.—福州：福建科学技术出版社，1990.7.—662页；大32开.—ISBN 7-5335-0363-5：8.20元

汽车应急修理与安全行驶600问/林家和，张玉甫编著.—北京：兵器工业出版社，1990.7.—407页；32开.—ISBN 7-80038-207-9：6.90元

汽车、拖拉机、摩托车故障识别与应急处理/杨乃昂等编著.—南昌：江西科学技术出版社，1990.12.163页；32开.—ISBN 7-5309-0387-1：2.40元

汽车油漆工、技师技术考核问答/云南省交通厅编.北京：人民交通出版社，1990.1.—324页；32开.（汽车维修行业定级考核参考丛书/张世德主编）.ISBN 7-114-00856-2：4.20元

汽车故障原因分析 排除方法图解：电气设备分册/孙仲铭主编.—长春：吉林科学技术出版社，1990.1.—112页；16开.—ISBN 7-5384-0460-0：3.20元

汽车故障原因分析 排除方法图解：发动机分册/孙仲铭主编.—长春：吉林科学技术出版社，1990.1.203页；16开.—ISBN 7-5384-0450-3：4.30元

汽车故障原因分析 排除方法图解：底盘分册/孙仲铭主编.—长春：吉林科学技术出版社，1990.1.175页；16开.—ISBN 7-5384-0449-X：4.10元

汽车故障简易判断方法200例/龚金元编著.—北京：金盾出版社，1990.8.—228页；32开.—ISBN 7-80022-153-9：3.00元

汽车修理工操作技能训练教程/徐国富编.—北京：人民交通出版社，1990.4.—107页；32开.—汽车修理工高级技术培训教材：试用.—ISBN 7-114-00934-8：1.40元

汽车修理专业工人技术等级标准：试行/中华人民共和国交通部编.—北京：人民交通出版社，1990.2.58页；64开.—ISBN 7-114-00831-7：0.55元

汽车修理实习指导/劳动部培训司编写.—北京：中国劳动出版社，1990.8.—76页；36开.—就业训练汽车修理专业统编教材：试用.—ISBN 7-5045-0497-1：1.05元

汽车维修/黄志刚编.—北京：人民交通出版社，1990.4.—156页；32开.—汽车驾驶员高级技术培训教材：试用.—ISBN 7-114-00922-4：1.40元

现代汽车修理/唐艺编著.—北京：机械工业出版社，1990.3.—336页；16开.—ISBN 7-111-02053-7：10.30元

柴油汽车使用与维修360问/白昂编著.—北京：金盾出版社，1990.2.—249页；32开.—ISBN 7-80022-162-8：3.50元

U472.9　汽车诊断和检测技术

机动车辆检验实用手册/陈玉龙编.—南宁：广西人民出版社，1990.1.—1246页；16开.—ISBN 7-219-01475-9(精装)：36.80元

汽车保修与检测机具使用技巧/(日)杉浦乾著；于振洲等译.—北京：人民交通出版社，1990.3.505页；大32开.—ISBN 7-114-00712-4：10.10元

汽车修理与检测技术/戴学光，蔡临川编.—北京：人民交通出版社，1990.4.—378页；32开.—汽车修理工高级技术培训教材：试用.—ISBN 7-114-00926-7：4.35元

U48　其他道路运输工具

U483　摩托车

日本摩托车维修保养大全/日本CBS索尼公司编著；国生　保陆编译.—北京：北京出版社，1990.6.261页；16开.—ISBN 7-200-00915-6：5.00元

西马牌250型摩托车构造使用保养与维修/陕西摩托车厂编.—哈尔滨：黑龙江科学技术出版社，1990.1.111页；32开.—(中国摩托车丛书).—ISBN 7-5388-0849-3：2.20元

嘉陵-本田JH70型、重庆-雅马哈CY80型摩托车的构造与维修/陈建学等编.—南宁：广西科学技术出版社，1990.8.—165页；32开.—ISBN 7-80565-345-3：2.10元

嘉陵-本田JH70型摩托车维修手册/韩幼民，李洪全编.—重庆：重庆出版社，1990.8.—116页；16开.—ISBN 7-5366-0443-2(精装)：6.75元

摩托车构造/陈华新等编著.—武汉：武汉测绘科技大学出版社，1990.7.—260页；16开.—ISBN 7-81030-141-1：6.20元

摩托车的结构保养与检修/《摩托车的结构保养与检修》编写组编.—北京：人民邮电出版社，1990.12.—409页；16开.—中央电视台电视讲座教材.—ISBN 7-511-04443-0：10.20元

摩托车实用知识手册/《摩托车实用知识手册》编写组编.—北京：中国商业出版社，1990.8.—938页；大32开.—ISBN 7-5044-0582-5：12.50元

摩托车驾驶技术与技巧/黄苏宝，宋秀杰编.—福州：福建科学技术出版社，1990.7.—136页；32开.ISBN 7-5335-0374-0：1.70元

摩托车驾驶员培训教材/孙琪，果长林主编；王培良等编.—天津：天津科学技术出版社，1990.10.306页；16开.—ISBN 7-5308-0890-7：9.75元

摩托车驾驶员培训教材/杭州市公安局交通警察支队编.—上海：上海科技教育出版社，1990.12.—187页；32开.—ISBN 7-5428-0507-X：1.85元

摩托车驾驶维修技术/殷贤云等编著.—南昌：江西科学技术出版社，1990.3.—428页；32开.—ISBN 7-5390-0284-0：4.95元

摩托车常见故障检修200问/李奇荣，杨培信编著.福州：福建科学技术出版社，1990.4.—347页；32开.—ISBN 7-5335-0346-5：3.75元

摩托车600问/王从栋主编.—济南：山东科学技术出版社，1990.4.—863页；32开.—ISBN 7-5331-0665-2(精装)：11.15元

U484　自行车

自行车使用与维修问答/赵子超编著.—北京：人民邮电出版社，1990.4.—194页；32开.—ISBN 7-115-04237-3：2.60元

自行车的修理/俞霖，姚伟著.—北京：解放军出版社，1990.6.—180页；32开.—(培养军地两用人才技术丛书/吕英主编).—ISBN 7-5065-1323-4：2.80元

自行车装配与维修/初级职业技术教育培训教材编

审委员会主编.—上海：上海科学技术出版社，1990.11.—246页；32开.—初级职业技术教育培训教材.ISBN 7-5323-2174-6：2.70元

自行车装配·检测与维修/王振亚等编.—上海：上海科学技术出版社，1990.8.—228页；32开.—ISBN 7-5323-2165-7：2.55元

自行车趣谈/管善扬，解直泰编译.—北京：新时代出版社，1990.4.—196页；32开.—ISBN 7-5042-0081-3：3.30元

U49　交通工程与公路运输技术管理

公路交通调查指南/交通部公路规划设计院主编.北京：人民交通出版社，1990.11.—211页；大32开.ISBN 7-114-01052-4（精装）：9.50元

公路交通调查指南/交通部公路规划设计院主编.北京：人民交通出版社，1990.11.—211页；大32开.ISBN 7-114-01051-6：5.80元

U491　交通工程与交通管理

少儿交通安全知识/任宏业编.—太原：山西人民出版社，1990.9.—36页；32开.—ISBN 7-203-01774-5：1.00元

中小学生交通安全常识/《中小学生交通安全常识》编写组编.—郑州：河南教育出版社，1990.3.56页；32开.—ISBN 7-5347-0817-6：1.00元

中小学生交通安全常识画册/杨建兴主编.—南宁：广西民族出版社，1990.9.—37页；16开.—ISBN 7-5313-0869-8：1.20元

交通工程基础/原勇编.—北京：人民交通出版社，1990.4.—232页；32开.—汽车驾驶员高级技术培训教材：试用.—ISBN 7-114-00924-0：2.70元

交通工程基础/（美）Homburger，W.S.，Kell，J.H.著；任福田等译.—北京：中国建筑工业出版社，1990.10.—309页；16开.—ISBN 7-112-00922-7：13.05元

书名原文：Fundamentals of Traffic Engineering

交通征稽管理/杨中杰，孟考祥主编.—太原：山西人民出版社，1990.12.—309页；32开.—ISBN 7-203-01773-7：3.90元

交通流基础理论/江苏省公安厅交通管理局编著.南京：江苏人民出版社，1990.11.—266页；32开.—道路交通管理专业教材.—ISBN 7-214-00590-5：3.90元

社会车辆管理概论/高启铭编著.—北京：人民交通出版社，1990.5.—296页；32开.—ISBN 7-114-00937-2：5.30元

现代化交通管理指要/魏长河等主编.—大连：大连理工大学出版社，1990.9.—227页；32开.—ISBN 7-5611-0318-2：3.00元

武警车辆管理/李春桂主编.—北京：人民交通出版社，1990.10.—247页；16开.—武警后勤训练系列教材.—ISBN 7-114-01056-7：8.20元

城市交通管理学/冯挚编著.—北京：群众出版社，1990.5.—517页；大32开.—ISBN 7-5014-0477-1：8.40元

高速公路管理/美国运输部联邦公路管理局著；潘文敏等译.—西安：西北工业大学出版社，1990.9.441页；16开.—ISBN 7-5612-0278-4：24.00元

袖珍交通管理手册/侯新法编.—济南：山东科学技术出版社，1990.5.—304页；64开.—ISBN 7-5331-0698-9：3.35元

道路与交通环境/秦殿发主编.—北京：中国人民公安大学出版社，1990.6.—327页；32开.—ISBN 7-81011-236-8：2.10元

道路交通安全/赵恩棠，刘晞柏编.—北京：人民交通出版社，1990.12.—286页；大32开.—高等学校试用教材　交通工程专业用.—ISBN 7-114-00977-1：2.40元

道路交通安全手册/周赤主编；上海市公安局交通处编.—上海：上海人民出版社，1990.10.—178页；32开.—ISBN 7-208-00719-5（精装）：9.95元

道路条件与交通安全/（苏）巴布可夫（Бабков，В.Ф.）著；景天然译.—上海：同济大学出版社，1990.1.—308页；大32开.—ISBN 7-5608-0374-1：4.50元

U491.3　交通事故

四十年见闻之车祸：成因及预防/张成义编著.北京：机械工业出版社，1990.3.—333页；32开.ISBN 7-111-01988-1：6.00元

当事人如何参与交通事故处理/傅以诺编著.—北京：人民交通出版社，1990.12.—98页；32开.—ISBN 7-114-01017-6：2.95元

行车安全与事故/周石山，张淑超主编.—昆明：云南科技出版社，1990.9.—288页；32开.—ISBN 7-5416-0308-2：3.90元

交通事故案例选编/曲培轩，侯渝玉著.—南宁：广西民族出版社，1990.2.—123页；32开.—ISBN 7-5363-0724-1：1.50元

拖拉机事故案例选编/山西省农业机械安全监理总站编.—太原：山西科学教育出版社，1990.1.—64页；32开.—ISBN 7-5377-0222-5：1.00元

道路交通事故现场摄影技术/杨蜀成著.—成都：四川科学技术出版社，1990.9.—114页；32开.—ISPN 7-5364-1721-7：1.95元

道路交通事故致残人员残疾等级评定/赵殿昌等主

编.—北京：人民交通出版社，1990.10.—73页；32开.—ISBN 7-114-01088-5：2.50元

道路交通事故咨询解答/安忠民，苏志民主编.—石家庄：河北人民出版社，1990.11.—419页；32开.ISBN 7-202-00817-3：5.10元

覆车之鉴：典型交通事故五百例/济警，嘉警编.济南：山东人民出版社，1990.11.—228页；32开.ISBN 7-209-00770-9：2.50元

U491.4　交通管制

车队安全系统管理/韩向军编著.—北京：群众出版社，1990.5.—253页；32开.—ISBN 7-5014-0511-5：2.95元

车辆与驾驶员管理/江苏省公安厅交通管理局编著.—南京：江苏人民出版社，1990.6.—303页；32开.—道路交通管理专业教材.—ISBN 7-214-00490-9：3.80元

汽车运输业车辆技术管理规定/中华人民共和国交通部编.—北京：人民交通出版社，1990.5.—29页；32开.—ISBN 7-114-01002-8：0.70元

汽车运输业车辆技术管理规定相关规章汇编.—北京：人民交通出版社，1990.10.—227页；32开.ISBN 7-114-01016-8：4.10元

道路交通管理法规问题解答　第一辑/青海省公安交通警察总队编.—西宁：青海人民出版社，1990.5.303页；64开.—ISBN 7-225-00347-X：1.80元

道路交通管理法规基础理论/江苏省公安厅交通管理局编著.—南京：江苏人民出版社，1990.6.—138页；32开.—道路交通管理专业教材.—ISBN 7-214-00489-5：1.90元

U491.5　线路交通安全设施

汽车的夜间行驶安全/（苏）A.Ъ.吉雅柯夫著；任培森译.—北京：人民交通出版社，1990.9.—202页；大32开.—ISBN 7-114-00895-3：4.50元

道路照明/（荷）波莫（VanBomel，W.J.M.），（荷）波尔（Boer，P.J.B.）著；林贤光，李景色译.—北京：轻工业出版社，1990.2.—355页；大32开.—ISBN 7-5019-0706-4：8.30元

书名原文：Road Lighting

U492　运营技术

交通安全行车探秘/潘玩宇，潘柳佚编著.—桂林：广西师范大学出版社，1990.11.—88页；32开.（生物节津研究丛书；一）.—ISBN 7-5633-0962-4：1.10元

交通安全指南/石俊杰等主编.—北京：知识出版社，1990.12.—210页；大32开.—ISBN 7-5015-0464-4：2.95元

汽车零担货运业务知识问答/孙守仁主编.—北京.人民交通出版社，1990.8.—61页；32开.—ISBN 7-114-00973-9：1.60元

乘客心理与优质服务/刘志超等著.—西安：陕西人民出版社，1990.8.—141页；32开.—ISBN 7-224-01272-6：1.95元

U6　水路运输

U61　航道工程

渠化工程学/蔡志长主编.—2版.—北京：人民交通出版社，1990.12.—298页；16开.—高等学校教材　港口与航道工程专业.—ISBN 7-114-00981-X：3.85元

本书1981年7月第1版。

U65　港口工程

小渔港的修建和使用/辛洪富编写.—北京：海洋出版社，1990.10.—40页；32开.—（沿海农村实用科技文库）.—ISBN 7-5027-1040-0：1.30元

中国沿海港口新建设.—北京：新星出版社，1990.—27页；32开.—ISBN 7-80085-245-8：2.00元

龙口港/綦寿全主编.—北京：海洋出版社，1990.12.—368页；大32开.—ISBN 7-5027-1363-8：12.50元

安庆港史/叶勃主编.—武汉：武汉出版社，1990.6.—207页；大32开.—ISBN 7-5430-0342-2：2.60元

武汉港口志/《武汉港史志》编纂委员会编.—武汉：武汉出版社，1990.10.—192页；大32开.—ISBN 7-5430-0419-4（精装）：5.30元

宜昌港史/乔铎主编.—武汉：武汉出版社，1990.9.—328页；大32开.—ISBN 7-5430-0392-9（精装）：4.00元

港口发展与沿海经济/杨玉生主编.—大连：大连海运学院出版社，1990.8.—239页；大32开.—（中国港口研究丛书；第2辑）.—ISBN 7-5632-0184-X：4.50元

U656　港口水工建筑物

防波堤的优化设计与可靠度/刘大中编著.—北京：人民交通出版社，1990.8.—230页；大32开.—ISBN 7-114-00858-1：8.20元

船闸电气/徐守余，钱亚英编.—北京：人民交通出版社，1990.1.—147页；32开.—ISBN 7-114-00802-3：3.40元

U66　船舶工程

船舶概论/龚益华主编.—北京：国防工业出版社，1990.3.—193页；16开.—高等学校统编教材.—ISBN 7-118-00629-7：2.55元

U661　船舶原理

船舶计算结构力学/金在律等编著.—大连：大连理工大学出版社，1990.5.—311页；16开.—高等学校教材.—ISBN 7-5611-0319-0：4.34元

船舶原理　上册/荀治国主编.—北京：人民交通出版社，1990.6.—151页；16开.—交通系统中等专业学校试用教材　航舶修造专业用.—ISBN 7-114-00860-0：1.80元

船舶原理　下册/郭春兰主编.—北京：人民交通出版社，1990.6.—231页；16开.—交通系统中等专业学校试用教材　船舶修造专业用.—ISBN 7-114-00879-1：2.65元

船舶原理与结构/陈雪深等编.—上海：上海交通大学出版社，1990.6.—191页；16开.—ISBN 7-313-00140-1：2.50元

U662/663　船舶设计、船舶结构

节能船型设计/李干洛等编.—北京：国防工业出版社，1990.4.—116页；16开.—高等学校统编教材.ISBN 7-118-00628-9：2.15元

船体结构试验技术与数据处理/成学明主编.—上海：上海交通大学出版社，1990.7.—164页；16开.ISBN 7-313-00682-9：2.15元

船舶结构与强度/程国平编.—北京：人民交通出版社，1990.12.—342页；16开.—交通系统中等专业学校试用教材　船舶修理与制造专业用.—ISBN 7-114-00984-4：3.80元

U664　船舶机械

二通插装阀、比例控制元件及其在船舶中的应用/詹永麒编.—北京：国防工业出版社，1990.6.—212页；32开.—ISBN 7-118-00259-3：3.60元

轮机自动化/郑凤阁主编.—大连：大连海运学院出版社，1990.1.—387页；16开.—ISBN 7-5632-0153-X：9.00元

船用内燃机结构/贾锡印主编.—哈尔滨：哈尔滨船舶工程学院出版社，1990.10.—275页；16开.—ISBN 7-81007-103-3：3.55元

船机桨工况与配合/朱树文，陆志强编.—上海：上海交通大学出版社，1990.12.—284页；大32开.ISBN 7-313-00757-4：2.05元

船舶内燃机结构/黄言华著.—武汉：华中理工大学出版社，1990.11.—191页；16开.—高等学校教材.ISBN 7-5609-0494-7：2.64元

船舶动力机械噪声及其控制/施引等编.—北京：国防工业出版社，1990.10.—341页；16开.—高等学校统编教材.—ISBN 7-118-00689-0：4.30元

船舶柴油机/公维书，杜荣铭主编.—大连：大连海运学院出版社，1990.2.—198页；16开.—（海运管理、技术丛书）.—高级船员适任证书考试用轮机培训教材.—ISBN 7-5632-0146-7：6.50元

船舶柴油机/武汉水运工程学院内燃机教研室编.北京：人民交通出版社，1990.12.—240页；16开.高等学校试用教材　非内燃机专业用.—ISBN 7-114-00982-8：3.15元

船舶消防/周宗仪主编.—大连：大连海运学院出版社，1990.1.—393页；大32开.—ISBN 7-5632-0108-4：5.50元

船舶消防　下卷：船舶消防设备/（苏）斯塔维茨基（Ставичкий，М.Г.）等著；陈民扬译.—北京：国防工业出版社，1990.6.—410页；32开.—ISBN 7-118-00180-5：8.25元

书名原文：Борьба с ложарами на судах том2

船舶涡轮机原理/刘顺隆编.—哈尔滨：哈尔滨船舶工程学院出版社，1990.6.—408页；32开.—ISBN 7-81007-087-8：2.15元

船舶辅机/阎永阁主编.—大连：大连海运学院出版社，1990.11.—450页；16开.—高等学校教材.—ISBN 7-5632-0198-X：10.00元

船舶蒸汽锅炉/陈心铭等编.—2版.—北京：人民交通出版社，1990.6.—192页；16开.—高等学校教材　轮机管理专业用.—ISBN 7-114-00878-3：2.50元

本书1983年6月第1版。

U665　船舶电气设备、观通设备

舰船电力系统的研究与设计/孙诗南编著.—北京：国防工业出版社，1990.11.—377页；16开.—ISBN 7-118-00780-3：14.40元

船舶电气设备调试方法问答/胡福保等编著.—北京：国防工业出版社，1990.2.—257页；16开.—ISBN 7-118-00128-7：8.45元

船舶自动控制系统/牛宝来主编.—大连：大连海运学院出版社，1990.9.—333页；16开.—高等学校教材.—ISBN 7-5632-0073-8：4.25元

船舶控制电器与线路/方显进编.—哈尔滨：哈尔滨

船舶工程学院出版社，1990.6.—164页；16开.—ISBN 7-81007-080-0：2.20元

U666 导航设备、水声设备

平台罗经/黄德鸿等编著.—北京：国防工业出版社，1990.4.—164页；16开.—高等学校统编教材.ISBN 7-118-00627-0：2.20元

主动声呐检测信息原理/朱埜著.—北京：海洋出版社，1990.10.—423页；16开.—ISBN 7-5027-1122-8：20.00元

船舶无线电导航设备/(苏)柯诺瓦洛夫(Коновалов，B.B.)等著；锻钢，倪湘译.—北京：国防工业出版社，1990.6.—252页；16开.—ISBN 7-118-00622-X：10.30元

书名原文：Судовые радионавигачионные приьоры

渔船导航仪器/林太明编著.—福州：福建科学技术出版社，1990.5.—138页；32开.—(福建海洋渔业小丛书).—ISBN 7-5335-0345-7：1.50元

U668 造船用材料

轮机金属材料/满一新主编.—大连：大连海运学院出版社，1990.2.—226页；16开.—高等学校教材.ISBN 7-5632-0149-1：2.65元

船舶防火材料/周宗仪等编.—北京：国防工业出版社，1990.10.—330页；大32开.—ISBN 7-118-00637-8：7.80元

U671 船舶建造工艺

木塑工艺学/王子清等编.—哈尔滨：哈尔滨船舶工程学院出版社，1990.10.—472页；32开.—工人技术培训教材.—ISBN 7-81007-084-3：6.00元

造船成组技术/翁德伟主编.—上海：上海交通大学出版社，1990.11.—410页；16开.—ISBN 7-313-00798-1：25.00元

船体建造工艺学/冯运檀主编.—哈尔滨：哈尔滨船舶工程学院出版社，1990.2.—166页；16开.—工人技术培训教材.—ISBN 7-81007-067-3：4.70元

船舶木工及内装/张寅均，蒋明德编著.—北京：人民交通出版社，1990.4.—284页；大32开.—ISBN 7-114-00788-4：5.80元

船舶建造工艺/陆伟东等编.—上海：上海交通大学出版社，1990.11.—211页；16开.—ISBN 7-313 00917-8：3.90元

U674 各种船舶

小渔船节能技术问答/应光彩编写.—北京：海洋出版社，1990.10.—31页；32开.—(沿海农村实用科技文库).—ISBN 7-5027-1038-9：1.30元

中国海洋机动渔船图集：群众渔业/应光彩等主编.上海：上海交通大学出版社，1960.4.—330页：彩照；8开.—ISBN 7-313-00587-3(精装)：100.00元

气垫船原理与设计/恽良编著.—北京：国防工业出版社，1990.6.—344页；16开.—ISBN 7-118-00745-5：12.00元

运输船舶可行性分析/李树范主编.—大连：大连理工大学出版社，1990.6.—231页；16开.—ISBN 7-5611-0298-4：3.35元

高速艇动力学/邵世明，王云才编.—上海：上海交通大学出版社，1990.8.—229页；16开.—ISBN 7-313-00687-X：2.95元

海军舰艇的修理和技术保养/(苏)奥西波夫(Осипов，Б.Н.)等著；秋天，晏节傅译.—北京：国防工业出版社，1990.1.—231页，32开.—ISBN 7-118-00194-5：3.10元

渔船节能技术/林载亮编著.—北京：农业出版社，1990.5.—300页；大32开.—ISBN 7-109-00377-9：5.95元

渔船设计/贾复编著.—北京：农业出版社，1990.7.—242页；16开.—ISBN 7-109-00696-4：9.70元

潜艇和潜水器结构的低周疲劳/陈孝渝编著.—北京：国防工业出版社，1990.11.—149页；大32开.ISBN 7-118-00778-1：5.00元

U675 船舶驾驶、航海学

航海问答/钱淡如等编.—2版.—北京：人民交通出版社，1990.5.—925页；16开.—ISBN 7-114-00733-7(精装)：29.00元

本书1977年7月第1版。

海洋渔业船舶轮机长、轮机员、电机员考试大纲/中华人民共和国渔政渔港监督管理局编.—北京：科学普及出版社，1990.11.—116页；32开.—ISBN 7-110-01777-X：2.20元

海洋渔业船舶船长、驾驶员考试大纲/中华人民共和国渔政渔港监督管理局编.—北京：科学普及出版社，1990.10.—165页；32开.—ISBN 7-110-01778-8：2.95元

船舶驾驶自动化基础/贾传荧等编.—大连：大连海运学院出版社，1990.10.—205页；16开.—ISBN 7-5632-0140-8：2.65元

U675.1 航海基础科学

水文气象与航海/(苏)B.M.沙帕耶夫著；韩忠南译.—北京：海洋出版社，1990.10.—288页；32开.ISBN 7-5027-0807-3：6.50元

航海专业数学/冯孝礼编.—大连：大连海运学院出版社，1990.6.—123页；16开.—高等学校教材 海船驾驶专业用.—ISBN 7-5632-0179-3：1.55元

航海心理学/顾永健编著.—北京：人民交通出版社，1990.6.—204页；大32开.—高等学校试用教材.ISBN 7-114-00880-5：1.35元

U675.7 船舶导航与通讯

实用无线电导航技术/陈葆禧编著.—北京：海洋出版社，1990.1.—330页；32开.—ISBN 7-5027-0090-0：6.20元

舰船无线电导航/姚柏茂等编著.—北京：海军出版社，1990.5.—192页；16开.—ISBN 7-5070-0074-5：6.00元

航海雷达/缪德刚主编.—大连：大连海运学院出版社，1990.6.—223页；16开.—高等学校试用教材 船舶驾驶专业.—ISBN 7-5632-0171-8：2.90元

船舶无线电技术基础/郭有润主编.—大连：大连海运学院出版社，1990.2.—314页；16开.—高等学校教材.—ISBN 7-5632-0144-0：3.65元

船舶导航雷达 第三册/张润泽编著.—北京：人民交通出版社，1990.2.—387页；16开.—高等学校试用教材 电子工程专业.—ISBN 7-114-00808-2：4.80元

最优估计理论及其在导航中应用/陆恺，田蔚风编.上海：上海交通大学出版社，1990.8.—263页；16开.—ISBN 7-313-00669-1：3.30元

U675.8 航海资料、海事总结

船舶航行海事预防/（苏）尤道维奇（Юдович，A.B.）著；杨守仁等译.—北京：人民交通出版社，1990.4.—255页；大32开.—ISBN 7-114-00806-6：6.35元

书名原文：Предотвращение навигационных аварий морских судов

U675.9 船舶操纵技术

内河分节顶推船队运输/杨炳林等编.—北京：人民交通出版社，1990.4.—178页；16开.—ISBN 7-114-00783-3：7.10元

农船航行须知/袁永生编.—北京：人民交通出版社，1990.6.—105页；32开.—ISBN 7-114-00852-X：2.05元

U676 航海技术管理与救助打捞

轮机员实用手册 上册/张葆华，卢士勋主编.—北京：人民交通出版社，1990.6.—596页；16开.—ISBN 7-114-00781-7：29.00元

轮机员实用手册 下册/张葆华，卢士勋主编.北京：人民交通出版社，1990.6.—404页；16开.ISBN 7-114-00821-X：14.50元

轮机管理/吴恒主编.—大连：大连海运学院出版社，1990.2.—176页；16开.—（海运管理、技术丛书）.—高级船员适任证书考试用轮机培训教材.ISBN 7-5632-0160-2：5.70元

U69 水路运输技术管理

苏伊士运河航行规则：1986年1月版/阿拉伯埃及共和国苏伊士运河局编；唐本立译.—北京：人民交通出版社，1990.2.—235页；大32开.—ISBN 7-114-00776-0：7.50元

国际海运危险货物运输规则/国际海事组织编，中华人民共和国港务监督局译.—北京：人民交通出版社，1990.12.—4册；16开.—ISBN 7-114-01123-7：135.00元

V 航空、航天

飞天轶闻/王喜民等编.—北京：中国国际广播出版社，1990.12.—201页；32开.—（奇妙世界丛书/晓蓓，晓理主编）.—ISBN 7-80035-623-X：2.80元

梦飞天：中国航空航天史话/白凤昆 编著；张卫齐绘画.—北京：蓝天出版社，1990.1.—237页：图；32开.—ISBN 7-80081-058-5：3.50元

V1 航空、航天技术的研究与探索

飞碟探索精选 第二卷/《飞碟探索》编辑部选编.—兰州：甘肃科学技术出版社，1990.8.—126页；16开.—ISBN 7-5424-0304-4：2.90元

中国空间应用的回顾与展望：1989年空间应用座谈会文集/王大衍主编.—北京：中国科学技术出版社，1990.8.—206，24页；16开.—ISBN 7-5046-0206-X：25.00元

外星人之谜/金如，郭强编写.—杭州：浙江文艺出版社，1990.12.—156页；32开.—（山海经丛书；55）.—ISBN 7-5339-0299-8：1.90元

外星人的秘密/（日）矢追纯一著；胡毓文，黄凤英译.—北京：中国卓越出版公司，1990.5.—212页：照片；32开.—ISBN 7-80071-198-6：3.20元

本书不是一部科幻小说，而是一部纪实性的作品。书中披露了有关外星人和飞碟的种种秘闻，意在帮助读者寻找答案，启迪人们作更深层的思考。

有客太空来：中国古代不明飞行物事件及其它/王江树，石晓敏著.—北京：中国社会科学出版社，1990.3.—362页；32开.—ISBN 7-5004-0727-0：4.80元

当代奇谜——飞碟/程路山，刘俭云编著.—南宁：广西科学技术出版社，1990.9.—149页；32开.—ISBN 7-80565-354-2：1.80元

研究风云轶事：艾姆斯研究中心发展史：1940～1965/（美）哈特曼（Hartman，E.P.）著；中国气动力研究与发展中心译.—北京：国防工业出版社，1990.6.—546页：照片；大32开.—ISBN 7-118-00030-2：11.20元

书名原文：Adventures in Resarch a History of Ames Research Center

本书记录了美国航空与航天局所属的艾姆斯研究中心在1936年至1965年期间从事航空航天研究活动的历史背景和惊险轶事。

V2 航 空

英汉航空工程技术词汇/刘云等编.—北京：蓝天出版社，1990.2.—617页；32开.—ISBN 7-80081-039-9（精装）：22.00元

高等教育自学考试航空工程机务维修专业专科考试计划及课程自学考试大纲：合订本.—北京：蓝天出版社，1990.9.—253页；32开.—ISBN 7-80081-133-6

V21 基础理论及试验

飞机飞行动力学/熊海泉等编著.—北京：航空工业出版社，1990.11.—224页；16开.—ISBN 7-80046-273-0：3.00元

飞行动力学：飞机飞行性能计算/金长江，范立钦编著.—修订本.—北京：国防工业出版社，1990.9.302页；大32开.—ISBN 7-118-00707-2：2.35元

本书1983年第1版。

飞行器气动特性分析与工程计算/严恒元主编.—西安：西北工业大学出版社，1990.6.—333页，16开.高等学校教材.—ISBN 7-5612-0257-1：4.20元

风洞特种实验/鲍国华主编.—西安：西北工业大学出版社，1990.5.—211页；16开.—高等学校教材.ISBN 7-5612-0241-5：2.78元

气动设计的速度图方法/陈佐一著.—北京：国防工业出版社，1990.9.—300页；32开.—ISBN 7-118-00073-6：4.90元

航空气动力手册 第一册/《航空气动力手册》编委会编.—北京：国防工业出版社，1990.6.—129页；16开.—ISBN 7-118-00618-1：8.00元

高等飞行动力学/何植岱，高浩编著.—西安：西北工业大学出版社，1990.9.—312页；16开.—ISBN 7-5612-0284-9：12.00元

第三届（1990年）全国风工程及工业空气动力学学术会议论文集/中国空气动力学研究会工业空气动力学专业委员会编.—北京：万国学术出版社，1990.8.662页；16开.—ISBN 7-80003-120-9（精装）：80.00元

最优过程理论及其在飞行力学中的应用/李忠应编著.—北京：北京航空航天大学出版社，1990.12.407页；大32开.—ISBN 7-81012-206-1：2.95元

V22　飞机构造与设计

飞机构造工艺性/程宝蕖等编著.—北京：国防工业出版社，1990.4.—168页；大32开.—（飞机制造技术丛书/罗时大主编）.—ISBN 7-118-00445-6：3.50元

V23 航空发动机（推进系统）

飞机-发动机性能匹配与优化/陈大光，张津编著.北京：北京航空航天大学出版社，1990.6.—234页；大32开.—ISBN 7-81012-149-9：2.00元

叶轮机非定常流动理论/陆亚钧编著.—北京：北京航空航天大学出版社，1990.3.—185页；16开.—ISBN 7-81012-155-3：2.45元

发动机电子控制系统/许春生，马乾绰编.—北京：国防工业出版社，1990.9.—140页；大32开.—（现代飞机电子设备知识丛书）.—ISBN 7-118-00653-X：3.70元

航空燃气轮机原理　下册/唐狄毅，廉小纯编.北京：国防工业出版社，1990.9.—219页；16开.—ISBN 7-118-00690-4：2.80元

航空燃气涡轮发动机技术诊断/（苏）И.В.凯巴著；王起鹏等译.—北京：航空工业出版社，1990.6.—153页；16开.—ISBN 7-80046-250-1：6.50元

V24　航空仪表、设备、控制与导航

飞机供电系统/蒋志扬，李颂伦主编.—修订本.北京：国防工业出版社，1990.4.—289页；16开.ISBN 7-118-00631-9：3.70元

本书1960年4月第1版。

飞机悬挂物电气连接系统军用标准/何广福译.—西安：西北工业大学出版社，1990.7.—60页；16开.ISBN 7-5612-0277-6

飞行器空气调节/寿荣中，何慧姗编著.—北京：北京航空航天大学出版社，1990.3.—355页；16开.ISBN 7-81012-167-7：4.60元

全向信标和仪表着陆系统/陆芝平，郑德华编.—北京：国防工业出版社，1990.2.—166页；大32开.（现代飞机电子设备知识丛书）.—ISBN 7-118-00657-2：4.20元

国外军用飞机航空电子装备手册　上册/吕宗祺主编.—上海：上海交通大学出版社，1990.11.—384页；16开.—ISBN 7-313-00755-8：25.00元

本手册以航空电子为中心收集了国外各种军用机最新资料。

航空电子设备/吕伯强，宋真坦校阅.—北京：世界图书出版公司，1990.3.—463页；大32开.—（科学图书大库）.—ISBN 7-5062-0663-3：8.40元

本书据台北市徐氏基金会版本重印。

航空电子综合化系统/罗志强编著.—北京：北京航空航天大学出版社，1990.10.—478页；大32开.ISBN 7-81012-166-9：11.00元

航空测试系统/朱定国等编著.—修订本.—北京：国防工业出版社，1990.4.—396页；16开.—ISBN 7-118-00630-0：4.95元

本书1984年6月第1版。

V25/26　航空用材料、航空制造工艺

航空工程材料学/徐世毅主编；第二炮兵工程学院等编.—北京：国防工业出版社，1990.1.—386页；16开.—高等军事院校教材.—ISBN 7-118-00641-6：7.90元

飞机制造互换协调技术/程宝蕖，崔赞斌编著.—北京：国防工业出版社，1990.5.—135页；大32开.（飞机制造技术丛书/罗时大主编）.—ISBN 7-118-00212-7：5.10元

飞机结构装配方法/（苏）A.И.巴布什金著；崔连信译.—北京：航空工业出版社，1990.10.—326页；32开.—ISBN 7-80046-157-2：5.20元

飞机装配工艺学/王云渤等编.—修订本.—北京：国防工业出版社，1990.8.—307页；16开.—ISBN 7-118-00702-1：4.00元

本书1984年6月第1版。

计算机图形显示技术/杨彭基等编著.—北京：国防工业出版社，1990.1.—129页；大32开.—（飞机制造技术丛书/罗时大主编）.—ISBN 7-118-00428-6：3.05元

航空航天机械制造工艺学/柯明扬编.—北京：北京航空航天大学出版社，1990.11.—178页；16开.—ISBN 7-81012-175-8：2.35元

微机在飞机制造中的应用/袁平书等编著.—北京：国防工业出版社，1990.6.—142页；大32开.—（飞机制造技术丛书/罗时大主编）.—ISBN 7-118-00578-9：4.25元

CAD/CAM数据管理技术/唐荣锡等编著.—北京：国防工业出版社，1990.1.—143页；大32开.—（飞机制造技术丛书/罗时大主编）.—ISBN 7-118-00451-0：3.00元

V27　各类型航空器

无人驾驶飞行器控制系统动力学/（苏）A.A.列别捷夫，B.A.卡拉班诺夫著；邹积光等译.—哈尔

滨：哈尔滨工业大学出版社，1990.4.—310页；16开.—ISBN 7-5603-0225-4：25.00元

军用直升机飞行性能指南背景材料和使用说明/缪奇南主编；航空部科技局编写.—北京：航空工业出版社，1990.10.—55页；16开.—ISBN 7-80046-294-3：3.50元

现代飞机200种/胡其道，范元恒编绘.—北京：知识出版社，1990.8.—214页；32开.—ISBN 7-5015-0278-1：3.10元

直升机飞行控制系统/王昆玉编著.—北京：蓝天出版社，1990.10.—228页；16开.—ISBN 7-80081-150-6：7.20元

直升机性能及稳定性和操纵性/（美）R.W.普劳蒂著；高正等译.—北京：航空工业出版社，1990.2.548页；16开.—ISBN 7-80046-215-3：16.80元

直升机强度/孙之钊等编著.—北京：航空工业出版社，1990.11.—206页；16开.—ISBN 7-80046-270-6：2.80元

象真缩比飞机模型/陈应明编著.—北京：中国青年出版社，1990.5.—1册：图；16开.—（航空博物馆丛书）.—ISBN 7-5006-0753-9：5.60元

模型飞机飞行调整原理/谭楚雄编著.—北京：中国青年出版社，1990.4.—107页；16开.—ISBN 7-5006-0755-5：3.20元

V31/32　航空用燃料及润滑剂、航空飞行术

喷气燃料性能手册/（苏）H.Ф.杜博夫金等著；常汝楫译.—北京：航空工业出版社，1990.4.—276页；大32开.—ISBN 7-80046-253-6：7.15元

飞行安全学概论/赵和平编著.—北京：海洋出版社，1990.12.—253页；32开.—ISBN 7-5027-1321 2：3.50元

飞行器安全救生/张汉镔主编.—北京：北京航空航天大学出版社，1990.1.—265页；16开.—ISBN 7-81012-142-1：3.50元

飞行辩证法/钱天祝主编.—北京：蓝天出版社，1990.6.—284页；大32开.—空军飞行人员思想政治教育系列教材：试行.—ISBN 7-80081-127-1：4.60元

V35　航空港、机场及技术管理

国际空中交通管制：世界空域管理/（英）菲尔德（Field，A.）著；李春锦等译.—北京：北京航空航天大学出版社，1990.1.—206页；16开.—ISBN 7-81012-148-0：2.80元

书名原文：International Air Traffic Control

V4　航天（宇宙航行）

太空探险记/张锡昌著.—合肥：安徽少年儿童出版社，1989.4.—97页；32开.—ISBN 7-5397-0291-5：0.85元

未来的太空城/刘晖等编著.—北京：海洋出版社，1990.8.—300页；32开.—（未来学丛书）.—ISBN 7-5027-0304-7：3.90元

有趣的航天员生活/陆印城编著.—北京：宇航出版社，1990.12.—125页；32开.—（载入航天科普丛书）.—ISBN 7-80034-371-5：1.80元

向太空移民：宇航员的日记/江世亮编译.—上海：文汇出版社，1990.3.—91页；32开.—ISBN 7-80531-114-5：1.10元

奔向太空/韩馥儿，崔显昌编著.—成都：四川教育出版社，1990.2.—254页；大32开.—（面向现代化丛书；第3辑）.—ISBN 7-5408-1194-3：3.20元

载人航天为人类造福/王金华编著.—北京：宇航出版社，1990.12.—91页；32开.—（载入航天科普丛书）.—ISBN 7-80034-373-1：1.75元

V41　基础理论及试验

宇航物理/贾乃华编著.—北京：科学出版社，1990.12.—527页；16开.—ISBN 7-03-001793-5：29.00元

宇航遥感物理基础/孙星和编著.—北京：地震出版社，1990.12.—198页；大32开.—ISBN 7-5028-0408-0：4.50元

狭义相对论与航天器飞行/竺苗龙著.—青岛：青岛海洋大学出版社，1990.5.—103页；大32开.—ISBN 7-81026-050-2：3.20元

航天动力学基础/（美）Bate，R.R.等著；吴鹤鸣，李肇杰译.—北京：北京航空航天大学出版社，1990.11.—403页；大32开.—ISBN 7-81012-200-2：7.00元

书名原文：Fundamentals of Astrodynamics

V43　推进系统（发动机、推进器）

固体火箭发动机/眭英，胡克娴编著.—北京：北京理工大学出版社，1990.5.—360页；32开.—ISBN 7-81013-311-X：2.45元

固体推进剂性能/李葆萱主编.—西安：西北工业大学出版社，1990.12.—191页；16开.—高等学校教材.—ISBN 7-5612-0149-4：3.30元

简明发动机化学/(苏)K.K.巴帕克著；常汝楫，臧玉兰译.—北京：航空工业出版社，1990.4.—196页；32开.—ISBN 7-80046-234-X：5.00元

V44　仪表、设备

航天员装备/(俄)С.Л.乌曼斯基著；刘克定译.北京：航空工业出版社，1990.9.—154页；32开.—ISBN 7-80046-298-6：3.50元

本书重点介绍了航天飞行器的生命保障系统、航天员服装、鞋袜、手套、卧具、预防失重及应急救生等各种装备的工作原理、结构及使用特点，以及织物材料性能，并详细介绍了几种典型的航天员装备—应急—救生全压服、舱外活动服、登月全压服。

V47　航天器及其运载工具

卫星应用技术/张清山等编著.—北京：海洋出版社，1990.7.—368页；16开.—ISBN 7-5027-0907-X：16.50元

导弹技术词典：电源与机电组件/杨家瑞主编·北京：宇航出版社，1990.3.—2册(754页)；32开.ISBN 7-80034-296-4：11.50元

空间站工程概论/范剑峰主编.—哈尔滨：哈尔滨工业大学出版社，1990.7.—426页；16开.—ISBN 7-5603-0264-5：17.00元

空间站和空间平台/(美)戈登·伍德科克著；褚桂柏等译.—北京：中国科学技术出版社，1990.11.225页；16开.—ISBN 7-5046-0189-6：7.80元

本书全面介绍了空间站的背景、空间站和空间平台的工程设计原理，重点论述了各学科的相互关系及其对设计决策的影响，并对有关学科的技术问题都作了一定深度的论述。

X 环境科学、劳动保护科学（安全科学）

少年环境知识向导/何文博主编.—长春：长春出版社，1990.4.—286页；32开.—ISBN 7-80573-216-7：3.50元

农村环境教育读本/孟浪主编.—北京：海洋出版社，1990.11.—139页；32开.—ISBN 7-5027-1287-9：3.00元

环境科学论文集：庆祝中国环境科学研究院建院十周年：1980～1990/中国环境科学研究院学术委员会编.—北京：中国环境科学出版社，1990.5.—488页；16开.—ISBN 7-80010-661-6：15.90元

环境保护之最/杜忠明编著.—沈阳：辽宁大学出版社，1990.5.—178页；32开.—ISBN 7-5610-0924-0：2.40元

环境保护讲座/姜象鲤等编.—北京：中国标准出版社，1990.2.—290页；32开.—ISBN 7-5066-0194-X：3.30元

环境保护知识/徐忠远，刘永良编.—北京：中国环境科学出版社，1990.10.—76页；32开.—中学生读本.—ISBN 7-80010-797-3：1.50元

环境保护实用数据手册/胡名操主编.—北京：机械工业出版社，1990.4.—518页；16开.—ISBN 7-111-01461-8（精装）：30.30元

环境保护教育参考/封亚洲，崔玉洪编.—北京：科学技术文献出版社，1990.10.—194页；32开.—ISBN 7-5023-1429-6：3.10元

环境保护基本知识读本/张维，宋旭生主编.—沈阳：辽宁科学技术出版社，1990.7.—154页；32开.ISBN 7-5381-1013-5：2.80元

环境保护基础知识普及读本/徐忠远编著.—北京：中国环境科学出版社，1990.8.—104页；32开.—ISBN 7-80010-776-0：1.80元

英汉环境保护缩写词典/（德）彼得·文尼希编；倪彭年等译.—北京：中国标准出版社，1990.6.817页；32开.—ISBN 7-5066-0139-7（精装）：27.90元

保护我们的地球/郭治编著.—武汉：湖北少年儿童出版社，1990.4.—191页：彩照；32开.—（少年科学瞭望台丛书）.—ISBN 7-5353-0583-0：2.10元

新技术在环境保护中的应用/周克元编著.—北京：中国环境科学出版社，1990.10.—310页；大32开.ISBN 7-80010-680-2：5.50元

X1 环境科学基础理论

环境学基础知识/周定义，孙国玉编著.—南京：江苏科学技术出版社.1990.10.—214页；32开.—ISBN 7-5345-1063-5：2.80元

环境学概论实验实习/薛纪渝等编.—北京：高等教育出版社，1990.8.—158页；大32开.—高等学校试用教材.—ISBN 7-04-003133-7：1.20元

环境学简明教程/苏文才编著.—开封：河南大学出版社，1990.2.—251页；16开.—ISBN 7-81018-415-6：5.50元

简明环境科学词典/孟浪主编.—北京：海洋出版社，1990.1.—698页；32开.—ISBN 7-5027-0664-X（精装）：35.00元

德汉环境科学词汇/李一民，龙正智编.—北京：中国环境科学出版社，1990.8.—713页；32开.—ISBN 7-80010-409-5（精装）：19.50元

本词汇收集了环境化学、环境物理、环境生态、环境工程、环境生物、环境医学、环境规划、环境监测等方面的常用词汇和缩写词约3万5千余条。

X13 环境化学

大气环境化学/唐孝炎主编.—北京：高等教育出版社，1990.10.—343页；16开.—高等学校教材.—ISBN 7-04-002878-6：4.75元

有机化合物污染化学：有毒有机物污染化学/金相灿主编.—北京：清华大学出版社，1990.8.—306页；大32开.—ISBN 7-302-00747-0：8.00元

有机污染物化学 上册/王连生编.—北京：科学出版社，1990.9.—444页；大32开.—ISBN 7-03-001865-6（精装）：15.00元

有机污染物化学 上册/王连生编.—北京：科学出版社，1990.9.—444页；大32开.—ISBN 7-03-001735-8：13.70元

环境化学手册 第四分册：反应和过程（二）/（ ）赫茨英格(Cutzinger, O.)主编；傅丽春等译.—北京：中国环境科学出版社，1990.3.—241页；大32开.—ISBN 7-80010-075-8. 4.10元

书名原文：The Handbook of Environmental Chemistry

国家环境保护局化学品测试准则：1990/阎雷生主

编.—北京：化学工业出版社，1990.12.—671页；大32开.—ISBN 7-5025-0831-7：14.90元

X14 环境地学

环境水文地质学/杨忠耀主编；王秉忱，潘乃礼编.北京：原子能出版社，1990.12.—443页；大32开.高等学校试用教材.—ISBN 7-5022-0252-8：2.85元

环境水文地质学/林年丰等编.—北京：地质出版社，1990.5.—216页；16开.—高等学校教材.—ISBN 7-116-00571-4：2.80元

环境地球化学/戒秋涛，翁焕新编.—北京：地质出版社，1990.6.—345页；16开.—高等学校试用教材.—ISBN 7-116-00582-X：4.40元

环境地球化学/陈静生等编著.—北京：海洋出版社，1990.4.—348页；16开.—ISBN 7-5027-0623-2：12.00元

环境地球化学与健康：中国环境的地质地球化学记录与环境变化学术讨论会论文集/中国矿物岩石地球化学学会和中国环境科学学会编；黄会一等著.—贵阳：贵州科技出版社，1990.10.—340页；16开.—ISBN 7-80584-040-7：8.10元

环境地球化学简明原理/林炳营编著.—北京：冶金工业出版社，1990.6.—464页；32开.—ISBN 7-5024-0612-3：8.60元

攀西地区环境工程地质/王思敬，黄鼎成主编.—北京：海洋出版社，1990.8.—338页；16开.—ISBN 7-5024-0986-X(精装)：12.00元

X17 环境生物学

生态模型法原理/(丹麦)扬戈逊(Jϕrgensen, S.E.)著；陆健健，周玉丽译.—上海：上海翻译出版公司，1990.12.—394页；大32开.—ISBN 7-80514-572-5：8.50元

书名原文：Fundamentals of Ecological Modelling

生物净化环境技术/(日)有马启，田村学造著；郭丽华，任玉岭译.—北京：化学工业出版社，1990.10.—362页；32开.—ISBN 7-5025-0703-5：6.70元

污染生态学基础/王焕校编著.—昆明：云南大学出版社，1990.9.—343页；32开.—ISBN 7-81025-017-5：5.00元

环球生态：现实与前景/时事出版社选编.—北京：时事出版社，1990.12.—137页；大32开.—(现代国际关系译丛；19).—ISBN 7-80009-116-3：2.50元

环境微生物学技术手册/邱文芳等编著.—北京：学苑出版社，1990.12.—334页；16开.—ISBN 7-80060-404-7：8.50元

京津地区生物生态学研究/中国科学院植物研究所，中国科学院动物研究所著.—北京：海洋出版社，1990.12.—267页；16开.—ISBN 7-5027-0811-1：13.50元

X192 环境系统学

环境系统工程/徐景航，傅国伟编.—北京：中国环境科学出版社，1990.10.—307页；16开.—在职干部环境保护专业高等教育教材.—ISBN 7-80010-671-1：9.90元

环境系统工程方法/汤兵勇等编著.—北京：中国环境科学出版社，1990.10.—274页；大32开.—ISBN 7-80010-681-0：4.60元

环境系统分析/程声通，陈毓龄编著.—北京：高等教育出版社，1990.4.—318页；16开.—高等学校教材.—ISBN 7-04-002747-X：5.00元

X196 环境经济学

开发项目环境影响的经济分析/(美)狄克逊(Dixon, J.A.)等主编；夏光等译.—北京：中国环境科学出版社，1990.3.—146页；32开.—ISBN 7-80010-556-3：2.60元

书名原文：Economic Analysis of the Environmental Impacts of Pevelopment Pioiects

X2 环境综合研究

人类与大自然的战斗/方如康编著.—上海：上海教育出版社，1990.3.—240页；32开.—(中学生文库).—ISBN 7-5320-1770-2：1.95元

人类属于地球：联合国教科文组织人与生物圈计划/(　)布拉宾(Brabyn, H.)，(　)哈德利(Hadley, M.)著；联合国教科文组织《自然与资源》中文版编译部编译.—北京：北京出版社，1990.5.170页；12开.—ISBN 7-200-01021-9：8.00元

人类影响：在环境变化中人的作用/(英)古迪(Goudie, A)著；郑锡荣等译.—北京：中国环境科学出版社，1989.7.—242页；16开.—ISBN 7-80010-417-6：5.35元

书名原文：The Human Impact

本书从动植物、水、地貌、土壤、气候和大气等各个方面论述环境与人的关系。

全球预警：1989年世界形势评述/(美)布朗(Brown, L.R.)等著；贡光禹等译.—北京：科学技术文献出版社，1990.10.—261页；大32开.—ISBN 7-5023-1293-5：5.50元

书名原文：State of the World

本书探讨了当前世界所面临的温室效应导致全球气候变化、土地退化、粮食保障趋势、保护臭氧层、交通运输新时代等方面的问题。

关键的十年：90年代和全球环境的挑战/美国世界资源研究所编；柯金良译.—北京：中国环境科学出

版社，1990.6.—34页；36开.—ISBN 7-80010-664-0：0.90元

书名原文：The Crucial Decade：The 1990 saud the Global Environmental Challenge

环境保护/中国科协青少年工作部主编.—北京：科学普及出版社，1990.9.—162页；32开.—(青少年生物百项科技活动丛书/卢良恕主编).—ISBN 7-110-01594-7：2.90元

封闭圈：自然·人和技术/(美)巴里·康芒纳著；侯文蕙译.—兰州：甘肃科学技术出版社，1990.7.—258页；32开.—(人的发展丛书/叶开源主编).ISBN 7-5424-0281-1：3.55元

书名原文：The Closing Circle

本书作者对战后环境危机的根源作了审慎的分析。认为是促进经济不断增长的现代技术粗暴地破坏了不断循环运动的生命之圈。要克服环境危机，必须树立生态学的观点，以克服现代技术的缺陷。

智慧的星球/徐钢主编.—杭州：浙江少年儿童出版社，1990.3.—180页；32开.—(学会在21世纪生存丛书/夏国应主编).—ISBN 7-5342-0500-X：1.70元

本书包括学会保护环境、学会处理信息两部分内容。

X21　环境与环境系统

化学元素水环境背景值研究：长江水系水环境化学地理、生物地球化学研究及其分析方法/章申等主编.—北京：测绘出版社，1990.11.—284页；16开.ISBN 7-5030-0411-8：13.00元

全新世环境：最近一万多年来环境变迁/徐馨，沈志达编著.—贵阳：贵州人民出版社，1990.5.—274页；16开.—ISBN 7-221-01561-9：6.00元

社会发展与自然环境/陈洪泉著.—青岛：青岛海洋大学出版社，1990.10.—167页；32开.—ISBN 7-81026-071-5：2.30元

X24　人类、资源、能源与环境的关系

人类与环境/胡益民，徐长庆编著.—南京：江苏教育出版社，1990.7.—180页；32开.—ISBN 7-5343-1114-4：1.65元

大自然的隐语/袁和平著.—南昌：江西少年儿童出版社，1990.3.—131页；36开.—(密友丛书；第1辑).—ISBN 7-5391-0273-X：1.50元

世界环境数据手册/联合国环境规划署编；刘重业等译.—北京：中国科学技术出版社，1990.12.—359页；16开.—ISBN 7-5046-0218-3：29.25元

环境心理学/赵长城，顾凡编著.—兰州：甘肃人民出版社，1990.8.—193页；大32开.—(今日心理学丛书).—ISBN 7-226-00557-3：2.90元

X3　环境保护管理

环境管理/刘天齐主编.—北京：中国环境科学出版社，1990.10.—331页；16开.—在职干部环境保护专业高等教育教材.—ISBN 7-80010-686-1：10.90元

环境管理学/杨贤智等编著.—北京：高等教育出版社，1990.3.—397页；16开.—ISBN 7-04-002189-6：5.25元

X32　环境规划与环境管理

大地景观：环境规划指南/(美)西蒙兹(Simonds，J.O.)著；程里尧译.—北京：中国建筑工业出版社，1990.6.—203页；大16开.—ISBN 7-112-00679-1：13.75元

环境规划概论/谢汝梅主编.—北京：中国广播电视出版社，1990.11.—337页；大32开.—ISBN 7-5043-0794-7：6.95元

X321　区域环境规划与管理

区域环境与影响评价/王景华等编著.—北京：中国环境科学出版社，1990.6.—394页；大32开.—ISBN 7-80010-626-8：6.20元

本书重点介绍了我国环境影响评价的特点，在区域开发中的作用及环境影响评价的程序方法以及水体环境预测。

区域·环境·自然灾害地理研究/赵济，徐振溥主编；北京师范大学地理系编.—北京：科学出版社，1990.8.—194页；16开.—ISBN 7-03-002116-7：10.00元

日本环境污染的对策和治理/徐家骝著.—北京：中国环境科学出版社，1990.6.—167页；32开.—ISBN 7-80010-624-1：2.50元

公元2000年中国环境预测与对策研究/过孝民，张慧勤主编；国家环保局《公元2000年中国环境预测与对策研究》课题组编.—北京：清华大学出版社，1990.7.—1082页；16开.—ISBN 7-302-00744-6：45.00元

全国地方环境保护委员会工作座谈会材料汇编/国家环境保护局，国务院环境保护委员会秘书处编.北京：中国环境科学出版社，1990.12.—178页；大32开.—ISBN 7-80010-790-6：3.70元

大连市环境保护"五二四"工程论文及成果汇编/孔宪福主编.—大连：大连理工大学出版社，1990.6.—414页；大32开.—ISBN 7-5611-0288-7：5.80元

内江县城乡建设环境保护志/内江县城乡建设环境

保护局编.—成都：巴蜀书社，1990.6.—150页；32开.—ISBN 7-80523-368-3：4.00元

长江三峡库区开县移民环境容量研究/刘逸浓主编.北京：北京师范大学出版社，1990.6.—195页；16开.—ISBN 7-303-01018-1：11.00元

保定市环境保护志/门瞰石主编；保定市环境保护局编.—北京：新华出版社，1990.11.—356页；大32开.—ISBN 7-5011-0992-3：5.60元

常州市环境预测对策图集：编制文集/南京大学编纂.—西安：西安地图出版社，1990.10.—167页；32开.—ISBN 7-80545-043-9

X322　部门环境规划与管理

工业企业环境保护手册/北京环境科学学会编.—北京：中国环境科学出版社，1990.3.—446页；16开.ISBN 7-80010-525-3：12.50元

工业企业环境管理/吕明主编.—沈阳：辽宁科学技术出版社，1990.7.—255页；32开.—ISBN 7-5381-1003-8：3.00元

乡镇企业环境污染与防治技术/张志杰等编著.—北京：中国环境科学出版社，1990.10.—196页；32开.ISBN 7-80010-630-6：3.70元

乡镇企业环境污染对策知识/王健民等编著.—北京：中国环境科学出版社，1990.5.—297页；16开.ISBN 7-80010-542-3：7.90元

石油化工环境保护手册/刘天齐主编.—北京：烃加工出版社，1990.9.—939页；16开.—ISBN 7-80043-135-6：25.00元

企业环境管理/马忠普等编著.—北京：冶金工业出版社，1990.6.—251页；32开.—ISBN 7-5024-0745-6：4.30元

矿山环境保护/韦冠俊编.—北京：冶金工业出版社，1990.11.—207页；16开.—高等学校教学用书.ISBN 7-5024-0776-6：2.70元

建设项目环境管理/国家环境保护局开发监督司编著.—北京：北京大学出版社，1990.9.—478页；大32开.—ISBN 7-301-01326-4：7.80元

X36　自然保护区划及其管理

中国自然保护文集/《中国自然保护纲要》编写委员会编.—北京：中国环境科学出版社，1990.12.429页；16开.—ISBN 7-80010-439-7：15.00元

世界自然保护/刘双进，张康生编译.—北京：中国科学技术出版社，1990.10.—370页；16开.—ISBN 7-5046-0212-4：21.00元

X37　自然资源合理开发与保护

中国自然资源手册/程鸿主编.—北京：科学出版社，1990.12.—902页；16开.—ISBN 7-03-002156-8(精装)：29.00元

内蒙古鄂尔多斯高原自然资源与环境研究/李博主编；内蒙古草场资源遥感应用考察队伊克昭盟分队编著.—北京：科学出版社，1990.8.—225页；16开.ISBN 7-03-001822-2：15.90元

世界资源：1988～1989/国际环境与发展研究所，世界资源研究所编；中国科学院国家计划委员会自然资源综合考察委员会译.—北京：北京大学出版社，1990.11.—586页；16开.—ISBN 7-301-01343-4：20.00元

世界资源报告：1988～1989/美国世界资源研究所等编；王之佳等译.—北京：中国环境科学出版社，1990.11.—673页；16开.—ISBN 7-80010-801-5：23.00元

自然资源评价与决策研究：全国首届自然资源青年研讨会论文集/中国自然资源研究会青年协会编辑.北京：科学出版社，1990.3.—192页；16开.—ISBN 7-03-001537-1：13.30元

本书主要内容包括：自然资源基础理论研究；自然资源评价的定量化研究；资源考察及资源开发、规划、利用和保护研究等。

资源与环境信息系统软件研究/詹慈祥等主编.—北京：测绘出版社，1990.10.—118页；16开.—(资源与环境信息系统研究系列论文集；十二).—ISBN 7-5030-0413-4：3.80元

鄂北桐柏大别丘陵山区自然资源与区域发展：南方山区综合科学考察专辑/中国科学院南方山区综合科学考察队第一分队编.—郑州：河南科学技术出版社，1990.10.—303页；16开.—ISBN 7-5349-0737-3：7.50元

微机资源与环境信息系统研究/崔伟宏主编.—北京：中国科学技术出版社，1990.8.—130页；16开.ISBN 7-5046-0202-7：6.00元

本书共收录论文13篇，内容包括微机空间分析系统设计的理论与方法、数据库的设计与建立、数据采集与分析、空间数据标准化与计算机制图以及模型分析的设计与试验等。

X4　灾害及其防治

中国灾荒史：1927～1937/张水良编著.—厦门：厦门大学出版社，1990.6.—295页；32开.—ISBN 7-5615-0304-0：4.00元

世界灾难纪实/(美)纳什(Nash，J.R.)著；冯启瑞等编译.—西安：陕西人民出版社，1990.11.624页；32开.—ISBN 7-224-01397-8：7.55元

书名原文：最悲惨的时刻(Darkest Hours)

近代中国灾荒纪年/李文海等著.—长沙：湖南教育出版社，1990.3.—896页；大32开.—ISBN 7-5355-1083-3：11.10元

灾害与社会/马宗晋等主编.—北京：地震出版社，1990.3.—356页；32开.—ISBN 7-5028-0396-3：5.00元

灾害论/罗祖德，徐长乐著.—杭州：浙江教育出版社，1990.7.—245页；32开.—（软科学丛书/吴明瑜，何钟秀主编）.—ISBN 7-538-0674-3：2.70元

减灾必读：献给"国际减灾十年（1990～2000）"活动/梁鸿光编.—北京：地震出版社，1990.7.—433页；大32开.—ISBN 7-5028-0159-6：5.80元

X43 自然灾害及其防治

水旱灾害与治理方略/孙庚午，刘树岗主编.—太原：山西人民出版社，1990.8.—277页；大32开.ISBN 7-203-01711-7：5.60元

自然灾害与减灾600问答/全国重大自然灾害调研组编著.—北京：地震出版社，1990.9.—594页；32开.ISBN 7-5028-0415-3：6.90元

灾害地理学/延军平编著.—西安：陕西师范大学出版社，1990.6.—416页；大32开.—ISBN 7-5613-0318-1：2.90元

国际减轻自然灾害十年/国家地震局震害防御司编译.—北京：地震出版社，1990.10.—71页；16开.ISBN 7-5028-0397-1：3.00元

湖北省自然灾害综合防御对策论文集/中国灾害防御协会湖北分会编.—北京：地震出版社，1990.8.145页；16开.—ISBN 7-5028-0403-X：6.00元

80年代重大灾难纪实/卢天觃编著.—上海：上海文化出版社，1990.6.—105页；32开.—（五角丛书；第十辑）.—ISBN 7-80511-388-2：1.10元

X45 人为灾害及其防治

世界重大失误/段胜武等编译.—北京：中国展望出版社，1990.10.—294页：照片；32开.—ISBN 7-5050-0809-9：4.30元

X5 环境污染及其防治

公害防止技术：大气篇/日本《公害防止技术和法规》编委会编；陈振兴等译.—北京：化学工业出版社，1990.4.—624页；大32开.—ISBN 7-5025-0261-0：13.50元

有毒有机物环境行为和生态毒理论文集/徐晓白主编.—北京：中国科学技术出版社，1990.12.—692页；16开.—ISBN 7-5046-0240-X：29.20元

环境污染与治理/济宁市环境科学学会编.—济南：山东科学技术出版社，1990.10.—238页；32开.ISBN 7-5331-0776-4：2.95元

环境治理工作必读/北京市计划委员会，北京市经济委员会编著.—北京：北京科学技术出版社，1990.11.—182页；32开.—ISBN 7-5304-0708-2：3.00元

X50 一般性问题

全国工业污染源调查评价与研究：总论/国家工业污染源调查办公室编.—北京：中国环境科学出版社，1990.10.—321页；16开.—ISBN 7-80010-700-0：12.60元

污染源控制/操汉瑞主编.—北京：中国环境科学出版社，1990.9.—170页；16开.—在职干部环境保护专业高等教育教材.—ISBN 7-80010-658-6：5.80元

环境工程/杨靖霞，史建福编著.—成都：成都科技大学出版社，1990.6.—390页；32开.—ISBN 7-5616-0526-9：2.64元

环境中的氟/陈国阶，余大富著.—北京：科学出版社，1990.1.—165页；16开.—ISBN 7-03-001629-7：10.60元

京津地区生态环境地图集/中国科学院等主编.—北京：科学出版社，1990.8.—213页；8开.—ISBN 7-03-002154-1（精装）：180.00元

X51 大气污染及其防治

大气污染物理学基础/朱岗崑编著.—北京：高等教育出版社，1990.9.—329页；大32开.—ISBN 7-04-003137-X：3.50元

大气环境综合整治规划/夏青等编著.—北京：中国环境科学出版社，1990.9.—287页；16开.—ISBN 7-80010-763-9：15 00元

生产环境粉尘测定/李烈勋等编.—北京：冶金工业出版社，1990.12.—162页；32开.—ISBN 7-5024-0800-5：3.50元

汽车排气污染防治技术/吕祖善编.—杭州：浙江科学技术出版社，1990.3.—162页；32开.—ISBN 7-5341-0249-9：2.50元

烟尘烟气测试实用技术/于正然等编著.—北京：中国环境科学出版社，1990.12.—267页；32开.—ISBN 7-80010-756-6：4.70元

酸雨文集/中国环境科学学会编.—北京：中国环境科学出版社，1989.11.—491页；大32开.—ISBN 7-80010-519-9：6.90元

本书论述了中国酸雨的现状和发展趋势，酸雨的成因及来源，酸雨对生态的影响等。

X52 水体污染及其防治

水化学与水污染/汪晋三等编著.—广州：中山大学出版社，1990.9.—616页；大32开.—ISBN 7-306-00278-3：5.10元

水污染控制工程/王宝贞主编.—北京：高等教育出版社，1990.4.—466页；16开.—高等学校教材.ISBN 7-04-002822-0：6.35元

水体有机污染的原理研究方法及应用/叶常明等编著.—北京：海洋出版社，1990.9.—334页；16开·ISBN 7-5027-0684-4：15.00元

水环境保护：水资源保护/侯宇光等编.—成都：成都科技大学出版社，1990.4.—328页；32开.—ISBN 7-5616-0378-9：2.26元

环境污染控制工程设计手册：水环境污染及防治/傅耀宗主编.—南京：江苏科学技术出版社，1990.9.—393页；16开.—ISBN 7-5345-1025-2：11.50元

城市水源保护：太原西山水源保护研究/《太原西山水源保护研究》编写组编.—北京：中国环境科学出版社，1990.4.—223页；大32开.—ISBN 7-80010-561-X：3.50元

本书针对城市大型水源地开发利用和保护问题，从多方面进行了研究。

黄河水资源保护研究文集/关伯仁，徐云麟主编.北京：北京大学出版社，1990.2.—253页；16开.ISBN 7-301-00885-6：7.60元

X524 水库、湖泊污染及其防治

中国湖泊水库环境调查研究：1980～1985/金相灿主编.—北京：中国环境科学出版社，1990.8.—208页；16开.—ISBN 7-80010-643-8：6.40元

中国湖泊富营养化/金相灿等主编.—北京：中国环境科学出版社，1990.8.—614页；16开.—ISBN 7-80010-792-2：22.00元

湖泊富营养化调查规范/金相灿，屠清瑛主编.—2版.—北京：中国环境科学出版社，1990.6.—317页；16开.—ISBN 7-80010-675-6：10.70元

本书介绍了湖泊富营养化调查工作程序，湖泊水质、底质和水生生物等环境要素的调查内容和调查方法。

湖泊管理指南　第一卷：湖泊管理原则/（　）乔根森（Jorgensen, S.E.），（　）沃伦韦德（Vollenweider, R.A.）著；刘鸿亮等译.—北京：中国环境科学出版社，1990.8.—169页；32开.—ISBN 7-80010-757-4：3.50元

书名原文：Guidelines of Lake Management

X55 海洋污染及其防治

海洋石油开发环境油污染控制对策：文集/华南环境科学研究所选编.—北京：海洋出版社，1990.8.211页；32开.—ISBN 7-5027-0845-6：5.50元

渤海黄海海域污染防治研究/国家环境保护局，渤海黄海海域污染防治科研协作组编.—北京：科学出版社，1990.12.—289页；16开.—ISBN 7-03-002277-7：11.80元

渤海黄海海域污染防治研究图集/国家环境保护局渤海黄海海域污染防治科研协作组编.—北京：科学出版社，1990.6.—98页；8开.—ISBN 7-03-002389-7（精装）：60.00元

X591 放射性物质污染及其防治

电离辐射与人类生活/郭勇等编著.—北京：原子能出版社，1990.1.—196页；32开.—ISBN 7-5022-0210-2：4.55元

电磁辐射的预测技术与污染评价/赵玉峰等编著.北京：中国铁道出版社，1990.7.—149页；32开.ISBN 7-113-00932-8：2.85元

环境中氡来源及危害/赵亚民等译.—北京：中国环境科学出版社，1990.7.—251页；32开.—ISBN 7-80010-662-5：4.70元

X7 三废处理与综合利用

工业生产污染与控制/游海，林波编著.—南昌：江西高校出版社，1990.8.—482页；大32开.—ISBN 7-81033-004-7：7.50元

无废工艺：工业发展新模式/席德立著.—北京：清华大学出版社，1990.2.—297页；大32开.—ISBN 7-302-00507-9：4.60元

环境保护及三废处理/高子忠编.—武汉：华中理工大学出版社，1990.12.—376页；32开.—ISBN 7-5609-0526-9：2.38元

联邦德国的清洁工艺/叶奕森等译.—北京：中国环境科学出版社，1990.7.—194页；16开.—ISBN 7-80010-632-2：5.90元

X70 一般性问题

X703 废水的处理与利用

污泥处理工程学/（日）平冈正胜，吉野善弥著；宋永平，林喆译.—上海：华东化工学院出版社，1990.11.246页；大32开.—ISBN 7-5628-0088-X：2.00元

英汉俄工业水处理词典/孙文惠等编.—西安：陕西人民出版社，1990.1.—356页；32开.—ISBN 7-224-00137-6（精装）：6.50元

本书收词13000余条，内容涉及工业用水、污水和废水的机械处理、化学处理、理化处理、生化处理及有关分析用的

设备、仪器、药品和结垢、腐蚀、污染、监测、清洗等方面的术语。

废水处理工艺设计及实例分析/陈季华等编著.—北京：高等教育出版社，1990.6.—212页；16开.—ISBN 7-04-002282-6：4.90元

油田水处理技术/陆柱等编.—北京：石油工业出版社，1990.3.—305页；大32开.—ISBN 7-5021-0406-2：2.85元

城市污水处理新技术/王彩霞主编.—北京：中国建筑工业出版社，1990.10.—312页；大32开.—(土木建筑工程继续教育丛书).—ISBN 7-112-01090-X：7.40元

城市污水稳定塘设计手册/李献文主编.—北京：中国建筑工业出版社，1990.9.—352页；16开.—ISBN 7-112-01155-8(精装)：17.50元

活性污泥法/(日)桥本奖，(日)须藤隆一编著；李至时等译.—北京：学术书刊出版社，1990.2.267页；32开.—ISBN 7-80045-625-0：9.95元

本书是系统叙述活性污泥法处理污废水最新技术的一本专著。

X705 固体废物的处理与利用

生活垃圾特性分析指南/联邦德国环境保护局编；甄金环编译.—北京：中国环境科学出版社，1990.3.118页；32开.—ISBN 7-80010-505-9：1.80元

书名原文：Chemisch-physikalische Analyse von Hausmüll

本书内容包括垃圾取样、预处理、特征值的分析方法等。

固体废物处理与资源化/李国鼎等编.—北京：清华大学出版社，1990.2.—260页；16开.—ISBN 7-302-00478-1：3.40元

废弃物处理与管理：全国废弃物处理与管理学术讨论会论文集/中国科学技术协会学会工作部编.北京：中国科学技术出版社，1990.12.—480页；16开.—ISBN 7-5046-0260-4(精装)：40.00元

X74/75 燃料、冶金工业三废处理与综合利用

钢铁工业环境保护/李家瑞等主编.—北京：科学出版社，1990.1.—206页；32开.—(冶金继续工程教育丛书).—ISBN 7-03-001703-X：3.50元

煤炭广泛利用对环境的影响/瑞典皇家科学院，苏联科学院编；叶奕森等译.—北京：中国环境科学出版社，1990.7.—260页；32开.—ISBN 7-80010-629-2：2.50元

X78 化学工业三废处理与综合利用

无机化工三废综合治理/(苏)纳尔克维奇(Наркевич, И.П.)，佩奇科夫斯基(Печковский, В.В.)著，刘觉民，李福彬译.—北京：化学工业出版社，1990.5.—270页；32开.—ISBN 7-5025-0596-2：5.40元

书名原文：утилизация и ликвидация отходов в техологии неорганических веществ

化工环境污染及治理技术/张望秋，王秀芳编著.杭州：浙江大学出版社，1990.6.—208页；大32开.ISBN 7-308-00534-8：1.85元

火炸药工业的污染及其防治/孙荣康等编著.—北京：兵器工业出版社，1990.4.—490页；32开.—ISBN 7-80038-069-6：7.90元

X79 轻工业三废处理与综合利用

人造板和其他材料的甲醛散发/(联邦德国)罗发埃尔(Roffael, E.)著；王定选等译.—北京：中国林业出版社，1990.1.—221页；大32开.—ISBN 7-5038-0443-2：3.80元

纺织工业废水治理/国家环境保护局编.—北京：中国环境科学出版社，1990.7.—537页；大32开.(工业污染治理技术丛书；废水卷).—ISBN 7-80010-493-1：9.00元

甜菜糖厂"三废"处理及综合利用/郭成勋主编.北京：轻工业出版社，1990.10.—250页；大32开.高等学校轻工专业试用教材.—ISBN 7-5019-0845-1：2.15元

X8 环境质量评价与环境监测

全球环境污染评价：关于环境监测与人体健康/联合国环境规划署，世界卫生组织编；于正然，李峭译.—北京：中国环境科学出版社，1990.3.—54页；36开.—ISBN 7-80010-638-1：1.10元

X82 环境质量分析与评价

中国核工业30年辐射环境质量评价/潘自强等编著.—北京：原子能出版社，1990.10.—248页；大32开.—ISBN 7-5022-0344-3：8.10元

环境评价/陆雍森等编著.—上海：同济大学出版社，1990.12.—459页；16开.—ISBN 7-5608-

0712-7：6.35元

环境质量评价/马倩如等编.—北京：中国环境科学出版社，1990.10.—283页；16开.—在职干部环境保护专业高等教育教材.—ISBN 7-80010-640-3：9.20元

环境影响评价/王华东等编.—北京：高等教育出版社，1990.6.—341页；16开.—ISBN 7-04-002524-8：5.05元

环境影响评价实用方法/张忆晋主编.—太原：山西科学教育出版社，1990.9.—301页；16开.—ISBN 7-5377-0296-9：8.10元

X83 环境监测

环境工程监测/蒋展鹏，祝万鹏编著.—北京：清华大学出版社，1990.5.—529页；16开.—ISBN 7-302-00615-6：6.95元

环境自动监测/谭福元等编.—北京：冶金工业出版社，1990.2.—169页；大32开.—ISBN 7-5024-0572-0：4.05元

环境监测统计学/李文荣等主编.—济南：山东大学出版社，1990.7.—540页；32开.—ISBN 7-5607-0376-3：7.80元

环境监测管理/吴邦灿编著.—北京：中国环境科学出版社，1990.11.—422页；16开.—ISBN 7-80010-665-9：16.00元

环境监察员简明手册/崔本额，金顺姬编著.—延吉：东北朝鲜民族教育出版社，1990.7.—195页；32开.—ISBN 7-5437-0724-1：2.45元

X831 大气监测

大气污染测量系统质量保证手册 第二卷：大气污染监测专用方法/美国环境保护局研究和开发处环境监测系统实验室编；曹守仁等译.—北京：化学工业出版社，1990.3.—458页；16开.—ISBN 7-5025-0484-2：13.80元

空气和废气监测分析方法/国家环境保护局《空气和废气监测分析方法》编写组编写.—北京：中国环境科学出版社，1990.12.—505页；16开.—ISBN 7-80010-784-1：20.50元

X832 水质监测

水和有害废物的监测分析方法/周文敏等编译.—北京：中国环境科学出版社，1990.8.—228页；16开.ISBN 7-80010-674-8：7.50元

水和废水监测分析方法指南 上册/《水和废水监测分析方法指南》编委会编.—北京：中国环境科学出版社，1990.12.—457页；16开.—ISBN 7-80010-500-8（精装）：16.00元

水质试验法/日本工业用水协会编；陈履安译.—修订版.—北京：中国环境科学出版社，1990.4.—724页；大32开.—ISBN 7-80010-228-9：11.00元

X835 生物监测

环境工程微生物检验手册/俞毓馨等主编.—北京：中国环境科学出版社，1990.12.—443页；大32开.ISBN 7-80010-656-X：6.90元

环境生物监测/张志杰编著.—北京：冶金工业出版社，1990.8.—452页；大32开.—ISBN 7-5024-0645-X：10.05元

微型生物监测新技术/沈韫芬等著.—北京：中国建筑工业出版社，1990.7.—524页；图版；16开.ISBN 7-112-01012-8（精装）：32.00元

X9 劳动保护科学

安全生产知识问答/《安全生产知识问答》编写组编.2版(修订版).—北京：中国劳动出版社，1990.10.352页；32开.—ISBN 7-5045-0324-X：4.15元

本书1987年2月第1版。

安全知识实用大全/阮崇武，李伯勇主编.—上海：文汇出版社，1990.4.—906页：图；32开.—ISBN 7-80531-091-2（精装）：12.50元

本书对生产组织、工作环境、工艺技术、作业特性、操作者素质等与劳动保护的关系都作了比较完整的介绍。

X91 劳动保护基础理论

劳动保护基础知识/江苏省劳动服务公司组织编写.—南京：江苏人民出版社，1990.10.—81页；32开.—江苏省就业培训统编教材：试用.—ISBN 7-214-00564-6：1.20元

劳动保护概论/董淑琴主编.—北京：中国人事出版社，1990.11.—353页；大32开.—ISBN 7-80076-042-1：4.80元

劳动保护简明教程/辽宁省劳动局，辽宁省劳动保护科学技术学会编.—沈阳：辽宁科学技术出版社，1990.3.—322页；32开.—ISBN 7-5381-0883-1：4.00元

系统安全工程/张金钟编.—北京：航空工业出版社，1990.6.—116页；16开.—ISBN 7-80046-267-6：1.65元

X92 劳动保护管理

工会劳动保护工作讲话/张宝刚著.—北京：工人出版社，1990.5.—124页；32开.—（工会业务工作讲话丛书）.—ISBN 7-5003-0627-2：1.95元

乡镇企业劳动保护/王永君等编著.—北京：中国医药科技出版社，1990.8.—270页；32开.—（全国

星火计划丛书/李才广主编）.—ISBN 7-5067-0031-X：4.50元

辽宁省职工个人劳动防护用品发放标准/辽宁省劳动局制订.—沈阳：辽宁人民出版社，1990.9.—358页；32开.—ISBN 7-205-01527-8：5.40元

动态循环安全管理：DTXO1244D安全管理模式/郑德成编著.—北京：轻工业出版社，1990.11.—488页；大32开.—ISBN 7-5019-0692-0：10.56元

安全管理简明教程/李德仁主编.—武汉：中国地质大学出版社，1990.8.—465页；32开.—供地质勘探行业基层领导安全培训用.—ISBN 7-5625-0437-7：5.95元

劳动保护用具及其质量检验手册/孙延林编著.—北京：北京科学技术出版社，1990.10.—265页；32开.ISBN 7-5304-0734-1：3.70元

邮电劳动保护实用手册/邮电部劳动工资司编.—上海：上海科学技术文献出版社，1990.10.—693页；32开.—ISBN 7-80513-741-2（精装）：8.50元

X925 劳动安全教育

安全在我心中：胜利石油管理局"安全在我心中"演讲材料汇编/胜利石油管理局编.—济南：山东人民出版社，1990.11.—357页；大32开.—ISBN 7-209-00773-3：5.00元

安全教育学/（日）青岛贤司著；中国有色金属工业总公司翻译组译.—成都：成都科技大学出版社，1990.9.—294页；32开.—（安全技术管理丛书）.ISBN 7-5616-0547-1：3.65元

安全意识100忌/寇士清主编.—天津：天津人民出版社，1990.8.—223页；大32开.—ISBN 7-201-00672-X：3.95元

新工人安全教育指南/劳动部职业安全卫生监察局主编.—北京：劳动人事出版社，1990.5.—180页；32开.—职业安全卫生通用基础系列教材.—ISBN 7-5045-0515-3：2.60元

X928 工伤事故分析与预防

安全分析与事故预测/王泽申编著.—北京：北京经济学院出版社，1990.9.—124页；16开.—安全与卫生工程系列教材.—ISBN 7-5638-0145-6：3.40元

事故预测预防技术/陆庆武编著.—北京：机械工业出版社，1990.9.—583页；32开.—ISBN 7-111-01958-X：13.40元

事故管理/肖爱民等编著.—北京：冶金工业出版社，1990.5.—263页；32开.—（职工安全教育丛书）.—ISBN 7-5024-0691-3：3.90元

重大事故现场勘查/陈佩璋主编.—北京：科学出版社，1990.6.—367页；32开.—ISBN 7-03-001798-6：4.60元

X93 劳动安全技术

安全工程学/（日）青岛贤司著；中国有色金属工业总公司翻译组译.—成都：成都科技大学出版社，1990.10.—400页；32开.—（安全技术管理丛书）.ISBN 7-5616-0548-X：4.75元

安全管理学/（日）青岛贤司著；中国有色金属工业总公司翻译组译.—成都：成都科技大学出版社，1990.9.—266页；32开.—（安全技术管理丛书）.ISBN 7-5616-0543-3：3.25元

X931 工业安全（总论）

工业企业安技环保科长岗位职务培训教材/周士谔主编.—南京：江苏人民出版社，1990.6.—369页；32开.—工业企业中层干部岗位职务培训系列教材.ISBN 7-214-00479-8：5.20元

工业企业劳动保护管理概论/赵煦阳，胡湘生主编.长沙：湖南科学技术出版社，1990.7.—577页；32开.—厂长经理安全技术培训教材.—ISBN 7-5357-0814-5：6.90元

工业劳动安全手册/（苏）特卡丘克(Ткачук, К. Н.)等著；祝存钦等译.—北京：冶金工业出版社，1990.11.—324页；大32开.—ISBN 7-5024-0735-9：6.40元

书名原文：Справочник беиопасности труда в иромышленности

本书主要介绍有关危险因素和有害生产因素的概念，以及保证工业企业劳动安全的基本方法和手段。

企业安全管理基础/余关棋，楼作相编著.—杭州：浙江大学出版社，1990.6.—336页；大32开.—ISBN 7-308-00504-6：6.00元

X932 防火防爆

工业企业防火/宋方，郝如东主编.—长春：吉林人民出版社，1990.7.—439页；32开.—ISBN 7-206-00804-6：5.00元

电气放电和摩擦火花的防爆性/（苏）克拉夫钦克（Кравченко, В.С.），邦达尔（Бондаря, В.А.）主编；杨洪顺，曾昭慧译.—北京：煤炭工业出版社，1990.3.—347页；32开.—ISBN 7-5020-0172-7：4.20元

X951/954 交通运输安全、农林、渔业安全

安全系统工程在林业的应用/黑龙江省森林工业总局劳动安全监察处编.—哈尔滨：东北林业大学出版社，1990.11.—105页；32开.—林业安全培训系列教材.—ISBN 7-81008-175-6：1.45元

X96 劳动卫生工程

工业企业设计职业安全卫生监督手册/赵煦阳等主编.—长沙：湖南科学技术出版社，1990.4.—786页；大32开.—ISBN 7-5357-0773-4（精装）：14.00元

职业安全与卫生知识问答/刘祖荣等主编.—北京：中国商业出版社，1990.8.—1册；32开.—ISBN 7-5044-0538-8：6.30元

职业安全卫生辞典/冯肇瑞，叶继香主编.—成都：四川人民出版社，1990.4.—628页；32开.—ISBN 7-220-00856-2（精装）：12.90元

职工安全健康自我保护/张有铭等编写.—上海：上海科学技术出版社，1990.5.—136页；32开.—ISBN 7-5323-2164-9：1.65元

X965 工业防毒

工业企业防毒技术/王淑荪编著.—北京：北京出版社，1990.2.—312页；32开.—ISBN 7-200-00750-1：4.30元

工业防毒/劳动部职业安全卫生监察局主编.—北京：中国劳动出版社，1990.7.—484页；32开.—职业安全卫生通用基础系列教材.—ISBN 7-5045-0500-5：7.50元

Z 综合性图书

Z1 丛 书

Z12 中国丛书

青年文库新编本.—北京：中国青年出版社，1990.8.—45册；32开.—ISBN 7-5006-0734-2：260.00元

Z121 普通丛书（杂纂丛书）

北京图书馆古籍珍本丛刊 （1）：经部/北京图书馆古籍出版编辑组编.—影印本.—北京：书目文献出版社，〔1990〕.—1016页；16开.—ISBN 7-013-0545-5（精装）：110.00元

北京图书馆古籍珍本丛刊 （3）：经部：礼书、纬纤候图校辑/北京图书馆古籍出版编辑组编.—影印本.—北京：书目文献出版社，〔1990〕.—674页；16开.—ISBN 7-5013-0822-5（精装）：77.00元

北京图书馆古籍珍本丛刊 （4）：经部：乐律全书/北京图书馆古籍出版编辑组编.—影印本.—北京：书目文献出版社，〔1990〕.—1002页；16开.—ISBN 7-5013-0702-4（精装）：114.00元

本书据明万历郑藩刻本影印。

北京图书馆古籍珍本丛刊 （6）：经部：华夷译语、高昌馆课、回回馆杂字、译语、百译馆译语、暹罗馆译语、八馆馆考/北京图书馆古籍出版编辑组编.—影印本.—北京：书目文献出版社，〔1990〕.790页；16开.—ISBN 7-5013-0704-0（精装）：93.00元

北京图书馆古籍珍本丛刊 （7）：史部：杂史类：楚纪/北京图书馆古籍出版编辑组编.—影印本.北京：书目文献出版社，〔1990〕.—1131页；16开.ISBN 7-5013-0801-2（精装）：128.00元

本书据明嘉靖二十五年李桂刻本影印。

北京图书馆古籍珍本丛刊 （8）：史部：杂史类：皇明修文备史/北京图书馆古籍出版编辑组编.影印本.—北京：书目文献出版社，〔1990〕.—908页；16开.—ISBN 7-5013-0803-9（精装）：104.00元

本书据清抄本影印。

北京图书馆古籍珍本丛刊 （9）：史部：杂史类/北京图书馆古籍出版编辑组编.—影印本.—北京：书目文献出版社，〔1990〕.—954页；16开.—ISBN 7-5013-0784-9（精装）：110.00元

北京图书馆古籍珍本丛刊 （10）：史部：杂史类：皇明驭倭录、虔台倭纂、倭情考略、倭患考原、安南来威图册、皇明臣略纂闻、宝日堂杂抄/北京图书馆古籍出版编辑组编.—影印本.—北京：书目文献出版社，〔1990〕.—868页；16开.—ISBN 7-5013-0824-1（精装）：100.00元

北京图书馆古籍珍本丛刊 （11）：史部：杂史类：建文朝野汇编、建文书法拟、名臣宁攘要编、夷俗记、辽事述/北京图书馆古籍出版编辑组编.—影印本.北京：书目文献出版社，〔1990〕.—714页；16开.ISBN 7-5013-0555-2（精装）：82.00元

本书据万历刻本影印。

北京图书馆古籍珍本丛刊 （12）：史部：杂史类/北京图书馆古籍出版编辑组编.—影印本.—北京：书目文献出版社，〔1990〕.—874页；16开.—ISBN 7-5013-0678-8（精装）：100.00元

北京图书馆古籍珍本丛刊 （16）：史部：传记类：兰台法鉴录、南垣论世考/北京图书馆古籍出版编辑组编.—影印本.—北京：书目文献出版社，〔1990〕.—654页；16开.—ISBN 7-5013-0805-5（精装）：80.00元

北京图书馆古籍珍本丛刊 （24）：史部：地理类：（洪武）京城图志、（嘉靖）南畿志、（正德）江宁县志、（顺治）溧水县志/北京图书馆古籍出版编辑组编.—影印本.—北京：书目文献出版社，〔1990〕.—1043页；16开.—ISBN 7-5013-0778-4（精装）：130.00元

北京图书馆古籍珍本丛刊 （25）：史部：地理类：（万历）扬州府志·扬州足征录、（万历）监城县志/北京图书馆古籍出版编辑组编.—北京：书目文献出版社，〔1990〕.—922页；16开.—ISBN 7-5013-0807-1（精装）：105.00元

北京图书馆古籍珍本丛刊 （36）：史部：地理类：〔康熙〕衡州府志/北京图书馆古籍出版编辑组编.—影印本.—北京：书目文献出版社，〔1990〕.871页；16开.—ISBN 7-5013-0826-8（精装）：99.00元

本书据清康熙十年刻二十一年续修本影印。

北京图书馆古籍珍本丛刊 （55）：史部：政书类：漕运全书/北京图书馆古籍出版编辑组编.—影印本.—北京：书目文献出版社，1990.—940页；16

开.—ISBN 7-5013-0780-6（精装）：107.00元
本书据清抄本影印。

北京图书馆古籍珍本丛刊　（74）：子部：类书类：新编翰苑新书/北京图书馆古籍出版编辑组编.影印本.—北京：书目文献出版社，〔1990〕.—1164页；16开.—ISBN 7-5013-0589-7(精装)：132.00元
本书据明抄本影印。

北京图书馆古籍珍本丛刊　（75）：子部：类书类/北京图书馆古籍出版编辑组编.—影印本.—北京：书目文献出版社，〔1990〕.—552页；16开.—ISBN 7-5013-0706-7（精装）：63.00元

北京图书馆古籍珍本丛刊　（82）：子部：丛书类：寿养丛书、奚囊广要、艳雪斋丛书、士商必要/北京图书馆古籍出版编辑组编.—影印本.—北京：书目文献出版社，〔1990〕.—969页；16开.—ISBN 7-5013-0708-3（精装）：111.00元
本书据明胡文焕刻本影印。

北京图书馆古籍珍本丛刊　（89）：集部：宋别集类：乐全先生文集、宝晋山林集拾遗、竹坡类稿、宋宝章阁直学士忠惠铁庵方公文集/北京图书馆古籍出版编辑组编.—影印本.—北京：书目文献出版社，〔1990〕.—806页；16开.—ISBN 7-5013-0710-5（精装）：93.00元

北京图书馆古籍珍本丛刊　（91）：集部：金元别集：礌溪集、水云集、知常先生云山集、藏春诗集、筠溪牧潜集、鲁斋遗书、郝文忠公陵川文集/北京图书馆古籍出版编辑组编.—北京：书目文献出版社，〔1990〕.—850页；16开.—ISBN 7-5012-0816-0（精装）：98.00元

北京图书馆古籍珍本丛刊　（92）：集部：元别集类：姚文公牧庵集、燕石集、中庵先生刘文简公文集、鄱阳仲公李先生文集、傅与砺文集、巴西邓先生文集/北京图书馆古籍出版编辑组编.—北京：书目文献出版社，〔1990〕.—788页；16开.—ISBN 7-5013-0782-2（精装）：91.00元

北京图书馆古籍珍本丛刊　（106）：集部：明别集文类：芹山集、翁东涯集、杨氏南宫集、李彭山先生文集/北京图书馆古籍出版编辑组编.—北京：书目文献出版社，〔1990〕.—922页；16开.—ISBN 7-5013-0849-7（精装）：106.00元

三怡堂丛书/（清）张凤台辑.—影印本.—北京：中国书店，1990.5.—60册（6函）；12开.—ISBN 7-80568-105-8（线装）：680.00元
据河南省图书馆藏板影印。

百川学海/（宋）左圭辑.—影印本.—北京：中国书店，1990.10.—987页；大32开.—（海王邨古籍丛刊）.—ISBN 7-80568-162-7（精装）：25.00元

枕碧楼丛书/（清）沈家本辑.—北京：中国书店，1990.10.—545页；大32开.—（海王邨古籍丛刊）.ISBN 7-80568-158-9（精装）：14.00元

昭代丛书/（清）张潮等编纂.—上海：上海古籍出版社，1990.7.—4册；16开.—ISBN 7-5325-0596-0（精装）：245.60元
全书总563卷，附录1卷，以天干为序，分作10集和别集1集。本书据道光世楷堂刊本并补以俞樾序文缩叶影印。另编录书名和作者名索引，附印于后。

涉闻梓旧/（清）蒋光煦辑.—影印本.—扬州：江苏广陵古籍刻印社，〔1990〕.—30册（3函）；24开.（线装）：350.00元
据清别下斋刊本影印。

海源阁丛书/（清）杨以增辑.—影印本.—扬州：江苏广陵古籍刻印社，〔1990〕.—17册(2函)；20开.（线装）：195.00元
据咸丰中扬氏海源阁刊本影印。

Z126　旧经籍

十三经文论注/董国柱选注.—哈尔滨：黑龙江人民出版社，1990.4.—308页；大32开.—ISBN 7-207-01483-X：4.60元

今献汇言.—影印本.—扬州：江苏广陵古籍刻印社，〔1990〕.—10册（1函）；20开.—（线装）
据上海涵芬楼版影印。

玉函山房辑佚书/（清）马国翰辑.—上海：上海古籍出版社　1990.12.—4册（3773页）；大32开.—ISBN 7-5321-0788-2（精装）：198.00元

正续小十三经/（明）顾起经辑.—影印本.—郑州：中州古籍出版社，1990.11.—694页；32开.—ISBN 7-5348-0337-3（精装）：24.80元
本书分“正集/（明）顾起经辑·续集/（　）丁巍等辑”两部分。

平津馆鉴藏书籍记/（清）孙星衍撰.—影印本.扬州：江苏广陵古籍刻印社，1990.4.—2册；20开.（线装）：30.00元
据木樨轩刊本影印。

先秦经籍考/江侠庵编译.—影印本.—上海：上海文艺出版社，1990.12.—379页；32开.—（中外文化要籍影印丛书）.—ISBN 7-5321-0627-6（精装）：20.10元
据上海商务印书馆1931年版影印。

奇觚典会/（清）梅自馨辑.—影印本.—扬州：江苏广陵古籍刻印社，1990.2.—20册（2函）；20开.（精装）：250.00元
据清刊本影印。

经史子集概要/顾荩臣著.—影印本.—北京：中国书店，1990.7.—1册；32开.—ISBN 7-80568-102-3：11.00元
本书原名：国学研究，据1930年世界书局本影印。

经学纂要/蒋伯潜著.**经学提要**/朱剑芒著.—长沙：

岳麓书社，1990.12.—257页；大32开.—ISBN 7-80520-230-3：3.50元

经解入门/（清）江藩编著；方国瑜校点.—影印本.—天津：天津市古籍书店，1990.6.—244页；32开.—2.90元

本书据1932年文化学习社版影印。

Z2　百科全书、类书

世界百科全书之最/刘达编.—北京：宇航出版社，1990.5.—147页；32开.—ISBN 7-80034-301-4：1.90元

简明英汉百科辞典/中国大百科全书出版社上海分社辞书编辑部编.—上海：中国大百科全书出版社上海分社，1990.4.—548页；32开.—ISBN 7-5000-0273-4（精装）：10.50元

Z22　中国百科全书、类书

一是纪始/（清）魏崧著.—影印本.—扬州：江苏广陵古籍刻印社，〔1990〕.—12册（1函）；20开.（线装）：125.00元

据清刊本影印。

一斑录/（清）郑光祖著.—影印本.—北京：中国书店，1990.10.—1册；大32开.—（海王邨古籍丛刊）.—ISBN 7-80568-160-0（精装）：32.00元

本书又名《醒世一斑录》，是一部记录我国社会知识和自然知识的百科全书，本书共分天地、人事、物理、方外、鬼神五大类，附权量、勾股、医方及杂述560余条。

玉海/（宋）王应麟辑.—2版（影印本）.—南京：江苏古籍出版社；上海：上海书店，1990.3.—8册；32开.—ISBN 7-80569-221-1（精装）：102.00元

本书1988年3月第1版。

四部精华.—影印本.—北京：北京古籍出版社，1990.6.—3册；大32开.—ISBN 7-5300-0020-9：30.60元

据世界书局1934年版影印。

四部精华.—影印本.—北京：北京古籍出版社，1990.6.—3册；大32开.—ISBN 7-5300-0021-7（精装）：38.10元

本书精选我国古籍四部（经、史、子、集）中的精华部分，并以诗文体予以介绍。

事物异名录/（清）厉荃辑.—影印本.—北京：中国书店，1990.10.—2册；大32开.—（海王邨古籍丛刊）.—ISBN 7-80568-161-9（精装）：45.00元

和刻本类书集成　第一辑：岁华纪丽·书叙指南·事林广记/（日）长泽规矩也编.—影印本.—上海：上海古籍出版社，1990.7.—467页；16开.—ISBN 7-5325-0791-2（精装）：25.40元

和刻本类书集成　第二辑：事物纪原·小学绀珠/（日）长泽规矩也编.—影印本.—上海：上海古籍出版社，1990.7.—463页；16开.—ISBN 7-5325-0792-0（精装）：25.30元

和刻本类书集成　第三辑：书言故事大全·君臣故事·日记故事大全·金璧故事·劝惩故事/（日）长泽规矩也编.—影印本.—上海：上海古籍出版社，1960.7.—450页；16开.—ISBN 7-5325-0793-9（精装）：24.70元

和刻本类书集成　第四辑：群书拾唾·故事雕龙·故事必读成语考·雅俗故事读本·艺林伐山故事·事物异名/（日）长泽规矩也编.—影印本.—上海：上海古籍出版社，1990.7.—441页；16开.—ISBN 7-5325-0794-7（精装）：24.20元

和刻本类书集成　第五辑：卓氏藻林·古今类书纂要/（日）长泽规矩也编.—影印本.—上海：上海古籍出版社，1990.7.—492页；16开.—ISBN 7-5325-0795-5（精装）：26.30元

和刻本类书集成　第六辑：唐诗金粉·词林合璧·锦字笺/（日）长泽规矩也编.—影印本.—上海：上海古籍出版社，1990.7.—430页；16开.—ISBN 7-5325-0796-3（精装）：23.90元

类书纂要/（清）周鲁辑.—影印本.—扬州：江苏广陵古籍刻印社，1990.11.—24册（3函）；12开.（线装）：365.00元

据清刊本影印。

中国大百科全书：世界地理/中国大百科全书总编辑委员会《世界地理》编辑委员会，中国大百科全书出版社编辑部编.—北京：中国大百科全书出版社，1990.3.—796页；16开.—ISBN 7-5000-0270-X（精装特）：61.10元

中国大百科全书：世界地理/中国大百科全书总编辑委员会《世界地理》编辑委员会，中国大百科全书出版社编辑部编.—北京：中国大百科全书出版社，1990.3.—796页；16开.—ISBN 7-5000-0271-8（精装甲）：50.40元

中国大百科全书：世界地理/中国大百科全书总编辑委员会《世界地理》编辑委员会，中国大百科全书出版社编辑部编.—北京：中国大百科全书出版社，1990.3.—796页；16开.—ISBN 7-5000-0272-6（精装乙）：37.45元

中国大百科全书：外国历史　（1）/中国大百科全书总编辑委员会《外国历史》编辑委员会，中国大百科全书出版社编辑部编.—北京：中国大百科全书出版社，1990.2.—586页；16开.—ISBN 7-5000-0261-0（精装特）：49.90元

中国大百科全书：外国历史（Ⅰ）/中国大百科全书编辑委员会《外国历史》编辑委员会，中国大百科全书出版社编辑部编.—北京：中国大百科全书出版社，1990.1.—586页；16开.—ISBN 7-5000-0262-9（精装甲）：40.40元

中国大百科全书：外国历史（Ⅰ）/中国大百科全书总编辑委员会《外国历史》编辑委员会，中国大百科全书出版社编辑部编.—北京：中国大百科全书出版社，1990.1.—586页；16开.—ISBN 7-5000-0263-7（精装乙）：29.65元

中国大百科全书：外国历史（Ⅱ）/中国大百科全书总编辑委员会《外国历史》编辑委员会，中国大百科全书出版社编辑部编.—北京：中国大百科全书出版社，1990.1.—587～1313页；16开.—ISBN 7-5000-0264-5（精装特）：53.20元

中国大百科全书：外国历史（Ⅱ）/中国大百科全书总编辑委员会《外国历史》编辑委员会，中国大百科全书出版社编辑部编.—北京：中国大百科全书出版社，1990.1.—587～1313页；16开.—ISBN 7-5000-0265-3（精装甲）：43.20元

中国大百科全书：外国历史（Ⅱ）/中国大百科全书总编辑委员会《外国历史》编辑委员会，中国大百科全书出版社编辑部编.—北京：中国大百科全书出版社，1990.1.—587～1313页；16开.—ISBN 7-5000-0266-1（精装乙）：31.55元

中国大百科全书：地理学/中国大百科全书总编辑委员会《地理学》编辑委员会，中国大百科全书出版社编辑部编.—北京：中国大百科全书出版社，1990.9.—589页；16开.—ISBN 7-5000-0280-7（精装特）：58.40元

中国大百科全书：地理学/中国大百科全书总编辑委员会《地理学》编辑委员会，中国大百科全书出版社编辑部编.—北京：中国大百科全书出版社，1990.9.—589页；16开.—ISBN 7-5000-0281-5（精装甲）：48.30元

中国大百科全书：地理学/中国大百科全书总编辑委员会《地理学》编辑委员会，中国大百科全书出版社编辑部编.—北京：中国大百科全书出版社，1990.9.—589页；16开.—ISBN 7-5000-0282-3（精装乙）：36.30元

中国大百科全书：农业（Ⅰ）/中国大百科全书总编辑委员会《农业》编辑委员会，中国大百科全书出版社编辑部编.—北京：中国大百科全书出版社，1990.9.—918页；16开.—ISBN 7-5000-0274-2（精装特）：76.90元

中国大百科全与：农业（Ⅰ）/中国大百科全书总编辑委员会《农业》编辑委员会，中国大百科全书出版社编辑部编.—北京：中国大百科全书出版社，1990.9.—918页；16开.—ISBN 7-5000-0275-0（精装甲）：64.10元

中国大百科全书：农业（Ⅰ）/中国大百科全书总编辑委员会《农业》编辑委员会，中国大百科全书出版社编辑部编.—北京：中国大百科全书出版社，1990.9.—918页；16开.—ISBN 7-5000-0276-9（精装乙）：47.00元

中国大百科全书：农业（Ⅱ）/中国大百科全书总编辑委员会《农业》编辑委员会，中国大百科全书出版社编辑部编.—北京：中国大百科全书出版社，1990.9.—919～1903页；16开.—ISBN 7-5000-0277-7（精装特）：77.85元

中国大百科全书：农业（Ⅱ）/中国大百科全书总编辑委员会《农业》编辑委员会，中国大百科全书出版社编辑部编.—北京：中国大百科全书出版社，1990.9.—919～1903页；16开.—ISBN 7-5000-0278-5（精装甲）：64.70元

中国大百科全书：农业（Ⅱ）/中国大百科全书总编辑委员会《农业》编辑委员会，中国大百科全书出版社编辑部编.—北京：中国大百科全书出版社，1990.9.—919～1903页；16开.—ISBN 7-5000-0279-3（精装乙）：47.10元

中国大百科全书：新闻·出版/中国大百科全书总编辑委员会《新闻出版》编辑委员会，中国大百科全书出版社编辑部编.—北京：中国大百科全书出版社，1990.12.—650页；16开.—ISBN 7-5000-0283-1（精装特）：57.30元

中国大百科全书：新闻·出版/中国大百科全书总编辑委员会《新闻出版》编辑委员会，中国大百科全书出版社编辑部编.—北京：中国大百科全书出版社，1990.12.—650页；16开.—ISBN 7-5000-0284-X（精装甲）：46.60元

中国大百科全书：新闻·出版/中国大百科全书总编辑委员会《新闻出版》编辑委员会，中国大百科全书出版社编辑部编.—北京：中国大百科全书出版社，1990.12.—650页；16开.—ISBN 7-5000-0285-8（精装乙）：33.50元

中国历代文献精粹大典/门岿主编.—北京：学苑出版社，1990.6.—2册（3113页）；16开.—ISBN 7-80060-513-2（精装）：298.00元

中国少年百科全书/陈宏天，严华主编.—沈阳：辽宁教育出版社，1990.5.—1006页；彩图；16开.—ISBN 7-5382-0886-0（精装）：39.50元

中国百科大辞典/中国百科大辞典编委会编.—北京：华夏出版社，1990.9.—1471页；16开.—ISBN 7-80053-835-4（精装）：115.00元

全球文明史·人类百科大事通览：哲学文科卷/许志峰等主编.—长春：吉林人民出版社，1990.5.707页；16开.—ISBN 7-206-00760-0（精装）：26.00元

全球文明史·人类百科大事通览：历史艺体卷/李

德深等主编.—长春：吉林人民出版社，1990.7.718页；16开.—ISBN 7-206-00794-5（精装）：26.00元

全球文明史·人类百科大事通览：数学理工卷/许志峰等主编.—长春：吉林人民出版社，1990.7.—703页；16开.—ISBN 7-206-00827-5（精装）：26.00元

袖珍少年百科全书/檀东星编译.—福州：福建少年儿童出版社，1990.9.—382页；大32开.—ISBN 7--5395-0404-8：6.50元

Z228　综合性普及读物

十万个怎么办　（1）/徐永康主编.—沈阳：辽宁少年儿童出版社，1990.11.—204页；32开.—ISBN 7-5315-0806-5：2.00元

十万个怎么办　（2）/徐永康主编.—沈阳：辽宁少年儿童出版社，1990.11.—226页；32开.--ISBN 7-5315-0825-7：2.20元

人生一百年医·食·健·美万事通/《中国体育报》科技部编.—北京：中国社会出版社，1990.11.523页；大32开.—ISBN 7-80088-082-6：8.00元

人间百事通/韩振峰等编.—北京：中国旅游出版社，1990.6.—266页；32开.—ISBN 7-5032-0264-5：4.30元

人类奇迹与秘闻/胡艺己，吴菁编.—长沙：湖南文艺出版社，1990.12.—345页；32开.—ISBN 7-5404-0613-5：3.80元

《大千世界》百期精华/《大千世界》报编辑部编.北京：光明日报出版社，1990.4.—232页；16开.ISBN 7-80014-679-0：4.50元

大千世界神异录/杨少山主编.—北京：新华出版社，1990.7.—408页；大32开.—ISBN 7-5011-0648-7：6.30元

本书从人体奥秘、奇禽怪兽、珍花异木、自然奇观、宇宙之谜、其它异文六大类，收录了古今中外、天上人间的奇闻异观。

万事由来/倪树春主编.—北京：中国妇女出版社，1990.10.—652页；32开.—ISBN 7-80016-333-4：9.00元

万事通　（3）/吕世芳编.—成都：四川科学技术出版社，1990.11.—241页；32开.—ISBN 7-5364-1753-5：2.70元

上海之最/王全昌等编.—上海：上海科技教育出版社，1990.10.—262页；32开.—ISBN 7-5428-0436-7：2.55元

上海之最/《上海之最》编委会编.—上海：上海人民出版社，1990.9.—638页；32开.—ISBN 7-208-01023-4：8.00元

千奇百怪/许诚编.—南京：江苏教育出版社，1990.3.—116页；128开.—（小小丛书）.—ISBN 7-5343-0938-7：0.34元

女性生活顾问/赵涛，方寿中主编.—福州：福建科学技术出版社，1990.4.—488页；32开.—ISBN 7-5335-0347-3：5.25元

小博士系列.—广州：广东教育出版社，1990.5.8册：插图；32开.—ISBN 7-5406-1179-0：13.00元

本书包括：①生物常识小博士/牧羊人编写；何忠绘
②地球常识小博士/谷中鸣编写；何宗绘
③生活常识小博士/牧羊人编写；何忠绘
④地方趣闻小博士/谷中鸣编写；何宗绘
⑤科学常识小博士/谷中鸣编写；何宗绘
⑥体育常识小博士/寒星编写；徐志雄绘
⑦生活趣闻小博士/谷中鸣编写；何宗绘
⑧自然常识小博士/牧羊人编写；何忠绘

天下奇事：动物部分/陈我忠编.—杭州：浙江大学出版社，1990.5.—201页；32开.—ISBN 7-308-00466-X：2.70元

天下奇事：自然·生理部分/陈我忠编.—杭州：浙江大学出版社，1990.5.—199页；32开.—ISBN 7-308-00468-6：2.70元

天下奇事：社会部分/陈我忠编.—杭州：浙江大学出版社，1990.5.—262页；32开.—ISBN 7-308-00467-8：3.30元

天下奇闻　第一辑/韦晓编.—2版.—南宁：广西民族出版社，1990.9.—312页；32开.—ISBN 7-5363-0182-0：3.70元

本书1988年1月第1版。

天下奇闻　第四辑/杜德锡，蒋纯寅编.—2版.南宁：广西民族出版社，1990.8.—284页；32开.ISBN 7-5363-0565-6：3.70元

本书1989年10月第1版。

天下奇闻　第五辑/陈振桂编.—2版.—南宁：广西民族出版社，1990.8.—301页；32开.—ISBN 7-5363-0685-7：3.70元

本书1989年12月第1版。

天下奇闻　第六辑/张坤鹏等编.—南宁：广西民族出版社，1990.9.—316页；32开.—ISBN 7-5363-0913-9：3.70元

天下奇闻　第七辑/周月珍编.—南宁：广西民族出版社，1990.9.—302页；32开.—ISBN 7-5363-0931-7：3.70元

天下奇闻大观：巧合、惊险卷/王一心，李伶伶编.南京：江苏文艺出版社，1990.10.—214页；32开.ISBN 7-5399-0203-5：2.70元

天下奇闻大观：奇人奇事卷/王一心等编.—南京：江苏文艺出版社，1990.10.—189页；36开.—ISBN 7-5399-0202-7：2.40元

天下奇闻大观：怪物、异兽卷/王一心等编.—南京：江苏文艺出版社，1990.10.—280页；36开.—ISBN 7-5399-0204-3：3.30元

天下第一/任国富编.—南宁：广西民族出版社，1990.10.—187页；32开.—ISBN 7-5363-0934-1：2.70元

天南地北集锦/周蒙召，宋夫让编著.—北京：中国文史出版社，1990.10.—125页；32开.—（智慧之星丛书）.—ISBN 7-5034-0079-X：2.35元

五洲奇趣/郭鸿，振桂主编.—南宁：广西民族出版社，1990.4.—260页；32开.—（中外文摘精选；4）.—ISBN 7-5363-0747-0：3.30元

少年知识竞赛/张嘉，邹义开编.—合肥：安徽少年儿童出版社，1989.2.—92页；32开.—ISBN 7-5397-0228-1：0.95元

中央电视台知识竞赛选萃：续编/彰钧，员磐编.北京：北京出版社，1990.8.—145页；32开.—ISBN 7-200-00996-2：1.85元

中外书报刊最新知识精华1000则/张芳主编.—北京：蓝天出版社，1990.5.—385页；大32开.—ISBN 7-80081-076-3：6.40元

中外奇闻怪事大观/平阳，程效先编.—太原：山西人民出版社，1990.4.—658页；32开.—ISBN 7-203-01420-7：10.70元

中老年生活实用大全/姜尚主编.—南宁：广西人民出版社，1990.11.—531页；大32开.—ISBN 7-219-01714-6：6.90元

中年生活必备/薛军主编.—北京：中国商业出版社，1990.3.—411页；32开.—ISBN 7-5044-0464-0：5.60元

中华之乡·中华之最/过世杰主编.—北京：光明日报出版社，1990.3.—179页；32开.—（思想教育知识读物丛书）.—ISBN 7-80014-758-X：2.00元

中华之源·中华之奇/过世杰主编.—北京：光明日报出版社，1990.10.—180页；32开.—（思想教育知识读物丛书）.—ISBN 7-80091-005-9：2.00元

中国文化大博览/燕中人主编.—海口：南海出版公司，1990.8.—3册；大32开.—ISBN 7-80570-047-8（精装）：90.00元

中国的一百个世界第一/张大卫主编.—沈阳：辽宁少年儿童出版社，1990.12.—259页；大32开.—ISBN 7-5315-0535-1：3.10元

中国的世界之最/姜衍波，田林海改编；于光辉等绘.—济南：山东美术出版社，1990.5.—29页；32开.—（儿童知识读物）.—ISBN 7-5330-0290-3：0.75元

中国的世界纪录：历史卷/方克主编.—长沙：湖南教育出版社，1990.8.—301页；大32开.—ISBN 7-5355-1167-8（精装）：7.50元

中国的世界纪录：历史卷/方克主编.—长沙：湖南教育出版社，1990.8.—301页；大32开.—ISBN 7-5355-1168-6：5.70元

从一到十话知识/张克云，徐根义主编.—增订本.北京：科学技术文献出版社，1990.6.—535页；32开.—ISBN 7-5023-1245-5：6.30元

本书1987年7月初版。

办事指南/山戈，一梅编著.—成都：成都出版社，1990.11.—218页；32开.—（智慧农民丛书/李守凡主编）.—ISBN 7-80575-090-4：2.30元

古今中外：51～60辑合订本.—南京：江苏科学技术出版社，1990.9.—1册；32开.—（知识集锦小丛书）.—ISBN 7-5345-1019-8（精装）：5.80元

古今中外（64）/江苏科学技术出版社科普编辑室编辑.—南京：江苏科学技术出版社，1990.3.—32页；32开.—（知识集锦小丛书）.—ISBN 7-5345-0895-9：0.39元

古今中外（65）/江苏科学技术出版社科普编辑室编.—南京：江苏科学技术出版社，1990.3.—32页；32开.—（知识集锦小丛书）.—ISBN 7-5345-0896-7：0.39元

古今中外（66）/江苏科学技术出版社科普编辑室编.—南京：江苏科学技术出版社，1990.3.—32页；32开.—（知识集锦小丛书）.—ISBN 7-5345-0897-5：0.39元

古今中外（68）/江苏科学技术出版社科普编辑室编.—南京：江苏科学技术出版社，1990.8.—32页；32开.—（知识集锦小丛书）.—ISBN 7-5345-1008-2：0.42元

古今中外（69）/江苏科学技术出版社科普编辑室编.—南京：江苏科学技术出版社，1990.8.—32页；32开.—（知识集锦小丛书）.—ISBN 7-5345-1009-0：0.42元

古今中外（70）/江苏科学技术出版社科普编辑室编.—南京：江苏科学技术出版社，1990.12.—32页；32开.—（知识集锦小丛书）.—ISBN 7-5345-1078-3：0.39元

世界万物之由来/抒鸣，锐铧编.—哈尔滨：哈尔滨出版社，1990.4.—575页；大32开.—ISBN 7-80557-192-9：8.90元

世界奇人之谜/邹光忠编著.—北京：中国国际广播出版社，1990.6.—214页；32开.—ISBN 7-80035-420-2：3.50元

世界奇人趣闻/倪树春编著.—北京：中国旅游出版

社，1990.12.—474页；32开.—ISBN 7-5032-0266-1：8.10元

世界奇闻怪事：续/保超，契敬编.—石家庄：河北少年儿童出版社，1990.12.—252页；32开.—ISBN 7-5376-0612-9：2.90元

世界奇闻录选　（二）/云连编.—昆明：云南人民出版社，1990.10.—266页；32开.—ISBN 7-222-00719-9：3.65元

世界奇闻精选/殷铭编.—延吉：延边大学出版社，1990.6.—372页；32开.—ISBN 7-5634-0221-7：4.70元

世界奇谜/龙占泉等译.—北京：学苑出版社，1990.8.—174页；32开.—ISBN 7-5077-0153-0：2.80元

世界奇谜/（日）庄司浅水著；宋丽红译.—太原：山西人民出版社，1990.12.—168页；32开.—ISBN 7-203-01817-2：3.05元

世界的奇人/毕坚，郭戈编著.—昆明：云南人民出版社，1990.1.—185页；32开.—ISBN 7-222-00482-3：2.45元

世界真奇妙　第一辑/中央电视台《正大综艺》编导组供稿.—天津：天津教育出版社，1990.11.—84页；16开.—（电视片《正大综艺》精选）.—ISBN 7-5309-1070-1：2.75元

世界趣闻　（一）/张乐群主编.—北京：北京科学技术出版社，1990.8.—94页；16开.—ISBN 7-5304-0733-3：2.50元

世界100大谜/高根增，高国栋编.—西安：西安地图出版社，1990.7.—277页；32开.—ISBN 7-80545-063-4：3.50元

生活中的十万个怎么办：人际关系卷/刘飞茂，程之主编.—北京：华龄出版社，1990.8.—823页；32开.—ISBN 7-80082-081-5：12.65元

生活中的十万个怎么办：文学艺术卷/刘飞茂，程之主编.—北京：华龄出版社，1990.12.—2册（835页）；32开.—ISBN 7-80082-084-X：15.35元

生活中的十万个怎么办：法律卷/刘飞茂，程之主编.—北京：华龄出版社，1990.10.—2册（889页）；32开.—ISBN 7-80082-082-3：15.80元

生活中的十万个怎么办：家庭生活卷/刘飞茂，程之主编.—北京：华龄出版社，1990.8.—483页；32开.—ISBN 7-80082-083-1：7.35元

生活中的1000个怎么办：续编/浙江科学技术出版社编.—杭州：浙江科学技术出版社，1990.5.—718页；32开.—ISBN 7-5341-0250-2：6.20元

生活文化拾趣/骆仲敏编著.—福州：福建科学技术出版社，1990.5.—136页；32开.—ISBN 7-5335-0351-1：1.70元

生活良友　（3）/刘春和，林树仁主编.—成都：四川科学技术出版社，1990.7.—320页；32开.—ISBN 7-5364-1679-2：3.75元

生活知识300问/牛士让主编；卢沛若等编著.—西安：陕西人民教育出版社，1990.1.—218页；32开.ISBN 7-5419-1304-9：2.80元

生活秘术/梁业荣等编著.—南宁：广西民族出版社，1990.5.—214页；32开.—（中国民间秘术丛书）.—ISBN 7-5363-0750-0：2.80元

生活博览/应善昌主编.—杭州：浙江摄影出版社，1990.6.—96页；大16开.—（摩登丛书）.—ISBN 7-80536-062-6：9.90元

它为什么？/（英）莱斯利·弗思主编；杨志龙，张叔宁译.—南宁：广西科学技术出版社，1990.6.110页；16开.—（世界百科问答丛书）.—ISBN 7-80565-331-3：5.80元

本书介绍奇特的动植物世界的奥秘。

它在何时？/（英）莱斯利·弗思主编；徐汝舟，冯启瑞译.—南宁：广西科学技术出版社，1990.4.115页；16开.—（世界百科问答丛书）.—ISBN 7-80565-282-1：5.80元

本书介绍各类动植物的起源、地球发生重大变化的时刻、世界各地文明的发祥、各项技术发明的诞生等知识。

它如何工作/（英）莱斯利·弗思主编；柏敬泽，周良仁译.—南宁：广西科学技术出版社，1990.4.110页；16开.—（世界百科问答丛书）.—ISBN 7-80565-280-5：5.80元

本书揭示形形色色事物中蕴含的科学原理，介绍日常生活、实用电器、航天与地学等知识。

共和国之最：1949～1989/国家统计局编著.—北京：中国旅游出版社，1990.11.—670页；大32开.ISBN 7-5032-0336-6：11.00元

老年生活问答：老年的十万个为什么　（1）/陈效一主编.—北京：华龄出版社，1990.9.—359页；32开.—ISBN 7-80082-116-1：4.80元

本书包括：老年学纵横谈；婚姻、家庭；衣食住行；疾病防治；运动、长寿；老年心理；离退休园地；谈天说地，共8篇。

老年娱乐生活/骆勤方主编.—北京：人民体育出版社，1990.9.—307页；32开.—（老年保健精要丛书）.—ISBN 7-5009-0511-4：4.55元

西方怪象：中外文摘精选/唐金发，唐景莉编.—南宁：广西民族出版社，1990.11.—228页；32开.—ISBN 7-5363-0969-4：2.80元

百姓致富通书/谢祥京主编.—海口：三环出版社，1990.1.—640页；32开.—ISBN 7-80564-060-2：7.50元

百科之窗集粹　（五）/天津日报编辑部编.—天津：天津社会科学院出版社，1990.9.—244页；32

开.—ISBN 7-80560-053-4：2.90元

百科知识十万个为什么　（9）/世南，学贤编.南京：江苏科学技术出版社，1990.8.—204页；32开.—ISBN 7-5345-1006-6：2.60元

百科知识探源/倪树春编著.—北京：中国旅游出版社，1990.11.—546页；32开.—ISBN 7-5032-0265-3：12.00元

百科知识400题/朱活力编.—南宁：广西民族出版社，1990.6.—291页；32开.—ISBN 7-5363-0808-6：3.70元

当今世界之谜集解/王建成，曾祥一著.—北京：新世界出版社，1990.10.—597页；32开.—ISBN 7-80005-127-7：7.60元

当代干部知识大全/李盛文等主编.—成都：西南交通大学出版社，1990.12.—474页；32开.—ISBN 7-81022-232-5：6.90元

《当代工人》十年知识选萃：1980～1990/赵洪顺主编.—沈阳：辽宁人民出版社，1990.7.—548页；大32开.—ISBN 7-205-01438-7：7.30元

当代女性生活风采大全/中国青年出版社编.—北京：中国青年出版社，1990.5.—796页；32开.—ISBN 7-5006-0535-8：10.00元

当代知识新苑/倪安和主编；上海《支部生活》编辑部编.—北京：经济管理出版社，1990.5.—130页；32开.—（上海支部生活丛书）.—ISBN 7-80025-188-8：1.70元

当代城乡青年科学生活500题/北京科普创作协会编.—上海：上海科学普及出版社，1990.7.—599页；大32开.—ISBN 7-5427-0301-3：10.00元

当家实用手册：巧珍当家集锦/蒋梦丹主编.—上海：百家出版社，1990.4.—391页；32开.—ISBN 7-80576-106-X：3.90元

年轻妈妈手册/夏凤祥等编写.—石家庄：河北人民出版社，1990.2.—390页；32开.—ISBN 7-202-00608-1：4.50元

本书含优生优育篇、巧理家务篇、卫生保健篇、服饰美容风采篇、人际关系篇、法律政策篇6大部分，共340多个题目。

似是而非/晓维，晓理编著.—北京：中国国际广播出版社，1990.12.—181页；32开.—（奇妙世界丛书/晓蓓，晓理主编）.—ISBN 7-80035-622-1：2.60元

华一儿童知识宝库/郑元春等撰文.—呼和浩特：内蒙古人民出版社，1990.9.—10册；24开.—（台湾大型系列精美彩色知识画册）.—ISBN 7-204-01026-4：20.00元

全国知识竞赛百科之最试题集锦/成为达，王根娣编著.—上海：上海科学技术文献出版社，1990.5.391页；32开.—ISBN 7-80513-502-9：4.50元

军地通用生活手册/马孝定等编.—北京：蓝天出版社，1990.7.—279页；32开.—ISBN 7-80081-107-7：3.80元

农村工作实用全书/王西昆等主编.—北京：中国经济出版社，1990.10.—649页；32开.—ISBN 7-5017-0958-0：9.50元

农村百事通：1989年合订本/江西科学技术出版社编.—南昌：江西科学技术出版社，1990.2.—1册；32开.—ISBN 7-5390-0276-X：6.90元

农村年书：1991/人民出版社编辑.—北京：人民出版社，1990.8.—254页；大32开.—ISBN 7-01-00772-1：2.90元

农村新知识辞典/马洪武等主编.—北京：档案出版社，1990.4.—437页；32开.—ISBN 7-80019-222-9（精装）：9.50元

农家日用大全/农业出版社编.—2版（修订本）.北京：农业出版社，1990.8.—625页；32开.—ISBN 7-109-00763-4：6.25元

本书1984年5月第1版。

村干部必备知识问答/中共贵州省委组织部编.—贵阳：贵州教育出版社，1990.12.—406页；32开.ISBN 7-80583-115-7：4.50元

你感兴趣的为什么/余华等编写.—广州：花城出版社，1990.7.—267页；32开.—ISBN 7-5360-0681-0：3.70元

纵观天下事/吕咸发主编.—济南：山东友谊书社，1990.11.—250页；32开.—ISBN 7-80551-302-3：3.60元

环球珍宝掠奇/赵中苏，胡晓明编.—太原：山西人民出版社，1990.2.—218页；32开.—ISBN 7-203-01451-7：3.30元

环球搜奇录　（五）/臣圣，马树德编.—广州：广东旅游出版社，1990.10.—335页；大32开.—ISBN 7-80521-173-6：4.50元

环球搜奇录　（六）/臣圣，马树德编.—广州：广东旅游出版社，1990.10.—318页；大32开.—ISBN 7-80521-174-4：4.10元

现代女性百科大全/谢致红等编.—北京：国际文化出版公司，1990.11.—503页；大32开.—ISBN 7-80049-578-7：6.80元

现代女性知识辞典/鞠珮华，周亚勋主编；《现代女性知识辞典》编写组编写.—天津：天津科学技术出版社，1990.7.—493页；大32开.—ISBN 7-5308-0783-8（精装）：13.50元；（平装）：11.00元

本辞典分女名人、妇女运动史料、女性文化、保护合法权益、恋爱与婚姻、计划生育、家庭与家庭管理、幼儿培养、女性心理、妇产科医疗保健、性卫生、化妆与健美等内容。

现代家庭实用手册/黑龙江省民政厅编；曹力群等

执笔.—哈尔滨：黑龙江科学技术出版社，1990.2. 294页；32开.—ISBN 7-5388-1018-8：3.95元

青年女性百科全书/刘陆先等译.—长沙：湖南科学技术出版社，1990.12.—318页；32开.—ISBN 7-5357-0475-1（精装）：5.70元

本书以15至30岁的女性为主要对象，对她们生活中存在的各方面的许许多多问题，从美学、心理学、社会学、伦理学、教育学、医学等方面，进行了深入浅出的阐述。

青年女性百科全书/刘陆先等译.—长沙：湖南科学技术出版社，1990.12.—318页；32开.—ISBN 7-5357-0538-3：4.50元

青年读书手册/陈素主编；陈淑仪等撰稿.—沈阳：沈阳出版社，1990.4.—678页；32开.—ISBN 7-80556-406-X：8.00元

青春·友谊·爱情：毕业诗册/长弓辑.—杭州：浙江文艺出版社，1990.4.—136页；24开.—ISBN 7-5339-0226-2（精装）：10.00元

事事不求人：家庭必备的日常生活工具书/柯生编著.—南宁：广西人民出版社，1990.12.—502页；32开.—ISBN 7-219-01729-4：5.60元

奇人奇事/张春波编.—兰州：甘肃少年儿童出版社，1990.3.—89页；32开.—（奇事珍闻大观；1）.—ISBN 7-5422-0292-8：1.10元

奇闻异趣100例/刘江，吴泓编.—北京：中国旅游出版社，1990.9.—144页；32开.—（旅游文化生活丛书）.—ISBN 7-5032-0311-0：2.40元

物源小百科/尚云主编.—上海：上海社会科学院出版社，1990.9.—260页；大32开.—ISBN 7-80515-543-7：4.50元

本书是一本集知识之大成的通俗读物。包括社会科学和自然科学的诸多门类。

《知识窗》精华荟萃：艺术和科学的奇光异彩/江西科学技术出版社编.—南昌：江西科学技术出版社，1990.6.—143页；16开.—ISBN 7-5390-0320-0：3.50元

怪谜/李萍，李成忠编.—南宁：广西民族出版社，1990.8.—212页；32开.—ISBN 7-5363-0807-8：2.85元

南京生活指南/东南大学哲学科学系编.—北京：中国广播电视出版社，1990.12.—219页；32开.—ISBN 7-5043-0867-6：3.30元

信不信由你：奇闻怪事集萃/野草编写.—杭州：浙江文艺出版社，1990.4.—242页；32开.—（山海经丛书；五十三）.—ISBN 7-5339-0197-5：2.65元

追根溯源由来多/杨纯明，欧阳如华编.—昆明：云南科技出版社，1990.6.—93页；16开.—ISBN 7-5416-0295-7：2.50元

独生子女生活指南大全/金世和主编.—长春：长春出版社，1990.5.—751页；大32开.—ISBN 7-80573-198-5：9.90元

说吻·物事记趣/张演生著.—广州：广东旅游出版社，1990.12.—209页；32开.—ISBN 7-80521-165-5：2.80元

祝你生日快乐/陈威等编写.—太原：北岳文艺出版社，1990.3.—88页；20开.—（精装）：13.50元

绘图吉尼斯世界纪录/陈华等编；朱铭善等绘.上海：少年儿童出版社，1990.10.—204页；16开.ISBN 7-5324-1233-4：10.00元

绝世奇闻/李洪涛，刘怀宇主编.—北京：农村读物出版社，1990.3.—260页；32开.—ISBN 7-5048-1073-8：3.50元

致富·社交大全/李万郴主编.—桂林：漓江出版社，1990.7.—479页；32开.—ISBN 7-5407-0562-0：5.80元

本书分为4篇，即：社交篇、商业篇、农业篇、工业篇。各篇中均有精辟独到的经验之谈。

秘闻·奇闻·趣闻/春和，长影编.—长春：吉林人民出版社，1990.9.—216页；32开.—ISBN 7-206-00891-1：3.20元

健康·处世·性爱小测验/梁和，沙莎编.—杭州：浙江人民出版社，1990.1.—252页；64开.—（家庭小书匣）.—ISBN 7-213-00419-0：2.00元

旅行之友/云献智主编.—沈阳：辽宁大学出版社，1990.8.—255页；32开.—ISBN 7-5610-0993-3：3.80元

离奇世界/吴仁编.—天津：百花文艺出版社，1990.6.—196页；32开.—（天下趣闻丛书）.—ISBN 7-5306-0497-X：2.50元

家庭主妇的生活艺术/曹晟等编著.—南昌：江西人民出版社，1990.11.—306页；32开.—ISBN 7-210-00862-4：3.50元

家庭实用百科知识汇编：爸爸·妈妈·孩子/宇空，林辉编.—桂林：广西师范大学出版社，1990.4.251页；32开.—（学生·家长·教师知识丛书）.ISBN 7-5633-0854-7：2.95元

家庭娱乐指南/张建平等编.—北京：人民军医出版社，1990.2.—55页；32开.—（家庭生活实用丛书；9）.—ISBN 7-80020-154-6：1.10元

聊大天/施连方著.—北京：农村读物出版社，1990.6.—123页；32开.—ISBN 7-5049-0787-7：2.30元

本书包括文物名胜、历史地理、科学普及等方面的小知识。

深圳市民手册/深圳市精神文明建设办公室等编.北京：中国青年出版社，1990.11.—206页；大32开.

ISBN 7-5006-0862-4：7.00元

博汇/《读者参考》编辑部编.—上海：学林出版社，1990.12.—128页；大32开.—（读者参考丛书）. ISBN 7-80510-458-1：1.50元

博萃/《读者参考》编辑部编.—上海：学林出版社，1990.10.—128页；大32开.—（读者参考丛书）. ISBN 7-80510-457-3：1.50元

博集/《读者参考》编辑部编.—上海：学林出版社，1990.4.—128页；32开.—（读者参考丛书）. ISBN 7-80510-454-9：1.50元

博辑/《读者参考》编辑部编.—上海：学林出版社，1990.6.—128页；大32开.—（读者参考丛书）. ISBN 7-80510-455-7：1.50元

博摘/《读者参考》编辑部编.—上海：学林出版社，1990.2.—128页；大32开.—（读者参考丛书）. ISBN 7-80510-452-0：1.50元

矮人国探奇.—北京：新华出版社，1990.10.—80页；21开.—（世界报刊文摘丛书；5）.—ISBN 7-5011-0889-7：1.80元

新婚生活指南/倪福臣，刘卫东主编.—长春：吉林人民出版社，1990.9.—359页；32开.—ISBN 7-206-00874-7：5.50元

新编干部知识手册/孙毅主编.—长春：吉林文史出版社，1990.10.—1059页；32开.—ISBN 7-80528-310-9（精装）：14.00元

新编读报手册　（二）/杜永进等编.—杭州：浙江教育出版社，1990.12.—1276页；大32开.—ISBN 7-5338-0706-5（精装）：15.00元

新编读报手册　（二）/杜永进等编.—杭州：浙江教育出版社，1990.12.—1276页；大32开.—ISBN 7-5338-0707-3：13.00元

趣闻荟萃/胡睿川编著.—济南：山东文艺出版社，1990.9.—374页；32开.—ISBN 7-5329-0532-2：4.80元

趣闻集萃/宁国仕编.—北京：世界知识出版社，1990.11.—80页；16开.—ISBN 7-5012-0348-2：2.00元

80年代中国之最/王业文编著.—北京：中国旅游出版社，1990.3.—315页；32开.—（中国之最系列丛书/张嘉齐，范云兴主编）.—ISBN 7-5032-0237-8：5.00元

*　　*　　*

大象睡觉时鼻子搁在哪儿/康淑芝执笔.—沈阳：沈阳出版社，1990.4.—98页；32开.—（衣袋丛书/鲁易，诗境主编）.—ISBN 7-80556-368-3：1.30元

冰淇淋最早出现在什么地方/鲁易，诗境主编.—沈阳：沈阳出版社，1990.4.—126页；32开.—（衣袋丛书/鲁易，诗境主编）.—ISBN 7-80556-364-0：1.55元

林肯的错误在哪里/温鸣放执笔.—沈阳：沈阳出版社，1990.4.—149页；32开.—（衣袋丛书/鲁易，诗境主编）.—ISBN 7-80556-366-7：1.80元

相思豆为何物/阎维铭执笔.—沈阳：沈阳出版社，1990.4.—110页；32开.—（衣袋丛书/鲁易，诗境主编）.—ISBN 7-80556-367-5：1.40元

*　　*　　*

向雷锋同志学习纪念册/蓝天出版社编.—北京：蓝天出版社，1990.4.—1册；大32开.—ISBN 7-80081-102-6（精装）：9.80元

军人生活纪念册/马合秋等编选.—长沙：国防科技大学出版社，1990.3.—1册；大32开.—ISBN 7-81024-105-2（精装）：6.50元

报刊文萃　（6）/解放军报《报刊文萃》编辑组编.—北京：长征出版社，1990.7.—298页；32开. ISBN 7-80015-131-X：4.50元

报刊文萃：1989年　上册/解放军报《报刊文萃》编辑组编.—北京：长征出版社，1990.1.—310页；32开.—ISBN 7-80015-093-3：3.70元

报刊文萃：1989年　下册/解放军报《报刊文萃》编辑组编.—北京：长征出版社，1990.5.—264页；32开.—ISBN 7-80015-114-X：3.50元

伴侣选译　（二）：1990/王荣久主编.—北京：世界知识出版社，1990.4.—160页；32开.—ISBN 7-5012-0229-X：2.00元

《伴侣》为苏联文摘性刊物。本书选译自《伴侣》杂志。

实用效率手册.—北京：中国妇女出版社，1990.4. 1册；48开.—ISBN 7-80016-212-5：1.90元

美国《读者文摘》精选　（一）/贺祥麟主编. 南宁：广西科学技术出版社，1990.11.—96页；16开.—ISBN 7-80565-364-X：2.35元

效率手册：1991年/中国妇女出版社编.—北京：中国妇女出版社，1990.8.—1册；48开.—ISBN 7-80016-306-7：2.30元

海口晚报精粹/海口晚报编辑部编.—北京：光明日报出版社，1990.5.—78页；16开.—ISBN 7-80014-848-3：1.95元

读者文摘：1989.1.～6：合订本/周顿主编.—兰州：甘肃人民出版社，〔1990〕.—1册；16开.—ISBN 7-226-00735-5：5.50元

读者文摘：1989.7～12：合订本/周顿主编.—兰州：甘肃人民出版社，〔1990〕.—1册；16开.—ISBN 7-226-00736-3：5.50元

读者文摘精华　第三卷/《读者文摘》编辑部选编.—兰州：甘肃人民出版社，1990.3.—182页；16

开.—ISBN 7-226-00580-8：4.00元

博学纪念手册：首届振兴中华劝学奖纪念/青春岁月杂志社等编.—石家庄：河北人民出版社，1990.8.— 186页；48开.—ISBN 7-202-00753-3：2.55元

新婚纪念册/吴涛，方惠玲编.—广州：花城出版社，〔1990〕.—79页；16开.—ISBN 7-5360-0588-1：10.90元

赠言留念集/中国青年出版社编.—北京：中国青年出版社，1990.6.—1册；32开.—4.50元

Z23/27　各国百科全书

儿童百科全书：自然界/（英）简·埃利特，科林·金著；王小平编译.—北京：中国电影出版社，1990.12.— 21页；16开.—ISBN 7-106-00402-2：1.50元

儿童百科知识600问/（德）英克·迈切尔麦耶著；徐虹编译.—贵阳：贵州人民出版社，1990.12.—180页；32开.—ISBN 7-221-01814-6：2.60元

袖珍少年百科全书/檀东星编译.—福州：福建少年儿童出版社，1990.9.—382页；大32开.—ISBN 7-5395-0404-8：6.50元

Z3　辞典

工具书辞典/任宝祯主编.—济南：山东教育出版社，1990.12.— 930页；大32开.—ISBN 7-5328-0646-4（精装）：14.00元

日本百科辞典/高书全等主编.—长春：吉林人民出版社，1990.5.—1007页；大32开.—ISBN 7-206-00734-1（精装）：16.00元

中国工具书大辞典/徐祖友，沈益编纂.—福州：福建人民出版社，1990.11.—1138页；32开.—ISBN 7-211-01139-4（精装）：17.85元

中国古今工具书大辞典/盛广智等主编.—长春：吉林人民出版社，1990.8.—1835页；16开.—ISBN 7-206-00847-X（精装）：75.00元

分类辞源.—影印本.—天津：天津市古籍书店，1990.12.—3册；大32开.—（精装）：35.00元

据世界书局1926年版影印。

台湾事典/唐曼珍，王宇主编.—天津：南开大学出版社，1990.6.—629页；32开.—（南开辞书）.—ISBN 7-310-00278-4：11.50元

百科合称辞典/袁世全主编.—合肥：中国科学技术大学出版社，1990.6.—822页；大32开.—ISBN 7-312-00093-2：16.50元

本书共收条目3040条，内容涉及哲学社会科学和自然科学各个领域的名词术语、人物、事件、团体、组织、学说、流派、著作等各个方面。

百科知识小辞典/熊舒志等编写.—福州：福建人民出版社，1990.1.—452页；32开.—ISBN 7-211-01132-7：3.75元

现代学科大辞典/孟宪鹏主编.—北京：海洋出版社，1990.1.—1204页；32开.—ISBN 7-5027-0663-1（精装）：43.00元

英汉学科词典/李诗英主编.—北京：中国科学技术出版社，1990.8.—1278页；16开.—ISBN 7-5048-0108-X（精装）：68.40元

事物异名别称词典/徐成志等编著.—济南：齐鲁书社，1990.5.—746页；32开.—ISBN 7-5333-0074-2（精装）：13.20元

物源百科辞书/印嘉祥主编.—长春：吉林科学技术出版社，1990.1.—1136页；32开.—ISBN 7-5384-0461-9（精装）：18.00元

实用方法辞典/孙慕天等主编.—哈尔滨：黑龙江人民出版社，1990.11.—1023页；32开.—ISBN 7-207-01232-2（精装）：19.80元

辞海：1989年版：缩印本/辞海编辑委员会编.上海：上海辞书出版社，1990.12.—2572页；16开.ISBN 7-5326-0135-8（精装）：85.00元

Z4　论文集、全集、选集、杂著

学海拾贝：《吉林师院学报》创刊十年优秀论文选辑/吉林师范学院编辑部编.—长春：吉林大学出版社，1990.12.—529页；大32开.—ISBN 7-5601-0940-3：8.20元

塔河县优秀论文集　第二集/荆家良主编.—哈尔滨：东北林业大学出版社，1990.7.—143页；16开.ISBN 7-81008-131-4：3.00元

本书收塔河县中小学的教学管理、教学方法、学习方法、试验方法等论文，以及塔河县医药、卫生等方面的论文。

*　*　*

左宗棠全集：奏稿四/（清）左宗棠著.—长沙：岳麓书社，1990.3.—549页；大32开.—ISBN 7-80520-191-9（精装）：8.80元

杜重远文集/杜重远著；杜毅，杜颖编注.—上海：文汇出版社，1990.9.—446页；32开.—ISBN 7-80531-113-7：8.80元

张文襄公全集/（清）张之洞著.—影印本.—北京：中国书店，1990.10.—4册（1043页）；大32开.（海王邨古籍丛刊）.—ISBN 7-80568-155-4（精装）：98.00元

曾国藩全集：书信（一）/（清）曾国藩著；殷

绍基等整理.—长沙：岳麓书社，1990.6.—805页；大32开.—ISBN 7-80520-210-9（精装）：10.90元

曾国藩全集：奏稿　（八）/（清）曾国藩著；程亚男等整理.—长沙：岳麓书社，1990.9.—4521～5187页；大32开.—ISBN 7-80520-220-6（精装）：10.40元

薛瑄全集/（明）薛瑄撰；孙玄常等点校.—太原：山西人民出版社，1990.8.—2册（1973页）；大32开.—ISBN 7-203-00934-3：38.00元

戴季陶集：1909～1920/戴承陶著；唐文权，桑兵编.—武汉：华中师范大学出版社，1990.7.—1.305页；大32开.—（辛亥人物文集丛书；5/章开沅主编）.—ISBN 7-5622-0460-8（精装）：21.00元

*　　*　　*

抱经堂文集/（清）卢文弨著；王文锦点校.—北京：中华书局，1990.6.—472页；大32开.—ISBN 7-101-00153-X：8.75元

本书汇集了清代学者卢文弨的各类文章395篇。

陔余丛考/（清）赵翼著；栾保群，吕宗力校点.石家庄：河北人民出版社，1990.1.—805页；大32开.—ISBN 7-202-00541-7：9.90元

娄东杂著/（清）邵廷烈辑.—影印本.—扬州：江苏广陵古籍刻印社，1990.6.—8册（1函）；20开.（线装）：135.00元

据道光刊本影印。

笠翁秘书/（清）李渔著；赵文卿等笺注.—重庆：重庆出版社，1990.2.—311页；32开.—ISBN 7-5366-1425-X：4.20元

缘督庐日记/叶昌炽撰.—影印本.—扬州：江苏广陵古籍刻印社，1990.11.—48册（6函）；20开（线装）：1200.00元

据苏州图书馆藏原稿本影印。

Z5　年鉴、年刊

世界知识年鉴：1989～90年/世界知识出版社编.北京：世界知识出版社，1990.5.—1090页；16开.ISBN 7-5012-0283-4（精装）：35.00元

年鉴的功能与使用/范作义著.—北京：中国书籍出版社，1990.12.—155页；大32开.—ISBN 7-5068-0066-7：4.00元

Z52　中国年鉴、年刊

中国百科年鉴：1990/《中国百科年鉴》编辑部编.—北京：中国大百科全书出版社，1990.11.659页；彩照；16开.—ISBN 7-5000-0304-X（精装）：31.50元

中国百科年鉴：1990/《中国百科年鉴》编辑部编.—北京：中国大百科全书出版社，1990.11.—659页；彩照；16开.—ISBN 7-5000-0305-8：9.50元

大庆年鉴：1989/大庆市地方志编纂委员会办公室编.—北京：中国文史出版社，〔1990〕.—475页；彩照；16开.—ISBN 7-5034-0151-6（精装）：39.80元

大冶年鉴：1990/湖北省大冶县地方志编纂委员会编纂.—武汉：武汉测绘科技大学出版社，1990.11.283页；彩照；16开.—ISBN 7-81030-064-4（精装）：8.00元

大理州年鉴：1990/大理白族自治州地方志编纂委员会编.—昆明：云南民族出版社，1990.9.—352页；彩照；16开.—ISBN 7-5367-0309-0（精装）：24.00元

版权页题名：大理白族自治州年鉴

山西年鉴：1989/《山西年鉴》编辑部编.—太原：山西人民出版社，1990.7.—617页；彩照；16开.ISBN 7-203-01727-3（精装）：35.00元

广东年鉴：1990/广东年鉴编纂委员会编.—广州：广东人民出版社，1990.9.—699页；彩照；16开.ISBN 7-218-00110-6（精装）

广州年鉴：1990/广州年鉴编纂委员会编.—广州：广东人民出版社，1990.9.—736页；彩照；大16开.ISBN 7-218-00560-8（精装）：35.00元

井陉县年鉴：1989/井陉县史志办公室编.—石家庄：河北人民出版社，1990.9.—357页；16开.—ISBN 7-202-00761-4（精装）：14.00元

长沙年鉴：1990/长沙市志编纂委员会办公室编.长沙：湖南出版社，1990.12.—369页；彩照；16开.—ISBN 7-5438-0041-1（精装）：26.00元

玉溪市年鉴　第四卷：1990/玉溪市人民政府办公室，玉溪市地方志办公室编.-昆明：云南民族出版社，1990.10.—765页；彩照；32开.—ISBN 7-5367-0325-2（精装）：14.50元

北京年鉴：1990/北京市地方志编纂委员会编.北京：中国城市出版社，1990.10.—758页；彩照；16开.—ISBN 7-5074-0497-8（精装）：49.50元

吉林年鉴：1990/刘希林主编.—长春：吉林人民出版社，1990.12.—710页；彩照；16开.—ISBN 7-206-00962-X（精装）：49.80元

曲靖市年鉴：1990/《曲靖市年鉴》编辑部编.昆明：云南民族出版社，1990.12.—380页；16开.ISBN 7-5367-0393-7（精装）：22.00元

汕头经济特区年鉴：1991/《汕头经济特区年鉴》编纂委员会编.—广州：广东人民出版社，〔1990?〕.316页；彩照；16开.—ISBN 7-218-00730-9（精装）：25.00元

兴城年鉴：1989/《兴城年鉴》编辑部编.—沈阳：

辽宁人民出版社，1990.9.—357页：彩照；16开.ISBN 7-205-01585-5（精装）：40.00元

苏州年鉴：1988年/苏州市档案局《苏州年鉴》编辑部编.—上海：上海人民出版社，1990.7.—898页；大32开.—ISBN 7-208-00994-5（精装）：25.00元

抚顺年鉴：1990/抚顺市人民政府地方志办公室编.—沈阳：辽宁人民出版社，1990.12.—723页；16开.—ISBN 7-205-01694-0（精装）：45.00元

吴县年鉴：1989/吴县档案局，吴县档案馆编.—上海：上海人民出版社，1990.4.—659页；32开.—ISBN 7-208-00889-2（精装）：19.00元

武进年鉴：1990/武进年鉴编纂委员会编.—上海：上海人民出版社，1990.11.—309页：彩照；16开.ISBN 7-208-00976-7（精装）：28.00元

松江年鉴：1987、1988/松江县地方史志编纂委员会编.—上海：上海社会科学院出版社，1990.3.692页：彩照；大32开.—ISBN 7-80515-537-2（精装）：20.00元

杭州年鉴：1989/《杭州年鉴》编辑部编.—杭州：杭州大学出版社，1990.6.—304页：彩照；16开.ISBN 7-81035-007-2（精装）：25.00元

杭州年鉴：1990/《杭州年鉴》编辑部编辑.—杭州：杭州大学出版社，1990.12.—339页：彩照；16开.—ISBN 7-81035-046-3（精装）：25.00元

呼伦贝尔年鉴：1990/白文达主编.—海拉尔：内蒙古文化出版社，1990.10.—762页；大32开.—ISBN 7-80506-106-8（精装）：13.00元

昆明年鉴：1990/昆明市人民政府编.—北京：新华出版社，1990.9.—466页：彩照；16开.—ISBN 7-5011-0837-4（精装）：40.00元

金州年鉴：1990/阎承瑶主编.—大连：大连出版社，1990.12.—1册；16开.—ISBN 7-80555-337-8（精装）：28.00元

河北县镇年鉴：1990/河北省人民政府办公厅，河北省统计局编.—北京：中国统计出版社，1990.11.774页：彩照；16开.—ISBN 7-5037-0518-3（精装）：57.00元

河南年鉴　第七卷：1990/河南省地方史志编纂委员会编纂.—郑州：《河南年鉴》编辑部，1990.12.645页；16开.—（精装）：30.00元

陕西年鉴：1989/《陕西年鉴》编辑部编.—西安：陕西人民出版社，1990.4.—446页：彩照；16开.ISBN 7-224-01217-3（精装）：30.00元

陕西年鉴：1990/《陕西年鉴》编辑部编.—西安：陕西人民出版社，1990.12.—496页：彩照；16开.ISBN 7-224-01498-2（精装）：33.00元

南京年鉴：1990/南京市地方志编纂委员会编纂.南京：南京出版社，1990.9.—700页：彩照；16开.ISBN 7-80560-210-7（精装）：38.00元

贵州年鉴：1990/贵州省地方志编纂委员会贵州年鉴编辑部编.—贵阳：贵州人民出版社，1990.9.—754页：彩照；16开.—ISBN 7-221-01938-X（精装）：25.00元

秦皇岛年鉴：1987～1989/秦皇岛市年鉴编辑部编.—北京：中国标准出版社，1990.11.—547页：彩照；16开.—ISBN 7-5066-0317-9（精装）：48.60元

烟台年鉴：1990/烟台市人民政府《烟台年鉴》编辑部编.—北京：科学普及出版社，1990.9.—619页：彩照；16开.—ISBN 7-110-01676-5（精装）：48.20元

海南年鉴：1990/海南省人民政府社会经济发展研究中心，海南高科技产业国际合作中心编.—北京：新华出版社，1990.8.—522页：彩照；16开.—ISBN 7-5011-0823-1（精装）：58.00元

通城年鉴：1990/通城县地方年鉴编纂委员会编.北京：中国文史出版社，1990.7.—298页；16开.ISBN 7-5034-0206-7（精装）：23.50元

深圳经济特区年鉴：1990/深圳经济特区年鉴编辑委员会编辑.—广州：广东人民出版社，〔1990?〕.711页：彩照；16开.—ISBN 7-218-00531-4（精装）：30.00元

本年鉴由概况；经济；社会；政治；法制；文章选编；法规、规章；统计资料，深圳市大事记以及企业名录共10个部分组成。

厦门经济特区年鉴：1990/厦门经济特区年鉴编辑委员会编.—北京：中国统计出版社，1990.9.—470页：彩照；16开.—ISBN 7-5037-0490-X（精装）：39.00元

黑龙江年鉴：1989/黑龙江年鉴编辑委员会编.—哈尔滨：黑龙江人民出版社，1990.5.—493页：彩照；16开.—ISBN 7-207-01508-9（精装）：42.00元

湖北年鉴：1990/《湖北年鉴》编辑部编.—武汉：湖北人民出版社，1990.11.—627页：彩照；16开.ISBN 7-216-00632-1（精装）：35.00元

渝水年鉴：1984～1986/《渝水年鉴》编辑部编.北京：光明日报出版社，1990.12.—542页；16开.ISBN 7-80014-976-5（精装）：19.00元

楚雄州年鉴：1990/《楚雄州年鉴》编辑部编.昆明：云南民族出版社，1990.11.—344页：彩照；16开.—ISBN 7-5367-0330-9（精装）：15.00元

新疆生产建设兵团年鉴：1990/胡秉中主编.—乌鲁木齐：新疆大学出版社，1990.10.—381页；16开.—ISBN 7-5631-0163-2（精装）：25.00元

新疆年鉴：1990/新疆维吾尔自治区地方志编纂委员会编.—乌鲁木齐：新疆人民出版社，1990.9.564页：彩照；16开.—ISBN 7-228-01601-7（精装）：30.00元

Z6　期刊、连续性出版物

《上海译报》精萃　（一）：今日"巴黎的秘密"/《上海译报》编辑部编.—上海：上海翻译出版公司，1990.2.—134页；32开.—ISBN 7-80514-554-7：2.00元

本书精选了《上海译报》自1985年以来发表的一些上佳之作，内容包括国际政治、经济、科技、医学、教育、文化、旅游、人物、生活百科等各个方面，同时适当增添了一些尚未发表的译作。

我们拥有的世界：青年参考精华本　第二辑/梁平主编；中国青年报社《青年参考精华本》编委会编.北京：文化艺术出版社，1990.7.—396页；32开.ISBN 7-5039-0709-6：4.90元

其它不同题名：青年参考精华本

《晋察冀画报》影印集/晋察冀文艺研究会等编.沈阳：辽宁美术出版社，1990.12.—2册（1534页）；16开.—ISBN 7-5314-0874-0（精装）：245.00元

Z8　图书目录、文摘、索引

Z81　国家总目录

汉书艺文志通释/张舜徽著.—武汉：湖北教育出版社，1990.3.—300页；大32开.—ISBN 7-5351-0438-X：4.35元

民国时期总书目：1911～1949：法律/北京图书馆编.—北京：书目文献出版社，1990.12.—373页；16开.—ISBN 7-5013-0775-X（精装）：22.00元

全国总书目：1986/中国版本图书馆编.—北京：中华书局，1990.4.—1820页；16开.—ISBN 7-101-00691-4（精装）：55.00元

Z82　图书馆藏书目录

北京图书馆普通古籍总目　第一卷：目录门/北京图书馆普通古籍组编.—北京：书目文献出版社，1990.8.—199页；16开.—ISBN 7-5013-0776-8（精装）：28.00元

北京图书馆藏墓志拓片目录/徐自强主编；冀亚平，王巽文编辑.—北京：中华书局，1990.3.—493页；16开.—ISBN 7-101-00175-0（精装）：19.70元

Z83　各类型目录

中华古文献大辞典：医药卷/庄树藩主编.—长春：吉林文史出版社，1990.3.—368页；16开.—ISBN 7-80528-223-4（精装）：18.00元

本辞典收古籍三万五千余种，上自先秦，下迄辛亥革命（1911），分为文学、历史、哲学、政法、文教、地理、民族、科技、医药、综合十个分卷编辑出版。本医药卷收入自马王堆帛书《五十二病方》至清末的中医古籍二千三百余种。

中国古籍善本书目：丛部/中国古籍善本书目编辑委员会编.—上海：上海古籍出版社，1990.12.—760页；大32开.—ISBN 7-5325-0868-4（精装）：43.00元

中国禁书大观/安平秋，童培恒主编.—上海：上海文化出版社，1990.3.—715页；大32开.—（五角丛书·豪华本）.—ISBN 7-80511-365-3（精装）：11.90元

本书首次对中国历代禁书进行系统的理论探讨，提供了迄今最翔实完备的资料；铺陈文、史、哲各类禁书3000余种，解题剖析200余种，兼收版本、书影、插图照片200余幅。

四库提要订误/李裕民编著.—北京：书目文献出版社，1990.10.—293页；32开.—ISBN 7-5013-0731-8：6.95元

四库提要补正/崔富章著.—杭州：杭州大学出版社，1990.9.—475页；大32开.—ISBN 7-81035-021-8：8.00元

全国财政系统教材目录：1979～1988/财政部教育司编.—大连：东北财经大学出版社，1990.4.—376页；32开.—ISBN 7-81005-358-2：4.00元

现存宋人别集版本目录/四川大学古籍整理研究所编.—成都：巴蜀书社，1990.6.—430页；16开.（全宋文研究资料丛刊；一）.—ISBN 7-80523-342-X：10.60元

群经诸子廿五史篇目便览/杨坚编.—长沙：岳麓书社，1990.10.—332页；48开.—ISBN 7-80520-223-0：4.20元

Z835　推荐书目录

大学生必读名著导读/关键主编.—北京：海洋出版社，1990.9.—541页；大32开.—ISBN 7-5027-0994-0：11.00元

本书收集了有关人身修养、中外哲学等学科中有权威和代表性的500余部大学生必读名著，并作了较为详细的评析。

大学生导读书目/周莲芳主编.—西安：陕西师范大学出版社，1990.8.—241页；32开.—ISBN 7-5613-0343-2：3.30元

师范专科学校专业课程导读书目：文科分册/福建师专图书馆协作组编；蔡祖卿主编.—福州：福建教育出版社，1990.8.—405页；大32开.—ISBN 7-5334-0616-8：5.20元

青少年读书向导：文学卷/浦漫汀主编.—昆明：云

南少年儿童出版社，1990.11.—672页；大32开.—ISBN 7-5414-0532-9：8.70元

青少年读书指南/(美)卡尔逊(Carlsen, G. R.)著；杨仁敬译.—南京：江苏人民出版社，1990.6.—353页；大32开.—ISBN 7-214-00236-1：4.60元

书名原文：Books and the Teenage Reader

本书重点介绍了青年小说、通俗小说、当代文学作品、古典文学作品、诗歌、戏剧、传记文学、非小说作品等方面的著作。

哈佛大学113位教授推荐最有影响的书/(美)迪尼恩(Derine, C.M.)等编；唐润华译.—北京：华夏出版社，1990.10.—298页；32开.—ISBN 7-80053-771-4：4.35元

Z84 私家藏书目录

千顷堂书目/(清)黄虞稷撰；瞿凤起，潘景郑整理.—上海：上海古籍出版社，1990.5.—806页；16开.—ISBN 7-5325-0339-9(精装)：29.60元

本书以《适园丛书》1920年增订本为底本，用旧钞本经王振声过录卢文绍，吴骞依黄氏所著《明史·艺文志》原稿整理而成。

仪顾堂题跋·续跋/(清)陆源心撰·**善本书室藏书志**/(清)丁丙撰.—北京：中华书局，1990.3.1册(935，46页)；16开.—(清人书目题跋丛刊；2).—ISBN 7-101-00275-7(精装)：72.20元

抱经楼藏书志/(清)沈德寿撰.—北京：中华书局，1990.4.—1册(767，26页)；16开.—(清人书目题跋丛刊；5).—ISBN 7-101-00605-1：59.00元

郡斋读书志校证/(宋)晁公武撰；孙猛校证.—上海：上海古籍出版社，1990.10.—1册(146；1404，129页)；大32开.—ISBN 7-5325-0861-7(精装)：19.40元

钱遵王读书敏求记校证/(清)钱曾撰；管庭芬，章钰校证·**爱日精庐藏书志**/(清)张金吾撰.—北京：中华书局，1990.4.—1册(700，24页)；16开.(清人书目题跋丛刊；4).—ISBN 7-101-00606-X(精装)：54.30元

铁琴铜剑楼藏书目录/(清)瞿镛撰·**楹书隅录**/(清)杨绍和撰·**滂喜斋藏书记**/(清)潘祖荫撰.北京：中华书局，1990.3.—1册(730，28页)；16开.—(清人书目题跋丛刊；3).—ISBN 7-101-00276-5(精装)：52.80元

皕宋楼藏书志；皕宋楼藏书续志/(清)陆心源撰.—北京：中华书局，1990.3.—2册(1421，36页)；16开.—(清人书目题跋丛刊；1).—ISBN 7-101-00272-2(精装)：109.20元

Z85 出版发行目录

广东科技出版社图书目录：1989/广东科技出版社编.—广州：广东科技出版社，1990.6.—61页；32开.—ISBN 7-5359-0635-4

中国标准出版社图书目录：1987～1988/中国标准出版社总编室编.—北京：中国标准出版社，1990.3.—116页；32开.—ISBN 7-5066-0237-7：1.45元

厦门大学出版社五年图书目录：1985～1990/厦门大学出版社编.—厦门：厦门大学出版社，1990.12.33页；32开.—ISBN 7-5615-0354-7

Z87 期刊目录

申报索引：1925～1926/《申报索引》编辑委员会编.上海：上海书店，1990.7.—841页；16开.—ISBN 7-80569-075-8(精装)：45.00元

全国西文连续出版物联合目录：1978～1984/北京图书馆报刊联合目录编辑组编.—北京：书目文献出版社，1990.2.—5册；16开.—ISBN 7-5013-0765-2(精装)：415.00元

Z88 专科目录

《山右石刻丛编》《山西通志·金石记》石刻分域目录/刘舒侠编.—太原：山西人民出版社，1990.7.1册；32开.—ISBN 7-203-01340-0：6.40元

中文科技资料目录：1988年 第2期/上海科学技术情报研究所编.—上海：上海科学技术文献出版社，1990.8.—167页；16开.—ISBN 7-80513-527-4：4.50元

中文科技资料目录：1988年 第3期/上海科学技术情报研究所编.—上海：上海科学技术文献出版社，1990.12.—222页；16开.—ISBN 7-80513-528-2：4.50元

中文科技资料目录：1988年 第4期/上海科学技术情报研究所编.—上海：上海科学技术文献出版社，1990.8.—235页；16开.—ISBN 7-80513-529-0：4.50元

中文科技资料目录：1988年 第5期/上海科学技术情报研究所编.—上海：上海科学技术文献出版社，1990.9.—233页；16开.—ISBN 7-80513-530-4：4.50元

本资料由上海科技情报研究所馆藏。

中国书学论著提要/陈滞冬著.—成都：成都出版社，1990.6.—484页；大32开.—ISBN 7-80575-027-0：6.90元

中国地理著作要览：1949～1988/河南省科学院地理研究所等编.—北京：测绘出版社，1990.6.—332页；大32开.—ISBN 7-5030-0403-7(精装)：12.00元

中国地理著作要览：1949～1988/河南省科学院地理研究所等编.—北京：测绘出版社，1990.6.—332

页；大32开.—ISBN 7-5030-0350-2：8.00元

中国优秀科技图书要览　（1）/何祚庥，周林主编；王可等编.—沈阳：辽宁科学技术出版社，1990.6.—574页；16开.—ISBN 7-5381-0861-0（精装）：25.00元

中国兵书总目/刘申宁编.—北京：国防大学出版社，1990.6.—431页；16开.—ISBN 7-5626-0205-0（精装）：19.50元

中国通俗小说总目提要/江苏省社会科学院明清小说研究中心编.—北京：中国文联出版公司，1990.2.1415页；16开.—ISBN 7-5059-1354-9（精装）：67.50元

中国藻类学文献目录/韩福山等编.—成都：四川大学出版社，1990.8.—301页；32开.—ISBN 7-5614-0315-1：3.40元

六艺之一录目录/洪业等编纂.—影印本.—上海：上海古籍出版社，1990.12.—1册；大32开.—附引得.—ISBN 7-5325-0869-2（精装）：18.30元

世界抗生素研究文献目录：1984～1988/许助民，梁英主编.—北京：中国医药科技出版社，1990.12.804页；16开.—ISBN 7-5067-0314-9：55.00元

地理知识四十年总目录：1950～1989/《地理知识》编辑部编.—北京：科学出版社，1990.3.—344页；32开.—ISBN 7-03-001635-1：4.00元

全国高等院校社会科学学报1985年总目录/吉林大学社会科学学报编辑部编辑.—长春：吉林大学出版社，1990.3.—893页；大32开.—ISBN 7-5601-0445-2：12.00元

孙中山研究总目/苏爱荣，刘永为编.—北京：团结出版社，1990.3.—468页；16开.—ISBN 7-80061-165-5（精装）：30.00元

本书辑录了国内外用中、日、英、法、德、俄文出版或发表的孙中山著作及对其研究的专著、报刊论文和论文集中的有关篇目。

国际电工委员会国际电工电子标准目录/上海科学技术情报研究所编.—上海：上海科学技术文献出版社，1990.4.—107页；16开.—（国际·国家标准数据库丛书）.—ISBN 7-80513-663-7：10.00元

Z89　文摘、索引

1913～1983鲁迅研究学术论著资料汇编：索引分册/中国社会科学院文学研究所鲁迅研究室编.—北京：中国文联出版公司，1990.7.—258页；16开.ISBN 7-5059-1304-2（精装）：12.40元

上海科学技术文献译文通报　第三十八辑/上海科学技术情报研究所编.—上海：上海科学技术文献出版社，1990.2.—76页；16开.—ISBN 7-80513-499-5：5.00元

上海科学技术文献译文通报　第三十九辑/上海科学技术情报研究所编.—上海：上海科学技术文献出版社，1990.5.—80页；16开.—ISBN 7-80513-572-X：5.00元

上海科学技术文献译文通报　第四十辑/上海科学技术情报研究所编.—上海：上海科学技术文献出版社，1990.9.—76页；16开.—ISBN 7-80513-678-5：5.00元

上海科学技术文献译文通报　第四十一辑/上海科学技术情报研究所编.—上海：上海科学技术文献出版社，1990.10.—78页；16开.—ISBN 7-80513-679-3：5.00元

专利文献通报：原子能：年刊　1990年(总第6期)/中国原子能科学研究院编辑.—北京：原子能出版社，1990.12.—343页；16开.—ISBN 7-5022-0365-6：7.00元

太平御览引得/聂崇岐等编纂·**太平广记引得**/邓嗣禹编.—影印本.—上海：上海古籍出版社，1990.12.1册；大32开.—ISBN 7-5325-0870-6（精装）：14.55元

中国古籍整理研究论文索引：清末～1983年/东北师大古籍整理研究所辞书编辑室编著.—南京：江苏古籍出版社，1990.11.—663页；16开.—ISBN 7-80519-187-5：18.50元

本《索引》收录清末至1983年间，发表在国内（包括部分港台文章）1500余种报刊杂志上的有关古籍整理研究的论文和资料2万篇左右。

中国果树科技文摘　（22）：1988/中国农业科学院果树研究所编.—北京：农业出版社，1990.10.365页；大32开.—ISBN 7-109-01776-1：7.00元

文选注引书引得/洪业等编纂.—影印本.—上海：上海古籍出版社，1990.12.—129页；大32开.—ISBN 7-5325-0871-4（精装）：9.80元

史学论文分类索引：1522种学术论文集/周迅等编.北京：书目文献出版社，1990.12.—1234页；16开.ISBN 7-5013-0690-7（精装）：65.00元

针灸文献索引：1987～1988/李复峰，石信箴主编.哈尔滨：黑龙江科学技术出版社，1990.9.—300页；32开.—ISBN 7-5388-1294-6：4.50元

国内外大黄研究论文题录/王翘楚等编.—上海：上海科学技术文献出版社，1990.4.—97页；32开.—ISBN 7-80513-563-0：1.70元

国外经济文献索引：西文、日文、俄文：1988年1～12月/中国社会科学院文献情报中心，《国外经济文献索引》编辑部编.—北京：经济科学出版社，1990.11.—494页；16开.—ISBN 7-5058-0318-2：15.00元

结核病文献目录索引：1887～1987/中国防痨协会山东分会，山东省花园庄医院编.—济南：山东大学出版社，1990.7.—433页；16开.—ISBN 7-5607-0356-9（精装）：14.00元

《资本论》索引/刘焱编.—济南：山东人民出版社，1990.2.—598页；大32开.—（资本论研究丛书）.—ISBN 7-209-00693-1（精装）：14.00元

第四次全国肿瘤学术会议文摘/中华医学会肿瘤学会编.—北京：万国学术出版社，1990.12.—650页；16开.—ISBN 7-80003-131-X（精装）

清代书画家字号引得/燕京大学引得编纂处编纂.影印本.—上海：上海古籍出版社，1990.12.—1册；大32开.—附清画传辑佚三种清画传辑佚三种引得.ISBN 7-535-0872-2（精装）：12.20元

琬琰集删存附引得/洪业等编纂.—影印本.—上海：上海古籍出版社，1990.12.—488页；大32开.ISBN 7-5325-0873-0（精装）：19.35元

博览文摘　第1集：婚恋大观/郭鸿等编.—桂林：漓江出版社，1990.8.—261页；32开.—ISBN 7-5407-0567-1：3.35元

博览文摘　第2集：世情百态/文乾义等编.—桂林：漓江出版社，1990.1.—189页；32开.—ISBN 7-5407-0568-X：2.45元

博览文摘　第3集：商界风云/郭鸿等编.—桂林：漓江出版社，1990.8.—285页；32开.—ISBN 7-5407-0565-5：3.65元

博览文摘　第4集：风流人物/郭鸿等编.—桂林：漓江出版社，1990.8.—234页；32开.—ISBN 7-5407-0566-3：3.00元

博览文摘　第5集：海外世界/郭鸿等编.—桂林：漓江出版社，1990.8.—293页；32开.—ISBN 7-5407-0569-8：3.75元

新四军研究资料索引/魏蒲，陈广相编.—南京：江苏人民出版社，1990.8.—271页；大32开.—（新四军丛书）.—ISBN 7-214-00518-2：3.90元

《管锥编》《谈艺录》索引/陆文虎编.—北京：中华书局，1990.3.—928页；大32开.—ISBN 7-101-00344-3（精装）：17.25元

蔬菜资料题录索引：1978～1988年/王羽梅等编著.呼和浩特：内蒙古人民出版社，1990.10.—240页；16开.—ISBN 7-204-00906-1：8.25元

1522种学术论文集史学论文分类索引/周迅等编.北京：书目文献出版社，1990.2.—1234页；16开.ISBN 7-5013-0690-7（精装）：65.00元

少数民族文字图书目录

本目录按《中国图书馆图书分类法》（第3版）“语言、文字”类——中国少数民族语言，H212/289顺序排列，同一语文的图书，按图书的内容性质分类排列。

蒙古文图书

马列著作选读：哲学/中央马列著作毛泽东著作民族语文翻译局译.—北京：民族出版社，1990.6.897页；大32开.—ISBN 7-105-01045-2：2.80元

马克思主义基本原理/格·孟和主编；陶格涛等编.呼和浩特：内蒙古人民出版社，1990.7.—838页；大32开.—ISBN 7-204-00927-4：5.80元

资本论 第一卷/（德）马克思著；中央马列著作毛泽东著作民族语文翻译局译.—北京：民族出版社，1990.4.—2册（1904页）；大32开.—ISBN 7-105-00723-0（精装）：11.00元

哲学、社会科学

人类智力的奥秘/吴越等著；额尔敦朝鲁译.—北京：民族出版社，1990.7.—246页；32开.—ISBN 7-105-01139-4：0.50元

马克思主义哲学学习纲要/中共中央宣传部理论局组织编写；德吉夫等译.—北京：民族出版社，1990.5.—267页；大32开.—ISBN 7-105-01114-9：2.30元

心理学/扎巴编著.—呼和浩特：内蒙古人民出版社，1990.7.—603页；大32开.—ISBN 7-204-00929-0：4.45元

心理学/北京师范大学公共课《心理学》编写组编；哈斯等译.—北京：民族出版社，1990.3.—765页；大32开.—ISBN 7-105-00757-5：2.50元

达赖喇嘛传/牙含章编著；卓日格图等译.—北京：民族出版社，1990.5.—775页；大32开.—ISBN 7-105-00694-3：3.30元

蒙古萨满/泰亦赤兀惕·满昌著.—呼和浩特：内蒙古人民出版社，1990.2.—318页；大32开.—ISBN 7-204-00896-0：2.55元

简明逻辑学/徐元英，崔清田编；浏兰译.—北京：民族出版社，1990.5.—441页；32开.—ISBN 7-105-00846-6：1.55元

* * *

生活的艺术/（法）安德烈·莫洛亚著；见闻缩写；赛音朝克图译.—北京：民族出版社，1990.6.186页；32开.—ISBN 7-105-01029-0：0.50元

民族理论探讨/策·杰尔嘎拉著.—呼和浩特：内蒙古教育出版社，1990.12.—325页；大32开.—ISBN 7-5311-1255-8：2.40元

现代领导学/张云庭主编；白玉明译.—呼和浩特：内蒙古人民出版社，1990.5.—777页；大32开.—ISBN 7-204-00885-5：5.25元

领导科学/金宝编著.—海拉尔：内蒙古文化出版社，1990.5.—325页；大32开.—ISBN 7-80506-078-9：3.50元

政治、法律

马克思主义民族理论与党的民族政策.—3版.—呼和浩特：内蒙古教育出版社，1990.2.—333页；32开.—内蒙古自治区中等专业学校：试用本.—ISBN 7-5311-0974-3：2.15元

中共中央关于加强党同人民群众联系的决定/中央马列著作毛泽东著作民族语文翻译局译.—北京：民族出版社，1990.5.—37页；大32开.—ISBN 7-105-01147-5：0.70元

中共中央关于进一步治理整顿和深化改革的决定：摘要/中央马列著作毛泽东著作民族语文翻译局译.北京：民族出版社，1990.2.—56页；大32开.—ISBN 7-105-01101-7：0.46元

中国共产党史稿 第四分册/中共中央党校党史教研室编；阿拉坦其其格黑勒译.—北京：民族出版社，1990.6.—449页；大32开.—ISBN 7-105-01010-X：1.45元

为我国政治经济和社会的进一步稳定发展而奋斗：1990年3月20日在第七届全国人民代表大会第三次会议上的政府工作报告/李鹏著；中央马列著作毛泽东著作民族语文翻译局译.—北京：民族出版社，1990.4.—94页；大32开.—ISBN 7-105-01144-0：0.66元

邓小平文选：1938～1965/中央马列著作毛泽东著作民族语文翻译局译.—北京：民族出版社，1990.11.—659页；大32开.—ISBN 7-105-01186-6：5.40元

邓小平同志论民主与法制/中共中央文献研究室编；中央马列著作毛泽东著作民族语文翻译局译.北京：民族出版社，1990.9—126页；大32开.—ISBN 7-105-01170-X：1.50元

邓小平论党的建设/中共中央办公厅秘书局资料室编；中央马列著作毛泽东著作民族语文翻译局译.北京：民族出版社，1990.8.—441页；32开.—ISBN 7-105-01130-0：2.60元

进一步治理整顿深化改革100题/《学习》杂志编辑部组稿编辑；双宝等译.—北京：民族出版社，1990.3.—418页；大32开.—ISBN 7-105-01074-6：3.10元

建设有中国特色的社会主义理论与实践/乌云其木格主编；布仁巴雅尔等译.—呼和浩特：内蒙古人民出版社，1990.7.—389页；32开.—ISBN 7-204-01096-5：1.85元

党的基本知识/乌云其木格主编；毕力格等译.—呼和浩特：内蒙古人民出版社，1990.7.—363页；32开.—ISBN 7-204-00988-6：1.80元

爱国主义和我国知识分子的使命：在首都青年纪念五四报告会上的讲话/江泽民著；中央马列著作毛泽东著作民族语文翻译局译.—北京：民族出版社，1990.5.—27页；大32开.—ISBN 7-105-01158-0：0.30元

*　　*　　*

人生的楷模/火华主编；内蒙古人民出版社译.—呼和浩特：内蒙古人民出版社，1990.11.—130页；32开.—ISBN 7-204-01146-5：1.60元

中国少年先锋队（1989）全国十佳队员/中国少年先锋队全国工作委员会编；宝音陶克陶，苏海译.通辽：内蒙古少年儿童出版社，1990.8.—294页；36开.—ISBN 7-5312-0241-7：1.80元

从牧区实际出发做好思想政治工作/夏奎仲，张鸿甫著.—呼和浩特：内蒙古人民出版社，1990.4.368页；32开.—ISBN 7-204-01084-1：1.85元

劳动人民的好儿子雷锋/乌云等译.—呼和浩特：内蒙古人民出版社，1990.6.—205页；32开.—ISBN 7-204-01100-7：1.30元

青年工作手册　（上）/中国青年出版社编；王赤华等译.—呼和浩特：内蒙古人民出版社，1990.4.576页；大32开.—ISBN 7-204-00959-2：3.70元

青年工作手册　（下）/中国青年出版社编；马帖儿等译.—呼和浩特：内蒙古人民出版社，1990.4.670页；大32开.—ISBN 7-204-00960-6：4.30元

英雄少年赖宁/中国少年先锋队全国工作委员会主编；梅花，吉日嘎拉图译.—呼和浩特：内蒙古人民出版社，1990.5.—199页；32开.—ISBN 7-204-01115-5：1.70元

雷锋的故事/金翠萍，阿拉坦敖其尔选译.—通辽：内蒙古少年儿童出版社，1990.4.—241页；32开.ISBN 7-5312-0222-1：1.30元

国际常识/阿布日古整理.—呼和浩特：内蒙古人民出版社，1990.4.—118页；32开.—ISBN 7-204-00946-0：0.75元

选举工作手册/内蒙古自治区选举委员会办公室编写；特木尔巴干等译.—2版.—呼和浩特：内蒙古人民出版社，1990.9.—691页；大32开.—ISBN 7-204-01137-6：3.85元

蒙古游牧社会/（日）后藤十三雄著；玛·巴特尔等译.—呼和浩特：内蒙古人民出版社，1990.10.403页；大32开.—ISBN 7-204-01102-3：4.40元

*　　*　　*

人身权/陈汉章编著；阿拉坦其其格译.—北京：民族出版社，1990.6.—91页；32开.—ISBN 7-105-01097-5：0.28元

个体工商户/邹振旅编著；诺仁译.—北京：民族出版社，1990.3.—108页；32开.—ISBN 7-105-00960-8：0.45元

中华人民共和国行政诉讼法/中央马列著作毛泽东著作民族语文翻译局译.—北京：民族出版社，1990.5.—49页；大32开.—ISBN 7-105-00910-1：0.45元

中华人民共和国法律汇编：1987/全国人民代表大会常务委员会法制工作委员会编；中央马列著作毛泽东著作民族语文翻译局译.—北京：民族出版社，1990.5.—175页；大32开.—ISBN 7-105-01022-3：1.20元

合同/李湘如，汤方编著；德吉夫译.—北京：民族出版社，1990.3.—115页；32开.—ISBN 7-105-00959-4：0.48元

财产所有权/钱明星编著；其木德译.—北京：民族出版社，1990.8.—149页；32开.—ISBN 7-105-00961-6：0.60元

军　事

成吉思合罕兵法/道润梯步著.—呼和浩特：内蒙古教育出版社，1990.2.—301页；大32开.—ISBN 7-5311-1080-6：2.95元

经　济

乡镇财政基础知识/梁尚敏等主编；通拉嘎等译.呼和浩特：内蒙古教育出版社，1990.2.—867页；32开.—ISBN 7-5311-0934-4：5.45元

多种经营技术/翁格日乐等编译.—赤峰：内蒙古科学技术出版社，1990.3.—423页；大32开.—ISBN 7-5380-0101-3：3.30元

宇宙学对国民经济的作用/（蒙古）Ъ·道尔吉苏荣著；宝音乌力吉，查干哈斯转写.—赤峰：内蒙古科学技术出版社，1990.3.—279页；32开.—ISBN 7-5280-0105-0：1.90元

农村承包经营户/骆友生，高宽众编著；花荣，卓

娜译.—北京：民族出版社，1990.6.—96页；32开.ISBN 7-105-01108-4：0.30元

社会主义初级阶段的经济/王梦奎著；花荣卓娜译.北京：民族出版社，1990.5.—252页；32开.—ISBN 7-105-00982-9：0.76元

致富之路/白斯古郎，奇越编著.—北京：民族出版社，1990.3.—181页；32开.—ISBN 7-105-00962-4：1.45元

畜牧业技术经济效果的评价措施/拉·霍尔查毕力格编译.—呼和浩特：内蒙古人民出版社，1990.1.426页；大32开.—ISBN 7-204-00321-7：3.80元

文化、科学、教育、体育

早期教育和天才/白音夫蒙译.—呼和浩特：内蒙古教育出版社，1990.8.—323页；大32开.—ISBN 7-5311-0994-8：2.35元

怎样当个好教师/布仁，栓柱译.—呼和浩特：内蒙古教育出版社，1990.2.—452页；大32开.—ISBN 7-5311-0939-5：3.55元

精神陶冶/博音，哈顺其其格编.—呼和浩特：内蒙古人民出版社，1990.4.—116页；32开.—ISBN 7-204-00682-3：1.15元

小学生法律知识手册/额尔敦，包刚译.—通辽：内蒙古少年儿童出版社，1990.6.—289页；32开.—ISBN 7-5312-0170-6：2.00元

小学自然第二册教师用书/人民教育出版社自然室编；内蒙古教育出版社译.—2版.—呼和浩特：内蒙古教育出版社，1990.11.—315页；32开.—ISBN 7-5311-1206-X：1.70元

小学自然第三册教师用书/人民教育出版社自然室编；内蒙古教育出版社译.—2版.—呼和浩特：内蒙古教育出版社，1990.6.—404页；32开.—ISBN 7-5311-1138-1：2.40元

小学自然第四册教师用书/人民教育出版社自然室编；内蒙古教育出版社译.—2版.—呼和浩特：内蒙古教育出版社，1990.11.—338页；32开.—ISBN 7-5311-1207-8：1.85元

小学自然第六册教师用书/人民教育出版社自然室编；玉宝等译.—2版.—呼和浩特：内蒙古教育出版社，1990.12.—282页；32开.—ISBN 7-5311-1260-4：1.55元

小学语文词语解释/莫德勒图，关玉兰编.—通辽：内蒙古少年儿童出版社，1990.7.—893页；64开.ISBN 7-5312-0160-6：2.80元

小学数学学习之友/希日莫编.—通辽：内蒙古少年儿童出版社，1990.1.—143页；32开.—供一年级用.ISBN 7-5312-0119-4：1.05元

小学数学学习之友/布和，吉力图编.—通辽：内蒙古少年儿童出版社，1990.6.—229页；32开.—供五年级用.—ISBN 7-5312-0150-X：1.40元

小学数学教师手册/王祯禄等译.—呼和浩特：内蒙古教育出版社，1990.1.—453页；16开.—ISBN 7-5311-1063-3：9.50元

小学数学暑假作业：一年级/内蒙古教育出版社编.2版.—呼和浩特：内蒙古教育出版社，1990.3.—24页；16开.—ISBN 7-5311-1083-0：0.50元

小学数学暑假作业：二年级/内蒙古教育出版社编.2版.—呼和浩特：内蒙古教育出版社，1990.3.—21页；16开.—ISBN 7-5311-1079-2：0.50元

小学数学暑假作业：三年级/内蒙古教育出版社编.2版.—呼和浩特：内蒙古教育出版社，1990.3.—28页；16开.—ISBN 7-5311-1081-4：0.50元

小学数学暑假作业：四年级/内蒙古教育出版社编.2版.—呼和浩特：内蒙古教育出版社，1990.3.—48页；16开.—ISBN 7-5311-1082-2：0.71元

小学数学寒假作业：二年级/内蒙古教育出版社编辑.—2版.—呼和浩特：内蒙古教育出版社，1990.9.24页；16开.—ISBN 7-5311-1215-9：0.50元

小学数学寒假作业：三年级/内蒙古教育出版社编辑.—2版.—呼和浩特：内蒙古教育出版社，1990.9.28页；16开.—ISBN 7-5311-1203-5：0.47元

小学数学寒假作业：四年级/内蒙古教育出版社编辑.—2版.—呼和浩特：内蒙古教育出版社，1990.9.48页；16开.—ISBN 7-5311-1196-9：0.65元

五年制小学数学练习册　第一册/内蒙古教育出版社编.—2版.—呼和浩特：内蒙古教育出版社，1990.6.—94页；32开.—ISBN 7-5311-1137-3：0.70元

五年制小学数学练习册　第二册/内蒙古教育出版社编.—2版.—呼和浩特：内蒙古教育出版社，1990.12.—113页；32开.—ISBN 7-5311-1248-5：0.83元

五年制小学数学练习册　第三册/内蒙古教育出版社译.—2版.—呼和浩特：内蒙古教育出版社，1990.6.—172页；32开.—ISBN 7-5311-1139-X：1.20元

五年制小学数学练习册　第四册/内蒙古教育出版社译.—2版.—呼和浩特：内蒙古教育出版社，1990.11.—144页；32开.—ISBN 7-5311-1221-3：1.05元

五年制小学数学练习册　第五册/内蒙古教育出版社编.—2版.—呼和浩特：内蒙古教育出版社，1990.5.—155页；32开.—ISBN 7-5311-1121-7：0.95元

五年制小学数学练习册　第六册/内蒙古教育出版社编.—2版.—呼和浩特：内蒙古教育出版社，1990.12.—96页；32开.—ISBN 7-5311-1241-8：0.58元

五年制小学数学练习册　第七册/内蒙古教育出版社译.—2版.—呼和浩特：内蒙古教育出版社，1990.5.—153页；32开.—ISBN 7-5311-1116-0：0.95元

五年制小学数学练习册 第八册/内蒙古教育出版社译.—2版.—呼和浩特：内蒙古教育出版社，1990.11.—148页；32开.—ISBN 7-5311-1242-6：0.82元

五年制小学数学练习册 第九册/内蒙古教育出版社译.—2版.—呼和浩特：内蒙古教育出版社，1990.5.—154页；32开.—ISBN 7-5311-1122-2：0.95元

五年制小学数学练习册 第十册/内蒙古教育出版社译.—2版.—呼和浩特：内蒙古教育出版社，1990.11.—132页；32开.—ISBN 7-5311-1243-4：0.74元

自然 第一册/人民教育出版社自然室编；内蒙古教育出版社译.—2版.—呼和浩特：内蒙古教育出版社，1990.4.—87页；32开.—小学课本：试用本.ISBN 7-5311-0480-6：0.62元

自然 第二册/人民教育出版社自然室编；内蒙古教育出版社译.—2版.—呼和浩特：内蒙古教育出版社，1990.10.—74页；32开.—小学课本.—ISBN 7-5311-1204-3：0.55元

自然 第五册/人民教育出版社自然室编；内蒙古教育出版社译.—2版.—呼和浩特：内蒙古教育出版社，1990.5.—95页；32开.—小学课本：试用本.ISBN 7-5311-1098-9：0.66元

自然 第六册/李培实等编；内蒙古教育出版社译.2版.—呼和浩特：内蒙古教育出版社，1990.10.—91页；32开.—小学课本.—ISBN 7-5311-1226-0：0.50元

自然 第一册.—乌鲁木齐：新疆教育出版社，1990.6.—96页；32开.—小学课本.—ISBN 7-5370-0007-7：0.68元

自然 第三册.—乌鲁木齐：新疆教育出版社，1990.6.—128页；32开.—小学课本.—ISBN 7-5370-1153-2：0.80元

自然 第五册.—2版.—乌鲁木齐：新疆教育出版社，1990.6.—108页；32开.—小学课本.—ISBN 7-5370-1125-7：0.72元

自然：一年级 上册.—乌鲁木齐：新疆教育出版社，1990.6.—44页；32开.—小学课本：试用本.ISBN 7-5370-1198-9：0.57元

自然：二年级 上册.—乌鲁木齐：新疆教育出版社，1990.6.—44页；32开.—小学课本：试用本.ISBN 7-5370-1172-4：0.57元

看图作文/温都苏等编.—呼和浩特：内蒙古教育出版社，1990.9.—82页；16开.—ISBN 7-5311-1211-6：1.65元

美术 第一册.—乌鲁木齐：新疆教育出版社，1990.6.—44页；16开.—小学课本：试用本.—ISBN 7-5370-1219-2：1.08元

美术 第三册.—乌鲁木齐：新疆教育出版社，1990.6.—48页；16开.—小学课本：试用本.—ISBN 7-5370-1220-4：1.30元

美术 第五册.—乌鲁木齐：新疆教育出版社，1990.6.—32页；16开.—小学课本：试用本.—ISBN 7-5370-1221-0：0.90元

美术 第九册/内蒙古教育出版社美编室编.—呼和浩特：内蒙古教育出版社，1990.5.—32页；24开.内蒙古自治区小学试用课本.—ISBN 7-5311-1096-2：0.73元

美术 第十册/内蒙古教育出版社美编室编.—呼和浩特：内蒙古教育出版社，1990.12.—32页；24开.内蒙古自治区小学试用课本.—ISBN 7-5311-1252-3：0.67元

数学 第一册/人民教育出版社中小学数学编辑室编；内蒙古教育出版社译.—2版.—呼和浩特：内蒙古教育出版社，1990.5.—101页；32开.—五年制小学课本.—ISBN 7-5311-1099-7：0.65元

数学 第三册/人民教育出版社中小学数学编辑室编；内蒙古教育出版社译.—2版.—呼和浩特：内蒙古教育出版社，1990.5.—196页；32开.—五年制小学课本.—ISBN 7-5311-1123-3：0.76元

数学 第九册/人民教育出版社中小学数学编辑室编；内蒙古教育出版社译.—2版.—呼和浩特：内蒙古教育出版社，1990.5.—182页；32开.—五年制小学课本.—ISBN 7-5311-0446-6：0.76元

数学 第五册.—乌鲁木齐：新疆教育出版社，1990.6.—192页；32开.—六年级小学课本.—ISBN 7-5370-1177-1：0.60元

中国社会主义建设常识 上册/张鸿宾主编；内蒙古教育出版社译.—呼和浩特：内蒙古教育出版社，1990.7.—238页；32开.—初级中学课本：试用本.ISBN 7-5311-1174-3：0.67元

公民 上册/谭玉轩等编；内蒙古教育出版社译.2版.—呼和浩特：内蒙古教育出版社，1990.6.363页；32开.—初级中学课本：试用本.—ISBN 7-5311-1157-8：0.96元

公民 下册/谭玉轩主编；内蒙古教育出版社译.呼和浩特：内蒙古教育出版社，1990.1.—424页；32开.—初级中学课本：试用本.—ISBN 7-5311-1032-6：1.10元

本书同年12月又出版了第2版。

公民 上册.—乌鲁木齐：新疆教育出版社，1990.6.—426页；32开.—初级中学课本：试用本.—ISBN 7-5370-1215-5：1.04元

民族政策和民族团结教材.—乌鲁木齐：新疆教育出版社，1990.6.—新疆维吾尔自治区初级中学课本：试用本.—256页；32开.—ISBN 7-5370-1216-7：0.76元

法律常识 全一册.—乌鲁木齐：新疆教育出版社，1990.6.—267页；32开.—初级中学课本：试用

本.—ISBN 7-5370-1166-7：0.76元

经济常识　上册/内蒙古教育出版社译.—2版.—呼和浩特：内蒙古教育出版社，1990.6.—228页；32开.—高级中学课本：试用本.—ISBN 7-5311-1142-X：0.64元

经济常识　下册/内蒙古教育出版社译.—2版.—呼和浩特：内蒙古教育出版社，1990.12.—239页；32开.—高级中学课本：试用本.—ISBN 7-5311-1256-6：0.65元

政治常识　全一册/李敬德等编；内蒙古教育出版社译.—3版.—呼和浩特：内蒙古教育出版社，1990.6.—289页；32开.—高级中学课本：试用本.—ISBN 7-5311-1159-4：0.82元

科学人生观　上册/内蒙古教育出版社译.—3版.呼和浩特：内蒙古教育出版社，1990.6.—299页；32开.—高级中学课本：试用本.—ISBN 7-5311-1168-3：0.90元

中学语文基础/宝·巴达日夫编著.—呼和浩特：内蒙古人民出版社，1990.4.—888页；大32开.—ISBN 7-204-00623-2：5.40元

语文　第五册.—乌鲁木齐：新疆教育出版社，1990.6.—305页；32开.—初中课本.—ISBN 7-5370-1259-3：1.45元

历史/敖斯尔等译.—呼和浩特：内蒙古教育出版社，1990.12.—553页；16开.—(高考指导丛书).ISBN 7-5311-1262-0：6.45元

中学历史手册：世界史部分/北京师范大学出版社编；赛音吉日嘎拉等译.—呼和浩特：内蒙古人民出版社，1990.3.—1070页；大32开.—ISBN 7-204-00618-6：6.10元

中学历史教案选评/南梅等编著.—呼和浩特：内蒙古教育出版社，1990.9.—335页；32开.—ISBN 7-5311-1019-9：2.20元

世界历史选择题分析/杜友凯，杜奇华编写；庆格乐道尔吉等译.—通辽：内蒙古少年儿童出版社，1990.9.—423页；32开.—标准化考试参考资料.ISBN 7-5312-0230-3：2.40元

地理/人民教育出版社地理室编；萨仁高娃等译.呼和浩特：内蒙古教育出版社，1990.12.—534页；16开.—(高考指导丛书).—ISBN 7-5311-1249-3：6.25元

社会发展简史　上册/姚森主编；内蒙古教育出版社译.—呼和浩特：内蒙古教育出版社，1990.6.261页；32开.—初级中学课本：试用本.—ISBN 7-5311-1140-3：1.10元

初级中学世界历史(全一册)教学参考书/人民教育出版社历史室编；内蒙古教育出版社编译.—呼和浩特：内蒙古教育出版社，1990.1.—702页；32开.ISBN 7-5311-1051-2：3.90元

标准化题型分析与研究：高中地理/内蒙古教育出版社译.—呼和浩特：内蒙古教育出版社，1990.2.486页；32开.—ISBN 7-5311-1069-5：3.15元

高中文科历史基础知识/北京市教师编写组编；额尔敦毕力格等译.—呼和浩特：内蒙古教育出版社，1990.6.—598页；32开.—ISBN 7-5311-1170-5：4.30元

几何　第一册/人民教育出版社数学室编；内蒙古教育出版社译.—2版.—呼和浩特：内蒙古教育出版社，1990.5.—309页；32开.—初级中学课本.—ISBN 7-5311-0510-1：1.15元

几何　第二册.—乌鲁木齐：新疆教育出版社，1990.6.—344页；32开.—初级中学课本.—ISBN 7-5370-1174-8：1.08元

中学化学实验问答与练习/郃迎春编.—呼和浩特：内蒙古教育出版社，1990.3.—321页；32开.—ISBN 7-5311-0943-3：2.20元

中学化学解题思路与技巧/王云生等编；乌恩等译.呼和浩特：内蒙古教育出版社，1990.11.—544页；32开.—ISBN 7-5311-1233-7：3.20元

中学实验室管理简明手册：化学/特木尔巴根等译.呼和浩特：内蒙古教育出版社，1990.10.—334页；32开.—ISBN 7-5311-1194-2：2.55元

中学实验室管理简明手册：物理/邵顺译.—呼和浩特：内蒙古教育出版社，1990.9.—435页；32开.ISBN 7-5311-0906-9：3.60元

中学数学廿八讲/张瀛仙，居特编著.—通辽：内蒙古少年儿童出版社，1990.9.—485页；大32开.—ISBN 7-5312-0226-3：3.50元

内蒙古自治区初级中学化学练习　上册/内蒙古教育出版社编辑.—呼和浩特：内蒙古教育出版社，1990.5.—115页；32开.—ISBN 7-5311-1102-0：0.72元

内蒙古自治区初级中学化学练习　下册/内蒙古教育出版社编辑.—呼和浩特：内蒙古教育出版社，1990.11.—141页；32开.—ISBN 7-5311-1222-1：0.80元

化学　全一册.—乌鲁木齐：新疆教育出版社，1990.6.—503页；32开.—初级中学课本.—ISBN 7-5370-1276-3：1.54元

平面几何教与学　第一册/内蒙古教育出版社译.呼和浩特：内蒙古教育出版社，1990.6.—340页；32开.—ISBN 7-5311-1095-4：2.30元

平面几何教与学　第二册/内蒙古教育出版社译.呼和浩特：内蒙古教育出版社，1990.12.—213页；32开.—ISBN 7-5311-1264-7：1.30元

代数　第一册/内蒙古教育出版社译.—呼和浩特：内蒙古教育出版社，1990.2.—376页；32开.—（高中蒙语授课学生课外阅读丛书）.—ISBN 7-5311-0899-2：2.50元

代数　第三册/内蒙古教育出版社译.—呼和浩特：内蒙古教育出版社，1990.3.—288页；32开.—（高中蒙语授课学生课外阅读丛书）.—ISBN 7-3115-0898-4：1.90元

代数　第四册.—乌鲁木齐：新疆教育出版社，1990.6.—396页；32开.—初级中学课本.—ISBN 7-5370-1192-8：1.15元

生理卫生　全一册.—乌鲁木齐：新疆教育出版社，1990.6.—329页；32开.—初级中学课本.—ISBN 7-5370-1175-8：1.10元

初中一年级数学、地理、植物暑假作业/内蒙古教育出版社编.—2版.—呼和浩特：内蒙古教育出版社，1990.3.—40页；16开.—ISBN 7-5311-1090-3：0.63元

初中一年级数学、地理、植物寒假作业/内蒙古教育出版社编辑.—2版.—呼和浩特：内蒙古教育出版社，1990.9.—42页；16开.—ISBN 7-5311-1199-3：0.62元

初中二年级数学、物理、地理、动物暑假作业/内蒙古教育出版社编.—2版.—呼和浩特：内蒙古教育出版社，1990.3.—48页；16开.—ISBN 7-5311-1091-1：0.71元

初中二年级数学、物理、地理、动物寒假作业/内蒙古教育出版社编辑.—2版.—呼和浩特：内蒙古教育出版社，1990.9.—48页；16开.—ISBN 7-5311-1198-5：0.65元

初中几何疑难解析/王勋，全洲译.—通辽：内蒙古少年儿童出版社，1990.1—341页；32开.—ISBN 7-5312-0130-5：2.20元

初中三年级化学教学练/哈斯朝鲁等译.—呼和浩特：内蒙古教育出版社，1990.11.—409页；32开.ISBN 7-5311-1232-9：2.50元

初中三年级数学、物理、化学、生理卫生寒假作业/内蒙古教育出版社编辑.—2版.—呼和浩特：内蒙古教育出版社，1990.9.—48页；16开.—ISBN 7-5311-1197-7：0.68元

初中化学标准化试题及解答/沈鑫甫编；杨巴雅尔等译.—通辽：内蒙古少年儿童出版社，1990.11.415页；32开.—ISBN 7-5312-0246-8：2.60元

初中代数教与学　第三册/于大利等编；内蒙古教育出版社译.—呼和浩特：内蒙古教育出版社，1990.2.—385页；32开.—ISBN 7-5311-1073-3：2.55元

初中代数教与学　第四册/梁子木等编；内蒙古教育出版社译.—呼和浩特：内蒙古教育出版社，1990.9.—316页；32开.—ISBN 7-5311-1213-2：2.15元

初中物理标准化试题及解答　第一册/吴明珍编；敖日布译.—通辽：内蒙古少年儿童出版社，1990.9.190页；32开.—ISBN 7-5312-0231-1：1.55元

初中数学标准化试题及解答：代数部分/陈家骏等编；乌云等译.—通辽：内蒙古少年儿童出版社，1990.9.—304页；32开.—ISBN 7-5312-0234-6：2.40元

物理　第二册.—乌鲁木齐：新疆教育出版社，1990.6.—457页；32开.—初级中学课本.—ISBN 7-5370-1209-X：1.50元

标准化题型分析与研究：初中物理/石妨年，韩廷年编；斯琴高娃译.—呼和浩特：内蒙古教育出版社，1990.7.—136页；32开.—ISBN 7-5311-1175-6：1.00元

高二化学疑难解析/乌力吉，武君芳编.—呼和浩特：内蒙古教育出版社，1990.2.—330页；32开.ISBN 7-5311-0824-0：2.30元

高中一年级化学教学练/布仁阿·拉坦色音译.—呼和浩特：内蒙古教育出版社，1990.11.—445页；32开.—ISBN 7-5311-1231-0：2.70元

高中三年级化学教学练/内蒙古教育出版社译.—呼和浩特：内蒙古教育出版社，1990.7.—462页；32开.—ISBN 7-5311-1160-8：3.35元

高中生物教学练/王化隆，王翠娣编；内蒙古教育出版社译.—呼和浩特：内蒙古教育出版社，1990.12.—375页；32开.—ISBN 7-5311-1254-X：2.25元

高中物理课外习题集　上册/人民教育出版社编；内蒙古教育出版社译.—呼和浩特：内蒙古教育出版社，1990.8.—484页；32开.- ISBN 7-5311-1362-7：3.50元

高级中学物理标准化练习/苏秉文编；海涛译.—呼和浩特：内蒙古教育出版社，1990.7.—432页；32开.—ISBN 7-5311-0854-2：2.80元

微积分初步/内蒙古教育出版社译.—呼和浩特：内蒙古教育出版社，1990.7.—364页；32开.—（高中蒙语授课学生课外阅读丛书）.—ISBN 7-5311-1011-3：2.45元

中学体育教材.—呼和浩特：内蒙古教育出版社，1990.2.—645页；16开.—ISBN 7-5311-1074-1：7.50元

语　言、文　字

小学生作文选　（5）/那仁满都拉编.—通辽：内蒙古少年儿童出版社，1990.4.—122页；32开.—ISBN 7-5312-0190-9：0.80元

中学生作文选/那日松等著.—呼和浩特：内蒙古人民出版社，1990.9.—123页；32开.—ISBN 7-204-00971-1：0.90元

中学生作文选　（8）/高力涛编.—通辽：内蒙古少年儿童出版社，1990.4.—170页；32开.—ISBN 7-5312-0180-2：0.95元

中学生作文选　（12）/察干珊丹编.—呼和浩特：内蒙古教育出版社，1990.9.—173页；32开.—ISBN 7-5311-1027-X：1.60元

社会语言学导论/色·贺其业勒图著.—呼和浩特：内蒙古人民出版社，1990.4.—197页；32开.—ISBN 7-204-00906-1：1.40元

现代语言学概论/宝路编著.—北京：中央民族学院出版社，1990.1.—462页；大32开.—高等学校教材.ISBN 7-81001-188-X：3.30元

语文课堂教学/巴金编著.—呼和浩特：内蒙古教育出版社，1990.12.—170页；大32开.—ISBN 7-5311-1250-7：1.10元

内蒙古师范大学蒙古语言文学专业研究生论文集（上）/哈斯额尔敦编.—呼和浩特：内蒙古人民出版社，1990.3.—702页；大32开.—ISBN 7-204-00655-0：4.70元

内蒙古师范大学蒙古语言文学专业研究生论文集（下）/哈斯额尔敦编.—呼和浩特：内蒙古人民出版社，1990.3.—628页；大32开.—ISBN 7-204-00656-9：4.25元

现代蒙古语及其方言/（蒙古）C嫫嫫，Ю孟和—阿木古楞著；巴特尔转写.—呼和浩特：内蒙古教育出版社，1990.2.—528页；大32开.—ISBN 7-5311-0881-X：4.05元

现代蒙古语词汇学原理/Y.Ж.东都科夫等编.—呼和浩特：内蒙古教育出版社，1990.9.—314页；大32开.—ISBN 7-5311-1176-4：2.70元

英语　（1）/陈琳主编；吉日木图译.—呼和浩特：内蒙古教育出版社，1990.8.—433页；32开.广播电视外语讲座试用教材　适合蒙古族学英语用.ISBN 7-5311-0820-8：2.40元

学习古代蒙古语参考/达瓦编著.—呼和浩特：内蒙古教育出版社，1990.6.—231页；大32开.—ISBN 7-5311-0886-0：2.20元

蒙古语句子/碧·沃德勒夫编.—通辽：内蒙古少年儿童出版社，1990.10.—294页；32开.—ISBN 7-5312-0235-2：2.00元

蒙古语常用词汇/额尔德尼，格日勒玛编.—乌鲁木齐：新疆人民出版社，1990.8.—312页；大32开.ISBN 7-228-00832-4：2.90元

文　　学

比较文学论文稿/杨·巴雅尔编.—呼和浩特：内蒙古人民出版社，1990.11.—385页；大32开.—ISBN 7-204-01175-9：4.50元

天涯归心/额尔敦巴雅尔著.—呼和浩特：内蒙古人民出版社，1990.11.—221页；大32开.—ISBN 7-204-01114-7：1.85元

文学基本知识/巴特尔，其其格编.—通辽：内蒙古少年儿童出版社，1990.12.—224页；32开.—ISBN 7-5312-0252-2：1.90元

邓小平论文艺/邓小平著；中央马列著作毛泽东著作民族语文翻译局译.—北京：民族出版社，1990.6.212页；大32开.—ISBN 7-105-01068-1：2.45元

苏叶、哈达奇·刚评论集.—呼和浩特：内蒙古人民出版社，1990.8.—505页；大32开.—ISBN 7-204-00914-2：3.55元

降伏恶狼的英雄/达西尼玛转写.—海拉尔：内蒙古文化出版社，1990.6.—201页；大32开.—ISBN 7-80506-082-7：2.50元

故乡/玛·扎拉丰嘎著.—呼和浩特：内蒙古人民出版社，1990.9.—500页；大32开.—ISBN 7-204-00997-5：3.50元

草原歌手/额尔敦白乙拉著.—沈阳：辽宁民族出版社，1990.12.—193页；32开.—ISBN 7-80527-114-3：2.40元

响彻云霄的电波/哈斯巴拉著.—北京：民族出版社，1990.7.—226页；大32开.—ISBN 7-105-01121-1：1.70元

秋天/巴音查干著.—呼和浩特：内蒙古人民出版社，1990.1.—526页；大32开.—ISBN 7-204-00894-4：3.65元

清清的上都河/正兰旗民委编.—北京：民族出版社，1990.7.—466页；32开.—ISBN 7-105-01135-1：2.50元

绿茵茵的阔野/特·官布扎布，那·熙环编.—呼和浩特：内蒙古人民出版社，1990.1.—642页；大32开.—ISBN 7-204-00886-3：4.50元

葛尔乐朝克图文论集.—呼和浩特：内蒙古人民出版社，1990.5.—311页；大32开.—ISBN 7-204-00909-6（精装）：4.50元

蒙古族古代文学/玛·乌尼乌兰编.—呼和浩特：内蒙古教育出版社，1990.8.—824页；大32开.—ISBN 7-5311-1187-X：6.35元

作　品　集

世界中篇名作选　（一）/内蒙古人民出版社编.呼和浩特：内蒙古人民出版社，1990.5.—735页；大32开.—ISBN 7-204-00903-7：6.00元

那个世界的孩子/莎木嘎译.—呼和浩特：内蒙古人民出版社，1990.6.—358页；32开.—ISBN 7-204-00966-5：1.90元

获奖作品集/锡林编.—呼和浩特：内蒙古人民出版社，1990.3.—460页；大32开.—ISBN 7-204-00955-X：3.30元

诗　歌

心灵的报春花/阿尔泰著.—呼和浩特：内蒙古人民出版社，1990.12.—388页；大32开.—ISBN 7-204-01086-8：2.90元

另一种月亮/波·宝音贺希格著.—呼和浩特：内蒙古人民出版社，1990.12.—335页；大32开.—ISBN 7-204-01120-1：2.60元

驯马手：诗文集/特·官布扎布编.—呼和浩特：蒙古人民出版社，1990.12.—447页；大32开.—ISBN 7-204-00989-4：3.20元

我的小花狗/古尔扎布等著.—呼和浩特：内蒙古教育出版社，1990.7.—243页；大32开.—ISBN 7-5311-1169-1：2.20元

英雄黑旋风/纳·才仁巴力搜集整理.—海拉尔：内蒙古文化出版社，1990.1.—468页；32开.—ISBN 7-80506-066-5：3.20元

沼泽红柳/布和特木勒著.—呼和浩特：内蒙古人民出版社，1990.12.—366页；大32开.—ISBN 7-204-01126-0：2.70元

宝迪嘎拉布汗/却吉嘎瓦等整理.—北京：民族出版社，1990.8.—609页；大32开.—ISBN 7-105-01134-3：3.40元

诗论/齐·莫尔根著.—海拉尔：内蒙古文化出版社，1990.8.—226页；36开.—ISBN 7-80506-070-3：2.30元

索龙嘎：获奖诗集/内蒙古教育出版社编.—呼和浩特：内蒙古教育出版社，1990.7.—208页；大32开.ISBN 7-5311-1178-0：1.85元

犊牛的牧场/阿尔泰著.—海拉尔：内蒙古文化出版社，1990.7.—368页；36开.—ISBN 7-80506-083-5：3.20元

嘎达梅林/芒·牧林整理.—北京：民族出版社，1990.9.—551页；大32开.—ISBN 7-105-01168-8：4.25元

戏　剧

得奖剧本选/图雅编.—呼和浩特：内蒙古人民出版社，1990.7.—737页；大32开.—ISBN 7-204-00961-4：4.90元

嘎达梅林：说唱故事　上册/道尼日布扎木苏编著.海拉尔：内蒙古文化出版社，1990.8.—375页；大32开.—ISBN 7-80506-071-1：4.20元

小　说

中篇小说选　（一）/陆文夫等著；特·官布扎布等译.—呼和浩特：内蒙古人民出版社，1990.11.—745页；大32开.—ISBN 7-204-00957-6：4.95元

中篇小说选：1988～1989/吉日木图编.—呼和浩特：内蒙古人民出版社，1990.6.—622页；大32开.ISBN 7-204-00923-1：4.25元

老熟人/策·玛希毕力格著.—北京：民族出版社，1990.3.—275页；大32开.—ISBN 7-105-00972-1：2.20元

色·额尔德尼小说选/色·额尔德尼著.—北京：民族出版社，1990.7.—669页；32开.—ISBN 7-105-00849-0：3.50元

青青的群山　（上）/布和德勒格尔著.—呼和浩特：内蒙古人民出版社，1990.3.—924页；大32开.ISBN 7-204-00624-0：5.70元

青青的群山　（下）/布和德勒格尔著.—呼和浩特：内蒙古人民出版社，1990.3.—925～1942页；大32开.—ISBN 7-204-1098-1：6.30元

青柳绿叶/额敦桑布著.—呼和浩特：内蒙古人民出版社，1990.6.—352页；大32开.—ISBN 7-204-00937-1：2.90元

黑骏马/布仁特古斯著.—海拉尔：内蒙古文化出版社，1990.8.—390页；大32开.—ISBN 7-80506-065-1：3.00元

民 间 文 学

相马/额鲁特等著.—呼和浩特：内蒙古教育出版社，1990.11.—262页；大32开.—ISBN 7-5311-1247-7：2.45元

鄂尔多斯民间故事/巴雅尔整理.—呼和浩特：内蒙古人民出版社，1990.1.—344页；大32开.—ISBN 7-204-00456-6：2.30元

蒙古贞民间故事集/胡温泉等编.—沈阳：辽宁民族出版社，1990.12.—415页；32开.—ISBN 7-80527-147-X：4.20元

蒙古族神话选/德·僧格仁钦编.—呼和浩特：内蒙古教育出版社，1990.7.—246页；大32开.—ISBN 7-5311-1177-2：2.55元

新编民间故事/苏迪玛·萨仁纳琪琪格编.—通辽：内蒙古少年儿童出版社，1990.7.—286页；32开.ISBN 7-5312-0240-9：2.00元

儿 童 文 学

儿童广播剧/布和朝鲁等著.—呼和浩特：内蒙古人民出版社，1990.12.—250页；大32开.—ISBN 7-204-01119-8：2.25元

大海母亲/布和德力格尔著.—通辽：内蒙古少年儿童出版社，1990.1.—390页；32开.—ISBN 7-5312-0120-8：2.00元

中国历史故事：近代　（上）/刘德鸿编著；梁温都苏，陈布和译.—通辽：内蒙古少年儿童出版社，

1990.3.—380页；32开.—ISBN 7-5312-0200-6；1.90元

中国现代历史故事/张云编著；群娜等译.—呼和浩特：内蒙古教育出版社，1990.12.—435页；大32开.（中学生文库）.—ISBN 7-5311-1253-1：3.05元

巴·格日乐图乌云儿童作品选/《蒙古族当代儿童文学丛书》编委会编.—通辽：内蒙古少年儿童出版社，1990.7.—362页；大32开.—ISBN 7-5312-0236-0：2.80元

成语故事/那木吉拉编著.—呼和浩特：内蒙古人民出版社，1990.2.—302页；大32开.—ISBN 7-204-00924-X：1.50元

光辉的历程：讲故事学党史/耿发友，盛巽昌编；白僧格等译.—通辽：内蒙古少年儿童出版社，1990.9.—349页；大32开.—ISBN 7-5312-0239-5：2.50元

沙格德尔的故事　（一）/巴布来编.—呼和浩特：内蒙古人民出版社，1990.4.—32页；40开.—ISBN 7-204-00691-7：0.85元

沙格德尔的故事　（二）/巴布来编.—呼和浩特：内蒙古人民出版社，1990.4.—32页；40开.—ISBN 7-204-00692-5：0.85元

沙格德尔的故事　（三）/其其格编.—呼和浩特：内蒙古人民出版社，1990.10.—32页；40开.—ISBN 7-204-00693-3：0.85元

沙格德尔的故事　（四）/其其格编.—呼和浩特：内蒙古人民出版社，1990.10.—32页；40开.—ISBN 7-204-00694-5：0.85元

良心/布仁巴雅尔著.—通辽：内蒙古少年儿童出版社，1990.12.—290页；大32开.—ISBN 7-5312-242-5：2.50元

学海拾贝/贺·宝音巴图著.—通辽：内蒙古少年儿童出版社，1990.6.—219页；36开.—ISBN 7-5312-0232-X：1.40元

觉醒的草原：《鹰的传奇》第一部/杨啸著；乌兰山丹等译.—呼和浩特：内蒙古人民出版社，1990.3.472页；大32开.—ISBN 7-204-00633-X：3.75元

爱的回声/阿尔宾贺喜格著.—呼和浩特：内蒙古人民出版社，1990.1.—238页；大32开.—ISBN 7-204-00940-1：1.80元

深情的山峦/勃·格日乐图等译.—呼和浩特：内蒙古人民出版社，1990.2.—413页；大32开.—ISBN 7-204-460-4：3.00元

外国文学

一日长于百年/（苏）钦苍兹·艾特玛托夫著（蒙）斯·巴达拉译；苏日格乐图，乌达巴拉转写.呼和浩特：内蒙古人民出版社，1990.2.—576页；大32开.—ISBN 7-204-00943-6：4.00元

无顶庙/（蒙古）勒·图都布著.—呼和浩特：内蒙古人民出版社，1990.6.—484页；大32开.—ISBN 7-204-00939-8：3.75元

巴尔扎克中短篇小说选/（法）巴尔扎克著；哈斯等蒙译.—海拉尔：内蒙古文化出版社，1990.2.611页；大32开.—ISBN 7-80506-064-9：5.10元

世界抒情诗选/苏荣纳·松迪等译.—呼和浩特：内蒙古人民出版社，1990.3.—623页；大32开.—ISBN 7-204-00917-7：4.65元

外国文学史　（上）/钦达木尼，白斯古楞主编.呼和浩特：内蒙古人民出版社，1990.8.—590页；大32开.—ISBN 7-204-00915-0：4.45元

外国文学史　（中）/钦达木尼，白斯古楞主编.呼和浩特：内蒙古人民出版社，1990.8.—895页；大32开.—ISBN 7-204-00977-0：6.40元

外国文学史　（下）/钦达木尼，白斯古楞主编.呼和浩特：内蒙古人民出版社，1990.8.—636页；大32开.—ISBN 7-204-01079-5：4.75元

外国科学童话选/苏雅乐选编.—呼和浩特：内蒙古少年儿童出版社，1990.9.—279页；36开.—ISBN 7-5312-0238-7：1.70元

达尼胡曰勒/卡陶整理；赫·桑丕勒登德布审.—北京：民族出版社，1990.7.—262页；大32开.—ISBN 7-105-00722-2：2.00元

苦儿流浪记　（上）/（　）埃克多·马洛著；众文蒙译.—通辽：内蒙古少年儿童出版社，1990.7.516页；32开.—ISBN 7-5312-0220-4：2.50元

笑面人　上册/（法）雨果著；达尔玛等转写.—呼和浩特：内蒙古人民出版社，1990.9.—594页；大32开.—ISBN 7-204-00995-9：5.10元

斯巴达克思　上册/（意大利）拉·乔万尼奥里著；丹增译.—呼和浩特：内蒙古人民出版社，1990.12.—586页；大32开.—ISBN 7-204-01087-6：2.80元

斯巴达克思　下册/（意大利）拉·乔万尼奥里著，布仁满都格其译.—呼和浩特：内蒙古人民出版社，1990.12.—589～1249页；大32开.—ISBN 7-204-01088-4：3.20元

蒙古现代文学史　第一卷：1921～1940/蒙古人民共和国科学院语言文学研究所编；紫玛转写.—呼和浩特：内蒙古教育出版社，1990.12.—809页；大32开.—ISBN 7-5311-0925-5：5.70元

Б·雅布胡朗诗集/（蒙古）Ж·阿迪雅，Я·巴特尔整理；力格登等转写.—呼和浩特：内蒙古教育出版社，1990.8.—959页；大32开.—ISBN 7-5311-0690-6：7.60元

艺　　术

动物故事专辑：〔连环画〕/乌兰译.—呼和浩特：

内蒙古人民出版社，1990.3.—6册；64开.—ISBN 7-204-00935-5：2.30元

湖水平雁则安/耶拉书；张国卿画.—呼和浩特：内蒙古人民出版社，1990.7.—1张；全张.—2.60元

滴水成海/白音那书；王廷青画.—呼和浩特：内蒙古人民出版社，1990.7.—1张；全张.—2.60元

*　　*　　*

五箭教子：儿童歌曲选/如义宁布著.—通辽：内蒙古少年儿童出版社，1990.10.—263页；大32开.—ISBN 7-5312-0224-7：2.40元

库伦民歌集/纳钦双和尔，图日根巴雅尔搜集、整理编辑.—呼和浩特：内蒙古人民出版社，1990.5.840页；大32开.—ISBN 7-204-00622-4：5.90元

图力古尔歌曲选/牧兰整理.—呼和浩特：内蒙古人民出版社，1990.2.—366页；大32开.—ISBN 7-204-00676-3：2.75元

蒙古族宫廷音乐/内蒙古社会科学院文学研究所编；门德巴雅尔译.—呼和浩特：内蒙古人民出版社，1990.6.—481页；大32开.—ISBN 7-204-00982-7：4.20元

锡林河/锡林郭勒盟文化处，锡林郭勒盟文联编.呼和浩特：内蒙古教育出版社，1990.7.—637页；大32开.—ISBN 7-5311-1180-2：5.95元

蔚蓝的杭盖/特木尔·图雅编.—呼和浩特：内蒙古人民出版社，1990.8.—646页；大32开.—ISBN 7-204-00972-X：4.90元

历　史、地　理

世界中世纪史　（上）/刘明翰主编；赵德宝，阿拉木斯译.—呼和浩特：内蒙古人民出版社，1990.12.—671页；大32开.—ISBN 7-204-00964-9：4.85元

世界中世纪史　（下）/刘明翰主编；赵德宝，阿拉木斯译.—呼和浩特：内蒙古人民出版社，1990.12.—568页；大32开.—ISBN 7-204-00978-9：4.15元

世界近代史　（上）/王荣堂，姜德昌主编；贺奇业力图译.—呼和浩特：内蒙古人民出版社，1990.7.—657页；大32开.—ISBN 7-204-00919-3：4.25元

世界近代史　（中）/王荣堂，姜德昌主编；贺奇业力图，班泽尔译.—呼和浩特：内蒙古人民出版社，1990.7.—744页；大32开.—ISBN 7-204-00976-2：4.75元

世界近代史　（下）/王荣堂，姜德昌主编；铁柱，宝音译.—呼和浩特：内蒙古人民出版社，1990.7.—559页；大32开.—ISBN 7-204-00926-6：3.65元

世界现代史　上册/《世界现代史》编写组编；郝志成译.—呼和浩特：内蒙古人民出版社，1990.10.986页；大32开.—高等学校教材.—ISBN 7-204-01078-7：7.00元

天翻地覆三十年　（五）/段万翰编著；齐达拉图，额·敖力照译.—呼和浩特：内蒙古教育出版社，1990.11.—556页；32开.—ISBN 7-5311-1246-9：3.70元

天翻地覆三十年　（六）/王小方编著；贵荣等译.呼和浩特：内蒙古教育出版社，1990.3.—649页；32开.—ISBN 7-5311-0938-7：4.25元

四大文明古国/巴图译.—呼和浩特：内蒙古人民出版社，1990.3.—52页；32开.—ISBN 7-204-00952-5：0.45元

成吉思汗札撒与必里克/格·那木吉拉编著.—海拉尔：内蒙古文化出版社，1990.3.—338页；大32开.ISBN 7-80506-081-9：3.80元

清实录　第一册：太祖实录（全）.—海拉尔：内蒙古文化出版社，1990.3.—234页；16开.—ISBN 7-80506-090-8（精装）：21.00元

土默特志　下卷/土默特左旗《土默特志》编纂委员会编；斯楞扎木苏等译.—呼和浩特：内蒙古人民出版社，1990.4.—1328页；16开.—ISBN 7-204-00677-1（精装）：19.40元

内蒙古历史概要/余元盦著；贝加尔，孟克巴特尔译.—呼和浩特：内蒙古教育出版社，1990.8.—452页；32开.—ISBN 7-5311-1172-1：4.05元

内蒙古文史资料　第十一辑/中国人民政治协商会议内蒙古自治区委员会文史资料研究委员会编；海军等译.—呼和浩特：内蒙古人民出版社，1990.2.—428页；大32开.—ISBN 7-204-00908-8：2.80元

内蒙古文史资料　第二十九辑/中国人民政治协商会议内蒙古自治区委员会文史资料研究委员会编；呼努斯图等译.—呼和浩特：内蒙古人民出版社，1990.10.—349页；大32开.—ISBN 7-204-01077-9：2.40元

喀尔喀简史　上册/包金钢，胡日乐巴特尔转写.呼和浩特：内蒙古教育出版社，1990.3.—709页；32开.—ISBN 7-5311-1076-8：5.50元

喀尔喀简史　下册/包金钢，胡日乐巴特尔转写.呼和浩特：内蒙古教育出版社，1990.3.—382页；32开.—ISBN 7-5311-1077-6：6.65元

蒙古文化史试拣/仁钦戈瓦编著.—呼和浩特：内蒙古人民出版社，1990.3.—452页；大32开.—ISBN 7-204-00621-6（精装）：3.75元

《蒙古秘史》的多层次文化/色音著.—海拉尔：内蒙古文化出版社，1990.5.—359页；大32开.—ISBN

7-80506-069-X：4.20元

蒙古人民共和国部族学　（一）/敖特根等转写.呼和浩特：内蒙古人民出版社，1990.10.—903页；大32开.—ISBN 7-204-00944-4：7.50元

*　　*　　*

邓小平/（匈）巴拉奇·代内什著；塔并，其木德译.—北京：民族出版社，1990.6.—493页；大32开.ISBN 7-105-00981-0：2.80元

札雅班第达传/拉德那博哈得拉著.—呼和浩特：内蒙古人民出版社，1990.5.—335页；大32开.—ISBN 7-204-00617-8：3.00元

名人传略/巴音那木尔，高娃编.—呼和浩特：内蒙古人民出版社，1990.3.—185页；32开.—ISBN 7-204-00974-6：1.50元

杨石先传/杨光伟，普·色旺诺日布编写.—赤峰：内蒙古科学技术出版社，1990.9.—301页；32开.ISBN 7-5380-0119-0：2.40元

蒙古族近代名人录/乌丹古鲁格编.—通辽：内蒙古少年儿童出版社，1990.11.—275页；大32开.—ISBN 7-5312-0228-X：2.20元

蒙古族科技人物志　第三册/那林高夫等编.—赤峰：内蒙古科学技术出版社，1990.3.—293页；大32开.—ISBN 7-5380-0099-2（精装）：5.50元

蒙古族科技人物志　第三册/那林高夫等编.—赤峰：内蒙古科学技术出版社，1990.3.—293页；大32开.—ISBN 7-5380-0099-2：3.50元

卫拉特风俗志/纳·巴生编著.—呼和浩特：内蒙古人民出版社，1990.11.—368页；大32开.—ISBN 7-204-01073-6：2.75元

民族习俗/策·吉尔嘎拉编.—呼和浩特：内蒙古人民出版社，1990.3.—146页；32开.—ISBN 7-204-00975-4：1.20元

青色的灯盏：蒙古族习俗辞典/巴·旺吉乐编著.海拉尔：内蒙古文化出版社，1990.8.—439页；大32开.—ISBN 7-80506-099-1（精装）：6.00元

青色的灯盏：蒙古族习俗辞典/巴·旺吉乐编著.海拉尔：内蒙古文化出版社，1990.8.—439页；大32开.—ISBN 7-80506-099-1：4.50元

蒙古风俗/散布拉诺日布编著.—沈阳：辽宁民族出版社，1990.12.—502页；大32开.—ISBN 7-80527-159-3：5.30元

蒙古包风俗录/嘎林达尔著.—呼和浩特：内蒙古人民出版社，1990.10.—202页；大32开.—ISBN 7-204-00991-6：2.00元

蒙古族的树木崇拜/贺·宝音巴图著.—海拉尔：内蒙古文化出版社，1990.2.—155页；大32开.—ISBN 7-80506-068-X：2.20元

*　　*　　*

元朝疆域图/中国地图出版社编制；内蒙古教育出版社译.—北京：中国地图出版社，1990.10.—1张；2全张.—ISBN 7-5031-0758-8：2.60元

中华名山大川/贺喜格图译.—呼和浩特：内蒙古人民出版社，1990.3.—80页；32开.—ISBN 7-204-00949-5：0.58元

中国原始社会民族公社遗址分布图/中国地图出版社编制；内蒙古教育出版社译.—北京：中国地图出版社，1990.10.—1张；全张.—ISBN 7-5031-0733-2：1.50元

古代希腊图/中国地图出版社编制；内蒙古教育出版社译.—北京：中国地图出版社，1990.10.—1张；全张.—ISBN 7-5031-0757-X：1.50元

古代罗马图/中国地图出版社编制；内蒙古教育出版社译.—北京：中国地图出版社，1990.10.—1张；全张.—ISBN 7-5031-0756-1：1.50元

古代埃及图/中国地图出版社编制；内蒙古教育出版社译.—北京：中国地图出版社，1990.10.—1张；全张.—ISBN 7-5031-0755-3：1.50元

世界风光/达力巴雅尔，开花译.—呼和浩特：内蒙古人民出版社，1990.3.—50页；32开.—ISBN 7-204-00950-9：0.45元

世界地理趣闻录/舍英编著.—通辽：内蒙古少年儿童出版社，1990.12.—214页；32开.—ISBN 7-5312-0249-2：1.85元

可爱的鄂尔多斯：续编/《可爱的鄂尔多斯》（续篇）编委会编；《可爱的鄂尔多斯》（续篇）翻译组译.—呼和浩特：内蒙古人民出版社，1990.6.—610页；大32开.—ISBN 7-208-00897-9：2.45元

蒙古与青海/尼·米·普尔杰瓦尔斯基著；巴达荣嘎等译.—海拉尔：内蒙古文化出版社，1990.10.529页；大32开.—ISBN 7-80506-095-9：5.80元

蒙古游牧记（中）/张穆著；那木云，班斯拉齐译.北京：民族出版社，1990.12.—590页；大32开.ISBN 7-105-01191-2：5.15元

趣味地理　（三）/姚大钧编著；萨仁高娃译.—呼和浩特：内蒙古教育出版社，1990.9.—378页；32开.—ISBN 7-5311-1191-8：2.40元

趣味地理　（四）/姚大钧编著；仁道，贺新译.呼和浩特：内蒙古教育出版社，1990.9.—440页；32开.—ISBN 7-5311-1193-4：2.70元

自 然 科 学

十万个为什么：地学　（1）/布仁满来等译.—呼和浩特：内蒙古人民出版社，1990.9.—414页；大32开.—ISBN 7-204-00990-8：2.80元

十万个为什么：植物　(1)/斯琴高娃等译.—呼和浩特：内蒙古人民出版社，1990.3.—473页；大32开.—ISBN 7-204-00968-1：3.10元

世界发明全书　(3)/牧仁等译.—呼和浩特：内蒙古人民出版社，1990.1.—501页；大32开.—ISBN 7-204-00642-9：4.10元

世界发明全书　(4)/巴图等译.—呼和浩特：内蒙古人民出版社，1990.9.—393页；大32开.—ISBN 7-204-00962-2：3.30元

自然科学基础　第三册：地学/(美)A.N.斯特拉勒著；宝音等译.—呼和浩特：内蒙古人民出版社，1990.3.—613页；大32开.—ISBN 7-204-01099-X：3.75元

青年科技手册/宝音扎布等编.—赤峰：内蒙古科学技术出版社，1990.4.—879页；大32开.—ISBN 7-5380-0103-5：6.50元

科学夜谭/赵之，黄天祥主编；扎拉嘎夫等译.—呼和浩特：内蒙古人民出版社，1990.4.—637页；大32开.—ISBN 7-204-00888-X：4.25元

科学365天　下册/魏以成，麦群忠编；若希道尔吉等译.—呼和浩特：内蒙古人民出版社，1990.10.712页；大32开.—ISBN 7-204-01076-0：4.80元

数理科学和化学

力学/达木荣主编.—北京：中央民族学院出版社，1990.1.—763页；大32开.—高等学校教材.—ISBN 7-81001-141-3：4.90元

化学游艺宫/田锡申编著；哈斯译.—呼和浩特：内蒙古人民出版社，1990.6.—258页；32开.—ISBN 7-204-00440-X：1.65元

电磁学/乌力吉巴塔尔主编.—北京：中央民族学院出版社，1990.10.—799页；大32开.—高等学校教材.—ISBN 7-81001-168-5：5.73元

原子结构浅说/韩建成编著；杭盖，宝山译.—呼和浩特：内蒙古人民出版社，1990.6.—129页；32开.ISBN 7-204-00678-X：0.95元

氧气的故事/王一川编；阿布尔古译.—呼和浩特：内蒙古人民出版社，1990.6.—117页；32开.—ISBN 7-204-00455-8：0.90元

量度——研究物理学的开始/张兆等主编.—乌兰哈达等译.—呼和浩特：内蒙古人民出版社，1990.3.6册；32开.—(中学生文库).—ISBN 7-204-00684-4：6.20元

溶液的奥秘/陈飚编著；光荣译.—呼和浩特：内蒙古人民出版社，1990.6.—196页；32开.—ISBN 7-204-00449-3：1.30元

数学解题方法/胡都仁嘎等编著.—赤峰：内蒙古科学技术出版社，1990.7.—370页；大32开.—ISBN 7-5380-0108-5：3.00元

天文学、地球科学

1991辛未年历书/内蒙古科学技术出版社编.—赤峰：内蒙古科学技术出版社，1990.6.—115页；大32开.—ISBN 7-5380-0111-5：1.30元

天文原理/斯登等校注.—赤峰：内蒙古科学技术出版社，1990.5.—1105页；16开.—ISBN 7-5380-0082-8：17.00元

风云奇观/额尔敦花译.—呼和浩特：内蒙古人民出版社，1990.3.—54页；32开.—ISBN 7-204-00951-7：0.46元

生物科学

十大珍稀动物/莲花译.—呼和浩特：内蒙古人民出版社，1990.3.—34页；32开.—ISBN 7-204-00954-1：0.38元

生物与地理环境/陈鹏，赵小鲁编；赛希雅拉图，孟和巴特尔译.—呼和浩特：内蒙古教育出版社，1990.6.—291页；32开.—ISBN 7-5311-1161-6：1.90元

生物学/察克等译.—2版.—呼和浩特：内蒙古教育出版社，1990.12.—746页；大32开.—中等师范学校课本：试用本.—ISBN 7-5311-1251-5：5.00元

奇妙的植物/宝力稿译.—呼和浩特：内蒙古人民出版社，1990.3.—46页；32开.—ISBN 7-204-00953-3：0.40元

植物的类群/包玉风等译.—呼和浩特：内蒙古教育出版社，1990.12.—560页；大32开.—(生物学课外读物丛书).—ISBN 7-5311-1258-2：3.80元

植物遗传学/达兰太编译.—呼和浩特：内蒙古人民出版社，1990.2.—314页；大32开.—ISBN 7-204-00904-5：2.90元

医药、卫生

人体结构与功能/恩毕希编.—赤峰：内蒙古科学技术出版社，1990.11.—167页；大32开.—ISBN 7-5380-0120-4：1.50元

中小学生健康指南/耀思图编著.—通辽：内蒙古少年儿童出版社，1990.9.—215页；36开.—ISBN 7-5312-0237-9：1.80元

生理病理/查干夫，那木吉拉编译.—赤峰：内蒙古科学技术出版社，1990.4.—301页；32开.—(家庭医学丛书).—ISBN 7-5380-0104-2：2.00元

优生与胎教/通拉嘎等编译.—呼和浩特：内蒙古教育出版社，1990.10.—456页；32开.—ISBN 7-5311-1215-9：2.55元

性病知识问答/李书城编著；昭那斯图译.—赤峰：内蒙古科学技术出版社，1990.7.—76页；32开.—IS

BN 7-5780-0112-3：0.80元

疾病防治　（上）/色·赛音巴雅尔等编译.—赤峰：内蒙古科学技术出版社，1990.7.—723页；32开.—（家庭医学丛书）.—ISBN 7-5380-0107-7：4.50元

名老蒙医经验选编　（上）/内蒙古蒙医学院，哲里木盟蒙医研究所编.—赤峰：内蒙古科学技术出版社，1990.5.—541页；大32开.—ISBN 7-5380-0109-3（精装）：8.00元

蒙医内科要略/宝音达来著.—北京：民族出版社，1990.7.—490页；32开.—ISBN 7-105-01090-8：3.00元

蒙医传统十八术/达格巴雅尔，敖特根其木格编·赤峰：内蒙古科学技术出版社，1990.8.—122页；32开.—ISBN 7-5380-0118-2：0.90元

蒙医传统疗法/巴·阿古拉，伊和巴雅尔编.—赤峰：内蒙古科学技术出版社，1990.9.—199页；32开.—ISBN 7-5380-0116-6：1.40元

蒙医学术论文集　（二）/内蒙古自治区蒙医学会编.—北京：民族出版社，1990.10.—491页；大32开.—ISBN 7-105-01154-8：4.15元

蒙医经典著作选编/那木吉拉主编.—北京：民族出版社，1990.6.—244页；16开.—ISBN 7-105-00963-2：4.25元

蒙医眼科学/策·巴日格其主编.—北京：民族出版社，1990.10.—234页；16开.—ISBN 7-105-01178-5：4.15元

农　业　科　学

农牧业实用技术/乌云其木格主编；陈布和，齐景洋译.—呼和浩特：内蒙古人民出版社，1990.8.531页；32开.—基层业余党校教材.—ISBN 7-204-01108-2：2.35元

庭院果树蔬菜/乌云必力格，满良编著.—呼和浩特：内蒙古人民出版社，1990.5.—369页；大32开.ISBN 7-204-00613-5：2.80元

庭院葡萄/包满良，乌云毕力格译.—呼和浩特：内蒙古教育出版社，1990.8.—502页；32开.—ISBN 7-5311-1188-3：2.70元

蒙古艾日嘎/（蒙古）拉·巴勒道尔吉，策·纳木斯来著；阿木吉拉图，乌日图那斯图转写.—呼和浩特：内蒙古人民出版社，1990.12.—145页；32开.ISBN 7-204-01117-1：1.25元

内蒙古优良牧草/额博斯编著.—呼和浩特：内蒙古人民出版社，1990.3.—427页；大32开.—ISBN 7-204-00925-8：4.15元

内蒙古草原/陈山，萨仁格日勒编著.—呼和浩特：内蒙古人民出版社，1990.6.—684页；大32开.—ISBN 7-204-00941-X：6.20元

饲料与加工贮藏/王文元，张秀芬编；包桂琴等译.呼和浩特：内蒙古教育出版社，1990.8.—664页；32开.—内蒙古自治区职业中学试用教材.—ISBN 7-5311-1066-0：3.55元

草场的合理利用/昭和斯图，那仁高娃转写.—赤峰：内蒙古科学技术出版社，1990.1.—207页；32开.—ISBN 7-5380-0100-X：1.60元

草原防火/阿·拉木扎布著.—赤峰：内蒙古科学技术出版社，1990.10.—179页；32开.—ISBN 7-5380-0122-0：1.60元

草原资源/敖特根编著.—赤峰：内蒙古科学技术出版社，1990.1.—396页；大32开.—（内蒙古资源套书）.—ISBN 7-5380-0097-6：4.40元

山羊绵羊卵子的体外受精/旭日千著.—呼和浩特：内蒙古人民出版社，1990.5.—277页；大32开.—ISBN 7-204-00900-2（精装）：6.20元

养驼学/孟和，乌日根巴雅尔编译.—呼和浩特：内蒙古人民出版社，1990.3.—440页；大32开.—ISBN 7-204-00892-8：3.85元

畜牧科学概略/那顺巴图编.—呼和浩特：内蒙古人民出版社，1990.2.—416页；大32开.—ISBN 7-204-00910-X：3.70元

家庭牧场技术顾问/达楞古日布，贺格喜格陶格陶夫编.—呼和浩特：内蒙古人民出版社，1990.10.455页；大32开.—ISBN 7-204-01148-1：5.35元

家畜人工配种技术手册/那顺德力格尔编.—呼和浩特：内蒙古人民出版社，1990.3.—338页；大32开.ISBN 7-204-00620-8（精装）：3.75元

家畜疫病防治/牧·道尔吉编.—呼和浩特：内蒙古人民出版社，1990.10.—242页；32开.—ISBN 7-204-01091-4：1.60元

家畜寄生虫病诊断/敖门达来编.—赤峰：内蒙古科学技术出版社，1990.9.—130页；32开.—ISBN 7-5380-0117-4：1.00元

兽医传统疗法/齐向前编著.—赤峰：内蒙古科学技术出版社，1990.10.—558页；大32开.—ISBN 7-5380-0106-9（精装）：6.50元

工　业　技　术

皮肤健美之友/旺楚格编著.—呼和浩特：内蒙古人民出版社，1990.2.—251页；32开.—ISBN 7-204-00898-7：1.50元

钢铁两兄弟/钱止英编，宝音乌力吉译.—呼和浩特：内蒙古人民出版社，1990.6.—84页；32开.ISBN 7-204-00423-X：0.75元

美容手册/（苏）伊·伊·考利考恩库著；（蒙

古）拉哈嘎布译；宝音乌力吉，乌力吉转写.—赤峰：内蒙古科学技术出版社，1990.2.—296页；32开.—ISBN 7-5380-0102-6：2.00元

碳酸气的行踪/陈道章编；色登，金梅译.—呼和浩特：内蒙古人民出版社，1990.6.—128页；32开. ISBN 7-204-00679-8：0.95元

综合性图书

中国蒙文图书综录：1947～1986/乌林西拉主编；云广英等编.—呼和浩特：内蒙古大学出版社，1990.10.—572，306页；16开.—ISBN 7-81015-162-2（精装）：40.00元

现代生活艺术/舒德乎，谢默涔著；牧仁等译.—呼和浩特：内蒙古人民出版社，1990.12.—935页；大32开.—ISBN 7-204-00984-3：6.20元

使你生活得更舒适/乌云曹都编.—赤峰：内蒙古科学技术出版社，1990.9.—219页；大32开.—ISBN 7-5380-0121-2：1.90元

答学龄前儿童问　（一）/茅以升主编；敖特根等译.—呼和浩特：内蒙古人民出版社，1990.7.—366页；大32开.—ISBN 7-204-00920-7：2.70元

答学龄前儿童问　（二）/茅以升主编；阿布日古等译.—呼和浩特：内蒙古人民出版社，1990.7.383页；大32开.—ISBN 7-204-00922-3：2.70元

答学龄前儿童问　（三）/茅以升主编；娜仁托娅等译.—呼和浩特：内蒙古人民出版社，1990.7.380页；大32开.—ISBN 7-204-00922-3：2.70元

托忒蒙古文图书

经济

畜牧业会计手册/才吾加甫编写.—乌鲁木齐：新疆人民出版社，1990.11.—189页；32开.—ISBN 7-228-01533-9：1.40元

文学

世界文学　（4）/麦德尔等译.—乌鲁木齐：新疆人民出版社，1990.9.—303页；32开.—ISBN 7-228-00683-6：2.05元

世界文学　（5）/多·蒙特罗，罗·达尔等著；达玛加甫，乌仁其木格选译.—乌鲁木齐：新疆人民出版社，1990.9.—317页；32开.—ISBN 7-228-01030-2：2.10元

卡尔梅克民间故事/斌巴等改写.—乌鲁木齐：新疆人民出版社，1990.9.—264页；大32开.—ISBN 7-228-00780-8：2.30元

汗腾格里：1989年第4期（总第36期）.—乌鲁木齐：新疆人民出版社，1990.1.—159页；大32开.（新疆蒙古族民间文学丛刊）.—ISBN 7-228-01261-5：1.25元

努孜古木/买买提明吾修尔著；付丛志译.—乌鲁木齐：新疆人民出版社，1990.9.—89页；32开.—ISBN 7-228-0468-X：0.75元

艺术

叶克勒曲选：托忒蒙文，汉文对照.—乌鲁木齐：新疆人民出版社，1990.8.—154页；32开.—ISBN 7-228-00771-9：2.50元

历史

卡尔梅克族在俄国境内时期的历史概况/（苏）H·帕里莫夫著；许淑明汉译；斌巴蒙译.—1990.9.340页；32开.—ISBN 7-228-00815-4：2.40元

新疆烈士传　第一辑/新疆维吾尔自治区民政厅编；银销译.—乌鲁木齐：新疆人民出版社，1990.1348页；大32开.—ISBN 7-228-00891-X：3.90元

新疆烈士传　第三辑/新疆维吾尔自治区民政厅编；查汗，关巴译.—乌鲁木齐：新疆人民出版社，1990.9.—494页；大32开.—ISBN 7-228-01171-6：3.50元

自然科学

科学知识　（35）/玉孜曼，米岱编.—乌鲁木齐：新疆人民出版社，1990.3.—163页；大32开.—ISBN 7-228-01038-8：1.30元

科学知识　（36）/五孜曼，米岱编—乌鲁木齐：新疆人民出版社，1990.3.—166页；大32开.—ISBN 7-228-01124-4：1.30元

科学知识　（37）/米岱，玉孜曼编.—乌鲁木齐：新疆人民出版社，1990.3.—180页；大32开.—ISBN 7-228-01211-9：1.40元

科学知识　（38）/米岱，玉孜曼编.—乌鲁木齐：新疆人民出版社，1990.3.—192页；大32开.—ISBN 7-228-01247-0：1.45元

科学知识　（39）/米岱，玉孜曼编.—乌鲁木齐：新疆人民出版社，1990.9.—146页；大32开.—ISBN 7-228-01419-7：1.35元

科学知识　（40）/玉孜曼，米岱编.—乌鲁木齐：新疆人民出版社，1990.11.—151页；大32开.—ISBN 7-228-01525-8：1.20元

医药、卫生

怎样预防人畜共患包虫病/葛平著；胡和译.—乌鲁木齐：新疆人民出版社，1990.5.—118页；32开.ISBN 7-228-01189-9：0.90元

精神病知识/彭次克，欧古尔翻译.—乌鲁木齐：新疆人民卫生出版社，1990.3.—322页；32开.—（卫

生知识丛书）.—ISBN 7-5372-0055-6：0.55元

农业科学

马腹痛病/李毓义著；哈斯巴雅尔译.—乌鲁木齐：新疆人民出版社，1990.7.—220页；32开.—ISBN 7-228-01464-2：1.50元

饲料生产与调制/卢得仁编著；巴·尼木加甫译.乌鲁木齐：新疆人民出版社，1990.3.—315页；32开.—ISBN 7-228-00523-6：2.00元

畜牧/中国农业科学院编；吉尔格丽译.—乌鲁木齐：新疆人民出版社，1990.3.—341页；32开.—ISBN 7-228-01245-3：2.10元

畜禽卫生/郎霞奚著；那生巴图译.—乌鲁木齐：新疆人民出版社，1990.11.—246页；32开.—ISBN 7-228-01559-2：1.70元

畜禽营养知识/黄启贤编著；哈斯巴雅尔，明哈译.乌鲁木齐：新疆人民出版社，1990.3.—368页；32开.—ISBN 7-228-00745-X：2.30元

畜禽繁殖/孙拓等编著；加瓦，罗布赛译.—乌鲁木齐：新疆人民出版社，1990.3.—277页；32开.—ISBN 7-228-01100-7：1.75元

羔羊肉生产/蒋英编著；那生巴图译.—乌鲁木齐：新疆人民出版社，1990.3.—248页；32开.—ISBN 7-228-00779-4：1.60元

家畜皮肤病学/王志编；丹白，达来译.—乌鲁木齐：新疆人民出版社，1990.3.—261页；32开.—ISBN 7-228-01219-4：1.65元

胡都木蒙文图书

一分钟问答：小学组/程淑兰编；甫尔布杰译.—乌鲁木齐：新疆人民出版社，1990.3.—83页；32开.ISBN 7-228-00968-1：0.65元

一分钟问答：中学组/程淑兰编写；其木格译.—乌鲁木齐：新疆人民出版社，1990.3.—123页；32开.ISBN 7-228-00908-8：0.90元

小学生学法律/许文焕，杨以汉编著；李杰等译.乌鲁木齐：新疆人民出版社，1990.11.—419页；32开.—ISBN 7-228-01465-0：2.45元

英雄少年赖宁/中国少年先锋队全国工作委员会主编；阿拉坦巴根译.—乌鲁木齐：新疆人民出版社，1990.5.—222页；32开.—ISBN 7-228-01458-8：1.30元

*　　*　　*

阿尔吰其/斯·麦德尔汇集.—乌鲁木齐：新疆人民出版社，1990.3.—157页；32开.—ISBN 7-228-01185-6：1.10元

故事大王　(1).—乌鲁木齐：新疆人民出版社，1990.9.—113页；32开.—ISBN 7-228-01262-3：0.68元

故事大王　(2).—乌鲁木齐：新疆人民出版社，1990.9.—115页；32开.—ISBN 7-228-01263-1：0.68元

朝阳的微笑/齐·艾仁才等著.—乌鲁木齐：新疆人民出版社，1990.9.—445页；32开.—ISBN 7-228-00895-2：3.00元

雷锋叔叔/王德昌，潘照坤著；甫尔，布杰译.—乌鲁木齐：新疆人民出版社，1990.11.—185页；32开.ISBN 7-228-01536-3：1.10元

雷锋的故事/王德昌，潘照坤著；乌恩奇译.—乌鲁木齐：新疆人民出版社，1990.11.—231页；32开.ISBN 7-228-01561-4：1.20元

卫拉特研究试探/额尔德尼等著；丹碧汇编.—乌鲁木齐：新疆人民出版社，1990.9.—273页；大32开.ISBN 7-228-01499-5：2.00元

藏文图书

马列著作选读：哲学/中央马列著作毛泽东著作民族语文翻译局译.—北京：民族出版社，1990.12.948页；大32开.—ISBN 7-105-01049-5：4.30元

哲学、社会科学

七世达赖传/章嘉若白多吉著.—拉萨：西藏人民出版社，1990.4.—2册(1137页)；大32开.—ISBN 7-223-00265-4(精装)：11.60元

七世达赖传/章嘉若白多吉著.—拉萨：西藏人民出版社，1990.4.—2册(1137页)；大32开.—ISBN 7-223-00265-4：8.20元

《入行论》详释/寂天论师原著；根桑巴登笔录.成都：四川民族出版社，1990.9.—818页；大32开.ISBN 7-5409-0405-4：9.80元

《入行论》详释/寂天论师原著；根桑巴登笔录.成都：四川民族出版社，1990.9.—818页；大32开.ISBN 7-5409-0406-2(精装)：11.20元

入菩萨行注疏/土登曲吉扎巴著；多吉杰博编.—北京：中国藏学出版社，1990.7.—880页；16开.—ISBN 7-80057-021-5(精装)：21.50元

马克思主义哲学学习纲要/中共中央宣传部理论局组织编写.—北京：民族出版社，1990.5.—299页；大32开.—ISBN 7-105-01127-0：2.30元

古印度因明学选编　(四)/多吉博杰选编.—北京：民族出版社，1990.4.—675页；大32开.—(藏文大藏经分类丛书).—ISBN 7-105-00045-7(精装)：8.75元

因明学入门/毛尔盖·桑木旦编著.—2版.—西宁：青海民族出版社，1990.6.—200页；32开.—ISBN 7

-5420-0050-0：1.20元

本书1982年11月由甘肃民族出版社出版。

论解脱之道/塔波拉杰·锁南仁青著.—成都：四川民族出版社，1990.2.—371页；32开.—ISBN 7-5409-0380-5（精装）：5.60元

红教教义.—成都：四川民族出版社，1990.11.664页；27开.—ISBN 7-5409-0192-6：16.00元

毗奈耶经广因缘集/第一世达赖根敦珠巴著；青海省民宗委少数民族古籍办公室整理.—西宁：青海民族出版社，1990.12.—1097页；16开.—（青海少数民族古籍丛书）.—ISBN 7-5420-0225-X（精装）：22.50元

贾尔桑·扎西坚赞传/扎敦·格桑丹贝坚赞著.—北京：中国藏学出版社，1990.3.—446页；大32开.（本教文献丛书/才让太主编）.—ISBN 7-80057-022-3：8.50元

夏玛尔根敦旦增嘉措传/格西扎巴嘉措著.—西宁：青海民族出版社，1990.7.—904页；大32开.—ISBN 7-5420-0238-4：7.80元

颂词汇编.—西宁：青海民族出版社，1990.8.284页；大32开.—ISBN 7-5420-0216-3：2.90元

郭扎佛教史/郭若扎西著；多吉杰博编.—北京：中国藏学出版社，1990.10.—1076页；16开.—ISBN 7-80057-024-X（精装）：25.00元

第四世班禅传/罗桑益喜编著.—拉萨：西藏人民出版社，1990.11.—400页；大32开.—ISBN 7-223-00344-8：3.70元

量理海论/凯珠杰·格勒白桑著；多吉杰博编.—北京：民族出版社，1990.5.—1122页；大32开.—（藏传因明学丛书）.—ISBN 7-105-00799-0（精装）：11.20元

智者入门：局·迷旁文集/局·迷旁著.—成都：四川民族出版社，1990.10.—519页；32开.—（康区名人名著选丛书）.—ISBN 7-5409-0218-3：5.05元

道次师承传/经师益西坚赞著.—拉萨：西藏人民出版社，1990.5.—922页；16开.—ISBN 7-223-00276-X（精装）：17.50元

道次师承传/经师益西坚赞著.—拉萨：西藏人民出版社，1990.5.—922页；16开.—ISBN 7-223-00277-8：13.60元

噶丹嘉措传/阿旺降曲索南著.—西宁：青海民族出版社，1990.12.—131页；大32开.—ISBN 7-5420-0246-5：1.50元

*　*　*

格敦群培著作/恰白·次旦平措主编.—拉萨：西藏藏文古籍出版社，1990.4.—3册；大32开.—ISBN 7-80589-002-1：10.80元

政治、法律

入党教材/中共中央组织部组织局编；扎喜拉旦等译.—西宁：青海民族出版社，1990.10.—374页；32开.—ISBN 7-5420-0243-0：4.00元

中共中央关于加强党同人民群众联系的决定/中央马列著作毛泽东著作民族语文翻译局译.—北京：民族出版社，1990.5.—38页；大32开.—ISBN 7-105-01148-3：0.70元

为我国政治经济和社会的进一步稳定发展而奋斗：1990年3月20日在第七届全国人民代表大会第三次会议上的政府工作报告/李鹏著；中央马列著作毛泽东著作民族语文翻译局译.—北京：民族出版社，1990.4.—100页；大32开.—ISBN 7-105-01142-4：0.66元

邓小平文选：1938～1965年/中央马列著作毛泽东著作民族语文翻译局译.—北京：民族出版社，1990.12.—681页；大32开.—ISBN 7-105-01187-4：5.40元

邓小平同志论民主与法制/中共中央文献研究室编；中央马列著作毛泽东著作民族语文翻译局译.北京：民族出版社，1990.8.—131页；大32开.—ISBN 7-105-01171-8：1.50元

邓小平同志论坚持四项基本原则反对资产阶级自由化/中央马列著作毛泽东著作民族语文翻译局译.北京：民族出版社，1990.1.—289页；大32开.—ISBN 7-105-01013-4：2.05元

邓小平论党的建设/中央马列著作毛泽东著作民族语文翻译局译.—北京：民族出版社，1990.8.—471页；32开.—ISBN 7-105-01131-9：2.60元

在庆祝中国共产党成立七十周年大会上的讲话：一九九一年七月一日/江泽民著；中央马列著作毛泽东著作民族语文翻译局译.—北京：民族出版社，1990.7.—65页；大32开.—ISBN 7-105-01390-7：0.50元

进一步治理整顿深化改革100题.—北京：民族出版社，1990.4.—442页；大32开.—ISBN 7-105-01089-4：3.10元

雷锋式的优秀共产党员豪托那义/中共青海省委宣传部，青海省军区政治部编；索南才让等翻译.—西宁：青海民族出版社，1990.6.—132页；32开.—ISBN 7-5420-0233-3：1.20元

*　*　*

云南省迪庆藏族自治州自治条例/张东平译.—昆明：云南民族出版社，1990.12.—48页；32开.—ISBN 7-5367-0327-9：1.50元

中华人民共和国行政诉讼法/中央马列著作毛泽东著作民族语文翻译局译.—北京：民族出版社，

1990.5.—47页；大32开.—ISBN 7-105-00911-X：0.45元

中华人民共和国法律汇编：1986/全国人民代表大会常务委员会法制工作委员会编；中央马列著作毛泽东著作民族语文翻译局译.—北京：民族出版社，1990.5.—327页；大32开.—ISBN 7-105-01026—6：1.20元

中华人民共和国法律汇编：1987/全国人民代表大会常务委员会法律工作委员会编；中央马列著作毛泽东著作民族语文翻译局译.—北京：民族出版社，1990.6.—177页；大32开.—ISBN 7-105-01047-9：1.20元

军　　事

国防教育教材/青海省军区政治部编译.—西宁：青海民族出版社，1990.6.—282页；大32开.—ISBN 7-5420-0232-5：1.50元

经　　济

专业户经营与管理/桑格，才杰译；甘肃草原生态研究所编.—北京：民族出版社，1990.12.—97页；32开.—（脱贫致富丛书）.—ISBN 7-105-01209-9：0.58元

文化、教育

民族新闻学/泽旺，林修著.—成都：四川民族出版社，1990.12.—415页；32开.—ISBN 7-5409-0559-X：3.85元

*　　*　　*

小学数学自测试题及解答/扎西桑珠，米玛译.—拉萨：西藏人民出版社，1990.12.—225页；32开.—ISBN 7-223-00373-1：2.00元

小学数学总复习指导/无锡市崇安区教研室编；益西顿珠译.—拉萨：西藏人民出版社，1990.1.—353页；32开.—ISBN 7-223-00332-4：2.75元

中小学生藏语文词语解释集/堪本编著.—兰州：甘肃民族出版社，1990.7.—549页；36开.—ISBN 7-5421-0045-9：6.70元

中小学词语手册/阿旺·却太尔，马学仁编著.—兰州：甘肃民族出版社，1990.10.—1323页；64开.ISBN 7-5421-0040-8（精装）：8.50元

自然　第一册/李培实等编；西藏自治区教科委教材编译局译.—2版.—拉萨：西藏人民出版社，1990.1.—93页；32开.—小学课本：试用本.—ISBN 7-223-00150-X：0.70元

自然　第二册/李培实等编；西藏自治区教科委教材编译局译.—2版.—拉萨：西藏人民出版社，1990.8.—80页；32开.—小学课本：试用本.—ISBN 7-223-00096-1：0.57元

自然　第三册/李培实等编；西藏自治区教科委教材编译局译.—2版.—拉萨：西藏人民出版社，1990.6.—126页；32开.—小学课本：试用本.—ISBN 7-223-00151-8：0.52元

自然　第四册/西藏自治区教科委教材编译局译.2版.—拉萨：西藏人民出版社，1990.8.—130页；32开.—小学课本：试用本.—ISBN 7-223-00240-9：0.74元

自然　第五册/李培实等编；西藏自治区教科委教材编译局译.—2版.—拉萨：西藏人民出版社，1990.7.—111页；32开.—小学课本：试用本.—ISBN 7-223-00152-6：0.65元

自然　第六册/李培实等编；西藏自治区教科委教材编译局译.—2版.—拉萨：西藏人民出版社，1990.8.—93页；32开.—小学课本：试用本.—ISBN 7-223-00241-7：0.60元

应用题及教学　上册/扎西桑珠，米玛译.—拉萨：西藏人民出版社，1990.2.—299页；32开.—小学数学教师参考书.—ISBN 7-223-00336-7：1.60元

应用题及教学　下册/扎西桑珠，米玛译.—拉萨：西藏人民出版社，1990.2.—255页；32开.—小学数学教师参考书.—ISBN 7-223-00336-7：1.60元

看图识字　（二）/杨芳萍选编；洛桑，次多绘画.拉萨：西藏人民出版社，1990.7.—32页；32开.—ISBN 7-223-00358-8：0.90元

读一读：藏汉对照/扎卓编；阿布绘图；洛桑书写.拉萨：西藏人民出版社，1990.5.—17页；32开.—ISBN 7-223-00345-6：0.45元

数学　第一册/人民教育出版社数学室编；西藏自治区教科委教材局译.—2版.—拉萨：西藏人民出版社，1990.3.—88页；32开.—六年制小学课本：试用本.—ISBN 7-223-00153-4：0.40元

数学　第三册/人民教育出版社数学室编；西藏自治区教科委教材编译局译.—2版.—拉萨：西藏人民出版社，1990.3.—112页；32开.—六年制小学课本：试用本.—ISBN 7-223-00154-2：0.70元

数学　第五册/人民教育出版社数学室编；西藏自治区教科委教材编译局译.—2版.—拉萨：西藏人民出版社，1990.4.—147页；32开.—六年制小学课本：试用本.—ISBN 7-223-00155-0：0.46元

数学　第七册/人民教育出版社数学室编；西藏自治区教科委教材编译局译.—2版.—拉萨：西藏人民出版社，1990.4.—157页；32开.—六年制小学课本：试用本.—ISBN 7-223-00156-1：0.48元

数学　第九册/人民教育出版社数学室编；西藏自治区教科委教材编译局译.—2版.—拉萨.—西藏人民出版社，1990.3.—158页；32开.—六年制小学课本：试用本.—ISBN 7-223-00000-7：0.50元

*　*　*

智力趣题150/伍金多吉，达哇次仁编译.—北京：民族出版社，1990.5.—139页；32开.—ISBN 7-105-00887-3：0.47元

语言、文字

书信常识/诺杰朗巴·旺堆次仁著.—2版.—拉萨：西藏人民出版社，1990.6.—90页；大32开.—ISBN 7-223-00070-8：1.10元

本书1987年9月第1版。

正字法及其注释/白康译师，丹增坚赞著.—2版.拉萨：西藏人民出版社，1990.10.—207页；32开.ISBN 7-223-00346-4：1.80元

本书1980年5月第1版。

写作基础知识/西藏大学藏语文系写作教研室编.拉萨：西藏人民出版社，1990.6.—212页；32开.ISBN 7-223-00352-9：1.85元

修辞学常识问答/日贡·多吉卡著.—2版.—拉萨：西藏人民出版社，1990.8.—487页；32开.—ISBN 7-223-00043-0：4.10元

本书1987年8月第1版。

新编藏族格言/角巴东主著.—北京：民族出版社，1990.9.—93页；32开.—ISBN 7-105-01133-5：0.64元

藏文文选　(15)：觉囊派/云登桑布著.—北京：民族出版社，1990.7.—263页；大32开.—ISBN 7-105-01076-2：2.65元

藏文动词变化表.—2版.—拉萨：西藏人民出版社，1990.4.—62页；32开.—ISBN 7-223-00348-0：0.68元

本书1981年7月第1版。

文　学

才旦夏茸文集　第二卷/才旦夏茸著.—西宁：青海民族出版社，1990.7.—788页；大32开.—ISBN 7-5420-0236-8(精装)：11.00元

邓小平论文艺/中央马列著作毛泽东著作民族语文翻译局译.—北京：民族出版社，1990.6.—226页；大32开.—ISBN 7-105-01067-3：2.45元

西藏民歌　第一集/赤曲等搜集.—拉萨：西藏人民出版社，1990.7.—241页；大32开.—ISBN 7-223-00354-5：2.25元

百花集　(二)：小说专集/民族出版社藏文编辑室编.—北京：民族出版社，1990.8.—504页；大32开.—ISBN 7-105-01037-1：3.70元

妈妈讲的故事：幼儿益智故事　(2)/桑格等译.北京：民族出版社，1990.3.—224页；32开.—ISBN 7-105-01009-6：1.30元

诗歌刍论/吉明编.—西宁：青海民族出版社，1990.8.—352页；大32开.—(藏族当代文学丛书).ISBN 7-5420-0239-2：4.10元

格萨尔：匝日药宗/昂亲多杰说唱并整理.—西宁：青海民族出版社，1990.1.—408页；大32开.—ISBN 7-5420-0226-0：4.40元

格萨尔琼察五兄弟/角巴东主整理.—西宁：青海民族出版社，1990.7.—166页；大32开.—ISBN 7-5420-0237-6：1.50元

端智嘉短篇小说选/端智嘉著.—北京：民族出版社，1990.6.—244页；32开.—ISBN 7-105-00535-1：1.80元

艺　术

西藏民歌选　(一)/贡桑坚赞，达瓦扎西收集整理.—北京：民族出版社，1990.9.—159页；大32开.ISBN 7-105-01118-1：0.96元

藏文书法荟萃/古文义，史学礼编.—兰州：甘肃民族出版社，1990.6.—171页；16开.—ISBN 7-5421-0048-3：6.00元

藏戏音乐选/甘南藏族自治州文化局编.—西宁：青海民族出版社，1990.6.—102页；32开.—ISBN 7-5420-0229-5：1.75元

藏族工艺典籍选编/恰白·次旦平措主编.—拉萨：西藏藏文古籍出版社，1990.12.—300页；大32开.ISBN 7-80589-005-6：3.00元

历史、地理

世界五千年　(1)/陈必祥编著；朱生兰等译.北京：民族出版社，1990.6.—395页；大32开.—ISBN 7-105-01027-4：2.00元

上下五千年　(四)/曹余章编著；王承昆译.—北京：民族出版社，1990.4.—350页；32开.—ISBN 7-105-00826-1：1.55元

历史造就的统一体.—拉萨：西藏人民出版社，1990.6.—128页；32开.—ISBN 7-223-00357-X：1.00元

西藏文史资料选辑　(3)/西藏政协文史资料委员会编.—北京：民族出版社，1990.4.—247页；大32开.—ISBN 7-105-00957-8：3.00元

西藏史籍五部/恰贝·次旦平措主编.—拉萨：西藏藏文古籍出版社，1990.4.—397页；大32开.—ISBN 7-80589-003-X：3.50元

海南藏族自治州概况/《海南藏族自治州概况》编写组编；才让东珠等译.—西宁：青海民族出版社，1990.8.—300页；大32开.—ISBN 7-5420-0235-X：

3.50元

摄类学论·悟道宝灯/土登格勒嘉措著；多吉杰博编.—北京：中国藏学出版社，1990.3.—571页；16开.—ISBN 7-80057-017-7（精装）：18.80元

藏汉蒙历史概论/瓦芒·班智达著；青海省民宗委少数民族古籍办公室整理.—西宁：青海民族出版社，1990.4.—224页；32开.—（青海少数民族古籍丛书）.—ISBN 7-5420-0227-9：2.20元

藏学研究论文选　（一）：历史类.—北京：民族出版社，1990.3.—432页；大32开.—ISBN 7-105-00843-1：3.75元

珀东传/吉麦邦著.—成都：四川民族出版社，1990.9.—457页；大32开.—ISBN 7-5409-0346-5：5.64元

第二世嘉木祥协巴·久美旺布传/贡唐·贡却丹白卓美著.—兰州：甘肃民族出版社，1990.2.—499页；大32开.—甘肃少数民族古籍.—ISBN 7-5421-0041-6：8.95元

藏族历代名医略传/强巴赤列著.—北京：民族出版社，1990.11.—462页；大32开.—ISBN 7-105-01046-0：3.95元

*　　*　　*

中华民族的摇篮：长江与黄河/拉加才让编译.—西宁：青海民族出版社，1990.6.—150页；32开.—ISBN 7-5420-0231-7：1.20元

南瞻部州唯一庄严目录/第司·桑杰嘉措著.—拉萨：西藏人民出版社，1990.4.—1068页；16开.ISBN 7-223-00273-5（精装）：21.00元

南瞻部州唯一庄严目录/第司·桑杰嘉措著.—拉萨：西藏人民出版社，1990.4.—1068页；16开.—ISBN 7-223-00274-3：17.00元

婚姻博士漫游记/西藏人民出版社美编室绘画；顿珠译.—拉萨：西藏人民出版社，1990.2.—354页；32开.—ISBN 7-223-00206-9：2.50元

自　然　科　学

动脑筋信箱　（五）：生物、生理卫生常识问答/武汉人民广播电台少年儿童节目组编；卓玛吉等译.西宁：青海民族出版社，1990.6.—119页；32开.ISBN 7-5420-0230-9：1.00元

知识火花　第四十六辑/《知识火花》编辑组编辑.北京：民族出版社，1990.5.—94页；大32开.—ISBN 7-105-00958-6：0.34元

知识火花　第四十七辑/《知识火花》编辑组编辑.北京：民族出版社，1990.5.—94页；大32开.—ISBN 7-105-00985-3：0.34元

知识火花　第四十八辑.—北京：民族出版社，1990.5.—94页；大32开.—ISBN 7-105-01048-7：0.34元

一九九一年历书/喇海永编译.—西宁：青海民族出版社，1990.11.—126页；32开.—ISBN 7-5420-0244-9：1.10元

西藏铁羊年（1991）历书/西藏自治区藏医院天文星算研究所编.—拉萨：西藏人民出版社，1990.12.1册；32开.—ISBN 7-223-00368-5：2.00元

藏历运算大全　（上）/桑珠嘉措编著；多吉杰博编.—北京：中国藏学出版社，1990.4.—649页；16开.—ISBN 7-80057-032-0（精装）：18.70元

藏族铁羊年(1991)气象历书/楞本加编著.—兰州：甘肃民族出版社，1990.11.—196页；32开.—2.70元

医　药、卫　生

医马论典/恰贝·次旦平措主编.—拉萨：西藏藏文古籍出版社，1990.8.—374页；大32开.—ISBN 7-80589-004-8：3.30元

医学百科全书：藏医分卷　上册/《医学百科全书：藏文分卷》编写委员会编著.—拉萨：西藏人民出版社，1990.12.—554页；16开.—ISBN 7-223-00331-6（精装）：12.50元

医学百科全书：藏医分卷　上册/《医学百科全书：藏文分卷》编写委员会编著.—拉萨：西藏人民出版社，1990.12.—554页；16开.—ISBN 7-223-00331-6：9.50元

常用藏药手册/洛桑罗布编著.—拉萨：西藏人民出版社，1990.7.—90页；32开.—ISBN 7-223-00355-3：1.20元

简明结核病防治手册/李荷等译.—北京：民族出版社，1990.6.—321页；大32开.—ISBN 7-105-01038-X：4.20元

藏传真气疗法/更嘎华丹著.—兰州：甘肃民族出版社，1990.11.—91页；32开.—ISBN 7-5421-0059-9：1.15元

农　业　科　学

牧草及饲料作物青贮/郭庭双编；喜饶朗达，唐国信译.—北京：民族出版社，1990.12.—89页；32开.（脱贫致富丛书）.—ISBN 7-105-01242-0：0.60元

综　合　性　图　书

布达拉宫典籍目录/西藏自治区文管会布达拉宫文保所编.—拉藏：西藏人民出版社，1990.4.—968页；16开.—ISBN 7-223-00208-5（精装）：19.80元

藏文辞典/素朗降村著.—拉萨：西藏人民出版社，

1990.12.—823页；大32开.—ISBN 7-223-00335-7：7.60元

维吾尔文图书

马列著作选读：哲学/中央马列著作毛泽东著作民族语文翻译局译.—北京：民族出版社，1990.9.916页；大32开.—ISBN 7-105-01124-6：4.30元

马克思主义概论　上册.—乌鲁木齐：新疆教育出版社，1990.6.—416页；32开.—中等师范学校教材.ISBN 7-5370-1247-7：2.75元

马克思主义概论　下册.—乌鲁木齐：新疆教育出版社，1990.10.—394页；32开.—中等师范学校课本.ISBN 7-5370-1398-8：2.58元

哲学、社会科学

人性的优点人性的弱点/(美)戴尔·卡耐基著；库尔班译.—乌鲁木齐：新疆青少年出版社，1990.7.—482页；32开.—ISBN 7-5371-0542-1：3.70元

马克思主义哲学学习纲要/中共中央宣传部理论局编写.—北京：民族出版社，1990.5.—277页；大32开.—ISBN 7-105-01109-2：2.30元

心理学问答/司马义·阿布力孜编.—乌鲁木齐：新疆人民出版社，1990.7.—276页；32开.—ISBN 7-228-00795-6：2.15元

美学概论/王朝闻主编；霍加阿不都拉，曲伯庆译.北京：民族出版社，1990.12.—676页；大32开.—ISBN 7-105-01201-3：2.50元

哲学中的若干问题述评/热衣木·优素甫著.—喀什：喀什维吾尔文出版社，1990.10.—228页；32开.—ISBN 7-5373-0210-3：1.30元

道德心理学/吾买尔·吾斯曼著.—乌鲁木齐：新疆青少年出版社，1990.4.—416页；大32开.—ISBN 7-5371-0737-8：3.20元

辩证唯物主义和历史唯物主义/苏来曼·尼牙孜等译.—乌鲁木齐：新疆人民出版社，1990.10.—712页；大32开.—ISBN 7-228-01648-3：5.00元

*　*　*

当爱情叩开你的心扉/牛先民著；瓦哈甫译.—乌鲁木齐：新疆青少年出版社，1990.7.—256页；32开.ISBN 7-5371-0640-1：1.90元

别忧虑勇敢地生活/(美)戴尔·卡内基著；依达依吐拉译.—喀什：喀什维吾尔出版社，1990.5.434页；32开.—ISBN 7-5373-0198-0：2.25元

理论学习小词典/上海辞书出版社编；克由木等译.—北京：民族出版社，1990.9.—1222页；大32开.—ISBN 7-105-00753-2(精装)：10.00元

领导学纲要/朱立民主编；哈得尔等译.—乌鲁木齐：新疆人民出版社，1990.7.—719页；大32开.ISBN 7-228-01345-X：5.00元

政治、法律

入党教材/中共中央组织部组织局编；那买提江等译.—乌鲁木齐：新疆人民出版社，1990.12.—323页；32开.—ISBN 7-228-01429-4：2.20元

邓小平文选：1938～1965/中央马列著作毛泽东著作民族语文翻译局译.—北京：民族出版社，1990.11.—710页；大32开.—ISBN 7-105-01184-X：5.40元

邓小平同志论民主与法制/中共中央文献研究室编；中央马列著作毛泽东著作民族语文翻译局译.北京：民族出版社，1990.9.—129页；大32开.—ISBN 7-105-01172-6：1.50元

进一步治理整顿深化改革100题/民族出版社译.北京：民族出版社，1990.3.—458页；大32开.—ISBN 7-105-01075-4：3.10元

党员手册/宋琼等编；牙生·哈提甫等译.—乌鲁木齐：新疆人民出版社，1989.9.—2册(1562页)；大32开.—ISBN 7-228-01111-2：11.75元

与当代青年的对话：时代的思考/刘吉著；阿布力孜·阿吾提译.—喀什：喀什维吾尔文出版社，1990.12.—219页；32开.—ISBN 7-5373-0207-3：1.15元

少先队队长队委手册/阿不列孜，艾比拜译.—乌鲁木齐：新疆青少年出版社，1990.5.—249页；32开.ISBN 7-5371-0674-6：1.00元

中国共产主义青年团章程.—乌鲁木齐：新疆青少年出版社，1990.2.—53页；64开.—ISBN 7-5371-0664-9：0.20元

青年社交ABC/吐尔逊·托合提译.—乌鲁木齐：新疆青少年出版社，1990.3.—189页；32开.—ISBN 7-5371-0424-7：1.50元

青年思维趣谈/金载铉，张淑敏著；热沙来提等译.—北京：民族出版社，1990.6.—468页；32开.ISBN 7-105-01052-5：2.00元

英雄少年赖宁/肉孜·司马义译.—乌鲁木齐：新疆青少年出版社，1990.1.—178页；32开.—ISBN 7-5371-0658-4：1.50元

大趋势——改变我们生活的十个新方向/(美)约翰·奈斯比特著；姚琮编译；沙塔尔·沙吾提，阿不都若苏力·纳满维译.—北京：中国科普出版社新疆维、哈分社，1990.10.—199页；32开.—ISBN 7-1100-00962-9：1.28元

马克思主义和建设有中国特色的社会主义/中共新疆维吾尔自治区党校编；尼扎木·司马义主编.—乌鲁木齐：新疆人民出版社，1990.10.—632页；大32开.—ISBN 7-228-01562-2：4.70元

中国革命和建设的基本问题.—乌鲁木齐：新疆教育出版社，1990.6.—321页；16开.—中等专业学校教材.—ISBN 7-5370-1244-1：4.26元

社会主义能够救中国/人民日报出版社编；中共新疆维吾尔自治区委员会宣传部译.—乌鲁木齐：新疆人民出版社，1990.3.—149页；32开.—ISBN 7-228-01406-5：1.05元

社会主义能够救中国/新疆大学党委宣传部编.—乌鲁木齐：新疆大学出版社，1990.2.—227页；32开.ISBN 7-5631-0128-4：1.50元

* * *

中华人民共和国行政诉讼法/中央马列著作毛泽东著作民族语文翻译局译.—北京：民族出版社，1990.6.—45页；大32开.—ISBN 7-105-00912-8：0.45元

中华人民共和国法律汇编.—北京：民族出版社，〔1990〕.—290页；大32开.—ISBN 7-105-01015-8：1.20元

中华人民共和国法律汇编：1987/全国人民代表大会常务委员会法制工作委员会编；中央马列著作毛泽东著作民族语文翻译局译.—北京：民族出版社，1990.7.—159页；大32开.—ISBN 7-105-01033-9：1.20元

中国刑法讲义　（1）/全国法院干部业余法律大学刑法教研组编写；艾尔肯·热杰甫译.—乌鲁木齐：新疆人民出版社，1990.6.—634页；32开.—ISBN 7-228-01379-4：4.40元

中国刑法讲义　（2）/全国法院干部业余法律大学刑法教研组编写；阿布都热木，杜力坤译.—乌鲁木齐：新疆人民出版社，1990.4.—466页；32开.—ISBN 7-228-01380-8：3.30元

中国刑法讲义　（3）/全国法院干部业余法律大学刑法教研组编写；提力瓦力德·克魏尔译.—乌鲁木齐：新疆人民出版社，1990.9.—493页；32开.ISBN 7-228-01496-0：3.15元

中国法制简史/司法部法学教材编辑部编；阿布拉·那迪尔译.—乌鲁木齐：新疆人民出版社，1990.12.—539页；大32开.—ISBN 7-228-01359-X：4.00元

公民手册　（1）/《公民手册》编写组编；吐尔洪江等译.—喀什：喀什维吾尔文出版社，1990.8.840页；大32开.—ISBN 7-5373-0162-X：4.80元

犯罪心理学/《犯罪心理学》编写组编；艾木杜拉译.—乌鲁木齐：新疆人民出版社，1990.7.—443页；大32开.—人民警察学校统编试用教材.—ISBN 7-228-00225-3：3.15元

刑事诉讼法讲义/祝铭山主编；阿马义等译.—乌鲁木齐：新疆人民出版社，1990.9.—558页；大32开.ISBN 7-228-01342-5：4.15元

农村经济合同百问百答/霍修锦，申建国编著；司马义·提力瓦里地译.—喀什：喀什维吾尔文出版社，1990.11.—277页；32开.—ISBN 7-5373-0149-2：1.60元

青少年学法100例/北京市司法局普及法律常识教材编写组编著；阿布来提·亚森等译.—喀什：喀什维吾尔文出版社，1990.6.—527页；32开.—ISBN 7-5373-0161-1：2.65元

法规选编　（3）/新疆维吾尔自治区司法厅编.乌鲁木齐：新疆人民出版社，1990.6.—378页；大32开.—ISBN 7-228-01376-X：2.70元

宪法教程/法学教材编辑部编审.—乌鲁木齐：新疆人民出版社，1990.6.—615页；大32开.—ISBN 7-228-01214-3：4.40元

新疆司法行政十年：1979～1989/新疆维吾尔自治区司法厅编.—乌鲁木齐：新疆人民出版社，1990.3.—692页；大32开.—ISBN 7-228-01337-9：4.30元

经　　济

工业企业管理总论/中国工业企业管理教育研究会《工业企业管理》编写组编；司马义·阿吉，木沙·肉孜译.—乌鲁木齐：新疆大学出版社，1990.4.423页；大32开.—高等院校文科教材.—ISBN 7-5631-0061-X：1.75元

《马克思主义政治经济学》讲座/中共新疆维吾尔自治区委员会宣传部讲师团编.—乌鲁木齐：新疆人民出版社，1990.1.—906页；大32开.—ISBN 7-228-00948-7：6.20元

生产力经济学/莫合塔尔著.—乌鲁木齐：新疆人民出版社，1990.8.—378页；32开.—ISBN 7-228-01399-9：2.50元

生产顾问　（10）/喀什维吾尔文出版社编.—喀什：喀什维吾尔文出版社，1990.5.—175页；32开.ISBN 7-5373-0188-3：0.91元

会计词典/买买提·肉孜等译.—乌鲁木齐：新疆人民出版社，1990.1.—959页；大32开.—ISBN 7-228-00616-X（精装）：11.80元

农村商品经济/尼合迈提·霍茄著.—乌鲁木齐：新疆人民出版社，1990.8.—340页；大32开.—ISBN 7-228-01305-5：2.50元

社会主义农业经济学/沈阳农学院主编；依马木艾山·依布拉音等译.—乌鲁木齐：新疆大学出版社，1990.9.—779页；大32开.—ISBN 7-5631-0155-1：2.80元

文化、教育、体育

文化之友　（4）/喀什维吾尔文出版社编.—喀什：喀什维吾尔文出版社 1990.11.—175页；32开.ISBN 7-5373-0226-X：0.93元

群众文化荟萃/穆塔力夫·斯义提著.—喀什：喀什维吾尔文出版社，1990.10.—207页；32开.—ISBN 7-5373-0216-2：1.20元

* * *

与教师谈教育/托呼提·阿布都扎义尔编辑.—喀什：喀什维吾尔文出版社，1990.12.—337页；32开.—ISBN 7-5373-0232-4：1.80元

众心所爱/纳瓦依著.—喀什：喀什维吾尔文出版社，1990.6.—248页；32开.—（新疆民族古籍丛书）.—ISBN 7-5373-0178-6：1.35元

学校管理基础知识/陈孝彬编著；买·库都斯译.北京：民族出版社，1990.10.—253页；32开.—ISBN 7-105-01169-6：0.92元

教师与教学/图尔逊·克里木编著.—喀什：喀什维吾尔文出版社，1990.11.—378页；32开.—ISBN 7-5373-0224-3：1.95元

教师手册　（1）/《教师手册》编委会编；集体译.—喀什：喀什维吾尔文出版社，1990.3.—448页；16开.—ISBN 7-5373-0165-4：4.60元

教师手册　（2）/《教师手册》编委会编；集体译.—喀什：喀什维吾尔文出版社，1990.10.—457页；16开.—ISBN 7-5373-0247-2：4.65元

智慧与品德/依斯拉木江著.—北京：民族出版社，1990.6.—563页；大32开.—ISBN 7-105-01096-7：4.15元

小学生学法律/艾孜姆译；艾尔肯编辑.—乌鲁木齐：新疆青少年出版社，1990.5.—161页；32开.—ISBN 7-5371-0528-6：1.20元

小学生智力竞赛题：数学/阿不力米提·艾买提译.乌鲁木齐：中国科普出版社新疆维、哈分社，1990.8.164页；32开.—ISBN 7-110-00706-5：1.04元

小学课本（试用本）自然一年级上册教师用书.乌鲁木齐：新疆教育出版社，1990.6.—169页；32开.—ISBN 7-5370-1212-X：0.84元

小学课本（试用本）自然二年级上册教师用书/人民教育出版社生物自然室编.—乌鲁木齐：新疆教育出版社，1990.6.—161页；32开.—ISBN 7-5370-1267-2：0.90元

小学课本（试用本）自然二年级下册教师用书.—乌鲁木齐：新疆教育出版社，1990.10.—142页；32开.ISBN 7-5370-1374-2：0.80元

小学数学词典/黄文选，刘梦湘等编；阿不力米提译.—乌鲁木齐：新疆青少年出版社，1990.8.—479页；32开.—ISBN 7-5371-0426-3：3.00元

中小学生BASIC语言读本/谭浩强等编；居来提·卡德尔译.—乌鲁木齐：中国科普出版社新疆维、哈分社，1990.5.—171页；32开.—ISBN 7-110-00359-9：1.12元

六年制小学试用课本健康教育教学大纲.—乌鲁木齐：新疆教育出版社，1990.12.—15页；32开.—ISBN 7-5370-1390-3：0.16元

六年制小学数学第六册数学参考书.—乌鲁木齐：新疆教育出版社，1990.10.—247页；32开.—ISBN 7-5370-1391-5：1.36元

六年制小学数学第七册（试用本）教学参考书.乌鲁木齐：新疆教育出版社，1990.6.—235页；32开.—ISBN 7-5370-1231-3：1.28元

六年制小学数学第八册（试用本）教学参考书.乌鲁木齐：新疆教育出版社，1990.10.—226页；32开.—ISBN 7-5370-1381-0：1.24元

地理　上册.—2版.—乌鲁木齐：新疆教育出版社，1990.6.—140页；32开.—小学课本.—ISBN 7-5370-0001-3：0.56元

地理教学法/张恒渤，商幸丰编；吐热拜克尼牙孜译.—乌鲁木齐：新疆人民出版社，1990.4.—439页；32开.—ISBN 7-228-00760-3：2.65元

自然：一年级　上册.—乌鲁木齐：新疆教育出版社，1990.6.—44页；32开.—小学课本：试用本.ISBN 7-5370-1115-X：0.57元

自然：一年级　下册.—乌鲁木齐：新疆教育出版社，1990.10.—48页；32开.—小学课本：试用本.ISBN 7-5370-1344-9：0.64元

自然：二年级　上册：乌鲁木齐：新疆教育出版社，1990.6.—44页；32开.—小学课本：试用本.ISBN 7-5370-1171-2：0.57元

自然：二年级　下册.—乌鲁木齐：新疆教育出版社，1990.10.—48页；32开.—小学课本：试用本.ISBN 7-5370-1342-5：0.64元

自然　第三册.—乌鲁木齐：新疆教育出版社，1990.6.—145页；32开.—小学课本：试用本.—ISBN 7-5370-1134-6：0.80元

自然　第五册.—乌鲁木齐：新疆教育出版社，1990.6.—104页；32开.—小学课本：试用本.—ISBN 7-5370-0003-4：0.72元

自然常识教学法/林有禹著；阿布来提·阿布都热合曼，加马利·伊明译.—乌鲁木齐：新疆人民出版社，1990.1.—336页；32开.—ISBN 7-228-00661-5：2.10元

全日制六年制小学美术教学大纲初审稿.—乌鲁木齐：新疆教育出版社，1990.6.—22页；32开.—ISBN 7-5370-1204-0：0.15元

看图说话.—乌鲁木齐：新疆教育出版社，1990.6.61页；16开.—小学二年级语文课本.—ISBN 7-5370-1245-3：1.30元

美术　第一册.—乌鲁木齐：新疆教育出版社，1990.—44页；16开.—小学试用课本.—ISBN 7-5370-1218-0：1.08元

美术　第三册/新疆维吾尔自治区教育委员会民文

教材临时审定小组审定.—乌鲁木齐：新疆教育出版社，1990.6.—47页；16开.—小学课本：试用本.ISBN 7-5370-1242-8：1.30元

美术 第五册/新疆维吾尔自治区教育委员会民文教材临时审定小组审定.—乌鲁木齐：新疆教育出版社，1990.6.—32页；16开.—小学课本：试用本.ISBN 7-5370-1242-8：0.90元

美术字练习 第一册.—乌鲁木齐：新疆教育出版社，1990.6.—36页；32开.—六年制小学语文课本.ISBN 7-5370-1277-5：0.40元

美术字练习 第二册.—乌鲁木齐：新疆教育出版社，1990.10.—34页；32开.—六年制小学语文课本.—ISBN 7-5370-1354-5：0.46元

语文 第十册/新疆维吾尔自治区教育委员会民文教材临时审定委员会审定.—乌鲁木齐：新疆教育出版社，1990.10.—225页；32开.—六年制小学课本.ISBN 7-5370-1380-6：0.94元

语法 第三册.—乌鲁木齐：新疆教育出版社，1990.6.—165页；32开.—六年制小学课本.—ISBN 7-5370-1162-X：0.66元

给小学生讲法律/许文焕，杨以汉编；乌马尔·依布拉音，帕提玛·阿布力米提译.—乌鲁木齐：新疆人民出版社，1990.5.—401页；32开.—ISBN 7-228-01233-0：2.20元

健康教育 第一册.—乌鲁木齐：新疆教育出版社，1990.10.—34页；32开.—六年制小学试用课本.—ISBN 7-5370-1392-7：0.23元

健康教育 第二册.—乌鲁木齐：新疆教育出版社，1990.10.—43页；32开.—六年制小学试用课本.—ISBN 7-5730-1393-9：0.26元

健康教育 第三册.—乌鲁木齐：新疆教育出版社，1990.10.—49页；32开.—六年制小学试用课本.—ISBN 7-5370-1394-0：0.28元

健康教育 第四册.—乌鲁木齐：新疆教育出版社，1990.10.—57页；32开.—六年制小学试用课本.ISBN 7-5370-1395-2：0.30元

阅读本 全一册.—乌鲁木齐：新疆教育出版社，1990.6.—71页；32开.—六年制二年级小学课本.ISBN 7-5370-1217-9：0.76元

常识/阿尔孜古丽译.—乌鲁木齐：新疆青少年出版社，1990.6.—313页；32开.—小学生毕业用书.ISBN 7-5371-0603-7：1.80元

暑假作业：小学一年级.—乌鲁木齐：新疆教育出版社，1990.6.—32页；16开.—ISBN 7-5370-1199-0：0.56元

暑假作业：小学二年级.—乌鲁木齐：新疆教育出版社，1990.6.—31页；16开.—ISBN 7-5370-1185-0：0.56元

暑假作业：小学三年级.—乌鲁木齐：新疆教育出版社，1990.6.—48页；16开.—ISBN 7-5370-1186-2：0.76元

暑假作业：小学四年级.—乌鲁木齐：新疆教育出版社，1990.6.—48页；16开.—ISBN 7-5370-1200-8：0.76元

寒假作业：小学一年级.—乌鲁木齐：新疆教育出版社，1990.10.—20页；16开.—ISBN 7-5370-1315-9：0.41元

寒假作业：小学二年级.—乌鲁木齐：新疆教育出版社，1990.10.—24页；16开.—ISBN 7-5370-1316-0：0.46元

寒假作业：小学三年级.—乌鲁木齐：新疆教育出版社，1990.10.—36页；16开.—ISBN 7-5370-1317-2：0.61元

寒假作业：小学四年级.—乌鲁木齐：新疆教育出版社，1990.10.—33页；16开.—ISBN 7-5370-1318-4：0.56元

数学 第九册.—乌鲁木齐：新疆教育出版社，1990.6.—149页；32开.—六年制小学课本：试用本.ISBN 7-5370-1163-1：0.56元

数学 第十册.—乌鲁木齐：新疆教育出版社，1990.10.—195页；32开.—六年制小学课本：试用本.—ISBN 7-5370-1303-2：0.68元

数学/吾买尔·肉孜译.—乌鲁木齐：新疆青少年出版社，1990.3.—332页；32开.—小学生毕业用书.ISBN 7-5371-0431-X：1.50元

公民 上册/谭玉轩等编；依布拉音·伊朗，木沙江·艾孜孜译.—乌鲁木齐：新疆教育出版社，1990.6.—337页；32开.—初级中学课本：试用本.ISBN 7-5370-1256-8：1.04元

公民 下册.—2版.—乌鲁木齐：新疆教育出版社，1990.10.—302页；32开.—初级中学课本：试用本.—ISBN 7-5370-1396-4：0.92元

民族政策和民族团结教育/李爱丽等编.—乌鲁木齐：新疆教育出版社，1990.6.—208页；32开.—新疆维吾尔自治区初级中学课本：试用本.—ISBN 7-5370-1255-6：0.72元

经济常识 上册.—2版.—乌鲁木齐：新疆教育出版社，1990.6.—233页；32开.—高级中学课本：试用本.—ISBN 7-5370-1241-6：0.68元

经济常识 下册.—乌鲁木齐：新疆教育出版社，1990.10.—253页；32开.—高级中学课本：试用本ISBN 7-5370-1376-6：0.70元

政治常识 全一册.—乌鲁木齐：新疆教育出版社，1990.6.—175页；32开.—高级中学课本：试用本.—ISBN 7-5370-1235-0：0.88元

政治常识 下册.—2版.—乌鲁木齐：新疆教育出版社，1990.10.—119页；32开.—高级中学课本：试用本.—ISBN 7-5370-1357-0：0.98元

科学人生观　上册.—乌鲁木齐：新疆教育出版社，1990.6.—330页；32开.—高级中学课本：试用本.—ISBN 7-5370-1227-1：0.98元

1978～1989年高考语文试题分析/阿克木江编.乌鲁木齐：新疆人民出版社，1990.11.—359页；32开.—ISBN 7-228-01471-5：2.40元

中学语文教学法/阿扎提·米尔卡斯木编.—乌鲁木齐：新疆人民出版社，1990.9.—178页；32开.—ISBN 7-228-01360-3：2.05元

初级基础英语　（3）/阿布来提·王苏甫编.—喀什：喀什维吾尔文出版社，1990.2.—566页；32开.ISBN 7-5373-0192-1：2.90元

语文：高中部分/阿克木等编.—乌鲁木齐：新疆人民出版社，1990.5.—354页；32开.—标准考题复习资料.—ISBN 7-228-01243-7：2.55元

语文　第四册/新疆维吾尔自治区教育委员会中小学语文编写组编.—乌鲁木齐：新疆教育出版社，1990.10.—181页；32开.—初级中学课本.--ISBN 7-5370-1328-0：0.78元

统一考题复习资料：汉语：初中部分/王又华等编.—乌鲁木齐：新疆人民出版社，1990.1.—312页；32开.—ISBN 7-228-01108-2：1.95元

统一考题复习资料：语文：初中部分/阿克木·买苏木编.—乌鲁木齐：新疆人民出版社，1990.1.297页；32开.—ISBN 7-228-01089-1：1.85元

中国近代现代历史讲座：必修　全一册.—乌鲁木齐：新疆教育出版社，1990.10.—298页；32开.—高级中学课本.—ISBN 7-5370-1378-0：0.96元

高中历史疑难解析/潘香华等编；魏力译.—增订本.—乌鲁木齐：新疆人民出版社，1990.1.—515页；32开.—（中学课程辅导丛书）.—ISBN 7-228-00631-3：3.20元

几何　第二册.—乌鲁木齐：新疆教育出版社，1990.6.—210页；32开.—中等师范学校课本：试用本.—ISBN 7-5370-0073-5：1.27元

中学化学选择题500例/北京师范大学第二附属中学化学教研组编；伊力亚尔·阿布里米提译.—喀什：喀什维吾尔文出版社，1990.5.—142页；32开.—ISBN 7-5373-0074-7：0.78元

中学生物知识问答/刘恕等编；阿布都卡德尔·买买提等译.—喀什：喀什维吾尔文出版社，1990.5.589页；32开.—ISBN 7-5373-0185-9：3.05元

中学生理卫生与生物习题/马合木提·哈力克，巴哈尔·吾斯曼编.—乌鲁木齐：中国科普出版社新疆维、哈分社，1990.3.—246页；32开.—ISBN 7-110-00703-0：1.50元

中学物理知识之最/刘恕编；阿不都热依木·买买提，肉孜·赛丁译.—喀什：喀什维吾尔文出版社，1990.6.—394页；32开.—ISBN 7-5373-0189-1：2.10元

化学：高中部分/阿不来提·阿合买提，阿不力米提·铁木尔编.—乌鲁木齐：新疆人民出版社，1990.4.—265页；32开.—标准考题复习资料.—ISBN 7-228-01268-2：1.95元

电学中若干容易混淆的问题/陈立明编著；瓦力斯江买买提译.—乌鲁木齐：新疆人民出版社，1990.3.—199页；32开.—ISBN 7-228-01158-9：1.70元

代数　第一册.—乌鲁木齐：新疆教育出版社，1990.6.—268页；32开.—初级中学课本.—ISBN 7-5370-1279-9：0.90元

代数　第二册/人民教育出版社数学室编.—2版.乌鲁木齐：新疆教育出版社，1990.10.—236页；32开.—初级中学课本.—ISBN 7-5370-1341-3：1.00元

代数　第三册/人民教育出版社数学室编.—乌鲁木齐：新疆教育出版社，1990.—283页；32开.—初级中学课本.—ISBN 7-5370-1158-8：1.05元

代数　第四册.--乌鲁木齐：新疆教育出版社，1990.6.--309页；32开.—初级中学课本.—ISBN 7-5370-1195-3：1.15元

生物学：统一考题复习资料/乌布力卡斯木，麦斯胡德编.—乌鲁木齐：新疆人民出版社，1990.12.225页；32开.—ISBN 7-228-01097-3：1.90元

生物300例/何绍康等编；塔依尔·居马洪译.—乌鲁木齐：新疆人民出版社，1990.8.—245页；32开.ISBN 7-228-01324-7：1.85元

初中化学课外习题集　全一册.—乌鲁木齐：新疆教育出版社，1990.6.—429页；32开.—ISBN 7-5370-1250-7：2.80元

初中毕业生物试题选答/谢庭宪，傅文厚编；巴吾东·阿布都艾拉等译.—乌鲁木齐：中国科普出版社新疆维、哈分社，1990.7.—446页；32开.—ISBN 7-110-01376-6：2.54元

初中毕业应试题选：物理/莎吾提·阿木提编辑.乌鲁木齐：新疆青少年出版社，1990.2.—178页；32开.—ISBN 7-5371-0421-7：1.50元

初中物理课外习题集　第一册/福建教育学院物理教研室编.—乌鲁木齐：新疆教育出版社，1990.6.185页；32开.—ISBN 7-5370-1264-7：1.28元

初中物理课外习题集　第二册/福建教育学院物理教研室编.—乌鲁木齐：新疆教育出版社，1990.6.250页；32开.—ISBN 7-5370-1265-0：1.68元

初中物理辅导员　第一册/陈培林，乔树德编著.沙力瓦提·艾合买提，吐尔逊·买买提译.—乌鲁木齐：中国科普出版社新疆维、哈分社，1990.2.—330页；32开.—ISBN 7-110-01319-0：1.95元

初中物理辅导员　第二册/陈培林等编著；斯马义·买买提，斯马义·卡德尔译.—乌鲁木齐：中国科普出版社新疆维、哈分社，1990.4.—366页；32开.—ISBN 7-110-01380-4：2.15元

初中数学课外习题集.—乌鲁木齐：新疆教育出版社，1990.6.—226页；32开.—一年级用.—ISBN 7-5370-0958-2：1.50元

物理：初中部分/托乎提·艾买提，马合木提·伊力亚斯编.—乌鲁木齐：新疆人民出版社，1990.5.251页；32开.—统一考题复习资料.—ISBN 7-228-01184-8：1.50元

物理标准化测试题释/廖兆尤等编著；阿不来提·艾合买提译.—乌鲁木齐：中国科普出版社新疆维、哈分社，1990.4.—387页；32开.—ISBN 7-110-00965-3：3.30元

物理300例/李峰等编；地力夏提·巴吾东译.—乌鲁木齐：新疆人民出版社，1990.11.—264页；32开.ISBN 7-228-01316-6：1.90元

高中代数疑难解析/项昭义等编；阿依夏木·苏菲译.—乌鲁木齐：新疆人民出版社，1990.9.—544页；32开.—ISBN 7-228-01345-7：3.50元

高中生物疑难解析/温兆清等编；买提肉孜译.—乌鲁木齐：新疆人民出版社，1990.1.—427页；32开.ISBN 7-228-00977-0：2.70元

高中毕业生物试题选答/亚森·吾布里哈斯木，哈斯也提·阿布都互义提译.—乌鲁木齐：中国科普出版社新疆维、哈分社，1990.3.—537页；32开.—ISBN 7-110-01377-4：3.03元

高中微积分疑难解析/翟连林，赵家骅编；热依拉·玉素甫译.—乌鲁木齐：新疆人民出版社，1990.5.—307页；32开.—ISBN 7-228-00999-1：2.00元

数学课外活动/哈地尔译；艾则孜编辑.—乌鲁木齐：新疆青少年出版社，1990.5.—218页；32开.ISBN 7-5371-0520-0：1.50元

人生的理论与实践/国家教委思想政治工作司组织编写；依马木·艾山等译.—乌鲁木齐：新疆大学出版社，1990.3.—387页；32开.—ISBN 7-5631-0123-3：1.50元

伟大的心灵/（苏）И·А·彼切尔尼可娃著；伊迪力斯·巴拉提，玛丽娅木译.—喀什：喀什维吾尔文出版社，1990.2.—259页；32开.—ISBN 7-5373-0128-X：1.35元

家长手册　（1）：新婚·孕期·优生/全国妇联儿童工作部主编；阿布都卡得尔·伊买提，努力满·司马义译.—乌鲁木齐：新疆人民出版社，1990.2.—390页；大32开.—ISBN 7-228-01235-6：2.90元

家长手册　（2）　三岁前儿童的哺育/全国妇联儿童工作部主编；古力娜·阿西尔等译.—乌鲁木齐：新疆人民出版社，1990.3.—532页；大32开.—ISBN 7-228-01198-8：3.85元

家长手册　（3）：三至六岁儿童的教养/全国妇联儿童工作部主编；阿·热合曼等译.—乌鲁木齐：新疆人民出版社，1990.2.—615页；大32开.—ISBN 7-228-01236-4：4.45元

家长手册　（4）/全国妇联儿童工作部主编.—乌鲁木齐：新疆人民出版社，1990.3.—633页；大32开.—ISBN 7-228-01127-9：4.60元

家长手册　（5）：初中生的教育/全国妇联儿童工作部主编；麦苏提，阿依夏木译.—乌鲁木齐：新疆人民出版社，1990.3.—367页；32开.—ISBN 7-228-01122-8：2.75元

语言、文字

外国格言选/金冰选编；乌布力哈斯木，雅森·阿瓦孜译.—乌鲁木齐：新疆人民出版社，1990.11.112页；32开.—ISBN 7-228-01509-6：0.95元

写作知识问答636题/阿布杜拉·苏来满编著.—喀什：喀什维吾尔文出版社，1990.6.—700页；32开.ISBN 7-5373-0196-4：3.70元

语言学概论/马学良主编；力提甫·瓦合甫，买提热依木沙依提译.—北京：民族出版社，1990.4.609页；大32开.—ISBN 7-105-00273-5：2.10元

演讲艺术基本知识/热依木·玉素甫著.—北京：民族出版社，1990.10.—226页；32开.—ISBN 7-105-01115-7：1.25元

汉维翻译教程/史震天等编著.—乌鲁木齐：新疆人民出版社，1990.1.—426页；16开.—新疆维吾尔自治区高等学校教材.—ISBN 7-288-01084-1：7.20元

现代维吾尔语方言学/米尔苏力唐著.—乌鲁木齐：新疆青少年出版社，1990.7.—277页；大32开.—ISBN 7-5371-0423-9：2.00元

依不拉音穆铁依论文集.—北京：民族出版社，1990.10.—444页；32开.—ISBN 7-105-01065-7：3.80元

突厥语研究　（3）/新疆维吾尔自治区民族语文工作委员会，新疆维吾尔自治区社会科学院语言研究所编.—北京：民族出版社，1990.6.—314页；大32开.—ISBN 7-105-00551-3：1.85元

维汉对话手册/刘珉，莎妮娅·坎拜尔编.—乌鲁木齐：新疆人民出版社，1990.5.—190页；32开.—ISBN 7-228-01218-6：2.00元

维吾尔语详解辞典/阿布利孜·牙库甫等编.—北京：民族出版社，1990.5.—809页；16开.—ISBN 7-105-00928-4（精装）：18.50元

塔里木拾锦/伊明·吐尔逊著.—北京：民族出版社，1990.6.—593页；大32开.—ISBN 7-105-01050-9：3.60元

翻译技巧/托呼提·巴海著.—北京：民族出版社，1990.6.—191页；32开.—ISBN 7-105-01064-9：1.35元

英语300例/米日古丽·阿布都热衣木，安尼瓦尔·加帕尔编译.—乌鲁木齐：新疆人民出版社，1990.8.—312页；32开.—ISBN 7-228-01323-9：2.35元

俄语　上册/何林英，马尔华编译.—乌鲁木齐：新疆人民出版社，1990.1.—381页；大32开.—高等学校试用教材　供维吾尔族学俄语用.—ISBN 7-228-01110-4：3.60元

俄语　下册/何林英编译.—乌鲁木齐：新疆人民出版社，1990.10.—578页；大32开.—高等学校试用教材　供维吾尔族学俄语用.—ISBN 7-228-01161-9：4.75元

基础波斯语/李湘，哈米提编.—北京：民族出版社，1990.1.—627页；16开.—ISBN 7-105-00850-4（精装）：15.00元

文　学

五彩缤纷的世界/克由木·吐尔地著.—北京：民族出版社，1990.6.—319页；32开.—ISBN 7-105-01062-2：2.05元

邓小平论文艺/中央马列著作毛泽东著作民族语文翻译局译.—北京：民族出版社，1990.6.—215页；大32开.—ISBN 7-105-01073-8：2.45元

布谷鸟落坐的柳条/马合木提江著.—乌鲁木齐：新疆青少年出版社，1990.7.—329页；32开.—ISBN 7-5371-0538-3：2.50元

创业记/阿不力孜，帕尔哈提著.—乌鲁木齐：新疆青少年出版社，1990.7.—334页；大32开.—ISBN 7-5371-0650-1：4.50元

决别的痛苦　（1）/米尔扎依提著.—乌鲁木齐：新疆人民出版社，1990.12.—341页；大32开.—ISBN 7-228-01410-3（精装）：5.00元

阿布都哈地尔大毛拉传/海维尔·铁木尔著.—乌鲁木齐：新疆青少年出版社，1990.5.—371页；大32开.—ISBN 7-5371-0518-9：3.00元

欧姑勒罕/阿不拉·艾合迈德著.—喀什：喀什维吾尔文出版社，1990.7.—469页；大32开.—ISBN 7-5373-0214-6：2.85元

被遗忘的人们/卡哈尔·吉利利著.—乌鲁木齐：新疆青少年出版社，1990.12.—406页；32开.—ISBN 7-5371-0779-3：2.70元

跋涉者　（3）.—喀什：喀什维吾尔文出版社，1990.9.—330页；32开.—（文学丛书）.—ISBN 7-5373-0205-7：1.80元

新疆塔吉克文学家：现代部分/扎米尔·萨都拉编.—乌鲁木齐：新疆人民出版社，1990.12.—390页；大32开.—ISBN 7-228-01439-1：3.10元

诗　歌

花园/马迪著；满苏尔辑.—奎屯：伊犁人民出版社，1990.4.—145页；36开.—ISBN 7-5425-0076-7：1.05元

花海/伊朗·艾合买提著.—乌鲁木齐：新疆青少年出版社，1990.3.—233页；32开.—ISBN 7-5371-0357-7：1.50元

我们走过的路/亚森·胡达白尔地著.—喀什：喀什维吾尔文出版社，1990.9.—93页；32开.—ISBN 7-5373-0209-X：0.60元

这就是青春，这就是爱/阿布都拉·苏来曼著.乌鲁木齐：新疆人民出版社，1990.12.—204页；32开.—ISBN 7-228-01432-8：2.10元

阿布都拉·阿热波夫诗选/阿布都拉·阿热波夫著.—乌鲁木齐：新疆青少年出版社，1990.3.—158页；32开.—ISBN 7-5371-0363-1：1.40元

绿叶上的花纹：诗集/集体著.—喀什：喀什维吾尔文出版社，1990.5.—301页；32开.—ISBN 7-5373-0173-5：1.60元

曙光：多人诗集.—喀什：喀什维吾尔文出版社，1990.3.—388页；32开.—ISBN 7-5373-0191-3：1.95元

小　说

八大花石/阿依夏木·艾合买提著.—北京：民族出版社，1990.6.—285页；32开.—ISBN 7-105-01051-7：1.45元

女乞丐/吐尔逊·肉孜，吐尔阿依·玉奴斯著.—乌鲁木齐：新疆青少年出版社，1990.5.—425页；大32开.—ISBN 7-5371-0428-X：2.80元

不熄的篝火/马合木提·木汗买提等著.—北京：民族出版社，1990.4.—491页；32开.—ISBN 7-105-00847-4：3.15元

为着真正的爱/阿布里米提·阿吉著.—喀什：喀什维吾尔文出版社，1990.7.—452页；大32开.—ISBN 7-5373-0203-0（精装）：3.80元；（平装）：2.85元

古丽阿依木/赛买提·杜尕依里著.—北京：民族出版社，1990.9.—562页；大32开.—ISBN 7-105-00569-6：3.90元

白马/湛容等著；塔来提·艾海提等译.—乌鲁木齐：新疆人民出版社，1990.12.—524页；32开.（中国中篇小说丛书；10）.—ISBN 7-228-01020-5：3.40元

写给我父亲的信/集体著.—喀什：喀什维吾尔文出版社，1990.9.—482页；32开.—ISBN 7-5373-0212-X：2.40元

伟大的母亲/买买提江·伊力亚斯著.—乌鲁木齐：

新疆青少年出版社，1990.2.—348页；32开.—ISBN 7-5371-0442-5：2.20元

芙蓉镇/古华著；阿不里米提·依明译.—乌鲁木齐：新疆人民出版社，1990.3.—483页；32开.—ISBN 7-228-01017-5：2.95元

我要上学/吾守尔·艾合买提著.—乌鲁木齐：新疆人民出版社，1990.11.—80页；32开.—ISBN 7-228 01409-X：1.30元

呼声/夏依苏里堂著；阿不都热合满·艾力译.—乌鲁木齐：新疆人民出版社，1990.5.—513页；大32开.—ISBN 7-228-01197-X：3.60元

真正的爱/艾尼·库尔班著.—乌鲁木齐：新疆青少年出版社，1990.8.—174页；36开.—ISBN 7-5371-0642-8：1.30元

被沙漠埋没的海洋/托乎提阿尤甫著.—乌鲁木齐：新疆青少年出版社，1990.8.—524页；32开.—ISBN 7-5371-0548-0：3.50元

探索：长篇小说　(2)/祖尔东·萨比尔著.—乌鲁木齐：新疆人民出版社，1990.3.—770页；大32开.—ISBN 7-228-01287-9（精装）：7.60元

探索：长篇小说　(2)/祖尔东·萨比尔著.—乌鲁木齐：新疆人民出版社，1990.3.—770页；大32开.—ISBN 7-228-01083-3：5.60元

锅碗瓢盆交响曲/蒋子龙编；依地日斯·太来甫译.—乌鲁木齐：新疆人民出版社，1990.3.—258页；32开.—ISBN 7-228-01281-X：1.70元

麻袋里的尸体/司马义·艾力著.—乌鲁木齐：新疆人民出版社，1990.11.—237页；32开.—ISBN 7-228-01320-X：2.60元

童年啊！你在那里/阿布都卡德尔·沙地尔著.—乌鲁木齐：新疆人民出版社，1990.12.—77页；32开.ISBN 7-228-01397-2：1.15元

报告文学

岁月的痕迹/穆合米德·拉西丁著.—喀什：喀什维吾尔文出版社，1990.10.—188页；32开.—ISBN 7-5373-0222-7：1.10元

赛福鼎回忆录　(2)：天山惊雷/赛福鼎·艾则孜著.—北京：民族出版社，1990.12.—506页；大32开.—ISBN 7-105-01188-2（精装）：5.80元

散　文

雨夜里闪电的思绪：散文集/阿布杜日石提·色来等著.—喀什：喀什维吾尔文出版社，1990.7.—173页；32开.—ISBN 7-5373-0194-8：0.95元

鲁讯杂文书信选/托乎提·巴克译.—乌鲁木齐：新疆人民出版社，1990.7.—525页；大32开.—ISBN 7-228-00658-5：3.70元

民间文学

国王的师傅：童话和寓言/肉孜托乎提·达吾提收集.—乌鲁木齐：新疆人民出版社，1990.11.—62页；32开.—ISBN 7-228-01398-0：0.60元

维吾尔民间谚语/买买提·热衣木编.—乌鲁木齐：新疆人民出版社，1990.5.—411页；大32开.—ISBN 7-228-01210-X（精装）：5.00元

维吾尔民间谜语/阿不都克力木·热合曼搜集.—乌鲁木齐：新疆人民出版社，1990.5.—124页；32开.ISBN 7-228-00098-6：0.90元

儿童文学

小花猫看电视/刘子菌编；艾克木·伊德里斯译.喀什：喀什维吾尔文出版社，1990.6.—99页；32开.ISBN 7-5373-0200-6：0.58元

白鸽子/艾白都拉·伊布拉音著.—乌鲁木齐：新疆人民出版社，1990.5.—111页；32开.—ISBN 7-228-01139-2：0.75元

老师，原谅我吧：儿童小说集/阿·艾白编.—乌鲁木齐：新疆人民出版社，1990.5.—62页；32开.—ISBN 7-228-01242-9：0.50元

优秀儿童文学作品选/吐尔逊·买买提编.—乌鲁木齐：新疆人民出版社，1990.11.—316页；32开.ISBN 7-228-01182-1（精装）：3.75元

拍脑瓜的故事/吾守尔·衣明译.—乌鲁木齐：中国科普出版社新疆维、哈分社，1990.6.—171页；32开.ISBN 7-110-00702-2：1.08元

“铁道游击队”的小队员们/刘知侠著；吐尔逊·托乎提译.—乌鲁木齐：新疆人民出版社，1990.—215页；32开.—ISBN 7-228-01086-8：1.50元

寓言宝库/伊布拉音·莫明编著.—乌鲁木齐：新疆青少年出版社，1990.2.—624页；大32开.—ISBN 7-5371-0403-4：4.40元

外国文学

一千零一日/艾依提，艾海提译.—乌鲁木齐：新疆青少年出版社，1990.7.—319页；32开.—ISBN 7-5371-0641-X：2.30元

石榴女王/（印度）穆·拉·安纳德著；艾尔肯译.—乌鲁木齐：新疆青少年出版社，1990.4.—126页；32开.—ISBN 7-5371-0521-9：1.00元

永恒的爱/嘎衣提·阿里木译.—乌鲁木齐：新疆青少年出版社，1990.1.—584页；32开.—ISBN 7-5371-0283-X：4.00元

当代外国儿童小说/艾海提·阿西木译.—乌鲁木齐：新疆人民出版社，1990.12.—332页；32开.ISBN 7-225-01119-8：2.10元

当我十三岁半的时候/（罗）米·杜米特里乌著；吾守尔·艾合买提译.—乌鲁木齐：新疆人民出版社，1990.7.—275页；32开.—ISBN 7-228-01153-8：2.25元

花坛　（20）：苏联小说选译/民族出版社编.—北京：民族出版社，1990.2.—296页；大32开.—ISBN 7-105-00785-0：2.25元

花坛　（21）：文学译丛/民族出版社编.—北京：民族出版社，1990.2.—226页；大32开.—ISBN 7-105-00969-1：1.75元

花坛　（22）：文学译丛/民族出版社编.—北京：民族出版社，1990.7.—256页；大32开.—ISBN 7-105-01095-9：1.95元

走向《最后的海洋》/（苏）瓦西里·扬著；阿布都瓦里·木克衣提译.—乌鲁木齐：新疆人民出版社，1990.5.—564页；大32开.—ISBN 7-228-01239-9：3.95元

时间之谜/（西德）米夏埃尔·恩德著；热合曼·马木提译.—乌鲁木齐：新疆人民出版社，1990.6.389页；32开.—ISBN 7-228-01229-1：2.70元

我是怎样自杀的/（土耳其）阿·涅辛著.—乌鲁木齐：新疆人民出版社，1990.4.—218页；32开.—ISBN 7-228-01204-6：1.45元

忘掉她吧.—乌鲁木齐：新疆人民出版社，1990.1.—344页；32开.—（外国中篇小说丛书；9）.ISBN 7-228-01146-5：2.20元

明哲的老人/（保）安吉尔·卡拉列切夫著；阿布都瓦力译.—乌鲁木齐：新疆人民出版社，1990.12.249页；32开.—ISBN 7-228-01425-1：1.60元

茶花女/（法）小仲马著；沙里·哈克木译.—乌鲁木齐：新疆青少年出版社，1990.9.—355页；32开.ISBN 7-5371-0643-6：2.50元

语海拾贝/阿不都瓦力·合利帕提译.—北京：民族出版社，1990.4.—434页；大32开.—ISBN 7-105-00715-X：2.90元

真主的大地/（巴基斯坦）肖克特·西迪克著；买买提热依木译.—乌鲁木齐：新疆人民出版社，1990.11.—650页；大32开.—ISBN 7-228-01338-7：5.55元

埃及姑娘/（黎巴嫩）乔治·泽丹著；艾合买提·依明译.—乌鲁木齐：新疆人民出版社，1990.10.502页；大32开.—ISBN 7-228-01361-1：4.50元

狼穴巨款　（1）/（美）罗伯特·洛德朗著；阿不都沙拉木译.—乌鲁木齐：新疆青少年出版社，1990.3.—524页；大32开.—ISBN 7-5371-0386-0：4.00元

狼穴巨款　（2）/（美）罗伯特·洛德朗著；阿布都沙拉木·阿巴斯译.—乌鲁木齐：新疆青少年出版社，1990.3.—525～998页；大32开.—ISBN 7-5371-0663-0：4.00元

假面舞会.—乌鲁木齐：新疆人民出版社，1990.1.—283页；32开.—（外国中篇小说丛书；8）.ISBN 7-228-01148-1：1.80元

窗边的小姑娘/（日）黑柳彻子著；妮鲁番尔译.乌鲁木齐：新疆人民出版社，1990.1.—273页；32开.—ISBN 7-228-00932-0：2.00元

罪与恨/（巴基斯坦）乌姆杜·迪格尔著；艾·帕萨尔，司马义·依不拉音译.—乌鲁木齐：新疆人民出版社，1990.1.—893页；大32开.—ISBN 7-228-00901-0：4.80元

魔堡/（苏）尼·奥斯曼诺夫编；阿衣夏木·乌买尔译.—乌鲁木齐：新疆青少年出版社，1990.4.208页；32开.—ISBN 7-5371-0435-2：1.50元

艺　术

儿童歌舞/乌鲁木齐市音乐协会编.—乌鲁木齐：新疆人民出版社，1990.4.—97页；32开.—ISBN 7-228-01078-7：0.90元

边城女四：〔连环画册〕/刘维仁改编，宋维成画.—乌鲁木齐：新疆人民出版社，1990.6.—145页；60开.—ISBN 7-228-01179-1：0.60元

向星星唱的歌：儿童歌曲/帕尔哈提·阿比提编写.乌鲁木齐：新疆人民出版社，1990.12.—92页；32开.—ISBN 7-228-01455-3：0.90元

晨歌/库尔班肉孜，买提肉孜编.—乌鲁木齐：新疆人民出版社，1990.9.—243页；32开.—ISBN 7-228-00899-5：1.75元

笛子吹奏法及其原理/阿布都·克力木·阿布都热衣木著.—乌鲁木齐：新疆人民出版社，1990.8.268页；16开.—ISBN 7-228-01217-8：3.85元

历　史、地　理

世界上古史/哈斯木·托何提等译.—乌鲁木齐：新疆大学出版社，1990.12.—799页；大32开.—高等学校文科教材.—ISBN 7-5631-0134-9：4.20元

中国革命史简明教程/阿力木·阿布都热衣木，伊迪力斯·卡衣夏编.—乌鲁木齐：新疆人民出版社，1990.11.—472页；大32开.—ISBN 7-228-01393-X：3.70元

中国通史　第三册/范文澜著；卡得尔·阿菲孜译.—乌鲁木齐：新疆人民出版社，1990.11.—950页；大32开.—ISBN 7-228-01136-8：2.35元

中国通史　第六册/蔡美彪等著；扎依提·热依木译.—乌鲁木齐：新疆人民出版社，1990.11.—784页；大32开.—ISBN 7-228-00182-6：5.95元

丝绸路上的外国魔鬼/皮得·霍普科克著；阿不来提·马木提译.—乌鲁木齐：新疆人民出版社，1990.11.—389页；大32开.—ISBN 7-228-00794-8：3.70

元

封建社会是怎样的/郑浩等编写；肉孜努尔·托乎提·阿布都拉译.—乌鲁木齐：新疆人民出版社，1990.4.—183页；32开.—ISBN 7-228-01012-4：1.20元

新编中国现代史 上册 （1）/阿合尼牙孜等译.乌鲁木齐：新疆大学出版社，1990.8.—736页；大32开.—ISBN 7-5631-0132-2：2.05元

新编中国现代史 上册 （2）/阿合尼牙孜等译.乌鲁木齐：新疆大学出版社，1990.8.—1301页；大32开.—ISBN 7-5631-0102-4：1.55元

外国科学家的故事 （10）/沉济华等编；阿布黎提甫·乌马尔译.—乌鲁木齐：新疆人民出版社，1990.4.—150页；32开.—ISBN 7-228-00643-7：1.10元

伊斯砍德尔传/扎宜提阿洪法孜力巴依著.—北京：民族出版社，1990.4.—281页；32开.—ISBN 7-105-01040-1：1.90元

哈萨克族谱/尼合买提·阿布都热西提整理；达西尔别克辑.—奎屯：伊犁人民出版社，1990.6.—533页；大32开.—ISBN 7-5425-0075-9：4.55元

海珠/阿吉·艾合买提著.—2版.—喀什：喀什维吾尔文出版社，1990.9.—299页；大32开.—ISBN 7-5373-0201-4：2.00元

本书1983年12月第1版。

赛福鼎回忆录 （1）：苦难的地牢/赛福鼎·艾则孜著.—北京：民族出版社，1990.11.—508页；大32开.—ISBN 7-105-01122-X（精装）：5.85元

赛福鼎回忆录 （1）：苦难的地牢/赛福鼎·艾则孜著.—北京：民族出版社，1990.11.—508页；大32开.—ISBN 7-105-01123-8：4.15元

赛福鼎回忆录 （2）：天山惊雷/赛福鼎·艾则孜著.—北京：民族出版社，1990.12.—506页；大32开.—ISBN 7-105-01189-0：4.15元

*　*　*

喀什名胜古迹拾零：论文集/买买提伊明·库尔班著.—喀什：喀什维吾尔文出版社，1990.12.—127页；32开.—ISBN 7-5373-0241-3：0.85元

趣味地理 （1）/姚大均编著；阿尔斯朗，阿布都克力木译.—乌鲁木齐：新疆人民出版社，1990.10.478页；32开.—ISBN 7-228-01420-0：3.20元

趣味地理 （2）/姚大均编著；阿布都克力木·马木提译.—乌鲁木齐：新疆人民出版社，1990.9.359页；32开.—ISBN 7-228-01304-2：2.50元

自然科学

十万个为什么：植物 （2）/阿不都克里木译.乌鲁木齐：新疆青少年出版社，1990.4.—458页；32开.—ISBN 7-5371-0510-3：3.40元

伟大的科学实验/（英）罗姆哈勒著；阿布都热依木·销钝维译.—乌鲁木齐：中国科普出版社新疆维、哈分社，1990.2.—360页；32开.—ISBN 7-110-00956-4：2.12元

自然辨证法简论/伊达衣·克里木著.—乌鲁木齐：新疆人民出版社，1990.9.—479页；大32开.—ISBN 7-228-01343-3：4.30元

科学的历史/乌斯满，乌斯满·尼亚孜译.—北京：民族出版社，1990.6.—473页；大32开.—ISBN 7-105-01039-8：1.80元

数理科学和化学

化学奇谈/斯马义·买买提译.—乌鲁木齐：新疆青少年出版社，1990.2.—412页；32开.—ISBN 7-5371-0245-7：3.00元

化学魔术/阳经武编；吐尔逊·托哈提译.—乌鲁木齐：中国科普出版社新疆维、哈分社，1990.6.—102页；32开.—ISBN 7-110-00957-2：0.72元

身边的化学现象：日本化学家的探索/（日）松本恒隆等著；吴祺译；鲁斯满江·阿特汗维译.—北京：中国科普出版社新疆维、哈分社，1990.7.224页；32开.—ISBN 7-110-00699-9：1.37元

物理学上的重大实验/谭树杰，王华编；阿布来提·伊明译.—乌鲁木齐：新疆人民出版社，1990.6.542页；大32开.—ISBN 7-228-01154-6：4.35元

物理学传奇/徐克明著；阿布都卡德尔·吾布力译.—喀什：喀什维吾尔文出版社，1990.2.—228页；32开.—ISBN 7-5373-0186-7：1.30元

实变函数论/阿布都热合满译.—乌鲁木齐：新疆大学出版社，1990.3.—669页；大32开.—（大学数学系自学丛书）.—ISBN 7-5631-0074-1：3.65元

溶液的奥秘/陈飙编；买买提伊明·包尔汗译.乌鲁木齐：新疆人民出版社，1990.4.—196页；32开.—ISBN 7-228-01206-2：1.55元

天文学、地球科学

闪电及其防御/尼迈提·毛拉洪编著.—乌鲁木齐：中国科学普及出版社新疆维、哈分社，1990.8.—163页；32开.—ISBN 7-110-00303-5：1.05元

温度世界漫游/奚同庚著；阿不都热义木·哈斯木，阿不都肉苏力·阿克那扎尔译.—乌鲁木齐：中国科普出版社新疆维、哈分社，1990.8.—165页；32开.—ISBN 7-110-00701-4：1.05元

生物科学

生物化学 上册 第二分册/沈同等编；贾马勒·热密赞译.—乌鲁木齐：新疆人民出版社，1990.5.

267页；16开.—高等学校试用教材.—ISBN 7-228-01313-1：3.40元

生物化学　下册　第二分册/沈同等编；苏甫热木·伊布拉音，贾马勒·热米赞译.—乌鲁木齐：新疆人民出版社，1990.5.—257页；16开.—高等学校试用教材.—ISBN 7-228-01348-4：3.20元

基础生物化学问答/张玉中，阎一林编；沙比提·毛拉洪译.—乌鲁木齐：中国科普出版社新疆维、哈分社，1990.6.—369页；大32开.—ISBN 7-110-00149-0：2.20元

医药、卫生

人体解剖生理学/阿依姑丽等译.—乌鲁木齐：新疆大学出版社，1990.1.—500页；16开.—ISBN 7-5631-0092-X：5.05元

小外伤怎么办/陈明瑄编；莫合塔尔·克力木阿吉译.—乌鲁木齐：新疆人民出版社，1990.11.—68页；32开.—ISBN 7-228-01392-1：0.65元

中国医学百科全书：维吾尔医学分卷　第二册/《中国医学百科全书》维吾尔医学分卷办公室新疆维吾尔医研究室组织编写.—乌鲁木齐：新疆人民卫生出版社，1990.9.—464页；16开.—ISBN 7-5372-0069-6：5.00元

内科学　（1）/吐拉洪等译.—乌鲁木齐：新疆人民卫生出版社，1990.3.—738页；16开.—教材.ISBN 7-5372-0048-3：3.50元

艾滋病/曾毅等编；斯拉衣利译.—乌鲁木齐：新疆人民出版社，1990.4.—78页；32开.—ISBN 7-228-00974-6：0.75元

外科学及护理/胡尔西达等译.—乌鲁木齐：新疆人民卫生出版社，1990.5.—684页；16开.—ISBN 7-5372-0062-9：4.10元

地方病学导论/曹学义主编；托尔逊·赛买提等译.—乌鲁木齐：新疆人民出版社，1990.6.—578页；16开.—ISBN 7-228-01435-9：12.85元

如何发现小儿疾病/安尼瓦尔·吾斯曼译.—乌鲁木齐：中国科普出版社新疆维、哈分社，1990.5.414页；32开.—ISBN 7-110-00973-4：2.40元

妇产科学/阿不都克热木等译.—乌鲁木齐：新疆人民卫生出版社，1990.6.—497页；16开.—ISBN 7-5372-0066-1：2.65元

妇产科学及护理/买买提依明·沙比尔，麦德尼也提·艾山译.—乌鲁木齐：新疆人民卫生出版社，1990.5.—400页；16开.—ISBN 7-5372-0043-2：3.50元

肺结核及其防治/皮达义·杜来提编著.—乌鲁木齐：中国科普出版社新疆维、哈分社，1990.6.226页；32开.—ISBN 7-110-00227-6：1.38元

实用儿科学　（2）/亚森·祖农等译.—乌鲁木齐：新疆人民卫生出版社，1990.3.—949页；16开.ISBN 7-5372-0041-6（精装）：6.80元

实用儿科学　（3）/牙生·祖农译.—乌鲁木齐：新疆人民卫生出版社，1990.6.—854页；16开.—ISBN 7-5372-0064-5（精装）：6.80元

实用内科学　（2）/许克尔汗等译.—乌鲁木齐：新疆人民卫生出版社，1990.3.—1219页；16开.ISBN 7-5372-0065-3（精装）：6.80元

保护皮肤/叶庆佾编；木娜瓦尔·马里克译.—乌鲁木齐：新疆人民出版社，1990.12.—80页；32开.ISBN 7-228-01466-9：0.75元

疾病的自我诊疗/汉民等编；阿不力米提·买买提，马力亚木·依布拉依木译.—乌鲁木齐：中国科普出版社新疆维、哈分社，1990.12.—442页；32开.—ISBN 7-110-00974-2：2.57元

酒与人类/买买提吐尔逊·巴厅著.—喀什：喀什维吾尔文出版社，1989.12.—195页；32开.—ISBN 7-5373-0183-2：1.10元

常见皮肤病常识/乌热尼沙·欧买尔编著.—乌鲁木齐：中国科普出版社新疆维、哈分社，1990.2.183页；32开.—ISBN 7-110-00291-8：1.20元

维吾尔医学治疗骨折脱位/伊德力斯·阿吉优夫著.—喀什：喀什维吾尔文出版社，1990.11.—188页；32开.—ISBN 7-5373-0225-1：1.05元

农业科学

土壤/叶德力·哈米提著.—奎屯：伊犁人民出版社，1990.8.—230页；32开.—ISBN 7-5425-0088-0：1.50元

化肥的管理与使用/阿布利孜牙库夫著.—乌鲁木齐：新疆人民出版社，1990.11.—202页；32开.ISBN 7-228-01394-8：1.50元

生产顾问　（11）/喀什维吾尔文出版社编.—喀什：喀什维吾尔文出版社，1990.10.—141页；32开.—ISBN 7-5373-0219-7：0.85元

农业机械技术保养手册/新疆生产建设兵团机务处编.—乌鲁木齐：新疆人民出版社，1990.6.—220页；32开.—ISBN 7-228-01451-0：2.20元

农业供水和滴水灌溉/艾尼瓦尔·艾孜则编著.—乌鲁木齐：中国科普出版社新疆维、哈分社，1990.10.136页；32开.—ISBN 7-110-00142-3：0.91元

农机人员手册/艾买提阿吉·肉孜编.—喀什：喀什维吾尔文出版社，1990.12.—309页；32开.—ISBN 7-5373-0234-0：1.90元

农药的安全使用与管理/阿布力孜·牙库夫编.—乌鲁木齐：新疆人民出版社，1990.2.—124页；32开.ISBN 7-228-01307-7：1.10元

优良牧草栽培技术/苏加楷等编著；阿布力米提·

托乎尼牙孜译.—乌鲁木齐：中国科普出版社新疆维、哈分社，1990.2.—524页；32开.—ISBN 7-110-00425-2：2.97元

林业员工作手册/新疆维吾尔自治区林业厅编.—乌鲁木齐：新疆人民出版社，1990.12.—738页；大32开.—ISBN 7-228-01587-8：9.50元

果树栽培学：石榴/穆牢木德依明·托合提著.—喀什：喀什维吾尔文出版社，1990.7.—141页；32开.ISBN 7-5373-0230-8：0.80元

胡杨栽培/阿布里米提·牙生著.—喀什：喀什维吾尔文出版社，1990.6.—117页；32开.—ISBN 7-5373-0130-1：0.68元

蔬菜及其栽培技术/阿皮孜·马木提著.—喀什：喀什维吾尔文出版社，1990.9.—197页；32开.—ISBN 7-5373-0206-5：1.10元

草原工作手册/甘肃农业大学草原系编；吐尔逊·怕力塔译.—乌鲁木齐：新疆人民出版社，1990.2.632页；16开.—ISBN 7-228-01079-5：10.60元

牲畜育肥技术/阿不都拉·肉孜编著.—乌鲁木齐：中国科普出版社新疆维、哈分社，1990.11.—294页；32开.—ISBN 7-110-00983-1：2.74元

畜牧/中国农业科学院编；艾尔肯·沙克木等译.乌鲁木齐：中国科普出版社新疆维、哈分社，1990.8.—298页；32开.—ISBN 7-110-00427-9：1.80元

畜禽病毒性传染病/阿不都赛米·热合曼编著；斯拉吉丁·依布拉音审校.—乌鲁木齐：中国科普出版社新疆维、哈分社，1990.9.—158页；32开.—ISBN 7-110-00971-8：1.02元

家畜注射常识/艾尼瓦尔·艾沙著.—喀什：喀什维吾尔文出版社，1990.5.—236页；32开.—ISBN 7-5373-0190-5：1.35元

家畜追肥技术/祖热木·阿布都拉编.—喀什：喀什维吾尔文出版社，1990.12.—258页；32开.—ISBN 7-5373-0231-6：1.50元

家畜遗传繁育学/内蒙古自治区牧业学校主编；司马衣·伊布拉音译.—乌鲁木齐：新疆人民出版社，1990.5.—640页；大32开.—ISBN 7-228-00684-4：4.45元

基层兽医应用寄生虫病学常识/阿布都热合满·色得克，沙艾提·哈斯木编.—喀什：喀什维吾尔文出版社，1990.12.—315页；32开.—ISBN 7-5373-0223-5：1.75元

兽医新型高效驱虫药/朱模忠编著；热依木江·赛里木译.—喀什：喀什维吾尔文出版社，1990.5.346页；32开.—ISBN 7-5373-0187-5：1.85元

淡水养殖问答/《淡水养殖问答》编写组编；买买提依明·优努斯译.—乌鲁木齐：新疆人民出版社，1990.3.—229页；32开.—ISBN 7-228-01241-X：1.55元

新疆的珍贵野生动物/阿布力米提·阿布部卡得尔编著.—乌鲁木齐：中国科普出版社新疆维、哈分社，1990.2.—331页；32开.—ISBN 7-110-00969-6：2.54元

工业技术

井下防火与灭火/奴尔·吐尔逊编著.—乌鲁木齐：新疆人民出版社，1990.3.—153页；32开.—ISBN 7-228-00787-5：1.10元

电风扇构造使用保养/倪永兴编；牙得卡尔·阿不都拉译.—乌鲁木齐：中国科普出版社新疆维、哈分社，1990.3.—128页；32开.—ISBN 7-110-00705-7：0.86元

电动机/赵清编；满苏尔·艾买提等译.—喀什：喀什维吾尔文出版社，1990.12.—387页；大32开.全国家用电器维修人员培训教材.—ISBN 7-5373-0213-8：2.65元

羊毛及山羊绒的分级/塔里甫·阿吉尤夫编著.—乌鲁木齐：中国科普出版社新疆维、哈分社，1990.7.71页；32开.—ISBN 7-110-00972-6：0.55元

饮料配方方法/阿不都克力木·热合曼编.—乌鲁木齐：中国科普出版社新疆维、哈分社，1990.7.165页；32开.—ISBN 7-110-00695-3：1.07元

现代化妆艺术/艾尼则帕尔·卡迪尔著.—乌鲁木齐：新疆青少年出版社，1990.4.—133页；32开.ISBN 7-5371-0400-5：1.80元

现代维吾尔服装/努尔木合买提江·米满著.—喀什：喀什维吾尔文出版社，1990.8.—480页；16开.ISBN 7-5373-0175-1：5.00元

果品蔬菜干制/陈锦屏著；乌斯曼江·祖农译.—喀什：喀什维吾尔文出版社，1990.2.—196页；32开.ISBN 7-5373-0152-2：1.15元

油田开发技术问答　（1）/新疆石油管理局采油二厂编.—乌鲁木齐：新疆人民出版社，1990.10.489页；32开.—ISBN 7-228-01594-0：5.00元

畜产品加工/吾尔呢沙·马哈木提，阿布都克力木著.—喀什：喀什维吾尔文出版社，1990.11.—178页；32开.—ISBN 7-5373-0228-6：1.00元

家用电器维修基础/陈森锦著；阿不都克尤木·阿不都热依木，纳扎尔·瓦扎尔译.—喀什：喀什维吾尔文出版社，1990.12.—375页；大32开.—全国家用电器维修人员培训教材.—ISBN 7-5373-0204-9：2.75元

家庭烤制饼干糕点/阿不都拉·阿巴斯编著.—乌鲁木齐：中国科普出版社新疆维、哈分社，1990.6.115页；32开.—ISBN 7-110-00963-7：1.55元

综合性图书

世界之最：地理分册/江苏少年儿童出版社编；艾

尔西丁·依明，斯拉木江·西日甫译.—喀什：喀什维吾尔文出版社，1990.6.—406页；32开.—ISBN 7-5373-0170-0：2.20元

生活之友　（13）/喀什维吾尔文出版社编.—喀什：喀什维吾尔文出版社，1990.9.—177页；32开. ISBN 7-5373-0215-4：1.00元

生活之友　（14）/喀什维吾尔文出版社，1990.10.—135页；32开.—ISBN 7-5373-0217-0：0.77元

百科知识竞赛大全　上册/张祖信等编；阿布里米提·艾山等译.—喀什：喀什维吾尔文出版社，1990.4.—606页；32开.—ISBN 7-5373-0182-4：2.90元

新疆年鉴：1989.—乌鲁木齐：新疆人民出版社，1990.3.—1740页；16开.—ISBN 7-228-01522-3（精装）：30.00元

苗文图书

语文　第一册/贵州省民委民族文字书籍编译组编译.—贵阳：贵州民族出版社，1990.11.—133页；32开.—六年级小学苗语课本：试用.—ISBN 7-5412-0118-9：1.35元

彝文图书

吉史木呷/马卫东，彭木呷编著.—成都：四川民族出版社，1990.9.—154页；32开.—ISBN 7-5409-0434-8：1.90元

细惹特依/木惹呷呷著.—成都：四川民族出版社，1990.7.—116页；32开.—ISBN 7-5409-0309-0：2.35元

春的脚步声/李乔著；朱建新译.—成都：四川民族出版社，1990.8.—232页；32开.—ISBN 7-5409-0243-4：2.30元

寓言故事百篇/赵洪泽译.—成都：四川民族出版社，1990.3.—215页；32开.—ISBN 7-5409-0263-9：2.25元

彝文试用课本/云南省少数民族语文指导工作委员会办公室，云南省彝文规范工作领导小组办公室编.昆明：云南民族出版社，1990.5.—140页；32开. ISBN 7-5367-0268-X：1.00元

彝族克智　第三集/嘎哈石者等著.—成都：四川民族出版社，1990.—294页；32开.—ISBN 7-5409-0442-4：3.35元

朝鲜文图书

马列著作选读：哲学/中央马列著作毛泽东著作民族语文翻译局译.—北京：民族出版社，1990.12.632页；大32开.—ISBN 7-105-01125-4：2.80元

哲学、社会科学

人类智力的奥秘/吴越等著；李今子译.—北京：民族出版社，1990.11.—196页；32开.—ISBN 7-105-00853-9：0.50元

马克思主义哲学学习纲要/中共中央宣传部理论局组织编写；林昌盛译.—延吉：延边人民出版社，1990.3.—208页；32开.—ISBN 7-80508-494-7：1.90元

《马克思主义哲学学习纲要》问答/金光星编译.延吉：延边人民出版社，1990.8.—300页；32开. ISBN 7-30508-536-3：2.75元

心理学/东北朝鲜民族教育出版社教育图书编辑室译.—延吉：东北朝鲜民族教育出版社，1990.3.502页；32开.—中学教师《专业合格证书》教材. ISBN 7-5437-0343-1：3.30元

哲学通俗读本/全栽植等主编.—延吉：延边大学出版社，1990.4.—172页；32开.—ISBN 7-5634-0203-9：2.50元

心花灿烂/中国少年儿童出版社编；东北朝鲜民族教育出版社儿童图书编辑室译.—延吉：东北朝鲜民族教育出版社，1990.8.—113页；32开.—ISBN 7-5437-0764-0：0.91元

爱情与追求/朴在九译.—牡丹江：黑龙江朝鲜民族出版社，1990.8.—228页；32开.—ISBN 7-5389-0256-2：2.15元

政治、法律

中共中央关于加强党同人民群众联系的决定/中央马列著作毛泽东著作民族语文翻译局译.—北京：民族出版社，1990.5.—29页；大32开.—ISBN 7-105-01151-3：0.70元

为我国政治经济和社会的进一步稳定发展而奋斗：1990年3月20日在第七届全国人民代表大会第三次会议上的政府工作报告/李鹏著；中央马列著作毛泽东著作民族语文翻译局译.—北京：民族出版社，1990.4.—75页；大32开.—ISBN 7-105-01146-7：0.66元

邓小平文选：1938～1965年/中央马列著作毛泽东著作民族语文翻译局译.—北京：民族出版社，1990.11.—470页；大32开.—ISBN 7-105-01185-8：5.40元

邓小平同志论民主与法制/中共中央文献研究室编；中央马列著作毛泽东著作民族语文翻译局译.北京：民族出版社，1990.9.—96页；大32开.—ISBN 7-105-01174-2：1.50元

邓小平论党的建设/中共中央办公厅秘书局资料室编；中央马列著作毛泽东著作民族语文翻译局译.北京：民族出版社，1990.8.—343页；32开.—ISBN 7-105-01129-7：2.60元

发展中的延边　（上）/隋喜林等著.—延吉：延边

人民出版社，1990.9.—675页；大32开.—ISBN 7-80508-526 5（精装）：7.90元

发展中的延边　（上）/隋喜林等著.—延吉：延边人民出版社，1990.9.—675页；大32开.—ISBN 7-80508-526-5：7.90元

发展中的延边　（下）/金熟炼等著.—延吉：延边人民出版社，1990.9.—527页；大32开.—ISBN 7-80508-529-3（精装）：6.30元

发展中的延边　（下）/金熟炼等著.—延吉：延边人民出版社，1990.9.—527页；大32开.—ISBN 7-80508-529-3：6.30元

进一步治理整顿深化改革100题/闵晃实译.—北京：民族出版社，1990.4.—283页；大32开.—ISBN 7-105-01083-5：3.10元

爱国主义和我国知识分子的使命：在首都青年纪念五四报告会上的讲话：1990年5月3日/江泽民著；中央马列著作毛泽东著作民族语文翻译局译.—北京：民族出版社，1990.5.—21页；大32开.—ISBN 7-105-01162-9：0.30元

中国少年先锋队全国十佳队员：1989/中国少年先锋队全国工作委员会编；李明善，安相吉译.—延吉：延边人民出版社，1990.5.—195页；32开.—ISBN 7-80508-508-0：1.50元

青年朋友　第二十五辑/《青年朋友》编译组编译.—北京：民族出版社，1990.7.—273页；32开.ISBN 7-105-01031-2：2.05元

青年朋友　第二十六辑/《青年朋友》编译组编译.—北京：民族出版社，1990.8.—278页；32开.ISBN 7-105-01136-X：2.10元

青年朋友　第二十七辑/《青年朋友》编译组编译.—北京：民族出版社，1990.12.—333页；32开.ISBN 7-105-01204-8：2.40元

青年思维趣谈/金载铉，张淑敏著；安东，宗平译.—北京：民族出版社，1990.11.—335页；32开.ISBN 7-105-01153-X：2.00元

英雄少年赖宁/中国少年先锋队全国工作委员会主编；木林等译.—延吉：延边人民出版社，1990.2.178页；32开.—ISBN 7-80508-459-9：1.70元

赖宁的世界/孙云晓著；东北朝鲜民族教育出版社译.—延吉：东北朝鲜民族教育出版社，1990.5.454页；32开.—ISBN 7-5437-0734-9：3.50元

· · ·

中华人民共和国行政诉讼法/中央马列著作民族语文翻译局译.—北京：民族出版社，1990.5.—35页；大32开.—ISBN 7-105-00914-4：0.45元

中华人民共和国法律汇编：1987/全国人民代表大会常务委员会法制工作委员会编；中央马列著作毛泽东著作民族语文翻译局译.—北京：民族出版社，1990.5.—104页；大32开.—ISBN 7-105-01034-7：1.20元

法律知识手册/张哲俊，秋英春主编.—延吉：延边人民出版社，1990.3.—349页；32开.—ISBN 7-80508-410-6：3.50元

保护儿童少年合法权益/吴范植编著.—延吉：延边人民出版社，1990.6.—21页；24开.—ISBN 7-80508-325-0

裴芳的转变：遵法教育故事/东北朝鲜民族教育出版社儿童图书编辑室编译.—延吉：东北朝鲜民族教育出版社，1990.7.—174页；32开.—ISBN 7-5437-0727-6：1.05元

经　　济

生意秘诀/方文岩编译.—延吉：延边人民出版社，1990.5.—219页；32开.—ISBN 7-80508-452-1：2.10元

延边经济史/金奎方等主编.—延吉：延边人民出版社，1990.9.—328页；大32开.—ISBN 7-80508-543-9（精装）：6.30元

商品购买指南/沈永燮等编译.—延吉：延边人民出版社，1990.11.—363页；32开.—ISBN 7-80508-558-7：3.45元

文化、教育、体育

教师一日/（日）家本芳郎著；赵伟哲译.—延吉：东北朝鲜民族教育出版社，1990.6.—231页；32开.ISBN 7-5437-0722-5：1.40元

教育学/东北朝鲜民族教育出版社教育图书编辑室译.—延吉：东北朝鲜民族教育出版社，1990.4.520页；32开.—中学教师《专业合格证书》教材.ISBN 7-5437-0653-9：2.20元

教学方法的探讨/东北朝鲜民族教育出版社教育图书编辑室编.—延吉：东北朝鲜民族教育出版社，1990.7.—156页；32开.—ISBN 7-5437-0743-8：0.96元

计算大班　上册/关希均，宣清亚编.—2版.—延吉：东北朝鲜民族教育出版社，1990.6.—20页；24开.—幼儿园教材.—ISBN 7-5437-0750-0：0.34元

幼儿日常行为规范/东北朝鲜民族教育出版社儿童图书编辑室编译.—延吉：东北朝鲜民族教育出版社，1990.5.—4册；40开.—ISBN 7-5437-0695-4：0.81元

听话与说话　第二册/东北朝鲜民族教育出版社儿童图书编辑室编.—延吉：东北朝鲜民族教育出版社，1990.5.—323页；32开.—幼儿师范学校课本.ISBN 7-5437-0666-0：2.15元

听话和说话　第三册/东北朝鲜民族教育出版社儿

童图书编辑室编.—延吉：东北朝鲜民族教育出版社，1990.11.—238页；32开.—幼儿师范学校课本：试用本.—ISBN 7-5437-0793-6：1.70元

我的周围世界　（一）/齐欣编；陈敦画；东北朝鲜民族教育出版社儿童图书编辑室译.—延吉：东北朝鲜民族教育出版社，1990.5.—24张；24开.—ISBN 7-5437-0717-9：1.60元

我的周围世界　（二）/齐欣编；于超画；东北朝鲜民族教育出版社儿童图书编辑室译.—延吉：东北朝鲜民族教育出版社，1990.5.—24张；24开.ISBN 7-5437-0718-7：1.60元

我的周围世界　（三）/齐欣编；陈宗耀画；东北朝鲜民族出版社儿童图书编辑室译.—延吉：东北朝鲜民族教育出版社，1990.5.—24张；24开.—ISBN 7-5437-0719-5：1.60元

我的周围世界　（四）/齐欣编；王晓明画；东北朝鲜民族教育出版社儿童图书编辑室译.—延吉：东北朝鲜民族教育出版社，1990.5.—24张；24开.ISBN 7-5437-0720-9：1.60元

朝鲜语：中班用/东北朝鲜民族教育出版社朝鲜语文编辑室编.—2版.—长春：东北朝鲜民族教育出版社，1990.10.—73页；16开.—幼儿园课本.—ISBN 7-5437-0759-4：1.75元

文明之花五千年/尹世霖编；东北朝鲜民族教育出版社教育图书编辑室译.—延吉：东北朝鲜民族教育出版社，1990.12.—174页；32开.—ISBN 7-5437-0770-5：1.35元

血沃中华/东北朝鲜民族教育出版社教育图书编辑室译.—延吉：东北朝鲜民族教育出版社，1990.12.180页；32开.—ISBN 7-5437-0798-7：1.40元

我爱你，中国/蔡字征，汤振华编；方泰吉译.—延吉：东北朝鲜民族教育出版社，1990.12.—30页；32开.—ISBN 7-5437-0854-X：0.75元

社会主义好/葛树娟，胡建华编写；东北朝鲜民族教育出版社教育图书编辑室译.—延吉：东北朝鲜民族教育出版社，1990.12.—205页；32开.—ISBN 7-5437-0792-8：1.55元

革命老一辈/李大同等编写；东北朝鲜民族教育出版社教育图书编辑室译.—延吉：东北朝鲜民族教育出版社，1990.12.—177页；32开.—ISBN 7-5437-0785-3：1.35元

彩色的中国/黄喆生编写；东北朝鲜民族教育出版社教育图书编辑室译.—延吉：东北朝鲜民族教育出版社，1990.12.—161页；32开.—ISBN 7-5437-0783-7：1.25元

“三热爱”小学生读本/宋殿宽等编；世文译.—延吉：延边人民出版社，1990.3.—260页；32开.—ISBN 7-80508-479-3：1.90元

小学生写作花丛　（8）/东北朝鲜民族教育出版社朝鲜语文编辑室编.—延吉：东北朝鲜民族教育出版社，1990.2.—194页；32开.—ISBN 7-5437-0616-4：1.30元

小学生写作花丛　（9）/东北朝鲜民族教育出版社朝鲜语文编辑室编.—延吉：东北朝鲜民族教育出版社，1990.7.—219页；32开.—ISBN 7-5437-0740-3：1.30元

小学地理填充图册　下册/东北朝鲜民族教育出版社政史地编辑室译.—6版.—延吉：东北朝鲜民族教育出版社，1990.9.—15页；16开.—ISBN 7-5437-0172-3：0.62元

小学自然一年级全册教师用书/人民教育出版社生物自然室编；东北朝鲜民族教育出版社自然科学编辑室译.—延吉：东北朝鲜民族教育出版社，1990.7.193页；32开.—ISBN 7-5437-0742-X：1.00元

小学自然二年级全册教师用书/人民教育出版社生物自然室编；东北朝鲜民族教育出版社自然科学编辑室译.—延吉：东北朝鲜民族教育出版社，1990.7.201页；32开.—ISBN 7-5437-0745-4：1.05元

小学思想品德课本教学参考书　1～6册/东北朝鲜民族教育出版社政史地编辑室编译.—延吉：东北朝鲜民族教育出版社，1990.6.—405页；32开.—ISBN 7-5437-0663-6：2.40元

小学思想品德课本教学参考书　7～12册/东北朝鲜民族教育出版社政史地编辑室编译.—延吉：东北朝鲜民族教育出版社，1990.5.—345页；32开.—ISBN 7-5437-0664-4：2.05元

小学美术课本教学参考书　下册/东北朝鲜民族教育出版社美术编辑室编.—延吉：东北朝鲜民族教育出版社，1990.3.—343页；32开.—ISBN 7-5437-0656-1：2.05元

小学朝鲜语文练习册　第一册/东北朝鲜民族教育出版社朝鲜语文编辑室编.—3版.—延吉：东北朝鲜民族教育出版社，1990.6.—125页；大32开.—ISBN 7-5437-0308-3：0.86元

本书1986年9月第1版。

小学朝鲜语文练习　第二册/东北朝鲜民族教育出版社朝鲜语文编辑室编.—2版.—延吉：东北朝鲜民族教育出版社，1990.10.—109页；大32开.—ISBN 7-5437-0042-5：0.76元

小学朝鲜语文练习　第三册/东北朝鲜民族教育出版社朝鲜语文编辑室编.—2版.—延吉：东北朝鲜民族教育出版社，1990.6.—68页；32开.—ISBN 7-5437-0276-2：0.44元

本书1986年7月第1版。

小学朝鲜语文练习　第四册/东北朝鲜民族教育出版社朝鲜语文编辑室编.—2版.—延吉：东北朝鲜民族教育出版社，1990.10.—93页；32开.—ISBN 7-5437-0027-1：0.56元

本书1986年10第1版。

小学朝鲜语文练习册　第五册/东北朝鲜民族教育出版社朝鲜语文编辑室编.—2版.—延吉：东北朝鲜民族教育出版社，1990.6.—38页；32开.—ISBN 7-5437-0369-X：0.44元

本书1986年8月第1版。

小学朝鲜语文练习　第七册/东北朝鲜民族教育出版社朝鲜语文编辑室编.—2版.—延吉：东北朝鲜民族教育出版社，1990.7.—85页；32开.—ISBN 7-5437-0372-6：0.52元

本书1987年6月第1版。

小学朝鲜语文练习　第八册/东北朝鲜民族教育出版社朝鲜语文编辑室编.—3版.—延吉：东北朝鲜民族教育出版社，1990.11.—77页；32开.—ISBN 7-5437-0028-X：0.48元

小学朝鲜语文练习　第九册/东北朝鲜民族教育出版社朝鲜语文编辑室编.—2版.—延吉：东北朝鲜民族教育出版社，1990.7.—89页；32开.—ISBN 7-5437-0365-3：0.54元

本书1987年6月第1版。

小学朝鲜语文练习　第十册/东北朝鲜民族教育出版社朝鲜语文编辑室编.—2版.—延吉：东北朝鲜民族教育出版社，1990.11.—101页；32开.—ISBN 7-5437-0052-2：0.60元

本书1987年11月第1版。

小学朝鲜语文练习　第十一册/东北朝鲜民族教育出版社朝鲜语文编辑室编.—2版.—延吉：东北朝鲜民族教育出版社，1990.6.—92页；32开.—ISBN 7-5437-0377-7：0.56元

本书1987年5月第1版。

小学朝鲜语文练习　第十二册/东北朝鲜民族教育出版社朝鲜语文编辑室编.—2版.—延吉：东北朝鲜民族教育出版社，1990.11.—99页；32开.—ISBN 7-5437-0039-5：0.60元

小学朝鲜语文教学法/朴在翰主编.—2版.—延吉：东北朝鲜民族教育出版社，1990.4.—338页；大32开.—ISBN 7-5437-0646-6：2.60元

本书1984年9月第1版。

小学朝鲜语文教学研究资料　（9）/东北朝鲜民族教育出版社朝鲜语文编辑室编.—延吉：东北朝鲜民族教育出版社，1990.9.—291页；32开.—ISBN 7-5437-0755-1：1.80元

小学数学练习册　第三册/东北朝鲜民族教育出版社数学编辑室编.—2版.—延吉：东北朝鲜民族教育出版社，1990.5.—80页；32开.—ISBN 7-5437-0288-6：0.48元

本书1986年7月第 版。

小学数学教师　第一期（总第31期）/东北朝鲜民族教育出版社数学编辑室编译.—延吉：东北朝鲜民族教育出版社，1990.5.—168页；32开.—ISBN 7-5437-0665-2：1.05元

小学数学教师　第二期（总第32期）/东北朝鲜民族教育出版社数学编辑室编译.—延吉：东北朝鲜民族教育出版社，1990.7.—171页；32开.—ISBN 7-5437-0714-4：1.05元

小学数学教师　第三期（总第33期）/东北朝鲜民族教育出版社数学编辑室编译.—延吉：东北朝鲜民族教育出版社，1990.10.—194页；32开.—ISBN 7-5437-0787-X：1.20元

小学数学教师　第四期（总第34期）/东北朝鲜民族教育出版社数学编辑室编译.—延吉：东北朝鲜民族教育出版社，1990.12.—178页；32开.—ISBN 7-5437-0831-0：1.15元

中小学美术教学法/林茂雄著.—延吉：东北朝鲜民族教育出版社，1990.4.—383页；32开.—ISBN 7-5437-0640-7：2.30元

中小学朝鲜语文学习心理研究/东北朝鲜民族教育出版社朝鲜语文编辑室编.—延吉：东北朝鲜民族教育出版社，1990.4.—292页；32开.—ISBN 7-5437-0657-1：1.75元

中小学朝鲜语文教学内容研究/俞在焕著.—延吉：东北朝鲜民族教育出版社，1990.6.—324页；32开.ISBN 7-5437-0687-3：1.65元

中小学朝鲜语文教学法概论/东北朝鲜民族教育出版社朝鲜语文编辑室编.—延吉：东北朝鲜民族教育出版社，1990.6.—660页；大32开.—ISBN 7-5437-0644-X（精装）：6.00元

汉语文　第八册/东北朝鲜民族教育出版社汉语文编辑室编.—2版.—延吉：东北朝鲜民族教育出版社，1990.11.—131页；32开.—小学课本.—ISBN 7-5437-0015-8：1.00元

汉语文　第十册/东北朝鲜民族教育出版社汉语文编辑室编.—2版.—延吉：东北朝鲜民族教育出版社，1990.11.—155页；32开.—小学课本.—ISBN 7-5437-0016-6：1.10元

汉语文　第三册/黑龙江省教育学院民族教育教研进修部编.—延吉：东北朝鲜民族教育出版社，1990.7.—178页；32开.—黑龙江省朝鲜族小学实验课本：试用本.—ISBN 7-5437-0713-6：0.90元

自然　第三册/人民教育出版社自然室编；东北朝鲜民族教育出版社自然科学编辑室译.—2版.—延吉：东北朝鲜民族教育出版社，1990.6.—120页；32开.—小学课本.—ISBN 7-5437-0270-3：0.73元

本书1985年4月第1版。

劳动　第四册/东北朝鲜民族教育出版社数学编辑室编译.—延吉：东北朝鲜民族教育出版社，1990.8.—176页；32开.—吉林省小学试用课本.—ISBN 7-5437-0747-0：0.87元

劳动　第五册/东北朝鲜民族教育出版社数学编辑室编译.—延吉：东北朝鲜民族教育出版社，1990.

8.—193页；32开.—吉林省小学试用课本.—ISBN 7-5437-0746-2：0.96元

劳动　第六册/东北朝鲜民族教育出版社数学编辑室编译.—延吉：东北朝鲜民族教育出版社，1990.8.—179页；32开.—小学课本.—ISBN 7-5437-0760-8：0.90元

劳动　/东北朝鲜民族教育出版社数学编辑室编译.—延吉：东北朝鲜民族教育出版社，1990.8.—255页；32开.—小学试用课本　一、二、三、年级教师用书.—ISBN 7-5437-0762-4：1.55元

体育：四年级/朝鲜族中小学体育教材编写组编.延吉：东北朝鲜民族教育出版社，1990.5.—125页；32开.—小学课本：试用本.—ISBN 7-5437-0649-0：0.66元

体育：五年级/朝鲜族中小学体育教材编写组编.—延吉：东北朝鲜民族教育出版社，1990.5.133页；32开.—小学课本：试用本.—ISBN 7-5437-0650-4：0.69元

体育：六年级/朝鲜族中小学体育教材编写组编.延吉：东北朝鲜民族教育出版社，1990.6.—122页；32开.—小学课本：试用本.—ISBN 7-5437-0692-X：0.64元

现代小学数学练习　第九册/《现代小学数学》实验协作组编；东北朝鲜民族教育出版社数学编辑室译.—延吉：东北朝鲜民族教育出版社，1990.6.151页；32开.—ISBN 7-5437-0716-0：0.61元

现代小学数学练习　第十册/东北朝鲜民族教育出版社数学编辑室编译.—延吉：东北朝鲜民族教育出版社，1990.11.—133页；32开.—ISBN 7-5437-0800-0：0.75元

音乐　第五册/延边中小学音乐教材编写组编.—延吉：东北朝鲜民族教育出版社，1990.7.—42页；16开.—小学课本：试用本.—ISBN 7-5437-0703-9：1.10元

音乐　第六册/朝鲜族中小学音乐教材编写组编·延吉：东北朝鲜民族教育出版社，1990.11.—40页；16开.—小学课本.—ISBN 7-5437-0790-1：0.97元

朝鲜语文　第五册/东北朝鲜民族教育出版社朝鲜语文编辑室编.—2版.—延吉：东北朝鲜民族教育出版社，1990.6.—128页；大32开.—小学课本.—ISBN 7-5437-0364-5：1.20元

本书1985年7月第1版。

朝鲜语文　第六册/东北朝鲜民族教育出版社朝鲜语文编辑室编.—2版.—延吉：东北朝鲜民族教育出版社，1990.10.—141页；大32开.—小学课本.—ISBN 7-5437-0089-1：1.15元

朝鲜语文　第七册/东北朝鲜民族出版社朝鲜语文编辑室编.—4版.—延吉：东北朝鲜民族教育出版社，1990.6.—148页；大32开.—小学课本.—ISBN 7-5437-0371-8：1.25元

朝鲜语文　第八册/东北朝鲜民族教育出版社朝鲜语文编辑室编.—3版.—延吉：东北朝鲜民族教育出版社，1990.11.—154页；大32开.—小学课本.—ISBN 7-5437-0029-8：1.55元

朝鲜语文　第九册/东北朝鲜民族出版社朝鲜语文编辑室编.—2版.—延吉：东北朝鲜民族教育出版社，1990.6.—156页；大32开.—小学课本.—ISBN 7-5437-0363-7：1.30元

本书1986年6月第1版。

朝鲜语文　第十册/东北朝鲜民族教育出版社朝鲜语文编辑室编.—2版.—延吉：东北朝鲜民族教育出版社，1990.11.—172页；大32开.—小学课本.—ISBN 7-5437-0045-X：1.50元

朝鲜语文　第十一册/东北朝鲜民族教育出版社朝鲜语文编辑室编.—2版.—延吉：东北朝鲜民族教育出版社，1990.6.—146页；大32开.—小学课本.—ISBN 7-5437-0378-5：1.30元

本书1985年6月第1版。

朝鲜语文　第十二册/东北朝鲜民族教育出版社朝鲜语文编辑室编.—2版.—延吉：东北朝鲜民族教育出版社，1990.11.—124页；大32开.—小学课本.ISBN 7-5437-0038-7：1.15元

数学　第七册/东北朝鲜民族教育出版社数学编辑室译.—2版.—延吉：东北朝鲜民族教育出版社，1990.5.—129页；32开.—六年制小学课本：试用本.—ISBN 7-5437-0217-7：0.72元

本书1985年6月第1版。

数学　第九册/东北朝鲜民族教育出版社数学编辑室译.—2版.—延吉：东北朝鲜民族教育出版社，1990.6.—132页；32开.—六年制小学课本：试用本.—ISBN 7-5437-0226-6：0.68元

本书1985年6月第1版。

数学　第十一册/人民教育出版社数学编辑室编；东北朝鲜民族教育出版社数学编辑室译.—2版.—延吉：东北朝鲜民族教育出版社，1990.5.—159页；32开.—六年制小学课本：试用本.—ISBN 7-5437-0227-4：0.80元

本书1985年5月第1版。

中学生与心理/（日）麦岛文夫等编；金得顺，李明根重译.—延吉：延边人民出版社，1990.4.202页；32开.—（当代中学生思考与研究丛书）.ISBN 7-80508-441-6：1.55元

中学生与生活/（日）麦岛文夫等编；金光星重译.—延吉：延边人民出版社，1990.4.—170页；32开.—（当代中学生思考与研究丛书）.—ISBN 7-80508-444-0：1.45元

中学生与问题行为/（日）麦岛文夫等编；林昌盛重译.—延吉：延边人民出版社，1990.5.—166页；

32开.—(当代中学生思考与研究丛书).—ISBN 7-80508-443-2：1.45元

中学生与朋友关系/(日)麦岛文夫等编；李龙海译.—延吉：延边人民出版社，1990.4.—206页；32开.—(当代中学生思考与研究丛书).—ISBN 7-80508-440-8：1.65元

中学生与性教育/(日)麦岛文夫等编；李明根重译.—延吉：延边人民出版社，1990.4.—173页；32开.—(当代中学生思考与研究丛书).—ISBN 7-80508-446-7：1.45元

中学生与学习/(日)麦岛文夫等编；秋英春重译.—延吉：延边人民出版社，1990.4.—177页；32开.—(当代中学生思考与研究丛书).—ISBN 7-80508-442-4：1.45元

中学生与家庭/(日)麦岛文夫等编；吴基松重译.—延吉：延边人民出版社，1990.5.—152页；32开.—(当代中学生思考与研究丛书).—ISBN 7-80508-445-9：1.40元

中学集/朴青山，崔亨哲编译.—延吉：延边人民出版社，1990.4.—242页；32开.—(中学生丛书；二).—ISBN 7-80508-435-1：2.00元

我们的同学/龙井高中等编.—延吉：延边人民出版社，1990.7.—831页；大32开.—ISBN 7-80508-526-9：9.35元

青春的叮咛/东北朝鲜民族教育出版社教育图书编辑室译.—延吉：东北朝鲜民族教育出版社，1990.7.—208页；32开.—ISBN 7-5437-0749-7：1.40元

三防常识/吉林人民防空办公室，吉林省教育厅编；东北朝鲜民族教育出版社自然科学编辑室译.2版.—延吉：东北朝鲜民族教育出版社，1990.11.112页；32开.—初级中学国防教材.—ISBN 7-5437-0801-9：0.53元

"三热爱"初中生读本/金南裴，文朴权译.—延吉：延边人民出版社，1990.3.—268页；32开.—ISBN 7-80508-482-3：2.00元

中学思想政治课试用课本经济常识辅导与练习　上册/东北朝鲜民族教育出版社政史地编辑室译.—延吉：东北朝鲜民族教育出版社，1990.6.—112页；32开.—ISBN 7-5437-0699-7：0.66元

中学思想政治课科学人生观(试用本)辅导与练习　上册/吉林教育学院编；东北朝鲜民族教育出版社政史地编辑室译.—延吉：东北朝鲜民族教育出版社，1990.5.—92页；32开.—ISBN 7-5437-0700-4：0.62元

公民　上册/谭玉轩等编；东北朝鲜民族教育出版社政史地编辑室译.—2版.—延吉：东北朝鲜民族教育出版社，1990.7.—292页；32开.—初级中学课本：试用本.—ISBN 7-5437-0495-1：1.40元

本书1989年6月第1版。

公民　下册/谭玉轩主编；东北朝鲜民族教育出版社政史地编辑室译.—2版.—延吉：东北朝鲜民族教育出版社，1990.12.—253页；32开.—初级中学课本：试用本.—ISBN 7-5437-0578-8：0.94元

本书1989年11月第1版。

社会发展简史　上册/姚森主编；东北朝鲜民族教育出版社政史地编辑室译.—延吉：东北朝鲜民族教育出版社，1990.7.—244页；32开.—初级中学课本：试用本.—ISBN 7-5437-0738-1：1.15元

初级中学社会发展简史练习册　上册/国家教育委员会中小学思想政治教材研究中心编；东北朝鲜民族教育出版社政史地编辑室译.—延吉：东北朝鲜民族教育出版社，1990.6.—91页；32开.—ISBN 7-5437-0723-3：0.56元

初级中学课本公民上册教学参考书：试用本/谭玉轩主编.—延吉：东北朝鲜民族教育出版社，1990.7.—283页；32开.—ISBN 7-5437-0752-7：1.25元

初级中学课本公民下册教学参考书　/东北朝鲜民族教育出版社政史地编辑室编译.—延吉：东北朝鲜民族教育出版社，1990.12.—384页；32开.—ISBN 7-5437-0819-9：2.25元

经济常识　上册/东北朝鲜民族教育出版社政史地编辑室译.—2版.—延吉：东北朝鲜民族教育出版社，1990.6.—172页；32开.—中学思想政治课试用课本.—ISBN 7-5437-0534-6：0.82元

本书1989年7月第1版。

经济常识　下册/东北朝鲜民族教育出版社政史地编辑室译.—2版.—延吉：东北朝鲜民族教育出版社，1990.12.—157页；32开.—中学思想政治课试用课本.—ISBN 7-5437-0603-2：0.78元

本书1989年12月第1版。

经济常识　上册/程树礼主编；东北朝鲜民族教育出版社政史地编辑室译.—延吉：东北朝鲜民族教育出版社，1990.7.—177页；32开.—高级中学课本：试用本.—ISBN 7-5437-0493-5：0.76元

经济常识　下册/东北朝鲜民族教育出版社政史地编辑室译.—2版.—延吉：东北朝鲜民族教育出版社，1990.12.—189页；32开.—高级中学课本：试用本.—ISBN 7-5437-0593-1：0.91元

本书1989年11月第1版。

经济常识练习　下册/东北朝鲜民族教育出版社政史地编辑室译.—延吉：东北朝鲜民族教育出版社，1990.11.—90页；32开.—中学思想政治课试用课本 ISBN 7-5437-0816-4：0.54元

政治常识　全一册/东北朝鲜民族教育出版社政史地编辑室译.—3版.—延吉：东北朝鲜民族教育出版社，1990.6.—232页；32开.—高级中学课本：试用本.—ISBN 7-5437-0497-8：1.10元

政治常识辅导与练习　全一册/吉林教育出版社编；东北朝鲜民族教育出版社政史地编辑室译.—延

吉：东北朝鲜民族教育出版社，1990.6.—181页；32开.—中学思想政治课试用课本.—ISBN 7-5437-0679-2：1.00元

科学人生观　上册/贺允清等编；东北朝鲜民族教育出版社政史地编辑室译.—3版.—延吉：东北朝鲜民族教育出版社，1990.7.—252页；32开.—高级中学课本：试用本.—ISBN 7-5437-0492-7：1.20元

科学人生观　下册/东北朝鲜民族教育出版社政史地编辑室译.—3版.—延吉：东北朝鲜民族教育出版社，1990.12.—173页；32开.—高级中学课本：试用本.—ISBN 7-5437-0245-2：0.85元

科学人生观练习　下册/吉林省教育学院编；东北朝鲜民族教育出版社政史地编辑室译.—延吉：东北朝鲜民族教育出版社，1990.12.—73页；32开.—ISBN 7-5437-0829-9：0.46元

高级中学经济常识练习册　上册/国家教育委员会中小学思想政治教材研究中心编；东北朝鲜民族教育出版社政史地编辑室译.—延吉：东北朝鲜民族教育出版社，1990.6.—132页；32开.—ISBN 7-5437-0741-1：0.76元

高级中学政治常识练习册　全一册/人民教育出版社政治室编；东北朝鲜民族教育出版社政史地编辑室译.—2版.—延吉：东北朝鲜民族教育出版社，1990.8.—176页；32开.—ISBN 7-5437-0774-8：1.30元

高级中学科学人生观练习册　上册/国家教育委员会中小学思想政治教材研究中心编；东北朝鲜民族教育出版社政史地编辑室译.—延吉：东北朝鲜民族教育出版社，1990.5.—118页；32开.—ISBN 7-5437-0696-2：0.77元

中学生作文　十六期/东北朝鲜民族教育出版社朝鲜语文编辑室编.—延吉：东北朝鲜民族教育出版社，1990.7.—266页；32开.—ISBN 7-5437-0751-9：1.50元

中学生说写训练资料/李允奎等著.—延吉：东北朝鲜民族教育出版社，1990.11.—325页；32开.—ISBN 7-5437-0768-3：1.70元

中学生朝鲜语文学习/东北朝鲜民族教育出版社朝鲜语文编辑室编.—延吉：东北朝鲜民族教育出版社，1990.6.—173页；32开.—ISBN 7-5437-0683-0：1.10元

中学朝鲜语文教学研究　（二）/东北朝鲜民族教育出版社朝鲜语文编辑室编.—延吉：东北朝鲜民族教育出版社，1990.5.—342页；32开.—ISBN 7-5437-0669-5：2.05元

中学朝鲜语文教学研究　（三）/东北朝鲜民族教育出版社朝鲜语文编辑室编.—延吉：东北朝鲜民族教育出版社，1990.12.—241页；32开.—ISBN 7-5437-0827-2：1.60元

初中朝鲜语文练习　第四册/东北朝鲜民族教育出版社朝鲜语文编辑室编.—2版.—延吉：东北朝鲜民族教育出版社，1990.10.—85页；32开.—ISBN 7-5437-0035-2：0.52元

本书1987年12月第1版。

初中朝鲜语文练习　第六册/东北朝鲜民族教育出版社朝鲜语文编辑室编.—2版.—延吉：东北朝鲜民族教育出版社，1990.11.—87页；32开.—ISBN 7-5437-0040-9：0.54元

初级中学朝鲜语文练习册　第二册/东北朝鲜民族教育出版社朝鲜语文编辑室编.—2版.—延吉：东北朝鲜民族教育出版社，1990.10.—94页；32开.—ISBN 7-5437-0032-8：0.56元

朝鲜语文　第一册/东北朝鲜民族教育出版社朝鲜语文编辑室编.—2版.—延吉：东北朝鲜民族教育出版社，1990.5.—375页；大32开.—初级中学课本.—ISBN 7-5437-0307-8：2.10元

朝鲜语文　第二册/东北朝鲜民族教育出版社朝鲜语文编辑室编.—2版.—延吉：东北朝鲜民族教育出版社，1990.10.—264页；大32开.—初级中学课本.ISBN 7-5437-0030-1：1.50元

本书1990每5月第1版。

朝鲜语文　第三册/东北朝鲜民族教育出版社朝鲜语文编辑室编.—2版.—延吉：东北朝鲜民族教育出版社，1990.5.—327页；大32开.—初级中学课本：试用本.—ISBN 7-5437-0267-3：1.85元

本书1985年7月第1版。

朝鲜语文　第四册/东北朝鲜民族教育出版社朝鲜语文编辑室编.—2版.—延吉：东北朝鲜民族教育出版社，1990.11.—308页；大32开.—初级中学课本.ISBN 7-5437-0036-0：1.75元

朝鲜语文　第五册/东北朝鲜民族出版社朝鲜语文编辑室编.—2版.—延吉：东北朝鲜民族教育出版社，1990.6.—330页；大32开.—初级中学课本：试用本.—ISBN 7-5437-0284-3：1.85元

本书1985年7月第1版。

朝鲜语文　第六册/东北朝鲜民族教育出版社语文编辑室编.—2版.—延吉：东北朝鲜民族教育出版社，1990.11.—300页；大32开.—初级中学课本.ISBN 7-5437-0043-3：1.70元

高中英语总复习集/尹基福等编著.—延吉：东北朝鲜民族教育出版社，1990.1.—390页；32开.—ISBN 7-5437-0604-0：2.45元

历史·地理·生物/马伯群等编；东北朝鲜民族教育出版社自然、政史地编辑室译.—延吉：东北朝鲜民族教育出版社，1990.12.—270页；32开.—（初中基础知识复习丛书）.—ISBN 7-5437-0833-7：1.55元

中国地理填充图册　下册/中国地图出版社编制；东北朝鲜民族教育出版社政史地编辑室译.—5版.延吉：东北朝鲜民族教育出版社，1990.10.—1册；16开.—ISBN 7-5437-0171-5：1.05元

世界地理练习册　上册/东北朝鲜民族教育出版社政史地编辑室译.—延吉：东北朝鲜民族教育出版社，1990.6.—73页；32开.—初级中学课本.—ISBN 7-5437-0697-0：0.44元

世界地理填充图册　下册/中国地图出版社编制；东北朝鲜民族教育出版社政史地编辑室译.—4版.延吉：东北朝鲜民族教育出版社，1990.8.—1册；16开.—ISBN 7-5437-0160-X：1.15元

吉林省历史　全一册/东北朝鲜民族教育出版社政史地编辑室译.—延吉：东北朝鲜民族教育出版社，1990.2.—189页；32开.—乡土教材.—ISBN 7-5437-0645-8：1.10元

本书同年12月出版了第2版。

初级中学中国历史练习册　第一册/人民教育出版社历史编辑室编；东北朝鲜教育出版社政史地编辑室译.—延吉：东北朝鲜民族教育出版社，1990.7.196页；32开.—ISBN 7-5437-0744-6：：1.15元

初级中学中国历史练习册　第二册/人民教育出版社历史编辑室编；东北朝鲜民族教育出版社政史地编辑室译.—延吉：东北朝鲜民族教育出版社，1990.12.206页；32开.—ISBN 7-5437-0832-9：1.60元

初级中学中国历史练习册　第三册/人民教育出版社历史室编；东北朝鲜民族教育出版社政史地编辑室译.—延吉：东北朝鲜民族教育出版社，1990.6.—226页；32开.—ISBN 7-5437-0698-9：1.40元

初级中学中国地理练习册　上册/东北朝鲜民族教育出版社政史地编辑室编译.—延吉：东北朝鲜民族教育出版社，1990.6.—149页；32开.—ISBN 7-5437-0701-2：0.84元

初级中学中国地理练习册　下册/东北朝鲜民族教育出版社政史地编辑室译.—延吉：东北朝鲜民族教育出版社，1990.12.—125页；32开.—ISBN 7-5437-0830-2：0.80元

初级中学世界地理上册教学参考书：东北朝鲜民族教育出版社政史地编辑室译.—延吉：东北朝鲜民族教育出版社，1990 7.—371页；32开.—ISBN 7-5437-0756-X：1.70元

初级中学世界地理练习册　下册/东北朝鲜民族教育出版社政史地编辑室译.—延吉：东北朝鲜民族教育出版社，1990.12—76页；32开.—ISBN 7-5437-0828-0：0.58元

初级中学世界地理教学参考书　下册/东北朝鲜民族教育出版社政史地编辑室译.—延吉：东北朝鲜民族教育出版社，1990.12.—334页；32开.—ISBN 7-5437-0822-1：1.55元

几何　第一册/东北朝鲜民族教育出版社数学编辑室译.—2版.—延吉：东北朝鲜民族教育出版社，1990.4.—281页；32开.—初级中学课本.—ISBN 7-5437-0293-2：1.25元

几何　第二册/人民教育出版社数学编辑室编；东北朝鲜民族教育出版社数学编辑室译.—2版.—延吉：东北朝鲜民族教育出版社，1990.4.—244页；32开.—初级中学课本.—ISBN 7-5437-0357-2：1.10元

本书1985年7月第1版。

代数　第一册/东北朝鲜民族教育出版社数学编辑室译.—2版.—延吉：东北朝鲜民族教育出版社，1990.6.—219页；32开.—初级中学课本.—ISBN 7-5437-0228-2：1.00元

代数　第二册/人民教育出版社数学编辑室编；东北朝鲜民族教育出版社数学编辑室译.—2版.—延吉：东北朝鲜民族教育出版社，1990.11.—212页；32开.—初级中学课本.—ISBN 7-5437-0037-9：1.00元

代数　第三册/人民教育出版社数学编辑室编；东北朝鲜民族教育出版社数学编辑室译.—2版.—延吉：东北朝鲜民族教育出版社，1990.4.—216页；32开.—初级中学课本.—ISBN 7-5437-0229-0：1.05元

本书1984年7月第1版。

代数　第四册/人民教育出版社数学编辑室编；东北朝鲜民族教育出版社数学编辑室译.—2版.—延吉：东北朝鲜民族教育出版社，1990.4.—262页；32开.—初级中学课本.—ISBN 7-5437-0239-8：1.15元

本书1988年6月第1版。

生物/人民教育出版社生物室编；东北朝鲜民族教育出版社自然科学编辑室译.—延吉：东北朝鲜民族教育出版社，1990.12.—115页；16开.—（高考指导丛书）.—ISBN 7-5437-0814-8：1.75元

初中三年级物理课堂教学目标及其测试/吉林省延边教育学院编.—延吉：东北朝鲜民族教育出版社，1990.6.—116页；32开.—ISBN 7-5437-0721-7：0.70元

初中化学课外习题集/赵克义等编；东北朝鲜民族教育出版社自然科学编辑室译.—延吉：东北朝鲜民族教育出版社，1990.7—327页；32开.—ISBN 7-5437-0728-4：1.70元

初中物理课外习题集　第一册/福建教育学院物理教研室编；东北朝鲜民族教育出版社自然科学编辑室译.—延吉：东北朝鲜民族教育出版社，1990.6.129页；32开.—ISBN 7-5437-0691-1：0.76元

初中物理课外习题集　第二册/福建教育学院物理教研室编；东北朝鲜民族教育出版社自然科学编辑

室译.—延吉：东北朝鲜民族教育出版社，1990.6.180页；32开.—ISBN 7-5437-0710-1：0.98元

初中学习水平自测：几何/华东师大二附中编；朴昌华译.—延吉：延边人民出版社，1990.2.—81页；32开.—ISBN 7-80508-403-3：0.75元

初中学习水平自测：化学/华东师大二附中编；韩圣寿译.—延吉：延边人民出版社，1990.2.—188页；32开.—ISBN 7-80508-406-8：1.40元

初中学习水平自测：代数/华东师大二附中编；林熙俊译.—延吉：延边人民出版社，1990.3.—231页；32开.—ISBN 7-80508-404-1：1.65元

初中学习水平自测：物理/华东师大二附中编；郑泰善译.—延吉：延边人民出版社，1990.2.—207页；32开.—ISBN 7-80508-407-6：1.50元

初中数学课外习题集：一年级/吕学礼等编；东北朝鲜民族教育出版社数学编辑室译.—延吉：东北朝鲜民族教育出版社，1990.6.—198页；32开.—ISBN 7-5437-0686-5：1.05元

初中数学课外习题集：二年级/吕学礼，孙福元编；东北朝鲜民族教育出版社数学编辑室译.—延吉：东北朝鲜民族教育出版社，1990.6.—206页；32开.—ISBN 7-5437-0709-8：1.15元

初中数学课外习题集：三年级/吕学礼等编；东北朝鲜民族教育出版社数学编辑室译.—延吉：东北朝鲜民族教育出版社，1990.7.—333页；32开.—ISBN 7-5437-0708-X：1.70元

初级中学生理卫生实验报告册/崔政豪编.—延吉：东北朝鲜民族教育出版社，1990.6.—53页；16开.ISBN 7-5437-0737-3：0.67元

初级中学生理卫生练习册/人民教育出版社生物室编；东北朝鲜民族教育出版社自然科学编辑室译.延吉：东北朝鲜民族教育出版社，1990.7.—124页；32开.—ISBN 7-5437-0726-8：0.89元

初级中学动物学实验报告册/白炳龙，崔济男编.延吉：东北朝鲜民族教育出版社，1990.7.—44页：16开.—ISBN 7-5437-0736-5：0.57元

初级中学动物学练习册/东北朝鲜民族教育出版社自然科学编辑室译.—延吉：东北朝鲜民族教育出版社，1990.7.—167页；32开.—ISBN 7-5437-0725-X：0.98元

初级中学植物学实验报告册/金龙俊编.—延吉：东北朝鲜民族教育出版社，1990.7.—28页；16开.—ISBN 7-5437-0735-7：0.43元

初级中学植物学练习册/东北朝鲜民族教育出版社自然科学编辑室译.—延吉：东北朝鲜民族教育出版社，1990.6.—102页；32开.—ISBN 7-5437-0711-X：0.71元

高中化学单元检测题解析/东北朝鲜民族教育出版社自然科学编辑室译.—延吉：东北朝鲜民族教育出版社，1990.5.—404页；32开.—ISBN 7-5437-0651-2：1.80元

高中化学50条规律/李永春，申再植编著；东北朝鲜民族教育出版社自然科学编辑室译.—延吉：东北朝鲜民族教育出版社，1990.11.—214页；32开.ISBN 7-5437-0781-0：1.60元

高中物理单元检测题解析/东北朝鲜民族教育出版社自然科学编辑室译.—延吉：东北朝鲜民族教育出版社，1990.5.—456页；32开.—ISBN 7-5437-0641-5：2.10元

高中数学单元检测题解析/东北朝鲜民族教育出版社数学编辑室译.—延吉：东北朝鲜民族教育出版社，1990.5.—407页；32开.—ISBN 7-5437-0642-3：2.10元

高级中学生物实验报告册/崔忠燮等编.—延吉：东北朝鲜民族教育出版社，1990.5.—46页；16开.ISBN 7-5437-0702-0：0.59元

劳动技术　第一册/东北朝鲜民族教育出版社自然科学编辑室译.—延吉：东北朝鲜民族教育出版社，1990.7.—375页；32开.—普通中学试用课本.—ISBN 7-5437-0754-3：2.00元

劳动技术　第二册/东北朝鲜民族教育出版社自然科学编辑室译.—延吉：东北朝鲜民族教育出版社，1990.9.—522页；32开.—普通中学试用课本.—ISBN 7-5437-0769-1：2.40元

劳动技术　第三册/吉林省中学劳动技术课教材编委会编；东北朝鲜民族教育出版社自然科学编辑室译.—延吉：东北朝鲜民族教育出版社，1990.9.438页；32开.—ISBN 7-5437-0761-6：2.30元

音乐　第四册/朝鲜族中等师范学校音乐教材编译组编译.—延吉：东北朝鲜民族教育出版社，1990.7.177页；16开.—中等师范学校课本：试用本.—ISBN 7-5437-0730-6：3.00元

方法集/文昌德等编译.—延吉：延边人民出版社，1990.7.—279页；32开.—（中学生丛书；三）.—ISBN 7-80508-474-2：2.80元

幼儿家长手册/东北朝鲜民族教育出版社儿童图书编辑室编译.—延吉：东北朝鲜民族教育出版社，1990.5.—40页；32开.—ISBN 7-5437-0677-6：0.55元

家庭教育手册/李京熙等编译.—延吉：延边人民出版社，1990.11.—371页；32开.—ISBN 7-80508-556-0：3.40元

家庭教育讲座/千洪范等编著.—延吉：延边人民出版社，1990.6.—147页；32开.—ISBN 7-80508-533-1：1.65元

世界儿童智力赛/东北朝鲜民族教育出版社儿童图书编辑室编译.—延吉：东北朝鲜民族教育出版社，1990.7.—264页；32开.—ISBN 7-5437-0705-5：1.65元

体育集/权伍根等编译.—延吉：延边人民出版社，1990.7.—323页；32开.—（中学生丛书；四）.—ISBN 7-80508-496-3：3.15元

益智趣味故事　（1）/金学，李顺编译.—牡丹江：黑龙江朝鲜民族出版社，1990.4.—121页；32开.—ISBN 7-5389-0237-6：1.40元

益智趣味故事　（2）/金民，惠锌编译.—牡丹江：黑龙江朝鲜民族出版社，1990.4.—146页；32开.—ISBN 7-5389-0238-4：1.50元

智力乐园：智力题300个/李英等编纂.—牡丹江：黑龙江朝鲜民族出版社，1990.1.—96页；32开.ISBN 7-5389-0293-7：1.00元

语言、文字

中小学学生国际比赛获奖作文选/金顺锦，李宗顺译.—牡丹江：黑龙江朝鲜民族出版社，1990.12.168页；32开.—ISBN 7-5389-0276-7：1.40元

交际语言学/崔明植著.—延吉：延边大学出版社，1990.7.—365页；32开.—ISBN 7-5634-0231-4：8.00元

社会语言学/廉光虎编.—延吉：延边大学出版社，1990.5.—231页；32开.—ISBN 7-5634-0207-1：8.00元

黑龙江省朝鲜族小学作文选　（11）/黑龙江省教育学院民族教研部编.—牡丹江：黑龙江朝鲜民族出版社，1990.1.—293页；32开.—ISBN 7-5389-0216-3：2.20元

黑龙江省朝鲜族中学生作文选　（11）/黑龙江省教育学院民族教研部编.—牡丹江：黑龙江朝鲜民族出版社，1990.1.—290页；32开.—ISBN 7-5389-0219-8：2.50元

演讲技巧/许河龙著.—延吉：延边大学出版社，1990.5.—200页；32开.—ISBN 7-5634-0201-3：3.00元

同义词/金灿等编译.—延吉：东北朝鲜民族教育出版社，1990.2.—212页；32开.—日语教学指导书.ISBN 7-5437-0605-9：1.50元

助词助动词/尹世镇等编译.—延吉：东北朝鲜民族教育出版社，1990.4.—225页；32开.—日语教学指导书.—ISBN 7-5437-0612-1：1.50元

朝鲜语词源探考/韩振乾著.—延吉：延边人民出版社，1990.3.—275页；32开.—ISBN 7-80508-415-7：3.20元

朝鲜语语法/东北朝鲜民族教育出版社朝鲜语文编辑室编.—2版.—延吉：东北朝鲜民族教育出版社，1990.7.—401页；32开.—中等师范学校朝鲜语文课本.—ISBN 7-5437-0673-3：2.65元

文　学

中国当代文学史/金宗洙，崔健著.—延吉：延边人民出版社，1990.6.—629页；大32开.—ISBN 7-80508-471-8：6.00元

中国朝鲜族文学史/赵成日等著.—延吉：延边人民出版社，1990.7.—698页；大32开.—ISBN 7-80508-469-6（精装）：8.90元

中国朝鲜族文学史/赵成日等著.—延吉：延边人民出版社，1990.7.—698页；大32开.—ISBN 7-80508-469-6：8.90元

邓小平论文艺/中央马列著作毛泽东著作民族语文翻译局译.—北京：民族出版社，1990.6.—150页；大32开.—ISBN 7-105-01069-X：2.45元

民族文艺论/任范松著.—牡丹江：黑龙江朝鲜民族出版社，1990.12.—248页；大32开.—ISBN 7-5389-0272-4：2.90元

地下室里的阴谋/金忠吉等编译.—延吉：延边人民出版社，1990.3.—335页；32开.—ISBN 7-80508-437-8：3.35元

杜鹃　第二十七辑/《杜鹃》编辑组编.—北京：民族出版社，1990.5.—357页；大32开.—ISBN 7-105-00994-2：2.85元

杜鹃　第二十八辑/《杜鹃》编辑组编.—北京：民族出版社，1990.9.—372页；大32开.—ISBN 7-105-01120-3：2.95元

阿里郎　（40）/《阿里郎》编辑部编辑.—延吉：延边人民出版社，1990.12.—366页；大32开.—ISBN 7-80508-554-4：3.50元

金学哲论/延边文学艺术研究所编.—牡丹江：黑龙江朝鲜民族出版社，1990.12.—330页；大32开.—ISBN 7-5389-0294-5：3.60元

复活的头骨/李元吉等编译.—延吉：延边人民出版社，1990.2.—426页；32开.—ISBN 7-80508-421-1：3.95元

美貌的玛伊蕾/李英秀等译.—延吉：延边人民出版社，1990.1.—327页；32开.—ISBN 7-80508-412-2：2.95元

梦中醒来又是梦/迟悟著.—牡丹江：黑龙江朝鲜民族出版社，1990.12.—389页；大32开.—ISBN 7-5389-0271-6：4.10元

蓝天上的银河/《银河》编辑部编.—牡丹江：黑龙江朝鲜民族出版社，1990.10.—540页；大32开.ISBN 7-5389-0268-6：4.60元

作品集

繁星　(30).—延吉：延边人民出版社，1990.4.—307页；大32开.—ISBN 7-80508-438-6：2.85元

诗歌

月亮的语言/金正浩著.—牡丹江：黑龙江朝鲜民族出版社，1990.4.—137页；32开.—ISBN 7-5389-0249-X：1.70元

伽倻琴声/金东振著.—牡丹江：黑龙江朝鲜民族出版社，1990.8.—216页；36开.—ISBN 7-5389-0259-7：2.40元

没有地址的信/韩春著.—牡丹江：黑龙江朝鲜民族出版社，1990.4.—119页；32开.—ISBN 7-5389-0255-4：1.55元

野蔷薇/郑澈著.—延吉：延边人民出版社，1990.7.—188页；32开.—ISBN 7-80508-478-5：2.55元

戏剧

戏剧概论/金云一著.—延吉：延边大学出版社，1990.5.—445页；32开.—ISBN 7-5634-0198-9：12.00元

小说

红墙内外/权延赤著；黄贤句译.—牡丹江：黑龙江朝鲜民族出版社，1990.12.—374页；大32开.—ISBN 7-5389-0275-9：4.70元

忧郁的侦探/李哲俊译.—北京：民族出版社，1990.10.—218页；32开.—ISBN 7-105-00831-8：1.10元

夏夜/朴哲奎著.—牡丹江：黑龙江朝鲜民族出版社，1990.4.—471页；32开.—ISBN 7-5389-0236-8：4.90元

爱情的影子/金云龙著.—牡丹江：黑龙江朝鲜民族出版社，1990.2.—239页；32开.—ISBN 7-5389-0240-6：2.60元

酒巴女郎/崔唯勋等编译.—延吉：延边人民出版社，1990.5.—359页；32开.—ISBN 7-80508-491-2：3.40元

第三个秘密.—延吉：延边人民出版社，1990.4.350页；大32开.—ISBN 7-80508-475-0：3.95元

报告文学

雷锋叔叔/安相，李明善编译.—延吉：延边人民出版社，1990.5.—131页；32开.—ISBN 7-80508-501-8：1.55元

民间文学

朝鲜民间传说/尹永等整理.—牡丹江：黑龙江朝鲜民族出版社，1990.2.—294页；大32开.—ISBN 7-5389-0223-6：4.10元

朝鲜神话传说集/朝鲜文艺出版社编辑.—牡丹江：黑龙江朝鲜民族出版社，1990.12.—126页；16开.—ISBN 7-5389-0281-3：3.90元

儿童文学

八十年寻路记/黄承范，许永勋译.—延吉：东北朝鲜民族教育出版社.—1990.12.—145页；32开.—ISBN 7-5437-0838-8：1.15元

儿童笑话集/升鹤编.—延吉：延边人民出版社，1990.11.—323页；32开.—ISBN 7-80508-560-9：2.80元

小金马/黄相博搜集整理.—延吉：延边人民出版社，1990.8.—221页；32开.—ISBN 7-80508-524-2：2.55元

子牙河边的枪声/安石峰编译.—延吉：延边人民出版社，1990.4.—217页；32开.—ISBN 7-80508-447-5：1.75元

井底之蛙/李春鹤编著.—延吉：延边人民出版社，1990.2.—312页；大32开.—ISBN 7-80508-418-1：3.15元

五分钟故事　(1)/郑泰善，朴熙俊编.—延吉：延边人民出版社，1990.5.—276页；32开.—ISBN 7-80508-465-3：2.40元

五分钟故事　(2)/韩圣寿，朴昌华编.—延吉：延边人民出版社，1990.5.—270页；32开.—ISBN 7-80508-466-1：2.35元

五分钟故事　(3)/韩圣寿，张光朝编.—延吉：延边人民出版社，1990.5.—288页；32开.—ISBN 7-80508-467-X：2.50元

少年英雄故事/文太范，千吉编.—延吉：延边人民出版社，1990.5.—255页；32开.—ISBN 7-80508-504-8：2.35元

少年复仇记/李逢柱译.—延吉：延边人民出版社，1990.2.—230页；32开.—ISBN 7-80508-420-3：1.80元

世界儿童文学　(15)/延边人民出版社编辑.—延吉：延边人民出版社，1990.4.—292页；大32开.ISBN 7-80508-449-1：2.85元

世界儿童文学　(16)/延边人民出版社编辑.—延吉：延边人民出版社，1990.5.—302页；大32开.ISBN 7-80508-470-X：3.05元

世界儿童文学　(17)/延边人民出版社编辑.—延

吉：延边人民出版社，1990.7.—302页；大32开．ISBN 7-80508-514-5：3.10元

白云列车/崔文燮著.—延吉：延边人民出版社，1990.2.—168页；32开.—ISBN 7-80508-416-5：1.70元

刘胡兰/晋青著.—延吉：东北朝鲜民族教育出版社，1990.12.—55页；32开.—ISBN 7-5437-0775-6：0.59元

故事园　（三）：奇怪的苹果/东北朝鲜民族教育出版社儿童图书编辑室编.—延吉：东北朝鲜民族教育出版社，1990.5.—125页；32开.—ISBN 7-5437-0688-1：1.00元

故事园　（四）：奇怪的镜子/东北朝鲜民族教育出版社儿童图书编辑室编.—延吉：东北朝鲜民族教育出版社，1990.10.—140页；32开.—ISBN 7-5437-0780-2：0.95元

哈克和大鼻鼠/张明植编译.—延吉：延边人民出版社，1990.3.—218页；32开.—ISBN 7-80508-436-X：1.75元

第三条毒蛇/李迪著；梁福善译.—延吉：延边人民出版社，1990.2.—201页；32开.—ISBN 7-80508-425-4：1.60元

董存瑞/金革，陈秋著.—延吉：东北朝鲜民族教育出版社，1990.12.—207页；32开.—ISBN 7-5437-0795-2：1.65元

晶莹的露珠/金得万著.—延吉：东北朝鲜民族教育出版社，1990.5.—203页；36开.—ISBN 7-5437-0732-2：1.30元

黑猫警长/诸志祥著；东北朝鲜民族教育出版社儿童图书编辑室译.—延吉：东北朝鲜民族教育出版社，1990.5.—196页；大32开.—ISBN 7-5437-0652-0：0.83元

智力故事　（6）：一千两黄金的谎话/东北朝鲜民族教育出版社儿童图书编辑室编.—延吉：东北朝鲜民族教育出版社，1990.5.—196页；32开.—ISBN 7-5437-0704-7：1.10元

智力故事　（7）：银驼铃/东北朝鲜民族教育出版社儿童图书编辑室编.—延吉：东北朝鲜民族教育出版社，1990.12.—179页；32开.—ISBN 7-5437-0786-1：1.25元

智擒坏人的故事/东北朝鲜民族教育出版社儿童图书编辑室编.—延吉：东北朝鲜民族教育出版社，1990.7.—175页；32开.—ISBN 7-5437-0733-0：1.20元

雷锋叔叔的故事/许鹤燮编译.—延吉：延边人民出版社，1990.5.—33页；32开.—ISBN 7-80508-499-8：0.95元

愚蠢的父子俩/东北朝鲜民族教育出版社儿童图书编辑室编.—延吉：东北朝鲜民族教育出版社，1990.8.—218页；32开.—ISBN 7-5437-0753-5：1.30元

图画故事

十二个月/东北朝鲜民族教育出版社儿童图书编辑室编.—延吉：东北朝鲜民族教育出版社，1990.12.1册；16开.—ISBN 7-5437-0820-5：1.30元

不肯长大的小泰莱莎/蔡凤善编译.—延吉：延边人民出版社，1990.5.—1册；40开.—ISBN 7-80508-204-9：1.00元

太阳和月亮/吴今淑改编；金瑞龙绘画.—延吉：东北朝鲜民族教育出版社，1990.5.—1册；16开.—ISBN 7-5437-0668-7：0.72元

火烧绵山/蔡凤善编译.—延吉：延边人民出版社，1990.5.—1册；40开.—ISBN 7-80508-487-4：1.00元

白象/童笑编译.—延吉：延边人民出版社，1990.4.—1册；40开.—ISBN 7-80508-431-9：1.00元

寻宝记/蔡凤善编译.—延吉：延边人民出版社，1990.5.—1册；40开.—ISBN 7-80508-463-7：1.00元

孙悟空/童笑编译.—延吉：延边人民出版社，1990.4.—1册；40开.—ISBN 7-30508-448-3：1.00元

吹短笛者和汽车/童笑编译.—延吉：延边人民出版社，1990.6.—1册；40开.—ISBN 7-80508-489-0：1.00元

卖火柴的姑娘/童笑编；朴昌友绘画.—延吉：延边人民出版社，1990.5.—1册；16开.—ISBN 7-80508-490-4：0.90元

狮子的眼镜/蔡凤善编；蒋松勋改绘.—延吉：延边人民出版社，1990.5.—1册；16开.—ISBN 7-80508-458-0：0.90元

聪明的小鹿/童笑编译.—延吉：延边人民出版社，1990.7.—30页；40开.—ISBN 7-80508-530-7：1.00元

聪明的木娃/蔡凤善编译.—延吉：延边人民出版社，1990.5.—1册；40开.—ISBN 7-80508-488-2：1.00元

外国文学

一个女人一生中的二十四小时/林云等译.—牡丹江：黑龙江朝鲜民族出版社，1990.3.—522页；大32开.—ISBN 7-5389-0233-3：5.90元

一个女孩子的足迹/（美）莱·弗·鲍姆著；马相究朝译.—延吉：延边人民出版社，1990.4.—209页；32开.—ISBN 7-80508-454-8：1.65元

三个火枪手/（法）大仲马著；《世界文学学生文

库》编译组编译.—北京：民族出版社，1990.3.198页；32开.—（世界文学学生文库）.—ISBN 7-105-00889-X：1.60元

女强人/（美）西德尼·谢哈登著；朱东律，崔一译.—牡丹江：黑龙江朝鲜民族出版社，1990.2.658页；大32开.—ISBN 7-5389-0218-X：7.80元

西方文学史/玄东彦著.—延吉：延边大学出版社，1990.12.—625页；32开.—ISBN 7-5634-0251-9：15.00元

扬·比比扬历险记/（保）埃林·彼林原著；严信长译；李英玉朝译.—牡丹江：黑龙江朝鲜民族出版社，1990.10.—167页；32开.—ISBN 7-5389-0257-0：1.10元

卓娅和舒拉/（苏）抑·科斯莫杰米扬斯卡娅著；东北朝鲜民族教育出版社儿童图书编辑室译.—延吉：东北朝鲜民族教育出版社，1990.12.—350页；大32开.—ISBN 7-5437-0826-4：3.70元

春香传/《世界文学学生文库》编译组编译.—北京：民族出版社，1990.3.—171页；32开.—（世界文学学生文库）.—ISBN 7-105-00987-X：1.45元

格利佛游记/（英）斯威夫特著；《世界文学学生文库》编译组编译.—北京：民族出版社，1990.3.—199页；32开.—（世界文学学生文库）.—ISBN 7-105-00965-9：1.60元

莫斯科鬼影/（苏）米·布尔加科夫著；高丽汉等译.—牡丹江：黑龙江朝鲜民族出版社，1990.12.558页；大32开.—ISBN 7-5389-0282-1：6.10元

秘密花园/（英）苇朗西斯·霍奇森·博纳特著；许范等重译.—延吉：延边人民出版社，1990.11.338页；大32开.—ISBN 7-80508-548-X：2.70元

爱的三角洲/（苏）龙里·留利柯夫著；刘玉宝译；权伍根等重译.—延吉：延边人民出版社，1990.3.—277页；32开.—ISBN 7-80508-509-9：2.75元

朝鲜古典文学选集 （6）：时调作品选/许辉勋编.北京：民族出版社，1990.3.—321页；大32开.—ISBN 7-105-00647-1（精装）：4.70元

福尔摩斯/（英）柯南道尔著；《世界文学学生文库》编译组编译.—北京：民族出版社，1990.3.196页；32开.—（世界文学学生文库）.—ISBN 7-105-00864-4：1.60元

艺 术

机器猫——小布娃娃/（日）藤子不二雄编绘；童笑重译.—延吉：延边人民出版社，1990.4.—96页；32开.—ISBN 7-30508-456-4：0.87元

机器猫——遥控大海战/（日）藤子不二雄编绘；蔡凤善重译.—延吉：延边人民出版社，1990.5.—96页；32开.—ISBN 7-80508-457-2：0.87元

画园 （10）/童笑编文，蒋松勰改绘.—延吉：延边人民出版社，1990.3.—1册；16开.—ISBN 7-80508-430-0：0.90元

* * *

石千秀作曲集/石千秀作.—牡丹江：黑龙江朝鲜民族出版社，1990.2.—154页；大32开.—ISBN 7-5389-0234-1：2.15元

东北军政大学吉林分校歌曲集.—延吉：延边人民出版社，1990.2.—104页；大32开.—ISBN 7-80508-434-3：1.35元

金在清小提琴教学法/金在清著.—牡丹江：黑龙江朝鲜民族出版社，1990.1.—135页；大32开.—ISBN 7-5389-0226-0：2.20元

金德均作曲集/金德均作.—延吉：东北朝鲜民族教育出版社，1990.9.—108页；32开.—ISBN 7-5437-0763-2：1.30元

学生歌曲选 （1）/东北朝鲜民族教育出版社教育图书编辑室编.—延吉：东北朝鲜民族教育出版社，1990.8.—115页；32开.—ISBN 7-5437-0758-6：1.10元

新歌曲 （14）/《新歌曲》编辑部编.—延吉：延边人民出版社，1990.2.—60页；大32开.—ISBN 7-80508-427-0：0.70元

新歌曲 （16）/《新歌曲》编辑部编.—延吉：延边人民出版社，1990.11.—60页；大32开.—ISBN 7-80508-547-3：0.80元

歌曲手册/李文编.—牡丹江：黑龙江朝鲜民族出版社，1990.7.—155页；40开.—ISBN 7-5389-0155-8：2.30元

历史、地理

中外历史知识选择题集/吕斗星，朴洪俊编著.牡丹江：黑龙江朝鲜民族出版社，1990.12.—261页；32开.—ISBN 7-5389-0237-2：3.00元

世界五千年 （三）/顾汉松编著；金太平译.—北京：民族出版社，1990.4.—343页；32开.—ISBN 7-105-00830-X：2.10元

世界五千年 （四）/顾汉松编著；李敬子译.—北京：民族出版社，1990.3.—364页；32开.—ISBN 7-105-00970-5：2.25元

世界五千年 （五）/段万翰编著；李京子译.—北京：民族出版社，1990.6.—397页；32开.—ISBN 7-105-01036-3：2.45元

今日延边/蔡永春等编.—延吉：延边人民出版社，1990.8.—12册；44开.—ISBN 7-80508-549-8：9.90元

长征秘史/(美)哈里森·索尔兹伯里著；金得顺等重译.—延吉：延边人民出版社，1990.7.—555页；大32开.—ISBN 7-80508-497-1：6.60元

红叶/金道永著.—沈阳：辽宁民族出版社，1990.11.—362页；32开.—ISBN 7-80527-141-0：3.30元

朝鲜学研究　第三卷/《朝鲜学研究》编辑委员会编.—延吉：延边大学出版社，1990.12.—388页；大32开.—ISBN 7-5634-0249-5：9.50元

渤海史研究　(一)/方学凤主编.—延吉：延边大学出版社，1990.12.—326页；大32开.—ISBN 7-5634-0163-3：18.00元

长白勇士　(4)/延边朝鲜族自治州民政局编.延吉：延边人民出版社，1990.2.—358页；32开.ISBN 7-80508-419-X(精装)：4.40元

长白勇士　(4)/延边朝鲜族自治州民政局编.延吉：延边人民出版社，1990.2.—358页；32开.ISBN 7-80508-419-X：4.40元

民族英杰/李路编写；东北朝鲜民族教育出版社教育图书编辑室译.—延吉：东北朝鲜民族教育出版社，1990.12.—188页；32开.—ISBN 7-5437-0802-7：1.45元

名人集/南大明等编译.—延吉：延边人民出版社，1990.3.—309页；32开.—(中学生丛书之一).—ISBN 7-80508-414-9：2.95元

杰出的中国人/孙云晓，艾玲编写；东北朝鲜民族教育出版社教育图书编辑室译.—延吉：东北朝鲜民族教育出版社，1990.12.—189页；32开.—ISBN 7-5437-0784-5：1.45元

难忘的英雄们/南大明等编.—延吉：延边人民出版社，1990.5.—297页；32开.—ISBN 7-80508-502-1：2.65元

雷锋日记/马峰吉，龙燮编译.—延吉：延边人民出版社，1990.3.—92页；32开.—ISBN 7-80508-498-X：0.90元

自然科学

少年科学　(1)/延边人民出版社编.—延吉：延边人民出版社，1990.2.—96页；32开.—ISBN 7-80508-439-2：0.47元

少年科学　(2)/延边人民出版社编.—延吉：延边人民出版社，1990.4.—96页；32开.—ISBN 7-80508-464-5：0.47元

少年科学　(3)/延边人民出版社编.—延吉：延边人民出版社，1990.5.—96页；32开.—ISBN 7-80508-510-2：0.47元

少年科学　(4)/延边人民出版社编.—延吉：延边人民出版社，1990.6.—96页；32开.—ISBN 7-80508-520-X：0.47元

少年科学　(5)/延边人民出版社编.—延吉：延边人民出版社，1990.9.—96页；32开.—ISBN 7-80508-540-4：0.47元

中朝科学技术词典/郑成永等编.—北京：民族出版社，1990.12.—1506页；大32开.—ISBN 7-105-01277-3(精装)：13.50元

打通思路/(日)多湖辉编；东北朝鲜民族教育出版社教育图书编辑室译.—延吉：东北朝鲜民族教育出版社，1990.1.—144页；32开.—ISBN 7-5437-0617-2：0.90元

金学范三算教学法/金学范著.—沈阳：辽宁民族出版社，1990.12.—171页；32开.—ISBN 7-80527-025-2：1.90元

实用科技信息/李成律，李容哲编译.—延吉：延边人民出版社，1990.11.—265页；32开.—ISBN 7-80508-559-5：2.65元

科学365天　(下)/东辉，钟律编译.—延吉：延边人民出版社，1990.7.—392页；32开.—ISBN 7-80508-493-9：3.30元

原子与英雄/东寅，光学译.—北京：民族出版社，1990.5.—224页；32开.—ISBN 7-105-01011-8：1.15元

医药、卫生

生命知识/李赞道编著.—延吉：延边人民出版社，1990.7.—41页；24开.—ISBN 7-80508-531-5：0.75元

农业科学

小型农机械使用技术/朱英浩等编著.—延吉：延边人民出版社，1990.6.—350页；32开.—ISBN 7-80508-507-2：5.60元

小型拖拉机及配套农具的使用/许范锡等编.—延吉：延边人民出版社，1990.8.—274页；32开.—ISBN 7-80508-535-8：3.50元

肉用鸡饲养技术/南寿洪编著.—延吉：延边人民出版社，1990.4.—111页；32开.—ISBN 7-80508-451-3：1.30元

农家实用致富技术/李乙燮，李钟律编译.—延吉：延边人民出版社，1990.7.—374页；32开.—ISBN 7-80508-476-9：3.40元

晒烟栽培技术/金正洙等编著.—延吉：延边人民出版社，1990.6.—182页；32开.—ISBN 7-80508-450-5：2.35元

家庭饲养手册/金永厚等编著.—延吉：延边人民出版社.1990.3.—574页；32开.—ISBN 7-80508-

422-X：6.10元

寒冷地区的水稻栽培/金润植等编著.—延吉：延边人民出版社，1990.8—457页；32开.—ISBN 7-80508-484-X：5.10元

工业技术

家用电器实用手册/沈永燮，吴国台编译.—延吉：延边人民出版社，1990.5.—439页；32开.—ISBN 7-80508-473-1：4.70元

综合性图书

中国的世界之最/东北朝鲜民族教育出版社儿童图书编辑室编译.—延吉：东北朝鲜民族教育出版社，1990.10.—247页；32开.—ISBN 7-5437-0776-4：1.65元

生活之友/崔承范，朴光明编译.—延吉：延边人民出版社，1990.7.—316页；32开.—ISBN 7-80508-483-1：3.70元

现代男性生活知识/延边人民出版社编译.—延吉：延边人民出版社，1990.9.—548页；32开.—ISBN 7-80508-472-3：5.80元

新婚手册/王冲等编；文新译.—沈阳：辽宁民族出版社，1990.12.—289页；32开.—ISBN 7-80527-120-2：3.00元

哈萨克文图书

马列著作选读：哲学/中央马列著作毛泽东著作民族语文翻译局译.—北京：民族出版社，1990.12.900页；大32开.—ISBN 7-105-01126-2：4.30元

马克思主义概论 下册/叶郭平主编；国家教委政教司组编.—乌鲁木齐：新疆教育出版社，1990.10.338页；32开.—中等师范学校教材.—ISBN 7-5370-1271-4：2.02元

哲学、社会科学

马克思主义哲学学习纲要/中共中央宣传部理论局组织编写；阿哈甫等译.—北京：民族出版社，1990.5.—261页；大32开.—ISBN 7-105-01113-0：2.30元

心理学/陈琼心主编；夏尔甫，萨哈提译.—乌鲁木齐：新疆人民出版社，1990.5.—245页；16开.—小学教师《专业合格证书》教材.—ISBN 7-5370-1248-9：3.36元

古兰经/哈再孜，马哈什译.—北京：民族出版社，1990.10.—629页；16开.—ISBN 7-105-01165-3（精装）：28.00元

可能与现实/张华金著；马合皮西译；白生辑.—奎屯：伊犁人民出版社，1990.7.—255页；32开.—ISBN 7-5425-0084-8：1.65元

伦理学问答/九所高等院校《伦理学问答》编写组编；沙木丁等译.—乌鲁木齐：新疆人民出版社，1990.7.—591页；大32开.—ISBN 7-228-01004-3：4.80元

怎样提高记忆力/加木沙夫译.—乌鲁木齐：中国科普出版社新疆维、哈分社，1990.7.—242页；32开.—ISBN 7-110-00688-3：1.52元

美学概论/王朝闻主编；托列根等译.—北京：民族出版社，1990.4.—632页；大32开.—ISBN 7-00878-4：2.70元

* * *

人性的弱点/戴尔·卡耐基著；扎衣木汉译.—北京：民族出版社，1990.4.—187页；32开.—ISBN 7-105-00971-3：0.50元

政治、法律

历史与时代的抉择：答当代青年百问/何富麟，裴英明主编；努尔沙力别克等译.—乌鲁木齐：新疆人民出版社，1990.12.—412页；32开.—ISBN 7-228-01434-0：3.40元

中国革命和建设基本问题/陈乃宣主编.—修订本.乌鲁木齐：新疆教育出版社，1990.6.—313页；16开.—中等专业学校教材.—ISBN 7-5370-1254-4：3.72元

六十个怎么看/王春言等编；努尔多拉，托合塔尔霍加译.—乌鲁木齐：新疆人民出版社，1990.4.486页；32开.—ISBN 7-228-01220-8：3.10元

邓小平文选：1938～1965/中央马列著作毛泽东著作民族语文翻译局译.—北京：民族出版社，1990.12.—672页；大32开.—ISBN 7-105-01211-0：5.40元

邓小平同志论民主与法制/中央马列著作毛泽东著作民族语文翻译局译.—北京：民族出版社，1990.8.—123页；大32开.—ISBN 7-105-01173-4：1.50元

论社会主义改革：学习十三大文献的体会/阿斯哈尔等译.—乌鲁木齐：新疆人民出版社，1990.1.597页；32开.—ISBN 7-228-00678-X：3.55元

进一步治理整顿深化改革100题/乌马尔汗等译.北京：民族出版社，1990.3.—430页；大32开.—ISBN 7-105-01034-3：3.10元

国旗国徽国歌知识/张天敏编著；海拉提译.—乌鲁木齐：新疆人民出版社，1990.11.—102页；32开.ISBN 7-228-01362-X：0.90元

* * *

中华人民共和国行政诉讼法/中央马列著作毛泽东著作民族语文翻译局译.—北京：民族出版社，1990.6.—41页；大32开.—ISBN 7-105-00913-6：0.45元

中华人民共和国法律汇编：1986/中央马列著作毛泽东著作民族语文翻译局译.—北京：民族出版社，1990.7.—305页；大32开.—ISBN 7-105-0100-2：1.20元

中华人民共和国婚姻法.—乌鲁木齐：新疆人民出版社，1990.5.—52页；32开.—ISBN 7-228-01460-X：0.50元

从小学一点法律常识/哈依夏译.—乌鲁木齐：新疆青少年出版社，1990.1.—118页；32开.—ISBN 7-5371-0534-0：0.95元

法规选编　（二）/新疆维吾尔自治区司法厅编.乌鲁木齐：新疆人民出版社，1990.7.—379页；大32开.—ISBN 7-228-01054-X：3.95元

经　济

会计基础知识/哈那提别克·夏力扎译.—乌鲁木齐：新疆人民出版社，1990.6.—326页；32开.—ISBN 7-228-00997-5：2.35元

政治经济学讲座/中共新疆维吾尔自治区委员会宣传部讲师团编.—乌鲁木齐：新疆人民出版社，1990.8.—822页；大32开.—ISBN 7-228-01208-9：5.70元

商品性畜牧业/塔林·耶尔丁著.—乌鲁木齐：中国科普出版社新疆维、哈分社，1990.5.—234页；32开.—ISBN 7-110-01395-2：2.00元

新疆畜牧经济概论/李玉祥主编；阿不都克孜尔等译.—乌鲁木齐：新疆人民出版社，1990.12.—501页；大32开.—ISBN 7-228-00677-1：3.80元

文化、教育、体育

教育学/吴玉芝，陈慎仪主编；阿德力别克，努尔巴合提译.—乌鲁木齐：新疆教育出版社，1990.6.305页；16开.—小学教师《专业合格证书》教材.ISBN 7-5370-0133-2：3.59元

父母的错误/（意）阿达·黛拉托列著；阿布德力达别克译.—乌鲁木齐：新疆人民出版社，1990.12.233页；32开.—ISBN 7-228-01408-1：1.70元

小学课本（试用本）自然一年级上册教师用书/人民教育出版社生物自然室编；阿勒马斯·乌拉孜别克译.乌鲁木齐：新疆教育出版社，1990.6.—159页；32开.—ISBN 7-5370-1213-1：0.90元

小学课本（试用本）自然一年级下册教师用书/人民教育出版社生物自然室编.—乌鲁木齐：新疆教育出版社，1990.10.—108页；32开.—ISBN 7-5370-1373-X：0.62元

小学课本（试用本）自然二年级上册教师用书.乌鲁木齐：新疆教育出版社，1990.6.—145页；32开.—ISBN 7-5370-1274-X：0.82元

小学课本（试用本）自然二年级下册教师用书.乌鲁木齐：新疆教育出版社，1990.11.—127页；32开.—ISBN 7-5370-1369-0：0.74元

小学数学一题多解200例/翟连林等编著；沙哈提·巴扎尔汉译.—乌鲁木齐：中国科普出版社新疆维、哈分社，1990.5.—231页；32开.—ISBN 7-110-01389-8：1.40元

历史/依马马地等译.—乌鲁木齐：新疆青少年出版社，1990.5.—428页；16开.—卫星电视教育小学教师培训教材.—ISBN 7-5371-0671-1：5.00元

六年制小学二年级语文（试用本）阅读本　全一册/夏尔甫编.—乌鲁木齐：新疆教育出版社，1990.6.—73页；32开.—ISBN 7-5370-1152-4：0.83元

六年制小学配套识字课本教师用书.—乌鲁木齐：新疆教育出版社，1990.6.—106页；32开.—ISBN 7-5370-0877-2：0.57元

六年制小学课本数学第六册教学参考书/人民教育出版社中小学数学编写室编.—乌鲁木齐：新疆教育出版社，1990.10.—230页；32开.—ISBN 7-5370-1352-1：1.26元

六年制小学课本数学第七册教学参考书/人民教育出版社数学室编.—乌鲁木齐：新疆教育出版社，1990.6.—204页；32开.—ISBN 7-5370-1238-3：1.01元

六年制小学数学第八册（试用本）教学参考书/人民教育出版社数学室编.—乌鲁木齐：新疆教育出版社，1990.10.—204页；32开.—ISBN 7-5370-1361-5：1.14元

地理　上册.—2版.—乌鲁木齐：新疆教育出版社，1990.6.—100页；32开.—小学课本.—ISBN 7-5370-0287-9：0.56元

自然　第一册/人民教育出版社自然室编.—乌鲁木齐：新疆教育出版社，1990.6.—97页；32开.小学课本.—ISBN 7-5370-1135-4：0.68元

自然　第三册/李培实等编.—乌鲁木齐：新疆教育出版社，1990.6.—123页；32开.—小学课本：试用本.—ISBN 7-5370-1151-6：0.80元

自然：一年级　上册/人民教育出版社生物自然室编；夏尔甫译.—乌鲁木齐：新疆教育出版社，1990.6.—44页；32开.—小学课本：试用本.—IS

BN 7-5370-1137-0：0.57元

自然：一年级　下册/人民教育出版社生物自然室编.—乌鲁木齐：新疆教育出版社，1990.10.—48页；32开.—小学课本：试用本.—ISBN 7-5370-1323-7：0.64元

自然：二年级　上册/人民教育出版社生物自然室编；夏尔甫译.—乌鲁木齐：新疆教育出版社，1990.6.—44页；32开.—小学课本：试用本.—ISBN 7-5370-1138-2：0.57元

自然：二年级　下册/人民教育出版社生物自然室编.—乌鲁木齐：新疆教育出版社，1990.10.—48页；32开.—小学课本：试用本.—ISBN 7-5370-1313-5：0.64元

全日六年制小学美术教学大纲：初审稿/新疆维吾尔自治区教育委员会制订.—乌鲁木齐：新疆教育出版社，1990.6.—21页；32开.—ISBN 7-5370-1258-1：0.20元

体育.—乌鲁木齐：新疆教育出版社，1990.6.263页；16开.—小学教师《专用合格证书》教材.ISBN 7-5370-1280-5：3.56元

快乐的数学/唐世兴编；白斯汗译.—奎屯：伊犁人民出版社，1990.2.—102页；32开.—ISBN 7-5425-0074-0：0.80元

哈语语法　第一册.—2版.—乌鲁木齐：新疆教育出版社，1990.6.—108页；32开.—六年制小学课本.—ISBN 7-5370-1246-5：0.47元

哈语语法　第三册.—2版.—乌鲁木齐：新疆教育出版社，1990.6.—84页；32开.—小学课本.—ISBN 7-5370-0161-8：0.40元

看图说话　全一册/哈那菲亚编.—乌鲁木齐：新疆教育出版社，1990.6.—60页；16开.—六年制小学二年级语文课本：试用本.—ISBN 7-5370-1282-9：1.30元

音乐　第一册/新疆维吾尔自治区教育厅音乐编写组编.—2版.—乌鲁木齐：新疆教育出版社，1990.6.—42页；16开.—小学课本.—ISBN 7-5370-1260-X：0.52元

音乐　第二册/新疆维吾尔自治区教育厅音乐编写组编.—2版.—乌鲁木齐：新疆教育出版社，1990.6.-63页；16开.—小学课本.—ISBN 7-5370-1261-1：0.67元

美术　第一册.—乌鲁木齐：新疆教育出版社，1990.—44页；16开.—小学试用课本.—ISBN 7-1228-5370-3：1.08元

美术　第三册.—乌鲁木齐：新疆教育出版社，1990.6.—47页；16开.—小学试用课本.—ISBN 7-5370-1229-5：1.30元

美术　第五册.—乌鲁木齐：新疆教育出版社，1990.6.—32页；16开.—小学试用课本.—ISBN 7-5370-1230-1：0.90元

美术字练习　第一册.—乌鲁木齐：新疆教育出版社，1990.6.—38页；32开.—六年制小学语文课本ISBN 7-5370-1278-7：0.40元

美术字练习　第二册/夏尔甫编.—乌鲁木齐：新疆教育出版社，1990.10.—34页；32开.—六年制小学语文课本.—ISBN 7-5370-1334-1：0.38元

语文　第九册/夏尔甫编写.—乌鲁木齐：新疆教育出版社，1990.6.—140页；32开.—六年制小学课本：试用本.—ISBN 7-5370-1208-8：0.64元

语文　第十册/新疆维吾尔自治区教育委员会民文教材临时审定委员会审定.—乌鲁木齐：新疆教育出版社，1990.10.—245页；32开.—六年制小学课本：试用本.—ISBN 7-5370-1362-7：1.05元

暑假作业：小学一年级.—乌鲁木齐：新疆青少年出版社，1990.6.—24页；16开.—ISBN 7-5371-1173-6：0.46元

暑假作业：小学二年级.—乌鲁木齐：新疆教育出版社，1990.6.—23页；16开.—ISBN 7-5370-1201-5：0.46元

暑假作业：小学三年级.—乌鲁木齐：新疆教育出版社，1990.6.—35页；16开.—ISBN 7-5370-1202-7：0.61元

暑假作业：小学四年级.—乌鲁木齐：新疆教育出版社，1990.6.—31页；16开.—ISBN 7-5370-1203-9：0.56元

寒假作业：小学一年级.—乌鲁木齐：新疆教育出版社，1990.11.—18页；16开.—ISBN 7-5370-1319-6：0.41元

寒假作业：小学二年级.—乌鲁木齐：新疆教育出版社，1990.11.—20页；16开.—ISBN 7-5370-1320-8：0.41元

寒假作业：小学三年级.—乌鲁木齐：新疆教育出版社，1990.11.—28页；16开.—ISBN 7-5370-1321-3：0.51元

寒假作业：小学四年级.—乌鲁木齐：新疆教育出版社，1990.11.—39页；16开.—ISBN 7-5370-1322-5：0.66元

数学　第九册.—乌鲁木齐：新疆教育出版社，1990.6.—123页；32开.—六年制小学课本：试用本.ISBN 7-5370-1147-3：0.56元

数学　第十册.—乌鲁木齐：新疆教育出版社，1990.10.—168页；32开.—六年制小学课本：试用本.ISBN 7-5370-1359-4：0.68元

中学生青春期教育百题问答/马卡达斯·阿赛因诺夫译.—乌鲁木齐：新疆青少年出版社，1990.2.—317页；32开.—ISBN 7-5371-0662-2：2.00元

方法集/朱长超　戚越然等著；哈布丁译.—乌鲁木齐：中国科普出版社新疆维、哈分社，1990.11.378页；32开.—（中学生丛书）.—ISBN 7-110-0139-X：2.72元

当你烦恼的时候/高志红著；艾尼吾尔别克·米马别克译.—乌鲁木齐：新疆人民出版社，1990.12.184页；32开.—ISBN 7-228-01234-8：1.35元

道路集/阿合木·阿克拜尔等译.—乌鲁木齐：中国科普出版社新疆维、哈分社，1990.11.—463页；32开.—（中学生丛书）.—ISBN 7-110-01392-8：3.16元

中学教师《专业合格证书》文化专业知识考试教育学、心理学、教学大纲：试用本/国家教育委员会师范教育司编.—乌鲁木齐：新疆教育出版社，1990.6.—104页；32开.—ISBN 7-5370-1143-5：0.74元

公民　上册.—乌鲁木齐：新疆教育出版社，1990.6.—327页；32开.—初级中学课本：试用本.ISBN 7-5340-1232-5：1.04元

公民　下册.—2版.—乌鲁木齐：新疆教育出版社，1990.10.—318页；32开.—初级中学课本：试用本.—ISBN 7-5370-1386-6：0.92元

经济常识　上册/程树礼主编.—2版.—乌鲁木齐：新疆教育出版社，1990.6.—206页；32开.—高级中学课本：试用本.—ISBN 7-5370-1270-2：0.68元

政治常识　上册/李敬德主编.—乌鲁木齐：新疆教育出版社，1990.6.—155页；32开.—高级中学课本：试用本.—ISBN 7-5370-0527-3：0.88元

政治常识　下册/李敬德主编.—3版.—乌鲁木齐：新疆教育出版社，1990.10.—108页；32开.—高级中学课本：试用本.—ISBN 7-5370-1300-7：0.52元

科学人生观　上册/贺允清主编.—2版.—乌鲁木齐：新疆教育出版社，1990.6.—298页；32开.高级中学课本：试用本.—ISBN 7-5370-1233-7：0.98元

科学人生观　下册/贺允清主编.—2版.—乌鲁木齐：新疆教育出版社，1990.10.—204页；32开.—高级中学课本：试用本.—ISBN 7-5370-1371-7：0.64元

怎样学好政治/王文奎等编著；木汗译.—乌鲁木齐：新疆人民出版社，1990.4.—250页；32开.—ISBN 7-228-01129-5：1.65元

历史300例/钱昌明等编；海尼西译.—乌鲁木齐：新疆人民出版社，1990.12.—396页；32开.—（中学解题思路与技巧三千例丛书/李峰，金怡弟主编）.ISBN 7-228-01443-X：2.60元

中国近代现代历史讲座　全一册.—乌鲁木齐：新疆教育出版社，1990.10.—275页；32开.—高级中学课本.—ISBN 7-5370-1388-3：0.96元

中学教师《专业合格证书》文化专业知识考试地理教学大纲：试用本/国家教育委员会师范教育司编；阿勒马斯·乌拉孜别克译.—乌鲁木齐：新疆教育出版社，1990.11.—193页；32开.—ISBN 7-5370-1356-9：1.35元

怎样学好历史/夏春江等著；海尼西译.—乌鲁木齐：新疆人民出版社，1990.4.—260页；32开.ISBN 7-228-01126-0：1.75元

怎样学好语文/波拉提·波排，乌拉力汉·胡尔曼哈力编著.—乌鲁木齐：新疆人民出版社，1990.6.374页；32开.—ISBN 7-228-01403-0：2.35元

几何　第二册/人民教育出版社数学室编.—2版.乌鲁木齐：新疆教育出版社，1990.6.—288页；32开.—初级中学课本.—ISBN 7-5370-0206-1：1.08元

力学中若干容易混淆的问题/陈立明编；艾山译.乌鲁木齐：新疆人民出版社，1990.12.—146页；32开.—ISBN 7-228-00858-8：1.15元

中学物理实验仪器的用法：力学部分/阿哈提木哈西编译.—乌鲁木齐：中国科普出版社新疆维、哈分社，1990.5.—214页；32开.—ISBN 7-110-01393-6：1.30元

中学教师《专业合格证书》文化专业知识考试化学教学大纲：试用本/国家教育委员会师范教育司编.乌鲁木齐：新疆教育出版社，1990.10.—126页；32开.—ISBN 7-5370-1367-3：0.88元

中学教师《专业合格证书》文化专业知识考试物理教学大纲/国家教育委员会师范教育司编.—乌鲁木齐：新疆教育出版社，1990.10.—115页；32开.ISBN 7-5370-1349-8：0.82元

化学家的足迹/张保文，刘明干编著；巴合提汗译.乌鲁木齐：新疆人民出版社，1990.7.—154页；32开.—ISBN 7-228-01254-2：1.10元

化学300例/沈子为，陆惊帆编；塔衣甫江译.—乌鲁木齐：新疆人民出版社，1990.5.—404页；32开.（中学解题思路与技巧三千例丛书/李峰，金怡第主编）.—ISBN 7-228-01181-3：3.30元

电学中若干容易混淆的问题/陈立明著；哈比译.乌鲁木齐：新疆人民出版社，1990.8.—163页；32开.—ISBN 7-228-01059-0：1.15元

代数　第一册/人民教育出版社数学室编.—2版.乌鲁木齐：新疆教育出版社，1990.6.—254页；32开.—初级中学课本.—ISBN 7-5370-1187-4：0.90元

代数　第二册/人民教育出版社数学室编.—2版.

乌鲁木齐：新疆教育出版社，1990.10.—249页；32开.—初级中学课本.—ISBN 7-5370-0622-9：1.00元

代数　第三册/人民教育出版社数学室编.—2版.乌鲁木齐：新疆教育出版社，1990.6.—250页；32开.—初级中学课本.—ISBN 7-5370-0208-8：1.05元

生物300例/何绍康等编；衣布拉音译.—乌鲁木齐：新疆人民出版社，1990.6.—207页；32开.—(中学解题思路与技巧三千例丛书/李峰，金怡弟主编).ISBN 7-228-01162-7：1.60元

动物学　全一册/叶佩珉，段芸芬编.—乌鲁木齐：新疆教育出版社，1990.6.—401页；32开.—初级中学课本.—ISBN 7-5370-0148-0：1.65元

全日制中学物理教学大纲/中华人民共和国国家教育委员会制订.—2版(修订本).—乌鲁木齐：新疆教育出版社，1990.6.—68页；32开.—ISBN 7-5370-1422-5：0.31元

本书1987年6月第1版。

初中化学课外习题集　全一册/赵克义，李埴等编.乌鲁木齐：新疆教育出版社，1990.6.—404页；32开.—ISBN 7-5370-1269-6：2.66元

初中物理课外习题集　第一册/福建教育学院物理教研室编.—乌鲁木齐：新疆教育出版社，1990.6.—161页；32开.—ISBN 7-5370-1193-X：1.13元

初中物理课外习题集　第二册/福建教育学院物理教研室编.—乌鲁木齐：新疆教育出版社，1990.6.206页；32开.—ISBN 7-5370-1268-4：1.40元

初中物理辅导员　第一册/陈培林，乔树德编著；艾山，图日斯别克译.—乌鲁木齐：中国科普出版社新疆维、哈分社，1990.3.—295页；32开.—ISBN 7-110-01387-1：1.78元

初中物理辅导员　第二册/陈培林等编著；马合苏提库马库夫译.—乌鲁木齐：中国科普出版社新疆维、哈分社，1990.2.—346页；32开.—ISBN 7-110-01388-X：2.07元

初中数学课外习题集：一年级用/吕学礼等编.—乌鲁木齐：新疆教育出版社，1990.6.—238页；32开.ISBN 7-5370-1262-3：1.60元

初中数学课外习题集：二年级用/吕学礼，孙福元编；拜都拉，别克西译.—乌鲁木齐：新疆教育出版社，1990.6.—263页；32开.—ISBN 7-5370-1272-6：1.78元

初中数学课外习题集：三年级用/吕学礼等编.—乌鲁木齐：新疆教育出版社，1990.6.—410页；32开.ISBN 7-5370-1273-7：2.68元

数学300例/顾宁先等编；胡斯满译.—乌鲁木齐：新疆人民出版社，1990.5.—469页；32开.—(中学解题思路与技巧三千例丛书/李峰，金怡弟主编).ISBN 7-228-01238-X：3.80元

中等师范学校(试用本)体育教材/纳孜木等译.乌鲁木齐：新疆教育出版社，1990.6.—403页；16开.—ISBN 7-5370-1288-X：5.26元

语　言、文　字

汉哈常用名词术语对照　(5)/新疆维吾尔自治区民族语言名词术语规范审定委员会编.—乌鲁木齐：新疆人民出版社，1990.5.—270页；64开.—ISBN 7-228-01203-8：1.00元

汉语自学/成燕燕等编.—北京：民族出版社，1990.12.—644页；32开.—ISBN 7-105-00742-7：4.20元

写作与作文评改　(上)/阿吾里汗·哈里译.—乌鲁木齐：新疆青少年出版社，1990.3.—345页；32开.ISBN 7-5371-0547-2：3.30元

现代哈语修辞/阿吾里汗·哈里著.—奎屯：伊犁人民出版社，1990.8.—227页；32开.—ISBN 7-5425-0090-2：1.50元

哈萨克语成语辞典/(苏)康斯拜也夫著.—乌鲁木齐：新疆人民出版社，1990.8.—1136页；16开.—ISBN 7-228-01444-8(精装)：24.00元

哈萨克语详解辞典　第四卷.—乌鲁木齐：新疆人民出版社，1990.10.—991页；16开.—ISBN 7-228-00939-8(精装)：22.00元

哈萨克语详解辞典　第五卷.—乌鲁木齐：新疆人民出版社，1990.10.—986页；16开.—ISBN 7-228-00666-6(精装)：21.95元

哈萨克语详解辞典　第七卷.—乌鲁木齐：新疆人民出版社，1990.10.—981页；16开.—ISBN 7-228-01611-4(精装)：21.80元

文　　学

扎依诺拉·哈布都洛夫文选/扎依诺拉·哈布都洛夫著.—北京：民族出版社，1990.6.—736页；大32开.—ISBN 7-105-00984-5：5.40元

文学的创作准备/丁玲著；坎吉汗译；赛提哈孜辑.—奎屯：伊犁人民出版社，1990.7.—233页；32开.—ISBN 7-5425-0085-6：1.45元

心愿/贾斯勒克著；曼苏辑.—奎屯：伊犁人民出版社，1990.5.—329页；32开.—ISBN 7-5425-0077-5：2.00元

邓小平论文艺/中央马列著作毛泽东著作民族语文翻译局译.—北京：民族出版社，1990.6.—207页；大32开.—ISBN 7-105-01066-5：2.45元

真实性是作品的灵魂/吴马尔汗著.—奎屯：伊犁

人民出版社，1990.6.—398页；32开.—ISBN 7-5425-0078-3：2.40元

诗　　歌

巴斯拜的业绩/沙比提著.—北京：民族出版社，1990.4.—300页；32开.—ISBN 7-105-00582-3：1.90元

哈萨克叙事长诗选　(10)/阿布都热西提，哈布丁收集整理.—北京：民族出版社，1990.7.—419页；大32开.—ISBN 7-105-01106-8：3.30元

急旋/哈力木·哈拉配亚著.—奎屯：伊犁人民出版社，1990.7.—108页；32开.—ISBN 7-5425-0087-2：0.75元

高吭的歌声：多人诗集/《塔尔巴哈合》编辑部编.—乌鲁木齐：新疆人民出版社，1990.9.—174页；36开.—ISBN 7-228-01288-7：1.95元

小　　说

小径/阿布旦拜著.—乌鲁木齐：新疆人民出版社，1990.9.—313页；32开.—ISBN 7-228-01248-6：2.80元

心愿/哈帕尔·比拉力著.—北京：民族出版社，1990.6.—590页；大32开.—ISBN 7-105-00674-9：4.10元

归案的日记本/海撒著.—乌鲁木齐：新疆人民出版社，1990.11.—154页；32开.—ISBN 7-228-01328-X：1.35元

迷茫世界/夏依苏里堂著.—乌鲁木齐：新疆人民出版社，1990.12.—491页；大32开.—ISBN 7-228-01480-4：4.45元

烟雨濛濛/琼瑶著；艾孜木汗译.—乌鲁木齐：新疆人民出版社，1990.11.—480页；32开.—ISBN 7-228-01294-1：3.15元

流不完的眼泪/夏木斯·胡马尔著.—乌鲁木齐：新疆人民出版社，1990.9.—548页；32开.—ISBN 7-228-01446-4(精装)：5.30元

流不完的眼泪/夏木斯·胡马尔著.—乌鲁木齐：新疆人民出版社，1990.9.—548页；32开.—ISBN 7-228-01118-X：4.00元

路/海若拉著.—乌鲁木齐：新疆人民出版社，1990.6.—654页；32开.—ISBN 7-228-01092-2：4.50元

报告文学

回忆录/艾赛因著.—奎屯：伊犁人民出版社，1990.6.—160页；32开.—ISBN 7-5425-0081-3：1.05元

民间文学

蒙古族寓言故事集/齐·艾仁方选编；龚总蒙译.乌鲁木齐：新疆人民出版社，1990.5.—264页；32开.—ISBN 7-228-00909-6：1.70元

儿童文学

小萝卜头/李林樱著；哈迪霞译.—乌鲁木齐：新疆人民出版社，1990.12.—218页；32开.—ISBN 7-228-01335-2：1.40元

拍脑瓜的故事/励艺夫编著；哈布丁·哈德尔译.乌鲁木齐：中国科普出版社新疆维、哈分社，1990.6.153页；32开.—ISBN 7-110-00690-5：0.99元

弥漫烟雾的原野/哈布力哈克·库力买斯汗著.乌鲁木齐：新疆青少年出版社，1990.3.—294页；32开.—ISBN 7-5371-0444-1：2.30元

微潮/阿山·阿布著.—乌鲁木齐：新疆青少年出版社，1990.3.—288页；32开.—ISBN 7-5371-0515-4：2.00元

外国文学

卡夫卡短篇小说选/(奥地利)卡夫卡著；阿布都别克译.—乌鲁木齐：新疆人民出版社，1990.9.335页；32开.—ISBN 7-228-00990-8：2.40元

血与汗：三部曲　第2部/(苏)阿布德加米勒著.乌鲁木齐：新疆人民出版社，1990.10.—402页；大32开.—ISBN 7-228-01149-X：3.30元

血与汗：三部曲　第3部/(苏)阿布德加米勒著.乌鲁木齐：新疆人民出版社，1990.11.—511页；大32开.—ISBN 7-228-01349-2：4.00元

苏联哈萨克作家小说选/(苏)穆合塔尔等著.乌鲁木齐：新疆人民出版社，1990.8.—504页；大32开.—ISBN 7-228-01075-2(精装)：5.35元

希特勒的末日/(英)特莱弗·罗珀著；那衣满译.乌鲁木齐：新疆人民出版社，1990.11.—433页；大32开.—ISBN 7-228-01404-9：3.95元

怀念的心声/(苏)玛尔甫哈著.—乌鲁木齐：新疆人民出版社，1990.8.—188页；36开.—ISBN 7-228-01283-6：2.00元

被开垦的处女地　(2)/肖洛霍夫著.—北京：民族出版社，1990.6.—742页；大32开.—ISBN 7-105-01092-4：5.05元

渊源/(苏)米·卓勒达斯别柯夫，贝·肯提拜耶夫著.—北京：民族出版社，1990.6.—447页；大32开.—ISBN 7-105-01063-0：3.50元

骑鹅旅行记　(下)/塞尔玛著；帕提玛译.—奎屯：伊犁人民出版社，1990.2.—533页；32开.—ISBN 7-5425-0073-2：3.20元

艺　　术

冬不拉与曲谱/托坎沙海编著.—乌鲁木齐：新疆青少年出版社，1990.1.—97页；32开.—ISBN 7-5371-0123-4：1.20元

历史、地理

大地的眼睛/金涛著；卡迪尔别克译.—奎屯：伊犁人民出版社，1990.1.—110页；32开.—ISBN 7-5425-0069-4：0.80元

历史民俗学研究/贾合甫·米尔扎汗著；阿合买提江辑.—奎屯：伊犁人民出版社，1990.9.—310页；32开.—ISBN 7-5425-0092-9：2.65元

简明社会发展史话/孟庆远编；德宏民族出版社傣语组译.—芒市：德宏民族出版社，1990.5.—154页；32开.—ISBN 7-80525-077-4：0.70元

燕妮马克思——一个伟大的女性/张启华著；哈尼帕译.—乌鲁木齐：新疆人民出版社，1990.4.118页；32开.—ISBN 7-228-01109-0：1.05元

自然科学

天下奇闻多/哈力别克，努尔合扎尔编译.—乌鲁木齐：新疆人民出版社，1990.12.—203页；32开.ISBN 7-228-01452-9：2.00元

少年科技信息/吾梅提，古力巴合提译.—乌鲁木齐：中国科普出版社新疆维、哈分社，1990.10.178页；32开.—ISBN 7-110-01394-4：1.16元

告诉我，为什么/蔡字征主编；努尔别克译.—乌鲁木齐：新疆青少年出版社，1990.9.—323页；32开.ISBN 7-5371-0646-0：2.50元

*　　*　　*

动手动脑学物理：声学/郭治，方丹群著；达列力译.—乌鲁木齐：新疆人民出版社，1990.6.—152页；32开.—ISBN 7-228-00121-4：1.10元

身边的化学现象/哈里米西译.—乌鲁木齐：中国科普出版社新疆维、哈分社，1990.8.—202页；32开.ISBN 7-110-00689-1：1.27元

身边的数学/热孜亚·毕布力编著.—乌鲁木齐：中国科普出版社新疆维、哈分社，1990.9.—128页；32开.—ISBN 7-110-00977-7：0.86元

*　　*　　*

奇异的北极地区/李容全等译.—乌鲁木齐：新疆人民出版社，1990.6.—116页；32开.—ISBN 7-228-01099-X：0.90元

*　　*　　*

大千世界　(1)/宋成印编写；努尔姑丽斯木译.乌鲁木齐：新疆青少年出版社，1990.1.—204页；32开.—ISBN 7-5371-0390-3：1.70元

奇妙的鸟兽鱼虫/陈玉璇著；努尔加克合甫译.—乌鲁木齐：新疆人民出版社，1990.12.—102页；32开.ISBN 7-228-01266-6：0.85元

微生物的功与过/乌拉孜汉译.—乌鲁木齐：中国科普出版社新疆维、哈分社，1990.6.—323页；32开.ISBN 7-110-00918-5：1.92元

医药、卫生

儿科学/吴述曾主编；哈地夏，达列勒汗译.—乌鲁木齐：新疆人民卫生出版社，1990.6.—616页；16开.—ISBN 7-5372-0060-2：3.00元

儿童常见疾病/加合帕尔编.—奎屯：伊犁人民出版社，1990.6.—317页；32开.—ISBN 7-5425-0080-5：1.95元

门诊须知/龚西瑜等编；库肯译.—奎屯：伊犁人民出版社，1990.8.—206页；32开.—ISBN 7-5425-0082-1：1.40元

卫生学/乌拉孜别克，巴克提别克译.—乌鲁木齐：新疆人民卫生出版社，1990.4.—485页；16开.ISBN 7-5327-0046-7：3.24元

小儿保健与防病三百问/吕善根等主编；马热衣汉译.—乌鲁木齐：新疆青少年出版社，1990.1.—359页；32开.—ISBN 7-5371-0514-6：2.70元

内科学　(二)/木拉提等译.—乌鲁木齐：新疆人民卫生出版社，1990.4.—527页；16开.—ISBN 7-5372-0037-8：3.45元

内科学及护理/契曼等译.—乌鲁木齐：新疆人民卫生出版社，1990.6.—643页；16开.—ISBN 7-5372-0061-0：3.78元

外科学　上册/吕树森主编；契曼等译.—乌鲁木齐：新疆人民卫生出版社，1990.6.—565页；16开.—ISBN 7-5372-0053-X：3.00元

外科学　下册/沙力木江等译.—乌鲁木齐：新疆人民卫生出版社，1990.6.—516页；16开.—ISBN 7-5372-0056-4：3.00元

母子保健手册/宋鸿钊等编写；夏亚合买提·胡尔曼译.—乌鲁木齐：中国科普出版社新疆维、哈分社，1990.1.—280页；32开.—ISBN 7-110-00687-5：1.71元

肚子痛怎么办/张积明编著；杰木斯译.—乌鲁木齐：新疆人民出版社，1990.6.—60页；32开.—ISBN 7-228-00420-5：0.60元

诊断学基础/朱玛汗等译.—乌鲁木齐：新疆人民

卫生出版社，1990.2.—637页；16开.—ISBN 7-5372-0039-4：2.90元

怎样生个健康的孩子/别克木哈买提·别力克译.乌鲁木齐：新疆青少年出版社，1990.1.—373页；32开.—ISBN 7-5371-0171-4：3.10元

怎样预防人畜共患包虫病/葛平编写；次杰哈孜译.乌鲁木齐：新疆人民出版社，1990.12.—94页；32开.—ISBN 7-228-00884-7：0.80元

高血压病/塔拉提著.—乌鲁木齐：新疆人民出版社，1990.11.—58页；32开.—ISBN 7-228-01326-3：0.60元

家庭营养问答/阿布德勒达别克译.—乌鲁木齐：中国科普出版社新疆维、哈分社，1990.3.—490页；32开.—ISBN 7-110-00157-1：2.78元

基础护理学/巴合提别克等译.—乌鲁木齐：新疆人民卫生出版社，1990.5.—494页；16开.—ISBN 7-5372-0049-1：3.30元

用药常识/毕敏明等编；积里斯汗译；艾丁·斯尔哈拜也夫辑.—奎屯：伊犁人民出版社，1990.7.209页；32开.—ISBN 7-5425-0083-X：1.40元

安全用药常识/图热别克译.—乌鲁木齐：中国科普出版社新疆维、哈分社，1990.10.—150页；32开.ISBN 7-110-00694-8：1.00元

农业科学

土壤与肥料知识/贾象斌，陈修富编；沙丽玛译.北京：民族出版社，1990.12.—485页；32开.—ISBN 7-105-01155-6：1.40元

小型拖拉机及配套农具/哈力·木哈什译.—乌鲁木齐：中国科普出版社新疆维、哈分社，1990.8.—289页；32开.—ISBN 7-110-00429-5：1.72元

优良牧草栽培技术/苏加楷等编著；新德·阿木尔达来译.—乌鲁木齐：新疆人民出版社，1990.3.550页；32开.—ISBN 7-228-00813-8：3.35元

农村实用化学知识/聂兴国，王玉生著；贺加木丁，哈里米西译.—乌鲁木齐：中国科普出版社新疆维、哈分社，1990.1.—326页；32开.—ISBN 7-110-00990-4：1.88元

农作物病虫害及防治/海如拉编著.—乌鲁木齐：中国科普出版社新疆维、哈分社，1990.7.—160页；32开.—ISBN 7-00989-0：1.02元

果树栽培/卡哈甫·阿仁著.—乌鲁木齐：中国科普出版社新疆维、哈分社，1990.7.—133页；32开.ISBN 7-110-00979-3：0.90元

树的形态与生物/吐孙阿里著.—奎屯：伊犁人民出版社，1990.7.—147页；32开.—ISBN 7-5425-0086-4：1.15元

森林与火/木力达力木著.—北京：民族出版社，1990.4.—166页；32开.—ISBN 7-105-00886-5：1.15元

微生物在农牧业中的利用/（苏）H·K·乔汗诺夫著.—奎屯：伊犁人民出版社，1990.9.—405页；32开.—ISBN 7-5425-0091-0：2.50元

阿勒泰大尾羊寄生虫病/斯德克著.—乌鲁木齐：新疆人民出版社，1990.7.—293页；大32开.—ISBN 7-228-01064-7：2.70元

饲料的加工调制与利用/陈荆芬编；朱马什译.—乌鲁木齐：新疆人民出版社，1990.12.—120页；32开.ISBN 7-228-01027-2：0.95元

怎样养奶牛.—乌鲁木齐：新疆人民出版社，1990.12.—108页；32开.—ISBN 7-228-01290-9：0.90元

畜禽繁殖/孙拓等编著；赫扎提，娜迪亚译.—乌鲁木齐：新疆人民出版社，1990.12.—228页；32开.ISBN 7-228-01354-9：1.60元

商品性畜牧业/塔林·耶尔丁著.—乌鲁木齐：中国科普出版社新疆维、哈分社，1990.5.—234页；32开.—ISBN 7-110-01395-2：2.00元

兽医微生物学的实验诊断工作/巴吐尔汉编写.—奎屯：伊犁人民出版社，1990.1.—196页；32开.—ISBN 7-5425-0070-8：1.55元

工业技术

生活趣谈/乌夏克拜编；帕提玛辑.—奎屯：伊犁人民出版社，1990.8.—229页；32开.—ISBN 7-5425-0089-9：1.50元

综合性图书

世界趣闻小百科丛书　（1）/（苏）哈布多拉译.—北京：民族出版社，1990.4.—531页；大32开.ISBN 7-105-00856-3：3.65元

世界趣闻小百科丛书　（2）/（苏）哈布多拉译.—北京：民族出版社，1990.4.—513页；大32开.—ISBN 7-105-00857-1：3.55元

世界趣闻小百科丛书　（3）/（苏）哈布多拉译.北京：民族出版社，1990.4.—385页；大32开.—ISBN 7-105-00858-X：2.80元

荟萃　（9）/哈文编辑室编.—北京：民族出版社，1990.7.—287页；大32开.—ISBN 7-105-01138-6：2.45元

荟萃　（10）/哈文编辑室编.—北京：民族出版社，1990.12.—272页；大32开.—ISBN 7-105-01215-3：2.30元

哈萨克苏维埃大百科辞典（1）.—北京：民族出版

社，1990.8.—1156页；16开.—ISBN 7-105-00855-5（精装）：24.00元

哈萨克苏维埃大百科辞典：节选本 （2）.—北京：民族出版社，1990.12.—1146页；16开.—ISBN 7-105-01091-6（精装）：24.00元

柯尔克孜文图书

政 治、法 律

社会主义中国国情教育问答/艾尔肯等译.—乌鲁木齐：新疆人民出版社，1990.12.—547页；大32开. ISBN 7-228-01644-0：3.10元

我国公民的基本权利和义务/巴合提，夏衣尔译. 阿图什：克孜勒苏柯尔克孜文出版社，1990.3.—123页，32开.—ISBN 7-5374-0042-3：0.41元

英雄少年赖宁/中国少年先锋队全国工作委员会主编；买买提江·司马义译.—乌鲁木齐：新疆人民出版社，1990.4.—175页；32开.—ISBN 7-228-01442-1：1.30元

要做有理想、有道德、有文化、有纪律的人/依沙克·吐尔地译.—阿图什：克孜勒苏柯尔克孜文出版社，1990.4.—81页；32开.—ISBN 7-5374-0041-5：0.33元

爱国主义和我国知识分子的使命：江泽民在首都青年纪念五四报告会上的讲话.—阿图什：克孜勒苏柯尔克孜文出版社，1990.6.—27页；32开.—ISBN 7-5374-0046-6：0.13元

文 化、教 育

写给青年教师/达布尔著；托合提尼亚孜译.—乌鲁木齐：新疆人民出版社，1990.12.—169页；32开. ISBN 7-228-01277-1：1.25元

六年制小学识字课本（试用本）教师用书 全一册/米尔扎编.—乌鲁木齐：新疆教育出版社，1990.6. 102页；32开.—ISBN 7-5370-0984-3：0.54元

地理 上册.—2版.—乌鲁木齐：新疆教育出版社，1990.6.—162页；32开.—小学课本.—ISBN 7-5370-1190-4：0.56元

自然 第一册.—2版.—乌鲁木齐. 新疆教育出版社，1990.6.—112页；32开.—小学课本：试用本. ISBN 7-5370-1150-8：0.68元

自然 第三册.—2版.—乌鲁木齐：新疆教育出版社，1990.6.—155页；32开.—小学课本：试用本. ISBN 7-5370-1196-5：0.80元

自然 第五册.—乌鲁木齐：新疆教育出版社，1990.6.—132页；32开.—小学课本.—ISBN 7-5370-1257-X：0.72元

自然 第六册.—乌鲁木齐：新疆教育出版社，1990.10.—114页；32开.—小学课本.—ISBN 7-5370-1309-3：0.56元

全日制六年制小学美术教学大纲/托哈提尼亚孜译.—乌鲁木齐：新疆教育出版社，1990.6.—22页；32开.—ISBN 7-5370-1236-2：0.20元

看图说话 全一册/米尔扎编.—乌鲁木齐：新疆教育出版社，1990.6.—58页；16开.—六年制小学二年级语文试用课本.—ISBN 7-5370-1234-9：1.30元

美术 第一册.—乌鲁木齐：新疆教育出版社，1990.6—44页；16开.—全日制六年制小学课本. ISBN 7-5370-1222-2：1.08元

美术 第三册.—乌鲁木齐：新疆教育出版社，1990.6.—47页；16开.—全日制六年制小学课本. ISBN 7-5370-1224-6：1.30元

美术 第五册.—乌鲁木齐：新疆教育出版社，1990.6.—32页；16开.—全日制六年制小学课本. ISBN 7-5370-1223-4：0.90元

美术字练习 第一册/托合提尼牙孜编.—乌鲁木齐：新疆教育出版社，1990.6.—38页；32开.—六年制小学语文课本.—ISBN 7-5370-1266-0：0.46元

美术字练习 第二册/托合提尼牙孜编.—乌鲁木齐：新疆教育出版社，1990.10.—34页；32开.—六年制小学语文课本.—ISBN 7-5370-1353-3：0.46元

语文 第十册.—乌鲁木齐：新疆教育出版社，1990.10.—218页；32开.—六年制小学课本.—ISBN 7-5370-1375-4：0.91元

语法 第三册/托合提尼亚孜·阿布都拉编.—乌鲁木齐：新疆教育出版社，1990.6.—156页；32开. 六年制小学课本.—ISBN 7-5370-1240-4：0.64元

读本 全一册/托合提尼亚孜·阿木都拉编.—乌鲁木齐：新疆教育出版社，1990.6.—56页；32开. 小学二年级语文课本：试用本.—ISBN 7-5370-1263-7：0.64元

数学 第九册.—乌鲁木齐：新疆教育出版社，1990.6.—154页；32开.—六年制小学课本：试用本. ISBN 7-5370-1249-0：0.56元

数学 第十册.—乌鲁木齐：新疆教育出版社，1990.10.—205页；32开.—六年制小学课本：试用本.—ISBN 7-5370-1350-2：0.68元

中国地理填充图册 下册.—3版.—乌鲁木齐：新疆教育出版社，1990.10.—30页；16开.—ISBN 7-5370-0613-X：0.66元

化学：甲种本 第二册/人民教育出版社化学室编. 乌鲁木齐：新疆教育出版社，1990.6.—377页；32开.—高级中学课本：试用本.—ISBN 7-5370-1225-8：1.24元

公民　上册.—2版.—乌鲁木齐：新疆教育出版社，1990.6.—326页；32开.—初级中学课本.—ISBN 7-5370-1214-3：1.03元

平面解析几何：甲种本　全一册.—乌鲁木齐：新疆教育出版社，〔1990〕.—302页；32开.—高级中学课本.—ISBN 7-5370-1285-4：1.08元

代数　第二册.—2版.—乌鲁木齐：新疆教育出版社，1990.10—233页；32开.—初级中学数学课本．ISBN 7-5370-0591-5：1.00元

代数：甲种本　第二册.—乌鲁木齐：新疆教育出版社，1990.6.—324页；32开.—高级中学课本.—ISBN 7-5370-1226-X：1.28元

汉语　第二册/汉语教材编辑室编写.—乌鲁木齐：新疆教育出版社，1990.6.—289页；大32开.—高中课本.—ISBN 7-5370-1287-8：1.20元

民族政策和民族团结教育.—乌鲁木齐：新疆教育出版社，1990.6.—205页；32开.—新疆维吾尔自治区初级中学课本：试用本.—ISBN 7-5370-1289-1：0.72元

地理　上册.—乌鲁木齐：新疆教育出版社，1990.6.—261页；32开.—高级中学课本.—ISBN 7-5370-1262-0：1.04元

物理：甲种本　第二册　上册.—乌鲁木齐：新疆教育出版社，1990.6.—347页；32开.—高级中学课本：试用本.—ISBN 7-5370-1194-1：1.62元

经济常识　上册.—乌鲁木齐：新疆教育出版社，1990.6.—292页；32开.—高级中学课本：试用本．ISBN 7-5370-1237-4：0.68元

经济常识　下册.—乌鲁木齐：新疆教育出版社，1990.10.—243页；32开.—高级中学课本：试用本．ISBN 7-5370-1348-6：0.70元

科学人生观　上册.—乌鲁木齐：新疆教育出版社，1990.6.—288页；32开.—高级中学课本：试用本.—ISBN 7-5370-1239-8：0.98元

科学人生观　下册.—3版.—乌鲁木齐：新疆教育出版社，1990.10.—193页；32开.—高级中学课本：试用本.—ISBN 7-5370-1365-2：0.64元

语文　第二册.—乌鲁木齐：新疆教育出版社，1990.6.—395页；大32开.—高级中学课本.—ISBN 7-5370-1253-2：1.58元

数学手册：初中部分/达布尔，托合提尼亚孜编著.—乌鲁木齐：新疆人民出版社，1990.12.—252页；32开.—ISBN 7-228-01319-0：1.75元

语言、文字

语言学基础/居麻·玉买提，玛克来克·王买尔拜编.—乌鲁木齐：新疆人民出版社，1990.1.—261页；32开.—ISBN 7-228-00873-1：2.10元

文学

马乃义/吐尔干巴依·克里其白克著.—阿图什：克孜勒苏柯尔克孜文出版社，1990.4.—108页；32开．ISBN 7-5374-0044-X：0.45元

白色浪潮/莫明·阿不都哈德尔等著.—阿图什：克孜勒苏柯尔克孜文出版社，1990.11.—134页；32开．ISBN 7-5374-0050-4：0.85元

白塔/白克沙达提等著.—阿图什：克孜勒苏柯尔克孜文出版社，1990.11.—77页；32开.—ISBN 7-5374-0051-2：0.56元

玛纳斯　第二部：赛买台依　第二册/买买提阿山整理；玉素甫·玛玛依演唱.—乌鲁木齐：新疆人民出版社，1990.11.—475页；大32开.—ISBN 7-228-01250-0（精装）：5.75元

玛纳斯　第二部：赛麦台依　第三册/买买提阿山整理.—乌鲁木齐：新疆人民出版社，1990.11.456页；大32开.—ISBN 7-228-01251-8（精装）：5.60元

科克托别/阿不都热曼合·司马义著.—阿图什：克孜勒苏柯尔克孜文出版社，1990.3.—89页；32开．ISBN-7-5374-0043-1：0.35元

骏马足迹/朱马洪·麻木拜提著.—阿图什：克孜勒苏柯尔克孜文出版社，1990.1.—91页；32开.—ISBN 7-5374-0029-6：0.36元

喀什喀苏/加库甫阿里·巴亚力右夫著.—乌鲁木齐：新疆人民出版社，1990.12.—171页；36开.—ISBN 7-228-01385-9：1.95元

鹰/吐尔逊·木尔扎著.—阿图什：克孜勒苏柯尔克孜文出版社，1990.11.—110页；32开.—ISBN 7-5374-0049-0：0.65元

锡伯文图书

自然　第一册.—乌鲁木齐：新疆教育出版社，1990.6.—118页；32开.—小学课本.—ISBN 7-5370-1131-1：0.68元

自然　第三册.—乌鲁木齐：新疆教育出版社，1990.6.—158页；32开.—小学课本.—ISBN 7-5370-1132-X：0.80元

自然　第五册.—2版.—乌鲁木齐：新疆教育出版社，1990.6.—145页；32开.—小学课本.—ISBN 7-5370-1133-8：0.76元

语文　第九册.—乌鲁木齐：新疆教育出版社，1990.6.—152页；32开.—六年制小学课本.—ISBN 7-5370-0189-7：0.47元

数学　第三册.—2版.—乌鲁木齐：新疆教育出版社，1990.6.—128页；32开.—六年制小学课本.—ISBN 7-5370-1126-5：0.52元

数学　第五册.—2版.—乌鲁木齐：新疆教育出版社，1990.6.—160页；32开.—六年制小学课本.—ISBN 7-5370-1127-3：0.60元

数学　第七册.—2版.—乌鲁木齐：新疆教育出版社，1990.6.—178页；32开.—六年制小学课本.ISBN 7-5370-1128-1：0.60元

数学　第十册.—乌鲁木齐：新疆教育出版社，1990.10.—216页；32开.—六年制小学课本.—ISBN 7-5370-1311-1：0.68元

数学　第十一册.—乌鲁木齐：新疆教育出版社，1990.6.—214页；32开.—六年制小学课本.—ISBN 7-5370-1130-7：0.64元

数学　第十二册.—乌鲁木齐：新疆教育出版社，1990.10.—204页；32开.—六年制小学课本.—ISBN 7-5370-1312-3：0.60元

*　*　*

文集.—乌鲁木齐：新疆人民出版社，1990.8.398页；大32开.—ISBN 7-228-01508-8：3.90元

生活的沉思/新疆人民出版社编辑.—乌鲁木齐：新疆人民出版社，1990.1.—199页；大32开.—ISBN 7-228-01150-3：1.55元

民歌/莉梅等著.—乌鲁木齐：新疆人民出版社，1990.5.—102页；32开.—ISBN 7-228-01401-4：0.75元

莲花的故事/舒慕同著.—乌鲁木齐：新疆人民出版社，1990.12.—166页；32开.—ISBN 7-228-01457-X：1.30元

萨满歌/扎鲁阿，贺文君整理.—乌鲁木齐：新疆人民出版社，1990.5.—150页；32开.—ISBN 7-228-01378-6：1.20元

锡伯文化　第六期.—乌鲁木齐：新疆人民出版社，1990.1.—109页；16开.—ISBN 7-228-01140-6：1.20元

锡伯文化　第七期.—乌鲁木齐：新疆人民出版社，1990.3.—100页；16开.—ISBN 7-228-01402-3：1.45元

锡伯族民间故事　（8）/石英等整理.—乌鲁木齐：新疆人民出版社，1990.5.—162页；32开.—ISBN 7-228-01305-0：1.15元

摘星人/郭基南著.—乌鲁木齐：新疆人民出版社，1990.9.—309页；大32开.—ISBN 7-228-01356-5：3.50元

*　*　*

锡伯族创作歌曲集/肖昌等编.—乌鲁木齐：新疆人民出版社，1990.3.—70页；32开.—ISBN 7-228-00557-0：0.56元

*　*　*

锡伯族名人录/苏富林整理.—乌鲁木齐：新疆人民出版社，1990.1.—379页；32开.—ISBN 7-228-01194-5：2.45元

*　*　*

简易伤病急救常识/范正祥著；伊津太译.—乌鲁木齐：新疆人民出版社，1990.5.—106页；32开.—ISBN 7-228-01390-5：0.80元

德宏傣文图书

贺札戛/思院章，邵伍改编.—昆明：云南民族出版社，1990.3.—135页；36开.—ISBN 7-5367-0250-7：0.66元

西双版纳傣文图书

古傣医验方译释：汉文、西双版纳傣文对照/周兆奎，赵世望主编.—昆明：云南民族出版社，1990.3.—190页；32开.—ISBN 7-5367-0185-3：2.20元

邻居/刀正明编著.—昆明：云南民族出版社，1990.5.—235页；32开.—ISBN 7-5367-0264-7：1.10元

阿銮门宋/康永良，康朗温整理.—昆明：云南民族出版社，1990.9.—112页；32开.—ISBN 7-5367-0314-4：1.20元

版纳文史资料选辑　第六辑：车里宣慰世系简史/西双版纳州政协文史组编；刀光强，岩罕整理.—昆明：云南民族出版社，1990.3.—316页；32开.—ISBN 7-5367-0250-7：4.00元

语文　第一、二册/西双版纳州教育委员会编译.昆明：云南民族出版社，1990.7.—120页；32开.西双版纳傣文小学课本.—ISBN 7-5367-0296-5：1.20元

哈尼文图书

雷锋的故事/沙蔡，阿巴拉木译.—昆明：云南民族出版社，1990.12.—120页；32开.—（思想品德教育丛书；第一辑）.—ISBN 7-5367-0366-X：0.98元

佤文图书

中国佤族医药：佤文、汉文对照/郭绍荣等编著.昆明：云南民族出版社，1990.4.—295页；32开.ISBN 7-5367-0261-2：3.30元

农药使用常识.—昆明：云南民族出版社，1990.

12.—79页；32开.—（佤文科普丛书；2）.—ISBN 7-5367-0378-3：1.10元

语文　第一册/沧源佤族自治县文教局编.—昆明：云南民族出版社，1990.5.—97页；32开.—佤文课本.—ISBN 7-5367-0280-9：0.70元

傈僳文图书

包谷地膜覆盖栽培技术/汉刚译.—昆明：云南民族出版社，1990.—58页；64开.—ISBN 7-5367-0375-9：0.35元

生活常识.—芒市：德宏民族出版社，1990.8.—88页；32开.—ISBN 7-80525-076-6：0.50元

农村实用科技小常识/熊太和等译.—昆明：云南民族出版社，1990.3.—84页；32开.—ISBN 7-5367-0265-5：0.90元

故事诗　（二）/李义忠，峰学军收集整理.—昆明：云南民族出版社，1990.5.—157页；36开.—ISBN 7-5367-0197-7：0.73元

语文/丽江纳西族自治县教育局民语委编译.—昆明：云南民族出版社，1990.12.—123页；32开.—傈僳文小学课本五年级补充读本.—ISBN 7-5367-0388-0：0.95元

傈汉会话（2）/胡贵编.—昆明：云南民族出版社，1990.11.—71页；32开.—ISBN 7-5367-0351-1：0.60元

傈僳文扫盲课本/汉刚，林祥寿编.—昆明：云南民族出版社，1990.11.—57页；32开.—ISBN 7-5367-0379-1：0.60元

雷锋/和振文等译.—昆明：云南民族出版社，1990.12.—152页；32开.—（思想品德教育丛书；第一辑）.—ISBN 7-5367-0363-5：1.50元

纳西文图书

相会调/李即善搜集整理.—昆明：云南民族出版社，1990.9.—109页；32开.—ISBN 7-5376-0329-5：2.50元

拉祜文图书

语文　第一册/澜沧拉祜族自治县教育局民语委编.—昆明：云南民族出版社，1990.9.—56页；32开.—拉祜文小学课本.—ISBN 7-5367-0314-7：0.50元

语文　第二册/李文汉主编.—昆明：云南民族出版社，1990.12.—38页；32开.—拉祜文小学课本.—ISBN 7-5367-0362-7：0.50元

载佤文图书

景颇族载佤小学语文　第三册/德宏州教育局教研室编.—芒市：德宏民族出版社，1990.10.—62页；32开.—ISBN 7-80525-078-2：0.40元

布依文图书

语文　第六册/贵州省民委民族文字书籍编译组编.贵阳：贵州民族出版社，1990.8.—176页；32开.六年制小学布依文课本：试用本.—ISBN 7-5412-0130-8：1.15元

侗文图书

语文　第六册/贵州省民委民族文字书籍编译组编.—贵阳：贵州民族出版社，1990.5.—184页；32开.—六年制小学侗语课本：试用本.—ISBN 7-5412-0129-4：1.15元

盲文书籍目录

走下神坛的毛泽东/权延赤著.—北京：中国盲文书社，1990.6.—2册；10开.—ISBN 7-5002-0424-8：2.50元

哲学、社会科学

一天=25小时/（日）桑名一央著.—北京：中国盲文出版社，1990.2.—1册；10开.—ISBN 7-5002-0421-3：1.25元

儿童的异常心理/段淑贞著.—北京：中国盲文出版社，1990.4.—2册；10开.—ISBN 7-5002-0430-2：1.80元

记忆心理学/洪德厚编著.—北京：中国盲文出版社，1990.5.—1册；10开.—ISBN 7-5002-0475-2：1.40元

老年人心理初探/胡君辰著.—北京：中国盲文书社，1990.7.—1册；10开.—ISBN 7-5002-0407-8：1.40元

优化你的性格/张殿国著.—北京：中国盲文出版社，1990.2.—2册；10开.—ISBN 7-5002-0395-0：2.60元

好恶心理学——改善人际关系的方法/（日）诧摩武俊著；公克，晨华译.—北京：中国盲文出版社，1990.3.—1册；10开.—ISBN 7-5002-0352-7：1.30元

*　　*　　*

夫妻生活百忌/胡晓林，韩露编.—北京：中国盲文书社，1990.9.—1册；10开.—（生活百忌小丛书）.ISBN 7-5002-0508-6：1.30元

让人喜欢你的艺术/华新编著.—北京：中国盲文书社，1990.10.—1册；10开.—ISBN 7-5002-0429-9：0.98元

成功的人际关系/一丁，一为编.—上海：上海市盲童学校盲文出版社，1990.5.—2册；10开.—0.96元

当你步入老年/刘达临编著.—北京：中国盲文出版社，1990.4.—2册；10开.—ISBN 7-5002-0460-4：1.15元

第一次见面的艺术/曼山编著.—北京：中国盲文出版社，1990.4.—1册；10开.—ISBN 7-5002-0418-3：0.98元

政治、法律

毛泽东·尼克松在1972/陈敦德著.—北京：中国盲文出版社，1990.4.—3册；10开.—（新中国纪实丛书）.—ISBN 7-5002-0392-6：3.15元

邓小平文选：一九三八～一九六五年/邓小平著.北京：中国盲文出版社，1990.4.—4册；10开.—ISBN 7-5002-0458-2：2.40元

奋斗者的足迹/团中央学校部编.—北京：中国盲文书社，1990.10.—2册；10开.—ISBN 7-5002-0514-7：1.60元

家庭法律知识问答/郑德昌，慕丽编.—北京：中国盲文书社，1990.12.—2册；10开.—ISBN 7-5002-0230-X：2.20元

雷锋故事新编/共青团上海市委宣传部编.—上海：上海市盲童学校盲文出版社，1990.3.—2册；10开.—1.17元

新女性修养的艺术/幽婉编著.—北京：中国盲文书社，1990.7.—1册；10开.—（青年生活艺术丛书）.ISBN 7-5002-0445-0：0.75元

经　　济

中共中央关于进一步治理整顿和深化改革的决定（摘要）.—北京：中国盲文出版社，1990.3.—1册；10开.—ISBN 7-5002-0493-0：0.20元

文化、教育、体育

面试成功的艺术/龚邃编著.—北京：中国盲文出版社，1990.4.—1册；10开.—ISBN 7-5002-0423-X：1.05元

透视人心的艺术/王波，振琪编著.—北京：中国盲文书社，1990.4.—1册；10开.—（青年生活艺术丛书）.—ISBN 7-5002-0438-8：1.00元

*　　*　　*

幼儿养育百忌/胡晓林，韩露编.—北京：中国盲文书社，1990.12.—2册；10开.—（生活百忌小丛书）.—ISBN 7-5002-0507-4：1.85元

自然　第一册/人民教育出版社自然室编.—2版.

上海：上海市盲童学校盲文出版社，1990.3.—1册；10开.—小学课本.—0.16元

自然　第三册/人民教育出版社自然室编.—2版.上海：上海市盲童学校盲文出版社，1990.3.—1册；10开.—小学课本.—0.21元

自然　第五册/人民教育出版社自然室编.—2版.上海：上海市盲童学校盲文出版社，1990.4.—1册；10开.—小学课本.—0.18元

英语　第一册/上海市中小学教材编写组编.—上海：上海市盲童学校盲文出版社，1990.3.—1册；10开.—上海市小学课本.—0.14元

英语　第二册/上海市中小学教材编写组编.—上海：上海市盲童学校盲文出版社，1990.6.—1册；10开.—上海市小学课本.—0.19元

思想品德　第三册/小学思想品德教材编写组编.上海：上海市盲童学校盲文出版社，1990.5.—1册；10开.—全日制五年制小学试用教材.—0.09元

思想品德　第五册/小学思想品德教材编写组编.上海：上海市盲童学校盲文出版社，1990.5.—1册；10开.—全日制五年制小学试用教材.—0.11元

思想品德　第七册/小学思想品德教材编写组编.上海：上海市盲童学校盲文出版社，1990.5.—1册；10开.—全日制五年制小学试用教材.—0.18元

思想品德　第八册/小学思想品德教材编写组编.上海：上海市盲童学校盲文出版社，1990.1.—1册；10开.—全日制五年制小学试用教材.—0.20元

思想品德　第九册/小学思想品德教材编写组编.上海：上海市盲童学校盲文出版社，1990.5.—1册；10开.—全日制五年制小学试用教材.—0.20元

语文　第七册/人民教育出版社语文一室编.—上海：上海市盲童学校盲文出版社，1990.6—1册；10开.—六年制小学课本：试用本.—0.31元

数学　第七册/人民教育出版社数学室编.—上海：上海市盲童学校盲文出版社，1990.6.—1册；10开.六年制小学课本：试用本.—0.44元

数学　第七册/人民教育出版社数学室编.—3版.上海：上海市盲童学校盲文出版社，1990.5.—2册；10开.—五年制小学课本.—0.69元

数学　第十册/人民教育出版社教学室编.—3版.上海：上海市盲童学校盲文出版社　1990.1.—1册；10开.—五年制小学课本.—0.52元

中学文言文译注解析　第一册/上海市盲童学校盲文出版社编.—上海：上海市盲童学校盲文出版社，1990.3.—1册；10开.—0.23元

中学文言文译注解析　第五册/上海市盲童学校盲文出版社编.—上海：上海市盲童学校盲文出版社，1990.4.—1册；10开.—0.44元

中学文言文译注解析　第六册/上海市盲童学校盲文出版社编.—上海：上海市盲童学校盲文出版社，1990.10.—1册；10开.—0.36元

公民　下册/谭玉轩编.—上海：上海市盲童学校盲文出版社，1990.12.—1册；10开.—初级中学课本：试用本.—0.63元

代数　第一册/人民教育出版社数学室编.—2版.上海：上海市盲童学校盲文出版社，1990.4.—2册；10开.—初级中学课本.—0.68元

代数　第二册/人民教育出版社数学室编.—3版.上海：上海市盲童学校盲文出版社，1990.12.—2册；10开.—初级中学课本.—0.68元

代数　第四册/人民教育出版社数学室编.—2版.上海：上海市盲童学校盲文出版社，1990.5.—2册；10开.—初级中学课本.—0.98元

社会发展简史　上册/姚森主编.—上海：上海市盲童学校盲文出版社，1990.5.—初级中学课本：试用本.—1册；10开.—0.61元

初中数学课外习题集：二年级用/吕学礼，孙福元等编.—上海：上海市盲童学校盲文出版社，1990.3.—2册；10开.—0.93元

初中数学课外习题集：三年级用/吕学礼，孙福元等编.—上海：上海市盲童学校盲文出版社，1990.4.—3册；10开.—1.88元

*　*　*

名人象棋百局评选/贾题韬编.—北京：中国盲文出版社，1990.11.—2册；10开.—ISBN 7-5002-0511-2：1.80元

怎样练好气功/王寅，张宝英编著.—北京：中国盲文出版社，1990.5.—1册；10开.—ISBN 7-5002-0431-X：1.40元

益智趣味故事100则/蒋星五收集改编.—上海：上海市盲童学校盲文出版社，1990.10.—1册；10开.0.37元

推理智力测验100题/（日）田中润司原著.—北京：中国盲文出版社，1990.2.—2册；10开.—ISBN 7-5002-0337-3：2.45元

简化太极拳.—北京：中国盲文书社，1990.7.—1册；10开.—ISBN 7-5002-0409-4：0.21元

语　言、文　字

古文观止今译　卷一/徐北文主编.—北京：中国盲文出版社，1990.2.—1册；10开.—ISBN 7-5002-0450-7：0.77元

古文观止今译　卷二/徐北文主编.—北京：中国盲文出版社，1990.2.—1册；10开.—ISBN 7-5002-0450-7：0.96元

古文观止今译　卷三/徐北文主编.—北京：中国盲文出版社，1990.2.—1册；10开.—ISBN 7-5002-

0450-7：0.83元

古文观止今译　卷四/徐北文主编.—北京：中国盲文出版社，1990.2.—1册；10开.—ISBN 7-5002-0450-7：0.96元

古文观止今译　卷五/徐北文主编.—北京：中国盲文出版社，1990.2.—1册；10开.—ISBN 7-5002-0264-4：0.97元

古文观止今译　卷六/徐北文主编.—北京：中国盲文出版社，1990.2.—1册；10开.—ISBN 7-5002-0450-7：0.95元

古文观止今译　卷七/徐北文主编.—北京：中国盲文出版社，1990.2.—1册；10开.—ISBN 7-5002-0450-7：0.98元

古文观止今译　卷八/徐北文主编.—北京：中国盲文出版社，1990.7.—1册；10开.—ISBN 7-5002-0483-3：1.10元

写作系统训练/（美）威尔伯特·利维著；刘怒译.北京：中国盲文出版社，1990.5.—1册；10开.—ISBN 7-5002-0396-9：0.82元

文　学

文艺选刊：1990年第1期（总第129期）：盲文.北京：中国盲文出版社，1990.1.—1册；10开.—0.25元

文艺选刊　1990年第3期（总第131期）.—北京：中国盲文出版社，1990.3.—1册；10开.—0.25元

文艺选刊　1990年第4期（总第132期）.—盲文.北京：中国盲文出版社，1990.4.—1册；10开.—0.25元

文艺选刊　1990年第5期（总第133期）.—北京：中国盲文出版社，1990.5.—1册；10开.—0.25元

文艺选刊　1990年第6期（总第134期）—北京：中国盲文书社，1990.6.—1册；10开.—0.25元

文艺选刊　1990年第7期（总第135期）.—北京：中国盲文书社，1990.7.—1册；10开.—0.25元

文艺选刊　1990年第10期（总第138期）.—北京：中国盲文书社，1990.10.—1册；10开.—0.25元

文艺选刊　1990年第11期（总第139期）.—北京：中国盲文书社，1990.11.—1册；10开.—0.25元

文艺选刊　1990年第12期（总第140期）.—北京：中国盲文书社，1990.12.—1册；10开.—0.25元

作　品　集

小说·话剧·相声集粹.—北京：中国盲文书社，1990.11.—1册；10开.—ISBN 7-5002-0502-3：1.25元

诗　歌

中外诗话/余之著.—北京：中国盲文书社，1990.7.—3册；10开.—ISBN 7-5002-0482-5：2.30元

小　说

大阴谋/文亦奇著.—上海：上海市盲童学校盲文出版社，1990.9.—2册；10开.—0.98元

山中，有一伙神秘的马帮/逆风，丁雨雨著.—上海：上海市盲童学校盲文出版社，1990.6.—2册；10开.—1.12元

小巷里的怅惘/母国政著.—上海：上海市盲童学校盲文出版社，1990.9.—2册；10开.—1.33元

毛雪.—北京：中国盲文书社，1990.9.—1册；10开—（花千树中短篇小说丛书；第二辑）.—ISBN 7-5002-0513-9：0.96元

白纸船.—北京：中国盲文书社，1990.9.—1册；10开.—（花千树中短篇小说丛书；第一辑）.—ISBN 7-5002-0509-0：1.05元

话本选注.—北京：中国盲文出版社，1990.2.—2册；10开.—（中国古典文学作品选读）.—ISBN 7-5002-0150-8：2.30元

《儒林外史》故事/吴敬梓原著；刘光弟编写.—北京：中国盲文出版社，1990.2.—2册；10开.—ISBN 7-5002-0229-6：2.00元

散　文

狱中纪实/方志敏著.—上海：上海市盲童学校盲文出版社，1990.10.—1册；10开.—0.34元

外 国 文 学

中外文学掌故/马福清编写.—北京：中国盲文书社，1990.9.—2册；10开.—ISBN 7-5002-0486-8：1.80元

东京没有爱情.—北京：中国盲文书社，1990.12.1册，10开.—（花千树中短篇小说丛书；第三辑）.ISBN 7-5002-0518-X：0.90元

西蒙与残废的少女/（法）维尔高尔著；韩树站译.北京：中国盲文书社，1990.9.—1册；10开.—（当代法国中篇小说丛书）.—ISBN 7-5002-0489-2：0.88元

盲音乐家/（俄）柯罗连科著；丰一吟译.—北京：中国盲文出版社，1990.4.—2册；10开.—ISBN 7-5002-0456-3：1.70元

谜/（美）陈香梅著.—上海：上海市盲童学校盲文出版社，1990.2.—2册；10开.—1.17元

自然科学

一九九一年年历/中国科学院紫金山天文台编.—北京：中国盲文书社，1990.10.—1册；10开.—ISBN 7-5002-0529-5：0.10元

十万个为什么：（医一）/少年儿童出版社编.—上海：上海市盲童学校盲文出版社，1990.9.—2册；10开.—0.97元

世界数学名题趣谈/刘健飞编著.—北京：中国盲文书社，1990.12.—1册；10开.—ISBN 7-5002-0512-0：1.25元

我发现了！/科学普及出版社编.—北京：中国盲文书社，1990.9.—1册；10开.—ISBN 7-5002-0415-9：1.10元

医药、卫生

十二手点穴气功/李汉明编著.—北京：中国盲文书社，1990.9.—1册；10开.—ISBN 7-5002-0510-4：1.20元

人体里的"石头"/严浩忠，燕山编.—北京：中国盲文书社，1990.7.—1册；10开.—ISBN 7-5002-0485-X：0.72元

人体的"火"/高益民编著.—北京：中国盲文书社，1990.7.—1册；10开.—ISBN 7-5002-0476-0：1.05元

卫生知识　1990年第1期（总第133期）.—北京：中国盲文出版社，1990.1.—1册；10开.—0.25元

卫生知识　1990年第2期（总第134期）.—北京：中国盲文出版社，1990.2.—1册；10开.—0.25元

卫生知识　1990年第3期（总第135期）.—北京：中国盲文出版社，1990.3.—1册；10开.—0.25元

卫生知识　1990年第4期（总第136期）.—北京：中国盲文出版社，1990.4.—1册；10开.—0.25元

卫生知识　1990年第5期（总第137期）.—北京：中国盲文出版社，1990.5.—1册；10开.—0.25元

卫生知识　1990年第6期（总第138期）.—北京：中国盲文书社，1990.6.—1册；10开.—0.25元

卫生知识　1990年第7期（总第139期）.—北京：中国盲文书社，1990.7.—1册；10开.—0.25元

卫生知识　1990年第10期（总第142期）.—北京：中国盲文书社，1990.10.—1册；10开.—0.25元

卫生知识　1990年第11期（总第143期）.—北京：中国盲文书社，1990.11.—1册；10开.—0.25元

小儿保健推拿/周慧琳编著.—北京：中国盲文书社，1990.7.—1册；10开.—ISBN 7-5002-0457-4：0.82元

小儿意外事故的处理/李甫清编著.—北京：中国盲文出版社，1990.5.—1册；10开.—ISBN 7-5002-0455-8：1.20元

日常饮食百忌/胡晓林，韩露编.—北京：中国盲文书社，1990.11.—1册；10开.—（生活百忌小丛书）.—ISBN 7-5002-0505-8：1.20元

中华气功点穴精粹/黄孝宽编著.—北京：中国盲文出版社，1990.4.—1册；10开.—ISBN 7-5002-0229-6：1.60元

中医药物贴脐疗法/谭支绍编著.—北京：中国盲文书社，1990.11.—2册；10开.—ISBN 7-5002-0500-7：3.15元

中暑/徐树民著.—北京：中国盲文出版社，1990.4.—1册；10开.—ISBN 7-5002-0451-5：0.95元

气功在各行各业中的应用/王寅，张宝英编著.—北京：中国盲文出版社，1990.5.—1册；10开.—ISBN 7-5002-0432-9：1.30元

气功在现代医学中的应用/王寅，张宝荣编著.—北京：中国盲文出版社，1990.5.—2册；10开.—ISBN 7-5002-0433-7：2.00元

生育的秘密/姚德鸿编著.—北京：中国盲文出版社，1990.2.—1册；10开.—ISBN 7-5002-0427-2：1.40元

生活起居百忌/胡晓林，韩露编.—北京：中国盲文书社，1990.6.—1册；10开.—ISBN 7-5002-0506-6：1.05元

饮食生活中的为什么/王歆晖编著.—北京：中国盲文出版社，1990.5.—1册；10开.—ISBN 7-5002-0454-X：1.05元

肥胖与消瘦　/陈扬勤，徐枫岩编著.—北京：中国盲文书社，1990.8.—1册；10开.—ISBN 7-5002-0477-7：0.81元

油盐酱醋糖与健康/马文飞编著.—北京：中国盲文出版社，1990.5.—1册；10开.—ISBN 7-5002-0452-3：0.69元

经外奇穴纂要/常德新编著.—北京：中国盲文出版社，1990.4.—2册；10开.—ISBN 7-5002-0419-1：2.35元

按摩推拿手法萃锦/李茂林编著.—北京：中国盲文书社，1990.10.—3册；10开.—ISBN 7-5002-0492 2：4.00元

怎样自我发现癌症/潘明继编著.—北京：中国盲文出版社，1990.5.—1册；10开.—ISBN 7-5002-0459-0：1.75元

食补与食疗/翁维健著.—上海：上海市盲童学校盲文出版社，1990.2.—2册；10开.—（中医知识丛书）.—0.99元

谈尿说病/姚德鸿编著.—北京：中国盲文书社，1990.7.—1册；10开.—ISBN 7-5002-0478-7：0.92元

常见病中医简易疗法/王香石等编著.—北京：中国盲文书社，1990.7.—1册；10开.—ISBN 7-5002-0303-9：0.70元

常见病饮食疗法/曹武君，刘展羽编著.—北京：中国盲文书社，1990.9.—3册；10开.—ISBN 7-5003-0544-9：4.00元

常见病瑜伽疗法/(印度)普勒金达·哈辛著；木君泽.—北京：中国盲文书社，1990.7.—1册；10开.ISBN 7-5002-0481-7：1.65元

常见寄生虫病/杨柏林编著.—北京：中国盲文书社，1990.7.—1册；10开.—ISBN 7-5002-0304-7：1.05元

解剖学病案分析/(美)E.莱契曼，K·K.弗克纳著.—北京：中国盲文书社，1990.4.—3册；10开.ISBN 7-5002-0517-1：3.80元

漫话肺炎/薛元坤编著.—北京：中国盲文书社，1990.9.—1册；10开.—ISBN 7-5002-0479-5：0.80元

精神疾病知识/姜佐宁著.—北京：中国盲文出版社，1990.4.—1册；10开.—ISBN 7-5002-0480-9：1.10元

糖尿病推拿疗法/邛兴军著.—北京：中国盲文出版社，1990.2.—1册；10开.—ISBN 7-5002-0465-5：1.20元

农业科学

农家科学致富法/赵庆华主编.—北京：中国盲文书社，1990.11.—1册；10开.—ISBN 7-5002-0501-5：1.20元

工业技术

生活小窍门/阎惠元，高祥杰编.—北京：中国盲文出版社，1990.5.—1册；10开.—ISBN 7-5002-0422-1：1.45元

家庭生活指南/金宇，梁杰编.—北京：中国盲文出版社，1990.2.—1册；10开.—ISBN 7-5002-0428-0：1.05元

家常点心/上海市黄浦区第二饮食公司编.—上海：上海市盲童学校盲文出版社，1990.3.—1册；10开：0.56元

家常菜谱/上海市黄浦区第二饮食公司编.—上海：上海市盲童学校盲文出版社，1990.3.—1册；10开.0.56元

腌腊酱菜食品制法250例/刘万朗主编.—北京：中国盲文书社，1990.7.—2册；10开.—ISBN 7-5002-0484-1：2.05元

综合性图书

知识世界　1990年第1期(总第1期).—北京：中国盲文出版社，1990.1.—1册；10开.—0.25元

知识世界　1990年第2期(总第2期).—北京：中国盲文出版社，1990.2.—1册；10开.—0.25元

知识世界　1990年第3期(总第3期).—北京：中国盲文出版社，1990.3.—1册；10开.—0.25元

知识世界　1990年第4期(总第4期).—北京：中国盲文出版社，1990.4.—1册；10开.—0.25元

知识世界　1990年第5期(总第5期).—北京：中国盲文出版社，1990.5.—1册；10开.—0.25元

知识世界　1990年第6期(总第6期).—北京：中国盲文书社，1990.6.—1册；10开.—0.25元

知识世界　1990年第7期(总第7期).—北京：中国盲文书社，1990.6.—1册；10开.—0.25元

知识世界　1990年第11期(总第11期).—北京：中国盲文书社，1990.11.—1册；10开.—0.25元

知识世界　1990年第12期(总第12期).—北京：中国盲文书社，1990.12.—1册；10开.—0.25元

外国文字图书目录

本目录按《中国图书馆图书分类法》（第3版）“语言·文字”类H3/9语文次序编排，同一语文的图书，按图书内容性质分类编排。

英文图书

哲学、社会科学

上海社会科学院论文选：1990/上海社会科学院编.上海：上海社会科学院出版社，1990.10.— 502页；大32开.—ISBN 7-80515-589-5：9.80元

《圣经》探索/郭秀梅著.—南京：南京大学出版社，1990.12.—356页；大32开.—ISBN 7-305-00781-1：6.50元

唯识菁华/徐梵澄著.—北京：新世界出版社，1990.—133页；大32开.—ISBN 7-80005-037-8（精装）：12.00元

*　　*　　*

中国人口丛书：内蒙分册.—北京：中国财政经济出版社，1990.—297页；大32开.—ISBN 7-5005-1099-3：10.30元

中国人口丛书：陕西分册.—北京：中国财政经济出版社，1990.—318页；大32开.—ISBN 7-5005-1205-2

政治、法律

中华人民共和国第七届全国人民代表大会第三次会议主要文献.—北京：外文出版社，1990.—188页；大32开.—ISBN 7-119-01327-0（精装）：9.45元

中国的多党合作：中国：问题和观点　（1）/北京周报社编.—北京：新星出版社，1990.—49页；32开.—ISBN 7-80085-178-8：3.00元

中华人民共和国法律汇编：1987～1989.—北京：科学出版社，1990.—361页；16开.—ISBN 7-03-001951-2（精装）

中华人民共和国宪法.—2版.—北京：外文出版社，1990.—83页；16开.—ISBN 7-119-00044-6（精装）：10.45元

本书1987年第1版。

中国法律制度概述/杜西川，张龄元著.—北京：新世界出版社，1990.—243页；大32开.—ISBN 7-80005-087-4：10.00元

经　济

中国的内河航运.—北京：新星出版社，1990.25页；32开.—ISBN 7-80085-287-3：2.00元

中国的劳动就业/今日中国杂志社编辑.—北京：新星出版社，1990.—40页；36开.—（中国在发展中；45）.—ISBN 7-30085-201-6：1.90元

中国煤炭工业年鉴：1989/《中国煤炭工业年鉴》编审委员会编.—北京：煤炭工业出版社，1990.10.112页；16开.—ISBN 7-5020-0465-3（精装）

公路通向四面八方.—北京：新星出版社，1990.26页；32开.—ISBN 7-80085-283-0：2.00元

为了丰富居民的菜篮子.—北京：新星出版社，1990.—31页；32开.—ISBN 7-80085-301-2：2.00元

住宅建设与改革/今日中国杂志社编辑.—北京：新星出版社，1990.—44页；32开.—（中国在发展中；43）.—ISBN 7-80085-199-0：1.90元

现代中国经济与管理/马洪主编.—北京：外文出版社，1990.—485页；大32开.—ISBN 7-119-00370-4（精装）：15.40元

青岛投资指南/青岛市对外开放办公室编.—3版.青岛：青岛出版社.1990.5.—39页；40开.—ISBN 7-5436-0491-4：1.80元

本书1988年第1版。

国际支付与结算/申津昌等编.—上海：上海外语教育出版社，1990.6.—215页；16开.—ISBN 7-81009-523-4：5.50元

深圳房地产指南.—北京：中国建筑工业出版社，1990.—327页；大16开.—ISBN 7-112-01205-3（精装）

文化、科学、教育、体育

一个中国人看美国科学政策.—北京：科学出版社，1990.—269页；大32开.—ISBN 7-03-001812-

5：27.50元

山东科技/山东科技外语学会译.—济南：山东友谊书社，1990.12.—288页；36开.—（今日山东丛书）.ISBN 7-80551-304-X：5.50元

跨文化交际学选读/胡文仲编.—长沙：湖南教育出版社，1990.6.—313页；大32开.—ISBN 7-5355-1137-6：4.65元

小学升学试题解题思路指点/楚鹰，肖映琦编.—2版（修订本）.—天津：新蕾出版社，1990.12.—196页；32开.—ISBN 7-5307-0826-0：2.25元

本书1990年2月第1版。

当代中国教育/周玉良主编.—长沙：湖南教育出版社，1990.4.—813页；大32开.—ISBN 7-5355-1112-0（精装）

先师孔子：论孔子教育思想/陈景磐著.—北京：外文出版社，1990.—522页；大32开.—ISBN 7-119-01007-7：14.90元

高等工程教育国际会议文集.—北京：万国学术出版社，1990.—567页；16开.—ISBN 7-80003-108-X（精装）

数学奥林匹克在中国.—长沙：湖南教育出版社，1990.6.—312页；大32开.—ISBN 7-5355-1152-X（精装）：5.80元

*　　*　　*

中国少数民族传统体育运动/莫福山等编；宋献春译.—北京：旅游教育出版社，1990.7.—179页；32开.—ISBN 7-5637-0053-6：10.00元

中国武术/成传锐编著；潘志伟译.—北京：北京体育学院出版社，1990.6.—460页；32开.—ISBN 7-81003-320-4：9.80元

中国单刀：从基本技术到表演套路的教学全书/谢志奎编著.—北京：外文出版社，1990.—405页；32开.—ISBN 7-119-00830-7：9.05元

第十一届亚洲运动会技术手册：手球/第十一届亚运会组委会编.—北京：奥林匹克出版社，1990.8.—25页；40开.—ISBN 7-80067-090-2

第十一届亚洲运动会技术手册：击剑/第十一届亚运会组委会编.—北京：奥林匹克出版社，1990.8.21页；40开.—ISBN 7-80067-098-8

第十一届亚洲运动会技术手册：卡巴迪/第十一届亚运会组委会编.—北京：奥林匹克出版社，1990.8.—18页；40开.—ISBN 7-80067-068-6

第十一届亚洲运动会技术手册：皮划艇/第十一届亚运会组委会编.—北京：奥林匹克出版社，1990.8.18页；40开.—ISBN 7-80067-100-3

第十一届亚洲运动会技术手册：帆船/第十一届亚运会组委会编.—北京：奥林匹克出版社，1990.8.—24页；40开.—ISBN 7-80067-046-5

第十一届亚洲运动会技术手册：网球/第十一届亚运会组委会编.—北京：奥林匹克出版社，1990.8.—21页；40开.—ISBN 7-80067-058-9

第十一届亚洲运动会技术手册：曲棍球/第十一届亚运会组委会编.—北京：奥林匹克出版社，1990.8.—29页；40开.—ISBN 7-80067-096-1

第十一届亚洲运动会技术手册：乒乓球/第十一届亚运会组委会编.—北京：奥林匹克出版社，1990.8.—22页；40开.—ISBN 7-80067-064-3

第十一届亚洲运动会技术手册：自行车/第十一届亚运会组委会编.—北京：奥林匹克出版社，1990.8.—23页；40开.—ISBN 7-80067-060-0

第十一届亚洲运动会技术手册：羽毛球/第十一届亚运会组委会编.—北京：奥林匹克出版社，1990.8.19页；40开.—ISBN 7-80067-042-2

第十一届亚洲运动会技术手册：足球/第十一届亚运会组委会编.—北京：奥林匹克出版社，1990.8.32页；40开.—ISBN 7-80067-092-9

第十一届亚洲运动会技术手册：武术/第十一届亚运会组委会编.—北京：奥林匹克出版社，1990.8.19页；40开.—ISBN 7-80067-066-X

第十一届亚洲运动会技术手册：软式网球/第十一届亚运会组委会编.—北京：奥林匹克出版社，1990.8.—19页；40开.—ISBN 7-80067-080-5

第十一届亚洲运动会技术手册：举重/第十一届亚运会组委会编.—北京：奥林匹克出版社，1990.8.—19页；40开.—ISBN 7-80067-094-5

第十一届亚洲运动会技术手册：垒球/第十一届亚运会组委会编.—北京：奥林匹克出版社，1990.8.23页；40开.—ISBN 7-80067-082-1

第十一届亚洲运动会技术手册：柔道/第十一届亚运会组委会编.—北京：奥林匹克出版社，1990.8.21页；40开.—ISBN 7-80067-062-7

第十一届亚洲运动会技术手册：射箭/第十一届亚运会组委会编.—北京：奥林匹克出版社，1990.8.20页；40开.—ISBN 7-80067-086-4

第十一届亚洲运动会技术手册：高尔夫球/第十一届亚运会组委会编.—北京：奥林匹克出版社，1990.8.—19页；40开.—ISBN 7-80067-072-4

第十一届亚洲运动会技术手册：拳击/第十一届亚运会组委会编.—北京：奥林匹克出版社，1990.8.ISBN 7-80067-088-0

第十一届亚洲运动会技术手册：棒球/第十一届亚运会组委会编.—北京：奥林匹克出版社，1990.8.18页；40开.—ISBN 7-80067-084-8

第十一届亚洲运动会技术手册：游泳/第十一届亚运会组委会编.—北京：奥林匹克出版社，1990.8.5页；40开.—ISBN 7-80067-048-1

第十一届亚洲运动会技术手册：摔跤/第十一届亚运会组委会编.—北京：奥林匹克出版社，1990.8. 20页；40开.—ISBN 7-30067-070-3

第十一届亚洲运动会技术手册：赛艇/第十一届亚运会组委会编.—北京：奥林匹克出版社，1990.8. 20页；40开.—ISBN 7-80067-044-9

第十一届亚洲运动会技术手册：篮球/第十一届亚运会组委会编.—北京：奥林匹克出版社，1990.8. 22页；40开.—ISBN 7-80067-078-3

第十一届亚洲运动会技术手册：藤球/第十一届亚运会组委会编.—北京：奥林匹克出版社，1990.8. 19页；40开.—ISBN 7-80067-074-0

语言、文字

中国英语教学：1985年广州中国英语教学国际讨论会论文集.—北京：外语教学与研究出版社，1990.5.—486页；大32开.—ISBN 7-5600-0151-3（精装）

当代美国口语/戚云方，（美）Gerry Poppen编著.—上海：上海外语教育出版社，1990.10.—207页；16开.—ISBN 7-81009-579-X：5.50元

语言学文选/陈永培，龚少瑜选编.—广州：中山大学出版社，1990.12.—581页；16开.—ISBN 7-306-00082-2：7.20元

密尔顿诗歌全集详注/（英）约翰·密尔顿著；陆佩弦编.—北京：商务印书馆，1990.4.—2册（955页）；大32开.—ISBN 7-100-00915-4：10.65元

文　　学

二马/老舍著.—北京：外文出版社，1990.—379页；36开.—（凤凰丛书）.—ISBN 7-119-01105-7：8.85元

王维诗选/（唐）王维著.—北京：中国文学出版社，1990.—172页；36开.—（熊猫丛书）.—ISBN 7-5071-0068-5：5.00元

中国十大古典悲剧故事/刘云波，黄为葳编.—郑州：河南人民出版社，1990.10.—658页；32开.—ISBN 7-215-00895-9：10.60元

中国人眼里的西方人/王建光编.—北京：外文出版社，1990.—229页；36开.—ISBN 7-119-01216-9：5.25元

中国古代刑法及案例故事/沙博理著.—北京：新世界出版社，1990.—274页；大32开.—ISBN 7-80005-129-3：11.00元

中国古代短篇小说选/（唐）蒋防等著；颜惠庆编译.—2版.—北京：外文出版社，1990.—178页；28开.—ISBN 7-119-01075-1（精装）：9.25元

本书1958年第1版。

北京旅游点的传说.—北京：中国文学出版社，1990.—189页；36开.—（熊猫丛书）.—ISBN 7-5071-0076-6：4.40元

汉魏六朝小说选/干宝等著；扬宪益，戴乃迭译.2版.—北京：外文出版社，1990.—162页；28开.ISBN 7-119-01104-9（精装）：9.60元

本书1958年第1版。

对口相声选：/（　）Johnstone，S.译.—北京：中国文学出版社，1990.—136页；36开.—（熊猫丛书）.—ISBN 7-5071-0077-4：3.00元

西游记/吴承恩著；詹纳尔译.—北京：外文出版社，1990.—4册（1878页）；36开.—（凤凰丛书）.ISBN 7-119-01014-X：45.90元

死水微澜/李劼人著.—北京：中国文学出版社，1990.—332页；36开.—（熊猫丛书）.—ISBN 7-5071-0074-X：7.50元

形形色色的中国人/刘炳文，熊蕾编.—北京：外文出版社，1990.—483页；36开.—ISBN 7-119-01160-X：8.90元

杜甫诗选/冯至编选；路易·艾黎译.—3版.—北京：外文出版社，1990.—178页；34开.—ISBN 7-119-01074-3（精装）：9.80元

本书1962年第1版。

京沪闻见录/梁晓声著.—北京：外文出版社，1990.256页；36开.—ISBN 7-119-01266-5：6.35元

闻一多诗文选/闻一多著.—北京：中国文学出版社，1990.—131页；32开.—（熊猫丛书）.—ISBN 7-5071-0047-2：4.00元

爱在夏夜里燃烧.—北京：中国文学出版社，1990.319页；36开.—（熊猫丛书）.—ISBN 7-5071-0030-8：7.50元

晚饭后的故事/汪曾祺著.—北京：中国文学出版社，1990.—315页；32开.—（熊猫丛书）.—ISBN 7-5071-0049-9：8.50元

黑骏马/张承志著.—北京：中国文学出版社，1990.—255页；36开.—（熊猫丛书）.—ISBN 7-5071-0069-3：5.50元

雷雨/曹禺著；王佐良，巴恩斯译.—3版.—北京：外文出版社，1990.—151页；28开.—ISBN 7-119-01106-5（精装）：6.45元

本书1958年第1版。

儿童文学

小小运动员/何艳莱绘画.—北京：海豚出版社，1990.—1册；20开.—ISBN 7-30051-709-8：2.45元

小小漫画/彭国良编绘.—北京：海豚出版社，1990.—1册；20开.—ISBN 7-80051-572-9(精装)：4.95元

小妹夜游动物园/傅毅远，蒋文青编写；励国仪绘画.—北京：海豚出版社，1990.—1册；24开.—IS

BN 7-80051-595-8：2.50元

孔雀的故事/菊子改编；于化鲤绘画.—北京：海豚出版社，1990.—22页；24开.—ISBN 7-80051-699-7：2.45元

西瓜房子：中国童话/常瑞编；王铁城，杨丽新绘.北京：海豚出版社，1990.—1册；20开.—ISBN 7-80051-577-X：2.50元

好宝宝/何艳荣编绘.—北京：海豚出版社，1990.1册；20开.—ISBN 7-80051-600-8：2.45元

找妈妈/韩星改编；姜成安，吴带生绘画.—北京：海豚出版社，1990.—1册；24开.—ISBN 7-80051-704-7；2.45元

报恩虎/（清）蒲松龄原著；王勃改编；梁培龙绘画.—北京：海豚出版社，1990.—1册；20开.—ISBN 7-80051-591-5（精装）：5.90元

报恩虎/王勃改编；梁培龙绘画.—北京：海豚出版社，1990.—1册；20开.—ISBN 7-80051-592-3：3.90元

我们一起玩/纪家秀文；何艳荣画.—北京：海豚出版社，1990.—1册；20开.—ISBN 7-80051-640-7：2.45元

我来当妈妈/吴其文；何艳荣画.—北京：海豚出版社，1990.—1册；20开.—ISBN 7-80051-637-7（精装）：3.90元

我来当妈妈/吴其文；何艳荣画.—北京：海豚出版社，1990.—1册；20开.—ISBN 7-80051-638-5：2.45元

金斧子/方原改编；杨永青绘画.—北京：海豚出版社，1990.—1册；16开.—ISBN 7-80051-614-8：3.20元

点石成金的故事/王晖改编；郑小娟绘画.—北京：海豚出版社，1990.—38页；20开.—ISBN 7-80051-329-7（精装）：6.35元

笑笑漫画/彭国良编绘.—北京：海豚出版社，1990.—1册；20开.—ISBN 7-80051-575-3：2.45元

戴铃铛的猫/大苗文；曾佑瑄画.—北京：海豚出版社，1990.—22页；24开.—ISBN 7-80051-609-1：2.00元

外国文学

美国文学简史/常耀信著.—天津：南开大学出版社，1990.6.—494页；大32开.—高等院校文科教材.ISBN 7-310-00290-3：3.60元

艺　术

中国戏剧简史/（澳）麦卡林著.—北京：新世界出版社，1990.—274页；大32开.—ISBN 7-80005-096-3：9.00元

吴冠中画集/吴冠中绘画.—北京：外文出版社；成都：四川美术出版社，1990.—111页；8开.—ISBN 7-119-00852-8（精装）：95.00元

西藏——神奇的地方/孙杰主编；朝花出版社编.北京：朝花出版社，1990.—158页；8开.—ISBN 7-5054-0116-5（精装）：118.00元

雪山草地风情录：中国四川西北部纪行/胡宝玉摄影；黄宝善撰文.—北京：外文出版社，1990.—121页；12开.—ISBN 7-119-00744-0：50.00元

历史、地理

北京天津/周沙尘，方地撰文；王冰等摄影.—北京：中国摄影出版社：东方出版社，1990.—96页；32开.—（中华揽胜旅游地图与风光摄影/陈昌谦主编）.—ISBN 7-8007-040-9：8.00元

北京旅游图/中国地图出版社编制.—北京：中国地图出版社，1990.8.—1张；2开.—ISBN 7-5031-0549-6：1.50元

四川导游/成都地图出版社编制.—成都：成都地图出版社，1990.—1张；2开.—2.40元

四平/李天等撰文；邹志强等摄影.—北京：新世界出版社，1990.9.—48页；24开.—（中国开放城市系列书）.—7.50元

成都旅游指南/张承隆主编；林义平等摄影；邓依铭译.—成都：四川人民出版社，1990.10.—92页；32开.—ISBN 7-220-01124-5：3.50元

自然科学

1989年国家自然科学基金项目指南.—北京：科学出版社，1990.—120页；16开.—ISBN 7-03-001859-1（精装）

中国科学进展：化学卷　（3）.—北京：科学出版社，1990.—261页；16开.—ISBN 7-03-001848-6

中国科学进展：物理V01.3.—北京：科学出版社，〔1990〕.—131页；16开.—ISBN 7-03-01565-7：28.00元

中国科学进展：数学V01.3.—北京：科学出版社，〔1990〕.—131页；16开.—ISBN 7-03-001433-2：23.00元

中国科学院院刊　四卷　下册.—北京：科学出版社，〔1990〕.—311页；16开.—ISBN 7-03-002083-9（精装）：58.00元

华中理工大学科技论文摘要：1990/《华中理工大学学报》编辑部编.—武汉：华中理工大学出版社，1990.7.—79页；16开.—ISBN 7-5609-0485-8：

8.00元

数理科学和化学

广义多相分析.—北京：科学出版社，〔1990〕.220页；小16开.—ISBN 7-03-000234-2（精装）：54.00元

中国科学院上海原子核研究所年报：1989 第九卷.—北京：原子能出版社，1990.11.—98页；16开.ISBN 7-5022-0286-2：4.60元

中国科学院近代物理研究所年报：1990/中国科学院近代物理研究所编.—北京：原子能出版社，1990.—150页；16开.—ISBN 7-5022-0586-1：9.80元

分析化学实验/赵国良编.—大连：大连理工大学出版社，1990.6.—70页；32开.—ISBN 7-5611-0297-6：0.49元

反射棱镜理论.—北京：万国学术出版社，1990.452页；16开.—ISBN 7-80003-102-0（精装）：32.90元

当代数学：1989.—北京：科学出版社，〔1990〕.179页；16开.—ISBN 7-03-002162-2（精装）：32.00元

多相流体动力学/（美）Soo，S.L.编著.—北京：科学出版社，1990.—691页；16开.—ISBN 7-03-000102-8（精装）：145.00元

应用数学与力学进展 第二卷.—北京：万国学术出版社，1990.—221页；16开.—ISBN 7-80003-047-4（精装）

非线性分析/陈文塬主编.—兰州：兰州大学出版社，1990.4.—213页；16开.—ISBN 7-311-00172-2：18.00元

国际一般力学（动力学、振动与控制）学术会议论文集.—北京：北京大学出版社，1990.—1078页；16开.—ISBN 7-301-01313-2（精装）

组合设计论文集/陆家羲著.—呼和浩特：内蒙古人民出版社，1990.8.—142页；小16开.—ISBN 7-204-00464-7（精装）

配位场方法：补编.—北京：科学出版社，1990.545页；大32开.—ISBN 7-03-00192-3（精装）：56.80元

模糊拓扑群/马骥良著.—长春：吉林大学出版社，1990.12.—181页；32开.—ISBN 7-5601-0748-6：3.00元

天文学、地球科学

记事手册：1991～2000.—北京：气象出版社，1990.—29页；16开.—ISBN 7-5029-0549-9：3.40元

亚洲海洋地质.—北京：海洋出版社，1990.—395页；16开.—ISBN 7-5027-1217-8（精装）

西太平洋热带海气.—北京：海洋出版社，1990.539页；小16开.—ISBN 7-5027-0861-8（精装）

国际海洋声学汇编.—北京：海洋出版社，1990.390页；16开.—ISBN 7-5027-0947-9

波浪的海上建筑物的作用/李玉成编著.—大连：大连理工大学出版社，1990.6.—344页；大32开.—ISBN 7-5611-0150-3：2.80元

第五届国际海岸带学术讨论会论文集/王颖主编.南京：南京大学出版社，1990.10.—360页；16开.ISBN 7-305-00864-8（精装）

摄影测量原理（兼谣感）/王之卓著.—武汉：武汉测绘科技大学出版社，1990.5.—575页；16开.—ISBN 7-81030-000-8：36.00元

IsPRS国际会议论文集.—武汉：武汉测绘科技大学出版社，1990.—1144页；大16开.—ISBN 7-81030-057-1

生物科学

中国热带与亚热带双子叶植物片结构.—北京：万国学术出版社，1990.—414页；16开.—ISBN 7-80003-101-2（精装）：260.00元

中国稀有植物的保护状况.—南京：江苏科学技术出版社，1990.—163页；小16开.—ISBN 7-5345-1048-1（精装）

中国蕨类植物孢子形态.—北京：科学出版社，1990.—592页；16开.—ISBN 7-03-000209-1（精装）

国际应用生物无机化学学术讨论会论文摘要集.武汉：华中理工大学出版社，1990.4.—180页；16开.ISBN7-5609-0492-0

国际植物园学术讨论会会议录/袁以苇等译.—南京：江苏科学技术出版社，1990.—676页；18开.ISBN 7-5345-1094-5（精装）：45.00元

医药、卫生

一学就会：常见病的治疗/曾庆南编.—北京：外文出版社，1990.—164页；34开.—ISBN 7-119-01209-3：6.05元

中医儿科概要/訾济民主编；金惠德译.—北京：外文出版社，1990.—260页；34开.—ISBN 7-119-01186-3：9.75元

中医针灸经穴部位标准化：/中国中医研究院针灸研究所编撰.—北京：外文出版社，1990.—276页；16开.—ISBN 7-119-01368-8（精装）：60.00元

中医临床经验/商宪敏等著.—北京：新世界出版社，1990.—356页；小16开.—ISBN 7-80005-122-6：27.00元

中医基础理论/耿俊英，苏志红著.—北京：新世界出版社，1990.—167页；大32开.—ISBN 7-80005-114-5：14.00元

长寿之谜/刘正才编著.—北京：外文出版社，1990.—195页；34开.—ISBN 7-119-01251-7：8.00元

血液流变学视野：Ⅰ、基础部分/施永德主编.上海：上海科学技术文献出版社，1990.12.—180页；16开.—ISBN 7-80513-776-5：20.00元

第4届亚太地区肾脏病会议文集.—北京：万国学术出版社，1990.—247页；大32开.—ISBN 7-80003-079-2

农业科学

中国土壤.—北京：科学出版社，1990.—873页：图版；16开.—ISBN 7-03-000520-1（精装）

中国池塘养鱼.—北京：万国学术出版社，1990.259页；16开.—ISBN 7-80003-048-2（精装）：146.00元

中国国际油菜子专题论文集汇编.—上海：上海科学技术出版社，1990.7.—138页；大16开.—ISBN 7-5323-2267-X

中国灌排泵站.—北京：农业出版社，1990.1.88页；8开.—ISNN 7-109-01585-8：20.00元

森林土壤与现代营林/林伯群主编.—哈尔滨：东北林业大学出版社，1990.7.—497页；16开.—ISBN 7-81008-134-9：50.00元

工业技术

工程化学与冶金文集.—北京：科学出版社，1990.111页；16开.—ISBN 7-03-002408-7

工程振动问题国际会议文集.—北京：万国学术出版社，1990.—2册（1040页）；大16开.—ISBN 7-80003-110-1（精装）

天然铅核数据编评：中国核科技报告CNIC—00399/马功桂等著.—北京：原子能出版社，1990.4.—12页；16开.—ISBN 7-5022-0299-4

中国生活饮用水地图集/全国生活饮用水水质与水性疾病调查协作组，中国科学院、国家计委地理研究所主编.—北京：中国地图出版社，1990.—184页；8开.—ISBN 7-5031-0753-7（精装）

中国名酒.—北京：新星出版社，1990.—25页；36开.—（中国简况）.—ISBN 7-80085-060-9

中国素食谱/王文桥，刚文彬编.—北京：新世界出版社，1990.—142页；16开.—ISBN 80005-058-0：30.00元

中国家常菜/白自然编；王金怀，雪原撰文.—北京：外文出版社，1990.—239页；16开.—ISBN 7-119-00407-7（精装）：50.00元

化工冶金文选：1989.—北京：科学出版社，〔1990〕.84页；16开.—ISBN 7-03-002216-5：15.00元

未来采矿：第14届国际采矿会议文集.—北京：万国学术出版社，1990.—2册（994页）；16开.—ISBN 7-80003-104-7（精装）

百样中菜/涂希著.—北京：外文出版社，1990.185页；34开.—ISBN 7-119-00662-2：7.65元

合肥国际同步辐射会议论文集/金玉明主编.—合肥：中国科学技术大学出版社，1990.10.—548页；16开.—ISBN 7-312-00214-5（精装）：48.00元

张钟俊教授论文集/张钟俊著.—西安：西安电子科技大学出版社，1990.4.—454页；16开.—ISBN 7-5606-0141-3：22.00元

制冷与空调/侯曼西编.—重庆：重庆大学出版社，1990.7.—196页；16开.—ISBN 7-5624-0295-7：2.85元

轴承转子系统动力学国际会议论文集/于烈等著.西安：西安交通大学出版社，1990.9.—610页；16开.ISBN 7-5605-0368-3（精装）：100.00元

核数据进展通讯：中国核科技报告CNIC-00412.北京：原子能出版社，1990.7.—65页；16开.—ISBN 7-5022-0363-X

逻辑与计算机.—北京：科学出版社，〔1990〕.373页；小16开.—ISBN 7-03-000211-3（精装）：87.00元

第一届国际能量转换及能源工程学术会议1990年论文集/程尚模等主编.—武汉：华中理工大学出版社，1990.9.—789页；16开.—ISBN 7-5609-0515-3（精装）

第11届亚洲运动会广播技术手册/中国中央电视台编.—海口：南海出版公司，1990.8.—74页；16开.ISBN 7-80570-329-9

交通运输

中国沿海港口新建设.—北京：新星出版社，1990.—26页；32开.—ISBN 7-80085-226-1：2.00元

中法长江口论文集.—北京：海洋出版社，1990.898页；16开.—ISBN 7-5027-1226-7（精装）

环境科学，劳动保护科学

环境生命元素与健康.—北京：科学出版社，1990.—390页；16开.—ISBN 7-03-002206-8（精装）

法文图书

政　　治

刘少奇选集　下卷/刘少奇著.—北京：外文出版社，1990.—486页；小16开.—ISBN 7-119-01276-2（精装）：19.45元

刘少奇选集　下卷.—北京：外文出版社，1990.486页；小16开.—ISBN 7-119-01277-0：14.65元

关于毛泽东传略、评价、回忆/钟文宪编.—北京：外文出版社，1990.—322页；大32开.—ISBN 7-119-01246-0：13.90元

文化、教育、体育

中国邮票集：1982～1988.—北京：外文出版社，1990.—120页；16开.—ISBN 7-119-01273-8（精装）：48.00元

到中国学汉语/中国对外汉语教学学会编.—北京：北京语言学院出版社，1990.—217页；大32开.—ISBN 7-5619-0113-5：6.70元

文　　学

人生/路遥著.—北京：外文出版社，1990.—308页；36开.—ISBN 7-119-01170-2：7.55元

中国青年作品选/王凤麟等著.—北京：外文出版社，1990.—267页；36开.—（凤凰丛书）.—ISBN 7-119-01120-0：6.60元

没有钮扣的红衬衫：中国当代中篇小说选/铁凝等著.—北京：外文出版社，1990.—264页；32开.（凤凰丛书）.—ISBN 7-119-00727-0：6.50元

阿Q正传/鲁迅著.—北京：外文出版社，1990.81页；36开.—ISBN 7-119-01228-2：2.30元

枫林晚/航鹰著.—北京：中国文学出版社，1990.257页；36开.—（熊猫丛书）.—ISBN 7-5071-0051-0：6.00元

牧人和山鹰：中国民间传说故事选.—北京：外文出版社，1990.—132页；大32开.—ISBN 7-119-00958-3：6.60元

野山人家：贾平凹中篇小说选/贾平凹著.—北京：外文出版社，1990.—379页；36开.—（凤凰丛书）.ISBN 7-119-01321-1：8.75元

藏北游历/马丽华著.—北京：中国文学出版社，1990.—375页；36开.—（熊猫丛书）.—ISBN 7-5071-0054-5：8.00元

鬈毛/陈建功著.—北京：中国文学出版社，1990.156页；36开.—（熊猫丛书）.—ISBN 7-5071-0052-9：3.60元

儿童文学

大熊猫做客/刘谦文；姜成安画.—北京：海豚出版社，1990.—1册；16开.—ISBN 7-80051-553-2：2.80元

西瓜房子：中国童话/常瑞编；王铁城，杨丽新绘.—北京：海豚出版社，1990.—1册；20开.—ISBN 7-80051-554-0：2.50元

好宝宝/何艳荣编绘.—北京：海豚出版社，1990.1册；20开.—ISBN 7-80051-634-2：2.45元

我们一起玩/纪家秀文；何艳荣画.—北京：海豚出版社，1990.—1册；20开.—ISBN 7-80051-636-9：2.45元

我来当妈妈/吴其文；何艳荣画.—北京：海豚出版社，1990.—1册；20开.—ISBN 7-80051-635-0：2.45元

点石成金的故事/王晖改编；郑小娟绘画.—北京：海豚出版社，1990.—1册；20开.—ISBN 7-80051-432-3：3.85元

笑笑漫画/彭国良编绘.—北京：海豚出版社，1990.—1册；20开.—ISBN 7-80051-556-7：2.45元

善良的弟弟/韩双东改编；李全绘画.—北京：海豚出版社，1990.—38页；20开.—ISBN 7-80051-423-4：3.80元

历　　史

鲁讯传　（上）/林志浩著.—北京：外文出版社，1990.—422页；28开.—ISBN 7-119-00564-2：13.25元

鲁讯传　（下）/林志浩著.—北京：外文出版社，1990.—470页；28开.—ISBN 7-119-00916-8：10.40元

医药、卫生

中国传统的康复医学/胡斌编著.—北京：外文出版社，1990.—214页；34开.—ISBN 7-119-00939-7：8.30元

中国推拿疗法/王甫编著.—北京：外文出版社，1990.—189页；34开.—ISBN 7-119-01219-3：7.80元

工业技术

中国名酒.—北京：新星出版社，1990.—25页；36开.—中国简况—ISBN 7-80085-061-7

中国家常菜/白自然编；王金怀，雪原撰文.—北京：外文出版社，1990.—239页；16开.—ISBN 7-119-00996-6（精装）：50.00元

未来采矿：第14届国际采矿会议文集.—北京：万国学术出版社，1990.—688页；16开.—ISBN 7-80003-106-3（精装）

综合性图书

中国之最/杜飞豹著.—北京：外文出版社，1990.224页；34开.—ISBN 7-119-01000-X：6.80元

德文图书

风波平息以后/北京周报社编.—北京：新星出版社，1990.—78页；32开.—ISBN 7-80085-215-6：3.45元

* * *

旅游会话/陈蒙惠，殷边编著.—北京：外文出版社，1990.—210页；36开.—ISBN 7-119-00964-8：6.15元

* * *

王蒙小说选/王蒙著.—北京：外文出版社，1990.328页；36开.—ISBN 7-119-01206-1（精装）：10.50元

郁达夫小说选/郁达夫著.—北京：外文出版社，1990.—257页；36开.—ISBN 7-119-00739-4（精装）：9.10元

牧人和山鹰：中国民间传说故事选.—北京：外文出版社，1990.—105页；大32开.—ISBN 7-119-00799-8（精装）：8.00元

烟壶/邓友梅著.—北京：外文出版社，1990.—193页；36开.—ISBN 7-119-00787-4（精装）：8.10元

* * *

中国现代国画大师齐白石画集/严欣强，金岩编.北京：外文出版社，1990.—194页；8开.—ISBN 7-119-00031-4（精装）：170.00元

* * *

中国少数民族/马寅主编.—北京：外文出版社，1990.—633页；大32开.—ISBN 7-119-00010-1（精装）：22.50元

周恩来传略/方钜成，姜桂侬著.—北京：外文出版社，1990.—345页；大32开.—ISBN 7-119-00815-3（精装）：15.20元

紫禁城秘史/尔泗等著.—北京：外文出版社，1990.—175页；36开.—ISBN 7-119-01153-7：4.10元

* * *

太极气功二十八式/李丁，（印尼）陈中行编著.—北京：外文出版社，1990.—160页；34开.—ISBN 7-119-01187-1：6.40元

易筋经十四段功法录：医学气功/常维祯编著.—北京：外文出版社，1990.—136页；34开.—ISBN 7-119-01214-2：6.25元

* * *

中国名酒.—北京：新星出版社，1990.—33页；36开.—（中国简况）.—ISBN 7-80085-063-3

中国家常菜/白自然编；王金怀，雪原撰文.—北京：外文出版社，1990.—239页；16开.—ISBN 7-119-00997-4（精装）：50.00元

未来采矿：第14届国际采矿会议文集.—北京：万国学术出版社，1990.—774页；16开.—ISBN 7-80003-107-1（精装）

西班牙文图书

少林六十四腿击法/王信得著.—北京：外文出版社，1990.—329页；40开.—ISBN 7-119-00422-0：5.60元

中国邮票集：1982～1988.—北京：外文出版社，1990.—119页；16开.—ISBN 7-119-01258-4（精装）：48.00元

* * *

大熊猫做客/刘谦文；姜成安画.—北京：海豚出版社，1990.—1册；16开.—ISBN 7-80051-557-5：2.80元

小妹夜游动物园/傅毅远，蒋文青写；励国仪画.北京：海豚出版社，1990.—1册；24开.—ISBN 7-80051-605-9：2.50元

小鲤鱼跳龙门/金近编文；杨善子，丁榕临绘画.北京：海豚出版社，1990.—1册；20开.—ISBN 7-80051-619-9：2.50元

西瓜房子：中国童话/常瑞编，王铁城，杨丽新绘画.—北京：海豚出版社，1990.—1册；20开.—ISBN 7-80051-578-8：2.50元

好宝宝/何艳荣编绘.—北京：海豚出版社，1990.1册；20开.—ISBN 7-80051-624-5：2.45元

两只小猫/詹同编绘.—北京：海豚出版社，1990.1册；20开.—ISBN 7-80051-623-7：2.50元

我们一起玩/纪家秀文；何艳荣画.—北京：海豚出版社，1990.—1册；20开.—ISBN 7-80051-627-X：2.45元

我来当妈妈/吴其文；何艳荣画.—北京：海豚出版社，1990.—1册；20开.—ISBN 7-80051-626-7：2.45元

牧人和山鹰：中国民间传统故事选.—北京：外文出版社，1990.—115页；大32开.—ISBN 7-119-00668-1：5.00元

金斧子/方原改编；杨永青绘画.—北京：海豚出版社，1990.—1册；16开.—ISBN 7-80051-615-6：3.20元

点石成金的故事/王晖改编；郑小娟绘画.—北京：海豚出版社，1990.—1册；20开.—ISBN 7-80051-365-3：3.85元

骆驼祥子/老舍著.—北京：外文出版社，1990.344页；36开.—（凤凰丛书）.—ISBN 7-119-00776-9：8.50元

笑笑漫画/彭国良编绘.—北京：海豚出版社，1990.—1册；20开.—ISBN 7-80051-580-X：2.45元

戴铃铛的猫/大苗文；曾佑瑄画.—北京：海豚出版社，1990.—22页；20开.—ISBN 7-80051-610-5：2.00元

* * *

中国大众气功/胡斌著.—北京：外文出版社，1990.—151页；34开.—ISBN 7-119-01125-1：6.45元

经络气功/李丁著.—北京：外文出版社，1990.254页；34开.—ISBN 7-119-01222-3：9.30元

* * *

中国茶/中国食品杂志社编.—北京：外文出版社，1990.—158页；34开.—ISBN 7-119-00773-4：3.80元

中国名酒.—北京：新星出版社，1990.—27页；36开.—（中国简况）.—ISBN 7-80085-062-5

未来采矿：第14届国际采矿会议文集.—北京：万国学术出版社，1990.—804页；16开.—ISBN 7-80003-105-5（精装）

* * *

中国之最/杜飞豹著.—北京：外文出版社，1990.304页；34开.—ISBN 7-119-00715-7：8.80元

俄文图书

中国外贸十年改革概观.—北京：新星出版社，1990.—23页；36开.—ISBN 7-80085-211-3

从统计数字看中国十年改革的变化/朱庆芳著.—北京：新星出版社，1990.—25页；36开.—ISBN 7-80085-210-5

周恩来选集　下卷/周恩来著.—北京：外文出版社，1990.—653页；小16开.—ISBN 7-119-00954-0：23.30元

沿海经济开发区.—北京：新星出版社，1990.21页；36开.—ISBN 7-80085-035-8

海南岛.—北京：新星出版社，1990.—20页；36开.—ISBN 7-80085-151-6

* * *

北京——中国的明珠/崔淑君编著.—北京：旅游教育出版社，1990.4.—305页；32开.—ISBN 7-5637-0087-0：5.50元

俄罗斯文学史/周敏显编著.—上海：上海外语教育出版社，1990.2.—538页；32开.—ISBN 7-81009-434-3：8.00元

* * *

中国家常菜/白自然编；王金怀，雪原撰文.—北京：外文出版社，1990.—240页；16开.—ISBN 7-119-00699-1（精装）：50.00元

未来采矿：第14届国际采矿会议文集.—北京：万国学术出版社，1990.—874页；16开.—ISBN 7-80003-109-8（精装）

日文图书

上海旅游/国际旅行社上海分社编集.—上海：上海人民美术出版社，〔1990〕.—262页；36开.—ISBN 7-5322-0809-5：5.80元

中华风貌/中华人民共和国国家旅游局编.—北京：中国旅游出版社，1990.9.—279页；8开.—ISBN 7-5032-0313-7（精装）：230.00元

中国名酒.—北京：新星出版社，1990.—24页；36开.—（中国简况）.—ISBN 7-80085-064-1

中国家常菜/白自然编；王金怀，雪原撰文，谭兰芳译.—北京：外文出版社，1990.—239页；16开.ISBN 7-119-00064-0（精装）：50.00元

日本地图册/日本帝国书院编制.—北京：中国地图出版社，1990.6.—287页；32开.—ISBN 7-5031-0610-7：7.50元

古都西安/侯正璜编著；杨力民等摄影.—北京：外

文出版社：人民美术出版社，1990.—190页；8开. ISBN 7-119-01256-8（精装）：112.00元

北京旅游图/中国地图出版社编制.—北京：中国地图出版社，1990.8.—1张；2开.—ISBN 7-5031-0549-6：1.50元

西安的历史回顾/雷徙云，杨阳编著；（日）长尾庄一郎译.—北京：外文出版社，1990.—327页；32开.—ISBN 7-119-00800-5：11.75元

苏州/马汉民编.—北京：外文出版社，1990.—260页；32开.—ISBN 7-119-01107-3：6.10元

点石成金的故事/王晖改编；郑小娟绘.—北京：海豚出版社，1990.—38页；20开.—ISBN 7-80051-324-6（精装）：6.35元

阿拉伯文图书

中国的穆斯林.—北京：新星出版社，1990.—1册；34开.—（中国在发展中；41）.—ISBN 7-80085-200-8：2.90元

*　*　*

大闹天宫/唐澄文；严定宪等画.—北京：海豚出版社，1990.—1册；20开.—ISBN 7-80051-710-1：7.20元

中国历史故事　（一）/王宏志主编.—北京：外文出版社，1990.—1册；34开.—ISBN 7-119-01089-1：3.60元

中国历史故事　（二）/王宏志主编.—北京：外文出版社，1990.—1册；34开.—ISBN 7-119-01114-6：3.60元

中国历史故事　（三）/王宏志主编.—北京：外文出版社，1990.—1册；34开.—ISBN 7-119-01133-2：3.65元

中国历史故事　（四）/王宏志主编.—北京：外文出版社，1990.—1册；34开.—ISBN 7-119-01162-6：4.00元

中国古代动物寓言选/马达选编.—北京：外文出版社，1990.—1册；大32开.—ISBN 7-119-01087-9：7.00元

巴金的"激流三部曲"《家》、《春》、《秋》：简写本/刘麟瑞译；陈晋容插图.—北京：外文出版社，1990.—1册；36开.—（凤凰丛书）.—ISBN 7-119-01142-1：7.05元

好宝宝/何艳荣编绘.—北京：海豚出版社，1990.1册；20开.—ISBN 7-80051-567-2：2.45元

我们一起玩/纪家秀文；何艳荣画.—北京：海豚出版社，1990.—1册；20开.—ISBN 7-80051-568-0：2.45元

我来当妈妈/吴其文；何艳荣画.—北京：海豚出版社，1990.—1册；20开.—ISBN 7-80051-566-4：2.45元

牧人和山鹰：中国民间传说故事选.—北京：外文出版社，1990.—1册；大32开.—ISBN 7-119-00819-6：6.30元

草原上的湖：中国优秀儿童文学选.—北京：外文出版社，1990.—1册；36开.—ISBN 7-119-01280-0：4.90元

蛇医生：中国优秀儿童文学选.—北京：外文出版社，1990.—1册；36开.—ISBN 7-119-01279-7：4.40元

善良的夏吾冬/梅樱改编绘画.—北京：海豚出版社，1990.—1册；20开.—ISBN 7-80051-601-6：5.00元

*　*　*

中国传统节日民俗/齐星编著.—北京：外文出版社，1990.—1册；34开.—ISBN 7-119-00887-0：4.45元

*　*　*

中国清真菜谱/周启登编.—北京：外文出版社，1990.—1册；36开.—ISBN 7-119-01152-9：3.45元

缅甸文图书

话说中国　（41）.—北京：新星出版社，1990. 1册；36开.—ISBN 7-80085-146-X

话说中国　（42）.—北京：新星出版社，1990. 1册；36开.—ISBN 7-80085-147-8

话说中国　（43）.—北京：新星出版社，1990. 1册；36开.—ISBN 7-80085-167-2

话说中国　（44）.—北京：新星出版社，1990. 1册；36开.—ISBN 7-80085-176-1

话说中国　（45）.—北京：新星出版社，1990. 1册；36开.—ISBN 7-80085-191-5

话说中国　（47）.—北京：新星出版社，1990. 1册；36开.—ISBN 7-80085-229-6

话说中国　（48）.—北京：新星出版社，1990. 1册；36开.—ISBN 7-80085-254-7

话说中国　（49）.—北京：新星出版社，1990. 1册；36开.—ISBN 7-80085-269-5

话说中国　（50）.—北京：新星出版社，1990. 1册；36开.—ISBN 7-80085-297-0

话说中国　（51）.—北京：新星出版社，1990. 1册；36开.—ISBN 7-80085-306-3

朝鲜文图书

从皇帝到公民　（下）：我的前半生/咸钟学等译.

沈阳：辽宁民族出版社；北京：外文出版社，1990.12.—443页～808页；大32开.—ISBN 7-80527-073-2：4.10元

今日中国　第一期.—北京：新星出版社，1990.56页；36开.—ISBN 7-80085-162-1

今日中国　第二期.—北京：新星出版社，1990.56页；36开.—ISBN 7-80085-168-0

今日中国　第三期.—北京：新星出版社，1990.56页；36开.—ISBN 7-80085-174-5

今日中国　第四期.—北京：新星出版社，1990.56页；36开.—ISBN 7-80085-182-6

今日中国　第五期.—北京：新星出版社，1990.56页；36开.—ISBN 7-80085-193-1

今日中国　第六期.—北京：新星出版社，1990.56页；36开.—ISBN 7-80085-230-X

今日中国　第八期.—北京：新星出版社，1990.56页；36开.—ISBN 7-80085-225-3

泰米尔文图书

今天我做值日生/杨苡，梁柯文；谷音画.—北京：海豚出版社，1990.—1册；20开.—ISBN 7-80051-687-3：2.45元

印地文图书

大熊猫做客/刘谦文；姜成安画.—北京：海豚出版社，1990.—1册；16开.—ISBN 7-80051-541-9：2.80元

小小运动员/何艳荣绘画.—北京：海豚出版社，1990.—1册；20开.—ISBN 7-80051-708-X：2.45元

小妹夜游动物园/陈毅远，蒋文青写；励国仪画.北京：海豚出版社，1990.—1册；24开.—ISBN 7-80051-604-0：2.50元

小鲤鱼跳龙门/金近编文；杨善子，丁榕临绘画.北京：海豚出版社，1990.—1册；20开.—ISBN 7-80051-318-0：2.50元

中国历史故事　(一)/王宏志主编.—北京：外文出版社，1990.—224页；34开.—ISBN 7-119-01179-0：5.60元

中国古代神话选/褚斌杰编；杨永青插图.—北京：外文出版社，1990.—137页；36开.—(凤凰丛书).ISBN 7-119-01189-8：4.15元

奴隶与龙女：中国民间故事选.—北京：外文出版社，1990.—105页；大32开.—ISBN 7-119-01127-8：5.85元

西瓜房子：中国童话/常瑞编；王铁城，杨丽新绘.—北京：海豚出版社，1990.—1册；20开.—ISBN 7-80051-550-3：2.50元

好宝宝/何艳荣编绘.—北京：海豚出版社，1990.1册；20开.—ISBN 7-80051-565-6：2.45元

找妈妈/韩星改编；姜成安，吴带生绘画.—北京：海豚出版社，1990.—1册；32开.—ISBN 7-80051-705-5：2.45元

我们一起玩/纪家秀文；何艳荣画.—北京：海豚出版社，1990.—1册；20开.—ISBN 7-80051-564-8：2.45元

我来当妈妈/吴其文；何艳荣画.—北京：海豚出版社，1990.—1册；20开.—ISBN 7-80051-552-4：2.45元

金斧子/方原改编；杨永青绘画.—北京：海豚出版社，1990.—1册；16开.—ISBN 7-80051-616-4：3.20元

兔子尾巴为啥这样短/徐光玉改编；刘继卣绘画.北京：海豚出版社，1990.—1册；24开.—ISBN 7-80051-612-1：2.00元

点石成金的故事/王晖改编；郑小娟绘画.—北京：海豚出版社，1990.—1册；20开.—ISBN 7-80051-436-6：3.85元

神笔马良/韩星改编；李士伋绘画.—北京：海豚出版社，1990.—1册；20开.—ISBN 7-80051-602-4：3.80元

笑笑漫画/彭国良编绘.—北京：海豚出版社，1990.—1册；20开.—ISBN 7-80051-559-1：2.45元

谁的小手帕/上海市教育局中小学教材编写组文；温泉源画.—北京：海豚出版社，1990.—1册；20开.ISBN 7-80051-707-1：2.45元

猴子捞月亮/夏霞文；万籁鸣画.—北京：海豚出版社，1990.—1册；12开.—ISBN 7-80051-706-3：2.45元

乌尔都文图书

儿子睡中间：微型小说选/高苗编；杜立升等译.北京：外文出版社，1990.—1册；36开.—(凤凰丛书).—ISBN 7-119-00709-2：6.50元

大闹天宫/唐澄文；严定宪等画.—北京：海豚出版社，1990.—1册；20开.—ISBN 7-800551-711-X：7.20元

中国古代动物寓言选/马达选编.—北京：外文出版社，1990.—1册；大32开.—ISBN 7-119-00862-5：6.50元

中国动物故事选/养秀华译.—北京：外文出版社，1990.—1册；34开.—ISBN 7-119-00843-9：4.55元

好宝宝/何艳荣编绘.—北京：海豚出版社，1990.1册；20开.—ISBN 7-80051-642-3：2.45元

我们一起玩/纪家秀文；何艳荣画.—北京：海豚出版社，1990.—1册；20开.—ISBN 7-80051-643

-1：2.45元

我来当妈妈/吴其文；何艳荣画.—北京：海豚出版社，1990.—1册；20开.—ISBN 7-80051-644-X：2.45元

茉莉花集/纪鹏著；张世选译.—北京：外文出版社，1990.—1册；36开.—ISBN 7-119-00888-9：3.70元

珍珍的奇遇/梅樱编绘.—北京：海豚出版社，1990.—1册；24开.—ISBN 7-80051-703-9：3.85元

*　*　*

中国清真菜谱/周启登编译.—北京：外文出版社，1990.—1册；36开.—ISBN 7-119-00816-1：4.15元

孟加拉文图书

中国农村经济及其发展/沈纳兰著.—北京：外文出版社，1990.—1册；34开.—ISBN 7-119-01094-8：5.70元

*　*　*

我的妈妈我的爸爸/吴双等著.—北京：外文出版社，1990.—1册；36开.—ISBN 7-119-01155-3：2.80元

*　*　*

儿子睡中间：微型小说选/高苗编.—北京：外文出版社，1990.—1册；36开.—(凤凰丛书).—ISBN 7-119-01270-3：4.95元

小医生/张茂秋文；杨文秀画.—北京：海豚出版社，1990.—1册；20开.—ISBN 7-80051-608-3：2.00元

不泄气的猫姑娘：中国童话选.—北京：外文出版社，1990.—1册；36开.—ISBN 7-119-01255-X：4.20元

中国古代动物寓言选/马达选编.—北京：外文出版社，1990.—1册；大32开.—ISBN 7-119-01292-4：5.20元

孔雀的故事/菊子改编；于化鲤绘.—北京：海豚出版社，1990.—1册；24开.—ISBN 80051-700-4：2.45元

孔雀的焰火：中国童话选.—北京：外文出版社，1990.—1册；36开.—ISBN 7-119-01164-2：3.60元

西瓜房子：中国童话/常瑞编；王铁城，杨丽新绘.—北京：海豚出版社，1990.—1册；20开.—ISBN 7-80051-543-5：2.50元

两只小猫/詹同编绘.—北京：海豚出版社，1990.1册；20开.—ISBN 7-80051-617-2：2.50元

我们一起玩/纪家秀文；何艳荣画.—北京：海豚出版社，1990.—1册；20开.—ISBN 7-80051-549-4：2.45元

我来当妈妈/吴其文；何艳荣画.—北京：海豚出版社，1990.—1册；20开.—ISBN 7-80051-548-6：2.45元

我的一家：一个革命者的回忆/陶承口述；何家栋，赵洁执笔.—北京：外文出版社，1990.—1册；34开.—ISBN 7-119-01053-0：3.80元

兔子尾巴为啥这样短/徐光玉改编；刘继卣绘画.北京：海豚出版社，1990.—1册；24开.—ISBN 7-80051-613-X：2.00元

神笔马良/韩星改编；李士伋绘画.—北京：海豚出版社，1990.—1册；20开.—ISBN 7-80051-622-9：3.80元

笑笑漫画/彭国良编绘.—北京：海豚出版社，1990.—1册；20开.—ISBN 7-80051-545-1：2.45元

戴铃铛的猫/大苗文；曾佑瑄画.—北京：海豚出版社，1990.—1册；24开.—ISBN 7-80051-511-3：2.00元

僧伽罗文图书

小医生/张茂秋文；杨文秀画.—北京：海豚出版社，1990.—1册；20开.—ISBN 7-80051-583-4：2.00元

兔子尾巴为啥这样短/徐光玉改编；刘继卣绘画.北京：海豚出版社，1990.—1册；24开.—ISBN 7-80051-587-7：2.00元

戴铃铛的猫/大苗文；曾佑瑄画.—北京：海豚出版社，1990.—1册；24开.—ISBN 7-80051-582-6：2.00元

意大利文图书

中医饮食疗法/蔡景峰著.—北京：外文出版社，1990.—162页；34开.—ISBN 7-119-01244-4：7.10元

中国传统的康复医学/胡斌编著.—北京：外文出版社，1990.—214页；34开.—ISBN 7-119-01239-8：8.45元

灵与肉/张贤亮著.—北京：外文出版社，1990.332页；36开.—ISBN 7-119-00613-4：9.15元

旅游会话/陈蒙惠，殷边编著.—北京：外文出版社，1990.—314页；36开.—ISBN 7-119-01126-X：8.50元

葡萄牙文图书

点石成金的故事/王晖改编；郑小娟绘画.—北京：

海豚出版社，1990.—1册；20开.—ISBN 7-80051-412-9：3.85元

斯瓦希里文图书

中国历史概要/剪伯赞等编著；蔡临祥译.—北京：外文出版社，1990.—245页；32开.—ISBN 7-119-00937-0：1.05元

世界语图书

中国武术/朝华出版社编.—北京：中国世界语出版社，1990.—1册；20开.—ISBN 7-5052-0048-8：7.20元

好宝宝/何艳荣编绘；戴颂恩译.—北京：中国世界语出版社，1990.—1册；20开.—ISBN 7-5052-0056-9：2.45元

我们一起玩/纪家秀文；何艳荣画；戴颂恩译.—北京：中国世界语出版社，1990.—1册；20开.—ISBN 7-5052-0058-5：2.45元

笑笑漫画/彭国良编绘；戴颂恩译.—北京：中国世界语出版社，1990.—1册；20开.—ISBN 7-5052-0054-2：2.45元

寒夜/巴金著；李士俊译.—北京：中国世界语出版社，1990.—301页；25开.—ISBN 7-5052-0031-3：16.00元

一九九〇年报纸、杂志目录

本目录收录1990年创刊（复刊）、或改变刊名的报纸、杂志，并对变动情况加以说明。

报 纸 目 录

全 国 性 报 纸

（按报名汉字笔画、笔形顺序排列）

中国土地报：周刊/《中国土地报》社编辑.—北京：编者.—2开4版

本报由国家土地管理局主办，1990年创刊。

统一刊号CN11—0164

中国开发报：周3刊/《中国开发报》社编辑.—北京：编者.—2开4版

本报由国务院发展研究中心主办，1988年创刊，原名《中国城乡开发报》，1990年改为现名。

统一刊号CN11—0163

中国计算机报：周刊/《中国计算机报》社编辑.北京：编者.—4开

本刊由中国计算行业协会主办，1985年创刊，原名《信息快报》，1990年改为现名。

统一刊号CN11—0004

中国引进报：周2刊/《中国引进报》社编辑.—北京：编者.—2开4版

本报由国家外国专家局主办，1990年创刊。

统一刊号CN11—0174

中国地质矿产报：周3刊/《中国地质矿产报》社编辑.—北京：编者.—2开4版

本报由地质矿产部主办，1977年创刊，原名《地质战线》，1990年改为现名。

统一刊号CN11—0041

中国军转民报：周2刊/《中国军转民报》社编辑.北京：编者.—2开4版

本报由国家技术监督局主办，1985年创刊，原名《军工技术转民用信息报》等，1990年改为现名。

统一刊号CN11—0028

中国社会报：周2刊/《中国社会报》社编辑.—北京：编者.—2开4版

本报由民政部主办，1985年创刊，原名《社会保障报》，1990年改为现名。

统一刊号CN11—0021

中国初中生报：周刊/《中国初中生报》社编辑.北京：编者.—4开4版

本报由共青团中央主办，1989年创刊，原名《中国少年报·初中版》，1990年改为现名。

统一刊号CN11—0155

中国核工业报：旬刊/《中国核工业报》社编辑.北京：编者.—2开4版

本报由中国核工业总公司主办，1935年创刊，原名《核工业信息报》1990年改为现名。

统一刊号CN11—0054

中国船舶报：周刊/《中国船舶报》社编辑.—北京：编者.—2开4版

本报由中国船舶工业总公司主办，1990年创刊。

统一刊号CN11—0018

中国税务报：周2刊/《中国税务报》社编辑.—北京：编者.—2开4版

本报由国家税务局主办，1990年创刊。

统一刊号CN11—0175

中学时事报：周报/《中学时事报》编辑部编辑.—北京：编者.—4开4版

本报由北京青年报主办，1990年创刊。

统一刊号CN11—0181

各省、市、自治区报纸

（按报名汉字笔画、笔形顺序排列。）

大众健康报：周刊/《大众健康报》编辑部编辑.成都：编者.—4开4版

本报由四川省卫生厅等主办，1954年创刊，原名《四川科普报》，1990年改为现名。

统一刊号CN51—0075

山西煤炭报：周3刊/《山西煤炭报》社编辑.—太原：编者.—4开4版

本报由山西省煤炭工业厅主办，1990年创刊。

统一刊号CN14—0005

广西政协报：周刊/《广西政协报》社编辑.—南宁：编者.—4开4版

本报由政协广西区委会主办，1990年创刊。

统一刊号CN45—0061

天门报：周2刊/《天门报》社编辑.—天门：编者.4开4版

本报由中共天门市委主办，1956年创刊，为周1刊，1990年改为周2刊。

统一刊号CN42—J091

云南老年报：周刊/《云南老年报》社编辑.—昆明：编者.—4开4版

本报由云南省老干部局主办，1990年创刊。

统一刊号CN53—0035

五金交电家电报：周刊/《五金交电家电报》社编辑.—上海：编者.—4开4版
本报由全国五金商品情报中心站等联合主办，1980年创刊，原名《五金市场》，1990年改为现名。
统一刊号CN31—0069

中国剪报：周2刊/《中国剪报》编辑部编辑.—常州：编者.—4开8版
本报由江苏常州市经济委员会主办，1990年创刊。
统一刊号CN32—0075

甘肃人口报：周刊/《甘肃人口报》社编辑部编辑.兰州：编者.—4开4版
本刊由甘肃省计划生育委员会主办，1982年创刊，原名《计划生育报》，1990年改为现名。
统一刊号CN62—0047

吉林交通安全报：周刊/《吉林交通安全报》社编辑.—长春：编者.—4开
本报由吉林省交通警察大队主办，1990年创刊。
统一刊号CN22—0014

华东物价报：周2刊/《华东物价报》社编辑.—上海：编者.—4开4版
本报由上海等省市物价局主办，1985年创刊，原名《东南行情》，1990年改为现名。
统一刊号CN31—0046

江苏旅游报：周2刊/《江苏旅游报》编辑部编辑.南京：编者.—4开4版
本报由江苏旅游局、无锡市旅游局等主办，1990年创刊。
统一刊号CN32—0074

体育导报：周刊/《体育导报》编辑部编辑.—上海：编者.—4开4版
本报由上海市体委主办。1990年创刊。
统一刊号CN31—0066

沙市日报：周6刊/《沙市日报》社编辑.—沙市：编者.—4开4版
本报由中共湖北省沙市市委主办，1949年创刊，原名《沙市报》，1990年改为现名。
统一刊号CN42—0012

改革时报：周3刊/《改革时报》社编辑.—成都：编者.—2开4版
本报由四川省经济体制改革委员会主办，1990年创刊。
统一刊号CN51—0100

枣阳报：周2刊/《枣阳报》报社编辑.—枣阳：编者.—4开4版
本报由中共枣阳市委主办，1990年创刊。
统一刊号CN42—0088

周口报：周3刊/《周口报》社编辑.—周口：编者.—4开4版
本报由中共周口地委主办，1990年创刊。
统一刊号CN41—0049

法制建设报：周刊/《法制建设报》社编辑.—长沙：编者.—4开4版
本报由湖南省委政法委员会主办，1984年创刊，原名《法制画报》，1990年改为现名。
统一刊号CN43—0040

河南质量报：周刊/《河南质量报》编辑部编辑.郑州：编者.—2开4版
本报由河南省技术监督局主办，1990年创刊。
统一刊号CN41—0048

河南商报：周刊/河南商报》编辑部编辑.—郑州：编者.—4开4版
本报由河南省商业管理委员会主办，1985年创刊，原名《消费报》，1990年改为现名。
统一刊号CN41—0036

科技汇报：周2刊/《科技汇报》编辑部编辑.—连云港：编者.—4开4版
本报由连云港市科委等主办，1978年创刊，原名《连云港科技报》，1990年改为现名。
统一刊号CN32—0045

洛阳广播电视报：周刊/《洛阳广播电视报》编辑部编辑.—洛阳：编者.—4开4版
本报由洛阳市广播电视局主办，1990年创刊。
统一刊号CN41—0057

特区青年报：周2刊/《特区青年报》编辑部编辑.汕头：编者.—2开4版
本报由共青团汕头市委主办，1980年创刊，原名《汕头青少年报》，1990年改为现名。
统一刊号CN44—0063

消费周报：周刊/《消费周报》社编辑.—沈阳：编者.—4开4版
本报由沈阳市工商局主办，1990年创刊。
统一刊号CN21—0072

通化日报：周4刊/《通化日报》社编辑.—通化：编者.—4开4版
本报由吉林通化市委主办，1990年创刊。
统一刊号CN22—0022

梅州广播电视报：周刊/《梅州广播电视报》社编辑.—梅州：编者.—4开4版
本报由梅州市广播电视局主办，1990年创刊。
统一刊号CN44—0016

清远报：周2刊/《清远报》社编辑.—清远：编者.—2开4版
本报由中共清远市委主办，1990年创刊。
统一刊号CN44—0122

惠州报：周3刊/《惠州报》社编辑.—惠州：编者.—2开4版
本报由中共惠州市委主办，1949年创刊，原名《东江报》，1990年改为现名。
统一刊号CN44—0056

湖南商报：周刊/《湖南商报》社编辑.—长沙：编者.—4开4版
本报由湖南省商业厅主办，1980年创刊，原名《市场情况》，1990年改为现名。
统一刊号CN43—0029

锦西日报：周4刊/《锦西日报》社编辑.—兴城：编者.—4开4版

本报由中共锦西市委主办，1990年创刊。

统一刊号CN21—0075

新闻报：周4刊/《新闻报》社编辑.—上海：编者.2开4版

本报由上海市经委主办，1990年创刊。它以宣传外向型经济为重点，以外贸、金融、财税、证券、国营大中型企业、经济体制改革为特色。

统一刊号CN31—0070

新疆经济报：周3刊/《新疆经济报》社编辑.—乌鲁木齐：编者.—2开4版

本报由新疆维吾尔自治区政府主办，1990年创刊。

统一刊号CN65—0064

杂志目录

（按内容性质编排，同类杂志按刊名汉字笔画、笔形顺序排列。）

哲学、社会科学

中流：月刊/《中流》编辑部编辑.—北京：编者.16开

本刊由光明日报社主办，1990年创刊。

统一刊号CN11—2686

龙江社会科学：双月刊/《龙江社会科学》杂志社编辑.—哈尔滨：编者.—16开

本刊由黑龙江省社会科学院主办，1990年创刊。

统一刊号CN23—1315

郑州工学院学报：哲学社会科学版：半年刊/《郑州工学院学报》编辑部编辑.—郑州：郑州工学院.16开

本刊由郑州工学院主办，1990年创刊。

统一刊号CN41—1130

学海：双月刊/《学海》编辑部编辑.—南京：编者.—16开

本刊由江苏省社会科学院主办，1990年创刊。

统一刊号CN32—1308

南京社会科学：双月刊/《南京社会科学》编辑部编辑.—南京：编者.—16开

本刊由南京市社联、中共南京市委党校主办，1984年创刊，原名《南京社联学刊》，1990年改为现名。

统一刊号CN32—1302

南都学坛：社会科学版：双月刊/《南都学坛》编辑部编辑.—南阳：编者.—16开

本刊由南阳师专主办，原为季刊，1990年改为双月刊。

统一刊号CN41—1157

重庆社会科学院学刊：季刊/《重庆社会科学院学刊》编辑部编辑.—重庆：编者.—16开

本刊由重庆市社会科学院主办，1990年创刊。

真理的追求：月刊/《真理的追求》编辑部编辑.北京：编者.—16开

本刊由中国社会科学院哲学研究所主办，1990年创刊。

统一刊号CN11—2741

哲学研究：双月刊/《哲学研究》编辑部编辑.北京：人民出版社.—16开

本刊由中国社会科学院哲学研究所主办，原为月刊，1990年改为双月刊。

统一刊号CN11—1140

理论与实践：半月刊/《理论与实践》编委会编辑.—沈阳：编者.—16开

本刊由中共辽宁省委主办，原为月刊，1990年改为半月刊。

统一刊号CN21—1001

韶关大学韶关师专学报：季刊/《韶关大学韶关师专学报》编辑部编辑.—韶关：编者.—16开

本刊由韶关大学韶关师专主办，1990年由《韶关师专学报》和《韶关大学学报》合并后改为现名。

统一刊号CN44—1303

回族研究：季刊/《回族研究》编辑部编辑.—银川：编者.—16开

本刊由宁夏社会科学院回族伊斯兰教研究所主办，1990年创刊。

统一刊号CN64—1016

蒙古学研究：季刊/《蒙古学研究》编辑部编辑.呼和浩特：编者.—16开

本刊由内蒙古蒙古文专科学校主办，1990年创刊。

统一刊号CN15—1127

人之初：月刊/《人之初》杂志社编辑.—广州：编者.—16开

本刊由广东省计生委主办，1990年创刊。

统一刊号CN44—1295

政治、法律、军事

广东党史通讯：季刊/《广东党史通讯》编辑部编辑.—广州：编者.—16开

本刊原为双月刊，1990年改为季刊。

广西宣传：月刊/《广西宣传》杂志社编辑.—南宁：编者.—32开

本刊由中共广西壮族自治区委员会宣传部主办，1985年创刊，原名《宣传通讯》，1990年改为现名。

统一刊号CN45—1177

协商与监督：双月刊/《协商与监督》编辑部编辑.长沙：编者.—16开

本刊由湖南省政协主办，1990年创刊。

统一刊号CN43—1188

当代党员：月刊/《当代党员》编辑部编辑.—重庆：编者.—16开

本刊由中共重庆市委主办，原名《重庆支部生活》，1990年改为现名。

统一刊号CN51—1012

纪检通知：月刊/《纪检通知》编辑部编辑.—西

安：编者.—16开

本刊由中共陕西省纪委主办，1990年创刊。

统一刊号CN61—1210

学习·研究·参考：月刊/《学习·研究·参考》编辑部编辑.—北京：编者.—16开

本刊由中央政策研究室主办，1990年创刊。

统一刊号CN11—2721

党政干部学刊：月刊/《党政干部学刊》编辑部编辑.—沈阳：编者.—16开

本刊由中共辽宁省委党校主办，1990年创刊。

统一刊号CN21—1254

梅州党史通讯：季刊/《梅州党史通讯》编辑部编辑.—梅州：编者.—16开

本刊由中共梅州市委党史研究室主办，原为双月刊，1990年改为季刊。

新东方：月刊/《新东方》杂志社编辑.—海口：编者.—16开

本刊由中共海南省委党校、省行政学院（筹）主办，1990年创刊。

统一刊号CN46—1023

少年人生：双月刊/《少年人生》编辑部编辑.—贵阳：贵州人民出版社.—16开

本刊由贵州人民出版社主办，1979年创刊，曾用《幼芽》等名，1990年改为现名。

统一刊号CN52—1074

中华儿女：海外版：双月刊/《中华儿女》编辑部编辑.—北京：编者.—16开

本刊由中华全国青年联合会主办，1990年创刊。

统一刊号CN11—2780

中国青年政治学院学报：双月刊/《中国青年政治学院学报》编辑部编辑.—北京：编者.—8开

本刊由中国青年政治学院主办，1981年创刊，1990年改为现名。

统一刊号CN11—2781

时代青年研究：季刊/《时代青年研究》编辑部编辑.—武汉：编者.—16开

本刊1990年创刊。

国际劳工通讯：每年五期/《国际劳工通讯》杂志社编辑.—北京：中国劳动出版社

本刊由劳动部、中国劳动出版社主办，1990年创刊。

统一刊号CN11—2735

河北农村工作：月刊/《河北农村工作》编辑部编辑.—石家庄：编者.—16开

本刊由河北省委农村工作部主办。1990年创刊。

统一刊号CN13—1130

云南人事：季刊/《云南人事》编辑部编辑.—昆明：编者.—16开

本刊1990年创刊。

中央社会主义学院学报：双月刊/《中央社会主义学院学报》编辑部编辑.—北京：编者.—16开

本刊由中央社会主义学院主办，1988年创刊，原名《统战理论教学》，1990年改为现名。

统一刊号CN11—2778

今日中国：英文北美版：月刊/《今日中国》杂志社编辑.—北京：编者.—16开

本刊由今日中国杂志社主办，1952年创刊，原名《中国建设》，1990年改为现名。

统一刊号CN11—2664

当代警察：月刊/《当代警察》杂志社编辑.—长沙：编者.—16开

本刊由湖南省公安厅主办，1990年创刊。

统一刊号CN43—1177

现代中国：月刊/《现代中国》编辑部编辑.—北京：编者.—16开

本刊由今日中国杂志社主办，1980年创刊，原名《中国建设》，1990年改为现名。

统一刊号CN11—2662

都斛侨刊：不定期/《都斛侨刊》编辑部编辑.—都斛：编者.—16开

本刊由广东省台山县都斛镇侨联会主办，1990年创刊。

统一刊号CN44—0120

海峡两岸：月刊/《海峡两岸》编辑部编辑.—成都：编者.—16开

本刊由四川省政府台事办主办，1986年创刊，原名《四川对台工作》，1990年改为现名。

统一刊号CN51—1358

港澳参考：半月刊/《港澳参考》杂志社编辑.—北京：编者.—16开

本刊由国务院港澳办公室、港澳研究所主办，1990年创刊。

统一刊号CN11—2794

*　　*　　*

对外导报：双月刊/《对外导报》编辑室编辑.—北京：编者.—16开

本刊由中国新闻社主办，原名《对外报道》，1990年改为现名。

统一刊号CN11—1718

苏联研究：季刊/《苏联研究》编辑部编辑.—上海：编者.—16开

本刊由上海外语学院主办，原名《苏联问题参考资料》，1990年改为现名。

统一刊号CN31—1571

南洋问题研究：季刊/《南洋问题研究》编辑部编辑.—厦门：编者.—16开

本刊由厦门大学南洋研究所主办，1973年创刊，1990年改为现名。

统一刊号CN35—1054

*　　*　　*

人民调解：双月刊/《人民调解》编辑部编辑.—北

京：编者.—16开

本刊由司法部基层工作司主办，1990年创刊。

统一刊号CN11—2790

司法行政杂志：月刊/《司法行政杂志》编辑部编辑.—北京：编者.—16开

本刊由司法部主办，1990年创刊。

统一刊号CN11—2764

湖南司法：双月刊/《湖南司法》编辑部编辑.—长沙：编者.—16开

本刊由湖南省法学会主办，1990年将《湖南法学研究》、《湖南律师》、《湖南公证》合并后，改为现名。

* * *

军队转业干部：月刊/《军队转业干部》编辑部编辑.—北京：编者.—16开

本刊由国务院军转办主办，1990年创刊。

统一刊号CN11—2728

国防：月刊/《国防》杂志社编辑.—北京：编者.16开

本刊由中国人民解放军军事科学院主办，1990年创刊。

统一刊号CN11—2720

经　济

财贸研究：双月刊/《财贸研究》编辑部编辑.—蚌埠：编者.—16开

本刊由安徽财贸学院主办，1980年创刊，原名《安徽财贸学院学报》，1990年改为现名。

统一刊号CN34—1093

国际商报月刊：日文：月刊/《国际商报月刊》编辑部编辑.—北京：编者.—16开

本刊由对外经济贸易部主办，1990年创刊。

统一刊号CN11—2786

审计与经济研究：季刊/《审计与经济研究》编辑部编辑.—南京：编者.—16开

本刊由南京审计学院主办，1990年创刊。

统一刊号CN32—1317

消费指南：双月刊/《消费指南》杂志社编辑.北京：轻工业出版社.—大16开

本刊由轻工业部质量标准司主办，1990年创刊。

统一刊号11—1173

乡镇企业科技：月刊/《乡镇企业科技》编辑部编辑.—石家庄：编者.—16开

本刊由河北省乡镇企业局、河北省乡镇企业协会主办。1990年创刊。

统一刊号CN13—1134

云南生产资料价格信息/《云南生产资料价格信息》编辑部编辑.—昆明：编者.—16开

本刊由云南省物资局、物价局主办，1990年创刊。

云税研究：季刊/《云税研究》编辑部编辑.—昆明：编者.—16开

本刊由云南省税务局主办，1990年创刊。

中国集体工业：月刊/《中国集体工业》编辑部编辑.—北京：编者.—16开

本刊由轻工业部等主办，1985年创刊，原名《轻工集体经济》，1990年改为现名。

统一刊号CN11—2674

安徽工商：月刊/《安徽工商》编辑部编辑.—合肥：编者.—16开

本刊由安徽省工商行政管理局主办，原名《富国杂志》，1990年改为现名。

统一刊号CN34—1100

河北技术监督：双月刊/《河北技术监督》编辑部编辑.—石家庄：编者.—16开

本刊原名《商品经济与标准化计量》，1990年改为现名。

海南技术经济信息：月刊/《海南技术经济信息》杂志社编辑.—海口：编者.—16开

本刊由海南省技术情报研究所主办，1985年创刊，原名《海南经济技术信息》，1990年改为现名。

统一刊号CN46—1021

黑龙江劳动：月刊/《黑龙江劳动》杂志社编辑.哈尔滨：编者.—16开

本刊由黑龙江省劳动局主办，1982年创刊，原名《劳动探索》，1990年改为现名。

统一刊号CN23—1314

中国邮政：双月刊/《中国邮政》编辑部编辑.—北京：人民邮电出版社.—16开

本刊由人民邮电出版社主办，1990年创刊。

统一刊号CN11—2685

文化、科学、教育、体育

上海档案工作：双月刊/《上海档案工作》编辑部编辑.—上海：编者.—16开

本刊由上海市档案局主办，1990年7月由《上海档案》、《档案与历史》，合并后改为现名。

统一刊号CN31—1579

中国科技期刊研究：季刊/《中国科技期刊研究》编辑部编辑.—北京：编者.—16开

本刊由中国科学院自然科学期刊编辑研究会主办，1990年创刊。

统一刊号CN11—2684

传统文化：季刊/《传统文化》编辑部编辑.—太原：编者.—16开

本刊1990年创刊。

岭南新闻探索/《岭南新闻探索》编辑部编辑.广州：编者.—16开

本刊由广东省新闻工作者协会主办。1990年创刊。

* * *

中国科技信息：月刊/《中国科技信息》杂志社编

辑.一北京：编者.一16开

本刊由国家科委政策法规司等主办，1990年创刊。

统一刊号CN11—2739

华夏星火：月刊/《华夏星火》杂志社编辑.一马鞍山：编者.一16开

本刊由国家科委星火办公室、马鞍山市人民政府主办，1990年创刊。

统一刊号CN34—1098

决策咨询通讯：不定期刊/《决策咨询通讯》编辑部编辑.一成都：编者.一16开

本刊由四川省科技顾问团办公室主办，1990年创刊。

现代情报：双月刊/《现代情报》编辑部编辑.一长春：编者.一16开

本刊由吉林省科技情报所等主办，1990年创刊。

统一刊号CN22—1182

* * *

上海成人教育：月刊/《上海成人教育》编辑部编编.一上海：编者.一16开

本刊由上海市教育局主办。1982年创刊，原名《上海教育》，1990年改为现名。

统一刊号CN31—1573

中国林业教育：双月刊/《中国林业教育》编辑部编辑.一北京：编者.一16开

本刊由林业部教育司等主办。1984年创刊，1990年将《林业教育研究》、《中国林业教育》合并，定为现名。

统一刊号CN11—2729

水利电力高教研究：季刊/《水利电力高教研究》编辑部编辑.一北京：编者.一16开

本刊由能源部电力高等教育学会主办，1990年创刊。

统一刊号CN11—2904

民族教育研究：季刊/《民族教育研究》杂志社编辑.一北京：编者.一16开

本刊由中央民族学院主办，1990创刊。

统一刊号CN11—2688

师道：月刊/《师道》编辑部编辑.一广州：编者.16开

本刊由广东省教育领导小组等主办，1990年创刊。

统一刊号CN44—1299

阿拉腾文都苏：月刊/《阿拉腾文都苏》编辑部编辑.一通辽：编者.一16开

本刊由哲理木盟教育处主办，1984年创刊，原名《哲里木民族教育》，1990年改为现名。

统一刊号CN15—1134

学科教育：双月刊/《学科教育》编辑部编辑.一北京：编者.一16开

本刊由北京师范大学、国家教委中小学教材审定委员会办公室联合主办，1990年创刊。

统一刊号CN11—2543

教育研究与实践/《教育研究与实践》编辑部编辑.长春：编者.一16开

本刊1990年创刊。

新职教：半月刊/《新职教》编辑部编辑.一沈阳：编者.一16开

本刊由辽宁省教委主办，1990年创刊。

统一刊号CN21—1257

* * *

山野：季刊/《山野》编辑部编辑.一北京：编者.16开

本刊由中国登山协会、人民体育出版社主办，1990年创刊。

统一刊号CN11—2756

羽毛球·网球：季刊/《羽毛球·网球》编辑部编辑.一北京：人民体育出版社.一16开

本刊由中国羽毛球协会、中国网球协会主办，1990年创刊。

统一刊号CN11—2738

语言、文字

少年优秀作文选：月刊/《少年优秀作文选》编辑部编辑.一南宁：编者.一32开

本刊由广西教育学院主办，1985年创刊，原名《小学生作文选刊》，1990年改为现名。

统一刊号CN45—1100

解放军外语学院学报：双月刊/《解放军外语学院学报》编辑部编辑.一洛阳：编者.一16开

本刊由中国人民解放军外语学院主办，1979年创刊，原名《教学研究》，1990年改为现名。

统一刊号CN41—1164

文学、艺术

大众文艺：月刊/《大众文艺》杂志社编辑.一石家庄：编者.一16开

本刊由河北省群艺馆主办，1956年创刊，原名《河北故事》，1990年改为现名。

统一刊号CN13—1129

小说月刊/《小说月刊》编辑部编辑.一长春：编者.一16开

本刊由吉林省文联主办，1990年创刊。

统一刊号CN22—1175

乡土：月刊/《乡土》编辑部编辑.一北京：编者.16开

本刊由江苏省文联主办，1990年创刊。

统一刊号CN32—1306

中国校园文学：月刊/《中国校园文学》编辑部编辑.一北京：编者.一16开

本刊由中国教育学会主办，1990年创刊。

统一刊号CN11—2644

文化广场：双月刊/《文化广场》杂志社编辑.一广州：花城出版社.一16开

本刊由花城出版社主办，1990年创刊。

统一刊号CN44—1174

四海——港台海外华文文学：双月刊/《四海——港台海外华文文学》杂志社编辑.—北京：编者.—16开

本刊由中国文联出版公司主办，1990年创刊。

统一刊号CN11－2655

边疆文学：月刊/《边疆文学》编辑部编辑.—昆明：编者.—16开

本刊由中国作家协会云南分会主办，1956年创刊，原名《边疆文艺》，1990年改为现名。

统一刊号CN53--1081

苏联文学：联刊：双月刊/《苏联文学》编辑部编辑.—北京：编者.—16开

本刊由北京师范大学等主办，1980年创刊，1990年与《当作苏联文学》、《俄苏文学》合并后改为现名。

统一刊号CN11—1036

*　*　*

中国旅游画刊：季刊/《中国旅游画刊》杂志社编辑.—北京：中国旅游出版社.—大16开

本刊由国家旅游局主办，1990年创刊。

统一刊号CN11—2745

军事摄影：不定期刊/《军事摄影》编辑部编辑.北京：长城出版社.—16开

本刊原为季刊，1990年改为不定期刊。

统一刊号CN11—1193

戏剧春秋：双月刊/《戏剧春秋》编辑部编辑.长沙：编者.—16开

本刊由湖南省戏剧家协会主办，1990年创刊。

统一刊号CN43—1178

历史、地理

中国边疆史地研究：季刊/《中国边疆史地研究》杂志社编辑.—北京：编者.—16开

本刊由中国边疆史地研究中心主办，1990年创刊。

统一刊号CN11—2795

中国地理杂志：英文版：季刊/《中国地理杂志》编辑部编辑.—北京：编者.—32开

本刊由中科院地理所、中国地理学会主办。1990年创刊。

统一刊号CN11—2558

中国航空旅游指南：中、英文：半年刊/《中国航空旅游指南》编辑部编辑.—北京：编者

本刊由中国民航宣传广告公司主办，1990年创刊。

统一刊号CN11—2748

云南地理环境研究：半年刊/《云南地理环境研究》编辑部编辑.—昆明：编者.—16开

本刊由云南地理研究所主办，1989年创刊，原名《地理环境研究》，1990年改为现名。

统一刊号CN53—1079

自然科学

自然科学进展——国家重点实验室通讯：英文版：双月刊/《自然科学进展——国家重点实验室通讯》编辑部编辑.—北京：编者.—16开

本刊由国家自然科学基金委员会主办，1990年创刊。

统一刊号CN11—2768

杭州科技：双月刊/《杭州科技》编辑部编辑.—杭州：编者.—16开

本刊由杭州市科技情报研究所主办，1990年创刊。

统一刊号CN33—1152

铁道师院学报：自然科学版：季刊/《铁道师院学报》编辑部编辑.—苏州：苏州铁道师范学院.—16开

本刊由苏州铁道师范学院主办，1990年创刊。

统一刊号CN32—1327

高技术通讯：月刊/《高技术通讯》编辑部编辑.北京：编者.—16开

本刊由国家科委高技术计划联合办公室主办，1990年创刊。

统一刊号CN11—2770

湖北教育学院学报：自然科学版：半年刊/《湖北教育学院学报》编辑部编辑.—武汉：编者.—16开

本刊由湖北教育学院主办，1990年创刊。

*　*　*

中国化学：英文版：双月刊/《中国化学》编辑部编辑.—上海：编者.—16开

本刊由中国化学会等主办，1983年创刊，原名《化学学报》，1990年改为现名。

统一刊号CN31—1547

中国化学快报：英文版：月刊/《中国化学快报》编辑部编辑.—北京：编者.—16开

本刊由中国化学会主办，1990年创刊。

统一刊号CN11—2710

中国空气动力学回顾与发展：/《中国空气动力学回顾与发展》编辑部编辑.—绵阳：编者.—16开

1990年创刊。

应用气象学报：季刊/《应用气象学报》编辑部编辑.—北京：编者.—16开

本刊由气象科学研究院国家气象中心、卫星气象中心主办，1990年创刊。

统一刊号CN11—2690

地质科学

中国地质大学学报：英文版：季刊/《中国地质大学学报》编辑部编辑.—武汉：编者.—16开

本刊由中国地质大学主办，1990年创刊。

统一刊号CN42—1279

中国地质灾害与防治学报：季刊/《中国地质灾害与防治学报》杂志社编辑.—北京：编者.—16开

本刊由中国地质灾害研究会主办，1990年创刊。

统一刊号CN11—2852

稀土学报：英文版：季刊/《稀土学报》编辑部编辑.—北京：编者.—16开

本刊由中国稀土学会、冶金部稀土办主办，1990年创刊。

统一刊号CN11—2788

自然地理

中国地理科学Chinese Geographical Science：季刊/《中国地理科学》编辑部编辑.—长春：编者.16开

本刊由中科院长春地理研究所主办，1990年创刊。

统一刊号CN22—1174

南极研究：季刊/《南极研究》编辑部编辑.—上海：编者.—16开

本刊由南极考察委员会、中国极地研究所主办，1988年创刊于北京，1990年迁往上海。

统一刊号CN31—1584

生物科学

应用生态学报：季刊/《应用生态学报》编辑部编辑.—沈阳：编者.—16开

本刊由中国生态学会、中国科学院沈阳应用生态所主办。1990年创刊。

统一刊号CN21—1253

细胞研究：英文版：半年刊/《细胞研究》编辑部编辑.—上海：编者.—16开

本刊由上海市细胞生物研究所主办，1990年创刊。

统一刊号CN31—1568

医药、卫生

中国药房杂志：双月刊/《中国药房杂志》编辑部编辑.—重庆：编者.—16开

本刊由重庆市医学情报研究所和医药贸易中心合办，1990年创刊。

统一刊号CN51—1337

中国消毒学杂志：季刊/《中国消毒学杂志》编辑部编辑.—北京：中国人民解放军预防医学中心.—16开

本刊由中国人民解放军预防医学中心主办，原名《消毒与灭菌》，1990年改为现名。

统一刊号CN11—1270

中药新药与临床药理：季刊/《中药新药与临床药理》编辑部编辑.—广州：编者.—16开

本刊由广州中医学院主办，1990年创刊。

统一刊号CN44—1308

时珍国药研究：季刊/《时珍国药研究》编辑部编辑.—黄石市：编者.—16开

本刊由湖北省黄石市第二医院等主办，1990年创刊。

统一刊号CN42—1283

现代诊断与治疗：季刊/《现代诊断与治疗》编辑部编辑.—南昌：编者.—16开

本刊由中华医学会南昌分会等主办，1990年创刊。

统一刊号CN36—1160

河南预防医学杂志：双月刊/《河南预防医学杂志》编辑部编辑.—郑州：编者.—16开

本刊由河南省预防医学会主办，原名《卫生防疫》，1990年改为现名。

统一刊号CN41—1220

药膳食疗：半年刊/《药膳食疗》编辑部编辑.—长沙：编者.—16开

本刊1990年创刊。

浙江省医学科学院学报：季刊/《浙江省医学科学院学报》编辑部编辑.—杭州：编者.—16开

本刊由浙江省医学科学院主办，1990年创刊。

海南医学：季刊/《海南医学》杂志社编辑.—海口：编者.—16开

本刊由海南省医学会主办，原名《海南卫生》，1990年改为现名。

统一刊号CN46—1025

基础医学与临床：双月刊/《基础医学与临床》编辑部编辑.—北京：编者.—16开

本刊由北京生理科学会主办，原名《生理科学》，1990年改为现名。

统一刊号CN11—2652

综合临床医学：双月刊/《综合临床医学》编辑部编辑.—唐山：编者.—16开

本刊由华北煤炭医学院主办，1980年创刊，原名《临床医学杂志》，1990年改为现名。

统一刊号CN13—1107

农业科学

土壤圈：**Pedosphere**：季刊/《土壤圈》编辑部编辑.—南京：编者.—16开

本刊由中科院南京土壤研究所主办，1990年创刊。

统一刊号CN32—1315

东北林业大学学报：英文版：半年刊/《东北林业大学学报》编辑部编辑.—哈尔滨：编者.—16开

本刊由东北林业大学主办，1990年创刊。

统一刊号CN23—1317

农村实用科技：双月刊/《农村实用科技》编辑部编辑.—石家庄：编者.—16开

本刊由国家教委、河北省教委主办，1990年创刊。

统一刊号CN13—1127

农村科技开发：双月刊/《农村科技开发》编辑部编辑.—保定：编者.—16开

本刊由全国农业院校学报研究会主办，1990年创刊。

统一刊号CN13—1136

国外植物保护文摘：双月刊/《国外植物保护文摘》编辑部编辑.—北京：编者.—16开

本刊由中国农业科学院主办，1984年创刊，原名《农业昆虫学文摘》，1990年改为现名。

统一刊号CN11—2534

工业技术

中国人体科学：不定期刊/《中国人体科学》编辑部编辑.—上海：上海交通大学出版社.—16开

本刊由上海交通大学主办，1990年创刊。

统一刊号CN31—1575

中国计量学院学报：季刊/《中国计量学院学报》编辑部编辑.—杭州：编者.—16开

本刊由中国计量学院主办，1990年创刊。

统一刊号CN33—1147

标准计量与质量：双月刊/《标准计量与质量》编辑部编辑.—西安：编者.—16开

本刊由陕西省标准计量情报研究所主办，1990年由《标准与质量》、《计量技术与管理》合并后，改为现名。

统一刊号CN61—1165

新产品世界：月刊/《新产品世界》编辑部编辑.北京：编者.—8开

本刊由中国科学技术情报研究所、国际数据集团主办。1990年创刊。

统一刊号CN11—2736

机械、仪表工业

中国机械工程：双月刊/《中国机械工程》编辑部编辑.—武汉：编者.—16开

本刊由中国机械工程学会主办。1990年创刊。

统一刊号CN42—1291

国际教育仪器设备：季刊/《国际教育仪器设备》编辑部编辑.—无锡：编者.—16开

本刊由无锡市梅花电子集团公司主办，1990年创刊。

统一刊号CN32—1313

原子能技术

核工程研究与设计：双月刊/《核工程研究与设计》编辑部编辑.—北京：编者.—16开

本刊1990年创刊。

原子能科学与技术：英文版：季刊/《原子能科学与技术》编辑部编辑.—上海：编者.—16开

1990年创刊。

统一刊号CN31—1559

电工、无线电电子学

中国无线电管理：双月刊/《中国无线电管理》编辑部编辑.—北京：编者.—16开

本刊由国家无线电管理委员会办公室主办，1990年创刊。

统一刊号CN11—2712

中国照明电器：双月刊/《中国照明电器》编辑部编辑.—北京：编者.—16开

本刊由中国照明电器协会，全国灯泡工业科技情报站主办，1990年创刊。

统一刊号CN11—2766

电子软科学：季刊/《电子软科学》编辑部编辑.北京：编者.—16开

本刊由机电部电子基础产品发展研究中心主办，原名《电子科学》，1990年改为现名。

统一刊号CN11—2475

光电工程：双月刊/《光电工程》编委会编辑.—成都：编者.—16开

本刊由中国科学院光电技术研究所情报室主办。原名《光学工程》，1990年改为现名。

统一刊号CN51—1346

光电子·激光：双月刊/《光电子·激光》杂志社编辑.—天津：编者.—16开

本刊由天津大学机电分校主办，1981年创刊，原名《应用激光(联刊)》，1990年改为现名。

统一刊号CN12—1182

系统工程与电子技术：英文版：季刊/《系统工程与电子技术》编辑部编辑.—北京：编者.—16开

本刊由航空航天部第二研究院主办，1990年创刊。

统一刊号CN11—3018

自动化、计算技术

软件学报：季刊/《软件学报》编辑部编辑.—北京：编者.—16开

本刊由中国科学院软件所主办，1990年创刊。

统一刊号CN11—2560

化学工业

天然气化学：季刊/《天然气化学》编辑部编辑.成都：编者.—16开

本刊由成都有机化学研究所主办，1990年创刊。

化工设计：双月刊/《化工设计》编辑部编辑.—成都：编者.—16开

本刊由化工部第八设计院主办，1990年创刊。

统一刊号CN51—1355

化工标准化与质量监督：月刊/《化工标准化与质量监督》编辑部编辑.—北京：编者.—16开

本刊由化工部标准化研究所等主办，1990年创刊。

统一刊号CN11—2693

硅酸盐学报：英文版：季刊/《硅酸盐学报》编辑部编辑.—北京：编者.—16开

本刊由中国硅酸盐学会主办，1990年创刊。

统一刊号CN11—2818

轻工业、手工业

中国井矿盐：双月刊/《中国井矿盐》编辑部编辑.—自贡：编者.—16开

本刊由全国井矿盐工业科技情报站等主编，1970年创刊，原名《井矿盐技术》，1990年改为现名。

统一刊号CN51—1344

中国轻工业文摘：季刊/《中国轻工业文摘》编辑部编辑.—北京：轻工业部科学技术情报研究所.—16开

本刊由轻工业部科学技术情报研究所主办，1990年创刊。

统一刊号CN11—2689

中国珠宝首饰：季刊/《中国珠宝首饰》编辑部编辑.—北京：编者.—大16开

本刊由中国珠宝首饰进出口公司主办，1990年创刊。

统一刊号CN11—2744

出版与印刷：半年刊/《出版与印刷》编辑部编辑.—上海：编者.—16开

本刊由上海出版印刷高等专科学校主办，1990年创刊。

统一刊号CN31—1643

建筑、水利

工厂建设与设计：双月刊/《工厂建设与设计》编辑部编辑.—北京：编者.—16开

本刊由机械电子工业部工程建设中心，机械电子工业勘察设计协会主办，1990年创刊。

统一刊号CN11—2743

山西建材：季刊/《山西建材》编辑部编辑.—太原：编者.—16开

本刊由山西省建材工业局、省硅酸盐学会等主办，1980年创刊，原名《山西硅酸盐》，1990年改为现名。

统一刊号CN14—1123

水科学进展：季刊/《水科学进展》编辑部编辑.南京：编者.—16开

本刊由南京水文资源研究所主办，1990年创刊。

统一刊号CN32—1309

交通运输

中国铁路：月刊/《中国铁路》杂志社编辑.—北京：编者.—16开

本刊由铁道部科学情报研究所主办，1990年创刊。

统一刊号TN11—2702

江苏交通科技：月刊/《江苏交通科学》编辑部编辑.—南京：编者.—16开

本刊由江苏省交通科学研究所等主办，原名《江苏交通科技简讯》，1990年改为现名。

汽车运输：双月刊/《汽车运输》编辑部编辑.—天津：编者.—16开

本刊由解放军运输工程学院主办，1990年创刊。

统一刊号CN12—1186

国外交通科技文献通报：月刊/《国外交通科技文献通报》编辑部编辑.—北京：编者.—16开

本刊由交通部科技情报研究所主办，1990年创刊。

统一刊号CN11—2893

船舶：双月刊/《航舶》杂志社编辑.—上海：编者.—16开

本刊由中国船舶工业总公司七院第708研究所主办，1990年创刊。

统一刊号CN31—1561

环境科学

中国环境科学：英文版：季刊/《中国环境科学》编辑部编辑.—编者.—16开

本刊由中国环境科学学会主办，1990年创刊。

统一刊号CN11—2793

综合性杂志

中文科技资料目录：商业·粮油·供销：双月刊/商业部科学技术情报研究所编辑.—北京：编者.16开

本刊由商业部科学技术情报研究所主办，1990年创刊。

统一刊号CN11—1866

国外科技资料目录：商业粮油供销分册：双月刊/《国外科技资料目录》编辑部编辑.—北京.编者.16开

本刊由商业部科技情报研究所主办，1990年创刊。

统一刊号CN11—2898

金星：月刊/《金星》编辑部编辑.—兰州：编者.16开

本刊由甘肃日报社主办，1990年创刊。

统一刊号CN62—1100

昭通教育学院学报：综合版：年刊/《昭通教育学院学报》编辑部编辑.—昭通：编者.—16开

本刊由昭通教育学院主办，1990年创刊。

晚报文萃：月刊/《晚报文萃》编辑部编辑.—北京：编者.—16开

本刊由中国晚报工作者协会主办，1990年创刊。

统一刊号CN11—2639

出 版 者 名 录

本名录收录了1990年度向中国版本图书馆缴送样书的出版单位，分为中央级出版社和地方出版社(包括大学出版社)两部分。中央级出版社按ISBN出版者前缀顺序排列；地方出版社按行政区划排列，同地区的再按ISBN出版者前缀排列。每个出版者包括出版者前缀、社名、社址、邮政编码4项。

中央级出版社

ISBN 7-01　**人民出版社**　北京朝内大街166号　100706

ISBN 7-02　**人民文学出版社**　北京朝内大街166号　100705

ISBN 7-03　**科学出版社**　北京东黄城根北街16号　100717

ISBN 7-04　**高等教育出版社**　北京沙滩后街55号　100009

ISBN 7-100　**商务印书馆**　北京王府井大街36号　100710

ISBN 7-101　**中华书局**　北京王府井大街36号　100710

ISBN 7-102　**人民美术出版社**　北京北总布胡同32号　100735

ISBN 7-103　**人民音乐出版社**　北京复兴门外翠微路2号　100036

ISBN 7-104　**中国戏剧出版社**　北京海淀区大钟寺甲81号　100086

ISBN 7-105　**民族出版社**　北京和平里北街14号　100013

ISBN 7-106　**中国电影出版社**　北京北三环东路22号　100013

ISBN 7-107　**人民教育出版社**　北京沙滩后街55号　100009

ISBN 7-108　**生活·读书·新知三联书店**　北京朝内大街166号　100077

ISBN 7-109　**农业出版社**　北京朝阳区农展馆北路2号　100026

ISBN 7-110　**科学普及出版社**　北京白石桥路32号　100081

ISBN 7-111　**机械工业出版社**　北京西城区百万庄南街1号　100037

ISBN 7-112　**中国建筑工业出版社**　北京西城区百万庄建设部北配楼　100037

ISBN 7-113　**中国铁道出版社**　北京东单3条14号　100005

ISBN 7-114　**人民交通出版社**　北京和平里东街10号　100013

ISBN 7-115　**人民邮电出版社**　北京东长安街27号　100740

ISBN 7-116　**地质出版社**　北京和平里七区10号楼　100013

ISBN 7-117　**人民卫生出版社**　北京崇文区天坛西里10号　100050

ISBN 7-118　**国防工业出版社**　北京海淀区紫竹院南路23号　100044

ISBN 7-119　**外文出版社**　北京阜外百万庄路24号　100037

ISBN 7-120　**水利电力出版社**　北京三里河路6号　100044

ISBN 7-5000　**中国大百科全书出版社**　北京阜成门外北大街17号　100037

ISBN 7-5002　**中国盲文出版社**　北京丰台区卢沟桥城内街39号　100072

ISBN 7-5003　**荣宝斋**　北京琉璃厂西街19号　100052

ISBN 7-5004　**中国社会科学出版社**　北京鼓楼西大街甲158号　100720

ISBN 7-5005　**中国财政经济出版社**　北京大佛寺东街8号　100010

ISBN 7-5006　**中国青年出版社**　北京东城区东四12条21号　100708

ISBN 7-5007　**中国少年儿童出版社**　北京东城区东四12条21号　100708

ISBN 7-5008　**中国工人出版社**　北京安定门外六铺炕　100011

ISBN 7-5009　**人民体育出版社**　北京崇文区体育馆路8号　100061

ISBN 7-5010　**文物出版社**　北京东城区五四大街29号　100009

ISBN 7-5011 **新华出版社** 北京宣武门西大街57号 100803

ISBN 7-5012 **世界知识出版社** 北京外交部街甲31号 100005

ISBN 7-5013 **书目文献出版社** 北京文津街7号 100034

ISBN 7-5014 **群众出版社** 北京丰台区方庄芳星园3区15号楼 100078

ISBN 7-5015 **知识出版社** 北京阜成门北大街17号 100037

ISBN 7-5016 **外国文学出版社** 北京朝内大街166号 100705

ISBN 7-5017 **中国经济出版社** 北京西城区百万庄北街3号 100037

ISBN 7-5018 **文化教育出版社** 北京沙滩后街55号 100009

ISBN 7-5019 **中国轻工业出版社** 北京东长安街6号 100740

ISBN 7-5020 **煤炭工业出版社** 北京和平里北街21号 100713

ISBN 7-5021 **石油工业出版社** 北京安定门外安华里2区1号楼 100011

ISBN 7-5022 **原子能出版社** 北京海淀区阜成路43号 100037

ISBN 7-5023 **科学技术文献出版社** 北京复兴路15号 100038

ISBN 7-5024 **冶金工业出版社** 北京北河沿大街嵩祝院北巷39号 100009

ISBN 7-5025 **化学工业出版社** 北京朝阳区惠新里3号 100029

ISBN 7-5026 **中国计量出版社** 北京和平里西街甲2号 100013

ISBN 7-5027 **海洋出版社** 北京复兴门外大街1号 100860

ISBN 7-5028 **地震出版社** 北京海淀区民族学院南路9号 100081

ISBN 7-5029 **气象出版社** 北京海淀区白石桥路46号 100081

ISBN 7-5030 **测绘出版社** 北京复兴门外三里河路50号 100045

ISBN 7-5031 **中国地图出版社** 北京宣武区白纸坊西街3号 100054

ISBN 7-5032 **中国旅游出版社** 北京建国门内大街甲9号 100005

ISBN 7-5033 **解放军文艺出版社** 北京西什库茅屋胡同甲3号 100034

ISBN 7-5034 **中国文史出版社** 北京西城区太平桥大街23号 100811

ISBN 7-5035 **中共中央党校出版社** 北京海淀区大有庄100号 100091

ISBN 7-5036 **法律出版社** 北京宣武区广安门内登莱胡同17号 100053

ISBN 7-5037 **中国统计出版社** 北京三里河月坛南街38号 100826

ISBN 7-5038 **中国林业出版社** 北京德内大街刘海胡同7号 100009

ISBN 7-5039 **文化艺术出版社** 北京西城区前海西街17号 100009

ISBN 7-5040 **中国民间文艺出版社** 北京西单太仆寺街39号 100031

ISBN 7-5041 **教育科学出版社** 北京北三环中路46号 100088

ISBN 7-5042 **新时代出版社** 北京海淀区紫竹院南路23号 100044

ISBN 7-5043 **中国广播电视出版社** 北京复兴门外大街真武庙二条9号 100866

ISBN 7-5044 **中国商业出版社** 北京广安门内报国寺1号 100053

ISBN 7-5045 **中国劳动出版社** 北京朝阳区惠新东街1号 100029

ISBN 7-5046 **中国科学技术出版社** 北京海淀区白石桥路32号 100081

ISBN 7-5047 **中国物资出版社** 北京月坛北街25号 100834

ISBN 7-5048 **农村读物出版社** 北京朝阳区农展馆北路2号 100026

ISBN 7-5049 **中国金融出版社** 北京广安门外小红庙南街3号 100055

ISBN 7-5050 **中国展望出版社** 北京西城区太平桥大街4号 100810

ISBN 7-5052 **中国世界语出版社** 北京阜外百万庄路24号 100037

ISBN 7-5053 **电子工业出版社** 北京海淀区普惠北里12号 100036

ISBN 7-5055 **博文出版社** 北京五四大街29号 100009

ISBN 7-5056 **朝花美术出版社** 北京北总布胡同32号 100735

ISBN 7-5057 **中国友谊出版公司** 北京朝阳区西坝河南里17号楼 100028

ISBN 7-5058 **经济科学出版社** 北京安内大街分司厅胡同14号 100009

ISBN 7-5059 **中国文联出版公司** 北京农展馆南里

10号　100026
ISBN 7-5060　**东方出版社**　北京朝内大街166号　100706
ISBN 7-5061　**中国连环画出版社**　北京安外安华里504号　100011
ISBN 7-5062　**世界图书出版公司**　北京朝内大街137号　100010
ISBN 7-5063　**作家出版社**　北京农展馆南里10号　100026
ISBN 7-5064　**纺织工业出版社**　北京东直门南大街4号　100027
ISBN 7-5065　**中国人民解放军出版社**　北京平安里3号　100035
ISBN 7-5066　**中国标准出版社**　北京复外三里河北街16号　100045
ISBN 7-5067　**中国医药科技出版社**　北京西外北礼士路甲38号　100810
ISBN 7-5068　**中国书籍出版社**　北京西城区西绒线胡同甲7号　100031
ISBN 7-5070　**海军出版社**　北京西三环中路19号　100841
ISBN 7-5071　**中国文学出版社**　北京阜外百万庄大街24号　100037
ISBN 7-5072　**今日中国出版社**　北京阜外百万庄大街24号　100037
ISBN 7-5073　**中央文献出版社**　北京西四北大街前毛家湾1号　100017
ISBN 7-5074　**中国城市出版社**　北京和平里西街小黄庄路1号　100013
ISBN 7-5077　**学苑出版社**　北京万寿路西街11号　100036
ISBN 7-80000　**印刷工业出版社**　北京复外翠微路2号　100036
ISBN 7-80001　**企业管理出版社**　北京海淀区紫竹院南路17号　100044
ISBN 7-80002　**人民日报出版社**　北京朝阳区金台西路2号　100733
ISBN 7-80003　**万国学术出版社**　北京朝内大街137号　100010
ISBN 7-80004　**中国对外经济贸易出版社**　北京安外东后巷28号　100710
ISBN 7-80005　**新世界出版社**　北京阜外百万庄大街24号　100037
ISBN 7-80006　**语文出版社**　北京朝内南小街51号　100010
ISBN 7-80007　**中国摄影出版社**　北京东城区红星胡同61号　100005
ISBN 7-80008　**中国曲艺出版社**　北京农展馆南里10号　100026
ISBN 7-80009　**时事出版社**　北京海淀区万寿寺甲2号　100081
ISBN 7-80011　**专利文献出版社**　北京海淀区学院路黄亭子　100088
ISBN 7-80012　**工商出版社**　北京丰台区花乡纪家庙　100071
ISBN 7-80013　**中医古籍出版社**　北京东直门内北新仓18号　100700
ISBN 7-80014　**光明日报出版社**　北京永安路106号　100050
ISBN 7-80015　**长征出版社**　北京阜外大街34号　100832
ISBN 7-80016　**中国妇女出版社**　北京东城区史家胡同甲24号　100010
ISBN 7-80017　**长城出版社**　北京甘家口三里河路40号　100037
ISBN 7-80018　**能源出版社**　北京阜成路48号　100037
ISBN 7-80019　**档案出版社**　北京西城区丰盛胡同21号　100032
ISBN 7-80020　**人民军医出版社**　北京复兴路22号甲3号　100842
ISBN 7-80021　**军事科学出版社**　北京海淀区青龙桥　100091
ISBN 7-80022　**金盾出版社**　北京太平路5号　100036
ISBN 7-80023　**中共党史出版社**　北京西郊中央党校南院85楼　100091
ISBN 7-80024　**中国画报出版公司**　北京西郊花园村车公庄西路33号　100044
ISBN 7-80025　**经济管理出版社**　北京新街口北大街红园胡同8号　100035
ISBN 7-80026　**中国农业科技出版社**　北京海淀区白石桥路30号　100081
ISBN 7-80027　**军事译文出版社**　北京安定门外黄寺大街乙1号　100011
ISBN 7-80028　**现代出版社**　北京安外安华里504号　100011
ISBN 7-80030　**宝文堂书店**　北京东四8条52号　100700
ISBN 7-80031　**中华地图学社**　上海市武宁路419号　200063
ISBN 7-80032　**中国农业机械出版社**　北京百万庄南里1号　100037

ISBN 7-80033 **求实出版社** 北京西郊中央党校院内 100091

ISBN 7-80034 **宇航出版社** 北京和平里滨河路1号 100013

ISBN 7-80035 **中国国际广播出版社** 北京复兴门外大街2号 100866

ISBN 7-80036 **经济日报出版社** 北京崇文区体育馆路龙潭西里54号 100061

ISBN 7-80037 **中国和平出版社** 北京阜外百万庄大街8号 100037

ISBN 7-80038 **兵器工业出版社** 北京海淀区车道沟10号 100081

ISBN 7-80039 **华艺出版社** 北京朝内南小街前拐棒胡同1号 100010

ISBN 7-80040 **昆仑出版社** 北京西什库茅屋胡同甲3号 100034

ISBN 7-80043 **中国石化出版社** 北京太阳宫路甲1号 100029

ISBN 7-80045 **学术书刊出版社** 北京海淀区学院南路86号 100081

ISBN 7-80046 **航空工业出版社** 北京和平里小关东里14号 100029

ISBN 7-80049 **国际文化出版公司** 北京安定门内大街40号 100009

ISBN 7-80050 **社会科学文献出版社** 北京建国门内大街5号 100732

ISBN 7-80051 **海豚出版社** 北京阜外百万庄大街24号 100037

ISBN 7-80052 **华语教学出版社** 北京阜外百万庄大街24号 100037

ISBN 7-80053 **华夏出版社** 北京东直门外香河园柳芳南里 100028

ISBN 7-80054 **海潮出版社** 北京西三环中路19号 100841

ISBN 7-80056 **人民法院出版社** 北京东交民巷27号 100745

ISBN 7-80057 **中国藏学出版社** 北京北四环东路131号 100101

ISBN 7-80058 **中国计划出版社** 北京西城区月坛北小街2号3号楼 100837

ISBN 7-80061 **团结出版社** 北京东黄城根南街84号 100006

ISBN 7-80064 **中国审计出版社** 北京海淀区白石桥路甲4号 100086

ISBN 7-80067 **奥林匹克出版社** 北京朝外工人体育馆2楼 100027

ISBN 7-80068 **大地出版社** 北京沙滩北街2号 100727

ISBN 7-80069 **中国民族摄影艺术出版社** 北京朝阳区左家庄北里2号 100028

ISBN 7-80070 **物价出版社** 北京白云路4号 100045

ISBN 7-80072 **改革出版社** 北京安德里北街23号 100011

ISBN 7-80073 **中信出版社** 北京朝阳区新源南路6号京城大厦 100004

ISBN 7-80074 **中国华侨出版社** 北京朝阳门内大街130号 100010

ISBN 7-80075 **中国舞蹈出版社** 北京农展馆南里10号 100026

ISBN 7-80076 **中国人事出版社** 北京朝阳区西坝河南里17号楼 100028

ISBN 7-80077 **开明出版社** 北京海淀区车道沟8号 100081

ISBN 7-80078 **中国民主法制出版社** 北京西黄城根北街2号 100034

ISBN 7-80079 **中国人口出版社** 北京海淀区大慧寺12号 100081

ISBN 7-80081 **蓝天出版社** 北京复兴路14号 100843

ISBN 7-80082 **华龄出版社** 北京西城区小乘巷21号 100035

ISBN 7-80083 **中国法制出版社** 北京西城区文津街11号 100810

ISBN 7-80084 **金城出版社** 北京劳动人民文化宫内 100006

ISBN 7-80085 **新星出版社** 北京阜外百万庄大街24号 100037

ISBN 7-80086 **中国检察出版社** 北京东城区东总布胡同10号 100005

ISBN 7-80087 **中国发展出版社** 北京西城区金果胡同8号 100035

ISBN 7-80088 **中国社会出版社** 北京西城区西皇城根南街9号 100032

ISBN 7-80089 **中国中医药出版社** 北京东城区新中街11号 100027

ISBN 7-80090 **中国建材工业出版社** 北京海淀区百万庄国家建材局内 100036

ISBN 7-80093 **中国环境科学出版社** 北京崇文区岗子街8号 100062

地方出版社

北京市

ISBN 7-200 **北京出版社** 北京北三环中路6号

100011

ISBN 7-300　**中国人民大学出版社**　北京海淀区海淀路39号　100872

ISBN 7-301　**北京大学出版社**　北京海淀区北京大学内　100871

ISBN 7-302　**清华大学出版社**　北京海淀区清华大学内　100084

ISBN 7-303　**北京师范大学出版社**　北京新街口外大街19号　100875

ISBN 7-304　**中央广播电视大学出版社**　北京西单大木仓39号二龙路中学　100032

ISBN 7-5300　**北京古籍出版社**　北京北三环中路6号　100011

ISBN 7-5301　**北京少年儿童出版社**　北京北三环中路6号　100011

ISBN 7-5302　**北京十月文艺出版社**　北京北三环中路6号　100011

ISBN 7-5303　**北京教育出版社**　北京北三环中路6号　100011

ISBN 7-5304　**北京科学技术出版社**　北京西直门南大街16号　100035

ISBN 7-5402　**北京燕山出版社**　北京东城区府学胡同36号　100007

ISBN 7-5600　**外语教学与研究出版社**　北京西三环北路19号　100081

ISBN 7-5619　**北京语言学院出版社**　北京海淀区学院路15号　100083

ISBN 7-5620　**中国政法大学出版社**　北京海淀区学院路41号　100088

ISBN 7-5626　**国防大学出版社**　北京海淀区红山口甲3号　100091

ISBN 7-5635　**北京邮电学院出版社**　北京海淀区学院路42号　100088

ISBN 7-5637　**旅游教育出版社**　北京朝阳区定福庄1号　100024

ISBN 7-5638　**北京经济学院出版社**　北京朝阳区红庙　100026

ISBN 7-5639　**北京工业大学出版社**　北京朝阳区九龙山　100022

ISBN 7-80500　**北京旅游出版社**　北京北三环中路6号　100011

ISBN 7-80501　**北京美术摄影出版社**　北京北三环中路6号　100011

ISBN 7-80526　**北京工艺美术出版社**　北京东城区沙滩后街30号　100009

ISBN 7-80554　**文津出版社**　北京北三环中路6号　100011

ISBN 7-80568　**中国书店**　北京宣武区琉璃厂西街18号　100052

ISBN 7-81000　**对外经济贸易大学出版社**　北京朝阳区惠新东街12号　100029

ISBN 7-81001　**中央民族学院出版社**　北京海淀区白石桥路27号　100081

ISBN 7-81002　**北京农业大学出版社**　北京海淀区圆明园西路2号　100094

ISBN 7-81003　**北京体育学院出版社**　北京海淀区圆明园东路　100084

ISBN 7-81004　**北京广播学院出版社**　北京朝阳区定福庄东街1号　100024

ISBN 7-81011　**中国人民公安大学出版社**　北京复兴门外木樨地南里　100038

ISBN 7-81012　**北京航空航天大学出版社**　北京海淀区学院路37号　100083

ISBN 7-81013　**北京理工大学出版社**　北京海淀区白石桥路7号　100081

ISBN 7-81014　**北京师范学院出版社**　北京阜城门外花园村　100037

ISBN 7-81027　**警官教育出版社**　北京西城区木樨地北里2号　100038

IBSN 7-81034　**北京医科大学、中国协和医院大学联合出版社**　北京学院路38号　100083

天津市

ISBN 7-201　**天津人民出版社**　天津和平区张自忠路189号　300020

ISBN 7-310　**南开大学出版社**　天津南开区八里台94号　300071

ISBN 7-5305　**天津人民美术出版社**　天津和平区马场道150号　300050

ISBN 7-5306　**百花文艺出版社**　天津和平区张自忠路189号　300020

ISBN 7-5307　**新蕾出版社**　天津和平区张自忠路189号　300020

ISBN 7-5308　**天津科学技术出版社**　天津和平区张自忠路189号　300020

ISBN 7-5309　**天津教育出版社**　天津和平区张自忠路189号　300020

ISBN 7-5433　**天津科技翻译出版公司**　天津南开区红旗路南科研区　300192

ISBN 7-5618　**天津大学出版社**　天津南开区七里台　300072

ISBN 7-80503 **天津杨柳青画社** 天津河西区佟楼三合里111号 300074

ISBN 7-80504 **天津古籍出版社** 天津和平区张自忠路189号 300020

ISBN 7-80561 **渤海湾出版公司** 天津和平区新华路庆云里23号 300050

ISBN 7-80563 **天津社会科学院出版社** 天津南开区迎水道7号 300191

天津市古籍书店 天津烟台道15号

河北省

ISBN 7-202 **河北人民出版社** 河北石家庄城乡街44号 050071

ISBN 7-5310 **河北美术出版社** 河北石家庄北马路45号 050071

ISBN 7-5375 **河北科学技术出版社** 河北石家庄北马路45号 050071

ISBN 7-5376 **河北少年儿童出版社** 河北石家庄北马路45号 050071

ISBN 7-5434 **河北教育出版社** 河北石家庄城乡街44号 050061

ISBN 7-80505 **花山文艺出版社** 河北石家庄北马路45号 050071

山西省

ISBN 7-203 **山西人民出版社** 山西太原并州北路11号 030001

ISBN 7-5377 **山西科学技术出版社** 山西太原并州北路11号 030001

ISBN 7-5378 **北岳文艺出版社** 山西太原解放路46号 030002

ISBN 7-5379 **希望出版社** 山西太原并州北路11号 030001

ISBN 7-5440 **山西教育出版社** 山西太原并州北路11号 030001

ISBN 7-80550 **书海出版社** 山西太原并州北路11号 030001

ISBN 7-80577 **山西经济出版社** 山西太原并州北路11号 030001

ISBN 7-81032 **山西高校联合出版社** 山西太原南内环街31号 030012

内蒙古自治区

ISBN 7-204 **内蒙古人民出版社** 内蒙古呼和浩特市新城西街82号 010010

ISBN 7-5311 **内蒙古教育出版社** 内蒙古呼和浩特市呼伦北路2号 010010

ISBN 7-5312 **内蒙古少年儿童出版社** 内蒙古通辽市霍林河大街24号 028000

ISBN 7-5380 **内蒙古科学技术出版社** 内蒙古赤峰市红山区哈达街南一段路4号 024000

ISBN 7-80506 **内蒙古文化出版社** 内蒙古海拉尔市河东新春路22号 021008

ISBN 7-81015 **内蒙古大学出版社** 内蒙古呼和浩特市新城区大学西路1号 010021

辽宁省

ISBN 7-205 **辽宁人民出版社** 辽宁沈阳市和平区北一马路108号 110001

ISBN 7-5313 **春风文艺出版社** 辽宁沈阳市和平区北一马路108号 110001

ISBN 7-5314 **辽宁美术出版社** 辽宁沈阳市和平区民族北街29号 110001

ISBN 7-5315 **辽宁少年儿童出版社** 辽宁沈阳市和平区北一马路108号 110001

ISBN 7-5381 **辽宁科学技术出版社** 辽宁沈阳市和平区北一马路108号 110001

ISBN 7-5382 **辽宁教育出版社** 辽宁沈阳市和平区北一马路108号 110001

ISBN 7-5610 **辽宁大学出版社** 辽宁沈阳市皇姑区崇山中路66号 110036

ISBN 7-5611 **大连理工大学出版社** 辽宁大连市甘井子区凌水河 116024

ISBN 7-5632 **大连海运学院出版社** 辽宁大连市甘井子区凌水桥 116024

ISBN 7-80507 **辽沈书社** 辽宁沈阳市和平区北一马路108号 110001

ISBN 7-80527 **辽宁民族出版社** 辽宁沈阳市和平区北一马路108号 110001

ISBN 7-80555 **大连出版社** 辽宁大连市中山区大公街23号 116011

ISBN 7-80556 **沈阳出版社** 辽宁沈阳市和平区十三纬路2段19号 110003

ISBN 7-80566 **白山出版社** 辽宁沈阳市沈河区一经街一段浩然6里7号 110013

ISBN 7-81005 **东北财经大学出版社** 辽宁大连市沙河口区黑石礁 116023

ISBN 7-81006 **东北工学院出版社** 辽宁沈阳市和

平区文化路三号巷11号 110006

吉林省

ISBN 7-206 **吉林人民出版社** 吉林长春市斯大林大街副136号 130022

ISBN 7-5383 **吉林教育出版社** 吉林长春市同志街35—4号 130021

ISBN 7-5384 **吉林科学技术出版社** 吉林长春市同志街甲22号 130021

ISBN 7-5385 **北方妇女儿童出版社** 吉林长春市斯大林大街102号 130021

ISBN 7-5386 **吉林美术出版社** 吉林长春市斯大林大街副136号 130022

ISBN 7-5387 **时代文艺出版社** 吉林长春市斯大林大街副136号 130022

ISBN 7-5437 **东北朝鲜民族教育出版社** 吉林延吉市进学街友谊路11号 133000

ISBN 7-5601 **吉林大学出版社** 吉林长春市朝阳区东中华路29号 130023

ISBN 7-5602 **东北师范大学出版社** 吉林长春市斯大林大街110号 130024

ISBN 7-5634 **延边大学出版社** 吉林延吉市延西公园路105号 133002

ISBN 7-80508 **延边人民出版社** 吉林延吉市友谊路11号 133000

ISBN 7-80528 **吉林文史出版社** 吉林长春市斯大林大街副136号 130022

ISBN 7-80573 **长春出版社** 吉林长春市建设街43号 130061

黑龙江省

ISBN 7-207 **黑龙江人民出版社** 黑龙江哈尔滨市道里区地段街171号 150010

ISBN 7-5316 **黑龙江教育出版社** 黑龙江哈尔滨市道里区公浴街6号 150020

ISBN 7-5317 **北方文艺出版社** 黑龙江哈尔滨市道外区公浴街10号 150020

ISBN 7-5318 **黑龙江美术出版社** 黑龙江哈尔滨市道里区安道街75号 150016

ISBN 7-5319 **黑龙江少年儿童出版社** 黑龙江哈尔滨市道里区红专街133号 150010

ISBN 7-5388 **黑龙江科学技术出版社** 黑龙江哈尔滨市南岗区建设街41号 150001

ISBN 7-5389 **黑龙江朝鲜民族出版社** 黑龙江牡丹江市西三条路新立二道街35号 157000

ISBN 7-5603 **哈尔滨工业大学出版社** 黑龙江哈尔滨市南岗区复兴街16号 150006

ISBN 7-80529 **哈尔滨地图出版社** 黑龙江哈尔滨市南岗区保健路 150086

ISBN 7-80557 **哈尔滨出版社** 黑龙江哈尔滨市道里区九站街1号 150010

ISBN 7-81007 **哈尔滨船舶工程学院出版社** 黑龙江哈尔滨市南岗区文庙街11号楼 150001

ISBN 7-81008 **东北林业大学出版社** 黑龙江哈尔滨市动力区和兴路26号 150040

陕西省

ISBN 7-224 **陕西人民出版社** 陕西西安市北大街131号 710003

ISBN 7-5368 **陕西人民美术出版社** 陕西西安市北大街131号 710003

ISBN 7-5369 **陕西科学技术出版社** 陕西西安市北大街131号 710003

ISBN 7-5417 **未来出版社** 陕西西安市建国路76号 710001

ISBN 7-5419 **陕西人民教育出版社** 陕西西安市长安路南段376号 710061

ISBN 7-5604 **西北大学出版社** 陕西西安市太白路 710069

ISBN 7-5605 **西安交通大学出版社** 陕西西安市咸宁路28号 710049

ISBN 7-5606 **西安电子科技大学出版社** 陕西西安市太白路2号 710071

ISBN 7-5612 **西北工业大学出版社** 陕西西安市友谊西路127号 710072

ISBN 7-5613 **陕西师范大学出版社** 陕西西安市南郊陕西师范大学内 710062

ISBN 7-80545 **西安地图出版社** 陕西西安市友谊东路124号 710054

ISBN 7-80546 **三秦出版社** 陕西西安市湘子庙街12号 710002

ISBN 7-80549 **华岳文艺出版社** 陕西西安市北大街131号 710003

甘肃省

ISBN 7-226 **甘肃人民出版社** 甘肃兰州市第一新村81号 730030

ISBN 7-311 **兰州大学出版社** 甘肃兰州市天水路216号 730000

ISBN 7-5421 **甘肃民族出版社** 甘肃兰州市第一

新村81号　730030

ISBN 7-5422　**甘肃少年儿童出版社**　甘肃兰州市第一新村81号　730030

ISBN 7-5423　**甘肃教育出版社**　甘肃兰州市第一新村81号　730030

ISBN 7-5424　**甘肃科学技术出版社**　甘肃兰州市第一新村81号　730030

ISBN 7-80587　**敦煌文艺出版社**　甘肃兰州市第一新村81号　730030

ISBN 7-80588　**甘肃人民美术出版社**　甘肃兰州市第一新村81号　730030

宁夏回族自治区

ISBN 7-227　**宁夏人民出版社**　宁夏银川市解放西街105号　750001

青　海　省

ISBN 7-225　**青海人民出版社**　青海西宁市西关大街96号　810001

ISBN 7-5420　**青海民族出版社**　青海西宁市西关大街96号　810001

新疆维吾尔自治区

ISBN 7-228　**新疆人民出版社**　新疆乌鲁木齐市建中路54号　830001

ISBN 7-5370　**新疆教育出版社**　新疆乌鲁木齐市胜利路169号　830001

ISBN 7-5371　**新疆青少年出版社**　新疆乌鲁木齐市胜利路100号　830001

ISBN 7-5372　**新疆人民卫生出版社**　新疆乌鲁木齐市延安路4号　830001

ISBN 7-5373　**喀什维吾尔文出版社**　新疆喀什市塔吾古孜路2号　844000

ISBN 7-5374　**克孜勒苏柯尔克孜文出版社**　新疆阿图什市帕米尔路28号　845350

ISBN 7-5425　**伊犁人民出版社**　新疆奎屯市北京西路504号　833200

ISBN 7-5631　**新疆大学出版社**　新疆乌鲁木齐市胜利路14号　830046

ISBN 7-80547　**新疆美术摄影出版社**　新疆乌鲁木齐市西红路118号　83000

中国科普出版社新疆维、哈分社　新疆乌鲁木齐市胜利路166号

上　海　市

ISBN 7-208　**上海人民出版社**　上海市绍兴路54号　200020

ISBN 7-309　**复旦大学出版社**　上海市邯郸路220号　200433

ISBN 7-313　**上海交通大学出版社**　上海市华山路1954号　200030

ISBN 7-5320　**上海教育出版社**　上海市永福路123号　200031

ISBN 7-5321　**上海文艺出版社**　上海市绍兴路74号　200020

ISBN 7-5322　**上海人民美术出版社**　上海市长乐路672弄33号　200040

ISBN 7-5323　**上海科学技术出版社**　上海市瑞金二路450号　200020

ISBN 7-5324　**少年儿童出版社**　上海市延安西路1538号　200052

ISBN 7-5325　**上海古籍出版社**　上海市瑞金二路272号　200020

ISBN 7-5326　**上海辞书出版社**　上海市陕西北路457号　200040

ISBN 7-5327　**上海译文出版社**　上海市延安中路955弄14号　200040

ISBN 7-5426　**生活·读书·新知三联书店上海分店**　上海市绍兴路7号　200020

ISBN 7-5427　**上海科学普及出版社**　上海市曹杨路500号10楼　200063

ISBN 7-5428　**上海科技教育出版社**　上海市冠生园路393号　200233

ISBN 7-5429　**立信会计出版社**　上海市中山西路2230号　200233

ISBN 7-5432　**汉语大词典出版社**　上海市新华路200号　200052

ISBN 7-5439　**上海科学技术文献出版社**　上海武康路2号　200031

ISBN 7-5608　**同济大学出版社**　上海市四平路1239号电气大楼　200092

ISBN 7-5617　**华东师范大学出版社**　上海市中山北路3663号　200062

ISBN 7-5627　**上海医科大学出版社**　上海市医学院路138号　200032

ISBN 7-5628　**华东化工学院出版社**　上海市梅陇路130号　200037

ISBN 7-80510　**学林出版社**　上海市文庙路120号　200010

ISBN 7-80511　**上海文化出版社**　上海市绍兴路74号　200020

ISBN 7-80512　**上海书画出版社**　上海市衡山路

237号　200031

ISBN 7-80513　**上海科学技术文献出版社**　上海市武康路2号　200031

ISBN 7-80514　**上海翻译出版公司**　上海市复兴中路597号　200020

ISBN 7-80515　**上海社会科学院出版社**　上海市淮海中路622弄7号　200020

ISBN 7-80530　**上海画报出版社**　上海市长乐路672弄33号　200040

ISBN 7-80531　**文汇出版社**　上海市虎丘路50号　200002

ISBN 7-80553　**上海音乐出版社**　上海市绍兴路74号　200020

ISBN 7-80569　**上海书店**　上海市福州路424号　200001

ISBN 7-80576　**百家出版社**　上海市绍兴路5号　200020

ISBN 7-81009　**上海外语教育出版社**　上海市中山北一路295号　200083

ISBN 7-81010　**上海中医学院出版社**　上海市徐汇区零陵路530号　200032

上海市盲童学校盲文出版社　上海市虹桥路185号

山东省

ISBN 7-209　**山东人民出版社**　山东济南市经九路胜利大街39号　250001

ISBN 7-5328　**山东教育出版社**　山东济南市经九路胜利大街39号　2500001

ISBN 7-5329　**山东文艺出版社**　山东济南市经九路胜利大街39号　250010

ISBN 7-5330　**山东美术出版社**　山东济南市经四路269号　250001

ISBN 7-5331　**山东科学技术出版社**　山东济南市玉函路16号　250002

ISBN 7-5332　**明天出版社**　山东济南市玉函路52号　250002

ISBN 7-5333　**齐鲁书社**　山东济南市经九路胜利大街39号　250001

ISBN 7-5436　**青岛出版社**　山东青岛市徐州路77号　266071

ISBN 7-5607　**山东大学出版社**　山东济南市山大南路27号　250100

ISBN 7-5636　**石油大学出版社**　山东东营市泰安路149号　257062

ISBN 7-80532　**山东省地图出版社**　山东济南市文化东路东首路北　250014

ISBN 7-80551　**山东友谊书社**　山东济南市经九路胜利大街39号　250001

ISBN 7-80558　**黄河出版社**　山东济南市英雄山路19号　250002

ISBN 7-80572　**济南出版社**　山东济南市经七路251号　250001

ISBN 7-81026　**青岛海洋大学出版社**　山东青岛市鱼山路5号　266003

江苏省

ISBN 7-214　**江苏人民出版社**　江苏南京市中央路165号　210009

ISBN 7-305　**南京大学出版社**　江苏南京市汉口路22号　210008

ISBN 7-5343　**江苏教育出版社**　江苏南京市中央路165号　210009

ISBN 7-5344　**江苏美术出版社**　江苏南京市中央路165号　210009

ISBN 7-5345　**江苏科学技术出版社**　江苏南京市中央路165号　210009

ISBN 7-5346　**江苏少年儿童出版社**　江苏南京市高云岭56号　210009

ISBN 7-5399　**江苏文艺出版社**　江苏南京市中央路145号　210009

ISBN 7-5630　**河海大学出版社**　江苏南京市西康路1号　210024

ISBN 7-80519　**江苏古籍出版社**　江苏南京市中央路165号　210009

ISBN 7-80560　**南京出版社**　江苏南京市湖南路8号　210009

ISBN 7-80567　**译林出版社**　江苏南京市中央路165号　210009

ISBN 7-80574　**古吴轩出版社**　江苏苏州市人民路342号　215005

ISBN 7-81021　**中国矿业大学出版社**　江苏徐州市中国矿业大学内　221008

ISBN 7-81023　**东南大学出版社**　江苏南京市四牌楼2号　210018

江苏广陵古籍刻印社　江苏扬州市

安徽省

ISBN 7-212　**安徽人民出版社**　安徽合肥市金寨路381号　230063

ISBN 7-312　**中国科学技术大学出版社**　安徽合肥市金寨路96号　230026

ISBN 7-5337　**安徽科学技术出版社**　安徽合肥市金寨路381号　230063

ISBN 7-5396　**安徽文艺出版社**　安徽合肥市金寨路381号　230063

ISBN 7-5397　**安徽少年儿童出版社**　安徽合肥市金寨路381号　230063

ISBN 7-80535　**黄山书社**　安徽合肥市金寨路381号　230063

浙　江　省

ISBN 7-213　**浙江人民出版社**　浙江杭州市体育场路　169号　310006

ISBN 7-308　**浙江大学出版社**　浙江杭州市玉古路20号　310027

ISBN 7-5338　**浙江教育出版社**　浙江杭州市体育场路169号　310006

ISBN 7-5339　**浙江文艺出版社**　浙江杭州市体育场路169号　310006

ISBN 7-5340　**浙江人民美术出版社**　浙江杭州市体育场路169号　310006

ISBN 7-5341　**浙江科学技术出版社**　浙江杭州市体育场路347号　310006

ISBN 7-5342　**浙江少年儿童出版社**　浙江杭州市体育场路169号　310006

ISBN 7-80517　**西泠印社**　浙江杭州市延安路齐心里17号　310006

ISBN 7-80518　**浙江古籍出版社**　浙江杭州市体育场路347号504室　310006

ISBN 7-80536　**浙江摄影出版社**　浙江杭州市葛岭路1号　310007

ISBN 7-81019　**浙江美术学院出版社**　浙江杭州市南山路218号　310002

ISBN 7-81035　**杭州大学出版社**　浙江杭州市天目山路34号　310028

江　西　省

ISBN 7-210　**江西人民出版社**　江西南昌市新魏路5号　330002

ISBN 7-5390　**江西科学技术出版社**　江西南昌市新魏路5号　330002

ISBN 7-5391　**二十一世纪出版社**　江西南昌市新魏路5号　330002

ISBN 7-5392　**江西教育出版社**　江西南昌市老贡院8号　330003

ISBN 7-80579　**百花洲文艺出版社**　江西南昌市新魏路5号　330002

ISBN 7-80580　**江西美术出版社**　江西南昌市新魏路5号　330002

ISBN 7-81033　**江西高校出版社**　江西南昌市洪都北大道16号　330046

福　建　省

ISBN 7-211　**福建人民出版社**　福建福州市得贵巷59号　350001

ISBN 7-5334　**福建教育出版社**　福建福州市梦山巷27号　350001

ISBN 7-5335　**福建科学技术出版社**　福建福州市得贵巷59号　350001

ISBN 7-5393　**福建美术出版社**　福建福州市得贵巷27号　350001

ISBN 7-5395　**福建少年儿童出版社**　福建福州市得贵巷59号　350001

ISBN 7-5615　**厦门大学出版社**　福建厦门市思明南路422号　361005

ISBN 7-80516　**福建省地图出版社**　福建福州市华林路205号　350003

ISBN 7-80534　**海峡文艺出版社**　福建福州市得贵巷27号　350001

ISBN 7-80610　**鹭江出版社**　福建厦门市莲花新村香莲里15号　361009

河　南　省

ISBN 7-215　**河南人民出版社**　河南郑州市农业路73号　450002

ISBN 7-5347　**河南教育出版社**　河南郑州市农业路73号　450002

ISBN 7-5348　**中州古籍出版社**　河南郑州市农业路73号　450002

ISBN 7-5349　**河南科学技术出版社**　河南郑州市农业路73号　450002

ISBN 7-5350　**海燕出版社**　河南郑州市经七路21号　450002

ISBN 7-5401　**河南美术出版社**　河南郑州市农业路73号　450002

ISBN 7-80537　**文心出版社**　河南郑州市农业路73号　450002

ISBN 7-80538　**中原农民出版社**　河南郑州市农业路73号　450002

ISBN 7-81041　**河南大学出版社**　河南开封市明伦街85号　475001

湖　北　省

ISBN 7-216　**湖北人民出版社**　湖北武汉市解放

道新育村63号　430022

ISBN 7-307　**武汉大学出版社**　湖北武汉市武昌珞珈山　430072

ISBN 7-5351　**湖北教育出版社**　湖北武汉市解放大道新育村63号　430022

ISBN 7-5352　**湖北科学技术出版社**　湖北武汉市武昌东亭路2号　430077

ISBN 7-5353　**湖北少年儿童出版社**　湖北武汉市武昌东亭路2号　430077

ISBN 7-5354　**长江文艺出版社**　湖北武汉市解放大道新育村63号　430022

ISBN 7-5394　**湖北美术出版社**　湖北武汉市武昌东亭路2号　430077

ISBN 7-5403　**湖北辞书出版社**　湖北武汉市武昌东亭路2号　430077

ISBN 7-5430　**武汉出版社**　湖北武汉市江岸区北京路20号　430014

ISBN 7-5609　**华中理工大学出版社**　湖北武汉市武昌喻家山华中理工大学内　430074

ISBN 7-5622　**华中师范大学出版社**　湖北武汉市武昌桂子山　430070

ISBN 7-5625　**中国地质大学出版社**　湖北武汉市武昌喻家山　430074

ISBN 7-5629　**武汉工业大学出版社**　湖北武汉市武昌珞狮路14号　430070

ISBN 7-81030　**武汉测绘科技大学出版社**　湖北武汉市洪山区珞喻路39号　430070

湖　南　省

ISBN 7-217　**湖南人民出版社**　湖南长沙市河西银盆南路67号　410006

ISBN 7-314　**湖南大学出版社**　湖南长沙市岳麓山湖南大学内　420082

ISBN 7-5355　**湖南教育出版社**　湖南长沙市东风路附1号　410005

ISBN 7-5356　**湖南美术出版社**　湖南长沙市人民路61号　410011

ISBN 7-5357　**湖南科学技术出版社**　湖南长沙市展览馆路3号　410005

ISBN 7-5358　**湖南少年儿童出版社**　湖南长沙市东风路附1号　410005

ISBN 7-5404　**湖南文艺出版社**　湖南长沙市潇湘北路　410006

ISBN 7-5438　**湖南出版社**　湖南长沙市西银盆南路67号　410006

ISBN 7-80520　**岳麓书社**　湖南长沙市河西银盆南路67号　410006　~

ISBN 7-80552　**湖南地图出版社**　湖南长沙市韶山路131号　410004

ISBN 7-81020　**中南工业大学出版社**　湖南长沙市西区左家垅　410083

ISBN 7-81024　**国防科技大学出版社**　湖南长沙市砚瓦池正街137号　410073

ISBN 7-81031　**湖南师范大学出版社**　湖南长沙市岳麓山　410081

湖南省科教语言音像出版社

广　东　省

ISBN 7-218　**广东人民出版社**　广东广州市大沙头四马路10号　510102

ISBN 7-306　**中山大学出版社**　广东广州市新港西路135号　510275

ISBN 7-5359　**广东科技出版社**　广东广州市环市东路水荫路11号　510075

ISBN 7-5360　**花城出版社**　广东广州市环市东路水荫路11号　510075

ISBN 7-5361　**广东高等教育出版社**　广东广州市东山区农林下路72号　510080

ISBN 7-5362　**岭南美术出版社**　广东广州市环市东路水荫路11号　510075

ISBN 7-5405　**新世纪出版社**　广东广州市大沙头四马路10号　510102

ISBN 7-5406　**广东高等教育出版社**　广东广州市环市东路水荫路11号　510075

ISBN 7-5406　**广东教育出版社**　广东广州市环市东路水荫路11号　510075

ISBN 7-5431　**广州文化出版社**　广东广州市东风中路503号东建大厦7楼　510030

ISBN 7-5623　**华南理工大学出版社**　广东广州市五山华南理工大学内　510641

ISBN 7-80521　**广东旅游出版社**　广东广州市中山一路30—1号　510600

ISBN 7-80522　**广东省地图出版社**　广东广州市环市东路468号　510075

ISBN 7-80615　**海天出版社**　广东深圳福田区振兴路1号2楼　518028

ISBN 7-81029　**暨南大学出版社**　广东广州市石碑暨南大学内　510632

科学普及出版社广州分社　广州市应元路大华街兴平里3号

海南省

ISBN 7-80564 **三环出版社** 海南海口市滨海大道花园新村20号 570005

ISBN 7-80570 **南海出版公司** 海南海口市机场东路龙舌坡办公住宅区ZD—301 570003

广西壮族自治区

ISBN 7-219 **广西人民出版社** 广西南宁市河堤路14号 530021

ISBN 7-5363 **广西民族出版社** 广西南宁市民族大道东段 530022

ISBN 7-5407 **漓江出版社** 广西桂林市南环路159—1号 541002

ISBN 7-5435 **广西教育出版社** 广西南宁市鲤湾路530022

ISBN 7-5633 **广西师范大学出版社** 广西桂林市中华路36号 541001

ISBN 7-80581 **接力出版社** 广西南宁市教育路5号 530022

ISBN 7-80582 **广西美术出版社** 广西南宁市河堤路14号 530021

ISBN 7-80619 **广西科学技术出版社** 广西南宁市河堤路14号 530021

四川省

ISBN 7-220 **四川人民出版社** 四川成都市盐道街3号 610012

ISBN 7-5364 **四川科学技术出版社** 四川成都市盐道街3号 610012

ISBN 7-5365 **四川少年儿童出版社** 四川成都市盐道街3号 610012

ISBN 7-5366 **重庆出版社** 四川重庆市长江二路205号 630050

ISBN 7-5408 **四川教育出版社** 四川成都市盐道街3号 610012

ISBN 7-5409 **四川民族出版社** 四川成都市盐道街3号 610012

ISBN 7-5410 **四川美术出版社** 四川成都市盐道街3号 610012

ISBN 7-5411 **四川文艺出版社** 四川成都市盐道街3号 610012

ISBN 7-5614 **四川大学出版社** 四川成都市九眼桥望江路29号 610064

ISBN 7-5616 **成都科技大学出版社** 四川成都市一环路南一段24号 610065

ISBN 7-5624 **重庆大学出版社** 四川重庆市沙坪坝正街174号 630044

ISBN 7-80523 **巴蜀书社** 四川成都市盐道街3号 610012

ISBN 7-80543 **四川辞书出版社** 四川成都市盐道街3号 610012

ISBN 7-80544 **成都地图出版社** 四川成都市龙泉驿区615信箱 610100

ISBN 7-80548 **蜀蓉棋艺出版社** 四川成都市青龙巷9号 610031

ISBN 7-80575 **成都出版社** 四川成都市十二桥路30号 610072

ISBN 7-81016 **电子科技大学出版社** 四川成都建设北路2段4号 610054

ISBN 7-81017 **西南财经大学出版社** 四川成都市光华村西南财经大学内 610074

ISBN 7-81022 **西南交通大学出版社** 四川成都市九里堤西南交通大学内 610031

科学技术文献出版社重庆分社 重庆市市中区胜利路132号

贵州省

ISBN 7-221 **贵州人民出版社** 贵州贵阳市中华北路289号 550001

ISBN 7-5412 **贵州民族出版社** 贵州贵阳市中华北路289号 550001

ISBN 7-80583 **贵州教育出版社** 贵州贵阳市中华北路289号 550001

ISBN 7-80584 **贵州科学技术出版社** 贵州贵阳市中华北路289号 550001

云南省

ISBN 7-222 **云南人民出版社** 云南昆明市书林街100号 650011

ISBN 7-5367 **云南民族出版社** 云南昆明市大观路39号 650032

ISBN 7-5414 **云南少年儿童出版社** 云南昆明市书林街100号 650011

ISBN 7-5415 **云南教育出版社** 云南昆明市书林街100号 650011

ISBN 7-5416 **云南科学技术出版社** 云南昆明市书林街100号 650011

ISBN 7-80525 **德宏民族出版社** 云南德宏州芒市

青年路1号　678400

ISBN 7-81025　**云南大学出版社**　云南昆明市翠湖北路52号　650091

西藏自治区

ISBN 7-223　**西藏人民出版社**　西藏拉萨市林廓北路20号　850000

ISBN 7-80589　**藏文古籍出版社**　西藏拉萨市色拉路21号　850000

书名索引

一、本索引为分类目录中的书名索引。为了使书名索引不会过于臃肿庞杂，对分类目录中的中小学课本、教材图片、画页、宣传画、年历画、挂历、连环画册和技术标准，以及专门目录中的少数民族文字图书、盲文书籍、外国文字图书中的书名均未收录。翻译出版的外国图在书名前则加❋表示。

二、本索引按书名款目笔画、笔形排列。先按书名汉字首字笔画画数多少的顺序排，画数相同的再按横〔一〕、竖〔丨〕、撇〔丿〕、点〔、〕、折〔乛〕的顺序排。如“李”字和“何”字的画数，均为七画，但“李”字的起笔笔形为“一”，“何”字的起笔笔形为“丿”，因此，“李”字应排在七画中的〔一〕类，“何”字排在七画中的〔丿〕类。画数和笔形相同的字，按字形结构排列，先左右形，再上下形，后整体字。如同是八画〔丨乛〕的“明”、“罗”、“国”字，“明”字在先，“罗”字次之，“国”字在后。书名首字相同的，再按第二字的笔画、笔形排列。其余依此类推。

三、以拉丁字母起首和阿拉伯数字起首的书名分别按照字母和数字的顺序排列。集中排在汉字笔画顺序的最后面。如果在书名中间带有拉丁字母、阿拉伯数字或其他符号的，则排在相同汉字的后面。

四、以公元纪年起首的书名，按汉字数字的笔画顺序排列。如“1989”按汉字“一九八九”排列在一起。

五、本索引中，在每一书名后面所标示的阿拉伯数字，为该书在本书目中所在的页码。

一　画

二 画

〔一〕

〔丨〕

〔丿〕

四 画

〔一〕

〔丨〕

〔丶〕

〔丿〕

〔一〕

六　画

〔一〕

〔丨〕

〔丿〕

〔丶〕

〔一〕

七画

〔一〕

〔丿〕

〔一〕

〔丨〕

〔丿〕

〔丶〕

〔丨〕

〔丿〕

〔丶〕

〔一〕

十 画

〔一〕

〔丨〕

〔丿〕

〔一〕

十一画

〔一〕

〔丶〕

〔一〕

十二画

〔一〕

〔丨〕

〔丿〕

〔丶〕

〔㇕〕

十 三 画

〔一〕

〔丨〕

〔丶〕

〔一〕

十四画

〔一〕

〔丶〕

〔一〕

十 六 画

〔一〕

〔丨〕